LE GUIDE
HACHETTE
DES VINS
Sélection 2016

LE GUIDE HACHETTE DES VINS

Direction Hachette Pratique : Catherine Saunier-Talec.

Direction de l'ouvrage : Stéphane Rosa.

Éditeurs : Séverine Corson-Schneider, Christine Cuperly, Juliette de Lavaur.

Ont collaboré : Christian Asselin ; Guillaume Baroin ; Jean Batilliet ; Claude Bérenguer ; Richard Bertin, *œnologue* ; Olivier Bompas ; Mireille Branger ; Anne Buchet, *chambre d'Agriculture du Loir-et-Cher* ; Marie-Aude Bussière, *œnologue* ; Jean-Jacques Cabassy, *œnologue* ; Pierre Carbonnier ; Étienne Carre, *laboratoire de Touraine* ; Béatrice de Chabert, *œnologue* ; Jacques Conscience ; François Constand ; Stéphane Deschamps ; Bernadette Delas, *œnologue* ; Gérard Delorme ; François Denis ; Régis d'Espinay ; Michel Garat ; Laurent Gotti ; Chrystelle Gourrin ; Bernard Hébrard, *œnologue* ; Christian Labadie ; Robert Lala, *œnologue* ; Antoine Lebègue ; Michel Lescaillon ; William Luret ; Cécile Marot ; François Merveilleau ; Mariska Pezzutto, *œnologue* ; Stéphane Pillias ; André Roth, *ingénieur des travaux agricoles* ; Alex Schaeffer, *œnologue* ; Anne Seguin ; Jean-Michel Speich ; Yves Zier.

Lecture-correction : Nicole Châtelier ; Isabelle Chotel ; Hélène Ducoutumany ; Bénédicte Gaillard ; Kathy Koch ; Isabelle Labbé ; Frédéric Lorreyte ; Hélène Nguyen.

Informatique éditoriale : Luc Audrain ; Julie Delmas ; Marie-Line Gros-Desormeaux ; Martine Lavergne ; Sarah Omran.

Nous exprimons nos très vifs remerciements aux 1 500 membres des commissions de dégustation réunies spécialement pour l'élaboration de ce guide, lesquels, selon l'usage, demeurent anonymes, ainsi qu'aux organismes qui ont bien voulu apporter leur appui à l'ouvrage ou participer à sa documentation générale : l'Institut national de l'Origine et de la Qualité, INAO ; l'Institut national de la Recherche agronomique, INRA ; la direction de la Concurrence de la consommation et de la répression des fraudes ; UBIFRANCE ; la DGDDI ; les Comités, Conseils, Fédérations et Unions interprofessionnels ; FranceAgriMer ; l'Institut des hautes études de la vigne de Montpellier et l'Agro-Montpellier ; l'université Paul Sabatier de Toulouse et l'ENSAT ; les Syndicats viticoles ; les Chambres d'agriculture ; les laboratoires départementaux d'analyse ; les lycées agricoles d'Amboise, d'Avize, de Blanquefort, de Bommes, de Montagne-Saint-Émilion, de Montreuil-Bellay, d'Orange ; le lycée hôtelier de Tain-l'Hermitage ; le CFPPA d'Hyères ; l'Institut rhodanien ; l'Union française des œnologues et les Fédérations régionales d'œnologues ; pour le Grand-Duché de Luxembourg, l'Institut viti-vinicole luxembourgeois, la Marque nationale du vin luxembourgeois, le Fonds de solidarité.

Responsable artistique : Antoine Béon.

Couverture : Nicole Dassonville, Pauline Ricco.

Maquette : Pauline Ricco.

Cartographie : Légendes Cartographie/Romuald Belzacq.

Production : Isabelle Simon-Bourg.

Composition et photogravure : Maury, Malesherbes.

Impression, reliure : NIIAG - Italie.

Papier : Imprimé sur Royal Press 400 Matt, fabriqué dans les usines de Sappi Fine Paper Europe.

Crédits iconographiques : © Fotolia : p. 11 (Minerva Studio), © Scope Image : Jacques Guillard (p. 14, 17, 21).

LE GUIDE
HACHETTE
DES VINS
Sélection 2016

SOMMAIRE

LE GUIDE HACHETTE DES VINS :
MODE D'EMPLOI

Quels vins sont dégustés ?

Chaque édition est entièrement nouvelle : les vins sélectionnés ont été dégustés dans l'année. Le Guide remet ainsi tous les ans les compteurs à zéro pour déguster le dernier millésime mis en bouteilles. Le vin n'étant pas un produit industriel, chaque nouveau millésime possède des caractéristiques propres. Un producteur peut avoir très bien réussi une année et moins bien la suivante... ou l'inverse ! De plus, chaque année, de nouveaux producteurs s'installent ou arrivent aux commandes de domaines existants. Le Guide vous fait découvrir les meilleurs d'entre eux.

Comment les vins sont-ils dégustés ?

Les vins sont dégustés à l'aveugle. Les dégustateurs ne connaissent ni le nom du producteur, ni celui du vin ou de la cuvée qu'ils goûtent. Cela leur permet de s'affranchir de paramètres subjectifs, tels que la notoriété du domaine ou l'esthétique de l'étiquette. Les jurés connaissent seulement l'appellation et le millésime qu'ils jugent.

Qui déguste les vins ?

Les dégustateurs sont des professionnels du monde du vin (œnologues, négociants, courtiers, sommeliers...). Ils possèdent tous les repères pour juger de la qualité d'un vin et maîtrisent le vocabulaire de la dégustation, ce qui leur permet de bien décrire les vins et donc d'apporter au lecteur l'information la plus complète possible.

Comment sont notés les vins ?

Les vins sont décrits (couleur, qualités olfactives et gustatives) et notés par les jurés sur une échelle de 0 à 5.

Note du dégustateur	Qualité du vin	Note finale du vin
0	vin à défaut	éliminé
1	petit vin ou vin moyen	éliminé
2	vin réussi	cité (sans étoile)
3	vin très réussi	★
4	vin remarquable	★★
5	vin exceptionnel	★★★

Les notes doivent être comparées au sein d'une même appellation. Il est en effet impossible de juger des appellations différentes avec le même barème.

Pourquoi certaines étiquettes sont-elles reproduites et non les autres ?

L'étiquette signale un coup de cœur ♥ décerné à l'aveugle par les jurys à une cuvée. Elle est reproduite librement, sans qu'aucune participation financière directe ou indirecte ne soit demandée au producteur concerné. De même, la présentation des vins aux dégustations du Guide par les producteurs est entièrement gratuite.

Pourquoi certains vins ne sont-ils pas dans le Guide ?

Des vins connus, parfois même réputés, peuvent être absents de cette édition : soit parce que les producteurs ne les ont pas présentés, soit parce qu'ils ont été éliminés.

À quoi correspondent les durées de garde indiquées dans les notices ?

Ces temps de garde sont donnés par les dégustateurs, sous réserve de bonnes conditions de conservation, et sont indicatifs. Ils ne correspondent en aucune façon à une « date limite de consommation », mais au moment où l'on estime que le vin peut commencer à être bu pour être apprécié pleinement (apogée). Certains vins gardent en effet toutes leurs qualités des années après avoir atteint leur apogée (on parle alors de longévité).

Et le plaisir dans tout cela ?

Nous n'oublions pas que le vin est fait pour être bu à table, en bonne compagnie, et qu'une bouteille raconte une histoire qui dépasse le cadre strict de la dégustation technique. C'est pourquoi, une fois la dégustation terminée et l'anonymat levé par nos équipes, le Guide prend plaisir, pour chaque vin retenu, à parler des hommes et des femmes qui le font, des terroirs et des paysages, des meilleurs moments pour le découvrir et des plats pour le mettre en valeur.

• La dégustation à la propriété est bien souvent gratuite. On n'en abusera pas : elle représente un coût non négligeable pour le producteur qui ne peut ouvrir ses vieilles bouteilles.

• Les amateurs qui conduisent un véhicule n'oublieront pas qu'ils ne doivent pas boire le vin, mais le recracher comme le font les professionnels. Si des crachoirs ne sont pas spontanément proposés dans les caves, vous pouvez en demander.

• Les prix présentés sous forme de fourchette (pour les vins, gîtes ruraux et chambres d'hôtes) sont soumis à l'évolution des cours et donnés sous toutes réserves.

• Le pictogramme **V** signale les producteurs pratiquant la vente à la propriété. Toutefois, certains vins sélectionnés ont parfois une diffusion quasi confidentielle. S'ils ne sont pas disponibles au domaine, nous invitons le lecteur à les rechercher auprès des cavistes (en ville ou en ligne), des grandes surfaces et des négociants, ou sur les cartes des restaurants.

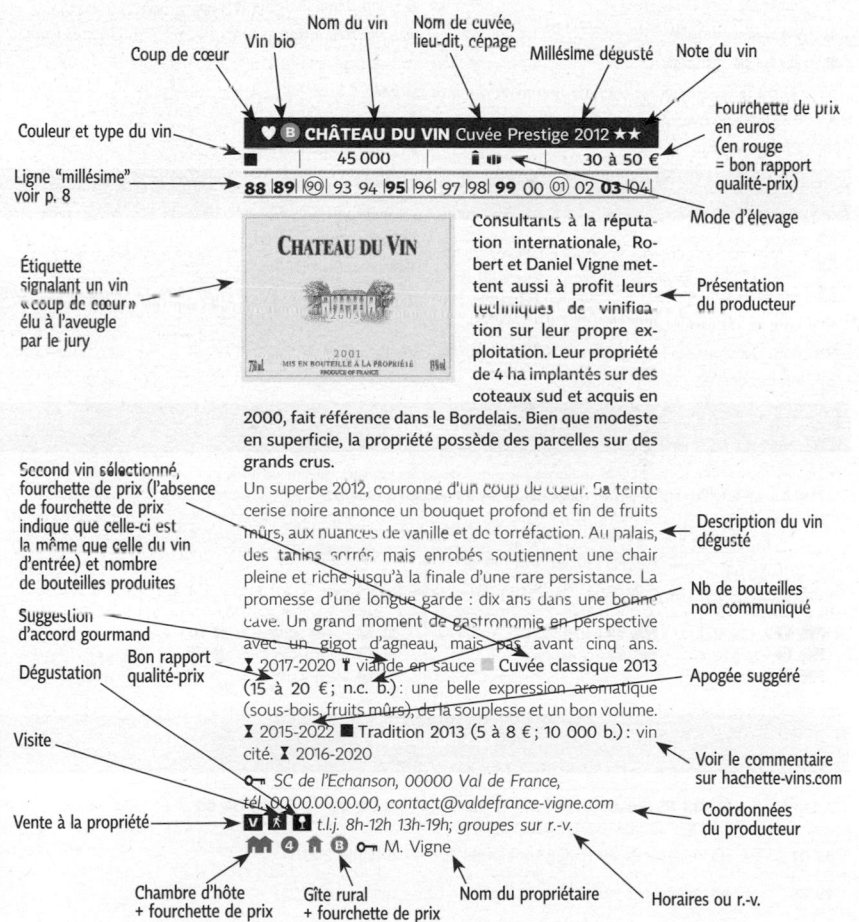

Coup de cœur

Vin bio

Nom du vin

Nom de cuvée, lieu-dit, cépage

Millésime dégusté

Note du vin

Couleur et type du vin

Ligne "millésime" voir p. 8

Fourchette de prix en euros (en rouge = bon rapport qualité-prix)

Mode d'élevage

Étiquette signalant un vin «coup de cœur» élu à l'aveugle par le jury

Présentation du producteur

Second vin sélectionné, fourchette de prix (l'absence de fourchette de prix indique que celle-ci est la même que celle du vin d'entrée) et nombre de bouteilles produites

Description du vin dégusté

Nb de bouteilles non communiqué

Suggestion d'accord gourmand

Dégustation

Bon rapport qualité-prix

Apogée suggéré

Visite

Voir le commentaire sur hachette-vins.com

Coordonnées du producteur

Vente à la propriété

Chambre d'hôte + fourchette de prix

Gîte rural + fourchette de prix

Nom du propriétaire

Horaires ou r.-v.

CHÂTEAU DU VIN Cuvée Prestige 2012 ★★

45 000   30 à 50 €

88 89 90 93 94 95 96 97 98 99 00 01 02 03 04

Consultants à la réputation internationale, Robert et Daniel Vigne mettent aussi à profit leurs techniques de vinification sur leur propre exploitation. Leur propriété de 4 ha implantés sur des coteaux sud et acquis en 2000, fait référence dans le Bordelais. Bien que modeste en superficie, la propriété possède des parcelles sur des grands crus.

Un superbe 2012, couronne d'un coup de cœur. Sa teinte cerise noire annonce un bouquet profond et fin de fruits mûrs, aux nuances de vanille et de torréfaction. Au palais, des tanins serrés, mais enrobés soutiennent une chair pleine et riche jusqu'à la finale d'une rare persistance. La promesse d'une longue garde : dix ans dans une bonne cave. Un grand moment de gastronomie en perspective avec un gigot d'agneau, mais pas avant cinq ans. ⚔ 2017-2020 ♈ viande en sauce ■ Cuvée classique 2013 (15 à 20 € ; n.c. b.) : une belle expression aromatique (sous-bois, fruits mûrs), de la souplesse et un bon volume. ⚔ 2015-2022 ■ Tradition 2013 (5 à 8 € ; 10 000 b.) : vin cité. ⚔ 2016-2020

SC de l'Echanson, 00000 Val de France, tél. 00.00.00.00, contact@valdefrance-vigne.com t.l.j. 8h-12h 13h-19h; groupes sur r.-v. M. Vigne

CHATEAU DU VIN

2001

MIS EN BOUTEILLE À LA PROPRIÉTÉ
PRODUCT OF FRANCE

SYMBOLES UTILISÉS DANS LE GUIDE

LES VINS

La reproduction d'une étiquette et le symbole ♥ signalent un « coup de cœur » décerné à l'aveugle par les jurys.

★★★   vin exceptionnel

★★   vin remarquable

★   vin très réussi

    vin réussi (cité sans étoile)

2009 millésime ou année du vin dégusté

Ⓑ   vin biologique

▧   vin blanc sec tranquille   ●   vin blanc effervescent

■   vin blanc doux tranquille   ●   vin demi-sec effervescent

■   vin rosé tranquille   ●   vin rosé effervescent

■   vin rouge tranquille

50 000, 12 500... nombre moyen de bouteilles du vin présenté

🛢   élevage en cuve   Ⅹ   apogée suggéré

⪥   élevage en fût   ♈   accord gourmand

LES PRODUCTEURS

Ⓥ   vente à la propriété   ♠   gîte rural

▤   dégustation à la propriété   ♠♠   chambres d'hôtes

🏃   conditions de visite (r.-v. = sur rendez-vous)

☞   adresse du producteur

☞   nom du propriétaire, si différent de celui figurant dans l'adresse

n.c. information non communiquée

LES PRIX

• Les prix (prix moyen de la bouteille en France par carton de 12) sont donnés sous toutes réserves.
L'indication de la fourchette de prix **en rouge signale un bon rapport qualité/prix.**

– 5€	5 à 8 €	8 à 11 €	11 à 15 €	15 à 20 €	20 à 30 €	30 à 50 €	50 à 75 €	75 à 100 €	+ 100 €

• Chambres d'hôtes
  Prix moyen par nuit en haute saison

♠♠ ❶ = – de 50 €   ♠♠ ❹ = 81 à 100 €
♠♠ ❷ = 51 à 65 €   ♠♠ ❺ = + de 100 €
♠♠ ❸ = 66 à 80 €

• Gîte rural
  Prix moyen par semaine en haute saison

♠ Ⓐ = – de 300 €   ♠ Ⓓ = 501 à 600 €
♠ Ⓑ = 301 à 400 €   ♠ Ⓔ = + de 600 €
♠ Ⓒ = 401 à 500 €

LES MILLÉSIMES

⑧② **83 85** |86| **89** |90| 91 92 93 |**95**| |**96**| 97 **98 99 00** ⓪① 02 **03** 04 **05**

83 01	les millésimes en rouge sont prêts (01 = millésime 2001)
99 05	les millésimes en noir sont à garder (05 = millésime 2005)
95 02	les millésimes en noir entre deux traits verticaux sont prêts pouvant attendre
83 95	les meilleurs millésimes sont en gras
⑨⓪	les millésimes exceptionnels sont dans un cercle

Les millésimes indiqués n'impliquent pas une disponibilité à la vente chez le producteur. On pourra les trouver aussi chez les cavistes ou les restaurateurs.

LES VIGNERONS ONT LA PAROLE

Après le repas gastronomique des Français, inscrit en 2010 au patrimoine culturel immatériel de l'humanité, c'est au tour des climats de Bourgogne et des « coteaux, maisons et caves de Champagne » de figurer sur la liste du patrimoine mondial de l'Unesco. Un coup de projecteur sur cette richesse qu'est notre vignoble, partie intégrante de notre culture et poids lourd de notre économie.

Une richesse dont le *Guide Hachette des vins* s'est fait écho depuis plus de trente ans, à travers chaque année près de 40 000 vins dégustés à l'aveugle, notés et commentés avec précision. Chaque édition compose ainsi un tableau pointilliste du vignoble français.

Mais derrière ces milliers de descriptions, il y a des hommes et des femmes, des vignerons, médiatiques ou discrets, des coopératives ou des négociants. C'est pourquoi nous avons souhaité accentuer leur présence. L'édition précédente a introduit de manière systématique de mini-articles présentant les domaines de manière synthétique, leur situation géographique, leur histoire, le parcours des propriétaires, leurs spécificités... Le Guide offre ainsi une double clé d'entrée aux lecteurs : un arrêt sur image – des vins dans un millésime donné – et une vue plus globale sur les producteurs.

Cette année, nous avons poussé plus loin encore cette approche vivante, tournée vers l'« humain » en proposant, au gré de chaque région viticole, des « paroles de vignerons » : des portraits et des interviews qui mettent en lumière des professionnels confirmés ou des valeurs montantes, tous producteurs de talent qui ont particulièrement brillé dans cette édition. L'occasion aussi, à travers eux, de « zoomer » sur des appellations, des terroirs, des méthodes de vinification, des types de vins divers et variés, bref, sur cette richesse du vin français que célèbre l'Unesco.

Pour conclure, laissons la parole à un grand vigneron, disparu prématurément à l'entrée de l'été, Christophe Delorme du Dom. de la Mordorée (vallée du Rhône) : « Être vigneron, c'est faire des vins qui ont une âme, et pas appliquer des méthodes scientifiques, faire une place à l'instinct, la passion, l'improvisation... Bref, à l'homme. »

COMMENT IDENTIFIER UN VIN ?

Les rayons des cavistes et des grandes surfaces offrent une large palette de vins français, voire étrangers. Cette variété, qui fait le charme du vin pour l'amateur averti, rend aussi le choix difficile et déroute le néophyte : la France produit à elle seule plusieurs dizaines de milliers de vins qui ont tous des caractères propres. Leur carte d'identité ? L'étiquette. Les pouvoirs publics, français et désormais européens, et les instances professionnelles se sont attachés à la réglementer. Capsules et bouchons complètent l'identification.

LES CATÉGORIES DE VIN

L'étiquette indique l'appartenance du vin à l'une des catégories réglementées en France : vin de France (ex-vin de table), indication géographique protégée IGP (ex-vin de pays), appellation d'origine contrôlée (AOC, AOP pour l'UE).

L'appellation d'origine protégée

La classe reine, celle de tous les grands vins. L'étiquette porte obligatoirement la mention « Appellation X protégée », parfois « X appellation protégée ». Si l'appellation porte le nom d'une entité géographique (région, ensemble de communes, commune, parfois lieu-dit), cette seule provenance ne suffit pas à la définir. Pour bénéficier de l'AOC, un vin doit provenir d'une aire délimitée, caractérisée par ses sols et son climat, plantée de cépages spécifiques cultivés et vinifiés selon les traditions régionales. C'est ce que l'on appelle les « usages locaux, loyaux et constants ».

L'appellation d'origine vin délimité de qualité supérieure

Une catégorie supprimée en 2011, naguère antichambre de l'appellation d'origine contrôlée, et soumise sensiblement aux mêmes règles. Nombreux il y a trente ans, les VDQS ont souvent accédé à l'AOC.

Du domaine et du terroir à l'étiquette.

Mise en place en 2009, cette réforme a entraîné trois changements importants, concernant chaque étage de la pyramide qualitative. Les vins de table sont devenus vins de France, mais ils ont surtout gagné, au-delà du droit de porter comme étendard le nom de notre pays, ce qui n'est pas rien, la possibilité d'afficher cépage(s) et millésime. Deux mentions en général perçues comme qualitatives, ici autorisées pour les vins du bas de l'échelle : on peut légitimement s'interroger sur la pertinence de cette modification réglementaire. Les vins de pays (VDP) sont devenus des IGP, indications géographiques protégées. Un bouleversement majeur puisque auparavant les VDP faisaient partie de la même catégorie que les vins de table ; ils entrent dorénavant dans la famille des vins avec indication géographique, qui comprend également les AOC/AOP. Un changement qui leur donne des droits (protection juridique du nom comme les AOP, appellation d'origine protégée) mais aussi des devoirs : démonstration à faire de leur lien à l'origine et mise en place de procédures de contrôle renforcées. En 2011, les 150 VDP alors existants ont vu leur nombre se réduire à 75. Enfin, les AOP sont depuis cette réforme soumises à de nouveaux modes de contrôle, la tant décriée dégustation systématique d'agrément étant supprimée au profit de contrôles moins fréquents mais plus proches du produit commercialisé. On attendra pour voir l'efficacité de ces nouvelles mesures sur la qualité des vins.

Les IGP/vins de pays

Ils portent le nom de leur lieu de naissance, mais ne sont pas des AOC. La différence ? Les vins de pays ne font pas l'objet d'une délimitation parcellaire, en fonction des types de sol ; ils sont issus de cépages dont la liste est définie réglementairement ; cette liste est plus large que pour les AOC. En un mot, leur rapport au terroir est moins fort. L'étiquette précise la provenance géographique du vin. On lira donc « Indication géographique protégée » (IGP) suivie du nom d'une région (ex : Val de Loire), d'un département (ex : Ardèche) ou d'une zone plus restreinte (ex : Cité de Carcassonne).

Les vins de France

Sans provenance géographique affichée, ils peuvent être issus de coupages, c'est-à-dire de mélanges de vins de plusieurs régions. Cela en fait en général des vins assez standard – sans surprise mais sans personnalité. Si les vins de France sont souvent des produits d'entrée de gamme commercialisés en gros volumes, il existe aussi des vins de table de propriété – souvent des « vins d'auteurs » élaborés hors des canons de l'appellation. Depuis une récente réforme, ces vins sont autorisés à afficher millésime et nom des cépages.

LE RESPONSABLE LÉGAL DU VIN

L'étiquette doit permettre d'identifier le vin et son responsable légal en cas de contestation. Le dernier intervenant dans l'élaboration du vin est celui qui le met en bouteilles ; ce sont obligatoirement son nom et son adresse qui figurent sur l'étiquette. Il peut s'agir d'un négociant, d'une coopérative ou d'un propriétaire-récoltant. Dans certains cas, ces renseignements sont confirmés par les mentions portées au sommet de la capsule de surbouchage.

LA MISE EN BOUTEILLES

L'étiquette mentionne si le vin a été mis en bouteilles à la propriété. L'amateur exigeant ne tolérera que les mises en bouteilles au domaine, à la propriété ou au château. Les formules « Mis en bouteilles dans la région de production, mis en bouteilles par nos soins, mis en bouteilles dans nos chais, mis en bouteilles par x (x étant un intermédiaire) », pour exactes qu'elles soient, n'apportent pas la garantie d'origine que procure la mise en bouteilles à la propriété où le vin a été vinifié.

LE MILLÉSIME

La mention du millésime, année de naissance du vin, c'est-à-dire de la vendange, n'est pas obligatoire. Elle est portée soit sur l'étiquette, soit sur une collerette collée au niveau de l'épaule de la bouteille. Les vins issus d'assemblage de différentes années ne sont pas millésimés. C'est le cas de certains champagnes et crémants, ou encore de certains vins de liqueur et vins doux naturels. À noter que l'Europe s'est alignée sur la règle en vigueur dans certains pays tiers, selon laquelle il suffit que 85 % du vin soit d'un millésime donné pour que l'étiquette puisse afficher le millésime.

LA CAPSULE

La plupart des bouteilles sont coiffées d'une capsule de surbouchage (capsule représentative de droits ou CRD) qui porte généralement une vignette fiscale, preuve que les droits de circulation auxquels toute boisson alcoolisée est soumise ont été acquittés. Cette vignette permet aussi de déterminer le statut du producteur (propriétaire ou négociant) et la région de production. Elle est verte pour les AOC, bleue pour les vins de pays. En l'absence de capsule fiscalisée, les bouteilles doivent être accompagnées d'un document délivré par le producteur.

LE BOUCHON

Les producteurs de vins de qualité ont éprouvé le besoin de marquer leurs bouchons, car si une étiquette peut être décollée et remplacée frauduleusement, le bouchon, lui, demeure ; l'origine du vin et le millésime y sont ainsi étampés.

LIRE L'ÉTIQUETTE

Sur les étiquettes, les indications foisonnent. Protection de l'origine géographique, de l'environnement, de la santé publique, exigence de traçabilité, souci de marketing : tous ces impératifs successifs les ont fait proliférer. Obligatoires ou facultatives, ces mentions donnent des indices sur le style du vin.

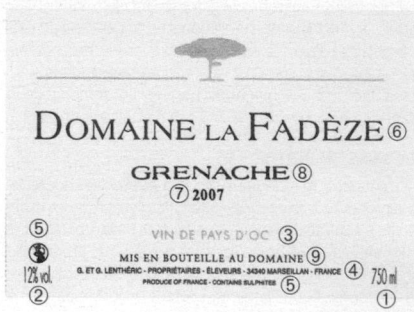

LES MENTIONS OBLIGATOIRES

Obligatoires pour toutes les catégories de vins, ces mentions suffisent à ce que le vin soit légalement mis en vente :

Volume

① La contenance standard d'une bouteille de vin est de 75 cl.

Degré alcoolique

② Cette mention contribue à apprécier le style du vin ; à 11 % vol. ou moins, c'est un vin léger ; à 13 % vol. ou plus, c'est un vin corsé et chaleureux.

Catégorie de vin

③ Elle indique la place du vin dans une hiérarchie réglementaire : vin de France, indication géographique protégée, vin d'appellation (AOC). Pour ces deux dernières catégories, elle informe aussi sur la provenance géographique du vin.

Embouteilleur

④ Le nom et l'adresse du responsable légal du vin permettent d'éventuelles réclamations.

Mentions sanitaires

⑤ La réglementation européenne a fait ajouter la mention « Contient des sulfites » lorsque le vin contient plus de 10 mg/l de SO2 (cas fréquent, le soufre étant un antiseptique et un antibactérien utile pour la bonne conservation du vin, et le seuil autorisé bien supérieur) ; les pouvoirs publics français imposent par ailleurs depuis 2007 une mise en garde à l'adresse des femmes enceintes.

LES MENTIONS FACULTATIVES

La marque et le domaine

⑥ Pour personnaliser le vin, nombre de producteurs lui donnent une marque : marque commerciale ou, notamment chez les récoltants, nom familial. Les termes de « château » ou « domaine » sont assimilés à des marques.

Le millésime

⑦ Souvent indiqué, il n'est pas pour autant obligatoire (*voir p. précédente*). Cette mention est fort utile, car elle permet d'évaluer les perspectives de garde en fonction de la cotation régionale des millésimes.

Le cépage

⑧ La mention du cépage est autorisée pour les vins de pays et certains vins d'appellation. Comme pour le millésime, l'Union européenne a adopté la règle des « 85/15 » : elle permet désormais d'indiquer le nom du cépage, même si 15 % du vin provient d'une autre variété.

Mise en bouteilles à la propriété

⑨ Un gage d'authenticité. Les caves coopératives, considérées comme le prolongement de la propriété, ont le droit d'utiliser cette mention. En Champagne, plusieurs sigles indiquent le statut du metteur en bouteilles, par exemple RM pour récoltant-manipulant (un vigneron), NM pour négociant-manipulant ou CM pour coopérative de manipulation (*voir* chapitre « Champagne »).

Classements

Dans certaines régions, il existe des classements officiels. En Bordelais (Médoc, Graves, Saint-Émilion, Sauternes), ce sont les propriétés et les châteaux qui sont classés. En Bourgogne, ce sont les terroirs : premiers ou grands crus, qui sont des lieux-dits (appelés *climats*). L'Alsace a également ses grands crus (terroirs classés), et la Champagne, ses premiers et grands crus (communes classées).

Bio

Jusqu'en 2012, faute d'accord à l'échelle européenne sur un cahier des charges en matière de vinification biologique, il n'y avait pas de « vin bio », seulement des « vins issus de raisins de l'agriculture biologique » (ou « de raisins biologiques » ou « cultivés en agriculture biologique »). Une telle mention, ainsi que le nom ou le numéro d'agrément de l'organisme certificateur qui vérifie le respect du cahier des charges, éventuellement accompagnée du logo AB, garantissaient une agriculture biologique (il faut cependant noter que certains domaines prestigieux pratiquent une viticulture bio sans le signaler). En 2012, un règlement européen a été publié. En conséquence, à partir de ce millésime, les mentions du type « vin issu de raisins de l'agriculture biologique » ne seront plus autorisées. Elles seront remplacées par le terme de « vin biologique » – à condition évidemment que les producteurs respectent la nouvelle réglementation pour l'élaboration de leurs vins –, accompagné du logo européen et du numéro de code de l'organisme certificateur. Le logo français AB reste facultatif.

VIN ISSU DE RAISINS CULTIVÉS EN AGRICULTURE BIOLOGIQUE
CERTIFIÉ ÉCOCERT SAS F32600

Style de vins

D'autres mentions renseignent sur le style de vins, sur son élaboration. Certaines sont traditionnelles et ont un caractère officiel : « vendanges tardives » (vin blanc moelleux d'Alsace), « sélection de grains nobles » (liquoreux d'Alsace ou d'Anjou), « vin jaune », « vin de paille » (vins originaux du Jura), « méthode traditionnelle » (effervescent résultant d'une seconde fermentation en bouteille). Autres précisions réglementées, le dosage d'un champagne (extra-brut, brut, demi-sec, etc.), qui indique son caractère plus ou moins sec ; en blanc, la mention « sec » ou « doux », utile lorsque l'appellation produit les deux types de vins ; le terme « sur lie », appliqué au muscadet ; l'adjectif « ambré », pour un rivesaltes blanc, tandis que le « tuilé » est rouge. Non réglementées mais

Si de nombreuses bouteilles comportent une étiquette unique, où figurent toutes les mentions obligatoires et facultatives, l'usage de la contre-étiquette se répand. Soit elle ne porte que des mentions facultatives (description du vin, conseils pour la température de service et les accords gourmands), soit elle affiche tout ou partie des mentions légales et obligatoires. Dans ce dernier cas, l'étiquette la plus visible a une fonction avant tout esthétique et porte des mentions succintes (marque, nom de cuvée, de commune). L'étiquette légale, placée « au dos » de la bouteille, ressemble à une contre-étiquette. Elle n'en comprend pas moins des précisions essentielles et mérite une lecture attentive. Certaines bouteilles portent une collerette, qui indique en général le millésime si celui-ci ne figure pas sur l'étiquette.

utiles, les mentions de l'élevage en fût de chêne, de l'absence de filtration, de soufre, etc. On se référera aux chapitres de chaque région pour une explication détaillée de ces mentions.

Nom de cuvée

⑩ On peut trouver sur l'étiquette des noms de lieux-dits, de communes ou de régions qui précisent la provenance : ce sont là des mentions réglementées. Cuvée Prestige, Vieilles Vignes, cuvée au nom des enfants du vigneron : ces mentions identifient un vin, mais elles ne garantissent pas une qualité supérieure. Si vous voulez acquérir une cuvée distinguée par le Guide, notez non seulement le nom du vin, mais aussi, s'il y a lieu, le nom de la cuvée et toutes les mentions qui figurent à côté du nom principal.

ACHETER : LES CIRCUITS D'ACHATS

En grande surface, chez le caviste, le producteur... Les circuits de distribution du vin sont multiples, chacun présentant ses avantages. À chaque consommateur de trouver la formule qui lui convient.

CHEZ LE PRODUCTEUR

La vente directe permet-elle de faire des économies ? Pas nécessairement, car les producteurs veillent à ne pas concurrencer leurs diffuseurs. Nombre de châteaux bordelais, quand ils vendent aux particuliers, proposent ainsi leurs crus à des prix supérieurs à ceux pratiqués par les détaillants. D'autant que les revendeurs obtiennent, grâce à des commandes massives, des prix plus intéressants que le particulier. En résumé, on achètera sur place les vins de producteurs dont la diffusion est limitée, et non les vins de grands châteaux, sauf millésimes rares ou cuvées spéciales.

L'achat à la propriété, un moyen de découvrir les secrets du vin.

La visite au producteur apporte bien d'autres satisfactions que celle d'une simple bonne affaire : on découvre un paysage, un terroir, des méthodes de travail ; on comprend les relations étroites qui existent entre un homme et son vin.

Sur les routes des Vins, on se souviendra du slogan : « Celui qui conduit est celui qui ne boit pas. » Les producteurs prévoient des crachoirs pour permettre aux conducteurs de goûter comme le font les professionnels.

EN CAVE COOPÉRATIVE

Les coopératives regroupent des producteurs d'une aire géographique donnée : une commune ou une zone plus large. Les adhérents apportent leur raisin et les responsables techniques se chargent du pressurage, de la vinification, de l'élevage et de la commercialisation. L'instauration de chartes de qualité avec les vignerons et la possibilité d'élaborer des cuvées selon la qualité spécifique de chaque livraison de raisin ou selon une sélection de terroirs ouvrent aux meilleures coopératives le secteur des vins de qualité, voire de garde.

CHEZ LE NÉGOCIANT

Le négociant, par définition, achète des vins pour les revendre, mais il est souvent lui-même propriétaire de vignobles : il peut donc agir en producteur et commercialiser sa production, ou bien vendre le vin de producteurs indépendants sans autre intervention que le transfert (cas des négociants bordelais qui ont à leur catalogue des vins mis en bouteilles au château), ou encore signer un contrat de monopole de vente avec une unité de production. Le négociant-éleveur assemble des vins de même appellation fournis par divers producteurs et les élève dans ses chais. Il est ainsi le créateur du produit à double titre : par le choix de ses achats et par l'assemblage qu'il exécute. Le propre d'un négociant est de diffuser, donc d'alimenter les réseaux de vente qu'il ne doit pas concurrencer en vendant chez lui ses vins à des prix très inférieurs.

CHEZ LE CAVISTE

Pour le citadin, c'est le mode d'achat le plus facile et le plus rapide, le plus sûr également lorsque le caviste est qualifié. Il existe nombre de boutiques spécialisées dans la vente de vins de qualité, indépendantes ou franchisées. Qu'est-ce qu'un bon caviste ? C'est celui qui est équipé pour entreposer les vins dans de bonnes conditions et qui sait choisir des vins originaux de producteurs amoureux de leur métier. En outre, le bon détaillant saura conseiller l'acheteur, lui faire découvrir des vins que celui-ci ignore et lui suggérer des accords gastronomiques.

EN GRANDE SURFACE

Aujourd'hui, nombre de grandes surfaces possèdent un rayon spécialisé bien équipé, où les bouteilles sont couchées et souvent classées par région. L'amateur y trouve – notamment en hypermarché – une large gamme, des vins de table aux crus prestigieux. Seuls les appellations confidentielles et les vins de petites propriétés sont moins représentés. Les foires aux vins des grandes surfaces proposent une offre élargie. Si celles de printemps misent plutôt sur les vins d'été à boire jeunes, celles d'automne présentent une importante sélection de crus renommés et de garde à des prix intéressants, même si les grands millésimes des domaines les plus prestigieux ne sont pas toujours disponibles. On consultera au préalable les catalogues, Guide en main, pour repérer cuvées et millésimes, et l'on viendra dès l'ouverture – voire en avant-première.

DANS LES CLUBS

Quantité de bouteilles, livrées en cartons ou en caisses, arrivent directement chez l'amateur grâce aux clubs qui offrent à leurs adhérents un certain nombre d'avantages. Le choix est assez vaste et comporte parfois des vins peu courants. Il faut toutefois noter que beaucoup de clubs sont des négociants.

DANS LES FOIRES ET SALONS

Organisés périodiquement dans les villes, foires et salons permettent aux amateurs de rencontrer un grand nombre de vignerons et de goûter certaines de leurs cuvées sans aller sur le lieu de production. L'offre est abondante, et l'atmosphère souvent conviviale à condition d'éviter les heures d'affluence... Mieux vaut préparer sa visite, aidé du Guide.

LES VENTES AUX ENCHÈRES

Ces ventes sont organisées par des commissaires-priseurs assistés d'un expert. Il importe de connaître l'origine des bouteilles. Si elles proviennent d'un grand restaurant ou de la riche cave d'un amateur, leur conservation est probablement parfaite, ce qui n'est pas toujours le cas si elles constituent un regroupement de petits lots divers. Les bouteilles dont le niveau n'atteint plus que le bas de l'épaule, ou d'une teinte « usée » (bronze pour les blancs, brune pour les rouges) ont sûrement dépassé leur apogée.

LES GRANDES BOUTEILLES

Le principe est simple : acquérir un vin avant qu'il ne soit élevé et mis en bouteilles, à un prix supposé inférieur à celui qu'il atteindra à sa sortie de la propriété. Les souscriptions sont ouvertes pour un volume contingenté et pour un temps limité, généralement au printemps et au début de l'été qui suivent les vendanges. Elles sont organisées par les propriétaires, par des sociétés de négoce et des clubs de vente de vins. L'acheteur s'acquitte de la moitié du prix convenu à la commande et s'engage à verser le solde à la livraison des bouteilles, c'est-à-dire de douze à quinze mois plus tard. Ainsi, le producteur bénéficie de rentrées d'argent rapides, et l'acheteur réalise une bonne opération... lorsque le cours des vins augmente !

On réalise rarement de bonnes affaires dans les grandes appellations, qui intéressent des restaurateurs. En revanche, les appellations moins connues, moins recherchées par les professionnels, sont parfois très abordables.

SUR INTERNET

Les cavistes en ligne donnent souvent quelques informations sur les bouteilles qu'ils vendent, voire sur les vignobles ou sur la dégustation, sans aller jusqu'au conseil personnalisé dont on peut bénéficier chez les meilleurs détaillants. Comme les clubs, ils font des offres commerciales (dégustations, visites). On privilégiera les sites connus, qui proposent des dispositifs de paiement sécurisé. On s'assurera des délais de livraison et l'on vérifiera si les prix sont intéressants en prenant en compte le coût du transport.

Nom de la bouteille	En Champagne	En Bordelais
Magnum	2 bouteilles (1,5 l)	2 bouteilles (1,5 l)
Double magnum		4 bouteilles (3 l)
Jéroboam	4 bouteilles (3 l)	6 bouteilles (4,5 l)
Mathusalem	8 bouteilles (6 l)	12 bouteilles (9 l)
Salmanazar	12 bouteilles (9 l)	
Balthazar	16 bouteilles (12 l)	
Nabuchodonosor	20 bouteilles (15 l)	20 bouteilles (15 l)

CONSERVER SON VIN

À l'inverse de la grappe de raisin avide de la lumière solaire, le vin recherche l'ombre. Il mûrit dans un lieu sombre et frais, protégé des vibrations et des odeurs. Il lui faut une atmosphère assez humide sans excès, suffisamment aérée mais à l'abri des courants d'air, et il redoute particulièrement les brusques changements de températures. Faute d'une cave enterrée idéale pour le stockage, ces exigences conduiront souvent à réaliser des aménagements divers, voire à opter pour une solution alternative.

AMÉNAGER SA CAVE

Une bonne cave est un lieu clos, sombre, à l'abri des trépidations et du bruit, exempt de toute odeur, protégé des courants d'air mais bien ventilé, d'un degré hygrométrique de 75 % et surtout d'une température stable, la plus proche possible de 11 ou 12 °C.

Les caves citadines présentent rarement de telles caractéristiques. Il faut donc, avant d'entreposer du vin, améliorer le local : établir une légère aération ou, au contraire, obstruer un soupirail trop ouvert ; humidifier l'atmosphère, en déposant une bassine d'eau contenant un peu de charbon de bois, ou l'assécher par du gravier tout en augmentant la ventilation ; tenter de stabiliser la température en posant des panneaux isolants ; éventuellement, monter les casiers sur des blocs en caoutchouc pour neutraliser les vibrations. Si toutefois une chaudière se trouve à proximité ou si des odeurs de mazout se répandent dans le local, celui-ci ne fera jamais une cave satisfaisante.

ÉQUIPER SA CAVE

L'expérience prouve qu'une cave est toujours trop petite. Le rangement des bouteilles doit donc être rationnel. Le casier à bouteilles classique, à un ou deux rangs, offre bien des avantages : il est peu coûteux et permet un accès facile à l'ensemble des flacons.

Malheureusement, ce casier à alvéoles est volumineux au regard du nombre de bouteilles logées. Si l'on possède une grande quantité de flacons, notamment lorsqu'on achète les mêmes références en quantités importantes, il faut empiler les bouteilles pour gagner de la place. Afin de séparer les piles pour avoir accès aux différents vins, on montera des casiers à compartiments pouvant contenir 24, 36 ou 48 bouteilles en pile, sur deux rangs. Si la cave n'est pas humide à l'excès, si le bois ne pourrit pas, il est possible d'élever des casiers en planches. Il sera nécessaire de les surveiller, car des insectes peuvent s'y installer, qui attaquent les bouchons et rendent les bouteilles couleuses. Les constructeurs proposent aujourd'hui nombre de casiers à compartiments, fixes, empilables et modulables, dans les matériaux les plus divers.

Deux instruments indispensables complètent l'aménagement de la cave : un thermomètre à maxima et minima, et un hygromètre.

RANGER SES BOUTEILLES

Dans la mesure du possible, on entreposera les vins blancs près du sol, les vins rouges au-dessus ; les vins de garde dans les rangées (ou casiers) du fond, les moins accessibles ; les bouteilles à boire, en situation frontale. Si les bouteilles achetées en cartons ne doivent pas demeurer dans leur emballage, celles livrées en caisses de bois peuvent y être conservées un temps, notamment si l'on envisage de revendre le vin. Néanmoins, les caisses

prennent beaucoup de place et sont une proie aisée pour les pilleurs de caves. Il faut donc surveiller régulièrement leur état. On repérera casiers et bouteilles par un système de notation (alphanumérique par exemple), à reporter sur le livre de cave.

CONSTITUER SA CAVE

Constituer une cave demande de l'organisation. Au préalable, on évaluera le budget dont on dispose et la capacité de sa cave. Il est utile aussi d'estimer dans les grandes lignes sa consommation annuelle. Ensuite, il convient d'acquérir des vins n'évoluant pas pareil, afin qu'ils n'atteignent pas tous en même temps leur apogée. Et pour ne pas boire toujours les mêmes, fussent-ils les meilleurs, on a intérêt à élargir sa sélection afin de disposer de bouteilles adaptées à différentes occasions et préparations culinaires. Plus le nombre de bouteilles est restreint, plus il faut veiller à les renouveler.

VINS À BOIRE, VINS À ENCAVER

Souhaite-t-on consommer ses vins sur une courte période ou suivre leur évolution dans le temps ? La démarche sera différente. Si l'on recherche une bouteille prête à boire, on privilégiera les bouteilles à boire jeunes ou de courte garde : vins primeurs (de type beaujolais nouveau), vins de pays ou d'appellation régionale. Faut-il écarter les appellations prestigieuses, les vins de garde ? Non, mais on se tournera vers des millésimes à évolution rapide – ces « petits » millésimes qui ont l'avantage d'être prêts plus tôt. Il est difficile de trouver sur le marché de grands vins parvenus à leur apogée. Certains cavistes ou propriétaires en proposent, mais à un prix évidemment très élevé. Lorsqu'on souhaite conserver ses vins dans l'espoir de les voir se bonifier, mieux vaut être très sélectif

PAS DE CAVE ?

Si l'on ne dispose pas de cave ou que celle-ci est inutilisable, plusieurs solutions sont possibles :
– acheter une armoire à vin, dont la température et l'hygrométrie sont automatiquement maintenues ;
– construire de toutes pièces, en retrait dans son appartement, un lieu de stockage dont la température varie sans à-coups et ne dépasse pas 16 ° C. Plus la température est élevée, plus le vin évolue rapidement. Or, un vin qui atteint rapidement son apogée dans de mauvaises conditions de garde ne sera jamais aussi bon que s'il avait vieilli lentement dans une cave fraîche ;
– acquérir une cave en kit, à installer dans son logement, ou faire aménager une cave préfabriquée que l'on dispose en général sous la maison. Ces espaces, qui pallient l'absence de cave enterrée, représentent un investissement plus lourd qu'une armoire à vins.

dans le choix des producteurs et acquérir les meilleurs millésimes (*voir* tableau des millésimes pages suivantes).

QUAND FAUT-IL BOIRE LE VIN ?

Les vins évoluent de manières très différentes. Ils atteignent leur apogée après une garde plus ou moins longue : de un à vingt ans. Quant à la phase d'apogée, elle varie de quelques mois pour les vins à boire jeunes, à plusieurs décennies pour quelques rares grandes bouteilles.

Le temps de garde varie selon l'appellation – et donc selon le cépage, le terroir et de la vinification. La qualité du millésime influe aussi sur la conservation : un petit millésime peut évoluer deux ou trois fois plus rapidement qu'un autre millésime d'une même appellation. Néanmoins, il est possible d'évaluer le potentiel de garde des vins selon leur origine géographique. À chacun, ensuite, d'ajuster cette garde en fonction des conditions de conservation dans sa cave et de sa connaissance des millésimes.

LES MILLÉSIMES

Les vins de qualité sont millésimés à l'exception des vins de liqueur, de certains vins doux naturels et de nombreux effervescents élaborés par assemblage de plusieurs années. Dans ce cas, la qualité du produit dépend du talent de l'assembleur, mais ces vins ne gagnent pas à vieillir. Des conditions météorologiques au moment de la maturation et de la récolte, la qualité des millésimes varie selon les régions viticoles et selon les producteurs.

QU'EST-CE QU'UN GRAND MILLÉSIME ?

Il est généralement issu de faibles rendements, même si de bonnes conditions climatiques engendrent parfois l'abondance et la qualité, comme en 1989 et en 1990. Le grand millésime résulte souvent de vendanges précoces. Dans tous les cas, il a été élaboré à partir de raisins parfaitement sains, exempts de pourriture.

Peu importe les conditions météorologiques qui ont marqué le début du cycle végétatif : on peut même soutenir que des incidents tels que gel ou coulure (chute de jeunes baies avant maturation) ont des conséquences favorables puisqu'ils diminuent le nombre de grappes par pied. En revanche, la période qui s'étend du 15 août aux vendanges est capitale : un maximum de chaleur et de soleil est alors nécessaire. L'année 1961 demeure le grand millésime du xxᵉ s. A contrario, les années 1963, 1965 et 1968 furent désastreuses, parce qu'elles cumulèrent froid et pluie, d'où une absence de maturité et un fort rendement en raisins gorgés d'eau. Pluie et chaleur ne valent guère mieux, car leur conjonction favorise la pourriture ; 1976 – le grand millésime potentiel du sud-ouest de la France – en a pâti. Quant à la canicule de 2003, elle a parfois grillé le raisin et produit des vins lourds.

COMMENT LIRE UN TABLEAU DE COTATION ?

Il est d'usage de résumer la qualité des millésimes dans des tableaux de cotation, mais il faut en connaître les limites. Ces notes, des moyennes, ne prennent pas en compte les microclimats, pas plus que les efforts de tris de raisins à la vendange ou les sélections des vins en cuve. On peut élaborer un excellent vin dans une année cotée zéro.

Propositions de cotation (de 0 à 20)

	Alsace	Beaujolais	Bordeaux rouge	Bordeaux liquoreux	Bordeaux sec	Bourgogne rouge	Bourgogne blanc	Champagne	Jura (vin jaune)	Languedoc-Roussillon	Provence rouge	Sud-Ouest rouge	Sud-Ouest blanc liquoreux	Loire rouge	Loire blanc liquoreux	Rhône (nord)	Rhône (sud)
1945	20		20	20	18	20	18	20					19				
1946	9		14	9	10	10	13	10					12				
1947	17		18	20	18	18	18	18					20				
1948	15		16	16	16	10	14	11					12				
1949	19		19	20	18	20	18	17					16				
1950	14		13	18	16	11	19	16					14				
1951	8		8	6	6	7	6	7					7				
1952	14		16	16	16	16	18	16					15				
1953	18		19	17	16	18	17	17					18				
1954	9	9	10			14	11	15					9				
1955	17	13	16	19	18	15	18	19					16				
1956	9	6	5										9				
1957	13	11	10	15		14	15						13				
1958	12	7	11	14		10	9						12				
1959	20	13	19	20	18	19	17	17					19				
1960	12	5	11	10	10	10	7	14					9				
1961	19	16	20	15	16	18	17	16					16				
1962	14	13	16	16	16	17	19	17					15				
1963		6					10										
1964	18	8	16	9	13	16	17	18					16				
1965					12								8				
1966	12	11	17	15	16	18	18	17					15				

18

	Alsace	Beaujolais	Bordeaux rouge	Bordeaux liquoreux	Bordeaux sec	Bourgogne rouge	Bourgogne blanc	Champagne	Jura (vin jaune)	Languedoc-Roussillon	Provence rouge	Sud-Ouest rouge	Sud-Ouest blanc liquoreux	Loire rouge	Loire blanc liquoreux	Rhône (nord)	Rhône (sud)
1967	14	13	14	18	16	15	16						13				
1968																	
1969	16	14	10	13	12	19	18	16					15				
1970	14	13	17	17	18	15	15	17					15				
1971	18	15	16	17	19	18	20	16					17				
1972	9	6	10		9	11	13						9				
1973	16	7	13	12		12	16	16					16				
1974	13	8	11	14		12	13	8					11				
1975	15	7	18	17	18		11	18					15				
1976	19	16	15	19	16	18	15	15					18				
1977	12	9	12	7	14	11	12	9					11				
1978	15	12	17	14	17	19	17	16					17				
1979	16	13	16	18	18	15	16	15					14				
1980	10	10	13	17	18	12	12	14					13			15	
1981	17	14	16	16	17	14	15	15					15				
1982	15	12	18	14	16	14	16	16			17	17	15	14		14	15
1983	20	17	17	17	16	15	16	15	16			16	18	12		16	16
1984	15	11	13	13	12	13	14	5		13		10	10			13	15
1985	19	16	18	15	14	17	17	17	17	18	17	17	17	18	16	17	16
1986	10	15	17	17	12	12	15	12	17	15	16	16	16	13	14	15	13
1987	13	14	13	11	16	12	11	10	16	14	14	14		13		16	17
1988	17	15	16	19	18	16	14	18	16	17	17	18	18	16	18	17	15
1989	16	16	18	19	18	16	18	16	17	16	16	17	17	20	19	18	16
1990	18	14	18	20	17	18	16	18	18	17	16	16	18	17	20	19	19
1991	13	15	13	14	13	14	15	11		14	13	14		12	9	15	13
1992	15	9	12	10	14	15	17	12		13	9	9		14		11	16
1993	13	11	13	8	15	14	13	12		14	11	14	14	13	12	11	14
1994	12	14	14	14	17	14	16	12		12	10	14	15	14	12	14	11
1995	12	16	16	18	17	14	16	16	17	15	15	15	16	17	17	15	16
1996	13	14	15	18	16	17	18	19	18	13	14	14	13	17	17	15	13
1997	16	13	14	18	14	14	17	15	16	13	13	13	16	16	16	14	13
1998	13	13	15	16	14	15	14	13	14	17	16	16	13	14		18	18
1999	10	11	14	17	13	13	12	15	17	15	16	14	10	12	10	16	14
2000	12	12	18	10	16	11	15	15	16	16	14	14	13	16	13	17	15
2001	13	11	15	17	16	13	16	9		16	14	16	18	13	16	17	11
2002	11	10	14	18	16	17	17	17	14	12	11	15	14	14	10	8	9
2003	12	15	15	18	13	17	18	14	17	15	13	14	17	15	17	16	14
2004	13	12	14	10	17	13	15	16	13	15	15	13	15	14	10	12	16
2005	15	18	18	17	18	19	18	14	17	15	12	16	17	16	18	16	18
2006	12	12	14	16	14	14	16	15	15	15	16	13	15	10	10	16	15
2007	16	14	14	17	15	12	13	13	14	16	14	12	14	12	13	15	18
2008	14	14	15	16	15	14	15	16		15	12	13	12	15	12	14	14
2009	15	18	18	18	19	17	16	15		15	14	18	17	17	14	18	16
2010	14	16	18	18	19	16	17	14		17	14	15	12	17	16	16	15
2011	15	14	16	17	15	14	15	13		15	16	14	13	15	15	14	14
2012	16	14	14	12	14	14	15	18		16	14	15	13	13	10	14	14
2013	15	15	14	17	13	14	15	14		17	13	13	15	15	13	14	14
2014	13	16	16	16	17	16	16	14		15	13	15	14	17	16	13	13

LA DÉGUSTATION

Pour l'amateur, savoir déguster, c'est découvrir toutes les facettes du vin en trois étapes : l'œil, le nez, la bouche. Simple exercice de frime, manifestation de snobisme ? Parfois, mais surtout on comprend et on apprécie mieux tout ce que l'on parvient à traduire en mots, ses sensations par exemple. Cela demande un petit effort, mais le plaisir que l'on peut en retirer en vaut la peine. En tout état de cause, déguster doit rester un jeu, un moment de partage.

LES CONDITIONS IDÉALES

Le cadre

Pour une bonne dégustation, mieux vaut être dans une pièce bien éclairée (lumière naturelle ou éclairage ne modifiant pas les couleurs, dit lumière du jour), sans odeurs parasites telles que parfum, fumée (tabac ou cheminée), plat cuisiné ou fleurs. La température ne doit pas dépasser 18-20 °C. Si l'on déguste le vin pour lui-même, le meilleur moment est avant les repas (le matin vers 11 h, l'après-midi vers 18 h). À table, autour d'un plat, le vin révélera une facette de sa personnalité différente mais tout aussi – voire plus – intéressante.

Le verre

Le verre est comme un outil pour le dégustateur. Il est primordial qu'il soit le mieux adapté possible. Un vin ne s'exprimera pas aussi bien – voire pas du tout – dans un verre à moutarde que dans un verre à pied. Un verre incolore, afin que la robe du vin soit bien visible, et si possible fin. Sa forme sera celle d'une tulipe légèrement refermée pour mieux retenir les arômes. Son corps sera séparé du pied par une tige : ainsi, le vin ne se réchauffera pas lorsqu'on tiendra le verre par son pied et pourra facilement être agité pour s'oxygéner et révéler son bouquet. La forme du verre a une telle influence sur l'appréciation olfactive et gustative du vin que l'Association française de normalisation (Afnor) et les Instances internationales de normalisation (Iso) ont adopté, après étude, un type de verre qui offre de bonnes garanties d'efficacité, appelé verre INAO. L'Union des œnologues de France a également mis au point des verres à dégustation.

LES ÉTAPES DE LA DÉGUSTATION

La dégustation fait successivement appel à la vue, à l'odorat et au goût – et même au sens tactile, par l'entremise de la bouche, sensible à la température, à la consistance et à la présence de gaz.

L'œil

L'examen de la robe (ensemble des caractères visuels), marquée par le cépage d'origine et le mode d'élaboration, est riche d'enseignements. Il porte sur :

– La limpidité. Aujourd'hui, les vins mis sur le marché sont limpides. Tout au plus peut-on trouver de petits cristaux de bitartrates (insolubles), précipitation que connaissent les vins victimes d'un coup de froid ; leur qualité n'en est pas altérée. On détermine la transparence (vin rouge) en inclinant son verre sur un fond blanc, nappe ou feuille de papier.

– La nuance de la robe. Le mode d'élaboration a parfois une influence sur la teinte : les vins blancs élevés en fût

TEMPÉRATURES DE SERVICE

Grands vins rouges de Bordeaux à leur apogée	16-17 °C
Grands vins rouges de Bourgogne à leur apogée	15-16 °C
Grands vins rouges avant leur apogée, vins rouges de qualité	14-16 °C
Grands vins blancs secs	12-14 °C
Vins rouges légers, fruités, jeunes	11-12 °C
Vins primeurs et rosés	10 °C
Vins blancs secs vifs et légers	10-12 °C
Champagnes, crémants, vins effervescents	8-9 °C
Vins liquoreux	8-9 °C

gouleyant à boire jeune : pour juger, on tiendra compte du type du vin.

– **Les larmes ou jambes.** Il s'agit des écoulements que le vin forme sur la paroi du verre quand on l'anime d'un mouvement rotatif pour humer les arômes. Les larmes traduisent la présence de glycérol, un composé visqueux au goût sucré qui se forme pendant la fermentation et qui donne au vin son onctuosité (le « gras » du vin).

Le nez

Deuxième étape de la dégustation, l'examen olfactif permet aux dégustateurs professionnels de détecter certains défauts rédhibitoires, telles la piqûre acétique ou l'odeur du liège moisi (goût de bouchon). Pour les amateurs, heureusement, il ne s'agit la plupart du temps que de démêler des impressions plus agréables. Le nez du vin rassemble un faisceau de parfums en mouvance permanente, dont les effluves se présentent successivement selon la température et l'aération. On commencera par humer ce qui se dégage du verre immobile, puis on imprimera au vin un mouvement de rotation : l'air fait alors son effet et d'autres parfums apparaissent. Les composants aromatiques du vin s'expriment selon leur volatilité. Il s'agit en quelque sorte d'une évaporation du vin, ce qui explique que la température de service soit si importante : trop froide, les arômes ne s'expriment pas ; trop chaude, ils s'évaporent trop rapidement, s'oxydent, et les parfums très volatils disparaissent, tandis que ressortent des éléments aromatiques lourds. La qualité d'un vin est fonction de l'intensité et de la complexité du bouquet. Le vocabulaire relatif aux arômes est riche, car il procède par analogie. Divers systèmes de classification des arômes ont été proposés ; pour simplifier, retenons les familles florale, fruitée, végétale (ou herbacée), épicée, balsamique, animale, empyreumatique (en référence au feu), minérale, lactée et la pâtisserie.

ont souvent une teinte plus foncée. La couleur de la robe informe surtout sur l'âge du vin et sur son état de conservation. La robe des vins blancs jeunes, jaune pâle, présente parfois des reflets verts. Avec l'âge, elle fonce, devient jaune d'or, puis cuivrée, voire bronzée. Ces teintes ambrées, normales pour un vin liquoreux, doivent alerter pour un vin sec : il a sans doute dépassé son apogée. Quant aux vins rouges, leur robe affiche des nuances violettes lorsqu'ils sont jeunes. Des reflets orangés ou brique annoncent un vin évolué, qu'il ne faut pas tarder à boire.

– **L'intensité de la couleur.** On ne confondra pas intensité et nuance (le ton) de la robe. Une couleur claire reflète parfois un vin dilué. Mais l'intensité de la couleur est aussi fonction du cépage : en rouge, par exemple, le cabernet-sauvignon, la syrah et le tannat donnent des robes plus profondes que le pinot noir. Elle peut aussi varier en fonction de la vinification : une macération courte donne des robes légères, une cuvaison longue, des robes foncées, signe d'une plus forte extraction. La robe légère n'est pas forcément un défaut pour un vin

QUALIFICATIFS SE RAPPORTANT À L'EXAMEN VISUEL DE LA ROBE

	NUANCES	INTENSITÉ	LIMPIDITÉ
Blancs	jaune clair, paille, or, ambré		
Rosés	églantine, œil-de-perdrix, saumon, rose, framboise, grenadine	Légère Soutenue Intense Foncée Profonde	Opaque Louche Voilée Cristalline
Rouges	rubis, cerise, pivoine, pourpre, grenat, violet		

LES PRINCIPALES FAMILLES D'ARÔMES

Florale	Fleurs blanches (aubépine, jasmin, acacia...), tilleul, violette, iris, pivoine, rose
Fruitée	Fruits rouges (cerise, fraise, framboise, groseille), noirs (cassis, mûre, myrtille), jaunes (pêche, abricot, mirabelle), blancs (pomme, poire, pêche blanche), exotiques (fruit de la Passion, mangue, ananas, litchi), agrumes (citron, pamplemousse, orange, mandarine)
Végétale	Herbe, fougère, mousse, sous-bois, champignon, humus, garrigue
Épicée	Poivre, gingembre, cannelle, vanille, girofle, réglisse
Balsamique	Résine, pin, térébenthine, santal
Animale	Viande, gibier, musc, fourrure, cuir
Empyreumatique	Brûlé, fumé, grillé, toasté, torréfié (café, cacao), caramel, tabac, foin séché
Minérale	Pierre à fusil, graphite, pétrole, iode
Pâtisserie	Brioche, miel
Lactée	Beurre frais, crème

La bouche

Une faible quantité de vin est mise en bouche. Pour permettre sa diffusion dans l'ensemble de la cavité buccale, on aspire un filet d'air. À défaut, le vin est simplement mâché. Dans la bouche, il s'échauffe et diffuse de nouveaux éléments aromatiques, recueillis par la voie rétronasale qui utilise le passage reliant le palais aux fosses nasales – étant entendu que les papilles de la langue ne sont sensibles qu'aux quatre saveurs élémentaires : l'amer, l'acide, le sucré et le salé. Voilà pourquoi une personne enrhumée ne peut goûter un vin, la voie rétronasale étant inopérante.

Outre les quatre saveurs élémentaires, la bouche est sensible à la température du vin, à sa viscosité, à la présence ou à l'absence de gaz carbonique et à l'astringence (effet tactile : absence de lubrification par la salive et contraction des muqueuses sous l'action des tanins).

LES DEGRÉS DE L'ACIDITÉ

Manque	Satisfaisant			Excès
Plat Mou	Tendre	Frais Vif	Nerveux	Vert, mordant Agressif

LES DEGRÉS DU SUCRÉ

Absence	Satisfaisant			Excès
Sec	Tendre Souple	Doux Moelleux	Liquoreux	Sirupeux, pommadé Lourd

LES DEGRÉS DE LA PUISSANCE ALCOOLIQUE

Manque	Satisfaisant			Excès
Pauvre Mince	Léger	Généreux Vineux	Puissant Chaleureux Capiteux	Alcooleux Brûlant

LES TANINS (VINS ROUGES)

Absence	Présence harmonieuse			Présence excessive
Gouleyant, souple	Soyeux, velouté, fondu	Construit, structuré	Charpenté, tannique, solide, viril	Rustique, anguleux, grossier, astringent, âpre, séchant, dur, acerbe

S'EXERCER À LA DÉGUSTATION

Comment commencer ? Il existe dans le commerce des flacons d'arômes qui aident à développer son nez. On peut organiser chez soi des séances d'entraînement, avec jeux de reconnaissance de parfums et dégustations de vins. On apprend beaucoup en comparant : on choisira pour commencer des couples de vins très différents, comme un bourgogne (cépage chardonnay) et un sancerre (cépage sauvignon) en blanc ; un pomerol (dominante de merlot) et un côte-rôtie (syrah) en rouge, ou encore un vin boisé et un autre non boisé. On s'intéressera au goût des aliments ainsi qu'à l'harmonie des vins et des mets. Les passionnés s'inscriront à des stages proposés par de multiples organismes.

C'est en bouche que se révèlent l'équilibre, l'harmonie, l'élégance ou, au contraire, le caractère de vins mal bâtis. L'harmonie des vins blancs et rosés s'apprécie à leur équilibre entre acidité et alcool pour les vins secs, acidité et moelleux (sucre) pour les vins doux. Pour les vins rouges, elle tient à l'équilibre entre l'acidité, l'alcool et les tanins. Ces éléments supportent sa richesse aromatique ; un grand vin se distingue par sa construction rigoureuse et puissante, quoique fondue, par son ampleur et par sa complexité aromatique.

Après cette analyse en bouche, le vin est avalé. Le dégustateur se concentre alors pour mesurer sa persistance aromatique, appelée aussi longueur en bouche. Plus le vin est riche en arômes, plus il est dense et séveux, plus il tapisse les muqueuses du palais et prolonge l'excitation des sens. En somme, plus un vin est long, plus il est estimable. Cette mesure (exprimée en secondes ou caudalies) ne porte que sur la longueur aromatique, à l'exclusion des éléments de structure du vin (acidité, amertume, sucre et alcool).

LA RECONNAISSANCE D'UN VIN

La dégustation consiste le plus souvent à apprécier un vin. Est-il grand, moyen ou petit ? Si son origine est précisée, on cherche parfois à savoir s'il est conforme à son type.

Quant à la dégustation d'identification, ou de reconnaissance, c'est un jeu de société. Elle demande un minimum d'informations. On peut reconnaître un cépage, par exemple le cabernet-sauvignon. Mais de quel pays provient-il ? L'identification des grandes régions françaises est possible, mais il est difficile d'être plus précis : si l'on propose six verres de vin en précisant qu'ils représentent les six appellations communales du Médoc (listrac, moulis, margaux, saint-julien, pauillac, saint-estèphe), combien y aura-t-il de sans-faute ?

Une expérience classique prouve la difficulté de la dégustation de reconnaissance : le dégustateur, les yeux bandés, goûte en ordre dispersé des vins rouges peu tanniques et des vins blancs non aromatiques, de préférence élevés dans le bois. Il doit simplement distinguer le blanc du rouge : il est très rare qu'il ne se trompe pas !

LES ACCORDS METS ET VINS

En France, le vin se déguste le plus souvent à table. S'il n'y a pas de vérité absolue pour l'alliance des mets et des vins, il existe quelques règles simples qui permettent de mettre en valeur aussi bien le plat que le vin et d'éviter quelques rares incompatibilités. Pour choisir le vin d'accompagnement, on tiendra compte non seulement de l'ingrédient principal de la recette, de ses arômes et de sa texture, mais aussi de sa préparation (cru ou cuit), son mode de cuisson (grillé, rôti, bouilli ou mijoté), des assaisonnements, des sauces et des garnitures qui peuvent modifier son goût.

On trouvera listés ci-dessous, région par région, les cuvées coups de cœur du *Guide Hachette des Vins 2016* d'un bon rapport qualité-prix. Trois remarques à ce sujet.

1. Les critères d'attribution de cette mention sont évidemment fonction des prix généralement pratiqués dans l'AOC : en beaujolais, un vin de plus de 10 € pourra difficilement être qualifié de « bon rapport qualité-prix », tandis qu'un saint-émilion grand cru dans la fourchette de 11 à 20 € pourra prétendre à cette mention.

2. L'exclusion de cette liste ne signifie pas non plus que le vin est d'un « mauvais rapport qualité-prix ». En effet, ne peuvent être pris en compte dans les grilles d'évaluation des critères très fins, tels que le terroir, le caractère plus ou moins sophistiqué de la vinification, ou encore la réputation de tel ou tel lieu-dit.

3. Ces listes permettent de battre en brèche le préjugé selon lequel il y aurait des vignobles toujours chers : même dans les vignobles les plus prestigieux, on peut trouver des vins d'un bon rapport qualité-prix.

♥ ALSACE

Moins de 11 €

Alsace grand cru	André Blanck et ses Fils	Schlossberg Riesling	2013	★★★
Alsace grand cru	Ruhlmann-Dirringer	Frankstein Riesling Les Mille et Une Pierres	2013	★★
Alsace grand cru	Cave du Vieil Armand	Ollwiller Gewurztraminer	2012	★★★
Alsace pinot gris	Maison Pettermann	Fleur d'automne	2013	★★
Alsace pinot noir	Paul Buecher	Réserve personnelle	2013	★★★ ⓑ
Alsace pinot noir	Ruhlmann-Dirringer	À Fleur de Roche	2013	★★★
Alsace pinot noir	Vincent Stoeffler	Lieu-dit Salzhof Cuvée nature	2013	★★★ ⓑ
Alsace riesling	Leipp-Leininger		2013	★★★
Alsace riesling	Dom. René Meyer	Les Terrasses Clos des Escargots	2013	★★
Alsace riesling	Moltès	Terre d'Apollon	2013	★★★

De 11 à 20 €

Alsace grand cru	Dopff au Moulin	Brand Gewurztraminer	2012	★★★
Alsace grand cru	Dom. Armand Gilg	Zotzenberg Sylvaner	2013	★★
Alsace grand cru	Henri Gsell	Eichberg Pinot gris	2013	★★
Alsace grand cru	Charles Sparr	Brand Pinot gris Collection	2013	★★
Alsace pinot noir	Becker	Rouge «F» de Zellenberg	2013	★★★ ⓑ

♥ BEAUJOLAIS ET LYONNAIS

Moins de 11 €

Beaujolais-villages	Dom. de Croifolie		2014	★★
Beaujolais-villages	Michèle et François Descombes	Les Millerands	2014	★★
Brouilly	Dom. des Chevaliers		2014	★★
Coteaux-du-lyonnais	Clos de la Roue	Conservatoire	2014	★★
Côte-de-brouilly	Dom. de la Motte		2013	★★
Côte-de-brouilly	Dom. Pavillon de Chavannes		2013	★★

■	Fleurie	Cave des Grands Vins de Fleurie		2014 ★★
■	Juliénas	Dom. Châtaignier Durand	Vieilles Vignes	2014 ★★
■	Régnié	Dom. de la Roche Thulon		2014 ★★
■	Saint-amour	Ch. Bonnet	Vieilles Vignes	2014 ★★

♥ BORDELAIS

Moins de 11 €

■	Blaye	Ch. les Pierrères	Élevé en fût de chêne	2013 ★★	
■	Blaye-côtes-de-bordeaux	Ch. la Croix Saint-Pierre		2013 ★★	
■	Bordeaux	Ch. la Commanderie du Bardelet		2013 ★★	
■	Bordeaux	Ch. Guichot	Vieilles Vignes	2013 ★★	
■	Bordeaux blanc	Dom. des Graves d'Ardonneau		2014 ★★	
	Bordeaux blanc	Ch. Lamothe de Haux	Valentine par Valentine	2013 ★★★	
	Bordeaux blanc	Ch. Lestrille Capmartin		2013 ★★	
■	Bordeaux clairet	Marquis de Génissac		2014 ★★	
■	Bordeaux supérieur	Ch. Naudy		2013 ★★	
■	Bordeaux supérieur	Ch. le Peuy Saincrit		2013 ★★	
■	Bordeaux supérieur	Ch. Virecourt Conté		2013 ★★	❽
	Cadillac	Dom. du Vio		2012 ★★	
●	Crémant-de-bordeaux	Lateyron	Centenaire	★★	
	Côtes-de-bourg	Ch. de la Grave	Grains fins	2014 ★★	
■	Côtes-de-bourg	Ch. Laroche	Élevé en fût de chêne	2013 ★★	
■	Côtes-de-bourg	Ch. Moulin des Richards	Cuvée Caroline	2013 ★★	
	Entre-deux-mers	Ch. Chantelouve		2014 ★★	
	Entre-deux-mers	Ch. Naudonnet Plaisance		2014 ★★	
	Graves	Ch. Beauregard Ducasse	Albertine Peyri	2013 ★★	
■	Médoc	Ch. l' Argenteyre		2012 ★★	
■	Sainte-croix-du-mont	Ch. des Arroucats	Sélection du Château	2013 ★★	
■	Saint-émilion	Ch. Barberousse		2012 ★★	

De 11 à 20 €

■	Canon-fronsac	Ch. Canon		2012 ★★	
■	Canon-fronsac	Ch. Roullet		2012 ★★	
■	Fronsac	Ch. Arnauton		2012 ★★	
■	Lalande-de-pomerol	Dom. Pont de Guestres		2012 ★★	
■	Moulis-en-médoc	Ch. Granins Grand Poujeaux		2012 ★★	
■	Saint-émilion grand cru	Ch. La Fleur Perey	Cuvée Prestige Élevé en fût de chêne	2012 ★★	
■	Saint-émilion grand cru	Ch. les Gravières		2012 ★★	

LES « BONS PLANS » DU GUIDE

De 20 à 30 €

■ Margaux	Ch. Labégorce		2012	★★★
■ Saint-estèphe	Ch. la Haye		2012	★★

De 30 à 50 €

■ Pomerol	Ch. Feytit-Clinet		2012	★★★
■ Saint-julien 2e cru clas.	Ch. Gruaud Larose		2012	★★★

♥ BOURGOGNE

Moins de 11 €

■ Bourgogne	Jean-Michel Moreau	Épineuil	2013	★★
Bourgogne-aligoté	Dom. Gouffier	En Rateaux	2013	★★
Bourgogne-hautes-côtes-de-beaune	Dom. de la Confrérie		2013	★★
Chablis	Dom. Besson		2013	★★
Chablis	Jean-Pierre et Alexandre Ellevin		2013	★★
Chablis	Ch. de Fleys	L'Incontournable	2013	★★
Crémant-de-bourgogne	Louis Bouillot	Perle d'ivoire		★★
Mâcon et mâcon-villages	Dom. Bourdon		2013	★★
■ Mâcon et mâcon-villages	Dom. Coteaux des Margots	Cuvée Margot	2013	★★
Saint-véran	Dom. Chêne	Cuvée Prestige	2013	★★
Saint-véran	Dom. de la Creuze Noire	La Côte	2013	★★

De 11 à 20 €

■ Aloxe-corton	Dom. Daniel Largeot		2012	★★
Bourgogne-hautes-côtes-de-nuits	Hervé Kerlann	K	2013	★★★
Chablis premier cru	La Chablisienne	Côte de Léchet	2012	★★★
Chablis premier cru	Dom. Charly Nicolle	Les Fourneaux	2013	★★
Chablis premier cru	Dom. Roy	Fourchaume	2013	★★
■ Chorey-lès-beaune	Daniel Largeot	Les Beaumonts	2012	★★
■ Chorey-lès-beaune	Dom. Maillard Père et Fils		2013	★★
■ Givry 1er cru	Michel Sarrazin	Champ Lalot	2013	★★
■ Ladoix	Dom. Maratray-Dubreuil	Vieilles vignes	2013	★★
■ Maranges 1er cru	Dom. Bertrand Bachelet	Les Clos Roussots	2013	★★
■ Maranges 1er cru	Jean-Claude Regnaudot et Fils	Les Clos Roussots	2013	★★
■ Mercurey 1er cru	Dom. de la Perrière		2013	★★
Montagny 1er cru	Jean-Pierre Berthenet	Les Saint Morilles	2013	★★
Santenay	Jacques Girardin	Les Terrasses de Biévaux	2013	★★
Saint-romain	Dom. Rapet	Vieilles Vignes	2013	★★
Rully 1er cru	Jean-Baptiste Ponsot	Montpalais	2013	★★
■ Rully 1er cru	Ch. de Rully	Molesme	2013	★★

De 20 à 30 €

■	Beaune 1er cru	Dom. Newman	Clos des Avaux	2012	★★
	Chablis grand cru	Jean-Paul et Benoît Droin	Vaudésir	2013	★★
■	Chassagne-montrachet 1er cru	Lamy-Pillot	Boudriotte	2013	★★
■	Gevrey-chambertin	Philippe Leclerc	En Champs	2012	★★
■	Givry	Dom. du Cellier aux Moines	Clos du Cellier aux Moines	2012	★★★
■	Nuits-saint-georges	Philippe Gavignet	Les Argillats	2013	★★
■	Nuits-saint-georges	Dominique Mugneret	Vieilles Vignes	2013	★★
■	Pommard	Dom. Marguerite Carillon	Clos de la Platière	2013	★★
	Puligny-montrachet	Stéphane Piguet		2013	★★

♥ CHAMPAGNE

De 20 à 30 €

●	Champagne	Jean-Noel Haton			★★
	Champagne	Jacquart	Mosaïque		★★

♥ CORSE

Moins de 11 €

	Ajaccio	Clos Ornasca		2014	★★
■	Ajaccio	Dom. Comte Peraldi		2012	★★

De 11 à 20 €

■	Corse	La Villa Angeli	Cuvéé Don Pasquale	2012	★★★

♥ JURA

Moins de 11 €

■	Arbois	Dom. de la Touraize	Trousseau Les Corvées	2013	★★★
■	Arbois	Dom. Ligier Père et Fils	Poulsard	2013	★★
	Crémant-du-jura	Désiré Petit		2013	★★

De 11 à 20 €

■	Côtes-du-jura	Dom. Michel Thibaut	Vin de paille	2010	★★

De 20 à 30 €

	Château-chalon	Marcel Cabelier		2008	★★★
	Château-chalon	Dom. Courbet		2007	★★
	Côtes-du-jura	Dom. Hordé	Vin jaune de Port Lesney	2007	★★★

De 30 à 50 €

	Arbois	Caveau de Bacchus	Vin jaune Cuvée de la confrérie	2006	★★★

♥ LANGUEDOC

Moins de 11 €

	Blanquette-de-limoux	Pierre Chanau		2013	★★	
■	Corbières	Ch. le Bouïs	Cuvée R Massif de La Clape	2013	★★	
■	Corbières	Dom. de Longueroche	Cuvée réservée Élevé en fût de chêne	2012	★★	
	Corbières	Dom. Saint-Julien d'Auris		2014	★★	
	Crémant-de-limoux	Paul Mas	Prima Perla		★★	
■	Malepère	D. de Fournery		2013	★★★	
■	Minervois	Dom. de Clarmon	Clara	2012	★★★	Ⓑ
▨	Muscat-de-frontignan	Ch. de Peyssonnie		2014	★★★	
■	Saint-chinian	Dom. la Linquière	Le Chant des cigales	2013	★★	

De 11 à 20 €

■	Corbières-boutenac	Dom. de Villemajou		2013	★★	
	Crémant-de-limoux	Dom. Jo Riu	L'Inattendu	2012	★★★	
	Languedoc	Ch. de Cazeneuve		2013	★★★	
■	Languedoc	Mas de Figuier	Pic Saint-Loup Joseph	2013	★★	
■	Languedoc	Dom. de Massereau	Sommières La Tourie	2013	★★	
■	Languedoc	Ch. Mire l'Étang	La Clape Cuvée des ducs de Fleury Élevé en fût de chêne	2013	★★★	
■	Languedoc	Dom. de la Réserve d'O	Terrasses du Larzac La Réserve d'O	2012	★★	
■	Minervois	Ch. Vaissière		2012	★★★	
■	Minervois-la-livinière	Dom. de Cantaussel	Pic Saint-Martin	2012	★★★	
▨	Muscat-de-mireval	Dom. du Mas Rouge		2014	★★★	
■	Saint-chinian	Borie La Vitarèle	Les Schistes	2013	★★★	Ⓑ

♥ PROVENCE

Moins de 11 €

▨	Coteaux-varois-en-provence	Dom. la Rose des Vents		2014	★★	
▨	Côtes-de-provence	Dom. Jacourette	Sainte-Victoire	2014	★★★	
▨	Côtes-de-provence	Dom. Terre de Mistral	Anna	2014	★★	

♥ ROUSSILLON

Moins de 11 €

■	Côtes-du-roussillon	Terrassous	Villare Juliani	2013	★★★	
■	Rivesaltes	Dom. de la Rochelierre	Carr...Emment intense !	2013	★★★	
▨	Rivesaltes	Dom. Rossignol	Ambré	2009	★★★	

De 11 à 20 €

■	Maury	Lafage	Grenat	2013	★★★
■	Maury	Les Vignerons de Maury	Tuilé Cent ans d'Histoire		★★★
■	Maury sec	Dom. Fontanel		2013	★★★

De 30 à 50 €

■	Banyuls grand cru	Cellier des Templiers	Président Henry Vidal Cuvée Prestige	2003	★★★

♥ SAVOIE ET BUGEY

Moins de 11 €

●	Bugey	Cave Girardi Dupoyet	Cerdon Méthode ancestrale Demi-sec	2014	★★
	Bugey	Caveau Quinard	Méthode traditionnelle Brut	2011	★★
	Roussette-de-savoie	Eugène Carrel et Fils	Marestel	2013	★★
■	Vin-de-savoie	Jean-Charles Girard-Madoux	Mondeuse	2014	★★

♥ SUD-OUEST

Moins de 11 €

■	Bergerac	Clos des Verdots		2014	★★
●	Bergerac	Ch. Court Les Mûtr		2014	★★
●	Bergerac	Epicurus		2014	★★
●	Bergerac	Ch. Pintoucat		2014	★★
■	Buzet	Dom. de Brazalem		2013	★★
■	Cahors	Ch. Eugénie	Cuvée réservée de l'aïeul	2013	★★★
■	Cahors	Ch. de Rouffiac	La Passion Élevé en fût de chêne	2012	★★★
▥	Côtes-de-bergerac	Dom. du Bois de Pourquié		2014	★★
	Côtes-de-duras	Dom. de Laulan		2014	★★
	Côtes-du-marmandais	Crépuscule Sélection	Jean-André Lafille	2014	★★
■	Floc-de-gascogne	Ferme de Gagnet		2014	★★
■	Fronton	Dom. Callory	Pinot Saint-Georges	2013	★★
■	Fronton	Ch. Cransac	Tradition	2014	★★
▥	Gaillac	Ch. les Méritz	Doux Prestige	2014	★★
■	Gaillac	Ch. Montels	Secret de Saint-André	2012	★★★
	Gaillac	Dom. Salvy	Méthode ancestrale	2014	★★
■	Irouléguy	Mignaberry		2013	★★
▥	Jurançon	Le Vieux Caveau		2013	★★
▥	Monbazillac	Ch. Perrou-le-Baragoile	Grande Réserve	2012	★★★
	Montravel	Dom. de Perreau		2014	★★
	Pacherenc-du-vic-bilh	Vignobles Marie-Maria	Novel	2014	★★
■	Pécharmant	Ch. Hugon		2012	★★
▥	Roselle	Ch. du Rooy		2014	★★

De 11 à 20 €

■ Haut-montravel	Ch. Puy-Servain	Terrement	2013	★★	
Jurançon	Ch. Lafitte	Sec	2013	★★★	◍
■ Montravel	Ch. Moulin Caresse	Grande Cuvée Cent pour 100	2012	★★★	

♥ VALLÉE DE LA LOIRE, CENTRE ET POITOU-CHARENTES

Moins de 11 €

■ Anjou	Dom. des Hautes Brosses		2014	★★
Anjou	Dom. du Petit Clocher		2014	★★★
■ Anjou	Dom. Sauveroy	Cuvée Ose Iris	2014	★★
■ Bourgueil	Nau Frères	Vieilles Vignes	2013	★★
■ Bourgueil	Dom. les Pins	Vieilles Vignes	2013	★★
Chinon	Baudry-Dutour	Trois Coteaux	2014	★★
■ Chinon	Dom. des Bouquerries	Vieilles Vignes	2013	★★
■ Coteaux-du-giennois	Dom. Couet		2014	★★
■ Coteaux-du-layon	Dom. Bodineau	Vieilles Vignes	2014	★★
■ Coteaux-du-vendômois	Dom. du Four à Chaux		2014	★★
■ Côtes-du-forez	Dom. du Poyet	Les Senelles	2014	★★
Cour-cheverny	Christelle et Christophe Badin		2014	★★
Crémant-de-loire	Dom. de la Gerfaudrie		2013	★★
Crémant-de-loire	Dom. Michaud			★★
Montlouis-sur-loire	Benoît Mérias	La Méthode		★★
Muscadet-sèvres-et-maine	Dom. Michel Bertin	Sur lies La Tour Gasselin	2014	★★
■ Orléans	Valérie Deneufbourg	Rencontres	2013	★★
■ Pineau-des-charentes	Laurent Fradon			★★
Pouilly-fumé	Francis Blanchet	Kriotine	2014	★★★
Pouilly-sur-loire	Guy Saget		2014	★★
Reuilly	Dom. Aujard	Les Varennes	2014	★★★
■ Rosé-d'anjou	Ch. de Champteloup	Cuvée F	2014	★★
■ Rosé-de-loire	Dom. de Gatines		2014	★★
■ Saint-nicolas-de-bourgueil	Le Clos du Vigneau	Vieilles Vignes	2013	★★
■ Saint-nicolas-de-bourgueil	Jérôme Delanoue		2013	★★★
Sancerre	Dom. du P'tit Roy		2014	★★
Saumur	La Girardrie		2014	★★
Saumur	Louis de Grenelle	Grande Cuvée		★★
■ Saumur	Dom. de Montfort	Tradition	2014	★★
■ Saumur-champigny	Dom. des Amandiers	G'M	2014	★★★
■ Touraine-noble-joué	Jean-Jacques Sard		2014	★★
Valençay	Denis Bardon		2014	★★★
Vouvray	Maillet	Brut Cuvée Prestige		★★

De 11 à 20 €

■ Bonnezeaux	Dom. du Mihoudy		2014	★★
■ Coteaux-du-layon	Dom. de la Motte	Rochefort-sur-Loire Cuvée La Garde	2014	★★★

♥ VALLÉE DU RHÔNE

Moins de 11 €

■ Beaumes-de-venise	Dom. la Ferme Saint-Martin	Les Terres jaunes	2013	★★	Ⓑ
Clairette-de-die	Poulet & Fils	Méthode ancestrale		★★	
■ Côtes-du-rhône	Cellier des Chartreux	Chevalier d'Anthelme	2014	★★	
■ Côtes-du-rhône	Cellier des Princes	La couronne du Prince	2013	★★	
■ Côtes-du-rhône	Dauvergne Ranvier	Vin Gourmand	2014	★★	
Côtes-du-rhône	Dom. du Grand Bécassier	Vieilles Vignes	2014	★★★	
■ Côtes-du-rhône	Dom. les Grands Bois	Cuvée Les Trois Sœurs	2014	★★★	Ⓑ
■ Côtes-du-rhône	Terres d'Avignon	Cardinalices	2014	★★	
■ Côtes-du-rhône	Dom. le Vieux Lavoir		2014	★★	
■ Crozes-hermitage	Dom. des Remizières	Cuvée Particulière	2013	★★	
Crozes-hermitage	Cave de Tain	Grand Classique	2014	★★	
Duché d'Uzès	Bourdic	La Rabassière	2014	★★	
■ Lirac	Dom. de la Mordorée	La Dame rousse	2013	★★★	Ⓑ
■ Tavel	Les Vignerons de Tavel	Les Lauzeraies	2014	★★	
■ Ventoux	Dom. Champ-Long	Tradition	2014	★★	

De 11 à 20 €

Crozes-hermitage	Dom. des Remizières	Cuvée Christophe	2013	★★
■ Vacqueyras	Dom. du Grand Montmirail		2013	★★★

De 30 à 50 €

■ Côte-rôtie	Yves Cuilleron	Terres sombres	2012	★★

♥ IGP

Moins de 11 €

■ Côte de la Meuse	Dom. de Muzy	Pinot noir	2013	★★★	Ⓑ
Côtes de Gascogne	Dom. des Cassagnoles	Éclat de colombard	2014	★★★	
■ Périgord	Les Raisins oubliés		2014	★★	
■ Thézac-Perricard	Vin du Tsar	Le Bouquet	2013	★★	
Val de Loire	Dom. de l'Épinay	Sauvignon gris	2014	★★	
Val de Loire	Dom. du Fresne	Sauvignon	2014	★★	
■ Val de Loire	Vignoble de la Patelière	Pinot gris	2014	★★	

L'Alsace
et la Lorraine

IIIIIIIIIIIIIIIIIIIIIIIIIIIIIIIIIIIIIIIIIIIIIIIIIIIIIIIIIIIIIIIIIIIIIIIIIIIIIIIIIIIIIIIIIIIIIIIIIIIIIII

• L'Alsace
Superficie :
15 500 ha
Production :
1 150 000 hl
Types de vins :
Blancs secs, rosés (vins gris) et rouges
tranquilles
Cépages :
Blancs : auxerrois, muller-thurgau, pinot
blanc, pinot gris
Rouges et rosés : gamay, pinot noir

• La Lorraine
Superficie :
100 ha
Production :
4 200 hl
Types de vins :
Blancs secs, rosés (vins gris) et rouges
tranquilles
Cépages :
Blancs : auxerrois, muller-thurgau, pinot
blanc, pinot gris
Rouges et rosés : gamay, pinot noir

Vous parlez volontiers du terroir granitique de Dambach. Quel est son influence sur vos vins ?

R. D. Le riesling s'exprime bien sur n'importe quel terroir. Ce que je recherche, c'est de la minéralité. Elle va donner une sensation saline, salivante. C'est délicieux sur un riesling sec. Son avantage est de gommer les « imperfections » du vin : si vous avez trop d'alcool, trop de sucre, le côté minéral donne de l'harmonie et de l'énergie au vin. Sur le granite, on retrouve ce côté salivant et une grande finesse de l'acidité.

Comment définissez-vous votre « coup de patte » ?

R. D. Ce qui me fait plaisir, ce n'est pas tellement de savoir travailler tel ou tel cépage, c'est la quête du mieux. Par exemple, le muscat d'Alsace est très difficile à réussir tous les ans. Au fil des millésimes, j'ai compris des choses. C'est très simple, je n'en dis pas davantage car je veux garder mes secrets, mais je sais aujourd'hui que je peux produire un bon muscat tous les ans. C'est cela mon travail, en fait.

RÉMY DIRRINGER

Ruhlmann-Dirringer

Rémy Dirringer, cinquante-quatre ans, cultive ses parcelles l'esprit libre, sans ressentir le besoin d'appartenir à une mouvance particulière, ne revendiquant que sa passion pour son métier. Son vignoble couvre 14 ha sur les sols granitiques de Dambach-la-Ville. Le caveau de dégustation du domaine, daté de 1578, fait du siège de l'exploitation un lieu privilégié pour les amateurs de vieilles pierres et de bons vins. Rémy Dirringer nous livre sa vision de son métier.

Vous vous présentez comme « vigneron par nature ». Qu'est ce que cela signifie ?

R. D. Oui, j'aime bien les mots et les jeux de mots... Je ne fais pas des « vins naturels », je ne suis pas en bio ni en biodynamie. J'aime être libre. Je ne ressens pas le besoin ni la nécessité d'être mis dans une case. Mon métier, c'est avant tout d'être dans mes vignes. Cette expression me correspond. Je ne revendique rien en fait, les gens me font confiance.

Quelle est votre approche en matière de viticulture ?

Ce que je souhaite, c'est de ne pas avoir de résidus dans le vin. Je m'y attache, mais je n'en fais pas de la pub. Je suis toujours très curieux de savoir où vont les molécules que l'on utilise pour les traitements. Produire de bonnes choses, précises, goûteuses, signifie qu'on a mis quelque chose en plus. Et je parle pas de produits chimiques, évidemment !

Y a t-il un point qui caractérise particulièrement votre travail ?

R. D. Je dirais l'intuition. Que faut-il faire pour qu'une parcelle soit équilibrée et donne le meilleur d'elle-même ? Aller dans les vignes toute l'année. On discute avec nos deux salariés qui se sentent très impliqués. En matière de vinification, je n'hésite pas à évoluer. Le pinot noir, par exemple, est un cépage que l'on maîtrisait mal il y a une vingtaine d'années. À force de travail, de discussions avec mon œnologue, nous avons beaucoup progressé.

Ruhlmann-Dirringer,
3, imp. de Mullenheim,
67650 Dambach-la-Ville,
tél. 03 88 92 40 28,
ruhlmann.dirringer@terre-net.fr

L'ALSACE

Vendus dans leur bouteille élancée appelée « flûte », les vins d'Alsace, blancs en majorité, s'identifient par leur cépage : la plupart d'entre eux sont aujourd'hui élaborés à partir d'une seule variété. La région fournit aussi de beaux vins de terroir, en particulier les grands crus, et des effervescents, les crémant-d'alsace.

À l'abri des Vosges. Le vignoble alsacien s'étire sur plus de 170 km, de Thann au sud à Marlenheim au nord, avec à l'extrême nord un îlot limitrophe de l'Allemagne, près de Wissembourg. Il a déserté la plaine pour se concentrer sur les collines qui bordent à l'est le massif vosgien. Les Vosges arrêtent l'humidité océanique, si bien que l'Alsace est l'une des régions les moins arrosées de France, malgré des orages estivaux.

Une mosaïque de sols. La géologie crée une grande diversité de terroirs. La présence d'un champ de failles à la limite du massif ancien et de la plaine du Rhin, fossé d'effondrement, explique que chaque village compte de nombreux types de sols : granites, gneiss, grès, calcaires, marnes, argiles, sables... Chaque cépage s'y exprime différemment

Une histoire mouvementée. Ce n'est qu'au Moyen Âge que le vignoble alsacien prend son essor, sous l'influence des évêchés et des abbayes, puis des villes. Le XVIe s. est un âge d'or. Les riches maisons de style Renaissance, qui font l'attrait des communes viticoles, témoignent de la prospérité de ce temps où les vins d'Alsace étaient exportés dans toute l'Europe.

La guerre de Trente Ans (1618-1648), avec son cortège de pestes et de famines, ruine durablement la viticulture. La paix revient à la fin du Grand Siècle dans une Alsace devenue française ; le vignoble s'étend, mais privilégie les cépages communs. Il couvre 30 000 ha en 1828, puis décline à la fin du XIXe s., concurrencé

par les vins du Midi et ravagé par le phylloxéra. Vers 1948, sa surface est tombée à 9 500 ha.

Après 1945, il bénéficie de la croissance économique et adopte le cadre français des AOC. Les coopératives, apparues précocement en Alsace, représentent aujourd'hui 41 % du marché, à côté des négociants, souvent propriétaires de vignes (39 %), et des vignerons indépendants (20 %).

Des cépages aromatiques. En Alsace, l'expression des arômes est favorisée par la maturation lente des raisins sous des climats tempéré et frais. Le goût des vins dépend largement du cépage, et l'une des particularités de la région est de nommer les siens d'après leur variété d'origine. Le seul cépage rouge, le pinot noir, couvre moins de 10 % des surfaces Les autres variétés sont le riesling, le pinot blanc, l'auxerrois, le gewurztraminer, le pinot gris, le sylvaner et, plus rares, les muscats, le chasselas, le klevener de Heiligenstein, et le chardonnay (pour les effervescents).

L'AOC alsace. Elle représente 72 % de la production. L'étiquette porte le nom du cépage, sauf pour les rares vins d'assemblage (edelzwicker). À côté des vins blancs secs, majoritaires, on trouve des vins plus ou moins tendres, des moelleux et des liquoreux. Le pinot noir est vinifié en rouge et en rosé.

L'AOC crémant-d'alsace. Elle désigne les vins effervescents de la région, issus de la méthode traditionnelle.

VENDANGES TARDIVES ET SÉLECTIONS DE GRAINS NOBLES

Les premières sont des moelleux issus de vendanges surmûries, les secondes des liquoreux issus de vendanges atteintes par la pourriture noble. Ces vins sont soumis à des conditions de production rigoureuses (et en particulier, pour les raisins, une richesse en sucre minimale très élevée). Ils sont obligatoirement issus de « cépages nobles » : gewurztraminer, riesling, pinot gris et muscat.

Les 51 AOC alsace grand cru. Ce sont de rares vins de terroir (4 % de la production) portant l'empreinte de leur lieu de naissance. Officiellement délimités à partir de 1975, souvent de réputation très ancienne, ils bénéficient de sols, de pentes et d'expositions privilégiés. Ils sont essentiellement réservés aux cépages riesling, gewurztraminer, pinot gris et muscat.

Les dénominations communales et les lieux-dits. Apparus en 2011, ce sont des communes ou secteurs réputés : Blienschwiller et Côtes de Barr (pour le sylvaner), Ottrott, Rodern et Saint Hippolyte (pour le pinot noir), Wolxheim et Scherwiller (pour le riesling), Heiligenstein (pour le klevener), Côte de Rouffach, Vallée Noble et Val Saint-Grégoire. Des noms de lieux-dits cadastrés, mais non classés en grand cru, peuvent aussi apparaître sur l'étiquette. Tous ces vins sont soumis à des conditions de production plus exigeantes.

LA PREMIÈRE ROUTE DES VINS

La création dès 1953 de la route des Vins d'Alsace a fait de l'Alsace une pionnière en matière de tourisme viticole. Tout au long de l'année, de nombreuses manifestations se déroulent dans les localités qui la jalonnent : foires aux vins (Guebwiller, Ammerschwihr, Ribeauvillé, Barr, Molsheim, Colmar), fêtes des vendanges, marchés de Noël... On citera l'activité de la confrérie Saint-Étienne, née au XIVe s. et restaurée en 1947.

L'Alsace

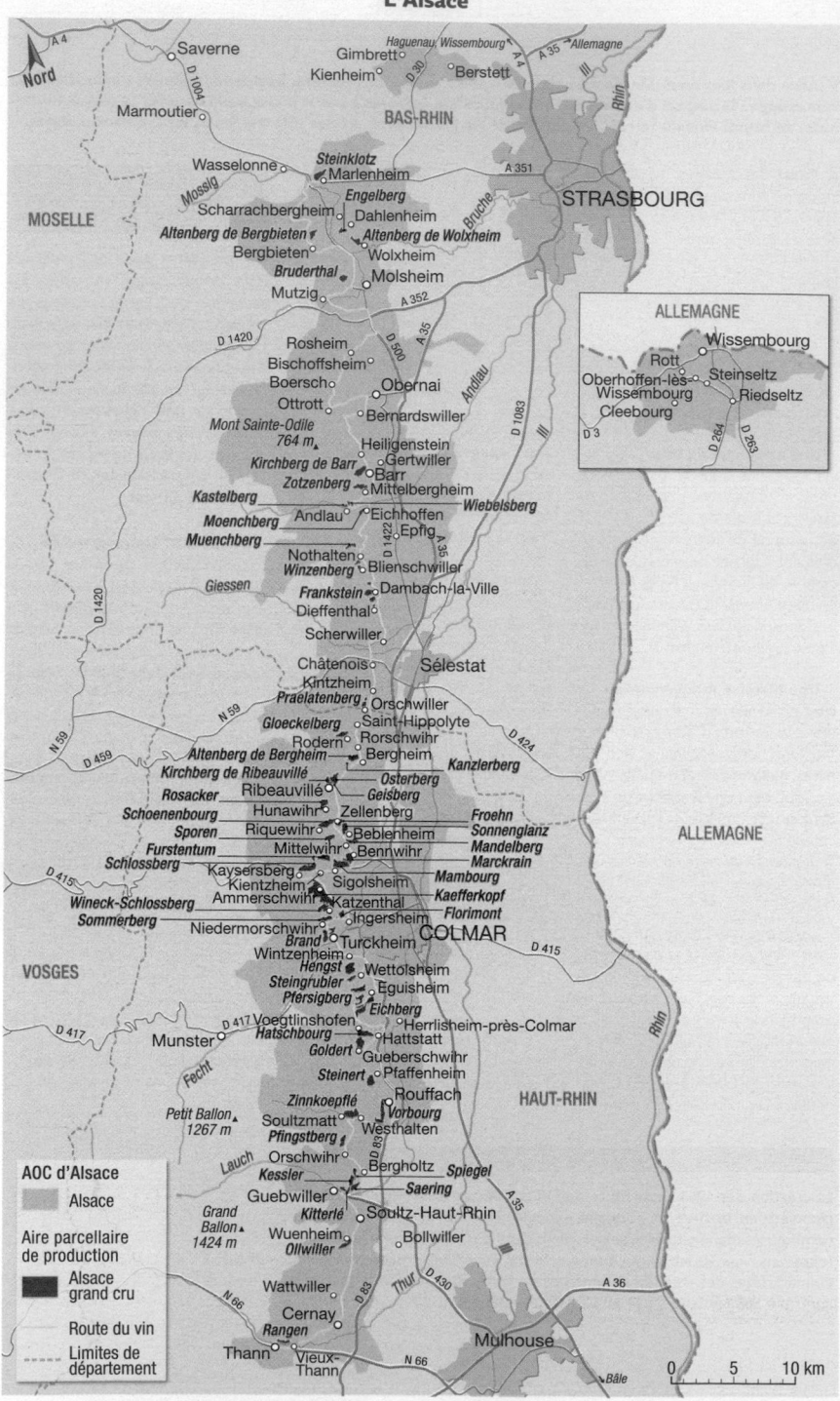

Nord

MOSELLE

BAS-RHIN

Saverne
Gimbrett
Kienheim
Berstett
Haguenau Wissembourg
Allemagne
Marmoutier
Wasselonne
Steinklotz
Marlenheim
Engelberg
Scharrachbergheim
Dahlenheim
STRASBOURG
Altenberg de Bergbieten
Altenberg de Wolxheim
Bergbieten
Wolxheim
Bruderthal
Molsheim
Mutzig

ALLEMAGNE
Rott
Wissembourg
Oberhoffen-lès-Wissembourg
Steinseltz
Riedseltz
Cleebourg

Rosheim
Bischoffsheim
Boersch
Obernai
Ottrott
Mont Sainte-Odile
764 m
Bernardswiller
Heiligenstein
Kirchberg de Barr
Gertwiller
Zotzenberg
Barr
Mittelbergheim
Kastelberg
Wiebelsberg
Moenchberg
Andlau
Eichhoffen
Muenchberg
Epfig
Nothalten
Winzenberg
Blienschwiller
Giessen
Frankstein
Dambach-la-Ville
Dieffenthal
Scherwiller
Châtenois
Sélestat
Kintzheim
Praelatenberg
Orschwiller
Saint-Hippolyte
Gloeckelberg
Rodern
Rorschwihr
Altenberg de Bergheim
Bergheim
Kanzlerberg
Kirchberg de Ribeauvillé
Osterberg
Rosacker
Ribeauvillé
Geisberg
Schoenenbourg
Hunawihr
Zellenberg
Froehn
Sporen
Riquewihr
Beblenheim
Sonnenglanz
Furstentum
Mittelwihr
Bennwihr
Mandelberg
Schlossberg
Marckrain
Kaysersberg
Sigolsheim
Mambourg
Wineck-Schlossberg
Kientzheim
Kaefferkopf
Ammerschwihr
Katzenthal
Florimont
Sommerberg
Ingersheim
Niedermorschwihr
Brand
Turckheim
COLMAR
Wintzenheim
Hengst
Wettolsheim
Steingrubler
Eguisheim
Pfersigberg
Eichberg
Voegtlinshofen
Herrlisheim-près-Colmar
Hatschbourg
Hattstatt
Munster
Goldert
Gueberschwihr
Steinert
Pfaffenheim
Zinnkoepflé
Rouffach
Petit Ballon
1267 m
Soultzmatt
Vorbourg
Pfingstberg
Westhalten
Orschwihr
Kessler
Bergholtz
Spiegel
Guebwiller
Saering
Grand
Ballon
1424 m
Kitterlé
Soultz-Haut-Rhin
Wuenheim
Ollwiller
Bollwiller
Wattwiller
Cernay
Rangen
Thann
Vieux-Thann
Mulhouse
Bâle

ALLEMAGNE
HAUT-RHIN
VOSGES

AOC d'Alsace

Alsace

Aire parcellaire
de production

Alsace
grand cru

Route du vin

Limites de
département

0   5   10 km

36

ALSACE EDELZWICKER

Production : 23 080 hl

Cette dénomination ancienne désigne les vins issus d'un assemblage (*Zwicker* en alsacien) de cépages. N'oublions pas qu'il y a un siècle, les parcelles du vignoble alsacien plantées d'une seule variété étaient rares. Aujourd'hui, on utilise le terme « edelzwicker » pour désigner tout assemblage de cépages blancs de l'AOC alsace, qui peuvent être vinifiés ensemble ou séparément. On a ajouté l'adjectif *Edel* (noble) pour marquer la présence plus fréquente aujourd'hui de cépages nobles, tels que le riesling, le gewurztraminer ou le pinot gris, dans sa composition. Particulièrement apprécié des Alsaciens, l'edelzwicker est servi en carafe dans la plupart des winstubs. Le terme de « gentil » désigne aussi traditionnellement des vins d'assemblage.

ANDRÉ ACKERMANN 2013 ★

	3 000		🛈		5 à 8 €

André Ackermann a créé en 1980 son exploitation à Rorschwihr, village voisin de Bergheim au sud du Haut-Kœnigsbourg. Son vignoble couvre 6,5 ha.
Un assemblage de pinots blanc et gris, de muscat et de gewurztraminer. Ce dernier signale sa présence par les reflets dorés de la robe et par des notes intenses de fruits jaunes bien mûrs. La bouche est équilibrée, assez puissante et élégante. Un vin harmonieux qui trouvera sa place à l'apéritif ou au dessert. ⚜ 2015-2018 🍴 brochettes de fruits
○⌐ EARL André Ackermann, 25, rte du Vin, 68590 Rorschwihr, tél. 03 89 73 63 87, andre.ackermann@routeduvin.fr 🆅 🎿 🏠 t.l.j. 8h-12h 14h-18h; sam. dim. sur r.-v. 🏨 🅰 🏠 🅶

Ⓑ CLÉMENT KLUR Gentil de Katz 2013

	10 000		🛈		8 à 11 €

Les Klur sont vignerons depuis le XVIIᵉ s., mais c'est en 1999 que Clément Klur a créé le domaine, qui couvre 7 ha autour de Katzenthal, village enserré dans un vallon près de Colmar. Ici, tout est bio et « écolo » : la conduite de la vigne (biodynamie), la cave, la vinification et jusqu'aux logements de vacances. Sur place, un bistrot à la belle saison et des ateliers variés.
Cette cuvée associe l'auxerrois (50 %), le pinot gris et le gewurztraminer. Elle s'ouvre sur des parfums élégants de fruits jaunes, une nuance de surmaturation. Sa matière onctueuse et douce lui donne une personnalité... un peu féline – évocatrice du chat qui ronronne sur l'étiquette, allusion au nom du village de Clément Klur, Katzenthal ou la « vallée des Chats ». À servir de l'apéritif au dessert (si ce dernier n'est pas trop riche). ⚜ 2015-2018 🍴 escalope de veau au citron
○⌐ Clément Klur, 105, rue des Trois-Épis, 68230 Katzenthal, tél. 03 89 80 94 29, info@klur.net 🆅 🎿 🏠 r.-v. 🏨 🅴

PETER WEBER 2014

	100 000		🛈		5 à 8 €

Fondée en 1954 au cœur de la route des Vins, la cave de Hunawihr regroupe majoritairement des viticulteurs de ce village. La coopérative vinifie le fruit de 210 ha et propose une large gamme de vins (dont cinq grands crus). Elle a quatre marques : Peter Weber, L'Unabelle, Armand Schreyer et Kuhlmann-Platz (ancienne maison de négoce rachetée en 1985).
Dominé par le sylvaner et le pinot blanc, ce vin en robe pâle s'annonce par un nez frais, légèrement poivré. En bouche, il est léger, sec, équilibré et bien typé alsace. Ce qu'on appelle un vin de soif. ⚜ 2015-2017 🍴 salade de cervelas
○⌐ Cave vinicole de Hunawihr, 48, rte de Ribeauvillé, 68150 Hunawihr, tél. 03 89 73 61 67, info@cave-hunawihr.com 🆅 🏠 r.-v.

ALSACE GEWURZTRAMINER

Superficie : 2 897 ha / Production : 172 116 hl

Le cépage qui est à l'origine de ce vin est une forme particulière aromatique de la famille des traminers. Un traité publié en 1551 le désigne déjà comme une variété typiquement alsacienne. Celle-ci atteint dans ce vignoble un optimum de qualité, ce qui lui a conféré une réputation unique dans la viticulture mondiale. Son vin est corsé, bien charpenté, sec ou moelleux, et caractérisé par un bouquet merveilleux, plus ou moins puissant selon les situations et les millésimes. Le gewurztraminer, qui a une production relativement faible et irrégulière, est un cépage précoce aux raisins très sucrés.

ANDRÉ ANCEL Cuvée des 3 Fils 2011 ★★

	1 800		🛈		8 à 11 €

Une famille enracinée à Kaysersberg, aussi ancienne que le célèbre pont fortifié de la cité : les ancêtres vivaient là en 1500. Chef d'exploitation depuis 1978, André Ancel conduit avec son fils Lucas plus de 8 ha répartis dans trois communes voisines, Kaysersberg, Kientzheim et Sigolsheim, avec des parcelles sur le coteau du Schlossberg.
Cuvée dédiée aux trois fils du vigneron. Les raisins ont été vendangés le 7 novembre 2011. Une robe jaune d'or très brillante, un nez bien ouvert sur la rose et la surmaturation (fruits jaunes, abricot sec), nuancé d'une touche fumée. Ample et puissante, florale, fruitée et miellée, la bouche prolonge bien le nez. Son attaque vive et sa finale poivrée, fraîche et persistante confèrent à ce vin un remarquable équilibre et garantissent une bonne tenue dans le temps. (Sucres résiduels : 40 g/l.) ⚜ 2016-2025 🍴 canapés de foie gras
○⌐ André Ancel, 3, rue du Collège, 68240 Kaysersberg, tél. 03 89 47 10 76, vinancelandre@neuf.fr 🆅 🎿 🏠 t.l.j. 10h-12h 13h30-18h

Ⓑ MARC ANSTOTZ Hinterkirch 2013 ★

	4 000		🛈		8 à 11 €

Un domaine implanté à 25 km à l'ouest de Strasbourg. Début de la mise en bouteilles en 1950 ; installation de Marc Anstotz en 1980 ; aujourd'hui, 15 ha en bio certifié (2012) et de beaux vins, notamment des rieslings de terroir. Les vignerons viennent de déménager pour s'agrandir. Ils ont bien sûr emporté sur le nouveau site les anciens foudres de bois aux verrous sculptés.

Une robe pâle, or vert ; au nez, de l'acacia et de l'ananas. L'attaque souple introduit un palais ample et puissant, aux arômes de fruits exotiques (mangue, litchi) et de zeste d'agrumes. La finale fraîche et longue est marquée par la note épicée caractéristique du cépage. (Sucres résiduels : 31 g/l.) ✗ 2016-2020 ✗ toasts au munster

O⟶ EARL Anstotz et Fils, 11, rue des Hirondelles, 67310 Balbronn, tél. 03 88 50 30 55, christine.anstotz@ wanadoo.fr Ⓥ 🎿 🎁 t.l.j. sf dim. 9h-12h 13h30-17h 🏠 Ⓑ

FRÉDÉRIC ARBOGAST		
Geierstein Cuvée Élisabeth 2013 ★★		
◼	4 000	🍾	8 à 11 €

Installé en 2003 à Westhoffen, dans la partie septentrionale du vignoble alsacien, à 25 km de Strasbourg, Frédéric Arbogast perpétue une lignée vigneronne remontant à 1601. Il est établi au centre du village, près de l'église Saint-Martin, et travaille 17 ha en lutte raisonnée. Il vinifie sans levurage.

Né sur le coteau pentu du Geierstein, exposé plein sud, ce gewurztraminer jaune doit être sollicité pour libérer ses senteurs de fruits surmûris (fruits jaunes et agrumes), de miel et d'épices. On retrouve ce registre aromatique fruité, floral et miellé dans un palais ample, gras, puissant et long, auquel une belle fraîcheur confère un remarquable équilibre. (Sucres résiduels : 29 g/l.) ✗ 2016-2025 ✗ munster

O⟶ Dom. Frédéric Arbogast, 3, pl. de l'Église, 67310 Westhoffen, tél. 03 88 50 30 51, frederic@vignoble-arbogast.fr Ⓥ 🎿 🎁 r.-v.

DOM. BADER 2013 ★		
◼	2 700	🍾	5 à 8 €

Œnologue, Pierre Scharsch a racheté en 2004 cette ancienne exploitation (XVIIᵉs.) et reprend la mise en bouteilles à la propriété. Implanté dans la région de Barr, son vignoble couvre 10 ha.

Or vert, ce 2013 exhale de fines senteurs de rose, d'abricot sec, d'agrumes et de poivre qui s'affirment en bouche. On aime son attaque fraîche, sa structure à la fois corsée et élégante et sa montée en puissance aromatique, sur des notes florales, miellées et épicées. (Sucres résiduels : 27 g/l.) ✗ 2016-2020 ✗ poulet tikka

O⟶ Dom. Bader, 1, rue de l'Église, 67680 Epfig, tél. 06 70 52 09 56, domaine-bader@laposte.net Ⓥ 🎿 🎁 r.-v.

BAUMANN Collection 2013		
◼	20 000	🍾	11 à 15 €

Le domaine Baumann, ses bâtiments d'exploitation et ses 15 ha de vignes ont été rachetés en 2006 par les Sparr, vignerons-négociants au service du vin depuis 1634. La famille dispose après ce rachat de 30 ha en propre. Aujourd'hui, 90 % de la production est exportée.

De couleur paille dorée, ce gewurztraminer délivre à l'aération des fragrances de rose, puis de fruits jaunes très mûrs, accompagnées d'une légère touche fumée. Dans la continuité du nez, le palais affiche ampleur, puissance et douceur, équilibré par ce qu'il faut de fraîcheur. La finale est longue et épicée. L'ensemble, de garde, devrait encore gagner en harmonie. (Sucres résiduels : 46,1 g/l.) ✗ 2016-2025 ✗ poulet au curry

O⟶ Maison Baumann Riquewihr, 8, av. Méquillet, 68340 Riquewihr, tél. 03 89 47 92 14, odile@ domaine-baumann.com Ⓥ 🎿 🎁 t.l.j. 9h-12h 14h-17h30
O⟶ Famille Sparr

Ⓑ FLORIAN BECK-HARTWEG		
Vendanges tardives 2011 ★		
◼	3 000	🍾	15 à 20 €

Une ancienne maison à colombages, dans la petite cité de Dambach-la-Ville au cachet médiéval : le siège du domaine dont les lointaines origines remontent à 1590. Florian Beck-Hartweg a pris en 2009 la succession de ses parents Yvette et Michel. Il exploite 6 ha de vignes en bio certifié sur les coteaux environnant le bourg, au sud du Bas-Rhin.

Issu d'un sol granitique, ce gewurztraminer s'impose par sa concentration et son authenticité. Les fruits jaunes, la mirabelle, le miel, la torréfaction et les épices accompagnent toute la dégustation. La bouche puissante et persistante laisse le souvenir d'un vin aérien grâce à une belle fraîcheur. (Sucres résiduels : 81 g/l ; bouteilles de 50 cl.) ✗ 2015-2020 ✗ munster fermier

O⟶ Florian Beck-Hartweg, 5, rue Clemenceau, 67650 Dambach-la-Ville, tél. 03 88 92 40 20 Ⓥ 🎿 🎁 r.-v.

Ⓑ DOM. BERNHARD ET REIBEL		
Cuvée Félicie 2013 ★		
◼	1 900	🍾	11 à 15 €

Un domaine de 23 ha implanté à Châtenois, bourg fortifié proche de Sélestat et du Haut-Kœnigsbourg. Créé par Cécile Reibel et Robert Bernhard en 1984, il est conduit depuis 2001 par leur fils Pierre. Ce dernier s'est orienté vers le bio (certification en 2007) et a fait aménager à la périphérie de la ville une cuverie moderne, tout en conservant des foudres de chêne.

Ce vin doré s'ouvre doucement sur les senteurs épicées du gewurztraminer. En bouche, il montre une belle ampleur et un équilibre chaleureux, alliant la rose et les épices du cépage à des notes de surmaturation (abricot). Un ensemble cossu. (Sucres résiduels : 37,1 g/l.) ✗ 2016-2023 ✗ bredele

O⟶ Dom. Bernhard & Reibel, 20, rue de Lorraine, 67730 Châtenois, tél. 03 88 82 04 21, bernhard-reibel@wanadoo.fr Ⓥ 🎿 🎁 t.l.j. 8h-12h 13h30-17h30; sam. dim. sur r.-v.

ÉMILE BEYER L'Hostellerie 2012		
◼	9 000	🍾	11 à 15 €

Dès la fin du XVIᵉs., on retrouve des Beyer à Eguisheim, cité fortifiée au sud de Colmar. Lucas Beyer achète les premières parcelles à la Révolution ; son fils acquiert l'hôtellerie où le domaine a son siège. Depuis 1997, Christian Beyer exploite les 17 ha de la propriété, qui compte des parcelles dans les grands crus Eichberg et Pfersigberg. Le domaine est en bio depuis 2014.

Une robe paille dorée pour ce vin au nez généreux de fruits jaunes, de mangue et d'épices. Moelleux, ample, bien structuré et puissant, le palais penche vers la richesse et la douceur, avec ce qu'il faut de fraîcheur pour assurer l'équilibre. Il développe des arômes bien typés de fruits exotiques et d'épices. (Sucres résiduels : 34 g/l.) ✗ 2015-2020 ✗ poulet tandoori

Émile Beyer, 7, pl. du Château, 68420 Eguisheim, tél. 03 89 41 40 45, info@emile-beyer.fr **V ⚞ 🍷** t.l.j. 8h-12h 14h-18h

JEAN BOESCH ET PETIT-FILS Vallée Noble 2013		
■	1 097	🗄 8 à 11 €

L'enfant accompagnait ses grands-parents aux vignes : ainsi naît une vocation. C'est à Soultzmatt, village situé au pied du grand cru Zinnkoepflé, au sud du vignoble, que Jean Boesch, de vieille souche vigneronne, crée le domaine en 1962. Son petit-fils Denis en a pris les rênes en 2002 ; le vignoble couvre aujourd'hui 9 ha.

Argilo-calcaires, bien abrités par les plus hauts reliefs vosgiens, les terroirs de la Vallée Noble sont propices au gewurztraminer. De couleur paille aux légers reflets verts, celui-ci délivre des fragrances délicates de pivoine et d'épices. Les fruits jaunes bien mûrs s'épanouissent dans un palais à la fois riche, suave et frais. Une fine acidité donne de l'allonge à la finale marquée par une petite note réglissée. (Sucres résiduels : 34 g/l.) ✗ 2016-2020 🍷 foie gras

o— EARL Jean Boesch et Petit-Fils, 1, rue Wagenbourg, 68570 Soultzmatt, tél. 03 89 47 00 87, jean.boesch@wanadoo.fr **V ⚞ 🍷** t.l.j. 8h-11h30 13h30-19h; dim. sur r.-v. ♠ Ⓑ

MARIE-CLAIRE ET PIERRE BORÈS 2013 ★		
■	2 320	🗄 8 à 11 €

Au sud de Barr, le village de Reichsfeld est situé en pleine montagne, au fond d'un vallon encaissé abrité par l'Ungersberg, point culminant du Bas-Rhin : le cadre de vie de Marie-Claire et Pierre Borès, installés en 1988. Le couple exploite ses 10 ha de vignes sur les coteaux abrupts du Schieferberg – l'un des rares terroirs de schistes d'Alsace.

Un gewurztraminer né sur lœss. La robe jaune d'or soutenu et les parfums délicats de rose, de litchi et de mangue annoncent un palais intense, ample, gras et persistant, à l'unisson du nez. (Sucres résiduels : 19,3 g/l.) ✗ 2016-2020 🍷 apéritif

o— Marie-Claire et Pierre Borès, 15, lieu-dit Leh, 67140 Reichsfeld, tél. 03 88 85 58 87, vinsbores@wanadoo.fr **V ⚞** r.-v.

♥ Ⓑ **CAMILLE BRAUN**		
B de Braun Sélection de grains nobles 2011 ★★		
■	1 000	🗄 20 à 30 €

Héritier d'une lignée remontant au XVIIᵉs., Camille Braun a spécialisé et développé l'exploitation à partir de 1960. Le vignoble familial est essentiellement situé dans le tronçon sud de la route des Vins. Christophe Braun, installé en 1985, a converti ses 15 ha au bio (certification en 2008) et travaille en biodynamie. Il a plusieurs coups de cœur à son actif.

Ce 2011 vendangé par tries successives ne ternira pas la réputation du domaine. Il a tout d'un grand liquoreux, affichant une robe d'un jaune d'or profond avant de dérouler tout un florilège d'arômes : mangue, litchi, lys, poire confite, cardamome et clou de girofle, auxquels s'ajoutent en bouche le tilleul, les fruits secs et le miel. Ce côté miellé souligne l'opulence de la bouche, qui déploie une longue finale à la fois intense et suave. (Sucres résiduels : 134 g/l. ; bouteilles de 50 cl.) ✗ 2015-2025 🍷 sorbet au pamplemousse

o— Camille Braun, 16, Grand-Rue, 68500 Orschwihr, tél. 03 89 76 95 20, cbraun@camille-braun.com **V ⚞ 🍷** t.l.j. sf dim. 9h-12h 13h30-18h30 ♠ Ⓒ

CATTIN FRÈRES 2013 ★		
■	5 700	🗄 8 à 11 €

Originaire de Suisse, établie à Voegtlinshoffen en 1720, la famille Cattin se spécialise dans la viticulture dès 1850. L'exploitation prospère à partir de 1978, avec Jacques et son frère Jean-Marie : le domaine s'agrandit (54 ha), tandis que se développe une structure de négoce qui s'approvisionne sur près de 200 ha. Ingénieur agronome, Jacques (du même prénom que son père) a rejoint l'affaire.

Un gewurztraminer or pâle, au nez discret mais bien typé, qui s'ouvre sur la rose, les fruits exotiques et les épices. L'attaque franche et ronde introduit un palais puissant, gras et complexe, qui penche vers la douceur. La finale poivrée et longue est rafraîchie par une acidité bienvenue. (Sucres résiduels : 15 g/l.) ✗ 2016-2023 🍷 munster

o— Cattin Frères, 19, rue Roger-Frémeaux, 68420 Voegtlinshoffen, tél. 03 89 49 30 21, contact@cattin.fr **V ⚞ 🍷** t.l.j. sf dim. 8h-12h 14h-18h

Ⓑ **DOM. CLÉ DE SOL** Lieu-dit Muehlforst 2013 ★		
■	2 100	🗄 20 à 30 €

Simon Baltenweck a créé son domaine à partir de l'exploitation de son père, qui conduit son vignoble en bio depuis 2001 et fournit la coopérative de Ribeauvillé. Sur sa micro-propriété (3,25 ha), il conserve avec ferveur les murets de pierre sèche, les haies et les vergers de variétés locales. À la cave, il a remis en fonction les pressoirs verticaux manuels et évite le soufre (sauf à la mise en bouteilles pour les blancs).

Issu d'un lieu-dit aux sols argilo-calcaires, ce gewurztraminer affiche des reflets or et laisse des larmes sur les parois du verre. Le nez mêle la rose, la violette et la pêche cuite, arômes que l'on retrouve en bouche. Après une belle attaque d'une agréable rondeur, une acidité tonique – « plutôt rare pour un gewurztraminer », selon un juré – donne à cette bouteille beaucoup d'harmonie en soulignant sa longue finale épicée. (Sucres résiduels : 22 g/l.) ✗ 2016-2023 🍷 agneau au curry

o— Simon Baltenweck, 6, rue du Cimetière, 68150 Ribeauvillé, tél. 03 89 73 34 45, yannick.mignot@orange.fr **V ⚞** r.-v.

Ⓑ **VIGNOBLE DES DEUX LUNES**		
Vendanges tardives Mer du nectar 2012		
■	3 800	🗄 30 à 50 €

Installées à Wettolsheim, aux portes de Colmar, Amélie Buecher et sa sœur Cécile (septième génération) ont repris en 2009 le vignoble familial : anciennement Buecher-Fix, rebaptisé Vignoble des Deux Lunes pour traduire leur démarche bio et biodynamique.

Encore discret, le nez dévoile à l'aération des fragrances de fleurs miellées, de mirabelle et de mandarine confite. Dans le même registre, la bouche montre elle aussi une certaine réserve mais son volume et son équilibre sont salués. (Sucres résiduels : 96,5 g/l.) ✗ 2016-2023 ❦ apéritif, verrine de foie gras à la mangue

o╼ *Vignoble des Deux Lunes, 21, rue Sainte-Gertrude, 68920 Wettolsheim, tél. 03 89 30 12 80, contact@vignobledes2lunes.fr* Ⓥ ⚘ ⚑ *r.-v.*

ENGEL Tradition 2013 ★

| ■ | 5 000 | 📷 | 8 à 11 € |

Établie au cœur de l'Alsace viticole, au pied du château du Haut-Kœnigsbourg, la famille commercialise son vin depuis 1958. Les frères Engel exploitent aujourd'hui 19,5 ha de vignes, dont une bonne part est située dans le grand cru Praelatenberg. Hubert est aux vignes, Christian au chai. Le domaine est en bio certifié depuis 2014.

Le nez, encore discret, s'ouvre sur la fleur blanche, un soupçon de rose et une touche poivrée. L'attaque est nette, la bouche bien construite : l'ampleur, la puissance et la longueur sont au rendez-vous, et le litchi et les épices persistent et signent. Un gewurztraminer typé de bout en bout. (Sucres résiduels : 24,7 g/l.) ✗ 2016-2020 ❦ poulet au gingembre

o╼ *Dom. Engel Frères, 1, rue des Vignes, Haut-Kœnigsbourg, 67600 Orschwiller, tél. 03 88 92 01 83, vins-engel@wanadoo.fr* Ⓥ ⚘ ⚑ *t.l.j. 9h-11h30 14h-19h (dim. 9h-11h30)* ⚑ Ⓐ

FAHRER-ACKERMANN Cuvée Théa 2012 ★

| ■ | 3 600 | 📷 | 11 à 15 € |

En 1999, Vincent Ackermann, salarié viticole, rachète l'exploitation de son employeur, située au pied du Haut-Kœnigsbourg, et, cinq ans plus tard, une maison datée de 1709 sise à Rorschwihr pour aménager des chambres d'hôtes. Son domaine couvre 10 ha.

Ce moelleux à la robe jaune d'or mêle au nez le jasmin, l'acacia et des notes confites évoquant la pâte de fruits, qui se prolongent en bouche. La rose s'épanouit dans un palais tout en rondeur, puissant et persistant, à la finale chaleureuse et épicée. La générosité s'allie à la finesse dans ce vin plein d'avenir. (Sucres résiduels : 45 g/l.) ✗ 2016-2025 ❦ poire au roquefort

o╼ *Dom. Fahrer-Ackermann, 10, rte du Vin, 68590 Rorschwihr, tél. 03 89 73 83 69, vincent.ackermann@wanadoo.fr* Ⓥ ⚘ ⚑ *r.-v.* ⚑ ❷ ⚑ ⦿

ROBERT FREUDENREICH
Bergweingarten Cuvée Sélection 2012

| ■ | 1 968 | ◫ | 11 à 15 € |

Un domaine familial situé à 15 km au sud de Colmar, dont les origines remontent à 1730. Dirigé par Robert Freudenreich jusqu'en 1992, il est aujourd'hui conduit par son fils Christophe. Fidèle aux traditionnels foudres en bois, ce dernier a agrandi les caves. Il cultive 7,5 ha.

Récolté en surmaturation le 19 novembre, dans un terroir bien exposé dominant Pfaffenheim, ce gewurztraminer a tout d'un moelleux : une robe jaune d'or, des notes de fruits jaunes compotés et d'amande venant en renfort des parfums de rose du cépage, une bouche suave à l'attaque, puissante et tout en rondeur, aux arômes de pâte de fruits. La finale épicée est de bonne longueur. Idéal à l'apéritif ou

au dessert. (Sucres résiduels : 62 g/l.) ✗ 2016-2020 ❦ tarte aux abricots

o╼ *Robert Freudenreich et Fils, 31, rue de l'Église, 68250 Pfaffenheim, tél. 03 89 49 60 88, robert.freudenreich@wanadoo.fr* Ⓥ ⚘ ⚑ *r.-v.*

JEAN GEILER Terroirs d'alluvions 2013 ★★

| ■ | 52 600 | 📷 | 8 à 11 € |

Fondée en 1926 par 36 vignerons, la coopérative d'Ingersheim, proche de Colmar, compte 175 adhérents et vinifie le fruit d'un vignoble de 390 ha dans le Haut-Rhin, avec des parcelles dans neuf grands crus. Jean Geiler est sa marque. Son siège abrite un musée du Vigneron et une salle accueillant expositions et événements culturels.

La robe jaune d'or est engageante, tout comme le nez, avec ses parfums bien typés de rose, de litchi et autres fruits exotiques. Dans le même registre, le palais persistant offre une alliance remarquable de gras et de délicatesse. Une très belle matière bien vinifiée. On pourra savourer cette bouteille pour elle-même ou la marier à de nombreux mets. (Sucres résiduels : 20 g/l.) ✗ 2016-2023 ❦ crevettes à l'aigre-douce

o╼ *Cave Jean Geiler, 45, rue de la République, 68040 Ingersheim, tél. 03 89 27 90 27, vin@geiler.fr* Ⓥ ⚘ ⚑ *r.-v.*

GOCKER Vieilles Vignes 2013 ★

| ■ | 3 000 | 📷 | 11 à 15 € |

Philippe et Andrée Gocker, installés en 1978, perpétuent une tradition vigneronne remontant au XVIᵉˢ.. Situé au cœur de la route des Vins, leur domaine de 8 ha est implanté à Mittelwihr et dans trois communes voisines : Hunawihr, Bennwihr et Riquewihr.

Que ce soit en grand cru ou en simple alsace, les gewurztraminers de l'exploitation retiennent souvent l'attention. Celui-ci intéresse par la complexité et la finesse de son nez, qui évolue des fleurs blanches aux fruits exotiques confits, avec quelques notes d'agrumes et une pointe épicée. Tout aussi aromatique, ample, gras et long, le palais montre une belle tenue. À servir de l'apéritif au dessert pourvu que ce dernier ne soit pas trop sucré. (Sucres résiduels : 25 g/l.) ✗ 2016-2020 ❦ mousse à la mangue

o╼ *Philippe Gocker, 1, pl. des Cigognes, 68630 Mittelwihr, tél. 03 89 49 01 23, domaine.gocker@hotmail.fr* Ⓥ ⚘ ⚑ *r.-v.*

Ⓑ DOM. LAURENCE ET PHILIPPE GREINER 2013

| ■ | 5 650 | 📷 | 8 à 11 € |

Philippe Greiner a repris en 1988 l'exploitation familiale : 9 ha autour de Riquewihr, avec des parcelles dans les deux grands crus de la commune. Avec son épouse Laurence, il a quitté la coopérative et s'est lancé avec brio dans la vinification en 2005. L'exploitation est conduite en bio depuis 2009.

Un nez bien ouvert, florilège de mirabelle, d'abricot et d'ananas. La rose et les épices s'ajoutent à cette palette dans une bouche tout en rondeur et en fruit, équilibrée par ce qu'il faut de fraîcheur. Peu de longueur, mais du charme. (Sucres résiduels : 37 g/l.) ✗ 2015-2018 ❦ soufflé à la mirabelle

⊶ *Dom. Laurence et Philippe Greiner,*
16, rue des Prés, 68340 Riquewihr, tél. 03 89 86 04 68,
philippe.greiner@wanadoo.fr  🅥 🎿 🅸 *r.-v.*

♥ JEAN-CLAUDE GUETH
Veilleur de nuit 2011 ★★★

	2 000		🍷		15 à 20 €

Une famille établie depuis deux siècles à Gueberschwihr, au sud de Colmar. Installés en 1970, Jean-Claude et Bernadette Gueth commercialisent leurs vins dès 1982. Aujourd'hui, le domaine couvre 8 ha et leur fille, Muriel Gueth-Biéchy, vinifie depuis 1996.

Après un millésime précédent déjà remarquable, ce 2011 emporte tous les suffrages. Il s'agit comme l'an dernier d'un gewurztraminer récolté à surmaturité, le 15 octobre, et longuement vinifié sans levurage. Il en résulte une robe jaune d'or, un nez de coing, de fruits confits et de miel, rehaussé d'une pointe d'épices. Une gamme aromatique riche que l'on retrouve dans une bouche ample, concentrée et longue. L'opulence et la complexité : un bel hommage à Jean-Claude Gueth qui jouait le veilleur de nuit traditionnel, annonçant l'heure du coucher aux habitants du village. (Sucres résiduels : 46 g/l.) 🍴 2016-2025 🍷 cannelés

⊶ *Dom. Jean-Claude Gueth, 3, rue de la Source,*
68420 Gueberschwihr, tél. 03 89 49 33 61,
cuve@vin-alsace-gueth.com 🅥 🎿 🅸 *r.-v.*

DOM. ROBERT HAAG ET FILS 2012 ★★

	5 900		🍷		5 à 8 €

Perpétuant une lignée remontant au XVIIIᵉ s., François Haag a succédé en 1999 à son père Robert, qui a spécialisé l'exploitation. La famille est installée dans une maison typique, avec vaste porche, cour et colombages. Son village, Scherwiller, est un haut lieu du riesling, et la moitié du vignoble (près de 9 ha) est dédiée à ce cépage.

Les dégustateurs ont particulièrement apprécié l'élégance de ce vin aux parfums délicats et bien typés (rose, litchi, auxquels s'ajoutent en bouche mangue, fruit de la Passion et épices). Croquant, charnu, ample et puissant, le palais délivre des arômes de surmaturation relevés d'épices. À servir de l'apéritif au dessert. (Sucres résiduels : 26 g/l.) 🍴 2015-2020 🍷 magret de canard aux mangues poivré

⊶ *Dom. Robert Haag et Fils, 21, rue de la Mairie,*
67750 Scherwiller, tél. 03 88 92 11 83, vins.haag.robert@
estvideo.fr 🅥 🎿 🅸 *t.l.j. sf dim. 9h-12h 13h30-19h*

HAEFFELIN Vendanges tardives 2011 ★★

	1 700				15 à 20 €

Héritier d'une lignée de vignerons remontant à 1770, Daniel Haeffelin s'est installé en 1987 sur le domaine (16 ha) et a été rejoint en 2012 par son fils Sébastien. En 1993, il a transféré l'exploitation hors des murs d'Eguisheim, tout en maintenant le caveau de vente au cœur de la pittoresque cité médiévale.

D'emblée, ce moelleux sort du lot par sa couleur jaune d'or aux reflets brillants. Complexe et subtil, le nez évolue entre

miel, raisin de Corinthe, ananas compoté et torréfaction, avec une petite touche fumée qui pourrait venir du terroir argileux. Tout aussi complexe, ample et gras, le palais affiche une rare harmonie grâce à un équilibre parfait entre la douceur, l'acidité et une touche saline. La longue finale suave et tout en finesse laisse un sentiment de plénitude : un vin racé qui peut être apprécié pour lui-même. (Sucres résiduels : 100,3 g/l.) 🍴 2015-2020 🍷 foie gras d'oie en terrine

⊶ *Vignoble Daniel Haeffelin, 35, Grand-Rue,*
68420 Eguisheim, tél. 03 89 41 77 85,
vins.alsace.haeffelindaniel@wanadoo.fr 🅥 🎿 🅸 *t.l.j.*
10h-12h 13h30-18h30; dim. sur r.-v.

HERTZOG Bildstoecklé 2013

	6 800		🍷		8 à 11 €

Un domaine de 8 ha établi au sud-ouest de Colmar, à Obermorschwihr, village connu pour son clocher à colombages. Installé en 1977 sur l'exploitation familiale, Sylvain Hertzog a attiré plus d'une fois l'attention grâce à certaines de ses cuvées, couronnées comme la grenouille qui orne parfois ses étiquettes.

Les gewurztraminers de ce lieu-dit argilo-calcaire ont été plus d'une fois remarqués. Ici, un vin dont la robe jaune d'or annonce un nez discrètement miellé, nuancé de notes d'agrumes confits et de poivre. Franc et frais à l'attaque, équilibré, légèrement minéral, le palais séduit par sa finesse ; la finale est marquée par une petite pointe d'amertume. (Sucres résiduels : 30 g/l.) 🍴 2015-2020 🍷 canard laqué

⊶ *EARL Sylvain Hertzog, 18, rte du Vin,*
68420 Obermorschwihr, tél. 03 89 49 31 93,
sylvainhertzog@wanadoo.fr 🅥 🎿 🅸 *t.l.j. sf dim. 9h-19h*
🏠 ③ 🏠 Ⓑ

MICHEL HEYBERGER 2013

	5 400		◑		5 à 8 €

Vignerons depuis 1900, les Heyberger se sont établis dans une maison à colombages au centre de Saint-Hippolyte. Ils cultivent 9,5 ha en contrebas du Haut-Kœnigsbourg, à la limite des deux départements d'Alsace.

Ce gewurztraminer offre une expression légère, typée et agréable du cépage : nez discrètement épicé et poivré, attaque souple, bouche aromatique, équilibrée et de bonne longueur. Un ensemble aérien. (Sucres résiduels : 29 g/l.) 🍴 2015-2019 🍷 samoussa de poulet aux légumes

⊶ *EARL Michel Heyberger, 4, rue de l'Ancien-Abattoir,*
68590 Saint-Hippolyte, tél. 03 89 73 00 78,
michel.heyberger@sfr.fr 🅥 🎿 🅸 *r.-v.*

HUEBER Vieilles Vignes 2013 ★

	8 000		🍷		5 à 8 €

Fondé en 1936, ce domaine de 11 ha a son siège au milieu des vignes, à l'entrée de Riquewihr, la cité viticole la plus visitée de la région. Installé en 1996, Valentin Hueber a étudié la sommellerie et suivi les traces de son père en développant l'œnotourisme sur la propriété.

Né sur un terroir argilo-calcaire, ce gewurztraminer encore discret au nez s'ouvre à l'aération sur d'élégantes fragrances florales puis fruitées, rehaussées de touches épicées et d'une note légèrement fumée. Les épices ressortent dans un palais ample, puissant et gras, à la finale finement poivrée. (Sucres résiduels : 28 g/l.) ✗ 2015-2020 ❦ lotte à l'ananas

○┅ *Jean-Paul Hueber et Fils, 6, rte de Colmar, 68340 Riquewihr, tél. 03 89 47 92 30, jeanpaul.hueber68@orange.fr* 🆅 🔨 🔼 *t.l.j. 9h-12h 13h-18h* 🏠 ➊ 🏠 Ⓑ

HUNOLD Côte de Rouffach 2013 ★

| ■ | 5 200 | 🛈 | 5 à 8 € |

De vieille souche vigneronne, Bruno Hunold et son épouse Andrée ont repris le domaine familial en 1984. Aujourd'hui secondés par leurs filles Sylvie et Valérie, ils exploitent 13 ha autour de Rouffach, au sud de Colmar.

Terroir argilo-calcaire bien abrité, la Côte de Rouffach est propice à plusieurs cépages, dont le gewurztraminer. Encore discret au nez, celui-ci libère à l'aération des parfums de rose séchée nuancés de notes de fruits jaunes compotés. Ample, suave et rond en attaque, puissant et volumineux, il trouve son équilibre dans un fin support acide et dévoile en finale un joli retour fruité et épicé. (Sucres résiduels : 31 g/l.) ✗ 2016-2020 ❦ tarte aux pêches

○┅ *EARL Bruno Hunold, 29, rue Aux-Quatre-Vents, 68250 Rouffach, tél. 03 89 49 60 57, info@bruno-hunold.com* 🆅 🔨 🔼 *r.-v.*

MARCEL IMMÉLÉ Vendanges tardives 2012 ★★

| ■ | 2 900 | 🛈 | 15 à 20 € |

Originaire de Suisse, la famille Immélé a fait souche en 1831 au sud de Colmar, à Voegtlinshoffen, un village perché qui offre une vue imprenable sur le vignoble et la plaine d'Alsace. Aujourd'hui, Marcel exploite près de 9 ha de vignes avec son fils Marc qui l'a rejoint en 1997.

Le millésime précédent avait lui aussi révélé un remarquable gewurztraminer Vendanges tardives. Le 2012 se distingue d'entrée par son disque brillant, ses larmes et sa teinte paille tirant sur le vieil or. Aussi opulent que complexe, le nez joue sur l'agrume confit, le litchi, la rose, rehaussés de notes anisées. Malgré son volume et son onctuosité, la bouche reste tonique. Des arômes d'épices et de fruits exotiques persistent longtemps après la fin de la dégustation. (Sucres résiduels : 75 g/l.) ✗ 2016-2023 ❦ feuilletés au roquefort

○┅ *Marcel Immélé, 8, rue Roger-Frémeaux, 68420 Voegtlinshoffen, tél. 03 89 49 30 51, immele@vins-immele.net* 🆅 🔨 🔼 *t.l.j. 9h-12h 14h-18h; dim. 9h-12h*

ROBERT KLINGENFUS Clos des Chartreux 2013

| ■ | 2 500 | | 11 à 15 € |

Sous-préfecture du Bas-Rhin, Molsheim doit une partie de sa renommée aux usines Bugatti, mais sa vocation viticole est ancienne. Elle perdure grâce à des vignerons comme Robert Klingenfus. Fondé en 1884 par un aïeul tonnelier, son domaine couvre aujourd'hui près de 19 ha.

Cette cuvée, dont le nom rappelle la présence des chartreux à Molsheim, a retenu l'attention par son nez bien ouvert sur la rose, le litchi et des notes de surmaturation évoquant les fruits jaunes. La bouche, à l'unisson, est franche à l'attaque, florale et épicée, bien équilibrée. (Sucres résiduels : 8 g/l.) ✗ 2016-2020 ❦ nems

○┅ *Dom. Robert Klingenfus, 60, rue de Saverne, 67120 Molsheim, tél. 03 88 38 07 06, alsace-klingenfus@wanadoo.fr* 🆅 🔨 🔼 *t.l.j. sf dim. 9h-12h30 13h30-18h30*

HUBERT KRICK Les Hespérides 2012

| ■ | 2 581 | 🛈 | 15 à 20 € |

Installée à Wintzenheim – en alsacien, le « village des vignerons » –, à la périphérie ouest de Colmar, une vieille famille d'agriculteurs qui a misé sur la viticulture au cours de la seconde moitié du siècle dernier. Hubert agrandit l'exploitation qu'il transmet en 2008 à ses enfants Philippe, Pierre et Marie. Aujourd'hui, près de 14 ha de vignes répartis sur cinq communes, entre 200 et 450 m d'altitude.

Un gewurztraminer vendangé le 6 novembre en surmaturation : de là ce jaune d'or brillant, ce nez de fruits exotiques et d'épices aux nuances confites, ce palais gras, suave, opulent, voire chaleureux, reflets d'une riche matière. (Sucres résiduels : 63 g/l.) ✗ 2016-2023 ❦ bleus

○┅ *Hubert Krick, 93, rue Clemenceau, 68920 Wintzenheim, tél. 03 89 27 00 01, contact@vins-krick.fr* 🆅 🔨 🔼 *t.l.j. sf sam. dim. 10h-12h 13h30-18h* 🏠 Ⓒ

ANDRÉ LORENTZ Grande Réserve 2013 ★

| ■ | 20 000 | 🛈 | 11 à 15 € |

Fondée en 1824 par Martin Klipfel, cette maison de Barr est restée dans la même famille en prenant de l'envergure. Gérée par Jean-Louis Lorentz et ses filles Anne-Sophie, Marie et Amélie, elle associe une structure de négoce et un important domaine (40 ha, dont 15 ha en grand cru).

André Lorentz, fils du négociant Gustave Lorentz de Bergheim, a épousé une Klipfel, développé l'entreprise de Barr et donné son nom à une gamme de vins. Or pâle, ce gewurztraminer offre un nez intense, frais et typé, sur la rose et les épices, mâtinés d'une touche réglissée. Les épices se retrouvent dans une bouche franche, ample, suave, équilibrée et persistante, marquée en finale par un retour sur la réglisse et le clou de girofle. (Sucres résiduels : 8 g/l.) ✗ 2016-2023 ❦ poulet à l'ananas

○┅ *Klipfel, 6, av. du Dr-Marcel-Krieg, 67140 Barr, tél. 03 88 58 59 00, alsacewine@klipfel.com* 🆅 🔨 🔼 *t.l.j. 10h-12h 14h-18h30; f. janv.*

Ⓑ MADER Muhlforst 2013 ★

| ■ | 1 000 | 🛈 | 11 à 15 € |

Installé sur le domaine familial en 1981, Jean-Luc et Anne Mader ont repris l'élaboration des vins à la propriété et la vente directe, qui s'étaient interrompues à la génération précédente. Couvrant 9,6 ha au cœur de la route des Vins, leur vignoble est disséminé sur quatre communes : Ribeauvillé, Hunawihr, Riquewihr et Kientzheim. Après l'arrivée de leur fils Jérôme en 2005, l'exploitation a adopté la démarche bio (certification en 2007).

Issu d'un lieu-dit marno-limoneux proche du grand cru Rosacker, ce vin offre un nez bien typé, délicatement floral, qui rappelle la rose. Ce caractère variétal se traduit aussi par une bouche riche, corsée, onctueuse et longue, équilibrée par une belle fraîcheur. (Sucres résiduels : 45 g/l.) ✗ 2016-2020 ❦ poulet au curry

○┅ *Dom. Jean-Luc Mader, 13, Grand-Rue, 68150 Hunawihr, tél. 03 89 73 80 32, vins.mader@laposte.net* 🆅 🔼 *r.-v.*

Ⓑ ALBERT MAURER
Lieu-dit Kritt Vieilles Vignes 2013 ★

| ■ | 12 000 | 🛈 | 8 à 11 € |

En 1960, Albert Maurer a créé un vignoble à Eichhoffen, près d'Andlau. Il a passé le relais en 2003 à Philippe, qui exploite 16 ha autour de cette commune et dans trois villages voisins. La conversion bio de la propriété, engagée en 2005, a débouché sur une certification en 2011.

Un gewurztraminer bien typé et très équilibré, qui plaît sans la moindre réserve et se prêtera à de nombreux accords. Au nez comme en bouche, les épices l'emportent sur la rose tout au long de la dégustation. Une attaque franche, une finale fraîche et persistante : le reflet d'une vendange bien mûre, sans surmaturation. (Sucres résiduels : 24 g/l.)
✗ 2016-2021 ✦ quiche au munster et au cumin

⚬┐ *Albert Maurer, 11, rue du Vignoble, 67140 Eichhoffen, tél. 03 88 08 96 75, info.vins-maurer@wanadoo.fr*
Ⓥ 🖊 📱 *t.l.j. sf dim.* 8h-12h 13h30-18h 🏠 Ⓒ

HUBERT MEYER 2013 ★		
■ 4 000	🛏	5 à 8 €

Les Meyer se succèdent de père en fils depuis 1722. Hubert a développé la vente en bouteilles, Pierre l'a rejoint en 2009. Leurs 10 ha de vignes sont répartis sur des terroirs variés, autour de Blienschwiller et des communes voisines de Dambach-la-Ville, Nothalten et Epfig, au sud de Barr.

Vinifié sans levurage, un gewurztraminer jaune pâle, au nez discret mais franc et bien typé, sur la rose et les fruits jaunes. Intense, ample et gras au palais, il est équilibré par une fraîcheur tonique qui permettra de le servir à l'apéritif comme à table. (Sucres résiduels : 16 g/l.) ✗ 2016-2023 ✦ tajine de poulet aux pêches

⚬┐ *Hubert Meyer, 34, route des Vins, 67650 Blienschwiller, tél. 03 88 92 47 33, contact@vins-hubert-meyer.fr*
Ⓥ 🖊 📱 *t.l.j. sf dim.* 8h-12h 13h-18h 🏠 Ⓑ

FRANCIS MURÉ 2013 ★		
■ 3 600	🛏	8 à 11 €

Installé en 1991, Francis Muré est établi à une vingtaine de kilomètres au sud de Colmar, à l'entrée de la Vallée Noble. Il tire un bon parti de son vignoble qui, bien abrité par les plus hauts reliefs des Vosges, bénéficie d'un microclimat très sec.

À la robe jaune pâle répondent un nez discret mais raffiné, sur la rose, le miel et le poivre, et une bouche ample, fine et douce sans lourdeur, aux arômes de litchi et de mangue. La finale élégante est à la fois miellée et subtilement épicée. Parfait pour l'apéritif et les préparations relevées. (Sucres résiduels : 28 g/l.) ✗ 2015-2020 ✦ canard laqué

⚬┐ *Francis Muré, 30, rue de Rouffach, 68250 Westhalten, tél. 03 89 47 64 20, mure_francis@club-internet.fr* Ⓥ 🖊 *r.-v.* 🏠 Ⓒ

LA CAVE DES VIGNERONS DE PFAFFENHEIM Steingold 2012		
■ 6 000	🛏	11 à 15 €

Sélection parcellaire, vendanges manuelles majoritaires et vinifications exigeantes ont permis à la Cave de Pfaffenheim, créée en 1957, de bénéficier d'une belle notoriété. Forte des 270 ha de ses adhérents, la coopérative propose un large éventail de cuvées, notamment plusieurs grands crus de Pfaffenheim et du voisinage, tous situés au sud de Colmar.

Steingold ? Un gewurztraminer issu de deux grands crus : le Steinert, terroir calcaire, et le Goldert, terroir argileux. Cet assemblage donne une simple AOC alsace, les AOC grand cru provenant d'un seul lieu-dit. Un vin ample, gras

et frais, aux discrets arômes de mangue, de miel d'acacia et de poivre. Polyvalent, il pourra être servi de l'apéritif au dessert. (Sucres résiduels : 27 g/l.) ✗ 2016-2020 ✦ crevettes à la thaïe

⚬┐ *Cave des vignerons de Pfaffenheim, 5, rue du Chai, 68250 Pfaffenheim, tél. 03 89 78 08 08, cave@ pfaffenheim.com* Ⓥ 🖊 📱 *t.l.j.* 9h (dim. 10h)-12h 14h-18h

VIGNOBLES REINHART Lippelsberg 2013 ★★		
■ 3 300	🛏	8 à 11 €

Installé en 1982, Pierre Reinhart perpétue une tradition viticole qui remonte au début du XVIIIᵉs. Établi à Orschwihr, l'un des villages les plus méridionaux de la route des Vins, il exploite 6 ha de vignes, avec des parcelles dans de beaux terroirs (grands crus Kitterlé et Saering, Bollenberg).

Ce gewurztraminer provient du Lippelsberg, terroir exposé au sud-est et situé immédiatement en contrebas du Pfingstberg, le grand cru d'Orschwihr. Il est issu de raisins surmûris à en juger par sa robe jaune d'or, son nez ouvert et complexe alliant la rose et les épices du cépage au miel, à la pêche, à la mangue et aux fruits secs. La bouche, à l'unisson, s'impose par son ampleur, son gras et sa puissance, tout en restant remarquablement équilibrée. Les arômes perçus à l'olfaction s'y épanouissent longuement. Un ensemble structuré et gourmand à souhait. (Sucres résiduels : 30 g/l.) ✗ 2016-2020 ✦ charlotte aux pêches

⚬┐ *Pierre Reinhart, 7, rue du Printemps, 68500 Orschwihr, tél. 03 89 76 95 12, pierre@vignobles-reinhart.com* Ⓥ 🖊 📱 *r.-v.*

DOM. DU CH. DE RIQUEWIHR Les Sorcières Prestige de la France 2011 ★★		
■ 40 000	🛏	11 à 15 €

Dès le XVIᵉs., les familles Dopff et Irion ont pignon sur rue à Riquewihr. La maison est installée dans l'ancien château (1549) des princes de Wurtemberg. En 1945, René Dopff prend en main ses destinées. Il partage le domaine du château de Riquewihr en cinq vignobles spécialisés dans un cépage : les Murailles, les Sorcières, les Maquisards, les Amandiers et les Tonnelles. L'exploitation comprend 27 ha, dont un bon tiers en grands crus.

D'un jaune doré, ce 2011 délivre des notes complexes de fleurs blanches, de fruits secs et d'épices, avec une touche minérale. L'attaque franche révèle un vin intense, ample, riche et gras. La rose, le lilas et les fruits exotiques s'y épanouissent avant une longue finale fraîche marquée par un retour des épices. (Sucres résiduels : 25 g/l.) ✗ 2015-2020 ✦ porc sauté à l'antillaise

⚬┐ *Dopff et Irion, Dom. du Ch. de Riquewihr, 1, cour du Château, 68340 Riquewihr, tél. 03 89 47 92 51, contact@dopff-irion.com* Ⓥ 🖊 📱 *r.-v.*

ROLLY GASSMANN Brandhurst de Bergheim Vendanges tardives 2012 ★★		
■ 5 600	⬗	20 à 30 €

Domaine né de l'union de Marie-Thérèse Rolly avec Pierre Gassmann, établis à Rorschwihr, village dominé par le Haut-Kœnigsbourg. Héritiers de lignées remontant au XVIIᵉs., ces vignerons ont constitué un vaste domaine de 52 ha. Pierre Gassmann élabore de multiples cuvées, vinifiées par lieux-dits et types de sol.

Après un Oberer Weingarten de Rorschwihr, voici un Brandhurst de Bergheim, du même millésime. Le terroir est ici marno-argileux, et les vignes ont plus de quarante ans. Dans le verre, des vendanges tardives d'un jaune profond, montrant de belles larmes. Les parfums intenses mêlent la rose, la violette, les fruits exotiques et les épices à des notes de surmaturation évoquant les fruits secs et confits. Ample, gras, suave et caressant, le palais allie puissance et finesse ; il trouve un remarquable équilibre grâce à une fine pointe d'acidité et s'étire en une longue finale minérale et épicée. Du corps et de la subtilité. (Sucres résiduels : 74 g/l.) ✗ 2016-2025 ♈ roquefort

○┐ *Rolly Gassmann, 2, rue de l'Église, 68590 Rorschwihr, tél. 03 89 73 63 28, rollygassmann@wanadoo.fr* Ⓥ ⚒ 🏠 *r.-v.*

JEAN-PAUL SCHAFFHAUSER
Vendanges tardives 2012

■	4 930	🍾	11 à 15 €

Jean-Paul Schaffhauser a débuté la mise en bouteilles en 1984. Il a transmis son domaine en 1996 à Catherine et Jean-Marc. Ces derniers exploitent près de 11 ha de vignes réparties sur autant de villages autour de Wettolsheim, près de Colmar, et achètent aussi du raisin à des viticulteurs de la commune. Dans leur gamme, des vins de terroirs (grands crus Hengst et Steingrubler, notamment).

Le terroir marno-calcaire et la présence de pourriture noble confèrent à ce vin un nez très fin sur les agrumes confits, la rose et les épices, une attaque à la fois ronde et fraîche, un palais puissant et gras à la finale suave et équilibrée. Un liquoreux bien construit, sans la moindre lourdeur. (Sucres résiduels : 75,8 g/l.) ✗ 2015-2020 ♈ roquefort

○┐ *SARL Jean-Paul Schaffhauser, 8, rte du Vin, 68920 Wettolsheim, tél. 03 89 79 99 97, schaffhauserjpaul@free.fr* Ⓥ ⚒ 🏠 *t.l.j. sf dim. 8h30-12h 14h-18h30*

Ⓑ DOM. SEILLY
Schenkenberg Cuvée Satisfaction 2013 ★

■	5 000	🍾	11 à 15 €

Du fondateur, tonnelier sous le Second Empire, à l'exploitant actuel, l'œnologue Marc Seilly, installé depuis 1988, chaque génération a contribué à forger ce domaine. Aujourd'hui, 12 ha en bio (certifié en 2012) autour de la petite cité bas-rhinoise d'Obernai.

Né sur un coteau pentu dominant Obernai, ce gewurztraminer s'ouvre sur la rose, puis s'oriente vers le litchi et le poivre. Franc à l'attaque, riche, gras et frais à la fois, il se distingue par sa persistance. Un vin aussi intense qu'harmonieux, parfait à l'apéritif ou sur de la cuisine asiatique. ✗ 2016-2022 ♈ saumon teriaki

○┐ *Dom. Seilly, 18, rue du Gal-Gouraud, 67210 Obernai, tél. 03 88 95 55 80, export@seilly.fr* Ⓥ ⚒ 🏠 *t.l.j. 9h-12h 14h-18h*

DOM. DES SEPT VIGNES 2013

■	5 000	🍾	8 à 11 €

Installé en 2006, Emmanuel Saouliak perpétue une tradition vigneronne qui remonte à 1684 et cultive 6,5 ha autour de Nothalten, au sud de Barr. Il recherche la surmaturation et récolte ses raisins deux à quatre semaines au-delà des dates d'ouverture des vendanges.

Gourmand, c'est le mot qui revient sous la plume des jurés pour décrire ce gewurztraminer au nez expansif, complexe et suave, tout en fruits et en fleurs. Les fruits exotiques (litchi, mangue et même ananas) persistent et signent en bouche. La matière est souple, ample et bien équilibrée. (Sucres résiduels : 29,7 g/l.) ✗ 2016-2020 ♈ foie gras poêlé aux pêches

○┐ *Emmanuel Saouliak, 102, rte des Vins, 67680 Nothalten, tél. 03 88 92 45 73, domaine.saouliak@orange.fr* Ⓥ ⚒ 🏠 *r.-v.*

JEAN SIEGLER PÈRE ET FILS
Vieilles Vignes 2013 ★

■	2 345	⊞	11 à 15 €

Un Balthazar Siegler naquit à Mittelwihr en 1643 ; quant au domaine, il remonte à 1784. Aujourd'hui, Marie-Josée, Hugues et Stève exploitent 11 ha autour de la même commune. Le cru précoce du Mandelberg, ou colline des Amandiers, est leur fleuron.

Au nez, les épices ressortent avec intensité, aux côtés des fruits exotiques. Frais et croquant en attaque, le vin affiche ensuite une puissance chaleureuse, avant une finale fraîche, marquée par un retour des fruits exotiques. Un ensemble équilibré. (Sucres résiduels : 29,6 g/l.) ✗ 2016-2020 ♈ foie gras à la mangue

○┐ *Clos des Terres-Brunes – Jean Siegler, 26, rue des Merles, 68630 Mittelwihr, tél. 03 89 47 90 70, jean.siegler@wanadoo.fr* Ⓥ ⚒ 🏠 *t.l.j. 8h-12h 13h30-19h* 🏨 ❸ 🏠 Ⓖ

SIPP MACK
Vieilles Vignes 2012 ★★

■	5 300	🍾	11 à 15 €

En 1959, François Sipp, de Ribeauvillé, épouse Marie-Louise Mack, du village voisin d'Hunawihr. Son fils Jacques rencontre Laura, diplômée de l'université Davis en Californie, lors de ses années de formation aux États-Unis. Leur fille Carolyn a rejoint l'exploitation, qui couvre 26 ha (en bio certifié depuis 2013). Les Sipp sont aussi négociants.

La robe jaune d'or annonce un nez marqué par la surmaturation : les fruits jaunes confits s'ajoutent aux fragrances de rose et d'épices du cépage. Fraîche en attaque, la bouche affiche ampleur, rondeur et puissance, et reste sur le registre confit et miellé. La finale persistante est marquée par une fine et noble amertume. De la richesse et de l'avenir. (Sucres résiduels : 50 g/l.) ✗ 2016-2023 ♈ crumble aux abricots

○┐ *Sipp-Mack, 1, rue des Vosges, 68150 Hunawihr, tél. 03 89 73 61 88, contact@sippmack.com* Ⓥ ⚒ 🏠 *t.l.j. sf dim. 9h-12h 14h-18h* 🏠 Ⓖ

DOM. DE LA TOUR Cuvée Clin d'œil 2013 ★

■	3 400	🍾	8 à 11 €

Installé en 1985, Jean-François Straub a pris la suite d'une lignée de vignerons et de tonneliers remontant à 1510. Avec son épouse Anne-Marie et son fils Jean-Sébastien, qui l'a rejoint en 2005, il exploite 15 ha. Le domaine s'est équipé d'une cuverie moderne, tout en conservant ses foudres traditionnels.

Récolté le 19 octobre, le gewurztraminer a donné un vin jaune doré qui s'ouvre à l'aération sur des parfums intenses de litchi, de mangue, de fruits jaunes surmûris et d'épices qui s'épanouissent en bouche. L'attaque suave introduit un palais puissant, ample, gras et long, équilibré par une fine acidité. (Sucres résiduels : 31,4 g/l.) ✗ 2016-2020 ❦ curry de poulet à la mangue

☞ *Dom. de la Tour – M.-A., J.-F. et J.-S. Straub, 35, rte des Vins, 67650 Blienschwiller, tél. 03 88 92 48 72, contact@vins-straub.fr* Ⓥ 🅚 🏠 *t.l.j. sf dim. 9h-11h30 14h-18h* 🏠 ❷ 🏠 Ⓑ

CAVE DE TURCKHEIM Vieilles Vignes 2013		
◼ 25 000	🏛	8 à 11 €

Fondée en 1955, cette coopérative d'importance propose des vins haut de gamme en volumes intéressants, tels les grands crus (neuf références, avec le Brand de Turckheim en vedette) ou les vendanges tardives.

À la robe or pâle aux reflets verts répond un nez discret et élégant de rose et de mangue. On retrouve cette élégance au palais, qui attaque avec fraîcheur et se développe avec ampleur, sur des notes fruitées, florales et épicées. (Sucres résiduels : 26,4 g/l.) ✗ 2016-2020 ❦ porc à l'aigre-douce, poulet au curry

☞ *Cave de Turckheim, 16, rue des Tuileries, 68230 Turckheim, tél. 03 89 30 23 60, info@cave-turckheim.com* Ⓥ 🏠 *t.l.j. 8h-12h 14h-18h*

CH. WAGENBOURG Vendanges tardives 2012 ★★		
◼ 2 300		15 à 20 €

À 25 km au sud de Colmar, Soultzmatt s'étire le long de la Vallée Noble, ainsi désignée en raison des sept châteaux qui la gardaient. De ces forteresses, une seule est restée debout : Wagenbourg, acquise par la famille Klein, établie dans le village en 1603. Bien abrités par les plus hauts reliefs des Vosges, les vignes (10,5 ha) sont exploitées depuis 1987 par Jacky et Mireille Klein.

Ce vin a séduit, tant par sa robe d'un jaune intense tirant sur le vieil or que par la complexité de sa palette aromatique, entre les fruits confits, le miel d'acacia et le sous-bois. Quant à la bouche, riche, ample et longue, tonifiée par une belle acidité, elle fait preuve d'un équilibre parfait. Des notes de bergamote et de coing lui assurent une finale suave. (Sucres résiduels : 90 g/l.) ✗ 2015-2020 ❦ terrine de foie gras

☞ *EARL Joseph et Jacky Klein, Ch. Wagenbourg, 25 A, rue de la Vallée, 68570 Soultzmatt, tél. 03 89 47 01 41, chateauwagenbourg@orange.fr* Ⓥ 🅚 *t.l.j. sf dim. 8h-12h 13h30-18h* 🏠 Ⓑ

Ⓑ **DOM. WEINBACH** Cuvée Laurence 2013 ★★		
◼ 5 400	🍶	20 à 30 €

Ancien vignoble monastique, mentionné au IX[e]s. et acquis en 1898 par la famille Faller. Avec 30 ha, il dispose aujourd'hui d'une belle palette de terroirs, (le Schlossberg et le Furstentum notamment). À partir de 1979, Colette Faller puis ses filles Catherine et Laurence lui ont donné une notoriété internationale, adoptant la biodynamie (sur l'ensemble de la propriété depuis 2005). Après le décès en 2014 de Laurence, la vinificatrice, puis celui de Colette en 2015, Catherine et son fils Théo assurent la continuité du domaine.

Héritage de Laurence Faller, un remarquable gewurztraminer né sur un terroir marno-calcaire. Le nez élégant mêle d'intenses fragrances de rose à des notes de surmaturation (mangue, abricot sec). Beaucoup de fruit

aussi en bouche, une matière ample et puissante, structurée par une belle acidité, et une finale très persistante, sur les fruits exotiques et les épices. Une bouteille qui peut être appréciée pour elle-même. (Sucres résiduels : 29,1 g/l.) ✗ 2016-2022 ❦ poulet biryani

☞ *Dom. Weinbach, 25, rte du Vin, 68240 Kaysersberg, tél. 03 89 47 13 21, contact@domaineweinbach.com* Ⓥ 🏠 *r.-v.*

WELTY Cuvée Aurélie 2012 ★		
◼ 5 000	🏛	11 à 15 €

Champion de taille (Sécateur d'or en 2013), Jérémy Welty vient de rejoindre son père Jean-Michel. Ce dernier s'était installé en 1984 sur l'exploitation familiale, dont les lointaines origines remontent à 1738. Implanté à Orschwihr, à 25 km au sud de Colmar, au pied de la colline du Bollenberg, le vignoble (10 ha) bénéficie d'un climat très sec.

Un nez ouvert sur les fruits exotiques bien mûrs (mangue) et les épices, nuancés de notes de surmaturation rappelant la pâte de fruits. Dans le même registre fruité et épicé, le palais charme par son attaque fraîche, sa richesse, son gras et sa persistance. Un moelleux tonique. (Sucres résiduels : 42,7 g/l.) ✗ 2016-2023 ❦ fondant au chocolat cœur de mangue

☞ *Jean-Michel Welty, 24, Grand-Rue, BP 15, 68500 Orschwihr, tél. 03 89 76 09 03, vinswelty@gmail.com* Ⓥ 🅚 🏠 *t.l.j. 8h30-12h 13h30-18h30; dim. sur r.-v.* 🏠 ❷ 🏠 Ⓑ

DOM. XAVIER WYMANN		
Cuvée Zacharie 2013		
◼ 1 400		8 à 11 €

Le grand-père de Jean-Luc Schaerlinger a misé sur la viticulture après la Seconde Guerre mondiale. Il a d'abord vendu son raisin, puis son vin en vrac avant de se lancer dans les années 1960 dans la mise en bouteilles. Installé en 1996, l'actuel vigneron cultive 6,5 ha de vignes autour de Ribeauvillé.

Un gewurztraminer vinifié sans sulfites : un peu de soufre a seulement été ajouté avant la mise en bouteilles. Une robe pâle, mais un nez intense, livrant des notes de surmaturation (fruits jaunes compotés, pâte de fruits) rehaussées d'épices. Attaque suave, palais dominé par des impressions de gras et de générosité, soulignées par son côté épicé : un ensemble typé. (Sucres résiduels : 15 g/l.) ✗ 2016-2022 ❦ gambas à la mangue et au sésame

☞ *Xavier Wymann, 41, rue de la Fraternité, 68150 Ribeauvillé, tél. 03 89 73 66 83, vins.wymann@yahoo.fr* Ⓥ 🅚 🏠 *r.-v.*

ALSACE KLEVENER-DE-HEILIGENSTEIN

Superficie : 42 ha / Production : 2 893 hl

Le klevener-de-heiligenstein n'est autre que le vieux traminer (ou savagnin rose) connu depuis des siècles en Alsace. Il a fait place à sa variante épicée ou gewurztraminer dans l'ensemble de la région, mais il est resté vivace à Heiligenstein et dans cinq communes voisines. Ses vins sont originaux, à la fois très bien charpentés, élégants et discrètement aromatiques.

CHARLES BOCH
Charme d'automne 2013 ★

| | 1 500 | 🍶 | 11 à 15 € |

Ce domaine de 10 ha, constitué en 1987, est situé au pied du mont Sainte-Odile, entre Barr et Obernai. Il est toujours dirigé par son fondateur, un spécialiste du klevener-de-heiligenstein.

Si la couleur paille est plutôt légère, le nez apparaît riche, complexe et gourmand, mêlant l'acacia, le zeste de pamplemousse, la pêche et la mangue. L'attaque souple et ronde, sur des nuances de miel de sapin, introduit un vin puissant, moelleux et opulent, reflet d'une vendange surmûrie. Des arômes persistants de mandarine marquent la finale fraîche et poivrée. L'ensemble devrait réserver de bonnes surprises lorsque les sucres se seront fondus. (Sucres résiduels : 42 g/l.) ✗ 2016-2023 ❦ tarte aux mirabelles

o⇁ EARL Charles Boch, 6, rue Principale, 67140 Heiligenstein, tél. 06 80 72 01 10, charles.boch@wanadoo.fr ▼ 🎿 🖐 t.l.j. 9h-12h 14h-19h; f. sem. 35 🏠 ❷ 🏠 ☉

DOM. DOCK Instant douceur 2013

| | 2 000 | 🍶 | 11 à 15 € |

L'exploitation conduite par Christian Dock se transmet de père en fils depuis 1870 et couvre 12 ha. Elle est installée à Heiligenstein, village perché sur un coteau dominé par le mont Sainte-Odile. Le klevener-de-heiligenstein est la spécialité de la propriété.

De couleur assez pâle, ce vin est peu expansif au nez, mais après aération, il laisse percer une jolie palette de senteurs : acacia, pêche blanche, amande fraîche. Très doux en attaque, sur des notes de miel, il est rafraîchi par une belle acidité et ses arômes s'épanouissent : pêche jaune, cardamome, citron confit... Des notes de mirabelle en confiture s'attardent dans une finale suave. (Sucres résiduels : 45 g/l.) ✗ 2016-2023 ❦ pêche pochée aux épices

o⇁ Dom. Christian Dock, 20, rue Principale, 67140 Heiligenstein, tél. 03 88 08 02 69, cdock@wanadoo.fr ▼ 🎿 🖐 t.l.j. 8h-12h 13h-18h

PAUL DOCK Cuvée Tradition 2013 ★★

| | 5 300 | | 8 à 11 € |

Héritier d'une lignée installée au XVIIIᵉ s. à Heiligenstein, au pied du mont Sainte-Odile, Paul Dock a fondé son domaine en 1972. Le vignoble s'étend sur 9 ha, et le klevener-de-heiligenstein représente 35 % de sa production. Patrick est venu rejoindre son père il y a plusieurs années.

Si la robe est pâle, le nez est bien ouvert, complexe et gourmand : on respire dans le verre la rose, la pêche blanche, la mangue, avec une touche d'orange amère et une pointe de poivre blanc. Souple et très rond en attaque, c'est un vin puissant auquel une acidité fine, caractéristique du millésime, confère une belle harmonie. On retrouve au palais la pêche blanche, mariée au pamplemousse, avec une note épicée en finale. Parfait à l'apéritif et avec des plats relevés. (Sucres résiduels : 13 g/l.) ✗ 2016-2020 ❦ poulet à l'ananas

o⇁ EARL Paul Dock et Fils, 55, rue Principale, 67140 Heiligenstein, tél. 03 88 08 02 49, vinsdock@orange.fr ▼ 🎿 🖐 r.-v.

DOM. G. METZ 2012

| | 1 400 | ⊪ | 11 à 15 € |

C'est le gendre de Gérard Metz, Éric Casimir, d'origine champenoise, qui conduit les 13 ha du domaine familial. L'exploitation est implantée à Itterswiller, petit village bas-rhinois très fleuri, situé à flanc de coteau.

Le nez discret distille des senteurs de muguet, puis de clémentine et de fruits exotiques, avec quelques notes épicées. En bouche, la pêche entre en scène, en harmonie avec une texture souple, équilibrée par une finale acidulée. L'équilibre reste cependant marqué par la rondeur. (Sucres résiduels : 13 g/l.) ✗ 2016-2018 ❦ tartare de saumon à la mangue

o⇁ Dom. Gérard Metz, 40, rte du Vin, 67140 Itterswiller, tél. 03 88 57 80 25, info@vinsgerardmetz.net ▼ 🎿 🖐 r.-v. o⇁ Éric Casimir

DANIEL RUFF
Schwendehiesel Vieilles Vignes 2013 ★★

| | 9 000 | ⊪ | 8 à 11 € |

Un domaine de 15 ha situé au pied du mont Sainte-Odile, dans le pays de Barr. Si son savoir-faire s'étend à d'autres variétés, Daniel Ruff y cultive avec ferveur le klevener, cépage fétiche de Heiligenstein qui a valu au village une dénomination communale.

Vieilles Vignes ? Plantées il y a quarante-trois ans par Alfred Ruff, aujourd'hui quatre-vingt-neuf ans. Le nez s'ouvre progressivement sur l'acacia, le chèvrefeuille et les fruits jaunes, relevés d'une touche poivrée. Franche et ronde à l'attaque, avec une délicate acidité en soutien, la bouche marie la pêche blanche et les agrumes. Soulignée d'un trait de fraîcheur, la finale persiste longuement sur les fruits exotiques et les épices. Un vin gourmand et tonique. (Sucres résiduels : 14 g/l.) ✗ 2016-2023 ❦ nems aux crevettes

o⇁ Daniel Ruff, 64, rue Principale, 67140 Heiligenstein, tél. 03 88 08 10 81, ruffvigneron@wanadoo.fr ▼ 🖐 t.l.j. 8h-12h 13h45-18h30 🏠 ❶ 🏠 ☉

ALSACE MUSCAT

Superficie : 351 ha / Production : 18 487 hl

Deux variétés de muscat servent à élaborer ce vin sec et aromatique qui donne l'impression de croquer du raisin frais. Le premier, dénommé de longue date muscat d'Alsace, n'est autre que celui que l'on connaît mieux sous le nom de muscat blanc à petits grains (parfois dénommé muscat de Frontignan). Comme il est tardif, on le réserve aux meilleures expositions. Le second, plus précoce et de ce fait plus répandu, est le muscat ottonel.

RENÉ BOHN FILS 2013

| | 2 300 | 🍶 | 5 à 8 € |

Cette famille vigneronne du pays de Barr se flatte d'être la plus ancienne de Blienschwiller, faisant remonter sa lignée au XVᵉ s. Un ancêtre fut hussard de Napoléon, et René Bohn maire de la commune pendant vingt-quatre ans après 1945. Dirigée depuis 1988 par Rémy Bohn, la propriété couvre 7,5 ha.

Issue de muscat ottonel (75 %) complété par du muscat d'Alsace, ce vin présente un nez assez discret mais

46

élégant, rappelant le tilleul. Le palais est agréable, frais, croquant, typiquement muscaté, légèrement minéral. Un vin d'apéritif. (Sucres résiduels : 2 g/l.) ✗ 2016-2018 ♈ terrine de poulet aux asperges

☛ *René Bohn Fils, 67, rte des Vins, 67650 Blienschwiller, tél. 03 88 92 41 33, r.bohn@ovh.fr* 🆅 🎿 👕 *r.-v.*

ANDRÉ HARTMANN Armoirie Hartmann 2013 ★		
■	2 000	8 à 11 €

La famille Hartmann est établie depuis 1640 au village de Voegtlinshoffen, « Balcon de l'Alsace » perché sur un coteau, à quelque 10 km au sud de Colmar. Son domaine de 9 ha comprend plusieurs parcelles dans le grand cru Hatschbourg.

Un assemblage de muscat ottonel (70 %) et de muscat d'Alsace est à l'origine de ce vin au nez subtilement muscaté, au palais plutôt rond mais plaisant par ses arômes intenses et bien typés, floraux et fruités. L'ensemble devrait gagner en fondu au cours des prochains mois. (Sucres résiduels : 10 g/l.) ✗ 2016-2019 ♈ feuilletés aux asperges vertes

☛ *André Hartmann, 11, rue Roger-Frémeaux, 68420 Voegtlinshoffen, tél. 03 89 49 38 34, andre.hartmann@free.fr* 🆅 🎿 👕 *t.l.j. sf dim. 9h-12h 14h-18h* 🏠 Ⓑ

JEAN HIRTZ ET FILS 2013 ★		
■	2 200	5 à 8 €

Établis dans l'un des plus pittoresques villages du Bas-Rhin, près de Barr, Edy et Élisabeth Hirtz conduisent depuis 1992 le domaine familial : 8,5 ha, avec des parcelles dans le grand cru local. Ici, pas de foudres de bois, mais des cuves Inox, plus à même de préserver le potentiel aromatique des cépages, selon le vigneron.

Assemblage de muscat ottonel et de muscat d'Alsace, ce 2013 s'ouvre à l'aération sur les fleurs blanches, puis sur des touches légèrement mentholées. L'attaque franche introduit une bouche à la fois onctueuse et vive, élégante et longue. (Sucres résiduels : 3,7 g/l.) ✗ 2016 2019 ♈ légumes

☛ *Edy Hirtz, EARL du Rotland, 13, rue Rotland, 67140 Mittelbergheim, tél. 03 88 08 47 90, edy.hirtz@9business.fr* 🆅 🎿 👕 *t.l.j. 9h 12h 14h 18h*

KRESS-BLÉGER ET FILS 2013		
■	n.c.	5 à 8 €

Situé au pied du Haut-Kœnigsbourg, ce domaine familial s'est lancé dans la vente en bouteilles en 1983. Sa surface est passée de 4,5 ha à 13,5 ha aujourd'hui. Jean-Luc Kress, aux commandes depuis 2007, dispose d'une palette de terroirs diversifiée, entre Wettolsheim et Saint-Hippolyte.

Le muscat d'Alsace (80 %) s'allie au muscat ottonel dans ce vin au nez discret mais élégant mariant les fleurs blanches, le citron, la citronnelle et la mandarine. Rond à l'attaque, vif et tout en finesse, ce vin trouvera sa place en toute occasion. (Sucres résiduels : 6,5 g/l.) ✗ 2016-2018 ♈ brochettes thaïes, poulet coco citronnelle

☛ *EARL Kress-Bléger et Fils, 10, rue du Pinot-Noir, 68590 Rodern, tél. 03 89 73 03 21, kress-bleger@ wanadoo.fr* 🆅 🎿 👕 *t.l.j. 8h-12h 13h30-19h* 🏠 ❶
☛ *Jean-Luc Kress*

Superficie : 3 303 ha / Production : 267 672 hl

Sous ces deux dénominations (la seconde étant un vieux nom alsacien), le vin de cette appellation peut provenir de deux cépages : le pinot blanc vrai et l'auxerrois blanc. Ce sont des variétés assez peu exigeantes, capables de donner des résultats remarquables dans des situations moyennes, car leurs vins allient agréablement fraîcheur, corps et souplesse. Dans la gamme des vins d'Alsace, le pinot blanc représente le juste milieu, et il n'est pas rare qu'il surclasse certains rieslings.

Ⓑ **PIERRE ARNOLD** Auxerrois 2013			
■	2 000	🔲	5 à 8 €

Cette propriété familiale a pignon sur rue au cœur de la cité fortifiée de Dambach-la-Ville. Création en 1711, premières mises en bouteilles en 1926, certification bio en 2012. À la tête du domaine depuis 1986, Pierre Arnold, formé en Côte-d'Or, élève certains de ses vins dans des pièces bourguignonnes. Il cultive trois cépages sur le grand cru de sa commune, le Frankstein, aux sols granitiques.

Au premier nez, de fraîches senteurs de fleurs blanches et de poire, qui prennent à l'aération des tons plus chauds de pêche et de mirabelle. Franc à l'attaque, équilibré, ce vin fait preuve d'une belle vivacité en bouche. ✗ 2015-2018 ♈ tarte au saumon

☛ *Pierre Arnold, 16, rue de la Paix, 67650 Dambach-la-Ville, tél. 03 88 92 41 70, alsace.pierre.arnold@orange.fr* 🆅 🎿 👕 *t.l.j. 9h-19h; dim. sur r.-v.*

Ⓑ **LAURENT BANNWARTH** 2013			
■	2 751	🍶	5 à 8 €

Établi à 10 km au sud de Colmar, Laurent Bannwarth constitue le domaine à partir des années 1950, construit la cave en 1968 et transmet le tout en 1987 à son fils Stéphane. Ce dernier adopte la biodynamie et obtient en 2007 la certification bio. Gîtes, camping, vignoble de 12 ha et vinifications, autant d'occupations pour toute la famille.

Un vin bio, vinifié sans sulfites et non filtré. À la robe dorée répond un nez intense, évolué, sur les fruits secs et la noisette, puis une bouche chaleureuse, puissante et longue, dotée d'un bon support acide. Une belle matière première, reflet d'une vendange bien mûre. ✗ 2015-2018 ♈ poisson au curry

☛ *Laurent Bannwarth, 9, rte du Vin, rue Principale, 68420 Obermorschwihr, tél. 03 89 49 30 87, laurent@bannwarth.fr* 🆅 🎿 👕 *r.-v.* 🏠 ❷ 🏠 Ⓑ

ANDRÉ BLANCK ET SES FILS Rosenbourg 2013 ★★		
■	2 000	5 à 8 €

Établie dans le centre historique de Kientzheim, cette propriété a son siège dans l'ancienne cour des chevaliers de Malte, voisine du château Schwendi et du musée du Vin. Les Blanck cultivent la vigne depuis 1675, et Michel et Charles, fils d'André, perpétuent ce savoir-faire sur les 14 ha de l'exploitation.

Issu d'un terroir de marnes recouvert de sables, ce pinot blanc a séduit par son nez frais, tout en finesse, aux nuances de pêche blanche et d'agrumes. Riche, ample et rond, le palais fait preuve d'une même élégance grâce à une belle fraîcheur en soutien. Ce vin pourra trouver sa place sur une table de fête. ✗ 2015-2019 ❦ noix de Saint-Jacques à la crème

☞ *André Blanck et Fils*,
Ancienne Cour des Chevaliers de Malte,
68240 Kientzheim, tél. 03 89 78 24 72, charles.blanck@ free.fr 🆅 🏃 🚻 *t.l.j. sf dim. 8h-12h 13h-18h* 🏠 🅱

ENGEL Auxerrois Tradition 2013 ★		
▪ 20 000	🍾	5 à 8 €

Établie au cœur de l'Alsace viticole, au pied du château du Haut-Kœnigsbourg, la famille commercialise son vin depuis 1958. Les frères Engel exploitent aujourd'hui 19,5 ha de vignes, dont une bonne part est située dans le grand cru Praelatenberg. Hubert est aux vignes, Christian au chai. Le domaine est en bio certifié depuis 2014.
Un auxerrois au nez expressif d'agrumes mûrs rehaussés d'une touche de réglisse. Ample à l'attaque, frais et assez persistant, ce vin montre un bel équilibre entre le sucre et l'acidité et s'accordera avec de nombreux mets. ✗ 2015-2018 ❦ escalope de veau au citron

☞ *Dom. Engel Frères, 14, rue des Vignes,*
Haut-Kœnigsbourg, 67600 Orschwiller,
tél. 03 88 92 01 83, vins-engel@wanadoo.fr 🆅 🏃 🚻 *t.l.j. 9h-11h30 14h-19h (dim. 9h-11h30)* 🏠 🅰

🅱 KUENTZ-BAS Auxerrois Trois Châteaux 2013 ★		
▪ 4 300	🍾	8 à 11 €

Fondée en 1795, cette maison disposant de près de 10 ha de vignes en coteaux a été reprise en 2004 par Jean-Baptiste Adam, vigneron-négociant d'Ammerschwihr. Depuis cette date, son domaine est exploité en biodynamie. Les cuvées qui en sont issues sont commercialisées dans la gamme Trois Châteaux.
Cet auxerrois bien doré libère des effluves de fleurs blanches, puis d'agrumes mûrs, de pamplemousse rose et de pêche, complétés en bouche par une touche grillée. Il séduit aussi par son développement au palais : attaque franche, ampleur, rondeur, finale fraîche et longue. Un bel équilibre. ✗ 2015-2018 ❦ poulet aux girolles

☞ *Kuentz-Bas Alsace, 14, rte du Vin,*
68420 Husseren-les-Châteaux, tél. 03 89 49 30 24,
info@kuentz-bas.fr 🆅 🏃 🚻 *t.l.j. sf dim. 10h-12h 13h-18h; f. sam. mi-nov. à mi-avr.* ☞ *Jean-Baptiste Adam*

RENÉ MEYER Blanc de Katz 2013 ★		
▪ 4 300	🍾	5 à 8 €

René Meyer a spécialisé l'exploitation et développé la vente en bouteilles dans les années 1960. Depuis 2000, son fils Jean-Paul conduit le domaine qui couvre 11 ha autour de Katzenthal, petit village au nord-ouest de Colmar. Il propose de beaux vins de terroir (Croix du Pfoeller, grand cru Florimont).
L'étiquette, rigolote et moderne, joue sur le nom du village, Katzenthal (la « vallée des Chats »). Sans la voir, les dégustateurs ont aimé ce Blanc de Katz, son nez bien ouvert entre fleurs blanches et agrumes, puis son développement au palais : attaque franche et vive, corps ample et puissant, marqué par une petite rondeur, finale

fraîche et saline. Parfait pour les viandes blanches. ✗ 2016-2018 ❦ filet mignon en croûte

☞ *EARL René Meyer et Fils, 14, Grand-Rue,*
68230 Katzenthal, tél. 03 89 27 04 67,
domaine.renemeyer@wanadoo.fr 🆅 🏃 🚻 *r.-v.*

| DOM. HUBERT REYSER | | |
Clevner Les Pierres chaudes 2013		
▪ 4 200	🍾	5 à 8 €

Hubert Reyser achète sa première parcelle à quatorze ans, avec ses économies. D'abord en polyculture-élevage, l'exploitation familiale s'est spécialisée et s'est lancée dans la mise en bouteilles dans les années 1980. Arrivé à sa tête en 2009, Lionel Reyser dispose de 13 ha à la porte nord de la route des Vins, à 20 km de Strasbourg.
Appelé de son nom local, cet auxerrois à reflets verts libère des parfums fruités d'une belle finesse, rehaussés d'une touche de réglisse. La bouche est aromatique, bien construite, équilibrée et assez longue. Cette bouteille tiendra bien sa place à table, même avec des plats légèrement épicés. ✗ 2016-2018 ❦ yakitori de poulet

☞ *EARL Dom. Hubert Reyser, 26, rue de la Chapelle,*
67520 Nordheim, tél. 03 88 87 76 38, bureau@
vins-reyser.com 🆅 🏃 🚻 *t.l.j. sf dim. 8h15-12h 13h30-18h30*

JEAN-MARC SCHNEIDER Cuvée Primevère 2013		
▪ 1 870	🍾	5 à 8 €

Courtier en vins, Robert Schneider constitue dans les années 1960 le vignoble familial à Gertviller, petite capitale du pain d'épice alsacien, dans le pays de Barr. Son fils Jean-Marc l'agrandit (11 ha aujourd'hui) et le modernise. Après sa disparition en 2007, son fils David lui succède et commence la vente en bouteilles en 2009.
D'un jaune pâle brillant, cet auxerrois offre un nez discret, libérant quelques fragrances florales sur un fond minéral et légèrement fumé. L'attaque franche laisse place à des impressions de rondeur et de souplesse liées aux sucres résiduels. La finale est marquée par un retour des notes fumées. ✗ 2016-2018 ❦ quiche lorraine

☞ *EARL Jean-Marc Schneider, 12, rue Principale,*
67140 Gertwiller, tél. 03 88 08 41 76,
vin.schneider@hotmail.fr 🆅 🏃 🚻 *t.l.j. 10h-18h*

🅱 EDMOND SCHUELLER Petits Grains 2013 ★★		
▪ 2 500		5 à 8 €

Au pied des trois donjons qui dominent le vignoble de Husseren-les-Châteaux, point culminant de la route des Vins au sud de Colmar, Damien Schueller, installé en 1999, exploite le domaine (5,5 ha) patiemment constitué par son père Edmond, ancien salarié viticole. La propriété est en bio certifié depuis 2013.
Petits grains ? Ce n'est pas une variété de muscat, mais des pieds de pinot blanc souffreteux. Les grappes sont maigres, frappées de coulure et de millerandage : petits grains, petits rendements, petite cuvée, mais excellente qualité. Nez fruité intense, complexe et mûr, avec une note de beurre et de noisette ; grande tenue en bouche, ampleur et longueur, parfait équilibre. Un pinot blanc d'une réelle présence, à donner envie de se mettre aux fourneaux. ✗ 2015-2019 ❦ jarret de veau en pot-au-feu

☞ *Vins Edmond Schueller, 26, rte du Vin,*
68420 Husseren-les-Châteaux, tél. 03 89 49 32 60, info@
alsace-schueller.com 🆅 🏃 🚻 *r.-v.* 🏠 ❷ 🏠 🅱

SPITZ & FILS Prestige 2013

| | 2 600 | 🍶 | 5 à 8 € |

Un grand-père vigneron-restaurateur, un père directeur d'école... Dominique Spitz choisit la viticulture. Il s'installe en 1983, développe le domaine à Blienschwiller et dans plusieurs villages environnants (12 ha aujourd'hui), construit la cave en 1993. En 2012, son fils Marc prend sa succession.

Au nez, des fleurs blanches, puis de la poire et des agrumes. La bouche ronde et fruitée est réveillée en finale par une pointe d'acidité bienvenue. Malgré une présence des sucres résiduels, l'ensemble est bien équilibré. ✗ 2015-2018 ¥ presskopf de porcelet

☞ Spitz et Fils, 2-4, rte des Vins, 67650 Blienschwiller, tél. 03 88 92 61 20, vinspitzalsace@orange.fr

Ⓥ 🏃 🛡 t.l.j. 8h-11h30 14h-19h 🏠 ❷

CAVE DE TURCKHEIM
Marnes & Calcaires 2012

| | 7 000 | 🍷 | 5 à 8 € |

Fondée en 1955, cette coopérative d'importance propose des vins haut de gamme en volumes intéressants, tels les grands crus (neuf références, avec le Brand de Turckheim en vedette) ou les vendanges tardives.

Un pinot blanc facile, finement fruité, ample, sans lourdeur grâce à une bonne trame acide, marqué en finale par des arômes de fruits secs légèrement grillés. Un vin sec et tout-terrain, à servir de l'apéritif au fromage (si ce dernier n'est pas trop affiné). ✗ 2015-2018 ¥ aspic de poulet aux petits légumes

☞ Cave de Turckheim, 16, rue des Tuileries, 68230 Turckheim, tél. 03 89 30 23 60, info@cave-turckheim.com Ⓥ 🛡 t.l.j. 8h-12h 14h-18h

ALSACE PINOT GRIS

Superficie : 2 355 ha / Production : 165 954 hl

La dénomination locale tokay qui fut donnée au pinot gris pendant quatre siècles ne laisse pas d'étonner, puisque cette variété n'a jamais été utilisée en Hongrie orientale... Selon la légende, le tokay aurait été rapporté de ce pays par le général Lazare de Schwendi, grand propriétaire de vignobles en Alsace. Son aire d'origine semble être, comme celle de tous les pinots, le territoire de l'ancien duché de Bourgogne. Ce cépage a connu une spectaculaire expansion. Le pinot gris peut produire un vin capiteux, très corsé, plein de noblesse, susceptible de remplacer un vin rouge sur les plats de viande. Lorsqu'il est somptueux comme en 1989, 1990 ou 2000, années exceptionnelles, c'est l'un des meilleurs accompagnements du foie gras.

♥ DOM. PIERRE ADAM
Katzenstegel Cuvée Théo 2013 ★★

| | 6 800 | 🍷 | 11 à 15 € |

Une exploitation fondée en 1950 par Pierre Adam à Ammerschwihr, important bourg viticole au nord-ouest de Colmar. Elle s'est notablement agrandie : Rémy Adam, à la tête de la propriété depuis 1993, dispose de 15 ha de vignes, avec des parcelles dans deux grands crus : le Kaefferkopf d'Ammerschwihr, et le Schlossberg, situé dans le village voisin de Kienzheim.

Née sur un coteau granitique à l'ouest d'Ammerschwihr, cette cuvée est régulièrement remarquée. Elle obtient cette année un coup de cœur qui n'est pas le premier. Ce moelleux à la robe d'or s'annonce par un nez intense et précis, entre fougère, sous-bois, mirabelle, pain grillé et notes fumées. L'harmonie entre une douceur assumée et une acidité marquée a enchanté les dégustateurs qui saluent aussi la longue finale sur les fruits confits. (Sucres résiduels : 25 g/l.) ✗ 2016-2022 ¥ saint-jacques poêlées au foie gras

☞ Dom. Pierre Adam, 8, rue du Lt-Louis-Mourier, 68770 Ammerschwihr, tél. 03 89 78 23 07, info@domaine-adam.com Ⓥ 🏃 🛡 t.l.j. 8h-12h 13h-19h
🏠 ❹ 🏠 Ⓖ

FRÉDÉRIC ARBOGAST ET FILS
Geiersteln 2013 ★

| | 5 000 | 🍷 | 8 à 11 € |

Installé en 2003 à Westhoffen, dans la partie septentrionale du vignoble alsacien, à 25 km de Strasbourg, Frédéric Arbogast perpétue une lignée vigneronne remontant à 1601. Il est établi au centre du village, près de l'église Saint-Martin, et travaille 17 ha en lutte raisonnée. Il vinifie sans levurage.

Né sur les pentes du Geierstein, un coteau pentu exposé plein sud, aux sols argilo-calcaires, un moelleux or clair aux reflets argentés, au nez élégant partagé entre notes grillées et bergamote confite. Sa puissance imposante est équilibrée par une belle fraîcheur qui laisse une impression d'harmonie. (Sucres résiduels : 35 g/l.) ✗ 2016-2018 ¥ magret de canard aux pêches

☞ Dom. Frédéric Arbogast, 3, pl. de l'Église, 67310 Westhoffen, tél. 03 88 50 30 51, frederic@vignoble-arbogast.fr Ⓥ 🏃 🛡 r.-v.

FRANÇOIS BOHN 2013 ★★

| | 1 100 | 🍷 | 5 à 8 € |

Ancien apporteur de raisins installé à Ingersheim, à l'ouest de Colmar, François Bohn s'est lancé avec brio dans la vinification en 1998. Son vignoble couvre 11 ha et compte plusieurs parcelles en grand cru (Florimont, Sommerberg).

François Bohn a présenté cette année deux pinots gris. La préférence est allée au 2013, un vin issu d'un terroir d'alluvions. Robe jaune pâle, parfums d'orange confite et d'ananas, palais ample et corsé, équilibré par une acidité mûre donnant finesse et longueur. Une réelle élégance et une belle harmonie entre le nez et la bouche. (Sucres résiduels : 31 g/l.) ✗ 2016-2020 ¥ foie gras de canard poêlé ■ Letzenberg 2012 ★ (8 à 11 € ; 600 b.) : né en 2012 sur un coteau argilo-calcaire abrupt, exposé plein sud, à l'aplomb de la vallée de la Fecht, voici un pinot gris cossu, à la fois puissant et élégant : robe jaune d'or, aux arômes de fruits jaunes et de raisins de Corinthe. Le produit d'une vendange très mûre... et chiche. (Sucres résiduels : 40 g/l.) ✗ 2015-2018

☞ François Bohn, 24, lieu-dit Langematten, 68040 Ingersheim, tél. 03 89 27 31 27, vinsfrancoisbohn@orange.fr Ⓥ 🏃 🛡 r.-v.

CAVE DE CLÉEBOURG 2013 ★

| 38 000 | 🍷 | 5 à 8 € |

La cave de Cléebourg a été fondée en 1946 pour sauver le vignoble situé à l'extrémité nord de l'Alsace, à la limite de l'Allemagne et à 80 km du tronçon principal de la route des Vins. La coopérative vinifie les vendanges de quelque 200 ha de vignes implantés dans les villages proches de Wissembourg.

Les coteaux aux sols argilo-marneux de ce vignoble septentrional réussissent au pinot gris. Celui-ci, entre sec et moelleux, affiche une robe paille dorée et un nez de mirabelle et d'abricot compotés qui témoignent d'une bonne maturité de la vendange. L'attaque vive et acidulée est équilibrée par un palais ample, structuré et gras. Une bonne bouteille à laisser en cave. (Sucres résiduels : 14,5 g/l.) ✗ 2017-2020 ✗ pavé de turbot aux girolles

☛ Cave vinicole de Cléebourg, rte du Vin, 67160 Cléebourg, tél. 03 88 94 50 33, info@cave-cleebourg.com Ⓥ Ⓧ Ⓖ t.l.j. 8h-12h 14h-18h (dim. à partir de 10h)

HENRI EHRHART Cuvée Grande Réserve
Réserve particulière 2013

| 40 000 | 🍷 | 8 à 11 € |

Établie à Ammerschwihr, important bourg viticole proche de Colmar, la famille Ehrhart possède 7 ha en propre. Elle a créé en 1978 une structure de négoce et, forte de ses connaissances de producteur-récoltant, privilégie l'achat de raisins provenant des domaines environnants. Cyrille et Sophie Ehrhart ont pris les rênes de la maison en 2012.

Un 2013 jaune pâle, au nez déjà bien ouvert sur le mirabelle, l'amande et le sous-bois. Rond, ample et bien structuré, il laisse une impression d'harmonie. (Sucres résiduels : 13 g/l.) ✗ 2015-2016 ✗ tartare de thon à l'avocat

☛ Henri Ehrhart, quartier des Fleurs, 68770 Ammerschwihr, tél. 03 89 78 23 74, he@henri-ehrhart.com Ⓥ r.-v.

FRÉDÉRIC ENGEL ET FILS
Réserve personnelle 2013

| 2 000 | 🍷 | 5 à 8 € |

Un domaine créé en 1960 par Frédéric Engel. Le vignoble couvre 8 ha et le siège de l'exploitation est situé tout près des remparts de Riquewihr. Yann et Alain Engel, fils de Frédéric, ont pris les rênes de la propriété en 1994.

Jaune paille aux reflets rosés, ce 2013 s'ouvre sur des fragrances de fleurs blanches, de sous-bois et de miel d'acacia. La bouche offre une belle harmonie entre une fraîcheur tonique et un corps généreux, entre des notes miellées et une petite touche d'amertume en finale. Un « sec tendre » ou un moelleux frais. (Sucres résiduels : 14 g/l.) ✗ 2015-2017 ✗ blanquette de veau

☛ GAEC Frédéric Engel et Fils, 36, rue des Remparts, 68340 Riquewihr, tél. 03 89 47 83 88, yvanengel@orange.fr Ⓥ Ⓧ Ⓖ r.-v.

Ⓑ LUC FALLER Vieilles Vignes 2013

| 3 000 | 🍷 | 11 à 15 € |

Luc Faller a succédé en 1989 à son père Henri sur le domaine familial situé autour d'Ittersviller, petit village très fleuri proche de Barr. Avec sa femme Myriam, il cultive 8 ha en bio certifié et en biodynamie.

Moelleux aérien, ce 2013 s'ouvre sur des notes de torréfaction évoquant la noisette grillée. Soyeux, subtil et fondu, il laisse une impression de plénitude. (Sucres résiduels : 14 g/l.) ✗ 2015-2019 ✗ feuilletés au sésame

☛ EARL Luc Faller, 51, rte des Vins, 67140 Ittersviller, tél. 03 88 85 51 42, vin.faller@orange.fr Ⓥ Ⓧ Ⓖ r.-v.

♥ ROBERT FREUDENREICH
Quintessence Sélection de grains nobles 2011 ★★

| 1 822 | 🍾 | 30 à 50 € |

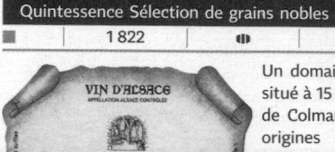

Un domaine familial situé à 15 km au sud de Colmar, dont les origines remontent à 1730. Dirigé par Robert Freudenreich jusqu'en 1992, il est aujourd'hui conduit par son fils Christophe. Fidèle aux traditionnels foudres en bois, ce dernier a agrandi les caves. Il cultive 7,5 ha.

Année précoce ayant bénéficié d'une arrière-saison chaude, 2011 a fourni beaucoup de moelleux, mais moins de sélections de grains nobles. Cette cuvée illustre à la perfection ce style de vin, avec sa robe dorée, voire ambrée, et son nez profond, tout en nuances, associant un fruité surmûri, confit (coing) et des notes grillées ; les dégustateurs citent encore le tilleul, la verveine, le sous-bois, les fruits secs puis, en bouche, les fruits blancs compotés. Ils louent à l'envi son palais ample, rond et solidement structuré, auquel une finale fraîche aux nuances de fruits exotiques confère une réelle élégance. Un vin de caractère, riche et complexe. (Sucres résiduels : 144 g/l.) ✗ 2016-2025 ✗ fondant au chocolat

☛ Robert Freudenreich et Fils, 31, rue de l'Église, 68250 Pfaffenheim, tél. 03 89 49 60 88, robert.freudenreich@wanadoo.fr Ⓥ Ⓧ Ⓖ r.-v.

MAISON MARCEL FREYBURGER
Cuvée Sébastien 2013 ★★

| 5 000 | 🍾 | 8 à 11 € |

Située dans le centre du village d'Ammerschwihr, important bourg viticole au nord-ouest de Colmar, l'exploitation est conduite depuis 1996 par Christophe, fils de Marcel Freyburger. Elle a doublé sa superficie depuis les origines et s'étend aujourd'hui sur 7 ha, entre bas de pente et coteaux, avec des parcelles dans le Kaefferkopf, le grand cru local.

De couleur jaune paille aux reflets dorés, ce pinot gris s'ouvre sur les agrumes puis s'oriente vers la pêche, l'ananas et autres fruits exotiques. On retrouve ces nuances dans une bouche à la fois ronde et fraîche, qui séduit par son équilibre et par l'harmonie des arômes et des saveurs. La finale vive et fruitée laisse une sensation de plénitude. (Sucres résiduels : 19 g/l.) ✗ 2015-2018 ✗ filet de turbot au curry

☛ EARL Marcel Freyburger, 13, Grand-Rue, 68770 Ammerschwihr, tél. 03 89 78 25 72, marcel.freyburger@orange.fr Ⓥ Ⓧ Ⓖ t.l.j. 8h-12h 14h-18h; dim. sur r.-v.

J. FRITSCH Lieu-dit Altenburg 2013 ★

| ■ | 4 000 | 🍾 | 5 à 8 € |

Pascal Fritsch a pris en 1977 la suite d'une lignée de vignerons remontant à 1703. Installé dans le petit bourg fortifié de Kientzheim, il exploite 9,5 ha : pas moins de quarante parcelles disséminées dans quatre communes avec des vignes dans deux grands crus.

Issue d'un coteau aux sols argilo-calcaires dominant Kientzheim, cette cuvée jaune pâle aux reflets verts libère des parfums délicats, entre pêche jaune et sous-bois. L'attaque est franche, sur le fruit, le palais bien structuré et la finale fraîche et assez longue. Un moelleux léger et élégant. (Sucres résiduels : 24 g/l.) ✗ 2015-2017 ♈ flétan à l'orange

☛ EARL Joseph Fritsch, 31, Grand-Rue, 68240 Kientzheim, tél. 03 89 78 24 27, contact@joseph-fritsch.com
Ⓥ ⛷ ⛺ t l j 10h-12h 14h-18h; dim. sur r.-v.

DOM. FRITZ
Cuvée du Vieux Moulin 2013 ★

| ■ | 2 000 | 🍾 | 8 à 11 € |

Créé en 1958, ce domaine implanté à Sigolsheim, au nord-ouest de Colmar, est conduit par Thierry Fritz, qui a succédé en 2006 à son père Daniel. Il a son siège dans un ancien moulin, aménagé à la fin des années 1960 en cave à vins. Le vignoble de 8 ha comprend plusieurs parcelles en grand cru Mambourg.

Ce 2013, or pâle à reflets verts, libère après aération des notes d'abricot, de figue et de sous-bois. Après une attaque riche et ample, une fraîcheur légèrement amère, signature du millésime, prend le relais. Une belle présence. (Sucres résiduels : 14 g/l.) ✗ 2015-2020 ♈ coquilles Saint-Jacques

☛ Dom. Fritz, 3, rue du Vieux-Moulin, 68240 Sigolsheim, tél. 03 89 47 11 15, domaine.fritz@wanadoo.fr
Ⓥ ⛷ t.l.j. 8h-19h ⛺ Ⓔ

FROEHLICH Cuvée sélectionnée 2013 ★

| ■ | 4 500 | 🍾 | 5 à 8 € |

Michel Froehlich a pris en 1992 la succession de son père Fernand, qui s'était lancé dans la mise en bouteilles. Si le siège du domaine est situé dans la plaine, au nord de Colmar, les 11 ha de vignes sont disséminés dans quatre villages réputés : Beblenheim, Zellenberg, Ribeauvillé et Riquewihr.

Or pâle aux reflets argent, ce pinot gris mêle au nez pêche jaune, sous-bois et notes toastées. Après une attaque franche, les impressions d'onctuosité et une fraîcheur minérale se conjuguent dans une belle harmonie. Un moelleux très frais, reflet plaisant du millésime. (Sucres résiduels : 18 g/l.) ✗ 2015-2019 ♈ pavé de sandre au beurre

☛ Dom. Fernand Froehlich et Fils, 29, rte de Colmar, 68150 Ostheim, tél. 03 89 86 01 46, froehlich.michel@neuf.fr Ⓥ ⛷ ⛺ t.l.j. sf dim. 8h-11h30 13h30-18h; f. fév. ⛺ Ⓖ

MATHIEU GOETZ ET FILS 2013

| ■ | 3 000 | | 5 à 8 € |

Mathieu Goetz, rejoint en 2009 par son fils Louis, a agrandi l'exploitation familiale, située à 20 km de Strasbourg. Implanté à Wolxheim, village réputé pour son riesling, son vignoble compte 11 ha et comprend des parcelles dans le grand cru Altenberg de Wolxheim, au pied du rocher du Horn.

Le nez intense associe les fleurs blanches, la pêche bien mûre et des notes grillées. La bouche montre un bel équilibre entre rondeur et vivacité. (Sucres résiduels : 14 g/l.) ✗ 2015-2016 ♈ pain au crabe

☛ EARL Mathieu et Louis Goetz, 2, rue Jeanne-d'Arc, 67120 Wolxheim, tél. 03 88 38 10 47, mathieu.goetz@wanadoo.fr Ⓥ ⛷ ⛺ r.-v.

HARTWEG 2013 ★★

| ■ | 12 000 | ⑪ | 5 à 8 € |

Fondée au nord de Colmar en 1930, cette exploitation est conduite par Jean-Paul Hartweg et son fils Frank. Le tandem exploite autour du joli village de Beblenheim un vignoble de 9,5 ha dont les fleurons sont en grand cru (Sonnenglanz, Mandelberg).

Élu coup de cœur pour les millésimes 2011 et 2010, ce pinot gris semble avoir pris un abonnement dans le Guide. Le 2013 est sans doute moins riche, moins surmûri, mais offre une image remarquable du millésime. D'un jaune paille à reflets argentés, il présente un nez caractéristique du cépage, avec ses notes de sous-bois, d'humus et de fumé, alliées à des nuances de fruits jaunes. Au palais, le mariage entre une douceur marquée et une acidité vive est particulièrement harmonieux. Un moelleux tonique, flatteur, complexe et cohérent. (Sucres résiduels : 20 g/l.) ✗ 2016-2020 ♈ tartines de foie gras en bocal

☛ Jean-Paul et Frank Hartweg, 39, rue Jean-Macé, 68980 Beblenheim, tél. 03 89 47 94 79, frank.hartweg@free.fr Ⓥ ⛷ ⛺ t.l.j. sf dim. 8h30-11h30 14h 17h30; sam. sur r. v. ⛺ Ⓡ

LOUIS HAULLER
Vendanges tardives 2012 ★

| ■ | 1 700 | 🍾 | 15 à 20 € |

Tonneliers depuis le XVIIIᵉ s. les Hauller sont devenus viticulteurs à part entière depuis un siècle. En 1996, ils créent une structure de négoce, la Cave du Tonnelier, et en 2004 de nouveaux locaux sont érigés à Sélestat. Le domaine compte 10 ha répartis sur quatre communes, dont deux grands crus.

Si la robe est assez pâle, le nez s'épanouit à l'aération sur des notes intenses de mirabelle, de fruits confits, de torréfaction, avec une touche épicée. La bouche, dans une belle continuité, offre une plaisante harmonie entre douceur, fraîcheur et nuances aromatiques, avec une finale persistante sur la figue et le chocolat. (Sucres résiduels : 45 g/l.) ✗ 2015-2020 ♈ cupcake au chocolat cœur mirabelles

☛ Dom. Louis Hauller, La cave du Tonnelier, 92, rue du Mal-Foch, 67650 Dambach-la-Ville, tél. 03 88 92 40 00, cave@louishauller.com
Ⓥ ⛷ r.-v. ⛺ ❷ ⛺ Ⓐ

MICHEL HEYBERGER 2013

| ■ | 5 500 | ⑪ | 5 à 8 € |

Vignerons depuis 1900, les Heyberger se sont établis dans une maison à colombages au centre de Saint-Hippolyte. Ils cultivent 9,5 ha en contrebas du Haut-Kœnigsbourg, à la limite des deux départements d'Alsace.

Né sur des sols granitiques, ce vin paille clair présente un nez élégant mais surprenant, dominé par des notes florales évoquant la rose. Dans la même tonalité aromatique, le palais est puissant et sphérique. Une minéralité liée au terroir vivifie la finale. (Sucres résiduels : 25 g/l.) **✗** 2015-2017 **❦** filet mignon aux pêches

☛ *EARL Michel Heyberger, 4, rue de l'Ancien-Abattoir, 68590 Saint-Hippolyte, tél. 03 89 73 00 78, michel.heyberger@sfr.fr* 🆅 🕴 🛉 *r.-v.*

HORCHER Vendanges tardives 2012 ★

■	4 000		15 à 20 €

Domaine situé au cœur de la route des Vins, près de Riquewihr. À sa création en 1930, il ne comptait que 1 ha de vignes. Dirigé depuis 1981 par Alfred Horcher, rejoint par Thomas et Lise, il couvre 10 ha disséminés sur quarante parcelles, dont certaines en grands crus (Mandelberg, Sporen et Kaefferkopf).

Une robe discrète, jaune pâle aux reflets verts ; un nez encore réservé, qui libère à l'aération des senteurs élégantes de fruits confits, de fruits secs et des touches grillées. Moelleuse à l'attaque, sur des notes de miel, la bouche est tonifiée par une fine acidité soulignée d'arômes persistants de fruits exotiques confits. Richesse, intensité, fraîcheur et longueur : une réelle harmonie. (Sucres résiduels : 94 g/l.) **✗** 2016-2022 **❦** fondant au chocolat et mangue

☛ *Alfred Horcher, 8, rue du Vignoble, 68630 Mittelwihr, tél. 03 89 47 93 26, info@horcher.fr* 🆅 🕴 🛉 *t.l.j. sf dim. 9h-12h 14h-18h ; f. 3ᵉ sem. de janv.* 🏠 🅳

HOSPICES DE COLMAR 2013 ★

■	11 700	🛈	8 à 11 €

Géré depuis 1980 par Jean-Rémy Haeffelin rejoint par son fils Nicolas, le domaine a été fondé en 1895 par Chrétien Oberlin, célèbre ampélographe. Il dispose en propre de 35 ha (dont le vignoble des Hospices, qui remonte à 1255), avec des parcelles dans plusieurs grands crus, et complète sa production par une activité de négoce.

D'un jaune d'or brillant, ce moelleux présente un nez déjà bien ouvert, mêlant le sous-bois, la noisette et des touches fumées. La bouche est ronde, franche et harmonieuse, avec une agréable finale beurrée. (Sucres résiduels : 18,8 g/l.) **✗** 2016-2019 **❦** filet mignon au miel

☛ *Dom. viticole de la ville de Colmar, 2, rue du Stauffen, 68000 Colmar, tél. 03 89 79 11 87, cave@domaineviticolecolmar.fr* 🆅 🕴 🛉 *t.l.j. sf dim. 9h30-12h30 14h-18h* **☛** *GCF*

HUEBER Vieilles Vignes 2013 ★

■	10 000	🛈	5 à 8 €

Fondé en 1936, ce domaine de 11 ha a son siège au milieu des vignes, à l'entrée de Riquewihr, la cité viticole la plus visitée de la région. Installé en 1996, Valentin Hueber a étudié la sommellerie et suivi les traces de son père en développant l'œnotourisme sur la propriété.

Vendangé le 25 octobre, ce 2013 se pare d'une robe jaune doré et livre des senteurs évoquant l'automne : sous-bois, feuille morte et champignon. Proche d'un demi-sec, c'est un vin intense, puissant et long, soutenu par une belle acidité. (Sucres résiduels : 23 g/l.) **✗** 2016-2020 **❦** poulet farci aux chanterelles

☛ *Jean-Paul Hueber et Fils, 10, rue de Colmar, 68340 Riquewihr, tél. 03 89 47 92 30, jeanpaul.hueber68@orange.fr* 🆅 🕴 🛉 *t.l.j. 9h-12h 13h-18h* 🏠 ❶ 🏠 🅱

HUMBRECHT Vendanges tardives 2012 ★

■	1 594		20 à 30 €

Une famille établie à Gueberschwihr, cité viticole dominée par un superbe clocher roman, au sud de Colmar. Les origines de la propriété se perdent dans la nuit des temps : en 1619, des ancêtres vignerons dans le village ; plus récemment, Georges, installé en 1965, puis Claude, en 1992. Un domaine de 7,5 ha cultivé en bio certifié (depuis 2013) ; de beaux terroirs à dominante argilo-calcaire.

La robe bien dorée aux reflets ambrés annonce un nez intense et riche, sur l'orange très mûre, voire confite, le miel et les épices, nuancés de notes de torréfaction. Dans le même registre aromatique, la bouche est moelleuse et miellée à l'attaque, chaleureuse et persistante. Une bouteille que l'on imagine bien pour les fêtes de fin d'année. (Sucres résiduels : 109,3 g/l.) **✗** 2016-2022 **❦** foie gras

☛ *Claude et Georges Humbrecht, 33, rue de Pfaffenheim, 68420 Gueberschwihr, tél. 03 89 49 31 51, claude.humbrecht@orange.fr* 🆅 🕴 🛉 *r.-v.* 🏠 ❷ 🏠 🅱

🅱 P. HUMBRECHT Anne 2010 ★

	n.c.	🛈	20 à 30 €

Établi sur la route des Vins à 15 km de Colmar, Marc Humbrecht a succédé en 2011 à son père Pierre-Paul, perpétuant une tradition vigneronne remontant à 1620. En 1999, la famille a adopté la biodynamie. Elle exploite 6 ha, dont une parcelle dans le grand cru de Pfaffenheim, le Steinert.

Un pinot gris 2010. Le millésime a légué beaucoup de fraîcheur aux vins, et celui-ci a évolué dans le bon sens. Expressif, complexe et franc au nez, il mêle le coing, le sous-bois et une touche fumée. La bouche est aérienne, équilibrée entre une douceur bien présente et une acidité mûre qui souligne la longue finale. Un moelleux tonique. (Sucres résiduels : 18 g/l.) **✗** 2015-2020 **❦** pintade aux girolles

☛ *Dom. Paul Humbrecht, 6-7, pl. Notre-Dame, 68250 Pfaffenheim, tél. 03 89 49 62 97, domaine.humbrecht@gmail.com* 🆅 🕴 🛉 *t.l.j. sf dim. 9h-12h 14h-18h* 🏠 ❸

KAMM Vieilles Vignes 2013 ★★

■	1 300	🛈	5 à 8 €

Fondé en 1905, ce domaine compte aujourd'hui 6,5 ha autour de Dambach-la-Ville, important village viticole fortifié situé entre Bar et Sélestat. Comme de nombreux producteurs alsaciens, Jean-Louis Kamm et son fils Éric – qui conduit la propriété depuis 2005 – ont franchi le pas : ils ont engagé en 2010 la conversion bio de leur vignoble, jusqu'alors exploité en lutte raisonnée.

Vieilles Vignes, il ne s'agit pas ici d'un vain mot : les ceps qui plongent leurs racines dans les sols granitiques de Dambach-la-Ville ont quarante ans. Ce 2013 offre un nez encore sur la réserve mais précis, qui s'ouvre sur des senteurs d'acacia, de miel, de pêche et de coing, avec une touche plus vive d'ananas. Dans le même registre aromatique, le palais présente une texture onctueuse, équilibrée par une franche acidité et un côté salin qui étirent la finale. (Sucres résiduels : 17 g/l.) **✗** 2016-2020 **❦** poulet à l'ananas

☛ *Jean-Louis et Éric Kamm, 9, rue du Mal-Foch, 67650 Dambach-la-Ville, tél. 03 88 92 49 03, jl.kamm@orange.fr* 🆅 🕴 🛉 *t.l.j. sf dim. 8h-18h*

ALBERT KLUR Prestige 2013 ★

■ 2 500	🍷	8 à 11 €

Les deux frères Nicolas et Guillaume Klur ont repris en 2003 le domaine familial, qui a son siège à Katzenthal, village enserré dans un vallon près de Colmar. Réparti dans quatre communes proches de la préfecture du Haut-Rhin (outre Katzenthal, Ammerschwihr au nord, Wettolsheim et Eguisheim au sud), leur vignoble compte des parcelles dans deux grands crus.

Vendangé à la mi-octobre, ce pinot gris moelleux a fait l'objet d'un élevage sur lies fines de huit mois. Le nez est discret mais d'une belle finesse ; le sucre, assez imposant, est bien intégré, équilibré par une franche acidité qui marque la finale : une belle matière, qui demande à s'épanouir. (Sucres résiduels : 32 g/l.) ✗ 2017-2020 ❦ poule sauce suprême aux champignons

o━ Albert Klur et Fils, 61, rue d'Ammerschwihr, 68230 Katzenthal, tél. 03 89 27 22 51, vinsalbertklur@orange.fr 🆅 🏃 💪 t.l.j. 9h-18h; dim. 9h-12h 🏠 🅱

KUENTZ Réserve 2013 ★

■ 2 400	🍷	5 à 8 €

Héritière d'une tradition viticole remontant au milieu du XVIIᵉ s., la famille Kuentz est établie à Pfaffenheim, au sud de Colmar. Romain et son fils Michel exploitent 8 ha de vignes autour de leur village (avec des parcelles dans le grand cru Steinert), ainsi qu'à Rouffach, Gueberschwihr et Herrlisheim.

D'un jaune doré, ce pinot gris séduit par sa palette aromatique, entre fleurs blanches, miel et fruits confits. Après une attaque fraîche et fruitée, sur des notes de surmaturation, le vin finit sur une touche d'amertume qui, loin de nuire à son équilibre, donne du relief à la finale. Un moelleux aérien. (Sucres résiduels : 16 g/l.) ✗ 2015-2019 ❦ poisson à la thaïe

o━ Kuentz et Fils, 22, rue du Fossé, 68250 Pfaffenheim, tél. 03 89 49 61 90, vinskuentz@yahoo.fr 🆅 🏃 💪 t.l.j. 9h-12h 14h-19h; dim. sur r.-v. 🏠 🅱

CUVÉE MICHEL LÉON 2013 ★

■ 95 000	🍷	5 à 8 €

Une maison de négoce créée en 1904, dans le giron des Grands Chais de France depuis 1991. Elle regroupe trois sites et se fournit auprès de quelque 650 viticulteurs cultivant environ 1 000 ha.

Michel Léon est une marque de la maison Arthur Metz. Un pinot gris, au nez de sous-bois, de pêche, de grillé et de beurre. La noisette s'ajoute à cette palette dans une bouche tout en rondeur, marquée par une légère salinité. L'ensemble est fondu et gourmand. Idéal à l'apéritif. (Sucres résiduels : 17,9 g/l.) ✗ 2016-2020 ❦ ravioles de langoustines au curry

o━ Arthur Metz, 102, rue du Gal-de-Gaulle, 67520 Marlenheim, tél. 06 28 56 00 47, abondon@arthurmetz.fr 🆅 🏃 💪 r.-v. o━ Grands Chais de France

DOM. DU MANOIR Clos du Letzenberg 2013 ★

■ 2 870	🍷	8 à 11 €

En 1979, Jean-Francis Thomann, fils d'un petit viticulteur d'Ingersheim, a repris le Clos du Letzenberg, aménagé en 1852 sur un coteau escarpé dominant la vallée de la Fecht, puis laissé à l'abandon après 1914. Il a fini par

lâcher son travail à la banque et a impliqué ses proches dans l'aventure. La famille a restauré les murs de soutènement en pierre sèche, défriché, planté...

À la robe jaune doré répondent des parfums intenses d'abricot et d'agrumes confits, mêlés de notes grillées indiquant la grande maturité des raisins. Le palais suit le même registre surmûri ; ample et puissant, il est équilibré par une fraîcheur légèrement amère. Un moelleux élégant, montrant une belle continuité entre le nez et la bouche. (Sucres résiduels : 27,1 g/l.) ✗ 2016-2020 ❦ toasts au foie gras

o━ SCEA Dom. du Manoir, 56, rue de la Promenade, 68040 Ingersheim, tél. 03 89 27 23 69, thomann@terre-net.fr 🆅 💪 t.l.j. sf dim. 10h-12h 14h-18h; sur r.-v. aux vendanges

MARZOLF 2013

■ 1 930	🍷	5 à 8 €

Viticulteurs depuis 1730, les Marzolf se sont établis en 1904 à Gueberschwihr, village aussi connu pour son clocher roman de grès rose que pour l'ancienneté de son vignoble. Après Paul et René, Denis, installé en 1985, conduit l'exploitation, qui comprend des parcelles dans le grand cru local, le Goldert.

Une robe jaune pâle, cristalline ; un nez à l'unisson, subtil, entre abricot et sous-bois. Après une attaque franche, le palais se fait chaleureux, équilibré par une belle fraîcheur. On y retrouve des notes gourmandes d'abricot. (Sucres résiduels : 25 g/l.) ✗ 2015-2016 ❦ risotto aux champignons

o━ EARL Marzolf, 9, rte de Rouffach, 68420 Gueberschwihr, tél. 03 89 49 31 02, vins@marzolf.fr 🆅 🏃 💪 t.l.j. 9h-12h 13h30-18h30

ALFRED MEYER 2013

■ 6 000	🍷	5 à 8 €

Après avoir été cuisinier, Daniel Meyer a repris en 2004 l'exploitation créée en 1998 par son père Alfred, qui lui-même avait hérité des vignes paternelles. Il l'a agrandie et cultive aujourd'hui 7,5 ha autour de Katzenthal, village niché au fond d'un vallon bien abrité, au nord-ouest de Colmar.

Né sur sols alluvionnaires, un pinot gris sec, jaune pâle limpide. Le nez mêle fleurs blanches, tilleul et fruits secs, avec une touche de bourgeon de cassis. Franc à l'attaque, structuré, élégant et gourmand, le palais joue sur la pêche et le coing avant de finir sur une petite pointe d'amertume. Un vin équilibré, bien représentatif du cépage et du millésime. (Sucres résiduels : 7 g/l.) ✗ 2016-2017 ❦ salade folle

o━ Alfred Meyer et Fils, 98, rue des Trois-Épis, 68230 Katzenthal, tél. 03 89 27 24 50, daniel.meyer0813@orange.fr 🆅 🏃 💪 r.-v. 🏠 🅰

DOM. DE MITTELBURG
Sélection de grains nobles 2012 ★★

■ 1 500	🍷	15 à 20 €

Il ne reste que quelques pierres du « château du centre » (Mittelburg) qui a donné son nom au domaine, situé au sud de Colmar. Plus intéressants sont les calcaires et argilo-calcaires des terroirs de Pfaffenheim, village où sont établis les Martischang depuis le XVIIIᵉ s. Michel a pris la succession d'Henri en 2007.

La robe jaune d'or intense annonce la concentration du nez ; la palette aromatique, complexe, joue sur la mangue, les fruits confits, les fruits secs et le miel d'acacia, rehaussés de notes grillées et fumées. Ronde à l'attaque, la bouche est dense et onctueuse avec élégance, équilibrée par une belle fraîcheur qui souligne la longue finale aux nuances de fruits exotiques. Un liquoreux « tout en dentelle », qui peut être apprécié pour lui-même. (Sucres résiduels : 100 g/l. ; bouteilles de 50 cl.) ✗ 2015-2025 ♈ tarte au citron, foie gras

☛ EARL Henri Martischang et Fils, 15, rue du Fossé, 68250 Pfaffenheim, tél. 03 89 49 60 83, vin.h.martischang@free.fr Ⓥ 🔏 🏠 t.l.j. 8h-12h 14h-18h; dim. sur r.-v. 🏠 Ⓑ

DOM. XAVIER MULLER		
Hospices de Strasbourg 2013 ★★		
■ 1 768	⦿	8 à 11 €

Meuniers et agriculteurs-éleveurs, les Muller se sont lancés dans la viticulture à plein temps avec Xavier, qui a repris le domaine en 1986 et commencé à vinifier en 2002. Le vignoble familial est implanté sur la colline dominant Marlenheim, porte nord de la route des Vins ; il s'étend sur 25,5 ha et compte 10 ha dans le grand cru Steinklotz. La cave est installée dans l'ancien moulin du village.

Élevé durant huit mois dans les foudres centenaires des Hospices de Strasbourg, ce pinot gris présente une robe jaune pâle, un nez encore discret, qui s'épanouit à l'aération sur des notes d'agrumes, de fruits exotiques et de mirabelle. Au palais, on découvre un vin généreux et équilibré, à la longue finale fraîche et citronnée. (Sucres résiduels : 20 g/l.) ✗ 2016-2020 ♈ turbot sauce hollandaise

☛ SARL Xavier Muller, 1, rue du Moulin, 67520 Marlenheim, tél. 03 88 59 57 90, xavier.muller3@wanadoo.fr Ⓥ 🔏 🏠 t.l.j. 10h-12h 14h-18h; f. 4e semaine de janv.

Ⓑ CHARLES MULLER ET FILS		
Les Terres rouges 2013 ★		
■ 4 100	🅐	11 à 15 €

Domaine de 11 ha établi dans un village de la Couronne d'Or de Strasbourg, groupement des communes viticoles les plus proches de la capitale régionale. Héritier d'une lignée remontant à 1580, Jean-Jacques Muller, installé en 1985, est passé de la viticulture raisonnée au bio (certification en 2011). Ses enfants Marjorie et Nathan l'ont rejoint en 2014.

Un pinot gris planté sur des marnes du Keuper, c'est-à-dire sur un sol lourd, et récolté en surmaturité le 19 octobre. Reflétant bien son terroir, il est encore sur sa réserve, livrant quelques notes délicates de mirabelle confite. La bouche est bien équilibrée entre moelleux suave et belle fraîcheur. Ce vin se bonifiera dans les trois ans à venir. (Sucres résiduels : 35 g/l.) ✗ 2016-2020 ♈ fromages à pâte persillée

☛ Charles Muller et Fils, 89c, rte du Vin, 67310 Traenheim, tél. 03 88 50 38 04, earlmullercharles@hotmail.fr Ⓥ 🔏 🏠 r.-v.

CH. D'ORSCHWIHR		
Enchenberg Vieux Thann 2012 ★		
■ n.c.		8 à 11 €

Situé dans la partie sud de la route des Vins, un vrai château, dont certaines pierres remonteraient au pape Léon IX d'Eguisheim (XIe s.). L'édifice est acquis au milieu du XIXe s. par la famille Hartmann, qui développe la viticulture un siècle plus tard. Installé en 1986, Hubert Hartmann agrandit le domaine (25 ha aujourd'hui, avec des parcelles dans cinq grands crus). Son fils Gautier lui succède en 2011.

Situé à l'entrée de la vallée de Thann, l'Enchenberg est un coteau aux sols caillouteux, exploité en monopole par la famille, qui a aménagé en terrasses ses pentes escarpées. La couleur jaune intense tirant sur l'orangé annonce le nez de fruits jaunes marqué par la surmaturation. La bouche est puissante et capiteuse sans lourdeur. La finale se démarque par sa complexité et sa longueur. (Sucres résiduels : 21 g/l.) ✗ 2015-2018 ♈ cailles aux raisins

☛ Ch. d'Orschwihr, 1, rue du Centre, 68500 Orschwihr, tél. 03 89 74 25 00, contact@chateau-or.com Ⓥ 🔏 🏠 r.-v. ☛ Hartmann

♥ MAISON PETTERMANN		
Fleur d'automne 2013 ★★		
■ 8 000	🅐	8 à 11 €

1928 : fondation du domaine et premières vinifications par Fernand Pettermann ; 1964 : son fils Roland se lance dans la vente en bouteilles. Depuis 2004, Didier, le petit-fils du fondateur, est à la tête de la propriété : pas moins de 20 ha, autour de Dambach-la-Ville.

Un moelleux issu d'un terroir granitique qui favorise la finesse des vins. De fait, « finesse » est le mot qui revient sous toutes les plumes et à toutes les étapes de la dégustation, pour faire l'éloge de ce pinot gris jaune paille à reflets dorés. Le nez délicat et complexe marie le miel, la brioche et le sous-bois, prélude à un palais élégant et persistant. La finale fraîche, aux nuances raffinées de bergamote et de citron confit, emporte l'adhésion. (Sucres résiduels : 20 g/l.) ✗ 2015-2020 ♈ foie gras poêlé aux mirabelles

☛ Maison Pettermann, 9, rue de Dieffenthal, 67650 Dambach-la-Ville, tél. 03 88 92 42 01, contact@maison-pettermann.fr Ⓥ 🔏 🏠 t.l.j. sf sam. dim. 8h30-12h 14h-18h

ROBERT ROTH Classique 1845 2013 ★		
■ 5 866	🅐	5 à 8 €

Une lignée d'agriculteurs-viticulteurs-éleveurs, établie à Soultz-Haut-Rhin, à l'extrémité sud de l'Alsace. Vers 1950, Victor Roth développe la vente des vins ; Robert agrandit le domaine, qu'il transmet à Christophe et Patrick en 1986 ; Victor, l'arrière-petit-fils, termine aujourd'hui sa formation d'œnologue. Abrité par le Grand Ballon d'Alsace, le vignoble couvre 12,5 ha.

La robe jaune soutenu aux reflets ambrés annonce les parfums légèrement surmûris de pêche, d'anis et de réglisse. La bouche, à l'unisson, montre à l'attaque une belle ampleur, relayée en finale par une fine acidité qui lui confère beaucoup d'élégance et de droiture. Le vin reste sec, ou du moins tendre. (Sucres résiduels : 10,4 g/l.) ✗ 2015-2018 ♈ magret de canard aux abricots

○─ *Dom. Robert Roth, 384, rte de Jungholtz, 68360 Soultz-Haut-Rhin, tél. 03 89 76 80 45, domaine-robertroth@orange.fr* **V** **⚥** **⚑** *t.l.j. sf dim. 8h-12h 14h-19h*

GILBERT RUHLMANN FILS 2013		
■ 7 000	⚱	5 à 8 €

Fondée en 1958 par Gilbert Ruhlmann et exploitée aujourd'hui par la deuxième génération – Guy et Pascal Ruhlmann –, l'exploitation s'étend sur 14 ha autour de Scherwiller, pittoresque village traversé par un ruisseau, près de Sélestat. Elle a son siège dans un corps de ferme du XVIIIᵉs.

Encore fermé, le nez dévoile à l'aération des parfums complexes et frais d'amande, de mousse et de sureau. La bouche, à l'unisson, apparaît franche à l'attaque, dominée par des impressions de vivacité jusqu'à la finale aérienne. Un pinot gris de type sec. (Sucres résiduels : 10 g/l.) **X** 2017-2021 **Ϋ** raviolis aux crevettes à la chinoise **○─** *Gilbert Ruhlmann Fils, 31, rue de l'Ortenbourg, rte des Vins, 67750 Scherwiller, tél. 03 88 92 03 21, vin.ruhlmann@terre-net.fr* **V** **⚥** **⚑** *t.l.j. 8h30-11h30 13h30-18h30*

SCHERB Vendanges tardives 2012 ★		
■ 4 000	⚱	11 à 15 €

L'Alsace est pionnière en matière d'œnotourisme. Vignerons depuis quatre générations, à la tête d'un domaine de 14 ha, les Scherb gèrent depuis soixante ans un restaurant, auquel ils ont ajouté un hôtel. Au sous-sol, la cave de vinification. Les vignerons accueillent aussi les visiteurs dans leur cave du XIIIᵉs. située au cœur du pittoresque village de Gueberschwihr.

Chatoyant dans sa robe aux brillants reflets dorés, ce 2012 séduit par son nez délicat et frais, mêlant les fleurs blanches, les épices douces, le miel et les agrumes confits. On retrouve cette palette dans une bouche moelleuse, riche et persistante, équilibrée par une fine acidité. Une réelle harmonie. (Sucres résiduels : 89 g/l. ; bouteilles de 50 cl.) **X** 2015-2023 **Ϋ** salade d'orange à la cannelle **○─** *SCEA Bernard Scherb et Fils, 3, rue Basse, 68420 Gueberschwihr, tél. 03 89 49 33 82, vins.scherb@orange.fr* **V** **⚥** **⚑** *t.l.j. 8h30-12h 14h-18h*

THIERRY SCHERRER 2013 ★		
■ 2 000	⚱	5 à 8 €

Les parents de Thierry Scherrer, apporteurs de raisins à la coopérative, ont constitué le vignoble au nord-ouest de Colmar, autour d'Ammerschwihr, important bourg viticole. Ce dernier, œnologue diplômé, a travaillé pour des négociants alsaciens et allemands avant de reprendre en 1993 l'exploitation familiale de 8,5 ha, qui comprend des parcelles dans le grand cru local, le Kaefferkopf.

Un vin sec bien dans son millésime. La robe jaune soutenu montre des reflets dorés ; le nez riche et complexe mêle la pêche blanche à des notes de sous-bois. La bouche conjugue rondeur, ampleur, sapidité et légèreté grâce à une acidité délicate et mûre. (Sucres résiduels : 9 g/l.) **X** 2015-2019 **Ϋ** sandre en sauce **○─** *Thierry Scherrer, 1, rue de la Gare, 68770 Ammerschwihr, tél. 03 89 47 15 86, thierry.scherrer@wanadoo.fr* **V** **⚥** **⚑** *r.-v.*

DOMAINES SCHLUMBERGER Les Princes Abbés 2013 ★		
■ 120 000	⬮	8 à 11 €

Sous l'Empire, les Schlumberger se constituent un vignoble dans la région de Guebwiller, au sud de l'Alsace, prenant la suite des abbés de Murbach, qui avaient mis en valeur ce vignoble avant la Révolution. Sans doute le plus vaste domaine de la région : 140 ha plantés sur des coteaux escarpés, dont une partie est conduite en biodynamie, la moitié étant en grand cru.

La robe est belle, jaune pâle aux reflets dorés. Fruités et grillés, typés du cépage et du millésime, les arômes s'épanouissent en bouche sur des notes d'amande, de pruneau et d'épices. Frais à l'attaque, gras et long, ce vin sec laisse en finale une impression d'harmonie. (Sucres résiduels : 9,2 g/l.) **X** 2016-2020 **Ϋ** brie truffé **○─** *Domaines Schlumberger, 100, rue Théodore-Deck, BP 10, 68500 Guebwiller, tél. 03 89 74 27 00* **V** **⚥** **⚑** *t.l.j. sf dim. 8h-18h (ven. 17h); sam. sur r.-v.*

DOM. SCHOEPFER Lieu-dit Hohrain 2013		
■ 2 000	⬮	8 à 11 €

Installé en 2006 dans l'ancienne cour de l'abbaye de Marbach, au cœur de la cité médiévale d'Eguisheim, Vincent Schoepfer perpétue une lignée vigneronne remontant à 1656. En 2012, un peu à l'étroit, il a construit un nouveau vendangeoir et une cuverie thermorégulée.

Un vin sec, or pâle, au nez floral discret, mais élégant et typé. Franc à l'attaque, bien équilibré, assez long, le palais montre une franche acidité et un côté salin. (Sucres résiduels : 4 g/l.) **X** 2016-2018 **Ϋ** matelote de poisson **○─** *Dom. Michel Schoepfer, 43, Grand-Rue, 68420 Eguisheim, tél. 03 89 41 09 06* **V** **⚑** *t.l.j. sf dim. 8h30-11h 14h-18h*

DOM. FRANÇOIS SCHWACH 2012 ★		
■ n.c.	⚱	8 à 11 €

Installé en 2010 sur le domaine familial constitué à partir de 1950 par son grand-père François, ancien courtier, Sébastien Schwach dirige un coquet vignoble de 19 ha, situé au cœur de la route des Vins. Il dispose de parcelles dans quatre grands crus.

Or intense, ce 2012 demande une légère aération pour libérer des fragrances de fleurs blanches, puis de pâte de coings et de miel, avec une touche mentholée. Franc à l'attaque, le palais conjugue une rondeur épanouie et une acidité qui lui donne équilibre et structure. Un pinot gris de très belle tenue. (Sucres résiduels : 15 g/l.) **X** 2015-2019 **Ϋ** quiche au saumon **○─** *SCEA François Schwach, 28, rte de Ribeauvillé, 68150 Hunawihr, tél. 03 89 73 62 15, sebastien@schwach.com* **V** **⚥** **⚑** *r.-v.* **🏠** **④** **🏠** **G**

ALINE ET RÉMY SIMON Burgreben 2013		
■ 1 800	⬮	5 à 8 €

Installés dans la maison des grands-parents datant de 1772, Aline et Rémy Simon exploitent depuis 1996 le petit vignoble familial situé au pied du Haut-Kœnigsbourg, à la limite des deux départements alsaciens : 2 ha à l'origine, 7 ha aujourd'hui.

Un nez discret, qui libère à l'aération des fragrances élégantes de fleurs blanches et d'agrumes. Franche à l'attaque, citronnée, la bouche affiche ensuite rondeur et ampleur tandis que le fruité se développe et gagne en complexité. (Sucres résiduels : 16,4 g/l.) ✗ 2015-2018 ▼ rôti de veau poêlée de champignons

☛ Dom. Aline et Rémy Simon, 12, rue Saint-Fulrade, 68590 Saint-Hippolyte, tél. 03 89 73 04 92, alineremy.simon@wanadoo.fr Ⓥ 🅺 🅸 t.l.j. 9h30-12h30 13h30-19h 🏠 ❷ 🏠 🅑

DOM. PHILIPPE SOHLER Clos Rebberg 2013

| ■ | 2 000 | | 8 à 11 € |

Depuis 1997, Philippe Sohler exploite le domaine familial – 11 ha au sud de Barr. Il propose plusieurs vins de terroir : lieux-dits Fronholz, Heissenberg, Zellberg, Clos Rebberg et grand cru Muenchberg.

Ce pinot gris naît sur un terroir schisteux, ce qui n'est pas courant. Encore moins courant, son élevage en barrique, remarqué par tous les dégustateurs (l'élevage en vieux foudre, habituel en Alsace, ne marque pas le vin). Ici, le séjour dans le chêne ajoute aux arômes floraux du vin des notes de vanille, d'épices et de fumé, au nez comme en bouche, et vient souligner la rondeur du palais. L'ensemble est intense et original. (Sucres résiduels : 3 g/l.) ✗ 2016-2018 ▼ escalope de veau à la crème

☛ Dom. Philippe Sohler, 80A, rte des Vins, 67680 Nothalten, tél. 03 88 92 49 89, contact@sohler.fr Ⓥ 🅺 🅸 r.-v.

DOM. BRUNO SORG Vieilles Vignes 2013 ★

| ■ | 4 000 | | 8 à 11 € |

Constitué en 1965 à partir des apports familiaux de Bruno Sorg et de son épouse, le domaine, conduit aujourd'hui par François, comporte deux pôles : à Ingersheim, à l'ouest de Colmar, et à Eguisheim, au sud, où se trouvent les bâtiments de vinification et le caveau de dégustation. Il dispose de parcelles dans trois grands crus.

Un pinot gris sec, pâle de couleur, aux reflets or vert. Encore fermé, il délivre à l'aération des notes de sous-bois. Élégant et soyeux en bouche, il offre une finale fraîche et persistante aux nuances de truffe. Typique du millésime, ce vin gagnera à être carafé. (Sucres résiduels : 5 g/l.) ✗ 2016-2019 ▼ poêlée de champignons

☛ Dom. Bruno Sorg, 8, rue Mgr-Stumpf, 68420 Eguisheim, tél. 03 89 41 80 85, bruno.sorg@wanadoo.fr Ⓥ 🅺 🅸 t.l.j. sf dim. 8h-12h 14h-18h

PIERRE SPARR Le Clos Sainte-Odile 2013

| ■ | 13 200 | | 11 à 15 € |

Les lointaines origines de cette maison remontent à la fin du XVIIᵉ s. Après 1945, Pierre Sparr a remonté l'affaire, mise à mal, comme le reste de Sigolsheim, par les combats de la Poche de Colmar. Aujourd'hui, les deux générations qui lui succèdent perpétuent l'entreprise disposant de 15 ha de vignes en propre et d'une structure de négoce.

Diffusé par la maison de négoce de Sigolsheim, un pinot gris né sur un célèbre clos aménagé en terrasses au-dessus de la ville d'Obernai. Discret au premier nez, il s'ouvre sur des notes grillées et épicées. À la fois souple et acidulé en attaque, il se montre rond, équilibré, de bonne persistance. (Sucres résiduels : 10 g/l.) ✗ 2016-2019 ▼ tajine au poulet et citron confit

☛ Maison Pierre Sparr Successeurs, 2, rue de la 1ʳᵉ-Armée-Française, 68240 Sigolsheim, tél. 03 89 78 24 22, info@vins-sparr.com Ⓥ 🅺 🅸 t.l.j. sf dim. lun. 9h-12h 14h-18h

DOM. SPECHT 2013

| ■ | 2 400 | 🅸 | 5 à 8 € |

Créé en 1955 par Alfred Specht, le domaine a été repris en 1978 par ses fils Jean-Paul et Denis. Les vignerons sont aujourd'hui à la tête de 10 ha, et disposent de plusieurs parcelles dans le grand cru de leur village, le Mandelberg.

À la robe jaune pâle répond un nez encore réservé, livrant à l'aération des notes grillées et toastées. Franche à l'attaque, citronnée, assez longue, la bouche fait preuve d'une belle fraîcheur. De l'élégance. (Sucres résiduels : 12 g/l.) ✗ 2015-2018 ▼ saint-jacques et fondue de poireau

☛ Dom. J.-Paul et Denis Specht, 2, rue des Églises, 68630 Mittelwihr, tél. 03 89 47 90 85, domainespecht-mit@orange.fr Ⓥ 🅺 🅸 r.-v.

CH. WAGENBOURG
Vendanges tardives 2011 ★

| ■ | 1 400 | | 15 à 20 € |

À 25 km au sud de Colmar, Soultzmatt s'étire le long de la Vallée Noble, ainsi désignée en raison des sept châteaux qui la gardaient. De ces forteresses, une seule est restée debout : Wagenbourg, acquise par la famille Klein, établie dans le village en 1605. Bien abritées par les plus hauts reliefs des Vosges, les vignes (10,5 ha) sont exploitées depuis 1987 par Jacky et Mireille Klein.

Des vendanges tardives jaune doré aux parfums d'une belle finesse : abricot sec, miel d'acacia, épices. L'attaque tout en douceur introduit une bouche moelleuse sans lourdeur, où l'on retrouve la palette du nez, nuancée de notes plus fraîches de mandarine. Une fine acidité souligne la persistance de la finale. Une réelle harmonie, à apprécier à l'apéritif ou au dessert. (Sucres résiduels : 110 g/l.) ✗ 2016-2023 ▼ toasts au foie gras

☛ EARL Joseph et Jacky Klein, Ch. Wagenbourg, 25 A, rue de la Vallée, 68570 Soultzmatt, tél. 03 89 47 01 41, chateauwagenbourg@orange.fr Ⓥ 🅺 🅸 t.l.j. sf dim. 8h-12h 13h30-18h 🏠 🅑

J.-P. WASSLER Fronholz 2013 ★★

| ■ | 1 000 | 🅸 | 8 à 11 € |

Installé depuis 1990 à la tête du vignoble familial, Marc Wassler cultive 12 ha de vignes sur les terroirs de Blienschwiller, de Dambach-la-Ville et d'Epfig, et dispose de parcelles dans deux grands crus.

Un pinot gris provenant du terroir du Fronholz, avancée des collines sous-vosgiennes vers la plaine d'Epfig, au microclimat ensoleillé et frais. Encore discret, le nez joue sur des notes de sous-bois et de fleurs blanches. Le jury a été particulièrement séduit par la bouche, sa bonne matière, son équilibre et sa persistance qui laissent augurer un réel potentiel de garde. (Sucres résiduels : 16 g/l.) ✗ 2017-2022 ▼ poularde sauce au vin

☛ EARL Jean-Paul Wassler Fils, 1, rte d'Epfig, 67650 Blienschwiller, tél. 03 88 92 41 53, marc.wassler@wanadoo.fr Ⓥ 🅺 🅸 r.-v.

W. WURTZ Cuvée Edouard 2013 ★

	1 800		8 à 11 €

En 1990, Christian Wurtz a pris la succession de l'exploitation familiale créée en 1952 à Mittelwihr, au cœur du vignoble alsacien. La commune abrite le grand cru Mandelberg, terroir bien abrité et précoce où ce vigneron exploite plusieurs parcelles.

Déjà retenu dans le millésime précédent, ce moelleux revêt une robe pâle, or blanc à reflets verts, qui annonce un nez encore discret, sur la pêche et le sous-bois. Ample et suave à l'attaque, le palais échappe à la lourdeur grâce à une finale fraîche et fruitée. Une belle matière première vinifiée avec précision. (Sucres résiduels : 21 g/l.) ✗ 2015-2019 ♈ foie gras poêlé aux pêches

○┐ EARL Willy Wurtz et Fils, 6, rue du Bouxhof, 68630 Mittelwihr, tél. 03 89 47 93 16, famille.wurtz@wanadoo.fr ⬛ ⬛ ⬛ r.-v.

Ⓑ MAISON ZOELLER Cuvée réservée 2013 ★

	6 000	⬛	5 à 8 €

Installé dans une maison à colombages du XVᵉs., ce domaine perpétue une tradition remontant à 1600. Le vignoble est implanté à Wolxheim, village réputé pour son riesling, à l'ouest de Strasbourg ; il compte 11 ha, avec des parcelles dans le grand cru local. Mathieu Zoeller, installé en 1990, a engagé en 2010 la conversion bio de la propriété.

Issu d'une fermentation longue, ce pinot gris aux reflets dorés présente un nez assez concentré mêlant les fleurs blanches à des notes confites évoquant la figue et à des touches de truffe. Franche, bien équilibrée, complexe et gourmande, la bouche est marquée par la fraîcheur caractéristique du millésime et finit sur une pointe d'amertume agréable. Un vin sec facile à marier avec les mets. (Sucres résiduels : 8 g/l.) ✗ 2016-2019 ♈ boudin blanc aux pommes

○┐ Maison Zoeller, 14, rue de l'Église, 67120 Wolxheim, tél. 03 88 38 15 90, vins.zoeller@wanadoo.fr ⬛ ⬛ ⬛ t.l.j. 9h-12h 13h30-19h; dim. sur r.-v.

ALSACE PINOT NOIR

Superficie : 1 509 ha / Production : 108 326 hl

L'Alsace est surtout réputée pour ses vins blancs ; mais sait-on qu'au Moyen Âge les rouges y occupaient une place considérable ? Après avoir presque disparu, le pinot noir (le meilleur cépage rouge des régions septentrionales) a connu une notable expansion. On connaît bien le type rosé ou rouge léger, vin agréable, sec et fruité, susceptible d'accompagner une foule de mets comme d'autres rosés. Cependant, la tendance est à élaborer un véritable vin rouge de garde à partir de ce cépage.

Ⓑ PIERRE ARNOLD Élevé en pièces 2012

	1 700	⬛	8 à 11 €

Cette propriété familiale a pignon sur rue au cœur de la cité fortifiée de Dambach-la-Ville. Création en 1711, premières mises en bouteilles en 1926, certification bio en 2012. À la tête du domaine depuis 1986, Pierre Arnold, formé en Côte-d'Or, élève certains de ses vins

dans des pièces bourguignonnes. Il cultive trois cépages sur le grand cru de sa commune, le Frankstein, aux sols granitiques.

Au nez, le pinot se cache derrière le bois, qui s'exprime en notes empyreumatiques de tabac et de cendre. Fermé lui aussi, le palais intéresse par sa matière ample et riche et par ses tanins déjà fondus. ✗ 2016-2020 ♈ rôti de veau aux champignons

○┐ Pierre Arnold, 16, rue de la Paix, 67650 Dambach-la-Ville, tél. 03 88 92 41 70, alsace.pierre.arnold@orange.fr ⬛ ⬛ ⬛ t.l.j. 9h-19h; dim. sur r.-v.

♥ Ⓑ BECKER Rouge «F» de Zellenberg 2013 ★★★

	3 494	⬛⬛	11 à 15 €

Établie à Zellenberg près de Riquewihr, une maison dont les origines remontent à 1610, aujourd'hui gérée par deux frères, Jean-Philippe et Jean-François Becker. Ces vignerons-négociants disposent en propre de 18 ha (dont environ 4 ha en grands crus), auxquels s'ajoutent 4 ha cultivés par des viticulteurs bio des environs. Domaine en bio certifié depuis 2001.

Perché sur un éperon, le village de Zellenberg domine le coteau bien exposé du Froehn, l'un des 51 grands crus d'Alsace. La mention « grand cru » étant réservée aux vins des cépages riesling, gewurztraminer, pinot gris et muscat, le pinot noir né sur ces pentes ne peut que suggérer son origine en inscrivant l'initiale « F » sur l'étiquette. Les sols argilo-calcaires lui conviennent pourtant, témoin ce 2013 qui, à l'aveugle, a su convaincre. Les jurés louent le pourpre intense de sa robe aux reflets violets, auquel répond un nez bien ouvert sur la griotte et les notes finement épicées de l'élevage en fût. La cerise s'épanouit et persiste dans une bouche soyeuse et fraîche, aux tanins mûrs et bien fondus. ✗ 2016-2023 ♈ canard aux cerises

○┐ GAEC J.-Philippe et J.-François Becker, 2, rte d'Ostheim, 68340 Zellenberg, tél. 03 89 47 90 16, jphilippebecker@uol.com ⬛ ⬛ ⬛ r.-v. ⬛ Ⓓ

ÉMILE BEYER L'Hostellerie 2012

	5 000	⬛ ⬛⬛	11 à 15 €

Dès la fin du XVIᵉs., on retrouve des Beyer à Eguisheim, cité fortifiée au sud de Colmar. Lucas Beyer achète les premières parcelles à la Révolution ; son fils acquiert l'hôtellerie où le domaine a son siège. Depuis 1997, Christian Beyer exploite les 17 ha de la propriété, qui compte des parcelles dans les grands crus Eichberg et Pfersigberg. Le domaine est en bio certifié depuis 2014.

Un pinot noir élevé pour 40 % en barrique. Nez réservé, exprimant à l'aération des nuances de fruits rouges, de vanille et d'amande grillée. Belle attaque, bouche corsée, structure tannique très présente annonçant un réel potentiel. L'ensemble devrait s'affiner avec le temps. ✗ 2016-2023 ♈ civet de sanglier

○┐ Émile Beyer, 7, pl. du Château, 68420 Eguisheim, tél. 03 89 41 40 45, info@emile-beyer.fr ⬛ ⬛ ⬛ t.l.j. 8h-12h 14h-18h

Ⓑ **BOECKEL** Barriques 2013 ★

■	1 460	◫	11 à 15 €

Occupant une maison Renaissance typique de Mittel-bergheim, superbe village vigneron proche de Barr, la famille Boeckel est enracinée dans la région depuis quatre siècles. Frédéric Boeckel devient marchand de vins en 1853. Ses descendants, Jean-Daniel et Frédéric, exploitent 23 ha de vignes entre Obernai et Andlau, dont plusieurs parcelles en grand cru. Une partie du vignoble est en bio certifié (depuis 2013), le reste en conversion.

Élevé dix mois en barrique, ce pinot noir grenat aux reflets violets offre un nez de belle intensité mêlant la cerise et les petits fruits noirs à un boisé fondu. Ces arômes se prolongent dans un palais ample, puissant et persistant, à la finale épicée. La charpente d'un vin de garde, avec du fruit. ✗ 2016-2020 ☝ noisettes de chevreuil au vin épicé

☛ Boeckel, 2, rue de la Montagne,
67140 Mittelbergheim, tél. 03 88 08 91 02, boeckel@
boeckel-alsace.com Ⓥ ☝ t.l.j. sf dim. 9h-12h 14h-17h

Ⓑ **CAMILLE BRAUN** Bollenberg 2012 ★

■	1 800	◫	15 à 20 €

Héritier d'une lignée remontant au XVIIᵉs., Camille Braun a spécialisé et développé l'exploitation à partir de 1960. Le vignoble familial est essentiellement situé dans le tronçon sud de la route des Vins. Christophe Braun, installé en 1985, a converti ses 15 ha au bio (certification en 2008) et travaille en biodynamie. Il a plusieurs coups de cœur à son actif.

Une fois de plus, Christophe Braun montre sa maîtrise du cépage et de l'élevage dans ce vin provenant de la colline sèche du Bollenberg, aux sols argilo-calcaires. La robe est grenat soutenu ; l'olfaction apparaît dominée par les notes de vanille et de pain de l'élevage, qui laissent cependant percer des touches de petits fruits rouges et noirs bien mûrs. Après une attaque très agréable, une belle trame tannique déjà soyeuse se développe, et la cerise noire s'épanouit jusqu'à la finale vanillée et épicée. Un ensemble puissant et plein. ✗ 2016-2020 ☝ pavé de bœuf aux champignons

☛ Camille Braun, 16, Grand-Rue, 68500 Orschwihr,
tél. 03 89 76 95 20, cbraun@camille-braun.com
Ⓥ ☝ t.l.j. sf dim. 9h-12h 13h30-18h30 ☗ Ⓖ

♥ Ⓑ **PAUL BUECHER** Réserve personnelle 2013 ★★★

■	8 500	☝	8 à 11 €

D'origine suisse, la famille Buecher s'est établie près de Colmar après la guerre de Trente Ans. Après Paul Buecher, qui a vendu en 1959 les premiers vins en bouteilles, se sont succédé Henri, Jean-Marc, puis Jérôme, à la tête du domaine depuis 2004. L'exploitation, agrandie à chaque génération, est passée de 5 à 30 ha, s'est étendue dans les grands crus et convertie au bio.

Le pinot noir est un cépage chéri dans ce domaine qui en tire plusieurs cuvées. Malgré son nom, celle-ci n'a rien de confidentiel. Les jurés ont été conquis par cette version traditionnelle du cépage noir alsacien, élevée en cuve et non en barrique. Un vin rubis aux reflets violets, au nez complexe et franc, tout en petits fruits rouges. On retrouve les petits fruits dans un palais intense, ample et puissant, aux tanins veloutés et aux arômes persistants de cerise. Une bouteille typée et harmonieuse, qui s'accordera avec toutes sortes de mets. ✗ 2015-2020 ☝ filet mignon de porc aux airelles

☛ Paul Buecher, 15, rue Sainte-Gertrude,
68920 Wettolsheim, tél. 03 89 80 64 73, vins@
paul-buecher.com Ⓥ ☝ ☝ t.l.j. sf dim. 8h-12h 13h-18h

DOM. DUSSOURT Réserve Prestige Élevé en barrique 2012

■	2 080	◫	15 à 20 €

Officier des armées de Louis XIV, le premier Dussourt fait souche en Alsace à la fin du XVIIᵉs. et ses descendants ne tardent pas à s'intéresser au vin. André débute la vente en bouteilles en 1964 avant de passer le relais à son fils Paul en 1987. Couvrant près de 12 ha, le vignoble est implanté à Scherwiller, village proche de Sélestat reconnu en dénomination communale pour son riesling.

Un pinot noir issu des sables granitiques de Blienschwiller. L'élevage de quinze mois en barrique a légué à ce vin rouge profond une palette complexe de parfums associant un boisé épicé et les notes de cerise du cépage. De même, le séjour en fût transparaît d'emblée à la mise en bouche, où l'on découvre une matière ample, puissante, structurée et chaleureuse, marquée en finale par un retour de la cerise noire. ✗ 2016-2021 ☝ civet de lièvre

☛ Dom. Dussourt, 2, rue de Dambach, 67750 Scherwiller,
tél. 03 88 92 10 27, info@domainedussourt.com
Ⓥ ☝ ☝ t.l.j. sf dim. 8h30-12h 13h30-18h

DOM. DE L'ÉCOLE Côte de Rouffach 2013 ★★

■	3 000	☝ ◫	8 à 11 €

Le domaine de l'École n'est autre que le vignoble du lycée viticole de Rouffach : 5 ha à sa création en 1953, 14,5 ha aujourd'hui, avec plusieurs parcelles dans le Vorbourg, le grand cru qui s'étage au-dessus de la ville. Il constitue un support pour les travaux pratiques des futurs vignerons et professionnels formés dans l'établissement.

Deux mois de cuve et cinq mois de fût pour ce pinot noir d'un grenat profond aux reflets violacés. Le nez s'ouvre sur un joli fruité mêlant la griotte, la framboise et le cassis à un boisé léger et bien intégré, aux nuances de grillé et de café. Le fruit s'épanouit en bouche sur des notes de cerise et de myrtille, dans une matière bien charpentée, étayée par des tanins mûrs et bien fondus. La finale persistante laisse un sillage vanillé. Un mariage harmonieux du fruit et du bois. ✗ 2016-2020 ☝ rôti de biche aux fruits rouges

☛ Dom. de l'École, Lycée agricole et viticole,
8, aux Remparts, 68250 Rouffach, tél. 03 89 78 73 48,
expl-viti.rouffach@educagri.fr Ⓥ ☝ ☝ t.l.j. sf sam. dim.
9h-12h 13h30-17h

CHARLES FAHRER Rosé de Christiane 2013 ★

■	1 400	☝	5 à 8 €

De vieille souche vigneronne, Charles Fahrer a lancé son étiquette en 1965 et transmis son exploitation à son fils en 1988. Aujourd'hui, Thierry et Nathalie Fahrer cultivent 7,5 ha de vignes disséminées sur une trentaine de parcelles en contrebas du Haut-Kœnigsbourg, y compris dans le grand cru Praelatenberg.

De couleur rouge clair, un pinot noir vinifié en rosé, au nez léger et pimpant de framboise et de cerise. La cerise vient aussi égayer le palais. Une harmonie légère pour ce vin qui s'accordera à de nombreux mets. ✗ 2015-2018 ⚶ poulet grillé

o⌐ *Charles Fahrer, 5-7, Grand-Rue, 67600 Orschwiller, tél. 03 88 92 08 25, charles.fahrer@evc.net* 🆅 🦶 🎫 *t.l.j. 8h-12h 13h-18h* 🏠 🅱

PAUL FAHRER Vinifié en barrique 2013 ★★★		
■ 950	🍖 ⬤	5 à 8 €

En 1938, Marcel Fahrer s'installe dans l'ancienne résidence du bailli de la forteresse du Haut-Kœnigsbourg ; il effectue les premières mises en bouteilles en 1950. Paul le rejoint vingt ans plus tard, spécialise l'exploitation et élabore ses premiers crémants en 1980. Dirigé depuis 2009 par son fils Jean-Yves, œnologue, le domaine compte environ 6,5 ha de vignes.

Un pinot noir vinifié avec des levures indigènes, puis élevé neuf mois en barrique et mis en bouteilles sans collage ni filtration. Dans le verre, un pourpre profond aux reflets violets, d'où montent des parfums fruités complexes et chaleureux : de la mûre, du cassis, rehaussés de touches poivrées et mentholées. Tout aussi complexe, riche et ample, le palais est étayé par des tanins denses mais soyeux, relevé de notes épicées. Du volume et de la générosité, pour viande rouge et gibier. ✗ 2016-2025 ⚶ gigue de chevreuil

o⌐ *Paul Fahrer, 3, pl. de la Mairie, 67600 Orschwiller, tél. 03 88 92 86 57, vins@paulfahrer.fr* 🆄 🦶 🎫 *r-v* 🏠 🅱

🅱 PIERRE FRICK Rot-Murlé Zéro sulfite 2013		
■ 2 650		15 à 20 €

Géré par Jean-Pierre Frick, son épouse Chantal et leur fils Thomas, ce domaine couvre 12 ha sur une douzaine de terroirs, dont trois grands crus (Steiner, Vorbourg et Eichberg). La culture biologique est ici appliquée depuis 1970 et la biodynamie depuis 1981. Pionnière dans ce domaine, la famille Frick a également opté pour la capsule Inox dès 2002.

Vinifié sans sulfites et élevé un an en foudre, ce pinot noir grenat intense associe au nez les fruits rouges à un côté légèrement animal qui n'est pas pour déplaire. L'attaque est vive, voire nerveuse, et la bouche encore très tannique, qui demande à s'affiner, montre un bon potentiel de garde. ✗ 2016-2023 ⚶ daube de canard

o⌐ *Pierre Frick, 5, rue de Baer, 68250 Pfaffenheim, tél. 03 89 49 62 99, contact@pierrefrick.com* 🆅 🦶 🎫 *t.l.j. sf dim. 8h30-11h30 13h30-18h*

FRITZ-SCHMITT		
Ottrott rouge Vieilles Vignes 2013		
■ 5 100	⬤	11 à 15 €

Établi à Ottrott au pied du mont Sainte-Odile et à l'ouest d'Obernai, Bernard Schmitt a repris en 1993 le domaine de René Fritz, qu'il travaille aujourd'hui avec son fils Antoine. S'il cultive tous les cépages d'Alsace, il met l'accent sur le pinot noir, variété introduite dans son village au XIIᵉs. par des bénédictins venus de Bourgogne.

La robe rouge profond montre quelques reflets orangés. Au nez, le boisé de l'élevage couvre encore les notes de petits fruits rouges du cépage. La cerise noire s'épanouit

dans une attaque souple et friande, mais des tanins jeunes et sévères montent à l'assaut, tandis que le boisé s'impose. Une bonne matière qui doit s'affiner. ✗ 2016-2020 ⚶ civet de sanglier

o⌐ *EARL Fritz-Schmitt, 1, rue des Châteaux, 67530 Ottrott, tél. 03 88 95 98 06, contact@fritzschmitt.com* 🆅 🦶 🎫 *t.l.j. 9h-18h* 🏠 🅱 **o⌐** *Bernard Schmitt*

GRUSS Grand V 2013		
■ 3 000	⬤	11 à 15 €

Succédant à son père Bernard en 1998, le vigneron et négociant André Gruss exploite 16 ha de vignes sur quatre communes au sud de Colmar : Eguisheim, Wettolsheim, Herrlisheim et Rouffach. Il est bien connu des lecteurs du Guide, notamment pour ses crémants.

Grand V ? Ce pinot noir provient du Vorbourg, terroir classé en grand cru pour les cépages gewurztraminer, riesling, pinot gris et muscat. Il garde surtout l'empreinte de son logement, un demi muid (grand fût). Le chêne lègue au nez un boisé vanillé, qui laisse toutefois une bonne place aux arômes du raisin : cerise noire nuancée d'une touche de bourgeon de cassis. Après une bonne attaque fraîche et fruitée, le palais dévoile des tanins fondus et une finale boisée. ✗ 2016-2020 ⚶ civet de lapin

o⌐ *Joseph Gruss et Fils, 25, Grand-Rue, 68420 Eguisheim, tél. 03 89 41 28 78, domainegruss@hotmail.com* 🆅 🦶 🎫 *t.l.j. sf dim. 8h30-12h 14h-18h30*

DOM. ROBERT HAAG ET FILS		
Élevé en barrique 2012 ★★		
■ 1 770	⬤	8 à 11 €

Perpétuant une lignée remontant au XVIIIᵉs., François Haag a succédé en 1999 à son père Robert, qui a spécialisé l'exploitation. La famille est installée dans une maison typique, avec vaste porche, cour et colombages. Son village, Scherwiller, est un haut lieu du riesling, et la moitié du vignoble (près de 9 ha) est dédiée à ce cépage.

Si à Scherwiller le pinot noir n'a pas la notoriété du riesling, il semble trouver un bon terrain sur les sables granitiques du village, à juger par ce vin, souvent remarqué. Ici, un 2012 élevé seize mois dans le bois. La robe profonde aux reflets violets est treize jeune. Gourmand et chaleureux, le nez joue sur la cerise mûre, les fruits rouges compotés, avec une note vanillée et poivrée. Dans le même registre aromatique, la bouche, elle aussi généreuse, séduit par son ampleur, sa structure tannique et son retour poivré. ✗ 2016-2020 ⚶ daube de lapin aux questches

o⌐ *Dom. Robert Haag et Fils, 21, rue de la Mairie, 67750 Scherwiller, tél. 03 88 92 11 83, vins.haag.robert@estvideo.fr* 🆅 🦶 🎫 *t.l.j. sf dim. 9h-12h 13h30-19h*

CAVE VINICOLE DE HUNAWIHR		
8 Peter Weber 2013 ★★		
■ 8 000	⬤	11 à 15 €

Fondée en 1954 au cœur de la route des Vins, la cave de Hunawihr regroupe majoritairement des viticulteurs de ce village. La coopérative vinifie le fruit de 210 ha et propose une large gamme de vins (dont cinq grands crus). Elle a quatre marques : Peter Weber, L'Unabelle, Armand Schreyer et Kuhlmann-Platz (ancienne maison de négoce rachetée en 1985).

Élevé un an en barrique, ce vin provient des huit meilleures parcelles de la cave. D'un grenat profond, il livre d'intenses notes de fruits rouges très mûrs, à peine soulignées d'un léger boisé épicé. En bouche aussi, le chêne reste à sa place, laissant s'exprimer la griotte et la framboise. L'ensemble charme par son ampleur, sa souplesse et sa longue finale fraîche, délicatement poivrée. Une réelle élégance. **✗** 2016-2020 **❦** côte de bœuf

☛ *Cave vinicole de Hunawihr, 48, rte de Ribeauvillé, 68150 Hunawihr, tél. 03 89 73 61 67, info@cave-hunawihr.com* Ⓥ 🅛 *r.-v.*

HUNOLD Côte de Rouffach 2013		
■	5 000	🅐 ⅏	5 à 8 €

De vieille souche vigneronne, Bruno Hunold et son épouse Andrée ont repris le domaine familial en 1984. Aujourd'hui secondés par leurs filles Sylvie et Valérie, ils exploitent 13 ha autour de Rouffach, au sud de Colmar. Située sur le territoire de Rouffach et celui des communes voisines de Pfaffenheim et de Westhalten, la Côte de Rouffach, qui bénéficie d'un microclimat bien abrité, est une dénomination communale officielle. C'est le lieu de naissance de ce vin au nez discret de framboise. Après une attaque souple et fraîche, sur la cerise, des tanins un peu stricts, discrètement boisés, marquent la finale. **✗** 2016-2020 **❦** pigeon en cocotte

☛ *EARL Bruno Hunold, 29, rue Aux-Quatre-Vents, 68250 Rouffach, tél. 03 89 49 60 57, info@ bruno-hunold.com* Ⓥ 🅚 🅛 *r.-v.*

Ⓑ **JOGGERST** Fût de chêne 2012		
■	2 400	⅏	11 à 15 €

Couvrant 7,5 ha, la propriété vend son vin en bouteilles depuis 1972. Martin Joggerst y travaille comme salarié à partir des années 1980, en prend la direction en 1997. Il adopte la viticulture raisonnée, puis le bio en 2007 (certification en 2010). Avec Sidonie, qui vient de finir ses études en géologie et sciences de l'environnement à Fribourg-en-Brisgau, la cinquième génération rejoint ce domaine.

Élevé dix-huit mois en barrique, ce 2012 aux reflets d'évolution orangés dévoile surtout au nez des notes d'élevage vanillées et légèrement torréfiées, relevées de touches poivrées. Fraîche et plutôt légère, la bouche porte elle aussi la marque des tanins du bois, un peu sévères en finale. **✗** 2015-2018 **❦** lapin aux pruneaux

☛ *EARL Joggerst et Fils, 19, Grand-Rue, 68150 Ribeauvillé, tél. 03 89 73 66 32, info@vins-joggerst.com* Ⓥ 🅚 🅛 *t.l.j. 9h30-12h 14h-18h; f. janv. fév. mars*

BARON KIRMANN 2013 ★★		
■	3 240	🅐	5 à 8 €

Le premier de la lignée cultivait la vigne en 1630. Son descendant, Philippe, exploite 11 ha sur les coteaux de Rosheim, cité du Bas-Rhin au riche patrimoine. Il dédie les meilleures cuvées du domaine à son glorieux ancêtre, officier sous la Révolution et l'Empire, qui fut fait baron par Napoléon Iᵉʳ.

Les vins rouges du domaine sont souvent remarqués par nos dégustateurs. Pour le millésime 2013, pas de cuvée « barrique », mais la cuvée « de base », d'un rubis intense aux reflets violets. Un vin tout en fruit, tant au nez

(framboise et cerise légèrement réglissées) qu'en bouche (griotte), où le vin se montre souple, acidulé et long. Une belle finesse. **✗** 2015-2020 **❦** magret de canard aux cerises

☛ *Philippe Kirmann, 2, rue du Gal-de-Gaulle, 67560 Rosheim, tél. 03 88 50 43 01, info@ baronkirmann.com* Ⓥ 🅚 🅛 *r.-v.*

ALBERT KLÉE Élevé en fût de chêne 2013 ★		
■	2 800	🅐 ⅏	8 à 11 €

En 1624, Urbain Klée cultivait la vigne à Katzenthal, village proche de Colmar. Installés en 1978, Albert et Odile Klée ont passé le relais en 2014 à leur fils Jean-François, ingénieur agronome et œnologue, ancien directeur technique au Ch. Léoville Las Cases. Leur propriété couvre 5 ha, avec des parcelles dans les grands crus Wineck-Schlossberg et Kaefferkopf.

Quatre mois de cuve et autant de fût pour ce pinot noir dont la couleur, comme le nez, évoquent la cerise – accompagnée, pour ce dernier, d'une touche de réglisse. La mise en bouche dévoile une matière gourmande, fraîche, bien structurée. La finale de bonne longueur laisse transparaître l'élevage à travers les notes épicées et vanillées. **✗** 2015-2020 **❦** entrecôte grillée

☛ *Albert Klée, 13, Grand-Rue, 68230 Katzenthal, tél. 03 89 27 25 27, vinsklee@free.fr* Ⓥ 🅚 🅛 *t.l.j. 9h-12h 13h-18h30; dim. sur r.-v.*

KLÉE FRÈRES Hinterburg 2013		
■	1 800	⅏	8 à 11 €

Les trois frères Klée, Gérard, Laurent et Francis – l'œnologue –, perpétuent la micro-exploitation de leur père qui était vigneron-boulanger à Katzenthal, petit village proche de Colmar. Les cuvées de ce domaine de moins de 2 ha sont bien connues des lecteurs du Guide.

Une robe rouge vif pour ce 2013 élevé neuf mois en barrique. Flatteur et caractéristique du cépage, le nez associe les fruits rouges, la cerise au kirsch et quelques notes épicées. Bien fruitée elle aussi, l'attaque ouvre sur une bouche fraîche, plutôt légère, montrant en finale quelques petits tanins épicés. **✗** 2016-2018 **❦** carré de porc

☛ *SCEA Klée Frères, 18, Grand-Rue, 68230 Katzenthal, tél. 06 21 90 07 04, info@klee-freres.com* Ⓥ 🅚 🅛 *r.-v.*

KLEIN-BRAND Élevé en fût de chêne 2012 ★★		
■	2 200	⅏	8 à 11 €

En 1610, des ancêtres cultivaient déjà la vigne sur les coteaux de Soultzmatt, au sud de Colmar. Le grand-père réalise les premières mises en bouteilles en 1955. L'association en 1978 de Fernand Klein avec sa sœur Marianne, épouse Brand, permet de doubler la surface du domaine, qui passe de 5 à 10 ha. Aujourd'hui, Éric et Laetitia, troisième génération, exploitent 11 ha répartis en 36 parcelles.

D'un grenat profond, ce 2012 s'ouvre sur des notes de vanille, de torréfaction et de chocolat de l'élevage, avant de dévoiler des senteurs gourmandes de cerise noire bien mûre. La bouche est remarquable par son ampleur généreuse, soulignée d'arômes persistants de mûre, de cerise confiturée et kirschée. **✗** 2015-2020 **❦** canard aux cerises

o— SARL Klein-Brand, 96, rue de la Vallée,
68570 Soultzmatt, tél. 03 89 47 00 08, kleinbrand@sfr.fr
V 🎿 🏆 t.l.j. sf dim. 8h-12h 14h-19h

ALBERT KLUR 2013		
■	5 400 🍷	5 à 8 €

Les deux frères Nicolas et Guillaume Klur ont repris en 2003 le domaine familial, qui a son siège à Katzenthal, village enserré dans un vallon près de Colmar. Réparti dans quatre communes proches de la préfecture du Haut-Rhin (outre Katzenthal, Ammerschwihr au nord, Wettolsheim et Eguisheim au sud), leur vignoble compte des parcelles dans deux grands crus.
Un pinot noir traditionnel, élevé en cuve. Robe pourpre tirant sur le violet ; nez tout en fruit, un peu évolué, sur la cerise noire, l'eau-de-vie ; bouche souple et soyeuse étayée par des tanins fins. Un ensemble facile à marier avec toutes sortes de viandes et de petits gibiers.
I 2016-2020 **🏆** entrecôte marchand de vin
o— Albert Klur et Fils, 61, rue d'Ammerschwihr, 68230 Katzenthal, tél. 03 89 27 22 51, vinsalbertklur@ orange.fr **V 🎿 🏆** t.l.j. 9h-18h; dim. 9h-12h 🏠 **B**

KOEBERLÉ KREYER Rodern 2013 ★		
■	1 600	11 à 15 €

À la tête du domaine familial depuis 1985, Francis Koeberlé perpétue une tradition vigneronne qui remonte à 1760. Établi à Rodern, l'un des villages blottis au pied du Haut-Kœnigsbourg, il demeure dans la rue principale qui s'appelle ici « rue du Pinot noir ». Un cépage choyé par les viticulteurs de la commune, qui bénéficie d'une dénomination officielle pour ses vins rouges.
Un pinot noir intense et typé : robe profonde, nez tout en fruits rouges (cerise et framboise), que l'on retrouve avec intensité à la mise en bouche ; belle trame de tanins soyeux qui garantit l'avenir de cette bouteille. **I** 2016-2020 **🏆** bavette à l'échalote ■ Vieilles Vignes 2013 ★ (8 à 11 € ; 3 200 b.) : élevée sous bois, cette cuvée n'en développe pas moins un nez de fruits rouges très mûrs, auquel répond une bouche ample, ronde, suave et longue, aux tanins soyeux. **I** 2016-2020
o— Koeberlé-Kreyer, 28, rue du Pinot-Noir, 68590 Rodern, tél. 03 89 73 00 55, koeberle.f@orange.fr **V 🎿 🏆** t.l.j. sf dim. 8h-12h 13h-17h 🏠 **②**

DOM. LANDMANN Praemium Vieilles Vignes 2012 ★★		
■	2 000 ◀▶	20 à 30 €

Après avoir travaillé comme cadre dans une banque pendant une dizaine d'années, Armand Landmann revient sur ses terres en 1992. Il rénove l'ancienne demeure, regroupe les vignes de son père et de sa tante pour constituer un domaine de 12 ha, avec des parcelles dans deux grands crus. Le siège de la propriété est à Nothalten, près de Barr.
Une cuvée haut de gamme, élevée dix-huit mois en demi-muid (grand fût). D'un rouge profond, elle associe un boisé appuyé, aux nuances de vanille, à des notes de mûre et de cassis. Franche à l'attaque, complexe, la bouche suit la même ligne, sur la cerise, les petits fruits rouges et des notes d'élevage bien intégrées. Un vin étoffé, construit sur une trame de tanins mûrs et bien

fondus, à la longue finale marquée par un retour de la vanille. **I** 2016-2023 **🏆** pavé de biche aux champignons
o— EARL Armand Landmann, 74, rte du Vin, 67680 Nothalten, tél. 03 88 92 41 12, armand-landmann@yahoo.fr
V 🎿 🏆 t.l.j. 8h-12h 14h-19h

B JACQUES LINDENLAUB Nature 2012 ★★		
■	2 100 ◀▶	11 à 15 €

Établis depuis 1759 à Dorlisheim, au voisinage de Molsheim et à 25 km de Strasbourg, les Lindenlaub, à l'origine agriculteurs et éleveurs, sont devenus vignerons. Leur domaine, qui s'étend sur 12 ha, est géré depuis 1999 par Christophe Lindenlaub, fils de Jacques, qui a converti le domaine à la biodynamie (certification bio en 2012).
En 2012, Christophe Lindenlaub s'est lancé dans les « vins nature », élaborés sans sulfites et sans filtrations. Il propose un pinot noir à la robe profonde, qui demande à être aéré pour libérer ses parfums de cerise et de framboise compotées. Le palais se montre puissant, ample et gras, étayé par des tanins encore très marqués. Les arômes de fruits rouges s'accompagnent en finale des notes vanillées et toastées léguées par un séjour de dix-huit mois dans le bois. Un vin gourmand qui devrait bien évoluer. **I** 2016-2020 **🏆** carré d'agneau
o— Jacques et Christophe Lindenlaub, 6, fbg des Vosges, 67120 Dorlisheim, tél. 03 88 38 21 78, contact@vins-lindenlaub.com **V 🎿 🏆** r.-v.

B ALBERT MAURER Élevé en barrique 2012 ★		
■	3 200 ◀▶	8 à 11 €

En 1960, Albert Maurer a créé ce vignoble à Eichhoffen, près d'Andlau. Il a passé le relais en 2003 à Philippe, qui exploite 16 ha autour de cette commune et dans trois villages voisins. La conversion bio de la propriété, engagée en 2005, a débouché sur une certification en 2011.
Une vinification sans intrant : seule une petite dose de sulfites a été ajoutée à la mise en bouteilles. La robe est teinte de reflets orangés d'évolution ; le nez associe la cerise du pinot au boisé torréfié de l'élevage. Dans le même registre fruité et boisé, le palais apparaît souple à l'attaque, ample et frais, soutenu par des tanins soyeux. Un ensemble harmonieux. **I** 2016-2018 **🏆** épaule d'agneau
o— Albert Maurer, 11, rue du Vignoble, 67140 Eichhoffen, tél. 03 88 08 96 75, info.vins-maurer@wanadoo.fr
V 🎿 🏆 t.l.j. sf dim. 8h-12h 13h30-18h 🏠 **③**

MEYER Vieilli en pièce de chêne 2011 ★		
■	1 500 ◀▶	8 à 11 €

Installé en 1982, Jean-Marc Meyer perpétue l'exploitation fondée par un de ses arrière-grands-pères un siècle plus tôt, et implantée à environ 12 km au sud de Colmar. Un hectare et demi, sur les neuf que compte sa propriété, est situé sur le Hatschbourg, le grand cru dominant son village.
Un 2011 élevé en barrique, avec un tiers de bois neuf. Il a conservé une robe jeune, d'un rouge profond aux reflets violacés. Au nez, il garde l'empreinte de son séjour dans le bois qui se traduit par des notes de grillé et même de caramel. Les arômes de torréfaction dominent aussi en bouche et la finale est marquée par des nuances réglissées, mais on perçoit, sous-jacente, une vendange

61

mûre. L'ensemble a du volume et une certaine étoffe.

✗ 2016-2020 **♈** faisan rôti

⊶ *EARL Lucien Meyer et Fils, 57, rue du Mal-Leclerc, 68420 Hattstatt, tél. 03 89 49 31 74, info@earl-meyer.com* **Ⓥ 🏃 🛒** *r.-v.* **🏠 ⓒ**

HUBERT MEYER Élevé en fût de chêne 2013 ★		
■ 2 200	◧	8 à 11 €

Les Meyer se succèdent de père en fils depuis 1722. Hubert a développé la vente en bouteilles, Pierre l'a rejoint en 2009. Leurs 10 ha de vignes sont répartis sur des terroirs variés, autour de Blienschwiller et des communes voisines de Dambach-la-Ville, Nothalten et Epfig, au sud de Barr.

D'un rouge soutenu aux reflets violets, ce vin minéral (pierre à fusil) au premier nez dévoile à l'aération des notes de cerise et de mûre mâtinées des nuances grillées de l'élevage. Assez vive à l'attaque, la bouche est dominée par des impressions vanillées. Le fruit du pinot, sous-jacent, s'affirme dans une finale fraîche et épicée, où l'on retrouve la cerise. Un 2013 puissant et agréable, qui gagnera à être carafé. **✗** 2016-2020 **♈** pavé de bœuf sauce cacao

⊶ *Hubert Meyer, 34, route des Vins, 67650 Blienschwiller, tél. 03 88 92 47 33, contact@vins-hubert-meyer.fr* **Ⓥ 🏃 🛒** *t.l.j. sf dim. 8h-12h 13h-18h* **🏠 Ⓑ**

MOLTÈS Terroir 2013 ★★		
■ 3 900	◧	11 à 15 €

Un domaine de 16 ha implanté à une dizaine de kilomètres au sud de Colmar. Antoine Moltès commercialise les premiers vins en 1925, Roland explore les terroirs. Installés au tournant de ce siècle, Stéphane et Mickaël ont aménagé un nouveau chai, se sont orientés graduellement vers le bio, engageant la conversion du vignoble en 2012. Ils ont déjà récolté nombre d'étoiles dans le Guide.

Le millésime précédent avait été élu coup de cœur. Celui-ci est dans la même veine : robe presque noire, nez mêlant la cerise noire aux notes de torréfaction (moka et cacao) léguées par un élevage de dix-huit mois en barrique ; attaque puissante, bouche harmonieuse et complexe, dans le même registre que l'olfaction. **✗** 2016-2025 **♈** gigue de chevreuil

⊶ *Dom. Moltès, 8, rue du Fossé, 68250 Pfaffenheim, tél. 03 89 49 60 85, domaine@vin-moltes.com* **Ⓥ 🛒** *r.-v.*

JEAN RAPP Barrique 2012 ★		
■ 570	◧	11 à 15 €

Vignerons et éleveurs de père en fils depuis 1765, les Rapp sont installés à Dorlisheim, au sud-ouest de Strasbourg. L'exploitation s'est spécialisée à partir des années 1960 et une nouvelle cave, plus vaste, a été aménagée en 2004, à l'arrivée de Guillaume. La plupart des vins du domaine sont élevés en foudres, dont certains sont plus que centenaires.

C'est en barrique qu'a séjourné (durant neuf mois) ce pinot noir à la robe intense, mais les nuances vanillées de l'élevage laissent s'exprimer le pinot sur des notes de cassis et de fruits rouges. En bouche, du cassis encore, de la mûre et de la cerise ; de la fraîcheur et une finale persistante, encore marquée par des tanins sévères. **✗** 2016-2020 **♈** civet de lièvre

⊶ *Jean Rapp, 1, fg des Vosges, 67120 Dorlisheim, tél. 03 88 38 28 43, vins-rapp@wanadoo.fr* **Ⓥ 🏃 🛒** *t.l.j. sf lun. 8h-12h 13h30-18h30*

DOM. DU REMPART Clos du Sonnenbach 2012		
■ 3 500	◧	8 à 11 €

À la tête du domaine familial depuis 1978, Gilbert Beck est l'héritier d'une lignée remontant à 1763, et sa maison de Dambach-la-Ville s'adosse au rempart de la cité médiévale. Il exploite 5 ha autour de la commune (dont une parcelle du grand cru Frankstein) et 5 autres dans le val de Villé, sur les pentes escarpées des terrasses d'Albé.

Implanté à 500 m d'altitude, sur les schistes de Villé, Clos du Sonnenbach fait partie des terroirs les plus élevés du vignoble alsacien. Intensément coloré, discret mais plaisant au nez, ce pinot noir libère des arômes de cerise caractéristiques du cépage. Assez pointu à l'attaque, sur le fruit rouge, il se développe ensuite avec rondeur, malgré une certaine austérité tannique en finale. Il devrait bien évoluer. **✗** 2016-2020 **♈** tourte à la viande

⊶ *Beck – Dom. du Rempart, 5, rue des Remparts, 67650 Dambach-la-Ville, tél. 03 88 92 42 43, beck.domaine@wanadoo.fr* **Ⓥ 🏃 🛒** *r.-v.* **🏠 Ⓑ**

CAVE DE RIBEAUVILLÉ Rodern Grande Cuvée 2013 ★		
■ 7 794	◧	11 à 15 €

L'économie sociale s'étant développée précocement en Alsace, comme en Rhénanie, la Cave de Ribeauvillé, fondée en 1895, est la plus ancienne coopérative de France. Pour vinifier les 235 ha de ses adhérents, elle a investi dans une nouvelle gamme de pressoirs. À sa carte, huit grands crus et de nombreux vins de terroir.

Un pinot noir originaire de Rodern, village bénéficiant d'une dénomination officielle pour les vins issus de ce cépage. Le fruit s'exprime pleinement au nez, sur de fines notes de mûre, de cerise noire et de fleurs ; l'élevage de dix mois en fût apporte un surcroît de complexité, avec des nuances grillées. La myrtille rejoint les autres petits fruits en bouche, participant à l'harmonie de ce vin bien structuré et persistant, aux tanins fondus. Idéal avec viande rouge et petit gibier. **✗** 2016-2022 **♈** entrecôte grillée

⊶ *Cave de Ribeauvillé, 2, rte de Colmar, 68150 Ribeauvillé, tél. 03 89 73 61 80, cave@cave-ribeauville.com* **Ⓥ 🏃 🛒** *t.l.j. 8h-12h 14h-18h*

DOM. RIEFLÉ Côte de Rouffach Bonheur festif 2013 ★		
■ 5 000	◧	15 à 20 €

Fondé en 1850, le domaine est aujourd'hui géré par les deux frères Thomas et Paul Rieflé, qui ont engagé la conversion bio du vignoble. Il dispose en propre de 23 ha de vignes au sud de Colmar, avec des parcelles dans deux grands crus, le Steinert et le Zinnkoepflé. La production est exportée à 70 %.

Si les Rieflé segmentent leur offre multiple en « bonheurs conviviaux », « festifs » et « exceptionnels », ils n'oublient pas les terroirs d'Alsace, qui s'affichent sur l'étiquette. Comme cette Côte de Rouffach, un coteau calcaire et sec propice au pinot noir. Celui-ci, coloré à souhait, est tout en fruit, malgré son élevage en barrique : un fruité intense de cerise caractéristique du cépage. Dans le même registre au palais, il se montre souple à l'attaque, ample, gourmand, étayé par des tanins soyeux. Pour viande rouge et fromage. ✘ 2016-2022 ♈ brie de Meaux

⚬ *Dom. Rieflé, 7, rue du Drotfeld, 68250 Pfaffenheim, tél. 03 89 78 52 21, riefle@riefle.com* 🆅 🎿 📶 *t.l.j. sf dim.* 9h-12h 14h-18h 🏠 Ⓑ

♥ RUHLMANN-DIRRINGER
À Fleur de Roche 2013 ★★★

| ■ | 3 000 | ◫ | 8 à 11 € |

Au service du vin depuis plus de quatre générations, cette famille de vignerons est établie à Dambach-la-Ville, cité resserrée dans les vestiges de son enceinte ; elle accueille les visiteurs dans une demeure de 1578. Rémy Dirringer exploite 14 ha sur les terres majoritairement granitiques des environs de sa commune.

Grenat profond, ce pinot noir enchante par la complexité de sa gamme aromatique : après une touche de fumée et de boisé léguée par un séjour de neuf mois en fût, le fruit s'exprime en senteurs intenses de cerise, de mûre et de myrtille confiturées nuancées de notes florales. Le palais n'est pas en reste, à la fois ample et frais, puissant et persistant, sur les fruits rouges, la griotte cuite. Un équilibre rare. ✘ 2016-2023 ♈ filet de bœuf Wellington

⚬ *Ruhlmann-Dirringer, 3, imp. de Mullenheim, 67650 Dambach-la-Ville, tél. 03 88 92 40 23, ruhlmann.dirringer@terre-net.fr* 🆅 🎿 📶 *t.l.j. sf dim.* 10h-18h

SCHOENHEITZ Herrenreben 2013

| ■ | 2 800 | ◫ | 15 à 20 € |

Wihr-au-Val est le dernier village viticole quand on remonte la vallée de Munster. Ses coteaux, exposés plein sud, avaient périclité après 1945. Dans les années 1970, Henri Schoenheitz a commencé à les replanter. Prénommé également Henri, son fils continue son œuvre. Il a vendu ses premières bouteilles en 1980 et met en valeur aujourd'hui un coquet domaine de près de 16 ha.

Ce pinot noir né sur granite est une fois de plus au rendez-vous du Guide. Il gagnera son étoile à l'ancienneté, car les jurés soulignent son potentiel. Pour l'heure, la finale encore tannique laisse une impression de sévérité, mais sa robe sombre, ses arômes (cerise, cassis et mûre), son attaque et sa charpente plaident en sa faveur. ✘ 2016-2020 ♈ bœuf en daube

⚬ *Henri Schoenheitz, 1, rue de Walbach, 68230 Wihr-au-Val, tél. 03 89 71 03 96, cave@vins-schoenheitz.fr* 🆅 🎿 *r.-v.*

DOM. SCHOEPFER Tradition 2013

| ■ | 2 000 | ◫ | 5 à 8 € |

Installé en 2006 dans l'ancienne cour de l'abbaye de Marbach, au cœur de la cité médiévale d'Eguisheim, Vincent Schoepfer perpétue une lignée vigneronne remontant à 1656. En 2012, un peu à l'étroit, il a construit un nouveau vendangeoir et une cuverie thermorégulée.

Élevé huit mois en foudre, ce 2013 joue sur les fruits rouges, en particulier sur la griotte caractéristique du pinot noir. L'attaque souple introduit une bouche à la fois fraîche et légère, tout en fruit, aux tanins bien fondus. Un « vin plaisir » qui pourrait vieillir un peu. ✘ 2016-2019 ♈ brochettes de bœuf

⚬ *Dom. Michel Schoepfer, 43, Grand-Rue, 68420 Eguisheim, tél. 03 89 41 09 06* 🆅 📶 *t.l.j. sf dim.* 8h30-11h 14h-18h

Ⓑ EDMOND SCHUELLER Terres chaudes 2013 ★

| ■ | 4 000 | ◫ | 8 à 11 € |

Au pied des trois donjons qui dominent le vignoble de Husseren-les-Châteaux, point culminant de la route des Vins au sud de Colmar, Damien Schueller, installé en 1999, exploite le domaine (5,5 ha) patiemment constitué par son père Edmond, ancien salarié viticole. La propriété est en bio certifié depuis 2013.

Terres chaudes ? Des terres sombres, argilo-gréseuses, qui absorbent la chaleur. D'un rouge intense aux reflets violets, le vin affiche un nez tout aussi intense, sur les fruits rouges. On retrouve ce fruité complexe dans une attaque tendre, avant que de jeunes tanins ne montent à l'assaut. Un ensemble bien structuré, qui mérite d'attendre. ✘ 2016-2023 ♈ civet de lapin

⚬ *Vins Edmond Schueller, 26, rte du Vin, 68420 Husseren-les-Châteaux, tél. 03 89 49 32 60, info@alsace-schueller.com* 🆅 🎿 *r.-v.* 🏠 ❷ 🏠 Ⓑ

JEAN-MARC SIMONIS 2013 ★

| ■ | 2 600 | ◫ | 5 à 8 € |

Héritier d'une lignée de viticulteurs remontant à 1660, Jean-Marc Simonis gère depuis 1993 le domaine familial implanté aux environs d'Ammerschwihr, à 8 km au nord-ouest de Colmar. Ce sont ses grands-parents qui ont débuté la vente en bouteilles. Le propriétaire choie particulièrement le grand cru local, le Kaefferkopf.

Délicat, harmonieux, bien vinifié ; ainsi décrit-on ce 2013 aux reflets violets et au nez discret, sur les petits fruits rouges. Le fruité se fait plus expansif au palais. Souple et soyeuse, la bouche finit sur une touche épicée. ✘ 2016-2020 ♈ palette de porc aux lentilles

⚬ *EARL Jean-Paul Simonis et Fils, 1, rue des Chasseurs-Besombes-et-Brunet, 68770 Ammerschwihr, tél. 03 89 47 13 51, jmsimonis@orange.fr* 🆅 🎿 📶 *t.l.j. sf dim.* 8h-11h45 13h30-18h

DOM. JEAN SIPP Osmose 2012

| ■ | 2 000 | ◫ | 20 à 30 € |

Établi dans une demeure Renaissance qui appartint jadis à la puissante famille des Ribeaupierre, seigneurs de Ribeauvillé, Jean-Guillaume Sipp perpétue depuis 2010 avec brio une tradition viticole inaugurée en 1654 par son ancêtre porteur du même prénom. Il dispose de 24 ha de vignes, avec des parcelles dans plusieurs crus renommés (Altenberg de Bergheim, Kirchberg de Ribeauvillé...).

Le millésime précédent de cette cuvée avait décroché un coup de cœur. Pour avoir moins d'envergure, ce 2012 est très agréable. Malgré un élevage de quatorze mois en barrique, ce sont surtout les petits fruits rouges du pinot qui ressortent, au nez comme en bouche : griotte et framboise, avec une touche vanillée. Pas trop de longueur, mais peu d'aspérités, de la générosité et du fruit. ✘ 2015-2020 ♈ pavé de bœuf pommes frites

Jean Sipp, 60, rue de la Fraternité, 68150 Ribeauvillé, tél. 03 89 73 60 02, domaine@jean-sipp.com
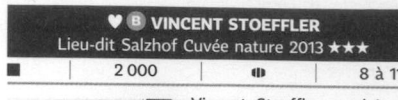 r.-v.

♥ B VINCENT STOEFFLER
Lieu-dit Salzhof Cuvée nature 2013 ★★★

| ■ | 2 000 | ◫ | 8 à 11 € |

Vincent Stoeffler conduit depuis 1986 l'exploitation fondée par son père dans les années 1960. À la suite de son mariage, le domaine s'est agrandi, se répartissant dans dix communes autour de deux pôles : Ribeauvillé et Riquewihr dans le Haut-Rhin, Barr dans le Bas-Rhin. Il compte aujourd'hui 16 ha de vignes, conduites en bio depuis 2000, et propose nombre de vins de terroir.

Un pinot noir bien né, et « très représentatif de l'Alsace », selon un dégustateur : il provient d'un lieu-dit exposé plein sud, aux sols argilo-calcaires caillouteux, situé au-dessus du grand cru Kirchberg de Barr. À la cave, aucun adjuvant et, en particulier, pas de sulfite ajouté. Le vin a fait l'unanimité : robe intense, presque noire, aux reflets violets, nez à la fois puissant et fin, tout en fruits (petits fruits, griotte, touche florale) ; le fruit noir s'allie à la cerise dans une bouche ample, structurée sans raideur, dont la belle fraîcheur souligne la persistance. ✗ 2016-2023 ✦ filet de bœuf

Dom. Vincent Stoeffler, 1, rue des Lièvres, 67140 Barr, tél. 03 88 08 52 50, info@vins-stoeffler.com
V ✗ ♀ t.l.j. sf dim. 10h-12h 13h30-18h30

ANTOINE STOFFEL Vieilli en fût de chêne 2013 ★

| ■ | 1 500 | ◫ | 8 à 11 € |

Cité médiévale préservée au plan circulaire, Eguisheim se flatte d'être le berceau du vignoble alsacien. Établie à quelques pas du centre, Annick Stoffel, la fille d'Antoine, est installée depuis 1990 à la tête du domaine familial, qui couvre 8 ha.

Élevé douze mois en barrique, ce 2013 présente une robe profonde aux reflets violets. Plutôt boisé, le nez laisse toutefois percer des senteurs de fruits noirs confiturés et de violette. Riche, généreuse, bien charpentée et de bonne longueur, la bouche apparaît déjà plaisante malgré une certaine austérité en finale. ✗ 2015-2020 ✦ entrecôte

Antoine Stoffel, 21, rue de Colmar, 68420 Eguisheim, tél. 03 89 41 32 03, domaine@antoinestoffel.com
V ✗ ♀ t.l.j. sf dim. 9h-12h 14h-18h

STRAUB Élevé en barrique 2011 ★

| ■ | 1 200 | î ◫ | 8 à 11 € |

Installé en 1980 sur le domaine familial, entre Barr et Sélestat, Jean-Marie Straub cultive 7 ha de vignes autour de Blienschwiller, dont plusieurs parcelles dans le grand cru local, le Winzenberg. Dans sa cave voûtée de 1714 s'alignent les foudres traditionnels en bois.

Un 2011 élevé six mois en cuve et dix-huit mois en barrique. Si les fûts sont de réemploi, le bois transparaît dans des notes de torréfaction, de moka, qui s'allient au fruit rouge.

L'attaque ample introduit un palais riche, charpenté et de bonne longueur, où le fût s'exprime en touches vanillées. Les tanins sont enrobés, mais le vin garde du potentiel. ✗ 2016-2020 ✦ épaule d'agneau

Jean-Marie Straub, 61, rte des Vins, 67650 Blienschwiller, tél. 03 88 92 40 42, jean.marie.straub@wanadoo.fr V ✗ ♀ r.-v.

VONVILLE
Rouge d'Ottrott Tradition 2013

| ■ | 3 500 | ◫ | 8 à 11 € |

En 2002, Stéphane Vonville a rejoint Jean-Charles sur ce domaine fondé en 1830 au pied du mont Sainte-Odile. Alors qu'en Alsace 90 % des vins sont blancs, le pinot noir représente 65 % de leurs 13 ha de vignes. Il faut dire que la propriété est implantée à Ottrott, village bas-rhinois connu depuis neuf cents ans pour ses vins rouges, qui bénéficie – depuis 2011 – d'une dénomination communale pour ce cépage.

Au grenat intense de la robe répond un nez bien ouvert et généreux sur la cerise kirschée et une bouche puissante, charpentée et longue, fruitée à souhait. Un vin auquel il ne manque qu'un peu de temps pour affiner ses tanins encore un peu fermes. ✗ 2016-2020 ✦ magret de canard aux cerises

Stéphane Vonville, 4, pl. des Tilleuls, 67530 Ottrott, tél. 03 88 95 80 25, earl.vonville@wanadoo.fr
V ✗ ♀ t.l.j. sf mer. 9h-12h 13h30-18h30

J.-M. WASSLER Sélection «Z» 2013

| ■ | 2 500 | | 5 à 8 € |

Trois générations se sont succédé sur cette exploitation de 8,5 ha située entre Barr et Sélestat. Fabrice Wassler a pris en 2001 la suite de son père Jean-Marie Wassler.

Une robe intense, grenat aux reflets violets, un nez fin et complexe, mêlant le cassis, la myrtille à des touches d'herbe aromatique et de fumé. Sans être très charpenté, le palais plaît par sa franchise et son équilibre. Quelques tanins encore sévères marquent la finale. ✗ 2016-2020 ✦ bavette d'aloyau

EARL Jean-Marie Wassler, 22, rte du Vin, 67680 Nothalten, tél. 03 88 92 43 51, jeanmarie.wassler@wanadoo.fr V ✗ ♀ r.-v.

WELTY Quintessence 2013 ★

| ■ | 1 800 | ◫ | 11 à 15 € |

Champion de taille (Sécateur d'or en 2013), Jérémy Welty vient de rejoindre son père Jean-Michel. Ce dernier s'était installé en 1984 sur l'exploitation familiale, dont les lointaines origines remontent à 1738. Implanté à Orschwihr, à 25 km au sud de Colmar, au pied de la colline du Bollenberg, le vignoble (10 ha) bénéficie d'un climat très sec.

Au nez, une palette complexe : un boisé vanillé appuyé, mais aussi de la violette et de la mûre. Une attaque ample et fruitée introduit une bouche bien construit sur des tanins veloutés. Le boisé demande à se fondre. ✗ 2016-2020 ✦ civet de lapin

Jean-Michel Welty, 24, Grand-Rue, BP 15, 68500 Orschwihr, tél. 03 89 76 09 03, vinswelty@gmail.com V ✗ ♀ t.l.j. 8h30-12h 13h30-18h30; dim. sur r.-v.

ALSACE RIESLING

Superficie : 3 376 ha / Production : 247 952 hl

Le riesling est le cépage rhénan par excellence, et la vallée du Rhin, son berceau. Il s'agit d'une variété tardive pour la région, dont la production est régulière et bonne. Le riesling alsacien est souvent sec, ce qui le différencie d'une façon générale de son homologue allemand. Ses atouts résident dans l'harmonie entre son bouquet et son fruité délicats, son corps et son acidité assez prononcée mais extrêmement fine. Or, pour atteindre cette qualité, il doit provenir d'une bonne situation. Le riesling a essaimé dans de nombreux autres pays viticoles, où la dénomination riesling, sauf s'il est précisé « riesling rhénan », n'est pas totalement fiable : une dizaine d'autres cépages ont été baptisés ainsi dans le monde !

B ANSTOTZ ET FILS
Glintzberg Vieilles Vignes 2013 ★

4 000	⬤	8 à 11 €

Un domaine implanté à 25 km à l'ouest de Strasbourg. Début de la mise en bouteilles en 1950 ; installation de Marc Anstotz en 1980 ; aujourd'hui, 15 ha en bio certifié (2012) et de beaux vins, notamment les rieslings de terroir. Les vignerons viennent de déménager pour s'agrandir. Ils ont bien sûr emporté sur le nouveau site les anciens foudres de bois aux verrous sculptés.

Le millésime précédent avait été élu coup de cœur : des vignes de plus de quarante ans, plantées sur des sols argilo-marneux et gypsifères, un long élevage sur lies dans des foudres centenaires. Le 2013 offre une belle tenue pour le millésime, avec son nez très expressif sur l'ananas et le pamplemousse, son palais franc à l'attaque, vif et persistant : un riesling droit et plaisant. (Sucres résiduels : 1,6 g/l.) ✗ 2015-2018 ❦ plateau de fruits de mer

o→ EARL Anstotz et Fils, 11, rue des Hirondelles, 67310 Balbronn, tél. 03 88 50 30 55, christine.anstotz@wanadoo.fr V ⚘ ✿ t.l.j. sf dim. 9h-12h 13h30-17h ♠ B

BARON DE HOEN Issu de vieilles vignes 2013

25 487	î	5 à 8 €

Baron de Hoen est une marque de la Cave coopérative de Beblenheim. Créée en 1952 au cœur de la route des Vins, près de Riquewihr, la cave vinifie aujourd'hui le fruit de 385 ha et propose quatre grands crus de Beblenheim et des communes voisines.

Fruit d'une sélection de 18 ha, un riesling typé : nez bien présent, sur les fleurs blanches, et palais vif à la finale citronnée. (Sucres résiduels : 6 g/l.) ✗ 2015-2018 ❦ saumon fumé

o→ Cave de Beblenheim, 20, rue de Hoen, 68980 Beblenheim, tél. 03 89 47 90 02, info@cave-beblenheim.com V ⚘ ✿ t.l.j. sf sam. dim. 9h-12h 14h-18h

BAUMANN Collection 2013 ★★

20 000	î	11 à 15 €

Le domaine Baumann, ses bâtiments d'exploitation et ses 15 ha de vignes ont été rachetés en 2006 par les Sparr, vignerons-négociants au service du vin depuis 1634. La famille dispose après ce rachat de 30 ha en propre. Aujourd'hui, 90 % de la production est exportée.

Issu d'une sélection de vendanges, ce riesling offre un nez intense et complexe, entre minéralité et pamplemousse. Élégant et très structuré, puissant et long, il trouvera sa place aussi bien sur les produits de la mer cuisinés que sur les viandes blanches. (Sucres résiduels : 10,2 g/l.) ✗ 2015-2020 ❦ filet de turbot sabayon au riesling

o→ Maison Baumann Riquewihr, 8, av. Méquillet, 68340 Riquewihr, tél. 03 89 47 92 14, odile@domaine-baumann.com V ⚘ ✿ t.l.j. 9h-12h 14h-17h30 o→ Famille Sparr

BAUMANN ZIRGEL Streng 2013

5 400	î	8 à 11 €

Benjamin et Valérie Zirgel ont repris l'exploitation familiale en 2008 et engagé la conversion bio du vignoble, qui se déploie sur les coteaux environnant le village de Mittelwihr, au cœur de la route des Vins. Le domaine, d'une superficie de 10 ha, comprend des parcelles dans quatre grands crus.

Déjà remarqué dans le millésime précédent, ce riesling en provenance d'un terroir argilo-calcaire offre une belle complexité au nez où se mêlent des notes citronnées, épicées et légèrement amyliques. Nerveux à l'attaque, il se montre frais, équilibré et persistant. (Sucres résiduels : 8 g/l.) ✗ 2015-2020 ❦ lotte à la crème

o→ Baumann Zirgel, 5, rue du Vignoble, 68630 Mittelwihr, tél. 03 89 47 90 40, baumann-zirgel@wanadoo.fr V ⚘ ✿ t.l.j. sf dim. 9h-12h 13h30-18h30 ♠ B

BECK DOM. DU REMPART Vieilles Vignes 2012

3 000	î	8 à 11 €

À la tête du domaine familial depuis 1978, Gilbert Beck est l'héritier d'une lignée remontant à 1763, et sa maison de Dambach-la-Ville s'adosse au rempart de la cité médiévale. Il exploite 5 ha autour de la commune (dont une parcelle de grand cru Frankstein) et 5 autres dans le val de Villé, sur les pentes escarpées des terrasses d'Albé.

Issu de vignes âgées d'un demi-siècle plantées sur un terroir granitique, ce riesling se fait séducteur avec ses parfums de fleurs blanches mâtinés de touches de cire puis d'une note anisée. Le palais est plus classique, avec son attaque assez vive et sa matière fraîche aux arômes d'agrumes. (Sucres résiduels : 2 g/l.) ✗ 2015-2018 ❦ saumon poché crème à l'aneth

o→ Beck – Dom. du Rempart, 5, rue des Remparts, 67650 Dambach-la-Ville, tél. 03 88 92 42 43, beck.domaine@wanadoo.fr V ⚘ ✿ r.-v. ♠ B

FRANÇOIS BLÉGER
Le Bouquet de Clémence 2013 ★

3 400	⬤	5 à 8 €

Originaires de Suisse, les Bléger sont arrivés en 1562 à Saint-Hippolyte, au pied du Haut-Kœnigsbourg. Alors que ses parents vendaient leur vin en vrac au négoce, François Bléger s'est lancé dans la mise en bouteilles à son installation en 1996. Il dispose de 7 ha répartis dans quatre communes.

Issu d'un terroir argilo-limoneux, ce riesling s'annonce par une robe jaune doré intense, à laquelle répond nez charmeur associant pêche, mirabelle et une touche mentholée. Frais à l'attaque, bien structuré, avec des notes de fruits exotiques, il finit par des notes de fruits exotiques. (Sucres résiduels : 3 g/l.) ✗ 2016-2020 ❦ brochettes de langoustines

☛ *François Bléger, 63, rte du Vin,*
68590 Saint-Hippolyte, tél. 03 89 73 06 07,
domaine.bleger@wanadoo.fr 🆅 👤 *r.-v.* 🏠 ❷

CATTIN FRÈRES 2013		
■ 65 000	📖	8 à 11 €

Originaire de Suisse, établie à Voegtlinshoffen en 1720, la famille Cattin se spécialise dans la viticulture dès 1850. L'exploitation prospère à partir de 1978, avec Jacques et son frère Jean-Marie : le domaine s'agrandit (54 ha), tandis que se développe une structure de négoce qui s'approvisionne sur près de 200 ha. Ingénieur agronome, Jacques (du même prénom que son père) a rejoint l'affaire.

Un nez agréable et chaleureux, floral et minéral, avec des notes de surmaturation, et un palais dans le même registre, vif à l'attaque, équilibré et bien épanoui. (Sucres résiduels : 5 g/l.) ⚊ 2015-2018 🍴 sole meunière

☛ *Cattin Frères, 19, rue Roger-Frémeaux,*
68420 Voegtlinshoffen, tél. 03 89 49 30 21,
contact@cattin.fr 🆅 🏂 👤 *t.l.j. sf dim. 8h-12h 14h-18h*

DOM. DREYER 2013 ★		
■ 4 530	📖	5 à 8 €

Établi à Eguisheim, Robert Dreyer développe le vignoble ; son fils Jean-Pierre, installé en 1976, met les premiers vins en bouteilles. Aujourd'hui, avec son frère Claude, il exploite en biodynamie un domaine de quelque 10 ha, composé de quarante parcelles réparties sur cinq communes.

Originaire d'un terroir argilo-calcaire, ce riesling développe un nez intense, dominé par les agrumes, prélude à un palais équilibré, frais et élégant. Poissons ou viandes blanches, tout lui conviendra. (Sucres résiduels : 6 g/l.) ⚊ 2015-2018 🍴 choucroute de poisson

☛ *Dom. Robert Dreyer et Fils, 17, rue de Hautvillers,*
68420 Eguisheim, tél. 03 89 23 12 18,
vignoble.dreyer@wanadoo.fr 🆅 🏂 *r.-v.*

J. FRITSCH 2013 ★		
■ 6 000	📖	5 à 8 €

Pascal Fritsch a pris en 1977 la suite d'une lignée de vignerons remontant à 1703. Installé dans le petit bourg fortifié de Kientzheim, il exploite 9,5 ha : pas moins de quarante parcelles disséminées dans quatre communes avec des vignes dans deux grands crus.

Issu d'un assemblage de terroirs alluviaux et granitiques, ce riesling présente un nez très expressif, citronné, nuancé de notes de fruits exotiques. Vif et franc à l'attaque, bien frais, assez long, il offre tout ce que l'on attend du cépage. (Sucres résiduels : 7 g/l.) ⚊ 2015-2019 🍴 choucroute

☛ *EARL Joseph Fritsch, 31, Grand-Rue,*
68240 Kientzheim, tél. 03 89 78 24 27, contact@
joseph-fritsch.com 🆅 👤 *t.l.j. 10h-12h 14h-18h; dim. sur r.-v.*

Ⓑ CHRISTIAN ET VÉRONIQUE HEBINGER		
Frohnenberg 2013 ★		
■ 3 500	📖	5 à 8 €

Le domaine s'est spécialisé après 1945. Aujourd'hui, Christian et Véronique Hebinger, établis à Eguisheim depuis 1985 pour Denis, cultivent leurs 11 ha autour de la petite cité médiévale et vers Wintzenheim. Leurs fleurons : des parcelles en grand cru (Hengst,

Eichberg, Pfersigberg) en biodynamie (certification bio en 2009).

Né sur un sol limono-calcaire, ce riesling s'annonce par un nez intense, floral, fruité et citronné, nuancé d'une pointe de surmaturation déjà présente dans le millésime précédent. Ample à l'attaque, gras, sec et persistant, c'est un vin bien construit et racé, parfait sur des crustacés et des poissons cuisinés. (Sucres résiduels : 4,5 g/l.) ⚊ 2015-2021 🍴 lotte sauce à l'orange

☛ *Christian et Véronique Hebinger, 14, Grand-Rue,*
68420 Eguisheim, tél. 03 89 41 19 90, hebinger.christian@
wanadoo.fr 🆅 👤 *t.l.j. sf dim. 8h-12h 13h-18h*

BERNARD HUMBRECHT 2013 ★		
■ 5 100	📖	5 à 8 €

À Gueberschwihr, au sud de Colmar, le visiteur est impressionné par les maisons vigneronnes aussi anciennes que cossues, comme la demeure Renaissance à pignon de Jean-Bernard Humbrecht. La lignée remonte à 1620, les mises en bouteilles à 1968. En 1914, Jean Humbrecht, ingénieur en agriculture, a rejoint son père sur le domaine, qui couvre 9 ha.

Issu d'un terroir argilo-calcaire, ce riesling, d'abord fermé, révèle à l'aération une complexité intéressante avec un fruité légèrement compoté. Ample à l'attaque, il dévoile ensuite une fine acidité, offrant en finale de fraîches notes fruitées. Un vin équilibré et racé. (Sucres résiduels : 5 g/l.) ⚊ 2015-2020 🍴 coquille Saint-Jacques

☛ *Jean-Bernard Humbrecht, 10, pl. de la Mairie,*
68420 Gueberschwihr, tél. 03 89 49 31 42,
vins.bernard.humbrecht@wanadoo.fr
🆅 🏂 👤 *t.l.j. 8h-12h 13h-18h; dim. 10h-12h 14h-17h;*
f. fév.

KIENTZ		
La P'tite Vigne à Émeline 2013		
■ 2 000	📖 🍶	5 à 8 €

Établis à Blienschwiller, petit village viticole au sud de Barr, les Kientz font remonter leur arbre généalogique à 1500. André Kientz, installé en 1985, a été rejoint par sa fille en 2007. La famille conduit son vignoble en lutte raisonnée. Son fleuron : des vignes dans le grand cru Winzenberg.

La petite Émeline qui a baptisé la vigne lors de sa plantation a grandi, et la vigne a vieilli. Né sur un terroir limoneux, le vin apparaît discret et jeune au nez, partagé entre la fleur blanche et le citron. Assez rond au palais, ample mais droit, de bonne persistance, il est bien typé. (Sucres résiduels : 7 g/l.) ⚊ 2015-2019 🍴 cabillaud en papillote

☛ *René Kientz Fils, 51, rte des Vins,*
67650 Blienschwiller, tél. 03 88 92 49 06,
alsacekientz@wanadoo.fr 🆅 🏂 👤 *r.-v.*

KOEHLY Hahnenberg 2013 ★		
■ n.c.	📖	5 à 8 €

Dans les années 1930, la famille Koehly pratiquait la polyculture-élevage et vendait le produit de ses 50 ares de vignes à la coopérative. Jean-Marie Koehly, installé en 1976, a spécialisé la propriété familiale. Aujourd'hui, il exploite avec talent 23 ha de vignes réparties sur sept communes, à cheval sur les deux départements alsaciens.

Déjà apprécié dans le millésime précédent, ce riesling provient d'un coteau situé entre Kintzheim et Châtenois ; les sols sont caillouteux, sur substrat granitique. Les rieslings nés sur granite ont la réputation de s'exprimer rapidement, et c'est bien le cas de ce 2013, au nez d'agrumes bien épanoui. Tout aussi intense, le palais est équilibré, vif et long. (Sucres résiduels : 4 g/l.) 𝕀 2015-2019 ♈ bar au four

o➔ *Jean-Marie Koehly et Fils, 64, rue du Gal-de-Gaulle, 67600 Kintzheim, tél. 03 88 82 09 77, jean-marie.koehly@ wanadoo.fr* 🆅 🅿 🚹 *t.l.j. 8h-12h 13h-18h; f. 24 déc.-5 janv.* 🏠 🅱

♥ LEIPP-LEININGER 2013 ★★★

	4 700	⬤	5 à 8 €

Ce domaine familial est établi à Barr, petit centre viticole proche du mont Sainte-Odile, et a son siège dans une maison vigneronne cossue du XVIIIᵉs. Luc Leininger le conduit depuis 1981 et a engagé en 2010 la conversion bio de ses 10 ha de vignes.

Un terroir argilo-calcaire, une fermentation longue (neuf mois avant mise en bouteilles en juillet 2012), tels sont les secrets de ce riesling qui a fait l'unanimité grâce à son nez d'agrumes franc et racé, prélude à un palais droit, vif, pur et long, aux nuances de citron et de pamplemousse. Une superbe expression du cépage. (Sucres résiduels : 4 g/l.) 𝕀 2015-2019 ♈ langoustines rôties

o➔ *Leipp-Leininger, 11, rue du Dr-Sultzer, 67140 Barr, tél. 03 88 08 95 98, info@leipp-leininger.com* 🆅 🅿 🚹 *t.l.j. 8h-12h 13h15-18h30*

🅱 MADER Muhlforst 2013 ★

	1 100	⬤	11 à 15 €

Installés sur le domaine familial en 1981, Jean-Luc et Anne Mader ont repris l'élaboration des vins à la propriété et la vente directe, qui s'étaient interrompues à la génération précédente. Couvrant 9,6 ha au cœur de la route des Vins, leur vignoble est disséminé sur quatre communes : Ribeauvillé, Hunawihr, Riquewihr et Kientzheim. Après l'arrivée de leur fils Jérôme en 2005, l'exploitation a adopté la démarche bio (certification en 2007).

Issu du Muhlforst, terroir marneux réputé, exposé plein sud et proche du Rosacker, le grand cru de Hunawihr, ce riesling a déjà commencé à s'ouvrir sur de puissantes notes d'agrumes. Il est bien structuré, harmonieux et long. (Sucres résiduels : 4 g/l.) 𝕀 2015-2018 ♈ sushis

o➔ *Dom. Jean-Luc Mader, 13, Grand-Rue, 68150 Hunawihr, tél. 03 89 73 80 32, vins.mader@laposte.net* 🆅 🚹 *r.-v.*

🅱 JEAN-LOUIS ET FABIENNE MANN
Altengarten 2013 ★

	1 620	🍾	15 à 20 €

Fabienne et Jean-Louis Mann ont repris les vignes familiales en 1982 : d'abord coopérateurs, ils se sont mis à leur compte en 1998. Conversion au bio (certification

en 2008), puis en 2009 à la biodynamie, à l'arrivée du fils Sébastien. Aujourd'hui, 12,5 ha, des parcelles disséminées entre Katzenthal et Eguisheim, au nord et au sud de Colmar, avec des vignes dans neuf lieux-dits et deux grands crus. En ligne de mire : l'expression du terroir.

Les Mann proposent plusieurs rieslings issus de terroirs différents. L'Altengarten, lieu de naissance de ce 2013, est situé en contrebas du grand cru Eichberg d'Eguisheim et se caractérise par des sols riches en galets de grès. Déjà bien épanoui au nez, ce vin se partage entre pamplemousse et fleurs blanches. Vif à l'attaque, frais, de bonne longueur, il finit sur une touche d'amertume. Un ensemble typé. (Sucres résiduels : 4 g/l.) 𝕀 2015-2018 ♈ carpaccio de saint-jacques

o➔ *EARL Jean-Louis Mann, 11, rue du Traminer, 68420 Eguisheim, tél. 03 89 24 26 47, mann.jean.louis@wanadoo.fr* 🆅 🅿 🚹 *r.-v.*

DOM. DU MANOIR Clos du Letzenberg 2013 ★

	2 030	🍾	5 à 8 €

En 1979, Jean-Francis Thomann, fils d'un petit viticulteur d'Ingersheim, a repris le Clos du Letzenberg, aménagé en 1852 sur un coteau escarpé dominant la vallée de la Fecht, puis laissé à l'abandon après 1914. Il a fini par lâcher son travail à la banque et a impliqué ses proches dans l'aventure. La famille a restauré les murs de soutènement en pierre sèche, défriché, planté...

Un riesling au nez riche et complexe, mariant les fruits mûrs à des touches miellées et minérales. Suivant la même ligne aromatique au palais, c'est un vin à la fois ample et vif, persistant et harmonieux. Parfait pour les poissons cuisinés. (Sucres résiduels : 2 g/l.) 𝕀 2015-2020 ♈ saumon au four

o➔ *SCEA Dom. du Manoir, 56, rue de la Promenade, 68040 Ingersheim, tél. 03 89 27 23 69, thomann@terre-net.fr* 🆅 🚹 *t.l.j. sf dim. 10h-12h 14h-18h; sur r.-v. aux vendanges* o➔ *Thomann*

MARZOLF 2013

	3 290	🍾	5 à 8 €

Viticulteurs depuis 1730, les Marzolf se sont établis en 1904 à Gueberschwihr, village aussi connu pour son clocher roman en grès rose que pour l'ancienneté de son vignoble. Après Paul et René, Denis, installé en 1985, conduit l'exploitation, qui comprend des parcelles dans le grand cru local, le Goldert.

Né sur un terroir argilo-calcaire, ce riesling est marqué au nez par les agrumes, avec une pointe de minéralité. Vif et frais, il finit sur une petite note amère qui n'altère pas son équilibre. Parfait pour tous les produits de la mer. (Sucres résiduels : 4 g/l.) 𝕀 2015-2018 ♈ assiette d'huîtres

o➔ *EARL Marzolf, 9, rte de Rouffach, 68420 Gueberschwihr, tél. 03 89 49 31 02, vins@marzolf.fr* 🆅 🅿 🚹 *t.l.j. 9h-12h 13h30-18h30*

ARTHUR METZ Vieilles Vignes 2013 ★

	34 000	🍾	8 à 11 €

Une maison de négoce créée en 1904, dans le giron des Grands Chais de France depuis 1991. Elle regroupe trois sites et se fournit auprès de quelque 650 viticulteurs cultivant environ 1 000 ha.

Issu d'une sélection de plus de 4 ares de vieilles vignes, ce riesling séduit par l'élégance de son nez aux nuances de citron confit. Bien structuré, aromatique, équilibré et long, il finit sur une légère et plaisante touche d'amertume. (Sucres résiduels : 6,3 g/l.) ✗ 2015-2018 ✵ buisson de langoustines

☞ *Arthur Metz, 102, rue du Gal-de-Gaulle, 67520 Marlenheim, tél. 06 28 56 00 47, abondon@arthurmetz.fr* 🆅 🔏 🎏 *r.-v.*

DENIS MEYER Allmend Cuvée Brigitte 2009 ★

| ■ | 1 000 | ⅏ | 11 à 15 € |

Depuis 1761, les Meyer se succèdent sur le domaine, établi à Voegtlinshoffen, village perché à flanc de coteau, à 10 km au sud-ouest de Colmar. Après Fernand, qui s'est lancé dans la vente en bouteilles après 1945, Denis installé en 1980, la dernière génération est représentée par deux filles : Patricia, au chai, et Valérie, à la vigne. L'exploitation compte aujourd'hui 9,5 ha

Un 2009, année solaire. Récolte tardive, de nuit. Ce riesling affiche une belle longévité, à laquelle contribue sans doute son terroir argilo-calcaire. La robe jaune doré annonce un nez intense mariant nuances fruitées à des touches minérales et grillées. Au palais, les arômes de fleurs blanches miellées s'harmonisent avec une matière ronde et structurée qui appelle crustacés ou poissons en sauce. (Sucres résiduels : 20 g/l.) ✗ 2015-2019 ✵ langouste rôtie

☞ *Denis Meyer et Filles, 2, rte du Vin, 68420 Voegtlinshoffen, tél. 03 89 49 38 00, vins.denis-meyer@terre-net.fr* 🆅 🔏 🎏 *r.-v.*

FRANÇOIS MEYER Thal Vieilles Vignes 2012 ★★

| ■ | 1 200 | ⅏ | 8 à 11 € |

Depuis le XVIᵉ s., on ne compte plus les générations de Meyer qui se sont succédé dans le village viticole de Blienschwiller, au sud du Bas-Rhin. La famille est attachée aux traditions, notamment aux foudres traditionnels, ce qui n'a pas empêché Pierre-Yves d'aller explorer les vignobles australiens avant de prendre la suite de François en 2002 sur l'exploitation (11,5 ha).

Les Meyer proposent trois rieslings de terroir. Né de vignes de soixante-dix ans plantées sur argiles, celui-ci libère à l'aération des nuances de citron et de pamplemousse rehaussées de touches minérales. Franc à l'attaque, frais et long, il est salué pour son caractère racé et bien typé. (Sucres résiduels : 4 g/l.) ✗ 2015-2018 ✵ poulet aux écrevisses ■ François et Pierre-Yves Meyer Steinacker 2013 ★ (8 à 11 € ; 3 000 b.) : Steinacker, ou « champ de pierres » ; le terroir est ici schisteux, ce qui est rare en Alsace. Le vin offre un nez intense, avec les agrumes et les fleurs blanches. On retrouve la fraîcheur des agrumes dans un palais équilibré et persistant. (Sucres résiduels : 3 g/l.) ✗ 2015-2020

☞ *François Meyer, 9, rue du Winzenberg, 67650 Blienschwiller, tél. 03 88 92 84 01, vins.francois.meyer@free.fr* 🆅 🔏 🎏 *t.l.j. sf dim. 9h-12h 14h-18h* 🏠 🅰

♥ DOM. RENÉ MEYER
Les Terrasses Clos des Escargots 2013 ★★

| ■ | 3 700 | 🍶 | 8 à 11 € |

René Meyer a spécialisé l'exploitation et développé la vente en bouteilles dans les années 1960. Depuis 2000, son fils Jean-Paul conduit le domaine qui couvre 11 ha autour de Katzenthal, petit village au nord-ouest de

Colmar. Il propose de beaux vins de terroir (Croix du Pfoeller, grand cru Florimont).

Riche en calcaire, le Clos des Escargots a engendré un riesling de grande classe. Complexe au nez, partagé entre fruits blancs et agrumes, il révèle toute sa puissance au palais. Remarquable expression du millésime, un vin chaleureux, équilibré et long. (Sucres résiduels : 4 g/l.) ✗ 2015-2018 ✵ plateau de fruits de mer

☞ *EARL René Meyer et Fils, 14, Grand-Rue, 68230 Katzenthal, tél. 03 89 27 04 67, domaine.renemeyer@wanadoo.fr* 🆅 🔏 🎏 *r.-v.*

JOSEPH MOELLINGER & FILS Sélection 2013 ★

| ■ | 7 200 | ⅏ | 5 à 8 € |

Joseph Moellinger s'est lancé dans la mise en bouteilles en 1945. Depuis 1997, son petit-fils Michel conduit l'exploitation, qui couvre 14 ha autour de Wettolsheim, grosse bourgade qui jouxte Colmar au sud-ouest. Il détient des parcelles dans plusieurs grands crus.

Issu d'une sélection de terroirs de graves, ce riesling offre un nez très expressif, mêlant les agrumes et des notes grillées. Il est bien typé par sa bouche fraîche et sa longue finale nerveuse. (Sucres résiduels : 5,8 g/l.) ✗ 2015-2018 ✵ sole grillée

☞ *Joseph Moellinger et Fils, 6, rue de la 5ᵉ-Division-Blindée, 68920 Wettolsheim, tél. 03 89 80 62 02, vins.moellinger@sfr.fr* 🆅 🔏 🎏 *t.l.j. 8h-12h 13h30-19h; dim. sur r.-v.*

♥ MOLTÈS Terre d'Apollon 2013 ★★★

| ■ | 7 000 | 🍶 | 8 à 11 € |

Un domaine de 16 ha implanté à une dizaine de kilomètres au sud de Colmar. Antoine Moltès commercialise les premiers vins en 1925, Roland explore les terroirs. Installés au tournant de ce siècle, Stéphane et Mickaël ont aménagé un nouveau chai, se sont orientés graduellement vers le bio, engageant la conversion du vignoble en 2012. Ils ont déjà récolté nombre d'étoiles dans le Guide.

« Terre d'Apollon » : ce riesling né sur argilo-calcaire porte bien son nom, car il offre une expression superbe. La robe jaune doré annonce un nez intense et complexe aux nuances de citron confit et de fruits exotiques. Le palais ample et gras dévoile une grande matière, tonifiée par une fine acidité minérale qui étire la finale. Pour une table de fête. (Sucres résiduels : 6 g/l.) ✗ 2015-2020 ✵ poularde aux morilles

☞ *Dom. Moltès, 8, rue du Fossé, 68250 Pfaffenheim, tél. 03 89 49 60 85, domaine@vin-moltes.com* 🆅 🎏 *r.-v.*

ANDRÉ REGIN Cuvée Thomas 2013 ★★

| ■ | 3 500 | 🍶 | 5 à 8 € |

À la tête du domaine familial depuis 1988, André Regin exploite un peu plus de 9 ha autour de Wolxheim. Ce village proche de Strasbourg est célèbre de longue date pour son riesling.

Malgré une origine argilo-calcaire, ce 2013 est déjà très ouvert, libérant des fragrances de fleurs blanches et de citron confit. Vif à l'attaque, frais et persistant avec un joli retour sur les agrumes, c'est un vin typé, fait pour la table. (Sucres résiduels : 2,5 g/l.) ✗ 2015-2019 ✗ tartare de saumon

☛ *EARL Dom. André Regin, 4, rue de la Forge, 67120 Wolxheim, tél. 03 88 38 17 02, andre.regin@wanadoo.fr* 🆅 🎿 🍴 *r.-v.*

Ⓑ ÉRIC ROMINGER Steinstuck 2013 ★

	1 500		🍾		11 à 15 €

Situé dans la Vallée Noble, au sud de Colmar, le domaine a été créé en 1970 par le père d'Éric Rominger. Ce dernier en a pris les rênes en 1986 et s'est rapidement distingué dans le Guide. Aujourd'hui, 13 ha exploités en biodynamie, dont plus du tiers en grand cru (Saering et surtout Zinnkoepflé, majestueux coteau plein sud culminant à plus de 400 m).

Né sur le Steinstuck, évocateur d'un terroir calcaire, un riesling bio vinifié sans soufre jusqu'à la mise en bouteilles. Après aération, il exprime des senteurs intenses de pamplemousse et une minéralité affirmée. Tout aussi minéral en bouche, ample et long, il ne demande qu'à s'épanouir avec le temps. Un héritage d'Éric Rominger, qui avait obtenu la grappe de bronze du Guide pour son riesling grand cru Zinnkoepflé 1996. Il vient hélas de disparaître prématurément à la fin de l'année 2014. (Sucres résiduels : 2,2 g/l.) ✗ 2016-2020 ✗ pavé de sandre au beurre blanc

☛ *Dom. Éric Rominger, 16, rue Saint-Blaise, 68250 Westhalten, tél. 03 89 47 68 60, vins-rominger.eric@orange.fr* 🆅 🎿 🍴 *t.l.j. 9h-11h30 14h-18h; dim. sur r.-v.*

ROBERT ROTH Lieu-dit Mittelbourg 2012 ★★

	6 554		🍾 🍷		8 à 11 €

Une lignée d'agriculteurs viticulteurs éleveurs, établie à Soultz-Haut-Rhin, à l'extrémité sud de l'Alsace. Vers 1950, Victor Roth développe la vente des vins ; Robert agrandit le domaine, qu'il transmet à Christophe et Patrick en 1986 ; Victor, l'arrière-petit-fils, termine aujourd'hui sa formation d'œnologue. Abrité par le Grand Ballon d'Alsace, le vignoble couvre 12,5 ha.

Ces vignerons choient particulièrement leurs vins de terroir, comme ce riesling né d'un lieu-dit de Soultz aux sols calcaro-gréseux. Le nez complexe mêle les fruits blancs, les agrumes et les fleurs. Le palais conjugue gras, vivacité et finesse. Les produits de la mer cuisinés seront à la fête. (Sucres résiduels : 5,8 g/l.) ✗ 2015-2019 ✗ noix de Saint-Jacques au beurre

☛ *Dom. Robert Roth, 384, rte de Jungholtz, 68360 Soultz-Haut-Rhin, tél. 03 89 76 80 45, domaine-robertroth@orange.fr* 🆅 🎿 🍴 *t.l.j. sf dim. 8h-12h 14h-19h*

RUHLMANN
Vieilles Vignes Coteau du Blettig 2013 ★

	6 960		🍾		5 à 8 €

Créée en 1688, cette maison à pignon sur rue dans la cité pittoresque de Dambach-la-Ville, entre Barr et Sélestat.

Elle associe une activité de négoce à l'exploitation d'un important domaine (36 ha).

Provenant de vignes de quarante ans plantées sur argilo-calcaires, cette cuvée affiche un nez intense d'agrumes relevés d'épices. Fruitée, équilibrée, bien structurée et persistante, elle s'associera à de nombreux mets régionaux et produits de la mer. (Sucres résiduels : 12 g/l.) ✗ 2015-2018 ✗ poulet au riesling

☛ *Ruhlmann, 34, rue du Mal-Foch, 67650 Dambach-la-Ville, tél. 03 88 92 41 86, vins@ruhlmann-schutz.fr* 🆅 🎿 🍴 *t.l.j. sf dim. 9h-12h 14h-19h* 🏠 ❷

GILBERT RUHLMANN FILS Scherwiller 2013 ★

	7 000		🍾		5 à 8 €

Fondée en 1958 par Gilbert Ruhlmann et exploitée aujourd'hui par la deuxième génération – Guy et Pascal Ruhlmann –, l'exploitation s'étend sur 14 ha autour de Scherwiller, pittoresque village traversé par un ruisseau, près de Sélestat. Elle a son siège dans un corps de ferme du XVIIIᵉs.

Proche de Sélestat, au sud du Bas-Rhin, le village de Scherwiller est réputé de longue date pour son riesling, promu par la confrérie des Rieslingers. Depuis 2011, il bénéficie d'une dénomination communale pour les vins de ce cépage, cultivés à plus petits rendements que les simples alsaces. Celui-ci, conforme à son origine graveleuse, présente un nez très expressif associant les fleurs blanches et des notes mentholées. De belle tenue en bouche, il est frais et bien équilibré. (Sucres résiduels : 5 g/l.) ✗ 2015-2019 ✗ feuilleté de saint-jacques

☛ *Gilbert Ruhlmann Fils, 31, rue de l'Ortenbourg, rte des Vins, 67750 Scherwiller, tél. 03 88 92 03 21, vin.ruhlmann@terre-net.fr* 🆅 🎿 🍴 *t.l.j. 8h30-11h30 13h30-18h30*

Ⓑ DOM. ROLAND SCHMITT Thalberg 2013 ★★

	2 400		🍾		8 à 11 €

Roland Schmitt a œuvré pour promouvoir l'Altenberg de Bergbieten, grand cru proche de Strasbourg. Son épouse Anne-Marie, puis ses fils Julien (arrivé au domaine en 1999 et chef d'exploitation depuis 2014) et Bruno (2002) ont poursuivi son œuvre et réalisé la conversion bio des 10 ha du vignoble.

Originaire du Thalberg, lieu-dit marno-calcaire, ce riesling, déjà distingué dans les deux millésimes précédents, fait particulièrement bonne impression cette année. Le nez se montre très expressif, floral, mentholé et minéral. Les agrumes s'ajoutent à cette palette dans un palais vif à l'attaque, ample, construit sur une fine acidité qui souligne la finale. Du caractère. (Sucres résiduels : 4,4 g/l.) ✗ 2015-2020 ✗ dos de cabillaud à l'unilatérale

☛ *Dom. Roland Schmitt, 35, rue des Vosges, 67310 Bergbieten, tél. 03 88 38 20 72, cave@roland-schmitt.fr* 🆅 🎿 🍴 *t.l.j. sf dim. 9h-12h 14h-18h* 🏠 Ⓖ

SCHOENHEITZ Herrenreben 2013 ★★

	1 700		🍾		11 à 15 €

Wihr-au-Val est le dernier village viticole quand on remonte la vallée de Munster. Ses coteaux, exposés plein sud, avaient périclité après 1945. Dans les années 1970, Henri Schoenheitz a commencé à les replanter.

Prénommé également Henri, son fils continue son œuvre. Il a vendu ses premières bouteilles en 1980 et met en valeur aujourd'hui un coquet domaine de près de 16 ha.

Henri Schoenheitz propose trois rieslings de terroir. « Herrenreben » ? Les « vignes des seigneurs ». Les nobles en question étaient les seigneurs de Ribeaupierre. Ce vin bien doré provient de ceps de quarante ans plantés en altitude sur des granites à deux micas. Conforme à cette origine granitique, il affiche un nez très expressif, précis et élégant, mariant le citron mûr et les fruits exotiques (ananas). On retrouve cette gamme complexe dans un palais vif à l'attaque, tendu et long. (Sucres résiduels : 3 g/l.) ✗ 2015-2025 ♈ fricassée de poulet aux girolles

☛ *Henri Schoenheitz, 1, rue de Walbach, 68230 Wihr-au-Val, tél. 03 89 71 03 96, cave@vins-schoenheitz.fr* 🆅 🔥 🏠 *r.-v.*

JEAN-VICTOR SCHUTZ Prestige Granit S 2013 ★

■	6 930	🍾	5 à 8 €

Les Schutz sont alliés aux Ruhlmann, établis depuis le XVIIᵉs. à Dambach-la-Ville, importante et pittoresque cité viticole. Créée en 1997, cette maison de négoce mise sur la grande distribution et sur l'export. Elle a son siège à Dambach-la-Ville et dispose de 33 ha de vignes.

Reflétant son origine granitique, ce riesling présente un nez intense, partagé entre les agrumes et la violette. Vif à l'attaque, ample et persistant, c'est un vin gourmand et harmonieux. (Sucres résiduels : 5 g/l.) ✗ 2015-2019 ♈ papillote de lotte à la citronnelle

☛ *Jean-Victor Schutz, 34, rue du Mal-Foch, 67650 Dambach-la-Ville, tél. 03 88 92 41 86, vins@ruhlmann-schutz.fr* 🏠 *r.-v.* 🏠 ❷

Ⓑ WYMANN Vieilles Vignes 2013 ★

■	1 500	🍾	8 à 11 €

Le grand-père de Jean-Luc Schaerlinger a misé sur la viticulture après la Seconde Guerre mondiale. Il a d'abord vendu son raisin, puis son vin en vrac avant de se lancer dans les années 1960 dans la mise en bouteilles. Installé en 1996, l'actuel vigneron cultive 6,5 ha de vignes autour de Ribeauvillé.

Né de vignes de quarante ans, ce riesling a été vinifié sans soufre, excepté à la mise en bouteilles. D'origine argilo-calcaire, il délivre à l'aération des arômes de fruits surmûris évoquant la mangue et l'ananas. Ample au palais, il montre une légère rondeur qui s'intégrera avec le temps. (Sucres résiduels : 3,5 g/l.) ✗ 2015-2020 ♈ filet de turbot sauce à la pêche

☛ *Xavier Wymann, 41, rue de la Fraternité, 68150 Ribeauvillé, tél. 03 89 73 66 83, vins.wymann@yahoo.fr* 🆅 🔥 🏠 *r.-v.*

FERNAND ZIEGLER
Muhlforst Vieilles Vignes 2013 ★

■	3 300		8 à 11 €

Installée à Hunawihr, village emblématique de l'Alsace avec son église fortifiée, la famille cultive la vigne depuis 1634. C'est avec Fernand Ziegler, en 1961, qu'elle s'est lancée dans la vente en bouteilles. Daniel, qui a pris le relais en 1983, exploite plus de 7 ha.

Le Muhlforst est un lieu-dit proche du grand cru Rosacker. « Un riesling bien mûr », conclut un dégustateur. Le vigneron a donc atteint son principal objectif qui est « d'obtenir une maturité optimale ». En 2013, il a dû attendre le 13 octobre... De moindre garde, ce millésime n'est pourtant pas si éloigné de ses devanciers mieux notés (comme en 2008, élu coup de cœur). Malgré son origine marno-calcaire, il est déjà expressif au nez, mêlant les agrumes, la pierre à fusil et une touche fumée. En bouche, il est franc, équilibré et persistant. (Sucres résiduels : 3,6 g/l.) ✗ 2016-2018 ♈ sole grillée

☛ *EARL Fernand Ziegler et Fils, 7, rue des Vosges, 68150 Hunawihr, tél. 03 89 73 64 42, fernand.ziegler@wanadoo.fr* 🆅 🔥 🏠 *r.-v.* 🏠 Ⓑ

ALSACE SYLVANER

Superficie : 1 376 ha / Production : 108 268 hl

Les origines du sylvaner sont très incertaines, mais son aire de prédilection a toujours été limitée au vignoble allemand et à celui du Bas-Rhin en France. C'est un cépage extrêmement intéressant grâce à son rendement et à sa régularité de production. Son vin est d'une grande fraîcheur, assez acide, doté d'un fruité discret. On trouve en réalité deux types de sylvaner sur le marché. Le premier, de loin supérieur, provient de terroirs bien exposés et peu enclins à la surproduction. Le second est un vin sans prétention, agréable et frais.

Ⓑ DOM. BERNHARD & REIBEL 2013 ★

■	3 000	◑	5 à 8 €

Un domaine de 23 ha implanté à Châtenois, bourg fortifié proche de Sélestat et du Haut-Kœnigsbourg. Créé par Cécile Reibel et Robert Bernhard en 1984, il est conduit depuis 2001 par leur fils Pierre. Ce dernier s'est orienté vers le bio (certification en 2007) et a fait aménager à la périphérie de la ville une cuverie moderne, tout en conservant des foudres de chêne.

Ce vin séduit par l'élégance de son nez de fruits blancs rehaussés de touches de giroflée et de poivre. Sa franchise et sa fraîcheur tonique en font un représentant très typé du cépage. ✗ 2016-2018 ♈ rillettes de saumon

☛ *Dom. Bernhard & Reibel, 20, rue de Lorraine, 67730 Châtenois, tél. 03 88 82 04 21, bernhard-reibel@ wanadoo.fr* 🆅 🔥 *t.l.j. 8h-12h 13h30-17h30 ; sam. dim. sur r.-v.*

PAUL KUBLER Z La Petite Tête au soleil 2013

■	2 600	🍾 ◑	15 à 20 €

Installé à Soultzmatt, à 20 km au sud de Colmar, Philippe Kubler perpétue l'œuvre d'une lignée vigneronne remontant à 1620. Ses 9 ha de vignes s'étagent sur les coteaux pentus qui dominent le village, notamment sur le Zinnkoepflé, qui bénéficie d'un microclimat très sec, abrité par le Grand et le Petit Ballon des Vosges.

En Alsace, une initiale sur une étiquette suggère souvent un grand cru, qui ne peut s'afficher sur l'étiquette que si le vin provient de « cépages nobles » – ce qui n'est pas le cas, en général, ici. « Z » pour le haut coteau du Zinnkoepflé (littéralement « la Petite Tête au soleil »). Un sylvaner « sudiste » au nez discret de fruits jaunes, légèrement réglissé. L'attaque est franche, la bouche complexe, fraîche et longue. ✗ 2016-2019 ♈ salade de cervelas

○¬ *Dom. Paul Kubler, 103, rue de la Vallée,*
68570 Soultzmatt, tél. 03 89 47 00 75, contact@
paulkubler.com 🅥 🏃 📶 *t.l.j. sf mer. dim. 9h30-12h 14h-19h*

SEPPI LANDMANN Cuvée Z 2013 ★		
2 000	◫	20 à 30 €

Figure du vignoble alsacien, Seppi Landmann a quitté la coopérative en 1982 et agrandi son domaine (23 ha aujourd'hui). Il s'est fait un nom en mettant en valeur ses terroirs de la Vallée Noble et du Zinnkoepflé. En 2011, il a passé le relais à Thomas et Paul Rieflé, vignerons à Pfaffenheim, qui ont engagé la conversion bio du vignoble. Ce spécialiste des liquoreux reste présent en tant que consultant pour les cuvées signées de son nom.

Une cuvée issue de ceps de sylvaner âgés de soixante-dix-huit ans ! Elle porte l'initiale du... Zinnkoepflé, son lieu de naissance, car le cépage sylvaner n'a pas été jugé assez noble pour pouvoir revendiquer le statut de grand cru (à une exception près). Pourtant, ce 2013 au nez discret, délicatement floral et réglissé, convainc par son ampleur, sa structure, son harmonie et son potentiel : il gagnera à attendre un peu. Un « vin de terroir », conclut un dégustateur. ✗ 2017 2020 ♈ quiche au saumon et aux légumes

○¬ *Seppi Landmann, 7, rue du Drotfeld,*
68250 Pfaffenheim, tél. 03 89 47 09 33,
contact@seppi-landmann.fr 🅥 🏃 📶 *t.l.j. sf dim. 9h-12h 14h-18h* 🏠 🅱

ⒷDOM. J.-L. SCHWARTZ Vieilles Vignes 2013		
1 900	î	5 à 8 €

Créé en 1960, ce domaine installé à Ittersviller, petit village bas-rhinois très fleuri, est conduit par Jean-Luc Schwartz depuis 1982. Ses 8,5 ha de vignes sont disséminés dans neuf communes, sur des terroirs très variés. L'exploitation a obtenu sa certification bio en 2013.

Le nom de la cuvée n'est pas usurpé : les vignes à l'origine de ce vin ont plus d'un demi-siècle. Si le nez de pêche blanche, légèrement grillé, apparaît discret, la palais s'affirme par sa structure solide, sa franchise, sa fraîcheur et son intensité. Il devrait s'affiner et s'épanouir avec une petite garde. ✗ 2016-2019 ♈ merlan frit

○¬ *Dom. J.-L. Schwartz, 75, rte des Vins,*
67140 Ittersviller, tél. 03 88 85 51 59,
jean-luc@domaine-schwartz.com 🅥 🏃 📶 *t.l.j. 9h30-19h; dim. 9h30-13h* 🏠 🅓

ⒷDOM. FERNAND SELTZ Les Coteaux 2013		
1 600	◫	5 à 8 €

Michel Seltz est établi à Mittelbergheim, village aussi connu pour ses maisons vigneronnes d'époque Renaissance que pour son coteau du Zotzenberg, classé en grand cru. Sur ce terroir de choix, il cultive plusieurs cépages. Le domaine est exploité en bio certifié depuis 2010.

Il ne provient pas du grand cru local (qui admet le sylvaner), mais d'un terroir lui aussi de nature argilo-calcaire. La pâleur de sa robe, la discrétion de son nez – quelques effluves de fleurs blanches – annoncent sa jeunesse. Sa bonne attaque, sa solide structure, sa fine acidité inspirent confiance : ce sylvaner de coteau n'a pas encore exprimé toutes ses qualités. ✗ 2016-2020 ♈ choucroute de poisson

○¬ *EARL Fernand Seltz et Fils, 42, rue Principale,*
67140 Mittelbergheim, tél. 03 88 08 93 92, seltz.michel@
wanadoo.fr 🅥 🏃 📶 *r.-v.*

DOM. BRUNO SORG Vieilles Vignes 2013 ★		
2 000	î	5 à 8 €

Constitué en 1965 à partir des apports familiaux de Bruno Sorg et de son épouse, le domaine, conduit aujourd'hui par François, comporte deux pôles : à Ingersheim, à l'ouest de Colmar, et à Eguisheim, au sud, où se trouvent les bâtiments de vinification et le caveau de dégustation. Il dispose de parcelles dans trois grands crus.

Jaune pâle à reflets verts, ce sylvaner s'ouvre sur de discrètes notes de fleur de sureau, de fruits blancs et de grillé. Une petite rondeur à l'attaque ne perturbe nullement l'équilibre de ce vin franc et bien structuré, à la finale fraîche et longue, qui devrait évoluer avec bonheur. ✗ 2018-2020 ♈ plateau de fruits de mer

○¬ *Dom. Bruno Sorg, 8, rue Mgr Stumpf,*
68420 Eguisheim, tél. 03 89 41 80 85, bruno.sorg@
wanadoo.fr 🅥 🏃 📶 *t.l.j. sf dim. 8h-12h 14h-18h*

ALSACE GRAND CRU

Superficie : 850 ha / Production : 43 278 hl

Dans le but de promouvoir les meilleures situations du vignoble, un décret de 1975 a institué l'appellation « alsace grand cru », liée à un certain nombre de contraintes plus rigoureuses en matière de rendement et de teneur en sucre. Une appellation réservée au gewurztraminer, au pinot gris, au riesling et au muscat, jusqu'au décret de mars 2005 qui autorise l'introduction du sylvaner, en assemblage avec le gewurztraminer, le pinot gris et le riesling dans le grand cru Altenberg-de-Bergheim, et en remplacement du muscat dans le grand cru Zotzenberg. Les terroirs, délimités, produisent le nec plus ultra des vins d'Alsace. En 1983, un décret a défini un premier groupe de 25 lieux-dits admis dans cette appellation. Il a été complété par trois décrets en 1992, 2001 et 2007. Avec le Kaefferkopf, reconnu en 2007, le vignoble d'Alsace compte 51 grands crus, répartis sur 47 communes. Leurs surfaces sont comprises entre 3 ha et 80 ha, et leur terroir présente une certaine homogénéité géologique.

ANDRÉ ACKERMANN Altenberg de Bergheim 2013 ★		
3 300	î	11 à 15 €

André Ackermann a créé en 1980 son exploitation à Rorschwihr, village voisin de Bergheim au sud du Haut-Kœnigsbourg. Son vignoble couvre 6,5 ha.

L'Altenberg de Bergheim est l'un des deux grands crus alsaciens à proposer des vins d'assemblage. Ici, pas d'assemblage de cuves : les cépages sont en complantation. Le riesling représente une grosse moitié, complété par le pinot gris et le gewurztraminer. Il en résulte un nez expressif et frais, floral et fruité, où se mêlent le zeste de citron, les fruits jaunes et l'ananas. Gras et fraîcheur se complètent harmonieusement : après une attaque franche sur les agrumes et les fruits exotiques, des impressions plus chaleureuses et suaves se font jour. Un vin racé marqué par le riesling. À servir dès maintenant si on aime

les vins fruités et acidulés, et à attendre pour bénéficier de l'expression du terroir. (Sucres résiduels : 9 g/l.)
✗ 2016-2023 ❦ dorade au four

☛ *EARL André Ackermann, 25, rte du Vin, 68590 Rorschwihr, tél. 03 89 73 63 87, andre.ackermann@routeduvin.fr* Ⓥ 🍷 🚶 *t.l.j. 8h-12h 14h-18h; sam. dim. sur r.-v.* 🏠 ❷ 🏠 Ⓒ

Ⓑ JEAN-BAPTISTE ADAM
Wineck-Schlossberg Riesling 2012

	2 500		🍶		15 à 20 €

Sise à Ammerschwihr, important village viticole au nord-ouest de Colmar, cette maison a fêté son quatre centième anniversaire en 2014. Ses caves du XVIIᵉ s. abritent d'anciens foudres de chêne encore en usage. Elle associe une structure de négoce et un domaine exploité en biodynamie (label Demeter).
À cheval sur Ammerchwihr et Katzenthal, le Wineck-Schlossberg est un grand cru granitique propice au riesling. Ici, un 2012 au nez délicat, encore sur les agrumes, avec une touche fumée. Suave à l'attaque, il est vif, droit et bien typé. (Sucres résiduels : 6 g/l.) ✗ 2016-2018 ❦ terrine de lotte

☛ *Jean-Baptiste Adam, 5, rue de l'Aigle, 68770 Ammerschwihr, tél. 03 89 78 23 21, jbadam@jb-adam.fr* Ⓥ 🍷 🚶 *t.l.j. 8h30-12h 14h-18h; f. dim. de janv. à Pâques*

DOM. PIERRE ADAM
Kaefferkopf Gewurztraminer 2013 ★★

	5 000		🍶		11 à 15 €

Une exploitation fondée en 1950 par Pierre Adam à Ammerschwihr, important bourg viticole au nord-ouest de Colmar. Elle est notablement agrandie : Rémy Adam, à la tête de la propriété depuis 1993, dispose de 15 ha de vignes, avec des parcelles dans deux grands crus : le Kaefferkopf d'Ammerschwihr, et le Schlossberg, situé dans le village voisin de Kienztheim.
Issu de la partie argilo-calcaire du grand cru, ce gewurztraminer livre à l'aération des parfums de fruits jaunes confits évoquant la surmaturation, rehaussés de touches épicées bien typées. Dans la continuité du nez, la bouche affiche ampleur, rondeur et longueur. L'équilibre penche sans doute vers la douceur, mais l'ensemble est gourmand et harmonieux. Une belle concentration et déjà, du plaisir. (Sucres résiduels : 30 g/l.) ✗ 2016-2023 ❦ foie gras poêlé aux mirabelles

☛ *Dom. Pierre Adam, 8, rue du Lt-Louis-Mourier, 68770 Ammerschwihr, tél. 03 89 78 23 07, info@domaine-adam.com* Ⓥ 🍷 🚶 *t.l.j. 8h-12h 13h-19h* 🏠 ❹ 🏠 Ⓒ

BAUMANN ZIRGEL
Schlossberg Riesling Cuvée Amélie 2013 ★

	1 500		🍶		15 à 20 €

Benjamin et Valérie Zirgel ont repris l'exploitation familiale en 2008 et engagé la conversion bio du vignoble, qui se déploie sur les coteaux environnant le village de Mittelwihr, au cœur de la route des Vins. Le domaine, d'une superficie de 10 ha, comprend des parcelles dans quatre grands crus.
Sur le terroir pentu du Schlossberg, aménagé en terrasses, le vignoble part à l'assaut du château de Kaysersberg.

Benjamen Zirgel exploite 23 ares de riesling sur ce coteau granitique exposé plein sud. Il en a tiré cette cuvée intense et bien typée, mêlant au nez le sureau, le pamplemousse et le citron à des notes plus mûres de pêche jaune. Franc à l'attaque, le palais apparaît à la fois gras, puissant, ample, croquant et long, soutenu par une acidité bien fondue. (Sucres résiduels : 6,4 g/l.) ✗ 2016-2023 ❦ poularde à la crème et aux morilles

☛ *Baumann Zirgel, 5, rue du Vignoble, 68630 Mittelwihr, tél. 03 89 47 90 40, baumann-zirgel@wanadoo.fr* Ⓥ 🍷 🚶 *t.l.j. sf dim. 9h-12h 13h30-18h30* 🏠 Ⓑ

HUBERT BECK Frankstein Pinot gris 2013

	6 300		🍾		11 à 15 €

Faisant remonter son arbre généalogique à 1596, la famille Beck est aussi ancienne que les maisons à pignons de la vieille cité fortifiée de Dambach-la-Ville où elle est établie. Exerçant une double activité de production et de négoce, elle s'appuie sur un vignoble en propre de 35 ha, avec des parcelles dans le grand cru local, le Frankstein.
Issu d'un terroir granitique, ce pinot gris moelleux est déjà bien ouvert sur les fruits mûrs, voire confits. D'une belle fraîcheur à l'attaque, ample et harmonieux, avec des sucres bien intégrés, il finit sur une note fumée. (Sucres résiduels : 23 g/l.) ✗ 2016-2019 ❦ filet mignon aux mirabelles

☛ *Hubert Beck, 34, rue du Mal-Foch, 67650 Dambach-la-Ville, tél. 03 88 92 45 90, alsace.beck@free.fr* 🚶 *t.l.j. sf dim. 9h-12h 14h-19h*
☛ *Ruhlmann*

Ⓑ BECKER Froehn Pinot gris 2013 ★

	2 754				20 à 30 €

Établie à Zellenberg près de Riquewihr, une maison dont les origines remontent à 1610, aujourd'hui gérée par deux frères, Jean-Philippe et Jean-François Becker. Ces vignerons-négociants disposent en propre de 18 ha (dont environ 4 ha en grands crus), auxquels s'ajoutent 4 ha cultivés par des viticulteurs bio des environs. Domaine en bio certifié depuis 2001.
Issu du coteau argilo-calcaire dominé par le village de Zellenberg, ce pinot gris à la robe jaune doré présente un nez intense, mêlant les fruits et les épices douces. Marqué en bouche par une note de sous-bois, il séduit par sa bonne structure : de la richesse et de la puissance sans excès de sucre, une belle acidité. (Sucres résiduels : 13,5 g/l.) ✗ 2016-2019 ❦ filet mignon aux mirabelles

☛ *SA Jean Becker, 4, rte d'Ostheim, 68340 Zellenberg, tél. 03 89 47 90 16, vinsbecker@aol.com* Ⓥ 🍷 🚶 *r.-v.* 🏠 Ⓓ

DOM. JEAN-MARC BERNHARD
Wineck-Schlossberg Riesling 2013 ★

	3 800		🍶		11 à 15 €

Fondé en 1802, le domaine avait développé une activité de négoce à partir de 1850. En 1982, Jean-Marc Bernhard a préféré redevenir vigneron. Avec près de 11 ha répartis sur cinq communes, la famille dispose d'une belle palette de terroirs et détient des parcelles dans six grands crus. Aux commandes depuis 2000, Frédéric, œnologue, a converti le vignoble au bio.

Bien né sur le grand cru de Katzenthal, aux sols granitiques, ce riesling est souvent décrit dans ces pages. Le 2013 apparaît très jeune ; discret au nez, il laisse entrevoir une complexité naissante. Il inspire confiance par son attaque harmonieuse et par son palais vif, équilibré et long. (Sucres résiduels : 3 g/l.) ✗ 2016-2020 ♈ huîtres ■ Mambourg Gewurztraminer 2013 (11 à 15 € ; 4 000 b.) : vin cité. ✗ 2015-2018

☛ *Dom. Jean-Marc Bernhard, 21, Grand-Rue, 68230 Katzenthal, tél. 03 89 27 05 34, vins@ jeanmarcbernhard.fr* Ⓥ 🅚 🆙 *r.-v.* 🏠 Ⓑ

Vin. Les Blanck cultivent la vigne depuis 1675, et Michel et Charles, fils d'André, perpétuent ce savoir-faire sur les 14 ha de l'exploitation.

Les Blanck détiennent une belle parcelle de 2 ha dans le Schlossberg, impressionnant coteau exposé plein sud, entre Kientzheim et Kaysersberg, dont les sols d'arènes granitiques favorisent le riesling. Ils en tirent un bon parti, et ce coup de cœur n'est pas le premier. « Un régal ! », s'exclament les dégustateurs, qui louent la complexité et la délicatesse du nez, entre fleurs blanches et agrumes. Quant au palais, corsé et gras, dans la continuité de l'olfaction, il brille par son élégance, soutenu par une acidité droite. Déjà superbe et plein d'avenir. (Sucres résiduels : 5 g/l.) ✗ 2016-2025 ♈ plateau de fruits de mer

☛ *André Blanck et Fils, Ancienne Cour des Chevaliers de Malte, 68240 Kientzheim, tél. 03 89 78 24 72, charles.blanck@ free.fr* Ⓥ 🅚 🆙 *t.l.j. sf dim. 8h-12h 13h-18h* 🏠 Ⓑ

Ⓑ BIECHER & SCHAAL
Altenberg de Bergheim 2013 ★★

■	3 000	📷	20 à 30 €

Une maison créée en 2011 par Olivier Biecher et Julien Schaal. Le premier, négociant, a voulu faire revivre la cave familiale à Saint-Hippolyte, remontant au XVIIᵉs., le second vinifie depuis 1999. Les vins, élaborés à partir d'achats de raisins, sont surtout des grands crus.

Le grand cru Altenberg de Bergheim est l'un des deux grands crus dont le cahier des charges autorise les assemblages. Ici, le mariage du gewurztraminer et du riesling a apporté une belle complexité au vin. Le nez est tout en fruits frais : fruits jaunes, mangue, zeste d'agrumes, poire ; on y décèle aussi une touche florale. Dans le même registre, le palais, gras à souhait, est porté par une acidité dynamique qui donne beaucoup d'allonge à la finale. (Sucres résiduels : 24 g/l.) ✗ 2016-2023 ♈ salade de mangue ■ Kastelberg Riesling 2013 (15 à 20 € ; 2 600 b.) : vin cité. ✗ 2016-2018

☛ *Biecher & Schaal, 1, rte de Rodern, 68590 Saint-Hippolyte, tél. 03 89 73 00 14, julien@biecher-schaal.com*

DOM. PAUL BLANCK
Schlossberg Riesling 2011 ★★

■	9 000	📷	15 à 20 €

Un aïeul originaire d'Autriche acquit les premières vignes en 1610. Paul Blanck en 1929, puis ses fils Bernard et Marcel ont œuvré à la reconnaissance des grands crus, en particulier du Schlossberg. À la tête de l'exploitation depuis 1985, les cousins Frédéric et Philippe exploitent 36 ha, avec des parcelles dans cinq grands crus.

La famille Blanck choie le grand cru de son village de Kientzheim, dont elle détient une parcelle importante (3,5 ha). Sur ce coteau granitique, le riesling est prépondérant. Ici, un 2011, entre fleurs blanches, agrumes et note pétrolée caractéristique du cépage. Franc à l'attaque, gras, frais, minéral et persistant, un vin bien né, qui atteint son apogée. (Sucres résiduels : 10 g/l.) ✗ 2016-2019 ♈ coquilles Saint-Jacques à la vapeur

☛ *Dom. Paul Blanck, 32, Grand-Rue, 68240 Kientzheim, tél. 03 89 78 23 56, info@blanck.com* Ⓥ 🅚 🆙 *t.l.j. sf dim. 10h-12h 13h30-18h; f. nov-mars*

♥ ANDRÉ BLANCK ET SES FILS
Schlossberg Riesling 2013 ★★★

■	5 000		8 à 11 €

Établie dans le centre historique de Kientzheim, cette propriété a son siège dans l'ancienne cour des chevaliers de Malte, voisine du château Schwendi et du musée du

JEAN BOESCH ET PETIT-FILS
Zinnkoepflé Gewurztraminer 2013 ★

■	699	📷	8 à 11 €

L'enfant accompagnait ses grands-parents aux vignes : ainsi naît une vocation. C'est à Soultzmatt, village situé au pied du grand cru Zinnkoepflé, au sud du vignoble, que Jean Boesch, de vieille souche vigneronne, crée le domaine en 1962. Son petit-fils Denis en a pris les rênes en 2002 ; le vignoble couvre aujourd'hui 9 ha.

Sur les pentes raides du Zinnkoepflé, on vendange ici à l'ancienne, la hotte sur le dos. Tâche pénible, mais vue imprenable. Il en résulte un joli moelleux, dont la robe jaune d'or annonce les notes de surmaturation du nez : des fruits jaunes confits et du miel, relevés d'épices. Tout aussi expressif en bouche, ample, gras et bien équilibré, ce gewurztraminer offre une longue finale poivrée. « Un réel caractère de terroir », conclut un dégustateur. (Sucres résiduels : 44 g/l.) ✗ 2016-2023 ♈ curry de poulet à la mangue

☛ *EARL Jean Boesch et Petit-Fils, 1, rue Wagenbourg, 68570 Soultzmatt, tél. 03 89 47 00 87, jean.boesch@wanadoo.fr* Ⓥ 🅚 🆙 *t.l.j. 8h-11h30 13h30-19h; dim. sur r.-v.* 🏠 Ⓑ

Ⓑ PAUL BUECHER Hengst Gewurztraminer 2013

■	3 000	📷	15 à 20 €

D'origine suisse, la famille Buecher s'est établie près de Colmar après la guerre de Trente Ans. Après Paul Buecher, qui a vendu en 1959 les premiers vins en bouteilles, se sont succédé Henri, Jean-Marc, puis Jérôme, à la tête du domaine depuis 2004. L'exploitation, agrandie à chaque génération, est passée de 5 à 30 ha, s'est étendue dans les grands crus et convertie au bio.

Situé au sud de Wintzenheim, le coteau pentu du Hengst, exposé au sud- sud-est, est réputé donner naissance à des vins puissants. Celui-ci doit être aéré pour libérer une palette variée marquée par la surmaturation, qui fait défiler le coing, le zeste d'agrumes, les fruits jaunes cuits,

LES CINQUANTE ET UN GRANDS CRUS ALSACIENS

Grands crus	Communes	Surface délimitée (ha)
Altenberg-de-bergbieten	Bergbieten (67)	30
Altenberg-de-bergheim	Bergheim (68)	35
Altenberg-de-wolxheim	Wolxheim (67)	31
Brand	Turckheim (68)	58
Bruderthal	Molsheim (67)	18
Eichberg	Eguisheim (68)	57
Engelberg	Dahlenheim, Scharrachbergheim (67)	14
Florimont	Ingersheim, Katzenthal (68)	21
Frankstein	Dambach-la-Ville (67)	56
Froehn	Zellenberg (68)	14
Furstentum	Kientzheim, Sigolsheim (68)	30
Geisberg	Ribeauvillé (68)	8
Gloeckelberg	Rodern, Saint-Hippolyte (68)	23
Goldert	Gueberschwihr (68)	45
Hatschbourg	Hattstatt, Voegtlinshoffen (68)	47
Hengst	Wintzenheim (68)	76
Kaefferkopf	Ammerschwihr (68)	71
Kanzlerberg	Bergheim (68)	3
Kastelberg	Andlau (67)	6
Kessler	Guebwiller (68)	28
Kirchberg-de-barr	Barr (67)	40
Kirchberg-de-ribeauvillé	Ribeauvillé (68)	11
Kitterlé	Guebwiller (68)	25
Mambourg	Sigolsheim (68)	62
Mandelberg	Mittelwihr, Beblenheim (68)	22
Marckrain	Bennwihr, Sigolsheim (68)	53
Moenchberg	Andlau, Eichhoffen (67)	12
Muenchberg	Nothalten (67)	18
Ollwiller	Wuenheim (68)	36
Osterberg	Ribeauvillé (68)	24
Pfersigberg	Eguisheim, Wettolsheim (68)	74
Pfingstberg	Orschwihr (68)	28
Praelatenberg	Kintzheim (67)	18
Rangen	Thann, Vieux-Thann (68)	19
Rosacker	Hunawihr (68)	26
Saering	Guebwiller (68)	27
Schlossberg	Kientzheim (68)	80
Schoenenbourg	Riquewihr, Zellenberg (68)	53
Sommerberg	Niedermorschwihr, Katzenthal (68)	28
Sonnenglanz	Beblenheim (68)	33
Spiegel	Bergholtz, Guebwiller (68)	18
Sporen	Riquewihr (68)	23
Steinert	Pfaffenheim, Westhalten (68)	38
Steingrubler	Wettolsheim (68)	23
Steinklotz	Marlenheim (67)	40
Vorbourg	Rouffach, Westhalten (68)	72
Wiebelsberg	Andlau (67)	12
Wineck-schlossberg	Katzenthal, Ammerschwihr (68)	27
Winzenberg	Blienschwiller (67)	19
Zinnkoepflé	Soultzmatt, Westhalten (68)	68
Zotzenberg	Mittelbergheim (67)	36

Exposition	Sols	Cépages de prédilection
S.-E.	Marnes dolomitiques du keuper	Riesling, gewurztraminer
S.	Sols marno-calcaires caillouteux d'origine jurassique	Gewurztraminer
S.-S.-O.	Terroir du lias, marno-calcaires riches en cailloutis	Riesling
S.	Granite	Riesling, gewurztraminer
S.-E.	Marno-calcaires caillouteux du muschelkalk	Riesling, gewurztraminer
S.-E.	Marnes mêlées de cailloutis calcaires ou siliceux	Gewurztraminer puis riesling, pinot gris
S.	Calcaires du muschelkalk	Gewurztraminer
S. et E.	Marno-calcaires recouverts d'éboulis calcaires du bathonien et du bajocien	Gewurztraminer puis riesling
S.-F.	Arènes granitiques	Riesling
S.	Marnes schisteuses	Gewurztraminer
S.	Sols bruns calcaires caillouteux	Gewurztraminer puis riesling
S.	Marnes dolomitiques du muschelkalk	Riesling
S.-E.	Sols bruns à dominante sableuse de grès vosgien	Gewurztraminer, pinot gris
E.	Marnes riches en cailloutis calcaires	Gewurztraminer
S.-E.	Marnes	Gewurztraminer, pinot gris, muscat
S.-E.	Marno-calcaires oligocènes	Gewurztraminer, pinot gris
E. et S.-E.	Sols bruns d'origine granitique, calcaire ou gréseuse	Gewurztraminer, assemblages
S. et S.-O.	Marno-calcaires	Riesling, gewurztraminer
S.	Schistes caillouteux	Riesling
S.-E.	Sable de grès rose et matrice argileuse	Gewurztraminer
S.	Calcaires du jurassique moyen	Gewurztraminer, riesling, pinot gris
S.-S.-O.	Marnes dolomitiques	Riesling
S.-O.	Grès	Riesling
S.	Marno-calcaires	Gewurztraminer
S.-S.-E.	Marno-calcaires oligocènes	Riesling, gewurztraminer
F.	Marno-calcaires	Gewurztraminer
S.	Sols limono-sableux du quaternaire	Riesling
S.	Terroirs sablonneux du permien	Riesling
S.-S.-E.	Marnes caillouteuses	Riesling
E.-S.-E.	Sols triasiques assez marneux	Gewurztraminer puis riesling
S.-E.	Sols caillouteux calcaires de l'oligocène	Gewurztraminer puis riesling
S.-E.	Grès et calcaires du buntsandstein et du muschelkalk	Riesling
F.-S.-E.	Sables gneissiques	Riesling
S.	Sols volcaniques	Pinot gris, riesling
E.-S.-E.	Marnes et calcaires du muschelkalk	Riesling
S.-E.	Sols marno-sableux avec cailloutis	Riesling
S.	Arènes granitiques	Riesling
S. et S.-E.	Marnes du keuper recouvertes de calcaires coquilliers	Riesling
S.	Arènes granitiques	Riesling
S.-E.	Conglomérats et marnes de l'oligocène	Gewurztraminer, pinot gris
E.	Marnes de l'oligocène et sables gréseux du trias	Gewurztraminer
S.-E.	Sols marneux du lias	Gewurztraminer
E.	Cailloutis calcaires oolithiques	Gewurztraminer, pinot gris
S.	Marnes oligocènes	Gewurztraminer, riesling, pinot gris
S.	Marnes recouvertes d'éboulis calcaires du muschelkalk	Riesling, gewurztraminer
S.-S.-E.	Marno-calcaires	Gewurztraminer, puis riesling, pinot gris
S.	Sables gréseux triasiques	Riesling
S. et S.-E.	Granite	Riesling
S.-S.-E.	Arènes granitiques	Riesling
S.	Terroir calcaro-gréseux	Gewurztraminer
S.	Calcaires jurassiques et conglomérats marno-calcaires de l'oligocène	Riesling, sylvaner

avec des nuances d'ananas et de fruit de la Passion et quelques pincées de clou de girofle. En bouche, il se montre chaleureux et solaire à souhait, avant de finir sur une petite touche d'amertume. (Sucres résiduels : 35 g/l.) ✗ 2016-2020 ❦ canard laqué

☛ *Paul Buecher, 15, rue Sainte-Gertrude, 68920 Wettolsheim, tél. 03 89 80 64 73, vins@ paul-buecher.com* Ⓥ 🏃 ⬆ *t.l.j. sf dim. 8h-12h 13h-18h*

BURGHART-SPETTEL Mandelberg Riesling 2013 ★

■ 3 100	⬛	8 à 11 €

Le domaine est implanté entre Colmar et Riquewihr, dans le village viticole de Mittelwihr connu pour sa colline des Amandiers. Héritier d'une tradition remontant au XIXᵉ s., Bertrand Spettel, rejoint par Jérôme en 2009, exploite près de 14 ha de vignes répartis sur sept communes, avec des parcelles dans trois grands crus.

Une robe jaune pâle aux reflets verts ; un nez encore discret mais engageant, alliant l'acacia et le pamplemousse, avec une touche de safran ; une bouche vive à l'attaque, laissant une impression de fraîcheur malgré une douceur marquée : le portrait d'un vin jeune, distingué pour sa bonne matière et pour son potentiel. Idéal avec des plats en sauce, même relevés. (Sucres résiduels : 16 g/l.) ✗ 2016-2023 ❦ lotte safranée à la crème

☛ *Burghart-Spettel, 9, rte du Vin, 68630 Mittelwihr, tél. 03 89 47 93 19, burghart-spettel@wanadoo.fr* Ⓥ 🏃 ⬆ *t.l.j. sf dim. 10h-18h* 🏠 Ⓒ

DOM. ERNEST BURN
Goldert Clos Saint-Imer Muscat La Chapelle 2013 ★

■ 5 000	🍾⬛	15 à 20 €

De vieille souche vigneronne, Ernest Burn s'est attelé à partir de 1934 à la reconstitution, parcelle après parcelle, du vénérable Clos Saint-Imer, ancienne propriété des évêques de Bâle située en haut du grand cru Goldert. Aujourd'hui, ses fils, Francis et Joseph, exploitent 10 ha (dont 5 ha pour le seul Clos Saint-Imer).

Un des rares muscats grand cru de la sélection. Il ne fait pas oublier le 2009 vinifié en vendanges tardives du même clos, mais plaît par son nez tout en fraîcheur, muscaté à souhait, et par son palais à la fois ample et tonique, au fruité délicat caractéristique du cépage. Un vin d'apéritif. (Sucres résiduels : 12 g/l.) ✗ 2016-2018 ❦ salade d'asperges vertes et crevettes

☛ *Dom. Ernest Burn, 8, rue Basse, 68420 Gueberschwihr, tél. 03 89 49 20 68, contact@domaine-burn.fr* Ⓥ 🏃 ⬆ *t.l.j. sf dim. 8h30-11h45 14h-18h30*

AGATHE BURSIN Zinnkoepflé Gewurztraminer 2013

■ 2 000	🍾	15 à 20 €

Œnologue, Agathe Bursin a réalisé son rêve : reprendre les vinifications sur le domaine familial, qui apportait ses raisins à la coopérative depuis la mort de son arrière-grand-père. Installée en 2001, elle exploite avec passion et méticulosité le petit vignoble qu'elle agrandit peu à peu (5,6 ha). Elle propose des vins de terroir, issus notamment du grand cru Zinnkoepflé.

Une teinte pâle, or clair, mais de belles larmes. Le nez discret mêle l'écorce d'orange, le clou de girofle et une note grillée. Le palais tout en rondeur, bien équilibré, offre

une finale épicée. Un joli moelleux qui gagnera en fondu avec un peu de garde. (Sucres résiduels : 36 g/l.) ✗ 2016-2020 ❦ salade de fruits exotiques

☛ *Agathe Bursin, 11, rue de Soultzmatt, 68250 Westhalten, tél. 03 89 47 04 15, agathe.bursin@wanadoo.fr* Ⓥ 🏃 ⬆ *r.-v.*

♥ DOPFF AU MOULIN
Brand Gewurztraminer 2012 ★★★

■ 7 500	🍾	15 à 20 €

Célèbre maison de négoce sise à Riquewihr. Les Dopff ont associé leur nom aux métiers du vin à partir de 1574 et se sont établis dans la cité au XVIIᵉ s. Après quatre générations de maîtres tonneliers, Jean Dopff s'installe comme courtier en vins. La société détient en propre l'un des plus vastes domaines de la région : 63 ha (dont 12 ha en grand cru).

Après un riesling du Schoenenbourg de Riquewihr, un gewurztraminer grand cru également plébiscité. Récolté le 17 octobre, il provient du Brand, coteau escarpé aux sols granitiques dominant la ville de Turckheim. Le jaune d'or éclatant de la robe, les larmes sur les parois du verre annoncent un nez riche et expressif, qui marie les senteurs variétales de litchi et d'épices à des notes de surmaturation évoquant les fruits jaunes bien mûrs. La bouche, à l'unisson, se montre souple, puissante, généreuse et opulente, sans la moindre lourdeur : les sucres sont bien intégrés et une belle acidité souligne la longue finale. De la structure et de la finesse. Apéritif, plats relevés, dessert, les accords seront nombreux. (Sucres résiduels : 28 g/l.) ✗ 2015-2025 ❦ foie gras aux épices

☛ *Dopff au Moulin, 2, av. Jacques-Preiss, 68340 Riquewihr, tél. 03 89 49 09 69, domaines@ dopff-au-moulin.fr* Ⓥ 🏃 ⬆ *t.l.j. 8h-12h 14h-18h*

JEAN-PAUL ECKLÉ
Wineck-Schlossberg Riesling 2013 ★★

■ 3 500	⬛	8 à 11 €

Établi près de Colmar, dans le village de Katzenthal blotti dans un vallon et dominé par le donjon du Wineck, Emmanuel Ecklé exploite depuis 1996 les 9,5 ha du domaine familial. Une valeur sûre, notamment pour ses rieslings du Wineck-Schlossberg et du lieu-dit Hinterburg.

Dans un millésime difficile, notamment pour le riesling, souvent arrivé tardivement à maturité (ici, vendangé à la mi-octobre), ce vigneron a tiré le meilleur parti de son grand cru aux sols granitiques. Le nez, bien ouvert, associe les fleurs blanches, le citron et le pamplemousse à des notes plus mûres (fruits jaunes, mangue, coing et miel). Cette richesse aromatique se retrouve dans un palais complexe, gras, intense et frais, à la longue finale minérale. (Sucres résiduels : 7 g/l.) ✗ 2016-2020 ❦ filet de sandre sabayon au riesling

☛ *Jean-Paul Ecklé et Fils, 29, Grand-Rue, 68230 Katzenthal, tél. 03 89 27 09 41, eckle.jean-paul@ wanadoo.fr* Ⓥ 🏃 ⬆ *t.l.j. sf dim. 9h-12h 13h30-18h* 🏠 Ⓑ

B DOM. FERNAND ENGEL
Gloeckelberg Pinot gris 2013 ★

▪	3 600	🛈	15 à 20 €

Fernand Engel, le fondateur ; son fils Bernard, l'exploitant ; Xavier Baril, le gendre et l'œnologue, Amélie, sa fille, et aussi les petits-enfants : quatre générations se côtoient sur ce domaine très régulier en qualité, situé au pied du Haut-Kœnigsbourg. Entre Kintzheim et Bergheim, pas moins de 63 ha répartis sur 150 parcelles, en bio certifié (biodynamie) depuis 2003.

Le Gloeckelberg, coteau aux sols sablonneux sur schistes, s'étend entre Rodern et Saint-Hippolyte. Son pinot gris est l'une des grandes réussites du domaine. Après un 2012 élu coup de cœur, le 2013 ne démérite pas. Ce moelleux libère à l'aération des notes de pêche et d'abricot mâtinées d'une touche fumée. Dans le même registre aromatique, la bouche, ample et ronde, équilibrée par une franche acidité, dévoile une belle matière, qui gagnera en fondu avec un peu de garde. (Sucres résiduels : 54 g/l.) **✗** 2017-2021 **Υ** ris de veau forestière en feuilleté

o– *Dom. Fernand Engel, 1, rte du Vin, 68590 Rorschwihr, tél. 03 89 73 77 27, f-engel@wanadoo.fr* 🆅 🅰 🆄 *t.l.j. sf dim. 8h-11h30 13h-18h*

RENÉ FLECK
Zinnkoepflé Gewurztraminer 2013

▪	2 200		11 à 15 €

En 1995, après un long stage aux États-Unis, Nathalie, la plus jeune des filles de René Fleck, reprend l'exploitation familiale. Elle vinifie tandis que son mari, Stéphane Steinmetz, travaille à la vigne. Situé à Soultzmatt, au pied du grand cru Zinnkoepflé, le domaine compte 8 ha, dont 4 ha en grands crus.

Or clair, discrètement fruité, ce gewurztraminer est pour l'heure peu expansif, mais son attaque fraîche, sa bouche ample, intense, puissante et persistante inspire confiance. Une petite garde lui permettra de s'épanouir. (Sucres résiduels : 51 g/l.) **✗** 2016-2020 **Υ** canapés de foie gras

o– *Dom. René Fleck et Fille, 27, rue d'Orschwihr, 68570 Soultzmatt, tél. 03 89 47 01 20, renefleck@voila.fr* 🆅 🅰 🆄 *t.l.j. 8h30-11h45 13h30-18h30; dim. sur r.-v.* 🏠 ⑧

MICHEL FONNÉ
Marckrain Gewurztraminer 2013 ★★

▪	2 500	🛈	15 à 20 €

Œnologue confirmé, Michel Fonné s'installe en 1989 sur les vignes de son oncle, René Barth, auxquelles il adjoint plus tard celles de son père. Son domaine s'étend à présent sur 13 ha entre Riquewihr et Colmar, avec des parcelles dans des grands crus comme le Marckrain.

Au sud de Bennwihr, sur le coteau du Marckrain, le gewurztraminer prend ses couleurs au soleil du levant et s'enracine sur un sol marno-calcaire qu'il apprécie particulièrement. Or intense, celui-ci charme par la richesse et la complexité de son nez où la rose, le litchi et les épices se teintent de nuances de surmaturation évoquant les fruits jaunes confits. En bouche, le litchi persiste et signe, escorté de la mangue et de la pêche. Le palais est ample, riche, concentré et long, vivifié par une acidité fine et bien présente. Un gewurztraminer qui trouvera des accords de l'apéritif au dessert. (Sucres résiduels : 25 g/l.) **✗** 2016-2025 **Υ** munster

o– *Dom. Michel Fonné, 24, rue du Gal-de-Gaulle, 68630 Bennwihr, tél. 03 89 47 92 69, michel@michelfonne.com* 🆅 🅰 🆄 *t.l.j. 9h-12h 13h-19h; dim. sur r.-v.*

B PAUL GASCHY
Pfersigberg Gewurztraminer 2012 ★

▪	1 975	🛈	11 à 15 €

Les premières bouteilles ont été commercialisées en 1964 sous le nom de Paul Gaschy. Bernard a spécialisé l'exploitation en 1974 ; Hervé, aux commandes depuis 2001, a construit une nouvelle cuverie et engagé la conversion bio de son vignoble (certification en 2012). Il conduit près de 9 ha au sud-ouest de Colmar, et détient des parcelles dans trois grands crus.

Ce gewurztraminer moelleux, né sur un terroir argilo-calcaire, délivre à l'aération des notes bien typées : rose, litchi, fruits jaunes et poivre, nuancés d'une touche de genièvre. Sa structure ronde, onctueuse, suave sans lourdeur, est en harmonie avec des arômes de pêche, de miel et de tilleul, et la finale montre une bonne persistance. (Sucres résiduels : 61 g/l.) **✗** 2016-2020 **Υ** poulet au citron confit

o– *Paul Gaschy, 16, Grand-Rue, 68420 Eguisheim, tél. 03 89 41 67 34, info@vins-paul gaschy.fr* 🆅 🅰 🆄 *r.-v.* 🏠 ⑧

♥ DOM. ARMAND GILG
Zotzenberg Sylvaner 2013 ★ ⅄

▪	5 900	🛈	11 à 15 €

Famille d'origine autrichienne établie à Mittelbergheim depuis 1601 ; encore plus anciennes (XVIᵉs.) sont les caves abritant de vieux foudres sculptés. Un domaine régulier en qualité de 28,5 ha, dont plus de 5 ha dans les grands crus Zotzenberg et Mœnchberg.

Le Zotzenberg est le seul grand cru où le sylvaner ait droit de cité et ce vin, aux antipodes du petit vin de comptoir, fait comprendre la raison de cette promotion. Le jury loue la robe paille étincelante de ce 2013, son nez intense, aux accents de surmaturation, mêlant les fruits jaunes et une touche fumée. Franc à l'attaque, soyeux et complexe, le palais est soutenu par une fine acidité qui étire la finale et se porte garant de l'avenir de cette bouteille : un sylvaner de garde ! (Sucres résiduels : 11 g/l.) **✗** 2015-2022 **Υ** sole meunière

o– *Dom. Armand Gilg, 2, rue Rotland, 67140 Mittelbergheim, tél. 03 88 08 92 76, info@domaine-gilg.com* 🆅 🆄 *t.l.j. 8h-12h 13h30-18h; dim. 9h-11h30*

PAUL GINGLINGER
Pfersigberg Riesling 2013 ★★

▪	2 400	⑪	15 à 20 €

Domaine fondé en 1610 à 5 km au sud de Colmar, dans la cité médiévale d'Eguisheim. Michel Ginglinger, fils de Paul, en a pris la tête en 2000 après avoir exercé ses talents, comme maître de chai, en Bourgogne, en Afrique du Sud au Chili et au Chili. Il exploite 12 ha (avec des parcelles dans deux grands crus) et a engagé la conversion bio de son vignoble.

Récolté à la mi-octobre, ce riesling affiche un nez intense associant les senteurs fraîches typées du cépage à des notes de surmaturation évoquant les fruits jaunes et le coing. Le prélude à un palais puissant et bien sec, porté par une franche acidité : la matière d'un vrai grand cru, pour une bonne table. (Sucres résiduels : 5 g/l.) ✗ 2016-2023 ♈ pavé de bar jus de coquillage ■ Pfersigberg Gewurztraminer 2013 ★ (15 à 20 € ; 2 500 b.) : un gewurztraminer moelleux alliant ampleur et finesse, expressif au nez comme en bouche, de bonne longueur, où l'on trouvera les arômes de rose et de litchi typiques du cépage et des notes de fruits jaunes confits. (Sucres résiduels : 40 g/l.) ✗ 2016-2020

o— *Paul Ginglinger, 8, pl. Charles-de-Gaulle, 68420 Eguisheim, tél. 03 89 41 44 25, info@ paul-ginglinger.fr* 🆅 🉐 🛗 *t.l.j. 8h-12h 13h30-18h*

PIERRE-HENRI GINGLINGER
Eichberg Riesling 2013

| ■ | 1 600 | 🉐 | 15 à 20 € |

Établi dans la vieille cité d'Eguisheim, au sud de Colmar, ce domaine familial dont les origines remontent à 1610 a son siège dans une maison de 1684. Mathieu Ginglinger a succédé en 2003 à son père Pierre-Henri et a engagé la conversion bio de l'exploitation. Après avoir acquis des vignes à l'extrême sud de la route des Vins, il dispose aujourd'hui de 15 ha (avec des parcelles dans trois grands crus).

Un riesling au nez élégant et bien typé, floral et citronné. Bien construite sinon très puissante, la bouche, elle aussi, penche vers les agrumes. Une cuvée équilibrée et racée. (Sucres résiduels : 6,9 g/l.) ✗ 2016-2020 ♈ sole grillée

o— *Dom. Pierre-Henri Ginglinger, 33, Grand-Rue, 68420 Eguisheim, tél. 03 89 41 32 55, contact@vins-ginglinger.fr* 🆅 🉐 🛗 *t.l.j. 9h-12h 13h30-18h30; en janv. sur r.-v.* 📱 ❷ 🏠 Ⓑ

GINGLINGER-FIX
Hatschbourg Gewurztraminer 2013 ★

| ■ | 3 200 | 🉐 | 11 à 15 € |

La tradition vigneronne remonte à 1610 dans cette famille établie à Voegtlinshoffen, village veillé par les Trois Châteaux, au sud de Colmar. Aujourd'hui, André Ginglinger (le père), Éliane (la fille, œnologue) et Hubert (le fils, ingénieur viticole) conduisent 7,5 ha de vignes selon une démarche bio, sans certification.

Ce moelleux montre une fois de plus les aptitudes du Hatschbourg, dont les sols marno-calcaires conviennent au gewurztraminer, ainsi que le savoir-faire de la vigneronne. La vinification en cuve a privilégié le fruité, et le nez riche et expansif s'ouvre sur le litchi et les fruits jaunes compotés, rehaussés de touches poivrées et légèrement torréfiées. Au palais, ce vin suit la même ligne aromatique, conjuguant richesse, ampleur et concentration avec une réelle élégance, grâce à une belle arête acide. La finale persistante est finement poivrée. Apéritif, foie gras ou dessert ? (Sucres résiduels : 29 g/l.) ✗ 2015-2020 ♈ foie gras au chutney de mangue

o— *Ginglinger-Fix, 38, rue Roger-Frémeaux, 68420 Voegtlinshoffen, tél. 03 89 49 30 75, info@ ginglinger-fix.fr* 🆅 🉐 🛗 *t.l.j. 9h-18h*

DOM. MAURICE GRISS
Kaefferkopf Gewurztraminer 2013 ★

| ■ | 2 500 | 🉐 | 11 à 15 € |

En 2004, Josiane Griss, jusqu'alors responsable administrative et financière, décide de reprendre la propriété familiale : 8,5 ha autour d'Ammerschwihr, au nord-ouest de Colmar, avec une parcelle dans le grand cru Kaefferkopf. Elle espère que sa fille Marion suivra ses traces.

Une parcelle de 60 ares de gewurztraminer plantée sur sols argilo-calcaires et vendangée le 18 octobre est à l'origine de ce moelleux, qui s'ouvre à l'aération sur les fruits jaunes compotés, la rose et le litchi. La mirabelle s'ajoute en bouche à cette riche palette ; l'attaque est souple, le palais ample, gras, concentré et long, bien équilibré entre le sucre et l'acidité. De l'apéritif au dessert, les possibilités d'accord seront nombreuses. (Sucres résiduels : 28 g/l.) ✗ 2016-2023 ♈ canard aux pêches

o— *Dom. Maurice Griss, 1, rte du Vin, 68770 Ammerschwihr, tél. 03 89 47 14 53, griss@free.fr* 🆅 🉐 🛗 *t.l.j. 8h-12h 13h30-19h* 🏠 Ⓐ

DOM. GROSS Goldert Gewurztraminer 2012

| ■ | 2 600 | ⦿ | 15 à 20 € |

La famille Gross est établie à Gueberschwihr, village vigneron cossu au beau clocher roman, situé au sud de Colmar. Louis Gross fonde le domaine en 1958, son fils Henri l'exploite et le transmet en 1980 à Rémy, rejoint par son fils Vincent. Ces derniers tirent le meilleur du grand cru local et convertissent leur vignoble (8,5 ha aujourd'hui) à la biodynamie.

La famille obtient de jolis gewurztraminers sur le grand cru marno-calcaire du Goldert. Celui-ci intéresse par ses parfums de litchi, de fruits jaunes, de gingembre et de poivre. Après une attaque fraîche, la bouche se fait ronde, ample et suave. On y retrouve les fruits exotiques et les épices. Ce moelleux devrait évoluer dans le bon sens au cours des prochaines années. (Sucres résiduels : 63 g/l.) ✗ 2016-2021 ♈ munster

o— *Rémy et Vincent Gross, 11, rue du Nord, 68420 Gueberschwihr, tél. 03 89 49 24 49, vins.gross@wanadoo.fr* 🆅 🉐 🛗 *r.-v.* 🏠 Ⓔ

♥ HENRI GSELL Eichberg Pinot gris 2013 ★★

| ■ | 1 700 | ⦿ | 11 à 15 € |

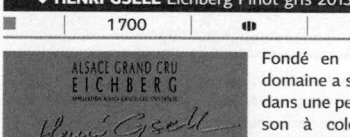

Fondé en 1800, le domaine a son siège dans une petite maison à colombages sise dans l'une des rues circulaires qui font le charme de la cité d'Eguisheim, au sud de Colmar. Installé en 1984, Henri Gsell bichonne un vignoble peu étendu, mais bien situé : 5 ha, dont 2 implantés dans les deux grands crus du village. En bio certifié depuis 2014.

Issu du terroir marno-calcaire de l'Eichberg, un pinot gris vinifié dans la cave étroite du domaine, qui s'adosse aux remparts : les murs ont plus d'un mètre d'épaisseur. Son nez intense retient l'attention : du sous-bois, du grillé et des notes de mangue et d'abricot évoquant la surmaturation. C'est en bouche qu'il révèle sa splendeur : on découvre alors un vin ample, tonique, minéral et persistant. De la structure et de l'élégance. (Sucres résiduels : 39 g/l.) ✗ 2016-2022 ❦ tarte aux abricots

Henri Gsell, 22, rue du Rempart-Sud, 68420 Eguisheim, tél. 03 89 41 96 40, gsell.henri@ orange.fr 🆅 🅰 🅵 t.l.j. 10h-12h 14h-18h30

JEAN-MARIE HAAG
Zinnkoepflé Pinot gris Cuvée Théo 2013 ★★

■	1 600	🍶	11 à 15 €

À l'origine, un lopin entretenu le dimanche par le grand-père de Jean-Marie Haag, ouvrier des mines de potasse. Aujourd'hui, une propriété de 6 ha au cœur de la Vallée Noble, à 20 km au sud de Colmar. De beaux vins de terroir, notamment les gewurztraminers nés sur le grand cru Zinnkoepflé, majestueux coteaux abrités par le Grand et le Petit Ballon.

Cette année, le gewurztraminer, plusieurs fois couronné, s'efface devant le pinot gris qui frôle le coup de cœur. Déjà bien ouvert au nez, ce moelleux associe des parfums de fruits exotiques et des notes fumées. Souple à l'attaque, il s'impose par sa structure, dont l'ampleur n'a d'égale que la persistance. (Sucres résiduels : 32 g/l.) ✗ 2016-2020 ❦ poularde aux morilles ■ Zinkoepflé Gewurztraminer Cuvée Marie 2013 ★★ (15 à 20 € ; 1 200 b.) : cette cuvée est remarquable dans ce millésime. Robe or clair, nez délicat de quetsche et d'ananas rehaussé de gingembre ; bouche ample, harmonieuse et longue, aux arômes de fruits bien mûrs. (Sucres résiduels : 62 g/l.) ✗ 2016-2020

Jean-Marie Haag, 17, rue des Chèvres, 68570 Soultzmatt, tél. 03 89 47 02 38, jean-marie.haag@wanadoo.fr 🆅 🅰 🅵 r.-v.

BERNARD HAEGELIN Pfingstberg Muscat 2011 ★

■	891	🍶	11 à 15 €

Bernard Haegelin a commencé la mise en bouteilles en 1976. À partir de 1992, il a passé le relais à ses fils Christian et Michel. Ces derniers exploitent 10 ha au sud de la route des Vins, notamment sur la colline sèche du Bollenberg et les pentes du Pfingsberg. Après des essais, ils ont adopté la démarche biodynamique.

Avec 2 % des surfaces cultivées, le muscat n'est pas le cépage le plus cultivé d'Alsace, surtout en grand cru. En voici une petite cuvée de belle tenue et très équilibrée, un moelleux né sur le coteau escarpé du Pfingstberg, aux sols gréseux, qui domine Orschwihr. Délicat et typé au nez, intensément aromatique en bouche, ce 2011 est ample et rond à l'attaque, puissant, frais et long. Les sucres résiduels sont perceptibles mais bien intégrés. À ouvrir à l'apéritif. (Sucres résiduels : 22 g/l.) ✗ 2015-2020 ❦ petits flans d'asperges vertes

SCEA Bernard Haegelin, 26, rue de l'Église, 68500 Orschwihr, tél. 03 89 76 14 62, bernard.haegelin@ wanadoo.fr 🆅 🅰 🅵 t.l.j. 8h-19h; sam. 9h-18h; dim. sur r.-v.

ANDRÉ HARTMANN Hatschbourg Gewurztraminer Armoirie Hartmann 2013 ★★★

■	2 700		11 à 15 €

La famille Hartmann est établie depuis 1640 au village de Voegtlinshoffen, « Balcon de l'Alsace » perché sur un coteau, à quelque 10 km au sud de Colmar. Son domaine de 9 ha comprend plusieurs parcelles dans le grand cru Hatschbourg.

Proposé pour un coup de cœur, ce moelleux doré à l'or fin montre le potentiel du Hatschbourg, terroir marno-calcaire dont les Hartmann tirent régulièrement de beaux vins, gewurztraminer en tête. Les dégustateurs sont charmés par son nez intense et fin sur les fruits jaunes compotés ou confits (pêche, abricot, mirabelle) relevés des épices caractéristiques du cépage. Le litchi complète cette palette dans une bouche ample, riche, suave et persistante, équilibrée par une belle fraîcheur. À savourer de l'apéritif au dessert. (Sucres résiduels : 30 g/l.) ✗ 2015-2020 ❦ crème brûlée au foie gras

André Hartmann, 11, rue Roger-Frémeaux, 68420 Voegtlinshoffen, tél. 03 89 49 38 34, andre.hartmann@free.fr 🆅 🅰 🅵 t.l.j. sf dim. 9h-12h 14h-18h 🏠 🅱

HARTWEG Sonnenglanz Gewurztraminer 2012 ★

■	3 000	🍾	11 à 15 €

Fondée au nord de Colmar en 1930, cette exploitation est conduite par Jean-Paul Hartweg et son fils Frank. Le tandem exploite autour du joli village de Beblenheim un vignoble de 9,5 ha dont les fleurons sont en grand cru (Sonnenglanz, Mandelberg).

D'un jaune intense, ce vin développe à l'aération des fragrances typées : sureau, rose ancienne, litchi, agrumes, puis fruits surmûris et miel. Dès l'attaque miellée, le palais affiche une rondeur flatteuse tout en restant bien équilibré. La longue finale épicée est très agréable. Un moelleux à la fois gourmand et droit. (Sucres résiduels : 50 g/l.) ✗ 2016-2020 ❦ tarte à la rhubarbe meringuée

Jean-Paul et Frank Hartweg, 39, rue Jean-Macé, 68980 Beblenheim, tél. 03 89 47 94 79, frank.hartweg@ free.fr 🆅 🅰 🅵 t.l.j. sf dim. 8h30-11h30 14h-17h30; sam. sur r.-v. 🏠 🅱

🅱 CHRISTIAN ET VÉRONIQUE HEBINGER
Pfersigberg Gewurztraminer 2012 ★

■	2 700	🍶	11 à 15 €

Le domaine s'est spécialisé après 1945. Aujourd'hui, Christian et Véronique Hebinger, établis à Eguisheim depuis 1985 et rejoints par Denis, cultivent leurs 11 ha autour de la petite cité médiévale et vers Wintzenheim. Leurs fleurons : des parcelles en grand cru (Hengst, Eichberg, Pfersigberg) en biodynamie (certification bio en 2009).

Originaire d'un grand cru argilo-calcaire d'Eguisheim, ce gewurztraminer moelleux a été récolté fin octobre. Encore sur sa réserve, il libère à l'aération des notes de fruits jaunes bien mûrs et de miel rehaussés d'épices (cannelle). Douce à l'attaque, suave, ample, équilibrée et longue, la bouche reflète le cépage par son côté aromatique et épicé. « Une matière digne d'un grand cru. » (Sucres résiduels : 55 g/l.) ✗ 2015-2020 ❦ moelleux aux fruits exotiques

Christian et Véronique Hebinger, 14, Grand-Rue, 68420 Eguisheim, tél. 03 89 41 19 90, hebinger.christian@ wanadoo.fr 🆅 🅵 t.l.j. sf dim. 8h-12h 13h-18h

🅱 DOM. LÉON HEITZMANN
Kaefferkopf Riesling 2013

■	1 600	🍶	11 à 15 €

Six générations se sont succédé sur ce domaine dont le siège est proche de la célèbre tour des Fripons, à Ammerschwihr. Conduit en bio depuis 2006 et en biodynamie depuis 2008, le vignoble couvre 12 ha répartis sur cinq communes, avec des parcelles dans deux grands crus voisins : le Kaefferkopf et le Schlossberg.

Né sur le secteur granitique du grand cru, ce riesling s'ouvre sur les fleurs blanches puis sur les agrumes, rehaussés par une note de fruits exotiques. Vif en attaque, il dévoile une matière fraîche et fine en bouche. Une puissance mesurée, mais un ensemble harmonieux. (Sucres résiduels : 10 g/l.) **✗** 2016-2020 **♈** huîtres gratinées

o╌ *Dom. Léon Heitzmann, 2, Grand-Rue, 68770 Ammerschwihr, tél. 03 89 47 10 64, leon.heitzmann@wanadoo.fr* **V ⚐ ♦** *t.l.j. sf dim. 8h-12h 13h30-18h*

Ⓑ **BRUNO HERTZ** Rangen Riesling 2012		
■	1 300	⬤	15 à 20 €

La famille Hertz cultive la vigne depuis le XVIIIes., vit du vin depuis le début du XXes. et a pignon sur rue dans le centre historique de la cité médiévale d'Eguisheim, au sud de Colmar. Installé en 1979, Bruno Hertz, œnologue, exploite 6 ha, dont plusieurs parcelles en grand cru (Pfersigberg, Rangen).

En 1979, Bruno Hertz a acquis 1,15 ha dans le Rangen de Thann, à l'extrémité méridionale du vignoble alsacien : ce terroir bien exposé, aux sols chauds et volcaniques, était alors délaissé en raison de ses pentes abruptes. Il n'était pas encore classé... Une parcelle de 41 ares plantée en riesling est à l'origine de ce vin d'un or intense, au nez entre minéralité et agrumes. La bouche ample poursuit la richesse, équilibrée par une finale fraîche aux nuances d'ananas, de pamplemousse et de mandarine. (Sucres résiduels : 7,4 g/l.) **✗** 2016-2018 **♈** homard grillé

o╌ *SCEA Bruno Hertz, 9, pl. de l'Église, 68420 Eguisheim, tél. 03 89 41 81 61, lesvinshertz@sfr.fr* **V ⚐ ♦** *t.l.j. sf lun. 16h-19h; mar. 18h-19h* **♠ Ⓐ**

Ⓑ **JEAN ET HUBERT HEYWANG** Kirchberg de Barr Riesling 2013 ★★★		
■	1 400	🍶	11 à 15 €

Située au pied du mont Sainte-Odile, dans le village de Heiligenstein renommé pour son cépage klevener, une exploitation fondée en 1955 par Jean Heywang et dirigée depuis 1990 par son fils Hubert. Couvrant 7 ha, elle a obtenu en 2011 la certification bio.

« Fabuleux ! » ; « une remarquable expression de grand cru » : les jurés ont été conquis par ce riesling d'un or pâle brillant. Le nez intense affiche un début de minéralité, que l'on retrouve au palais. La mise en bouche dévoile un vin tel qu'on les aime : riche, ample, puissant et vif à la fois, construit sur une belle arête acide. L'harmonie et la typicité. (Sucres résiduels : 5,4 g/l.) **✗** 2016-2020 **♈** blanquette de homard

o╌ *Dom. Heywang, 7, rue Principale, 67140 Heiligenstein, tél. 03 88 08 91 41, heywang-vins@wanadoo.fr* **V ⚐ ♦** *t.l.j. 9h-12h 13h30-19h*

HORCHER Sporen Gewurztraminer 2013 ★		
■	1 000		15 à 20 €

Domaine situé au cœur de la route des Vins, près de Riquewihr. À sa création en 1930, il ne comptait que 1 ha de vignes. Dirigé depuis 1981 par Alfred Horcher, rejoint par Thomas et Lise, il couvre 10 ha disséminés sur quarante parcelles, dont certaines en grands crus (Mandelberg, Sporen et Kaefferkopf).

Vendangé le 17 octobre sur un terroir argileux de Riquewihr, favorable au gewurztraminer, un moelleux flatteur : robe jaune doré ; nez d'une belle finesse, alliant la rose et le litchi à des notes de surmaturation (abricot et agrumes confits) ; attaque ample, palais intense et gras, dans le même registre que l'olfaction. Richesse et élégance. (Sucres résiduels : 48 g/l.) **✗** 2015-2020 **♈** vacherin glacé

o╌ *Alfred Horcher, 8, rue du Vignoble, 68630 Mittelwihr, tél. 03 89 47 93 26, info@horcher.fr* **V ⚐ ♦** *t.l.j. sf dim. 9h-12h 14h-18h; f. 3e sem. de janv.* **♠ Ⓓ**

MARCEL HUGG Altenberg de Bergheim Pinot gris 2013 ★		
■	11 000		20 à 30 €

Établi dans le bourg fortifié de Bergheim, ce vigneron-négociant dispose en propre de plus de 10 ha de vignes, avec des parcelles dans le grand cru local Altenberg.

Une belle parcelle du cru Altenberg (près de 3 ha) est à l'origine de ce pinot gris encore très jeune et discret au nez, qui s'ouvre sur des arômes complexes et élégants : pierre à fusil, épices douces, puis fruits blancs bien mûrs et notes de surmaturation. Frais à l'attaque, ample et harmonieux, le vin reste aussi sur sa réserve au palais mais il apparaît très prometteur. (Sucres résiduels : 18,6 g/l.) **✗** 2016-2023 **♈** cailles au foie gras

o╌ *Marcel Hugg, 21, rte de Sélestat, 68750 Bergheim, tél. 03 89 73 63 27, info@marcelhugg.com* **V ♦** *r.-v.*

Ⓑ **HUMBRECHT** Goldert Gewurztraminer 1619 2013		
■	1 897		11 à 15 €

Une famille établie à Gueberschwihr, cité viticole dominée par un superbe clocher roman, au sud de Colmar. Les origines de la propriété se perdent dans la nuit des temps : en 1619, des ancêtres vignerons dans le village ; plus récemment, Georges, installé en 1965, puis Claude, en 1992. Un domaine de 7,5 ha cultivé en bio certifié (depuis 2013) ; de beaux terroirs à dominante argilo-calcaire.

Le nom de ce moelleux évoque l'or et, de fait, la robe est bien dorée. Encore discret, le nez mêle la rose, les fruits jaunes, les fruits secs et le clou de girofle. La bouche puissante et généreuse finit sur des notes de raisin sec et d'orange. (Sucres résiduels : 48,3 g/l.) **✗** 2016-2020 **♈** canard à l'orange

o╌ *Claude et Georges Humbrecht, 33, rue de Pfaffenheim, 68420 Gueberschwihr, tél. 03 89 49 31 51, claude.humbrecht@orange.fr* **V ⚐ ♦** *r.-v.* **♠ ❷ ♠ Ⓖ**

RENÉ ET MICHEL KOCH Muenchberg Pinot gris 2013		
■	1 800	⬤	11 à 15 €

Georges Koch a inauguré la vente directe en 1958. René lui a succédé en 1970, rejoint en 1996 par Michel. Depuis 2006, ce dernier tient les rênes du domaine qui couvre 12 ha autour de Nothalten, village-rue du pays de Barr. Son fleuron : le riesling du grand cru local, le Muenchberg.

Issu d'un terroir gréso-volcanique, ce moelleux au nez discret, légèrement mentholé, intéresse par sa structure.

Assez rond, ample et gras, il est équilibré par une belle fraîcheur et offre une finale chaleureuse. (Sucres résiduels : 23 g/l.) **I** 2016-2020 **Y** canapés de foie gras

o— *EARL René et Michel Koch, 5, rue de la Fontaine, 67680 Nothalten, tél. 03 88 92 41 03, contact@vin-koch.fr* **V 本 T** *r.-v.* **T C**

HUBERT KRICK Hengst Gewurztraminer 2013 ★★		
■ 5 047	🍷	11 à 15 €

Installée à Wintzenheim – en alsacien, le « village des vignerons » –, à la périphérie ouest de Colmar, une vieille famille d'agriculteurs qui a misé sur la viticulture au cours de la seconde moitié du siècle dernier. Hubert agrandit l'exploitation qu'il transmet en 2008 à ses enfants Philippe, Pierre et Marie. Aujourd'hui, près de 14 ha de vignes répartis sur cinq communes, entre 200 et 450 m d'altitude.

Le Hengst est le grand cru de Wintzenheim, largement occupé par le gewurztraminer ; un coteau pentu, marno-calcaire, bien exposé au sud-sud-est. Ses vins sont réputés pour leur puissance un peu sauvage qui a valu son nom au lieu-dit (Hengst signifie « étalon »). Voilà pourtant un cheval déjà bien dressé, dont les jurés soulignent à l'envi l'élégance raffinée. Au nez puis au palais, une foule d'arômes : litchi, mangue, fruit de la Passion, ananas, rose et violette, avec finesse et précision. En bouche, l'ampleur, la puissance et la longueur sont bien là, ainsi que le potentiel, marque du terroir. Toujours avec finesse. (Sucres résiduels : 33 g/l.) **I** 2016-2023 **Y** apéritif avec billes de melon

o— *Hubert Krick, 93, rue Clemenceau, 68920 Wintzenheim, tél. 03 89 27 00 01, contact@vins-krick.fr* **V 本 T** *t.l.j. sf sam. dim. 10h-12h 13h30-18h* **T C**

KUEHN Hengst Gewurztraminer 2013		
■ 10 467	⊕	11 à 15 €

Une maison de négoce d'Ammerschwihr, important bourg viticole au nord-ouest de Colmar, berceau de la confrérie Saint-Étienne, qui a sa foire aux vins. Elle a été fondée en 1675 par des notables de la cité. De cette époque datent les « caves de l'Enfer » où s'alignent quarante-cinq foudres traditionnels. Cinq grands crus figurent à sa carte.

Le gewurztraminer est sans doute le cépage roi du Hengst, le grand cru de Wintzenheim au sol marno-calcaire. Il a engendré ici un vin plaisant, et qui n'a rien de confidentiel. D'un jaune d'or brillant, ce 2013 offre un nez attirant, ouvert sur la pêche jaune et l'abricot frais, la rose et le litchi. Équilibré et toujours fruité à souhait, le palais se montre frais à l'attaque, souple et rond, bien fondu. Ce vin trouvera sa place de l'apéritif au dessert. (Sucres résiduels : 25,8 g/l.) **I** 2016-2020 **Y** canard aux mirabelles

o— *SA Vins d'Alsace Kuehn, 3, Grand-Rue, 68770 Ammerschwihr, tél. 03 89 78 23 16, vin@kuehn.fr* **V 本 T** *r.-v.*

DOM. LANDMANN Muenchberg Riesling Vieilles Vignes 2012 ★★		
■ 4 000	🍷	11 à 15 €

Après avoir travaillé comme cadre dans une banque pendant une dizaine d'années, Armand Landmann revient sur ses terres en 1992. Il rénove l'ancienne demeure, regroupe les vignes de son père et de sa tante

---

pour constituer un domaine de 12 ha, avec des parcelles dans deux grands crus. Le siège de la propriété est à Nothalten, près de Barr.

Ce riesling montre le potentiel du Muenchberg, terroir aux sols sablonneux, caillouteux, chauds et bien drainés. Le nez élégant mêle les fleurs blanches et le citron bien mûr. Rond en attaque, puissant, vif et racé, le palais aux arômes d'agrumes est remarquablement équilibré. La finale longue et fraîche fait apparaître une pointe de minéralité. (Sucres résiduels : 7 g/l.) **I** 2016-2023 **Y** marmite de poisson

o— *EARL Armand Landmann, 74, rte du Vin, 67680 Nothalten, tél. 03 88 92 41 12, armand-landmann@yahoo.fr* **V 本 T** *t.l.j. 8h-12h 14h-19h*

B LEIPP-LEININGER Kirchberg de Barr Gewurztraminer 2013		
■ 1 800	🍷	15 à 20 €

Ce domaine familial est établi à Barr, petit centre viticole proche du mont Sainte-Odile, et a son siège dans une maison vigneronne cossue du XVIIIe s. Luc Leininger le conduit depuis 1981 et a engagé en 2010 la conversion bio de ses 10 ha de vignes.

Le gewurztraminer se plaît sur les sols argilo-calcaires du Kirchberg de Barr. Récolté après la mi-octobre, ce moelleux mêle au nez les fruits jaunes confits, le miel et les épices. Au palais, il conjugue ampleur et fraîcheur dans un bel équilibre. Un vin puissant et typé. (Sucres résiduels : 45 g/l.) **I** 2015-2020 **Y** croustade au roquefort

o— *Leipp-Leininger, 11, rue du Dr-Sultzer, 67140 Barr, tél. 03 88 08 95 98, info@leipp-leininger.com* **V 本 T** *t.l.j. 8h-12h 13h15-18h30*

B LOBERGER Spiegel Gewurztraminer 2013 ★		
■ 1 400	🍷 ⊕	15 à 20 €

Au service du vin depuis 1617, la famille est établie dans la partie méridionale du vignoble, à 5 km de Guebwiller et à 20 km au sud de Colmar. Jean-Jacques Loberger prend la tête du domaine en 1987 et engage sa conversion bio (certification en 2012). Il exploite en biodynamie 8 ha et dispose de parcelles dans les grands crus locaux.

Le gewurztraminer se plaît sur le terroir argilo-calcaire et sablonneux du Spiegel. Ici, une robe or soutenu, et un nez à l'unisson, intense, riche et complexe, sur les fruits jaunes, le gingembre confit et la pâte de fruits. Ces notes de surmaturation se retrouvent dans une bouche puissante, concentrée, volumineuse, suave, ronde et longue. « Une maturité avenante et flatteuse », conclut un juré. Apéritif, fromage ou dessert ? (Sucres résiduels : 21 g/l.) **I** 2016-2020 **Y** mousse au chocolat amer

o— *Dom. Loberger, 10, rue de Bergholtz-Zell, 68500 Bergholtz, tél. 03 89 76 88 03, contact@loberger.fr* **V 本 T** *t.l.j. sf dim. 8h30-12h 13h30-18h*

B ALBERT MANN Steingrubler Gewurztraminer 2013		
■ 2 500	🍷	20 à 30 €

Héritiers d'une tradition viticole remontant au milieu du XVIIe s., Maurice et Jacky Barthelmé sont établis aux portes de Colmar. Ils cultivent en biodynamie les 22 ha de leur domaine, qui s'éparpille en une centaine de parcelles travaillées comme autant de petits jardins. Ils mettent en valeur cinq grands crus.

Né sur le grand cru de Wettolsheim, aux sols marno-calcaires, ce gewurztraminer moelleux se présente avec discrétion : robe or vert et nez réservé, libérant à l'aération des effluves de fleurs blanches, de rose, puis de fruits frais (mangue, abricot, ananas, agrumes). Après une attaque en finesse, il se développe avec rondeur sur des notes de fruits exotiques et d'épices. Un joli moelleux sans lourdeur. (Sucres résiduels : 35 g/l.) **I** 2015-2020 **ꝏ** poulet au curry ■ Furstentum Pinot gris 2013 (20 à 30 € ; 2 100 b.) : vin cité. **I** 2015-2020

☛ *Dom. Albert Mann, 13, rue du Château, 68920 Wettolsheim, tél. 03 89 80 62 00, vins@albertmann.com* Ⓥ 🕮 *r.-v.*

Ⓑ JEAN-LOUIS ET FABIENNE MANN Pfersigberg Riesling 2013 ★		
■ 1 200	🗓	20 à 30 €

Fabienne et Jean-Louis Mann ont repris les vignes familiales en 1982 : d'abord coopérateurs, ils se sont mis à leur compte en 1998. Conversion au bio (certification en 2008), puis en 2009 à la biodynamie, à l'arrivée du fils Sébastien. Aujourd'hui, 12,5 ha, des parcelles disséminées entre Katzenthal et Eguisheim, au nord et au sud de Colmar, avec des vignes dans neuf lieux-dits et deux grands crus. En ligne de mire : l'expression du terroir.

Terroir argilo-calcaire dont les Mann cultivent plusieurs parcelles, le Pfersigberg a valu au domaine plus d'un coup de cœur. Ici, un riesling jaune doré alliant des senteurs de fruits jaunes et des notes plus acidulées de fruits exotiques (ananas et fruit de la Passion). Au palais, ce fruité complexe s'épanouit, soutenu par une vivacité qui porte le vin jusqu'à la finale, marquée par une minéralité naissante. Intensité aromatique, belle matière, excellente structure et belle étoile. (Sucres résiduels : 3 g/l.) **I** 2016-2023 **ꝏ** langoustines

☛ *EARL Jean-Louis Mann, 11, rue du Traminer, 68420 Eguisheim, tél. 03 89 24 26 47, mann.jean.louis@wanadoo.fr* Ⓥ 🕮 *r.-v.*

HUBERT METZ Winzenberg Gewurztraminer 2013 ★★		
■ 2 200	🗓	11 à 15 €

Hubert Metz s'est installé en 1971 sur l'exploitation familiale : 9,5 ha autour de Blienschwiller, entre Barr et Sélestat. La famille est établie dans une belle demeure avec oriel. La cave voûtée, où s'alignent des foudres de bois, accueillait avant la Révolution le produit de la dîme, impôt payé en vin au clergé.

Si le grand cru de Blienschwiller tire sa réputation du riesling, ce gewurztraminer est fort loué. Complexe au nez, il mêle la rose, les fruits jaunes confits et les épices. Dès l'attaque, il montre un bel équilibre entre des impressions d'ampleur généreuse et de fraîcheur. Aromatiquement, pas trop de surmaturation et de la finesse. La longue finale sur le litchi, le poivre et le clou de girofle laisse une impression d'harmonie. (Sucres résiduels : 34,5 g/l.) **I** 2016-2020 **ꝏ** poulet au gingembre

☛ *Hubert Metz, 3, rue du Winzenberg, 67650 Blienschwiller, tél. 03 88 92 64 94, contact@ hubertmetz.com* Ⓥ 🕮 *r.-v.*

ALFRED MEYER Kaefferkopf Riesling 2013		
■ 3 000	🗓	8 à 11 €

Après avoir été cuisinier, Daniel Meyer a repris en 2004 l'exploitation créée en 1998 par son père Alfred, qui lui-même avait hérité des vignes paternelles. Il l'a agrandie et cultive aujourd'hui 7,5 ha autour de Katzenthal, village niché au fond d'un vallon bien abrité, au nord-ouest de Colmar.

Provenant d'un secteur granitique du Kaefferkopf, ce riesling en robe pâle délivre des fragrances fraîches de citron, d'acacia et de pêche blanche ; un dégustateur y voit même une nuance de bourgeon de sapin. Bien typé et franc, le palais suit la même ligne florale et fruitée, encore marqué par la présence de sucres résiduels qui devront se fondre. (Sucres résiduels : 7 g/l.) **I** 2016-2020 **ꝏ** escalope de veau au citron

☛ *Alfred Meyer et Fils, 98, rue des Trois-Épis, 68230 Katzenthal, tél. 03 89 27 24 50, daniel.meyer0813@orange.fr* Ⓥ 🕮 *r.-v.* 🏠 Ⓐ

JEAN-LUC MEYER Pfersigberg Pinot gris 2013 ★★		
■ 730	🗓	11 à 15 €

Une exploitation implantée à Eguisheim, pittoresque cité médiévale au sud de Colmar. Fondée en 1960, elle a été conduite entre 1982 et 2013 par Jean-Luc Meyer. Ce dernier a cédé la place en 2014 à son fils Bruno qui travaillait à ses côtés depuis 2005. Le tandem a engagé en 2011 la conversion bio des 10,5 ha de vignes.

Les Meyer exploitent une parcelle dans chacun des deux grands crus d'Eguisheim. Ce pinot gris du Pfersigberg est bien typé par son nez intense aux nuances fumées et grillées. C'est au palais qu'il révèle tous ses atouts : une attaque souple, une matière dense, onctueuse, suave et généreuse, tonifiée par une fraîcheur minérale, une belle présence aromatique et une finale très persistante composent un moelleux d'une rare harmonie. (Sucres résiduels : 38 g/l.) **I** 2015-2021 **ꝏ** cailles aux raisins

☛ *Jean-Luc et Bruno Meyer, 4, rue des Trois-Châteaux, 68420 Eguisheim, tél. 03 89 24 53 66, info@ vins-meyer-eguisheim.com* Ⓥ 🕮 *t.l.j. 8h-12h 13h30-19h* 🏠 ❷ 🏠 Ⓑ

MEYER-FONNÉ Wineck-Schlossberg Riesling 2013 ★		
■ 3 900	◫	15 à 20 €

Héritier d'une lignée originaire de Suisse, installée au XVIIIᵉ s. près de Colmar, à Katzenthal, Félix Meyer exploite avec brio plus de 15 ha de vignes en bio non certifié et vinifie dans le même esprit. Son domaine s'étend sur sept communes : il peut donc jouer sur une grande palette de terroirs, et notamment sur cinq grands crus.

Propice au riesling, ce grand cru granitique domine le donjon du Wineck et le village de Katzenthal. Le cépage, dans un millésime délicat, y a bien tiré son épingle du jeu. Ce 2013 a beaucoup d'atouts : un nez intense mêlant les fleurs blanches miellées, le citron, la pêche et l'abricot bien mûrs ; une attaque franche et citronnée, prélude à un palais croquant, bien fondu et assez long, dans le même registre que l'olfaction. De la maturité et de l'avenir. (Sucres résiduels : 7 g/l.) **I** 2016-2022 **ꝏ** lotte aux langoustines

O— *Dom. Meyer-Fonné, 24, Grand-Rue, 68230 Katzenthal, tél. 03 89 27 16 50, felix@meyer-fonne.com* Ⓥ 🅺 🅣 *t.l.j. sf dim. 9h-11h30 14h-17h30*

Ⓑ DOM. MITTNACHT FRÈRES
Rosacker Riesling 2011 ★

| ■ | 2 100 | î | 15 à 20 € |

À l'entrée de Hunawihr, près de Ribeauvillé, un caveau lumineux aux lignes épurées : le siège du domaine de Marc et Christophe Mittnacht. Les deux cousins, œnologues installés en 1995, conduisent ensemble en biodynamie le vignoble créé en 1962 par leurs parents : 23 ha répartis sur trois communes, avec des parcelles dans trois grands crus.

Le terroir marno-calcaire du Rosacker, à Hunawihr, favorise le riesling. Ici, un 2011 au nez complexe de fleurs blanches, de citron et de fruits frais, teinté de minéralité. On retrouve les agrumes dans une bouche agréable, vive à l'attaque, fraîche et assez longue. (Sucres résiduels : 4 g/l.) Ⅹ 2016-2020 ¥ blanquette de lotte

O— *Dom. Mittnacht Frères, 27, rte de Ribeauvillé, 68150 Hunawihr, tél. 03 89 73 62 01, mittnacht.freres@wanadoo.fr* Ⓥ 🅺 🅣 *r.-v.* 🏠 Ⓖ

Ⓑ MURÉ Vorbourg Clos Saint-Landelin
Riesling 2013 ★

| ■ | 12 000 | | 20 à 30 € |

Cette maison de haute renommée a son siège à Rouffach, en contrebas du fameux Clos Saint-Landelin, planté par des moines dès le Haut Moyen Âge, fleuron du domaine depuis 1935 (12 ha cultivés en bio, à l'extrémité sud du grand cru Vorbourg). Secondé par ses enfants Véronique et Thomas, René Muré a repris en 1976 ce vignoble de 25 ha, complété par une structure de négoce.

Aménagé en terrasses, le Clos Saint-Landelin fournit souvent de grands liquoreux. Ce 2013 n'a rien d'une vendange tardive, même si la récolte s'est déroulée le 18 octobre : c'est le millésime qui était tardif. Il s'agit donc d'un riesling bien sec, avec la concentration propre au terroir : robe jaune doré, nez intense de fruits blancs et d'agrumes mûrs, nuancés d'un soupçon de miel, palais solidement structuré, d'une grande fraîcheur, racé et persistant. (Sucres résiduels : 5 g/l.) Ⅹ 2016-2025 ¥ bar au four

O— *Dom. du Clos Saint-Landelin, Véronique et Thomas Muré, rte du Vin, 68250 Rouffach, tél. 03 89 78 58 00, domaine@mure.com* Ⓥ 🅺 🅣 *r.-v.*

Ⓑ GÉRARD NEUMEYER Bruderthal
Gewurztraminer 2013 ★★

| ■ | 1 396 | ◫ | 15 à 20 € |

Propriété créée en 1925 par le grand-père de l'exploitant actuel, qui était ouvrier des célèbres usines Bugatti à Molsheim, non loin de Strasbourg. Elle a longtemps fourni beaucoup de sylvaners destinés à la population de la cité bas-rhinoise. Gérard Neumeyer s'y installe en 1987, convertit au bio les 16 ha de vignes et mise sur le grand cru local, le Bruderthal.

Gérard Neumeyer cultive tous les cépages nobles sur ce terroir de calcaire coquillier dominant Molsheim. Vendangé le 23 octobre, ce gewurztraminer or pâle aux reflets verts séduit par l'élégance et la franchise de son nez : les

notes florales et épicées du cépage se mêlent à des nuances de fruits jaunes confits évoquant la surmaturation. Au palais, une expression délicate de rose, de violette, de pêche confite et de cannelle, et un beau volume. Un gewurztraminer bien typé, aussi large que long, qui se bonifiera dans les années qui viennent. (Sucres résiduels : 34,1 g/l.) Ⅹ 2016-2025 ¥ strudel aux pommes et cannelle ■ Bruderthal Pinot gris 2013 (15 à 20 € ; 2 639 b.) Ⓑ : vin cité. Ⅹ 2015-2020

O— *Dom. Gérard Neumeyer, 29, rue Ettore-Bugatti, 67120 Molsheim, tél. 03 88 38 12 45, contact@ gerardneumeyer.fr* Ⓥ 🅺 🅣 *t.l.j. sf dim. 9h-12h 14h-19h*

GÉRARD NICOLLET ET FILS Zinnkoepflé
Gewurztraminer 2013

| ■ | 3 450 | | 8 à 11 € |

Reconstitué en 1920 après le phylloxéra, ce domaine est situé dans la Vallée Noble, à environ 20 km au sud de Colmar. Gérard Nicollet commence la vente en bouteilles dans les années 1960. Installé en 2004, Marc exploite avec Sara 13,5 ha de vignes, dont plusieurs parcelles en grand cru Zinnkoepflé.

Jaune d'or aux reflets ambrés, ce moelleux est bien ouvert sur les fruits jaunes mûrs et l'abricot sec rehaussé d'épices. Rond, ample, gras et assez long, il s'exprime avec délicatesse et montre un bel équilibre. (Sucres résiduels : 60 g/l.) Ⅹ 2016-2020 ¥ tarte aux abricots

O— *Dom. Nicollet, 33, rue de la Vallée, 68570 Soultzmatt, tél. 03 89 47 03 90, vinsnicollet@wanadoo.fr* Ⓥ 🅺 🅣 *t.l.j. sf dim. 9h-12h 14h-18h* 🏠 Ⓖ

PFAFF Zinnkoepflé Gewurztraminer 2012

| ■ | 15 000 | î | 11 à 15 € |

Sélection parcellaire, vendanges manuelles majoritaires et vinifications exigeantes ont permis à la Cave de Pfaffenheim, créée en 1957, de bénéficier d'une belle notoriété. Forte des 270 ha de ses adhérents, la coopérative propose un large éventail de cuvées, notamment plusieurs grands crus de Pfaffenheim et du voisinage, tous situés au sud de Colmar.

La cave dispose de 2,4 ha sur le haut coteau bien abrité du Zinnkoepflé. Elle en a tiré un gewurztraminer bien réussi - qui n'a rien de confidentiel. Un 2012 aux arômes de fruits jaunes bien mûrs relevés de poivre, puissant sans lourdeur. Bien construit, il laisse une impression de finesse. (Sucres résiduels : 25 g/l.) Ⅹ 2015-2020 ¥ samoussa au poulet épicé

O— *Cave des vignerons de Pfaffenheim, 5, rue du Chai, 68250 Pfaffenheim, tél. 03 89 78 08 08, cave@ pfaffenheim.com* Ⓥ 🅺 🅣 *t.l.j. 9h (dim. 10h)-12h 14h-18h*

♥ RUHLMANN-DIRRINGER Frankstein Riesling
Les Mille et Une Pierres 2013 ★★

| ■ | 3 800 | ◫ | 8 à 11 € |

Au service du vin depuis plus de quatre générations, cette famille de vignerons est établie à Dambach-la-Ville, cité resserrée dans les vestiges de son enceinte ; elle accueille les visiteurs dans une demeure de 1578. Rémy Dirringer exploite 14 ha sur les terres majoritairement granitiques des environs de sa commune.

Les Mille et Une Pierres ? Le nom de la gamme de grands crus du domaine évoque sans doute le terroir de Dambach-la-Ville, fait de mille petits grains du granite désagrégé. Un

ALSACE GRAND CRU
APPELLATION ALSACE GRAND CRU CONTRÔLÉE

RUHLMANN DIRRINGER

RIESLING
GRAND CRU FRANKSTEIN
les Mille et Une Pierres

Mis en bouteille à la Propriété
RUHLMANN - DIRRINGER
Vigneron à 67650 DAMBACH-LA-VILLE
Produit de France - Contains sulfites

750 ml   (L046)
13% vol.

terroir fort propice au riesling. La couleur jaune doré de ce 2013 annonce un nez intense, élégamment floral et citronné, nuancé de notes de miel et d'abricot évoquant la surmaturation. Cette complexité se retrouve dans un palais puissant, minéral et racé, construit sur une acidité mûre. Un grand cru pour poissons nobles. (Sucres résiduels : 5 g/l.) ✗ 2016-2023 ✗ homard grillé

⊶ *Ruhlmann-Dirringer, 3, imp. de Mullenheim, 67650 Dambach-la-Ville, tél. 03 88 92 40 28, ruhlmann.dirringer@terre-net.fr* 🆅 🏃 🛗 *t.l.j. sf dim. 10h-18h*

MARTIN SCHAETZEL Eichberg Riesling 2012 ★★		
■	2 500	⬤▮	15 à 20 €

Maison de vignerons-négociants fondée en 1803. Au début des années 1930, Martin Schaetzel se lance dans la vente en bouteilles. Son neveu Jean, œnologue et formateur, reprend l'affaire en 1979. Il exploite en biodynamie ses 12 ha du vignoble en propre (conversion bio en 1997).

L'Eichberg d'Eguisheim est l'un des quatre grands crus figurant à la carte de la maison. La robe jaune doré annonce un nez intense, légèrement miellé, sur les fleurs blanches, les agrumes très mûrs. Le palais se distingue par sa puissance, son ampleur et sa rondeur, équilibré par une vivacité bienvenue : autant de caractères qui destinent plutôt cette bouteille à des plats en sauce et à la crème. ✗ 2016-2020 ✗ poulet au riesling

⊶ *Martin Schaetzel, 3, rue de la 5e-Division-Blindée, 68770 Ammerschwihr, tél. 03 89 47 11 39, contact@martin-schaetzel.com* 🆅 🏃 🛗 *t.l.j. sf dim. 9h-12h 13h30-18h* 🏠 🅑

DOM. SCHIRMER Zinnkoepflé Gewurztraminer 2013		
■	1 300	🍶	8 à 11 €

Les Schirmer sont établis depuis le XIXes. au sud de Colmar. Lucien Schirmer, qui a spécialisé le domaine dans les années 1970, a passé le relais en 1991 à Thierry. Ce dernier exploite 10,5 ha de vignes, dont une partie est située dans le grand cru du Zinnkoepflé.

Ce moelleux livre à l'aération des parfums complexes d'ananas, de fruits jaunes, de grillé et d'épices (poivre et clou de girofle). Puissant et gras, il est équilibré par une fine acidité qui contribue à son équilibre. (Sucres résiduels : 38,1 g/l.) ✗ 2016-2020 ✗ biscuits aux épices

⊶ *Dom. Lucien Schirmer et Fils, 22, rue de la Vallée, 68570 Soultzmatt, tél. 03 89 47 03 82, vins.alsace.schirmer@orange.fr* 🆅 🏃 🛗 *t.l.j. 9h-12h 13h30-19h; dim. sur r.-v.*

SCHLEGEL-BOEGLIN Zinnkoepflé Riesling 2013		
■	3 600	🍶	8 à 11 €

Les parents de Jean-Luc Schlegel ont fondé le domaine en 1971 à Westhalten, à l'entrée de la Vallée Noble. Ce dernier, installé en 1991, exploite 13 ha de vignes, avec plusieurs parcelles dans les grands crus Zinnkoepflé et Vorbourg.

D'un jaune intense, ce riesling est marqué au nez par des notes de surmaturation souvent présentes dans les vins de ce grand cru solaire et bien abrité : fruits jaunes, fruits exotiques, orange, miel. Puissante, riche et ample, la bouche est équilibrée par une belle acidité. (Sucres résiduels : 9 g/l.) ✗ 2016-2020 ✗ turbot au sabayon de riesling

⊶ *Dom. Schlegel-Boeglin, 22 A, rue d'Orschwihr, 68250 Westhalten, tél. 03 89 47 00 93, schlegel-boeglin@wanadoo.fr* 🆅 🏃 🛗 *r.-v.*

DOMAINES SCHLUMBERGER Kitterlé Pinot gris 2012 ★		
■	8 000	⬤▮	15 à 20 €

Sous l'Empire, les Schlumberger se constituent un vignoble dans la région de Guebwiller, au sud de l'Alsace, prenant la suite des abbés de Murbach, qui avaient mis en valeur ce vignoble avant la Révolution. Sans doute le plus vaste domaine de la région : 140 ha plantés sur des coteaux escarpés, dont une partie est conduite en biodynamie, la moitié étant en grand cru.

Le domaine détient 21 ha sur les 25 que compte ce grand cru. Un site unique : le vignoble épouse les pentes de l'éperon formé par l'extrémité du massif de l'Unterlingen, proche des plus hauts sommets des Vosges. Les fortes pentes ont été aménagées en terrasses. Les vignes regardent le sud, le sud-est, le sud-ouest. Le terroir donne un bel éclat à ce pinot gris moelleux, intense au nez et d'une rare ampleur au palais. (Sucres résiduels : 15,3 g/l.) ✗ 2015-2020 ✗ rôti de veau aux champignons

⊶ *Domaines Schlumberger, 100, rue Théodore-Deck, BP 10, 68500 Guebwiller, tél. 03 89 74 27 00* 🆅 🏃 🛗 *t.l.j. sf dim. 8h-18h (ven. 17h); sam. sur r.-v.*

🅑 **DOM. ROLAND SCHMITT** Altenberg de Bergbieten Riesling 2011 ★★		
■	6 500	🍶	11 à 15 €

Roland Schmitt a œuvré pour promouvoir l'Altenberg de Bergbieten, grand cru proche de Strasbourg. Son épouse Anne-Marie, puis ses fils Julien (arrivé au domaine en 1999 et chef d'exploitation depuis 2014) et Bruno (2002) ont poursuivi son œuvre et réalisé la conversion bio des 10 ha du vignoble.

Ce riesling né sur un terroir marneux séduit par sa complexité et sa fraîcheur, tant au nez qu'en bouche. Cette fraîcheur vivifie un palais particulièrement riche et souligne la persistance de la finale. Un vin de gastronomie et de garde. (Sucres résiduels : 4 g/l.) ✗ 2015-2025 ✗ pavé de sandre au beurre blanc

⊶ *Dom. Roland Schmitt, 35, rue des Vosges, 67310 Bergbieten, tél. 03 88 38 20 72, cave@roland-schmitt.fr* 🆅 🏃 🛗 *t.l.j. sf dim. 9h-12h 14h-18h* 🏠 🅒

ALBERT SCHOECH Mambourg Gewurztraminer 2013		
■	15 076	🍶	8 à 11 €

Maison de négoce fondée en 1840 par Joseph Schoech, fils d'un tonnelier, et restée dans la même famille. Elle dispose de caves du XVIIes. et de foudres centenaires, ainsi que d'une cuverie moderne. À sa carte, cinq grands crus. La marque perpétue la mémoire d'Albert Schoech, qui fut maire d'Ammerschwihr et membre fondateur de la confrérie Saint-Étienne après 1945, tout en faisant prospérer l'entreprise viticole.

Ce moelleux s'ouvre sur des notes de fruits exotiques (litchi et mangue) et d'épices. Le côté épicé (muscade, clou de girofle) marque la bouche, à la fois ronde et longue, bien équilibrée. Un gewurztraminer agréable et typé. (Sucres résiduels : 42 g/l.) ✗ 2016-2023 ❢ canapés de foie gras

☛ SARL Albert Schoech, pl. du Vieux-Marché, 68770 Ammerschwihr, tél. 03 89 78 23 17, vin@schoech.fr

DOM. MAURICE SCHOECH Kaefferkopf 2013 ★

| ▨ | 1 000 | 🛈 | 11 à 15 € |

Pépiniéristes, sommeliers, courtiers, vignerons, les Schoech sont au service du vin depuis 1650. Aujourd'hui, Sébastien et Jean-Léon Schoech exploitent 11 ha aux environs d'Ammerschwihr, importante cité viticole qui ouvre chaque année le cycle des foires aux vins en avril. Ils détiennent des parcelles dans deux grands crus et ont engagé la conversion bio de leur vignoble.

Le Kaefferkopf est l'un des deux grands crus alsaciens autorisés à produire des vins d'assemblage ; ici, trois quarts de gewurztraminer pour un quart de riesling. Le premier, sans surprise, marque le vin, tant par ses arômes de rose et d'épices que par son gras. Discret au nez, rond et ample, ce moelleux finit sur une impression de fraîcheur qui est peut-être la signature du riesling. (Sucres résiduels : 19 g/l.) ✗ 2016-2021 ❢ filet de poulet sauce au miel ▨ Kaefferkopf Riesling 2013 (11 à 15 € ; 5 000 b.) : vin cité ✗ 2016-2020

☛ Dom. Maurice Schoech, 4, rte de Kientzheim, 68770 Ammerschwihr, tél. 03 89 78 25 78, domaine.schoech@free.fr Ⓥ 🕱 🛈 t.l.j. sf dim. 8h-12h 13h30-18h 🏠 Ⓓ

DOM. SCHOFFIT Rangen Clos Saint-Théobald Pinot gris Vendanges tardives 2012 ★

| ▨ | 675 | ◐ | 30 à 50 € |

À la tête d'un domaine de 17 ha, la famille Schoffit ne se contente pas de son vignoble autour de Colmar. Son fleuron – le Clos Saint-Théobald, qui lui a valu de nombreux coups de cœur – se trouve à l'extrémité méridionale de la route des Vins, dans le grand cru Rangen de Thann. Un terroir d'origine volcanique, aux sols pierreux, sombres et chauds, aux pentes vertigineuses, accueillantes aux gewurztraminer, riesling et pinot gris.

Dorée comme le soleil, cette cuvée est confidentielle par son volume. Elle s'ouvre sur des notes épicées et grillées, des arômes d'agrumes confits et de miel. La bouche charme par son attaque ronde et moelleuse, équilibrée par une fine acidité, par son fruité aux nuances d'agrumes confits et d'abricot sec, et par sa finale persistante. Ce vin s'affirmera encore au cours des trois prochaines années. (Sucres résiduels : 130 g/l.) ✗ 2016-2023 ❢ tarte aux abricots et à la lavande ▨ Sommerberg Riesling 2013 ★ (20 à 30 € ; 750 b.) : (bien) né sur le coteau granitique du Sommerberg, un riesling franc, puissant et tonique, floral, citronné et mentholé. (Sucres résiduels : 6 g/l.) ✗ 2016-2023

☛ Dom. Schoffit, 68, Nonnenholzweg, 68000 Colmar, tél. 03 89 24 41 14, domaine.schoffit@free.fr Ⓥ 🕱 🛈 r.-v.

ARMAND SCHREYER Schoenenbourg Riesling 2013 ★★

| ▨ | 12 000 | 🛈 | 8 à 11 € |

Fondée en 1954 au cœur de la route des Vins, la Cave de Hunawihr regroupe majoritairement des viticulteurs de ce village. La coopérative vinifie le fruit de 210 ha et propose une large gamme de vins (dont cinq grands crus). Elle a quatre marques : Peter Weber, L'Unabelle, Armand Schreyer et Kuhlmann-Platz (ancienne maison de négoce rachetée en 1985).

Voltaire possédait quelques arpents de ce coteau abrupt, qui surplombe Riquewihr au nord. La coopérative de Hunawihr en exploite près de 2 ha. Ce terroir marno-gréseux a engendré un riesling jaune doré, au nez d'agrumes et de fruits exotiques teinté d'une fine minéralité. Vif et net à l'attaque, volumineux et long, le palais est porté par une fine acidité qui fait ressortir son agréable retour sur les agrumes. (Sucres résiduels : 10 g/l.) ✗ 2016-2020 ❢ pavé de sandre au beurre blanc ▨ Rosacker Gewurztraminer 2013 (11 à 15 € ; 12 000 b.) : vin cité ✗ 2016-2023

☛ Cave vinicole de Hunawihr, 48, rte de Ribeauvillé, 68150 Hunawihr, tél. 03 89 73 61 67, info@cave-hunawihr.com Ⓥ 🛈 r.-v.

DOM. J.-L. SCHWARTZ Muenchberg Riesling 2010

| ▨ | 2 000 | 🛈 | 11 à 15 € |

Créé en 1960, ce domaine installé à Itterswiller, petit village bas-rhinois très fleuri, est conduit par Jean-Luc Schwartz depuis 1982. Ses 8,5 ha de vignes sont disséminés dans neuf communes, sur des terroirs très variés. L'exploitation a obtenu sa certification bio en 2013.

Le riesling prospère sur les sols sableux et chauds du Muenchberg, riches en cendres volcaniques. On notera qu'il s'agit ici d'un 2010. De sa robe jaune intense, son nez très ouvert sur les agrumes, nuancés d'une minéralité marquée et de touches miellées. Ample et riche en attaque, le palais est à la fois riche et frais ; on y retrouve les agrumes et le miel. Pas trop de longueur mais une belle matière qui a bien évolué. (Sucres résiduels : 5,7 g/l.) ✗ 2015-2018 ❢ choucroute de poissons

☛ Dom. J.-L. Schwartz, 75, rte des Vins, 67140 Itterswiller, tél. 03 88 85 51 59, jean-luc@ domaine-schwartz.com Ⓥ 🕱 🛈 t.l.j. 9h30-19h ; dim. 9h30-13h 🏠 Ⓓ

JEAN SIEGLER Mandelberg Riesling 2013 ★

| ▨ | 2 050 | ◐ | 11 à 15 € |

Un Balthazar Siegler naquit à Mittelwihr en 1643 ; quant au domaine, il remonte à 1784. Aujourd'hui, Marie-Josée, Hugues et Stève exploitent 11 ha autour de la même commune. Le cru précoce du Mandelberg, ou colline des Amandiers, est leur fleuron.

Ce riesling jaune paille attire l'attention par son nez délicat, sur l'abricot frais. Tout aussi fruité, rond à l'attaque, puissant et assez gras, le palais est soutenu par une acidité finement citronnée qui lui donne du tonus et laisse une impression de fraîcheur malgré la présence sucres résiduels. (Sucres résiduels : 15,4 g/l.) ✗ 2016-2023 ❢ korma de lotte

☛ Clos des Terres-Brunes – Jean Siegler, 26, rue des Merles, 68630 Mittelwihr, tél. 03 89 47 90 70, jean.siegler@wanadoo.fr Ⓥ 🕱 🛈 t.l.j. 8h-12h 13h30-19h 🏠 ❸ 🏠 ❻

Ⓑ ÉTIENNE SIMONIS Kaefferkopf Gewurztraminer Cuvée Armand 2013 ★

■ 1 200	ⅷ	11 à 15 €

Des Simonis cultivaient déjà la vigne au XVIIᵉ. Le domaine actuel a été constitué par René Simonis, qui a obtenu les premières distinctions dans le Guide et passé le relais en 1996 à Étienne. Ce dernier exploite les 7 ha de la propriété en biodynamie certifiée depuis 2011. En vue, ses rieslings et gewurztraminers du Kaefferkopf.

Or soutenu, ce gewurztraminer naît sur un secteur calcaire du Kaefferkopf. Il s'ouvre à l'aération sur des notes de mirabelle bien mûre, de miel et d'orange confite. Intense en bouche, il montre l'ampleur, la puissance et l'onctuosité du cépage, équilibrées par des impressions de fraîcheur. Aux arômes épicés typés du gewurztraminer s'ajoutent des touches de figue sèche, de datte, de fruits confiturés qui traduisent sa richesse. Un moelleux bien construit, à attendre un peu. (Sucres résiduels : 51 g/l.) ✗ 2016-2020 ❦ berawaka ■ Kaefferkopf Riesling 2013 ★ (11 à 15 € ; 2 000 b.) : issu de la partie granitique du grand cru, ce riesling mêle au nez des notes confites de surmaturation à des touches minérales. Après une attaque ample, une fine acidité porte la bouche et étire la finale. On retrouve le mariage de fruits jaunes mûrs et de la minéralité. Un riesling de terroir. (Sucres résiduels : 2,3 g/l.) ✗ 2016-2020
☞ *Étienne Simonis, 2, rue des Moulins, 68770 Ammerschwihr, tél. 03 89 47 30 79, simonis.etienne@gmail.com* Ⓥ 🕴 🛏 *t.l.j. sf dim. 9h-12h 13h30-18h*

JEAN SIPP Kirchberg de Ribeauvillé Riesling 2013 ★★★

■ 5 000	ⅷ	15 à 20 €

Établi dans une demeure Renaissance qui appartint jadis à la puissante famille des Ribeaupierre, seigneurs de Ribeauvillé, Jean-Guillaume Sipp perpétue depuis 2010 avec brio une tradition viticole inaugurée en 1654 par son ancêtre porteur du même prénom. Il dispose de 24 ha de vignes, avec des parcelles dans plusieurs crus renommés (Altenberg de Bergheim, Kirchberg de Ribeauvillé...).

Jean Sipp exploite importante parcelle (1,64 ha) de riesling sur le Kirchberg de Ribeauvillé. Ce coteau aux sols argilo-calcaires bénéficie d'un ensoleillement maximal grâce à sa pente et à son exposition au sud et au sud-ouest, dont le riesling tire un excellent parti. Le vigneron l'exploite selon une démarche bio sans certification. Son 2013 est couvert d'éloges. Les jurés louent à l'envi l'intensité et la complexité de ce vin, qui offre de belles déclinaisons de l'agrume mûr (citron, mandarine...) ; ils soulignent aussi sa puissance, son gras, son volume, équilibrés par une belle vivacité, et la finesse de sa longue finale citronnée. (Sucres résiduels : 4 g/l.) ✗ 2016-2023 ❦ poulet aux écrevisses
☞ *Jean Sipp, 60, rue de la Fraternité, 68150 Ribeauvillé, tél. 03 89 73 60 02, domaine@jean-sipp.com* Ⓥ 🕴 🛏 *r.-v.* 🏠 ❹

SIPP-MACK Rosacker Riesling 2012 ★

■ 8 525	🍾	15 à 20 €

En 1959, François Sipp, de Ribeauvillé, épouse Marie-Louise Mack, de Hunawihr. Son fils Jacques rencontre Laura, diplômée de l'université Davis en Californie, lors de ses années de formation aux États-Unis. Leur fille Carolyn a rejoint l'exploitation, qui couvre 26 ha (en bio certifié depuis 2013). Les Sipp sont aussi négociants.

Un riesling au nez intense et complexe, sur les agrumes et l'abricot frais, avec une touche minérale. Ample, gras, vif et persistant, il est salué pour son potentiel. Il s'affirmera au cours des prochaines années. (Sucres résiduels : 3,9 g/l.) ✗ 2016-2020 ❦ pavé de cabillaud rôti crème citronnée
☞ *Sipp-Mack, 1, rue des Vosges, 68150 Hunawihr, tél. 03 89 73 61 88, contact@sippmack.com* Ⓥ 🕴 🛏 *t.l.j. sf dim. 9h-12h 14h-18h* 🏠 Ⓖ

DOM. PHILIPPE SOHLER Muenchberg Riesling 2011 ★

■ 2 000		11 à 15 €

Depuis 1997, Philippe Sohler exploite le domaine familial – 11 ha sur plusieurs vins de terroir : lieux-dits Fronholz, Heissenberg, Zellberg, Clos Rebberg et grand cru Muenchberg.

Sur les sols anciens, volcaniques, sableux, chauds et bien drainés du Muenchberg, le riesling est roi. Il a engendré un vin à la robe or intense et au nez bien ouvert et complexe, mêlant les fruits jaunes confiturés et la minéralité du cépage. Après une attaque ronde, marquée par les sucres résiduels, le palais se développe avec richesse et puissance, soutenu par une acidité fine et persistante. Ce 2011 devrait encore gagner en harmonie au cours des prochaines années. (Sucres résiduels : 16 g/l.) ✗ 2016-2023 ❦ noix de Saint-Jacques au beurre
☞ *Dom. Philippe Sohler, 80A, rte des Vins, 67680 Nothalten, tél. 03 88 92 49 89, contact@sohler.fr* Ⓥ 🕴 🛏 *r.-v.*

PAUL SPANNAGEL Wineck Schlossberg Riesling 2012 ★

■ 1 600	🍾	15 à 20 €

Le premier de la lignée vivait en 1598 à Katzenthal, village lové dans un vallon à quelques kilomètres à l'ouest de Colmar. Paul Spannagel se lance dans la vente en bouteilles en 1960. Depuis 1988, ce sont Yves et Claudine Spannagel, rejoints en 2011 par Jérôme et Marie, qui perpétuent l'exploitation (7,5 ha avec des parcelles dans deux grands crus).

Issu du grand cru granitique dominant Katzenthal, un riesling bien né. Il s'agit d'un 2012, au nez expressif, affichant déjà une belle minéralité, alliée à des touches d'acacia. On retrouve en bouche la minéralité, assortie de notes grillées, au sein d'une matière équilibrée, fraîche et bien structurée. (Sucres résiduels : 10 g/l.) ✗ 2015-2020 ❦ matelote de poissons ■ Kaefferkopf Pinot gris 2013 ★ (15 à 20 € ; 2 200 b.) : alliant au nez les fruits mûrs et des touches fumées, ce pinot gris moelleux offre une attaque fraîche et se développe avec ampleur et rondeur. (Sucres résiduels : 20 g/l.) ✗ 2016-2020
☞ *Paul Spannagel, 1, Grand-Rue, 68230 Katzenthal, tél. 03 89 27 01 70, paul.spannagel@gmail.com* Ⓥ 🕴 🛏 *t.l.j. 8h-12h 14h-18h*

VINCENT SPANNAGEL Wineck-Schlossberg Muscat 2012 ★★

■ 1 000	🍾	11 à 15 €

Une famille enracinée à Katzenthal depuis la fin du XVIᵉs. Le domaine (11 ha aujourd'hui) a été constitué en 1959 par André Spannagel, qui a passé le relais à son fils

Vincent en 1982, rejoint en 2013 par Patrice. Emblème du village, le donjon du Wineck, entouré de vignes, a donné son nom au grand cru granitique où la famille cultive avec bonheur les quatre cépages nobles.

Un muscat grand cru connu de nos lecteurs. Bien doré, le 2012 est sec, floral et complexe au nez ; agréable à l'attaque, c'est un vin ample, puissant, gras et persistant, soutenu par une belle acidité. La remarquable rétro-olfaction sur le fruité du cépage en fait une bouteille charmeuse. Pour l'apéritif comme pour la table. (Sucres résiduels : 4 g/l.) ✗ 2015-2021 ♈ terrine de poisson en gelée aux asperges ■ Wineck-Schlossberg Gewurztraminer 2013 ★★ (11 à 15 € ; 1 500 b.) : un gewurztraminer intense à l'œil comme au nez, alliant les parfums du cépage à des notes de surmaturation : litchi, rose fanée, poire et pâte de coings. Au palais, il se montre ample, suave, puissant sans la moindre lourdeur, aussi large que long. (Sucres résiduels : 31 g/l.) ✗ 2016-2023

o━ Dom. Vincent Spannagel, 82, rue du Vignoble, 68230 Katzenthal, tél. 03 89 27 52 13, domainespannagel@orange.fr Ⓥ Ⓚ Ⓛ t.l.j. 9h-12h 14h-18h

♥ CHARLES SPARR Brand Pinot gris Collection 2013 ★★

| ■ | 4 600 | | 11 à 15 € |

Vignerons et négociants, les Sparr cultivent la vigne depuis le XVIIᵉs. En 2007, Pierre Sparr et son fils Charles ont quitté la maison familiale de Sigolsheim pour s'installer à Riquewihr. Planté majoritairement en coteau, leur vignoble couvre 30 ha (en conversion bio, avec la biodynamie en ligne de mire).

Hasard ? Le Brand, coteau pentu surplombant Turckheim, est en vedette cette année, avec deux coups de cœur dans cette édition. Producteurs, millésimes et cépages sont toutefois différents. Ici le terroir granitique a donné naissance à un remarquable pinot gris aux arômes de fruits mûrs, voire confits. Un vin qui s'impose par son excellente structure, sa puissance et son gras, équilibrés par une belle acidité. (Sucres résiduels : 17,5 g/l.) ✗ 2015-2025 ♈ crème de langoustines au curry ■ Charles Sparr Mambourg Gewurztraminer Collection 2013 (15 à 20 € ; 5 500 b.) : vin cité. ✗ 2015-2020

o━ Dom. Charles Sparr, 8, av. Méquillet, 68340 Riquewihr, tél. 03 89 47 92 14, info@domaine-vin-alsace.com Ⓥ Ⓚ Ⓛ t.l.j. 9h-12h 14h-17h30

Ⓑ ANDRÉ STENTZ Mandelberg Riesling 2013 ★

| ■ | 750 | ⓘ | 11 à 15 € |

Les ancêtres de ces vignerons se sont fixés en 1674 à Wettolsheim, près de Colmar. Arrivé à la tête du domaine en 1976, André Stentz a adhéré au bio à la première heure, dès 1984. Parmi ses vins de terroir, les gewurztraminers et pinots gris du grand cru Steingrubler et les rieslings du Mandelberg.

Les amandiers du Mandelberg (« colline des Amandiers ») ont-ils fleuri dès février en 2013 ? Le riesling à l'origine de ce grand cru, lui, a été récolté à la mi-octobre : une année bien tardive. Ce vin or pâle n'en est pas moins très réussi.

Au nez, des fleurs blanches, des agrumes, une touche de fruits exotiques. Ample, volumineux et gras, le palais est équilibré par une franche acidité qui fait ressortir un fruité persistant aux nuances de pamplemousse et de mangue. Les poissons cuisinés seront à la fête. (Sucres résiduels : 10 g/l.) ✗ 2016-2020 ♈ poisson thaï au lait de coco

o━ André Stentz, 2, rue de la Batteuse, 68920 Wettolsheim, tél. 03 89 80 64 91, andre.stentz@wanadoo.fr Ⓥ Ⓚ Ⓛ r.-v.

DOM. STIRN Schlossberg Riesling Cuvée Clément 2013 ★★

| ■ | 3 329 | ⓐ | 11 à 15 € |

Odile et Fabien Stirn se sont installés en 1999 sur le vignoble familial créé au XIXᵉs. Œnologues, ils ont repris les vinifications au domaine. Leurs parcelles sont disséminées entre Beblenheim et Turckheim, si bien qu'ils disposent d'une belle mosaïque de terroirs, avec des parcelles dans cinq grands crus (Brand, Mambourg, Sonnenglanz, Schlossberg et Marckrain).

Après le Brand de Turckheim (coup de cœur l'an dernier en gewurztraminer), le Schlossberg de Kientzheim, terre d'élection du riesling. Deux coteaux pentus, granitiques, exposés plein sud. Pas de coup de cœur pour ce 2013, mais beaucoup d'éloges pour son nez intense et élégant, associant les agrumes et des notes plus mûres et originales de pêche, de mangue et même de... litchi. Dans le même registre, la bouche attaque avec ampleur et rondeur, soutenue par une acidité fine qui souligne la longue finale où l'on retrouve les agrumes. (Sucres résiduels : 7 g/l.) ✗ 2016-2022 ♈ homard ■ Mambourg Gewurztraminer Cuvée Juliette 2013 (11 à 15 € ; 1 800 b.) : vin cité. ✗ 2015-2020

o━ Dom. Fabien Stirn, 3, rue du Château, 68240 Kientzheim, tél. 03 89 47 30 58, domainestirn@free.fr Ⓥ Ⓚ Ⓛ t.l.j. 9h-12h 14h-17h30; dim. sur r.-v. 🏠 Ⓒ

Ⓑ ANDRÉ THOMAS ET FILS Schlossberg Riesling 2013

| ■ | 1 000 | | 11 à 15 € |

Viticulteurs depuis le milieu du XIXᵉs. au nord-ouest de Colmar, les Thomas ont commencé la vente en bouteilles en 1965. André Thomas, installé en 1985 et rejoint par son fils Gilles, a converti le domaine au bio. Le tandem dispose de 6 ha, avec des parcelles dans plusieurs grands crus. Une valeur sûre.

Le Schlossberg est un coteau escarpé surplombant Kaysersberg. Sur ses sols granitiques, le riesling est roi. Les Thomas en ont tiré un vin au nez floral et minéral. Nerveux à l'attaque, ce 2013 se montre aérien en bouche où il développe des arômes de pamplemousse teintés de minéralité. (Sucres résiduels : 10 g/l.) ✗ 2015-2018 ♈ huîtres gratinées

o━ André Thomas et Fils, 3, rue des Seigneurs, 68770 Ammerschwihr, tél. 03 89 47 16 60, thomasfr4@hotmail.fr Ⓥ Ⓚ Ⓛ r.-v.

♥ CAVE DU VIEIL ARMAND Ollwiller Gewurztraminer 2012 ★★★

| ■ | 8 000 | ⓐ | 8 à 11 € |

Créée en 1959, la coopérative la plus méridionale du vignoble tire son nom du sommet vosgien du

ALSACE GRAND CRU
GEWURZTRAMINER
Grand Cru
OLLWILLER
PRODUIT DE FRANCE

Vieil Armand, siège de violents combats pendant la Première Guerre mondiale. Elle regroupe près d'une centaine d'adhérents cultivant 130 ha dans les cantons de Cernay, Soultz et Guebwiller.

Il y a juste cent ans, la guerre faisait rage sur les pentes du Vieil Armand. Du coteau posé à ses pieds est né un millésime que l'on pourra déboucher à l'apéritif en trinquant à la paix. Un gewurztraminer qui confirme le potentiel de ce grand cru, réputé pour l'élégance de ses vins. Élégance est bien le mot qui revient sous la plume des dégustateurs ; tous saluent le raffinement et la complexité du nez qui penche vers la rose et le jasmin, avant de s'orienter vers la citronnelle et la mangue, avec une touche de mandarine. La bouche suit la même ligne, racée, d'un rare équilibre et tout en finesse. On y trouve trouve l'empreinte du cépage comme du terroir. (Sucres résiduels : 33,2 g/l.) ✗ 2016-2023 ♈ langoustines au curry

☞ Cave du Vieil Armand, 1, rte de Cernay, 68360 Soultz-Wuenheim, tél. 03 99 28 22 07, caveau@cavevieilarmand.com Ⓥ 👤 🏠 t.l.j. 8h-12h 14h-18h30

| **DOM. DE LA VIEILLE FORGE** Sonnenglanz | | |
Gewurztraminer 2013		
🔳 1 300	🍶	11 à 15 €

Fort de son diplôme d'œnologue, Denis Wurtz fait revivre depuis 1998 le domaine de ses grands-parents à Beblenheim, dont le nom évoque le métier de l'un de ses aïeuls. Installé dans une maison à colombages du XVIᵉs., il exploite 10 ha de vignes près de Riquewihr, avec des parcelles en grand cru.

Le Sonnenglanz, ou « Rayon de soleil » : le grand cru de Beblenheim bénéficie d'une exposition au sud-est et d'un microclimat particulièrement sec. Ses sols lourds et caillouteux plaisent au gewurztraminer. Celui-ci, encore discret, dévoile un caractère plutôt solaire : son nez joue sur les fruits mûrs et les épices ; sa bouche suave, aux arômes d'abricot et de pêche, n'est que douceur. Il gagnera à être carafé et s'exprimera après une petite garde. (Sucres résiduels : 22 g/l.) ✗ 2016-2020 ♈ canapés de foie gras, vacherin glacé

☞ Dom. de la Vieille Forge, 5, rue de Hoen, 68980 Beblenheim, tél. 03 89 86 01 58, virginie.wurtz@wanadoo.fr Ⓥ 👤 🏠 t.l.j. 10h-12h 14h-19h 🏠 Ⓒ

| **DOM. LAURENT VOGT** Altenberg de Wolxheim | | |
Riesling 2012		
🔳 1 500	🍶	8 à 11 €

Une maison vigneronne du XVIIIᵉs. cossue et typique, dans la partie du vignoble proche de Strasbourg. Laurent et Marie-Anne Vogt ont spécialisé et agrandi le domaine. Thomas et Sylvie Vogt ont pris le relais en 1998 et engagé la conversion bio des 11 ha de vignes (certification en 2013).

Un riesling né sur le grand cru Altenberg de Wolxheim, où ce cépage est roi. Récolté le 18 octobre, le 2012 affiche une robe or paille intense. Bien ouvert, le nez mêle des notes empyreumatiques (grillé) et des nuances de sur-maturation (coing, fruits confits, mirabelle). Après une

attaque souple et ronde où l'on retrouve les fruits confits et un soupçon de figue fraîche, le palais est porté par une belle acidité jusqu'à la finale longue et délicatement minérale. (Sucres résiduels : 12 g/l.) ✗ 2016-2023 ♈ noix de Saint-Jacques à la mangue

☞ Dom. Laurent Vogt, 4, rue des Vignerons, 67120 Wolxheim, tél. 03 88 38 81 28, thomas@domaine-vogt.com Ⓥ 👤 🏠 t.l.j. 8h30-12h 13h-18h; dim. sur r.-v.

| Ⓑ **DOM. WEINBACH** Furstentum | | |
Gewurztraminer 2013		
🔳 1 750	🍶	30 à 50 €

Ancien vignoble monastique, mentionné au IXᵉs. et acquis en 1898 par la famille Faller. Avec 30 ha, il dispose aujourd'hui d'une belle palette de terroirs (le Schlossberg et le Furstentum notamment). À partir de 1979, Colette Faller puis ses filles Catherine et Laurence lui ont donné une notoriété internationale, adoptant la biodynamie (sur l'ensemble de la propriété depuis 2005). Après le décès en 2014 de Laurence, la vinificatrice, puis celui de Colette en 2015, Catherine et son fils Théo assurent la continuité du domaine.

Le coteau pentu du Furstentum, aux sols calcaromarneux, favorise le gewurztraminer. Vinifié dans d'anciens foudres de chêne, celui-ci doit être aéré pour libérer des parfums subtils d'orange mûre, de thym et de miel de bruyère. Rond et bien équilibré, ce 2013 mise moins sur la puissance que sur la fraîcheur et la finesse de ses arômes de fruits jaunes et d'agrumes mûrs. La finale de bonne longueur est marquée par une touche de clou de girofle. Du potentiel. (Sucres résiduels : 48,4 g/l.) ✗ 2016-2020 ♈ époisses

☞ Dom. Weinbach, 25, rte du Vin, 68240 Kaysersberg, tél. 03 89 47 13 21, contact@domaineweinbach.com Ⓥ 🏠 r.-v. ☞ Colette, Catherine et Laurence Faller

DOM. WITTMANN Zotzenberg Pinot gris 2013 ★		
🔳 1 322	🍶	8 à 11 €

Vignerons à Mittelbergheim depuis le XVIIIᵉs., les Wittmann sont installés dans une ancienne cour dîmière : avec son pignon Renaissance, la demeure est typique de ce village. À la tête du domaine depuis 1996, Nicolas exploite plus de 8 ha ; il cultive plusieurs cépages sur le Zotzenberg, le grand cru de la commune.

Ce pinot gris moelleux apparaît encore très jeune, même s'il laisse poindre quelques arômes de sous-bois. Dominé par des saveurs fruitées, le palais est équilibré et persistant. Il devrait gagner en expression au cours des prochains mois. (Sucres résiduels : 30 g/l.) ✗ 2016-2020 ♈ tarte aux pêches

☞ Dom. Wittmann, 7, rue Principale, 67140 Mittelbergheim, tél. 03 88 08 95 79, vins.wittmann@orange.fr Ⓥ 👤 🏠 r.-v. 🏠 ❸ 🏠 Ⓑ

| **ZIEGLER-MAULER** Mandelberg Pinot gris | | |
Les Amandiers 2013 ★		
🔳 1 000	🍶	11 à 15 €

Créé au début des années 1960, ce domaine implanté au cœur de la route des Vins a commencé à vendre son vin en bouteilles au cours de la décennie suivante. À la tête de l'exploitation depuis 1996, Philippe Ziegler conduit ses 5 ha de vignes selon une démarche proche du bio, sans certification.

Le grand cru de la commune des Ziegler, célèbre pour ses amandiers. Le pinot gris né sur ce terroir argilo-calcaire séduit par l'élégance de son nez floral et épicé. Au palais, ce 2013 apparaît suave en attaque, ample, puissant et persistant. On y retrouve les épices douces perçues à l'olfaction. (Sucres résiduels : 23 g/l.) ✗ 2016-2022 ✻ papillote de cabillaud sauce vanille

⌐ *Dom. Ziegler-Mauler Fils, 2, rue des Merles, 68630 Mittelwihr, tél. 03 89 47 90 37, vins.zieglermauler@orange.fr* 🅥 🅥 *r.-v.*

DOM. ZINCK Eichberg Gewurztraminer 2013

| | n.c. | 🛈 | 15 à 20 € |

Philippe Zinck, rejoint par Pascale, a repris en 1997 le vignoble fondé en 1964 par son père Paul autour de la vieille cité médiévale d'Eguisheim. L'ayant agrandi (20 ha, avec des parcelles dans quatre grands crus), il mise sur l'export. La lutte raisonnée a précédé la conversion progressive au bio, engagée en 2011.

Ce grand cru argilo-calcaire d'Eguisheim est propice au gewurztraminer, et les vins de ce cépage sont souvent remarqués par nos dégustateurs. Celui-ci ouvre sur des parfums de fruits exotiques bien typés : mangue et litchi. On retrouve ces arômes caractéristiques dans une bouche ample et puissante, à la finale épicée. Un moelleux bien construit qui devrait s'exprimer davantage au cours des prochaines années. (Sucres résiduels : 28,2 g/l.) ✗ 2015-2020 ✻ salade de fruits exotiques

⌐ *Dom. Philippe Zinck, 18, rue des Trois-Châteaux, 68420 Eguisheim, tél. 03 89 41 19 11, info@zinck.fr* 🅥 🅚 🅥 *t.l.j. sf dim. 9h-12h 14h-18h*

CRÉMANT-D'ALSACE

Superficie : 3 017 ha / Production : 235 705 hl

La reconnaissance de cette appellation, en 1976, a donné un nouvel essor à la production de vins effervescents élaborés selon la méthode traditionnelle, qui existait depuis longtemps à une échelle réduite. Les cépages qui peuvent entrer dans la composition du crémant-d'alsace sont le pinot blanc, l'auxerrois, le pinot gris, le pinot noir, le riesling et le chardonnay.

BARON KIRMANN Blanc de noirs 2011 ★

| | 4 350 | | 8 à 11 € |

Le premier de la lignée cultivait la vigne en 1630. Son descendant, Philippe, exploite 11 ha sur les coteaux de Rosheim, cité du Bas-Rhin au riche patrimoine. Il dédie les meilleures cuvées du domaine à son glorieux ancêtre, officier sous la Révolution et l'Empire, qui fut fait baron par Napoléon Ier.

Jaune or, cette cuvée affiche une effervescence fine et persistante. Elle libère des parfums fruités élégants, avec des notes beurrées. En bouche, elle se montre tout aussi expressive et gourmande, volumineuse et fraîche. Une minéralité élégante étire la finale. ✗ 2015-2019 ✻ apéritif

⌐ *Philippe Kirmann, 2, rue du Gal-de-Gaulle, 67560 Rosheim, tél. 03 88 50 43 01, info@baronkirmann.com* 🅥 🅚 🅥 *r.-v.*

A. L. BAUR Pluriel 2011 ★★

| ● | 6 400 | 🛈 | 5 à 8 € |

Balcon dominant sur la plaine d'Alsace, Voegtlinshoffen, au sud-est de Colmar, réunit de très beaux terroirs et concentre des talents, comme ceux de Régine Baur, qui exploite avec son beau-frère Dominique Pierrat un domaine de 7 ha, avec des parcelles dans le grand cru Hatschbourg.

Plurielle, cette cuvée l'est par les trois cépages qui la composent : du pinot gris et du riesling à parts égales que viennent compléter 20 % d'auxerrois. Elle l'est aussi par la complexité de ses parfums alliant fleurs blanches, fumé léger et grillé délicat. Même impression en bouche : le vin, ample et gras, souligné par une belle fraîcheur, conjugue caractère et délicatesse jusque dans sa longue finale. ✗ 2015-2019 ✻ coq au riesling

⌐ *A. L. Baur, 4, rue Roger-Frémeaux, 68420 Voegtlinshoffen, tél. 03 89 49 30 97, albauralsace@orange.fr* 🅥 🅚 🅥 *r.-v.* 🏠 🅑

CAVE DE BEBLENHEIM Chardonnay

| ● | 41 312 | | 5 à 8 € |

Baron de Hoen est une marque de la Cave coopérative de Beblenheim. Créée en 1952 au cœur de la route des Vins, près de Riquewihr, la cave vinifie aujourd'hui le fruit de 385 ha et propose quatre grands crus de Beblenheim et des communes voisines.

De la délicatesse pour cette cuvée de pur chardonnay : des parfums de fleurs blanches et un beau fruité au nez, de la fraîcheur et du volume en bouche, avec une touche de douceur en finale. Un agréable classique de l'appellation. ✗ 2015-2019 ✻ salade de fruits d'été

⌐ *Cave de Beblenheim, 20, rue de Hoen, 68980 Beblenheim, tél. 03 89 47 90 02, info@cave-beblenheim.com* 🅥 🅚 🅥 *t.l.j. sf sam. dim. 9h-12h 14h-18h*

BESTHEIM ★

| ● | 120 000 | 🛈 | 5 à 8 € |

Né en 1997 de la fusion des caves de Westhalten, d'Obernai et de Bennwihr, et de la maison de négoce Heim, le groupe Bestheim est un opérateur de premier plan en Alsace, vinifiant quelque 700 ha.

Ce pur pinot blanc aux fines bulles et à la couleur claire s'ouvre sur de fines notes toastées et briochées, marquant une légère évolution. Impression confirmée en bouche, équilibrée par une juste fraîcheur. Un ensemble harmonieux et fondu. ✗ 2015-2017 ✻ crêpes au sucre

⌐ *Bestheim Cave de Westhalten, 52, rte de Soultzmatt, 68250 Westhalten, tél. 03 89 78 09 09, vignobles@bestheim.com* 🅥 🅥 *r.-v.*

🅑 DOM. CLAUDE ET CHRISTOPHE BLÉGER
Cœur de cru 2012

| ● | 10 000 | 🛈 | 8 à 11 € |

Christophe Bléger et son père Claude, héritiers d'une lignée vigneronne remontant à 1630, exploitent en bio un domaine de 9 ha réparti sur les quatre communes dominées par le Haut-Kœnigsbourg.

De la finesse pour cette cuvée d'assemblage (auxerrois, pinots gris et blanc), tant dans l'effervescence qu'au nez, frais et délicatement fruité. Le palais, à l'unisson, est justement équilibré entre douceur et fraîcheur. ✗ 2015-2019 ❦ œufs de saumon

☛ *Dom. Bléger, 23, Grand-Rue, 67600 Orschwiller, tél. 03 88 92 32 56, contact@bleger.fr* Ⓥ Ⓚ Ⓣ *t.l.j. 9h-12h15 13h15-19h* 🏠 ❷ 🏠 Ⓑ

DOM. DOCK 2013 ★

| ● | | 9 000 | | 🎫 | | 5 à 8 € |

L'exploitation conduite par Christian Dock se transmet de père en fils depuis 1870 et couvre 12 ha. Elle est installée à Heiligenstein, village perché sur un coteau dominé par le mont Sainte-Odile. Le klevener-de-heiligenstein est la spécialité de la propriété.

Ce 2013 doré, assemblage d'auxerrois, de pinot gris et de chardonnay, affiche une effervescence fine et intense. Le nez bien ouvert sur les fruits blancs (pêche) annonce une certaine fraîcheur. Impression confirmée au palais pour ce vin qui trouve son équilibre entre vivacité et douceur. ✗ 2015-2019 ❦ strudel aux pommes

☛ *Dom. Christian Dock, 20, rue Principale, 67140 Heiligenstein, tél. 03 88 08 02 69, cdock@wanadoo.fr* Ⓥ Ⓚ Ⓣ *t.l.j. 8h-12h 13h-18h*

DOM. DREYER 2012 ★

| ● | | 4 500 | | 🎫 | | 5 à 8 € |

Établi à Eguisheim, Robert Dreyer développe le vignoble ; son fils Jean-Pierre, installé en 1976, met les premiers vins en bouteilles. Aujourd'hui, avec son frère Claude, il exploite en biodynamie un domaine de quelque 10 ha, composé de quarante parcelles réparties sur cinq communes.

Né de pur pinot blanc, ce crémant s'ouvre sur des notes bien typées de fleurs blanches, de pêche et de brioche. Dans une bouche fraîche et tonique, on retrouve avec intensité les arômes de pêche jusqu'en finale. ✗ 2015-2017 ❦ tarte aux abricots et aux pêches

☛ *Dom. Robert Dreyer et Fils, 17, rue de Hautvillers, 68420 Eguisheim, tél. 03 89 23 12 18, vignoble.dreyer@wanadoo.fr* Ⓥ Ⓚ Ⓣ *r.-v.*

FRITZ-SCHMITT 2012

| ● | | 5 500 | | | | 8 à 11 € |

Établi à Ottrott au pied du mont Sainte-Odile et à l'ouest d'Obernai, Bernard Schmitt a repris en 1993 le domaine de René Fritz, qu'il travaille aujourd'hui avec son fils Antoine. S'il cultive tous les cépages d'Alsace, il met l'accent sur le pinot noir, variété introduite dans son village au XIIᵉs. par des bénédictins venus de Bourgogne.

Cette cuvée de pur pinot noir affiche une robe saumonée engageante, parcourue d'un train de bulles alertes. Le fruité, tout en finesse qui monte du verre s'exprime davantage dans une bouche ample, fraîche et longue. ✗ 2015-2016 ❦ salade de fruits des bois

☛ *EARL Fritz-Schmitt, 1, rue des Châteaux, 67530 Ottrott, tél. 03 88 95 98 06, contact@ fritzschmitt.com* Ⓥ Ⓚ Ⓣ *t.l.j. 9h-18h* 🏠 Ⓑ

DOM. ARMAND GILG 2012 ★

| ● | | 14 000 | | 🎫 | | 8 à 11 € |

Famille d'origine autrichienne établie à Mittelbergheim depuis 1601 ; encore plus anciennes (XVIᵉs.) sont les caves abritant de vieux foudres sculptés. Un domaine régulier en qualité de 28,5 ha, dont plus de 5 ha dans les grands crus Zotzenberg et Moenchberg.

De la délicatesse et de l'élégance pour cette cuvée d'assemblage d'auxerrois (60 %), de pinot gris (30 %) et d'une pointe de riesling (10 %) : une robe jaune clair à l'effervescence fine, un nez subtilement fruité et frais, un palais vif et bien équilibré, légèrement suave en finale. ✗ 2015-2018 ❦ tarte au citron

☛ *Dom. Armand Gilg, 2, rue Rotland, 67140 Mittelbergheim, tél. 03 88 08 92 76, info@domaine-gilg.com* Ⓥ Ⓣ *t.l.j. 8h-12h 13h30-18h; dim. 9h-11h30*

Ⓑ DOM. GRESSER 2012 ★

| ● | | 6 000 | | 🎫 | | 8 à 11 € |

Rémy Gresser fait remonter sa généalogie à 1525, époque où un Thiébaut Gresser était vigneron et prévôt d'Andlau. Comme son ancêtre attaché à la vie de son village, il s'est impliqué dans le monde professionnel. Soucieux de transmettre ses terres en bon état aux générations futures, il conduit ses 10 ha en bio certifié.

Avec sa mousse de belle tenue, ce crémant s'annonce fin et élégant. Impression confirmée tant au nez, frais et légèrement mentholé, qu'en bouche, où l'on trouve légèreté et vivacité. ✗ 2015-2018 ❦ truite pochée aux herbes

☛ *Dom. Gresser, 2, rue de l'École, 67140 Andlau, tél. 03 88 08 95 88, domaine@gresser.fr* Ⓥ Ⓚ Ⓣ *t.l.j. sf dim. 10h-12h 13h30-17h*

GRUSS Prestige 2012 ★

| ● | | 12 000 | | | | 8 à 11 € |

Succédant à son père Bernard en 1998, le vigneron et négociant André Gruss exploite 16 ha de vignes sur quatre communes au sud de Colmar : Eguisheim, Wettolsheim, Herrlisheim et Rouffach. Il est bien connu des lecteurs du Guide, notamment pour ses crémants.

Ce 2012, qui a bénéficié de plus de vingt-quatre mois d'élevage sur lattes, libère un nez frais et généreusement fruité. Ce même fruité gagne en complexité dans un palais à la vivacité justement maîtrisée. ✗ 2015-2019 ❦ tourte au saumon

☛ *Joseph Gruss et Fils, 25, Grand-Rue, 68420 Eguisheim, tél. 03 89 41 28 78, domainegruss@hotmail.com* Ⓥ Ⓚ Ⓣ *t.l.j. sf dim. 8h30-12h 14h-18h30*

DOM. HAEGI Émotion 2011 ★

| ● | | 2 000 | | 🎫 | | 8 à 11 € |

Boulangers de père en fils, les Haegi sont devenus vignerons en 1949 après le mariage de Charles Haegi avec la fille d'un viticulteur du village. Depuis 1985, c'est Daniel qui conduit les 9 ha de l'exploitation, situés à Mittelbergheim et dans le village voisin d'Eichhoffen. Il cultive trois cépages sur le Zotzenberg, grand cru local.

Ce crémant, né d'un chardonnay presque pur (5 % de pinot blanc) s'ouvre sur des parfums généreux de brioche, de noisette et de grillé. Au palais, les arômes de brioche se fondent dans une structure harmonieuse soulignée jusqu'en finale par une délicate minéralité. ✗ 2015-2018 ❦ feuilletés au comté

☛ *Dom. Haegi, 33, rue de la Montagne, 67140 Mittelbergheim, tél. 03 88 08 95 80, info@haegi.fr* Ⓥ Ⓚ Ⓣ *t.l.j. sf dim. 9h-12h 13h30-18h* 🏠 ❶ 🏠 Ⓑ

LOUIS HAULLER Cuvée Prestige ★

| | 20 000 | | 8 à 11 € |

Tonneliers depuis le XVIIIᵉs. les Hauller sont devenus viticulteurs à part entière depuis un siècle. En 1996, ils créent une structure de négoce, la Cave du Tonnelier, et en 2004 de nouveaux locaux sont érigés à Sélestat. Le domaine compte 10 ha répartis sur quatre communes, dont deux grands crus.

Animé par un chapelet de bulles fougueuses, ce vin assemblant à parts égales pinot blanc et chardonnay s'ouvre sur de discrets parfums de fleurs blanches, de pain grillé et de fruits mûrs. Ample et souple à l'attaque, le palais est équilibré par une fraîcheur persistante. ✗ 2015-2018 ❦ cake au saumon et à l'aneth

☛ *Dom. Louis Hauller, La Cave du Tonnelier, 92, rue du Mal-Foch, 67650 Dambach-la-Ville, tél. 03 88 92 40 00, cave@louishauller.com* 🆅 🕴 🛉 r.-v. 🏠 ❷ 🛉 🅐

MARCEL HUGG ★

| | 15 000 | | 11 à 15 € |

Établi dans le bourg fortifié de Bergheim, ce vigneron-négociant dispose en propre de plus de 10 ha de vignes, avec des parcelles dans le grand cru local Altenberg.

Classique par sa tenue saumon pâle et sa bulle insistante, ce crémant s'ouvre sur des parfums de pêche, de framboise et de fraise. Une gamme aromatique que l'on retrouve dans un palais équilibré, riche et de bonne longueur. ✗ 2015-2016 ❦ charlotte aux fraises

☛ *Marcel Hugg, 21, rte de Sélestat, 68750 Bergheim, tél. 03 89 73 63 27, info@marcelhugg.com* 🆅 🛉 r.-v.

CHARLES KELLNER ★

| | 260 000 | | 5 à 8 € |

Cité de caractère au cachet médiéval, Dambach-la-Ville est aussi une importante commune viticole où la maison Hauller a son siège. En 2000, cet ancien domaine familial, devenu une filiale du groupement des Mousquetaires, a engagé nombre d'investissements destinés à l'élaboration et au stockage des effervescents (2013).

D'un rubis clair, cette cuvée de pur pinot noir offre un nez délicat de groseille et de pêche. Bien équilibrée, fraîche et acidulée, elle fait preuve d'une belle longueur. ✗ 2015-2016 ❦ tarte aux fraises ● Hauller Émotion (8 à 11 € ; 28 000 b.) : vin cité. ✗ 2015-2018

☛ *Jean Hauller et Fils, 3, rue de la Gare, 67650 Dambach-la-Ville, tél. 03 88 92 40 21, contact@hauller.fr* 🆅 🛉 r.-v.

DOM. HENRI KLÉE
Réserve 2012 ★

| | 10 500 | | 5 à 8 € |

Urbain Klée, né au XVIᵉs., aurait acquis les premières vignes en 1624... Henri Klée se lance dans la vente directe au milieu du siècle dernier. Philippe lui succède en 1985 et Martin prepare la relève. Le vignoble couvre 9 ha aux environs de Katzenthal, à l'ouest de Colmar. Une propriété bien connue de nos lecteurs.

Cette cuvée présente un nez intensément fruité, légèrement épicé. Franc et frais à l'attaque, le palais dévoile ensuite une matière plutôt vineuse et onctueuse. ✗ 2015-2018 ❦ gougères au comté

☛ *EARL Henri Klée, 11, Grand-Rue, 68230 Katzenthal, tél. 03 89 27 03 81, contact@vins-klee-henri.com* 🆅 🕴 🛉 r.-v. 🏠 🅒

KUHLMANN-PLATZ ★

| | 40 000 | | 8 à 11 € |

Fondée en 1954 au cœur de la route des Vins, la Cave de Hunawihr regroupe majoritairement des viticulteurs de ce village. La coopérative vinifie le fruit de 210 ha et propose une large gamme de vins (dont cinq grands crus). Elle a quatre marques : Peter Weber, L'Unabelle, Armand Schreyer et Kuhlmann-Platz (ancienne maison de négoce rachetée en 1985).

D'un rose saumon brillant, cette cuvée de pur pinot noir s'ouvre avec discrétion sur les fruits rouges puis monte en intensité à l'aération. Volumineux et long, le palais dévoile une belle fraîcheur qui met en valeur ses saveurs fruitées. ✗ 2015-2016 ❦ tarte aux framboises

☛ *Cave vinicole de Hunawihr, 48, rte de Ribeauvillé, 68150 Hunawihr, tél. 03 89 73 61 67, info@cave-hunawihr.com* 🆅 🛉 r.-v.

ARTHUR METZ ★★

| | 200 000 | | 8 à 11 € |

Une maison de négoce créée en 1904, dans le giron des Grands Chais de France depuis 1991. Elle regroupe trois sites et se fournit auprès de quelque 650 viticulteurs cultivant environ 1 000 ha.

Une mousse légère couronne la robe jaune doré de ce crémant issu de pur pinot blanc. Fruité au premier nez, le vin libère à l'aération des notes fumées et toastées, tirant sur le café. On retrouve ce même côté « moka », nuancé de touches de noisette, dans un palais à la fois ample, frais et bien fondu. ✗ 2015-2018 ❦ kouglof

☛ *Arthur Metz, 102, rue du Gal-de-Gaulle, 67520 Marlenheim, tél. 06 28 56 00 47, abandon@arthurmetz.fr* 🆅 🕴 🛉 r. v. ☛ GCF

DOM. DU MITTELBURG
Cuvée Saint-Vincent 2013 ★★

| | 22 500 | ⬥ | 5 à 8 € |

Il ne reste que quelques pierres du « château du centre » (Mittelburg) qui a donné son nom au domaine, situé au sud de Colmar. Plus intéressants sont les calcaires et argilo-calcaires des terroirs de Pfaffenheim, village où sont établis les Martischang depuis le XVIIIᵉs. Michel a pris la succession d'Henri en 2007.

Issu de pinot blanc, ce crémant jaune pâle parcouru d'un chapelet de fines bulles s'ouvre sur des parfums élégants et intenses de fruits mûrs. Ample à l'attaque, il se montre ensuite plus tendu. Des arômes de citron soulignent sa longue finale. ✗ 2015-2018 ❦ blanquette de poisson

☛ *EARL Henri Martischang et Fils, 15, rue du Fossé, 68250 Pfaffenheim, tél. 03 89 49 60 83, vin.h.martischang@free.fr* 🆅 🕴 🛉 t.l.j. 8h-12h 14h-18h; dim. sur r.-v. 🏠 🅑

DANIEL RUFF Cuvée Guillaume ★

| | 14 000 | | 5 à 8 € |

Un domaine de 15 ha situé au pied du mont Sainte-Odile, dans le pays de Barr. Si son savoir-faire s'étend à d'autres variétés, Daniel Ruff y cultive avec ferveur le klevener, cépage fétiche de Heiligenstein qui a valu au village une dénomination communale.

Cette cuvée élaborée par Guillaume, le fils de Daniel Ruff, est le fruit de l'assemblage de cinq cépages (pinots blanc et noir, auxerrois, chardonnay et riesling). Au nez, elle s'ouvre intensément sur des notes évoluées, toastées et torréfiées que l'on retrouve dans une bouche ample, fraîche et bien équilibrée. ✠ 2015-2017 🍽 feuilletés au fromage

⊙⊓ Daniel Ruff, 64, rue Principale, 67140 Heiligenstein, tél. 03 88 08 10 81, ruffvigneron@wanadoo.fr Ⓥ 🅟 t.l.j. 8h-12h 13h45-18h30 🏠 ❶ 🏠 Ⓒ

DOM. SCHIRMER 2012 ★★

| ● | 3 000 | 🍶 | 5 à 8 € |

Les Schirmer sont établis depuis le XIXᵉs. au sud de Colmar. Lucien Schirmer, qui a spécialisé le domaine dans les années 1970, a passé le relais en 1991 à Thierry. Ce dernier exploite 10,5 ha de vignes, dont une partie est située dans le grand cru du Zinnkoepflé.

Ce crémant à dominante d'auxerrois libère des parfums intenses et généreux de fruits mûrs rehaussés de quelques notes grillées. Tout aussi fruité, d'une belle rondeur, le palais se vivifie par une fraîcheur minérale jusqu'en finale. Un crémant harmonieux et gourmand. ✠ 2017-2019 🍽 poulet au curry doux

⊙⊓ Dom. Lucien Schirmer et Fils, 22, rue de la Vallée, 68500 Soultzmatt, tél. 03 89 47 03 82, vins.alsace.schirmer@orange.fr Ⓥ 🅚 🅟 t.l.j. 9h-12h 13h30-19h; dim. sur r.-v.

FRANÇOIS SCHMITT Blanc de noirs ★★

| ● | 6 000 | ⬤ | 8 à 11 € |

Roland Schmitt a œuvré pour promouvoir l'Altenberg de Bergbieten, grand cru proche de Strasbourg. Son épouse Anne-Marie, puis ses fils Julien (au domaine en 1999 et chef d'exploitation en 2014) et Bruno (2002) ont poursuivi son œuvre et réalisé la conversion bio des 10 ha du domaine.

Ce crémant à l'effervescence fine et à la robe jaune or libère des notes florales et fruitées (petits fruits rouges) empreintes d'une subtile minéralité. Une complexité que l'on retrouve dans un palais équilibré, dense et frais, jouant toujours sur le registre de la minéralité. Un ensemble racé. ✠ 2015-2018 🍽 charlotte aux fruits rouges

⊙⊓ François Schmitt, 19, rte de Soultzmatt, 68500 Orschwihr, tél. 03 89 76 08 45, info@ francoisschmitt.fr Ⓥ 🅚 🅟 t.l.j. 8h-12h 13h30-19h

DOM. PAUL SCHNEIDER 2012 ★

| ● | 6 000 | 🍶 | 8 à 11 € |

Héritier d'une lignée remontant à 1663, Luc Schneider est établi au cœur d'Eguisheim, dans l'ancienne cour dîmière du grand prévôt de la cathédrale de Strasbourg. Son vignoble couvre 13 ha au sud de Colmar, avec des parcelles dans plusieurs grands crus.

Ce crémant rosé à la robe légèrement orangée ne manque pas d'atouts, avec son nez au fruité généreux nuancé de notes de pain grillé et son palais bien équilibré entre rondeur et fraîcheur, fruité et long. ✠ 2015-2016 🍽 colombo de poulet

⊙⊓ Dom. Paul Schneider, 1, rue de l'Hôpital, 68420 Eguisheim, tél. 03 89 41 50 07, vins.paul.schneider@wanadoo.fr Ⓥ 🅚 🅟 t.l.j. 9h-12h 13h30-18h30 🏠 Ⓒ

JEAN-VICTOR SCHUTZ 2012 ★

| ● | 52 800 | 🍶 | 8 à 11 € |

Les Schutz sont alliés aux Ruhlmann, établis depuis le XVIIᵉs. à Dambach-la-Ville, importante et pittoresque cité viticole. Créée en 1997, cette maison de négoce mise sur la grande distribution et sur l'export. Elle a son siège à Dambach-la-Ville et dispose de 33 ha de vignes.

Ce crémant mariant pinot blanc (60 %), auxerrois et riesling à parts égales s'ouvre sur de généreux parfums de fruits blancs et des notes briochées. Frais à souhait en attaque, le palais se montre fruité, complexe et long. ✠ 2015-2019 🍽 tarte aux pêches

⊙⊓ Jean-Victor Schutz, 34, rue du Mal-Foch, 67650 Dambach-la-Ville, tél. 03 88 92 41 86, vins@ruhlmann-schutz.fr 🅟 r.-v. 🏠 ❷

DOM. FRANÇOIS SCHWACH Cuvée S 2012 ★

| ● | n.c. | 🍶 | 11 à 15 € |

Installé en 2010 sur le domaine familial constitué à partir de 1950 par son grand-père François, ancien courtier, Sébastien Schwach dirige un coquet vignoble de 19 ha, situé au cœur de la route des Vins. Il dispose de parcelles dans quatre grands crus.

Animé de fines bulles persistantes, ce vin mariant à parts égales pinot noir et chardonnay affiche une robe doré soutenu. Expressif, il mêle les petits fruits rouges, le fruit de la Passion et la vanille. Ample et gras, le palais penche vers la rondeur, avec ce qu'il faut de fraîcheur. ✠ 2016-2019 🍽 nems aux crevettes

⊙⊓ SCEA François Schwach, 28, rte de Ribeauvillé, 68150 Hunawihr, tél. 03 89 73 62 15, sebastien@ schwach.com Ⓥ 🅚 🅟 r.-v. 🏠 ❹ 🏠 Ⓒ

JEAN-MARC SIMONIS 2012 ★★

| ● | 2 800 | 🍶 | 5 à 8 € |

Héritier d'une lignée de viticulteurs remontant à 1660, Jean-Marc Simonis gère depuis 1993 le domaine familial implanté aux environs d'Ammerschwihr, à 8 km au nord-ouest de Colmar. Ce sont ses grands-parents qui ont débuté la vente en bouteilles. Le propriétaire choie particulièrement le grand cru local, le Kaefferkopf.

Assemblage d'auxerrois et de pinot blanc, cette cuvée à la robe d'un beau jaune pâle aux reflets verts, animée de fines bulles, libère des parfums complexes de fleurs blanches et d'herbe fraîche. En bouche, son fruité, sa fraîcheur et son onctuosité composent un ensemble très harmonieux. ✠ 2015-2018 🍽 tarte aux pommes

⊙⊓ EARL Jean-Paul Simonis et Fils, 1, rue des Chasseurs-Besombes-et-Brunet, 68770 Ammerschwihr, tél. 03 89 47 13 51, jmsimonis@ orange.fr Ⓥ 🅚 🅟 t.l.j. sf dim. 8h-11h45 13h30-18h

J.-M. SOHLER Blanc de blancs 2013 ★

| ● | 3 500 | ⬤ | 5 à 8 € |

Jean-Marie Sohler et son fils Hervé exploitent leur vignoble (10 ha) autour de Blienschwiller, village viticole au sud de Barr, où la famille est installée depuis plusieurs siècles. Dans leur cave de 1563, ils élèvent les vins dans les foudres traditionnels.

Issu de pinot blanc et d'auxerrois, ce blanc de blancs aux reflets dorés, animé d'un cordon de fines bulles, libère des parfums fruités qui laissent rapidement la place à des nuances plus intenses et complexes de vanille et de grillé. Équilibré et puissant, il finit sur une pointe d'amertume qui ne nuit pas à son équilibre. ✗ 2015-2018 ❦ haddock sauce citron

☞ Jean-Marie et Hervé Sohler, 16, rue du Winzenberg, 67650 Blienschwiller, tél. 03 88 92 42 93, jeanmarie.sohler@orange.fr 🅥 🅚 🅛 r.-v. 🏠 🅴

PIERRE SPARR Réserve ★★		
●	210 300	5 à 8 €

Les lointaines origines de cette maison remontent à la fin du XVIIᵉs. Après 1945, Pierre Sparr a remonté l'affaire, mise à mal, comme le reste de Sigolsheim, par les combats de la Poche de Colmar. Aujourd'hui, les deux générations qui lui succèdent perpétuent l'entreprise disposant de 15 ha de vignes en propre et d'une structure de négoce.

Issu de pur auxerrois, ce crémant à la bulle fine révèle une palette d'arômes d'une belle complexité, associant les fleurs blanches et les agrumes. Rond et souple en attaque, le palais, bien fruité lui aussi, est équilibré par une fraîcheur pleine de tonus. ✗ 2015-2018 ❦ saumon mariné au citron et à l'aneth

☞ Maison Pierre Sparr Successeurs, 2, rue de la 1ʳᵉ-Armée-Française, 68240 Sigolsheim, tél. 03 89 78 24 22, info@vins-sparr.com 🅥 🅚 🅛 t.l.j. sf dim. lun. 9h-12h 14h-18h

STRAUB 2012		
●	5 500	î	5 à 8 €

Installé en 1980 sur le domaine familial, entre Barr et Sélestat, Jean-Marie Straub cultive 7 ha de vignes autour de Blienschwiller, dont plusieurs parcelles dans le grand cru local, le Winzenberg. Dans sa cave voûtée de 1714 s'alignent les foudres traditionnels en bois.

Assemblage d'auxerrois et de pinot blanc, ce crémant s'ouvre sur des parfums de fleurs blanches et de citron puis dévoile des notes plus évoluées qui apportent de la complexité. Souple et bien fruité, le palais offre ce qu'il faut de fraîcheur pour parfaire son équilibre. ✗ 2015-2017 ❦ gougères au comté

☞ Jean-Marie Straub, 61, rte des Vins, 67650 Blienschwiller, tél. 03 88 92 40 42, jean.marie.straub@wanadoo.fr 🅥 🅚 🅛 r.-v.

JEAN WACH		
●	15 000	5 à 8 €

Une propriété bas-rhinoise située à Andlau, village niché dans la vallée du même nom et bien connue pour son abbatiale. La famille Wach y cultive 10 ha de vignes, avec des parcelles dans deux grands crus.

Issu d'auxerrois (70 %) complété de pinot blanc et de riesling, ce crémant affiche une bulle fine et intense. Bien ouvert au nez, il libère une palette aromatique riche et fraîche de fruits blancs (poire), de pain grillé et, se conjuguant à la rondeur, de quelques touches citronnées. De la fraîcheur également en bouche avec un agréable retour des agrumes en finale. ✗ 2015-2018 ❦ bar au beurre blanc

☞ Jean Wach et Fils, 16 A, rue du Mal-Foch, 67140 Andlau, tél. 03 88 08 09 73, raph.wach@wanadoo.fr 🅥 🅚 🅛 t.l.j. 9h-12h 14h-19h; dim. sur r.-v. 🏠 🅱

WOLFBERGER Vieilles Vignes ★★			
●	185 000	⬤▮	8 à 11 €

La coopérative d'Eguisheim, créée en 1902, se situe près de Colmar et vinifie 8 % de la superficie du vignoble alsacien, soit environ 1 200 ha de vignes, dont quinze grands crus. Avec quatre cent cinquante vignerons adhérents, l'étendue du vignoble s'étire entre le Bas-Rhin et le Haut-Rhin sur 90 km.

Le riesling domine dans l'assemblage. Les dégustateurs l'ont remarqué et soulignent la fraîcheur et la complexité de ses arômes intensément fruités (agrumes mûrs, fruits exotiques) soulignés de notes fumées. L'attaque, où l'on retrouve les agrumes, annonce un palais droit, fin et tendu. « Il se déguste comme un riesling », écrit un juré. ✗ 2015-2018 ❦ plateau d'huîtres

☞ Wolfberger, 6, Grand-Rue, 68420 Eguisheim, tél. 03 89 22 20 20, contact@wolfberger.com 🅥 🅚 🅛 t.l.j. 8h-12h 14h-18h

LA LORRAINE

Les vignobles des Côtes de Toul et de la Moselle restent les deux seuls témoins d'une viticulture lorraine autrefois florissante par son étendue, supérieure à 30 000 ha en 1890. Elle l'était aussi par sa notoriété. Les deux vignobles connurent leur apogée à la fin du XIXᵉs.

Dès cette époque, plusieurs facteurs se conjuguèrent pour entraîner leur déclin : la crise phylloxérique, qui introduisit l'usage de cépages hybrides de moindre qualité ; la crise économique viticole de 1907 ; la proximité des champs de bataille de la Première Guerre mondiale ; l'industrialisation de la région, à l'origine d'un formidable exode rural. Ce n'est qu'en 1951 que les pouvoirs publics reconnurent l'originalité de ces vignobles. En 2011, les vins-de-moselle sont devenus AOC sous le nom de moselle.

CÔTES-DE-TOUL

Superficie : 57 ha / Production : 2 544 hl (85 % rouge et rosé)

Situé à l'ouest de Toul et du coude caractéristique de la Moselle, le vignoble a accédé à l'AOC en 1998. Il couvre le territoire de huit communes qui s'échelonnent le long d'une côte résultant de l'érosion de couches sédimentaires du Bassin parisien. On y rencontre les sols de période jurassique composés d'argiles oxfordiennes, avec des éboulis calcaires en notable quantité, très bien drainés et exposés au sud ou au sud-est. Le climat semi-continental, qui renforce les températures estivales, est favorable à la vigne. Toutefois, les gelées de printemps sont fréquentes. Le gamay domine toujours, bien qu'il régresse sensiblement au profit du pinot noir. L'assemblage de ces deux cépages produit des vins gris caractéristiques, obtenus par pressurage direct. Le pinot noir seul, vinifié en rouge, donne des vins corsés et agréables ; l'auxerrois d'origine locale, en progression constante, des vins blancs tendres.

FRANCIS DEMANGE Pinot noir 2014 ★★

■ | 3 300 | | 5 à 8 €

Lorsque l'on arrive de Toul, la maison de Francis Demange est l'une des premières du village de Bruley. Installé en 1994, il exploite un modeste vignoble de 2 ha qu'il tient de son père et de son grand-père.

Le meilleur du pinot noir lorrain : une robe dense et soutenue, un nez d'une grande finesse, tout en fruits rouges, une bouche ample et persistante, intensément fruitée, adossée à des tanins caressants. Proche du coup de cœur. ✗ 2015-2018 ❦ filet mignon de porc aux cerises ■ Gris 2014 (5 à 8 € ; 6 600 b.) : vin cité. ✗ 2015-2016 ■ Auxerrois 2014 (5 à 8 € ; 3 400 b.) : vin cité. ✗ 2015-2016
⚲ *Francis Demange, 93, rue des Triboulottes, 54200 Bruley, tél. 03 83 64 33 47, francisdemange@livre.fr* 🆅 🅰 🅱 *r.-v.*

VINCENT LAROPPE La Chaponière 2013 ★★

■ | 5 300 | ⅰⅼ | 11 à 15 €

Les descendants du vigneron du château de Bruley sont restés attachés aux productions locales, vins et eaux-de-vie. Depuis François Laroppe, au XVIIIᵉs., de nombreuses générations se sont succédé. Plus près de nous, Marcel, artisan de la renaissance du vignoble toulois, et Michel, œnologue comme son fils Vincent. Ce dernier a repris en 2003 la maison : 20 ha de vignes et une structure de négoce. Une valeur sûre.

Bien connue des fidèles lecteurs, cette cuvée de pinot noir est souvent au sommet ; le 2013 frôle le coup de cœur. Provenant d'une parcelle bien exposée au sud-est, elle bénéficie d'un élevage ambitieux de douze mois en fûts de chêne, neufs à 80 %. Le nez est évidemment très marqué par l'élevage, mais le boisé est fin et bien fondu. Quant au palais, d'une belle rondeur, il possède assez d'étoffe pour supporter ce séjour en barrique, et ses arômes de fruits rouges se mêlent harmonieusement aux notes vanillées, grillées et toastées léguées par le merrain. ✗ 2016-2019 ❦ bœuf bourguignon ■ Pinot noir 2014 ★ (5 à 8 € ; 13 000 b.) : un pinot noir élevé six mois en cuve, après une courte macération (dix jours). Il en résulte un

Lorraine

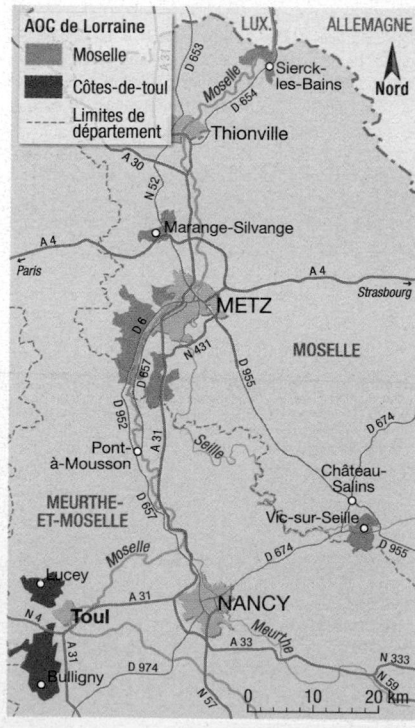

AOC de Lorraine	
▨	Moselle
▧	Côtes-de-toul
----	Limites de département

Nord

LUX. — ALLEMAGNE
Sierck-les-Bains
Thionville
Marange-Silvange
Paris
METZ
Strasbourg
MOSELLE
Pont-à-Mousson
Château-Salins
MEURTHE-ET-MOSELLE
Vic-sur-Seille
Lucey
Toul
NANCY
Bulligny

0   10   20 km

nez intense et fin de fruits rouges, arômes qui s'épanouissent aussi en bouche. Un vin de bonne longueur dont les tanins encore fermes devraient s'assouplir au cours des prochains mois. ✗ 2015-2018 ■ Auxerrois 2014 ★ (5 à 8 € ; 13 000 b.) : à la robe jaune pâle limpide et brillante répondent un nez discret, délicatement floral, et un palais frais, aromatique et persistant. ✗ 2015-2016

☛ *Vincent Laroppe, 253, rue de la République, 54200 Bruley, tél. 03 83 43 11 04, vignoble-laroppe@ wanadoo.fr* 🆅 🄵 *t.l.j. sf dim.* 9h-12h 14h-18h 🏠 ❷

DOM. DE LA LINOTTE Vin gris 2014 ★		
■ 8 000	🍶	5 à 8 €

Après avoir travaillé à Sancerre et en Champagne, Marc Laroppe est revenu planter dans son village de Bruley, en 1993, un petit vignoble de quelque 2 ha, qui contribue à la renaissance discrète du Toulois viticole. S'appuyant sur l'œnotourisme, la propriété est devenue une valeur sûre de la région.

Le gris de Marc Laroppe est bien connu de nos fidèles lecteurs. Le 2014 est un représentant typique de l'appellation, avec sa robe limpide, saumon clair, son nez discret, finement fruité, et sa bouche aux arômes persistants de groseille, en harmonie avec une belle fraîcheur. ✗ 2015-2016 ♈ pâté lorrain en croûte

☛ *Marc Laroppe - Dom. de la Linotte, 90, rue Victor-Hugo, 54200 Bruley, tél. 06 89 53 61 90, domainedelalinotte@orange.fr* 🆅 🄺 🄵 *r.-v.* 🏠 ❷

DOM. RÉGINA Pinot noir 2014 ★		
■ 6 000	🍶	5 à 8 €

Isabelle et Jean-Michel Mangeot ont repris une vigne de 1,6 ha à Bruley en 1997, un an avant la promotion du côtes-de-toul en AOC. Leur domaine a connu une réelle extension (14 ha aujourd'hui) et acquis une belle notoriété.

Ce pinot noir n'a fait qu'un court séjour (trois mois) en cuve, d'où il ressort rouge rubis, intensément fruité au nez et persistant en bouche, adossé à des tanins agréables. Un vin très équilibré, à déboucher dès la sortie du Guide. ✗ 2015-2018 ♈ rôti de veau ■ Pinot noir Cuvée Aux chênes 2013 (5 à 8 € ; 6 000 b.) : vin cité. ✗ 2015-2016 ■ Auxerrois Prestige 2014 (5 à 8 € ; 6 600 b.) : vin cité. ✗ 2015-2016

☛ *Dom. Régina, 350, rue de la République, 54200 Bruley, tél. 03 83 64 49 52, contact@domaineregina.com* 🆅 🄺 🄵 *mer. à sam.* 10h-12h 14h-19h ☛ J.-M. Mangeot

LES VIGNERONS DU TOULOIS Vin gris 2014 ★★		
■ 6 100	🍶	5 à 8 €

Fondée en 1989, cette coopérative se flatte d'être la plus petite de France : huit adhérents, 10 ha. Sa taille réduite ne l'a pas empêchée d'aménager, en 2003, un centre de pressurage et un chai.

Un gris tel qu'on les aime : la robe limpide a cette couleur délicate, saumon clair, caractéristique des vins de pressurage direct. Une pâleur qui n'empêche pas le nez de libérer d'intenses notes de fruits rouges d'une belle finesse. L'attaque est tonique, sur des notes de fraise et de groseille, et le fruité piquant persiste longuement en bouche. Proche du coup de cœur. ✗ 2015-2016 ♈ aspic de poulet aux légumes ■ Auxerrois 2014 (5 à 8 € ; 8 500 b.) : vin cité. ✗ 2015-2016

☛ *Les Vignerons du Toulois, 43, pl. de la Mairie, 54113 Mont-le-Vignoble, tél. 03 83 62 59 93, vigneronsdutoulois@orange.fr* 🆅 🄺 🄵 *t.l.j. sf dim. lun.* 14h-18h

MOSELLE

Superficie : 42 ha / Production : 1 648 hl (55 % blanc)

Le vignoble s'étend sur les coteaux qui bordent la vallée de la Moselle ; ceux-ci ont pour origine les couches sédimentaires formant la bordure orientale du Bassin parisien. L'aire délimitée se concentre autour de trois pôles principaux : le premier au sud et à l'ouest de Metz, le deuxième dans la région de Sierck-les-Bains, le troisième dans la vallée de la Seille, autour de Vic-sur-Seille. La viticulture est influencée par celle du Luxembourg tout proche, avec ses vignes hautes et larges, et sa dominante de vins blancs secs et fruités. En volume, cette appellation reste très modeste et son expansion est contrariée par l'extrême morcellement de la région.

DOM. LES BÉLIERS Auxerrois 2014 ★		
■ 3 400	🍶	5 à 8 €

Créée en 1983 par Michel et Robert Maurice sur les coteaux de la Moselle, en amont de Metz, cette propriété est gérée depuis 2008 par Alain et Ève Maurice, cette dernière étant l'œnologue. Pas plus de 3,5 ha et pourtant de nombreuses cuvées.

Une robe or pâle aux reflets argent pour ce vin tout en fraîcheur, au nez fin et citronné, au palais d'une grande finesse, dont la vivacité est soulignée par des arômes de fleurs blanches et de zeste d'agrumes. ✗ 2015-2016 ♈ filet de poisson citronné

☛ *Dom. Les Béliers, 3, pl. Foch, 57130 Ancy-sur-Moselle, tél. 03 87 30 90 07, domaine.beliers@orange.fr* 🆅 🄺 *r.-v.* ☛ Ève Maurice

Ⓑ DOM. OURY-SCHREIBER Auxerrois 2014 ★		
■ 2 600	🍶	5 à 8 €

Après la disparition en 2012 de Pascal Oury, pionnier du renouveau viticole mosellan, c'est finalement sa fille Angelica, qui avait auparavant vinifié durant huit ans dans l'Hérault au domaine Rocaudy, autre propriété familiale, qui a pris la succession. L'exploitation, en bio certifié, couvre 9 ha au sud de Metz.

La robe or soutenu traduit une belle maturité de la vendange, confirmée par les nuances de pêche, d'abricot et de miel du nez, puis par la générosité épicée du palais. ✗ 2015-2017 ♈ coquilles Saint-Jacques à la crème ■ Pinot gris Barriques 2014 (11 à 15 € ; 1 700 b.) : vin cité. ✗ 2016-2019

☛ *Oury-Schreiber, 29, rue des Côtes, 57420 Marieulles-Vezon, tél. 03 87 52 09 02, oury@neuf.fr* 🆅 🄺 🄵 *t.l.j. sf dim. lun.* 17h30 (ven. 15h)-19h; sam. 10h-12h 14h-18h

DOM. SONTAG Les Blasons 2014 ★★		
■ 4 000	🍶 ⬥	8 à 11 €

La petite ville de Contz-les-Bains épouse le cours sinueux de la Moselle, aux confins du Luxembourg et de l'Allemagne. Les coteaux bordant la rivière sont couverts de vignes. Claude Sontag, aux commandes du domaine familial depuis 2006, y exploite 4 ha, en conversion bio.

Claude Sontag fait découvrir cette année une cuvée d'assemblage, qui marie trois cépages typiques de ce coin du vignoble mosellan, « pays des Trois Frontières » : l'auxerrois (50 %), le pinot gris (30 %) et le muller-thurgau. Cette association a fait mouche, puisque ce vin or pâle frôle le coup de cœur. On aime son nez aromatique et délicat, rehaussé de notes de noisette, son palais tonique, souligné d'arômes persistants de fleurs blanches et d'agrumes. ✗ 2015-2018 ♉ sole grillée ■ Pinot gris Tradition 2014 ★ (8 à 11 € ; 1 500 b.) : discret mais délicat au nez, sur l'amande fraîche puis les agrumes, ce pinot gris se montre à la fois ample et croquant en bouche, alliant des notes fraîches de zeste de citron à une petite rondeur qui lui va bien. Un bel équilibre. ✗ 2015-2018

☞ *Dom. Sontag, 5, rue Saint-Jean,*
57480 Contz-les-Bains, tél. 03 82 83 80 26,
claude.sontag@gmail.com Ⓥ 🏃 🍴 *r.-v.*

DOM. DU STROMBERG
Les Contemplations 2014 ★

■	n.c.	🍶	5 à 8 €

Dans ce domaine du pays des Trois Frontières, aux confins du Luxembourg et de l'Allemagne, l'alambic fonctionne aux côtés du pressoir. La mirabelle de Lorraine est une des spécialités du domaine, qui couvre 8,5 ha. Quant aux vins de Jean-Marie Leisen, à la tête de l'exploitation depuis 2000, ils figurent souvent en bonne place dans le Guide.

Le 2013 de cette cuvée fut le coup de cœur de l'édition précédente. Son successeur ne démérite pas. Un vin d'assemblage dominé par l'auxerrois (50 %), complété par le pinot gris, le muller-thurgau et le gewurztraminer. Chaque cépage lègue ses qualités au vin qui séduit à la fois par son gras, sa richesse et son côté croquant. Le nez pur et net évoque les fruits jaunes et la bouche charme par sa complexité. ✗ 2015-2018 ♉ poulet à l'ananas ■ Auxerrois 2014 (5 à 8 € ; 5 000 b.) : vin cité. ✗ 2015-2016 ■ Muller-thurgau 2014 (5 à 8 € ; 5 000 b.) : vin cité. ✗ 2015-2016

☞ *Dom. du Stromberg, J.-M. Leisen, T. Caboz, B. Petit,*
19-23, Grand-Rue, 57480 Petite-Hettange,
tél. 03 82 50 10 15, j.marie.leisen@wanadoo.fr
Ⓥ 🏃 🍴 *t.l.j. 9h30-12h 14h-19h; dim. sur r.-v.*

♥ CH. DE VAUX
Pinot noir Pylæ 2012 ★★★

■	3 700	🍷	20 à 30 €

PÝLÆ
Pinot Noir

CHÂTEAU DE VAUX

Marie-Geneviève Molozay, descendante d'une lignée de négociants de Metz, est œnologue ; Norbert Molozay a été « vinificateur volant », mettant son expertise en vinification au service de nombreux vignobles de France et du Nouveau Monde. Ils ont repris l'exploitation de ce vignoble où l'on produisait du Sekt (mousseux) à l'époque allemande. S'ils proposent des bulles, c'est surtout par leurs vins tranquilles ambitieux qu'ils ont assuré une belle notoriété à ce domaine du pays messin qui couvre aujourd'hui 14 ha. En conversion bio.

Le pinot noir haut de gamme du domaine, qui séjourne dix-huit mois dans le chêne. C'est une cuvée « pure Moselle », selon l'étiquette : les fûts proviennent des forêts locales. Au chai, pas de levurage, dans l'esprit bio. Le vin ? Grenat foncé et brillant, il offre un superbe nez qui déploie les parfums de fruits rouges du cépage. Le bois ressort davantage au palais, où il apporte une rare complexité, rehaussant le fruité du pinot de multiples notes épicées. Le vin est charpenté, étayé par des tanins déjà fondus qui assureront une longue garde. ✗ 2016-2022 ♉ daube de canard ■ Les Hautes Bassières 2014 ★★ (11 à 15 € ; 33 000 b.) : ce pinot noir reste moins longtemps en fût que la cuvée Pylæ – un an tout de même. Une robe sombre et jeune aux reflets violets. Au nez, un boisé appuyé, épicé et toasté. Le prélude à un palais ample, gras et vanillé, dévoilant une belle trame de tanins déjà soyeux. Un vin de haute tenue qui se dévoilera dans les années qui viennent. ✗ 2015-2019 ■ Les Boserés 2014 ★★ (5 à 8 € ; 5 000 b.) : dominé par le pinot noir, voici un rosé coloré, qui évoque la framboise à l'œil comme au nez. Au palais, il se distingue par son ampleur, par son intensité aromatique et par sa complexité. Il devrait passer l'hiver ! ✗ 2015-2017

☞ *Ch. de Vaux, 4, pl. Saint-Remi, 57130 Vaux,*
tél. 03 87 60 20 64, contact@chateaudevaux.com
Ⓥ 🏃 🍴 *r.-v.*

Le Beaujolais
et le Lyonnais

||||||||||||||||||||||||||||||||||||||||||||||||||||||||||||||||||||||||||||||||||||||||||||

• Le Beaujolais

18 400 ha

Production :

1 000 000 hl

Types de vins :

Rouges très majoritairement, quelques
blancs secs et rosés.

Sous-régions :

Aires des dix crus (au nord), des
beaujolais-villages (autour des crus) et
des beaujolais (au sud de
Villefranche-sur-Saône principalement).

Cépages :

Rouges: gamay noir à jus blanc

Blancs: chardonnay

• Le Lyonnais

300 ha

Production :

17 000 hl

Types de vins :

Rouges (80 %), blancs secs et noirs

Cépages :

Rouges : gamay noir à jus blanc

Blancs : chardonnay, aligoté

MATHIEU MELINAND
Dom. des Marrans

Mathieu Melinand, trente ans, a maintenant six millésimes derrière lui. Il fait partie de cette génération montante du Beaujolais qui entend faire briller cette région souvent injustement dédaignée. Après avoir passé un BTS viti-œno à Mâcon-Davayé, il n'a pas hésité à parcourir quelques « miles » pour aller voir ce qui se fait dans d'autres contrées de la planète.

Vous avez pris la suite de votre père en 2008 après des expériences dans des vignobles de l'hémisphère Sud. Quel a été votre parcours ?

M. M. J'ai passé six mois en Australie en 2007, puis je suis allé en Nouvelle-Zélande en 2008. Je voulais m'ouvrir à autre chose, voir d'autres vins, d'autres cépages. J'ai vinifié du pinot noir en Nouvelle-Zélande ; c'est un cépage assez proche de notre gamay. On trouve peu de gamay ailleurs que dans le Beaujolais.

Quels ont été vos priorités en revenant au domaine ?

M. M. Mon idée était de travailler de la manière la plus raisonnée possible au vignoble : moins de désherbants par exemple. Ce n'est pas si simple sur certains de nos coteaux non mécanisables. En vinification, je souhaitais être le moins interventionniste possible : nous n'employons plus de levures exogènes depuis 2009. Nous utilisons très peu d'intrants sans pour autant souscrire à la mode des « vins natures ». Les domaines néo-zélandais chez lesquels je suis allé travaillaient aussi dans ce sens-là. Souvent, ils sont eux-mêmes allés voir du côté des grands domaines bourguignons.

L'une des caractéristiques du domaine est d'être planté d'un nombre important de vieilles vignes (une cinquantaine d'années en moyenne). Quel est l'influence de ces vieilles vignes sur vos vins ?

M. M. Le gamay est un cépage assez productif, surtout lorsqu'il est jeune. Conserver des vieilles vignes permet d'avoir moins de rendements et donc des vins plus concentrés. Nous avons des vignes de quatre-vingts à cent ans. Il faudra tout de même renouveler certains pieds tout en gardant une moyenne élevée. Nous plantons toujours en densité élevée (10 000 pieds/ha), j'y tiens particulièrement. Cela permet d'avoir une concurrence entre les ceps pour que le gamay ne produise pas trop, même dans ses jeunes années.

En matière de vinifications, conservez-vous la macération semi-carbonique beaujolaise ou égrappez-vous ?

M. M. Un petit peu des deux. Nous nous autorisons un peu d'égrappage quand c'est nécessaire. La vendange entière (macération semi-carbonique, ndlr) présente quand même un intérêt chez nous, elle donne des vins qui allient volume et caractère flatteur. J'ai allongé un peu les durées de cuvaisons : entre treize et quinze jours.

Comme se présente le Terroir du Pavillon ?

M. M. C'est un terroir argileux en sous-sol ; au-dessus on retrouve du granit rose avec des quartz typiques de Fleurie. Nous sommes sur une très vieille vigne : plus de quatre-vingts ans. L'ensemble donne un vin un peu plus concentré et plus structuré que notre autre cuvée de Fleurie. Nous faisons de petits rendements : 30 à 35 ha/ha. Les tannins sont serrés, denses.

Le Beaujolais pâtit parfois d'une réputation médiocre. Etes-vous optimiste pour le futur de ce vignoble ?

M. M. Oui, nous avons vraiment le cépage adapté à nos terroirs, particulièrement sur les crus. Je pense qu'il y a vraiment un avenir pour les gens qui travaillent bien. Nous proposons un style de vin digeste, pas trop riche en alcool, qui est de plus en plus recherché, qui s'accorde avec beaucoup de plats à table – avec les viandes blanches comme avec les rouges. Nous avons une carte à jouer.

♥ Fleurie
Terroir du Pavillon 2013 ★★

*Dom. des Marrans,
Les Marrans, 69820 Fleurie,
tél. 04 74 04 13 21,
domainedesmarrans@wanadoo.fr*

LE BEAUJOLAIS ET LE LYONNAIS

À l'est de la Saône, entre Mâcon et Lyon, le Beaujolais est rattaché officiellement à la Bourgogne viticole. Il affirme pourtant sa personnalité par ses paysages vallonnés, par son habitat plus dispersé et par un cépage presque exclusif, le gamay, qui lègue aux vins un fruité pimpant. Si une promotion dynamique a rendu le beaujolais nouveau célèbre dans le monde entier, la région propose aussi des vins plus étoffés et complexes : les beaujolais, les beaujolais-villages et les dix crus.

Du vignoble de Lyon au beaujolais nouveau Si le vignoble de Juliénas, selon la tradition, remonte aux légions de Jules César, les premières mentions écrites de vignobles ne sont pas antérieures au Xᵉ s. Le Beaujolais ne trouve son nom et n'apparaît dans l'Histoire qu'avec les sires de Beaujeu, qui se taillent un fief à partir de cette époque. La viticulture prend son essor aux XVIIᵉs. et XVIIIᵉs. quand des nobles et notables lyonnais, notamment des soyeux, plantent des vignobles qu'ils confient à des métayers. Ces vins trouvent un débouché facile à Lyon, mais la plupart d'entre eux doivent attendre le développement du réseau ferré pour s'écouler à Paris. Dans les années 1930, ils ont suffisamment d'identité pour être reconnus en AOC, et pendant les deux guerres, des journalistes parisiens repliés à Lyon les découvrent et contribuent à leur notoriété. Autorisée en 1951, la vente en primeur du beaujolais connaît un succès planétaire qui atteint son apogée dans les décennies 1980 et 1990.

Du beaujolais aux crus À la base de la pyramide des appellations, l'AOC beaujolais fournit près de la moitié de la production du vignoble et presque les deux tiers des « nouveaux ». L'appellation beaujolais villages forme un trait d'union entre le beaujolais et les crus. Comme les crus, les vins naissent sur des roches

anciennes, notamment des arènes granitiques. Un peu plus d'un tiers s'écoule en vin primeur, mais l'AOC fournit aussi des vins plus étoffés. Les crus, qui constituent le sommet de la pyramide, sont au nombre de dix. On trouve du nord au sud : saint-amour ; juliénas ; moulin-à-vent ; chénas ; fleurie ; chiroubles ; morgon ; régnié ; côte-de-brouilly et brouilly.

Beaujolais nord, Beaujolais sud Le climat du Beaujolais est semi-continental et très capricieux. Les monts du Beaujolais, auxquels s'adosse le vignoble, font écran à l'humidité océanique. Les hivers sont rudes et les étés chauds, ponctués d'orages et d'épisodes de grêle ; le couloir Saône-Rhône apporte des influences méditerranéennes. Le vignoble est planté entre 190 et 550 m d'altitude. Au nord, de Mâcon à Villefranche-sur-Saône, les reliefs, plutôt doux, présentent des formes arrondies. C'est la région des roches anciennes (granites, porphyre, schistes, diorites) et des sables (arènes granitiques), domaine des crus et des beaujolais-villages. Le Sud, de Villefranche-sur-Saône à Lyon, est marqué par des reliefs plus accusés. Les terrains sont d'origine sédimentaire, argilo-calcaires – les « pierres dorées », qui donnent à l'habitat une belle couleur ocre. C'est la zone de l'AOC beaujolais.

L'arrivée du « nouveau », chaque troisième jeudi de novembre, reste un événement annuel, célébré jusqu'au Japon. Ce vin de primeur représente encore un petit tiers des volumes. Lorsqu'il est élaboré de façon naturelle, c'est un vin rouge tendre et gouleyant, résultat d'une macération semi-carbonique courte, de l'ordre de quatre jours, favorisant souplesse et fruité pimpant.

Le règne du gamay L'encépagement du Beaujolais se réduit pratiquement au gamay noir à jus blanc (99 %), le chardonnay fournissant les rares blancs. La majorité des vins rouges de la région sont élaborés selon le principe de la vinification beaujolaise, ou macération semi-carbonique, technique qui consiste en une courte macération des grappes de raisin entières, une partie de la fermentation s'accomplissant à l'intérieur de la baie. Il en résulte une structure peu tannique et une palette très fruitée. Les crus du Beaujolais, s'ils portent la marque du gamay, varient selon les terroirs. Certains d'entre eux, tels le morgon et le moulin-à-vent, peuvent vieillir quelques années. Les vignerons élaborent d'ailleurs certaines cuvées à la bourguignonne en éraflant les raisins, en les faisant macérer plus longtemps et en les élevant en fût.

LE MÉTAYAGE

L'une des caractéristiques du vignoble beaujolais, héritée du passé mais bien vivante, est le métayage : la récolte et certains frais sont partagés par moitié entre l'exploitant et le propriétaire, ce dernier devant fournir les terres, le logement, le cuvage avec le gros matériel de vinification, les produits de traitement, les plants. Le vigneron, ou métayer, possède l'outillage pour la culture, assure la main-d'œuvre, honore les dépenses dues aux récoltes, veille au parfait état des vignes. Aujourd'hui encore, une part non négligeable des surfaces est exploitée de cette façon.

Le Beaujolais

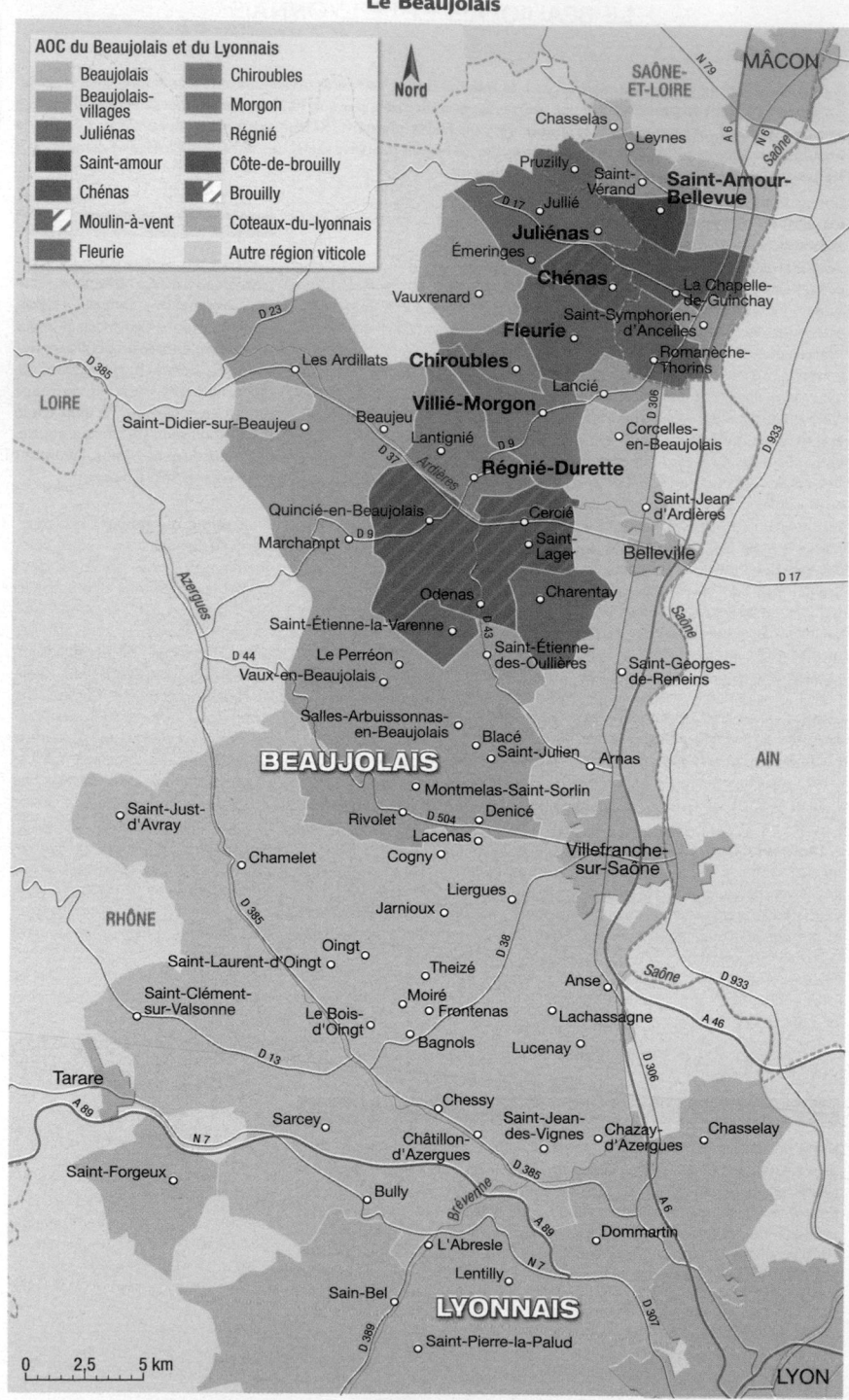

AOC du Beaujolais et du Lyonnais

- Beaujolais
- Beaujolais-villages
- Juliénas
- Saint-amour
- Chénas
- Moulin-à-vent
- Fleurie
- Chiroubles
- Morgon
- Régnié
- Côte-de-brouilly
- Brouilly
- Coteaux-du-lyonnais
- Autre région viticole

Nord

MÂCON

SAÔNE-ET-LOIRE

Chasselas
Leynes
Pruzilly
Saint-Vérand
Jullié
Saint-Amour-Bellevue
Juliénas
Émeringes
Chénas
La Chapelle-de-Guinchay
Vauxrenard
Saint-Symphorien-d'Ancelles
Fleurie
Romanèche-Thorins
Les Ardillats
Chiroubles
Lancié
Villié-Morgon
Beaujeu
LOIRE
Saint-Didier-sur-Beaujeu
Lantignié
Corcelles-en-Beaujolais
Régnié-Durette
Quincié-en-Beaujolais
Cercié
Saint-Jean-d'Ardières
Marchampt
Saint-Lager
Belleville
Odenas
Charentay
Saint-Étienne-la-Varenne
Le Perréon
Saint-Étienne-des-Oullières
Saint-Georges-de-Reneins
Vaux-en-Beaujolais
Salles-Arbuissonnas-en-Beaujolais
Blacé
BEAUJOLAIS
Saint-Julien
Arnas
AIN
Montmelas-Saint-Sorlin
Saint-Just-d'Avray
Rivolet
Denicé
Lacenas
Chamelet
Cogny
Villefranche-sur-Saône
RHÔNE
Liergues
Jarnioux
Oingt
Saint-Laurent-d'Oingt
Theizé
Anse
Saint-Clément-sur-Valsonne
Moiré
Lachassagne
Le Bois-d'Oingt
Frontenas
Bagnols
Lucenay
Tarare
Chessy
Sarcey
Saint-Jean-des-Vignes
Chazay-d'Azergues
Chasselay
Châtillon-d'Azergues
Saint-Forgeux
Bully
Dommartin
L'Abresle
Lentilly
Sain-Bel
LYONNAIS
Saint-Pierre-la-Palud
LYON

0   2,5   5 km

BEAUJOLAIS

Superficie : 5 983 ha / Production : 247 660 hl

L'appellation beaujolais fournit près de la moitié de la production du vignoble et près de 75 % des primeurs ; elle est principalement localisée au sud de Villefranche. À côté des vins rouges et rosés, quelques blancs sont élaborés à partir du chardonnay, notamment dans le canton de La Chapelle-de-Guinchay, zone de transition entre les terrains siliceux des crus et ceux, calcaires, du Mâconnais. Dans le secteur des Pierres dorées, au sud de Villefranche et à l'est du Bois-d'Oingt, les vins rouges ont des arômes plus fruités que floraux, parfois nuancés de pointes végétales ; colorés, charpentés, un peu rustiques, ils se conservent assez bien. Dans la partie haute de la vallée de l'Azergues, vers l'ouest, on retrouve les roches cristallines qui donnent des vins avec de la mâche et des accents minéraux, ce qui les fait apprécier un peu plus tardivement. Enfin, les zones plus en altitude offrent des vins vifs, plus légers en couleur, mais aussi plus frais les années chaudes. Le beaujolais supérieur ne provient pas d'un terroir délimité spécifique ; il est surtout produit dans l'AOC beaujolais. L'appellation peut être revendiquée pour des vins dont les moûts présentent, à la récolte, une richesse en équivalent alcool de 0,5 % vol. supérieure à ceux de l'AOC beaujolais, les raisins provenant de parcelles sélectionnées et contrôlées avant la récolte. Tous ces vins sont dégustés traditionnellement dans les « pots » beaujolais, flacons de 46 cl. à fond épais qui garnissent les « bouchons » lyonnais.

DOM. DE BALUCE
Cuvée Jean Sonnery Élevé en fût de chêne 2013 ★

| ■ | 2 150 | ⦿ | 5 à 8 € |

Installés en 1986 sur le domaine familial, qui a son siège dans les bâtiments d'un ancien monastère aux caves voûtées, Jean-Yves et Annick Sonnery exploitent 13,5 ha au pays des Pierres dorées. Se définissant comme des « artisans-vignerons », ils sont fidèles aux hautes densités et aux vendanges manuelles.

Cette cuvée, née de vignes centenaires puis élevée dix mois en fût, livre à l'aération des notes de fruits rouges et de pain grillé. Nette et intensément aromatique, adossée à des tanins ronds au boisé bien fondu, la bouche trouve le soutien d'une juste fraîcheur en finale qui lui assure longueur et potentiel de garde. ✗ 2015-2018 ❦ navarin d'agneau

☛ Jean-Yves et Annick Sonnery, Dom. de Baluce, Le Plan, 69620 Bagnols, tél. 04 74 71 71 43, contact@baluce.fr Ⓥ 🏃 🏠 r.-v.

DOM. J. BOULON 2014 ★★

| ■ | 60 000 | 🍾 | - de 5 € |

« J » comme Jacques, Jules et Jean Boulon, qui se sont succédé à la tête du domaine (25,5 ha aujourd'hui) transmis de père en fils depuis six générations. La fille et le gendre de Jacques Boulon ont rejoint ce dernier en 2007. Ensemble, ils élaborent des cuvées en beaujolais, morgon et en moulin-à-vent.

Le nez associe subtilement les épices aux fruits rouges. Une matière parfaitement équilibrée s'affirme au palais.

Mais c'est la longueur, bien au-dessus des canons de l'appellation, qui a séduit les dégustateurs. Elle rehausse son fruité gourmand (fruits noirs) et contribue à sa remarquable harmonie. ✗ 2016-2018 ❦ poulet de Bresse

☛ Dom. J. Boulon, Chassagne, 69220 Corcelles-en-Beaujolais, tél. 04 74 66 47 94, domaine.j.boulon@wanadoo.fr Ⓥ 🏃 🏠 r.-v.

DOM. BOURBON
Charme d'automne 2014 ★★

| ■ | 10 000 | 🍾 | 5 à 8 € |

À vingt-huit ans, Jean-Luc Bourbon a abandonné le transport routier pour rejoindre le village de son enfance, au sud du Beaujolais. Il s'est installé en 2001, après s'être fait la main sur… le muscadet. Il exploite 10 ha de vignes plantées à forte densité, en coteaux : l'assurance de petits rendements.

La robe profonde annonce un vin concentré. Ce que confirme l'olfaction évoquant les fruits noirs confiturés et la bouche gourmande et puissante, à la finale tout en fraîcheur. Un modèle d'harmonie. ✗ 2015-2018 ❦ saucisson brioché ■ Les Terrasses 2014 ★ (5 à 8 € ; 6 000 b.) : un vin, vinifié à la bourguignonne, au nez de fruits rouges et à la bouche bien construite, profonde et équilibrée. ✗ 2016-2018

☛ Dom. Bourbon, 10, imp. des Vignes , Le Marquison, 69620 Theizé, tél. 04 74 71 14 13, domaine-bourbon@orange.fr Ⓥ 🏃 🏠 r.-v.

CH. DE BUFFAVENT
Vieilles Vignes 2012 ★

| ▨ | 2 000 | ⦿ | 5 à 8 € |

Denis et Marie-Agnès Chilliet se sont installés en 2009 au château de Buffavent, au pays des Pierres dorées. Ils conduisent un vignoble de 22 ha et produisent en appellation beaujolais (rouge, blanc, rosé).

Cette cuvée tire son élevage en fût (un an) un nez délicatement boisé accompagné de notes fruitées. La bouche ronde suit la même ligne, et le boisé commence à se fondre. L'ensemble, bien équilibré, devrait être bonifié dans les mois qui viennent. ✗ 2016-2018 ❦ poisson grillé ■ 2014 (5 à 8 € ; 4 000 b.) : vin cité ✗ 2016 2018

☛ GFA du Ch. de Buffavent, 855, rte de Buffavent, 69640 Denicé, tél. 06 07 23 67 93, chateaudebuffavent@free.fr Ⓥ 🏃 🏠 r.-v. 🏡 ❺

DOM. CHATELUS
Cuvée Terroir 2014 ★

| ■ | 100 000 | | 5 à 8 € |

Installé en 1982, Pascal Chatelus est établi dans le Beaujolais des Pierres dorées, au sud du vignoble. Son domaine de 20 ha comprend des parcelles dans la zone des crus, en morgon et moulin-à-vent.

Ouvert à l'olfaction sur les fruits rouges frais, ce 2014 révèle une belle concentration en bouche, des tanins présents mais sans agressivité et une juste fraîcheur qui donne à l'ensemble relief et longueur. ✗ 2016-2018 ❦ poulet rôti

☛ Pascal Chatelus, La Roche, 69620 Saint-Laurent-d'Oingt, tél. 04 74 71 24 78, pascal.chatelus@wanadoo.fr Ⓥ 🏃 🏠 t.l.j. 8h-12h 14h-20h

DOMINIQUE CHERMETTE 2014

| ■ | 4 500 | | 5 à 8 € |

Dominique Chermette a repris en 1985 le domaine familial constitué en 1958 au pays des Pierres dorées, au sud du vignoble. Sur ses 6,5 ha de vignes, il élabore essentiellement des beaujolais.

Le nez s'épanouit avec délicatesse sur des notes de fleurs blanches et des tonalités minérales. On retrouve cette finesse aromatique dans une bouche ample, ronde et fraîche à la fois. ✗ 2016-2018 ♈ fromage à pâte molle

o┐ EARL Dominique Chermette, Le Barnigat, 69620 Saint-Laurent-d'Oingt, tél. 04 74 71 20 05, dominique.chermette@wanadoo.fr Ⓥ 🏃 🏠 r.-v.

DOM. CHEYSSON
L'Exception 2014

| ■ | 7 500 | 🍷 | 5 à 8 € |

Ancienne dépendance de l'abbaye de Cluny, le domaine Cheysson a été acheté en 1870 par Émile Cheysson, ingénieur, administrateur et professeur d'économie. Il couvre 27 ha, exploité depuis 1988 par Jean-Pierre Large, qui propose aussi des vins sous son propre nom.

Le nez de ce chardonnay s'épanouit sur des parfums de pêche et d'amande préludant à un palais tout aussi expressif, frais, généreux et délicatement minéral en finale. On aurait apprécié un peu plus de longueur, mais l'ensemble est harmonieux. ✗ 2016-2018 ♈ filet de cabillaud aux agrumes ■ Chiroubles 2014 (5 à 8 € ; 100 000 b.) : vin cité. ✗ 2016-2018

o┐ Dom. Émile Cheysson, Clos Les Farges, 69115 Chiroubles, tél. 04 74 04 22 02, domainecheysson@ orange.fr Ⓥ 🏃 🏠 t.l.j. 9h-18h30

DOM. DE LA CÔTE DE BERNE 2014 ★

| ■ | 1 200 | | - de 5 € |

Sur ce domaine créé au XVIIᵉ s., Jean-Jacques Sandrin, installé depuis 1990 et épaulé par son fils Rémi, exploite 18 ha de vignes sur une large palette de crus : brouilly, moulin-à-vent, juliénas et morgon.

Le nez, bien ouvert sur les fleurs et le poivre, prélude à une bouche ronde et gourmande tonifiée en finale par une petite pointe de vivacité. ✗ 2015-2016 ♈ aspic de poulet

o┐ EARL Sandrin, 24, chem. du Bief, 69460 Blacé, tél. 04 74 67 58 00, jjmr.sandrin@club-internet.fr Ⓥ 🏃 🏠 r.-v. 🏠 Ⓐ

DOM. DE LA CROIX DE L'ANGE
Plaisirs des Pierres dorées 2013

| ■ | 1 500 | 🍷 | - de 5 € |

Six générations de la famille Sacquin se sont succédé à la tête de ce domaine depuis sa création en 1818. Aujourd'hui, le vignoble s'étend sur 18,6 ha, répartis entre six villages des Pierres dorées.

Le nez libère avec générosité des arômes de fruits noirs et d'épices que l'on retrouve dans un palais aux tanins encore fermes mais élégants. L'ensemble reste équilibré. Une courte garde lui sera bénéfique. ✗ 2016-2018 ♈ entrecôte

o┐ EARL Dom. de la Croix de l'Ange, 147, chem. de Tredo, 69480 Morancé, tél. 04 78 43 02 23, sacquin.beaujolais@wanadoo.fr Ⓥ 🏃 🏠 r.-v.

EXPERT CLUB Cuvée Rosette 2014 ★

| ■ | 160 000 | 🍷 | - de 5 € |

La marque Expert Club rassemble une gamme de vins de toute la France, sélectionnés et vinifiés exclusivement pour les magasins Intermarché.

La contre-étiquette promet un vin rouge léger et fruité. L'objectif est atteint : le nez est intense sur le cassis et les épices. La bouche riche et onctueuse présente une structure tannique solide sans dureté. ✗ 2016-2018 ♈ charcuterie lyonnaise ■ Beaujolais-villages Ch. Verzier 2014 (5 à 8 € ; 73 000 b.) : vin cité. ✗ 2016-2018

o┐ ITM International, 31, allée des Mousquetaires, parc de Tréville, 91078 Bondoufle Cedex, tél. 01 69 64 23 23, glafay@mousquetaires.com

♥ DOM. GIRIN L'Ancestrale Fût de chêne 2013 ★★

| ■ | 1 000 | 🍷 | 8 à 11 € |

DOMAINE GIRIN
L'Ancestrale
Fût de Chêne
MIS EN BOUTEILLE À LA PROPRIÉTÉ

Constitué à partir de 1890 dans la région des Pierres dorées, au sud du vignoble, ce domaine familial se transmet depuis quatre générations. Aujourd'hui, il compte 24 ha, exploité depuis 1978 par Henri Girin, rejoint en 1990 par son fils Bernard.

L'olfaction charme par des parfums francs de fruits rouges, soulignés par des notes vanillées léguées par un passage de sept mois sous bois. La bouche, puissante et complexe, s'appuie sur des tanins solides mais affables et offre une remarquable expressivité. ✗ 2016-2018 ♈ tournedos ■ Coteaux du Razet Vieilles Vignes 2014 ★ (5 à 8 € ; 10 000 b.) : une cuvée née de vignes de soixante ans au nez généreusement parfumé de cassis. En bouche, le vin se montre rond et souple, souligné par une fine acidité jusqu'en finale. Pour un plaisir immédiat. ✗ 2015-2018

o┐ Dom. Girin, Aucherand, 69620 Saint-Vérand, tél. 06 83 53 46 64, vinsgirin@domainegirin.fr Ⓥ 🏃 🏠 t.l.j. 9h-12h 14h-19h

CAVE DE GLEIZÉ 2014 ★

| ■ | 8 000 | 🍷 | 5 à 8 € |

Fondée en 1932 et installée à l'emplacement d'un ancien prieuré, cette cave coopérative est l'une des plus anciennes du Beaujolais. Elle vinifie les 200 ha de vignes cultivés par ses adhérents.

Le nez de ce chardonnay est particulièrement aromatique, sur des notes de fruits blancs, avec une touche exotique. La bouche n'est pas en reste, ample, souple et onctueuse, sous-tendue par une fine acidité qui lui donne de l'allonge. Un vin complet. ✗ 2015-2018 ♈ volaille à la crème

o┐ Cave Coop. de Gleizé, 1471, rue de Tarare, 69400 Gleizé, tél. 04 74 68 39 49, cave.vinicole.gleize@ wanadoo.fr Ⓥ 🏠 t.l.j. sf dim. 9h-12h 14h-18h30

DOM. DU GUELET Le Fournel 2014 ★

| ■ | 1 000 | | 5 à 8 € |

Installés depuis 1994 à Rivolet, du côté de Villefranche-sur-Saône, Christine et Didier Puillat élaborent leurs vins dans une cave voûtée en pierres dorées typique du Beaujolais, datant de 1791. Ils conduisent un domaine de 11 ha.

Le nez libère de fines notes de fruits rouges soulignées d'épices (poivre, cannelle). La bouche est longue et bien équilibrée, malgré une certaine fermeté en finale. Un beaujolais complexe que quelques mois de garde devraient bonifier. ✗ 2016-2018 ❦ chèvre sec

○┐ Christine et Didier Puillat, Le Fournel, 69640 Rivolet, tél. 04 74 67 34 05, domaine-du-guelet@free.fr
Ⓥ 🄺 ⬆ r.-v.

DOM. LATHUILIÈRE-GRAVALLON
Roche noire 2014

■	n.c.		🄸 ⬤		5 à 8 €

Cédric Lathuilière a repris en 2009, avec son épouse Cathy Gravallon, le domaine de ses beaux-parents à Villié-Morgon : 15 ha, dont 7 ha dédiés au morgon.

Le nez ouvert sur les fruits blancs et la noisette précède un palais encore un peu nerveux à l'attaque, mais suffisamment rond, gras et long pour laisser présager une très agréable dégustation dans quelques mois. ✗ 2016-2018 ❦ fromage de chèvre

○┐ Lathuilière Gravallon, Vermont, 69910 Villié-Morgon, tél. 04 74 04 23 23, domaine@lathuiliere.fr Ⓥ 🄺 ⬆ t.l.j. sf dim. 8h-12h 14h-17h30

LONGESSAIGNE 2014 ★

■	6 000		🄸		- de 5 €

Fils de Pierre et Cécile Durdilly (Dom. les Gryphées), Guillaume Durdilly s'est installé en 2007 sur 7 ha de vignes en coteau, d'un seul tenant, au pays des Pierres dorées. Des notes subtiles et complexes de fruits rouges et noirs s'échappent du verre. La bouche convainc par sa densité et sa longueur, qui assureront à cette bouteille une bonne garde. ✗ 2015-2019 ❦ onglet à l'échalote

○┐ Guillaume Durdilly, Dom. de Longessaigne, Lambert-le-Haut, 69620 Sainte-Paule, tél. 06 74 63 57 82, guillaumedurdilly@yahoo.fr Ⓥ 🄺 ⬆ r.-v.

DOM. DU MARQUISON 2013

■	2 000		🄸		5 à 8 €

Installé en 1981 au pays des Pierres dorées, Christian Vivier-Merle pratique sur ses 9 ha de vignes des vinifications séparées par terroir et élabore des beaujolais ambitieux, souvent remarqués par les dégustateurs du Guide.

Cette cuvée de chardonnay a bénéficié d'un long élevage en cuve (dix-huit mois). Elle en tire un nez franc et floral, et un palais souple et suave, bien équilibré par ce qu'il faut de fraîcheur ; une petite pointe d'amertume en finale n'est pas pour déplaire. ✗ 2016-2018 ❦ fromage de chèvre

○┐ Dom. du Marquison, 710, chem. des Verjouttes, 69620 Theizé, tél. 06 15 88 00 16, ncviviermerle@wanadoo.fr Ⓥ 🄺 ⬆ r.-v.

DOM. MATRAY Charme 2014

■	4 000		🄸		5 à 8 €

En 1998, Lilian Matray a pris la suite de quatre générations. Il exploite avec Sandrine le domaine familial de 12 ha, sis à Juliénas, et propose en octobre à la dégustation, outre ses vins, de vieux rikikis, vins de liqueur locaux, et des saucissons traditionnels.

Un blanc expressif au nez (fruits frais, notes minérales) comme en bouche. Il trouve le soutien d'une juste

---

fraîcheur qui lui apporte élégance et longueur. Un chardonnay bien structuré et harmonieux. ✗ 2016-2018 ❦ gratin de fruits de mer

○┐ EARL Lilian et Sandrine Matray, Les Paquelets, 69840 Juliénas, tél. 04 74 04 45 57, domaine.matray@ wanadoo.fr Ⓥ 🄺 ⬆ t.l.j. 8h-20h; dim. 8h-13h

---

CH. DE MONTMELAS 2014 ★

■	66 700		🄸		5 à 8 €

Le château fort de Montmelas, restauré dans un goût néogothique, est l'un des monuments les plus connus de la région. Sabine et Amaury d'Harcourt sont les descendants de la famille qui racheta ce domaine aux Bourbon en 1565. Ils exploitent aujourd'hui 10 ha en beaujolais et beaujolais-villages.

Ouvert sur des parfums intenses de fruits rouges et noirs, accompagnés de notes de rose fanée, ce 2014 déroule un palais frais et gouleyant, adossé à des tanins souples. Un vin pour aujourd'hui. ✗ 2015-2018 ❦ jambon braisé
■ Beaujolais-villages 2014 (5 à 8 € ; 33 340 b.) : vin cité. ✗ 2016-2018

○┐ EARL Les Verchères, Ch. de Montmelas, 69640 Montmelas-Saint-Sorlin

---

DOM. D'ONCIN Cuvée d'Oncin 2014

■	n.c.		🄸		5 à 8 €

Perpétuant une tradition vigneronne remontant à 1860, Jean-Claude et Maryse Arnaud exploitent un domaine de 9 ha dans la partie sud du Beaujolais.

Le nez dévoile une palette élégante et complexe sur les épices et les fruits noirs. La bouche associe avec harmonie rondeur et vivacité. « La fraîcheur d'une coupe de fruits rouges », souligne un dégustateur. ✗ 2015-2018 ❦ charcuterie

○┐ Jean-Claude et Maryse Arnaud, 631, chem. des Oncins, 69210 Saint-Germain-Nuelles, tél. 04 78 47 91 28, arnaudjcm@free.fr Ⓥ 🄺 ⬆ t.l.j. 18h-20h; sam. 8h-20h; dim. 9h-13h

---

MICHAEL PASSOT Cuvée Prestige 2013

■	6 500		🄸		5 à 8 €

Un domaine familial créé en 1974 par Maurice et Thérèse Passot, cultivateurs du pays des Pierres dorées. Dans les années 1980, l'exploitation, conduite en polyculture, s'est progressivement spécialisée. Le vignoble couvre aujourd'hui 13,5 ha. Depuis l'arrivée de Michael en 2001, le domaine se diversifie en blanc et en rosé.

Un 2013 qui joue la carte de la finesse plus que de la puissance, avec son nez discret de fruits noirs confiturés et son palais aux tanins fondus et souples, tendu par une juste fraîcheur qui lui apporte équilibre et longueur. ✗ 2015-2018 ❦ sauté de veau

○┐ EARL M. Passot et Fils, 60, chem. des Brousses, 69480 Morancé, tél. 04 78 43 04 13, michaelpassot@voila.fr Ⓥ 🄺 ⬆ r.-v. 🏠 🄐

DOM. DU PÈRE BENOIT 2014 ★

■	2 200		🄸		5 à 8 €

En 1991, Laurence Benoit et son mari Pascal ont pris la suite de Roger Benoit sur ce domaine de 15 ha. Ils élaborent des cuvées en appellations beaujolais, morgon, brouilly et côte-de-brouilly.

Le nez généreux et élégant s'ouvre sur des notes d'amande et de fleurs blanches, prélude à une bouche ronde et vive à la fois, subtilement acidulée en finale. Une cuvée bien équilibrée. ✗ 2016-2018 ♈ buisson de langoustines

○┐ *Dom. du Père Benoit, 80, rte de Beaujeu, 69220 Saint-Lager, tél. 04 74 66 81 20, domaineperebenoit@orange.fr* Ⅴ 🏃 🏠 *r.-v.*

LE PÈRE LA GROLLE 2014		
■	100 000	î	5 à 8 €

Fondée en 1912, la maison beaujolaise Pellerin est aujourd'hui dans le giron du groupe Boisset. Elle distribue des vins du Beaujolais et du Languedoc-Roussillon.

Le nez franc dévoile des parfums de petits fruits bien mûrs (cassis, mûre), qui se prolongent dans un palais concentré, adossé à des tanins marqués mais sans la moindre agressivité. ✗ 2015-2018 ♈ volaille rôtie

○┐ *Domaines et Châteaux Pellerin, Le Pont-des-Samsons, 69430 Quincié-en-Beaujolais, tél. 04 74 03 46 17*

CH. DES PERTONNIÈRES La Prébende 2013 ★★		
■	12 000	î	5 à 8 €

Les lointaines origines de ce château remontent à 1512. Aujourd'hui, la propriété regroupe trois domaines (Les Tonnelières, La Prébende et le Coteau Belle-Vue) et 46 ha au total, répartis dans huit communes et gérés par les trois frères Dupeuble.

Au nez, de délicates senteurs de fruits exotiques et d'iris. On retrouve ces arômes dans une bouche tendre et suave, équilibrée par une belle fraîcheur en finale. Un chardonnay intense, d'une réelle harmonie, qui a frôlé le coup de cœur. ✗ 2015-2018 ♈ salade de fruits de mer et pourpier

○┐ *EARL Dupeuble Père et Fils, Ch. des Pertonnières, 69620 Le Breuil, tél. 04 74 71 68 40, contact@beaujolaisdupeuble.com* Ⅴ 🏃 🏠 *r.-v.*

CH. DE PIZAY 2014 ★		
■	160 000	î ◑	8 à 11 €

Le premier château de Pizay, qui dépendait des sires de Beaujeu, a été construit vers 970. Remanié à la Renaissance et au XIXᵉ s., doté au XVIIᵉ de jardins dessinés par Le Nôtre et en 1818 d'une vaste cave voûtée, transformé en hôtel 4 étoiles au siècle dernier, il a bien changé depuis l'époque féodale. Avec 75 ha de vignes, c'est l'un des grands domaines de la région, exploité pour une partie en faire-valoir direct, pour l'autre en métayage. Expressif et élégant au nez, sur les fruits noirs (cassis, mûre) et la violette, ce 2014 élevé en cuve et en fût révèle une structure solide, adossé à des tanins fins et tonifié par une belle fraîcheur qui porte loin la finale. ✗ 2016-2018 ♈ coq au vin

○┐ *Ch. de Pizay, Pizay, 69220 Saint-Jean-d'Ardières, tél. 04 74 66 26 10, contact@vins-chateaupizay.com* Ⅴ 🏠 *t.l.j. sf dim. 8h30-12h30 13h30-17h*

DOM. DE LA ROCAILLÈRE 2014 ★		
■	2 500		5 à 8 €

Installé en 1996, Vincent Fontaine conduit la totalité de l'exploitation familiale depuis 2004, année du départ à la retraite de son père. Si cette lignée de vignerons remonte à 1786, le cuvier n'a été construit qu'à partir de 1974. Le domaine couvre 18 ha, entièrement consacrés au beaujolais.

Avec ses notes intenses de fruits blancs, le nez de ce 2014 est bien typé chardonnay. En bouche, le vin affiche avec harmonie un caractère tendu et ciselé. La finale, bien fraîche, est marquée par un savoureux retour de la pêche blanche. Un style épuré et droit. ✗ 2015-2018 ♈ sushis

○┐ *Vincent Fontaine, 384, montée de Corbay, 69480 Pommiers, tél. 06 21 36 43 95, metv.fontaine@orange.fr* Ⅴ 🏃 🏠 *r.-v.*

DOM. DE ROCHE CATTIN		
Les Vieilles Vignes de Roche Cattin 2013 ★		
■	4 500	î	5 à 8 €

Florence et Jean-Gabriel Devay sont à la tête de ce domaine familial fondé en 1955, qui couvre aujourd'hui 15 ha. Soucieux de mettre en œuvre une viticulture durable, ils sont adhérents à la charte Terra Vitis (agriculture raisonnée).

De vénérables ceps de gamay (quatre-vingt-cinq ans) sont à l'origine de ce 2013 au nez de fruits noirs et rouges soulignés d'un trait d'épices (poivre). En bouche, le vin affiche concentration, puissance et longueur. Tout est bien en place. ✗ 2015-2018 ♈ saucisson brioché

○┐ *Jean-Gabriel Devay, 10, chem. du Guéret, 69210 Bully, tél. 04 74 01 01 48, devay.jeangabriel@libertysurf.fr* Ⅴ 🏃 🏠 *t.l.j. sf dim. 8h-12h30 13h30-19h; f. mi-août*

DOM. ROMY 2014 ★		
■	6 600		5 à 8 €

Installé depuis 1976, Dominique Romy, épaulé par son fils Nicolas, exploite 20 ha de vignes au pays des Pierres dorées, respectant les principes de l'agriculture raisonnée (charte Terra Vitis).

Paré de reflets saumon pâle, ce rosé déploie une gamme aromatique intense et fraîche de fruits et de fleurs. Un caractère frais que l'on retrouve dans une bouche tendue de bout en bout, légèrement épicée en finale. ✗ 2015-2016 ♈ grillade de porc

○┐ *Dom. Romy, 1020, rte de Saint-Pierre, 69480 Morancé, tél. 04 78 43 46 06, domaine.romy@infonie.fr*

SALAMANDRE D'OR 2014 ★		
■	n.c.		5 à 8 €

Cette « superstructure », réorganisée en 2013, est le fruit d'une réunion de cinq coopératives : Cave d'Azé, Cave de Viré, Cave du Ch. de Chénas, Cave du Ch. des Loges et La Cave des Vignerons des Pierres Dorées. Elle assure la commercialisation des vins de 900 producteurs du Beaujolais et du Mâconnais.

Il paraît qu'une salamandre noire tachée de jaune court parfois dans les couloirs de la cave... Légende ? En tout cas, cette cuvée lui rend hommage, avec son nez séducteur évoquant le cassis et la cerise, et son palais friand, gouleyant et bien frais jusqu'en finale. ✗ 2016-2018 ♈ Moulin-à-vent 2014 ★ (8 à 11 € ; 40 000 b.) : des parfums puissants de fruits rouges puis noirs, que l'on retrouve dans une bouche très bien équilibrée, structurée sans excès, encore un peu ferme en finale. ✗ 2016-2020 ■ Beaujolais-villages 2014 (5 à 8 € ; n.c. b.) : vin cité. ✗ 2015-2018

○┐ *Alliance des Vignerons Bourgogne-Beaujolais, Les Mouilles, 69840 Juliénas, tél. 04 74 60 64 56, alliance-vignerons-bourgogne-beaujolais@orange.fr*

DOM. SÈVE Tradition 2014 ★

| ■ | 4 000 | î | - de 5 € |

Installé dans le pittoresque village de Bagnols, le domaine de Laurent Sève (16 ha) est implanté sur des terrains argilo-calcaires au sud du vignoble.

Si le nez est discret, sur les fruits rouges frais (groseille, cerise), la bouche se montre plus diserte ; gourmande et ample, elle évolue sur des tanins souples, réveillée par une petite pointe d'acidité en finale. ✗ 2015-2018 ❦ poulet rôti

o⊸ Laurent Sève, Saint-Pol, 69620 Le Bois-d'Oingt, tél. 04 74 72 40 16, seve.laurent@club-internet.fr
V ⚑ ♥ r.-v.

DOM. DE LA SIMONDE 2014 ★

| ■ | 1 200 | | - de 5 € |

Installé en 2004, Bruno Monfray est à la tête d'un vignoble de 10 ha en appellation beaujolais. Jusqu'en 2013 la vendange était livrée à la cave coopérative. Il vinifie aujourd'hui les trois couleurs : blanc, rouge, rosé.

Un nez intense de fleurs et de framboise, des tanins ronds et souples en bouche, une longue finale composent un ensemble gourmand, faisant honneur à son appellation. ✗ 2015-2018 ❦ côte de veau ■ 2014 ★ (- de 5 € ; 1 300 b.) : un nez de fruits exotiques et de pêche jaune ; une bouche droite, aérienne, fruitée et vive, à la finale tonique et citronnée. ✗ 2015-2018

o⊸ Bruno Monfray, 905 chem. de la Simonde, Cruix, 69620 Theizé, tél. 06 60 61 80 38, bmonfray@orange.fr
V ⚑ ♥ r.-v.

TERRA ICONIA 2014 ★

| ■ | 30 000 | î | 5 à 8 € |

Créée en 1961, la Cave Beaujolaise du Bois-d'Oingt est désormais nommée Vignerons des Pierres Dorées. Elle regroupe depuis 2010 trois coopératives (Le Bois-d'Oingt, Saint-Vérand et Saint-Laurent-d'Oingt) et dispose de 540 ha. Sa marque principale, Terra Iconia, rend hommage avec ses cuvées Terre d'Oingt à ce superbe village situé dans la partie sud du vignoble.

Des notes franches d'agrumes s'échappent du verre. On les retrouve dans une bouche ronde, onctueuse et suave, bien équilibrée par une belle fraîcheur. Une plaisante expression du chardonnay ✗ 2015-2018 ❦ boudin blanc ■ 2014 (- de 5 € ; 30 000 b.) : vin cité. ✗ 2015-2018

o⊸ Vignerons des Pierres Dorées, Les Coasses, 69620 Le Bois-d'Oingt, tél. 04 74 71 62 81, contact@ vigneronsdespierresdorees.com V ⚑ ♥ r.-v.

LAURENT THÉVENET Cuvée Alexa 2014

| ■ | 2 920 | î | 5 à 8 € |

En 1993, Laurent Thévenet a acheté 3 ha avant de reprendre l'exploitation familiale. Son fils vient de le rejoindre. Ce dernier représente la sixième génération de Thévenet viticulteurs.

Un blanc au caractère aérien et plaisant : un nez de fleurs blanches et de poire, une bouche harmonieuse, légère et longue, bien équilibrée entre douceur et vivacité. ✗ 2015-2018 ❦ quenelles de brochet

o⊸ Laurent Thévenet, Fondlong, 69910 Villié-Morgon, tél. 04 74 69 13 23, laurent.thevenet216@orange.fr
V ♥ r.-v.

Superficie : 4 418 ha / Production : 185 348 hl (99 % rouge et rosé)

Le beaujolais-villages provient de 38 communes situées au nord du vignoble, dans une zone comprise dans sa quasi-totalité entre la zone des beaujolais et celle des crus. Le mot « villages » a été adopté en 1950 pour remplacer la multiplicité des noms de communes qui pouvaient être ajoutés à l'appellation beaujolais sur l'étiquette aux fins de distinguer des productions considérées comme supérieures. Une écrasante majorité de producteurs a opté pour cette mention qui favorise la commercialisation, même si 30 communes – celles dont le nom ne correspond pas à celui d'un des crus – gardent le droit, pour éviter toute confusion, d'ajouter leur nom à celui de beaujolais. Les beaujolais-villages se rapprochent des crus et en ont les contraintes culturales (taille en gobelet ou en éventail, cordon simple ou double charmet, degré initial des moûts supérieur de 0,5 % vol. à ceux des beaujolais). Originaires de sables granitiques, ils sont rouge vif, fruités, gouleyants : les têtes de cuvée des vins primeurs. Nés sur les terrains granitiques, plus en altitude, ils présentent une belle vivacité qui permet une consommation dans l'année, voire une petite garde. Entre ces deux extrêmes, toutes les nuances sont possibles, mais les vins allient toujours finesse, arômes et corps.

DOM. DANIEL BOUCHACOURD
Les Plaisances Tradition Vieilles Vignes 2014 ★★

| ■ | 2 500 | î | 5 à 8 € |

À la tête du domaine depuis 1991, Daniel Bouchacourd exploite un vignoble de 13 ha, dont des parcelles de très vieilles vignes (en brouilly ou beaujolais-villages). Il a repris l'exploitation créée par ses parents en 1960.

Les vénérables vignes (quatre-vingts ans) ont donné naissance à ce 2014 aux intenses parfums de fleurs, de fruits kirschés et d'épices. Profond en bouche, le vin déroule une matière fine et élégamment sous-tendu par une fraîcheur qui lui donne tonus et allonge. « Élégance, finesse et potentiel », conclut un dégustateur. ✗ 2016-2020 ❦ veau marengo

o⊸ Daniel Bouchacourd, lieu-dit Espagne, 69640 Saint-Julien, tél. 06 30 94 07 19, bouchacourd-daniel@neuf.fr V ♥ r.-v. ⌂ ❸

DOM. DU BREUIL 2014

| ■ | 10 000 | î | 5 à 8 € |

L'exploitation de 8 ha, dont Franck Large est devenu propriétaire en 2001 – après en avoir été le métayer –, est installée à 100 m du prieuré clunisien de Salles-Arbuissonnas. Le vigneron est adepte de la taille traditionnelle des vignes en gobelet.

Franc et spontané, le nez s'épanouit sur des senteurs de fruits rouges (fraise, framboise) aux nuances poivrées. En bouche, le vin se montre élégant et soyeux, adossé à une fine trame tannique qui met en valeur le fruit. Un bon représentant de son appellation. ✗ 2016-2018 ❦ saucisson brioché

o⊸ Franck Large, rue du Breuil, 69460 Salles-Arbuissonnas, tél. 04 74 60 51 00, francklarge@domainedubreuil.fr V ⚑ ♥ r.-v. ⌂ ❸

DOM. BURNICHON Harmony 2013		
■ 3 500	🍷	5 à 8 €

Représentant la troisième génération, Daniel Burnichon exploite ce vignoble familial depuis 1976. Des vignes d'un âge respectable (cinquante ans), cultivées sur 2 ha de sols granitiques.

Une cuvée issue de vieilles vignes qui libère au nez des notes intenses de fruits noirs et d'épices. La bouche est sérieuse, bâtie sur des tanins fermes mais qui n'écrasent nullement l'expression du fruit (fruits à noyau), rehaussée par une juste fraîcheur jusqu'en finale. ✗ 2016-2018 ⍾ entrecôte

⌐ *Daniel et Marie-Claude Burnichon, 914, rte de Varennes, 69430 Quincié-en-Beaujolais, tél. 06 87 34 67 88, daniel.burnichon@orange.fr* Ⓥ 🏃 🍴 *r.-v.*

CLOCHEMERLE 2014 ★		
■ 50 000	🍷	5 à 8 €

Issu d'une longue lignée de vignerons, Christophe Coquard a vinifié sur trois continents et travaillé pour plusieurs négociants du Beaujolais, avant de lancer en 2005 sa propre structure adossée au domaine familial situé dans le pays des Pierres dorées.

Une étiquette élégante, qui fait honneur au célèbre roman de Gabriel Chevallier, habille cette cuvée séduisante en tout point : un nez aérien de fruits noirs (cassis en tête), une bouche friande, ronde, fluide, élégamment structurée et longue. ✗ 2016-2018 ⍾ saucisson cuit ■ **Juliénas Maison Coquard Collection Jules César 2014★** (8 à 11 € ; 50 000 b.) : un nez de pivoine et de fruits noirs (cassis) prélude à une bouche riche, ample et longue aux tanins déjà fondus. Une belle constitution. ✗ 2018-2020

⌐ *Maison Coquard, 86, rue Manon-Rolland, Le Boîtier, 69620 Theizé, tél. 04 74 71 11 59, contact@maison-coquard.com* Ⓥ 🏃 🍴 *r.-v.*

CH. DE CORCELLES 2014 ★		
■ 50 000	🍷	5 à 8 €

Ce château du XVᵉ s., propriété depuis les années 1980 de la famille Richard, est le siège d'une importante exploitation viticole de 90 ha répartis sur quatre appellations : beaujolais, beaujolais-villages, brouilly et bourgogne.

Intense et bien ouvert, le nez délivre des arômes gourmands de fruits frais, confirmés dans une bouche souple à l'attaque puis plus concentrée, tonifiée par une belle fraîcheur en finale. Un vin croquant. ✗ 2016-2018 ⍾ jambon braisé

⌐ *Ch. de Corcelles, Le Château, 69220 Corcelles-en-Beaujolais, tél. 04 74 66 00 24, chateau@chateaudecorcelles.fr* Ⓥ 🏃 🍴 *t.l.j. sf dim. 10h-12h30 13h30-18h30* ⌐ *Richard*

DOM. DU COTEAU DES CHARMES 2013 ★		
■ 3 000		5 à 8 €

Créé en 1830, le domaine, dont Sylvie et Jean-Luc Dupeuble ont pris les rênes en 1984, s'est agrandi au fil des générations pour aujourd'hui couvrir 12 ha. Un clos de 3 ha entoure les bâtiments, le reste de l'exploitation s'étendant à flanc de coteaux.

Le nez évoque les fruits secs et les fleurs blanches, soulignés d'une note minérale. Le palais souple et tendre, bien équilibré par une belle fraîcheur, est marqué par une touche beurrée en finale. Un chardonnay élégant. ✗ 2016-2018 ⍾ cake au jambon

⌐ *Sylvie et Jean-Luc Dupeuble, Changy, 69820 Vauxrenard, tél. 04 74 69 90 01, dupeuble.domaineducoteaudescharmes@wanadoo.fr* Ⓥ 🏃 🍴 *r.-v.*

DOM. DES COTEAUX DE ROMARAND 2013 ★		
■ 1 300	◫	5 à 8 €

Installée sur le lieu-dit Romarand depuis quatre générations, la famille Verchère s'est convertie à la lutte raisonnée en l'an 2000 ; elle exploite plus de 10 ha de vignes.

Un nez délicat de fruits exotiques, de fruits secs et de miel prélude à une bouche franche et souple à l'attaque, suave et savoureuse, aux arômes de mangue et d'ananas. Un chardonnay gourmand. ✗ 2016-2018 ⍾ salade mangue, crevettes et coriandre ■ 2013 (5 à 8 € ; 2 000 b.) : vin cité. ✗ 2016-2019

⌐ *Verchère, 598, rte de Romarand, 69430 Quincié-en-Beaujolais, tél. 04 74 04 33 22, paverchere@wanadoo.fr* Ⓥ 🏃 🍴 *r.-v.* 🏠 ❸

DOM. DES CRAIS Les Esservies 2014 ★★		
■ 3 000	🍷	5 à 8 €

Jean-Luc Tissier conduit depuis 1983 sa propriété de 9,5 ha. Il est établi à Leynes et à Fuissé, et propose une gamme de vins du Mâconnais et du Beaujolais.

Un 2014 séducteur en diable avec son nez franc, ouvert sur les fruits rouges et son palais généreusement fruité, exubérant, à la texture fraîche, friande, d'une grande longueur. « Presque parfait », conclut un dégustateur. ✗ 2016-2020 ⍾ rôti de veau

⌐ *Jean-Luc Tissier, Les Pasquiers, 71570 Leynes, tél. 06 11 82 29 42, domainedescrais@wanadoo.fr* Ⓥ 🏃 🍴 *r.-v.*

♥ DOM. DE CROIFOLIE 2014 ★★		
■ 2 000		- de 5 €

Gérard Crozet a repris en 1994 l'exploitation familiale. Cette dernière couvre 8 ha et propose exclusivement du beaujolais-villages.

D'une élégante couleur saumonée, ce rosé exprime d'intenses parfums d'agrumes et de poivre. La bouche est souple, ronde, élégamment suave, bien équilibrée par une vivacité tonique qui souligne sa longue finale. ✗ 2015-2016 ⍾ gaspacho

⌐ *EARL Gérard Crozet, La Folie, 69460 Salles-Arbuissonnas, tél. 04 74 67 58 30, gecrozet@wanadoo.fr* Ⓥ 🏃 🍴 *t.l.j. sf dim. 10h-12h 13h30-18h*

♥ MICHÈLE ET FRANÇOIS DESCOMBES Les Millerands 2014 ★★		
■ 20 000	◫	5 à 8 €

François Descombes, un fidèle du Guide, succède à son père en 1978 sur un domaine de 8 ha en se gardant bien

de jeter le vieux pressoir Marmonier à cliquet qui lui permet de réaliser des pressurages doux.

Les Millerands ? De petits raisins bien concentrés en sucres et en tanins, nés de vieilles vignes qui donnent de petits grains et de petits rendements. Cette concentration se retrouve dans ce 2014 issu de ceps de quarante ans et élevé cinq mois en foudre. Le nez expressif mêle la griotte, la framboise et le poivre blanc. Le palais se montre élégant, adossé à des tanins fins qui soulignent ses arômes persistants de fruits rouges légèrement épicés. Un vin précis, déjà fort aimable. ✗ 2015-2018 ♈ chili con carne

■ Marmonier 2014 ★★ (5 à 8 € ; 4 000 b.) : née d'une parcelle de 60 ares et élevée en fût pendant cinq mois, une remarquable cuvée proche du coup de cœur. Un nez de fruits noirs rehaussé de notes d'épices de l'élevage ; une bouche dans le même registre aromatique, soyeuse, concentrée et fraîche. ✗ 2016-2018

☛ Michèle et François Descombes,
428, chem. de Bel-Air, 69430 Lantignié,
tél. 06 67 75 39 55, descombesfrancois@orange.fr
Ⓥ 🏃 🔋 r.-v.

GÉRARD DUCROUX 2014 ★		
■	3 160	⬆	5 à 8 €

Les ancêtres se sont établis au début du XIXᵉs. le long de l'ancienne voie romaine Lyon-Autun. Installé en 1977 avec quelques vignes en morgon et en *villages*, Gérard Ducroux cultive aujourd'hui 12,5 ha partagés avec son fils depuis 2003, chacun travaillant ses vignes.

Habillée de pourpre intense, cette cuvée livre à l'olfaction d'élégants parfums de fruits noirs (mûre, cassis) et de fleurs. On retrouve ce caractère aromatique dans une bouche tout de velours et très harmonieuse. La finale est relevée de notes épicées qui apportent un surcroît de complexité. ✗ 2015-2018 ♈ saucisson cuit

☛ Gérard Ducroux, Saint-Joseph-en-Beaujolais,
69910 Villié-Morgon, tél. 04 74 69 90 14 Ⓥ 🏃 🔋 r.-v.

LUDOVIC EMMETIÈRE 2014 ★		
■	2 000	⬆	5 à 8 €

Ludovic Emmetière a repris en novembre 2003 ce domaine en appellation beaujolais-villages. Il a racheté des vignes en brouilly en 2013 et conduit aujourd'hui un vignoble de quelque 14 ha.

Une cuvée séductrice tout point : un nez de fraise et de framboise souligné d'un trait d'épices ; une bouche souple, fine et gouleyante. Un beau représentant de son appellation. ✗ 2015-2018 ♈ paupiette de veau

☛ Ludovic Emmetière, Grange-Masson,
69460 Saint-Étienne-la-Varenne, tél. 06 11 93 39 09,
emtludovic@orange.fr Ⓥ 🔋 t.l.j. 10h-12h 17h-20h

DOM. DE LA GAPETTE 2013		
▪	1 600	⬆	5 à 8 €

Après un doctorat en pharmacie, Victor Blondin a repris les 4,2 ha de vignes familiales. Il a appris le métier grâce à un cousin, issu d'une longue lignée de viticulteurs, et s'est installé en 2013.

Le nez demande un peu de patience pour s'ouvrir et révéler de belles notes de fruits blancs frais. La bouche est plaisante, croquante et fraîche. ✗ 2015-2018 ♈ gougères

☛ Victor Blondin, La Jonchère,
69460 Saint-Étienne-des-Oullières, tél. 06 50 26 12 53,
victor.blondin@hotmail.fr Ⓥ 🏃 🔋 r.-v. ☛ Lapalu

CH. DE GRANDMONT 2014 ★		
■	5 000	⬆	5 à 8 €

Domaine d'un seul tenant, d'origine monastique, exploité de longue date par les Brac de La Perrière, notables lyonnais très investis dans le vignoble beaujolais. Il est géré depuis 1992 par Jean Brac de La Perrière, propriétaire-récoltant, épaulé par Laurent Santailler et Christopher Piper, œnologue britannique.

Un vin sérieux et puissant. Un peu timide au premier nez, il s'ouvre sur des arômes élégants de fruits rouges. Il séduit par ses tanins veloutés, par son fruité intense et par sa juste fraîcheur qui laissent une sensation d'équilibre et de plénitude. À carafer pour le laisser s'exprimer pleinement. ✗ 2016-2018 ♈ coq au vin

☛ SCI Ch. de Grandmont, 337, imp. de Grammont,
69460 Blacé, tél. 04 74 67 59 04,
laurentsantailler@chateaudegrandmont.com
Ⓥ 🏃 🔋 t.l.j. 8h-12h 14h-18h ☛ Brac de la Perrière

| DOM. DE LA GRANGE MÉNARD | | |
Coteaux des Pierres rouges 2014 ★		
■	10 000	⬆ ⬛	5 à 8 €

Son père avait acheté en 1970 cette propriété célèbre pour avoir abrité Victor Pulliat, ampélographe de renom, originaire de Chiroubles. Guy Pignard, installé en 2003, dirige aujourd'hui l'exploitation de quelque 27 ha.

Une cuvée élevée six mois en cuve et trois mois en fût. Elle tire de cet élevage un nez délicat sur les fruits noirs à dominante de cassis. En bouche, le fruité s'intensifie avec franchise. « Une explosion de fruits rouges », souligne un dégustateur. Une élégante structure tannique et une juste vivacité, qui donne du peps à la finale, complètent le portrait d'un joli vin à apprécier sur son fruit. ✗ 2015-2018 ♈ pâté de foie

☛ Évelyne et Guy Pignard, Dom. de la Grange-Ménard,
69400 Arnas, tél. 04 74 62 87 60, pignard.guy@orange.fr
Ⓥ 🏃 🔋 r.-v.

DOM. DES HAYES Vieilles Vignes 2014 ★		
■	9 000	⬆	5 à 8 €

Installé depuis 1971, Pierre Deshayes représente la cinquième génération à la tête de l'exploitation créée par son arrière-grand-père en 1920. La cave de vinification a été rénovée en 2004 et le vignoble compte aujourd'hui 18 ha.

Une cuvée née de ceps de quarante-cinq ans, au nez concentré et complexe de fruits noirs très mûrs. En bouche, le vin montre de la profondeur, de la structure et du fruit, avec une belle fraîcheur. Un vin de caractère. ✗ 2016-2018 ♈ terrine de gibier

☛ EARL Pierre Deshayes, Les Grandes-Vignes,
69460 Le Perréon, tél. 06 71 20 71 34,
domainedeshayes@wanadoo.fr Ⓥ 🏃 🔋 r.-v.

DOM. DES HOSPICES CIVILS DE LYON 2014

| ■ | 23 000 | 🍷 | 5 à 8 € |

Établie à l'extrémité sud du Mâconnais, la maison Collin-Bourisset a pignon sur rue depuis 1821. Elle sélectionne des cuvées parmi les appellations mâconnaises et beaujolaises. Aujourd'hui très implantée à l'international.

Le domaine viticole des Hospices Civils de Lyon a été constitué par des legs successifs. Ses revenus sont affectés aux hôpitaux. Depuis 1994, la maison Collin-Bourisset a l'exclusivité de la distribution de ses beaujolais-villages, issus d'un vignoble de 7 ha au Perréon. Cette cuvée livre des parfums raffinés de fruits noirs épicés, que l'on retrouve dans un palais fin et élégant, aux tanins déjà affinés. ✗ 2016-2019 ♟ steak tartare

☛ Collin-Bourisset, 1846, rte Nationale-6, 71570 La Chapelle-de-Guinchay, tél. 03 85 36 81 27, bienvenue@collinbourisset.com Ⓥ 🔼 t.l.j. sf sam. dim. 8h-11h30 14h-17h; f. août

DOM. LAGNEAU 2013

| ■ | 2 000 | 🍷 | 5 à 8 € |

Les Lagneau vivent à la même adresse, mais le père, la mère et le fils signent chacun leurs bouteilles. Jeannine, Gérard et Didier exploitent ce domaine familial né de 4 ha de vignes transmis par le grand-père, Antoine Monney.

Des notes florales et fruitées s'épanouissent avec élégance au nez. Au palais, la trame est fraîche, finement ciselée. Une finale citronnée conclut la dégustation de cette cuvée pleine de tonus. ✗ 2016-2018 ♟ rillettes de la mer

☛ Gérard Lagneau, 941, rte d'Huire, 69430 Quincié-en-Beaujolais, tél. 04 74 69 20 70, contact@domainelagneau.fr Ⓥ 🔼 r.-v. 🏠 ❸ 🏠 Ⓔ

DOM. LONGÈRE Le Vin des Roches 2013 ★★

| ■ | 3 200 | 🍶 | 5 à 8 € |

Jean-Luc Longère représente la sixième génération de la famille à arpenter les coteaux de ce petit domaine (5 ha) qui abrite une belle cave voûtée de 1845.

Les Roches ? Le nom du lieu-dit où sont implantés les vénérables ceps (soixante-quinze ans) du domaine, à l'origine de ce 2013 remarquable, élevé en fût pendant neuf mois : un nez de réglisse, de fruits noirs et de cacao ; une bouche dense et concentrée, parfaitement équilibrée grâce à une belle fraîcheur qui souligne un généreux fruité jusqu'en finale. Un vin ciselé. ✗ 2016-2020 ♟ bœuf bourguignon

☛ Dom. Jean-Luc et Régine Longère, Le Duchamp, 69460 Le Perréon, tél. 04 74 03 27 63, jean-luc.longere@wanadoo.fr Ⓥ 🔼 r.-v.

DOM. DES MAISONS NEUVES 2014 ★

| ■ | 25 000 | | 5 à 8 € |

Installé depuis 2005, Emmanuel Jambon exploite 40 ha, dont cinq crus : brouilly, côte-de-brouilly, morgon, moulin-à-vent et régnié. En 2009, il a entrepris la rénovation complète de son cuvier.

Une cuvée qui joue sur le registre de la fraîcheur avec son nez de fleurs et de fruits rouges. Ces arômes pimpants se retrouvent dans un palais vif à l'attaque, ample et long, adossé à des tanins élégants. ✗ 2016-2018 ♟ rôti de porc

☛ EARL Jambon Père et Fils, 170, rte de Pizay, 69220 Saint-Lager, tél. 06 22 77 63 29, jambon.domainedesmaisonsneuves@orange.fr Ⓥ 🔼 t.l.j. sf dim. 9h-18h

DOM. DE LA PAILLARDIÈRE 12 M 2013 ★

| ■ | 1 300 | 🍷 🍶 | 11 à 15 € |

Richard Jambon représente la quatrième génération sur l'exploitation familiale créée en 1825, qui compte aujourd'hui 11 ha. Installé en 1997, il a élargi la palette des crus du domaine, qui propose désormais, outre le morgon, du moulin-à-vent et du brouilly.

12 M ? Les douze mois d'élevage en fût dont a bénéficié ce blanc qui en tire un surcroît de complexité : son nez délicat mêle aux fleurs blanches des notes légèrement fumées ; le palais, rond et frais à la fois, est rehaussé en finale par d'élégants arômes toastés. Un beau mariage du raisin et du merrain. ✗ 2016-2018 ♟ ravioles de chèvre frais

☛ Richard Jambon, La Condemine, 69220 Corcelles-en-Beaujolais, tél. 06 08 36 83 45, richard.jambon1@numericable.com Ⓥ 🔼 r.-v.

PASQUIER DESVIGNES 2014 ★

| ■ | n.c. | | 5 à 8 € |

Fondée en 1420, une maison basée à Romanèche-Thorins. Elle est aujourd'hui une marque des Grands Chais de France, l'un des tout premiers négociants français.

Au nez, de suaves arômes de fruits noirs bien fondus. La bouche est structurée par des tanins souples et soustendue par une trame fraîche qui lui donne tonus et allonge. Un vin harmonieux. ✗ 2016-2018 ♟ onglet à l'échalote

☛ SAS Pasquier-Desvignes, ZA Maison-Blanche, 71570 Romanèche-Thorins, tél. 03 85 35 26 00, sravier@ pasquierdesvignes.fr ☛ Grands Chais de France

Ⓑ CH. DE PRAVINS 2013 ★

| ■ | 11 300 | 🍷 | 8 à 11 € |

Isabelle Brossard est la gérante de ce domaine de 6 ha cultivé en bio (conversion en 2010). La restructuration du domaine, par replantation de vignes, s'est achevée en 2012.

Cette cuvée séduit par sa fraîcheur aromatique : des notes de fleurs, de fruits rouges, associées à une touche délicatement épicée. La bouche se montre particulièrement harmonieuse, soyeuse, fluide et persistante. Un vin bien fait. ✗ 2016-2018 ♟ fromage de chèvre

☛ Ch. de Pravins, 227, rte de Pravins, 69460 Blacé, tél. 06 14 44 12 97, is.brossard@orange.fr Ⓥ 🔼 r.-v. 🏠 Ⓔ

CAVE DE SAINT-JULIEN 2014 ★★

| ■ | 3 000 | 🍷 | 5 à 8 € |

Créée en 1988, cette coopérative vinifie quelque 260 ha : une petite structure, comme on en voit de moins en moins, régulièrement en vue dans ces pages.

La mûre, le cassis, le clou de girofle... Le nez est d'une remarquable complexité. La bouche révèle une texture élégante, profonde et fraîche. ✗ 2016-2018 ♟ volaille rôtie ■ Brouilly 2014 (5 à 8 € ; 3 000 b.) : vin cité. ✗ 2018-2020

■ Beaujolais 2014 (5 à 8 € ; 3 200 b.) : vin cité. ✗ 2016-2018

O━ *Cave Beaujolaise Saint-Julien, 45, rue du Cep,*
69640 Saint-Julien, tél. 04 74 67 57 46,
cave.stjulien@wanadoo.fr 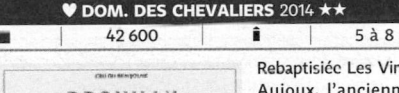 *r.-v.*

CH. DE VAUX Clos de Valentin 2013 ★

| ■ | 3 000 | î | 5 à 8 € |

La famille de Vermont exploite depuis 1834 ce domaine
dont le caveau et la cave datent du XIIᵉˢ. Le vignoble
couvre aujourd'hui une surface de 9,5 ha.

Une cuvée née de raisins récoltés à belle maturité, à en
juger par le nez généreux de fruits et par sa bouche
puissante, adossée à des tanins solides mais sans rugosité. Un ensemble harmonieux et long. ✗ 2016-2018
♈ andouillette

O━ *EARL Jacques de Vermont, Le Bourg,*
69460 Vaux-en-Beaujolais, tél. 04 74 03 20 03,
chateaudevaux.earl@wanadoo.fr 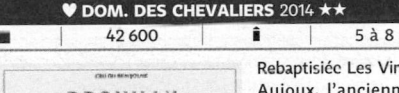 *r.-v.*

▶ BROUILLY ET CÔTE-DE-BROUILLY

Superficie : 1 597 ha / Production : 71 188 hl

Deux appellations placées sous la protection de la
colline de Brouilly où s'élève une chapelle construite
sous le Second Empire et dédiée à la Vierge pour
implorer sa protection des vignes contre l'oïdium. Le
vignoble de l'AOC côte-de-brouilly, installé sur les
pentes du mont, repose sur des granites et des schistes
très durs, vert-bleu, dénommés « cornes-vertes » ou
diorites. Cette montagne serait un reliquat de l'activité
volcanique du primaire, à défaut d'être, selon la
légende, le résultat du déchargement de la hotte d'un
géant ayant creusé la Saône... La production est
répartie sur quatre communes : Odenas, Saint-Lager,
Cercié et Quincié. L'appellation brouilly, elle, ceinture
la montagne en position de piémont. Elle s'étend sur
les communes déjà citées et déborde sur Saint-
Étienne-la-Varenne et Charentay ; sur la commune de
Cercié se trouve le terroir bien connu de la Pisse-Vieille.

BROUILLY

Superficie : 1 300 ha / Production : 66 450 hl

JEAN BARONNAT 2014

| ■ | n.c. | | 8 à 11 € |

Fondée en 1920 par Jean Baronnat, l'une des dernières
affaires familiales indépendantes du Beaujolais,
dirigée depuis 1985 par Jean-Jacques Baronnat, petit-fils
du fondateur. La maison, bien implantée dans le Beaujolais, mais aussi en Bourgogne, a étendu sa gamme de
vins au sud de la France. Une habituée du Guide.

Évoquant les fruits noirs (cassis, mûre) à l'olfaction, ce vin
se présente tout en souplesse et en rondeur au palais, se
déroulant une structure onctueuse et tendre, adossée à
des tanins fins et tendu par ce qu'il faut de fraîcheur pour
lui apporter longueur et équilibre. Un vin à apprécier dès
à présent. ✗ 2015-2018 ♈ râbles de lapin

O━ *Jean Baronnat, 491, rte de Lacenas, 69400 Gleizé,*
tél. 04 74 68 59 20, info@baronnat.com 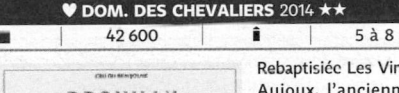 *r.-v.*

DOM. DE BERGIRON 2014

| ■ | 5 000 | î | 5 à 8 € |

Jean-Luc Laplace produit essentiellement du côte-de-
brouilly et du brouilly sur son domaine de 10,5 ha. Les
deux cuvées, régulièrement en vue dans ces pages,
naissent sur un terroir assez similaire, caillouteux, plus
argileux pour le premier, davantage sableux et limoneux
pour le second.

Le nez exprime avec intensité les fruits rouges, soulignés
d'une note végétale (bourgeon de cassis). À l'unisson, la
bouche, franche à l'attaque, montre caractère et croquant
à la fois. Un vin à apprécier sur le fruit, dès à présent.
✗ 2015-2018 ♈ assiette de charcuterie

O━ *Jean-Luc et Éliane Laplace, 85, rte de Pizay,*
69220 Saint-Lager, tél. 04 74 66 88 42,
jl.laplace@wanadoo.fr 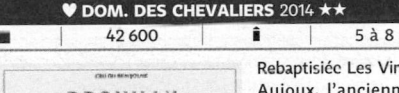 *r.-v.*

DOM. DES CADOLES
La Roche 2013 ★

| ■ | n.c. | î | 8 à 11 € |

Depuis 2013, trois amis font cause commune pour faire
revivre ce domaine de 3 ha. C'est Julien Duport, vigneron
installé depuis 2002, qui en a pris la tête. Il pratique la
vinification parcellaire.

Une belle entrée dans le Guide pour ce nouveau venu : un
nez de fruits rouges et noirs confiturés (fraise, mûre) et
de fleurs rehaussés d'une touche minérale ; un palais
ample, dégageant une sensation de plénitude, adossé à
des tanins à la fois solides et fondus. Le vin bien né.
✗ 2017-2020 ♈ andouillette au saint-marcellin

O━ *Dom. des Cadoles, 148, rue du Beaujolais,*
69460 Odenas, tél. 06 81 83 10 21, jul.duport@wanadoo.fr
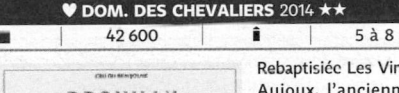 *r.-v.*

♥ DOM. DES CHEVALIERS 2014 ★★

| ■ | 42 600 | î | 5 à 8 € |

Rebaptisée Les Vins
Aujoux, l'ancienne
Société vinicole
beaujolaise a étendu
son rayon d'action
au cours du siècle
dernier en s'alliant
avec d'autres socié-
tés (Jacques Depa-
gneux, Chanut...). Elle propose des vins du Mâconnais et
du Beaujolais en provenance de domaines partenaires.

Un nez très franc et intense, évoquant les fruits mûrs
(cerise) soulignés d'une nuance minérale, prélude à une
bouche souple et gourmande à l'attaque, puis solidement
structurée par des tanins fermes. Agréablement frais
jusqu'en finale, l'ensemble, très bien fait, est apte à la
garde. ✗ 2017-2020 ♈ carré d'agneau ■ Dom. Demiane
Vieilles Vignes 2014 ★★ (5 à 8 € ; 45 000 b.) : ce domaine,
placé dans l'orbite de Jacques Depagneux, structure de
négoce collaboratrice de la maison Aujoux, signe cette
cuvée bichonnée par Jean-Marc Darbon, l'œnologue
maison. Un mariage de la concentration, de la puissance et de la gourmandise parfaitement réussi : un
nez fringant de fruits rouges et noirs, un palais tonique
et long, au fruité croquant, adossé à des tanins remarquablement soyeux. De garde, assurément. ✗ 2017-2020

■ Juliénas Dom. du Clos du Chapitre 2014 ★★ (5 à 8 € ; 19 600 b.) : un nez friand sur les fruits rouges frais, un palais puissant, structuré et remarquablement long. Du potentiel, avec le temps. ✗ 2017-2020 ■ **Morgon** Jacques Depagneux Côte du Py 2014 ★ (11 à 15 € ; 24 000 b.) : un vin au nez expressif et fin sur les fruits rouges et noirs ; chaleureux, onctueux et puissant en bouche, il est déjà plaisant. ✗ 2015-2019

☛ Les Vins Aujoux, La Bâtie, 71570 La Chapelle-de-Guinchay, tél. 03 85 23 83 50, aujoux@aujoux.fr ☛ Depagneux Jacques

DOM. DES COTEAUX DE FONT CURÉ 2014 ★

| ■ | 30 000 | 📷 | 5 à 8 € |

L'ancienne Société vinicole beaujolaise a étendu son rayon d'action au cours du siècle dernier en s'alliant avec d'autres sociétés (Jacques Depagneux, Chanut...). Elle propose des vins du Mâconnais et du Beaujolais en provenance de domaines partenaires.

Un nez puissant et chaleureux, évoquant la cerise confite, souligné d'une touche minérale, prélude à une bouche ronde, onctueuse et très longue, puissante, adossée à des tanins soyeux. Du potentiel. ✗ 2017-2020 ✻ lapin chasseur

☛ Joannès Chanut, La Bâtie, 71570 La Chapelle-de-Guinchay, tél. 03 85 23 83 50, aujoux@aujoux.fr

JEAN-CHARLES DUFOUR
Cuvée Fût de chêne 2013 ★

| ■ | 1 000 | ⅶ | 5 à 8 € |

Jean-Charles Dufour s'est découvert une vocation de vigneron à quatorze ans en séjournant chez un cousin viticulteur qui lui a appris le métier. Il s'est installé en 1999 et cultive 9 ha de vignes.

Ouvert sur les petits fruits rouges (fraise en tête), la pivoine et un subtil boisé légué par son passage de six mois en fût, ce 2013 déroule au palais une matière dense et ferme, tonifiée par une belle fraîcheur qui exalte le fruité et prolonge la finale. Encore un peu de patience pour l'apprécier pleinement. ✗ 2017-2020 ✻ andouillette

☛ Jean-Charles Dufour, 690, rte de Polanche, 69220 Saint-Lager, tél. 04 74 66 81 79, jean-charles.dufour@wanadoo.fr Ⓥ 🚶 🏠 r.-v.

PIERRE-ANDRÉ DUMAS
Les Pierreuses 2013 ★★

| ■ | 10 000 | ⅶ | 5 à 8 € |

Ce domaine de 18 ha propose essentiellement du brouilly et du côte-de-brouilly. Il se décline en deux étiquettes : Pierre-André Dumas pour les vins de ces deux crus, élevés en fût, et Terres d'Alice, pour les beaujolais et beaujolais-villages.

Au nez, des notes de fruits rouges délicatement poivrés. On les retrouve avec plus d'intensité dans une bouche souple et puissante, à la longue finale subtilement boisée. Un mariage réussi du raisin et du bois (six mois en foudre), et une bonne aptitude à la garde. ✗ 2017-2020 ✻ filet mignon de porc

☛ Pierre-André Dumas, 631, rte de Charentay, 69460 Odenas, tél. 04 74 03 40 89, pierreandredumas@bbox.fr Ⓥ 🚶 🏠 r.-v.

DOM. DU GRAND FOUDRE
Élevage traditionnel 2014 ★

| ■ | 25 000 | ⅶ | 5 à 8 € |

La cave voûtée de ce domaine viticole remonte à 1770 ; elle abrite de vieux foudres des années 1920 (pour les plus anciens), soigneusement entretenus par la quatrième génération de viticulteurs à la tête de la propriété.

Comme le laisse penser le nom du domaine, cette cuvée a été élevée en foudre. Elle a séduit par son nez de cerise, de fraise et d'épices, et par son palais ample, chaleureux, structuré par des tanins fins et tendu par une trame acide qui lui donne de l'allonge et un certain potentiel. ✗ 2017-2020 ✻ entrecôte marchand de vin

☛ Dom. du Grand Foudre, Les Sigaux, 69460 Odenas, tél. 04 74 03 42 23, domrollandsigaux@orange.fr Ⓥ 🚶 🏠 t.l.j. sf dim. 9h-19h

PATRICIA ET BERNARD JOMAIN
Cuvée Bacchus 2013 ★★

| ■ | 2 300 | ⅶ | 8 à 11 € |

Bernard Jomain est vigneron depuis 1990. Il s'est installé à vingt-deux ans à Charentay, au pied du mont Brouilly et exploite aujourd'hui 13,5 ha de vignes.

Le fruit s'exprime avec finesse au nez, souligné par un élégant boisé vanillé, hérité d'un passage de neuf mois en fût. Le palais, tapissé par des tanins soyeux et suaves, est tendu par une juste fraîcheur qui lui apporte équilibre et longueur. Un vin d'une remarquable harmonie, qui se bonifiera encore au cours des années qui viennent. ✗ 2018-2020 ✻ bavette d'aloyau grillée ■ Beaujolais-villages Cuvée des trèfles 2014 (5 à 8 € ; 3 500 b.) : vin cité. ✗ 2015-2018

☛ Bernard Jomain, La Valette, 69220 Charentay, tél. 06 80 30 96 68, jomainb@wanadoo.fr Ⓥ 🚶 🏠 r.-v.

DOM. ALAIN MERLE Vieilles Vignes 2014 ★★

| ■ | 6 000 | 📷 | 5 à 8 € |

Ce domaine de 11 ha, situé sur l'ancienne voie romaine menant de Lyon à Autun, est conduit depuis 1989 par Alain Merle. Ce dernier propose des morgon, regnié, beaujolais-villages et beaujolais (blancs).

Issue de vignes âgées de quatre-vingt-dix ans, cette cuvée a enthousiasmé les dégustateurs grâce à son nez expressif à dominante de cerise et à son parfait équilibre au palais : les tanins sont présents mais veloutés, une délicate fraîcheur tonifie l'ensemble et exalte un fruité croquant jusqu'en finale. Le coup de cœur n'était pas loin. ✗ 2017-2020 ✻ faisan en cocotte

☛ Alain Merle, Les Bois, 69430 Régnié-Durette, tél. 04 74 66 70 72, al1-merle@orange.fr Ⓥ 🚶 🏠 t.l.j. 8h-20h

DOM. PITAUD Cuvée Antoine 2013 ★

| ■ | 5 000 | ⅶ | 8 à 11 € |

Installé en 2001 sur l'appellation familiale au sud du mont Brouilly, Philippe Pitaud exploite un peu plus de 7 ha en viticulture raisonnée.

Ce viticulteur, qui a reçu un coup de cœur pour le millésime 2012 (Dom. Reverdon), dédie cette cuvée à son fils Antoine né en 2003. Elle a été mise en bouteilles le jour de la Saint-Antoine (13 juin)... Elle s'épanouit sur des parfums plaisants de fruits rouges et offre une bouche concentrée et fraîche. ✗ 2017-2020 ✗ civet de lapin

○┐ *Philippe Pitaud, Reverdon, 69460 Odenas, tél. 06 82 43 86 48, phpitaud@wanadoo.fr* Ⓥ 🅰 ✚ *t.l.j. sf dim. 9h-17h*

DOM. DE PONCHON 2014 ★			
■	5 000	🛉	5 à 8 €

Yves Durand représente la quatrième génération sur ce domaine qu'il conduit depuis 1983. Établi à Régnié-Durette, il propose trois crus produits de part et d'autre de l'Ardières : du régnié et du morgon au nord de la rivière et du brouilly au sud.

Bien ouvert sur le cassis et la framboise, le vin joue en bouche la carte du plaisir et de la rondeur plutôt que de la concentration. On y retrouve le fruité croquant du nez, souligné par une fine acidité bien persistante. Un vin pour maintenant et pour demain. ✗ 2015-2018 ✗ paupiettes de veau

○┐ *Yves Durand, Les Braves, 69430 Régnié-Durette, tél. 04 74 04 34 78, domainedeponchon@orange.fr* Ⓥ 🅰 *r.-v.* 🏠 Ⓔ

DOM. DE LA POYEBADE 2014 ★			
■	2 500	🛉	5 à 8 €

Installé depuis 1987, Marc Duvernay représente la quatrième génération de vignerons à la tête de cette exploitation familiale de 6 ha plantée de vieilles vignes et située au pied du mont Brouilly. Il propose des brouilly et côte-de-brouilly.

Cette cuvée encore timide à l'olfaction laisse apparaître des senteurs de fruits rouges nuancées de poivre. La bouche est plus diserte, épicée, fraîche et longue, bien structurée par des tanins fermes mais sans rugosité. Un vin déjà fort aimable et qui saura vieillir. ✗ 2016-2020 ✗ volaille rôtie ■ Côte-de-brouilly 2014 ★ (5 à 8 € ; 5 000 b.) : un nez de fruits rouges et d'épices , une bouche friande et bien équilibrée à la finale un peu austère. ✗ 2016-2019

○┐ *Marc et Fabienne Duvernay, La Poyebade, 69460 Odenas, tél. 04 74 03 51 55, marc.duvernay@ orange.fr* Ⓥ ✚ *r.-v.*

CH. DE SAINT-LAGER 2014 ★			
■	46 000	🛉	5 à 8 €

Le château de Pizay exploite un vaste domaine de 78 ha et commercialise par ailleurs sous cette étiquette un brouilly issu d'un vignoble de 15 ha, anciennes terres de la baronnie de Saint-Lager à l'est du mont Brouilly.

L'olfaction révèle des parfums complexes de cerise, de gelée de groseille et de poivre, arômes qui se prolongent dans un palais rond, modérément tannique, très bien équilibré par une belle fraîcheur. ✗ 2016-2020 ✗ terrine de foie de volaille

○┐ *Ch. de Saint-Lager, 69220 Saint-Lager, tél. 04 74 66 26 10, contact@vins-chateaupizay.com* Ⓥ ✚ *t.l.j. sf dim. 8h30-12h30 13h30-17h*

SIGNÉ VIGNERONS Les Hommes 2014 ★★			
■	60 000	🛉	5 à 8 €

Deux des plus grandes coopératives de la région, l'une à l'extrême sud du Beaujolais (Bully) et l'autre plus au nord (Quincié), dans la zone des beaujolais-villages et des crus, se sont unies en 2010, constituant Signé Vignerons : une entité forte de quelque 1 700 ha de vignes, qui vinifie plus de 10 % de la production de la région. Chaque cave continue néanmoins de vinifier séparément ses vins. Le négociant Louis Tête a rejoint la structure en 2012.

D'une belle intensité, le nez évoque les fruits rouges frais et les épices (poivre). En bouche, cette cuvée se montre solidement bâtie sur des tanins concentrés, encore fermes. Un brouilly qui mérite d'attendre en cave. ✗ 2017-2020 ✗ onglet à l'échalote ■ Beaujolais Louis Tête Les Sableux 2014 (5 à 8 € ; 70 000 b.) : vin cité. ✗ 2016-2018 ■ Beaujolais-villages Les Hommes 2014 (- de 5 € ; 100 000 b.) : vin cité. ✗ 2016-2018

○┐ *Signé Vignerons, 78, rue de Riboullon, 69430 Quincié en Beaujolais, tél. 04 37 55 50 10, contact@signe-vignerons.com* Ⓥ 🅰 ✚ *r.-v.*

CH. DE LA TERRIÈRE 2013			
■	26 700	🛉	11 à 15 €

Un château du XIIIᵉ s. face au mont Brouilly et un vignoble sur un sous-sol de porphyre exposé plein sud. Le domaine a été repris par la famille Barbet en 2003, et d'importants travaux de rénovation ont été menés en cuverie.

Intense et franc, le nez évoque le cassis et la pivoine que souligne une touche épicée. Des tanins fondus tapissent le palais, et une juste fraîcheur prolonge la finale. Un bon représentant de l'appellation. ✗ 2018-2020 ✗ saucisson de Lyon ■ Moulin-à-vent Cuvée de la Lure 2013 (11 à 15 € ; 3 300 b.) : vin cité. ✗ 2018-2020

○┐ *SCEA des Deux Châteaux, La Terrière, 69220 Cercié, tél. 04 74 66 77 87, catherine@terroirs-et-talents.fr* Ⓥ 🅰 *r.-v.*

LES TOURS DE PIERREUX 2014 ★★			
■	80 000	🛉	8 à 11 €

Les caves du Ch. de Pierreux, campé au milieu des vignes au sud du mont Brouilly, datent du XVIIᵉ s. De son passé médiéval la bâtisse a gardé deux tours, qui lui donnent un cachet gothique. La maison Mommessin (Boisset) exploite les 77 ha de vignes.

Le nez, intense et frais, évoque les petits fruits des bois (mûre, canneberge) nuancés d'une touche végétale, arômes que l'on retrouve dans une bouche bien équilibrée, fraîche et longue, aux tanins encore fermes. Un vin remarquablement bien fait qu'il faut savoir attendre. ✗ 2018-2020 ✗ tablier du sapeur ■ Ch. de Pierreux 2014 ★ (8 à 11 € ; 90 000 b.) : un nez engageant de fruits frais, une bouche friande, souple, équilibrée et persistante, aux tanins fins. ✗ 2018-2020

○┐ *SCEV Ch. de Pierreux, Pierreux, 69460 Odenas, tél. 04 74 03 18 30*

CHRISTIAN VERGIER Saint-Lager 2014			
■	12 000	🛉	8 à 11 €

Christian Vergier, ancien ouvrier agricole, aujourd'hui consultant international en spiritueux et conférencier, a créé son domaine en 2008 à partir de 50 ares ; il l'étend petit à petit (7 ha aujourd'hui) et y ajoute une activité de négoce.

Séducteur et intense, le nez évoque la griotte, la groseille et la mûre. On retrouve ce généreux fruité dans une bouche croquante et ronde, aux tanins fins. Un vin pour aujourd'hui. ✗ 2016-2018 ❦ côte de veau

☞ Christian Vergier, Vintage Tradition,
6, chem. des Curtyls, 21190 Ébaty, tél. 03 84 73 77 52,
vintagetradition@orange.fr

CÔTE-DE-BROUILLY

Superficie : 320 ha / Production : 15 455 hl

DOM. BARON DE L'ÉCLUSE Les Garances 2013 ★		
■ 1 330	🍷 ⬤	11 à 15 €

Cette propriété familiale de 5,5 ha de vignes d'un seul tenant couvre les pentes sud-est du mont Brouilly. Après avoir vinifié plusieurs années dans divers pays du Nouveau Monde, Jean-François Pegaz, œnologue, a succédé en 2015 à son oncle qui assurait la conduite de l'exploitation depuis 1971. Il vinifie à la bourguignonne avec égrappage.

Le nez à dominante florale est mis en valeur par un boisé vanillé élégant et bien intégré. Ample et intense, le palais est souligné par une belle fraîcheur qui rehausse les saveurs de fruits kirschés. Un élevage bien maîtrisé. ✗ 2017-2020 ❦ lapin aux pruneaux

☞ Jean-François Pegaz, Montée-de-l'Écluse,
69460 Odenas, tél. 06 40 57 19 94, baron.delecluse2@
orange.fr 🇻 🏃 🏠 t.l.j. sf dim. 14h-18h 🏠 ⓔ

NICOLE CHANRION 2013 ★		
■ n.c.	⬤	8 à 11 €

Nicole Chanrion est issue de la lignée des Jambon-Chanrion, qui cultive la vigne depuis 1861 sur le mont Brouilly, à travers trois branches (Jambon, Chanrion et Geoffray). Elle s'est installée en 1980 et cultive un domaine de 7 ha, dont 5 en côte-de-brouilly, sur un terroir de pierre bleue (diorite).

Encore un peu timide au nez, sur les fruits rouges, ce 2013 déroule une matière tannique encore ferme mais bien fruitée. Un vin riche et intense, comprenez un vin d'avenir. ✗ 2018-2020 ❦ entrecôte charolaise

☞ Nicole Chanrion, 80, Grande-Rue, Les Crozes,
69220 Cercié, tél. 04 74 66 80 37,
chanrion.nicole@wanadoo.fr 🇻 🏃 🏠 r.-v.

GILBERT CHETAILLE 2013 ★★		
■ 3 000	🍷	5 à 8 €

Gilbert Chetaille a repris en 2005 le domaine familial avec l'ambition de vendre du vin à la propriété. Il a réussi à agrandir son exploitation, laquelle atteint 6,5 ha aujourd'hui. Quatre crus figurent dans sa carte : brouilly, côte-de-brouilly, moulin-à-vent et morgon.

Des vignes de soixante-quatre ans ont donné naissance à cette cuvée au nez de fruits rouges frais (cerise en tête) et à la bouche tout aussi aromatique, adossée à des tanins solides et à la finale minérale. Un vin alerte. ✗ 2018-2020 ❦ bœuf bourguignon

☞ Gilbert Chetaille, 1041, rte des Hauts-de-Chavanne,
69430 Quincié-en-Beaujolais, tél. 06 73 58 86 17,
gilbert.chetaille@orange.fr 🇻 🏃 🏠 r.-v.

DOM. CHEVALIER MÉTRAT 2014 ★		
■ 12 000	🍷	5 à 8 €

Exploité en métayage à partir de 1956 par Michel Chevalier, ce domaine a été acquis en 1987 par sa fille Marie-Noëlle et son époux Sylvain Métrat. Leurs 13 ha de vignes couvrent le versant sud de la colline de Brouilly.

« Une très belle cuvée. C'est ce que l'on attend d'un cru », souligne un dégustateur conquis. Le fruit est en effet bien présent au nez (fruits noirs épicés). La bouche est construite sur une structure tannique dense et fraîche, qui met en valeur le fruité perçu à l'olfaction et laisse présager une évolution favorable. ✗ 2018-2020 ❦ sauté de veau aux champignons

☞ Sylvain Métrat, Le Roux, 69460 Odenas,
tél. 06 07 99 23 50, domainechevaliermetrat@wanadoo.fr
🇻 🏃 🏠 r.-v.

DOM. DES FOURNELLES 2014 ★★		
■ 15 000	🍷 ⬤	5 à 8 €

Bernadette Bernillon a pris en 2007 la suite de son mari Alain à la tête de ce domaine de 10,4 ha situé sur le versant sud-est du mont Brouilly. Sa fille et son gendre l'ont rejointe sur l'exploitation. Le vignoble entoure une maison typiquement beaujolaise datant de 1860, construite en pierres bleues du mont Brouilly.

Une cuvée au nez franc de fruits noirs (cassis, myrtille). Elle tapisse le palais d'une matière dense, ronde et généreuse, adossée à des tanins fins qui laissent une sensation de plénitude. ✗ 2018-2020 ❦ coq au vin

☞ Bernadette Bernillon, 301, rte du Pavé,
69220 Saint-Lager, tél. 04 74 66 81 68,
alain.bernillon69220@orange.fr 🇻 🏃 🏠 r.-v.

DOM. GOUILLON Vieilles Vignes 2013 ★		
■ 4 000	🍷 ⬤	8 à 11 €

Proche du château de La Palud, ce domaine a été créé en 1983 par Danielle Gouillon. Il est aujourd'hui aux mains de son fils Dominique qui exploite 12 ha en beaujolais-villages et sur les crus morgon, côte-de-brouilly et brouilly. La cave, rénovée en 2001, est installée dans une demeure typique du XIXᵉ s.

Un élevage mi-cuve mi-fût pour ce vin au nez floral nuancé de kirsch. La bouche, puissante et élégante, est bâtie sur des tanins enrobés : un équilibre remarquable. ✗ 2018-2020 ❦ faisan en cocotte ■ Beaujolais-villages 2013 ★ (5 à 8 € ; 3 000 b.) : cuvée née d'un petit hectare de vignes. Nez élégant, sur les fleurs blanches, la pomme et la poire ; bouche fraîche et tendue, tout aussi aromatique. ✗ 2016-2018

☞ Dominique Gouillon, Les Vayvolets,
69430 Quincié-en-Beaujolais, tél. 06 87 48 39 09,
gouillon.dominique@orange.fr 🇻 🏃 🏠 r.-v. 🏠 ❸

DOM. DU GRIFFON 2014 ★		
■ 15 000	🍷	5 à 8 €

En 1974, Jean-Paul et Guillemette Vincent ont créé cette exploitation au pied du mont Brouilly, dans l'ancien presbytère de Saint-Lager. Ils ont patiemment agrandi leur domaine. Constitué en majorité de vieilles vignes et couvrant aujourd'hui 10 ha.

Des parfums de fruits noirs se déploient avec intensité au nez. La bouche déroule une matière dense, montrant une belle mâche ; les tanins sont concentrés et un peu fermes, mais le potentiel est là et la garde devrait arrondir l'ensemble. **✗** 2018-2020 **♈** côte de bœuf

☛ *Jean-Paul et Guillemette Vincent, 391, rte des Brouilly, 69220 Saint-Lager, tél. 04 74 66 85 06, domainedugriffon@wanadoo.fr* Ⓥ 🏃 🛏 *t.l.j. sf dim. 9h-12h 14h-18h* 🏠 Ⓑ

CAVE DU CH. DES LOGES 2014 ★		
■	12 000	5 à 8 €

Née en 1958, cette petite coopérative, qui regroupe 150 viticulteurs exploitant 400 ha de vignes, est une valeur sûre du Guide. Elle a acheté dès ses débuts le château des Loges, une belle propriété du XVIIIᵉs. dans le parc de laquelle elle a construit ses chais.

Intensément ouvert sur les fruits mûrs, ce 2014 a séduit par son équilibre, son gras et son ampleur en bouche. Les tanins sont denses mais bien enrobés et la finale fraîche et minérale donne du tonus à l'ensemble. Un vin pour maintenant ou pour plus tard. **✗** 2016-2020 **♈** andouillette
■ Beaujolais-villages 2014 (5 à 8 € ; 34 000 b.) : vin cité. **✗** 2018-2020

☛ *Cave du Ch. des Loges, 69460 Le Perréon, tél. 04 74 03 22 83, caveduperreon@wanadoo.fr* Ⓥ 🛏 *t.l.j. 8h-12h 14h-17h30*

♥ DOM. DE LA MOTTE 2013 ★★		
■	4 000	5 à 8 €

En 1997, après des études au lycée viticole, Laurent Charrion prend la tête du domaine familial. Il exploite aujourd'hui 26 ha de vignes, dont une petite dizaine d'hectares en brouilly.

Cette cuvée, née de vignes de soixante-dix ans, a conquis les dégustateurs par son nez intense de fruits noirs mariés à des notes florales et par la qualité de sa texture en bouche : les tanins sont tout particulièrement concentrés tout en étant d'une grande finesse. Un vin puissant, riche et remarquablement équilibré. **✗** 2018-2020 **♈** terrine de sanglier

☛ *Laurent Charrion, 129, rte de Corval, La Grand-Raie, 69220 Saint-Lager, tél. 04 74 66 81 69, earlcharrion@wanadoo.fr* Ⓥ 🏃 🛏 *r.-v.*

♥ DOM. PAVILLON DE CHAVANNES Cuvée des ambassades 2013 ★★		
■	30 000	8 à 11 €

Le Dom. Pavillon de Chavannes, établi au pied du mont Brouilly, a été créé en 1864. Il compte aujourd'hui 15 ha, essentiellement de vieilles vignes, qu'il exploite en côte-de-brouilly.

Cette cuvée des Ambassades, élue coup de cœur pour le millésime 2009, renouvelle l'exploit avec le 2013 salué pour sa typicité remarquable. Elle s'ouvre sur d'élégants parfums de fruits frais rehaussés d'une touche minérale héritée du terroir granitique. Tout aussi aromatique en bouche, elle déroule des tanins soyeux, et séduit par sa fraîcheur jusqu'à la finale où l'on retrouve une agréable minéralité. **✗** 2018-2020 **♈** poulet de Bresse aux morilles

☛ *Dom. Pavillon de Chavannes, 936, rue des Hauts-de-Chavannes, 69430 Quincié-en-Beaujolais, tél. 04 74 04 35 01, pauljambon@orange.fr* Ⓥ 🏃 🛏 *t.l.j. 9h-12h30 14h30-19h*
☛ *Jambon Paul*

DOM. DES ROCHES ANCIENNES 2014 ★			
■	8 000	🍶	5 à 8 €

Située au pied de la colline de Brouilly, cette exploitation est établie sur un affleurement de roches anciennes. Elle détient un pressoir écureuil du XVIIIᵉs. (technique médiévale de la roue verticale dans laquelle marchait un homme) encore en état de marche.

Le nez s'ouvre sur des parfums de fruits rouges (cerise) et noirs (mûre). La bouche, franche à l'attaque, déroule une matière gourmande, bien équilibrée entre rondeur et fraîcheur. **✗** 2018-2020 **♈** carré d'agneau

☛ *Dom. des Roches Anciennes, Les Sigaux, 69460 Odenas, tél. 04 74 03 42 23, domrollandsigaux@orange.fr* 🏃 🛏 *t.l.j. sf dim. 9h-19h*

DOM. DES ROCHES BLEUES Élevé en foudre de chêne 2013 ★			
■	11 000	🍶	8 à 11 €

Acheté en 1968 et rénové par les beaux-parents de Dominique Lacondemine, actuel exploitant, le domaine est implanté sur le granit bleu de la Côte de Brouilly. Sa cave voûtée servit naguère de salle des fêtes au village. Aujourd'hui, le vigneron conduit 8 ha partagés entre brouilly et côte-de-brouilly.

Élevée en foudre pendant huit mois, cette cuvée développe un nez fruité aux accents épicés, rehaussé de touches minérales. La bouche, solidement structurée, bien équilibrée et fraîche, finit sur une note épicée. **✗** 2018-2020 **♈** sabodet à la beaujolaise

☛ *Dominique Lacondemine, Dom. Les Roches Bleues, La Côte-de-Brouilly, 69460 Odenas, tél. 04 74 03 43 11, lacondemine.dominique@wanadoo.fr* Ⓥ 🏃 🛏 *t.l.j. 8h30-19h30; dim. sur r.-v.* 🏠 Ⓔ

CELLIER DES SAINT-ÉTIENNE 2013 ★★			
■	7 000	🍶	5 à 8 €

Créée en 1957, cette coopérative est issue de la fusion des caves de Saint-Étienne-des-Oullières et de Saint-Étienne-la-Varenne. Elle reçoit les raisins de 410 ha répartis sur une dizaine de communes. Aux commandes des vinifications, le maître de chai : Emmanuel Gaillard.

Né sur un sol de granit bleu, ce vin a bénéficié d'une vinification longue, avec égrappage de 20 % des raisins. Le nez s'ouvre sur une palette complexe mêlant les fruits à des touches minérales. Dans le même registre, la bouche offre une structure solide et une finale minérale et fraîche : une réelle harmonie. **✗** 2018-2020 **♈** bavette grillée
■ Brouilly 2014 (5 à 8 € ; 10 000 b.) : vin cité. **✗** 2017-2020
■ Beaujolais-villages 2014 (5 à 8 € ; 9 000 b.) : vin cité. **✗** 2017-2020

○━ *Cellier des Saint-Étienne, rue du Beaujolais,*
69460 Saint-Étienne-des-Ouillières, tél. 04 74 03 31 25,
vignes-saveurs@wanadoo.fr 🅥 🅚 🅛 *t.l.j. 9h30-12h30*
15h-19h

CH. THIVIN			
Cuvée Zaccharie 2013 ★★			
■	9 800	◫	15 à 20 €

Ancien vignoble des chanoines de Belleville, puis terre noble jusqu'à la Révolution, vendue comme bien national et achetée par M. Thivin, avocat au Parlement, qui lui légua son nom. En 1877, un fermier en acquit 2 ha : Zaccharie Geoffray, l'ancêtre de Claude, l'actuel propriétaire. Œuvrant pour la promotion des crus locaux, la famille reçut des personnalités des Arts et des Lettres, telles que Colette en 1947. Niché à flanc de coteau au pied du mont Brouilly, le domaine compte aujourd'hui 25 ha.

Claude Geoffray n'hésite pas à élaborer des cuvées ambitieuses et largement reconnues par les amateurs, tel ce 2013 proche de la troisième étoile. Le nez de fruits noirs nuancés de notes minérales est d'une remarquable élégance, prélude à une bouche structurée par des tanins solides mais enrobés. Une belle fraîcheur exalte les arômes persistants de fruits à noyau et donne beaucoup de relief à l'ensemble. Un vin racé, construit pour durer. ✗ 2018-2020 🍴 magret de canard ■ Beaujolais Clos de Rochebonne 2013 ★ (8 à 11 € ; 2 800 b.) : un élevage de sept mois en fût pour cette cuvée aux arômes d'agrumes et aux accents toastés montrant un bel équilibre entre rondeur, ampleur et fraîcheur. Un chardonnay qui n'est pas sans rappeler certains bourgognes blancs. ✗ 2016-2018

○━ *Claude Geoffray, Ch. Thivin, La Côte-de-Brouilly,*
69460 Odenas, tél. 04 74 03 47 53, geoffray@
chateau-thivin.com 🅥 🅚 🅛 *t.l.j. sf dim. 10h-19h* 🏠 🄴

TRÉNEL 2013 ★			
■	8 000	᫜	8 à 11 €

En 1928, Claude-Henri Trénel crée un commerce de liqueurs de fruit à Charnay-lès-Mâcon. Il se tourne ensuite vers l'achat de raisins. Son fils André lui succède à la tête de cette maison de négoce aujourd'hui présidée par Gilles Meimoun.

L'olfaction laisse apparaître un fruité suave et gourmand évoquant les fruits noirs (myrtille). Le palais se montre tonique, voire nerveux, construit sur des tanins élégants et fondus ; la finale minérale donne du relief à l'ensemble. Un réel équilibre et une certaine complexité. ✗ 2018-2020 🍴 tourte à la viande

○━ *Maison Trénel Fils, 33, chem. du Buéry,*
71850 Charnay-lès-Mâcon, tél. 03 85 34 48 20, export@
trenel.fr 🅥 🅛 *t.l.j. sf sam. dim. 9h-12h 14h-18h*

CHÉNAS

Superficie : 249 ha / Production : 9 564 hl

D'après la légende, ce lieu était autrefois couvert d'une immense forêt de chênes. Un bûcheron, constatant le développement de la vigne plantée naturellement par quelque oiseau, se mit en devoir de défricher pour introduire la noble plante ; celle-là même qui s'appelle aujourd'hui le « gamay noir ». Située aux confins du Rhône et de la Saône-et-Loire, dans les communes de Chénas et de La Chapelle-de-Guinchay, chénas est l'une des plus petites AOC du Beaujolais. Nés à l'ouest, sur des terrains pentus et granitiques, ses vins sont colorés et puissants, avec des arômes floraux (rose et violette) ; ils rappellent les moulin-à-vent produits sur la plus grande partie des terroirs de la commune. Issus du secteur plus limoneux et moins accidenté de l'est, ils présentent une charpente plus ténue.

PASCAL AUFRANC Vignes de 1939 2013			
■	10 000	᫜	8 à 11 €

Installé en 1992 en chénas, Pascal Aufranc exploite un vignoble de coteau d'un seul tenant qu'il a agrandi vers les AOC juliénas et fleurie en 2005.

Une cuvée qui, comme son nom l'indique, est issue de vignes de plus de soixante-dix ans. Ces vénérables ceps ont donné naissance à un 2013 au nez expressif sur les fruits rouges mûrs (framboise) et à la bouche ample et puissante, adossée à des tanins denses et déjà fondus. La finale est fraîche et longue. ✗ 2018-2020 🍴 jambon persillé

○━ *Pascal Aufranc, En Rémont, 69840 Chénas,*
tél. 04 74 04 47 95, pascal.aufranc@orange.fr
🅥 🅚 🅛 *r.-v.*

CH. DE BELLEVERNE			
Élevé en fût de chêne 2013 ★			
■	10 000	◫	8 à 11 €

Ancien monastère, ce domaine, propriété de la famille Bataillard depuis 1969, s'étend sur près de 34 ha et couvre quatre appellations du Beaujolais. Didier Bataillard dirige l'exploitation avec son frère Alain et sa sœur Sylvie.

Élevé un an en barrique, ce 2013 s'épanouit sur des senteurs élégantes de fruits rouges poivrés aux accents toastés. Le bois est également perceptible dans une bouche ample et riche, mais sans dominer le fruit. Un vin harmonieux, qui a réussi le mariage du raisin et du merrain. ✗ 2018-2020 🍴 volaille rôtie

○━ *Ch. de Belleverne, 515, rue Jules-Chauvet,*
71570 La Chapelle-de-Guinchay, tél. 03 85 36 71 06,
cavesdebelleverne@orange.fr r.-v. ○━ *Bataillard*

CH. BONNET Vieilles Vignes 2014 ★			
■	45 000	᫜	5 à 8 €

Aux confins de la Bourgogne et du Beaujolais, ce domaine, acquis par les Perrachon en 1973 et conduit par Pierre-Yves Perrachon depuis 1988, couvre ses 22 ha. Il tire son nom du sieur Bonnet, échevin de la ville de Mâcon, qui y fit bâtir en 1630 une gentilhommière où séjourna plus tard Lamartine.

Un 2014 né de vignes de soixante ans au nez bien ouvert sur les fruits rouges et noirs. En bouche, il révèle une plaisante harmonie, grâce à ses tanins fondus et à sa fraîcheur qui soutiennent élégamment le fruit jusqu'en finale. Un ensemble gourmand, à déguster dès aujourd'hui. ✗ 2015-2018 🍴 coq au vin ■ Moulin-à-vent 2014 (8 à 11 € ; 15 000 b.) : vin cité. ✗ 2018-2020

○━ *Ch. Bonnet, Les Paquelets,*
71570 La Chapelle-de-Guinchay, tél. 03 85 36 70 41,
pierre-yves@chateau-bonnet.fr 🅥 🅚 🅛 *r.-v.*

DOM. DE CÔTES RÉMONT 2014 ★★

| ■ | 7 500 | î ⬡ | 5 à 8 € |

À leur retraite, en 2011, Catherine et Dominique Olry ont décidé de reprendre le domaine familial de madame, un vignoble de 60 ha d'un seul tenant planté sur des coteaux pentus, sous le pic de Rémont. Le couple s'appuie sur l'expérience de son maître de chai, M. Granchamp.

Une cuvée aux parfums généreux et complexes de petits fruits rouges (framboise, fraise) et d'épices. Une palette aromatique tout en finesse que l'on retrouve dans une bouche bien structurée, tendue par une belle fraîcheur qui lui confère harmonie et longueur. Un vin bien travaillé et apte à la garde. ✗ 2018-2020 ♈ magret de canard

o━ *Dom. de Côtes Rémont, Rémont, 69840 Chénas, tél. 04 74 04 40 49* Ⓥ Ⓚ Ⓛ *t l j 9h-12h30 14h30-19h*

o━ *C. et D. d' Olry*

ANITA ET ANDRÉ KUHNEL Prémium 2013

| ■ | 2 000 | î | 8 à 11 € |

Deux anciens cyclistes professionnels sont à la tête de ce domaine de 12 ha : André Kuhnel, installé en 1973, et son épouse Anita, arrivée en 1996, qui vinifie désormais à ses côtés.

Une cuvée issue de vignes de cinquante ans. Un nez intense de fruits rouges et de pivoine, et une bouche ample, construite sur des tanins fins. Un vin qui joue la carte de l'élégance. ✗ 2018-2020 ♈ gigot d'agneau ■ **Moulin à vent Cœur de vigneronne** 2013 (11 à 15 €, 2 500 b.) : vin cité. ✗ 2018-2020

o━ *Anita et André Kuhnel, Les Raisses, 69910 Villié-Morgon, tél. 06 83 38 60 22, aa.kuhnel@wanadoo.fr* Ⓥ Ⓚ Ⓛ *r.-v.* 🏠 Ⓑ

HUBERT LAPIERRE Cuvée Vieilles Vignes 2013 ★

| ■ | 8 000 | î | 5 à 8 € |

Ce petit domaine de 3,3 ha conduit par Hubert Lapierre depuis 1970 est planté de très vieilles vignes, âgées de quarante-cinq à quatre-vingt-cinq ans, taillées en gobelet, à l'origine de moulin-à-vent et de chénas souvent en vue dans ces pages.

Un 2013 né de vignes de quatre-vingt-cinq ans au nez intense et généreux évoquant le cassis et la framboise, prélude à une bouche ample, structurée et dense, à la finale fraîche et longue. Une réelle harmonie. ✗ 2018-2020 ♈ volaille de Bresse à la crème

o━ *GFA Hubert Lapierre, Les Gandelins, 1847, rte des Deschamps, 71570 La Chapelle-de-Guinchay, tél. 03 85 36 74 89, hubert.lapierre@orange.fr* Ⓥ Ⓚ Ⓛ *t.l.j. 8h-12h 13h30-18h30, sam. dim. sur r.-v.*

DOM. ALAIN LARDET 2014

| ■ | 21 376 | î | 8 à 11 € |

Alain Lardet conduit depuis 1985 ce domaine dont les vins sont vinifiés par la cave coopérative du château de Chénas.

Ce 2014 s'épanouit sur des parfums délicats et fins de fruits noirs, prélude à une bouche à la fois ronde et fraîche, tout en finesse et en légèreté. ✗ 2016-2018 ♈ grenadin de veau

o━ *Dom. Alain Lardet, 1169, rte des Journets, 71570 La Chapelle-de-Guinchay, tél. 03 85 33 83 17*

DOM. DES MOUILLES 2014 ★

| ■ | 2 900 | î | 5 à 8 € |

Viticulteurs à Juliénas depuis le début du XVIIᵉs., les Perrachon ont acheté en 1877 le château de la Bottière, puis le domaine des Pérelles à Romanèche-Thorins (moulin-à-vent). À son installation en 1989, Laurent Perrachon a acquis le domaine des Mouilles, puis des parcelles en morgon, fleurie et saint-amour : en tout, 26 ha, avec des vignes dans six crus.

Ce vin s'épanouit tout en finesse sur des notes de framboise. On retrouve le fruit rouge (fraise, framboise) dans un palais suave et souple. La fraîcheur est également de mise, flattant le fruit et donnant de l'allonge à l'ensemble. ✗ 2018-2020 ♈ faisan en cocotte

o━ *GFA Dom. des Mouilles, Les Mouilles, 69840 Juliénas, tél. 04 74 04 40 44, laurent@vinsperrachon.com* Ⓥ Ⓚ Ⓛ *t.l.j. 9h-12h 14h-19h* 🏠 Ⓔ

DOM. DE NERVAT 2014 ★

| ■ | 14 905 | î | 8 à 11 € |

Créé en 1982, ce domaine a fait son apparition dans le Guide en 2013. Pascal Descombes en assure la conduite, confiant ses vendanges à la cave coopérative de Chénas (dont il est le président), où officie l'œnologue Didier Rageot.

Un peu timide au premier nez, cette cuvée libère à l'aération des senteurs de pivoine et de fruits rouges frais. La bouche, adossée à des tanins solides mais élégants, déroule une matière dense. La finale est encore un peu serrée, mais s'assouplira avec la garde. ✗ 2016-2020 ♈ civet de lapin

o━ *Dom. de Nervat, 71570 La Chapelle-de-Guinchay, tél. 03 85 33 83 66*

DOM. DES PIVOINES
Sélection de vieilles vignes 2014

| ■ | 12 136 | î | 8 à 11 € |

Ce domaine, vinifié par la cave coopérative du château de Chénas, est la propriété de Patrick Thévenet, qui a choisi la pivoine, arôme emblématique du chénas, pour baptiser son domaine.

Né de ceps de gamay âgés d'un demi-siècle plantés sur des arènes granitiques, ce 2014 mêle au nez les fruits rouges et les fleurs. En bouche, il joue la carte de la légèreté, de la fraîcheur et de la finesse, avec ses tanins bien enrobés. Un vin prêt à boire, mais qui saura supporter quelques années de garde. ✗ 2016-2018 ♈ suprême de volaille

o━ *Dom. des Pivoines, 1887, rte Deschamps, 71570 La Chapelle-de-Guinchay, tél. 09 64 27 63 04*

CHIROUBLES

Superficie : 334 ha / Production : 13 157 hl

Le plus haut des crus du Beaujolais s'étend sur une seule commune perchée à près de 400 m d'altitude, dans un site en forme de cirque aux sols constitués de sable granitique léger et maigre. Issu de gamay comme les autres crus, le chiroubles, considéré comme le plus « féminin » des crus du Beaujolais, est élégant, fin, peu chargé en tanins, charmeur, avec des arômes de violette. Rapidement prêt, il rappelle parfois la fleurie ou le morgon, crus limitrophes. Chiroubles est aussi la petite patrie du grand ampélographe Victor Pulliat, né en 1827, dont les travaux consacrés à l'échelle de précocité et au greffage des espèces de vigne ont contribué à mettre un terme à la crise phylloxérique ; pour parfaire ses observations, le savant avait rassemblé dans son domaine de Tempéré plus de 2 000 variétés ! La fête des Crus, organisée en avril, rappelle son souvenir.

VIGNERONS DE BEL AIR 2014 ★		
■	36 000	🛈	5 à 8 €

Créée en 1929, la cave coopérative de Bel-Air, installée non loin du secteur des crus, près de Belleville, a fusionné en 2008 avec celle de Chiroubles. Forte de 250 producteurs, qui vinifient 690 ha, elle propose la plupart des AOC du Beaujolais ainsi que des AOC régionales bourguignonnes.

Ce 2014, ouvert sur le cassis, la cerise, la pivoine et quelques notes de réglisse, se montre rond en bouche, adossé à des tanins encore un peu sévères, bien équilibré par une pointe d'acidité qui apporte fraîcheur et longueur à l'ensemble. ✗ 2017-2018 ♈ andouillette

o— Vignerons de Bel Air, 131, rte Henri-Fessy, 69220 Saint-Jean-d'Ardières, tél. 04 74 06 16 08, com@vignerons-belair.com Ⓥ 🏃 🏋 t.l.j. 9h-12h 14h-18h; f. dim. janv.-mars

BELLE GRÂCE 2014		
■	60 000	🛈	5 à 8 €

L'ancienne Société vinicole beaujolaise a étendu son rayon d'action au cours du siècle dernier en s'alliant avec d'autres sociétés (Jacques Depagneux, Chanut...). Elle propose des vins du Mâconnais et du Beaujolais en provenance de domaines partenaires.

Le nez libère des arômes de fruits noirs et des notes d'épices douces. La bouche, d'une puissance mesurée, s'exprime dans le registre de la finesse. ✗ 2015-2019 ♈ onglet à l'échalote

o— Louis de Jolimont, La Bâtie, 71570 La Chapelle-de-Guinchay, tél. 03 85 23 83 50, aujoux@aujoux.fr

DOM. CHANTE GRILLON 2014 ★		
■	26 670	🛈	5 à 8 €

Fondée en 1912, la maison beaujolaise Pellerin est aujourd'hui dans le giron du groupe Boisset. Elle distribue des vins du Beaujolais et du Languedoc-Roussillon.

Bien ouvert sur des parfums de fruits rouges mûrs, ce 2014 offre un palais structuré et rond, aux tanins puissants mais élégants. Une cuvée équilibrée et persistante qui laisse une impression de plénitude tout au long de la dégustation. ✗ 2016-2018 ♈ râbles de lapin

o— Pellerin Domaines et Châteaux, Le Pont-des-Samsons, 69430 Quincié-en-Beaujolais, tél. 04 74 03 46 17

ANTHONY CHARVET Granit 2013 ★		
■	5 800	🛈	5 à 8 €

Anthony Charvet a travaillé plusieurs années chez Georges Boulon, tout en vinifiant à son compte : 73 ares à ses débuts, 3,6 ha aujourd'hui, en chiroubles, fleurie et morgon. Pas de levures aromatiques ici, ni de thermovinification, mais la recherche de « vins de terroir » non standardisés.

Ce 2013 a su tirer son épingle du jeu dans un millésime pourtant difficile et a séduit les dégustateurs avec ses senteurs de fruits rouges frais et de fleurs qui montent en puissance à l'aération. Les jurés ont également salué sa bouche bien structurée et équilibrée : les tanins sont soyeux, et la finale est persistante. ✗ 2016-2020 ♈ filet mignon de porc

o— Anthony Charvet, Bel-Air, 69115 Chiroubles, tél. 06 50 07 25 01, anthony.charvet@live.fr Ⓥ 🏃 🏋 r.-v. 🏠 Ⓑ

DOM. DE COLONAT Les Rochaux 2014		
■	3 460	🛈	5 à 8 €

Les Collonge cultivent la vigne depuis le XVIIᵉs. Bernard Collonge s'est installé en 1977 avec son épouse Christine sur le domaine familial. Rejoint en 2009 par son fils Thomas, il exploite 15 ha, avec des parcelles en morgon, chiroubles, régnié et moulin-à-vent.

Une cuvée au nez expressif et complexe de cassis et de cerise burlat souligné d'un trait d'épices, prélude à une bouche tout en finesse et bien équilibrée. Un vin à déguster sur le fruit. ✗ 2015-2018 ♈ planche de charcuterie

o— Bernard et Thomas Collonge, Dom. de Colonat, Saint-Joseph, 69910 Villié-Morgon, tél. 04 74 69 91 43, domaine.de.colonat@orange.fr Ⓥ 🏃 🏋 t.l.j. sf dim. 9h-12h 14h-19h

DOM. DE LA COMBE AU LOUP 2013		
■	35 000	🛈	8 à 11 €

Les Méziat cultivent la vigne depuis 1870. Premières mises en bouteilles avec le grand-père Albert, installation de Gérard en 1970, création du domaine en 1983. David, arrivé en 1993, conduit aujourd'hui 15 ha en villages, morgon, chiroubles et régnié.

Un fruité tout en fraîcheur et en finesse se libère du verre, complété de quelques touches florales. La bouche se révèle tout aussi légère et d'une belle fraîcheur. Un vin bien équilibré, dont la finale un peu ferme devrait s'arrondir dans les mois qui viennent. ✗ 2016-2020 ♈ entrecôte

o— EARL Méziat Père et Fils, Dom. de la Combe au Loup, 69115 Chiroubles, tél. 04 74 04 24 02, david.meziat@meziat.com Ⓥ 🏃 🏋 t.l.j. sf dim. 8h30-12h 13h30-19h

DOM.DE LA COUR PROFONDE 2014 ★★		
■	24 000	🛈	8 à 11 €

Cyril et Patricia Revollat se sont installés en 1998 sur le domaine familial dont ils ont porté la superficie à 10,5 ha. Leur maison de la fin du XIXᵉs. est bâtie sur sept caves voûtées en pierre du pays.

Une cuvée aux parfums expressifs et frais de petits fruits rouges puis de fleurs, prélude à une bouche remarquablement tonique et longue, adossée à des tanins denses mais déjà arrondis. Un vin qui exprime tout en élégance la typicité du cru. ✗ 2016-2020 ♈ pot-au-feu ■ Fleurie 2014 ★ (8 à 11 € ; 17 330 b.) : un nez franc sur la rose et la violette, puis sur les petits fruits rouges ; une bouche ronde, longue et bien équilibrée. ✗ 2018-2020

o— Patricia et Cyril Revollat, La Cour-Profonde, 69115 Chiroubles, tél. 04 74 69 13 72, revollat.cyril@ wanadoo.fr Ⓥ 🏃 🏋 t.l.j. 9h-19h

CH. MOULIN FAVRE Vieilles Vignes 2014 ★

| 7 000 | î | 5 à 8 € |

Campé au milieu des vignes sur le coteau de Combiaty, à 427 m d'altitude, ce domaine de 18 ha (dont 11 en brouilly) est travaillé par Céline et Armand Vernus, qui représentent la sixième génération de viticulteurs. Armand Vernus défend l'égrappage total de la vendange.

Née d'une parcelle de vignes de soixante ans, cette cuvée au nez expressif, puissant et élégant de fruits rouges épicés déroule une matière ample et bien structurée, dans le même registre que l'olfation, étayée par des tanins bien arrondis. Un vin harmonieux et déjà fort aimable. ✗ 2015-2018 ♈ rôti de veau ■ Brouilly Cuvée Vieilles Vignes 2014 (5 à 8 € ; 50 000 b.) : vin cité. ✗ 2016-2020

o→ Armand et Céline Vernus, Combiaty, 69460 Saint-Étienne-la-Varenne, tél. 04 74 03 40 63, moulin-favre@wanadoo.fr Ⓥ 🅺 🅻 r.-v. 🅼 ③ 🅰 🅱

CH. DE RAOUSSET Bel-Air 2013

| 15 000 | ◐ | 5 à 8 € |

Au XVIIIᵉs., le domaine appartenait à un soyeux lyonnais. Commandé par un château Second Empire, le vignoble est aujourd'hui partagé entre deux entités qui élaborent leurs vins de façon indépendante, tout en revendiquant la même marque. Ce domaine-ci, dirigé par Axel Joubert, dispose de 35 ha de vignes.

Bel Air ? Le nom du terroir abritant les vignes d'une cinquantaine d'années qui ont vu naître cette cuvée au nez de fruits rouges frais typique du gamay, prélude à une bouche tout aussi fruitée et structurée, avec la fraîcheur aromatique et la vivacité attendue d'un chiroubles. ✗ 2015-2018 ♈ terrine campagnarde

o→ Ch. de Raousset, Les Prés, 69115 Chiroubles, tél. 04 74 69 17 28, info@chateauderaousset.com Ⓥ 🅺 🅻 t.l.j. 8h-12h 14h-18h; sam. dim. sur r.-v.; f. août

DOM. CHRISTOPHE SAVOYE Cuvée Loïc 2014

| 25 000 | î | 8 à 11 € |

Sophie et Christophe Savoye, installés à Chiroubles depuis 1991, ont pris la suite de cinq générations. Ils exploitent 14,5 ha répartis dans les AOC chiroubles et morgon – de vieilles vignes d'une cinquantaine d'années.

Ce vigneron, qui revendique l'élaboration de vins très typés de leur terroir, atteint son but avec ce 2014 au nez expressif de petits fruits rouges et à la bouche franche, ronde et fraîche, aux tanins bien enrobés. Un beau représentant de son appellation, à apprécier dans sa jeunesse. ✗ 2015-2018 ♈ tartare de bœuf

o→ Christophe Savoye, 11, rue de la Grosse-Pierre, 69115 Chiroubles, tél. 04 74 69 11 24, christophe.savoye@ laposte.net Ⓥ 🅺 🅻 t.l.j. sf dim. 8h-12h 13h30-19h

FLEURIE

Superficie : 914 ha / Production : 34 630 hl

Posée au sommet d'un mamelon totalement planté de gamay, une chapelle semble veiller sur le vignoble : c'est la Madone de Fleurie, qui marque l'emplacement du troisième cru du Beaujolais par ordre d'importance,

après le brouilly et le morgon. L'aire d'appellation ne s'échappe pas des limites communales, et sa géologie est assez homogène, avec des sols constitués de granites à grands cristaux qui donnent au vin finesse et élégance. Certains aiment le fleurie frais, d'autres le servent à 14-15 °C. Ce vin entre traditionnellement dans la préparation de l'andouillette à la beaujolaise. Printanier, il charme par ses arômes aux tonalités d'iris et de violette. Certains terroirs aux noms évocateurs figurent sur l'étiquette : La Rochette, La Chapelle-des-Bois, Les Roches, Grille-Midi, La Joie-du-Palais...

DOM. DE LA BOURONIÈRE 2013 ★

| 30 000 | î | 8 à 11 € |

Fabien de Lescure s'est installé en 1987 sur le domaine familial. Il exploite en agriculture raisonnée 11 ha autour de Fleurie.

Le nez complexe de fruits rouges et de réglisse dégage de la puissance. La bouche harmonieuse déroule une trame de tanins soyeux, une matière onctueuse et offre une bonne longueur. ✗ 2018-2020 ♈ saucisson brioché

o→ Fabien de Lescure, Dom. de la Bouronière, Les Labourons, 69820 Fleurie, tél. 04 74 69 82 13, bouroniere@wanadoo.fr Ⓥ 🅺 🅻 r.-v.

CHANSON Bastion de l'Oratoire 2013

| n.c. | î | 11 à 15 € |

L'une des plus anciennes maisons de négoce de Bourgogne, fondée en 1750, reprise en 1999 par le Champagne Bollinger. En plus de ses achats de raisins, elle dispose d'un important vignoble de 45 ha et de l'expertise de Jean-Pierre Confuron, son œnologue-conseil largement salué pour son talent (aussi pour son domaine familial Confuron-Cotedidot avec son frère Yves), qui a développé un style reconnaissable grâce à ses vinifications en grappes entières. Son fief est situé autour de Beaune, mais Chanson propose aussi des appellations en Côte de Nuits.

Le nez libère de délicats parfums de fleurs et de petits fruits rouges (fraise, framboise, griotte). En bouche, le vin se montre charnu et gourmand, aromatique sur les fruits rouges également, soutenu par des tanins de qualité, encore un peu austères en finale. ✗ 2016-2020 ♈ tartare de bœuf ■ Morgon Bastion de l'oratoire 2013 (11 à 15 € ; n.c. b.) : vin cité. ✗ 2016-2019

o→ Dom. Chanson Père et Fils, 10, rue Paul-Chanson, 21200 Beaune, tél. 03 80 25 97 97, chanson@domaine-chanson.com Ⓥ 🅺 🅻 r.-v.

DOM. CHIGNARD Les Moriers 2013 ★★

| 35 000 | î | 8 à 11 € |

Cédric Chignard, à la tête d'un vignoble de 10 ha, représente la quatrième génération de viticulteurs sur le domaine. Il a pris la suite de son père Michel et vinifie, comme lui, en grappes entières.

À un nez aux parfums de cerise noire, de framboise et d'épices répond une bouche tout aussi aromatique, fraîche, élégante, bâtie sur des tanins soyeux. Un plaisir durable. ✗ 2016-2020 ♈ poulet de Bresse

o→ Cédric Chignard, Le Point-du-Jour, 69820 Fleurie, tél. 04 74 04 11 87, domaine.chignard@wanadoo.fr Ⓥ 🅺 🅻 t.l.j. sf dim. 8h-12h 14h-19h

JULIEN ET RÉMI CLÉMENT 2013 ★★

■	2 000	🗑	5 à 8 €

Julien Clément a rejoint son père Rémi en 2006 sur le domaine familial qui couvre 11 ha. La nouvelle génération développe la vente directe à la propriété.

Un nez primesautier de fruits rouges, évocateur de gelée de groseille, prélude à un palais ample, droit et solide, qui développe lui aussi un fruité acidulé, rehaussé d'une délicate note minérale. La finale fraîche et longue confirme ce caractère tonique et indique un potentiel intéressant. Un remarquable représentant de son appellation. ✗ 2018-2020 ♈ fraises au vin ■ Vieilles Vignes 2013 ★ (8 à 11 € ; 1 000 b.) : des parfums frais et précis de fruits rouges assortis d'une touche minérale ; une bouche soyeuse, fraîche et longue. ✗ 2017-2020

o‑¬ Julien et Rémi Clément, Les Laverts, 69820 Fleurie, tél. 04 74 69 80 19, clement.julien-remi@wanadoo.fr Ⅴ 🎿 🖐 t.l.j. 9h-19h

DOM. DU CLOS DES GARANDS
Les Garants Vieilles Vignes 2013 ★

■	3 700	▥	11 à 15 €

En 2004, Audrey Chartron a pris la suite de sa mère à la tête de ce domaine familial d'un seul tenant d'environ 6 ha, créé en 1947. Son vignoble en coteaux est exposé au sud-sud-ouest.

Le nez flatteur mêle la fraise, la pivoine et les épices. Des tanins à la fois denses et soyeux tapissent le palais, laissant une sensation de rondeur et de plénitude. ✗ 2018-2020 ♈ jambon à l'os braisé

o‑¬ Dom. du Clos des Garands, Les Garants, 69820 Fleurie, tél. 04 74 69 80 01, contact@closdesgarands.fr Ⅴ 🎿 🖐 t.l.j. 9h-19h 🏠🏠 ⑤

DOM. ANDRÉ COLONGE ET FILS 2014 ★

■	50 000	🗑	5 à 8 €

Ici, on est vigneron de père en fils depuis 1789. Serge Colonge, qui a pris la suite de son père André, travaille avec la génération suivante, celle de Samuel et de Landry (arrivé en 2006). Le trio exploite un vaste domaine de 35 ha, sur quatre appellations et deux crus, fleurie et brouilly.

Cette cuvée libère des parfums de fruits rouges (fraise, framboise) et d'épices. Ces arômes s'épanouissent dans une bouche fine, élégante, fraîche et longue, adossée à des tanins ronds, encore un peu fermes en finale. ✗ 2016-2020 ♈ gigot d'agneau

o‑¬ Dom. André Colonge et Fils, Les Terres-Dessus, 69220 Lancié, tél. 04 74 04 11 73, contact@domaine-andre-colonge-et-fils.com Ⅴ 🎿 🖐 t.l.j. 8h-12h 14h-19h; dim. sur r.-v.

THIERRY CONDEMINE
Les Moriers 2013

■	4 500	🗑	8 à 11 €

Thierry Condemine se flatte d'exploiter le plus grand vignoble de l'appellation juliénas, avec 40 ha presque entièrement dédiés à ce cru (1 ha de fleurie). Le domaine entoure un magnifique château dont l'origine remonte au XIII[e]s. et aux sires de Beaujeu. Le cuvage date du XVIII[e]s.

La palette aromatique sur la gelée de groseille et de framboise rehaussée d'une touche de violette annonce un « vin plaisir ». L'équilibre au palais et l'onctuosité des tanins confirment ce profil. ✗ 2016-2020 ♈ escalope à la crème de champignons

o‑¬ Thierry Condemine, Ch. de Juliénas, 69840 Juliénas, tél. 04 74 04 49 98, thierrycondemine@chateaudejulienas.com Ⅴ 🎿 🖐 t.l.j. sf dim. lun. 10h-12h 14h-18h; f. oct.-fév. (r.-v. possible)

DOM. DES DEUX FONTAINES 2014 ★

■	30 000	🗑	8 à 11 €

Un domaine familial créé en 1885 et conduit depuis 1978 par Michel Despres. Ce vigneron est un spécialiste du fleurie puisque ses 10,5 ha sont dédiés à ce cru.

Nuancé de fleurs et d'épices sur fond de fruits rouges frais, le nez se révèle complexe et riche. Les dégustateurs ont aussi salué son palais élégamment structuré, frais et long. Tous ont également convenu qu'il fallait lui laisser un peu de temps pour s'arrondir. ✗ 2017-2020 ♈ quenelles de volaille

o‑¬ Michel Despres, Les Raclets, 69820 Fleurie, tél. 04 74 69 80 03, 2fontaines@despres-michel.com Ⅴ 🎿 🖐 r.-v. 🏠 Ⓑ

JEAN GEORGES ET FILS Les Rochaux 2013

■	1 330	🗑	8 à 11 €

Héritier d'une longue lignée de vignerons, Franck Georges dirige depuis 1993 cette exploitation de près de 9 ha répartis sur trois crus : fleurie, chénas et moulin-à-vent.

Le nez évoque avec intensité le cassis et la mûre, la bouche est dense, ample, puissante et fruitée. On aurait apprécié un brin de finesse supplémentaire, mais l'équilibre est là. ✗ 2017-2019 ♈ bœuf bourguignon

o‑¬ Jean Georges et Fils, Le Bourg, 69840 Chénas, tél. 04 74 04 48 21, jean-georges-et-fils@ovh.fr Ⅴ 🎿 🖐 r.-v.

CH. GRAND'GRANGE
Clos la Madone Monopole 2013 ★

■	1 300	▥	11 à 15 €

Les Danois Per-Hakon Schmidt et Marianne Philip ont acheté en 2009 ce domaine dont ils ont rénové et modernisé le chai. Pierre Meunier est au vignoble (14 ha). Nicolas Dietrich, œnologue, pratique une vinification à la bourguignonne.

Élevé sous bois pendant neuf mois, ce 2013 bien né livre d'intenses parfums de fruits noirs (cerise, mûre). Arômes que l'on retrouve dans une bouche corpulente, aux tanins déjà arrondis et souples, stimulée par une pointe de fraîcheur. ✗ 2018-2020 ♈ filet mignon de porc ■ Beaujolais-villages La Tour Vieilles Vignes 2013 (8 à 11 € ; 1 350 b.) : vin cité. ✗ 2015-2018

o‑¬ Ch. Grand'Grange, lieu-dit La Grand'Grange, 69640 Le Perréon, tél. 06 37 24 39 79, info@chateaugrandgrange.com Ⅴ 🎿 🖐 r.-v.

♥ CAVE DES GRANDS VINS DE FLEURIE 2014 ★★

■	40 000	🗑	5 à 8 €

Fondée en 1927, cette cave a eu à sa tête pendant près de quarante ans la première femme présidente de

2014
FLEURIE
APPELLATION FLEURIE CONTRÔLÉE
MIS EN BOUTEILLE À LA PROPRIÉTÉ
PAR LA CAVE DES GRANDS VINS DE FLEURIE
69 - FRANCE

coopérative : Marguerite Chabert. Aujourd'hui principal producteur de fleurie (près d'un tiers du volume), elle vinifie les quelque 300 ha de vignes de ses 280 adhérents.

Un vin élaboré dans la plus pure tradition beaujolaise : une cuvaison courte (de six à huit jours) de raisins vendangés manuellement et vinifiés en grappes entières, suivie par un court élevage de six mois en cuve. Le vin en tire un nez très élégant de fruits rouges frais et de rose. Le palais est parfaitement équilibré, adossé à des tanins très élégants et souligné par une fine fraîcheur jusqu'en finale. Un 2014 qui porte haut les couleurs de l'appellation. ✗ 2016-2020 ⚑ pigeon rôti ▪ **Dom. de Grandvaux 2014 ★** (5 à 8 € ; 30 000 b.) : un vin puissamment aromatique, tant au nez (fruits rouges, bonbon à la fraise) qu'en bouche. La structure n'est pas en reste : les tanins sont présents sans rugosité aucune, et la fraîcheur est de mise. ✗ 2017-2020 ▪ **Présidente Marguerite Intense 2013 ★** (8 à 11 € ; 5 000 b.) : Marguerite ? Le nom de la première femme à la présidence de cette cave coopérative. Cette cuvée est un bel hommage : des parfums de fruits noirs confiturés et de cerise à l'alcool, un palais vineux, bien structuré par des tanins encore un peu jeunes. ✗ 2018-2021

○⁊ *Cave des Producteurs de Fleurie, rue des Vendanges, BP 2, 69820 Fleurie, tél. 04 74 04 11 70, commercial@cavefleurie.com* Ⓥ 🎿 🏋 *t.l.j. 9h30-13h 14h-19h*

CH. DES JACQUES 2013 ★			
▪	n.c.	◑	15 à 20 €

Cette vaste propriété de 87 ha a été acquise en 1996 par la maison bourguignonne Louis Jadot. Elle produit des moulin-à-vent, des fleurie et des morgon qui font référence.

Le nez se montre d'une réelle finesse avec ses notes d'iris et de griotte subtilement vanillées (élevage en fût oblige). La bouche est bien équilibrée, assez charnue, étayée par de beaux tanins ; son élégant boisé n'écrase nullement le fruit. ✗ 2018-2020 ⚑ pigeons en cocotte

○⁊ *SNC Ch. des Jacques, 147, rue des Jacques, 71570 Romanèche-Thorins, tél. 03 85 35 51 64, chateau-des-jacques@wanadoo.fr* Ⓥ 🎿 🏋 *r.-v.*

| **JÉRÔME LACONDEMINE** | | | |
Cœur de granit 2013			
▪	1 800	🍾	8 à 11 €

En véritable artisan de la vigne, Jérôme Lacondemine a réduit la taille de son exploitation à seulement 2,3 ha (contre 9,6 auparavant) en fleurie uniquement : il travaille ses vignes à la main...

Née d'un terroir de granite rose et de vignes âgées de cinquante ans, cette cuvée libère des parfums de fruits et d'épices. Solidement structurée, la bouche est vinifiée par une pointe de fraîcheur. ✗ 2017-2020 ⚑ bœuf bourguignon

○⁊ *Jérôme Lacondemine, Voluet, 69820 Vauxrenard, tél. 06 88 69 27 36, jerome.lacondemine@orange.fr* Ⓥ 🎿 🏋 *r.-v.*

| **DOM. DE LA MADONE** | | | |
Grille midi Vieilles Vignes 2013			
▪	3 000	🍾	11 à 15 €

Jean-Marc Després est l'un des chefs de file du fleurie, grâce à son domaine de 18 ha situé proche d'un lieu emblématique de l'appellation : la chapelle de la Madone. À la tête de l'exploitation depuis 1984, il travaille avec son épouse Maryse et son fils Arnaud.

Un 2013 qui s'exprime à l'olfaction sur la pivoine et la cerise. La bouche se montre charnue, équilibrée et longue. L'ensemble est encore dans sa jeunesse. Laissons-lui le temps de s'épanouir un peu en cave. ✗ 2017-2020 ⚑ entrecôte

○⁊ *SARL Dom. de la Madone, La Madone, 69820 Fleurie, tél. 04 74 69 81 51, domainedelamadone@ wanadoo.fr* Ⓥ 🎿 🏋 *r.-v.* 🏍 ❸ 🏠 ©

| ♥ **DOM. DES MARRANS** | | | |
Terroir du Pavillon 2013 ★★			
▪	5 000	◑	11 à 15 €

DOMAINE DES
Marrans
FLEURIE
APPELLATION FLEURIE CONTRÔLÉE
TERROIR DU PAVILLON
2013
MÉLINAND & FILS

Créé en 1970 par Jean-Jacques et Liliane Mélinand à partir de vignes familiales, le domaine a été repris par leur fils Mathieu en 2009. Celui-ci, qui a vinifié auparavant en Australie et en Nouvelle-Zélande, conduit aujourd'hui 20 ha de vignes répartis sur six appellations, dont quatre crus.

Pavillon ? Le nom du lieu-dit qui a vu naître cette cuvée vinifiée à 50 % en vendanges entières et élevée douze mois en foudre. Le résultat ? Un nez remarquable de fruits rouges (framboise, cerise) et de fruits noirs confiturés (mûre), un palais riche et rond, puissant et souple, rappelant les saveurs de confiture de mûres dans sa longue finale. ✗ 2017-2020 ⚑ civet de lapin ▪ **Chiroubles Vieilles Vignes 2013** (8 à 11 € ; 10 000 b.) : vin cité ✗ 2015-2018

○⁊ *Dom. des Marrans, Les Marrans, 69820 Fleurie, tél. 04 74 04 13 21, domainedesmarrans@wanadoo.fr* Ⓥ 🎿 🏋 *r.-v.* 🏍 ❸

○⁊ Jean-Jacques et Mathieu Mélinand

| **RICHARD MEYRAN** | | | |
La Chapelle des bois 2013 ★			
▪	3 800	🍾	8 à 11 €

Après douze années passées dans l'industrie, Richard Meyran reprend en 2007 – « par goût et par défi », dit-il –, l'exploitation familiale dont les vins étaient jusqu'alors vinifiés en cave coopérative. Il conduit aujourd'hui 8 ha de vignes.

Des arômes de fruits noirs confits et de réglisse laissent une impression de complexité à l'olfaction. En bouche, rien ne déçoit : les tanins sont concentrés, certes encore fermes, mais le gras, le fruité (mûre, cassis) et la souplesse sont là. La longueur aussi. L'équilibre, en somme. ✗ 2017-2020 ⚑ rôti de sanglier

○⁊ *Richard Meyran, La Chapelle-des-Bois, 69820 Fleurie, tél. 06 81 21 05 89, richard.meyran@hotmail.fr* Ⓥ 🎿 🏋 *r.-v.*

DOM. DES NUGUES 2013 ★		
■ 35 000		11 à 15 €

Cette propriété acquise en 1976 par Gérard Gelin a été reprise en 2005 par son fils Gilles, qui a développé le domaine avec l'achat de vignes en AOC fleurie. À sa création, la propriété comptait 0,9 ha. Après achats successifs et locations, elle s'étend aujourd'hui sur 30 ha.

Un 2013 puissant et expressif dès la première approche olfactive (fruits rouges, cassis, iris). Une intensité aromatique que l'on retrouve dans une bouche riche et solide. Un fleurie profond et bien typé. ✗ 2017-2020 ❦ bœuf bourguignon ■ Beaujolais-villages 2013 (5 à 8 € ; n.c. b.) : vin cité. ✗ 2015-2018

☛ SAS Gilles Gelin, 40, rue de la Serve, Les Pasquiers, 69220 Lancié, tél. 04 74 04 14 00, gilles-gelin@orange.fr
Ⓥ Ⓚ 🆙 r.-v.

DOM. PARDON 2014 ★		
■ 30 000	🍶	5 à 8 €

Établie depuis 1820 dans la capitale historique du Beaujolais, cette maison de négoce possède deux propriétés. Éric Pardon est à la fois le gérant et le vinificateur de cette entité qui commercialise ses propres vins (en beaujolais-villages, régnié et fleurie) et ceux qu'il sélectionne dans les propriétés. Il exploite 12 ha.

Un nez de fruits noirs, typique du gamay, prélude à une bouche élégante et fine, aux tanins encore jeunes mais qui commencent à se fondre. Une trame acide bienvenue sous-tend l'ensemble, exaltant les arômes de petits fruits rouges acidulés (groseille, framboise) jusqu'en finale. Encore un peu de patience pour l'apprécier pleinement. ✗ 2017-2020 ❦ navarin d'agneau

☛ Pardon et Fils, La Chevalière, 69430 Beaujeu, tél. 04 74 04 86 97, contact@pardonetfils.com
Ⓥ Ⓚ 🆙 t.l.j. sf sam. dim. 8h-12h 13h30-18h ; f. août

DOM. DE ROBERT Cuvée Tradition 2013 ★		
■ 35 000		8 à 11 €

Patrick Brunet, à la tête de l'exploitation familiale depuis 1970 (il représente la troisième génération), conduit 7 ha de vignes. Il effectue chaque année en moyenne huit passages pour travailler les sols sans herbicides. Il vinifie à la bourguignonne ses vins d'AOC fleurie et morgon.

Un nez délicat de fruits rouges et noirs légèrement acidulés (groseille), auquel fait écho une bouche aromatique, dense, élégamment structurée et tonifiée par une belle fraîcheur en finale. Un vin très bien fait, qui devrait s'exprimer avec un peu plus de rondeur après la garde. ✗ 2018-2020 ❦ lapin à la moutarde ■ Morgon Côte du Py Vieilles Vignes 2013 ★ (11 à 15 € ; 2 000 b.) : patiemment élevé en fût (quinze mois), un morgon, né de vignes de soixante ans plantées sur des *climats* les plus réputés de l'appellation. Un nez de fruits mûrs mariés à un subtil boisé vanillé, un palais épicé, fin, frais et long. ✗ 2018-2020

☛ Patrick Brunet, Champagne, 69820 Fleurie, tél. 06 81 97 25 55, patrickbrunet.vins@gmail.com
Ⓥ Ⓚ 🆙 r.-v.

DOM. DE ROCHE-GUILLON 2013		
■ 15 000	🍶	5 à 8 €

Valérie et Bruno Copéret se sont installés en 1984 sur le vignoble familial, rejoints en 2014 par leur fils Cyril. Le domaine, qui couvre 12 ha, propose trois crus : fleurie principalement, chénas et moulin-à-vent.

Un nez frais et floral (iris), bien typé gamay ; un palais ample, structuré par des tanins fins. Le fruit est un peu en retrait en bouche, mais l'ensemble reste harmonieux. ✗ 2017-2020 ❦ râbles de lapin ■ Moulin-à-vent 2013 (8 à 11 € ; 2 000 b.) : vin cité. ✗ 2016-2020

☛ Bruno Copéret, Dom. de Roche-Guillon, 69820 Fleurie, tél. 04 74 69 85 34, roche-guillon.coperet@wanadoo.fr
Ⓥ Ⓚ 🆙 t.l.j. 9h-19h 🏠 ❷

Superficie : 578 ha / Production : 24 503 hl

Un cru impérial d'après l'étymologie : Juliénas tiendrait en effet son nom de Jules César, de même que Jullié, l'une des quatre communes qui composent l'aire géographique de l'appellation (avec Émeringes et Pruzilly, cette dernière se trouvant en Saône-et-Loire). Implanté sur des terrains granitiques à l'ouest et sur des terrains sédimentaires avec alluvions anciennes à l'est, le gamay engendre des vins bien charpentés, riches en couleur, appréciés au printemps après quelques mois de conservation. Gaillards et espiègles, ceux-ci sont à l'image des fresques qui ornent le caveau de la vieille église, au centre du bourg. Dans cette chapelle désaffectée est remis, chaque année à la mi-novembre, le prix Victor-Peyret à l'artiste, peintre, écrivain ou journaliste, qui a le mieux « tasté » les vins du cru ; celui-ci reçoit alors 104 bouteilles : 2 par week-end...

DOM. DE L'ANCIEN RELAIS Vieilles Vignes 2013 ★★		
■ 7 000	🍶	5 à 8 €

Bien connu pour ses saint-amour et ses juliénas, ce domaine est installé dans un ancien relais de poste doté d'une cave voûtée datant de 1399. Il a été fondé en 1946 par André Poitevin. En 1995, son gendre Jean-Yves Midey, ancien cuisinier, l'a repris avec son épouse Marie-Hélène et en a porté la superficie de 4 à 8,5 ha.

Né de vignes de cinquante ans, ce 2013 s'épanouit sur d'intenses notes de fruits noirs subtilement épicées. À l'unisson, la bouche riche, dense, concentrée et persistante, s'appuie sur des tanins déjà soyeux. La finale est marquée par un plaisant retour épicé. Un modèle d'harmonie. ✗ 2017-2020 ❦ faisan en cocotte à la forestière

☛ EARL André Poitevin, Les Chamonards, 71570 Saint-Amour-Bellevue, tél. 03 85 37 16 03, earlandrepoitevin@wanadoo.fr Ⓥ Ⓚ 🆙 r.-v.

ARNAUD AUCŒUR Vieilles Vignes 2014 ★★★		
■ 50 000		5 à 8 €

Depuis 2008, Arnaud Aucœur, jeune œnologue issu d'une lignée ancienne de vignerons de Villié-Morgon (dix générations), complète son exploitation par une activité de négoce. Une belle palette de neuf crus figure à sa carte.

Un vin complexe et généreux, qui a enchanté le jury. Tout y est : un nez franc évoquant la gelée de mûre et la cerise, un palais dense, puissant, charpenté, frais et d'un rare équilibre, aromatique à souhait (cerise en tête). Un superbe vin bâti pour la garde. Le coup de cœur n'était pas loin.

✗ 2018-2020 ♈ bœuf bourguignon ■ Moulin-à-vent Dom. Aucœur Vieilles Vignes 2014 ★ (5 à 8 € ; 20 000 b.) : des parfums généreux et complexes de fruits noirs rehaussés de notes réglissées et minérales ; un palais puissant, charpenté, d'un beau volume à l'unisson du nez. ✗ 2020-2025 ■ Morgon Dom. le Colombier Cuvée du colombier 2014 ★ (5 à 8 € ; 50 000 b.) : un nez de cassis ; une bouche franche, ample et bien équilibrée, adossée à des tanins encore fermes. ✗ 2020-2025 ■ Morgon Tradition Vieilles Vignes 2014 ★ (5 à 8 € ; 50 000 b.) : une cuvée bien typée morgon. Un nez intense de fruits noirs confits, un palais franc, dense mais sans excès de structure, bien long et doté d'une savoureuse finale sur la cerise noire. Un très joli vin de terroir. ✗ 2018-2020 ■ Fleurie La Chapelle des bois 2014 ★ (5 à 8 € ; 50 000 b.) : un nez de fleurs (pivoine en tête) très élégant, une bouche suave, soyeuse et longue. Le plaisir est déjà là. ✗ 2016-2020

☞ Les Vins Arnaud Aucœur, Le Colombier, rte de Fleurie, 69910 Villié-Morgon, tél. 04 74 04 16 89, arnaudaucoeur@yahoo.fr Ⓥ 🅚 ⬆ r.-v.

DOM. BERGERON Réserve de Noëlle 2013			
■	9 000	⬗	8 à 11 €

Représentant la quatrième génération de vignerons, les frères Jean-François et Pierre Bergeron se sont associés en 1996 et ont regroupé leurs deux exploitations pour constituer cet imposant domaine de 34 ha, qui produit cinq appellations.

Ce 2013 livre des parfums francs de fruits mariés au boisé vanillé de la barrique. La bouche, structurée par de fins tanins, est aussi marquée par l'élevage. Elle séduit par son équilibre et par sa fraîcheur qui donne de l'allonge à la finale. ✗ 2018-2020 ♈ rôti de bœuf

☞ Jean-François et Pierre Bergeron, Les Rougelons, 69840 Émeringes, tél. 06 80 13 20 12, domaine-bergeron@wanadoo.fr Ⓥ 🅚 ⬆ t.l.j. 8h30-12h30 13h30-19h

ALBERT BICHOT Roche Granit 2013 ★			
■	8 600	🍖 ⬗	11 à 15 €

Cette maison historique de Beaune est présente dans les plus grands terroirs bourguignons, de Chablis (Ch. Long-Depaquit) jusqu'en Saône-et-Loire. Elle vinifie des crus du Beaujolais depuis peu, montrant un intérêt croissant pour ce vignoble.

Élevé six mois en cuve et sept mois en fût, ce vin joue la carte de la finesse : au nez, des notes délicates de fruits noirs mûrs ; en bouche, une matière harmonieuse adossée à des tanins veloutés et noblement boisés. ✗ 2018-2020 ♈ filet mignon en croûte ■ Morgon Les Charmes 2013 ★ (11 à 15 € ; 33 600 b.) : au nez comme en bouche, des notes de fruits rouges associées aux touches grillées et fumées de l'élevage ; un palais charpenté par des tanins fermes et puissants, tendu par une fraîcheur qui tient longuement la finale. Prometteur. ✗ 2018-2020

☞ SARL Maison Albert Bichot, 6 bis, bd Jacques-Copeau, 21200 Beaune, tél. 03 80 24 37 37, bourgogne@albert-bichot.com

CH. DE LA BOTTIÈRE 2014 ★			
■	20 000	🍖	5 à 8 €

Viticulteurs à Juliénas depuis le début du XVIIᵉ s., les Perrachon ont acheté en 1877 le château de la Bottière,

puis le domaine des Pérelles à Romanèche-Thorins (moulin-à-vent). À son installation en 1989, Laurent Perrachon a acquis le domaine des Mouilles, puis des parcelles en morgon, fleurie et saint-amour : en tout, 26 ha, avec des vignes dans six crus.

Un peu timide au premier nez, ce vin libère à l'aération des arômes de fruits rouges. Plus expressive, la bouche développe un fruité croquant jusqu'en finale, appuyée sur des tanins denses qui donnent à ce vin un fort potentiel. ✗ 2018-2020 ♈ pintade en cocotte ■ Morgon Laurent Perrachon Les Versauds 2014 ★ (5 à 8 € ; 17 000 b.) : un nez franc, une bouche ample, sur les fruits noirs, un peu plus stricte en finale. ✗ 2018-2020 ■ Dom. des Mouilles 2014 ★ (5 à 8 € ; 10 000 b.) : des parfums gourmands de fruits noirs nuancés d'une touche minérale, une bouche tout aussi aromatique, croquante et fraîche, étayée par des tanins fins et serrés, tonique en finale. ✗ 2018-2020

☞ Laurent Perrachon, Dom. des Mouilles, 69840 Juliénas, tél. 04 74 04 40 44, laurent@vinsperrachon.com Ⓥ 🅚 🅚 t.l.j. 9h-12h 14h-19h 🏠 Ⓖ

DOM. BOULET 2014 ★			
■	10 000		5 à 8 €

D'ascendance vigneronne, David et Nadège Boulet exploitent en couple, depuis 1993, un domaine de 9 ha répartis sur trois appellations : juliénas (principalement), chénas et saint-amour.

Le nez, heureux mariage de fruits rouges et noirs et d'épices, prélude à une bouche tout aussi aromatique, puissante et onctueuse, à la finale longue et chaleureuse. À apprécier dès à présent. ✗ 2016-2018 ♈ tartare de bœuf

☞ David Boulet, Le Bourg, 69840 Juliénas, tél. 04 74 04 40 78, domaine.boulet@sfr.fr Ⓥ 🅚 ⬆ r.-v. 🏠 Ⓔ

♥ DOM. CHÂTAIGNIER DURAND Vieilles Vignes 2014 ★★			
■	8 000	🍖	8 à 11 €

Jean-Marc Monnet s'est installé en 1981. À cheval sur le Mâconnais et le Beaujolais, son domaine propose en blanc du saint-véran et en rouge deux crus du Beaujolais : chiroubles et juliénas.

Déjà remarquée dans le millésime 2013, cette cuvée née de vignes de soixante ans à livre un nez séducteur en diable, à la fois fin et puissant, sur la griotte mûre soulignée d'un trait kirsché. Tout aussi plaisant, le palais ample, riche et gras, déroule des tanins fins et suaves, tendu par une fraîcheur qui exalte le fruit et donne de l'allonge à la finale. Un plaisir durable. ✗ 2018-2020 ♈ entrecôte charolaise ■ Tradition 2014 ★★ (8 à 11 € ; 8 000 b.) : un nez raffiné de fruits rouges souligné d'un trait minéral et une bouche ample, puissante, soyeuse et fraîche, à la longue finale fruitée.

☞ Jean-Marc Monnet, La Ville, 69840 Juliénas, tél. 06 17 52 70 38, monnet.jm@free.fr Ⓥ 🅚 ⬆ r.-v.

DOM. DES CHERS Vieilles Vignes 2014 ★

| ■ | 12 000 | 🏺 | 8 à 11 € |

Commandée par une maison du XVIIIᵉ s., cette propriété créée en 1956 par Henry Briday a ensuite été conduite par son fils Jacques, puis par son petit-fils Arnaud, qui en a pris la tête en 2009. Diplômé en viticulture et en gestion du secteur vitivinicole, ce dernier exploite 6 ha en culture raisonnée.

Né de vignes de plus de soixante ans, ce 2014 enchante par son nez complexe mêlant des notes épicées, fruitées et minérales ; une bouche alliant fraîcheur, volume, structure et persistance. ✗ 2017-2020 ❦ rôti de sanglier à la confiture

⊶ Arnaud Briday, Dom. des Chers, 69840 Juliénas, tél. 04 74 04 42 00, domainedeschers@yahoo.fr

Ⓥ ⚐ 🏃 t.l.j. sf dim. 10h-12h 13h-18h

CLOS DE HAUTE-COMBE 2013

| ■ | 15 000 | ◫ | 8 à 11 € |

La propriété achetée par la famille Audras en 1938 domine à flanc de coteaux le village de Juliénas. Le domaine compte 13 ha, dont 10 sont situés sur le lieu-dit Haute-Combe ; les vignes ont quarante ans en moyenne.

Cette cuvée élevée en foudre livre des senteurs intenses de fruits rouges et noirs mâtinées d'épices et de chocolat. Ces arômes se prolongent dans un palais ample, solidement structuré par une trame tannique qui montre encore un peu de sévérité. Une petite garde devrait arrondir l'ensemble. ✗ 2018-2020 ❦ volaille rôtie

⊶ Vincent Audras, EARL du Clos de Haute-Combe, 69840 Juliénas, tél. 04 74 04 41 09, vincentaudras@orange.fr Ⓥ 🏃 r.-v. 🏠 Ⓔ

CHRISTOPHE CORDIER Vieilles Vignes 2013

| ■ | 3 000 | ◫ | 11 à 15 € |

Basé à Fuissé, Christophe Cordier a pris la tête du vignoble familial (25 ha) à la suite de son père Roger. Il a élargi sa gamme en créant une affaire de négoce sous son nom et propose aussi des vins du Mâconnais. Une référence en Mâconnais.

Le nez, encore un peu timide, mêle les fruits rouges à des notes fumées. Plus expressif, le palais est souple, construit sur des tanins fins et suaves ; un fruité épicé s'y épanouit jusqu'en finale. ✗ 2017-2019 ❦ ragoût de queue de bœuf

⊶ Christophe Cordier, 71960 Fuissé, tél. 03 85 35 62 89, domaine.cordier@wanadoo.fr Ⓥ ⚐ 🏃 r.-v.

DOM. LE COTOYON Fût de Chêne 2013 ★

| ■ | 1 500 | ◫ | 5 à 8 € |

Établi aux confins du Mâconnais dans le village haut perché de Pruzilly, à 400 m d'altitude, Frédéric Bénat conduit depuis 1979 un vignoble de 15 ha partagé entre les crus juliénas et saint-amour.

Élevée en fût pendant onze mois, cette cuvée livre des parfums de fruits noirs et de fleurs relevés d'épices douces. On retrouve ce caractère vanillé de la barrique dans une bouche bien structurée, aux tanins déjà assouplis, tendue par une belle fraîcheur en finale. Un vin qui ne manque pas d'atouts, mais qu'il faut attendre encore un peu pour permettre à sa finale de gagner en fondu. ✗ 2018-2020 ❦ entrecôte marchand de vin ■ Saint-amour Les Champs Grilles 2013 ★ (15 à 20 € ; 750 b.) : des parfums de fruits rouges et noirs soulignés d'un trait de

vanille légué par un séjour de quinze mois en barrique. On retrouve ce boisé élégant dans une bouche aux tanins bien affirmés, enrobant un fruité croquant. ✗ 2018-2020

⊶ Frédéric Bénat, Les Ravinets, 71570 Pruzilly, tél. 03 85 35 12 90, frederic.benat@wanadoo.fr

Ⓥ ⚐ 🏃 r.-v. 🏠 Ⓔ

PASCAL GRANGER 2014 ★

| ■ | 50 000 | 🏺 | 5 à 8 € |

Pascal Granger est le descendant d'une lignée de vignerons remontant au Premier Empire. Depuis 1983, il exploite 18 ha de vignes réparties sur quatre communes (Jullié, Chénas, La Chapelle de Guinchay, Leynes). Il propose sept cuvées (dont trois crus : juliénas, chénas, moulin-à-vent). Il a été rejoint en 2010 par son fils Jean-Philippe.

Un nez pimpant sur les fruits rouges frais et le cassis. Au palais, ce vin séduit par sa texture soyeuse, son fruité et sa fraîcheur tonique qui prolonge la finale. À déguster dès maintenant. ✗ 2015-2018 ❦ foie de veau

⊶ EARL Pascal Granger, Les Poupets, 69840 Juliénas, tél. 04 74 04 44 79, ma.granger@wanadoo.fr

Ⓥ 🏃 t.l.j. 8h-20h; f. mi-août

FRANCK JUILLARD Vieilles Vignes 2013 ★

| ■ | n.c. | 🏺 | 5 à 8 € |

Entré à quatorze ans à l'école de viticulture, Franck Juillard, fils de vigneron, a constitué son propre domaine en 1992 à l'âge de vingt-deux ans, débutant avec 3,5 ha pour parvenir à 8 ha aujourd'hui. Une valeur sûre en saint-amour et en juliénas.

De la concentration et de la puissance pour ce juliénas à la carrure athlétique. Le nez intense associe les fruits confiturés et une touche florale. Solidement structurée, gourmande, construite sur des tanins serrés mais au grain fin, la bouche finit sur des touches subtilement épicées. ✗ 2018-2020 ❦ lapin chasseur

⊶ Franck Juillard, Les Capitans, 69840 Juliénas, tél. 04 74 04 42 56, fjuillard69@gmail.com

Ⓥ 🏃 r.-v. 🏠 ❷

CAVE DES GRANDS VINS DE JULIÉNAS-CHAINTRÉ Héritage 1961 2014 ★

| ■ | n.c. | | 11 à 15 € |

Cette cave résulte de l'union, en 2013, des coopératives de Juliénas (Beaujolais) et de Chaintré (Mâconnais), fondées respectivement en 1960 et en 1928, et situées à 6 km l'une de l'autre. La nouvelle structure compte 290 ha de vignes, chaque cave gardant sa structure de vinification et son identité propre.

Hommage aux fondateurs de la cave, ce 2014 s'ouvre sur des senteurs gourmandes de fraise écrasée et de framboise, arômes qui se prolongent dans un palais croquant et bien équilibré. Un vin pour aujourd'hui. ✗ 2015-2018 ❦ fricassée de poulet

⊶ Cave des Grands Vins Juliénas-Chaintré, Ch. du Bois de la Salle, 69840 Juliénas, tél. 04 74 04 42 61, compta@julienaschaintre.fr Ⓥ 🏃 r.-v.

DOM. MAISON DE LA DÎME 2014

| ■ | 22 270 | 🏺 | 5 à 8 € |

Fondée en 1912, la maison beaujolaise Pellerin est aujourd'hui dans le giron du groupe Boisset. Elle distribue des vins du Beaujolais et du Languedoc-Roussillon.

Un nez intense évoquant les fruits noirs et un palais aromatique, frais et aérien : le profil d'un « vin plaisir », à déguster dès aujourd'hui. ✗ 2015-2018 ✸ steak tartare

☛ *Ch. du Bois de la Salle, 69840 Juliénas, tél. 04 74 04 42 61, cavejulienas@wanadoo.fr*

DOM. DU MOULIN BERGER Vayolette 2014 ★		
■	8 000	8 à 11 €

D'abord salarié (en 1973) sur les vignes de ce domaine, Michel Laplace les exploite en métayage à partir de 1976 avant d'en devenir propriétaire en 1998. Il est désormais à la tête de 10 ha. En 2014, il a été rejoint par Romain et Cyril.

Des arômes frais et nets de fruits rouges (cerise en tête) s'échappent du verre. La bouche s'affirme avec une certaine autorité, construite autour de tanins fermes, mais elle ne manque pas d'harmonie. ✗ 2018-2020 ✸ poule faisane

☛ *SCEV Vignobles Laplace, Le Moulin-Berger, 71570 Saint-Amour-Bellevue, tél. 03 85 37 41 57, scev-vignobles-laplace@orange.fr* 🆅 🚶 🏠 *r.-v.*

DIDIER POITEVIN 2014		
■	3 000	5 à 8 €

Lorsqu'en 1990 Didier Poitevin a repris cette exploitation située à Saint-Amour, le vignoble couvrait 6 ha. Désormais, son domaine s'étend sur différents terroirs du Beaujolais et du Mâconnais.

Cette cuvée, aux parfums frais et complexes de petits fruits rouges et noirs, offre au palais un bel équilibre conjuguant onctuosité et fraîcheur. On aurait apprécié un peu plus de longueur, mais l'ensemble, prêt à boire, est bien construit. ✗ 2016-2018 ✸ brochette de bœuf ■ Saint-amour 2014 (8 à 11 € ; 10 000 b.) : vin cité. ✗ 2016-2018

☛ *Didier Poitevin, Le Bourg, 71570 Saint-Amour-Bellevue, tél. 03 85 37 13 82, poit.didier@wanadoo.fr* 🆅 🚶 🏠 *r.-v.*

THORIN Terre de galène 2014 ★		
■	53 300	8 à 11 €

Fondée en 1843 par une vieille famille du Beaujolais, cette maison de négoce, qui s'approvisionne auprès de 450 viticulteurs, est maintenant une filiale du groupe Boisset. Elle décline dans sa gamme les différentes « terres » du Beaujolais, qui donnent leur nom à ses cuvées (silice, granite, schiste noir...).

Bien ouvert sur les fruits noirs et des nuances florales, ce 2014 s'impose par son palais ample et concentré, étayé par des tanins denses mais soyeux, et vivifié par une fraîcheur qui porte loin les arômes. Du potentiel. ✗ 2018-2020 ✸ pavé de biche ■ Chénas Les Renaudes 2014 (5 à 8 € ; 17 340 b.) : vin cité. ✗ 2018-2020

☛ *Maison Thorin, 403, rte de Saint-Vincent, 69430 Quincié-en-Beaujolais, tél. 04 74 69 09 30*

L. TRAMIER ET FILS Collection Tramier 2013 ★		
■	8 000	5 à 8 €

Cette maison de négoce, installée à Mercurey, en Saône-et-Loire, est dirigée par Laurent Dufouleur, le dernier négociant-éleveur de ce gros bourg vigneron.

Élevé six mois en cuve et autant en fût, ce 2013 s'ouvre sur de plaisants parfums de fleurs puis de fruits noirs et d'épices. Le palais, dense et corpulent, est subtilement

boisé. Sa trame tannique apparaît encore un peu serrée, mais l'ensemble devrait gagner en fondu et en souplesse avec le temps. Du potentiel. ✗ 2018-2020 ✸ noisette de marcassin

☛ *Tramier et Fils, rue de Chamerose, 71640 Mercurey, tél. 03 85 45 10 83, info@maison-tramier.com* 🆅 🚶 🏠 *t.l.j. sf dim. 9h-12h 14h-18h; f. 3 sem. en août*

DOM. DE TROIZELLE 2014 ★		
■	6 000	5 à 8 €

Installé en 1983 sur le domaine familial (9 ha) établi dans l'aire du juliénas, Jean-François Perraud propose également du saint-amour et du moulin-à-vent.

Des notes de fruits rouges biens mûrs et d'épices s'échappent du verre. La bouche dense repose sur des tanins affirmés, prêts à se fondre, et bien mariés au fruité perçu à l'olfaction. ✗ 2018-2020 ✸ rôti de bœuf ■ Saint-amour 2014 (5 à 8 € ; 4 000 b.) : vin cité. ✗ 2018-2020

☛ *Jean-François Perraud, Les Bélins, 69840 Jullié, tél. 06 81 36 30 96, jean.francois.perraud@wanadoo.fr* 🆅 🚶 🏠 *r.-v.*

DOM. DE LA VIEILLE ÉGLISE 2014 ★		
■	14 530	11 à 15 €

L'un des six domaines exploités en propre par la maison Jean Loron, qui a pris le nom de l'ancêtre, viticulteur à Chénas en 1711. Créée en 1821, l'affaire est aujourd'hui gérée par un descendant du fondateur, Xavier Barbet. Le domaine de la Vieille Église couvre 14 ha en AOC juliénas.

Encore un peu timide à l'ouverture, le nez révèle à l'aération des arômes complexes de fruits rouges. L'expression aromatique est présente en bouche. Cette dernière peut compter sur le soutien de tanins déjà arrondis, qui laissent une impression de richesse. ✗ 2018-2020 ✸ pieds de porc panés

☛ *GFA de la Vieille Église, Granger, 69840 Juliénas, tél. 03 85 36 81 20, vinloron@loron.fr*

MORGON

Superficie : 1 114 ha / Production : 51 231 hl

Le deuxième cru en importance après le brouilly est localisé sur une seule commune, celle de Villié-Morgon. Le gamay y engendre des vins robustes, généreux, fruités, évoquant la cerise, le kirsch et l'abricot. Ces caractéristiques sont dues aux sols issus de la désagrégation de schistes à prédominance basique, imprégnés d'oxyde de fer et de manganèse, que les vignerons désignent par les termes de « terre pourrie ». Des vins qui présentent ces qualités on dit qu'ils « morgonnent ». Non loin de l'ancienne voie romaine reliant Lyon à Autun, la colline de la Py, croupe aux formes parfaites culminant à 300 m d'altitude, fournit l'archétype des vins de l'appellation. Cette Côte du Py est sans doute le plus connu des cinq *climats* de l'AOC. Vin de garde (jusqu'à dix ans les meilleures années), le morgon peut prendre des allures de bourgogne. La commune de Villié-Morgon se flatte d'avoir été la première à se préoccuper de l'accueil des amateurs de vins du Beaujolais : ouvert en 1953, son caveau, aménagé dans les caves du château de Fontcrenne, peut recevoir plusieurs centaines de personnes.

DOM. L'ARCHANGE Grands Cras 2013			
■	1 730	🍶	11 à 15 €

Ancien salarié d'une entreprise d'embouteillage à la propriété, puis ouvrier viticole, Thierry Pernot s'est installé en 2003 comme viticulteur, en reprenant des vignes de différents propriétaires.

Née d'une petite parcelle d'à peine un demi-hectare, cette cuvée élevée onze mois en cuve s'épanouit sur des parfums délicats de fleurs et de fruits rouges mûrs. En bouche ? De la souplesse, un fruité croquant, des tanins mûrs et une finale fraîche soulignée d'une minéralité qui lui apporte un surcroît de tonus. ✗ 2017-2019 🍴 lotte au vin rouge

o╾ Thierry Pernot, Morgon, 69910 Villié-Morgon, tél. 04 74 69 13 54, domainelarchange@orange.fr
Ⅴ 🏃 👤 t.l.j. 8h30-19h30

DOM. DE LA BÊCHE Cuvée Vieilles Vignes 2013 ★			
■	50 000	◫	5 à 8 €

Bien connu des lecteurs du Guide, un domaine constitué en 1848. À sa tête depuis 1985, Olivier Depardon (septième génération) qui, sur ses 22,5 ha, propose, à côté du morgon, du régnié et du beaujolais-villages.

Un élevage de neuf mois en foudre et un terroir d'arènes granitiques ont donné naissance à ce 2013 au nez complexe de petits fruits noirs et de fleurs. La bouche, bien équilibrée et persistante, offre de la souplesse, du fruité (myrtille), une structure ronde et bien fondue. ✗ 2018-2020 🍴 volaille de Bresse rôtie ■ Régnié 2014 (5 à 8 € ; 15 000 b.) : vin cité. ✗ 2018-2020

o╾ Olivier Depardon, Dom. de la Bêche, BP 18, 69910 Villié-Morgon, tél. 04 74 69 15 89, depardon.olivier.morgon@wanadoo.fr Ⅴ 🏃 👤 r.-v.

DOM. DE BEL-AIR Les Charmes 2013			
■	20 000	🍶	8 à 11 €

Jean-Marc Lafont a constitué à partir de 1985 une exploitation comptant aujourd'hui près de 24 ha, dont le vignoble, exposé plein sud, domine la vallée de l'Ardières. Il a aussi fondé une structure de négoce à son nom pour compléter sa gamme.

Ce 2013 séduit par son nez fin et expressif de mûre et de cassis, et par son palais souple, fruité et charnu, à la finale fraîche, teintée d'une pointe de minéralité ✗ 2018-2020 🍴 coq au vin ■ Moulin-à-vent Les Burdelines 2013 (8 à 11 € ; 7 000 b.) : vin cité. ✗ 2018-2020

o╾ Annick et Jean-Marc Lafont, Bel-Air, 69430 Lantignié, tél. 04 74 04 82 08, info@dombelair.com
Ⅴ 🏃 👤 r.-v.

VIGNOBLES BODILLARD Cuvée Alexia 2013 ★			
■	20 000	🍶	5 à 8 €

Installé en 1986 sur le domaine familial, André Bodillard travaille avec son fils Renaud un vignoble qui s'agrandit : aujourd'hui, 12 ha, entre Beaujolais et sud du Mâconnais. Parmi leurs nombreuses cuvées, quatre crus, ainsi que du saint-véran.

Des parfums délicats de fleurs et de fruits mûrs s'échappent du verre. La bouche, tout en rondeur, déroule un fruité généreux aux nuances de fruits rouges écrasés,

soutenue par des tanins déjà fondus et par une fraîcheur bienvenue qui lui apporte longueur et tonus. Un vin complet et harmonieux. ✗ 2016-2020 🍴 filet de bœuf ■ Thaddeus 2013 ★ (11 à 15 € ; 7 500 b.) : élevée sous bois pendant neuf mois, une cuvée aux parfums de fruits noirs et rouges bien mûrs. On retrouve ce fruité dans une bouche délicatement boisée, souple et fraîche, aux tanins élégants et à la longue finale minérale. ✗ 2018-2020

o╾ Vignobles Bodillard, Bellevue, 69910 Villié-Morgon, tél. 04 74 69 13 10, contact@vignoblesbodillard.com
Ⅴ 🏃 👤 r.-v.

PATRICK BOULAND Vieilles Vignes 2013			
■	8 000	🍶	5 à 8 €

Patrick Bouland dirige depuis 1982 ce domaine bien connu des habitués du Guide. Avec sa femme Claudie, il est installé sur 11,5 ha de vignes dans les appellations morgon, chiroubles et beaujolais.

Née de 8 ha de vignes âgées de soixante ans, cette cuvée aux arômes expressifs de fruits rouges livre une bouche souple, légère et aromatique. Un vin à apprécier sur le fruit. ✗ 2015-2019 🍴 rôti de porc ■ Chiroubles Vieilles Vignes 2014 (5 à 8 € ; n.c. b.) : vin cité. ✗ 2015-2018

o╾ Patrick Bouland, 77, montée des Rochauds, 69910 Villié-Morgon, tél. 04 74 69 16 20, patrick.bouland@free.fr Ⅴ 🏃 👤 r.-v.

DOM. CALOT Cuvée Jeanne 2013 ★★			
■	4 660	🍶	8 à 11 €

Jean Calot a pris en 1983 les rênes de l'exploitation créée par son grand-père en 1920. Il est aujourd'hui à la tête de 10 ha et propose des vins en appellations morgon et beaujolais (rouges et rosés).

Un 2013 au nez ouvert sur la framboise et les épices douces, et à la bouche gourmande, ronde et longue, ample, soutenue par des tanins fins et une fraîcheur tonique. ✗ 2016-2018 🍴 grillade de bœuf ■ Tête de cuvée 2013 (8 à 11 € ; 4 660 b.) : vin cité. ✗ 2015-2018

o╾ SCEA François et Jean Calot, 42, pl. de la Pompe, 69910 Villié-Morgon, tél. 04 74 04 20 55, domainecalot@terre-net.fr Ⅴ 🏃 👤 r.-v.

DOM. DE LA CHAPONNE Côte du Py 2014 ★			
■	20 000	🍶	5 à 8 €

Cette exploitation familiale dispose de 14 ha et d'une maison typiquement beaujolaise à Villié-Morgon. Laurent Guillet y est installé depuis 1987.

Un 2014 au nez puissant de fruits rouges mûrs teintés de minéralité. L'attaque franche introduit une bouche bien structurée par des tanins solides et fermes, à la finale fraîche et longue. ✗ 2018-2020 🍴 caille rôtie aux raisins ■ Chiroubles La Forge 2014 (5 à 8 € ; 3 500 b.) : vin cité. ✗ 2017-2020

o╾ Laurent Guillet, 70, montée des Gaudets, 69910 Villié-Morgon, tél. 04 74 69 15 73, domaine-chaponne@wanadoo.fr Ⅴ 🏃 👤 t.l.j. 8h-19h

ARMAND ET RICHARD CHATELET Côte du Py Vieilles Vignes 2013 ★★			
■	5 000	🍶	8 à 11 €

Armand, le père, a pris sa retraite en 2006, laissant les commandes du domaine à son fils Richard. Le vignoble couvre 16 ha dans les appellations morgon, brouilly et côte-de-brouilly.

Des arômes délicats et frais de fruits rouges composent un nez complexe. La bouche, concentrée et généreusement tannique, affiche du caractère sans manquer d'élégance : tout est fondu et une belle fraîcheur porte loin la finale. Les vignes de soixante-dix ans qui ont donné naissance à cette cuvée ont livré le meilleur d'elles-mêmes. ✗ 2018-2020 ❦ pavé de sanglier au poivre

☙ EARL Armand et Richard Chatelet, Les Marcellins, 69910 Villié-Morgon, tél. 04 74 04 21 08, armand.richard.chatelet@wanadoo.fr 🆅 🎿 🎁 r.-v.

FRANCK CHAVY Les Granites roses 2014 ★★★		
◼	11 000	🍶	5 à 8 €

Fils et petit-fils de vignerons, Franck Chavy s'est installé en 1991 sur quelques hectares de morgon. Par le biais de rachats et de métayages, il a agrandi son domaine, lequel compte aujourd'hui 9,5 ha, tout en prenant ses marques dans le Guide, dont il est une valeur sûre. Un palmarès auquel contribuent sans doute des vignes plantées à haute densité (10 000 pieds/ha) et des macérations longues.

Il s'en est fallu de peu pour que ce 2014 n'obtienne le coup de cœur. Les trois étoiles témoignent du travail remarquable du vigneron, qui a attendu la bonne maturité des raisins (et des peaux) pour élaborer cette cuvée au nez intense et complexe de fruits rouges et noirs mûrs. Tout aussi aromatique, le palais aux nuances de cerise et de framboise s'impose par son ampleur, ses tanins à la fois denses et soyeux, et par la fraîcheur de sa finale qui lui donne du relief. ✗ 2018-2020 ❦ civet de sanglier ◼ Régnié Vieilles Vignes 2014 ★★ (5 à 8 € ; 6 000 b.) : 2 ha de vignes d'une soixantaine d'années ont donné naissance à ce vin, au nez intense et élégant sur les fruits rouges très mûrs, au palais dense, charpenté et velouté. Un vin bâti pour la garde. ✗ 2018-2020 ◼ Brouilly Cuvée Julmary 2014 (5 à 8 € ; 10 000 b.) : vin cité. ✗ 2018-2020

☙ Franck Chavy, Lachat, 69430 Régnié-Durette, tél. 06 07 16 18 85, franck.vinchavy@wanadoo.fr 🆅 🎿 🎁 r.-v. 🎪 ② 🏠 ⓒ

FABIEN COLLONGE 2014 ★★		
◼	12 000	🍶	5 à 8 €

Fabien Collonge, qui a pris la suite de son père André, vit en hauteur, sur les contreforts des monts du Beaujolais (Le Truges, son hameau, culminant à 450 m). Son domaine compte 12 ha de vignes.

Un morgon bien né, aux parfums expressifs et complexes de petits fruits noirs et de rose. En bouche, il convainc par sa complexité, sa trame de tanins soyeux et par sa fraîcheur, qui étire longuement la finale au fruité flatteur. ✗ 2018-2020 ❦ daube de bœuf ◼ Chiroubles Vieilles Vignes 2014 (5 à 8 € ; 10 000 b.) : vin cité. ✗ 2018-2020

☙ Fabien Collonge, Le Truges, 69910 Villié-Morgon, tél. 06 30 02 63 18, f.collonge@orange.fr 🆅 🎿 🎁 t.l.j. 8h-12h 13h30-19h 🏠 ⓒ

DOM. DU COTEAU VERMONT Corcelette 2014 ★★		
◼	4 500		5 à 8 €

Installé à Villié-Morgon dans un domaine offrant un beau point de vue sur la vallée de la Saône, Bernard

Gonin représente la troisième génération sur cette exploitation familiale qui compte 9 ha.

Un nez intense et frais sur la violette, la pivoine et la mûre. Une complexité aromatique que l'on retrouve dans une bouche concentrée et fraîche, adossée à des tanins fins. Du caractère et de l'élégance. ✗ 2018-2020 ❦ magret de canard

☙ Bernard Gonin, Le Truges, 69910 Villié-Morgon, tél. 04 74 69 12 97, gonin.b@wanadoo.fr 🆅 🎿 🎁 r.-v.

DOM. COTEAUX DES OLIVIERS Élevé en fût de chêne 2013 ★		
◼	1 500	🍶 ◑	5 à 8 €

Patrick Dufour est à la tête de cette exploitation de 13,5 ha située à 3 km de Beaujeu, capitale historique du Beaujolais. Le vigneron effectue lui-même toutes les opérations culturales « dans le strict respect de la tradition ».

Au nez, des parfums délicats de fruits rouges et noirs frais (cassis en tête), que l'on retrouve en bouche associés à un boisé subtil. Les tanins sont fins et la finale se montre persistante. Une bouteille élégante, fruit d'un mariage réussi du raisin et du merrain. ✗ 2018-2020 ❦ poulet de Bresse

☙ Patrick Dufour, 374, chem. des Oliviers, 69430 Quincié-en-Beaujolais, tél. 04 74 04 37 78, coteauxdesoliviers@free.fr 🆅 🎿 🎁 r.-v.

DOM. DIT BARRON 2013 ★★		
◼	5 000	🍶	8 à 11 €

Le « dit Barron » est un ancêtre vigneron qui reçut ce nom pour avoir remplacé à la guerre le fils d'un baron, à l'époque où les conscrits pouvaient s'acheter des remplaçants... Gilles Aujogues, installé en 1984 avec son épouse Muriel au pied du mont Brouilly, exploite 12 ha, dont quatre crus.

Un 2013 finaliste au jury des coups de cœur, au nez bien ouvert et tout en finesse, évoquant les fruits rouges frais, framboise en tête. Le palais ? Tout aussi fruité, intense, ample, gras, aux tanins fins et à la finale fraîche et longue. Une remarquable harmonie. ✗ 2018-2020 ❦ onglet à l'échalote ◼ Brouilly Octante 2013 (8 à 11 € ; 4 500 b.) : vin cité. ✗ 2018-2020

☙ Muriel et Gilles Aujogues, Les Bruyères, 69220 Cercié, tél. 04 74 66 87 59, gilles.aujogues@wanadoo.fr 🆅 🎿 🎁 r.-v. 🏠 ⓑ

DOM. DONZEL Prestige 2013 ★★		
◼	4 000	◑	5 à 8 €

Léon Donzel cultivait la vigne. Maurice, salarié viticole, acquiert les premières parcelles ; le domaine est fondé en 1948 ; Maurice débute la vente directe et étend le domaine (10,5 ha aujourd'hui). Vincent s'est installé en 2004 avec une seule idée en tête : réduire au maximum les intrants, aussi bien à la vigne que dans les caves.

Élevé en fût pendant dix mois, ce 2013 s'ouvre sur des parfums intenses d'épices et de boisé torréfiés puis sur des senteurs de fruits noirs et rouges qui s'épanouissent tout en subtilité au deuxième nez. La bouche, bien équilibrée et longue, affiche puissance et intensité, rondeur et fraîcheur, fruité sur les notes de pruneau confit et de vanille. ✗ 2018-2020 ❦ carré d'agneau

EARL Bernard et Vincent Donzel, Fondlong, 69910 Villié-Morgon, tél. 04 74 04 20 56, vincent.donzel@orange.fr **V** 🍴 🏠 r.-v.

!EAN-PIERRE DUCROUX
Cuvée Vieilles Vignes 2014 ★

| ■ | 3 000 | 🍶 | 5 à 8 € |

Installé depuis 1989 dans un hameau de Villié-Morgon, Jean-Pierre Ducroux exploite 16 ha de vignes en appellation morgon, régnié et beaujolais-villages.

Né de vignes de soixante ans, ce 2014 au nez bien ouvert sur les fruits rouges et noirs affirme en bouche une certaine fermeté tannique. Bien équilibré par une trame acide, qui sous-tend l'ensemble, souligné d'un trait de minéralité, il gagnera en fondu avec la garde. ✗ 2018-2020 🍴 gigot d'agneau

Jean-Pierre Ducroux, lieu-dit Saint-Joseph, 69910 Villié-Morgon, tél. 04 74 69 91 96, ducroux-jeanpierre@orange.fr **V** 🍴 🏠 t.l.j. 8h-12h 13h30-18h

DOM. FERRAUD Les Charmes 2014 ★

| ■ | 20 000 | | 8 à 11 € |

La maison Ferraud, créée en 1882, est une affaire familiale de négoce-éleveur, spécialisée en vins du Beaujolais et du Mâconnais, qui se transmet depuis cinq générations.

Un vin aromatique, tant au nez qu'en bouche, au palais rond, plein et bien équilibré, bâti sur une structure tannique fine et soyeuse. Un morgon pour aujourd'hui. ✗ 2015-2018 🍴 travers de porc ■ **Brouilly Dom. Rolland** 2014 (8 à 11 € ; 10 000 b.) : vin cité. ✗ 2018-2020

P. Ferraud et Fils, 31, rue du Mal-Foch, BP 194, 69823 Belleville Cedex, tél. 04 74 06 47 60, ferraud@ferraud.com **V** 🍴 🏠 t.l.j. sf sam. dim. 8h-12h 14h-17h

FLACHE SORNAY Côte de Granits 2013 ★★

| ■ | 3 200 | 🍾 | 8 à 11 € |

Corinne et Vincent Flache ont pris la tête en 2001 de cette exploitation familiale transmise de génération en génération. Ils exploitent un vignoble d'une dizaine d'hectares, situé au cœur du cru Morgon.

Un vin remarquable par sa finesse aromatique : un nez de violette et de pivoine, de cerise et d'épices ; une bouche à l'unisson, construite sur des tanins fermes mais au grain fin tonifié par une belle fraîcheur qui souligne sa longue finale. Un modèle d'harmonie et un réel potentiel de garde. ✗ 2018-2020 🍴 tournedos Rossini

Dom. Flache Sornay, 633, rue Ronsard, Fondlong, 69910 Villié-Morgon, tél. 04 74 04 26 70, vincent.flache@wanadoo.fr **V** 🍴 🏠 r.-v.

DOM. GAGET Côte du Py 2013 ★

| ■ | 20 000 | | 8 à 11 € |

Les 9 ha de vignes constituant l'exploitation ont été achetés en 1980 au château de Pizay par Maurice Gaget, qui a construit un cuvage l'année suivante et complété le vignoble par 2 ha supplémentaires. Situé sur les coteaux sud de la Côte du Py à Morgon, le domaine est dirigé depuis 1999 par le fils, Mikaël.

Un 2013 bien ouvert sur des parfums de fruits rouges puis d'épices. Ample et intense au palais, il séduit par sa

structure tannique élégante qui lui permettra d'attendre. ✗ 2018-2020 🍴 onglet grillé ■ **Cuvée Joseph Côte du Py** 2013 ★ (15 à 20 € ; 4 000 b.) : des parfums flatteurs de petits fruits rouges (fraise des bois en tête) puis d'épices, une bouche ample, intense, ronde et élégamment tannique. ✗ 2020-2025

Dom. Gaget, La Côte-du-Py, 69910 Villié-Morgon, tél. 04 74 04 20 75, domainegaget@orange.fr **V** 🍴 🏠 r.-v.

DOM. DE LA GARODIÈRE 2014 ★

| ■ | 33 000 | | 8 à 11 € |

La maison de négoce Collin-Bourisset est une spécialiste des vins du Beaujolais et du Mâconnais depuis 1821. Elle propose une gamme de onze domaines, dont celui mené par Denis Garod (15 ha) situé sur les hauteurs de Lancié.

Un nez encore discret sur les fruits rouges et noirs. Le palais profond, solidement structuré par des tanins denses et de bonne longueur, laisse envisager une heureuse évolution. ✗ 2018-2020 🍴 bœuf braisé

Denis Garod, 268, rte de Chiroubles, 69220 Lancié, tél. 03 85 36 81 27, bienvenue@collinbourisset.com

ALAIN GAUTHIER 2013 ★

| ■ | 8 000 | 🍶 🍾 | 5 à 8 € |

Alain Gauthier est installé depuis 1984 sur le domaine familial, au cœur de l'appellation morgon.

Un nez élégant de cerise prélude à un palais franc, intense et aromatique (fruits rouges), étayé par des tanins à la fois denses et tout aussi fins. Une belle fraîcheur souligne la finale et confère à cette bouteille un surcroît d'harmonie. ✗ 2018-2020 🍴 côte à l'os ■ **Chiroubles** 2014 (5 à 8 € ; 4 500 b.) : vin cité. ✗ 2016-2018

Alain Gauthier, La Roche-Pilée, 69910 Villié-Morgon, tél. 04 74 69 15 87, earl.des.rochauds@orange.fr **V** 🍴 🏠 r.-v.

DOM. DE LATHEVALLE 2014

| ■ | 66 700 | | 5 à 8 € |

Fondée en 1865 à Mâcon, la maison de négoce Mommessin a acquis un vaste patrimoine en Bourgogne et en Beaujolais et noué des partenariats avec des domaines. Elle constitue aujourd'hui une des marques les plus importantes du groupe Boisset.

Le nez s'ouvre à l'aération sur des notes plaisantes de cerise. La bouche, construite sur des tanins soyeux, est élégante, elle aussi bien fruitée. Elle gagnera en complexité avec le temps. ✗ 2018-2020 🍴 filet mignon de porc à la moutarde

Boisset Site Mommessin, 403, rte Saint-Vincent, 69430 Quincié-en-Beaujolais, tél. 04 74 69 09 30, information@mommessin.com

DOM. DE LA LEVRATIÈRE
La Croix de chèvre 2013

| ■ | 6 500 | | 5 à 8 € |

Leurs parents étaient coopérateurs ; Marylenn et André Meyran se lancent dans la vinification et la vente directe en 1986. Ils ont constitué peu à peu un vignoble qui couvre aujourd'hui 6 ha répartis dans quatre crus.

Un 2013 aux parfums friands de fruits rouges que l'on retrouve dans une bouche bien équilibrée, dont les tanins

s'arrondiront à la faveur d'une petite garde. ✗ 2018-2020
🍴 pot-au-feu

☞ *Marylenn et André Meyran, Dom. de la Levratière,
Les Presles, 69910 Villié-Morgon, tél. 04 74 69 11 80,
domlalevratiere@gmail.com* 🆅 🏂 🔋 *r.-v.*

DOM. MICKAËL NESME Côte du Py 2014 ★

■	4 500	🍷	5 à 8 €

Fils d'Alain Nesme (Dom. du Chizeaux), Mickaël Nesme
s'est installé en 1998 sur cette propriété achetée par le
grand-père Émile dans les années 1950. Avant de
s'établir au pied du mont Brouilly, il avait vinifié jusque
dans l'Oregon. Il exploite aujourd'hui 8 ha.

Il n'a peut-être pas l'étoffe du millésime précédent, élu
coup de cœur dans l'édition 2015, mais il séduit par son
nez expressif de fruits rouges et noirs, et par son palais
riche, à la trame tannique solide, rond et frais à la fois. Du
caractère. ✗ 2018-2020 🍴 pintade aux tomates

☞ *Mickaël Nesme, 29, chem. de Montoux, Cherves,
69430 Quincié-en-Beaujolais, tél. 06 08 80 55 75,
mickael_nesme@yahoo.fr* 🆅 🏂 🔋 *r.-v.* 🏨 ④ 🏠 Ⓑ

DOM. PASSOT-COLLONGE
Les Charmes 2013 ★

■	3 200	🍷	5 à 8 €

Héritiers de lignées vigneronnes remontant au milieu du
XIXᵉs., Bernard et Monique Passot se sont installés en
1990. Leur fils Jean-Guillaume les a rejoints. De leur
domaine d'un peu moins de 10 ha, ils tirent une palette
fournie de cuvées, proposant six crus et plusieurs
cuvées en morgon.

Un 2013 au nez de fruits noirs nuancés d'épices et à la
bouche structurée par des tanins de belle qualité, à la fois
ronde, riche et fraîche. Un vin long et bien construit.
✗ 2018-2020 🍴 suprême de pintade aux champignons

☞ *Bernard et Monique Passot, 210, imp. du Colombier,
69910 Villié-Morgon, tél. 04 74 69 10 77,
mbpassot@yahoo.fr* 🆅 🔋 *r.-v.* 🏨 ②

DOM. DE ROCHE SAINT-JEAN
Prémium 2013 ★

■	5 000	🍶	11 à 15 €

Ludovic Mathon s'est installé en 2013 sur le domaine
familial créé en 1878. Le vignoble, qui couvre 15 ha sur
les coteaux de Villié-Morgon, ne fournit que du morgon
(en quatre cuvées et deux *climats*) et du bourgogne
blanc.

Né de vignes de quatre-vingts ans et élevé en fût pendant
huit mois, ce 2013 s'épanouit sur des parfums élégants et
fins de fruits rouges et noirs que l'on retrouve en bouche.
Le palais, adossé à une structure tannique sans dureté,
conjugue ampleur et finesse. Un vin déjà fort aimable que
la garde devrait encore révéler. ✗ 2016-2020 🍴 volaille rôtie

☞ *Ludovic Mathon, lieu-dit Bellevue,
69910 Villié-Morgon, tél. 04 74 04 26 95,
earl.mathon@wanadoo.fr* 🆅 🏂 *r.-v.*

FLORENT RUDE 2014

■	1 800		8 à 11 €

Florent Rude a pris la tête en 2011 de l'exploitation
familiale, qui couvre 8 ha. Établi à Quincié, il propose
plusieurs crus à sa carte : morgon, régnié, brouilly et
côte-de-brouilly.

Un nez réservé, une bouche plus diserte, sur les fruits
rouges, affichant une certaine dureté tannique et tendue
par une fine trame acide : à attendre. ✗ 2016-2020
🍴 entrecôte

☞ *Florent Rude, 55, rue Bouchon,
69430 Quincié-en-Beaujolais, tél. 06 09 63 30 89*
🆅 🏂 🔋 *r.-v.*

DOM. RUET Les Grands Cras 2014

■	10 000	🍷	8 à 11 €

Fondé en 1926 au nord du mont Brouilly, ce domaine
familial couvre 21 ha, avec des parcelles dans quatre
crus : brouilly, côte-de-brouilly, régnié et morgon. Une
valeur sûre du Guide : le premier coup de cœur fut en
1984 et bien d'autres ont suivi. David Duthel a pris les
rênes du domaine en 2010.

Né de 2 ha de vignes âgées de soixante ans, ce vin livre
des parfums élégants de fruits rouges et noirs que l'on
retrouve en bouche. Adossé à des tanins soyeux, ce 2014
mise sur la finesse plus que sur la puissance. ✗ 2018-2020
🍴 fromage à pâte molle

☞ *SARL Dom. Ruet, Voujon, 69220 Cercié,
tél. 04 74 66 85 00, ruet.beaujolais@wanadoo.fr*
🆅 🏂 🔋 *r.-v.*

LA TOUR DES BANCS 2014 ★★

■	36 000	🍷	5 à 8 €

Cette structure coopérative doublée d'un négoce, née
en 2008 de la fusion des Vignerons du Bel-Air et de la
Cave de Chiroubles, exploite 750 ha de vignes.

Une cuvée charmeuse grâce à ses senteurs intenses et
complexes de fruits rouges et de rose fanée, à ses tanins
affables et déliés, et à sa fine acidité qui souligne la longue
finale. ✗ 2018-2020 🍴 lapin à la moutarde ■ Chiroubles La
Source 2014 ★ (5 à 8 € ; 36 000 b.) ; un nez complexe
mêlant cassis, mûre, cerise et épices ; une bouche
puissante et ronde, à la longue finale épicée. ✗ 2018-2020

☞ *Vignerons du Vieux Tinailler, 131, rte Henri Fessy,
69220 Saint-Jean-d'Ardières, tél. 04 74 06 16 08,
ghoppenot@vignerons-belair.com*

MOULIN-À-VENT

Superficie : 717 ha / Production : 26 192 hl

Le « seigneur » des crus du Beaujolais fut l'un des
premiers, dès 1924, à avoir été délimité – par un
jugement du tribunal civil de Mâcon qui lui donna aussi
le droit d'utiliser le nom de moulin-à-vent. Il campe sur
les coteaux de deux communes, Chénas, dans le Rhône,
Romanèche-Thorins, en Saône-et-Loire. Le moulin qui
symbolise l'appellation se dresse à une altitude de
240 m au sommet d'un mamelon, au lieu-dit Les
Thorins. Le gamay noir s'enracine dans des sols peu
profonds d'arènes granitiques. Riche en éléments
minéraux tels que le manganèse, ce terroir apporte aux
vins une couleur rouge profond, un arôme rappelant
l'iris, un bouquet et un corps qui, quelquefois, font
qu'on les compare à leurs cousins bourguignons de la
Côte-d'Or. S'il peut être apprécié dans les premiers
mois de sa naissance, le moulin-à-vent supporte une
garde de quelques années (jusqu'à dix ans dans les

grands millésimes). Selon un rite traditionnel, chaque millésime est porté aux fonts baptismaux, d'abord à Romanèche-Thorins (fin octobre), puis dans tous les villages et, début décembre, dans la « capitale ».

♥ XAVIER ET NICOLAS BARBET
Champ de Cour Réserve Caveau 2013 ★★

■	1 821	◫	20 à 30 €

Les deux frères Xavier et Nicolas Barbet sont propriétaires de leur vignoble depuis 2006.

Né d'une cuvaison longue, (vingt-cinq à trente-cinq jours) puis d'un élevage de neuf mois en fût, selon la « tradition des grands bourgognes », ce 2013 déploie un nez élégant de cerise mâtiné des nuances grillées du fût. La bouche suit la même ligne avec un boisé qui ne domine nullement le fruit. Les tanins solides, encore un peu fermes, et la trame acide qui souligne la finale d'une rare longueur font de ce millésime un remarquable vin de garde. ✗ 2018-2020 🍴 faisan en cocotte à la forestière ■ Vieilles Vignes 2013 (15 à 20 € ; 17 000 b.) : vin cité. ✗ 2018-2020

☞ SCEA Barbet, Les Sauniers, 71570 Saint-Vérand, tél. 03 85 36 81 20, contact@xnbarbet.fr

DOM. DE BRIANTE
Naturellement 2013

■	4 000	◫	11 à 15 €

Jeune œnologue d'origine bourguignonne, Lauren Faupin-Schneider a fait le tour du monde des vignobles avant de prendre la direction en 2011 du domaine de Briante : un château du XVIIIᵉs., un parc aux arbres centenaires et 12 ha de vignes, en brouilly (6 ha), côte-de-brouilly et moulin-à-vent.

Avec des vignes d'une quarantaine d'années et un élevage de quinze mois en fût, le domaine a mis de sérieux atouts de son côté pour livrer ce vin aux élégants parfums de fleurs vanillées et au palais sur les fruits rouges acidulés, à la structure tannique solide, encore ferme. ✗ 2018-2020 🍴 filet de biche

☞ Lauren Faupin-Schneider, 810, rte de Briante, 69220 Saint-Lager, tél. 06 83 31 28 50, contact@domainedebriante.fr Ⓥ 🎿 🏠 r.-v. 🏘 ⑤

VINS DES BROYERS 2013 ★

■	2 000	◫	8 à 11 €

Fondé en 1710, le château des Broyers a trouvé sa vocation viticole en 1823. Au XIXᵉs., son activité de négoce rayonnait sur le nord de l'Europe. Laissé à l'abandon dans les années 1990, il a été restauré, avec à sa tête, Pierre Coquard, responsable des 2 ha de vignes et du négoce, qui propose des vins du Beaujolais et du Mâconnais.

Au nez, un fruité délicat et harmonieux évoquant la cerise et la myrtille. Une complexité aromatique qui se confirme dans une bouche aux tanins fins. Du caractère et de l'élégance. ✗ 2018-2020 🍴 bavette grillée

☞ Les Vins des Broyers, 1333, rte de Juliénas, 71570 La Chapelle-de-Guinchay, tél. 03 85 36 57 37, pcoquard@vinsdesbroyers.fr Ⓥ 🎿 🏠 r.-v.

DOM. CHAMPAGNON 2014 ★

■	2 500	🍴	5 à 8 €

Mené par Josiane et Patrick Champagnon, ce domaine situé à Chénas compte 5,5 ha et élabore des vins en moulin-à-vent, chénas et fleurie.

Un 2014 au nez bien frais sur les fruits rouges et les fleurs, relevé de notes épicées. La bouche convainc par sa rondeur, son fruité et sa solide structure tannique, encore un peu ferme. ✗ 2018-2020 🍴 côte d'agneau au thym

☞ EARL du Dom. Champagnon, Les Brureaux, 69840 Chénas, tél. 03 85 36 71 32, earl.champagnon@wanadoo.fr Ⓥ 🎿 🏠 t.l.j. 8h-20h

DOM. GÉRARD CHARVET
Hommage à La Rochelle Vieilles Vignes 2013 ★

■	6 000	🍴 ◫	11 à 15 €

À la tête de son vignoble depuis 1975, Gérard Charvet a longtemps conservé le nom de Dom. des Rosiers donné par les anciens propriétaires, des Parisiens, sur l'étiquette de ses vins. Il signe aujourd'hui ses vins (moulin-à-vent, chénas...) de son nom.

La Rochelle ? Le nom du terroir sur lequel la famille Charvet exploite des vignes depuis trois générations. Ce 2013 dévoile des senteurs délicates et fraîches de fruits rouges aux légers accents boisés (café). Dans le même registre, le palais s'appuie sur des tanins fins, tendu par une juste fraîcheur qui souligne sa longueur. ✗ 2018-2020 🍴 râbles de lapin aux raisins

☞ Gérard Charvet, Le Vieux-Bourg, 69840 Chénas, tél. 04 74 04 48 62, gerard.charvet@orange.fr Ⓥ 🎿 🏠 r.-v.

CAVE DU CH. DE CHÉNAS Cœur de granit 2014

■	40 000	🍴	8 à 11 €

La Cave du Château de Chénas a été fondée en 1934 par 44 viticulteurs qui cultivaient 44 ha de vignes. Elle regroupe aujourd'hui près de 110 vignerons qui exploitent plusieurs centaines d'hectares de vignes dans les appellations du Beaujolais.

Un 2014 au nez discret mais délicat de fruits noirs et rouges confiturés et au palais soyeux, rond et persistant. Un vin bien équilibré, qui ne demande qu'à s'ouvrir avec le temps. ✗ 2018-2020 🍴 pintade rôtie

☞ Cave du Ch. de Chénas, Les Michauds, 69840 Chénas, tél. 04 74 04 48 19, cave.chenas@wanadoo.fr Ⓥ 🎿 🏠 t.l.j. sf dim. 8h-12h 14h-18h

DOM. DE LA CHÈVRE BLEUE
Vieilles Vignes 2013 ★

■	6 000	🍴	8 à 11 €

C'est en 1999 que Michèle, d'une famille de vignerons, et son époux Gérard Kinsella, ancien informaticien natif de Londres, ont décidé d'investir dans ce domaine de quelque 8 ha, principalement implanté dans les deux appellations voisines de chénas et de moulin-à-vent.

Une cuvée issue de vignes de plus de soixante-dix ans, vinifiée à la beaujolaise et élevée en cuve pendant neuf mois. Le résultat ? Un nez de fruits rouges et noirs confiturés, nuancé de poivre blanc, et un palais rond, ample, gras, soyeux et délicatement épicé en finale. À apprécier dès à présent. ✗ 2015-2018 🍴 poulet rôti ■ Chénas 2013 ★ (8 à 11 € ; 5 000 b.) : un nez charmeur d'épices et de pruneau, une bouche solide et gourmande

à la fois, de bonne longueur. À apprécier sans attendre.
❌ 2015-2018
⛶ *Michèle et Gérard Kinsella, Les Deschamps,
69840 Chénas, tél. 09 75 46 74 10,
gerard@chevrebleue.com* 🎿 🚩 *r.-v.*

DOM. DE COLETTE Vieilles Vignes 2013

■	7 000	🍶	8 à 11 €

Vigneron précoce, Jacky Gauthier s'est installé en 1980
à seulement dix-sept ans, en demandant à ses parents
de l'émanciper. Son domaine, implanté sur des coteaux
exposés au sud-est, s'étend sur 14 ha, avec des parcelles
dans quatre crus (moulin-à-vent, régnié, morgon et
fleurie).
Né de vignes de quatre-vingts ans plantées sur un terroir
granitique, ce vin libère de puissants parfums de fruits
rouges et de fruits à noyau. Le même fruité s'épanouit
dans une bouche solidement charpentée. Un ensemble
bien typé. ❌ 2018-2020 🍴 côte de bœuf
⛶ *Jacky Gauthier, Dom. de Colette, 4245, rte Saint-Joseph,
69430 Lantignié, tél. 04 74 69 25 73,
domainedecolette@wanadoo.fr* 🇻 🎿 🚩 *r.-v.*

DOM. FOND MOIROUX 2013 ★

■	9 000	🍶 ⑾	11 à 15 €

Le domaine de Bernard Rudolphe Bachhausen compte
18 ha et produit plusieurs appellations du Beaujolais.
Le nez expressif et complexe mêle la framboise, la groseille
et le cassis. Ces arômes se confirment dans une bouche
ronde et ample, adossée à des tanins soyeux. Un ensemble
harmonieux et long. ❌ 2018-2020 🍴 filet mignon en croûte
⛶ *Dom. Fond Moiroux, 340, rte du Fond-Moiroux-Haut,
69640 Cogny, tél. 04 74 67 47 48, info@fondmoiroux.com*
🇻 🎿 🚩 *r.-v.*

DOM. DE FORÉTAL 2014 ★★

■	11 000	🍶	8 à 11 €

Installé en 1998, Jean-Yves Perraud, issu d'une lignée
enracinée à Vauxrenard depuis le XVIIe s., a auparavant
exploré le vaste monde viticole et fait ses gammes en
Alsace et aux États-Unis. Il a agrandi le domaine (8 ha) et
développé l'accueil (du gîte d'étape à la chambre d'hôtes).
Cette cuvée séduit d'emblée par son expression aromatique, complexe et fine, sur des notes de fruits rouges et
d'épices. Équilibrée et longue, elle montre aujourd'hui une
certaine austérité mais promet un beau moment de
dégustation dans quelques années. ❌ 2018-2020 🍴 bœuf
bourguignon
⛶ *Pierre-Yves Perraud, Forétal, 69820 Vauxrenard,
tél. 04 74 69 97 48, jyperraud@wanadoo.fr* 🇻 🎿 🚩 *t.l.j.
8h30-12h 13h30-19h* 🏠 ➋ 🏠 🅰

DOM. DES FOUDRES 2014

■	7 000	🍶	8 à 11 €

Jean-Philippe Sanlaville a pris en 1991 les commandes du
domaine familial situé à Vaux-en-Beaujolais, pittoresque village popularisé par Gabriel Chevallier sous le nom
de Clochemerle. Établi dans l'aire du beaujolais-villages,
il exploite un vignoble de 30 ha, avec des parcelles dans
les crus brouilly, morgon et moulin-à-vent.
Profond et généreux, le nez s'épanouit sur de plaisants
parfums de fruits rouges (fraise, framboise) et noirs

(cassis). Tout aussi aromatique, puissant et rond, le palais
s'appuie sur des tanins encore fermes qui se fondront
avec le temps. ❌ 2018-2020 🍴 sabodet à la beaujolaise
⛶ *Jean-Philippe Sanlaville, Le Plagerêt,
69460 Vaux-en-Beaujolais, tél. 06 82 39 70 42, info@
domainedesfoudres.com* 🇻 🎿 🚩 *t.l.j. 9h30-19h*

CH. DES GIMARETS 2013 ★

■	17 000	🍶 ⑾	8 à 11 €

Un petit château bâti au XVIIe s., totalement reconstruit
en 1810. Éric et Nathalie Boyer l'ont racheté en 2007, ainsi
que son domaine viticole : 4,5 ha d'un seul tenant plantés
à haute densité, exclusivement en moulin-à-vent.
Le nez, expressif, évoque la réglisse et les fruits à noyau.
Il a su séduire les jurés, autant que sa bouche, ample, bien
structurée, harmonieuse et longue. ❌ 2018-2020 🍴 lapin
aux champignons
⛶ *SCEA Des Gimarets, Les Gimarets,
71570 Romanèche-Thorins, tél. 03 85 35 21 60,
contact@chateaudesgimarets.fr* 🇻 🚩 *r.-v.*

DOM. DE GRAND GARANT Vieilles Vignes 2013 ★

■	18 000	🍶 ⑾	8 à 11 €

Claude Grosjean a commencé le métier de viticultrice
sur la pointe des pieds, en parallèle de son activité dans
le commerce, jusqu'à ce qu'elle se décide en 2005 à
franchir le pas et à s'installer à plein temps avec son
mari, sur un vignoble de 3 ha.
Des arômes intenses de cerise noire, d'épices et de cassis
s'échappent du verre. Au palais, le boisé légué par les
huit mois d'élevage en fût est parfaitement intégré et
l'ensemble se montre déjà soyeux. ❌ 2018-2020 🍴 bœuf
bourguignon
⛶ *Claude Grosjean, Dom. de Grand Garant, Le Vivier,
69820 Fleurie, tél. 06 09 94 55 87* 🇻 🎿 🚩 *r.-v.*

DOM. DE GRY-SABLON Vieilles Vignes 2013

■	9 000	🍶 ⑾	8 à 11 €

En 1900, M. Besson, l'arrière-grand-père, s'établit à
Émeringes. Cet inventeur du premier filtre-presse cultivait 2 ha auxquels il adjoignit une distillerie et une
tonnellerie. Installés en 1991, Dominique Morel, œnologue, et son épouse Christine exploitent aujourd'hui
18 ha, avec des parcelles dans six crus.
Élevée en fût à 30 % pendant huit mois, cette cuvée libère
des senteurs délicates de fruits secs (amande, noisette)
puis de griotte. Des nuances florales et épicées s'ajoutent
à cette palette dans une bouche ronde à l'attaque, aux
tanins encore un peu jeunes. L'ensemble, persistant, ne
manque pas d'harmonie. ❌ 2018-2020 🍴 lapin aux pruneaux
⛶ *EARL Dominique Morel, Les Chavannes,
69840 Émeringes, tél. 04 74 04 45 35, gry-sablon@
orange.fr* 🇻 🎿 🚩 *t.l.j. sf dim. 8h-18h*

DOM. DU GUÉRET 2014 ★

■	35 000	🍶 ⑾	8 à 11 €

Propriété de la famille Favre, ce domaine élabore des
vins des crus du Beaujolais (quelque 5 ha en moulin-
à-vent). Le fruit de la récolte est vinifié par la cave de
Chénas, dont Jean Favre a longtemps été le président.
Un nez puissant de fleurs et de fruits rouges frais. On
retrouve ce caractère croquant dans une bouche ronde,

bien construite et persistante. ✗ 2016-2020 ♈ saucisson brioché ■ 2013 (8 à 11 € ; 16 193 b.) : vin cité. ✗ 2016-2020

○⌐ *Dom. du Guéret, 69840 Chénas, tél. 04 74 04 48 25*

DOM. DU HAUT-PONCIÉ Roche Grès 2013

■	6 000	ⅷ	8 à 11 €

Dominant la vallée de la Saône, ce domaine dans la famille depuis 1960 et exploité par Patrick Tranchand depuis 1983 s'étend sur 16 ha répartis entre l'appellation beaujolais et trois crus : fleurie, moulin-à-vent et saint-amour.

Un nez élégant sur la violette et la cerise. Au palais, le vin opte pour la finesse et la souplesse, plus que pour la puissance. Un ensemble harmonieux et complexe. ✗ 2016-2020 ♈ pâté en croûte

○⌐ *SCEA Patrick Tranchand, Dom. du Haut-Poncié, 69820 Fleurie, tél. 06 87 07 51 25, p.tranchand@ numericable.com* Ⅴ 🕴 🏠 *t.l.j. 8h-19h; dim. sur r.-v.*

LES HOSPICES DE ROMANÈCHE-THORINS 2013 ★

■	15 600		11 à 15 €

En 1926, la maison Collin-Bourisset, fondée en 1821 aux confins du Beaujolais et du Mâconnais, a reçu l'exclusivité de l'élaboration et de la commercialisation des vins des Hospices qui, depuis le XIXᵉs., faisaient l'objet d'enchères publiques à chaque millésime.

Un 2013 au nez plaisant et complexe évoquant les fruits confiturés et le cacao. Les tanins apparaissent encore un peu jeunes et austères, mais ils devraient s'affiner avec le temps et donner une agréable bouteille. ✗ 2018-2020 ♈ pintade en cocotte

○⌐ *SNC Les Domaines Jean Loron, Ch. de Bellevue, 69910 Villié-Morgon, tél. 04 74 66 98 88, contact@ chateau-bellevue.fr* Ⅴ 🕴 🏠 *r.-v.* 🏡 ❺ ♨ ❸
○⌐ *Barbet Xavier*

NADIA ET THIERRY JANIN
L'Iris Élevé en fût de chêne 2013 ★★

■	1 500	ⅷ	8 à 11 €

En 1994, Thierry et Nadia Janin ont repris une ancienne métairie. Ils privilégient un travail artisanal, réduisant la mécanisation au maximum sur leur vignoble de 5,5 ha constitué de vieilles vignes – uniquement en moulin-à-vent.

Vinifié à la beaujolaise (sans égrappage) puis élevé douze mois en fût, ce 2013 livre des parfums boisés intenses au premier nez, puis de fruits noirs confiturés à l'aération. Le merrain laisse davantage de place au fruit dans une bouche ronde et ample, structurée par des tanins déjà mûrs qui gagneront encore en fondu avec la garde. ✗ 2018-2020 ♈ coq au vin ■ Dom. de l'Iris 2013 (8 à 11 € ; 2 500 b.) : vin cité. ✗ 2018-2020

○⌐ *Thierry Janin, Le Moulin-à-Vent, 71570 Romanèche-Thorins, tél. 06 15 66 45 49, iris.fan@orange.fr* Ⅴ 🕴 🏠 *t.l.j. 10h-13h 15h-19h*

DOM. LABRUYÈRE
Collection 2013 Vieilles Vignes 2013 ★★

■	25 000	🍾	8 à 11 €

Après avoir fait fortune dans la grande distribution, les Labruyère ont investi dans le vin, rachetant en 1988 des parts dans le domaine Jacques Prieur à Meursault. Depuis

2008, ils ont aussi renoué avec leurs racines beaujolaises : un ancêtre s'était installé en 1850 aux Thorins, sur 10 ha, dont le monopole réputé du Clos du Moulin-à-Vent. Édouard Labruyère a repris la propriété en main, ne gardant toutefois que les plus belles parcelles.

Des arômes de mûre, de cassis et de pivoine se développent avec intensité au nez. Le palais, quant à lui, est tapissé par une matière riche qui monte harmonieusement en puissance. L'ensemble est adossé à des tanins soyeux qui soulignent des arômes persistants de cassis et de myrtille. ✗ 2018-2020 ♈ terrine de lapin ■ Le Carquelin 2013 ★ (20 à 30 € ; 8 800 b.) : le nez mêle de délicates notes de boisé grillé à d'élégantes senteurs de pivoine. La bouche est profonde, riche et longue. ✗ 2018-2020

○⌐ *SCEV Héritiers Labruyère, 310, rue des Thorins, 71570 Romanèche-Thorins, tél. 03 85 20 38 18, info@domaines-labruyere.com* Ⅴ 🕴 🏠 *r.-v.*

DOM. CHRISTOPHE LAPIERRE
Sélection de Vieilles Vignes 2014 ★

■	13 460		8 à 11 €

Christophe Lapierre s'est installé à Chénas en 2001. Il a pris les rênes de l'exploitation familiale, le domaine de Chênepierre (10 ha répartis entre chénas, moulin-à-vent et beaujolais-villages), après le départ à la retraite de ses parents en 2008. Ses vins étiquetés « Dom. Christophe Lapierre » sont vinifiés par la coopérative.

Encore un peu timide au premier nez, ce 2014 dévoile à l'agitation un caractère vineux et de plaisantes notes de fleurs et de cassis. La bouche ronde est épaulée par des tanins sans rugosité, et une juste fraîcheur tonifie la longue finale. Du caractère. ✗ 2018-2020 ♈ bœuf braisé

○⌐ *Dom. Christophe Lapierre, Les Deschamps, 69840 Chénas, tél. 03 85 36 70 74, lapierre-christophe@wanadoo.fr* Ⅴ 🕴 🏠 *r.-v.*

MANOIR DU CARRA
Les Burdelines 2014 ★★

■	5 000	🍾 ⅷ	11 à 15 €

Damien Sambardier a pris le relais de Jean-Noël, son père. Il pratique des vinifications parcellaires, pourtant peu aisées à mettre en œuvre quand on a 34 ha.

Expressif, riche et concentré, le nez s'épanouit sur le cassis, la mûre et la framboise. Un caractère aromatique que confirme le palais suave, gourmand et d'une impressionnante profondeur. La finesse des tanins ajoute une touche d'élégance. Un vin de garde. ✗ 2018-2020 ♈ civet de lièvre

○⌐ *Damien Sambardier, Le Carra, 69640 Denicé, tél. 04 74 67 38 24, jfsambardier@manoir-du-carra.com* Ⅴ 🕴 🏠 *r.-v.* 🏡 ❹

CH. DU MOULIN-À-VENT
Les Terrasses du château 2013 ★

■	20 000	ⅷ	11 à 15 €

Après un parcours dans l'édition de logiciels, Jean-Jacques Parinet a racheté en 2009 le Ch. du Moulin-à-Vent à la famille Flornoy-Bloud, qui en était propriétaire depuis cent ans. Sur ce domaine de 37 ha (dont un tiers a été replanté), il suit une démarche bio, sans certification.

Encore un peu timide au premier nez, le vin libère à l'agitation des arômes de fruits confiturés aux légers accents épicés légués par un passage de onze mois en fût. La bouche est bien structurée, mais sans rien de massif, tonifiée par une juste fraîcheur qui donne de l'allonge à l'ensemble. ✗ 2018-2020 ❦ travers de porc poivre et sel

o━ *SCEV Ch. du Moulin-à-Vent, 4, rue des Thorins, 71570 Romanèche-Thorins, tél. 03 85 35 50 68, info@chateaudumoulinavent.com* Ⓥ Ⓚ Ⓕ *r.-v.*

♥ **LE NID** Rochegrés 2013 ★★		
■ n.c.	⬚	15 à 20 €

Anciennement dénommé Dom. du Petit Chêne, Le Nid est conduit en agriculture raisonnée par Paul Lardet et ses trois enfants. Leurs 6 ha de vignes sont établis sur quelques-uns des plus beaux terroirs de moulin-à-vent. Cette cuvée ambitieuse a bénéficié d'un élevage de douze mois en fût. Elle en tire un nez de fruits noirs soulignés de délicates notes de vanille. Au palais, le boisé est parfaitement assimilé, fondu dans une matière ample, profonde et intense. Les tanins, encore fermes, permettront une bonne garde et s'arrondiront avec le temps. Un vin qui allie puissance et élégance. ✗ 2018-2020 ❦ civet de sanglier ■ 2013 (11 à 15 € ; n.c. b.) : vin cité. ✗ 2018-2020

o━ *Famille Lardet, 51, rue des Champs de Cour, Le Moulin-à-Vent, 71570 Romanèche-Thorins, tél. 04 74 66 62 01, ajoubert@cemir.com* Ⓥ Ⓚ Ⓕ *r.-v.*

DOM. DU PENLOIS 2013 ★		
■ 13 000	🛈	11 à 15 €

Quatre générations de vignerons se sont succédé depuis 1922 à la tête de ce domaine. Maxence Besson, héritier de cette lignée, exploite 28 ha répartis sur plusieurs appellations (beaujolais, beaujolais-villages, morgon, juliénas et moulin-à-vent).

Le nez déploie une large palette aromatique : groseilles, framboise et fleurs. La bouche est ample, tissée par des tanins arrondis, soulignant le fruit jusqu'en finale. Un vin bien fait. ✗ 2018-2020 ❦ pigeons rôtis

o━ *Besson Père et Fils, Dom. du Penlois, 69220 Lancié, tél. 04 74 04 13 35, domaine@penlois.fr* Ⓥ Ⓚ Ⓕ *r.-v.*

DOM. DE LA PLAIGNE 2014		
■ 12 000	🛈	8 à 11 €

Victorien, qui représente la cinquième génération sur l'exploitation, a rejoint en 2014 ses parents Gilles et Cécile Roux, installés depuis 1984. Ces derniers, après avoir agrandi le vignoble (15 ha aujourd'hui), le renouvellent en introduisant du chardonnay et en espaçant les plantations.

Le nez se montre riche et intense sur des notes de fruits noirs macérés, de noyau de cerise. Une matière ample, complexe et bien équilibrée, se déploie avec persistance au palais. Un vin élaboré avec doigté. ✗ 2018-2020 ❦ carré d'agneau ■ **Régnié** 2014 (5 à 8 € ; 30 000 b.) : vin cité. ✗ 2015-2018

o━ *Gilles, Cécile et Victorien Roux, La Plaigne, 69430 Régnié-Durette, tél. 04 74 04 80 86, gilles.cecile.roux@orange.fr* Ⓥ Ⓚ Ⓕ *t.l.j. sf dim. 9h-12h 15h-19h*

DOM. DU POURPRE 2014 ★		
■ 11 000	🛈	5 à 8 €

Installé depuis 1978, Bernard Méziat représente la cinquième génération sur ce domaine d'une vingtaine d'hectares. Il propose des moulin-à-vent, chénas et fleurie.

Ce 2014 dévoile à l'olfaction des arômes concentrés de réglisse, de poivre et de cassis. Une complexité aromatique que l'on retrouve dans un palais bien structuré, ample, généreux et long qui ne demande qu'un peu de patience pour gagner en fondu. ✗ 2018-2020 ❦ sauté de sanglier

o━ *EARL Dom. du Pourpre, Les Pinchons, 69840 Chénas, tél. 04 74 04 48 81, meziat.bernard@wanadoo.fr* Ⓥ Ⓚ Ⓕ *t.l.j. 8h-19h* 🏠 Ⓑ

DOM. DE LA TEPPE Les Burdelines 2013		
■ 1 500	⬚	8 à 11 €

Pierre Bouzereau s'est installé en 1988 à Romanèche-Thorins. Il exploite aujourd'hui 23 ha de vignes principalement dans les crus moulin-à-vent et fleurie.

Une cuvée d'une belle puissance aromatique à l'olfaction, libérant les notes de petits fruits typiques du gamay. La bouche, vive, dévoile une finale légèrement tannique qui appelle une petite garde. ✗ 2018-2020 ❦ brie

o━ *EARL Robert et Pierre Bouzereau, 38, rte de la Mairie, 71570 Romanèche-Thorins, tél. 03 85 35 52 47, domainedelateppe@gmail.com* Ⓥ Ⓚ Ⓕ *r.-v.*

DOM. DE LA TOUR DU BIEF 2013 ★★		
■ 2 000	⬚	8 à 11 €

Ce domaine, créé en 1644, fait partie des piliers de l'appellation. Il doit son nom à un terroir de Moulin-à-Vent. Il est conduit par la famille Parinet, également à la tête du Ch. de Moulin-à-Vent depuis 2012.

Ce 2013 s'ouvre sur de puissantes notes de fruits rouges qu'accompagnent les épices (vanille), léguées par un passage de neuf mois sous bois. Les jurés ont été sensibles à son remarquable volume et à ses tanins bien marqués mais harmonieux. Ils ont également souligné son équilibre et sa longueur. ✗ 2018-2020 ❦ jarret de porc braisé

o━ *Dom. de la Tour du Bief, 69840 Chénas*

DOM. DE LA VIGNE ROMAINE 2014		
■ 9 830	🛈	8 à 11 €

Thierry Gimaret conduit depuis 1990 cette exploitation de Romanèche-Thorins où l'on trouve les vestiges d'une *villa* gallo-romaine. Il confie à la cave du Ch. de Chénas le fruit de sa récolte et à la maison Duboeuf le soin de commercialiser ses vins.

Né d'une sélection parcellaire de ceps de cinquante ans, ce 2014, pour l'heure réservé, délivre à l'aération d'élégants parfums floraux. Le palais est adossé à des tanins encore fermes et tonifié par une juste fraîcheur qui souligne sa longueur. Une cuvée bien représentative du millésime. ✗ 2018-2020 ❦ andouillette sauce moutarde

o━ *Dom. de la Vigne Romaine, 168, rte de la Tour, 71570 Romanèche-Thorins, tél. 03 85 35 52 23*

RÉGNIÉ

Superficie : 368 ha / Production : 16 256 hl

Officiellement reconnu en 1988, le plus jeune des crus s'insère entre le morgon au nord et le brouilly au sud, confortant ainsi la continuité des limites entre les dix appellations locales beaujolaises. À l'exception de 5,9 ha sur la commune voisine de Lantignié, il est totalement inclus dans le territoire de la commune de Régnié-Durette, autour de la curieuse église aux clochers jumeaux qui symbolise l'appellation. Orienté nord-ouest - sud-est, le vignoble s'ouvre largement au soleil levant et à son zénith, ce qui lui a permis de s'implanter à une altitude entre 300 et 500 m. Le gamay s'enracine dans un sous-sol sablonneux et cailluteux – le terroir s'inscrit dans le massif granitique dit de Fleurie. On trouve aussi quelques secteurs à tendance argileuse. Aromatiques, fruités et floraux, charnus et souples, les régnié sont souvent qualifiés de rieurs et de féminins.

DOM. LES CAPRÉOLES Chamodère 2014 ★★

| ■ | 5 000 | 🏠 | 8 à 11 € |

Un jeune domaine né en juillet 2014 sous l'impulsion de Cédric Lecareux – arrivé du Languedoc-Roussillon où il a officié dans les domaines du groupe Gérard Bertrand – et de son épouse, originaire du Beaujolais. Il a racheté ce domaine vieux de 250 ans et cultive 3 ha de vignes. Implanté comme un jardin autour de la propriété, le vignoble bénéficie d'une vue exceptionnelle sur les deux clochers de Régnié-Durette.

Une cuvée aux parfums expressifs de fruits noirs et de griotte, rehaussés de touches épicées, et à la bouche ample et chaleureuse, ronde, mûre et persistante, épaulée par des tanins marqués mais dénués d'agressivité. Un petit passage en cave arrondira encore cet ensemble, déjà fort aimable. ✗ 2017-2020 ❦ bœuf bourguignon

☛ *Dom. Les Capréoles, La Plaigne,*
69430 Régnié-Durette, tél. 04 74 65 57 83, cedric@
capreoles.com 🆅 🏃 ⛑ *t.l.j. 10h-19h ; sam. dim. sur r.-v.*

RÉGINE ET DIDER COSTE-LAPALUS 2014 ★

| ■ | 3 000 | 🏠 | 5 à 8 € |

En 1999, Régine et Didier Coste-Lapalus ont décidé de reprendre les vignes familiales exploitées jusqu'alors en fermage. Les parcelles situées au sud de Régnié offrent une splendide vue sur les Alpes.

Ce 2014, aux parfums raffinés de fruits rouges et de fleurs, développe en bouche une matière fraîche étayée par des tanins serrés, et encore un peu austère en finale. Du potentiel. ✗ 2018-2020 ❦ andouillette

☛ *Régine et Didier Coste-Lapalus,*
280, chem. des Bruyères, 69430 Régnié-Durette,
tél. 04 74 04 38 04, lapalus.rd@wanadoo.fr
🆅 🏃 ⛑ *r.-v.*

DOM. DU COTEAU DE VALLIÈRES
Vallières 2014 ★

| ■ | 3 000 | 🏠 | 5 à 8 € |

Lucien Grandjean incarne la troisième génération à la tête de ce domaine familial de 10,5 ha qui propose quatre crus : régnié, morgon, fleurie, moulin-à-vent.

Délivrant une élégante palette de senteurs évoquant les petits fruits rouges acidulés, ce 2014 dévoile au palais une texture solide, adossé à des tanins denses. Une petite pointe de fraîcheur acidulée en finale lui apporte du tonus et de l'allonge. Autant d'indices d'une bonne aptitude à la garde. ✗ 2018-2020 ❦ faisan en cocotte ■ Moulin-à-vent Mélusine 2014 (8 à 11 € ; 3 000 b.) : vin cité. ✗ 2018-2020

☛ *Lucien Grandjean, Vallières, 69430 Régnié-Durette,*
tél. 04 74 69 24 92, grandjean.lucien@wanadoo.fr
🆅 🏃 ⛑ *r.-v.*

DOM. DU CRÊT D'ŒILLAT 2014 ★

| ■ | 5 000 | 🏠 | 5 à 8 € |

Représentant la quatrième génération à la tête de ce domaine fondé en 1900, Jean-François Matray s'est installé en 1986. Ses 10,5 ha de vignes sont répartis entre les appellations régnié, morgon et beaujolais.

Ce 2014 au nez délicat et fin de petits fruits acidulés (groseille, framboise) dévoile en bouche un mariage réussi entre structure tannique, fraîcheur et fruité, et fait preuve d'une agréable persistance. Un digne représentant de son appellation. ✗ 2018-2020 ❦ rôti de bœuf ■ Morgon 2014 (5 à 8 € ; 2 000 b.) : vin cité. ✗ 2018-2020

☛ *Dom. du Crêt d'Œillat, 116, chaussée d'Erpent,*
69430 Régnié-Durette, tél. 04 74 04 38 75, j.matray@
numericable.com 🆅 🏃 ⛑ *r.-v.* 🏠 ❷ 🏠 🅱

DOM. D'HERVELYNE 2013 ★

| ■ | 4 000 | | 5 à 8 € |

En 1969, Michel et Christiane Rampon s'installent sur l'exploitation familiale dominant les coteaux de l'Ardières. Leur fils Hervé les rejoint en 1991, tandis que le domaine s'agrandit grâce aux vignes laissées par les grands-parents partant à la retraite (8,5 ha aujourd'hui en régnié, morgon et *villages*).

Le nez, complexe, évoque la framboise, la fraise et la violette soulignées d'un trait épicé. Le prélude à un palais ample et gras, adossé à des tanins déjà arrondis, tendu par une belle fraîcheur en finale. Un ensemble harmonieux et long, qui saura attendre. ✗ 2018-2020 ❦ côte de veau forestière

☛ *EARL Michel Rampon et Fils, La Tour-Bourdon,*
69430 Régnié-Durette, tél. 04 74 04 32 15,
gaec.rampon@wanadoo.fr 🆅 🏃 ⛑ *t.l.j. 8h-19h*

DOM. LAGNEAU 2013 ★★

| ■ | 20 000 | 🏠 | 8 à 11 € |

Les Lagneau vivent à la même adresse, mais le père, la mère et le fils signent chacun leurs bouteilles. Jeannine, Gérard et Didier exploitent ce domaine familial né de 4 ha de vignes transmis par le grand-père, Antoine Monney.

Finaliste du grand jury des coups de cœur, cette cuvée a enthousiasmé d'emblée les dégustateurs par ses senteurs élégantes de violette et de fruits noirs. Le palais n'est pas en reste : puissant et ample, construit sur des tanins denses mais élégants. Une belle fraîcheur met en valeur le fruité et donne de l'allonge à cet ensemble remarquablement harmonieux. ✗ 2018-2020 ❦ entrecôte charolaise

☛ *Gérard Lagneau, 941, rte d'Huire,*
69430 Quincié-en-Beaujolais, tél. 04 74 69 20 70,
contact@domainelagneau.fr 🆅 🏃 ⛑ *r.-v.* 🏠 ❸ 🏠 🅴

CH. DES REYSSIERS 2013 ★		
■ 10 000	î	8 à 11 €

Installée au cœur de l'appellation brouilly depuis 1888, la maison Henry Fessy compte aujourd'hui 70 ha de vignes implantées en majorité sur les crus du Beaujolais. Elle a été reprise par le négoce bourguignon Louis Latour en 2008.

Intensément parfumé, le nez évoque les fruits rouges (groseille, framboise). La bouche, d'une belle souplesse, est tendue par une fine fraîcheur qui exalte des arômes de fraise relevés de notes poivrées. L'ensemble gagnera en complexité avec une petite garde. ✗ 2018-2020 ♈ petit salé aux lentilles

o⊣ *Les Vins Henry Fessy, 644, rte de Bel-Air, 69220 Saint-Jean-d'Ardières, tél. 04 74 66 00 16, contact@henryfessy.com* **V** **l** *r.-v.*

♥ **DOM. DE LA ROCHE THULON** 2014 ★★		
■ 7 000	î	5 à 8 €

2014 DOMAINE DE LA ROCHE THULON

RÉGNIÉ

Pascal Nigay, installé sur 10 ha, vinifie trois crus (régnié, morgon et côte-de-brouilly). Cet habitué du Guide défend une approche à l'ancienne avec des vignes plantées à haute densité (10 000 pieds/ha) et taillées en gobelet.

Vinifiée à la beaujolaise et élevée six mois en cuve, cette cuvée charme par l'intensité et la complexité de son nez mêlant le cassis, les épices, la pivoine et la violette. On retrouve ces arômes élégants dans une bouche ample, onctueuse, épaulée par des tanins remarquablement soyeux. La finale, tendue par une fine acidité, prolonge le plaisir de la dégustation et laisse une impression de plénitude. « Un grand vin », commente un dégustateur. ✗ 2018-2020 ♈ carré d'agneau ■ Côte-de-brouilly 2014 ★ (5 à 8 € ; 1500 b.) : un nez délicat et complexe de fruits noirs, de cassis et d'iris, un palais concentré et frais, aux tanins serrés, un peu stricts. Un vin pour maintenant. ✗ 2015-2020

o⊣ *Pascal Nigay, 18, chem. de Thulon, 69430 Lantignié, tél. 04 74 69 23 14, nigay.pascal.chantal@wanadoo.fr* **V** **l** *r.-v.*

DOM. TANO PÉCHARD Les Bruyères 2014		
■ 15 000	î	5 à 8 €

Patrick Péchard, installé en 1982, a donné à son exploitation le nom de son père Antoine – « Tano » pour les copains –, disparu en 1984. Implanté sur la colline de Durette, le domaine bénéficie d'un panorama à 360 ° et son vignoble couvre plus de 11,5 ha. Un spécialiste du régnié.

Un régnié friand, au nez subtil et pimpant de fruits rouges acidulés, plaisant par sa texture fine, sa fraîcheur et son fruité persistant. ✗ 2015-2020 ♈ planche de charcuterie

o⊣ *Patrick et Ghislaine Péchard, Aux Bruyères, 69430 Régnié-Durette, tél. 04 74 04 38 89, tanopechard@wanadoo.fr* **V** **l** *r.-v.*

DOM. DE THULON Vieilles Vignes 2013		
■ 4 500	⊕	8 à 11 €

Métayers du château de Thulon pendant vingt ans, René Jambon et son épouse Annie ont acheté en 1987 les terres qu'ils travaillaient. Rejoints par leurs enfants, ils exploitent aujourd'hui 17 ha de vignes. René et son fils Laurent, œnologue, travaillent au chai, Annie et Carine veillant à la commercialisation.

Né de vignes de soixante ans et élevé pendant douze mois en fût, ce 2013 n'est pas avare de notes boisées, qui dominent encore le fruit à l'olfaction. Ce caractère a divisé les dégustateurs, qui tous ont cependant salué son palais harmonieux, fruité, vanillé et long, dont la belle structure tannique permettra au merrain de se fondre. ✗ 2018-2020 ♈ volaille rôtie

o⊣ *Carine et Laurent Jambon, 2, chem. de Thulon, 69430 Lantignié, tél. 04 74 04 80 29, carine@thulon.com* **V** **l** *r.-v.*

DOM. DE VALLIÈRES 2014 ★		
■ 6 000	î	5 à 8 €

Laurent et Didier Trichard, deux frères, ont secondé leur père Bernard à partir de 2001 avant de lui succéder. Ils exploitent 16 ha en régnié et en beaujolais-villages.

Cette cuvée s'épanouit sur des parfums flatteurs et intenses de fruits rouges caractéristiques du gamay. On retrouve ce fruité généreux dans une bouche souple et gouleyante. Un vin bien fait, prêt à boire. ✗ 2015-2018 ♈ jambon persillé

o⊣ *GAEC Bernard, Laurent et Didier Trichard, La Haute-Plaigne, 69430 Régnié-Durette, tél. 04 74 04 39 52, gaec.trichard.bld@hotmail.fr* **V** **l** *t.l.j. 8h-20h*

DOM. DES VIEUX CHASTYS 2014 ★		
■ 13 000	î	5 à 8 €

Le domaine propose un parcours œno-historique, l'occasion de découvrir ce régnié qui constitue l'intégralité de la production de ce petit vignoble acquis en 1988 par le château de Pizay. Jean-Pierre Joubert en est l'actuel métayer.

Ouvert sur des senteurs de fruits rouges et noirs (cassis) subtilement épicés, ce 2014 se montre complexe et bien équilibré au palais, soutenu par des tanins au grain fin et fondu. La finale fraîche donne du relief et de l'allonge à l'ensemble. ✗ 2018-2020 ♈ filet mignon en croûte

o⊣ *Jean-Pierre Joubert, Les Chastys, 69430 Régnié-Durette, tél. 04 74 66 26 10, contact@ vins-chateaupizay.com* **V** **l** *t.l.j. sf dim. 8h30-12h30 13h30-17h; f. 24 déc.-3 janv.*

SAINT-AMOUR

Superficie : 319 ha / Production : 15 659 hl

Ce vin au nom séducteur a conquis de nombreux consommateurs étrangers, et une très grande part des volumes produits alimente le marché extérieur. Le visiteur pourra le découvrir dans le caveau créé en 1965 au lieu-dit Le Plâtre-Durand, avant de continuer sa route vers l'église et la mairie qui, au sommet d'un mamelon, dominent la région. À l'angle de l'église, une statuette rappelle la conversion du soldat romain qui donna son nom à la commune. Des peintures, aujourd'hui disparues, d'une maison du hameau des Thévenins, qui auraient témoigné de la joyeuse vie menée pendant la Révolution dans cet « hôtel des Vierges », expliqueraient, elles aussi, le nom du village... Incluse dans le département de Saône-et-Loire, l'appellation est délimitée sur des sols argilo-siliceux décalcifiés de grès et de cailloutis granitiques, faisant la transition entre les terrains purement primaires au sud et les terrains calcaires au nord, qui portent les AOC saint-véran et mâcon. Deux « tendances œnologiques » ici : l'une favorise une cuvaison longue dans le respect des traditions beaujolaises, qui confère aux vins nés sur les roches granitiques le corps nécessaire pour la garde ; l'autre, de type primeur, donne des vins consommables plus tôt.

PASCAL BERTHIER Esprit de séduction 2014		
■	18 000	🛈	11 à 15 €

Installé sur 7,5 ha à la limite du Mâconnais et du Beaujolais, Pascal Berthier a un pied dans ces deux vignobles, produisant beaujolais, mâcon blanc et saint-amour. Après avoir appris à vinifier les rouges, il a acquis un réel savoir-faire dans l'élaboration des blancs.

Un saint-amour au profil friand avec ses senteurs de fruits rouges relevées d'une touche épicée et sa bouche tout en finesse et en légèreté. ✗ 2015-2018 ⵂ planche de charcuterie

☞ *Pascal Berthier, 384, chem. des Bruyères, 71680 Crêches-sur-Saône, tél. 03 85 37 41 64, pascalberthier@sfr.fr* Ⓥ 🎖 *r.-v.*

♥ CH. BONNET Vieilles Vignes 2014 ★★		
■	16 000	🛈	8 à 11 €

Aux confins de la Bourgogne et du Beaujolais, ce domaine, acquis par les Perrachon en 1973 et conduit par Pierre-Yves Perrachon depuis 1988, étend ses 22 ha sur les coteaux des monts du Beaujolais. Édifiée en 1630 par le sieur Bonnet, échevin de la ville de Mâcon, la gentilhommière Renaissance, remaniée sous l'Empire, se dresse à l'emplacement d'un ancien relais de chasse. Une chambre y était autrefois réservée au poète Alphonse de Lamartine.

Une cuvée plébiscitée pour son nez complexe et fin de fruits noirs et rouges (cerise), de violette et d'épices douces, prélude à une bouche charmeuse et persistante, aux tanins fins et fondus. ✗ 2018-2020 ⵂ filet mignon de veau

☞ *Bourgogne Sélect, Les Rouvres, 71570 La Chapelle-de-Guinchay, tél. 03 85 31 65 91, hlongefay.bselect@gmail.com* Ⓥ 🎖 *r.-v.*

DOM. DU CARJOT 2014 ★★		
■	53 340	🛈	8 à 11 €

Ce domaine est conduit par Gilbert Giloux, qui cultive près de 8 ha en AOC saint-amour.

Ce vin, distribué par Mignot Père et Fils, livre des senteurs intenses et gourmandes de cassis et de mûre que l'on retrouve avec plaisir dans une bouche bien structurée, dense et fraîche. Un vin à la fois puissant et friand. ✗ 2018-2020 ⵂ suprême de pintade aux champignons

☞ *Gilbert Giloux, Le Carjot, 71570 Saint-Amour-Bellevue*

DOM. DE LA CROIX CARRON 2014 ★		
■	60 270	🛈	8 à 11 €

Daniel et Fabien Adoir sont à la tête de ce domaine d'une dizaine d'hectares en saint-amour. La maison Joseph Pellerin, passée dans le giron de la famille Boisset, assure la distribution de leurs vins.

Ce saint-amour aux parfums frais et complexes de fruits rouges et noirs dévoile un palais bien construit, riche, ample, onctueux et puissant, dont la finale fraîche exalte le fruité gourmand. ✗ 2018-2020 ⵂ volaille rôtie

☞ *Daniel et Fabien Adoir, Les Chamonards, 71570 Saint-Amour-Bellevue, tél. 03 85 36 51 54*

DOM. DES DARRÈZES 2014		
■	20 800	🛈	8 à 11 €

Madeleine et Jacques Janin conduisent le vignoble familial depuis 1974 ; un domaine fondé par l'arrière-grand-père en 1923, qui n'a cessé de s'agrandir au fil des générations. Il recouvre aujourd'hui 9,5 ha sur les communes de Saint-Amour, Juliénas et Saint-Vérand.

Ouvert sur les fruits rouges, cerise en tête, ce 2014 dévoile un palais dense et puissant, aromatique et long. ✗ 2018-2020 ⵂ entrecôte marchand de vin

☞ *Madeleine et Jacques Janin, Dom. des Darrèzes, Le Bourg, 71570 Saint-Amour-Bellevue, tél. 03 85 37 12 96, domainedarrezes@free.fr* Ⓥ 🏃 🎖 *t.l.j. 9h-19h; dim. sur r.-v.*

CAVE DES GRANDS CRUS BLANCS 2014 ★		
■	30 000	🛈	5 à 8 €

Créée en 1929, la Cave des Grands Crus Blancs a scellé l'union des vignerons de deux villages voisins : Vinzelles et Loché.

Cette cave du Mâconnais, qui a un pied dans le Beaujolais, propose un saint-amour fort élégant. Le nez, franc et expressif, s'épanouit dans les fruits noirs mûrs et les épices. La bouche ample et puissante s'appuie sur des tanins marqués mais sans dureté, et la fraîcheur donne du tonus à l'ensemble. ✗ 2018-2020 ⵂ joue de bœuf en bourguignon

☞ *Cave des Grands Crus Blancs, 2368, rte des Allemands, 71680 Vinzelles, tél. 03 85 27 05 70, contact@ lesgrandscrusblancs.com* Ⓥ *t.l.j. 8h30-12h30 13h30-19h*

DOM. HAMET-SPAY Clos du Chapitre 2014		
■	8 000	8 à 11 €

Madeleine et François Spay eurent... onze enfants ! L'un d'entre eux, Paul, hérita le domaine (domaine de la Cave Lamartine), et à la génération suivante, Christophe Spay et sa sœur Rachel Hamet constituèrent leur exploitation, sur 12 ha : moulin-à-vent, juliénas, saint-amour et, en blanc, pouilly-fuissé, le Mâconnais étant voisin du cru saint-amour.

Bien épanoui sur les fruits noirs mûrs et les fruits rouges, ce saint-amour déroule une bouche ample et savoureuse, puissante et élégante, aux tanins arrondis. ✗ 2018-2020 ⵂ rôti de veau

Dom. Hamet-Spay, Le Platre-Durand,
71570 Saint-Amour-Bellevue, tél. 03 85 37 15 42, info@
hamet-spay.fr 🅥 🏃 🚶 *t.l.j. sf dim.* 8h-12h 13h30-19h

DOM. DE LA CAVE LAMARTINE Vers l'église 2014		
■ | 36 000	🍷	8 à 11 €

Fondé en 1910, ce domaine familial a son siège près de l'église de Saint-Amour, dans une maison datant de 1800, qui appartint à la famille du poète Lamartine. Bernadette et Paul Spay, installés en 1968, cultivent aujourd'hui 12 ha, avec des parcelles en juliénas et en saint-amour. Sans avoir l'étoffe du millésime précédent, élu coup de cœur, cette cuvée montre toutefois de belles qualités : des senteurs intenses de fruits rouges frais et de fruits noirs, une bouche friande et gouleyante, aux tanins fins et à la fraîcheur tonique. Un vin prêt à boire et qui saura vieillir un peu. ✗ 2015-2019 ❢ saucisson brioché

Bernadette Spay, Vers-l'Église,
71570 Saint-Amour-Bellevue, tél. 03 85 37 12 88,
paul.spay@free.fr 🅥 🏃 🚶 *t.l.j.* 8h-12h 14h-19h

JEAN LORON Les Grandes Amours 2014		
■ | 10 000		11 à 15 €

La maison Loron, fondée en 1821, élève et commercialise des vins du Mâconnais et du Beaujolais. Elle est propriétaire de plusieurs châteaux, comme le château de la Pierre (régnié, brouilly…), ceux de Fleurie, de Bellevue (morgon), les domaines des Billards (saint-amour) et de la Vieille Église (juliénas).
Ce 2014 livre des senteurs élégantes de petits fruits rouges et de fleurs. Le palais, un peu discret et tout en finesse, laisse s'affirmer des tanins sans rugosité aucune. Un saint-amour équilibré, tendre, bien représentatif de son appellation. ✗ 2016-2020 ❢ jambon persillé

Maison Jean Loron, 1846, RN 6, 71570 Pontanevaux,
tél. 03 85 36 81 20, vinloron@loron.fr 🅥 *t.l.j. sf sam.*
dim. 9h-12h 14h-17h; f. août Xavier Barbet

DOM. DES PIERRES 2014		
■ | 20 000	🍷	5 à 8 €

Jean-François Trichard a repris en 2005 l'exploitation de son oncle Georges, bien connu de nos premiers lecteurs. Installé à La Chapelle-de-Guinchay, en Saône-et-Loire, il a un pied en Beaujolais et un autre en Bourgogne, produisant sur 12 ha du chénas, du saint-amour et du pouilly-fuissé.
Des notes de fruits rouges et de mûre se mêlent au nez, associées à une pointe mentholée qui lui assure de la fraîcheur. En bouche, le vin se révèle charnu et frais, adossé à des tanins denses mais arrondis. Un saint-amour bien dans son appellation. ✗ 2016-2020 ❢ terrine de lapin

Jean-François Trichard, 2347, rte de Juliénas,
71570 La Chapelle-de-Guinchay, tél. 03 85 23 19 97,
trichardjf@voila.fr 🅥 🏃 🚶 *r.-v.*

DOM. DES RAVINETS 2014 ★		
■ | 10 000	🍷	5 à 8 €

En 2009, Romain Spay a repris le domaine familial de 10 ha de vignes en saint-amour, auparavant conduit par Christine Spay.
Ce 2014 au nez expressif de fruits noirs et rouges déroule au palais une matière ronde et soyeuse, adossée à des tanins suaves. Sa fraîcheur lui donne du relief et de l'allonge. Un vin raffiné. ✗ 2018-2020 ❢ foie de veau

Romain Spay, Les Ravinets,
71570 Saint-Amour-Bellevue, tél. 06 82 98 28 41,
elvire.romain@orange.fr 🅥 *r.-v.*

DOM. DES TROIS PLAISIRS 2014 ★		
■ | 1 500	🍷	5 à 8 €

Installé à Saint-Amour-Bellevue, Fabien Adoir propose deux vins dans cette appellation : le domaine de la Croix Carron (qu'il conduit avec son frère Daniel), bien connu de nos lecteurs, et ce domaine des Trois Plaisirs, créé en 2004, qui dispose de 8 ha.
Évoquant la cerise et la fraise des bois au nez, ce 2014 affiche au palais une carrure certaine : les tanins denses, mais sans maigreur, demandent un peu de patience. ✗ 2018-2020 ❢ pavé de bœuf

Fabien Adoir, Le Mas-des-Tines,
71570 Saint-Amour-Bellevue, tél. 06 32 37 97 59,
fabien.adoir@sfr.fr 🅥 🏃 🚶 *r.-v.*

DOM. DES VIGNES DU PARADIS 2013 ★		
■ | 12 000	🍷	8 à 11 €

Installé en 1999 au cœur du village de Saint-Amour, Pascal Durand conduit un vignoble familial de 4,7 ha dont l'origine remonte à 1864. L'ancien pressoir vertical, dit pressoir « marmonier », qu'il utilise pour l'ensemble de ses cuvées, date de 1910.
Ce 2013 a séduit les jurés avec son nez expressif de fruits noirs (mûre, cassis) et son palais souple, aromatique, bien structuré, équilibré par une juste fraîcheur qui exalte son fruité. ✗ 2018-2020 ❢ coq au vin

Pascal Durand, En Paradis,
71570 Saint-Amour-Bellevue, tél. 03 85 36 52 97,
saint-amour.pascaldurand@wanadoo.fr 🅥 🏃 🚶 *r.-v.*

COTEAUX-DU-LYONNAIS

Superficie : 370 ha / Production : 12 950 hl
(90 % rouge et rosé)

La vigne, qui s'étendait sur plus de 12 000 ha dans les monts du Lyonnais durant la seconde moitié du XIXᵉs., a fortement décliné avec la crise phylloxérique et l'expansion de l'agglomération lyonnaise, pour ne plus couvrir que quelques îlots répartis sur quarante-neuf communes, dans une région de polyculture et d'arboriculture : aux confins du Beaujolais et au nord-ouest de Lyon, ainsi qu'au sud-ouest de la capitale du Rhône. La production est assurée par la coopérative de Sain-Bel et par plusieurs domaines particuliers. Dans ce paysage vallonné aux sols variés (granites, roches métamorphiques, roches sédimentaires, alluvions), les influences méditerranéennes sont plus prononcées que dans le Beaujolais ; pourtant, le relief, plus ouvert aux aléas climatiques des types océanique et continental, limite l'implantation de la vigne à moins de 500 m d'altitude et l'exclut des expositions au nord. Les meilleures situations se trouvent au niveau du plateau.
Les coteaux-du-lyonnais ont été consacrés AOC en 1984. Les vins rouges et rosés, majoritaires, sont fruités et gouleyants, proviennent du gamay vinifié selon la méthode beaujolaise ; les vins blancs, du chardonnay et de l'aligoté.

♥ CLOS DE LA ROUE Conservatoire 2014 ★★

| ■ | 6 000 | 🍾 🝆 | 5 à 8 € |

En 1994, Franck Decrenisse a pris la suite d'André sur ce domaine implanté dans le secteur du mont d'Or, aux portes de Lyon. Du haut de ses vignes, on a une vue imprenable sur la basilique de Fourvière. L'exploitation compte 17,5 ha.

Un 2014 aux délicats parfums de framboise, de violette et de griotte, prélude à une bouche acidulée, soutenue par une vivacité qui exalte des arômes persistants de griotte kirschée. Un vin qui porte haut les couleurs de son appellation. ✗ 2015-2018 🍽 paleron de bœuf ■ Dom. de Petit Fromentin Probus Mont Dour 2014 ★ (5 à 8 € ; 6 000 b.) : un nez bien ouvert sur la groseille et la griotte, arômes que l'on retrouve dans une bouche très équilibrée, aux tanins un peu fermes. ✗ 2016-2018

○┐ *Franck Decrenisse, 911, Le Petit-Fromentin, 69380 Chasselay, tél. 04 72 18 94 67, franck@ vinsdecrenisse.com* 🆅 🥾 🛏 *t.l.j. sf dim. 17h-19h*

DOM. DU CLOS SAINT-MARC 2014

| ■ | 18 000 | 🍾 | 5 à 8 € |

Quatre associés sont aux commandes de ce grand domaine de 24 ha consacré majoritairement au gamay (20 ha) et constitué en 1983. Le plus important vignoble de l'AOC coteaux-du-lyonnais.

Né du seul chardonnay, ce vin livre un nez évocateur de petites fleurs blanches, un rien végétal. Pas trop de longueur, mais l'équilibre est là. ✗ 2016-2018 🍽 fromage de chèvre

○┐ *Dom. du Clos Saint-Marc, 60, rte des Fontaines, 69440 Taluyers, tél. 04 78 48 24 92, contact@clos-st-marc.com* 🆅 🥾 🛏 *t.l.j. 17h-18h30*

DOM. CONDAMIN Chardonnay 2014

| ■ | 3 000 | 🍾 | 5 à 8 € |

Nicolas Condamin s'est installé en 2002 sur le domaine implanté au sud-est de Lyon, qui se transmet depuis cinq générations. Dès son arrivée, il a rénové la cave de vinification et agrandi le vignoble, qui s'étend aujourd'hui sur 5 ha.

Un chardonnay à l'expression aromatique florale. La bouche est ample et ronde, bien équilibrée par la fraîcheur de la finale qui lui apporte du tonus. ✗ 2015-2018 🍽 saint-jacques à la crème

○┐ *GAEC du Dom. Condamin, 85, rte du Batard, 69440 Taluyers, tél. 04 78 48 24 41, nicolas.condamin@gmail.com* 🆅 🥾 🛏 *r.-v.*

LA CAVE DES COTEAUX DU LYONNAIS
Référence 2014 ★

| ■ | 55 000 | 🍾 | 5 à 8 € |

Créée en 1956 à la limite des AOC coteaux-du-lyonnais et beaujolais, la coopérative de Sain-Bel (aujourd'hui Cave des Coteaux du Lyonnais) vinifie les vendanges des 220 ha cultivés par ses 90 adhérents.

Un nez précis, floral et épicé ; un palais rond et gouleyant, tendu par une agréable trame acide : un rosé gourmand. ✗ 2015-2016 🍽 rôti de porc ■ Benoît Maillard Réserve du grand prieur 2014 (5 à 8 € ; 12 000 b.) : vin cité. ✗ 2016-2018 ■ Dom. de Champ Guichard 2014 (5 à 8 € ; 10 000 b.) 🅑 : vin cité. ✗ 2016-2018

○┐ *Cave des Coteaux du Lyonnais, RD 389, 69210 Sain-Bel, tél. 04 74 01 11 33, contact@coteauxdulyonnaislacave.com* 🆅 🥾 🛏 *t.l.j. sf dim. 9h30-12h 14h-19h*

🅑 DOM. RÉGIS DESCOTES Prestige 2013 ★

| ■ | 5 000 | 🝆 | 8 à 11 € |

Héritier d'une lignée vigneronne remontant au XVIIᵉs., Régis Descotes, installé en 1986, sur le domaine familial, au sud de Lyon, a pratiqué la lutte raisonnée avant d'engager en 2010 la conversion bio de ses 10 ha de vignes.

Ce chardonnay vinifié à la bourguignonne en fût pendant un an s'épanouit sur des parfums d'agrumes frais subtilement boisés. L'attaque, aromatique et onctueuse, est relayée par une sensation de fraîcheur, apportant du tonus à l'ensemble. Un vin pour aujourd'hui. ✗ 2015-2018 🍽 cabillaud en papillote ■ Prestige 2013 (8 à 11 € ; 9 000 b.) 🅑 : vin cité. ✗ 2018-2020

○┐ *Régis Descotes, 16, Le Sentier, 69390 Millery, tél. 06 07 32 05 80, contact@regisdescotes.com* 🆅 🥾 🛏 *r.-v.*

DOM. DES GRÈS 2013 ★

| ■ | 5 250 | | 5 à 8 € |

La famille Descotes exploite près de 15 ha de vignes autour de Millery, village où elle est établie depuis le début du XIXᵉs. Étienne, le père, a légué son exploitation à ses deux fils, Philippe et Pierre, en 1979. Le premier ayant pris sa retraite en 2011, le second est désormais seul aux commandes.

Un nez complexe et délicat de cerise, de rose fanée et de fruits secs ; une bouche gouleyante aux saveurs de fraise confiturée et de poivre, et à la finale fraîche et longue. ✗ 2018-2020 🍽 boudin aux pommes ■ Élevé en fût de chêne 2013 ★ (5 à 8 € ; 2 000 b.) : un nez floral et minéral ; une bouche dans le même registre, charnue, ronde et fruitée, dont un léger perlant rehausse la fraîcheur. ✗ 2015-2018

○┐ *Dom. des Grès, 12, rue des Grès, 69390 Millery, tél. 04 78 46 18 38, contact@domainedesgres.com* 🆅 🥾 🛏 *r.-v.*

DOM. MAZILLE-DESCOTES Sélection 2013 ★

| ■ | 2 000 | 🝆 | 5 à 8 € |

Situé à Millery, à 15 km au sud de Lyon, ce domaine de 8,5 ha dirigé par Anne Mazille est né du regroupement en 2009 de deux propriétés familiales anciennes.

Élevée sous bois pendant dix mois, cette cuvée révèle à l'olfaction un caractère épicé (poivre) soulignant ses notes fruitées (cerise, griotte). La bouche est ronde et bien équilibrée, rehaussée d'un subtil boisé qui n'écrase nullement le fruit. Un vin ambitieux et bien travaillé. ✗ 2016-2018 🍽 tournedos

○┐ *Dom. Mazille-Descotes, 8bis, rue du 8-Mai, 69390 Millery, tél. 04 26 65 91 17, anne.mazille@numericable.com* 🆅 🥾 🛏 *t.l.j. sf dim. 17h30-19h; sam. 10h-19h*

Ⓑ DOM. PRAPIN Antica 2014			
■	8 000	◫	8 à 11 €

Représentant la cinquième génération de la famille Jullian, Sylvie et Henri perpétuent depuis 2003 la tradition vigneronne au sud de Lyon, sur un domaine de 10 ha. Ils ont converti leur vignoble au bio.

Cette cuvée, élevée en fût pendant neuf mois, libère de plaisantes senteurs de fruits noirs et rouges (cassis et cerise en tête). La bouche fraîche se déploie sur des tanins bien enrobés, un rien amers en finale. Un vin encore dans sa jeunesse, à apprécier après quelques mois de garde. ✗ 2016-2018 ❦ travers de porc

☛ EARL Jullian, Prapin,
685, rte de Saint-Laurent d'Agny,
69440 Taluyers, tél. 04 78 48 24 84,
jullianh@orange.fr Ⓥ 🅺 🅵 t.l.j. 10h-12h 14h-19h;
dim. sur r.-v. 🏠 Ⓑ

Le Bordelais

||||||||||||||||||||||||||||||||||||||||||||||||||||||||||||||||||||||||||||||||||||||||||||||||

Superficie :

117 500 ha

Production :

5 700 000 hl

Types de vins :

Rouges majoritairement, puis blancs secs, moelleux et liquoreux, rosés et quelques effervescents.

Sous-régions :

Blayais-Bourgeais, Libournais, Entre-deux-Mers, Graves, Médoc, Côtes.

Cépages :

Rouges : merlot (plus de 60 %), suivi du cabernet-sauvignon (25 %), du cabernet franc (11 %) et dans une très faible proportion des malbec, petit verdot, carmenère.

Blancs : sémillon (53 %), suivi du sauvignon (38 %), de la muscadelle (6 %), du colombard, de l'ugni blanc.

ESTELLE ROUMAGE
Ch. Lestrille Capmartin

Des vins accessibles et accomplis

Les coups de cœur du Guide ? Elle les truste, avec des cuvées à la fois élégantes et étoffées, accessibles et à prix doux. « Vous me dites treize ? » Ajoutant, l'air entendu : « Chacun d'eux procure une joie indicible », avant de préciser que ce genre d'hommage « c'est comme une véritable consécration... Et la récompense des efforts de tout un groupe. Nos employés – neuf permanents, eux aussi concernés par notre attachement au développement durable – ne sont pas étrangers à nos récompenses ». À la question de savoir ce qu'en pensent ses clients, elle répond qu'elle est « heureuse de les en informer. » « J'ai alors le sentiment de partager avec eux une sorte de secret ». Surtout lors de dégustations qu'elle entend « ne pas sacraliser ». Elle adore « la spontanéité ». Un peu plus tard, elle avouera ressentir chacun des coups de cœur comme « la reconnaissance d'un progrès ». Parce que « chaque progrès donne un nouvel espoir ». Puis, après une hésitation, elle ajoutera, lucide : « Ce nouvel espoir reste suspendu à la solution d'une nouvelle difficulté ». Perfectionniste, Estelle ! Ses vins sont à son image. Élégants, oui. Mais sans tapage. Serait-elle violoniste que nous dirions : « Quel joli coup d'archet ! »

♥ Bordeaux blanc 2013 ★★

EARL Roumage,
15, rte de Créon,
33750 Saint-Germain-du-Puch,
tél. 05 57 24 51 02,
contact@lestrille.com

Bordeaux, bordeaux supérieur : les bordeaux génériques sont occultés par les stars du Médoc ou du Libournais. Les Roumage, Estelle après son père Jean-Louis, les ont mis en lumière grâce à une belle série de coups de cœur dans le Guide Hachette. Ces bordeaux d'appellations régionales peuvent provenir théoriquement de toute la Gironde viticole, mais ils naissent majoritairement, comme ici, dans l'Entre-Deux-Mers. Des appellations à ne pas négliger, qui se distinguent à Lestrille par leur excellence et par leur accessibilité – à tous égards.

La science, la pratique et l'héritage familial

Elle nous accueille sur le seuil de sa boutique, véritable corridor de la tentation. Ici, nous confie-t-elle, « on ne cherche pas à singer les belles manières de l'œnotourisme. Nous faisons de ce lieu un endroit intime de découvertes sensorielles, y compris pour les enfants. » L'entretien se poursuit dans la salle de dégustation. La pierre de taille, omniprésente dans le vignoble, donne la classe bordelaise à une demeure par ailleurs très simple. Sobre comme le décor minimaliste.

Estelle Roumage est riche d'un long apprentissage universitaire, commercial et viticole, acquis en France (Master Sciences viticoles à Bordeaux, Master de gestion) et à l'étranger (Angleterre, Chili, Nouvelle-Zélande). Comme nombre des vignerons de sa génération, elle n'a pas hésité à vinifier aux antipodes. Elle a su également recueillir l'héritage de l'exploitation familiale. « Mon père a fait « agro ». C'est lui qui a modernisé le chai. J'ai donc, en 2006, pris les rênes dans des conditions idéales. » Les vins de la propriété (entre-deux-mers, bordeaux supérieur) ont déjà été distingués du temps du père, ancien président des appellations bordeaux et bordeaux supérieur.

de Petrus. « Ce terroir, c'est du pain béni pour la vigne. Ce sont des sols chauds et précoces. Grâce à la présence des argiles, pas de stress hydrique. J'ai apprécié en 2003, année de la canicule ». Ce caractère a certainement été aussi bénéfique lors d'années fraîches et chaotiques comme 2008 et 2012, qui ont valu au cru un coup de cœur.

Les vendanges : tout se joue en quelques jours

Le dernier coup de cœur du Guide ? Il le vit comme une « gratification personnelle, la reconnaissance d'un travail de toute une année », et s'il passe son temps à bichonner les vignes, ce n'est pas pour le seul plaisir de vivre au grand air. « La vigne, c'est un athlète de haut niveau. Elle doit être en pleine forme pour le jour J des vendanges. Tout se joue en quelques jours. » S'il tient à associer ses employés à la récompense, c'est parce qu'il est convaincu de « l'importance de ce "petit plus". Parce qu'il est la représentation concrète du supplément d'âme recherché » Pour l'heure, la question de l'œnotourisme ne l'effleure pas. « Nous recevons en toute simplicité. Je ne me sens pas en phase avec ces constructions pharaoniques qui misent tout sur l'apparence. » Rien ici n'est aussi vrai que l'être. Une sobriété bien pomerolaise.

♥ Pomerol 2012 ★★★

CHÂTEAU FEYTIT-CLINET
POMEROL
2012

Jérémy Chasseuil,
1, chem. de Feytit, Ch. Feytit-Clinet,
33500 Pomerol, tél. 05 57 25 51 27,
jeremy.chasseuil@orange.fr

JÉRÉMY CHASSEUIL
Ch. Feytit-Clinet

Pomerol fut autrefois une halte réparatrice pour pèlerins cheminant vers Saint-Jacques-de-Compostelle. Son ascension est postérieure à celle du Médoc et l'appellation n'a guère de somptueux châteaux et de vastes propriétés. Feytit-Clinet, avec ses 6,5 ha, répond bien à ce profil modeste. Rencontre avec Jérémy Chasseuil, étoile montante de cette appellation phare du Bordelais.

Au pied de l'église « néo », d'authentiques terroirs

Jérémy Chasseuil détient les clés de Feytit-Clinet, propriété de 6,5 ha d'un seul tenant, idéalement située dans le secteur de Clinet, L'Église Clinet, Clos l'Église. « Il y a bien longtemps, au XIIe s., la commanderie de Poumeyrol fut fondée par les Hospitaliers. Ils y construisirent une église. Plusieurs fois détruite, elle fut reconstruite à la fin du XIXe s. par Hosteing. » Jérémy Chasseuil pourrait écrire dans la collection des Guides bleus, dont le Guide Hachette des vins fut d'ailleurs initialement un titre. Il est plus prolixe encore sur les ressources géologiques des terroirs sur

lesquels prospèrent ses ceps de merlot (90 %) et de cabernet-franc (l'encépagement caractéristique du Libournais, où le cabernet-sauvignon s'efface et où le merlot joue les vedettes). « Mon père avait hérité d'une moitié des vignes, le reste appartenait à la ville de Bordeaux. Nous l'avons racheté en 1997. » Son premier millésime ? « En 2000. » Début d'une grande aventure remplie de doutes stimulants. « Je n'ai pas le droit de me contenter d'une mention "passable". Douter me force à toujours aller dans le sens de la compréhension du terroir. » Vénéré, le terroir ! « Il est magnifique. Des graves et des argiles, avec la célèbre crasse de fer… » Celle que l'on trouve sous les ceps

JEAN-LOUIS TRIAUD
Ch. Saint-Pierre

Le bon vin et le beau jeu font bon ménage chez Jean-Louis Triaud, vigneron en saint-julien et président des Girondins de Bordeaux. Il tient les clés de Saint-Pierre depuis 1991. Ce 4e cru classé médocain est une petite propriété de 17 ha, à Saint-Julien-Beychevelle.

Sur les deux « carrés verts », la pelouse et le vignoble, Jean-Louis Triaud a pris la succession de son beau-père Henri Martin. Ce dernier fut président du club au scapulaire de 1961 à 1971, une fonction qu'exerce son gendre depuis 1996, bien que ses passions de jeunesse l'aient plutôt porté vers le ballon ovale. S'il a connu de grandes joies avec le foot, dont deux titres de Champion de France, il est loin d'avoir eu autant de satisfactions qu'avec les crus de la famille Martin. Avec les châteaux Saint-Pierre et Gloria, les Domaines Henri Martin peuvent tirer quelque fierté d'avoir toujours été présents dans le Guide Hachette depuis sa première édition.

Comment définir le caractère du Château Saint-Pierre ?

J.-L. T. Le Ch. Saint-Pierre est assez central dans l'appellation et il résume bien les particularités de Saint-Julien. Les vins sont fins, élégants, leur bouquet est développé, mais chez nous, avec des cabernets-sauvignons âgés, ils sont aussi charpentés, avec des tanins présents. Notre autre propriété, le Château Gloria, est plus « féminin », tandis que Saint-Pierre est plus viril.

Quelle marque entendez-vous lui apporter ?

J.-L. T. Le vinificateur n'est pas un magicien. C'est dans les rangs que commence le premier travail : obtenir les meilleurs fruits possible. C'est une veille constante, il faut cultiver intel-

ligemment les vignes et leur donner juste ce qu'il faut pour vivre, les faire souffrir aussi. Et surtout, vendanger au meilleur moment. On a de bons moyens d'analyse, aujourd'hui. La maturité optimum des cabernets-sauvignons dure de quatre à cinq jours, celle des merlots autour de trois jours. Auparavant, on vendangeait en trois semaines, aujourd'hui, on le fait en neuf jours. On est beaucoup plus précis. Parfois, on attendra qu'une pièce particulière soit prête avant de passer et de ramasser le raisin. On pratique en outre une sélection sévère : 60 % seulement des raisins sont employés pour nos vins. Le reste va au négoce.

Henri Martin et sa famille ont été les premiers bâtisseurs de Saint-Pierre...

J.-L. T. La propriété avait été morcelée au fil du temps, depuis la fin du XIXe s. Elle est reconstituée à présent. Une première partie, les chais, ont été vendus en 1922 à Alfred Martin, qui était tonnelier. Son fils Henri a racheté ensuite les bâtiments du château aux derniers héritiers Saint-Pierre en 1981, puis des parcelles de vignes en 1982. Henri Martin, qui possédait le Château Gloria, juste en face, depuis les années 1930, disait toujours : « J'ai mis soixante ans pour traverser la route ! »

Le plus compliqué à gérer, ce sont les Girondins ou Saint-Pierre ?

J.-L. T. Dans un cas, vous gérez de l'humain et dans l'autre la nature, que vous ne maîtrisez pas toujours d'ailleurs. Ce dont je suis sûr, c'est qu'un pied de vigne fera toujours son maximum. Et qu'à Saint-Pierre, on joue tous les ans en Champions League...

💙 Saint-Julien 2012 ★★

Domaines Martin,
Ch. Saint-Pierre,
33250 Saint-Julien-Beychevelle,
tél. 05 56 59 08 18,
contact@domaines-martin.com

LE BORDELAIS

Partout dans le monde, Bordeaux représente l'image même du vin. Pourtant, aujourd'hui, il faut des fêtes à grand spectacle, comme « Bordeaux fête le vin », ou des manifestations professionnelles de dimension mondiale, telle Vinexpo, pour le rappeler. Difficile de trouver l'empreinte de Bacchus dans une ville désertée par les alignements de barriques sur le port ou devant les grands chais du négoce, partis vers la périphérie. Toutefois, si le vin s'est effacé du paysage urbain, il demeure un pilier de l'économie aquitaine, et le Bordelais constitue le plus vaste vignoble d'appellation de France. Les crus classés et grands châteaux lui donnent son aura, mais l'amateur y trouvera à tous les prix une riche palette de vins de toutes couleurs et de tous les styles.

Le claret médiéval

Paradoxalement, le vin fut connu avant... la vigne : dans la première moitié du I^{er}s. av. J.-C. (avant même l'arrivée des légions romaines en Aquitaine), des négociants campaniens commençaient à vendre du vin aux Bordelais. D'une certaine façon, c'est par le vin que les Aquitains ont fait l'apprentissage de la romanité. Au I^{er}s. de notre ère, la vigne est apparue. Mais il fallut attendre la montée sur le trône d'Angleterre d'Henri Plantagenêt, marié à Aliénor d'Aquitaine, pour assister au développement du marché britannique. Le jour de la Saint-Martin (en novembre), une flotte considérable quittait le port de Bordeaux pour livrer en Angleterre le vin de l'année, le claret.

L'essor des châteaux et des crus

Affaiblis sur le marché anglais par le rattachement de la Guyenne à la France, puis par la concurrence des vins d'autres pays et d'autres boissons à la mode (thé, café, chocolat), les vins de Bordeaux retrouvent leur place au début du XVIII^{e}s. par l'intermédiaire des new french clarets, des vins aptes au vieillissement grâce à de nouvelles techniques : utilisation du soufre comme antiseptique, clarification par collage, soutirage, mise en bouteilles.
Ces progrès au chai et la constitution des crus par une sélection rigoureuse des terroirs aboutit à l'apogée du XIX^{e}s. que symbolise, en 1855, le célèbre classement impérial des vins du Médoc et du Sauternais.

Surmonter les crises

Dans la seconde moitié du XIX^{e}s. et la première moitié du XX^{e}s., les maladies de la vigne (oïdium, mildiou et phylloxéra), puis les crises économiques et les guerres mondiales mettent à mal le monde du vin, le point d'orgue étant apporté par le gel de 1956.

Un nouvel âge d'or

D'abord timidement à partir des années 1960, puis de façon plus éclatante dans les années 1980, la prospérité est heureusement revenue, notamment grâce à une remarquable amélioration de la qualité et à l'intérêt porté, dans le monde entier, aux grands vins. Générale dans les années 1980-2000, la prospérité cède la place à une situation plus contrastée avec le changement de millénaire : si l'émergence des vins du Nouveau Monde accroît la concurrence, l'apparition de nouveaux marchés, notamment en Chine, ouvre d'intéressantes perspectives. Mais tous les crus pourront-ils en profiter ?

Un climat océanique tempéré

Le vignoble bordelais est organisé autour de la Garonne, la Dordogne et leur estuaire commun, la Gironde. Ces axes fluviaux créent des conditions favorables à la culture de la vigne : le climat de la région bordelaise est relativement tempéré (moyennes annuelles 7,5 °C minimum, 17 °C maximum), et le vignoble protégé de l'Océan par la forêt de pins des Landes. Les gelées d'hiver sont exceptionnelles (1956, 1958, 1985), mais une température inférieure à -2 °C sur les jeunes bourgeons (avril-mai) peut entraîner leur destruction, comme en 1991. Un temps froid et humide au moment de la floraison (juin) peut provoquer la coulure (avortement des grains). Ces deux accidents engendrent des pertes de récolte et expliquent la variation des volumes d'une année sur l'autre. En revanche, la qualité de la récolte suppose un temps chaud et sec de juillet à octobre, tout particulièrement pendant les quatre dernières semaines précédant les vendanges (globalement, 2 000 heures de soleil par an). Le climat bordelais est assez humide (900 mm de précipitations annuelles), particulièrement au printemps. Mais les automnes sont réputés, et de nombreux millésimes ont été sauvés par une arrière-saison exceptionnelle ; les grands vins de Bordeaux n'auraient jamais pu exister sans cette circonstance heureuse.

Une géologie variée

La vigne est cultivée en Gironde sur des sols de natures très diverses. La plupart des grands crus de vin rouge sont établis sur des alluvions gravelo-sableuses siliceuses ; des calcaires à astéries, des molasses et même des sédiments argileux. Les vins blancs secs sont produits indifféremment sur des nappes alluviales gravelo-sableuses, des calcaires à astéries et des limons du molasses. Dans tous les cas, les mécanismes naturels ou artificiels (drainage) de régulation de l'alimentation en eau constituent des facteurs essentiels de qualité. S'il peut exister des crus de même réputation de haut niveau sur des roches-mères différentes, les caractères aromatiques et gustatifs des vins sont influencés par la nature des sols. La distribution des cépages, qui est souvent fonction des caractères du terroir, explique en partie ces variations.

Cépages et assemblages

Les vins de Bordeaux ont toujours été produits à partir de plusieurs cépages ayant des caractéristiques complémentaires. En rouge, le merlot et les cabernets sont les principales variétés. Les seconds donnent des vins d'une solide structure tannique, mais qui doivent attendre plusieurs années pour atteindre leur qualité optimale ; en outre, si le cabernet-sauvignon résiste bien à la pourriture, c'est un cépage tardif qui connaît parfois des difficultés de maturation. Le merlot engendre des vins plus souples, d'évolution plus rapide ; plus précoce, il mûrit bien, mais il est sensible à la coulure, à la gelée et à la pourriture. Pour les vins blancs, le cépage essentiel est le sémillon, qui apporte gras et rondeur. Cette variété est surtout complétée par le sauvignon, cépage prisé pour sa fraîcheur et sa puissance aromatique, parfois complété par la délicate muscadelle. On trouve encore parfois dans certaines zones le colombard, et l'ugni blanc, en retrait.

Une vigne bien soignée

La vigne est conduite en rangs palissés, avec une densité de ceps à l'hectare très variable. Elle atteint 10 000 pieds dans les grands crus du Médoc et des Graves ; elle se situe à 4 000 pieds dans les plantations classiques de l'Entre-deux-Mers. Les densités élevées entraînent une diminution de la récolte par pied, ce qui est propice à la maturité ; en revanche, elles augmentent les frais de plantation et de culture, et peuvent favoriser la propagation de la pourriture. La vigne est l'objet, tout au long de l'année, de soins attentifs.

Vins de propriété et vins de négoce

La mise en bouteilles à la propriété se fait depuis longtemps dans les grands crus. Depuis trois décennies, elle s'est développée dans tous les vignobles, notamment grâce à l'inter-vention des centres et laboratoires œnologiques. Actuellement la grande majorité des vins est élevée, vieillie et stockée par la production. La vente directe par la propriété s'est largement répandue, parfois au détriment des caves coopératives qui continuent cependant à tenir un rôle important, notamment grâce à la constitution d'unions. Les quelque quarante-cinq coopératives regroupent 40 % des récoltants girondins et assurent 25 % de la production. Enfin, le négoce conserve toujours un rôle important (70 % de la commercialisation bordelaise) dans la distribution, en particulier à l'exportation, grâce à ses réseaux bien implantés depuis longtemps.

Une dimension culturelle

L'importance de la viticulture dans la vie régionale est considérable, puisque l'on estime qu'un Girondin sur six dépend directement ou indirectement des activités viti-vinicoles. Mais dans ce pays gascon qu'est le Bordelais, le vin n'est pas seulement une ressource économique. C'est aussi et surtout un fait de culture. Derrière chaque étiquette se cachent tantôt des châteaux à l'architecture de rêve, tantôt de simples maisons paysannes, mais toujours des vignes et des chais où travaillent des hommes apportant, avec leur savoir-faire, leurs

traditions et leurs souvenirs. Les confréries vineuses (Jurade de Saint-Émilion, Commanderie du Bontemps du Médoc et des Graves, Connétablie de Guyenne, etc.) organisent régulièrement des manifestations à caractère folklorique pour promouvoir les vins de Bordeaux ; leur action est coordonnée au sein du Grand Conseil du vin de Bordeaux.

**➔ LES APPELLATIONS RÉGIONALES
DU BORDELAIS**

Toute la Gironde viticole

Ont droit à l'appellation régionale bordeaux tous les vins produits dans les terroirs à vocation viticole du département de la Gironde (l'aire délimitée exclut la zone sablonneuse située à l'ouest et au sud – la lande, vouée depuis le XIXes. à la forêt de pins). Moins célèbres que les appellations communales (pauillac, pomerol, sauternes...), tous ces bordeaux n'en constituent pas moins quantitativement la première appellation de la Gironde.

Variété des origines

L'impressionnante surface du vignoble entraîne une certaine diversité de caractères, même si tous les vins utilisent les mêmes cépages bordelais. Certains bordeaux proviennent de secteurs de la Gironde n'ayant droit qu'à la seule appellation bordeaux, comme les régions de palus proches des fleuves, ou quelques zones du Libournais (communes de Saint-André-de-Cubzac, de Guîtres, de Coutras...). D'autres naissent dans des régions ayant droit à une appellation plus spécifique, mais peu connue, et le producteur préfère alors commercialiser ses vins sous l'appellation régionale. D'autres au contraire sont issus de crus situés dans des appellations communales prestigieuses. L'explication réside alors dans le fait que l'appellation spécifique ne s'applique qu'à une seule couleur (rouge pour le médoc ou blanc pour les entre-deux-mers, par exemple), alors que beaucoup de propriétés en Gironde produisent plusieurs types de vins (notamment des rouges et des blancs) ; les autres productions sont donc commercialisées en appellation régionale.

Variété des types

La variété est surtout celle des types de vins, qui conduit à parler au pluriel des appellations bordeaux : celles-ci comportent des vins rouges (bordeaux et bordeaux supérieurs, ces derniers plus puissants), des rosés et des clairets, des vins blancs (bordeaux secs et bordeaux supérieurs, ces derniers moelleux) et des effervescents (crémant-de-bordeaux blancs ou rosés). Les vins de base à l'origine de ces productions élaborées selon la méthode traditionnelle sont obligatoirement issus de l'aire d'appellation bordeaux ; de même, c'est dans la région de Bordeaux que doit être effectuée la deuxième fermentation en bouteille (prise de mousse).

BORDEAUX		
Superficie : 39 415 ha / Production : 1 699 000 hl		

CH. DES ARNAUDS 2012 ★		
■	12 000	🍶	- de 5 €

Conducteur de fours dans une tuilerie locale, Paul Lassagne achète en 1952 un petit vignoble (2 ha) à Lussac et crée le Ch. des Landes ; aujourd'hui, 32 ha conduits par le fils Daniel et le petit-fils Nicolas, qui proposent des lussac-saint-émilion et des bordeaux

(Ch. des Arnauds, un vignoble de 4 ha créé de toutes pièces en 1985).

Nouvelle étiquette, élégante et épurée pour le millésime 2012. Un vin né du seul merlot, très plaisant par son caractère fruité de bout en bout, agrémenté à l'olfaction de nuances florales et épicées. La bouche se révèle souple, douce et ronde, avant d'afficher plus de sévérité en finale. L'ensemble est harmonieux, déjà aimable mais aussi bien armé pour la garde. ✗ 2016-2020 ❢ cuisses de pintade à la tomate

⚭ *EARL des Vignobles du Ch. des Landes, Lassagne et Fils, 5, La Grenière, 33570 Lussac, tél. 05 57 74 68 05, contact@chateaudeslandes.net*
🔽 *t.l.j. 8h30-12h 13h30-19h*

BARON DE LESTAC 2013		
■	7 300 000	🍷	- de 5 €

Fondé à Bordeaux en 1949 par neuf frères et sœurs, le groupe Castel a connu une croissance considérable, devenant le premier producteur de vin en France, le troisième dans le Monde, avec un empire qui s'étend de Bordeaux au continent africain. Outre ses nombreuses marques, il possède une vingtaine de propriétés sur l'ensemble du vignoble français.

Un vin de marque pour le moins largement disponible que ce Baron de Lestac : 7,3 millions de bouteilles... Un « vin plaisir » pour un « prix plaisir » : du fruit (fraise, framboise et note originale de... kiwi), de la souplesse, de la fraîcheur, de la légèreté. À boire sans chichi, dans sa jeunesse. ✗ 2015-2017 ❢ assiette de charcuterie

⚭ *Castel Frères, 21-24, rue Georges-Guynemer, 33390 Blanquefort, tél. 05 56 95 54 00, c.martin@castel-freres.com*

BARON LA ROSE Vieilles Vignes 2013		
■	100 000	🍷	- de 5 €

Sovex-Woltner est une maison de négoce créée en 1982 par Justin Onclin, qui commercialise aussi bien des grands crus classés et des crus bourgeois que ses propres marques.

Née de vignes de vingt-cinq ans sur argilo-calcaire, cette cuvée à l'olfaction discrète évoque les sous-bois et les fruits rouges. Elle se montre souple en attaque, un brin plus stricte dans son développement, portée par des tanins granuleux et un boisé de qualité qui doit encore se fondre. ✗ 2016-2019 ❢ langue de bœuf sauce madère

⚭ *Sovex-Woltner, 20, rue André-Marie-Ampère, 33565 Carbon-Blanc Cedex, tél. 05 56 77 81 00, contact@sovex-woltner.com*

CH. BARRAIL DU PATIENT 2012		
■	1 860	🍶 🍷	- de 5 €

Une propriété familiale créée en 1930 au sud-ouest de Saint-Émilion : 5 ha d'un seul tenant sablo-graveleux conduits depuis 1998 par Éric et Isabelle Veyssière. Deux étiquettes : Ch. Vieux Longa (4 ha en saint-émilion) et Ch. Barrail du Patient (1 ha en bordeaux).

Merlot (60 %) et cabernet franc pour ce vin ouvert et riche à l'olfaction : fruits frais, épices, vanille. Une attaque soyeuse ouvre sur un palais dense et charpenté par des tanins fermes et serrés. Un peu d'attente est nécessaire pour une expression pleine et entière. ✗ 2017-2020 ❢ souris d'agneau confite

Le Bordelais

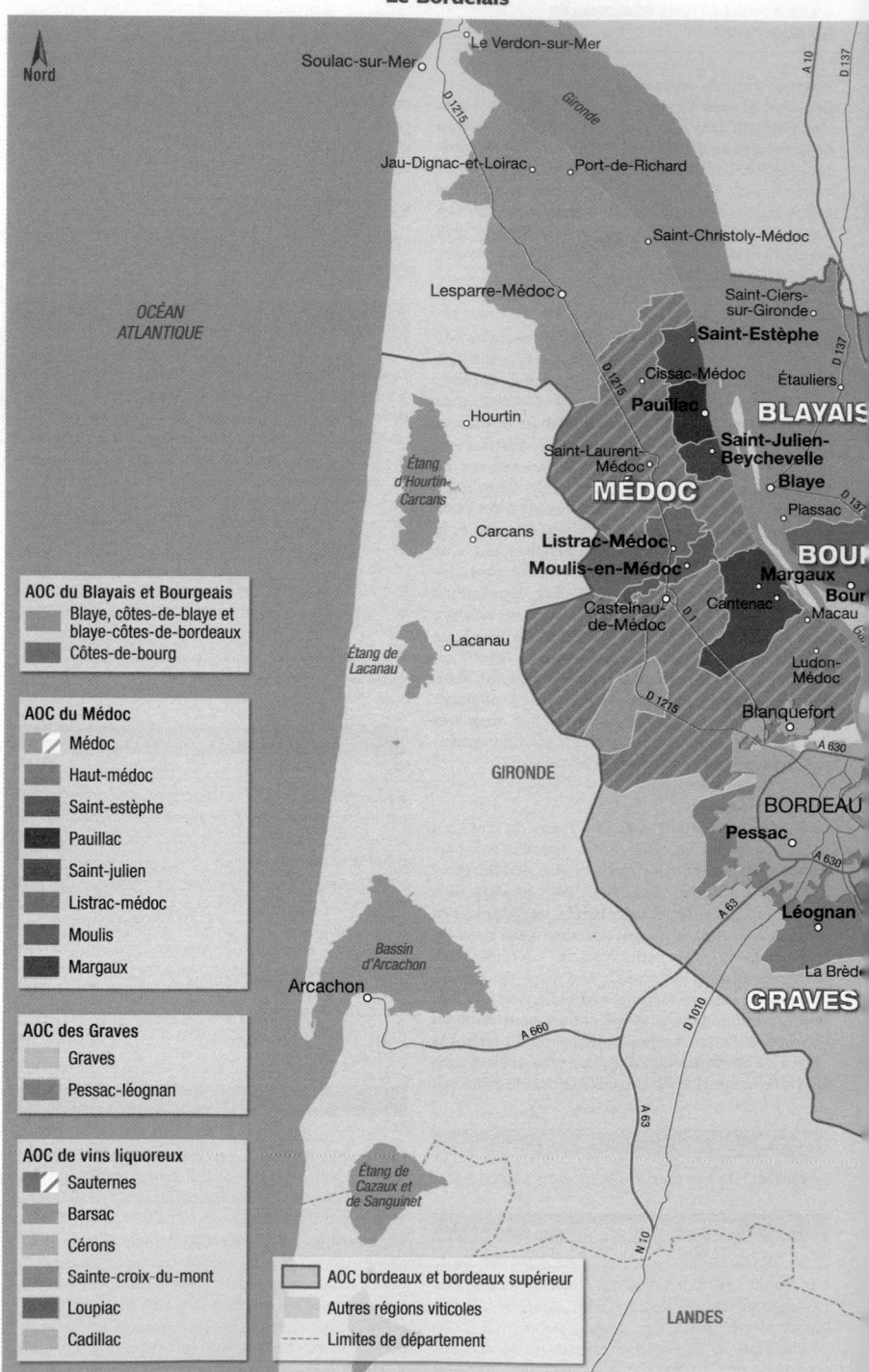

Nord

Le Verdon-sur-Mer

Soulac-sur-Mer

D 1215

Gironde

A 10

D 137

Jau-Dignac-et-Loirac

Port-de-Richard

Saint-Christoly-Médoc

*OCÉAN
ATLANTIQUE*

Lesparre-Médoc

Saint-Ciers-
sur-Gironde

D 137

Saint-Estèphe

D 1215

Cissac-Médoc

Étauliers

BLAYAIS

Hourtin

Pauillac

*Étang
d'Hourtin-
Carcans*

Saint-Laurent-
Médoc

**Saint-Julien-
Beychevelle**

Blaye

Plassac

D 137

MÉDOC

Carcans

Listrac-Médoc

BOUR

Moulis-en-Médoc

Margaux

Bour

*Étang de
Lacanau*

Lacanau

Castelnau-
de-Médoc

Cantenac

Macau

AOC du Blayais et Bourgeais
Blaye, côtes-de-blaye et
blaye-côtes-de-bordeaux

Côtes-de-bourg

Ludon-
Médoc

D 1215

Blanquefort

A 630

AOC du Médoc
Médoc

GIRONDE

BORDEAUX

Haut-médoc

Saint-estèphe

Pessac

A 630

Pauillac

Saint-julien

A 63

Léognan

Listrac-médoc

Moulis

Margaux

*Bassin
d'Arcachon*

La Brède

AOC des Graves
Graves

Arcachon

GRAVES

Pessac-léognan

A 660

D 1010

AOC de vins liquoreux
Sauternes

A 63

Barsac

Cérons

N 10

*Étang de
Cazaux et
de Sanguinet*

Sainte-croix-du-mont

Loupiac

AOC bordeaux et bordeaux supérieur

Cadillac

Autres régions viticoles

LANDES

- - - - Limites de département

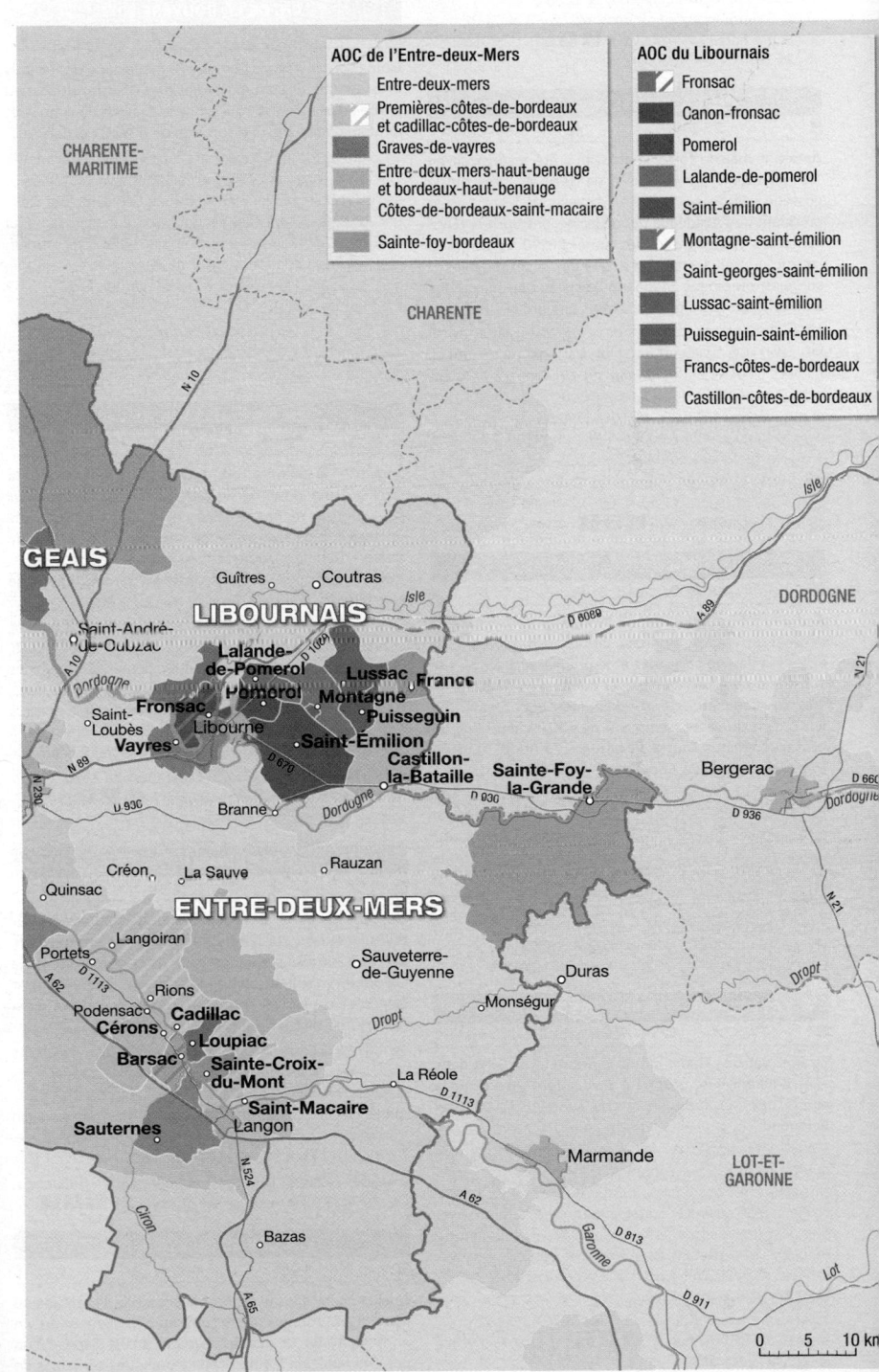

AOC de l'Entre-deux-Mers

- Entre-deux-mers
- Premières-côtes-de-bordeaux et cadillac-côtes-de-bordeaux
- Graves-de-vayres
- Entre-deux-mers-haut-benauge et bordeaux-haut-benauge
- Côtes-de-bordeaux-saint-macaire
- Sainte-foy-bordeaux

AOC du Libournais

- Fronsac
- Canon-fronsac
- Pomerol
- Lalande-de-pomerol
- Saint-émilion
- Montagne-saint-émilion
- Saint-georges-saint-émilion
- Lussac-saint-émilion
- Puisseguin-saint-émilion
- Francs-côtes-de-bordeaux
- Castillon-côtes-de-bordeaux

CHARENTE-MARITIME

CHARENTE

DORDOGNE

GEAIS

LIBOURNAIS

Guîtres   Coutras

Saint-André-de-Cubzac

Lalande-de-Pomerol   Lussac   Francs

Fronsac   Pomerol   Montagne

Saint-Loubès   Puisseguin

Libourne

Vayres   Saint-Émilion

Castillon-la-Bataille

Branne   Sainte-Foy-la-Grande

Bergerac

ENTRE-DEUX-MERS

Créon   La Sauve   Rauzan

Quinsac

Langoiran   Sauveterre-de-Guyenne   Duras

Portets   Rions   Monségur

Podensac   Cadillac

Cérons   Loupiac

Barsac   Sainte-Croix-du-Mont

Saint-Macaire

Sauternes   Langon   La Réole

Marmande   LOT-ET-GARONNE

Bazas

0   5   10 km

⚬ SCEA Ch. Vieux Longa, 192, Le Longa,
33330 Saint-Sulpice-de-Faleyrens, tél. 05 57 24 74 31,
contact@chateau-vieux-longa.fr 🆅 🅺 🅸 t.l.j. sf dim.
8h-12h 14h-19h ⚬ Veyssière

CH. BASTIAN Réserve 2013 ★		
◼ 25 000	◉	5 à 8 €

Ancienne maison forte, le château a été reconstruit en
1629 et acquis par la famille de Sèze en 1796, qui le
possède encore aujourd'hui. Stanislas de Sèze, ancien
président de l'Académie de médecine, entreprit la rénovation du château dans les années 1970 et confia la
restructuration du vignoble à l'une de ses petites-filles et
son mari œnologue Stéphane Savigneux au milieu des
années 1980. Les vignes couvrent aujourd'hui 18 ha.

Mi-merlot mi-cabernets (les deux), ce 2013 séduit d'emblée par son bouquet franc et frais de fruits rouges
mâtinés d'épices et de boisé fondu. Un équilibre merrain-
cépage que l'on retrouve dans une bouche charnue, ample
et structurée sans excès par des tanins veloutés. Un vin
déjà fort agréable, qui pourra vieillir un peu. ✗ 2015-2019
🍽 cuisse de canard confite

⚬ SCEA Ch. d'Eyran, 8, chem. du Château,
33650 Saint-Médard-d'Eyrans, tél. 05 56 65 51 59,
stephane@savigneux.com 🆅 🅺 🅸 r.-v. ⚬ Savigneux

CH. BONNET Réserve 2012 ★		
◼ 400 000	◉	8 à 11 €

André Lurton conduit depuis 1953 le Ch. Bonnet (et sa
déclinaison Tour de Bonnet), un fief historique qui est
aussi son lieu de naissance et le premier cru acquis par
son grand-père Léonce Récapet en 1897. Un domaine de
300 ha, valeur sûre en entre-deux-mers et bordeaux, qui
entre dans un vaste « empire » de 600 ha, dont 260 en
pessac-léognan, l'autre « patrie » d'André Lurton
(Couhins-Lurton, La Louvière...).

Au nez, les fruits confits mènent la danse, accompagnés
par un bon boisé aux accents d'épices, de vanille et de
café. Le palais offre de la fraîcheur en attaque, du volume,
du charnu, une aimable expression aromatique (fruits
mûrs, épices) et une belle trame de tanins soyeux. La
finale, plus austère, appelle un peu de patience. ✗ 2016-
2020 🍽 tajine d'agneau

⚬ André Lurton, Ch. Bonnet, 33420 Grézillac,
tél. 05 57 25 58 58, andrelurton@andrelurton.com

Ⓑ LES FIEFS DU BOSQUET DES FLEURS 2013 ★		
◼ 42 000		5 à 8 €

Le Bosquet des Fleurs est une propriété de 9 ha dans
l'Entre-deux-Mers, propriété de Laurent Abba, qui a
confié une sélection de raisins au négociant Lionel
Raymond.

Entièrement éraflés et vinifiés séparément, les ceps de
merlot (60 %), de cabernet franc et de cabernet-
sauvignon (à parts égales) ont donné naissance à cette
cuvée agréablement bouquetée autour de la mûre écrasée, de la fraise et de la framboise. Le palais se montre
rond, gras et persistant sur le fruit. Une bouteille déjà fort
aimable. ✗ 2015-2019 🍽 rôti de veau en cocotte

⚬ SARL Raymond, Le Bourg,
33540 Saint-Laurent-du-Bois, tél. 05 56 76 43 63,
scea-raymond@wanadoo.fr 🆅 🅺 🅸 t.l.j. sf sam. dim.
8h30-12h 13h30-17h30

CH. DE LA BOUYÈRE 2013		
◼ 40 000	î	- de 5 €

La maison de négoce Compagnie médocaine des Grands
Crus est une filiale d'Axa Millésimes (l'entité viticole du
groupe d'assurances), qui propose des vins de marque et
de domaines dans une soixantaine d'AOC bordelaises.

Le château de la Bouyère est le domaine de la famille
Queyrens, établi à Donzac, où l'on pourra visiter l'église et
sa nef voûtée atypique en forme de berceau. Côté cave,
un 2013 de bonne facture, un peu fermé au nez, qui
s'ouvre à l'aération sur les fruits noirs. La bouche offre un
bon volume, de la fraîcheur et de la souplesse. La finale,
plus tannique, appelle une petite garde. ✗ 2016-2019
🍽 poulet basquaise

⚬ Compagnie médocaine des Grands Crus,
7, rue Descartes, 33295 Blanquefort, tél. 05 56 95 54 95,
bau.c@medocaine.com

CH. LA CAUSSADE 2013 ★		
◼ 10 600	î	5 à 8 €

Implantée à Sainte-Croix depuis huit générations, la
famille Armand fait partie des institutions locales pour
ses liquoreux renommés. Elle y conduit deux crus (dans
un esprit bio, sans certification) : la Caussade et la
Rame, son fleuron, dont les vins étaient déjà réputés au
XIXᵉs. Angélique et Grégoire Armand ont pris la suite de
leur père Yves en 2009.

Si la famille Armand maîtrise parfaitement les liquoreux,
elle montre aussi du talent dans la vinification des rouges.
Témoin ce bordeaux mi-merlot mi-cabernet, ouvert sur les
fruits noirs mûrs agrémentés d'une légère note végétale.
L'attaque est franche, le milieu de bouche ample et rond,
et la finale plus tannique. Un ensemble bien construit, à
attendre un peu. ✗ 2016-2019 🍽 entrecôte sauce béarnaise

⚬ GFA Ch. la Rame, 33410 Sainte-Croix-du-Mont,
tél. 05 56 62 01 50, dgm@wanadoo.fr 🆅 🅺 🅸 t.l.j. sf
sam. dim. 9h-12h 13h30-17h30

CLOS CARMELET 2013 ★		
◼ 1 333	î ◉	5 à 8 €

Un petit cru familial de 3 ha conduit depuis 2004 par
Gilles Hébrard (troisième génération) : un ensemble de
parcelles situées sur les coteaux de la rive droite de la
Garonne, voisin du château Carmelet. Les vins sont
élevés et conservés dans une ancienne carrière d'extraction de pierre de taille.

Ce 100 % merlot déploie un bouquet élégant de fruits
noirs cuits (cassis), de pain grillé et de vanille. Des arômes
que l'on retrouve dans une bouche ample, dense et très
ronde, portée par des tanins soyeux et mûrs. Un vin plein
et concentré : une très belle réussite pour le millésime.
✗ 2016-2019 🍽 joues de bœuf confites

⚬ Gilles Hébrard, 103, rte de Rouquey, 33550 Tabanac,
tél. 06 64 38 03 00, closcarmelet@hotmail.fr 🆅 🅺 🅸 r.-v.

CH. COMBES DU LYS 2012 ★		
◼ 1 085	î ◉	5 à 8 €

Ancien cadre dans le secteur automobile, l'autodidacte
Jean-Pierre Vohnout s'est converti à la vigne et au vin
en 1998, à l'âge de quarante-quatre ans. Il dispose d'un
petit vignoble de 2,6 ha, établi à quelques centaines de

mètres du point 0 du 45ᵉ parallèle, sur la commune de Puynormand.

Merlot (80 %) et cabernet franc (dont 20 % non érafflé) pour ce 2012 en robe sombre et intense. Le nez mêle fruits noirs, réglisse et notes chocolatées de la barrique. Le palais se révèle ample, dense et fruité, soutenu par des tanins fermes et élégants. Un vin équilibré, à boire jeune comme un peu vieilli. ✗ 2015-2020 ▼ bavette à l'échalote

⊶ Jean-Pierre Vohnout, 1, Aux Combes, 33660 Puynormand, tél. 05 57 49 76 30 Ⓥ 🏃 🎁 r.-v.

♥ CH. LA COMMANDERIE DU BARDELET 2013 ★★

| ■ | 160 000 | 🍷 | - de 5 € |

Installé en 1969 dans l'Entre-deux-Mers comme jeune agriculteur, Jean-Dominique Petit a agrandi la propriété familiale au fil des ans, qui atteint aujourd'hui 70 ha. Ses bordeaux sont régulièrement présents dans le Guide.

Un 100 % merlot complexe, ouvert sur des senteurs de menthol, de cendre, d'épices et de fruits noirs. Le palais se montre fruité à souhait, soyeux, tendre et riche, soutenu par des tanins fermes et fins. Une bouteille à la fois gourmande et racée. Le millésime 2011 obtint également un coup de cœur. ✗ 2016-2022 ▼ rôti de veau Orloff ■ Ch. Haut-Rieuflaget 2013 ★ (- de 5 € ; 30 000 b.) : réglisse et fruits noirs mûrs pour l'olfaction ; de la profondeur, du volume, de la fraîcheur et des tanins ronds pour le palais. Un ensemble harmonieux. ✗ 2016-2018 ■ Fleurs Grand Champs du Ch. Haut-Rieuflaget 2013 (- de 5 € ; 80 000 b.) : vin cité. ✗ 2016-2019

⊶ SCEA Jean-Dominique Petit, Ch. Haut-Rieuflaget, 33790 Saint-Antoine-du-Queyret, tél. 05 56 61 33 78, haut-rieuflaget@wanadoo.fr Ⓥ 🏃 🎁 r.-v.

CH. LA COMMANDERIE DU QUEYRET 2013 ★

| ■ | 100 000 | 🍷 | 5 à 8 € |

En 1967, Claude et Simone Comin ont établi leur domaine à l'emplacement d'une ancienne commanderie des Templiers du XIIIᵉ s. En 2013, leur fille Sylvie a pris seule les commandes du vignoble : 105 ha dans l'Entre-deux-Mers.

Épices, réglisse, fruits rouges : le nez est intense et engageant. Une attaque souple introduit un palais fruité, gras, tendre et charnu, étayé par des tanins soyeux, qui montrent un peu plus les muscles en finale. Un bordeaux à la fois gourmand et solide. ✗ 2016-2020 ▼ poitrine de veau aux épices

⊶ Comin, Ch. la Commanderie, 33790 Saint-Antoine-du-Queyret, tél. 05 56 61 31 98, vignoble.comin@wanadoo.fr Ⓥ 🏃 🎁 r.-v.

CH. LA CROIX D'HOURQUET Cuvée Pérey 2012

| ■ | 14 000 | 🍷 | 5 à 8 € |

Une propriété familiale de 27 ha située sur les coteaux de Saint-Macaire, conduite depuis 2008 par Aurélie Izquierdo (deuxième génération).

Pérey est le lieu-dit où sont plantées l'essentiel des vignes (merlot à 75 % et cabernet-sauvignon) à l'origine de cette cuvée. Un vin équilibré, au nez bien fruité et mâtiné

d'épices, rond et bien étoffé en bouche, étayé par des tanins de qualité qui doivent encore se fondre. ✗ 2017-2020 ▼ entrecôte

⊶ SCEA Dom. du Carbouey – Izquierdo, 33490 Saint-André-du-Bois, tél. 05 56 76 44 38, vignobles-izquierdo@orange.fr Ⓥ 🏃 🎁 r.-v.

DELOR Réserve 2013

| ■ | 266 000 | 🍷 | 5 à 8 € |

Dans le giron du groupe CVBG (Alain Thiénot), cette maison de négoce fondée en 1864 par Alphonse Delor est l'une des plus anciennes sur la place de Bordeaux.

Le nez, bien ouvert, de ce 2013 associe des notes fruitées (myrtille, framboise) à un boisé intense (moka, grillé, vanille). On retrouve l'apport soutenu du merrain dans une bouche dense, puissante et assez austère en finale. Attente de rigueur pour plus de fondu. ✗ 2017-2021 ▼ canard rôti

⊶ Maison Delor, 35, rue de Bordeaux-Purempuyre, CS 80004, 33295 Blanquefort Cedex, tél. 05 56 35 53 00, sandrine.devant@cvbg.com

DOURTHE La Grande Cuvée 2013 ★

| ■ | 400 000 | 🍷 | 5 à 8 € |

Célèbre négoce fondé en 1840 par Pierre Dourthe, propriétaire de plusieurs crus (Belgrave en haut-médoc, Le Boscq en saint-estèphe, Rahoul en graves, Grand Barrail Lamarzelle Figeac en saint-émilion grand cru...) et élaborateur de vins de marque de qualité (Dourthe Nº 1, La Grande Cuvée, Terroirs d'exception). Une valeur sûre restée étroitement liée au Médoc, intégrée depuis 2007 au groupe familial champenois Alain Thiénot.

Merlot (60 %), cabernet-sauvignon (35 %) et petit verdot pour ce classique de la maison Dourthe. Le nez offre des senteurs soutenues de merrain (douze mois de barriques neuves), tendance pain toasté, avec des notes de fruits rouges à l'alcool en arrière-plan. La bouche débute en souplesse, se fait ample et structurée jusqu'en finale, où les tanins, fermes mais sans dureté, sont accompagnés d'un fruité chaleureux. ✗ 2016-2019 ▼ queue de bœuf à la tomate ■ Dourthe n°1 2013 (8 à 11 € ; 600 000 b.) : vin cité. ✗ 2015-2019

⊶ Dourthe, 35, rue de Bordeaux-Purempuyre, CS 80004, 33295 Blanquefort Cedex, tél. 05 56 35 53 00, contact@dourthe.com

CH. DUDON 2012 ★

| ■ | 151 728 | 🍷 🍷 | - de 5 € |

En 1975, Jean Merlaut (Ch. Gruaud-Larose, à Saint-Julien) a repris en main cette propriété, dans sa famille depuis 1961 et commandée par une chartreuse construite au XVIIIᵉ s. par Jean-Baptiste Dudon. Il a assuré sa rénovation, à la vigne et aux chais, et étoffé sa surface en 2009 en achetant les vignes du Ch. Laroche. L'ensemble couvre aujourd'hui 72,4 ha.

Une pointe de malbec (3 %) est associée au merlot et aux deux cabernets dans ce 2012 au nez frais et fruité (fruits rouges et cassis). Le fruit est également bien présent dans une bouche souple et soyeuse, aux tanins aimables. La finale un brin plus sévère appelle une petite garde. ✗ 2016-2020 ▼ lamproie à la bordelaise

⊶ SARL Dudon, Ch. Dudon, 33880 Baurech, tél. 05 57 97 77 35, info@jean-merlaut.com Ⓥ 🏃 🎁 r.-v.
⊶ Jean Merlaut

CH. FLEUR SAINT-ESPÉRIT 2013 ★★

| ■ | 15 000 | ◧ | - de 5 € |

En cinq générations, la famille Ollet-Fourreau a constitué une belle unité de 40 ha, essentiellement en lalande (Haut-Surget, Lafleur Vauzelle), complétée par des vignes en pomerol (Grand Moulinet), en bordeaux (Fleur Saint-Espérit) et en saint-émilion grand cru (Grand Cardinal).

Né de 3 ha de vignes (merlot à 50%, les deux cabernets à parts égales), plantés sur sables, ce 2013 s'ouvre au premier nez sur des notes intensément boisées de torréfaction et de grillé, avant que l'aération ne révèle les fruits, rouges et mûrs. Le palais se montre puissant, ample, généreux et gras, porté par des tanins soyeux et par un boisé fondu aux accents vanillés. Une très belle bouteille dans un millésime difficile et peu propice à la richesse. ✗ 2017-2020 ▼ cannellonis à l'agneau

o━ GFA Virginie et Patrick Fourreau, 24, av. de Chevrol, 33500 Néac, tél. 06 07 47 45 69, chateauhautsurget@ wanadoo.fr Ⓥ 🏃 🛠 r.-v.

CH. DE FONTENILLE 2012

| ■ | 150 000 | î ◧ | 5 à 8 € |

En 1290, le site de Fontenille, dans l'Entre-deux-Mers, possédait déjà des vignes. Alors rattaché à l'abbaye de la Sauve-Majeure, ce domaine au terroir argilo-siliceux est devenu autonome au XVIIᵉs. Depuis 1998, il est conduit par Stéphane Defraine, à la tête de 49 ha de vignes dont 17 en blanc et 32 en rouge.

Au nez, des parfums de fruits secs (amande), de fruits confits, d'épices et une petite note de fourrure. En bouche, une attaque souple, de jolis tanins croquants, de la fraîcheur, du volume et une bonne longueur. Ce vin harmonieux gagnera son étoile avec une petite garde d'un à trois ans. ✗ 2016-2018 ▼ magrets de canard

o━ SC Ch. de Fontenille, 1315, rte de Grimard, 33670 La Sauve, tél. 05 56 23 03 26, contact@chateau-fontenille.com Ⓥ 🏃 🛠 r.-v.

o━ Defraine

CH. GABELOT
Élevé en fût de chêne 2012 ★

| ■ | 8 000 | ◧ | 5 à 8 € |

Établis depuis près de deux siècles à Cadillac, les Médeville, également négociants, sont à la tête d'un vaste ensemble de 180 ha répartis dans une quinzaine de crus au sud de Bordeaux. Le château Gabelot fut certainement la demeure du « gabelou » de la région, percepteur du roi, chargé de prélever la gabelle (l'impôt sur le sel). Il bénéficie d'un vignoble de 18 ha en rouge et 5 ha en blanc, sur la commune de Ladaux.

Très harmonieux, le nez de ce 2012 associe sans dissonance les fruits noirs mûrs (cassis, myrtille) au toasté et vanillé discrets de la barrique. La bouche, à l'unisson, se révèle très ronde, dense, soyeuse, étayée par des tanins fins et enrobés et par une agréable pointe de fraîcheur. Un beau classique, aimable et friand. ✗ 2015-2020 ▼ daube de joue de bœuf

o━ SCI Gabelot, Le Bourg, 33760 Ladaux, tél. 05 57 98 08 08, medeville@medeville.com Ⓥ 🏃 🛠 t.l.j. sf sam. dim. 9h-12h30 14h-18h

o━ Médeville

CH. LES GAUTHIERS 2013 ★

| ■ | 48 000 | î | - de 5 € |

Régis Falxa et sa sœur Isabelle ont repris en 2005, à la suite de leur père, ce domaine familial de 44 ha, constitué du Ch. Lalande-Labatut, régulièrement sélectionné pour ses entre-deux-mers, et du Ch. les Gauthiers.

Le vin-plaisir par excellence que ce 2013 à forte proportion de merlot (90 %, les deux cabernets en appoint). Au nez, des parfums séducteurs de cerise, de mûre et une agréable touche d'amande douce. En bouche, de la souplesse, de la douceur, du volume, des tanins aimables et un fruité intense. ✗ 2015-2018 ▼ travers de porc sauce barbecue

o━ SCEA Vignobles Falxa, 38, chem. de Labatut, 33370 Sallebœuf, tél. 05 56 21 23 18, info@ lalande-labatut.fr Ⓥ 🏃 🛠 t.l.j. 9h-12h30 15h-19h30

Ⓑ CH. GRAND BARRADIS 2012 ★

| ■ | 30 000 | î ◧ | 8 à 11 € |

Trois châteaux – Tenein, 10 ha dans la commune de Gours, Grand Barradis, 8 ha sur le plateau voisin de Puynormand, et Tuilière de la Borde, 5 ha à Salles-de-Castillon – composent les vignobles Grelaud, conduits en bio certifié depuis le millésime 2012 par l'œnologue Maryse Bolzon.

Ce 100 % merlot livre un bouquet intense et gourmand mêlant les senteurs fruitées au cacao et à la vanille. Facile d'accès, le palais attaque avec rondeur et souplesse, offre du volume et du gras, et une finale longue et plus charpentée. ✗ 2016-2019 ▼ poulet rôti aux champignons

o━ SCEA Grelaud – Ch. Tenein, 1, lieu-dit Tenein, 33660 Gours, tél. 05 57 49 68 53, contact@ vignobles-grelaud.com Ⓥ 🏃 🛠 r.-v.

CH. GRAND FERRAND La Palombière 2013

| ■ | 14 000 | î | - de 5 € |

Un domaine de 80,5 ha, situé à 3 km de la bastide moyenâgeuse (XIVᵉs.) de Sauveterre-de-Guyenne. La conversion bio a été entamée en 2012 sur l'ensemble du vignoble, certifié depuis le millésime 2014.

Un vin à forte dominante de malbec (90 %), complété par le merlot. À l'olfaction, des notes discrètes de fruits mûrs et d'épices agrémentés d'une petite touche animale. En bouche, des tanins au grain doux confèrent de la rondeur et du soyeux, mais se raffermissent en finale et réclament une petite attente. ✗ 2016-2018 ▼ boudin noir

o━ SCEA Rolet Jarbin, Ch. Grand Ferrand, 33540 Sauveterre-de-Guyenne, tél. 05 57 40 08 88, m.pellerin@bordeaux-vineam.fr o━ Bordeaux Vineam

CH. GRAND JEAN 2013

| ■ | 270 000 | î | 5 à 8 € |

Héritier de dix générations, Michel Dulon exploite aujourd'hui 140 ha de vignes, implantés essentiellement sur la rive droite de la Garonne et dans l'Entre-deux-Mers, et répartis dans quatre crus : Ch. Grand Jean, propriété la plus ancienne et la plus vaste avec ses 100 ha, située à Soulignac ; Ch. Julian, acquis en 1998 à Targon ; Ch. du Vallier, à Langoiran (20 ha) ; Ch. Haut Pezat, 8 ha en saint-émilion grand cru, acquis en 2013 sur la commune de Vignonet.

Fruits rouges et noirs composent un bouquet plaisant, quelques notes d'épices apportant un surcroît de complexité. La bouche, à l'unisson, plaît par son attaque souple, son bon volume et ses tanins aimables, même si plus stricts en finale. ✖ 2016-2019 ♈ escalope de veau aux champignons

☛ *SC Dulon, 133, Grand-Jean, 33760 Soulignac, tél. 05 56 23 69 16, info@vignobles-dulon.com* Ⓥ 🔼 *t.l.j. sf sam. dim. 8h30-12h30 14h-17h*

CH. LA GRASIDE 2012 ★		
■	60 000	5 à 8 €

Les Robin, propriétaires et négociants installés de longue date dans le Libournais, exploitent plusieurs propriétés dans le Libournais : Ch. le Castelet en pomerol ; Ch. Busquet et son deuxième vin, le Ch. de Vert, en lussac ; Ch. Planty, la Graside et le Cadarsac en AOC régionales. Aux commandes de l'ensemble, Dominique Robin est épaulée depuis 2008 par sa fille Pauline, œnologue.

Mi-merlot mi-cabernet-sauvignon, ce bordeaux dévoile un bouquet intensément fruité (confiture de mûres, cerise, pruneau). On retrouve ce caractère expressif dans un palais gras, ample, bien structuré par des tanins fondus. Un vin gourmand et équilibré. ✖ 2016-2019 ♈ poulet rôti

☛ *Dominique Robin, Ch. Busquet, lieu-dit Michel-de-Vert, 33570 Lussac, tél. 05 57 51 36 58, d-robin@lesvinsrobin.com* Ⓥ 🚶 🔼 *r.-v.*

CH. LA GRAVE PRADOT Cuvée Prestige Vieilles Vignes Élevé en fûts de chêne neufs 2012		
■	6 000	8 à 11 €

Les frères Bouthinon ont repris en 1990 la propriété familiale acquise par leurs grands-parents dans les années 1960, et lancé la mise en bouteilles à la propriété à partir de 1992. Ils sont à la tête aujourd'hui d'un vignoble de près de 40 ha.

Les douze mois de barrique neuve marquent le nez de leur empreinte toastée, qui pour l'heure laisse le fruit en retrait. On retrouve ce boisé soutenu dans une bouche riche et bien charpentée. À attendre pour plus d'harmonie. ✖ 2017-2020 ♈ côtes d'agneau grillées

☛ *EARL Vignobles Bouthinon et Fils, 816 rte Garde Montet, 33750 Nérigean, tél. 05 57 24 53 39, vignobles_bouthinon_et_fils@ orange.fr* Ⓥ 🚶 🔼 *r.-v.*

CH. LES GRAVES DE POMPEYRAT 2013 ★		
■	26 666	î	- de 5 €

Jean-Pierre Rougier conduit depuis 1982 une propriété familiale de 30 ha, située en bordure de la Dordogne, sur le plateau argilo-calcaire de Ruch, à 500 m d'altitude.

Dès l'olfaction, le fruit se fait bien sentir, tendance fruits rouges, quelques notes épicées en appoint. Le palais se montre souple, franc et tout aussi fruité, et offre une jolie finale bien fondue. ✖ 2015-2016 ♈ risotto poulet et chorizo

☛ *Jean-Pierre Rougier, 3, Camenail Sud, 33350 Flaujagues, tél. 06 79 67 25 89, gravesdepompeyrat@gmail.com* Ⓥ 🚶 🔼 *r.-v.*

♥ CH. GUICHOT Vieilles Vignes 2013 ★★		
■	100 000	î	5 à 8 €

Fort de son expérience acquise dans de grands domaines, Sébastien Petit s'est installé en 2008 sur 19 ha dans

l'Entre-deux-Mers : des vignes exposées plein sud autour d'une bâtisse du XIX[e]s., à l'origine de vins dans les appellations bordeaux (rouge et blanc) et bordeaux supérieur.

Ce 100 % merlot se présente dans une superbe robe profonde et sombre. Au nez, il déploie d'intenses arômes de fruits noirs mâtinés d'épices douces et d'une touche cacaotée. Une attaque soyeuse et gourmande ouvre sur un palais riche, dense, expressif (à l'unisson du bouquet), étayé par des tanins francs, serrés et consistants. Un modèle d'équilibre. ✖ 2016-2022 ♈ cailles farcies au foie gras ■ L'Éternel du Ch. Guichot 2013 ★ (5 à 8 € ; 50 000 b.) : au nez, quelques nuances viandées accompagnent les fruits rouges. En bouche, une attaque tendre, du volume, de la fraîcheur et de jolies notes réglissées. ✖ 2015-2018

☛ *Sébastien Petit, Ch. Guichot, 33790 Saint-Antoine-du-Queyret, tél. 06 19 92 33 34, petitsebastienlasauvegarde@wanadoo.fr* Ⓥ 🚶 🔼 *r.-v.*

CH. D'HAURETS 2013 ★		
■	79 200	î ◑	5 à 8 €

En 1858, la famille Ducourt s'établit au château des Combes, à Ladaux, petit village au sud-est de Bordeaux. C'est sous l'impulsion d'Henri Ducourt, installé en 1951 et relayé depuis par ses enfants et petits-enfants, que le vignoble familial prend son essor, pour atteindre aujourd'hui 440 ha répartis sur treize châteaux dans l'Entre-deux-Mers et le Saint-Émilionnais. Un ensemble dirigé par Philippe Ducourt depuis 1980.

Assemblage classique de merlot et de cabernet-sauvignon, ce 2013 livre un bouquet franc et complexe de fruits rouges, de fruits secs, d'épices et de cacao. Le palais, très équilibré, est à la fois rond et bien structuré par des tanins enrobés, sans dureté. Déjà aimable, ce vin peut aussi être attendu. ✖ 2015-2020 ♈ sauté d'agneau à la tomate ■ Ch. la Rose Saint-Germain 2013 ★ (5 à 8 € ; 62 267 b.) : au nez, des fruits rouges mûrs et une petite note de sous-bois. En bouche, de la souplesse, de la rondeur, du fruit et du volume. Un bon classique. Coup de cœur sur le millésime 2011. ✖ 2015-2019 ■ Ch. la Rose du Pin 2013 (5 à 8 € ; 191 733 b.) : vin cité. ✖ 2015-2018 ■ Ch. Briot 2013 (5 à 8 € ; 148 600 b.) : vin cité. ✖ 2015-2019

☛ *Vignobles Ducourt, 18, rte de Montignac, 33760 Ladaux, tél. 05 57 34 54 00, ducourt@ducourt.com* Ⓥ 🚶 *r.-v.* ☛ *GFA du Hourc*

CH. HAUT BREUIL 2013 ★		
■	25 000	î	5 à 8 €

Chantal Dedieu est à la tête du vignoble familial issu de la réunion des propriétés de ses parents Janine Despujols et André Fayaut : les Ch. Lestribeau, Milon et Haut Curat, complétés en 2006 par des parcelles au lieu-dit Haut-Breuil. En tout, 12 ha à dominante argilo-graveleuse situés à Sallebœuf, à l'origine de vins rouges et rosés en AOC bordeaux.

Merlot (80 %) et cabernet-sauvignon pour ce 2013 au nez de fruits sauvages et de sous-bois. À l'unisson, la bouche se révèle solide et ample, bâtie sur des tanins fermes et s'achève sur une jolie finale fruitée. Un vin puissant, riche mais toujours équilibré, appelé à bien vieillir. ✗ 2017-2020 ❦ carré d'agneau ■ Ch. Lestribeau 2013 (5 à 8 € ; 15 000 b.) : vin cité. ✗ 2017-2020

☞ EARL Dedieu, 24 chemin de Labatut, 33370 Sallebœuf, tél. 06 87 06 90 53, chateaulestribeau@gmail.com Ⓥ 🎿 🔆 r.-v.

CH. HAUT-LA PÉREYRE		
Croix de Miaille 2013		
■ 90 000	🍶	5 à 8 €

À la tête de 50 ha de vignes implantées dans ce petit pays de l'Entre-deux-Mers appelé Haut-Benauge, Olivier Cailleux perpétue une exploitation qui existe depuis 1881 et six générations.

Au nez, des fruits frais (mûre, cassis, fraise) et des nuances de violette. En bouche, du fruit toujours, jusqu'en finale, de la souplesse, de la fraîcheur et des tanins bien fondus et policés. Bref, un bordeaux gourmand et facile d'accès. ✗ 2015-2018 ❦ tomates farcies

☞ Olivier Cailleux, La Péreyre, 33760 Escoussans, tél. 05 56 23 63 23 Ⓥ 🎿 🔆 r.-v.

CH. HAUT PASQUET 2013 ★		
■ 65 000	🍶	5 à 8 €

Fondés en 1880 à Escoussan, au sud de Bordeaux, les vignobles Dubourg constituent une vaste exploitation familiale de 83 ha, répartis sur neuf appellations et plusieurs étiquettes, de la rive droite de la Dordogne (Saint-Émilion) à la rive gauche de la Garonne (Sauternes). Bernard et Nadine Dubourg sont aux commandes depuis 1970, épaulés par leurs enfants : Valérie, responsable administrative et financière depuis 1999, et Benoît, responsable des chais et des vignobles depuis 1995.

Une dominante de cabernet-sauvignon (60 %, le merlot en complément) pour ce bordeaux intensément bouqueté autour des fruits mûrs, cassis en tête. L'attaque est souple, le déroulement ample et long, avant que le vin ne montre les muscles en finale. ✗ 2017-2019 ❦ poêlée de cèpes

☞ Vignobles Dubourg, Nicot, 33760 Escoussans, tél. 05 56 23 93 08, bdubourg@wanadoo.fr Ⓥ 🎿 🔆 r.-v.

CH. L'INSOUMISE		
Chai 45 Élevé en fût de chêne 2012		
■ 30 000	⏺	5 à 8 €

Traversé par le 45ᵉ parallèle, le vignoble de ce domaine ancien (XVIIᵉ s.) couvre les coteaux de la Dordogne. Il est conduit depuis 2007 par les œnologues Cécile Thirouin et Thierry de Taffin.

Comme l'indique le nom de cette cuvée, le 45ᵉ parallèle passe sur la propriété. Aux côtés du merlot (60 %), le malbec (15 %) et les deux cabernets composent le 2012, qui s'ouvre à l'aération sur les fruits. En bouche, il se montre bien étoffé, assez solide et expressif (chocolat, fruits noirs, épices), souligné par une pointe de vivacité. ✗ 2016-2020 ❦ pintade au chou

☞ Thirouin - de Taffin, 360, chem. de Peyrot, 33240 Saint-André-de-Cubzac, tél. 05 57 43 17 82, chateau.linsoumise@wanadoo.fr Ⓥ 🎿 🔆 r.-v. 🏠 Ⓔ

CH. JEANTIEU 2012		
■ 7 000	⏺	5 à 8 €

Pharmaciens établis dans le Médoc, Nathalie et Denis Cronier ont décidé en 2013 de changer de vie et de se consacrer à la vigne. Aidés de leurs enfants (deux de leurs fils sont en formation à l'école de viticulture de la Tour Blanche), ils disposent d'un domaine de 14,3 ha cultivés en lutte intégrée (75 % de leurs produits sont labellisés bio).

Première sélection dans le Guide pour la famille Cronier, et une belle réussite que ce 2012 expressif et généreux dès l'olfaction : fruits mûrs (griotte, cassis), grillé, vanille et réglisse. La bouche se révèle puissante, riche et chaleureuse, portée par des tanins bien présents et serrés, gage d'une bonne tenue dans le temps. Un bordeaux de caractère. ✗ 2017-2022 ❦ tajine d'agneau aux pruneaux

☞ EARL Ceps et Compagnie Cronier, Ch. Jeantieu, 33490 Saint-André-du-Bois, tél. 05 56 76 46 41, ceps-et-compagnie@orange.fr Ⓥ 🔆 t.l.j. 10h-13h 14h-20h

CH. JOININ 2013 ★		
■ n.c.	🍶	5 à 8 €

Un domaine familial depuis trois générations, avec 25 ha conduits depuis 1989 par Brigitte Mestreguilhem (dont la famille est aussi propriétaire de Ch. Pipeau en saint-émilion grand cru). 2014 a vu l'arrivée de Jean Mestreguilhem, fils de Brigitte, ingénieur en agronomie qui a fait ses armes dans de grands domaines bordelais, en Californie et en Afrique du Sud, et qui prend en charge la gestion technique du domaine.

Une pointe (10 %) de cabernet franc vient en complément du merlot dans ce 2013 élevé dix-huit mois en cuve. Le bouquet exhale des parfums plaisants de fruits rouges mûrs et de pruneau. Tout aussi fruité, le palais offre un beau volume, de la concentration, du gras et des tanins fermes, gage de bon vieillissement. ✗ 2017-2020 ❦ entrecôte

☞ Brigitte Mestreguilhem, Ch. Joinin, 33420 Jugazan, tél. 05 57 24 72 95, chateau.pipeau@wanadoo.fr Ⓥ 🔆 t.l.j. sf sam. dim. 8h-12h 14h-18h

KRESSMANN		
Grande Réserve 2013 ★		
■ 400 000	🍶	5 à 8 €

Négoce fondé en 1871 par Édouard Kressmann. Associé en 1967 avec Dourthe pour créer le CVGB, il entre dans le giron du Champenois Alain Thiénot en 2007. Outre ses vins de marque, dont l'historique Kressmann Monopole Dry lancé en 1897, il propose une vaste sélection de crus, dont Latour-Martillac, propriété de la famille.

« Une gamme de vin parfaitement adaptée pour découvrir les vins de Bordeaux », explique la maison Kressmann à propos de sa Grande Réserve. Il n'y a pas tromperie sur la marchandise. De fait, ce vin séduit par son fruité exubérant (cassis et fruits rouges compotés), par sa souplesse, son volume et sa densité. Bref, le prototype du « vin plaisir » à boire sur le fruit. ✗ 2015-2018 ❦ lasagnes

■ Monopole 2013 ★ (5 à 8 € ; n.c. b.) : vanille, grillé, épices, le bouquet évoque encore avant tout le merrain. On retrouve ces senteurs boisées dans un palais charnu et bien épaulé, sans sécheresse, par les tanins. À attendre un peu pour un boisé plus fondu. ✗ 2016-2020

Kressmann, 35, rue de Bordeaux-Parempuyre, CS 80004, 33295 Blanquefort Cedex, tél. 05 56 35 53 00, contact@kressmann.com

CH. LAGARDÈRE 2013 ★

| ■ | 100 000 | î ◗ | 5 à 8 € |

Paul Gonfrier, rapatrié d'Algérie, rachète au début des années 1960 le Ch. de Marsan, terre noble fondée au XVIIᵉˢ. sur la rive droite de la Garonne : le berceau des domaines familiaux. Ses fils Philippe et Éric suivent ses traces après 1985. Aujourd'hui, pas moins de 350 ha et douze châteaux.

Un domaine déjà considéré comme très moderne au début du XXᵉˢ., équipé d'un système d'écluses permettant d'inonder les parcelles afin de lutter contre le phylloxéra. Les frères Gonfrier l'ont entièrement remanié et y conduisent aujourd'hui un vignoble de 20 ha sur le coteau face à la Garonne et sur les berges du fleuve. Ils signent ici un 2013 assez réservé de prime abord, discrètement bouqueté autour des fruits noirs. Le palais offre un beau volume, surtout en regard du millésime, pour le moins « compliqué », de la générosité et une structure tannique de bonne facture. ✗ 2016-2019 ♈ confit de canard

SCEA Gonfrier Frères, Ch. de Marsan, BP 7, 33550 Lestiac-sur-Garonne, tél. 05 56 72 14 38, gonfrier@wanadoo.fr V ⚐ ♿ *r.-v.*

CH. LA LAGUNE DE MERCEY
Cuvée des Pins 2012 ★

| ■ | 3 000 | ◗ | 8 à 11 € |

Jocelyne Robin a succédé à son père en 2001 aux commandes de ce domaine de près de 6 ha, qu'elle mène seule, de la taille à la mise en bouteilles.

Les douze mois de barrique se font d'emblée sentir au nez : notes grillées et vanillées composent harmonieusement avec les fruits. Une attaque soyeuse précède un palais riche et charnu, soutenu par des tanins puissants et un bon boisé qui fait écho à l'olfaction. Une pointe de sévérité marque la finale de ce vin complet, équilibré et solide, appelé à bien vieillir. ✗ 2017-2020 ♈ aiguillettes de canard aux girolles

Jocelyne Robin, 2215, rte de Libourne, (accès chem. du Plantier), 33240 Saint-André-de-Cubzac, tél. 06 77 00 44 17, jocelynerobin33@gmail.com V ⚐ ♿ *r.-v.* 🏠 ❷

CH. LAMOTHE-VINCENT 2013 ★★

| ■ | 120 000 | î ◗ | 5 à 8 € |

Un vaste cru de 92 ha dans l'Entre-deux-Mers, fondé en 1920 par les arrière-grands-parents. Ses atouts : un chai très moderne et les compétences complémentaires de Christophe Vincent (aux vignes) et de Fabien (au chai). Saint Vincent les inspire, dit-on, mais ce sont plutôt leur formation technique poussée et leur exigence qui font de ce domaine une référence en bordeaux et bordeaux supérieur.

Les années se suivent et se ressemblent pour les Vincent, avec des vins souvent remarquables, à l'image de ce 2013 au bouquet fruité à souhait (cassis mûr) et finement vanillé. Un caractère ouvert et expressif que l'on retrouve dans un palais souple à l'attaque, ample, dense et plus charpenté et puissant dans son évolution, d'une superbe longueur. Une valeur sûre. ✗ 2017-2022 ♈ bœuf

bourguignon ■ Intense 2013 ★ (5 à 8 € ; 40 000 b.) : un 100 % merlot qui ne vole pas son nom. De l'intensité en effet, dès l'olfaction, portée sur les épices et les fruits mûrs ; une bouche ronde, généreuse et suave, aux tanins soyeux. ✗ 2015-2020

SCEA Vignobles Vincent, 3, chem. Laurenceau, 33760 Montignac, tél. 05 56 23 96 55, info@lamothe-vincent.com V ⚐ ♿ *r.-v.*

CH. LAUBÈS Élevé en fût de chêne 2012 ★

| ■ | 15 104 | ◗ | 8 à 11 € |

La Société fermière des Grands Crus de France est la structure spécialisée dans le Bordelais du groupe Grands Chais de France. Son œnologue Vincent Cachau vinifie le fruit de quinze propriétés, représentant 390 ha dans les différentes AOC bordelaises.

Un domaine de 38 ha situé dans l'Entre-deux-Mers, sur la commune d'Escoussans, non loin de Cadillac, côté rive droite de la Garonne. Au nez, le boisé toasté et épicé se marie sans fausse note aux nuances fruitées. Un équilibre élevage-raisin que l'on retrouve dans un palais charnu, dense et bien structuré. De quoi voir venir pour les prochaines années. ✗ 2017-2020 ♈ bœuf à la ficelle ■ Ch. Haut-Mouleyre Élevé en fût de chêne 2012 ★ (8 à 11 € ; 20 000 b.) : le nez se révèle toasté, fumé, épicé et réglissé. La bouche offre un bel équilibre entre une matière ronde et tendre, une structure tannique bien en place et un boisé ajusté, aux accents toastés. De bonne garde. ✗ 2016-2020

Société fermière des Grands Crus de France, 33460 Lamarque, tél. 05 57 98 07 20

MICHEL LYNCH 2012 ★

| ■ | 800 000 | î | 8 à 11 € |

Marque de la famille Cazes, qui a développé une activité de négoce à côté de ses nombreux crus, Michel Lynch (1754-1844) rend hommage à l'ancien maire de Pauillac et pionnier des grands vins de Bordeaux, fondateur du Ch. Lynch-Bages, grand cru classé du Médoc et navire-amiral de Jean-Michel Cazes.

Élaborée à partir de 85 % de merlot et 15 % de cabernet-sauvignon, cette cuvée développe un bouquet net et soutenu de fruits rouges mûrs agrémentés de nuances florales et chocolatées. Le palais se montre intense, profond et charnu, étayé par des tanins ronds et fondus et rehaussé en finale par une note poivrée. ✗ 2016-2019 ♈ hachis parmentier de canard

J.-M. Cazes Sélection, rte de Bordeaux, 33460 Macau, tél. 05 57 88 60 04, contact@jmcazes.com

CH. MALBAT Optimus 2013 ★

| ■ | 55 000 | î | 5 à 8 € |

Dans la même famille depuis 1865, ce cru est conduit par Fabienne, Daniel et Martine Rochet. Établi sur la rive droite de la Garonne, à l'extrémité sud-est du vignoble girondin, il s'étend aujourd'hui sur 85 ha.

Le Ch. Malbat fait figure de valeur montante de l'appellation bordeaux, accumulant les étoiles depuis sa récente première apparition dans le Guide (avec un bordeaux 2011). Ce qu'il confirme avec ce 2013 fruité à souhait du premier nez à la finale, bâti sur une charpente souple et soyeuse, sans aucune dureté. Un vin bien dans le ton de l'AOC. ✗ 2015-2018 ♈ tartare de bœuf

BORDELAIS

○┐ *EARL Rochet, 5, Malbat, 33190 La Réole,*
tél. 05 56 61 02 42, contact@chateau-malbat.com
V 🚶 **⬆** *r.-v.*

ANTOINE MOUEIX Merlot 2012 ★

| ■ | 80 000 | 🍶 | 8 à 11 € |

L'histoire remonte au début du XXᵉˢ., quand le Corrézien Antoine Moueix, amoureux des vins de Saint-
Émilion et de Pomerol, fonde sa maison de négoce en
1902. Outre ses propriétés (Grand Renom, Capet
Guillier), l'affaire propose une large gamme
de vins de la rive droite (Libournais, AOC régionales).
Dans le giron du groupe Advini depuis 2006.

Aux côtés du merlot (80 %), les deux cabernets sont liés
à parts égales dans ce vin bien fait de bout en bout. Au nez,
les fruits rouges très mûrs s'associent aux épices et à une
originale touche miellée. En bouche, du fruit, de la douceur,
de la rondeur, un beau volume et des tanins fins et soyeux.
✗ 2016-2020 🍴 pintade rôtie ■ La Croix Saint-Seurin 2013
(- de 5 € ; 200 000 b.) : vin cité. ✗ 2015-2019

○┐ *Antoine Moueix, rte du Milieu, lieu-dit Mède,*
33330 Saint-Émilion, tél. 05 57 55 58 00,
contact@amoueix.fr ○┐ Advini

CH. MOULIN DE BERNAT
Cuvée de la Viticultrice 2013 ★

| ■ | 40 000 | ⬗ | 5 à 8 € |

Installée en 2001, Frédérike Bouzon-Petit exploite un
vignoble de 14 ha non loin de Sauveterre-de-Guyenne.
En plus du vin, elle propose aussi à la vente du fromage
bio issu de sa chèvrerie.

Le bouquet offre des parfums généreux et gourmands de
fruits bien mûrs. Rond, aimable, soyeux et gras en
première approche, le palais évolue ensuite vers plus de
solidité et de rigueur tannique, pour composer un
ensemble bien bâti, que l'on appréciera aussi bien dans sa
jeunesse que patiné par un peu de garde. ✗ 2016-2020
🍴 rôti de bœuf aux cèpes ■ 2013 ★ (- de 5 € ; 40 000 b.) :
ce vin élevé en cuve pendant douze mois déploie des
arômes de fruits rouges à noyau, de pruneau et d'épices
douces, relayés par une bouche soyeuse, ample et
structurée par des tanins fins et croquants. Un ensemble
harmonieux et élégant. ✗ 2016-2020

○┐ *Frédérike Bouzon-Petit, Moulin de Bernat,*
33790 Saint-Antoine-du-Queyret, tél. 05 56 61 33 78,
haut-rieuflaget@wanadoo.fr **V** 🚶 **⬆** *r.-v.* 🏠 **Ⓓ**

CH. MOULIN DE GASSIOT 2012 ★★★

| ■ | 76 000 | 🍶 | - de 5 € |

En 1934, cent vingt-six vignerons s'unissent pour créer la
coopérative de Sauveterre-de-Guyenne, à quelques hectomètres de la bastide fondée en 1281 par Édouard 1ᵉʳ, roi
d'Angleterre. En 2012, elle s'est associée avec la cave de
Blasimon et regroupe quelque 2 000 ha de vignes.

Chose plutôt rare dans l'appellation, c'est le cabernet-
sauvignon qui domine ici (60 %), le merlot (30 %) et le
cabernet franc en appoint. Le résultat est admirable. Le
nez, complexe et intense, mêle les fruits rouges mûrs, les
épices, la vanille et le cacao. Un bouquet gourmand que
prolonge une bouche puissante, dense, ample, mais
sans jamais perdre de son élégance, étayée par des tanins
nobles et fins. Un vin plein de charme et de distinction.

✗ 2017-2021 🍴 cailles à la tapenade ■ Ch. Lacousse 2012 ★
(- de 5 € ; 10 500 b.) : fruits rouges et épices composent
un bouquet soutenu. Le palais se révèle souple, rond,
ample et bien fondu, malgré une pointe de sévérité en
finale. Un ensemble très équilibré. ✗ 2016-2019 ■ Ch. les
Granges 2012 ★ (- de 5 € ; 33 000 b.) : le nez, fin et ouvert,
associe les petits fruits rouges aux épices. Une attaque
souple et ronde introduit un palais fruité, ample et gras,
épaulé par des tanins fermes. ✗ 2016-2019

○┐ *Cave de Sauveterre Blasimon, 15, Bourrassat,*
33540 Sauveterre-de-Guyenne, tél. 05 56 61 55 20,
p.mondin@cavedesauveterre-blasimon.fr
V 🚶 **⬆** *t.l.j. sf dim. 9h-12h 14h-18h*

CH. MOULIN DU TERRIER 2013

| ■ | 121 466 | | - de 5 € |

La famille Forcato s'installe en 1950 sur les terres
argilo-sableuses et calcaires du plateau de l'Entre-deux-
Mers, à 10 km de La Réole, et exploite 70 ha vinifiés sous
les étiquettes Ch. Lary, Ch. Lauzanet et Ch. Moulin
du Terrier.

Une dominante de cabernet-sauvignon (50 %) dans ce
vin, le merlot et le cabernet franc faisant l'appoint. Si le
nez reste discret (quelques notes de fruits rouges à
l'aération), le palais plaît par sa rondeur, sa douceur et ses
tanins souples et soyeux. Pas un monstre de puissance et
de longueur, mais un bordeaux agréable et bien fait.
✗ 2015-2018 🍴 saucisson brioché

○┐ *GAEC Forcato et Fils, Tagot, 33190 Fossés-et-Baleyssac,*
tél. 05 56 61 77 91, patrick.forcato@gmail.com

CH. LES MOUTINS 2013 ★

| ■ | 50 000 | 🍶 | 5 à 8 € |

Jean Gueridon conduit depuis 1990 un domaine familial
de 50 ha, créé en 1852 sur les coteaux de la rive droite
de la Garonne, au cœur de l'Entre-deux-Mers. Une
valeur sûre des AOC bordeaux et entre-deux-mers avec
ses deux étiquettes : le Ch. Haut Pougnan, fief d'origine,
et le Ch. les Moutins, acquis en 1995.

Quatorze mois de cuve pour ce 2013 au nez soutenu et
aguicheur de cassis, d'épices, de noisette et de fumé. Des
arômes que l'on retrouve dans une bouche à la fois ample,
délicate et bien structurée par des tanins fins et mûrs.
✗ 2015-2019 🍴 daube de joue de bœuf

○┐ *SCEA Ch. Haut Pougnan, 6, chem. de Pougnan,*
33670 Saint-Genès-de-Lombaud, tél. 05 56 23 06 00,
haut.pougnan@gmail.com **V** 🚶 **⬆** *t.l.j. sf dim. 8h-12h*
13h-17h

CH. PICONAT 2012 ★

| ■ | 10 000 | 🍶 | - de 5 € |

Établi au cœur de l'Entre-deux-Mers, au pied de la butte
de Launay, ce vignoble familial depuis quatre générations
s'étend sur 50 ha. Il est dirigé depuis 2003 par Christophe
Guicheney. Une partie de la production est cédée au
négoce, au Ch. Grand Plantey, le reste est vendu en direct
sur l'exploitation sous l'étiquette Piconat.

Si l'objectif était d'obtenir un vin aimable et « facile à
boire », sur le fruit, il est pleinement atteint. L'élevage en
cuve, sans apport du merrain, donne en effet à ce
bordeaux un caractère très fruité dès l'olfaction (fraise et
framboise légèrement confites), qui se prolonge dans un
palais ample, élégant, frais et équilibré, sans toutefois

manquer d'épaule grâce à de bons tanins serrés. Un joli « vin plaisir ». ✗ 2015-2018 ♈ hamburger maison

☛ EARL Comin-Guicheney, 3, Piconnat, 33790 Soussac, tél. 05 56 61 33 97, christophe.guicheney@orange.fr

Ⓥ ⚔ ⚑ r.-v.

CH. LES RAMBAUDS Cuvée Vieille Vigne 2013		
■	26 000	ⓘ	5 à 8 €

Domaine viticole constitué en 1912 par les grands-parents de Bernard Cazade, non loin de la Réole, à l'extrême sud-est du vignoble girondin. Les premières bouteilles sont vendues en 1968. Installé en 1988, le vigneron actuel expérimente le bio sur une partie de ses 18 ha de vignes.

Du merlot (45 %), du cabernet-sauvignon (40 %) et une touche de cot (plus communément appelé malbec en Gironde). Dans le verre, un vin sur les fruits rouges mûrs, au palais souple, rond et riche, équilibré par une pointe de fraîcheur et soutenu par une bonne structure. Un ensemble cohérent. ✗ 2015-2019 ♈ terrine de gibier

☛ Bernard Cazade, 1, Les Rambauds, 33190 Fossés-et-Baleyssac, tél. 05 56 61 72 72, vignoblesrambauds@hotmail.fr

Ⓥ ⚔ ⚑ t.l.j. sf sam. dim. 9h15-17h

CH. RAUZAN DESPAGNE Le Grand Vin 2012 ★		
■	12 000	ⓘ ◑	15 à 20 €

Les Despagne sont à la tête de 300 ha répartis sur plusieurs crus, conduits par les enfants de Jean-Louis (Thibault, Gabriel et Basaline) et par Joël Élissalde, directeur technique. Rauzan Despagne est un ancien relais de chasse du XVIIᵉ s. acquis en 1990, aujourd'hui lieu de résidence de Gabriel Despagne, graphiste et créateur des étiquettes de la maison.

Assemblage classique de merlot (80 %) et des deux cabernets à parts égales, ce Grand Vin livre un bouquet intense et complexe de fruits noirs mûrs, d'épices, de torréfaction douce et de cacao. La bouche séduit par son volume, sa matière riche et veloutée, sa trame tannique policée, son boisé bien maîtrisé et sa longue finale fruitée et fondue. ✗ 2016-2020 ♈ sauté de bœuf aux oignons ■ Les Amants de Mont-Pérat 2013 ★ (11 à 15 € ; 30 000 b.). une ancienne place forte remaniée au XIXᵉ s., qui commande un vaste vignoble de 100 ha d'un seul tenant acquis en 1998 par les Despagne. Au nez, des parfums de fruits rouges frais. En bouche, du fruit, de la souplesse, de la fraîcheur. En résumé, le prototype du « vin plaisir » à boire jeune. ✗ 2015-2018 ■ Ch. Bel Air Perponcher Grande Cuvée 2012 ★ (15 à 20 € ; 12 000 b.) : un cru acquis en 1990 par les Despagne, situé sur un plateau argilo-siliceux dominant la Dordogne. Ce 2012 livre un nez à dominante toastée et fumée, relayé par un palais bien structuré et d'un bon volume. La finale plus stricte appelle une petite garde. ✗ 2016-2018

☛ SCEA Vignobles Despagne, Le Touyre, 33420 Naujan-et-Postiac , tél. 05 57 84 55 08, contact@despagne.fr Ⓥ ⚔ ⚑ r.-v.

CH. LA ROCHE DE BROUE 2012		
■	40 000	ⓘ	5 à 8 €

Acquis en 1949 par Jean Debart et planté en vignes en 1960 par son fils Jean-Lou, ce domaine est situé dans la verdoyante vallée de la Gamage. Jean-Daniel et Xavier

Debart conduisent aujourd'hui une vaste propriété de 120 ha, dont 65 ha de vignes en AOC bordeaux et bordeaux supérieur. Deux étiquettes : Cablanc et Roche de Broue.

Le merlot (60 %) et les deux cabernets à parts égales sont assemblés dans ce 2012 bien équilibré. Le bouquet évoque le cassis mûr et les épices agrémentés d'une touche végétale typée cabernet. Le palais se montre souple, velouté et fruité en attaque, plus tannique et austère en finale. Une petite garde lui apportera le fondu nécessaire. ✗ 2016-2018 ♈ terrine de gibier

☛ SCEA Ch. Cablanc, 2, Cablanc, 33350 Saint-Pey-de-Castets, tél. 05 57 40 52 20, cablanc@chateaucablanc.com Ⓥ ⚔ ⚑ r.-v. ☛ Debart

CH. ROQUEFORT Cuvée Roq' 2013		
■	180 000	◑	- de 5 €

Dans l'Entre-deux-Mers, le promontoire de Roquefort fut un ancien oppidum gaulois. Après le rachat de la propriété en 1976 par l'industriel Jean Bellanger, un chai très moderne, aménagé en partenariat avec la faculté d'œnologie de Bordeaux, a vu le jour. Premières vinifications en 1987. Aujourd'hui, vaste domaine (86 ha) conduit avec talent par Frédéric Bellanger depuis 1995. Ce dernier dirige également le Ch. Domi-Cours, acquis en 2002 : 20 ha sur la commune de Cours-les-Bains, en terres bazadaises.

Au nez, les fruits rouges frais se mâtinent d'une petite touche animale et d'un boisé plutôt discret. En bouche, le vin se montre souple et fruité en attaque, puis le bois se fait sentir, venant quelque peu affermir la finale. Mais l'ensemble reste harmonieux et sera prêt à boire d'ici peu. ✗ 2016-2018 ♈ empanadas au bœuf ■ 2013 (5 à 8 € ; 180 000 b.) : vin cité. ✗ 2015-2018

☛ Ch. Roquefort, lieu-dit Roquefort, 33760 Lugasson, tél. 05 56 23 97 48, mscl@chateau-roquefort.com Ⓥ ⚔ ⚑ t.l.j. 9h-12h30 14h-17h30

CH. LA ROSE GADIS 2013 ★★		
■	100 000	ⓘ	- de 5 €

Depuis le milieu des années 1980, Bernard Lasnier a repris les rênes de ce domaine familial de l'Entre-deux-Mers : 28 ha de vignes sur le plateau de Rauzan, bien exposé au sud, sur la rive gauche de la Dordogne.

À la fois puissant et fin, le nez de ce 2013 à dominante de merlot (90 %) évoque les sous-bois et le cassis. La bouche, ample et longue, s'avère bien équilibrée entre un fruité intense et une solide structure tannique. Un bordeaux très bien construit, au caractère affirmé et de bonne garde assurément. ✗ 2017-2021 ♈ côte de bœuf

☛ Bernard Lasnier, 5, Castillon, 33420 Jugazan, tél. 05 57 84 17 19, ber33@free.fr

CH. SAINTE-BARBE Merlot 2012 ★		
■	106 000	ⓘ	5 à 8 €

Située à la pointe de l'Entre-deux-Mers, cette belle chartreuse construite au XVIIIᵉ s. par Jean-Baptiste Lynch (maire de Bordeaux de 1809 à 1815) commande un vignoble de 26 ha. Acheté par les Touton en 2000, le cru a été acquis en 2013 par la famille de Gaye, également à la tête du Ch. Grand Corbin Manuel (saint-émilion grand cru) et du Ch. la Création (pomerol).

BORDELAIS

Le seul merlot est à l'œuvre dans ce bordeaux au nez chaleureux de fruits à l'eau-de-vie, d'épices, de cuir et de grillé. Une générosité que prolonge un palais ample, gras et puissant, bâti sur des tanins solides et sur un boisé de qualité. Bien armé pour la garde. ✗ 2017-2020 ❦ daube de bœuf

☞ *SCEA Ch. Sainte-Barbe, rte du Burck, 33810 Ambès, tél. 05 56 77 49 57, commercial@chateausaintebarbe.fr* 🆅 *r.-v.*

CH. LE SÈPE Cuvée initiale 2012

| ■ | 18 000 | ◫ | 8 à 11 € |

En 2009, Dominique et Catherine Guffond ont choisi la reconversion professionnelle et opté pour la culture de la vigne. Un an de formation dans le Médoc, dans un château margalais, et l'acquisition de cette ancienne propriété templière (23 ha de vignes) située à une centaine de mètres au-dessus du lit de la Dordogne, sur des argilo-calcaires face à Saint-Émilion.

Issu de merlot (70 %), de cabernet-sauvignon et de malbec à parts égales, ce 2012 livre un bouquet agréable de fruits rouges, d'épices et de réglisse sur un fond boisé léger. La bouche se montre souple, ronde et avenante, étayée par des tanins aimables. Un vin déjà plaisant. ✗ 2015-2018 ❦ assiette de charcuterie

☞ *Dominique et Catherine Guffond, 1, le Sèpe, 33350 Sainte-Radegonde, tél. 06 89 19 89 18, chateaulesepe@orange.fr* 🆅 ⚜ 🏆 *r.-v.* 🏠🏠 ❺

TERRE BLANCHE 2013

| ■ | 500 000 | 🍾 | - de 5 € |

Savas (Société d'approvisionnement de vins d'alcools et de spiritueux) est une maison de négoce fondée en 1973, présidée par Évelyne Courriades, qui propose des vins de marque en AOC bordeaux.

D'abord discret, le bouquet de ce 2013 s'ouvre quelque peu à l'aération sur les petits fruits rouges mûrs. La bouche se montre souple et franche, fruitée et fondue, avant de révéler plus de charpente en finale. ✗ 2016-2018 ❦ paupiettes de veau à la tomate

☞ *Savas, 110, rue Achard, 33300 Bordeaux, tél. 05 56 92 62 96, margaux.belval@savas-sa.fr*

BLASON TIMBERLAY 2013 ★

| ■ | 50 000 | 🍾 ◫ | 5 à 8 € |

Héritier d'une longue lignée vigneronne, Robert Giraud a créé son négoce en 1975 et possède plusieurs crus en AOC régionales et en saint-émilion : un ensemble de 150 ha, dont près de 120 pour le Ch. Timberlay, berceau de la famille situé sur le sommet du coteau de Montalon, à Saint-André-de-Cubzac. Philippe Giraud conduit la maison depuis 1995.

Mi-merlot mi-cabernet-sauvignon, ce 2013 se montre expressif dès l'olfaction, ouverte sur les senteurs grillées et vanillées de la barrique, sur les fruits noirs et la réglisse. Une attaque souple introduit un palais ample et élégant, porté par un boisé délicat et des tanins frais qui apportent une sensation de robustesse en finale. ✗ 2016-2020 ❦ faisan rôti

☞ *EARL Vignobles Robert Giraud, Dom. de Loiseau, 33240 Saint-André-de-Cubzac, tél. 05 57 43 01 44, france@robertgiraud.com*

CH. TOUR DE BIGORRE
Élevé en fût de chêne 2013 ★

| ■ | 420 000 | 🍾 ◫ | - de 5 € |

Un domaine familial fondé en 1929 par le grand-père de Jean-Claude Pardine, installé ici depuis 1976 : 7 ha de vignes à sa création, 90 ha aujourd'hui.

Ce vin reflète une très bonne maturité des raisins et un savoir-faire indéniable au chai. Au nez, les fruits noirs mûrs s'associent à de fines notes d'élevage. La bouche offre une belle rondeur « merlotée » (50 % de l'assemblage, les deux cabernets en soutien), un fruité soutenu par un bon boisé chocolaté et une trame tannique élégante. Un ensemble très harmonieux. ✗ 2015-2020 ❦ confit de canard

☞ *SCEA de Bigorre, Bigorre, 33540 Mauriac, tél. 05 56 71 52 44, jean_claude.pardine@wanadoo.fr* ⚜ 🏆 *r.-v.*

♥ CH. TOUR DE MIRAMBEAU
Cuvée Passion 2012 ★★

| ■ | 40 000 | 🍾 ◫ | 15 à 20 € |

Installé dans l'Entre-deux-Mers sur un plateau calcaire et veillé par une vénérable tour se dessant au milieu des plus vieilles vignes de la famille, c'est le domaine historique de la famille Despagne, à la tête de nombreux crus et d'un vaste ensemble de 300 ha. Une valeur sûre.

Bâtie sur un assemblage à forte dominante de merlot (82 %, les deux cabernets en appoint), cette cuvée s'ouvre sans réserve à l'olfaction sur des arômes de fruits noirs mûrs, agrémentés d'un bon boisé épicé et torréfié. Une attaque douce et soyeuse introduit un palais ample et gras, épaulé par des tanins enrobés et veloutés, un brin plus stricts en finale. Un vin remarquable d'équilibre, qui s'appréciera aussi bien jeune que patiné par la garde. ✗ 2016-2020 ❦ filet d'agneau à la purée d'herbes ■ Ch. Lion Beaulieu Le 1ᵉʳ vin 2012 ★ (15 à 20 € ; 10 000 b.) : une petite propriété de 10 ha acquise en 1995, établie sur un dôme (« lyon » en vieux français) argilo-calcaire qui surplombe la vallée de la Dordogne, face à Saint-Émilion. Au nez, des parfums discrets de fruits noirs et d'épices douces. En bouche, du gras, du volume, de la concentration et des tanins veloutés. Un bordeaux de bonne tenue. ✗ 2016-2020 ■ Ch. Lion Beaulieu Réserve 2013 ★ (8 à 11 € ; 10 800 b.) : merlot (80 %) et les deux cabernets pour ce vin plutôt réservé à l'olfaction, souple, fruité et léger en bouche. Un vrai « vin plaisir », à boire dans sa jeunesse. ✗ 2015-2018

☞ *SCEA de la Rive droite, 2, Le Touyre, 33420 Naujan-et-Postiac, tél. 05 57 84 55 08, contact@despagne.fr* 🆅 ⚜ *r. v.* ☞ Despagne

CH. TOUR DU MOULIN DU BRIC 2012 ★

| ■ | 8 000 | ◫ | 5 à 8 € |

Voisine du château Malromé, où vécut le peintre Henri de Toulouse-Lautrec, cette propriété, dans la même famille depuis quatre générations, a pour emblème un moulin à vent érigé devant l'exploitation. Conduite depuis 2003 par Sylvie Thomasson, elle étend son vignoble de 26 ha sur les coteaux de Saint-André-des-Bois, en appellation saint-macaire.

Merlot (60 %) et cabernet-sauvignon composent ce vin ouvert sur le cassis, la vanille et le toasté. En bouche, il se révèle gras, ample et bien structuré par des tanins fins et fondus qui lui confèrent un bel équilibre. À boire ou à attendre quelques années. ✗ 2015-2018 ✗ sauté de veau

☛ *SCEA Vignobles Faure, Moulin du Bric, 33490 Saint-André-du-Bois, tél. 05 56 76 40 20, vignoblesfaure@wanadoo.fr* 🆅 🏇 🛄 *t.l.j. 8h-12h 14h-18h; sam. dim. sur r.-v.*

CH. DES TOURTES Le Duo 2013 ★★		
■ 40 000	🛈	5 à 8 €

Ce cru régulier en qualité, créé en 1967 par Lise et Philippe Raguenot, couvre 60 ha, auxquels s'ajoutent depuis 1998 les 26 ha du Ch. Haut Beyzac (haut-médoc). Aux commandes depuis 1997 : les filles des fondateurs, Emmanuelle et Marie-Pierre, et leurs maris Daren Miller et Éric Lallez.

Cet assemblage classique merlot (80 %) et cabernet-sauvignon déploie un bouquet intense et séduisant de fruits noirs mûrs et de sureau. Une très belle attaque, ample et franche, ouvre sur un palais gras, plein, rond, soutenu par des tanins souples et soyeux. La finale laisse une agréable sensation de plénitude. ✗ 2016-2019 ✗ jarret de veau braisé

☛ *EARL Raguenot-Lallez-Miller, 30, Le Bourg, 33820 Saint-Caprais-de-Blaye, tél. 05 57 32 65 15, contact@vignoblesraguenot.fr* 🆅 🏇 🛄 *t.l.j. sf dim. 9h 12h 14h-18h30* 🏠 🅖

DOM. DE VALMENGAUX 2012 ★★		
■ 22 000	🛈 ⛰	15 à 20 €

Vincent, ancien musicien professionnel, et Béatrice Rapin, architecte d'intérieur, se sont reconvertis dans la vigne avec succès en 2000 : d'abord Valmengaux, 5,4 ha au nord-est de Fronsac, en AOC bordeaux, complétés en 2007 par la Dame de onze heures, 1,22 ha en conversion bio, sur Saint-Émilion.

Merlot (90 %) et cabernet franc pour ce 2012 de caractère. Cassis frais, fruits rouges, pruneau, poivre, garrigue, mie de pain : le nez se révèle complexe. La bouche affiche un beau potentiel : elle est riche, ample, généreuse, expressive (fruits mûrs), puissante et longue, portée par des tanins veloutés et un boisé au cordeau. Les millésimes 2001, 2003 et 2007 furent coup de cœur. ✗ 2016-2020 ✗ canard aux pruneaux

☛ *Vincent et Béatrice Rapin, 8, Petit-Gontey, 33330 Saint-Émilion, tél. 05 57 74 48 92, domainedevalmengaux@wanadoo.fr* 🆅 🏇 🛄 *r.-v.* 🏠 🅔

CH. VALVIGNES 2012		
■ 20 000	🛈	- de 5 €

Bernard Rivière a repris en 1975 le domaine de ses parents. Il agrandit le vignoble, qui couvre aujourd'hui 24 ha, plantés sur des collines et hauts coteaux argilo-calcaires dominant la vallée de la Garonne.

Vingt-quatre mois de cuve pour cet assemblage classique de merlot (60 %) et cabernet-sauvignon. Au nez, une belle intensité autour des épices et des fruits mûrs. En bouche, une attaque douce et ronde, de la matière, de la richesse et une finale plus tannique. Un ensemble bien constitué, que l'on attendra un peu pour plus d'harmonie. ✗ 2017-2020 ✗ gigot d'agneau

☛ *Rivière, Platerue Sud, 33490 Saint-André-du-Bois, tél. 05 56 76 40 19, bernardriviere0065@orange.fr* 🆅 🏇 🛄 *r.-v.*

CH. LES VERGNES 2013 ★		
■ 100 000	🛈	5 à 8 €

Univitis est une coopérative regroupant 230 adhérents et 2 000 ha dans le « grand Sud-Ouest » viticole. Elle propose une large gamme de vins de marque et de propriétés dans une quinzaine d'AOC, auquel s'ajoute le Ch. les Vergnes acquis en 1986 (130 ha près de Sainte-Foy).

Ancien fief royal de Beaulieu, le château les Vergnes fut la propriété du baron de Gargan, qui y effectua les premières expérimentations contre le phylloxéra. Dans le verre, un joli bordeaux au bouquet expressif et complexe d'amande douce, d'épices noires et de thym. En bouche, ce sont les petits fruits rouges qui enveloppent l'attaque. Les tanins se révèlent soyeux et confèrent un caractère délicat à ce vin, malgré une petite fermeté en finale. ✗ 2015-2019 ✗ épaule de veau à la basquaise ■ L'Héritage du Marquis de Greyssac 2013 ★ (- de 5 € ; 100 000 b.) : de fines nuances florales, fruitées et mentholées composent un bouquet élégant. Une élégance que l'on retrouve dans une bouche friande et souple en attaque, soyeuse et tendre dans son développement, égayée par une légère vivacité qui apporte de la longueur et du tonus. ✗ 2015-2018

☛ *SCA Univitis, 1, rue du Gal-de-Gaulle, 33220 Les Lèves-et-Thoumeyragues, tél. 05 57 56 02 02, h.grou@univitis.fr* 🆅 🛄 *t.l.j. sf dim lun 9h-12h30 14h30-19h*

BORDEAUX CLAIRET

Superficie : 925 ha / Production : 52 000 hl

CH. BOURDIEU LAGRANGE Breuil 2014 ★		
■ 20 300	🛈	- de 5 €

Les aïeux d'Alain Bastide ont acheté en 1886 cette maison qui aurait été jadis un relais de chasse du duc d'Épernon. Le vignoble couvre aujourd'hui 40 ha répartis sur plusieurs appellations. Alain Bastide, à sa tête depuis 1990, a été rejoint en 2009 par son fils Nicolas, œnologue.

Ce clairet couleur cerise associe le merlot (75 %) et le malbec. Le nez, fruité et épicé, se révèle expressif et intense. La bouche est bien équilibrée, à la fois souple et légère, ronde et fraîche. ✗ 2015-2016 ✗ crostinis tomate et jambon

☛ *Alain Bastide, Ch. Bourdieu Lagrange, 33410 Monprimblanc, tél. 05 56 62 98 86, sceabastide@hotmail.fr* 🆅 🏇 🛄 *r.-v.*

CH. GRIMONT 2014 ★★		
■ 110 000	🛈	- de 5 €

Grimont, son domaine phare et historique (25 ha acquis en 1959) situé à Quinsac – Sissan sur la commune de Camblanes (22 ha), Montjouan à Bouliac (8 ha) – la famille Yung possède plusieurs crus sur lesquels elle produit des vins depuis trois générations, en AOC régionales et en cadillac-côtes-de-bordeaux.

Les arts avaient autrefois une grande place en ces lieux : le sculpteur et peintre animalier Rosa Bonheur y séjourna souvent lorsque le cru appartenait à son grand-père. En

BORDELAIS

1890, le frère d'Eugène Sue, Paul, en devint propriétaire, et son fils Gabriel s'y adonna lui aussi à la peinture... La vigne est aujourd'hui au centre des activités et donne des vins régulièrement sélectionnés dans ces pages. Ici, un 100 % merlot grenat limpide, intensément bouqueté autour des fruits rouges et des agrumes, à la fois velouté, onctueux et très frais en bouche. Un clairet savoureux et remarquablement harmonieux. ✗ 2015-2017 ❦ hachua de veau

○┐ SCEA Pierre Yung et Fils, Ch. Grimont, 33360 Quinsac, tél. 05 56 20 86 18, info@vignobles-yung.fr

Ⓥ ⓚ ⓣ r.-v.; f. en août

LISE DE BORDEAUX 2014		
■	50 000	î	- de 5 €

L'une des marques de l'importante maison de négoce Cheval Quancard, fondée en 1844 par Pierre Quancard et aujourd'hui présente dans tout le vignoble bordelais.

Merlot (70 %) et cabernet franc sont associés dans ce clairet paré d'une coquette robe rose vif. Si le nez est discret (fruits frais et touches épicées à l'aération), le palais se montre plus prolixe et séduit par son bon volume, sa fraîcheur et son côté légèrement tannique bien dans le ton de l'appellation. ✗ 2015-2016 ❦ grillades

○┐ Pierre Dumontet, ZA La Mouline, 4, rue du Carbouney, BP 36, 33565 Carbon-Blanc Cedex, tél. 05 57 77 88 88 Ⓥ ⓚ ⓣ r.-v.

♥ MARQUIS DE GÉNISSAC 2014 ★★		
■	12 000	î	- de 5 €

Une coopérative de l'Entre-deux-Mers résultant de la fusion en 2009 de la cave de Génissac, fondée en 1936, et de celle de Saint-Pey-de-Castets, créée en 1949. La nouvelle structure dispose d'un millier d'hectares cultivé par ses adhérents.

Une valeur sûre de l'appellation que ce Marquis de Génissac, déjà coup de cœur l'an dernier sur le millésime 2013. Dans sa version 2014, ce pur merlot livre à l'olfaction un large éventail d'arômes : cassis, grenadine, fraise des bois... Dans la continuité et avec autant d'intensité, le palais se révèle gourmand à souhait, suave (5 g/l de sucres résiduels) et rond sans lourdeur grâce à une fine acidité qui lui apporte de la vigueur et de l'allonge. Un clairet des plus harmonieux, que l'on pourra même attendre un peu. ✗ 2015-2018 ❦ thon basquaise

○┐ SCA Vignerons de Saint-Pey-Génissac, 180, rue de la Cave-Coopérative, 33420 Génissac, tél. 05 57 55 55 65, cave.genissac@vigneronsdesaintpey-genissac.fr Ⓥ ⓚ ⓣ t.l.j. sf dim. 9h-12h 14h-18h

CH. PENIN 2014 ★		
■	65 000	î	5 à 8 €

L'une des valeurs sûres des appellations régionales, avec plusieurs coups de cœur à son actif. Un cru de 40 ha établi sur un terroir de graves, sur la rive gauche de la Dordogne, face à Saint-Émilion. Fondé par la famille Carteyron en 1854, il est dirigé par Patrick, œnologue de métier, depuis 1982.

Patrick Carteyron aime à dire que « le clairet est un vin de terroir et non un sous-produit de vinification en rouge ». Ses nombreuses sélections dans ces pages ont maintes fois confirmé ses dires. Ici, un 100 % merlot couleur framboise, né sur un sol argilo-limono-sableux, qui déploie au nez une fine palette de fruits (mûre, cerise, cassis) mâtinée de nuances florales. La bouche confirme les bonnes sensations olfactives et séduit par sa souplesse, son charnu et sa fraîcheur. Un clairet aérien. ✗ 2015-2016 ❦ poulet tandoori

○┐ Patrick Carteyron, Ch. Penin, 39, impasse Couponne, 33420 Génissac, tél. 05 57 24 46 98, vignoblescarteyron@orange.fr Ⓥ ⓚ ⓣ t.l.j. sf dim. 8h30-12h 14h-18h; sam. sur r.-v.

CH. QUEYSSARD 2014 ★		
■	6 000		- de 5 €

Implantés depuis 1890 dans l'Entre-deux-Mers, les vignobles Massé forment un bel ensemble de 70 ha, dont 55 de vignes, répartis sur plusieurs propriétés : Terrefort Bibonne, le fief historique de la famille, à Saint-Loubès, Queyssard, acquis en 1953 à Pompignac, et La Tour Gueyraud, acheté en 1999 à Sainte-Eulalie.

Ce pur merlot rouge cerise livre des parfums de... cerise et de réglisse. En bouche, il attaque sur la fraîcheur, avant d'évoluer vers le gras et la rondeur, avec le fruit toujours bien présent. Un ensemble gourmand et équilibré. ✗ 2015-2016 ❦ tomates farcies

○┐ Vignobles Massé, 17 av. du Périgord, Ch. Queyssard, 33370 Pompignac, tél. 05 57 34 11 38, contact@vignobles-masse.com Ⓥ ⓚ ⓣ r.-v.

CH. TURCAUD 2014 ★★		
■	22 000	î	5 à 8 €

Un cru de 50 ha fondé en 1973 par Simone et Maurice Robert, conduit avec le même talent depuis 2009 par leur fille Isabelle et son époux Stéphane Le May. Abandon progressif du désherbage chimique, rendements limités, approche parcellaire pour chaque cuvée : un travail de précision au service des AOC régionales et des entre-deux-mers.

Merlot et cabernet franc à parts égales (40 % chacun), associés au cabernet-sauvignon pour ce clairet couleur framboise, qui s'ouvre à l'aération sur des notes fraîches et délicates d'agrumes et de fruits rouges. On retrouve les fruits (fraise, framboise) avec intensité dans une bouche ample et très tonique, qui ne manque ni de rondeur ni de longueur. Parfaitement dans le ton de l'appellation. ✗ 2015-2017 ❦ bœuf au poivron

○┐ Vignobles Robert, Ch. Turcaud, 1033, rte de Bonneau, 33670 La Sauve, tél. 05 56 23 04 41, chateau-turcaud@wanadoo.fr Ⓥ ⓚ ⓣ r.-v.

BORDEAUX ROSÉ		

CH. DES ANTONINS 2014		
■	12 000	î	- de 5 €

Geoffroy de Roquefeuil a renoué à partir de 1985 avec la tradition viticole des Antonins, frères hospitaliers de Saint-Antoine qui occupèrent cet ancien couvent du XIIIᵉ au XVIIIᵉs., et a progressivement reconstitué le domaine monastique (27 ha aujourd'hui). Le domaine fait partie de l'Association des vins d'abbayes.

Issu d'une dominante de cabernet-sauvignon (70 % aux côtés du merlot), ce rosé pâle livre un joli bouquet de fruits rouges et de fleurs. La bouche, à l'unisson, se révèle vive, fine et de bonne longueur. ✗ 2015-2016 ✲ salade niçoise

☛ Geoffroy de Roquefeuil, Le Couvent, 33190 Pondaurat, tél. 05 56 61 00 08, roquefeuil@chateau-des-antonins.com Ⓥ 🏃 🎒 r.-v. 🏠 Ⓔ

BARON DE LESTAC 2014 ★

| ▣ | 300 000 | 🍷 | - de 5 € |

Fondé à Bordeaux en 1949 par neuf frères et sœurs, le groupe Castel a connu une croissance considérable, devenant le premier producteur de vin en France, le troisième dans le Monde, avec un empire qui s'étend de Bordeaux au continent africain. Outre ses nombreuses marques, il possède une vingtaine de propriétés sur l'ensemble du vignoble français.

Marque phare du géant Castel, ce Baron de Lestac associe quantité, qualité et prix doux. Dans le verre, un rosé saumoné et brillant, au nez bien ouvert sur la réglisse, les fleurs blanches et les agrumes. Le palais est à la fois très intense et fin, tendre et frais (notes de menthe poivrée), parfaitement équilibré. Un rosé de plaisir qui ne manque pas de caractère. ✗ 2015-2016 ✲ empanadas au bœuf

☛ Castel Frères, 21-24, rue Georges-Guynemer, 33290 Blanquefort, tél. 05 56 95 54 00, c.martin@castel-freres.com

CH. LA GABARRE 2014 ★★

| ▣ | 20 000 | 🎒 | - de 5 € |

Stéphane Gabard a repris en 1999 avec son épouse Paola la propriété familiale établie dans la vallée de l'Isle, au nord de Fronsac. Son vignoble de 41 ha est dédié aux appellations régionales, qu'il propose sous diverses étiquettes.

Ce vin à dominante de cabernet (45 % sauvignon, 20 % franc) a frôlé le coup de cœur. La robe est attirante, d'un seyant rose vif. Le nez est tout aussi engageant, porté sur les fruits rouges (fraise, framboise) agrémentés d'une touche minérale. Suivant la même ligne aromatique intense, la bouche se révèle ample, dense, charnue et fraîche à la fois. Un rosé gourmand et harmonieux. ✗ 2015-2016 ✲ calamars à l'armoricaine

☛ EARL Vignobles Gabard, 25, rte de Cavignac, 33133 Galgon, tél. 05 57 74 30 77, vignobles.gabard@laposte.net Ⓥ 🏃 🎒 r.-v.

CH. DE GARDEGAN 2014 ★

| ▣ | 14 000 | 🎒 | 5 à 8 € |

Ce cru, qui n'avait plus connu de vendange depuis les années 1980, a été acquis en 2010 par François-Thomas Bon sa compagne. Entre 2012 et 2014, les chais ont été rénovés, le vignoble agrandi, pour atteindre aujourd'hui 11 ha (en cours de conversion bio).

Un nouveau venu dans le Guide et une belle entrée en matière avec ce rosé de pur merlot. Un vin à la robe soutenue, très fruité au nez (fraise, groseille), un brin épicé, tout aussi aromatique en bouche, rond, ample et séveux. ✗ 2015-2016 ✲ saltimbocca

☛ EARL Persevero, Ch. la Grâce Fonrazade, rte de Jaqueneau, 33330 Saint-Émilion, tél. 06 70 02 81 67, persevero@lagracefonrazade.com Ⓥ 🏃 🎒 r.-v. 🏠 Ⓔ ☛ Bon François-Thomas

DOM. DE GRAVA 2014

| ▣ | 10 000 | 🎒 | - de 5 € |

La famille Fonteyraud exploite la vigne depuis 1929 dans la commune de Verdelais. C'est depuis 2009 Thomas (quatrième génération) qui est aux commandes, à la tête d'un vignoble de 19,5 ha sur lequel il produit des sainte-croix-du-mont (Dom. du Tich) et des vins d'appellations régionales (Dom. de Grava).

Mi-cabernet franc mi-merlot, ce 2014 rose vif livre un bouquet discret mais plaisant de fruits frais (groseille) et de bonbon anglais. La bouche se montre ronde et suave, une fine fraîcheur lui apportant un surcroît de tonus. ✗ 2015-2016 ✲ tajine de poulet

☛ Thomas Fonteyreaud, 17, Mouliatte, Domaines Tich et Grava, 33490 Verdelais, tél. 06 30 82 43 57, t73fc72b@gmail.com Ⓥ 🏃 🎒 r.-v.

CH. GUITERONDE 2014 ★

| ▣ | 8 000 | 🎒 | 5 à 8 € |

L'ordre des religieuses des Annonciades, fondé en 1501 par Jeanne de Valois, reine de France (épouse de Louis XII), possédait les terres de Guiteronde au XVIᵉs. L'histoire raconte que ce sont ces religieuses qui ont créé le fameux cannelé bordelais. Depuis 2005, une nouvelle équipe dirigeante est aux commandes d'un vignoble de 14 ha, situé aux portes de Bordeaux, à Villenave d'Ornon.

Les deux cabernets sont associés à parts égales dans ce vin pâle et brillant, agréablement fruité et anisé à l'olfaction. Une bonne attaque, franche et alerte, prélude à un palais bien équilibré, à la fois rond, tendre et frais. Un rosé élégant. ✗ 2015-2016 ✲ carpaccio de bœuf

☛ SCEA du Ch. Guiteronde, chem. de Guiteronde, 33140 Villenave-d'Ornon, tél. 05 56 87 73 20, agnes.nguyen milley@derichebourg.com Ⓥ 🏃 🎒 r.-v.

♥ CH. LALANDE-LABATUT 2014 ★★

| ▣ | 15 000 | 🎒 | 5 à 8 € |

Régis Falxa et sa sœur Isabelle ont repris en 2005, à la suite de leur père, ce domaine familial de 44 ha, constitué du Ch. Lalande-Labatut, régulièrement sélectionné pour ses entre-deux-mers, et du Ch. les Gauthiers.

Plus souvent en vue pour ses blancs et ses rouges, le domaine montre ici tout son savoir-faire en rosé. Un rosé à dominante de merlot (70 %, avec le cabernet-sauvignon en appoint), en robe « tendance », pâle et cristalline. Le nez, tout en finesse, associe nuances florales (rose, acacia) et fruitées (agrumes, fruits rouges). La bouche offre beaucoup de matière, de gras et de rondeur, sans jamais céder à la lourdeur, sous-tendue par une fraîcheur bien sentie. Un rosé tendre, équilibré et très élégant. ✗ 2015-2017 ✲ carpaccio de veau au thon

BORDELAIS

☛ *SCEA Vignobles Falxa, 38, chem. de Labatut, 33370 Sallebœuf, tél. 05 56 21 23 18, info@ lalande-labatut.fr* Ⓥ 🎿 🏠 *t.l.j. 9h-12h30 15h-19h30*

CH. LAMOTHE-VINCENT 2014 ★

| ■ | 45 000 | 🍷 | 5 à 8 € |

Un vaste cru de 92 ha dans l'Entre-deux-Mers, fondé en 1920 par les arrière-grands-parents. Ses atouts : un chai très moderne et les compétences complémentaires de Christophe Vincent (aux vignes) et de Fabien (au chai). Saint Vincent les inspire, dit-on, mais ce sont plutôt leur formation technique poussée et leur exigence qui font de ce domaine une référence en bordeaux et bordeaux supérieur.

Issu d'une majorité de cabernet (les deux variétés à parts égales : 40 %), ce 2014 séduit d'emblée par ses parfums intenses de fruits rouges, cerise en tête. Le palais se montre riche, puissant, suave et tout aussi fruité. Un rosé harmonieux, qui évolue dans le registre de la douceur plutôt que celui de la fraîcheur. ✗ 2015-2016 🍴 tarte aux fraises
☛ *SCEA Vignobles Vincent, 3, chem. Laurenceau, 33760 Montignac, tél. 05 56 23 96 55, info@ lamothe-vincent.com* Ⓥ 🎿 *r.-v.*

CH. LARROQUE 2014

| ■ | 32 100 | 🍷 | 5 à 8 € |

En 1858, la famille Ducourt s'établit au château des Combes, à Ladaux, petit village au sud-est de Bordeaux. C'est sous l'impulsion d'Henri Ducourt, installé en 1951 et relayé depuis par ses enfants et petits-enfants, que le vignoble familial prend son essor, pour atteindre aujourd'hui 440 ha répartis sur treize châteaux dans l'Entre-deux-Mers et le Saint-Émilionnais. Un ensemble dirigé par Philippe Ducourt depuis 1980.

Rose pâle et limpide, la robe de ce 2014 est attrayante. Le nez l'est tout autant par son fruité soutenu et frais (cerise, agrumes). Un fruité auquel on goûte un palais frais, fin et de bonne longueur. ✗ 2015-2016 🍴 assiette de charcuterie
☛ *Vignobles Ducourt, 18, rte de Montignac, 33760 Ladaux, tél. 05 57 34 54 00, ducourt@ducourt.com* Ⓥ 🎿 *r.-v.* ☛ Mme Boyer de la Giroday

---

CH. MERLET Les Collines fleuries 2014 ★

| ■ | 80 000 | 🍷 | - de 5 € |

Acteur important de la place de Bordeaux, Cordier-Mestrezat Grands Crus est né en 2000 de la fusion de deux vénérables maisons de négoce bordelaises : la maison Cordier, fondée en 1886 par Désiré Cordier, et la maison Mestrezat, créée en 1815.

Paré d'une robe soutenue, ce rosé livre un bouquet intense de fruits noirs et rouges agrémentés de nuances florales (violette). Un même fruité exubérant caractérise la bouche, fraîche, minérale, dynamique et ample. Un bel ensemble, harmonieux et fringant. ✗ 2015-2017 🍴 friture de chipirons
☛ *Grands Crus Cordier-Mestrezat, 109, rue Achard, BP 154, 33042 Bordeaux Cedex, tél. 05 56 11 29 00, contact@cordier-mestrezat.com*

Ⓑ CH. MOULIN DE RIOUCREUX 2014

| ■ | 3 000 | 🍷 | 8 à 11 € |

Un domaine dans la même famille depuis le XVIIIe s. Guillaume Guérin, après avoir vinifié en Nouvelle-Zélande

et au Portugal, a pris la suite de ses parents en 2014. Il conduit 23 ha de vignes (en bio certifié) en AOC régionales, blaye-côtes-de-bordeaux et côtes-de-bourg. Un rosé original né de jeunes ceps de malbec (dix ans). La robe est rose-orangé légèrement tuilé, le nez intense et très fruité (agrumes, fruits rouges). À l'unisson, la bouche évolue dans le registre de la souplesse et de la fraîcheur. Simple et tonique. ✗ 2015-2016 🍴 curry de légumes
☛ *Guillaume Guérin, 2 Moulin de Rioucreux, 33920 Saint-Christoly-de-Blaye, tél. 06 22 85 00 05, guillaumeguerin@gmail.com* Ⓥ 🎿 🏠 *r.-v.*

DOM. DE L'OMBRIÈRE 2014

| ■ | 4 000 | 🍷 | 5 à 8 € |

Cinq générations se sont succédé sur ce domaine du Bourgeais conduit par Jean Bost depuis 1986 : 8,5 ha, dont un tiers planté en sauvignon. Les rares côtes-de-bourg blancs sont ici mis en avant. Autre étiquette : Dom. de l'Ombrière, dédié au bordeaux rosé.

Ce rosé en robe légère dévoile un joli nez floral et fruité (pamplemousse, fraise écrasée). Une attaque franche introduit un palais lui aussi bien fruité, frais et assez long. Un vin simple et de bonne tenue. ✗ 2015-2016 🍴 champignons à la grecque
☛ *Jean Bost, Le Poteau, 33710 Teuillac, tél. 06 57 64 30 58, jean-bost@orange.fr*

CH. PEYCHAUD Un Air d'été 2014

| ■ | 12 000 | 🍷 | - de 5 € |

Cette propriété située sur les communes d'Ambarès et Montferrand est dans la même famille depuis sa construction en 1630 par le marquis de Fayet. C'est l'amiral de Dompierre d'Hornoy, ministre de la Marine au XIXe s., qui créera l'étiquette bleue ornant toujours les bouteilles du domaine. Étiquette reprise par son descendant Jacques de Pontac, installé en 1980 et décédé en 2012. Ce sont aujourd'hui ses filles, Slanie et Élisabeth, qui conduisent ce vignoble de 28 ha.

Une robe rose pâle habille ce 2014 à dominante de merlot, aromatique à souhait, fruité et amylique. Souple et fraîche, la bouche est à l'avenant. Un rosé d'une aimable simplicité, expressif et équilibré. ✗ 2015-2016 🍴 grillades
☛ *Jacques de Pontac - Ch. Peychaud, chem. de Peychaud, 33440 Ambarès-Lagrave, tél. 05 56 38 80 55, peychaud@chateau-peychaud.com* Ⓥ 🎿 🏠 *r.-v.*

CH. PICONAT 2014

| ■ | 20 000 | 🍷 | - de 5 € |

Établi au cœur de l'Entre-deux-Mers, au pied de la butte de Launay, ce vignoble familial depuis quatre générations s'étend sur 50 ha. Il est dirigé depuis 2003 par Christophe Guicheney. Une partie de la production est cédée au négoce, au Ch. Grand Plantey, le reste est vendu en direct sur l'exploitation sous l'étiquette Piconat.

Issu des deux cabernets (avec une dominante de la version sauvignon), ce 2014 rose soutenu livre des senteurs complexes de menthol, de brioche, de fruits rouges et de violette. Une légère trame tannique soutient le palais, vif et tonique, où l'on retrouve les notes florales et fruitées de l'olfaction. ✗ 2015-2016 🍴 langoustines à la tomate

☛ *EARL Comin-Guicheney, 3, Piconnat, 33790 Soussac, tél. 05 56 61 33 97, christophe.guicheney@orange.fr* Ⓥ 🏃 ♨ *r.-v.*

CH. PIERRAIL 2014		
■	9 200	î	5 à 8 €

Aux confins du Bergeracois, un vrai château (XVIIe s., tours carrées, toiture à la Mansart) devenu un grand château du vin depuis que la famille Demonchaux, qui l'a acquis en 1970, préside à sa destinée. Incontournable en bordeaux supérieur, très sûr aussi en bordeaux rouge ou blanc.

Quelques reflets orangés ornent la robe de ce pur cabernet-sauvignon, signe qu'il ne faudra pas trop attendre pour le déboucher. Au nez, on apprécie son caractère frais et fruité (nèfle, fraise). En bouche, le vin se révèle souple et friand, offrant un bon équilibre fruit-gras-acidité. Gourmand. ✗ 2015-2016 ♟ jambon Serrano

☛ *EARL Ch Pierrail, Ch. Pierrail, 33220 Margueron, tél. 05 57 41 21 75, alice.pierrail@orange.fr* Ⓥ 🏃 ♨ *r.-v.*

CH. LES PLANQUETTES 2014		
■	1 000		- de 5 €

Un domaine familial repris en 1986 par Francis Lagarde, quatrième du nom à exploiter ce vignoble de 12 ha.

Le seul merlot est à l'œuvre dans ce rosé tirant vers le clairet par sa teinte soutenue. Au nez, les fruits frais se mêlent classiquement à quelques notes amyliques. En bouche, on retrouve le fruit, frais et croquant, aux tonalités de cerise et de framboise. Un vrai rosé-plaisir à boire sans chichi sous la tonnelle. ✗ 2015-2016 ♟ jambon cru et melon

☛ *Francis Lagarde, Les Planquettes, 33240 Cubzac-les-Ponts, tél. 06 72 38 33 44, lesplanquettes@aol.com* Ⓥ 🏃 ♨ *r.-v.*

CH. DE RICAUD 2014		
■	10 000	î	5 à 8 €

Alain Thiénot (groupe CVGB, Canard-Duchêne...) a repris en 1980 ce domaine commandé par un vrai château de conte de fées (tours crénelées, gargouilles...) datant du XVe s. et restauré au XIXe s. par Viollet-le-Duc. Depuis 2007, les équipes de la maison Dourthe, intégrée au groupe Thiénot, sont en charge des vins.

Ce rosé très pâle – « tendance Provence », précise un dégustateur – livre des parfums plaisants de fruits rouges mâtinés de nuances pâtissières. Au diapason, la bouche se montre souple et vive, pas très longue, mais fringante. ✗ 2015-2016 ♟ crostinis tomate et jambon

☛ *Ch. de Ricaud, Rte de Sauveterre, 33410 Loupiac, tél. 05 56 35 53 00, contact@dourthe.com r.-v.*

CH. TOUR DE MIRAMBEAU Réserve 2014 ★		
■	42 000	î	8 à 11 €

Installé dans l'Entre-deux-Mers sur un plateau calcaire et veillé par une vénérable tour se dessant au milieu des plus vieilles vignes de la famille, c'est le domaine historique de la famille Despagne, à la tête de nombreux crus et d'un vaste ensemble de 300 ha. Une valeur sûre.

Une belle robe rose clair, limpide et fraîche habille ce vin dominé par le cabernet-sauvignon (15 % de merlot en appoint). Le nez se révèle élégant, centré sur les fruits rouges nuancés d'épices. Une fine acidité sous-tend le palais, ample et dynamique, jusqu'à la finale, longue et fruitée. Un beau classique. ✗ 2015-2016 ♟ artichauts à la barigoule ■ Mont-Pérat Les Amants de Mont-Pérat 2014 ★ (8 à 11 € ; 7 000 b.) : si le nez se montre plutôt réservé (quelques notes fruitées pointent à l'agitation), la bouche offre plus de répondant, dans un registre rond, gras et chaleureux, équilibré par une juste fraîcheur. ✗ 2015-2017

☛ *SCEA de la Rive droite, 2, Le Touyre, 33420 Naujan-et-Postiac, tél. 05 57 84 55 08, contact@despagne.fr* Ⓥ 🏃 ♨ *r.-v.*

LOUIS VALLON 2014 ★★		
■	105 000	î	- de 5 €

Créée en 2007 dans l'Entre-deux-Mers, l'Union de Guyenne regroupe les coopératives de Saint-Pey-Génissac et de Sauveterre-Blasimon. Elle a le double statut de récoltant et de négociant.

Un beau rose pâle habille ce vin à dominante de cabernet franc (70 %), délicatement bouqueté autour des petits fruits rouges frais et des fleurs blanches. Ce caractère raffiné se prolonge dans une bouche parfaitement équilibrée, ni trop riche ni trop vive, longue et subtile. ✗ 2015-2017 ♟ crevettes au safran

☛ *Union de Guyenne, 15, Le Bourrassat, 33540 Sauveterre-de-Guyenne, tél. 05 56 71 10 04, p.mondin@uniondeguyenne.fr* Ⓥ 🏃 ♨ *t.l.j. sf dim. lun. 9h-12h 14h-18h*

CH. VERMONT Tradition 2014 ★		
■	30 000	î	5 à 8 €

Commandée par un ravissant château du XIXe s. entouré de 40 ha de vignes, cette propriété de l'Entre-deux-Mers appartient à la même famille depuis les années 1880. C'est depuis 2010 la quatrième génération – Élisabeth et son mari David Labat – qui est aux commandes.

Ce pur cabernet franc paré de rose pâle dévoile un nez élégant de fruits rouges et de cassis. Suivant la même ligne aromatique, la bouche se révèle douce, fine et délicate, s'étirant dans une longue finale portée par de beaux amers. ✗ 2015-2017 ♟ saumon gravlax

☛ *EARL Ch. Vermont, Lieu-dit Vermont, 33760 Targon, tél. 05 56 23 90 16, chateauvermont@chateau-vermont.fr* Ⓥ 🏃 ♨ *r.-v.*

CH. LA VERRIÈRE 2014 ★★		
■	10 000	î	- de 5 €

Un domaine créé en 1900 aux confins du Lot-et-Garonne, propriété des Bessette depuis plusieurs générations. Restructuré dans les années 1960 par André Bessette, relayé à partir de 1999 par son fils Alain, ce cru de 60 ha s'est imposé comme une référence en appellations régionales.

La robe est « tendance », comprenez pâle et brillante. Au nez, des parfums d'orange sanguine se mêlent aux fruits rouges (fraise, groseille). Une intensité aromatique que prolonge avec persistance un palais franc, frais et tonique. Un vin très harmonieux et revigorant. ✗ 2015-2017 ♟ crevettes sauce au pamplemousse

☛ *EARL André Bessette, 8, La Verrière, 33790 Landerrouat, tél. 05 56 61 39 56, alainbessette@orange.fr* Ⓥ 🏃 ♨ *r.-v.*

BORDEAUX BLANC

Superficie : 6 740 ha / Production : 418 650 hl

CH. AMANIEU D'ALBRET
Cuvée de la Demoiselle 2014

| | 3 000 | | 5 à 8 € |

Ce petit vignoble de 10 ha, implanté sur la rive droite de la Garonne, dans les hauteurs de Cadillac, doit son nom au sire d'Albret, puissant seigneur gascon au XIVᵉs. L'ancien propriétaire Jean-Marie Faure l'a vendu en 2012 à l'industriel anglais Tim Richardson, qui lui a laissé la gestion du cru.

Les deux sauvignons (blanc et gris) à parts égales sont associés au sémillon (10 %) dans ce blanc agréable dès l'olfaction : agrumes, et note miellée. Des arômes que prolonge avec générosité un palais gras et chaleureux, plus frais dans sa finale, aux accents mentholés. ✗ 2015-2019 ♈ parmentier de la mer

☛ SCEA Vignoble Damanieu, 9, Damanieu-Nord, 33410 Cardan, tél. 06 21 64 79 74, contact@damanieu.fr
🅥 🎿 🏋 r.-v.

CH. DES ANTONINS 2014 ★

| | 20 000 | | 5 à 8 € |

Geoffroy de Roquefeuil a renoué à partir de 1985 avec la tradition viticole des Antonins, frères hospitaliers de Saint-Antoine qui occupèrent cet ancien couvent du XIIIᵉ au XVIIIᵉs., et a progressivement reconstitué le domaine monastique (27 ha aujourd'hui). Le domaine fait partie de l'Association des vins d'abbayes.

Les hospitaliers de Saint-Antoine acquirent une solide réputation en Europe en soignant les pèlerins souffrant d'ergotisme (épidémie du seigle infecté, appelé aussi « feu de saint Antoine » ou « maladie des Ardents ») grâce à un « saint vinage », miraculeux mélange de vin et de plantes. Les seules plantes à l'origine de ce 2014 sont le sauvignon (70 %) et le sémillon. Dans le verre, un vin bien équilibré, expressif (agrumes, fruit de la Passion, abricot), ample, frais, soyeux et long. ✗ 2015-2018 ♈ rillettes de saumon

☛ Geoffroy de Roquefeuil, Le Couvent, 33190 Pondaurat, tél. 05 56 61 00 08, roquefeuil@chateau-des-antonins.com 🅥 🎿 🏋 r.-v. 🏠 🅔

ARGADENS 2014 ★★

| | 27 000 | | 5 à 8 € |

Sur l'une des croupes les plus hautes de la région, à Saint-André-du-Bois, s'étend cette propriété de 40 ha d'un seul tenant. Elle a été acquise en 2002 par la maison de négoce Sichel, fondée en 1883 et restée familiale (également propriétaire des Ch. Palmer, Angludet et Trillol dans les Corbières). Les frères Sichel l'ont renommée Argadens en référence à la famille noble fondatrice du domaine au XIIIᵉs.

Ce 2014 fut proposé au grand jury des coups de cœur. Ses atouts : une robe limpide et étincelante ; un bouquet fin et intense de fruits blancs et de citron ; une bouche à l'unisson, franche, fraîche et souple, sans manquer ni de gras ni de longueur. Un vin très équilibré en somme. ✗ 2015-2018 ♈ saumon au beurre blanc ■ Sirius 2014 ★

(5 à 8 € ; 80 000 b.) : une cuvée issue de la partie négoce, mi-sauvignon mi-sémillon. Un vin séduisant par son nez fin de citron vert et par sa bouche élégante, tonique et fruitée. ✗ 2015-2017

☛ Maison Sichel, 19, quai de Bacalan, 33000 Bordeaux, tél. 05 56 11 16 60

BEAU MAYNE 2014 ★

| | 200 000 | 🏺 | 5 à 8 € |

Célèbre négoce fondé en 1840 par Pierre Dourthe, propriétaire de plusieurs crus (Belgrave en haut-médoc, Le Boscq en saint-estèphe, Rahoul en graves, Grand Barrail Lamarzelle Figeac en saint-émilion grand cru...) et élaborateur de vins de marque de qualité (Dourthe N°1, La Grande Cuvée, Terroirs d'exception). Une valeur sûre restée étroitement liée au Médoc, intégrée depuis 2007 au groupe familial champenois Alain Thiénot.

Au nez, des fruits mûrs, de l'amande douce et quelques notes typées de buis. En bouche, une fraîcheur acidulée qui confère de la tension et du dynamisme. Une belle expression du sauvignon, seul cépage à l'œuvre dans ce vin. ✗ 2015-2017 ♈ cabillaud aux zestes de citron ■ Dourthe n°1 2014 (5 à 8 € ; 600 000 b.) : vin cité. ✗ 2015-2017

☛ Dourthe, 35, rue de Bordeaux-Parempuyre, CS 80004, 33295 Blanquefort Cedex, tél. 05 56 35 53 00, contact@dourthe.com

LE MOELLEUX DE BENEYT 2014 ★★

| | 6 000 | 🏺 | - de 5 € |

Perpétuant le domaine familial, Joël Vrignaud (cinquième génération) est installé depuis 1994. Il exploite 12 ha de vignes sur les coteaux escarpés de la rive droite de la Garonne, dans l'aire des cadillac-côtes-de-bordeaux.

Une rareté dans cette sélection : un moelleux (25 g/l de sucres résiduels) issu des sauvignons blanc (80 %) et gris. Un vin charmeur en diable par sa robe pâle et limpide comme par son bouquet fin d'agrumes mûrs, de kiwi et de fleurs blanches, vivifié par une touche mentholée. Une sensation d'élégance que l'on retrouve dans un palais à la fois suave, rond et frais, stimulé par une fine trame saline et fruitée (agrumes). Un moelleux aérien, modèle d'équilibre. ✗ 2015-2018 ♈ nems aux crevettes ■ Ch. Beneyt Sauvignon 2014 ★ (- de 5 € ; 8 000 b.) : un 100 % sauvignon blanc, au bouquet élégant de tilleul et d'acacia, ample et fruité en bouche, bien épaulé par une fine vivacité. ✗ 2015-2017 ■ Ch. Beneyt Grande Réserve 2014 (8 à 11 € ; 2 000 b.) : vin cité. ✗ 2015-2017

☛ Joël Vrignaud, 2, les Graves-Ouest, 33410 Rions, tél. 06 09 28 59 54, joelvrignaud@orange.fr
🅥 🎿 🏋 r.-v. 🏠 🅑

CH. DE BONHOSTE 2014

| | 29 000 | 🏺 | 5 à 8 € |

Sylvaine et Yannick Fournier ont pris en 2005 la suite de leurs parents, Bernard et Colette, qui ont constitué leur domaine en 1977 à partir de vignes familiales : 66 ha aujourd'hui, dont une petite partie en Bergeracois. Bonhoste, en Gironde, est implanté sur la rive gauche de la Dordogne, en face de Saint-Émilion. La cave est creusée dans la roche et l'exploitation certifiée Haute qualité environnementale.

Issu de sauvignon (60 %), de sémillon (30 %) et de muscadelle, ce blanc livre un bouquet complexe d'acacia, d'amande et d'agrumes, agrémenté d'une touche minérale de silex. La bouche se montre bien équilibrée, à la fois ronde, souple et fraîche. ✗ 2015-2017 ♈ sole meunière

⊶ Fournier, Ch. de Bonhoste,
33420 Saint-Jean-de-Blaignac, tél. 05 57 84 12 18,
contact@chateaudebonhoste.com
Ⅴ ⚒ ⚑ t.l.j. 8h30-18h30

CH. DE BOUCHET		
La Rentière 2014		
24 000	ⓘ	5 à 8 €

Issu de la célèbre et nombreuse lignée vigneronne des Lurton, Marc Lurton (fils de Dominique), œnologue de l'université de Bordeaux et consultant international, conduit le Ch. Reynier et le Ch. de Bouchet, acquis en 1901 par son arrière-grand-père Léonce Récapet. Le vignoble couvre 40 ha à Grézillac, dans l'Entre-deux-Mers.

Sauvignon (60 %), sémillon et une pointe de muscadelle composent ce vin au nez typé d'agrumes et de buis. Une attaque vive introduit un palais expressif, gourmand et frais. Un bon classique. ✗ 2015-2017 ♈ poisson sauce agrumes

⊶ Vignobles Marc et Agnès Lurton, Ch. Reynier,
33420 Grézillac, tél. 05 57 84 52 02,
marc.lurton@wanadoo.fr Ⅴ ⚒ ⚑ r.-v.

CHEVAL QUANCARD		
Réserve 2014 ★		
25 000	⫿⫿⫿	5 à 8 €

Propriétaire de nombreux crus et acteur majeur du négoce bordelais, Cheval Quancard a été fondé par Pierre Quancard en 1844, sous le nom de Quancard et Fils. La maison est toujours dirigée par ses descendants.

Un joli nez, fin et expressif, ouvre la dégustation sur des notes de fruits blancs, de beurre, de pain d'épice et de toasté. Portée par un boisé ajusté qui lui apporte un surcroît de structure et de complexité, la bouche offre du gras et du volume, une juste vivacité venant stimuler la finale. Un blanc bien élevé. ✗ 2015-2019 ♈ poulet à la crème
■ Cellier de Bordes 2014 (- de 5 € , 25 000 b.) : vin cité
✗ 2015-2017

⊶ Cheval Quancard, ZI la Mouline,
4 rue du Carbounet - BP 36, 33565 Carbon-Blanc Cedex,
tél. 05 57 77 88 88, chevalquancard@
chevalquancard.com Ⅴ ⚒ ⚑ r.-v.

CLOS DES LUNES		
Lune d'argent 2013 ★★		
n.c.	ⓘ ⫿⫿	11 à 15 €

Olivier Bernard, propriétaire de l'excellent domaine de Chevalier, en pessac-léognan, a acquis en 2011 33 ha de vignes entre Bommes et Sauternes, sur lesquels il cultive de vieux plants de sémillon (70 %, le sauvignon en complément), avec l'ambition de produire de grands blancs (secs essentiellement) de terroir (graves profondes).

Une première sélection dans le Guide pour ce jeune domaine, et déjà la reconnaissance de nos dégustateurs : l'expérience de l'équipe de Chevalier est un atout certain. Vendanges manuelles par tries successives, différents lots

de l'assemblage élevés en cuves et en barrique (25 %), cette Lune d'argent bénéficie de soins attentifs. Le résultat est un vin complexe, qui associe au nez des arômes de fleurs blanches, de fruits blancs mûrs, de miel et de pierre à fusil. Une complexité que prolonge un palais dense et ample, remarquable par son équilibre entre richesse et fraîcheur, entre fruité et boisé. ✗ 2015-2019 ♈ poulet à l'estragon

⊶ Dom. de Chevalier, Clos des Lunes,
Lieu-dit Caplane, 33210 Sauternes, tél. 05 56 64 16 16,
olivierbernard@closdeslunes.com

| CH. CRABITAN BELLEVUE 2014 | | |
| 12 000 | ⓘ | - de 5 € |

Belle unité de 42 ha implantée sur les coteaux sud dominant la rive droite de la Garonne, ce domaine de la famille Solane (aujourd'hui Nicolas) est présent dans plusieurs appellations avec différents types de vins, mais son cœur bat pour le sainte-croix-du-mont.

D'abord un peu fermé, le nez de ce 2014 à dominante de sauvignon (10 % de muscadelle en complément) s'ouvre à l'agitation sur le pamplemousse, la mangue et le buis. On retrouve les agrumes dans une bouche souple, vive et plaisante. Un blanc friand. ✗ 2015-2017 ♈ salade de la mer

⊶ GFA Bernard Solane et Fils, 1, Crabitan,
33410 Sainte-Croix-du-Mont, tél. 05 56 62 01 53,
crabitan.bellevue@orange.fr Ⅴ ⚒ ⚑ t.l.j. 8h-12h
14h-18h; sam. dim sur r.-v.

Ⓑ CH. LA CROIX DE ROCHE		
Collection privée 2014 ★		
2 000	⫿⫿⫿	8 à 11 €

Situé en Libournais sur un plateau argilo-sableux dominant la rive droite de l'Isle, le cru a été acquis en 1981 par Isabelle et François Maurin. Après avoir vinifié en Afrique du Sud et au Liban, leur fils Raphaël les a rejoints en 2002. Les 20 ha de vignes sont conduits en bio certifié.

Les deux sauvignons (blanc et gris) et le sémillon sont assemblés par tiers dans cette cuvée élevée huit mois en barrique. Barrique qui marque nettement de son empreinte le premier nez, avant que n'apparaissent des notes plus variétales d'agrumes et de buis. La bouche est corsée, ample et séveuse, sous-tendue par une intense trame minérale qui apporte de la tension. Un style graves de garde, précise un dégustateur. ✗ 2016-2020 ♈ tajine de lotte au fenouil

⊶ EARL la Croix de Roche, 17, rte de Marze,
33133 Galgon, tél. 05 57 84 38 52,
chateau-la-croix-de-roche@wanadoo.fr
Ⅴ ⚒ ⚑ t.l.j. sf sam. dim. 9h-12h30 13h30-19h;
f. janv.-fév. ⊶ Maurin

| CH. DUDON 2014 ★ | | |
| 6 600 | ⓘ | - de 5 € |

En 1975, Jean Merlaut (Ch. Gruaud-Larose, à Saint-Julien) a repris en main cette propriété, dans sa famille depuis 1961 et commandée par une chartreuse construite au XVIIIᵉs. par Jean-Baptiste Dudon. Il a assuré sa rénovation, à la vigne et aux chais, et étoffé sa surface en 2009 en achetant des vignes du château Laroche. L'ensemble couvre aujourd'hui 72,4 ha.

Une dominante de sémillon dans ce 2014 qui s'ouvre pourtant sur des notes sauvignonnées : bourgeon de cassis, buis, citron jaune. La bouche se révèle ample, riche et ronde, mais sans lourdeur, bien équilibrée par une vivacité aux tonalités d'agrumes. Un blanc harmonieux. ✗ 2015-2018 ✗ spaghettis aux coques

○→ SARL Dudon, Ch. Dudon, 33880 Baurech, tél. 05 57 97 77 35, info@jean-merlaut.com
Ⓥ 🅰 🅵 r.-v.

ⒷCH. JEAN FAUX 2013 ★

◼	5 000	⬤	15 à 20 €

L'une des plus anciennes propriétés du canton de Pujols (ferme fortifiée du XVIᵉs., chartreuse du XVIIᵉs., parc paysager du XVIIIᵉs.) dans la vallée de la Dordogne ; rachetée en 2002 par Pascal et Chrystel Collotte. Vignoble de 13 ha, en bio certifié depuis 2011.

Des notes de noisette et de fruits blancs mûrs composent un bouquet avenant. La bouche se révèle ronde, généreuse et ample, tout en conservant jusqu'en finale un soutien vif aux accents de fruits acidulés. Un blanc équilibré. ✗ 2015-2019 ✗ cassolette de poisson

○→ Pascal Collotte, Ch. Jean Faux, 33350 Sainte-Radegonde, tél. 05 57 40 03 85, jf@chateaujeanfaux.com Ⓥ 🅰 🅵 r.-v. 🏠 Ⓓ

CH. FONRÉAUD Le Cygne 2014 ★

◼	18 000	⬤	15 à 20 €

« Fonréaud », autrefois « Font-réaux », signifie « fontaine royale » : la légende veut qu'au XIIᵉs., le roi d'Angleterre et époux d'Aliénor d'Aquitaine, Henri II Plantagenêt, se soit arrêté en ces lieux pour se désaltérer à une source bien fraîche. Le domaine a été acquis en 1962 par Léo Chanfreau, viticulteur en Algérie de retour en métropole, dont le fils Jean et son épouse Marie-Hélène sont aux commandes depuis 1981. Le vignoble couvre 45 ha en listrac (Fonréaud), moulis (Chemin Royal, Clos des Demoiselles) et bordeaux blanc (Cygne de Fonréaud).

Cette cuvée existe depuis 1899, créée par les Leblanc de Mauvezin, propriétaires des lieux depuis le XVIIᵉs. et fondateurs du château dans les années 1850. Elle fut ressuscitée par la famille Chanfreau en 1988. Dans le verre, un vin boisé (surtout), minéral et floral à l'olfaction, souple, suave et rond en bouche, là aussi dominé par le merrain et bien stimulé par la fraîcheur en finale. ✗ 2015-2019 ✗ rôti de lotte au lard

○→ SC Ch. Fonréaud, 33480 Listrac-Médoc, tél. 05 56 58 02 43, contact@vignobles-chanfreau.com Ⓥ 🅰 🅵 t.l.j. sf sam. dim. 9h-12h 14h-17h30

CH. GAYON 2013

◼	10 200	⬤	5 à 8 €

Un cru de 30 ha commandé par une gentilhommière du XVIIIᵉs. aménagée en gîte, acquis en 1969 par les Crampes, dont les aïeux étaient auparavant métayers sur ces terres. Une bonne référence en saint-macaire et en bordeaux.

Un bordeaux mi-sauvignon mi-sémillon. Au nez, les notes boisées se mêlent sans fausse note à la mandarine et aux fruits exotiques. En bouche, le vin se révèle brioché et vanillé, rond et gras, l'ensemble est harmonieux. ✗ 2015-2019 ✗ volaille à la crème

○→ Crampes, 6, Ch. Gayon, 33490 Caudrot, tél. 05 56 62 81 19, contact@chateau-gayon.com
Ⓥ 🅰 🅵 r.-v.

CH. GRAND-PORTAIL 2014

◼	21 000	🍴	- de 5 €

À la tête de 50 ha de vignes implantées dans ce petit pays de l'Entre-deux-Mers appelé Haut-Benauge, Olivier Cailleux perpétue une exploitation qui existe depuis 1881 et six générations.

Toute la personnalité du sauvignon s'exprime à l'olfaction : agrumes, acacia, bourgeon de cassis. En bouche, le vin se montre ample, souple et gras, tout en gardant de la vivacité jusqu'en finale. Un blanc bien équilibré. ✗ 2015-2018 ✗ colin sauce crevettes

○→ EARL DCOC, La Péreyre, 33760 Escoussans, tél. 05 56 23 63 23 Ⓥ 🅰 🅵 r.-v.

CH. GRAND RENOM 2014

◼	38 700	🍴	5 à 8 €

Une propriété acquise en 1990 par la maison Antoine Moueix (groupe Advini depuis 2006). Couvrant 38 ha, le cru est implanté dans l'Entre-deux-Mers, sur les coteaux argilo-calcaires d'Eynesse qui bordent la Dordogne.

Plus souvent sélectionné pour ses vins rouges, le domaine signe ici un blanc de belle facture, ouvert sur des notes de sauvignon mûr (agrumes, nectarine). Des arômes que ne renie pas la bouche, vive, alerte et d'un bon volume. ✗ 2015-2017 ✗ moules au curry

○→ Ch. Grand Renom, rte du Milieu, 33330 Saint-Émilion, tél. 05 57 55 58 00, benoit.coq@amoueix.fr

♥ DOM. DES GRAVES D'ARDONNEAU 2014 ★★

◼	75 000	🍴 ⬤	5 à 8 €

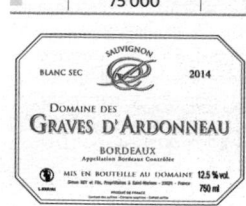

Un domaine incontournable du Blayais, en rouge comme en blanc. La famille Rey écrit son histoire viticole depuis 1763 sur les terres du hameau d'Ardonneau. Installé en 1981 à la tête de 60 ha, Christian Rey a été rejoint en 2005 par son fils Laurent et par sa fille Fanny en 2008.

Si la famille Rey collectionne les coups de cœur en blaye-côtes-de-bordeaux, elle s'illustre aussi en « simple » AOC régionale avec ce bordeaux issu du traditionnel sauvignon (90 %), complété par le moins fréquent colombard, qui rappelle que les Charentes ne sont pas loin. Un coup de cœur qui fait écho à celui, récent, obtenu sur le millésime 2011. Miel, vanille, pain grillé, c'est un nez dominé avec justesse par l'élevage en barrique qui ouvre la dégustation. Ce même boisé intense mais fin accompagne un palais ample, rond, suave et gras, stimulé par une fine vivacité qui allonge la finale. Un vin de gastronomie, où le mot élevage prend aussi le sens d'élévation. ✗ 2015-2019 ✗ côte de veau à l'estragon

○→ EARL Simon Rey et Fils, Ardonneau, 33620 Saint-Mariens, tél. 05 57 68 66 98, gravesdardonneau@wanadoo.fr
Ⓥ 🅰 🅵 t.l.j. sf dim. 8h30-12h30 14h30-19h

CH. GUITERONDE
Élevé en fût de chêne 2013 ★

4 000	◕	15 à 20 €

L'ordre des religieuses des Annonciades, fondé en 1501 par Jeanne de Valois, reine de France (épouse de Louis XII), possédait les terres de Guiteronde au XVIᵉs. L'histoire raconte que ce sont ces religieuses qui ont créé le fameux cannelé bordelais. Depuis 2005, une nouvelle équipe dirigeante est aux commandes d'un vignoble de 14 ha, situé aux portes de Bordeaux, à Villenave d'Ornon.

Ce 100 % sauvignon dévoile des parfums élégants de fleurs blanches, de brioche et de vanille agrémentés de nuances minérales. La bouche se montre ample et ronde, épaulée par un bon boisé fondu et par une fine fraîcheur aux tonalités zestées. ✗ 2015-2019 ✦ laguiole

☞ SCEA du Ch. Guiteronde, chem. de Guiteronde, 33140 Villenave-d'Ornon, tél. 05 56 87 73 20, agnes.nguyen-milley@derichebourg.com
Ⓥ 🛈 🔧 r.-v.

CH. LES GUYONNETS 2014 ★★

1 000	🛈	5 à 8 €

Sophie et Didier Tordeur, anciens agriculteurs dans l'Oise, sont venus s'établir en Gironde en 2000, conquis par la région et cette belle propriété de 25 ha commandée par une maison de maître girondine.

Le seul sauvignon blanc est à l'œuvre dans ce 2014. Le bouquet, élégant et bien ouvert, mêle nuances florales (genêt, lilas) et fruitées (agrumes), réglisse et buis. La bouche se révèle souple et fraîche, dominée par de fines notes d'abricot et de citron confits qui s'étirent dans une longue finale, nette et fringante. Un vin flatteur et très harmonieux. ✗ 2015-2019 ✦ cabécou

☞ Sophie et Didier Tordeur, Ch. les Guyonnets, 33490 Verdelais, tél. 05 56 62 09 89, didiertordeur@aol.com Ⓥ 🔧 r.-v.

CH. HAUT PHILIPPON 2014 ★★

50 000		- de 5 €

La famille Roux (Yannick, Hélène et leur fils Romain) est installée dans l'Entre-deux-Mers depuis 1978. Outre ses châteaux Laforêt, Haut Philippon, Roux de Beaucès et Tuileries, auxquels s'ajoute depuis 2013 le médocain Taffard de Blaignan, elle propose une large gamme issue de son négoce.

Ananas, clémentine, pêche de vigne, le fruit est la signature de cette cuvée bien sous tout rapport. La bouche se révèle intense, souple et fraîche. Un blanc savoureux et harmonieux. ✗ 2015-2019 ✦ ceviche

☞ SCEA vignobles Roux, 1, Beaucés, 33540 Gornac, tél. 05 56 61 98 93, morgane.vignoblesroux@gmail.com
Ⓥ 🔧 r.-v.

CH. HAUT RIAN
Cuvée Excellence 2013

8 000	🛈 ◕	5 à 8 €

Isabelle, Champenoise d'origine, et Michel Dietrich, œnologue alsacien, tous deux enfants de vignerons, avaient envie d'ailleurs : à la fin de leurs études, ils partent six ans en Australie s'occuper des vignobles de la maison Rémy Martin. En 1988, ils s'installent à Rions, petite cité fortifiée du XIVᵉs. pour créer leur propre structure. Aujourd'hui à la tête d'un vignoble de 80 ha, ils se distinguent avant tout par leurs blancs secs.

Ce 100 % sémillon, passé neuf mois en barriques neuves, offre un nez discret mais fin d'orange confite sur fond boisé (moka et grillé). Le palais attaque sur la vivacité et ne s'en départit pas jusqu'en finale, avec toujours cette trame boisée en soutien. Un vin homogène. ✗ 2015-2019 ✦ escalope de veau aux champignons

☞ EARL Michel Dietrich, 10, La Bastide, 33410 Rions, tél. 05 56 76 95 01, chateauhautrian@wanadoo.fr
Ⓥ 🔧 🔧 t.l.j. sf sam. dim. 9h-12h 14h-17h

LABOTTIÈRE
Réserve Cuvée Prestige 2014 ★

54 667	🛈 ◕	8 à 11 €

Acteur important de la place de Bordeaux, Cordier-Mestrezat Grands Crus est né en 2000 de la fusion de deux vénérables maisons de négoce bordelaises : la maison Cordier, fondée en 1886 par Désiré Cordier, et la maison Mestrezat, créée en 1815.

Des parfums de brioche, de miel, de noisette et de fruits exotiques mûrs exhalent du verre. Des sensations que l'on perçoit aussi dans une bouche ample et ronde, bien épaulée par une fine acidité qui apporte un regain de tonus à l'ensemble. ✗ 2015-2018 ✦ soufflé au fromage

☞ Grands Crus Cordier-Mestrezat, 109, rue Achard, BP 154, 33042 Bordeaux Cedex, tél. 05 56 11 29 00, contact@cordier-mestrezat.com

♥ CH. LAMOTHE DE HAUX
Valentine par Valentine 2013 ★★★

4 400	◕	8 à 11 €

Établi au sommet d'un coteau argilo-calcaire, Lamothe de Haux étend ses vignes sur 77 ha, comprenant aussi le Ch. Manos, dédié aux cadillac, acquis en 1991. Depuis 1956 et quatre générations, le domaine se transmet par les femmes. À sa tête aujourd'hui, Anne Néel et ses enfants, Maria et Damien Chombart.

Bis repetita pour ce domaine, qui signe un deuxième coup de cœur en deux millésimes avec sa cuvée Valentine (prénom de l'un des enfants des propriétaires, qui a peint le V de l'étiquette). Un blanc mi-sauvignon blanc mi-sauvignon gris, ouvert sans réserve sur les fruits blancs confits et les agrumes, enrobés par un beau boisé, élégant et fondu. Tout aussi racée et expressive, la bouche offre beaucoup de volume, de richesse et d'intensité, épaulée sans être écrasée par le merrain et stimulée en finale par une superbe fraîcheur. Tout est ici parfaitement maîtrisé. ✗ 2015-2020 ✦ lotte au curry

☞ Ch. Lamothe de Haux, 295, chem. de l'Église, 33550 Haux, tél. 05 57 34 53 00, info@chateau-lamothe.com Ⓥ 🔧 🔧 r.-v.

CH. LAMOTHE-VINCENT Héritage 2014 ★		
12 000	⊕	5 à 8 €

Un vaste cru de 92 ha dans l'Entre-deux-Mers, fondé en 1920 par les arrière-grands-parents. Ses atouts : un chai très moderne et les compétences complémentaires de Christophe Vincent (aux vignes) et de Fabien (au chai). Saint Vincent les inspire, dit-on, mais ce sont plutôt leur formation technique poussée et leur exigence qui font de ce domaine une référence en bordeaux et bordeaux supérieur.

Ce pur sauvignon s'ouvre sur des parfums légers de fruit de la Passion et de fleurs blanches. Le palais se montre suave et velouté, étiré dans une jolie finale fruitée où l'on retrouve les fruits exotiques agrémentés de nuances d'agrumes. Un bon classique, fin, tendre et équilibré. ✗ 2015-2018 ♈ tartare de saumon ■ Intense 2014 ★ (5 à 8 € ; 24 000 b.) : un 100 % sauvignon au nez soutenu de citron, d'orange sanguine et de fleurs blanches, prolongé par un palais vif sans excès, ample et long. ✗ 2015-2018 ☞ SCEA Vignobles Vincent, 3, chem. Laurenceau, 33760 Montignac, tél. 05 56 23 96 55, info@lamothe-vincent.com Ⓥ 🏃 🎁 r.-v.

Ⓑ LARDILEY Prestige 2014		
20 000	🍷	5 à 8 €

Vincent Lataste perpétue depuis 1985 une tradition vigneronne débutée dans l'Entre-deux-Mers dans les années 1850. Il exploite aujourd'hui, en bio certifié, un vignoble réparti sur les deux rives de la Garonne : le Ch. Mamin (12 ha en AOC graves) et le Ch. Lardiley (30 ha en AOC bordeaux et cadillac-côtes-de-bordeaux).

Ce 100 % sauvignon gris livre des parfums discrets de sous-bois et de fleurs blanches. En bouche, il évolue avec rondeur et suavité, égayé par une finale plus fraîche et fruité (citron). ✗ 2015-2017 ☞ moules marinières ☞ Vignobles Vincent Lataste, Ch. de Lardiley, 33410 Cadillac, tél. 05 57 98 19 81, vlataste@lataste.fr Ⓥ 🎁 r.-v.

CH. LARY 2014		
90 000	🍷	- de 5 €

La famille Forcato s'installe en 1950 sur les terres argilo-sableuses et calcaires du plateau de l'Entre-deux-Mers, à 10 km de La Réole, et exploite 70 ha vinifiés sous les étiquettes Ch. Lary, Ch. Lauzanet et Ch. Moulin du Terrier.

Assemblage classique de sauvignon à 85 % et de sémillon, ce vin dévoile un nez non moins classique d'agrumes, de fruits exotiques et de fleurs blanches. La bouche est équilibrée : de la rondeur, du gras et ce qu'il faut de vivacité. ✗ 2015-2017 ♈ cabillaud au vin blanc ☞ GAEC Forcato et Fils, Tagot, 33190 Fossés-et-Baleyssac, tél. 05 56 61 77 91, patrick.forcato@gmail.com

Ⓑ OR BLANC DE LASSIME 2014 ★		
8 600		- de 5 €

Un domaine conduit de père en fils par la famille Lainé depuis 1874. Le vignoble, en bio certifié depuis 2013, s'étend sur 10,5 ha dans l'Entre-deux-Mers, non loin de la butte de Launay, point culminant de la Gironde.

De jeunes vignes de huit ans (sauvignon, sémillon, muscadelle) ont donné naissance à ce joli vin ouvert sur les fleurs blanches, les agrumes et des notes beurrées. Le palais offre beaucoup de volume, de gras et de rondeur, ainsi qu'une belle persistance aromatique florale et fruitée. ✗ 2015-2018 ♈ saumon au beurre blanc ☞ Ch. Lassime, Rambaud, 33790 Cazaugitat, tél. 06 12 48 17 93, info@chateau-lassime.com Ⓥ 🏃 🎁 r.-v. ☞ Lainé

CH. LAUDUC Classic 2014		
20 000	🍷	5 à 8 €

Conduit par les frères Régis et Hervé Grandeau, ce cru familial fondé en 1930, naguère dédié à la production de lait, de raisins de table et de fruits, étend son vignoble de 80 ha sur les plus hauts coteaux argilo-calcaires et graveleux de Tresses, à une dizaine de kilomètres de Bordeaux.

Au nez, des fruits jaunes mûrs mâtinés de nuances florales. En bouche, une attaque riche, puis une évolution plus en finesse, sur le fruit. Un vin agréable, plus gras que frais. ✗ 2015-2017 ♈ viande blanche en sauce crémée ☞ Vignobles Grandeau, 5, av. de Lauduc, 33370 Tresses, tél. 05 57 34 43 56, m.grandeau@lauduc.fr Ⓥ 🏃 🎁 r.-v.

♥ CH. LESTRILLE CAPMARTIN 2013 ★★		
16 000	🍷 ⊕	5 à 8 €

Fondé en 1901, ce domaine familial de 42 ha est une des valeurs sûres des AOC régionales. Il est conduit depuis 2006 par Estelle Roumage, qui a succédé à son père Jean-Louis et revendique des vins fruités nés d'une « viticulture durable » (sans certification bio).

Si l'on a bien compté, il s'agit là du treizième coup de cœur des Roumage depuis la première édition du Guide, et le quatrième en bordeaux blanc ! Ici, un assemblage original dominé par le sauvignon gris (62 %), complété du sauvignon blanc (15 %) et du sémillon (23 %). Au nez, la barrique neuve (six mois) apporte ses notes vanillées et toastées, mais sans écraser le fruit, bien présent. Un fruité (kiwi, pamplemousse, fruits blancs) que l'on perçoit dans un palais ample, gras mais fin, soutenu lui aussi par un merrain bien dosé. À boire ou à attendre. ✗ 2015-2020 ♈ risotto aux girolles ☞ EARL Roumage, 15, rte de Créon, 33750 Saint-Germain-du-Puch, tél. 05 57 24 51 02, contact@lestrille.com Ⓥ 🏃 🎁 t.l.j. sf dim. 9h-12h30 14h-19h; sam. 9h30-12h30

CH. LION BEAULIEU Réserve 2014 ★		
10 000	🍷	8 à 11 €

L'un des vignobles de la famille Despagne (Rauzan Despagne, Tour de Mirambeau, Mont-Pérat, Bel-Air Perponcher) : une petite propriété de 10 ha établie sur un dôme (« lyon » en vieux français) argilo-calcaire face à Saint-Émilion. Acquis en 1995, le domaine est habité par Joël Élissalde, directeur technique des vignobles Despagne depuis vingt ans. Une valeur sûre.

Cette cuvée Réserve fait belle impression dès l'olfaction, bien typée et centrée sur les agrumes, les fleurs blanches et le buis. Une attaque vive et dynamique prélude à un palais souple, élégant et très expressif, sur le citron, le pamplemousse et le kiwi. Un blanc bien maîtrisé, à la fois alerte et gourmand. ✗ 2015-2018 ❦ papillote de sandre ■ Le 1ᵉʳ vin 2013 ★ (15 à 20 € ; 3 000 b.) : le nez associe boisé fondu, agrumes et fleurs blanches. La bouche, à l'unisson, est franche et fraîche, et ne manque pas de volume. Un joli « vin plaisir ». ✗ 2015-2017 ■ Ch. Tour de Mirambeau Réserve 2014 ★ (8 à 11 € ; 110 000 b.) : veillé par une vénérable tour se dressant au milieu des plus vieilles vignes de la propriété, c'est le domaine historique de la famille Despagne. Dans le verre, un blanc net, frais et aromatique (agrumes, fleurs blanches). ✗ 2015-2017 ■ Éclat de sauvignon 2014 (5 à 8 € ; 25 000 b.) : vin cité. ✗ 2015-2017

○┐ SCEA Rive droite, Le Touyre, 33420 Naujan-et-Postiac , tél. 05 57 84 55 08, contact@despagne.fr
Ⓥ 🏠 ⚑ r.-v. ○┐ Despagne

CH. DE LUGAGNAC 2014 ★		
■		
55 000	🏠	8 à 11 €

Commandé par un château féodal datant des XIᵉ et XIIIᵉs., partiellement remanié au XVIIᵉs., ce cru de l'Entre-deux-Mers est l'une des valeurs sûres en appellations régionales. Propriété de la famille Bon à partir de 1969, il est passé sous pavillon chinois en 2012.

Les deux sauvignons à parts quasi égales et le sémillon sont assemblés dans ce 2014. Des arômes de miel, d'amande et d'agrumes mûrs composent un bouquet généreux. Dans la continuité, la bouche se montre chaleureuse, suave et riche (sirop de pêche, fruits confits). Un vin de maturité. ✗ 2015-2019 ❦ raie sauce à la crème

○┐ SCEA du Ch. de Lugagnac, 33790 Pellegrue, tél. 05 56 61 30 60, contact@lugagnac.com ○┐ Yi Gao

CH. MÉMOIRES		
Fleur d'Opale Élevé en fût de chêne 2013		
■		
2 500	⊕	5 à 8 €

Ce domaine fondé en 1985 par Jean-François Ménard (aujourd'hui épaulé par sa fille Elsa) étend son vignoble de 32 ha (en cours de conversion bio) sur les premiers coteaux de la rive droite de la Garonne, essentiellement dans les communes de Saint-Maixant et de Pian-sur-Garonne.

Les six mois de fût se manifestent à l'olfaction à travers des notes vanillées et toastées, auxquelles se mêlent les fruits jaunes et une touche minérale. À l'unisson, le palais se révèle gras, rond et onctueux, souligné par une petite vivacité de bon aloi. ✗ 2015-2018 ❦ poisson en sauce

○┐ Jean-François Ménard, Cussol, 33490 Saint-Maixant, tél. 05 56 62 06 43, contact@chateaumemoires.fr
Ⓥ 🏠 ⚑ t.l.j. sf sam. dim. 8h-18h

CH. DES MILLE ANGES		
Cuvée royale 2014		
■		
6 000	🏠	5 à 8 €

Situé à l'emplacement d'un ancien couvent de religieuses assomptionnistes, ce domaine a connu très tôt une vocation viticole que perpétue depuis 1996 Heather Van Ekris. Le vignoble couvre 24 ha sur des pentes argilo-calcaires et graveleuses bien exposées.

Les deux sauvignons (dont le blanc à 80 %) sont associés dans ce vin né de jeunes vignes (dix ans). Peu intense mais fin, le nez évoque les fleurs blanches et les agrumes. La bouche se montre grasse et souple, dynamisée par une bonne vivacité, un peu plus mordante en finale. ✗ 2015-2017 ❦ huîtres gratinées

○┐ Heather Van Ekris, Ch. des Mille Anges, 33490 Saint-Germain-de-Graves, tél. 05 56 76 41 04, sarlmilleanges@gmail.com

CH. MONT-PÉRAT 2013 ★★		
■		
96 000	🏠 ⊕	15 à 20 €

Une ancienne place-forte remaniée au XIXᵉs., qui commande un vaste vignoble de 100 ha d'un seul tenant acquis en 1998 par les Despagne (Rauzan Despagne, Bel Air Perponcher, Tour de Mirambeau, Lion Beaulieu). Un cru régulier en qualité et très réputé en Chine depuis que le vin a été comparé à... un concert de Freddie Mercury dans le célèbre manga Les Gouttes de Dieu.

Finaliste des coups de cœur, ce 2013 séduit d'emblée par son bouquet intense et gourmand de fruits exotiques, d'agrumes, de pomme mûre et de pâtisserie. Une attaque fraîche et souple introduit un palais tout aussi expressif, ample, rond et très long, bien étayé par un boisé fin et dosé. Un bordeaux élégant, complet et complexe. ✗ 2015-2019 ❦ poulet aux écrevisses ■ Parcelle 2014 ★ (5 à 8 € ; 5 000 b.) : au nez, des agrumes et des fleurs blanches ; en bouche, du volume, de la souplesse et de la vivacité. Un beau classique. ✗ 2015-2018 ■ Entr'amis 2014 ★ (5 à 8 € ; 20 000 b.) : le nez, élégant, mêle sans réserve agrumes, fruits blancs et notes minérales. Dans la lignée aromatique, le palais se montre ample, souple et frais. Tonique à souhait. ✗ 2015-2018 ■ Les Amants de Mont-Pérat 2014 (8 à 11 € ; n.c. b.) : vin cité. ✗ 2015-2018

○┐ SCEA Mont-Pérat, Le Touyre, 33420 Naujan-et-Postiac , tél. 05 57 84 55 08, contact@despagne.fr Ⓥ 🏠 ⚑ r.-v. ○┐ Despagne

CH. MOTTE MAUCOURT 2014		
■		
25 000		- de 5 €

Une propriété familiale depuis six générations, qui étend son vignoble au cœur de l'Entre-deux-Mers, sur 50 ha : 35 ha en rouge et rosé, 15 ha en blanc.

Les deux sauvignons (blanc à 80 %) sont à l'œuvre dans cette cuvée agréablement bouquetée autour des agrumes (citron) et des fleurs blanches (acacia). Ample, ronde, fruitée, animée par une belle fraîcheur, la bouche ne manque de rien. Harmonieux. ✗ 2015-2018 ❦ nage de saumon

○┐ EARL Ch. Motte Maucourt, 2, au Canton, 33760 Saint-Genis-du-Bois, tél. 05 56 71 54 77, lucasromane@orange.fr Ⓥ 🏠 ⚑ r.-v. ○┐ Villeneuve

Ⓑ CH. MOULIN DE RIOUCREUX 2014 ★		
■		
4 000	🏠	5 à 8 €

Un domaine dans la même famille depuis le XVIIIᵉs. Guillaume Guérin, après avoir vinifié en Nouvelle-Zélande et au Portugal, a pris la suite de ses parents en

2014. Il conduit 23 ha de vignes (en bio certifié) en AOC régionales, blaye-côtes-de-bordeaux et côtes-de-bourg.

Première sélection dans ces pages pour Guillaume Guérin et une belle entrée en matière avec ce pur sauvignon gris, au nez riche et flatteur de fruits confits, de miel et de gelée de sureau qui fait penser à un liquoreux. Des arômes que prolonge un palais ample, suave et rond, aiguillonné par une fine fraîcheur en finale. Un bordeaux blanc atypique par son aspect « confit ». **X** 2015-2019 **Y** tajine de lotte au citron confit

o⊓ *Guillaume Guérin, 2 Moulin de Rioucreux, 33920 Saint-Christoly-de-Blaye, tél. 06 22 85 06 05, guillaumeguerin@gmail.com* **V** **A** **L** *r.-v.*

CH. LES MOUTINS 2014		
■	50 000 **î**	- de 5 €

Jean Gueridon conduit depuis 1990 un domaine familial de 50 ha, créé en 1852 sur les coteaux de la rive droite de la Garonne, au cœur de l'Entre-deux-Mers. Une valeur sûre des AOC bordeaux et entre-deux-mers avec ses deux étiquettes : le Ch. Haut Pougnan, fief d'origine, et le Ch. les Moutins, acquis en 1995.

Pomme mûre, fruits exotiques, fleurs blanches, le nez, un brin évolué, est avenant. La bouche se montre souple, ronde et grasse, et offre un bon volume. **X** 2015-2018 **Y** quenelles de brochet

o⊓ *SCEA Ch. Haut Pougnan, 6, chem. de Pougnan, 33670 Saint-Genès-de-Lombaud, tél. 05 56 23 06 00, haut.pougnan@gmail.com* **V** **A** **L** *t.l.j. sf dim. 8h-12h 13h-17h* **o**⊓ *Gueridon* .

Ⓑ NOS RACINES 2014		
■	. n.c.	- de 5 €

Établie de longue date à Saint-Laurent-du-Bois, la famille Raymond voit apparaître la première génération de vignerons au Ch. de Lagarde en 1850 avec 15 ha. Sept générations plus tard, Lionel Raymond, installé en 2000 à la suite de son père Jean-Pierre, conduit un vaste ensemble de 180 ha, entièrement convertis en bio, soit la plus grande exploitation du genre en Bordelais.

Cette cuvée associe au nez des arômes généreux de pêche blanche, d'ananas et de miel. En bouche, elle offre du gras, de la richesse et un bon volume, sans toutefois manquer de la fraîcheur nécessaire à l'équilibre. **X** 2015-2018 **Y** truites aux amandes

o⊓ *SCEA Raymond, Le Bourg, 33540 Saint-Laurent-du-Bois, tél. 05 56 76 43 63, contact@vignobles-raymond.fr* **V** **A** **L** *t.l.j. sf sam. dim. 8h-12h 13h30-17h30*

CH. DE L'ORANGERIE 2014 ★★		
■	66 000 **î**	- de 5 €

Couvrant 115 ha de vignes dans l'Entre-deux-Mers et la région de Cadillac, ce cru appartient à la famille Icard depuis sa fondation en 1790. À sa tête depuis 1994, Jean-Christophe Icard. Plusieurs étiquettes ici : L'Orangerie, La Sablière Fongrave, et même des « produits sous licence » signés par le célèbre dessinateur belge Philippe Geluck, créateur du personnage *Le Chat*.

Issu des deux sauvignons (le blanc à 70 % et le gris à 30 %), ce 2014 livre une jolie palette florale dominée par l'acacia, agrémentée de noisette et de fruits mûrs. Des

arômes que ne renie pas la bouche, ample, riche et fraîche à la fois, stimulée par une touche minérale de pierre à fusil. Un vin complexe, subtil et équilibré. Coup de cœur sur le millésime 2013. **X** 2015-2019 **Y** tartare de dorade à la citronnelle ■ Grand classique du Ch. L'Orangerie 2014 (- de 5 € ; 66 000 b.) : vin cité. **X** 2015-2017

o⊓ *SCEA Vignobles Icard, Ch. de l'Orangerie, 33540 Saint-Félix-de-Foncaude, tél. 05 56 71 53 67, orangerie@chateau-orangerie.com*

CH. PANCHILLE Blanc de Fernand 2014	
■ 3 000	5 à 8 €

En 1981, trois ans après le décès de son père, Pascal Sirat reprenait à vingt-trois ans l'exploitation familiale : 5 ha, dont le produit était livré à la coopérative. Premier chai en 1985, sortie de la coopérative en 1992. Aujourd'hui, 14 ha sur la rive gauche de la Dordogne.

Mi-sauvignon mi-sémillon, ce 2014 dévoile un nez plaisant et typé d'agrumes, de pêche blanche, de buis et d'acacia. De la souplesse, de la fraîcheur, un bon volume, un fruité persistant, le palais est équilibré et fringant. **X** 2015-2018 **Y** spaghetti *alle vongole*

o⊓ *Pascal Sirat, Ch. Panchille, 1, lieu-dit Penchille, 33500 Arveyres, tél. 05 57 51 57 39, info@ chateaupanchille.com* **V** **A** **L** *r.-v.*

PAVILLON BLANC 2013 ★		
■	n.c. ◀▮▶	+ de 100 €

Le blanc de Margaux existe depuis le XIXᵉ s. ; ce « vin blanc de sauvignon » est devenu « Pavillon blanc » en 1920, et son étiquette n'a pas changé depuis. Un vin né du seul sauvignon, planté sur une douzaine d'hectares d'une ancienne parcelle de graves.

C'est par un bouquet intense et frais que s'ouvre la dégustation du blanc de Margaux ; agrumes un peu confits, pêche, acacia et touche de bourgeon de cassis en sont les principales composantes, bien typées du sauvignon. Des arômes que l'on retrouve sans fausse note et complétés d'un discret boisé grillé et vanillé, dans un palais alerte dès l'attaque, frais, longiligne, voire « traçant » en finale, sans manquer ni de gras ni d'élégance. **X** 2016-2020 **Y** bar de ligne aux agrumes

o⊓ *Ch. Margaux, BP 31, 33460 Margaux, tél. 05 57 88 83 83, chateau-margaux@ chateau-margaux.com*

CH. PIERRAIL 2014 ★		
■	76 000 **î**	5 à 8 €

Aux confins du Bergeracois, un vrai château (XVIIᵉ s., tours carrées, toiture à la Mansart) devenu un grand château du vin depuis que la famille Demonchaux, qui l'a acquis en 1970, préside à sa destinée. Incontournable en bordeaux supérieur, très sûr aussi en bordeaux rouge ou blanc.

Bien sauvignonné (les deux variétés, blanches et grises, sont représentées), le nez de ce 2014 évoque les fleurs et les fruits blancs, les agrumes et le buis. Lui fait écho une bouche longue et bien tendue par une belle vivacité. Du nerf et de l'harmonie. **X** 2015-2018 **Y** fruits de mer

o⊓ *EARL Ch. Pierrail, Ch. Pierrail, 33220 Margueron, tél. 05 57 41 21 75, alice.pierrail@orange.fr* **V** **A** **L** *r.-v.*

CH. PILET 2014

| | 13 000 | î | - de 5 € |

Famille au service du vin depuis un siècle. En 1974, Jean et Yvette Queyrens reprennent les domaines de leurs parents et débutent la vente en bouteilles. Aujourd'hui, leurs fils Patrick et Christophe, avec à leurs côtés Jean-Yves, le petit-fils, exploitent un vignoble de 65 ha dans l'Entre-deux-Mers.

Un assemblage de sémillon (80 %) et de sauvignon a donné naissance à cette cuvée. Au nez, des arômes de fruits blancs et de fruits exotiques mûrs. En bouche, du volume, de la fraîcheur et de la douceur à la fois, et une atypique note fumée. ✗ 2015-2018 ▼ harengs marinés au poivre

☛ Vignobles Jean Queyrens et Fils, 3, Grand-Village-Sud, 33410 Donzac, tél. 05 56 62 97 42, scvjqueyrens@orange.fr Ⓥ 🏃 🔓 r.-v.

CH. QUEYSSARD
Cuvée Dorianne 2013

| | 6 000 | ◑ | 5 à 8 € |

Implantés depuis 1890 dans l'Entre-deux-Mers, les vignobles Massé forment un bel ensemble de 70 ha, dont 55 de vignes, répartis sur plusieurs propriétés : Terrefort Bibonne, le fief historique de la famille, à Saint-Loubès, Queyssard, acquis en 1953 à Pompignac, et La Tour Gueyraud, acheté en 1999 à Sainte-Eulalie.

Le seul sauvignon blanc est à l'œuvre dans ce vin discrètement bouqueté autour des agrumes (pamplemousse et mandarine) et du pain grillé (six mois de fût). La bouche se révèle franche et fraîche, bien soutenu par un boisé fin. ✗ 2015-2017 ▼ croquettes de crevettes

☛ Vignobles Massé, 17 av. du Périgord, Ch. Queyssard, 33370 Pompignac, tél. 05 57 34 11 38, contact@vignobles-masse.com Ⓥ 🏃 🔓 r.-v.

♥ CH. RAUZAN DESPAGNE 2013 ★★

| | 8 000 | î ◑ | 15 à 20 € |

Les Despagne sont à la tête de 300 ha répartis sur plusieurs crus, conduits par les enfants de Jean-Louis (Thibault, Gabriel et Basaline) et par Joël Élissalde, directeur technique. Rauzan Despagne est un ancien relais de chasse du XVIIᵉs. acquis en 1990, aujourd'hui lieu de résidence de Gabriel Despagne, graphiste et créateur des étiquettes de la maison.

Après les millésimes 2007 et 2010, les Despagne décrochent un troisième coup de cœur en blanc sec avec leur grand vin 2013. Un assemblage classique sauvignon (70 %) et sémillon, très floral, bien ouvert sur le chèvrefeuille et la rose, avec quelques notes d'agrumes en appoint. En bouche, l'équilibre fraîcheur-rondeur est impeccable, le volume au rendez-vous, les arômes floraux, fruités et boisés en harmonie. Tout est en place, sans fausse note. ✗ 2015-2020 ▼ thon en croûte de sésame ■ Réserve 2014 ★★ (8 à 11 € ; 10 000 b.) : sauvignon, sémillon et muscadelle pour cette cuvée finaliste des coups de cœur. Au nez, de jolies notes de noisette fraîche et de pierre à fusil. En bouche, du volume, de la finesse,

de la tension mais aussi du gras, et des arômes persistants d'agrumes. ✗ 2015-2018 ■ Ch. Bel Air Perponcher Grande Cuvée 2013 ★ (15 à 20 € ; 8 000 b.) : le nez associe de discrètes notes de fruits jaunes à un boisé léger. La bouche est souple, ronde et longue, étirée en finale par une belle fraîcheur. ✗ 2015-2019 ■ Le Lucat 2014 (5 à 8 € ; 7 000 b.) : vin cité. ✗ 2015-2017

☛ SCEA Vignobles Despagne, Le Touyre, 33420 Naujan-et-Postiac , tél. 05 57 84 55 08, contact@despagne.fr Ⓥ 🏃 🔓 r.-v.

CH. RECOUGNE 2014

| | 45 000 | î | - de 5 € |

Ce domaine situé dans le Fronsadais, au nord de Libourne, est propriété de la famille Milhade depuis 1938. C'est aujourd'hui Xavier Milhade et ses enfants qui ont la charge de ce vignoble de coteaux, étendu sur 70 ha.

Un joli nez de fruits frais et de fleurs blanches ouvre la dégustation. Également floral et fruité, le palais évolue lui aussi dans le registre de la fraîcheur, sans manquer de volume ni de rondeur. Un ensemble équilibré. ✗ 2015-2017 ▼ alose à l'oseille

☛ EARL Recougne, 1 route de Savignac, 33133 Galgon, tél. 05 57 50 33 33, contact@chateau-recougne.fr Ⓥ 🔓 r.-v. ☛ Xavier Milhade

♥ CH. DE REIGNAC 2014 ★★

| | 8 000 | ◑ | 15 à 20 € |

À l'ouest de l'Entre-deux-Mers, non loin de la confluence de la Garonne et de la Gironde, un élégant château de style classique et un vignoble installé sur une croupe. Repris en 1990 et restructuré par l'entrepreneur Yves Vatelot et son épouse Stéphanie, il couvre 76 ha sur des terroirs divers et de qualité.

Très en vue pour ses bordeaux supérieurs, pour lesquels ils ont obtenu plus d'un coup de cœur, les Vatelot montrent qu'ils maîtrisent aussi la vinification en blanc. Pain grillé, torréfaction, fruits blancs mûrs, abricot confit, le nez de ce 2014 séduit par sa complexité et son élégance. Une intensité aromatique que perpétue une bouche ample, dense, ronde et onctueuse, stimulée par une fine fraîcheur acidulée et un boisé parfaitement ajusté. ✗ 2015-2019 ▼ papillote de bar à la vanille

☛ Ch. de Reignac, 38, chem. de Reignac, 33450 Saint-Loubès, tél. 05 56 20 41 05, info@reignac.com Ⓥ 🏃 🔓 r.-v.

VIGNOBLES RICARD
Cuvée Imagine 2013 ★

| | 660 | ◑ | 8 à 11 € |

Avec son époux Philippe Durand, Geneviève Ricard-Durand est établie depuis 1999 sur le vignoble familial, acquis en 1966 par son grand-père : 27 ha de vignes et plusieurs étiquettes – les Ch. de Vertheuil, Montaunoir et Grand Pique-Caillou – en appellations régionales et en sainte-croix-du-mont.

Cette cuvée confidentielle est issue de la seule muscadelle et a connu la barrique pendant deux ans. Un « essai » concluant que ce vin boisé (café, toasté) et fruité (agrumes et fruits exotiques bien mûrs), ample, riche et persistant. Un blanc assez atypique mais bien construit, issu d'un raisin à pleine maturité. ✗ 2015-2020 ♈ risotto aux girolles

⚲ *SCEA des Vignobles Ricard, Ch. de Vertheuil, 33410 Sainte-Croix-du-Mont, tél. 05 56 62 02 70, vignobles.ricard@free.fr* 🆅 🏃 🍴 *r.-v.* 🏠 🅐

R DE RIEUSSEC 2014 ★★		
n.c.	🍶 ⟆	15 à 20 €

Ancien domaine du couvent des Carmes de Langon, le Ch. Rieussec est établi sur une position élevée à l'ouest de la commune de Fargues, dont il est le seul 1er cru. Sa tour carrée domine une croupe de graves située à la même hauteur que son voisin immédiat, Yquem. Sa renommée, solidement ancrée depuis longtemps, lui vaut d'accéder au rang de 1er cru classé en 1855. De nombreux propriétaires se succèdent à sa tête jusqu'en 1984, date de son acquisition par les Domaines Barons de Rothschild (Lafite à Pauillac). Cette acquisition a apporté d'importants moyens techniques, financiers et humains à cette vaste unité de 110 ha, dont 68 de vignes.

Un bordeaux sec de prestige, né sur le vignoble du 1er cru classé de Sauternes. L'assemblage donne une courte majorité au sémillon (54 %). La fermentation s'effectue à 20 % en barrique, mais cet apport, mesuré à dessein, ne transparaît pas dans ce vin jaune doré qui reflète plutôt un sauvignon raffiné. Le nez frais mêle le citron bien mûr et les fleurs blanches ; le palais est tendu, de l'attaque vive à la finale acidulée. Le sémillon lègue sa rondeur, donnant à l'ensemble de la densité, du potentiel et un remarquable équilibre. Un vin dynamique et élégant. ✗ 2016-2020 ♈ carpaccio de saint-jacques

⚲ *Ch. Rieussec, 34, rte de Villandraut, 33210 Fargues, tél. 05 57 98 14 14, rieussec@lafite.com* 🆅 🏃 🍴 *r.-v.*

CH. ROQUEFORT Cuvée Roq' 2014 ★		
40 000	🍶	5 à 8 €

Dans l'Entre-deux-Mers, le promontoire de Roquefort fut un ancien oppidum gaulois. Après le rachat de la propriété en 1976 par l'industriel Jean Bellanger, un chai très moderne, aménagé en partenariat avec la faculté d'œnologie de Bordeaux, a vu le jour. Premières vinifications en 1987. Aujourd'hui, un vaste domaine (86 ha) conduit avec talent par Frédéric Bellanger depuis 1995. Ce dernier dirige également le Ch. Domi-Cours, acquis en 2002 : 20 ha sur la commune de Cours-les-Bains, en terres bazadaises.

Laurier, buis, agrumes, pêche ou encore bois de rose, les dégustateurs saluent la complexité du bouquet. En bouche, ils apprécient sa souplesse, sa fraîcheur minérale, sa persistance aromatique sur les agrumes confits. Un vin élégant. ✗ 2015-2018 ♈ terrine de saumon aux agrumes

⚲ *Ch. Roquefort, lieu-dit Roquefort, 33760 Lugasson, tél. 05 56 23 97 48, mscl@chateau-roquefort.com* 🆅 🏃 🍴 *t.l.j. 9h-12h30 14h-17h30* ⚲ *Bellanger*

CH. LA ROSE SAINT-GERMAIN 2014 ★		
72 933	🍶	5 à 8 €

En 1858, la famille Ducourt s'établit au Ch. des Combes, à Ladaux, petit village au sud-est de Bordeaux. C'est sous l'impulsion d'Henri Ducourt, installé en 1951 et relayé depuis par ses enfants et petits-enfants, que le vignoble familial prend son essor, pour atteindre aujourd'hui 440 ha répartis sur treize châteaux dans l'Entre-deux-Mers et le Saint-Émilionnais. Un ensemble dirigé par Philippe Ducourt depuis 1980.

Le domaine familial de Simone Ducourt, épouse d'Henri, doit son nom au lieu-dit À la Rose où il est implanté, sur la commune de Romagne. Dans le verre, un vin expressif et élégant, bien typé sauvignon (citron, buis, fleurs blanches), au palais fin et frais, sans manquer de gras. ✗ 2015-2018 ♈ brochet au beurre blanc ■ Ch. d'Haurets 2014 (5 à 8 € ; 90 667 b.) : vin cité. ✗ 2015-2017 ■ Ch. Larroque 2014 (5 à 8 € ; 51 733 b.) : vin cité. ✗ 2015-2017 ■ La Hargue 2014 (5 à 8 € ; 33 600 b.) : vin cité. ✗ 2015-2018

⚲ *Vignobles Ducourt, 18, rte de Montignac, 33760 Ladaux, tél. 05 57 34 54 00, ducourt@ducourt.com* 🆅 🏃 *r.-v.* ⚲ *Redon*

SAUVETERRE-BLASIMON 2014		
40 000	🍶	- de 5 €

En 1934, cent vingt-six vignerons s'unissent pour créer la coopérative de Sauveterre-de-Guyenne, à quelques hectomètres de la bastide fondée en 1281 par Édouard 1er, roi d'Angleterre. En 2012, elle s'est associée avec la cave de Blasimon et regroupe quelque 2 000 ha de vignes.

Ce pur sauvignon livre un bouquet discret mais fin de fleurs blanches, d'agrumes et de pêche blanche. Plaisante aussi la bouche tant par sa franchise et sa souplesse que par la fraîcheur et la persistance du fruit. ✗ 2015-2018 ♈ crabe farci

⚲ *Cave de Sauveterre Blasimon, 15, Bourrassat, 33540 Sauveterre-de-Guyenne, tél. 05 56 61 55 20, p.mondin@cavedesauveterre-blasimon.fr* 🆅 🏃 🍴 *t.l.j. sf dim. 9h-12h 14h-18h*

CH. TERRE BLANQUE 2014		
30 000	🍶	5 à 8 €

Depuis 1929, quatre générations se succèdent à la tête du vignoble familial : 60 ha dans l'Entre-deux-Mers aujourd'hui, répartis entre le domaine historique, le Ch. Rousset-Caillau, et le Ch. Terre Blanque, acquis en 2010. L'ensemble est conduit depuis 2008 par Catherine Falgueyret et son mari Sébastien Léglise.

Élégant et intense, le bouquet de ce 2014 évolue dans un registre exotique et floral (aubépine). Souple, fin, frais et fruité, le palais prolonge le charme. Un peu plus de longueur lui aurait permis de décrocher l'étoile. ✗ 2015-2018 ♈ nouilles chinoises aux crevettes

⚲ *EARL Vignobles Falgueyret-Léglise, 1, Rousset, 33540 Saint-Sulpice-de-Pommiers, tél. 05 56 71 60 69, sebastienleglise@gmail.com* 🆅 🏃 🍴 *r.-v.*

CH. TOUR D'AURON 2014 ★		
11 000	🍶	5 à 8 €

Créée en 1938, la maison de négoce Milhade s'est étoffée, sous l'impulsion de Jean Milhade et de son fils Gérard, par l'achat de plusieurs domaines du Libournais, dont Ch. Lyonnat, l'un des plus anciens et vastes (52 ha) crus de Lussac, acquis en 1961, et Ch. Tour d'Auron, 19 ha de bordeaux supérieur, acquis en 1989. Aux commandes depuis 2005, Brigitte Milhade, épouse de Gérard, est conseillée par Hubert de Boüard, propriétaire du Ch. Angelus.

Le nez se montre discrètement floral et fruité. Plus expressive, sur les fruits mûrs et les fleurs blanches, la bouche évolue avec souplesse et rondeur, offrant du gras et de l'ampleur, avant de terminer sur une sensation chaleureuse. ✗ 2015-2018 ♈ calamars à la plancha

⟐ *SCEA Lyonnat, 6, lieu-dit Lyonnat, 33570 Lussac, tél. 05 57 55 48 90, scea.lyonnat@orange.fr*
V ✗ 🔒 *r.-v.* ⟐ *Milhade*

CH. TURCAUD Cuvée Majeure 2014 ★

35 000	🛈 ⬧	8 à 11 €

Un cru de 50 ha fondé en 1973 par Simone et Maurice Robert, conduit avec le même talent depuis 2009 par leur fille Isabelle et son époux Stéphane Le May. Abandon progressif du désherbage chimique, rendements limités, approche parcellaire pour chaque cuvée : un travail de précision au service des AOC régionales et des entre-deux-mers.

Cuvée Majeure car produite sur le village de la Sauve Majeure et issue des meilleurs terroirs du domaine. Dans le verre, un vin nettement dominé par le fût et ses tonalités vanillées au premier nez, qui évolue vers le fruit à l'aération. En bouche, du gras, de la suavité, le boisé pour renforcer la structure et une belle finale fruitée. Un blanc solide. ✗ 2015-2020 ♈ volaille à la crème

⟐ *Vignobles Robert, Ch. Turcaud, 1033, rte de Bonneau, 33670 La Sauve, tél. 05 56 23 04 41, chateau-turcaud@wanadoo.fr* V ✗ 🔒 *r.-v.*

SÉLECTION TUTIAC 2014

42 000	🛈	5 à 8 €

Créée en 1974, la coopérative de Tutiac regroupe 550 viticulteurs. Un acteur important de la haute Gironde, qui produit des vins de côtes (blaye-côtes-de-bordeaux et côtes-de-bourg) et d'appellations régionales.

Un 100 % sauvignon qui... « sauvignonne ». Au nez, du fruit de la Passion, des agrumes, du buis. En bouche, beaucoup de vivacité, du fruit toujours et une finale nerveuse à souhait. Un style entre-deux-mers, conclut un dégustateur. ✗ 2015-2017 ♈ plateau de fruits de mer

⟐ *Les Vignerons de Tutiac, La Cafourche, 33860 Marcillac, tél. 05 57 32 48 33, contact@tutiac.com*
V ✗ 🔒 *r.-v.*

CH. LA VERRIÈRE 2014

80 000	🛈	5 à 8 €

Un domaine créé en 1900 aux confins du Lot-et-Garonne, propriété des Bessette depuis plusieurs générations. Restructuré dans les années 1960 par André Bessette, relayé à partir de 1999 par son fils Alain, ce cru de 60 ha s'est imposé comme une référence en appellations régionales.

Né d'un seul sauvignon, le 2014 livre un bouquet délicat de citronnelle, d'ananas, d'abricot et de fleurs blanches, souligné par des notes minérales de silex. Une attaque souple et soyeuse introduit un palais évoluant sur la fraîcheur et le fruit jusqu'en finale. ✗ 2015-2018 ♈ tourteau

⟐ *EARL André Bessette, 8, La Verrière, 33790 Landerrouat, tél. 05 56 61 39 56, alainbessette@orange.fr* V ✗ 🔒 *r.-v.*

CH. VIRCOULON 2014

40 400	🛈	- de 5 €

Propriété familiale (quatre générations) proche de Castillon-la-Bataille et voisine du Bergeracois, autrefois tournée vers la polyculture, entièrement dédiée à la vigne depuis sa reprise en 1983 par Patrick Hospital.

Une dominante (60 %) de sémillon dans ce vin bien ouvert sur des notes de... sauvignon (citron, bourgeon de cassis). Des arômes prolongés par un palais rond et tendre, plus ferme en finale. ✗ 2015-2017 ♈ fromage de brebis

⟐ *Patrick Hospital, 5, Vircoulon, 33220 Saint-Avit-de-Soulège, tél. 05 57 41 05 99, chateauvircoulon@orange.fr*

YVECOURT 2014

150 000	🛈	- de 5 €

L'une des marques d'Yvon Mau, l'une des plus importantes maison de négoce de la place de Bordeaux, fondée en 1897 et propriété depuis 2001 du géant catalan de la bulle, Freixenet.

Ce 100 % sauvignon dévoile des parfums discrets mais fins de citron vert et de pêche blanche. En bouche, l'équilibre est bien assuré entre douceur et fraîcheur, une finale plus vive et saline faisant pencher la balance vers la seconde. Un joli « vin plaisir ». ✗ 2015-2017 ♈ poisson grillé

⟐ *Yvon Mau, rue Saint-Pétronille, 33190 Gironde-sur-Dropt, tél. 05 56 61 54 54, florence.bourg@yvonmau.fr*

BORDEAUX SUPÉRIEUR

CH. AMANIEU D'ALBRET
Cuvée Diamant Élevé en fût de chêne 2012 ★

1 800	⬧	8 à 11 €

Ce petit vignoble de 10 ha, implanté sur la rive droite de la Garonne, dans les hauteurs de Cadillac, doit son nom au sire d'Albret, puissant seigneur gascon au XIVᵉs. L'ancien propriétaire Jean-Marie Faure l'a vendu en 2012 à l'industriel anglais Tim Richardson, qui lui a laissé la gestion du cru.

Le merlot laisse une part non négligeable au cabernet-sauvignon (40 %) dans l'assemblage de cette cuvée qui comprend aussi un soupçon de malbec. Une réelle puissance se dégage de ce 2012 à la robe intense. Le nez pur et élégant, sur la cerise, le noyau, traduit un raisin très mûr. Légèrement boisé, le palais est riche, chaleureux, charnu, bien équilibré et persistant : une belle expression du millésime. ✗ 2016-2025 ♈ magret de canard aux cerises

⟐ *SCEA Vignoble Damanieu, 9, Damanieu-Nord, 33410 Cardan, tél. 06 21 64 79 74, contact@damanieu.fr*
V ✗ 🔒 *r.-v.*

CH. DE L'AUBRADE 2012 ★

60 000	🛈	5 à 8 €

Après ses études d'œnologie, Jean-Christophe Lobre s'est installé en 1995 à la tête du vignoble créé en 1974 par ses parents Jean-Pierre et Paulette. Il conduit aujourd'hui un vaste domaine de 70 ha et poursuit ainsi une tradition familiale qui remonte à 1735.

Les deux cabernets (70 %, dont 40 % de cabernet-sauvignon) dominent dans cette cuvée au nez gourmand et franc alliant la cerise et des notes minérales. Tout en rondeur, en ampleur et en suavité, le palais est très harmonieux. Proche des deux étoiles. ✗ 2016-2021 ❦ rôti de bœuf ■ Élevé en fût de chêne 2012 ★ (5 à 8 € ; 20 000 b.) : un assemblage dominé par les deux cabernets (70 %). L'élevage en barrique apporte un surcroît de complexité à ce vin fruité, ample et gras, aux tanins déjà aimables. ✗ 2016-2021

☞ GAEC Jean-Pierre et Paulette Lobre, Jamin, 33580 Rimons, tél. 05 56 71 55 10, vinslobre@free.fr Ⓥ 👣 🛈 r.-v.

CH. BARREYRE 2012		
■ 43 300	⬗	8 à 11 €

Issu d'une ancienne famille de la bourgeoisie bordelaise, qui donna de nombreux magistrats et consuls de la Bourse, Nicolas Barreyre fonda ce domaine dans les années 1750. Le vignoble, dirigé par Claude Gaudin, s'étend aujourd'hui sur 12 ha, plantés sur des palus médocains (sols argileux).

Le petit verdot entre à hauteur de 10 % dans ce 2012, complété par le merlot et le cabernet-sauvignon. Un vin fait avec précision, séduisant par son expression aromatique fraîche et fine (noyau, fruits rouges). Attaque réglissée, structure tannique un peu ténue mais élégante, finale suave : un bordeaux supérieur gourmand, pour aujourd'hui. ✗ 2015-2017 ❦ onglet à l'échalote

☞ SC Ch. Barreyre, 33460 Macau, tél. 05 57 88 07 64, vitigestion@vitigestion.com Ⓥ 👣 🛈 r.-v.

Ⓑ BENJAMIN DU CH. BEAU RIVAGE 2012		
■ 2 400	🛈 ⬗	8 à 11 €

Petit domaine médocain (7,5 ha) acquis en 1995 par Christine Nadalié, œnologue issue d'une famille de tonneliers bien connus. Une valeur sûre du Guide, moins en raison du voisinage avec Margaux que de l'implication de la propriétaire. En bio certifié depuis 2011.

Un bon équilibre entre le merrain et le vin, assemblage bien maîtrisé de cabernet-sauvignon et de merlot. La robe violine annonce un nez frais, mêlant les fruits rouges, la réglisse, les épices et même le bois de rose. L'attaque ample et charnue ouvre sur une bouche bien construite, aux tanins encore serrés. ✗ 2018-2020 ❦ lomo séché ■ Ch. Beau Rivage 2012 (11 à 15 € ; 9 400 b.) Ⓑ : vin cité. ✗ 2018-2020

☞ SCEA Ch. Beau Rivage, 7, chem. du Bord-de-l'Eau, 33460 Macau, tél. 05 57 10 03 70, chateau-beau-rivage@nadalie.fr Ⓥ 👣 🛈 t.l.j. sf sam. dim. 9h-12h 13h-17h

CH. DE BEL 2012 ★		
■ 30 000	🛈	5 à 8 €

La famille Cazenave a repris en 2003 une petite propriété à l'abandon, située sur les bords de la Dordogne, qu'elle a rebaptisée Ch. de Bel. Le vignoble s'est étendu et couvre aujourd'hui 8 ha, en appellations régionales, pomerol, montagne-saint-émilion et saint-émilion grand cru.

Né de merlot élevé en cuve, un vin d'une belle puissance, à la robe intense, au nez tout en fruits mûrs. Charmeuse par sa souplesse, son gras et sa rondeur, l'attaque introduit une bouche généreuse et charpentée, qui ne manque pas de finesse. Finale encore tannique. ✗ 2018-2023 ❦ magret de canard frites ■ La Capitane 2012 ★

(5 à 8 € ; 30 000 b.) : du merlot élevé en cuve de bois. Robe profonde, nez richement fruité, bouche dense, volumineuse, persistante, aux tanins encore vifs, qui devront s'arrondir : du caractère et de l'élégance. ✗ 2017-2022

☞ Olivier Cazenave, Ch. de Bel, Malbâtit, 33500 Arveyres, tél. 05 24 24 69 96, contact@ chateaudebel.com Ⓥ 👣 r.-v. 🏠 Ⓑ ☞ Cazenave

CH. DE BEL-AIR 2013		
■ 374 666	🛈	- de 5 €

Créé en 1960 dans l'Entre-deux-Mers, ce vignoble de 72 ha est aujourd'hui une des propriétés du groupe Taillan (famille Merlaut) qui, outre ses célèbres crus médocains comme Gruaud-Larose et Citran, détient 12 domaines (300 ha dans huit AOC). Replanté et modernisé en 1995, il fournit du bordeaux supérieur.

Une robe foncée engageante et un joli nez, peu complexe mais avenant, aux nuances de fruits rouges bien mûrs agrémentés de touches de caramel. On retrouve ce fruité chaleureux dans une bouche ample à l'attaque, étayée par des tanins de belle tenue, un peu fermes en finale. ✗ 2016-2020 ❦ épaule d'agneau

☞ SCEA Ch. Bel-Air, rte les Mougneaux, 33580 Saint-Ferme, tél. 06 10 42 46 02, belair@vignoblesdeterroirs.com

CH. BELLEVUE PEYCHARNEAU 2012		
■ 48 000	⬗	5 à 8 €

Un vignoble de 15 ha établi sur les hauteurs de Saint-Foy-la-Grande, à l'est de l'Entre-deux-Mers : 7 ha sur un plateau rocheux dominant la vallée de la Dordogne et le reste sur des coteaux très pentus.

Encore discret, ce 2012 à la robe profonde demande à être aéré pour libérer des notes de fruits mûrs, nuancées de touches d'épices et d'amande douce. La bouche est agréable, avec ce qu'il faut de structure. Un vin bientôt prêt et qui ne manque pas de réserves. ✗ 2017-2025 ❦ entrecôte grillée

☞ SCEA Bellevue Peycharneau, rue de la Commanderie, 33220 Pineuilh, tél. 06 82 28 44 50, info@ bellevue-peycharneau.fr Ⓥ 👣 🛈 r.-v. ☞ Onillon

CH. BELOEIL 2012		
■ n.c.		5 à 8 €

Vieille noblesse d'origine champenoise remontant aux Croisades. Parmi ses nombreuses branches, l'une s'est fixée dans le Sud-Ouest et possède de vastes vignobles dans l'Entre-deux-Mers et le Bergeracois.

Les traditionnels merlot et cabernet-sauvignon, avec une goutte de malbec et de cabernet franc. Les fruits rouges mûrs dominent au nez, nuancés de notes légèrement toastées à l'aération. Une évolution souple et généreuse, des tanins enrobés composent un agréable représentant de l'appellation. ✗ 2016-2019 ❦ poulet rôti

☞ SCEA Famille d'Amécourt, Ch. Bellevue, 33540 Sauveterre-de-Guyenne, tél. 05 56 71 54 56, sceafamille.damecourt@neuf.fr Ⓥ 👣 🛈 r.-v.

CH. BOIS DE FAVEREAU 2013 ★★		
■ 160 000	⬗	5 à 8 €

Établie dans l'Entre-deux-Mers, la famille Galineau exploite la vigne depuis quatre générations. Situé au point culminant de la commune de Pellegrue (125 m), son domaine s'étend sur 56 ha, commandé par une bâtisse agrandie au début du XXes. grâce aux moellons de deux moulins à vent aujourd'hui disparus.

Un assemblage classique dominé par le merlot. La robe soutenue commence à s'ourler de reflets tuilés. D'intenses notes grillées (moka, cacao) et vanillées se libèrent à l'agitation du verre, accompagnées de notes de cerise cuite. L'annonce d'un vin tendre et gourmand qui persiste dans un bel équilibre, soutenu par un tanin racé. De la richesse et du fruit. ℐ 2018-2019 ❦ poule faisane en cocotte ■ Ch. Bellevue Favereau 2013 ★★ (5 à 8 € ; 160 000 b.) : un vin d'emblée élégant par son expression aromatique alliant torréfaction (croûte de pain) et fruits mûrs. La bouche séduit par sa finesse, de l'attaque douce et charnue à la finale, marquée par un plaisant retour fruité. ℐ 2017-2019 ■ Cuvée Jean-Jules Élevé en fût de chêne 2012 ★★ (5 à 8 € ; 36 000 b.) : diffusée par la maison J.J. Mortier, négoce familial bordelais, une cuvée élevée un an sous bois. Une robe presque noire et pleine d'éclat ; un nez puissant et frais sur la myrtille, la cerise noire, la vanille et la réglisse, prélude à une bouche racée et persistante soutenue par des tanins soyeux. ℐ 2016-2020

○⌐ Michel Galineau, 1 Moulin de Favereau, 33790 Pellegrue, tél. 06 73 92 97 44, vignobles.galineau@wanadoo.fr Ⓥ 🅐 🅐

CH. BOIS-MALOT 2012 ★

■	52 000	🏠 ⬤	5 à 8 €

Les Meynard ont acquis leur domaine viticole en 1916, aux Valentons, sur la commune de Saint-Loubès, non loin de l'agglomération bordelaise. Nommé Clos des Valentons à l'origine, puis Ch. des Valentons-Canteloup, le vignoble s'aggrandit en 1973 avec le Ch. Bois-Malot, contigu à la propriété familiale. Aux commandes depuis 1980, Jacques Meynard conduit aujourd'hui 30 ha de vignes et 3 ha de poiriers plantés après le grand gel de 1956. Une valeur sûre en bordeaux sec et en bordeaux supérieur.

Les cabernets (cabernet sauvignon 50 %, cabernet franc 20 %) ont la part belle dans l'assemblage de ce vin qui affiche concentration et vivacité. Le nez frais associe les fleurs et les fruits noirs, rehaussés d'une touche épicée. Ample et généreuse, la bouche repose sur des tanins soyeux et suaves qui témoignent d'une bonne extraction. Un joli retour aromatique sur les fruits noirs et le poivre conclut la dégustation. ℐ 2016-2019 ❦ bœuf en daube ■ Ch. des Valentons Canteloup 2012 ★ (5 à 8 € ; 50 000 b.) : un élevage partiel dans le bois et un assemblage des trois cépages bordelais ont donné naissance à ce vin dominé par le merlot. Riche, concentré et long, ce 2012 laisse apparaître des signes d'évolution, avec ses notes de fruits cuits. ℐ 2016-2019

○⌐ EARL Meynard, 133, rte des Valentons, 33450 Saint-Loubès, tél. 05 56 38 94 18, bois.malot@free.fr Ⓥ 🅐 🅐 t.l.j. sf dim. 8h-12h 13h30-18h30; sam. 8h-12h

CH. BOLAIRE 2012

■	36 800	⬤	11 à 15 €

L'homme d'affaires Vincent Mulliez, disparu en 2010, avait acheté en 2004 dans la partie sud du Médoc les Ch. Bolaire (bordeaux supérieur), Belle-Vue et Gironville (haut-médoc) devenus des valeurs sûres. Ses héritiers ont repris le flambeau.

Bolaire est un château construit en 1860 sur une ancienne île de la Garonne, rattachée à la terre au Moyen Âge. Installé sur des palus bien drainés, son vignoble a pour originalité de privilégier le petit verdot, cépage qui compose plus de 50 % du vin. Le 2012 affiche un nez discret, où le fruit noir s'efface devant la barrique. Sa robe presque noire, son attaque ample et ses tanins marqués révèlent, eux, une vendange bien mûre. L'élevage apporte une note vanillée en finale. ℐ 2016-2020 ❦ confit de canard

○⌐ SC de Gironville, 103, route de Pauillac, 33460 Macau, tél. 05 57 88 19 79, contact@chateau-belle-vue.fr Ⓥ 🅐 t.l.j. sf sam. dim. 9h-12h 13h-17h30 ○⌐ Isabelle Mulliez

CH. DE BONHOSTE 2012

■	30 000	🏠 ⬤	5 à 8 €

Sylvaine et Yannick Fournier ont pris en 2005 la suite de leurs parents, Bernard et Colette, qui ont constitué leur domaine en 1977 à partir de vignes familiales : 66 ha aujourd'hui, dont une petite partie en Bergeracois. Bonhoste, en Gironde, est implanté sur la rive gauche de la Dordogne, en face de Saint-Émilion. La cave est creusée dans la roche et l'exploitation certifiée Haute qualité environnementale.

Mi-cuve mi-fût, ce 2012 marie au nez un joli fruité à des notes fumées, grillées et vanillées. Une attaque acidulée introduit une bouche savoureuse, fine et élégante, qui ne manque pas pour autant de tenue. Un vin « sans artifices, expression de son terroir », conclut un dégustateur. ℐ 2016-2018 ❦ lapin ■ Cuvée Prestige 2012 (8 à 11 € ; 20 000 b.) : vin cité. ℐ 2018-2019

○⌐ Fournier, Ch. de Bonhoste, 33420 Saint-Jean-de-Blaignac, tél. 05 57 84 12 18, contact@chateaudebonhoste.com Ⓥ 🅐 🅐 t.l.j. 8h30-18h30

CH. CHAPELLE D'ALIÉNOR
Les Vieilles Vignes 2013 ★

■	50 000	⬤	8 à 11 €

De vieille souche saint-émilionnaise, Aliénor et Alexandre de Malet Roquefort (dont le père est propriétaire du Ch. la Gaffelière, 1er grand cru classé B de Saint-Émilion) ont franchi en 2001 la Dordogne, séduits par le Ch. Chapelle Maracan, qu'ils ont acquis et rebaptisé. Une ancienne chapelle veille sur ce cru (19 ha) à dominante de merlot, implanté sur des coteaux argilo-calcaires, face à la jurade et aux côtes-de-castillon.

Franc et agréable, sur les fruits rouges confits, le nez se nuance à l'agitation de notes finement vanillées et épicées. Ample et ronde en attaque, la bouche évolue sur des tanins déjà affables et savoureux. La finale retrouve les notes confites perçues à l'olfaction. Un vin riche, déjà harmonieux. ℐ 2016-2019 ❦ faux-filet grillé ■ 2013 (8 à 11 € ; 50 000 b.) : vin cité. ℐ 2015-2019

○⌐ Ch. Chapelle d'Aliénor, BP 12, 33330 Saint-Émilion, tél. 05 57 56 40 81, c.courcellechossin@ vignoblesmaletroquefort.com ○⌐ M. de Malet

CH. CLOS MOULIN PONTET 2012

■	20 000	🏠	5 à 8 €

Éric et Sophie Meynaud conduisent depuis 1998 une vaste propriété de 110 ha dont le siège est situé à Landerrouat, à la limite du Lot-et-Garonne.

BORDELAIS

Un vin concentré, coloré, au nez intensément fruité, sur le cassis et la framboise. Ample et ronde en attaque, la bouche monte en puissance et persiste sur le fruit mûr. Fraîcheur et maturité, étoffe et finesse. Quelques petits tanins font encore sentir leur présence. ✗ 2017-2020 ❦ rôti de bœuf

☛ EARL Ch. Couplet, Route de Laussac, 33790 Landerrouat, tél. 05 56 61 34 10, eric.meynaud@ wanadoo.fr Ⓥ 🕊 🛡 r.-v. 🏠 Ⓔ ☛ Meynaud

CH. DE CORNEMPS 2013 ★			
■	120 000	🏚 📶	5 à 8 €

Dominé par une chapelle du XIe s., ancienne étape sur la route de Saint-Jacques, un domaine du Libournais créé en 1964 par Henri Fagard, maître de chai. Son fils Henri-Louis lui succède en 1983 et achète en 1995 des vignes dans l'AOC voisine lussac-saint-émilion. Aujourd'hui, 20 ha et deux étiquettes : Ch. de Cornemps (AOC régionales) et Ch. la Jorine (lussac).

Élevée un an en cuve et six mois en barrique, la cuvée principale du domaine fait très bonne impression avec sa robe profonde et son nez élégant, tout en finesse, mariant la cerise, le pruneau et le cuir. La suite ne déçoit pas : attaque sur le fruit, bouche ample, soutenue par des tanins assez ronds et mûrs, à peine plus austères en finale. À table, ce vin sera « tout-terrain ». ✗ 2015-2020 ❦ entrecôte

☛ Vignobles Henri-Louis Fagard, 8, Cornemps, 33570 Petit-Palais, tél. 05 57 69 73 19, vignobles.fagard@wanadoo.fr Ⓥ 🕊 🛡 r.-v.

CH. DE LA COUR D'ARGENT 2012 ★★			
■	n.c.	📶	5 à 8 €

Denis Barraud, œnologue, s'est installé en 1971 à la tête du vignoble familial, constitué à la fin du XIXe s. Un bel ensemble de 36 ha répartis sur les deux rives de la Dordogne et sur plusieurs crus : 7 ha en saint-émilion et saint-émilion grand cru et 29 ha en AOC régionales.

La Cour d'Argent, un pied sur les argilo-calcaires de Génissac, l'autre sur les sols sablo-graveleux de Saint-Sulpice-de-Faleyrens, est propriété des Barraud depuis 1883 et quatre générations. Le vin ? Du merlot, à 5 % près. Une cuvée tout en fraîcheur. Une robe intense et jeune, aux reflets violets, annonce une belle concentration. Un soupçon de fruits rouges compotés perce au nez, encore dominé par la barrique. La bouche apparaît dense, complexe, racée, soutenue par une structure tannique solide, déjà fondue. Le bois est encore très marqué, mais pas trop toasté. Un grand classique, qui a eu des voix pour le coup de cœur. ✗ 2017-2020 ❦ bécasse flambée

☛ SCEA des Vignobles Denis Barraud, Ch. les Gravières, 355, port de Branne, 33330 Saint-Sulpice-de-Faleyrens, tél. 05 57 84 54 73, denis.barraud@wanadoo.fr Ⓥ 🕊 🛡 r.-v.

CH. LA COURTIADE 2013			
■	25 000	🏚	- de 5 €

Univitis est une coopérative regroupant 230 adhérents et 2 000 ha dans le « grand Sud-Ouest » viticole. Elle propose une large gamme de marque et de propriétés dans une quinzaine d'AOC, auquel s'ajoute le Ch. les Vergnes acquis en 1986 (130 ha près de Sainte-Foy).

Vinifié par la coopérative, un 2013 au nez franc, fruité et floral et à la bouche fraîche, élégante et aromatique, construite sur des tanins souples : le type même du « vin plaisir », à déboucher dès la sortie du Guide. ✗ 2016-2019 ❦ steak frites

☛ SCA Univitis, 1, rue du Gal-de-Gaulle, 33220 Les Lèves-et-Thoumeyragues, tél. 05 57 56 02 02, h.girou@univitis.fr Ⓥ 🕊 🛡 t.l.j. sf dim. lun. 9h-12h30 14h30-19h

ⒷCH. LA CROIX DE ROCHE 2013			
■	48 000	🏚 📶	5 à 8 €

Situé en Libournais sur un plateau argilo-sableux dominant la rive droite de l'Isle, le cru a été acquis en 1981 par Isabelle et François Maurin. Après avoir vinifié en Afrique du Sud et au Liban, leur fils Raphaël les a rejoints en 2002. Les 20 ha de vignes sont conduits en bio certifié.

Un assemblage original dans le Bordelais : aux 60 % de l'incontournable merlot s'ajoutent 15 % de carmenère, 15 % de petit verdot et 10 % de malbec. Trois mois de fût seulement, pour dix-huit mois de cuve. Au nez, des fruits rouges mûrs et des épices. Une attaque ronde, du volume et du corps, des tanins ronds, un peu vifs en finale. Un certain potentiel. ✗ 2017-2020 ❦ entrecôte marchand de vin

☛ EARL la Croix de Roche, 17, rte de Marze, 33133 Galgon, tél. 05 57 84 38 52, chateau-la-croix-de-roche@wanadoo.fr Ⓥ 🕊 🛡 t.l.j. sf sam. dim. 9h-12h30 13h30-19h; f. jan.-fév.

CH. DARTIGUES 2012 ★			
■	50 000		5 à 8 €

C'est une Indienne née à Singapour, Uscha Lavie-Teissier, qui préside depuis 1992 aux destinées de ce cru commandé par un château bâti au XIIe s. et transformé par la marquise d'Alphonse, propriétaire au XVIIIe s. Le vignoble, à l'origine de deux étiquettes (Ch. Gamage et Ch. Dartigues), couvre 33 ha, à dominante de merlot.

Un nez expressif de fruits rouges et noirs confits, nuancés de notes fumées et épicées. Le fruité s'épanouit avec exubérance dans un palais ample et gras, aux tanins bien présents, plus marqués en finale. Le reflet d'un réel savoir-faire. ✗ 2016-2020 ❦ épaule d'agneau ■ Ch. Gamage 2013 (5 à 8 € ; 20 000 b.) : vin cité. ✗ 2015-2018

☛ SARL Ch. Gamage, 31, av. de la Mairie, 33350 Saint-Pey-de-Castets, tél. 05 57 40 52 02, gamage@wanadoo.fr Ⓥ 🕊 🛡 r.-v.

CH. DONJON DE BRUIGNAC Premium 2012			
■	2 600	📶	11 à 15 €

Situé au nord de l'Entre-deux-Mers, ce domaine de poche de 2,37 ha doit son nom à un imposant donjon carré, construit en 1300. Il jouxte un manoir, construit en 1480 après la bataille de Castillon. Resté pendant plus de six siècles aux mains d'une même famille, il a été repris en 2007 par Louise-Aimée Dufour, qui a aménagé un chai. Premières vendanges et vinifications en 2008.

Issue des parcelles de merlot les plus âgées du domaine, cette cuvée élevée un an en barrique s'ouvre pourtant sur de fraîches notes de fruits noirs, rehaussées d'épices. La bouche franche et chaleureuse repose sur des tanins veloutés, plus fermes en finale. Ce que l'on attend d'un bordeaux supérieur. ✗ 2015-2019 ▼ salmis de palombes

○┓ *SARL Ladimex, Bruignac, 33350 Bossugan, tél. 05 57 40 39 79, dufourla@ladimex.ca* 🅰 🔋 *r.-v.*
○┓ *Dufour*

CH. L'ESPINGLET Cuvée l'Enclos 2013 ★

| ■ | 60 000 | 🏆 | 5 à 8 € |

En 1902, le Corrézien Antoine Moueix, amoureux des vins de Saint-Émilion et de Pomerol, fonde sa maison de négoce. Outre ses propriétés (Grand Renom, Capet Guillier), l'affaire propose côté négoce une large gamme de vins de la rive droite (Libournais, AOC régionales). Dans le giron du groupe Advini depuis 2006.

Deux tiers de merlot, les deux cabernets et une touche de malbec composent ce vin issu d'une propriété de 50 ha implantée à Rions, sur les coteaux de la Garonne. Un 2013 qui se distingue par sa puissance. certainement le reflet de raisins bien mûrs et d'une bonne exposition sur un terroir favorable (ici argilo calcaire et argilo graveleux). Le nez associe les fruits noirs à des nuances d'amande douce et à un léger grillé. Le palais est charnu, gras et généreux, boisé en finale. ✗ 2017-2022 ▼ magret de canard

○┓ *Ch. de L'Espinglet, 33410 Rions, tél. 06 12 30 07 72, chateau.espinglet@yahoo.fr* 🆅 🅰 🔋 *r.-v.*

CH. LA FAVIÈRE 2013

| ■ | 25 400 | ⬢ | 11 à 15 € |

Fondé à la fin du XVIIIᵉ par un notable bordelais sur les terrasses de l'Isle au nord du Libournais, le cru a été racheté en 2010 par un couple de Russes amoureux du bordeaux, l'homme d'affaires Stanislav Zingerenko et son épouse Natalia. Le vignoble couvre 18 ha.

Expressif, franc et complexe, ce vin libère des parfums de fruits noirs bien mûrs rehaussés de notes légèrement torréfiées et fumées. La structure tannique fondue et souple confère une rondeur harmonieuse à cette cuvée qui s'accordera aussi bien avec des viandes blanches qu'avec des viandes rouges. ✗ 2016-2020 ▼ filet mignon caramélisé

○┓ *Ch. la Favière, 32, rue Antoine-de-Saint-Exupéry, 33660 Saint-Seurin-sur-Isle, tél. 05 57 49 72 08, contact@lafaviere.fr* 🅰 🔋 *t.l.j. 9h30-12h30 13h30-17h30; sam. dim. sur r.-v.* ○┓ *Zingerenko*

CH. FÉRET-LAMBERT 2012 ★

| ■ | 60 000 | ⬢ | 8 à 11 € |

Depuis 1997, Henri Féret, courtier en vins, associé à son beau-frère Olivier Sulzer, vigneron à Saint-Émilion (Ch. la Bonnelle), redonne son lustre à ce domaine de 24 ha acquis en 1930 par son arrière-grand-père Charles Féret, éditeur du célèbre *Bordeaux et ses vins.*

Le fruit est très présent au nez – des fruits rouges et noirs bien mûrs –, souligné de vanille et de grillé. Souple et ronde, l'attaque est relayée par une trame tannique dense mais soyeuse. La finale fruitée et boisée montre une belle fraîcheur. ✗ 2018-2020 ▼ bœuf mode ■ Costes du Ch. Féret-Lambert 2012 (5 à 8 € ; 400 000 b.) : vin cité. ✗ 2016-2019

○┓ *SCEA Sulzer-Féret, Domaine de Lambert, 33420 Grézillac, tél. 05 57 47 15 12, feret-lambert@orange.fr* 🆅 🅰 🔋 *r.-v.* 🏠 ❸

CH. FLORÉAL LAGUENS 2013 ★

| ■ | 34 400 | 🏆 | 5 à 8 € |

Acteur important de la place de Bordeaux, Cordier-Mestrezat Grands Crus est né en 2000 de la fusion de deux vénérables maisons de négoce bordelaises : la maison Cordier, fondée en 1886 par Désiré Cordier, et la maison Mestrezat, créée en 1815.

Les cabernets font presque jeu égal avec le merlot dans ce vin grenat à la frange violine, au nez pimpant de fruits rouges frais évoquant la groseille. Ronde et fruitée, plutôt persistante, la bouche est soutenue par une armature tannique de belle tenue. ✗ 2017-2020 ▼ bœuf bourguignon

○┓ *Grands Crus Cordier-Mestrezat, 109, rue Achard, BP 154, 33042 Bordeaux Cedex, tél. 05 56 11 29 00, contact@cordier-mestrezat.com*

CH. LA FRANCE Cuvée Gallus 2013

| ■ | 13 500 | ⬢ | 8 à 11 € |

Déjà bien établi au XVIIᵉ s., ce cru, détenu jusqu'en 2009 par une compagnie d'assurances, a été racheté par les Mottet, armateurs bordelais, propriétaires de quelques 200 ha en Gironde. Outre un vaste vignoble (90 ha, dont 77 en exploitation), il comprend chambres d'hôtes et « gîte rural »... dans le château du XIXᵉ s.

« La France » a son coq, dressé sur ses ergots dans le vignoble : une sculpture en métal de 12 m de haut, due à l'artiste Georges Saulterre, qui donne son nom à la cuvée Gallus (« le Coq »). L'assemblage du 2013 comprend 31 % de malbec aux côtés du merlot (52 %) et du cabernet-sauvignon. Le nez est franc et fruité. Après une attaque souple, la bouche dévoile une belle harmonie entre les arômes de fruits rouges et la trame tannique mûre et savoureuse. La longue finale est marquée par un joli retour du fruit. ✗ 2016-2019 ▼ rôti de bœuf

○┓ *SCA Ch. la France, 1, rte de Fosselongues, 33750 Beychac-et-Caillau, tél. 05 57 55 24 10, contact@chateaulafrance.com* 🆅 🅰 *t.l.j. sf sam. dim. 10h-12h 14h-17h* 🏠 ❺ 🏠 ❸

CH. GAYON 2013 ★

| ■ | 46 600 | 🏆 ⬢ | 5 à 8 € |

Un cru de 30 ha commandé par une gentilhommière du XVIIIᵉ s. aménagée en gîte, acquis en 1969 par les Crampes, dont les aïeux étaient auparavant métayers sur ces terres. Une bonne référence en saint-macaire et en bordeaux.

Équitablement partagé entre le merlot et les cabernets (du cabernet-sauvignon surtout), voici un vin très équilibré. Le nez éclatant associe les fruits rouges frais et un léger boisé, légué par un court séjour en barrique (six mois). Croquante et aromatique, ample, ronde et longue, la bouche fait tanins de velours. Un vin gourmand qui ne manque pas d'étoffe. ✗ 2017-2020 ▼ entrecôte aux cèpes ■ Cuvée Prestige 2012 (5 à 8 € ; 53 300 b.) : vin cité. ✗ 2016-2019

○┓ *Crampes, 6, Ch. Gayon, 33490 Caudrot, tél. 05 56 62 81 19, contact@chateau-gayon.com* 🆅 🅰 🔋 *r.-v.*

CH. GRAND JEAN Réserve 2013 ★★

| ■ | 110 000 | ⬢ | 5 à 8 € |

Héritier de dix générations, Michel Dulon exploite aujourd'hui 140 ha de vignes, implantés essentiellement sur la rive droite de la Garonne et dans l'Entre-deux-Mers, et répartis dans quatre crus : Ch. Grand Jean, propriété la plus ancienne et la plus vaste avec ses 100 ha, située à Soulignac ; Ch. Julian, acquis en 1998 à Targon ; Ch. du Vallier, à Langoiran (20 ha) ; Ch. Haut Pezat, 8 ha en saint-émilion grand cru, acquis en 2013 sur la commune de Vignonet.

Dans un millésime difficile, Michel Dulon réussit à placer ce vin parmi les finalistes du coup de cœur. L'assemblage donne une courte majorité aux cabernets (du cabernet-sauvignon surtout) ; la vinification a été menée de façon à exalter les arômes et l'élevage en fût de chêne français et américain est resté mesuré (huit mois). Le résultat ? Un « vin plaisir », gourmand, ample et vineux, au nez frais de fruits noirs finement épicés, à la chair moelleuse et tendre encadrée par des tanins fins et élégants. ✘ 2015-2019 ❦ terrine de gibier

☛ SC Dulon, 133, Grand-Jean, 33760 Soulignac, tél. 05 56 23 69 16, info@vignobles-dulon.com 🆅 🅿 t.l.j. sf sam. dim. 8h30-12h30 14h-17h

CH. GRAND RENOM 2013 ★

| ■ | 12 600 | ⏚ | 8 à 11 € |

Une propriété acquise en 1990 par la maison Antoine Moueix (groupe Advini depuis 2006). Couvrant 38 ha, le cru est implanté dans l'Entre-deux-Mers, sur les coteaux argilo-calcaires d'Eynesse qui bordent la Dordogne.

Une cuvée de pur merlot issue de parcelles sélectionnées et élevée un an en barrique. D'un pourpre profond, ce 2013 séduit par son nez discret mais subtil associant la myrtille et la fraise des bois. Il a pour autres atouts sa bouche charpentée et puissante dont les tanins commencent à se fondre, même si la finale est encore sévère et nerveuse. ✘ 2017-2020 ❦ bavette d'aloyau

☛ Ch. Grand Renom, rte du Milieu, 33330 Saint-Émilion, tél. 05 57 55 58 00, benoit.coq@amoueix.fr ☛ Moueix

DOM. DES GRAVES D'ARDONNEAU
Moelleux 2014 ★

| ■ | 7 400 | ⏚ ⏚ | 5 à 8 € |

Un domaine incontournable du Blayais, en rouge comme en blanc. La famille Rey écrit son histoire viticole depuis 1763 sur les terres du hameau d'Ardonneau. Installé en 1981 à la tête de 60 ha, Christian Rey a été rejoint en 2005 par son fils Laurent et par sa fille Fanny en 2008.

L'oiseau rare de cette sélection, un bordeaux supérieur blanc, donc moelleux (90 % de sauvignon et 10 % de colombard ici). Il s'annonce par une robe jaune clair aux reflets paillés et par un nez fermé de prime abord, plus ouvert à l'aération sur des notes de mandarine, de miel et d'épices (poivre, cumin). En bouche, il se montre bien équilibré entre la fraîcheur fruitée (pêche, litchi) de l'attaque et un développement tendre et rond, le tout accompagné de senteurs vanillées. ✘ 2015-2019 ❦ salade de fruits

☛ EARL Simon Rey et Fils, Ardonneau, 33620 Saint-Mariens, tél. 05 57 68 66 98, gravesdardonneau@wanadoo.fr 🆅 🕊 🅿 t.l.j. sf dim. 8h30-12h30 14h30-19h

CH. GUICHOT 2013

| ■ | 20 000 | ⏚ | 5 à 8 € |

Fort de son atavisme vigneron et de son expérience acquise dans de grands domaines, Sébastien Petit s'est installé en 2008 sur 19 ha dans l'Entre-deux-Mers : des vignes exposées plein sud autour d'une bâtisse du XVIIᵉs. et de dépendances du XIXᵉs.

Issu de 3 ha de merlot, ce 2013, d'abord discret au nez, déploie à l'aération des parfums de fruits noirs (cerise, mûre). Franche à l'attaque, généreuse, ronde et fruitée, la bouche est bien équilibrée, malgré une certaine austérité tannique en finale. ✘ 2016-2020 ❦ gigot d'agneau

☛ Ch. Guichot, 33790 Saint-Antoine-du-Queyret, tél. 06 19 92 33 34, petitsebastienlasauvegarde@wanadoo.fr 🆅 🕊 🅿 r.-v.

CH. HAUT D'ARZAC Cuvée Noam 2012 ★

| ■ | 5 000 | ⏚ ⏚ | 8 à 11 € |

Dans l'arbre généalogique de Gérard Boissonneau se trouvent des meuniers qui, vers 1850, se convertirent à la viticulture. Depuis 1976, ce dernier conduit le domaine commandé par une jolie bâtisse datant du milieu du XIXᵉs.

Élevé six mois en cuve et dix-huit mois en barrique, ce 2012 donne une belle image du millésime par son classicisme élégant. À la finesse du nez de noyau et de vanille répond celle de la bouche aux arômes de cerise, soulignés par une pointe d'acidité. Un ensemble harmonieux, où les tanins sont fondus et le mariage raisin-merrain réussi. ✘ 2015-2020 ❦ rôti de bœuf en croûte

☛ Boissonneau, 18, rte de Bordeaux, 33420 Naujan-et-Postiac, tél. 05 57 74 91 12, chateau.hautdarzac@orange.fr 🆅 🅿 r.-v.

CH. HAUT NIVELLE Cuvée Prestige 2013 ★

| ■ | 35 000 | ⏚ ⏚ | 5 à 8 € |

Situé dans la vallée de l'Isle, au nord-est du Libournais, ce domaine avait été laissé à l'abandon dans les années 1960 après une série de gels désastreux (dont celui de 1956). Il a été acquis en 1979 par la famille Le Pottier qui l'a reconstitué. Il couvre aujourd'hui 31 ha.

« Un vin harmonieux qui correspond à ce que l'on peut attendre de ce millésime difficile », conclut un dégustateur. Une robe intense et profonde ; un bouquet complexe et fin, mêlant fruits noirs (mûre, cassis) et cuir à des notes de cannelle et de tabac léguées par un séjour de douze mois en barrique ; de la puissance, du volume, des tanins ronds, des notes vanillées et réglissées, une longue finale, autant d'atouts pour ce 2013 qui ne manque pas de potentiel. ✘ 2016-2020 ❦ entrecôte aux cèpes ■ Ch. Puy Favereau 2013 (- de 5 € ; 35 000 b.) : vin cité. ✘ 2016-2020

☛ SCEA les Ducs d'Aquitaine, 2, rte de Cornemps, 33660 Saint-Sauveur-de-Puynormand, tél. 05 57 69 69 69, vignobles@lepottier.com 🆅 🕊 🅿 r.-v. ☛ Le Pottier

GRAND JUAN DU CH. HAUT-RIEUFLAGET 2013 ★

| ■ | 40 000 | ⏚ ⏚ | 5 à 8 € |

Installé en 1969 dans l'Entre-deux-Mers comme jeune agriculteur, Jean-Dominique Petit a agrandi la propriété familiale au fil des ans, qui atteint aujourd'hui 70 ha. Ses bordeaux sont régulièrement présents dans le Guide.

Les reflets violets intenses de la robe inspirent confiance. Au nez, des épices, du poivre, un soupçon de thym, puis une touche plus classique de vanille et du cassis. Après une attaque ronde, on découvre un palais consistant et généreux aux arômes fruités et cacaotés. Une certaine sévérité finale incite à attendre cette bouteille. ✗ 2017-2022 ✗ entrecôte grillée ■ Ch. la Sauvegarde 2013 ★ (5 à 8 € ; 46 000 b.) : un domaine situé à Soussac, dans l'Entre-deux-Mers. Élevé en cuve et dominé par le merlot, ce 2013 présente un nez complexe de cuir frais, de pruneau et de noyau assortis d'une touche d'amande. La bouche est suave, chaleureuse et fruitée. ✗ 2017-2020 ■ Champs de Beneyteau du Ch. la Sauvegarde 2013 (- de 5 € ; 10 000 b.) : vin cité. ✗ 2016-2020

o→ SCEA Jean-Dominique Petit, Ch. Haut-Rieuflaget, 33790 Saint-Antoine-du-Queyret, tél. 05 56 61 33 78, haut-rieuflaget@wanadoo.fr Ⓥ 🏠 🏁 r.-v.

CH. L'INSOUMISE Prestige 2012		
■	18 000	8 à 11 €

Traversé par le 45ᵉ parallèle, le vignoble de ce domaine ancien (XVIIᵉ s.) couvre les coteaux de la Dordogne. Il est conduit depuis 2007 par les œnologues Cécile Thirouin et Thierry de Taffin.

Encore un peu timide au nez, ce 2012 demande à être aéré pour révéler de frais arômes de fruits rouges et noirs, de sous-bois, nuancés de notes de torréfaction. Fruits rouges acidulés que l'on retrouve dans un palais ample et souple à l'attaque, avant que des tanins serrés, jeunes et vifs, ne prennent le dessus. Un vin de garde qui gagnera des étoiles à l'ancienneté. ✗ 2019-2025 ✗ daube de sanglier

o→ Thirouin - de Taffin, 360, chem. de Peyrot, 33240 Saint-André-de-Cubzac, tél. 05 57 43 17 82, chateau.linsoumise@wanadoo.fr Ⓥ 🏠 🏁 r.-v. 🏠 Ⓓ

Ⓑ **CH. JEAN FAUX** 2012		
■	n.c.	🍶 15 à 20 €

L'une des plus anciennes propriétés du canton de Pujols (ferme fortifiée du XVIᵉ s., chartreuse du XVIIᵉ s., parc paysager du XVIIIᵉ s.) dans la vallée de la Dordogne ; rachetée en 2002 par Pascal et Chrystel Collotte. Vignoble de 13 ha, en bio certifié depuis 2011.

Complexe et frais, le nez mêle les fruits rouges à un léger boisé épicé assorti de notes de menthol et d'eucalyptus. Ample et charnue en attaque, de bonne tenue, la bouche suit cette ligne fraîche. La finale plutôt tannique est marquée par des notes réglissées et torréfiées. ✗ 2015-2018 ✗ côtes d'agneau

o→ Pascal Collotte, Ch. Jean Faux, 33350 Sainte-Radegonde, tél. 05 57 40 03 85, jf@chateaujeanfaux.com Ⓥ 🏠 r.-v. 🏠 Ⓓ

CH. LAFORÊT 2013 ★		
■	74 000	- de 5 €

La famille Roux (Yannick, Hélène et leur fils Romain) est installée dans l'Entre-deux-Mers depuis 1978. Outre ses Ch. Laforêt, Haut Philippon, Roux de Beaucès et Tuileries, auxquels s'ajoute depuis 2013 le médocain Taffard de Blaignan, elle propose une large gamme issue de son négoce.

Une belle présentation pour ce vin à la robe profonde et brillante et au nez très frais de fruits rouges et noirs. Bien structuré, riche, d'un joli volume, le palais finit sur une note de griotte. Avec ses tanins soyeux, ce 2013 ne manque pas d'avenir. ✗ 2015-2020 ✗ magret de canard ■ Ch. Roux de Beauces 2013 ★ (- de 5 € ; 69 000 b.) : issu du berceau de la propriété familiale, située à Gornac, un « vin plaisir »

gourmand et généreux, au nez franc de fruits mûrs, à la bouche ronde et soyeuse, tout aussi fruitée. ✗ 2016-2019

o→ SCEA vignobles Roux, 1, Beaucès, 33540 Gornac, tél. 05 56 61 98 93, morgane.vignoblesroux@gmail.com Ⓥ 🏁 r.-v.

Ⓑ **CH. DE LAGARDE** Cuvée Prestige 2013 ★		
■	15 000	5 à 8 €

Établie de longue date à Saint-Laurent-du-Bois, la famille Raymond voit apparaître la première génération de vignerons au Ch. de Lagarde en 1850 avec 15 ha. Sept générations plus tard, Lionel Raymond, installé en 2000 à la suite de son père Jean-Pierre, conduit un vaste ensemble de 180 ha, entièrement convertis en bio, soit la plus grande exploitation du genre en Bordelais.

Dominée par les cabernets (70 %, du cabernet-sauvignon surtout), cette cuvée Prestige a séjourné douze mois en barrique. La robe violine, brillante et profonde laisse présager beaucoup de fraîcheur. C'est en effet le fruit frais que l'on perçoit d'emblée au nez (fruits noirs, baie de sureau), rehaussé de notes fumées et épicées. En bouche, les petits fruits persistent et signent, et les tanins sont bien extraits. « Il y a du vin ! », s'écrie un dégustateur conquis. « Du cabernet », souligne un autre. Du raisin bien vinifié. ✗ 2017-2020 ✗ pavé de bœuf grillé ■ Dom. Baron Sitton Cuvée Prestige 2013 (5 à 8 € ; 15 000 b.) Ⓑ : vin cité. ✗ 2016-2020

o→ SCEA Raymond, Le Bourg, 33540 Saint-Laurent-du-Bois, tél. 05 56 76 43 63, contact@vignobles-raymond.fr Ⓥ 🏠 🏁 t.l.j. sf sam. dim. 8h-12h 13h30-17h30

CH. DE LAGORCE Réserve 2012		
■	9 800	🍶 5 à 8 €

C'est sous les voûtes d'une ancienne église aménagée en chai que Benjamin Mazeau, à la tête du domaine familial depuis 1985, élabore ses vins. Situé dans l'Entre-deux-Mers, son vignoble, dédié aux vins rouges, propose des vins régulièrement au rendez-vous du Guide.

Mi-merlot mi-cabernet-sauvignon, ce 2012 a été vinifié de façon à exalter le fruité. C'est bien un fruité intense que les dégustateurs respirent dans le verre : petits fruits, prune rouge, touches florales accompagnées de nuances cacaotées. L'attaque fraîche et fruitée, la bouche pimpante et jeune restent dans le même registre. Un vin plaisir « très nature ». ✗ 2015-2018 ✗ tartines de jambon de Bayonne

o→ Benjamin Mazeau, Château de Lagorce, 33760 Targon, tél. 05 56 23 60 73, cht.de.lagorce@wanadoo.fr Ⓥ 🏠 🏁 r.-v.

CH. LAMOTHE-VINCENT Héritage 2013 ★★		
■	40 000	8 à 11 €

Un vaste cru de 92 ha dans l'Entre-deux-Mers, fondé en 1920 par les arrière-grands-parents. Ses atouts : un chai très moderne et les compétences complémentaires de Christophe Vincent (aux vignes) et de Fabien (au chai). Saint Vincent les inspire, dit-on, mais ce sont plutôt leur formation technique poussée et leur exigence qui font de ce domaine une référence en bordeaux et bordeaux supérieur.

Élevée en fût de chêne sur lies, avec rotation, cette cuvée qui a déjà décroché deux coups de cœur dans des millésimes plus solaires reçoit un fort bel accueil avec son 2013. Les jurés soulignent la profondeur et la brillance de sa robe aux reflets violets, la complexité et la finesse de son nez, entre fruits noirs (myrtille, cassis), léger cuir et touches grillées. L'attaque est franche, la bouche généreuse, construite sur des tanins enrobés ; le boisé laisse parler le fruit. À la fois puissant et frais, ce vin saura vieillir. ✗ 2017-2025 ❦ faisan en cocotte

o— SCEA Vignobles Vincent, 3, chem. Laurenceau, 33760 Montignac, tél. 05 56 23 96 55, info@lamothe-vincent.com Ⓥ Ⓚ Ⓛ r.-v.

CH. LANDEREAU Prestige 2012 ★★

■	30 000	◫	11 à 15 €

Henri Baylet et son fils Michel ont acquis le Ch. Landereau en 1959, puis le Ch. de l'Hoste Blanc en 1980. Installé en 1988, Bruno Baylet, troisième du nom, exploite aujourd'hui 80 ha dans l'Entre-deux-Mers.

Il a frôlé le coup de cœur, ce 2012 qui doit presque tout au merlot (90 %), élevé dix-huit mois en barrique neuve, dont douze sur lies. D'entrée, il impressionne par sa robe intense et sombre. Au nez, il mêle les fruits noirs confits aux notes épicées d'un boisé fin et maîtrisé. Ample et gras en attaque, persistant, le palais s'impose par ses tanins denses et savoureux. Un vin complexe, à la fois puissant et élégant. ✗ 2017-2023 ❦ gigue de chevreuil

o— Vignobles Baylet, Ch. Landereau, 33670 Sadirac, tél. 05 56 30 64 28, vignoblesbaylet@free.fr Ⓥ Ⓚ Ⓛ t.l.j. sf dim. 9h-12h 14h-17h

CH. LARTEAU 2012 ★

■	71 000	◫	5 à 8 €

Issu d'une famille de négociants bordelais, les Mestrezat, et lui-même à la tête d'une affaire de négoce, Jean-Pierre Angliviel de la Beaumelle s'est installé en 2007 avec ses enfants sur ce domaine fondé en 1770 sur la rive gauche de la Dordogne. Il en a rénové le cuvier et le chai et développé le travail des sols sur ses 12 ha de vignes.

Ce pur merlot a bénéficié d'un élevage partiel en barrique durant quatorze mois. Les dégustateurs ont apprécié l'élégance et la précision de ce vin qui échappe à tout excès. Au nez, il libère des senteurs d'amande douce, d'épices et un léger toasté, qui s'entremêlent avec des notes de fruits confiturés, rehaussées par une jolie fraîcheur. Après une attaque ample et suave, la bouche séduit par son côté gourmand et ses tanins soyeux. ✗ 2016-2018 ❦ fricassée de pintade

o— SCEV Ch. Larteau, 1, Larteau, 33500 Arveyres, tél. 05 57 24 86 98, contact@chateaularteau.com Ⓥ Ⓚ Ⓛ r.-v.

CH. LASCAUX Fût de Chêne 2012

■	25 000	◫	8 à 11 €

Cuisinier, Fabrice Lascaux s'est reconverti avec succès en reprenant en 1998 avec son épouse Sylvie la propriété familiale, qui couvre à présent 33 ha, en AOC régionale (les 23 ha du Ch. Lascaux) et en fronsac (les 10 ha du Ch. Tour Bel Air).

Issu d'un assemblage traditionnel dominé par le merlot, ce 2012 associe au nez des notes florales, cacaotées et une touche végétale. Il a intéressé les dégustateurs par ses tanins aimables et ronds, un peu plus fermes et boi-

sés en finale. ✗ 2016-2018 ❦ côte de veau poêlée aux champignons

o— EARL Vignobles Lascaux, 1, La Caillebosse, 33910 Saint-Martin-du-Bois, tél. 05 57 84 72 16, chateau.lascaux@wanadoo.fr Ⓥ Ⓚ Ⓛ t.l.j. sf sam. dim. 8h-12h 14h-18h 🏠 Ⓐ

♥ CH. LAURENCE 2012 ★★

■	8 000	◫	15 à 20 €

CHATEAU
LAURENCE
— 2012 —

Fils d'ouvrier viticole, directeur technique au Ch. la Fleur de Boüard (Hubert de Boüard, lalande-de-pomerol) et consultant avec ce même Hubert de Boüard auprès d'une soixantaine de châteaux dans le Bordelais et à l'étranger, Philippe Nunes a acheté en 2005 un microcru en montagne-saint-émilion, le Clos Bertineau puis, en 2012, le Ch. Laurence dans l'Entre-deux-Mers : 6,6 ha de merlot sur argilo-calcaires.

Un bon terroir argilo-calcaire, du merlot bien mûr et un producteur œnologue : autant d'atouts pour ce 2012 qui a fait l'unanimité. Un « vin noir », coloré à souhait. Au nez, de la mûre, de la baie de sureau, des fruits rouges harmonieusement mariés à un boisé délicat et bien dosé aux nuances de réglisse, de vanille, de torréfaction et de cèdre. Rond à l'attaque, le palais s'impose par son fruit et par sa matière puissante et tannique qui supporte l'élevage. Une bouteille pleine de promesses. ✗ 2016-2020 ❦ entrecôte à la bordelaise

o— SCEA Vignobles de la Laurence, 5, rte des Mimosas, 33450 Montussan, tél. 06 81 99 37 32, philippe-nunes@free.fr Ⓥ Ⓚ Ⓛ r.-v.

LE SECRET DE LESTRILLE 2012 ★

■	4 200	◫	11 à 15 €

Fondé en 1901, ce domaine familial de 42 ha est une des valeurs sûres des AOC régionales. Il est conduit depuis 2006 par Estelle Roumage, qui a succédé à son père Jean-Louis et revendique des vins fruités nés d'une « viticulture durable » (sans certification bio).

Le secret de Lestrille ? Un bon merlot, un bon boisé (un an de fût) qui respecte le fruit et apporte de la complexité. Il en résulte un nez intense de fruits noirs confits, rehaussé de notes toastées. Le fruit persiste dans une bouche gourmande, ample et ronde, soutenue par des tanins déjà soyeux qui soulignent longuement la finale. ✗ 2018-2020 ❦ pavé de bœuf sauce chocolat

o— FARI Roumage, 15, rte de Créon, 33670 Saint-Germain-du-Puch, tél. 05 57 24 51 02, contact@lestrille.com Ⓥ Ⓚ Ⓛ t.l.j. sf dim. 9h-12h30 14h-19h; sam. 9h30-12h30

CH. LA LOUBIÈRE 2013 ★

■	33 000	⬙	5 à 8 €

Un manoir Renaissance acquis en 1810 par Claude Deschamps, architecte du pont de Pierre à Bordeaux, et transmis par mariage à la famille. Quatre générations de Grix de la Salle se côtoient aujourd'hui sur le Grand

Verdus, vaste unité de 110 ha implantée dans l'Entre-deux-Mers. Autre étiquette : le Ch. la Loubière.

Issu d'une sélection de parcelles, ce vin a été vinifié de façon à privilégier le fruit. Il arbore une robe intense, profonde et jeune, et libère des arômes de fruits noirs (mûre et cassis). Souple et tendre à l'attaque, il offre un joli retour fruité, légèrement acidulé. ✗ 2015-2020 ⵀ poulet rôti ■ Ch. le Grand Verdus 2013 (5 à 8 € ; n.c. b.) : vin cité. ✗ 2016-2020

☛ *Le Grix de La Salle, Ch. le Grand Verdus, 33670 Sadirac, tél. 05 56 30 50 90, chateau@legrandverdus.com* Ⓥ 👤 👤 *r.-v.*

EOS DU CH. DE LUGAGNAC 2013		
■	8 000 ⵀ	15 à 20 €

Commandé par un château féodal datant des XIe et XIIIes., partiellement remanié au XVIIes., ce cru de l'Entre-deux-Mers est l'une des valeurs sûres en appellations régionales. Propriété de la famille Bon à partir de 1969, il est passé sous pavillon chinois en 2012.

Dominée par le cabernet-sauvignon (60 %), une cuvée élevée seize mois dans le bois. Les grands millésimes 2009 et 2010 avaient brillé ; celle-ci offre une expression réussie d'une année difficile. Les reflets violets de la robe annoncent une belle jeunesse, tout comme les parfums de cassis et de groseille, mâtinés d'un boisé réglissé. On retrouve à l'attaque ce caractère frais et réglissé, avec des tanins vifs et une bonne longueur. ✗ 2017-2020 ⵀ gigot d'agneau

☛ *SCEA du Ch. de Lugagnac, 33790 Pellegrue, tél. 05 56 61 30 80, contact@lugagnac.com* ❶ « Yi Gao

CH. DE MACARD 2013 ★		
■	250 000	8 à 11 €

La famille Aubert exploite 300 ha et de nombreux domaines en Bordelais, avec pour fleuron le Ch. la Couspaude, grand cru classé de Saint-Émilion. Alain, l'un des trois frères à la tête du groupe familial, conduit plusieurs crus en son nom : Hyot et German (castillon), Haut-Gravet (saint-émilion grand cru), Ribebon et Macard (AOC régionales).

Domaine situé sur la rive gauche de la Dordogne, acquis en 1996 par Alain Aubert. Amélie assure les vinifications. Issu de 40 ha de vignes, ce 2013 grenat profond s'ouvre sur des notes de fruits rouges mûrs accompagnés de touches de torréfaction. Après une attaque souple, la bouche dévoile une structure affirmée et une finale vive. ✗ 2016-2020 ⵀ pavé de bœuf grillé

☛ *Alain Aubert, 57 bis, av. de l'Europe, 33350 Saint-Magne-de-Castillon, tél. 05 57 40 04 30, domaines.a.aubert@wanadoo.fr*

CH. MAISON NOBLE 2013		
■	20 000 👤 ⵀ	5 à 8 €

Appartenant à une ancienne famille de tonneliers et de viticulteurs, Jean-Bertrand Marqué a quitté à trente-cinq ans le monde de l'expertise comptable pour renouer en 2012 avec l'héritage familial et reprendre ce cru de 20 ha.

Le vigneron souligne l'attention que lui a demandé ce millésime un an seulement après son installation : effeuillages manuels, tris à la parcelle, vendanges de nuit, suivi d'une macération de quinze jours seulement. Discrètement fruité et réglissé au nez, souple et rond, assez

long, marqué en finale par une pointe tannique, ce 2013 offre une expression réussie d'une année délicate. ✗ 2016-2020 ⵀ carré d'agneau

☛ *Ch. Maison Noble, 1, Maison Noble, 33230 Maransin, tél. 06 17 66 56 33, jmarque@chateau-maisonnoble.com* Ⓥ 👤 👤 *r.-v.*

CH. MAISON NOBLE SAINT-MARTIN 2013 ★		
■	106 000 👤 ⵀ	5 à 8 €

Les origines de cette propriété de l'Entre-deux-Mers remontent au XIVes. Le château a été détruit pendant la Révolution. Aujourd'hui, 75 ha de vignes, qui permettent à Bertrand Gonzalez de proposer des appellations régionales et de l'entre-deux-mers.

Le merlot (60 %) et les deux cabernets, un élevage de six mois en cuve et d'un an en barrique au service d'un vin équilibré de bout en bout : robe profonde, nez vineux et franc, mariant les fruits rouges mûrs, la vanille et le cèdre, palais souple à l'attaque, rond et long, étayé par une charpente tannique de belle qualité. ✗ 2017-2020 ⵀ magret de canard aux cèpes

☛ *SARL Ch. Maison Noble Saint-Martin, 1, Maison Noble, 33540 Saint-Martin-du-Puy, tél. 05 56 71 86 53, maison.noble@orange.fr* Ⓥ 👤 👤 *r.-v.* 🏠 ❸

CH. DE MARSAN 2013 ★		
■	100 000 👤 ⵀ	5 à 8 €

Paul Gonfrier, rapatrié d'Algérie, rachète au début des années 1960 le Ch. de Marsan, terre noble fondée au XVIIes. sur la rive droite de la Garonne : le berceau des domaines familiaux. Ses fils Philippe et Éric suivent ses traces après 1985. Aujourd'hui, pas moins de 350 ha et douze châteaux.

Vin issu du berceau familial, qui tire son nom des vicomtes de Marsan, fondateurs du cru et de la ville de Mont-de-Marsan. Le château est situé au pied d'un coteau abrupt et le vignoble couvre 47 ha. Le cabernet-sauvignon (40 %) s'allie au merlot dans cette cuvée au nez très marqué par l'élevage. En bouche, on découvre une structure assez solide, rafraîchie par une pointe d'acidité, qui gagnera à attendre. ✗ 2016-2020 ⵀ fricassée de canard ■ Ch. du Grand Bern 2013 ★ (5 à 8 € ; 74 800 b.) : provient d'un cru situé à Rions, sur une ancienne île de la Garonne aux sols alluvionaux. Mi-cuve mi-fût, il offre une bouche souple à l'attaque, structurée et fraîche, au boisé bien fondu. Carafage conseillé. ✗ 2016-2020

☛ *SCEA Gonfrier Frères, Ch. de Marsan, BP 7, 33550 Lestiac-sur-Garonne, tél. 05 56 72 14 38, gonfrier@wanadoo.fr* Ⓥ 👤 👤 *r.-v.*

LES MONICORD 2012 ★		
■	20 000 👤	11 à 15 €

Reprise en 2000 par le Néerlandais Josephus Bakx, marié à la Bordelaise Mireille Lambert, la propriété, située au nord-ouest de Fronsac, s'est agrandie : 16 ha aujourd'hui. À noter : l'originalité des étiquettes créées par Audrey, fille des propriétaires et plasticienne.

Le merlot (80 %) et le cabernet franc à l'origine de ce vin proviennent d'une parcelle argilo-calcaire entourée de semis de céréales. La robe s'ourle d'un reflet tuilé. Le nez mêle la cerise noire et le kirsch à une touche épicée. Souple à l'attaque, la bouche est bien construite, dans un style assez chaleureux. **I** 2015-2020 **Y** tajine d'agneau aux pruneaux

o— *Josephus Bakx, SCEA Monicord, 15, Le Bourg, 33240 Vérac, tél. 05 57 84 36 99, info@closmonicord.com* **V ♂ ♀** *r.-v.*

ⓑ CH. LA MOTHE DU BARRY 2013		
■ | 18 000	☗ | 5 à 8 €	

Jean Duffau vend en bouteilles dès 1970. Joël, qui travaille depuis 1985 avec son père, a pris le relais en 1999. Il ne s'interdit pas les avancées techniques, tout en engageant en 2010 la conversion bio du cru (44 ha). Ses deux étiquettes – Les Arromans et La Mothe du Barry – sont incontournables en bordeaux et en entre-deux-mers.

Une pointe d'acidité marque ce vin (100 % merlot) et apporte beaucoup de fraîcheur à une bouche ample et bien charpentée, à la finale tannique. Seul le nez reste discret, ne livrant qu'à l'aération des parfums francs de fruits rouges confits : on pourra carafer cette bouteille pour permettre à ses arômes de s'épanouir. **I** 2016-2018 **Y** brochettes de bœuf

o— *Joël Duffau, 2, Les Arromans, 33420 Moulon, tél. 05 57 74 93 98, joel.duffau@aliceadsl.fr* **V ♂** *t.l.j. sf dim. 8h-12h 14h-19h* 🏠 ⑤

CH. MOUTTE BLANC 2012		
■ | 12 000	⅏ | 8 à 11 €	

À la tête d'un petit domaine de 4,5 ha dans le haut Médoc, en amont de Margaux, Patrice de Bortoli a un faible pour le petit verdot, cépage exclusif de sa cuvée Moisin en bordeaux supérieur, bien présent également dans sa cuvée principale. On retrouve aussi régulièrement le domaine en haut-médoc. Depuis 2007 et le classement d'une petite parcelle de 40 ares de merlot, le vigneron propose aussi du margaux.

Un vin simple mais bien fait, dont on pourra apprécier dès la sortie du Guide la plaisante expression de raisins mûrs et le joli boisé, ainsi que le bon équilibre entre sa chair ronde et sa structure tannique bien fondue. **I** 2015-2020 **Y** côte de veau aux chanterelles

o— *Patrice de Bortoli, Ch. Moutte Blanc, 6, imp. de la Libération, 33460 Macau, tél. 06 03 55 83 38, moutteblanc@wanadoo.fr* **V ♂** *r.-v.*

♥ CH. NAUDY		
Élevé en fût de chêne 2013 ★★		
■ | 10 000	⅏ | 5 à 8 €	

2013
Château
NAUDY
BORDEAUX SUPÉRIEUR
Appellation Bordeaux Supérieur Contrôlée

Bernard Vincent

ÉLEVÉ EN FÛTS DE CHÊNE
MIS EN BOUTEILLE À LA PROPRIÉTÉ

Proche de la Réole, aux confins sud-est du vignoble girondin, ce petit vignoble familial (2,5 ha) exposé au plein sud offre un joli point de vue sur la Garonne. Professeur d'agronomie, de viticulture et d'œnologie, Bernard Vincent a abandonné l'enseignement pour mettre en pratique ses connaissances en reprenant la propriété.

Un assemblage original, où le merlot (52 %) et le cabernet-sauvignon (36 %) font une place au petit verdot (12 %) ; une cuvaison longue et un élevage d'un an en barriques (dont 20 % de neuves). Le résultat

a convaincu : une robe dense et profonde aux reflets rubis annonce un nez intense et franc de fruits noirs mûrs rehaussé de notes de café grillé, suivi d'un palais ample, gras et concentré, aux saveurs chocolatées et épicées, qui fait tanins de velours. « Une belle matière et un réel savoir-faire ». **I** 2016-2025 **Y** côte de bœuf

o— *Vincent Bernard, 1 Terrefort, 33190 Montagoudin, tél. 05 56 57 06 41, bernardvincent33@hotmail.com* **V ♂ ♀** *r.-v.*

CH. LA PAILLETTE 2013		
■ | 10 000	| 5 à 8 €	

L'édition 2014 du Guide a découvert le premier millésime de Delphine Violeau-Brasseur, viticultrice discrète qui s'est installée en 2011 à Libourne, sur 5,5 ha de vignes.

Merlot et cabernet franc s'allient dans ce vin à la robe profonde marquée d'une frange vive. Le nez précis mêle les fruits rouges bien mûrs et des touches vanillées. Si l'attaque apparaît souple, des tanins vifs et fermes font rapidement sentir leur présence et incitent à attendre cette bouteille. **I** 2017-2020 **Y** pavé de bœuf sauce café

o— *Delphine Violeau-Brasseur, 8 bis, chem. du Roy, 33500 Libourne, tél. 06 08 01 76 23, dbrasseur33@orange.fr* **V ♂** *t.l.j. 9h-12h 14h-18h*

CH. DE PARENCHÈRE Cuvée Raphaël 2012 ★		
■ | 69 000	⅏ | 8 à 11 €	

Aux confins des départements de la Gironde et de la Dordogne, un château de style périgourdin, construit en 1570 par Pierre de Parenchère, gouverneur de la région de Sainte-Foy-la-Grande, et un vaste domaine (65 ha de vignes), régulier en qualité. Raphaël Gazaniol, viticulteur rapatrié du Maroc, l'a acquis en 1958 et transmis à son fils Jean, rejoint en 2006 par Julia – la troisième génération.

Après un 2011 élu coup de cœur, le 2012 ne démérite pas. On aime son nez ouvert sur les fruits rouges bien mûrs, la vanille et le coco. Quant à la bouche, elle séduit par son gras, son volume et sa structure assez fine mais élégante. On y retrouve les arômes de petits fruits, rehaussés en finale de notes d'épices douces. Un ensemble gourmand. **I** 2015-2020 **Y** entrecôte aux cèpes ■ 2012 (5 à 8 € ; 200 000 b.) : vin cité. **I** 2016-2021

o— *Ch. de Parenchère, BP 57, 33220 Ligueux, tél. 05 57 46 04 17, info@parenchere.com* **V ♂** *t.l.j. sf sam. dim. 9h-12h 14h-17h30 ; f. août*

CH. PAULIN 2012		
■ | 80 000	⅏ | 8 à 11 €	

Après une expérience en tant que maître de chai aux États-Unis, Arnaud Burliga a rejoint son père Jacques en 2005. Ce dernier a constitué les domaines familiaux en reprenant en 1984 le Ch. la Lande de Taleyran, puis deux propriétés : aujourd'hui, 50 ha de vignes en AOC régionales et en entre-deux-mers.

Associé aux habituels merlot et cabernet-sauvignon, le malbec (10 %) entre dans la composition de cette cuvée qui, à vrai dire, porte surtout la marque de l'élevage : au nez, toast, pain grillé et même goudron dominent sur l'heure le fruit. Austère en finale, la bouche inspire confiance par son volume, sa charpente et sa vivacité. **I** 2017-2019 **Y** pavé de rumsteck sauce café

⌐ *GAEC La Lande de Taleyran, 6, rte de l'Église, 33750 Beychac-et-Caillau, tél. 05 56 72 98 93, contact@burliga.com* Ⓥ 🏃 🛉 *r.-v.* ⌐ *Burliga*

CH. DU PAVILLON Cuvée réservée 2013 ★		
■ 3 000	î	15 à 20 €

Héritier d'une famille de vignerons et de négociants en vin et cognac depuis quatre siècles, Olivier Fleury a repris en 2013 le Ch. du Pavillon et ses 11 ha de vignes établis sur les rives de la Garonne, face au Sauternais, ainsi que le Ch. les Roques en AOC loupiac.

Premier millésime pour Olivier Fleury. De petits volumes mais une belle tenue pour cette cuvée mettant en valeur le merlot, qui dévoile un travail soigné, tant à la vigne qu'au chai. Robe profonde à la frange violine : nez d'une belle finesse, sur les fruits noirs (cassis, mûre et baie de sureau), avec une touche d'amande douce ; bouche ronde et vineuse, plus tannique en finale. ✗ 2017-2020 ❦ entrecôte aux cèpes

⌐ *SCEA les vignobles Olivier Fleury, Ch. du Pavillon, 33490 Sainte-Croix-du-Mont, tél. 05 56 67 28 97, fleury.boudeaux@hotmail.fr* Ⓥ 🏃 🛉 *r.-v.*

CH. LES PETITS PIEDS DU MONGEAT 2012		
■ 3 500	î	5 à 8 €

Propriété familiale de 19 ha, dont le savoir-faire vigneron s'est enrichi du travail de quatre générations. Conseillée par son père Bernard, Isabelle Bouchon a pris les rênes du domaine, actuellement en conversion bio.

Le nom de la cuvée suggère une jeune parcelle, plantée avec amour. Du merlot, qui s'annonce par un nez chaleureux de pruneau, de fruits noirs compotés et d'amande. Un vin élégant, franc et souple, accessible tout en possédant une certaine étoffe. ✗ 2016-2019 ❦ tartines de magret ■ Ch. Haut-Mongeat Isabelle 2012 (8 à 11 € ; 7 000 b.) : vin cité. ✗ 2017 2020

⌐ *Bouchon, 79, chem. de Mongeat, 33420 Génissac, tél. 05 57 24 47 55, info@mongeat.fr* Ⓥ 🏃 🛉 *r.-v.*

❤ **CH. LE PEUY SAINCRIT** 2013 ★★		
■ 55 121	î	5 à 8 €

GRAND VIN DE BORDEAUX
CHATEAU LE PEUY SAINCRIT
BORDEAUX SUPÉRIEUR
2013
Mis en Bouteille au Château

La Société fermière des Grands Crus de France est la structure spécialisée dans le Bordelais du groupe Grands Chais de France. Son œnologue Vincent Cachau vinifie le fruit de quinze propriétés, représentant 390 ha dans les différentes AOC bordelaises.

Le terme de Peuy suggère une hauteur. De fait, ce cru bien exposé de 10 ha, situé aux portes de Saint-André-de-Cubzac et traversé par le le 45e parallèle, occupe le coteau de Montalon, l'un des points culminant de cette région de la rive droite de la Dordogne. Le vin ? Une couleur particulièrement sombre lui donne beaucoup de prestance. Au nez, des arômes complexes : fruits noirs, cerise confite, cuir, épices douces. En bouche, une attaque cacaotée, un tanin fondu et délicat. Fraîcheur et subtilité, une remarquable expression du millésime : le jury est conquis. ✗ 2017-2020 ❦ filet de bœuf ■ Ch. Roc Montalon 2013 (5 à 8 € ; 23 648 b.) : vin cité. ✗ 2017-2020

⌐ *Sté Fermière des Grands Crus de France, Ch. du Cartillon, 33460 Lamarque, tél. 05 57 98 07 20*

DAME DE CŒUR DU CH. PEYFAURES 2012 ★		
■ n.c.	◧	15 à 20 €

Propriété familiale (14 ha) depuis sept générations, établie dans l'Entre-deux-Mers, sur les coteaux argilo-calcaires de la rive gauche de la Dordogne, face à Saint-Émilion. Très en vue depuis que sa propriétaire, Nicole Godeau – également pharmacienne – a décidé de quitter la coopérative.

Élevée vingt-deux mois en barrique, cette cuvée bien connue de nos lecteurs se signale par la profondeur de sa robe. Intense, le bouquet prodigue toutes les nuances du boisé (pain toasté, cacao, moka, vanille, amande grillée, épices, fumé), laissant le fruit à l'arrière-plan. De l'attaque à la finale, on retrouve cette palette complexe dans une bouche ample et suave, dont les tanins commencent à s'arrondir. Le merrain apparaît très présent mais bien intégré. ✗ 2018-2020 ❦ daube de chevreuil

⌐ *SCEA vignobles BOUEY, Ch. Peyfaures, 33420 Génissac, tél. 05 57 55 06 77, chateau.peyfaures@wanadoo.fr* Ⓥ 🏃 🛉 *r.-v.* ⌐ *Nicole Godeau*

CH. LA PEYRÈRE DU TERTRE Cuvée Jean Élevé en fût de chêne neuf 2012 ★		
■ 5 400	◧	8 à 11 €

En 1752, Raymond de Lassus, négociant, armateur et trésorier du roi à Bordeaux, fait bâtir une chartreuse sur cette propriété, où ses ancêtres exploitaient un vignoble depuis le XVIe s. La Peyrère est également le nom d'un des bateaux affrétés à l'époque pour le transport des vins du domaine à travers le monde. Un nom qui signifie « petite pierre » en occitan : le cru de près de 11 ha est planté sur des graves. Il est la propriété de Catherine Lucas depuis 2003.

Un bon raisin (cabernet-sauvignon majoritaire), auquel un élevage en barrique de dix-huit mois a donné de la complexité. Nez de cassis, de mûre et de sureau, rehaussé de notes toastées, de nuances d'épices douces, de fumé. Attaque ronde, bouche racée aux tanins boisés serrés mais élégants, finale persistante. ✗ 2018-2020 ❦ cuissot de chevreuil

⌐ *SCEA la Peyrère-Lucas, Ch. la Peyrère, 33124 Savignac, tél. 05 56 65 41 86, lapeyrereredutertre@wanadoo.fr* Ⓥ 🏃 🛉 *r.-v.* 🏠 ❺

CH. PEYRUCHET 2012		
■ n.c.	î	5 à 8 €

Dans la même famille depuis cinq générations, ce domaine s'est développé sous l'impulsion d'Henri et de Suzette Gillet (années 1950 à 1980), puis de leur fille Martine et de son mari Bernard Queyrens, aujourd'hui accompagnés par leur fils Romain. Le vignoble couvre 28 ha sur les hauteurs de l'appellation loupiac et à Omet, sur la rive droite de la Garonne.

Le pourpre profond de la robe s'orne de reflets violets. Le nez expressif marie les fruits rouges frais et la violette à des touches épicées. Ce fruité intense et complexe se retrouve dans une bouche tendre et chaleureuse à l'attaque, bâtie sur des tanins veloutés. ✗ 2016-2019 ❦ burger « Périgord » au canard

☛ Vignoble Gillet Queyrens, Ch. Peyruchet, Les Plainiers, 33410 Loupiac, tél. 05 56 62 62 71, chateaupeyruchet@wanadoo.fr

CH. LE PIN BEAUSOLEIL 2012 ★

■ 8 000	◉	15 à 20 €

Un manoir du XVᵉ s. et un vignoble situé sur la rive gauche de la Garonne, face à Saint-Émilion. Ce dernier, important avant la crise phylloxérique, ne couvre plus que 5 ha, mais ses vins sont remarqués depuis la fin des années 1990. La qualité perdure après le rachat du cru en 2004 par un médecin allemand, Michael Hallek.

Un assemblage de merlot (70 %) et de cabernet franc. Encore un peu fermé, ce 2012 gagnera à être aéré pour livrer ses arômes de petits fruits surmûris, voire macérés (cerise, mûre et cassis), soulignés des notes torréfiées de l'élevage (douze mois). Gras et puissant, le palais, soutenu par une belle matière tannique, garde ce côté chaleureux. Un ensemble franc et de bonne facture. ✗ 2016-2020 ❦ pigeon farci ■ Le Petit Soleil 2012 (8 à 11 € ; 8 000 b.) : vin cité ✗ 2015-2019

☛ SCEA Mivida, 1, le Pin, 33420 Saint-Vincent-de-Pertignas, tél. 05 57 84 02 56, lepin.beausoleil@wanadoo.fr Ⓥ 🏃 🧍 r.-v. ☛ Hallek

CH. QUEYRET-POUILLAC 2012

■ 14 000	î	- de 5 €

La Guyennoise est une maison créée par Michel Martin, héritier de plusieurs générations de viticulteurs, dont le père, Pierre, fut le fondateur de la cave coopérative de Rauzan. Elle regroupe quelque 400 ha de vignes en propre à travers les Ch. Cazeau, Pérey, Gandoy-Perrinat, Giraudot et Lansade, ainsi qu'une activité de négoce.

Issu d'une propriété de l'Entre-deux-Mers, voici un vin plaisir friand et gourmand : nez vineux, franc et fruité, attaque vive et ronde à la fois, tanins fins et élégants, laissant en finale une sensation de fraîcheur et de jeunesse. ✗ 2015-2018 ❦ parmentier de canard

☛ La Guyennoise, Bourrassat, CS 70100, 33540 Sauveterre-de-Guyenne, tél. 05 56 71 50 76, lilymartin@laguyennoise.com ☛ SCEA Queyret Pouillac

CH. LES RAMBAUDS
Cuvée Crème de fût 2013

■ 25 000	◉	5 à 8 €

Domaine viticole constitué en 1912 par les grands-parents de Bernard Cazade, non loin de la Réole, à l'extrême sud-est du vignoble girondin. Les premières bouteilles sont vendues en 1968. Installé en 1988, le vigneron actuel expérimente le bio sur une partie de ses 18 ha de vignes.

Seulement 45 % de merlot pour 40 % de cabernet-sauvignon et 15 % de malbec dans cette cuvée restée sept mois en barrique. L'élevage laisse une trace vanillée dans un nez avant tout fruité, aux nuances de myrtille et de groseille. Les fruits rouges s'allient à la cannelle dans une bouche suave, souple et généreuse, marquée en finale par des tanins fermes et vifs. ✗ 2016-2018 ❦ poulet à la noix de coco

☛ Bernard Cazade, 1, Les Rambauds, 33190 Fossés-et-Baleyssac, tél. 05 56 61 72 72, vignoblesrambauds@hotmail.fr Ⓥ 🏃 🧍 t.l.j. sf sam. dim. 9h15-17h

CH. DE REIGNAC 2013 ★

■ 106 600	◉	8 à 11 €

À l'ouest de l'Entre-deux-Mers, non loin de la confluence de la Garonne et de la Gironde, un élégant château de style classique et un vignoble installé sur une croupe. Repris en 1990 et restructuré par l'entrepreneur Yves Vatelot et son épouse Stéphanie, il couvre 76 ha sur des terroirs divers et de qualité.

Du merlot (60 %), escorté des deux cabernets, un élevage de douze mois en barrique. Certains de ses devanciers ont décroché un coup de cœur. Le 2013, selon certains dégustateurs, mérite d'attendre cinq ans. N'est-ce pas un signe de qualité pour un bordeaux supérieur, en particulier de ce millésime ? La robe est profonde ; le nez engageant associe fruits rouges kirschés, noyau, fruits secs et épices. Dès l'attaque, des tanins francs et consistants impriment force et puissance à la bouche. Le fruit s'épanouira avec le temps. ✗ 2017-2020 ❦ pavé de biche

☛ Ch. de Reignac, 38, chem. de Reignac, 33450 Saint-Loubès, tél. 05 56 20 41 05, info@reignac.com Ⓥ 🏃 🧍 r.-v. ☛ Yves Vatelot

CH. LES REUILLES A.L. Héritage 2012 ★

■ 480 000	◉	5 à 8 €

En 1992, Patrick Todesco succède à son père et à son oncle. Depuis lors, il ne cesse d'agrandir la propriété, qui est passée de 20 à 60 ha. Le siège de l'exploitation est dans le Lot-et-Garonne, mais le vignoble est implanté dans la toute proche Gironde, sur plusieurs communes.

Les fruits noirs à parfaite maturité s'imposent dès le premier nez, élégamment souligné par quelques touches vanillées. Une attaque ample et souple, un bel équilibre et une structure tannique discrète mais bien présente confirment en bouche la qualité des raisins. La finale suave, presque douce, contribue au charme de ce vin d'une réelle finesse. ✗ 2017-2020 ❦ tournedos

☛ EARL Patrick Todesco, 3, Piteau, 47120 Savignac-de-Duras, tél. 05 56 61 42 44, lesreuilles.chateau@gmail.com Ⓥ 🏃 🧍 r.-v. 🏠 🇪

CH. DE REYNAUD 2013

■ 13 000	î ◉	- de 5 €

Après avoir exercé le métier de journaliste en région parisienne, Sandrine et Bernard Capdeville se sont établis en 1999 à Bourg, non loin de la rivière, sur une superficie à taille humaine (5,5 ha) afin de tout maîtriser, élaboration et commercialisation. Reconversion réussie avec des vins réguliers en qualité.

Outre leurs côtes-de-bourg, ces producteurs réussissent souvent leurs bordeaux supérieurs, nés de pur merlot cultivé sur palus. La vinification recherche l'extraction et l'élevage dure dix-huit mois (trois mois de fût, et un apport de copeaux). Le 2013 a divisé les jurés, certains trouvant son boisé toasté trop dominateur. Tous s'accordent sur sa structure dense sans rusticité ni sur sa fraîcheur, qui donne de l'allonge à la finale. Pour les amateurs de ce style, deux ans de garde, cinq ans pour les autres. ✗ 2017-2022 ❦ entrecôte grillée

☛ Bernard et Sandrine Capdeville, Ch. de Reynaud, 33710 Bourg-sur-Gironde, tél. 05 57 68 44 13, chateau.reynaud@wanadoo.fr Ⓥ 🏃 🧍 r.-v.

CH. ROQUEFORT
Roquefortissime 2012 ★★

| | 12 000 | ◑ | 8 à 11 € |

Dans l'Entre-deux-Mers, le promontoire de Roquefort fut un ancien oppidum gaulois. Après le rachat de la propriété en 1976 par l'industriel Jean Bellanger, un chai très moderne, aménagé en partenariat avec la faculté d'œnologie de Bordeaux, a vu le jour. Premières vinifications en 1987. Aujourd'hui, un vaste domaine (86 ha) conduit avec talent par Frédéric Bellanger depuis 1995. Ce dernier dirige également le Ch. Domi-Cours, acquis en 2002 : 20 ha sur la commune de Cours-les-Bains, en terres bazadaises.

Ce pur merlot affiche une robe presque noire aux reflets violets. En le faisant virevolter dans le verre, les notes de framboise, de griotte légèrement épicées s'expriment sans réserve, dévoilant un élevage en barrique bien maîtrisé. La bouche, ample et riche, s'impose par sa structure tannique puissante et par sa longue finale sur le cacao et la cerise noire. De l'envergure et de la finesse. ✗ 2017-2021 ♀ entrecôte sauce roquefort

☞ Ch. Roquefort, lieu-dit Roquefort, 33760 Lugasson, tél. 05 56 23 97 48, mscl@chateau-roquefort.com
🆅 🅰 🅻 t.l.j. 9h-12h30 14h-17h30

CH. DE ROUGERIE
Icône 2012 ★

| | 2 400 | 🅸 ◑ | 15 à 20 € |

Commandé par l'une des plus anciennes chartreuses de l'Entre-deux-Mers (XVIIᵉ s.), ce petit cru de 3 ha aurait logé le prieur de l'abbaye de la Sauve Majeure. Issu d'une famille très impliquée dans le vignoble (ancienne propriétaire du Ch. Pavie), Patrick Valette, qui vinifie depuis plusieurs années au Chili, sa terre natale, en a fait l'acquisition en 1997. Après avoir travaillé à l'étranger avec son beau-père, Vianney Jacqmin, œnologue de la faculté de Bordeaux, a repris le domaine en 2009 avec son épouse Amélie. Il exporte 80 % de sa production au Brésil.

Cette cuvée ne représente que huit barriques. La robe est profonde, noir d'encre. Au nez, le fruit domine (mûre, myrtille et pruneau), rehaussé de discrètes notes d'épices (muscade). Le palais se montre puissant ; sa trame tannique est serrée mais onctueuse, reflet d'une belle maturité de la vendange. La longue finale est marquée par un retour des fruits rouges légèrement toastés. ✗ 2018-2025 ♀ churrasco

☞ Vianney et Amélie Jacqmin, Rougerie, 33420 Camiac-et-Saint-Denis, tél. 05 57 24 24 17, vianney@chateauderougerie.com 🆅 🅰 🅻 🏠 ④
☞ Patrick Valette

♥ CH. SAINTE-BARBE 2012 ★★

| | 36 000 | ◑ | 8 à 11 € |

Située à la pointe de l'Entre-deux-Mers, cette belle chartreuse construite au XVIIIᵉs. par Jean-Baptiste Lynch (maire de Bordeaux de 1809 à 1815) commande un vignoble de 26 ha. Acheté par les Touton en 2000, le cru a été acquis en 2013 par la famille de Gaye, également à la tête du Ch. Grand Corbin Manuel (saint-émilion grand cru) et du Ch. la Création (pomerol).

CHÂTEAU SAINTE BARBE 2012

Né sur les palus en bordure de la Garonne, élevé dix-huit mois en barrique, ce 2012 impressionne d'emblée, tant par la profondeur de sa robe à l'éclat violacé que par la puissance, l'harmonie et la complexité de son nez ; au fur et à mesure de l'aération, il libère des notes de fruits rouges, de boisé épicé et même de cuir frais. Dès l'attaque, la bouche dévoile une charpente à la fois généreuse et élégante, évoluant sur une trame de tanins cacaotés serrés mais mûrs. Le boisé rehausse l'ensemble avec la discrétion voulue. Une harmonie durable. ✗ 2018-2021 ♀ côte de bœuf

☞ SCEA Ch. Sainte-Barbe, rte du Burck, 33810 Ambès, tél. 05 56 77 49 57, commercial@chateausaintebarbe.fr
🆅 r.-v. ☞ de Gaye

CH. SAINT-JACQUES DE SIRAN 2012

| | n.c. | ◑ | 8 à 11 € |

Ancienne propriété des grands-parents de Toulouse-Lautrec, le Ch. Siran est entré dans la famille Miailhe en 1859 pour la somme de cent mille francs de l'époque. Depuis 2007, c'est Édouard Miailhe qui en détient les clés. Le vignoble s'étend sur 36 ha : 9 ha en bordeaux supérieur, 2 ha en haut-médoc et 25 ha en margaux, au sud de l'aire d'appellation, sur le plateau de croupes graveleuses de Labarde ; un terroir de grande qualité qui lui aurait sans doute valu d'intégrer le fameux classement de 1855 si les Miailhe étaient arrivés plus tôt... À noter que de 1990 à 2005, les étiquettes du margaux ont été illustrées par un artiste.

Au nez, les fruits rouges bien présents ne se laissent pas intimider par un boisé encore marqué, aux nuances de café torréfié, gage de complexité future. La mise en bouche dévoile une matière mûre et franche, encadrée par des tanins assez serrés. Une belle fraîcheur donne de l'allant à la finale. ✗ 2016-2020 ♀ cœur de rumsteck grillé

☞ SC Ch. Siran, 13, av. Comte-J.-B.-de-Lynch, 33460 Labarde, tél. 05 57 88 34 04, info@chateausiran.com 🆅 🅰 r.-v. 🏠 🅴

CH. DE SEGUIN
Cuvée Carpe Diem 2012 ★★

| | 20 000 | ◑ | 11 à 15 € |

Un domaine régulier en qualité que cette vaste unité (120 ha de vignes) située dans l'Entre-deux-Mers. En 2013, il a été racheté à des négociants scandinaves par la famille Mottet (Ch. la France). Asie, États-Unis, Europe du Nord, une large part de la production (70%) est exportée.

La cuvée Carl est devenue Carpe Diem avec les nouveaux propriétaires, mais le 2012 a été vinifié par l'ancienne équipe. Un vin ensoleillé, au nez concentré et riche livrant profusion de fruits bien mûrs, rehaussés de pivoine et d'épices. Une tonalité chaleureuse que l'on retrouve dans une bouche ronde et onctueuse, aux tanins à la fois denses et mûrs. Un des finalistes du coup de cœur. ✗ 2016-2025 ♀ tajine d'agneau

☞ SC du Ch. de Seguin, 33360 Lignan-de-Bordeaux, tél. 05 57 97 19 71 🆅 🅰 🅻 r.-v. 🏠 🅴

CH. TAYET Cuvée Prestige
Élevé en fût de chêne neuf 2013 ★

| ■ | 48 000 | ◑ | 8 à 11 € |

Le Belge Émile De Schepper a investi dans le vignoble bordelais à partir de 1950. Aujourd'hui, la famille exploite une cinquantaine d'hectares : en Médoc, le Ch. Haut-Breton Larigaudière (margaux), les Ch. Tayet et Lacombe Cadiot (bordeaux supérieur) ; en saint-émilion, Tour Baladoz et Croizille.

Provenant d'un terroir de palus, ce bordeaux supérieur médocain assemble le merlot, le cabernet-sauvignon et le petit verdot. Malgré son élevage, ce sont des notes de fruits mûrs (fraise et framboise) qui se révèlent à l'aération. Sa matière suave et ronde, ses tanins enrobés dessinent le profil d'un vin flatteur qui mise sur la finesse. ✗ 2016-2019 ❦ aiguillettes de canard ■ Ch. Lacombes Cadiot 2013 (5 à 8 € ; 40 000 b.) : vin cité. ✗ 2015-2019

o━ SCEA Ch. Haut Breton Larigaudière, 3, rue des Anciens-Combattants, 33460 Soussans, tél. 05 57 88 94 17, contact@de-mour.com Ⓥ ⬆ t.l.j. sf sam. dim. 10h-12h 14h-16h o━ De Schepper

LES TERROIRS DE L'ISLE
Élevé en fût de chêne 2012

| ■ | 1 500 | ◑ | - de 5 € |

Fondée en 1936, cette coopérative regroupe une soixantaine d'adhérents et 300 ha de vignes. Située sur la commune de Maransin, au nord du département de la Gironde, elle constitue la cave la plus septentrionale du groupe U2VBA (Union des vignobles et vins de Bordeaux Aquitaine), qu'elle a rejoint avec la vendange 2012.

Ce vin demande à être aéré pour libérer des nuances de fruits frais, de vanille et même de whisky. Souple en attaque, ample, il évolue sur des tanins déjà enrobés qui laissent une impression de rondeur et de suavité. ✗ 2015-2017 ❦ épaule d'agneau farcie

o━ SCA Vignerons des Coteaux Isle, 1, Landournerie, 33230 Maransin, tél. 05 57 49 41 07, oeno@vignerons-isle.com Ⓥ t.l.j. sf sam. dim. 15h-19h

CH. TIMBERLAY 2013

| ■ | 386 000 | ◑ | 8 à 11 € |

Héritier d'une longue lignée vigneronne, Robert Giraud a créé son négoce en 1975 et possède plusieurs crus en AOC régionales et en saint-émilion : un ensemble de 150 ha, dont près de 120 pour le Ch. Timberlay, berceau de la famille situé sur le sommet du coteau de Montalon, à Saint-André-de-Cubzac. Philippe Giraud conduit la maison depuis 1995.

Ce 2013 s'exprime avec beaucoup de franchise sur des notes de fruits mûrs soulignés d'un boisé discret et plaisant. L'attaque ronde introduit une bouche vineuse, pas très dense mais plutôt flatteuse. ✗ 2015-2019 ❦ carré d'agneau

o━ EARL Vignobles Robert Giraud, Dom. de Loiseau, 33240 Saint-André-de-Cubzac, tél. 05 57 43 01 44, france@robertgiraud.com

CH. TROCARD MONREPOS 2012 ★

| ■ | 20 000 | ◑ | 11 à 15 € |

Les Trocard sont établis dans le Libournais depuis 1628. Leurs domaines ont connu un formidable essor au lendemain de la Seconde Guerre mondiale. Aux commandes depuis 1976, Jean-Louis Trocard, aujourd'hui rejoint par ses enfants Benoît et Marie, a porté le vignoble à 100 ha répartis dans plusieurs crus et appellations.

Un vin issu d'un coteau argilo-calcaire de 5 ha exposé plein sud et planté exclusivement de merlot. Légèrement évolué à l'œil, ce 2012 séduit par son nez alliant griotte mûre et note chocolatée. Le palais est dominé par de plaisantes impressions de souplesse et de moelleux, avec ce qu'il faut d'étoffe, de fraîcheur et de longueur. Un vin pour maintenant. ✗ 2015-2017 ❦ épaule d'agneau

o━ Vignobles Jean-Louis Trocard, 1175, rue Jean-Trocard, 33570 Les Artigues-de-Lussac, tél. 05 57 55 57 90, contact@trocard.com Ⓥ ⬆ ⬆ t.l.j. 9h-12h 14h-17h; sam. dim. sur r.-v.

CH. LA TUILERIE DU PUY
Cuvée Grand Chêne 2012

| ■ | 53 300 | ◑ | 8 à 11 € |

Propriété de la famille Regaud depuis 1616, un vaste domaine de l'Entre-deux-Mers (77 ha), regardant la vallée du Dropt et la bastide de Monségur. Jean-Pierre Regaud, installé en 1979, l'équipe d'une cuverie thermorégulée. Son fils Michaël le rejoint en 1996, après une première expérience en Californie.

Un assemblage composé aux deux tiers de cabernets. Nez complexe, partagé entre des senteurs mûres de fruits noirs et de figue, des touches florales, un boisé aux nuances de vanille et de châtaigne et des touches légèrement mentholées. Palais gras, ample et suave, tonifié par une pointe de fraîcheur : le portrait d'une cuvée harmonieuse, encore marquée par le bois. ✗ 2016-2020 ❦ entrecôte à la moelle ■ Cuvée Tradition 2012 (5 à 8 € ; 46 000 b.) : vin cité. ✗ 2015-2017

o━ SCEA Regaud, 7, Aux-Tuileries, 33580 Le Puy, tél. 05 56 61 61 92, vignobles.regaud@wanadoo.fr Ⓥ ⬆ ⬆ t.l.j. 8h30-18h; sam. dim. sur r.-v.

CH. DE VIAUT 2012 ★★

| ■ | 66 660 | ◑ | 8 à 11 € |

En 1991, Frédéric Boudat et son épouse Françoise Cigana ont abandonné leur profession dans le secteur médical pour reprendre les vignes de la famille Cigana. Ils ont aménagé un chai (1998) et agrandi le vignoble. Aujourd'hui, les Vignobles Boudat-Cigana totalisent 86 ha. Ils ont leur siège dans l'Entre-deux-Mers, au château De Viaut. Ils proposent du bordeaux supérieur, du sainte-croix-du-mont et des graves.

Mi-merlot mi-cabernets, un vin bien travaillé, issu d'une vendange bien mûre : robe presque noire ; nez tout en finesse de fruits frais, de cerise, rehaussés d'une ligne boisée ; attaque ample et gourmande, tanins bien présents, gage d'une bonne évolution, finale persistante. « Enchanteur », selon un juré. Ce 2012 s'est placé sur les rangs pour l'élection des coups de cœur... comme en 2011. On attend donc avec intérêt les millésimes suivants... ✗ 2017-2025 ❦ rôti de bœuf en croûte

o━ Vignobles Boudat Cigana, Ch. de Viaut, 33410 Mourens, tél. 05 56 61 31 31, fboudat@orange.fr Ⓥ ⬆ ⬆ t.l.j. 9h-12h 14h-18h

BORDELAIS

♥ Ⓑ CH. VIRECOURT CONTÉ
2013 ★★

| ■ | 50 000 | 🍾 🔊 | 5 à 8 € |

À la tête de laboratoires, Patrice Bigou conduit 30 ha de vignes à Targon, dans l'Entre-deux-Mers, non loin de la Sauve Majeure. Des propriétés converties au bio et à la biodynamie. Trois châteaux : Saint-Julian, Virecourt-Conté et La Grangère.

Une belle surprise dans ce millésime que ce vin à la robe profonde. Le nez, élégant et franc, libère des notes d'amande grillée puis de fruits noirs, nuancés d'un petit côté sauvage, où un juré voit l'empreinte des cabernets (40 %). La bouche enchante par sa matière ronde et par sa bonne trame de tanins déjà arrondis, encore un peu vifs en finale. Si sa structure n'est pas imposante, millésime oblige, elle séduit par sa vinosité et par sa finesse. ✗ 2017-2021 🍴 côte de bœuf ■ Ch. Saint-Julian 2013 ★ (5 à 8 € ; 12 500 b.) Ⓑ : mi-merlot mi-cabernets, élevé sous bois, un vin très ouvert sur des notes de fruits et d'épices, légèrement évolué, plaisant par sa souplesse. Une belle tenue pour le millésime. ✗ 2016-2020

☛ SCEA Le Bousquet, 3, Tauzinat-Est, 33330 Saint-Christophe-des-Bardes, tél. 05 57 74 43 07, info@scealebousquet.com 🆅 🏃 🛗 r.-v.

CRÉMANT-DE-BORDEAUX

Production : 19 560 hl (85 % blanc)

AOC depuis 1990, le crémant-de-bordeaux est élaboré selon les règles très strictes de la méthode traditionnelle – communes à toutes les appellations de crémant – à partir de cépages classiques du Bordelais, blancs comme noirs. Les crémants sont généralement blancs mais ils peuvent aussi être rosés.

Ⓑ CLOS AMBRION 2012

| ● | 2 000 | 🍾 | 5 à 8 € |

Le Clos Ambrion fut une tuilerie jusqu'en 1953 avant de devenir une exploitation viticole. Bernard Faure, œnologue et ingénieur agronome, a repris le domaine au décès de son père en 1978 et conduit aujourd'hui un vignoble de 20 ha, certifié en agriculture biologique.

Cette cuvée issue de merlot (80 %) et de petit verdot présente un cortège de bulles nerveuses et actives qui dessinent une belle couronne. La robe est saumonée, ornée de légers reflets tuilés d'évolution. Au nez, des accents de vanille se mêlent aux fruits frais. La bouche, suave et généreuse, dévoile une fine effervescence accompagnée de notes florales (violette) et fruitées (fruits blancs, groseille mûre). ✗ 2015-2016 🍴 tourte aux fruits rouges

☛ Bernard Faure, Clos Ambrion, 550, rte de Vincenot, 33240 Lalande-de-Fronsac, tél. 06 65 40 36 50, closambrion@orange.fr 🆅 🏃 🛗 r.-v.

CLOS DE PELIGON
Cuvée spéciale ★

| ● | 3 000 | | 5 à 8 € |

Une propriété familiale fondée en 1964 à Saint-Loubès, lieu de naissance du célèbre comique de cinéma Max Linder, et conduite depuis 1992 par Gérard Reynaud. Le vignoble couvre 15 ha sur argiles sableuses et graveleuses.

Ce 100 % sémillon se présente bien dans sa robe jaune pâle aux reflets verts, animée de bulles actives et régulières. Au nez, on distingue des parfums de pamplemousse et de fruits à chair blanche. On retrouve cette intensité fruitée dans une bouche très fraîche et tonique, fine et longue. Un crémant harmonieux et fringant. ✗ 2015-2017 🍴 tarte au citron

☛ EARL Vignobles Reynaud, 13, rte de Libourne, 33450 Saint-Loubès, tél. 05 56 20 47 52, contact@clos-de-peligon.fr 🆅 🏃 🛗 r.-v.

♥ LATEYRON Centenaire ★★

| ● | n.c. | | 5 à 8 € |

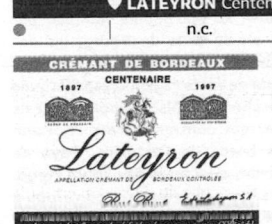

Une vieille famille du Saint-Émilionnais. Établie au nord de Montagne sur le site des célèbres moulins de Calon, la maison s'est spécialisée, dès sa fondation en 1897 par l'avant-gardiste Jean Abel, dans la prise de mousse, sans négliger ses rouges tranquilles. Depuis 2009, elle est conduite en bio par Corinne et son frère Lionel.

Une nouvelle consécration pour la famille Lateyron, éminent spécialiste de la bulle bordelaise. Cette cuvée s'annonce par une seyante robe saumonée parcourue de bulles nombreuses et légères. Le nez fleure bon les fruits frais (fraise, myrtille) mâtinés d'élégantes nuances florales. Une attaque franche ouvre sur un palais intense, soyeux, rond et long, très bien équilibré entre la douceur des sucres résiduels (moins de 12 g/l) et la fraîcheur minérale perçue en finale. ✗ 2015-2017 🍴 tarte aux myrtilles ● Centenaire ★ (8 à 11 € ; n.c. b.) : un crémant en robe claire, presque cristalline, très expressif au nez comme en bouche (genêt, agrumes, mie de pain), frais et alerte. ✗ 2015-2016

☛ Lateyron, Ch. Tour-Calon, 33570 Montagne, tél. 05 57 74 62 05, lateyron@orange.fr 🆅 🏃 🛗 r.-v.

MAJOUREAU 2013 ★★

| ● | 8 000 | 🍾 | 5 à 8 € |

L'une des belles étiquettes en saint-macaire, également présente en AOC régionales. Un cru de 38 ha, propriété des Delong depuis cinq générations, en polyculture jusqu'en 1981, date de la première mise en bouteilles. Mathieu, désormais épaulé par sa sœur Émeline, est aux commandes depuis 2002.

Cette cuvée à forte dominante de sémillon (90 %), complété d'ugni blanc, se résume en deux mots : puissance et élégance. Conforme au potentiel de ces cépages, elle déploie un fruité opulent assorti de notes fraîches et mentholées. L'attaque riche et généreuse introduit un palais dense, rond et suave, mais sans jamais céder à la lourdeur, bien stimulé par une fine fraîcheur et des bulles « qui y vont de bon cœur ». ✗ 2015-2017 ♥ soufflé au fromage

☞ *SCEA Vignobles Delong, 1, Majoureau, 33490 Caudrot, tél. 05 56 62 81 94, familledelong@hotmail.com* Ⓥ Ⓚ ⬛ *t.l.j. 9h-12h 14h-17h; sam. dim. sur r.-v.*

➔ LE BLAYAIS ET LE BOURGEAIS

Blayais et Bourgeais, deux pays (plus de 9 000 ha) aux confins charentais de la Gironde que l'on découvre toujours avec plaisir. Peut-être en raison de leurs sites historiques, de la grotte de Pair-Non-Pair (avec ses fresques préhistoriques, presque dignes de celles de Lascaux), de la citadelle de Blaye (inscrite, avec d'autres fortifications, au patrimoine mondial par l'Unesco en 2008) ou de celle de Bourg, ou des châteaux et autres anciens pavillons de chasse. Mais plus encore parce que de cette région très vallonnée se dégage une atmosphère intimiste apportée par de nombreuses vallées, qui contraste avec l'horizon presque marin des bords de l'estuaire. Pays de l'esturgeon et du caviar, c'est aussi celui d'un vignoble qui, depuis les temps gallo-romains, contribue à son charme particulier. Pendant longtemps, la production de vins blancs a été importante ; jusqu'au début du XXᵉ s., ils étaient utilisés pour la distillation du cognac. Mais aujourd'hui, ils sont réservés à une production d'AOC bordelaises.

On distingue deux grands groupes : celui de Blaye, aux sols assez diversifiés (calcaires, sables, argilo-calcaires), et celui de Bourg, géologiquement plus homogène (argilo-calcaires et graves).

BLAYE

Superficie : 49 ha / Production : 2 100 hl

L'appellation, qui tire son nom de la fière citadelle construite par Vauban et qui s'étend dans trois cantons autour de la cité, connaît un regain d'intérêt depuis qu'en 2000 une nouvelle charte qualitative encourage la production de vins rouges charpentés et de garde, élevés dix-huit mois minimum.

CH. HAUT-VIGNEAU 2012		
◼ 5 273	⬤	11 à 15 €

Proche de la Gironde, une ancienne propriété achetée en 1636 par un chevalier et conseiller du roi, répertoriée comme « 1ᵉʳ cru bourgeois » par le Féret de 1868. Une maison de maître d'une sobre élégance commande 23 ha de vignes en côtes-de-bourg (Ch. Rousselle) et 2,5 ha en blaye (Ch. Haut-Vigneau), acquis en 1999 par Vincent Lemaitre.

Au nez, les fruits rouges et les épices sont encore masqués par le bois et ses tonalités grillées. En bouche, le vin se révèle puissant, ferme et tannique, mais sans excès

d'austérité, le gras apportant ce qu'il faut de rondeur. Un ensemble équilibré. ✗ 2018-2022 ♥ faux-filet grillé

☞ *Vincent Lemaitre, Ch. Rousselle, 33710 Saint-Ciers-de-Canesse, tél. 05 57 42 16 62, chateau@chateaurousselle.com* Ⓥ Ⓚ ⬛ *r.-v.* 🏠 ④

M DES MATARDS 2013 ★		
◼ 3 000	⬤	11 à 15 €

Cette exploitation familiale de 75 ha, propriété des Terrigeol depuis trois générations, se situe à Saint-Ciers-sur-Gironde aux limites de deux départements. Le mariage des terroirs de la Gironde et de la Charente-Maritime permet à la propriété d'offrir une gamme des plus variées : vins du Blayais – dont elle est l'une des valeurs sûres avec son Ch. des Matards, ses pineaux et cognacs (Dom. de la Margotterie).

Ce pur sauvignon a connu dix-huit mois de barrique, dont il retire des parfums grillés et vanillés en parfaite harmonie avec les fruits exotiques et les fleurs blanches. Le palais offre du volume, de l'intensité, de la fraîcheur et du gras, donc de l'équilibre ; le boisé reste bien présent mais sans assécher les papilles. Un vin complet, généreux et élégant. ✗ 2016-2019 ♥ poularde aux champignons

☞ *SCEA Terrigeol et Fils, 27, av. du Pont-de-la-Grâce, Le Pas-d'Ozelle, 33820 Saint-Ciers-sur-Gironde, tél. 05 57 32 61 96, info@chateau-des-matards.com* Ⓥ Ⓚ ⬛ *t.l.j. 8h-12h30 13h30-18h30; sam. dim. sur r.-v., f. jan.*

♥ CH. LES PIERRÈRES		
Élevé en fût de chêne 2013 ★★		
◼ 5 000	⬤	8 à 11 €

Catherine et Sylvain Bordenave, relayés depuis 2003 par leurs fils Alexandre et Vincent, ont fait des Ch. Haut-Canteloup et les Pierrères des références incontournables du Blayais. À leur disposition, un beau vignoble de 50 ha : 30 ha de vignes rouges dans la commune de Fours et 20 ha de vignes blanches à Saint-Palais-de-Blaye.

Les Pierrères constituent le fleuron du domaine, produites de façon confidentielle à partir de 1 ha de merlot (90 %) et de malbec. La version 2013 rejoint ses « glorieuses aînées » 2007, 2008 et 2009 au « panthéon » des coups de cœur du Guide. Ses arguments sont imparables. La robe, grenat intense, est superbe. Non moins intense et harmonieux est le bouquet, mêlant fruits noirs (cassis, myrtille) et pain grillé. La bouche, très complète, offre de la souplesse et de la fraîcheur en attaque, avant un développement riche, puissant et élégant, porté par des tanins fins et un boisé noble qui n'écrase pas le fruit. ✗ 2018-2025 ♥ côte de bœuf aux cèpes

☞ *EARL Bordenave et Fils, 8, chem. de la Palanque, 33390 Fours, tél. 05 57 42 87 12, chateau-hautcanteloup@wanadoo.fr* Ⓥ Ⓚ ⬛ *t.l.j. sf dim. 9h-12h 14h-18h*

CH. RICAUD Quartet 2012 ★		
◼ 6 000	⬤	11 à 15 €

En 1989, Jean-Michel Baudet a pris la suite de son père Michel à la tête d'un vignoble regroupant trois propriétés familiales : Monconseil Gazin, son fleuron (on raconte que Charlemagne y aurait tenu conseil après une bataille contre les Sarrasins), Ricaud et La Petite Rauque.

Quartet pour les quatres cépages qui composent ce vin, à parts égales : merlot, cabernet-sauvignon, cabernet franc et malbec. Au nez, une légère touche d'évolution se mêle aux fruits noirs et rouges, et à un intense boisé torréfié. Suivant le même profil aromatique, le palais se révèle ample, gras, puissant, adossé à des tanins et à un boisé racés. Bâti pour la garde. ✗ 2018-2025 ✦ daube de sanglier

⊶ *Vignobles Michel Baudet, 15, rte de Compostelle, 33390 Plassac, tél. 05 57 42 16 63, mbaudet@terre-net.fr* Ⓥ 🏃 🏠 *r.-v.*

BLAYE-CÔTES-DE-BORDEAUX

Superficie : 6 490 ha / Production : 335 000 hl (95 % rouge)

L'appellation produit des vins rouges assemblant merlot, cabernet-sauvignon, cabernet franc et malbec ainsi que quelques blancs, qui associent sauvignon, sémillon et muscadelle. Les seconds sont en général secs, et on les sert en début de repas, alors que les rouges, puissants et fruités, de moyenne garde, accompagnent les viandes et les fromages.

CH. ANGLADE-BELLEVUE
Cuvée Prestige Élevé en fût de chêne 2012 ★★

■	33 400	⬭	5 à 8 €

Une valeur sûre du Blayais que ce domaine fondé en 1953 par Michel Mège, vinifié en coopérative jusqu'en 1993. Aujourd'hui, les fils Alain et Bruno conduisent un vignoble de 50 ha répartis sur les communes d'Anglade et de Générac.

Merlot (90 %) et cabernet composent un fort joli vin, ouvert sur les fruits noirs (myrtille, cassis) accompagnés par un boisé ajusté. Une attaque suave et délicate introduit un palais montant, riche et concentré, qui dévoile en son milieu de beaux tanins fermes mais sans dureté. Un vin à la fois élégant, puissant et solaire. ✗ 2018-2025 ✦ civet de marcassin ■ Cuvée Passion 2013 ★★ (5 à 8 € ; 6 666 b.) : un vin très expressif (griotte, mûre, sous-bois), ample, riche et suave en bouche, étayé par des tanins solides et élégants. Déjà harmonieux, il évoluera bien. ✗ 2016-2020

⊶ *SCEA Mège Frères, Les Lamberts, 33920 Générac, tél. 05 57 64 73 28, scea-mege@mege-freres.fr* Ⓥ 🏃 🏠 *r.-v.*

CH. LES BERTRANDS Cuvée Prestige 2014 ★

■	30 000	⬭	5 à 8 €

À l'époque où Vauban faisait construire la citadelle de Blaye, un Dubois plantait ses premières vignes à Reignac. Aujourd'hui, deux générations œuvrent de concert sur une belle unité de 100 ha, valeur sûre du Blayais : Jean-Pierre, le père, Nicole, la mère, Sophie, la fille, Laurent, le fils, et Isabelle, la belle-fille. Chacun y tient un rôle précis et c'est Laurent qui officie à la vinification.

Ce pur sauvignon ne cache pas ses six mois de fût et s'ouvre sans réserve sur des notes intenses de toasté, agrémentées de nuances d'amande et de noisette. Le palais dévoile un vin dense, gras et tout aussi boisé,

équilibré par une fine trame acide qui apporte de la longueur et du peps. ✗ 2016-2020 ✦ saint-jacques à la crème

⊶ *Vignobles Dubois et Fils, 7, Les Bertrands, 33860 Reignac, tél. 05 57 32 40 27, chateau.les.bertrands@wanadoo.fr* Ⓥ 🏃 🏠 *t.l.j. sf sam. dim. 9h-12h 14h-18h*

CH. BOIS-VERT 2014 ★★

■	15 000	🍾	5 à 8 €

L'une des belles références du Blayais. Un domaine de 29,6 ha dont les premières vignes furent plantées en 1956, conduit depuis quatre générations par la famille Penaud. Arrivé sur l'exploitation en 1978, Patrick Penaud est aux commandes depuis 1986.

Sauvignons blanc (80 %) et gris pour cette cuvée à l'élevage court (trois mois de cuve). Au nez, de fines senteurs d'agrumes, de fruits à chair blanche et de graphite (mine de crayon). En bouche, du gras, de la rondeur, du fruit. Un vin charmeur et élégant. ✗ 2015-2018 ✦ asperges sauce crémée ■ L'Audace de Bois-Vert Élevé en fût de chêne 2013 (8 à 11 € ; 1 600 b.) : vin cité. ✗ 2015-2019

⊶ *Patrick Penaud, 12, Bois-Vert, 33820 Saint-Caprais-de-Blaye, tél. 05 57 32 98 10, p.penaud.boisvert@gmail.com* Ⓥ 🏃 🏠 *r.-v.*

CH. CAILLETEAU BERGERON
Élevé en fût de chêne 2013 ★★

■	30 000	⬭	5 à 8 €

Marie-Pierre Dartier et son frère Pierre-Charles se sont installés en 1992 sur le domaine familial de Cailleteau Bergeron, créé par leurs grands-parents en 1933. Un vignoble qu'ils ont étendu à 50 ha, comprenant deux autres crus : Ch. Clos Mansio et Ch. Perrin.

Cépage remis au premier plan depuis quelques années dans le Blayais et le Bourgeais, le malbec, au côté du merlot (60 %) et du cabernet-sauvignon, entre pour 30 % dans cette cuvée : plus que d'habitude, « les raisins étaient magnifiques », précise le vigneron. Après treize mois de barrique, le vin livre un bouquet fortement mais élégamment boisé (toasté, vanillé). On retrouve ces arômes de bon merrain dans une bouche ample, ronde, crémeuse, bâtie sur des tanins suaves et veloutés. Un vin à la fois puissant et doux, qui doit laisser le temps agir pour un boisé plus fondu. ✗ 2018-2025 ✦ selle d'agneau

⊶ *EARL Dartier, 24, Bergeron, 33390 Mazion, tél. 05 57 42 11 10, info@cailleteau-bergeron.com* Ⓥ 🏃 🏠 *r.-v.* 🏠 Ⓔ

CH. LE CAMPLAT Cuvée Prestige 2014 ★

■	1 800	⬭	5 à 8 €

Une propriété créée en 1979 par Jean-Louis Reculet, qui étend aujourd'hui son vignoble sur 18 ha. En 2008, Marion a rejoint son père au domaine et pris la relève en 2014, avec pour objectif de développer l'œnotourisme.

Ce 100 % sauvignon, né de jeunes vignes de sept ans et passé en barrique dès la fermentation, dévoile un nez expressif de fumé, de torréfaction et de fruits mûrs. Suivant la même trame aromatique, le palais se révèle ample, suave, riche et long. Un blanc corpulent. ✗ 2015-2018 ✦ saint-marcellin

⚬ *EARL Vignobles Reculet, 2, Le Camplat,*
33620 Saint-Mariens, tél. 05 57 68 51 90,
marion.reculet@orange.fr 🅥 🅧 🅣 *r.-v.*

CH. CAP SAINT-MARTIN Cuvée Prestige 2012		
■	18 000 ┃ î ⑩	8 à 11 €

Situé dans un village voisin de Blaye, ce cru domine l'estuaire de la Gironde. Depuis 1904, il s'est agrandi au fil des générations pour couvrir aujourd'hui 20 ha entre Cars et Saint-Martin-la-Caussade. La famille Ardoin (Béatrice et Pierre depuis 1990) l'exploite avec un réel savoir-faire, soucieuse de conserver les vieilles vignes et de réduire les interventions au cours des vinifications.

Né du seul merlot, ce 2012 dévoile un bouquet dominé par le merrain, sur le toasté et la vanille, les fruits (rouges et mûrs) restant à l'arrière-plan. Également sous l'influence de la barrique, le palais se montre gras et rond, porté par des tanins fondus. À attendre pour atténuer

l'empreinte de l'élevage. ✗ 2017-2020 ♈ entrecôte marchand de vin

⚬ *SCEA des Vignobles Ardoin, 11, rte de Mazerolles,*
33390 Saint-Martin-Lacaussade, tél. 05 57 42 91 73,
vignobles.ardoin@wanadoo.fr 🅥 🅧 🅣 *r.-v.*

CH. LA CASSAGNE-BOUTET 2012 ★		
■	20 000 ┃ î ⑩	11 à 15 €

Denis Vergez a repris en 1998 ce domaine de 10 ha commandé par une bâtisse du XVIIes, classé cru bourgeois dans le Cock et Féret de 1874. Son fils Nicolas a pris la main en 2011.

Du fruit, un boisé fin (vanille, grillé), quelques notes fraîches d'eucalyptus et de réglisse, le bouquet de ce 2012 est avenant. En bouche, le vin séduit par son attaque souple et charnue, par sa rondeur et ses tanins soyeux, et par sa longue finale goûteuse. ✗ 2017-2022 ♈ rôti de bœuf aux cèpes

Le Blayais et le Bourgeais

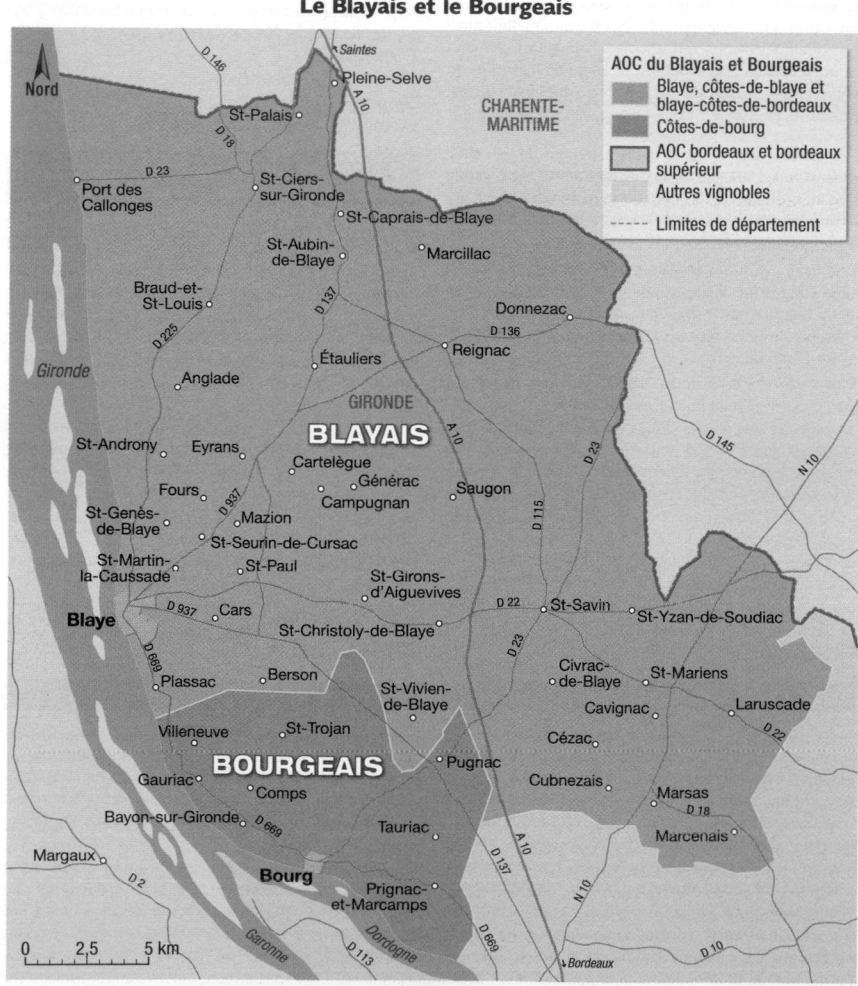

☛ *Vergez, Ch. la Cassagne-Boutet, 33390 Cars,*
tél. 06 95 22 77 79, chateaulacassagneboutet@gmail.com
Ⓥ ⚐ ⌂ *r.-v.*

CH. CHARRON Secret de Charron 2012 ★

■	2 800	◑	30 à 50 €

Un château ancien (1731) commande ce vignoble de 26 ha établi sur un terroir d'argile à forte proportion de calcaire. À sa tête depuis 2011, Valérie Germain et Sébastien Cazaux.

Vingt-quatre mois de barrique pour ce pur merlot : un élevage luxueux qui confère au nez des arômes intenses de cacao, de grillé et de vanille qui pour l'heure couvrent les fruits, rouges et mûrs. La bouche se montre puissante, riche, massive, tout en gardant une belle fraîcheur, et déroule une jolie finale sur la cerise noire. Un vin de caractère, à carafer avant le service. ✗ 2017-2022 ▾ daube de chevreuil

☛ *SCEA Ch. Charron, 11, rue Émile-Frouard,*
33390 Saint-Martin-Lacaussade, tél. 06 32 12 29 07,
chateau-charron@orange.fr Ⓥ ⚐ ⌂ *r.-v.*

CH. LE CHAY
Élevé en fût de chêne 2012

■	9 400	ⓘ ◑	5 à 8 €

Les Raboutet cultivent la vigne à Berson depuis cinq générations. Didier et Sylvie, installés en 1983, conduisent aujourd'hui un vignoble de 38 ha répartis entre les 20 ha argilo-calcaires du Ch. le Chay (Blayais) et les 18 ha argilo-graveleux du Ch. Groleau (Bourgeais).

Ce vin issu de merlot (70 %) et de malbec s'anime à l'aération autour des baies noires, de la réglisse et de la vanille. Frais, fruité, puissant sans dureté, bien que plus sévère en finale, le palais est plaisant et harmonieux. Un peu plus d'envergure lui aurait valu une étoile. ✗ 2016-2020 ▾ entrecôte grillée

☛ *Didier Raboutet, Le Chay, 33390 Berson,*
tél. 05 57 64 39 50, lechay@wanadoo.fr Ⓥ ⚐ ⌂ *t.l.j.*
8h-12h 14h-19h

♥ CH. LA CROIX SAINT-PIERRE 2013 ★★

■	110 000	ⓘ ◑	5 à 8 €

Les Carreau conduisent la vigne à Cars depuis 1832 et sept générations. Le vignoble s'étend sur 60 ha et quatre domaines (L'Escadre, Les Petits Arnauds, Croix Saint-Jean et Clairac), conduits aujourd'hui par les cousins Sébastien et Nicolas, qui se sont formés à l'étranger aux techniques modernes de vinification.

Assemblage classique de merlot (70 %), cabernet-sauvignon (20 %) et malbec, ce 2013 a fait l'unanimité par sa robe grenat profond comme par son bouquet tout en fruits frais mâtinés d'épices. Le palais n'est pas en reste et confirme les premières sensations de fraîcheur et de fruité intense. La structure est bien en place, bâtie sur des tanins ronds et fins. De la densité, de la profondeur, du dynamisme, voilà un vin complet et déjà fort aimable.
✗ 2016-2020 ▾ rôti de veau aux champignons ■ Ch. Clairac

2013 ★ (5 à 8 € ; 90 000 b.) : merlot (90 %) et cabernet-sauvignon pour ce vin ouvert sur de généreux parfums de fruits noirs mûrs et de grillé. La bouche est ample, ronde, suave, persistante sur le fruit, boisée sans excès, épaulée par de bons tanins. ✗ 2016-2020

☛ *SCE Vignobles G. Carreau et Fils,*
Ch. Les Petits Arnauds, 33390 Cars, tél. 05 57 42 36 57,
info@vignobles-carreau.com Ⓥ ⚐ ⌂ *r.-v.*

CH. LES DONATS 2012 ★★

■	6 000	ⓘ	5 à 8 €

Deux anciens cadres parisiens devenus vignerons en 1994 dans le Bourgeais et le Blayais. Stéphane Donze et Lucie Marsaux-Donze ont fait du Ch. Martinat (10 ha sur petites graves et argiles à Lansac) une référence des côtes-de-bourg. Autre étiquette dans la même appellation : le Ch. Bel Air l'Escudier. Ils exploitent aussi 3,6 ha de vigne du côté du Blayais voisin, à Teuillac, avec le Ch. les Donats.

Ce pur merlot dévoile un bouquet soutenu et profond de fraise mûre, de poivre et de réglisse. Tout aussi expressif, le palais se révèle, plein, généreux et charnu, étayé par des tanins soyeux qui lui confèrent un agréable côté velouté. Un vin très équilibré et gourmand. ✗ 2016-2021 ▾ poulet aux chanterelles

☛ *SCEV Marsaux-Donze, Ch. Martinat, 33710 Lansac,*
tél. 05 57 68 34 98, s.donze@chateau-martinat.com
Ⓥ ⚐ ⌂ *r.-v.*

CH. CAMILLE GAUCHERAUD
Élevé en fût de chêne 2012

■	35 000		8 à 11 €

Si les Gaucheraud exploitent la vigne depuis 1880 et cinq générations, Benoît Latouche est le premier à vinifier le raisin qu'il produit. Camille Gaucheraud, tonnelier de son métier, était son bisaïeul, auquel il a rendu hommage en créant ce domaine en 1999, étendu aujourd'hui sur 40 ha.

Avec des senteurs de fruits rouges, de cassis, de cachou et de vanille, ce vin s'annonce bien. Dominé par le fruit et d'un bon volume, le palais se montre rond et gras dès l'attaque, porté par des tanins enrobés. Bien qu'un peu courte, la finale plaît par sa fraîcheur. Un ensemble harmonieux. ✗ 2016-2020 ▾ lapin aux champignons

☛ *GFA des Barrières, 1, Les Barrières, 33620 Laruscade,*
tél. 05 57 68 64 54, contact@camille-gaucheraud.com
Ⓥ ⚐ ⌂ *t.l.j. sf dim. 9h-12h30 14h-18h30*

CH. LE GRAND MOULIN
Collection Grande Réserve 2012 ★★

■	116 000	◑	5 à 8 €

Jean-François Réaud a repris en 1983 le vignoble du grand-père, créé en 1904 sous le nom de Dom. du Grand Moulin ; il l'a largement restructuré et modernisé, et lui a donné le nom plus flatteur de « château ». Le vignoble couvre aujourd'hui 40 ha.

Merlot (75 %), cabernet franc (20 %) et malbec, un assemblage classique pour ce beau 2012, ouvert sur les fruits noirs, le pruneau et le torréfié de la barrique. Une attaque pleine et ronde prélude à un palais ample et charnu, bien structuré par des tanins fins et soyeux qui portent loin la finale. ✗ 2017-2022 ▾ pintade aux cèpes
■ 2014 ★ (- de 5 € ; 10 000 b.) : du fruit (abricot, pamplemousse), une touche minérale et fumée, du

volume, du gras et de la chair, ce qu'il faut de vivacité pour donner du tonus ; ce blanc issu des deux sauvignons (90 % pour le blanc) est très équilibré. ✗ 2015-2018 ■ Ch. la Grange d'Orléan 2013 (5 à 8 € ; 76 000 b.) : vin cité. ✗ 2017-2020

⚲ SCEA du Grand Moulin, 7, La Champagne, 33820 Saint-Aubin-de-Blaye, tél. 05 57 32 62 06, jfr@grandmoulin.com ⚲ Réaud

CH. LES GRANDS MARÉCHAUX 2012 ★★

■	59 900	⅏	8 à 11 €

Ancien négociant devenu vigneron, Christophe Reboul Salze a acquis les Ch. les Grands Maréchaux en 1997 et Gigault en 1998, complétés en 2011 par le Ch. Belle Colline : trois domaines qui vendaient leurs vins en vrac, au négoce, et tous situés dans le Blayais.

Le merlot (88 %) et les deux cabernets sont à l'œuvre dans ce vin très apprécié pour son bouquet intense de fruits rouges mûrs, de cassis et de vanille. Le palais dévoile un vin ample, riche, généreux (notes kirschées) et suave mais sans lourdeur, étayé par un boisé noble et ajusté par des tanins fins qui lui confèrent beaucoup d'élégance. ✗ 2017-2020 ♈ joues de bœuf au vin rouge ■ Ch. Gigault Cuvée Viva 2012 ★ (11 à 15 € ; 57 500 b.) : ce 100 % merlot livre des parfums intenses de fruits noirs mûrs, d'épices et de grillé. L'attaque est ronde et charnue, le développement ample et puissant, soutenu par des tanins « carrés ». Un vin au caractère bien trempé. ✗ 2017-2022

⚲ Christophe Reboul-Salze, 2, Géniquet, 33920 Saint-Girons-d'Aiguevives, tél. 05 57 32 62 59, chateau.gigault@gmail.com

CH. LES GRAVES Réserve 2013 ★★

■	10 000	⅏	5 à 8 €

Un domaine de 20 ha planté sur des coteaux majoritairement argilo-graveleux, au sud du Blayais, exploité par quatre générations de Pauvif depuis 1930. Régulier en qualité, en rouge comme en blanc.

Un assemblage merlot (60 %) et cabernet-sauvignon pour ce 2013 de très belle facture, d'un abord plutôt pudique à l'olfaction, plus ouvert à l'aération sur les fruits rouges, les épices douces et un toasté léger. La bouche offre beaucoup de volume, de la douceur et du fruit, consolidée par un boisé ajusté et par des tanins souples et soyeux qui apportent élégance et amabilité à ce vin. ✗ 2017-2020 ♈ ris de veau sauce madère

⚲ SCEA Pauvif, 15, rue Favereau, 33920 Saint-Vivien-de-Blaye, tél. 05 57 42 47 37, info@cht-les-graves.com Ⓥ ⚑ ⚐ r.-v.

DOM. DES GRAVES D'ARDONNEAU
Cuvée Tradition 2012 ★★

■	100 000	î ⅏	5 à 8 €

Un domaine incontournable du Blayais, en rouge comme en blanc. La famille Rey écrit son histoire viticole depuis 1763 sur les terres du hameau d'Ardonneau. Installé en 1981 à la tête de 60 ha, Christian Rey a été rejoint en 2005 par son fils Laurent et par sa fille Fanny en 2008.

Au nez, un boisé élégant, aux accents vanillés et torréfiés, s'intègre parfaitement à un fruité mûr, dominé par le cassis. En bouche, le vin se révèle ample, gras, suave et long, porté

par des tanins fins et soyeux. Un ensemble très harmonieux et gourmand à souhait. ✗ 2017-2022 ♈ filet de bœuf ■ Cuvée Prestige 2014 ★ (5 à 8 € ; 14 000 b.) : le sauvignon (90 %) et une touche de colombard composent ce blanc toasté et fruité à l'olfaction, souple et frais en attaque, volumineux, dense et intense dans son développement, bien épaulé par un merrain racé. ✗ 2016-2020

⚲ EARL Simon Rey et Fils, Ardonneau, 33620 Saint-Mariens, tél. 05 57 68 66 98, gravesdardonneau@wanadoo.fr
Ⓥ ⚑ ⚐ t.l.j. sf dim. 8h30-12h30 14h30-19h

CH. HAUT CABUT 2013 ★

■	22 500	⅏	5 à 8 €

La coopérative de Cars (1937), rebaptisée en 2011 « Châteaux solidaires », vinifie séparément les vendanges d'une dizaine de châteaux adhérents, sélectionnés très rigoureusement.

Haut Cabut est un domaine familial de 10 ha, propriété de la famille d'Alain Drop depuis un siècle et demi. 5,5 ha de merlot et des deux cabernets ont été sélectionnés pour ce 2013 au nez vineux de fruits noirs à l'alcool et de boisé épicé, gras et gourmand en bouche, bâti sur des tanins bien présents mais veloutés. La finale, plus austère, appelle un peu de garde. ✗ 2017-2020 ♈ tendrons de veau braisés ■ Ch. les Tours de Peyrat Vieilles Vignes 2013 (8 à 11 € ; 36 900 b.) Ⓑ : vin cité. ✗ 2016-2020

⚲ Ch. Solidaires, 9, Le Piquet, 33390 Cars, tél. 05 57 42 13 15, d.raimond@chateau-solidaires.com
Ⓥ ⚑ ⚐ r.-v.

CH. HAUT-CANTELOUP 2014 ★

▢	37 600	î	- de 5 €

Catherine et Sylvain Bordenave, relayés depuis 2003 par leurs fils Alexandre et Vincent, ont fait des Ch. Haut-Canteloup et les Pierrères des références incontournables du Blayais. À leur disposition, un beau vignoble de 50 ha : 30 ha de vignes rouges dans la commune de Fours et 20 ha de vignes blanches à Saint-Palais-de-Blaye.

Les deux sauvignons (blanc et gris) et une touche de muscadelle pour ce vin intensément bouqueté autour du citron, du pamplemousse rose et de la goyave. Un fruité intense que l'on retrouve dans une bouche équilibrée, offrant de la souplesse, un gras léger et une belle vivacité. ✗ 2015-2018 ♈ flans d'asperges

⚲ EARL Bordenave et Fils, 8, chem. de la Palanque, 33390 Fours, tél. 05 57 42 87 12, chateau-hautcanteloup@wanadoo.fr Ⓥ ⚑ ⚐ t.l.j. sf dim. 9h-12h 14h-18h

CH. HAUTE-SAUVETAT 2012 ★

■	30 000	⅏	8 à 11 €

Des premières vinifications à Saint-Émilion et dans le Val de Loire, puis la reprise du domaine familial en 1997 : Jean-Vincent Bideau (troisième génération) conduit aujourd'hui un vignoble de 33 ha en conversion bio depuis 2010.

Issu d'un assemblage équilibré de merlot (55 %) et de cabernet-sauvignon, ce 2012 a connu dix-huit mois de barrique. Au nez, il dévoile des arômes intenses et aguicheurs de fruits noirs (cassis) et de violette sur un fond vanillé-grillé discret. La bouche est riche, ronde, soyeuse et généreuse (fruits à l'eau-de-vie), soutenue par des tanins vifs. ✗ 2016-2020 ⟊ épaule d'agneau grillée ■ **Ch. Petit Boyer 2013** ★ (11 à 15 € ; 24 000 b.) Ⓑ : à un premier nez floral succèdent des parfums de fruits rouges et d'épices (poivre). Une attaque souple, fraîche et fruitée introduit un palais plein, bien structuré par des tanins fins, souligné par une agréable vivacité en finale. Un vin droit et net. ✗ 2016-2020 ■ **Ch. Petit Boyer 2014** ★ (5 à 8 € ; 5 000 b.) Ⓑ : un léger grillé accompagne les fruits frais (pêche blanche, pamplemousse) à l'olfaction. Dense et équilibré, le palais associe gras et vivacité, fruité (citron notamment) et boisé bien dosé. ✗ 2015-2019

○⟍ *Vignobles Bideau, La Pistolette, 33390 Cars, tél. 05 57 42 19 40, jub@petit-boyer.com* 🏠 🅐

CH. HAUT-GRELOT Coteau de Méthez 2013 ★		
■ 40 000	⬤	5 à 8 €

Un cru situé au nord du Blayais, aux confins de la Charente-Maritime. Aux origines (1920), une petite exploitation de 6 ha dédiée à la vigne et à l'élevage, spécialisée et agrandie (54 ha aujourd'hui) à partir de 1975 par Joël Bonneau, relayé par ses enfants Julien et Céline en 2011.

Le seul merlot compose ce vin expressif, sur les fruits rouges et noirs, la vanille et un léger grillé. Une attaque franche et volumineuse ouvre sur un palais dense, rond et gourmand, étayé par un boisé fondu et des tanins enrobés, et souligné par une fine fraîcheur jusqu'en finale. ✗ 2016-2020 ⟊ rôti de veau Orloff

○⟍ *EARL Joël Bonneau, Ch. Haut-Grelot, 28, Les Grelauds, 33820 Saint-Ciers-sur-Gironde, tél. 05 57 32 65 98, jbonneau@wanadoo.fr* 🆅 🚶 🍴 r.-v. 🏠 🅐

CH. LACAUSSADE SAINT-MARTIN Trois Moulins Vieilles Vignes 2013 ★		
■ 11 000	⬤	5 à 8 €

Œnologue diplômé de l'université de Bordeaux, Jacques Chardat a racheté en 1991 l'une des plus anciennes propriétés du Blayais (XIXᵉs.) : un domaine de 50 ha (dont 45 ha en rouge) adossé aux premiers coteaux ensoleillés bordant l'estuaire de la Gironde, face aux vignobles de Saint-Julien.

Le nom de cette cuvée fait référence aux moulins à vent utilisés au XIXᵉs, lorsque la propriété faisait cohabiter vigne et culture céréalière. Elle se compose de merlot (80 %), de cabernet-sauvignon (15 %) et de malbec. Au nez, un boisé toasté s'associe au fruit sans l'écraser. Soutenue par une bonne structure, la bouche séduit par son fruité croquant et sa fraîcheur intense. Un ensemble équilibré et alerte. ✗ 2016-2020 ⟊ magrets de canard aux cerises

○⟍ *SCEA Ch. Labrousse, 8, rte de Labrousse, 33390 Saint-Martin-Lacaussade, tél. 05 57 32 51 61, j.chardat@corlianges.com* 🆅 🚶 🍴 r.-v. ○⟍ Chardat

CH. LARRAT Élevé en fût de chêne 2012		
■ 2 800	🍶 ⬤	5 à 8 €

Dans la famille Larrat depuis 1972, ce cru (autrefois nommé Dom. de Grillet) étend ses vignes sur 17,3 ha dans le Bourgeais, non loin de l'église romane de Lafosse et du moulin de Lansac, avec aussi une extension dans le Blayais.

Le seul merlot est à l'œuvre dans ce vin de bonne intensité olfactive, portée sur les fruits rouges et noirs et la réglisse.

Si l'attaque est souple, le milieu de bouche et la finale se révèlent plus solides, soutenus par des tanins carrés. Un brin rustique mais équilibré. ✗ 2017-2020 ⟊ carré de porc

○⟍ *EARL Dom. de Grillet, 5, Grillet, 33710 Pugnac, tél. 06 16 60 91 17, info@domainedegrillet.fr* 🆅 🚶 🍴 t.l.j. sf dim. 8h-13h 14h-20h

CH. LOUMÈDE Cuvée Prestige 2012		
■ 6 000	⬤	8 à 11 €

Un cru de 18 ha acquis par Louis Raynaud en 1963, exploité par ses enfants. L'un des rares domaines situés sur la commune même de Blaye, en limite de Plassac et de Cars.

Fruits noirs à l'alcool et un léger boisé, grillé et vanillé, ce 2012 se présente avec générosité à l'olfaction. En bouche, il attaque avec franchise et déploie une structure tannique solide, encore un peu stricte, épaulée par un élevage de qualité. De quoi bien vieillir. ✗ 2017-2020 ⟊ onglet grillé

○⟍ *SCF de Loumède, Ch. Loumède, rte de Loumède BP 4, 33393 Blaye Cedex, tél. 05 57 42 16 39, info@chateau-loumede-blaye.com* 🆅 🍴 t.l.j. sf sam. dim. 9h30-12h 14h30-17h30

CH. MAYNE-GUYON 2013		
■ 175 000	⬤	5 à 8 €

Un domaine de 30 ha argilo-calcaires plantés de merlot, de cabernet-sauvignon et de malbec, repris en 1995 par un trio de passionnés.

C'est par un boisé torréfié intense mais fin que s'ouvre la dégustation, laissant pour l'heure peu de place au fruit. On retrouve ce boisé prégnant dans un palais suave et riche, aux tanins soyeux. Un peu de garde permettra plus de fondu. ✗ 2016-2019 ⟊ magrets de canard au miel

○⟍ *Cazeneuve, Ch. Mayne-Guyon, Maine-Guyon, 33390 Cars, tél. 05 57 42 09 59, mayne-guyon@wanadoo.fr* 🆅 🍴 r.-v.

CH. MONSEIGNEUR 2013		
■ 38 600	⬤	5 à 8 €

Depuis le château Laroche, château fort de la guerre de Cent Ans puis maison noble, rasé et reconstruit plusieurs fois, Roland de Onffroy, Varois d'origine et formé à l'agronomie à Angers, conduit depuis 1994 un vignoble de 35 ha répartis entre le Bourgeais et le Blayais. Plusieurs étiquettes ici : Laroche et Bourg des Eyquems dans la commune de Tauriac, Monseigneur à Pugnac et Clos Bertin à Cézac.

Les millésimes 2010 et 2012 avaient obtenu un coup de cœur. Moins abouti, le 2013 reste néanmoins fort plaisant par ses arômes de cerise cuite et de boisé doux, comme par sa rondeur et sa souplesse en bouche. Un vin aimable et suave, que l'on pourra apprécier dans sa jeunesse. ✗ 2016-2019 ⟊ daube de bœuf au poivron

○⟍ *Baron Roland de Onffroy, Ch. Laroche, 2, chem. des Augers, 33710 Tauriac, tél. 05 57 68 20 72, rolanddeonffroy@wanadoo.fr* 🆅 🚶 🍴 r.-v.

CH. MOULIN NEUF Tradition 2013 ★		
■ 50 000	🍶 ⬤	5 à 8 €

Installé en individuel depuis 2000, Laurent Glémet regroupe en 2006 ses terres avec celles de son père pour créer un vignoble de 30 ha aujourd'hui, répartis entre les Ch. Moulin Neuf dans le Blayais et Chamaille dans le Bourgeais.

Un 100 % merlot que ce 2013 au nez fruité (cassis), fumé et grillé. Une belle entrée en matière, pleine de gourmandise, que prolonge un palais gras, rond, longuement épicé et fruité, soutenu par des tanins enrobés et veloutés. Du charme à revendre. ✗ 2017-2020 ❦ bœuf bourguignon

☞ SCEA Vignobles Glémet, Le Moulin-Neuf, 33920 Saint-Christoly-de-Blaye, tél. 05 57 42 55 38, chateau.moulin-neuf@orange.fr Ⓥ 🏃 ⬆ t.l.j. 8h-12h 14h-19h

CH. LES PÂQUES 2014

| ■ | 12 000 | 🍶 | 5 à 8 € |

Bruno Martin conduit depuis 1991 le domaine familial fondé dans les années 1970 par ses parents (premières mises en bouteilles en 1982). Le vignoble, de 12 ha aux origines, couvre aujourd'hui 29 ha dans le nord du Blayais, avec une acquisition en 2011 en vue de l'installation du fils.

Mi-sauvignon blanc mi-sauvignon gris, ce 2014 livre des parfums intenses de pamplemousse rose, de fruit de la Passion et de genêt. La bouche se révèle bien fruitée, souple et soyeuse, plus nerveuse en finale. ✗ 2015-2018 ❦ cassolette de fruits de mer

☞ Bruno Martin, 29, Les Pâques, 33820 Braud-et-Saint-Louis, tél. 05 57 32 76 10, bruno.martin121@wanadoo.fr Ⓥ 🏃 ⬆ r.-v.

CH. PARDAILLAN 2012 ★

| ■ | 100 000 | 🍶 ⬛ | 5 à 8 € |

La famille Bayle-Carreau exploite la vigne depuis la fin du XIXᵉs. et cinq générations. Elle dispose de cinq propriétés dans le Blayais (Pardaillan, Carelle, Barbé) et le Bourgeais (Eyquem, Landreau), conduites aujourd'hui par Xavier Carreau, son beau-frère Alain Jourdan et Cyril, le fils de ce dernier.

Reconstruite sous l'Empire, la maison noble, flanquée de deux tours, campe sur un coteau. Acquis par les Carreau en 1971, le domaine viticole, mentionné dans un acte notarié du XVIIᵉs., compte aujourd'hui 17 ha sur un coteau bien exposé face au village de Cars. Merlot (90 %), cabernet-sauvignon et malbec (5 % chacun) y ont donné naissance à ce vin expressif (fruits mûrs, pruneau, épices douces), ample, dense et riche, bâti sur des tanins ronds et soyeux, un rien plus stricts en finale. ✗ 2016-2020 ❦ bœuf en daube ■ Ch. Barbé 2012 (5 à 8 € ; 110 000 b.) : vin cité. ✗ 2016-2020 ■ Ch. la Carelle 2012 (5 à 8 € ; 160 000 b.) : vin cité. ✗ 2016-2019

☞ Vignobles Bayle-Carreau, Ch. Barbé, 33390 Cars, tél. 05 57 64 32 43, contact@bayle-carreau.com Ⓥ 🏃 ⬆ r.-v.

CH. PEYMELON 2012 ★★

| ■ | 12 000 | ⬛ | 8 à 11 € |

Dans cette propriété, dans la même famille depuis trois siècles, toutes les générations ont exercé des professions liées à la vigne et au vin : négociants, tonneliers, greffeurs, viticulteurs, maîtres de chai. Françoise et Michel Chapard, installés depuis 1977, y conduisent un vignoble de 12 ha.

Après deux ans de barrique, ce vin se présente sans réserve, intensément boisé à l'olfaction (beau vanillé), les fruits restant pour l'heure en retrait. On retrouve cette intensité dans une bouche concentrée, riche, puissante, solidement arrimée à des tanins fermes. Du caractère et du potentiel. ✗ 2017-2022 ❦ gigue de chevreuil

☞ Françoise Chapard, Les Petits, 33390 Cars, tél. 06 75 15 43 79, vignobles.michelchapard@hotmail.fr Ⓥ 🏃 ⬆ r.-v. 🏠 ❷

CH. PINET LA ROQUETTE 2014 ★

| ■ | 3 500 | | - de 5 € |

Un petit domaine de 7,8 ha d'un seul tenant, dominé par « La Roquette », un tertre rocheux occupé dès la préhistoire. À sa tête depuis 2001, Stéphane et Valérie Nativel, couple d'ingénieurs dans l'armement convertis à la vigne.

Né du sauvignon (90 %) et du sémillon, ce blanc livre un bouquet complexe, réglissé, fumé, floral (genêt) et fruité (agrumes), rehaussé par des notes mentholées. Le palais, très agréable, se montre souple, rond et suave. Un vin sapide et harmonieux. ✗ 2015-2018 ❦ veau au citron

☞ EARL Nativel, Pinet la Roquette, 4, lieu-dit Pinet, 33390 Berson, tél. 05 57 42 64 05, sv.nativel@orange.fr Ⓥ 🏃 ⬆ t.l.j. 9h-18h; sam. dim. sur r.-v.; f. 15-30 août et 22-31 déc. 🏠 Ⓑ ☞ GFA La Roquette

CH. LA RAZ CAMAN 2012 ★★

| ■ | 40 000 | ⬛ | 5 à 8 € |

Une ancienne terre noble, propriété au XVIIᵉs. du chevalier seigneur de la Raz Caman, entrée en 1857 dans la famille de Jean-François Pommeraud. Ce dernier, installé en 1973, a donné une nouvelle vie à ce vignoble, qui s'étend aujourd'hui sur 40 ha.

Côté assemblage, du merlot (60 %), du malbec (20 %) et les deux cabernets. Dans le verre, un vin au nez puissant et complexe de fruits mûrs, de vanille, de grillé et de truffe. Une attaque conquérante et large ouvre sur un palais gras et intense, qui s'appuie sur un fruité généreux, un boisé équilibré et sur de beaux tanins fermes. ✗ 2017-2022 ❦ chevreuil aux airelles ■ 2014 ❦ (- de 5 € ; 13 500 b.) : un blanc friand, bien typé sauvignon (100 % du vin), ouvert sur le bourgeon de cassis, le citron et le menthol, élégant et frais en bouche, plus nerveux en finale. ✗ 2015-2018

☞ SCEV Vignobles Pommeraud, 4, ch. La Raz Caman, 33390 Anglade, tél. 05 57 64 41 82, raphael.pommeraud@larazcaman.com Ⓥ 🏃 ⬆ r.-v. 🏠 Ⓔ

CH. RELAIS DE LA POSTE 2013

| ■ | 9 900 | 🍶 | 5 à 8 € |

Un domaine de 25 ha constitué autour d'un ancien relais de poste datant de 1750. Un cru régulier en qualité, conduit par Bruno Drode depuis 1985.

Mi-merlot mi-malbec, ce vin dévoile des parfums bien mariés de fruits mûrs et d'épices. Une attaque franche, fraîche et croquante introduit un palais fruité, charpenté par des tanins denses et enrobés. Une pointe de sévérité et d'amertume marque la finale. ✗ 2017-2020 ❦ pavé de bœuf sauce madère

☞ Vignobles Drode, Relais de la Poste, 33710 Teuillac, tél. 05 57 64 37 95, brunodrode@hotmail.fr Ⓥ 🏃 ⬆ r.-v.

CH. LES RICARDS 2013 ★★

| ■ | 16 000 | 🍶 ⬛ | 8 à 11 € |

Corinne Chevrier-Loriaud et son mari Xavier, originaires des Charentes, ont acquis en 1992 13 ha de vignes répartis sur plusieurs parcelles du plateau argilo-calcaire de Cars et à l'origine de trois étiquettes : Les Ricards, Bel-Air La Royère et Bourjaud. Depuis que son mari s'occupe du bien public (conseiller général), Corinne Chevrier-Loriaud conduit seule le domaine, devenu l'une des belles références du Blayais.

Fidèle au rendez-vous du Guide, le domaine signe un 2013 intense, élégant et complexe, qui mêle à l'olfaction les fruits noirs mûrs, les épices (girofle, cannelle) et le toasté. Beaucoup de douceur et de volume se dégagent du palais, soutenu par un boisé fin, grillé et épicé, et par de beaux tanins serrés. Un vin équilibré, solide et racé, bâti pour bien vieillir. ✗ 2018-2023 ❦ tourte de faisan au foie gras ■ L'Esprit de Bel-Air La Royère 2013 (11 à 15 € ; 13 000 b.) : vin cité. ✗ 2016-2019

👄 SARL Chevrier-Loriaud, 1, les Ricards, 33390 Cars, tél. 05 57 42 91 34, chateau.belair.la.royere@wanadoo.fr

🆅 🛷 🏠 r.-v.

CH. TAYAT 2014 ★

| ■ | 18 000 | 🍶 | - de 5 € |

Les Favereaud cultivent la vigne depuis sept générations, en Charente pour commencer, au début du XIXᵉ s., puis en Gironde. Ils conduisent aujourd'hui 32 ha, répartis entre les Ch. Baconne (AOC bordeaux) et Tayat dans le Blayais, acquis par Guy Favereaud en son fils Bernard en 1972. Ce dernier conduit l'ensemble avec son épouse Josiane, sa fille Karine et son gendre Sébastien.

Ce pur sauvignon dévoile un bouquet subtil, aux accents... sauvignonnés (citron, fleurs blanches, buis). En bouche, il se révèle ample, gras, fruité à souhait (litchi, agrumes), équilibré par une juste fraîcheur jusqu'à la finale, plus vive et fringante. ✗ 2015-2018 ❦ tajine de lotte au curry

👄 SCEA Favereaud Père et Fils, 2, Tayat, 33620 Cézac, tél. 05 57 68 62 10, contact@chateautayat.com

🆅 🛷 🏠 t.l.j. sf dim. 8h30-12h30 14h30-19h

Ⓑ CH. DE TERRE TAILLYSE 2014

| ■ | 10 000 | 🍶 | 5 à 8 € |

Représentant la septième génération de vignerons, Vincent Ragot a pris en 1999 la tête de l'exploitation familiale, qui couvre 34 ha aujourd'hui, en bio certifié depuis le millésime 2014.

Si 90 % des vignes du domaine sont consacrés aux cépages noirs, c'est avec un blanc issu de sauvignon (90 %) et de muscadelle que s'illustre Vincent Ragot. Un vin discrètement bouqueté mais fin, sur les fleurs blanches, le buis et le citron. Un caractère sauvignonné que l'on retrouve dans une bouche pleine de vivacité. ✗ 2015-2017 ❦ plateau de fruits de mer

👄 Vincent Ragot, 33920 Saint-Vivien-de-Blaye, tél. 06 11 08 50 01, vincent.ragot.33@sfr.fr 🆅 🛷 🏠 r.-v.

CH. DU VIEUX PUIT 2013 ★★

| ■ | 100 000 | 🍶 | 5 à 8 € |

Vigneron et pépiniériste comme son père et son grand-père avant lui, Jean-Pierre Bouillac a acquis peu à peu ses propres vignes, à partir de 1983, sous le nom

de Ch. du Vieux Puit, complété en 2007 par le Ch. Clos du Loup, pris en fermage. L'ensemble constitue aujourd'hui un vignoble de 70 ha.

Né de merlot (80 %), de cabernet-sauvignon, de malbec et d'un soupçon de petit verdot, ce 2013 dévoile un bouquet de fruits noirs, d'épices, de cacao. En bouche, il séduit par son fruité intense, sa rondeur, ses tanins fins et soyeux qui lui confèrent une belle élégance. Un vin charnu et charmeur. ✗ 2016-2020 ❦ lamproie à la bordelaise ■ Ch. Clos du Loup Cuvée Prestige 2012 (8 à 11 € ; 20 000 b.) : vin cité. ✗ 2016-2020

👄 Bouillac, 10, Réaud, 33860 Reignac, tél. 05 57 32 41 76, info@vignoblesbouillac.com

🆅 🛷 🏠 r.-v.

LES VIEILLES VIGNES DU CH. LE VIROU 2013

| ■ | 93 000 | ⬛ | 5 à 8 € |

Propriété de Pierre-Jean Larraqué, ce domaine entièrement clos par un mur de 4 km de long, abrite une vaste surface de 100 ha, dont ¾ de vignes, plantés exclusivement de merlot et des deux cabernets. Depuis 2002, David Caillaud en est le régisseur.

Au nez, quelques notes animales accompagnent les fruits noirs à l'alcool et un boisé épicé. On retrouve le fruit et le merrain en harmonie dans un palais rond et gras, étayé par des tanins veloutés, mais un peu plus sévères en finale. ✗ 2016-2020 ❦ grillade de bœuf

👄 SC Ch. le Virou, 3, Le Virou, 33920 Saint Girons d'Aiguevives, tél. 06 87 31 12 86, david.caillaud@chateauxenbordeaux.com 🆅 🛷 🏠 t.l.j. 9h-12h30 13h30-18h 👄 Bessède

Superficie : 3 920 ha / Production : 210 600 hl

L'AOC est située au sud du Blayais, sur la rive droite de la Gironde puis de la Dordogne. Avec le merlot comme cépage dominant, les rouges se distinguent souvent par leur couleur et leurs arômes typés de fruits rouges. Plutôt tanniques mais agréables dans leur jeunesse, ils peuvent vieillir de trois à huit ans. Peu nombreux, les blancs sont en général secs.

CH. BÉGOT Élevé en fût de chêne 2012 ★

| ■ | 4 800 | ⬛ | 8 à 11 € |

Un domaine familial établi sur les argilo-calcaires de Lansac. Installés depuis 1976, Martine et Alain Gracia y exploitent un vignoble de 17 ha dédié aux côtes-de-bourg, entourant leur demeure du XIXᵉ s.

Si la barrique (dix-huit mois d'élevage) domine encore un peu au premier nez (notes empyreumatiques, cacao), l'aération libère des arômes gourmands de fruits noirs confits et de cerise. Une attaque ample et consistante introduit un palais solide et dense, structuré par des tanins fermes et serrés. La finale, savoureuse, sur le chocolat et la cerise à l'eau-de-vie, laisse une belle impression de générosité. Paré pour une bonne garde. ✗ 2017-2021 ❦ ragoût de bœuf

👄 Alain et Martine Gracia, 5, Bégot, 33710 Lansac, tél. 05 57 68 42 14, chateau.begot@wanadoo.fr

🆅 🛷 🏠 t.l.j. 9h-12h 14h-18h; sam. dim. sur r.-v., f. 15-31 août

CH. BEL AIR L'ESCUDIER Prieuré 2012 ★★

| ■ | 26 000 | ◑ | 8 à 11 € |

Deux anciens cadres parisiens devenus vignerons en 1994 dans le Bourgeais et le Blayais. Stéphane Donze et Lucie Marsaux-Donze ont fait du Ch. Martinat (10 ha sur petites graves et argiles à Lansac) une référence des côtes-de-bourg. Autre étiquette dans la même appellation : le Ch. Bel Air l'Escudier. Ils exploitent aussi 3,6 ha de vigne du côté du Blayais voisin, à Teuillac, avec le Ch. les Donats.

C'est un vin vigoureux que propose ici Stéphane Donze, ce que l'on devine à la vue de sa robe sombre et dense. Au nez, les notes « barriquées » donnent le ton (café, vanille, toasté), les fruits noirs confiturés pointant à l'aération. La bouche offre beaucoup de volume, de gras et de concentration, bâtie sur de solides tanins de garde et sur un boisé intense mais très élégant. Une bouteille racée, à laisser mûrir sagement en cave. ✗ 2018-2025 ♈ civet de sanglier ■ Ch. Martinat 2012 ★ (8 à 11 € ; 39 000 b.) : un beau classique, intensément bouqueté autour des fruits noirs, de la violette et d'un bon boisé grillé et fumé. La bouche se révèle ample et suave, soutenue par des tanins fermes mais bien enrobés par une chair tendre et ronde. ✗ 2017-2020

⊶ SCEV Marsaux-Donze, Ch. Martinat, 33710 Lansac, tél. 05 57 68 34 98, s.donze@chateau-martinat.com Ⓥ Ⓚ Ⓛ r.-v.

CH. BRÛLESÉCAILLE Blanc de Brûlesécaille 2014 ★

| ▨ | 13 500 | ◑ | 8 à 11 € |

Les Rodet exploitent depuis 1924 le Ch. Brûlesécaille, l'une des références en côtes-de-bourg. Aujourd'hui, un vignoble de 30 ha, conduit depuis 1974 par Martine Rodet, également propriétaire depuis 1996 de 2,3 ha de merlot en saint-émilion.

Une fois n'est pas coutume, c'est le blanc du domaine qui retient l'attention. Un vin élaboré à partir de 75 % de sauvignon blanc et 25 % de sauvignon gris. Le nez, puissant, associe le toasté et le vanillé (dominants pour l'heure) des six mois de barrique aux fruits exotiques et aux fleurs blanches. On retrouve ce boisé soutenu dans une bouche souple, fraîche et longue. ✗ 2016-2020 ♈ poularde à la crème

⊶ GFA Rodet-Récapet, 29, rte des Châteaux, Brûlesécaille, 33710 Tauriac, tél. 05 57 68 40 31, cht.brulesecaille@orange.fr Ⓥ Ⓚ Ⓛ r.-v. ♠ Ⓑ

CH. CASTAING 2013 ★

| ■ | 30 000 | ◑ | 5 à 8 € |

Depuis 1876, cinq générations de vignerons et de tonneliers se sont succédé dans ce domaine établi sur un coteau argilo-calcaire dominant l'estuaire. La propriété couvre aujourd'hui 45 ha. Christophe Bonnet en a pris les commandes en 1998.

Un bouquet naissant de fruits mûrs et d'épices douces agrémentés d'originales notes de thé ouvre la dégustation. Suit une bouche ample, solide, bien équilibrée entre vinosité et fraîcheur, qui offre de belles perspectives de garde. ✗ 2018-2023 ♈ jarret de veau braisé ■ Ch. Haut-Guiraud Péché du Roy 2013 ★ (11 à 15 € ; 13 000 b.) : un vin fruité, épicé et finement boisé à l'olfaction, généreux, riche et puissant en bouche, rehaussé en finale

par une pointe de vivacité qui lui confère de l'allonge. De bonne garde. ✗ 2018-2023

⊶ EARL Bonnet et Fils, Ch. Haut-Guiraud, 33710 Saint-Ciers-de-Canesse, tél. 05 57 64 91 39, bonnetchristophe@wanadoo.fr Ⓥ Ⓚ Ⓛ r.-v. ♠ Ⓓ

CH. CHAMAILLE 2013

| ■ | 7 500 | ◑ | 5 à 8 € |

Installé en individuel depuis 2000, Laurent Glémet regroupe en 2006 ses terres avec celles de son père pour créer un vignoble de 30 ha aujourd'hui, répartis entre les Ch. Moulin Neuf dans le Blayais et Chamaille dans le Bourgeais.

Un 100 % merlot né sur argilo-calcaires. Au nez, des arômes torréfiés et toastés encore bien présents, hérités de douze mois de barrique. La bouche est agréable, souple et ronde, étayée par des tanins fondus ; le fruit s'y exprime avec plus d'intensité, même si le bois reste dominant. À attendre un peu pour plus de fondu. ✗ 2017-2020 ♈ sauté d'agneau

⊶ SCEA Vignobles Glémet, Le Moulin-Neuf, 33920 Saint-Christoly-de-Blaye, tél. 05 57 42 55 38, chateau.moulin-neuf@orange.fr Ⓥ Ⓚ Ⓛ t.l.j. 8h-12h 14h-19h

CLOS MARGUERITE 2013 ★★

| ■ | 1 200 | ◑ | 75 à 100 € |

La famille Birot a acquis en 1800 un vignoble dans le Bourgeais, aujourd'hui exploité par Annie et son mari Didier Meneuvrier qui, venu de Bretagne, s'est passionné pour la viticulture... et l'apiculture. Trois vins : La Croix-Davids, le Paradis et maintenant le Clos Marguerite.

Cette cuvée de luxe, créée en 2011, entend « rivaliser avec les plus grands vins de la Rive droite ». Le coup de cœur obtenu dans le millésime précédent a conforté les Meneuvrier dans leur ambition ; la version 2013 devrait les rassurer un peu plus encore. Deux étoiles donc pour ce vin mi-merlot mi-malbec né de vieux ceps de quatre-vingts ans, vinifié en foudre avec pigeage manuel, puis élevé en barrique pendant quinze mois. Peu de bouteilles, mais du « costaud » dans le verre. Un vin complexe (violette, épices, myrtille, léger boisé torréfié...), frais en attaque, dense, ample et gras dans son développement, charpenté avec élégance par des tanins veloutés. Certes, la finale est encore un peu austère, mais le temps fera son œuvre. ✗ 2018-2025 ♈ lamproie à la bordelaise

⊶ Didier Meneuvrier, 52, corniche de la Gironde, 33710 Gauriac, tél. 05 57 64 83 80, didiermeneuvrier@orange.fr Ⓥ Ⓚ Ⓛ r.-v.

CH. L'ESPÉRANCE Les Cèdres 2012 ★

| ■ | 10 000 | ◑ | 8 à 11 € |

Après huit ans de recherches, les Jonck ont fini par trouver leur bonheur : le Ch. l'Espérance et ses 2 ha de vignes en appellation blaye-côtes-de-bordeaux et côtes-de-bourg, acquis en 2011. À suivre...

Première apparition dans le Guide pour ce domaine, avec une cuvée bien construite. Le nez s'ouvre à l'agitation sur les fruits compotés et le pruneau dans un sillage finement boisé. La bouche se montre ample, dense et généreuse, étoffée par des tanins élégants, extraits en douceur, et par un bon boisé qui n'écrase pas le vin. Un ensemble harmonieux. ✗ 2018-2021 ✠ faisan à la broche

○━ SARL Ch. l'Espérance, L'Espérance, 33390 Berson, tél. 05 57 64 26 16, contact@vignobles-jonck.com
Ⓥ ⚡ ⬆ r.-v. ○━ Jonck

CH. EYQUEM 2012

| ■ | 90 000 | 🏠 ◑ | 5 à 8 € |

La famille Bayle-Carreau exploite la vigne depuis la fin du XIXᵉs. et cinq générations. Elle dispose de cinq propriétés dans le Blayais (Pardaillan, Carelle, Barbé) et le Bourgeais (Eyquem, Landreau), conduites aujourd'hui par Xavier Carreau, son beau-frère Alain Jourdan et Cyril, le fils de ce dernier.

Commandé par une demeure du XVIIᵉs., ce cru (31 ha) servit de résidence d'été à Louis d'Eyquem, membre de la famille du célèbre philosophe Michel Eyquem de Montaigne. Côté cave, un côtes-de-bourg 2012 de belle facture, expressif (fruits rouges mûrs et boisé intégré), souple en attaque, d'un bon volume, structuré sans excès par des tanins fondus. ✗ 2017-2020 ✠ bœuf aux oignons

○━ Vignobles Bayle-Carreau, Ch. Barbé, 33390 Cars, tél. 05 57 64 32 43, contact@bayle-carreau.com
Ⓥ ⚡ ⬆ r.-v.

Ⓑ CH. FALFAS 2012

| ■ | 50 000 | ◑ | 11 à 15 € |

Vignoble de 20 ha commandé par un château de style Louis XIII, tirant son nom d'un propriétaire de la fin du XVIIᵉs., président à mortier du parlement de Guyenne. En 1988, John Cochran (aujourd'hui disparu) et son épouse Véronique Cochran – fille d'un promoteur de la biodynamie – l'acquièrent et le convertissent d'emblée à cette démarche.

La dégustation débute agréablement par un nez fruité et boisé avec discrétion. Elle se poursuit par une attaque souple et fruitée, puis monte en puissance, portée par une structure assez solide, voire un peu austère en finale. À attendre un peu pour plus de fondu. ✗ 2017-2020 ✠ magret de canard

○━ Ch. Falfas, 34, rte de Coudart, 33710 Bayon-sur-Gironde, tél. 05 57 64 80 41, jvcochran@online.fr Ⓥ ⚡ ⬆ r.-v.
○━ Véronique Cochran

Ⓑ CH. FOUGAS
Forces de vie Organic Premium 2013 ★

| ■ | 8 500 | ◑ | 20 à 30 € |

Bien connu dès la fin du XVIIIᵉs., mentionné dans le premier guide Féret, un cru de référence de l'appellation côtes-de-bourg, acquis en 1976 par Jean-Yves Béchet, fils de négociant. Ce dernier réserve 12 de ses 16 ha à la cuvée phare nommée Maldoror, hommage au poète de Lautréamont. Vignoble cultivé en bio certifié et, depuis 2010, en biodynamie.

Les vins du Ch. Fougas sont régulièrement bien notés par nos dégustateurs. C'est encore le cas pour les cuvées 2013, malgré un millésime pudiquement qualifié de « millésime de vigneron ». Forces de vie (référence à la culture en biodynamie) est issu de 95 % de merlot, le cabernet-sauvignon en appoint. Le nez, intense et chaleureux, mêle les fruits très mûrs (cerise kirschée, pêche de vigne) à des notes de café crème et de réglisse. Une belle attaque

ronde et fruitée prélude à un palais ample, suave et gras, charpenté par de beaux tanins boisés (dix-huit mois d'élevage) qui permettront à ce vin puissant et généreux de bien vieillir. ✗ 2018-2025 ✠ jarret de veau aux pruneaux
■ Maldoror 2013 ★ (11 à 15 € ; 80 000 b.) Ⓑ : un vin finement boisé et bien mûr (fruits en marmelade), rond, plein et velouté en bouche, porté par des tanins fondus. Un côtes-de-bourg courtois et harmonieux, que l'on pourra boire assez jeune. ✗ 2016-2020

○━ Jean-Yves Béchet, Ch. Fougas, 33710 Lansac, tél. 05 57 68 42 15, jybechet@fougas.com Ⓥ ⚡ ⬆ r.-v.

CH. GARREAU 2012

| ■ | 11 000 | 🏠 ◑ | 11 à 15 € |

La famille Guez, à l'origine propriétaire à Bergerac, a acquis en 1995 ce cru situé à cheval sur Blaye et Bourg, dédié à la vigne depuis la fin du XVIIIᵉs.

Ce vin fait la part belle au merlot (90 %), planté sur les argilo-calcaires de Pugnac. Encore très jeune, il demande à s'ouvrir, mais la matière est là. À l'aération pointent d'agréables senteurs d'aubépine et de fruits confits sur un fond vanillé. La bouche, ample, grasse, fruitée et un brin animale, s'adosse à des tanins fermes qui prennent le dessus en finale. La garde arrondira les angles. ✗ 2018-2023 ✠ civet de marcassin

○━ SCEA Ch. Garreau, 33710 Pugnac, tél. 05 57 68 90 75, contact@chateaugarreau.com Ⓥ ⚡ ⬆ r.-v.

CH. DE GENIBUN Cuvée Prestige 2013

| ■ | n.c. | ◑ | 5 à 8 € |

Vignoble implanté sur les hauteurs de Bourg, acquis par l'arrière-grand-père de Christine Sudre en 1891 : 28 ha aujourd'hui. Aux commandes depuis 1987, son mari Jean-Samuel Eynard, le président de l'AOC. Ici, on se flatte d'avoir introduit la machine à vendanger dès 1985. Son usage est maîtrisé, à en juger par les fréquentes sélections dans le Guide.

Merlot (65 %), malbec (25 %) et cabernet sont assemblés dans ce vin au nez discret de boisé toasté, de réglisse, de fruits rouges et de menthol. La bouche se montre souple, suave et ronde, portée par des tanins élégants. ✗ 2017-2020 ✠ bavette à l'échalote

○━ EARL Eynard-Sudre, Genibon, 33710 Bourg-sur-Gironde, tél. 05 57 68 25 34, genibon@orange.fr Ⓥ ⚡ ⬆ r.-v.

Ⓑ CH. GRAND LAUNAY 2014

| ■ | 7 200 | 🏠 | 8 à 11 € |

Des brasseurs belges ont fait souche dans le Bourgeais, il y a trois générations. Michel Cosyns obtient son diplôme d'œnologue à la faculté de Bordeaux ; son fils Pierre-Henri suit la même voie avant de prendre en main en 2007 la propriété acquise par ses parents en 1969 : 25 ha exploités en bio depuis 2009.

Un hectare de sauvignon gris est à l'origine de ce blanc d'une bonne complexité aromatique : fleurs blanches, agrumes, fruits exotiques, poivre. Intensité aromatique que l'on retrouve dans une bouche ronde et tendre en attaque, plus fraîche et nerveuse jusqu'en finale. Un ensemble harmonieux et plutôt dynamique. ✗ 2015-2018 ✠ crevettes persillées ■ Réserve 2012 (11 à 15 € ; 10 000 b.) Ⓑ : vin cité. ✗ 2017-2022

○― SCEA Cosyns, Ch. Grand Launay, 33710 Teuillac,
tél. 05 57 64 39 03, info@grand-launay.fr
Ⓥ 🏃 🦽 r.-v. 🏠 ❷ 🏠 Ⓐ

CH. GRAND-MAISON 2013 ★★

| ■ | 3 400 | 🍷 ⅰⅼ | 11 à 15 € |

Cette propriété de 6 ha d'un seul tenant implantée sur
les hauteurs de Bourg a été acquise en 2004 par Jean
Mallet, viticulteur, et par Hervé Romat, œnologue, qui
l'exploitent en commun.
Le Grand Vin est issu des meilleurs coteaux argilo-
calcaires du domaine, exposés au sud. Ses élaborateurs
ont sélectionné le malbec (14 %) et une pincée de
cabernet franc pour accompagner le merlot (84 %). Cela
donne un 2013 sans anicroche, généreusement bouqueté
autour des fruits noirs mûrs, des épices et du moka, ample,
dense et bien structuré en bouche par des tanins au grain
serré et soyeux à la fois. Une très belle bouteille, bien dans
le ton de l'appellation : de l'amabilité dès sa jeunesse et un
bon potentiel de garde. ⵣ 2018-2025 ⵢ lotte au vin rouge
et aux épices
○― Ch. Grand-Maison, Valades, 33710 Bourg-sur-Gironde,
tél. 05 57 64 24 04, cht.grandmaison-bourg@wanadoo.fr
Ⓥ 🏃 🦽 r.-v. ○― Romat, Tailliez, Mallet

♥ CH. DE LA GRAVE Grains fins 2014 ★★

| ■ | 25 000 | ⅰⅼ | 8 à 11 € |

Sur les hauteurs de Bourg, un
domaine dans la famille depuis
plus d'un siècle, commandé par
un petit château du XVᵉ s. re-
visité au XIXᵉ s., avec des tours
en poivrière. Valérie et Philippe
Bassereau en ont pris les rênes
en 1990. La surface du vignoble
(45 ha) leur permet de proposer des vins qui n'ont rien de
confidentiel.

CHATEAU ᴅᴇ ʟᴀ GRAVE
GRAINS FINS

2014

Un coup de cœur à marquer d'une pierre... blanche. En effet,
de mémoire de Guide Hachette, il s'agit là du premier pour
l'appellation dans cette couleur ; une couleur que l'AOC
travaille de mieux en mieux et qui méritait bien ce coup de
projecteur. Le domaine des Bassereau avait déjà brillé l'an
dernier, mais en rouge, avec sa cuvée Caractère 2012. Il
signe ici un blanc de sémillon (70 %) et de colombard qui
a bénéficié de six mois d'élevage en barrique. Au nez, le
merrain est bien présent, mais un merrain racé, aux fines
tonalités vanillées, en harmonie avec les fruits jaunes
(abricot sec) et exotiques. On retrouve les fruits, plus
expressifs encore, et ce même boisé soutenu dans un palais
ample, rond, très gras et long, bien stimulé par une fine
acidité. L'attente est de rigueur, et le plaisir assuré dans
quelques années. ⵣ 2017-2020 ⵢ poularde aux girolles
○― SC Bassereau, ch. de la Grave, 1, lieu-dit La Grave,
33710 Bourg-sur-Gironde, tél. 05 57 68 41 49,
info@chateaudelagrave.com Ⓥ 🏃 🦽 r.-v. 🏠 ❹

CH. GRAVETTES-SAMONAC L'Élégance 2012 ★

| ■ | 53 000 | 🍷 ⅰⅼ | 5 à 8 € |

Dans la famille Giresse depuis 1950 et trois générations,
un domaine de 32 ha implanté sur les hauteurs de
l'appellation. Sylvie Giresse, rejointe en 2014 par son fils,
est aux commandes depuis 1986 et officie au chai.

Un élevage en cuve avec rotation en fûts de chêne
français pendant dix-huit mois pour arrondir les tanins et
conférer de l'élégance au vin, c'est ainsi que Sylvie Giresse
a conçu cette cuvée bien sous tous rapports, proche de
la seconde étoile. De fait, l'élégance est de mise à
l'olfaction : les notes empyreumatiques et vanillées, sans
excès malgré la durée de l'élevage, laissent s'exprimer les
fruits, noirs et mûrs. En bouche, l'attaque est franche,
l'évolution ferme mais sans dureté, portée par des tanins
denses et veloutés, enrobés par une chair ronde et
soyeuse. Une longue finale toastée et épicée vient
conclure la dégustation de ce bel ensemble, harmonieux
et savoureux. ⵣ 2017-2022 ⵢ mijoté de paleron aux oignons
○― Sylvie Giresse, 8, av. des Côtes-de-Bourg,
33710 Samonac, tél. 05 57 68 21 16,
gravettes.samonac@orange.fr Ⓥ 🏃 🦽 r.-v.

CH. GROLEAU
Cuvée Baptiste Élevé en fût de chêne 2012 ★

| ■ | 7 400 | 🍷 ⅰⅼ | 5 à 8 € |

Les Raboutet cultivent la vigne à Berson depuis cinq
générations. Didier et Sylvie, installés en 1983, conduisent aujourd'hui un vignoble de 38 ha répartis entre les
20 ha argilo-calcaires du Ch. le Chay (Blayais) et les 18 ha
argilo-graveleux du Ch. Groleau (Bourgeais).
Merlot (70 %) et malbec composent cette cuvée bien
ouverte sur les fruits dès le premier nez, avec des notes
vanillées à l'arrière-plan. Le palais se révèle rond, suave et
charnu, bâti sur des tanins aimables et arrondis. Un vin
déjà harmonieux et courtois, tout en affichant une bonne
aptitude à la garde. Tout ce que l'on attend d'un
côtes-de-bourg. ⵣ 2016-2021 ⵢ joue de bœuf braisée
○― Didier Raboutet, Le Chay, 33390 Berson,
tél. 05 57 64 39 50, lechay@wanadoo.fr
Ⓥ 🏃 🦽 t.l.j. 8h-12h 14h-19h

CH. GUIONNE Cœur boisé 2012

| ■ | 4 500 | 🍷 ⅰⅼ | 8 à 11 € |

Alain Fabre, vigneron languedocien, s'est installé en
2000 sur ce domaine ancien, déjà mentionné dans le
premier Féret à la fin du XIXᵉ s. Vendu à un amateur
chinois (Yamping Xi) en décembre 2012, ce cru de 17 ha
en côtes-de-bourg, est toujours conduit par son précédent propriétaire, garant de la continuité et de la
qualité des vins, régulièrement sélectionnés ici.
Cœur boisé, tout est dit... Et pourtant, le merrain, certes
présent (douze mois d'élevage), laisse les fruits s'exprimer
aux côtés de senteurs de sous-bois. En bouche, le vin se
montre gras et corsé, structuré par des tanins encore
jeunes et un brin fougueux. À attendre un peu pour laisser
l'ensemble s'adoucir. ⵣ 2018-2022 ⵢ civet de sanglier
○― Ch. Guionne, 33710 Lansac, tél. 05 57 68 42 17,
info@chateauguionne.com Ⓥ 🏃 🦽 r.-v.

CH. HAUT-BAJAC Élevé en fût de chêne 2012

| ■ | 7 790 | 🍷 ⅰⅼ | 8 à 11 € |

Œnologue diplômé, Jacques Pautrizel a acquis en 1996
ce domaine de 12,7 ha implanté sur le premier coteau
dominant la Dordogne, à 1 km de Bourg, et signe des
cuvées régulières en qualité.
La dégustation de cette cuvée débute par un bouquet
élégant, qui mêle sans fausse note les fruits mûrs à un bon

boisé nuancé. Elle se poursuit par une bouche ronde et suave, équilibrée et de bonne longueur, aiguillonnée en finale par une petite touche de vivacité. Une bouteille que l'on pourra apprécier jeune ou un peu plus âgée. ✗ 2016-2020 ✠ entrecôte sauce béarnaise

○┐ *Jacques Pautrizel, Ch. Haut-Bajac,*
33710 Bourg-sur-Gironde, tél. 05 57 68 35 99,
e.jpautrizel@orange.fr 🆅 🕴 🛗 *t.l.j. sf dim. 9h-12h 14h-18h*

CH. HAUT LORETTES 2013		
⬛ 12 000	🏛	5 à 8 €

Intégré jusqu'en 1997 au ch. Guionne. C'est l'ancien propriétaire de ce dernier, Richard Porcher, qui créa Haut Lorettes en 1999 après avoir vendu Guionne. En 2007, Cédric Chatauret rachète la propriété après y avoir travaillé un an et demi. Le vignoble couvre 3,9 ha plantés de merlot (95 %) et de malbec.

D'agréables arômes fruités flattent le nez, évoquant surtout les baies noires (cassis, mûre), agrémentées d'une touche de réglisse. Un bon fruité auquel fait écho un palais plein, rond et suave, aux tanins souples et fondus. Une bouteille à boire jeune. ✗ 2016-2019 ✠ onglet grillé

○┐ *SARL Haut Lorettes, 1, lieu-dit Lorettes,*
33710 Lansac, tél. 06 09 52 33 54,
merletlorettes@gmail.com 🆅 🕴 🛗 *r.-v.* ○┐ Châtauret

CH. HAUT-MACÔ 2012		
⬛ 96 504	🏛 ◑	5 à 8 €

Anne et Hugues Mallet (quatrième génération) sont installés depuis 2004 à la tête de ce domaine familial. Le vignoble couvre aujourd'hui 51 ha, soit l'un des plus vastes de l'appellation côtes-de-bourg.

Ce 2012 s'ouvre sur un bouquet naissant et déjà puissant de fruits mûrs. Il dévoile ensuite une bouche dense et charnue, étayée par des tanins bien présents, mais qui commencent à s'assouplir. Au final, un vin équilibré et bien en place, que l'on pourra déboucher assez tôt ou attendre un peu. ✗ 2016-2020 ✠ faux-filet grillé

○┐ *Anne et Hugues Mallet, Ch. Haut Macô,*
61, rue des Gombauds, 33710 Tauriac, tél. 05 57 68 81 26,
hautmaco@wanadoo.fr 🆅 🛗 *r.-v.*

CH. JANSENANT 2013 ★★		
⬛ 40 000	🏛 ◑	5 à 8 €

Plaisance, Belair Courbet, Fontarabie, La Bardonne, Bois de Tau, Jansenant, Tour neuve : Alain Faure, installé en 1977 à la tête des vignes familiales, exploite avec ses filles Delphine et Agnès un vaste vignoble (complété par une structure de négoce) réparti sur plusieurs châteaux du Blayais et du Bourgeais.

Un cru de 14 ha, propriété des Faure depuis trois générations. Dans le verre, un côtes-de-bourg complet et bien en place. Le nez associe les fruits mûrs à un léger boisé épicé. La bouche, à l'unisson, séduit par son volume, sa texture dense et son caractère montant, porté par des tanins élégants, fins et soyeux. Un vin des plus harmonieux, à boire jeune ou à attendre. ✗ 2016-2022 ✠ rôti de bœuf aux cèpes ⬛ Ch. du Bois de Tau 2013 ★ (5 à 8 € ; 50 000 b.) : un vin joliment bouqueté autour d'un boisé suave aux tonalités vanillées et des fruits rouges. Suivant la même trame aromatique, le palais se montre souple, tendre et élégant, soutenu par des tanins doux. ✗ 2016-

2019 ⬛ Ch. Tour Neuve 2013 (5 à 8 € ; 60 000 b.) : vin cité. ✗ 2017-2021

○┐ *Belair Sélection, 33710 Villeneuve, tél. 05 57 42 68 83,*
belair-coubet@wanadoo.fr

CH. LACOUTURE Cuvée Adrien 2012		
⬛ 1 800	◑	11 à 15 €

Romain Sou s'est installé en 2002 sur la propriété familiale, fondée en 1930 par son aïeul Gervais Sou et commandée par une bâtisse en partie érigée au XVIIᵉs. par le chanoine Lacouture. Il conduit un vignoble de près de 12 ha en côtes-de-bourg. Ce passionné de bande dessinée organise sur son domaine, à chaque printemps, une manifestation « BD et vin ».

Adrien est le fils de Romain Sou. Merlot (55 %), malbec (25 %) et cabernet-sauvignon composent l'assemblage de ce 2012 qui libère un joli fruité à l'aération, accompagné d'un boisé délicat aux accents de tabac et d'amande. La bouche se montre riche et intense, solidement bâtie sur des tanins jeunes et carrés qui gagneront à s'affiner un peu. ✗ 2017-2021 ✠ canard rôti

○┐ *Romain Sou, Ch. Lacouture,*
3, rte du Fronton, 33710 Gauriac, tél. 06 62 10 82 31,
chateaulacouture@orange.fr 🆅 🕴 🛗 *r.-v.*

♥ CH. LAROCHE Élevé en fût de chêne 2013 ★★		
⬛ 173 000	◑	5 à 8 €

Depuis le Ch. Laroche, château fort de la guerre de Cent Ans puis maison noble, rasé et reconstruit plusieurs fois, Roland de Onffroy, Varois d'origine et formé à l'agronomie à Angers, conduit depuis 1994 un vignoble de 35 ha répartis entre le Bourgeais et le Blayais. Plusieurs étiquettes ici : Laroche et Bourg des Eyquems dans la commune de Tauriac, Monseigneur à Pugnac et Clos Bertin à Cézac.

Coup de cœur avec son blaye-côtes-de-bordeaux (Ch. Monseigneur 2012) l'an dernier, Roland de Onffroy récidive avec son château Laroche, valeur sûre des côtes-de-bourg. Un vin composé de merlot (74 %), de cabernet-sauvignon et d'une pointe de malbec (3 %), passé douze mois en barrique. Le bouquet, naissant mais déjà charmeur en diable, associe les fruits secs, les fruits rouges juste cueillis sur l'arbre et un délicat boisé vanillé et épicé. La bouche : beaucoup de volume et de gras, une puissance certaine, construite sur des tanins fermes et un boisé parfaitement intégré, et une fine fraîcheur pour donner de l'allonge et de la vitalité. Un vin des plus complet, bâti pour durer. ✗ 2018-2025 ✠ selle d'agneau au romarin ⬛ Prestige 2012 ★ (20 à 30 € ; 7 600 b.) : vingt-quatre mois en fût pour cette cuvée au caractère bien trempé. Nez concentré et intense de fruits mûrs et de boisé grillé, bouche vigoureuse, chaleureuse et charnue, charpentée par des tanins très denses et un boisé très soutenu : un vin de longue garde assurément. ✗ 2019-2027

○┐ *Baron Roland de Onffroy, Ch. Laroche,*
2, chem. des Augers, 33710 Tauriac, tél. 05 57 68 20 72,
rolanddeonffroy@wanadoo.fr 🆅 🕴 🛗 *r.-v.*

BORDELAIS

CH. LAROCHE JOUBERT 2013 ★★

| ■ | 84 000 | 🍶 ⬗ | 5 à 8 € |

Gilbert Dupuy regroupe en 1956 des parcelles familiales pour former un vignoble de 8 ha. Aujourd'hui, une belle unité de 66 ha, conduite depuis 1982 par Joël, rejoint en 2010 par son fils Damien, et deux crus souvent très remarqués, Laroche Joubert et Labadie.

Fidèle au rendez-vous du Guide, ce cru propose un très beau 2013, millésime pourtant difficile s'il en est. Un vin issu à parts égales du merlot et des deux cabernets (seulement 5 % de franc), au nez puissant et complexe de cassis, de fraise écrasée, de pain grillé et de fleur d'oranger. La bouche, ample et ronde, fondante et croquante à la fois, tapissée de savoureuses notes fruitées, s'appuie sur des tanins onctueux, même s'ils apparaissent un peu plus stricts en finale. Une belle bouteille de garde. ✗ 2018-2022 ▼ épaule d'agneau confite ■ Ch. Labadie Élevé en fût de chêne 2012 ★ (8 à 11 € ; 34 000 b.) : une large part de cabernet (40 % de sauvignon, 35 % de franc) dans ce vin concentré, solidement charpenté par des tanins jeunes et prometteurs, et sous-tendu par une fine trame minérale qui apporte une belle fraîcheur. ✗ 2018-2024

☛ SCEA Vignobles Joël Dupuy, 1, Cagna, 33710 Mombrier, tél. 05 57 64 23 84, vignoblesjdupuy@aol.com Ⓥ 🍷 🎁 r.-v.

CH. MACAY Original 2012 ★

| ■ | 9 000 | ⬗ | 15 à 20 € |

Après la guerre de Cent Ans, un Écossais du clan Mac Kay s'établit ici, loin des Anglais. Au XVIIIe s., le site devient un véritable hameau viticole, ruiné ensuite par le phylloxéra. Entre 1900 et 2012, la famille Latouche le met en valeur, puis le cède à Hervé Descourvières, ancien cadre commercial, et son épouse Frédérique, cadre dans les assurances. Le cru couvre 42 ha au nord de l'AOC.

Premier millésime pour les nouveaux propriétaires et une belle réussite avec cette cuvée originale en effet par sa dominante de cabernets (30 % pour chacune des deux variétés), peu commune dans l'appellation. Au nez, les fruits noirs compotés se mêlent aux notes toastées de la barrique et à la réglisse. La bouche a du caractère : chaleureuse, ample, charnue, adossée à des tanins tendres et veloutés. Un vin corsé mais déjà très harmonieux, que l'on pourra déboucher dans sa jeunesse comme après quelques années de garde. ✗ 2016-2021 ▼ tajine d'agneau

☛ SCEA Ch. Macay, 8, rte de Lansac, 33710 Samonac, tél. 05 57 68 41 50, info@macay.fr Ⓥ 🍷 🎁 r.-v. ☛ Descourvières

CH. MERCIER Graines blanches 2014

| ■ | 9 000 | 🍶 ⬗ | 5 à 8 € |

Philippe et Martine Chéty ont été rejoints en 1999 par Christophe et sa sœur Isabelle sur leurs terres de Saint-Trojan où la famille cultive la vigne depuis 1698 et treize générations. Le vignoble couvre 23 ha.

Un assemblage sauvignon blanc (60 %), sémillon et muscadelle. Au nez, le cépage principal s'exprime avec intensité : agrumes, buis et fleurs blanches. En bouche, un bon volume et beaucoup de fraîcheur. Simple et de bon aloi. ✗ 2015-2017 ▼ fruits de mer

☛ SCEA Famille Chéty, 5, Mercier, 33710 Saint-Trojan, tél. 05 57 42 66 99, info@chateau-mercier.fr Ⓥ 🍷 🎁 t.l.j. sf sam. dim. 8h30-12h30 13h30-17h30

CH. DE MONTEBERIOT La Part des fées 2012 ★★

| ■ | 8 020 | ⬗ | 11 à 15 € |

Ce domaine tire son nom de Sulpicius de Monteberio, moine du XIVe s. qui fonda le village de Mombrier. Il a été baptisé ainsi par Gilles et Marie-Hélène Marsaudin, un ancien décorateur événementiel et une ex-commerciale dans le vin convertis à la vigne en 2003 avec l'acquisition de ce vignoble de 7,3 ha.

Les bonnes fées se sont penchées sur les barriques de ce 2012, comme elles avaient couvé le millésime 2007, année compliquée qui avait donné lieu à une grande bouteille, élue coup de cœur. Les seize mois d'élevage n'écrasent pas le vin, très équilibré entre notes fruitées et vanillées. Le palais offre beaucoup de richesse, de chair et de volume, porté par des tanins suaves et fondus qui lui confèrent un caractère enrobé et caressant. Une bouteille charmeuse en diable, à boire jeune ou après quelques années de garde. ✗ 2016-2020 ▼ poitrine de veau farcie ■ Villa Jeanne 2012 (8 à 11 € ; 9 938 b.) : vin cité. ✗ 2016-2019

☛ SCEA Monteberiot, Le Maine, 33710 Mombrier, tél. 05 57 64 20 96, contact@monteberiot.com Ⓥ 🍷 🎁 r.-v.

CH. MOULIN DES GRAVES
Cuvée particulière 2012

| ■ | 5 000 | ⬗ | 8 à 11 € |

Cinq générations se sont succédé sur ce domaine du Bourgeais conduit par Jean Bost depuis 1985 : 9 ha, dont un tiers planté en sauvignon. Les rares côtes-de-bourg blancs sont ici mis en avant. Autre étiquette : Dom. de l'Ombrière.

Cette petite cuvée à forte dominante de merlot (90 % complétés de malbec et de cabernet-sauvignon) s'ouvre sur un bouquet naissant de noyau et de senteurs giboyeuses. En bouche, on a affaire à un vin chaleureux et corsé, épaulé par des tanins mûrs, bien qu'un peu plus rustiques en finale. ✗ 2016-2020 ▼ veau marengo

☛ Jean Bost, Le Poteau, 33710 Teuillac, tél. 05 57 64 30 58, jean-bost@orange.fr Ⓥ 🍷 🎁 r.-v.

♥ CH. MOULIN DES RICHARDS
Cuvée Caroline 2013 ★★

| ■ | 450 000 | | 5 à 8 € |

Jean-François Réaud dirige depuis les années 1980 le Ch. le Grand Moulin, dont les 40 ha de vignes s'étendent au cœur de l'appellation blaye-côtes-de-bordeaux, complétés par une activité de négoce.

Cette cuvée Caroline issue de la partie négoce offre l'immense avantage de cumuler qualité et quantité. Née de 64 ha de merlot (80 %) et de cabernet-sauvignon, elle s'ouvre sans fausse note sur des arômes intenses et gourmands de fruits rouges et noirs confits mâtinés d'épices et d'amande grillée. La bouche offre beaucoup de présence : un volume certain, une rondeur avenante, un fruité soutenu, qui fait écho à l'olfaction, le tout étayé par des tanins denses mais enrobés qui respectent l'harmonie générale et poussent loin la finale, encore un peu fougueuse. Un vin promis à une longue garde. ⧗ 2018-2025 🍴 gigot d'agneau de sept heures

🔑 *SARL Robin, 10, Champ-des-Aubiers, 33820 Saint-Aubin-de-Blaye, tél. 05 57 32 62 06, jfr@grandmoulin.com*

CH. NODOZ 2013 ★★

■	13 000	🛢	8 à 11 €

Cru déjà connu avant la Révolution, reconstitué au XIXᵉs. par un négociant-armateur de Bordeaux et racheté en 1930 par la famille Madgeleine. Jean-Louis, installé en 1979, a conforté sa réputation avant de passer le relais à sa fille Sandrine et à son gendre Jean-François Cénac. Ch. Nodoz, valeur sûre du Bourgeais, couvre aujourd'hui 43 ha sur Tauriac, Lansac et Bourg. Autre vin : Ch. Galau.

Des arômes encore jeunes de baies noires et de sous-bois s'échappent de ce 2013 né du seul merlot. La fraîcheur, présente dès l'attaque, soutient jusqu'en finale un palais ample et puissant, structuré par des tanins boisés encore bien présents mais racés, agrémentés de saveurs de noyau et de pruneau. Une bouteille de caractère, qui vieillira bien. ⧗ 2018-2023 🍴 rôti de chevreuil aux cèpes **■ Ch. Galau 2013 ★ (5 à 8 € ; 13 000 b.)** : un vin élégant dès l'olfaction, centrée sur les fruits noirs mûrs, les épices et un torréfié léger. Suivant la même ligne aromatique, la bouche se révèle elle aussi raffinée, soutenue par des tanins au grain fin et par une belle fraîcheur. ⧗ 2016-2021

🔑 *Cénac-Magdeleine, 18, chem. de Nodoz, 33710 Tauriac, tél. 05 57 68 41 03, chateau.nodoz@wanadoo.fr* 🅥 🚶 🍷 *r.-v.* 🏠 Ⓑ

CH. PUYBARBE Cuvée Prestige 2012 ★

■	15 070	🛢	8 à 11 €

Acquis par la famille Orlandi en 1952, un cru établi sur la troisième ligne de coteaux des côtes-de-bourg. À l'origine, 7 ha ; aujourd'hui, 35,3. Et, depuis 2001, un chai-cuvier qui permet de vinifier la récolte autrefois confiée à la coopérative.

Deux tiers de merlot pour un tiers de cabernet-sauvignon dans cette cuvée encore jeune mais très bien construite. Elle réclame un peu d'aération pour libérer ses arômes de fruits mûrs, de toasté et de fumé. Ample dès l'attaque, gras et intense, le palais offre une belle mâche autour de tanins au grain serré, épaulés par un boisé doux. Un vin pour l'heure plutôt viril, que la garde assouplira. ⧗ 2018-2023 🍴 côte de bœuf ■ Cuvée Tradition 2012 (5 à 8 € ; 6 000 b.) : vin cité. ⧗ 2016-2020

🔑 *SCEA Orlandi Frères, lieu-dit Puybarbe, 33710 Mombrier, tél. 05 57 64 37 41, chateaupuybarbe@orange.fr* 🅥 🚶 🍷 *t.l.j. 9h-12h 14h-17h; sam. dim. sur r.-v.*

Ⓑ **CH. PUY D'AMOUR** Cuvée Grain de folie Élevé en fût de chêne 2012

■	1 450	🛢	11 à 15 €

Murielle et Johann Demel ont acquis ce domaine en 1998, après le départ à la retraite des anciens propriétaires. Dès 2000, ils ont entrepris la conversion bio de leurs 14 ha de vignes. Puy d'Amour ? Le Bourgeais évoque aux Demel l'Auvergne et ses volcans…

Lorsque les Demel ont créé cette cuvée en 2000, deux ans après leur installation, ils se sont autorisé une « petite folie » assez coûteuse en achetant des barriques neuves. Barriques qui dominent encore un peu le nez de ce 2012, même si l'aération révèle un fruité généreux aux tonalités de baies noires très mûres. Une attaque chaleureuse, sur les fruits confits, introduit un palais dense et solide, aux tanins jeunes et fermes qui ont besoin de s'affiner. ⧗ 2018-2022 🍴 carré d'agneau aux cèpes

🔑 *Murielle et Johann Demel, 5, Marchais, 33710 Saint-Seurin-de-Bourg, tél. 05 57 68 38 01, puydamour@orange.fr* 🅥 🚶 🍷 *t.l.j. sf sam. dim. 9h-12h 14h30-18h*

CH. RELAIS DE LA POSTE Cuvée Malbec 2012 ★

■	14 200	▮ 🛢	8 à 11 €

Un domaine de 25 ha constitué autour d'un ancien relais de poste datant de 1750. Un cru régulier en qualité, conduit par Bruno Drode depuis 1985.

Spécialiste du malbec, qu'il a contribué à remettre au goût du jour, ce domaine signe une version 2012 très intéressante. Un vin riche en arômes de jeunesse (noyau, griotte, baies noires, boisé toasté), ample, suave et corsé en bouche, adossé à des tanins fermes et puissants, étiré dans une finale longue et goûteuse. De belle garde assurément. Le 2009 fut coup de cœur. ⧗ 2018-2025 🍴 civet de lièvre

🔑 *Vignobles Drode, Relais de la Poste, 33710 Teuillac, tél. 05 57 64 37 95, brunodrode@hotmail.fr* 🅥 🚶 🍷 *r.-v.*

CH. DE REYNAUD La Volière 2013

■	3 600	▮ 🛢	8 à 11 €

Après avoir exercé le métier de journaliste en région parisienne, Sandrine et Bernard Capdevielle se sont établis en 1999 à Bourg, non loin de la rivière, sur une superficie à taille humaine (5,5 ha) afin de tout maîtriser, élaboration et commercialisation. Reconversion réussie avec des vins réguliers en qualité.

Un bon classique que cette cuvée issue de merlot (80 %) et de cabernet-sauvignon. Le boisé, tendance toasté-grillé, domine l'olfaction. En bouche, du gras, de la fraîcheur, des tanins vigoureux et un boisé bien en place. Un côtes-de-bourg corpulent mais équilibré, qui vieillira bien. ⧗ 2017-2022 🍴 rôti de bœuf

🔑 *Bernard et Sandrine Capdevielle, Ch. de Reynaud, 33710 Bourg-sur-Gironde, tél. 05 57 68 44 13, chateau.reynaud@wanadoo.fr* 🅥 🚶 🍷 *r.-v.*

CH. ROUSSELLE 2012 ★

■	100 000	🛢	11 à 15 €

Proche de la Gironde, une ancienne propriété achetée en 1636 par un chevalier et conseiller du roi, répertoriée comme « 1ᵉʳ cru bourgeois » par le Féret de 1868. Une maison de maître d'une sobre élégance commande 23 ha de vignes en côtes-de-bourg (Ch. Rousselle) et 2,5 ha en blaye (Ch. Haut-Vigneau), acquis en 1999 par Vincent Lemaitre.

Le bouquet, intense, évoque les fleurs printanières et les fruits frais (le cassis notamment) dans un sillage finement boisé. Chaleureux et suave dès la mise en bouche, le vin évolue ensuite dans un agréable registre frais et fruité, étayé par des tanins boisés bien fondus. Un côtes-de-bourg de très bon goût, équilibré et prêt à boire. ✗ 2015-2019 ♈ volaille aux champignons

☛ Vincent Lemaitre, Ch. Rousselle, 33710 Saint-Ciers-de-Canesse, tél. 05 57 42 16 62, chateau@chateaurousselle.com 🆅 👥 🏆 r.-v. 🏠 ❹

CH. DE TASTE Réserve 2012 ★		
■	13 330 ◗◖	8 à 11 €

Un ancien château féodal, rendez-vous des royalistes pendant la Commune, dans la famille Martin depuis sept générations. En 2010, François Martin a pris la suite de son père Jean-Paul à la tête d'un vignoble de 14 ha, sur lequel le malbec a été replanté de manière significative (20 % de la surface), cépage mis en avant dans la cuvée Réserve, régulière en qualité.

Le malbec (70 %) confère à ce vin une couleur très soutenue, comme attendu. Au nez, aux côtés des arômes classiques de fruits noirs et de merrain (moka intense), apparaissent des notes florales et minérales, ainsi qu'une touche de cuir. En bouche, le vin se révèle suave et rond, élégamment soutenu par des tanins enrobés et par ce même boisé aux tonalités de moka déjà perçu à l'olfaction. Un côtes-de-bourg bien typé, cohérent et fort courtois. ✗ 2016-2020 ♈ daube de canard aux cèpes

☛ SCEA Vignobles de Taste et Barrié, La Sablière, 33710 Lansac, tél. 05 57 68 40 34, chateaudetaste@ gmail.com 🆅 👥 🏆 r.-v. ☛ Jean-Paul Martin

CH. TAYAC Cuvée Océane 2014		
▨	6 000 🍾	5 à 8 €

Cet imposant château de style Renaissance, construit en 1827 sur les ruines d'un ancien château féodal, assiste à la naissance de la Gironde, du haut de son coteau. Les 30 ha de vignes sont implantés sur la pente sud et conduits depuis 1959 par la famille Saturny : d'abord Pierre, enfant du pays, puis ses fils Loïc et Philippe.

Si le vignoble alentour produit quasi exclusivement des vins rouges, on y trouve aussi une petite surface (1,2 ha) dédiée aux blancs. Ici, un assemblage de sauvignon (60 %), de sémillon (30 %) et de muscadelle à l'origine d'un vin très « sauvignonné » (buis, genêt, sureau, agrumes), souple, très frais et bien fruité en bouche. Simple et de bon goût. ✗ 2015-2018 ♈ tartare de saumon

☛ SC du Ch. Tayac, Saint-Seurin-de-Bourg, 33710 Bourg-sur-Gironde, tél. 05 57 68 40 60, tayac-saturny@wanadoo.fr 🆅 👥 🏆 r.-v.
☛ Philippe et Loïc Saturny

CH. TOUR BIROL Élevé en fût de chêne 2012		
■	12 000 ◗◖	8 à 11 €

Enfants de vignerons, Damien et sa sœur Anaïs Labiche ont repris en 2010 les vignes de leur oncle – un domaine fondé en 1851 par l'archevêque de Bordeaux. Ils exploitent 15 ha dans les côtes-de-bourg.

Merlot (70 %) et malbec pour ce vin au bouquet franc et fin de fruits rouges sur un fond boisé léger. La bouche se montre chaleureuse et ronde, rafraîchie par un fruité acidulé et structurée sans excès. ✗ 2016-2020 ♈ onglet à l'échalote

☛ Damien et Anaïs Labiche, 331, Birol, 33710 Samonac, tél. 06 24 88 44 56, earllabichecourjaud@orange.fr 🆅 👥 🏆 r.-v.

♥ CH. TOUR DES GRAVES Idylle 2012 ★★		
■	3 000 ◗◖	11 à 15 €

Conduite depuis 2009 par David Arnaud (cinquième génération), une exploitation familiale de 27 ha plantée sur graves. Elle tire son nom d'un ancien moulin datant de la Révolution, « décapité » de sa partie supérieure. Cette cuvée issue des meilleures parcelles du domaine (le coteau des Graves) est produite seulement les bonnes années, en petits volumes. 2012 fut jugée propice : un choix des plus judicieux et un vin superbe. Celui-ci qui met en valeur le malbec (80 %, le cabernet-sauvignon en complément), cépage phare de l'appellation, et s'ouvre sans réserve sur des arômes puissants de fruits rouges confits agrémentés d'un boisé fin et d'une note minérale typique du cépage. Le palais affiche beaucoup de présence autour d'une chair suave et généreuse qui enrobe des tanins jeunes, solides et frais. Une finale longue et tendrement fruitée apporte un supplément d'âme à ce côtes-de-bourg admirable d'harmonie. ✗ 2017-2025 ♈ ris de veau sauce madère

☛ Arnaud, Le Poteau, 33710 Teuillac, tél. 09 63 62 00 47, info@arnaudvignobles.fr 🆅 👥 🏆 t.l.j. sf dim. 8h-12h 14h-18h

➡ LE LIBOURNAIS

Même s'il n'existe aucune appellation « Libourne », le Libournais est bien une réalité. Avec la ville filleule de Bordeaux comme centre et la Dordogne comme axe, il s'individualise fortement par rapport au reste de la Gironde en dépendant moins directement de la métropole régionale. Il n'est pas rare, d'ailleurs, que l'on oppose le Libournais au Bordelais proprement dit, en invoquant par exemple l'architecture moins ostentatoire des châteaux du vin ou la place des Corréziens dans le négoce de Libourne. Mais ce qui distingue le plus le Libournais, c'est sans doute la concentration du vignoble qui apparaît dès la sortie de la ville et recouvre presque intégralement plusieurs communes aux appellations renommées comme fronsac, pomerol ou saint-émilion, avec un morcellement en une multitude de petites ou moyennes propriétés ; les grands domaines, du type médocain, ou les grands espaces caractéristiques de l'Aquitaine étant presque d'un autre monde. Le vignoble se différencie également par son encépagement dans lequel domine le merlot, qui donne

finesse et fruité aux vins et qui leur permet de bien vieillir, même s'ils sont de moins longue garde que ceux d'appellations à dominante de cabernet-sauvignon. En revanche, ils peuvent être bus un peu plus tôt et s'accommodent de beaucoup de mets (viandes rouges ou blanches, fromages, et aussi certains poissons, comme la lamproie).

▶ CANON-FRONSAC ET FRONSAC

Bordé par la Dordogne et l'Isle, le Fronsadais offre des paysages tourmentés, avec deux tertres atteignant 60 et 75 m, d'où la vue est magnifique. Point stratégique, cette région joua un rôle important, notamment au Moyen Âge – une puissante forteresse, aujourd'hui disparue, y fut construite à l'époque de Charlemagne – puis lors de la Fronde de Bordeaux. Le Fronsadais a gardé de belles églises et de nombreux châteaux. Très ancien, le vignoble produit sur six communes des vins de caractère, à la fois corsés, fins et distingués. Toutes ces localités peuvent revendiquer l'appellation fronsac, mais Fronsac et Saint-Michel-de-Fronsac sont les seules à avoir droit, pour les vins produits sur leurs coteaux (sols argilo-calcaires sur banc de calcaire à astéries), à l'appellation canon-fronsac.

CANON-FRONSAC

Superficie : 300 ha / Production : 16 200 hl

CH. BARRABAQUE Prestige 2012 ★		
■	15 000	◑	15 à 20 €

Les canon-fronsac de Barrabaque font référence ; le cru se défend aussi en fronsac. Un domaine créé au XVIIIe s., dans la famille Noël depuis son acquisition en 1936 par le grand-père ch'ti, brasseur et négociant en vins. Sa fille Nicole a pris la suite jusqu'en 2004, année de l'arrivée aux commandes de Caroline Noël-Barroux, aujourd'hui à la tête de 10 ha de vignes. Incontournable.

Un élevage de dix-huit mois en barrique ne masque pas le fruit dans cette cuvée de mûre, de baie de sureau et de violette, souligné d'un trait de grillé. Ample et ronde à l'attaque, équilibrée, fraîche et longue, c'est une bouteille gourmande et élégante, belle expression du millésime. ✗ 2018-2025 ♈ gigot d'agneau ■ Cuvée Hugo 2012 ★ (5 à 8 € ; 20 000 b.) : de plaisants parfums de violette et de mûre, un palais bien construit, structuré et long ; malgré un séjour en barrique plutôt court (six mois), l'élevage se traduit en finale par des tanins un peu austères qui devraient s'arrondir prochainement. ✗ 2018-2020

☛ SCEV Noël, Ch. Barrabaque, 33126 Fronsac, tél. 06 07 46 08 08, chateaubarrabaque@yahoo.fr
Ⓥ ⚐ ♿ r.-v.

CH. BELLOY Cuvée Prestige 2012		
■	n.c.	◑	15 à 20 €

La maison Travers a été fondée en 1909 par François Léonce Travers, d'origine corrézienne, dont la descendante Hélène et son mari Jean-Paul Texier sont depuis 1991 les héritiers. Outre la partie négoce, elle possède le

Ch. Belloy (7 ha environ), habitué du Guide pour ses canon-fronsac, et le Ch. Bardineau en bordeaux supérieur.

Le cabernet franc entre à hauteur de 40 % dans cette cuvée, complété par le traditionnel merlot. Malgré un élevage de dix-huit mois en barrique neuve, le fruit noir et la violette s'expriment au nez, soulignés d'un boisé vanillé. La bouche ronde et gourmande, adossée à des tanins aimables, incite à déboucher cette bouteille prochainement. ✗ 2016-2020 ♈ entrecôte maître d'hôtel
☛ SAS Travers, 2, Naudin, 33126 Saint-Michel-de-Fronsac, tél. 05 57 24 98 05, htexier@vignobles-travers.com Ⓥ ⚐ ♿ r.-v.
☛ GAF Bardibel

♥ CH. CANON 2012 ★★		
■	10 000		11 à 15 €

Pharmacien et œnologue, auteur d'une thèse apportant sa contribution au *French Paradox*, Jean Galand est établi à... La Malatie. À la tête du vignoble familial depuis 1999, il soigne 9 ha de vignes répartis en deux crus : le Ch. Galand (en bordeaux supérieur) et le Ch. Canon (canon-fronsac), établi sur les pentes plein sud du coteau du même nom, qui domine la Dordogne.

Qu'il est beau ce 2012 ! Tout y est : une robe intense et profonde, un nez puissant et gourmand aux nuances de cassis et de myrtille, rehaussé d'un boisé grillé délicat. Quant à la bouche, elle emporte l'adhésion par son ampleur, sa longueur et ses tanins veloutés, qui laissent une impression d'élégance. Une bouteille raffinée, à oublier pourtant en cave quelques années avant de la savourer avec des amateurs de beaux flacons. ✗ 2018-2025 ♈ lièvre à la royale
☛ SCEA Vignobles Jean Galand, La Malatie, 33126 Fronsac, tél. 06 27 05 05 38, pharmaciejeangaland@wanadoo.fr Ⓥ ⚐ ♿ r.-v.

CH. CANON LA VALADE 2012		
■	11 500	◗ ◑	11 à 15 €

En 2005, Hervé Roux a pris la suite de son père à la tête de l'exploitation familiale dominant la vallée de l'Isle, sur le versant sud-est des coteaux de Fronsac. Son domaine compte près de 18 ha de vignes.

Une cuvée de pur merlot élevée dix-huit mois en fût. Encore dans la barrique, elle offre un bouquet épicé aux nuances de cannelle et de caramel. Ronde à l'attaque, charnue et ample, la bouche, dans le même registre que le nez, apparaît elle aussi dominée par les tanins du bois. Un ensemble bien construit qui donnera prochainement une jolie bouteille. ✗ 2016-2020 ♈ pavé de bœuf aux épices
☛ Hervé Roux, Ch. La Valade, 33126 Fronsac, tél. 05 57 24 96 71, chateaulavalade@orange.fr
Ⓥ ⚐ ♿ t.l.j. 9h-12h 14h-18h30 🏠 ❹ 🏠 Ⓑ

CH. CANON PÉCRESSE 2012		
■	11 000	◗ ◑	15 à 20 €

La famille Pécresse, ancienne propriétaire des Ch. Grand Corbin et Trotanoy, préside depuis quatre générations aux destinées de ce cru. Un domaine de 4,5 ha, connu jusqu'en 2003 sous le nom de Vray Canon Bodet-la-Tour, aujourd'hui dirigé par Francis et son fils Jean-Francis.

Ce millésime a suscité l'intérêt grâce à son nez complexe alliant la cerise noire et le cèdre. Ample et riche, de bonne longueur, la bouche reste marquée en finale par une austérité tannique qui devrait s'estomper à la faveur de quelques années de garde (trois à cinq ans). ✗ 2018-2021 ♈ pavé de bœuf aux cèpes

☞ *Ch. Canon Pécresse, lieu-dit La Truite,*
33126 Saint-Michel-de-Fronsac, tél. 05 57 24 98 67,
canon@pecresse.fr Ⓥ 🚶 *r.-v.*

Ⓑ **CH. CANON SAINT-MICHEL** 2012		
■	25 000	⅏	11 à 15 €

Un cru régulier en qualité, constitué dans les années 1950 par Jean Garnier, mis en fermage entre 1979 et 1998 jusqu'à l'arrivée du petit-fils Jean-Yves Millaire qui en a repris la gestion directe. Le vignoble de 20 ha est conduit en bio et en biodynamie (certification en 2009 et en 2012 respectivement).

Le merlot (70 %) est assemblé aux deux cabernets et au malbec (10 %) dans ce 2012 pourpre aux reflets violines. Au nez, des petits fruits noirs bien mûrs, soulignés de notes d'élevage – léguées par un séjour de deux ans en barrique et en cuve de bois. En bouche, une matière puissante, étayée par des tanins fermes, austères en finale, au boisé marqué : à oublier quelque temps en cave. ✗ 2018-2021 ♈ civet de sanglier

☞ *Jean-Yves Millaire, Lamarche, 33126 Fronsac,*
tél. 06 08 33 81 11, vignoblemillaire@orange.fr
Ⓥ 🚶 🚶 *t.l.j. 8h-12h 14h-19h*

CH. CAPET-BEGAUD 2012		
■	30 000	⅏	8 à 11 €

Installé en 2000 sur les vignobles familiaux, Xavier Roux exploite 23 ha dans le Fronsadais, répartis en plusieurs crus : Ch. Coustolle, Ch. Capet-Begaud et Bourdieu la Valade.

2012 s'habille d'un bordeaux profond et présente un nez chaleureux, aux nuances de fruits confiturés, de figue et de pruneau. La bouche fruitée et ronde appelle une consommation prochaine. ✗ 2016-2019 ♈ rôti de porc aux pruneaux

☞ *SCEV Vignobles Alain Roux et Fils,*
Ch. Coustolle, 33126 Fronsac, tél. 05 57 51 31 25,
coustolle.fronsac@wanadoo.fr Ⓥ 🚶 🚶 *t.l.j. 8h30-12h30 13h30-18h30; sam. dim. sur r.-v.* 🏠 Ⓒ

CLOS LARIVEAU 2012		
■	1 300	🍾 ⅏	20 à 30 €

Jean-François Carrille – Cardinal-Villemaurine et Clos Villemaurine en saint-émilion grand cru, Caillou Les Martins en lussac, Fussignac en bordeaux supérieur – conduit depuis 2010 cette vigne de poche (36 ares) située au lieu-dit Lariveau, sur l'un des points culminants de l'AOC.

Dans cette vigne travaillée avec l'aide du cheval, le cabernet franc est presque à parité avec le merlot, et un soupçon de malbec complète l'encépagement. Vinifié en cuve ouverte et élevé plus de dix-huit mois en barrique de 400 l, ce 2012 est marqué au nez par un élégant boisé grillé. Ample à l'attaque, il dévoile une matière agréable

aux tanins enrobés qui ne demanderont pas trop de patience à l'amateur. ✗ 2016-2019 ♈ brochette de bœuf
☞ *Paul Carrille, 257, av. de la Roudet, 33500 Libourne,*
tél. 06 07 19 32 14, paul.carrille@sfr.fr Ⓥ 🚶 🚶 *r.-v.*
☞ Jacqueline Mazoyer

SÉBASTIEN GAUCHER Cuvée Jade 2012 ★★		
■	6 500	⅏	11 à 15 €

Sébastien Gaucher a créé son vignoble en 2001 en reprenant les vignes de son grand-père et d'autres en fermage sur les communes de Fronsac et Saint-Michel-de-Fronsac : 8 ha répartis entre les Ch. Steval et Saint-Bernard, dont les vins fréquentent régulièrement ces pages.

Une cuvée de pur merlot née sur de fortes pentes exposées plein sud, élevée quatorze mois en barriques (neuves pour la moitié). Le 2009 avait décroché un coup de cœur. Plusieurs dégustateurs auraient bien couronné également ce millésime à la robe colorée et au bouquet gourmand et complexe mêlant la fraise, la framboise et la cerise à la douceur suave d'un boisé cacaoté. Quant au palais, séveux, ample et gras, il déroule des tanins soyeux, aux saveurs d'amande et d'épices. Un vin remarquablement bien structuré et racé. ✗ 2018-2025 ♈ gigue de chevreuil
☞ *Sébastien Gaucher, 1, lieu-dit Nardon,*
33126 Saint-Michel-de-Fronsac, tél. 06 13 80 33 62,
s.gaucher@free.fr Ⓥ 🚶 🚶 *r.-v.* 🏠 Ⓔ

CH. GRAND RENOUIL 2012		
■	12 000	⅏	15 à 20 €

Les Ponty, d'origine corrézienne, sont établis à Fronsac depuis le début du XXᵉ s. et propriétaires du Ch. Pavillon (4 ha) depuis 1925 et du Ch. Grand Renouil (5,5 ha) depuis 1938. Michel Ponty, installé en 1986, propose aussi des vins en AOC régionale avec le Clos Virolle et le blanc de Grand Renouil.

Le merlot règne sans partage dans ce 2012 à la robe profonde, très marqué par son élevage en barrique dans son bouquet élégamment boisé, vanillé et grillé. L'attaque ample est relayée par des tanins veloutés qui soulignent la longue finale marquée par le boisé raffiné de l'olfaction. Une belle harmonie entre le nez et la bouche. ✗ 2015-2023 ♈ magret de canard aux cèpes ■ Ch. du Pavillon 2012 (11 à 15 € ; 20 000 b.) : vin cité. ✗ 2018-2020
☞ *Ponty, 3, Les Chais-du-Port, BP 3, 33126 Fronsac,*
tél. 05 57 51 29 57, info@vignoblesponty.com
Ⓥ 🚶 🚶 *r.-v.*

CH. MAZERIS 2012 ★		
■	55 000		11 à 15 €

Un domaine fondé en 1769 par la famille de Cournuaud. Neuf générations s'y sont succédé, avec Patrick depuis 1994, rejoint par ses fils Jean et Matthieu. Le vignoble, d'un seul tenant, couvre 17 ha sur les hauteurs de Saint-Michel-de-Fronsac.

La robe est engageante, intense et profonde. Le nez très aromatique mêle les petits fruits noirs, la mûre et la fraise des bois, soulignés d'une touche grillée. Ample et ronde à l'attaque, la bouche est étayée par des tanins veloutés déjà élégants et tendue par une belle fraîcheur. Comme la plupart des canon-fronsac, ce 2012 gagnera toutefois à rester quelque temps en cave. ✗ 2018-2023 ♈ épaule d'agneau

☞ *Patrick de Cournuaud, 5, Ch. Mazeris,*
33126 Saint-Michel-de-Fronsac, tél. 05 57 24 96 93,
mazeris@wanadoo.fr Ⓥ Ⓚ Ⓛ *r.-v.*

■ CH. LES ROCHES GABY 2012 ★		
■	21 000	⬤	8 à 11 €

Fondé en 1660, le Ch. Gaby (16 ha), dans le Fronsadais, est longtemps resté dans la même famille avant sa reprise en 1999 par Antoine Khayat, qui l'a revendu en 2007 à l'homme d'affaires David Curl. Déjà aux côtés du précédent propriétaire, Damien Landouar est toujours à la direction technique. Il vinifie aussi le Ch. Moya, 8 ha en AOC castillon, acquis par les Curl en 2008 et en conversion bio.

Le second vin de Gaby marie avec élégance les petits fruits noirs, le tabac, le gibier et quelques notes toastées. Puissante, charnue et corsée, la bouche repose sur des tanins denses, un peu sévères en finale, qui incitent à oublier cette bouteille quelque temps en cave. ✗ 2017-2023 ♈ civet de lièvre ■ Ch. Gaby 2012 (15 à 20 € ; n.c. b.) : vin cité. ✗ 2018-2023

☞ *SCEA Vignobles famille Curl, Ch. Gaby,*
lieu-dit Gaby, 33126 Fronsac, tél. 05 57 51 24 97,
contact@chateau-dugaby.com Ⓥ Ⓚ Ⓛ *r.-v.*

♥ CH. ROULLET 2012 ★★		
■	5 000	⬤	11 à 15 €

Fondés en 1870 dans le Fronsadais, les vignobles Dorneau couvrent 25 ha en trois crus : La Croix, le domaine d'origine (10 ha), Roullet, acquis en 1946 (2,8 ha), et Pontus (10 ha), acquis en 1960, ancienne propriété du peintre animalier Princeteau, auxquels s'ajoute un fermage sur le Ch. Haut Gros Bonnet. Patrick Dorneau est aux commandes depuis 1993.

Patrick Dorneau ne s'intéresse pas qu'au vin : il a planté en 2008 une truffière au milieu de son vignoble et a

contribué au premier marché de la truffe en Gironde. Né de pur merlot élevé seize mois en barrique, ce 2012 est à la hauteur de ce champignon de luxe, et accompagnera aussi le cèpe de Bordeaux. Le jury a plébiscité sa robe presque noire aux reflets violets, son bouquet franc et très fin alliant la noisette grillée, l'amande au noyau, à la mûre et au cassis ; le palais n'est pas en reste, ample à l'attaque, riche et dense, étayé par une structure tannique encore austère en finale mais élégante. Un vin racé, à attendre et à décanter. ✗ 2018-2025 ♈ poularde truffée

☞ *Vignobles Dorneau, La Croix, 33126 Fronsac,*
tél. 05 57 51 31 28, scea-dorneau@wanadoo.fr Ⓥ Ⓚ Ⓛ *r.-v.*

CH. TOUMALIN 2012 ★		
■	13 400		8 à 11 €

Ce cru du Fronsadais (environ 7,5 ha aujourd'hui) remonte au moins au début du XIXᵉs. Une famille de négociants en vins du Nord l'avait acquis dans les années 1930 ; un descendant, Bernard d'Arfeuille l'a vendu en 2008 à Xavier et Nathalie Miravete.

Issu de 2 ha, ce vin à dominante de merlot s'habille d'une robe intense et sombre et marie harmonieusement des notes d'élevage évoquant les épices douces et des senteurs de petits fruits rouges bien mûrs. Dans la continuité du nez, le palais montre de l'ampleur, de la rondeur, une certaine complexité et des tanins de très belle tenue. Il gagnera en expression au cours des prochaines années. ✗ 2018-2022 ♈ magret de canard aux cèpes ■ TM de Toumalin 2012 (8 à 11 € ; 30 000 b.) : vin cité. ✗ 2018-2020

Le Libournais

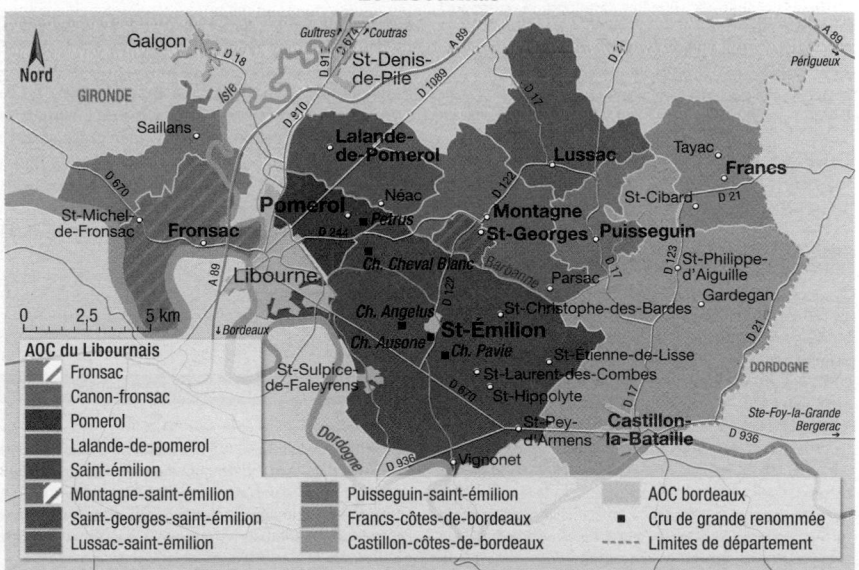

Le Libournais

AOC du Libournais
◣ Fronsac
■ Canon-fronsac
■ Pomerol
■ Lalande-de-pomerol
■ Saint-émilion
◿ Montagne-saint-émilion
■ Saint-georges-saint-émilion
■ Lussac-saint-émilion
■ Puisseguin-saint-émilion
■ Francs-côtes-de-bordeaux
■ Castillon-côtes-de-bordeaux
■ AOC bordeaux
■ Cru de grande renommée
----- Limites de département

SCEV Ch. Toumalin, 33126 Fronsac, tél. 05 57 24 95 54, chateautoumalin@orange.fr V ⚘ ♟ r.-v.

VINEA DE CANON-FRONSAC Nascentia 2012

| ■ | 5 000 | ◫ | 11 à 15 € |

Situé dans le Fronsadais, ce petit cru de 3,3 ha établi sur un plateau calcaire offre une belle vue sur la vallée de l'Isle. Dans la même famille depuis 1853, il est depuis 2008 dirigé par Éric Ravat, qui exploite aussi 1 ha en canon-fronsac.

Une parcelle de vieux merlot implantée sur un coteau plein sud, au hameau de Lariveau, a donné naissance à ce 2012 plaisant par son nez de petits fruits rouges, et par sa bouche souple et charnue à l'attaque, adossée à des tanins soyeux, plus marqués en finale. Un vin plaisir qui ne demandera pas trop de patience. ✗ 2017-2020 ♈ fricassée de pintade

Éric Ravat, 2, Peychez, 33126 Fronsac, tél. 06 77 74 22 20, eric.ravat@wanadoo.fr V ⚘ ♟ t.l.j. 8h-12h 14h-18h

CH. VRAI CANON BOUCHÉ 2012 ★

| ■ | 18 000 | ◫ | 15 à 20 € |

Ce cru réputé du Fronsadais couvre 15 ha sur un très beau terroir de calcaire à astéries recouvert d'argiles ; il a été repris en 2005 par l'homme d'affaires hollandais Philip de Haseth-Möller, qui en a confié la direction à Jean de Laitre, épaulé par Stéphane Derenoncourt. Une équipe maintenue après le rachat du cru en 2014 par La Française Rem, société de gestion déjà très investie dans le vignoble français.

Né sur une belle propriété dominant la Dordogne, ce vin assemble merlot (60 %) et cabernet franc. À sa robe profonde et jeune aux reflets violines répond un nez frais, sur les fruits noirs, la baie de sureau, nuancés de touches de menthe et d'eucalyptus. L'attaque ample se relaye par une trame tannique veloutée laissant une agréable sensation de rondeur. Cette bouteille se bonifiera encore en cave au cours des prochaines années. ✗ 2018-2023 ♈ côte de bœuf

Ch. Vrai Canon Bouché, 1, le Tertre-de-Canon, 33126 Fronsac, tél. 05 57 24 39 91, contact@chateauvraicanonbouche.com V r.-v.
de Haseth-Möller

FRONSAC

Superficie : 830 ha / Production : 44 400 hl

♥ CH. ARNAUTON 2012 ★★

| ■ | n.c. | ◫ | 11 à 15 € |

Ce cru de 25 ha établi sur les pentes sud du tertre de Fronsac a changé plusieurs fois de mains : détenu par des Belges à partir de 1937, passé sous pavillon hollandais en 2007, il a été repris en 2010 par un Français, l'entrepreneur Jean-François Fonteneau. Les propriétaires passent, les vins restent... souvent en bonne place dans ces pages.

Ce vin, qui doit presque tout au merlot, s'impose d'emblée par sa robe intense et profonde, à laquelle répond un nez complexe, alliant la mûre, la cerise noire et le cassis très mûrs à un boisé élégant, rappelant la vanille et la torréfaction (noisette grillée). Sa bouche surprend par son gras et ses tanins parfaitement extraits, denses et soyeux.

Si le boisé est très marqué, la longue finale est marquée par un plaisant retour des fruits noirs. Un vin remarquable pour le millésime. ✗ 2020-2025 ♈ côte de bœuf ■ La Vierge 2012 ★ (8 à 11 € ; 60 000 b.) : du merlot, mi-cuve, mi- fût, pour un vin au nez « mi-fruit mi-barrique » – des fruits rouges, de la vanille et de la noix de coco. Bouche franche à l'attaque, ronde et suave, aux tanins soyeux et à la finale harmonieuse. ✗ 2018-2021

Ch. Arnauton, rte de Saillans, 33126 Fronsac, tél. 06 12 57 11 80, info@chateau-arnauton.fr V ⚘ ♟ r.-v.

CH. BARRABAQUE 2012 ★★

| ■ | 15 000 | ◫ | 8 à 11 € |

Les canon-fronsac de Barrabaque font référence ; le cru se défend aussi en fronsac. Un domaine créé au XVIIIe s., dans la famille Noël depuis son acquisition en 1936 par le grand-père ch'ti, brasseur et négociant en vins. Sa fille Nicole a pris la suite jusqu'en 2004, année de l'arrivée aux commandes de Caroline Noël-Barroux, aujourd'hui à la tête de 10 ha de vignes. Incontournable.

Associant 70 % de merlot aux deux cabernets (cabernet franc surtout), élevé quinze mois en barrique, ce 2012 montre quelques reflets d'évolution dans sa robe profonde. Le nez puissant et flatteur associe les fruits noirs et des notes d'élevage vanillées, grillées et réglissées. Ample et élégante, la bouche charme tout autant, conjuguant un boisé chaleureux, actuellement très présent, et un fruité subtil et frais. Une certaine force et de l'élégance. ✗ 2018-2023 ♈ rôti de veau aux girolles

SCEV Noël, Ch. Barrabaque, 33126 Fronsac, tél. 06 07 46 08 08, chateaubarrabaque@yahoo.fr V ⚘ ♟ r.-v.

CH. DU CARILLON 2012 ★

| ■ | 39 000 | ◫ | 5 à 8 € |

Propriété du groupe Taillan, ce cru étend ses 7 ha de vignes sur les coteaux de Saillans exposés au sud, au bord de l'Isle. La conversion bio a été engagée en 2011.

Issu de pur merlot élevé un an en barrique, un fronsac à la robe profonde, au bouquet discret associant les petits fruits de bois à un léger boisé. Le boisé s'affirme tout en laissant parler le fruit dans une bouche bien construite et harmonieuse. Un « vin plaisir » que l'on peut déboucher dès à présent. ✗ 2015-2020 ♈ suprême de pintade aux cèpes

SCEA Ch. Carillon Espérance, port de Saillans, Pillebourse, 33141 Saillans, tél. 05 47 74 78 00, carillon@vignoblesdeterroirs.com

CH. CARLMAGNUS Émotion 2012 ★

| ■ | 20 000 | ◫ | 8 à 11 € |

Petit-fils d'Ernest Roux, qui possédait de nombreux crus en Fronsadais, Arnaud Roux-Oulié exploite depuis 1998 plusieurs crus dans ce secteur : Lagüe, Montcanon, Vincent et Carlmagnus, domaine au nom inspiré par l'empereur Charlemagne, qui serait passé par Fronsac où il aurait fait construire une forteresse.

Anciennement Carolus, le Ch. de Carlmagnus couvre 4 ha sur le plateau qui domine Fronsac. Émotion est le second vin, né de merlot vinifié en cuve de bois, puis élevé en fût. De couleur profonde, il présente un nez encore dans la barrique, avec des notes de grillé, de caramel et de moka. Ample et suave à l'attaque, bien structuré et soyeux, le palais est lui aussi dominé par un boisé qui devra se fondre. ✗ 2015-2023 ▼ pavé de bœuf sauce au poivre ■ **Ch. Lagüe 2012** ★ (8 à 11 € ; 50 000 b.) : un soupçon de cabernet franc aux côtés du merlot prépondérant dans ce vin vinifié en cuve de ciment et élevé en fût. Un bouquet d'une belle finesse, sur le fruit, souligné d'une touche de vanille et un palais, élégant et frais : une bouteille à apprécier sur son fruit dès aujourd'hui. ✗ 2015-2020

☞ *Arnaud Roux-Oulié, Ch. Lagüe, 33126 Fronsac, tél. 05 57 51 24 68, arnaud.rouxoulie@gmail.com* Ⓥ 🏃 *r. v.* 🏠 Ⓕ

CLOS DU ROY 2012 ★		
■	40 000	⬤	11 à 15 €

En 1987, Philippe Hermouet a acquis 35 ha autour du tertre de Meynard : le Clos du Roy, cru de 4 ha à Saillans, et Roc Meynard, 5 ha dans la commune voisine de Villegouge. Plantations et rachats de vignes ont porté l'ensemble à 40 ha, à l'origine de quatre étiquettes en fronsac, bordeaux supérieur et bordeaux.

Après vingt-cinq ans de métier, Philippe Hermouet est un homme heureux, qui « s'amuse » et attend les vendanges avec impatience, recherchant des raisins bien mûrs. Ici, le merlot, accompagné d'une goutte des deux cabernets, a engendré un vin au nez très agréable, sur la violette et la cerise noire, souligné d'un léger boisé vanillé et épicé. En bouche, ce 2012 séduit par sa fraîcheur et ses tanins soyeux, un peu fermes et vifs en finale. ✗ 2018-2021 ▼ entrecôte maître d'hôtel

☞ *Philippe Hermouet, Clos du Roy, 33141 Saillans, tél. 05 57 55 07 41, contact@vignobleshermouet.com* Ⓥ 🏃 ⬆ *t.l.j. sf sam. dim. 8h30-12h30 13h30-16h30*

CLOS LAGÜE 2012		
■	9 000	🍷 ⬤	8 à 11 €

Établie à Saint-Émilion, la famille La Tour du Fayet exploite plusieurs crus en Libournais, autour de la cité médiévale et en Fronsadais.

Le merlot s'allie au cabernet dans ce fronsac mi-cuve mi-fût, au nez partagé entre les fruits rouges, le sous-bois et un discret boisé vanillé et épicé. Un vin flatteur, qui a pour atouts de jolis arômes de framboise, de vanille et de grillé et une bouche souple et légère : le profil d'un « vin plaisir », à apprécier dès aujourd'hui. ✗ 2015-2020 ▼ lapin chasseur

☞ *SCEV Héritiers de La Tour du Fayet, Ch. Gueyrot, 33330 Saint-Émilion, tél. 05 57 24 72 08* Ⓥ 🏃 ⬆ *r.-v.*

CH. LA CROIX 2012 ★		
■	10 000	⬤	8 à 11 €

Fondés en 1870 dans le Fronsadais, les vignobles Dorneau couvrent 25 ha et trois crus : La Croix, le domaine d'origine (10 ha), Roullet, acquis en 1946 (2,8 ha), et Pontus (10 ha), acquis en 1960, ancienne propriété du peintre animalier Princeteau, auxquels s'ajoute un fermage sur le Ch. Haut Gros Bonnet. Patrick Dorneau est aux commandes depuis 1993.

Le merlot, qui s'affiche seul sur l'étiquette (selon la règle européenne), est complété d'une goutte des deux cabernets ; il est bien au cœur de ce vin à la robe profonde et au bouquet intense et complexe associant les fruits noirs à un puissant boisé aux nuances de vanille, d'épices et de caramel. Le boisé est aussi très présent en bouche, où le vin se montre harmonieux, charnu, soyeux, de belle longueur et très frais. Il devrait s'exprimer davantage dans quelques années. ✗ 2018-2022 ▼ rôti de bœuf

☞ *Vignobles Dorneau, La Croix, 33126 Fronsac, tél. 05 57 51 31 28, scea-dorneau@wanadoo.fr* Ⓥ 🏃 ⬆ *r.-v.*

♥ **CH. DALEM** 2012 ★★		
■	48 000	⬤	20 à 30 €

L'un des plus anciens crus du Fronsadais, créé en 1610, et sans doute l'un des plus qualitatifs. Dominant la vallée de l'Isle, le vignoble se répartit entre le Ch. Dalem (10 ha), l'étiquette phare, et le Ch. de la Huste (8 ha). Dans la même famille pendant trois siècles avant d'être vendu en 1955 à Michel Rullier, il est depuis 2002 dirigé par la fille de ce dernier, Brigitte Rullier-Loussert.

Le Ch. Dalem met en avant le merlot (90 %), escorté des deux cabernets. Après un élevage de dix-huit mois en barrique, le 2012 affiche une robe grenat intense tirant sur le noir, et un bouquet puissant et complexe mêlant le cassis et la griotte à un boisé toasté évocateur de croûte de pain. D'une grande ampleur, le palais s'appuie sur des tanins denses et déjà fondus, et s'impose par sa persistance hors du commun. On serait tenté de déboucher cette bouteille dès à présent, mais elle mérite d'être attendue. ✗ 2019-2023 ▼ gigot d'agneau ■ **Ch. de la Huste 2012** ★ (11 à 15 € ; 35 000 b.) : beaucoup de fruit dans ce fronsac au bouquet mêlant les petits fruits noirs, des touches florales et de légères notes vanillées et épicées. La bouche équilibrée et ronde, adossée à des tanins déjà assouplis, en fait une bouteille pour maintenant. ✗ 2016-2020

☞ *Brigitte Rullier-Loussert, Ch. Dalem, 33141 Saillans, tél. 05 57 84 34 18, chateau-dalem@wanadoo.fr* Ⓥ 🏃 ⬆ *r.-v.*

CH. DE LA DAUPHINE 2012 ★		
■	80 000	⬤	15 à 20 €

Un bel écrin de 40 ha commandé par un château du XVIIIe s., qui doit son nom à un séjour de Marie-Josèphe de Saxe, dauphine de Louis XV. L'industriel Jean Halley, qui l'a acquis auprès de Jean-Pierre Moueix en 2000, n'a pas lésiné sur les investissements pour doter ce cru d'un chai ultramoderne et restructurer le vignoble.

Un merlot classiquement dominant et un élevage de douze mois en barriques (neuves à 30 %), d'où le vin ressort marqué de notes toastées, réglissées et épicées qui laissent à l'arrière-plan les parfums de petits fruits noirs bien mûrs. Rond à l'attaque, le palais dévoile une belle structure, mais sa finale apparaît encore un peu marquée par le merrain, qui devra se fondre. ✗ 2018-2023 ▼ magret aux poires caramélisées

☞ *SCEA Ch. de la Dauphine, 10, rue Poitevine, 33126 Fronsac, tél. 05 57 74 06 61, contact@ chateau-dauphine.com* Ⓥ 🏃 ⬆ *t.l.j. sf sam. dim. 9h-12h30 13h30-17h* ☞ *Halley Guillaume*

CH. FONTENIL 2012 ★

| | 30 000 | 🍖 🍷 | 20 à 30 € |

88 89 ⑨⓪ 93 94 **|95|** |96| 97 |98| **99** 00 ⑩① 02 **03** |04| 05 **06 08** 09 **10** 11 12

Consultants de réputation internationale, Michel et Dany Rolland mettent aussi à profit leurs techniques de vinification sur leur propre exploitation. Acquise en 1986, leur propriété de Saillans, 9 ha sur des coteaux exposés au sud, dans la vallée de l'Isle, fait référence en Fronsadais.

Le merlot, très majoritaire, est associé ici à un petit appoint de cabernet-sauvignon. La fermentation malolactique puis l'élevage se déroulent en barriques, neuves à 60 %. Après quinze à dix-huit mois de séjour dans le chêne, le vin affiche une robe grenat profond aux reflets violets de jeunesse. Le nez délicat, légèrement épicé, associe la vanille, les épices et une touche chocolatée, avec des fruits rouges et noirs au second plan. Le palais gourmand et long, bien étayé par des tanins soyeux, conjugue volume et fraîcheur. ✗ 2018-2023 ❦ pavé de bœuf au poivre et vin rouge

☛ Michel et Dany Rolland, Cardeneau-Nord, 33141 Saillans, tél. 05 57 51 52 43, contact@rollandcollection.com Ⓥ 🏃 ♿ r.-v.

CH. HAUCHAT La Rose 2012 ★★

| | 24 000 | 🍷 | 8 à 11 € |

Vignerons depuis le XVIIIᵉs. et neuf générations, les Saby – depuis 1997 les frères Jean-Christophe et Jean-Philippe, tous deux œnologues – possèdent plusieurs crus dans le Libournais et exploitent un ensemble de 68 ha.

Souvent retenu dans le Guide, ce vin a été jugé remarquable dans sa version 2012. Il naît de merlot et séjourne un an en barrique sans collage. Une Rose pourpre intense, qui s'ouvre sur des fragrances de fruits rouges délicatement boisées. Au palais, ce millésime charme par sa structure tannique soyeuse, son développement aromatique et sa persistance. Une réelle élégance. ✗ 2016-2022 ❦ moelleux au chocolat

☛ Vignobles Jean-Bernard Saby et Fils, Ch. Rozier, 7, lieu-dit Le Sable, 33330 Saint-Laurent-des-Combes, tél. 05 57 24 73 03, info@vignobles-saby.com Ⓥ 🏃 ♿ r.-v.

CH. HAUT CARLES 2012 ★

| | n.c. | 🍖 🍷 | 20 à 30 € |

94 **95** 96 **97** |98| |**99**| 00 01 |02| |03| **04 05 06** 07 **10 11** 12

Un domaine commandé par un château des XVᵉ et XVIᵉs., construit sur le tertre de Fronsac par les Carles, puissante dynastie de la noblesse parlementaire de Bordeaux. Il est depuis 1900 dans la famille Chastenet de Castaing, dont descend Constance Droulers, installée en 1982 avec son mari Stéphane. Le couple a fait du vignoble (15 ha) un haut lieu des vins du Fronsadais. Haut Carles, sélection parcellaire lancée en 1994, collectionne les étoiles et les coups de cœur dans le Guide.

Le merlot compose presque exclusivement cette cuvée haut de gamme, accompagné d'un soupçon de cabernet franc et de malbec. Son originalité réside dans une vinification intégrale dans le chêne neuf, avec un séjour de vingt-quatre mois en barrique. Le vin, intense à l'œil

comme au nez, apparaît, sans surprise, très marqué par des notes d'élevage grillées et fumées, tant au nez qu'en bouche. Les fruits rouges arrivent toutefois à percer et le palais montre une belle matière, de la fraîcheur, de l'ampleur et une agréable pointe d'amertume en finale. ✗ 2018-2021 ❦ bavette d'aloyau ■ Ch. de Carles 2012 (11 à 15 € ; n.c. b.) : vin cité. ✗ 2015-2018

☛ SCEV Ch. de Carles, 1, Carles, 33141 Saillans, tél. 05 57 84 32 03, chateaudecarles@free.fr Ⓥ 🏃 ♿ r.-v. ☛ Droulers M.

CH. HERVÉ LAROQUE 2012 ★★

| | 15 000 | 🍷 | 11 à 15 € |

Moulin Haut Laroque, aujourd'hui 16 ha, a été créé par la famille Hervé : la première mise en bouteilles remonte à 1890. L'un des porte-drapeaux de l'appellation fronsac, avec nombre d'étoiles et de coups de cœur à son actif, est conduit depuis 1977 par Jean-Noël Hervé.

Un vignoble appartenant à Dominique et Jean-Noël Hervé est à l'origine du Ch. Hervé Laroque, second vin de Moulin I laut Laroque qui, une fois n'est pas coutume, vole la vedette à son aîné. Né du merlot (80 %) escorté des deux cabernets, ce 2012 séjourne dix-huit mois en barrique. Les dégustateurs ont particulièrement apprécié son nez complexe, bien fruité, sur les petits fruits noirs délicatement enrobés d'un boisé vanillé et grillé, puis son palais charnu, élégant, étayé par des tanins veloutés. Un vin qui mérite de vieillir. ✗ 2018-2022 ❦ civet de marcassin ■ Ch. Moulin Haut Laroque 2012 ★ (20 à 30 € ; 50 000 b.) : le merlot (65 %) compose avec les deux cabernets et un soupçon de malbec. Après dix-huit mois de barriques (dont un tiers neuves), le vin présente un nez d'une belle fraîcheur, sur les fruits noirs et les épices, et un palais à l'unisson, avec une belle attaque, des tanins fondus et une finale élégante. ✗ 2015-2022

☛ SARL Jean-Noël Hervé, 1, le Moulin, 33141 Saillans, tél. 05 57 84 32 07, contact@moulinhautlaroque.com Ⓥ 🏃 ♿ r.-v.

CH. MAGONDEAU Beau Site 2012

| | 35 000 | 🍷 | 11 à 15 € |

Maître Puiffe de Magondeau, notaire à Libourne et ancien propriétaire, a donné son nom à ce cru de Saillans (AOC fronsac), entré dans la famille d'Olivier Goujon. Ce dernier, représentant la troisième génération, s'est installé en 1989. Il dédie ses 18 ha exclusivement au merlot.

Né de vignes âgées de quarante ans, ce 2012 est surtout marqué par le boisé fumé de la barrique, qui masque pour l'heure le fruit. Après une attaque souple et suave, le boisé prend de nouveau le dessus : on gardera cette bouteille en cave pour permettre au vin de s'assimiler le bois. ✗ 2018-2020 ❦ daube de canard

☛ Olivier Goujon, SCEV Vignobles Goujon et Fils, 1, le port de Saillans, 33141 Saillans, tél. 05 57 84 32 02, contact@chateaumagondeau.com Ⓥ 🏃 ♿ t.l.j. 9h-12h 14h-18h 🏠 Ⓔ

CH. MAYNE-VIEIL Cuvée Aliénor 2012 ★

| | 15 000 | 🍷 | 8 à 11 € |

Bertrand et Marie-Christine Sèze conduisent Mayne-Vieil depuis 1989. Un cru fronsadais de 47 ha régulier en qualité, dans leur famille depuis 1918 (la vente en bouteilles date du père, Roger, et des années 1960) ; 15 ha sont dédiés à l'AOC bordeaux et au Ch. Buisson-Redon.

Issue de pur merlot, cette cuvée s'ouvre sur une agréable palette d'épices et de petits fruits ; la bouche, ronde à l'attaque, aromatique et croquante, évolue tout en souplesse, sur des notes persistantes de fruits mûrs et de vanille. ✗ 2018-2020 ✗ rosbif

☞ *SCEA du Mayne-Vieil, 4, rte de Saillans, 33133 Galgon, tél. 05 57 74 30 06, maynevieil@aol.com* Ⓥ 🔅 🔳 *t.l.j. sf sam. dim. 9h-12h 14h-18h*

LE PETIT ÂNE DE LA MOULEYRE 2012 ★		
■	6 800	⬛	8 à 11 €

Anna et Jacques Favier sont à la tête depuis 2000 de ce petit cru de Fronsac : 2,5 ha plantés sur le tertre argilo-calcaire de la Mouleyre (80 m d'altitude). Trois étiquettes ici : Ch. Vieux Mouleyre, le grand vin, Sagesses, une cuvée haut de gamme, et le Petit Âne.

Une fois de plus, le Petit Âne passe haut la barre. Ce vin, qui doit presque tout au merlot, affiche une robe soutenue et jeune aux reflets violets. Son bouquet complexe, fait de petits fruits noirs légèrement vanillés, laisse une impression de fraîcheur. Charnu à l'attaque, ample, concentré et de bonne longueur, le palais montre une belle présence ; ses tanins sévères en finale incitent à le laisser en cave. ✗ 2018-2021 ✗ confit de canard pommes sarladaises

☞ *SCEA Anna et Jacques Favier, 22 bis, rue Louise-Michel, 92300 Levallois, tél. 06 80 58 42 10, jacques-favier@vieux-mouleyre.com*

CH. RENARD MONDÉSIR 2012 ★★		
■	12 500	🍷 ⬛	11 à 15 €

En 1955, le Corrézien Amédée Chassagnoux acquiert le Ch. Jean Voisin à Saint-Émilion. Son fils Pierre prend la suite, puis Xavier le petit-fils, qui s'installe en 1978 dans le Fronsadais, au Ch. Renard (6 ha), dont Renard Mondésir est le premier vin et le bordeaux supérieur Ch. Virecourt une sélection parcellaire.

La robe profonde inspire confiance. Le nez intense associe les petits fruits rouges et noirs aux épices douces. La bouche suit la même ligne flatteuse, ronde, suave et persistante, adossée à des tanins déjà soyeux. Un vin d'une réelle harmonie, qui mérite pourtant d'attendre encore quelques années : il offrira alors un grand moment de dégustation. ✗ 2018-2021 ✗ carré d'agneau

☞ *Xavier Chassagnoux, Ch. Renard-Mondésir, 33126 La Rivière, tél. 05 57 24 96 37, chateau.renard.mondesir@wanadoo.fr* Ⓥ 🔅 🔳 *r.-v.*

CH. RICHELIEU La Favorite 2012 ★		
■	3 212		50 à 75 €

Ancienne propriété du cardinal de Richelieu, ce domaine de 20 ha est moins lié au souvenir de l'austère ministre de Louis XIII qu'à celui de son neveu, le duc de Fronsac, qui organisait ici des fêtes galantes et contribua à la renommée du cru. Il appartient depuis 2009 à un groupe hongkongais dirigé par Mᵐᵉ An.

Trois quarts de merlot et un quart de cabernet franc composent cette cuvée élevée en barriques neuves pour un tiers. Cette Favorite affiche une robe pourpre intense et des parfums tout aussi intenses de fruits rouges bien mûrs assortis d'un léger boisé aux nuances d'épices et de noix de coco. La bouche est flatteuse avec sa trame

tannique fondue et sa finale suave sur les notes toastées du merrain. ✗ 2017-2021 ✗ filet de bœuf aux champignons

☞ *SCEA Ch. Richelieu, 1, chem. du Tertre, 33126 Fronsac, tél. 05 57 51 13 94, info@chateau-richelieu.com* Ⓥ 🔅 🔳 *r.-v.* 🏠 ❺ ☞ Mme An

CH. DE LA RIVIÈRE Aria 2012 ★		
■	14 500		30 à 50 €

Créé au XVIᵉ s. et remanié au XIXᵉ s. par Viollet-le-Duc, ce château est entré dans la famille Grégoire en 2003 (qui possède également les Ch. Puynard et Bois Noir) et cédé fin 2013 au groupe chinois Brillant. Un vaste cru de 60 ha répartis sur 53 parcelles argilo-calcaires en coteaux bien exposés. Dans les 8 ha de carrières du domaine sont élevés des vins qui font référence dans le Fronsadais. Un domaine endeuillé après l'accident d'hélicoptère dont ont été victimes James Grégoire et Lam Kok en décembre 2013, au lendemain de la signature entre l'ancien et le nouveau propriétaire.

Le 2011 comme le 2009 de cette cuvée avaient été élus coup de cœur. Le 2012 se défend bien. Il a bénéficié d'un élevage luxueux : vinification longue en cuves de bois, fermentation malolactique en barrique et séjour de dix-huit mois en fût neuf, qui se détecte à la dégustation. La robe est presque noire ; le nez complexe et fin apparaît très marqué par les notes de toast et de moka de l'élevage, mais révèle aussi des notes de fruits rouges confits. Charnue et suave à l'attaque, la bouche est charpentée et longue. ✗ 2018-2022 ✗ magret de canard ■ 2012 ★ (15 à 20 €; 150 000 b.) : après un élevage de quinze mois en fût, le vin offre un bouquet intense et complexe : vanille, épices, grillé, fruits rouges et touche florale. La bouche, dans le même registre, est ample, ronde et longue, un peu stricte en finale. ✗ 2018-2020

☞ *SCA Ch. de la Rivière, 33126 La Rivière, tél. 05 57 55 56 56, info@chateau-de-la-riviere.com* Ⓥ 🔅 🔳 *r.-v.* 🏠 ❺

CH. LA ROUSSELLE 2012 ★		
■	n.c.		15 à 20 €

Commandé par une grande demeure du XVIIIᵉ s., ce cru de Fronsac domine la vallée de la Dordogne. Il a été racheté puis restauré en 1970 par la famille Daviau qui a commercialisé ses premières bouteilles en 1986. Le vignoble de 4,5 ha est établi au-dessus d'anciennes carrières de pierre.

L'assemblage du cru comprend une proportion non négligeable de cabernet franc aux côtés du merlot. L'élevage est plutôt ambitieux : fermentation malolactique puis élevage de seize mois en barrique. Le vin en ressort bien coloré, avec une palette flatteuse et d'une grande finesse, où la noisette grillée, le toast et la vanille laissent une belle place aux petits fruits rouges et noirs. Ample et ronde à l'attaque, la bouche est fraîche et longue, adossée à des tanins déjà fondus. Un « vin plaisir », qui a quelques réserves. ✗ 2016-2020 ✗ tournedos

☞ *Viviane Davau, Ch. la Rousselle, 1, Rousselle, 33126 La Rivière, tél. 05 57 24 96 73* Ⓥ 🔅 🔳 *r.-v.*

CH. STEVAL 2012 ★		
■	10 000		8 à 11 €

Sébastien Gaucher a créé son vignoble en 2001 en reprenant les vignes de son grand-père et d'autres en fermage sur les communes de Fronsac et Saint-Michel-de-Fronsac : 8 ha répartis entre les Ch. Steval et Saint-Bernard, dont les vins fréquentent régulièrement ces pages.

Un pur merlot à la robe profonde. Le nez, assez frais, ne fait pas l'unanimité : il associe des petits fruits rouges, de la noisette, une touche de sous-bois et, selon certains, une pointe végétale. Tous les jurés s'accordent sur l'agrément de la bouche, souple à l'attaque, construite sur des tanins soyeux et de bonne longueur. Une bouteille à apprécier jeune. ✗ 2016-2020 ❦ bœuf bourguignon

☞ *Sébastien Gaucher, 1, lieu-dit Nardon, 33126 Saint-Michel-de-Fronsac, tél. 06 13 80 33 62, s.gaucher@free.fr* Ⓥ Ⓚ Ⓣ *r.-v.* Ⓐ Ⓔ

CH. LES TROIS CROIX 2012 ★		
■	n.c.	◗	15 à 20 €

Vinificateur de renom (Mouton-Rothschild de 1985 à 2003, Opus One en Californie, Almaviva au Chili), Patrick Léon a acquis en 1995 ce cru de 15 ha établi sur les communes de Fronsac, de Saillans et de Saint-Aignan (d'où les Trois Croix) et en a fait, avec son fils Bertrand, l'un des fleurons de l'AOC fronsac. Le vignoble couvre aujourd'hui 18 ha.

La robe profonde, presque noire, aux reflets violets de jeunesse, est engageante, comme le bouquet, complexe, alliant les fruits rouges, le menthol et quelques notes grillées. L'attaque est charnue et ronde, et la bouche offre un bon volume et de la longueur ; les tanins, sévères en finale, demandent à s'arrondir. ✗ 2018-2023 ❦ confit de canard

☞ *Famille Patrick Léon, 1, Les Trois-Croix, 33126 Fronsac, tél. 05 57 84 32 09, lestroiscroix@aol.com* Ⓥ Ⓚ Ⓣ *r.-v.*

CH. LA VIEILLE CURE 2012		
■	53 000	◗	20 à 30 €

88 89 90 93 **94** 95 96 **97** |98| 99 |00| **01** |02| 03 **04** 05 06 **07** |08| 09 **10** 11 12

Acquis en 1986 par un groupe d'amis américains, ce cru, indiqué sur la carte de Belleyme de 1780, couvre 20 ha d'un seul tenant. Les vignes sont implantées sur des coteaux argilo-calcaires à 65 m d'altitude, bien exposés et drainés au cœur de la vallée de l'Isle. Une valeur sûre de l'AOC fronsac.

Issu de 75 % de merlot, complété de cabernet franc et d'un soupçon de cabernet-sauvignon, ce 2012, bien coloré, offre un bouquet complexe mêlant les fruits rouges et un boisé fondu aux nuances de noisette grillée. On retrouve cette harmonie en bouche avec une attaque ronde et suave, des tanins soyeux et une finale gourmande. ✗ 2018-2021 ❦ tournedos grillé ■ La Sacristie de la Vieille Cure 2012 (8 à 11 € ; 21 000 b.) : vin cité. ✗ 2015-2020

☞ *SNC Ch. la Vieille Cure, Coutreau, 33141 Saillans, tél. 05 57 84 32 05, vieillecure@wanadoo.fr*

CH. VILLARS 2012 ★		
■	57 000	◗	15 à 20 €

93 **94** |95| 96 |98| |99| **00** |01| **02** 03 04 05 06 |08| |09| 10 11 12

Revenu en 1991 sur le domaine familial après avoir exercé la profession d'œnologue conseil dans le Blayais,

Thierry Gaudrie a beaucoup contribué à faire de ce cru de 30 ha – dans sa famille depuis deux siècles – une référence en fronsac.

Le merlot (76 %) est associé au cabernet franc et à un soupçon de cabernet-sauvignon dans ce millésime élevé un an en barriques (neuves à 40 %). La robe est profonde ; le nez s'ouvre à l'aération sur des notes florales, poivrées et légèrement toastées. Après une attaque suave et tout en finesse, sur le noyau, le palais s'appuie sur une bonne trame de tanins aux arômes d'épices et de torréfaction et fait preuve d'une belle longueur. ✗ 2018-2021 ❦ sauté de sanglier

☞ *SCEV Gaudrie et Fils, Villars, 33141 Saillans, tél. 05 57 84 32 17, chateau.villars@wanadoo.fr* Ⓥ Ⓚ Ⓣ *r.-v.*

POMEROL

Superficie : 785 ha / Production : 40 500 hl

Pomerol est l'une des plus petites appellations girondines et l'une des plus discrètes sur le plan architectural. Au XIXᵉ s., la mode des châteaux du vin, d'architecture éclectique, ne semble pas avoir séduit les Pomerolais, qui sont restés fidèles à leurs habitations rurales ou bourgeoises. Néanmoins, l'aire d'appellation possède quelques demeures élégantes comme le Ch. de Sales (XVIIᵉ s.), sans doute l'ancêtre de toutes ces chartreuses girondines, ou le Ch. Beauregard, l'une des plus charmantes constructions du XVIIIᵉ s., reproduite par les Guggenheim dans leur propriété new-yorkaise de Long Island.

Cette modestie du bâti sied à une AOC dont l'une des originalités est de constituer une sorte de petite république villageoise où chaque habitant cherche à conserver l'harmonie et la cohésion de la communauté ; un souci qui explique pourquoi les producteurs sont toujours restés réservés quant au bien-fondé d'un classement des crus.

La qualité et la spécificité des terroirs auraient pourtant justifié une reconnaissance officielle du mérite des vins de l'appellation. Comme tous les grands terroirs, celui de Pomerol est issu du travail d'une rivière, l'Isle, née dans le Massif central. Le cours d'eau a commencé par démanteler la table calcaire pour y déposer des nappes de cailloux, travaillées ensuite par l'érosion. Il en résulte un enchevêtrement de graves ou cailloux roulés. La complexité des terrains semble inextricable : toutefois, il est possible de distinguer quatre grands ensembles : au sud, vers Libourne, une zone sablonneuse ; près de Saint-Émilion, des graves sur sables ou argiles (terroir proche de celui du plateau de Figeac) ; au centre de l'AOC, des graves sur ou parfois sous des argiles (Petrus) ; enfin, au nord-est et au nord-ouest, des graves plus fines et plus sablonneuses.

Cette diversité n'empêche pas les pomerol de présenter une analogie de structure. Très bouquetés, ils allient la rondeur et la souplesse à une réelle puissance, ce qui leur permet d'être de longue garde tout en pouvant être bus assez jeunes. Ce caractère leur ouvre une large palette d'accords gourmands, aussi bien avec des mets sophistiqués qu'avec des plats très simples.

CH. ALTIMAR 2012 ★		
■ 8 000	◗	30 à 50 €

Altimar est l'anagramme du prénom de l'œnologue Martial Junquas, issu d'une famille de vignerons de Néac, qui a créé ce domaine en 2009 : 1,5 ha en AOC pomerol et 4,7 en lalande.

Beaucoup de domaines proches de Pomerol, comme celui-ci, établi en lalande, possèdent une vigne dans cette appellation renommée. Celle-ci est implantée sur des argiles sablonneuses et comprend 95 % de merlot. Élevé vingt-deux mois en barrique, le vin apparaît très jeune, très coloré, très extrait. Le bouquet naissant allie un boisé réglissé à des notes de baies noires confiturées. La bouche est chaleureuse, charpentée par des tanins denses et fermes, et dévoile des arômes de gibier. À carafer avant le service, surtout si l'on souhaite l'ouvrir jeune. ✗ 2018-2028 ♥ fricassée de colvert

○┐ SARL Ch. Altimar, 6, Chatain, 33500 Néac, tél. 05 57 25 98 48, v.mr@free.fr Ⓥ r.-v.

CH. BEAUREGARD 2012 ★★		
■ 45 000	◗	30 à 50 €

75 78 81 ⑧② **83** 84 **85** 86 88 89 90 92 **93 94 95 96 97 98** 99 |⑨| |**01**| 02 |**03**| 04 05 |06| |07| |08| 09 **10** 11 **12**

Commandé par une superbe chartreuse du XVIIᵉs., Beauregard étend ses 17,5 ha en bordure sud-est du plateau de Catusseau, complétés par 8 ha en lalande (Pavillon Beauregard). Un cru très régulier, dont la gestion est confiée à Vincent Priou. Propriété depuis 1991 du Crédit Foncier, il a été vendu en juillet 2014 aux familles Moulin (groupe Galeries Lafayette) et Cathiard (Ch. Smith Haut Lafitte).

Sur ce terroir de graves argileuses, le cabernet franc occupe une place non négligeable (30 %) aux côtés du merlot. Le 2012 s'habille d'une robe profonde et apparaît fermé au nez, légèrement animal. C'est en bouche qu'il s'impose, affichant la belle ampleur, la chair, le gras et la rondeur généreuse du merlot, tandis que le cabernet franc s'exprime par une pointe végétale pleine de fraîcheur, sans rusticité. La finale est marquée par des touches épicées et poivrées. Un vin de garde à laisser en cave. ✗ 2020-2025 ♥ pavé de biche ■ Le Benjamin de Beauregard 2012 (20 à 30 € ; 20 000 b.) : vin cité. ✗ 2016-2020

○┐ SCEA Ch. Beauregard, 33500 Pomerol, tél. 05 57 51 13 36, beauregard@chateau-beauregard.com Ⓥ r.-v.

CH. BEAU SOLEIL 2012		
■ 20 000	◗	20 à 30 €

Ancien juriste et producteur en haut-médoc (Ch. Sénéjac), Thierry Rustmann a repris en 2005 l'exploitation de ce petit vignoble pomerolais de 4 ha.

Un assemblage typiquement pomerolais où le merlot est presque exclusif (5 % de cabernet franc). Les sols sont des sables anciens sur argiles. Dans le verre, une robe très sombre aux reflets violets de jeunesse. Le nez, lui aussi, est jeune ; encore un peu fermé, il doit être sollicité pour libérer les senteurs fraîches puis des notes d'élevage épicées évoquant la cannelle. Le palais, dans le même registre, est soutenu par des tanins boisés qui devraient s'affiner assez vite. ✗ 2017-2022 ♥ rôti de veau aux cèpes

○┐ Thierry Rustmann, 26, chem. de Plince, 33500 Pomerol, tél. 05 56 60 45 69, chateau.beausoleil@orange.fr Ⓥ r.-v.

CH. BEL-AIR 2012 ★★		
■ 29 500	◗	15 à 20 €

Autrefois plantée de vergers remplacés par la vigne dans les années de l'après-guerre, la propriété, répartie entre les AOC pomerol (Ch. Bel-Air, 9 ha) et fronsac (Ch. Beauséjour), est dans la même famille depuis cinq générations.

Un cru acquis par la famille en 1914. Le merlot y règne en maître, planté sur différents sols de graves, de sables et d'argiles. Le 2012 a fait une excellente impression. La robe est très foncée, le bouquet discret mais bien équilibré entre le raisin et la barrique. Riche, dense et concentré, ce vin séduit déjà par son harmonie, grâce à des tanins à la fois puissants et élégants, qui autorisent une consommation prochaine, tout en permettant la garde. ✗ 2017-2027 ♥ filet de bœuf en croûte

○┐ SCEA Vignobles Sudrat-Melet, Ch. Bel-Air, 5, chem. de la Cabanne, 33500 Pomerol, tél. 05 57 51 02 45, vignsudrat-melet@wanadoo.fr Ⓥ r.-v.

CH. BONALGUE 2012 ★		
■ 29 700	◗	30 à 50 €

En 1906, le Corrézien Jean-Baptiste Audy crée son négoce puis investit dans plusieurs crus du Libournais. Son petit-fils Pierre Bourotte et, depuis 2003, son arrière-petit-fils Jean-Baptiste gèrent la maison et les vignobles familiaux : Courlat, ancien fief des Barons de Montagne, 17 ha en lussac, Bonalgue (9,5 ha) et Clos du Clocher (4,6 ha) en pomerol, Les Hauts-Conseillants (10 ha) en lalande.

Un vétéran de la Grande Armée hérite d'une vigne plantée au lieu-dit des « Graves de Bonalgue ». La famille Bourotte achète la propriété en 1926. Son vin doit presque tout au merlot (95 %). Pourpre intense, le 2012, élevé seize mois en barrique, présente un bouquet dominé par le bois, mais prometteur. Plus fruité en bouche, il dévoile une trame élégante et des tanins boisés qui gagneront à s'affiner. ✗ 2017-2025 ♥ entrecôte bordelaise ■ Clos du Clocher 2012 (50 à 75 € ; 21 800 b.) : vin cité. ✗ 2018-2027

○┐ SAS Pierre Bourotte, 62, quai du Priourat, 33502 Libourne Cedex, tél. 05 57 51 62 17, pbourotte@jbaudy.fr Ⓥ r.-v.

CH. LE BON PASTEUR 2012 ★		
■ 2 000	◗	50 à 75 €

78 79 81 ⑧② **83 85 86 88** 89 90 **92 93 94** ⑨⑤ 96 **97** ⑨⑧ **99** |**00**| |**01**| 02 |03| |04| |**05**| |06| 08 09 **10** 11 12

Michel Rolland possède plusieurs crus dans le Libournais, avec pour fleuron Bon Pasteur, dans la famille depuis les années 1920 : 7 ha morcelés en 23 parcelles, aux confins nord-est de Pomerol. Bertineau Saint-Vincent (5,6 ha en lalande) et Rolland-Maillet (3,3 ha en saint-émilion grand cru) complètent la propriété, passée sous pavillon chinois en 2013 ; l'équipe technique est restée en place.

Le Ch. le Bon Pasteur est situé sur le terroir de Maillet qui mêle les argiles, les sables et les graves. Il en résulte un vin assez complexe, de style plutôt moderne, élevé dix-huit mois en barrique neuve. Sa robe est sombre, avec des reflets violets de jeunesse. Au nez, le boisé réglissé de l'élevage est très présent, mais l'aération libère des notes de fruits frais qui s'épanouissent en bouche, soutenues par d'imposants tanins boisés qui assureront à ce millésime une bonne évolution. ✗ 2017-2028 ✌ civet de biche aux champignons

○┐ SAS Le Bon Pasteur, chem. de Maillet, 33500 Pomerol, tél. 05 57 24 52 58, contact@chateaulebonpasteur.com Ⓥ 🏃 🧍 r.-v.

### CH. BOURGNEUF 2012 ★		
■	26 000	⏁	30 à 50 €

Une propriété de 9 ha d'un seul tenant, propriété de la famille Vayron depuis 1840 et huit générations. Frédérique Vayron, après un cursus universitaire en philosophie suivi d'un cycle « viti-œno », en a pris les rênes en 2008.

Le cinquième millésime élaboré par Frédérique Vayron. Robe soutenue, presque noire, frangée d'améthyste. Bouquet profond et complexe, sur un boisé réglissé puis, à l'aération, les petits fruits très mûrs : cassis, cerise et framboise, soulignés de vanille. En bouche, le vin affirme une présence chaleureuse, dévoilant une chair élégante qui n'est pas écrasée par les tanins. L'attaque est ample et la finale longue, fraîche et fruitée. ✗ 2017-2027 ✌ pièce de bœuf aux girolles

○┐ Famille Vayron, Ch. Bourgneuf, 1, chem. Bourgneuf, 33500 Pomerol, tél. 05 57 51 42 03, chateaubourgneufvayron@wanadoo.fr Ⓥ 🏃 🧍 r.-v.

♥ CH. LA CABANNE 2012 ★★		
■	25 900	⏁	50 à 75 €

Les Estager, négociants et propriétaires d'origine corrézienne, sont établis depuis 1912 dans le Libournais. Côté vignobles, conduits par Michèle Estager et son fils François, quatre AOC : pomerol, saint-émilion, lalande et montagne.

La Cabanne (le nom d'un lieu-dit) est l'un des trois crus que les Estager exploitent en pomerol : 8 ha sur sols argilo-graveleux, essentiellement plantés de merlot. Depuis 2011, la propriété bénéficie d'un chai entièrement refait, doté de petites cuves tronconiques en Inox, dont a bénéficié ce millésime. Après une macération de vingt jours, et un séjour en barriques neuves à 60 %, ce vin possède tous les attributs d'un grand pomerol : une robe profonde aux reflets violines, un bouquet aussi puissant que complexe, mêlant aux baies noires et au merrain toasté des nuances de violette, de truffe et d'épices douces. Une touche minérale s'ajoute à ces arômes dans un palais de charme par sa texture onctueuse et ses tanins à la fois denses et élégants, garants d'une longue garde. ✗ 2017-2030 ✌ rôti de bœuf aux cèpes

○┐ Vignobles Jean-Pierre Estager, 35, rue de Montaudon, 33500 Libourne, tél. 05 57 51 04 09, estager@estager.com Ⓥ 🏃 🧍 r.-v.

### CH. LE CAILLOU 2012 ★		
■	22 850	🏛 ⏁	20 à 30 €

La famille Giraud-Bélivier possède plusieurs crus en Libournais : la Tour du Pin Figeac, 11 ha détachés du Ch. Figeac en 1879 et acquis par la famille en 1923, le Caillou à Pomerol (7 ha) et le Vieux Manoir sur Lalande. Des crus conduits aujourd'hui par André Giraud, épaulé par ses fils Stéphane et Laurent.

Le cru est dans la famille depuis plus d'un siècle. Comme son nom l'indique, il est implanté sur un terroir de graves. Élevé en cuves de béton et en barriques, le 2012 commence à montrer des reflets d'évolution. Il s'ouvre sur les fruits rouges confits, alliés à un boisé aux nuances d'épices douces et à une touche de cuir, qui prend en bouche une tonalité giboyeuse. Souple, chaleureux et fruité à l'attaque, soutenu par des tanins fins et déjà bien intégrés, à peine plus stricts en finale, il pourra être apprécié assez jeune. ✗ 2016-2022 ✌ chapon rôti

○┐ SARL André Giraud, Ch. Le Caillou, 41, rue de Catusseau, 33500 Pomerol, tél. 05 57 51 06 10, giraud.belivier@wanado.fr Ⓥ 🏃 🧍 r.-v.

### CH. CANTELAUZE 2012 ★		
■	4 000	⏁	30 à 50 €

Héritier d'une famille de tonneliers et de viticulteurs de père en fils depuis 1890 et ancien professeur à l'Institut d'œnologie de Bordeaux, Jean-Noël Boidron détient plusieurs crus en Libournais. Sur le plateau de Pomerol, il exploite avec ses enfants Isabelle, Emmanuel et Hubert ce petit domaine de 1 ha constitué en 1989 à partir de parcelles détachées d'autres crus.

Issu à 90 % de merlot et élevé deux ans en barrique, ce 2012 arbore une robe très jeune, presque noire, frangée de violet. Son nez puissant est encore très marqué par les notes vanillées et toastées du bois, mais l'aération libère d'agréables notes de violette et de myrtille. La bouche souple et ronde joue dans le même registre, même si les tanins boisés, grillés et fumés du bois prennent d'assaut la finale. Il leur suffira de deux ans pour s'affiner. ✗ 2017-2027 ✌ lamproie à la bordelaise

○┐ Jean-Noël Boidron, 6, pl. Joffre, 33500 Libourne, tél. 05 57 51 64 88, vignoblesjnboidron@wanadoo.fr Ⓥ 🏃 🧍 r.-v.

Ⓑ ### CH. LE CHEMIN 2012		
■	4 000	⏁	30 à 50 €

Héritier d'une lignée présente dans le Libournais depuis le XVIᵉˢ., François Despagne gère depuis 1996 le Ch. Grand Corbin Despagne, cru classé au nord-ouest de l'appellation Saint-Émilion. Sa famille lui a aussi transmis en 2009 le Ch. le Chemin, petit vignoble de 92 ares situé en pomerol, à la limite de Saint-Émilion, qu'il exploite en bio.

Un vignoble situé sur le chemin de Saint-Jacques de Compostelle, d'où son nom. Le merlot y règne en maître, planté sur graves sablonneuses. Le 2012 affiche une couleur intense et jeune. Discret mais prometteur, le bouquet allie des notes fruitées, boisées, épicées et giboyeuses. Au palais, on découvre les rondeurs typiques des pomerol, soutenues par des tanins déjà bien fondus aux arômes de cigare. Ce vin pourra être servi prochainement, pour peu qu'on le carafe. ✗ 2016-2024 ✌ canard rôti

François Despagne, 3, Barraillot,
33330 Saint-Émilion, tél. 06 09 08 77 08,
f-despagne@grand-corbin-despagne.com Ⓥ 🏃 ▯ *r.-v.*

CH. LA CLÉMENCE 2012 ★		
■ n.c.	◑	30 à 50 €

Christian Dauriac conduit depuis 1971 le Ch. Destieux, grand cru classé de Saint-Émilion depuis 2006, 8 ha d'un seul tenant en haut du coteau de Saint-Hippolyte, complétés par 7 ha sur les terres de Lisse (Ch. Montlisse) et 2,8 ha à Pomerol (La Clémence).

Un encépagement traditionnel du Libournais à dominante de merlot, sur argiles bleues, sables et graves rouges, un chai circulaire construit en 2000, équipé de cuves de bois, de foudres et de barriques. Élevé dix-huit mois dans le chêne, ce 2012 à la robe profonde libère des notes mentholées puis s'oriente vers les fruits confits et le pain grillé. La mise en bouche dévoile un vin souple, rond et soyeux, avec de la puissance et du volume ; denses mais élégants, les tanins soulignent la finale imposante et persistante. ✗ 2017-2027 ▼ magret de canard aux cèpes
Christian Dauriac, Ch. Destieux,
33330 Saint-Hippolyte, tél. 05 57 24 77 44,
contact@vignoblesdauriac.com Ⓥ 🏃 ▯ *r.-v.*

CH. CLINET 2012 ★		
■ 45 600	◑	50 à 75 €

Fondé au XIVᵉ s., ce cru de 11,26 ha portait déjà le titre de château au XVIIᵉ s. Situé au cœur du haut plateau de Pomerol, il possède un terroir argilo-graveleux caractéristique de l'appellation. Son encépagement est moins classique : 12 % de cabernet-sauvignon venant compléter les traditionnels merlots (85 %) et cabernet franc. Propriété de Georges Audy jusqu'en 1985, puis de GAN-Assurances jusqu'en 1998, il appartient désormais à la famille Laborde, également détentrice de vignobles à Tokaj, qui l'a doté en 1999 d'un chai souterrain ultramoderne. Ronan Laborde est aux commandes depuis 2003.

Un des crus les plus connus de Pomerol, essentiellement constitué de vieilles vignes (un demi-siècle) implantées sur un terroir argilo-graveleux, en grande partie travaillé à l'aide du cheval. Élevé seize mois en barrique, le 2012 est plein de ressources, comme l'indiquent d'emblée sa robe presque noire et son nez puissant, presque exubérant, sur les fruits noirs et le bois toasté. On retrouve cette puissance en bouche, mais de façon maîtrisée, équilibrée. L'attaque est souple et veloutée, les tanins à la fois puissants et fondus soulignent la finale, offrant une saveur racée de noisette et d'amande grillée typique des graves. Un vin bien construit. ✗ 2017-2028 ▼ poularde rôtie
SCEA Ch. Clinet, 16, chem. de Feytit, 33500 Pomerol,
tél. 05 57 25 50 00, contact@chateauclinet.com
Ⓥ 🏃 *r.-v.*

CLOS 56 2012 ★★		
■ 2 500	🍖 ◑	50 à 75 €

Cette ancienne famille vigneronne (un ancêtre était jurat de Saint-Émilion au Moyen Âge) conduit, à travers le Clos de la Cure et le Ch. Milon, un ensemble de 18 ha les Saint-Émilionnais, complété en 2010 par une petite parcelle de 56 ares en Pomerol (Clos 56).

Du merlot presque exclusivement, sur sols silico-graveleux reposant sur argiles. Un cru de poche, et par conséquent,

de faibles quantités. La qualité, elle, a fait de ce vin un finaliste du coup de cœur. Les dégustateurs louent la profondeur de sa robe, puis la complexité de son nez mariant un beau fruit et un bon bois à cette senteur de violette typique des grands pomerol. Harmonieuse et veloutée, la bouche, rehaussée d'une touche minérale racée, s'adosse à des tanins fondus et élégants. Une superbe bouteille que l'on pourra apprécier aussi bien jeune que patinée. ✗ 2017-2028 ▼ faisan en cocotte aux champignons
SCEA des Dom. Bouyer, Ch. Milon,
33330 Saint-Christophe-des-Bardes, tél. 05 57 24 77 18,
milon-cure@wanadoo.fr Ⓥ 🏃 ▯ *r.-v.*

CLOS BEAUREGARD 2012 ★		
■ 29 264	◑	30 à 50 €

La Société fermière des Grands Crus de France est la structure spécialisée dans le Bordelais du groupe Grands Chais de France. Son œnologue Vincent Cachau vinifie le fruit de quinze propriétés, représentant 390 ha dans les différentes AOC bordelaises.

Rattaché au Ch. Beauregard jusque dans les années 1930, ce vignoble, composé très majoritairement de merlot, est implanté sur les sables, dans la partie basse du célèbre cru. Il est exploité par des Médocains, qui officient aussi au Ch. Cartillon à Lamarque. Cette équipe a élaboré un beau pomerol de garde. Le nez offre une profusion de baies noires – cassis, mûre et myrtille – et le bois se fait discret. Ce fruité intense s'épanouit aussi en bouche, en harmonie avec une texture tout en finesse et de bons tanins aux saveurs de cacao qui permettront à cette bouteille de bien vieillir. Rondeur, puissance, élégance et longueur : une belle étoile... ✗ 2018-2028 ▼ pintade farcie aux champignons
Société fermière des Grands Crus de France,
33460 Lamarque, tél. 05 57 98 07 20

LE CLOS DU BEAU-PÈRE 2012 ★★		
■ 18 000	◑	30 à 50 €

L'un des crus de Jean-Luc Thunevin, l'homme de Valandraud (Saint-Émilion) et des vins de garage : 4 ha de vignes acquis en 2006.

Si c'est le Ch. Valandraud, qui a été sous le feu des projecteurs en 2012, Jean-Luc Thunevin n'oublie pas son vignoble de Pomerol ; témoin ce vin à la robe intense, issu de graves argileuses plantées à 90 % de merlot. Le nez commence à s'ouvrir sur des senteurs florales et des notes de baies noires, bien mariées avec un merrain déjà harmonieux. Ample, généreuse et onctueuse, la bouche est vivifiée par une fraîcheur minérale qui lui confère une élégance folle. Ces tanins veloutés et fondus complètent le tableau. Une superbe bouteille que l'on appréciera aussi bien jeune que patinée par les ans. ✗ 2017-2028 ▼ pintade au foie gras
Thunevin, 6, rue Guadet, BP 88,
33330 Saint-Émilion, tél. 05 57 55 09 13,
thunevin@thunevin.com Ⓥ *r.-v.*

CLOS DU CANTON DES ORMEAUX 2012 ★		
■ n.c.	◑	20 à 30 €

La famille Cazenave a repris en 2003 une petite propriété à l'abandon, située sur les bords de la

Dordogne, qu'elle a rebaptisée Ch. de Bel. Le vignoble s'est étendu et couvre aujourd'hui 8 ha, en appellations régionales, pomerol, montagne-saint-émilion et saint-émilion grand cru.

En 2005, Olivier Cazenave, producteur à Arveyres, sur l'autre rive de la Garonne, a repris ce vignoble de poche (70 ares) où le merlot règne en maître (97 %), qui appartenait à son arrière-grand-père, tonnelier. Son nom fait référence à un croisement (canton en langue d'oc et aux ormes). Bichonné et élevé dix-huit mois dans des fûts de 500 l, le vin offre un bouquet raffiné, très floral et printanier : la violette y côtoie l'iris et la cerise cuite, les fruits mûrs, soulignés d'un délicat boisé aux nuances d'épices douces. Après une attaque friande, à la fois ronde et fraîche, la bouche rappelle le noyau de cerise, étayé par des tanins fins mais bien extraits qui permettront la garde. De la finesse. ✗ 2016-2025 ❦ filet de bœuf aux cèpes

☛ *Olivier Cazenave, Ch. de Bel, Malbâtit,*
33500 Arveyres, tél. 05 24 24 69 96,
contact@chateaudebel.com 🆅 🏃 🚹 *r.-v.* 🏠 🅱

CLOS L'ÉGLISE 2012 ★

| ■ | 15 000 | 🍷 | 50 à 75 € |

Sylviane Garcin, née Cathiard, est propriétaire de plusieurs crus en pessac-léognan (Haut-Bergey, Branon) et depuis 2000 du Ch. Barde-Haut, cru de Saint-Émilion, qui a été classé en 2012. Acquis par la famille en 1997, le Clos l'Église, en pomerol, planté par les Hospitaliers, remonte au XII[e]s et formait une unité de 14 ha au XVIIIe, scindée à une époque postérieure.

Au Clos l'Église, les sols argilo-graveleux, avec remontées de crasses de fer, sont plantés majoritairement de merlot, complété par le cabernet franc. Après un long élevage en barrique neuve, le 2012 offre un profil de pomerol de garde : robe profonde et jeune, nez fin et complexe, où les notes cacaotées de l'élevage, très présentes, ne masquent pas de jolis arômes de baies noires ; bouche dans le même registre, ample, puissante et longue, soulignée en finale par d'imposants tanins denses et boisés. ✗ 2018-2028 ❦ lièvre à la royale

☛ *Clos l'Église, 33500 Pomerol, tél. 05 57 25 72 55,*
m.mineur@vignoblesgarcin.com 🆅 🏃 🚹 *r.-v.*

🅱 **CLOS PLINCE** 2012 ★

| ■ | 6 800 | 🍷 | 20 à 30 € |

Ingénieur agronome, Claire Laval est à la tête depuis 1983 d'un vignoble familial créé en 1860 au cœur du plateau de Pomerol, qu'elle gère avec son mari Dominique Techer et son fils Olivier : aujourd'hui 8 ha en bio certifié (biodynamie), répartis entre les crus Gombaude-Guillot (7 ha) et Clos Plince, acquis en 1996.

Issu de vignes de cinquante ans plantées sur un terroir de sables sur argiles, un pomerol de style contemporain, très coloré et tout en fruit, sur des notes fraîches de baies noires, avec un sillage finement boisé. On retrouve du fruit à profusion dans une bouche friande, à la fois ronde et tonique, encadrée par des tanins serrés qui lui permettront de bien vieillir. ✗ 2017-2027 ❦ fromage ossau-iraty
■ Cadet de Gombaude 2012 (20 à 30 € ; 6 800 b.) 🅱 : vin cité. ✗ 2017-2022

☛ *SCEA Famille Laval, 4, chem. des Grand' Vignes,*
33500 Pomerol, tél. 05 57 51 17 40, gombaude@free.fr
🆅 *r.-v.*

CLOS SAINT-ANDRÉ 2012 ★

| ■ | 2 500 | 🍷 | 50 à 75 € |

Un microcru (60 ares) repris en 2004 par Jean-Claude Desmarty ; une vigne plantée par son arrière-grand-mère sur les graves et les argiles du secteur de Moulinet et travaillée avec un cheval.

Élevé deux ans en fût, ce pomerol affiche une robe presque noire qui annonce un vin exubérant. Très floral, le nez associe la violette aux baies noires, au sureau. On retrouve ces arômes en bouche, sur une texture à la fois charnue et corsée, charpentée par des tanins serrés qui gagneront à s'affiner un peu. ✗ 2017-2027 ❦ gigot d'agneau confit aux épices

☛ *Jean-Claude Desmarty, 7, imp. des Barrières,*
Grand-Moulinet, 33500 Pomerol, tél. 06 60 61 78 75,
jcdesmarty@orange.fr 🆅 🏃 ❦ *r.-v.*

LA BELLE CONNIVENCE 2012 ★

| ■ | 2 500 | 🍶 🍷 | 75 à 100 € |

Ce cru est né en 2008 de la connivence d'amis réunis par la même passion du vin : Alexandre de Malet Roquefort, propriétaire du Ch. la Gaffelière, 1er grand cru classé de Saint-Émilion, et deux anciens footballeurs des Girondins : Matthieu Chalmé et Johan Micoud, ancien international et Arnaud Witrand, financier. Le vin provint d'un mouchoir de poche (1,2 ha), planté en merlot.

La Belle Connivence est le second vin de ce microdomaine. Ce 2012 affiche une robe jeune, très foncée, à laquelle répond un nez intense, associant le moka et la vanille de l'élevage à des senteurs de baies noires et de noyau évoquant des raisins surmûris. Plein de vigueur et de jeunesse, le palais présente un caractère chaleureux, équilibré par d'élégants tanins boisés qui commencent à s'assouplir et permettront d'ouvrir cette bouteille sans trop attendre. ✗ 2017-2025 ❦ côte de bœuf

☛ *Ch. la Connivence, BP 12,*
33330 Saint-Émilion, tél. 05 57 56 40 81,
candice@vignoblesmaletroquefort.com
☛ *Alexandre de Malet-Roquefort*

♥ **CH. LA CONSEILLANTE** 2012 ★★

| ■ | 38 000 | 🍷 | 75 à 100 € |

82 85 88 89 90 93 95 96 98 |99| |00| |01| |02| |03| |04| |05|
|06| 08 **09 10 11 12**

L'un des crus les plus prestigieux de Pomerol, auquel Catherine Conseillan, propriétaire au XVII[e]s., donna son nom. Acquis en 1871 par Louis Nicolas, dont les initiales ornent toujours l'étiquette, il est aujourd'hui cogéré par ses héritiers Bertrand et Jean-Valmy Nicolas, et dirigé par Jean-Michel Laporte. Le vignoble s'étend sur 12 ha d'argile (merlot) et de graves (cabernet franc).

Au chai, vingt-deux petites cuves en béton permettent des vinifications précises ; le vin séjourne dix-huit mois en barrique, dont plus de la moitié sont neuves. Le résultat ? Un nouveau coup de cœur pour le cru qui en a obtenu cinq en moins de dix ans. Un vin d'une rare élégance. La robe intense, aux reflets violets, capte le regard. Le bouquet, très fruité, marie les baies noires bien mûres à un merrain délicatement réglissé. Dans la même registre, le palais apparaît à la fois riche et raffiné : ses belles rondeurs sont soutenues par des tanins denses et veloutés. Le « pomerol tel qu'on le rêve », selon un dégustateur. Et qui pourra s'apprécier aussi bien jeune que vieux. **I** 2017-2030 **Y** côte de bœuf ■ **Duo de Conseillante 2012 ★★** (30 à 50 € ; 9 500 b.) : le second vin du cru, issu de vignes plus jeunes. Il n'en est pas moins de très haut niveau. Derrière un boisé toasté un peu dominant, on perçoit un beau fruit aux nuances de baies noires. De la fraîcheur, de l'ampleur, des tanins soyeux : une bouteille élégante et un plaisir durable. **I** 2017-2027

○━ SC des Héritiers Nicolas, Ch. la Conseillante, 33500 Pomerol, tél. 05 57 51 15 32, contact@la-conseillante.com ⚄ r.-v.

CH. LA CRÉATION 2012 ★		
■ 19 000	🍖 🍷	30 à 50 €

Implanté au sud-ouest de Pomerol, le Ch. Tour Robert, rebaptisé La Création, est un cru de 4,6 ha d'un seul tenant. L'une des dernières acquisitions (2012) de Stéphane de Gaye, à la tête d'une compagnie d'assurances, qui a acheté en 2005 le Ch. Grand Corbin Manuel en saint-émilion grand cru, puis en 2013 le Ch. Sainte-Barbe en bordeaux supérieur.

Yseult de Gaye-Nony, qui gère cette propriété, a soumis aux dégustateurs un vin opulent, presque exubérant, à la robe presque noire. Après un premier nez boisé sur le moka, le fruit se révèle, des notes intenses de cassis, de myrtille et de cerise. La bouche reste sur sa réserve, mais révèle à l'aération toute sa puissance, un corps charnu et des tanins solides. Un vin de longue garde qui gagnera à être carafé avant le service. **I** 2018-2028 **Y** carré d'agneau

○━ Ch. la Création, chem. de Grangeneuve, 33500 Libourne, tél. 05 57 25 09 68, info@grandcorbinmanuel.fr ⚄ 🏃 🍷 r.-v.

CH. LA CROIX 2012 ★		
■ 30 133	🍷	30 à 50 €

Négociants-éleveurs et producteurs d'origine corrézienne, les Janoueix sont propriétaires de nombreux crus dans le Libournais. Leur histoire débute en 1898 quand Jean Janoueix fonde son commerce de vin, aidé de ses quatre fils. Joseph, acquiert son propre domaine (Haut Sarpe) en 1930 et crée sa maison de négoce en 1932. Jean-François est aux commandes de ce vaste ensemble. Ce cru de 4,8 ha est installé sur des graves, au cœur de Pomerol. Son 2012 joue la carte de la finesse avec un bouquet délicat de petits fruits rouges sur fond discrètement boisé. À la fois suave et fraîche à l'attaque, la bouche s'adosse à des tanins déjà affinés, un peu stricts en finale. Un vin gourmand qui pourra s'apprécier assez jeune. **I** 2016-2022 **Y** faisan rôti ■ **Ch. la Croix Toulifaut 2012** (30 à 50 € ; 9 000 b.) : vin cité. **I** 2017-2025

○━ SC Ch. la Croix, 37, rue Pline-Parmentier, BP 192, 33506 Libourne Cedex, tél. 05 57 51 41 86, info@j-janoueix-bordeaux.com ⚄ 🏃 🍷 r.-v.

CH. LA CROIX DE GAY 2012		
■ 21 000	🍷	30 à 50 €

Ce cru situé autour du hameau du Pignon est resté dans la même famille, par filiation directe, depuis le XVᵉ s.

C'est Chantal Raynaud-Lebreton qui le dirige depuis 1998 – seule depuis que son frère Alain a revendu ses parts en 2009. Le domaine ne couvre plus que 6 ha. Il s'est équipé en 2014 d'un nouveau cuvier aux cuves de béton ovoïdes.

S'il n'a pas bénéficié des nouveaux équipements, ce 2012 se présente bien : robe foncée aux reflets violets, bouquet déjà bien ouvert, sur le bois torréfié puis, à l'aération, des notes de baies très mûres, de noyau ; bouche dans le même registre, plus compotée, souple et chaleureuse à l'attaque, adossée à des tanins de qualité autorisant une bonne garde. **I** 2017-2025 **Y** pavé de biche

○━ SCEV Ch. la Croix de Gay, 8, chem. de Saint-Jacques-de-Compostelle, lieu-dit Pignon, 33500 Pomerol, tél. 05 57 51 19 05, contact@chateau-lacroixdegay.com ⚄ 🏃 🍷 r.-v.

○━ Chantal Lebreton

CH. LA CROIX DU CASSE 2012 ★		
■ 41 000	🍷	20 à 30 €

Un cru de 9,5 ha, situé à la pointe sud du plateau de Pomerol, acquis en 2005 par la vénérable maison de négoce Borie-Manoux, fondée en 1870 et dirigée par Philippe Castéja.

Ce vignoble est établi sur un terroir sablo-graveleux planté à plus de 90 % de merlot. Élevé dix-huit mois en barrique, le 2012 affiche une robe jeune aux reflets violets ; il s'ouvre sur d'agréables parfums de noyau soulignés par un boisé bien intégré. Dans le même registre, la bouche conjugue puissance et rondeur, étayée par des tanins particulièrement tendres, suaves et soyeux qui étirent sa longue finale : une bien belle étoile pour ce vin qui pourra s'apprécier aussi bien jeune que vieux. **I** 2017-2027 **Y** tournedos Rossini ■ **Les Chemins de la Croix du Casse 2012** (15 à 20 € ; 6 200 b.) : vin cité. **I** 2016-2024

○━ SCEA Ch. la Croix du Casse, 33500 Pomerol, tél. 05 56 00 00 70, domaines@borie-manoux.fr ⚄ 🏃 🍷 r.-v.

CH. DU DOMAINE DE L'ÉGLISE 2012 ★		
■ 28 000	🍷	30 à 50 €

Philippe Castéja, qui dirige la maison Borie-Manoux, est très présent dans le Libournais. À l'ombre du clocher de Pomerol, ce cru, dont bâtis 1589, est un ancien bien ecclésiastique, acquis en 1973 par la famille Castéja. Ses sols de graves et d'argiles sont plantés à plus de 90 % de merlot.

Un vrai pomerol de style traditionnel, à la robe profonde, au nez encore marqué par des arômes de raisins bien mûrs, rehaussés d'un fin boisé. Charnue, ronde et savoureuse à l'attaque, la bouche monte en puissance, adossée à des tanins très fins mais serrés. Bouteille très élégante après une petite garde. **I** 2017-2027 **Y** pièce de bœuf rôtie

○━ Indivision Castéja-Preben-Hansen, 33500 Pomerol, tél. 05 56 00 00 70, domaines@borie-manoux.fr 🏃 🍷 r.-v.

CH. ENCLOS HAUT MAZEYRES 2012 ★		
■ 45 000	🍷	20 à 30 €

Séparé du Dom. de Mazeyres en 1850 par la ligne de chemin de fer Bordeaux-Paris, ce cru est un clos d'un peu plus de 9 ha d'un seul tenant, propriété de la famille de Pedro depuis 1835.

Ici, ce sont surtout les femmes qui, depuis plusieurs générations, assurent la pérennité du domaine. Elles y élaborent un vin tout en finesse. D'un pourpre intense, ce 2012 présente un premier nez toasté et vanillé à souhait (dix-huit mois de barrique), qui laisse percer à l'aération d'agréables arômes de fruits rouges frais. Friande, gourmande, à la fois ronde et fraîche, la bouche s'appuie sur des tanins élégants et serrés qui s'affineront encore au cours des dix prochaines années. **X** 2016-2025 **Y** rôti de veau aux pruneaux

०┐ De Pedro, 51, chem. de Béquille, 33500 Libourne, tél. 05 57 51 16 69, hautmazeyres@wanadoo.fr
V **∦** **⌧** r.-v.

♥ CH. L'ÉVANGILE 2012 ★★★

■	n.c.	⏸	+ de 100 €

93 ⑨ 96 ⑩ 01 02 04 05 06 07 08 09 10 11 ⑫

Né vers le milieu du XVIIIes., époque où il porte le nom de Fazilleau, le cru est rebaptisé L'Évangile au début du XIXes. Il s'étend alors sur 13 ha, une superficie proche de sa taille actuelle (16 ha). Le premier tournant de son histoire se situe sous le Second Empire avec son achat par Paul Chaperon, qui fait bâtir le château et contribue à asseoir rapidement la renommée en exploitant les qualités d'un terroir à la fois fortement typé et bien équilibré avec des argiles, des sables et des graves très pures, sur un sous-sol riche en crasse de fer. L'Évangile est vendu aux Rothschild en 1990, second tournant majeur pour ce cru qui bénéficie alors d'investissements importants et des compétences de son directeur Charles Chevallier.

Dans une année assez difficile, marquée par une floraison étalée et des pertes de volumes, sauvée par des épisodes ensoleillés à la fin de l'été mais compliquée par des conditions moins favorables en octobre, le savoir-faire et la méticulosité des équipes de l'Évangile ont fait merveille. En 2012, les vendanges se sont étalées durant trois semaines ; le merlot, particulièrement en vedette cette année (93 %), a été récolté à partir du 20 septembre, globalement avant le cabernet franc, dont la vendange a été plus délicate. Vinifications parcellaires, fermentation en cuve de ciment (comme souvent à Pomerol), fermentation malolactique et élevage de dix-huit mois en barrique neuve. Le vin ? « Noir ! » écrivent les dégustateurs. À cette profondeur répond celle du bouquet, qui mêle les fruits noirs bien mûrs, voire confits – mais sans lourdeur – à un boisé bien intégré, fait d'épices douces et de cigare, relevé de notes de graphite et de poivre noir. Dès l'attaque, le palais dévoile cette texture à la fois dense, tendre et veloutée typique de l'appellation ; ample et bien construit, il s'adosse à des tanins à la fois serrés et enrobés jusqu'à la finale opulente, soyeuse et longue, où l'on retrouve la touche poivrée. De la charpente alliée à une finesse soyeuse, de l'opulence avec ce qu'il faut de fraîcheur, une suprême élégance : l'« archétype du pome-

rol ». « Envoûtant ! » Les jurés sont conquis. **X** 2025-2035 **Y** gigot d'agneau ■ Blason de l'Évangile 2012 ★ (20 à 30 € ; n.c. b.) : le cabernet franc (33 %) s'est retrouvé dans le second vin, élevé quinze mois en barrique. Un pomerol très ouvert des notes chaleureuses de cassis bien mûr, voire compoté et de coulis de fraise, rehaussé de notes florales ; un palais à l'unisson, fruité, charnu et tout en rondeur, à la finale généreuse et épicée. Du charme. **X** 2018-2025

०┐ Ch. l'Évangile, 33500 Pomerol, tél. 05 57 55 45 55, levangile@lafite.com

---

♥ CH. FEYTIT-CLINET 2012 ★★★

■	15 000	⏸	30 à 50 €

Jérémy Chasseuil, œnologue, a repris en 2000, à la suite de son père, ce cru familial de 6,5 ha jusqu'alors exploité en fermage. Restructuration du vignoble, baisse des rendements, tri sévère à la vendange..., il en a fait un domaine qui compte, en progrès constant.

Composé à 95 % de merlot, un très grand pomerol de garde, et une réussite exceptionnelle dans un millésime complexe. À une robe presque noire répond un nez à la fois puissant et élégant, à la palette complexe : merlot très mûr, fruits noirs, merrain délicat évocateur de boîte à cigares, touches florales et beurrées, que l'on retrouve au palais. En bouche, ce vin s'impose par sa chair ronde et corsée, par sa minéralité et ses superbes tanins à la fois puissants et élégants. **X** 2018-2028 **Y** gigot d'agneau

०┐ Jérémy Chasseuil, 1, chem. de Feytit, Ch. Feytit-Clinet, 33500 Pomerol, tél. 05 57 25 51 27, jeremy.chasseuil@orange.fr **V** **∦** **⌧** r.-v.

♥ CH. LA FLEUR PETRUS 2012 ★★★

■	n.c.	⏸	+ de 100 €

82 83 85 86 88 ⑧⑨ 90 95 96 98 99 01 02 03 04 05 06 07 08 09 11 ⑫

Contigu à Lafleur à l'ouest et à Petrus au sud, c'est le plus vaste des crus pomerolais (14,5 ha) de la famille Moueix, acquis en 1953 ; il a été agrandi en 1994 grâce à l'acquisition d'une butte graveleuse du Ch. le Gay. Un château réputé pour l'élégance de ses vins.

Une robe très profonde, ourlée de rubis : d'emblée, ce millésime annonce sa classe. Le nez généreux évoque le merlot gorgé de soleil, la mûre d'août bien noire et chaude, soulignée d'une touche d'épices fines. La bouche suit la même ligne, avec une attaque fruitée, fraîche et soyeuse, sa texture tendre, ses tanins déjà moelleux, élégants et savoureux, et sa longue finale épicée et corsée, sans la moindre dureté : de la richesse sans étalage, la douceur même. Le reflet d'un travail d'orfèvre dans l'extraction et d'un élevage qui a véritablement « élevé » ce millésime. **X** 2020-2030 **Y** gigot d'agneau

☞ Éts Jean-Pierre Moueix, 54, quai du Priourat, BP 129, 33502 Libourne Cedex, tél. 05 57 51 78 96, info@jpmoueix.com

CH. FRANC-MAILLET 2012		
■	36 000	⬤	20 à 30 €

98 **99** 00 **01** 02 |03| **04** |05| |06| |07| |08| **09** 10 11 12

À son retour de la Grande Guerre, Jean-Baptiste Arpin achète 1 ha à Pomerol, dans le secteur du Maillet. Aujourd'hui, ses petit-fils et arrière-petit-fils Gérard et Gaël exploitent 37 ha en pomerol, saint-émilion, montagne et lalande, et proposent régulièrement de très bons vins.

Le fleuron de la famille : 5,6 ha de merlot (80 %) et de cabernet franc plantés sur sols silico-graveleux et sous-sols argileux. Avec plus d'un coup de cœur à son actif, ce cru se distingue par sa régularité. Le 2012, d'abord très fermé, libère à l'aération un bouquet frais, agréable et complexe : petits fruits rouges, baie de sureau, réglisse, épices. L'attaque franche et ronde introduit un vin bien structuré, aux tanins encore un peu vifs en finale. ✗ 2018-2025 ♈ côte de bœuf

☞ EARL Vignobles G. Arpin, Chantecaille, 33330 Saint-Émilion, tél. 09 71 58 23 49, vignobles.g.arpin@wanadoo.fr Ⓥ 🏃 r.-v.

CH. GAZIN 2012 ★		
■	54 000	⬤	50 à 75 €

⑨⓪ **91** ⑨② **93** ⑨④ ⑨⑤ ⑨⑥ 97 **98** 99 **00** 01 **02** |03| **04** |05| |06| |07| **08** 09 **10** 11 12

L'un des crus les plus réputés de Pomerol, ancienne propriété des Hospitaliers de Saint-Jean-de-Jérusalem, entrée dans la famille Bailliencourt au début du XXᵉs. L'un des plus étendus aussi, 26 ha d'un seul tenant sur un superbe terroir argilo-graveleux, où naissent des pomerol d'un grand classicisme.

Pas une goutte de cabernet dans le 2012 de Gazin, car les cabernets ont pu souffrir des pluies d'octobre ; le merlot tient de toute façon toujours le devant de la scène dans les assemblages. Le vin est vinifié dans de petites cuves de béton qui permettent des sélections parcellaires, puis élevé seize mois en barriques neuves pour moitié. Son bouquet est parfaitement équilibré entre des arômes de baies noires bien mûres et un boisé élégant. Puissante, ample, chaleureuse et charnue, la bouche dévoile d'agréables arômes de noyau, de cerise macérée. Ses tanins encore jeunes mais nobles se portent garants du potentiel de cette bouteille. ✗ 2017-2030 ♈ cuissot de chevreuil Grand Veneur ■ L'Hospitalet de Gazin 2012 ★ (20 à 30 € ; 33 000 b.) : les cabernets (34 %) du cru ont été versés dans le second vin auxquels ils apportent des arômes épicés et une fraîcheur apéritive. On pourra déboucher cette bouteille avant le grand vin, mais elle se gardera bien. ✗ 2017-2028

☞ GFA Ch. Gazin, 1, chem. de Chantecaille, 33500 Pomerol, tél. 05 57 51 07 05, contact@gazin.com 🏃 r.-v. ☞ Bailliencourt

♥ **CH. GRAND BEAUSÉJOUR** 2012 ★★		
■	4 000	⬤	30 à 50 €

Descendant d'Auvergnats, comme nombre d'acteurs de la filière viticole en Libournais, Daniel Mouty,

Château
Grand Beauséjour
POMEROL
2012

aujourd'hui associé avec ses enfants Sabine et Bertrand, exploite depuis 1973 un vignoble de 54 ha réparti sur plusieurs crus.

Président des Vignerons indépendants d'Aquitaine, Daniel Mouty se doit de donner l'exemple. Il y parvient amplement avec ce pomerol issu d'une parcelle de 80 ares de merlot planté sur graves, à Libourne même, près du secteur de Figeac. Ce 2012 a comblé des experts particulièrement exigeants, qui louent la profondeur de sa robe aux reflets de jeunesse, la puissance et le raffinement de son bouquet, mariage harmonieux de merlot bien mûr et de merrain finement toasté, aux nuances de fruits noirs confiturés, de truffe et de gibier. La bouche prend bien le relais, ample, puissante, charnue, portée par des tanins denses mais élégants, extraits avec douceur. La finale fraîche et minérale laisse le souvenir d'une belle envolée. ✗ 2017-2027 ♈ poule faisane en cocotte

☞ SCEA Vignobles Daniel Mouty, Ch. du Barry, BP5, 33350 Sainte-Terre, tél. 05 57 84 55 88, contact@vignobles-mouty.com Ⓥ 🏃 ✆ t.l.j. sf sam. dim. 9h-12h 14h-18h 🏠 ❹ ❻ Ⓑ

CH. GRAND MOULINET 2012		
■	15 000	⬤	15 à 20 €

En cinq générations, la famille Ollet-Fourreau a constitué une belle unité de 40 ha, essentiellement en lalande (Haut-Surget, Lafleur Vauzelle), complétée par des vignes en pomerol (Grand Moulinet), en bordeaux (Fleur Saint-Espérit) et en saint-émilion grand cru (Grand Cardinal).

Cette famille de Néac (AOC lalande) exploite en pomerol 3 ha de vignes, du merlot à 90 %. Elle en a tiré un 2012 honorable, qui pourra bientôt passer à table. Le nez libère des notes discrètes de petits fruits à noyau agrémentés des notes vanillées de l'élevage. Le fruit s'épanouit dans une bouche chaleureuse et ronde, adossée à des tanins boisés qui commencent à s'affiner. ✗ 2016-2022 ♈ cailles aux raisins

☞ GFA Ch. Haut-Surget, Chevrol, 33500 Néac, tél. 05 57 51 28 68, chateauhautsurget@wanadoo.fr Ⓥ 🏃 r.-v. ☞ Fourreau

CH. LES GRANDS SILLONS 2012 ★		
■	9 000	⬤	20 à 30 €

Cette propriété familiale également productrice de montagne-saint-émilion (Ch. Côtes de Bonde) est conduite depuis 1987 par Philippe Dignac, rejoint par son fils Stéphane. Son fleuron : une petite vigne de 2,8 ha en pomerol, qu'elle détient depuis 1920.

Issu d'un terroir sablonneux, ce pomerol se situe dans la catégorie des vins gourmands ou « vins plaisir ». Le nez charmeur exprime les fruits très mûrs, le pruneau, soulignés d'un joli boisé. L'attaque friande, à la fois ronde et fraîche, introduit une bouche fruitée et longue, adossée à des tanins mûrs qui autorisent une consommation prochaine tout en permettant la garde. ✗ 2017-2025 ♈ pintade aux morilles

☛ *Dignac, 19, chem. de Jean-Lande, 33500 Pomerol,*
tél. 05 57 74 64 52, philippe.dignac@cegetel.net
Ⅴ ⚔ ♿ *t.l.j. sf sam. dim. 9h-12h 13h-18h*

CH. LA GRAVE 2012 ★★			
■	n.c.	⬥	30 à 50 €

82 83 86 88 89 ⑨⓪ 95 98 99 |**00**| |**01**| |02| 03 |04| |06| 08
10 11 **12**

Longtemps appelé La Grave Trigant de Boisset (du nom
d'un ancien propriétaire), ce domaine de 8 ha est établi
sur le versant ouest du plateau de Pomerol, sur des
terrains graveleux. Il est entré dans le giron des
établissements Moueix en 1971.

Si la robe dense montre quelques légers reflets d'évolution, le bouquet se distingue par sa fraîcheur et affiche une
palette raffinée, d'une belle complexité, sur la rose puis la
mûre, avec des nuances de fruits secs et d'épices douces.
Alerte, fluide et tonique à l'attaque, le vin dévoile une
charpente puissante, tout en laissant une impression de
finesse grâce à des tanins au grain fin et à une fine acidité
qui soulignent sa longue finale sur le fruit. Du corps et de
l'élégance. ⌛ 2018-2025 ♟ selle d'agneau sauce café

☛ *Éts Jean-Pierre Moueix, 54, quai du Priourat, BP 129,*
33502 Libourne Cedex, tél. 05 57 51 78 96, info@
jpmoueix.com

CH. HAUT FERRAND 2012 ★★			
■	15 000	⬥	20 à 30 €

Les Gasparoux conduisent un vignoble de 16 ha réparits
entre les Ch. Ferrand (acquis en 1934), 12 ha sur les
pentes sud du plateau de Pomerol, et Haut Ferrand, 4 ha
autour de l'église de Pomerol, acquis dans les années
1970.

Les deux pomerol du domaine ont été appréciés. Le
préféré est Haut-Ferrand, issu à 80 % de merlot planté sur
graves. « L'archétype des vins de Pomerol », selon un de
nos experts : robe très colorée, nez concentré sur les baies
noires, le bois épicé, vanillé et poivré. Une touche de gibier
s'ajoute à cette palette dans une bouche qui s'impose par
sa présence, sa matière chaleureuse et charnue, son
volume et ses tanins solides qui appellent la garde.
⌛ 2018-2028 ♟ pavé de biche ■ Ch. Ferrand 2012 (20 à
30 € ; 70 000 b.) : vin cité. ⌛ 2017-2028

☛ *SCE Ch. Ferrand, chem. de la Commanderie,*
33500 Libourne, tél. 05 57 51 21 67,
contact@chateau-ferrand.com Ⅴ ⚔ *r.-v.* ☛ *Gasparoux*

CH. HOSANNA 2012 ★★			
■	n.c.	⬥	+ de 100 €

|05| |06| |**07**| **08 09 10 11 12**

Bordé par de prestigieux domaines – Petrus à l'est, Vieux
Château Certan au sud, Lafleur au nord – ce cru de 4,5 ha
est né du partage du Ch. Certan-Giraud. L'encépagement
comprend 30 % de cabernet franc aux côtés du merlot.
Acquis et rebaptisé par la famille Moueix en 1999,
Hosanna est une valeur sûre de l'appellation.

Beaucoup de netteté dans la robe sombre. Le nez
engageant, alerte, mêle les épices et les fruits noirs frais ;
à l'agitation, le fruit prend des tonalités plus chaudes et
confites tandis que se libère un léger boisé vanillé ; une
touche de cuir vient compléter cette palette en bouche.
Rond, suave et doux à l'attaque, le palais s'appuie sur des

tanins tendres et soyeux, qui se font plus serrés et fermes
en finale, soulignés par une ligne de fraîcheur. Un vin
harmonieux, élégant et solide, plein de promesses. ⌛ 2020-
2030 ♟ carré d'agneau aux épices douces

☛ *Éts Jean-Pierre Moueix, 54, quai du Priourat,*
BP 129, 33502 Libourne Cedex, tél. 05 57 51 78 96,
info@jpmoueix.com

CH. LAFLEUR DU ROY 2012			
■	20 000	⬥	15 à 20 €

Yvon et Pâquerette Dubost, venus à la vigne par le biais
de leurs pépinières viticoles, ont constitué un bel
ensemble de crus, aujourd'hui conduit par leur fils
Laurent : Lafleur du Roy à Pomerol, Bossuet en bordeaux supérieur, La Vallière à Lalande et Pâquerette en
bordeaux sec.

À côté des 85 % de merlot, on trouve une pincée des deux
cabernets dans ce vin agréable, dont la teinte intense
commence à évoluer. Le nez, encore dans la barrique,
exprime un joli bois toasté et vanillé, et il faut une bonne
aération pour libérer le fruit. Après une attaque ronde et
gourmande, les tanins du bois prennent le dessus : à
attendre un peu. ⌛ 2017-2025 ♟ confit de canard

☛ *SARL Laurent Dubost, Catusseau, 33500 Pomerol,*
tél. 05 57 51 74 57, sarl.dubost.l@wanadoo.fr
Ⅴ ⚔ ♿ *r.-v.*

CH. LAFLEUR GAZIN 2012 ★			
■	n.c.	⬥	30 à 50 €

Cette petite propriété de 8,5 ha établie sur les pentes
douces qui regardent la Barbanne, dans la partie nord
du plateau de Pomerol, s'inscrit entre les Ch. Lafleur
et Gazin, comme son nom l'indique. Propriété de
Mᵐᵉ Delfour-Borderie, elle est exploitée en métayage
par les établissements Moueix depuis 1976.

La robe soutenue montre des reflets violines de jeunesse.
Mariés au café et à la vanille de l'élevage, les fruits bien
mûrs, complétés à l'aération par une touche de violette,
composent un nez expansif, généreux et suave. L'attaque
souple et épicée ouvre sur une bouche tendre, chaleureuse et longue, aux arômes de fruits cuits, marquée en
finale par des tanins jeunes et vifs, encore stricts. Un style
plutôt solaire pour ce vin qui, sans être ni très longue
garde, reste solide et de belle tenue. ⌛ 2017-2022 ♟ joues
de bœuf confites

☛ *Éts Jean-Pierre Moueix, 54 quai du Priourat, BP 129,*
33502 Libourne Cedex, tél. 05 57 51 78 96, info@
jpmoueix.com

CH. LATOUR À POMEROL 2012 ★			
■	n.c.	⬥	75 à 100 €

97 98 99 00 **01** |03| |05| |06| |07| 08 09 10 11 12

Un petit domaine de 7,9 ha entourant l'église de
Pomerol, installé sur des terroirs variés, majoritaire-
ment argileux et graveleux. Acheté en 1917 par Edmonde
Loubat (Petrus) et légué par sa nièce Mᵐᵉ Lacoste au
Foyer de Charité de Châteauneuf-de-Galaure, il est
exploité en fermage depuis 1963 par la société Jean-
Pierre Moueix.

Ce 2012 s'annonce par un nez bien ouvert et chaleureux,
sur les fruits mûrs à l'alcool, la prune cuite et le pruneau,
les épices, avec à l'arrière-plan de la vivacité, des touches
réglissées et balsamiques. Après une attaque ronde et

ample, des tanins fermes font sentir leur présence jusqu'à la longue finale où l'on retrouve la réglisse. Pas trop de volume, mais une belle construction. ✗ 2017-2024 ❣ canard farci foie gras et pruneaux

o— *Éts Jean-Pierre Moueix, 54, quai du Priourat, BP 129, 33502 Libourne Cedex, tél. 05 57 51 78 96, info@ jpmoueix.com*

CH. LÉCUYER 2012 ★		
■	11 000	⦿	30 à 50 €

Agriculteur en Eure-et-Loir, François Petit acquiert Tournefeuille en 1998, pièce maîtresse (17,5 à Néac) d'un vignoble familial étendu aussi sur Pomerol (Lécuyer) et Saint-Émilion (La Révérence), aujourd'hui conduit par son fils Émeric et son associé Francis Cambier.

Le Ch. de Bourgueneuf a été acquis en 2004 par Émeric Petit qui l'a rebaptisé du nom de jeune fille de sa mère. Il couvre 3 ha, planté à 90 % de merlot sur graves argileuses. Son 2012 arbore une robe très colorée, aux reflets violets de jeunesse. En revanche, son bouquet est déjà très ouvert, mêlant les fruits confits et la violette sur un fond finement boisé. Chaleureux et charnu, le palais se distingue par sa concentration, sa longueur et ses tanins boisés serrés, un peu massifs, très présents en finale. ✗ 2018-2025 ❣ pavé de bœuf sauce chocolat

o— *SCEA Petit Lécuyer, 24, rue de l'Église, 33500 Néac, tél. 05 57 51 18 61, chateautournefeuille@wanadoo.fr* Ⓥ 🏠 👤 *r.-v.* o— *Émeric Petit*

CH. MONBRUN 2012		
■	12 000	🍶 ⦿	20 à 30 €

Installés sur la rive gauche de la Dordogne, les Dubois ont franchi la rivière et cultivent la vigne dans le Libournais depuis trois générations. Ils exploitent quatre châteaux : Bozelle (AOC bordeaux), Monbrun (pomerol), Clos du Roy (lalande-de-pomerol) et Bel-Air La Gravière (saint-émilion grand cru).

Proche de Catusseau, ce petit cru de 2,23 ha aux sols sablo-graveleux est planté exclusivement de merlot. Son 2012 est très coloré et bien ouvert sur un boisé vanillé qui masque encore le fruit. Après une attaque ronde et agréable, les tanins du bois, au grain fin, prennent de nouveau le dessus et imposent un peu de patience. ✗ 2017-2025 ❣ magret de canard

o— *SCEA Jean-Claude et Michelle Dubois, Ch. Bozelle, 33500 Arveyres, tél. 05 57 84 94 45, vignoblesdubois@orange.fr* Ⓥ 🏠 👤 *r.-v.*

CH. MONTVIEL 2012 ★		
■	21 000	🍶 ⦿	30 à 50 €

Grande figure de Pomerol disparue en 2013, Catherine Péré-Vergé, héritière des cristalleries d'Arques, exploitait trois domaines pomerolais qu'elle a portés au sommet : Montviel, acquis en 1985, Le Gay et La Violette, complétés par La Gravière en lalande. Un ensemble conduit aujourd'hui par son fils Henri Parent.

Premier cru acquis par Catherine Péré-Vergé, Montviel se concentre désormais sur 4,5 ha, rassemblant des parcelles proches du Ch. Clinet, aux sols de graves argileuses sur sous-sols de crasse de fer. Son 2012 affiche une robe presque noire et délivre un nez gorgé de raisins bien mûrs, malgré son élevage de quinze mois en barriques – neuves pour une bonne moitié. La bouche, à l'unisson, apparaît

franche, tonique, charnue et longue. Les tanins, bien présents, n'ont rien d'écrasant et permettront une consommation prochaine. ✗ 2017-2026 ❣ gigot rôti ■ Ch. Tristan 2012 ★ (20 à 30 € ; 11 600 b.) : un vin issu d'une parcelle de 2,5 ha aux sols de fines graves, dont la production était incluse jusqu'en 2006 dans le Ch. Montviel. Un bon pomerol de garde, encore un peu fermé, austère et marqué par l'élevage mais plein de ressources : robe colorée, robe puissante aux tanins denses. ✗ 2017-2027 ■ Ch. le Gay 2012 (+ de 100 € ; 20 000 b.) : vin cité. ✗ 2017-2028

o— *SCEA Vignobles Péré-Vergé, Grand-Moulinet, 33500 Pomerol, tél. 03 20 64 20 56, communication@montviel.com* Ⓥ 👤 *r.-v.*

CH. LE MOULIN 2012		
■	13 000	⦿	30 à 50 €

La famille Querre possède plusieurs vignobles en Libournais. Propriété de Michel Querre depuis 1997, Le Moulin est un petit domaine de 2,4 ha situé sur le plateau de Cloquet, tout près du Moulin de Lavaud.

Issu de sols argilo-graveleux, un puissant pomerol de garde, qui achève sa fermentation puis reste dix-huit mois en barrique : robe profonde et vive à la fois ; nez intensément boisé, sur le moka, le cacao et la réglisse, laissant percer des notes de pruneau ; bouche ronde à l'attaque, ample et longue, vite couverte par les tanins d'une barrique très chauffée, qui donnent à ce vin un style moderne et demandent un peu de patience. ✗ 2018-2026 ❣ entrecôte maître de chai

o— *SCEA le Moulin de Pomerol, chem. du Moulin-de-Lavaud, 33500 Pomerol, tél. 05 57 55 19 60, contact@moulin-pomerol.com* Ⓥ 🏠 *r.-v.* o— *Querre*

CH. MOULINET-LASSERRE 2012		
■	25 000	🍶 ⦿	20 à 30 €

Jean-Marie Garde exploite deux crus limitrophes à Pomerol, au terroir et à l'encépagement similaires (avec une présence originale du malbec) : le Clos René – ancienne propriété familiale connue au XVIIIᵉ s. sous le nom de « Reney » – et Moulinet-Lasserre, complétés par une vigne en lalande (La Mission).

Élevé seize mois en barriques (renouvelées par quart tous les ans), ce pomerol à la robe profonde offre au nez beaucoup de fruit, dans un sillage délicatement boisé. L'attaque ronde, ample et fruitée est vite relayée par des tanins boisés torréfiés qui devraient s'affiner assez vite. ✗ 2017-2025 ❣ gigot d'agneau ■ Clos René 2012 (20 à 30 € ; 75 000 b.) : vin cité. ✗ 2017-2027

o— *SCEA Garde-Lasserre, Clos René, rue du Grand-Moulinet, 33500 Pomerol, tél. 05 57 51 10 41* Ⓥ 🏠 👤 *r.-v.*

CH. NÉNIN 2012 ★		
■	36 000	⦿	30 à 50 €

Commandé par une belle demeure du XVIIIᵉ s., ce cru de 34 ha, situé au sud de l'appellation, à l'entrée du village de Catusseau, est l'un des plus importants de Pomerol. Sa surface lui permet d'accéder à la plupart des terroirs de l'AOC. En 1997, Jean-Hubert Delon et sa sœur Geneviève d'Alton (Léoville Las Cases à Saint-Julien) l'ont acheté et entrepris d'importants travaux de restructuration ; ils ont augmenté la part du cabernet franc par rapport au merlot, qui reste dominant.

Très coloré, un pomerol au caractère un peu médocain. Le nez est encore fermé, très marqué par le bois ; l'aération permet de découvrir de belles notes fruitées et florales. Puissant, charpenté, le palais est construit sur des tanins encore fermes qui demandent à s'affiner : le profil d'un vin de garde. ✗ 2018-2030 ▼ gigue de chevreuil ■ Fugue de Nénin 2012 ★ (20 à 30 € ; 72 000 b.) : un second vin aussi charmeur que prometteur. Robe profonde et jeune, bouquet réservé, mais fin et raffiné ; bouche ronde, suave, puissante et chaleureuse, encadrée par des tanins soyeux qui permettront une bonne garde. ✗ 2017-2027

☞ *Ch. Nénin, 66, rte de Montagne, 33500 Pomerol, tél. 05 56 73 25 27, contact@leoville-las-cases.com* Ⓥ 🔑 🛗 *r.-v.* ☞ Jean-Hubert Delon

CH. PETIT-VILLAGE 2012 ★		
■	25 000	⑾ 50 à 75 €

Dans le giron d'Axa Millésimes depuis 1989, un cru réputé, qui doit son nom aux anciens bâtiments qui formaient un petit hameau. Bien situé à la partie la plus haute du plateau de Pomerol, son vignoble compose un triangle de 10,5 ha d'un seul tenant sur graves profondes enrobées d'argiles.

Avec 40 % de cabernets (25 % de cabernet franc, 15 % de cabernet-sauvignon), l'encépagement a un caractère presque médocain, qui transparaît à la dégustation. La robe est profonde, presque noire. Le bouquet intense et complexe associe des notes bien typées pomerol (violette, pruneau, bois réglissé) à des senteurs épicées, poivrées, animales et truffées. Le palais, à l'unisson, dévoile une chair corsée, fraîche et tonique, encadrée de tanins fins et serrés qui destinent cette bouteille à la garde. ✗ 2017-2028 ▼ civet de marcassin

☞ *Ch. Petit-Village, 126, rte de Catusseau, 33500 Pomerol, tél. 05 57 51 21 08, contact@petit-village.com* Ⓥ 🔑 🛗 *r.-v.* ☞ Axa Millésimes

♥ PETRUS 2012 ★★★		
■	n.c.	⑾ + de 100 €

85 86 87 ⑧⑧ 89 90 92 93 94 ⑨⑤ ⑨⑥ 97 ⑨⑧ 99 ⑩⑩ |01|
01 02 03 04 05 ⑩⑥ ⑩⑦ ⑩⑧ ⑩⑨ ⑩⑩ 11 ⑫

Presque une maison de poupée, un chai à peine plus grand et un vignoble modeste (11,5 ha), et pourtant un cru devenu mythe. Déjà réputé à la fin du XIXᵉˢ., sous la conduite de la famille Arnaud, il assoit sa notoriété grâce à Edmonde Loubat, dite « Tante Lou ». Cette hôtelière libournaise débordante d'énergie, qui a acheté des parts en 1925 (seule propriétaire en 1945), va notamment conquérir Londres en envoyant du Petrus aux fiançailles d'Élisabeth d'Angleterre. Autre élément décisif, son association avec le négociant Jean-Pierre Moueix (propriétaire unique en 1964), qui va organiser la vente et créer le mythe : Petrus devient le vin préféré des Kennedy. Un succès qui

s'explique aussi – et surtout – par un terroir d'exception : la fameuse « boutonnière », une argile bleue en surface qui se gonfle aux premières pluies, devient totalement imperméable et assure une alimentation régulière de la plante. Un terroir magnifié pendant quarante-cinq ans par un vinificateur hors pair, Jean-Claude Berrouet, qui a laissé sa place en 2007 à son fils Olivier – la direction générale étant assurée depuis 2014 par Jean Moueix, petit-fils de Jean-Pierre.

Le merlot, qui est au cœur de Petrus, a été le gagnant en Bordelais d'un millésime compliqué, échappant aux pluies d'octobre grâce à sa précocité, et les argiles gonflantes du cru ont certainement joué leur rôle régulateur au cours des périodes très chaudes du mois d'août. Si les volumes sont inférieurs de 25 % à la moyenne, on ne sera pas surpris de voir ce grand du Libournais camper au niveau de qualité superbe auquel il nous a habitués. À la robe profonde répond un bouquet intense et vineux : au premier nez, un boisé délicat et frais se lie aux fruits noirs (mûre, cassis), à la violette et à la fougère ; à l'aération se déploient des notes plus chaleureuses et suaves de café au lait. La bouche suit la même ligne, à la fois dense, riche et charmeuse. Après une attaque soyeuse, tendre et racée, elle monte en puissance sur des tanins serrés, adoucie par de belles rondeurs. La finale longue et fraîche, tendue sans nervosité, lui confère une rare élégance. Un équilibre surprenant mais parfait, alliant solidité et toucher soyeux, fraîcheur et maturité. ✗ 2020-2035 ▼ tournedos Rossini

☞ *SC du Ch. Petrus, 3, rte de Lussac, 33500 Pomerol*

CH. PLINCE 2012 ★		
■	50 000	🍾 ⑾ 20 à 30 €

Situé à l'est de Libourne, vers Saint-Émilion, voisin de Nénin et de La Pointe, ce cru, entré dans la famille Moreau dans les années 1930, étend son vignoble sur 8,6 ha d'un seul tenant, sur sables et argiles à crasse de fer.

Le cabernet franc représente près de 30 % de ce vin bien coloré, dont le bouquet frais évoque une soupe de fruits rouges et noirs, soulignés d'un trait de moka et d'une pincée d'épices douces. La bouche adopte le même registre, rehaussée d'une touche minérale. Après une attaque ronde et gourmande, les tanins entrent en scène, mais sans la moindre agressivité : ils permettront d'apprécier cette bouteille aussi bien jeune (avec une viande rouge) que patinée (avec une viande blanche). ✗ 2016-2025 ▼ rôti de veau aux cèpes

☞ *SCEV Moreau, Ch. Plince, 33500 Libourne, tél. 05 57 51 68 77, plince@aliceadsl.fr* Ⓥ 🔑 🛗 *r.-v.*

CH. LA POINTE 2012 ★		
■	85 000	⑾ 20 à 30 €

95 96 ⑨⑧ 00 01 02 03 04 05 |06| |07| 08 09 10 11 12

Ce cru important (22 h) doit son nom à sa situation dans la pointe formée par les routes du bourg et de Catusseau, à la sortie de Libourne. Régulier en qualité, il a été repris en 2007 par la compagnie Générali. Éric Monneret, originaire du Jura et passé par Sauternes, en assure l'exploitation.

Un pomerol à la robe soutenue, qui conjugue finesse et aptitude à la garde. Raffiné et flatteur, le nez déploie une palette complexe : petits fruits noirs, notes florales, alliés à la vanille, au cacao et au moka de l'élevage. Ample et puissant au palais, il garde son élégance tout au long de la dégustation, et les tanins boisés n'écrasent pas le fruit. La finale fraîche et longue laisse envisager une évolution heureuse. ✘ 2017-2028 ♈ civet de lapin

☛ Ch. la Pointe, BP 63, 33501 Pomerol Libourne Cedex, tél. 05 57 51 02 11, contact@chateaulapointe.com
🏃 ♈ r.-v.

DOM. DE LA POINTE 2012 ★		
■ 6 000	⑪	15 à 20 €

En 1958, Aurélien et Régine Silvestrini acquièrent 1 ha de vignes en lussac-saint-émilion ; leur fils Max agrandit et modernise l'exploitation, rejoint en 2005 par Sabine et Jérôme. La troisième génération dispose de 34 ha, essentiellement en lussac (Ch. Chéreau), avec des parcelles en pomerol.

Issu d'une petite vigne (1,2 ha) sur graves argileuses, voici un millésime très harmonieux. Fin, expressif, suave et complexe, le bouquet associe le merlot bien mûr (fruits noirs, pruneau) à un fin boisé aux nuances de cacao, d'épices douces et de vanille. Soyeuse à l'attaque, sur des notes de noyau, de cerise macérée, la bouche déroule des tanins vanillés bien enrobés, rafraîchie par une finale aux accents de menthe poivrée. ✘ 2017-2025 ♈ magret de canard

☛ SCEA Vignobles Silvestrini, 8, Chéreau, 33570 Lussac, tél. 05 57 7. 50 76, vignobles.silvestrini@wanadoo.fr
🆅 🏃 ♈ -v.

CH. PROVIDENCE 2012 ★★		
■ n.c.	⑪	+ de 100 €

(05)| 06| **07**| 08 **09** 10 11 **12**

Autrefois nommé Ch. Tropchaud et rebaptisé Providence en 1928 par la famille Dupuy, ce cru de 4 ha d'un seul tenant, au centre du plateau de Pomerol, est planté d'une majorité de merlot sur terrains argilo-graveleux. C'est la dernière acquisition des établissements Jean-Pierre Moueix, qui ont reconstruit les chais et restauré le château du XIXᵉs. (2005).

La robe sombre et dense annonce un vin puissant, qui dévoile déjà au bouquet une certaine complexité : au premier nez, des senteurs fraîches de zan et de fruits noirs puis, à l'aération, du cuir, de la violette et des nuances plus chaudes de fruits cuits et de goudron. Franche, chaleureuse et intense à l'attaque, la bouche s'impose par son volume, sa charpente tannique puissante et par la persistance de sa finale suave et épicée. Une fraîcheur sous-jacente lui donne beaucoup d'élégance. Un pomerol bien typé, bientôt accessible et armé pour la garde. ✘ 2018-2030 ♈ côte de bœuf aux cèpes

☛ Éts Jean-Pierre Moueix, 54, quai du Priourat, BP 129, 33502 Libourne Cedex, tél. 05 57 51 78 96, info@jpmoueix.com

CH. ROUGET 2012		
■ 50 400	⑪	30 à 50 €

99 00 01 **02 03** 04 |05| |06| **07 08** 09 **10 11** 12

En 1992, les Labruyère, originaires du Beaujolais (Moulin-à-Vent) et propriétaires en Bourgogne (Jacques Prieur), ont acquis ce domaine réputé dès le XVIIIᵉs. Ils l'ont hissé parmi les grands de Pomerol, grâce à des vins d'une remarquable régularité, nés de 18 ha de vignes établis en pente douce sur le plateau de Pomerol.

Sans avoir l'envergure de très beaux millésimes comme 2010 ou 2008, élus coups de cœur, ce 2012 à la robe profonde tire son épingle du jeu. Son bouquet vineux évoque les fruits rouges et noirs, la baie de sureau, avec des nuances florales et un léger boisé. Son attaque ronde, charnue, soyeuse et aromatique est bien typée pomerol, mais la finale est aujourd'hui marquée par des tanins très boisés qui demandent à se fondre : à garder en cave. ✘ 2018-2025 ♈ côte de bœuf

☛ Ch. Rouget, 4-6, rte de Saint-Jacques-de-Compostelle, 33500 Pomerol, tél. 05 57 51 05 85, info@chateau-rouget.com 🆅 🏃 r.-v. ☛ Labruyère

CH. SAINT-PIERRE 2012 ★		
■ 6 093	⑪	30 à 50 €

Propriétaire du négoce Horeau-Beylot, fondé en 1740, la famille de Lavaux est établie au Ch. Martinet, à Saint-Émilion, d'où elle gère plusieurs vignobles, à Pomerol (Saint-Pierre, Clos du Vieux Plateau Certan, Haut Cloquet), Lalande (Clos des Galevesses) et Fronsac (Dufort Pontus). Elle est aussi co-propriétaire du Ch. Bellevue (grand cru classé de Saint-Émilion).

Un pomerol charpenté, voire carré, à la robe profonde, mêlant au nez les fruits rouges et un boisé bien intégré. Après une attaque ronde, le vin montre une armature tannique solide et une finale agréable, fraîche et longue. Une bouteille de garde à oublier en cave pour permettre à ses tanins de se fondre. ✘ 2018-2025 ♈ cuissot de chevreuil ■ Clos du Vieux Plateau Certan 2012 ★ (50 à 75 € ; 900 b.) : une microcuvée issue d'une parcelle de 50 ares. De la couleur, beaucoup de fruits rouges et noirs soulignés par un boisé discret, la rondeur d'un pomerol étayée par des tanins élégants, une finale persistante. De la finesse, de la complexité et du potentiel. ✘ 2017-2027

☛ SCEA de Lavaux, 64, av. du Gal-de-Gaulle, 33500 Libourne, tél. 05 57 74 05 89, contact@chateau-martinet.com 🆅 🏃 ♈ r.-v.

CH. DE SALES 2012 ★		
■ 127 000	🍾 ⑪	20 à 30 €

Situé au nord de Libourne, le plus vaste cru de l'appellation (47,5 ha) est chargé d'histoire ; il s'est transmis de génération en génération depuis 1464 ! Bruno de Lambert, qui en a pris la tête en 1982, assure sa pérennité. Le vignoble entoure l'une des plus anciennes chartreuses girondines, construite au début du XVIIᵉs.

Une bouteille tout en finesse. Un caractère sans doute lié au terroir de sables et graves fines, ainsi qu'aux préférences du propriétaire, qui ne prise guère le boisé trop insistant. Les vins, après des vinifications en cuve de béton, ne séjournent qu'un temps limité en barrique (six mois de cuve et douze mois de fût) – de réemploi pour la plupart. D'où ce bouquet très floral, mêlant la pivoine, les fruits rouges acidulés à un discret boisé vanillé et à une touche mentholée. Le fruit s'exprime davantage en bouche, sur des tanins fins qui permettront de goûter cette bouteille assez vite. ✘ 2017-2025 ♈ canard aux cèpes ■ Ch. Chantalouette 2012 ★ (15 à 20 € ; 70 000 b.) : comportant 40 % de cabernets, un second vin à la robe légèrement évoluée ; nez discret, libérant des notes de petits fruits rouges ; bouche délicate, fraîche et minérale, adossée à des tanins soyeux. À carafer. ✘ 2016-2022

○━ *Bruno de Lambert, 11, chem. de Sales, Ch. de Sales,*
33500 Libourne, tél. 05 57 51 04 92,
chdesales@chateaudesales.fr Ⓥ 🏃 🍴 *r.-v.*

CH. DU TAILHAS 2012 ★

■	50 000	🍴 ◖◗	20 à 30 €

Une lettre de 1289 émanant d'Édouard Iᵉʳ, roi des
Anglais et d'Aquitaine, fixe la limite entre Pomerol et
Saint-Émilion au ruisseau du « Tailhayat » ; celle-ci n'a
pas bougé. Le cru, dans la famille Nebout depuis 1932,
est administré depuis 1994 par Luc Nebout. Il couvre
11 ha d'un seul tenant, dans la partie sud du plateau de
Pomerol.

Le grand maître des Hospitaliers de Pomerol signe un 2012
très coloré, au bouquet encore un peu fermé mais
profond, qui libère à l'agitation des arômes de raisin bien
mûr et de bois épicé. Ronde à l'attaque, la bouche monte
en puissance, avec ampleur, sur des notes de mûre,
étayées par des tanins jeunes et vifs qui se portent garants
de l'évolution de ce millésime. Un vin bien typé « pomerol ». ✗ 2017-2027 🍴 gigot d'agneau

○━ *SC Ch. du Tailhas, 195, rte de St-Émilion,*
33500 Libourne, tél. 05 57 51 26 02, info@tailhas.com
Ⓥ 🏃 🍴 *r.-v.* ○━ Nebout

CH. TAILLEFER 2012 ★

■	50 000	◖◗	20 à 30 €

93 94 95 96 97 **00** 01 02 |03| |05| |06| |07| 08 09 **10** 11
12

Descendante du négociant corrézien Antoine Moueix,
Catherine Moueix et ses enfants Antoine et Claire
conduisent depuis 1996 deux crus libournais : Taillefer,
13,5 ha au sud du plateau de Pomerol acquis en 1923 ;
Tauzinat l'Hermitage, grand cru de 9,3 ha sur le plateau
de Saint-Émilion, acquis en 1953.

Dans une appellation où le moindre lopin est sacrifié à la
vigne, la famille a su préserver un très beau parc arboré.
Le vignoble, en bordure du rocade est de Libourne,
repose sur un terroir de graves, de sables et d'argiles
ferrugineuses d'où la propriété tire son nom. Le 2012
possède tous les attributs d'un pomerol de garde : une
robe foncée et jeune aux reflets violets, un nez à la fois
opulent et subtil, mêlant d'intenses notes de fruits rouges,
un boisé discrètement vanillé et épicé à quelques nuances
de gibier. Ample et généreuse, la bouche est structurée
par de puissants tanins, encore stricts, qui devront
s'arrondir. ✗ 2018-2025 🍴 salmis de palombe

○━ *SC Bernard Moueix, Ch. Taillefer, BP 9,*
33501 Libourne Cedex, tél. 05 57 25 50 45,
contact@moueixbernard.com Ⓥ *r.-v.*

CH. TOUR MAILLET 2012 ★★

■	13 000	◖◗	20 à 30 €

99 ⓿ 02 03 04 |05| |06| |07| **08** 09 **10** 11 **12**

Aux lendemains de la guerre de 1914, Pierre Lagardère
acquiert 1 ha de vigne dans le secteur de Maillet, à
Pomerol. Ses petit-fils et arrière-petit-fils, Jean-Claude
et Gaël, conduisent aujourd'hui un vignoble de 16 ha à
Montagne (Ch. Négrit et Ch. Rocher Calon) et 2 ha à
Pomerol (Ch. Tour Maillet).

Ces importants producteurs de montagne-saint-émilion
ont élaboré un remarquable pomerol à la robe soutenue

et vive, aux arômes encore très fruités, bien mariés avec
un boisé parfaitement maîtrisé. Complexe, vineux, concentré, charnu et charpenté, ce 2012 gagnera encore en
élégance avec le temps. ✗ 2018-2028 🍴 gigue de chevreuil

○━ *SCEV Lagardère, Négrit, 33570 Montagne,*
tél. 05 57 74 61 63, vignobleslagardere@wanadoo.fr
Ⓥ 🏃 🍴 *t.l.j. 8h-12h30 14h-19h*

CH. TROTANOY 2012 ★★

■	n.c.	◖◗	+ de 100 €

88 89 ⑨⓪ **92 94** ⑨⑤ ⑨⑥ 97 **98 99 00** |⓿①| |02| |03| |04| 05
⓪⑥ |07| ⓪⑧ ⓪⑨ ⑩ **11 12**

Difficile à cultiver, le sol riche en argile (graves sur argiles
et argiles noires profondes sur crasses de fer) a donné
son nom à ce cru de 7,2 ha à : « trop anoi » (« trop ennuie »
en vieux français). La maison Jean-Pierre Moueix en tire
le meilleur depuis 1953. Un pilier de l'appellation.

Ce 2012 dense et sombre dévoile un nez racé sur la
réglisse, la violette, les fruits noirs bien mûrs, voire
compotés, rehaussé à l'aération d'une touche boisée
évoquant le caramel. Fluide et fraîche à l'attaque, la
bouche apparaît corpulente, soutenue par une trame de
tanins serrés mais policés ; une belle vivacité, soulignée
d'arômes de petits fruits acidulés et de poivre, lui donne
beaucoup d'allant et de finesse. Un ensemble solide, alerte
et persistant, taillé pour une longue garde. ✗ 2020-2030
🍴 gigot d'agneau sauce au poivre

○━ *Éts Jean-Pierre Moueix, 54, quai du Priourat, BP 129,*
33502 Libourne Cedex, tél. 05 57 51 78 96, info@
jpmoueix.com

CH. VIEUX MAILLET 2012

■	30 000	◖◗	20 à 30 €

Installés en 2000 au Ch. de Lussac, Griet Van Malderen,
fille d'un industriel flamand, et son mari Hervé Laviale,
ancien journaliste, ont investi dans plusieurs vignobles
libournais, où ils associent viticulture et œnotourisme.
Ils ont acquis Vieux Maillet (pomerol) en 2004, 8,65 ha
dans le secteur du Maillet, complétés par une petite
vigne en lalande, vers le moulin de Lavaud.

Trois quarts de merlot et un quart de cabernets (cabernet
franc surtout) sont assemblés dans ce pomerol à la robe
noire ourlée de pourpre, qui libère des parfums de
fruits rouges soulignés d'un boisé élégant. Franche à
l'attaque, fraîche et de belle longueur, la bouche est
encadrée par des tanins enrobés, un peu plus fermes en
finale. ✗ 2018-2025 🍴 gigot d'agneau

○━ *Ch. Vieux Maillet, 16, chem. de Maillet,*
33500 Pomerol, info@chateauvieuxmaillet.com
Ⓥ 🏃 🍴 *r.-v.* ○━ Griet et Hervé Laviale-Van Malderen

DOM. VIEUX TAILLEFER 2012 ★

■	3 200	🍴 ◖◗	15 à 20 €

Depuis au moins quatre générations, la famille Ybert
exploite une dizaine d'hectares dans le Libournais :
Vieille Tour La Rose, 9 ha au hameau de La Rose, sur le
flanc nord du coteau de Saint-Émilion, et Vieux Taillefer,
petit cru de 53 ares au lieu-dit Taillefer à Pomerol.

Sandrine Ybert-Bacles est issue d'une vieille famille saint-
émilionnaise. L'un de ses aïeux avait acquis cette petite
vigne en 1861. Elle a donné ici un vin des plus satisfaisant.
La robe dense montre des reflets violets de jeunesse ; le

bouquet naissant exprime le raisin bien mûr, soutenu par un boisé cacaoté. En bouche, on trouve tout ce que l'on peut attendre d'un bon pomerol : de la chair, du fruit, de jolies rondeurs soutenues par d'élégants tanins boisés.

✗ 2017-2027 ▼ fromage de brebis des Pyrénées

o─ SCEA Vignobles Daniel Ybert, lieu-dit La Rose, 33330 Saint-Émilion, tél. 05 57 24 73 41, contact@vignoblesybert.fr 🆅 👤 📷 r.-v.

CH. VRAY CROIX DE GAY 2012 ★		
■ 12 000	🍖 🍶	50 à 75 €
98 99 00 01 02 03 04	05		06	07	08		09	10 11 12		

La famille Guichard est propriétaire depuis 1832 de plusieurs crus en Libournais : son fief et fleuron, Ch. Siaurac en lalande, Vray Croix de Gay en pomerol et Le Prieuré en saint-émilion grand cru. Un ensemble dirigé depuis 2004 par Aline Guichard et son mari Paul Goldschmidt. En 2014, François Pinault (Ch. Latour) a pris une participation dans les châteaux familiaux.

Né en 1949 de la réunion du vignoble des Grands Champs, acquis en 1892 près de Trotanoy, et d'une parcelle jouxtant La Fleur et Le Gay, Vray Croix de Gay est un petit cru de 3,67 ha. Le merlot y règne en maître sur un terroir de graves. Vinifié en petites cuves et élevé quatorze mois en barriques, neuves pour moitié, ce 2012 est un vin coloré, mêlant au nez un merlot bien mûr et un boisé fin bien intégré, aux accents de café. Après une attaque ample et généreuse, des tanins boisés aux nuances de moka et de praline prennent le dessus et se portent garants d'une longue garde. ✗ 2017-2030 ▼ pavé de bœuf au café

■ L'Enchanteur de Vray Croix de Gay 2012 ★ (30 à 50 € ; 4 300 b.) : issu de jeunes vignes, ce vin se distingue par la proportion importante de cabernet franc (55 %) dans son assemblage. Encore un peu fermé, il a intéressé les dégustateurs par la finesse et la qualité de ses tanins réglissés. À servir de préférence en carafe. ✗ 2016-2024

o─ Ch. Siaurac and Co, Ch. Siaurac, 33500 Néac, tél. 05 57 51 64 58, info@chateausiauracandco.com 🆅 👤 📷 r.-v. **o─** Aline et Paul Goldschmidt

LALANDE-DE-POMEROL

Superficie : 1 130 ha / Production : 61 400 hl

Créé, comme celui de Pomerol qu'il jouxte au nord, par les Hospitaliers de Saint-Jean-de-Jérusalem (à qui l'on doit aussi l'église de Lalande qui date du XIIᵉs.), ce vignoble produit, à partir des cépages classiques du Bordelais, des vins rouges colorés, puissants et bouquetés qui jouissent d'une bonne réputation, les meilleurs pouvant rivaliser avec les pomerol et les saint-émilion.

Ⓑ CH. DES ANNEREAUX 2012 ★		
■ 52 000	🍖 🍶	11 à 15 €

Le premier de la lignée, au XIVᵉs., avait pour patronyme Annereaux, et Dominique Hessel est l'un de ses descendants ! Ingénieur agronome et œnologue, il a d'abord régi le Ch. Moulin à Vent, à Moulis, avant de prendre les rênes du vignoble familial en 2004. Il a d'abord conduit les 25 ha de vignes en lutte raisonnée avant d'engager une conversion bio en 2007 (certification en 2010).

Vinifié en cuve de béton puis élevé douze mois en barrique, un très bon vin de garde à la robe pourpre intense et sombre au bouquet discret, fin et tonique. Plus expressif en bouche, il développe des arômes de fruits frais alliés à un boisé délicat. Après une attaque ronde, des tanins jeunes et serrés marquent la finale, garants d'une heureuse évolution. ✗ 2017-2025 ▼ pintade rôtie

o─ Dominique et Benjamin Hessel, Ch. des Annereaux, lieu-dit Les Annereaux, 33500 Lalande-de-Pomerol, tél. 05 57 51 03 01, contact@annereaux.com 🆅 👤 📷 r.-v.

CH. ARNAUD DE GRAVETTE 2012		
■ n.c.	🍶	8 à 11 €

Petit cru créé en 2003 au moment du partage de l'exploitation familiale, il porte le nom de son propriétaire, Éric Arnaud, complété d'une référence à la nature du sol, Gravette signifiant des « petits cailloux ».

Élevé dix-huit mois en barrique, ce lalande décline de multiples nuances boisées (vanille, cacao, caramel, nougatine), mais le raisin est bien présent à travers des notes de fruits rouges et noirs bien mûrs. La cerise à l'eau-de-vie et le noyau s'ajoutent en bouche à cette palette, accompagnés de tanins boisés et serrés qui font de ce 2012 un bon vin de garde. ✗ 2017-2025 ▼ entrecôte maître d'hôtel

o─ Éric Arnaud, 16, la Coutaude, 33910 Sablons, tél. 05 57 49 26 50, ericmh.arnaud@orange.fr 🆅 👤 📷 r.-v.

CH. DE BEL-AIR 2012 ★		
■ 70 000	🍶	15 à 20 €

Représentant la cinquième génération à la tête d'une banque privée, le Belge Michel de Laet Derache rachète en 2011 le Ch. de Bel Air à Lalande, domaine de 15,6 ha mentionné dans l'édition 1898 du Féret. Il le restructure méthodiquement : études pédologiques pour créer des cuvées parcellaires, réaménagement en cours de la cuverie et des chais.

D'un pourpre sombre, ce 2012 exprime au premier nez un boisé toasté et vanillé agréable et bien fondu, les fruits rouges pointant à l'aération. Franc à l'attaque, à la fois frais et suave, le palais est soyeux, rond et long. Le fruit, plus expansif qu'au bouquet, s'accompagne d'arômes de moka et d'épices. Un style de vin gourmand, déjà agréable et qui vieillira bien. ✗ 2017-2025 ▼ rosbif

o─ de Laet Derache, Ch. de Bel-Air, 1, rte de Belair, 33500 Lalande-de-Pomerol, tél. 09 67 05 40 07, contact@chateaudebelair.com 🆅 r.-v. **o─** de Laet Derache

CH. BELLES-GRAVES 2012 ★		
■ 60 000	🍖 🍶	15 à 20 €

Une croupe de graves argileuses, bordée par la Barbanne et coiffée par une petite chartreuse du XVIIIᵉs. ; le tout en pente sud, face au village de Pomerol. Acquis en 1938 par le grand-père de l'exploitant actuel, le domaine a reçu fréquemment la visite de Jacques-Yves Cousteau, un cousin de la famille, qui fournissait les équipages de la Calypso en vin du cru... Xavier Piton est aux commandes depuis 1988.

Ce lalande n'a fait qu'un très court séjour en barrique. Sa robe intense s'orne de reflets grenat. Le bouquet s'ouvre sur des senteurs de fruits rouges, de sureau, soulignés d'un soupçon de boisé. Ces arômes s'épanouissent dans une bouche ronde, charpentée par des tanins qui commencent à s'affiner. ✗ 2016-2023 ♀ épaule d'agneau rôtie

○┐ Xavier Piton, 1, allée de Belles-Graves, 33500 Néac, tél. 05 57 51 09 61, x.piton@belles-graves.com
Ⓥ 🕴 ⧯ t.l.j. 8h30-18h30; sam. dim. sur r.-v. 🏠 ❺

CH. BERTINEAU SAINT-VINCENT 2012		
■ 18 000	⬤	15 à 20 €

Michel Rolland possède plusieurs crus dans le Libournais, avec pour fleuron Bon Pasteur, dans la famille depuis les années 1920 : 7 ha morcelés en vingt-trois parcelles, aux confins nord-est de Pomerol. Bertineau Saint-Vincent (5,6 ha en lalande) et Rolland-Maillet (3,3 ha en saint-émilion grand cru) complètent la propriété, passée sous pavillon chinois en 2013 ; l'équipe technique est restée en place.

Établi sur les sols argilo-siliceux de Bertineau à Néac, ce cru est toujours vinifié par Michel Rolland, œnologue consultant international. Le merlot (75 %) laisse une place au cabernet franc dans l'assemblage. Malgré le séjour de quinze mois en barrique, le vin s'ouvre sur des parfums puissants et frais de fruits rouges (framboise) nuancés d'une touche mentholée, et le bois reste discret. Dans le même registre, le palais se montre rond, gras et long, encadré par des tanins boisés qui commencent à s'affiner. ✗ 2016-2026 ♀ magret de canard

○┐ SAS Le Bon Pasteur, chem. de Maillet, 33500 Pomerol, tél. 05 57 24 52 58, contact@chateaulebonpasteur.com Ⓥ 🕴 ⧯ r.-v.

CH. BOURSEAU 2012 ★★		
■ 25 600	🍾 ⬤	15 à 20 €

Véronique Gaboriaud-Bernard exploite depuis 1976 ce cru de 10 ha acquis par sa famille en 1962, devenu l'une des bonnes références de l'AOC lalande. L'autre domaine familial, le Ch. Matras, grand cru de Saint-Émilion, a été cédé à Canon en 2011.

Assemblage traditionnel en Libournais de trois quarts de merlot et d'un quart de cabernet franc, la cuvée principale de cette propriété est superbe : très colorée, elle dévoile un bouquet élégant où le raisin bien mûr et les baies noires côtoient un fin boisé épicé. La cerise, le noyau et une touche minérale s'ajoutent à cette palette dans une bouche parfaitement équilibrée, franche à l'attaque, riche et gourmande, marquée en finale par les tanins serrés du merrain qui laissent augurer une bonne garde. ✗ 2016-2025 ♀ épaule d'agneau ■ La Croix de Bourseau 2012 ★ (20 à 30 € ; 3 900 b.) : une sélection de vieilles vignes qui achève sa fermentation puis séjoure dix-huit mois en barrique. Un vin coloré et chaleureux qui porte l'empreinte de son élevage, mariant le fruit très mûr à un boisé beurré. Le profil d'une bouteille de garde. ✗ 2017-2027

○┐ Vignobles Gaboriaud-Bernard, Ch. Bourseau, 33500 Lalande-de-Pomerol, tél. 05 57 51 52 39, chateau.bourseau@wanadoo.fr Ⓥ 🕴 ⧯ r.-v.

CH. LES CHAGNIASSES 2012 ★★		
■ 3 475	🍾	11 à 15 €

En 1969, Maurice Carrère, ancien de la marine royale, a succédé à son beau-père Charles Durand sur ce vignoble créé au XVIIIᵉs. Sa fille Isabelle Fort, œnologue, a pris le

relais en 1997. Les 13,5 ha du domaine familial se répartissent sur trois appellations : lalande-de-pomerol, bordeaux et montagne-saint-émilion.

D'emblée, cette cuvée à la robe intense et profonde fait belle impression. Le nez doit être aéré pour livrer un très beau fruit mêlé de notes de sous-bois. Les fruits noirs s'épanouissent dans un palais à la fois rond et frais à l'attaque, ample, charnu et suave, étayé par une trame de tanins élégants aux saveurs épicées et cacaotées. Du fruit et de la structure. ✗ 2017-2026 ♀ tournedos Rossini

○┐ EARL Vignobles Carrère, 9, rte de Lyon, Lamarche, 33910 Saint-Denis-de-Pile, tél. 05 57 24 31 75, vignoble-carrere@wanadoo.fr Ⓥ 🕴 ⧯ r.-v.
○┐ Isabelle Fort

♥ CH. DE CHAMBRUN 2012 ★★		
■ 6 600	⬤	30 à 50 €

CHÂTEAU DE CHAMBRUN
LALANDE-DE-POMEROL
2012

Deux ans après la reprise de Faugères (grand cru de Saint-Émilion classé en 2012), l'homme d'affaires suisse spécialisé dans le luxe Silvio Denz, propriétaire de plusieurs crus en Libournais, a acheté en 2007 à Jean-Philippe Janoueix ce cru de Lalande, qu'il a agrandi (6,8 ha) et qui reste une valeur sûre de l'appellation.

Après avoir hissé Faugères au rang de grand cru classé, Silvio Denz met tout en œuvre pour révéler tout le potentiel de ce cru de Lalande, et il y parvient, à en juger par ce 2012 vinifié en cuve de bois et élevé quinze mois en barrique neuve, troisième coup de cœur depuis le rachat du cru. Tout y est : la robe bordeaux intense, le bouquet à la fois puissant et complexe exprimant un merlot (94 % de l'assemblage) mûr à point, un boisé aux nuances toastées et doucement vanillées. Dans une belle continuité, la bouche ample et puissante reste élégante grâce à la finesse des tanins boisés. ✗ 2017-2027 ♀ poularde rôtie

○┐ Ch. de Chambrun, 33500 Néac, tél. 05 57 40 34 99, info@vignobles-silvio-denz.com ○┐ Silvio Denz

CH. CHATAIN PINEAU 2012 ★		
■ 22 000	🍾 ⬤	11 à 15 €

Au retour de la Grande Guerre, le grand-père de Michel Micheau-Maillou se vit confier la gestion du domaine, acheté ensuite par ses descendants. La famille Micheau-Maillou exploite désormais plusieurs vignobles dans le Libournais, en saint-émilion grand cru et en lalande.

Ce vignoble de 6 ha s'étend à Néac sur un dôme argileux dominant le hameau de Chatain. Le merlot (75 %) compose avec les cabernets (cabernet franc surtout). Dans ce 2012, l'apport du bois reste mesuré, avec un élevage à 80 % en cuve. Il en résulte un vin au nez complexe, gorgé de fruits rouges frais rehaussés d'épices et de tabac blond. La fraîcheur aromatique se retrouve au palais, alliée à une structure ample et à des tanins boisés encore serrés et réglissés. ✗ 2017-2025 ♀ magret de canard aux cerises

○┐ Famille Micheau-Maillou, La Vieille-Église, 33330 Saint-Hippolyte, tél. 05 57 24 61 99 Ⓥ 🕴 r.-v.

CH. CLOS DE LA CHENAIE 2012			
■	6 500	🍷 ⬆	8 à 11 €

Domaine constitué à Lalande-de-Pomerol par le grand-père de l'actuel exploitant sur des sols de graves et de sables, et transmis en 2002 à David Dubois. Le cru, qui s'étend sur près de 10 ha, fait la part belle au merlot comme dans la plupart des vignobles du Libournais.

Pour cette cuvée, David Dubois a limité l'apport boisé : 70 % de cuve pour 30 % de barrique. Le résultat ? Un bouquet vineux sur les fruits frais, le merrain restant à l'arrière-plan. Le fruit, notamment le cassis, ressort aussi en bouche ; la texture est équilibrée et plaisante, un peu plus austère en finale où pointent quelques tanins boisés un rien amers, appelant une courte garde. ✗ 2016-2025 ❦ poulet rôti ■ Ch. l'Étoile de Salles 2012 (11 à 15 € ; 24 000 b.) : vin cité. ✗ 2017-2026

o━ *David Dubois, Pont de Guitres,*
33500 Lalande-de-Pomerol, tél. 05 57 51 13 53,
etoile-de-salles@wanadoo.fr 🅥 🅚 🅣 *r.-v.*

CLOS DES TUILERIES			
Bouquet des Tuileries 2012 ★			
■	5 000	🍷 ⬆	8 à 11 €

Nicolas Merlet s'est installé en 2008 sur le domaine familial constitué à partir de 1920 dans la vallée de l'Isle, au nord de Lalande-de-Pomerol. Si la majeure partie de ses 13 ha de vignes est situé en appellation régionale (bordeaux supérieur), 3 ha sont implantés sur graves en AOC lalande.

Mi-cuve, mi-fût, cette cuvée aux reflets violines ne manque pas de bouquet, associant au nez les baies noires bien mûres et un boisé torréfié et réglissé. Dans une belle continuité, la bouche, de bonne longueur, dévoile un agréable fruité sur une structure élégante, charpentée par des tanins boisés au grain fin. ✗ 2016-2025 ❦ pavé de bœuf aux cèpes ■ 2012 (5 à 8 € ; 10 000 b.) : vin cité. ✗ 2016-2022

o━ *SCEA Vignobles Francis Merlet et Fils,*
46, rte de l'Europe, 33910 Saint-Denis-de-Pile,
tél. 05 57 84 25 19, francis.merlet@dbmail.com 🅥 🅚 🅣 *r.-v.*

CLOS DU ROY 2012 ★★			
■	15 000	🍷 ⬆	11 à 15 €

Installés sur la rive gauche de la Dordogne, les Dubois ont franchi la rivière et cultivent la vigne dans le Libournais depuis trois générations. Ils exploitent quatre châteaux : Bozelle (AOC bordeaux), Monbrun (pomerol), Clos du Roy (lalande-de-pomerol) et Bel-Air La Gravière (saint-émilion grand cru).

Installé en 1992, Xavier Dubois a acquis cette même année 3 ha de lalande sur graves sablonneuses. Merlot (85 %) et cabernet franc ont débuté leur fermentation dans des cuves et achevé en barrique, avant un séjour d'un an dans le chêne. La robe dense annonce un bouquet intense et flatteur où le fruit se mêle à des notes d'élevage très marquées, épicées et poivrées. Dès l'attaque, ce vin s'impose par son ampleur et sa générosité, par ses arômes en harmonie avec l'olfaction et par ses tanins boisés serrés, solides et élégants aux saveurs de café et de toast. De la largeur, de la longueur et de la personnalité. ✗ 2017-2027 ❦ daube de canard

o━ *SCEA Jean-Claude et Michelle Dubois,*
Ch. Bozelle, 33500 Arveyres, tél. 05 57 84 94 45,
vignoblesdubois@orange.fr 🅥 🅚 🅣 *r.-v.*

CH. LA CROIX DES MOINES 2012 ★			
■	60 000	⬆	20 à 30 €

Les Trocard sont établis dans le Libournais depuis 1628. Leurs domaines ont connu un formidable essor au lendemain de la Seconde Guerre mondiale. Aux commandes depuis 1976, Jean-Louis Trocard, aujourd'hui rejoint par ses enfants Benoît et Marie, a porté le vignoble à 100 ha répartis dans plusieurs crus et appellations.

La Croix des Moines couvre 11 ha et donne la primauté au merlot, complété par les deux cabernets ; le vinificateur déclare laisser parler le fruit dans ses cuvées. Cet objectif se vérifie dans celle-ci, à en juger par les commentaires à l'aveugle des dégustateurs. Malgré l'élevage en barrique, le bouquet est dominé par les fruits rouges (cerise), rehaussés d'épices douces. « Du fruit, du fruit, du fruit », écrit un juré pour résumer la bouche, souple et aimable à l'attaque, bâtie sur d'élégants tanins commençant à s'affiner. ✗ 2016-2022 ❦ carré de veau ■ Ch. la Croix Bellevue 2012 (20 à 30 € ; 24 000 b.) : vin cité ✗ 2016-2022

o━ *Vignobles Jean-Louis Trocard, 1175, rue Jean-Trocard,*
33570 Les Artigues-de-Lussac, tél. 05 57 55 57 90,
contact@trocard.com 🅥 🅚 *t.l.j. 9h-12h 14h-18h;*
sam. dim. sur r.-v.

CH. LA CROIX ROMANE 2012 ★★★			
■	40 000	🍷 ⬆	15 à 20 €

Installés en Périgord depuis les années 1970, les Dubard conduisent un vaste ensemble viticole. Outre leur fleuron du Bergeracois, le Ch. Laulerie, ils exploitent aussi plusieurs crus dans le Libournais.

Acquis en 2008 par la famille Dubard, ce cru est implanté sur des graves argilo-siliceuses, à proximité de l'église de Lalande, construite au XIIe s. par les Hospitaliers de Saint-Jean de Jérusalem : d'où le nom du domaine. Son 2012 s'est placé parmi les finalistes du coup de cœur. La robe est intense et jeune ; le nez, aussi puissant qu'élégant, allie les fruits confits et le merrain toasté. Tout aussi intense, le palais charme par son attaque tout en souplesse et en suavité, par ses belles rondeurs soutenues par des tanins denses, boisés et vanillés, par sa longueur. Un plaisir durable. ✗ 2016-2026 ❦ chapon rôti

o━ *Famille Dubard, 9, rue du 8-mai-1945,*
33500 Lalande-de-Pomerol, tél. 05 53 82 48 31,
contact@vignoblesdubard.com 🅥 🅚 🅣 *r.-v.*

CH. LA CROIX SAINT-ANDRÉ 2012			
■	n.c.		15 à 20 €

Établi à Néac au cœur de l'appellation lalande, Francis Carayon a pris en 1980 les rênes d'un domaine constitué en 1965. Son vignoble de 16 ha est implanté pour moitié sur argiles et pour l'autre sur graves, deux types de sols appréciés par la vigne.

Un vin très coloré montrant quelques reflets d'évolution, au nez ouvert sur les baies noires. Suave et fruité à l'attaque, il dévoile une trame tannique déjà fondue. Aimable jusqu'en finale, cette bouteille pourra être appréciée assez jeune, y compris sur certains poissons à la vapeur. ✗ 2016-2023 ❦ pintade rôtie

o━ *Ch. la Croix Saint-André, 1, av. de la Mairie,*
33500 Néac, tél. 05 57 84 36 67, fcarayon@wanadoo.fr
🅥 🅚 🅣 *r.-v.*

Ⓑ CH. LA CROIX SAINT-JEAN 2012 ★

| ■ | 4 000 | 🍖 🍷 | 20 à 30 € |

Les Tapon sont enracinés en Libournais depuis des siècles. Nicole, fille de Raymond, et Jean-Christophe Renaut, y exploitent 32 ha (en bio certifié depuis le millésime 2012) ; l'essentiel (21,5 ha) se trouve en montagne-saint-émilion avec le Ch. des Moines, fondé au XVIᵉs. par les bénédictins de Cîteaux, et Gay Moulins, planté du seul bouchet (nom local du cabernet franc).

Essentiellement composé de vieux merlots, un petit cru (1,4 ha) sur graves alluvionnaires, dont le nom fait référence aux chevaliers de l'ordre hospitalier de Saint-Jean, autrefois très présents à Pomerol. Il a engendré cette cuvée à la couleur pourpre intense encore jeune, au nez fin et frais, sur les fruits et le sous-bois. Souple et fruitée à l'attaque, épicée, la bouche s'adosse à des tanins fins et soyeux qui soulignent la longue finale. ✗ 2017-2025 ₹ rôti de bœuf ■ Abbaye Frère Jean 2012 (11 à 15 € ; 4 000 b.) : vin cité. ✗ 2016-2020

☛ Raymond Tapon, 23, rue Guadet, BP 38, 33330 Saint-Émilion, tél. 05 57 74 61 20, information@tapon.net 🆅 🏃 🍴 r.-v.

CH. FLEUR DE JEAN GUÉ 2012 ★★

| ■ | 35 000 | 🍷 | 15 à 20 € |

Fondateur en 1973 de la maison de négoce qui porte son nom, René Vedrenne est très impliqué dans l'activité économique libournaise. Président du syndicat des négociants de Libourne, il est aussi producteur en lalande-de-pomerol avec ce cru de 14 ha géré par son petit-fils Xavier Magen.

Un vignoble de 12 ha est l'origine de ce lalande dont la robe intense ravit le regard. Le bouquet, très agréable, mêle les fruits confits, les petites baies très mûres, le pruneau, accompagnés de la touche grillée héritée d'un séjour de dix-huit mois en barrique. Vineuse, suave et ronde, la bouche montre un parfait équilibre entre le raisin et la barrique. D'élégants tanins boisés soulignent la finale et permettront une longue garde. ✗ 2017-2027 ₹ côte de bœuf

☛ René Vedrenne, Les Dagueys, 6, impasse François-Vidal, 33500 Libourne, tél. 05 57 51 11 52, info@rene-vedrenne.com 🆅 r.-v.

CH. GARRAUD 2012 ★

| ■ | 60 023 | 🍷 | 11 à 15 € |

La famille Nony, d'origine corrézienne, possède depuis 1939 le Ch. Garraud, valeur sûre en lalande, auquel s'est ajouté en 1997 le vignoble de Treytins, à cheval sur les AOC lalande et montagne. Jean-Marc Nony, petit-fils du fondateur Léon, est aujourd'hui aux commandes.

Né sur un terroir argilo-graveleux avec crasse de fer, ce lalande assemble 70 % de merlot et 30 % de cabernets (du cabernet franc surtout). Élevé un an en barrique, il apparaît très jeune : sa robe sombre montre des reflets violines et son nez, réservé, demande un peu d'aération pour livrer quelques notes grillées héritées de l'élevage. On aime sa bouche ample et ronde étayée de petits tanins vanillés qui devraient s'assouplir assez vite. ✗ 2016-2022 ₹ daube de canard

☛ Vignobles Léon Nony, Ch. Garraud, 33500 Néac, tél. 05 57 55 58 58, info@vln.fr 🆅 🏃 🍴 t.l.j. sf sam. dim. 9h-12h 14h-17h

CH. GRAND ORMEAU 2012 ★

| ■ | 50 000 | 🍷 | 20 à 30 € |

L'une des valeurs sûres de l'AOC lalande. Un cru de 13 ha situé sur la partie haute de la commune, acquis en 1987 par le fondateur d'Orangina, Jean-Claude Beton (décédé en 2013), qui a beaucoup investi dans sa rénovation et en a confié la direction à sa fille Françoise en 2007.

Complété par le cabernet franc, le merlot domine largement l'assemblage (80 %) du 2012, qui a séjourné un an en barrique. Ce vin demande un peu d'agitation pour libérer d'agréables parfums de fruits rouges mentholés, soulignés par un boisé discret. Souple et ronde, en harmonie avec les arômes de noyau, de cerise à l'eau-de-vie, typiques des terroirs de graves, la bouche dévoile des tanins fins qui restent soyeux jusqu'en finale. ✗ 2017-2025 ₹ épaule d'agneau

☛ Françoise Beton, Ch. Grand Ormeau, 1, rue du Grand-Ormeau, 33500 Lalande-de-Pomerol, tél. 05 57 25 30 20, grand.ormeau@wanadoo.fr 🆅 🏃 🍴 r.-v.

CH. LA GRAVIÈRE 2012 ★

| ■ | 8 000 | 🍷 | 20 à 30 € |

Grande figure de Pomerol disparue en 2013, Catherine Péré-Vergé, héritière des cristalleries d'Arques, exploitait trois domaines pomerolais qu'elle a portés au sommet : Montviel, acquis en 1985, Le Gay et La Violette, complétés par La Gravière en lalande. Un ensemble conduit aujourd'hui par son fils Henri Parent.

Situé face au Ch. Rouget (pomerol), un petit cru acquis en 2000 : 2 ha plantés du seul merlot sur graves fines. Après vingt mois en barrique, le 2012 apparaît très fin. Bien coloré, il associe des notes de baies noires et de fruits confits reflétant du raisin très mûr à un boisé aux nuances de pain d'épice et de moka. Dans le même registre aromatique, la bouche chaleureuse et charnue dévoile en finale des tanins serrés qui s'arrondiront encore. Un beau classique de l'appellation. ✗ 2016-2025 ₹ vieux gouda

☛ SCEA Vignobles Péré-Vergé, Grand-Moulinet, 33500 Pomerol, tél. 03 20 64 20 56, communication@montviel.com 🆅 🏃 r.-v.

CH. JEAN DE GUÉ 2012 ★

| ■ | 40 000 | 🍷 | 15 à 20 € |

Propriétaire de vignes depuis plus de deux siècles, la famille Aubert – aujourd'hui les frères Alain, Daniel et Jean-Claude, épaulés par leurs enfants – exploite 300 ha et de nombreux domaines du Bordelais, essentiellement en Libournais, avec pour fleuron le Ch. la Couspaude, grand cru classé de Saint-Émilion depuis 1996, acquis en 1908.

Dirigé par Héloïse Aubert, fille de Jean-Claude, ce cru est la dernière acquisition familiale : près de 10 ha sur terrain graveleux, dans le secteur de Musset. Malgré un élevage de dix-huit mois dans le bois neuf, le nez est gorgé de petits fruits très mûrs, de mûre et de pruneau, soulignés de notes boisées qui ressortent au palais. La bouche, à l'unisson du bouquet, est chaleureuse, suave et fruitée à l'attaque, soutenue par des tanins serrés mais enrobés qui évolueront harmonieusement. Un vin dans le même esprit que le 2011, élu coup de cœur, mais qui fait moins l'unanimité, certains jurés étant sensibles à sa présence boisée. ✗ 2017-2025 ₹ carré d'agneau

○┰ *Vignobles Aubert, Ch. la Couspaude,*
33330 Saint-Émilion, tél. 05 57 40 15 76,
vignobles.aubert@wanadoo.fr Ⓥ 🕴 🍾 *r.-v.*

CH. HAUT-CHAIGNEAU 2012 ★		
■ 30 000	◑	15 à 20 €

Issus d'une famille enracinée à Saint-Émilion depuis le XVIIᵉs, André Chatonnet, disparu en 2007, s'était établi en 1967 au Ch. Haut-Chaigneau, où il avait fait construire un « temple du vin » dans le style néoclassique. Son fils Pascal, œnologue et biologiste, continue son œuvre. Il exploite 30 ha de vignes, en lalande essentiellement, ainsi qu'en saint-émilion. Une valeur sûre.

Ce lalande en robe très dense s'ouvre sur des notes d'élevage agréables, épicées et poivrées. Ce caractère très épicé ressort aussi en bouche. L'attaque est ronde, le développement puissant sur des tanins de belle tenue qui se portent garants d'une heureuse évolution. ✗ 2016-2024 ⍦ pavé de bœuf

○┰ *Vignobles Chatonnet, Ch. Haut-Chaigneau,*
33500 Néac, tél. 05 57 51 31 31, contact@
vignobleschatonnet.com Ⓥ 🕴 🍾 *r.-v.* 🏠 ❸

CH. LES HAUTS-CONSEILLANTS 2012 ★		
■ 51 300	◑	20 à 30 €

En 1906, le Corrézien Jean-Baptiste Audy crée son négoce puis investit dans plusieurs crus du Libournais. Son petit-fils Pierre Bourotte et, depuis 2003, son arrière-petit-fils Jean-Baptiste gèrent la maison et les vignobles familiaux : Courlat, ancien fief des Barons de Montagne, 17 ha en lussac, Bonalgue (9,5 ha) et Clos du Clocher (4,6 ha) en pomerol, Les Hauts-Conseillants (10 ha) en lalande.

Cru constitué en 1972, peu avant la naissance de Jean-Baptiste Bourotte. Vinifié et élevé au Ch. Bonalgue (pomerol), son vin offre un assemblage classique en Libournais, à dominante de merlot ; il associe deux terroirs : des sols argilo-sableux de Néac et une croupe de graves située à Lalande. Le 2012 séduit par son nez profond, fruité (fruits noirs, griotte), boisé et fortement épicé (clou de girofle et réglisse). L'attaque est chaleureuse, sur des notes de cerise à l'eau-de-vie, puis le boisé prend le dessus. Les tanins, déjà affinés, autorisent une consommation prochaine. ✗ 2016-2022 ⍦ pièce de bœuf rôtie

○┰ *SAS Pierre Bourotte, 62, quai du Priourat,*
33502 Libourne Cedex, tél. 05 57 51 62 17,
pbourotte@jbaudy.fr Ⓥ 🕴 🍾 *r.-v.*

LUCANIACUS 2012 ★		
■ 1 200	◑	20 à 30 €

Vignerons depuis le XVIIIᵉs. et neuf générations, les Saby – depuis 1997 les frères Jean-Christophe et Jean-Philippe, tous deux œnologues – possèdent plusieurs crus dans le Libournais et exploitent un ensemble de 68 ha.

Une cuvée née de la plus petite vigne (30 ares) de la famille Saby. Elle porte le nom qu'Ausone, poète et consul (IVᵉs.) avait donné à sa *villa* bordelaise. Son originalité ? La parcelle est complantée en foule de merlot (50 %), de cabernet franc (35 %) et de malbec. Le vin est élevé dix-huit mois en barrique, sans collage ni filtration. Au nez, des arômes fruités et boisés s'associent à une touche minérale. Une note d'amande grillée complète cette palette dans un palais harmonieux et structuré. Une

bouteille appréciable jeune et apte à la garde. ✗ 2017-2027 ⍦ tournedos aux cèpes

○┰ *Vignobles Jean-Bernard Saby et Fils, Ch. Rozier,*
7, lieu-dit Le Sable, 33330 Saint-Laurent-des-Combes,
tél. 05 57 24 73 03, info@vignobles-saby.com Ⓥ 🕴 🍾 *r.-v.*

CH. LA MISSION 2012		
■ 10 000	◑	11 à 15 €

Jean-Marie Garde exploite deux crus limitrophes à Pomerol, au terroir et à l'encépagement similaires (avec une présence originale du malbec) : le Clos René – ancienne propriété familiale connue au XVIIIᵉs. sous le nom de « Reney » – et Moulinet-Lasserre, complétés par une vigne en lalande (La Mission).

Ce petit vignoble (2 ha) tire son nom d'une croix de mission. Dans la vigne, à côté de l'incontournable merlot, on trouve 30 % de cabernet franc et 10 % de malbec. Il en résulte un vin très fin, au bouquet bien ouvert sur des notes florales et fruitées, rehaussées de touches d'épices douces et de boisé cacaoté. Très présent dès l'attaque par sa vinosité, sa densité, ses arômes à l'unisson du nez et ses tanins arrondis, c'est un vin de bonne tenue. ✗ 2017-2025 ⍦ magret de canard

○┰ *SCEA Garde-Lasserre, Clos René,*
rue du Grand-Moulinet, 33500 Pomerol,
tél. 05 57 51 10 41 Ⓥ 🕴 🍾 *r.-v.*

CH. DES MOINES 2012		
■ 60 000	◑	8 à 11 €

Une exploitation familiale spécialisée dans les années 1960 par Henri Darnajou. À son décès en 1994, son fils Jean prend la succession et s'associe huit ans plus tard avec son beau-frère Patrick Merle pour conduire le vignoble (20 ha aujourd'hui).

Ce cru implanté sur le terroir argilo-limono-graveleux de Musset est une fois de plus au rendez-vous. Aux côtés du merlot majoritaire (72 %), on note la présence des cabernets et même d'un soupçon de malbec. Bien coloré, le vin présente un nez déjà intense, sur la vanille et les épices douces léguées par l'élevage puis, à l'aération, sur les fruits noirs bien mûrs, voire confits. Dans le même registre, la bouche, ronde à l'attaque, est rafraîchie par une pointe d'acidité et soutenue par des tanins déjà enrobés qui lui donnent de la tenue. ✗ 2017-2025 ⍦ pintade rôtie

○┰ *SCEA du Ch. des Moines, 23, Musset,*
33500 Lalande-de-Pomerol, tél. 05 57 51 40 41,
chateaudesmoines@orange.fr Ⓥ 🕴 🍾 *t.l.j. 8h-12h*
13h30-17h ; sam. dim. sur r.-v.

CH. MONCETS 2012 ★		
■ 49 800	◑	11 à 15 €

Un vignoble mis en valeur dans les années 1770, entré un siècle plus tard dans la famille du général de Moncets à qui l'on doit le château, le parc et le nom du cru. Aujourd'hui, un domaine de 20 ha en montagne-saint-émilion (la Bastidette, 1 ha) et surtout en lalande-de-pomerol (Moncets). Directrice technique depuis 2012, Alix Lombard fait construire un nouveau chai.

Le premier millésime de la nouvelle équipe de Moncets est fort agréable. Les cabernets (cabernet franc surtout) représentent un gros tiers de ce vin à la robe soutenue et au bouquet discret mais élégant, associant les fruits rouges

BORDELAIS

bien mûrs et un boisé réglissé. La bouche prend bien le relais : charnue, suave et harmonieuse, elle se développe sur un boisé fondu et des tanins souples aux saveurs chocolatées qui permettront de déboucher cette bouteille prochainement. ✗ 2016-2024 ♀ pigeons en cocotte

○┐ *Ch. Moncets, chem. Roussillon, 33500 Néac, tél. 05 57 51 19 33, secretariat@moncets.com* 🆅 🅰 📧 *r.-v.*

CH. MOULIN DE SALES
Élevé en fût de chêne 2012 ★

| ■ | 15 600 | 🍶 ⬤ | 15 à 20 € |

La famille Chaumet exploite à Lalande-de-Pomerol 27 ha répartis sur deux crus : Ch. de l'Évêché et Ch. Moulin de Sales. Après Alain Chaumet, qui a modernisé les équipements de vinification, Françoise a pris en 2008 les commandes de la propriété.

Un vin né sur les sols sablo-graveleux du secteur de Sales, en direction de la rivière, au sud-ouest de Lalande. Le vin, à dominante de merlot, séduit par son bouquet mêlant les fruits rouges frais à une touche florale et à des notes d'élevage évoquant le cèdre et le caramel. On aime aussi sa vivacité fringante au palais, ses arômes à l'unisson du nez et ses tanins qui commencent à s'affiner. ✗ 2016-2022 ♀ poulet rôti

○┐ *EARL Vignobles Chaumet, Ch. de l'Évêché, RN 89, Goujon, 33500 Lalande-de-Pomerol, tél. 05 57 25 50 12, vignobles.chaumet@wanadoo.fr* 🅰 📧 *t.l.j. 8h-12h 13h30-18h; sam. dim. sur r.-v. en hiver*

Ⓑ CH. PAVILLON BEAUREGARD 2012 ★

| ■ | 26 000 | ⬤ | 15 à 20 € |

Commandé par une superbe chartreuse du XVIIᵉ s., Beauregard étend ses 17,5 ha en bordure sud-est du plateau de Catusseau, complétés par 8 ha en lalande (Pavillon Beauregard). Un cru très régulier, dont la gestion est confiée à Vincent Priou. Propriété depuis 1991 du Crédit Foncier, il a été vendu en juillet 2014 aux familles Moulin (groupe Galeries Lafayette) et Cathiard (Ch. Smith Haut Lafitte).

Les « petits frères » du Ch. Beauregard (pomerol) sont des lalande-de-pomerol. Pavillon Beauregard est la cuvée principale, issue de sols sablo-limono-argileux. La robe est jeune, le nez fin et discret, porté sur les fruits rouges, à peine boisé malgré un élevage de douze mois en barrique. Tout aussi fruité en bouche, tendre et rond, porté par des tanins soyeux, ce second vin harmonieux pourra être débouché prochainement. ✗ 2016-2022 ♀ gigot d'agneau ■ Le Chapelain 2012 ★ (20 à 30 € ; 8 000 b.) Ⓑ : issu d'un sol plus graveleux que la cuvée principale, comportant un peu plus de cabernet franc (30 %) et élevé quinze mois en barrique, ce vin offre davantage de potentiel. Couleur encore jeune, bouquet naissant sur le noyau et un léger boisé, bouche ronde mais bien construite, avec un côté minéral qui lui donne du relief. ✗ 2017-2022

○┐ *SCEA Ch. Beauregard, 33500 Pomerol, tél. 05 57 51 13 36, beauregard@chateau-beauregard.com* 🆅 🅰 📧 *r.-v.*

CH. PERRON LA FLEUR 2012 ★

| ■ | 10 000 | ⬤ | 20 à 30 € |

Situé à l'entrée de Lalande, près de l'église romane, un cru déjà mentionné en 1642, couvrant aujourd'hui 22 ha.

Il a été acquis en 1958 par la famille Massonie, d'origine corrézienne. La troisième génération (Bertrand, Béatrice et Thibaut) est aux commandes depuis 2000.

Perron la Fleur est une cuvée de pur merlot né sur graves, élevé en foudre de bois neuf. D'un pourpre profond, elle s'annonce par un nez racé, aux nuances fruitées et florales, où le boisé délicat respecte le raisin. La mise en bouche dévoile un vin fort bien construit, ample à l'attaque, puissant et harmonieux, étayé par des tanins denses qui se portent garants d'une bonne garde. ✗ 2017-2027 ♀ pavé de bœuf aux cèpes

○┐ *SCEA Vignobles Michel-Pierre Massonie, Ch. Perron, BP 88, 33503 Libourne, tél. 05 57 51 40 29, vignoblesmpmassonie@wanadoo.fr* 🆅 🅰 📧 *r.-v.*

PETIT CLOS DES CHAMPS 2012 ★

| ■ | 1 200 | 🍶 ⬤ | 11 à 15 € |

Issu d'une vieille famille saint-émilionnaise, Vincent Duffau-Lagarrosse dirige d'importants domaines viticoles dans le Libournais, notamment la propriété familiale, premier grand cru classé de Saint-Émilion. Comme beaucoup, il tient aussi à élaborer son propre vin. Dans ce but, il a acquis en 2001 une petite vigne en lalande, dans le secteur de Musset.

Un assemblage libournais traditionnel, à dominante de merlot, et un élevage de seize mois en barrique sont à l'origine de ce vin bien coloré. Profond et complexe, le nez mêle la violette et les fruits rouges confits, dans un sillage discrètement boisé. On retrouve ces arômes dans une bouche charpentée par les tanins du merrain, encore austères mais garants d'une longue garde. ✗ 2017-2027 ♀ côte de bœuf

○┐ *Duffau-Lagarrosse, Musset, 33500 Lalande-de-Pomerol, tél. 05 57 51 11 40, vdl9@orange.fr* 🆅 📧 *r.-v.*

♥ DOM. PONT DE GUESTRES 2012 ★★

| ■ | 7 200 | 🍶 ⬤ | 11 à 15 € |

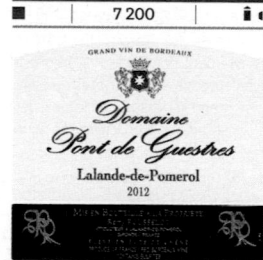

Originaires du Fronsadais, ces producteurs ont étendu leur vignoble sur l'autre rive de l'Isle, en appellation lalande. Rémy Rousselot, installé en 1986 sur le domaine familial, exploite 21 ha et propose quatre vins : Ch. Vray Hauchat, Les Roches de Ferrand (fronsac), Pont de Guestres et Au Pont de Guîtres (lalande).

Pas de nom de château sur l'étiquette du grand vin – un grand vin, vraiment – mais celui d'un petit pont qui franchit la Barbanne, ruisseau formant la limite de grandes appellations du Libournais, presque en face de Saint-Aignan, village du Fronsadais où cette exploitation a son siège. Né de pur merlot, élevé huit mois en cuve et douze en fût, le 2012 du domaine a emporté l'adhésion : sa robe profonde traversée de reflets violets de jeunesse est de bon augure, ainsi que son bouquet mariant les fleurs, les baies noires très mûres. Son caractère très chaleureux est tempéré par une bonne acidité et des tanins soyeux. Un vin complet, déjà élégant et apte à la garde. ✗ 2016-2025

♈ gigot d'agneau ■ Ch. Au Pont de Guîtres 2012 (11 à 15 € ; 18 000 b.) : vin cité. ✗ 2016-2020

☛ *Rousselot, 6, Signat, 33126 Saint-Aignan, tél. 05 57 24 95 16, vignobles.rousselot@outlook.fr*
V 🎿 **⬆** *r.-v.*

CH. DE ROQUEBRUNE Cuvée Reine 2012 ★		
■	24 000	🍷	11 à 15 €

Premières parcelles acquises en 1880, vignoble replanté après le gel de 1956 ; premières mises en bouteilles en 1970. Dans la même famille depuis cinq générations, ce domaine, conduit depuis 2002 par Florent Guinjard, s'étend aujourd'hui sur 10,4 ha en lalande-de-pomerol.

Né sur sables et graves, ce 2012 doit presque tout au merlot, avec un soupçon des deux cabernets. Il n'a pas vu le bois, ce qui n'est pas si courant dans l'appellation. Le nez agréable évoque le raisin très mûr à travers des notes de pruneau. La bouche, à l'unisson, est chaleureuse à l'attaque, avec des arômes de cerise macérée ; charnue et suave, elle s'adosse à des tanins soyeux qui autorisent aussi bien une consommation prochaine qu'une heureuse évolution. ✗ 2016-2025 ♈ côtelettes d'agneau

☛ *Ch. de Roquebrune, 6, rte des Galvesses, BP 10 cidex 6, 33500 Lalande-de-pomerol, tél. 05 57 51 44 54, chateauderoquebrune@lalande-pomerol.com*
V 🎿 **⬆** *t.l.j. 8h-12h30 13h30-19h* ☛ *Guinjard*

DOM. DES SABINES 2012		
■	20 000	⬤⬤	20 à 30 €

Un petit cru acquis en 2006 par Jean-Luc Thunevin, l'homme de Valandraud et des vins de garage : 6 ha de vignes plantés sur graves légères du côté de Pomerol, sur argiles du côté de Néac.

Le merlot domine (80 %) dans ce cru, complété par le cabernet franc (15 %) et un soupçon de cabernet-sauvignon. Le vin se distingue par la profondeur de sa robe. Son bouquet, déjà intense, se partage entre les senteurs de raisin très mûr à tonalité de pruneau, un boisé réglissé et une touche de tabac blond. L'attaque est chaleureuse, sur des notes de cerise à l'eau-de-vie, la suite plus tannique, rafraîchie par une pointe d'acidité. Un ensemble à la fois solide et élégant. ✗ 2017-2025 ♈ magret de canard

☛ *Jean-Luc Thunevin, 6, rue Guadet, BP 88, 33330 Saint-Émilion, tél. 05 57 55 09 13, thunevin@thunevin.com* **V** *r.-v.*

CH. SAINT-JEAN DE LAVAUD 2012 ★		
■	5 760	⬤⬤	15 à 20 €

Installés en 2000 au Ch. de Lussac, Griet Van Malderen, fille d'un industriel flamand, et son mari Hervé Laviale, ancien journaliste, ont investi dans plusieurs vignobles libournais, où ils associent viticulture et œnotourisme. Ils ont acquis Vieux Maillet (pomerol) en 2004, 8,65 ha dans le secteur du Maillet, complétés par une petite vigne en lalande, vers le moulin de Lavaud.

Ce vin provient d'une parcelle de 1 ha en lalande rattachée au Ch. Vieux Maillet (pomerol) où se déroulent les vinifications. Le merlot (90 %) et les cabernets sont implantés sur sols bruns argileux reposant sur graves profondes. À la robe foncée répond un nez concentré, sur les fruits compotés rehaussés d'un boisé délicat. La bouche généreuse dévoile de jolies rondeurs, soutenue

par des tanins déjà enrobés, plus marqués en finale. ✗ 2017-2024 ♈ côtelettes d'agneau

☛ *Ch. Vieux Maillet, 16, chem. de Maillet, 33500 Pomerol, info@chateauvieuxmaillet.com* **V** 🎿 **⬆** *r.-v.*
☛ Griet et Hervé Laviale-Van Malderen

CH. SERGANT 2012 ★		
■	13 333	⬤⬤	15 à 20 €

La Société fermière des Grands Crus de France est la structure spécialisée dans le Bordelais du groupe Grands Chais de France. Son œnologue Vincent Cachau vinifie le fruit de quinze propriétés, représentant 390 ha dans les différentes AOC bordelaises.

Planté sur des sables, le merlot joue les premiers rôles (86 %) dans l'assemblage de ce lalande, complété par les deux cabernets. Un 2012 qui ne manque pas d'allure : sa robe est presque noire, son bouquet bien ouvert sur les baies noires très mûres, soulignées d'un boisé finement cacaoté. Ces arômes se prolongent dans un palais ample à l'attaque, étayé par des tanins serrés qui s'assoupliront au cours des prochaines années. ✗ 2017-2025 ♈ pavé de bœuf sauce chocolat ■ Ch. Marcadis 2012 (11 à 15 € ; 34 133 b.) : vin cité. ✗ 2016-2023

☛ *Société fermière des Grands Crus de France, 33460 Lamarque, tél. 05 57 98 07 20*

CH. SIAURAC 2012		
■	85 000	🍷 ⬤⬤	20 à 30 €

La famille Guichard est propriétaire depuis 1832 de plusieurs crus en Libournais : son fief et fleuron, Ch. Siaurac en lalande, Vray Croix de Gay en pomerol et Le Prieuré en saint-émilion grand cru. Un ensemble dirigé depuis 2004 par Aline Guichard et son mari Paul Goldschmidt. En 2014, François Pinault (Ch. Latour) a pris une participation dans les châteaux familiaux.

Acquis en 1832 par Pierre Buisson, président du conseil général de Libourne, Siaurac est, avec ses 70 ha dont 46 ha de vignes, le plus vaste domaine de l'appellation. Avec son château et son vaste parc à l'anglaise, il s'est ouvert au tourisme. Son 2012 se présente bien : robe profonde, bouquet naissant sur la violette, les fruits noirs très mûrs et un boisé discrètement toasté ; bouche à l'unisson, chaleureuse mais équilibrée, étayée par des tanins vanillés et soyeux qui permettront d'apprécier cette bouteille prochainement. ✗ 2016-2025 ♈ canard laqué

☛ *Ch. Siaurac and Co, Ch. Siaurac, 33500 Néac, tél. 05 57 51 64 58, info@chateausiauracandco.com*
V 🎿 **⬆** *r.-v.*

CH. TOURNEFEUILLE 2012 ★		
■	n.c.	⬤⬤	15 à 20 €

Agriculteur en Eure-et-Loire, François Petit acquiert Tournefeuille en 1998, pièce maîtresse (17,5 ha à Néac) d'un vignoble familial étendu aussi sur Pomerol (Lécuyer) et Saint-Émilion (La Révérence), aujourd'hui conduit par son fils Émeric et son associé Francis Cambier.

Le Ch. Tournefeuille regarde de célèbres crus de Pomerol implantés sur l'autre rive de la Barbanne. Il dispose de terroirs variés : coteaux exposés au sud et au nord, croupe graveleuse, plateau argileux. Sa cuvée principale a fait très bonne impression, avec robe sombre et dense, nez ouvert sur les petits fruits bien mûrs soulignés d'un boisé épicé et bouche gourmande, adossée à des tanins fins, soyeux jusqu'en finale. ✗ 2016-2024 ▼ entrecôte maître d'hôtel

☛ SCEA Ch. Tournefeuille, 24, rue de l'Église, 33500 Néac, tél. 05 57 51 18 61, chateautournefeuille@ wanadoo.fr Ⓥ 🅐 🛒 r.-v. 🏰 ⑤ 🏠 Ⓔ ☛ Éméric Petit

CH. LA VALLIÈRE 2012		
■ 5 000	⬤	11 à 15 €

Yvon et Pâquerette Dubost, venus à la vigne par le biais de leurs pépinières viticoles, ont constitué un bel ensemble de crus, aujourd'hui conduit par leur fils Laurent : Lafleur du Roy à Pomerol, Bossuet en bordeaux supérieur, La Vallière à Lalande et Pâquerette en bordeaux sec.

Situé au sud du village de Lalande, ce cru de 1 ha est une fois de plus au rendez-vous. Très agréable, le nez mêle les petits fruits bien mûrs à du boisé réglissé et à une touche minérale. Le palais gourmand, souple et fruité, repose sur des tanins fondus qui font une finale élégante. ✗ 2016-2025 ▼ lamproie à la bordelaise

☛ SARL Laurent Dubost, Catusseau, 33500 Pomerol, tél. 05 57 51 74 57, sarl.dubost.l@wanadoo.fr Ⓥ 🅐 🛒 r.-v.

CH. DE VIAUD 2012 ★★		
■ 45 164	⬤	15 à 20 €

Implantée sur des graves argileuses prolongeant celles de Pomerol, cette belle unité de 21 ha, qui figurait déjà sur la carte de Belleyme au XVIIIᵉˢ., a été la propriété entre 2002 et 2011 du négociant médocain Philippe Raoux, qui l'a revendue au groupe chinois Cofco Wines & Spirits, leader viticole et agro-alimentaire, dirigé par M. Wu Fei.

Les Chinois pourront se régaler avec ce lalande. Expressif, complexe et élégant, ce 2012 libère au premier nez des notes de chêne toasté et vanillé, puis dévoile des senteurs de fruits noirs bien mûrs rehaussées d'une touche de truffe. Chaleureuse à l'attaque, gourmande, la bouche développe des arômes de raisin très mûr, étayée par des tanins racés, boisés et réglissés qui permettront à cette bouteille de bien vieillir. ✗ 2016-2026 ▼ magret de canard

☛ SAS du Ch. de Viaud, 10, rte de Viaud, 33500 Lalande-de-Pomerol, tél. 05 57 51 17 86, chateaudeviaud1@orange.fr Ⓥ 🅐 🛒 r.-v.

CH. VIEILLE DYNASTIE 2012 ★		
■ 35 000	🍾	8 à 11 €

Les Borderie exploitent 47 ha : en bordeaux supérieur avec Les Gravières de la Brandille, créées en 1963 dans le secteur de Coutras, au nord du Libournais ; en lussac et en bordeaux avec Les Combes, dans la famille depuis la fin du XIXᵉˢ. ; et en lalande, avec le Ch. Vieille Dynastie, acquis en 2011. Frédéric Borderie est aux commandes depuis 2005.

Fondé par les Hospitaliers de Saint-Jean-de-Jérusalem, qui ont construit l'église de Lalande toute proche, ce cru couvre 6,15 ha d'un seul tenant, sur graves. Son 2012 comprend un pourcentage assez important des deux cabernets (20 % chacun) aux côtés du merlot. Il a été vinifié de façon à exprimer le fruit, puis élevé en cuve. Le bouquet s'exprime sur les fruits noirs très mûrs, voire compotés et confits. Le palais bien rond suit la même ligne, structuré par des tanins fins qui permettront une consommation prochaine. ✗ 2016-2022 ▼ poulet rôti ■ Éléonore 2012 (20 à 30 € ; 3 000 b.) : vin cité. ✗ 2017-2025

☛ EARL Vignobles Borderie, 117-119, rue de la République, 33230 Saint-Médard-de-Guizières, tél. 05 57 69 83 01, jpborderie@wanadoo.fr Ⓥ 🅐 🛒 r.-v.

VIEUX CH. GACHET 2012 ★		
■ n.c.	🍾 ⬤	11 à 15 €

À son retour de la Grande Guerre, Jean-Baptiste Arpin achète 1 ha à Pomerol, dans le secteur du Maillet. Aujourd'hui, ses petit-fils et arrière-petit-fils Gérard et Gaël exploitent 37 ha en pomerol, saint-émilion, montagne et lalande, et proposent régulièrement de très bons vins.

Ce cru, qui couvre près de 5 ha sur les terrains argilo-siliceux de Néac, a reçu un coup de cœur dans le millésime précédent. Le 2012 est très plaisant, avec un peu moins de potentiel. Sa robe profonde montre des reflets violets de jeunesse ; son nez puissant est centré sur les fruits rouges. Souple à l'attaque, la bouche évolue sur des tanins à grains serrés qui commencent à s'affiner ; elle est marquée par un boisé plus affirmé qu'au nez, aux nuances de moka. De l'élégance. ✗ 2016-2022 ▼ épaule d'agneau

☛ EARL Vignobles G. Arpin, Chantecaille, 33330 Saint-Émilion, tél. 09 71 58 23 49, vignobles.g.arpin@wanadoo.fr Ⓥ 🅐 🛒 r.-v.

VIEUX CLOS CHAMBRUN 2012 ★		
■ 2 700	🍾 ⬤	50 à 75 €

Les vignerons normands existent : Jean-Jacques Chollet, ancien commercial dans une maison de négoce à Libourne, vit aujourd'hui dans le département de la Manche, mais il ne perd pas de vue son petit vignoble en lalande (moins de 3 ha) acquis avec son épouse Sylvie à Néac en 1986.

Le Vieux Clos Chambrun est la cuvée de prestige du cru, curieusement élaborée à partir de 90 % de cabernets sur sols sablonneux puis élevée dans le bois. Le nez est encore dans la barrique, mais les arômes toastés sont fins et laissent apparaître les fruits rouges à l'aération. En bouche, l'attaque chaleureuse et la saveur boisée sont rafraîchies par un fruit légèrement acidulé. Des tanins puissants permettront à cette bouteille de bien vieillir. ✗ 2017-2025 ▼ pavé de biche aux airelles

☛ Jean-Jacques Chollet, 15, La Chapelle, 50210 Camprond, tél. 02 33 45 19 61, cholletvin@ hotmail.com Ⓥ 🅐 🛒 r.-v.

DOM. DU VIEUX MANOIR 2012		
■ n.c.	🍾 ⬤	20 à 30 €

La famille Giraud-Bélivier possède plusieurs crus en Libournais : la Tour du Pin Figeac, 11 ha détachés du Ch. Figeac en 1879 et acquis par la famille en 1923, le Caillou à Pomerol (7 ha) et le Vieux Manoir sur Lalande. Des crus conduits aujourd'hui par André Giraud, épaulé par ses fils Stéphane et Laurent.

Une petite vigne de 48 ares sur sols sablo-graveleux, plantée à 80 % de merlot, est à l'origine de cette cuvée dont la robe commence à montrer des reflets d'évolution. Les parfums de petits fruits mûrs s'accompagnent d'un boisé fin et racé. Puissante et ronde, la bouche dévoile des tanins fondus qui permettront de déboucher cette bouteille assez vite. ✗ 2016-2022 ▼ poulet rôti

☛ SARL André Giraud, Ch. le Caillou, 41, rue de Catusseau, 33500 Pomerol, tél. 05 57 51 06 10, giraud.belivier@wanadoo.fr Ⓥ 🅐 🛒 r.-v.

BORDELAIS

▶ SAINT-ÉMILION ET SAINT-ÉMILION GRAND CRU

Établi sur les pentes d'une colline dominant la vallée de la Dordogne, Saint-Émilion (3 300 habitants) est une petite ville viticole charmante et paisible. C'est aussi une cité chargée d'histoire. Étape sur le chemin de Saint-Jacques-de-Compostelle, ville forte pendant la guerre de Cent Ans et refuge des députés girondins proscrits sous la Convention, elle possède de nombreux vestiges évoquant son passé. La légende fait remonter le vignoble à l'époque romaine et attribue sa plantation à des légionnaires. Mais il semble que sa véritable origine se situe au XIIIᵉs. Quoi qu'il en soit, Saint-Émilion est aujourd'hui le centre de l'un des plus célèbres vignobles du monde qui, en 1999, a été inscrit au patrimoine mondial par l'Unesco. L'aire d'appellation, répartie sur 9 communes, comporte une riche gamme de sols. Tout autour de la ville, le plateau calcaire et la côte argilo-calcaire (d'où proviennent de nombreux crus classés) donnent des vins d'une belle couleur, corsés et charpentés. Aux confins de Pomerol, les graves produisent des vins d'une très grande finesse (cette région possédant aussi de nombreux grands crus). Mais l'essentiel de l'appellation est représenté par les terrains d'alluvions sableuses descendant vers la Dordogne, qui produisent de bons vins. Pour les cépages, on note une nette domination du merlot, complété par le cabernet franc, appelé bouchet dans cette région et, dans une moindre mesure, par le cabernet-sauvignon.
L'appellation saint-émilion peut être revendiquée par tous les vins produits dans la commune et dans huit autres villages environnants. La seconde appellation, saint-émilion grand cru, ne correspond pas à un terroir défini, mais à des critères d'élaboration plus exigeants : rendements plus faibles, élevage de dix-sept mois minimum, mise en bouteilles à la propriété obligatoire. C'est parmi les saint-émilion grand cru que sont choisis les châteaux qui font l'objet d'un classement. Ce dernier constitue l'une des originalités de la région de Saint-Émilion. Assez récent (il ne date que de 1955), il est régulièrement et systématiquement revu. La première révision a eu lieu en 1958 ; la dernière, en 2006, a été contestée devant les tribunaux pour être, à l'issue d'une longue procédure, annulée par le tribunal administratif de Bordeaux. Pour mettre fin au vide juridique, le Parlement a voté en mai 2009 un article de loi rétablissant l'ancien classement de 1996 auquel s'ajoutent les promus de 2006, classement valable jusqu'à la récolte 2011 incluse.
Pour les saint-émilion grand cru, la dégustation Hachette s'est faite en distinguant les classés (y compris les premiers) des non-classés. Les étoiles et commentaires correspondent donc à ces deux critères.

SAINT-ÉMILION

Superficie : 5 400 ha (grands crus inclus) / Production : 51 000 hl

CH. L'ANCIEN MOULIN 2012 ★		
■ 4 500	🍷	8 à 11 €

Un ancien moulin à eau installé sur le Tailhas, ruisseau qui sépare les communes de Libourne et de Saint-

Émilion, a donné son nom à ce cru de poche, la rocade de contournement de Libourne ayant amputé la propriété en 1989. Bernard Cany, qui produit aussi en pomerol (Petit Clos Taillefer), est aux commandes depuis 1991.
Une belle bouteille que ce 2012, signe d'une vinification et d'un élevage bien maîtrisés. Le nez, élégant, mêle harmonieusement grillé du merrain et fruits rouges. Portée par des tanins à la fois puissants et soyeux, la bouche offre du fruit, de la rondeur, de la densité, et déploie une finale longue et fraîche. Un vin complet. ✗ 2015-2019 🍴 daube de joue de bœuf
☞ Bernard Cany, 192, rte de Saint-Émilion, 33500 Libourne, tél. 06 30 59 95 51, bernardcany@sfr.fr Ⓥ 🏃 🏠 r.-v.

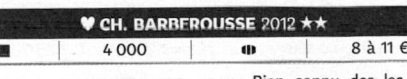

L'ARCHANGE 2012 ★		
■ 6 000	🍷	20 à 30 €

Issus d'une famille enracinée à Saint-Émilion depuis le XVIIᵉs, André Chatonnet, disparu en 2007, s'était établi en 1967 au Ch. Haut-Chaigneau, où il avait fait construire un « temple du vin » dans le style néoclassique. Son fils Pascal, œnologue et biologiste, continue son œuvre. Il exploite 30 ha de vignes, en lalande essentiellement, ainsi qu'en saint-émilion. Une valeur sûre.
Après Uriel, l'ange de « la lumière de Dieu » pour le 2011, Pascal Chatonnet célèbre Raphaël, l'ange guérisseur, également patron des voyageurs. Et c'est un beau voyage œnologique que propose ce pur merlot, sur des tonalités de fruits mûrs, de toasté et de sous-bois pour commencer. En bouche : du volume, de la rondeur, de l'onctuosité, un bon boisé, encore un peu dominateur, et de solides tanins qui augurent une bonne tenue à la garde. Coup de cœur sur les millésimes 2000, 2005 et 2006. ✗ 2017-2022 🍴 gigot d'agneau
☞ Vignobles Chatonnet, Ch. Haut-Chaigneau, 33500 Néac, tél. 05 57 51 31 31, contact@ vignobleschatonnet.com Ⓥ 🏃 🏠 r.-v. 🏘 ❸

♥ CH. BARBEROUSSE 2012 ★★		
■ 4 000	🍷	8 à 11 €

Bien connu des lecteurs du Guide, Stéphane Puyol exploite la vigne dans le Libournais (20 ha en saint-émilion et en saint-émilion grand cru) depuis 1987 avec son Ch. Barberousse et son voisin le Ch. Montremblant. Il vinifie également dans le Bergeracois depuis 1991 et l'acquisition du Ch. Lamothe Belair, situé sur le plateau de Belair, dans le prolongement du coteau de Saint-Émilion.
Coup de cœur avec son 2006, Barberousse fait aussi bien avec son 2012. Le merlot (80 %) et les deux cabernets à parts égales composent ce vin ouvert sur les fruits noirs frais et le toasté-grillé de la barrique. On retrouve ce beau mariage fruit-merrain dans un palais rond, suave et dense, structuré par des tanins fermes et de garde. Un saint-émilion parfaitement équilibré, complet et long, qui se bonifiera avec le temps. ✗ 2017-2022 🍴 civet de lièvre
■ Ch. Montremblant 2012 ★ (8 à 11 € ; 40 000 b.) : le nez, empyreumatique et torréfié, annonce la couleur ; le bois

est bien présent mais de qualité, et structure aussi un palais frais, ample et solide. À attendre pour plus de fondu.
✗ 2018-2022

○┐ *SCEA Vignobles Stéphane Puyol, Ch. Barberousse, 33330 Saint-Émilion, tél. 05 57 24 74 24, chateau-barberousse@wanadoo.fr* 🆅 🎿 ♿ *r.-v.*

Ⓑ **CH. BEYNAT**		
Terre amoureuse 2012 ★		
■	n.c.	⬙	11 à 15 €

Nathalie Boyer et Alain Tourenne ont repris en 2008 ce cru créé en 1917 par Léonard Nebout, quincaillier de son état ; ils ont converti au bio les 14 ha de vignes dédiés aux castillon, saint-émilion et bordeaux dans les trois couleurs.

La « terre amoureuse » désigne un sol riche en argiles, qui « colle aux bottes » du vigneron. Une terre (1 ha) sur laquelle Nathalie Boyer et Alain Tourenne ont privilégié les deux cabernets (60 % de franc, 40 % de sauvignon) : pas commun dans le Libournais. Au nez, des parfums complexes d'amande, d'épices douces, de groseille et de cassis en confiture. En bouche, de la générosité, du volume, une mâche soyeuse et ce qu'il faut de fraîcheur pour l'équilibre.
✗ 2017-2022 ❦ canard aux pruneaux

○┐ *SCEA Ch. Beynat, 23 bis, Ch. Beynat, 33350 Saint-Magne-de-Castillon, tél. 05 57 40 01 14, nathalie.b62@neuf.fr* 🆅 🎿 ♿ *t.l.j. 8h-19h*

CH. BILLERON BOUQUEY Calice 2012		
■	20 000	🍾	11 à 15 €

Installée en 2003, Laurence Masson conduit le vignoble familial né en 1956 de l'union des Robin, négociants et tonneliers à Castillon depuis le XVIIIᵉs., et des Fugier, vignerons à Saint-Émilion. Les vignes (26 ha) sont situées dans les deux aires d'appellation.

De séduisants et intenses arômes de fruits noirs et rouges (cassis, mûre, griotte) mâtinés d'épices douces introduisent la dégustation. Le palais se montre ample et rond en attaque, avant de dévoiler plus de rigueur tannique et un boisé plus soutenu. Mais rien d'agressif ici, l'ensemble reste harmonieux et déjà plaisant à boire. ✗ 2015-2019 ❦ sauté d'agneau au curry

○┐ *SCEA Robin-Lafugie, 4, lieu-dit Pailhas, 33330 Saint-Hippolyte, tél. 05 57 24 93 38, robin.lafugie@orange.fr* 🆅 🎿 ♿ *r.-v.*

CH. LA CAZE BELLEVUE 2012 ★★		
■	n.c.	⬙	8 à 11 €

Philippe Faure conduit depuis 1978 un vignoble de 18 ha dans le sud-ouest de l'appellation : 15 ha pour le Ch. Caze Bellevue, ancienne propriété des comtesses de Rochefort, et 3 ha pour le grand cru Ch. Gravet, dans sa famille depuis 1923.

Ce saint-émilion sombre et profond s'ouvre sans réserve sur des arômes de fruits noirs mûrs, de vanille et de torréfaction. En bouche, il se montre ample, concentré, dense et fruité, bâti sur des tanins puissants mais sans agressivité. Un beau potentiel de garde en perspective. Coup de cœur avec le 2010. ✗ 2017-2022 ❦ châteaubriand

○┐ *Philippe Faure, 7, rue de la Cité, 33330 Saint-Sulpice-de-Faleyrens, tél. 05 57 74 41 85, vignobles.philippe.faure@wanadoo.fr* 🆅 *r.-v.*

CLOS CASTELOT 2012		
■	34 600	🍾 ⬙	8 à 11 €

Un vignoble de 21 ha, acquis par les Fompérier en 1956, à l'entrée sud de Saint-Émilion, au pied du coteau, dans le hameau de La Gaffelière. Deux étiquettes ici : le grand cru Guillemin La Gaffelière et son second le Clos Castelot.

Du merlot (62 %), du cabernet franc (25 %), un peu de cabernet-sauvignon et une pointe de malbec pour ce 2012. Le nez évoque les fruits rouges mûrs, la réglisse et les épices. La bouche, à l'unisson, associe rondeur et tanins fondus, plus stricts en finale néanmoins. ✗ 2016-2019 ❦ coquelet à la diable

○┐ *Vignobles Fompérier, La Gaffelière, 33330 Saint-Émilion, tél. 05 57 74 46 92, lecellierdesgourmets@wanadoo.fr* 🆅 🎿 ♿ *t.l.j. sf dim. 8h30-12h15 14h-17h45*

DOURTHE		
Terroirs d'exception Croix des Menuts 2012 ★		
■	50 000	⬙	11 à 15 €

Célèbre négoce fondé en 1840 par Pierre Dourthe, propriétaire de plusieurs crus (Belgrave en haut-médoc, Le Boscq en saint-estèphe, Rahoul en graves, Grand Barrail Lamarzelle Figeac en saint-émilion grand cru...) et élaborateur de vins de marque de qualité (Dourthe N° 1, La Grande Cuvée, Terroirs d'exception). Une valeur sûre restée étroitement liée au Médoc, intégrée depuis 2007 au groupe familial champenois Alain Thiénot.

Un an de barrique neuve en chêne français pour cette cuvée issue d'un assemblage classique merlot (70 %)-cabernet franc. Au nez, le boisé joue d'abord le premier rôle, puis les fruits rouges (airelle notamment) s'imposent à l'aération. Le palais associe fraîcheur, chair soyeuse, volume et rigueur tannique. Un ensemble très équilibré. ✗ 2016-2021 ❦ jarret de veau braisé ■ La Grande Cuvée 2012 (8 à 11 € ; 30 000 b.) : vin cité. ✗ 2017-2021

○┐ *Dourthe, 35, rue de Bordeaux-Parempuyre, CS 80004, 33295 Blanquefort Cedex, tél. 05 56 35 53 00, contact@dourthe.com*

CH. LA FLEUR PEREY		
Cuvée Perey-Grouley 2012 ★★		
■	10 000	🍾	8 à 11 €

Alain Xans et sa sœur Florence, héritiers d'une lignée vigneronne remontant à 1880, conduisent depuis 1990 les 12 ha familiaux sur les graves et sables de Saint-Sulpice-de-Faleyrens, dont plus de la moitié allant au grand cru, le reste au saint-émilion Perey-Grouley et aux bordeaux.

Une pointe de cabernet franc et de cabernet-sauvignon complète le merlot. Le bouquet est généreux en fruits mûrs, mâtinés d'épices et de touches animales. Le palais se montre suave, riche, concentré, bien épaulé par des tanins qui commencent à se fondre. Un saint-émilion opulent mais équilibré. ✗ 2017-2020 ❦ bœuf en daube

○┐ *Vignobles Florence et Alain Xans, Ch. la Fleur Perey, 337, Bois-Grouley, 33330 Saint-Sulpice-de-Faleyrens, tél. 06 80 72 84 87, alainxans@wanadoo.fr* 🆅 🎿 ♿ *r.-v.*

CH. GRAND PEYROU L'Argile de Liamet 2012 ★		
■	5 000	🍾 ⬙	11 à 15 €

Les vignobles Laguillon ont été créés en 1985. Agrandis à la fin des années 1990, ils recouvrent aujourd'hui 20 ha sur trois appellations : saint-émilion, saint-émilion grand cru et castillon-côtes-de-bordeaux.

Un vin très apprécié des dégustateurs pour sa gourmandise. Au nez, les fruits confits, chargés de soleil, cassis en tête, se marient sans fausse note à un boisé élégant. En bouche, c'est rond, généreux, ample, onctueux, soutenu par des tanins soyeux et par une belle fraîcheur finale. Très harmonieux. ✗ 2016-2022 ❦ magret de canard au cassis
☛ EARL Vignobles Laguillon et Fils, 2, rte de Liamet, 33330 Saint-Étienne-de-Lisse, tél. 06 81 03 15 77, vignobles.laguillon@wanadoo.fr Ⓥ Ⓚ 🅛 r.-v.

CH. GUILLEMOT 2012		
■	5 000	î	11 à 15 €

Six générations de Lavau se sont succédé sur ce domaine de 9 ha, fondé en 1830. Jusqu'en 2001, l'intégralité de la récolte était vendue au négoce ; depuis lors, 25 % des raisins sont mis en bouteilles au domaine. Des fruits rouges et des épices douces pour le nez ; de la souplesse, du fruit, une structure « honnête », un peu de gras. Un saint-émilion aimable et sans chichi, à boire dans sa jeunesse. ✗ 2015-2018 ❦ paupiettes de veau à la tomate
☛ SCEA Ch. Guillemot, 33330 Saint-Christophe-des-Bardes, tél. 06 75 12 20 86, chateau-guillemot@orange.fr Ⓥ Ⓚ 🅛 r.-v. ☛ Lavau

PAVILLON DU HAUT ROCHER 2012 ★		
■	n.c.	⬗	11 à 15 €

Propriété de la même famille depuis le XVIIIe s., conduite depuis 2009 par Jérôme et Béatrice de Monteil : 8 ha en saint-émilion grand cru (Haut Rocher) et saint-émilion (Pavillon), 5 ha en castillon (Bréhat).

Au nez, ce 2012 affiche un bel équilibre aromatique entre notes fruitées et nuances grillées et épicées de la barrique. En bouche, il se montre souple, ample et tendre, tout en offrant une structure tannique serrée qui marque un peu la finale. Un vin bien typé, fringant et complet. ✗ 2016-2019 ❦ tajine d'agneau
☛ SAS Haut Rocher, Haut Rocher, 33330 Saint-Étienne-de-Lisse, tél. 05 57 40 18 09, info@haut rocher.com Ⓥ Ⓚ 🅛 r.-v.

CH. JACQUES NOIR 2012		
■	35 200	⬗	11 à 15 €

Depuis 1858, la famille Ducourt a constitué un vignoble de 440 ha et treize châteaux dans l'Entre-deux-Mers et le Libournais. Trois crus dans ce dernier : le Ch. Plaisance à Montagne (partie négoce), le Ch. des Demoiselles (31 ha en castillon) et le Ch. Jacques Noir (5,60 ha en saint-émilion).

Un domaine acquis par la famille Ducourt en 2001 : l'ancien repaire, selon la légende, d'un hobereau à l'armure noire, vigneron le jour et brigand la nuit... Dans le verre, un vin épicé et fruité au nez, suave, souple et fondu en bouche. ✗ 2015-2018 ❦ brochettes d'agneau aux épices
☛ SCEA Les Demoiselles, 18, rte de Montignac, 33760 Ladaux, tél. 05 57 34 54 00, ducourt@ducourt.com Ⓥ Ⓚ r.-v.

CH. JUPILLE CARILLON 2012 ★		
■	6 000	⬗	8 à 11 €

La famille Visage s'investit dans la vigne depuis trois générations. Isabelle Visage est aujourd'hui aux commandes de 11 ha sur les sables et graves de Saint-Sulpice-de-Faleyrens, au sud de Saint-Émilion, pour deux crus (Jupille Carillon en saint-émilion et Jucalis en grand cru).

Ce 2012 issu de vignes de soixante ans dévoile un bouquet dominé par des senteurs de fruits noirs légèrement confiturés sur fond toasté et épicé. La bouche est bien équilibrée : de la structure, du volume, du fruit et un boisé maîtrisé. Un bon classique. ✗ 2016-2020 ❦ palombe rôtie
☛ SCEA des Vignobles Visage, 193, Jupile, 33330 Saint-Sulpice-de-Faleyrens, tél. 06 87 07 61 54, chateau.jupile.jucalis@orange.fr Ⓥ Ⓚ 🅛 r.-v.

CH. MOULIN DU JURA 2012 ★		
■	16 900	î ⬗	5 à 8 €

Les Berlureau exploitent depuis six générations un vignoble d'un peu plus de 10 ha en montagne-saint-émilion (Croix-Jura) et en saint-émilion (Moulin du Jura). Les chais ont remplacé un ancien moulin et une boulangerie qui ont fait partie du décor jusqu'au XIXe s.

Régulier en qualité, le domaine signe un saint-émilion bien construit. L'olfaction associe un boisé bien dosé à un fruité discret mais fin. La bouche offre une belle texture veloutée, épaulée par des tanins fondus et soyeux, et s'étire dans une finale longue et généreuse. ✗ 2016-2020 ❦ confit de canard aux cèpes
☛ SCEA Moulin du Jura, 1, lieu-dit le Moulin-du-Jura, 33570 Montagne, tél. 05 57 51 27 98, contact@ moulindujura.fr Ⓥ Ⓚ 🅛 r. v. ☛ Berlureau

CH. NARDON Élevé en fût de chêne 2012 ★		
■	8 400	î ⬗	11 à 15 €

Établie au Ch. de Faise, la famille Devaud s'est construit un patrimoine viticole d'envergure dans le Saint-Émilionnais. Grand Baraill en montagne, Puymouton en saint-émilion grand cru, la Haute Calymore en lussac, Nardon en saint-émilion, ses vins sont souvent mentionnés dans ces pages.

Assemblage classique de merlot (85 %) et de cabernet franc, ce 2012 livre un bouquet expressif mêlant le moka, le grillé, les épices et les fruits noirs mûrs. La bouche se révèle dense, ample, ronde, fruitée, adossée à des tanins bien enrobés, et déploie une finale longue et soyeuse. Une valeur sûre. ✗ 2016-2020 ❦ carré d'agneau aux épices
☛ SCEA Vignobles Devaud, 164, rue de l'Abbaye, 33570 Les Artigues-de-Lussac, tél. 05 57 24 31 39, vignobles.devaud@wanadoo.fr Ⓥ Ⓚ 🅛 r.-v.

DE NERVILLE 2012 ★★		
■	2 400	î ⬗	15 à 20 €

Gracia, ce sont quelques hectares de vignes héritées en 1994, un chai « lilliputien » au cœur de Saint-Émilion, dans une bâtisse du XIIIe s., le tout conduit par un entrepreneur-tailleur de pierre converti à la vigne, Michel Gracia, aidé de ses filles Marina et Caroline. Deuxième étiquette : Les Angelots de Gracia, et une troisième : De Nerville.

Signée Marina et Caroline Gracia, cette cuvée est née de 1,03 ha de vignes. Un vin au fruité bien mûr, intense et racé à l'olfaction, agrémenté de nuances florales et épicées. Une introduction gourmande à un palais généreux, charnu, ample et riche, aux tanins fins et veloutés, à la finale longue et fraîche. Un saint-émilion expressif, avenant, précis et très équilibré. ✗ 2017-2022 ✗ faisan en cocotte

✗ Michel Gracia et Filles, rue du Thau, 33330 Saint-Émilion, tél. 05 57 24 77 98, michelgracia@wanadoo.fr ▨ ▨ ▨ r.-v.

CH. PETIT BOUQUEY 2012 ★		
■	8 800	▯	11 à 15 €

Dans la même famille depuis le début du XXᵉs., ce domaine de 10 ha apporte ses raisins à la coopérative de Saint-Émilion depuis 1950. En 2010, Éric Bordron, installé en 1995, en est sorti partiellement, avec 3,6 ha en saint-émilion et saint-émilion grand cru.

Douze mois de cuve pour ce saint-émilion au nez intense de fruits rouges. Fruits que l'on retrouve avec intensité dans une bouche gourmande, ample et charnue. Un vin charmeur, que l'on peut apprécier dès à présent. ✗ 2015-2018 ✗ pintade farcie

✗ Bordron, 2, Petit Bouquey, 33330 Saint-Hippolyte, tél. 06 82 15 20 16, chateau.petit.bouquey@gmail.com ▨ ▨ ▨ t.l.j. 8h-12h 14h-19h

CH. QUEYRON LARTIGUE 2012 ★		
■	19 000	▥	11 à 15 €

Le groupe Vitis Vintage de Maxime Bontoux – qui exploite aussi les Ch. Tourteau-Chollet dans les Graves et Ferrand Lartigue sur Saint-Émilion – a acquis en 2001 les 5 ha de cette propriété à l'abandon, répartis en saint-émilion grand cru (Grand Lartigue) et saint-émilion (Queyron Lartigue).

Ce pur merlot s'exprime sans réserve à l'olfaction : fruits noirs, épices douces, café torréfié. En bouche, il se révèle soyeux, chaleureux et riche, structuré par un boisé encore dominateur mais de qualité et par des tanins solidement arrimés. De bonne garde. ✗ 2017-2022 ✗ civet de marcassin

✗ Éts du Ch. Grand Lartigue, lieu-dit Lartigue, 33330 Saint-Émilion, tél. 05 56 67 47 78, grandlartigue@vitisvintage.com ▨ ▨ ▨ r.-v. ✗ Vitis Vintage

ROYAL SAINT-ÉMILION 2012 ★★		
■	53 390	▯	8 à 11 €

Créée en 1931, la coopérative de Saint-Émilion est un acteur incontournable du Libournais, et ses cuvées – vins de marque (Aurélius, Galius...) ou de domaines (une cinquantaine de propriétés apportent leur vendange à la « coop ») – sont régulièrement au rendez-vous du Guide.

Encore une belle sélection pour la coopérative de Saint-Émilion, qui privilégie le fruit avec ses élevages en cuve ; dix-huit mois pour cette cuvée. Résultat : un vin tout en fruit dès l'olfaction, intense et élégant, ample, gras, généreux et long en bouche. Un 2012 gourmand et bien en chair, mais sans souci de structure pour durer dans le temps. ✗ 2015-2019 ✗ cannellonis à l'agneau ■ Ch. Fleur Lescure 2012 (8 à 11 € ; 8 000 b.) : vin cité. ✗ 2017-2021 ■ Ch. la Croix Ferrandat 2012 (8 à 11 € ; 50 920 b.) : vin cité. ✗ 2017-2021 ■ Ch. Francs-Bories 2012 (8 à 11 € ; 35 000 b.) : vin cité. ■ Ch. Haut-Lavergne 2012 (8 à 11 € ; 10 400 b.) : vin cité. ✗ 2016-2020

✗ Union de producteurs de Saint-Émilion, Haut-Gravet, BP 27, 33330 Saint-Émilion, tél. 05 57 24 70 71, contact@udpse.com ▨ ▨ ▨ r.-v.

CH. TOUR LESCOURS 2012		
■	26 000	▯ ▥	11 à 15 €

Acquis (et ressuscité) en 1967 par Jacques de la Tour du Fayet, le vignoble du Ch. Canset de la Tour s'étend sur 12 ha : 9 ha en saint-émilion grand cru et saint-émilion (Canset de la Tour et son second vin Tour Lescours) et 3 ha en AOC régionales (Dom. du Fayet).

Quatre mois de barrique et quatorze mois de cuve pour ce 2012. Grâce à quoi un léger boisé toasté complète un bouquet à dominante fruitée et florale, quelques notes variétales (poivron rouge) de cabernet franc en complément. Le palais est solidement bâti, dense et charnu, le boisé un peu plus présent qu'à l'olfaction et la finale encore austère. À attendre. ✗ 2017-2020 ✗ entrecôte bordelaise

✗ Michèle de la Tour du Fayet, Ch. Canset de la Tour, 33330 Saint-Sulpice-de-Faleyrens, tél. 05 57 74 49 00, contact@chateau-canset-de-la-tour.fr ▨ ▨ ▨ r.-v.

Superficie : 5 400 ha / Production : 72 000 hl

CH. ADAUGUSTA 2012 ★		
■	5 000	▥	15 à 20 €

Ce petit cru de 1,5 ha, dont le nom provient de la devise latine ad augusta per augusta (« on n'atteint les sommets qu'au prix de grands efforts »), a été créé en 2006 par Catherine et Gérard Canuel.

Ces « vignerons artisans », comme ils se définissent, signent un 2012 intense et jeune par sa robe aux reflets violines. Au nez, une belle intensité autour des baies noires bien mûres, qui tiennent tête à un élégant boisé. Suave et ronde en attaque, la bouche est elle aussi centrée sur le fruit, prend de l'ampleur jusqu'en finale, où les tanins, bien présents, affichent leur jeunesse. ✗ 2017-2025 ✗ épaule d'agneau grillée

✗ Gérard et Catherine Canuel, 1, lieu-dit Grand-Sable, 33330 Saint-Hippolyte, tél. 06 84 20 25 20, contact@chateauadaugusta.fr ▨ ▨ ▨ r.-v.

CH. AMBE TOUR POURRET 2012 ★		
■	19 000	▥	20 à 30 €

Après avoir investi dans les vignes alentour (Puisseguin, Castillon), Françoise et Philippe Lannoye ont mis un pied à Saint-Émilion en 2007 en acquérant ce petit cru de 9 ha, situé dans le hameau de Pourret. La conversion bio est engagée depuis trois ans.

Un vin élégant sans manquer de caractère que ce 2012. Le nez est intense et complexe : fraise confiturée, cacao, cigare, épices. La bouche, déjà harmonieuse, se montre souple et tendre, portée par des tanins mûrs et fondus qui permettront d'apprécier cette bouteille dans sa jeunesse. ✗ 2017-2022 ✗ tajine d'agneau

✗ SCEA Tour Pourret, Secteur Pourret, 33330 Saint-Émilion, tél. 05 57 55 23 28, contact@vignobles-lannoye.com ▨ ▨ ▨ r.-v. ✗ Françoise Lannoye

CH. D'ARCOLE 2012		
■	n.c.	▯ ▥	15 à 20 €

En 1796, Jean Barthe, soldat de la Garde napoléonienne, participa à la célèbre victoire du pont d'Arcole contre l'armée autrichienne. Pour s'être marié le même jour que l'Empereur, il reçut quelques pièces d'or qui lui permirent d'acheter les premières vignes du domaine. Depuis 2008, ses descendants, Véronique Barthe et Philippe Gardère, également vignerons dans l'Entre-deux-Mers (Ch. la Freynelle), y exploitent en bio certifié 5 ha d'un seul tenant.

« Le vin inspire et contribue énormément à la joie de vivre », aurait affirmé Napoléon Bonaparte... Une phrase qu'ont fait leur les élaborateurs de ce 2012 aimable et tendre, qui joue davantage dans le registre de l'élégance que dans celui de la puissance. Le nez, discret, évoque les fruits rouges frais, la réglisse et les épices. Bâtie sur des tanins fins, plus serrés en finale, la bouche se montre assez souple, ronde et soyeuse. ✗ 2017-2022 ❦ rôti de veau aux épices

o➔ *SCEA Napoléon, Nardian,*
33330 Saint-Sulpice-de-Faleyrens, tél. 05 57 84 55 90,
contact@chateaudarcole.com 🔲 🏃 🍷 *r.-v.* ⌂ 🄴

♥ AURELIUS 2012 ★★		
■ 14 300	🛏 ⬡	20 à 30 €

Créée en 1931, la coopérative de Saint-Émilion est un acteur incontournable du Libournais, et ses cuvées – vins de marque (Aurélius, Galius...) ou de domaines (une cinquantaine de propriétés apportent leur vendange à la « coop ») – sont régulièrement au rendez-vous du Guide.

Cette cuvée prestige fait honneur à l'empereur Marcus Aurelius Probus, qui, au IIIᵉ s., encouragea la culture de la vigne et la production de vin en Gaule, annulant l'édit de Domitien promulgué deux siècles plus tôt pour interdire la plantation de nouvelles vignes. Un hommage « royal » à en juger par ce vin remarquable de bout en bout. La robe, superbe, est sombre et profonde. Le nez, intense et élégant, mêle les fruits noirs mûrs à un beau boisé toasté et épicé. Ample, généreuse, dense, charnue à souhait et boisée avec justesse, la bouche s'adosse à des tanins à la fois fermes et soyeux, qui poussent loin la finale, éclatante. Un grand vin, à la puissance calibrée. ✗ 2018-2025 ❦ agneau de sept heures ■ Ch. Tour de Yon 2012 ★★ (20 à 30 € ; 18 600 b.) : une petite propriété de 4,5 ha, située sur les contreforts ouest du plateau de Saint-Émilion. Dans le verre, un vin profond, ouvert sur les fruits mûrs, les épices et le grillé, charnu, corpulent sans lourdeur, porté par des tanins denses et soyeux et une belle fraîcheur. ✗ 2018-2025 ■ Ch. Capet Duverger 2012 (11 à 15 € ; 20 900 b.) : vin cité. ✗ 2017-2021 ■ Ch. Le Loup 2012 (11 à 15 € ; 20 200 b.) : vin cité. ✗ 2017-2021

o➔ *Union de producteurs de Saint-Émilion, Haut-Gravet,*
BP 27, 33330 Saint-Émilion, tél. 05 57 24 70 71,
contact@udpse.com 🔲 🏃 🍷 *r.-v.*

♥ CH. AUSONE 2012 ★★★			
■ 1er gd cru clas. A	18 000	⬡	+ de 100 €

85 86 88 ⑧⑨ **90** 92 93 94 **95** ⑨⑥ ⑨⑦ ⑨⑧ **99** ⓪⓪ **01 02 03** ⑪ ⑫

Portant le nom du poète latin qui vécut à Saint-Émilion au IVᵉ s., Ausone aurait été constitué au XIVᵉ s. sur un vignoble remontant à l'époque romaine. Depuis le Moyen Âge, seulement trois familles s'y sont succédé, jusqu'à Alain Vauthier, actuel propriétaire, lointain héritier de Pierre Chatonnet établi ici en 1690. Un cru mythique resté au sommet (classé A dès 1959) grâce à cette continuité familiale. Grâce aussi à son terroir unique : 7 ha (dont une part élevée de cabernet franc) campés au rebord du plateau argilo-calcaire de Saint-Émilion entouré d'une ceinture de rochers qui l'abrite des vents. Dans ses deux nouveaux chais souterrains naît un vin d'une étonnante capacité de garde, élaboré depuis 2007 par Pauline Vauthier (fille d'Alain) avec l'aide de Philippe Baillarguet, maître de chai. Comme souvent, le cabernet franc mène ici les débats (55 %). Et comme toujours, Ausone plane au-dessus de la sélection, avec un 2012 admirable d'élégance, à l'opposé des vins « bling bling ». La robe est intense, à la fois profonde et éclatante. Le bouquet, frais et complexe, mêle notes d'épices et de fruits noirs à de délicates nuances florales (violette, rose) et fumées ; le boisé, parfaitement fondu, reste imperceptible. Une discrétion de l'élevage qui caractérise aussi le palais, dense et d'une grande netteté, et qui laisse parler la fraîcheur du terroir et le fruité intense et pur du raisin. La trame tannique est fine et soyeuse, sans aspérité, la finale très longue et alerte. Du grand art. ✗ 2020-2035 ❦ filet de bœuf sauce café ■ Chapelle d'Ausone 2012 ★★ (+ de 100 € ; 7 500 b.) : une part importante de cabernet (60 % de franc, 15 % de sauvignon) dans ce vin au nez parfaitement équilibré entre boisé épicé et fruité frais. Une attaque dense et tonique ouvre sur une bouche à la fois solide et fine, portée par des tanins veloutés et par une très belle fraîcheur qui lui confère un caractère aérien. ✗ 2020-2030

o➔ *Ch. Ausone, 33330 Saint-Émilion, tél. 05 57 24 24 57,*
chateau.ausone@wanadoo.fr o➔ Famille Vauthier

CH. BADETTE 2012 ★		
■ 25 000	⬡	15 à 20 €

À sa mort, en 2002, William Arreaud a légué sa propriété viticole à la commune de Saint-Émilion, qui en confia l'exploitation à Dominique Leymarie. Le cru, étendu sur 9,8 ha, est aujourd'hui propriété de Marc Vandenbogaerde.

Issu de merlot (90 %) et de cabernet franc, ce 2012 en robe foncée, presque noire, livre un nez complexe et généreux de fruits rouges confiturés et d'épices douces (cannelle). La bouche se révèle gourmande et fruitée, dense et charnue, étayée par des tanins fermes, au grain fin. Déjà plaisant, ce vin a le potentiel pour bien évoluer. ✗ 2017-2023 ❦ suprême de volaille aux champignons

o➔ *SCEA du Ch. Badette, lieu-dit Badette,*
33330 Saint-Christophe-des-Bardes, tél. 06 08 30 86 13,
chateaubadette@orange.fr o➔ Vandenbogaerde

CH. DU BARRY 2012		
■ 40 000	⬡	15 à 20 €

Descendant d'Auvergnats, comme nombre d'acteurs de la filière viticole en Libournais, Daniel Mouty, aujourd'hui associé avec ses enfants Sabine et Bertrand, exploite depuis 1973 un vignoble de 54 ha répartis sur plusieurs crus.

Le fief historique de la famille de Daniel Mouty (président des Vignerons indépendants d'Aquitaine), un domaine de 8 ha acquis par le grand-père Donat en 1923. Dans le verre, un vin issu essentiellement de merlot (80 %) planté sur graves profondes. Un 2012 très saint-émilionnais, bien coloré, au nez charmeur de baies noires, de noyau et d'épices douces, au palais chaleureux, rond et suave, soutenu par une bonne structure et un boisé qui n'écrase pas l'ensemble. **I** 2017-2022 **Y** daube de bœuf

o-¬ *SCEA Vignobles Daniel Mouty, Ch. du Barry, BP5, 33350 Sainte-Terre, tél. 05 57 84 55 88, contact@vignobles-mouty.com* **V** **⚑** **⬆** *t.l.j. sf sam. dim. 9h-12h 14h-18h* **🏠** **❹** **🏠** **Ⓑ**

CH. BEAU-SÉJOUR BÉCOT 2012 ★			
■ 1er gd cru clas. B	78 600	◗▮◖	50 à 75 €

82	83	85	86⓿	87	88	89	90	93	**94**	**95**	**96**	97	98	**99**	00
01	02	|03|	|04|	05	06⓿	|07|	|08|	09	10	**11**	12					

Déjà planté de vignes à l'époque romaine, ce cru de 16,5 ha situé au sommet du plateau calcaire de Saint-Émilion conserve ses vins dans des carrières creusées par les moines au Moyen Âge. Acquis en 1969 par Michel Bécot, il est aujourd'hui dirigé par ses fils Dominique (à la vigne) et Gérard (à la cave), épaulés par Juliette, la fille de ce dernier.

Depuis le millésime 2010, une partie de la récolte est vinifiée en demi-muids et, depuis 2012, en cuves tronconiques inversées. Grâce à quoi, le vin se présente avec élégance, paré de pourpre éclatant, le nez bien ouvert sur un boisé épicé et bien intégré, relayé à l'aération par les fruits rouges frais. Une fraîcheur et une élégance que l'on retrouve dans un palais ample et fin, aux tanins soyeux et enrobés. Tout ce qu'il faut pour bien évoluer. **I** 2018-2025 **Y** châteaubriand grillé

o-¬ *Gérard et Dominique Bécot, lieu-dit La Carte, 33330 Saint-Émilion, tél. 05 57 74 46 87, contact@beausejour-becot.com* **V** **⚑** **⬆** *r.-v.*

CH. BEL-AIR LA GRAVIÈRE 2012			
■	4 500	🍖 ◗▮◖	20 à 30 €

Installés sur la rive gauche de la Dordogne, les Dubois ont franchi la rivière et cultivent la vigne dans le Libournais depuis trois générations. Ils exploitent quatre châteaux : Bozelle (AOC bordeaux), Monbrun (pomerol), Clos du Roy (lalande-de-pomerol) et Bel-Air La Gravière (saint-émilion grand cru).

Nous sommes ici sur un petit cru de 1 ha, planté du seul merlot sur graves sablonneuses. Le vin, sympathique, « merlote » à souhait : jolie couleur griotte, nez plaisant de fruits mûrs et de cacao, bouche souple, tendre et ronde, un brin plus stricte en finale. Un bon classique, à boire dans sa jeunesse. **I** 2016-2019 **Y** poulet à la broche

o-¬ *SCEA Jean-Claude et Michelle Dubois, Ch. Bozelle, 33500 Arveyres, tél. 05 57 84 94 45, vignoblesdubois@orange.fr* **V** **⚑** **⬆** *r.-v.*

CH. BELAIR-MONANGE 2012 ★★			
■ 1er gd cru clas. B	n.c.	◗▮◖	+ de 100 €

Acquis en 2008 par les établissements Jean-Pierre Moueix, ce cru de 12,5 ha fut alors rebaptisé Belair-

Monange en l'honneur de l'épouse de Jean Moueix (grand-père de Christian, l'actuel dirigeant), Anne-Adèle Monange, première femme de la famille établie à Saint-Émilion en 1931. Un vaste programme de replantation sur vingt ans a été engagé depuis lors, et à partir du millésime 2012, le domaine intègre les 11 ha du Ch. Magdelaine.

Premier millésime pour le « nouveau Belair-Monange », fusionné avec Magdelaine ; une première réussite. La robe est intense, ornée de beaux reflets rubis. Le nez, plutôt discret, s'ouvre sur le café, le chocolat, les épices douces et les fruits cuits. Une attaque souple et fraîche introduit un palais montant, d'abord réservé, puis plus solide et serré, offrant une belle mâche et une longue finale, puissante et droite. Un grand cru de caractère, homogène et franc. **I** 2018-2027 **Y** rôti de bœuf aux cèpes

o-¬ *Éts Jean-Pierre Moueix, 54, quai du Priourat, 33502 Libourne Cedex, tél. 05 57 51 78 96, info@jpmoueix.com*

CH. BELLEFONT-BELCIER 2012 ★★			
■ Gd cru clas.	30 000	◗▮◖	30 à 50 €

95	96	97	98	99	00	01	02	|04|	05	|06|	|07|	**08**	09	10	11
12															

Propriété datant de la fin du XVIIIes., ce grand cru de 13,5 ha (classé depuis 2006) est idéalement situé sur le coteau argilo-calcaire de Saint-Laurent-des-Combes, entre les Ch. Larcis Ducasse et Tertre Rotebœuf. Il est passé sous pavillon chinois en 2012, acquis par Songwei Wang, riche industriel spécialisé dans l'extraction de minerais de fer. Emmanuel de Saint-Salvy conserve la direction technique du domaine.

Merlot à 74 %, cabernet franc à 17 % et cabernet-sauvignon pour le solde. Dans le verre, un vin très foncé, tirant vers le noir, au bouquet naissant et racé de cacao, de cigare, de toasté et de fruits noirs. Le palais offre beaucoup de présence : du volume, du gras, de la chair et une trame tannique dense et ferme, encore assez sévère en finale mais très racée, épaulée par une fine note crayeuse. Tous les attributs de vin de garde. **I** 2018-2026 **Y** selle d'agneau

o-¬ *Ch. Bellefont-Belcier, 33330 Saint-Laurent-des-Combes, tél. 05 57 24 72 16, contact@bellefont-belcier.com* **V** **⚑** **⬆** *r.-v.*

CH. BELLEVUE MONDOTTE 2012 ★			
■	6 500	◗▮◖	+ de 100 €

Un petit cru de 2,5 ha en partie enclavé dans le vignoble de Pavie-Decesse, sur le haut de la côte Pavie. Le dernier en date des quatre grands crus saint-émilionnais, et le seul non classé, acquis par Gérard Perse (2001). Le merlot y tient le haut du pavé (90 % aux côtés des deux cabernets, 5 % chacun).

Pas moins de vingt-six mois en barrique pour ce cru – dont six mois sur lies fines –, comme pour les crus classés du même propriétaire. Le résultat ? Un vin très dense, aux reflets violines. Le bois neuf ressort au premier nez, puis le graphite, des touches minérales, du cassis macéré et une nuance florale. Ces arômes se prolongent dans une bouche fraîche à l'attaque, aux tanins serrés mais bien enrobés par une chair ronde. Tendue et plus austère, légèrement amère, la finale est marquée par cet arôme de mine de crayon perçu au bouquet. Un vin bien construit, solide, rond et long. **I** 2018-2025 **Y** onglet grillé

CLASSEMENT DES GRANDS CRUS DE SAINT-ÉMILION

Les 2012 dégustés cette année sont régis par ce classement révisé en 2012.

SAINT-ÉMILION PREMIERS GRANDS CRUS CLASSÉS

A

Château Angelus

Château Ausone

Château Cheval Blanc

Château Pavie

B

Château Beauséjour (héritiers Duffau-Lagarrosse)

Château Beau-Séjour-Bécot

Château Bélair-Monange

Château Canon

Château Canon la Gaffelière

Château Figeac

Clos Fourtet

Château la Gaffelière

Château Larcis Ducasse

La Mondotte

Château Pavie Macquin

Château Troplong Mondot

Château Trottevieille

Château Valandraud

SAINT-ÉMILION GRANDS CRUS CLASSÉS

Château l'Arrosée	Château Fleur Cardinale	Château Monbousquet
Château Balestard la Tonnelle	Château La Fleur Morange	Château Moulin du Cadet
Château Barde-Haut	Château Fombrauge	Clos de l'Oratoire
Château Bellefont-Belcier	Château Fonplégade	Château Pavie Decesse
Château Bellevue	Château Fonroque	Château Peby Faugères
Château Berliquet	Château Franc Mayne	Château Petit Faurie de Soutard
Château Cadet-Bon	Château Grand Corbin	Château de Pressac
Château Capdemourlin	Château Grand Corbin-Despagne	Château le Prieuré
Château le Chatelet	Château Grand Mayne	Château Quinault l'Enclos
Château Chauvin	Château les Grandes Murailles	Château Ripeau
Château Clos de Sarpe	Château Grand-Pontet	Château Rochebelle
Château la Clotte	Château Guadet	Château Saint-Georges-Côte-Pavie
Château la Commanderie	Château Haut-Sarpe	Clos Saint-Martin
Château Corbin	Clos des Jacobins	Château Sansonnet
Château Côte de Baleau	Couvent des Jacobins	Château la Serre
Château la Couspaude	Château Jean Faure	Château Soutard
Château Dassault	Château Laniote	Château Tertre Daugay
Château Destieux	Château Larmande	Château la Tour Figeac
Château la Dominique	Château Laroque	Château Villemaurine
Château Faugères	Château Laroze	Château Yon-Figeac
Château Faurie de Souchard	Clos la Madeleine	
Château de Ferrand	Château la Marzelle	

○⌐ SCA Ch. Pavie, 33330 Saint-Émilion,
tél. 05 57 55 43 43,
contact@vignobleperse.com ○⌐ Gérard Perse

SANCTUS DE LA BIENFAISANCE 2012		
■	13 000	◫	20 à 30 €

Né de la fusion de deux propriétés voisines, ce domaine de 15,5 ha, établi sur le plateau argilo-calcaire de Saint-Christophe-des-Bardes, au nord-est de Saint-Émilion, appartient depuis 1990 aux familles Duval-Fleury et Corneau.

Une cuvée régulière en qualité, issue d'une sélection parcellaire (70 % merlot, 30 % cabernet franc), ce 2012 dévoile une large palette aromatique : fruits frais (cerise, mûre), violette, touche poivrée, fruits secs. La bouche se montre ronde et fruitée, épaulée par des tanins souples et soyeux, plus présents en finale. ✗ 2016-2021 ♈ canard aux olives

○⌐ SA Ch. la Bienfaisance, 39, Le Bourg,
33330 Saint-Christophe-des-Bardes, tél. 05 57 24 65 83,
info@labienfaisance.com Ⓥ ⋀ ⬛ r.-v.

CH. CADET-BON 2012		
■ Gd cru clas.	17 000	◫	30 à 50 €

90 93 **94** 95 ㉖ **97 98** 99 00 02 03 05 |06| |08| ㉙ 10 ⑪ 12

Au XIVᵉ s., Jacques Bon, dit le Cadet, planta une vigne au nord-est de Saint-Émilion, sur un coteau nommé depuis Butte du Cadet. Célèbre au XVIIIᵉ s., ce cru de 7 ha a été acquis en 2001 par Michèle et Guy Richard, anciens producteurs de cognac, qui ont entrepris de nombreux travaux de rénovation à la vigne comme au chai et engagé Stéphane Derenoncourt comme consultant.

Il faut un peu d'aération pour que le vin libère ses parfums de fruits noirs et rouges agrémentés d'épices douces. La bouche se montre ronde, charnue et bien fruitée, portée par des tanins qui commencent à se fondre. L'ensemble est harmonieux et pourra s'apprécier assez jeune. ✗ 2017-2022 ♈ carré d'agneau aux cèpes

○⌐ SCEV Ch. Cadet-Bon, 1, Le Cadet,
33330 Saint-Émilion, tél. 05 57 74 43 20,
chateau.cadet.bon@orange.fr Ⓥ ⋀ ⬛ r.-v.

CH. DE CANDALE 2012		
■	19 200	◫	30 à 50 €

Ce cru de 13 ha répartis en micro-parcelles tirerait son nom de Marguerite de Suffolk Kandall, descendante d'Édouard III, roi d'Angleterre et duc d'Aquitaine au XVᵉ s. L'homme d'affaires américain Stephen Adams l'a vendu en 2009 au tonnelier Jean-Louis Vicard.

Le domaine propose ici un 2012 élégant, au bouquet naissant mais déjà assez complexe et fin de fruits rouges frais (fraise, cerise), de vanille et de grillé. Une touche « terroitée », crayeuse, s'invite dans une bouche souple et soyeuse, boisée avec mesure et bien soutenue par des tanins affables et veloutés. Un vin harmonieux, que l'on pourra apprécier dans sa jeunesse. ✗ 2016-2020 ♈ filet mignon d'agneau au romarin

○⌐ Jean-Louis Vicard, 1, Grandes-Plantes,
33330 Saint-Laurent-des-Combes, tél. 05 57 51 19 91,
chateaudecandale@orange.fr Ⓥ ⋀ ⬛ r.-v.

CH. CANON 2012 ★★		
■ 1er gd cru clas. B	80 000	◫	75 à 100 €

89 90 96 97 **98** 99 |00| |01| 02 **03** |04| **05 06** 07 08 **09** **10** 11 **12**

Ce grand cru fut fondé en 1760 par le capitaine de frégate et corsaire Jacques Kanon, qui y développa la monoculture de la vigne. Bien plus tard, la famille Fournier, installée ici en 1919, cédera le domaine au groupe Chanel en 1996. Le cru est idéalement situé sur le plateau calcaire de Saint-Émilion, avec en sous-sol d'immenses caves creusées pendant des siècles pour bâtir Libourne et Bordeaux. John Kolasa (également aux commandes de Rauzan-Ségla en margaux, des mêmes propriétaires) dirige le vignoble, qui couvre 34 ha – dont 12 provenant du grand cru classé Matras, acquis en 2011, qui alimente désormais le second vin, Croix Canon.

D'un rouge profond et lumineux, le 2012 dévoile un bouquet délicat de fruits mûrs sur un fond minéral et crayeux qui signe le terroir. Un caractère très « chic » que l'on retrouve dans un palais ample, dense, ferme et corsé dès l'attaque, porté par des tanins solides, mais sans rusticité, avec toujours ce côté pierreux en soutien, ce jusqu'à la finale, longue et fraîche. Il faudra faire preuve de patience avant de déguster ce vin encore un peu anguleux à ce jour. ✗ 2020-2030 ♈ filet de bœuf aux morilles ■ Croix Canon 2012 ★ (20 à 30 € ; 50 000 b.) : un second vin très réussi, au nez complexe de fruits noirs un peu confits, de café et de vanille, au palais suave, à la texture presque crémeuse, étayé par des tanins ronds et soyeux. ✗ 2017-2023

○⌐ Ch. Canon, lieu-dit Saint-Martin, 33330 Saint-Émilion,
tél. 05 57 55 23 45, contact@chateau-canon.com
Ⓥ ⋀ ⬛ r.-v. ○⌐ Groupe Chanel

CH. CANTIN 2012 ★		
■	67 263	◫	20 à 30 €

La Société fermière des Grands Crus de France est la structure spécialisée dans le Bordelais du groupe Grands Chais de France. Son œnologue Vincent Cachau vinifie le fruit de quinze propriétés, représentant 390 ha dans les différentes AOC bordelaises.

Érigé au XVIIᵉ s. par les moines bénédictins de Saint-Émilion, ce domaine, dans le giron des Grands Chais de France depuis 2007, étend son vignoble sur 32 ha, au nord-ouest de l'appellation. Le 2012 est un beau vin de garde, à la fois puissant et élégant. La robe est pourpre très foncé. Le nez, encore un peu fin, marie sans fausse note les baies noires mûres à un bon merrain épicé et toasté. Une attaque fraîche introduit une bouche ample, riche et charnue, charpentée par des tanins de qualité et un solide boisé. Quelques années seront nécessaires pour adoucir l'ensemble. ✗ 2018-2025 ♈ gigot d'agneau

○⌐ Société fermière des Grands Crus de France,
33460 Lamarque, tél. 05 57 98 07 20

CH. CAP DE MOURLIN 2012		
■ Gd cru clas.	65 000	◫	20 à 30 €

L'un des trois crus classés saint-émilionnais de Jacques Capdemourlin (avec Balestard la Tonnelle et Petit Faurie de Soutard), issu d'une famille déjà établie à Saint-Émilion au XVIIᵉ s. Ce dernier a unifié en 1983 un vignoble longtemps divisé entre son père et son oncle, étendu aujourd'hui sur 14 ha.

Notes de fruits frais, de poivre et de boisé fondu composent un bouquet discret mais fin. La bouche se montre souple, ronde, assez légère, évoluant plus en finesse qu'en puissance, étayée par des tanins tendres. Un grand cru qui pourra s'apprécier assez jeune. ✗ 2017-2022 ♉ rôti de veau aux chanterelles

☛ Jacques Capdemourlin, SCEA Capdemourlin, Ch. Roudier, 33570 Montagne, tél. 05 57 74 62 06, info@vignoblescapdemourlin.com Ⓥ ⚑ 🍷 r.-v.

CH. CHAMPION Cuvée Excellence 2012 ★★			
■	4 000	🍎 ⅏	20 à 30 €

Huitième fils unique depuis le XVIIIᵉs. à conduire les vignobles familiaux, Pascal Bourrigaud a pris la suite de son père Jean en 1994, à la tête de trois domaines : les Ch. Champion (7 ha) et Vieux Grand Faurie (5 ha) en saint-émilion grand cru, complétés en 1999 par le Ch. Haute Terrasse (4 ha en castillon-côtes-de-bordeaux). Il perpétue aussi la vieille tradition œnotouristique familiale, établie il y a plus de cinquante ans (déjeuner vigneron, sentier des vignes...).

Issue des plus vieux merlots du domaine (quatre-vingts ans), cette cuvée Excellence séduit d'emblée par son bouquet intense de fruits rouges et noirs frais, poivre et de cèdre. Le charme opère aussi en bouche : la rondeur typique du merlot, beaucoup de volume et de densité, des tanins fermes mais sans sévérité et une longue finale serrée. Un vin à fort potentiel, profond, concentré mais pas surextrait ✗ 2018-2028 ♉ gigolettes d'agneau à la menthe ■ 2012 ★ ('11 à '15 € ; 24 600 b.) : la cuvée principale du domaine ; un vin élégant et harmonieux dans son équilibre fruits mûrs/boisé épicé et vanillé, frais, ample et solidement charpenté. Armé pour bien vieillir. ✗ 2018-2025 ■ Ch. Vieux Grand Faurie 2012 (11 à 15 € ; 14 200 b.) : vin cité. ✗ 2018-2023

☛ SCEA Bourrigaud et Fils, Ch. Champion, 33330 Saint-Émilion, tél. 05 57 74 43 98, info@chateau-champion.com Ⓥ ⚑ 🍷 r.-v.

CH. CHANTE ALOUETTE 2012			
■	34 000	🍎 ⅏	15 à 20 €

Repris en 1995 par Guy d'Arfeuille, propriétaire de plusieurs crus dans le Libournais, et dirigé par son fils Benoit, ce domaine voisin de Pavie et de La Gaffelière étend son vignoble sur 7,1 ha.

Raisins mûrs, moka, cacao, le nez est expressif et généreux. Des sensations que l'on retrouve dans une bouche souple et fraîche en attaque, ronde, fruitée et boisée avec mesure, de bons tanins serrés assurant le maintien. À boire jeune ou plus âgé. ✗ 2016-2020 ♉ steak au poivre

☛ d'Arfeuille, Ch. Chante Alouette, 33330 Saint-Émilion, tél. 05 57 24 71 81, contact@chateau-chante-alouette.com Ⓥ ⚑ 🍷 r.-v.

CH. CHAUVIN 2012 ★★			
■ Gd cru clas.	42 000	⅏	30 à 50 €

85 86 **88 89** 90 93 94 96 98 99 00 **01** 02 03 |04| |05| 06 07 08 09 10 **12**

Acquis en 1891 par Victor Ondet, teinturier de son état, ce cru est resté dans la même famille jusqu'en 1954. C'est sous la direction du petit-fils, Henri, qu'il acquiert les lettres de noblesse, intégrant le premier classement de Saint-Émilion en 1954. Une notoriété maintenue sous la direction des filles de ce dernier, Marie-France et Béatrice. En 2014, le domaine et ses 13,34 ha de vignes sont passés dans d'autres mains féminines, celles de Sylvie Cazes (co-propriétaire de Lynch-Bages) et de sa fille.

Sylvie Cazes n'a pas lésiné sur les investissements pour son arrivée aux commandes, à la vigne (replantation en haute densité, augmentation du pourcentage de cabernet, travail intégral des sols) comme au chai (ramassage en petites cagettes, local réfrigéré pour refroidir les vendanges, égrappage dernier cri, double tri au cuvier). Gageons que ces efforts paieront, mais pour l'heure, c'est la vendange 2012 des sœurs Ondet que les dégustateurs ont jugé et apprécié. Derrière une robe intense aux reflets améthyste, se dévoile un nez puissant et profond de fruits rouges confiturés, de réglisse, de cuir et de toasté. Le palais, d'abord rond et soyeux, est vite encadré par des tanins denses et solides, mais d'une réelle finesse, qui laissent augurer un beau vieillissement. ✗ 2018-2026 ♉ chevreuil aux pommes

☛ Sylvie Cazes, 1, Les Cabannes-Nord, 33330 Saint-Émilion, tél. 05 57 24 76 25, contact@chateauchauvin.com Ⓥ 🍷 r.-v.

CH. CHEVAL BLANC 2012 ★★			
■ 1er gd cru clas. A	90 000	⅏	+ de 100 €

⑥① **64 66** 69 **70 71 75 76 78 79** 80 **81 82 83** 85 **86 88** 89 ⑨⓪ **92 93 94** |95| |97| |98| |99| |00| |01| |02| |03| |04| 05 06 |07| 08 **09 10 11** 12

À l'origine simple métairie de Figeac, Cheval Blanc devient une propriété indépendante en 1832 quand le président du tribunal de Libourne, Jean-Jacques Ducasse, l'achète et fait construire le château actuel. Ses descendants entreprennent des travaux importants, notamment de drainage, et dès la fin du Second Empire, le cru atteint ses dimensions actuelles (37 ha) et se situe parmi les plus renommés de Saint-Émilion. Son terroir, de type pomerolais avec des graves et des sables anciens sur argiles, explique l'originalité de son encépagement à dominante de cabernet franc, complété par le merlot. Les descendants du président Ducasse vont rester à la tête du cru jusqu'à son rachat en 1998 par Bernard Arnault (LVMH) et Albert Frère. Ces derniers placent Pierre Lurton à la direction générale et dotent le château d'un nouveau chai, édifié par Christian de Portzamparc.

Très classique dans sa présentation, le 2012 (54 % merlot, 46 % cabernet franc) se pare d'une seyante robe bordeaux, dense et profonde. Café, grillé, épices douces, fruits rouges, le bouquet, intense, offre tous les attributs d'un grand saint-émilion, avec en plus ce côté aérien et délié si caractéristique, minéral et floral, apporté sans doute par le cabernet franc et par ce terroir inimitable. On retrouve ce trait de caractère dans un palais à la fois puissant et élégant, frais et d'une grande pureté de fruit, soutenu par des tanins doux et très fins. Un vin déjà très plaisant par son côté frais et fruité, mais qui bien sûr patientera sans encombre pendant de nombreuses années dans la cave de ses heureux détenteurs. ✗ 2018-2030 ♉ filet de bœuf à la truffe ■ Ch. Petit Cheval 2012 (+ de 100 € ; 15 000 b.) : vin cité. ✗ 2017-2023

☛ SC du Cheval Blanc, Ch. Cheval Blanc, 33330 Saint-Émilion, tél. 05 57 55 55 55, contact@chateau-chevalblanc.com

BORDELAIS

CH. CHEVAL NOIR
Cuvée le Fer 2012 ★

| ■ | 8 000 | ◫ | 30 à 50 € |

Un nom qui renvoie aux puissants chevaux noirs utilisés au XIXᵉs. pour les vendanges, et qui deviendra une marque en 1895, la plus vieille du Bordelais. Elle fut reprise en 1937 par la vénérable maison de négoce Mähler-Besse, fondée en 1892 et co-propriétaire du Ch. Palmer à Margaux.

Issu de 5 ha de pur merlot, ce 2012 livre un bouquet de fruits rouges mûrs bien mariés aux notes vanillées et toastées de la barrique (dix-huit mois). La bouche se révèle ample et fraîche, puis apparaissent rapidement des tanins bien serrés, qui rendent pour l'heure la finale quelque peu austère. Un beau vin de garde. ✗ 2018-2025 ☗ canard rôti

☞ SA Mähler-Besse, 49, rue Camille-Godard, 33000 Bordeaux, tél. 05 56 56 04 30, france@mahler-besse.com

CLOÎTRE DES CAPUCINS 2012 ★

| ■ | 100 000 | ◫ | 11 à 15 € |

L'histoire remonte au début du XXᵉs., quand le Corrézien Antoine Moueix, amoureux des vins de Saint-Émilion et de Pomerol, fonde sa maison de négoce en 1902. Outre ses propriétés (Grand Renom, Capet Guillier), l'affaire propose côté négoce une large gamme de vins de la rive droite (Libournais, AOC régionales). Dans le giron du groupe Advini depuis 2006.

Le bouquet de ce 2012, déjà bien ouvert, associe les fruits rouges (framboise, cerise) à un bon boisé toasté et épicé. Le palais offre beaucoup de fruit, de la souplesse et du charnu, avant de faire preuve de plus de fermeté tannique en finale. À attendre un peu. ✗ 2017-2021 ☗ pintade rôtie

☞ Antoine Moueix, rte du Milieu, lieu-dit Mède, 33330 Saint-Émilion, tél. 05 57 55 58 00, contact@amoueix.fr ☞ Advini

CLOS DES BAIES 2012 ★★

| ■ | 2 100 | ◫ | 50 à 75 € |

Philippe Baillarguet dispense ses talents de maître de chai pour le compte de la famille Vauthier (Ch. Ausone). En 2006, il prend un petit fermage de 30 ares pour créer son propre vin, puis acquiert 92 ares en 2010, sur le coteau sud de Saint-Laurent-des-Combes.

Une nouvelle fois au rendez-vous, l'excellent Philippe Baillarguet signe un vin des plus goûteux et aboutis. Paré d'une robe sombre, son Clos des Baies 2012 livre un bouquet complexe et harmonieux, où l'on perçoit des notes poivrées, toastées, camphrées et fruitées. Une attaque douce et ronde introduit un palais de grande fraîcheur, étayé par des tanins fins et veloutés, qui enserrent un peu plus la bouche en finale. Un ensemble très équilibré. Selon son goût, on appréciera ce vin aussi bien dans sa jeunesse que patiné par le temps. ✗ 2017-2025 ☗ pavé de bœuf sauce au poivre

☞ Philippe Baillarguet, 1, Montremblant, 33330 Saint-Émilion, tél. 06 88 67 16 68, philippe.baillarguet@orange.fr

CLOS DES MOINES 2012 ★

| ■ | 12 000 | ☖ ◫ | 11 à 15 € |

Le nom de ce cru, dont les origines remonteraient au XIIIᵉs., fait allusion à une ancienne chapelle située sur le chemin de Saint-Jacques et qui dépendait de l'abbaye de Grandmont. Acquis en 1954 par Honoré Ménager, il est resté dans la même famille. Délaissé après le grand gel de 1956, le vignoble fut replanté seulement à partir de 1984 et s'étend aujourd'hui sur 9,5 ha, avec à sa tête Alexandre Ménager depuis 2002.

Du verre se dégagent des arômes de cerise et de mûre confiturées sur un fond boisé bien intégré. La bouche se montre ample, vineuse et suave, portée par un élevage soigné et des tanins consistants. De bonne garde assurément. ✗ 2018-2025 ☗ dessert au chocolat noir

☞ EARL Ménager, Clos des Moines, 2, les Baziliques, 33330 Saint-Christophe-des-Bardes, tél. 05 57 24 77 02, closdesmoines@wanadoo.fr Ⓥ ⚘ ♿ t.l.j. 13h30-19h

CH. CLOS DES PRINCE 2012 ★

| ■ | 13 000 | ◫ | 20 à 30 € |

Également courtiers en vins, Marie-Christine et Gilles Prince ont acquis en 2000 un petit vignoble (3 ha) établi sur les sables à crasse de fer de Saint-Laurent-des-Combes, à l'est de Saint-Émilion, qu'il cultive dans un esprit « haute couture ».

Après dix-huit mois de barrique, ce 2012 livre un bouquet naissant de raisins mûrs et concentrés, agrémentés d'un boisé soutenu mais élégant, aux tonalités de moka et de réglisse. Le palais est chaleureux, gras et charnu, étayé par des tanins denses et veloutés. Un vin très saint-émilion, à la fois puissant, rond et suave. ✗ 2018-2025 ☗ daube de sanglier

☞ SCA Vignobles Prince, Ch. Clos des Prince, Ferrandat-Sud, 33330 Saint-Laurent-des-Combes, tél. 05 57 84 64 14, vignobles-prince@wanadoo.fr Ⓥ ⚘ r.-v.

♥ CLOS DUBREUIL 2012 ★★

| ■ | 14 000 | ◫ | + de 100 € |

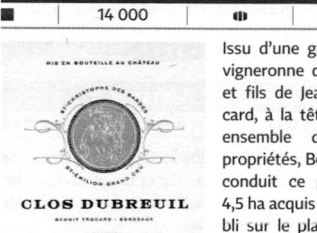

Issu d'une grande famille vigneronne du Libournais et fils de Jean-Louis Trocard, à la tête d'un vaste ensemble de quatorze propriétés, Benoît Trocard conduit ce petit cru de 4,5 ha acquis en 2002, établi sur le plateau calcaire de Saint-Christophe-des-Bardes. Il en a fait l'une des belles références de Saint-Émilion, témoin les nombreux coups de cœur obtenus dans le Guide.

2002, 2003, 2008, 2009, 2012 : série en cours des coups de cœur du domaine. CQFD. Benoît Trocard, en bon spécialiste des vins haut de gamme, signe un 2012 admirable, à la fois très harmonieux et bâti pour durer. Le bouquet, naissant mais déjà très expressif, charmeur et profond, évoque les fruits confits et le bon boisé grillé et épicé. Des arômes chaleureux que prolonge un palais généreux, séveux, puissant, d'un volume imposant, porté par des tanins denses et soyeux qui poussent loin la finale. « Grand et fort », conclut une dégustatrice. ✗ 2019-2030 ☗ magret de canard aux sarments ■ Anna 2012 ★★ (30 à 50 € ; 9 000 b.) : cette cuvée à forte dominante de merlot (90 %) livre un nez puissant et généreux de cacao, de vanille et de fruits bien mûrs. La bouche, tout aussi soutenue, se révèle ample, riche, concentrée et tannique, clairement bâtie pour la garde. ⧗ 2018-2025

⚷ *Benoît Trocard, 11, Jean-Guillot, Clos Dubreuil SAS, 33330 Saint-Christophe-des-Bardes, tél. 06 12 80 04 39, bt@trocard.com* 🅅 🚶 🍷 *r.-v.*

♥ CLOS FOURTET 2012 ★★

■ 1er gd cru clas. B	42 000	⛁	50 à 75 €

85 86 87 88 89 **90 91** 92 93 **94** (95) **96 97 98** 99 |**00**|

|01| |**02**| |**03**| 04 (05) |**06**| |07| 08 09 **10 11 12**

Cet illustre grand cru est un vrai clos ceint de murs (20 ha), établi à l'emplacement d'un fortin romain (« un fourtet »), face à la collégiale de Saint-Émilion, sur le fameux plateau calcaire à astéries de la cité. Il a souvent changé de mains, toujours celles d'authentiques familles bordelaises, comme les Ginestet et les Lurton. Ces derniers l'ont considérablement amélioré, avant de le céder en 2001 à Philippe Cuvelier et son fils Matthieu (Ch. Poujeaux à Moulis), qui, avec l'appui de Stéphane Derenoncourt et de Jean-Claude Berrouet, maintiennent haute cette exigence de qualité et ont entrepris un travail de fond toujours en cours sur le vignoble.

Le 2012 rejoint son aîné 2011 dans la série des coups de cœur du Clos Fourtet, le cinquième depuis l'arrivée des Cuvelier aux commandes. Cuvelier qui ont, parenthèse, agrandi leur patrimoine saint-émilionnais en acquérant en 2013 les crus de la famille de Reiffers : Côte de Baleau, nouvellement promu cru classé en 2012, et Les Grandes Murailles, quant à lui déjà classé. Revenons au Clos Fourtet 2012, un vin qui touche à la perfection, issu de merlot à 85 % (10 % de cabernet-sauvignon et 5 % de cabernet franc). À une robe intense et brillante répond un nez profond de fruits noirs et de grillé, mâtiné de nuances viandées. L'onctuosité et la rondeur fruitée du merlot associées à la puissance et la fraîcheur des cabernets composent un palais très équilibré, dense, ample et racé, épaulé par des tanins sérieux et distingués, typiques du cru. Élégance et raffinement. ⧗ 2019-2030 🍷 ris de veau braisés ■ **La Closerie de Fourtet 2012 (20 à 30 € ; 25 000 b.) : vin cité.** ⧗ 2016-2020

⚷ *SCEA Clos Fourtet, 1, Châtelet-Sud, 33330 Saint-Émilion, tél. 05 57 24 70 90, closfourtet@closfourtet.com* 🅅 🚶 🍷 *r.-v.* ⚷ Philippe Cuvelier

CLOS JUNET 2012

■	11 000	🍾 ⛁	15 à 20 €

Déjà mentionné par la carte de Belleyme au XVIIIe s., ce petit domaine de 2 ha est né de trois parcelles situées à l'ouest du plateau calcaire de Saint-Émilion, acquises au XIXe s. par l'arrière-grand-père de Patrick Junet. Ce dernier, ancien directeur de l'Office de tourisme de la cité médiévale, est installé depuis 1992.

Ce 2012 s'ouvre avec finesse sur des senteurs de cassis, de cerise et de moka. En bouche, il se révèle bien équilibré, ample, gras et souple, soutenu par des tanins délicats. Une bouteille que l'on pourra apprécier dans sa jeunesse. ⧗ 2016-2022 🍷 volaille rôtie

⚷ *Patrick Junet, 13, Berthonneau, 33330 Saint-Émilion, tél. 05 57 51 16 39, contact@closjunet.com* 🅅 🚶 🍷 *r.-v.*

CLOS LA MADELEINE 2012 ★

■ Gd cru clas.	8 800	⛁	30 à 50 €

En 1992, un groupe de passionnés acquiert le Clos la Madeleine, petit cru créé en 1841, longtemps propriété de négociants bruxellois, puis de la famille Pistouley. Ce « jardin » de 2,29 ha établi à l'ouest de la Gaffelière, en plein cœur de la côte sud de Saint-Émilion, aux portes de la cité, a été promu au rang de cru classé en 2012. Des mêmes propriétaires : les Ch. Magnan la Gaffelière, cru ancien (1777) de 10,5 ha sur glacis sableux et pied de côte, et Tandonne, 1 ha dans la plaine de Saint-Émilion.

Plantée dans un jardin clos exposé plein sud, la vigne est bichonnée ici. Bonne fille, elle donne naissance à un vin à la hauteur des soins qui lui sont prodigués. Paré d'une éclatante robe griotte, ce 2012 livre un bouquet à la fois fin et opulent de raisins bien mûrs et de merrain vanillé. Le palais offre une belle présence : de la matière, du volume, du fruit, un boisé fondu et un grain de tanin soyeux et serré. Un grand cru élégant et complet. ⧗ 2018-2025 🍷 filets de canard aux figues ■ **Ch. Magnan La Gaffelière 2012 (15 à 20 € ; 55 000 b.) : vin cité.** ⧗ 2016-2020

⚷ *SA du Clos La Madeleine, La Gaffelière-Ouest, BP 78, 33330 Saint-Émilion, tél. 05 57 84 48 56, closlamadeleine@orange.fr* 🅅 🚶 🍷 *r.-v.*

CLOS LES GRANDES VERSANNES 2012 ★

■	2 700	⛁	15 à 20 €

Jean-Luc Sylvain, tonnelier réputé du Libournais, n'exerce pas son talent que sur le contenant mais aussi sur le contenu, à travers deux domaines : le Ch. la Perrière à Lussac, un cru de 14 ha d'origine monastique acquis en 2003, et le Clos les Grandes Versannes, grand cru de Saint-Émilion repris en 2004, une petite vigne (99 ares) plantée sur les sables et les graves de Saint-Sulpice-de-Faleyrens, dans sa famille depuis trois générations.

« Vin de garde de style moderne », c'est ainsi qu'est défini ce 2012 par un dégustateur. Fruits frais, cacao et jolies notes torréfiées, le nez est accueillant et harmonieux. La bouche, séveuse, corsée, solidement bâtie sur des tanins fermes et encore austères, offre aussi une belle fraîcheur, qui apporte tonus et longueur. Paré pour bien vieillir. Le 2008 fut coup de cœur. ⧗ 2018-2025 🍷 côte de bœuf

⚷ *Vignobles Jean-Luc Sylvain, Ch. la Perrière, 33570 Lussac, tél. 05 57 74 51 33, mail@vignobles-jlsylvain.com* 🅅 🚶 🍷 *r.-v.* 🏠 ⑤

CH. CLOS SAINT-ÉMILION PHILIPPE 2012

■	20 000	⛁	15 à 20 €

Un vignoble de 8 ha pour moitié en saint-émilion, pour moitié en grand cru, fondé en 1927 par Léon Galhaud, pépiniériste à Saint-Émilion, et conduit depuis 1991 par son petit-fils Jean-Claude Philippe, médecin de métier, sa femme Nicole et leurs trois enfants.

Vin bien construit et de bonne garde, ce 2012 dévoile des parfums de fruits mûrs, de menthol et de boisé, soulignés par une touche minérale de pierre à fusil. On retrouve les fruits et le boisé, tendance toasté, dans une bouche à la fois suave et fraîche, ample et bien charpentée. Un grand cru puissant et équilibré. ✗ 2018-2025 ✼ magret de canard aux cerises

○⊸ SEA Philippe, 2, lieu-dit Beychet, 33330 Saint-Émilion, tél. 06 88 08 14 03, vignobles.philippe@wanadoo.fr
Ⓥ ☂ ♟ r.-v.

Ⓑ CLOS SAINT-JULIEN 2012 ★			
■	3 000	◫	30 à 50 €

Le plus petit des trois crus saint-émilionnais (Gaillard, Petit Gravet Aîné) de Catherine Papon-Nouvel, installée en 1998 à la suite de son père à la tête des vignobles familiaux et par ailleurs propriétaire sur Castillon (Ch. Peyrou). La vigne couvre 1,2 ha (en bio certifié) sur un terroir de roche calcaire.

Comme toujours ici, c'est un vin mi-merlot mi-cabernet franc que propose Catherine Papon. Et comme toujours, un vin très intéressant. Des notes intenses de fruits confits et de pain grillé composent un bouquet gourmand à souhait. Tout aussi gourmande est la bouche, ample, suave et fruitée, offrant de jolies rondeurs et des tanins fins et veloutés qui permettront de savourer cette bouteille dans sa jeunesse. ✗ 2017-2022 ✼ bœuf bourguignon

○⊸ SCEA Vignobles J.-J. Nouvel, BP 84, 33330 Saint-Émilion, tél. 05 57 24 72 44, chateau.gaillard@wanadoo.fr Ⓥ ☂ ♟ r.-v.

CH. LA CLOTTE 2012 ★			
■ Gd cru clas.	n.c.	◫	30 à 50 €
99 00 01 03 04 05 |06| **07** 08 09 10 11 12		

Une habitation troglodytique (« clotte ») donne son nom à ce domaine de 4 ha en terrasses, entre la Porte de Brunet et le Vallon de Fongaban, jusqu'à la côte Pavie. Cette ancienne possession de la famille de Grailly fut acquise en 1912 par les Chailleau. Élevé au rang de cru classé dès 1955, sous la conduite de Georges Chailleau, premier grand vinetier de la Jurade de Saint-Émilion, le domaine fut mis en fermage dans les années 1960 et de nouveau exploité par la famille (Nelly Moulierac et ses cousines Dominique Tord et Odile Plantade), de 1990 à 2014, date du rachat par Alain Vauthier, propriétaire d'Ausone.

Une belle couleur violine habille ce vin. Au nez, des notes de pain d'épice, de poivre, de fruits noirs et quelques touches florales. Une attaque franche et savoureuse ouvre sur un palais intense, riche et élégant, bâti sur une trame tannique solide et puissante, soulignée par une fine acidité jusqu'à la finale, longue et épicée. Un « beau bébé » bien charpenté », conclut un dégustateur. ✗ 2018-2025 ✼ carré d'agneau sauce menthe

○⊸ Nelly Moulierac, 1, Bergat, 33330 Saint-Émilion, tél. 05 57 24 66 85, chateau-la-clotte@wanadoo.fr
Ⓥ ☂ ♟ r.-v. ○⊸ Héritiers Chailleau

CH. CORBIN 2012 ★			
■ Gd cru clas.	42 000	◫	30 à 50 €
85 86 88 89 90 93 94 95 96 98 99 |00| |02| |03| |05| 06		
09 **10** 12			

Tous deux issus d'anciennes familles bordelaises, Ana-belle Cruse-Bardinet, épaulée par son mari Sébastien, a repris en 1999 le vignoble familial acquis par ses arrière-grands-parents en 1924 et transmis par les femmes depuis quatre générations. Un cru fort ancien – les fondations du bâtiment principal remontent au XVᵉs. – dont on dit qu'il fut l'un des fiefs du Prince noir (« corbin » pour la couleur corbeau de son armure). Le vignoble couvre 13 ha, implanté en partie sur des sables anciens, en partie sur des argiles.

Une forte dominante de merlot (90 %) pour ce vin sombre et profond, au nez intense et fin de mûre sauvage, d'épices douces et de réglisse. En bouche, l'équilibre est atteint entre les notes chaleureuses d'un fruité mûr, une touche minérale, un boisé fondu et des tanins fermes mais affinés. On retrouve bien ici la finesse apportée par les sables et la puissance des argiles. ✗ 2018-2025 ✼ parmentier de confit de canard

○⊸ SC Ch. Corbin, 33330 Saint-Émilion, tél. 05 57 25 20 30, contact@chateau-corbin.com Ⓥ ☂ ♟ r.-v.

CH. DE LA COUR 2012			
■	20 000	◫	15 à 20 €

Venue du nord de la France et du milieu céréalier, la famille Delacour a acquis en 1994 ce domaine alors nommé « Ch. de la Rouchonne », rebaptisé du nom du chevalier de la Cour, au service de Charles IX et ancêtre de la famille. Un cru que Bruno Delacour conduit depuis 2010 et qui étend son vignoble sur 11,5 ha sur un sol de sable et de graves au sud de l'appellation. En 2010, les Delacour ont acquis le Clos des Templiers, une petite vigne de 1,5 ha en lalande.

Un joli nez, vanillé, grillé et fruité (mûre, cassis) ouvre la dégustation. L'attaque est ample, ronde et suave, le boisé s'impose en milieu de bouche, accompagné par des tanins serrés, encore un brin austères en finale. À attendre. ✗ 2019-2025 ✼ coq au vin

○⊸ Vignobles Delacour, 4, la Rouchonne, 33330 Vignonet, tél. 05 57 84 64 95, contact@chateaudelacour.com
Ⓥ ☂ ♟ r.-v.

CH. LA COUSPAUDE 2012 ★			
■ Gd cru clas.	38 000	◫	30 à 50 €
85 **86** 88 ⑧⑨ 90 91 92 **93** 94 **95** 96 97 **98** 01 02 03 04			
|05| |06| |07| **09** 10 11 12			

Propriétaire de vignes depuis plus de deux siècles, la famille Aubert – aujourd'hui les frères Alain, Daniel et Jean-Claude, épaulés par leurs enfants – exploite 300 ha et de nombreux domaines du Bordelais, essentiellement en Libournais, avec pour fleuron le Ch. la Couspaude, grand cru classé de Saint-Émilion depuis 1996, acquis en 1908.

Dirigé par Yohan Aubert, ce grand cru classé, situé à quelques centaines de mètres de la cité médiévale, est commandé par une chartreuse du XVIIIᵉs. La cour pavée recouvre des caves souterraines creusées dans la pierre. Le terroir argilo-calcaire (7 ha) et l'encépagement (merlot complété des deux cabernets) sont typiques du plateau de Saint-Émilion. Du classique et du solide donc, que l'on retrouve aussi dans le verre : une seyante robe bordeaux ; un nez profond de fruits mûrs et de toasté soulignés par une touche crayeuse ; une bouche dense, ample et fraîche, bâtie sur des tanins consistants qui assurent à ce vin une longue tenue à la garde. ■ Ch. Saint-Hubert 2012 ★ (20 à 30 € ; 12 000 b.) : dédié au patron des chasseurs, ce petit cru de 3 ha est situé à Saint-Pey d'Armens, sur des sols argilo-sableux. Aux commandes du chai, Vanessa Aubert signe un vin complexe et expressif (mûre, fruits rouges, café, grillé...), ample, gras et bien charpenté ; sous-tendu par une fine fraîcheur qui apporte une belle allonge. ✗ 2018-2025

☛ *Vignobles Aubert, Ch. la Couspaude,*
33330 Saint-Émilion, tél. 05 57 40 15 76,
vignobles.aubert@wanadoo.fr 🆅 🅰 🆈 *r.-v.*

COUVENT DES JACOBINS 2012 ★			
■ Gd cru clas.	25 000	◗	30 à 50 €

Jusqu'à la Révolution française, le couvent abritait des moines dominicains, qui ont contribué à l'épanouissement du vignoble saint-émilionnais. Ce cru de 10,7 ha, établi au cœur de Saint-Émilion sur de très anciennes caves souterraines (XIIIe et XIVes.), appartient à la famille Joinaud-Borde depuis 1902. L'actuelle propriétaire, Rose-Noëlle Borde, associée depuis 2010 à Xavier Jean, a confié la direction technique à Denis Pomarède. Un vaste programme de restructuration est en cours (replantation, introduction du petit verdot...).
Assemblage classique de merlot (85 %) et de cabernet franc, le vin déploie un bouquet élégant de fruits rouges confits, de mûre et de cèdre. La mise en bouche est chaleureuse et ronde, puis les tanins, bien fermes et serrés, prennent le dessus jusqu'en finale et promettent un bon vieillissement. ✗ 2018-2025 ☟ tournedos Rossini
■ Le Menut des Jacobins 2012 ★ (15 à 20 € ; 6 000 b.) : chez les Jacobins, les Menuts étaient des moines de rang inférieur. Malgré la modestie de son nom, ce second vin se révèle fort agréable par son nez charmeur de fruits rouges frais, de vanille et de tabac blond, comme par son palais dense, tendre et gras, porté par des tanins souples et soyeux. ✗ 2016-2021

☛ *SCEV Joinaud-Borde, 10, rue Guadet,*
33330 Saint-Émilion, tél. 05 57 24 70 66,
couventdesjacobins@dbmail.com 🅰 *r.-v.*
☛ *Rose-Noëlle et Jean-Xavier Borde*

CH. CROIX DE LABRIE 2012			
■	3 000	◗	75 à 100 €

Un cru de poche de 2,52 ha plantés du seul merlot, situé sur le haut plateau de Saint-Émilion. Trois terroirs – Badon (à côté de Pavie), Saint-Sulpice et Saint-Christophe-des-Bardes, où est établi le chai, datant de 1687 – et trois vins sur cette petite surface travaillée « à la bourguignonne » par Axelle Courdurié, aux commandes depuis 2013.
Paré d'une robe très foncée, ce vin dévoile un nez intense de griotte confiturée et de pain grillé. La bouche se révèle ronde et charnue, épaulée par des tanins suaves et fondus qui renforcent ce caractère affable et soyeux. Un bon classique, bien typé merlot. ✗ 2017-2022 ☟ aiguillettes de canard au foie gras

☛ *SCEA Ch. Croix de Labrie, 8 bis, Peymouton sud,*
33330 Saint-Christophe des Bardes, tél. 07 60 03 15 40,
pierre@chateau-croix-de-labrie.fr 🆅 🅰 🆈 *r.-v.* 🏠 ❺
☛ *Courdurié*

CH. CROIX FIGEAC 2012			
■	60 000	◗	15 à 20 €

Un cru ancien (1888) acquis par la famille de Jean Dutruilh en 1984. Ce dernier, ancien champion de ski à bosses, a repris en main le vignoble depuis 2001, 12 ha proches des

Ch. Figeac et Cheval Blanc. Suite à la demande d'annulation du nom par le Ch. Figeac, le domaine portera désormais le nom de Ch. Pierre 1er (prénom du père de Jean Dutruilh) à partir du millésime 2013.
Dernier millésime sous cette étiquette, le 2012 du domaine est un vin de belle intensité, au nez comme en bouche. L'olfaction mêle les fruits noirs (cassis) aux épices (poivre). Le palais, dense et gras, déploie des tanins serrés, encore un peu stricts en finale. À attendre pour plus de fondu. ✗ 2018-2023 ☟ carré d'agneau

☛ *Jean Dutruilh, 14, rue d'Aviau, 33000 Bordeaux,*
tél. 06 73 89 18 13, jdgammes@wanadoo.fr 🅰 *r.-v.*

CROIX MONTLABERT 2012 ★★			
	n.c.	◗	11 à 15 €

Ce domaine, propriété au XVIIIes. du sieur Jean-Michel Descazes-Montlabert, est entré en 2008 dans le giron du puissant groupe Castel. Il est situé aux confins des secteurs de La Grâce Dieu et de Figeac, à l'ouest de la cité médiévale. Le vignoble couvre 12,5 ha d'un seul tenant, sur des sables anciens, profonds et sablo-graveleux. Ludovic Hérault, maître de chai et chef de culture, est conseillé depuis 2009 par Hubert de Bouärd de Laforest.
Un 2012 plein de charme, apprécié pour son bouquet flatteur aux accents fruités (cerise, cassis) et empyreumatiques, et pour son palais rond, ample et dense, mais sans excès d'opulence, étayé par des tanins fins et élégants. ✗ 2017-2025 ☟ poularde truffée

☛ *Ch. Montlabert, 33330 Saint-Émilion,*
tél. 05 56 95 54 00, contact@chateaux-castel.com

CH. DASSAULT 2012 ★			
■ Gd cru clas.	75 000	◗	30 à 50 €
98 99 00 01 02 03 04 **07** 09 **10 11** 12			

Créé en 1862, le Ch. Couperie, à l'abandon, est racheté en 1955 par Marcel Dassault. Entièrement restructuré, le cru est élevé au rang de cru classé en 1969. Présidé par Laurent Dassault, petit-fils de l'avionneur, et dirigé par Laurence Brun depuis 1995, il étend son vignoble sur 29 ha, implanté sur un glacis sableux, au nord-est de Saint-Émilion.
Merlot (84 %), cabernet franc (14 %) et cabernet-sauvignon (4 %) pour le 2012 de la maison Dassault (rebaptisée Dassault Wine Estates) pour afficher ses ambitions internationales. Dans le verre, un vin au nez flatteur de fruits concentrés dans un sillage finement boisé, ample et bien équilibré en bouche entre fraîcheur et rondeur, avec en soutien de beaux tanins denses et un joli boisé aux accents de moka. ✗ 2018-2027 ☟ filet d'agneau à la menthe

☛ *Dassault Wine Estates, 1, lieu-dit Couperie,*
33330 Saint-Émilion, tél. 05 57 55 10 00, lbv@
chateaudassault.com

CH. LA DOMINIQUE 2012 ★★			
■ Gd cru clas.	60 000	🍖 ◗	20 à 30 €
(82) **86** 88 **89** 90 **93** 94 95 **96** 97 98 99 00 01 02 **03** 05			
06 08 **09** 10 **11** 12			

Un cru d'ancienne notoriété, auquel un riche marchand propriétaire des lieux au XVIIIes. aurait donné le nom d'une île des Caraïbes. La famille de Baillencourt, établie ici depuis 1933, le cède en 1969 au puissant capitaine

BORDELAIS

d'industrie Clément Fayat, également propriétaire des Ch. Fayat (pomerol) et Clément-Pichon (haut-médoc). Le vignoble de 27,5 ha, situé au nord-ouest de Saint-Émilion, au voisinage de Pomerol, est établi sur un beau terroir de sables anciens au sous-sol argileux. Un nouveau chai, signé Jean Nouvel, est sorti de terre avec le millésime 2013.

Outre son nouveau chai, le domaine a créé un restaurant à l'esprit brasserie, La Terrasse rouge, planté au cœur des vignes. Un bel endroit où l'on pourra bientôt déguster ce fort joli 2012 rouge franc et profond, au nez intense de fruits rouges mûrs sur un fond fumé et vanillé délicat. La bouche, savoureuse, portée par des tanins veloutés, révèle un vin ample, généreux et soyeux, où l'on décèle aux côtés des fruits un élégant boisé aux accents de noisette grillée et un agréable ressort minéral. Une bouteille de haute tenue. ✗ 2019-2030 ⵝ filet de bœuf sauce Périgueux

☞ Ch. la Dominique, lieu-dit La Dominique, 33330 Saint-Émilion, tél. 05 57 51 31 36, contact@ vignobles.fayat.com Ⓥ 🏃 🏠 r.-v. ☞ Famille Fayat

CH. EDMUS 2012 ★★		
■	n.c.	ⵯ	20 à 30 €

Depuis sa création en 2007 par Philip Edmundson et Éric Remus – d'où Edmus –, ce cru progresse vite et bien. Sur l'étiquette, un phénix renaissant de ses cendres et une devise (*Renascetur gloriosius*) figurent l'ambition des deux hommes de relever cet ancien vignoble issu d'une partie (5,81 ha) du Ch. Lescours, dont la supervision a été confiée à Stéphane Derenoncourt.

Nouvelle confirmation des bonnes dispositions de ce domaine, le 2012 (le 2010 fut coup de cœur) offre un excellent vin de garde, complet à tous les étages. D'une belle teinte bordeaux intense, il livre un bouquet très engageant de baies noires, de raisins secs et de grillé. Ample dès l'attaque, confirmant les sensations olfactives, le palais se révèle à la fois puissant et élégant, bâti sur des tanins jeunes et consistants mais sans agressivité, qui expriment bien la finesse des merlots plantés sur graves. ✗ 2018-2025 ⵝ pintade aux cèpes

☞ SCEA Edmundson Remus Wines, 23, rue de Saint-Germain, 78230 Le Pecq, tél. 06 07 26 98 83, eremus@chateauedmus.com

CH. L'ÉTOILE DE CLOTTE 2012 ★★		
■	16 000	ⵯ	15 à 20 €

Jean-François Meynard est un producteur bien connu de l'AOC castillon : 15 ha à Roque le Mayne, son fleuron, et 13 ha à La Bourrée, son domaine « historique » et son lieu d'habitation. Il s'est étendu en 2009 sur Saint-Émilion avec L'Étoile de Clotte, petit cru de 2,5 ha situé à Saint-Étienne-de-Lisse.

Si certains rament longtemps avant d'émerger, Jean-François Meynard, un ancien champion d'aviron, n'a pas raté son départ sur les terres de Saint-Émilion. Il y conduit un domaine en progrès constant, toujours présent dans ces pages depuis son premier millésime (2009). Son « Étoile » atteint le firmament avec un 2012 admirable. La robe est superbe, intense et sombre. Le nez associe sans fausse note fruits rouges et boisé fin. Lui fait écho un palais à la fois gras, puissant et velouté, parfaitement équilibré, sans à-coups jusqu'à la finale, longue et soyeuse. On reconnaît un grand vin à ce qu'il peut s'apprécier aussi bien jeune que vieux, c'est bien le cas ici. Et pour ne rien

gâcher, le rapport qualité-prix est excellent. ✗ 2016-2025 ⵝ chapon aux truffes noires

☞ SCEA Vignobles Meynard, Barbey, 33330 Saint-Étienne-de-Lisse, tél. 06 89 87 82 99, contact@vignobles-meynard.com Ⓥ 🏃 🏠 r.-v.

CH. FAUGÈRES 2012 ★		
■ Gd cru clas.	33 000	ⵯ	30 à 50 €
93 94 95 96 97 98 99 00 01 02	03		04		05		06		07	09
10 11 12			

Fondé en 1823 par la famille de Pierre-Bernard (Péby) Guisez, qui lui donna dans les années 1980 ses premières lettres de noblesse, ce cru est depuis 2005 propriété de Silvio Denz. Agrandissement du vignoble, nouveau chai-cathédrale réalisé en 2009 par Mario Botta. L'homme d'affaires suisse spécialisé dans le luxe a fait de Faugères un fleuron de Saint-Émilion, hissé au rang de cru classé en 2012, comme son « cousin » Péby-Faugères.

Premier millésime en tant que cru classé pour Faugères, un millésime qui tient bien son nouveau rang. Paré d'une robe élégante, bordeaux à reflets améthyste, le vin livre des parfums charmeurs de baies noires bien mûres et de bon merrain toasté. La bouche ample, ronde et charnue, étayée par des tanins fins et soyeux offre la structure d'un solide vin de garde, que l'on pourra aussi apprécier dans sa jeunesse. Une bouteille savoureuse et harmonieuse. ✗ 2018-2028 ⵝ ris de veau sauce madère

☞ SARL Ch. Faugères, Ch. Faugères, 33330 Saint-Étienne-de-Lisse, tél. 05 57 40 34 99, info@ chateau-faugeres.com Ⓥ 🏃 🏠 r.-v. ☞ Silvio Denz

CH. FAURIE DE SOUCHARD 2012 ★		
■ Gd cru clas.	22 000	ⵯ	30 à 50 €

La famille Jabiol exploitait depuis les années 1930 ce cru connu depuis le début du XIXᵉs. et lui a donné sa configuration actuelle : 12 ha de vignes sur le versant nord du plateau de Saint-Émilion, dans le secteur de Faurie. En 2013, elle a vendu son domaine à la famille Dassault, qui ajoute à son portefeuille un autre grand cru classé.

Pour leur dernier millésime, les Jabiol signent un vin de très belle facture, aux arômes frais et délicats de fruits rouges, de violette, de menthol et de sous-bois. Une fraîcheur que l'on retrouve avec des tonalités crayeuses dans un palais élégant, alerte et racé, soutenu par des tanins souples et soyeux et par un boisé des plus raisonnables. Un grand cru plein de charme et de finesse, dynamique et franc. ✗ 2017-2025 ⵝ côte de veau aux girolles

☞ Dassault Wine Estates, 1, lieu-dit Couperie, 33330 Saint-Émilion, tél. 05 57 55 10 00, lbv@chateaudassault.com 🏃 🏠 r.-v.

CH. DE FERRAND 2012		
■ Gd cru clas.	120 000	ⵯ	30 à 50 €

Ce vaste domaine (42 ha, dont 32 de vignes) est situé sur les hauts de Saint-Hippolyte, à l'est de Saint-Émilion. Le château fut construit par le marquis de Mons à la fin du XVIIᵉs. dans un style Louis XIV, sur des grottes qui devaient abriter les derniers députés girondins recherchés durant la Terreur. Ses descendants le conserveront jusqu'en 1978 et son rachat par le baron Bich, inventeur du célèbre stylo à bille, dont les héritiers, Pauline Bich et son mari Philippe Chandon-Moët, sont toujours aux commandes, avec Thierry Guibert comme directeur technique. En 2012, les investissements réalisés par ces derniers ont payé : le domaine accède au rang de cru classé.

Avec ce premier millésime en tant que cru classé, un millésime plutôt tardif, à la climatologie difficile dans la première partie de l'année, le cru propose un vin agréable, très coloré et expressif (fruits confits, épices douces). Un caractère épicé et un fruité généreux que l'on retrouve dans une bouche tout en rondeur, soutenue par des tanins souples et élégants qui permettront d'apprécier cette bouteille aussi bien dans sa jeunesse que plus tard. ⚔ 2017-2025 ᵠ navarin d'agneau

o┐ Héritiers du baron Bich, Ch. de Ferrand, 33330 Saint-Hippolyte, tél. 05 57 74 47 11, info@chateaudeferrand.com 🅥 🏃 🏠 r.-v.

CH. FERRAND-LARTIGUE 2012 ★

■	6 000	◧	20 à 30 €

Un petit cru de 4 ha, créé en 1993 par Pierre Ferrand, qui l'a cédé en 2008 à la société Vitis Vintage de Maxime Bontoux, également propriétaire des Ch. Grand Lartigue, situé juste en face, et Tourteau-Chollet dans les Graves.

Ce vignoble assemble des sols assez variés, allant des argilo-calcaires aux sables anciens, ce qui le rend bien représentatif de l'appellation. Le 2012, issu à 80 % de merlot, est d'ailleurs un beau classique. Très coloré, il dévoile des arômes engageants de fruits noirs mûrs, d'épices douces, de brioche et de menthol. Une attaque douce, presque crémeuse, introduit un palais ample, velouté et montant, porté par des tanins denses et élégants. Déjà charmeur en diable, ce vin est aussi bâti pour bien vieillir. ⚔ 2016-2025 ᵠ civet de lièvre

o┐ Éts du Ch. Grand Lartigue, SAS Partitor, lieu-dit Lartigue, 33330 Saint-Émilion, tél. 05 57 24 87 14, ferrandlartigue@vitisvintage.com 🅥 🏃 🏠 r.-v.

o┐ Vitis Vintage

CH. FIGEAC 2012 ★★

■ 1er gd cru clas. B	100 000	◧	75 à 100 €

62 **64 66** ⑩ **71** 74 **75 76** 77 79 80 **81 82 83 85 86** 87 **88** |89| |90| |93| 94 |95| |96| 97 |98| |99| |00| |01| |02| |04| 05 06 |07| 09 10 **11 12**

Le plus vaste domaine de Saint-Émilion (40 ha de vignes plantés sur trois croupes de graves güntziennes), situé à l'ouest de la cité, en bordure de Pomerol. Un vignoble atypique, à l'accent médocain – 70 % de cabernet, répartis à parts égales entre franc et sauvignon –, adapté à son terroir de graves. Un haut lieu de l'appellation façonné par la famille Manoncourt, propriétaire depuis 1892, et notamment par Thierry, décédé en 2010, à qui l'on doit le « style Figeac » et cet encépagement original. Son épouse et ses quatre filles en ont confié en 2013 la co-gérance à Jean-Valmy Nicolas (cogérant de La Conseillante à Pomerol) et la direction générale à Frédéric Faye, son ancien directeur technique. Depuis le millésime 2012, Michel Rolland est l'œnologue-conseil de ce 1er grand cru classé B en 1955.

Un peu plus de merlot que pour le 2011 (coup de cœur flamboyant du Guide précédent) : 40 % (contre 33 %), à parité avec le cabernet-sauvignon, le cabernet franc étant limité à 20 %. D'un grenat éclatant, le 2012 s'ouvre sur des senteurs avenantes de fruits rouges (framboise) et noirs (cassis) et d'épices douces. Après une attaque franche et alerte, la bouche évolue avec délicatesse autour d'un beau fruité, épaulé sans être étouffé par un boisé qui n'a rien d'intempestif et par des tanins d'une remarquable finesse, tandis que la finale, longue et ample, apporte un surcroît de densité. Un modèle d'élégance. ⚔ 2019-2030 ᵠ filet de bœuf à la truffe ■ Petit-Figeac 2012 (20 à 30 € ; 40 000 b.) : vin cité. ⚔ 2016-2022

o┐ Ch. Figeac, Ch. de Figeac, 33330 Saint-Émilion, tél. 05 57 24 72 26, chateau-figeac@chateau-figeac.com 🏃 🏠 r.-v.

o┐ Famille Manoncourt

CH. FLEUR CARDINALE 2012 ★★

■ Gd cru clas.	103 000	◧	30 à 50 €

98 99 01 02 03 04 **05** |06| |07| |08| 09 10 **11 12**

Dominique et Florence Decoster ont acquis en 2001 ce domaine de 23,5 ha établi sur l'un des points hauts de l'AOC, à l'est de Saint-Émilion. Leurs investissements ont rapidement porté leurs fruits : le cru, en progression constante, est entré en 2006 dans le cercle des « classés », classement confirmé en 2012. La propriété s'est agrandie de 4 ha en 2011 avec le rachat du vignoble voisin de La Croix Cardinale. Aux commandes du chai, Robert Avargues.

Après le coup de cœur obtenu pour son 2011, le cru tient parfaitement son rang avec un 2012 d'une belle couleur bordeaux sombre, dense et profonde. Une profondeur que l'on perçoit aussi dans ses arômes intenses de cacao, de réglisse, d'épices et de fruits mûrs (cassis, cerise kirschée). Bâtie sur des tanins denses et élégants, la bouche se révèle consistante, riche et suave, presque crémeuse, mais avec une pointe de fraîcheur qui apporte équilibre et longueur. Très saint-émilion et de longue garde assurément. ⚔ 2018-2025 ᵠ poitrine de veau farcie ■ Ch. Croix Cardinale 2012 ★ (20 à 30 € ; 13 500 b.) : le nez, expressif, évoque les épices et les fruits rouges. Le palais offre de la rondeur et de la densité, étayée par un bon boisé toasté, par des tanins soyeux et une agréable fraîcheur. Un ensemble équilibré et fin. ⚔ 2017-2022

o┐ SCEA Ch. Fleur Cardinale, 7, Le Thibaud, 33330 Saint-Étienne-de-Lisse, tél. 05 57 40 14 05, contact@fleurcardinale.com 🏃 🏠 r.-v.

o┐ F. et D. Decoster

LA FLEUR D'ARTHUS 2012 ★★

■	20 000	◧	20 à 30 €

Jean-Denis Salvert a créé ce petit cru en 1999 : 6,2 ha sur le terroir de graves et de sables de Vignonet, au sud de l'appellation.

Ce magnifique 2012, qui frôle le coup de cœur, s'annonce dans une robe vive et intense, le nez ouvert sur des senteurs généreuses de raisin bien mûr, presque confituré, rehaussées par un boisé très fin et une note minérale typique du terroir. La bouche confirme les promesses de l'olfaction, se montre savoureuse et très vivante, à la fois ample, puissante, soyeuse et fraîche, étayée par des tanins ronds et racés qui apportent beaucoup de mâche. La grande bouteille pour aujourd'hui comme pour demain. ⚔ 2016-2025 ᵠ cailles farcies au foie gras

o┐ Jean-Denis Salvert, 24, La Grave, 33330 Vignonet, tél. 06 08 49 18 11, fleurdarthus@orange.fr 🅥 🏃 🏠 r.-v.

Ⓑ CH. LA FLEUR D'HORUS 2012 ★

| ■ | 2 000 | 🍶 ⬤ | 20 à 30 € |

Après avoir débuté dans la viticulture avec un petit cru de 48 ares à Pomerol, la Fleur de Plince, revendu en 2010, Pierre Choukroun exerce aujourd'hui son métier sur un autre vignoble de poche, un demi-hectare au pied de Saint-Émilion, exclusivement planté de merlot et conduit en bio certifié.

La dégustation de ce 2012 s'ouvre sur un bouquet vineux et intense exprimant un merlot bien mûr mâtiné d'un boisé torréfié. Elle se poursuit sur un palais au diapason, chaleureux, charnu et charpenté par des tanins denses. Une bouteille généreuse et de bonne garde. 🍴 2017-2025 🍷 daube de bœuf

⌖ *Vignobles Pierre Choukroun, lieu-dit Escardos, 33330 Saint-Émilion, tél. 06 82 57 06 46, contact@pomerol.com* Ⓥ 👤 🔒 *r.-v.* 🏠 ❺

LA FLEUR LAROZE 2012 ★

| ■ | 18 700 | 🍶 ⬤ | 15 à 20 € |

Héritier d'une longue lignée vigneronne (1610), Georges Gurchy a fondé le domaine en 1882. Ses descendants, les Meslin, sont toujours aux commandes : Guy a succédé à son père Georges en 1990 à la tête de ce cru classé depuis 1955, dont l'important vignoble couvre 30 ha sur les sables argileux à l'ouest de Saint-Émilion.

Une fois n'est pas coutume, c'est le second vin qui a attiré l'attention des dégustateurs sur le millésime 2012. Un vin foncé, tout en fruits rouges à l'olfaction, souple et tendre en attaque, très rond et soyeux dans son développement, étayé par des tanins denses mais déjà bien veloutés. L'harmonie n'est pas loin. 🍴 2017-2025 🍷 agneau aux pruneaux ■ Ch. Laroze 2012 (20 à 30 € ; 64 000 b.) : vin cité. 🍴 2017-2022

⌖ *SCE Ch. Laroze, BP 61, 33330 Saint-Émilion, tél. 05 57 24 79 79, info@laroze.com* Ⓥ 👤 🔒 *r.-v.*
⌖ *Meslin*

CH. LA FLEUR MORANGE 2012 ★

| ■ Gd cru clas. | 5 000 | ⬤ | 30 à 50 € |

Un domaine récent, créé en 1999 à partir de 13 ares par les époux Julien – Jean-François est ébéniste de métier, Véronique, fille de vignerons –, passé de « vin de garage » aux origines à cru classé en 2012. Un cru de poche (3,45 ha, dont 2 ha seulement en classé) et le seul de la commune excentrée de Saint-Pey-d'Armens, au sud-est de l'appellation. Son atout principal : un terroir offrant une très large variété de sols, planté de vignes centenaires.

Le domaine justifie pleinement son accession dans le cercle des grands crus classés de Saint-Émilion avec ce 2012 qui s'ouvre à l'aération sur un très beau fruit, mûr et concentré, agrémenté d'un bon boisé épicé et délicat. Une attaque large et ferme introduit un palais suave et ample, bien charpenté par des tanins élégants et par un boisé qui doit encore se fondre. 🍴 2018-2025 🍷 carré d'agneau

⌖ *Véronique et Jean-François Julien, Ferrachat, Saint-Pey-d'Armens, 33330 Saint-Émilion, tél. 06 62 40 37 86, julienjf33@aol.com* Ⓥ 👤 🔒 *r.-v.*

♥ CH. LA FLEUR PEREY
Cuvée Prestige Élevé en fût de chêne 2012 ★★

| ■ | 14 000 | ⬤ | 15 à 20 € |

Alain Xans et sa sœur Florence, héritiers d'une lignée vigneronne remontant à 1880, conduisent depuis 1990 les 12 ha familiaux sur les graves et sables de Saint-Sulpice-de-Faleyrens, dont plus de la moitié allant au grand cru, le reste au saint-émilion Perey-Grouley et aux bordeaux.

Ce 2012 des Xans prouve que même dans la plaine il est possible de produire de grands vins, ce que les fréquentes sélections de cette cuvée Prestige avaient déjà montré. La robe, sombre et profonde, est somptueuse ; l'annonce d'un vin riche et puissant que confirme un bouquet intense et chaleureux de fruits noirs et rouges mûrs, de pain grillé et d'épices douces. Une attaque ample et soyeuse prélude à un palais corpulent, gras et concentré, étayé par des tanins denses et veloutés et par une fine fraîcheur qui lui donne de l'allonge et rehausse la finale. 🍴 2019-2025 🍷 agneau de sept heures

⌖ *Vignobles Florence et Alain Xans, Ch. la Fleur Perey, 337, Bois-Grouley, 33330 Saint-Sulpice-de-Faleyrens, tél. 06 80 72 84 87, alainxans@wanadoo.fr* Ⓥ 👤 🔒 *r.-v.*

CH. LA FLEUR PICON La Cuvée 2012 ★

| ■ | 1 200 | ⬤ | 20 à 30 € |

Un petit cru de 5,8 ha créé en 1975 par Anita et Christian Lassègues. Leur fils Marc, venant du milieu artistique et incarnant la neuvième génération de vignerons dans la famille, a pris la suite en 2006.

« Le plus difficile a été de donner un nom à cette cuvée », Marc Lassègue a donc fait simple... Née de 30 ares de vieux merlots (soixante-cinq ans), sa Cuvée se produit uniquement quand les conditions sont optimales : le 2012 n'est que la seconde tentative. L'essai est concluant et séduit d'emblée par son bouquet puissant et complexe de fruits frais, de vanille, de cacao et de menthol. Une intensité que l'on retrouve dans une bouche ample, riche et savoureuse, rapidement charpentée par des tanins denses et serrés qui appellent la garde. 🍴 2018-2025 🍷 daube de sanglier ■ 2012 (15 à 20 € ; 30 000 b.) : vin cité. 🍴 2017-2022

⌖ *Marc Lassègues, Ch. la Fleur Picon, BP 59, 33330 Saint-Émilion, tél. 06 08 93 20 98, contact@lafleurpicon.fr* Ⓥ 👤 🔒 *r.-v.* 🏠 ❷

CH. FOMBRAUGE 2012 ★★

| ■ Gd cru clas. | 200 000 | ⬤ | 20 à 30 € |

L'origine du château remonte au XVᵉ s. et aux seigneurs de Fombrauge. Ce vaste domaine, l'un des plus imposants de Saint-Émilion (44,65 ha), est propriété depuis 1999 de Bernard Magrez, acteur incontournable du vignoble bordelais. Le classement de 2012 l'a fait entrer dans le cercle des grands crus classés.

Une seyante robe sombre habille ce vin à forte dominante de merlot (90 %). Le nez évoque les fruits rouges (fraise des bois notamment), bien mariés à un boisé fondu et racé et agrémenté d'une petite touche animale. La bouche, à l'unisson, se révèle ronde, tendre et riche, arrimée à des tanins au grain très fin, qui jouent un peu plus des épaules en finale. Un bel exemple de mariage réussi entre puissance et élégance. ✗ 2019-2030 ✞ perdreaux au chou et au foie gras ■ Ch. Magrez Fombrauge 2012 (75 à 100 € ; 3 000 b.) : vin cité. ✗ 2019-2030

⊶ Ch. Fombrauge, 33330 Saint-Christophe-des-Bardes, tél. 05 57 24 77 12, chateau@fombrauge.com
🆅 🏃 ⛔ r.-v. 🏰 ⑤ ⊶ Bernard Magrez

CH. FONPLÉGADE 2012 ★

■ Gd cru clas.	42 000	◫	50 à 75 €

00 01 04 05 |06| |07| 08 ⑨ 10 12

De rachats en successions, l'histoire du cru débute réellement en 1852 avec Jean-Pierre Beylot, à l'origine de la maison de maître et des bâtiments d'exploitation. Un cru passé en 1863 dans les mains du duc de Morny, demi-frère de Napoléon III, et de sa sœur la comtesse de Gabard. Le négociant libournais Armand Moueix reprit le domaine en 1953, jusqu'à l'arrivée en 2004 des Américains Denise et Stephen Adams. Ces derniers ont alors entrepris une rénovation de fond des installations techniques et du vignoble, 18,5 ha sur le coteau sud du plateau de Saint-Émilion, en bio certifié depuis 2013.

Paré d'une élégante robe de velours, le 2012 offre un nez prometteur qui libère à l'aération un beau fruit (cassis, fruits rouges) encore un peu dominé par les vingt-quatre mois de barrique (cacao, café). Une attaque tonitruante, très puissante – « style football américain », précise un dégustateur – donne le ton d'un palais énergique, opulent, gras et très solide jusqu'en finale. Le vin de garde par excellence. ✗ 2019-2030 ✞ cuissot de chevreuil aux cèpes ■ Fleur de Fonplégade 2012 (20 à 30 € ; 22 000 b.) : vin cité. ✗ 2016-2021

⊶ SAS Ch. Fonplégade, 1, Fonplégade, 33330 Saint-Émilion, tél. 05 57 74 43 11, chateaufonplegade@fonplegade.fr 🆅 🏃 🛄 r.-v.
⊶ Adams

CH. FRANC MAYNE 2012 ★

■ Gd cru clas.	27 000	◫	30 à 50 €

85 86 88 89 90 95 96 **97 98** 99 00 01 02 03 |04| |05| |06| 08 **09** 10 11 12

Après avoir investi à Lussac (Ch. de Lussac) et Pomerol (Ch. Vieux Maillet), les Laviale-Van Malderen ont acquis en 2005 Franc-Mayne, cru classé depuis l'origine (1959), où ils associent la aussi viticulture et œnotourisme. Bien situé sur le plateau calcaire de Saint-Émilion, le vignoble, totalement rénové, couvre 7 ha, sous lesquels 2 km de galeries souterraines aménagées en cave accueillent les vins en élevage.

C'est un vin à la couleur intense et profonde qui se présente ici. Au nez, les fruits (mûre, cassis) sont présents, accompagnés par un bon boisé aux accents réglissés et torréfiés. La bouche est ronde, généreuse, opulente, soutenue par des tanins riches et un boisé solide et racé, qui vous assureront une belle tenue en cave. ✗ 2019-2027 ✞ carré de veau aux cèpes

⊶ SCEA Ch. Franc Mayne, 14, la Gomerie, 33330 Saint-Émilion, tél. 05 57 24 62 61, info@ chateaufrancmayne.com 🆅 🏃 🛄 r.-v. 🏰 ⑤
⊶ Laviale Van Malderen

CH. LA GAFFELIÈRE 2012 ★

■ 1er gd cru clas. B	50 000	◫	30 à 50 €

⑧② 83 85 86 88 89 **90** 91 92 93 **94 95** 97 99 **02 03** |04| **|05|** |06| |07| 08 09 **10** 12

Ce cru, qui tire son nom d'un hôpital pour lépreux (« gaffet ») à l'époque médiéval, se trouve à l'avant-poste de l'entrée sud de Saint-Émilion, entre la colline d'Ausone et celle de Pavie. Ici, on ne compte pas en années mais en siècles : on y a trouvé les vestiges d'une villa gallo-romaine qui aurait appartenu au poète Ausone. La famille Malet Roquefort (le comte Léo de Malet Roquefort aujourd'hui) y est quant à elle établie ici depuis le XVIIe s. Sur un vignoble argilo-calcaire de 22 ha d'un seul tenant, planté de merlot (80 %) et de cabernet franc, naît un 1er grand cru classé B, élaboré depuis 2013 dans des bâtiments techniques entièrement refaits.

Une seyante robe pourpre habille le grand vin, ouvert sans réserve à l'olfaction sur les fruits rouges et un boisé accort, aux tonalités toastées. Le palais joue davantage dans le registre de la finesse que dans celui de la puissance : attaque dynamique, souple et fraîche, évolution ronde et suave, soutenue par des tanins élégants et soyeux, qui confèrent beaucoup de charme à cette bouteille. ✗ 2018-2025 ✞ volaille truffée ■ Clos la Gaffelière 2012 (15 à 20 € ; 18 000 b.) : vin cité. ✗ 2016-2021

⊶ SAS Gaffelière, BP 65, 33330 Saint-Émilion, tél. 05 57 24 72 15, contact@gaffeliere.com 🆅 🏃 🛄 r.-v.
⊶ De Malet Roquefort

CH. LA GRÂCE DIEU
Cuvée Passion 2 femmes 2012 ★★

■	n.c.	◫	20 à 30 €

Au XIIIe s., les Cisterciens fondèrent ici un prieuré, aujourd'hui disparu, nommé À la grâce de Dieu. Acquis en 1946 par Pierre Dubreuilh, le domaine est désormais conduit par ses descendants, les sœurs Christine et Valérie Pauty, à la tête de 13 ha plantés sur le versant ouest de Saint-Émilion.

Cette cuvée 100 % merlot et 100 % barriques neuves (dix-huit mois d'élevage) se présente dans une robe sombre et intense. Intense aussi le nez, ouvert sur les fruits mûrs et le pain grillé. La bouche se révèle gourmande à souhait, riche, ronde et suave ; on y retrouve le fruité généreux et le boisé ajusté de l'olfaction, prolongés par une longue finale, qui laisse le souvenir d'un vin savoureux et de bonne garde. ✗ 2018-2025 ✞ magret de canard aux cèpes ■ 2012 (15 à 20 € ; 61 900 b.) : vin cité. ✗ 2016-2021

⊶ Vignobles Pauty, Ch. la Grâce Dieu, 33330 Saint-Émilion, tél. 05 57 24 71 10, contact@chateaulagracedieu.fr
🆅 t.l.j. sf sam. dim. 9h-12h 13h30-17h30

CH. LA GRÂCE FONRAZADE 2012

■	3 000	◫	30 à 50 €

Ce cru, qui n'avait plus connu de vendange depuis les années 1980, a été acquis en 2010 par François-Thomas Bon et sa compagne. Entre 2012 et 2014, les chais ont été rénovés, le vignoble agrandi, pour atteindre aujourd'hui 11 ha (en cours de conversion bio).

Premier millésime pour le couple Bon et déjà une belle réussite. Un vin au nez franc et complexe de pruneau, de cassis, de violette et de fougère, frais, tendre et friand en bouche, soutenu par des tanins souples et un boisé qui n'a rien d'intempestif. ✗ 2016-2021 ⍦ bavette à l'échalote

○┐ EARL Persevero, Ch. la Grâce Fonrazade, rte de Jaqueneau, 33330 Saint-Émilion, tél. 06 70 02 81 67, persevero@lagracefonrazade.com Ⓥ 🏃 🔼 r.-v. 🏠 Ⓔ ○┐ Francis-Thomas Bon

GRACIA 2012 ★		
■	n.c.	⬤	75 à 100 €

Gracia, ce sont quelques hectares de vignes héritées en 1994, un chai « lilliputien » au cœur de Saint-Émilion, dans une bâtisse du XIIIᵉs., le tout conduit par un entrepreneur-tailleur de pierre converti à la vigne, Michel Gracia, aidé de ses filles Marina et Caroline. Deuxième étiquette : Les Angelots de Gracia, et une troisième : De Nerville.

Sur son petit vignoble, Michel Gracia ne s'encombre pas de titre de château, domaine ou clos, juste Gracia. Pour autant, il ne brade pas ses bouteilles, rares et chères. Dans le verre, un vin très bordeaux par sa couleur profonde, au nez intense de fruits rouges et de boisé épicé et toasté encore un peu dominateur. Dans le même registre, le palais se montre plein, soyeux et rond, étayé par de bons tanins de garde. Le 2011 fut coup de cœur. ✗ 2017-2023 ⍦ filets de canard aux figues

○┐ Michel Gracia et Filles, rue du Thau, 33330 Saint-Émilion, tél. 05 57 24 77 98, michelgracia@wanadoo.fr 🏃 🔼 r.-v.

CH. GRAND CORBIN-DESPAGNE 2012 ★		
■ Gd cru clas.	n.c.	⬤	20 à 30 €

97 98 99 00 |01| **04**| |05| |06| |07| 08 **09 10** 11 12

Les Despagne sont présents dans le Libournais depuis le XVIᵉs., avec notamment des ancêtres métayers à Cheval Blanc. Propriétaires à Corbin, au nord-ouest de l'appellation, depuis 1812, ils n'ont cessé d'agrandir leur domaine (28,8 ha aujourd'hui, en conversion bio) et d'améliorer la qualité des vins, sous la conduite depuis 1996 de François Despagne, septième du nom.

Un nez délicat d'épices douces (cannelle), de cuir et de fruits rouges ouvre la dégustation. La bouche se révèle ronde, riche et généreuse, adossée à des tanins soyeux qui lui confèrent beaucoup de finesse. La finale, pleine de douceur, laisse le souvenir d'un vin élégant, tendre, harmonieux et déjà plaisant, que l'on pourra apprécier aussi bien jeune que vieux. ✗ 2016-2023 ⍦ rôti de veau aux cèpes ■ Petit Corbin-Despagne 2012 (15 à 20 € ; 26 000 b.) : vin cité. ✗ 2016-2022

○┐ François Despagne, Ch. Grand Corbin-Despagne, 33330 Saint-Émilion, tél. 05 57 51 08 38, f-despagne@grand-corbin-despagne.com Ⓥ 🏃 🔼 r.-v.

CH. GRAND CORBIN MANUEL 2012 ★		
■	35 000	🍷 ⬤	20 à 30 €

Cet ancien domaine du Prince Noir d'Aquitaine appartient depuis 2005 à la famille de Gaye (également propriétaire de La Création en pomerol et de Sainte-Barbe en bordeaux supérieur) : 7 ha d'un seul tenant situés dans le secteur de Corbin, au nord-ouest de Saint-Émilion.

Salle de réception, boutique et lieu de dégustation, Yseult de Gaye-Nony entend développer l'œnotourisme. Côté cave, elle signe un 2012 très intéressant, dont le nez, ouvert sur les fruits rouges et le pruneau, évoque un merlot (80 %) bien mûr, agrémenté de nuances florales

et vanillées. Ample, dense, corpulente, solide sans être agressive, dynamisée par une longue finale fraîche, la bouche est bien en place. Un beau classique, armé pour bien vieillir. ✗ 2018-2025 ⍦ omelette aux truffes

○┐ SAS Ch. Grand Corbin Manuel, La Grande Métairie, 33330 Saint-Émilion, tél. 05 57 25 09 68, info@grandcorbinmanuel.fr Ⓥ 🏃 🔼 r.-v.
○┐ Yseult de Gaye-Nony

CH. GRAND DESTIEU 2012		
■	4 000	⬤	15 à 20 €

Ayant dû céder son Ch. du Parc pour des raisons familiales, Fabienne Lagoubie, viticultrice atypique (ancienne banquière et créatrice de sites Internet) a repris fin 2013 ce petit cru d'à peine 4 ha, ancienne propriété d'un magnat des travaux publics. Le vignoble s'étend sur trois parcelles de graves au sud de Saint-Émilion.

Ce 2012 se classe dans la famille « vin-plaisir ». Le nez, de belle intensité, mêle les petits fruits rouges à un boisé vanillé bien intégré. Le palais, à l'unisson, se montre souple et friand, épaulé par des tanins fins et fondus. Une bouteille déjà agréable, que l'on pourra ouvrir dans sa jeunesse. ✗ 2016-2020 ⍦ jambon braisé au porto

○┐ Fabienne Lagoubie, Ch. Grand Destieu, 231, lieu-dit Mauvinon, 33330 Saint-Sulpice-de-Faleyrens, tél. 07 86 33 08 97, contact@chateaugranddestieu.fr Ⓥ 🏃 🔼 r.-v.

CH. LES GRANDES MURAILLES 2012		
■ Gd cru clas.	6 000	⬤	30 à 50 €

Les « grandes murailles », l'un des emblèmes de la cité médiévale de Saint-Émilion, sont les vestiges d'un cloître bénédictin du XIIᵉs. Le petit vignoble attenant (2 ha plantés du seul merlot) appartenait à la famille Reiffers depuis 1643, de même que La Côte de Baleau. Deux crus classés que Sophie Fourcade (née Reiffers), aux commandes depuis 1998, a hissé au rang de valeurs sûres de l'appellation, et qui ont été rachetés en 2013 par Philippe Cuvelier, propriétaire du Clos Fourtet.

Fin et harmonieux, le bouquet de ce 2012 associe fruits frais (groseille, cerise, cassis), nuances florales et boisé mesuré (tabac, vanille). L'équilibre est aussi de mise dans un palais fruité, suave et soyeux, structuré sans excès et tonifié par une agréable fraîcheur. ✗ 2016-2022 ⍦ onglet à l'échalote

○┐ SCEA les Grandes Murailles, Ch. Côte de Baleau, 33330 Saint-Émilion, tél. 05 57 24 71 09, contact@lesgrandesmurailles.com 🏃 r.-v. ○┐ Cuvelier

CH. GRAND MAYNE 2012 ★		
■ Gd cru clas.	37 500	⬤	30 à 50 €

85 86 88 89 **90 91** 94 95 **96** 97 **99** |00| 01 02 |03| |04| 05 06 07 08 **10** 11 12

Ce cru, dans la famille Nony depuis 1934, a conservé son ancien nom (« grand domaine » en vieux français) : au XIXᵉs., il constituait, avec près de 300 ha, la plus vaste propriété de Saint-Émilion. Aujourd'hui, les vignes couvrent les pentes douces à l'ouest du plateau, sur 17 ha. Fidèle au rendez-vous, comme toujours, Grand Mayne livre un 2012 d'un beau classicisme, né d'une dominante de merlot (88 %) et passé dix-huit mois en barrique. Robe élégante, intense et profonde ; bouquet subtil et charmeur, sur les fruits rouges et les épices ; palais à l'unisson, ample, gras, qui gagne progressivement en puissance,

soutenu par des tanins mûrs et un boisé élégant.
✗ 2018-2025 🍴 volaille sauce au foie gras
o⊸ SCEV Jean-Pierre Nony, Ch. Grand Mayne,
33330 Saint-Émilion, tél. 05 57 74 42 50,
contact@grand-mayne.com 🅥 🕴 🛠 r.-v.

CH. GRAND PEY LESCOURS
Cuvée Prestige 2012 ★

■	15 000	⬡	15 à 20 €

La famille Escure possède un important vignoble de 26 ha avec son Ch. Grand Pey Lescours, établi sur les graves sablonneuses de Saint-Sulpice, au sud-ouest de l'appellation. Elle exploite aussi, côté est, sur les sols argilo-calcaires de Saint-Laurent-des-Combes, un petit cru de 4,5 ha, le Ch. Bellisle Mondotte.
Un 2012 dans un style résolument gourmand et amène. Au nez, les fruits rouges confits se mêlent à un joli boisé épicé qui reste mesuré. Un fruité généreux et un boisé doux qui se prolonge dans un palais ample, suave et charnu à souhait, étayé par des tanins mûrs et veloutés. Un vin très merlot, que l'on pourra apprécier dans sa jeunesse. ✗ 2016-2022 🍴 épaule de veau à la basquaise
o⊸ SCEA Héritiers Escure, 103, Grand-Pey,
33330 Saint-Sulpice-de-Faleyrens, tél. 05 57 74 41 17,
heritiers.escure@wanadoo.fr 🅥 🕴 🛠 r.-v.

CH. GRAND PEYROU 2012

■	6 000	⬡	15 à 20 €

Propriété familiale depuis deux générations, ce cru, fondé en 1985, étend aujourd'hui son vignoble sur 20 ha en appellations castillon-côtes-de-bordeaux et saint-émilion grand cru.
Épices (poivre et vanille), touche mentholée, fruits noirs cuits, le bouquet est avenant. En bouche, le vin se montre ample, frais et bien structuré, encore un peu tendu en finale. Un ensemble harmonieux. ✗ 2016-2021 🍴 entrecôte marchand de vin
o⊸ EARL Vignobles Laguillon et Fils, 2, rte de Liamet, 33330 Saint-Étienne-de-Lisse, tél. 06 81 03 15 77,
vignobles.laguillon@wanadoo.fr 🅥 🕴 🛠 t l j 8h-12h 14h-18h

CH. GRAND-PONTET 2012 ★

■ Gd cru clas.	50 000	⬡	20 à 30 €

89 **90** 93 94 |**95**| 96 97 98 ⓐ |01| |**02**| |03| |04| 05 06 08 09 **10** 11 12

Sylvie Pourquet-Bécot conduit depuis 2000 ce cru classé de 14 ha, voisin de celui dirigé par ses frères Dominique et Gérard, Beau-Séjour Bécot. Les terroirs sont proches, argilo-calcaires, et les cabernets ont toujours ici une place non négligeable dans l'assemblage du grand vin.
Ce cru régulier en qualité s'invite à nouveau dans le Guide avec un 2012 qui offre 25 % de l'assemblage aux deux cabernets (17,5 % pour le cabernet franc). Au nez, une belle puissance maîtrisée, harmonieusement répartie entre un fruité généreux (cerise burlat, sureau) et un boisé épicé (muscade, girofle). Une harmonie et une intensité que l'on retrouve dans un palais séveux, concentré, corpulent, encadré par des tanins denses et bien extraits. ✗ 2018-2025 🍴 daube de chevreuil
o⊸ Ch. Grand-Pontet, 33330 Saint-Émilion,
tél. 05 57 74 46 88, chateau.grand-pontet@wanadoo.fr
🅥 🕴 🛠 r.-v. o⊸ Pourquet

LES GRANDS ORMES 2012 ★

■	3 000	⬡	15 à 20 €

En 2012, un groupement d'actionnaires, réunis autour de l'ancien coureur automobile Jean-Pierre Beltoise (décédé en 2015), a racheté – et restructuré – les 14 ha d'un seul tenant des vignobles Brun, à partir desquels sont produites trois étiquettes : Grands Ormes, Orme Brun et Belle Assise Courteau.
Ce 2012 mi-merlot mi-cabernet franc est un vin élégant et racé dès l'olfaction, centré sur les fruits confiturés et sur un boisé fumé (âtre de cheminée) et toasté. Épaulée par des tanins veloutés, la bouche se révèle ample, suave et charnue, tout en conservant une belle fraîcheur jusqu'en finale. Une bouteille très harmonieuse. ✗ 2018-2025 🍴 côte de veau Lucullus ■ Ch. Orme Brun 2012 (11 à 15 € ; 25 000 b.) : vin cité. ✗ 2016-2022
o⊸ SAS Belle Assise Coureau, 271, Belle-Assise,
33330 Saint-Sulpice-de-Faleyrens, tél. 05 57 24 61 62,
chateaubelleassise@orange.fr 🅥 🕴 🛠 r.-v.

CH. GRAVET 2012

■	n.c.	⬡	11 à 15 €

Philippe Faure conduit depuis 1978 un vignoble de 18 ha dans le sud-ouest de l'appellation : 15 ha pour le Ch. Caze Bellevue, ancienne propriété des comtesses de Rochefort, et 3 ha pour le grand cru Ch. Gravet, dans sa famille depuis 1923.
Né de 3 ha de merlot (80 %) et de cabernet franc plantés sur un sol de graves sablonneuses, ce 2012 livre des parfums prometteurs de baies mûres, de noyau de cerise et de boisé épicé. Une attaque chaleureuse ouvre sur un palais d'un bon volume, aux tanins soyeux et fondus, au boisé ajusté. Une pointe de fermeté en finale appelle un peu de patience. ✗ 2017-2023 🍴 mijoté de paleron
o⊸ Philippe Faure, 7, rue de la Cité,
33330 Saint-Sulpice-de-Faleyrens, tél. 05 57 74 41 85,
vignobles.philippe.faure@wanadoo.fr 🅥 r.-v.

♥ CH. LES GRAVIÈRES 2012 ★★

■	27 500	⬡	15 à 20 €

Denis Barraud, œnologue, s'est installé en 1971 à la tête du vignoble familial, constitué à la fin du XIXᵉs. Un bel ensemble de 36 ha répartis sur les deux rives de la Dordogne et sur plusieurs crus : 7 ha en saint-émilion et saint-émilion grand cru et 29 ha en AOC régionales.
Ce cru retient régulièrement l'attention des dégustateurs. Denis Barraud exploite 4 ha de vieux merlots plantés sur graves qui donnent naissance à un vin toujours charmeur. Et plus encore cette année avec un 2012 de grande facture. À l'œil, on devine un vin intense dans sa robe noire, très profonde. Au nez, la finesse l'emporte, à travers de subtiles notes de sureau, de réglisse et de boisé grillé. En bouche, on découvre un grand cru puissant, ample, généreux et solidement charpenté, bâti pour une belle garde. ✗ 2018-2025 🍴 rôti de bœuf aux cèpes ■ Lynsolence 2012 ★ (30 à 50 € ; 8 300 b.) : un 100 % merlot très intense, ouvert sur un boisé chocolaté

soutenu et sur les fruits noirs mûrs, concentré, riche et massif en bouche. À attendre. ✗ 2019-2025

o→ *SCEA des Vignobles Denis Barraud, Ch. les Gravières, 355, port de Branne, 33330 Saint-Sulpice-de-Faleyrens, tél. 05 57 84 54 73, denis.barraud@wanadoo.fr* Ⓥ 🏃 🏋 *r.-v.*

CH. GUADET 2012 ★★

■ Gd cru clas.	19 000	◫	50 à 75 €

Ce cru tient son nom de Marguerite Élie Guadet, avocat et député girondin pendant la Révolution française. Cet ami de Voltaire se serait réfugié dans les galeries souterraines qui courent sous le domaine. Mais il n'échappa pas à la Terreur et fut guillotiné à Bordeaux en 1794. Depuis 1844, la famille de Guy-Petrus Lignac est aux commandes de ce petit vignoble de 5,5 ha (en conversion bio), connu jusqu'en 2005 sous le nom de Guadet Saint-Julien.

Guy-Petrus Lignac signe un 2012 flamboyant, assemblage classique de merlot (80 %) et de cabernet franc. Mais rien de convenu dans ce vin. La robe est majestueuse, d'un bordeaux intense et profond. Le nez se révèle fin et complexe, on y perçoit des notes de cassis, de fruits rouges confits, de moka. Une impression d'harmonie à laquelle fait écho un palais souple et alerte en attaque, ample, gras et parfaitement extrait, soutenu par des tanins d'une grande finesse. L'archétype du saint-émilion de garde, long et racé. ✗ 2019-2027 🏋 faisan Souvaroff

o→ *Ch. Guadet, 4, rue Guadet, 33330 Saint-Émilion, tél. 05 57 74 40 04, chateauguadet@orange.fr* Ⓥ 🏃 🏋 *r.-v.* o→ *Guy-Petrus Lignac*

CH. HAUT-BADETTE 2012 ★

■	2 000	◫	20 à 30 €

Négociants-éleveurs et producteurs d'origine corrézienne, les Janoueix sont propriétaires de nombreux crus dans le Libournais. L'histoire débute en 1898 quand Jean Janoueix fonde son commerce de vin, aidé de ses quatre fils. L'un d'eux, Joseph, acquiert son propre domaine (Haut Sarpe) en 1930 et crée sa propre maison de négoce en 1932. C'est aujourd'hui son fils Jean-François qui est aux commandes de ce vaste ensemble.

Haut-Badette, cru ancien figurant sur la carte de Belleyme (1763), est entré dans le giron des Janoueix en 1970. Il étend son petit vignoble sur les contreforts orientaux du plateau de Saint-Émilion. Mariage heureux de fruits noirs (cassis, mûre) et d'un bon merrain toasté et épicé, le bouquet est engageant. Une attaque souple et fruitée est relayée par un milieu de bouche consistant, affermi par des tanins denses et par un boisé entêtant. Encore un peu austère mais prometteur. ✗ 2019-2025 🏋 côte de bœuf ■ *Ch. le Castelot 2012 ★ (20 à 30 € ; 35 000 b.)* : un cru de 8 ha, acquis par les Janoueix en 1978, qui quatre cents ans plus tôt reçut la visite d'Henri IV, donnant lieu à l'édification d'un petit manoir. Dans le vin, un vin fruité et épicé, gras et solidement structuré par des tanins fermes. ✗ 2018-2025 ■ *Ch. Vieux Sarpe 2012 ★ (20 à 30 € ; 11 800 b.)* : un cru situé entre Trottevieille et Haut Sarpe, acquis par les Janoueix en 1964. Un pur merlot dense et très fruité, bien épaulé par un élevage judicieux et par des tanins fermes et fins. ✗ 2018-2025 ■ *Ch. Haut-Sarpe 2012 (20 à 30 € ; 60 000 b.)* : vin cité. ✗ 2019-2026

o→ *SE du Ch. Haut-Sarpe, Ch. Haut-Sarpe, BP 192, 33506 Libourne Cedex, tél. 05 57 51 41 86, info@ j-janoueix-bordeaux.com* Ⓥ 🏃 🏋 *r.-v.*

o→ *Jean-François Janoueix*

CH. HAUT-GRAVET 2012 ★

■	80 000	◫	20 à 30 €

La famille Aubert exploite 300 ha et de nombreux domaines en Bordelais, avec pour fleuron le Ch. la Couspaude, grand cru classé de Saint-Émilion. Alain, l'un des trois frères à la tête du groupe familial, conduit plusieurs crus en son nom : Hyot et German (castillon), Haut-Gravet (saint-émilion grand cru), Ribebon et Macard (AOC régionales).

De ce cru de 14 ha, Alain Aubert tire un 2012 issu à parts égales du merlot et des deux cabernets (40 % pour le cabernet franc). Un vin généreux, rouge foncé, au nez complexe de fruits noirs, d'épices et de violette, agrémenté d'une touche minérale. La bouche se révèle ample, riche et suave, étayée par des tanins affinés et soyeux et par un agréable boisé épicé. De la puissance et de l'élégance. ✗ 2018-2023 🏋 salmis de pintade

o→ *Alain Aubert, 57 bis, av. de l'Europe, 33350 Saint-Magne-de-Castillon, tél. 05 57 40 04 30, domaines.a.aubert@wanadoo.fr*

CH. HAUT TROQUART LA GRÂCE DIEU LES MENUTS Cuvée Passion 2012

■	7 000	◫	20 à 30 €

Odile Audier a pris en 1992 la succession de son père à la tête du vignoble familial, réparti entre les 13 ha du Ch. la Grâce Dieu Les Menuts (dans sa famille depuis 1860 et six générations) et, depuis 1997, les 2,8 ha du Ch. Haut Troquart La Grâce Dieu.

Issue du seul merlot, cette cuvée Passion déploie un bouquet bien équilibré entre un boisé finement vanillé et des notes de cassis. De l'harmonie et de la finesse aussi en bouche, de la fraîcheur et une structure souple et plutôt légère. Un vin qualifié de « féminin », qui pourra être apprécié dans sa jeunesse. ✗ 2016-2022 🏋 sauté de veau aux girolles

o→ *Vignobles Pilotte-Audier, Ch. la Grâce Dieu les Menuts, 33330 Saint-Émilion, tél. 05 57 24 73 10, chateau@lagracedieulesmenuts.com* Ⓥ 🏃 🏋 *t.l.j. 8h-12h 14h-18h*

CH. JUCALIS 2012

■	1 800	◫	11 à 15 €

La famille Visage s'investit dans la vigne depuis trois générations. Isabelle Visage est aujourd'hui aux commandes de 11 ha sur les sables et graves de Saint-Sulpice-de-Faleyrens, au sud de Saint-Émilion, pour deux crus (Jupille Carillon en saint-émilion et Jucalis en grand cru).

Le domaine propose ici un 2012 bien construit, un joli classique de garde né de vieux ceps de soixante ans, qui après treize mois de fût présente un bouquet encore dominé par les notes grillées et toastées, les fruits mûrs restant pour l'heure à l'arrière-plan. Suave et chaleureuse en attaque, d'un bon volume, la bouche s'adosse à des tanins solides et à un boisé vanillé et réglissé qui doivent encore se fondre. ✗ 2018-2025 🏋 civet de lièvre

BORDELAIS

☛ *SCEA des Vignobles Visage, 193, Jupile, 33330 Saint-Sulpice-de-Faleyrens, tél. 06 87 07 61 54, chateau.jupille.jucalis@orange.fr* Ⓥ 🏕 🏠 *r.-v.*

| **CH. LAGARDE BELLEVUE** Folie des anges 2012 ★ |||
| ■ | 2 000 | ⅲ | 20 à 30 € |

Richard Bouvier a acquis en 1994 ce cru de 16,5 ha, établi sur les sables de Saint-Sulpice-de-Faleyrens, au sud de l'appellation, qu'il a restructuré à la vigne comme au chai. Il y produit du bordeaux, du saint-émilion et du saint-émilion grand cru.

Mi-merlot mi-cabernet franc, ce 2012 s'ouvre sur des parfums francs de fruits rouges, de menthol, de violette et de boisé fin. La bouche se révèle chaleureuse, ronde, suave, concentrée, soutenue par des tanins denses et serrés. Une belle évolution en perspective. ✖ 2018-2027 ♈ risotto aux cèpes

☛ *Richard Bouvier, 36 A, rue de la Dordogne, 33330 Saint-Sulpice-de-Faleyrens, tél. 05 57 24 68 83, so vi fa@wanadoo.fr* Ⓥ 🏕 🏠 *r. v.*

| **CH. LANIOTE** 2012 |||
| ■ Gd cru clas. | 28 000 | ⅲ | 20 à 30 € |

Nous sommes ici chez l'une des familles les plus saint émilionnaises qui soit. Elle exploite hors les murs un cru classé de 5 ha d'un seul tenant sur le haut du plateau argilo-calcaire de Saint-Émilion. Le domaine, fondé en 1816 par Pierre Lacoste, marchand de vin de Libourne, s'est transmis en ligne directe sur sept générations jusqu'à Arnaud de la Filolie, l'actuel propriétaire, et son épouse Florence Ribéreau-Gayon, œnologue. La famille possède aussi, intra muros, trois monuments de la cité : l'ermitage de Saint-Émilion, la chapelle de la Trinité (XIIIᵉs.) et les Catacombes.

Le 2012 se présente bien, paré d'une robe vive et franche. Si le premier nez est réservé, l'aération révèle des notes plaisantes de fruits rouges frais soulignés par un boisé discret. Plus expressive (fruits mûrs, cuir, épices), la bouche se montre ronde, suave et charnue, épaulée par des tanins tendres. Un vin très merlot. ✖ 2017-2023 ♈ rôti de veau

☛ *Arnaud de la Filolie, Ch. Laniote, 33330 Saint-Émilion, tél. 05 57 24 70 80, contact@laniote.com* Ⓥ 🏕 🏠 *r.-v.*

| **CH. LOUVIE** 2012 ★ |||
| ■ | 16 200 | 🍃 ⅲ | 15 à 20 € |

Un cru diffusé par J.J. Mortier, négoce familial bordelais fondé en 1889 et passé un siècle plus tard dans le giron d'une société japonaise tout en gardant son autonomie. Louvie est un petit cru de 3 ha établi à Saint-Laurent-des-Combes, sur les terroirs sableux et argilo-sableux, héritage familial de l'œnologue-conseil Christian Veyry. Fruits rouges, épices douces, le bouquet de ce 2012 est expressif et harmonieux. Rond, doux, bien équilibré entre le fruit et le merrain, le palais est à l'avenant, épaulé par des tanins fins et fondus. Une belle bouteille à ouvrir aussi bien jeune qu'après un peu de garde. ✖ 2017-2023 ♈ oie farcie

☛ *J.J. Mortier, 62, bd Pierre-1ᵉʳ, 33000 Bordeaux, tél. 05 56 51 13 13, mortier@mortier.com*

| **CH. MANGOT** Quintessence 2012 ★ |||
| ■ | 12 000 | ⅲ | 30 à 50 € |

Les vignobles Jean Petit, fondés en 1954, regroupent 37 ha d'un seul tenant en saint-émilion grand cru, sur un terroir riche en calcaire à astéries (Mangot, cru ancien mentionné dès 1510), et 16 ha en AOC castillon (La Brande), conduits avec rigueur depuis 1989 par Jean-Guy et Anne-Marie Todeschini, rejoints en 2008 par leurs fils Karl et Yann.

Issue de vieux merlots (soixante ans), associés à 5 % de cabernet franc, cette cuvée (créée en 1996) dévoile un bouquet généreux de fruits rouges mûrs (fraise, groseille), de grillé, de vanille et de poivre. Portée par des tanins extraits, puissants mais veloutés, la bouche offre du volume et de la fraîcheur, et s'étire dans une belle finale chocolatée. Un vin solide sans être agressif, armé pour une bonne garde. ✖ 2018-2026 ♈ magret de canard aux cerises

■ Todeschini 2012 ★ (30 à 50 € ; 3 500 b.) : cette vinification intégrale en barrique, cette cuvée fait la part belle aux cabernets (70 %). Au nez, un doux vanillé et des fruits noirs. En bouche, une attaque large, ronde et chaleureuse, puis une montée en puissance sur des tanins fermes et encore un peu austères. Doit encore s'harmoniser. La version 2010 fut coup de cœur. ✖ 2018-2025

☛ *Famille Todeschini, Ch. Mangot, 33330 Saint-Étienne-de-Lisse, tél. 05 57 40 18 23, todeschini@chateaumangot.fr* Ⓥ 🏕 🏠 *t.l.j. sf sam. dim. 8h30-12h 13h30-18h*

| **ARMANCE DE MAYNE FIGEAC** 2012 |||
| ■ | n.c. | ⅲ | 11 à 15 € |

Établi sur sables et graves dans le secteur de Figeac, ce petit cru de moins de 2 ha est dans la famille Chambret depuis six générations.

Ce vin s'ouvre sur des parfums plaisants de fruits noirs, d'épices et de cacao. Il se montre équilibré et tout aussi agréable en bouche, autour de tanins souples et fondus et d'un boisé discret. Un saint-émilion en finesse plutôt qu'en puissance. ✖ 2016-2021 ♈ rôti de veau

☛ *Valéry Chambret, 101, rte de Saint-Émilion, 33500 Libourne, tél. 05 57 74 12 98, chateaumaynefigeac@wanadoo.fr* Ⓥ 🏕 🏠 *r.-v.*

CH. MONBOUSQUET 2012 ★		
■ Gd cru clas.	75 000	ⅲ	30 à 50 €
95 96 **97** 98 99 00 **01** 02 |03| |04| |05| |07| 08 **09** |10| 11 12		

Acquis en 1993 par Gérard Perse (Pavie, Pavie-Decesse, Bellevue-Mondotte), ce cru, l'un des rares de la plaine à être classé (depuis 2006), étend ses 33 ha de vignes sur de belles graves sablonneuses propices aux cabernets, présents à 40 % dans le vin (dont 30 % de franc).

Le nez, puissant, mêle fruits noirs cuits, réglisse, pain grillé et une touche de cuir. On retrouve ces arômes dans une bouche souple et ronde en attaque, ample, solide et fraîche dans son développement, bâtie sur des tanins carrés qui doivent encore se fondre. Un vin au caractère bien trempé. ✖ 2019-2026 ♈ côte de bœuf à la moelle

☛ *SAS Monbousquet Exploitation, 42, av. de Saint-Émilion, 33330 Saint-Sulpice-de-Faleyrens, tél. 05 57 24 67 19, contact@chateaumonbousquet.com*

| **CH. MONDORION** 2012 ★ |||
| ■ | 28 500 | ⅲ | 20 à 30 € |

Ce cru d'une douzaine d'hectares doit son nom au lieu-dit Mondou où il est situé et à la constellation d'Orion et ses quatre planètes centrales, comme les quatre amis qui ont fait renaître la propriété en 2000 : Giorgio Cavanna (propriétaire du Grand Enclos de Cérons), Bertrand Léon, Xavier Dauba et Vincent Bonneau. Depuis 2013, Thibault Cruse est le nouveau propriétaire des lieux ; Bertrand Léon, l'œnologue, et Frédéric Maule, le maître de chai, restent en place.

Un quart de cabernet franc entre dans l'assemblage de ce vin aux côtés du merlot. Le nez évoque les fruits noirs mûrs et le boisé vanillé. Une palette aromatique que prolonge une bouche ample, tendre et ronde, étayée par des tanins souples et fondus. ✗ 2017-2025 ♈ escalope de foie gras poêlée

☞ *Thibault Cruse, 151 bis, Grand-Chemin, 33330 Saint-Sulpice-de-Faleyrens, tél. 05 57 24 76 11, mondorion@aol.com* Ⓥ 🛉 👤 *r.-v.*

MOULIN GALHAUD 2012 ★

■	34 000	⅏	20 à 30 €

Une famille de vieille souche saint-émilionnaise connue notamment grâce à Léon Galhaud, un aïeul pépiniériste, qui aménagea le manoir et les caves au cœur de la cité médiévale. Martine Galhaud conduit depuis 1996 le vignoble familial (6,4 ha) établi sur les graves et les sables de Vignonet, au sud de l'appellation.

Issu de merlot à 95 %, ce 2012 offre tous les agréments attendus d'un saint-émilion. La robe est profonde et foncée. Au nez, un beau fruité, mûr et intense, est agrémenté d'un boisé fin qui sait rester discret. Des arômes que l'on retrouve en harmonie dans une bouche ample, riche, soyeuse et longue, soutenue par des tanins denses et élégants. Un ensemble très équilibré et d'une belle maturité. ✗ 2018-2025 ♈ jarret de veau aux pruneaux ■ Ch. la Rose Brisson 2012 (11 à 15 € ; 34 000 b.) : vin cité. ✗ 2018-2023

☞ *Martine Galhaud, Le Manoir, 33330 Saint-Émilion, tél. 06 63 77 39 75, mgalhaud@galhaud.com* Ⓥ 🛉 👤 *r.-v.*

CH. MOULIN SAINT-GEORGES 2012 ★

■	30 000	⅏	30 à 50 €

Moulin Saint-Georges étend son vignoble sur 7 ha d'argilo-calcaire, plantés à 80 % de merlot. Situé face au Ch. Ausone, il appartient comme son illustre voisin à la famille Vauthier, depuis 1921.

Merlot (80 %) et cabernet franc composent un vin sombre, au nez engageant de fruits mûrs, de vanille et de poivre, avec un petit côté végétal qui apporte de la fraîcheur. Une fraîcheur que l'on retrouve dans un palais tonique dès l'attaque, qui monte en puissance jusqu'en finale, porté par des tanins denses et serrés. Un 2012 d'une belle solidité. ✗ 2018-2026 ♈ jarret de veau braisé aux épices ■ Ch. de Fonbel 2012 ★ (15 à 20 € ; 110 000 b.) : ce cru de 16 ha, situé dans la plaine de Saint-Émilion, s'étend sur des sols argilo-sableux, graveleux et sableux plantés de merlot, de cabernet-sauvignon, de petit verdot et de carménère. Un assemblage original qui donne lieu à un 2012 fruité et épicé à l'olfaction, de belle tenue en bouche, à la fois élégant, frais et charpenté. ✗ 2017-2022

☞ *SCI Moulin Saint-Georges, 33330 Saint-Émilion, tél. 05 57 24 24 57, chateau.ausone@wanadoo.fr*
☞ Famille Vauthier

CH. PAILHAS Devise 2012 ★

■	3 000	⅏	20 à 30 €

Installée en 2003, Laurence Masson conduit le vignoble familial né en 1956 de l'union des Robin, négociants et tonneliers à Castillon depuis le XVIIIᵉ s., et des Fugier, vignerons à Saint-Émilion. Les vignes (26 ha) sont situées dans les deux aires d'appellation.

De ce vignoble implanté sur des sols sablo-argileux au pied du coteau de Saint-Hippolyte, naît un 2012 confidentiel, mi-merlot mi-cabernets (franc et sauvignon à parts égales). Un vin de caractère, au bouquet intense et élégant de violette, de fruits noirs, de kirsch et de vanille. Une attaque franche et dense ouvre sur un palais long et frais, tannique et boisé. Paré pour une bonne évolution en cave. ✗ 2018-2027 ♈ souris d'agneau

☞ *SCEA Robin-Lafugie, 4, lieu-dit Pailhas, 33330 Saint-Hippolyte, tél. 05 57 24 93 38, robin.lafugie@orange.fr* Ⓥ 🛉 👤 *r.-v.*

CH. PALAIS CARDINAL 2012

■	21 000	⅏	20 à 30 €

Ce domaine, fondé en 1843, acquis à leur retraite par les Texier, en 2008, étend son vignoble de 19 ha au sud de Saint-Émilion, sur un terroir d'alluvions, de graves et de sables, drainé par le ruisseau La Fuie.

Déjà expressif, ce 2012 livre des parfums charmeurs de fruits rouges, de figue, de garrigue et de vanille. Souple et suave en attaque, le palais se voit renforcé par des tanins denses et serrés, encore un brin sévères en finale, qui permettront une bonne tenue à la garde. ✗ 2018-2023 ♈ daube de paleron

☞ *Texier, 9, rue des Acacias, 33330 Saint-Sulpice-de-Faleyrens, tél. 05 57 51 91 85, eribeiro@palais-cardinal.fr* Ⓥ 🛉 👤 *r.-v.*

CH. PALATIN 2012 ★

■	6 000	⅏	20 à 30 €

Un petit domaine de 95 ares planté du seul merlot sur les argilo-calcaires de Saint-Hippolyte, créé en 1999 par Jean-Pierre Palatin.

Le bouquet, naissant, demande un peu d'aération pour révéler ses arômes de fruits rouges sur un fond boisé élégant. À une attaque douce et ronde succède un palais puissant, solidement charpenté par des tanins fins, encore un peu sévères en finale mais fort prometteurs. ✗ 2018-2025 ♈ pavé de bœuf sauce poivre

☞ *Nathalie Guibert, Ch. Palatin, 33330 Saint-Hippolyte, tél. 05 57 40 67 27*

CH. PATRIS Querre 2012 ★

■	7 500	⅏	20 à 30 €

La famille Querre possède plusieurs vignobles en Libournais (Aiguilhe-Querre et Roche Beaulieu en castillon-côtes-de-bordeaux, Le Moulin à Pomerol, Brun Despagne en bordeaux). Patris, créé en 1967 par Michel Querre, étend son vignoble de 10,5 ha sur le versant sud des coteaux de Saint-Émilion, dans le prolongement du Ch. Angelus.

De vieux ceps de merlot (soixante ans) plantés sur un sol sablonneux ont donné naissance à ce vin fortement boisé à l'olfaction (pain grillé, vanille), plus ouvert sur les fruits rouges à l'aération. C'est au palais qu'il s'exprime le mieux, par sa chair souple et ronde, ses arômes de fruits mûrs et d'épices, et par ses tanins soyeux. ✗ 2017-2024 ♈ osso bucco

○ SCEA Ch. Patris, chem. du Moulin-de-Lavaud, 33500 Pomerol, tél. 05 57 55 19 60, contact@vignobles-querre.com Ⓥ ⵏ Ⓣ r.-v.

♥ CH. PAVIE 2012 ★★★

■ 1er gd cru clas. A	85 000	ⅢⅡ	+ de 100 €

85 86 88 ⑨⓪ 91 92 93 94 95 96 |98||99| |00||01||02||04| 06 |07| 08 ⑩⑨ ⑩ 11 ⑫

Véritablement constitué au XIXᵉs., Pavie étend son vaste vignoble de 37 ha sur la côte éponyme, l'un des berceaux de la viticulture locale au IVᵉs. Son terroir unique en trois parties – le plateau calcaire, sa côte d'argiles denses et profondes, son pied de côte sablo-argileux légèrement graveleux – justifie son intégration en 2012 au gotha des 1ᵉʳˢ grands crus classés A. Une élévation due aussi aux investissements considérables de son propriétaire depuis 1998, Gérard Perse, homme d'affaires ayant fait fortune dans la grande distribution. Inauguré en 2013, un nouveau chai, « château du vin », signé Alberto Pinto, décorateur de palais et de palaces, consacre la montée au firmament du cru et permet des vinifications encore plus précises. À Pavie, le merlot représente 65 % de l'assemblage, complété par le cabernet franc (20 %) et le cabernet sauvignon. Des plants âgés de près d'un demi-siècle. Après une longue macération en cuve de bois, le vin achève sa fermentation puis séjourne vingt-six mois en barriques (neuves en totalité ou en majorité selon les années). Le vin en ressort dense et sombre, évoquant l'encre violette. Son bouquet, encore réservé, s'ouvre sur les notes élégantes et fraîches de myrtille, de crème de cassis et d'épices douces, puis de graphite, de mine de crayon. Malgré la durée de l'élevage, le boisé, bien fondu, est presque imperceptible. Après une attaque tout en finesse, des tanins serrés montent en puissance, tapissant la bouche jusqu'à la finale riche et chaleureuse. Le fruit, si épanoui au nez, reste pour l'heure en retrait ; mais malgré cette imposante présence tannique, qui signe un vin de grande garde, le vin n'a rien de massif et reste élégant de bout en bout. Nos lecteurs peuvent constater que Pavie s'est offert une nouvelle étiquette, noire et raffinée, digne de son rang. ✗ 2025-2035 ♈ pavé de biche sauce aux myrtilles

○ SCA Ch. Pavie, 33330 Saint-Émilion, tél. 05 57 55 43 43, contact@vignoblesperse.com Ⓥ ⵏ Ⓣ r.-v. 🏠 ❺ ○ Gérard Perse

CH. PAVIE-DECESSE 2012 ★★

■ Gd cru clas.	8 500	ⅢⅡ	+ de 100 €

85 86 88 ⑧⑨ 90 91 92 93 94 95 96 97 98 99 |00||01| |02| 04 06 07 08 09 10 11 12

Acquis par Gérard Perse en 1997, ce cru de 3,65 ha a été détaché de Pavie en 1885 par son propriétaire de l'époque, Ferdinand Bouffard. Il a depuis longtemps acquis une personnalité propre, née d'un terroir spécifique intégralement situé sur le haut de la côte Pavie

mêlé d'argiles, et d'un encépagement largement dominé par le merlot (90 % pour 10 % de cabernet franc).

Comme Pavie, Pavie-Decesse reste vingt-six mois en barrique. Au terme de ce long élevage, le vin est si dense qu'il semble opaque. Le nez montre une grande finesse, s'ouvrant sur les fruits noirs, la myrtille, le poivre – « l'élégance d'un parfum de femme », selon un dégustateur. Après une attaque à la fois dense et onctueuse, sur les fruits rouges épicés, le palais dévoile une trame de jeunes tanins vifs et au grain fin, encore stricts en finale, qui se portent garants d'une heureuse évolution. Déjà harmonieux, un vin sérieux sans rigidité, qui s'épanouira après une bonne garde. ✗ 2020-2028 ♈ pavé de bœuf sauce poivre

○ SCA Ch. Pavie, 33330 Saint-Émilion, tél. 05 57 55 43 43, contact@vignoblesperse.com Ⓥ ⵏ Ⓣ r.-v. 🏠 ❺ ○ Gérard Perse

LA PERLE DU BRÉGNET
Élevé en fût de chêne 2012 ★★

■	4 300	ⅢⅡ	11 à 15 €

Le vignoble de la famille Coureau consacre la moitié de ses 13,5 ha au saint-émilion, 70 ares au grand cru La Perle du Brégnet et le reste au Ch. l'Ancien Orme en AOC bordeaux.

David Coureau signe un très beau 2012 avec ce vin confidentiel, paré d'une élégante robe grenat profond à reflets vifs. Le nez associe un boisé fin (pain d'épice, vanille) à des parfums soutenus de cerise noire et autres petits fruits. Le palais, très présent dès l'attaque, se montre à la fois frais et suave, puissant et racé, consolidé par des tanins denses et mûrs et par un boisé fondu. Une petite touche animale conclut agréablement la dégustation. De la force et de l'élégance. ✗ 2017-2023 ♈ daube de chevreuil

○ EARL Vignobles Coureau, Le Brégnet, 33330 Saint-Sulpice-de-Faleyrens, tél. 05 57 24 76 43, clos-le-bregnet@wanadoo.fr Ⓥ ⵏ Ⓣ t.l.j. sf dim. 8h30-18h30

Ⓑ CH. PETIT GRAVET AÎNÉ 2012 ★

■	8 000	ⅢⅡ	30 à 50 €

L'un des trois crus saint-émilionnais (Gaillard, Clos Saint Julien) de Catherine Papon-Nouvel, également propriétaire sur Castillon (Ch. Peyrou). Elle conduit depuis 2000, à la suite de son père, ce petit domaine de 2,5 ha (en bio certifié) établi en pied de côtes, sur un terroir de sables profonds, atypique par sa forte proportion (80 %) de cabernet franc.

Valeur sûre de l'appellation (coup de cœur pour les 2002, 2008 et 2010), ce cru propose un 2012 de belle facture, bien ouvert à l'olfaction sur les fruits frais, les épices (girofle), la réglisse et le pain grillé. Ample, ronde, suave, structurée avec mesure par des tanins soyeux et par un boisé intégré, la bouche est harmonieuse. ✗ 2017-2023 ♈ cuisses de canette

○ SCEA Vignobles J.-J. Nouvel, BP 84, 33330 Saint-Émilion, tél. 05 57 24 72 44, chateau.gaillard@wanadoo.fr Ⓥ ⵏ Ⓣ r.-v. ○ Catherine Papon

LE PETIT PAS 2012 ★

■	15 000	ⅢⅡ	15 à 20 €

Un cru au vignoble dispersé d'une dizaine d'hectares, propriété de la maison de négoce bordelaise Oscar Wine et sous la responsabilité de Nicolas Baptiste.

Une proportion non négligeable (30 %) de cabernet franc entre dans l'assemblage de ce second vin du Pas de l'Âne, joliment bouqueté autour des fruits rouges frais et d'un bon boisé toasté et vanillé. Un fruité soutenu et un boisé fin que l'on retrouve dans une bouche souple et suave en attaque, portée par des tanins de qualité, élégants, puissants sans excès. ✗ 2017-2023 ♥ bavette grillée

☛ *SARL Pas de l'Âne, lieu-dit Le Cros,*
33330 Saint-Émilion, tél. 09 62 18 10 87,
chateaupasdelane@orange.fr 🆅 🏃 *r.-v.*

CH. PEYRELONGUE 2012		
■ 12 000	🍷 🍽	11 à 15 €

En gascon, « peyrelongue » signifie « pierre longue » : le nom de ce cru provient d'un menhir de l'époque gallo-romaine, dressé au cœur du domaine, sur lequel le moine Émilion se serait reposé si l'on en croit la légende... La famille Bouquey, vigneronne depuis dix générations, y conduit un vignoble de 10,27 ha et produit deux grands crus : Peyrelongue et Clos des Romains.

Une forte dominante de merlot (90 %) dans ce vin au bouquet fin et délicat de fruits noirs frais et d'épices (vanille, poivre). Une attaque douce et ronde introduit un palais à l'unisson de l'olfaction, fruité et épicé, soutenu par des tanins souples qui permettront d'apprécier cette bouteille prochainement. ✗ 2016-2021 ♥ volaille rôtie

☛ *EARL Bouquey et Fils, Ch. Peyrelongue,*
1, Marquey-Sud, 33330 Saint-Émilion, tél. 09 81 33 71 17,
chateau.peyrelongue@gmail.com 🏃 🍷 *r.-v.*

CH. PIERRE DE LUNE 2012		
■ 2 300	🍽	30 à 50 €

Tony Ballu, fils de vigneron champenois et directeur technique de Clos Fourtet depuis 1991, et son épouse Véronique ont acquis en 1999 une petite parcelle de 1,05 ha sur Saint-Sulpice-de-Faleyrens, qu'ils orientent vers la biodynamie.

Merlot (90 %) et cabernet-sauvignon sont associés dans ce vin au nez charmeur de violette, de fruits compotés et de pain d'épice. On retrouve ces arômes, agrémentés d'une atypique touche de zeste d'orange, dans un palais gras, charnu, gourmand, soutenu par des tanins souples, qui se montrent plus vigoureux en finale néanmoins. Un ensemble équilibré et appréciable, armé aussi pour bien vieillir. ✗ 2016-2023 ♥ tajine d'agneau aux fruits secs

☛ *Véronique et Tony Ballu, 3, Magnan,*
33330 Saint-Émilion, tél. 06 70 80 24 27,
veronique.ballu@wanadoo.fr 🆅 🏃 *r.-v.* 🏠 ➍

CH. PIGANEAU 2012		
■ 22 300	🍷 🍽	11 à 15 €

D'origine corrézienne et intéressée par la vigne depuis la fin du XIXᵉ s., la famille Brunot exploite plusieurs crus dans le Libournais et l'Entre-deux-Mers : Piganeau en saint-émilion grand cru, Le Gravillot en lalande, Tour de Grenet en lussac et Maledan en bordeaux supérieur. Vincent Brunot, ingénieur agricole et œnologue, a rejoint son père Jean-Baptiste en 1997 à la tête des vignobles familiaux.

Ce cru, propriété de la famille Piganneau au XIXᵉ s. a été acquis par les Brunot en 1978. Il étend ses 6 ha de vignes sur un terroir de sables et de graves entre Libourne et Saint-Sulpice-de-Faleyrens ; à 150 m, on trouve le menhir de

Pierrefitte (monument classé). Merlot (90 %) et cabernet franc ont donné naissance à ce vin expressif (fruits rouges mûrs escortés de vanille et de cuir), à la fois rond et frais en bouche, corsé par des tanins jeunes et boisés qui commencent à s'affiner. ✗ 2017-2022 ♥ faux-filet grillé

☛ *SCEA J.-B. Brunot et Fils, Ch. Piganeau, 1, Jean-Melin,*
33330 Saint-Émilion, tél. 05 57 55 09 99,
vignobles.brunot@wanadoo.fr 🆅 🏃 🍷 *r.-v.*

CH. PIPEAU 2012 ★★			
■ 140 000	🍷 🍽		15 à 20 €
86 88 89 95 98 99 00 01 **02** 03 |04| |06| |08| **09**			
10 **12**			

Valeur sûre de l'appellation, ce domaine établi au pied des combes de Saint-Laurent est entré dans la famille Mestreguilhem en 1929. Les 7 ha de l'époque sont devenus 25 aujourd'hui, dirigés depuis 1986 par Richard Mestreguilhem, épaulé depuis 2014 par son fils Jean, ingénieur agronomique désormais en charge de la direction technique.

Rien de confidentiel ici, pas de petite cuvée cousue main, mais un grand cru qui associe quantité et qualité. Un vin très complet, paré d'une belle robe bordeaux sombre, au nez à la fois puissant et fin, très merlot par son fruité mûr et gourmand, le tout dans un sillage boisé élégant, réglissé et fumé. Très merlot aussi en bouche, le vin se montre suave, rond à souhait, corpulent sans être lourd, tannique sans être agressif, boisé avec justesse. Bref, un ensemble des plus harmonieux, qui plaira aussi bien jeune que patiné. ✗ 2017-2026 ♥ côte de bœuf aux sarments

☛ *EARL Mestreguilhem, Ch. Pipeau, 12, Barbeyron,*
33330 Saint-Laurent-des-Combes, tél. 05 57 24 72 95,
chateau.pipeau@wanadoo.fr 🆅 🏃 🍷 *t.l.j. sf sam. dim.*
8h-12h 14h-18h

CH. PONTET-FUMET 2012 ★		
■ 39 000	🍷 🍽	15 à 20 €

L'histoire débute au XVIIᵉ s., au Vignonet, avec un aïeul gabarier et négociant en vins et en céréales. La famille Bardet conduit aujourd'hui un vaste ensemble de 60 ha de vignes dans le Libournais, répartis sur plusieurs crus en appellations saint-émilion grand cru (Val d'Or, Pontet Fumet, Franc le Mayne) et castillon-côtes-de-bordeaux (Rocher Lideyre). Un ensemble dirigé par Philippe Bardet, accompagné de son épouse Sylvie et de ses quatre enfants.

Pontet Fumet est un cru de 14,2 ha, situé à 5 km de Saint-Émilion, sur les bords de la Dordogne, acquis en 1962 par Roger Bardet, père de Philippe. Ce dernier signe ici un 2012 pourpre éclatant, au nez complexe de cassis, de myrtille, de poivre blanc et de grillé. Une attaque large et très ronde ouvre sur un palais ample et consistant, construit sur des tanins veloutés, extraits avec doigté, qui confèrent un caractère caressant et gourmand à ce vin. ✗ 2017-2024 ♥ lamproie à la bordelaise ■ Ch. du Val d'Or 2012 ★ (15 à 20 € ; 40 000 b.) : le domaine « historique » des Bardet (12 ha), fondé en 1930 au Vignonet, qui tient son nom d'Orval en Dordogne, village natal d'Henry Gabriel Bardet, grand-père de Philippe. Le 2012 est un vin qui se laisse désirer à l'olfaction, avant de s'ouvrir sur un fruité discret rehaussé d'épices. Il se montre aimable, rond et chaleureux en bouche, avant une finale un brin plus austère. ✗ 2017-2023

O— *SCEA Vignobles Bardet, 17, La Cale, 33330 Vignonet, tél. 05 57 84 53 16, vignobles@vignobles-bardet.fr*
 *r.-v.*

CH. DE PRESSAC 2012 ★★			
■ Gd cru clas.	50 000	⑪	30 à 50 €

Un cru classé (depuis 2012), vaste (36 ha) et historique à double titre : signature en 1453 de la reddition des Anglais après la bataille de Castillon et introduction au XVIIIes. des premiers ceps de pressac (rebaptisé malbec). Acquis en 1997 et entièrement rénové par Jean-François Quenin, ancien cadre du groupe Darty et actuel président du Conseil des vins de Saint-Émilion.

Le domaine tient parfaitement son nouveau rang de classé avec ce 2012 qui, fidèle à l'histoire ampélographique du cru, associe (un peu, 1 %) de pressac, ainsi qu'une touche (3 %) de carménère, aux classiques merlot (69 %) et cabernets. La couleur est profonde, d'un seyant bordeaux soutenu. Le nez se montre élégant et complexe, autour des fruits noirs, d'un beau boisé épicé et d'une note giboyeuse. La bouche se révèle ample, riche, charnue, puissante et longue, encadrée par des tanins d'une réelle finesse. Un solide vin de garde. ✗ 2018-2027 ❦ poitrine de veau aux morilles ■ Ch. Tour de Pressac 2012 (15 à 20 € ; 44 000 b.) : vin cité. ✗ 2016-2020

O— *GFA Ch. de Pressac, Saint-Étienne-de-Lisse, 33330 Saint-Émilion, tél. 05 57 40 18 02, contact@chateaudepressac.com*  *r.-v.*
O— Jean-François et Dominique Quenin

CH. LE PRIEURÉ 2012 ★			
■ Gd cru clas.	19 900	🍾 ⑪	50 à 75 €

La famille Guichard est propriétaire depuis 1832 de plusieurs crus en Libournais : son fief et fleuron, Ch. Siaurac en lalande, Vray Croix de Gay en pomerol et le Prieuré en saint-émilion grand cru. Un ensemble dirigé depuis 2004 par Aline Guichard et son mari Paul Goldschmidt. En 2014, François Pinault (Ch. Latour) a pris une participation dans les châteaux familiaux.

Dans la famille depuis 1897, ce cru – classé depuis la création du classement à Saint-Émilion en 1955 – est un petit domaine de 6 ha établi sur le plateau calcaire exposé au sud entre Trottevieille, Troplong Mondot et Pavie Macquin. Assemblage classique de 80 % de merlot et de 20 % de cabernet franc, le 2012 est riche en fruits, noirs et frais, à l'olfaction, soulignés par un boisé élégant. À l'unisson, le palais se révèle ample, rond, généreux et concentré, avec en soutien des tanins bien présents mais soyeux. Un vin opulent sans lourdeur, prêt pour une belle garde. ✗ 2018-2026 ❦ canard à l'orange

O— *Ch. Siaurac and Co, Ch. Siaurac, 33500 Néac, tél. 05 57 51 64 58, info@chateausiauracandco.com*  *r.-v.* O— Aline et Paul Goldschmidt

CH. PRIEURÉ LA MARZELLE 2012 ★			
■	14 800	⑪	20 à 30 €

Classé dès 1955, ce domaine ancien – inscrit sur la carte de Belleyme de 1821 – est propriété des Sioen, industriels belges, depuis 1998. Entourant l'hôtel de luxe Grand Barrail, il étend ses 17 ha de vignes sur la haute terrasse de Saint-Émilion. Un terroir d'argiles, de graves et de sables proche de celui de Figeac, qui offre une part non négligeable aux cabernets.

Le second vin du domaine est très réussi. Au nez, les fruits rouges mûrs se mêlent harmonieusement aux senteurs grillées et épicées de la barrique. L'attaque est souple, le développement ample et gras, renforcé par de bons tanins de garde. Un ensemble bien construit, équilibré, prêt pour un bon vieillissement. ✗ 2017-2023 ❦ confit de canard

O— *SCEA Ch. la Marzelle, La Marzelle, 33330 Saint-Émilion, tél. 05 57 55 10 55, info@lamarzelle.com*  *r.-v.* O— Sioen

♥ CH. QUERCY 2012 ★★			
■	6 600	⑪	30 à 50 €

Un cru de 6,5 ha établi sur les graves de Vignonet, dans le sud de l'AOC, commandé par un curieux manoir du début du XIXes., autrefois entouré de vieux chênes, d'où son nom. Bâtiments et vignoble (en conversion bio) ont été entièrement rénovés par la famille Apelbaum, propriétaire de 1988 à 2014, date du rachat par le Chinois Li Chen.

Né de vieux merlots (soixante-dix ans), complétés de cabernet franc, ce 2012 a fait forte impression à tous les stades de la dégustation. La robe est sombre et profonde, animée de beaux reflets améthyste de jeunesse. Le nez se révèle puissant et élégant : des fruits rouges et noirs mûrs à souhait, un bon merrain épicé et fumé, une agréable touche de pierre à fusil qui apporte de la fraîcheur. Suave et ronde en attaque, la bouche offre beaucoup de volume et de densité ; on y retrouve avec intensité les sensations olfactives, accompagnées par des tanins élégants et parfaitement intégrés. Bien que déjà fort agréable, cette bouteille mérite de vieillir pour donner sa pleine mesure. ✗ 2017-2028 ❦ tournedos Rossini

O— *GFA Ch. Quercy, 3, Grave, 33330 Vignonet, tél. 05 57 84 56 07, chateauquercy@wanadoo.fr*  *r.-v.* O— Li Chen

CH. QUEYRON PINDEFLEURS 2012			
■	42 000	🍾 ⑪	15 à 20 €

Un cru de 12 ha situé au pied des coteaux sud de Saint-Émilion. Dans la famille Fillon depuis 1937, il est dirigé depuis 2010 par Chantal et Peter Watts.

D'abord fermé, le bouquet de ce 2012 libère à l'aération de plaisants parfums de réglisse, de grillé et de fruits rouges. Chaleureux, corsé, bâti autour de tanins mûrs et ronds, sous-tendu depuis l'attaque jusqu'en finale par une fine acidité, le palais est bien construit. ✗ 2016-2022 ❦ côte de veau forestière

O— *Vignobles Fillon, 3 Queyron, 33330 Saint-Émilion, tél. 05 57 50 31 45, contact@queyronpindefleurs.com*  *r.-v.* O— Chantal et Peter Watts

CH. QUINTUS 2012			
■	15 600	⑪	75 à 100 €

Quintus – référence à la coutume gallo-romaine consistant à prénommer ainsi leur cinquième enfant – est le dernier-né des vignobles Clarence Dillon (Haut-Brion).

Un bel ensemble de 28 ha associant un domaine acquis en 2011 à l'extrémité sud-ouest du plateau de Saint-Émilion et son voisin Ch. l'Arrosée, racheté en 2013.

Après un premier millésime très réussi en 2011, la nouvelle propriété du Prince Robert de Luxembourg confirme ses bonnes dispositions avec un 2012 qui fait la part belle au merlot (89 %, le cabernet franc en complément). Œil, nez, bouche, tout est bien en place : couleur rouge foncé ornée de reflets brillants ; jolis parfums de fruits rouges (framboise), de muscade et de cacao ; palais dense, rond et chaleureux, aux tanins bien présents. Un vin de bonne garde. ✗ 2017-2025 ¶ bœuf en daube

☛ SAS Quintus, 1, Larosé, 33330 Saint-Émilion, tél. 05 57 24 69 44, info@chateau-quintus.com 🏃 ⬆ r.-v.

CH. RIPEAU 2012 ★			
■ Gd cru clas.	45 500	î ⬗	20 à 30 €

Situé derrière Cheval Blanc, ce cru - classé dès 1955 - appartenait à la famille de Wilde depuis 1917. Un domaine de 16 ha d'un seul tenant et en conversion bio (certification prévue pour 2015), conduit par Françoise de Wilde à partir de 1976, puis par sa fille Barbara Janoueix en 2004, épaulée à la direction technique par l'œnologue Édith Soler. Fin 2014, la propriété a été rachetée par Monique Grégoire et ses fils Cyrille et Nicolas, anciens propriétaires de La Rivière à Fronsac, et toujours aux commandes des Ch. Puynard et Bois Noir.

L'un des derniers millésimes de la famille de Wilde et une très belle réussite. La robe, bordeaux foncé, est attrayante. Le nez exprime des parfums de raisin bien mûr soutenus par un boisé discret, finement épicé. Une attaque gourmande sur le fruit introduit une bouche dense, ronde et généreuse tout en restant pleine de finesse grâce à des tanins élégants et une touche de fraîcheur crayeuse. Un vin charmeur en diable. ✗ 2018-2025 ¶ carré d'agneau aux épices

☛ SCEA Ch. Ripeau, 33330 Saint-Émilion, tél. 05 57 74 41 41, chateauripeau@wanadoo.fr Ⓥ 🏃 ⬆ r.-v. ☛ Famille de Wilde

CH. ROCHEBELLE 2012 ★			
■ Gd cru clas.	18 000	⬗	30 à 50 €

Propriété des Faniest depuis 1847, Rochebelle doit son nom aux roches que l'on extrayait de ses carrières au XVIIIᵉs. Conduit aujourd'hui par Philippe Faniest et sa fille Émilie, œnologue, ce petit domaine de 3 ha est situé au-dessus du Ch. Pavie, face à la cité de Saint-Émilion. Petit train, caves monolithes, jeux de lumière... : le concept d'œnotourisme est ici bien rodé et les visiteurs sont légion. Ses vins, réguliers en qualité, lui ont valu d'être promu en 2012 au rang de cru classé.

Le domaine tient parfaitement son nouveau rang de classé avec ce 2012 bien sous tout rapport. Pourpre profond et dense, la robe annonce un vin de belle concentration. De fait, un bouquet généreux de fruits mûrs et de pruneau sur un fond floral et finement boisé fait écho à une bouche ample et charnue, aux tanins soyeux, qui garde de la fraîcheur jusqu'en finale grâce à une fine trame minérale. Un vin racé, énergique et complet. ✗ 2018-2026 ¶ joues de bœuf

☛ SCEA Faniest, Ch. Rochebelle, 33330 Saint-Laurent-des-Combes, tél. 05 57 51 30 71, faniest@wanadoo.fr Ⓥ 🏃 ⬆ t.l.j. 10h-12h 14h-19h

CH. ROL VALENTIN 2012			
■	24 000	î ⬗	30 à 50 €

Ancien footballeur professionnel, Éric Prissette acquiert en 1994 une vigne de 2 ha au nord-ouest du plateau de Saint-Émilion, surface qu'il porte rapidement à 7,3 ha. En 2009, il vend le domaine à Nicolas et Alexandra Robin, vignerons à Castillon (Ch. Laussac) et à Pomerol (Clos Vieux Taillefer), qui maintiennent haut l'exigence de qualité.

Des notes fumées et toastées, des fruits rouges, une touche de cuir et de poivre, le nez est affable. La bouche se révèle ronde, charnue et suave ; on y retrouve le côté fruité et épicé de l'olfaction. Les tanins sont veloutés, mais se montrent plus austères en finale, et le boisé doit encore se fondre. Prometteur. ✗ 2018-2023 ¶ curry d'agneau

☛ SAS Vignobles Rol Valentin, 5, Les Cabannes Sud, 33330 Saint-Émilion, tél. 05 57 40 13 76, contact@vignoblesrobin.com Ⓥ 🏃 ⬆ r.-v. ☛ Robin

CH. ROYLLAND 2012 ★★			
■	22 000	⬗	20 à 30 €

D'ancienne notoriété, apparu à l'époque d'Aliénor d'Aquitaine, ce petit cru de 5 ha est situé en pied de côte dans l'anse de Mazerat, à l'ouest de Saint-Émilion, au milieu de grands crus classés (Angelus, Berliquet, Tertre Daugay...). Il a plusieurs fois changé de main récemment : Oddo-Vuiton (1989 à 2007), Stephen Adams (Ch. Fonplégade) jusqu'en 2010 et désormais Martine et Jean-Bernard Chambard, issus du secteur de la santé, qui ont confié la direction à Thomas Thiou (Ch. la Couronne à Montagne).

Assemblage classique de merlot (80 %) et de cabernet franc, ce 2012 – qui représente l'intégralité de la production du domaine – a tout pour plaire. Une robe élégante, bigarreau à reflets brillants. Un nez intense et généreux de petits fruits à l'eau-de-vie mâtiné de nuances épicées (cannelle, vanille, cumin). Une bouche douce et ronde, d'une puissance tannique parfaitement maîtrisée, ni trop ni trop peu, renforcée par un boisé toasté tout en finesse et prolongée par une belle finale fruitée. Déjà très agréable, ce vin vieillira bien. ✗ 2017-2025 ¶ magret de canard aux figues

☛ SAS Sans Souci, Ch. Roylland, 1, Roylland, 33330 Saint-Émilion, tél. 05 57 24 68 27, chateau.roylland@orange.fr Ⓥ 🏃 ⬆ r.-v. ☛ Martine et Jean-Bernard Chambart

CH. SAINT-GEORGES CÔTE-PAVIE 2012 ★★			
■ Gd cru clas.	n.c.	⬗	30 à 50 €

Ce cru classé de 5,5 ha – 5 accrochés sur la côte argilo-calcaire Pavie et 50 ares attenants à Ausone – fut une ancienne dépendance de la Sauve-Majeure au Moyen Âge (époque à laquelle il prend son nom de Saint-Georges), puis propriété de la famille de Grailly à partir du XVIIᵉs. Entré en 1873 dans la famille Masson, d'origine corrézienne, il est aujourd'hui conduit par la cinquième génération.

Finaliste des coups de cœur, ce 2012 paré d'une éclatante robe bordeaux, livre un bouquet fin de fruits mûrs, de violette et de merrain bien chauffé aux accents toastés. Une attaque nerveuse ouvre sur un palais ample, dense, puissant, fruité et souligné par une belle fraîcheur qui signe le terroir et apporte un surcroît d'élégance et de longueur. ✗ 2018-2027 ❦ faisan aux raisins

☞ *Famille Masson, Ch. Saint-Georges Côte Pavie, 33330 Saint-Émilion, tél. 05 57 74 44 23, mariegabriellemasson@gmail.com* 🆅 🏂 🛉 *r.-v.*

CH. SAINT-LÔ 2012 ★★		
■ 40 000	📶	15 à 20 €

Les premières vignes furent plantées ici par un gentilhomme originaire de la Manche au XIXᵉs. Le domaine, étendu aujourd'hui sur 15 ha au sud-est de l'appellation, a été acquis en 1990 par un groupement thaïlandais.

Cette cuvée a participé à la finale des coups de cœur, réunissant les meilleurs vins de la dégustation. Ses arguments : une seyante robe pourpre ; un nez intense et équilibré entre boisé grillé et fruits très mûrs ; une bouche à l'unisson, bien boisée et bien fruitée, dense, généreuse, puissante et concentrée. Tous les attributs du vin de caractère et de garde. ✗ 2018-2026 ❦ daube de sanglier

☞ *Les Vignobles réunis, Ch. Saint-Lô, Saint-Pey-d'Armens, 33330 Saint-Émilion, tél. 05 33 20 01 44, chateausaintlo@gmail.com* 🆅 🏂 🛉 *r.-v.*

♥ CH. SANSONNET 2012 ★★		
■ Gd cru clas.	18 000	❗ 📶 30 à 50 €

Ancienne propriété du duc Decazes, ministre sous Louis XVIII, ce cru classé régulier en qualité a été acquis en 2009 par la famille Lefévère. Le vignoble, à l'encépagement classique (merlot à 85 % et cabernet franc) couvre près de 7 ha sur l'un des points hauts du plateau argilo-calcaire de Saint-Émilion. Promu au rang des grands crus classés en 2012.

Ce cru semble en progrès constant depuis sa reprise par les Lefévère, ce que vient confirmer ce 2012 de très haute tenue. Paré d'une robe sombre, presque noire, celui-ci déploie des arômes parfaitement mariés de fruits noirs, de réglisse, d'épices douces et de chocolat. Puissant, riche et généreux dès l'attaque, le palais confirme les excellentes impressions olfactives, porté jusqu'en finale par des tanins denses et fins, et par une belle fraîcheur qui apporte de l'allonge et beaucoup d'énergie. Un grand vin de gastronomie. ✗ 2019-2030 ❦ filet de bœuf aux morilles ■ Envoi de Sansonnet 2012 (15 à 20 € ; 4 500 b.) : vin cité. ✗ 2018-2023

☞ *Marie-Bénédicte Lefévère, 1, Sansonnet, 33330 Saint-Émilion, tél. 09 60 12 95 17, marie.lefevere@ chateau-sansonnet.com* 🆅 🏂 🛉 *r.-v.*
☞ *M.-B. Lefévère*

CH. SIMARD 2012 ★		
■ 150 000	📶	15 à 20 €

Séparés mais indissociables : Simard et Haut-Simard sont nés du scindement en 1870 de la vaste propriété du comte de Simard par une ligne de chemin de fer. 40 ha pour le premier, 8 ha pour le second, acquis en 1954 par Claude Mazière, repris à son décès par son neveu Alain Vauthier (Ausone).

Vinifié et élevé dix-huit mois en cuves béton, le 2012 de Simard (35 % de cabernet franc aux côtés du merlot) déploie un bouquet frais de violette, de fruits noirs, de roncier et d'épices. Une fraîcheur que prolonge un palais soyeux, souple et fin, aux tanins ronds, encore renforcée par une petite note de végétal noble en finale. ✗ 2016-2022 ❦ entrecôte grillée aux échalotes ■ Ch. Haut-Simard 2012 ★ (15 à 20 € ; 30 000 b.) : boisé assez prononcé, épicé et grillé, ouvre la dégustation, accompagné à l'aération par un fruité élégant de mûre et de groseille. Une attaque dense prélude à un palais ferme, bien charpenté, mais sans dureté excessive, souligné par une pointe de vivacité « qui va bien » et par de beaux amers en finale. ✗ 2017-2024

☞ *Vignobles Vauthier-Mazière, Ch. Simard, 33330 Saint-Émilion, tél. 05 57 24 24 57, vignobles.vauthier-maziere@orange.fr*

CH. SOUTARD 2012 ★		
■ Gd cru clas.	68 000	📶 30 à 50 €

AG2R La Mondiale possède deux importants grands crus classés, situés à environ 1 km au nord de la cité médiévale : les Ch. Soutard et Larmande. Cru ancien (les premières traces remontent à 1513), Soutard a été acquis en 2006 par le groupe d'assurances, qui a entrepris d'importants travaux de rénovation. En 2012, le rachat (et la fusion) du cru classé Cadet Piola porte le vignoble à 30 ha d'un seul tenant, sur le plateau argilo-calcaire de Saint-Émilion, avec quelques hectares en pied de côte sableux et en coteaux argileux. Aux commandes du chai, Véronique Corporandy, conseillée par Michel Rolland.

Une pointe de malbec (2 %) entre dans l'assemblage de ce beau 2012, aux côtés des classiques merlot (63 %) et cabernets. Après dix-huit mois de barrique, il livre des arômes complexes de fruits noirs, de boîte à cigare, de cèdre et de Zan. Une attaque suave et souple annonce un palais ample, charnu et goûteux, concentré sans excès, bien bâti autour de tanins denses et fins et d'une fraîcheur typique du terroir. ✗ 2018-2026 ❦ canard aux cèpes

☞ *SCEA Ch. Soutard, 1, Soutard, BP 4, 33330 Saint-Émilion, tél. 05 57 24 71 41, contact@ soutard.com* 🆅 🏂 🛉 *r.-v.* 🏠 🅢
☞ *AG2R la Mondiale*

CH. TOINET FOMBRAUGE 2012 ★		
■ 7 000	📶	11 à 15 €

Propriété de la même famille depuis 1894, ce cru de 8,15 ha a été détaché du vignoble de Ch. Fombrauge. Laurent Sierra a pris la relève de ses parents en 2010 et exploite aussi la vigne en montagne-saint-émilion avec le Ch. Haut-Binet.

Un cru que l'on avait un peu perdu de vue depuis quelques millésimes et que l'on retrouve au mieux de sa forme avec ce 2012 expressif, sur les fruits des bois, les épices douces et la violette. On retrouve ces arômes avec intensité dans une bouche riche et charnue, encadrée par des tanins bien serrés et élégants. Un ensemble harmonieux, signe d'une vinification et d'un élevage bien menés, et pour un prix doux. ✗ 2017-2023 ❦ chapon aux champignons

☞ *Laurent Sierra, Parsac, 33570 Montagne, tél. 05 57 84 11 30, laurent.sierra@orange.fr* 🆅 🏂 🛉 *t.l.j. 9h-12h30 14h-18h30* 🏠 🅔

BORDELAIS

CH. TOUR DES COMBES 2012 ★

| ■ | 10 200 | 🍴 ⬛ | 11 à 15 € |

Brigitte Darribéhaude est, depuis 1985, à la tête des trois propriétés familiales : en saint-émilion grand cru, les Ch. Tour des Combes, 18,9 ha à Saint-Laurent-des-Combes, acquis en 1841 par sa famille, et Cadet Soutard, petit cru de 1 ha de merlot, voisin immédiat des Ch. Soutard et Cadet-Bon, auxquels les vignes appartenaient au XIXᵉs. ; le Dom. des Rochers, 5 ha en castillon-côtes-de-bordeaux.

C'est son caractère très « nature » qui a séduit les dégustateurs dans ce vin auquel l'élevage en fût n'empêche pas la minéralité du terroir de s'exprimer, au nez comme en bouche. Une fraîcheur qu'accompagnent des arômes de fruits rouges et de violette, ainsi qu'une belle trame tannique, élégante et serrée sans dureté, soutenant une chair ronde et soyeuse. ✗ 2018-2025 ✛ volaille rôtie aux champignons

⊶ *SE des Vignobles Darribéhaude, 1, lieu-dit Le Sable, 33330 Saint-Laurent-des-Combes, tél. 05 57 24 70 04, bd-nd@orange.fr* 🆅 🧍 🏠 *r.-v.*

CH. LA TOUR DU PIN FIGEAC 2012

| ■ | 32 600 | 🍴 ⬛ | 20 à 30 € |

La famille Giraud-Bélivier possède plusieurs crus en Libournais : la Tour du Pin Figeac, 11 ha détachés du Ch. Figeac en 1879 et acquis par la famille en 1923, le Caillou à Pomerol (7 ha) et le Vieux Manoir sur Lalande. Des crus conduits aujourd'hui par André Giraud, épaulé par ses fils Stéphane et Laurent.

Assemblage classique de merlot (80 %) et de cabernet franc, ce 2012 déploie de jolis parfums de fruits rouges mâtinés d'épices et d'une touche animale. Dans la continuité, la bouche se montre riche et chaleureuse, étayée par des tanins de qualité. Un vin équilibré. ✗ 2018-2023 ✛ gigot d'agneau

⊶ *SARL André Giraud, Ch. Le Caillou, 41, rue de Catusseau, 33500 Pomerol, tél. 05 57 51 06 10, giraud.belivier@wanado.fr* 🆅 🧍 🏠 *r.-v.*

CH. LA TOUR FIGEAC 2012 ★

| ■ Gd cru clas. | 35 000 | ⬛ | 50 à 75 € |

82 83 85 86 89 **90** 93 94 95 **96** 97 98 01 02 03 |04| |05| |06| 07 **08 09** 10 11 12

Ce domaine, séparé du Ch. Figeac en 1879, doit son nom à une tour érigée au milieu des vignes aujourd'hui disparue. Otto Rettenmaier l'a acquis en 1973 ; son fils Otto Max a pris le relais en 1995, à la tête de 14,5 ha conduits en biodynamie sans certification, établis sur une croupe de graves et de sables sur argiles à la limite de Pomerol.

Une belle robe bordeaux légèrement carminée habille ce vin au bouquet déjà très expressif et complexe : fruits rouges bien mûrs, fruits secs, humus, note giboyeuse. Une générosité qui se prolonge dans une bouche ronde, charnue, corsée, soutenue par des tanins à la fois denses et veloutés, et par un bon boisé épicé qui s'étire en finale. Très saint-émilion, ses tanins sont harmonieux. ✗ 2017-2025 ✛ cailles farcies au foie gras

⊶ *SC la Tour Figeac, BP 007, 3, Tour Figeac, 33330 Saint-Émilion, tél. 05 57 51 77 62, latourfigeac@ orange.fr* 🆅 🧍 🏠 *r.-v.* 🏠 ❺ ⊶ Rettenmaier

Ⓑ CH. TOUR PEYRONNEAU 2012 ★

| ■ | 2 000 | ⬛ | 30 à 50 € |

Les Lavau sont établis depuis huit générations à Saint-Étienne-de-Lisse, à l'est de l'appellation. Pierrick Lavau, œnologue de formation, conduit depuis 2003 les domaines familiaux, constitués des Ch. Tour Peyronneau et Bernateau, dont les vignobles sont en bio certifié depuis 2012.

Issue d'une sélection de vieux ceps de cabernet franc (85 %) et de merlot, cette cuvée dévoile un nez intense de fruits noirs et de grillé. Des arômes que l'on retrouve (notamment le boisé, encore un peu dominant) dans un palais puissant, bien concentré mais fin. À attendre pour que le bois et l'austérité finale se fondent. Du potentiel assurément. ✗ 2018-2025 ✛ côtes d'agneau grillées ■ Ch. Bernateau 2012 (20 à 30 € ; 6 800 b.) Ⓑ : vin cité. ✗ 2017-2023

⊶ *SCEA Lavau et Fils, Ch. Bernateau, 33330 Saint-Étienne-de-Lisse, tél. 05 57 40 18 19, contact@chateautourpeyronneau.com* 🆅 🧍 🏠 *r.-v.*

CH. TOUR PUYBLANQUET 2012

| ■ | 1 200 | ⬛ | 15 à 20 € |

En 2012, suite au décès de leur père, Corinne Lapoterie et son frère Philippe (cinquième génération) ont repris la propriété familiale, située non loin de Valandraud, et dans leur famille depuis 1902.

Né du seul merlot, ce 2012 offre un nez intense de fruits noirs mûrs agrémentés d'un boisé discret et de nuances florales. La bouche révèle un vin friand et souple en attaque, plus tannique dans son développement, et encore un peu austère et tendu en finale. Mais l'ensemble reste harmonieux et bien construit, et pourra bien évoluer. ✗ 2018-2024 ✛ tajine d'agneau

⊶ *Corinne Lapoterie, Ch. Tour Puyblanquet, 3, Bouquet, 33330 Saint-Étienne-de-Lisse, tél. 05 57 40 18 32, chateau.tourpuyblanquet@orange.fr* 🆅 🧍 🏠 *r.-v.*

CH. TOUR SAINT CHRISTOPHE 2012 ★★

| ■ | 20 000 | ⬛ | 20 à 30 € |

L'achat de vignobles bordelais par des investisseurs asiatiques n'est pas nouveau. En 1997, le Taïwanais Peter Kwok a racheté, avec sa fille Elaine, le château de Haut-Brisson et ses 20 ha de vignes implantés sur les sables et graves de Vignonet, au sud de l'appellation. En 2011, il a étendu son portefeuille en reprenant, avec sa fille Karen, les 11,25 ha du Ch. Tour Saint-Christophe, situé à Saint-Christophe-des-Bardes.

Les deux propriétés des Kwok ont été sélectionnées cette année, avec une préférence pour la dernière acquisition de la famille. Un vin ouvert et complexe à l'olfaction (fruits mûrs, touche originale d'orange confite, boisé élégant, fumé et toasté), ample et riche en bouche, épaulé par des tanins fermes et serrés et « allongé » par une belle note crayeuse qui signe le terroir argilo-calcaire. Un modèle d'équilibre. ✗ 2018-2025 ✛ selle d'agneau rôtie ■ Ch. Haut-Brisson 2012 ★ (20 à 30 € ; 35 000 b.) Ⓑ : un vin chaleureux (fruits à l'alcool), suave, boisé (épices douces, chocolat) et bien structuré par des tanins qui commencent à se fondre. ✗ 2017-2022 ■ Les Terrasses de Tour Saint-Christophe 2012 (11 à 15 € ; 20 000 b.) : vin cité. ✗ 2016-2020

⊶ *Ch. Tour Saint-Christophe, 1, lieu-dit Cassevert, 33330 Saint-Christophe-des-Bardes, tél. 05 57 24 77 15, contact@vignoblesle.com* 🆅 🧍 🏠 *r.-v.* ⊶ Karen Kwok

CH. TRIMOULET 2012 ★

■ | 49 000 | ◫ | 20 à 30 €

Un domaine dans la même famille depuis 1800. Cécile Jean, la première femme aux commandes en neuf générations, a pris les rênes en 2003 et conduit un vignoble de 17 ha établi au nord de Saint-Émilion.

C'est un vin de caractère que propose le domaine avec ce 2012 tourné vers de généreux parfums de fruits mûrs à l'olfaction, puissant, charnu et concentré en bouche, étayé par des tanins fermes. Corpulent et de bonne garde assurément. ✗ 2018-2025 ⵝ dessert chocolaté

o┐ *Cécile et David Dumont, Ch. Trimoulet, 1, lieu-dit Trimoulet, BP 60, 33330 Saint-Émilion, tél. 05 57 24 70 56, trimoulet.jean@wanadoo.fr* Ⓥ ⵍ ⵒ *t.l.j. 9h-12h 14h-17h*

CH. TROPLONG MONDOT 2012 ★★

■ 1er gd cru clas. B | 79 000 | ⵙ ◫ | 75 à 100 €

82 83 85 86 88 89 ⑳ 92 95 96 97 98 01 02 05 09 07 08 09 10 11 12

En 1745, l'abbé de Sèze édifie l'actuel château en haut de la côte de Pavie, dans le vignoble de Mondot. En 1850, Raymond Troplong, juriste et pair de France, y ajoute son nom. Au début du XXᵉs., Alexandre Valette, négociant en vin, prend le relais, suivi ensuite par son fils Bernard puis son petit-fils Claude. Ce dernier confie les rênes du domaine à sa fille Christine Valette et son mari Xavier Pariente en 1981. En 2006, le domaine accède au rang de 1ᵉʳ grand cru classé B. Conseillés depuis longtemps par Claude et Lydia Bourguignon, éminents spécialistes de la valorisation durable des sols, les propriétaires ont restructuré le vignoble (33 ha d'un seul tenant), dont un tiers en conversion bio.

Le domaine signe un 2012 de haute tenue, issu à 90 % de merlot (8 % de cabernet-sauvignon et 2 % de cabernet franc). Un vin riche et intense à tous les stades de la dégustation. Le nez, généreux, évoque un raisin récolté à grande maturité et un merrain bien chauffé, aux tonalités de café et de chocolat. Puissante et corsée dès l'attaque, la bouche offre beaucoup de volume et d'opulence, autour d'une matière dense et concentrée, encadrée par de solides tanins de garde. ✗ 2018-2030 ⵝ filet de bœuf sauce foie gras

o┐ *SAS Ch. Mondot, Ch. Troplong Mondot, 33330 Saint-Émilion, tél. 05 57 55 32 35, contact@ chateau-troplong-mondot.com* ⵍ ⵒ *r.-v.* 🏠 ❺
o┐ *Xavier Pariente*

CH. TROTTE VIEILLE 2012 ★

■ 1er gd cru clas. B | 24 000 | ◫ | + de 100 €

82 85 86 88 90 95 96 97 98 99 00 01 02 03 04 05 06 07 08 10 11 12

L'un des fleurons de la maison Borie-Manoux. La légende raconte qu'une vieille dame habitant autrefois le domaine allait s'enquérir des nouvelles auprès de la diligence passant par là, en trottinant... Aujourd'hui administré par Philippe Castéja et conseillé par Denis Dubourdieu, ce cru de 12 ha, situé sur le coteau est du plateau de Saint-Émilion, offre un encépagement original, à parité entre le merlot et les cabernets.

Le merlot (49 %) est (légèrement) supplanté par les cabernets (dont 3 % de cabernet-sauvignon). Dans le verre, un vin au nez encore dominé par ses dix-huit mois de barrique, mais qui laisse poindre un joli fruit à l'arrière-plan. L'impression est la même en bouche, où l'on découvre un beau volume, une chair tendre et soyeuse, et une longue finale, intense et élégante. À attendre bien sûr pour laisser le vin digérer son élevage luxueux. ✗ 2019-2027 ⵝ côte de bœuf

o┐ *SCEA Ch. Trotte Vieille, 33330 Saint-Émilion, tél. 05 56 00 00 70, domaines@borie-manoux.fr* Ⓥ ⵍ ⵒ *r.-v.*

CH. VALADE 2012

■ | 6 000 | ◫ | 20 à 30 €

Les Valade sont établis dans le Castillonnais depuis 1878. Installé en 1979 et aujourd'hui épaulé par son fils Cédric, Paul Valade propose deux étiquettes – Brisson et Peyrat – bien connues des lecteurs. La famille a aussi mis un pied à Saint-Émilion, en 2007, avec le château... Valade, dirigé par Cédric.

Ce 2012 très merlot (95 % de l'assemblage) dévoile un nez expressif de fruits mûrs, de cuir et de boisé bien dosé. Des arômes que prolonge un palais souple en attaque, rond et charnu, porté jusqu'en finale par des tanins aimables. Déjà plaisant, ce vin se pourra aussi se boire plus âgé. ✗ 2016-2022 ⵝ entrecôte à la bordelaise

o┐ *EARL P.-L. Valade, 1, Le Plantey, 33350 Belvès de Castillon, tél. 05 57 47 93 92, paul.valade@wanadoo.fr* Ⓥ ⵍ ⵒ *r.-v.*

CH. VALANDRAUD 2012 ★★

■ 1er gd cru clas. B | 18 000 | ◫ | + de 100 €

Valandraud n'est plus le « vin de garage » qui a fait la réputation de Jean-Luc Thunevin dans les années 1990. Les 60 ares acquis en 1989 dans le vallon de Fongaban entre Pavie-Macquin et La Clotte sont devenus un cru à part entière : 9 ha aujourd'hui, essentiellement sur Saint-Étienne-de-Lisse. La consécration est arrivée en 2012 avec l'accession au rang de 1ᵉʳ grand cru classé B, sans passer par la case « classé ».

Le Valandraud 2012 est bien au niveau de son nouveau statut. Un vin sombre et profond dans sa robe noir d'encre. Au nez, un boisé élégant, toasté et chocolaté – 2012 est seulement le troisième millésime à connaître un élevage aussi long (vingt-deux mois), après le 2004 et le 2011 – accompagne de généreuses notes de fruits noirs compotés. Une superbe attaque, dense et puissante, ouvre sur un palais boisé, gras et solide, bâti sur des tanins impériaux mais qui restent élégants grâce à un grain très fin. La finale, longue et fraîche, apporte un surcroît de tonicité. De grande garde. ✗ 2019-2030 ⵝ gigot d'agneau en croûte d'herbes ■ Virginie de Valandraud 2012 ★★ (30 à 50 € ; 20 000 b.) : un fort joli second vin, au bouquet pénétrant de fruits concentrés, de cuir et de merrain toasté et vanillé. Le palais se révèle ample, chaleureux, puissant, corsé, tout en offrant beaucoup de rondeur. Un style proche d'un pomerol. ✗ 2018-2025 ■ Clos Badon Thunevin 2012 ★★ (30 à 50 € ; 15 000 b.) : de la puissance et du charme dans ce vin élevé dix-huit mois en barrique, qui déploie de beaux et généreux arômes fumés, toastés, épicés et fruités (cerise à l'eau-de-vie, cassis). La bouche, à l'unisson, s'adosse à des tanins ronds, bien fondus avec le bois et soulignés en finale par une fine fraîcheur. ✗ 2018-2025

LE LIBOURNAIS / LUSSAC SAINT-ÉMILION

○┐ Jean-Luc Thunevin, 6, rue Guadet,
33330 Saint-Émilion, tél. 05 57 55 09 13,
thunevin@thunevin.com Ⓥ 🅺 🄻 r.-v. 🏠 ⑤

L'ÉCLAT DE VALENTIN 2012

| ■ | 1 200 | 🄸 ⮫ | 30 à 50 € |

La famille Leydet, établie sur les terres libournaises depuis 1862, exploite près de 16,5 ha de vignes (en conversion bio) en saint-émilion grand cru (Ch. Leydet-Valentin) et en pomerol (Ch. Valois). Frédéric Leydet est aux commandes depuis 1997.

Cette cuvée confidentielle issue de vieilles vignes de merlot (70 %) et de cabernet franc offre un bouquet intense de fruits rouges, de cuir et d'épices. La bouche se montre à la fois charnue et élégante, avec un bon équilibre entre les fruits, le bois et les tanins. ⟰ 2017-2023 ✶ rôti de veau aux cèpes

○┐ EARL Vignobles Leydet, Rouilledimat, 33500 Libourne, tél. 05 57 51 19 77, frederic.leydet@wanadoo.fr
Ⓥ 🅺 🄻 t.l.j. sf sam. dim. 8h-12h 13h30-18h30

CH. VILLEMAURINE 2012 ★

| ■ Gd cru clas. | 20 000 | ⮫ | 30 à 50 € |

Propriétaire dans le Médoc (Branas Grand Poujeaux en AOC moulis), Justin Onclin a investi en saint-émilion en faisant l'acquisition en 2007 de ce domaine de 7 ha adossé aux douves de la cité médiévale, qu'il a entièrement rénové à la vigne et au chai.

Connu pour ses magnifiques galeries souterraines creusées dans la roche calcaire, qui se visitent et qui accueillent un spectacle son et lumière, le cru mise sur l'œnotourisme. Mais c'est bien sûr le vin qui fait sa notoriété, que son 2012 n'entachera pas. Au nez, les seize mois de barrique apportent leurs senteurs toastées et torréfiées qui, pour l'heure, masquent un peu les fruits (pruneau et autres fruits mûrs). Une même impression caractérise la bouche, ronde et souple en attaque, avant que les tanins n'arrivent au galop et en rangs serrés. Encore un peu austères, ils promettent une bonne évolution en cave. ⟰ 2018-2025 ✶ bœuf sauce chocolat

○┐ Ch. Villemaurine, lieu-dit Villemaurine, 33330 Saint-Émilion, tél. 05 57 74 47 30, contact@villemaurine.com Ⓥ 🅺 t.l.j. sf mar. 9h30-13h 14h-19h; f. jan. fév. ○┐ Justin Onclin

CH. VILLHARDY 2012

| ■ | 2 400 | ⮫ | 30 à 50 € |

Jusqu'alors spécialiste du matériel de chai, Stéphane Bedenc s'est installé en 2001 à partir d'une parcelle de 1 ha à proximité de Libourne (Ch. Villhardy), complétée en 2005 par les 4,5 ha de Maro de Saint-Amant, au sud de l'appellation.

Cette petite cuvée assemble à parité merlot et cabernet franc, plantés sur un sol d'argiles et de graves. Cela donne un style presque médocain à ce vin bien coloré, au bouquet encore un peu dominé par le bois (café, grillé) et un brin giboyeux. Ronde et d'un bon volume, la bouche joue dans le même registre aromatique, encadrée par des tanins fins, mais plus austères en finale. ⟰ 2016-2022 ✶ faux-filet grillé

○┐ Stéphane Bedenc, 225, Destieu, 33330 Saint-Sulpice-de-Faleyrens, tél. 05 57 25 26 67, vignobles-bedenc@wanadoo.fr Ⓥ 🅺 🄻 r.-v.

SÉBASTIEN XANS Cuvée Entre amis 2012

| ■ | 1 300 | ⮫ | 15 à 20 € |

En 2008, Sébastien Xans a racheté quelques arpents de vieux merlots plantés par son arrière-grand-père maternel sur la commune du Vignonet, complétés par une autre parcelle, plantée celle-ci par son arrière-grand-père paternel sur les sables et les graves de Saint-Sulpice-de-Faleyrens : en tout, 38 ares.

Ces vieux ceps ont soixante-dix ans aujourd'hui. Ils donnent naissance à un 2012 fruité, épicé et toasté et un rien animal. La bouche se révèle à la fois ronde, charnue et fraîche, portée par des tanins fins et soyeux et par un boisé encore bien présent. Un peu plus de longueur lui aurait valu une étoile. ⟰ 2017-2023 ✶ canard au poivre vert

○┐ Sébastien Xans, 335, Bois-Grouley, 33330 Saint-Sulpice-de-Faleyrens, tél. 06 87 93 92 29, sebastien.xans@orange.fr Ⓥ 🅺 🄻 r.-v.

CH. YON-FIGEAC 2012 ★★

| ■ Gd cru clas. | 60 000 | 🄸 ⮫ | 20 à 30 € |

99 **00** 03 05 07 |09| 10 11 **12**

L'un des plus vastes domaines de l'appellation, 24 ha entourant un parc ombragé et un château du XVIIIᵉs. dans le secteur de Figeac, entre Libourne et Saint-Émilion. Un cru mentionné pour la première fois en 1886 et classé depuis 1955. L'industriel Alain Château, son cinquième propriétaire, arrivé en 2005, a rénové l'ensemble, vignoble et bâtiments, et s'est adjoint les services de Denis Dubourdieu.

Comme pour le millésime 2011, le petit verdot est reconduit dans l'assemblage du 2012 : 4 % aux côtés du merlot (83 %) et du cabernet franc. Dans le verre, un vin qui porte beau avec sa robe noire, dense et profonde, et qui séduit aussi par son bouquet complexe de chocolat, de sous-bois, de tabac et de fruits mûrs. Le charme opère aussi en bouche : du gras, du volume, de la corpulence, de beaux tanins fermes et élégants. Tous les attributs du vin solide et de garde. ⟰ 2018-2027 ✶ civet de biche aux airelles

○┐ SA Yon-Figeac, 3, lieu-dit Yon, 33330 Saint-Émilion, tél. 05 57 84 82 98, info@vignobles-alainchateau.com
Ⓥ 🅺 🄻 r.-v. ○┐ Alain Château

▶ LES AUTRES APPELLATIONS DE LA RÉGION DE SAINT-ÉMILION

Plusieurs communes, limitrophes de Saint-Émilion et placées jadis sous l'autorité de sa jurade, sont autorisées à faire suivre leur nom de celui de leur célèbre voisine. Toutes sont situées au nord-est de la petite ville, dans une région pleine de charme, rythmée par des collines dominées par de prestigieuses demeures historiques et des églises romanes. Les sols sont très variés et l'encépagement est le même qu'à Saint-Émilion ; aussi la qualité des vins est-elle proche de celle des saint-émilion.

LUSSAC-SAINT-ÉMILION

Superficie : 1 440 ha / Production : 85 000 hl

Lussac-saint-émilion est l'une des aires du Libournais les plus riches en vestiges gallo-romains. Au centre et au nord de l'AOC, le plateau est composé de sables du Périgord alors qu'au sud le coteau argilo-calcaire forme un arc de cercle bien exposé.

1938 2012 ★		
■	17 000	▥	11 à 15 €

Créée en 1938, la très qualitative cave des producteurs réunis de Puisseguin-Lussac-Saint-Émilion s'illustre régulièrement dans ces pages. Elle représente aujourd'hui quelque 200 adhérents et 1 200 ha de vignes.

Une valeur sûre de la cave : coup de cœur sur les 2011 et 2009 (et 2007 en AOC puisseguin). Plus difficile à appréhender, le millésime 2012 (90 % de merlot) a néanmoins délivré un vin de belle facture, généreusement bouqueté autour des fruits rouges confits et du grillé, au palais rond, souple et élégant, bâti sur des tanins fins et fondus. ✗ 2016-2020 ❦ rôti de bœuf sauce au vin ■ Ch. Bois Tiffray 2012 ★ (5 à 8 € ; 36 000 b.) : vinifié par la cave de Puisseguin, ce cru de la comtesse du Pouget affiche de belles qualités : un nez puissant où le fruité (griotte) et le boisé s'harmonisent, la bouche ronde et chaleureuse, aguicheuse par ses notes fruitées et ses tanins veloutés. ✗ 2016-2020 ■ Prémya 2012 (15 à 20 € ; 18 000 b.) : vin cité. ✗ 2017-2020 ■ Haut la Rulotte 2012 (5 à 8 € ; 42 000 b.) : vin cité. ✗ 2016-2020

o⊸ *Vignerons de Puisseguin-Lussac-Saint-Émilion, 1, lieu-dit Durand, 33570 Puisseguin, tél. 05 57 55 50 40, accueil@vplse.com* Ⓥ 🅺 🅵 *r.-v.*

CH. BEL-AIR		
Cuvée Jean-Gabriel 2012 ★★		
■	6 000	▤ ▥	11 à 15 €

Un domaine de 21 ha d'un seul tenant, dans la même famille depuis plus d'un siècle. Jean-Noël Roi est aux commandes depuis 1978.

Enraciné sur des argiles mêlées de crasse de fer, à l'instar de ce que l'on trouve à Pomerol, le merlot rencontre ici un terroir d'élection. Un élevage soigné de dix-huit mois en barrique contribue à parfaire cette cuvée qui rend hommage aux père et grand-père du propriétaire. Au nez, le bois est bien présent mais raffiné : toasté, cannelle, épices douces, tabac. Dans la même dominante boisée, le palais associe un caractère suave une très jolie trame de tanins soyeux et fins et une belle finale vive et alerte. Un vin très harmonieux, à la fois puissant et élégant, tendre et bien boisé. Une bouteille de bonne garde. ✗ 2017-2023 ❦ poulet aux cèpes ■ 2012 ★ (8 à 11 € ; 130 000 b.) : assemblage de merlot (70 %) et des deux cabernets, un vin aromatique (cannelle, moka, épices, fruits confits), dense, suave et gourmand. ✗ 2016-2020

o⊸ *Jean-Noël Roi, EARL Ch. Bel-Air, 33570 Lussac, tél. 05 57 74 60 40, jean.roi@wanadoo.fr* Ⓥ 🅺 🅵 *r.-v.*

CH. BONNIN 2012 ★★		
■	4 000	▥	8 à 11 €

Philippe Bonnin est à la tête de ce domaine de 9,5 ha depuis 1997. Une bonne référence de l'appellation lussac-saint-émilion.

Ce pur merlot a fait forte impression. Par sa robe sombre d'abord, annonciatrice d'un vin puissant et concentré. De fait, le nez dévoile d'intenses parfums de fruits confits mâtinés d'épices, de moka et de toasté (douze mois de barrique), dynamisé par une fine note minérale. Des arômes que l'on retrouve dans une bouche corsée, riche, dense et suave. Un lussac plein de générosité qui, s'il se

montre déjà charmeur, est appelé à une belle garde. ✗ 2016-2024 ❦ lapin aux pruneaux

o⊸ *Philippe Bonnin, Pichon, 33570 Lussac, tél. 06 81 10 32 15, phbonnin@wanadoo.fr* Ⓥ 🅺 🅵 *r.-v.* 🏠 Ⓒ

Ⓑ **CH. CHOUTEAU** 2012		
■	14 000	▤	5 à 8 €

L'histoire de cette propriété familiale débute à l'orée du XXᵉ s., avec une petite vigne de 2 ha. Le vignoble s'étend aujourd'hui sur 15 ha, conduits en agrobiologie depuis 1970. Aux commandes du domaine : Florent et Muriel Rogerie, aidés de leurs trois filles (Manon, Romane et Clarisse). Deux étiquettes : Ch. Chouteau (lussac) et Clos le Mas (bordeaux rouge et blanc).

Sur un peu plus de 2 ha argilo-limoneux, merlot (90 %) et cabernet franc récoltés à maturité optimale ont donné naissance à un joli vin qui n'a pas eu besoin de soutien boisé pour s'exprimer. Le nez évoque ainsi les fruits frais ; arômes que l'on retrouve dans une bouche ronde et fondue. ✗ 2015-2019 ❦ cailles rôties

o⊸ *SCEA Rogerie Père et Fils, Chouteau, 33570 Petit-Palais, tél. 05 57 74 55 22, scea.rogerie@orange.fr* Ⓥ 🅵 *r.-v.*

CH. LA CLAYMORE 2012 ★		
■	25 700	▤ ▥	11 à 15 €

François Linard et Maria-Dolorès, couple d'ingénieurs en agroalimentaire, ont acquis en 2001 le château la Claymore, du celte *ClaimhMhor*, la grande épée des Highlanders : le domaine fut une zone de garnison des troupes écossaises lors de la bataille de Castillon. Le vignoble couvre aujourd'hui 33 ha répartis sur trois AOC : lussac (Claymore et Moulin de Fontmurée), montagne (Flaunys) et bordeaux (Cilorn).

Cet habitué du Guide signe un lussac très harmonieux, dont la séduction repose sur un fruit intense et légèrement toasté. Le fruit s'impose aussi, avec persistance, dans une bouche souple, ronde et soyeuse. Une belle maîtrise de l'élevage. ✗ 2017-2021 ❦ poulet rôti à la broche

o⊸ *François Linard, SCEA Claymore, Maison-Neuve, 33570 Lussac, tél. 05 57 74 67 48, contact@laclaymore.fr* Ⓥ 🅺 🅵 *t.l.j. sf sam. dim. 8h30-12h 13h30-16h*

CH. LES COMBES 2012		
■	25 000	▤	8 à 11 €

Les Borderie exploitent 47 ha : en bordeaux supérieur avec Les Gravières de la Brandille, créées en 1963 dans le secteur de Coutras, au nord du Libournais ; en lussac et en bordeaux avec Les Combes, dans la famille depuis la fin du XIXᵉ s. ; et en lalande, avec le Ch. Vieille Dynastie, acquis en 2011. Frédéric Borderie est aux commandes depuis 2005.

Vingt-deux mois de cuve pour ce pur merlot doté d'un joli fruité (petits fruits noirs) dès l'olfaction. Le palais plaît lui aussi pour son fruité intense, pour son équilibre fraîcheur-rondeur et pour ses tanins souples et soyeux. ✗ 2016-2019 ❦ paleron grillé ■ Louis Gabriel 2012 (15 à 20 € ; 5 000 b.) : vin cité. ✗ 2016-2019

o⊸ *EARL Vignobles Borderie, 117-119, rue de la République, 33230 Saint-Médard-de-Guizières, tél. 05 57 69 83 01, jpborderie@wanadoo.fr* Ⓥ 🅺 🅵 *r.-v.*

CH. LES COUZINS Cuvée Prestige 2012		
■	6 000	⊕	11 à 15 €

Robert Seize, installé depuis 1985, exploite un vignoble de 23 ha, répartis entre les appellations lussac (Ch. les Couzins) et puisseguin (Ch. Gabriel).

Née de vignes campées sur des terres argilo-siliceuses, cette cuvée Prestige a peaufiné sa matière riche au contact de barrique neuve pendant douze mois. Résultat : un vin au nez fin et élégant de cassis, d'épices et de toasté, au palais rond, concentré et long. ✕ 2017-2022 ⵋ rôti de porc aux pruneaux

☞ *Robert Seize, Les Couzins, 33570 Lussac, tél. 05 57 74 60 67, les.couzins@wanadoo.fr* Ⓥ ⚒ 🏠 *t.l.j. 9h-12h 14h-19h; f. jan.*

♥ CH. CROIX DU RIVAL 2012 ★★		
■	45 000	⊕	11 à 15 €

CHÂTEAU
CROIX DU RIVAL
GRAND VIN DE BORDEAUX
2012

Créée par un groupe d'amis réunis autour de Stephan von Neipperg (Canon la Gaffelière à Saint-Émilion) et Didier Miqueu, la SCEA Winevest Saint-Émilion a acquis en 2005 le Ch. Soleil, 20 ha à Puisseguin, complétés en 2007 de la même surface en lussac avec le Ch. Croix du Rival.

Lucciacus ne s'était pas trompé : le propriétaire romain qui donna son nom au village de Lussac avait déjà perçu le potentiel de ses terres argilo-calcaires, sur lesquelles il avait installé sa villa. Depuis sa reprise en main par Stephan von Neipperg et ses associés, le domaine s'illustre régulièrement. Il atteint des sommets avec ce pur merlot pourpre sombre, qui s'anime à l'olfaction autour d'un fruité puissant et généreux, agrémenté de notes de tabac, d'épices orientales, de café et de cuir. Autant de preuves d'une adéquation parfaite entre une vendange mûre et un habile travail au chai. À l'unisson, la bouche se révèle ample, dense, charnue, suave et très longue, portée par des tanins soyeux et élégants et par un boisé impeccable. ✕ 2018-2025 ⵋ marcassin aux cerises noires ■ Le Rival 2012 (20 à 30 € ; 20 000 b.) : vin cité. ✕ 2017-2020

☞ *SCEA Winevest Saint-Émilion, 32, rte de Saint-Émilion, 33570 Puisseguin, tél. 09 75 69 65 75, info@chateausoleil.fr*

CH. LA GARENNE 2012 ★★		
■	20 000	ⓘ	5 à 8 €

Marc Chasselinat, à la tête d'un domaine de 10 ha à Lussac, confie la vinification de sa vendange à la réputée cave de Puisseguin-Lussac-Saint-Émilion.

Merlot (66 %), cabernet-sauvignon (32 %) et une touche de cabernet franc sont assemblés dès ce lussac bien sous tout rapport. Au nez, du fruit confituré, du toasté et du vanillé. En bouche, toujours ce même fruité très mûr agrémenté de notes de figue, qui apporte de la douceur, et une belle trame de tanins fins et soyeux. Un vin à la fois gourmand et puissant, qui s'appréciera aussi bien jeune que vieux. ✕ 2017-2022 ⵋ lamproie à la bordelaise

☞ *Marc Chasselinat, 4, Claveau, 33120 Fronsac, tél. 05 57 55 50 40, accueil@vplse.com* Ⓥ ⚒ 🏠 *r.-v.*

CH. DE LA GRENIÈRE Cuvée de la Chartreuse 2012		
■	11 000	⊕	11 à 15 €

Au XVIIᵉ s., les moines de la proche abbaye de Faize venaient s'approvisionner au domaine de la Grenière, déjà réputé pour la qualité de ses vins. Depuis 1914, c'est la famille Dubreuil qui gère ce cru de 15 ha régulier en qualité, implanté sur des terres argilo-graveleuses.

Un vin plus « viril » qu'élégant, qui se présente dans une tenue sombre. Le nez, fermé de prime abord, s'épanouit après aération autour des fruits mûrs et des notes de cèdre. La bouche se montre riche et ample, étayée par des tanins solides, encore un peu sévères en finale. À attendre pour plus de fondu. ✕ 2018-2022 ⵋ gigot d'agneau rôti

☞ *EARL Vignobles Dubreuil, 14, lieu-dit La Grenière, 33570 Lussac, tél. 05 57 24 16 87, earl.dubreuil@wanadoo.fr* Ⓥ ⚒ 🏠 *r.-v.*

CH. HAUT-GAZEAU 2012		
■	25 000	⊕	11 à 15 €

Situé sur le haut d'un plateau argilo-calcaire dénommé « Gazeau », ce cru de 12 ha couvre deux AOC : 8,5 ha en lussac-saint-émilion avec Haut-Gazeau et 3 ha en bordeaux supérieur avec La Gadette. Il a été repris en 2008 par Julien Juzan.

Merlot à 85 % et cabernet franc pour ce lussac impétueux. Un peu fermé, le nez dévoile des notes de fruits rouges, de réglisse et de menthol à l'aération. À une attaque souple et ronde, succède un milieu de bouche assez puissant, porté par des tanins encore jeunes. ✕ 2018-2022 ⵋ civet de sanglier

☞ *EARL Dom. Juzan, 10, lieu-dit Michel-de-Vert, 33570 Lussac, tél. 06 80 70 68 79, hautgazeau@gmail.com* Ⓥ ⚒ 🏠 *r.-v.*

LA FLEUR DE CH. HAUT-PIQUAT 2012 ★		
■	12 000	ⓘ ⊕	11 à 15 €

Les Rivière sont vignerons et négociants depuis 1875 dans le Libournais. Outre leurs saint-émilion grands crus (Clos des Menuts, Cheval Brun, Grand Rivallon), ils exploitent aussi dans les « satellites » avec les châteaux Beaulieu, 3,5 ha en montagne, Haut-Piquat (22 ha) et Picampeau (8 ha) en lussac, ainsi qu'en AOC régionales avec le Ch. Lavagnac (20 ha).

Haut-Piquat est la première propriété acquise par les Rivière, en 1972 : 22 ha d'un seul tenant sur des plateaux calcaires et des coteaux recouverts de formations sablo-argileuses rouges. Le merlot, seul maître à bord dans ce 2012, donne naissance à un vin plein de charme, qui emprunte le meilleur des qualités du cépage : belle expression aromatique autour des fruits mûrs, du cuir et des épices, souplesse, rondeur, onctuosité et tanins soyeux en bouche, le tout étayé par un boisé fondu et conclu par une longue finale vanillée. ✕ 2017-2020 ⵋ navarin d'agneau

☞ *SARL Vignobles Jean-Pierre Rivière, Ch. Haut-Piquat, 33570 Lussac, tél. 05 57 55 59 59, jpriviere@riviere-stemilion.com* Ⓥ ⚒ 🏠 *t.l.j. 9h-19h; sam. dim. sur r.-v.; f. 15-31 août*

CH. DES LANDES Grand Héritage 2012		
■	1 200	⊕	20 à 30 €

Conducteur de fours dans une tuilerie locale, Paul Lassagne achète en 1952 un petit vignoble (2 ha) à Lussac et crée le Ch. des Landes ; aujourd'hui, 32 ha conduits par le fils Daniel et le petit-fils Nicolas, qui proposent des lussac-saint-émilion et des bordeaux (Ch. des Arnauds, un vignoble de 4 ha créé de toutes pièces en 1985).

Un 100 % merlot que ce Grand Héritage. Le nez est ouvert sur les fruits, les épices douces et quelques nuances grillées (dix-huit mois de barrique). La bouche se montre souple et douce, soutenue par des tanins fondus. Un bon « vin de copains ». ✗ 2016-2019 ❦ travers de porc

○┐ *EARL des Vignobles du Ch. des Landes,*
Lassagne et Fils, 5, La Grenière, 33570 Lussac,
tél. 05 57 74 68 05, contact@chateaudeslandes.net
Ⅴ *t.l.j. 8h30-12h 13h30-19h*

CH. LION PERRUCHON Cuvée la Griffe 2012			
■	6 644	🛈 ⅲ	15 à 20 €

Patricia et Denis Munck ont repris en 2002 ce domaine régulier en qualité pour ses lussac-saint-émilion. Le vignoble couvre 9,7 ha.

Deux tiers de barrique d'un vin et un tiers de chêne neuf pour cette cuvée « prestige » du domaine. Au nez, les fruits noirs et la violette s'associent sans fausse note au toasté du merrain. L'attaque est ronde et soyeuse, le milieu de bouche équilibré et bien structuré, la finale plus austère. Il convient d'attendre un peu, le temps que les tanins s'assouplissent. ✗ 2017-2020 ❦ côte de bœuf

○┐ *SARL Munck-Lussac, Ch. Lion Perruchon,*
33570 Lussac, tél. 05 57 74 58 21, lionperruchon@sfr.fr
Ⅴ 🗾 🎁 *t.l.j. sf sam. dim. 9h 12h 14h 16h; f. août*

CH. LUCAS 2012			
■	85 000	🛈 ⅲ	8 à 11 €

Ce château tire son nom d'un lieu-dit situé sur le plateau de Lussac-Saint-Émilion. Ce sont les moines de l'abbaye de Faize qui, à la fin du XVIe s., le donnèrent à la famille Vauthier pour bons et loyaux services. Frédéric Vauthier, aux commandes depuis plus de vingt ans, y conduit aujourd'hui un vignoble de 22 ha.

Régulier en qualité, ce domaine – dont on raconte qu'il aurait hébergé Henri IV le soir de la bataille de Coutras – signe un lussac gourmand, de bon aloi. Expressif, le nez évoque les fruits rouges, le pain grillé et le menthol. Le palais se montre frais et de bon volume, sans afficher une grosse structure, mais tout de même affermi par une finale plus tannique, « typée cabernet », note un dégustateur. Bien vu : le cabernet franc est associé au merlot à parité... ✗ 2015-2019 ❦ entrecôte

○┐ *Frédéric Vauthier, Ch. Lucas,*
4, Les Vignes-de-Normand, 33570 Lussac,
tél. 05 57 74 60 21, chateau.lucas.fred.vauthier@
wanadoo.fr Ⅴ 🗾 🎁 *r.-v.*

CH. LYONNAT Émotion 2012 ★★			
■	20 500	ⅲ	15 à 20 €

Créée en 1938, la maison de négoce Milhade s'est étoffée, sous l'impulsion de Jean Milhade et son fils Gérard, par l'achat de plusieurs domaines du Libournais, dont Ch. Lyonnat, l'un des plus anciens et vastes (52 ha) crus de Lussac, acquis en 1961, et Ch. Tour d'Auron, 19 ha de bordeaux supérieur, acquis en 1989. Aux commandes depuis 2005, Brigitte Milhade, épouse de Gérard, est conseillée par Hubert de Boüard, propriétaire du Ch. Angélus.

Fermentation malolactique en barrique neuve et élevage de dix-huit mois (70 % en fût neuf, 30 % en cuve béton) pour ce pur merlot né sur argilo-calcaire, une cuvée créée en 2008 par Brigitte Milhade. Les émotions gourmandes sont au rendez-vous avec la version 2012, et ce dès l'olfaction, discrète mais complexe, qui marie les senteurs confites des fruits noirs et un boisé parfaitement intégré. Elles se poursuivent en bouche, souple et ronde en attaque, dense et ample, portée par des tanins riches et par une fine fraîcheur. Un très bel équilibre dans ce vin et un solide potentiel. ✗ 2018-2024 ❦ rosbif aux champignons

○┐ *SCEA Lyonnat, 6, lieu-dit Lyonnat, 33570 Lussac,*
tél. 05 57 55 48 90, scea.lyonnat@orange.fr
Ⅴ 🗾 🎁 *r.-v.* ○┐ Gérard et Brigitte Milhade

CH. MUNCH L'Art 2012 ★			
■	900	ⅲ	20 à 30 €

Patrick Munch et son épouse Sylvie quittent la région parisienne en 2008 pour s'installer dans le Bordelais, à la tête de ce petit vignoble de 4 ha situé au lieu-dit Bertineau, entre Lussac et Néac. Conseillés par Hubert de Boüard, ils se sont rapidement imposés comme une belle référence en lussac.

Une cuvée très confidentielle (coup de cœur sur le millésime 2008), née de 40 ares argilo-sableux, plantés de merlot (85 %) et de cabernet franc. Sur l'étiquette, un tableau peint par Sylvie Munch différent à chaque millésime. Après seize mois de barrique, le 2012 livre un bouquet encore assez fermé, qui mêle un boisé fondu à quelques notes de fruits secs. En bouche, on découvre un vin puissant, ample et ferme, bâti sur de solides tanins qui raffermissent quelque peu la finale. Un lussac de garde. ✗ 2018-2024 ❦ épaule d'agneau grillée ■ 2012 (11 à 15 € ; 18 000 b.) : vin cité. ✗ 2016-2020

○┐ *Vignobles Munch, lieu-dit Bertineau,*
33570 Montagne, tél. 05 57 25 09 54,
patrickmunch@hotmail.com Ⅴ 🗾 🎁 *r.-v.*

CH. LA PERRIÈRE 2012 ★			
■	30 000	ⅲ	8 à 11 €

Jean-Luc Sylvain, tonnelier réputé du Libournais, n'exerce pas son talent que sur le contenant mais aussi sur le contenu, à travers deux domaines : le Ch. la Perrière à Lussac, un cru de 14 ha d'origine monastique acquis en 2003, et le Clos les Grandes Versannes, grand cru de Saint-Émilion repris en 2004, une petite vigne (99 ares) plantée sur les sables et les graves de Saint-Sulpice-de-Faleyrens, dans sa famille depuis trois générations.

Les premières vignes furent plantées ici au XIIe s. par les moines : un terroir argilo-calcaire sur lequel Jean-Luc Sylvain a vendangé des ceps de merlot (75 %) et de cabernet franc de quarante ans. Après un passage de dix-huit mois dans le chêne, ce vin grenat sombre délivre de nobles arômes grillés et chocolatés. En bouche, place aux fruits et aux épices douces. Un palais dont on apprécie la rondeur et la douceur, le volume et les tanins soyeux et fondus, ainsi que la longue finale. Une bouteille fort séduisante que l'on pourra ouvrir aussi bien dans sa jeunesse que patinée par le temps. ✗ 2017-2023 ❦ coq au vin ■ Ch. la Rose Perrière 2012 (15 à 20 € ; 19 000 b.) : vin cité. ✗ 2018-2022

○┐ *Vignobles Jean-Luc Sylvain, Ch. la Perrière,*
33570 Lussac, tél. 05 57 74 51 33, mail@
vignobles-jlsylvain.com Ⅴ 🗾 🎁 *r.-v.* 🏠🏠 ❺

CH. DE TABUTEAU 2012 ★

| ■ | 150 000 | 🍷 ⊕ | 5 à 8 € |

Héritiers d'une longue histoire vigneronne, débutée en 1850, Sylvie Bessou et son frère Bertrand sont aujourd'hui à la tête de 45 ha de vignes dans le Libournais, à travers trois propriétés : Ch. Tabuteau (19 ha en lussac), Ch. Durand-Laplagne (14,5 ha en puisseguin) et Ch. Cap de Merle (10,5 ha en bordeaux supérieur).

À l'œil, ce vin arbore une belle couleur aux reflets violacés. Le nez, intense et gourmand (fraise confiturée), annonce une bouche tout aussi fruitée et charnue, épaulée par des tanins souples, bien qu'un peu plus stricts en finale. « Un vin harmonieux qui se déguste comme un bon gâteau aux fruits rouges », note un juré. ✗ 2015-2018 🍖 côtes d'agneau

☞ Vignobles Sylvie et Bertrand Bessou, Ch. Durand-Laplagne, 33570 Puisseguin, tél. 05 57 74 63 07, contact@durand-laplagne.com Ⓥ 👟 👕 r.-v.

CH. TOUR DE SÉGUR 2012 ★

| ■ | 97 000 | ⊕ | 8 à 11 € |

Le château de Barbe blanche, que le roi Henri IV apporta au royaume de France lors de son accession au trône, est la propriété d'André Lurton et d'André Magnon depuis 2000. Le domaine (28 ha) produit également les châteaux Prieuré Lalande et Tour de Ségur.

Ce vin s'exprime dans un style « jeune et moderne ». Comprenez un lussac tout en fruit à l'olfaction comme en bouche (le bois se tient en retrait), rond, charnu et gourmand à souhait, étayé par des tanins souples et soyeux. ✗ 2016-2020 🍖 tartare aller-retour ■ Ch. Barbe Blanche 2012 (11 à 15 € ; 86 000 b.) : vin cité. ✗ 2016-2021

☞ André Lurton, Ch. Bonnet, 33420 Grézillac, tél. 05 57 25 58 58, andrelurton@andrelurton.com 👟 r.-v.

CH. DE VERT 2012

| ■ | n.c. | | 8 à 11 € |

Les Robin, propriétaires et négociants installés de longue date dans le Libournais, exploitent plusieurs propriétés dans le Libournais : Ch. le Castelet en pomerol ; Ch. Busquet et son deuxième vin, le Ch. de Vert, en lussac ; Ch. Planty, la Graside et le Cadarsac en AOC régionales. Aux commandes de l'ensemble, Dominique Robin est épaulée depuis 2008 par sa fille Pauline, œnologue.

Le domaine, situé au nord de Lussac, date de 1789, mais les vignes y furent plantées un siècle plus tard. Dominique Robin en est le propriétaire depuis 1973. Il signe à partir du merlot (60 %) et du cabernet franc un vin fait, convivial, sans fausse note. Le nez, ouvert, est fruité et épicé, la bouche, agréable et tendre, dotée de tanins fins. Un vin serein, où tout est bien en place. ✗ 2015-2019 🍖 noix de veau braisée

☞ Dominique Robin, Ch. Busquet, lieu-dit Michel-de-Vert, 33570 Lussac, tél. 05 57 51 36 58, d-robin@lesvinsrobin.com Ⓥ 👟 👕 r.-v.

VIEUX CHÂTEAU ROCS 2012 ★★

| ■ | 4 200 | 🍷 ⊕ | 8 à 11 € |

Propriété familiale depuis quatre générations, ce domaine étend ses 6 ha de vignes en plein cœur des coteaux argilo-calcaires de Lussac. Le jeune Guillaume Seize est aux commandes depuis août 2014.

Ce vin, qui a participé à la finale des coups de cœur, est un pur merlot agréablement bouqueté autour des fruits rouges et d'un bon boisé. Une attaque souple et élégante introduit un palais ample, dense, solide mais sans excès tannique et boisé avec mesure. Un beau classique. ✗ 2017-2022 🍖 poitrine de veau farcie

☞ Seize, 4 le Canton, 33570 Lussac, tél. 06 83 65 77 06, vieuxchateau.rois@club.fr Ⓥ 👟 👕 r.-v.

CH. VIEUX FOURNAY 2012 ★★

| ■ | 12 000 | 🍷 | 5 à 8 € |

Un domaine dans la famille de Thierry Vergnaud depuis 1870. Ce dernier, installé en 1992, est aux commandes d'un vignoble de 13 ha.

Ce lussac, qui a frôlé le coup de cœur, est un véritable « vin-plaisir » né d'un assemblage de merlot (80 %) et des deux cabernets enracinés sur l'argilo-calcaire. Les jurés ont été conquis par le chic de sa robe pourprée, par ses parfums intenses de fruits mûrs et par le pimpant d'une bouche ample, ronde et corsée, épaulée par des tanins fins. ✗ 2017-2022 🍖 chapon rôti ■ Cuvée réservée 2012 ★ (5 à 8 € ; 6 000 b.) : elle peut être considérée comme l'archétype du « vin bien fait ».

☞ EARL Albert et Vergnaud, lieu-dit Poitou, 33570 Lussac, tél. 05 57 74 57 09, vergnaud.thierry@orange.fr Ⓥ 👟 👕 r.-v.

MONTAGNE-SAINT-ÉMILION

Superficie : 1 600 ha / Production : 91 600 hl

Montagne dispose d'un riche patrimoine architectural et d'une église romane (Saint-Martin) qui constitue l'un des joyaux de la région. Ses terroirs sont variés : argilo-calcaires ou graves. Le visiteur pourra apprécier la vocation viticole du village dans l'écomusée du Libournais.

CH. LA BASTIDETTE 2012

| ■ | 6 650 | 🍷 | 8 à 11 € |

Un vignoble mis en valeur dans les années 1770, entré un siècle plus tard dans la famille du général de Moncets à qui l'on doit le château, le parc et le nom du cru. Aujourd'hui, un domaine de 20 ha en montagne-saint-émilion (la Bastidette, 1 ha) et surtout en lalande-de-pomerol (Moncets). Directrice technique depuis 2012, Alix Lombard fait construire un nouveau chai.

Né de pur merlot, ce vin joue la carte de la séduction immédiate et du fruit : nez aromatique et complexe (cassis, petits fruits rouges, clou de girofle), prélude à une bouche dominée par des impressions de rondeur suave, de souplesse et de moelleux. Un ensemble flatteur. ✗ 2015-2019 🍖 rosbif

☞ Ch. Moncets, chem. Roussillon, 33500 Néac, tél. 05 57 51 19 33, secretariat@moncets.com Ⓥ 👟 👕 r.-v.

CH. BEL AIR 2012

| ■ | 45 000 | ⊕ | 11 à 15 € |

P.-D.G durant vingt-cinq ans d'une entreprise de transports, François Duverneuil a repris en 2005 l'exploitation familiale, qui couvre environ 9 ha.

Deux ans d'élevage en barrique ont délivré des tanins aussi athlétiques que boisés (toast, épices, vanille) à ce pur merlot et laissé leur empreinte sur la finale. Un dégustateur n'en perçoit pas moins la marque du cépage, qui lègue au vin des saveurs confites de fruits rouges et une belle matière souple et ronde, particulièrement flatteuse en attaque. ✗ 2018-2023 ❦ lamproie à la bordelaise

☛ *Ch. Bel Air, 7, Marchand, 33570 Montagne, tél. 06 13 72 34 21, scea@chateaubelair33.com* Ⓥ 🅰 🅛 *r.-v.* ☛ Duverneuil

CH. CARDINAL 2012		
■	60 000	ⓘ	8 à 11 €

Les Bertin sont vignerons dans le Libournais depuis 1742. Leur vignoble – 42 ha répartis sur plusieurs appellations (bordeaux supérieur, lalande et montagne) – est conduit depuis 2008 par Sarah Vital, œnologue et petite-fille d'Yvette Bertin, l'actuelle propriétaire.

Le Ch. Cardinal s'étend sur 10 ha en AOC montagne-saint-émilion. Son vin doit presque tout au merlot (95 %). Le nez est très marqué par des notes de torréfaction, de noisette grillée qui laissent percer des senteurs de fruits noirs. Après une attaque suave, la bouche, à l'unisson du bouquet, se montre puissante, charpentée et tannique. ✗ 2018-2020 ❦ épaule d'agneau

☛ *Bertin, 8, rte de Lamarche, Dallau, 33910 Saint-Denis-de-Pile, tél. 05 57 84 21 17, contact@vignoblesbertin.com* Ⓥ 🅰 🅛 *r.-v.*

CLOS BERTINEAU Cuvée Stéphanie 2012		
■	2 000	Ⓦ	11 à 15 €

Fils d'ouvrier viticole, directeur technique au Ch. la Fleur de Boüard (Hubert de Boüard, lalande-de-pomerol) et consultant avec ce même Hubert de Boüard auprès d'une soixantaine de châteaux dans le Bordelais et à l'étranger, Philippe Nunes a acheté en 2005 un microcru en montagne-saint-émilion, le Clos Bertineau puis, en 2012, le Ch. la Laurence dans l'Entre-deux-Mers : 6,6 ha de merlot sur argilo-calcaires.

Née du merlot cultivé sur 38 ares de terrains argilo-sablonneux, cette cuvée dédiée à l'épouse du vigneron demande un peu d'aération pour livrer ses arômes de fruits rouges, de myrtille et de pain grillé. Ample et gras, le palais offre une belle matière, un peu austère et tannique en finale. ✗ 2018-2021 ❦ entrecôte marchand de vin

☛ *Philippe Nunes, Clos Bertineau, BP 5, 33570 Montagne, tél. 06 81 99 37 32, contact@ closbertineau.fr* Ⓥ 🅰 🅛 *r.-v.*

CLOS CROIX DE MIRANDE 2012		
■	7 200	Ⓦ	11 à 15 €

Après une longue expérience dans le négoce, Yvette et Michel Bosc ont constitué ex nihilo, en 1978, ce petit clos de 1,4 ha planté sur un terroir argilo-calcaire.

La robe est brillante et profonde. Si le boisé, très marqué, paraît excessif à certains un peu à l'aération, les fruits rouges et noirs finissent par émerger de leur gangue de merrain pour atteindre une assez bonne intensité. Ronde et suave à l'attaque, la bouche révèle une matière structurée. La fermeté tannique de la finale incite à carafer cette bouteille. ✗ 2016-2019 ❦ viande rouge

☛ *Bosc, 2, Mirande, Clos Croix de Mirande, 33570 Montagne, tél. 05 57 74 59 78, ml.bosc@orange.fr* Ⓥ 🅰 🅛 *r.-v.* 🏠 Ⓑ

CLOS LES AMANDIERS 2012 ★		
■	6 000	ⓘ Ⓦ	5 à 8 €

Quatre générations se sont succédé sur ce domaine familial fondé en 1957, qui mène une vie discrète du côté du village de Montagne et du ruisseau de la Barbanne. Jean-Jacques Poivert conduit l'exploitation depuis 1992.

On pourra l'apprécier jeune, carafé, ce millésime qui met en vedette le merlot (90 %). Il a séjourné un an en cuve et six mois en barrique. Dans le verre, une robe brillante, incarnat, frangée de roux. Le nez s'ouvre progressivement sur des notes de fruits rouges et noirs. Souple et suave, l'attaque annonce une bouche fruitée, maintenue cependant avec fermeté par des tanins légèrement boisés. De la présence aromatique et du caractère. ✗ 2016-2020 ❦ magret de canard

☛ *SCEA des Amandiers, Musset, 33570 Montagne, tél. 05 57 24 61 83, amandiers-poivert@orange.fr* Ⓥ 🅰 🅛 *r.-v.*

CH. COUCY 2012 ★		
■	12 000	ⓘ Ⓦ	8 à 11 €

Implanté sur les coteaux argilo-calcaires de Montagne, ce domaine de 20 ha d'un seul tenant porte le nom d'une lignée anglaise installée en Aquitaine au XVᵉ s. Acquise en 2007 par les Bonfils, c'est l'une des trois exploitations girondines de cette famille à la tête de nombreuses propriétés en Languedoc.

Un vin qui représente la totalité de la superficie du cru, dont l'encépagement, bien libournais, est majoritairement dédié au merlot. Le nez, lui, penche vers la barrique : caramel, moka, grillé et fumé laissent à peine percer de jolis parfums de griotte. Dans le même registre boisé, la bouche est ronde et équilibrée. ✗ 2017-2021 ❦ faisan en cocotte

☛ *Bonfils, Ch. Coucy, 33570 Montagne, tél. 05 57 24 16 96, chateaucoucy@orange.fr*

CH. LA COURONNE Réserve 2012 ★★		
■	42 000	Ⓦ	11 à 15 €

Le vignoble du Ch. la Couronne (11 ha plantés en merlot), orienté plein sud, fait face au village de Saint-Émilion. En 1994, l'autodidacte Thomas Thiou a racheté ces terres à vignes qui produisaient déjà du vin au début du XIXᵉ s.

Le millésime précédent avait été élu coup de cœur. Ce n'est pas le cas de son successeur, mais il s'est placé parmi les finalistes. Un pur merlot qui affiche une superbe robe d'un pourpre sombre et dense. Sa prestance se confirme au nez où fruité et boisé sont harmonieusement mariés. La bouche se montre puissante et opulente ; son fruité intense est souligné par des tanins serrés qui se portent garants de l'avenir de cette bouteille. ✗ 2016-2022 ❦ civet de lièvre

☛ *EARL Thomas Thiou, Ch. la Couronne, 34, Le Bourg, 33570 Montagne, tél. 05 57 74 66 62, lacouronne@aol.com* Ⓥ 🅰 🅛 *r.-v.*

CH. CROIX BEAUSÉJOUR Cuvée Référence 2012 ★		
■	15 000	Ⓦ	8 à 11 €

Les Laporte, aujourd'hui Clément et Rémi, sont établis depuis cinq générations sur cette exploitation de 9,5 ha située au lieu-dit Arriailh, à 3 km de Pomerol et de

Saint-Émilion. Ils proposent deux étiquettes : Croix-Beauséjour et Clos la Croix d'Arriailh.

Née d'un assemblage où le malbec (10 %) et le cabernet franc (15 %) viennent compléter le merlot, cette cuvée à la robe intense présente un nez expressif et frais, réglissé et mentholé, avec des notes de fruits rouges soulignées d'un boisé fondu. En bouche, il dévoile des rondeurs gourmandes qui le rendent accessible et flatteur dès aujourd'hui. ✗ 2016-2020 ♈ lamproie à la bordelaise ■ Clos la Croix d'Arriailh Cuvée Prestige 2012 (11 à 15 € ; 6 000 b.) : vin cité. ✗ 2017-2021

☞ Rémi et Clément Laporte, Arriailh, 33570 Montagne, tél. 09 64 10 71 86, vigne@chateau-croix-beausejour.com V K L r.-v. ♈♈ ❷

CH. CROIX DE MISSION 2012

| ■ | 40 000 | î | 5 à 8 € |

Propriétaire de nombreux crus et acteur majeur du négoce bordelais, Cheval Quancard a été fondé par Pierre Quancard en 1844, sous le nom de Quancard et Fils. La maison est toujours dirigée par ses descendants.

Provenant des vignes de la famille Laydis (à la tête de Roc de Calon dans la même appellation), ce vin frangé d'un léger reflet orangé s'ouvre à l'aération sur des senteurs de fruits rouges et noirs. Souple et suave en attaque, il adopte un style plutôt gourmand et fruité tout en montrant une certaine sévérité tannique en finale. ✗ 2016-2019 ♈ toast au jambon de Bayonne

☞ Cheval Quancard, ZI La Mouline, 4, rue du Carbouney - BP 36, 33565 Carbon-Blanc Cedex, tél. 05 57 77 88 88, chevalquancard@chevalquancard.com V K L r.-v.

CH. LA CROIX-JURA 2012 ★

| ■ | 18 200 | î | 5 à 8 € |

Les Berlureau exploitent depuis six générations un vignoble d'un peu plus de 10 ha en montagne-saint-émilion (Croix-Jura) et en saint-émilion (Moulin du Jura). Les chais ont remplacé un ancien moulin et une boulangerie qui ont fait partie du décor jusqu'au XIXᵉs.

Élevé dix-huit mois en cuve, un montagne proche du millésime précédent par son nez bien ouvert sur les fruits rouges rehaussés de notes épicées, prélude à une bouche gourmande et équilibrée. Un peu moins d'envergure peut-être, mais le plaisir est au rendez-vous. Un vin festif. ✗ 2016-2020 ♈ médaillon de lotte au jambon serrano

☞ SCEA Moulin du Jura, 1, lieu-dit le Moulin-du-Jura, 33570 Montagne, tél. 05 57 51 27 98, contact@moulindujura.fr V K L r.-v. ☞ Berlureau

♥ L'ENVIE 2012 ★★

| ■ | 6 000 | ◫ | 11 à 15 € |

Un ancêtre labourait la terre du côté de Saint-Émilion sous le règne de Louis XIV. Constitué en 1964 par Alain Despagne, rejoint par son fils Franck en 1986, le domaine actuel s'est agrandi et compte 25 ha : 14 en montagne-saint-émilion, avec le Ch. du Vieux Bonneau, et notamment sa cuvée L'Envie, 5 en lussac-saint-émilion (Ch. Jamard Belcour) et 6 en bordeaux supérieur.

Il devrait susciter... l'envie du consommateur, ce vin issu de vieilles vignes, élevé en barrique neuve. Il s'impose d'emblée par la profondeur de sa robe presque noire, à laquelle répond un nez intense, riche, complexe et volup-

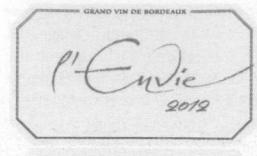

tueux, mêlant les fruits confits et un boisé délicat, épicé et vanillé. Concentré en bouche, charnu, pulpeux et suave, il s'appuie sur des tanins enrobés et délivre des saveurs de pruneau et d'épices douces. De garde et déjà flatteur. ✗ 2017-2025 ♈ rôti de bœuf en croûte ■ Ch. Vieux Bonneau 2012 ★ (8 à 11 € ; 75 000 b.) : élevé un an en barrique d'un vin, un 2012 séduisant, tant par son nez de fruits noirs et de réglisse que par sa matière ronde et soyeuse. ✗ 2017-2020

☞ SCEV Despagne et Fils, 3, Bonneau, 33570 Montagne, tél. 05 57 74 60 72, contact@franckdespagne.com V K L t.l.j. sf sam. dim. 8h-12h 14h-18h

CH. LA FLEUR GRANDS-LANDES
Cuvée Isabelle 2012

| ■ | 7 300 | î ◫ | 8 à 11 € |

En 1969, Maurice Carrère, ancien de la marine royale, a succédé à son beau-père Charles Durand sur ce vignoble créé au XVIIIᵉs. Sa fille Isabelle Fort, œnologue, a pris le relais en 1997. Les 13,5 ha du domaine familial se répartissent sur trois appellations : lalande-de-pomerol, bordeaux et montagne-saint-émilion.

Un vin agréable tout au long de la dégustation, de la robe légèrement évoluée à la finale ferme et équilibrée, en passant par une olfaction délicate (myrtille, cassis, cannelle, menthe poivrée) et par une bouche souple, épaulée par un boisé discret. Une bouteille pour maintenant. ✗ 2015-2018 ♈ côte d'agneau

☞ EARL Vignobles Carrère, 9, rte de Lyon, Lamarche, 33910 Saint-Denis-de-Pile, tél. 05 57 24 31 75, vignoble-carrere@wanadoo.fr V K L r.-v. ☞ Isabelle Fort

CH. GACHON 2012 ★

| ■ | 29 000 | î ◫ | 8 à 11 € |

À son retour de la Grande Guerre, Jean-Baptiste Arpin achète 1 ha à Pomerol, dans le secteur du Maillet. Aujourd'hui, ses petit-fils et arrière-petit-fils Gérard et Gaël exploitent 37 ha en pomerol, saint-émilion, montagne et lalande, et proposent régulièrement de très bons vins.

Le château Gachon (21 ha aujourd'hui) porte le nom du lieu-dit où fut plantée la première vigne des Arvouet. Anciens agriculteurs et carriers, ces derniers ont constitué à la fin du XIXᵉs. un vignoble que Sylviane Arvouet, en se mariant à Guy Arpin, a apporté à l'exploitation. L'assemblage, classique (70 % de merlot alliés aux deux cabernets), permet d'associer la générosité fruitée du premier à la puissance structurante des seconds. Il en résulte un vin richement coloré, charnu et long, qui dispense de très beaux arômes de fruits rouges, de myrtille et de violette soulignés par un boisé bien maîtrisé. ✗ 2017-2020 ♈ chorizo bellota

☞ EARL Vignobles G. Arpin, Chantecaille, 33330 Saint-Émilion, tél. 09 71 58 23 49, vignobles.g.arpin@wanadoo.fr V K r.-v.

CH. GRAND BARAIL 2012		
■ 27 827	🍴 📖	11 à 15 €

Établie au Ch. de Faise, la famille Devaud s'est construit un patrimoine viticole d'envergure dans le Saint-Émilionnais. Grand Barail en montagne, Puymouton en saint-émilion grand cru, la Haute Calymore en lussac, Nardon en saint-émilion, ses vins sont souvent mentionnés dans ces pages.

La robe vive est parcourue d'éclairs violines. Au nez, le fruit se dévoile avec franchise malgré la présence d'un boisé marqué. Après une attaque alerte, la bouche montre un équilibre serein. Un vin plaisir qui possède une bonne marge de progression. ✗ 2017-2020 ✦ entrecôte

⊶ *SCEA Vignobles Devaud, 164, rue de l'Abbaye, 33570 Les Artigues-de-Lussac, tél. 05 57 24 31 39, vignobles.devaud@wanadoo.fr* 🆅 🕴 🧍 *r.-v.*

CH. LA GRANDE BARDE 2012		
■ 3 000		11 à 15 €

En 1995, le brasseur belge M. Van der Kelen a acquis 15,5 ha dans deux appellations satellites de Saint-Émilion : le Ch. la Grande Barde, en montagne, et le Ch. Haut-Saint-Georges (6 ha), en saint-georges. Une grande partie des vins est exportée outre-Quiévrain. Entièrement modernisés, les chais de la propriété sont installés dans d'immenses cavités souterraines. Le Ch. Haut-Saint-Georges, avec plusieurs coups de cœur à son actif, est une valeur sûre.

Ce 2012 tire son pouvoir de séduction d'un nez qui développe à l'aération de beaux arômes de fruits (cassis, mûre, griotte) accompagnés d'un doux boisé épicé et vanillé. La bouche n'est pas des plus longues mais son attaque ronde et charnue tout comme ses tanins arrondis la rendent plaisante. ✗ 2016-2020 ✦ boudin aux châtaignes

⊶ *SCEA de la Grande Barde, 1, La Clotte, 33570 Montagne, tél. 05 57 74 64 98, chateaulagrandebarde@wanadoo.fr* 🆅 🕴 🧍 *r.-v.*
⊶ Van der Kelen

Ⓑ CH. GUADET PLAISANCE 2012 ★★		
■ 54 000		8 à 11 €

Cette propriété appartenait à la fin du XVIIIᵉs. à la famille d'Élie Guadet, avocat et député girondin né à Saint-Émilion et guillotiné pendant la Terreur. Pierre Taïx a ajouté en 2009 ce cru de 10 ha, planté à haute densité et conduit en bio, à un ensemble de vignobles réputés (Rigaud, Fongaban, la Mauriane).

Deux tiers de merlot pour un tiers de cabernet franc dans ce 2012 qui s'est placé parmi les finalistes du coup de cœur. La robe magnifique, intense et profonde, étincelle de reflets violets ; l'annonce d'un nez tout aussi intense, sur le fruit mûr (cerise, mûre), souligné d'un boisé vanillé. Quant à la bouche, elle se montre charnue, généreuse, armée de tanins soyeux. « Un régal ! », conclut une dégustatrice. ✗ 2016-2025 ✦ rosbif

⊶ *Pierre Taïx, Rigaud, 33570 Puisseguin, tél. 05 57 74 54 07, rigaud@vignobles-taix.com* 🆅 *r.-v.*

CH. HAUT BONNEAU L'Éloïna David 2012 ★		
■ 3 000		15 à 20 €

Développée au XIXᵉs. par Hubert David, ingénieur agronome, qui l'achète en 1822, cette propriété a changé plusieurs fois de mains. Maurice Marchand l'acquiert en 1969 et la transmet à son fils Bruno trente ans plus tard. Le domaine s'étend aujourd'hui sur 19 ha, essentiellement en AOC montagne-saint-émilion.

Microcuvée haut de gamme du domaine, qui tire son nom de la fille de l'ancien propriétaire. Elle a pour originalité de naître du seul cabernet franc. Le 2012 a séjourné vingt mois en barrique neuve, avec micro-oxygénation. Il en a tiré un bouquet expansif, fruité et tonique, sur les fruits noirs (mûre, cassis) et la fraise, rehaussé de notes de vanille, de réglisse et d'une belle fraîcheur mentholée. Ample et ronde, bien fruitée elle aussi, la bouche est étayée par des tanins encore vifs en finale. ✗ 2017-2023 ✦ magret de canard sauce au poivre

⊶ *SCEA Ch. Haut Bonneau, 4, Bonneau, 33570 Montagne, tél. 05 57 74 69 23, bm@chateau-haut-bonneau.com* 🆅 🕴 🧍 *r.-v.*
⊶ Marchand

CH. HAUT-GOUJON 2012		
■ 20 000		11 à 15 €

Ce cru de 18 ha étend ses vignes en lalande-de-pomerol et en montagne-saint-émilion. La famille Garde y est installée depuis quatre générations, la dernière, représentée par Corinne, Mickaël et Vincent, étant en place depuis 1995.

Traditionnel en Libournais, un assemblage de merlot (80 %) et de cabernets. L'élevage de douze mois en barrique transparaît dans le nez généreux rehaussé de fragrances de vanille et de cannelle. Sans faire montre d'une concentration extrême, ce 2012 a ce qu'il faut d'étoffe et une bonne ampleur. ✗ 2016-2020 ✦ civet de marcassin

⊶ *Garde, 3, Goujon, 33570 Montagne, tél. 05 57 51 50 05, contact@chateauhautgoujon.com* 🆅 🕴 🧍 *r.-v.* 🏠 Ⓒ

CH. LESTAGE 2012 ★★★		
■ 12 000		15 à 20 €

Situé à Parsac, le cru aurait été donné par Louis XIII à un officier de ses armées en récompense de hauts faits au siège de la Rochelle. Il couvre aujourd'hui près de 19 ha en montagne saint-émilion. Philippe Raoux (Ch. d'Arsac à Margaux), l'avait acquis en 2000. Cette valeur sûre de l'appellation a été vendue en décembre 2014 à Sergueï Belikov, industriel et négociant russe, qui, après avoir fait fortune dans la climatisation, s'est intéressé aux vins français.

Vinifié par l'ancien propriétaire, ce montagne issu de pur merlot, s'il n'obtient pas de coup de cœur, impressionne et obtient la note maximale pour son potentiel. Sa robe aux reflets violines semble l'encre. Généreux et élégant, le nez est un somptueux bouquet de fruits noirs rehaussé d'épices. Dans le même registre, la bouche révèle une structure et une ampleur exceptionnelles, une chair fine et voluptueuse, une fraîcheur de bon augure pour l'évolution dans le temps et la finale est d'une rare longueur. ✗ 2017-2023 ✦ faisan au foie gras et aux morilles
■ Tage de Lestage 2012 (11 à 15 € ; 32 000 b.) : vin cité. ✗ 2017-2020

⊶ *SCEA Impulsion Vin, Ch. Lestage, 33570 Montagne, tél. 05 57 74 66 41, cedric.gonthier@wanadoo.fr* 🆅 *r.-v.*

CH. LYS DE MAISONNEUVE
Cuvée Tradition 2012

| ■ | 4 000 | 🍾 | 5 à 8 € |

Ce vignoble appartint jusqu'en 1934 à la famille Lacoste, également propriétaire de Petrus. Installés en 1989, Alain et Nicole Rospars l'ont largement replanté et agrandi vers Saint-Christophe-des-Bardes (Ch. Moulin de Laborde). Ils exploitent quelque 20 ha en AOC montagne-saint-émilion et en saint-émilion.

Issu à 90 % de merlot accompagné de cabernet franc, ce montagne élevé en cuve est un vin souple, charnu et séducteur, plaisant par ses notes de cassis confituré qui s'attardent en finale. ✗ 2015-2019 ❦ bavette à l'échalote

○━ Rospars, Maisonneuve, 33570 Montagne, tél. 06 85 08 28 79, thomas.rospars@laposte.net
Ⓥ 🏃 🏠 r.-v. 🏠 Ⓔ

CH. DE MAISON NEUVE 2012 ★

| ■ | 450 000 | 🍾 ◖ | 5 à 8 € |

Vinifiée en coopérative jusqu'en 1969, l'exploitation a été reprise à cette date par Michel Coudroy qui est graduellement sorti de la cave. Il exploite aujourd'hui un important vignoble de 80 ha répartis sur plusieurs crus, notamment Maison Neuve en montagne-saint-émilion, Haut-Tropchaud en pomerol et la Faurie Maison Neuve en lalande-de-pomerol.

Avec ce montagne issu d'un assemblage libournais traditionnel (merlot 80 %) et d'un élevage mi-cuve mi-barrique, la preuve est faite que l'on peut associer qualité et quantité. La robe est d'un bordeaux sombre, presque noir. Complexe, le nez allie la mûre et la myrtille à des notes toastées, vanillées et épicées (cannelle) rappelant le speculoos à un dégustateur. Après une attaque ronde, les tanins vigoureux ont tendance à dominer le fruit : attendre. ✗ 2017-2020 ❦ côte de veau aux champignons

○━ SCEA Michel Coudroy, Maison-Neuve, 33570 Montagne, tél. 05 57 74 62 23, michel-coudroy@wanadoo.fr

CH. MESSILE-AUBERT 2012 ★★

| ■ | 40 000 | ◖ | 11 à 15 € |

Propriétaire de vignes depuis plus de deux siècles, la famille Aubert – aujourd'hui les frères Alain, Daniel et Jean-Claude, épaulés par leurs enfants – exploite 300 ha et de nombreux domaines du Bordelais, essentiellement en Libournais, avec pour fleuron le Ch. la Couspaude, grand cru classé de Saint-Émilion depuis 1996, acquis en 1908.

Domaine de 10 ha situé en appellation montagne-saint-émilion et entièrement rénové en 2000. Assemblant 40 % de merlot aux deux cabernets à parts égales, ce 2012 a fermenté en cuve de bois tronconique, puis séjourné dix-huit mois dans le chêne neuf. Robe profonde et brillante, nez flatteur sur les fruits noirs et les arômes épicés de la barrique. Bouche croquante, à la fois ample et vive, tanins déjà arrondis : de l'avenir. ✗ 2017-2025 ❦ côte de bœuf grillée

○━ Vignobles Aubert, Ch. la Couspaude, 33330 Saint-Émilion, tél. 05 57 40 15 76, vignobles.aubert@wanadoo.fr Ⓥ 🏃 r.-v.

Ⓑ CH. DES MOINES BB Moines 2012 ★

| ■ | 18 000 | 🍾 ◖ | 8 à 11 € |

Les Tapon sont enracinés en Libournais depuis des siècles. Nicole, fille de Raymond, et Jean-Christophe Renaut, y exploite 32 ha (en bio certifié depuis le millésime 2012) ; l'essentiel (21,5 ha) se trouve en montagne-saint-émilion avec le Ch. des Moines, fondé au XVIᵉ s. par les bénédictins de Cîteaux, et Gay Moulins, planté du seul bouchet (nom local du cabernet franc).

L'arrière-grand-mère de la vigneronne, Angèle Tapon, a acquis en 1892 ce vignoble implanté sur argiles rouges, situé à proximité du village de Montagne, sur un point culminant du Saint-Émilionnais. Élevée en cuve et en fût, cette cuvée offre un nez fringant de petits fruits rouges et noirs mâtinés d'un boisé délicat. Tonique elle aussi, la bouche tout en fruits rouges s'appuie sur une solide trame de tanins enrobés. ✗ 2017-2025 ❦ entrecôte grillée
■ 2012 ★ (15 à 20 € ; 60 000 b.) : un nez tout en fruits rouges bien mûrs ; en bouche aussi, on croque le fruit. De la matière, du raisin, de bons tanins. «On sent le terroir et le travail bien fait.» ✗ 2016-2020

○━ Raymond Tapon, 23, rue Guadet, BP 38, 33330 Saint-Émilion, tél. 05 57 74 61 20, information@tapon.net Ⓥ 🏃 r.-v.

CH. MONTAIGUILLON 2012

| ■ | 120 000 | 🍾 | 11 à 15 € |

En 1949, le grand-père maternel de l'actuelle vigneronne, distillateur en Charentes-Maritimes, achète le domaine. Associée à sa sœur, sa petite-fille Chantal Amart gère aujourd'hui le vignoble : 28 ha de terres argilo-calcaires, d'un seul tenant et tout en coteaux, essentiellement en AOC montagne-saint-émilion, à la limite des appellations pomerol et saint-émilion.

Assemblage de merlot (78 %), de cabernet franc et d'un soupçon de cabernet-sauvignon, ce montagne séduit par son nez de fruits rouges mûrs, souligné d'un boisé élégant. Le palais onctueux et gras, aux tanins arrondis, complète le portrait d'un vin adapté au goût moderne. ✗ 2017-2020 ❦ bœuf braisé

○━ Amart, Ch. Montaiguillon, 33570 Montagne, tél. 05 57 74 62 34, chantalamart@montaiguillon.com
Ⓥ 🏃 🏠 r.-v.

CH. NÉGRIT 2012 ★

| ■ | 100 000 | 🍾 | 5 à 8 € |

Aux lendemains de la guerre de 1914, Pierre Lagardère acquiert 1 ha de vigne dans le secteur de Maillet, à Pomerol. Ses petit-fils et arrière-petit-fils, Jean-Claude et Gaël, conduisent aujourd'hui un vignoble de 16 ha à Montagne (Ch. Négrit et Ch. Rocher Calon) et 2 ha à Pomerol (Ch. Tour Maillet).

Cette cuvée correspond à l'essentiel de la production du vignoble (15 ha). Robe dense, «très bordeaux» ; nez discret, qui s'ouvre à l'aération sur des notes de fruits rouges et noirs épicés ; bouche vineuse et étoffée, à la finale fraîche et persistante. Un vin «jovial», tonique et bien construit. ✗ 2017-2020 ❦ entrecôte grillée ■ Héritage de Negrit 2012 (8 à 11 € ; 5 000 b.) : vin cité. ✗ 2018-2020

○━ SCEV Lagardère, Négrit, 33570 Montagne, tél. 05 57 74 61 63, vignobleslagardere@wanadoo.fr
Ⓥ 🏃 🏠 t.l.j. 8h-12h30 14h-19h

CH. PLAISANCE 2012 ★

■	83 333	◖◗	11 à 15 €

En 1858, la famille Ducourt s'établit au château des Combes, à Ladaux, petit village au sud-est de Bordeaux. C'est sous l'impulsion d'Henri Ducourt, installé en 1951 et relayé par ses enfants et petits-enfants, que le vignoble familial prend son essor, pour atteindre aujourd'hui 440 ha répartis sur treize châteaux dans l'Entre-deux-Mers et le Saint-Émilionnais.

Ce cru de 17 ha planté exclusivement en merlot a été acquis en 1994 par les Celliers de Bordeaux-Benauge, unité de commercialisation de la famille Ducourt. Son vin plaît par le côté pimpant de son nez, sur les fruits rouges un rien macérés. Cette gamme aromatique se retrouve dans une bouche ronde, appuyée par des petits tanins alertes. Un très joli vin plaisir. ⧗ 2016-2020 🍴 tajine d'agneau aux pruneaux

🔑 *Les Celliers de Bordeaux Benauge, 18, rte de Montignac, 33760 Ladaux, tél. 05 57 34 54 00, ducourt@ducourt.com* V 🚶 *r.-v.* 🔑 GFA Plaisance

CH. PUYNORMOND 2012 ★★

■	25 000	8 à 11 €

Conduit depuis 2000 par Philippe Lamarque et sa sœur Catherine Barrat, ce domaine situé en montagne-saint-émilion a été acquis en 1923 par leur arrière-grand-père. Implantés sur argilo-calcaires avec crasse de fer, les 13 ha du vignoble sont disposés en amphithéâtre, orientés plein sud. Autodidacte, Philippe Lamarque vient d'obtenir, à quarante ans, le BTS Viti-Œno.

Les dégustateurs ont été charmés par ce vin issu à 90 % de merlot. Le nez élégant mêle les fruits rouges et noirs bien mûrs à des touches épicées. On retrouve les petits fruits noirs, associés à la réglisse, dans une bouche souple à l'attaque, qui monte en puissance pour finir sur des tanins un peu stricts, mais de qualité. Proche du coup de cœur. ⧗ 2017-2021 🍴 entrecôte bordelaise ■ Ch. Puimarmon 2012 (8 à 11 € ; 25 000 b.) : vin cité. ⧗ 2016-2019

🔑 *Vignobles Lamarque, BP4, 33570 Puisseguin, tél. 05 57 74 66 69, contact@chateau-puynormond.com* V 🚶 🍷 *t.l.j. sf dim. 9h30-12h30 13h30-19h*

CH. ROC DE CALON Écrin 2012 ★

■	3 000	◖◗	15 à 20 €

Deux propriétés réunies (l'une était le château Barraud) ont formé Roc de Calon. Le vignoble de 22 ha s'étend sur la face sud-ouest du tertre de Calon. À la tête de ce cru régulier en qualité depuis 1998, Bernard Laydis et son épouse Sylvie, aujourd'hui épaulés par leurs enfants Thomas et Marie.

Née d'une parcelle d'un demi-hectare, intégralement vinifiée en fût de 500 l, cette cuvée haut de gamme, grenat profond, associe au merlot (80 %) le cabernet-sauvignon. Malgré un séjour de dix-huit mois dans le chêne, l'élevage ne perturbe pas une olfaction intense centrée sur les fruits noirs, rehaussée par les notes d'un élégant boisé : réglisse, vanille, chocolat blanc et torréfaction. Ce caractère se retrouve en bouche, dont on apprécie la franchise, l'étoffe et l'équilibre ⧗ 2017-2020 🍴 pintade rôtie aux champignons ■ 2012 (8 à 11 € ; 27 000 b.) : vin cité. ⧗ 2017-2020

🔑 *SAS Vignobles Bernard Laydis, Ch. Roc de Calon, 3, Barreau, 33570 Montagne, tél. 05 57 74 63 99, s.laydis@rocdecalon.com* V 🚶 🍷 *r.-v.*

CH. ROCHER CORBIN 2012

■	60 000	🛢 ◖◗	11 à 15 €

Ancienne métairie du château Corbin (saint-émilion grand cru), ce vignoble a été acquis en 1880 par Charles Durand. Installé en 1986, Philippe, son arrière-petit-fils, exploite 9 ha sur la pente ouest du Tertre de Calon, au cœur de l'appellation montagne-saint-émilion. Il limite les traitements au cuivre et au soufre.

La robe, dense, évoque l'encre. Le nez s'ouvre sur les fruits noirs, soulignés par un boisé appuyé aux nuances de vanille, d'épices et de cèdre, boisé qui persiste et signe en bouche. Souple à l'attaque, vineux, équilibré mais encore strict, ce 2012 devrait évoluer dans le bon sens. ⧗ 2017-2021 🍴 civet de lapin de garenne

🔑 *SCE Ch. Rocher Corbin, Le Roquet, 33570 Montagne, tél. 05 57 74 55 92, chateau-rocher-corbin@orange.fr* V 🚶 🍷 *r.-v.* 🔑 Philippe Durand

CH. ROUDIER 2012

■	100 000	11 à 15 €

Cette propriété appartient à la famille Capdemourlin, bien connue à Saint-Émilion comme propriétaire des crus classés Balestard la Tonnelle, Capdemourlin et Petit Faurie de Soutard. Créée en 1870 par les ancêtres de Jacques Capdemourlin, elle couvre 30 ha sur le flanc sud de coteaux aux sols argilo-calcaires et argilo-siliceux.

Du merlot, pour les deux tiers, escorté du cabernet franc et du cabernet sauvignon. Pour ce millésime, la vinification a privilégié la maturité et l'expression du raisin. De fait, l'olfaction est dominée par des arômes de fruits noirs et de réglisse. On retrouve cette présence fruitée dans une belle matière ronde, franche et fraîche. ⧗ 2017-2021 🍴 canette rôtie

🔑 *Jacques Capdemourlin, SCEA Capdemourlin, Ch. Roudier, 33570 Montagne, tél. 05 57 74 62 06, info@vignoblescapdemourlin.com* V 🚶 🍷 *r.-v.*

DOM. DU ROUDIER 2012

■	12 000	🛢	8 à 11 €

Propriétaire de vignes depuis plus de deux siècles, la famille Aubert – aujourd'hui les frères Alain, Daniel et Jean-Claude, épaulés par leurs enfants – exploite 300 ha et de nombreux domaines du Bordelais, essentiellement en Libournais, avec pour fleuron le Ch. la Couspaude, grand cru classé de Saint-Émilion depuis 1996, acquis en 1908.

Élevé en cuve, ce 2012 associe 60 % de merlot aux deux cabernets à parts égales. Le nez sur les fruits rouges à noyau annonce une bouche homogène et ronde, aux tanins cordiaux et au joli retour fruité. ⧗ 2016-2020 🍴 noisette d'agneau au romarin

🔑 *Vignobles Aubert, Ch. la Couspaude, 33330 Saint-Émilion, tél. 05 57 40 15 76, vignobles.aubert@wanadoo.fr* V 🚶 🍷 *r.-v.*

CH. TOUR BAYARD L'Angelot 2012 ★★

■	3 000	◖◗	20 à 30 €

Fanny Richard dirige depuis 1999 ce cru acquis par ses parents en 1956. Elle exploite 10 ha sur un coteau

orienté sud-sud-est, auxquels elle dispense des soins attentifs et raisonnés (compost naturel, vendanges manuelles...) pour proposer des vins souvent en bonne place dans ces pages.

Créée en 2008, cette microcuvée a pour originalité de faire la part belle au «petit noir de Pressac», autrement dit le malbec (90 % pour 10 % merlot), cépage qui, en Gironde, ne vient généralement qu'en appoint du merlot et des cabernets. La vinification et l'élevage de dix-huit à vingt-quatre mois se déroulent entièrement en barrique neuve. Du cépage majoritaire, ce 2012 tire sa robe noire, et de l'élevage sa complexité : du boisé vanillé, grillé, épicé et, sous-jacents, du fruit noir, de la violette, du poivre, de la truffe. En bouche, il se montre «gaillard» et plein de prestance – puissant, chaleureux, tannique, et surprenant de maturité. ✗ 2017-2025 ♥ moelleux au chocolat ■ 2012 ★ (8 à 11 € ; 15 000 b.) : fruit d'un assemblage classique en Libournais (85 % merlot, 15 % cabernet franc), élevé en fût de chêne, un 2012 au nez enjôleur de fruits rouges cuits et de caramel, à la bouche charnue, ronde et puissante. ✗ 2017-2022

☛ *EARL Vignobles Richard et Fils, Bayard,*
33570 Montagne, tél. 05 57 74 51 05, richard@alienor.fr
Ⅴ ⚑ ♥ *r.-v.*

VIEUX CHÂTEAU CALON Sélection 2012		
■	30 000	5 à 8 €

Constitué en 1927, ce domaine familial de 7 ha est établi à proximité des moulins de Calon. Il propose des vins en AOC pomerol (Grange Neuve et Fleur des Ormes) et montagne-saint-émilion (Vieux Château Calon).

Dominé classiquement par le merlot, ce 2012 libère à l'aération de séduisantes notes fruitées rehaussées d'épices douces. Rond en bouche, voire chaleureux, c'est un vin agréable et facile d'accès qui gagnera à être carafé avant le service. ✗ 2016-2019 ♥ onglet grillé

☛ *SCEA Gros et Fils, Calon, 33570 Montagne,*
tél. 05 57 51 23 03 Ⅴ ⚑ ♥ *r.-v.*

VIEUX CHÂTEAU DES ROCHERS Cuvée Prestige 2012 ★		
■	3 600	ⅲ	8 à 11 €

Technicien d'élevage dans un organisme professionnel, Jean-Claude Rocher a repris en 1995 la propriété familiale qui s'étend sur 5 ha en appellation montagne-saint-émilion. Son domaine est constitué de vieilles vignes à dominante de merlot.

Une cuvée de prestige élevée dix-mois en barrique. La robe est dense et colorée. Au nez, de la concentration, du fruit mûr, puis l'émergence du boisé vanillé et épicé bien fondu. La bouche rappelle les arômes de l'olfaction, ronde à l'attaque et soutenue par des tanins soyeux. La classe, sans affectation. ✗ 2017-2020 ♥ pavé de biche

☛ *Jean-Claude Rocher, 16, Mirande, 33570 Montagne,*
tél. 06 80 64 49 75, rocherjeanclaude@orange.fr
Ⅴ ⚑ ♥ *r.-v.*

♥ **VIEUX CHÂTEAU PALON** 2012 ★★		
■	28 000	ⅲ	15 à 20 €

Grégory Naulet s'est installé comme jeune agriculteur en 2000 sur ce cru de 5,45 ha aux sols argilo-calcaires ; il a restructuré le vignoble et créé une unité de vinification

pour en faire une très bonne référence de l'appellation montagne-saint-émilion.

Vendangés manuellement, vinifiés et élevés avec rigueur, merlot (75 %) et cabernet franc ont été assemblés pour donner un vin de haute expression. La robe est profonde et jeune, presque noire. Le nez, engageant, mêle les fruits rouges, la griotte à des notes de pain grillé et de chocolat hérités d'un élevage de quinze mois en barrique. La bouche cordiale et savoureuse dévoile une matière ample, courtisée par un boisé raffiné. Le tanin est soyeux. «Il sort du lot», concluent les jurés. ✗ 2017-2025 ♥ filet de bœuf sauce poivrade

☛ *Vignobles Naulet, Mondou,*
33330 Saint-Sulpice-de-Faleyrens, tél. 06 89 10 90 01,
vignobles.naulet@wanadoo.fr Ⅴ ⚑ ♥ *r.-v.*

DOM. DU VIEUX MOUCHET Cuvée Saint-Paul 2012		
■	1 252	ⅲ	8 à 11 €

Un domaine de 28,5 ha constitué en 2010 par Patrick Rabouy dans les appellations bordeaux et puisseguin-saint-émilion. Le vignoble de Puisseguin est implanté sur une terre rouge très pierreuse qui a dû être dérochée à la barre à mine et à la dynamite. Les racines s'insinuent par des failles à plusieurs mètres de profondeur.

Une petite parcelle (18 ares) de l'exploitation est implantée en AOC montagne-saint-émilion, sur des terrains sablonneux. Plantée de merlot, elle a donné, à l'issue d'un élevage d'un an en barrique, un vin agréable, tant par son nez chaleureux de fruits rouges (fraise), souligné de notes toastées, que par sa bouche ronde à souhait. Un classique dans le bon sens du terme. ✗ 2016-2020 ♥ entrecôte

☛ *Patrick Rabouy, Boulac, 33350 Saint-Pey-de-Castets,*
tél. 05 57 40 53 38, rabouy@aol.com Ⅴ ⚑ ♥ *r.-v.*

PUISSEGUIN-SAINT-ÉMILION

Superficie : 745 ha / Production : 43 000 hl

La plus orientale des appellations voisines de Saint-Émilion est implantée sur des sols à dominante argilo-calcaire, avec quelques secteurs d'alluvions graveleuses. Le vignoble est exposé au sud-sud-est.

CH. L'ANGLAIS La Cave Troisgros 2012		
■	3 000	ⅲ	11 à 15 €

Après la bataille de Castillon qui mit un terme à la guerre de Cent Ans, un des chevaliers anglais défaits se serait fixé au nord-est de Puisseguin, sur un site portant aujourd'hui le nom de l'Anglais. C'est sur ce lieu-dit qu'est établi ce cru de quelque 3 ha, racheté en 2004 par plusieurs associés, dont Pierre Troisgros, le célèbre restaurateur.

Commercialisée par la maison Troisgros, une cuvée de pur merlot née sur une parcelle d'un demi-hectare. Au bouquet, une dominante d'épices douces, de vanille. En bouche, le fruit ressort davantage. Un long élevage (dix-huit mois) en barrique a peaufiné les tanins de ce vin

rond et charnu, au potentiel intéressant. ✗ 2016-2019
🍴 jarret de porc aux lentilles au vin

☛ SARL du Ch. de l'Anglais, Langlais, 33570 Puisseguin,
tél. 05 57 74 58 94, contact@chateaudelanglais.com
Ⓥ 🏃 🔼 r.-v.

CH. BEL AIR 2012 ★		
■	50 000	🏠 📖	11 à 15 €

Installés en Périgord depuis les années 1970, les Dubard
conduisent un vaste ensemble viticole. Outre leur
fleuron du Bergeracois, le Ch. Laulerie, ils exploitent
aussi plusieurs crus dans le Libournais.
Ce cru de 8 ha d'un seul tenant, établi sur le plateau de
Puisseguin, est la dernière acquisition des Dubard, qui en
ont rénové le vignoble et le chai. Le 2012 ne s'impose par
par sa structure, mais a pour atouts la finesse de son
bouquet boisé (cannelle, clou de girofle et tabac froissé)
où perce le fruit noir mûr, ainsi que son palais rond aux
tanins courtois. ✗ 2016-2019 🍴 daube de canard

☛ Famille Dubard, 9, rue du 8-mai-1945,
33500 Lalande-de-Pomerol, tél. 05 53 82 48 31,
contact@vignoblesdubard.com Ⓥ 🏃 🔼 r.-v.

CH. LE BERNAT 2012		
■	13 400	🏠 📖	11 à 15 €

Commandé par un château bâti sous Napoléon III par des
charpentiers canadiens, ce cru de 6 ha a été acquis et
rénové en 1999 par Pierre-Jean et Liliane Le Roy, professeurs à la retraite. Il est géré par leur fille Nathalie, par
ailleurs à la tête d'une société d'ingénierie financière.
Un vin facile d'accès : bouquet sur les fruits rouges,
souligné par les notes discrètement épicées, fumées et
chocolatées de l'élevage ; bouche à l'unisson, souple à
l'attaque, bâtie sur des tanins vifs et croquants, finale un
peu ferme. ✗ 2018-2021 🍴 matelote de poisson au vin
rouge ■ Le B du Bernat 2012 (11 à 15 € ; 9 300 b.) : vin
cité. ✗ 2016-2020

☛ SARL Ch. le Bernat, 1, Champ-des-Boys,
33570 Puisseguin, tél. 05 57 74 58 54 Ⓥ 🏃 🔼 t.l.j.
10h-12h 14h-18h 🏠 Ⓓ

CH. CHÊNE-VIEUX Cuvée première 2012		
■	25 000	🏠 📖	5 à 8 €

Propriétaire depuis 1937 en Libournais, la famille Foucard exploite deux crus : le Ch. de Musset, en lalande-
de-pomerol, et le Ch. Chêne-Vieux, en puisseguin-saint-
émilion.
Un 2012 bien élevé, au bouquet gourmand de fruits
confiturés et macérés, enrobés de chocolat vanillé. Si au
palais, le boisé grillé laisse quelque peu le fruit en retrait,
le vin est plaisant par sa rondeur et la souplesse de ses
tanins. Ensemble « équilibré et sympathique ». ✗ 2015-
2020 🍴 entrecôte grillée

☛ SCE Y. Foucard et Fils, Ch. Chêne-Vieux,
34, rte de Saint-Émilion, 33570 Puisseguin,
tél. 05 57 51 11 40, foucardetfils@orange.fr

CLOS DU PAVILLON 2012 ★		
■	8 000	🏠 📖	11 à 15 €

Après avoir œuvré dans plusieurs domaines bordelais,
Gonzague Maurice s'est installé en 2005 à Montagne
dans un domaine commandé par une folie du XVIIIᵉs.,

ancienne garçonnière du seigneur local. Travaillant dans
l'esprit bio, il produit trois vins : Ch. de Granchamp
(montagne), Clos du Pavillon (puisseguin) et La Petite
Folie (saint-émilion).
Un pur merlot à la robe profonde, au nez élégant et
complexe de petits fruits (mûre, myrtille), assortis d'un
délicat toasté et de notes de cacao. La bouche confirme
ces impressions et charme par son attaque ample et
charnue, ses tanins fondus et sa finale persistante.
✗ 2017-2020 🍴 cuissot de chevreuil aux airelles

☛ Gonzague Maurice, lieu-dit Larue, secteur Parsac,
33570 Montagne, tél. 06 61 77 77 33, gonzaguemaurice@
hotmail.com Ⓥ 🏃 🔼 r.-v.

CH. FONGABAN 2012		
■	40 000	📖	8 à 11 €

Propriété de la famille Taïx depuis 1932, ce cru est une
valeur sûre en castillon et en puisseguin, son vignoble
de 42 ha étant idéalement situé sur le plateau argilo-
calcaire couvrant les deux secteurs. Aux commandes
depuis 2009, Pierre Taïx (Guadet Plaisance, Rigaud, La
Mauriane) en a entrepris la conversion bio.
Un merlot très majoritaire et un séjour de dix-huit mois
en barrique pour ce 2012, qui dévoile à l'aération un
bouquet de cassis, de mûre et de griotte accompagné des
notes épicées du merrain. Si la bouche apparaît dominée
par l'élevage, elle plaira par son attaque souple et par sa
matière franche, charnue et bien équilibrée. ✗ 2017-2020
🍴 civet de sanglier

☛ SARL Fongaban, Monbadon, 33570 Puisseguin,
tél. 05 57 74 54 07, fongaban@vignobles-taix.com Ⓥ r.-v.
☛ Pierre Taïx

Ⓑ CH. GUIBOT La Fourvieille 2012 ★		
■	24 000	📖	15 à 20 €

Un cru bien connu des lecteurs, constitué en 1979 à
partir des châteaux Guibeau et Guibot La Fourvieille par
le père d'Henri Bourlon, l'actuel propriétaire, descendant d'un soldat de l'empereur Maximilien lors de la
conquête du Mexique ; 41 ha d'un seul tenant en
puisseguin et en castillon, désormais conduits par
Brigitte, fille d'Henri, et son mari Éric. En bio certifié
depuis 2012.
Une belle réussite pour le millésime que cet assemblage
de cabernet franc (35 %) et de merlot, associant au
bouquet des notes de fruits rouges frais acidulés aux
touches de pain grillé et d'épices léguées par l'élevage. Des
nuances plus mûres de pruneau se font jour dans une
bouche souple à l'attaque, mais franche et assez
longue, à la finale encore ferme. ✗ 2018-2022 🍴 magret de
canard grillé ■ Vieux Ch. Guibeau 2012 (8 à 11 € ;
100 000 b.) Ⓑ : vin cité. ✗ 2018-2020

☛ SCEA Bourlon-Destouet, Ch. Guibeau,
33570 Puisseguin, tél. 05 57 55 22 75,
vignobles.henri.bourlon@wanadoo.fr Ⓥ 🏃 🔼 r.-v. 🏠 Ⓔ

CH. HAUT-BERNAT 2012		
■	32 000	🏠 📖	11 à 15 €

Le Calaisien Dominique Bessineau est établi dans le
Libournais depuis 1989 avec le Ch. Côte Montpezat
(30 ha en castillon), ancien relais de poste de 1620 situé
sur le chemin de Compostelle, auquel se sont ajoutées en
1991 les 6 ha de puisseguin du Ch. Haut-Bernat.

On pourra bientôt apprécier ce vin polyvalent et très abordable, au bouquet de fruits mûrs finement vanillé, à la bouche tout en rondeur, aux tanins bien fondus. ✗ 2016-2019 ❦ civet de lapin

o— SAS des Vignobles Bessineau, 8, Brousse, 33350 Belvès-de-Castillon, tél. 05 57 56 05 55, bessineau@cote-montpezat.com Ⓥ 🅐 🅣 r.-v.

CH. DES LAURETS 2012 ★		
■	305 175	🅐 ⅏	11 à 15 €

L'une des bonnes références en puisseguin-saint-émilion. Un cru de 96 ha d'un seul tenant, propriété depuis 2003 de la maison Edmond de Rothschild, qui possède aussi le Ch. Clarke en listrac-médoc et plusieurs crus dans le Libournais.

La cuvée principale, mi-cuve mi-fût, représentant l'essentiel de la superficie située en puisseguin. Robe sombre et jeune aux reflets violets, bouquet intense, friand et fin, alliant la myrtille et la griotte à une note boisée, à une touche de goudron ; bouche sur le fruit mûr, voire confit, aux tanins drus mais ronds, servie par une belle acidité. Un vin bien travaillé, à la fois structuré et fruité. ✗ 2016-2022 ❦ asado

o— Cie Vinicole Baron Edmond de Rothschild, Ch. Clarke, 33480 Listrac-Médoc, tél. 05 56 58 38 00, contact@cver.fr Ⓥ 🅐 🅣 r.-v.

CH. DE MÔLE 2012		
■	20 000	⅏	11 à 15 €

Une maison de maître imposante, bâtie en 1727 ; le chai attenant date de 1830. Une même famille s'est transmis la propriété jusqu'à son rachat en 2006 par Éric Auger, entrepreneur venu du nord de la France, qui exploite aujourd'hui 20 ha de vignes en puisseguin-saint-émilion. De ce 2012, les dégustateurs ont retenu l'allure vive et fraîche, le bouquet de fruits noirs et de petits fruits rouges acidulés, souligné par les notes de vanille et de toast de l'élevage (quinze mois). Ample et rond, le palais aux arômes de moka semble plus marqué par les tanins du bois, qui demandent à se fondre. ✗ 2016-2019 ❦ steak au poivre

o— SAS Famille Auger, Ch. de Môle, lieu-dit Durand, 33570 Puisseguin, tél. 05 57 74 60 86, chateaudemole@orange.fr Ⓥ 🅐 🅣 t.l.j. 8h30-19h 🏠 ⑤

CH. ROC DE BOISSAC 2012 ★		
■	25 000	⅏	11 à 15 €

Constitué au XVIIIe s., un vignoble de 40 ha implanté sur l'un des sites les plus élevés du Saint-Émilionnais, et réparti entre les AOC puisseguin (Roc de Boissac, 31,5 ha) et lalande-de-pomerol (Ch. la Croix). Propriété d'un groupe coopératif, il est géré par Cécile Piéderrière, œnologue. Les vins sont élevés dans des caves monolithiques creusées dans le calcaire.

D'un pourpre sombre qui met en confiance, ce 2012 libère après aération des fragrances de fruits rouges et noirs confits avec une pointe de kirsch. Ce fruité confituré s'épanouit dans une bouche ronde, charnue et persistante, encadrée par des tanins enrobés. Une belle étoile. ✗ 2017-2020 ❦ poularde rôtie ■ Ch. la Millerie 2012 (8 à 11 € ; 80 000 b.) : vin cité. ✗ 2017-2020

o— Roc de Boissac, Pleniers de Boissac, 33570 Puisseguin, tél. 05 57 74 61 22, contact@roc-de-boissac.fr Ⓥ 🅐 🅣 r.-v.

SAINT-PIERRE L'ÉGLISE Cuvée Prestige 2012 ★★		
■	2 500	⅏	11 à 15 €

Le domaine appartenait autrefois aux Ursulines, ordre religieux auquel Saint-Émilion doit ses fameux macarons. Acquis par la famille des actuels propriétaires en 1952, il est conduit depuis 1983 par Thierry et Sabine Leynier qui exploitent des vignes en puisseguin, montagne-saint-émilion et en castillon-côtes-de-bordeaux.

Une robe profonde et intense pour cette cuvée spéciale issue de vieilles vignes ; un bouquet encore discret mais déjà concentré, élégant et complexe, où le fruit noir mûr perce sous les notes toastées et vanillées d'un élevage maîtrisé ; après une attaque souple, la bouche dévoile une belle fraîcheur et une trame serrée de tanins déjà arrondis, gage d'un réel potentiel. La longue finale est soulignée par un boisé racé. ✗ 2017-2022 ❦ pavé de bœuf aux cèpes

o— Thierry Leynier, SCEA Clos des Religieuses, 9, rue Alcide-Masseron, 33570 Puisseguin, tél. 05 57 74 67 52 Ⓥ 🅐 🅣 r.-v. 🏠 Ⓒ

CH. SOLEIL 2012 ★★		
■	100 000	⅏	15 à 20 €

Créée par un groupe d'amis réunis autour de Stephan von Neipperg (Canon la Gaffelière à Saint-Émilion) et Didier Miqueu, la SCEA Winevest Saint-Émilion a acquis en 2005 le Ch. Soleil, 20 ha à Puisseguin, complétés en 2007 de la même surface en lussac avec le Ch. Croix du Rival.

Comme le millésime précédent, ce 2012 s'est placé parmi les finalistes du coup de cœur. On aime sa robe intense et sombre, son bouquet gourmand de fruits rouges mûrs bien mariés aux notes épicées (vanille et cannelle) apportées par un long élevage en barrique. Le cassis mûr et la réglisse s'invitent dans une bouche étoffée et longue, à la fois ronde et fraîche, aux tanins déjà affables. Une réelle harmonie. ✗ 2017-2025 ❦ gigot d'agneau ■ Promesse 2012 ★ (11 à 15 € ; 10 000 b.) : un second vin qui rappelle son aîné par la belle alliance du fruit et de la barrique, mais d'une étoffe plus souple. ✗ 2016-2020

o— SCEA Winevest Saint-Émilion, 32, rte de Saint-Émilion, 33570 Puisseguin, tél. 09 75 69 65 75, info@chateausoleil.fr

CH. TEYSSIER Cuvée d'exception 2012		
■	32 000	🅐 ⅏	8 à 11 €

Après avoir travaillé dans des domaines du Nouveau Monde, puis pour un grand cru classé de Saint-Émilion, Thomas Durand-Teyssier a pris la tête en 2007, à moins de trente ans, de la propriété fondée en 1973 par son grand-père : un vignoble d'un seul tenant, en montagne et en puisseguin, implanté sur un terroir très calcaire.

Au bouquet, ce puisseguin joue la carte de l'intensité, mêlant des touches de fruits confits et de cuir à des notes d'élevage assez complexes : pain d'épice, vanille, torréfaction. Si l'attaque est bien ronde, et charnue, sur les notes de fraise écrasée, des tanins encore fermes marquent la finale. ✗ 2016-2020 ❦ poulet rôti et gratin dauphinois

o— SD du Ch. Teyssier, 33570 Puisseguin, tél. 05 57 74 63 11, chateau.teyssier@orange.fr Ⓥ 🅐 🅣 r.-v.

BORDELAIS

QUERCUS DU CH. LA VAISINERIE 2012

■	26 000	◆	8 à 11 €

Ancienne dépendance du château de Puisseguin et propriété viticole depuis 1718, acquise en 2004 par Bernard Bessède, associé d'une affaire de négoce, et par son épouse Dominique. Aujourd'hui, une maison girondine du XVIIIᵉs., restaurée grâce à la collaboration des Bâtiments de France, et un vignoble de 13 ha, exploité en agriculture raisonnée.

Un vin marqué par le merlot qui compose plus de 90 % de l'assemblage. La robe évoluée aux reflets tuilés annonce un bouquet chaleureux, sur les fruits cuits, la griotte à l'eau-de-vie, le kirsch, avec une touche de gibier et l'empreinte vanillée et fumée d'un passage de douze mois en barrique. Dans le prolongement du nez, la bouche est dominée par des impressions de rondeur et des arômes plutôt confits. ✗ 2016-2019 ▼ tajine d'agneau aux pruneaux
○┐ SCEA la Vaisinerie, Ch. la Vaisinerie, lieu-dit Visinerie, 33570 Puisseguin, tél. 06 12 41 60 00, bessede.vaisinerie@gmail.com 🆅 🅰 ✋ r.-v. 🏠 ℮
○┐ B. Bessede

DOM. DU VIEUX MOUCHET 2012 ★

■	1 944	◆	8 à 11 €

Un domaine de 28,5 ha constitué en 2010 par Patrick Rabouy dans les appellations bordeaux et puisseguin-saint-émilion. Le vignoble de Puisseguin est implanté sur une terre rouge très pierreuse qui a dû être dérochée à la barre à mine et à la dynamite. Les racines s'insinuent par des failles à plusieurs mètres de profondeur.

D'un élevage de douze mois en barrique, ce 2012 a tiré un nez expressif, avenant et gourmand, mêlant vanille, grillé et chocolat à des notes de petits fruits mûrs. L'attaque ronde et souple introduit une bouche charnue et fraîche, aux tanins croquants. La finale apparaît encore sévère, marquée par un retour du boisé grillé et cacaoté. ✗ 2020-2025 ▼ entrecôte grillée
○┐ Patrick Rabouy, Boulac, 33350 Saint-Pey-de-Castets, tél. 05 57 40 53 38, rabouy@aol.com 🆅 🅰 ✋ r.-v.

SAINT-GEORGES-SAINT-ÉMILION

Superficie : 200 ha / Production : 11 500 hl

Séparé du plateau de Saint-Émilion par la rivière Barbanne, le terroir de l'appellation saint-georges présente une grande homogénéité avec des sols presque exclusivement argilo-calcaires.

CH. CALON 2012 ★

■	40 000	🍷 ◆	11 à 15 €

Tonneliers et viticulteurs de père en fils depuis plus de deux siècles, les Boidron possèdent plusieurs crus dans le Libournais (Corbin Michotte en saint-émilion grand cru, Cantelauze en pomerol), dont ce cru de 35 ha conduit par Jean-Noël Boidron, ancien professeur de la faculté d'œnologie de Bordeaux, et son fils Hubert.

Les Boirdon ont su apprivoiser sans problème le capricieux millésime 2012 à en juger par ce saint-georges qui fait la part belle au merlot (80 %). Encore un peu marqué par un long élevage en barrique (dix-huit mois), le vin offre d'ores et déjà de bons arguments : une seyante robe

pourpre, brillante et limpide, un nez complexe qui a besoin d'une longue aération pour se révéler (toasté, fumé, fruits noirs), une bouche au fruité élégant et charmeur, ronde et charnue en attaque, plus tannique dans son développement, jusqu'à la finale, un rien austère. ✗ 2016-2020 ▼ paleron de bœuf braisé
○┐ Jean-Noël Boidron, Ch. Calon, 33570 Montagne, tél. 05 57 51 64 88, vignoblesjnboidron@wanadoo.fr 🆅 🅰 ✋ r.-v.

CLOS ALBERTUS 2012

■	n.c.	🍷 ◆	11 à 15 €

Dans le Saint-Émilionnais, le nom Corbin apparaît dès le Moyen Âge. L'ancienne seigneurie de Montagne, dirigée depuis quatre générations par la famille Rambeaud, était déjà répertoriée viticole en 1779. Une propriété de 31 ha aujourd'hui, qui produit en saint-georges-saint-émilion et en montagne-saint-émilion. Aux commandes depuis 2010, Jacques Rambeaud.

Un saint georges élaboré selon un canevas classique (merlot à 40 % et les deux cabernets à parité). Robe aux reflets orangés annonçant un début d'évolution, nez intense et démonstratif offrant une jolie présence fruitée, palais de bonne tenue, rond, un rien chaleureux, plus strict en finale : l'ensemble est plaisant et bien construit. ✗ 2015-2018 ▼ steak au poivre
○┐ SCEA François Rambeaud, Ch. Corbin, 33570 Montagne, tél. 05 57 74 62 41, info@chateaucorbin.fr 🆅 🅰 ✋ r.-v.

CH. LA CROIX DE SAINT-GEORGES 2012

■	n.c.	🍷 ◆	8 à 11 €

Issu d'une famille œuvrant dans le vin depuis 1740 (du côté maternel) et de négociants en vin à Bruxelles (du côté paternel), Jean de Coninck exploite plusieurs crus dans le Libournais : la Tour Canon (canon-fronsac), Clos de la Salle (pomerol), Pintey (bordeaux supérieur) et la Croix Saint-Georges (saint-georges-saint-émilion), anciennement rattaché au château Saint-Georges.

Cet assemblage de merlot (67 %) et des deux cabernets dévoile un nez dominé par les arômes de fruits rouges (cerise kirschée) et noirs (cassis) agrémentés de nuances cacaotées. L'attaque, souple, presque crémeuse, ouvre sur un palais sans excès de puissance mais équilibré, un peu plus sévère en finale toutefois. ✗ 2016-2019 ▼ entrecôte marchand de vin
○┐ Jean de Coninck, Ch. du Pintey, 33500 Libourne, tél. 06 08 95 00 91, jean-deconinck@orange.fr 🆅 🅰 ✋ r.-v.

♥ CH. HAUT-SAINT-GEORGES 2012 ★★

■	3 000	◆	11 à 15 €

En 1995, le brasseur belge M. Van der Kelen a acquis 15,5 ha dans deux appellations satellites de Saint-Émilion : le Ch. la Grande Barde, en montagne, et le Ch. Haut-Saint-Georges (6 ha), en saint-georges. Une grande partie des vins est exportée outre-Quiévrain. Entièrement modernisés, les chais de la propriété sont installés dans d'immenses cavités souterraines. Le Ch. Haut-Saint-Georges, avec plusieurs coups de cœur à son actif, est une valeur sûre.

Le domaine renoue avec les coups de cœur, le dernier en date remontant au millésime 2007. Le 2012 (merlot à

80 %, cabernet franc et malbec), d'allure martiale dans sa tenue grenat aux reflets sombres, livre un bouquet complexe à souhait, qui impressionne par l'intensité de ses arômes de petits fruits mûrs (cassis, myrtille) mâtinés de boisé épicé (cannelle) et toasté. La bouche, parfaitement ciselée, associe à une fine fraîcheur un caractère charnu et des tanins veloutés qui lui confèrent une remarquable sensation de volume et de plénitude. La finale est onctueuse, racée et persistante.
✗ 2017-2025 ✗ civet de sanglier

⌕ SCEA de la Grande Barde, 1, La Clotte, 33570 Montagne, tél. 05 57 74 64 98, chateaulagrandebarde@wanadoo.fr Ⓥ 🎿 🏠 r.-v.

CH. LABATTUT 2012

■	11 830	8 à 11 €

Créée en 1931, la coopérative de Saint-Émilion est un acteur incontournable du Libournais, et ses cuvées – vins de marque (Aurélius, Galius...) ou de domaines (une cinquantaine de propriétés apportent leur vendange à la « coop ») – sont régulièrement au rendez-vous du Guide.

Outre une parcelle située à Montagne, le Château Labattut, propriété de Jacques Pallaro, possède 2 ha de vignes sur Saint-Georges, plantés sur un terroir composé de calcaire, d'argiles et de sables. Ce 100 % merlot livre un nez toasté, fruité (cerise noire) et un brin animal. La bouche se révèle peu volumineuse mais bien équilibrée, souple, fraîche et fruitée. Un vin jovial, à boire dès à présent. ✗ 2015-2017 ✗ steak tartare

⌕ Union de producteurs de Saint-Émilion, Haut-Gravet, BP 27, 33330 Saint-Émilion, tél. 05 57 24 70 71, contact@udpse.com Ⓥ 🎿 🏠 r.-v.

CH. SAINT-ANDRÉ CORBIN 2012 ★

■	50 000	◗	11 à 15 €

Vignerons depuis le XVIIIᵉs. et neuf générations, les Saby – depuis 1997 les frères Jean-Christophe et Jean-Philippe, tous deux œnologues – possèdent plusieurs crus dans le Libournais et exploitent un ensemble de 68 ha.

Ce domaine, créé en 1932 et propriété des Saby depuis 2004, étend ses vignes sur 17 ha, dont 11 consacrés à ce saint-georges grenat intense. Très séduisant, le bouquet libère un fruité aguicheur (fruits rouges et noirs), auquel vient se mêler un toasté délicat. Un boisé élégant que l'on retrouve dans une bouche harmonieuse, ample, soyeuse, presque crémeuse en attaque, plus serrée en finale. ✗ 2017-2021 ✗ entrecôte grillée aux fines herbes

⌕ Vignobles Jean-Bernard Saby et Fils, Ch. Rozier, 7, lieu-dit Le Sable, 33330 Saint-Laurent-des-Combes, tél. 05 57 24 73 03, info@vignobles-saby.com Ⓥ 🎿 🏠 r.-v.

CH. TROQUART Cuvée Auguste 2012 ★

■	3 000	📷 ◗	11 à 15 €

Créé dans les années 1950, ce domaine est acquis par Jean-Guy Grégoire en 1999. C'est son fils Étienne qui

conduit cette propriété de près de 5,5 ha, dont les coteaux argilo-calcaires sont orientés au sud-ouest.

Robe rouge sombre, bouquet intense et franc de fruits noirs mâtinés d'épices douces et de Zan : l'entrée en matière est convaincante pour ce 100 % merlot né de vieilles vignes de soixante ans, élevé en barrique neuve. L'attaque est aimable, souple et soyeuse, les tanins se montrent policés, le boisé bien dosé, et l'ensemble est épanoui et élégant. ✗ 2016-2022 ✗ côte de veau grillée

⌕ SCEA du Ch. Troquart, Troquart, 33570 Montagne, tél. 05 57 74 62 45, chateautroquart@gmail.com Ⓥ 🎿 🏠 t.l.j. sf sam. dim. 9h-17h ⌕ Grégoire

CASTILLON-CÔTES-DE-BORDEAUX

Superficie : 3 000 ha / Production : 160 000 hl

Située à l'est du vignoble de Saint-Émilion et de ses satellites, l'appellation (anciennement bordeaux-côtes-de-castillon puis côtes-de-castillon) jouxte à l'ouest les vignobles périgourdins. Elle s'étend sur les neuf communes de Belvès-de-Castillon, Castillon-la-Bataille, Saint-Magne-de-Castillon, Gardegan-et-Tourtirac, Sainte-Colombe, Saint-Genès-de-Castillon, Saint-Philippe-d'Aiguilhe, Les Salles-de-Castillon et Monbadon. Les vins ont bénéficié en 1989 d'une appellation à part entière, les viticulteurs s'engageant à respecter des normes de production plus sévères, notamment en ce qui concerne les densités de plantation, fixées à 5 000 pieds par hectare.

CH. D'AIGUILHE 2012 ★

■	190 000	◖◗	15 à 20 €

Propriété depuis 1999 du comte Stephan von Neipperg, bien établi dans le Saint-Émilionnais avec entre autres le grand cru classé Canon la Gaffelière, ce vaste cru de 110 ha est commandé par un château fort du XIIIᵉs. qui joua un rôle actif pendant la guerre de Cent Ans.

Du merlot pour les quatre cinquièmes, complété par le cabernet franc. Malgré un élevage de quinze mois en barrique, ce vin grenat profond libère des parfums intenses de fruits mûrs. La bouche chaleureuse et longue s'appuie sur une structure tannique puissante et veloutée, marquée par un boisé délicat et bien maîtrisé. Une bouteille racée. ✗ 2027-2022 ✗ côte de bœuf

⌕ SCEA du Ch. d'Aiguilhe, 33350 Saint-Philippe-d'Aiguilhe, tél. 05 57 24 71 33, info@neipperg.com Ⓥ 🎿 🏠 r.-v.

CH. D'AIGUILHE QUERRE Victoria 2012 ★★

■	7 000	📷	5 à 8 €

La famille Querre possède plusieurs vignobles en Libournais. Emmanuel et Gaëtane Querre ont repris en 2000 ce petit cru de 4,65 ha, établi sur le point culminant (110 m) de l'AOC castillon, un plateau calcaire à l'entrée de Saint-Philippe-d'Aiguilhe.

Une fois n'est pas coutume, c'est le deuxième vin du château qui est à l'honneur avec ce remarquable 2012. Un assemblage, classique en Libournais, dominé par le merlot (80 %) avec le cabernet franc en appoint, et un élevage en cuve. La robe apparaît profonde et jeune, animée de reflets violets. Le bouquet complexe marie le cassis bien mûr, la cerise et la myrtille. La bouche généreuse, séveuse et persistante, étayée par des tanins à la fois solides et soyeux, en fait une bouteille typique des côtes. **2018-2022** ▼ brochettes de bœuf

⊶ *SCEA Ch. d'Aiguilhe Querre, Moulin-de-Lavaud, 33500 Pomerol, tél. 05 57 55 19 60, contact@ vignobles-querre.com* Ⅴ 🏃 🛈 *r.-v.*

CH. ALCÉE 2012 ★		
◼ 8 500	🍾	15 à 20 €

Pavie-Macquin et Larcis Ducasse en saint-émilion grand cru (1ers crus classés), Charmes-Godard, Puygueraud, La Prade en francs-côtes-de-bordeaux, Alcée en castillon-côtes-de-bordeaux ; Nicolas Thienpont est un nom qui compte dans le Libournais. Charmes-Godard est un cru de 6,5 ha acquis en 1988, qui s'illustre avec une grande régularité, en blanc comme en rouge.

Le merlot règne pratiquement sans partage dans ce vin coloré, aux reflets violets de jeunesse. Le bouquet complexe est dominé par des notes grillées et toastées de l'élevage (quatorze mois), évoquant le café torréfié. Le fruit des bois perce en bouche, toujours souligné d'un trait boisé. Rond et franc à l'attaque, structuré et d'une grande persistance, le palais est marqué en finale par une légère amertume qui s'estompera avec le temps. Un vin racé à attendre quelques années. **2018-2020** ▼ pavé de bœuf sauce café

⊶ *SCEA Les Charmes-Godard, Ch. Alcée, 33570 Saint-Cibard, tél. 05 57 56 07 47, contact@ charmes-godard.com* Ⅴ 🏃 🛈 *r.-v.* **⊶** *Thienpont*

CH. BELLEVUE Cuvée Vieilles Vignes 2012		
◼ 20 000	🍾	5 à 8 €

Michel et Catherine Lydoire ont réalisé leur rêve en rachetant en 1998 cette propriété située dans un hameau de Belvès-de-Castillon : un peu plus de 11 ha en appellation castillon-côtes de bordeaux. Leur fille Céline les a rejoints.

Souvent retenue, cette cuvée rubis associe deux tiers de merlot et un tiers de cabernet franc. Élevée sous bois, elle offre pourtant un bouquet très frais et bien fruité. La version 2012 séduit par ses arômes de fraise « mara des bois », de violette et de cassis, avec une touche végétale. L'attaque est franche et toujours fruitée, la bouche bien construite et longue. Avec ses tanins souples, plus austères en finale, cette bouteille pourra être débouchée prochainement. **2016-2020** ▼ cailles sauce vigneronne

⊶ *EARL Vignobles Lydoire, 5, lieu-dit Rouye, 33350 Belvès-de-Castillon, tél. 05 57 47 94 29, vignoblelydoire@orange.fr* Ⅴ 🏃 🛈 *r.-v.*

CH. LA BRANDE 2012 ★★		
◼ 45 000	🍾 🍷	8 à 11 €

Les vignobles Jean Petit, fondés en 1954, regroupent 37 ha d'un seul tenant en saint-émilion grand cru, sur un terroir riche en calcaire à astéries (Mangot, cru ancien mentionné dès 1510), et 16 ha en AOC castillon (La Brande), conduits avec rigueur depuis 1989 par Jean-Guy et Anne-Marie Todeschini, rejoints en 2008 par leurs fils Karl et Yann.

Le merlot (70 %) s'allie aux deux cabernets (cabernet franc surtout) dans ce 2012 dont la robe très sombre inspire confiance. Au nez, les arômes de fruits cuits sont agréablement relevés d'épices. La bouche n'est pas en

reste, équilibrée, puissante et persistante, étayée par d'élégants tanins, denses et déjà soyeux. Une bouteille d'avenir, qui s'épanouira au cours des cinq prochaines années. **2017-2021** ▼ lapin aux pruneaux

⊶ *Famille Todeschini, Ch. Mangot, 33330 Saint-Étienne-de-Lisse, tél. 05 57 40 18 23, todeschini@chateaumangot.fr* Ⅴ 🏃 🛈 *t.l.j. sf sam. dim. 8h30-12h 13h30-18h* **⊶** *GFA du Ch. Mangot*

CH. BREHAT 2012 ★★		
◼ n.c.	🍾 🍷	8 à 11 €

Propriété de la même famille depuis le XVIIIe s., conduite depuis 2009 par Jérôme et Béatrice de Monteil : 8 ha en saint-émilion grand cru (Haut Rocher) et saint-émilion (Pavillon), 5 ha en castillon (Bréhat).

Une présentation engageante pour ce vin à la robe profonde aux reflets rubis et aux parfums complexes et délicats de petits fruits noirs et de cuir, soulignés d'un fin boisé ; fraîche et ample à l'attaque, la bouche déroule des tanins veloutés qui restent soyeux jusqu'en finale : un équilibre parfait. Déjà très harmonieux, ce millésime possède la structure pour bien vieillir. **2017-2021** ▼ tournedos

⊶ *SAS Haut Rocher, Haut Rocher, 33330 Saint-Étienne-de-Lisse, tél. 05 57 40 18 09, info@haut-rocher.com* Ⅴ 🏃 🛈 *r.-v.* **⊶** *de Monteil*

CLOS VÉDÉLAGO 2012 ★		
◼ 2 540	🍾	11 à 15 €

Un domaine de poche acquis en 2005 par Jean-Paul Védélago, ancien artisan charpentier-couvreur, qui réalise son rêve : faire son vin. Vendangés à la main, ces 47 ares de vieux merlot bénéficient de soins méticuleux dignes d'un grand cru.

Une belle étoile pour ce pur merlot à la robe très soutenue et jeune, qui libère à l'aération des notes de cassis et de cerise noire, teintées des notes toastées léguées par un élevage de seize mois en barrique. Dans le même registre que le nez, la bouche se montre ample, ronde et longue, marquée par une pointe de fraîcheur tonique en finale. Un vin de caractère. **2016-2020** ▼ salmis de palombe

⊶ *Jean-Paul Védélago, 10, rue du Mayne, 33570 Puisseguin, tél. 06 77 22 11 05, contact@clos-vedelago.fr* Ⅴ 🏃 🛈 *r.-v.*

CH. CÔTE MONTPEZAT Cuvée Compostelle 2012		
◼ n.c.	🍾 🍷	11 à 15 €

Le Calaisien Dominique Bessineau est établi dans le Libournais depuis 1989 avec le Ch. Côte Montpezat (30 ha en castillon), ancien relais de poste de 1620 situé sur le chemin de Compostelle, auquel se sont ajoutés en 1991 les 6 ha de puisseguin du Ch. Haut-Bernat.

Le nom de cette cuvée, souvent au rendez-vous du Guide, rappelle que le domaine est établi sur une voie secondaire de la route de Compostelle. L'assemblage associe deux tiers de merlot et les deux cabernets en complément ; malgré les douze mois en barriques (neuves à 40 %), le vin penche plutôt vers le petit fruit rouge, teinté de vanille, et la structure souple et ronde invite à l'apprécier dans sa jeunesse. **2016-2019** ▼ magret de canard pommes sarladaises

⊶ *SAS des Vignobles Bessineau, 8, Brousse, 33350 Belvès-de-Castillon, tél. 05 57 56 05 55, bessineau@cote-montpezat.com* Ⅴ 🏃 🛈 *r.-v.*

ⒷCH. LA FLEUR FOMPEYRE
Vieilles Vignes Élevé en fût de chêne 2012 ★

| ■ | 250 000 | 🍖 🍷 | 5 à 8 € |

C'est dans ce domaine que les derniers députés Girondins en fuite auraient été arrêtés en 1793. En 1836, on y a constitué un vignoble et bâti une belle demeure de pierre. Le cru a été acheté en 2000 par l'entrepreneur Jean-Marie Pulido qui exploite les 50 ha de vignes en bio certifié depuis 2011.

Du merlot très majoritaire, escorté des deux cabernets, et un élevage mi-cuve mi-fût. Le résultat ? Des parfums délicats de fruits rouges et noirs, alliés aux notes épicées et chocolatées de la barrique. Un palais bien équilibré, à la fois rond et frais, étayé par des tanins veloutés. ✗ 2017-2019 🍴 bavette à l'échalote

○┐ SARL Ch. Cafol, 116, av. du Stade, 33350 Saint-Magne-de-Castillon, tél. 06 84 60 30 86, chateau.cafol@wanadoo.fr Ⓥ Ⓚ 🅣 t.l.j. 9h-12h 15h-18h30 ; f. août ○┐ Pulido

CH. FONGABAN 2012

| ■ | 80 000 | 🍷 | 5 à 8 € |

Propriété de la famille Taïx depuis 1932, ce cru est une valeur sûre en castillon et en puisseguin, son vignoble de 42 étant idéalement situé sur le plateau argilo-calcaire couvrant les deux secteurs. Aux commandes depuis 2009, Pierre Taïx (Guadet Plaisance, Rigaud, La Mauriane) en a entrepris la conversion bio.

Un 2012 moderne dans sa présentation et déjà charmeur grâce au bouquet de framboise, de fruits noirs, de raisin et de fleurs. Malgré un élevage en barrique de dix-huit mois, le fruit ressort aussi en bouche. Sa structure souple et friande invite à apprécier ce vin dès aujourd'hui. ✗ 2016-2019 🍴 ris de veau aux cèpes

○┐ SARL Fongaban, Monbadon, 33570 Puisseguin, tél. 05 57 74 54 07, fongaban@vignobles-taix.com Ⓥ r.-v. ○┐ Pierre Taïx

ⒷCH. FONTBAUDE
Sélection vieilles vignes 2012 ★

| ■ | 20 000 | 🍷 | 8 à 11 € |

Aux origines du domaine, 4 ha acquis en 1968 par François Sabaté, fils d'un réfugié espagnol. Son fils Christian (à la vigne), rejoint en 2000 par son frère Yannick (au chai), a porté le vignoble à une vingtaine d'hectares, certifié bio depuis le millésime 2012, et en a fait l'une des bonnes références de l'appellation.

Vieilles vignes ? Un demi-siècle. Du cabernet franc et du merlot presque à parité. Le second domine pourtant à la dégustation de ce vin à la robe presque noire, aux parfums délicats et suaves de fruits mûrs, de boisé grillé et d'épices, à la bouche ronde, ample et chaleureuse, bâtie sur des tanins à la fois denses et affables. Du charme. ✗ 2016-2019 🍴 dinde fermière aux champignons ■ L'Âme de Fontbaude 2012 ★ (15 à 20 € ; 3 000 b.) Ⓑ : une cuvée née des plants de merlot les plus âgés du vignoble, élevée dix-huit mois en barrique neuve. De la puissance, du raisin mûr et du noyau, des tanins en rangs serrés et beaucoup de boisé toasté. À attendre. ✗ 2018-2021

○┐ GAEC Sabaté, 34, rue de l'Église, 33350 Saint-Magne-de-Castillon, tél. 05 57 40 06 58, chateau.fontbaude@wanadoo.fr Ⓥ Ⓚ 🅣 r.-v.

CH. GERMAN 2012 ★

| ■ | 200 000 | | 11 à 15 € |

La famille Aubert exploite 300 ha et de nombreux domaines en Bordelais, avec pour fleuron le Ch. la Couspaude, grand cru classé de Saint-Émilion. Alain, l'un des trois frères à la tête du groupe familial, conduit plusieurs crus en son nom : Hyot et German (castillon), Haut-Gravet (saint-émilion grand cru), Ribebon et Macard (AOC régionales).

Un domaine déjà planté sous Louis XIII. Pour cette cuvée, le merlot (60 %) compose avec les cabernets. Le nez libère des parfums de fruits rouges et noirs relevés d'épices et de poivre. Dans le même registre, la bouche est souple, suffisamment étoffée, encore marquée par l'élevage. ✗ 2017-2020 🍴 fricassée de lapin aux champignons ■ Ch. Hyot 2012 ★ (11 à 15 € ; 200 000 b.) : né d'un assemblage de merlot (60 %) et de cabernet, un vin harmonieux, tant par son bouquet délicat de cassis, de vanille et de grillé que par sa bouche charpentée, où l'élevage respecte le fruit. ✗ 2017-2020

○┐ Alain Aubert, 57 bis, av. de l'Europe, 33350 Saint-Magne-de-Castillon, tél. 05 57 40 04 30, domaines.a.aubert@wanadoo.fr

ⒷCH. GOUBAU 2012 ★★

| ■ | 2 600 | 🍷 | 15 à 20 € |

Béatrice et Stéphane Goubau, originaires de Belgique, ont repris en 2005 ce cru situé à 100 m d'altitude au sommet du plateau argilo-calcaire de Saint-Philippe-d'Aiguilhe, et converti leurs 12 ha de vignes au bio (certification pour le millésime 2012).

Il s'est placé sur les rangs pour un coup de cœur ce 2012 à la robe pourpre brillant de mille reflets, qui doit presque tout au merlot. Son élevage luxueux de dix-huit mois dans le bois neuf lui a donné de la complexité, un boisé raffiné aux nuances de vanille et de cèdre qui n'écrase pas les arômes intenses de fruits des bois et de cerise noire. Charpentée et longue, la bouche repose sur des tanins mûrs, extraits avec doigté. Un mémorable moment de dégustation en perspective. ✗ 2017-2021 🍴 côte de bœuf ■ La Source 2012 ★ (11 à 15 € ; 6 800 b.) Ⓑ : du merlot presque exclusivement, élevé vingt-quatre mois en barriques (neuves à 50 %). Bouquet complexe (violette, cuir, fruits rouges et épices), bouche ronde et élégante, aux tanins enrobés. Pourra se boire jeune. ✗ 2016-2020

○┐ SCEA des Vignobles Goubau, 78, Gerbay, 33350 Gardegan-et-Tourtirac, tél. 05 57 40 27 16, bea.goubau@gmail.com Ⓥ Ⓚ r.-v.

CH. JOANIN BÉCOT 2012 ★★

| ■ | 55 536 | 🍷 | 15 à 20 € |

Fille de Gérard Bécot, propriétaire de Beau-Séjour Bécot, 1er grand cru classé de Saint-Émilion, Juliette Bécot partage son temps entre le domaine familial et ce vignoble de 12 ha repris avec son père en 2001, situé à 120 m d'altitude, au sommet du plateau de Castillon.

Le merlot (75 %) s'allie classiquement au cabernet franc dans cette cuvée qui brille par la profondeur de sa robe presque noire et par son bouquet délicat de fruits mûrs, voire confiturés. Ronde à l'attaque, la bouche montre une structure élégante, avec des tanins enrobés, rehaussés par un élevage en barrique bien maîtrisé. Une certaine fermeté en finale incite à faire preuve d'un peu de patience. ✗ 2018-2022 ❦ risotto aux cèpes

☛ Juliette Bécot, Ch. Joanin Bécot, 1, Joanin, 33350 Saint-Philippe-d'Aiguille, tél. 05 57 74 46 87, juliette.becot@beausejour-becot.com

CH. LAMARTINE Hommage 2012		
■ 6 000	◫	15 à 20 €

Jérôme Gourraud a repris en 1989 ce vignoble familial créé en 1977, qui couvrait 4 ha à l'origine et en compte plus de 19 ha aujourd'hui. Les chais ont été aménagés à partir de 1986.

Quand un vigneron bordelais rend hommage à une plume bourguignonne... Jérôme Gourraud a même choisi pour l'élevage de cette cuvée des fûts bourguignons – fort adaptés, selon lui, à la finesse du merlot, cépage qui règne sans partage dans ce 2012 de belle facture. Le vin retire de ce séjour une robe sombre aux reflets violines, un bouquet naissant de petits fruits et de boisé réglissé et une bouche dans le même registre, aux tanins mûrs et enrobés. ✗ 2016-2021 ❦ filet de bœuf en croûte

☛ EARL Gourraud, 1, la Nauze, 33350 Saint-Philippe-d'Aiguille, tél. 05 57 40 60 46, chateaulamartine@orange.fr Ⓥ 🏃 🏠 t.l.j. sf dim. 8h30-12h 14h-18h 🏠 Ⓑ

CH. DE LAUSSAC Cuvée Sacha 2012 ★		
■ 3 000	◫	15 à 20 €

Une ancienne ferme construite au début du XXᵉ s., progressivement constituée en exploitation viticole (28 ha aujourd'hui). Alexandra Robin (Roi Valentin, Clos Vieux Taillefer), qui l'a rachetée en 2004 n'a pas ménagé ses efforts à la vigne et au chai pour en faire une valeur sûre de l'appellation.

Cette cuvée vinifiée puis élevée seize mois en barrique a convaincu. Certains jurés auraient certes souhaité un boisé moins insistant, mais les notes de pain grillé laissent percer des arômes complexes de cerise noire et de rose. De bonne puissance, charnue, très fraîche et persistante, cette bouteille déjà harmonieuse se bonifiera au cours des prochaines années. ✗ 2017-2023 ❦ gigue de chevreuil ■ 2012 ★ (11 à 15 € ; 70 000 b.) : la cuvée principale du domaine offre une belle expression de fruits rouges et de fleurs rehaussée d'un léger boisé. Charnue, construite sur des tanins fondus, elle pourra être appréciée dans sa jeunesse. ✗ 2016-2020

☛ SARL la comtesse de Laussac, lieu-dit Laussac, 33350 Saint-Magne-de-Castillon, tél. 05 57 40 13 76, contact@vignoblesrobin.com Ⓥ 🏃 🏠 r.-v. ☛ A. Robin

Ⓑ **CH. DE MONBADON** 2012		
■ 80 000	◫	8 à 11 €

Il a pour lui une histoire (construite sous le règne d'Édouard III au début du XIVᵉ s., la forteresse fut le poste avancé des Anglo-Aquitains pendant la guerre de Cent Ans) ; un vrai château, juché sur un promontoire et détenu par la même famille, les Montfort, depuis le règne d'Henri IV ; un beau vignoble (20 ha) conduit en bio certifié depuis 2012.

Après un court séjour (six mois) en barrique, ce 2012 offre un bouquet délicat, dominé par les fruits rouges et noirs, et une bouche ronde et chaleureuse qui permettra de

l'apprécier prochainement. ✗ 2016-2018 ❦ hamburger maison

☛ SCEA Baron de Montfort, Ch. du Rocher, 33330 Saint-Étienne-de-Lisse, tél. 05 57 40 18 20, contact@baron-de-montfort.com Ⓥ 🏃 🏠 r.-v.

CH. MOYA 2012		
■ 30 600	◫	11 à 15 €

Fondé en 1660, le Ch. Gaby (16 ha), dans le Fronsadais, est longtemps resté dans la même famille avant sa reprise en 1999 par Antoine Khayat, qui l'a revendu en 2007 à l'homme d'affaires David Curl. Déjà aux côtés du précédent propriétaire, Damien Landouar est toujours à la direction technique. Il vinifie aussi le Ch. Moya, 8 ha en AOC castillon, acquis par les Curl en 2008 et en conversion bio.

Un élevage en barrique de vingt mois a légué à ce millésime un bouquet de vanille et de pâtisserie. Des notes florales s'allient au boisé dans une bouche à la fois suave et fraîche, chaleureuse en finale. ✗ 2016 2020 ❦ canette rôtie

☛ SCEA Vignobles famille Curl, Ch. Gaby, lieu-dit Gaby, 33126 Fronsac, tél. 05 57 51 24 97, contact@ chateau-dugaby.com 🏠 Ⓑ

CH. LA NAUZE Identité 2012 ★★		
■ 6 000	◫	15 à 20 €

Le nom du cru rend hommage à un ingénieur agronome qui, au XVIIIᵉ s., convertit à la viticulture les habitants de Puisseguin. Avec son sous-sol percé de carrières, son terroir, le plateau de Monbadon, prolonge celui de Saint-Émilion. Depuis sa reprise en 2007 par les Vertaillie, anciens commerçants dans l'Oise, ce domaine s'impose comme l'une des valeurs sûres de l'appellation. À la tête du domaine depuis 2008, l'œnologue Jean-Marc Domme a l'ambition de redonner ses lettres de noblesse au terroir de Monbadon, jadis confondu avec celui de Saint-Émilion. Il y réussit, à en juger par cette cuvée, finaliste du coup de cœur. Née des plus vieilles vignes du cru plantées sur des argiles rouges où le calcaire affleure par places, elle reste dix-huit mois en barrique. Robe profonde et jeune ; bouquet fruité et floral, souligné de délicates touches d'élevage ; bouche fraîche et élégante, adossée à des tanins veloutés extraits en douceur, boisé marqué mais fondu : de la classe et du potentiel. ✗ 2018-2022 ❦ civet de lièvre ■ Premium 2012 (8 à 11 € ; 26 300 b.) : vin cité. ✗ 2015-2019

☛ SCEA Viticœur, rte de Monbadon, 33570 Puisseguin, tél. 05 57 40 49 81, contact@chateau-lanauze.com Ⓥ 🏃 🏠 r.-v. ☛ Verfaillie

Ⓑ **CH. PEYROU** 2012		
■ 15 000	◫	11 à 15 €

Catherine Papon-Nouvel, bien connue pour ses saint-émilion grands crus souvent remarquables (Clos Saint-Julien, Petit Gravet Aîné, Gaillard), a acquis en 1989 ce domaine de 10 ha, l'a converti au bio et en a fait l'une des références en castillon.

Des ceps de merlot âgés de quatre-vingts ans sont à l'origine de ce 2012 au bouquet encore discret alliant les fruits noirs confiturés à un boisé délicat, construit sur une trame tannique serrée et déjà enrobée. La finale sévère appelle cependant un court séjour en cave. ✗ 2017-2020 ❦ faisan en cocotte

⊶ *Catherine Papon-Nouvel, Peyrou,*
33350 Saint-Magne-de-Castillon, tél. 06 11 91 03 54,
catherine.peyrou@wanadoo.fr Ⓥ 🏃 🛗 *r.-v.*

CH. ROC DE MAUGRAS 2012 ★		
■	1 200 ⅢⅠ	15 à 20 €

Entrepreneur à la retraite, Guy Doyère est parti cultiver son jardin en Gironde où il a acquis une maison et une petite vigne (1,6 ha) en castillon-côtes-de-bordeaux. Il a construit un chai et élaboré son premier millésime en 2012.

Une première vendange satisfaisante : robe soutenue aux reflets indigo, nez franc et flatteur sur les fruits rouges et noirs, rehaussé de vanille, bouche fraîche et persistante, aux tanins serrés mais soyeux, boisé bien maîtrisé. Peu de bouteilles, mais elles sont bonnes. ✗ 2018-2020 ♈ entre-côte maître de chai

⊶ *SCEA Colombe Doyère Claudel, 6, Roc-de-Maugras,*
33350 Sainte-Colombe, tél. 05 57 49 59 88,
colombedoyereclaudel@orange.fr Ⓥ 🏃 🛗 *r.-v.*

CH. LA ROCHE BEAULIEU 2012		
■	50 000	5 à 8 €

Jean-Claude Aubert (La Couspaude) et Michel Querre (Patris, Le Moulin…) se sont associés en 2009 pour reprendre cette propriété d'une dizaine d'hectares en castillon-côtes-de-bordeaux, qu'ils restructurent à la vigne et au chai.

Un 2012 à la robe légèrement évoluée et au bouquet expressif mêlant le merlot mûr et le tabac. L'attaque souple et chaleureuse, les tanins fins et soyeux aux arômes boisés, la finale charmeuse en font un vin flatteur, qui trouvera sa place à table dès maintenant. ✗ 2015-2018 ♈ tournedos

⊶ *SCEA Ch. la Roche Beaulieu,*
chem. du Moulin-de-Lavaud, 33500 Pomerol,
tél. 05 57 55 19 60, contact@vignobles-querre.com
Ⓥ 🏃 🛗 *r.-v.*

CH. ROCHER BELLEVUE 2012		
■	79 000	🍷	- de 5 €

L'un des châteaux de la société Bordeaux Vineam, qui exploite en tout 250 ha dans plusieurs vignobles du Bordelais et en Bergeracois. Une affaire créée par les frères Yi Zhu et Hongtao You, l'un Chinois, l'autre Canadien, qui ont fait fortune dans la pharmacie. Elle est dirigée par une équipe d'œnologues avec à sa tête Yannick Evenou.

Un bouquet discret mais agréable de fruits rouges, de sous-bois et de pain grillé, une bouche ronde et charnue, de longueur mesurée mais plaisante par sa texture veloutée et ses arômes fruités et boisés, à l'unisson du nez. Des qualités à apprécier dès maintenant. ✗ 2015-2019 ♈ entrecôte bordelaise

⊶ *SAS Scigo France, Ch. Rocher Bellevue,*
33350 Saint-Magne-de-Castillon, tél. 05 57 40 08 88,
m.pellerin@bordeaux-vineam.fr Ⓥ 🏃 🛗 *r.-v.*
⊶ Bordeaux Vineam

CH. LA RONCHERAIE 2012 ★★		
■	7 500	🍷 ⅢⅠ	15 à 20 €

De création récente (1997), ce cru de 6 ha sur argilo-calcaire, situé sur les hauteurs (100 m) de l'appellation castillon, a changé plusieurs fois de mains. Il a été acquis en 2010 par l'entrepreneur Jean-Claude Sarroy.

Né de pur merlot, ce 2012 a compté parmi les finalistes du coup de cœur. La robe grenat soutenu est aussi intense que le bouquet aux nuances de fruits mûrs et d'épices. La bouche puissante, harmonieuse et persistante est construite sur des tanins extraits en douceur et le bois respecte le fruit. Autant d'atouts pour une heureuse évolution. ✗ 2018-2021 ♈ faisan en cocotte

⊶ *SCEA Ch. la Roncheraie, lieu-dit Terrasson,*
33350 Belvès-de-Castillon, tél. 05 57 47 92 20, contact@
chateau-laroncheraie.com ⊶ Jean-Claude Sarroy

CH. ROQUEVIEILLE Cuvée Excellence 2012 ★		
■	12 000	ⅢⅠ	11 à 15 €

La famille Palatin, bien connue à Saint-Émilion, exploite 12 ha de vignes, dont ce cru en castillon-côtes-de-bordeaux, situé sur les hauteurs de Saint-Philippe d'Aiguilhe, à plus de 100 m d'altitude.

Vinifié et élevé en barrique, ce 2012 offre un bouquet délicat de fruits rouges mûrs souligné d'un boisé délicat, en harmonie avec une bouche ample et ronde, bien construite et déjà fondue, plus marquée par l'élevage que le nez. ✗ 2017-2020 ♈ daube de canard

⊶ *Palatin, Ch. Roquevieille,*
33350 Saint-Philippe-d'Aiguilhe, tél. 05 57 40 67 27

CH. LA ROSE PONCET Mon Ange 2012 ★		
■	3 000	ⅢⅠ	20 à 30 €

Élisabeth Rousseau-Rodriguez a repris en 1999 ce domaine de 9 ha, dans sa famille depuis deux siècles, qui avait été mis en fermage pendant vingt ans par son père ; elle le restructure petit à petit à la vigne comme au chai.

Un pur merlot élevé quinze mois en barrique. Robe pourpre vif du plus bel effet, bouquet complexe dominé par la mûre, la fraise et la cerise, alliées à un boisé ajusté, bouche à l'unisson du nez, de bonne longueur, aux tanins marqués mais élégants, délicatement boisés. Un potentiel intéressant. ✗ 2017-2020 ♈ pièce de bœuf au four

⊶ *Élisabeth Rousseau-Rodriguez, Peyoriolle,*
33350 Gardegan, tél. 05 57 40 25 99, peyoriol@orange.fr
Ⓥ 🏃 🛗 *t.l.j. 10h30-16h* ⊶ GFA de Peyoriol

CH. LE TERTRE DE BELVÈS 2012 ★★		
■	18 000	🍷 ⅢⅠ	11 à 15 €

La famille Sulzer œuvre dans plusieurs crus du Libournais. Son berceau d'origine est le Ch. la Bonnelle, 13 ha de vignes au sud-est de Saint-Émilion, conduits depuis 1996 par Olivier et Diane Sulzer, qui possèdent aussi 6 ha en castillon avec le Ch. Tertre de Belvès, créé en 2004.

Né de pur merlot, ce 2012 affiche une robe colorée, presque noire. Le bouquet intense et complexe mêle les petites baies noires bien mûres, le sous-bois et un boisé toasté qui n'écrase pas le fruit. Vineuse avec finesse, la bouche s'appuie sur des tanins de qualité qui révèlent une extraction maîtrisée en un élevage en barrique fort bien mené. La longue finale sur le fruit achève de convaincre : un coup de cœur fut mis aux voix… Une bouteille racée qui a tout le temps de s'affiner. ✗ 2018-2022 ♈ gigot de sept heures

⊶ *SCEA du Tertre, Bourron, 33350 Castillon-la-Bataille,*
tél. 05 57 47 15 12, vignobles.sulzer@wanadoo.fr
⊶ Olivier Sulzer

BORDELAIS

DOM. LA TUQUE BEL-AIR 2012

■	3 000	◑	8 à 11 €

Petit-fils de tonnelier et fils de vigneron, Pierre Lavau s'est installé en 2002 sur des vignes familiales en castillon-côtes-de-bordeaux (9 ha) avec la Tuque Bel-Air et Fourquet, et en saint-émilion grand cru (5 ha) avec Petit Fombrauge et la Rose Piney.

Une robe profonde aux reflets violets, des parfums discrets de fruits rouges et de vanille, une bouche un peu chaleureuse, aux tanins mûrs, plus stricts en finale. L'ensemble sera bientôt prêt à passer à table. ✗ 2016-2020 ▼ brochettes de bœuf

o╍ Pierre Lavau, Ch. Petit Fombrauge, BP 20107, 33330 Saint-Émilion, tél. 05 57 24 77 30, petitfombrauge@terre-net.fr � ✗ ✚ r.-v.

♥ VALMY DUBOURDIEU-LANGE 2012 ★★

■	13 000	î ◑	11 à 15 €

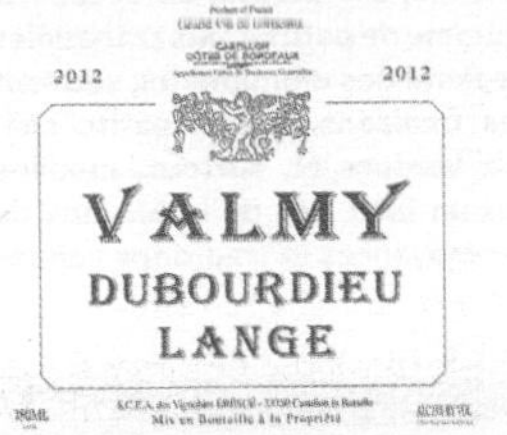

Ancien maître de chai d'un cru classé de Saint-Émilion, Patrick Érésué exploite depuis 1996 en castillon-côtes-de-bordeaux le Ch. de Chainchon (22 ha), dans sa famille depuis 1846. Il a créé la cuvée Valmy Dubourdieu-Lange, valeur sûre de l'appellation, et engagé la conversion bio du domaine (certification en 2013).

Créée en 1996, cette cuvée, qui porte le nom de l'arrière-grand-père du vigneron, provient de 3 ha de ceps de vieux merlot, dont certains ont été plantés par l'aïeul en 1890. Le premier millésime, un 1996 avait obtenu un coup de cœur du Guide. Ce 2012 est le seul castillon à recevoir cette distinction dans cette édition. La robe intense brille de mille feux ; le nez expressif mêle le cassis et la myrtille à des notes empyreumatiques bien mariées au raisin ; ronde à l'attaque, à l'unisson du bouquet, la bouche s'appuie sur des tanins soyeux et montre une rare persistance. ✗ 2018-2025 ▼ gigot d'agneau

o╍ Patrice Érésué, Ch. de Chainchon, 33350 Castillon-la-Bataille, tél. 05 57 40 14 78, chainchon@wanadoo.fr ▮ ✗ ✚ r.-v.

FRANCS-CÔTES-DE-BORDEAUX

Superficie : 535 ha / Production : 28 125 hl (99 % rouge)

S'étendant à 12 km à l'est de Saint-Émilion, sur les communes de Francs, Saint-Cibard et Tayac, le vignoble de l'appellation (anciennement bordeaux-côtes-de-francs) bénéficie d'une situation privilégiée sur des coteaux argilo-calcaires et marneux parmi les plus élevés de la Gironde.

CH. DE FRANCS Les Cerisiers 2012 ★

■	98 000	◑	11 à 15 €

Une ancienne place forte tenue par les Anglais pendant la guerre de Cent Ans, un vignoble dominant la Dor-dogne. Deux propriétaires de Saint-Émilion, Dominique Hébrard (un des anciens propriétaires de Bellefont-Belcier) et Hubert de Boüard (Angélus) ont repéré le potentiel viticole de cette appellation alors méconnue et acquis en 1985 le Ch. de Francs et ses 37 ha de vignes. Le Guide s'est fait le témoin de la qualité de leurs vins.

Élevé quatorze mois en barriques (neuves à 30 %), ce 2012 à la robe pourpre profond séduit par ses parfums aussi complexes qu'élégants de fruits rouges, de vanille, de toast et de cèdre. Souple à l'attaque, il se montre puissant, ample et gras au palais ; ses tanins veloutés apparaissent encore sévères : c'est la marque d'un vin armé pour la garde. ✗ 2018-2022 ▼ entrecôte à la bordelaise

o╍ Ch. de Francs, 29, Le Bourg, 33570 Francs, tél. 05 57 40 65 91, chateaudefrancs@terre-net.fr ▮ ✗ ✚ r.-v. o╍ Hébrard et de Boüard

CH. GODARD BELLEVUE
Élevé en fût de chêne 2012 ★★

■	80 000	◑	8 à 11 €

Héritiers d'une histoire vigneronne remontant au début du XXᵉs., Bernadette et Joseph Arbo ont repris les vignes familiales en 1988 et quitté la coopérative. Ils cultivent aujourd'hui 30 ha en francs-côtes-de-bordeaux (Godard Bellevue, Puyanché) et 10 ha en castillon-côtes-de-bordeaux (Moulins de Coussillon), à l'origine de vins souvent en très bonne place.

Composée aux deux tiers de merlot complété par les deux cabernets, cette cuvée est une fois de plus couverte d'éloges. Les jurés saluent sa robe intense, ses parfums complexes et racés de cerise noire, de mûre et son bon boisé grillé et épicé, rappelant la cannelle. L'attaque dévoile un vin généreux, ample et opulent et déjà harmonieux. On pourra toutefois attendre cette bouteille pour lui permettre d'assimiler le boisé et de patiner ses tanins. ✗ 2018-2021 ▼ canard rôti ■ Ch. de Puyanché Sélection 2012 (5 à 8 € ; 15 000 b.) : vin cité. ✗ 2016-2019 ■ Ch. de Puyanché 2013 (8 à 11 € ; 4 000 b.) : vin cité ✗ 2015-2018

o╍ Vignobles Arbo, Godard, 33570 Francs, tél. 05 57 40 65 77, earl.arbo@wanadoo.fr ▮ ✗ ✚ r.-v.

CH. LAULAN Cuvée Clément 2012

■	10 000	î	5 à 8 €

Bruno et Frédérique Citerne sont installés depuis 1997 dans un hameau de Francs, à l'orée d'un petit bois qui sépare la Gironde de la Dordogne. Ils proposent sous plusieurs étiquettes du francs-côtes-de-bordeaux, la principale étant le Ch. Laulan.

Assemblage de merlot (70 %) et de cabernet-sauvignon, ce 2012 montre de légers reflets tuilés dans sa robe grenat. Son bouquet naissant évoque les fruits bien mûrs ; sa structure tannique souple suggère d'ouvrir cette bouteille dès aujourd'hui. ✗ 2015-2018 ▼ hamburger gascon au magret

o╍ Bruno Citerne, La Seignade, 33570 Francs, tél. 06 86 38 51 93, chateau-laulan@orange.fr ▮ ✗ ✚ r.-v. 🏠 ❸ 🏠 ✚

♥ CH. MARSAU 2012 ★★

■	36 000	◑	11 à 15 €

Négociant bordelais bien connu, Jean-Marie Chadron-nier a cherché de « grands terroirs » hors des appella-

tions de prestige. C'est ainsi qu'il a acquis Marsau (12 ha) en 1994, séduit par son terroir d'argiles profondes où prospère le merlot, cépage exclusif. Avant de planter en 2002, à deux collines de là, mais dans le Bergeracois, deux petits hectares à Montpeyroux, berceau de la famille : c'est L'Enclos Pontys (AOC montravel) dominé lui aussi par le merlot.

Le vainqueur de la dégustation des francs. Un vin de pur merlot à la robe profonde et somptueuse, aux reflets violines de jeunesse. Le nez intéresse par sa complexité : il mêle la violette, le cassis, la vanille et même une pointe exotique. La mise en bouche achève de convaincre : l'attaque est ample et ronde, sur les fruits rouges, les tanins veloutés sont extraits avec doigté et la finale toastée, élégante et longue laisse envisager une belle garde. De la concentration et de la finesse. ✗ 2018-2023 ♈ faisane en cocotte

○┐ *Famille Chadronnier, SC Ch. Marsau, 3, Bernarderie, 33570 Francs, tél. 06 09 71 22 35, chateau.marsau@ gmail.com* Ⓥ ⚐ 🏠 *r.-v.*

CH. MOULIN DE LA ROQUILLE 2013		
■	80 000	î ◑	5 à 8 €

Deux frères, une sœur et le père toujours présents : un esprit familial règne sur ce domaine créé en 1964 par le grand-père. Un cru de 38 ha répartis entre AOC régionales (14 ha) et francs-côtes-de-bordeaux (24 ha).

Mi-cuve mi-fût, ce 2013 séduit par son bouquet qui associe les fruits rouges, la mûre, les fleurs, la noisette grillée et la vanille. L'attaque est souple, les tanins, fins et soyeux en milieu de bouche, deviennent vifs et sévères en finale : l'harmonie sera meilleure après une courte garde. ✗ 2017-2020 ♈ brochettes de bœuf

○┐ *GAEC Audouin, Les Huguets, 33570 Petit-Palais-et-Cornemps, tél. 05 57 69 89 79, vignobles.audouin@orange.fr* Ⓥ ⚐ 🏠 *t.l.j. sf dim. 10h-12h30 15h-19h*

CH. PUYGUERAUD 2012 ★		
■	n.c.	◑	11 à 15 €

Pavie-Macquin et Larcis Ducasse en saint-émilion grand cru (1ers crus classés), Charmes-Godard, Puygueraud, La Prade en francs-côtes-de-bordeaux, Alcée en castillon-côtes-de-bordeaux, Nicolas Thienpont est un nom qui compte dans le Libournais. Charmes-Godard, un cru de 6,5 ha acquis en 1988, s'illustre avec une grande régularité, en blanc comme en rouge.

Ce vin incorpore un soupçon de malbec dans son assemblage dominé par le merlot. Sa robe profonde se pare de reflets violets. Son bouquet chaleureux et complexe associe les fruits rouges aux notes grillées et fumées de l'élevage en barrique (quatorze mois). L'attaque suave ouvre sur une bouche ample et puissante, bien structurée. La finale tout en finesse et d'une grande persistance laisse augurer un bel avenir à cette bouteille. ✗ 2017-2021 ♈ pièce de bœuf rôtie

■ Ch. la Prade 2012 ★ (15 à 20 € ; 20 000 b.) : sans avoir la concentration du millésime précédent, coup de cœur du Guide, ce vin séduit par son bouquet complexe mêlant les

fruits noirs à un boisé toasté et par sa bouche ronde et de belle tenue, à la finale toastée et réglissée témoignant d'un élevage en fût maîtrisé. Il se boira plus jeune que son devancier. ✗ 2016-2020

○┐ *Ch. Puygueraud, 33570 Saint-Cibard, tél. 05 57 56 07 47, secretariat@puygueraud.com* Ⓥ ⚐ 🏠 *r.-v.*

➜ ENTRE GARONNE ET DORDOGNE

La région géographique de l'Entre-deux-Mers forme un vaste triangle délimité par la Garonne, la Dordogne et la frontière sud-est du département de la Gironde ; c'est sûrement l'une des plus riantes et des plus agréables de tout le Bordelais, avec ses vignes qui couvrent 23 000 ha, soit le quart de tout le vignoble. Très accidentée, elle permet de découvrir de vastes horizons comme de petits coins tranquilles qu'agrémentent de splendides monuments, souvent très caractéristiques (maisons fortes, petits châteaux nichés dans la verdure et, surtout, moulins fortifiés). C'est aussi un haut lieu de la Gironde de l'imaginaire, avec ses croyances et traditions venues de la nuit des temps.

ENTRE-DEUX-MERS

Superficie : 1 480 ha / Production : 59 050 hl

L'appellation entre-deux-mers ne correspond pas exactement à l'Entre-deux-Mers géographique, puisque, regroupant les communes situées entre Dordogne et Garonne, elle en exclut celles qui disposent d'une appellation spécifique. Il s'agit d'une appellation de vins blancs secs dont la réglementation n'est guère plus contraignante que pour l'appellation bordeaux. Mais, dans la pratique, les viticulteurs cherchent à réserver pour cette appellation leurs meilleurs vins blancs. Aussi la production est-elle volontairement limitée. Le cépage le plus important est le sauvignon qui communique aux entre-deux-mers un arôme particulier très apprécié, surtout lorsque le vin est jeune. Sémillon et muscadelle complètent l'encépagement.

BARON D'ESPIET 2014		
▨	6 000	î	- de 5 €

L'une des plus anciennes coopératives de la Gironde, créée par quatre vignerons en 1932. Une cave à l'origine tournée exclusivement vers la vinification des vins blancs de l'Entre-deux-Mers, ce jusqu'en 1960 et l'introduction de la vinification en rouge (aujourd'hui deux tiers de la production). Son vignoble couvre quelque 730 ha.

Fleurs blanches, agrumes, buis, le sauvignon est bien présent (80 %) à l'olfaction, agrémenté d'une douceur miellée pour le sémillon. Une attaque vive donne le ton d'un palais frais, alerte, sans heurt jusqu'en finale et bien fruité. ✗ 2015-2018 ♈ crustacés

○┐ *Union de producteurs Baron d'Espiet, lieu-dit Fourcade, 33420 Espiet, tél. 05 57 24 24 08, baron-espiet@dial.oleane.com* Ⓥ ⚐ 🏠 *r.-v.*

BORDELAIS

CH. DE BEAUREGARD-DUCOURT 2014 ★

| 90 500 | 🛈 | 5 à 8 € |

En 1858, la famille Ducourt s'établit au château des Combes, à Ladaux, petit village au sud-est de Bordeaux. C'est sous l'impulsion d'Henri Ducourt, installé en 1951 et relayé depuis par ses enfants et petits-enfants, que le vignoble familial prend son essor, pour atteindre aujourd'hui 440 ha répartis sur treize châteaux dans l'Entre-deux-Mers et le Saint-Émilionnais. Un ensemble dirigé par Philippe Ducourt depuis 1980.

Ce cru, acquis en 1973, surplombe un vignoble de coteaux étendu sur 12 ha en entre-deux-mers et 44 ha en bordeaux rouge et rosé. Le nez déploie de gourmandes évocations fruitées (pêche de vigne, poire, pamplemousse) et florales (acacia). Des arômes que prolonge avec persistance une bouche ample et très équilibrée, à la fois corpulente, ronde et fraîche, titillée en finale par de beaux amers. ✗ 2015-2018 ♈ fricassée de langoustines ■ Ch. la Rose du Pin 2014 ★ (5 à 8 € ; 17 600 b.) : un cru acquis en 1983 et situé près de la commune de Romagne, aux lieux-dits À-la-Rose et le Pin-de-Cornet. Le vin est fort plaisant, expressif et fin (agrumes, fruits exotiques, thé vert), onctueux et souple en bouche, avec la pointe de vivacité en finale qui signe le sauvignon. ✗ 2015-2018

⊶ Vignobles Ducourt, 18, rte de Montignac, 33760 Ladaux, tél. 05 57 34 54 00, ducourt@ducourt.com
Ⓥ 🔥 r.-v. ⊶ GFA du Hourc

CH. BELLEVUE 2014

| 79 400 | ■ | 5 à 8 € |

Vieille noblesse d'origine champenoise remontant aux Croisades. Parmi ses nombreuses branches, l'une s'est fixée dans le Sud-Ouest et possède de vastes vignobles dans l'Entre-deux-Mers et le Bergeracois.

Ce cru, fondé au XVIIes. par la famille Lestrelle, est acquis en 1973 par les consorts de Ponton d'Amécourt, qui vont dès lors entreprendre une vaste rénovation de ce domaine situé à 95 m d'altitude, sur un terroir argilo-calcaire formé de plusieurs croupes. Un assemblage mi-sémillon mi-sauvignon pour ce 2014 joliment floral à l'olfaction, vif, léger et assez long en bouche, d'une aimable simplicité. ✗ 2015-2017 ♈ fruits de mer

⊶ SCEA Famille d'Amécourt, Ch. Bellevue, 33540 Sauveterre-de-Guyenne, tél. 05 56 71 54 56, sceafamille.damecourt@neuf.fr
Ⓥ 🔥 r.-v.

CH. CASTENET 2014

| 55 000 | 🛈 | 5 à 8 € |

Les Guennec, enfants de viticulteurs de la région, ont pris la suite en 2010 de François Greffier, vigneron réputé pour ses entre-deux-mers désormais retiré des affaires. Ils conduisent aujourd'hui un vignoble de 35 ha.

Sauvignon, sémillon et muscadelle pour ce vin discret de prime abord (agrumes mûrs et fruits exotiques à l'agitation). Plus loquace, le palais se montre souple et frais en attaque, puis évolue vers plus de rondeur. Petite note amère pas désagréable en finale pour donner du « kick ». ✗ 2015-2017 ♈ huîtres

⊶ EARL Castenet, 3, Castenet, 33790 Auriolles, tél. 05 56 61 40 67, ch.castenet@wanadoo.fr
Ⓥ 🔥 🏠 r.-v. ⊶ M. et Mme Guennec

Entre Garonne et Dordogne

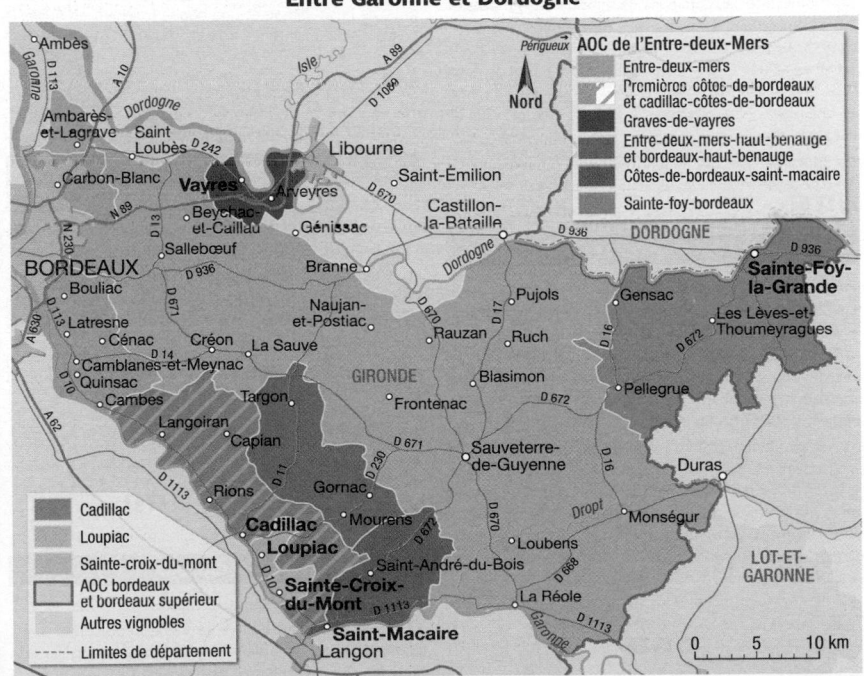

♥ CH. CHANTELOUVE 2014 ★★

| | 36 000 | | - de 5 € |

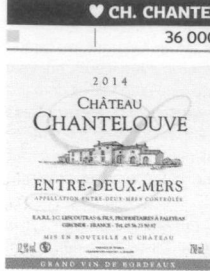

Deux étiquettes, en entre-deux-mers et en bordeaux, sont produites sur ce domaine familial : Ch. Chantelouve et Ch. Roc de Lavergne.

Une pointe de muscadelle (10 %) entre aux côtés du sauvignon et du sémillon dans l'assemblage de ce 2014 de haut vol. Très élégant et de belle intensité, le nez évoque avant tout les fleurs blanches (chèvrefeuille notamment) mâtinées de nuances d'agrumes. Ces derniers se font plus éloquents dans un palais ample, rond, gras, sans jamais perdre l'équilibre grâce à une fine fraîcheur qui sous-tend le vin jusqu'à la finale, longue et fringante. Un très beau classique. ✗ 2015-2018 ♈ saumon à l'oseille

⚬┐ EARL J.-C. Lescoutras et Fils, 22, Le Bourg, 33760 Faleyras, tél. 05 56 23 90 87, laurent.lescoutras@wanadoo.fr 🅥 🖈 🏠 r.-v.

CH. FONDARZAC 2014

| | 106 000 | 🏠 | 5 à 8 € |

Aux origines du domaine, une dot acquise par un ancêtre grognard de l'armée napoléonienne, marié le même jour que l'Empereur. Aujourd'hui, 52 ha dans l'Entre-deux-Mers répartis entre les Ch. Fondarzac et Darzac, conduits depuis 1996 par Stéphane et Alain, fils de Claude Barthe.

Une dominante peu commune de sémillon (40 %) dans ce 2014 (sauvignon et muscadelle font l'appoint à parts égales). Au nez, de discrets parfums d'agrumes, de fleurs blanches et une touche de buis. En bouche, un bon équilibre gras-acidité, du volume, de la souplesse, du fruit et une finale plus nerveuse. ✗ 2015-2016 ♈ ceviche de maquereaux

⚬┐ SCA Vignobles Claude Barthe, 22, rte de Bordeaux, 33420 Naujan-et-Postiac, tél. 05 57 84 55 04 🅥 🖈 🏠 r.-v.

CH. DE FONTENILLE 2014

| | 90 000 | | 5 à 8 € |

En 1290, le site de Fontenille, dans l'Entre-deux-Mers, possédait déjà des vignes. Alors rattaché à l'abbaye de la Sauve-Majeure, ce domaine au terroir argilo-siliceux est devenu autonome au XVIIᵉs. Depuis 1998, il est conduit par Stéphane Defraine, à la tête de 49 ha de vignes, dont 17 ha en blanc et 32 ha en rouge.

Sauvignon blanc (40 %), sauvignon gris, sémillon et muscadelle à parts égales, voilà pour l'assemblage. Dans le verre, un vin généreusement bouqueté autour des fruits mûrs (agrumes, litchi), stimulé par une note d'armoise. Mêmes sensations en bouche, où le vin se montre souple et gras, avec une pointe de fraîcheur bienvenue en finale. ✗ 2015-2016 ♈ tempura de crevettes

⚬┐ SC Ch. de Fontenille, 1315, rte de Grimard, 33670 La Sauve, tél. 05 56 23 03 26, contact@ chateau-fontenille.com 🅥 🖈 🏠 r.-v.
⚬┐ Defraine

CH. LA GRANDE MÉTAIRIE 2014 ★

| | 86 500 | 🏠 | 5 à 8 € |

Jean-Luc Buffeteau, revenu en 1998 sur les terres familiales, conduit 29 ha de vignes sur les coteaux vallonnés de l'Entre-deux-Mers, au cœur du Sauveterrois, dans les communes de Castelviel et Gornac. Il y produit deux étiquettes, La Grande Métairie et Haut Dambert.

Issu d'une forte dominante de sauvignon (et de 9 % de muscadelle), ce 2014 évoque avec élégance et intensité la pêche blanche et les agrumes. À l'unisson, le palais se révèle élégant et bien équilibré, offrant du gras, de la vivacité, de l'ampleur et de la persistance. Une agréable pointe d'amertume rehausse la finale. ✗ 2015-2018 ♈ asperges sauce mousseline

⚬┐ SCEA Vignobles Buffeteau, lieu-dit Dambert, 33540 Gornac, tél. 05 56 61 97 59, jean.buffeteau@gmail.com 🅥 🖈 🏠 r.-v.

CH. GRAND JEAN 2014 ★

| | 30 000 | 🏠 | 5 à 8 € |

Héritier de dix générations, Michel Dulon exploite aujourd'hui 140 ha de vignes implantés essentiellement sur la rive droite de la Garonne et dans l'Entre-deux-Mers, et répartis dans quatre crus : Ch. Grand Jean, propriété la plus ancienne et la plus vaste avec ses 100 ha, située à Soulignac ; Ch. Julian, acquis en 1998 à Targon ; Ch. du Vallier, à Langoiran (20 ha) ; Ch. Haut Pezat, 8 ha en saint-émilion grand cru, acquis en 2013 sur la commune de Vignonet.

Un joli nez sauvignonné (bourgeon de cassis, agrumes, fruits exotiques) introduit la dégustation. Du volume, du gras, de la souplesse et une bonne fraîcheur en finale, le palais est équilibré et friand. ✗ 2015-2018 ♈ verrine fraîcheur au saumon

⚬┐ SC Dulon, 133, Grand-Jean, 33760 Soulignac, tél. 05 56 23 69 16, info@vignobles-dulon.com 🅥 🏠 t.l.j. sf sam. dim. 8h30-12h30 14h-17h

CH. HAUT BESSAC 2014

| | 6 600 | 🏠 | - de 5 € |

Un vaste domaine de 55 ha de vignes et 60 ha de forêts et prairies, commandé par un château du XVIIIᵉs. construit selon les plans de Victor Louis et propriété des Glotin depuis 1930. Trois étiquettes ici, en graves-de-vayres et entre-deux-mers : Goudichaud, Haut Bessac et La Fleur des Graves.

Agrumes, pêche blanche, litchi, le fruit est à la fête dès l'olfaction. Il n'est pas en reste en bouche, où il apporte une agréable fraîcheur. Un vin harmonieux, souple et alerte. ✗ 2015-2016 ♈ saumon grillé aux agrumes

⚬┐ Ch. Goudichaud, 17, chem. de Goudichaud, 33750 Saint-Germain-du-Puch, tél. 05 57 24 57 34, contact@chateaugoudichaud.fr 🅥 🖈 🏠 r.-v.
⚬┐ Yves Glotin

CH. HAUT-GARRIGA 2014

| | 14 200 | 🏠 | - de 5 € |

La famille Barreau cultive la vigne depuis 1782 et la plantation des premiers pieds de vignes au lieu-dit Garriga. La cinquième génération (rejointe par la sixième en 2015) est aujourd'hui à la tête d'un coquet vignoble de 70 ha, répartis entre les châteaux Haut-Garriga (30 ha), le fief historique, et Courteau (40 ha). Une famille qui s'invite avec une grande régularité dans les chapitres bordeaux rosé, bordeaux sec et entre-deux-mers du Guide.

Fidèle au rendez-vous, Haut-Garriga signe un joli 2014, plaisant par ses arômes de fruits exotiques et d'agrumes, comme par sa fraîcheur et son équilibre. Un bon classique. ✗ 2015-2016 ❦ plateau de fruits de mer

☛ *EARL Vignobles Barreau et Fils, 1, Garriga, 33420 Grézillac, tél. 05 57 74 90 06, chateau-haut-garriga@wanadoo.fr* Ⓥ Ⓚ Ⓕ *r.-v.*

Ⓑ CH. LAGRANGE 2014

| | 6 700 | 🛈 | 5 à 8 € |

Commandée par une maison bourgeoise du XIXᵉ s., cette propriété familiale créée en 1990 étend son vignoble en plein cœur de l'Entre-deux-Mers, sur 9,6 ha en bio certifié depuis 2014. Olivier Lacoste a pris la suite de son père en 2005.

Le domaine propose ici une jolie cuvée au nez typé de fruits exotiques, d'agrumes et de fleurs blanches, relayé par une bouche souple et dynamique, qui offre la fraîcheur attendue d'un entre-deux-mers, sans manquer de rondeur ni de gras. ✗ 2015-2016 ❦ crevettes à l'aneth

☛ *SCEA Vignobles Lacoste, Ch. Lagrange, 33550 Capian, tél. 05 56 72 15 96, chateaulagrange@terre-net.fr* Ⓥ Ⓚ Ⓕ *r.-v.* 🏠 ⓝ

CH. LANDEREAU 2014 ★

| | 100 000 | 🛈 | 5 à 8 € |

Henri Baylet et son fils Michel ont acquis le Ch. Landereau en 1959, puis le Ch. de l'Hoste Blanc en 1980. Installé en 1988, Bruno Baylet, troisième du nom, exploite aujourd'hui 80 ha dans l'Entre-deux-Mers.

Dans ce vin, les deux sauvignons sont associés à la muscadelle et au sémillon. On sent le fruit, intense et mûr, dès l'olfaction, accompagné d'élégantes notes florales. L'attaque est nette et franche, le milieu de bouche ample et rond, la finale fringante et de bonne longueur ; et le fruit reste présent de bout en bout. Harmonieux. ✗ 2015-2018 ❦ moules au curry

☛ *Vignobles Baylet, Ch. Landereau, 33670 Sadirac, tél. 05 56 30 64 28, vignoblesbaylet@free.fr* Ⓥ Ⓚ Ⓕ *t.l.j. sf dim. 9h-12h 14h-17h*

CH. MAISON NOBLE SAINT-MARTIN 2014

| | 65 200 | 🛈 | 5 à 8 € |

Les origines de cette propriété de l'Entre-deux-Mers remontent au XIVᵉ s. Le château a été détruit pendant la Révolution. Aujourd'hui, 75 ha de vignes, qui permettent à Bertrand Gonzalez de proposer des appellations régionales et de l'entre-deux-mers.

Un 2014 très sauvignonné, du début à la fin. Au nez, du bourgeon de cassis, du buis, des agrumes : des arômes bien typés, donc. La bouche est à l'avenant et propose la vivacité un brin acidulée du cépage (70 % de l'assemblage ici), mais sans excès d'acidité, bien tempérée par ce qu'il faut de gras. ✗ 2015-2016 ❦ crottin de chavignol

☛ *SARL Ch. Maison Noble Saint-Martin, 1, Maison-Noble, 33540 Saint-Martin-du-Puy, tél. 05 56 71 86 53, maison.noble@orange.fr* Ⓥ Ⓚ Ⓕ *r.-v.* 🏠 ❸

CH. MARTINON 2014 ★

| | 90 000 | 🛈 | 5 à 8 € |

Ce domaine se situe en plein cœur de l'Entre-deux-Mers Haut-Benauge, sur un coteau argilo-calcaire. Héritier d'une très ancienne lignée vigneronne, Jérôme Trolliet, artiste peintre, a posé ses pinceaux en 1980 pour prendre le relais de sa mère à la tête du vignoble familial, étendu aujourd'hui sur une quarantaine d'hectares.

C'est le sémillon qui mène la danse (60 %) dans ce 2014 ouvert sur les fruits exotiques, l'abricot et les fleurs blanches. On retrouve la rondeur du cépage dans une bouche qui ne manque pas de finesse, ni de fraîcheur (voyez la finale, pleine de vivacité) ni de volume. Arômes floraux et fruités sont aussi bien présents. Un ensemble bien construit sans fausse note. ✗ 2015-2018 ❦ volaille à la crème

☛ *EARL Trolliet Martinon, Ch. Martinon, 33540 Gornac, tél. 05 56 61 97 09, chateaumartinon@wanadoo.fr* Ⓥ Ⓚ Ⓕ *r.-v.*

CH. LE MAYNE-CABANOT 2014 ★

| | 53 300 | 🛈 | - de 5 € |

Fondée en 1933, la coopérative de Rauzan, dans l'Entre deux-Mers, a fusionné en 2008 avec la cave de Grangemont (Romagne) pour constituer les Caves de Rauzan : pas moins de 300 adhérents et 3 000 ha de vignes. Des appellations régionales et de l'entre-deux-mers.

Assemblage de sauvignon (82 %) et de colombard, ce 2014 se livre d'abord avec retenue (agrumes, fruit de la Passion, fruits blancs à l'aération). Le palais se montre un peu plus expressif, mais c'est avant tout avec son côté charnu bien dynamisé par la vivacité du sauvignon qu'il séduit. Une belle finale longiligne conclut agréablement la dégustation. ✗ 2014-2018 ❦ moules à la crème ■ Ch. Canteloudette 2014 (- de 5 € ; 52 600 b.) : vin cité. ✗ 2015-2017

☛ *Les Caves de Rauzan, L'Aiguilley, 33420 Rauzan, tél. 05 57 84 13 22, accueil@cavesderauzan.com* Ⓥ Ⓚ Ⓕ *r.-v.*

CH. NARDIQUE LA GRAVIÈRE 2014

| | 120 000 | 🛈 | 5 à 8 € |

Cette propriété appartient à la même famille depuis 1920. Philippe Thérèse, installé depuis 1987, représentant la troisième génération, exploite aujourd'hui un vignoble de 38 ha.

Buis, zeste de citron et autres agrumes, le nez évoque clairement le sauvignon (40 % de blanc, 10 % de gris). Ni trop vif, ni trop gras, fruité à souhait (jolie rétro-nasale sur les fruits exotiques), le palais est équilibré. Simple et de bon aloi. ✗ 2015-2016 ❦ colin meunière

☛ *EARL Vignobles Thérèse, Nardique la Gravière, 33670 Saint-Genès-de-Lombaud, tél. 05 56 23 01 37, lesvignoblesthorese@gmail.com* Ⓥ Ⓚ Ⓕ *r.-v.*

BORDELAIS

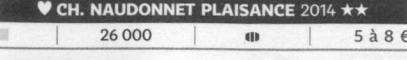

♥ CH. NAUDONNET PLAISANCE 2014 ★★

26 000	⬤	5 à 8 €

Les Mallard exploitent la vigne depuis 1870. Laurent, installé avec sa mère en 1991 et en solo depuis 2001, conduit plusieurs crus à Sauternes (L'Agnet La Carrière), à Saint-Émilion (La Croix Fourche Mallard) et dans l'Entre-deux-Mers (Vieux Liron et Naudonnet Plaisance).

Laurent Mallard signe un formidable 2014 avec cet assemblage peu classique de sauvignon blanc (60 %), de sauvignon gris (15 %) et de muscadelle (25 %). Au nez, de jolies senteurs de pêche blanche et de fruits exotiques sont accompagnées par un fin boisé, tendance vanillé-toasté. Charmeur en diable, le palais fait écho à l'olfaction et ajoute une fine fraîcheur minérale qui signe le terroir argilo-calcaire. Un entre-deux-mers complexe et très élégant. ✗ 2015-2018 ♈ gratin d'écrevisses

☞ *Laurent Mallard, Ch. Naudonnet Plaisance, 33760 Escoussans, tél. 05 56 23 93 04, contact@laurent-mallard.com* Ⓥ 🅰 🆚 *r.-v.*

CH. JEAN DE PEY 2014 ★★

6 800	🍶	- de 5 €

Dirigée depuis 1986 par Annie Merlet-Brunet, cette propriété étend ses 30 ha de vignes au cœur de l'Entre-deux-Mers, sur les coteaux argilo-calcaires qui entourent Sauveterre-de-Guyenne, célèbre pour sa bastide fondée en 1281 par Édouard 1er, roi d'Angleterre.

Une bien belle bouteille que ce 2014 proche du coup de cœur. Les agrumes (pamplemousse en tête) et la pêche se mêlent à de délicates notes d'acacia pour composer un nez à la fois intense et élégant. La bouche, ample, ronde et soyeuse, décline les mêmes arômes et se voit stimulée en finale par une fraîcheur minérale qui apporte longueur et tonicité. Un vin gracieux et des plus équilibrés. ✗ 2015-2018 ♈ tajine de lotte au fenouil

☞ *Annie Merlet-Brunet, Jean de Pey, Le Puch, 33540 Sauveterre-de-Guyenne, tél. 05 56 71 55 58, amerletbrunet@orange.fr* Ⓥ 🅰 🆚 *r.-v.*

CH. RAUZAN DESPAGNE
Réserve 2014 ★★

45 000	🍶	8 à 11 €

Les Despagne sont à la tête de 300 ha répartis sur plusieurs crus, conduits par les enfants de Jean-Louis (Thibault, Gabriel et Basaline) et par Joël Elissalde, directeur technique. Rauzan Despagne est un ancien relais de chasse du XVIIe s. acquis en 1990, aujourd'hui lieu de résidence de Gabriel Despagne, graphiste et créateur des étiquettes de la maison.

Assemblage à parts égales de sémillon, sauvignon et muscadelle, cette cuvée déploie un bouquet net, élégant et tout en fruits (pêche, citron). La fleur blanche vient s'ajouter à ces arômes dans une bouche délicate, soyeuse et fraîche. Un vin caressant, long et très équilibré. ✗ 2015-2018 ♈ bar grillé ▪ Ch. Bel Air Perponcher Réserve

2014 ★ (8 à 11 € ; 45 000 b.) : un vin qui évolue dans le registre de la douceur et de la rondeur, renforcé par des arômes de fruits mûrs (agrumes, pêche blanche), avec en finale une pointe de vivacité bienvenue. ✗ 2015-2018 ▪ Ch. Tour de Mirambeau Réserve 2014 ★ (8 à 11 € ; 113 000 b.) : à un nez intense de fruits blancs et de fruits exotiques répond une bouche fraîche en attaque, mais sans acidité agressive, plus suave dans son développement. Un vin équilibré. ✗ 2015-2017 ▪ Ch. Lion Beaulieu Réserve 2014 (8 à 11 € ; 16 000 b.) : vin cité. ✗ 2015-2017

☞ *SCEA Vignobles Despagne, Le Touyre, 33420 Naujan-et-Postiac , tél. 05 57 84 55 08, contact@despagne.fr* Ⓥ 🅰 🆚 *r.-v.*

ROC DES MOULINS 2014 ★

30 000	🍶	- de 5 €

Univitis est une coopérative regroupant 230 adhérents et 2 000 ha dans le « grand Sud-Ouest » viticole. Elle propose une large gamme de vins de marque et de propriétés ainsi qu'une quinzaine d'AOC, auxquelles s'ajoute le Ch. les Vergnes acquis en 1986 (130 ha près de Sainte-Foy).

Un fruité prometteur, dominé par les agrumes, ouvre la dégustation, accompagné par des notes typées de buis (le sauvignon entre à 60 % dans l'assemblage). Une attaque franche et alerte prélude à une bouche tout autant expressive, longue et harmonieuse, associant sans déséquilibre rondeur et fraîcheur. ✗ 2015-2018 ♈ parmentier de poisson

☞ *SCA Univitis, 1, rue du Gal-de-Gaulle, 33220 Les Lèves-et-Thoumeyragues, tél. 05 57 56 02 02, h.girou@univitis.fr* Ⓥ 🅰 🆚 *t.l.j. sf dim. lun. 9h-12h30 14h30-19h*

CH. SAINTE-MARIE Vieilles Vignes 2014 ★

89 000	🍶	5 à 8 €

Ce domaine fut autrefois administré par les moines de La Sauve-Majeure. Depuis quatre générations, ce sont les Dupuch (Stéphane depuis 1997) qui sont aux commandes et qui en ont fait une propriété importante (65 ha) de l'Entre-deux-Mers. Ils exploitent aussi dans le Haut-Médoc avec le Ch. Peyredon Lagravette, petit cru d'à peine plus de 4 ha.

Pamplemousse, citron vert et touche de pierre à fusil, le nez est engageant et fleure bon le sauvignon (75 %). S'il ne manque pas de rondeur ni de gras, le palais penche cependant vers une belle fraîcheur aux accents d'agrumes et de minéralité en parfait accord avec l'olfaction. Harmonieux. ✗ 2015-2018 ♈ tagliatelles aux fruits de mer ▪ Madlys 2013 (8 à 11 € ; 35 000 b.) : vin cité. ✗ 2015-2018

☞ *Ch. Sainte Marie, 51, rte de Bordeaux, 33760 Targon, tél. 05 56 23 64 30, contact@chateau-sainte-marie.com* Ⓥ 🅰 🆚 *r.-v.* ☞ *Dupuch*

CH. TOUR DE BONNET 2014 ★★

50 000	🍶	- de 5 €

André Lurton conduit depuis 1953 le Ch. Bonnet (et sa déclinaison Tour de Bonnet), un fief historique qui est aussi son lieu de naissance et le premier cru acquis par son grand-père Léonce Récapet en 1897. Un domaine de 300 ha, valeur sûre en entre-deux-mers et bordeaux, qui entre dans un vaste « empire » de 600 ha, dont 260 ha en pessac-léognan, l'autre « patrie » d'André Lurton (Couhins-Lurton, La Louvière...).

Très expressif et typé, ce 2014 exhale des parfums intenses mais fins de fleurs blanches et d'agrumes. D'une rondeur avenante, souple et soyeuse, la bouche s'étire et s'équilibre autour de la fraîcheur attendue d'un bon entre-deux-mers. Un vin élégant et goûteux. ✗ 2015-2018 ❦ sole meunière ▪ Ch. Bonnet 2014 (5 à 8 € ; 500 000 b.) : vin cité. ✗ 2015-2017

o→ André Lurton, Ch. Bonnet, 33420 Grézillac, tél. 05 57 25 58 58, andrelurton@andrelurton.com

CH. LES TUILERIES 2014		
▪	60 000 ⓘ	5 à 8 €

Les Menguin, établis dans l'Entre-deux-Mers depuis le XVIᵉs., conduisent aujourd'hui une belle unité de 50 ha, dont la direction a été confiée à Xavier Conti.

Dominé par le sauvignon (70 %), ce 2014 livre des parfums classiques d'agrumes, de fruits exotiques et de fleurs blanches. La bouche, dans le même registre, offre une chair ronde qui bénéficie du soutien d'une vivacité ajustée. ✗ 2015-2017 ❦ filet de lieu grillé

o→ SCEA des Vignobles Menguin, 194, Gouas, 33760 Arbis, tél. 05 56 23 61 70, vignoblesmenguin@neuf.fr Ⓥ ⚐ ⬆ r.-v.

CH. TURCAUD 2014		
▪	160 000 ⓘ	5 à 8 €

Un cru de 50 ha fondé en 1973 par Simone et Maurice Robert, conduit avec le même talent depuis 2009 par leur fille Isabelle et son époux Stéphane Le May. Abandon progressif du désherbage chimique, rendements limités, approche parcellaire pour chaque cuvée : un travail de précision au service des AOC régionales et des entre-deux-mers.

Sauvignon et sémillon à parts quasi égales, une touche de muscadelle faisant l'appoint. Au nez, de fines notes de tilleul et d'acacia. Un trait floral que l'on retrouve dans une bouche souple et ronde, avec un petit côté beurré qui renforce cette sensation, sans toutefois tomber dans la mollesse grâce à une fraîcheur bien sentie. ✗ 2015-2017 ❦ volaille à la crème

o→ Vignobles Robert, Ch. Turcaud, 1033, rte de Bonneau, 33670 La Sauve, tél. 05 56 23 04 41, chateau-turcaud@wanadoo.fr Ⓥ ⚐ ⬆ r.-v.

CH. VIGNOL 2014	
▪	100 000	5 à 8 €

Descendants de marins, les Doublet sont enracinés dans le vignoble bordelais depuis la fin du XVIIIᵉ. et au Ch. Vignol, ancienne propriété de Montesquieu dans l'Entre-deux-Mers, passée entre les mains d'armateurs bordelais au XIXᵉs., depuis 1975. En 1987, ils ont traversé la Garonne pour investir à Beautiran, dans les Graves du nord, avec le Ch. Tour de Calens, puis en saint-émilion grand cru avec le Ch. Saint-Ange en 2009.

Un nez floral et exotique (ananas) introduit la dégustation. La bouche offre une agréable fraîcheur, renforcée par un fruité légèrement acidulé et par une finale assez nerveuse et tonique. ✗ 2015-2017 ❦ sushis

o→ Bernard et Dominique Doublet, Ch. Vignol, 33750 Saint-Quentin-de-Baron, tél. 05 57 24 12 93, info@famille-doublet.fr Ⓥ ⚐ ⬆ r.-v.

ENTRE-DEUX-MERS HAUT-BENAUGE

Superficie : 105 ha / Production : 5 310 hl

Neuf communes situées autour de Targon, sur la même aire que le bordeaux-haut-benauge, peuvent ajouter le nom de haut-benauge.

CH. VERMONT 2014 ★		
▪	6 000 ⓘ	5 à 8 €

Commandée par un ravissant château du XIXᵉs. entouré de 40 ha de vignes, cette propriété de l'Entre-deux-Mers appartient à la même famille depuis les années 1880. C'est depuis 2010 la quatrième génération – Élisabeth et son époux David Labat – qui est aux commandes.

Les deux sauvignons (blanc et gris) et le sémillon sont associés dans ce haut-benauge finement bouqueté autour des fleurs blanches et des fruits jaunes. Une attaque souple, un bon volume, du gras et ce qu'il faut d'acidité en soutien, la bouche apparaît bien équilibrée. ✗ 2015-2017 ❦ huîtres

o→ EARL Ch. Vermont, lieu-dit Vermont, 33760 Targon, tél. 05 56 23 90 16, chateauvermont@chateau-vermont.fr Ⓥ ⚐ ⬆ r.-v.

GRAVES-DE-VAYRES

Superficie : 660 ha / Production : 35 300 hl (85 % rouge)

Malgré l'analogie du nom, cette région viticole, située sur la rive gauche de la Dordogne, non loin de Libourne, est sans rapport avec la zone viticole des Graves. Les graves-de-vayres correspondent à une enclave relativement restreinte de terrains graveleux, différents de ceux de l'Entre-deux-Mers. Cette dénomination a été utilisée dès le XIXᵉs., avant d'être officialisée en appellation en 1937. Initialement, elle correspondait à des vins blancs secs ou moelleux, mais la production des vins rouges, qui peuvent bénéficier de la même appellation, est devenue majoritaire. Une part importante des vins rouges est cependant commercialisée sous l'appellation régionale bordeaux.

CH. LES ARTIGAUX Cuvée des 3B 2012 ★		
▪	10 000 ⓫	5 à 8 €

Créé en 1910, le Ch. les Artigaux porte le nom d'une de ses parcelles de vigne. Le domaine s'étend sur 23 ha, une large part étant dédiée aux cépages rouges. Bruno Baudet est aux commandes depuis 1998.

Aux Artigaux, on sait marier – pour le meilleur – le fruité de la vendange à l'élevage en barrique. Preuve en est la réussite de cette cuvée issue du merlot (70 %) et des deux cabernets. Un vin qui se distingue par sa brillante teinte carminée, comme par son nez expressif de fruits rouges et noirs associés aux épices et à de légères senteurs de thym. Un agréable bouquet olfactif auquel fait écho une bouche suave et ronde, portée par des tanins satinés et stimulée jusqu'en finale par une pointe de fraîcheur. ✗ 2016-2020 ❦ côtes d'agneau ▪ L'Art des Artigaux 2013 ★ (8 à 11 € ; 2 500 b.) : un moelleux tendre et long en bouche, sans excès de sucrosité et délicatement boisé, dont la fraîcheur acidulée épouse des tendresses florales et miellées. ✗ 2015-2020 ■ **Cuvée traditionnelle 2012 ★** (5 à 8 € ; 20 000 b.) : un vin généreux, fruité (cassis, myrtille) et épicé au nez comme en bouche, doté de tanins actifs mais bien intégrés. ✗ 2015-2018

⚲ *Bruno Baudet, Ch. les Artigaux, 12, rue du Sudre, 33870 Vayres, tél. 06 08 16 55 45, baudet.bruno@wanadoo.fr* Ⓥ 🚶 🛏 *t.l.j. 9h-18h*

CH. BARRE GENTILLOT 2012		
■ 60 000	🏠	5 à 8 €

Exploités depuis sept générations par la même famille, les 47,7 ha de vignes de ce domaine s'étendent autour d'une bâtisse du XVII^{e}s. Yvette Cazenave-Mahé est aux commandes depuis 2000.

Née de merlots enracinés depuis trente ans dans un terroir argilo-graveleux, cette cuvée 2012 a fière allure dans sa brillante tenue grenat. Le nez exhale de beaux arômes de pruneau. Il annonce une bouche gourmande, souple et ronde, qui fait écho à cet aimable bouquet fruité. ✗ 2015-2018 🍴 fromage à pâte pressée

⚲ *SCEA Y. Cazenave-Mahé, Barre, 33500 Arveyres, tél. 05 57 24 80 26, chateau.de.barre@online.fr* Ⓥ 🚶 🛏 *r.-v.*

CH. CANTELAUDETTE Cuvée Prestige 2012 ★		
■ 125 000	🍷	5 à 8 €

Longtemps exploité en polyculture, ce cru fondé en 1870 par l'aïeul de Jean-Michel Chatelier est désormais dédié à la vigne seule (51 ha), à l'origine de graves-de-vayres et de bordeaux très réguliers en qualité, et proposés sous plusieurs étiquettes.

Élevé un an en fût de chêne, ce 100 % merlot d'un beau pourpre limpide développe un gracieux bouquet où les arômes fruités le disputent aux senteurs florales sur fond de boisé fin. La bouche, souple, ronde et de bonne longueur, se met à l'unisson de l'olfaction, offrant un mariage harmonieux du merrain et du fruit. Plus tannique, la finale appelle une petite garde. ✗ 2016-2020 🍴 pavé de bœuf aux girolles ■ 2014 ★ (5 à 8 € ; 16 000 b.) : ce 100 % sémillon dévoile au nez comme en bouche des saveurs tendres de fruits blancs (pêche, poire), mâtinées de nuances florales et minérales. Un vin expressif et frais. ✗ 2015-2017

⚲ *Jean-Michel Chatelier, 1, Cantelaudette, 33500 Arveyres, tél. 05 57 24 84 71, jm.chatelier@wanadoo.fr* Ⓥ 🚶 🛏 *r.-v.*

CH. LA CHAPELLE BELLEVUE Prestige Élevé en barrique 2012		
■ 4 500	🍷	11 à 15 €

Un petit cru de 2,5 ha fondé en 1990 par Lisette Labeille, qui en fait l'une des belles références de l'appellation graves-de-vayres.

Ce 100 % merlot paré de grenat aux reflets violines livre au nez un fruité intense stimulé d'épices. Un an de contact avec la barrique a durci quelque peu ses tanins, mais le palais est doté d'une matière généreuse et ronde qui permettra de bien digérer l'élevage. ✗ 2017-2019 🍴 bœuf en daube

⚲ *Lisette Labeille, Ch. la Chapelle Bellevue, chem. du Pin, 33870 Vayres, tél. 05 57 84 90 39, lachapellebellevue@wanadoo.fr* Ⓥ 🚶 🛏 *r.-v.*

CH. JEAN DUGAY 2014		
■ 14 000	🏠	- de 5 €

Quatre générations se sont succédé sur ce domaine familial aujourd'hui dirigé par Nathalie Ballet et son frère Bruno, également propriétaires depuis 1990 du Ch. la Caussade. Leur vignoble s'étend sur 57 ha.

Les vives expressions variétales de ce vin (buis, genêt, troène) signent la présence du sauvignon. L'un des jurés a beaucoup aimé l'« équilibre régalant » de la bouche, tonique et légère, animée par des saveurs fruitées à dominante d'agrumes. ✗ 2015-2017 🍴 fruits de mer

⚲ *GFA Vignoble Ballet, 1, chem. de Caussade, 33870 Vayres, tél. 05 57 74 83 17, vignoble.ballet@orange.fr* Ⓥ 🚶 🛏 *t.l.j. 8h30-12h 14h-17h30;*

CH. GOUDICHAUD 2014		
■ 12 000	🍷	- de 5 €

Un vaste domaine de 55 ha de vignes et 60 ha de forêts et prairies, commandé par un château du XVIII^{e}s. construit selon les plans de Victor Louis et propriété des Glotin depuis 1930. Trois étiquettes ici, en graves-de-vayres et entre-deux-mers : Goudichaud, Haut Bessac et La Fleur des Graves.

Très marqué par la présence du sauvignon – 85 %, avec 10 % de muscadelle et 5 % de sémillon –, ce vin s'anime à l'olfaction sur des notes de fleurs blanches et d'agrumes. Ce petit tour de valse aromatique précède une bouche vive et alerte, soulignée par une touche de minéralité. ✗ 2015-2017 🍴 dos de cabillaud ■ Ch. la Fleur des Graves 2014 (5 à 8 € ; 6 000 b.) : vin cité. ✗ 2015-2017

⚲ *Ch. Goudichaud, 17, chem. de Goudichaud, 33750 Saint-Germain-du-Puch, tél. 05 57 24 57 34, contact@chateaugoudichaud.fr* Ⓥ 🚶 🛏 *r.-v.*
⚲ *Yves Glotin*

CH. HAUT GAYAT Cuvée Quintessence 2012 ★		
■ 2 600	🍷	8 à 11 €

Les Degas dirigent un vaste vignoble familial de 90 ha qui doit beaucoup aux femmes, aux commandes depuis trois générations : après Marie-José Degas, installée en 1985, ce sont ses petites-filles Diane et Eugénie qui ont pris la relève.

Cette cuvée Quintessence, née de vieux merlots de quarante ans vendangés à la main, puis patiemment élevée en fût pendant deux ans, se présente dans une tenue sombre aux reflets ambrés. Elle se livre sans retenue à l'olfaction, sur les fruits cuits, le pain grillé et quelques notes de noix de coco. La bouche, ample, ronde et gorgée de saveurs fruitées, est solidement bâtie sur des tanins civilisés. ✗ 2017-2021 🍴 râble de lièvre aux raisins ■ 2012 (5 à 8 € ; 20 000 b.) : vin cité. ✗ 2015-2017

⚲ *Marie-José Degas, 38, rte de Créon, 33750 Saint-Germain-du-Puch, tél. 05 57 24 02 44, vignobles.degas@yahoo.fr* Ⓥ 🚶 🛏 *t.l.j. sf sam. dim. 9h-12h 14h-18h*

Ⓑ CH. L'HOSANNE Vieilles Vignes 2012 ★		
■ 12 000	🍷	8 à 11 €

Au cœur de l'appellation graves-de-vayres, ce petit domaine familial est cultivé en bio par Hélène Chastel, qui l'a hérité de ses parents en 1988.

Ce vin – 100 % merlot – carminé et frangé de nuances brique livre à l'olfaction un fruité généreux, titillé par des touches poivrées avant d'évoluer vers des notes tendres de cacao. Souple en attaque, la bouche se montre ensuite plus charpentée, épaulée par des tanins bien présents, encore un peu sévères en finale. Un vin conquérant, à carafer avant le service. ✗ 2017-2020 🍴 civet de marcassin
o━ SCEA Chastel-Labat, 124, av. de Libourne, 33870 Vayres, tél. 05 57 74 70 55, chateaulhosanne@wanadoo.fr 🅥 🎿 🏠 r.-v.

CH. JUNCARRET 2014 ★★		
▪	6 000	î	- de 5 €

Un château du XVIᵉ s., demeure du trésorier général de France sous l'Ancien Régime. Depuis 1955, la famille Rouquette en est propriétaire et produit sur 28,5 ha des graves-de-vayres et des bordeaux dans les trois couleurs.
Fruit d'un assemblage de sauvignon, sémillon et muscadelle, ce 2014 jaune pâle et lumineux déploie une olfaction minérale (silex) et fruitée (agrumes) du plus bel effet. La bouche, vive et saline tout en offrant du gras et de la douceur, brille par son équilibre et son élégance. ✗ 2015-2018 ▪ Classique 2012 (5 à 8 € ; 26 500 b.) : vin cité. ✗ 2015-2017
o━ SCEA du Ch. Juncarret, av. de Juncarret, 33870 Vayres, tél. 05 57 74 85 23, contact@juncarret.fr 🅥 🎿 🏠 t.l.j. 9h-12h 13h-17h; sam. dim. sur r.-v.
o━ Rouquette

| ♥ Ⓑ CH. LESPARRE | | |
Vinifié en fût de chêne 2012 ★★		
▪	200 000	⬤	8 à 11 €

Originaire de Champagne (Côte des Blancs), la famille Gonet s'est aussi forgé une solide renommée dans le Bordelais : en graves-de-vayres avec les châteaux Lesparre (acquis en 1986), Lathibaude et Durand Bayle, valeurs sûres conduites en bio, ainsi qu'en pessac-léognan (Haut-Bacalan, Eck, Haut l'Évêque, Saint-Eugène) et en AOC régionales (La Chapelle Bordes, La Rose Videau).

La Maison Gonet continue de marquer de son empreinte l'appellation graves-de-vayres avec ses châteaux Lesparre et Lathibaude. Déjà coup de cœur avec ses Lathibaude blancs 2012 et 2013, elle s'illustre cette année avec son Lesparre rouge, né d'un assemblage de merlot (75 %) et des deux cabernets. Grenat intense auréolé d'indigo, ce 2012 propose un bouquet de haute expression : griotte macérée, cassis, réglisse et fin vanillé. La bouche, dotée de tanins tendres et assagis, offre beaucoup d'étoffe et une rondeur des plus avenantes, avec en soutien un boisé parfaitement ajusté, qui laisse le fruit donner le tempo. Un modèle d'harmonie. ✗ 2017-2022 🍴 gigue de chevreuil
▪ Vinifié en fût de chêne 2014 ★ (5 à 8 € ; 20 000 b.) : mariage heureux du merrain et du fruit, le nez associe agrumes, cacao et caramel salé. Sans manquer de gras et de rondeur, le palais se montre vif et crayeux, porté par un fruité frais et actif. ✗ 2015-2018 ▪ Ch. Lathibaude

2014 ★ (5 à 8 € ; 20 000 b.) : un vin de belle tenue, mi-sauvignon mi-sémillon, apprécié pour sa complexité (fruits blancs, citron confit, fleur d'acacia) et pour son équilibre entre gras et fraîcheur minérale. ✗ 2015-2018 ▪ Grand vin du Ch. Lesparre 2012 (11 à 15 € ; 20 000 b.) : vin cité. ✗ 2016-2019
o━ SCEV Michel Gonet et Fils, Ch. Lesparre, 33750 Beychac-et-Caillau, tél. 05 57 24 51 23, info@gonet.fr 🅥 🎿 🏠 r.-v.

CH. PANCHILLE 2012 ★		
▪	11 000	î ⬤	8 à 11 €

En 1981, trois ans après le décès de son père, Pascal Sirat reprenait à vingt-trois ans l'exploitation familiale : 5 ha, dont le produit était livré à la coopérative. Premier chai en 1985, sortie de la coopérative en 1992. Aujourd'hui, 14 ha sur la rive gauche de la Dordogne.
La robe carminée striée d'éclairs violines se montre séductrice en diable. De son élevage en fût, ce vin conserve d'élégantes notes vanillées et cacaotées qui accompagnent sans les étouffer d'intenses arômes de fruits noirs (cassis) et rouges (framboise). Des arômes que prolonge un palais ample, enveloppant, bien structuré et frais. Un beau potentiel en perspective. ✗ 2017-2020 🍴 lasagnes
o━ Pascal Sirat, Ch. Panchille, 1, lieu-dit Penchille, 33500 Arveyres, tél. 05 57 51 57 39, info@chateaupanchille.com 🅥 🎿 🏠 r.-v.

CH. DU PETIT PUCH 2012 ★		
▪	33 600	⬤	11 à 15 €

Une des plus anciennes propriétés du Bordelais (la construction du château date de 1337), entièrement rénovée en 2000 et acquise en 2004 par la famille de La Rivière. Le vignoble s'étend sur 14 ha en graves-de-vayres.
La robe pourprée habille ce 2012 qui s'est joué des embûches d'un millésime compliqué. Un an au contact du chêne lui a conféré de beaux arômes grillés qui n'écrasent pas les fruits, noirs et intenses. Souple en attaque, la bouche dévoile ensuite une structure ferme qui permettra une bonne évolution dans le temps. Ce vin a de la tenue, offrant un bel équilibre entre puissance et rondeur. ✗ 2017-2021 🍴 gigot d'agneau
o━ GFA du Petit Puch, 3, chem. du Petit-Puch, 33750 Saint-Germain-du-Puch, tél. 05 57 24 52 36, chateaupetitpuch@yahoo.fr 🅥 🎿 🏠 r.-v. 🏠 ➍

SAINTE-FOY-BORDEAUX

Superficie : 370 ha / Production : 17 250 hl (90 % rouge)

À l'extrémité orientale de l'Entre-deux-Mers et aux portes du Périgord, sur les rives de la Dordogne, la bastide médiévale de Sainte-Foy-la-Grande a donné son nom à un vignoble qui propose des rouges marqués par le merlot ainsi que quelques blancs, surtout secs.

CH. CARBONNEAU Margot 2014		
▪	11 300	î	5 à 8 €

Un élégant château du XIXᵉ s. avec parc et jardin commande ce cru de 20 ha, dans la même famille depuis 1937 et conduit par Wilfrid Franc de Ferrière depuis 1992.

BORDELAIS

Cette cuvée ne manque pas de charme : jolie robe jaune-vert brillant, parfums délicats d'œillet et de citron, franchise et fraîcheur en bouche. Un peu fugace cependant, mais harmonieux. **✗** 2015-2017 **Y** poêlée de saint-jacques au citron

⚬ *Franc de Ferrière, Ch. Carbonneau,*
33890 Pessac-sur-Dordogne, tél. 06 75 86 58 10,
carbonneau.wine@orange.fr Ⓥ 🎿 🏋 *t.l.j. 11h-18h* 🏠 **⑤**

CH. DES CHAPELAINS Prélude 2014 ★		
■	65 000	🔖	5 à 8 €

Pierre Charlot est un vigneron qui compte dans l'AOC sainte-foy. Depuis 1991, il redonne ses lettres de noblesse à ce domaine de 50 ha, dans sa famille depuis le XVIIᵉs., dont il tire des cuvées qui laissent rarement indifférent et visent avant tout l'expression du fruit. L'une de ses devises : *Life is too short to drink bad wine...*
Après deux coups de cœur en deux éditions (La Découverte en blanc 2011 puis Les Temps modernes en rouge 2011), le domaine revient avec un blanc placé sous le signe du charme, du fruit (agrumes mûrs, pomme verte) et de la fraîcheur. Un sainte-foy très énergique et expressif, très bien vinifié. **✗** 2015-2017 **Y** saumon gravlax ■ Les Temps modernes 2012 (8 à 11 € ; 6 000 b.) : vin cité. **✗** 2016-2020

⚬ *Ch. des Chapelains, 1, Les Chapelains-Rambaux,*
33220 Saint-André-et-Appelles, tél. 05 57 41 21 74,
chateaudeschapelains@wanadoo.fr Ⓥ 🎿 *t.l.j. sf sam.*
dim. 8h-12h 14h-18h

CH. GALOUCHEY Cuvée Jean 2012 ★★		
■	8 000	⬤	8 à 11 €

Les vignobles Valpromy-Deffarge constituent un bel ensemble de 55 ha, conduit par la même famille depuis trois générations. Trois étiquettes ici : les châteaux Galouchey, Trois Fonds et Tour de Gaspin.ˑ
Tout simplement le meilleur sainte-foy de cette édition. Un vin qui associe le merlot (60 %), les deux cabernets et le malbec. Un bouquet naissant mais déjà complexe ouvre la dégustation autour de senteurs de réglisse, de café, de fruits rouges mûrs et de rose. Une attaque souple et ample prélude à un palais solidement arrimé à de beaux tanins serrés, épaulés par un boisé encore très présent mais de grande qualité, qui accompagne le vin sans l'écraser. Tout semble ici en équilibre et promet une belle évolution en cave. **✗** 2017-2023 **Y** gigot d'agneau de sept heures

⚬ *EARL Valpromy-Deffarge, 1, Goupin, 33890 Gensac,*
tél. 05 57 47 40 76, earl.valpromy-deffarge@orange.fr
Ⓥ 🎿 🏋 *t.l.j. 8h-12h 14h-18h; sam. dim. sur r.-v.*

CH. GRAND MONTET 2012 ★		
■	900	⬤	8 à 11 €

Un cru de 30 ha conduit depuis 1987 par Marie-France et Didier Roussel, régulier en qualité depuis sa sortie de la cave coopérative en 2001. Outre ses sainte-foy, le domaine réserve, les bonnes années, 30 ares de vignes dédiés à une production confidentielle de liquoreux.
Une rareté que ce liquoreux né du seul sémillon, qu'il sera bien difficile de se procurer. Les heureux élus pourront apprécier son bouquet puissant et complexe de miel, de poivre, de cacao et de raisin confit, ainsi que son palais flatteur et fin, suave sans lourdeur, bien équilibré par une fraîcheur mentholée. **✗** 2018-2022 **Y** tarte poires, noisette et chocolat

⚬ *Marie-France et Didier Roussel,*
EARL Les Deux Domaines, 6, Le Grand-Montet,
33220 Saint-André-et-Appelles, tél. 05 57 46 10 23,
chateaugrandmontet@orange.fr Ⓥ 🎿 🏋 *r.-v.* 🏠 **⑭**

CH. HOSTENS-PICANT 2012 ★		
■	70 000	⬤	20 à 30 €

Rouge ou blanc, sec ou moelleux, ce domaine de 42 ha, régulièrement présent dans ces pages, joue pour toutes ses cuvées la carte de l'appellation sainte-foy-bordeaux. À sa tête, Yves Hostens-Picant, installé en 1986 (premières vinifications en 1990, date de la construction du chai).
Issu de merlot (60 %) et de cabernet franc, ce 2012 livre un bouquet intense de groseille, de fraise et de framboise agrémenté de fines nuances florales. Des tanins ronds et soyeux soutiennent une bouche ample, généreuse et charnue. Un sainte-foy déjà très aimable, que l'on pourra boire dès aujourd'hui ou garder quelques années en cave. **✗** 2016-2021 **Y** épaule d'agneau braisée

⚬ *SCEA Ch. Hostens-Picant, Grangeneuve-Nord,*
33220 Les Lèves-et-Thoumeyragues, tél. 05 57 46 38 11,
chateauhp@gmail.com Ⓥ 🎿 🏋 *r.-v.*

CH. MARTET Réserve de famille 2012 ★		
■	n.c.	⬤	30 à 50 €

Propriétaire de l'une des plus anciennes et importantes maisons de négoce belge (1886), Patrick de Coninck conduit depuis 1991 ce cru de 25 ha, ancienne halte sur le chemin de Compostelle. Après avoir entièrement restructuré le vignoble (90 % arrachés et replantés du seul merlot), il en a fait l'une des références incontournables de l'appellation sainte-foy.
Ce très joli 2012 exhale des parfums intenses et généreux de cuir, de vanille, de réglisse et de fruits à l'alcool. Une générosité prolongée par une bouche ample et chaleureuse, soutenue par des tanins serrés, par un boisé encore bien présent (élevage de dix-huit mois en barrique oblige) et par une fine acidité qui apporte un supplément de vitalité. Autant d'arguments pour une belle tenue à la garde. **✗** 2018-2023 **Y** côte de bœuf

⚬ *Ch. Martet, lieu-dit Martet, 33220 Eynesse,*
tél. 05 57 41 00 49, chai.martet@gmail.com
Ⓥ 🎿 🏋 *r.-v.*

CH. LES PARIS 2013		
■	30 000	🔖 ⬤	5 à 8 €

Univitis est une coopérative regroupant 230 adhérents et 2 000 ha dans le « grand Sud-Ouest » viticole. Elle propose une large gamme de vins de marque et de propriétés dans une quinzaine d'AOC, auxquelles s'ajoute le Ch. les Vergnes acquis en 1986 (130 ha près de Sainte-Foy).
Ce 2013 s'annonce par un bouquet bien fruité de cerise et de framboise, agrémenté d'un boisé discret et de quelques nuances truffées. Le palais évolue sur la même trame aromatique, bâti sur une structure tannique souple qui permettra de déguster cette bouteille dans sa jeunesse. **✗** 2016-2019 **Y** épaule de veau à la basquaise

⚬ *SCA Univitis, 1, rue du Gal-de-Gaulle,*
33220 Les Lèves-et-Thoumeyragues, tél. 05 57 56 02 02,
h.girou@univitis.fr Ⓥ 🎿 🏋 *t.l.j. sf dim. lun. 9h-12h30*
14h30-19h

Ⓑ CH. PRÉ LA LANDE 2013 ★

■	11 000	🗲	8 à 11 €

Propriétaire depuis 2003, Michel Baucé est un ancien négociant en vins qui a réalisé son rêve de produire ses propres cuvées. Il a redonné vie à ce domaine fondé en 1860 et doté d'un vignoble de taille modeste (14 ha), qu'il a converti à l'agriculture biologique en 2007.

Petits fruits noirs (cassis, mûre), violette, notes de cuir, c'est un bouquet complexe et élégant qui ouvre la dégustation. Suivant une attaque ample et souple, la bouche évolue harmonieusement, portée par des tanins fins et serrés, et prolongée par une finale ronde et chaleureuse. Ce vin devrait bien vieillir. ✗ 2017-2020 ❦ navarin d'agneau

o━ EARL Vignobles de la Rayre, 2, lieu-dit La Rayre, 33220 Pineuilh, tél. 05 57 41 36 20, info@prelalande.com
Ⅴ ☀ 🛇 t.l.j. sf sam. dim. 9h-12h 14h-18h

CADILLAC-CÔTES-DE-BORDEAUX

Superficie : 2 975 ha / Production : 112 425 hl

L'appellation (anciennement premières-côtes-de-bordeaux rouges) s'étend sur une soixantaine de kilomètres le long de la rive droite de la Garonne, des portes de Bordeaux jusqu'à Verdelais. Les vignobles sont implantés sur des coteaux qui dominent le fleuve et offrent de magnifiques points de vue. Les sols y sont très variés : en bordure de la Garonne, ils sont constitués d'alluvions récentes ; sur les coteaux, on trouve des sols graveleux ou calcaires ; l'argile devient de plus en plus abondante au fur et à mesure que l'on s'éloigne du fleuve. Les vins ont acquis depuis longtemps une réelle notoriété. Ils sont colorés, corsés, puissants ; produits sur la rive droite de cette zone, moelleux ou liquoreux, continuent d'être revendiqués en appellation premières-côtes-de-bordeaux.

Ⓑ CH. BRETHOUS Prestige 2012 ★

■	10 700	🗲 ⬢	11 à 15 €

Un cru de 14 ha régulier en qualité, acquis en 1963 par Françoise et Denis Verdier. Leur fille Cécile et son époux ont pris le relais en 1999, en ajoutant les exigences de l'agriculture biologique et biodynamique.

Ce 2012 séduit d'emblée par sa robe rubis profond et par son bouquet complexe et intense, qui intègre bien l'apport du bois et ses tonalités toastées aux côtés du fruit. À la fois fin et solide, le palais s'inscrit dans la même logique, tout en gagnant en ampleur au cours de la dégustation. ✗ 2017-2020 ❦ côte de bœuf

o━ Cécile et Thierry Mallié-Verdier, Ch. Brethous, 28, chem. du Jonc, 33360 Camblanes, tél. 05 56 20 77 76, brethous@libertysurf.fr Ⅴ ☀ 🛇 t.l.j. sf dim. 8h30-12h 13h30-19h

CH. LA CAUSSADE Grande Réserve 2012

■	20 000	⬢	5 à 8 €

Implantée à Sainte-Croix depuis huit générations, la famille Armand fait partie des institutions locales pour ses liquoreux renommés. Elle y conduit deux crus (dans un esprit bio, sans certification) : la Caussade et la Rame, son fleuron, dont les vins étaient déjà réputés au XIXᵉs. Angélique et Grégoire Armand ont pris la suite de leur père Yves en 2009.

Très agréable à l'œil avec sa belle teinte bordeaux, très fraîche, cette cuvée demande encore à s'arrondir, le bois (tendance épices douces) restant très présent et les tanins offrant une solide structure, bien épaulée par une fine trame minérale. Un joli potentiel en perspective. ✗ 2017-2020 ❦ rôti de veau au miel

o━ GFA Ch. la Rame, 33410 Sainte-Croix-du-Mont, tél. 05 56 62 01 50, dgm@wanadoo.fr Ⅴ ☀ 🛇 t.l.j. sf sam. dim. 9h-12h 13h30-17h30

CH. LES GUYONNETS Héritage 2012 ★

■	15 000	⬢	5 à 8 €

Sophie et Didier Tordeur, anciens agriculteurs dans l'Oise, sont venus s'établir en Gironde en 2000, conquis par la région et cette belle propriété de 25 ha commandée par une maison de maître girondine.

Merlot (55 %) et cabernet-sauvignon pour ce 2012 encore très jeune par sa teinte violine à reflets brillants. Un vin qui se révèle bien équilibré dans son expression aromatique, où les épices et les notes toastées s'associent aux fruits rouges pour composer un ensemble élégant que l'on retrouve au palais. Après une belle attaque pleine de fraîcheur, celui-ci s'appuie ensuite sur de solides tanins, qui devraient s'arrondir assez rapidement. ✗ 2016-2020 ❦ volaille aux cèpes

o━ Sophie et Didier Tordeur, Ch. les Guyonnets, 33490 Verdelais, tél. 05 56 62 09 89, didiertordeur@aol.com Ⅴ ☀ 🛇 r.-v.

CH. HAUT LA PEREYRE
Cuvée Meste-Jean Élevé en fût de chêne 2012

■	n.c.	⬢	8 à 11 €

À la tête de 50 ha de vignes implantées dans ce petit pays de l'Entre-deux-Mers appelé Haut-Benauge, Olivier Cailleux perpétue une exploitation qui existe depuis 1881 et six générations.

Parée d'une robe d'un rubis très clair, cette cuvée développe un joli bouquet de fruits rouges et de violette agrémenté de nuances toastées. Des arômes que l'on retrouve dans une bouche souple et fraîche, construite sur la finesse plutôt que sur la puissance. ✗ 2015-2018 ❦ volaille rôtie

o━ Olivier Cailleux, La Pereyre, 33760 Escoussans, tél. 05 56 23 63 23 Ⅴ ☀ 🛇 r.-v.

CH. LAGRANGE 2012

■	20 400	⬢	5 à 8 €

Ce petit cru familial de 9,6 ha est en conversion bio depuis 2011. Il est conduit par Laure Lacoste et son frère Olivier.

Agréable à l'œil dans sa robe rubis, ce vin simple et plaisant offre un bouquet discret et élégant (toast et épices), avant de dévoiler une bonne structure tannique qui lui permettra de s'épanouir assez rapidement. ✗ 2016-2018 ❦ rôti de veau

o━ Lacoste, Ch. Lagrange, 33550 Capian, tél. 05 56 72 15 96, chateaulagrange@terre-net.fr Ⅴ ☀ 🛇 r.-v. 🏠 🅾

CH. LANGOIRAN Cuvée La Gravière 2012 ★

| | 6 000 | ◐ | 11 à 15 € |

Commandé par une chartreuse construite au XIXes., établie dans l'enceinte d'un château fort du Moyen Âge, ce cru offre une très belle vue sur la vallée de la Garonne. Planté sur un beau terroir graveleux et argilo-calcaire, le vignoble couvre 23 ha.

Dominé par le cabernet-sauvignon (70 %) et encore marqué par le bois, ce 2012 affiche un réel potentiel. Tant par son bouquet, intense et complexe (fruits mûrs, réglisse, toast et café), que par son bon volume et ses tanins fermes et fins qui lui confèrent une belle mâche. ✗ 2017-2020 ❦ canard aux navets

○⇁ SC Ch. Langoiran, 16, rte du Château, Le Pied-du-Château, 33550 Langoiran, tél. 05 56 67 08 55, infos@chateaulangoiran.com Ⓥ Ⓧ Ⓛ t.l.j. 9h-12h 14h-17h ○⇁ Nicolas Filou

CH. DE MARSAN 2013 ★

| | 46 000 | ◐ | 8 à 11 € |

Paul Gonfrier, rapatrié d'Algérie, rachète au début des années 1960 le Ch. de Marsan, terre noble fondée au XVIIes. sur la rive droite de la Garonne : le berceau des domaines familiaux. Ses fils Philippe et Éric suivent ses traces après 1985. Aujourd'hui, pas moins de 350 ha et douze châteaux.

Marsan, berceau familial des Gonfrier, tire son nom des vicomtes de Marsan, fondateurs du cru et de la ville de Mont-de-Marsan. Le château est au pied d'un coteau abrupt et le vignoble couvre 47 ha de vignes. Encore discret, ce 2013 séduit néanmoins par la fraîcheur de son bouquet, sur les fruits rouges mâtinés d'un boisé léger. Ample, généreuse et riche, la bouche s'appuie sur de bons tanins, souples et sans agressivité. Un ensemble harmonieux, que l'on pourra savourer jeune ou après un peu de garde. ✗ 2016-2020 ❦ entrecôte

○⇁ SCEA Gonfrier Frères, Ch. de Marsan, BP 7, 33550 Lestiac-sur-Garonne, tél. 05 56 72 14 38, gonfrier@wanadoo.fr Ⓥ Ⓧ Ⓛ r.-v.

PERLE DU PAYRE 2012 ★

| | 6 000 | î ◐ | 11 à 15 € |

Valérie Marcuzzi, épouse Labrousse, a pris les commandes d'un bel ensemble de 35 ha transmis de mère en fille depuis 1882 et cinq générations.

D'une couleur soutenue et animée par des reflets brillants, la robe de ce vin met en confiance, comme le bouquet, où les fruits rouges sont relevés de notes épicées. Ample, gras et rond, le palais ne déçoit pas, bien charpenté par des tanins serrés qui permettront à cette bouteille de bien évoluer à la garde. ✗ 2018-2022 ❦ magret de canard aux épices

○⇁ Ch. du Payre, 13, Le Vic, 33410 Cardan, tél. 05 56 62 60 91, chateaudupayre@gmail.com Ⓥ Ⓧ Ⓛ r.-v. 🏠 ❸

CH. LA PRIOULETTE 2012 ★★

| | 45 000 | î ◐ | 8 à 11 € |

Situé à Saint-Maixant, dans le sud de l'appellation cadillac-côtes-de-bordeaux, ce domaine, acquis en 1911 par Pierre Bord, est resté familial, avec une transmission

de père en fille. Depuis 2003, c'est Valérie Bord qui est aux commandes.

S'annonçant par une belle robe bordeaux vif, ce 2012 tient toutes les promesses de la présentation. Fin et puissant, son bouquet fait preuve d'une belle complexité (fruits rouges confits et épices). Une complexité que l'on retrouve dans un palais gras, opulent même, long et très bien structuré par de beaux tanins de garde. ✗ 2018-2021 ❦ gigot d'agneau

○⇁ Valérie Jallon-Bord, Ch. la Prioulette, 52, rte de Malagar, 33490 Saint-Maixant, tél. 05 56 62 01 97, contact@laprioulette.fr Ⓥ Ⓧ Ⓛ t.l.j. 9h-12h 14h-19h; sam. dim. sur r.-v.

CH. REYNON 2012 ★

| | 36 600 | ◐ | 11 à 15 € |

Un cru de 33,3 ha établi près de Cadillac, sur un coteau exposé plein sud. Acquis en 1958 par Jacques David, il est conduit depuis 1976 par sa fille Florence et son gendre Denis Dubourdieu (Doisy-Daëne, Clos Floridène) qui, après l'avoir entièrement restructuré, en ont fait l'une des valeurs sûres des cadillac-côtes-de-bordeaux.

C'est dans les millésimes difficiles que l'on reconnaît le savoir-faire d'un bon vinificateur ; celui de Denis Dubourdieu n'est plus à prouver. Le résultat est ici un vin de belle tenue, tant par sa teinte, d'un seyant rubis soutenu, que dans son expression aromatique, portée vers les fruits rouges (fraise écrasée) et les épices. Le palais n'est pas en reste : il offre du fruit, de la fraîcheur et des tanins élégants, extraits sans rugosité. Un bel ensemble, long et bien équilibré. ✗ 2017-2019 ❦ fromage à pâte dure

○⇁ EARL Denis et Florence Dubourdieu, Ch. Reynon, 21, rte de Cardan, 33410 Béguey, tél. 05 56 62 96 51, reynon@wanadoo.fr Ⓥ Ⓧ Ⓛ r.-v.

CH. LE THYS 2012

| | 30 000 | î | 5 à 8 € |

Constituant une belle unité de 37 ha sur les pentes argilo-calcaires dominant la Garonne autour de Cadillac, les châteaux Birot et le Thys sont commandés par une demeure de la fin du XVIIIes. Propriété depuis 1989 d'Éric et Hélène Fournier-Castéja et conduits par leurs fils Arthur et Louis, ils ont été achetés fin 2014 par le groupe hôtelier chinois New Century.

Si le bouquet demande à s'ouvrir et à s'affiner, il montre un bon potentiel par sa complexité naissante (fruits mûrs, cannelle, touche végétale). Elle aussi sur la réserve, la bouche confirme ce bon potentiel par son volume, sa fraîcheur et sa trame tannique solide et serrée. ✗ 2017-2020 ❦ bœuf en sauce

○⇁ Birot by New Century, 8 rue de Reynon, 33410 Béguey, tél. 05 56 62 68 16, contact@chateau-birot.com Ⓥ Ⓧ Ⓛ r.-v.

CH. LES TOURELLES 2012

| | 40 000 | | 8 à 11 € |

Établis à Loupiac depuis huit générations, les Darriet exploitent plusieurs crus (64 ha en tout) sur les deux rives de la Garonne. Leurs rouges sont de qualité, mais ils possèdent aussi un réel savoir-faire en matière de vin blanc, doux comme sec - Philippe Darriet, l'œnologue, est chercheur à la faculté de Bordeaux et spécialiste du sauvignon.

Ce vin livre un bouquet expressif de fruits rouges accompagnés de notes cacaotées bien marquées. Tout aussi friand et aromatique, le palais se montre souple, rond et bien équilibré. Déjà aimable, cette bouteille pourra passer quelques années en cave. ✗ 2015-2019 ✱ jambon braisé au porto

○━ Darriet, Ch. Dauphiné-Rondillon, 33410 Loupiac, tél. 05 56 62 61 75, contact@vignoblesdarriet.fr
Ⓥ Ⓚ Ⓛ t.l.j. 8h30-12h30 14h-18h; sam. dim. sur r.-v.

Superficie : 53 ha / Production : 1 010 hl

Cette appellation, qui prolonge vers le sud-est celle des premières-côtes-de-bordeaux, produit des vins blancs secs et liquoreux.

Ⓑ CH. DE LAGARDE Cuvée Prestige 2014 ★		
20 000	⬤	5 à 8 €

Établie de longue date à Saint-Laurent-du-Bois, la famille Raymond voit apparaître la première génération de vignerons au Ch. de Lagarde en 1850 avec 15 ha. Sept générations plus tard, Lionel Raymond, installé en 2000 à la suite de son père Jean-Pierre, conduit un vaste ensemble de 170 ha, entièrement converti en bio, soit la plus grande exploitation du genre en Bordelais.
Ce 2014 mi-sauvignon mi-sémillon mêle harmonieusement à l'olfaction arômes de pêche, notes minérales et senteurs de fleurs blanches. En bouche, il se montre tout aussi expressif, sur une dominante fruitée, évoluant dans un registre de fraîcheur intense, mais sans excès de nervosité et sans manquer de chair ni de gras. ✗ 2015-2018 ✱ tartare de saumon

○━ SARL Raymond, Ch. de Lagarde, 33540 Saint-Laurent-du-Bois, tél. 05 56 76 43 63, contact@vignobles-raymond.fr Ⓥ Ⓚ Ⓛ r.-v.

CH. MAJOUREAU Hyppos 2014		
2 000	⬤	8 à 11 €

L'une des belles étiquettes en saint-macaire, également présente en AOC régionales. Un cru de 38 ha, propriété des Delong depuis cinq générations, en polyculture jusqu'en 1981, date de la première mise en bouteilles. Mathieu, désormais épaulé par sa sœur Émeline, est aux commandes depuis 2002.
Un soupçon de muscadelle (1 %) accompagne le sémillon dans ce liquoreux né de vieux ceps de soixante ans. Au nez, des parfums délicats d'abricot et d'ananas confits, de sureau et de miel. En bouche, des arômes miellés et fruités, et beaucoup de richesse (100 g/l de sucres résiduels), équilibrée par une touche de fraîcheur bienvenue. Un saint-macaire puissant et généreux. ✗ 2018-2023 ✱ roquefort

○━ SCEA Vignobles Delong, 1, Majoureau, 33490 Caudrot, tél. 05 56 62 81 94, familledelong@hotmail.com Ⓥ Ⓚ Ⓛ t.l.j. 9h-12h 14h-17h; sam. dim. sur r.-v.

CH. PONTET BEL AIR 2013		
8 000	ⓘ ⬤	5 à 8 €

Une exploitation de 31 ha, transmise de père en fils depuis cinq générations, conduite depuis 1981 par Didier Cousiney.

Ce pur sémillon s'ouvre sur des arômes discrets et délicats de raisin confit, de cacao et de fruits exotiques. En bouche, il se révèle bien équilibré : suave et généreux sans lourdeur, épaulé par une fine acidité, son caractère fruité restant son meilleur atout. ✗ 2016-2020 ✱ foie gras

○━ Didier Cousiney, 6, chem. de l'Église, 33490 Le Pian-sur-Garonne, tél. 05 56 76 44 51, didiercousiney@wanadoo.fr Ⓥ Ⓚ Ⓛ r.-v.

CH. TOUR DU MOULIN DU BRIC 2013		
1 200	⬤	5 à 8 €

Voisine du château Malromé, où vécut le peintre Henri de Toulouse-Lautrec, cette propriété, dans la même famille depuis quatre générations, a pour emblème un moulin à vent érigé devant l'exploitation. Conduite depuis 2003 par Sylvie Thomasson, elle étend son vignoble de 26 ha sur les coteaux de Saint-André-des-Bois, en appellation saint-macaire.
Ce pur sauvignon offre au premier nez des notes boisées héritées de ses sept mois de barrique, avant que l'aération ne révèle des arômes frais de pamplemousse et d'abricot. Le palais, bien fruité (pêche, agrumes), attaque sur la fraîcheur et poursuit sur le même ton jusqu'en finale. Un vin blanc énergique. ✗ 2015-2017 ✱ plateau de fruits de mer

○━ SCEA Vignobles Faure, Moulin du Bric, 33490 Saint-André-du-Bois, tél. 05 56 76 40 20, vignoblesfaure@wanadoo.fr Ⓥ Ⓚ Ⓛ t.l.j. 8h-12h 14h-18h; sam. dim. sur r.-v. ○━ Thomasson Sylvie

Définie en 2009, c'est l'appellation générique de tous les vins rouges de côte (Bourg excepté), d'abord connus par leurs dénominations géographiques complémentaires : Blaye, Cadillac, Castillon et Francs. La superficie théorique de l'AOC couvre 13 500 ha, mais une grande partie des raisins est destinée aux « côtes » assortis d'une dénomination géographique complémentaire (castillon-côtes-de-bordeaux, par exemple). Tous ces vignobles occupent des pieds ou des pentes de coteaux, ou encore les proches plateaux. Les sols à dominante argilo-calcaire favorisent le merlot, qui domine les assemblages.

CH. LE DOYENNÉ 2012		
24 000	ⓘ	8 à 11 €

Propriété de Dominique et Jean Watrin depuis 1994, une jolie chartreuse jaune ocre à l'allure toscane commande un vignoble de 8 ha d'un seul tenant sur des plateaux graveleux et des coteaux argilo-calcaires.
Rubis à reflets grenat, la robe attire l'œil. Plus discret, le bouquet n'en demeure pas moins intéressant et plaisant par ses arômes de fruits rouges et d'épices. Bien structuré en bouche, sans être très puissant, offrant une agréable rondeur, il pourra être apprécié jeune. ✗ 2016-2018 ✱ poulet rôti

○━ SCEA du Doyenné, 27, chem. de Loupes, 33880 Saint-Caprais-de-Bordeaux, tél. 05 56 78 75 75, dwatrin@chateauledoyenne.fr Ⓥ r.-v. ○━ D. Watrin

CH. DU GRAND MOUËYS 2012

■	87 200	◍	8 à 11 €

Très vaste propriété (170 ha, dont 60 de vignes) commandée par un château néogothique, ce domaine s'étend sur trois collines. Selon la légende, il aurait appartenu aux Templiers qui y auraient caché un trésor. Appartenant depuis 1989 à la famille Bömers, il a été acquis en 2012 par Jinshan Zhang, fondateur du groupe chinois Ningxiahong, qui entend en faire un pôle d'œnotourisme et lui rendre son lustre d'antan.

La robe violine laisse deviner la jeunesse de ce vin. Encore un peu fermé, le bouquet s'ouvre à l'aération sur des notes de fruits rouges et d'épices douces. Une complexité naissante que l'on retrouve dans un palais frais, dense et bien structuré. ✗ 2016-2020 ♈ rôti de bœuf

○┐ SCA Les Trois Collines, Ch. du Grand Mouëys, 242, rte de Créon, 33550 Capian, tél. 05 57 97 04 40, chai@grandmoueys.com Ⅴ 🎿 🍷 r.-v. 🏠 ➌

CH. RÉAUT 2013 ★

■	96 000	◍	11 à 15 €

En 2011, douze viticulteurs (six Bordelais et six Bourguignons) ont décidé de s'unir pour acheter ce vignoble de 26 ha à cheval sur un coteau argilo-calcaire et une terrasse de graves. À leur projet se sont joints 430 amateurs (de quinze pays) qui ont investi dans l'entreprise.

Après un beau coup de cœur l'an dernier, ce cru original confirme qu'il possède un bon terroir et un réel savoir-faire avec un autre beau résultat dans un millésime difficile. Encore très jeune dans sa robe aussi fraîche qu'intense, ce 2013 se montre prometteur par ses arômes de fruits noirs mûrs et de vanille, par son volume en bouche et par sa bonne structure, bâtie sur des tanins élégants. ✗ 2016-2019 ♈ quasi de veau

○┐ Ch. Réaut, 1, Fontuch, 33410 Rions, tél. 05 56 62 66 54, contact@chateau-reaut.com Ⅴ t.l.j. sf sam. dim. 9h-12h 14h-17h

CH. SAINTE-MARIE Le Moulin rouge 2013

■	15 000	◍	5 à 8 €

Ce domaine fut autrefois administré par les moines de La Sauve-Majeure. Depuis quatre générations, ce sont les Dupuch (Stéphane depuis 1997) qui sont aux commandes et qui en ont fait une importante propriété (65 ha) de l'Entre-deux-Mers. Ils exploitent aussi dans le Haut-Médoc avec le Ch. Peyredon Lagravette, petit cru d'à peine plus de 4 ha.

Ce vin s'annonce prometteur par la complexité naissante de son bouquet : fruits rouges mûrs, cerise noire, boisé chocolaté. D'un bon volume, charnue et s'appuyant sur de solides tanins, la bouche confirme qu'il faudra attendre un peu pour profiter pleinement de cette bouteille. ✗ 2017-2020 ♈ brochette d'agneau

○┐ Ch. Sainte-Marie, 51, rte de Bordeaux, 33760 Targon, tél. 05 56 23 64 30, contact@chateau-sainte-marie.com Ⅴ 🎿 🍷 r.-v.

CH. SUAU 2012 ★

■	66 000	🍷	5 à 8 €

Ancien pavillon de chasse du duc d'Épernon (1554-1642), ce domaine doit son nom à la famille Suau, propriétaire des lieux au XVIIᵉs. Après avoir souvent changé de mains au XXᵉs., il est entré en 1986 dans la famille Bonnet et étend son vignoble sur 65 ha, en conversion bio depuis 2008. En 2014, Bachus Investments est devenu actionnaire du domaine.

S'annonçant par une robe d'une grande fraîcheur, ce 2012 développe un bouquet puissant et gourmand de fruits rouges et d'épices. Le palais se révèle ferme dès l'attaque, mais sans agressivité, ample et bien équilibré, et déploie une solide finale tannique. Un vin de caractère. ✗ 2017-2022 ♈ épaule d'agneau rôtie à l'ail

○┐ SCEA Ch. Suau, 600 Suau, 33550 Capian, tél. 05 56 72 19 06, contact@chateausuau.com Ⅴ 🎿 🍷 r.-v.

DOM. DE TERREFORT BIBONNE
Élevé en fût de chêne 2013 ★

■	60 000	◍	5 à 8 €

Implantés depuis 1890 dans l'Entre-deux-Mers, les vignobles Massé forment un bel ensemble de 70 ha, dont 55 ha de vignes, répartis sur plusieurs propriétés : Terrefort Bibonne, le fief historique de la famille, à Saint-Loubès, Queyssard, acquis en 1953 à Pompignac, et La Tour Gueyraud, acheté en 1999 à Sainte-Eulalie.

Ce vin fait preuve d'une bonne tenue tout au long de la dégustation. Agréable à l'œil dans sa robe bordeaux brillant, il développe un bouquet expressif, où fruits rouges et notes boisées sont en harmonie. Après une attaque tout en souplesse, le palais gagne en volume et en puissance, pour terminer sur une belle finale tannique. Bu jeune, il gagnera à être carafé. ✗ 2016-2020 ♈ bavette à l'échalote

○┐ Vignobles Massé, 17, av. du Périgord, Ch. Queyssard, 33370 Pompignac, tél. 05 57 34 11 38, contact@vignobles-masse.com Ⅴ 🎿 🍷 r.-v.

➜ LA RÉGION DES GRAVES

Vignoble bordelais par excellence, les graves n'ont plus à prouver leur antériorité : dès l'époque romaine, leurs rangs de vignes ont commencé à encercler la capitale de l'Aquitaine et à produire, selon l'agronome Columelle, « un vin se gardant longtemps et se bonifiant au bout de quelques années ». C'est au Moyen Âge qu'apparaît le nom de Graves. Il désigne alors tous les pays situés en amont de Bordeaux, entre la rive gauche de la Garonne et le plateau landais. Par la suite, le Sauternais s'individualise pour constituer une enclave, vouée aux liquoreux, dans la région des Graves.

▶ GRAVES ET GRAVES SUPÉRIEURES

S'allongeant sur une cinquantaine de kilomètres, la région des Graves doit son nom à la nature de son terroir : celui-ci est constitué principalement par des terrasses construites par la Garonne et ses ancêtres qui ont déposé une grande variété de débris cailloux (galets et graviers originaires des Pyrénées et du Massif central).

Depuis 1987, les vins qui y sont produits ne sont pas tous commercialisés comme graves – le secteur de Pessac-Léognan bénéficiant d'une appellation spécifique –, tout en conservant la possibilité de préciser sur les étiquettes les mentions « vin de graves », « grand vin de graves » ou « cru classé de graves ». Concrètement, ce sont les crus du sud de la région qui revendiquent l'appellation graves.

L'une des particularités de l'AOC réside dans l'équilibre qui s'est établi entre les superficies consacrées aux vignobles rouges et blancs secs. Les graves rouges possèdent une structure corsée et élégante qui permet un bon vieillissement. Leur bouquet, finement fumé, est particulièrement typé. Les blancs secs, élégants et charnus, sont parmi les meilleurs de la Gironde. Les plus grands, fréquemment élevés en barrique, gagnent en richesse et en complexité après quelques années de garde. On trouve aussi des vins moelleux qui ont toujours leurs amateurs et qui sont vendus sous l'appellation graves supérieures.

GRAVES

Superficie : 3 420 ha / Production : 138 835 hl (75 % rouge)

APOLLON Le Divin 2012 ★

| ■ | 4 500 | ◫ | 30 à 50 € |

Château Vénus est une petite propriété (8 ha) constituée en 2005 à Illats (du côté de Cérons) par Emmanuelle et Bertrand Amart, enfants de viticulteurs. Depuis 2014, elle est dotée de bâtiments modernes et écologiques.

On connaissait le Ch. Vénus ; voici, des mêmes producteurs, une petite cuvée dominée par le merlot et élevée dix-huit mois en barrique. La robe est intense, tout comme le bouquet fruité et boisé, bien fondu, qui annonce une structure dense, souple et mûre. La finale sur la réglisse et le pain grillé est harmonieuse et persistante. ✗ 2017-2020 ♥ rôti de veau aux champignons ■ **Les Délices d'Apollon 2012** (11 à 15 € ; 10 000 b.) : vin cité. ✗ 2017-2020

○━ EARL Ch. Vénus, 3, Pertigues, lieu-dit Brouquet, 33720 Illats, tél. 05 56 62 76 09, contact@chateauvenus.com Ⅴ 🅰 🏠 r.-v.

CH. D'ARGUIN 2012

| ■ | 18 044 | ◫ | 8 à 11 € |

Basé à Bordeaux et spécialisé dans le service et le conseil aux entreprises, le groupe Pouey International a investi dans le vin. Il détient dans les Graves le Ch. d'Arguin et le Dom. du Reys, à Saint-Selve, près de la Brède.

Si ce 2012 a séjourné un an en barrique, les fruits, frais (myrtille) ou presque confits (figue), s'expriment pleinement dans le bouquet, rehaussés de notes épicées et minérales. Fins et enrobés, les tanins mènent en douceur vers une finale élégante, tout en appelant une petite garde. ✗ 2017-2019 ♥ côte de veau aux cèpes

○━ SA Pouey International, chem. de Gaillardas, Jeansotte, 33650 Saint-Selve, tél. 05 56 78 49 10, blacampagne@pouey-international.fr Ⅴ 🅰 🏠 r.-v.

CH. D'ARRICAUD 2012 ★

| ■ | n.c. | ◫ | 15 à 20 € |

Situé sur les hauteurs de Landiras, ce cru des Graves a pris son visage actuel à la fin du XVIIIe s. quand il appartenait au comte Joachim de Chalup, mousquetaire du roi et président du parlement de Bordeaux. Les Bouyx – Isabelle Labarthe depuis 1992 – veillent sur le vignoble (23 ha) depuis trois générations.

Le cabernet-sauvignon (80 %), complété par le merlot (18 %) et par un soupçon de petit verdot, domine dans l'assemblage de ce graves élevé dix-huit mois en fût. Sa robe presque noire aux reflets violacés annonce un vin dense. Le nez mêle les notes de pain grillé, de moka et de cacao du merrain à des parfums de fruits noirs sauvages. La bouche savoureuse et bien construite évolue sur des tanins qui prendront bien vite une texture veloutée. ✗ 2017-2020 ♥ pigeon rôti

○━ EARL Bouyx, Ch. d'Arricaud, 33720 Landiras, tél. 05 56 62 51 29, chateaudarricaud@wanadoo.fr Ⅴ 🅰 🏠 r.-v.

CH. AUNEY L'HERMITAGE 2013

| ■ | 8 000 | ◫ | 5 à 8 € |

Autrefois Ch. le Chec, ce cru de 8,5 ha a pris avec le millésime 2011 le nom de son producteur, Christian Auney, qui a constitué le vignoble à partir de 1907. Comme beaucoup de domaines du nord des Graves, il fait face aujourd'hui à l'extension de la métropole bordelaise. En conversion bio.

Ce graves assemble pratiquement par tiers le sémillon, le sauvignon (le blanc et le gris) et la muscadelle. Sa robe jaune pâle ourlée de vert ne manque pas d'allure. Elle annonce la finesse du bouquet où le sauvignon transparaît dans les notes de buis et de bourgeon de cassis. Ample, onctueux et fruité, le palais finit sur une note boisée agréable et persistante. ✗ 2016-2018 ♥ poulet à la crème

○━ Christian Auney, 32, chem. de la Girotte, 33650 La Brède, tél. 05 56 20 31 94, vignobles.auney@wanadoo.fr Ⅴ 🅰 🏠 t.l.j. 14h-19h ; dim. sur r.-v.

♥ CH. BEAUREGARD DUCASSE
Albertine Peyri 2013 ★★

| ■ | 6 000 | ◫ | 8 à 11 € |

GRAND VIN DE BORDEAUX

CHÂTEAU
BEAUREGARD DUCASSE
Albertine Peyri
2013
GRAVES

Situé près du château de Roquetaillade, ce cru a été reconstitué et agrandi à partir de 1981 par Jacques Perromat, œnologue, dont la famille est bien implantée dans les Graves et en Sauternais. Les vignes (44 ha) sont installées sur l'un des points culminants de l'appellation.

Régulièrement en bonne place dans le Guide, ce cru obtient son premier coup de cœur avec ce graves issu à 60 % de sémillon. Sa teinte d'un jaune lumineux très pâle fait preuve d'une grande subtilité que l'on retrouve au bouquet, mariage harmonieux entre les arômes citronnés

BORDELAIS

du raisin et ceux toastés du bois. Ce vin s'impose au palais par son volume, sa puissance et sa longueur. Le fruit, très présent, apporte de la fraîcheur et de la vivacité. ✗ 2016-2020 ♥ saint-jacques aux champignons ■ Albert Duran 2012 (11 à 15 € ; n.c. b.) : vin cité. ✗ 2018-2021

☙ EARL Vignobles Jacques Perromat, Ducasse, 33210 Mazères, tél. 05 56 76 18 97, jperromat@ mjperromat.com Ⓥ 🏃 🏠 t.l.j. 9h-13h 14h-18h

---

Ⓑ CH. BICHON CASSIGNOLS
La Grande Réserve 2012

| ■ | 3 000 | ⓪ | 15 à 20 € |

Fondé en 1919 par les grands-parents des vignerons actuels, ce domaine implanté sur les hauteurs de la Brède résiste à l'urbanisation. Installés en 1981, Jean-François et Marie Lespinasse ont converti leurs 12 ha de vignes au bio (certification en 2011).

Mi-merlot mi-cabernet-sauvignon, ce 2012 est expressif et peu marqué par son élevage de dix-huit mois en barrique : son bouquet fait la part belle à la cerise noire, relevée de

---

touches poivrées. Dans le même registre, le palais est bien construit, adossé à des tanins fondus. ✗ 2017-2019 ♥ pigeon aux petits pois ■ 2012 (11 à 15 € ; 10 000 b.) Ⓑ : vin cité. ✗ 2015-2018

☙ Marie et Jean-François Lespinasse, 50, av. Capdeville, 33650 La Brède, tél. 05 56 20 28 20, bichon.cassignols@ wanadoo.fr Ⓥ 🏃 🏠 t.l.j. sf dim. 10h-12h30 15h-19h; f. août

---

| **CH. LE BONNAT** 2012 | | |
| ■ | 80 000 | ⓪ | 8 à 11 € |

D'origine landaise, la famille Lesgourgues détient plusieurs propriétés dans le Sud-Ouest et en Bordelais (environ 240 ha au total), avec deux porte-drapeaux : le château de Laubade, en Armagnac, depuis 1974, et Haut-Selve, dans les Graves, acquis en 1993 et entièrement restauré. Aujourd'hui, 45 ha et un superbe cuvier. S'y ajoutent Le Bonnat (graves), Loumelat (Blayais) et Peyros (madiran).

Plaisant et facile d'accès, ce vin développe au bouquet des notes de fruits rouges, avec une touche de poivron et de

---

La région des Graves

AOC des Graves et du Sauternais
- Graves et graves supérieures
- Pessac-léognan
- Cérons
- Barsac
- Sauternes
- Bordeaux et bordeaux supérieur
- Autres vignobles
- ■ Premier cru classé
- ● Grand cru classé
- ▫ Premier cru supérieur

cuir. Dans le même registre aromatique, le palais séduit par son attaque souple, son ampleur et ses tanins affables.

✗ 2016-2019 ❦ fromage à pâte pressée

☞ *Vignobles Lesgourgues, 285, rue Nationale, 33240 Saint-André-de-Cubzac, tél. 05 57 94 09 20, contact@leda-sa.com* Ⅴ ⚑ ⚐ *r.-v.*

TENTATION DU CH. LE BOURDILLOT 2012 ★★		
■ 45 000	🍖 ⚉	8 à 11 €

Originaire d'Arras, Jules Haverlan a acquis en 1906 ce vignoble installé sur des graves profondes, qui appartenait en 1818 au comte de Lynch. Dirigée par Patrice Haverlan depuis 1986, la propriété couvre 21 ha et propose majoritairement des graves rouges. Une valeur sûre.

La cuvée Tentation, à majorité de merlot, se signale par sa régularité : le 2012 a frôlé le coup de cœur. Elle porte bien son nom avec son bouquet de fruits très mûrs, voire confits (pruneau, cerise), finement boisé, et son palais rond, caressant, ample et bien structuré qui fait de ce millésime autant un « vin plaisir » qu'une bouteille de garde. ✗ 2016-2020 ❦ entrecôte grillée ■ Ch. le Bourdillot 2012 ★ (11 à 15 € ; 8 000 b.) : une cuvée bien construite et élégante, au nez intense de fruits rouges et d'épices. ✗ 2017-2020

☞ *EARL Patrice Haverlan, 11, rue de l'Hospital, 33640 Portets, tél. 05 56 67 11 32, patrice.haverlan@gmail.com* Ⅴ ⚑ ⚐ *r.-v.*

CH. BRONDELLE 2012 ★		
■ n.c.	⚉	11 à 15 €

Un ancien vignoble (fin du XVIIIᵉ s. pour le moins) établi au sud de la région des Graves sur un joli terroir argilo-calcaire, dédié aux blancs à l'origine. Jean-Noël Belloc a quitté une grande entreprise pour reprendre en 1988 ce domaine de 36 ha, très régulier en qualité, acquis par son grand-père en 1925.

Ce cru offre avec son 2012 un vin qui ne joue pas la carte de la puissance, mais qui ne manque pas de qualités. Le bouquet, marqué par un long élevage en barrique (dix-huit mois, dont douze dans le chêne neuf), laisse percer des notes de cerise à l'arrière-plan. Rond et suave, le palais dévoile une trame tannique souple et charnue, qui débouche sur une finale élégante et persistante. ✗ 2016-2019 ❦ tournedos ■ Ch. Andréa 2013 (5 à 8 € ; n.c. b.) : vin cité. ✗ 2017-2020 ■ 2013 (11 à 15 € ; n.c. b.) : vin cité. ✗ 2015-2018

☞ *Jean-Noël Belloc, Ch. Brondelle, 33210 Langon, tél. 05 56 62 38 14, chateau.brondelle@wanadoo.fr* Ⅴ ⚑ ⚐ *t.l.j. sf sam. dim. 9h-12h30 14h-17h30*

CH. DE BUDOS Cuvée Darmajan 2013 ★★		
■ 2 300	⚉	8 à 11 €

Aux portes du Sauternais, un château clémentin (forteresse construite au XIVᵉ s. par les parents du pape Clément V, originaire de Budos). Tout autour, un vignoble de 25 ha acquis en 1920 par la famille Boireau. À sa tête depuis 1994, Bernard Boireau a été rejoint en 2002 par Laurent Persan, architecte paysagiste.

Le sauvignon blanc et le sauvignon gris sont assemblés à parité dans ce graves aux élégants parfums de fleurs blanches, de buis et de vanille ; une petite touche de lierre s'ajoute à cette palette dans une bouche ronde, ample et

persistante, tendue par une belle vivacité. ✗ 2015-2019 ❦ coquilles Saint-Jacques

☞ *SCEA Boireau-Persan, Les Marots, 33720 Budos, tél. 05 56 62 51 64, chateaudebudos@free.fr* Ⅴ ⚑ ⚐ *t.l.j. 8h-19h; dim. 9h-12h*

CH. CABANNIEUX Réserve du château 2012		
■ 30 000	🍖 ⚉	11 à 15 €

Propriétaire du Ch. Boulos-Charmes (pessac), Sean Matthys-Meynard, pharmacien parisien converti à la vigne, a acquis en 2014 ce cru de 22 ha d'un seul tenant au sommet d'une croupe de graves.

Mi-merlot mi-cabernets, mi-cuve mi-fût, cette Réserve offre une belle expression aromatique : petits fruits noirs, noyau, poivre et toast. Le palais, de belle tenue, est rond à l'attaque, plus sévère en finale. ✗ 2017-2020 ❦ aillade de veau ■ Réserve du château 2013 (8 à 11 € ; 6 000 b.) : vin cité. ✗ 2015-2018

☞ *Ch. Cabannieux, 46, rte du Courneau, 33640 Portets, tél. 05 56 67 22 01, contact@chateau-cabannieux.com* Ⅴ ⚐ *r.-v.* ☞ Matthys-Meynard

CH. CAILLIVET 2012		
■ 25 000	⚉	11 à 15 €

Créé en 1999 par Philippe Carillo et son fils Antoine sur des terres familiales abandonnées, ce petit cru (10 ha) situé au sud des Graves a été racheté en 2013 par Olivier Bourreau, un industriel ayant attrapé le virus de la viticulture ; Antoine Carillo continue à l'exploiter.

D'abord un peu timide dans son expression aromatique, ce vin libère à l'aération des notes d'élevage évoquant la torréfaction et les épices. La bouche ample et suave est soutenue par une trame tannique ferme et serrée, et par un boisé de qualité qui demande à se fondre. ✗ 2018-2022 ❦ pièce de bœuf rôtie

☞ *SCEA Ch. Caillivet, lieu-dit Caillivet, 33210 Mazères, tél. 05 56 76 23 19, chateaucaillivet@orange.fr* Ⅴ ⚑ ⚐ *r.-v.* ☞ M. Bourreau

CH. CALVIMONT 2014 ★		
■ 34 000		8 à 11 €

Appelé aussi Ch. de Cérons : une superbe chartreuse bâtie au XVIIIᵉ s. par le marquis de Calvimont et un vignoble de 25 ha implanté sur un plateau de graves dominant la Garonne. Aux commandes depuis 2012 de cette propriété familiale, Xavier et Caroline Perromat ont entrepris un important travail de rénovation (restructuration du vignoble, cuverie, nouveau chai à barriques).

Assemblage de sémillon (60 %) et de sauvignons blanc et gris, ce vin séduit par son nez intense, sur les fruits mûrs et boisé vanillé élégant, et par son palais ample, gras, séveux et long, dans le même registre que l'olfaction. ✗ 2015-2019 ❦ dorade au four

☞ *Xavier et Caroline Perromat, Ch. de Cérons, 33720 Cérons, tél. 05 56 27 01 13, perromat@chateaudecerons.com* Ⅴ ⚑ ⚐ *r.-v.*

CH. DE CASTRES 2014 ★		
■ 10 000	⚉	11 à 15 €

Un pavillon du XVIIIᵉ s., un parc, un arboretum : avec le Ch. de Castres (graves), José Rodrigues-Lalande, ingénieur et œnologue, a acquis en 1996 un beau quartier général. Il s'est agrandi en 2013 dans cette même AOC en achetant le Ch. Beau-Site, après s'être implanté en pessac-léognan en 2004, avec l'acquisition des 18 ha du Ch. Roche-Lalande et du Dom. de la Roche.

Le sauvignon et le sémillon, presque à parité, sont complétés d'une touche de muscadelle, et le vin est vinifié et élevé en barrique. Il développe un bouquet complexe à souhait, mêlant la poire bien mûre et le coing à des notes boisées. Ce fruité se prolonge dans un palais ample et rond, à la finale savoureuse. ✗ 2015-2016 ❦ filet mignon aux pommes ■ 2013 ★ (11 à 15 € ; 100 000 b.) : douze mois de fût pour ce graves souple et rond, au bouquet frais, fruité et mentholé. ✗ 2017-2020 ■ Ch. Tour de Castres 2012 ★ (8 à 11 € ; 100 000 b.) : un ensemble flatteur par son bouquet épicé et vanillé, et par son ampleur. ✗ 2017-2019

☛ EARL Rodrigues-Lalande, Ch. de Castres, 33640 Castres-sur-Gironde, tél. 05 56 67 51 51, contact@chateaudecastres.fr Ⓥ 🏃 ⬆ r.-v.

♥ CH. DE CHANTEGRIVE 2012 ★★		
■ 150 000	⬗	11 à 15 €

Constitué *ex nihilo* en 1967 par le courtier Henri Lévêque, ce cru qui couvrait 2 ha à l'origine est aujourd'hui une belle unité de 96 ha, qu'exploite toujours sa famille, conseillée depuis 2006 par Hubert de Boüard. Une valeur sûre des Graves, avec de nombreux coups de cœur à son actif.

Si les blancs du domaine sont renommés et en bonne place dans ce chapitre, ses rouges brillent tout autant (les lecteurs de la première heure se rappelleront le mémorable 1982). Assemblage de cabernet-sauvignon et de merlot à parts égales, ce 2012 offre une présentation parfaite : sa teinte rouge sombre rivalise d'élégance avec son bouquet, heureux mariage du fruit noir bien mûr avec un boisé toasté et cacaoté. Quant au palais, gras, ample et persistant, il dévoile une matière à la fois fine et solide. ✗ 2018-2022 ❦ côte de bœuf ■ Caroline 2013 ★ (15 à 20 € ; 61 600 b.) : mi-sémillon mi-sauvignon, un vin aromatique, sur les agrumes. De la richesse, du gras et une belle tension. ✗ 2015-2019

☛ SAS Vignobles Lévêque, Ch. de Chantegrive, 33720 Podensac, tél. 05 56 27 17 38, courrier@chateau-chantegrive.com Ⓥ 🏃 ⬆ t.l.j. 9h-12h30 13h30-17h

CLOS FLORIDÈNE 2012		
■ 57 546	⬗	15 à 20 €

Valeur sûre des Graves, ce cru, créé en 1982, couvre aujourd'hui 42 ha sur le plateau calcaire de Pujols-sur-Ciron, près de Barsac, avec quelques parcelles sur les terrasses caillouteuses d'Illats. Son nom évoque les prénoms de ses fondateurs : Florence et Denis Dubourdieu, ce dernier professeur d'œnologie célèbre pour ses travaux sur les arômes.

Du cabernet-sauvignon (50 %), du merlot et un soupçon de cabernet franc, un élevage de douze mois en barriques neuves à 30 %. D'un pourpre intense, ce 2012 offre de très

agréables senteurs de fruits noirs finement boisées. Rond et charnu à l'attaque, il révèle une trame tannique serrée et épicée qui demande à s'affiner. ✗ 2017-2020 ❦ canard rôti ■ 2013 (15 à 20 € ; 75 053 b.) : vin cité. ✗ 2015-2018

☛ EARL Denis et Florence Dubourdieu, Ch. Reynon, 21, rte de Cardan, 33410 Béguey, tél. 05 56 62 96 51, reynon@wanadoo.fr Ⓥ 🏃 ⬆ r.-v.

CH. CRABITEY 2012 ★		
■ 72 000	⬗	11 à 15 €

Ancien orphelinat et vignoble créés en 1872 par les franciscaines sur le plateau de Portets. En 1985, l'ordre fait appel à Jean-Ralph de Butler, ingénieur agronome, pour moderniser le domaine, et finit par le lui céder en 2008. Arnaud de Butler avait pris le relais en 1999. Le cru compte 28 ha sur graves garonnaises.

Pour ce millésime, la part du merlot a été légèrement augmentée (55 %). Un choix justifié, comme le prouvent la robe éclatante et le bouquet racé aux nuances de menthol, de torréfaction et de cassis. En bouche, la palette, d'une intéressante complexité, s'oriente vers les fruits cuits, voire macérés. Ample à l'attaque, le vin montre de la mâche et de la rondeur, construit sur des tanins denses et fins. ✗ 2018-2021 ❦ tourte à la viande

☛ SARL Vignobles de Butler, 63, rte du Courneau, 33640 Portets, tél. 05 56 67 18 64, vignobles@debutler.fr Ⓥ 🏃 ⬆ t.l.j. 8h30-12h 13h30-17h

CH. DOMS 2013		
■ 70 000	🍾	8 à 11 €

Une chartreuse du XVIIᵉ s., des bâtiments monastiques transformés en chai, un vignoble transmis de mère en fille depuis cinq générations (28 ha aujourd'hui). Aux commandes, Hélène Durand, épaulée par sa fille Amélie, ingénieur agronome et œnologue, qui fait le vin.

Fidèle à son habitude, ce cru propose un vin gourmand aux tanins soyeux et au joli fruité. Souple et rond avec ce qu'il faut de gras, il joue la carte de l'élégance, de la robe d'un rubis fort plaisant à la finale persistante, en passant par le bouquet, aux notes de fraise bien mûre derrière un boisé délicat. ✗ 2016-2019 ❦ soupe de fruits rouges

☛ Hélène et Amélie Durand, Ch. Doms, 10, chem. de Lagaceye, 33640 Portets, tél. 05 56 67 20 12, chateau.doms@wanadoo.fr Ⓥ 🏃 ⬆ r.-v.

CH. FERNON 2012		
■ 25 000	⬗	15 à 20 €

En 1991, Frédéric Boudat et son épouse Françoise Cigana ont abandonné leur profession dans le secteur médical pour reprendre les vignes de la famille Cigana. Ils ont aménagé un chai (1998) et agrandi le vignoble. Aujourd'hui, les Vignobles Boudat-Cigana totalisent 91 ha. Ils ont leur siège dans l'Entre-deux-Mers, au château de Viaut, et proposent du bordeaux supérieur, du sainte-croix-du-mont et des graves.

Situé sur le point culminant de la commune de Langon, au sud de l'appellation, ce cru, à cheval sur les deux rives de la Garonne, possède un joli terroir de graves. Mi-merlot mi-cabernets, son 2012 rouge s'annonce par une robe profonde et par un intense bouquet de petits fruits rouges et d'épices. Frais et fruité à l'attaque, de bonne longueur, le palais s'adosse à des tanins enrobés, plus stricts en finale. ✗ 2017-2020 ❦ rôti de veau

O— *Vignobles Boudat-Cigana, Ch. de Viaut,*
33410 Mourens, tél. 05 56 61 31 31, fboudat@orange.fr
Ⓥ Ⓐ Ⓣ *r.-v.*

CH. FERRANDE 2013 ★

■	n.c.	🍾 ⑪	8 à 11 €

Au cœur des Graves, un cru ancien et vaste (environ 90 ha), propriété depuis 1992 du groupe Castel, qui a modernisé son chai.

Ce blanc sait combiner charme et sérieux : s'annonçant par un bouquet frais, finement floral et fruité, il retrouve ces qualités dès l'attaque, ronde et séveuse, avant de se faire plus gras pour déboucher sur une finale minérale et fruitée, teintée d'agrumes. ✗ 2015-2018 ❦ terrine de lapin ■ 2012 (15 à 20 € ; n.c. b.) : vin cité. ✗ 2017-2020

O— *Ch. Ferrande, 33460 Castres, tél. 05 56 35 66 05,*
contact@chateaux-castel.com

ROUGE FOUGÈRES Clos Montesquieu 2012

■	28 000	🍾 ⑪	11 à 15 €

Issu des domaines de Montesquieu et situé à La Brède, comme le château natal de son philosophe, ce vignoble a été ressuscité en 1986 par son descendant le baron Henry de Montesquieu, qui l'a cédé en 2010 à Dominique Coutière, industriel landais spécialisé dans les matières premières destinées à la parfumerie. Il couvre 12 ha.

Second vin du cru, composé à 60 % de merlot, ce 2012 fort agréable dévoile un bouquet élégant et d'une bonne intensité mêlant le fruit et le toast, relayé par une bouche d'une belle tenue, un rien gourmande et bien équilibrée. ✗ 2017-2020 ❦ rôti de porc aux pruneaux

O— *Ch. des Fougères, 33650 La Brède,*
tél. 05 58 51 08 68, contact@chateaudesfougeres.fr
Ⓥ Ⓐ Ⓣ *r.-v.*

CH. GRAND ABORD 2012 ★

■	72 000	🍾	8 à 11 €

Très ancienne propriété familiale établie depuis 1720 au cœur des Graves, au beau bâti des XVIIᵉ et XVIIIᵉs. entouré d'un parc. Géré par Philippe et Marie-France Dugoua, le vignoble couvre 25 ha.

Bien adapté au millésime par sa forte proportion (80 %) de merlot, ce cru propose un vin harmonieux tout au long de la dégustation. Dans sa présentation d'abord, avec une robe rouge éclatant, dont on retrouve l'élégance dans le bouquet délicatement boisé, avec une jolie note de café ; puis au palais, bien équilibré, charnu et ample, étoffé et enrobé, au fruité persistant. Du caractère. ✗ 2017-2020 ❦ magret aux cèpes ■ Cuvée Passion 2012 (8 à 11 € ; 12 000 b.) : vin cité. ✗ 2016-2019

O— *Vignobles Dugoua, Ch. Grand Abord,*
56, rte des Graves, 33640 Portets, tél. 05 56 67 50 75,
contact@vignobles-dugoua.fr Ⓥ Ⓐ Ⓣ *r.-v.*

CH. DU GRAND BOS 2012

■	27 900	⑪	15 à 20 €

Situé à la charnière des trois communes de Portets, Castres et Saint-Selve, ce cru est solidement ancré dans le terroir bordelais par ses bâtiments, une chartreuse à pavillon central des XVIIᵉ et XVIIIᵉ s. Le vignoble a été planté à la même époque. Acquis à la fin du siècle dernier par la famille Vincent, le cru compte 43 ha de vignes.

Associant cabernet-sauvignon (52 %), merlot et un soupçon de petit verdot, ce graves rouge doit être aéré pour révéler son bouquet de fruits rouges et d'épices. Après une attaque souple, le palais évolue sur des tanins puissants qui soulignent la finale longue et chaleureuse. ✗ 2018-2022 ❦ pièce de bœuf rôtie

O— *SCEA du Ch. du Grand Bos, lieu-dit Le Grand-Bos,*
33640 Castres-Gironde, tél. 05 56 67 39 20,
chateau.du.grand.bos@free.fr Ⓥ Ⓐ Ⓣ *r.-v.*
O— *Vincent-Rochet*

GRAND ENCLOS DU CH. DE CÉRONS 2012 ★

■	43 000	⑪	15 à 20 €

Issu d'un très ancien domaine, propriété des marquis de Calvimont du XVIᵉ au XVIIIᵉs., ce cru de Cérons (30 ha), qui a aussi droit à l'appellation graves, connaît depuis 2000 une seconde jeunesse grâce à Giorgio Cavanna, un ingénieur italien amoureux de la France, qui l'a racheté après avoir géré un domaine familial en Toscane.

Fidèle à son habitude, ce cru propose un vin bien structuré et harmonieux, qui trouve un beau point d'équilibre entre le potentiel de garde et la rondeur. Sa matière, charpentée sans raideur, met parfaitement en valeur le charme de l'expression aromatique, qui associe le pruneau, les fruits rouges confits et la vanille. ✗ 2017-2021 ❦ pièce de bœuf rôtie ■ Ch. Lamoureux Cuvée Saint-Martin 2012 ★ (11 à 15 € ; 27 000 b.) : au nez élégant et frais sur la violette, le cassis et les épices ; un palais à l'unisson, harmonieux, fruité et rond. ✗ 2016-2019 ■ 2013 ★ (15 à 20 € ; 21 444 b.) : mi-sauvignon mi-sémillon, un blanc équilibré, ample et long, aux arômes délicats de fleurs du verger et de fruits blancs un rien confits. ✗ 2015-2018

O— *SCEA du Grand Enclos de Cérons,*
12, pl. Charles-de-Gaulle, 33720 Cérons,
tél. 05 56 27 01 53, grand.enclos.cerons@wanadoo.fr
Ⓥ Ⓐ Ⓣ *r.-v.*

ABSOLU DE GRAVAS 2014 ★

■	n.c.		5 à 8 €

Ce cru, jadis nommé Doisy Gravas, est la propriété de la famille Bernard depuis six générations. Bien situé entre Coutet et Climens, il s'étend sur 10 ha au point culminant de Barsac et propose des sauternes et des graves. Un lieu réputé aussi pour son accueil et ses animations œnotouristiques.

Le cru signe un blanc original par sa composition : 100 % sémillon. Un vin moderne d'une belle complexité (pomme mûre, pêche blanche et brioche) et un palais vif à l'attaque, ample et gras. ✗ 2015-2017 ❦ blanquette de lotte

O— *Michel Bernard, Ch. Gravas, 6, lieu-dit Gravas,*
33720 Barsac, tél. 05 56 27 06 91,
chateau.gravas@wanadoo.fr Ⓥ Ⓐ Ⓣ *r.-v.*

CH. HAURA 2012 ★

■	22 830	⑪	11 à 15 €

Né de la réunion de deux anciennes propriétés d'Illats (Hillot et Haura), un cru d'une quinzaine d'hectares plantés sur deux croupes graveleuses, essentiellement dédié aux graves. En 2002, Bernard Leppert, son propriétaire, l'a confié en fermage à Denis Dubourdieu (Doisy-Daëne à Barsac).

Pour ce millésime, Denis Dubourdieu s'est singularisé en optant pour une majorité de cabernet-sauvignon (60 %).

Avec succès, à en juger par l'équilibre de ce 2012, qui met en valeur l'élégance du bouquet aux nuances de fruits mûrs, de pruneau et d'épices. Ample et charnu à l'attaque, charpenté, le palais repose sur une trame tannique serrée mais veloutée. ✗ 2017-2021 ⵣ rôti de veau

o–¬ EARL Pierre et Denis Dubourdieu, Ch. Reynon, 21, rte de Cardan, 33410 Béguey, tél. 05 56 62 96 51, reynon@wanadoo.fr 🆅 🄺 🄵 r.-v.

Ⓑ CH. HAUT PEYROUS L'Atypique 2013 ★

■	10 000	11 à 15 €

Couvrant 12 ha, ce cru est situé dans la partie méridionale des Graves. Propriété du négociant landais Marc Darroze, bien connu des amateurs de bas-armagnac, il a été repris en 2012 par Céline et Fabien Goulard, originaires de Picardie, qui travaillaient auparavant dans l'industrie et le conseil aux entreprises. Le couple a conservé son orientation bio.

En dépit de son nom, cette cuvée est fort bien typée graves. Aussi fins que frais, complexes au nez comme en bouche, ses parfums marient des notes florales, fruitées et boisées. Conjuguant fraîcheur et souplesse, délicatement minéral, le palais laisse une réelle sensation d'élégance. ✗ 2016-2019 ⵣ homard grillé

o–¬ Ch. Haut Peyrous, lieu-dit Peyrous, 33210 Mazères, tél. 05 56 62 08 48, info@haut-peyrous.com
🆅 🄺 🄵 t.l.j. sf mer. dim. 9h-12h 14h-17h o–¬ Goulard

CH. HAUT-REYS 2014 ★

■	12 000	5 à 8 €

Créé en 1977 par regroupement de plusieurs petites propriétés, ce cru des Gabin a été racheté en 1997 par Isabelle et Grégoire Gabin qui l'ont restructuré et agrandi, élargissant sa gamme de vins. Il compte aujourd'hui 20 ha.

Associant le sauvignon (50 %) au sémillon et à la muscadelle à parts égales, ce blanc séduit par son bouquet délicat et par son palais vif et d'une belle ampleur, qui finit sur une pointe d'amertume de jeunesse. ✗ 2016-2018 ⵣ poulé mariné au citron ■ Cuvée Paumarel 2012 ★ (15 à 20 € ; 8 000 b.) : un pur merlot complexe (vanille, baies noires, toast), ample, charpenté et finement boisé. ✗ 2017-2020

o–¬ Isabelle et Grégoire Gabin, 18, allée Perrucade, 33650 La Brède, tél. 05 56 20 38 29, gabin.earl@orange.fr 🆅 🄺 🄵 t.l.j. sf dim. 10h-12h 14h30-18h30

CH. JOUVENTE 2013 ★

■	n.c.	8 à 11 €

Proche du Sauternais, cette petite propriété (7 ha) commandée par une belle demeure du XVIIIᵉs. appartint jadis à des juristes. À partir de 1990, des propriétaires champenois y ont replanté de la vigne. Robert Zyla et Françoise Mercadier l'ont rachetée en 2003. Une originalité en Bordelais : la cave enterrée.

Mi-sémillon mi-sauvignon, ce blanc affiche une robe jaune paille plutôt soutenu et dévoile un bouquet frais, un peu mentholé puis vanillé. À la fois vif, gras, riche et corsé, c'est un vin élégant, bien typé graves. ✗ 2015-2018 ⵣ turbot sauce hollandaise

o–¬ SEV Zyla-Mercadier, Ch. Jouvente, Le Bourg, 33720 Illats, tél. 05 56 62 49 69, chateaujouvente@wanadoo.fr 🆅 🄺 🄵 t.l.j. sf dim. 8h30-12h30 13h30-18h

KRESSMANN Grande Réserve 2014

■	30 000	î	5 à 8 €

Négoce fondé en 1871 par Édouard Kressmann. Associé en 1967 avec Dourthe pour créer le CVGB, il entre dans le giron du Champenois Alain Thiénot en 2007. Outre ses vins de marque, dont l'historique Kressmann Monopole Dry lancé en 1897, il propose une vaste sélection de crus, dont Latour-Martillac, propriété de la famille.

Une robe jaune paille brillant, un nez délicatement bouqueté aux nuances de fleurs blanches et de fruits exotiques. Tonique et fringant à l'attaque, souple et ample, le palais montre un bel équilibre. ✗ 2015-2017 ⵣ plateau de fruits de mer

o–¬ Kressmann, 35, rue de Bordeaux-Parempuyre, CS 80004, 33295 Blanquefort Cedex, tél. 05 56 35 53 00, contact@kressmann.com

CH. LANGLET 2012 ★

■	40 000	11 à 15 €

Plus connus pour leurs crus de Pessac-Léognan (Latour-Martillac), les vignobles familiaux Jean Kressmann ont acquis en 1999 dans l'appellation graves ce cru ancien de 7 ha établi à Cabanac, à la lisière des Landes, sur une croupe de graves profondes.

Le merlot domine (80 %) dans l'assemblage de ce 2012 qui a séjourné douze mois en barrique. La robe plutôt légère annonce un vin privilégiant la délicatesse, tant par son bouquet finement beurré, grillé et épicé que par son palais bien construit, dont la belle expression aromatique fait écho à l'olfaction. ✗ 2017-2020 ⵣ magret de canard

o–¬ SAS Vignobles Jean Kressmann, 8, chem. de la Tour, 33650 Martillac, tél. 05 57 97 71 11, langlet@latourmartillac.com 🆅 🄺 🄵 r.-v.

CH. LASSALLE Élevé en fût de chêne 2012

■	n.c.	8 à 11 €

Une propriété des Graves à taille humaine (6,5 ha) où le château ressemble à une ferme. Mais elle ne manque pas de lettres d'ancienneté, car elle appartient depuis 1770 à la même famille. Fabien Lalanne, qui a succédé à son oncle en 2005, représente la huitième génération.

Le cabernet-sauvignon prend le pas (60 %) sur le merlot dans ce 2012 d'un rouge profond, mêlant au nez les fruits noirs à des touches fumées, boisées et végétales. Tout aussi plaisant, le palais attaque avec ampleur et en souplesse avant de dévoiler une trame de tanins serrés mais lisses, un peu plus vifs et fermes en finale. Du potentiel. ✗ 2019-2023 ⵣ pavé de bœuf au poivre

o–¬ Fabien Lalanne, 2, allée Lassalle, 33650 La Brède, tél. 05 56 78 49 65, flalanne1@club-internet.fr
🆅 🄺 🄵 t.l.j. 9h-12h 14h-18h; sam. dim. sur r.-v.

CH. LÉHOUL
Fermentation et élevage en fût de chêne 2014 ★★

■	3 000	11 à 15 €

Le 9 ventôse an VI (1798), Georges Lehoult vend un vignoble à un aïeul. Le cru est établi sur une belle croupe de graves et de sables, à l'orée de la forêt, au sud de l'appellation. Éric Fonta connaît à fond son terroir de quelque 10 ha, où il plante de nombreux cépages qu'il vendange à la main. Une valeur sûre.

L'assemblage, qui met à égalité le sauvignon et le sémillon, semble parfait pour la garde, à en juger par cette cuvée vinifiée et élevée en fût sur lies, avec bâtonnage. Le côté brioché et vanillé du bois et des nuances de pomme mûre composent un bouquet expressif. Quant au palais, il se montre ample et gras à souhait, de belle longueur, tout en gardant une grande fraîcheur. Proche du coup de cœur. ✗ 2016-2019 ✠ saint-pierre en sauce ■ Plénitude 2012 ★ (15 à 20 € ; 9 100 b.) : deux tiers de cabernet-sauvignon et un tiers de merlot, un élevage en barriques neuves pour ce vin ample, bien construit, aux tanins serrés. ✗ 2018-2022 ■ 2012 (8 à 11 € ; 17 300 b.) : vin cité. ✗ 2017-2019 ⊶ Éric Fonta, rte d'Auros, Ch. Léhoul, 33210 Langon, tél. 06 81 20 28 76, chateaulehoul@orange.fr Ⓥ ⚹ ⚐ r.-v.

CH. DE LIONNE 2013 ★

■	7 500		5 à 8 €

Belle unité d'une quarantaine d'hectares sur Illats, à l'est du Sauternais, ce cru a été repris en 2007 par Pierre Bodon, pépiniériste, et Véronique Smati, autodidacte.

Dominé le sauvignon (90 %), un vin blanc d'une agréable fraîcheur. Vif à l'attaque, puis souple et rond, il développe de plaisants arômes toastés et offre une finale acidulée et longue. ✗ 2015-2018 ✠ papillotes de saint-jacques ■ 2012 (5 à 8 € ; 40 000 b.) : vin cité. ✗ 2015-2018

⊶ GFA du Dom. de Lionne, Lionne, 33720 Illats, tél. 05 56 62 50 32, chateaudelionne@orange.fr Ⓥ ⚹ ⚹ lun. ven. 9h 12h 14h 17h

CH. LUDEMAN LES CÈDRES 2014 ★

■	9 000	⬥	5 à 8 €

Domaine créé par Paul Dauvin en 1931, dans le secteur méridional des Graves, à Langon. Pascal Molinari, arrière-petit-fils du fondateur, s'est installé en 1988. Il exploite 23 ha et propose plusieurs étiquettes : Ludeman les Cèdres, Pont de Brion, Rivière Lacoste.

Après un coup de cœur sous l'étiquette Pont de Brion, voici un blanc qui figurait déjà avec une étoile l'an dernier. Franc et net, le bouquet développe une belle palette de parfums, du pamplemousse au citron en passant par la vanille et les fruits blancs. Tous ces arômes se retrouvent dans un palais d'une belle fraîcheur, qui finit sur un joli retour de la poire. ✗ 2015-2018 ✠ anguille à la persillade ■ 2012 (5 à 8 € ; 12 000 b.) : vin cité. ✗ 2015-2018 ■ Ch. Rivière Lacoste Cuvée Prestige 2013 (5 à 8 € ; 33 000 b.) : vin cité. ✗ 2018-2021

⊶ SCEA Molinari et Fils, Ludeman, 33210 Langon, tél. 05 56 63 09 52 Ⓥ ⚹ ⚹ r.-v.

Ⓑ CH. LUSSEAU 2013 ★

■	5 000	⬥	11 à 15 €

Commandé par un château construit en 1805 par un officier de la Grande Armée, un vignoble acquis en 1870 par l'arrière-grand-père de Bérengère Quellien. À son installation en 2001 comme jeune agricultrice, la vigneronne, ancienne juriste, a réduit la superficie de son exploitation à 7 ha pour convertir le domaine au bio.

Un assemblage classique mi-sémillon mi-sauvignon (avec une goutte de muscadelle) dans ce 2013 aux parfums de genêt, d'agrumes et de buis soulignés d'un boisé vanillé

et épicé. Le palais montre lui aussi une belle fraîcheur qui met en relief des notes de pomelo. ✗ 2015-2018 ✠ fromages de chèvre ■ 2012 (8 à 11 € ; 10 000 b.) Ⓑ : vin cité. ✗ 2018-2021

⊶ Bérengère Quellien, Ch. Lusseau, 6, rte de Lusseau, 33640 Ayguemorte-les-Graves, tél. 05 56 67 01 67, berengere@chateaulusseau.com Ⓥ ⚹ ⚹ t.l.j. 9h-18h; sam. dim. sur r.-v. ⌂ Ⓓ ⊶ de Granvilliers

CH. MAGENCE Élevé en fût de chêne 2012

■	20 000	⬥	11 à 15 €

Situé au sud des Graves, sur des coteaux dominant la Garonne, ce vignoble est commandé par une chartreuse du XVIIIᵉs. bâtie par Jean de Majence, conseiller au parlement de Bordeaux. Dès la fin de ce même siècle, les propriétaires prospectaient les États-Unis pour y vendre leurs vins. Leurs descendants, les Guillot de Suduiraut d'Antras, sont à la tête de 55 ha d'un seul tenant.

Resté quatorze mois en fût, ce vin porte encore la marque de l'élevage dans son bouquet aux notes toastées, réglissées et vanillées, qui laissent percer le fruit. Une bonne présence tannique laisse augurer une heureuse évolution. À attendre. ✗ 2018-2021 ✠ pavé de bœuf au poivre

⊶ SCEA Ch. Magence, lieu-dit Magence, 33210 Saint-Pierre-de-Mons, tél. 05 56 63 07 05, magence@magence.com Ⓥ ⚹ ⚹ r.-v. ⊶ Guillot de Suduiraut d'Antras

CH. MAGNEAU Julien 2013 ★

■	15 000	⬥	11 à 15 €

Vignerons paisibles travaillant sérieusement loin de l'agitation médiatique, Jean-Louis et Bruno Ardurats sont les héritiers d'une lignée de viticulteurs remontant au règne d'Henri IV. L'encépagement de leur vignoble de 40 ha privilégie les blancs (25 ha).

Souvent distinguée, cette cuvée donne une courte majorité au sauvignon (60 %). Elle séduit par ses parfums intenses, frais et complexes, qui traduisent une parfaite maturité : la fleur blanche et le tilleul s'allient à une subtile note de buis. Le palais ample et persistant dévoile une pointe de minéralité, autre marque du sauvignon. ✗ 2015-2018 ✠ cassolette de langoustines ■ 2012 ★ (11 à 15 € ; 8 000 b.) : un vin au bouquet puissant et complexe, grillé et fumé, et à la solide structure tannique. ✗ 2018-2022

⊶ Jean-Louis et Bruno Ardurats, 12, chem. Maxime-Ardurats, 33650 La Brède, tél. 05 56 20 20 57, ardurats@chateau-magneau.com Ⓥ ⚹ ⚹ t.l.j. 9h-12h 14h-18h; sam. dim. sur r.-v.

M. DE MALLE 2013 ★

■	8 000	⬥	11 à 15 €

Un superbe château construit dans un style Renaissance au début du XVIIᵉs. par Jacques de Malle, président au parlement de Bordeaux. En 1702, un mariage l'a fait entrer dans le patrimoine des Lur-Saluces, dont les descendants, la comtesse de Bournazel et son fils Paul-Henry perpétuent cet héritage familial. Le vignoble couvre une cinquantaine d'hectares, à cheval sur les AOC sauternes et graves.

Ce vin à dominante de sauvignon présente un bouquet ouvert et d'une bonne complexité, aux nuances d'agrumes et de fumé. Ample et équilibré, un peu acidulé, il est prêt. ✗ 2015-2017 ✤ huîtres gratinées ■ Ch. Pessan 2012 (11 à 15 € ; 20 000 b.) : vin cité. ✗ 2016-2019

o⊷ GFA des Comtes de Bournazel, Ch. de Malle, 33210 Preignac, tél. 05 56 62 36 86, accueil@chateau-de-malle.fr Ⓥ 🛝 🏠 r.-v.

MAYNE DU CROS		
Vinification et élevage en fût de chêne 2013 ★★		
■ 5 000	ⅶ	11 à 15 €

Établi sur les hauteurs de Loupiac, le château du Cros est étroitement lié à l'histoire du duché anglo-gascon d'Aquitaine au Moyen Âge. Fief des Boyer depuis quatre générations, il commande un vignoble de 95 ha sur les deux rives de la Garonne, produisant sous diverses étiquettes des vins de qualité, notamment en blanc.

On ne change pas une équipe qui gagne : la parfaite parité entre le sémillon et le sauvignon a été conservée. Il en résulte un vin séduisant, qui a été proposé pour un coup de cœur. Ce 2013 fait dialoguer le fruit, le genêt et le buis que le bois respecte, même s'il est très présent au nez. Une attaque fraîche et aromatique, et une belle rondeur composent une bouche remarquablement équilibrée. La longue finale achève de convaincre. ✗ 2016-2020 ✤ filet de turbot sauce hollandaise

o⊷ SA Vignobles Boyer, 94, rte de Saint-Macaire, 33410 Loupiac, tél. 05 56 62 99 31, contact@ chateauducros.com Ⓥ 🛝 🏠 t.l.j. 8h-12h30 13h30-18h; sam. dim. sur r.-v.

CH. MILLET 2012 ★		
■ 130 000	🏠 ⅶ	5 à 8 €

Ancienne propriété du comte de Ravez, garde des Sceaux de Louis-Philippe, cette vaste unité (80 ha aujourd'hui) a été achetée en 1962 par la famille Solorzano, d'origine basque. Essentiellement située dans les Graves, elle regroupe plusieurs crus.

Un élevage en cuve et en fût pour ce graves à dominante de merlot. Un vin élégant, tant par sa robe, d'un rubis intense et scintillant, que par son bouquet frais, sur le fruit noir enrobé de fines notes boisées. Très rond en attaque, le palais révèle une matière svelte mais harmonieuse. ✗ 2016-2019 ✤ rôti de veau ■ Ch. Prieuré-les-Tours Cuvée Clara 2014 ★ (5 à 8 € ; 6 760 b.) : un bouquet puissant de fruits mûrs et de coing, un palais rond et soyeux, équilibré par une bonne acidité. ✗ 2015-2017

o⊷ SARL les Domaines de la Mette, 17, rte de Mathas, 33640 Portets, tél. 05 56 67 18 18, domainesdelamette@ wanadoo.fr Ⓥ 🛝 🏠 r.-v. o⊷ J. B. Solorzano

CH. DU MONT Cuvée Gabriel 2012 ★		
■ 20 000	ⅶ	11 à 15 €

Paul Chevassier a constitué ce vignoble au début du XXᵉs., à Sainte-Croix-du-Mont. Son gendre Pierre Chouvac et, depuis 2000, son petit-fils Hervé l'ont développé sur les deux rives de la Garonne, dans les Graves et le Sauternais (27 ha aujourd'hui), mais Sainte-Croix est resté le cœur du domaine, dont il est l'un des porte-drapeaux.

Une fois encore, cette cuvée s'inscrit dans la tradition qualitative du cru par son caractère fondu, équilibré, élégant et charnu qui met en valeur le bouquet. Discret

mais complexe, celui-ci associe les fruits noirs à des notes toastées, épicées et beurrées. ✗ 2018-2021 ✤ pièce de bœuf rôtie

o⊷ Hervé Chouvac, Ch. du Mont, lieu-dit Pascaud, 33410 Sainte-Croix-du-Mont, tél. 06 89 96 54 73, chateau-du-mont@wanadoo.fr Ⓥ 🛝 🏠 r.-v.

CH. DU MOURET 2012 ★		
■ 60 000	🏠	5 à 8 €

Établis depuis près de deux siècles à Cadillac, les Médeville, également négociants, sont à la tête d'un vaste ensemble de 180 ha répartis dans une quinzaine de crus au sud de Bordeaux. Ch. Fayau est le berceau de la famille, acquis en 1826 : un vignoble de 41 ha, en grande partie planté sur les coteaux entourant la cité des ducs d'Épernon.

Issu d'un cru de 13 ha situé à Roaillan, au sud de l'appellation, ce graves d'un rouge profond donne une courte majorité aux cabernets. Son bouquet associe les épices et les fruits confits. Après une attaque franche, le palais développe une structure tannique bien enrobée qui met en valeur un côté gourmand, plein de fruits et de fraîcheur. À la fois tannique et suave, la finale clôt très heureusement la dégustation. ✗ 2017-2020 ✤ terrine maison ■ Ch. Puy Boyrein 2014 (5 à 8 € ; 8 000 b.) : vin cité. ✗ 2015-2017

o⊷ SCEA Jean Médeville et Fils, Ch. Fayau, 33410 Cadillac, tél. 05 57 98 08 08, medeville@ medeville.com Ⓥ 🛝 🏠 t.l.j. sf sam. dim. 9h-12h 14h-17h

CH. MOURLET 2014		
■ 20 000	🏠 ⅶ	8 à 11 €

Jean-Philippe Dubourdieu exploite depuis 1971 ce cru de 25 ha constitué par sa famille en 1920. Situé sur une hauteur culminant à 70 m, le vignoble bénéficie de terroirs variés (graves fines, argiles et coteaux calcaires) particulièrement bien orientés, au sud-est et au sud-ouest.

D'un jaune nuancé de gris et de vert, ce blanc 2014 à dominante de sauvignon se montre flatteur et délicat par son nez de fleurs blanches. Sa souplesse met en valeur des arômes de cédrat et de citron qui se prolongent dans une finale d'une agréable vivacité. ✗ 2015-2018 ✤ carpaccio de saint-jacques

o⊷ Vignobles de la famille Dubourdieu, lieu-dit Archambeau, 33720 Illats, tél. 05 56 62 51 46, chateau-archambeau@wanadoo.fr Ⓥ 🛝 🏠 r.-v.

CH. MOUTIN 2012		
■ 15 000	ⅶ	11 à 15 €

Établis à Loupiac depuis huit générations, les Darriet exploitent plusieurs crus (64 ha en tout) sur les deux rives de la Garonne. Leurs rouges sont de qualité, mais ils possèdent aussi un réel savoir-faire en matière de vin blanc, doux comme sec – Philippe Darriet, l'œnologue, est chercheur à la faculté de Bordeaux et spécialiste du sauvignon.

Encore marqué par le bois et un peu austère, ce vin s'annonce par une robe profonde. Son bouquet monte en puissance, mêlant les fruits rouges (la cerise en clafoutis) à des accents fortement boisés de réglisse, de vanille et de tabac. Après une attaque souple, le palais se montre très tannique et austère en finale. ✗ 2018-2022 ¥ magret grillé

o─ *Darriet, Ch. Dauphiné-Rondillon, 33410 Loupiac, tél. 05 56 62 61 75, contact@vignoblesdarriet.fr* Ⓥ 🅐 🅟 *t.l.j. 8h30-12h30 14h-18h; sam. dim. sur r.-v.*

CH. LA OUARDE 2013 ★		
■ 30 000	⬥	8 à 11 €

Architecte, Michel Pélissié (rejoint par son fils Adrien en 2010) a racheté en 2008, au sud des Graves, le Ch. de Landiras. Un domaine historique, ancienne terre épiscopale au XIIᵉs., qui a gardé le souvenir de Jeanne de Lestonnac, nièce de Montaigne et fondatrice de la Compagnie de Marie-Notre-Dame. Aujourd'hui, une belle unité (60 ha), renforcée depuis 2013 par les Ch. la Ouarde et Peyron-Bouché : 89 ha en tout.

Après un coup de cœur l'an dernier, ce cru, dominé par le merlot, tire son épingle du jeu dans ce millésime difficile. Une robe pourpre profond, des parfums complexes de fruits rouges et noirs, rehaussés d'épices, puis un palais ample et riche, étoffé sans astringence, à la finale élégamment fruitée. ✗ 2016-2019 ¥ rosbif ■ Ch. Peyron Bouché 2013 ★ (8 à 11 € ; 18 666 b.) : un vin plaisant, tant par ses parfums de petits fruits rouges et de boisé que par ses tanins fins. ✗ 2016-2019 ■ Ch. Peyron Bouché 2014 (5 à 8 € ; 22 666 b.) : vin cité. ✗ 2015-2018 ■ Ch. de Landiras 2013 (8 à 11 € ; 160 000 b.) : vin cité. ✗ 2018-2020

o─ *SCA Dom. la Grave, Ch. de Landiras, 33720 Landiras, tél. 05 56 76 76 61, chateau.landiras@orange.fr* Ⓥ 🅐 *r.-v.* **o─** *Pelissié*

CH. LA PAGAUTE 2012 ★		
■ 14 000	📖 ⬥	8 à 11 €

Situé à La Brède, ce vignoble est presque voisin du château de Montesquieu. Il fait partie du Ch. de la Blancherie (17 ha), un domaine remontant au XVIIIᵉs. L'homme d'affaires Jean-Bernard Bonnac l'a acheté en 2013 à la famille Coussié-Braud, qui l'exploitait depuis un siècle.

Le merlot (60 % de l'assemblage) marque sa présence de quelques notes de cuir qui viennent s'ajouter aux arômes de fruits rouges, de tabac et de poivre. Le palais, ample et long, révèle une structure tannique serrée mais agréable, encore ferme en finale. ✗ 2018-2022 ¥ fricassée de canard ■ Ch. la Blancherie 2012 (11 à 15 € ; 43 000 b.) : vin cité. ✗ 2018-2020

o─ *Jean-Bernard Bonnac, 1, av. du Moulin, 33650 La Brède, tél. 05 56 20 20 39, contact@ chateau-la-blancherie.com* Ⓥ 🅐 *r.-v.* 🏠 Ⓔ

CH. PIRON Terre d'aurore 2012		
■ 6 000	⬥	8 à 11 €

Ce domaine des Graves est dans la même famille depuis la fin du XVIIᵉs., mais sa vocation viticole est plus récente. Depuis 1999, il est géré par Lionel Boyreau, qui ne ménage pas les investissements. Sur ses 22 ha, les cépages blancs sont légèrement majoritaires.

Dominée par le merlot (70 %) et élevée douze mois en barrique, cette cuvée offre un bouquet expressif associant la mûre, le cassis et la cerise noire sur un fond de cuir et de vanille. L'élevage apporte de la complexité sans écraser ce vin ample, rond et élégant. ✗ 2018-2021 ¥ dinde fermière

o─ *EARL Famille Boyreau, Piron, 33650 Saint-Morillon, tél. 05 56 20 22 94, muriel.boyreau@chateau-piron.com* Ⓥ 🅐 🅟 *t.l.j. 9h-12h 13h-19h; dim. sur r.-v.* **o─** *GFA de Piron*

CH. DES PLACES 2013 ★		
■ 120 000	⬥	8 à 11 €

Domaine familial né au début du XXᵉs. quand un tonnelier nommé Daniel Subervie acquit quelques parcelles dans les Graves. Premières mises en bouteilles en 1960. Aux commandes depuis 2006, Fabrice et Philippe Reynaud exploitent 48 ha et se sont équipés d'un chai très moderne en 2009.

Partagé entre le merlot et le cabernet-sauvignon, ce 2013 affiche une robe sombre et brillante qui annonce une forte personnalité. Ce caractère se confirme au bouquet par des arômes complexes et puissants de fruits mûrs, de toast et de vanille, puis au palais, ample et gras, adossé à une trame de tanins serrés. Ferme et encore dominée par le bois, la finale appelle un séjour en cave. ✗ 2019-2023 ¥ chapon farci ■ Ch. Pontet Reynaud 2013 (8 à 11 € ; 80 000 b.) : vin cité. ✗ 2018-2021

o─ *Vignobles Reynaud, 46, av. Maurice La Châtre, 33640 Arbanats, tél. 05 56 67 20 13, contact@vignobles-reynaud.fr* Ⓥ 🅐 🅟 *r.-v.*

CH. DE PORTETS 2014		
■ 8 000	⬥	8 à 11 €

« Ancienne baronnie de Gascq », lit-on sur l'étiquette. Au Moyen Âge, une forteresse dominant la Garonne, remplacée par un château classique, avec une vaste cour pavée et une grille ouvragée. Le cru (72 ha dans les Graves), repris en 1956 par Jules Théron, ingénieur agronome rapatrié d'Algérie, est aujourd'hui conduit par sa petite-fille Marie-Hélène Yung-Théron.

Né d'un assemblage des trois cépages blancs bordelais (dont 60 % de sémillon), ce blanc intéresse aussi bien par son bouquet, où le fruit cohabite avec une note de boisé brûlé, que par son palais rond, gras, bien équilibré et très aromatique (fleurs, agrumes et toujours le côté empyreumatique, très présent). Du caractère. ✗ 2016-2019 ¥ poisson en sauce blanche ■ 2012 (11 à 15 € ; 85 000 b.) : vin cité. ✗ 2017-2019

o─ *SCEA Théron-Portets, Ch. de Portets, 33640 Portets, tél. 05 56 67 12 30, contact@chateaudeportets.fr* Ⓥ 🅐 *r.-v.* **o─** *Marie-Hélène Yung-Théron*

♥ **CH. RAHOUL** 2013 ★★		
▨ 11 400	⬥	20 à 30 €

Le chevalier Rahoul construisit dans les Graves une belle chartreuse en 1646. Devenu viticole dès le XVIIIᵉs., développé au siècle suivant par une famille d'armateurs, le cru est passé entre plusieurs mains avant son acquisition en 1986 par le négociant champenois Alain Thiénot - devenu propriétaire en 2007 de la maison Dourthe. Une valeur sûre.

Si le domaine a souvent montré qu'il savait parfaitement vinifier les vins rouges, ce cru est surtout réputé pour ses graves blancs. Une renommée qui ne pâlira pas avec ce superbe 2013. Pêche, tilleul et buis, autant d'arômes attrayants qui se partagent le nez. Franc à l'attaque, vif, complexe, élégant et minéral, le palais fait l'unanimité par sa finale à la fois ample, acidulée et mentholée. L'étoffe et le volume d'un sémillon (80 %) et l'entrain d'un sauvignon raffiné. ✗ 2015-2019

⌀┐ *Ch. Rahoul - Vignobles Dourthe, 4, rte du Courneau, 33640 Portets, tél. 05 56 35 53 00, contact@dourthe.com* 🕴 🍴 *r.-v.*

CH. DE RESPIDE Callipyge 2012 ★			
■	2 400	🍖 🍷	11 à 15 €

Au XVIIes., ce cru était la propriété de La Reynie, lieutenant de police de Louis XIV. Le château actuel a été construit vers 1850 par un préfet de la Gironde marié à la tante de Toulouse-Lautrec. Pierre Bonnet l'acquiert en 1952. À sa mort, le château est vendu, mais non le vignoble (76 ha dans la partie méridionale des Graves), géré depuis 1985 par son petit-fils Franck.

La version rouge de cette cuvée se signale par sa régularité, et aussi par son assemblage, qui inclut 20 % de petit verdot aux côtés du merlot et du cabernet-sauvignon. Intense aux reflets violets, la robe du 2012 annonce une puissance qui se retrouve dans le bouquet de cerise et de petits fruits noirs sur fond d'épices et de cacao. Franc et chaleureux, le palais retrouve ces arômes tout en s'appuyant sur une belle mâche et des tanins serrés. ✗ 2018-2021 🍴 entrecôte grillée ■ Élevé en fût de chêne 2012 ★ (8 à 11 € ; 100 000 b.) : un bouquet fin et complexe (fruits rouges, grillé, cacao, vanille), et une bouche consistante. ✗ 2018-2021 Callipyge 2013 ★ (8 à 11 € ; 8 000 b.) : un assemblage équilibré de sémillon et de sauvignon pour ce vin frais, élégamment floral, et un rien boisé. ✗ 2016-2018

⌀┐ *SCEA Vignobles Bonnet, 2, Pavillon de Boyrein, 33210 Roaillan, tél. 05 56 63 24 24, vignobles-bonnet@wanadoo.fr* 🆅 🕴 🍴 *t.l.j. sf sam. dim. 9h-12h 14h-17h*

AGAPES DE RIEUFRET 2012			
■	10 000	🍖 🍷	11 à 15 €

Propriétaire de vignes depuis 1814, la famille Dufour dispose aujourd'hui de 38 ha dans les Graves et en Sauternais. Deux étiquettes : Ch. Simon et Ch. de Rieufret.

Le Ch. de Rieufret est implanté sur une croupe de graves propice au cabernet-sauvignon, cépage qui entre à hauteur de 80 % dans l'assemblage de ce 2012. La robe sombre éveille l'intérêt. Le bouquet évoque les fruits rouges, sur un fond de boisé épicé et chocolaté. Le palais subtil dévoile une bonne trame de tanins déjà fondus. ✗ 2016-2019 🍴 vieux gouda

⌀┐ *SCEA de Villeneuve, Ch. de Rieufret, 33720 Saint-Michel-de-Rieufret, tél. 06 80 25 74 03, contact@chateausimon.fr* 🆅 🍴 *r.-v.*

CH. DE ROLLAND 2013			
■	3 200	🍖	5 à 8 €

Ancienne possession des Chartreux, ce cru abrite un grand pigeonnier du XVes., sauvé in extremis en 2008. Pendant trois siècles (de 1492 à 1797), il a appartenu à la famille Rolland qui lui a laissé son nom. En 1971, les Guignard ont pris les rênes du domaine, dont le vignoble couvre 18 ha en graves, sauternes et barsac.

Né de jeunes vignes (six ans) de sauvignon gris, ce blanc porte la marque du cépage dans ses parfums discrets et frais d'agrumes et de fruits blancs. De tempérament aimable, il se montre, vif, ample, délicat et bien typé. ✗ 2015-2017 🍴 langoustines à la mayonnaise

⌀┐ *François Guignard, SCA Ch. de Rolland, 33720 Barsac, tél. 05 56 27 15 02, info@chateauderolland.com* 🆅 🕴 🍴 *t.l.j. sf sam. dim. 10h-12h 14h-17h*

CH. SAINT-JEAN-DES-GRAVES 2014			
■		n.c.	5 à 8 €

La famille David (Jerry aujourd'hui) est établie depuis plusieurs générations sur le plateau du haut Barsac, où elle exploite une belle unité de 45 ha, répartie entre 25 ha en sauternes (châteaux de Liot et du Levant) et 20 ha en graves (Saint-Jean des Graves).

S'il n'est pas un athlète, ce blanc séduit par la complexité de sa palette mêlant le citron, les fruits exotiques et les fleurs blanches. Bien constitué, il laisse une impression de fraîcheur et d'harmonie. ✗ 2015-2017 🍴 noix de Saint-Jacques à la crème

⌀┐ *SCEA J. et E. David, Ch. Liot, 33720 Barsac, tél. 05 56 27 15 31, chateau.liot@wanadoo.fr* 🆅 🕴 🍴 *r.-v.*

CH. SAINT-ROBERT Poncet-Deville 2012 ★			
■	17 500	🍷	11 à 15 €

Ancienne terre noble commandée par une belle chartreuse du XVIIIes., le domaine s'est longtemps partagé entre l'exploitation de la forêt, l'élevage de moutons et la vigne. Celle-ci couvre aujourd'hui 40 ha et a retrouvé tous ses droits grâce à un beau terroir, limitrophe de Barsac. Propriété du Crédit Foncier depuis 1991, le cru a été vendu en juillet 2014 aux familles Moulin (groupe Galeries Lafayette) et Cathiard (Ch. Smith Haut Lafitte).

Le merlot est sur le devant de la scène (90 %) dans cette cuvée bien connue, au bouquet frais de fruits rouges, rehaussé de notes boisées. Rond et aimable à l'attaque, le palais dévoile ensuite une structure tannique très présente mais dénuée d'agressivité. Une longue finale sur les fruits noirs bien mûrs clôt agréablement la dégustation. ✗ 2017-2022 🍴 entrecôte grillée ■ Poncet-Deville 2013 ★ (11 à 15 € ; 10 000 b.) : un bouquet délicat, plus floral que fruité, et un palais qui s'impose par son ampleur. Ce vin gagnera en complexité à la garde. ✗ 2016-2019 ■ 2013 (8 à 11 € ; 9 800 b.) : vin cité. ✗ 2015-2017

⌀┐ *SCEA de Bastor et Saint-Robert, Dom. de Lamontagne, 33210 Preignac, tél. 05 56 63 27 66, bastor@bastor-lamontagne.com* 🆅 🕴 🍴 *r.-v.* ⌀┐ *Domaines Motier*

CH. DE SAUVAGE Manine 2012 ★			
■	1 800	🍷	15 à 20 €

Vincent Dubourg a acheté en 2004 cette propriété au milieu des bois, caractéristique des graves de clairière (d'où son nom, dérivé du latin *silvaticus*, « forestier »). Il a bâti un chai et exploite son petit vignoble (6 ha) sans herbicide ni insecticide.

Issu de pur merlot, ce vin rouge achève sa fermentation et séjourne seize mois en barrique. Cette petite cuvée est aussi charmeuse par sa robe profonde que par son bouquet aux discrètes notes fruitées, fraîches et légèrement mentholées. Souple en attaque, le palais devient ensuite assez corsé. ✗ 2018-2021 ✠ confit de canard aux chanterelles

☛ *Vincent Dubourg, Ch. de Sauvage, 33720 Landiras, tél. 06 23 32 59 52, info@chateaudesauvage.com* 🆅 🏃 🕇 *r.-v.*

CH. DE TESTE Cuvée Prestige 2014 ★

| ■ | 6 000 | 🍶 🍷 | 8 à 11 € |

Basé à Monprimblanc, à cheval sur l'Entre-deux-Mers et les Côtes de Bordeaux, Laurent Réglat peut jouer sur plusieurs appellations et types de vins. Souvent en vue pour ses liquoreux (cadillac, sainte-croix-du-mont), il ne néglige pas pour autant les rouges (graves, cadillac-côtes-de-bordeaux).

Les blancs secs du domaine ne sont pas oubliés, comme le prouve ce graves 2014 aux arômes de fleurs blanches et de pamplemousse, accompagnés d'un soupçon de boisé. Rond et gras, vif en finale, le palais est harmonieux. ✗ 2015-2018 ✠ saumon sauce hollandaise ■ M de Moléon Vieilli en fût de chêne 2013 (11 à 15 € ; 4 000 b.) : vin cité. ✗ 2015-2017

☛ *EARL Vignobles Laurent Réglat, Ch. de Teste, 33410 Monprimblanc, tél. 05 56 62 92 76, vignobles.l.reglat@wanadoo.fr* 🆅 🏃 🕇 *r.-v.*

♥ CH. D'UZA 2012 ★★

| ■ | 160 000 | 🍷 | 11 à 15 € |

CHATEAU D'UZA

GRAVES
GRAND VIN DE BORDEAUX

Les frères Guignard, Bruno, œnologue, Dominique, ingénieur agronome, et Pascal, fort d'une expérience en Afrique du Sud, perpétuent l'œuvre des générations précédentes. Établis dans le sud des Graves à proximité de l'imposant château de Roquetaillade, construit pour un neveu du pape gascon Clément V, ils exploitent plusieurs crus.

Les Guignard ont eu du nez en achetant en 2008 ce cru de 28 ha, ancienne propriété des Lur-Saluces (Yquem). C'est bien un joyau, comme ils l'annonçaient. Élu coup de cœur l'année dernière, ce graves rouge renouvelle l'exploit. Né d'un assemblage dominé par le merlot (66 %), il est plébiscité pour sa robe profonde et pour son bouquet franc de cerise, de prune, de réglisse et d'épices ; son palais n'est pas en reste, rond, ample et généreux, étayé par des tanins soyeux. La longue finale renoue avec les arômes complexes de l'olfaction. Une harmonie durable. ✗ 2018-2025 ✠ sauté de veau ■ Ch. de Carolle 2013 ★ (8 à 11 € ; 80 000 b.) : un bouquet expressif et complexe sur le fruit noir très mûr et le toast ; un palais très bien construit. ✗ 2018-2021 ■ Ch. Roquetaillade la Grange 2012 ★ (11 à 15 € ; 100 000 b.) : une dominante de cabernet-sauvignon dans ce vin expressif (vanille, tabac et pruneau au nez, cerise et chocolat en bouche), construit sur des tanins à la fois solides et bien enrobés. ✗ 2016-2022 ■ Ch. de Carolle 2014 (8 à 11 € ; 70 000 b.). ✗ 2015-2017

☛ *GAEC Guignard Frères, La Grange, 33210 Mazères, tél. 05 56 76 14 23, contact@vignobles-guignard.com* 🆅 *t.l.j. 9h-17h30; sam. dim. sur r.-v.*

VIEUX CHÂTEAU GAUBERT 2014 ★★

| ■ | 25 000 | 🍷 | 11 à 15 € |

Commandé par une superbe chartreuse construite au XVIIIᵉs. pour les Gaubert, une famille d'armateurs, ce domaine viticole d'une quarantaine d'hectares a été constitué au cours des années 1980 par Dominique Haverlan, fils de viticulteurs, qui a su rassembler de beaux terroirs de graves. Une valeur sûre.

Après un coup de cœur l'an dernier, Dominique Haverlan est passé tout près de cette distinction avec cet assemblage équilibré de sauvignon et de sémillon. Comme ses devanciers, le 2014 est des plus élégants. Son bouquet gourmand mêle la pêche, la poire et une touche de buis. Ronde et fondante (un palais aux accents de fraîcheur et gras, tandis que sa finale s'étire harmonieusement sur un joli toasté. ✗ 2015-2020 ✠ bar au four ■ 2012 ★ (11 à 15 € ; 60 000 b.) : du merlot et du cabernet-sauvignon à parité dans ce vin ample, bâti sur des tanins fins, aux arômes complexes de petits fruits noirs et de boisé grillé. ✗ 2018-2021 ■ Benjamin de Vieux Château Gaubert 2014 ★ (5 à 8 € ; 25 000 b.) : le sauvignon, majoritaire, ressort dans ce second vin au nez délicat de bourgeon de cassis et de toast, au palais équilibré et frais, sur les agrumes. ✗ 2015-2018 ■ Sensation de Ch. Grand Bourdieu 2012 ★ (8 à 11 € ; n.c. b.) : un vin aux parfums subtils de cuir, de toast et de menthol, étayé par des tanins fondus et boisés, un peu stricts en finale. ✗ 2018-2021

☛ *Dominique Haverlan, 35, rue du 8-mai-1945, 33640 Portets, tél. 05 56 67 18 63, dominique.haverlan@libertysurf.fr* 🆅 🏃 🕇 *r.-v.*

CH. VILLA BEL-AIR 2013

| ■ | 50 000 | 🍷 | 15 à 20 € |

Commandé par une remarquable chartreuse du XVIIIᵉs. construite pour un conseiller au parlement de Bordeaux, ce cru (33 ha aujourd'hui) a été repris en 1988 par Jean-Michel Cazes, propriétaire notamment du Ch. Lynch Bages, cru classé à Pauillac. Ses vins bénéficient du savoir-faire de ses équipes.

Deux tiers de sauvignon et un tiers de sémillon composent ce blanc fermenté et élevé sur lies en barrique. Le bois s'invite avec insistance, tout en laissant percer des notes de fleurs et de miel. Nerveux à l'attaque, le palais est bien structuré et séveux. ✗ 2015-2018 ✠ asperges ■ 2012 (15 à 20 € ; n.c. b.) : vin cité. ✗ 2018-2020

☛ *Dom. Jean-Michel Cazes, rte de Bordeaux, 33460 Macau, tél. 05 57 88 60 04*

PESSAC-LÉOGNAN

Superficie : 1 610 ha / Production : 71 145 hl (80 % rouge)

Correspondant à la partie nord des Graves (appelée autrefois Hautes-Graves), la région de Pessac et de Léognan constitue depuis 1987 une appellation communale, inspirée de celles du Médoc. Sa création, qui aurait pu se justifier par son rôle historique (c'est l'ancien vignoble périurbain qui produisait les clarets médiévaux), s'explique par l'originalité de son sol. Les terrasses que l'on trouve plus au sud cèdent la place à une topographie plus accidentée. Le secteur compris entre Martillac et Mérignac est constitué d'un archipel de croupes graveleuses qui présentent d'excellentes aptitudes vitivinicoles par leurs sols, composés de galets très mélangés, et par leurs fortes pentes garantissant un excellent drainage. L'originalité des pessac-léognan a été remarquée par les spécialistes bien avant la création de l'appellation. Ainsi, lors du classement impérial de 1855, Haut-Brion fut le seul château non médocain à être classé (1ᵉʳ cru). Puis, lorsqu'en 1959 seize crus de graves furent classés, tous se trouvaient dans l'aire de l'actuelle appellation communale.

Les vins rouges possèdent les caractéristiques générales des graves, tout en se distinguant par leur bouquet, leur velouté et leur charpente. Quant aux blancs secs, ils se prêtent à l'élevage en fût et au vieillissement qui leur permet d'acquérir une très grande richesse aromatique, avec de fines notes de genêt et de tilleul.

CH. D'ALIX 2012 ★		
■	10 000	◫	15 à 20 €

Propriétaire du Ch. Brondelle en graves et du Ch. Fontaine en sauternes, Jean-Noël Belloc s'est agrandi en pessac-léognan avec l'acquisition en 2008 d'une grande parcelle boisée de 21 ha établie sur un beau terroir de graves profondes, qu'il a plantée de vignes en 2010. Premier millésime de ce nouveau cru en 2012.

Quatre ans après les premiers coups de pioche, le pari est gagné avec ce 2012 mi-merlot mi-cabernet-sauvignon. Robe dense et profonde, bouquet puissant de cuir, d'épices douces, de poivron rouge et de bois frais, l'approche est séduisante. Des saveurs minérales s'associent au menthol et à la cerise pour apporter une belle fraîcheur à une bouche souple et franche en attaque, plus tannique dans son développement, longue et intense en finale. De bons atouts pour la garde. ✗ 2017-2022 ♈ gigot d'agneau

o━ Vignobles Belloc, lieu-dit Brondelle, 33210 Langon, tél. 05 56 62 38 14, chateau.brondelle@wanadoo.fr

CH. BARET 2013 ★		
▪	24 000	◫	11 à 15 €

Aux portes de Bordeaux, cette ancienne maison noble des seigneurs de Baret a été acquise au début du XIXᵉs. par les Ballande, une famille de négociants et d'armateurs bordelais qui a entièrement restructuré les bâtiments d'exploitation et le vignoble (25 ha).

Représentant 75 % de l'assemblage, le sauvignon fait nettement sentir son influence par ses arômes de buis et de fleurs blanches. Souple en attaque, ample, gras et vif à la fois, le palais est équilibré et boisé avec à-propos. ✗ 2015-2018 ♈ gratin de saint-jacques ■ 2012 (11 à 15 € ; 120 000 b.) : vin cité. ✗ 2016-2020

o━ SCEA du Ch. Baret, 43, av. des Pyrénées, 33140 Villenave-d'Ornon, tél. 09 82 56 87 74, chateaubaret@gmail.com ⊻ t.l.j. sf sam. dim. 8h30-12h30 13h30-16h30 o━ Famille Ballande

CH. BAULOS-CHARMES 2012 ★		
■	20 000	◫	15 à 20 €

Prospère à la fin du XVIIIᵉs., ce petit cru de 6 ha a été repris en 2007 par Sean Matthys-Meynard, un phar-

macien parisien qui a préféré les bouteilles aux fioles et aux ampoules. En 2014, il a acquis le Ch. Cabannieux, ancienne propriété de 22 ha d'un seul tenant à Portets (graves).

Un vin solide, comme l'annonce une robe pourpre pleine de jeunesse. Le bouquet marie avec élégance les fruits rouges et la violette à un discret boisé épicé et fumé. Après une attaque souple et ronde, le palais déploie un joli cortège aromatique (fruits rouges, moka, poivre) et va crescendo, porté par une fine fraîcheur et des tanins serrés qui promettent une bonne garde. ✗ 2018-2022 ♈ gibier à plumes

o━ Matthys-Meynard, 655, rue Laroche, 33140 Cadaujac, tél. 06 85 12 78 13, contact@baulos-charmes.com ⊻ 🏃 🧍 r.-v.

CH. BOUSCAUT 2012 ★			
■ Cru clas.	71 100	◫	20 à 30 €

97 98 **99** 00 04 05 06 |07| |08| |09| 10 11 12

Disposant d'un vignoble de 47 ha d'un seul tenant bordant la route de Toulouse, ce cru est commandé par une superbe demeure du XVIIIᵉs. entourée d'un parc aux arbres centenaires. Acquis en 1979 par Lucien Lurton, propriétaire de nombreux crus, notamment dans le Médoc, il est conduit depuis 1992 par sa fille Sophie.

D'un beau grenat, ce vin est encore dominé par le bois, mais la personnalité du bouquet s'annonce par des notes fraîches de prune et de fruits rouges. La bouche se montre ample, puissante et ferme, tout en affichant une belle finesse de tanins. L'ensemble, déjà équilibré, gagnera encore en harmonie avec une courte garde. ✗ 2017-2021 ♈ épaule de veau aux cèpes

o━ SAS Ch. Bouscaut, 1477, av. de Toulouse, 33140 Cadaujac, tél. 05 57 83 12 20, cb@chateau-bouscaut.com ⊻ 🏃 🧍 r.-v. 🏠 🄴

CH. BOUSCAUT 2013 ★★			
▪ Cru clas.	16 052	◫	30 à 50 €

98 **99** 00 **01** 03 04 |05| |06| |07| |09| **11** **12** 13

Disposant d'un vignoble de 47 ha d'un seul tenant bordant la route de Toulouse, ce cru est commandé par une superbe demeure du XVIIIᵉs. entourée d'un parc aux arbres centenaires. Acquis en 1979 par Lucien Lurton, propriétaire de nombreux crus, notamment dans le Médoc, il est conduit depuis 1992 par sa fille Sophie.

Complexe, élégant et bien équilibré, ce 2013 revêt une très belle robe jaune paille aux reflets vifs. La première approche olfactive se fait sur un boisé distingué, avant que n'apparaissent à l'aération le buis, la pierre à fusil, l'orange et l'abricot. Une attaque élégante et racée, sur des notes bien typées de sauvignon, ouvre la voie à un palais plein, gras, soyeux et finement boisé, stimulé une longue finale acidulée. ✗ 2017-2021 ♈ nage de saint-jacques

o━ SAS Ch. Bouscaut, 1477, av. de Toulouse, 33140 Cadaujac, tél. 05 57 83 12 20, cb@chateau-bouscaut.com ⊻ 🏃 🧍 r.-v. 🏠 🄴

CH. BRANON 2012		
■	4 232	◫	50 à 75 €

Pomerol, saint-émilion grand cru, pessac-léognan, Sylviane Garcin-Cathiard détient des vins dans des AOC prestigieuses du Bordelais. En pessac, elle exploite les châteaux Haut-Bergey, 40 ha acquis en 1991, et Branon, petit cru de notoriété ancienne acheté en 1996, 6 ha au cœur de Léognan.

Le merlot et les deux cabernets associés par tiers composent l'assemblage de ce 2012 dominé au nez par un boisé empyreumatique, qui n'a pas encore trouvé son expression définitive. Une attaque ample et large ouvre sur un palais lui aussi sous l'emprise du merrain, étayé par des tanins serrés et austères, et par une fraîcheur crayeuse. À attendre pour plus de fondu. ✗ 2018-2022 ✗ mijoté du bœuf aux épices ■ Ch. Haut-Bergey 2013 (30 à 50 € ; 9 709 b.) : vin cité. ✗ 2016-2020

☞ Ch. Haut-Bergey, 69, cours Gambetta, 33850 Léognan, tél. 05 56 64 05 22, info@ vignoblesgarcin.com Ⓥ Ⓚ Ⓣ r.-v. ☞ S. Garcin

♥ CH. BROWN 2013 ★★

| | 17 300 | ◑ | 20 à 30 € |

GRAND VIN DE GRAVES

CHATEAU
BROWN
2013
PESSAC-LÉOGNAN

Commandé par une élégante chartreuse et son pigeonnier du XVIIIᵉs., ce vaste cru (63 ha) doit son nom à un marchand de biens écossais, John Lewis Brown, propriétaire au XIXᵉs. Après quelques années difficiles, le domaine revit à la suite de son rachat en 1994 par Bernard Barthe ; efforts perpétués depuis fin 2004 par les familles Mau et Dirkzwager.

Coup de cœur l'an dernier, Brown récidive cette année avec son blanc 2013, qui assemble à parts quasi égales le sauvignon et le sémillon. La robe est élégante, or soutenu. Le nez s'ouvre progressivement, par petites touches, sur le grillé de l'élevage puis sur les fruits exotiques (litchi), les fleurs (genêt) et la pêche. Le palais reprend là où débute l'olfaction, sur le merrain toasté, puis monte en puissance, offrant du volume, de la densité et de la fermeté, soutenu jusqu'en finale par une fine acidité. Un vin d'une grande élégance et au potentiel certain, qui doit attendre pour se révéler pleinement. ✗ 2018-2022 ✗ homard grillé

☞ Jean-Christophe Mau, 5, allée John-Lewis-Brown, 33850 Léognan, tél. 05 56 87 08 10, chateau.brown@ wanadoo.fr Ⓥ Ⓚ Ⓣ r.-v.

CH. CARBONNIEUX 2012

| ■ Cru clas. | n.c. | ◑ | 20 à 30 € |

90 91 92 93 **94** 95 **96** 97 98 99 **00 01** 02 03 04 |05| |09| |07| 08 09 10 11 12

Un cru très ancien, déjà exploité au XIIIᵉs., ancienne dépendance du monastère de l'abbaye de Sainte-Croix au XVIIIᵉs. Occupant sur les hauteurs de Léognan une belle croupe de graves garonnaises, son vaste vignoble couvre 92 ha. Anthony Perrin l'a acquis après le grand gel de 1956, replanté, réhabilité et transmis à ses fils Éric et Philibert.

Le nez intense et profond est centré sur les fruits noirs mûrs, le bon merrain et une fine touche minérale. Chaleureux, charnu et rond, le palais développe de beaux arômes dans le prolongement de ceux du bouquet et s'appuie sur des tanins aussi fermes qu'élégants. Ce 2012 gagnera son étoile avec la garde. ✗ 2017-2022 ✗ rôti de bœuf aux cèpes ■ Ch. Tour Léognan 2012 (15 à 20 € ; 40 000 b.) : vin cité. ✗ 2018-2022

☞ SCEA A. Perrin et Fils, Ch. Carbonnieux, 33850 Léognan, tél. 05 57 96 56 20, info@ chateau-carbonnieux.fr Ⓥ Ⓚ Ⓣ r.-v.

CH. CARBONNIEUX 2013 ★

| ■ Cru clas. | n.c. | ◑ | 20 à 30 € |

00 01 **02 03** 04 05 06 07 **08** |09| |10| 12 13

Un cru très ancien, déjà exploité au XIIIᵉs., ancienne dépendance du monastère de l'abbaye de Sainte-Croix au XVIIIᵉs. Occupant sur les hauteurs de Léognan une belle croupe de graves garonnaises, son vaste vignoble couvre 92 ha. Anthony Perrin l'a acquis après le grand gel de 1956, replanté, réhabilité et transmis à ses fils Éric et Philibert.

D'une belle pureté, ce vin jaune pâle très limpide dévoile un fruité frais et délicat de pêche blanche et d'agrumes qui signe la part dominante du sauvignon (70 %). On retrouve la marque du cépage dans une bouche fraîche, alerte et longue. Un pessac élancé et savoureux. ✗ 2016-2020 ✗ alose à l'oseille ■ Ch. Tour Léognan 2013 ★ (11 à 15 € ; n.c. b.) : nez frais et fin (citron, menthol) ; palais ample, suave, séveux et long, à la finale plus tonique. ✗ 2017-2020 ■ La Croix de Carbonnieux 2013 (15 à 20 € ; n.c. b.) : vin cité. ✗ 2015-2018

☞ SCEA A. Perrin et Fils, Ch. Carbonnieux, 33850 Léognan, tél. 05 57 96 56 20, info@chateau-carbonnieux.fr Ⓥ Ⓚ Ⓣ r.-v.

BORDELAIS

LES CRUS CLASSÉS DES GRAVES

NOM DU CRU CLASSÉ	VIN CLASSÉ	NOM DU CRU CLASSÉ	VIN CLASSÉ
Ch. Bouscaut	■	Ch. Latour-Martillac	■
Ch. Carbonnieux	■	Ch. Malartic-Lagravière	■
Dom. de Chevalier	■	Ch. La Mission Haut-Brion	■
Ch. Couhins	■	Ch. Olivier	■
Ch. Couhins-Lurton	■	Ch. Pape Clément	■
Ch. Fieuzal	■	Ch. Smith-Haut Lafitte	■
Ch. Haut-Bailly	■	Ch. La Tour-Haut-Brion	■
Ch. Haut-Brion	■		

CH. LES CARMES HAUT-BRION 2012

| ■ | 30 000 | ◐ | 50 à 75 € |

Enchâssé dans l'agglomération bordelaise, comme son voisin Haut-Brion, ce cru de 4,7 ha doit son nom aux Grand Carmes, ses propriétaires jusqu'à la Révolution, époque où il fut vendu comme bien national. Entré dans la famille Chantecaille en 1840, il y resta jusqu'en 2010, année de son rachat par le groupe immobilier Pichet.

Comme toujours ici, le merlot entre en proportion importante dans l'assemblage du grand vin (44 % pour le 2012, avec 38 % de cabernet franc et 18 % de cabernet-sauvignon). Il en résulte un pessac au nez discret mais charmeur, floral, fruité et légèrement animal, rond et aimable en bouche, porté par une structure fine de petits tanins serrés. Une pointe de fermeté en finale invite à la patience. ✗ 2018-2021 ❦ aiguillettes de canard

o━ Ch. les Carmes Haut-Brion, 20, rue des Carmes, 33000 Bordeaux, tél. 05 56 93 23 40, contact@les-carmes-haut-brion.com 🏃 ⬆ r.-v. o━ P. Pichet

DOM. DE CHEVALIER 2012 ★★

| ■ Cru clas. | n.c. | ◐ | 50 à 75 € |

| 90 | 91 | 92 | 93 | 94 | 96 | 97 | 98 | 99 | 00 | 01 | 02 | 03 | 04 | 05 | 06 |
| 07 | 08 | 09 | 10 | 11 | 12 |

« Une clairière au milieu de la forêt » : ainsi Olivier Bernard définit-il son domaine, aux origines anciennes, acquis en 1983 par sa famille – des négociants. Il a agrandi le vignoble (45 ha aujourd'hui), implanté sur un très beau terroir de graves, réalisé d'importants investissements et fait de Chevalier l'un des piliers de l'appellation pessac-léognan.

Après un superbe 2011, coup de cœur l'an dernier, Olivier Bernard signe un 2012 qui a peu à lui envier. La dégustation s'ouvre sur un bouquet typé pessac avec ses notes d'âtre froid, de fruits rouges et d'épices. Le palais associe une chair ronde à une trame tannique élégante et serrée, et se voit renforcé par un bon boisé encore dominateur. Beaucoup d'étoffe et d'élégance dans ce vin appelé à bien évoluer. ✗ 2018-2023 ❦ canard à l'orange ■ L'Esprit de Chevalier 2012 ★ (20 à 30 € ; n.c. b.) : un second au bouquet intense (fruits noirs confits, cacao, vanille) et au palais plein et suave, plus ferme en finale. ✗ 2018-2022 ■ Ch. Lespault-Martillac 2012 ★ (20 à 30 € ; n.c. b.) : un bouquet équilibré entre boisé et fruité, une structure élégante de tanins fins et une agréable fraîcheur. ✗ 2018-2022

o━ SC Dom. de Chevalier, 102, chem. de Mignoy, 33850 Léognan, tél. 05 56 64 16 16, olivierbernard@domainedechevalier.com 🏃 ⬆ r.-v. o━ Olivier Bernard

DOM. DE CHEVALIER 2012 ★

| ■ Cru clas. | n.c. | ◐ | 75 à 100 € |

| 90 | 91 | 92 | 93 | 94 | 95 | 96 | 97 | 98 | 99 | 00 | 01 | 02 | 04 | 05 | 07 |
| 08 | 09 | 10 | 11 | 12 |

« Une clairière au milieu de la forêt » : ainsi Olivier Bernard définit-il son domaine, aux origines anciennes, acquis en 1983 par sa famille – des négociants. Il a agrandi le vignoble (45 ha aujourd'hui), implanté sur un très beau terroir de graves, réalisé d'importants inves-

tissements et fait de Chevalier l'un des piliers de l'appellation pessac-léognan.

Issu de 80 % de sauvignon et de 20 % de sémillon, ce vin reste fidèle à la tradition du cru par sa belle expression aromatique florale, minérale et délicatement boisée. Ce bouquet s'accorde avec le palais, rond et gourmand, souligné par une discrète acidité. De petites touches de poivre blanc, de poire et de crème de marrons complètent le tableau pour donner un ensemble complexe et homogène. ✗ 2016-2019 ❦ sole meunière ■ L'Esprit de Chevalier 2013 (15 à 20 € ; n.c. b.) : vin cité. ✗ 2015-2018

o━ SC Dom. de Chevalier, 102, chem. de Mignoy, 33850 Léognan, tél. 05 56 64 16 16, olivierbernard@domainedechevalier.com 🏃 ⬆ r.-v. o━ Olivier Bernard

CLOS MARSALETTE 2012 ★

| ■ | 40 000 | 🍂 ◐ | 20 à 30 € |

Solidement établi dans le Saint-Émilionnais (Canon la Gaffelière, La Mondotte), le comte de Neipperg a créé en 1991 ce petit cru de 9,5 ha sur un terroir constitué par trois croupes de graves et des faluns, typique de l'appellation pessac-léognan.

Ce vin encore timide livre un bouquet naissant de moka, de café, d'épices et de réglisse derrière lesquels on devine les fruits. Une attaque suave et soyeuse, un volume certain, des tanins bien en place et veloutés, une finale aussi puissante que persistante, la bouche confirme le bon potentiel de cette bouteille. ✗ 2018-2020 ❦ rôti de bœuf

o━ Le Clos Marsalette, 61, rte de Tout-Vent, 33650 Martillac, tél. 05 57 24 71 33, info@neipperg.com

CH. COUHINS 2013 ★

| ■ Cru clas. | n.c. | | 20 à 30 € |

Classé en blanc, ce cru de 25 ha situé aux portes de Bordeaux appartient à la famille Gasqueton, longtemps propriétaire de Calon Ségur (saint-estèphe), avant d'être acquis en 1968 par l'INRA, qui en fait sa vitrine en matière de recherches viti-vinicoles.

Une robe jaune paille et un bouquet de nectarine : ce vin reste assez discret mais élégant dans sa présentation. Une jolie fraîcheur en attaque ouvre sur un palais à la fois vif, ample et charnu, qui se conclut sur une note originale de gingembre. ✗ 2016-2019 ❦ carpaccio de saint-jacques ■ 2012 (20 à 30 € ; 42 000 b.) : vin cité. ✗ 2017-2021 ■ Dame de Couhins 2012 (11 à 15 € ; 21 000 b.) : vin cité. ✗ 2016-2019

o━ Ch. Couhins, chem. de la Gravette, 33140 Villenave-d'Ornon, tél. 05 56 30 77 61, couhins@bordeaux.inra.fr Ⓥ ⬆ r.-v. o━ INRA

CH. COUHINS-LURTON 2012 ★

| ■ | 30 000 | ◐ | 20 à 30 € |

Un cru situé à Villenave d'Ornon, aux portes de Bordeaux, connu sous le nom de « Bourdieu de la Gravette » à la fin du XVIIᵉs., acheté par l'INRA en 1968. André Lurton le reprit en fermage en 1967, avant d'acheter en 1972 une partie de ce domaine, puis le château et ses bâtiments d'exploitation en 1992. Un vignoble – 6 ha plantés du seul sauvignon, complétés en 1988 de 17 en rouge – auquel il a redonné son lustre d'antan.

Intense, profonde et vive, la teinte de ce vin est prometteuse, tout comme le bouquet. D'une bonne puissance, celui-ci livre des arômes de boisé grillé et de fruits noirs agrémentés de petites notes animales. Une attaque douce ouvre sur un palais riche et suave, étayé par des tanins souples et ronds, avant une longue finale plus ferme. ✗ 2017-2021 ¶ entrecôte aux cèpes

o— *André Lurton (Ch. Couhins-Lurton), Ch. Bonnet, 33420 Grézillac, tél. 05 57 25 58 58, andrelurton@andrelurton.com*

CH. COUHINS-LURTON 2013			
◾ Cru clas.	16 000	◖▮	20 à 30 €

98	**99**	00	**01**	**02**	03	04	**05**	06	**08**	09	10	**11**	12	13

Un cru situé à Villenave d'Ornon, aux portes de Bordeaux, connu sous le nom de « Bourdieu de la Gravette » à la fin du XVIIᵉs., acheté par l'INRA en 1968. André Lurton le reprit en fermage en 1967, avant d'acheter en 1972 une partie de ce domaine, puis le château et les bâtiments d'exploitation en 1992. Un vignoble – 6 ha plantés du seul sauvignon, complétés en 1988 de 17 ha en rouge – auquel il a redonné son lustre d'antan.

Issu du seul sauvignon, ce vin séduit par l'élégance et la complexité de son bouquet, qui associe des notes de pierre à fusil, de fruits blancs, d'agrumes et de beurre. La vivacité de l'attaque donne le ton d'une bouche fraîche, croquante et alerte. Un passage plein de vigueur et d'énergie que l'on réservera aux produits de la mer. ✗ 2016-2020 ¶ tartare de bar

o— *André Lurton, Ch. Bonnet, 33420 Grézillac, tél. 05 57 25 58 58, andrelurton@andrelurton.com*

CH. DE CRUZEAU 2012			
◾	200 000	◖▮	11 à 15 €

D'ancienne notoriété et abandonné après le phylloxéra, ce cru fut découvert en 1973 par André Lurton, par hasard, après une tempête qui avait déraciné les pins et révélé son beau terroir de graves. Entièrement reconstitué, le vignoble couvre aujourd'hui 97 ha.

Si le bouquet reste discret, il révèle une certaine complexité à l'aération avec des notes de fruits frais (fraise), de fleurs (violette) et d'épices (poivre). Une attaque tendre et un développement soyeux sur une trame tannique discrète donnent un palais plutôt léger, agréable par son fruit et son aménité. ✗ 2015-2019 ¶ rôti de veau en cocotte

o— *André Lurton, Ch. Bonnet, 33420 Grézillac, tél. 05 57 25 58 58, andrelurton@andrelurton.com*

CH. D'EYRAN 2012 ★			
◾	60 000	◖▮	11 à 15 €

Ancienne maison forte, le château a été reconstruit en 1629 et acquis par la famille de Sèze en 1796. Stanislas de Sèze, ancien président de l'Académie de médecine, entreprit sa rénovation dans les années 1970 et confia la restructuration du vignoble à l'une de ses petites-filles et à son mari œnologue Stéphane Savigneux au milieu des années 1980. Les vignes couvrent aujourd'hui 18 ha.

Ce vin plein de charme dévoile des arômes engageants et généreux de fruits kirschés, d'amande et de vanille. Une attaque souple et tendre prélude à un palais très courtois, aux tanins ronds et soyeux, accompagné par un bon boisé grillé et épicé. ✗ 2018-2021 ¶ gouda vieux

o— *SCEA Ch. d'Eyran, 8, chem. du Château, 33650 Saint-Médard-d'Eyrans, tél. 05 56 65 51 59, stephane@savigneux.com* Ⓥ 🚶 🏠 *r.-v.*

CH. FERRAN 2012 ★			
◾	70 000	◖▮	11 à 15 €

Ce cru de 22 ha, qui fit partie jadis des domaines de Montesquieu, est propriété depuis 1885 de la famille Béraud-Sudreau. Longtemps resté l'une des « belles endormies » du Bordelais, il est en plein renouveau depuis l'arrivée en 1999 de la cinquième génération incarnée par Philippe et Ghislaine Lacoste.

Dans ce millésime difficile, le cru a su tirer un bon parti de la forte proportion de merlot (60 %), un cépage bien adapté aux argilo-calcaires du domaine. Une robe grenat vif et brillante ; des parfums de petites baies sauvages associés à des notes grillées ; une bouche ample, riche, corsée et solidement charpentée : tout est réuni pour donner une jolie bouteille après quelques années de garde. ✗ 2018-2022 ¶ daube de marcassin

o— *SCEA Ch. Ferran, rte de Lartigue, 33650 Martillac, tél. 06 07 41 86 00, ferran@chateauferran.com* Ⓥ 🚶 🏠 *r.-v.*

CH. DE FIEUZAL 2012 ★			
◾ Cru clas.	n.c.	◖▮	30 à 50 €

90	91	**92**	**93**	**94**	95	96	**97**	**98**	99	00	**01**	02	03	04	**05**	06	07	**10**	11	12

Ce cru très ancien (XIVᵉs.) doit son nom à la famille de Fieuzal, propriétaire jusqu'en 1851. Depuis 2001 et son rachat par les Irlandais Brenda et Lochlann Quinn, il connaît un véritable renouveau, matérialisé par la création d'un nouveau chai en 2011, où le fruit de 80 ha de vignes est vinifié par Stephen Carrier, champenois d'origine, directeur de l'exploitation depuis 2007.

Avec quatre variétés, dont 70 % de cabernet-sauvignon, l'encépagement s'inscrit dans la tradition bordelaise, comme le bouquet de ce vin. Très « graves » et fort élégant, celui-ci mêle les fruits noirs et rouges mûrs à des notes fumées et épicées. Après une attaque franche et vive, les mêmes arômes réapparaissent dans une bouche ample, généreuse et charnue, adossée à des tanins bien ciselés. Une finale longue, fraîche et équilibrée clôt harmonieusement la dégustation. ✗ 2018-2023 ¶ magret de canard

o— *Ch. de Fieuzal, 124, av. de Mont-de-Marsan, 33850 Léognan, tél. 05 56 64 77 86, adenis@fieuzal.com* 🚶 🏠 *r.-v.* o— *Quinn*

CH. DE FIEUZAL 2013 ★			
◾	n.c.	◖▮	30 à 50 €

Ce cru très ancien (XIVᵉs.) doit son nom à la famille de Fieuzal, propriétaire jusqu'en 1851. Depuis 2001 et son rachat par les Irlandais Brenda et Lochlann Quinn, il connaît un véritable renouveau, matérialisé par la création d'un nouveau chai en 2011, où le fruit de 80 ha de vignes est vinifié par Stephen Carrier, champenois d'origine, directeur de l'exploitation depuis 2007.

D'une belle couleur jaune pâle à reflets verts, ce vin dévoile des notes fines d'agrumes mûrs et de grillé. Ample dès l'attaque, le palais offre du gras, de la chair et du moelleux, stimulé par une fine acidité citronnée et minérale. Un ensemble équilibré et très élégant. ⧗ 2016-2020 🍷 turbot sauce hollandaise

🔑 *Ch. de Fieuzal, 124, av. de Mont-de-Marsan, 33850 Léognan, tél. 05 56 64 77 86, adenis@fieuzal.com* 🚶 🧍 *r.-v.* 🔑 Quinn

CH. DE FRANCE 2012 ★

■	40 000	🛢	20 à 30 €

Commandé par une belle maison de maître du XVIIIe s., ce cru a été la propriété de Bernard Thomassin en 1971. Son fils Arnaud est aux commandes depuis 1996. Son vignoble de 41 ha, entièrement restructuré, est situé sur une croupe de graves profondes, l'un des plus hauts coteaux de la terrasse de Léognan.

Encore un peu dominé par le bois au premier nez, ce 2012 s'ouvre à l'aération sur un élégant fruité (cerise, myrtille, cassis) agrémenté d'une note de pain d'épice. Après une attaque douce et ronde, le palais monte en puissance, porté par une solide structure tannique, un boisé noble et une fraîcheur bien ajustée. Autant d'atouts pour la garde. ⧗ 2018-2023 🍷 civet de lièvre

🔑 *Ch. de France, 98, rte Mont-de-Marsan, 33850 Léognan, tél. 05 56 64 75 39, contact@chateau-de-france.com* V 🚶 🧍 *r.-v.*

CH. LA GARDE 2013 ★

□	15 600	🛢	30 à 50 €

À l'élégance très bordelaise de sa chartreuse du XVIIIe s., ce cru de 50 ha, propriété de la maison Dourthe depuis 1990, ajoute un bel environnement et une vue panoramique, avec trois croupes et un plateau de graves sur le point culminant de la commune de Martillac.

Sauvignon blanc (80 %), sauvignon gris et sémillon composent ce vin qui livre à l'aération des notes fines et harmonieuses d'agrumes, de fleurs blanches, de vanille et de pierre à fusil. Avec une rondeur relevée d'une juste vivacité, le palais s'avère bien équilibré, légèrement boisé et épicé, marqué en finale par des touches de gingembre. ⧗ 2016-2020 🍷 poularde au gingembre

🔑 *Ch. la Garde, Vignobles Dourthe, 1, chem. de la Tour, 33650 Martillac, tél. 05 56 35 53 00, contact@dourthe.com* 🚶 🧍 *r.-v.*

CH. GAZIN ROQUENCOURT 2013 ★★

□	n.c.	🛢	20 à 30 €

Implanté depuis le XVIIe s. sur une belle croupe de graves argileuses, ce cru qui compte près d'une trentaine d'hectares de vignes est devenu en 2005 la propriété d'Alexandre Bonnie. L'équipe de Malartic Lagravière l'a donc pris en mains, restructurant le vignoble et le dotant de nouveaux équipements.

Né du seul sauvignon, ce vin se présente dans une robe brillante et limpide. D'une grande fraîcheur (menthol) au premier nez, il s'ouvre à l'aération sur des notes de buis et de citron bien typées. Une attaque tendre et suave prélude à un palais ample, montant et très équilibré entre une fine acidité, un fruité soutenu d'agrumes et un boisé parfaitement dosé aux tonalités gourmandes de croûte de pain. ⧗ 2015-2020 🍷 goloubsty (chou farci russe) ■ 2012 ★ (15 à 20 € ; 50 000 b.) : un bouquet complexe et racé de fruits rouges mûrs, de cèdre, de réglisse et de fumée ; un palais très souple, chaleureux et velouté, adossé à des tanins soyeux et à un boisé fin. ⧗ 2018-2022

🔑 *SC Ch. Malartic-Lagravière, 43, av. de Mont-de-Marsan, 33850 Léognan, tél. 05 56 64 75 08, malartic-lagraviere@malartic-lagraviere.com* 🚶 🧍 *r.-v.* 🔑 Alexandre Bonnie

DOM. DE GRANDMAISON 2012 ★

■	n.c.	▮ 🛢	11 à 15 €

Créé en 1780, ce cru familial est la propriété des Bouquet depuis 1939. Il étend son vignoble de 19 ha sur un terroir à dominante argilo-calcaire, exploité selon des méthodes de travail respectueuses de l'environnement (vignoble enherbé, limitation des traitements). Il ne produit qu'un seul vin.

Adapté au terroir, l'encépagement est constitué en majorité de merlot. Un avantage dans ce millésime difficile, qui a donné ici un vin harmonieux s'ouvrant à l'aération sur les épices, les fruits rouges, la vanille et le sous-bois. Une pointe de minéralité apporte une belle fraîcheur aux côtés de tanins fins et soyeux, plus sévères en finale. ⧗ 2018-2022 🍷 tourte de faisan au foie gras

🔑 *François Bouquier, Dom. de Grandmaison, 182, av. de la Duragne, 33850 Léognan, tél. 05 56 64 75 37, courrier@domaine-de-grandmaison.fr* V 🚶 🧍 *t.l.j. sf dim. 8h30-12h 14h-18h30*

CH. HAUT-BACALAN 2012 ★★

■	20 000	🛢	30 à 50 €

Originaire de Champagne (Côte des Blancs), la famille Gonet s'est aussi forgé une solide renommée dans le Bordelais : en graves-de-vayres avec les châteaux Lesparre (acquis en 1986), Lathibaude et Durand Bayle, valeurs sûres conduites en bio, ainsi qu'en pessac-léognan (Haut-Bacalan, Eck, Haut l'Évêque, Saint-Eugène) et en AOC régionales (La Chapelle Bordes, La Rose Videau).

Une forte présence du merlot (70 %) caractérise ce pessac qui séduit d'emblée par l'éclat de sa robe, d'un rouge grenat limpide et brillant. Le bouquet se révèle à l'aération sur des notes complexes de torréfaction, d'épices douces et de fruits rouges. Complexité qui caractérise aussi l'expression aromatique du palais, riche en sensations (fruits mûrs, réglisse, cuir), puissant sans agressivité, soutenu par des tanins de velours. La finale, longue et intense, vient rappeler la vocation de garde de cette bouteille. ⧗ 2019-2025 🍷 côte de bœuf aux cèpes ■ Ch. Saint-Eugène 2012 (11 à 15 € ; 80 000 b.) : vin cité. ⧗ 2016-2019

🔑 *SCEV Michel Gonet et Fils, Ch. Lesparre, 33750 Beychac-et-Caillau, tél. 05 57 24 51 23, info@gonet.fr* V 🚶 🧍 *r.-v.*

CH. HAUT-BAILLY 2012 ★

■ Cru clas.	70 000	50 à 75 €

90 92 93 94 ⑨⑤ **96 97 98 |99|** |00| **|01| |02| |03| |04| 05**
|06| |07| 08 **09 10 11** 12

Créé en 1630 par un financier parisien, Firmin Le Bailly, ce cru situé aux portes de Bordeaux acquiert sa notoriété au XIXe s. sous l'impulsion d'Alcide Bellot des Minières. Un prestige renforcé à partir de 1955 par la

famille Sanders et, depuis 1998, par le banquier américain Robert G. Wilmers, qui a maintenu Véronique Sanders aux commandes. Le vignoble, intégralement voué aux cépages rouges, couvre 33 ha d'un seul tenant.

Encore naissant, le bouquet montre déjà de la complexité et de l'élégance à travers de fines nuances d'âtre froid, de clou de girofle et de fruits rouges. Ronde, suave et aimable en attaque, la bouche monte doucement en puissance et en volume, portée par des tanins d'une réelle finesse et par un boisé épicé parfaitement dosé. Comme toujours ici, un pessac tout en force contrôlée, doté d'un sérieux potentiel de garde. ✗ 2020-2028 ✗ ravioles de cèpes

☞ *SAS Ch. Haut-Bailly, 103, av. de Cadaujac,*
33850 Léognan, tél. 05 56 64 75 11, mail@
chateau-haut-bailly.com 🏃 🎒 *r.-v.*
☞ Robert Wilmers

♥ CH. HAUT-BRION 2012 ★★★		
■ 1er cru clas.	108 000	+ de 100 €

⑧② 83 84 85 86 87 |88| |89| |90| 91 92 93 94 |95| |96| 97 |98| |99| ⑩⓪ 01 ⑩② 03 ⑩④ ⑩⑤ ⑩⑥ 07 ⑩⑧ ⑩⑨ ⑩ 11 ⑫

Créé par Jean de Pontac en 1525, le premier véritable château du vin bordelais a joué un rôle majeur dans l'apparition de la notion de cru et de bordeaux moderne – il connut la célébrité en Grande-Bretagne dès le XVIIᵉs. grâce à Arnaud de Pontac. Seul cru des Graves intégré au classement de 1855, Haut-Brion a été acquis en 1935 par le banquier américain Clarence Dillon. Son descendant le prince Robert de Luxembourg en est l'actuel propriétaire. Aujourd'hui enclavé dans l'agglomération bordelaise, le domaine continue d'entretenir sa légende, sous la conduite de son directeur Jean-Philippe Delmas, grâce à son terroir particulier, fait de graves blanches sur argiles profondes.

En 2012, la floraison s'est faite en juin, sous la pluie, entraînant coulure et millerandage, une production réduite et un décalage dans la formation des grappes, avec une pression constante du mildiou. Heureusement, les mois de juillet et août ont été chauds et secs. Toutefois, l'hétérogénéité a été bien visible à la véraison ; elle a imposé un éclaircissage important pour harmoniser la récolte, qui a débuté sous le soleil pour les rouges comme pour les blancs avant d'être perturbée par des pluies à partir de la mi-septembre. En définitive, 2012 est un bon millésime pour les terroirs et cépages précoces. Très logiquement, le merlot a été privilégié, entrant à 65,5 % dans le grand vin (32,5 % de cabernet-sauvignon et 2 % de cabernet franc). Le résultat, éloquent, est un Haut-Brion plus aimable, plus « sensuel » qu'à l'accoutumée. Le bouquet, subtil et complexe, allie des notes délicates de fruits noirs (mûre, myrtille) à des nuances plus chaudes d'épices douces, de pruneau et de moka. Le palais s'ouvre sur une trame dense et serrée ; les tanins sont certes puissants mais enrobés par une chair tendre qui confèrent à ce vin un caractère séveux – on oserait presque le mot « gourmand ». La finale, intense et très longue, ne laisse aucun doute sur la majesté de ce millésime bâti pour affronter le temps. ✗ 2020-2035 ✗ filet de bœuf à la truffe noire

☞ *Ch. Haut-Brion, 135, av. Jean-Jaurès,*
33608 Pessac Cedex, tél. 05 56 00 29 30, info@
haut-brion.com 🏃 🎒 *r.-v.* ☞ Dom. Clarence Dillon

♥ CH. HAUT-BRION 2013 ★★★		
■	7 000	+ de 100 €

⑧② 83 85 87 88 89 90 94 95 96 97 98 ⑨⑨ |⑩⓪| |01| |02| |03| |⑩④| |05| |⑩⑥| |⑩⑦| ⑩⑧ ⑩⑨ ⑩ ⑪ 12 ⑬

CHATEAU HAUT-BRION
2013

Créé par Jean de Pontac en 1525, le premier véritable château du vin bordelais a joué un rôle majeur dans l'apparition de la notion de cru et de bordeaux moderne – il connut la célébrité en Grande-Bretagne dès le XVIIᵉs. grâce à Arnaud de Pontac. Seul cru des Graves intégré au classement de 1855, Haut-Brion a été acquis en 1935 par le banquier américain Clarence Dillon. Son descendant le prince Robert de Luxembourg en est l'actuel propriétaire. Aujourd'hui enclavé dans l'agglomération bordelaise, le domaine continue d'entretenir sa légende, sous la conduite de son directeur Jean-Philippe Delmas, grâce à son terroir particulier, fait de graves blanches sur argiles profondes.

Après un admirable 2012 et un non moins formidable 2011, un nouveau grand millésime pour le château Haut-Brion blanc, issu de 34 % de sémillon et 66 % de sauvignon. D'emblée, sa teinte d'or jaune ciselé d'éclairs gris retient l'attention. Le sauvignon imprime sa marque dans de jolies notes de buis et d'agrumes qui contribuent à la fraîcheur du bouquet aux côtés de la vanille, du menthol et de la pierre mouillée. Des saveurs de brioche, d'épices, de zeste de citron et une minéralité affirmée apportent un surcroît de complexité à un palais d'une densité et d'un volume impressionnants, dont la puissance est domptée par un élevage précis, fondu, imperceptible. Alliance parfaite de l'élégance et de la vigueur, ce vin dépasse la notion d'appellation pour entrer dans l'univers des grands blancs, tout simplement... ✗ 2020-2030 ✗ tartare de saint-jacques

☞ *Ch. Haut-Brion, 135, av. Jean-Jaurès,*
33608 Pessac Cedex, tél. 05 56 00 29 30, info@
haut-brion.com 🏃 🎒 *r.-v.* ☞ Dom. Clarence Dillon

LE CLARENCE DE HAUT-BRION 2012 ★		
■	91 800	+ de 100 €

Le second vin de Haut-Brion, nommé ainsi en hommage à l'acquéreur du château en 1935. Il a remplacé Les Bahans Haut-Brion à partir du millésime 2008.

Issu de 41 % de merlot, 43 % de cabernet-sauvignon, 14 % de cabernet franc et 2 % de petit verdot, un vin d'un beau rouge grenat, à la fois goûteux et de garde. Frais et encore discret, le bouquet devient plus chaleureux à l'aération, avec des notes de fruits cuits, de cuir et d'épices chaudes (curry). Après une attaque fraîche et tonique, la bouche dévoile des tanins au grain tendre et sans aspérité, qui se raffermissent quelque peu dans une finale longue et poivrée. ✗ 2018-2025 ✗ canard à l'orange

☞ *Ch. Haut-Brion (Clarence de Haut-Brion),*
135, av. Jean-Jaurès, 33608 Pessac Cedex,
tél. 05 56 00 29 30, info@haut-brion.com 🏃 🎒 *r.-v.*
☞ Dom. Clarence Dillon

ARPÈGE BY HAUT-NOUCHET 2012

■	80 000	◉	15 à 20 €

Propriété de la famille Briest depuis 2008, ce cru étend son vignoble sur 37 ha. Des bosquets, des prés et un ruisseau qui le traverse et lui donne son nom : il bénéficie d'un environnement protégé. Son terroir est de qualité : de belles croupes de graves profondes sur un socle argilo-calcaire.

Assemblant 60 % de merlot et 40 % de cabernet-sauvignon, ce 2012 dévoile un bouquet discret mais délicat, floral et mentholé, qui procure une agréable sensation de fraîcheur. Sensation que l'on perçoit aussi dans un palais alerte et équilibré, aux tanins encore un peu fermes et austères en finale. ✗ 2018-2020 ❦ entrecôte aux cèpes ■ Florilège by Haut-Nouchet 2013 (15 à 20 € ; 13 000 b.) : vin cité. ✗ 2015-2018

⌐ *SCEA Dom. Haut-Nouchet, 3, chem. La Tour,*
33650 Martillac, tél. 06 89 72 79 41, contact@
hautnouchet.com Ⓥ 🏃 🏠 *r.-v.* ⌐ *Briest*

CH. LATOUR-MARTILLAC 2012 ★

■ Cru clas.	150 000	◉	30 à 50 €

90 91 92 **93 94 95 96 97 98** 99 **00** 01 **02** 03 |04| |05|
06 |07| **08 09** 10 **11** 12

Si beaucoup de grands noms du négoce bordelais ont choisi de s'implanter dans le Médoc, les Kressmann ont opté pour les Graves et ce cru acquis en 1930, qui doit son nom à une tour ornant sa cour, vestige d'un château bâti au XIIᵉs. par des ancêtres de Montesquieu. Une belle unité de 50 ha réputée autant pour ses blancs que pour ses rouges.

Le domaine propose une fois encore un beau classique de l'appellation, qui assemble 51 % de cabernet-sauvignon à 42 % de merlot et 7 % de petit verdot. Dans le verre, un vin séduisant par son bouquet harmonieux et bien typé de fruits rouges et d'épices (badiane, réglisse) sur un léger fond fumé. À une attaque fraîche et ample répond un palais puissant, charnu, dense et élégant, bâti sur des tanins fermes qui laissent augurer un solide potentiel de garde. ✗ 2018-2025 ❦ carré d'agneau sauce réglisse

⌐ *SAS Vignobles Jean Kressmann,*
8, chem. La Tour, 33650 Martillac, tél. 05 57 97 71 11,
chateau@latourmartillac.com
Ⓥ 🏃 🏠 *r.-v.*

CH. LATOUR-MARTILLAC 2013

■ Cru clas.	n.c.	◉	30 à 50 €

90 91 92 93 **94 95 96** 97 **98 99** ⓞ 01 **02 03** 04 ⓞ
06 07 |08| |09| |10| |11| 12 13

Si beaucoup de grands noms du négoce bordelais ont choisi de s'implanter dans le Médoc, les Kressmann ont opté pour les Graves et ce cru acquis en 1930, qui doit son nom à une tour ornant sa cour, vestige d'un château bâti au XIIᵉs. par des ancêtres de Montesquieu. Une belle unité de 50 ha réputée autant pour ses blancs que pour ses rouges.

Vêtu d'une jolie robe jaune pâle aux reflets de pierre de lune, ce 2013 se montre fort agréable par son bouquet où des notes de vanille et de torréfaction précèdent des senteurs de zeste d'orange et de pamplemousse. Le palais se révèle tonique en attaque, plus chaleureux et

gras dans son développement. Bien présent, le bois domine le fruit pour l'heure, même si celui-ci s'affirme avec plus de netteté en finale. ✗ 2017-2020 ❦ terrine de poisson

⌐ *SAS Vignobles Jean Kressmann, 8, chem. La Tour,*
33650 Martillac, tél. 05 57 97 71 11,
chateau@latourmartillac.com Ⓥ 🏃 🏠 *r.-v.*

CH. LA LOUVIÈRE 2012 ★★

■	130 000	◉	20 à 30 €

⑨⓪ 92 **93 94** 95 96 97 98 **99** ⓞⓞ **01 02** 03 04 |05| 06
07 |08| 09 **10** 11 **12**

Non classé, La Louvière, limitrophe de Carbonnieux et Haut-Bailly, n'en est pas moins un cru emblématique de Pessac-Léognan – par l'élégance de son château classé monument historique, par l'ancienneté de son vignoble (XIVᵉs.), par le rôle de son propriétaire (André Lurton, depuis 1965) dans la naissance de l'AOC et par la qualité constante de ses vins.

La richesse et la jeunesse de ce 2012 (70 % cabernet-sauvignon, 30 % merlot) apparaissent d'emblée dans cette robe couleur cerise noire, intense et profonde, aux éclatants reflets violines. Remarquablement équilibré, le bouquet associe un fruité soutenu (myrtille, mûre, fraise) à un boisé sans ostentation. Il en va de même de la bouche, ample, dense, racée, bâtie sur des tanins très bien extraits, où l'élevage accompagne le vin et lui donne de la complexité sans l'écraser. La longue finale fruitée laisse sur l'impression d'un millésime parfaitement abouti. ✗ 2018-2023 ❦ côte de bœuf

⌐ *André Lurton, 149, av. de Cadaujac,*
33850 Léognan, tél. 05 56 64 75 87, andrelurton@
andrelurton.com Ⓥ 🏃 🏠 *r.-v.*

♥ CH. LA LOUVIÈRE 2013 ★★

ⓞ	55 000	◉	20 à 30 €

⑨⓪ **91 92 93 94** 95 96 **98 99** 00 01 **02 03** 04 ⓞ⑤ 06
07 |08| |09| 10 **11** 12 **13**

2013

CHÂTEAU
LA LOUVIÈRE
PESSAC-LÉOGNAN
Grand Vin de Bordeaux
Mis en bouteille au Château
ANDRÉ LURTON PROPRIÉTAIRE

Non classé, La Louvière, limitrophe de Carbonnieux et Haut-Bailly, n'en est pas moins un cru emblématique de Pessac-Léognan – par l'élégance de son château classé monument historique, par l'ancienneté de son vignoble (XIVᵉs.), par le rôle de son propriétaire (André Lurton, depuis 1965) dans la naissance de l'AOC et par la qualité constante de ses vins.

Le seul sauvignon est à l'œuvre dans le blanc 2013 de La Louvière, qui égale son lointain devancier de 2002. Un vin emballant, un seyant jaune d'or brillant, au nez harmonieux et généreux de pêche de vigne compotée et d'agrumes (pomelo, citron), agrémentés d'une touche plus exotique à l'aération. Une attaque ample, fraîche et énergique introduit un palais rond et gras, dense et profond, soutenu par un boisé parfaitement intégré et stimulé en finale par de fines notes de poivre blanc. Un vin complet et complexe, bien dans le ton de l'appellation.

✗ 2017-2021 ᵧ chapon de la mer farci ■ L de la Louvière 2013 (11 à 15 € ; 150 000 b.) : vin cité. ✗ 2015-2018

○┐ André Lurton, 149, av. de Cadaujac, 33850 Léognan, tél. 05 56 64 75 87, andrelurton@andrelurton.com Ⓥ 🏃 🍴 r.-v.

CH. LUCHEY-HALDE 2012

| ■ | 27 600 | ⊕ | 20 à 30 € |

Ce domaine de 29 ha d'un seul tenant enchâssé dans l'agglomération bordelaise appartient depuis 1999 à Bordeaux Sciences Agro (anciennement Enita), qui a reconstitué le vignoble disparu lors de la Première Guerre mondiale.

Au nez, du cassis, de fines notes vanillées et quelques touches animales. En bouche, un volume honorable, une pointe de fraîcheur vivifiante, un boisé de qualité et une bonne structure tannique. De quoi voir venir quelques années. ✗ 2017-2020 ᵧ entrecôte marchand de vin ■ 2013 (20 à 30 € ; 4 000 b.) : vin cité. ✗ 2016-2020

○┐ Ch. Luchey-Halde, 17, av. du Mal-Joffre, 33700 Mérignac, tél. 05 56 45 97 19, info@luchey-halde.com Ⓥ 🏃 🍴 r.-v.

○┐ Bordeaux Sciences Agro

♥ CH. MALARTIC-LAGRAVIÈRE 2012 ★★

| ■ Cru clas. | 100 000 | ⊕ | 30 à 50 € |

90 **91 92 93 95** 96 97 98 99 00 01 ⑩²⎮ **03⎮04⎮** ⑮⎮ **06⎮** ⑩⁷⎮ 08 09 ⑩ **11 12**

Sur l'étiquette, trois mâts en l'honneur du comte de Malartic, amiral sous le règne de Louis XV, dont la famille fut propriétaire du cru au XVIIIᵉs. Depuis son rachat en 1996 par les Bonnie, d'origine belge, ce vignoble de 53 ha implanté sur une belle croupe de graves a bénéficié d'un vaste plan de rénovation, à la vigne et au chai. Une valeur sûre de l'appellation, dans les deux couleurs, codirigée depuis 2013 par Jean-Jacques Bonnie et sa sœur Véronique.

D'un grenat intense et soutenu, la robe annonce clairement la puissance de cette superbe bouteille. Pourtant, c'est une impression d'élégance et de finesse qui se dégage de son bouquet, d'une complexité rare : vanille, café, cerise, fruits noirs, réglisse, fumée, pain grillé... Franc et alerte en attaque, le palais se révèle tout aussi aromatique. Son volume, son équilibre irréprochable, ses tanins à la fois denses et soyeux, son boisé doux et parfaitement fondu rendent ce vin déjà très plaisant, tout en se portant garant d'un solide potentiel de garde. ✗ 2017-2025 ᵧ poularde aux cèpes

○┐ SC Ch. Malartic-Lagravière, 43, av. de Mont-de-Marsan, 33850 Léognan, tél. 05 56 64 75 08, malartic-lagraviere@ malartic-lagraviere.com 🏃 🍴 r.-v. ○┐ Bonnie

CH. MALARTIC-LAGRAVIÈRE 2013 ★★

| ■ Cru clas. | n.c. | ⊕ | 50 à 75 € |

Sur l'étiquette, trois mâts en l'honneur du comte de Malartic, amiral sous le règne de Louis XV, dont la

famille fut propriétaire du cru au XVIIIᵉs. Depuis son rachat en 1996 par les Bonnie, d'origine belge, ce vignoble de 53 ha implanté sur une belle croupe de graves a bénéficié d'un vaste plan de rénovation, à la vigne et au chai. Une valeur sûre de l'appellation, dans les deux couleurs, codirigée depuis 2013 par Jean-Jacques Bonnie et sa sœur Véronique.

Issu à 90 % de sauvignon, ce vin a fermenté sur lies et en barrique, puis a été élevé, toujours sur lies, pour 55 % en fûts neufs. Le résultat est remarquable : une élégante robe jaune clair ; des parfums riches et complexes de beurre frais, de chèvrefeuille et de pêche blanche ; un palais ample, dense et gras, épaulé par une fine fraîcheur et par un boisé encore dominant mais très racé, aux accents de café au lait, d'épices et de toasté. ✗ 2016-2022 ᵧ chapon aux morilles ■ La Réserve de Malartic 2013 (15 à 20 € ; 5 000 b.) : vin cité. ✗ 2016-2019

○┐ SC Ch. Malartic-Lagravière, 43, av. de Mont-de-Marsan, 33850 Léognan, tél. 05 56 64 75 08, malartic-lagraviere@ malartic-lagraviere.com 🏃 🍴 r.-v. ○┐ Bonnie

CH. LA MISSION HAUT-BRION 2012 ★★

| ■ Cru clas. | 62 000 | ⊕ | + de 100 € |

82 83 84 85 86 87 **88⎮89⎮** ⑨⓪⎮ 92 93 94 **95⎮** ⑨⑥⎮ 97 **98⎮** **99⎮** ⑩⑨ **01 02 03 04** ⑮ **06** 07 08 09 10 11 12

Séparé du château Haut-Brion juste par la RN 250 et uni à lui depuis 1983 dans le cadre des domaines Clarence Dillon, ce cru s'individualise par son histoire. Celle-ci est liée à la puissante famille de Lestonnac jusqu'en 1682, puis, jusqu'à la Révolution, aux pères lazaristes de Saint-Vincent, qui identifièrent les qualités remarquables de son terroir graveleux aujourd'hui planté de 29 ha de vignes, dont 3,6 ha en blanc.

La profondeur et l'intensité de la robe est de bon augure, tout comme le bouquet, très élégant et typique des pessac : âtre froid, terre chaude, nuances florales, églantine, fruits rouges mûrs. Une attaque soyeuse, fraîche et ample prélude à un palais d'un rare équilibre, qui conjugue densité et rondeur de la chair, puissance des tanins, à la fois solides et fins, et boisé bien dosé aux tonalités de moka. Une grande bouteille de garde. ✗ 2020-2030 ᵧ tournedos Rossini ■ La Chapelle de la Mission Haut-Brion 2012 ★ (+ de 100 € ; 50 600 b.) : un second vin corsé (épices) et fruité (fruits rouges), rond, velouté et généreux en bouche, tout en affichant une bonne présence tannique, et une belle fraîcheur qui lui donne du relief. ✗ 2017-2022

○┐ Ch. la Mission Haut-Brion, 67, rue Peybouquey, 33400 Talence, tél. 05 56 00 29 30, info@haut-brion.com 🏃 r.-v. ○┐ Dom. Clarence Dillon

CH. LA MISSION HAUT-BRION 2013 ★★

| ■ Cru clas. | 6 400 | ⊕ | + de 100 € |

90 93 94 95 96 97 ⑨⑧ 99 00 01 **02⎮** **03⎮04⎮** ⑮⎮ **06⎮** ⑩⁷⎮ **08⎮** 09 10 11 12 13

Séparé du château Haut-Brion juste par la RN 250 et uni à lui depuis son acquisition en 1983 par les Domaines Clarence Dillon, ce cru s'individualise par son histoire. Celle-ci est liée à la puissante famille de Lestonnac jusqu'en 1682, puis, jusqu'à la Révolution, aux pères lazaristes de Saint-Vincent, qui identifièrent les qualités remarquables de son terroir graveleux aujourd'hui planté de 29 ha de vignes, dont 3,6 ha en blanc.

Comme toujours, La Mission propose un vin (76 % de sémillon) d'une grande élégance, dans sa robe jaune paille à reflets blancs, comme dans son bouquet, aussi délicat que complexe, floral (rose), fruité (fruits exotiques, citronnelle, pamplemousse) et épicé (poivre blanc). Une élégance et une complexité que prolonge un palais énergique en attaque, ample, tendre et soyeux dans son développement, épicé et minéral (silex) dans sa finale. ✗ 2017-2023 ✗ tajine de poisson ■ La Clarté de Haut-Brion 2013 ★ (75 à 100 € ; 16 500 b.) : le second vin de La Mission et de Haut-Brion est homogène, gras et voluptueux sans manquer de fraîcheur, ouvert sur des arômes d'ananas, de poire mûre, de vanille et de crème brûlée. La finale, minérale et citronnée, apporte un beau regain d'énergie. ✗ 2016-2020

○┐ Ch. la Mission Haut-Brion, 67, rue Peybouquey, 33400 Talence, tél. 05 56 00 29 30, info@haut-brion.com 🏃 🛠 r.-v.

○┐ Dom. Clarence Dillon

CH. OLIVIER 2012			
■ Cru clas.	100 000	◫	20 à 30 €
95 96 97 98 99 00 **01** 03 |05| |06| |07| |08| |09| 12			

Relais de chasse du Prince Noir puis résidence de la grand-mère de Montesquieu, ce château aux allures de forteresse, édifié au XIIᵉs. et transformé aux XIVᵉ et XVIIIᵉs., est la propriété de la famille de Bethmann depuis 1886. Il étend son vignoble de 50 ha d'un seul tenant sur un terroir varié comportant de belles graves sur socle argilo-calcaire.

S'annonçant par une robe profonde, ce 2012 développe un bouquet généreux et complexe d'épices, de cassis et de framboise. À la rondeur et la douceur de l'attaque succède un palais chaleureux et vigoureux, porté par des tanins fermes et encore sévères. Patience. ✗ 2018-2022 ✗ côte de bœuf à la moelle

○┐ SAS Ch. Olivier, 175, av. de Bordeaux, 33850 Léognan, tél. 05 56 64 73 31, mail@chateau-olivier.com
Ⓥ 🏃 🛠 r.-v. ○┐ de Bethmann

CH. OLIVIER 2013 ★			
■ Cru clas.	22 000	◫	30 à 50 €
05 06 07 08 |09| **10 11** 12 13			

Relais de chasse du Prince Noir puis résidence de la grand-mère de Montesquieu, ce château aux allures de forteresse, édifié au XIIᵉs. et transformé aux XIVᵉ et XVIIIᵉs., est la propriété de la famille de Bethmann depuis 1886. Il étend son vignoble de 50 ha d'un seul tenant sur un terroir varié comportant de belles graves sur socle argilo-calcaire.

Un assemblage très bordelais (68 % de sauvignon, 30 % de sémillon et 2 % de muscadelle) pour ce vin joliment bouqueté autour de notes bien sauvignonnées de buis, de pêche blanche et d'agrumes. Le palais reflète lui aussi le cépage majoritaire avec sa fine vivacité citronnée qui contrebalance la douceur et la rondeur du sémillon, le tout sur un fond boisé légèrement réglissé. ✗ 2016-2020 ✗ sole meunière

○┐ SAS Ch. Olivier, 175, av. de Bordeaux, 33850 Léognan, tél. 05 56 64 73 31, mail@chateau-olivier.com
Ⓥ 🏃 🛠 r.-v. ○┐ de Bethmann

CH. PAPE CLÉMENT 2012 ★★			
■ Cru clas.	90 000	🍶 ◫	75 à 100 €
82 83 **85 86** 87 **88 89 90 91 92 93 94 95 96 97** |98|			
|99| |00| |01| |02| 03 04 05 06 07 **08 09** 10 11 12			

La première pièce et l'une des plus illustres de la collection de Bernard Magrez, « l'homme aux quarante châteaux », propriétaire des lieux depuis les années 1980. L'une des plus anciennes aussi : ce cru appartint à la fin du XIIIᵉs. à Bertrand de Goth, noble d'Aquitaine et futur pape d'Avignon sous le nom de Clément V. Le vignoble resta ensuite longtemps rattaché à l'archevêché de Bordeaux ; classé en rouge, il s'étend aujourd'hui sur 44 ha.

Millésime oblige, le merlot se taille la part du lion dans ce 2012 (65 %), dont la robe sombre et dense annonce la personnalité bien affirmée de ce cru. Intense et élégant, le bouquet porte encore la marque de l'élevage, sans que cela nuise à sa complexité : notes vanillées et fumées, cuir, puis pruneau et crème de cassis. Ample, gras, généreux, le palais dévoile des tanins puissants, au grain fin et velouté, enrobés par un fruité opulent, et laisse une sensation harmonieuse de force maîtrisée et d'élégance. ✗ 2020-2030 ✗ palombe rôtie

○┐ Ch. Pape Clément, 216, av. Nancel-Penard, 33600 Pessac, tél. 05 57 26 38 38, accueil@pape-clement.com Ⓥ 🏃 🛠 r.-v. 🏠 Ⓖ

○┐ Bernard Magrez

CH. PONTET-CAILLOU 2012			
■	20 000	◫	15 à 20 €

Bien implanté dans les Graves (Vieux Château Gaubert, Grand Bourdieu), Dominique Haverlan a planté, en 2004, 13 ha en pessac-léognan sur une croupe de graves (« cailloux »).

Fidèle à son encépagement traditionnel, ce cru associe 50 % de cabernet-sauvignon, 42 % de merlot et 8 % de petit verdot. Il en résulte un 2012 discret à l'olfaction, sur les fruits rouges mûrs et un boisé fondu, souple, chaleureux et soyeux en bouche. Un millésime que l'on pourra commencer à ouvrir sans avoir trop à attendre. ✗ 2016-2020 ✗ mijoté de bœuf

○┐ Dominique Haverlan (Ch. Pontet-Caillou), 35, rue du 8-mai-1945, 33640 Portets, tél. 05 56 67 18 63, dominique.haverlan@libertysurf.fr Ⓥ 🛠 r.-v.

DOM. DE LA ROCHE 2013 ★			
■	7 000	◫	11 à 15 €

Un pavillon du XVIIIᵉs., un parc, un arboretum : avec le Ch. de Castres (graves), José Rodrigues-Lalande, ingénieur et œnologue, a acquis en 1996 un beau quartier général. Il s'est agrandi en 2013 dans cette même AOC en achetant le Ch. Beau-Site, après s'être implanté en pessac-léognan en 2004, avec l'acquisition des 18 ha du Ch. Roche-Lalande et du Dom. de la Roche.

Associant à parts quasi égales le sémillon (48 %) et le sauvignon blanc (45 %), le sauvignon gris et la muscadelle faisant l'appoint, ce vin présente un bouquet fin de bergamote, d'agrumes et de fruits exotiques sur un fond boisé bien dosé (cèdre). Le palais se révèle ample, vif et ferme, apaisé par une finale plus douce et miellée. ✗ 2016-2020 ✗ daurade sur lit de poireaux ■ Les Hauts

de Martillac 2013 (11 à 15 € ; 7 000 b.) : vin cité.
✠ 2015-2018

o⟶ EARL Rodrigues-Lalande, Ch. de Castres,
33640 Castres-sur-Gironde, tél. 05 56 67 51 51,
contact@chateaudecastres.fr Ⓥ 🏃 🔒 r.-v.

LE BARON DE ROUILLAC 2012		
■	10 000	⬥	15 à 20 €

Ancien footballeur devenu chef d'entreprise, Laurent
Cisneros a vendu l'entreprise familiale et quitté la
Charente pour acquérir en 2010 ce cru de 23 ha,
ancienne propriété du baron Haussmann. Il a aussitôt
entrepris d'importants travaux pour améliorer la qualité
du vin (cuvier HQE), tout en raisonnant les pratiques
viticoles.

Un peu fermé mais prometteur, ce pessac-léognan s'ouvre
doucement à l'aération sur des arômes complexes de
toast, de vanille, de fumé et de groseille. Rond et bien
équilibré, étayé par des tanins soyeux, le palais se montre
déjà aimable tout en affichant un bon potentiel. ✠ 2017-
2022 🍽 moelleux au chocolat

o⟶ SCEA Ch. de Rouillac, 12, chem. du 20-août-1949,
33610 Canéjan, tél. 05 57 12 84 63, info@
chateauderouillac.com Ⓥ 🏃 🔒 r.-v. o⟶ L. Cisneros

CH. LE SARTRE 2012 ★		
■	62 000	⬥	15 à 20 €

Redécouvert et reconstitué au début des années 1980
par la famille Perrin (Ch. Carbonnieux), ce cru de 35 ha
est implanté sur de belles graves à l'ouest de Léognan,
presque à l'orée de la forêt, au voisinage de Malartic,
Fieuzal et Chevalier. À sa tête depuis 2004, Marie-José
Leriche, sœur du regretté Antony Perrin, épaulée par
son époux et par son directeur d'exploitation David
Château.

Fidèle au rendez-vous du Guide, ce cru signe un 2012 au
bouquet complexe et intense évoquant le café, le toast
grillé, le fumé et les fruits noirs. Riche, concentré,
charpenté avec élégance par des tanins fins et veloutés,
et par un bon boisé vanillé, ce vin en impose aussi en
bouche. Un pessac bâti pour la garde. ✠ 2018-2024 🍽 gigot
d'agneau

o⟶ Ch. le Sartre, 78, chem. du Sartre, 33850 Léognan,
tél. 05 56 64 08 78, chateaulesartre@wanadoo.fr
Ⓥ 🏃 🔒 r.-v.

♥ CH. SEGUIN 2012 ★★		
■	50 000	⬥	20 à 30 €

Grand Vin de Bordeaux

CHATEAU
SEGUIN
PESSAC-LÉOGNAN

2012

Bordé par le chemin de
Saint-Jacques – les pèle-
rins passaient devant la
croix de Seguin, toujours
sur la propriété –, ce domaine viticole ancien
tombé dans l'oubli a été
entièrement reconstitué
à partir de 1987 par les
Darriet. Le vignoble, com-
posé de deux belles croupes de graves, couvre
aujourd'hui 31 ha.

Symbole des progrès constants de ce cru depuis l'arrivée
des Darriet, un coup de cœur avait distingué le 2009,
grande année s'il en est. Le domaine prouve encore son

savoir-faire avec ce millésime bien plus difficile à apprivoiser. Un 2012 mi-merlot mi-cabernet-sauvignon sombre
et profond, au nez intense et complexe de fruits noirs
mûrs, de grillé, de sous-bois et d'épices douces. Une
attaque franche et fraîche ouvre sur un palais ample,
puissant, concentré, structuré par des tanins précis au
grain velouté et par un noble boisé qui laisse le fruit
s'exprimer librement. Une grande bouteille de garde.
✠ 2019-2025 🍽 lièvre à la royale

o⟶ SC Dom. de Seguin, chem. de la House,
33610 Canéjan, tél. 05 56 75 02 43, contact@
chateauseguin.com Ⓥ 🏃 🔒 r.-v. o⟶ Darriet

CH. SMITH HAUT LAFITTE 2012 ★		
■ Cru clas.	120 000	⬥	50 à 75 €

90 91 92 **93 94 95** 96 97 **98** 99 |00| **01 02** |03| |04| ⑤
|06| |07| **08 09 10 11** 12

Ce cru ancien fondé en 1365 doit son nom au navigateur
écossais George Smith, installé ici au XVIIIᵉs. Lui ont
succédé MM. Duffour-Dubergier, maire de Bordeaux,
puis Louis Eschenauer, grande figure du négoce bordelais. En 1990, Florence et Daniel Cathiard acquièrent
le domaine et lancent de grands travaux : création de
deux chais souterrains, reprise du travail du sol sans
désherbant, intégration de leur propre tonnellerie,
développement de l'œnotourisme avec Les Caudalies,
complexe hôtelier et centre de vinothérapie. Le vignoble
couvre aujourd'hui 78 ha sur une belle croupe de graves
günzeliennes.

Agréable à l'œil dans sa robe rouge bigarreau, le rouge
2012 du cru charme aussi par ses arômes de fruits rouges
(fraise, cerise) que complètent des notes fumées et
épicées (cannelle). Fraîche et franche en attaque, la
bouche monte rapidement en volume et en muscles,
charpentée par des tanins carrés qui garantissent le solide
potentiel de ce vin ; une chair ronde vient les enrober,
apportant un supplément de douceur. La patience est de
rigueur. ✠ 2019-2025 🍽 effiloché d'agneau aux cèpes

o⟶ Ch. Smith Haut Lafitte, 33650 Martillac,
tél. 05 57 83 11 22, f.cathiard@smith-haut-lafitte.com
Ⓥ 🏃 🔒 r.-v. o⟶ SAS D. Cathiard

CH. SMITH HAUT LAFITTE 2013 ★★		
■	30 000	⬥	50 à 75 €

90 91 **92** 93 94 95 **96 97** ⑱ **99 00 01 02 03 04** 05 06
|07| |08| |09| **10** 11 **12 13**

Ce cru ancien fondé en 1365 doit son nom au navigateur
écossais George Smith, installé ici au XVIIIᵉs. Lui ont
succédé MM. Duffour-Dubergier, maire de Bordeaux,
puis Louis Eschenauer, grande figure du négoce bordelais. En 1990, Florence et Daniel Cathiard acquièrent
le domaine et lancent de grands travaux : création de
deux chais souterrains, reprise du travail du sol sans
désherbant, intégration de leur propre tonnellerie,
développement de l'œnotourisme avec Les Caudalies,
complexe hôtelier et centre de vinothérapie. Le vignoble
couvre aujourd'hui 78 ha sur une belle croupe de graves
günzeliennes.

Toujours aussi à l'aise en blanc, Smith Haut Lafitte signe
un 2013 de grande tenue. Issu d'un assemblage comprenant 90 % de sauvignon blanc, 5 % de sauvignon gris et
5 % de sémillon, ce vin jaune pâle offre un bouquet

intense et harmonieux de fruits jaunes (pêche, abricot) et de vanille. L'équilibre est tout aussi parfait en bouche : du volume, du gras, un boisé élégant et beaucoup de fraîcheur. ✗ 2016-2022 ♈ ravioles de bar ■ Les Hauts de Smith 2013 ★ (15 à 20 € ; 15 000 b.) : un sauvignon ouvert sur les agrumes, les fruits blancs et les fruits exotiques, riche et mûr en bouche, équilibré par un bon support acide. ✗ 2015-2020 ■ Le Petit Haut Lafitte 2013 ★ (15 à 20 € ; 15 000 b.) : fruits jaunes et blancs, miel d'acacia, vanille, le bouquet est séduisant. La bouche montre un bon équilibre entre une chair tendre et une fine acidité. ✗ 2015-2020 ■ Ch. Cantelys 2013 ★ (11 à 15 € ; 5 000 b.) : un nez charmeur, floral, fruité (pêche) et fumé ; un palais harmonieux finement toasté, gras, ample, frais et long. ✗ 2015-2020

☛ *Ch. Smith Haut Lafitte, 33650 Martillac,*
tél. 05 57 83 11 22, f.cathiard@smith-haut-lafitte.com
Ⓥ 🏃 🚹 *r.-v.* ☛ *SAS D. Cathiard*

➡ **LE MÉDOC**

Dans l'ensemble girondin, le Médoc occupe une place à part. À la fois enclavés dans leur presqu'île et largement ouverts sur le monde par un profond estuaire, le Médoc et les Médocains apparaissent comme une parfaite illustration du tempérament aquitain, oscillant entre le repli sur soi et la tendance à l'universel. Et il n'est pas étonnant d'y trouver aussi bien de petites exploitations familiales presque inconnues que de grands domaines prestigieux appartenant à de puissantes sociétés françaises ou étrangères.
S'en étonner serait oublier que le vignoble médocain (qui ne représente qu'une partie du Médoc historique et géographique) s'étend sur plus de 80 km de long et 10 km de large. Le visiteur peut donc admirer non seulement les grands châteaux du vin du siècle dernier, avec leurs splendides chais-monuments, mais aussi partir à la découverte approfondie du pays. Très varié, celui-ci offre aussi bien des horizons plats et uniformes (près de Margaux) que des croupes (vers Pauillac), ou l'univers tout à fait original du Médoc dans sa partie nord, à la fois terrestre et maritime. La superficie des AOC du Médoc représente environ 16 400 ha.
Pour qui sait quitter les sentiers battus, le Médoc réserve plus d'une heureuse surprise. Mais sa grande richesse, ce sont ses sols graveleux, descendant en pente douce vers l'estuaire de la Gironde. Pauvre en éléments fertilisants, ce terroir est particulièrement favorable à la production de vins de qualité, la topographie permettant un drainage parfait des eaux.
On a pris l'habitude de distinguer le Haut-Médoc, de Blanquefort à Saint-Seurin-de-Cadourne, et le nord Médoc, de Saint-Germain-d'Esteuil à Saint-Vivien. Au sein de la première zone, six appellations communales produisent les vins les plus réputés. Les soixante crus classés sont essentiellement implantés sur ces appellations communales ; cependant, cinq d'entre eux portent exclusivement l'appellation haut-médoc. Les crus classés représentent approxi-

mativement 25 % de la surface totale des vignes du Médoc, 20 % de la production de vins et plus de 40 % du chiffre d'affaires. Plusieurs caves coopératives existent dans les appellations médoc et haut-médoc, mais aussi dans trois appellations communales (listrac, pauillac, saint-estèphe).
Le vignoble du Médoc est réparti entre huit appellations d'origine contrôlée. Il existe deux appellations sous-régionales, médoc et haut-médoc (60 % du vignoble médocain), et six appellations communales : saint-estèphe, pauillac, saint-julien, listrac-médoc, moulis-en-médoc et margaux – l'appellation régionale étant bordeaux comme dans le reste du vignoble du Bordelais.
Cépage traditionnel en Médoc, le cabernet-sauvignon est probablement moins important qu'autrefois, mais il couvre 52 % de la totalité du vignoble. Avec 34 %, le merlot vient en deuxième position ; son vin, souple, est aussi d'excellente qualité et, d'évolution plus rapide, il peut être consommé plus jeune. Le cabernet franc, qui apporte de la finesse, représente 10 %. Enfin, le petit verdot et le malbec jouent le rôle de cépages d'appoint.
Les vins du Médoc jouissent d'une réputation exceptionnelle ; ils sont parmi les plus prestigieux vins rouges de France et du monde. Ils se remarquent à leur couleur grenat, évoluant vers une teinte tuilée, ainsi qu'à leur bouquet fruité dans lequel les notes épicées du cabernet se mêlent souvent à celles, vanillées, qu'apporte le chêne neuf. Leur structure tannique, dense en même temps qu'élégante, et leur parfait équilibre contribuent à une bonne tenue dans le temps : ils s'assouplissent sans maigrir et gagnent en richesses olfactive et gustative.

MÉDOC

Superficie : 5 700 ha / Production : 300 000 hl

L'ensemble du vignoble médocain a droit à l'appellation médoc, mais en pratique celle-ci n'est utilisée que dans le nord de la presqu'île, à proximité de Lesparre, les communes situées entre Blanquefort et Saint-Seurin-de-Cadourne pouvant revendiquer celle de haut-médoc ou des communales, dans le cadre de leurs zones délimitées spécifiques. Malgré cela, l'appellation médoc est la plus importante en superficie et en volume.
Les médoc se distinguent par une couleur très soutenue. Avec un pourcentage de merlot plus important que dans les vins du haut-médoc et des appellations communales, ils possèdent souvent un bouquet fruité et beaucoup de rondeur en bouche. Certains, provenant de croupes graveleuses isolées, associent aussi une grande finesse et une certaine richesse tannique.

♥ CH. L'ARGENTEYRE 2012 ★★			
■ Cru bourg.	140 000	◄I►	5 à 8 €

À partir de 1992, Gilles et Philippe Reich ont acquis plusieurs petites parcelles dans le Médoc pour composer un ensemble de 50 ha près de l'estuaire, dont 25 ha sur graves pyrénéennes dans le cru bourgeois L'Argenteyre.

Ce médoc de caractère (cabernet-sauvignon à 55 %, merlot et petit verdot) annonce sa forte personnalité par la jeunesse de sa robe aux fougueux reflets violets comme par son bouquet où les fruits rouges sont accompagnés de belles notes boisées. Fort goûteux et parfaitement équilibré, le palais n'est pas en reste : beaucoup de matière et de volume, de beaux tanins denses et puissants, et une longue finale. De garde assurément. ✗ 2019-2024 ✓ omelette aux cèpes

☛ GAEC Vignobles Reich, 43, rte de Courbian, 33340 Bégadan, tél. 05 56 41 52 34, chateau-argenteyre@wanadoo.fr Ⅴ 🕴 🚶 t.l.j. sf sam. dim. 8h30-12h30 13h30-17h30

THOMAS BARTON Réserve privée 2012 ★★		
■	14 000 ⅲ	20 à 30 €

En 1725, le jeune Irlandais Thomas Barton crée son affaire à Bordeaux. En 1802, son petit-fils Hugh fonde avec l'armateur Daniel Guestier une firme de négoce, qui propose aujourd'hui des vins de plusieurs régions viticoles françaises. Elle est la plus ancienne du Bordelais, également propriétaire de crus.

Cette Réserve privée, élevée dix-huit mois en barriques neuves, a d'emblée séduit le jury par son bouquet très expressif et complexe de vanille, de pain d'épice, de tabac et de prune. Rond et plein, le palais livre une jolie matière soutenue par des tanins soyeux et un boisé encore dominateur, qui laisse s'exprimer la fraîcheur du fruit. Une remarquable réussite, qui fait écho au coup de cœur obtenu par le 2010. ✗ 2018-2024 ✓ tournedos Rossini ■ Les Charmes de Magnol 2012 (11 à 15 € ; 59 400 b.) : vin cité. ✗ 2017-2020

☛ Barton & Guestier, Ch. Magnol, 87, rue du Dehez, 33290 Blanquefort, tél. 05 56 95 48 00, cyrielle.thibot@barton-guestier.com

CH. BELLEVUE 2012			
■ Cru bourg.	n.c.	🍴 ⅲ	8 à 11 €

Bénéficiant d'un vignoble de trente-cinq ans en moyenne, planté sur les terres hétérogènes des croupes de la Gironde, ce cru familial de 27,5 ha est conduit depuis 1997 par Régis Lassalle.

Ce médoc, qui fait la part belle au merlot (50 %) aux côtés des deux cabernets, s'annonce par un bouquet soutenu de fruits rouges et noirs, d'épices douces (cannelle) et de réglisse. Le palais attaque en souplesse avant de dévoiler un boisé intense mais de qualité, épaulé par des tanins qui demandent à se polir encore un peu. ✗ 2018-2021 ✓ grenier médocain

☛ Régis Lassalle, 10, rue du 8-Mai-1945, 33340 Valeyrac, tél. 05 56 41 52 17, earl.lassalle@wanadoo.fr Ⅴ 🕴 🚶 t.l.j. sf sam. dim. 8h-12h30 14h-17h

CH. BOIS CARRÉ 2012 ★		
■	10 000	ⅲ	8 à 11 €

Commencée en 1870, la construction du château – en réalité une maison bourgeoise – s'arrêta pour cause de phylloxéra et ne fut achevée qu'en... 2001 après dix ans de travaux. David Renouil y conduit depuis 1999 un petit vignoble de 6 ha sur argilo-calcaires, qui doit son nom au site gallo-romain situé sur la commune de Saint-Yzans-de-Médoc.

Ce 2012 mi-merlot mi-cabernet-sauvignon séduit d'emblée par son bouquet de pain grillé, de café, de cassis et de violette. Ample et charnu, le palais révèle des tanins soyeux et fins, et déploie une finale longue et tendre. Un bel équilibre entre puissance et élégance. ✗ 2017-2023 ✓ foie gras truffé

☛ David Renouil, 1, rue de Mazails, 33340 Saint-Yzans-de-Médoc, tél. 06 08 68 45 61, vanessadavid33@hotmail.fr Ⅴ 🕴 🚶 t.l.j. sf dim. 8h-12h 14h-18h

CH. BOURNAC Élevé en fût de chêne 2012			
■ Cru bourg.	70 000	🍴 ⅲ	11 à 15 €

Installés depuis 1980 sur une croupe argilo-calcaire de Civrac, les deux frères Secret conduisent un vignoble de 45 ha répartis entre les crus bourgeois La Chandellière (31 ha) et Bournac (14 ha).

La belle profondeur de la robe engage à poursuivre la dégustation, avec la découverte de notes boisées encore assez dominantes, mais qui laissent les fruits mûrs s'exprimer à l'aération. Après une attaque ronde et suave, le palais affiche une belle puissance, de la concentration et de la densité, et s'appuie sur de bons tanins, fins et soyeux, bien qu'un brin sévères en finale. ✗ 2017-2021 ✓ jarret de veau aux pruneaux ■ Ch. la Chandellière cru bourg. 2012 (8 à 11 € ; 180 000 b.) : vin cité. ✗ 2018-2023

☛ Secret Frères et Fils, 16, rte des Petites Granges, Bournac, 33340 Civrac-en-Médoc, tél. 05 56 41 53 51, thibaud.secret@gmail.com 🕴 🚶 r.-v.

CH. LA BRANNE 2012			
■ Cru bourg.	126 000	ⅲ	8 à 11 €

Passer de 6 à 25 ha en un quart de siècle, c'est très bien ; le faire en maintenant la qualité, c'est mieux. Voilà ce qu'ont réussi Philippe et Fabienne Videau, installés en 1986 sur cette propriété familiale et sortis de la cave coopérative en 1999.

Issu de merlot (50 %), de cabernet-sauvignon (48 %) et de petit verdot, ce vin porte encore la marque de l'élevage (douze mois) dans son nez toasté, un peu brûlé. Des arômes que l'on retrouve dès l'attaque, dans un palais rond et soyeux. Un médoc plutôt gourmand et délicat, à boire dans sa jeunesse. ✗ 2016-2019 ✓ bœuf mode

☛ EARL Fabienne et Philippe Videau, 2, rte de Peyrere, 33340 Bégadan, tél. 05 56 41 55 24, labranne@wanadoo.fr Ⅴ 🕴 🚶 t.l.j. sf dim. 9h-12h 14h-18h 🏠 Ⓑ

CH. BREUILH 2012 ★			
■	30 000	🍴 ⅲ	5 à 8 €

Denis Bergey est établi depuis 1983 sur les hauteurs de Valeyrac, à proximité de Bégadan. Deux étiquettes : les châteaux Le Temple (18 ha de graves garonnaises) et Breuilh (14,5 ha de graves sur argiles).

Ce vin dévoile un bouquet complexe aux accents fruités, empyreumatiques et épicés. La souplesse de l'attaque se prolonge dans un palais rond et soyeux aux saveurs épicées, sous-tendu par une fine fraîcheur. Un vin très équilibré. ✗ 2016-2020 ✓ dinde farcie aux marrons ■ Ch. le Temple 2012 (8 à 11 € ; 60 000 b.) : vin cité. ✗ 2017-2021

☛ Denis Bergey, 14, rte de Breuilh, 33340 Bégadan, tél. 05 56 41 56 45, denis.bergey@orange.fr Ⅴ r.-v.

CH. DES BROUSTERAS 2012 ★

| ■ Cru bourg. | 15 000 | ◫ | 11 à 15 € |

Rue de l'Ancienne Douane : l'adresse de ce petit cru de 4 ha conduit depuis 1960 par la famille Renouil rappelle que Saint-Yzans est une commune du Médoc maritime. Les vignes, à très forte dominante de merlot, regardent la « rivière », comprenez l'estuaire.

Ce 2012 se montre élégant par son bouquet mêlant les fruits rouges aux notes grillées et épicées. Ample et gras, le palais est soutenu par une trame tannique de qualité qui appelle un peu de patience. ✗ 2018-2025 ♈ canard à l'orange ⦿ SCF Ch. des Brousteras, 2, rue de l'Ancienne-Douane, 33340 Saint-Yzans-de-Médoc, tél. 05 56 09 05 44, chateaudesbrousteras@gmail.com Ⓥ 🕊 🛡 r.-v.

⦿ Renouil Frères

CH. CARMENÈRE Petite Réserve 2012 ★

| ■ | 12 000 | ◫ | 8 à 11 € |

Si la famille Barraud œuvre à la vigne depuis le XIXᵉs. et cinq générations, elle ne produit du vin en cave particulière que depuis 2006 et sa sortie de la cave coopérative par Richard Barreau. Carmenère ? Le nom du lieu-dit où est établie la propriété (8,15 ha), dont une petite parcelle est plantée de ce cépage jadis très répandu en Médoc.

Honneur au second vin, qui profite d'un assemblage à forte dominante de merlot (60 % contre 35 % dans le premier vin), dans un millésime 2012 délicat et plus favorable à ce cépage qu'aux cabernets (présents ici avec une touche de petit verdot et carménère). Encore un peu fermé, le bouquet s'annonce prometteur (toasté, fruits noirs et rouges à l'aération), tandis que le palais séduit par son caractère épicé et empyreumatique, sa fraîcheur, sa bonne structure et sa longueur. Un ensemble très bien équilibré. ✗ 2018-2021 ♈ canard au poivre vert ■ 2012 (15 à 20 € ; 10 000 b.) : vin cité. ✗ 2017-2020 ⦿ Richard Barraud, 20, chem. de Lourtet, 33340 Queyrac, tél. 06 52 70 63 28, chateaucarmenere@laposte.net Ⓥ 🕊 🛡 r.-v.

CH. LES CARRÉGADES
Élevé en fût de chêne 2012 ★★

| ■ | 29 333 | î | 5 à 8 € |

Regroupement des coopératives de Bégadan, d'Ordonnac, de Prignac et Queyrac, Uni-Médoc est le premier producteur de vins de l'appellation médoc. La cave rassemble quelque deux cent vingt viticulteurs qui exploitent un millier d'hectares.

La profondeur de la robe annonce la couleur : ce vin (merlot à 65 %) semble bien armé par la garde. La complexité de son bouquet commence à apparaître avec des notes toastées, épicées et fruitées (fruits rouges). Le palais se révèle à la fois dense, puissant, gras et velouté. Un remarquable ensemble, bien dans l'esprit médocain, solide et élégant. ✗ 2018-2024 ♈ selle d'agneau ■ Ch. Ricaudet 2012 ★ (8 à 11 € ; 57 300 b.) : une dominante de merlot pour ce vin expressif (vanille, noyau), ample, corsé, aux tanins denses. ✗ 2018-2022 ■ Ch. Moulin de Cabanieu Élevé en fût de chêne 2012 (5 à 8 € ; 124 067 b.) : vin cité. ✗ 2019-2022

⦿ Les Vignerons d'Uni-Médoc, 14, rte de Soulac, BP 20025, 33340 Gaillan-en-Médoc, tél. 05 56 41 03 12, cave@uni-medoc.com Ⓥ 🕊 🛡 r.-v.

CH. CLÉMENT SAINT-JEAN 2012 ★

| ■ Cru bourg. | 155 532 | ◫ | 11 à 15 € |

Regroupement des coopératives de Bégadan, d'Ordonnac, de Prignac et Queyrac, Uni-Médoc est le premier producteur de vins de l'appellation médoc. La cave rassemble quelque deux cent vingt viticulteurs qui exploitent un millier d'hectares.

D'un rubis profond et intense, la robe annonce la forte personnalité de ce vin, qui s'exprime pleinement par la complexité et l'élégance du bouquet (fruits mûrs, vanille), comme par la puissance et l'ampleur du palais, bâti sur de solides tanins. ✗ 2019-2023 ♈ chevreuil aux pommes ■ Réserve 2012 ★ (20 à 30 € ; 4 405 b.) : un 100 % cabernet-sauvignon expressif (pruneau, boisé) et bien charpenté. Un vrai médoc de garde. ✗ 2019-2023 ■ Merrain rouge Élevé en fût de chêne 2012 ★ (5 à 8 € ; 400 000 b.) : un bel ensemble souple, rond et gourmand, aux tanins fins et soyeux. ✗ 2016-2020 ■ Pavillon de Bellevue 2012 (5 à 8 € ; 11 338 b.) : vin cité. ✗ 2017-2020 ⦿ Les Vignerons d'Uni-Médoc, 14, rte de Soulac, BP 20025, 33340 Gaillan-en-Médoc, tél. 05 56 41 03 12, cave@uni-medoc.com Ⓥ 🕊 🛡 r.-v.

CLOS MANOU 2012 ★

| ■ | 40 000 | ◫ | 20 à 30 € |

En 1998, Stéphane Dief et son épouse Françoise louent 12 ares pour créer leur vignoble. D'achats de parcelles en acquisitions de petits crus soigneusement sélectionnés, leur propriété s'étend aujourd'hui sur 17 ha, avec quelques vignes très anciennes, notamment une petite parcelle de merlot pré-phylloxérique plantée en 1850. Elle est devenue une référence en médoc.

S'il ne prétend pas rivaliser avec le 2011, coup de cœur l'an dernier, le Clos Manou 2012 montre qu'il a du répondant. À commencer par sa belle robe, d'un rouge profond, et par son bouquet, aux arômes charmeurs de vanille. Souple et suave, porté par des tanins fondus et un boisé élégant qui n'écrase pas le fruit, le palais joue lui aussi la carte de l'équilibre et du charme. Côté cépages : du cabernet-sauvignon (53 %), du merlot (38 %) et du petit verdot. Côté élevage : dix-huit mois de barrique. ✗ 2017-2023 ♈ sauté de sanglier aux aubergines ■ Petit Manou 2012 ★ (8 à 11 € ; 65 000 b.) : le second vin du domaine est un médoc bien typé, au nez harmonieux, toasté, vanillé et fruité, au palais tendre et soyeux en attaque, plus tannique dans son développement. ✗ 2017-2021

⦿ Françoise et Stéphane Dief, 7, rue du 19-Mars-1962, 33340 Saint-Christoly-Médoc, tél. 05 56 41 54 20, sogeviti.sf@wanadoo.fr Ⓥ 🕊 🛡 r.-v.

CORAZON BY STÉPHANE COURRÈGES 2012 ★

| ■ | 40 000 | ◫ | 8 à 11 € |

Courrèges Wines est une structure de négoce créée en 2008 par Stéphane Courrèges, œnologue-conseil depuis plus de vingt ans dans le Bordelais, et par son épouse Akima. À la carte, des vins en AOC médoc, haut-médoc et bordeaux.

Cette marque revendique « une esthétique contemporaine et un goût moderne », comprenez un vin fruité et charnu. Du fruit, le bouquet, encore un peu fermé, en distille de plaisants parfums, accompagnés de notes florales et vanillées. Le palais se montre riche, gras, concentré, soutenu par des tanins soyeux et par une belle finale épicée. ✖ 2018-2022 ❢ croustillant de caille ■ Mont Raudin 2012 ★ (8 à 11 € ; 20 000 b.) : un nez fin de fruits rouges et d'épices ; une bouche à la fois élégante, puissante et chaleureuse, soutenue par des tanins consistants et par une pointe de fraîcheur en finale. ✖ 2019-2022

○➞ *Courrèges Wines, 108 bis, av. Jean-Jacques-Rousseau, 33160 Saint-Médard-en-Jalles, tél. 05 56 91 21 96, contact@courreges-wines.com*

CH. DE LA CROIX 2012 ★			
■ Cru bourg.	160 000	🍾 ⬗	11 à 15 €

Cinq générations de Francisco (depuis 1870) ont œuvré sur ce vignoble de 32 ha situé sur l'un des points culminants du Médoc. Le domaine doit son nom à une croix située à l'entrée d'Ordonnac, ancien repère pour les pèlerins se dirigeant vers Compostelle. Jean Francisco est aux commandes depuis 1980.

Le Médoc et le Haut-Médoc

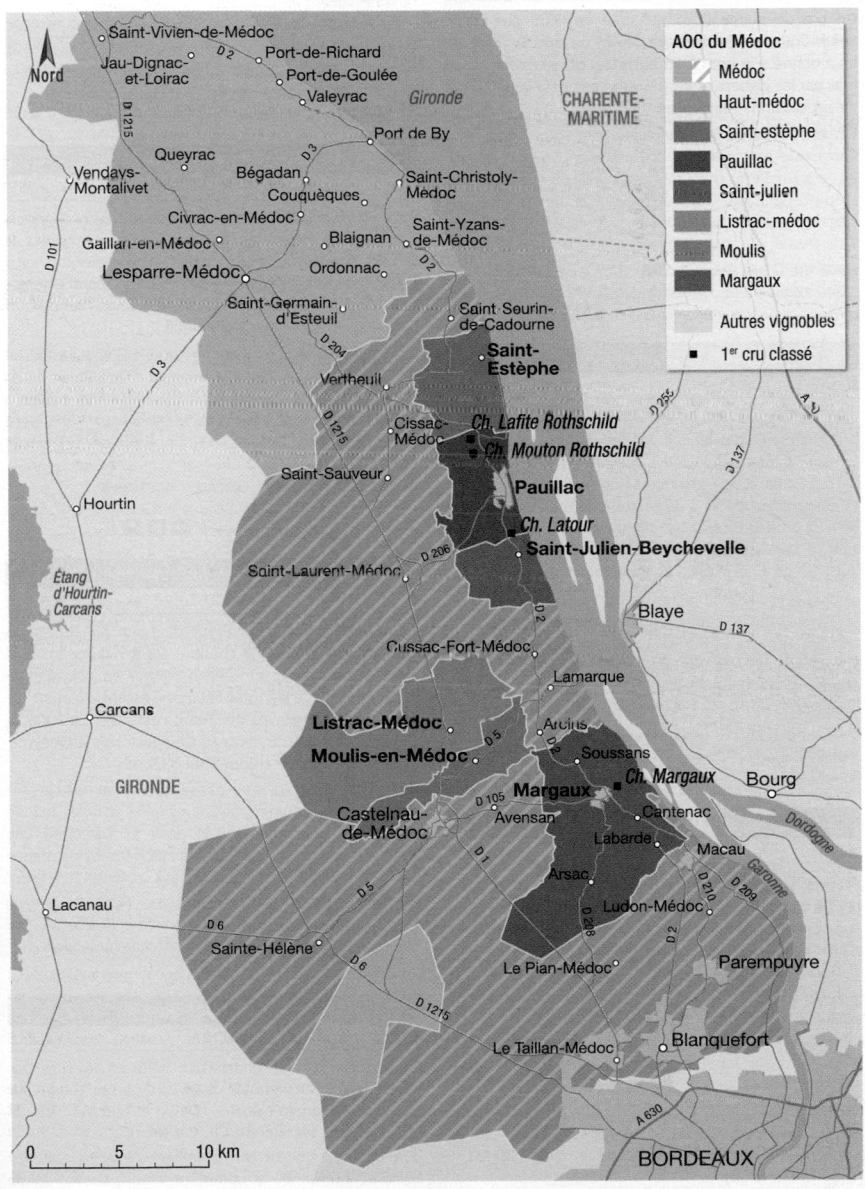

AOC du Médoc
- Médoc
- Haut-médoc
- Saint-estèphe
- Pauillac
- Saint-julien
- Listrac-médoc
- Moulis
- Margaux
- Autres vignobles
- ■ 1er cru classé

Une jolie bouteille, qui s'ouvre à l'aération sur des notes de caramel et de nougat. En bouche, du gras, des fruits mûrs, des épices (clou de girofle) et une touche mentholée, le tout étayé par des tanins mûrs, plus stricts en finale. ✗ 2018-2023 ❦ canard aux cerises

○━ Ch. de la Croix, 6, chem. de la Croix, 33340 Ordonnac, tél. 05 56 09 04 14, cdlc@chateau-de-la-croix.com Ⓥ 🎿 🔼 t.l.j. 9h-12h30 14h-17h30; sam. dim. sur r.-v.

CH. CROIX DE MAI 2012 ★

| ■ | 18 000 | ⅏ | 11 à 15 € |

Un cru de poche (2,67 ha) créé en 2010 par Cécile Reich-Courrian. Se dressant devant le chai, la croix qui lui a donné son nom était autrefois ornée de fleurs, en mai, par les vignerons locaux qui venaient la vénérer lors de processions religieuses.

Comme l'annonce sa robe d'un grenat soutenu, ce vin à dominante de merlot (60 %) est encore jeune. Le nez, expressif, mêle les fruits mûrs et le grillé du merrain. Riche et plein, le palais est étayé par des tanins ronds et élégants, encore un peu austères en finale. ✗ 2018-2022 ❦ daube de joue de bœuf

○━ EARL Cécile Reich-Courrian, 33, rte de Courbian, 33340 Bégadan, tél. 05 56 41 35 07, chateau-croixdemai@dartybox.com Ⓥ 🎿 🔼 r.-v.

DOURTHE La Grande Cuvée 2012 ★

| ■ | 50 000 | ⅏ | 8 à 11 € |

Célèbre négoce fondé en 1840 par Pierre Dourthe, propriétaire de plusieurs crus (Belgrave en haut-médoc, Le Boscq en saint-estèphe, Rahoul en graves, Grand Barrail Lamarzelle Figeac en saint-émilion grand cru…) et élaborateur de vins de marque de qualité (Dourthe N° 1, La Grande Cuvée, Terroirs d'exception). Une valeur sûre restée étroitement liée au Médoc, intégrée depuis 2007 au groupe familial champenois Alain Thiénot.

Une robe accueillante, d'un beau grenat soutenu, et un bouquet gourmand, aux notes chocolatées, torréfiées et fruitées, donnent le ton. Le palais se révèle ample, rond et frais à la fois, équilibré en somme, bâti sur des tanins soyeux et un boisé bien intégré. ✗ 2016-2020 ❦ lapin chasseur

○━ Dourthe, 35, rue de Bordeaux-Parempuyre, CS 80004, 33295 Blanquefort Cedex, tél. 05 56 35 53 00, contact@dourthe.com

CH. D'ESCOT 2013 ★

| ■ | 80 000 | | 11 à 15 € |

Propriété des Rouy depuis 1991, ce domaine commandé par un château du XVIIIe s. tire son nom de la profession d'un ancien propriétaire, percepteur ou « ramasseur d'écot ». Le vignoble couvre 17 ha.

L'élégance de la robe, d'un pourpre brillant, s'accorde avec le bouquet épicé et empyreumatique pour donner de l'allure à la présentation de ce vin. Une attaque douce introduit un palais ample, bien structuré par des tanins qui affirment avec force leur présence et par un boisé soutenu. ✗ 2018-2023 ❦ côte de bœuf

○━ SCEA du Ch. d'Escot, rte de Tréman, BP 18, 33340 Lesparre-Médoc, tél. 05 56 41 06 92, info@chateau-escot.com Ⓥ 🎿 🔼 t.l.j. sf sam. dim. 8h30-12h 13h30-17h ○━ Rouy

CH. FLEUR LA MOTHE 2012 ★

| ■ Cru bourg. | 50 000 | ⅏ | 11 à 15 € |

Antoine Médeville, Henri Boyer et Édouard Massie, œnologues conseils associés depuis vingt ans, souhaitaient élaborer leur propre vin. En 2008, ils ont acquis Fleur la Mothe, classé cru bourgeois en 1932, 15 ha d'un joli terroir de graves et d'argilo-calcaires sur le plateau de Saint-Yzans.

Fort bien typé, ce vin allie une puissance mesurée, avec des tanins fondus, au charme et à la finesse de son développement aromatique, mariage heureux de notes fruitées (baies noires), florales et toastées. ✗ 2017-2020 ❦ cailles rôties

○━ SCEA des Œnologues, rte du Canyon, 33250 Pauillac, tél. 05 56 59 67 06, contact@chateaufleurlamothe.fr Ⓥ 🎿 🔼 r.-v. ○━ Médeville, Massie, Boyer

CH. GARANCE HAUT GRENAT 2012

| ■ | 25 000 | ⅏ | 11 à 15 € |

Petit cru familial depuis trois générations, ce vignoble de 5 ha est situé sur la croupe de By, entre les ports de By et de Goulée. Il bénéficie d'un terroir argilo-graveleux de qualité et de la proximité de l'estuaire. Installé depuis 1994, Laurent Rebes pratique la vendange manuelle et bannit tout désherbant chimique.

Le merlot (45 %), les deux cabernets et le petit verdot composent ce vin attirant par son bouquet de fruits rouges sur un léger fond boisé. Souple et bien équilibré, le palais offre une mâche agréable, bâti sur des tanins soyeux. Le 2003 fut coup de cœur. ✗ 2016-2019 ❦ rôti de veau

○━ Laurent Rebes, Ch. Garance Haut Grenat, 14, rte de la Reille, 33340 Bégadan, tél. 05 56 41 37 61, garance.haut.grenat@orange.fr Ⓥ 🎿 🔼 r.-v.

CH. GÉMEILLAN Élevé en fût de chêne 2012 ★

| ■ Cru bourg. | 90 000 | ⅏ | 8 à 11 € |

Adrien Uijttewaal, agriculteur d'origine hollandaise, a créé à partir de 1983 le château Saint-Hilaire, à cheval entre Jau, Queyrac et Gaillan, vinifié en coopérative jusqu'en 1995. Le vignoble est établi essentiellement sur des croupes de graves dominant l'estuaire. En 2006, le vigneron a acquis le château Gémeillan, sis à Queyrac. L'ensemble couvre aujourd'hui 33,5 ha.

Ce 2012 est aussi agréable par sa teinte d'un beau grenat que par son bouquet rappelant les fruits acidulés, mâtiné de notes florales. Ses tanins doux lui confèrent une structure souple et soyeuse. Un médoc fort sympathique par son équilibre et sa fraîcheur. ✗ 2016-2020 ❦ bœuf miroton

○━ EARL A. et F. Uijttewaal, 13, rue de la Rivière, 33340 Queyrac, tél. 05 56 59 80 88, chateau.st.hilaire@wanadoo.fr Ⓥ 🎿 🔼 r.-v. 🏠 🄴

CH. LA GORCE 2012 ★

| ■ Cru bourg. | 200 000 | ⅏ | 11 à 15 € |

Commandé par une chartreuse bâtie en 1821, ce domaine déploie un vignoble de 45 ha d'un seul tenant sur une croupe argilo-calcaire. Deux étiquettes : Ch. la Gorce et son second vin Ch. Canteloup.

Denis Fabre signe un vin d'emblée engageant par son bouquet intense et complexe de cassis, de vanille, de toasté et de poivre. Une attaque franche introduit un palais ample et montant, bâti sans dureté sur de beaux tanins intenses et mûrs et sur un boisé de qualité qui doit encore se fondre. Un médoc de caractère, équilibré et velouté. ✗ 2018-2022 ❦ civet de sanglier ■ Ch. Canteloup 2012 ★ (8 à 11 € ; 100 000 b.) : un vin déjà charmeur, au nez sur les fruits rouges mûrs et le sous-bois, à la bouche ample et longue, portée par une fine fraîcheur et par des tanins souples et gras. ✗ 2017-2022

☞ Denis Fabre, Ch. la Gorce, 73, Canteloup-Est, 33340 Blaignan, tél. 05 56 09 01 22, info@ chateaulagorce.com 🅥 🏃 🎗 r.-v.

CH. LES GRANDS CHÊNES 2012 ★

■ Cru bourg.	190 600	🍴 ⬗	11 à 15 €

L'une des nombreuses propriétés de Bernard Magrez, célèbre propriétaire de Pape Clément, acquise en 1998. Établi sur une croupe de graves dominant l'estuaire, ce cru, qui abrite les vestiges d'une ancienne forteresse du XVIᵉ s., fait preuve d'une belle régularité.

D'une belle couleur bordeaux, ce 2012 révèle un très bon équilibre aromatique entre le raisin et le chêne. Ample, chaleureux et corsé, le palais est soutenu par des tanins encore un peu fermes mais prometteurs. ✗ 2018-2024 ❦ rôti de bœuf

☞ Bernard Magrez, Ch. les Grands Chênes, 13, rte de Lesparre, 33340 Saint-Christoly-Médoc, tél. 05 56 41 53 12, chateaugrandschenes@orange.fr 🎗 🎗 r. v.

CH. HAUT BARRAIL 2012

■ Cru bourg.	32 000	⬗	11 à 15 €

Le moulin qui subsiste sur le domaine et le frontispice de la bâtisse représentant des gerbes de blé témoignent du passé céréalier de ce domaine ancien (XIVᵉ s.). Aujourd'hui la vigne règne en maître, merlot en tête, sur 12 ha. Propriétaire depuis 1987, la famille Gillet (Cyril depuis 1997) a restauré le domaine et signé son premier millésime en 1995.

Ce vin se montre un peu discret dans son expression aromatique : quelques notes d'épices et de figue à l'aération. Le palais, plus expressif, sur les fruits, offre un bel équilibre, du volume et des tanins souples et veloutés. ✗ 2017-2021 ❦ bavette à l'échalote

☞ EARL Cyril Gillet, 8 rue Maquis-de-Vignes-Oudides, 33340 Bégadan, tél. 05 57 75 11 91, chateau.hautbarrail@ orange.fr 🅥 🏃 🎗 t.l.j. 8h-13h 14h-18h; sam. dim. sur r.-v.

LES HAUTS DE TOUSQUIRON Cuvée Lucie 2012

■	7 000	🍴 ⬗	11 à 15 €

Catherine et Laurent Beuvin ont acquis en 2006 une partie (3 ha) du vignoble du château Lacombe Noaillac, sur lequel ils disposent d'un encépagement diversifié : merlot, cabernets et petit verdot. Le vin est élaboré avec l'aide de Jean-Michel Lapalu, propriétaire de nombreux crus dans le Médoc et le Haut-Médoc.

Vrai « vin plaisir », cette cuvée est pour l'heure plutôt discrète par son bouquet (fruits rouges, épices, léger boisé après aération), mais elle se montre très agréable par son équilibre, sa souplesse et sa rondeur en bouche. Le boisé encore un peu dominant appelle un passage en cave. ✗ 2017-2021 ❦ volaille farcie aux champignons

☞ Domaines Lapalu, 1, rue du 19-Mars, 33340 Bégadan, tél. 05 56 41 50 18, info@domaines-lapalu.com
☞ Beuvin

CH. L'INCLASSABLE 2012 ★

■	50 000	⬗	15 à 20 €

Le nom de ce cru, dans la famille Fauchey depuis 1900 et cinq générations, appelle une explication : pour un retard de quinze jours dans le renouvellement de la marque, il a perdu son nom de Lafon sous l'action d'une propriété homonyme. Rémy Fauchey, à sa tête depuis 1980, l'a rebaptisé, non sans humour, L'Inclassable. Le vignoble couvre 23 ha.

Ce vin affiche une jolie personnalité. Par son bouquet, puissant et bien équilibré (réglisse et léger boisé), comme par le palais, ample, gras et long, bâti sur des tanins fins qui témoignent d'une extraction bien menée et sur un boisé intense mais de qualité. Cerise sur le gâteau, ce vin est issu d'une exploitation reconnue au niveau le plus élevé de haute valeur environnementale. ✗ 2018-2022 ❦ côte de bœuf aux sarments

☞ SCEA Vignobles Rémy Fauchey, 4, chem. des Vignes, 33340 Prignac-en-Médoc, tél. 05 56 09 02 17, remy.fauchey@wanadoo.fr 🅥 🏃 🎗 t.l.j. 9h-18h; sam. dim. sur r.-v.

CH. LABADIE 2012

■ Cru bourg.	320 000	⬗	8 à 11 €

🏅 97 **98** 99 00 01 02 **03** |04| |05| |06| |07| 08 09 10 11 12

De 4 ha en 1970, lors de son acquisition par Yves Bibey, cette propriété de la pointe du Médoc est passée à près de 57 ha aujourd'hui. Son nom proviendrait d'une abbaye située autrefois sur le domaine. Après une expérience en Australie, Jérôme, fils d'Yves, a pris les rênes de ce cru bourgeois d'une régularité notable dans la qualité, offrant des volumes qui n'ont rien de négligeable. Une valeur sûre.

Sans rivaliser avec certains millésimes antérieurs, ce 2012 se montre intéressant par son bouquet intense de fruits noirs, de pruneau, de toasté et d'épices, comme par sa bouche ronde, généreuse, expressive (fruits mûrs) et persistante, épaulée par des tanins soyeux. ✗ 2017-2022 ❦ mijoté de paleron

☞ GFA Bibey, 1, rte de Chassereau, 33340 Bégadan, tél. 05 56 41 55 58, gfabibey@free.fr 🅥 🏃 🎗 t.l.j. sf sam. dim. 9h-12h 14h-17h30; ven. 9h-12h

LAROSE-MONTENAC 2012 ★

■	100 000	🍴	5 à 8 €

L'histoire remonte au début du XXᵉ s., quand le Corrézien Antoine Moueix, amoureux des vins de Saint-Émilion et de Pomerol, fonde sa maison de négoce en 1902. Outre ses propriétés (Grand Renom, Capet Guillier), l'affaire propose côté négoce une large gamme de vins de la rive droite (Libournais, Médoc, AOC régionales). Dans le giron du groupe Advini depuis 2006.

Très cabernet par sa couleur, d'un grenat soutenu, ce vin se montre fin et élégant par son bouquet fruité (groseille, cassis), avant de connaître un joli développement au palais : de la matière, du gras, du volume, des tanins souples et une agréable fraîcheur en soutien. Un ensemble harmonieux. ✗ 2016-2019 ✗ risotto volaille et champignons

○━ *Antoine Moueix, rte du Milieu, lieu-dit Mède, 33330 Saint-Émilion, tél. 05 57 55 58 09, contact@ amoueix.fr* ○━ Advini

CH. LAUJAC 2012 ★			
■ Cru bourg.	200 000	◉	15 à 20 €

Superbe édifice néoclassique acheté en 1852 par Herman Cruse, le château Laujac commande un très vaste domaine de quelque 430 ha comprenant des prés, des forêts et des vignes. Il dispose également d'un vaste cheptel de bovins limousins et de chevaux de selle dont le fumier sert d'engrais depuis... deux siècles. L'ensemble a été repris en 2014 par Vanessa Cruse et son mari René-Philippe Duboscq.

L'élégance de la robe, d'une belle couleur pourpre, se retrouve dans le bouquet, encore près du fruit, ainsi qu'au palais, rond, aimable et bien équilibré, avec une bonne trame de tanins soyeux en soutien. ✗ 2017-2020 ✗ sauté de veau

○━ *SCEA Ch. Laujac, 56, rte de Laujac, 33340 Bégadan, tél. 05 56 41 50 12, contact@chateaulaujac.com* Ⅴ ✗ ✗ *r.-v.* ○━ Cruse

CH. LOUDENNE 2012 ★			
■ Cru bourg.	184 500	◉	15 à 20 €

Une chartreuse rose du XVIIᵉ s., un chai et un petit port du XIXᵉ s., une collection de roses anciennes, le « Pink Château », comme on le surnomme, est un haut lieu touristique du Médoc. C'est aussi un beau terroir de 132 ha établi sur une croupe de graves en bordure de l'estuaire. Passé en 2013 des Lafragette au groupe chinois de spiritueux Moutai.

Mi-merlot mi-cabernet-sauvignon, ce 2012 livre un bouquet discret mais harmonieux de cerise, de cassis et de pain chaud. Une attaque souple et douce ouvre sur un palais ample et tendre à souhait, bâti sur des tanins mûrs. Plus ferme et austère, la finale appelle la garde. ✗ 2017-2022 ✗ magrets de canard

○━ *SAS Ch. Loudenne, 33340 Saint-Yzans-de-Médoc, tél. 05 56 73 17 88, contact@chateau-loudenne.com* Ⅴ ✗ ✗ *t.l.j. 9h-12h30 13h30-17h30; nov. à mars sur r.-v.* 🏠 ❺

CH. MERIC 2012			
■ Cru bourg.	81 300	⌂	15 à 20 €

Selon la légende, le chevalier Méric aurait juré d'enterrer sur son domaine son armure d'or s'il revenait vivant de la croisade contre les cathares. Ayant tenu promesse, il fut anobli par le roi saint Louis. Ce domaine, déjà cité dans la seconde édition du Féret en 1868, fut ressuscité par la famille Chala en 1999. Le vignoble s'étend sur près de 16 ha à la pointe du Médoc, sur la butte de Jau.

Après dix-huit mois de cuve, ce 2012 livre un bouquet franc de fruits rouges légèrement confiturés. De la franchise aussi en bouche, où les tanins se révèlent bien en place, encore un peu sévères en finale. ✗ 2017-2021 ✗ rôti de bœuf aux cèpes

○━ *SCEA Ch. Méric, 19, rte de Vensac, 33590 Jau-Dignac-et-Loirac, tél. 05 57 75 01 55, info@ chateaumeric.com* Ⅴ ✗ ✗ *r.-v.* ○━ Chala

CH. PIERRE DE MONTIGNAC 2012 ★			
■ Cru bourg.	175 000	◉	8 à 11 €

D'abord exploité en polyculture, ce cru familial régulier en qualité s'est orienté en 1988 vers la vigne (25 ha aujourd'hui et 30 ha de céréales) sous la conduite de José et Lucette Sallette. Leur fils Romain est aux commandes depuis 2003.

Merlot (50 %), cabernet-sauvignon (45 %) et une pointe de petit verdot composent ce vin d'une belle profondeur, au bouquet réservé mais élégant de fruits noirs et d'amande grillée. Plus prolixe, le palais développe un fruité mûr et généreux, agrémenté d'une touche épicée. Il séduit aussi par sa rondeur, son volume et ses tanins extraits en finesse. ✗ 2017-2022 ✗ filet de bœuf

○━ *Romain Sallette, 1, rte de Montignac, 33340 Civrac-en-Médoc, tél. 06 32 46 58 32, pierredemontignac@free.fr* Ⅴ ✗ ✗ *t.l.j. 8h-12h 14h-18h* 🏠 ❷

CH. MOULIN DE CANHAUT 2012			
■ Cru bourg.	40 000	◉	11 à 15 €

Cru de 43 ha au nord de l'AOC, acquis dans les années 1950 par René Poitevin et sorti de la coopérative en 1991 par Guillaume, petit-fils de l'acquéreur. Un bon ambassadeur du médoc avec Poitevin, le grand vin, Lamothe Pontac, issu de parcelles plus jeunes, et Moulin de Canhaut, dernier-né sur 6 ha.

Ce vin se montre très expressif par son bouquet torréfié, chocolaté et épicé. Souple, rond et gras, le palais révèle une structure bien équilibrée, étayée par des tanins soyeux et un boisé fondu. ✗ 2016-2020 ✗ tajine d'agneau ■ Ch. Poitevin 2012 (11 à 15 € ; 160 000 b.) : vin cité. ✗ 2017-2020

○━ *EARL Poitevin, 14, rue du 19-Mars-1962, 33590 Jau-Dignac-Loirac, tél. 05 56 09 45 32, contact@ chateau-poitevin.com* Ⅴ ✗ ✗ *r.-v.*

CH. LES MOURLANES 2012 ★			
■ Cru bourg.	170 000	◉	8 à 11 €

Bessan Ségur (ancienne propriété des Ségur, 46 ha à Civrac-Médoc), Grange de Bessan (4 ha à Civrac), Gravette Lacombe (10,5 ha au cœur de Lesparre-Médoc), Tour Saint-Vincent (19 ha à Saint-Christoly-de-Médoc) sont les quatre crus médocains de Rémi Lacombe, complétés en 2012 par les châteaux Les Mourlanes et Haut-Canteloup.

Le bois est encore très présent à l'olfaction, à travers d'intenses notes grillées. Un boisé que l'on retrouve dans un palais long, puissant, suave et gras, structuré par des tanins solides. Un médoc de caractère. ✗ 2018-2022 ✗ gibier à plumes ■ Ch. Haut-Canteloup 2012 (8 à 11 € ; 74 400 b.) : vin cité. ✗ 2016-2020 ■ la Grange de Bessan cru bourg. 2012 (8 à 11 € ; 31 300 b.) : vin cité. ✗ 2016-2020

○━ *Vignobles Lacombe, 2, Bessan, 33340 Civrac-Médoc, tél. 05 56 41 56 91, contact@ vignobles-lacombe.com* Ⅴ ✗ ✗ *r.-v.*

CH. LES ORMES SORBET 2012 ★★			
■ Cru bourg.	50 000	◉	15 à 20 €

Propriété des Boivert depuis 1764, ce cru de 20 ha est exploité par Hélène Boivert et ses fils Vincent et

François. Il possède un terroir très particulier : un calcaire coquillier, dit de « Couquèques », où naissent des vins régulièrement au rendez-vous du Guide.

Une touche de petit verdot (5 %) complète le cabernet-sauvignon (65 %) et le merlot dans ce 2012. Un médoc aussi remarquable par sa couleur, d'un rubis profond, que par son bouquet fin et complexe, où s'expriment les fruits rouges et noirs, et de subtiles notes boisées et réglissées. Long, ample, vineux, corpulent, bâti sur des tanins tout en rondeur, le palais est au diapason. À déguster aussi bien jeune qu'adouci par la garde. ✗ 2016-2022 ❧ rôti de bœuf et cèpes

☛ Hélène Boivert, Ch. les Ormes Sorbet, 20, rue du 3-Juillet-1895, 33340 Couquèques, tél. 05 56 73 30 30, ormes.sorbet@wanadoo.fr 🆅 🕊 🛈 t.l.j. 9h-12h 14h-18h; sam. dim. sur r.-v.

LES CHEVAUX DE PATACHE D'AUX 2012			
■	70 000	🍖 ⅏	11 à 15 €

Important ensemble de vignobles, les Domaines Lapalu regroupent plusieurs crus, dont Patache d'Aux, domaine de 70 ha acquis en 1964, leur fief historique ; ancienne propriété des chevaliers d'Aux, descendants des comtes d'Armagnac, avant de devenir après la Révolution un relais de diligences, appelées « pataches » en Médoc.

Fruits mûrs, épices et boisé composent un joli bouquet. En bouche, une attaque souple, un développement ample et une structure bien en place qui permettra à ce vin de bien évoluer. ✗ 2017-2020 ❧ gigot d'agneau ■ Ch. Patache d'Aux 2012 (15 à 20 € ; 360 000 b.) : vin cité. ✗ 2016-2019 ■ Les Tours de Plagnac Cuvée spéciale 2012 (11 à 15 € ; 14 000 b.) : vin cité. ✗ 2017-2020

☛ SC Ch. Patache d'Aux, 1, rue du 19-Mars, 33340 Bégadan, tél. 05 56 41 50 18, info@ domaines-lapalu.com ☛ Jean-Michel Lapalu

CH. DU PÉRIER 2012			
■ Cru bourg.	26 800	⅏	11 à 15 €

Créé en 1880 par le comte Henri du Périer de Larsan, député du Médoc et maire de Soulac à la fin du XIXᵉ s., ce cru de 32 ha appartient depuis 1984 à Bruno Saintout, également propriétaire du Ch. la Bridane (saint-julien) et du Dom. de Cartujac (haut-médoc).

Ce médoc est actuellement un peu dominé par un boisé pas encore complètement fondu, mais de qualité, derrière lequel pointent les fruits rouges à l'aération. Quant au palais, il offre une bonne structure tannique et un volume honorable qui lui permettront de bien évoluer. Le 2004 fut coup de cœur. ✗ 2016-2020 ❧ tendrons de veau braisés

☛ Bruno Saintout - Ch. du Périer, 20, Cartujac, 33112 Saint-Laurent-Médoc, tél. 05 56 59 91 70, bruno.saintout@wanadoo.fr 🆅 🕊 🛈 r.-v.

CH. LE PEY 2012 ★			
■	200 000	⅏	11 à 15 €

Une valeur sûre de l'appellation que ce cru de 45 ha, le plus vaste de la famille Compagnet, qui possède aussi les Ch. Moulin de Cassy et Grand Bertin de Saint-Clair. Créé en 1970 sur un petit coteau (le « pey » en gascon) aux sols argilo-calcaires, il est conduit depuis 1990 par Olivier Compagnet.

Un bouquet avenant et primesautier de fruits rouges frais mâtinés d'épices. Des arômes que prolonge avec persistance et intensité un palais alerte, porté par une trame tannique solide et une fine fraîcheur. Une belle expression du fruit. ✗ 2017-2020 ❧ oie aux marrons

☛ SCEA Olivier Compagnet, 10, rte de Lesparre, 33340 Bégadan, tél. 05 56 41 57 75, info@ compagnetvins.com 🆅 🕊 🛈 t.l.j. sf dim. 9h-12h 14h-18h

CH. PLAGNAC 2012			
■ Cru bourg.	68 000	⅏	8 à 11 €

Acteur important de la place de Bordeaux, Cordier-Mestrezat Grands Crus est né en 2000 de la fusion de deux vénérables maisons de négoce bordelaises : la maison Cordier, fondée en 1886 par Désiré Cordier, et la maison Mestrezat, créée en 1815. La société est depuis juin 2015 dans le giron d'InVivo, groupement géant de coopératives.

De couleur soutenue, ce médoc libère un bouquet expressif de fruits rouges et de toasté-vanillé. Une attaque ronde et souple introduit un palais offrant beaucoup de fraîcheur, à la finale plus tannique. ✗ 2016-2019 ❧ langue de bœuf sauce madère

☛ Grands Crus Cordier-Mestrezat, 109, rue Achard, BP 154, 33042 Bordeaux Cedex, tél. 05 56 11 29 00, contact@cordier-mestrezat.com

OPTIMUS DE PONTAC GADET 2012 ★			
■	6 000	⅏	15 à 20 €

Dominique Briolais a acquis en 1976 un vignoble de 3 ha en côtes-de-bourg. Épaulé par sa fille Aurore, il conduit aujourd'hui un domaine de 33 ha (Ch. Haut Mousseau et Terrefort Bellegrave) sur plusieurs communes de l'appellation. En 1991, il a traversé l'estuaire pour s'implanter sur la rive gauche, à Jau-Dignac-et-Loirac, en achetant le Ch. Pontet Gadet (11 ha) en AOC médoc.

Si le bouquet est encore un peu fermé, il se montre prometteur par ses jolies notes fruitées et vanillées révélées à l'aération. Un potentiel confirmé par un palais franc et attaque, bâti sur une solide présence tannique et offrant une bonne longueur. ✗ 2017-2020 ❧ agneau rôti ■ Ch. Pontac Gadet 2012 (8 à 11 € ; 60 000 b.) : vin cité. ✗ 2017-2020

☛ Briolais et Fille, Ch. Pontac Gadet, 33590 Jau-Dignac-et-Loirac, tél. 05 57 64 34 38, aurorebriolais@vignobles-briolais.com 🆅 🕊 r.-v. 🏠 ❸ 🏠 🅖

CH. RAMAFORT 2012 ★★			
■ Cru bourg.	160 000	🍖 ⅏	20 à 30 €

L'une des étiquettes des domaines CGR, vaste ensemble de crus de 125 ha dans l'AOC médoc. Cru voisin de La Cardonne, fleuron de CGR, Ramafort (30 ha) existe depuis le XIIIᵉ s. ; il est planté de vignes depuis le XVIIᵉ s.

Issu à parts égales de merlot et de cabernet-sauvignon, ce 2012 livre un bouquet harmonieux et gourmand de grillé et de fruits rouges. Ample dès l'attaque, offrant beaucoup de mâche, le palais dévoile une matière dense et suave, soutenue par des tanins croquants et par un beau boisé toasté. Un vin complet et très équilibré, qui mérite les honneurs de la cave. ✗ 2018-2025 ❧ carré d'agneau ■ Ch. Grivière 2012 ★ (20 à 30 € ; 150 000 b.) : ce domaine a appartenu à Lafite Rothschild. Son 2012 est un vin

expressif (fruits mûrs, épices, moka), concentré, gras et bien construit autour de tanins fermes. ⚹ 2018-2020 ■ Ch. la Cardonne 2012 (20 à 30 € ; 140 000 b.) : vin cité.
⚹ 2018-2021

o━ *Les domaines CGR, rte de la Cardonne, 33340 Blaignan , tél. 05 56 73 31 51, cgr@domaines-cgr.com* Ⅴ ⚐ ♿ *r.-v.*

CH. LE REYSSE 2012 ★★			
■	26 414	î ⅏	11 à 15 €

Stefan Paeffgen, agronome originaire de Cologne, et son épouse Heike ont acquis en 2010 le vignoble de Patrick Chaumont, qu'ils exploitent en famille à travers plusieurs étiquettes : Ch. le Reysse, Ch. Lassus et Clos du Moulin.

Troisième millésime pour les Paeffgen et une nouvelle confirmation de la qualité des vins du domaine. Remarquable par sa couleur grenat foncé, le 2012 développe un bouquet élégant de pain grillé, de torréfaction, de fruits noirs (mûre) et d'épices. Souple en attaque, rond, gras et ample, le palais bénéficie d'une bonne structure tannique et d'une fine acidité qui offriront à ce vin une solide tenue à la garde. ⚹ 2018-2022 ⵞ rôti de veau en cocotte ■ Ch. Lassus 2012 ★ (8 à 11 € ; 120 000 b.) : complexe et élégant (cerise, cassis, vanille), très équilibré, étayé par une structure fine et souple. ⚹ 2017-2020

o━ *EARL Lassus-Le Reysse, 1, rte de Condissas, 33340 Bégadan, tél. 05 56 41 50 79, vignobles@ paeffgen.org* Ⅴ ⚐ ♿ *r.-v.* o━ Stefan Paeffgen

CH. ROLLAN DE BY 2012 ★★			
■ Cru bourg.	330 000	⅏	15 à 20 €

Rollan de By, implanté sur les graves argileuses de Bégadan (2 ha lors de son acquisition en 1989, 52 ha aujourd'hui), est la première pièce du vaste ensemble de crus médocains constitué par Jean Guyon, ancien décorateur d'intérieur, complété depuis par les Ch. Haut Condissas (une valeur sûre de l'AOC), Tour Seran, La Clare, Greysac, de By et du Monthil. Au total, une belle unité de 180 ha singularisée par une forte proportion de merlot dans l'encépagement.

Après un superbe coup de cœur l'an dernier, ce cru se distingue encore par la qualité de son vin. La couleur pourpre sombre est d'une grande netteté. Un élevage bien mené de douze mois en fût laisse de beaux arômes de fruits rouges et noirs s'exprimer. Le palais se révèle ample, velouté, charnu, sans manquer de fraîcheur, structuré par des tanins fins, qui confirment leur élégante présence dans une longue finale. ⚹ 2018-2022 ⵞ côte de bœuf ■ Ch. Greysac 2012 ★ (15 à 20 € ; 480 000 b.) : un bouquet flatteur (fruits rouges confits, toasté, violette, cuir) et un palais bien équilibré, généreux et porté par des tanins denses et mûrs. ⚹ 2017-2022 ■ Ch. Haut Condissas Prestige 2012 ★ (30 à 50 € ; 57 000 b.) : un nez, du bois (surtout) et du fruit ; en bouche, du bois (toujours, mais de qualité) et une structure massive. ⚹ 2019-2024 ■ Ch. Tour Seran 2012 ★ (15 à 20 € ; 61 000 b.) : un vin toasté et fruité au nez, corsé et séveux en bouche, soutenu par des tanins sérieux, de garde. ⚹ 2018-2024

o━ *Domaines Rollan de By, 18, rte de By, 33340 Bégadan, tél. 05 56 41 58 59, infos@rollandeby.com* Ⅴ ⚐ ♿ *r.-v.*

CH. LA ROQUE DE BY 2012 ★★			
■ Cru bourg.	50 000	⅏	11 à 15 €

Un cru de 95 ha situé au bord de l'estuaire, célèbre par sa tour construite en 1825 sur les ruines d'un moulin qui servit de phare pour le port de Bordeaux. Un vignoble ancien (1500) acquis en 1961 par des rapatriés d'Afrique du Nord, dont Marc Pagès, unique propriétaire à partir de 1999 (disparu en 2007). Son petit-fils Frédéric Le Clerc lui a succédé en 2005.

Deuxième propriété des Vignobles Pagès, La Roque de By correspond à la toute première propriété qui fut réunie au XIXᵉs. au vignoble de La Tour de By. Élégante et limpide, la robe du 2012 est riche de promesses. Et pas de promesses de Gascon : fruits rouges, épices, boisé fin, le bouquet se montre aussi intense que complexe. En bouche se développe une matière ronde et bien extraite, étayée par des tanins soyeux. Une bouteille de garde que l'on pourra apprécier aussi dans sa jeunesse. ⚹ 2017-2024 ⵞ canard aux figues ■ Ch. la Tour de By Héritage Marc Pagès 2012 ★ (30 à 50 € ; 3 000 b.) : un vin élevé dix-huit mois en fût, bien proportionné entre fruité généreux, boisé fondu, tanins ronds et juste fraîcheur. ⚹ 2017-2022 ■ Ch. la Tour de By 2012 (15 à 20 € ; 450 000 b.) : vin cité. ⚹ 2017-2020

o━ *SC des Vignobles Marc Pagès, Ch. la Tour de By, 5, rue de la Tour-de-By, 33340 Bégadan, tél. 05 56 41 50 03, info@latourdeby.fr* Ⅴ ⚐ ♿ *t.l.j. 9h-18h* o━ Le Clerc

DOMAINES BARONS DE ROTHSCHILD Saga 2012 ★			
■	84 000	î ⅏	11 à 15 €

En complément de ses vins de prestige (Lafite-Rothschild, Duhart-Milon, Rieussec, L'Évangile), la maison Rothschild (Lafite) a développé une structure de négoce qui propose une gamme de vins plus accessibles : la « Collection », déclinée en Saga, Légende et Réserve, aux appellations bordeaux, bordeaux supérieur, médoc et pauillac.

Ce médoc s'ouvre sur des notes de cassis, de vanille et de pain grillé. Tout aussi expressif, le palais se révèle rond, riche et ample. Un « vin plaisir », à boire dans sa jeunesse. ⚹ 2016-2019 ⵞ grillade de bœuf

o━ *Domaines Barons de Rothschild Lafite Distribution, 40-50, cours du Médoc, 33300 Bordeaux, tél. 05 57 57 79 79, dflamand@lafite.com*

CH. TOUR HAUT-CAUSSAN 2012			
■ Cru bourg.	73 000	⅏	11 à 15 €

Propriété des Courrian depuis 1877, ce cru doit son nom à un moulin (restauré en 1981) dressé au centre d'un vignoble de 17 ha (argilo-calcaires sur Blaignan, graves sur Potensac), où merlot et cabernet-sauvignon font jeu égal. À sa tête depuis 2007, Véronique et Fabien Courrian.

Ce 2012 dévoile un bouquet plaisant de fruits frais et d'épices. Plaisante aussi est la bouche, fruitée, boisée sans excès, ronde et souple en attaque, plus ferme et fraîche dans son développement. Un médoc bien équilibré. ⚹ 2016-2019 ⵞ poulet rôti

o━ *Fabien et Véronique Courrian, 27 bis, rue de Verdun, 33340 Blaignan , tél. 05 56 09 00 77, courrian@ tourhautcaussan.com* Ⅴ ⚐ ♿ *r.-v.*

BORDELAIS

CH. DE TOURTEYRON 2012

| ■ | 120 000 | ◫ | 8 à 11 € |

Belle propriété de 130 ha qui maintient vivante la tradition médocaine de l'élevage, avec un troupeau d'une centaine de vaches charolaises. C'est aussi un vignoble de 20 ha conduit depuis 1981 par Jean-Pierre Bergey, rejoint en 2010 par ses enfants Mélissa et Loïc.

Un peu marqué par le bois au premier nez, ce 2012 dévoile à l'aération de fines notes de fruits noirs mûrs. Il se montre bien charpenté en bouche, avec ce qu'il faut de rondeur et de souplesse. Une bonne harmonie d'ensemble, mais on attendra encore un peu que le bois, encore assez présent, se fonde. ✗ 2017-2020 ⵢ agneau à la broche

o–¬ Dom.du Temple de Tourteyron,
30, rte du Port-de-Goulée, 33340 Valeyrac,
tél. 05 56 41 52 99, letempledetourteyron@orange.fr
Ⓥ 🏠 🏯 t.l.j. 8h30-18h; sam. dim. sur r.-v.

CH. VIEUX ROBIN 2012

| ■ Cru bourg. | 50 000 | ◫ | 15 à 20 € |

Un vignoble de 19 ha situé au cœur de l'appellation, à l'orée d'un bois, conduit par la même famille depuis six générations, et depuis 1988, par Didier, Maryse et Olivier Roba. Deux étiquettes : Vieux Robin et Anguilleys.

Encore jeune et marqué par le bois (dix-huit mois de barrique) à l'olfaction, ce vin possède un bon potentiel qui se manifeste par les reflets violets de jeunesse de la robe, ainsi que par une bouche de bonne longueur, aux tanins assez consistants. ✗ 2017-2020 ⵢ rôti de porc aux pruneaux

o–¬ Ch. Vieux Robin, 3, rte des Anguilleys,
33340 Bégadan, tél. 05 56 41 50 64, contact@
chateau-vieux-robin.com Ⓥ 🏠 🏯 r.-v.
o–¬ Maryse et Didier Roba

HAUT-MÉDOC

Superficie : 4 600 ha / Production : 255 000 hl

Le territoire spécifique de l'appellation haut-médoc serpente autour des appellations communales. Cette AOC est la seconde en importance de la presqu'île médocaine. Ses vins jouissent d'une grande réputation, due en partie à la présence de cinq crus classés dans l'aire d'appellation, les autres se trouvant dans les appellations communales.

En Médoc, le classement des vins a été réalisé en 1855, soit près d'un siècle avant celui des graves. Cette antériorité s'explique par l'avance prise par la viticulture médocaine à partir du XVIIIe s. ; car c'est là que s'est en grande partie produit « l'avènement de la qualité », lié à la découverte des notions de terroir et de cru, c'est-à-dire la prise de conscience de l'existence d'une relation entre le milieu naturel et la qualité du vin.

Les haut-médoc se caractérisent par leur générosité, mais sans excès de puissance. D'une réelle finesse au nez, ils présentent généralement une bonne aptitude au vieillissement. Ils devront être bus chambrés et iront très bien avec les viandes blanches, les volailles ou le gibier à plume. Bus plus jeunes et servis frais, ils pourront aussi accompagner certains poissons.

CH. D'ARCINS 2012 ★

| ■ Cru bourg. | 550 000 | ◫ | 11 à 15 € |

Cette vaste propriété (170 ha dont 100 de vignes) est située au cœur du bourg du même nom, entre les appellations margaux, moulis et l'estuaire. Elle appartient depuis 1971 à la famille Castel qui l'a dotée d'équipements performants, dont un chai attenant.

Un bouquet élégant et généreux de fruits rouges mûrs bien mariés au boisé. Souple en attaque, dense, frais et long, le palais est complet, bien structuré et harmonieux. ✗ 2018-2023 ⵢ côte de bœuf ■ Chevalier d'Arcins 2012 ★ (8 à 11 € ; n.c. b.) : un second vin fruité et boisé sans fausse note, suave et souple en attaque, ample, gras et bien équilibré, aux tanins fins. ✗ 2017-2022

o–¬ Ch. d'Arcins, 33340 Arcins, tél. 05 56 58 91 29,
contact@chateaux-castel.com Ⓥ 🏠 🏯 r.-v.

CH. D'AURILHAC 2012 ★

| ■ Cru bourg. | 96 000 | ◫ | 8 à 11 € |

Situé au nord de Saint-Estèphe, un cru de 21 ha, propriété depuis 1983 du Néerlandais Erik Nieuwaal. De l'argilo-calcaire avec des nappes de graves : le terroir convient aussi bien au merlot (49 %) qu'aux deux cabernets. Le maître de chai Jan Nieuwaal les a complétés par un peu de petit verdot pour avoir un encépagement diversifié.

Une fois encore, l'encépagement diversifié du domaine a été bien exploité dans ce vin mêlant dans l'olfaction les fruits mûrs (pruneau), le fumé, la vanille et le poivre. Le palais associe gras, fraîcheur et solide structure tannique dans un équilibre impeccable. ✗ 2017-2021 ⵢ gigot d'agneau

o–¬ EARL Ch. d'Aurilhac et la Fagotte,
13, rte de Lesparre, 33180 Saint-Seurin-de-Cadourne,
tél. 05 56 59 35 32, erik-nieuwaal@wanadoo.fr
Ⓥ 🏠 🏯 r.-v. o–¬ Erik Nieuwaal

CH. BALAC 2012 ★

| ■ Cru bourg. | 70 000 | ◫ | 8 à 11 € |

Terre noble au XIVe s., ce cru de 20 ha est commandé par une élégante chartreuse construite par Victor Louis à la fin du XVIIIe s. Il a été acheté en 1964 par les Touchais, venus du vignoble angevin. Luc Touchais l'a replanté à partir de 1973 et transmis en 2005 à son fils Lionel, œnologue, fort d'une expérience dans différents domaines étrangers.

Montrant son caractère dès la présentation avec une belle robe noire, ce 2012 développe un bouquet subtil dans lequel les notes d'élevage et de fruité se fondent harmonieusement. Tannique tout en conservant un côté friand et frais, le palais déploie une longue finale qui confirme le potentiel de cette bouteille. ✗ 2018-2021 ⵢ gibier

o–¬ Touchais, SCEA Ch. Balac,
33112 Saint-Laurent-Médoc, tél. 05 56 59 41 76,
chateau.balac@wanadoo.fr Ⓥ 🏠 🏯 t.l.j. 10h-12h
14h-18h; sam. dim. sur r.-v.

CH. BARTHEZ 2012 ★

| ■ Cru bourg. | 53 200 | 🍾 ◫ | 11 à 15 € |

Une très belle propriété familiale dont les origines remontent à la fin du XVIe s. Elle s'offre le luxe de posséder aux portes de Bordeaux un immense parc (290 ha), de magnifiques écuries – la propriété était célèbre pour son haras – et un imposant château de la fin du XIXe s. Les vignes couvrent 54 ha.

Ce vin à dominante de merlot (61 %) dévoile un bouquet intense de cerise bien mûre, de violette et de café torréfié. Une attaque souple et douce ouvre sur un palais à la fois riche et frais, porté par des tanins soyeux et un boisé ajusté, à la longue finale fruitée. Un vin équilibré, à la puissance maîtrisée, appelé à bien vieillir. ✗ 2018-2022 ♈ civet de lièvre ■ Ch. de Malleret 2012 (11 à 15 € ; 77 400 b.) : vin cité. ✗ 2018-2022

o→ SCEA Malleret, chem. de Malleret, 33290 Le Pian-Médoc, tél. 05 56 35 05 36, contact@chateau-malleret.fr Ⓥ 🏠 t.l.j. sf mer. sam. dim. 9h-12h 14h-18h

CH. BEL AIR 2012 ★★			
■ Cru bourg.	167 000	⅏	11 à 15 €

Implanté à Cussac-Fort-Médoc, ce domaine est depuis 1980 la propriété de la famille Martin, connue pour ses crus de Saint-Julien (Saint-Pierre et Gloria), appellation qui jouxte Cussac au nord. Il étend son vignoble de 34 ha sur des croupes de graves reposant sur des argiles.

Généreux et élégant, un authentique haut-médoc qui tient toutes les promesses de sa robe dense et profonde. Tant par son bouquet, aux parfums de fruits sauvages (prune, cassis), de tabac, de menthol et d'épices, que par son palais ample, gras, puissant et long, bâti sur des tanins très élégants et fins, et sur un boisé parfaitement dosé. On devine un très beau potentiel. Proche du coup de cœur. ✗ 2019-2025 ♈ lamproie à la bordelaise

o→ Domaines Martin, Ch. Gloria, 33250 Saint-Julien-Beychevelle, tél. 05 56 59 08 18, contact@domaines-martin.com Ⓥ 🚶 ⬥ r.-v.

CH. BELGRAVE 2012			
■ 5e cru clas.	186 000	⅏	20 à 30 €

83 85 86 89 ⑨⓪ 94 95 96 97 98 99 00 01 02 03 04 05 |06| |07| 08 09 10 11 12

Un ancien pavillon de chasse au XVIIᵉs. Le nom de Bellegrave apparaît en 1845, lorsque Bruno Devès, négociant à Bordeaux, restructure la propriété et bâtit la demeure, les chais et les cuviers. Classé en 1855, ce cru situé à la lisière de Saint-Julien étend ses 59 ha sur des croupes de graves et de galets au soubassement argileux. Propriété de la maison Dourthe depuis 1979.

Élégant dans sa robe pourpre limpide et brillant, ce vin développe des parfums nuancés de fruits noirs (cassis) et d'épices. De bonne densité, suave et persistant, le palais révèle une fine structure de tanins doux et épicés qui permettront d'apprécier cette bouteille harmonieuse dans un futur assez proche. ✗ 2017-2021 ♈ entrecôte marchand de vin ■ Diane de Belgrave 2012 (15 à 20 € ; 100 000 b.) : vin cité. ✗ 2016-2020

o→ Vignobles Dourthe, Ch. Belgrave, 33112 Saint-Laurent-Médoc, tél. 05 56 35 53 00, contact@dourthe.com

CH. BELLE-VUE 2012 ★			
■ Cru bourg.	140 600	⅏	15 à 20 €

L'homme d'affaires Vincent Mulliez, disparu en 2010, avait acheté en 2004 dans la partie sud du Médoc les Ch. Bolaire (bordeaux supérieur), Belle-Vue et Gironville (haut-médoc) devenus des valeurs sûres. Ses héritiers ont repris le flambeau.

On retiendra la part non négligeable (21 %) faite au petit verdot dans ce 2012. Un vin plaisant à regarder dans sa robe grenat et intéressant à humer avec son bouquet d'une jolie complexité : cassis, cerise noire un rien confiturée et vanille. Ample, charnu, généreux et rond tout en possédant une bonne structure tannique, ferme et dense, le palais laisse deviner un solide potentiel de garde. ✗ 2018-2025 ♈ carré d'agneau aux cèpes ■ Ch. de Gironville 2012 (11 à 15 € ; 34 500 b.) : vin cité. ✗ 2018-2022

o→ SC de Gironville, 103, rte de Pauillac, 33460 Macau, tél. 05 57 88 19 79, contact@chateau-belle-vue.fr Ⓥ 🏠 t.l.j. sf sam. dim. 9h-12h 13h-17h30 o→ Isabelle Mulliez

CH. BERNADOTTE 2012 ★			
■ Cru bourg.	n.c.	⅏	20 à 30 €

Une destinée peu commune pour ce cru. Il doit son nom à Germaine Bernadotte, qui épousa en 1615 un certain Jeandou du Pouey dont le fils garda le nom de Bernadotte. C'est l'ancêtre du maréchal d'Empire et des actuels souverains de Suède. Le domaine (55 ha) a appartenu au Ch. Pichon Comtesse à partir de 1997 pour être finalement vendu en 2012 au groupe asiatique King Power.

Dense et profonde, la robe annonce la jeunesse de ce vin, ce que confirme le bouquet, union heureuse des fruits noirs, du poivron rouge et des épices. Ample, charnu et équilibré, le palais s'appuie sur une trame de tanins ronds et soyeux, déjà en partie fondus. ✗ 2017-2021 ♈ côte de bœuf grillée

o→ Ch. Bernadotte, Le Fournas-Nord, 33250 Saint-Sauveur, tél. 05 56 59 57 04, bernadotte@chateau-bernadotte.com o→ King Power Group

LES BRULIÈRES DE BEYCHEVELLE 2012			
■	32 000	⅏	15 à 20 €

Le château de Beychevelle, célèbre cru classé de Saint-Julien, s'étend aussi sur de belles croupes de graves garonnaises situées dans la commune voisine de Cussac, en AOC haut-médoc. Un vignoble de 6,4 ha cultivé en bio sans certification depuis 2008, où le merlot est privilégié.

Une forte dominante de merlot (82 %) pour ce 2012 joliment fruité (cassis, groseille) et finement boisé à l'olfaction. En bouche, du gras, de la douceur, de la rondeur, de bons tanins fondus et du fruit toujours, intense et bien marié au merrain. Un ensemble harmonieux, que l'on pourra apprécier dans sa jeunesse. ✗ 2016-2020 ♈ bœuf en croûte

o→ SC Ch. Beychevelle, Les Brulières-de-Beychevelle, 33250 Saint-Julien-Beychevelle, tél. 05 56 73 20 70, beychevelle@beychevelle.com

CH. CAMBON LA PELOUSE 2012 ★			
■ Cru bourg.	182 000	⅏	11 à 15 €

Avec les Ch. Cambon La Pelouse et Trois Moulins, Jean-Pierre Marie, après une longue première carrière dans la grande distribution, a acquis en 1996 deux beaux domaines en haut-médoc, disposant d'un terroir de graves de grande qualité. Deux crus aujourd'hui dotés d'équipements performants, complétés en 2001 par un petit vignoble en appellation margaux (Aura de Cambon).

Ce cru, voisin de Cantemerle et de l'appellation margaux, doit son nom à M. de Cambon, propriétaire au XVIIIᵉs. qui sauva sa tête de la guillotine en fuyant en Angleterre. Rien à « couper » ici, tout est bien en place de bout en bout, un nez franc et net de fruits rouges et d'épices du bois, un palais très équilibré, à la fois frais, dense, soyeux et long. ⏳ 2018-2022 🍴 daube d'agneau

⚘ *SCEA Cambon la Pelouse, 5, chem. de Canteloup, 33460 Macau, tél. 05 57 88 40 32, contact@ cambon-la-pelouse.com* 🅥 🅰 🏆 *r.-v.* ⚘ Famille Marie

---

CH. DE CAMENSAC 2012 ★★

| ■ 5e cru clas. | 288 000 | ⬤❚ | 20 à 30 € |

⑨⑤ ⑨⑥ **97 98 99 00** 01 **02** 03 **04** |05| |06| 07 08 09 10 11 **12**

Commandé par une chartreuse sobre et élégante du XVIIIᵉs., ce cru classé de 75 ha jouxte à l'ouest l'appellation saint-julien. Après avoir appartenu entre 1964 et 2005 à la famille Forner, qui en a rénové les chais, il a été acquis par Céline Villars-Foubet et Jean Merlaut, respectivement à la tête de Chasse-Spleen (moulis) et de Gruaud-Larose (saint-julien).

Pour ce millésime, la part du merlot a été légèrement renforcée (égalité parfaite avec le cabernet-sauvignon). Un choix judicieux si l'on en juge par ce vin complet et très harmonieux. À une robe rubis foncé riche de promesses répond un bouquet complexe et intense de fruits rouges (cerise juteuse) et de vanille, relayé par un palais long, riche, gras, et constant dans son évolution, porté par des tanins soyeux et fins, et par un boisé racé, toasté et torréfié, qui laisse le fruit s'exprimer pleinement en finale. Une bouteille bien typée médoc, qui mérite d'être attendue. ⏳ 2018-2023 🍴 tournedos Rossini ■ La Closerie

LE CLASSEMENT DE 1855 REVU EN 1973

Classement	Nom du domaine	Appellation	Classement	Nom du domaine	Appellation
Premiers crus	Ch. Haut-Brion	Pessac-Léognan	Quatrièmes crus	Ch. Beychevelle	Saint-Julien
	Ch. Lafite-Rothschild	Pauillac		Ch. Branaire-Ducru	Saint-Julien
	Ch. Latour	Pauillac		Ch. Duhart-Milon-Rothschild	Pauillac
	Ch. Margaux	Margaux		Ch. Lafon-Rochet	Saint-Estèphe
	Ch. Mouton-Rothschild	Pauillac		Ch. Marquis de Terme	Margaux
Deuxièmes crus	Ch. Brane-Cantenac	Margaux		Ch. Pouget	Margaux
	Ch. Cos-d'Estournel	Saint-Estèphe		Ch. Prieuré-Lichine	Margaux
	Ch. Ducru-Beaucaillou	Saint-Julien		Ch. Saint-Pierre	Saint-Julien
	Ch. Durfort-Vivens	Margaux		Ch. Talbot	Saint-Julien
	Ch. Gruaud-Larose	Saint-Julien		Ch. La Tour-Carnet	Haut-Médoc
	Ch. Lascombes	Margaux	Cinquièmes crus	Ch. d'Armailhac	Pauillac
	Ch. Léoville-Barton	Saint-Julien		Ch. Batailley	Pauillac
	Ch. Léoville-Las-Cases	Saint-Julien		Ch. Belgrave	Haut-Médoc
	Ch. Léoville-Poyferré	Saint-Julien		Ch. Camensac	Haut-Médoc
	Ch. Montrose	Saint-Estèphe		Ch. Cantemerle	Haut-Médoc
	Ch. Pichon-Longueville-Baron	Pauillac		Ch. Clerc-Milon	Pauillac
	Ch. Pichon-Longueville-Comtesse-de-Lalande	Pauillac		Ch. Cos-Labory	Saint-Estèphe
	Ch. Rauzan-Gassies	Margaux		Ch. Croizet-Bages	Pauillac
	Ch. Rauzan-Ségla	Margaux		Ch. Dauzac	Margaux
Troisièmes crus	Ch. Boyd-Cantenac	Margaux		Ch. Grand-Puy-Ducasse	Pauillac
	Ch. Calon-Ségur	Saint-Estèphe		Ch. Grand-Puy-Lacoste	Pauillac
	Ch. Cantenac-Brown	Margaux		Ch. Haut-Bages-Libéral	Pauillac
	Ch. Desmirail	Margaux		Ch. Haut-Batailley	Pauillac
	Ch. Ferrière	Margaux		Ch. Lynch-Bages	Pauillac
	Ch. Giscours	Margaux		Ch. Lynch-Moussas	Pauillac
	Ch. d'Issan	Margaux		Ch. Pédesclaux	Pauillac
	Ch. Kirwan	Margaux		Ch. Pontet-Canet	Pauillac
	Ch. Lagrange	Saint-Julien		Ch. du Tertre	Margaux
	Ch. La Lagune	Haut-Médoc			
	Ch. Langoa Barton	Saint-Julien			
	Ch. Malescot-Saint-Exupéry	Margaux			
	Ch. Marquis d'Alesme-Becker	Margaux			
	Ch. Palmer	Margaux			

de Camensac 2012 (11 à 15 € ; 146 000 b.) : vin cité. ✗ 2016-2020

☞ Ch. de Camensac, rte de Saint-Julien, 33112 Saint-Laurent-Médoc, tél. 05 56 59 41 69, info@ chateaucamensac.com Ⓥ 🏃 🍸 r.-v.

☞ Céline Villars-Foubet et Jean Merlaut

CH. CANTEMERLE 2012 ★			
■ 5e cru clas.	400 000	🍶 🍷	20 à 30 €

83 ⑧⑤ 86 87 88 ⑧⑨ 90 91 92 93 94 95 96 97 98 99 |00| 01 04 |05| |06| 07 |08| 09 10 **11** 12

Ce cru tire son nom des seigneurs de Cantemerle, dont l'existence est attestée au XIIe s. Si, selon un écrit de 1354, ces nobles payaient la dîme avec un tonneau de clairet, la production viticole n'a pris son essor qu'à partir du XVIe s., sous l'égide des Villeneuve de Durfort. Classé en 1855, le vaste vignoble était tombé à une vingtaine d'hectares en 1981, année de son rachat par l'actuel propriétaire, une société d'assurances. Aujourd'hui, un magnifique parc de 28 ha et un vignoble de 90 ha implanté sur de belles graves.

Très élégant dans sa robe rubis, ce vin développe un beau bouquet qui mêle les fruits rouges un boisé doux aux accents cacaotés. Un boisé racé que l'on retrouve dans un palais séveux et charnu, soutenu par des tanins fermes et serrés, encore un peu stricts en finale. L'attente est bien sûr de rigueur. ✗ 2018-2022 🍸 filets de canette ■ Les Allées de Cantemerle 2012 (11 à 15 € ; 140 000 b.) : vin cité. ✗ 2016-2020

☞ SC Ch. Cantemerle, 33460 Macau, tél. 05 57 97 02 82, cantemerle@cantemerle.com Ⓥ 🏃 🍸 r.-v. ☞ SMA

CH. CAP L'OUSTEAU 2012			
■	69 825	🍷	8 à 11 €

La Société fermière des Grands Crus de France est la structure spécialisée dans le Bordelais du groupe Grands Chais de France. Son œnologue Vincent Cachau vinifie le fruit de quinze propriétés, représentant 390 ha dans les différentes AOC bordelaises.

Ce vin ne se contente pas d'une belle robe fraîche, brillante et limpide pour séduire. Ses notes persistantes de fruits rouges, de moka et d'épices, son équilibre, ses tanins serrés et veloutés le rendent déjà très plaisant. ✗ 2016-2020 🍸 paleron mijoté ■ Ch. du Cartillon 2012 (15 à 20 € ; 113 848 b.) : vin cité. ✗ 2017-2020

☞ Société fermière des Grands Crus de France, 33460 Lamarque, tél. 05 57 98 07 20

CH. DE CASSANA 2012 ★★			
■	9 600	🍶 🍷	11 à 15 €

En 2005, la rencontre d'un viticulteur prenant sa retraite a permis à Fabien Autet, chef de culture dans une propriété médocaine, de créer son propre cru : 2 ha et un encépagement particulièrement complet puisqu'il comprend du petit verdot et de la carmenère.

Une très belle entrée dans le Guide avec ce vin qui se distingue d'emblée par la qualité de sa présentation : d'un rubis brillant à reflets violines, il offre un bouquet généreux où les notes grillées épicées s'associent à des arômes de cerise qui se développent ensuite au palais. Celui-ci est encore marqué par l'élevage, mais ses tanins

fins et soyeux lui confèrent un caractère charnu très aimable, agrémenté par une longue finale fraîche et épicée. ✗ 2017-2021 🍸 magret de canard aux cerises

☞ EARL Autet, Ch. de Cassana, 33250 Saint-Sauveur-de-Médoc, tél. 05 56 73 90 24, fabien.autet@gmail.com Ⓥ 🏃 🍸 r.-v. 🏠 ❷ 🏠 Ⓓ

PIERRE CHANAU 2012			
■	80 000	🍷	5 à 8 €

Propriétaire de nombreux crus et acteur majeur du négoce bordelais, Cheval Quancard a été fondé par Pierre Quancard en 1844, sous le nom de Quancard et Fils. La maison est toujours dirigée par ses descendants.

Anagramme d'Auchan, ce vin est produit dans plusieurs appellations pour la célèbre chaîne de grandes surfaces. Dans sa version haut-médoc, on découvre une cuvée qui n'est certes pas d'une structure imposante, mais fort agréable par son bouquet expressif de violette et de fruits noirs mûrs comme par son palais souple et équilibré, rond et frais à la fois. ✗ 2016-2019 🍸 onglet grillé

☞ Cheval Quancard, ZI La Mouline, 4, rue du Carbouney - BP 36, 33565 Carbon-Blanc Cedex, tél. 05 57 77 88 88, chevalquancard@ chevalquancard.com Ⓥ 🏃 🍸 r.-v. (au Ch. de Bordes)

CH. CHARMAIL 2012 ★			
■ Cru bourg.	120 000	🍷	15 à 20 €

Établis au XVIIe s. dans le Médoc, les Trevey de Charmail ont légué leur nom à ce cru, déjà réputé au siècle suivant : une belle unité de 30,5 ha dominant l'estuaire à Saint-Seurin-de-Cadourne, au nord de Saint-Estèphe. Ingénieur agronome, Olivier Sèze l'a dirigé pendant plus de trente ans. Il l'a vendu en 2008 à Bernard d'Halluin qu'il continue d'assister.

Ne se contentant pas de développer un bouquet flatteur au boisé « triomphant » et racé, ce haut-médoc fait preuve d'une vraie présence au palais, par son attaque tendre, par son développement équilibré autour de tanins fins et bien en place, et par sa belle et longue finale. Une force tranquille. ✗ 2018-2023 🍸 carré d'agneau aux chanterelles

☞ d'Halluin, chem. de Bardis, 33180 Saint-Seurin-de-Cadourne, tél. 05 56 59 70 63, charmail@chateau-charmail.fr Ⓥ 🏃 🍸 r.-v.

CH. CITRAN 2012			
■	350 000	🍷	11 à 15 €

Si le château date du XIXe s., les douves qui l'entourent rappellent l'ancienneté du domaine, tenu six siècles durant par une famille noble, jusqu'au milieu du XIXe s. Deux principautés de Monaco ou neuf cités du Vatican tiendraient dans cette propriété de 400 ha dont un quart (les terrains sablo-graveleux et argilo-calcaires) est voué au vignoble. Géré par les frères Miailhe après 1945, il a été acquis par la famille Merlaut-Villars (Chasse-Spleen) en 1996.

D'une belle teinte rouge grenat, ce haut-médoc est encore un peu fermé dans son expression aromatique, un peu plus ouvert à l'aération sur un fruité fin et un joli boisé. Une attaque souple et suave introduit un palais lui aussi peu disert mais homogène, dont les tanins serrés garantiront à cette bouteille une bonne évolution dans le temps. ✗ 2018-2022 🍸 rôti de bœuf ■ Moulins de Citran 2012 (5 à 8 € ; 250 000 b.) : vin cité. ✗ 2016-2019

Ch. Citran, chem. de Citran, 33480 Avensan, tél. 05 56 58 21 01, info@citran.com 🅥 🅚 🅛 *r.-v.*

Merlaut-Villars

CH. CLÉMENT-PICHON 2012 ★
■ Cru bourg. | 101 260 | 🛈 ◑ | 15 à 20 €

Situé aux portes de Bordeaux, l'un des plus fastueux châteaux du XIXᵉˢ. en Gironde, riche d'une histoire multiséculaire. Ses origines remontent au XIVᵉˢ. et il connut son heure de gloire sous la tutelle de la famille Pichon (1601-1880). Détruite par un incendie, la bâtisse fut reconstruite en 1881 par la famille Durand-Dassier. Depuis 1976, un autre constructeur, Clément Fayat (propriétaire des Ch. Fayat à Pomerol et La Dominique à Saint-Émilion), est aux commandes de ce vignoble de 25 ha auquel il a redonné ses lettres de noblesse.

C'est un haut-médoc des plus courtois qui se présente ici, d'une belle intensité colorante et bien ouvert sur les fruits rouges, le sous-bois et les épices douces de l'élevage. Une entrée en matière engageante que ne renie pas le palais, suave en attaque, riche, charnu et rond dans son évolution, agrémenté de notes de truffe et porté par des tanins policés. ✗ 2017-2020 ❦ coq au vin

Ch. Clément-Pichon, 30, av. du Château-Pichon, 33290 Parempuyre, tél. 05 56 35 23 79, contact@vignobles.fayat.com 🅥 🅚 🅛 *r.-v.* *Famille Fayat*

Ⓑ CLOS LA BOHÈME 2012 ★
■ Cru bourg. | 8 300 | 🛈 ◑ | 20 à 30 €

Œnologue issue d'une famille de tonneliers bien connus, Christine Nadalié exploite plusieurs vignobles médocains aux environs de Macau, en amont de Margaux. Après le domaine Beau-Rivage (bordeaux supérieur), acquis en 1995, elle a acheté en 2002 à sa grand-mère paternelle un vignoble de 3,5 ha en haut-médoc, qu'elle a appelé Clos La Bohème. Domaines en bio certifiés depuis 2011.

Hésitant entre un rouge profond et une teinte violacée, la robe de ce 2012 est d'une belle fraîcheur. Avec de fines notes de vanille, d'épices et de fruits rouges, le bouquet se montre lui aussi fort plaisant. Charnu et souple à l'attaque, le palais offre beaucoup de volume, de rondeur et de longueur, tout en s'adossant à une structure solide qui permettra à cette bouteille élégante de bien vieillir. ✗ 2018-2022 ❦ parfait au chocolat

EARL Vignobles Christine Nadalié, 7, chem. du Bord-de-l'Eau, 33460 Macau-en-Médoc, tél. 05 57 10 03 70, closlaboheme@nadalie.fr 🅥 🅚 🅛 *r.-v.*

CÔTÉ PONTOISE 2012 ★★
■ | 20 500 | ◑ | 8 à 11 €

Propriété au XVIIIᵉˢ. du baron de Brane – plus connu pour son Ch. Brane Mouton (l'actuel Mouton-Rothschild) – devenue Pontoise Cabarrus en 1795, un cru bien situé au bord de l'estuaire sur un terroir de graves, au nord de Saint-Estèphe. Acquis par la famille Tereygeol en 1959, agrandi (7 ha à l'origine, 28 ha aujourd'hui) et exploité à présent par la troisième génération.

Dans ce millésime délicat, le second vin profite d'un assemblage à dominante de merlot (70 %) pour « doubler » son grand frère. Le bouquet frais et fruité porte fièrement la marque du cépage, avec un boisé très discret en toile de fond. Après une attaque ample et tout en

rondeur, le palais dévoile une structure puissante et fine à la fois, enrobée par une chair tendre et goûteuse. Un haut-médoc très harmonieux, élégant et de bonne garde. ✗ 2018-2022 ❦ lamproie à la bordelaise ■ Ch. Pontoise Cabarrus 2012 ★ (11 à 15 € ; 55 000 b.) : un bouquet gourmand de fruits noirs mûrs et de bon merrain vanillé, un palais bien équilibré entre fraîcheur et rondeur, entre tanins suaves et boisé doux. ✗ 2018-2022

Dom. Tereygeol, 27, rue Georges-Mandel, 33180 Saint-Seurin-de-Cadourne, tél. 05 56 59 34 92, pontoisecabarrus@orange.fr 🅥 🅚 🅛 *t.l.j. sf sam. dim. 9h-12h 14h-17h30; f. 15-31 août*

CH. CROIX DU TRALE 2012 ★
■ Cru bourg. | 34 000 | ◑ | 8 à 11 €

Depuis sa sortie de la cave coopérative en 1999, ce domaine familial s'invite avec régularité dans le Guide. Les 17 ha de vignes qui entourent le chai sont plantés sur des terroirs graveleux et argilo-calcaires, et se répartissent équitablement entre le merlot et le cabernet-sauvignon.

Une petite dominante de merlot (60 %) dans ce 2012 au bouquet élégant de fruits rouges mûrs avec un bon boisé fondu à l'arrière-plan. Le palais a de la tenue ; souple en attaque, ample et long, il ne manque pas de vigueur, sans pour autant faire preuve de dureté. Un haut-médoc que l'on pourra boire jeune ou patiné pour un peu de garde. ✗ 2016-2020 ❦ rôti de bœuf sauce madère

EARL Stéphane Négrier, 3, rte du Trale, 33180 Saint-Seurin-de-Cadourne, tél. 05 56 59 77 73, chateaucroixdutrale@orange.fr 🅥 🅚 🅛 *t.l.j. 9h-13h 14h-19h*

CH. DILLON 2012
■ Cru bourg. | 220 000 | 🛈 ◑ | 11 à 15 €

Une destinée peu commune pour ce château qui doit son nom à un propriétaire irlandais du XVIIIᵉˢ., Robert Dillon. Le cru appartint ensuite à François Seignouret, figure marquante de la Nouvelle-Orléans, avant de devenir en 1986 un important lycée agricole et viticole, qui s'appuie sur un domaine de 34 ha.

Sa teinte, d'un rouge léger, brillant et limpide, annonce le caractère de ce vin qui joue la carte de la fraîcheur et de l'amabilité. Tant dans son expression aromatique, aux délicates notes florales (pivoine, rose), épicées et fumées, que dans sa structure souple et ronde, qui s'appuie sur des tanins fins et fondus. ✗ 2016-2019 ❦ poularde aux cèpes

Lycée Viticole de Blanquefort, 84, av. du Gal-de-Gaulle, 33290 Blanquefort, tél. 05 56 95 39 94, chateau-dillon@chateau-dillon.com 🅥 🅚 🅛 *r.-v.*

CH. DOYAC 2012
■ Cru bourg. | 150 000 | 🛈 ◑ | 11 à 15 €

Venu du monde de la finance, Max de Pourtalès a réalisé un rêve en acquérant en 1998 cette belle unité de 30 ha située à Saint-Seurin-de-Cadourne. La nature du terroir, argilo-calcaire, a dicté le choix du merlot comme cépage dominant.

Ce vin se dévoile avec parcimonie autour de nuances toastées et fumées agrémentées d'un léger fruité aux accents de cassis. La bouche, souple, fraîche et soyeuse, est sous une influence sensible mais raisonnée du merrain qui traduit aussi une recherche d'équilibre. ✗ 2016-2019 ❦ rôti de veau

○⊸ *Max de Pourtalès, Ch. Doyac,*
33180 Saint-Seurin-de-Cadourne, tél. 05 56 59 34 49,
chateau.doyac@wanadoo.fr Ⓥ 🅺 🅻 *r.-v.* 🏠 ©

LE HAUT-MÉDOC DE GISCOURS
Grande Réserve 2012

| ■ | 230 000 | ◗◗ | 11 à 15 € |

L'un des plus vastes domaines du Médoc (92 ha), commandé par un château monumental, construit par la famille des comtes de Pescatore, des banquiers, pour accueillir l'impératrice Eugénie lorsqu'elle se rendait dans sa villégiature de Biarritz. Très représentatif du grand cru médocain par ses bâtiments, Giscours l'est aussi par son beau terroir de graves profondes, d'une grande homogénéité.

Issu de parcelles voisines de l'appellation margaux, qui engendre le grand vin du domaine, le haut-médoc de Giscours fait belle impression dans sa version 2012. Un vin très fruité et un peu épicé à l'olfaction, équilibré et d'une jolie longueur, très rond et soyeux en bouche, sans manquer de corps ni de vigueur. D'ores et déjà plaisant, il est aussi armé pour une belle garde. ✗ 2016-2020 ᵞ navarin d'agneau

○⊸ *SE Ch. Giscours, 10, rte de Giscours, 33460 Labarde,*
tél. 05 57 97 09 09, giscours@chateau-giscours.fr
Ⓥ 🅺 🅻 *r.-v.* 🏠 ❹

CH. D'HANTEILLAN 2012

| ■ Cru bourg. | 130 000 | 👤 ◗◗ | 8 à 11 € |

« Je fais tout très mal, mais je suis bien secondée » affirme Catherine Blasco, graphiste de formation, vigneronne autodidacte à la tête depuis 1984 du cru acheté par son père en 1973. Personne ne contestera la seconde partie de sa phrase, mais la première est sans doute loin d'être exacte. Hanteillan (82 ha) dépendait au Moyen Âge de l'abbaye de Vertheuil ; sa vocation viticole s'est affirmée en 1809 avec la construction du château et des chais.

Certes encore un peu sévère en finale, ce haut-médoc montre qu'il possède le potentiel qui lui permettra de s'affiner avec le temps. Sa belle couleur, franche, vive et profonde, sa complexité aromatique (notes de fruits rouges, de réglisse et d'épices) et sa solide structure tannique en témoignent. ✗ 2018-2021 ᵞ civet de lièvre

○⊸ *Ch. Hanteillan, 12, rte d'Hanteillan,*
33250 Cissac-Médoc, tél. 05 56 59 35 31,
chateau.hanteillan@wanadoo.fr Ⓥ 🅺 🅻 *r.-v.*
○⊸ *Catherine Blasco*

CH. HAUT-BEYZAC 2012

| ■ Cru bourg. | 120 000 | ◗◗ | 8 à 11 € |

Jouxtant le marais de Reysson, à l'ouest de Saint-Estèphe, ce cru de 26 ha est depuis 1998 la propriété des Raguenot qui exploitent une centaine d'hectares, notamment dans le Blayais, avec le réputé Ch. des Tourtes. Aux commandes : Emmanuelle et Marie-Pierre Raguenot, et leurs époux Daren Miller et Éric Lallez.

Plutôt discret, le bouquet de ce 2012 s'ouvre à l'aération sur de jolies notes de poivre blanc et de fruits rouges, de toast et de résine. Frais et bien proportionné, le palais révèle des tanins de qualité qui permettront à cette bouteille de bien évoluer. ✗ 2017-2020 ᵞ volaille rôtie

○⊸ *EARL Raguenot-Lallez-Miller, 33180 Vertheuil,*
tél. 05 57 32 65 15, contact@vignoblesraguenot.fr
Ⓥ 🅺 🅻 *r.-v.*

CH. HAUT BRIGNOT 2012

| ■ | 25 000 | ◗◗ | 8 à 11 € |

Derrière le Marquis de Saint-Estèphe et la Châtellenie de Vertheuil, une cave coopérative réunissant environ soixante-dix viticulteurs des deux communes, qui exploitent 40 ha en AOC saint-estèphe et 45 ha en haut-médoc.

Ce 2012 dévoile un bouquet discret à dominante de vanille, le fruit restant pour l'heure à l'arrière-plan. Frais et alerte en attaque, ample et solidement charpenté, il s'affirme plus nettement en bouche, ce qui laisse espérer une bonne tenue à la garde. ✗ 2018-2022 ᵞ daube de bœuf

○⊸ *Marquis de Saint-Estèphe et Châtellenie de Vertheuil réunis, 2, rue du Médoc, 33180 Saint-Estèphe,*
tél. 05 56 73 35 30, marquis.st.estephe@wanadoo.fr
Ⓥ 🅻 *t.l.j. sf sam. dim. 8h30-12h15 14h-18h*

CH. HAUT DE POUJEAUX 2012 ★

| ■ | 10 000 | ◗◗ | 11 à 15 € |

À la suite d'une redélimitation de l'aire d'appellation moulis, une parcelle de graves de 3 ha appartenant au château Poujeaux est située désormais dans l'aire du haut-médoc.

Fidèle à sa ligne directrice, le domaine signe avec son haut-médoc un vrai « vin plaisir ». Le bouquet s'ouvre sans réserve sur des arômes de fruits des bois, de sous-bois et d'épices. Arômes que prolonge un palais riche, rond et charnu, aux tanins doux, offrant un bon volume et de la mâche. Un vin goûteux et harmonieux, à boire jeune donc, mais qui pourra aussi vieillir quelques années. ✗ 2016-2019 ᵞ grillades de bœuf

○⊸ *SCEA Ch. Poujeaux, 33480 Moulis-en-Médoc,*
tél. 05 56 58 02 96, contact@chateau-poujeaux.com
Ⓥ 🅺 🅻 *r.-v.* ○⊸ *Cuvelier*

♥ CH. LA LAGUNE 2012 ★★

| ■ 3e cru clas. | 100 000 | ◗◗ | 50 à 75 € |

81 82 83 85 86 88 ⑧⑨ 90 91 93 94 |95||96| 97 |98| 99 |⑨| |01| |02| |04| 05 06 |07| 08 09 10 11 12

GRAND CRU CLASSÉ

CHATEAU LA LAGUNE
2012
HAUT-MÉDOC

Premier cru classé rencontré par le visiteur arrivant de Bordeaux par la route des vins du Médoc, ce château a été racheté en 2000 par Jean-Jacques Frey, homme d'affaires déjà détenteur de maisons prestigieuses en Champagne et dans la vallée du Rhône. De notoriété ancienne, La Lagune associe une élégante chartreuse du XVIIIᵉ s., de superbes chais, un vaste vignoble (110 ha, dont 75 pour le grand vin) et un terroir de fines graves sablonneuses. Autant d'atouts mis en valeur par une équipe dynamique autour de Caroline Frey, fille du propriétaire et œnologue du domaine depuis 2004. La certification bio est prévue pour 2016.

Coup de cœur un dernier avec le 2011, le cru reste au sommet de l'appellation avec un 2012 intense et sombre, qui offre plus de place au petit verdot que le millésime antérieur : 18 %, contre 10 % aux côtés du cabernet-sauvignon (56 %) et du merlot. Le bouquet, d'une grande finesse, associe fruits noirs, senteurs délicates de rose, épices douces et toasté du chêne neuf. Tout laisse deviner un élevage bien conduit, que confirme un palais à la fois savoureux, onctueux, rond et solide dans sa structure tannique. Un millésime très bien maîtrisé, avec un boisé parfaitement à sa place au service d'un très beau vin, long et raffiné, bien dans le style du domaine. **✗** 2018-2026 **♈** filet de bœuf aux morilles

o─ Ch. la Lagune, 33290 Ludon-Médoc, tél. 05 57 88 82 77, contact@chateau-lalagune.com r.-v.
🏠 **⑤ o─** Famille Frey

CH. LAROSE-TRINTAUDON 2012 ★			
■ Cru bourg.	737 000	⬗	11 à 15 €

Avec plus de 200 ha, on sort du cadre de l'exploitation familiale. Constituant la plus vaste exploitation du Médoc, les vignobles de Larose-Trintaudon et de Larose-Perganson, jouxtant à l'ouest des crus de Saint-Julien, ont été mis en valeur au XIXᵉs. Depuis 1989, ils appartiennent à un assureur, le groupe Allianz.

Ce vin, très homogène, ne se contente pas d'une robe rubis aux reflets brillants : franc et intense, le bouquet s'inscrit dans le registre des fruits rouges et du bon bois. Ferme dès l'attaque, le palais offre de la densité, du volume, renforcé par un boisé dominant mais racé et par une solide charpente tannique. La patience est de rigueur. **✗** 2019-2025 **♈** civet de marcassin ■ Ch. Larose-Perganson **cru bourg.** 2012 ★ (15 à 20 € ; 160 000 b.) : au nez, de la pivoine, du cassis et de la cerise ; en bouche, de la chair, des tanins fins et soyeux et un boisé bien dosé. **✗** 2018-2023 ■ Ch. Arnauld **cru bourg.** 2012 ★ (20 à 30 € ; 23 800 b.) : réglissé, vanillé et fruité (cassis, mûre), frais, concentré et structuré, ce haut-médoc à de solides réserves. **✗** 2018-2022 ■ Comte d'Arnauld 2012 ★ (15 à 20 € ; 3 200 b.) : un vin bien typé haut-médoc, long et harmonieux, bâti sur des tanins serrés mais enrobés. **✗** 2018-2022

o─ SA Larose-Trintaudon, rte de Pauillac, CS 30200, 33112 Saint-Laurent-Médoc, tél. 05 56 59 41 72, info@trintaudon.com **Ⓥ Ⓚ ⬆** r.-v. **o─** Allianz

CH. LARRIVAUX 2012 ★			
■	45 000	⬗	11 à 15 €

Établi à l'ouest de Saint-Estèphe, ce domaine de 75 ha se transmet dans la même famille depuis... 1580. Il est dirigé depuis 2005 par Bérangère Tesseron, héritière d'une longue lignée de femmes. Son époux, Basile Tesseron, est le propriétaire de Lafon-Rochet, cru classé tout proche. Les deux vignobles sont toutefois autonomes.

Bien servi par un encépagement diversifié, avec une majorité de merlot (près de 60 %), ce 2012 développe une palette large et intense de nuances boisées, épicées et fruitées. Souple et frais en attaque, homogène et bien équilibré, le palais évolue sur une trame de tanins serrés et bien extraits, sans dureté, même si la finale se montre encore un peu fougueuse. Un haut-médoc dans la meilleure tradition de l'appellation. **✗** 2018-2022 **♈** gigot d'agneau

o─ Famille Carlsberg, Ch. Larrivaux, 23-25, rte de Larrivaux, 33250 Cissac-Médoc, tél. 05 56 59 58 15, contact@larrivaux.com **Ⓥ Ⓚ ⬆** r.-v.

CH. DE LAUGA 2012 ★			
■	38 600	🏠 ⬗	8 à 11 €

Installé en 2007, Charles Brun représente la septième génération de vignerons à la tête de ce cru artisan fondé en 1898, dont le vignoble couvre 9 ha sur un terroir de graves garonnaises.

Aux côtés des traditionnels cabernet-sauvignon (55 %) et merlot (40 %), ce 2012 associe un peu de carmenère et de petit verdot. Dans le verre, un vin encore discret au premier nez, qui libère à l'aération des notes de fruits rouges légèrement compotés. Mais c'est surtout par son palais rond, gras, vineux, bien fruité, aux tanins soyeux et enrobés, qu'il emporte l'adhésion. **✗** 2017-2020 **♈** bœuf en daube

o─ Charles Brun, 13, chem. de la Rue, 33460 Cussac-Fort-Médoc, tél. 05 56 58 92 83, chateau@lauga.com **Ⓥ Ⓚ ⬆** t.l.j. sf dim. 9h-12h30 14h-18h30

CH. LA LAUZETTE DECLERCQ 2012 ★			
■ Cru bourg.	31 200	🏠 ⬗	8 à 11 €

La famille Roskam est surtout connue pour le château Cantenac, grand cru de Saint-Émilion. Frans et son épouse américaine Liz, tous deux œnologues, ont repris en 2005 ce cru de 12,7 ha situé entre Margaux et Saint-Julien.

Tout proche des deux étoiles, ce vin a su trouver un juste équilibre entre la puissance et l'élégance. Au nez, des arômes de bon bois soutiennent un joli fruit aux accents légèrement confits, en bouche, la finesse des tanins s'harmonise avec une matière dense et charnue, et un merrain savamment dosé. Bref, tout semble bien en place pour une évolution sereine. **✗** 2017-2022 **♈** parmentier de canard

o─ EARL Vignobles Frans Roskam, 5, lieu-dit Couhenne, 33480 Listrac-Médoc, tél. 05 57 88 81 78, info@roskamwines.com **Ⓥ Ⓚ ⬆** r.-v.

CH. LIEUJEAN 2012 ★			
■ Cru bourg.	210 000	🏠 ⬗	15 à 20 €

Propriétés de Jean-Michel Lapalu (Palache d'Aux, Leboscq), les châteaux Liversan, qui a appartenu de 1984 à 1995 au prince Guy de Polignac, et Lieujean sont tous deux situés à Saint-Sauveur. Ils y bénéficient de terroirs de choix : des graves argileuses et sablonneuses pour le premier (51 ha), des graves fines sur un plateau calcaire pour le second (40 ha).

Ce vin livre sans réserves des arômes de bois toasté épicé à l'aération. Bien équilibré en bouche, il offre du volume, de la profondeur et une belle charpente de tanins extraits avec finesse. Encore marqué par son élevage, il demande un peu de patience. **✗** 2019-2024 **♈** oie farcie ■ Ch. Liversan 2012 (15 à 20 € ; 290 000 b.) : vin cité. **✗** 2018-2021

o─ SC Garri du Gai, 6, rte de la Chatole, 33250 Saint-Sauveur, tél. 05 56 41 50 18, info@domaines-lapalu.com **o─** Jean-Michel Lapalu

CH. MAGNOL 2012			
■ Cru bourg.	170 000	⬗	15 à 20 €

En 1725, le jeune Irlandais Thomas Barton crée son affaire à Bordeaux. En 1802, son petit-fils Hugh fonde avec l'armateur Daniel Guestier une firme de négoce, qui propose aujourd'hui des vins de plusieurs régions viticoles françaises. Elle est la plus ancienne du Bordelais, également propriétaire de crus.

Ce vin se montre très expressif par son bouquet généreux de fruits à l'eau-de-vie et de boisé épicé. Le palais, au diapason, se montre franc, souple et frais. Une bouteille que l'on pourra servir sans avoir à faire preuve de trop de patience. ✗ 2016-2019 ❦ fromage des Pyrénées

o━ Barton & Guestier, Ch. Magnol, 87, rue du Dehez, 33290 Blanquefort, tél. 05 56 95 48 00, cyrielle.thibot@barton-guestier.com

DEMOISELLE DE MAISON BLANCHE 2012 ★★		
■	40 000	î ◫	5 à 8 €

La maison Bouey, entreprise de négoce familiale basée à Ambarès, possède des vignobles en Médoc, où elle produit les Ch. Lestruelle et Maison blanche.

Cette Demoiselle a tant séduit les palais exigeants des dégustateurs que le coup de cœur fut mis aux voix. Elle attire le regard par sa couleur pourpre vif et soutenu, et charme par ses arômes d'épices, de vanille, de réglisse et de fruits mûrs. Riche, ample, épaulée par des tanins raffinés et par un boisé savamment dosé, la bouche ne déçoit pas. Sa longue finale mentholée laisse le souvenir d'un ensemble aussi élégant que bien construit. ✗ 2018-2021 ❦ filet de bœuf aux cèpes

o━ SAS Maison Bouey, 1, rue de la Commanderie-des-Templiers, 33440 Ambarès, tél. 05 56 77 50 71, contact@maisonbouey.fr

CH. MALESCASSE 2012		
■ Cru bourg.	67 618	◫	15 à 20 €

Huit fenêtres avec huit carreaux : le nombre huit régit l'architecture du château. Édifié en 1824 sur le point le plus élevé de Lamarque, il commande un vignoble de 35 ha implanté sur une croupe de graves blanches, entre Margaux et Saint-Julien-Beychevelle. Il a été racheté en 2012 à la famille Tesseron par Philippe Austruy et son groupe Gema Viticole.

Si le bois est nettement présent au nez, il se manifeste avec beaucoup de finesse à travers d'élégantes notes épicées et toastées qui n'empêchent pas le fruit de s'exprimer. Le palais se montre à la fois dense et souple, porté par des tanins mûrs et fondus. ✗ 2017-2020 ❦ andouillette au vin rouge

o━ SARL Ch. Malescasse, 6, chem. du Moulin-Rose, 33460 Lamarque, tél. 05 56 58 90 09, contact@chateau-malescasse.com Ⓥ 🚶 🏠 r.-v.
o━ Gema Viticole

BENJAMIN DE MARGALAINE 2012		
■	5 000	◫	5 à 8 €

Clos Margalaine et Marojallia à Margaux, Bouqueyran à Moulis, Rose Sainte-Croix à Listrac, Benjamin de Margalaine en haut-médoc, les domaines Philippe Porcheron regroupent plusieurs crus médocains qui lui permettent d'offrir une belle collection de vins et d'étiquettes dans différentes appellations.

Ce haut-médoc déjà bien ouvert dévoile un bouquet de mûre et de cassis rehaussé par des notes de noix de muscade et d'encens. Le palais offre un bon volume, porté par des tanins ronds et veloutés, avant de montrer plus de sévérité en finale. ✗ 2017-2021 ❦ petit gibier

o━ SARL des Grands Crus, 2, rue du Gal-de-Gaulle, BP 33, 33460 Margaux, tél. 05 56 58 35 77, chateau@marojallia.com Ⓥ 🚶 🏠 r.-v. o━ Philippe Porcheron

CH. MAUCAMPS 2012 ★		
■ Cru bourg.	62 600	◫	15 à 20 €

Giscours, Cantemerle, il suffit de nommer les voisins de ce cru macalais pour deviner qu'il possède un terroir de choix. De fait, celui-ci (33 ha) est composé de belles graves garonnaises. D'origine aristocratique, la propriété, constituée au XVIIIᵉs. appartient à la famille Tessandier depuis 1954.

Le 2012 se montre à la hauteur de son terroir. Robe grenat profond et brillant, bouquet fin et complexe évoquant les fruits rouges et noirs confiturés, le toast, la vanille, le tabac et le cuir, palais bien typé haut-médoc, ample, gras, puissant, aux tanins veloutés, plus austères en finale : tout est en place pour faire une bonne bouteille d'ici quelques années. ✗ 2018-2022 ❦ daube de marcassin

o━ SARL Ch. Maucamps, 19, av. de la Libération, 33460 Macau, tél. 05 57 88 07 64, maucamps@wanadoo.fr Ⓥ 🚶 🏠 t.l.j. sf sam. dim. 9h-12h 14h-17h30 o━ Tessandier

CH. LE MEYNIEU 2012 ★		
■	30 000	î ◫	11 à 15 €

Jacques Pedro et son fils Hervé conduisent un ensemble composé de trois propriétés : Ch. le Meynieu, 22 ha en haut-médoc, Ch. Lavillotte, 11 ha en saint-esptèphe, complétés par les 3 ha contigus du domaine de la Ronceray. Deux autres étiquettes sont produites ici : Ch. Aillan (saint-estèphe) et Ch. la Gravière (haut-médoc).

Ce 2012 s'ouvre sur des notes bien mariées de fruits rouges mûrs, de vanille et de réglisse. Arômes que l'on retrouve dans une bouche souple et fraîche en attaque, de bon volume, portée par des tanins fins et soyeux, et prolongée par une jolie finale gourmande dans laquelle on retrouve la réglisse. ✗ 2018-2021 ❦ entrecôte

o━ SCEA des Domaines Pedro, 8, rue Lamartine, 33180 Vertheuil, tél. 05 56 73 32 10, ddompedro@aol.com Ⓥ 🚶 🏠 t.l.j. sf sam. dim. 9h-12h 14h-17h; f. du 1er-23 août

Ⓑ CH. MEYRE 2012 ★		
■ Cru bourg.	68 000	◫	11 à 15 €

Les Chinois ne sont pas les seuls à s'intéresser au bordeaux : cette ancienne propriété, commandée par un petit château typiquement médocain du XIXᵉs. (devenu un hôtel trois étoiles), est depuis 1998 la propriété d'un homme d'affaires thaïlandais, Pracha Hetrakul. De nouveaux chais ont été aménagés en 2007, et le vignoble de près de 17 ha est conduit en bio certifié depuis 2011.

D'abord discret avec une teinte légère et un bouquet aux délicates notes vanillées, toastées et florales (rose), ce vin prend du volume en bouche, en révélant une belle densité, du gras et des tanins soyeux et fins. Encore un peu ferme, la finale laisse déjà entrevoir son futur visage par des notes fruitées. ✗ 2017-2020 ❦ sauté d'agneau

o━ Ch. Meyre, 16, rte de Castelnau, 33480 Avensan, tél. 05 56 58 10 77, chateau.meyre@wanadoo.fr Ⓥ 🚶 🏠 r.-v. o━ Pracha Hetrakul

CH. DU MOULIN 2012 ★

| ■ | 6 000 | ◗▯ | 11 à 15 € |

José Sanfins, directeur et vinificateur du Ch. Cantenac Brown, cru classé de Margaux, a constitué un petit vignoble personnel : 1 ha en haut-médoc (Ch. du Moulin) et environ 1,4 ha en margaux (Ch. Chantelune).

« Un vin croquant et moderne », écrit le jury d'emblée sous le charme de son bouquet intense de baies noires mûres accompagnées par un boisé léger. Le palais ? Du fruit, encore du fruit, toujours du fruit ; du bois aussi, mais bien fondu, et une chair ronde qui enrobe une belle structure tannique. Un haut-médoc déjà très flatteur ; tout en étant bâti pour une bonne garde. ✗ 2017-2021 ❦ bavette à l'échalote

o–┐ José Sanfins, 16, chem. du Vieux-Chêne, Ch. Chantelune, 33460 Lamarque, tél. 06 10 46 34 35, sanfinsjose@gmail.com ⚑ r.-v.

CH. MOULINAT 2012

| ■ | 40 000 | ◗▯ | 8 à 11 € |

Héritier d'une longue lignée vigneronne, Robert Giraud a créé son négoce en 1975 et possède plusieurs crus en AOC régionales et en saint-émilion : un ensemble de 150 ha, dont près de 120 pour le Ch. Timberlay, berceau de la famille situé sur le sommet du coteau de Montalon, à Saint-André-de-Cubzac. Philippe Giraud conduit la maison depuis 1995.

Un cru de 10 ha établi sur une hauteur dominant l'estuaire, à cheval sur les communes de Lamarque et de Cussac-Fort-Médoc. Ce vin à la robe sombre livre un bouquet intense de fruits rouges et de torréfaction, relayé par un palais ample et plutôt viril. Le temps arrondira les angles. ✗ 2019-2023 ❦ cuissot de chevreuil

o–┐ EARL Vignobles Robert Giraud, Dom. de Loiseau, 33240 Saint-André-de-Cubzac, tél. 05 57 43 01 44, france@robertgiraud.com

CH. MOULIN DE BLANCHON 2012

| ■ Cru bourg. | 55 000 | �🍷 ◗▯ | 8 à 11 € |

Voisine de Sociando-Mallet, une propriété créée ex nihilo en 1992 par Henri Négrier, ancien salarié viticole, rejoint par ses enfants. Aujourd'hui, 24 ha (merlot et cabernet-sauvignon à parité). Un domaine régulier en qualité qui pratique en outre des prix doux et commercialise l'essentiel de sa production en vente directe.

Ce vin dévoile un bouquet discret mais agréable d'épices et de toasté. Une attaque alerte introduit un palais corsé et plein, soutenu par un bois bien maîtrisé et des tanins encore un peu fermes mais prometteurs. ✗ 2017-2021 ❦ rôti de veau aux cèpes

o–┐ Henri Négrier, 3, rue des Casaillons, 33180 Saint-Seurin-de-Cadourne, tél. 05 56 59 38 66, earlvignoblesnegrier@terre-net.fr Ⓥ ⚑ ⬆ t.l.j. 9h-19h

CH. DU MOULIN ROUGE 2012

| ■ Cru bourg. | 90 000 | �🍷 ◗▯ | 8 à 11 € |

Propriété familiale située au nord de Cussac, du côté de la commune de Saint-Julien-Beychevelle, ce cru de 20 ha bénéficie d'un joli terroir de graves et de proximité de l'estuaire de la Gironde.

Au nez, les notes d'élevage (toasté, vanille) accompagnent les fruits rouges mûrs et des nuances florales. En bouche,

on devine une extraction bien menée qui confère à ce vin un profil tendre, riche et souple. Encore un peu sévère en finale toutefois, ce 2012 possède le volume nécessaire pour donner une jolie bouteille dans quelques années. ✗ 2018-2021 ❦ gigot d'agneau

o–┐ Ribeiro-Pelon, Ch. du Moulin rouge, 33460 Cussac-Fort-Médoc, tél. 05 56 58 91 13, chateaudumoulinrouge@orange.fr Ⓥ ⛰ ⬆ r.-v.

CH. PALOUMEY 2012 ★★

| ■ Cru bourg. | 115 000 | ◗▯ | 15 à 20 € |

Un joli terroir sablo-graveleux entre les crus classés La Lagune et Cantemerle. La propriété a connu des heures de gloire au XIXe s., avant de péricliter après la crise phylloxérique et de renaître au XXe s. L'histoire serait banale si, à l'origine de sa résurrection, on ne trouvait une femme, qui plus est viticultrice dans le Blayais. Martine Cazeneuve a franchi l'estuaire en 1990 pour acquérir ce cru de 32 ha qui avait perdu vignes et chai.

Valeur sûre de l'appellation, ce cru signe un 2012 qui ne ternira pas son image. D'une jolie teinte cerise, ce haut-médoc réjouit de bout en bout. Il s'ouvre sur un bouquet fin et complexe de fruits noirs et d'épices. Il poursuit sur un palais dense, suave et charnu, structuré avec élégance par les tanins veloutés qui témoignent d'une extraction fort bien menée ; la finale est longue et le boisé parfaitement ajusté. ✗ 2019-2023 ❦ carré d'agneau en croûte

o–┐ SA Ch. Paloumey, 51, rue du Pouge-de-Beau, 33290 Ludon-Médoc, tél. 05 57 88 00 66, info@ chateaupaloumey.com Ⓥ ⚑ ⬆ r.-v. o–┐ Cazeneuve

LA PAROISSE 2012 ★

| ■ | 27 000 | 🍷 | 8 à 11 € |

Jouxtant au nord Saint-Estèphe, Saint-Seurin-de-Cadourne a depuis 1935 sa cave coopérative, appelée La Paroisse, qui regroupe 27 viticulteurs et 60 ha. Elle a pour président un monsieur... Bordeau.

Une fois encore, la « coop » prouve son savoir-faire avec ce haut-médoc au bouquet intense et harmonieux de fruits rouges acidulés (framboise, cassis, groseille) mariés à un fin boisé. Charnue, ample, dense, soutenue par des tanins fermes et serrés et par une pointe de fraîcheur, le palais affiche lui aussi une belle complexité et un solide potentiel. ✗ 2018-2022 ❦ magret de canard aux cerises ■ L'Élite de la Paroisse 2012 ★ (20 à 30 € ; 2 100 b.) : élevée dix-huit mois en barrique, une cuvée dominée pour l'heure par un bon boisé toasté, bâtie pour la garde. ✗ 2018-2023

o–┐ SCV la Paroisse, 2, rue Clément-Lemaignan, 33180 Saint-Seurin-de-Cadourne, tél. 05 56 59 31 28, contact@cave-la-paroisse.fr Ⓥ ⚑ ⬆ r.-v.

CH. PEYRAT-FOURTHON 2012

| ■ Cru bourg. | 30 000 | ◗▯ | 11 à 15 € |

Relais de chasse à la fin du XVIIIe s., planté au XIXe s. par le maire de Saint-Laurent-Médoc, ce cru, proche des AOC communales saint-julien et pauillac, a été acheté en 2004 par Pierre Narboni qui l'a agrandi. Aujourd'hui, 20 ha d'un seul tenant, sur des argilo-calcaires et des graves, et un vin qui a pris ses marques dans le Guide.

Notes toastées et vanillées intenses, crème de cassis et griotte, ce 2012 ne cache pas le passage de seize mois en barrique. En bouche, il se montre puissant, sans être lourd ni trop épais, toujours bien épaulé par le bois et par des tanins serrés. ⧗ 2018-2022 🍴 tournedos

🔑 *Ch. Peyrat-Fourthon, 1, allée Fourthon, 33112 Saint-Laurent-Médoc, tél. 05 56 59 40 87, pn@peyrat-fourthon.com* **V** 🚶 🍷 *r.-v.* 🔑 P. Narboni

CH. PEYRE-LEBADE 2012 ★★

■	180 000	🛢	11 à 15 €

Cette ancienne propriété du père d'Odilon Redon, où le peintre symboliste peignit plusieurs de ses toiles les plus célèbres, fut acquise en 1979 par le baron Edmond de Rothschild, déjà propriétaire du célèbre Ch. Clarke à Listrac. Ce domaine doit son nom – « pierre levée » en gascon – à la nature fortement calcaire de son terroir.

Ce 2012 à forte dominante de merlot (70 %) montre par son bouquet élégant qu'il est de noble origine. Fin et subtil, celui-ci associe sans dissonance des notes grillées et torréfiées aux fruits noirs mûrs et au pruneau. Puis le fruit s'épanouit longuement dans une bouche ample, ronde et savoureuse, soutenue par des tanins de grande qualité, frais et serrés. Un vin « au naturel », sincère et plein de fruits. ⧗ 2017-2020 🍴 mijoté de paleron

🔑 *Compagnie Vinicole Baron E. de Rothschild, Ch. Clarke, 33480 Listrac-Médoc, tél. 05 56 58 38 00, contact@crer.fr* **V** *t.l.j. sf sam. dim. 9h-11h30 14h-16h30*

CH. PONTAC-PHÉNIX 2012

■	7 788	▮	15 à 20 €

À l'origine, un pavillon de chasse construit pour le comte de Lynch en 1720, d'où sa situation en bordure des palus. Le vignoble de 10 ha – dont 2 ha dédiés à l'appellation haut-médoc et au Ch. Pontac-Phénix – se trouve quant à lui sur des graves, voisinant avec les Ch. Margaux et Palmer. La famille Bondon en est propriétaire depuis 1952.

Un bouquet plaisant, épicé, fumé et fruité. Arômes que l'on retrouve dans un palais frais et alerte, de bonne longueur, porté par des tanins souples. Un haut-médoc que l'on pourra apprécier sans avoir à trop attendre. ⧗ 2016-2020 🍴 grillade de bœuf

🔑 *GFA du Ch. Pontac-Lynch, 28, rte du Port-d'Issan, BP 7, 33460 Cantenac, tél. 05 57 88 30 04, chateau-pontac-lynch@orange.fr* **V** 🚶 🍷 *t.l.j. sf sam. dim. 10h-12h 14h30-17h* 🔑 Bondon

♥ CH. SOCIANDO-MALLET 2012 ★★

■	375 000	🛢	20 à 30 €

(82) **85 86 88 89 90 91 93** (95) |(96)| **97** (98) **|99|** |(00)| **|01| |02|**

|03| |04| |05| |06| |07| 09 10 11 12

Au XVIIe s., une terre noble appartenant à une famille basque, les Sossiando. Confisquée à la Révolution, elle a connu plusieurs propriétaires. À la fin du siècle dernier, Jean Gautreau a mis en lumière son potentiel. Courtier chez Miaialhe, il crée sa société à la fin des années 1950 pour vendre des vins dans le Benelux. Un client le charge de trouver une propriété avec un beau terroir. Il découvre Sociando-Mallet : dominant l'estuaire, une superbe croupe de graves sur sous-sol argileux. Le client ne donnant pas suite, il l'achète pour lui en 1969, le restructure, l'agrandit (à l'origine 5 ha, aujourd'hui 85 ha), bâtit un chai. Non classé, c'est un des crus qui compte dans l'appellation.

2010, 2011, 2012, une belle série de coups de cœur pour le domaine, qui propose à nouveau un superbe vin, parfaitement typé par sa finesse toute médocaine. Le bouquet marie harmonieusement le fumé, le café et les fruits frais (cassis). Au palais, on retrouve la même complexité et une belle progression des saveurs, fruitées et épicées. La structure tannique se révèle à la fois douce et soyeuse, fine et serrée, et la finale longue et élégante. Du fruit, de la matière, de la charpente, du terroir, tout y est. ⧗ 2018-2025 🍴 confit de canard aux cèpes ■ La Demoiselle de Sociando-Mallet 2012 ★ (11 à 15 € ; 128 000 b.) : un second vin séducteur, au bouquet empyreumatique et épicé, charpenté par des tanins fermes et élégants. ⧗ 2018-2023

🔑 *SCEA Jean Gautreau, Ch. Sociando-Mallet, 33180 Saint-Seurin-de-Cadourne, tél. 05 56 73 38 80, info@sociandomallet.com* **V** 🚶 🍷 *r.-v.* 🏠 Ⓔ

CH. SOUDARS 2012 ★

■	130 000	🛢	11 à 15 €

Les Miailhe ont formé une lignée de courtiers remontant à la Révolution et possédé de nombreux crus en Médoc, dont ce cru situé du côté stéphanois de la commune de Saint-Seurin-de-Cadourne ; un vignoble de 22,2 ha créé de toutes pièces par Éric Miailhe et conduit par sa fille Lovely depuis 1975.

Encore marqué par ses douze mois de barrique, ce vin séduit par son palais à la fois rond, ample, puissant et racé, étayé par une solide structure tannique et par une fraîcheur qui tonifie la finale, intense et longue. ⧗ 2019-2023 🍴 entrecôte aux sarments

🔑 *SAS Vignobles E. F. Miailhe, Ch. Soudars, 33180 Saint-Seurin-de-Cadourne, tél. 05 56 59 36 09, contact@chateausoudars.com* 🚶 *r.-v.*

CH. TOUR BEL AIR 2012

■ Cru artisan	12 000	▮ 🛢	8 à 11 €

Ce petit cru artisan de 7,5 ha a été repris en 2006 par trois anciens camarades de classe, réunis vingt ans plus tôt à Paris.

Si ce vin est encore un peu austère, il s'agit là d'un défaut de jeunesse. Cette bouteille mérite en effet un peu de patience car elle possède de bons atouts : un bouquet fin et expressif de fruits rouges et de toasté léger, ainsi qu'un palais ample, gras et de bonne constitution. ⧗ 2017-2021 🍴 rosbif aux cèpes

🔑 *Ch. Tour Bel Air, 28, rte de Lucrabey, 33250 Cissac-Médoc, tél. 06 31 83 06 90, c.tourbelair@orange.fr* **V** 🚶 🍷 *r.-v.*

CH. LA TOUR CARNET 2012 ★

■ 4e cru clas.	471 000	🛢	30 à 50 €

83 85 86 (88) **89 90 93** 94 (96) **97 98 99 00 01 02 03**

|04| |05| |06| |07| **08 09 10 11** 12

La rencontre d'une tour et de douves médiévales avec un logis du siècle des Lumières aurait pu aboutir à un mélange étrange. Bien au contraire, il en résulte un ensemble fort harmonieux. Depuis 2000, ce château et son vaste vignoble (112 ha) établi sur un splendide terroir de graves est l'un des quatre crus classés de Bernard Magrez, homme d'affaires collectionneur de vignobles.

Après un coup de cœur pour son 2011, le domaine signe un 2012 de belle facture. S'il reste discret dans sa présentation, avec une délicate robe rubis à reflets violets, ce vin s'affirme plus nettement par son bouquet finement boisé, puis par son palais assez puissant et long, structuré par une bonne charpente de tanins serrés et enrobés. ✗ 2017-2022 ❢ tournedos Rossini

○━ Ch. la Tour Carnet, rte de Beychevelle, 33112 Saint-Laurent-Médoc, tél. 05 56 73 30 90, latour@latour-carnet.com ○━ Bernard Magrez

CH. TOURTERAN 2012 ★			
■ Cru bourg.	45 398	▮ ◑	8 à 11 €

Créé avec 6 ha en 1962, le Ch. Ramage la Batisse, commandé par une chartreuse entourée d'une garenne, couvre aujourd'hui une soixantaine d'hectares, sur des terrains sablo-graveleux, qui englobent aussi les parcelles du Ch. Tourteran. Depuis 1986, ces deux propriétés appartiennent à la MACIF.

Brillante et profonde, la robe met en confiance. Le bouquet de fruits rouges légèrement confits, rehaussés de notes vanillées, confirme l'impression produite par la présentation. Le palais est aromatique, élégant et bien constitué. Vif à l'attaque, riche et gras, plus tannique en finale, celui-ci se porte garant du bon vieillissement de cette bouteille équilibrée. ✗ 2018-2023 ❢ entrecôte grillée aux morilles ■ Ch. Ramage la Batisse cru bourg. 2012 ★ (15 à 20 € ; 125 942 b.) : un vin authentique et harmonieux, fruité, fumé et épicé à l'olfaction, ample, soyeux et finement tannique. ✗ 2017-2020

○━ SCI Ch. Ramage la Batisse, Tourteran, 33250 Saint-Sauveur, tél. 05 56 59 57 24, ramagelabatisse@wanadoo.fr ❂ ❂ r.-v. ○━ MACIF

CH. DE VILLEGEORGE 2012			
■	23 300	◑	15 à 20 €

Œnologue, Marie-Laure Lurton a repris en 1992 la tête de trois domaines médocains de son père Lucien : La Tour de Bessan (margaux), Duplessis (moulis) et Villegeorge (haut-médoc). Ce dernier, réputé dès le XVIIIe s., a été acquis en 1973 par Lucien Lurton. Il couvre aujourd'hui 15 ha sur un terroir de graves profondes à Avensan, au sud de Moulis.

Des arômes fruités agrémentés de discrètes notes grillées composent un bouquet avenant. Arômes qui animent aussi un palais d'un bon volume, charnu, chaleureux et rond, bâti sur des tanins apaisés. Une bouteille que l'on pourra ouvrir sans trop attendre. ✗ 2017-2020 ❢ tendrons de veau braisés

○━ Marie-Laure Lurton, Vignobles M.-L. Lurton, 17, chem. de Villegeorge, 33480 Avensan, tél. 05 56 58 22 01, contact@marielaurelurton.com ❂ ❂ r.-v.

LISTRAC-MÉDOC

Superficie : 635 ha / Production : 25 205 hl

Correspondant exclusivement à la commune éponyme, listrac-médoc est l'appellation communale la plus éloignée de l'estuaire. Original, son terroir correspond au dôme évidé d'un anticlinal, où l'érosion a créé une inversion de relief. À l'ouest, à la lisière de la forêt, se développent trois croupes de graves pyrénéennes, dont les pentes et le sous-sol souvent calcaire favorisent le drainage naturel des sols. Le centre de l'AOC, le dôme évidé, est occupé par la plaine de Peyrelebade, aux sols argilo-calcaires. Enfin, à l'est s'étendent des croupes de graves garonnaises.

Le listrac est un vin vigoureux ; toutefois, contrairement au style d'autrefois, sa robustesse n'implique plus aujourd'hui une certaine rudesse. Si certains vins restent un peu durs dans leur jeunesse, la plupart contrebalancent leur force tannique par leur rondeur. Tous offrent un bon potentiel de garde, jusqu'à quinze ans dans les grands millésimes.

CH. CAP LÉON VEYRIN 2012 ★			
■ Cru bourg.	60 000	◑	15 à 20 €

Authentique famille médocaine, les Meyre figurent parmi les pionniers du tourisme viti-vinicole (on ne parlait pas encore d'œnotourisme à l'époque dans la presqu'île). En 2010, Nathalie et Julien Meyre ont repris les crus familiaux : les Ch. Julien et Bibian en haut-médoc et le Ch. Cap Léon Veyrin en listrac-médoc.

Ce vin à la robe d'encre dévoile un bouquet élégant mariant les notes épicées et fumées du bois à des senteurs fraîches de griotte. Une ligne aromatique que l'on perçoit, agrémentée de violette, sur un palais souple en attaque, ample et bien structuré. Un listrac harmonieux que l'on pourra boire assez jeune. ✗ 2017-2021 ❢ entrecôte au sarments

○━ Vignobles Alain Meyre, 54, rte de Donissan, 33480 Listrac-Médoc, tél. 05 56 58 07 28, contact@vignobles-meyre.com ❂ ❂ t.l.j. sf sam. dim 9h-12h 14h-17h30 ❂ ❷

CH. CLARKE 2012 ★			
■	250 000	◑	20 à 30 €
⑧⑥ 88 89 90 95 96 97 98 99 00 01 02 03 |04||05||06|			
	07		08	09 10 11 12			

Plantée au Moyen Âge par des Cisterciens dépendant de l'abbaye de Vertheuil, la vigne est fort ancienne sur ce cru situé dans la plaine de Peyrelebade. Acquis en 1973 par le baron Edmond de Rothschild, qui y a entrepris de très importants travaux de rénovation, il dispose d'un vignoble de 55 ha établi sur un terroir calcaire et argilo-calcaire, qui se distingue par son encépagement à forte proportion de merlot (70 %). Un pilier de l'appellation listrac.

Pas de dérogation à la règle, le merlot règne toujours en maître dans l'assemblage du grand vin. Le 2012, d'une ravissante couleur burlat, conjugue avec élégance les fruits rouges frais et un boisé de qualité. Après une attaque franche et nette, le palais offre du volume, une bonne concentration et une structure tannique assez ferme, encore un peu impétueuse en finale. Un beau classique. ✗ 2018-2023 ❢ tournedos

○━ Compagnie Vinicole Baron Edmond de Rothschild, 33480 Listrac-Médoc, tél. 05 56 58 38 00, contact@cver.fr ❂ t.l.j. sf sam. dim. 9h-11h30 13h30-17h

CH. FONRÉAUD 2012			
■ Cru bourg.	150 000	▮ ◑	15 à 20 €

« Fonréaud », autrefois « Font-réaux », signifie « fontaine royale » : la légende veut qu'au XIIe s., le roi d'Angleterre, époux d'Aliénor d'Aquitaine, Henri II Plantagenêt, se soit arrêté en ces lieux pour se désaltérer à une source. Le domaine a été acquis en 1962 par Léo Chanfreau, viticulteur rapatrié d'Algérie, dont le fils Jean et son épouse Marie-Hélène sont aux commandes depuis 1981. Le vignoble couvre 45 ha en listrac (Fonréaud), moulis (Chemin Royal, Clos des Demoiselles) et bordeaux blanc (Cygne de Fonréaud).

Limpide et brillante, ornée de reflets violines de jeunesse, la robe est engageante. Le bouquet conforte ces promesses avec un fruité plaisant à dominante de cerise, nuancé de notes grillées et épicées. Souple en attaque, le palais évolue sur des tanins fermes et vifs qui doivent encore se fondre. Un listrac pour l'heure plutôt fougueux, qu'il conviendra de laisser mûrir. ✗ 2018-2022 ❦ côte de bœuf

o┐ SC Ch. Fonréaud, 33480 Listrac-Médoc, tél. 05 56 58 02 43, contact@vignobles-chanfreau.com Ⓥ ⚲ 🔝 t.l.j. sf sam. dim. 9h-12h 14h-17h30

CH. FOURCAS-BORIE 2012 ★★		
■	39 600 🍷	11 à 15 €

Si la propriété est ancienne, son apparition dans le Guide est récente ; elle a coïncidé avec son achat par la famille Borie – établie de longue date dans l'appellation listrac avec le Ch. Ducluzeau – et l'arrivée à sa tête de Bruno-Eugène en 2009.

Dense et soutenue, la robe annonce un vin au caractère bien affirmé. Le bouquet, complexe, confirme cette impression : fruits noirs mûrs, cerise griotte, notes balsamiques, épices douces. Ample dès l'attaque, le palais se montre concentré, riche, généreux, bien charpenté, tout en gardant une agréable fraîcheur qui tonifie une longue finale pleine de sève. Un listrac bâti pour durer. ✗ 2019-2025 ❦ tournedos Rossini

o┐ SCA Fourcas-Borie, 12, rue Odilon-Redon, 33480 Listrac-Médoc, tél. 05 56 73 16 73, je-borie@je-borie-sa.com

CH. FOURCAS HOSTEN 2012		
■	133 000 î 🍷	15 à 20 €
99 00 02 03	04		05		06		07	08 09 10 11 12		

Ce cru établi au cœur de Listrac et commandé par une élégante chartreuse du XVIIIe s. entourée d'un parc de 3 ha a été acheté en 2006 par les frères Renaud et Laurent Momméja, héritiers de la famille Hermès. Ces derniers, qui y ont réalisé d'importants investissements, à la vigne et au chai, disposent aujourd'hui d'un vignoble de 47 ha.

Ce listrac s'ouvre agréablement sur de fines notes épicées (vanille et cannelle) et toastées. Après une attaque en souplesse, le palais connaît une jolie montée en puissance, porté par des tanins de bonne tenue, sans excès de vigueur. Un beau représentant de son appellation. ✗ 2017-2020 ❦ canard rôti

o┐ Ch. Fourcas Hosten, 5, rue Odilon-Redon, 33480 Listrac-Médoc, tél. 05 56 58 01 15, contact@fourcas-hosten.com Ⓥ ⚲ r.-v. o┐ Momméja

CH. LIOUNER 2012			
■ Cru bourg.	12 600 î 🍷	11 à 15 €

Cette petite propriété familiale de 7 ha est située à l'orée de la forêt de pins de Listrac. Pascal Bosq est aux

commandes depuis 1985, désormais épaulé par la cinquième génération.

Ce 2012 dévoile un bouquet harmonieux de fruits mûrs mâtinés de nuances boisées, grillées et fumées, auquel fait écho une bouche souple en attaque, bâtie sur des tanins ronds et boisés, épaulée par une pointe de vivacité en finale. Une bouteille qui évoluera bien. ✗ 2017-2022 ❦ hachis parmentier de canard

o┐ EARL Bosq et Fils, 10, rte de Benon, Libardac, 33480 Listrac-Médoc, tél. 05 56 58 05 62, bosq.fils@orange.fr Ⓥ ⚲ 🔝 t.l.j. 9h-12h 14h-17h30; sam. dim. sur r.-v.

♥ CH. MARTINHO 2012 ★★		
■	9 000 🍷	20 à 30 €

D'origine portugaise, Miguel Martinho a travaillé dans plusieurs grands crus médocains avant de créer en 2001 son entreprise de travaux viticoles et d'acquérir sept ans plus tard une petite vigne à Listrac.

Entré dans le Guide il y a deux ans, ce cru progresse à grands pas : deux étoiles avec son 2010 et son 2011, un coup de cœur avec son 2012. Un vin d'emblée emballant par sa robe dense et profonde comme par son bouquet riche et ouvert sur la cerise noire légèrement kirschée, la mûre, les épices douces et le grillé. Un beau mariage du fruit et du merrain que l'on retrouve dans un palais d'un équilibre remarquable, bâti sur des tanins soyeux et très fins, solides sans ostentation. Une force tranquille, qui s'épanouira sereinement en cave. ✗ 2020-2028 ❦ chateaubriand

o┐ Afonso Miguel Martinho, 13, rte du Port, 33460 Lamarque, tél. 05 56 58 95 81, contact@chateaumartinho.com Ⓥ r.-v.

CH. MAYNE LALANDE 2012 ★★		
■	60 000 🍷	15 à 20 €

Issu d'une famille d'agriculteurs de Listrac, Bernard Lartigue a créé le Ch. Mayne Lalande en 1982 ; un domaine qui s'étend aujourd'hui sur 15 ha à l'ouest de la commune, à l'orée de la pinède, complété depuis par les 5 ha de vignes du Ch. Myon de L'Enclos dans l'appellation « sœur » de moulis.

Remarqué dès la première édition du Guide (trois étoiles pour son millésime 1982), Bernard Lartigue continue de se distinguer par la qualité de sa production. Son listrac 2012 fait une très belle impression avec son bouquet généreux de fruits à l'eau-de-vie et de boisé épicé et torréfié, comme par son palais ample, puissant et gras, adossé à une charpente solide mais bien enrobée par une chair dense et veloutée. Un équilibre parfait qui traduit un élevage rigoureux et promet une belle évolution en cave. ✗ 2020-2028 ❦ filet de bœuf en croûte

o┐ Bernard Lartigue, 7, rte du Mayne, 33480 Listrac-Médoc, tél. 05 56 58 27 63, blartigue2@wanadoo.fr Ⓥ ⚲ 🔝 t.l.j. sf sam. dim. 9h-12h30 14h-17h30 🏠 ❺

BORDELAIS

CH. PÉRAC 2012 ★

■	34 000	◗▯	8 à 11 €

Propriété des Raymond depuis 1875, un cru familial très régulier en qualité. Il étend son vignoble de 17 ha sur un sol argilo-calcaire comparable à celui de Saint-Émilion, ce qui explique la présence notable du merlot et du cabernet franc (accompagnés du cabernet-sauvignon et d'un soupçon de petit verdot et de carmenère). Deux étiquettes de listrac ici : Sanransot-Dupré et Pérac.

Coup de cœur l'an dernier avec le Ch. Saransot-Dupré 2011, Yves Raymond se distingue cette année avec son beau Ch. Pérac 2012 qui, une fois n'est pas coutume, devance son « grand frère », sans doute en raison de son encépagement à forte dominante de merlot, plus favorable dans ce millésime. La profondeur de la robe annonce la belle intensité du bouquet (fruits rouges mûrs, épices), relayé par un palais souple et riche, porté par une trame tannique soyeuse et fondue, et par un boisé bien intégré. ✗ 2018-2021 ♈ rôti de veau aux cèpes ■ Ch. Saransot-Dupré cru bourg. 2012 (11 à 15 € ; 60 000 b) : vin cité. ✗ 2018-2022

☛ *Yves Raymond, 4, Grande-Rue, 33480 Listrac-Médoc, tél. 05 56 58 03 02, y@saransot-dupre.com* Ⓥ 🏃 ♘ *r.-v.*

CH. SAINT-MARTIN 2012 ★

■	40 100	🏠 ◗▯	11 à 15 €

Pendant longtemps, la cave de Listrac a été choisie par la prestigieuse Compagnie internationale des Wagons-Lits pour figurer sur la carte des vins des voitures-restaurants. Cela a valu une réelle célébrité à la coopérative qui, par sa production et par les crus indépendants qu'elle vinifie, joue encore son rôle de locomotive dans l'appellation.

Michel Chevallier et son fils Cédric, propriétaires de ce cru, ont confié leurs raisins à la « coop » de Listrac, et celle-ci en a extrait un vin qui ne fait pas dans la demi-mesure à l'olfaction, avec ses intenses arômes fruités nuancés d'épices doucs et de grillé. Une attaque souple introduit un palais frais, boisé et bien charpenté, encore assez austère en finale. La patience est de rigueur, le potentiel est là. ✗ 2018-2022 ♈ omelette aux cèpes

☛ *Cave Grand Listrac, 21, av. de Soulac, 33480 Listrac-Médoc, tél. 05 56 58 03 19, grandlistrac@wanadoo.fr* Ⓥ 🏃 ♘ *r.-v.*

MARGAUX

Superficie : 1 490 ha / Production : 60 900 hl

Margaux est le seul nom d'appellation à être aussi un prénom féminin. Est-ce un hasard ? Si les margaux présentent une excellente aptitude à la garde, ils se distinguent des autres grandes appellations communales médocaines par leur délicatesse que soulignent des arômes fruités d'une agréable finesse. Ils constituent l'exemple même des bouteilles tanniques généreuses et suaves.

Leur originalité tient à de nombreux facteurs. Les aspects humains ne sont pas à négliger. À l'écart de Saint-Julien, de Pauillac et de Saint-Estèphe, les viticulteurs margalais ont moins privilégié le cabernet-sauvignon : tout en restant minoritaire, le merlot prend ici une importance accrue. Par ailleurs, l'appellation, la plus vaste des communales du Médoc, s'étend sur le territoire de cinq communes : Margaux et Cantenac, Soussans, Labarde et Arsac. Dans chacune d'elles, seuls les terrains présentant les meilleures aptitudes vitivinicoles font partie de l'AOC. Le résultat est un terroir homogène composé d'une série de croupes de graves. Celles-ci s'articulent en deux ensembles : à la périphérie se développe un système faisant penser à une sorte d'archipel continental, dont les « îles » sont séparées par des vallons, ruisseaux ou marais tourbeux ; au cœur de l'appellation, dans les communes de Margaux et de Cantenac, s'étend un plateau de graves blanches, d'environ 6 km sur 2, découpé en croupes par l'érosion. C'est dans ce secteur que sont situés nombre des 21 grands crus classés de l'appellation.

Remarquables par leur élégance, les margaux appellent des mets raffinés, comme le chateaubriand, le canard, le perdreau ou l'entrecôte à la bordelaise.

CH. LA BESSANE 2012

■	11 600	◗▯	20 à 30 €

Complément margalais du Ch. Paloumey (haut-médoc), ce petit cru de 2,4 ha, situé non loin de Prieuré Lichine, a été repris en 1993 par Martine Cazeneuve. Il tire son originalité de la place importante qu'occupe le petit verdot dans l'encépagement.

Fidèle à la tradition du cru, le petit verdot entre à hauteur de 21 % dans ce 2012 d'un beau rouge limpide et intense, au bouquet non moins soutenu de cerise burlat et de pain grillé. Bien équilibrée, la bouche se révèle douce et soyeuse, portée par des tanins fins témoignant d'une bonne extraction et par une agréable fraîcheur. ✗ 2018-2022 ♈ médaillon de veau

☛ *SA Ch. Paloumey, 50, rue Pouge-de-Beau, 33290 Ludon-Médoc, tél. 05 57 88 00 66, info@ chateaupaloumey.com* Ⓥ 🏃 ♘ *t.l.j. sf dim. 10h30-18h; janv.-mars sur r.-v.* ☛ Martine Cazeneuve

CH. BOYD-CANTENAC 2012 ★★

■ 3e cru clas.	43 000	🏠 ◗▯	50 à 75 €

| ⑧② | 83 | 85 | 86 | 88 | 89 | 90 | 95 | 96 | 97 | **98** | **99** | 00 | 02 | 03 | 04 |
| **05** | **06** | 07 | 08 | ⑨ | **10** | 11 | 12 |

Un beau terroir de graves siliceuses maigres (17 ha), un encépagement diversifié, intégrant le petit verdot, et une famille aux solides racines médocaines, les Guillemet (propriétaires depuis 1932). Ces derniers ne sacrifient pas aux modes et visent l'équilibre et la finesse dans leurs vins. Un grand cru authentique, créé en 1754 par un négociant de Belfast, conduit depuis 1996 par l'œnologue et agronome Lucien Guillemet.

Après une remarquable trilogie 2009-2010-2011, Lucien Guillemet signe un 2012 qui a peu à envier à ses illustres aînés. Difficile de rester insensible en effet aux éclats pourpres de la robe, comme aux nuances charmeuses et variées (vanille, réglisse, cassis, prune, épices) qui s'épanouissent à l'olfaction. Quant au palais, il se révèle excellent : frais en attaque, ample, concentré, onctueux et gras dans son développement, structuré en finesse par des tanins veloutés. Un vin farouchement margaux, à la fois subtil et délicat, et promis à un très bel avenir. ✗ 2020-2030 ♈ chateaubriand

☛ *SCE Ch. Boyd-Cantenac, 11, rte de Jean-Faure, 33460 Cantenac, tél. 05 57 88 90 82, guillemet.lucien@ wanadoo.fr* Ⓥ 🏃 ♘ *r.-v.* ☛ Famille Guillemet

CH. BRANE-CANTENAC 2012 ★			
■ 2e cru clas.	110 000	⬡	30 à 50 €

82 83 84 **85** ⑧⑥ 87 **88 89 90** 93 **94 95** ⑨⑥ **97 98 99**
|00| 03 04 |05| |06| |07| 08 09 **10 11** 12

Figure mythique de la viticulture médocaine du XIXes., le baron Hector de Brane n'a pas hésité à vendre Brane-Mouton (aujourd'hui Mouton-Rothschild) pour acquérir en 1833 ce cru réputé dès le XVIIIes. pour son superbe terroir de graves profondes dont le cœur (45 ha) est situé sur le plateau de Brane. Un domaine entré en 1925 dans la famille Lurton, grande lignée de propriétaires bordelais, auquel Henri Lurton, installé en 1992, a redonné tout son lustre.

Cassis à nuances pourpres, la robe révèle une bonne profondeur ; l'annonce d'un bouquet intense et puissant qui fait la part belle au bois sans pour autant éclipser le fruit (noir, mûr et relevé d'épices). On retrouve la marque d'un merrain de qualité dans un palais suave et tendre en attaque, soutenu par des tanins plutôt ronds et courtois. Un margaux policé et très charmeur. ✗ 2018-2023 ❦ daube de bœuf

☞ Ch. Brane-Cantenac, 33460 Cantenac, tél. 05 57 88 83 33, contact@brane-cantenac.com
Ⓥ 🅚 🅛 r.-v. ☞ Henri Lurton

CH. CANTENAC BROWN 2012 ★★			
■ 3e cru clas.	102 000	⬡	50 à 75 €

82 83 85 86 88 89 ⑨⓪ **91 92 93 94 95 96** 97 **98** 99
00 |02| |03| |04| |05| |06| |07| 08 **09 10 11** 12

Commandé par un imposant château de style néo-Tudor construit au XIXes. par le peintre animalier écossais John Lewis Brown, ce domaine – 48 ha plantés sur de belles graves au cœur de l'appellation – a connu une seconde jeunesse d'abord grâce au groupe Axa, et, depuis 2006, sous l'impulsion de la famille Halabi, qui en a confié la direction à José Sanfins.

Des quinze mois qu'il a passé en barriques de chêne, ce vin a gardé les arômes de pain grillé, de vanille et de cacao, avec des fruits noirs en toile de fond. Après une attaque onctueuse et enveloppante, le palais se révèle dense et ferme, soutenu par des tanins solides au grain fin et serré qui promettent une belle garde. ✗ 2019-2025 ❦ civet de lièvre ■ Brio de Cantenac Brown 2012 ★ (20 à 30 € ; 95 000 b.) : le second vin du cru séduit par sa complexité aromatique (fruits noirs, pruneau, épices), sa rondeur et ses tanins tendres et policés. ✗ 2017-2021

☞ Ch. Cantenac Brown, 33460 Cantenac, tél. 05 57 88 81 81, contact@cantenacbrown.com
Ⓥ 🅚 🅛 r.-v. ☞ Famille Halabi

CH. CHANTELUNE 2012 ★			
■	8 500	🍶 ⬡	20 à 30 €

José Sanfins, directeur et vinificateur du Ch. Cantenac Brown, cru classé de Margaux, a constitué un petit vignoble personnel : 1 ha en haut-médoc (Ch. du Moulin) et environ 1,4 ha en margaux (Ch. Chantelune).

Chantelune ? M. Soubrane, l'ancien propriétaire du cru, charpentier de son état, coupait le bois de charpente à la pleine lune car celui-ci, disait-il, n'est alors jamais attaqué par les insectes et devient inaltérable. Il planta aussi des vignes sur le point culminant de l'appellation, reprises en

2005 par José Sanfins. Impressionnant dans sa robe noire, ce vin développe un bouquet intense de fruits rouges et d'épices. En bouche, après une attaque tendre et ronde, il se révèle boisé avec élégance et bien charpenté par des tanins serrés appelant un peu de patience. ✗ 2019-2023 ❦ gigot d'agneau

☞ José Sanfins, 16, chem. du Vieux-Chêne, Ch. Chantelune, 33460 Lamarque, tél. 06 10 46 34 35, sanfinsjose@gmail.com 🅚 r.-v.

CLOS DES QUATRE VENTS 2012 ★			
■	n.c.	⬡	50 à 75 €

Luc Thienpont, ancien propriétaire de Labégorce-Zédé à Margaux (repris par la famille Perrodo en 2005), a cédé les Ch. Clos des Quatre Vents (1,2 ha situé sur l'un des points culminants de Margaux ouverts à tous les vents) et Tayac Plaisance (3,5 ha de vieilles vignes en margaux) à un groupe d'investissement chinois déjà propriétaire depuis 2006 du Ch. Bonneau (26 ha en haut-médoc) et de 500 ha de vignes au nord de la Chine.

Issu d'une dominante de merlot (59 %), ce 2012 livre un bouquet d'épices et de fruits frais (cerise, fraise, mûre) agrémentés d'une touche de vanille. Souple, rond, gras, épaulé par des tanins veloutés et fondus, et par une agréable fraîcheur, le palais se révèle bien équilibré et bâti pour une bonne garde. ✗ 2018-2025 ❦ entrecôte aux cèpes

☞ SCEA Vignobles des Quatre Vents, rte de Campion, 33460 Margaux, tél. 05 56 58 97 90, contact@clos4vents.net Ⓥ 🅚 🅛 t.l.j. sf sam. dim. 8h-17h 🏠 ❹ 🏠 Ⓓ

CH. LE COTEAU 2012 ★			
■	50 000	⬡	15 à 20 €

Situé au sud de l'appellation margaux, ce cru est l'une des dernières propriétés familiales de l'AOC, conduite et développée depuis 1993 par Éric Léglise, à la tête aujourd'hui de 12 ha.

Régulièrement au rendez-vous du Guide, ce petit cru revient avec un 2012 fort bien construit, dont la robe intense annonce la forte personnalité. Celle-ci se confirme à l'olfaction avec un boisé soutenu et racé aux accents toastés et vanillés, qui laisse toutefois le fruit s'exprimer. Riche et rond en attaque, d'un beau volume, le palais monte en puissance, porté par le même boisé élégant déjà perçu au nez et par des tanins veloutés. Un margaux élégant et complet, à prix doux. ✗ 2018-2023 ❦ mijoté de canard

☞ Ch. le Coteau, 39, av. Jean-Luc-Vonderheyden, 33460 Arsac, tél. 05 56 58 82 30, e.leglise@wanadoo.fr
Ⓥ 🅚 🅛 r.-v. ☞ Éric Léglise

CH. DAUZAC 2012 ★★			
■ 5e cru clas.	110 000	⬡	30 à 50 €

82 83 85 86 88 89 ⑨⓪ **92 93 95 96 97 98 99** |00| |01|
|02| 03 |04| **05 06** |07| 08 09 10 **11** 12

Après des heures glorieuses au XIXes., ce cru a sombré dans la léthargie dans la première moitié du XXes., avant de renaître grâce aux Miailhe, venus de Siran, aux Châtelier, arrivés de Champagne, et enfin, en 1989, à la MAIF qui en a confié la gestion à André Lurton. Depuis 2005, la fille de ce dernier, Christine Lurton Bazin de Caix, est à la tête de ce vignoble de 45 ha d'un seul tenant.

Une robe d'une belle couleur rubis foncé, un bouquet vineux de fruits rouges et noirs mûrs que l'aération complète d'une note boisée raffinée, l'approche est très engageante. En bouche, on découvre un vin long, dense, corsé, puissant sans forcer le trait, bâti sur une trame très élégante de tanins fins et soyeux. Une force tranquille. ✗ 2018-2023 ❦ faisan aux pommes

☛ *SE Ch. Dauzac, 1 av. Georges-Johnston, 33460 Labarde, tél. 05 57 88 32 10, chateaudauzac@ chateaudauzac.com* Ⓥ 🝔 *r.-v.* ☛ MAIF

CH. DESMIRAIL 2012			
■ 3e cru clas.	90 000	◫	30 à 50 €

S'ouvrant sur la route des Châteaux, au cœur du bourg de Cantenac, par un majestueux portail de marbre rose, une élégante chartreuse du XVIIIᵉs. commande ce cru ancien (XVIIᵉs.). Un domaine acquis en 1982 par Lucien Lurton, qui l'a tranmis à son fils Denis en 1992 lors du partage entre ses enfants de son immense patrimoine viticole.

Après un 2011 plutôt carré, Desmirail signe un 2012 plus léger. Le nez, discret, conjugue fruits rouges et fines notes boisées. S'ouvrant par une attaque généreuse, le palais se révèle rond, fruité et frais, épaulé par des tanins aimables et un boisé fondu. ✗ 2017-2021 ❦ feuilleté aux cèpes

☛ *SCEA Ch. Desmirail, 28, av. de la Vᵉ-République, 33460 Cantenac, tél. 05 57 88 34 33, contact@ desmirail.com* Ⓥ 🝔 🝙 *r.-v.* ☛ Denis Lurton

---

CH. FERRIÈRE 2012 ★★			
■ 3e cru clas.	60 000	◫	30 à 50 €

83 84 ⑧⑤ **86** 87 88 89 92 **93 94 95 96** 97 **98 99** |00| |01| |02| **03** |04| |05| |06| 07 08 09 10 11 **12**

Propriété de la famille Ferrière du XVIIIᵉs. à 1914, ce cru a été pris en fermage à partir de 1952 par Alexis Lichine, qui transporta les vinifications à Lascombes. Racheté en 1988 par la famille Villars, il renaît en 1992, à la fin du contrat de fermage. Entièrement rénové par Claire Villars-Lurton (Haut-Bages Libéral à Pauillac), le vignoble couvre 16 ha. C'est le plus petit des crus classés du Médoc.

Toujours aussi régulier depuis la reprise en main par Claire Villars-Lurton, Ferrière propose un 2012 de haute expression. Un margaux très élégant et prometteur dans sa robe sombre, au nez élégant et complexe de griotte, de raisin croquant, de violette, d'épices et de chocolat. En bouche, il se montre puissant, net et droit, soutenu par des tanins fermes et bien serrés, et par une fraîcheur intense qui lui donne ce beau caractère rectiligne, « très cabernet-sauvignon ». ✗ 2019-2027 ❦ filet de bœuf aux morilles

☛ *Claire Villars-Lurton, 33 bis, rue de Trémoille, 33460 Margaux, tél. 05 57 88 76 65, infos@ferriere.com* Ⓥ 🝔 🝙 *r.-v.*

CH. GISCOURS 2012 ★			
■ 3e cru clas.	280 000	◫	30 à 50 €

82 83 85 ⑧⑥ **88 89** 90 91 **93** 94 97 98 **99 00 01** 02 03 |04| **05** |06| |07| |08| **09 10** 11 12

L'un des plus vastes domaines du Médoc (92 ha), commandé par un château monumental, construit par la famille des comtes de Pescatore, des banquiers, pour accueillir l'impératrice Eugénie lorsqu'elle se rendait dans sa villégiature de Biarritz. Très représentatif du grand cru médocain par ses bâtiments, Giscours l'est aussi par son beau terroir de graves profondes, d'une grande homogénéité.

Discret au premier nez, le 2012 de Giscours s'ouvre à l'aération sur d'élégants arômes naissants de fruits rouges, agrémentés de notes épicées et vanillées. En bouche, il évolue avec souplesse et rondeur, sans manquer de corps, porté par des tanins soyeux et un boisé bien intégré. La finale, longiligne et fruitée, laisse le souvenir d'un margaux aérien, construit sur la finesse plutôt que sur la force. ✗ 2018-2022 ❦ volaille truffée

☛ *SE Ch. Giscours, 10, rte de Giscours, 33460 Labarde, tél. 05 57 97 09 09, giscours@chateau-giscours.fr* Ⓥ 🝔 🝙 *r.-v.* 🏠 ❹

CH. D'ISSAN 2012 ★★			
■ 3e cru clas.	90 000	◫	30 à 50 €

82 **83 85 86 88** 89 90 93 94 95 96 98 99 **00** 01 02 03 |04| 05 **06** |07| 08 09 10 11 **12**

Château fort médiéval d'un côté, manoir du XVIIᵉs. de l'autre, ce cru classé marie les styles et les époques avec une réelle harmonie, que l'on retrouve dans le chai et sa charpente en forme de carène de navire. Aux commandes depuis 1945, la famille Cruse – associée depuis 2013 à Jacky Lorenzetti, déjà solidement implanté en Médoc – conduit un vignoble de 50 ha planté sur un beau terroir argilo-graveleux au cœur de l'appellation.

Profonde et sombre, la robe annonce un vin de caractère. Complexe (fruits rouges, bois exotique, poivre) et intense tout autant qu'élégant, le bouquet ne laisse planer aucun doute – nous avons affaire à un vin de noble extraction. Le palais le confirme : beaucoup de volume et de densité, une chair onctueuse et soyeuse qui enrobe des tanins fermes et puissants, de la fraîcheur et un boisé bien ajusté. Un millésime margalais à souhait. ✗ 2019-2025 ❦ canard aux pêches ■ Blason d'Issan 2012 ★ (20 à 30 € ; 85 000 b.) : un joli bouquet de fruits rouges sur fond toasté, une bonne structure en bouche, de la fraîcheur, de l'équilibre et de la longueur, le second vin du domaine permettra d'attendre agréablement le « grand vin ». ✗ 2017-2022

☛ *Ch. d'Issan, BP 5, 33460 Cantenac, tél. 05 57 88 35 91, issan@chateau-issan.com* Ⓥ 🝔 🝙 *r.-v.*

CH. KIRWAN 2012 ★			
■ 3e cru clas.	108 000	◫	50 à 75 €

82 83 **85** ⑧⑥ 88 **89 93** 94 **95 96** 97 98 **99 00** 01 **02** 03 |04| **05 06 07** 08 ⑨ 10 **11** 12

Commandé par une belle demeure du XIXᵉs. entourée d'un parc de 2 ha aux arbres centenaires, le domaine étend ses 37 ha de vignes en haut du plateau de Cantenac, terroir de choix s'il en est, pour les deux tiers sur une croupe de graves autour du château et sur des terres plus argileuses, à l'ouest. Propriété depuis 1925 des Schÿler, l'une des plus anciennes familles du négoce bordelais (XVIIIᵉs.), Kirwan – du nom de son premier propriétaire irlandais – est aussi l'un des hauts lieux de l'œnotourisme médocain.

Si la teinte de ce vin est soutenue, son bouquet est pour l'heure plus discret, laissant poindre à l'aération quelques notes de myrtille, de prunelle et de santal. Souple et suave en attaque, le palais est structuré par un boisé et des tanins fins et élégants. Seule la finale se montre encore un peu tendue et appelle quelques années de garde. ✗ 2018-2023 ✠ canard rôti aux cèpes

☛ Ch. Kirwan, 33460 Cantenac, tél. 05 57 88 71 00, mail@chateau-kirwan.com 🆅 🏃 ♿ *t.l.j. sf sam. dim. 9h30-12h30 13h30-17h30* ☛ Famille Schÿler

♥ CH. LABÉGORCE 2012 ★★★

■	120 000	◫	20 à 30 €

Bel édifice néoclassique s'élevant au milieu de son vignoble, à la sortie de Margaux et en direction de Pauillac, ce cru a bénéficié d'importants investissements depuis son achat par la famille Perrodo en 1989, également propriétaire du Ch. Marquis d'Alesme. La fusion en 2009 avec le Ch. Labégorce Zédé lui a permis de retrouver son vignoble d'origine (70 ha), celui d'avant le partage de 1794. Nathalie Perrodo-Samani a pris les commandes des propriétés familiales en 2006, après le décès de son père Hubert.

Après un 2011 remarquable, le cru signe un 2012 admirable d'intensité, de puissance et d'élégance. Dominé par le merlot (53 %), ce margaux dévoile un bouquet complexe et racé de fruits rouges, d'épices, de brioche, de chocolat et de torréfaction. Le palais n'est pas en reste : dense, riche, charnu, charpenté par des tanins fins et croquants, étiré dans une longue finale au plus près du fruit. Un margaux à la fois viril et distingué. ✗ 2019-2030 ✠ filet de bœuf sauce Périgueux

☛ SC Ch. Labégorce, 1, rte de Labégorce, 33460 Margaux, tél. 05 57 88 71 32, contact@labegorce.com 🆅 🏃 ♿ *r.-v.* ☛ Famille Perrodo

CH. LASCOMBES 2012 ★★

■ 2e cru clas.	320 000	◫	50 à 75 €

82 83 85 ⑧⑥ 88 89 90 95 96 97 98 00 02 03 04 |05| |06| |07| 08 09 ⑩ 11 12

Fondé au XVᵉs. par le chevalier Antoine de Lascombes, acquis en 1952 par Alexis Lichine, puis par le négoce Bass & Charrington en 1971, ce cru s'est assoupi jusqu'à son rachat en 2001 par le fonds d'investissement américain Colony Capital. Un grand programme a été mis en place sous la conduite de Dominique Befve, ancien des domaines Rothschild, pour rénover ce vaste vignoble de 118 ha très morcelé. Lascombes, racheté en 2011 par la MACSF, a aujourd'hui retrouvé son rang.

Après deux millésimes (2010 et 2011) absolument admirables, Lascombes signe un 2012 qui a peu à leur envier et maintient le cru tout en haut de l'appellation. Robe sombre et dense qui ne fait pas dans la demi-mesure, bouquet express et intense offrant un séduisant mariage du bois (tabac, clou de girofle, grillé) et du raisin (fruits noirs), les premières impressions annoncent un margaux de noble extraction. Dans la continuité du bouquet, le palais se montre plein, riche, concentré,

massif ; une impression de puissance qui culmine avec une longue finale d'une grande fermeté. ✗ 2019-2030 ✠ filet de bœuf en croûte ■ Chevalier de Lascombes 2012 (15 à 20 € ; 190 000 b.) : vin cité. ✗ 2018-2023

☛ Ch. Lascombes, 1, cours de Verdun, 33460 Margaux, tél. 05 57 88 70 66, contact@chateau-lascombes.fr 🆅 🏃 ♿ *r.-v.* ☛ MACSF

CH. MALESCOT SAINT-EXUPÉRY 2012 ★

■ 3e cru clas.	90 000	◫	30 à 50 €

82 83 85 86 88 89 90 94 95 96 98 99 |00| |02| |03| |04| 05 |06| 07 08 09 10 11 12

Un nom double et prestigieux pour ce cru, la première partie faisant référence à Simon Malescot, conseiller de Louis XIV et propriétaire du domaine à la fin du XVIIᵉs., et la seconde à l'arrière-grand-père du célèbre aviateur. Doté d'un beau terroir de graves épaisses, jouxtant ceux des châteaux Margaux et Palmer, le vignoble (28 ha) est, depuis 1955, la propriété des Zuger, originaires de Suisse, qui lui ont redonné sa grandeur d'antan.

La robe très sombre « annonce la couleur » et sans nul doute un bon vin de garde. Le nez, d'abord sur la réserve, s'ouvre à l'aération sur une belle palette mentholée, fruitée, épicée et torréfiée. En bouche, on retrouve le style maison, à savoir un margaux long, dense et solide, charpenté par des tanins fermes et bien serrés. ✗ 2019-2028 ✠ côte de bœuf

☛ SCEA Ch. Malescot Saint-Exupéry, 33460 Margaux, tél. 05 57 88 97 20, malescotsaintexupery@malescot.com 🆅 🏃 ♿ *r.-v.*

M DE MALLERET 2012 ★

■	16 600	🍾 ◫	20 à 30 €

Une très belle propriété familiale dont les origines remontent à la fin du XVIᵉs. Elle s'offre le luxe de posséder aux portes de Bordeaux un immense parc (290 ha), de magnifiques écuries – la propriété était célèbre pour son haras – et un imposant château de la fin du XIXᵉs. Les vignes couvrent 54 ha.

Une seyante couleur rouge cerise à franges vives et un bouquet encore discret où perce l'élevage (épices douces, grillé) aux côtés des fruits noirs : la présentation est délicate et agréable. Offrant une belle personnalité de l'attaque à la finale, le palais se révèle dense, concentré et vineux, étayé par de bons tanins qui permettront à ce vin de bien évoluer. ✗ 2018-2023 ✠ entrecôte marchand de vin

☛ SCEA Ch. de Malleret, chem. de Malleret, 33290 Le Pian-Médoc, tél. 05 56 35 05 36, contact@chateau-malleret.fr 🆅 ♿ *t.l.j. sf mer. sam. dim. 9h-12h 14h-18h*

♥ CH. MARGAUX 2012 ★★★

■ 1er cru clas.	n.c.	◫	+ de 100 €

61 70 71 75 78 79 80 81 |82| 83 84 |85| |86| 87 |88| |89| |90| 91 92 |93| |94| |95| |96| |97| |98| 99 ⑳ 01 02 03 04 ⑤ ⑥ 07 ⑧ ⑨ ⑩ 11 ⑫

Un mythe dressé au bout d'une longue allée de platanes. La majesté de la demeure de style néopalladien (bâtie en 1810), qui a succédé à une ancienne maison forte appartenant à de grandes familles de la région, a contribué à sa renommée. Le domaine est constitué à la

CHÂTEAU MARGAUX
PREMIER GRAND CRU CLASSÉ
MARGAUX
APPELLATION MARGAUX CONTROLÉE

fin du XVIᵉs., et le vignoble créé à la fin du siècle suivant par un parent des Pontac. Passé entre plusieurs mains au fil des siècles, il a été acquis en 1977 par André Mentzelopoulos (Félix Potin). Drainage, replantations, tonnellerie intégrée... une vaste rénovation du domaine est engagée, à la vigne, au chai et au château, et fait entrer le cru dans l'ère moderne. Un vignoble de 99 ha – conduit aujourd'hui par Corinne Mentzelopoulos, fille d'André, et par son directeur Paul Pontallier – qui doit aussi, et surtout, sa qualité à son terroir d'exception, une vaste et superbe dalle calcaire recouverte de graves fines.

Une sélection encore plus drastique qu'à l'accoutumée pour le Margaux 2012 : 34 % de la récolte (contre 38 % l'an dernier) ; la faute à un millésime hétérogène et au stress hydrique subi par les plus jeunes vignes de cabernets qui n'ont pu rejoindre le grand vin, issu cette année de 87 % de cabernet-sauvignon, 10 % de merlot, 2 % de cabernet franc et 1 % de petit verdot. Le résultat est ce Margaux très... margaux. Robe de velours dense et profonde, bouquet complexe et très pur de violette, de myrtille, de café et de cèdre, agrémenté d'une petite touche de végétal noble qui signe le cabernet, l'approche est d'un grand classicisme. La bouche se dévoile avec finesse, onctuosité et beaucoup de fraîcheur en attaque, puis apparaissent les tanins, denses, serrés et néanmoins très soyeux, presque crémeux ; on retrouve en soutien cette note végétale qui apporte un surcroît de complexité et de vivacité. Un vin puissant sans ostentation, délié, presque « facile d'accès » : la modestie des très grands. ✗ 2020-2035 � filet de bœuf simplement grillé

○– *SCA du Ch. Margaux, BP 31, 33460 Margaux, tél. 05 57 88 83 83, chateau-margaux@ chateau-margaux.com*

PAVILLON ROUGE DU CH. MARGAUX 2012 ★★		
■	n.c.	❚	+ de 100 €

82 83 84 85 86 88 89 90 93 95 96 97 98 |99| |00| |01| |02| |03| |04| **05 06** 07 08 **09 10 11 12**

Le deuxième vin de Ch. Margaux. Apparu au XIXᵉs., il prend son nom définitif en 1908 et n'est plus produit à partir des années 1930 jusqu'à l'arrivée d'André Mentzelopoulos en 1977. Il n'a cessé de croître afin d'améliorer la qualité du « premier » : il est issu des vins non retenus, lors des assemblages, pour le grand vin. Depuis quelques années, la sélection d'un troisième vin vient renforcer la qualité du Pavillon.

Pavillon rouge représente à peine 30 % de la récolte 2012 du domaine, l'effort de sélection entrepris l'an dernier (28 % de la récolte) se poursuit pour le second vin, qui tend à réduire l'écart avec son glorieux aîné et n'est plus, loin de là, un faire-valoir. Donnant encore plus d'importance au merlot qu'à l'accoutumée (33 %, contre 25 %

en 2011) et moins au petit verdot, qui a mal résisté à la sécheresse estivale (3 % contre 8 %), le Pavillon 2012 dévoile un nez charmeur et délicat de moka, d'épices douces et de fruits rouges mûrs. En bouche, il attaque avec dynamisme et souplesse, maintient ce caractère alerte jusqu'en finale, porté par des tanins fins et veloutés, un peu stricts en finale. Des airs du grand vin par sa force maîtrisée. ✗ 2019-2025 ✷ carré d'agneau

○– *SCA du Ch. Margaux, BP 31, 33460 Margaux, tél. 05 57 88 83 83, chateau-margaux@ chateau-margaux.com*

CH. MARQUIS D'ALESME 2012 ★★		
■ 3e cru clas.	50 000	❚ ❚❚	30 à 50 €

96 97 99 00 01 03 |04| 05 |**07**| 08 **09 10 11 12**

Commandé par un vaste château de style néo-Louis XIII se dressant au cœur de Margaux, ce domaine de 15 ha est le cru phare des vignobles Perrodo, également propriétaires de Labégorce. Acquis en 2006, il est dirigé par Nathalie Perrodo (fille d'Hubert, décédé l'année du rachat) et Marjolaine de Coninck, directrice générale (ancienne responsable de Fonplégade à Saint-Émilion).

Coup de cœur l'an dernier, ce cru poursuit sa montée en gamme perceptible depuis l'arrivée des Perrodo. Le 2012 est un vin complexe et complet, qui libère à l'aération une impressionnante succession de senteurs : cassis, framboise, fraise, chocolat, moka, cèdre... À la fois fin, frais, dense et puissant, le palais s'appuie sur des tanins nobles (du raisin et du merrain) qui assurent une très bonne aptitude à la garde. ✗ 2020-2028 ✷ côtelette de chevreuil

○– *Ch. Labégorce, 1, rte de Labégorce, BP 4, 33460 Margaux, tél. 05 57 88 71 32, contact@ labegorce.com* Ⓥ 🏃 ♿ r.-v. ○– Famille Perrodo

♥ **CH. MARQUIS DE TERME** 2012 ★★		
■ 4e cru clas.	88 000	❚ ❚❚	30 à 50 €

82 ⑧③ **85 86 89** 90 93 **94 95** 96 97 **98** |99| |⑩| |01| |02| |03| |04| |**05**| |06| 08 **09 10 11 12**

CHÂTEAU MARQUIS DE TERME
2012
MARGAUX
GRAND CRU CLASSÉ EN 1855

À cheval sur les communes de Margaux et de Cantenac, ce cru fondé en 1762 est propriété de la famille Sénéclauze depuis 1935. Aux commandes du vignoble de 40 ha, un nouveau directeur depuis 2009, Ludovic David, ingénieur agronome qui a fait ses armes dans le Libournais, chez Bernard Magrez.

Ludovic David et son équipe signent un nouveau millésime de haut vol (après le 2010 également coup de cœur). À l'intensité et la profondeur de la robe s'oppose un bouquet peu démonstratif de prime abord ; cela ne dure pas, l'agitation révèle des arômes frais de cassis et de griotte accompagnés par un boisé intense et bien fondu (réglisse, vanille, épices). Dense, riche et plein, le palais montre un parfait équilibre entre le raisin et la barrique, adossé à des tanins fins et serrés qui se portent garants du solide potentiel de ce margaux parfaitement abouti. ✗ 2020-2035 ✷ perdreau aux choux

○━ Ch. Marquis de Terme, 3, rte de Rauzan,
33460 Margaux, tél. 05 57 88 30 01,
mdt@chateau-marquis-de-terme.com **V** **⚐** **⚑** r.-v.

○━ Sénéclauze

ⒷGALLEN DE CH. MEYRE 2012		
■	9 400	🍷	20 à 30 €

Les Chinois ne sont pas les seuls à s'intéresser au
bordeaux : cette ancienne propriété, commandée par
un petit château typiquement médocain du XIX°s. (devenu
un hôtel trois étoiles), est depuis 1998 la propriété d'un
homme d'affaires thaïlandais, Pracha Hetrakul. De
nouveaux chais ont été aménagés en 2007, et le
vignoble de près de 17 ha est conduit en bio certifié
depuis 2011.

Dominé par le merlot (70 %), ce margaux livre un bouquet
plaisant de fruits rouges, de vanille, de fumé et de moka.
Le palais se montre rond et aimable, bâti sur des tanins
souples, et offre une belle persistance sur le fruit en finale.
✗ 2016-2019 **⫞** entrecôte

○━ Ch. Meyre, 16, rte de Castelnau, 33480 Avensan,
tél. 05 56 58 10 77, chateau.meyre@wanadoo.fr
V **⚐** **⚑** r.-v. ○━ Pracha Hetrakul

CH. MONBRISON 2012 ★		
■	36 000	🍷	20 à 30 €

Acquis en 1922 par l'Américain Robert M. David, ce cru
fondé au XVIII°s. et commandé par une élégante
gentilhommière a été remis sur les rails dans les années
1980 par son petit-fils Jean-Luc Vonderheyden (disparu
en 1992). Le frère de ce dernier, Laurent, conduit
aujourd'hui un vignoble de 13 ha d'un seul tenant, au sud
de Margaux.

À l'élégance de la robe, d'un grenat intense et profond, fait
écho celle du bouquet, ouvert sur les fruits rouges, les
épices, la torréfaction et le tabac blond. Bien soutenu par
des tanins fermes et solides, par une fine vivacité et par
un boisé de qualité, le palais se révèle puissant et très
équilibré. Un margaux de garde, au caractère bien trempé.
✗ 2019-2025 **⫞** canard aux olives

○━ Laurent Vonderheyden, 1, allée de Monbrison,
33460 Arsac, tél. 05 56 58 80 04, lvdh33@wanadoo.fr
V **⚐** **⚑** r.-v.

CH. MONGRAVEY Cuvée spéciale 2012 ★		
■	3 600	🍷	30 à 50 €

Créée en 1981 par Régis Bernaleau à partir de parcelles
achetées sur le plateau d'Arsac, cette petite propriété,
qui résiste à la pression de l'urbanisation et à l'expan-
sionnisme de certains crus classés, étend ses vignes sur
13 ha.

Cette cuvée spéciale est issue d'une sélection des meilleures parcelles du domaine et n'est produite que les années
jugées idoines. Vingt-quatre mois de fût, la version
2012 dévoile un bouquet complexe et harmonieux mariant
le poivron doux, le cuir de Russie, le chocolat et la vanille.
Une attaque fraîche introduit un palais de belle composition, bien équilibré entre le bois et le fruit, soutenu par des
tanins ronds et soyeux qui donnent à ce vin un caractère
fort courtois. **✗** 2018-2022 **⫞** carré d'agneau

○━ SARL Mongravey, 8, av. Jean-Luc-Vonderheyden,
33460 Arsac, tél. 05 56 58 84 51, chateau.mongravey@
wanadoo.fr **V** **⚐** **⚑** r.-v. ○━ Bernaleau

CH. PALMER 2012 ★★			
■ 3e cru clas.	n.c.	🍷	+ de 100 €

82 83 84 85 ⑧⑥ 88 89 90 91 92 93 94 |95| 96 97 98
|99| |00| |01| |02| |03| |04| 05 06 07 08 09 ⑩ 11 12

L'histoire veut que le général britannique Charles Palmer
ait, lors d'un voyage en France en 1814, succombé au
charme de Marie de Gascq, qui cherchait preneur pour
son cru médocain... Palmer était né. Suivent en 1853 les
frères Pereire, banquiers influents qui édifient le château
actuel et développent le vignoble, puis, à partir de 1938,
les familles Mähler-Besse, Sichel, Miailhe et Ginestet (ne
restent plus que les deux premières). Géré depuis 2004
par Thomas Duroux, ce 3° cru classé, souvent considéré
comme un « super-second », étend ses 55 ha sur les
moutonnements de Cantenac.

Pourpre foncé aux reflets violets, la robe ne cache rien de
la vocation de ce vin à la garde. Sa jeunesse se lit encore
dans le bouquet intense et élégant de fruits à l'alcool, de
réglisse et de thé noir relevé de quelques notes épicées.
Le palais, d'un réel raffinement, se distingue par sa solide
structure tannique et sa fraîcheur fruitée qui fait un
heureux contrepoint à une matière riche et suave. Un
authentique margaux, à la fois puissant et charmeur.
✗ 2019-2027 **⫞** poulet de Bresse aux truffes noires ■ Alter
Ego 2012 ★ (50 à 75 € ; n.c. b.) : fruits rouges et boisé
toasté composent un bouquet harmonieux, prolongé par
un palais équilibré, riche, gras, bien épaulé par une pointe
de fraîcheur et par des tanins fermes. **✗** 2018-2023

○━ Ch. Palmer, lieu-dit Issan,
33460 Cantenac, tél. 05 57 88 72 72, chateau-palmer@
chateau-palmer.com **⚐** **⚑** r.-v.

CH. PONTAC-LYNCH 2012		
■ Cru bourg.	30 000	🍷	20 à 30 €

À l'origine, un pavillon de chasse construit pour le
comte de Lynch en 1720, d'où sa situation en bordure
des palus. Le vignoble de 10 ha – dont 2 ha dédiés à
l'appellation haut-médoc et au Ch. Pontac-Phénix – se
trouve quant à lui sur des graves, voisinant avec les
châteaux Margaux et Palmer. La famille Bondon en est
propriétaire depuis 1952.

La robe et le bouquet rivalisent d'intensité : les arômes,
complexes, associent les fruits rouges et noirs à un boisé
toasté. Le palais, d'une belle longueur, riche et concentré,
s'adosse à des tanins soyeux. Une certaine fermeté en
finale invite à mettre cette bouteille en cave. **✗** 2018-2023
⫞ rôti de bœuf

○━ GFA du Ch. Pontac-Lynch, 28, rte du Port-d'Issan,
BP 7, 33460 Cantenac, tél. 05 57 88 30 04,
chateau-pontac-lynch@orange.fr **V** **⚐** **⚑** t.l.j. sf sam.
dim. 10h-12h 14h30-17h

CH. POUGET 2012 ★		
■ 4e cru clas.	28 000	🍾 🍷	30 à 50 €

85 86 88 89 90 92 94 95 96 97 98 99 00 |01| |02| |03|
|04| 05 |06| |07| |08| 09 10 11 12

Réputé de longue date pour ses vins – le maréchal-duc
de Richelieu en vantait les vertus au XVIII°s. (son blason
est toujours apposé sur l'étiquette) –, ce domaine de
10 ha est entré dans la famille Guillemet (Boyd-
Cantenac) en 1906. Lucien Guillemet est aux commandes depuis 1996.

La robe, d'une belle couleur pourpre, montre quelques reflets de jeunesse que l'on retrouve dans les arômes charmeurs de griotte, soutenus par un boisé de qualité (toast, vanille, cacao). Le palais, suave et velouté, repose sur d'élégants tanins, ronds et soyeux, et se voit marqué en finale par un retour des notes d'élevage. Un margaux séduisant et typé, appelé à bien vieillir. ✕ 2019-2025 ❦ épaule d'agneau au four

☛ SCE Ch. Pouget, 11, rte de Jean-Faure, 33460 Cantenac, tél. 05 57 88 90 82, guillemet.lucien@ wanadoo.fr 🆅 ⛷ 👤 r.-v. ☛ Famille Guillemet

♥ **CH. PRIEURÉ-LICHINE** 2012 ★★			
■ 4e cru clas.	139 200	◫	30 à 50 €

82 83 86 88 89 90 92 93 96 97 ⑨⑧ 99 00 01 02 **03** 04 |05| |06| |07| |08| 09 10 11 **12**

Fondé par les moines de l'abbaye de Vertheuil, l'ancien prieuré Saint-Didier de Cantenac produisait un vin déjà renommé sous l'Ancien Régime. Mais il doit sa célébrité – et son nom actuel : le cru s'appelait alors Prieuré-Cantenac – à Alexis Lichine. Ce célèbre propriétaire et négociant américano-russe, surnommé le « pape du vin » et auteur d'une En cyclopédie des vins et des alcools de tous les pays qui fit longtemps référence, acquit le cru en 1951 et le fit renaître. Propriété du groupe bordelais Ballande depuis 1999, il étend ses 80 ha de vignes au cœur du plateau de Cantenac-Margaux. La direction technique est entre les mains d'Étienne Charrier depuis 2009.

Le dernier coup de cœur du domaine remonte au millésime 2002 ; depuis lors, les vins du cru ont toujours eu leur place dans les sélections du Guide, généralement une bonne place. Retour au sommet – le vaste plan de rénovation lancé en 2000 et pour quinze ans ne doit pas y être pour rien – avec un 2012 haut en couleur et en expression : belle robe pourpre sombre, bouquet épanoui et fin de fruits rouges mûrs mâtinés de délicates notes mentholées, épicées (clou de girofle, poivre) et toastées, témoins d'un élevage bien dosé. Après une attaque tout en douceur, le palais se révèle long, frais, dense, gras, puissant, bâti sur une superbe structure tannique veloutée, plus serrée et massive en finale – le gage d'un sérieux potentiel de garde. ✕ 2020-2030 ❦ civet de sanglier ■ Confidence de Prieuré-Lichine 2012 ★ (20 à 30 € ; 138 000 b.) : un second vin au nez de fruits rôtis et d'épices, et à la bouche riche et dense, encore stricte en finale. ✕ 2018-2025

☛ Ch. Prieuré-Lichine, 34, av. de la Ve-République, 33460 Cantenac, tél. 05 57 88 36 28, contact@ prieure-lichine.fr 🆅 ⛷ 👤 r.-v. ☛ Ballande

CH. RAUZAN-GASSIES 2012 ★			
■ 2e cru clas.	n.c.	🍾 ◫	30 à 50 €

93 94 96 **97** 98 99 **00 01** 02 03 05 06 07 08 09 **10** 11 12

Ancien fief de la seigneurie de l'actuel château Margaux, la maison noble de Gassies fut acquise au XVIIe s. par Pierre de Rauzan. Le domaine fut scindé en deux sous la Révolution, donnant ainsi Rauzan-Gassies et Rauzan-Ségla. Propriété de la famille Quié (Croizet Bages à Pauillac) depuis 1946, ce cru de 25 ha est aujourd'hui dirigé par Jean-Michel Quié et ses enfants Anne-Françoise et Jean-Philippe.

Des arômes frais de fruits rouges introduisent un bouquet dont la montée en puissance se déroule doucement et avec élégance, appuyée par de fines notes boisées. Dense, riche, concentré, étayé par des tanins encore pleins de la fougue de leur jeunesse, le palais donne à croquer la cerise noire et la prune d'Ente, avant de s'étirer dans une longue finale aux tonalités boisées. Un margaux de caractère, au solide potentiel de vieillissement. ✕ 2020-2025 ❦ magret de canard aux cerises

☛ Ch. Rauzan-Gassies, 1, rue Alexis-Millardet, 33460 Margaux, tél. 05 57 88 71 88, rauzangassies@ domaines-quie.com 🆅 ⛷ 👤 r.-v. ☛ Jean-Michel Quié

CH. RAUZAN-SÉGLA 2012 ★★			
■ 2e cru clas.	n.c.	◫	50 à 75 €

82 **83 85** 86 **88 89 90** 91 **92 93 94 95** 96 **97** 98 **99** 00 |**01**| |**02**| 03 04 05 |06| 07 08 09 10 11 12

L'un des crus les plus anciens de Margaux, créé en 1661 par Pierre de Rauzan. Cet ancien fief de la seigneurie de château Margaux fut scindé en deux sous la Révolution, donnant Rauzan-Gassies et Rauzan-Ségla. Quelque peu endormi au cours du XXe s., ce cru (une mosaïque de 67 ha aujourd'hui) s'est « réveillé » à partir de 1994, date de sa reprise par la famille Wertheimer (Chanel), qui a beaucoup investi, tant au château qu'à la vigne et au chai. Depuis, Rauzan-Ségla a retrouvé son rang, d'abord sous la direction de John Kolasa, aujourd'hui à la retraite, puis sous celle de Nicolas Audebert, revenu d'Argentine et du Cheval des Andes (LVMH) pour s'occuper des vignobles du groupe Chanel.

Les ceps de cabernet sauvignon plantés sur le plateau historique de Rauzan (54 %) alliés aux vieilles vignes de merlot du secteur de Cailloux Rouges (44 %) et un soupçon de petit verdot ont donné naissance à un 2012 très margalais par sa puissance et sa finesse. Le bouquet, complexe et harmonieux, joue habilement sur le contraste entre la fraîcheur des fruits rouges et noirs et des arômes plus chauds de moka, de poivre et de grillé. Le palais se montre concentré, charnu, consistant, porté par de très beaux tanins au grain fin et par une fine minéralité qui étire longuement la finale, alerte et épicée. ✕ 2019-2028 ❦ tourte de faisan au foie gras ■ Ch. Ségla 2012 ★ (20 à 30 € ; 105 000 b.) : un « vrai » second vin qui rappelle son « grand frère » par son bouquet généreux et équilibré entre boisé et fruité, par sa puissance tannique, son élégance et sa fraîcheur. De garde. ✕ 2018-2023

☛ Ch. Rauzan-Ségla, rue Alexis-Millardet, BP 56, 33460 Margaux, tél. 05 57 88 82 10, contact@ rauzan-segla.com 🆅 ⛷ 👤 r.-v. ☛ Maison Chanel

CH. DU TERTRE 2012 ★			
■ 5e cru clas.	150 000	◫	30 à 50 €

Unique cru classé de la commune d'Arsac, ce domaine, propriété d'Éric Albada-Jelgersma comme Giscours, s'étend sur 52 ha d'un seul tenant ; il est situé, comme son nom l'indique, sur l'une des plus hautes croupes du Médoc.

Le domaine signe avec son 2012 un margaux harmonieux, qui s'exprime plus en finesse qu'en puissance. Au nez, il conjugue de discrètes et fines notes toastées, épicées et fruitées (cerise, cassis). En bouche, il séduit par son côté suave et charmeur, par sa structure souple et soyeuse, par sa longue finale, certes un peu plus austère mais qui reste très courtoise. ⚔ 2018-2022 🍴 mijoté de paleron de bœuf
⊶ SEV Ch. du Tertre, 14, allée du Tertre, 33460 Arsac, tél. 05 57 88 52 52, tertre@chateaudutertre.fr
Ⓥ 🏃 🏋 r.-v. 🏠 ❺ ⊶ Albada

CH. LA TOUR DE BESSAN 2012

■ Cru bourg.	66 000	🍶 ◍	20 à 30 €

Œnologue de formation, Marie-Laure Lurton a pris la tête en 1992 de trois domaines médocains de son père Lucien : Villegeorges (haut-médoc), Duplessis (moulis) et La Tour de Bessan. Ce dernier, acquis en 1972 et situé à Soussans, doit son nom à une tour du XIIIᵉ s.

Très margaux par son bouquet finement floral et minéral agrémenté d'une pointe de fumée, ce vin se montre aussi fort agréable et harmonieux par son palais souple et rond, dont la bonne assise tannique lui permettra de bien évoluer en cave. ⚔ 2018-2022 🍴 entrecôte aux sarments
⊶ Marie-Laure Lurton, Ch. la Tour de Bessan, 33460 Cantenac, tél. 05 57 88 84 23, contact@marielaurelurton.com Ⓥ 🏃 🏋 t.l.j. 9h30-17h30; sam. dim. sur r.-v.

CH. LA TOUR DE MONS 2012

■ Cru bourg.	130 900	◍	15 à 20 €

Propriété depuis la fin du XIXᵉ s. de la famille de Mons, ce cru d'origine médiévale – l'un des plus anciens domaines viticoles de la région (XVIIᵉ s.) – a été repris en 2012 par CA Grands Crus, filiale du groupe Crédit Agricole. C'est une belle unité de 48 ha d'un seul tenant située au nord de l'appellation margaux, sur de belles graves garonnaises et argilo-calcaires.

Dominé par le merlot (49 %), ce margaux dévoile un bouquet simple mais expressif de fruits rouges. Un fruité que l'on retrouve dans un palais souple, chaleureux, assez charnu et de bonne longueur, un peu plus ferme en finale. ⚔ 2018-2021 🍴 rôti de bœuf
⊶ SAS Ch. la Tour de Mons, 20, rue de Marsac, 33460 Soussans, tél. 05 56 59 00 40, contact@cagrandscrus.fr ⊶ CA Grands Crus

MOULIS-EN-MÉDOC

Superficie : 630 ha / Production : 23 830 hl

Ruban de 12 km de long sur 300 à 400 m de large, moulis est la moins étendue des appellations communales du Médoc. Elle offre pourtant une large palette de terroirs.

Comme à Listrac, ceux-ci forment trois ensembles. À l'ouest, près de la route de Bordeaux à Soulac, le secteur de Bouqueyran présente une topographie variée, avec une crête calcaire et un versant de graves anciennes (pyrénéennes). Au centre, une plaine argilo-calcaire prolonge celle de Peyrelebade (voir listrac-médoc). Enfin, à l'est et au nord-est, près de la voie ferrée, se développent des croupes de graves du Günz

(graves garonnaises) qui constituent un terroir de choix. C'est dans ce dernier secteur que se trouvent les buttes réputées de Grand-Poujeaux, Maucaillou et Médrac.

Charnus, les moulis se caractérisent par leur caractère suave et délicat. Tout en étant de garde (sept à huit ans), ils peuvent s'épanouir un peu plus rapidement que les vins des autres appellations communales.

CH. ANTHONIC 2012 ★

■ Cru bourg.	112 000	🍶 ◍	15 à 20 €

Le cru s'est d'abord appelé Puy Minjon, puis Graves-Queytignan, avant de prendre, en 1922, son nom actuel. Une authentique propriété familiale, forte de 26 ha sur argilo-calcaires, dirigée depuis 1993 par Jean-Baptiste Cordonnier, ingénieur agronome, qui y a réalisé d'importants investissements à la vigne et au chai.

Aimable et harmonieux, ce 2012 a le profil des moulis portés vers la souplesse plutôt que la puissance. À un bouquet fin, très fruité, légèrement floral (violette) et discrètement épicé, répond ainsi un palais suave, rond et friand, aux tanins soyeux et bien enrobés. ⚔ 2017-2021 🍴 rôti de veau aux noix
⊶ SCEA Pierre Cordonnier, Ch. Anthonic, rte de Maliney, 33480 Moulis-en-Médoc, tél. 05 56 58 34 60, contact@chateauanthonic.com Ⓥ 🏃 🏋 r.-v.

CH. BRANAS GRAND POUJEAUX 2012 ★★

■ Cru bourg.	36 000	◍	30 à 50 €

02 03 04 |05| 06 |07| |08| 09 10 11 12

Ce cru confortablement établi sur 12 ha de graves garonnaises, entre les prestigieux châteaux Chasse-Spleen et Poujeaux, a été repris en 2002 par Justin Onclin (également propriétaire de Villemaurine à Saint-Émilion). Ce dernier, aussi méticuleux à la vigne qu'au chai, y a beaucoup investi et en a fait un domaine très régulier en qualité.

Une belle robe grenat et un bouquet intensément fruité (fruits rouges), finement boisé (torréfaction) et délicatement floral (violette) donnent un côté fort plaisant à la présentation. D'un volume imposant, gras et concentré, le palais est bâti sur des tanins fins et serrés, et souligné par une nuance acidulée en finale qui confirme le sérieux potentiel de garde de ce moulis de caractère. ⚔ 2020-2025 🍴 côte de bœuf
⊶ Ch. Branas Grand Poujeaux, Grand-Poujeaux, 33480 Moulis-en-Médoc, tél. 05 56 58 93 30, contact@ branasgrandpoujeaux.com Ⓥ 🏃 r.-v. ⊶ Onclin

CH. BRILLETTE 2012 ★

■ Cru bourg.	n.c.	◍	15 à 20 €

Dans la famille Fageul depuis 1976, ce vaste domaine étend ses terres sur 110 ha, dont 40 ha sont dédiés à la vigne et plantés sur la croupe de graves dominant le Tiquetorte, ruisseau séparant Moulis et Avensan.

Jeune, profonde et foncée, la robe de ce 2012 annonce un vin au caractère affirmé, ce que confirme le bouquet, d'une belle intensité fruitée et délicatement boisé (épices), et plus encore le palais : généreux en attaque, apparaît ample, suave et charnu dans son développement, bien épaulé par un bon boisé toasté et des tanins soyeux, plus austères en finale. ⚔ 2018-2023 🍴 agneau rôti

BORDELAIS

○━ SARL Ch. Brillette, rte de Peyvignau,
33480 Moulis-en-Médoc, tél. 05 56 58 22 09,
contact@chateau-brillette.fr 🆅 🕴 🔨 r.-v.
○━ Flageul

CH. CHASSE-SPLEEN 2012 ★		
■	347 000	◐	20 à 30 €

| 82 | ⑧③ | 85 | 86 | 88 | 89 | 90 | **91** | 92 | **93** | **94** | **95** | 96 | **97** | 98 | **99** | **00** |
| **01** | **02** | **03** | **04** | **05** | **06** | **07** | **08** | 09 | **10** | 11 | 12 |

Premier cru acquis par Jacques Merlaut (1976), cofondateur du groupe Taillan, Chasse-Spleen doit sa notoriété en partie à son nom, suggéré, dit-on, au propriétaire de l'époque par le peintre bordelais Odilon Redon, illustrateur des *Fleurs du mal*, ou par Lord Byron, amateur du vin de la propriété, « qui n'a pas son pareil pour chasser les idées noires »... Mais la renommée de ce vaste domaine (105 ha) tient aussi, et surtout, à l'ancienneté de sa vocation viticole (1865) et à la qualité de ses vins, nés sur un terroir de graves garonnaises. Aux commandes depuis 2000, Céline Villars-Foubet, petite-fille de Jacques Merlaut.

Une robe intense et profonde, un bouquet harmonieux et complexe de cassis, de violette, de sous-bois et de boisé grillé : les premières impressions sont séduisantes. À une attaque souple et fraîche succède un palais dense, ample, puissant sans dureté, construit sur des tanins ronds et veloutés, qui montrent un peu plus les muscles en finale. ✗ 2018-2022 ♈ magret de canard
○━ SAS Ch. Chasse-Spleen, 32, chem. de la Raze, 33480 Moulis-en-Médoc, tél. 05 56 58 02 37, info@chasse-spleen.com 🆅 🕴 🔨 r.-v.
○━ Céline Villars-Foubet

CH. DUTRUCH GRAND POUJEAUX 2012		
■	108 000	🍾 ◐	20 à 30 €

Situé sur la croupe de Grand-Poujeaux, ce cru de 32 ha – fondé en 1850 par M. Dutruch – bénéficie d'un terroir de graves garonnaises de qualité. Acquis par la famille Cordonnier en 1967, il est géré depuis 1993 par Jean-Baptiste Cordonnier, également à la tête du Ch. Anthonic dans cette même appellation.

Sans être un athlète de haut niveau, ce vin ne manque pas d'atouts : une belle robe sombre à reflets grenat ; un bouquet harmonieux de fruits noirs mûrs et de violette, agrémenté d'un boisé de qualité et de notes de cuir ; un palais rond et équilibré, épaulé par des tanins souples et un boisé discret, à la finale épicée. ✗ 2017-2021 ♈ poulet basquaise
○━ EARL François Cordonnier,
Ch. Dutruch Grand Poujeaux, 10, rue de la Forge, 33480 Moulis-en-Médoc, tél. 05 56 58 02 55, contact@chateaudutruch.com 🆅 🕴 🔨 r.-v.

CH. LA GARRICQ 2012 ★		
■ Cru bourg.	13 000	◐	15 à 20 €

Complément moulisien du Ch. Paloumey (haut-médoc) acquis en 1993 par Martine Cazeneuve, ce cru, jadis appelé Ch. des Graves de Guitignan Brillette, bénéficie d'un beau terroir, avec des graves garonnaises et une couche argilo-marneuse reposant sur un lit de pierres.
La robe très sombre est riche de promesses, comme le bouquet qui offre une palette complète : pain grillé,

torréfaction, épices, cassis légèrement confituré. Équilibré, le palais ne déçoit pas, avec une attaque souple et suave, du volume et une belle évolution autour de tanins fins, garants d'un bon potentiel de garde. ✗ 2018-2023 ♈ aloyau de bœuf
○━ SA Ch. Paloumey (Ch. la Garricq),
50, rue Pouge-de-Beau, 33290 Ludon-Médoc, tél. 05 57 88 00 66, info@chateaupaloumey.com 🆅 🕴 🔨 r.-v.

♥ **CH. GRANINS GRAND POUJEAUX** 2012 ★★		
■	31 000	◐	11 à 15 €

Château
Granins Grand Poujeaux

MOULIS EN MÉDOC
2012

Créé par Édouard Batailley en 1922, le château est conduit par la troisième génération depuis 1993. Maryline et Pascal Bodin y exploitent 13 ha de graves garonnaises caractéristiques du secteur de Poujeaux.
Pour ses quatre-vingt-dix ans, le cru a offert un superbe cadeau d'anniversaire à ses fidèles avec ce 2012 particulièrement réussi.

À l'élégance de sa robe grenat traversée de reflets violines annonciateurs de jeunesse et de puissance répond celle d'un bouquet naissant et gourmand de cassis et de mûre légèrement confits, de violette et de Zan. La bouche confirme cette intensité avec une attaque mentholée, vive et tonique, puis une belle et longue évolution autour de tanins ronds et fins, épaulés par un boisé doux qui témoigne d'un élevage très soigné. Un vin à la fois charnu, suave et bien structuré : un vrai moulis en somme. ✗ 2010-2023 ♈ cailles aux raisins
○━ SCEA Granins Grand Poujeaux,
18, chem. de l'Ancienne-École, Grand-Poujeaux, 33480 Moulis-en-Médoc, tél. 05 56 58 05 82, contact@chateau-granins.fr 🆅 🕴 🔨 t.l.j. 9h-12h 14h-19h; sam. dim. sur r.-v. 🏠 ○ ○━ Bodin

CH. HAUT-BELLEVUE 2012		
■	6 500	🍾 ◐	15 à 20 €

Ancienne propriété familiale ayant plus d'un siècle d'histoire, l'exploitation d'Alain Roses, installé en 1986, est à cheval sur plusieurs appellations : haut-médoc, où se trouve l'essentiel du vignoble, margaux (Ch. Grand Tayac) et moulis, où il exploite une petite parcelle.

Encore sous l'emprise de son élevage, ce moulis dévoile dans un premier temps d'intenses notes toastées et torréfiées, rejointes par l'aération par le cassis et la violette. Agréablement moelleuse en attaque, la bouche se révèle ensuite riche et vineuse, portée par des tanins en rangs serrés, encore un peu au garde-à-vous. ✗ 2017-2020 ♈ lotte à la bordelaise
○━ Alain Roses, 10, chem. des Calinottes, 33460 Lamarque, tél. 05 56 58 91 64, contact@ chateauhautbellevue.fr 🆅 🕴 🔨 r.-v.

CH. LESTAGE-DARQUIER Grand Poujeaux 2012 ★		
■	38 000	◐	11 à 15 €

Si la propriété, créée au début du XIX[e]s., a vu sa superficie diminuer au fil du temps (10 ha aujourd'hui), elle est toujours restée aux mains de la famille des fondateurs, M. Darquier et son épouse, née Lestage. Depuis 1982, François Bernard perpétue la tradition familiale.

Si le bois est encore très présent dans ce vin, le potentiel est évident, mais comme en bouche : des arômes de fruits noirs (cassis, mûre) apparaissent à l'aération derrière le toasté de la barrique ; le palais, encore tannique et serré, est souligné par une fine trame acide en finale qui lui donne une belle allonge. Un moulis complet que la garde arrondira. ✗ 2018-2023 ❦ daube de marcassin

☞ EARL Bernard, 42, chem. de Giron, Grand-Poujeaux, 33480 Moulis-en-Médoc, tél. 05 56 58 18 16, lestage.darquier@orange.fr Ⓥ 🏃 ✛ r.-v.

CH. MAUCAILLOU 2012 ★		
■ 320 000	⑪	15 à 20 €

Un cru phare de Moulis, fondé en 1875 aux lieux-dits Caubet et Maucaillou – « mauvais caillou », une croupe de graves impropre à la culture céréalière pour les paysans du Moyen Âge, mais propice à la vigne. Fief de la famille Dourthe depuis 1929, ce domaine est passé de 3,5 ha à cette époque à 90 ha aujourd'hui. Philippe Dourthe, l'actuel propriétaire, en a confié la gestion à ses trois enfants.

Encore marqué par son élevage de quatorze mois en barrique, ce vin montre qu'il est de bonne origine, tant par sa robe brillante et sa complexité naissante (fruits rouges, épices, violette) que par sa bouche solide et riche, bâtie sur des tanins élégants. À attendre encore un peu pour que le bois se fonde. ✗ 2018-2022 ❦ entrecôte marchand de vin ■ N°2 de Maucaillou 2012 (11 à 15 € ; 80 000 b.) : vin cité. ✗ 2017-2020

☞ SARL Ch. Maucaillou, quartier de la Gare, 33480 Moulis-en-Médoc, tél. 05 56 58 01 23, chateau@maucaillou.com Ⓥ 🏃 ✛ r.-v. 🏠 ❺
☞ SAS Philippe Dourthe

CH. MOULIN À VENT 2012 ★		
■ Cru bourg. 90 900	⑪	11 à 15 €

Situé sur le coteau qui ferme les appellations moulis et listrac à l'ouest, ce cru de 22 ha est commandé par une élégante chartreuse. Il appartient à la société Bordeaux Vineam, qui exploite en tout 250 ha dans plusieurs vignobles du Bordelais et en Bergeracois. Une affaire créée par les frères Yi Zhu et Hongtao You, l'un Chinois, l'autre Canadien, qui ont fait fortune dans la pharmacie. Elle est dirigée par une équipe d'œnologues avec à sa tête Yannick Évenou.

D'une belle teinte pourpre à reflets violines, la robe annonce un potentiel intéressant. Après aération se dévoile un nez délicat de fruits noirs et de canneberge mâtinés de nuances toastées et grillées. Offrant la même harmonie entre le bois et le fruit, et soutenu par une fine vivacité, le palais se révèle plutôt délié, étayé par des tanins présents mais enrobés. Un long retour du fruit conclut agréablement la dégustation. ✗ 2017-2022 ❦ pintade rôtie

☞ SCA Moulin à Vent, 72, av. du Médoc, 33480 Moulis-en-Médoc, tél. 05 56 58 15 79, m.pellerin@bordeaux-vineam.fr Ⓥ 🏃 ✛ t.l.j. sf sam. dim. 9h-12h 14h-17h; f. août ☞ Bordeaux Vineam

CH. POUJEAUX 2012 ★		
■ n.c.	🍷 ⑪	30 à 50 €

82 83 85 ⑧⑥ 87 88 89 90 93 94 95 96 97 98 99 00
01 02 03 04 |05| |06| |07| |08| 09 10 11 12

Oublié du classement de 1855, Moulis étant resté longtemps un pays de céréaliculture, ce cru figure néanmoins parmi les plus réputés du Médoc. Ancienne seigneurie dépendante de Latour Saint-Maubert, futur Ch. Latour, il connaît un essor dans les années 1920 avec la famille Theil, qui unifia le vignoble – aujourd'hui 68 ha d'un seul tenant sur le beau terroir de graves de Grand-Poujeaux – et porta le domaine au sommet de l'appellation. Depuis 2008, il appartient à Philippe Cuvelier, propriétaire du Clos Fourtet (1er grand cru classé de Saint-Émilion), qui maintient haut l'exigence de qualité.

Robe nette et intense, bouquet élégant mêlant harmonieusement senteurs toastées et vanillées de l'élevage, nuances florales et fruité franc de cerise et de cassis. D'une agréable souplesse en attaque, ample et long, le palais déploie des tanins fins et soyeux, un peu plus stricts en finale. Un moulis de belle origine. ✗ 2018-2022 ❦ tournedos grillé

☞ Philippe Cuvelier, SCEA Ch. Poujeaux, 33480 Moulis-en-Médoc, tél. 05 56 58 02 96, contact@chateau-poujeaux.com Ⓥ 🏃 ✛ r.-v.

CH. RUAT PETIT-POUJEAUX 2012 ★		
■ 35 000	🍷 ⑪	11 à 15 €

Propriété familiale remontant à 1871, ce cru a connu une seconde jeunesse à partir de 1992, quand Pierre Goffre-Viaud s'est lancé dans la replantation du vignoble – 16 ha aujourd'hui – et la rénovation des équipements.

Ayant longtemps travaillé dans le Libournais, ce producteur a placé une forte proportion de cabernet franc (20 %) et surtout de merlot (50 %) dans ce 2012, un atout dans ce millésime. Le bouquet, intense et harmonieux, associe fruits rouges très mûrs, sous-bois, nuances épicées et grillées. Souple en attaque, ample, puissant et de bonne longueur, le palais s'appuie sur des tanins fermes et un bon boisé torréfié invitant à la garde. ✗ 2018-2023 ❦ daube de bœuf

☞ SCEA Vignobles Goffre-Viaud, 57, rte de Tiquetorte, 33480 Moulis-en-Médoc, tél. 05 56 58 25 15, ruat.petit.poujeaux@wanadoo.fr Ⓥ 🏃 ✛ r.-v.

PAUILLAC

Superficie : 1 215 ha / Production : 53 215 hl

À peine plus peuplé qu'un gros bourg rural, Pauillac est une vraie petite ville, agrémentée d'un port de plaisance sur la route du canal du Midi. C'est un endroit où il fait bon déguster, à la terrasse des cafés sur les quais, les crevettes fraîchement pêchées dans l'estuaire. C'est aussi, et surtout, la capitale du Médoc viticole, tant par sa situation géographique au centre du vignoble, que par la présence de trois 1ers crus classés (Lafite, Latour et Mouton) complétés par une liste assez impressionnante de quinze autres crus classés. La commune compte aussi une coopérative qui assure une production importante.

L'aire d'appellation est coupée en deux en son centre par le chenal du Gahet, petit ruisseau séparant les deux plateaux qui portent le vignoble. Celui du nord, qui doit son nom au hameau de Pouyalet, se distingue par une altitude légèrement plus élevée (une trentaine de mètres) et par des pentes plus marquées.

Détenant le privilège de posséder deux 1ers crus classés (Lafite et Mouton), il se caractérise par une parfaite adéquation entre sol et sous-sol, que l'on retrouve aussi dans le plateau de Saint-Lambert, au sud du Gahet. Ce dernier bénéficie de la proximité du vallon du Juillac, petit ruisseau marquant la limite méridionale de la commune, qui assure un bon drainage, et de ses graves de grosse taille, particulièrement remarquables sur le terroir du 1er cru de ce secteur, Château Latour. Provenant de croupes graveleuses très pures, les pauillac allient la puissance et la charpente à l'élégance et à la délicatesse de leur bouquet. Comme ils évoluent très heureusement au vieillissement (jusqu'à vingt-cinq ans), il convient de les attendre. De tels vins peuvent affronter des plats forts en goût tels que le gibier, les viandes rouges, les préparations de champignons ou le foie gras.

CH. D'ARMAILHAC 2012 ★

■ 5e cru clas.	n.c.	◐	30 à 50 €

82 83 84 85 ⑧⑥ 87 88 89 90 92 93 94 **95** 96 97 98 99 |00| |01| |02| |03| |04| **05** 06 07 08 **09 10 11** 12

Ce vignoble ancien – on en trouve la trace dès le XVIIe s. – couvre 70 ha au nord de Pauillac, sur trois groupes de parcelles. Voisin de Mouton Rothschild, ce qui ne l'empêche pas d'affirmer sa propre personnalité, il appartient lui aussi à la baronnie depuis son acquisition en 1933 par Philippe de Rothschild.

Le bouquet, discret, s'ouvre à l'aération sur de fines notes de menthol, de mûre et d'amande grillée. Le palais se montre élégant, rond et fruité, souligné par une fine ligne vanillée et adossé à des tanins souples et fondus. Un vin plutôt aimable, qui pourra être dégusté dans sa jeunesse, mais qui ne craindra pas de vieillir un peu. ✗ 2017-2021 ♈ daube de bœuf

○�¬ *Baron Philippe de Rothschild, 10, rue de Grassi, 33250 Pauillac, tél. 05 56 73 20 20, webmaster@ bpdr.com*

CH. BATAILLEY 2012 ★

■ 5e cru clas.	220 000	◐	50 à 75 €

82 **83** 85 86 88 89 90 **92 93 95** ⑨⑥ **97 98** 99 |00| |01| |02| |03| |04| **05** 06 07 08 09 10 11 12

Navire amiral de la maison Borie Manoux, vénérable maison de négoce fondée en 1870 par les Castéja, l'une des plus anciennes familles de Pauillac, propriétaire du cru depuis 1932. Une belle unité de 55 ha à l'extrémité sud-ouest de l'appellation, qui devrait son nom à une bataille s'étant déroulée sur ces terres en 1453.

Batailley 2012 est un vin plein de charme, tout en finesse et en légèreté (relative, nous sommes à Pauillac...). Légèreté de la robe et finesse du bouquet, porté sur les fruits noirs à rien confits et un bon boisé discret ; légèreté et finesse du palais enfin, bâti sur des tanins souples et tendres. Un pauillac des plus courtois, que l'on pourra apprécier dans sa jeunesse. ✗ 2017-2021 ♈ filet de bœuf

○➬ *Héritiers Castéja, Ch. Batailley, 33250 Pauillac, tél. 05 56 00 00 70, domaines@borie-manoux.fr* Ⓥ Ⓐ Ⓗ *r.-v.*

CH. CLERC MILON 2012 ★

■ 5e cru clas.	n.c.	◐	50 à 75 €

82 83 85 86 87 88 89 90 92 93 94 ⑨⑤ |**96**| **97** 98 |**99**| **00** |01| |**02**| |03| 04 05 06 07 **08 09 10** 11 12

Ancienne possession de Lafite, ce cru classé fut acquis à la Révolution par la famille Clerc, qui ajouta à son nom celui d'un hameau de Pauillac, puis par le baron Philippe de Rothschild en 1970. Situé entre Mouton et Lafite, dans la partie nord-est de l'appellation, il dispose d'un vignoble de 41 ha implanté sur un terroir de choix (pour l'essentiel, la croupe de Mousset qui surplombe la Gironde) et d'un nouveau chai depuis 2011.

Une robe profonde et un bouquet racé et soutenu mariant la groseille et la fraise cuite, le menthol et la torréfaction confèrent un caractère à la fois intense et très séduisant à ce vin. Puissant, onctueux et charnu dès l'attaque, le palais s'appuie sur des tanins ronds et veloutés, avant d'évoluer vers plus de fraîcheur et de tension dans une finale agrémentée d'épices et de chocolat noir. Une bouteille bien médocaine, armée pour la garde. ✗ 2020-2025 ♈ tournedos sauce chocolat

○➬ *Baron Philippe de Rothschild, 10, rue de Grassi, 33250 Pauillac, tél. 05 56 73 20 20, webmaster@ bpdr.com*

CH. CROIZET-BAGES 2012

■ 5e cru clas.	80 000	🍶 ◐	30 à 50 €

Situé sur le plateau de Bages au sud de Pauillac, ce cru, constitué par les frères Louis et Henri Croizet au XVIIIe s., à partir de petites parcelles, dispose d'un vignoble de 30 ha implantés sur graves. Propriété de la famille Quié (Rauzan-Gassies à Margaux) depuis 1942, il est aujourd'hui dirigé par Jean-Michel Quié et ses enfants Anne-Françoise et Jean-Philippe.

Net et fondu, le bouquet fait la part belle aux fruits noirs (prune et mûre) soutenus par un boisé discret. Souple et plutôt délié en attaque, le palais évolue ensuite vers plus de rigueur tannique jusqu'à la finale, sévère et serrée. Encore juvénile, cette bouteille saura sûrement bien évoluer. ✗ 2019-2024 ♈ carré d'agneau

○➬ *Ch. Croizet-Bages, rue du Port-de-la-Verrerie, 33250 Pauillac, tél. 05 56 59 01 62, croizetbages@domaines-quie.com* ○➬ *Jean-Michel Quié*

CH. DUHART-MILON 2012 ★★

■ 4e cru clas.	n.c.	◐	+ de 100 €

81 82 83 85 86 87 88 89 90 91 92 93 94 |**95**| |**96**| 97 98 |**99**| |00| |01| |**02**| **03** 04 **05 06** 07 08 **09 10 11** 12

Ces anciennes terres du « Prince des vignes », Nicolas-Alexandre de Ségur (XVIIIe s.), furent longtemps propriété des Castéja, qui donnèrent son nom au cru (celui d'un corsaire de Louis XV établi à Pauillac à sa retraite, dont la statue orne aujourd'hui l'étiquette). Vendu en 1937, morcelé et en déclin, le vignoble de Duhart-Milon a été racheté en 1962 par les Rothschild, qui l'ont restructuré, agrandi et lui ont redonné son lustre de 4e cru classé. Le vignoble couvre aujourd'hui 76 ha attenants au Ch. Lafite, sur le coteau de Milon qui prolonge le plateau des Carruades.

Un peu plus de merlot (38 %) et un peu moins de cabernet-sauvignon (62 %) pour Duhart-Milon dans ce millésime compliqué et hétérogène que fut 2012. Il en résulte un pauillac rouge profond, au nez encore assez fermé à l'heure de la dégustation, richement boisé, tendance épices et torréfaction, aux petits fruits noirs perçant doucement à l'aération. En bouche, le vin se révèle dense, étoffé et puissant en attaque, porté par des tanins bien serrés, puis apparaissent le fruit et la rondeur à mi-parcours, qui font place à une fraîcheur tonique en finale. Un beau classique sans exubérance, encore assez austère, au solide potentiel de garde. ✗ 2020-2030 ❦ tournedos truffé ■ Moulin de Duhart 2012 (20 à 30 € ; n.c. b.) : vin cité. ✗ 2017-2020

☛ *Ch. Duhart-Milon, rue Étienne-Dieuzède, BP 40, 33250 Pauillac, tél. 05 56 73 18 18, visites@lafite.com* 🅚 🅛 *r.-v.*

☛ Dom. Barons de Rothschild (Lafite)

CH. LA FLEUR PEYRABON 2012			
■ Cru bourg.	47 592	🍖 🍷	20 à 30 €

Ce cru déjà mentionné en 1766 sur la carte de Belleyme fut maintes fois racheté au fil des siècles : dix-neuf propriétaires jusqu'à son acquisition en 1998 par Patrick Bernard, P.-D.G. de Millésima, qui a beaucoup investi à la vigne et au chai. Le vignoble s'étend sur 52 ha, 45 ha en AOC haut-médoc (Peyrabon) et 7 ha en pauillac (Fleur Peyrabon).

D'une belle teinte entre noir et rubis, la robe est attrayante, de même que le bouquet qui exprime bien le fruit noir, souligné par un fin boisé toasté. Au palais, le vin est frais, franc et droit, porté par des tanins « virils mais corrects » ; il lui manque juste un peu de soyeux pour décrocher l'étoile, ce que le temps lui apportera sans doute. ✗ 2018-2024 ❦ côte de bœuf

☛ *Ch. Peyrabon, Vignes-de-Peyrabon, 33250 Saint-Sauveur, tél. 05 56 59 57 10, contact@ chateau-peyrabon.com* 🅥 🅚 🅛 *r.-v.* ☛ Millésima

L'HARMONIE DE FONBADET 2012 ★			
■	n.c.	🍷	20 à 30 €

Ce cru à la notoriété ancienne, déjà planté de vignes au XVIIIᵉs. couvre 20 ha au nord de Saint-Lambert ; le vignoble est assez morcelé, au milieu de grands crus classés (Mouton Rothschild, Latour, Lynch Bages...). La famille Peyronie (Pascale, aujourd'hui), établie à Pauillac depuis au moins 1700, l'a acquis dans les années 1930.

« Je suis née sur le domaine viticole et, comme Obélix, je suis tombée petite dans la potion magique », explique l'enthousiaste Pascale Peyronie. Pour cette cuvée, sa « potion » associe 60 % de cabernet-sauvignon au merlot. Un pauillac très équilibré et policé, au nez élégant de framboise, de groseille et de venaison, au palais souple et fin, soutenu par des tanins doux et fondus, à la longue finale fraîche et fruitée. ✗ 2018-2021 ❦ faisan en cocotte ■ Ch. Tour du Roch-Millon 2012 (20 à 30 € ; 6 000 b.) : vin cité. ✗ 2017-2020

☛ *SCEA Dom. Peyronie, Ch. Fonbadet, 47, rte des Châteaux, 33250 Pauillac, tél. 05 56 59 02 11, pascale@chateaufonbadet.com* 🅥 🅚 🅛 *r.-v.*

CH. HAUT-BAGES MONPELOU 2012			
■ Cru bourg.	60 000	🍷	20 à 30 €

Ce cru fait partie du patrimoine des Castéja depuis le XVIᵉs. Le « petit frère » du Ch. Batailley était en effet autrefois attaché au Ch. Duhart-Milon, ancienne propriété de la famille, avant d'en être séparé en 1950. Le vignoble (15 ha) est conduit comme une propriété indépendante par l'équipe technique de Batailley.

Sans être d'une grande intensité, la présentation de ce vin est plaisante, tant par sa robe, d'un seyant rubis, que par son bouquet, sur les fruits noirs agrémentés de notes épicées et grillées. Chaleureux, ample et bien concentré, le palais révèle une structure tannique robuste, renforcée par un boisé de qualité. ✗ 2018-2023 ❦ mijoté de bœuf

☛ *Héritiers Castéja, Ch. Haut-Bages Monpelou, 33250 Pauillac, tél. 05 56 00 00 70, domaines@borie-manoux.fr* 🅥 🅚 🅛 *r.-v.*

CH. HAUT DE LA BÉCADE 2012 ★		
■	40 600	15 à 20 €

La Rose Pauillac est une petite coopérative fondée en 1933 par une trentaine de propriétaires. Elle propose quatre cuvées avec, pour fer de lance, le Ch. Haut de la Bécade, domaine personnel de Sylvie Rainaud, présidente de la cave : 7 ha encerclés de crus classés dans le hameau de Bages, au sud de l'appellation.

Ce vin dévoile un bouquet intense et frais dominé par les petits fruits rouges relevés d'épices. Ample, gras et charpenté en douceur par des tanins soyeux et ronds, le palais suit la même ligne aromatique jusque dans sa longue finale, intense et fruitée. ✗ 2019-2023 ❦ baron d'agneau ■ La Rose pourpre 2012 (15 à 20 € ; 6 000 b.) : vin cité. ✗ 2019-2023

☛ *La Rose Pauillac, 44, rue du Mal-Joffre, 33250 Pauillac, tél. 05 59 59 26 00, larosepauillac@ wanadoo.fr* 🅥 🅚 🅛 *t.l.j. sf dim. 9h-12h 14h-18h* ☛ SCEA Ch. Haut de la Bécade (S et G. Rainaud)

CH. JULIA Cuvée Gabrielle 2012		
■	4 200	20 à 30 €

Un petit cru de 5 ha bien situé entre les châteaux Latour et Lynch-Bages : six parcelles cultivées « comme des jardins » par Sophie Martin, héritées en 2002 de ses aïeux coopérateurs à la Rose Pauillac – cave dont elle est sortie en 2009.

Caractérisé par une large dominante de merlot (80 %), ce pauillac dévoile un bouquet plaisant de mûre, de groseille et framboise. Le palais va dans le même sens, en laissant une impression d'équilibre, de souplesse et de rondeur, malgré des tanins encore un peu jeunes en finale. Une bouteille à apprécier sur le fruit. ✗ 2016-2020 ❦ bœuf bourguignon

☛ *Sophie Martin, Sémignan, 33112 Saint-Laurent-Médoc, tél. 06 18 00 79 22, chateau.julia@gmail.com* 🅥 🅚 🅛 *r.-v.*

CARRUADES DE LAFITE 2012 ★		
■	n.c.	🍷	+ de 100 €

85 86 88 **89** 90 92 93 94 **95 96** 97 98 **99** |00| |01| |02| |03| |04| **05 06 07** 08 **09 10** 11 12

Second vin de Lafite Rothschild, les Carruades offrent des caractéristiques proches du grand vin, avec une personnalité propre liée à une proportion supérieure de merlot et à des parcelles spécifiques destinées à sa production. Son nom provient du « plateau des Carruades », ensemble de parcelles jouxtant la croupe du château, acquises en 1845.

Là où le grand vin fait la part belle au cabernet-sauvignon (91 % en 2012 pour 8,5 % de merlot et 0,5 % de petit verdot), son « second » offre au merlot une belle proportion de l'assemblage (38 %). Dans le verre, un pauillac délicatement bouqueté autour de la violette, des épices et d'un fruité mûr et généreux. Souple et frais en attaque, le palais se montre dense et charnu, épaulé en douceur par des tanins fins et assez enjôleurs pour un vin encore si jeune, déjà très élégant et expressif. ✗ 2019-2028 ✗ rôti de bœuf sauce madère.

o⟶ Dom. Barons de Rothschild, 33250 Pauillac, tél. 05 56 73 18 18, visites@lafite.com

♥ CH. LAFITE ROTHSCHILD 2012 ★★

■ 1er cru clas.	n.c.	⬥	+ de 100 €
59 ⑥ **64** 66 69 70 73 **75 76** 77 **78** 79 80 **81**	82		83	84
85 |86| 87 |88| |89| **90 92 93 94** |95| |96| **97** |98| **99** |00|
01 ⑫ ⑬ ⑭ ⑮ ⑯ ⑰ ⑱ ⑲ ⑩ ⑪ **12**

Ancienne seigneurie, dont la juridiction s'étendait au nord de Pauillac, le domaine doit aux Ségur – parlementaires bordelais et grands propriétaires de vignes – son château et une vocation viticole établie dès le XVIIe s., qui lui a valu d'être élevé au rang de 1er cru classé en 1855. Mais il doit aux Rothschild, qui l'ont acquis en 1868, d'avoir été à l'abri des divisions et autres cessions qui ont affaibli tant de propriétés prestigieuses. Il doit aussi à l'équipe actuelle – formée par Éric de Rothschild, aux commandes depuis 1974, et Charles Chevallier, son directeur technique – sa modernisation et ses outils performants, tel son célèbre chai circulaire imaginé par Ricardo Bofill. Outils qui permettent de révéler pleinement la personnalité d'un terroir exceptionnel planté de 112 ha de vignes : une superbe croupe de graves fines et profondes sur un sous-sol calcaire.

Année difficile, 2012 a connu un printemps humide (notamment avril, avec un épisode de grêle) qui a engendré une fécondation difficile. Juin et juillet ont fait alterner chaleur et humidité, avant un mois d'août qui a ramené une certaine stabilité. En définitive, le millésime a donné des maturités hétérogènes et conduit à un important travail de trie en septembre. Un « millésime de vigneron » donc, que Charles Chevallier et son équipe ont une fois de plus aisément apprivoisé, obtenant un vin très sombre et profond, qui ne se livre pas aisément : un boisé fort élégant (épices douces, tabac, moka) au premier nez, peu à peu relayé par les fruits noirs et de délicates notes de rose. La bouche attaque sans temps mort, d'emblée puissante, ample, dense et riche, bâtie sur des tanins vigoureux et un boisé racé et dominateur. La finale, d'une rare longueur, très nette, apporte une belle fraîcheur. Un pauillac monacal, très classique, à ne surtout pas ouvrir

avant de nombreuses années. ✗ 2022-2040 ✗ tournedos Rossini.

o⟶ Dom. Barons de Rothschild, Ch. Lafite Rothschild, 33250 Pauillac, tél. 05 56 73 18 18, visites@lafite.com 🂠 🛆

♥ LAGNEAUX À PAUILLAC 2012 ★★

■	3 000	⬥	30 à 50 €

La dernière création de Gaëtan Lagneaux, médecin belge devenu vigneron dans le Médoc en créant le Château Petit-Bocq en saint-estèphe, décédé prématurément à la fin de l'année 2012. Une cuvée confidentielle, née de 50 ares de merlot et de cabernet-sauvignon.

Gaëtan Lagneaux n'aura malheureusement pas eu le bonheur de découvrir ce vin admirable, qui rend un superbe hommage à son travail. Noire et profonde, la robe de ce 2012 donne le ton de la dégustation : élégance et intensité. Le bouquet, tout aussi racé, dévoile sous une couverture boisée de grande qualité (clou de girofle, cannelle, pain grillé) des arômes soutenus de fruits noirs et rouges bien mûrs. Ample, charnu, dense et très fruité, le palais est tout en force contenue, adossé à des tanins soyeux et à une fine acidité qui étire le vin dans une finale d'une rare longueur, généreuse et épicée. Un grand pauillac de garde. ✗ 2019-2030 ✗ épaule d'agneau.

o⟶ SCEA Lagneaux-Blaton, 3, rue de la Croix-de-Pez, 33180 Saint-Estèphe, tél. 05 56 59 35 69, petitbocq@hotmail.com 🆅 🂠 🛆 r.-v.

♥ CH. LATOUR 2012 ★★★

■ 1er cru clas.	n.c.	⬥	+ de 100 €
⑥ **67 71** 73 74 75 **76** 77 **78** 79 80 81 |82| |83| 84 |85| |86|
87 |88| |89| |90| |91| **92 93 94** |95| |96| |97| |98| |99| |00| **01**
⑫ ⑬ **04** ⑮ ⑯ **07** ⑱ ⑲ ⑩ ⑪ ⑫

Maison forte, dite de Saint-Maubert, commandant une importante seigneurie au Moyen Âge et protégeant l'accès à Bordeaux, le site de Latour fit l'objet d'une bataille pendant la guerre de Cent Ans. Toutefois, l'événement marquant de son histoire fut l'unification du domaine par Arnauld de Mullet à la fin du XVIe s. Elle a permis au cru de posséder très tôt un vignoble homogène (65 ha aujourd'hui), établi sur une belle croupe de grosses graves claires, dont le cœur – le terroir dit de l'Enclos (47 ha) – donne naissance au grand vin. Autre atout, la stabilité : la propriété est restée entre les mains des descendants des Ségur, illustre famille du vignoble médocain, jusqu'en 1962. Après un passage « sous pavillon britannique » (groupe Pearson), le cru a été acquis en 1993 par l'industriel François Pinault, qui a beaucoup investi à la vigne (arrachages et replantations)

et à la cave (nouveau chai souterrain, rénovation du cuvier...).

Millésime plutôt tardif, 2012 fut caractérisé par un déficit hydrique en hiver qui hâta le débourrement, des mois d'avril et de juin à l'inverse très pluvieux, et une sécheresse estivale plutôt tardive. Des conditions qui n'ont pas nui, loin de là, à la qualité du vin, d'un classicisme impeccable. La robe, très dense et imposante de noirceur, annonce un pauillac vigoureux, qui se livre peu à l'olfaction : notes boisées intenses et raffinées, fumées et épicées, un peu de fruit à l'aération et un petit côté végétal qui apporte une belle énergie. En bouche, Latour fait du Latour : une densité, une fermeté et un volume imposants autour d'une trame de tanins très serrés, une finale fraîche et épicée d'une longueur impressionnante, qui lui confère beaucoup d'élégance. L'archétype du vin de Pauillac, noble et puissant. ✗ 2022-2040 ✞ filet de sanglier au chocolat

○┓ SCV du Ch. Latour, Saint-Lambert, 33250 Pauillac, tél. 05 56 73 19 80, s.guerlou@chateau-latour.com
○┓ F. Pinault

LES FORTS DE LATOUR 2012 ★★

■	n.c.	◫	+ de 100 €

82	83	85	86	87	88	89	90	92	94	95	96	97	98	99	00

01	02	03	04	**05**	**06**	07	08	09	**10**	**11**	**12**

Le second vin du château Latour, élaboré généralement avec une plus forte proportion de merlot et à partir de parcelles extérieures à l'Enclos (et des jeunes vignes de celui-ci), cœur historique du vignoble réservé au grand vin.

D'abord centré sur le bois frais, le second vin de Latour s'ouvre plus nettement à l'aération sur les fruits, le cassis et la cerise mûre notamment, agrémentés d'une petite touche végétale bien agréable. En bouche, il se montre charnu, rond et suave dès l'attaque, porté par des tanins fins et soyeux, et laisse en finale une très belle sensation de fraîcheur et de pureté. Un pauillac encore en devenir, mais déjà bien aimable. ✗ 2019-2025 ✞ poularde aux cèpes

○┓ SCV du Ch. Latour, Saint-Lambert, 33250 Pauillac, tél. 05 56 73 19 80, s.guerlou@chateau-latour.com
○┓ F. Pinault

CH. LYNCH-BAGES 2012 ★

■ 5e cru clas.	300 000	◫	75 à 100 €

82	83	84	85	86	87	88	89	90	91	92	93	94	95	96	97

98	99	00	01	02	03	04	05	06	07	08	09	10	11	12

Le nom de ce cru associe celui des négociants irlandais propriétaires au XVIIIe s. et celui d'un hameau situé aux portes sud de Pauillac. Son succès résulte, depuis les années 1930, du travail continu de trois générations de Cazes : Jean-Charles, André et Jean-Michel. La part de ce dernier, qui a passé la main à son fils Jean-Charles, est essentielle. Sa réussite est liée à la qualité des vins, nés d'un vaste vignoble de 100 ha, et aussi à une vraie stratégie de développement, incluant un négoce et des infrastructures touristiques (hôtel-restaurant, commerces...).

Si la robe, rouge vif et brillant, demeure un peu timide, le bouquet s'ouvre sur de généreuses notes de griotte kirschée, que rejoignent à l'aération les épices et le toasté de la barrique. Ample, charnu et dense, le palais déroule de belles nuances fruitées, vanillées et torréfiées qui font écho à l'olfaction et s'adosse à une élégante structure de tanins fins et serrés. Un beau classique de garde. ✗ 2015-2025 ✞ carré d'agneau aux cèpes

○┓ Domaines Jean-Michel Cazes, Ch. Lynch-Bages, 33250 Pauillac, tél. 05 56 73 24 00, infochato@lynchbages.com Ⓥ 🏃 🍷 r.-v.

CH. LYNCH-MOUSSAS 2012 ★

■ 5e cru clas.	165 000	◫	30 à 50 €

Propriété depuis le XVIIIe s. du comte Lynch, jusqu'à sa division en deux, donnant Lynch Moussas et Lynch-Bages. Émile Castéja, entré dans la famille en 1919, reprend ce domaine en 1969 et restructure vignes et chai. Son fils Philippe est aux commandes depuis 2001 de ce cru de 35 ha, proche de Batailley, également propriété des Castéja.

Ce pauillac élégant et bien construit libère tout d'abord des arômes de fruits rouges avant de s'enrichir de fines notes de menthol et d'un boisé fumé discret. Après une attaque en souplesse, le palais se développe sans aspérités : rond, ample, charnu et épicé, il s'appuie sur des tanins fins et sur une belle finale pleine de fraîcheur. ✗ 2018-2023 ✞ gouda affiné

○┓ Héritiers Castéja, Ch. Lynch-Moussas, 33250 Pauillac, tél. 05 56 00 00 70, domaines@borie-manoux.fr
Ⓥ 🏃 🍷 r.-v.

♥ CH. MOUTON ROTHSCHILD 2012 ★★

■ 1er cru clas.	n.c.	◫	+ de 100 €

73	74	75	76	77	78	79	80	81	82	83	84	85	86	87	88

89	90	91	92	93	94	95	96	97	98	99	00	01	02	03	04

05	06	07	08	09	10	11	12

Voisin de Lafite et appartenant à une autre branche de la famille Rothschild (acquis en 1853 par Nathaniel), Mouton est fortement lié à la personnalité du baron Philippe. Arrivé à la tête du cru en 1922, ce dernier lui redonne ses lettres de noblesse en modernisant (construction du célèbre « grand chai », notamment) – un travail qui aboutit en 1973 à la révision du classement de 1855 et à l'accession de Mouton au rang de 1er cru classé. Le baron Philippe a aussi fait du domaine le socle d'un petit empire comprenant d'autres vignobles et une maison de négoce. Il a également joué un rôle important dans l'histoire du vin en étant l'un des premiers à pratiquer la mise en bouteilles au château, dès 1926, et en faisant illustrer ses étiquettes par des artistes. À partir de 1988, sa fille Philippine, disparue en 2014, a poursuivi son œuvre. Le fils de cette dernière, Philippe Sereys de Rothschild, lui a succédé. Philippe Dhalluin est le directeur depuis 2003. À sa disposition, un vignoble de 84 ha situé pour l'essentiel sur une croupe de graves très profondes dite « Plateau de Mouton » et un tout nouveau cuvier sorti de terre en 2013.

D'une belle teinte foncée, le Mouton 2012 montre d'emblée sa force de séduction par un bouquet aux puissantes notes de toasté, de vanille et de café crème, auxquelles s'ajoutent des arômes de cassis et de myrtille. On retrouve ces notes de café au lait si caractéristiques du cru dans une bouche très élégante, dense, suave et tendre, adossée à des tanins fins et soyeux. Une douceur qui imprime aussi sa marque à la longue finale pénétrante, relevée de fines notes toastées et épicées et d'une pointe de fraîcheur bien ajustée. Une remarquable réussite. ✗ 2020-2040 ¥ gigot à la ficelle

o━ Baron Philippe de Rothschild, 10, rue de Grassi, 33250 Pauillac, tél. 05 56 73 20 20, webmaster@bpdr.com

CH. PÉDESCLAUX 2012 ★★			
■ 5e cru clas.	125 000	◫	20 à 30 €

98 99 00 **01 02** 03 06 |07| |08| 09 **10** 11 **12**

Françoise et Jacky Lorenzetti ont vendu leur réseau d'agences immobilières (Foncia) et acheté ce château en 2009 à la famille Jugla. Ils ont entrepris de gros travaux à la vigne et à la cave (construction d'un nouveau chai par Jean-Michel Wilmotte) pour redorer le blason de ce cru fondé en 1810, dont le vignoble couvre 49 ha aujourd'hui après l'acquisition de nouvelles parcelles.

Fidèle à son habitude, le cru propose un vin bien bâti, comme l'annonce la robe rouge foncé. Le bouquet expressif associe notes minérales, fruits noirs, épices et nuances empyreumatiques. Complet et très bien structuré par des tanins fermes et racés, le palais laisse une agréable impression de plénitude et d'équilibre, renforcée par un retour minéral en finale. Un beau pauillac de terroir. ✗ 2019-2027 ¥ entrecôte maître de chai

o━ SCEA Ch. Pédesclaux, rte de l'Industrie, 33250 Pauillac, tél. 05 56 59 22 59, contact@chateau-pedesclaux.com 🆅 🏃 🛏 r.-v.

o━ Jacky et Françoise Lorenzetti

CH. PICHON-LONGUEVILLE BARON 2012 ★★			
■ 2e cru clas.	150 000	◫	75 à 100 €

82 83 84 85 86 87 88 89 ⑨⓪ 91 92 93 94 95 ⑨⑥ 97
98 99 |00| |01| |02| |03| |04| |⓪⑤| 06 07 08 ⓪⑨ ⑩ 11 **12**

Le vignoble originel fut constitué au XVIIᵉs. par Jacques de Pichon, baron de Longueville. Divisé en deux en 1850, le cru revient en partie à Raoul de Pichon-Longueville (l'autre devenant Pichon Comtesse), qui y fait édifier le château actuel. Inspiré de celui d'Azay-le-Rideau, le bâtiment contraste avec les lignes horizontales du chai construit après le rachat du domaine en 1987 par Axa Millésimes. L'assureur a entrepris d'importants travaux de rénovation, sous la conduite de Jean-Michel Cazes, puis de Christian Seely, Jean-René Matignon assurant la direction technique. Depuis 2001, la politique de sélection a été intensifiée : ne sont désormais utilisés pour le grand vin que 40 ha sur les 73 que compte ce terroir d'exception, fait de belles graves garonnaises, voisin immédiat de Latour.

D'un rouge sombre tirant sur le noir, la robe se montre prometteuse par son intensité. Le nez se révèle délicat tout en ayant du relief : débutant sur les fruits noirs, il évolue vers la violette et les épices pour finir sur une douce note boisée aux accents de café. Riche, massif et

dense, solidement arrimé à de beaux tanins serrés, le palais est de grande tenue, sans concessions et bâti pour une longue garde. ✗ 2020-2030 ¥ filet de bœuf de Bazas aux cèpes ■ Les Griffons de Pichon Baron 2012 ★ (30 à 50 € ; 40 000 b.) : un bouquet naissant de cassis et de mûre relevé d'épices et une bouche tannique et fraîche pour ce pauillac de belle origine et de bonne garde. ✗ 2018-2023 ■ Les Tourelles de Longueville 2012 (30 à 50 € ; 75 000 b.) : vin cité. ✗ 2017-2020

o━ Ch. Pichon-Baron, Saint-Lambert, 33250 Pauillac, tél. 05 56 73 17 17, contact@pichonbaron.com

🆅 🏃 🛏 r.-v. o━ Axa Millésimes

CH. PICHON-LONGUEVILLE COMTESSE DE LALANDE 2012 ★★			
■ 2e cru clas.	120 000	◫	+ de 100 €

82 83 84 85 ⑧⑥ 87 ⑧⑧ 89 90 91 92 **93 94 95** 96 **97**
98 99 |00| |01| |02| |03| |04| 05 06 |07| 08 09 10 11 12

Fondé à la fin du XVIIᵉs., ce cru n'a connu en trois siècles que trois familles à sa tête. En 1850, Virginie de Pichon Longueville, comtesse de Lalande par son mariage, hérite avec ses deux sœurs des trois cinquièmes du vignoble de leur père, le reste allant aux fils (Pichon Baron). Le domaine restera dans la famille jusqu'à son rachat en 1925 par Édouard et Louis Miailhe. À partir de 1978, May-Éliane de Lencquesaing, fille du premier, donne une renommée internationale à ce cru de 90 ha, dont la singularité tient aux 11 ha situés sur la commune de Saint-Julien et à l'importance donnée au merlot (35 %) dans son encépagement. Une renommée et un esprit « féminin » (jusque dans le grand vin) perpétués depuis 2007 par une autre famille, les Rouzaud, propriétaires du Champagne Roederer.

Le bouquet du 2012 offre une large composition fruitée (cerise, prune, myrtille...) sur un fond toasté et minéral. Le palais se montre ample, gras et fondant, presque crémeux, soutenu par un boisé bien dosé et par des tanins fins et veloutés qui lui confèrent beaucoup d'élégance et de tenue. Un pauillac bien typé, au caractère affirmé mais très courtois. ✗ 2019-2027 ¥ baron d'agneau ■ Réserve de la Comtesse 2012 ★ (20 à 30 € ; 180 000 b.) : un second vin aimable, tant par ses arômes bien mariés de fruits à noyau, d'épices et de toasté que par ses tanins souples et soyeux. ✗ 2017-2020

o━ Ch. Pichon-Longueville Comtesse de Lalande, 33250 Pauillac, tél. 05 56 59 19 40, pichon@ pichon-lalande.com 🏃 🛏 r.-v. o━ Louis Roederer

CH. TOUR SIEUJEAN 2012			
■ Cru bourg.	30 000	◫	20 à 30 €

Conduit depuis 2002 et sorti de la coopérative de Pauillac par Stéphane Chaumont et son épouse Catherine Lopez, ce cru se distingue par une tour carrée et trapue d'origine médiévale. Autre originalité, c'est l'un des derniers petits domaines familiaux de l'appellation, avec 8 ha en pauillac et en haut-médoc.

Si la robe, d'un rouge profond, met en confiance, le bouquet se montre un peu plus sur la retenue et développe à l'aération quelques notes de tabac, de réglisse et de poivron. Souple et gras en attaque, un peu plus en puissance jusqu'en finale, soutenue par une charpente très solide qui lui confère un côté fort austère pour l'heure. Patience. ✗ 2018-2025 ¥ civet de sanglier

o┐ *Stéphane Chaumont, Ch. Tour Sieujean,*
11, rte de Pauillac, 33112 Saint-Laurent-Médoc,
tél. 05 56 59 46 03, tour-sieujean@orange.fr
🅥 🏃 🏆 *r.-v.*

SAINT-ESTÈPHE

Superficie : 1 230 ha / Production : 54 200 hl

À quelques encablures de Pauillac et de son port, Saint-Estèphe affirme un caractère terrien avec ses rustiques hameaux pleins de charme. Correspondant (à l'exception de quelques hectares compris dans l'appellation pauillac) à la commune elle-même, l'appellation est la plus septentrionale des six AOC communales médocaines. L'altitude moyenne est d'une quarantaine de mètres et les sols sont formés de graves légèrement plus argileuses que dans les appellations plus méridionales. L'appellation compte cinq crus classés, et les vins qui y sont produits portent la marque du terroir. Celui-ci renforce nettement leur caractère, avec, en général, une acidité des raisins plus élevée, une couleur plus intense et une richesse en tanins plus grande que pour les autres vins du Médoc. Très puissants, ce sont d'excellents vins de garde.

CH. BEAU-SITE 2012		
■ Cru bourg.	112 000 ◧	20 à 30 €

L'un des crus de la maison Borie Manoux, vénérable maison de négoce fondée en 1870 par les Castéja, propriétaire de Beau-Site depuis 1955. Le vignoble, tout proche de Calon-Ségur, s'étend en pente douce vers la Gironde, sur 35 ha.

De légers reflets tuilés ornent la robe et quelques notes d'évolution accompagnent le bouquet à dominante boisée (amande grillée, vanille) : un vin prêt à boire, pourrait-on croire ? La bouche, dense, puissante, boisée, portée par des tanins veloutés, laisse penser au contraire qu'il en a encore sous le pied. Cette bouteille demandera à être aérée avant le service. ✗ 2018-2022 ♈ rôti de veau

o┐ *Héritiers Castéja, 33180 Saint-Estèphe,*
tél. 05 56 00 00 70,
domaines@borie-manoux.fr 🅥 🏃 🏆 *r.-v.*

CH. CALON SÉGUR 2012 ★★		
■ 3e cru clas.	80 000 ◧	50 à 75 €

98 |01| |03| |04| |06| 07 **09** 11 **12**

Maison noble portant le nom de la paroisse de Saint-Estèphe au Moyen Âge (Calones), ce cru est l'un des plus anciens de la région. Entre 1659 et 1681, il passe entre les mains des Ségur, qui développent ce vignoble auquel ils sont très attachés : « Je fais du vin à Lafite et à Latour, mais mon cœur est à Calon », disait Nicolas-Alexandre. Adossé au bourg de Saint-Estèphe, le vignoble, d'un seul tenant, entièrement clos par un mur, couvre 55 ha – la même surface que lors du classement de 1855 –, planté sur une épaisse couche de graves reposant sur les argiles. Propriété de la famille Gasqueton de 1894 à 2012, Calon appartient aujourd'hui à la société Suravenir, filiale du groupe Crédit Mutuel, qui a engagé un vaste programme de rénovation.

Un très joli vin, sans faiblesse dans la présentation : robe intense et profonde, bouquet fin et complexe associant un boisé racé aux petits fruits rouges. Ample, charnu, dense et puissant, long, très long, soutenu par des tanins veloutés et par une agréable fraîcheur mentholée, le palais ne laisse pas de doute sur le potentiel de ce saint-estèphe de noble origine. ✗ 2019-2024 ♈ canard aux cerises ■ Ch. Capbern Gasqueton 2012 (15 à 20 € ; 65 000 b.) : vin cité. ✗ 2017-2020

o┐ *Ch. Calon Ségur, Dom. de Calon, 33180 Saint-Estèphe,*
tél. 05 56 59 30 08, calon-segur@calon-segur.fr
o┐ *Suravenir*

CH. COS LABORY 2012 ★★		
■ 5e cru clas.	75 000 ◧	20 à 30 €

82 **83** 85 86 88 89 ⑨⓪ 91 **92** 93 94 95 **96** **97** **98** **99** 00 **01** 02 |03| |04| |05| |06| |07| **08** 09 10 11 12

Un authentique domaine familial, encore habité, fait rare, par ses propriétaires. Dans la même famille depuis 1922, Cos Labory est le lieu de résidence de Bernard Audoy, actuel président de l'appellation saint-estèphe. Le cru a été uni à Cos d'Estournel jusqu'en 1810, année de son achat par François Labory. D'une superficie assez modeste pour un classé (18 ha), son vignoble se répartit entre trois grands ensembles, dont un en forme de croissant, à l'ouest du château. Tous sont composés de graves, mais sur des socles plus ou moins argileux.

Encore jeune par sa robe, rouge mêlé de violine, ce 2012 offre un bouquet frais et intense de fruits rouges, accompagnés par un boisé bien dosé aux accents toastés. On retrouve cette fraîcheur et ce mariage heureux du bois et du fruit dans une bouche très équilibrée et homogène, ample et dense, étayée par des tanins doux et soyeux. ✗ 2018-2025 ♈ civet de lièvre ■ Charme de Cos Labory 2012 ★ (11 à 15 € ; 21 000 b.) : d'une structure plus légère que son « grand frère », le second vin du cru séduit par sa rondeur, son fruité et son équilibre. ✗ 2017-2022

o┐ *SCE Domaines Audoy, Ch. Cos Labory,*
33180 Saint-Estèphe, tél. 05 56 59 30 22, contact@
cos-labory.com 🅥 🏃 🏆 *r.-v.*

CH. COSSIEU-COUTELIN 2012		
■	30 666 ◧	11 à 15 €

Propriétaire de nombreux crus et acteur majeur du négoce bordelais, Cheval Quancard a été fondé par Pierre Quancard en 1844, sous le nom de Quancard et Fils. La maison est toujours dirigée par ses descendants.

S'il est long à s'ouvrir, le bouquet de ce vin se révèle subtil par ses notes de cacao, de groseille et de mûre. Puissant et concentré dès l'attaque, le palais fait apparaître un côté tannique et massif qui destine clairement cette bouteille de caractère à la garde. Un peu plus de longueur lui aurait permis de décrocher l'étoile. ✗ 2018-2025 ♈ confit de canard ■ Ch. Bel-Air Ortet 2012 (8 à 11 € ; 24 933 b.) : vin cité. ✗ 2018-2025

o┐ *Cheval Quancard, ZI La Mouline,*
4, rue du Carbouney - BP 36, 33565 Carbon-Blanc Cedex,
tél. 05 57 77 88 88, chevalquancard@
chevalquancard.com 🅥 🏃 🏆 *r.-v. (au Ch. de Bordes)*

CH. COUTELIN-MERVILLE 2012 ★★		
■ Cru bourg.	63 500 📖 ◧	20 à 30 €

Un cru bourgeois d'une trentaine d'hectares, propriété depuis plus d'un siècle de la famille Estager, d'origine corrézienne. Bernard Estager en a pris les rênes au décès de son père Guy en 1987.

Remarquable réussite pour ce cru avec un 2012 qui débute timidement à l'olfaction, avant de s'ouvrir à l'aération sur de plaisantes senteurs de cassis et de mûre confits, de chocolat et de merrain grillé. À la fois fin, ample et puissant, le palais s'appuie sur des tanins solides et serrés qui portent loin la finale et assureront une bonne garde. Un vin bien dans le ton de l'appellation. ✗ 2018-2025 ♈ entrecôte à la bordelaise

↻ *G. Estager et Fils, Blanquet, 33180 Saint-Estèphe, tél. 05 56 59 32 10* Ⅴ 🏃 🏠 *r.-v.*

CH. LE CROCK 2012			
■ Cru bourg.	111 046	🍷	20 à 30 €

Fait rare, ce château, édifié à la fin du XVIIIᵉˢ., avec parc de 6 ha et pièce d'eau, est tourné vers le sud, et non vers le fleuve. Connu autrefois sous le nom de Bastérot-Ségur, son vignoble s'étend aujourd'hui sur 32 ha, sur le haut de la croupe de Marbuzet. Depuis 1903, il appartient à la famille Cuvelier (Léoville-Poyferré à Saint-Julien).

S'annonçant par une belle robe grenat à frange vive, ce 2012, encore un peu fermé de prime abord, s'ouvre à l'agitation sur des notes florales et toastées. En bouche, on découvre une chair ronde soutenue par un boisé fondu et une structure souple et accorte qui devraient permettre à ce vin d'évoluer favorablement sans avoir à attendre trop longtemps. ✗ 2017-2020 ♈ volaille rôtie

↻ *Domaines Cuvelier, Ch. le Crock, 1, rue Paul-Amilhat, 33180 Saint-Estèphe, tél. 05 56 59 73 05, chateaulecrock@orange.fr* Ⅴ 🏃 🏠 *r.-v.*

CH. HAUT COTEAU 2012			
■	22 000	🍷	15 à 20 €

Vignoble familial créé en 1908 et resté un demi-siècle en coopérative, ce cru couvrant 19,5 ha dans le nord de l'appellation est conduit depuis 1988 par Bernard Brousseau.

Discret, le bouquet s'ouvre doucement à l'aération sur les fruits rouges et un ton boisé. En bouche, ce vin se révèle souple et rond, d'un bon volume, avant de montrer un peu plus les muscles en finale. Prévoir une petite garde. ✗ 2017-2021 ♈ araignée de bœuf grillée

↻ *SCEA Ch. Haut Coteau, 16, rte du Vieux-Moulin, 33180 Saint-Estèphe, tél. 05 56 59 39 84, chateau.haut-coteau@wanadoo.fr* Ⅴ 🏃 🏠 *t.l.j. 10h-12h 14h-17h* 🏠 ❷ 🏠 🄶 ↻ *Brousseau*

CH. HAUT-MARBUZET 2012 ★			
■	320 000	🍷	20 à 30 €

85	86	88	89	90	92	93	94	95	96	97	98	99	00	01	02
03	04	05	06	07	08	09	10	11	12						

Dans l'après-guerre, Hervé Duboscq était sous-chef de gare à Langon. Pour améliorer l'ordinaire, il s'est établi représentant des moûts en bonbonnes. De voies en vin, il s'installe marchand de vin. Puis, de vin en vignes, il acquiert en 1952 sept hectares de l'ancien cru des Mac Carthy, Irlandais émigrés à Saint-Estèphe, dont les héritiers avaient découpé le domaine pour le revendre. Cinquante ans durant, les Duboscq père et fils ont ras-

semblé les pièces éparses et reconstitué le puzzle (66 ha). Henri Duboscq a pris la suite de son père en 1973 ; ses fils Bruno et Hughes l'ont suivi. Le domaine est aujourd'hui l'une des références de l'appellation.

Une fois encore, les Duboscq sont fidèles à leur tradition de qualité avec ce vin dont la structure solide et serrée sert de soutien à une bouche ample, persistante et d'une belle complexité aromatique (menthol, eucalyptus, fruits rouges et noirs). Une bouteille de caractère, à laisser reposer un peu en cave afin que le boisé, frais et épicé, se fonde un peu. ✗ 2020-2025 ♈ rôti de veau

↻ *Henri Duboscq et Fils, Ch. Haut-Marbuzet, 33180 Saint-Estèphe, tél. 05 56 59 30 54, henri.duboscq@ haut-marbuzet.com* Ⅴ 🏃 🏠 *r.-v.*

♥ CH. LA HAYE 2012 ★★			
■ Cru bourg.	31 800	🍷	20 à 30 €

Une porte datée de 1557 rappelle qu'ici l'histoire s'écrit en siècles. Les lettres D et H entrelacées qui ornent les pierres du château et l'étiquette du vin rappellent quant à elles que le lieu aurait servi de rendez-vous galant à Diane de Poitiers et à Henri II... Un cru détenu par la famille Bernard pendant plus de trois siècles, avant d'être acquis en 2012 (et agrandi : 19 ha aujourd'hui) par Chris Cardon.

Pour son premier millésime, Chris Cardon fait très fort et signe un saint-estèphe unanimement salué pour son élégance. Au nez se dévoilent des arômes complexes de cassis, d'amande grillée, de cigare et de toasté. Ronde et souple en attaque, ample, dense, nerveuse et chaleureuse à la fois, la bouche monte doucement en puissance, sans à-coup, portée par des tanins au grain fin parfaitement extraits et par un boisé très bien dosé. Un vin que l'on pourra savourer aussi bien jeune que patiné par une longue garde. ✗ 2018-2030 ♈ ris de veau aux cèpes ■ Majesté de Ch. la Haye 2012 ★ (50 à 75 € ; 3 610 b.) : un solide vin de garde, soutenu par des tanins robustes et par une bonne vivacité. ✗ 2020-2030

↻ *SC Ch. la Haye, 1, rte de Saint-Affrique, Leyssac, 33180 Saint-Estèphe, tél. 05 56 59 32 18, info@ chateaulahaye.com* Ⅴ 🏃 🏠 *r.-v.* ↻ *Chris Cardon*

CH. LAFFITTE CARCASSET 2012 ★			
■ Cru bourg.	110 000	🍖 🍷	11 à 15 €

Commandé par une chartreuse du XVIIIᵉˢ., ce cru a été créé à la même époque par Joseph Laffitte, procureur du roi à Bordeaux. Il appartient à la famille de Padirac depuis 1958. Les 30 ha de vignes sont en pleine restructuration.

Ce vin présente un bouquet agréable, mariant un bon boisé épicé aux fruits rouges et à quelques notes giboyeuses. Des saveurs prolongées par un palais rond, aux tanins bien maîtrisés, agrémenté d'une touche minérale qui apporte une belle fraîcheur très médocaine. ✗ 2017-2022 ♈ magrets

↻ *SCEA Domec, Ch. Laffitte-Carcasset, 33180 Saint-Estèphe, tél. 05 56 59 34 32, contact@ laffittecarcasset.com* Ⅴ 🏃 🏠 *r.-v.* 🏠 🄴 ↻ *de Padirac*

CH. LAFON-ROCHET 2012 ★★

| ■ 4e cru clas. | 90 000 | ◗ | 30 à 50 € |

85 **86** 88 89 90 **91 92** 93 94 ⑤ **96 97 98 99** |**00**| |**01**|
|**02**| |03| |**04**| 05 06 |07| **08 09 10** 11 12

Côté château, un petit bijou de chartreuse, construit en... 1960 par Guy Tesseron pour remplacer les anciens bâtiments délabrés. Côté vignoble, 40 ha d'un seul tenant campés sur un plateau en forme de croupe aux sols d'argile et de graves, entre Lafite et Cos d'Estournel. Un cru que Basile Tesseron, petit-fils de Guy et fils de Michel, dirige depuis 2008 et qu'il a orienté vers la biodynamie à partir de 2010.

Comme le laissent deviner l'intensité et la profondeur de sa robe, ce 2012 est un vrai vin de garde. Le bouquet, puissant, est encore dominé par un beau boisé aux accents de vanille et de grillé, mais l'on sent déjà percer sa complexité future (fruits rouges et noirs, amande, pâte de fruits...). Souple, frais et savoureux dès l'attaque, le palais dévoile une superbe structure tannique, à la fois solide et très fine, bien soutenue par le fût et enrobée par une chair suave et soyeuse. ✗ 2020-2030 ▼ agneau de sept heures

o━ Ch. Lafon-Rochet, lieu-dit Blanquet, 33180 Saint-Estèphe, tél. 05 56 59 32 06, lafon@lafon-rochet.com Ⓥ 🏃 👤 r.-v. o━ Famille Tesseron

CH. LÉO DE PRADES 2012

| ■ | 30 088 | ◗ | 15 à 20 € |

Derrière le Marquis de Saint-Estèphe et la Châtellenie de Vertheuil, une cave coopérative réunissant environ soixante-dix viticulteurs des deux communes, qui exploitent 40 ha en AOC saint-estèphe et 45 ha en haut-médoc.

Une expression aromatique discrète mais élégante, portée vers la vanille et les fruits rouges et noirs. En bouche, ce vin se révèle bien équilibré, frais et fin, étayé de tanins souples et fondus qui permettront d'apprécier cette bouteille dans sa jeunesse. ✗ 2017-2020 ▼ entrecôte

o━ Marquis de Saint-Estèphe et Châtellenie de Vertheuil réunis, 2, rue du Médoc, 33180 Saint-Estèphe, tél. 05 56 73 35 30, marquis.st.estephe@wanadoo.fr Ⓥ 👤 t.l.j. sf sam. dim. 8h30-12h15 14h-18h

CH. LILIAN LADOUYS 2012 ★

| ■ Cru bourg. | 190 000 | ◗ | 15 à 20 € |

Au XIVᵉ s., La Doys était une métairie de Lafite. Après avoir connu son heure de gloire à la charnière des XIXᵉ et XXᵉ s., sous le nom de Ch. Ladouys, ce cru avait pratiquement disparu. Il a été ressuscité et rebaptisé du nom de son épouse par Christian Thiéblot dans les années 1980, puis par la Natexis à partir de 1989. En 2008, nouveau changement de propriétaires avec Jacky et Françoise Lorenzetti (Pédesclaux à Pauillac), qui ont entrepris un vaste programme de restructuration des 44 ha de vignes.

Le cru poursuit sa remontée qualitative et signe un 2012 très appréciable. D'un seyant pourpre profond, ce vin développe un bouquet harmonieux de cassis et de cerise bigarreau, agrémenté de nuances mentholées et vanillées. Le palais se révèle d'un beau classicisme, avec du volume, de la matière, une solide charpente et une fine fraîcheur minérale, gage d'une bonne garde. ✗ 2019-2023 ▼ œufs meurette cèpes et foie gras

o━ SAS Ch. Lilian Ladouys, Blanquet, 33180 Saint-Estèphe, tél. 05 56 59 71 96, contact@chateau-lilian-ladouys.com Ⓥ 🏃 👤 r.-v. o━ Jacky et Françoise Lorenzetti

CH. MARCELINE 2012 ★

| ■ | 8 000 | ◗ | 15 à 20 € |

Un jeune cru créé en 2009 sur 44 ares par Marc et Céline Druesne (l'association des deux prénoms est à l'origine du nom du domaine). Le chai en moellons est, lui, ancien, doté d'un vieux pressoir et les vignes sont d'un âge respectable, plantées dans les années 1960 par l'arrière-grand-père de Céline, garagiste de son état, qui portait les raisins à la coopérative.

D'une bonne tenue au palais par sa présence tannique, sa fraîcheur minérale et son équilibre, ce vin libère au nez comme en bouche de jolis arômes réglissés et vanillés qui se mêlent harmonieusement à la griotte bien mûre. ✗ 2017-2021 ▼ gouda vieux

o━ Marc Druesne, 3, rue de la Tonnellerie, 33180 Saint-Estèphe, tél. 05 56 59 38 95, chateaumarceline@sfr.fr Ⓥ 🏃 👤 r.-v.

CH. MEYNEY 2012 ★

| ■ | 145 000 | ◗ | 20 à 30 € |

90 92 93 94 **95 96** 97 99 00 01 02 04 |05| |06| **08** 09
10 12

Ancien prieuré des Couleys, couvent de l'ordre des Feuillants, développé par les familles Luetkens et Cordier, ce cru de 51 ha régulier en qualité, voisin de Montrose, serait l'un des berceaux de la viticulture stéphanoise. Il est depuis 2004 dans le giron de CA Grands Crus (groupe Crédit Agricole), propriétaire entre autres de Grand-Puy Ducasse (pauillac) et Rayne Vigneau (sauternes).

Sombre et profonde, la robe annonce un vin étoffé. Intense et complexe, le bouquet développe de belles notes de fruits rouges et noirs (cerise, mûre), de cèdre et de grillé. Après une attaque souple et fraîche, le palais se révèle corsé, puissant, tannique et virilement boisé, tout en conservant une réelle élégance. Bâti pour la garde. ✗ 2019-2025 ▼ carré d'agneau

o━ SC Prieuré de Meyney, 4, quai Antoine-Ferchaud, 33250 Pauillac, tél. 05 56 59 00 40, contact@cagrandscrus.fr o━ CA Grands Crus

CH. MONTROSE 2012 ★★

| ■ 2e cru clas. | 220 000 | ◗ | 75 à 100 € |

⑧⑫ **83** 85 86 87 **88 89 90** 91 **92 93 94 95 96 97 98**
|**99**| |**00**| |**01**| 02 03 04 05 06 07 08 09 10 11 12

Entouré de 95 ha de vignes d'un seul tenant, Montrose a pour seul horizon l'estuaire de la Gironde. Autrefois, ses sols très pauvres, essentiellement des graves sur argiles, étaient des pâturages couverts de bruyères, qui formaient d'immenses plaques roses lors de la floraison. Ce qui a valu son nom au domaine, transformé en vignoble à la fin du Premier Empire par Étienne-Théodore Dumoulin, développé par Mathieu Dolfuss à partir de 1866 et par les Charmolüe après 1896. Ces derniers ont maintenu intacts le prestige et la qualité de Montrose à travers tout le XXᵉ s., avant de céder le cru en 2006 à Martin et Olivier Bouygues, qui en ont confié en 2012 la direction à Hervé Berland et ont entrepris un vaste programme de rénovation.

BORDELAIS

Pourpre sombre, la robe, d'une limpidité parfaite, annonce un grand vin. Le bouquet naissant montre une intensité chaleureuse autour de notes un peu animales, bientôt relayées par des arômes de marron glacé, de grillé et de fruits rouges mûrs. À une attaque tendre et délicate succède un milieu de bouche séveux et parfaitement proportionné, sans temps mort ni dureté, adossé à des tanins soyeux, bien enrobés, et à un boisé fin ; la finale, plus austère, indique un solide potentiel. ✗ 2019-2028 ❦ rôti de bœuf en croûte

o— SCEA du Ch. Montrose, 33180 Saint-Estèphe, tél. 05 56 59 30 12, chateau@chateau-montrose.com 🏃 r.-v.

o— Bouygues

CH. ORMES DE PEZ 2012 ★★			
■	220 000	◫	30 à 50 €

89 90 95 96 97 98 99 |**00**| 01 02 |03| |**04**| |06| 07 08 **09** 10 **12**

Si Lynch-Bages, à Pauillac, est le navire amiral des Domaines Jean-Michel Cazes, ce n'est pas le premier cru acquis par la famille Cazes. Ce titre revient aux Ormes de Pez, situé au nord de l'appellation saint-estèphe, acheté par Jean-Charles Cazes en 1940. Le vignoble couvre 35 ha sur un terroir typique de graves garonnaises.

Une fois encore, les Cazes prouvent leur attachement à ce cru en signant un superbe vin. L'intensité de la robe trouve un bel écho dans un bouquet complexe, qui marie avec subtilité les fruits rouges à des notes d'amande et de sous-bois. Ample, tendre, onctueux et charnu, le palais s'appuie sur de magnifiques tanins tout en rondeur et déploie une longue finale pleine de fraîcheur et de promesses. ✗ 2018-2025 ❦ canard aux cèpes

o— Domaines Jean-Michel Cazes, Ch. Ormes de Pez, 33180 Saint-Estèphe, tél. 05 56 73 24 00, infochato@ormesdepez.com r.-v. 🏠 ❺

CH. PETIT BOCQ 2012 ★			
■ Cru bourg.	110 000	◫	20 à 30 €

94 95 96 **97** 98 99 **00** 01 02 03 |**04**| **05** |06| ⑦ 08 **09** 10 12

Un domaine de 18 ha très morcelé (près de quatre-vingts parcelles vinifiées séparément avant d'être assemblées), d'une constance remarquable depuis sa reprise en 1993 par un médecin belge, Gaëtan Lagneaux, disparu prématurément à la fin de l'année 2012.

L'influence de l'élevage en fût se lit dans le bouquet où des notes de grillé et de café viennent se mêler au cassis et autres petits fruits pour former un ensemble d'une belle intensité. Porté par un bon boisé empyreumatique et des tanins ronds et fondus, le palais se montre bien équilibré et offre une jolie finale, fine, fraîche et longue. ✗ 2018-2022 ❦ épaule d'agneau

o— SCEA Lagneaux-Blaton, 3, rue Croix-de-Pez , 33180 Saint-Estèphe, tél. 05 56 59 35 69, petitbocq@ hotmail.com 🆅 🏃 🔋 r.-v.

CH. LA PEYRE 2012			
■	36 000	◫	15 à 20 €

Comme son nom le laisse penser, ce petit cru familial de 7,5 ha est implanté sur un terroir riche en pierres.

Ingénieur en mécanique dans une vie antérieure, René Rabiller en a pris les rênes en 1987 et l'a sorti de la cave coopérative.

Ce vin dévoile un bouquet chaleureux de boisé grillé et de fruits rouges cuits. Arômes que prolonge un palais rond et harmonieux, épaulé par des tanins souples et soyeux et par un boisé fondu. Encore un brin sévère, la finale appelle un peu de patience. ✗ 2017-2022 ❦ rôti de bœuf

o— Dany et René Rabiller, 25, rte de Saint-Affrique, 33180 Saint-Estèphe, tél. 05 56 59 32 51, vignoblesrabiller@wanadoo.fr 🆅 🏃 🔋 r.-v.

CH. DE PEZ 2012 ★			
■	125 000	◫	30 à 50 €

Vignoble de 35 ha d'un seul tenant situé à l'ouest de Saint-Estèphe, ce cru est l'un des plus anciens de l'appellation, ayant appartenu aux familles Pontac et Lawton. Il est depuis 1995 la propriété de la famille Rouzeau (Champagnes Roederer).

Une robe intense et très sombre, un bouquet non moins intense, bien boisé, minéral, mentholé et fruité, les premières impressions indiquent un vin de caractère. De fait, on découvre en bouche, passé une attaque ronde, un saint-estèphe viril et puissant, bâti sur des tanins solides et un boisé marqué mais de belle qualité. La garde est de rigueur. ✗ 2018-2022 ❦ confit d'oie

o— SC la Salle Saint-Estèphe, Ch. de Pez, 33180 Saint-Estèphe, tél. 05 56 59 30 26 🔋 🔋 r.-v.

o— Louis Roederer

CH. PHÉLAN SÉGUR 2012 ★★			
■	150 000	◫	30 à 50 €

88 89 **90 91 93 94 95** 96 **97 98 99** |**00**| |**01**| |**02**| 03 |04| **05** |06| |07| **08 09 10** 11 **12**

Situé sur le plateau à côté du bourg de Saint-Estèphe, ce cru allie un impressionnant ensemble de bâtiments néo-classiques à un terroir de premier choix : 70 ha de graves argileuses. À sa tête, une succession de propriétaires de renom. Bernard Phélan, possédant déjà le domaine de Garamey, acheta en 1810 des terres venant de Joseph-Marie de Ségur, comte de Cabanac (qui n'avait qu'une simple homonymie avec les Ségur de Lafite et Calon). Puis, pendant longtemps, les Delon, une référence en Médoc. Et depuis 1985, Xavier Gardinier.

D'un rubis jeune et intense, la robe du 2012 n'est pas avare de promesses. Aussi puissant que fin, le bouquet égrène de jolies notes vanillées sur un fond de raisins mûrs. On retrouve cette intensité aromatique (moka, toast grillé, fruits rouges) dans un palais concentré et gras, structuré par de beaux tanins serrés et par une fine acidité qui confirment le sérieux des perspectives ouvertes par la présentation. ✗ 2019-2025 ❦ lièvre à la royale ■ Franck Phélan 2012 ★★ (20 à 30 € ; 90 000 b.) : un second vin savoureux et très expressif (joli fruit, bon bois, notes d'amande), chaleureux, ample et riche en bouche, charpenté avec douceur et bien épaulé par une touche de fraîcheur. ✗ 2018-2022

o— Ch. Phélan Ségur, rue des Écoles, 33180 Saint-Estèphe, tél. 05 56 59 74 00, phelan@ phelansegur.com 🆅 🏃 🔋 r.-v. o— X. et Fils Gardinier

CH. POMYS 2012 ★

| ■ | 37 826 | 🛢 ⬗ | 15 à 20 € |

La famille Arnaud est à la tête de deux crus en saint-estèphe : le vignoble du Ch. Pomys, ancienne propriété (entre autres) de Louis Gaspard d'Estournel, morcelé au fil des ventes successives, pour atteindre 12 ha ; le Ch. Saint-Estèphe, de même surface, créé par un ancêtre en 1870.

Si la robe est légère, le bouquet se montre expressif, offrant un joli fruité (cerise et noyau de cerise) rehaussé d'une délicate note florale et d'un boisé fin (boîte à cigares). Souple et frais en attaque, bâti sur de solides tanins, un peu austères en finale, le palais ouvre d'intéressantes perspectives de garde. ✗ 2018-2024 ♉ entrecôte maître de chai ■ Ch. Saint-Estèphe 2012 (15 à 20 € ; 18 395 b.) : vin cité. ✗ 2018-2023

o━ SA Arnaud, Ch. Saint-Estèphe et Pomys, Leyssac, 33180 Saint-Estèphe, tél. 05 56 59 32 26, pomys@orange.fr Ⓥ Ⓚ Ⓛ r.-v. 🏠 Ⓒ

CH. LA ROUSSELIÈRE 2012

| ■ | 29 323 | ⬗ | 20 à 30 € |

Acteur important de la place de Bordeaux, Cordier-Mestrezat Grands Crus est né en 2000 de la fusion de deux vénérables maisons de négoce bordelaises : la maison Cordier, fondée en 1886 par Désiré Cordier, et la maison Mestrezat, créée en 1815. La société est depuis juin 2015 dans le giron d'InVivo, groupement géant de coopératives.

Avec un côté floral, des arômes de mûre et de cerise et un bon boisé vanillé, le bouquet de ce vin présente beaucoup d'agréments. Après une attaque souple et ronde, le palais dévoile un agréable fruité et une structure plutôt légère et élégante. Nul besoin d'une longue garde pour apprécier les qualités aromatiques de cette jolie bouteille. ✗ 2017-2020 ♉ rôti de veau

o━ Grands Crus Cordier-Mestrezat, 109, rue Achard, BP 154, 33042 Bordeaux Cedex, tél. 05 56 11 29 00, contact@cordier-mestrezat.com

CH. SÉGUR DE CABANAC 2012 ★

| ■ | 40 000 | ⬗ | 20 à 30 € |

95 96 **97 98** 99 **00 01 02** 03 |04| |05| **06** |07| **08** 09 **10** 12

De noble origine, ce cru de 7 ha est composé de différentes parcelles, dont certaines furent la propriété du comte Joseph-Marie Ségur de Cabanac, le « Prince des Vignes » ; des bornes de pierre gravées à son nom se dressent d'ailleurs toujours dans le vignoble. Les Delon ont reconstitué l'exploitation à partir de 1985 et en ont fait l'une des belles références de Saint-Estèphe.

Tout proche des deux étoiles, ce saint-estèphe dévoile des parfums riches et complexes de fruits mûrs, d'épices, de café et de cacao. Suave, ample et généreux, le palais s'adosse à des tanins doux et veloutés qui renforcent le caractère très courtois de ce vin harmonieux et long. ✗ 2018-2022 ♉ faisan en cocotte

o━ SCEA Guy Delon et Fils, Ch. Ségur de Cabanac, rue du Littoral, 33180 Saint-Estèphe, tél. 05 56 59 70 10, sceadelon@wanadoo.fr Ⓥ Ⓛ r.-v.

CH. TOUR DE PEZ 2012

| ■ Cru bourg. | 80 000 | ⬗ | 15 à 20 € |

Situé sur un joli terroir, ce cru doit son nom à une ancienne tour, abattue en 1933 et reconstruite à la fin du XXᵉs. Propriété de Philippe Bouchara depuis 1989, ce domaine couvre 30 ha sur des graves girondines et des marnes argilo-calcaires.

Le bouquet, encore dominé par le fût, associe les raisins mûrs à des notes de toast grillé, de moka et de chocolat. On retrouve ces arômes en compagnie d'un fruité plus expansif dans une bouche aimable et équilibrée, de bonne longueur, à la texture fine et aux tanins bien enrobés. ✗ 2018-2021 ♉ lamproie à la bordelaise

o━ SAS Ch. Tour de Pez, lieu-dit l'Hereteyre, 33180 Saint-Estèphe, tél. 05 56 59 31 60, contact@ tourdepez.com Ⓥ Ⓚ Ⓛ r.-v.

CH. TOUR DES TERMES 2012 ★

| ■ Cru bourg. | 80 000 | ⬗ | 15 à 20 € |

Ce château tire son nom d'une tour médiévale située sur la parcelle Les Termes et représentée sur l'étiquette. La famille Anney en est propriétaire depuis 1938 et Christophe (troisième génération) dirige le cru et son vignoble de 36 ha depuis 1983.

À l'olfaction, ce vin associe sans fausse note un boisé fin à de délicates notes fruitées (cassis, cerise) et réglissées. On retrouve cette harmonie entre l'élevage et le fruit dans un palais frais en attaque, aux tanins bien en place, fins et sans dureté, qui laissent entrevoir d'intéressantes perspectives de garde. ✗ 2018-2022 ♉ volaille aux cèpes

o━ SCEA Vignobles Jean Anney, 2, rue du Pigeonnier, Saint-Corbian, 33180 Saint-Estèphe, tél. 05 56 59 32 89, contact@chateautourdestermes.com Ⓥ Ⓚ Ⓛ r.-v.

CH. TRONQUOY-LALANDE 2012

| ■ | 105 000 | ⬗ | 20 à 30 € |

93 94 95 96 98 99 00 01 02 03 04 |05| |06| |07| 08 09 10 12

Ce cru d'ancienne notoriété (XVIIIᵉs.) a été racheté à Jean Texier en 2006 par les frères Martin et Olivier Bouygues, comme Montrose, acquis la même année. Comme son illustre « cousin », ce domaine de 30 ha a bénéficié d'importants investissements.

Ce 2012 séduit par sa robe noire comme par son bouquet naissant de fruits noirs, de cerise et de pivoine. À une attaque fraîche, voire nerveuse, succède un milieu de bouche plus riche et chaleureux (fruits à l'alcool), porté par des tanins encore assez sévères, avant que la finale ne crée la surprise par sa douceur. ✗ 2018-2022 ♉ gigot d'agneau

o━ Ch. Tronquoy-Lalande, 33180 Saint-Estèphe, tél. 05 56 59 61 05, chateau@tronquoy-lalande.com Ⓥ Ⓚ Ⓛ r.-v. o━ Bouygues

SAINT-JULIEN

Superficie : 920 ha / Production : 41 775 hl

Pour l'une saint-julien, pour l'autre Saint-Julien-Beychevelle, saint-julien est la seule appellation communale du Haut-Médoc à ne pas respecter scrupuleusement l'homonymie entre les dénominations viticole et municipale. La seconde, il est vrai, a le défaut d'être un peu longue, mais elle correspond parfaitement à l'identité humaine et au terroir de la commune et de l'aire d'appellation, à cheval sur deux plateaux aux sols cailloux et graveleux.

Situé exactement au centre du Haut-Médoc, le vignoble de Saint-Julien constitue, sur une superficie assez réduite, une harmonieuse synthèse entre margaux et pauillac. Il n'est donc pas étonnant d'y trouver onze crus classés, dont cinq seconds. À l'image de leur terroir, les vins offrent un bon équilibre entre les qualités des margaux (notamment la finesse) et celles des pauillac (la puissance). D'une manière générale, ils possèdent une belle couleur, un bouquet fin et typé, du corps, une grande richesse et de la sève. Mais, bien entendu, les quelque 6 millions de bouteilles produites en moyenne chaque année en saint-julien sont loin de se ressembler toutes, et les dégustateurs les plus avertis noteront les différences qui existent entre les crus situés au sud – plus proches des margaux – et ceux du nord – plus près des pauillac –, ainsi qu'entre ceux qui sont à proximité de l'estuaire et ceux qui se trouvent plus à l'intérieur des terres, vers Saint-Laurent.

CH. BEYCHEVELLE 2012 ★★

■ 4e cru clas.	250 200	◗	50 à 75 €

82	**83**	**85**	**86**	**88**	89	90	91	92	93	**94**	**95**	96	**97**	**98**	99
00	01	02	03	**04**	05	06	**07**	08	**09**	10	11	12			

Le « Versailles bordelais » : Beychevelle est un petit bijou d'architecture classique. Son prestige tient aussi à de puissantes familles qui en furent propriétaires. Son nom viendrait d'ailleurs d'un grand amiral de France, duc d'Épernon sous Henri III, qui exigeait que les navires passant devant son château « baissent voiles » en signe d'allégeance. Né au XVIIe s. et développé au XVIIIe, son vignoble (90 ha) a beaucoup évolué, ce qui explique sa dispersion actuelle sur toute l'AOC. Appartenant depuis 2011 aux groupes Suntory et Castel, il est dirigé par Philippe Blanc.

Une fois encore, l'élégance de ce vin a ravi les palais (très) exigeants de nos dégustateurs. Une élégance qui se manifeste d'emblée par une très belle robe rubis foncé. Elle caractérise aussi le bouquet, qui mêle les fruits noirs frais, les épices et un boisé doux, parfaitement fondu. Bien concentré autour d'une matière riche et dense, le palais s'adosse à un boisé raffiné et à des tanins solides et racés, encore un peu sévères, et s'étire dans une longue finale pleine de noblesse. La patience s'impose, mais les promesses sont grandes. ✗ 2019-2028 ♥ tournedos Rossini

o─┐ SC Ch. Beychevelle, 33250 Saint-Julien-Beychevelle, tél. 05 56 73 20 70, beychevelle@beychevelle.com

CH. BRANAIRE-DUCRU 2012 ★

■ 4e cru clas.	n.c.	◗	30 à 50 €

82	**83**	**85**	**86**	**88**	**89**	90	93	**94**	**95**	96	97	**98**	**99**	**00**	01
02	03	04	05	**06**	07	**08**	09	10	**11**	12					

Un château (Directoire) et une orangerie (XVIIIe s.) aux lignes épurées : les amateurs d'architecture néoclassique seront comblés par la visite de ce bel ensemble qui s'élève sur le coteau au-dessus de Beychevelle. Composé de graves, celui-ci constitue un terroir de choix, dont

l'intérêt viticole a été perçu dès la fin du XVIIe s., époque de l'achat du domaine par Jean-Baptiste Braneyre. Fort d'un vignoble de 60 ha, le cru appartient depuis 1988 à la famille Maroteaux qui a réalisé d'importants investissements pour redonner à la propriété son lustre d'antan.

Comme le laisse présager sa robe, d'un pourpre profond à reflets bruns, ce vin a du corps... et de l'esprit. Celui-ci s'exprime à travers un bouquet net et harmonieux, aux tonalités fruitées (cassis mûr, pruneau), épicées et torréfiées. Après une attaque ferme et homogène, le palais se révèle gras, plein de sève et de mâche, porté par une solide charpente et un boisé noble. Le tout mène vers une agréable finale, longue et savoureuse. ✗ 2018-2023 ♥ rôti de veau aux cèpes ■ Duluc de Branaire-Ducru 2012 (20 à 30 € ; n.c. b.) : vin cité. ✗ 2017-2021

o─┐ Ch. Branaire-Ducru, 1, chem. du Bourdieu, 33250 Saint-Julien-Beychevelle, tél. 05 56 59 25 86, branaire@branaire.com 🆅 🗷 🛏 r.-v.

CLOS DU MARQUIS 2012 ★

■	108 000	◗	30 à 50 €

Souvent considéré comme le second vin de Léoville Las Cases, le Clos du Marquis, créé en 1902, est en réalité un cru à part entière. Son vignoble, planté sur un terroir de graves du Mindel très homogène, est situé au nord-ouest du village de Saint-Julien, le grand clos Léoville Las Cases étant quant à lui au nord-est.

Avec des arômes intenses et francs de fruits rouges, de cassis et de mûre qu'accompagne un fin boisé, le bouquet séduit d'emblée. Un fruité soutenu que reprend à son compte, dès l'attaque, un palais dense, vineux et charnu, étayé par des tanins fins et serrés, et par une fraîcheur qui allonge la finale, élégante et savoureuse. Un bel ensemble, très équilibré, fort bien extrait, très élégant. ✗ 2018-2023 ♥ confit de canard

o─┐ Ch. Léoville Las Cases (Clos du Marquis), 33250 Saint-Julien-Beychevelle, tél. 05 56 73 25 26, contact@leoville-las-cases.com 🗷 🛏 r.-v.

o─┐ Jean-Hubert Delon

CH. GLORIA 2012 ★

■	230 000	◗	20 à 30 €

82	**83**	84	85	86	87	**88**	**89**	90	**91**	93	94	**95**	96	97	98	99
00	**01**	**02**	03	04	05	06	07	08	09	10	**11**	12				

Ce cru, qui s'étend aujourd'hui sur 50 ha, a été constitué ex nihilo à partir de 1942 par l'une des grandes figures du vignoble, Henri Martin, qui pendant des années a acheté des parcelles provenant de grands crus classés, au centre de Beychevelle, ainsi qu'à l'ouest et au nord de l'appellation. Comme l'ensemble des Domaines Martin, Gloria est aujourd'hui dirigé par sa fille Françoise et son mari Jean-Louis Triaud.

Le côté chic de la robe, d'un rouge sombre et brillant, se retrouve dans le bouquet, ouvert sur de fines notes de mûre et de myrtille, agrémenté d'un boisé bien dosé. La bouche dévoile une réelle élégance : une chair ronde et tendre enrobe des tanins policés, épaulés par un boisé doux et fondu. Tout témoigne ici d'une bonne origine. ✗ 2017-2022 ♥ filet mignon de veau

o─┐ Dom. Martin, 33250 Saint-Julien-Beychevelle, tél. 05 56 59 08 18, contact@domaines-martin.com 🆅 🗷 🛏 r.-v.

♥ CH. GRUAUD LAROSE 2012 ★★★

| ■ 2e cru clas. | 160 000 | ◫ | 30 à 50 € |

82 83 84 **85** ⑧⑥ 87 **88** 89 **90** 91 92 **93 94** ⑨⑤ **96** 97 |98| |99| |⓪⑨| |⓪1| |⓪2| |⓪3| |⓪4| 05 06 07 **08** 09 **10** 11 ⑫

Créé au début du XVIIIᵉs. par la famille Gruaud, le domaine passe en 1771 aux mains des Larose, qui ajoutent leur nom et font construire le château de style néoclassique. En 1812, les Balguerie et Sarget achètent la propriété, puis se séparent, donnant naissance à Gruaud Larose-Bethmann et Gruaud Larose-Sarget. La réunification intervient en 1934, grâce à Désiré Cordier. Vendu en 1983 à des investisseurs institutionnels, Gruaud Larose est racheté en 1997 par le groupe familial Taillan (Merlaut), à la tête aujourd'hui d'un vaste vignoble de 82 ha, presque d'un seul tenant.

Une force tranquille, c'est le sentiment qui reste après la dégustation du 2012 de Gruaud Larose. Un grand vin très distingué dans sa robe pourpre, ouvert sur des notes intenses et généreuses de fruits rouges et noirs, d'épices, de tabac et de truffe, procurant une sensation de richesse que l'on retrouve dès l'attaque. Rond à souhait, charnu, presque crémeux, «gourmand» oserait-on, le palais s'adosse à une charpente admirable d'équilibre, à la fois solide et élégante, puissante et douce. Ce saint-julien dégage un charme incontestable, renforcé par une très longue finale satinée. ✗ 2019-2028 ♀ poularde truffée ■ Sarget de Gruaud Larose 2012 ★ (20 à 30 € ; 178 000 b.) : un second vin rond, suave et très aimable, porté par des tanins courtois et veloutés. ✗ 2018-2023

☞ *Ch. Gruaud Larose, 33250 Saint-Julien-Beychevelle, tél. 05 56 73 15 20, gl@gruaud-larose.com* 🆅 🏃 ➍ *r.-v.*
☞ Merlaut

CH. LAGRANGE 2012 ★★

| ■ 3e cru clas. | 270 000 | ◫ | 30 à 50 € |

82 **83** 85 86 88 89 ⑨⓪ **91 92 93 94 95 96 97 98 99** |⓪0| 01 02 |⓪3| |⓪4| **05** |⓪6| 07 08 09 10 11 **12**

Un nom modeste pour une vaste propriété (280 ha, dont 120 de vignes) et un château néoclassique agrémenté d'un campanile aux allures toscanes. Le vignoble d'un seul tenant, établi sur deux buttes de graves, est l'héritier d'une longue histoire, la Grange désignant souvent au Moyen Âge un grand domaine avec église, habitations et bâtiments d'exploitation. Propriété du groupe japonais Suntory depuis 1983, le cru, longtemps dirigé par Marcel Ducasse, figure de la viticulture médocaine, puis par son ancien adjoint Bruno Eynard, a recruté Mathieu Bordes en 2013.

Une robe grenat foncé fort prometteuse, un bouquet complexe et harmonieux d'épices douces et de petits fruits rouges, soulignés d'une fine ligne boisée aux tonalités empyreumatiques : l'approche est impeccable. Souple en attaque, le palais libère des notes fraîches d'épices et de fruits qui font écho à l'olfaction, avant que le bois n'égrène ses accents vanillés au sein d'une matière ample et charnue, structurée par des tanins soyeux. La

longue finale, intense et veloutée, laisse le souvenir d'un vin déjà très harmonieux et promis à une longue garde. ✗ 2019-2028 ♀ faisan aux airelles ■ Les Fiefs de Lagrange 2012 ★ (20 à 30 € ; 400 000 b.) : un second vin carré et intense, ouvert sur des arômes de cuir, de tabac et de vanille, et adossé à une solide charpente. ✗ 2018-2024

☞ *Ch. Lagrange, Beychevelle, 33250 Saint-Julien-Beychevelle, tél. 05 56 73 38 38, contact@chateau-lagrange.com* 🏃 🏠 ➍ *r.-v.*
☞ Groupe Suntory

CH. LANGOA BARTON 2012

| ■ 3e cru clas. | 75 000 | 🍾 ◫ | 30 à 50 € |

82 83 85 86 88 ⑧⑨ |**90**| 93 94 95 96 97 98 |**99**| **00** |⓪1| |⓪2| 03 |⓪4| **06** |⓪7| 08 09 **10** 11 12

Commandé par une belle chartreuse du XVIIIᵉs., ce cru, depuis 1821 la propriété des Barton (Ch. Léoville Barton), d'origine irlandaise, est l'un des rares domaines à être entre les mains de la même famille depuis le classement de 1855. Une tradition que perpétue Lilian Barton-Sartorius (septième génération), depuis 2006 à la tête du vignoble : 17 ha répartis en quatre grandes parcelles situées entre les villages de Saint-Julien et Beychevelle.

Rouge foncé aux nuances d'acajou, la robe de ce 2012 ne laisse pas indifférent. Encore sous l'emprise des vingt mois de barrique (café, cèdre, santal), le bouquet laisse deviner son futur visage à l'aération à travers de fines notes florales, fruitées et épicées. Très frais et tonique en attaque, le palais évolue ensuite vers plus de douceur, porté par des tanins soyeux. Un saint-julien svelte et tendre, sur la finesse plutôt que sur la puissance. ✗ 2016-2022 ♀ côtelette d'agneau

☞ *Famille Barton, Ch. Langoa Barton, 33250 Saint-Julien-Beychevelle, tél. 05 56 59 06 05, chateau@leoville-barton.com* 🏃 🏠 *r.-v.*

CH. LÉOVILLE BARTON 2012 ★

| ■ 2e cru clas. | 150 000 | 🍾 ◫ | 50 à 75 € |

82 83 85 86 88 |⑧⑨| ⑨⓪| **91** 93 94 95 |**96**| **97** |**98**| |**99**| **00** 01 **02 03** |⓪4| ⓪⑤ **06** |⓪7| **08 09 10** 11 12

Si l'Irlandais Thomas Barton a installé aux Chartrons son affaire de négoce en 1725, ce n'est qu'en 1821 que son petit-fils Hugh acquiert le château Langoa, puis en 1826 une partie de l'ancien domaine de Léoville, propriété née au début du XVIIᵉs. et scindée en plusieurs parties à la Révolution. Le domaine resté depuis lors dans la famille Barton (Lilian Barton-Sartorius depuis 2006), qui étend ses 51 ha de vignes au sud du bourg de Saint-Julien. Pas de demeure ni de chai ici, vinification et élevage se déroulent à Langoa.

Paré d'une robe pourpre très sombre et prometteuse, ce vin développe un bouquet puissant et complexe qui fait la part belle à la réglisse, aux épices et aux accents empyreumatiques apportés par l'élevage, puis à la griotte à l'aération. Ample et vive en attaque, la bouche se révèle solidement charpentée, bâtie sur des tanins encore très serrés et sur un boisé racé qui appellent une longue garde. ✗ 2019-2025 ♀ dessert au chocolat

☞ *Famille Barton, Ch. Léoville Barton, 33250 Saint-Julien-Beychevelle, tél. 05 56 59 06 05, chateau@leoville-barton.com* 🏃 🏠 *r.-v.*

♥ CH. LÉOVILLE LAS CASES 2012 ★★

■ 2e cru clas.	120 000		+ de 100 €

(61) **62 64** 67 69 **70 71 75** 76 **78 79** (82) (83) **85** (86) |**88**| |**89**| |**90**| **91** 92 **93** (00) |**01**| |**02**| (03) |**04**| (05) **06 07 08** (09) (10) **11 12**

CLOS LÉOVILLE - LAS CASES
RÉCOLTE 2012
Grand Vin de Léoville
du Marquis de Las Cases
SAINT-JULIEN-MÉDOC

Las Cases ne se contente pas de posséder les trois cinquièmes de l'ancien domaine de Léoville – divisé entre 1826 et 1846 pour aboutir aux trois Léoville connus aujourd'hui –, le cru possède le cœur historique du vignoble, le Grand Clos. Près de 60 ha plantés sur de belles graves reposant en profondeur sur des graves argilo-sableuses, au voisinage de Latour et de la Gironde, complétés par l'actuel Clos du Marquis. À cet avantage s'ajoute celui d'être géré depuis 1900 par la même famille, les Delon (aujourd'hui Jean-Hubert), qui l'ont dotée, notamment depuis 2002, d'équipements à la pointe du progrès.

S'il est encore dans l'âge ingrat, ce vin ne cache pas son potentiel. Celui-ci apparaît d'abord dans la robe, d'une jolie teinte cerise burlat, intense et profonde. Il se précise ensuite avec le bouquet à la fois puissant, ouvert sur des notes de mûre, de cassis et de moka relevées par une touche très cabernet de végétal noble. D'un volume et d'une densité remarquables dès l'attaque, le palais se révèle très long, très pur, très droit, porté par des tanins fins et serrés et par une belle fraîcheur finale aux tonalités épicées. L'ensemble compose un tableau typiquement médocain, qui atteindra l'âge de raison dans de nombreuses années. ⧗ 2022-2030 🍴 filet de bœuf truffé ■ Le Petit Lion du Marquis de Las Cases 2012 ★ (20 à 30 € ; 84 000 b.) : un nez intense, boisé, fruité et un rien animal, une bouche souple en attaque, plus ferme dans son développement : une jolie bouteille pour attendre le grand vin. ⧗ 2017-2021

⊶ *Ch. Léoville Las Cases, 33250 Saint-Julien-Beychevelle, tél. 05 56 73 25 26, contact@leoville-las-cases.com* r.-v.

⊶ Jean-Hubert Delon

CH. LÉOVILLE POYFERRÉ 2012 ★★

■ 2e cru clas.	184 860		50 à 75 €

79 80 **82** (83) **85 86 88 89** 90 **91** 93 **94** 95 **96 97 98 99** |**00**| 01 |(02)| |**03**| |**04**| |**05**| **06** |07| **08 09 10 11 12**

Comme les deux autres crus issus de l'ancien domaine de Léoville, Poyferré – du nom du comte de Poyferré, issu d'une maison noble d'Armagnac, qui hérita du vignoble par son épouse lors de la scission – bénéficie d'un terroir de choix. Celui-ci, d'une superficie de 80 ha, se répartit sur toute la commune de Saint-Julien : à l'est, près de la Gironde, des graviers et galets bruns ; à l'ouest, des sables noirs. Des atouts mis en valeur depuis 1979 par Didier Cuvelier, dont la famille, d'anciens négociants en vins à Lille, acquit la propriété en 1920.

D'un rouge profond à reflets rubis très attirant, la robe semble annoncer l'intensité du vin. De fait, le bouquet se révèle puissant, complexe aussi : débutant par des senteurs grillées, il poursuit dans la gourmandise avec de savoureux arômes d'épices et de petits fruits (cassis, mûre, cerise). Suivant la même ligne, la bouche se révèle séveuse et soyeuse, étayée par des tanins d'une réelle finesse et par un boisé fondu qui laisse le raisin s'exprimer. Un très beau saint-julien de garde. ⧗ 2018-2027 🍴 tournedos de canard Rossini ■ Ch. Moulin Riche 2012 (20 à 30 € ; 61 780 b.) : vin cité. ⧗ 2018-2023

⊶ *Société Fermière du Ch. Léoville Poyferré, 38, rue Saint-Julien, 33250 Saint-Julien, tél. 05 56 59 08 30, lp@leoville-poyferre.fr* V r.-v.

CH. MOULIN DE LA ROSE 2012

■	30 000		20 à 30 €

Baptisé jadis « Lilliput au pays des géants », ce petit cru de 5,14 ha, propriété de Guy Delon depuis 1971, est en effet modeste à côté de la superficie des grands crus de l'appellation. Un vignoble morcelé en 25 parcelles, toutes situées au milieu de crus classés, sur de belles graves garonnaises.

Ce saint-julien dévoile un bouquet discrètement fruité et boisé, agrémenté de notes d'âtre froid. En bouche, il va dans le même sens, épaulé par une fine acidité et des tanins croquants, plus vigoureux et austères en finale. ⧗ 2018-2021 🍴 entrecôte à la bordelaise

⊶ *SCEA Guy Delon et Fils, Ch. Moulin de la Rose, 33250 Saint-Julien-Beychevelle, tél. 05 56 59 08 45, sceadelon@wanadoo.fr* V r. v.

♥ CH. SAINT-PIERRE 2012 ★★

■ 4e cru clas.	67 000		30 à 50 €

82 **83 85** (86) **88 89** |90| **93** 94 (95) (96) 97 **98** 99 |**01**| |**02**| |**03**| |**04**| (05) **06** |**07**| **08 09 10 11 12**

GRAND CRU CLASSÉ EN 1855
CHATEAU SAINT-PIERRE
SAINT-JULIEN
2012
DOMAINES MARTIN

Ce cru ancien (XVIIe s.) a connu des heures sombres, ayant été totalement dispersé à la suite de plusieurs successions. Henri Martin le reconstitua à partir de 1982. Sa fille Françoise et son mari Jean-Louis Triaud conduisent aujourd'hui un vignoble qui couvre 17 ha, planté sur un beau terroir de graves reposant sur une couche argilo-sablonneuse.

Ce coup de cœur fait écho à la trilogie « magique » du domaine : 2004-2005-2006, pour ne remonter qu'aux années les plus récentes et aux plus hautes distinctions du domaine dans ces pages ; un triplé à faire pâlir d'envie les Girondins de Bordeaux si chers au président Jean-Louis Triaud... Ce dernier ajoute une onzième ligne au palmarès du cru (six côté ballon rond, dont deux sous son ère). Dans le verre, un saint-julien emballant de bout en bout. Au bel aspect de la robe, rouge sombre, s'ajoute l'attrait d'un bouquet très élégant de fruits rouges, d'épices, de café torréfié et de toasté. Une attaque ample et goûteuse ouvre sur un palais riche, suave, puissant sans dureté, aux tanins fins et savoureux qui portent loin la finale. Une superbe réussite dans un « millésime de vignerons ». ⧗ 2020-2030 🍴 faisan aux choux

○┐ *Domaines Martin, Ch. Saint-Pierre,*
33250 Saint-Julien-Beychevelle, tél. 05 56 59 08 18,
contact@domaines-martin.com Ⓥ 🏃 🛡 *r.-v.*

CH. TALBOT 2012 ★			
■ 4e cru clas.	300 400	⦀	30 à 50 €

82 83 ⑧⑤ 86 88 89 90 93 94 95 96 97 98 99 |00| |01|
02 |03| 04 |05| |06| |07| |08| 09 10 11 12

Situé sur une croupe de graves, au centre de l'appellation, le château se donne modestement des airs de
grosse maison bourgeoise raffinée et confortable, sans
souci ostentatoire. Tout autour, se déploie un vaste
vignoble de 104 ha d'un seul tenant. À sa tête, Nancy
Bignon-Cordier et Jean-Pierre Marty bénéficient depuis
le millésime 2008 des conseils de Stéphane Derenoncourt.
Toujours très régulier en qualité, Talbot propose une fois
encore un vin d'une belle tenue. Un 2012 sombre et
profond, au bouquet fin et harmonieux, qui associe les
fruits rouges frais et un boisé léger à une agréable pointe
végétale typée cabernet. On retrouve la touche de
fraîcheur du cépage dans une attaque ample et tonique,
prélude à un palais gras, suave et charnu, bâti sur un boisé
bien ajusté et des tanins soyeux, plus vigoureux en finale.
✗ 2018-2025 ₮ carré d'agneau
○┐ *Ch. Talbot, 33250 Saint-Julien-Beychevelle,*
tél. 05 56 73 21 50,
chateau-talbot@chateau-talbot.com 🏃 🛡 *r.-v.*
○┐ *Nancy Bignon-Cordier*

CH. TEYNAC 2012			
■	29 000	⦀	20 à 30 €

À la tête d'une entreprise de communication parisienne,
Philippe et Fabienne Pairault ont opté en 1990 pour la
vigne et le vin, et ce petit domaine (4,5 ha à l'époque,
en piètre état) qu'ils ont restructuré et agrandi (12,75 ha
aujourd'hui).
Si la robe est engageante, le bouquet reste un peu timide,
laissant percer de fines notes fruitées et épicées à
l'aération. La bouche se montre équilibrée et de bonne
longueur, associant sans fausse note fruité mûr, tanins de
qualité et boisé doux. ✗ 2016-2020 ₮ entrecôte marchand
de vin
○┐ *Philippe et Fabienne Pairault, Ch. Teynac, Grand-Rue,*
33250 Saint-Julien-Beychevelle, tél. 05 56 59 93 04,
philetfab3@wanadoo.fr Ⓥ 🏃 🛡 *r.-v.*

◈ **LES VINS BLANCS LIQUOREUX**

**Quand on regarde une carte vinicole de la Gironde, on
remarque aussitôt que toutes les appellations de
liquoreux se trouvent dans une petite région située
de part et d'autre de la Garonne, autour de son
confluent avec le Ciron. Simple hasard ? Assurément
non, car c'est l'apport des eaux froides de la petite
rivière landaise, au cours entièrement couvert d'une
voûte de feuillages, qui donne naissance à un climat
très particulier. Celui-ci favorise l'action du *Botrytis
cinerea*, champignon de la pourriture noble. En effet,
le type de temps que connaît la région en automne**

**(humidité le matin, soleil chaud l'après-midi) permet
au champignon de se développer sur un raisin parfaitement mûr sans le faire éclater : le grain se
comporte comme une véritable éponge, et le jus se
concentre par évaporation d'eau. On obtient ainsi
des moûts très riches en sucre.
Mais, pour obtenir ce résultat, il faut accepter de
nombreuses contraintes. Le développement de la
pourriture noble étant irrégulier sur les différentes
baies, il faut vendanger en plusieurs fois, par tries
successives, en ne ramassant à chaque fois que les
raisins dans l'état optimal. En outre, les rendements
à l'hectare sont faibles (avec un maximum autorisé
de 25 hl à Sauternes et à Barsac). Enfin, l'évolution
de la surmaturation, très aléatoire, dépend des
conditions climatiques et fait courir des risques aux
viticulteurs.**

CADILLAC

Superficie : 128 ha / Production : 6 000 hl

Ennoblie par son splendide château du XVIIᵉs., surnommé le « Fontainebleau girondin », la bastide de
Cadillac est souvent considérée comme la capitale des
Premières-Côtes. Elle est aussi, depuis 1980, une
appellation de vins liquoreux.

CH. CRABITAN-BELLEVUE 2012 ★		
■	12 000	5 à 8 €

Belle unité de 42 ha implantée sur les coteaux sud
dominant la rive droite de la Garonne, ce domaine de la
famille Solane (aujourd'hui Nicolas) est présent dans
plusieurs appellations et propose différents types de
vins, mais son cœur bat pour le sainte-croix-du-mont.
Agréable à l'œil dans sa robe jaune pâle, ce cadillac retient
aussi l'attention par son bouquet riche et complexe de
fruits jaunes mûrs et de cire d'abeille, sur un discret fond
boisé. Ample, rond, onctueux, stimulé par une petite note
citronnée, le palais offre un bel équilibre. ✗ 2016-2022
₮ roquefort
○┐ *GFA Bernard Solane et Fils, Crabitan,*
33410 Sainte-Croix-du-Mont, tél. 05 56 62 01 53,
crabitan.bellevue@orange.fr Ⓥ 🏃 🛡 *t.l.j. 8h-12h*
14h-18h; sam. dim sur r.-v.

CH. DE GARBES			
Grains nobles Élevé en fût de chêne 2013 ★			
■	4 000	⦀	8 à 11 €

Belle unité de 56 ha sur les coteaux de la Garonne, cette
propriété appartient à la famille David depuis 1900. En
2010, la troisième génération (Élodie, Thibault et Fabien) a pris les commandes.
D'un beau jaune doré, la robe de ce pur sémillon est
engageante. Au bouquet, fleurs blanches, fruits jaunes et
miel trouvent un joli point d'équilibre. On découvre en
bouche un vin ample, riche et généreux sans lourdeur,
affiné par une finale acidulée qui lui donne du tonus et de
la longueur. ✗ 2016-2020 ₮ foie gras ■ Cuvée spéciale Fût
de chêne 2013 (5 à 8 € ; 5 600 b.) : vin cité. ✗ 2015-2018
○┐ *Vignobles David Garbes, Ch. de Garbes, 1, Garbes,*
33410 Gabarnac, tél. 05 56 62 92 23, contact@garbes.fr
Ⓥ 🏃 🛡 *r.-v.*

BORDELAIS

CH. HAUT-VALENTIN 2013 ★★		
■	6 000	◖▮	15 à 20 €

Les vignobles Méric constituent un bel ensemble de 50 ha commandé par le château de Bel-Air, l'une des plus anciennes propriétés familiales de Sainte-Croix-du-Mont, dont les origines remontent à 1648. Trois étiquettes ici : Bel-Air, en AOC sainte-croix-du-mont, Croix de Bern, en cadillac-côtes-de-bordeaux, et Haut-Valentin, en cadillac.

Né du seul sémillon, ce 2013 retient d'emblée l'attention par sa robe aux reflets vieil or. Il charme aussi par son bouquet délicat de fruits jaunes frais et de fleurs blanches qui s'harmonisent parfaitement avec une fine douceur miellée. On retrouve cette finesse aromatique et cet équilibre dans une bouche ample, riche et soyeuse, soulignée par une belle acidité en finale. ✗ 2016-2022 ✠ terrine de volaille

☞ Jean-Guy Méric, Ch. Bel-Air, 33410 Sainte-Croix-du-Mont, tél. 05 56 62 01 19, vignobles.meric@orange.fr 🆅 🅺 🚻 t.l.j. 8h-12h 14h-18h

♥ DOM. DU VIC 2012 ★★		
■	6 000	🍴 ◖▮	8 à 11 €

Valérie Marcuzzi, épouse Labrousse, a pris les commandes d'un bel ensemble de 35 ha transmis de mère en fille depuis 1882 et cinq générations. Coup de cœur l'an dernier avec leur cuvée Essentiel du Ch. du Payre 2011, les vignobles Maruzzi récidivent avec ce 100 % sémillon irréprochable de bout en bout. Net, limpide et brillant dans sa présentation, il affirme sa personnalité et sa typicité par son bouquet élégant d'abricot confit, de figue et de fleurs blanches qui garde une réelle fraîcheur. Fraîcheur qui anime aussi le palais ample et soyeux, et qui met en relief les saveurs florales et fruitées déjà perçues à l'olfaction. Un cadillac fin, énergique et déjà flatteur, qui a beaucoup de ressources. ✗ 2016-2023 ✠ poulet au curry

☞ Ch. du Payre, 13, Le Vic, 33410 Cardan, tél. 05 56 62 60 91, chateaudupayre@gmail.com 🆅 🅺 🚻 r.-v. 🏠 ❸

LOUPIAC

Superficie : 350 ha / Production : 12 550 hl

Entre Cadillac à l'ouest et Sainte-Croix-du-Mont à l'est, ce vignoble très ancien couvre les côtes de la rive droite de la Garonne, en face de Sauternes. Par son orientation, ses terroirs et son encépagement, il est très proche de celui de Sainte-Croix-du-Mont. Toutefois, comme sur la rive gauche, les vins produits vers le nord ont souvent un caractère plus moelleux que liquoreux.

CLOS JEAN 2012 ★		
■	25 000	🍴 ◖▮	11 à 15 €

La famille Bord exploite la vigne depuis plus de six générations à Loupiac, à travers deux propriétés. Acquis

en 1792, le Clos Jean étend son vignoble sur 20 ha ; le Ch. Rondillon, l'un des plus anciens crus de la région, couvre quant à lui 10 ha.

Coup de cœur l'an dernier avec sa bien nommée cuvée Sublime 2011, le domaine a su aussi déjouer les pièges du millésime 2012, comme le montre ce vin à la robe profonde et limpide. Si le bouquet est encore un peu discret, il laisse déjà deviner sa future complexité. Celle-ci se précise autour de notes de fruits jaunes confits et de miel d'acacia dans un palais bien équilibré, généreux, riche et fin à la fois. ✗ 2017-2023 ✠ tarte aux abricots

☞ Vignobles Bord, Clos-Jean, 33410 Loupiac, tél. 05 56 62 99 83, vignobles.bord@wanadoo.fr 🆅 🅺 🚻 t.l.j. sf sam. dim. 9h-12h 14h-17h30

CH. DU CROS 2012		
■	25 000	◖▮	15 à 20 €

Établi sur les hauteurs de Loupiac, le château du Cros est étroitement lié à l'histoire du duché anglo-gascon d'Aquitaine au Moyen Âge. Fief des Boyer depuis quatre générations, il commande un vignoble de 95 ha sur les deux rives de la Garonne, produisant sous diverses étiquettes des vins de qualité, notamment en blanc.

S'il n'entend pas rivaliser avec certains millésimes antérieurs, ce 2012 se montre fort plaisant par son bouquet fin de fruits confits, et plus encore par son palais qualifié de « moderne », à savoir sur la légèreté et la fraîcheur plutôt que sur l'opulence. Pas un athlète, mais un vin facile d'accès. ✗ 2015-2019 ✠ tarte au citron

Les vins blancs liquoreux

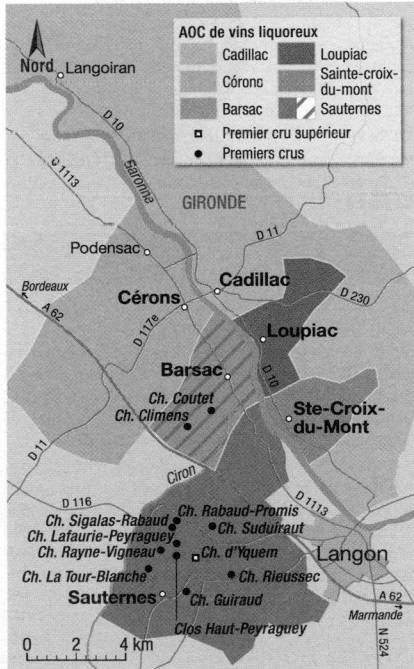

SA Vignobles Boyer, 94, rte de Saint-Macaire, 33410 Loupiac, tél. 05 56 62 99 31, contact@chateauducros.com **V** **⚡** **♦** *t.l.j. 8h-12h30 13h30-18h; sam. dim. sur r.-v.*

CH. MASSAC 2012 ★

■	10 000	◐	8 à 11 €

En parallèle de son activité de directeur d'exploitation dans un grand domaine bordelais, Jean-Yves Arnaud a repris en 1981 le cru familial Frappe-Peyrot, bonne référence en cadillac, et produit aussi en bordeaux et en loupiac avec les Ch. Massac et Mazarin. Son fils Mathieu a pris la direction des vignobles en 2013.

Bien typé par sa robe d'un beau jaune doré, ce 2012 plaît aussi par son bouquet agréablement fruité. Résolument moderne, le palais séduit par son bon volume, son élégance et son équilibre entre souplesse et fraîcheur. ✗ 2016-2019 ♈ roquefort ■ Ch. Mazarin 2012 (8 à 11 € ; 15 000 b.) : vin cité. ✗ 2017-2020

SCEA Vignobles Jean-Yves Arnaud, 16, La Croix, 33410 Gabarnac, tél. 05 56 62 18 92, lesvignoblesarnaud@gmail.com **V** **⚡** **♦** *r.-v.*

DOM. DE PEYTOUPIN
Le Joyau de Cartier 2012 ★★

■	6 000	🍾	11 à 15 €

Commandé par une maison girondine dominant la Garonne, ce cru de 10 ha possède un joli terroir sur l'un des coteaux les plus élevés de la région. Alain Cartier représente la quatrième génération de cette ancienne famille de vignerons de Loupiac à exploiter le domaine.

Un petit bijou en effet que cette cuvée dont le nom est un clin d'œil. Un loupiac qui s'inscrit dans le classicisme par sa richesse, perceptible dès le bouquet, puissant et distingué, ouvert sur des arômes généreux de fruits confits et compotés et sur des notes de cire. Attaquant sans faiblesse, longue et savoureuse, la bouche se révèle tout aussi intense et opulente, avec un botrytis qui ne se cache pas. ✗ 2017-2023 ♈ fromages à pâte persillée

Alain Cartier, dom. de Peytoupin, 33410 Loupiac, tél. 06 86 32 16 69, alaincartier@hotmail.fr **V** **⚡** **♦** *r.-v.*

CH. DE RICAUD
Réserve des Coteaux 2012

■	11 000	◐	15 à 20 €

Alain Thiénot (groupe CVGB, Canard-Duchêne...) a repris en 1980 ce domaine commandé par un vrai château de conte de fées (tours crénelées, gargouilles...) datant du XVᵉ s. et restauré au XIXᵉ s. par Viollet-le-Duc. Depuis 2007, les équipes de la maison Dourthe, intégrée au groupe Thiénot, sont en charge des vins.

Ce 100 % sémillon s'exprime sans réserves à l'olfaction sur des notes généreuses de fruits jaunes et fruits confits. Souple en attaque, le palais compense un petit manque de puissance par un bon équilibre entre le gras et l'acidité et par un fruité persistant. ✗ 2016-2020 ♈ nems de poulet ■ Kressmann Grande Réserve 2013 (11 à 15 € ; 20 000 b.) : vin cité. ✗ 2015-2019

Ch. de Ricaud, rte de Sauveterre, 33410 Loupiac, tél. 05 56 35 53 00, contact@dourthe.com

Alain Thiénot

CH. DE ROUQUETTE 2013 ★

■	20 000	🍾	8 à 11 €

Établis à Loupiac depuis huit générations, les Darriet exploitent plusieurs crus (64 ha en tout) sur les deux rives de la Garonne. Si leurs rouges sont de qualité, ils possèdent un réel savoir-faire en matière de vin blanc, doux comme sec – Philippe Darriet, l'œnologue, est chercheur à la faculté de Bordeaux et spécialiste du sauvignon.

Coup de cœur il y a deux éditions de cela avec un remarquable 2011, ce domaine, valeur sûre de l'appellation, propose une fois encore un vin de très belle facture. D'une seyante couleur jaune paillé à reflets dorés, ce loupiac développe une élégante expression aromatique où les notes florales font bon ménage avec les fruits confits, la figue et le miel. Ample, soyeuse, suave et très riche, la bouche ne perd jamais l'équilibre grâce à l'apport subtil d'une fine fraîcheur acidulée aux accents citronnés. ✗ 2018-2024 ♈ saint-jacques à la crème

Darriet, Ch. Dauphiné-Rondillon, 33410 Loupiac, tél. 05 56 62 61 75, contact@vignoblesdarriet.fr **V** **⚡** **♦** *t.l.j. 8h30-12h30 14h-18h; sam. dim. sur r.-v.*

SAINTE-CROIX-DU-MONT

Superficie : 400 ha / Production : 15 000 hl

Un site de coteaux abrupts dominant la Garonne, peu connu en dépit de son charme, et un vin ayant trop longtemps souffert (à l'égal des autres appellations de liquoreux de la rive droite, loupiac et cadillac) d'une réputation de vin de noces ou de banquets.

Pourtant, cette aire d'appellation située en face de Sauternes mérite mieux : à de bons terroirs, en général calcaires, avec des zones graveleuses, elle ajoute un microclimat favorable au développement du botrytis. Quant aux cépages et aux méthodes de vinification, ils sont très proches de ceux du Sauternais. Les vins, autant moelleux que véritablement liquoreux, offrent une plaisante impression de fruité. On les servira comme leurs homologues de la rive gauche, mais leur prix, plus abordable, pourra inciter à les utiliser pour composer de somptueux cocktails.

♥ CH. DES ARROUCATS
Sélection du château 2013 ★★

■	12 000	🍾	5 à 8 €

La famille Labat conduit un coquet vignoble de 45 ha, dont 25 ha à Sainte-Croix-du-Mont, son fief depuis 1938, complétés par des vignes dans les Craves (Dor-léac), sur l'autre rive de la Garonne. L'ensemble est conduit depuis 2000 par Virginie Barbe, petite-fille du fondateur.

« Et grand oui ! », c'est ainsi qu'un dégustateur conclut son commentaire à propos de ce superbe liquoreux. Un grand oui confirmé sans aucune contestation par le grand jury des coups de cœur, composé de palais aiguisés s'il en est. Outre une intense robe dorée, ce 2013 offre un bouquet parfaitement typé où l'on sent la présence élégante et jamais opulente du botrytis, à travers des notes de miel et d'abricot sec, agrémentées de délicates nuances d'aubépine et d'acacia. Le palais, à l'unisson, se révèle à la fois ample, fin, puissant sans lourdeur et très long. Cerise sur le gâteau, cette douceur affiche un prix très... doux. **✗** 2017-2025 **✗** foie gras d'oie

☛ EARL des Vignobles Labat-Lapouge, Les Arroucats, 33410 Sainte-Croix-du-Mont, tél. 05 56 62 07 37, chateau_arroucats@hotmail.com Ⓥ 👤 🏠 t.l.j. 8h-12h 13h-18h; sam. dim. sur r.-v.; f. 1-15 août

☛ Barbe-Lapouge

CH. BEL-AIR Prestige 2013 ★			
▪	8 000	🍷	20 à 30 €

Les vignobles Méric constituent un bel ensemble de 50 ha commandé par le château Bel-Air, l'une des plus anciennes propriétés familiales de Sainte-Croix-du-Mont dont les origines remontent à 1648. Trois étiquettes ici : Bel-Air, en AOC sainte-croix-du-mont, Croix de Bern, en cadillac-côtes-de-bordeaux, et Haut-Valentin, en cadillac.

Comme en cadillac avec son Ch. Haut-Valentin, Jean-Guy Méric connaît une belle réussite en sainte-croix. Un peu « court vêtu » (comprenez plutôt pâle), ce 2013 se rend éminemment sympathique par son agréable bouquet d'agrumes, de fruits exotiques, de rose et... de bonbon anglais. Bien équilibré, à la fois frais et gras, le palais s'inscrit dans le même registre aromatique. **✗** 2016-2020 **✗** poulet rôti

☛ Jean-Guy Méric, Ch. Bel-Air, 33410 Sainte-Croix-du-Mont, tél. 05 56 62 01 19, vignobles.meric@orange.fr Ⓥ 👤 🏠 t.l.j. 8h-12h 14h-18h

CH. CRABITAN BELLEVUE 2012 ★★			
▪	40 000	🍷	5 à 8 €

Belle unité de 42 ha implantée sur les coteaux sud dominant la rive droite de la Garonne, ce domaine de la famille Solane (aujourd'hui Nicolas) est présent dans plusieurs appellations et propose différents types de vins, mais son cœur bat pour le sainte-croix-du-mont.

Coup de cœur l'an dernier avec sa superbe Cuvée spéciale 2011, Nicolas Solane n'est pas passé loin de cette distinction cette année avec ce vin élevé trente-six mois en cuve. Si le bouquet reste discret, il affirme déjà sa typicité par de fines notes de raisin confit qui se mêlent harmonieusement aux arômes d'abricot, de mandarine et de verveine. D'un beau classicisme également, la bouche se révèle ample, riche et puissante sans lourdeur, ciselée par une fine trame acide qui allonge la finale, intense et fruitée. **✗** 2018-2022 **✗** canard à l'orange

☛ GFA Bernard Solane et Fils, Crabitan, 33410 Sainte-Croix-du-Mont, tél. 05 56 62 01 53, crabitan.bellevue@orange.fr Ⓥ 👤 🏠 t.l.j. 8h-12h 14h-18h; sam. dim sur r.-v.

CH. LA GRAVE 2012 ★			
▪	26 600	🍷	8 à 11 €

La famille Bridet-Tinon a acquis le cœur de La Grave en 1929, juste avant le krach boursier. Le vignoble s'est peu à peu agrandi, complété entre autres des 5 ha du Ch. Grand Peyrot acquis en 1977, et compte 25 ha aujourd'hui. Virginie Tinon, aux commandes depuis

1999, a converti les vignes rouges du cru à l'agriculture biologique (certification à partir du millésime 2014).

Un soupçon de sauvignon (3 %) accompagne le sémillon dans ce sainte-croix couleur bouton d'or d'une réelle délicatesse. Celle-ci s'exprime d'abord à l'olfaction à travers de fines notes de fruits frais et de fruits confits (melon et coing), puis dans un palais souple, frais et bien équilibré. **✗** 2016-2020 **✗** saint-jacques crémées

☛ EARL Vignoble Tinon, Ch. la Grave, 33410 Sainte-Croix-du-Mont, tél. 05 56 62 01 65, tinon@terre-net.fr Ⓥ 👤 🏠 r.-v.

CH. DES MAILLES 2012			
▪	7 000	🍷	8 à 11 €

Les Larrieu – Daniel et Laurence aujourd'hui, installés en 2006 – sont présents depuis 1734 et six générations sur ce domaine aux sols argilo-calcaires reposant sur des bancs d'huîtres fossilisées. Le vignoble couvre 25 ha.

Fidèle à sa tradition, ce cru associe un peu de muscadelle et de sauvignon (5 % chacun) à une dominante de sémillon. Une recette qui donne de bons résultats avec ce 2012 au bouquet frais et expressif (fleurs, cacao, nuances mentholées) et au palais vif, alerte, élégant et persistant. Un sainte-croix-du-mont sur la légèreté plutôt que sur la puissance. **✗** 2016-2019 **✗** toasts au roquefort

☛ Ch. des Mailles, 7, lieu-dit Vilatte Sud, 33410 Sainte-Croix-du-Mont, tél. 05 56 62 01 20, chateau.des.mailles@wanadoo.fr Ⓥ 👤 🏠 t.l.j. 8h-12h 14h-18h **☛** Larrieu

CH. DU MONT Cuvée Pierre 2013 ★★			
▪	10 000	🍷	11 à 15 €

Paul Chevassier a constitué ce vignoble au début du XXᵉ s., à Sainte-Croix-du-Mont. Son gendre Pierre Chouvac et, depuis 2000, son petit-fils Hervé l'ont développé sur les deux rives de la Garonne, dans les Graves et le Sauternais (27 ha aujourd'hui), mais Sainte-Croix est resté le cœur du domaine, dont il est l'un des porte-drapeaux.

Résolument de style classique, ce vin affirme sa forte personnalité dès la présentation avec une robe dorée bien soutenue et un bouquet dans lequel le botrytis se manifeste sans attendre par des notes de fruits secs et confits ; une puissance qui n'empêche pas l'expression aromatique de faire preuve de finesse et d'élégance. Le palais se révèle ample, gras, généreux, montant, porté par une belle liqueur. Une longue finale puissamment fruitée laisse le souvenir d'un vin harmonieux autant qu'intense. « Proche d'un sauternes », conclut un membre du jury. **✗** 2017-2023 **✗** bécasse à la ficelle ▪ Ch. Valentin 2013 (5 à 8 € ; 40 000 b.) : vin cité. **✗** 2017-2020

☛ Hervé Chouvac, Ch. du Mont, lieu-dit Pascaud, 33410 Sainte-Croix-du-Mont, tél. 06 89 96 54 73, chateau-du-mont@wanadoo.fr Ⓥ 👤 🏠 r.-v.

CH. LA RAME 2013 ★★			
▪	30 000	🍷🍷	11 à 15 €

Implantée à Sainte-Croix depuis huit générations, la famille Armand fait partie des institutions locales pour ses liquoreux renommés. Elle y conduit deux crus (dans un esprit bio, sans certification) : la Caussade et la Rame, son fleuron, dont les vins étaient déjà réputés au

XIXᵉs. Angélique et Grégoire Armand ont pris la suite de leur père Yves en 2009.

Prétendant au coup de cœur, ce 100 % sémillon s'annonce avec élégance par une robe doré soutenu. Une intensité que l'on retrouve dans un bouquet portant la marque du botrytis à travers des arômes de miel et de fruits confits, accompagnés par de délicates notes boisées. Le palais attaque franchement, puis révèle une matière riche, dense, très liquoreuse, sans jamais perdre l'équilibre, une fine acidité venant faire le contrepoint et apporter une belle longueur. Un vrai « vin plaisir » qui n'en offre pas moins une sérieuse capacité de garde. ✗ 2016-2024 ▼ ris de veau à la crème

O━ GFA Ch. la Rame, 33410 Sainte-Croix-du-Mont, tél. 05 56 62 01 50, dgm@wanadoo.fr Ⓥ Ⓚ Ⓛ t.l.j. sf sam. dim. 9h-12h 13h30-17h30

DOM. DU TICH Cabane blanche 2013 ★		
■ 1 200	ⅡⅠ	11 à 15 €

La famille Fonteyreaud exploite la vigne depuis 1929 dans la commune de Verdelais. En 2009, Thomas (quatrième génération) a pris les commandes du vignoble (19,5 ha) sur lequel il produit des sainte-croix-du-mont (Dom. du Tich) et des vins d'appellations régionales (Dom. de Grava).

Important centre de pèlerinage, le beau village de Verdelais possède un riche patrimoine : basilique, chemin de croix, esplanade ombragée, tombe de Toulouse-Lautrec. C'est là qu'a été élaboré ce vin issu de vignes situées sur la commune voisine de Sainte-Croix. Une cuvée qui se distingue d'emblée par l'élégance de son bouquet aux délicates notes de fleurs blanches et de fruits secs. Affirmant son caractère liquoreux dès l'attaque, le palais se révèle ample, dense et gras sans manquer de charme ni de finesse. Un vin complet, bien épaulé par le bois, au solide potentiel de garde. ✗ 2018-2024 ▼ tarte au chocolat

O━ Thomas Fonteyreaud, 17, Mouliatte, Domaines Tich et Grava, 33490 Verdelais, tél. 06 30 82 43 57, t73fc72b@gmail.com Ⓥ Ⓚ Ⓛ r.-v.

CÉRONS

Superficie : 49 ha / Production : 1 335 hl

Enclavés dans les graves (appellation à laquelle ils peuvent aussi prétendre, à la différence des sauternes et des barsac), les cérons assurent une liaison entre les barsac et les graves supérieures, moelleuses. Là ne s'arrête pas leur originalité, qui réside aussi dans une sève particulière et une grande finesse.

CH. HURADIN 2013		
■ 4 000	î	8 à 11 €

Deux anciens moulins situés sur ce vignoble rappellent que le plateau de Cérons fut autrefois un pays céréalier. L'heure de la retraite ayant sonné, Catherine et Dominique Lafosse ont vendu la propriété familiale à Frédéric et Aurélia Caumont en avril 2015 ; le premier était consultant dans la grande distribution, la seconde dirigeait la Confédération des vins IGP de France, après avoir travaillé à l'INAO. Le vignoble couvre 7 ha dédiés aux appellations cérons (sous l'étiquette du Ch. Huradin), et graves (Dom. du Salut).

De couleur ambrée, ce 2013 sait se rendre fort plaisant par son bouquet fin d'agrumes confits. Franc et net en attaque, sur les fruits exotiques (ananas, kiwi), le palais se montre bien équilibré : riche et rond, il s'appuie sur une jolie trame acide qui lui apporte une bonne longueur. ✗ 2016-2022 ▼ foie gras

O━ SCEA Famille Caumont, Ch. Huradin, 33720 Cérons, tél. 06 60 70 78 66 Ⓥ Ⓚ Ⓛ r.-v.

MOULIN DE VALÉRIEN 2013 ★		
■ 1 400		15 à 20 €

Aujourd'hui décoronné et sans ailes, le moulin à vent qui fait la fierté des vignobles rappelle que le plateau de Cérons et de Podensac connut autrefois une vocation céréalière et meunière.

Pour Daniel Ducau, le devoir de mémoire et le souci de garder vivante l'appellation cérons sont primordiaux. Ce qu'il fait avec succès en proposant des vins comme ce 2013 bien sous tous rapports : jolie robe couleur paille, nez harmonieux mariant les fruits confits, le tilleul et l'acacia, palais d'une grande richesse, puissant et liquoreux, mais aussi très frais, bref très équilibré. ✗ 2016-2025 ▼ poularde de Bresse

O━ SCEA Vignobles Ducau, Clos Graouères, 33720 Podensac, tél. 05 56 27 16 80, vignobles.ducau@wanadoo.fr Ⓥ Ⓚ Ⓛ r.-v.

BARSAC

Superficie : 480 ha / Production : 6 870 hl

Tous les vins de l'appellation barsac peuvent bénéficier de l'appellation sauternes. Barsac s'individualise cependant par un moindre vallonnement et par les murs de pierre entourant souvent les exploitations. Ses vins ont un caractère plus légèrement liquoreux que les sauternes mais ils appellent les mêmes accords gourmands. Comme les sauternes, ils peuvent être servis de façon classique avec un dessert ou, comme cela se fait de plus en plus, en entrée, sur du foie gras, ou bien en accompagnement de fromages bleus du type roquefort.

CH. DE ROLLAND 2013		
■ 17 000	î ⅡⅠ	15 à 20 €

Ancienne possession des Chartreux, ce cru possède un grand pigeonnier du XVᵉs., sauvé in extremis en 2008. Pendant trois siècles (de 1492 à 1797), il a appartenu à la famille Rolland qui lui a laissé son nom. En 1971, les Guignard ont pris les rênes du domaine, dont le vignoble couvre 18 ha en graves, sauternes et barsac.

Une belle robe jaune paille nuancée d'éclats verts, un bouquet discret de fruits jaunes (abricot, pêche), les premières impressions sont plaisantes. Le palais se montre équilibré, de concentration moyenne certes, mais élégant, frais et dynamique. Une belle expression du terroir de Barsac. ✗ 2016-2022 ▼ carpaccio d'ananas

O━ SCA Ch. de Rolland, Lucie, François et Monique Guignard, 3, Ch. de Rolland, 33720 Barsac, tél. 05 56 27 15 02, info@chateauderolland.com Ⓥ Ⓚ Ⓛ t.l.j. sf sam. dim. 10h-12h 14h-17h

SAUTERNES

Superficie : 1 735 ha / Production : 34 260 hl

Si vous visitez un château à Sauternes, vous saurez tout sur ce propriétaire qui eut un jour l'idée géniale d'arriver en retard pour les vendanges et de décider, sans doute par entêtement, de faire ramasser les raisins surmûris malgré leur aspect peu engageant. Mais si vous en visitez cinq, vous n'y comprendrez plus rien, chacun ayant sa propre version de l'épisode, qui se passe évidemment chez lui. En fait, nul ne sait qui « inventa » le sauternes, ni quand ni où.

Si en Sauternais, l'histoire se cache toujours derrière la légende, la géographie, elle, n'a plus de secret. Chaque caillou des cinq communes constituant l'appellation (dont Barsac, qui possède sa propre appellation) est recensé et connu dans toutes ses composantes.

Il est vrai que c'est la diversité des sols (graveleux, argilo-calcaires ou calcaires) et des sous-sols qui donne un caractère à chaque cru, les plus renommés étant implantés sur des croupes graveleuses. Obtenus avec trois cépages – le sémillon (de 70 à 80 %), le sauvignon (de 20 à 30 %) et la muscadelle –, les sauternes sont dorés, à la fois onctueux et délicats. Leur bouquet « rôti » se développe et gagne en complexité avec le temps : miel, noisette et orange confite enrichissent sa palette. Les plus grandes bouteilles vivent des décennies. Il est à noter que les sauternes sont les seuls vins blancs à avoir été classés en 1855.

CH. D'ANNA Cuvée Louis d'or 2012

■	600	❶	15 à 20 €

Marius Roux, batelier sur la Garonne, acheta ce domaine barsacais en 1932. Soixante-dix ans et quelques péripéties plus tard, lesquelles réduisirent la surface du vignoble de 10 à 2 ha, Sandrine, née Roux, et Xavier Dauba font revivre l'exploitation familiale.

Cette cuvée confidentielle porte bien son nom : la robe dorée aux nuances ambrées traduit résolument le classicisme de ce vin au bouquet non moins classique de fruits confits. Bien équilibré, suave et d'une belle souplesse, le palais suit la mème ligne aromatique, agrémenté d'une finale épicée qui fera bon effet avec les fromages de caractère. ✗ 2016-2023 ♈ roquefort

☛ Sandrine et Xavier Dauba, 16, rue Barrau, 33720 Barsac, tél. 05 56 27 20 12, chateaudanna@free.fr Ⓥ 🎿 🏋 r.-v.

CH. BASTOR-LAMONTAGNE 2012 ★

■	12 000	❶	20 à 30 €

82 83 84 **85 86 88 89** ⑨⓪ 94 95 **96 97** 98 |99| **00** |01| 02 |03| 04 |05| |06| |07| |08| **09** 10 11 12

Bastor est déjà un domaine important au XVIIIe s. Orienté vers la polyculture, il se spécialise à partir de 1839 sous l'impulsion d'Amédée Larrieu, alors propriétaire de Haut Brion. Aujourd'hui, une belle unité de 40 ha, plantée sur un terroir sablo-graveleux – l'une des plus vastes du Sauternais. Propriété du Crédit Foncier depuis 1987, le cru a été acheté en juillet 2014 par les familles Moulin (groupe Galeries Lafayette) et Cathiard (Smith Haut Lafitte).

La robe jaune pâle traduit la délicatesse de ce vin aux fins arômes citronnés mêlés de subtiles notes florales (tilleul, fleurs blanches). Très représentatif de ce cru, qui nous a habitués à des sauternes aériens, ce 2012, typique du millésime, se distingue au palais par son élégance et par sa longue finale sur le coing confit. Un vin gourmand et facile d'accès, parfait pour débuter un repas, où il se prêtera aux mariages les plus audacieux. ✗ 2017-2023 ♈ homard sauce à la mangue

☛ SCEA de Bastor et Saint-Robert, Dom. de Lamontagne, 33210 Preignac, tél. 05 56 63 27 66, bastor@bastor-lamontagne.com Ⓥ 🎿 🏋 r.-v. ☛ Domaines Motier

CH. CAILLOU 2012 ★

■ 2e cru clas.	6 700	❶	30 à 50 €

Une gentilhommière flanquée de deux tourelles pointues commande le vignoble barsacais (16,7 ha) de ce cru classé, propriété depuis 1909 de la famille Ballon-Bravo. Aux commandes depuis 1997, Marie-Josée (née Ballon-Bravo) et son mari Michel Pierre.

D'un seyant jaune doré, ce 2012 dévoile un bouquet riche et complexe de pâte de coing, de miel d'acacia et de fruits exotiques. Les saveurs exotiques, épaulées par un bon boisé vanillé, sont toujours bien présentes dans un palais ample et très fin, suave sans lourdeur grâce à une fine acidité en soutien. Un sauternes élégant et équilibré, à attendre idéalement quelques années, même s'il peut combler dès aujourd'hui les consommateurs impatients grâce à sa fraîcheur. ✗ 2017-2025 ♈ tarte à l'orange

☛ Ch. Caillou, 33720 Barsac, tél. 05 56 27 16 38, contact@chateaucaillou.com Ⓥ 🎿 🏋 r.-v. ☛ Marie-José et Michel Pierre

CLOS DADY 2012

■	2 700	❶	30 à 50 €

Ce cru de 9 ha dispersés sur une vingtaine de parcelles a changé de mains en 2011. Productrice en graves (Clos des Remparts) et en sauternes (Clos Dady, surnom donné à la grand-mère de la vigneronne), Catherine Gachet a cédé la propriété familiale à Eli Ragimov.

La robe pâle donne le ton : ce 2012 est un vin léger et d'un abord facile, aux arômes de fruits blancs, relayés par le pomelo dans une bouche d'une ampleur mesurée, mais plaisante par sa souplesse et sa finesse. Pour amateurs de sauternes frais et pimpants que l'on peut boire en pleine jeunesse, à l'apéritif. ✗ 2015-2019 ♈ gougères au bleu

☛ SCEA de Bastard, Ch. les Remparts, 33210 Preignac, tél. 05 56 62 20 01, clos.dady@wanadoo.fr Ⓥ 🎿 🏋 r.-v. ☛ Eli Ragimov

CLOS HAUT-PEYRAGUEY 2012 ★

■ 1er cru clas.	n.c.	❶	30 à 50 €

82 83 85 **86 88 89 90** 91 94 **95** |96| 97 99 |01| 02 03 |04| |05| |06| |07| **10 11** 12

Séparé d'Yquem par un petit val, ce cru est né en 1879 quand les vignerons quittèrent les propriétaires du Ch. Peyraguey vendirent la partie la plus élevée de leur vignoble à un pharmacien parisien nommé Grillon. En 1914, le cru, devenu Clos Haut-Peyraguey, est acheté par les Pauly et les Ginestet. Seuls propriétaires à partir de 1937, les premiers l'ont gardé jusqu'en 2012, année de son acquisition par

Benard Magrez. Le terroir est de premier choix, avec des graves sableuses bien drainées reposant sur des argiles.

Ce premier millésime vinifié sous l'ère Magrez s'inscrit dans la lignée des grands vins de ce cru ; il est vrai que le passage de témoin a été facilité par le maintien de l'équipe technique en place, sous la conduite d'Anthony Defives, directeur d'exploitation depuis 2007. La robe, soutenue, oscille entre l'or et le cuivre. Le bouquet, riche et noble, évoque le chèvrefeuille, la vanille et les fruits confits, agrémenté d'élégantes notes boisées. Le palais se révèle structuré et racé, ample et finement épicé en finale. Un vrai sauternes de garde que l'on pourra aussi apprécier dans sa jeunesse pour la fraîcheur du fruit. **I** 2017-2028 **Y** volaille rôtie ■ Ch. Haut-Bommes 2012 ★ (30 à 50 € ; 18 800 b.) : un sauternes classique : nez complexe de fruits confits, de pêche, d'abricot sec et de vanille ; palais chaleureux, rond, charnu et épicé. **I** 2017-2023

o– SC Bernard Magrez, Clos Haut-Peyraguey, 33210 Bommes, tél. 05 56 76 61 53, closhautpeyraguey@pape-clement.com **V** **⚡** **⬥** t.l.j. 9h-12h30 13h30-20h

CHARTREUSE DE COUTET 2012 ★★		
■	6 000	**⬙**	15 à 20 €

Forteresse anglaise bâtie au XIIIᵉ s., Coutet est l'un des plus anciens domaines de Barsac, qui connut d'illustres propriétaires, notamment le marquis de Lur-Saluces : le cru abrita les écuries du château d'Yquem, aujourd'hui transformées en chai. Couvrant 42 ha, il appartient depuis 1977 à la famille Baly, la société de négoce Baron Philippe de Rothschild en assurant la distribution exclusive.

Second vin du Ch. Coutet, cette Chartreuse ne renie pas ses nobles origines et possède toute la classe de son « grand frère ». Robe doré intense, bouquet profond de pomme dorée au four, l'approche est engageante. Très concentré, dense et harmonieux, le palais est d'une grande complexité : des notes de cire se mêlent à des arômes d'agrumes apportant une fraîcheur bienvenue, sans doute due à l'importante proportion de sauvignon dans l'as-

semblage (25 %). Toute l'élégance du terroir de Barsac se manifeste dans ce sauternes racé, adapté aux mets les plus délicats. **I** 2018-2030 **Y** lotte à l'orange

o– Ch. Coutet, 33720 Barsac, tél. 05 56 27 15 46, info@chateaucoutet.com **V** **⚡** **⬥** r.-v.

CH. DELMOND 2013 ★		
■	50 000	**⬛**	11 à 15 €

Propriété très ancienne, le Château Laville fut dans les années 1900 l'un des pionniers de la mise en bouteilles au château. Aujourd'hui augmenté du Château Delmond, un vignoble voisin, ce domaine très régulier en qualité compte 20 ha de vignes en sauternes et 15 ha en graves (Ch. Mourras). Aux commandes depuis 1997, Jean-Christophe Barbe, œnologue et maître de conférences à Bordeaux Sciences Agro.

Après un coup de cœur pour son 2012, le second vin du Ch. Laville signe un 2013 de belle facture. Robe or paille, bouquet frais et expressif de litchi, de goyave et d'agrumes confits : l'approche est séduisante. La bouche, vraie gourmandise, dévoile des arômes croquants de fruits exotiques et de menthol enrobés de miel. La finale, plus confite, ravira les amateurs de sauternes traditionnels. **I** 2017-2022 **Y** stilton ■ Ch. Laville 2013 ★ (20 à 30 € ; 15 000 b.) : un sauternes très classique, riche et concentré, ample et gras, aux arômes exotiques et confits relevés d'épices. **I** 2018-2025

o– Ch. Laville, 33210 Preignac, tél. 05 56 63 59 45, chateaulaville@hotmail.com **V** **⚡** **⬥** r.-v.
o– Famille Barbe

DELOR Héritage 1864 2013		
■	45 000	11 à 15 €

Dans le giron du groupe CVBG (Alain Thiénot), cette maison de négoce fondée en 1864 par Alphonse Delor est l'une des plus anciennes sur la place de Bordeaux.

Ce 2013 livre un nez discret mais fin de pêche confite. Le palais, plus disert, frais et plutôt léger, offre une large palette aromatique composée d'abricot, d'orange et de

LES CRUS CLASSÉS DU SAUTERNAIS EN 1855

PREMIER CRU SUPÉRIEUR	SECONDS CRUS
Ch. d'Yquem	Ch. d'Arche
PREMIERS CRUS	Ch. Broustet
Ch. Climens	Ch. Caillou
Clos Haut-Peyraguey	Ch. Doisy-Daëne
Ch. Coutet	Ch. Doisy-Dubroca
Ch. Guiraud	Ch. Doisy-Védrines
Ch. Lafaurie-Peyraguey	Ch. Filhot
Ch. Rabaud-Promis	Ch. Lamothe (Despujols)
Ch. Rayne-Vigneau	Ch. Lamothe (Guignard)
Ch. Rieussec	Ch. de Malle
Ch. Sigalas-Rabaud	Ch. Myrat
Ch. Suduiraut	Ch. Nairac
Ch. La Tour-Blanche	Ch. Romer
	Ch. Romer du Hayot
	Ch. Suau

coing confit. Ce n'est pas un vin d'une grande concentration, mais il possède une belle harmonie et se montre d'ores et déjà très agréable. ✗ 2015-2020 ♈ melon et jambon sec ■ Kressmann Grande Réserve 2013 (11 à 15 € ; 20 000 b.) : vin cité. ✗ 2017-2022

○━ Maison Delor, 35, rue de Bordeaux-Parempuyre, CS 80004, 33295 Blanquefort Cedex, tél. 05 56 35 53 00, sandrine.devant@cvbg.com

CH. DE FARGUES 2011 ★★

■	15 000	◫	+ de 100 €

83 84 85 86 87 88 |89| |90| 91 |94| |95| |96| |97| |98| 01 |02| |03| 04 05 06 07 08 09 10 11

Forteresse ruinée par un incendie en 1687, dont les solides murailles se dressent encore sur une hauteur, au milieu des ceps, Fargues est le berceau des Lur-Saluces depuis 1472, illustre famille propriétaire pendant plusieurs siècles du Ch. d'Yquem ; un exemple sans doute unique en Bordelais de longévité patrimoniale. Le vignoble, 17 ha aujourd'hui, est complanté de sémillon (80 %) et de sauvignon. Il est dirigé depuis 1968 par Alexandre de Lur-Saluces.

Ce vin est l'expression d'un grand classicisme et d'une belle noblesse, aussi bien dans sa teinte vieil or que dans son bouquet complexe et riche mêlant le citron frais à de généreuses nuances confites, la fleur d'oranger et le gingembre à de délicates senteurs miellées. Un 2011 d'une réelle majesté en bouche également : dense, puissante, onctueuse, et voluptueuse, celle-ci s'adosse à une liqueur imposante mais jamais lourde, équilibrée par une très fine acidité jusqu'en finale. Un vin de longue garde pour amateurs de sauternes opulents. ✗ 2020-2026 ♈ fromage à pâte persillée

○━ Alexandre de Lur-Saluces, Ch. de Fargues, 33210 Fargues-de-Langon, tél. 05 57 98 04 20, fargues@chateau-de-fargues.com Ⓥ ⚑ ▯ r.-v.

CH. FILHOT 2012 ★★

■ 2e cru clas.	35 000	🍾 ◫	30 à 50 €

81 82 83 85 86 88 89 91 92 95 |96| |97| |98| |99| |00| |01| |03| |04| 05 09 10 11 12

Un château aux allures de palais, du XVIIIe s. pour le bâtiment central, de 1850 pour les ailes : un vaste ensemble de 2 ha. Le cru se distingue aussi par le prestige de ses propriétaires : les Filhot, établis ici en 1709, grande famille de la noblesse bordelaise dès le XVe s., puis les Lur-Saluces, dont descendent les propriétaires actuels, les Vaucelles. Un cru qui se singularise enfin par la superficie du vignoble (62 ha), par la place du sauvignon dans l'encépagement (autour d'un tiers) et par le choix d'une vinification à basse température, en cuves Inox.

La robe claire ne laisse en rien présager l'exubérance aromatique de ce vin. Tout d'abord fin et subtil, le bouquet dévoile à l'agitation des notes puissantes d'abricot et de mangue rehaussées d'un zeste de citron confit. En bouche, le boisé, discret, vient poindre quelques notes vanillées aux côtés de fines évocations florales. Malgré son ampleur et sa richesse, ce vin fait preuve d'une grande délicatesse et d'une réelle élégance. Une bouteille à laisser reposer en cave avant d'en apprécier toutes les qualités. ✗ 2018-2030 ♈ risotto aux langoustines

○━ SCEA du Ch. Filhot, Ch. Filhot, 33210 Sauternes, tél. 05 56 76 61 09, filhot@filhot.com Ⓥ ⚑ ▯ t.l.j. sf sam. dim. 9h-12h 14h-17h

CH. GRAVAS 2012 ★

■	25 000	🍾 ◫	15 à 20 €

Ce cru, jadis nommé Doisy Gravas, est la propriété de la famille Bernard depuis six générations. Bien situé entre Coutet et Climens, il s'étend sur 10 ha au point culminant de Barsac et propose du sauternes mais des graves. Un lieu réputé aussi pour son accueil et ses animations œnotouristiques.

Tout l'or de Sauternes dans cette belle robe aux reflets émeraude et toute l'opulence du sémillon se conjuguent dans ce bouquet harmonieux de fruits confits (coing, mirabelle, abricot) dynamisé par de fraîches notes citronnées. Épicé, puissant, onctueux, dense et concentré jusqu'en finale, ce vin ravira les amateurs de sauternes généreux servis à la fin d'un repas de fête. ✗ 2017-2025 ♈ tarte au chocolat amer

○━ Michel Bernard, Ch. Gravas, 6, lieu-dit Gravas, 33720 Barsac, tél. 05 56 27 06 91, chateau.gravas@wanadoo.fr Ⓥ ⚑ ▯ r.-v.

♥ CH. HAUT-BERGERON 2013 ★★

■	n.c.	◫	20 à 30 €

83 86 88 89 90 91 95 96 97 98 99 00 01 |02| |03| |04| 05 06 07 08 09 10 11 13

Propriété de l'une des plus anciennes familles de viticulteurs du Sauternais, les Lamothe – présents ici depuis le XVIIIe s. –, le château Haut-Bergeron dispose d'un vignoble de 35 ha à cheval sur les communes de Sauternes (graves et argiles) et de Barsac (calcaires). De nombreuses parcelles sont contiguës à celles d'Yquem, de Lafaurie-Peyraguey et de Climens.

Valeur sûre de l'appellation, le domaine signe un deuxième coup de cœur en deux millésimes. Ce 2013 séduit d'emblée par sa seyante robe jaune doré et par son bouquet racé et d'un grand classicisme, sur le miel, l'acacia, les fruits exotiques et la vanille. Puissant, gras, généreux et onctueux, le palais déploie une très longue finale aux tonalités de melon et d'orange confite. Comme à son habitude, ce cru donne à voir une image très traditionnelle, presque intemporelle, du superbe terroir de Sauternes. ✗ 2018-2028 ♈ canard à l'orange ■ Ch. Fontebride 2013 ★ (15 à 20 € ; 15 000 b.) : le second vin de Haut-Bergeron. Un nez délicat de genêt, de glycine et d'acacia ; un palais ample, riche et persistant, offrant profusion de saveurs confites typiques d'un sauternes traditionnel. ✗ 2018-2025

○━ SCE Ch. Haut-Bergeron, 3, Piquey, 33210 Preignac, tél. 05 56 63 24 76, haut-bergeron@wanadoo.fr Ⓥ ⚑ ▯ r.-v. ○━ Lamothe

CH. HAUT COUSTET 2012 ★

■	27 000	◫	15 à 20 €

Philippe Mercadier a acquis pendant vingt-cinq ans son savoir-faire à la direction du Ch. Suduiraut. Une expérience qui profite aujourd'hui à ses trois crus sauternais, conduits avec l'aide de ses deux fils : les Ch. Haut Coustet, Pechon et Tuyttens.

Joli sauternes classique à la belle robe paille brillante. Le bouquet, subtil, déploie de délicats parfums de fruits jaunes confits et de menthol. Bien équilibré, ample, rond, liquoreux sans excès, le palais dévoile des saveurs de confiture de mirabelles agréablement rafraîchies par des notes de verveine et de réglisse et par une pointe d'amertume. ✗ 2018-2025 ❦ poulet rôti au miel
■ **L'Insolent de Veyres 2011 ★** (15 à 20 € ; 4 000 b.) : des arômes de litchi, de rose et de gingembre, un palais riche et onctueux équilibré par un côté acidulé et une finale minérale. ✗ 2016-2021 ■ Ch. Pechon 2012 (11 à 15 € ; 10 500 b.) : vin cité. ✗ 2016-2020
○┐ SCEA du Clos de la Vicairie, Ch. Tuyttens, 33210 Fargues, tél. 06 24 03 90 18, emercadier@vignoblesmercadier.com Ⓥ 🏃 🏕 r.-v.

CH. HAUT-MAYNE 2012		
■	31 500 ⬤	15 à 20 €

Ancienne propriété du comte de Chalup, ce cru appartient à la famille Roumazeilles depuis 1929 (grand millésime de Sauternes s'il en fut !) Le vignoble s'étend sur 14,55 ha.

La robe est ambrée aux reflets orangés. Discret de prime abord, le bouquet libère à l'agitation des notes de fruits confits mâtinées d'un boisé délicat. La richesse et la générosité caractérisent ce sauternes très classique et très concentré, que l'on réservera à des plats épicés et à des fromages de caractère. ✗ 2018-2023 ❦ poulet au curry
○┐ EARL Roumazeilles, Ch. Haut-Mayne, 33210 Preignac, tél. 05 56 27 12 18, julien.roumazeilles@wanadoo.fr
Ⓥ 🏃 🏕 t.l.j. 8h30-12h 14h-18h

CH. LADONNE 2011		
■	n.c. 🍷 ⬤	15 à 20 €

Issus d'une longue lignée vigneronne de l'Entre-deux-Mers et des Graves, les Perromat exploitent trois crus dans le Sauternais : Le Juge (5 ha), acquis en 1992 et commandé par un château du XVIIᵉ s. habité après la Révolution par un juge de paix ; son voisin Armajan des Ormes (10 ha), anobli en 1565 par la visite de Charles IX et Catherine de Médicis ; le Ch. Ladonne, petit enclos de 4 ha commandé par une élégante chartreuse du XVIIIᵉ s.

Le nez, intense, associe des nuances florales à des notes de résine rappelant la pinède voisine. Tonique en bouche, c'est un sauternes élégant et nerveux, parfaite expression de ces vins contemporains que l'on n'hésite plus à boire à l'apéritif pour en apprécier toute la fraîcheur. ✗ 2016-2020 ❦ toasts de foie gras
○┐ EARL Jacques et Guillaume Perromat, Ch. d'Armajan, 33210 Preignac, tél. 05 56 63 58 21, gperromat@mjperromat.com Ⓥ 🏃 🏕 r.-v.

CH. LAFON 2013		
■	30 000 ⬤	15 à 20 €

Une partie du vignoble de ce cru de 12 est nichée au cœur des vignes d'Yquem. À sa tête depuis 1990, Olivier Fauthoux.

Issu presque exclusivement de sémillon (2 % de muscadelle), ce vin fait la part belle aux fruits confits et aux fruits secs (noisette, pate de coings) à l'olfaction. Au palais, il se

révèle opulent, et dévoile en finale une agréable amertume qui atténue l'impression de richesse et de concentration. Un sauternes traditionnel auquel on réservera un accord classique. ✗ 2017-2022 ❦ bleu d'Auvergne
○┐ EARL Fauthoux, Ch. Lafon, 33210 Sauternes, tél. 05 56 63 30 82, olivier.fauthoux@wanadoo.fr
Ⓥ 🏃 🏕 r.-v.

CH. LAMOTHE 2011			
■ 2e cru clas.	4 000	🍷 ⬤	20 à 30 €

Ce petit cru de 7,5 ha d'un seul tenant résulte d'une division du château Lamothe en 1961. L'autre partie deviendra vingt ans plus tard le château Lamothe-Guignard. Guy Despujols est aux commandes depuis 1989.

La robe est d'un seyant jaune clair limpide et le nez se montre vif et fringant avec ses senteurs de pêche et d'acacia. D'une bonne ampleur au palais, souple, frais, sans excès de liqueur, ce vin « peut se boire n'importe quand avec... un peu tout », selon un dégustateur ; ce n'est pas un mince compliment quand on connaît la subtilité des alliances mets-vins en Sauternais. ✗ 2016-2022 ❦ tarte aux pêches
○┐ Guy Despujols, 19, rue Principale, 33210 Sauternes, tél. 05 56 76 67 89, contact@lamothe-despujols.com
Ⓥ 🏃 🏕 r.-v.

CH. LAMOTHE-GUIGNARD 2012			
■ 2e cru clas.	12 000	🍷 ⬤	20 à 30 €

(83) **85** 86 87 **88** 89 **90 94 95 96** 97 98 99 00 |02| |03| |04| **05** 06 07 08 **09** 11 12

Situé sur l'une des croupes argilo-graveleuses les plus élevées de la commune de Sauternes, ce cru (31 ha) est issu du partage du château de Lamothe d'Assault, à la suite de querelles familiales au XIXᵉ s. En 1981, il a été acquis par les Guignard, l'une des plus anciennes familles de viticulteurs du Sauternais, également producteurs dans les Graves (Clos du Hez).

Ce 2012 jaune paille aux reflets dorés dévoile un nez assez complexe sur l'abricot confit, soutenu par un agréable boisé. Gras et imposant en bouche, il obéit aux canons du classicisme sauternais en réunissant concentration, opulence et persistance. ✗ 2017-2025 ❦ saint-jacques à la crème
○┐ GAEC Philippe et Jacques Guignard, Ch. Lamothe Guignard, 33210 Sauternes, tél. 05 56 76 60 28, chateau.lamothe.guignard@orange.fr
Ⓥ 🏃 🏕 t.l.j. sf sam. dim. 8h-12h 14h-18h

CH. LANGE-RÉGLAT Cuvée spéciale 2011 ★★		
■	35 000 ⬤	15 à 20 €

Établis à Monprimblanc, sur la rive droite de la Garonne, Caroline et Guillaume Réglat sont producteurs en loupiac (Ch. Cousteau) en sauternes (Ch. Lange-Réglat, ancienne propriété de la famille de François Mauriac en 1900) et dans les Graves (Ch. de la Gravelière).

Le bouquet, à la fois riche et frais, est un magnifique panier de fruits (pêche blanche, abricot). La bouche, finement boisée par seize mois de barrique, se révèle très équilibrée, dans un style alerte : une liqueur douce et bien fondue, une fine acidité en soutien, de délicates notes florales et une finale plaisamment réglissée. Un vin qui se classe délibérément dans les sauternes « modernes », pimpants et aromatiques : idéal pour un début de repas.

✗ 2016-2020 ▼ huîtres gratinées

o— *Guillaume et Caroline Réglat, Ch. de la Mazerolle, 33410 Monprimblanc, tél. 05 56 62 98 63, bernard.reglat@orange.fr* 🆅 🏃 ▮ *r.-v.*

CH. LARIBOTTE 2011			
◾	n.c.	▮ 🔊	15 à 20 €

Un cru familial de 15 ha, propriété de la famille depuis six générations. Jean-Pierre Lahiteau, installé en 1987, est un adepte des élevages longs.

Deux ans d'élevage en fût et un an en cuve ont patiné ce 2011 à la belle robe vieil or et au bouquet de cire d'abeille et de fleur d'acacia. Le vin s'exprime en bouche par une opulence et une puissance dignes des sauternes les plus classiques. ✗ 2017-2023 ▼ foie gras

o— *Jean-Pierre Lahiteau, Ch. Laribotte, rue Michou Lacoste, 33210 Preignac, tél. 05 56 63 27 88, lahiteau.jean@orange.fr* 🆅 🏃 ▮ *r.-v.*

CH. LATREZOTTE Le Sauternes de ma fille 2012			
◾	12 000	🔊	11 à 15 €

C'est sans doute à Latrezotte que Bernard Magrez a pris goût au sauternes, puisqu'il a acquis en 2005 ce petit cru situé au sud de Barsac, sur le plateau de la Pinesse, bien avant qu'il ne rachète le Clos Haut-Peyraguey en 2012.

Ce vin se présente dans une robe chatoyante, jaune tendre aux reflets verts. D'un abord discret, le bouquet s'épanouit à l'aération sur des notes florales d'une belle fraîcheur. Délicat, souple et aérien, le palais est adouci par des saveurs de miel nuancées de citron confit. Parfait pour l'apéritif ou le début de repas. ✗ 2015-2020 ▼ cannelés au foie gras

o— *Bernard Magrez - Ch. Latrezotte , 21, La Pinesse Nord, 33720 Barsac, tél. 06 64 13 00 24, closhautpeyraguey@pape-clement.com*

L DE LOUBRIE 2012			
◾	8 000	🔊	20 à 30 €

Très régulier en qualité, ce petit cru d'un peu plus de 8 ha a été créé en 2000 à partir des prénoms des exploitants (Valérie et Guy Loubrie). Les vignes sont anciennes : cinquante ans d'âge moyen.

Dans ce millésime difficile, Valérie et Guy Loubrie ont décidé de ne produire qu'un second vin. D'un jaune tendre aux reflets émeraude, ce 2012 au nez discret et frais s'ouvre à l'aération sur des notes florales légèrement miellées. Après une attaque à la fois vive et ronde, le palais se révèle pulpeux et onctueux, dévoilant d'agréables arômes de noix muscade et de coing. Un bon représentant du millésime 2012, peu complexe mais alerte et plaisant. ✗ 2016-2020 ▼ volaille rôtie

o— *Grands Vignobles Loubrie, 4, chem. de Couitte, 33210 Preignac, tél. 05 56 63 58 25, grandsvignoblesloubrie@orange.fr* 🆅 🏃 ▮ *r.-v.*

♥ **CH. DE MALLE** 2012 ★★			
◾ 2e cru clas.	15 500	▮ 🔊	20 à 30 €

83 85 86 87 **88** 89 90 91 94 95 96 97 **98** 99 00 02

|03| |04| |05| 06 **07** 08 **09** 11 **12**

Un superbe château construit dans un style Renaissance au début du XVIIᵉs. par Jacques de Malle,

président au parlement de Bordeaux. En 1702, un mariage l'a fait entrer dans le patrimoine des Lur-Saluces, dont les descendants, la comtesse de Bournazel et son fils Paul-Henry perpétuent cet héritage familial. Le vignoble couvre une cinquantaine d'hectares, à cheval sur les AOC sauternes et graves.

Entre « les Anciens et les Modernes », ce 2012 emballant penche clairement du côté des seconds. Une robe pâle et lumineuse, un bouquet alerte marqué par le sauvignon (agrumes, fleurs blanches) donnent le ton. À l'image du château, tout est ici élégance et finesse, subtilité et harmonie : la bouche joue sur des tonalités délicates et truffées (mandarine, litchi, pamplemousse) plutôt que dans un registre confit. La finale, tout en dentelle, persistante et énergique, laisse le souvenir d'un vin intense et parfaitement abouti, adapté à toutes les gastronomies grâce à sa fraîcheur : votre imagination sera sa seule limite... ✗ 2018-2028 ▼ filet de bœuf au safran

o— *GFA des Comtes de Bournazel, Ch. de Malle, 33210 Preignac, tél. 05 56 62 36 86, accueil@chateau-de-malle.fr* 🆅 🏃 ▮ *r.-v.*

| **CH. DU MONT** | | | |
Cuvée Jeanne 2012 ★			
◾	5 000	🔊	11 à 15 €

Paul Chevassier a constitué ce vignoble au début du XXᵉs., à Sainte-Croix-du-Mont. Son gendre Pierre Chouvac et, depuis 2000, son petit-fils Hervé l'ont développé sur les deux rives de la Garonne, dans les Graves et le Sauternais (27 ha aujourd'hui), mais Sainte-Croix est resté le cœur du domaine, dont il est l'un des porte-drapeaux.

« Passion, Qualité, Plaisir », telle est la devise de la famille Chouvac. On retrouve un peu de tout cela dans ce sauternes traditionnel d'une couleur plutôt soutenue, ouvert sur des notes confites relevées de fines nuances mentholées. Rond, riche et puissant, mais sans aucune lourdeur, le palais associe les agrumes confits à des arômes de grillé, de cacao et de pain d'épice. La finale, longue et fraîche, laisse le souvenir d'un vin abouti. ✗ 2017-2025 ▼ chapon rôti

o— *Hervé Chouvac, Ch. du Mont, lieu-dit Pascaud, 33410 Sainte-Croix-du-Mont, tél. 06 89 96 54 73, chateau-du-mont@wanadoo.fr* 🆅 🏃 ▮ *r.-v.*

CH. DE MYRAT 2012 ★			
◾ 2e cru clas.	20 000	🔊	30 à 50 €

Sans Jacques et Xavier de Pontac (de la même famille que Jean de Pontac, fondateur de Haut-Brion), ce cru classé aurait disparu, leur père Max ayant fait arracher le vignoble au milieu des années 1970 face aux difficultés qu'il rencontrait pour vendre ses sauternes. Ses fils ont tout replanté en 1988. Conduit aujourd'hui par les filles de Jacques et leur oncle Xavier, la domaine a retrouvé son lustre d'antan et ses 22 ha de vignes.

D'une jolie couleur doré soutenu, ce 2012 développe un bouquet profond de fruits confits, d'abricot sec et de vanille. Le palais, d'une ampleur honorable et de bonne longeur, sur le citron et les fruits blancs, apparaît à la fois souple et vif, voire nerveux, agrémenté d'une touche grillée qui lui confère de l'élégance et de l'éclat. Un sauternes tonique et harmonieux, parfait pour l'apéritif ou le début de repas. ✗ 2017-2023 ♈ gambas aux épices

☛ *Famille de Pontac, Ch. de Myrat, 33720 Barsac, tél. 05 56 27 09 06, myrat@chateaudemyrat.fr*
Ⓥ 🏃 🎁 *r.-v.*

CH. PARTARRIEU		
Cuvée le Mayne 2013 ★		
■	17 286	👤	15 à 20 €

Acteur important de la place de Bordeaux, Cordier-Mestrezat Grands Crus est né en 2000 de la fusion de deux vénérables maisons de négoce bordelaises : la maison Cordier, fondée en 1886 par Désiré Cordier, et la maison Mestrezat, créée en 1815. La société est depuis juin 2015 dans le giron d'InVivo, groupement géant de coopératives.

Cette maison a une réputation établie de sélectionneur. Elle le démontre à nouveau avec ce beau 2013 aux reflets ambrés, couleur vieil or, au nez discret mais délicat d'abricot, de citron et d'amande grillée. Pêche jaune et raisin confit sont les arômes dominants d'un palais onctueux et suave, stimulé par une finale fraîche et alerte. ✗ 2017-2022 ♈ poire Belle-Hélène

☛ *Grands Crus Cordier-Mestrezat, 109, rue Achard, BP 154, 33042 Bordeaux Cedex, tél. 05 56 11 29 00, contact@cordier-mestrezat.com*

| **CH. PIADA** 2012 | | |
| ■ | 1 100 | 👤 🍷 | 15 à 20 € |

Situé sur le haut plateau de Barsac, le Ch. Piada, mentionné dans les archives d'Aquitaine dès 1274, est l'un des plus anciens vignobles barsacais : la ferme de « Piadez » était alors rattachée au château Coutet, propriété de la famille Le Sauvage d'Yquem. Depuis 1941, la famille Lalande est aux commandes de ce cru historique ; elle produit aussi dans les AOC graves et cérons (Ch. Hauret-Lalande).

Des notes de fruits blancs, de miel et de tilleul composent le bouquet agréable de ce sauternes souple, rond et bien équilibré. D'une concentration mesurée, ce vin se destine aussi bien aux alliances gastronomiques traditionnelles qu'à des accords exotiques. ✗ 2015-2020 ♈ tempuras de crevettes

☛ *EARL Lalande et Fils, Ch. Piada, 33720 Barsac, tél. 05 56 27 16 13, chateau.piada@wanadoo.fr*
Ⓥ 🏃 🎁 *t.l.j. 8h-12h 13h30-19h30; sam. dim. sur r.-v.*
🏠 ❶

| ♥ **CH. RAYNE VIGNEAU** 2012 ★★ | | |
| ■ 1er cru clas. | 21 000 | 🍷 | 30 à 50 € |

Célèbre pour les cailloux multicolores de son terroir de graves argileuses et surtout pour ses sauternes, ce cru classé de 85 ha fut propriété de la famille de Pontac – Catherine de Pontac devenue Mme de Rayne lui a donné son nom au XIXes. –, puis entra dans le giron du négoce Cordier-Mestrezat, avant d'être acquis en 2004 par le Crédit Agricole.

La splendide robe jaune d'or annonce la couleur : un grand vin se profile dans le verre. Promesses tenues par un

bouquet charmeur et intense, ouvert sur des parfums citronnés pimpants et de délicates notes d'abricot et de poire confits. Sensuel, opulent, et complexe, le palais dévoile des arômes de miel et d'agrumes confits rehaussés par une pointe d'épices (clou de girofle, gingembre). À la fois généreuse, liquoreuse et pleine de fraîcheur, la finale ne souffre d'aucune mollesse, soutenue par l'amertume de l'orange confite qui apporte une dernière touche d'élégance. Un sauternes de grande classe qui tient largement son rang et s'appréciera encore dans de nombreuses années... ✗ 2019-2035 ♈ ris de veau à la crème

☛ *Ch. de Rayne Vigneau, 4, quai Antoine-Ferchaud, 33350 Pauillac, tél. 05 56 59 00 40, contact@cagrandscrus.fr* Ⓥ 🏃 🎁 *r.-v.*
☛ *CA Grands Crus*

| **CARMES DE RIEUSSEC** 2012 | | |
| ■ | n.c. | 🍷 | 15 à 20 € |

Ancien domaine du couvent des Carmes de Langon, le château Rieussec est établi sur une position élevée à l'ouest de la commune de Fargues, dont il est le seul 1er cru. Sa tour carrée domine une croupe de graves située à la même hauteur que son voisin immédiat, Yquem. Sa renommée, solidement ancrée, lui vaut d'accéder au rang de 1er cru classé en 1855. De nombreux propriétaires se succèdent à sa tête jusqu'en 1984, date de son achat par les Domaines Barons de Rothschild (Lafite à Pauillac). Cette acquisition a apporté d'importants moyens techniques, financiers et humains à cette vaste unité de 110 ha, dont 68 de vignes.

N'ayant pas produit de grand vin, Rieussec nous propose son « second ». Un sauternes axé sur la richesse plutôt que sur la fraîcheur : ouvert sur les fleurs blanches, la poire mûre et la cire d'abeille à l'olfaction, il se montre très gras, plus rond que long en bouche, et finit sur une note généreuse de noisette et de rôti. ✗ 2016-2020 ♈ macarons au foie gras

☛ *Ch. Rieussec, 34, rte de Villandraut, 33210 Fargues, tél. 05 57 98 14 14, rieussec@lafite.com* Ⓥ 🏃 🎁 *r.-v.*
☛ *Domaines barons de Rothschild (Lafite)*

| **CH. ROUMIEU** 2012 ★ | | |
| ■ | 40 000 | 🍷 | 20 à 30 € |

Ce cru de 15 ha, établi sur le plateau du haut Barsac et contigu à Doisy-Védrines et à Climens, est propriété des Craveia depuis le XVIIes. À sa disposition, un superbe chai de style néo-basque, construit en 1896 par Fargeaudoux, l'un des architectes d'Arcachon, et un terroir argilo-calcaire bien barsacais, avec des sables rouges recouvrant le calcaire à astéries. Vincent Craveia est aux commandes depuis 2009.

La robe jaune d'or intense de ce 2012 reflète une matière d'une grande richesse. Richesse que l'on perçoit aussi à l'olfaction à travers des notes généreuses de fruits jaunes confits, de miel, de grillé léger. Une opulence renforcée par

des arômes de fruits confits et de rôti dans un palais gras, rond et soyeux, mais jamais lourd grâce à une finale fraîche aux accents citronnés caractéristique du millésime.
🍴 2018-2025 🍷 foie gras

☞ *Vincent Craveia, Lapinesse, 33720 Barsac,*
tél. 05 56 27 21 01, vcraveia@chateau-roumieu.fr
Ⓥ 🏃 🛗 *r.-v.*

CH. LA TOUR BLANCHE 2012 ★

■ 1er cru clas.	9 000	⅏	30 à 50 €

83 85 86 88 89 **90** 91 94 **95 96** |**97**| **99** |01| |**02**| 03 |04| |05| 06 **07** 08 10 11 12

On pourrait croire que le nom du cru vient de la tour blanche (en fait, un pigeonnier autrefois) se trouvant sur le domaine. En réalité, il dérive du nom d'un ancien propriétaire, monsieur de Latourblanche, trésorier général de Louis XVI. Légué à l'État en 1909 par le mécène Daniel Iffla, dit Osiris, ce cru classé est aussi un lycée viticole, où les futurs professionnels trouvent un beau terrain d'apprentissage (42 ha de vignes) pour s'initier aux subtilités du *Botrytis Cinerea.*
Une pimpante robe jaune clair habille ce vin aux arômes délicats et très frais de fruits exotiques et d'agrumes sur un discret fond grillé. Le palais, ample et élégant, est bien représentatif de ce millésime 2012 pour le moins compliqué, alliant caractère fruité et concentration mesurée. La Tour Blanche signe un sauternes moins opulent qu'à son habitude, mais tout en finesse, qui pourra être bu dans sa jeunesse en attendant la maturité des grands millésimes de cette valeur sûre du Sauternais. 🍴 2016-2022 🍷 asperges sauce mousseline

☞ *Ch. la Tour blanche, 33210 Bommes,*
tél. 05 57 98 02 73, tour-blanche@tour-blanche.com
Ⓥ 🏃 🛗 *r.-v.* ☞ Conseil régional

CH. VILLEFRANCHE 2012

■	40 000	🏚 ⅏	15 à 20 €

Une famille enracinée dans le Sauternais : les Guinabert y sont établis depuis plus de cinq siècles, dont trois sur ce domaine. Aux commandes depuis 1984, Benoît Guinabert dispose d'un vignoble de 22 ha.
Les Guinabert signent ici un 2012 puissant et riche. La robe dorée montre des reflets cuivrés. Le bouquet apparaît discrètement floral. C'est en bouche que le vin s'impose à travers une liqueur généreuse aux saveurs épicées, rehaussée de notes de citron caractéristiques du millésime. Un sauternes traditionnel, allié du foie gras et compagnon des fromages nobles. 🍴 2017-2025 🍷 fourme d'Ambert

☞ *Benoît Guinabert, Ch. Villefranche, 33720 Barsac,*
tél. 05 56 27 05 77, benoit.guinabert@orange.fr
Ⓥ 🏃 🛗 *r.-v.*

CH. VOIGNY 2012

■	30 000	🏚 ⅏	11 à 15 €

La famille Bon exploite la vigne à Preignac depuis 1948 et trois générations au Ch. Voigny. Commandé par une belle demeure du XVIIIᵉ s., qui reçut la visite du duc d'Anjou, petit-fils de Louis XIV, le vignoble couvre 26,5 ha jusqu'aux rives de la Garonne.
Une teinte vieil or intense et brillante et un bouquet discret de fleurs blanches et d'anis. Beaucoup de gras et de richesse en bouche pour ce vin qui ravira les amateurs de sauternes traditionnels. 🍴 2016-2021 🍷 foie gras ■ Ch. des Rochers 2013 (11 à 15 €, 10 000 b.). vin cité. 🍴 2017-2021

☞ *SCEA Vignobles Bon, 70, rue de la République,*
33210 Preignac, tél. 05 56 63 28 29, a.j.vins@wanadoo.fr
Ⓥ 🏃 🛗 *t.l.j. 10h-12h 14h-19h*

BORDELAIS

La Bourgogne

29 300 ha

Production :

1 500 000 hl

Types de vins :

Blancs secs (60 %), rouges (32 %), rosés
(très rares), effervescents.
(crémant-de-bourgogne).

Sous-régions :

Chablisien et Auxerrois, Côte de Nuits,
Côte de Beaune, Côte chalonnaise,
Mâconnais.

Cépages :

Rouges : pinot noir principalement, gamay,
césar (rare).

Blancs : chardonnay principalement,
aligoté, sauvignon (à Saint-Bris), sacy,
melon (très rares).

BENOÎT DROIN
Dom. Jean-Paul et Benoît Droin

Benoît Droin a rejoint le domaine familial en 1999. La conclusion d'un parcours de cinq années d'études viticoles couronnées par l'obtention d'un diplôme d'œnologue à Dijon. Par petites touches successives, ce jeune vigneron a fait évoluer ce domaine à la réputation déjà solide. Il est à la tête aujourd'hui d'un vignoble de 25 ha qui n'a sans doute jamais donné des chablis aussi purs, minéraux et complexes. Il a déjà décroché d'innombrables coups de cœur ces dernières années.

Quelle est votre définition d'un grand vin de Chablis ?

B. D. C'est d'abord la minéralité, bien sûr. On l'obtient par le travail de la vigne mais aussi en ne poussant pas la maturité du chardonnay trop loin. Un grand chablis est un vin issu de raisins vendangés à la bonne date pour qu'il exprime au mieux la minéralité de son terroir. Un vin avec une belle concentration également.

Qu'est-ce qui caractérise ces deux terroirs coups de cœur dans ce millésime 2013, les grands crus Les Clos et Vaudésir ?

B. D. Vaudésir est un vin assez sensuel, à la fois minéral et délicat. Toujours accessible assez jeune. Les vignes sont situées dans des vallées chaudes, fermées au nord et peu ventées. Les raisins ont souvent des acidités moins élevées qu'ailleurs dans les grands crus.

Les Clos est vraiment situé sur un coteau. C'est un *climat* plutôt frais et donc plus tardif que Vaudésir. Le sol est constitué de marnes profondes qui apportent beaucoup de minéralité. C'est un peu l'inverse du Vaudésir : le vin est puissant et demande plus de temps pour atteindre son apogée. Il peut s'apprécier jeune aussi parce qu'il est riche, mais il n'aura pas la rondeur d'un Vaudésir. Un amateur de chablis va y trouver tout ce qu'il recherche. Les connaisseurs iront plutôt sur un Clos, c'est sûr. Pour revenir à la première question, qu'est-ce qu'un grand chablis, je répondrais : c'est un Clos de quinze ou vingt ans !

Quelle était la clé de la réussite dans le millésime 2013 ?

B. D. Nous avons vendangé de bonne heure. La récolte a commencé le 26 septembre. Quelques jours plus tard, la pluie est arrivée et la pourriture s'est installée. La maturité était là dans nos vignes et nous avons pu préserver de la fraîcheur et de la minéralité, tout en conservant des raisins sains.

Contrairement à beaucoup de vos confrères, vous utilisez le fût de chêne pour élever et vinifier vos chablis.

B. D. Oui et non. Dans les années 1980-1990, le domaine a beaucoup boisé ses vins. Aujourd'hui, l'intérêt se porte de plus en plus vers des vins frais, du fruit et pas trop d'alcool. C'est pourquoi j'ai souhaité retrouver davantage les caractéristiques de nos différents terroirs : désormais, une partie de nos vins est vinifiée en cuve, et l'autre partie en fût. Pour les Clos par exemple, c'est moitié-moitié. Certains premiers crus ou même le grand cru Les Blanchots ne sont pas vinifiés en fût. Chaque terroir a sa sensibilité et nous vinifions « à la carte ».

♥ Chablis grand cru
Les Clos 2013 ★★

♥ Chablis grand cru
Vaudésir 2013 ★★

*Jean-Paul et Benoît Droin,
14 bis, av. Jean-Jaurès, BP 19,
89800 Chablis, tél. 03 86 42 16 78,
benoit@jeanpaulbenoit-droin.fr*

PHILIPPE GAVIGNET
Dom. Philippe Gavignet

Affirmer que Philippe Gavignet est un homme du cru, c'est enfoncer une porte ouverte. Son grand-père a été l'instigateur de la vente aux enchères des Hospices de Nuits en 1962. Cette prévalence nuitonne est de rigueur aussi côté vignes. Le domaine s'étend sur 12 ha, en très grande majorité dans l'appellation nuits-saint-georges. Les Chabœufs, Les Bousselots, Les Pruliers, Les Argilats, autant de jolis terroirs de l'AOC figurant à la carte du domaine. Des vins qui font le bonheur des amateurs de « nuits » profonds et denses, ainsi que des amoureux des pinots noirs élégants et expressifs.

Quel mode de culture avez-vous adopté pour vos vignes ?

Ph. G. Je suis en culture raisonnée. Nous n'utilisons plus de désherbant depuis maintenant huit ans et nous réduisons les traitements. Nous travaillons les sols, quatre ou cinq labours par an, j'y tiens beaucoup.

Quelles sont les grandes lignes de votre approche de la vinification ?

Ph. G. Les vendanges sont manuelles. Les raisins arrivent en caisse à la cuverie. Ainsi, on évite de les triturer, de trop les manipuler. Les grappes passent sur une table vibrante et une table de tri. Nous égrappons à 100 % et les baies sont mises en cuve sans pompage. Je refroidis les cuves pour procéder à une macération à froid pendant 8-9 jours. Cela permet d'extraire du fruit et de la couleur. Pendant ce temps, nous pouvons vendanger tranquillement sans nous préoccuper des cuves. Quand les fermentations commencent, nous pigeons. Tous les deux jours ou tous les jours, nous goûtons les cuves avec l'ensemble du personnel. Chacun donne son avis. Nous procédons à des remontages en fin de fermentation.

Comment expliquez-vous votre grande réussite dans ce millésime 2013 ?

Ph. G. En 2013, il ne fallait pas essayer de sortir ce qu'il n'y avait pas. En fin de cuvaison, nous avons réchauffé les cuves à 35 °C pour assouplir un peu les tanins. Je l'avais déjà fait en 2008. Cela a donné des vins plus gourmands, avec de la chair.

Comment se passent les élevages ?

Ph. G. Les vins sont mis dans des fûts de chêne avec une proportion d'un quart de fûts neufs sur les AOC *villages* et d'un tiers pour les premiers crus. Pour moi, le bois doit être un support, pas un apport. Ensuite, je dis souvent que je suis fainéant : moins je touche les vins, mieux je me porte. Et nous faisons attention aux lunes pour décider de la date de la mise en bouteilles.

Quelles sont les caractéristiques des terroirs de vos deux coups de cœur ?

Ph. G. Les Chabœufs sont dans le secteur des meilleurs premiers crus de Nuits avec Les Cailles, Les Vaucrains et Les Saint-Georges. C'est un petit premier cru en superficie : seulement 2,8 ha. Il reste peu connu. Il y a peu de terre : 40 à 50 cm. Un sol assez léger qui donne des vins sur la finesse, l'élégance. Les Argilats fait référence à l'argile, mais là aussi il y a peu de terre. Ce lieu-dit est situé à la sortie d'une combe sur le coteau. Le vin montre un peu moins de matière que les Chabœufs, et reste sur un registre de finesse et d'élégance. Il peut s'apprécier rapidement, mais il vieillit également très bien.

♥ Nuits-saint-georges 1er cru
Les Chabœufs 2013 ★★

♥ Nuits-saint-georges
Les Argilats 2013 ★★

Dom. Philippe Gavignet,
36, rue du Dr-Louis-Legrand,
21700 Nuits-Saint-Georges,
tél. 03 80 61 09 41,
contact@domaine-gavignet.fr

STÉPHANE FOLLIN-ARBELET
Ch. de Meursault

Stéphane Follin-Arbelet, originaire d'une famille vigneronne d'Aloxe-Corton, a pris la tête des Châteaux de Meursault et de Marsannay. La famille Halley, qui a acquis ces deux domaines en 2012, lui a donné les moyens d'en faire des références dans leurs appellations respectives. Les résultats sont là...

Dans quel contexte êtes-vous arrivé au Ch. de Meursault ?

Je suis arrivé en décembre 2012 mais j'étais déjà en consulting dès les vendanges 2012. Nous avons pu dès ce millésime passer sur des vendanges en petites caisses pour les belles cuvées de blancs, avec un tri systématique. Le tri optique de la vendange a été mis en place pour les rouges. Cette machine est un investissement très important, alors qu'elle n'est utilisée que deux semaines dans l'année. Mais dans ce millésime, avec la grêle, elle a clairement fait un travail que ne peut pas faire la main. En 2013, de nouveau la grêle, à une échelle encore plus importante. Et finalement, grâce à cet outil, nous avons 100 % de baies intactes. Même chose en 2014. Si nos résultats en rouges sont spectaculaires, c'est parce que nous avons eu la chance d'avoir ce matériel.

Quelles ont été vos priorités en arrivant ?

Les vignes, les vignes, les vignes... Et ensuite la cuverie. Nous avons investi plus d'un million d'euros dans les deux châteaux. Nous avons acheté quatre tracteurs enjambeurs avec les meilleures techniques de pulvérisation en bio ou en conventionnel. Nous avons fait un audit par parcelles pour savoir quels pieds il fallait arracher. Nous avons réalisé un gros travail de repiquage. Je replante plusieurs hectares tous les ans depuis trois ans. Nous avons embauché de nouveaux chefs de culture, ingénieur agronomes, pour apporter la compétence technique. L'idée est de passer au bio à 100 %. Pour l'instant notre leimotiv est de mettre le moins de produits possible et d'obtenir les raisins les plus sains possible et de qualité. Les recettes, on les connaît, encore faut-il avoir les moyens de les

appliquer. C'est notre cas. Le maître mot de l'actionnaire : on veut rapidement être au top.

Côté vinification, quelles sont les nouveautés ?

L'idée est de revenir à la source, c'est-à-dire d'avoir le moins d'interventions œnologiques possible. La grandeur des vins de Bourgogne, c'est une texture soyeuse en bouche. Un caractère lié à notre terroir et au pinot qui s'y adapte très bien. Je pense qu'il faut intervenir le moins possible. Nous avons acheté une trentaine de cuves Inox, des cuves bois. À Marsannay, nous avons supprimé le foulo-pompe (dispositif peu respectueux de l'intégrité du raisin, ndlr), aujourd'hui les grappes sont déposées par tapis dans les cuves. Le parc de fûts a été rajeuni.

La gamme s'est aussi étoffée grâce à des vinifications parcellaires plus poussées ?

Oui, en meursault 1er cru Charmes, nous avons sélectionné Charmes-Dessus et Charmes-Dessous. Les beaune Fèves et les Beaune Teurons ont aussi été séparés. À Marsannay, ce travail a été très poussé, nous vinifions quinze cuvées séparées. Nous avons vraiment envie de connaître toute la gamme des terroirs que nous avons en « stock ».

Les deux Châteaux sont très engagés dans l'œnotourisme. Des nouveautés aussi ?

Oui, les parcours de dégustations, l'accueil ont été revus. Au Marché aux Vins à Beaune également. Notre vocation œnotouristique est conservée et développée.

....

♥ Volnay
Clos des Chênes 2012 ★★

Dom. du Ch. de Meursault,
rue du Moulin-Foulot,
21190 Meursault, tél. 03 80 26 22 75,
domaine@chateau-meursault.com

LA BOURGOGNE

Inscrit en 2015 au patrimoine mondial de l'Unesco, un vignoble historique, façonné au Moyen Âge par les moines, puis par les ducs de Bourgogne. S'il n'occupe guère que 3 % du vignoble planté en France, il ne compte pas moins d'une centaine d'appellations d'origine, un record. Ses deux cépages principaux, le pinot noir et le chardonnay, sont à l'origine de crus si célèbres qu'ils ont acquis une réputation mondiale. À la simplicité de l'encépagement s'oppose l'extrême variété des microterroirs, appelés localement *climats*, qui détermine l'immense variété des vins de ce vignoble. Plusieurs ensembles s'individualisent. Du nord au sud, les vignobles de l'Yonne, la Côte-d'Or, la Côte chalonnaise et le Mâconnais.

Les moines et les ducs

La vigne et le vin ont, dès la plus haute Antiquité, fait vivre ici les hommes. Des témoignages écrits et des fouilles attestent sa présence à l'époque gallo-romaine. À Gevrey-Chambertin ont ainsi été retrouvés les vestiges d'une plantation datant du Ier s. Au Moyen Âge, les moines de Cluny, à partir du Xe s., puis ceux de Cîteaux ont joué un rôle capital dans la mise en valeur du vignoble, comme en témoigne encore aujourd'hui le Clos de Vougeot, héritage des cisterciens. Aux XIVe et XVe s., les ducs de Bourgogne (1342-1477) ont édicté des règles orientant la production vers la qualité. La plus connue est l'ordonnance de Philippe le Hardi qui bannit en 1395 le gamay de ses terres. Le rayonnement des vins de Bourgogne s'étendait alors jusque dans les Flandres. Les notables ont pris le relais des princes et des clercs. Très présent en Bourgogne, le négoce-éleveur, apparu dès le XVIIIe s., s'est développé au siècle suivant. De nombreux vignerons entreprenants ont acquis des terres à la suite des crises du XXe s., tandis que la coopération se développait, notamment dans l'Yonne et en Mâconnais. Aujourd'hui, la vigne occupe 3 949 domaines (1 300 d'entre eux mettent en bouteilles). La région compte 17 coopératives et 300 maisons de négoce. La notoriété de ses vins ne connaît pas d'éclipse, même si les volumes disponibles restent souvent faibles en raison des aléas climatiques. Le chiffre d'affaires à l'export dépasse les 740 millions d'euros.

Un « mille-feuille » géologique

Semi-continental dans l'ensemble, le climat bourguignon offre de multiples nuances dues à la topographie. Très morcelé, le vignoble est surtout implanté sur les pentes et le piémont de coteaux, sur des terrains à dominante calcaire. La structure géologique en « mille-feuille » de la Côte-d'Or, cœur du vignoble, résulte d'une accumulation de sédiments suivis de fractures, de soulèvements et d'effondrements survenus lors de la surrection des Alpes. Une faille nord-sud, accompagnée de multiples fractures parallèles, est à l'origine de l'extrême diversité des terroirs (appelés ici climats), et donc de la variété des crus de Bourgogne.

Pinot noir et chardonnay

La Bourgogne produit essentiellement des vins secs, blancs, rouges et, beaucoup plus rarement, rosés, ainsi que des effervescents, élaborés selon la méthode traditionnelle, les crémants-de-bourgogne. Ses vins sont, pour l'essentiel, issus de deux cépages : le chardonnay, en blanc (48 % de l'encépagement) et le pinot noir, en rouge (34 %). Malgré la simplicité de l'encépagement, les vins prennent de multiples nuances non seulement selon l'appellation, les sols, les pentes et le microclimat, mais aussi selon le savoir-faire de chaque élaborateur. Dans la plupart des cas, un même cru est en effet exploité par plusieurs domaines, dont chacun ne détient qu'une surface réduite.

LES CLIMATS BOURGUIGNONS

Portant des noms particulièrement évocateurs (Les Amoureuses, Les Grèves, La Renarde, Les Cailles, Genévrières, Montrecul...) et consacrés depuis le XVIIIe s. au moins, les *climats* désignent en Bourgogne des surfaces officiellement délimitées, couvrant au plus quelques hectares, parfois même quelques « ouvrées » (4 ares, 28 centiares), qui s'identifient par leurs sols, leurs pentes, leur microclimat et par le caractère des vins, même si le talent du producteur entre aussi en ligne de compte. Chaque *climat* est souvent partagé entre plusieurs vignerons.

Des appellations hiérarchisées

Riche d'une centaine d'appellations d'origine, la région classe ses vins selon une hiérarchie à quatre niveaux :

Les appellations régionales (49 % des volumes) occupent la base de la pyramide. Elles s'étendent à l'ensemble ou à une grande partie du territoire de la Bourgogne : coteaux bourguignons, bourgogne, bourgogne-aligoté, crémant-de-bourgogne, bourgogne-passetougrain.

La Bourgogne viticole correspond aux communes viticoles des départements de l'Yonne, de la Côte-d'Or, de la Saône-et-Loire et d'une partie du Rhône (canton de Villefranche-sur-Saône). Elles incluent donc le Beaujolais. Ce dernier vignoble, qui possède une personnalité propre grâce au cépage gamay, est juridiquement rattaché à la Bourgogne ; ses dix crus (brouilly, morgon, etc.) peuvent produire du bourgogne-gamay.

Compte tenu de la dispersion géographique de l'appellation régionale, le nom de bourgogne est souvent associé à une unité géographique plus petite, région ou commune, ce qui permet d'individualiser un terroir : bourgogne Côtes d'Auxerre, bourgo-

---

LES AUTRES CÉPAGES DE BOURGOGNE

L'aligoté, cépage blanc produisant le bourgogne-aligoté, donne des vins vifs qui atteignent leur meilleur dans le village de Bouzeron, lequel possède sa propre AOC ; le césar, variété rouge, est assemblé au pinot noir dans l'irancy ; le gamay, cultivé en Beaujolais, peut être commercialisé comme bourgogne-gamay ; associé au pinot, il donne le bourgogne-passetoutgrain ; le sauvignon est cultivé à Saint-Bris-le-Vineux, dans l'Yonne, qui bénéficie de l'unique appellation bourguignonne dédiée à ce cépage. Pinot blanc, pinot gris (beurot), melon sont devenus très rares.

gne Vézelay, par exemple. Implantées sur les hauteurs, en arrière de la Côte-d'Or, les bourgogne-hautes-côtes-de-nuits et bourgogne-hautes-côtes-de-beaune sont aussi considérées comme des appellations régionales, ainsi que la vaste aire des mâcon et mâcon-villages. Toutes ces appellations permettent de s'initier aux vins de Bourgogne.

Les appellations communales ou *villages* portent le nom d'une commune, comme Nuits-Saint-Georges ou Beaune. L'aire d'appellation peut s'étendre à plusieurs communes.

Les premiers crus proviennent de *climats* délimités au sein d'un village et distingués pour leur potentiel. L'étiquette indique à la fois le nom du village et celui du *climat* (souvent sur la même ligne). Par exemple, Volnay-Caillerets, Meursault-Charmes.

Les grands crus occupent le sommet de la pyramide (1 % de la production). Ils ont été sélectionnés parmi les meilleurs *climats*. Ils forment des appellations à part entière, dont le nom est en vedette sur l'étiquette. Par exemple, Chambertin, Montrachet.

Les régions de la Bourgogne

Le Chablisien-Auxerrois L'appellation la plus connue donne son nom aux vignobles de l'Yonne, au nord. Ce vignoble s'est beaucoup contracté après la crise phylloxérique et connaît une timide renaissance. Chablis a gardé sa notoriété. L'aire d'appellation couvre le village éponyme et seize communes voisines. Les vignes dévalent les fortes pentes des coteaux aux expositions multiples qui longent les deux rives du Serein, modeste affluent de l'Yonne. Les sols marneux ou marno-calcaires (le célèbre kimméridgien) conviennent parfaitement au chardonnay qui

règne ici sans partage. Sous un climat plus rigoureux que celui de la Côte-d'Or, il donne naissance à des vins blancs secs et élégants, d'une grande fraîcheur minérale.

On retrouve à Chablis la pyramide des appellations bourguignonnes : petit-chablis, chablis, chablis 1er cru et chablis grand cru. Plus on monte dans la hiérarchie, plus les vins sont denses, complexes et de garde. Plusieurs communes au lieux-dits de l'Yonne produisent des vins en appellation régionale bourgogne, avec parfois une dénomination propre (vins blancs de Vézelay et de Chitry, rouges de Coulanges-la-Vineuse ou d'Épineuil). Au sud d'Auxerre, les irancy, en rouge, et les saint-bris, en blanc, bénéficient d'une AOC communale.

La Côte de Nuits Au sud de Dijon, la Côte-d'Or est le cœur du vignoble bourguignon. Entre Marsannay et Corgoloin, la Côte de Nuits est linéaire. Elle s'étire en une bande étroite (quelques centaines de mètres), découpée de combes ; une trentaine d'appellations se succèdent, des villages aux noms souvent prestigieux (Gevrey-Chambertin, Chambolle-Musigny, Vougeot, Vosne-Romanée, Nuits-Saint-Georges...), riches de nombreux premiers crus et, pour certains, de grands crus. C'est le royaume du pinot noir, qui atteint des sommets dans 24 grands crus, comme chambertin, musigny, clos-de-vougeot et la mythique romanée-conti.. Les grands vins rouges de la Côte de Nuits ont comme dénominateurs communs densité, profondeur et potentiel de garde.

La Côte de Beaune La Côte de Beaune prolonge celle de Nuits entre les communes de Ladoix-Serrigny, au nord, et de Chagny, au sud, et compte 24 appellations communales ou grands crus. Elle offre un profil différent : les vignes s'étalent davantage (1 à 2 km), les pentes sont un peu plus douces, les expositions plus variées.

C'est la vente publique, le troisième dimanche de novembre, des cuvées de l'important domaine des hospices de Beaune, constitué au fil des siècles grâce à des donations. Son produit est destiné aux hospices (aujourd'hui à des investissements médicaux). Institutionnalisée en 1859, cette vente attire les foules. Variant en fonction des volumes produits, de la réputation du millésime et de la conjoncture, les montants atteints donnent la température du marché. Depuis 2005, c'est la maison Christie's qui organise la vente.

Le substrat, fait de calcaires divers et de terrains marneux, est souvent propice au chardonnay. La Côte de Beaune est le paradis des grands blancs. Sur ses sept grands crus, six sont dédiés au chardonnay : le corton-charlemagne, autour de la célèbre colline de Corton, au nord, et, à l'autre bout de la Côte, le montrachet, escorté de quatre crus associés. Sans oublier des appellations communales presque entièrement vouées aux blancs, comme meursault et puligny-montrachet.

La Côte de Beaune fournit également de superbes vins rouges, à commencer par le grand cru corton. Pommard et Volnay, s'ils n'ont pas de grands crus, recèlent de nombreux premiers crus d'un excellent niveau. Riche de nombreux premiers crus, la ville de Beaune abrite depuis le XVIIIe s. de nombreuses maisons de négoce : c'est la capitale du vignoble.

La Côte chalonnaise Situé entre Chagny et Saint-Gengoux-le-National, au sud de la Côte de Beaune, le vignoble de la Côte chalonnaise tire son nom de Chalon-sur-Saône. Resté longtemps à l'ombre de la Côte-d'Or, il a beaucoup progressé. L'appellation régionale bourgogne côte-chalonnaise produit une majorité de rouges. Le secteur compte quatre appellations communales : du nord au sud, on trouve les villages de Bouzeron (la seule appellation communale dédiée au cépage aligoté), Rully, Mercurey, Givry et Montagny. On y trouve d'excellents vins rouges et blancs, plus abordables qu'en Côte-d'Or.

Née en 1934, dans une période de grave crise économique pour la viticulture, la confrérie des chevaliers du Tastevin, résurrection d'anciennes confréries des XVIIe et XVIIIe s., se donne pour objectif d'être l'ambassadrice des grands vins de Bourgogne. Elle célèbre ainsi la Bourgogne viticole à travers ses Chapitres, cérémonies organisées dans le château du Clos de Vougeot, où sont intronisés de nouveaux chevaliers. La Confrérie procède également deux fois par an au tastevinage : une dégustation qui donne l'estampille de la Confrérie aux vins jugés caractéristiques de leur appellation et de leur millésime.

La Bourgogne

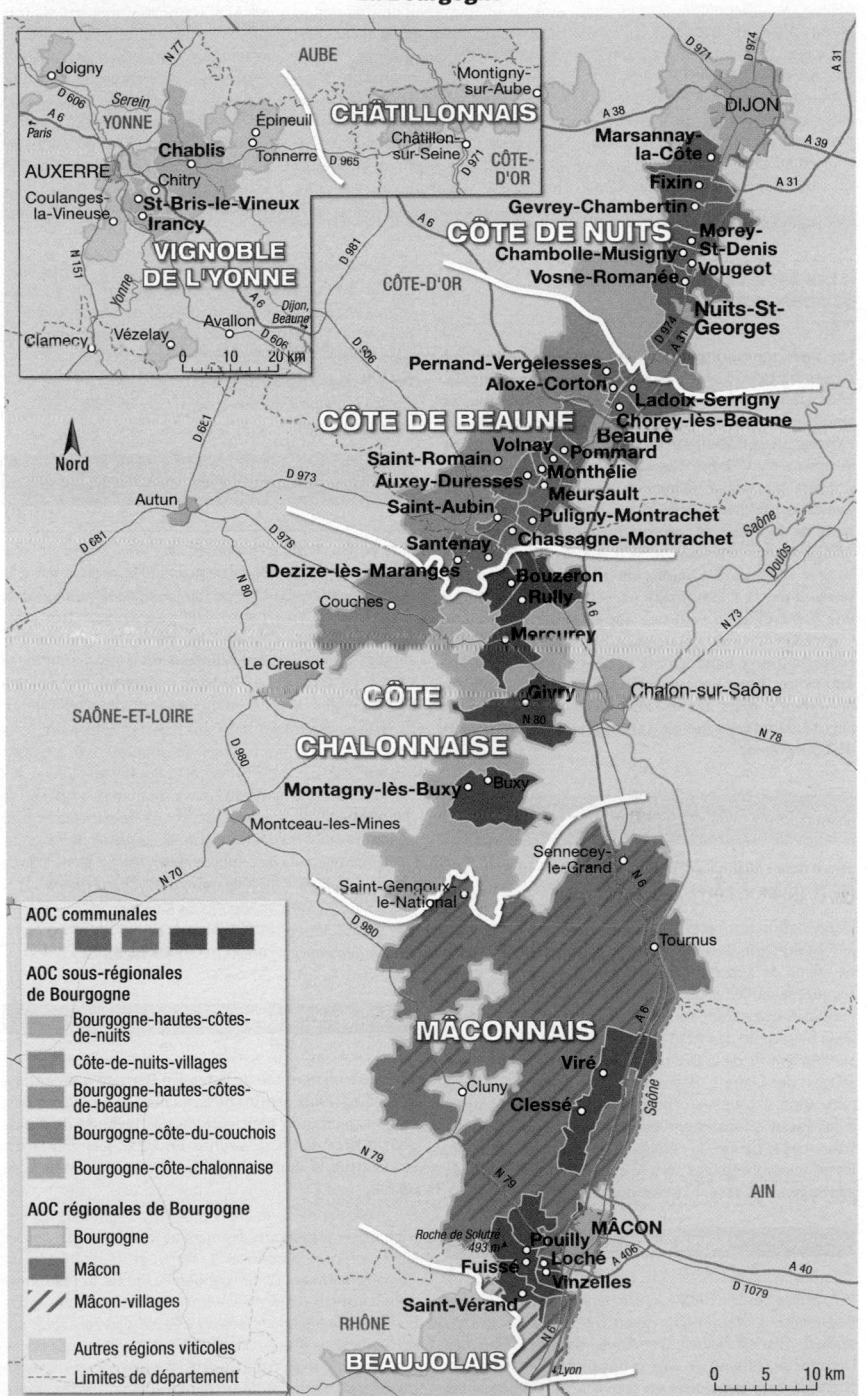

Vignoble de l'Yonne
Joigny
Serein
YONNE
Paris
A 6
D 606
AUXERRE
Coulanges-la-Vineuse
Chitry
Chablis
St-Bris-le-Vineux
Irancy
VIGNOBLE DE L'YONNE
Avallon
Dijon, Beaune
Clamecy
Vézelay
0   10   20 km

Châtillonnais
AUBE
Montigny-sur-Aube
CHÂTILLONNAIS
Épineuil
Châtillon-sur-Seine
Chablis
Tonnerre
D 965
D 971
CÔTE-D'OR

Nord

Autun

D 981
D 906
D 8E1
CÔTE-D'OR
A 6

DIJON
D 971
D 974
A 31
A 38
A 39
A 31
Marsannay-la-Côte
Fixin
Gevrey-Chambertin
CÔTE DE NUITS
Chambolle-Musigny
Vosne-Romanée
Morey-St-Denis
Vougeot
Nuits-St-Georges
D 974
A 31

Pernand-Vergelesses
Aloxe-Corton
Ladoix-Serrigny
Chorey-lès-Beaune
CÔTE DE BEAUNE
Beaune
Volnay
Pommard
Saint-Romain
Monthélie
Auxey-Duresses
Meursault
Saint-Aubin
Puligny-Montrachet
Santenay
Chassagne-Montrachet
Dezize-lès-Maranges
Bouzeron
Couches
Rully
Mercurey

D 973
D 978
D 681
N 80

Saône
Doubs
N 73

Le Creusot
CÔTE CHALONNAISE
Givry
N 80
Chalon-sur-Saône
N 78
Montagny-lès-Buxy
Buxy
Montceau-les-Mines
N 70
Saint-Gengoux-le-National
D 980
Sennecey-le-Grand
N 6
SAÔNE-ET-LOIRE

Tournus

MÂCONNAIS
Viré
Cluny
Clessé
A 6
Saône

N 79
N 79
AIN
Roche de Solutré
493 m
MÂCON
Pouilly
Loché
A 406
Fuissé
Vinzelles
Saint-Vérand
A 40
D 1079
RHÔNE
BEAUJOLAIS
Lyon
0   5   10 km

AOC communales

AOC sous-régionales de Bourgogne
Bourgogne-hautes-côtes-de-nuits
Côte-de-nuits-villages
Bourgogne-hautes-côtes-de-beaune
Bourgogne-côte-du-couchois
Bourgogne-côte-chalonnaise

AOC régionales de Bourgogne
Bourgogne
Mâcon
Mâcon-villages

Autres régions viticoles
- - - Limites de département

Le Mâconnais Entre Tournus et Mâcon, le Mâconnais s'étend sur 50 km du nord au sud et sur une quinzaine d'est en ouest. La Bourgogne prend des airs méridionaux, tant par ses nuances climatiques que par l'habitat traditionnel. Des chaînons calcaires forment les monts du Mâconnais, surgissant en éperons spectaculaires sur les sites de Solutré et de Vergisson. Le vignoble, surtout exposé à l'est, couvre des terrains en majorité marneux, propices au chardonnay, tandis que quelques formations granitiques annoncent le Beaujolais limitrophe. En volume, le Mâconnais produit plus que la Côte-d'Or et le Chablisien. Des blancs, à 85 %. En rouge, le gamay, cultivé sur les terrains cristallins, côtoie le pinot noir. Le gros des volumes est produit en AOC régionales : mâcon (des rouges en majorité) et mâcon-villages, réservé aux blancs. La région possède cinq AOC communales, pouilly-fuissé, la plus connue, pouilly-loché, pouilly-vinzelles, viré-clessé et saint-véran. Le chardonnay y donne des blancs fruités et ronds, parfois opulents.

→ LES APPELLATIONS RÉGIONALES DE BOURGOGNE

Les appellations régionales bourgogne couvrent l'aire de production la plus vaste de la Bourgogne viticole. Elles peuvent être produites dans des communes traditionnellement viticoles des départements de l'Yonne, de la Côte-d'Or, de la Saône-et-Loire, et dans le canton de Villefranche-sur-Saône, dans le Rhône. Compte tenu de la dispersion géographique de l'appellation régionale, celle-ci est souvent associée au nom de la zone de production (Côtes d'Auxerre, Chitry, Côtes du Couchois...). La codification des usages et, plus particulièrement, la définition des terroirs par la délimitation parcellaire ont conduit à une hiérarchie au sein des appellations régionales. L'appellation bourgogne-grand-ordinaire, devenue coteaux bourguignons, est la plus générale, la plus extensive. Avec un encépagement plus spécifique, on récolte dans les mêmes lieux le bourgogne-aligoté, le bourgogne-passetoutgrain et le crémant-de-bourgogne.

COTEAUX BOURGUIGNONS ET BOURGOGNE-GRAND-ORDINAIRE

Superficie : 120 ha / Production : 5 000 hl (75 % rouge et rosé)

L'appellation bourgogne-grand-ordinaire, qui signifiait le « bourgogne du dimanche », tombée en désuétude en raison de son nom devenu peu commercial, a été remplacée par les coteaux bourguignons (mais les deux mentions coexistent toujours pour l'heure). À la base de la hiérarchie des AOC bourguignonnes, elle s'étend sur l'ensemble de la Bourgogne viticole et produit des rouges, des clairets, des rosés et des blancs. Elle peut faire appel à tous les cépages de la région, y compris à des variétés locales en voie de disparition, comme le tressot et le melon (le cépage du muscadet). En blanc, les principaux cépages sont le chardonnay et l'aligoté ; en rouge et en rosé, le pinot noir et surtout le gamay.

BELLE GRÂCE 2014

| ■ | 80 000 | 🍾 ⬤ | 5 à 8 € |

Rebaptisée Les Vins Aujoux, l'ancienne Société Vinicole Beaujolaise a étendu son rayon d'action au cours du siècle dernier en s'alliant avec d'autres sociétés (Jacques Depagneux, Chanut...). Elle propose des vins du Mâconnais et du Beaujolais en provenance de domaines partenaires.

Le gamay dans sa version bourguignonne, par un spécialiste du Beaujolais. Cela donne un vin tout en fruits (rouges et intenses), souple, frais et de bonne longueur. En un mot : gouleyant. À réserver pour un repas improvisé, sans chichis. ✗ 2015-2017 ❦ tartare de bœuf

☛ *Les Vins Aujoux, La Bâtie, 71570 La Chapelle-de-Guinchay, tél. 03 85 23 83 50, aujoux@aujoux.fr*

BOUCHARD PÈRE ET FILS
Les Deux Loups 2013 ★

| ■ | n.c. | 🍶 | 5 à 8 € |

Fondée en 1731 et propriété du Champagne Joseph Henriot depuis 1995, cette maison de négoce est à la tête d'un vaste vignoble de 130 ha, dont 12 ha en grands crus et 74 ha en 1ᵉʳˢ crus. Elle propose une très large gamme de vins, des AOC les plus prestigieuses aux simples régionales, qui reposent dans les magnifiques caves enterrées de l'ancien château de Beaune (XVᵉˢ.), conservatoire unique de très vieux millésimes.

La maison Bouchard dans ses œuvres régionales, cela donne un blanc qui n'a rien de simpliste. Le nez, très élégant, associe de délicates notes florales au litchi et aux agrumes. Suivant la même ligne aromatique, la bouche se révèle ample, ronde et soyeuse, soulignée par un trait bien ajusté d'acidité qui lui donne de l'énergie et de l'allonge. L'esprit des grands blancs beaunois flotte au-dessus de ce vin. ✗ 2015-2018 ❦ dos de sandre au beurre blanc

☛ *Bouchard Père et Fils, Ch. de Beaune, 15, rue du Château, 21200 Beaune, tél. 03 80 24 80 24, contact@bouchard-pereetfils.com* 📺 🏠 🚶 *t.l.j. 10h-12h30 14h30-18h30* ☛ *Famille Henriot*

CH. DES CORREAUX Victoire 2013 ★

| ■ | 2 100 | ⬤ | 8 à 11 € |

L'histoire vigneronne de la famille Bernard a débuté en 1803. Située aux confins du Beaujolais et du Mâconnais, cette exploitation était connue des lecteurs du Guide sous le nom de Ch. de Leynes. En 2002, Jean Bernard a reconstitué le domaine, qui ne compte pas moins de 25 ha.

Sur l'étiquette, toujours l'appellation grand-ordinaire. Victoire est le prénom de la mère de Jean Bernard, qui, *dixit* le vigneron, « symbolise la force et la mémoire du domaine ». Un bel hommage que ce vin discret de prime abord, mais bien ouvert à l'aération sur des arômes typés de fruits rouges et d'épices douces. La bouche séduit par son volume, sa finesse et sa fraîcheur, portée par de beaux tanins serrés, un brin plus stricts en finale certes, mais rien qui n'empêche de profiter pleinement de cette bouteille dès à présent. ✗ 2015-2018

○━ *Dom. Bernard, Les Correaux, 71570 Leynes,*
tél. 03 85 35 11 59, bernardleynes@yahoo.fr
V 🎿 **⚡** *r.-v.* 🏠 ❷ 🏠 🅾

DOM. GUEGUEN Sacy Cépage confidentiel 2013		
■	800	🍷	5 à 8 €

Frédéric Gueguen et son épouse Céline, fille de Jean-Marc Brocard, ont d'abord travaillé pour le compte de ce dernier, notamment au Dom. des Chenevières, avant de décider de voler de leurs propres ailes en 2012. Ils ont pris en location 22 ha dans le Chablisien et l'Auxerrois.

Une cuvée confidentielle à double titre, par le volume restreint de bouteilles produites et par la rareté des vins blancs issus du sacy, vieux cépage bourguignon en voie d'extinction (32 ares à l'origine d'un vin frais de bout en bout : nez iodé et minéral, bouche vive et serrée, sur la même trame aromatique que l'olfaction agrémentée de parfums d'agrumes. Tout indiqué pour les fruits de mer. **✗** 2015-2017 **🍴** huîtres

○━ *Dom. Céline et Frédéric Gueguen,*
31, Grande-Rue-de-Chablis, 89800 Préhy,
tél. 03 86 41 45 06, contact@chablis-gueguen.fr
V 🎿 **⚡** *r.-v.* 🏠 ❹

DOM. DE L'HERMITAGE DE NANTOUX 2013		
■	10 000	🍷	5 à 8 €

Situé à Chassey-le-Camp en Côte chalonnaise, entre Beaune et Chalon sur Saône, ce domaine s'étend sur 20 ha de vignes, répartis sur six *villages* de la Côte de Beaune et de la Côte chalonnaise. La famille Moreteaux y est installée depuis 1972.

Gamay et pinot noir à parité pour cette cuvée au bouquet plaisant de fruits rouges agrémentés d'épices. Souple, frais, fruité, un brin plus strict en finale, le palais est celui d'un vrai « vin plaisir » à boire dans sa jeunesse. **✗** 2015-2018 **🍴** grillades de bœuf

○━ *SARL Moreteaux et Fils, 1, rue des Arnaults, Nantoux, 71150 Chassey-le-Camp, tél. 03 85 87 19 10, moreteaux@ wanadoo.fr* **V** 🎿 **⚡** *r.-v.*

DOM. ALAIN JEANNIARD Pinot et Gamay 2012 ★		
■	1 000	⬤❙❙	8 à 11 €

Après une carrière dans l'industrie, Alain Jeanniard est revenu à ses racines vigneronnes (qui remontent au XVIIIe s.) pour reprendre en 2000 le domaine de Morey : 0,5 ha à l'époque, 4,5 ha aujourd'hui. Il a également créé une affaire de négoce en 2003.

Mi-pinot noir mi-gamay, ce 2012 s'ouvre sur un joli fruité croquant de cerise fraîche agrémenté de nuances animales et poivrées. La bouche se montre ronde et consistante, bien épaulée par des tanins fins, qui permettront à ce vin de résister sans crainte à une petite garde. **✗** 2015-2018 **🍴** onglet marchand de vin

○━ *Dom. Alain Jeanniard, 4, rue aux Loups, 21220 Morey-Saint-Denis, tél. 03 80 58 53 49, domaine.ajeanniard@wanadoo.fr* **V** 🎿 **⚡** *r.-v.*

DOM. PRUNIER 2013 ★		
■	2 000	🍷⬤❙❙	5 à 8 €

Jean-Pierre Prunier a laissé son vignoble de 9,5 ha à ses deux fils : Pascal, établi à Meursault, et Laurent, installé

depuis 1992. Une valeur sûre en auxey-duresses et en monthélie.

Si le nez est discret (fleurs blanches et touche vanillée après un peu d'aération), c'est en bouche que ce vin s'exprime le mieux. Une attaque franche introduit en effet un palais ample et suave par son côté miellé et biscuité, ciselé en filigrane par une agréable touche de vivacité. **✗** 2015-2018 **🍴** truite aux amandes

○━ *Dom. Jean-Pierre et Laurent Prunier, rue Traversière, 21190 Auxey-Duresses, tél. 03 80 21 27 51, domaine-prunier@wanadoo.fr* **V** **⚡** *r.-v.*

DOM. DE ROTISSON Nathalie 2014 ★★		
■	25 000	🍷	5 à 8 €

Un domaine créé en 1920 et acquis en 1998 par Didier Pouget. Couvrant 20 ha dans le pays des Pierres dorées, il fait preuve de régularité, en rouge et en blanc, et propose non seulement des beaujolais, mais aussi des AOC régionales bourguignonnes.

Assemblage de différentes parcelles de gamay, ce « BGO », comme on dit en Bourgogne, s'annonce par un joli bouquet de cassis et de fruits rouges frais mâtinés d'épices douces et de nuances florales. Une élégance aromatique que l'on retrouve dans une bouche friande et souple à souhait, fine et fraîche, longue et épicée. À deux doigts du coup de cœur... **✗** 2015-2018 **🍴** saucisson brioché

○━ *SCEA Dom. de Rotisson, 363, rte de Conzy, 69210 Saint-Germain-sur-l'Arbresle, tél. 04 74 01 23 08, didier.pouget@domaine-de-rotisson.com* **V** 🎿 **⚡** *t.l.j. 9h-12h 14h-17h30; dim. sur r.-v.* **○━** *Didier Pouget*

L. TRAMIER ET FILS Collection Tramier 2013 ★★		
■	100 000	🍷	- de 5 €

Cette maison de négoce, fondée en 1842 à Mercurey, est dirigée par Laurent Dufouleur, le dernier négociant-éleveur de ce gros bourg vigneron.

Fruits noirs, griotte, petite touche d'épices, le bouquet de ce 2013 est des plus engageants. Le charme continue d'opérer dans une bouche souple et soyeuse, fraîche et fruitée, portée par des tanins soyeux et bien fondus. La définition du « vin plaisir ». **✗** 2015-2018 **🍴** saint-félicien

○━ *Tramier et Fils, rue de Chamerose, 71640 Mercurey, tél. 03 85 45 10 83, info@maison-tramier.com* **V** 🎿 **⚡** *t.l.j. sf dim. 9h-12h 14h-18h; f. 3 sem. en août*

BOURGOGNE

Superficie : 3 200 ha / Production : 154 500 hl (65 % rouge)

L'appellation s'étend sur presque toute la superficie du vignoble régional : de l'Yonne et du Châtillonnais, au nord, au Mâconnais, au sud. Elle comprend même, en théorie, la zone des crus du Beaujolais, la plupart des appellations communales beaujolaises pouvant se « replier » en AOC bourgogne (ces bourgognes sont alors issus de gamay). Ceux qui sont produits en Bourgogne au sens strict naissent en rouge du pinot noir et en blanc du chardonnay (appelé autrefois beaunois dans l'Yonne). À côté des rouges et des blancs, l'appellation fournit de petits volumes de rosés et de clairets.

L'étendue du vignoble et la tradition régionale d'individualiser la production des terroirs et de *climats* ont conduit à compléter le nom de « bourgogne » de ceux d'aires historiques beaucoup plus restreintes, toujours délimitées : lieux-dits (Le Chapitre à Chenôve, Montrecul à Dijon, La Chapelle Notre-Dame à Serrigny, La Côte Saint-Jacques à Joigny), villages ou zones plus étendues. Les coteaux de l'Yonne produisent ainsi le bourgogne Chitry, Épineuil, Tonnerre, Coulange-la-Vineuse, Côtes d'Auxerre, Vézelay (ce dernier en blanc). Quant au bourgogne Côtes du Couchois, c'est un vin rouge provenant de six communes à l'extrémité nord de la Côte chalonnaise.

Les bourgognes offrent les arômes de leurs cépages, avec des nuances liées à leurs origines : fleurs blanches, fruits secs, agrumes, notes beurrées, parfois grillées et miellées dans les blancs, fruits rouges et noirs dans les rouges. Plus souples et moins complexes que les *villages* et les crus, ils sont de petite ou moyenne garde (deux à cinq ans).

DOM. DE L'ABBAYE DU PETIT QUINCY Épineuil L'Âme des Dannots 2013		
■	4 000	⊞	15 à 20 €

Ancien cellier à vins de l'abbaye cistercienne de Quincy fondée en 1212, ce domaine a retrouvé sa vocation viticole à partir de 1990, sous l'impulsion de Dominique Gruhier, qui dispose des plus belles caves de la région. Aujourd'hui, 27 ha en conversion bio et l'une des valeurs sûres du finage d'Épineuil.

Après dix-huit mois partagé entre fût et demi-muid, ce 2013 présente un nez racé, porté sur le cèdre et le clou de girofle. En bouche, il apparaît encore sous l'emprise du bois, mais on sent à l'arrière-plan une matière appuyée par des tanins de qualité et l'on apprécie la longue finale aux tonalités minérales. En devenir : ce vin gagnera son étoile en cave. ✗ 2018-2022 ☥ côte de bœuf

o⟶ Dom. Dominique Gruhier, rue du Clos-de-Quincy, 89700 Épineuil, tél. 03 86 55 32 51, vin@ bourgognevin.com ▼ ⋏ ♟ *t.l.j. sf dim. 9h30-12h30 14h-18h*

♥ FRANÇOIS D'ALLAINES Les Planchottes 2013 ★★		
■	2 000	📖 ⊞	11 à 15 €

BOURGOGNE
"Les Planchottes"
Appellation Bourgogne Contrôlée

Après l'école hôtelière, François d'Allaines crée son négoce en 1990 à la frontière entre Saône-et-Loire et Côte-d'Or, puis son domaine en 2009. Cet adepte des élevages longs en fût est souvent au rendez-vous du Guide.

Dix mois de barrique, dont 15 % de fûts neufs, pour cette cuvée admirable de finesse et d'équilibre. Finesse du bouquet, partagé entre un léger boisé, de délicates notes de fleurs blanches et de discrètes nuances citronnées. Équilibre de la bouche, d'une grande souplesse, ronde et soyeuse, avec en soutien une pointe vive parfaitement dosée. ✗ 2015-2019 ☥ filet de bar sauce beurre citronné

o⟶ François d'Allaines, 2, imp. du Meix-du-Cray, 71150 Demigny, tél. 03 85 49 90 16, francois@ dallaines.com ▼ ♟ *r.-v.*

Ⓑ BERTRAND AMBROISE 2013		
■	12 000	⊞	8 à 11 €

Si la famille Ambroise cultive la vigne depuis le XVIIIᵉ s., elle n'en vit que depuis les années 1960. Installé depuis 1987, Bertrand Ambroise laisse la place à ses enfants Ludivine et François, à la tête d'un vignoble de 21 ha (en bio certifié depuis 2013), complété par une activité de négoce-élevage.

100 % éraflé et 100 % élevé en fût (de un ou deux vins), ce bourgogne s'ouvre sur de discrets parfums de fruits rouges et noirs mûrs agrémentés d'un boisé très léger. Un peu serrée en attaque, la bouche évolue ensuite vers plus de souplesse, de douceur et de soyeux, appuyée par des tanins fondus. Une bouteille harmonieuse et proche de l'étoile, à boire ou à attendre un peu. ✗ 2015-2019 ☥ quasi de veau aux chanterelles

o⟶ Maison Ambroise, 8, rue de l'Église, 21700 Premeaux-Prissey, tél. 03 80 62 30 19, contact@ ambroise.com ▼ ⋏ ♟ *r.-v.*

P.-L. ET J.-F. BERSAN Cuvée Marianne 2013		
■	6 000	⊞	8 à 11 €

Ce jeune domaine, aussi maison de négoce, a été créé en 2010 par Pierre-Louis Bersan et son père Jean-François, issus d'une famille présente à Saint-Bris depuis... 1453. Leurs vins fréquentent régulièrement ces pages.

Hommage à la sœur de Pierre-Louis Bersan, disparue prématurément, cette cuvée lie à l'olfaction un boisé doux à des notes d'agrumes et de fleurs fraîchement coupées. Soutenue par un boisé encore dominant, la bouche se montre bien proportionnée entre gras et vivacité, et s'achève sur une jolie touche saline qui lui donne du dynamisme. Un peu d'attente est nécessaire pour plus de fondu. ✗ 2017-2020 ☥ volaille à la crème

o⟶ Dom. Jean-François et Pierre-Louis Bersan, 5, rue du Dr-Tardieux, 89530 Saint-Bris-le-Vineux, tél. 03 86 53 07 22, domainejfetplbersan@orange.fr ▼ ⋏ ♟ *t.l.j. 8h-12h 13h30-18h; dim. sur r.-v.*

JEAN BOUCHARD 2013 ★		
■	32 000	📖 ⊞	11 à 15 €

Le domaine est la vitrine chablisienne de la maison de négoce Jean Bouchard, bien connue à Beaune et dans l'ensemble de la Bourgogne. Une affaire qui est aujourd'hui dans l'orbite de la Maison Jean Bichot.

Cassis et fruits rouges animent discrètement l'olfaction. En bouche, une belle attaque en souplesse, de la rondeur, du gras, une structure en place, une légère touche végétale et une bonne longueur en finale. À attendre un peu. ✗ 2017-2020 ☥ sauté de veau aux épices

o⟶ Maison Jean Bouchard, 6 bis, bd Jacques-Copeau, 21200 Beaune, tél. 03 80 24 37 37, contact@ jeanbouchard.com

BOURGOGNE

CAMERON Épineuil Sagara 2013		
■	1 500	î ◕	8 à 11 €

Un domaine « de poche » (1,2 ha) créé par Marc et Sonia Cameron dans les communes d'Épineuil et de Molosmes.

Sagara ? Le nom de cette cuvée reprend la première syllabe du prénom des trois enfants Cameron (Samuel, Gabriel, Rachel). Dans le flacon, un bourgogne qui retire de très légères nuances boisées de son élevage partiel en fût, accompagnées de fruits rouges mûrs et d'épices. Le fruit (fraise cuite) donne aussi le ton dans une bouche équilibrée, fraîche et structurée en douceur par des tanins souples. ✗ 2016-2019 ♈ gouda vieux

☛ Marc et Sonia Cameron, 8, Grande-Rue, 89290 Augy, tél. 03 86 42 85 14, marc.cameron895@orange.fr
◨ ⚑ ⛊ r.-v.

DOM. CAMU FRÈRES 2013		
■	20 000	î	8 à 11 €

Installé au pied de la Colline éternelle, ce domaine (14,4 ha) acquis par les frères Camu en 1999 a été repris en 2008 par le baron Patrick de Ladoucette, qui a confié l'élaboration des vins à Philippe Rossignol (œnologue de la maison Régnard à Chablis).

Robe rouge clair, joli nez de fruits rouges, bouche souple, fraîche et légère aux tanins fondus, le profil-type du vin facile d'accès, en dépit d'une pointe de sévérité en finale. ✗ 2015-2017 ♈ tartare de bœuf

☛ Dom. Camu Frères, Le Clos, 89450 Vézelay, tél. 03 86 32 35 66, camu.vezelay@domainecamu.fr
◨ ⚑ ⛊ t.l.j. 10h-12h 14h-18h ☛ Ladoucette de

DOM. MARGUERITE CARILLON 2014		
■	35 000	◕	8 à 11 €

Ce domaine familial est vinifié par la maison Béjot à Meursault, propriété de Vincent Sauvestre, et par son directeur technique Mathieu Carrara.

Robe limpide, nez ouvert sur la pomme verte et une touche miellée, l'approche est efficace. La suite ne déçoit pas : une attaque souple, un développement sur une vivacité mesurée, un fruité présent, une bonne finale. ✗ 2015-2018 ♈ joues de lotte au citron

☛ Dom. Marguerite Carillon, 7, rte de Monthélie, 21190 Meursault, tél. 03 80 21 22 45, contact.france@bejot.com ◨ ⛊ r.-v.

DOM. EDMOND CHALMEAU ET FILS Chitry Les Trameures 2013 ★★		
■	4 000	î ◕	8 à 11 €

Une ancienne famille vigneronne installée au cœur de Chitry : Franck Chalmeau a pris la suite de son père Edmond en 1991, avant d'être rejoint par son frère Sébastien. Le domaine passé peu à peu de la polyculture à la seule viticulture (18 ha) et devenu une référence pour ses bourgognes Chitry.

Issu d'un lieu-dit réputé de Chitry, ce 2013 offre un bouquet intense et charmeur de fruits rouges. Fraîche et tout aussi fruitée (cerise, framboise), la bouche s'appuie sur des tanins souples et soyeux, et sur un boisé bien fondu qui apporte un supplément de complexité. ✗ 2017-2020 ♈ coq au vin

☛ Edmond Chalmeau et Fils, 20, rue du Ruisseau, 89530 Chitry-le-Fort, tél. 03 86 41 42 09, domaine.chalmeau@wanadoo.fr ◨ ⚑ ⛊ r.-v.

CHAMPY 2013 ★★		
■	32 000	î ◕	11 à 15 €

Fondée en 1721, la plus ancienne maison de négoce bourguignonne, établie dans le centre historique de Beaune, est désormais propriété du seul Pierre Beuchet, auparavant associé à Pierre Meurgey. Sous la direction de l'œnologue Dimitri Bazas, elle exploite 28 ha de vignes en propre, essentiellement en Côte de Beaune, mais s'approvisionne aussi plus au nord.

Ce très joli bourgogne offre un bouquet intense d'où émergent des notes d'agrumes (orange, citron) et de reine-claude, avec en toile de fond un boisé bien dosé. On retrouve tout cela dans une bouche ample et complète qui attaque sur une fine vivacité, puis se développe en longueur sur la rondeur et le gras. Proche du coup de cœur. ✗ 2015-2019 ♈ suprêmes de volaille à la crème ■ Signature 2012 (11 à 15 € ; 20 000 b.) : vin cité. ✗ 2017-2021

☛ Champy, 5, rue du Grenier-à-Sel, 21200 Beaune, tél. 03 80 25 09 99, contact@champy.com ◨ ⚑ ⛊ r.-v.
☛ Beuchet Pierre

DOM. PHILIPPE CHARLOPIN-PARIZOT Cuvée Prestige 2012 ★		
■	n.c.		15 à 20 €

Repris en 1977, ce domaine familial, passé de 1,5 ha à 25 ha aujourd'hui, est en conversion bio. Avec son fils Yann, Philippe Charlopin fait partie des vignerons emblématiques de Gevrey-Chambertin et, plus généralement, de la Côte de Nuits. Il propose une large palette de vins, des villages aux grands crus du Chablisien, de la Côte de Beaune et de la Côte de Nuits. On ne compte plus ses étoiles et coups de cœur « vendangés » dans le Guide. Incontournable.

La dégustation débute par un nez flatteur et intense de petits fruits rouges au sirop (cerise, groseille) agrémentés d'épices douces. Rond, charnu, consistant et très fruité, bâti sur des tanins fins et policés, le palais sonne juste. Un vin déjà charmeur en diable et qui vieillira bien. ✗ 2016-2020 ♈ rôti de bœuf

☛ Dom. Philippe Charlopin, 18, rte de Dijon, 21220 Gevrey-Chambertin, tél. 06 24 71 12 05, charlopin.philippe21@orange.fr

DOM. DU CLOS DU ROI Coulanges-la-Vineuse Charly Nos Origines 2013		
☛	800	◕	8 à 11 €

Établis à Coulanges-la-Vineuse, Magali Bernard et son compagnon Arnaud Hennoque ont repris en 2005 le domaine familial créé par Michel et Denise Bernard en 1969. Ensemble, ils conduisent 14 ha de vignes.

Un boisé aux accents vanillés accapare d'emblée le nez de cette cuvée, plus ouverte sur les fruits jaunes et l'amande à l'aération. Il est aussi bien présent dans une bouche ronde et riche, soulignée par une pointe de vivacité bienvenue. ✗ 2016-2020 ♈ blanquette de veau

☛ SCEA du Clos du Roi, 17, rue André-Vildieu, 89580 Coulanges-la-Vineuse, tél. 03 86 42 25 72, magali@closduroi.com ◨ ⚑ ⛊ t.l.j. 8h-19h, dim. sur r.-v.
☛ Bernard Magali

DOM. MICHEL COLBOIS Chitry 2013 ★

14 000	î	5 à 8 €

Rejoint en 2009 par son fils Benjamin, Michel Colbois est établi depuis 1970 à Chitry-le-Fort. Ses blancs sont souvent en bonne place dans le Guide, qu'ils proviennent du chardonnay ou de l'aligoté. Son vignoble couvre 20 ha.

Fleurs blanches et notes briochées, ce Chitry s'ouvre sur des notes bien typées de chardonnay. Les agrumes et une touche minérale s'ajoutent à cette palette dans une bouche bien équilibrée, soutenue par un boisé de qualité qui lui permettra d'évoluer sereinement en cave. ✗ 2017-2020 ❦ escalope de veau à la crème ■ Chitry Les Dames 2013 (5 à 8 € ; 9 000 b.) : vin cité. ✗ 2015-2018

o➜ EARL Dom. Colbois, 69, Grande-Rue, 89530 Chitry, tél. 03 86 41 43 48, contact@colbois-chitry.com

Ⓥ 🏃 ♿ t.l.j. sf dim. 8h30-12h 13h30-18h

MARC COLIN ET SES FILS La Combe 2013 ★

9 500	◧	15 à 20 €

Marc Colin et son épouse Michèle ont créé ce domaine à la fin des années 1970, à partir de 6 ha. Leurs enfants Caroline, Joseph et Damien conduisent aujourd'hui 19 ha à Saint-Aubin, Chassagne, Puligny et Santenay, majoritairement plantés en blanc, et maintiennent haut la qualité des vins.

Douze mois de fût ont légué un très léger boisé à ce vin bien ouvert sur les agrumes, la pomme et la poire. Sous-tendue par ce même boisé fondu aux accents grillés et par une fine minéralité, la bouche offre un beau volume, du gras et de la rondeur. Un blanc élégant et complet. ✗ 2016-2020 ❦ côte de veau à la crème

o➜ Dom. Marc Colin et Fils, rue de la Chatenière, 21190 Saint-Aubin, tél. 03 80 21 30 43, marccolin@ymail.com Ⓥ r.-v.

♥ LES TOURELLES DE LA CRÉE 2012 ★★

1 120	◧	11 à 15 €

Nicolaus Ryhiner

BOURGOGNE BLANC
LES TOURELLES DE LA CRÉE
APPELLATION BOURGOGNE CONTRÔLÉE
2012

Homme de théâtre et de télévision d'origine suisse, Nicolas Ryhiner a repris ce domaine en 2004, avec son épouse Béatrice : de 1,4 ha à leur arrivée, le vignoble a été porté à 10 ha aujourd'hui, répartis dans sept communes de la Côte de Beaune. Une activité de négoce a été créée en 2008 pour compléter la gamme, sous la marque « Les Tourelles de la Crée ».

Plus souvent en vue pour ses santenay, le domaine s'illustre ici avec un « simple » bourgogne régional qui dévoile le versant alerte et frais du chardonnay. Au nez, de très fines notes minérales et d'agrumes sur un fond boisé bien fondu. La minéralité des lieux et le citron restituent aussi leur fraîcheur dans une bouche très élégante et tonique, dont l'intensité culmine dans une longue finale pleine d'allant. ✗ 2015-2019 ❦ truite meunière ■ 2012 ★ (11 à 15 € ; 2 314 b.) : fruits noirs écrasés et notes épicées au nez ; bouche consistante, ronde et charnue, étayée par une bonne vivacité et des tanins fins. ✗ 2016-2020

o➜ SARL Créatrice, Ch. de la Crée, 11, rue Gaudin, 21590 Santenay, tél. 03 80 20 63 36, la.cree@orange.fr Ⓥ 🏃 ♿ r.-v. o➜ Ryhiner Nicolas

DOM. DE LA CROIX MONTJOIE
Vézelay L'Élégante 2014 ★

18 000	î ◧	11 à 15 €

Tous deux ingénieurs agronomes, Sophie et Matthieu Woillez sont installés depuis 2009 dans la commune de Tharoiseau, sur un vignoble de 10 ha. Ils ont entrepris d'importants travaux d'aménagement.

Cette Élégante, qui n'usurpe pas son nom, se livre avec parcimonie à l'olfaction, libérant à l'aération de fines notes d'agrumes et de vanille. Elle s'exprime plus nettement dans une bouche à la fois onctueuse et fraîche, ciselée par la fraîcheur des agrumes et par une touche crayeuse léguée par le terroir à dominante calcaire qui l'a vue naître. ✗ 2015-2018 ❦ rillettes de saumon ■ Vézelay La Voluptueuse 2013 (11 à 15 € ; 2 500 b.) : vin cité. ✗ 2017-2020

o➜ Dom. la Croix Montjoie, 50, Grande-Rue, 89450 Montjoie, tél. 03 86 32 40 94, contact@lacroixmontjoie.com Ⓥ 🏃 ♿ t.l.j. 10h-19h; nov.-mars sur r.-v. o➜ Woillez

PIERRE DAMOY Les Ravry 2012

2 880	î ◧	20 à 30 €

Établi sur les plus beaux terroirs de Gevrey, Pierre Damoy très en vue pour ses grands crus (notamment ses chambertin, clos-de-bèze, chapelle-chambertin) est aux commandes depuis 1992 d'un domaine de 10,4 ha complété en 2007 par une affaire de négoce. Une valeur sûre.

C'est par son caractère tonique que se distingue cette cuvée. Au nez, les agrumes donnent le ton. On les retrouve dans une bouche vive et alerte, profil renforcé par une touche de pierre à fusil qui signe le terroir. Idéal pour les produits de la mer. ✗ 2015-2017 ❦ langoustines mayonnaise

o➜ Pierre Damoy, 11, rue du Mal-de-Lattre-de-Tassigny, 21220 Gevrey-Chambertin, tél. 03 80 34 30 47, info@domaine-pierre-damoy.com

ÉRIC ET EMMANUEL DAMPT
Le Parc du château 2013 ★

n.c.	î ◧	5 à 8 €

Issu d'une longue lignée vigneronne, Bernard Dampt a constitué à partir de 1980 un vignoble dont il livrait le produit à la coopérative. Éric Dampt, l'aîné de ses trois fils, l'a rejoint en 1985. Comme Emmanuel et Hervé, il signe sa propre production au sein du domaine familial.

Cette cuvée dévoile un bouquet intense duquel émergent nettement les fruits rouges mûrs, cerise en tête, le boisé restant discret. Les fruits rouges mènent aussi la danse dans un palais fin et frais, aux tanins fermes et bien en place. Un peu d'attente arrondira les angles. ✗ 2017-2020 ❦ entrecôte grillée ■ Épineuil Les Beaumonts 2013 (8 à 11 € ; n.c. b.) : vin cité. ✗ 2015-2018

o➜ EARL Éric Dampt, 16, rue de l'Ancien-Presbytère, 89700 Collan, tél. 03 58 16 90 31, eric@dampt.com Ⓥ 🏃 ♿ t.l.j. 9h-12h 13h30-17h30 🏠 Ⓑ

VIGNOBLES DAMPT
Tonnerre Chevalier d'Éon 2013 ★★

| ■ | n.c. | î ⑪ | 5 à 8 € |

Les frères Dampt (Éric, Emmanuel et Hervé), de Collan, signent la plupart de leurs vins sous l'étiquette de la fratrie. Mais cela n'empêche pas les productions individuelles. Celles d'Emmanuel Dampt sont souvent en bonne place dans le Guide.

Si le nez de cette cuvée bien connue des lecteurs s'avère très plaisant par son fruité et son boisé fondu, c'est en bouche que le vin se révèle pleinement. De la concentration et de la fraîcheur, des tanins soyeux et fins, beaucoup de fruit et une longueur remarquable. On aurait envie d'y céder dès aujourd'hui, mais un peu de patience ne rendra que meilleure la dégustation. ✗ 2016-2020 ❦ carré d'agneau aux champignons ■ Dampt Frères Épineuil Élégance 2013 (8 à 11 € ; n.c. b.) : vin cité. ✗ 2017-2020

o━ EARL Emmanuel Dampt, 3, rte de Tonnerre, 89700 Collan, tél. 03 86 53 29 55, emmanuel@dampt.com
Ⓥ 🏃 ⬆ r.-v. ♠ Ⓑ

PHILLIPPE DEFRANCE Côtes d'Auxerre 2013 ★

| ■ | 4 800 | î | 5 à 8 € |

Un domaine (18,5 ha) établi à Saint-Bris depuis plusieurs générations et conduit par Philippe Defrance depuis 1980. Ses caves voûtées des XII° et XIII°s. méritent le détour, ses vins, d'une réelle constance, aussi.

Une belle fraîcheur apparaît dès le premier nez à travers des notes de fruits exotiques accompagnées de nuances florales. La bouche suit la même ligne aromatique et offre le même caractère alerte, sans manquer de gras. Un ensemble harmonieux. ✗ 2015-2019 ❦ dos de cabillaud aux citrons confits

o━ Philippe Defrance, 5, rue du Four, 89530 Saint-Bris-le-Vineux, tél. 03 86 53 39 04, ph.defrance89@orange.fr Ⓥ 🏃 ⬆ r.-v.

DOUDET-NAUDIN 2013

| ■ | 3 040 | ⑪ | 8 à 11 € |

Fondée en 1849 par Albert Brenot et acquise par la famille Doudet en 1933, la maison Doudet-Naudin est un négoce de Savigny-lès-Beaune qui propose des cuvées issues de terroirs restreints. Unique propriétaire depuis 2014, Christophe Rochet est épaulé par Isabelle Doudet à la direction technique et par Bertrand Straebler comme maître de chai. La maison Doudet possède aussi son propre domaine : 11 ha entre Beaune et Pernand, conduits en lutte raisonnée avec des expérimentations en bio.

C'est un bourgogne de caractère que propose ici la maison Doudet-Naudin. Au nez, la griotte mûre s'associe à un boisé soutenu qui donne le ton. À l'unisson, le palais se montre dense et frais, doté d'une solide carrure. À attendre pour plus de fondu. ✗ 2017-2021 ❦ carré d'agneau

o━ Doudet-Naudin, 3, rue Cyrot, 21420 Savigny-lès-Beaune, tél. 03 80 21 51 74, contact@doudetnaudin.com Ⓥ 🏃 ⬆ r.-v. o━ Rochet

LOU DUMONT Pinot noir 2012 ★

| ■ | 7 000 | ⑪ | 11 à 15 € |

Fondée en 2000 à Nuits-Saint-Georges par le Japonais Koji Nakada, ancien sommelier, et son épouse Jae-Hwa

Park, cette petite maison de négoce, aujourd'hui implantée à Gevrey, crée un pont entre la Bourgogne et l'Asie, 96 % de la production partant à l'export. En 2012, le couple Nakada a acquis ses premières vignes en propre (bourgogne régional et gevrey-chambertin) : environ 1 ha de vignes en conversion bio.

Ce 2012 se dévoile doucement à l'aération sur les fruits rouges mûrs et le pruneau. Une approche généreuse qui prélude à un palais rond, suave et charnu, soutenu par des tanins souples et fins. Déjà aimable et du potentiel. ✗ 2015-2020 ❦ bœuf bourguignon

o━ Maison Lou Dumont, 32, rue du Mal-de-Lattre-de-Tassigny, 21220 Gevrey-Chambertin, tél. 03 80 51 82 82, support@loudumont.com Ⓥ 🏃 ⬆ r.-v. o━ Nakada

DOM. FÉLIX
Côtes d'Auxerre Haut de Chaussan 2013 ★★

| ■ | 4 000 | î ⑪ | 8 à 11 € |

Ancien fonctionnaire, Hervé Félix, cédant à un vieil atavisme, reprend en 1987 l'exploitation où les siens se sont succédé de père en fils dès le XVII°s. Établi à Saint-Bris, gros village viticole de l'Yonne, il propose de nombreux types de vins. Son domaine couvre 32 ha.

D'un abord réservé, ce Côtes d'Auxerre se livre avec générosité à l'aération sur les notes gourmandes de fruits rouges mûrs. La bouche se révèle ample, dense, suave et tendre, étayée par d'aimables tanins soyeux. Une très belle cuvée au style épanoui. ✗ 2016-2020 ❦ coq au vin ■ Côtes d'Auxerre 2013 (5 à 8 € ; 5 900 b.) : vin cité. ✗ 2015-2019

o━ Dom. Félix, 17, rue de Paris, 89530 Saint-Bris-le-Vineux, tél. 03 86 53 33 87, domaine.felix@wanadoo.fr Ⓥ 🏃 ⬆ t.l.j. sf dim. 9h-11h45 14h-18h30

DOM. FICHET La Fraisière 2013

| ■ | 5 000 | ⑪ | 11 à 15 € |

Domaine sorti de la cave coopérative par Francis Fichet en 1976. Ses fils Pierre-Yves et Olivier, aux commandes depuis 1999, exploitent aujourd'hui 28 ha de vignes, à partir desquels ils produisent une quinzaine de cuvées différentes nées des quatre cépages de Bourgogne. Une valeur sûre du Mâconnais, complétée en 2006 par une petite structure de négoce.

Après dix-huit mois de barrique, cette cuvée livre un bouquet chaleureux de fruits noirs mûrs à dominante de cassis, avec un boisé discret comme toile de fond. En bouche, on découvre un vin encore jeune et en devenir, concentré et bâti sur des tanins solides et sévères. Le temps lui apportera l'harmonie. ✗ 2017-2021 ❦ côte de bœuf

o━ Dom. Fichet, 651, rte d'Azé, 71960 Igé, tél. 03 85 33 30 46, olivier.fichet@wanadoo.fr Ⓥ 🏃 ⬆ t.l.j. 8h-12h 13h-18h30; dim. sur r.-v.

DOM. FOREY PÈRE ET FILS 2013

| ■ | 6 000 | ⑪ | 8 à 11 € |

Cette famille voisine de la Romanée-Conti exploitait jadis en métayage La Romanée du chanoine Liger-Belair. Installé en 1983 avec son père et son frère, Régis Forey, aux commandes depuis 1989, conduit aujourd'hui un domaine de 9,5 ha régulièrement en vue dans le Guide.

Fruits noirs, framboise, un soupçon de bois, le nez est engageant. Une attaque souple et soyeuse, de la matière, des tanins solides et montants, qui se resserrent quelque peu en finale, la bouche appelle la garde. ✗ 2017-2020 ❦ rosbif sauce madère

☛ *Dom. Forey Père et Fils, 2, rue Derrière-le-Four, 21700 Vosne-Romanée, tél. 03 80 61 09 68, domaineforey@orange.fr* 🏃 🔲 *r.-v.*

DOM. FOURNILLON Épineuil 2012 ★			
■	6 880	�añ	5 à 8 €

Conduit depuis 2004 par Pascal Fournillon, ce domaine familial couvre 23 ha sur les coteaux du Chablisien, d'Épineuil et de Bernouil dans le Tonnerrois. Fierté des Fournillon : une vigne préphylloxérique de chardonnay, datant de 1835, est toujours présente sur le domaine.

À l'olfaction, une touche fumée accompagne les fruits noirs, le cassis notamment. Une belle entrée en matière que prolonge une persistance et le rond, bâti sur de bons tanins fermes et souligné par une fine minéralité. De bonne garde assurément. ✗ 2017-2021 ❦ cailles rôties

☛ *Dom. Fournillon, 34, Grande-Rue, 89360 Bernouil, tél. 03 86 55 50 96, gaec-fournillon-et-fils@wanadoo.fr* 🔲 🏃 🔲 *t.l.j. 8h-20h* 🏠 ❶

DOM. DE LA GENIÈRE Élevé en fût de chêne 2013			
■	2 100	◁▷	8 à 11 €

Implanté sur les collines de La Roche Vineuse, le domaine fut créé en 1953 par Blanche et Maurice Lacharme. C'est aujourd'hui leur fils aîné Gérard et leur petit-fils Sébastien, arrivé en 2007, qui président aux destinées de la propriété.

Chocolat, toasté, pivoine, réglisse, fruits noirs, le bouquet de ce 2013 est intense, complexe et profond. Le prélude à une bouche ample, corpulente, droite et solidement charpentée, étirée dans une longue finale fruitée et épicée. Un bourgogne de caractère, à laisser reposer en cave ; il y gagnera son étoile. ✗ 2017-2023 ❦ civet de lièvre

☛ *Dom. Lacharme et Fils, 399, Montée-des-Touziers, 71960 La Roche-Vineuse, tél. 03 85 36 61 80, domlacharme@hotmail.com* 🔲 🏃 🔲 *r.-v.*

ÉRIC ET CATHERINE GIROUD 2013 ★			
■	n.c.	�añ	5 à 8 €

Éric et Catherine Giroud ont créé en 1990 ce domaine de 14 ha implanté à Uchizy, petit village au nord de l'appellation.

Citron, fruits jaunes, fleurs blanches, touche miellée, le bouquet se révèle complexe. En bouche, le vin se montre rond, gras, riche, gourmand, puis glisse vers la fraîcheur en finale avec une belle aisance. Un blanc généreux, certes, « sudiste » selon un dégustateur, mais sans lourdeur. ✗ 2015-2018 ❦ volaille à la crème

☛ *Dom. Éric et Catherine Giroud, Le Quart, 71700 Uchizy, tél. 03 85 40 52 24, domainegiroud@free.fr* 🔲 🏃 🔲 *r.-v.*

DOM. GUEUGNON REMOND			
Cuvée de l'aurore Vieilles Vignes 2013 ★			
■	5 600	◁▷	8 à 11 €

Établis à Charnay-lès-Mâcon, Véronique, la fille, et Jean-Christophe, le gendre, ont repris en 1997 ce

domaine familial de 12 ha implanté au bord de la voie Verte, très courue des Mâconnais et des touristes en quête de grand air.

Chèvrefeuille, agrumes, fruits jaunes, boisé léger (seize mois de barrique), le nez de ce 2013 ne laisse pas indifférent. La bouche non plus : attaque souple et tendre, développement dense, riche et charnu sans céder à la lourdeur, bien ciselé par une fine vivacité jusqu'en finale. ✗ 2015-2019 ❦ poulet à la crème

☛ *Dom. Gueugnon Remond, 117, chem. de la Cave, 71850 Charnay-lès-Mâcon, tél. 03 85 29 23 88, vinsgueugnonremond@free.fr* 🔲 🏃 🔲 *r.-v.*

PASCAL HENRY 2013 ★			
■	13 000	�añ	5 à 8 €

Saint-Cyr-les-Colons est un village situé entre Auxerrois et Chablisien, non loin de Préhy. Céréaliers à l'origine, Pascal et... Pascale Henry y ont créé en 1986 un vignoble qui couvre 15 ha aujourd'hui.

Ce 2013 de très belle tenue, qui n'a pas connu le bois « pour préserver la fraîcheur et la finesse des raisins », s'ouvre sur un bouquet délicat d'agrumes et de fruits blancs. De la fraîcheur, le palais en offre sans compter en effet, une fraîcheur aux accents « terroités » qui accompagne une matière dense et soyeuse. ✗ 2016-2020 ❦ quenelles de brochet

☛ *EARL Pascal Henry, 30, chem. des Fossés, 89800 Saint-Cyr-les-Colons, tél. 03 86 41 44 87, henry.pascalearl@orange.fr* 🔲 🏃 🔲 *t.l.j. 10h-12h 14h-18h*

DOM. JACQUET Chitry 2013 ★			
■	600	�añ	8 à 11 €

Lionel et Séverine Jacquet ont créé leur domaine à Chitry en 2002. L'exploitation de 3 ha à l'époque couvre désormais 11 ha de vignes. Ils élaborent des vins en chablis, saint-bris, crémant et bourgogne générique.

Le seul défaut de cette cuvée est sa confidentialité. Le nez, très fruité, associe le cassis et la cerise bien mûre agrémentés d'une touche d'épices. La bouche se révèle riche et dense, soutenue par des tanins fins et soyeux qui commencent à se fondre. ✗ 2016-2019 ❦ bœuf bourguignon

☛ *Dom. Jacquet, 7, rue de Beugnon, 89530 Chitry, tél. 03 86 41 42 90, lj@domaine-jacquet.fr* 🔲 🔲 *r.-v.*

CLAUDIE JOBARD Milliane 2012			
■	1 500	�añ ◁▷	8 à 11 €

Cette vigneronne installée depuis 2006 dans le village de Demigny, en Saône-et-Loire, a repris en 2011 les vignes de son grand-père Gabriel Billard, ajoutant à sa gamme de rully quelques arpents de pommard et de beaune 1er cru. Le tout représente aujourd'hui 9,5 ha.

Groseille et framboise, boisé épicé, cépage et élevage font bon ménage à l'olfaction. Il en va de même dans un palais frais, tonique, bâti sur une trame de tanins serrés, encore un peu sévères en finale. À suivre... ✗ 2017-2019 ❦ coq au vin

☛ *Dom. Claudie Jobard, 5, rte de Beaune, 71150 Demigny, tél. 03 85 49 46 81, claudiejobard@orange.fr* 🔲 🏃 🔲 *r.-v.*

LAROZE DE DROUHIN 2013 ★		
■ 5 100	◐	11 à 15 €

En 1850, Jean-Baptiste Drouhin fonde un domaine viticole à Gevrey. Six générations plus tard, son héritier Philippe Drouhin, installé en 2001, son épouse Christine et leurs enfants Caroline et Nicolas conduisent dans un esprit bio, mais sans certification, un vignoble de 11,5 ha – dont près de la moitié est dédiée aux grands crus –, complété en 2008 par un petit négoce (Laroze de Drouhin) dirigé par Caroline.

Mûre, cassis et une touche animale composent un bouquet avenant. En bouche, le vin se révèle dense et fruité, étayé par un boisé ajusté et par des tanins fermes et fins qui assureront à cette bouteille une belle tenue à la garde. **✗** 2016-2020 **♈** entrecôte marchand de vin ■ 2013 ★ (11 à 15 € ; n.c. b.) : un bouquet complexe (vanille, noisette, pêche, agrumes, silex), une bouche ample et fraîche, structurée par un boisé encore assez dominant. À attendre un peu. **✗** 2016-2019

o→ *Maison Laroze de Drouhin, 2, rue du Chambertin, 21220 Gevrey-Chambertin, tél. 03 80 34 31 49, caroline@ drouhin-laroze.com* **Ⓥ 🏃 🛗** *r.-v.*

Ⓑ CH. DE LAVERNETTE 2013 ★		
■ 3 000	◐	8 à 11 €

Ancienne propriété des moines de Tournus, le domaine, aux confins du Mâconnais et du Beaujolais, a été acquis par la famille en... 1596. Descendant des Lavernette, Bertrand de Boissieu quitte la coopérative en 1988 ; son fils Xavier prend le relais en 2007. Il pratique la biodynamie depuis 2005 (certifiée en 2010). Sur ses 12 ha de vignes, il produit des vins du Beaujolais et des pouilly-fuissé.

Épices, beurre frais, nuances florales, l'approche est intéressante, quoiqu'encore un peu sur la réserve. En bouche, on découvre un vin fin, vif et long, sous tension jusqu'en finale, renforcé par un pointillé par un élevage fondu. **✗** 2015-2018 **♈** truite meunière

o→ *Xavier de Boissieu, Ch. de Lavernette, 71570 Leynes, tél. 03 85 35 63 21, chateau@lavernette.com* **Ⓥ 🏃 🛗** *r.-v.*

DOM. PHILIPPE LECLERC Les Bons Bâtons 2012 ★★		
■ 14 000	🍶 ◐	8 à 11 €

Installé depuis 1974 sur le domaine familial, Philippe Leclerc exploite 7,8 ha de vignes, très majoritairement sur Gevrey-Chambertin, son village natal, et sur Chambolle-Musigny. Il élève ses vins longuement en fût de chêne (vingt-deux mois en général) pour peaufiner et arrondir leurs structures.

Vingt-quatre mois de barrique, cela aurait pu laisser une empreinte affirmée. Pourtant, ce sont les fruits rouges et noirs (cerise, mûre) qui impriment le tempo de la dégustation, agrémentés de fines touches de violette. La bouche est solide et élégante à la fois, bâtie sur des tanins fermes sans dureté. Le boisé finit par apparaître, avec mesure, dans une longue finale qui ne néglige pas le fruit. Un beau potentiel en perspective. **✗** 2017-2023 **♈** carré d'agneau

o→ *Philippe Leclerc, rue des Halles, 21220 Gevrey-Chambertin, tél. 03 80 34 30 72, philippe.leclerc60@wanadoo.fr* **Ⓥ 🏃 🛗** *t.l.j. 9h30-19h*

DOM. LEJEUNE Chardonnay 2013 ★★		
■ 2 000	◐	11 à 15 €

Domaine transmis par les femmes depuis 1850, mais administré et vinifié par les hommes : aujourd'hui, François Jullien de Pommerol, ancien professeur à la « Viti » de Beaune, rejoint en 2005 par son gendre Aubert Lefas. Vinifications en grappes entières et longs élevages sous bois sont leur signature, notamment pour les pommard, le cœur de leurs 9,5 ha.

Douze mois de barrique pour cette cuvée ouverte sans réserve sur les agrumes, la poire, la camomille et le miel. Une attaque nette et sans bavures introduit un palais frais et long, à la texture soyeuse et souple. Déjà très harmonieux, ce vin est appelé à bien évoluer. Proche du coup de cœur. **✗** 2015-2020 **♈** gambas à la plancha

o→ *Dom. Lejeune, 1, pl. de l'Église, 21630 Pommard, tél. 03 80 22 90 88, commercial@domaine-lejeune.fr* **Ⓥ 🏃 🛗** *r.-v.* 🏠 **Ⓓ o→** Pommerol Jullien de

CHRISTOPHE LEPAGE Côte Saint-Jacques 2013		
■ 4 700	🍶 ◐	5 à 8 €

Christophe Lepage a repris en 2009 la petite exploitation familiale (2,6 ha) créée en 1970 par ses parents à Champlay, aux portes de Joigny.

Intense et chaleureux, le nez de ce Côte Saint-Jacques évoque les fruits rouges confiturés, la fraise notamment. Un fruité soutenu que relaie un palais concentré et suave, épaulé par des tanins bien présents et de bonne garde. **✗** 2017-2021 **♈** magret de canard aux cerises

o→ *Christophe Lepage, 9, rue Principale, Grand-Longueron, 89300 Champlay, tél. 03 86 62 05 58, domaine_lepage@yahoo.fr* **Ⓥ 🛗** *r.-v.*

DOM. LUPÉ-CHOLET Clos de Lupé Monopole 2013		
■ 7 800	◐	15 à 20 €

L'association de deux aristocrates bourguignons, le comte Mayol de Lupé et le vicomte de Cholet, a donné naissance en 1903 à cette maison de négoce nuitonne, où la Côte de Beaune est également bien représentée.

Ce clos est le seul encore existant au cœur de Nuits-Saint-Georges. Le pinot noir y donne naissance à un 2013 fruité (cassis, cerise) et épicé à l'olfaction, d'un bon volume en bouche, structuré par des tanins fermes et stimulé par une finale fraîche et vigoureuse. **✗** 2017-2020 **♈** rôti de porc aux pruneaux

o→ *Maison Lupé-Cholet, 17, av. du Gal-de-Gaulle, 21700 Nuits-Saint-Georges, tél. 03 80 61 25 02*

LES VIGNERONS DE MANCEY 2014 ★		
■ 8 250	🍶	5 à 8 €

Fondée en 1929, la coopérative de Mancey est établie non loin de Tournus et de la Saône. Son terroir occupe la pointe des collines du Mâconnais, où elle mène un important travail de sélection parcellaire.

Groseille, framboise, cassis, les fruits animent sans réserve l'olfaction. La bouche ? Au diapason, très fruitée, ronde et souple, une touche de fraîcheur agréable en appoint. Un bourgogne facile d'accès. **✗** 2015-2016 **♈** paupiettes de veau

☛ Cave des Vignerons de Mancey, RN 6, En-Velnoux, BP 100, 71700 Tournus, tél. 03 85 51 00 83, contact@cave-mancey.com **Ⓥ Ⓚ Ⓛ** t.l.j. 8h-12h 14h-18h

MANOIR MURISALTIEN DEMESSEY 2013

■	3 000	ⅲ	11 à 15 €

Structure de négoce acquise en 1995 par Marc Dumont, propriétaire dans le Mâconnais du Ch. de Messey et dans la Côte chalonnaise du Dom. de Belleville. C'est dans ses vastes caves que sont élaborés les vins beaunois, nuitons et chalonnais de la maison.

À un premier beurré succèdent à l'aération des notes de fleurs blanches et de pêche. À une attaque fraîche et franche répond un milieu de bouche plus riche et rond. Au final, un vin équilibré, expressif et de bonne longueur. **✗** 2015-2018 **♈** tourte au saumon

☛ Manoir Murisaltien Demessey , 4, rue du Clos-de-Mazeray, 21190 Meursault, tél. 03 80 21 21 83, vin@demessey.com **Ⓥ Ⓚ Ⓛ** r.-v.
☛ Dumont Marc

DOM. MARSOIF
Tonnerre Cuvée de Marguerite Vieilles Vignes 2014

■	8 000	🍷	8 à 11 €

Ce domaine de 11 ha héberge une ancienne chapelle du XIIes. qui rappelle que Marsoif (anciennement « Marchesoif ») fut une commanderie templière. La famille Masson y œuvre depuis 1989, avec Raphaël aux commandes depuis 2005.

Des notes généreuses et gourmandes de pêche blanche et d'abricot mûr s'échappent du verre. Si l'attaque est suave, le palais glisse ensuite vers une fraîcheur renforcée par des notes soutenues d'agrumes. Un vin friand et équilibré. **✗** 2015-2017 **♈** plateau de fruits de mer ■ La Croix des Lys 2014 (8 à 11 € ; 5 000 b.) : vin cité. **✗** 2015-2018

☛ Dom. Marsoif, 12, rue du Grand-Courtin, 89700 Serrigny, tél. 06 11 74 24 79, marsoif@marsoif.com **Ⓥ Ⓚ Ⓛ** r.-v. **☛** Masson Raphaël

DOM. DE MAUPERTHUIS
Grande Réserve 2013 ★

■	12 000	🍷	5 à 8 €

Installés en Tonnerrois depuis 1992, Laurent et Marie-Noëlle Ternynck conduisent un vignoble de 14 ha. Ils signent des vins très souvent en bonne place dans le Guide, notamment leurs bourgognes d'appellations régionales.

Ce 2013 dévoile un bouquet intense et harmonieux de fruits rouges et noirs mûrs sur fond de boisé fondu. En bouche, il suit la même ligne aromatique et se révèle concentré, dense et solidement charpenté par des tanins fermes au grain fin. Bâti pour une bonne garde. **✗** 2018-2023 **♈** navarin d'agneau ■ Les Brûlis 2013 ★ (5 à 8 € ; 7 000 b.) : beaucoup de fruits, du volume, de la fraîcheur, des tanins soyeux, un peu plus stricts en finale ; ce vin a le profil pour évoluer favorablement. **✗** 2016-2020

☛ EARL de Mauperthuis, Civry, 89440 Massangis, tél. 03 86 33 86 24, ternynck@hotmail.com **Ⓥ Ⓛ** r.-v.
☛ Ternynck Laurent et Marie-Noëlle

ÉVELYNE ET DOMINIQUE MERGEY
Le Bouteau 2013 ★

■	600	🍷	5 à 8 €

Évelyne Mergey est depuis 2005 à la tête d'un petit domaine de 3 ha. Elle a confié l'élaboration des vins à sa fille et à son gendre, du domaine Cheveau à Pouilly.

Un bouquet frais et dynamique ouvre la dégustation : pomme, agrumes, notes iodées et minérales. En bouche, le vin se distingue plutôt par sa richesse, sa rondeur, le soyeux de sa texture, son volume aussi, sans se départir toutefois de la fraîcheur perçue à l'olfaction. **✗** 2015-2018 **♈** salade de chèvre chaud

☛ Évelyne et Dominique Mergey, Le Bouteau, 71570 Leynes, tél. 03 85 23 80 87, d.mergey@gmail.com **Ⓥ Ⓚ Ⓛ** r.-v.

MOILLARD Tradition 2014

■	90 000	🍷	8 à 11 €

Vincent Sauvestre (groupe Béjot) avait le souvenir de ses grands-parents épiciers à Nuits-Saint-Georges parlant souvent de la maison Moillard : il l'a achetée en 2008, pilotant depuis Meursault la partie négoce et le domaine afférent.

Un court passage de six mois en fût pour cette cuvée discrètement parfumée de miel et de fleurs blanches. En bouche, une bonne vivacité, un brin de rondeur pour adoucir le tout et un fruité assez persistant. Un peu fugace, mais plaisant. **✗** 2015-2017 **♈** dos de cabillaud en papillote

☛ Dom. Moillard, 7, rte de Monthelie, 21190 Meursault, tél. 03 80 21 22 45, contact.france@bejot.com **Ⓥ Ⓛ** r.-v.

♥ JEAN-MICHEL MOREAU Épineuil 2013 ★★

■	7 000	🍷	5 à 8 €

Installé depuis 1991, Jean-Michel Moreau est l'un des porte-drapeaux du vignoble tonnerrois. Ce petit domaine de 2,5 ha est un bel exemple du renouveau d'un vignoble quasiment disparu au début du XXes.

Ce vin s'impose sans effets tonitruants, en jouant tout d'abord sur la finesse d'un bouquet gorgé de fruits (mûre, cassis, cerise), juste rehaussé d'épices. La bouche suit cette même ligne très fruitée et se distingue par son équilibre impeccable entre une rondeur de la chair, une fine fraîcheur minérale et une trame élégante de tanins soyeux. Tout ici sonne juste. **✗** 2016-2020 **♈** tournedos sauce au poivre

☛ Jean-Michel Moreau, La Grange-Aubert, 89700 Tonnerre, tél. 06 05 07 26 95 **Ⓥ Ⓛ** t.l.j. 17h-20h

CHRISTIAN MORIN Chitry 2013

■	6 400	🍷	5 à 8 €

Installés au centre du joli bourg de Chitry-le-Fort dans l'Yonne, les Morin font partie des grandes familles viticoles locales. Ils exploitent 10,5 ha de vignes.

Le nez lie les fruits jaunes aux fleurs blanches et à une touche délicatement fumée. Le palais, au diapason, s'avère équilibré, offrant une aimable rondeur et une pointe d'acidité bien contenue qui ajoute de l'allonge à la finale. ✗ 2015-2018 ▼ jambon persillé
☛ *Christian Morin, 17, rue du Ruisseau, 89530 Chitry, tél. 03 86 41 44 10, ch.morin.chitry@orange.fr* 🆅 🕴 🛒 *r.-v.*

OLIVIER MORIN Chitry Olympe 2013 ★★		
■ 12 000	🍶 🍷	8 à 11 €

Ici, on cultive la vigne depuis le XVIIᵉs. et l'on récolte les étoiles avec une belle constance. Olivier Morin, après dix années dans les médias et la musique, est revenu au domaine familial en 1992, prenant la suite de son père Michel. Il exploite un vignoble de 13 ha dans l'Yonne.

L'ancienne propriétaire de la plus vieille vigne du domaine donne son nom à cette cuvée issue des meilleurs terroirs du vignoble. Le résultat est probant : robe élégante, jaune soutenu ; nez fin de fleurs blanches et de brioche à peine sur le du four ; bouche ample, riche et ronde soulignée par la fraîcheur des agrumes et un boisé très bien intégré. En un mot comme en cent, un vin parfaitement équilibré. ✗ 2017-2020 ▼ blanquette de veau ■ Chitry Constance 2013 ★ (5 à 8 € ; 8 000 b.) : un nez harmonieux de fleurs blanches, de groseille à maquereau et de fruits à noyau, une bouche fraîche, minérale et longue. ✗ 2015-2018 ■ Chitry Vau du puits 2013 ★ (8 à 11 € ; 9 000 b.) : un nez discret mais fin de cerise et de sous-bois, prolongé par un palais bien charpenté et frais. ✗ 2017-2020
☛ *Olivier Morin, 2, chem. de Vaudu, 89530 Chitry, tél. 03 86 41 47 20, morin.chitry@orange.fr* 🆅 🕴 🛒 *r.-v.*

ROMUALD PETIT 2013		
■ 9 000	🍶	5 à 8 €

Après des études de « viti-œno » qui l'ont conduit dans différents vignobles en France, Romuald Petit revient en 2005 sur ses terres du Mâconnais pour créer un domaine couvrant aujourd'hui 12 ha (8 ha à Saint-Vérand et 4 ha à Morgon).

Citron, pamplemousse, nuances florales, le bouquet se montre frais et engageant. Une attaque vive et alerte donne le ton en bouche, où l'on retrouve les agrumes, surtout, et les fleurs blanches. Un bourgogne droit, sans artifice, d'une agréable simplicité. ✗ 2015-2017 ▼ huîtres
☛ *Romuald Petit, Les Dîmes, 71570 Saint-Vérand, tél. 06 61 14 94 99, romualdpetit@voila.fr* 🆅 🕴 🛒 *t.l.j. 8h-20h*

DOM. PIGNERET FILS 2013		
■ 7 300		5 à 8 €

Installés du côté de Givry en 2001, les frères Éric et Joseph Pigneret, quatrièmes du nom à conduire le domaine familial (30 ha), ont créé la marque de négoce Pigneret Fils pour enrichir leur gamme.

Un premier nez discret, puis des notes de cerise et de poivre à l'aération. Le palais, plus expressif, bien équilibré, attaque sur la fraîcheur et maintient cette fine tension jusqu'en finale, le tout soutenu par des tanins fins. À boire dans sa jeunesse. ✗ 2015-2018 ▼ tourte à la viande
☛ *Pigneret Fils, Vingelles, 71390 Moroges, tél. 03 85 47 15 10, dpm.pigneret@orange.fr* 🆅 🕴 🛒 *t.l.j. 9h-12h 14h-19h; dim. 9h-12h*

ISABELLE ET DENIS POMMIER		
Pinot noir 2013 ★★		
■ 6 900	🍷	8 à 11 €

Établis à Chablis, Isabelle et Denis Pommier exploitent ce domaine de 18 ha créé en 1990 et très régulier en qualité. Après avoir conduit quinze ans leur vignoble en lutte raisonnée, ils ont engagé sa conversion à l'agriculture biologique.

Après quinze mois de fût, ce 2013 déploie un nez très harmonieux où boisé et fruité s'unissent sans dissonance. Une même harmonie barrique-cépage caractérise le palais, riche et gourmand, épaulé par des tanins soyeux, au grain très fin. Un vin savoureux et long, auquel un passage en cave ne nuira pas. ✗ 2017-2022 ▼ filet de bœuf sauce poivre
☛ *Isabelle et Denis Pommier, 31, rue de Poinchy, 89800 Chablis, tél. 03 86 42 83 04, isabelle@denis-pommier.com* 🆅 🕴 🛒 *r.-v.*

DOM. PORCHERON Creux Robin 2013 ★		
■ 1 500	🍷	8 à 11 €

Situé au cœur du Mâconnais, non loin de Cluny, Bray est le seul vignoble clunisois. Thomas Porcheron a pris la suite de son père en 2012, incarnant ainsi la quatorzième génération de vignerons sur ce domaine de quelque 7 ha.

Cassis (le fruit et la feuille), framboise, touche de violette, le nez donne le ton. La bouche suit la même ligne fruitée, plaît aussi par son volume, par sa fraîcheur, par la finesse de ses tanins et par l'apport bien ajusté du boisé. ✗ 2015-2020 ▼ coq au vin
☛ *EARL Dom. Porcheron, Le Molard, 71250 Bray, tél. 06 69 55 38 37, domaineporcheron@orange.fr* 🆅 🕴 🛒 *r.-v.*

DOM. POULLEAU PÈRE ET FILS		
Pinot noir 2013 ★★		
■ 3 800	🍷	8 à 11 €

Depuis le départ à la retraite de son père Michel en 1996, Thierry Poulleau (à la technique) et son épouse Florence (au commercial) gèrent les 7,3 ha du domaine familial créé par le grand-père Gaston et signent des vins souvent en vue, notamment les volnay, chorey et côte-de-beaune.

Finaliste des coups de cœur, ce 2013 a de beaux arguments à faire valoir, à commencer par une élégante robe cerise noire. Le nez se montre généreux en fruits, rouges comme noirs, mâtinés de notes d'épices et de sous-bois. Rond, gras, ample, structuré par des tanins tout en finesse, le palais ne déçoit pas. Beaucoup de relief et de potentiel dans ce vin. ✗ 2016-2022 ▼ tendrons de veau aux girolles
☛ *Dom. Michel Poulleau, 7, rue du Pied-de-la-Vallée, 21190 Volnay, tél. 03 80 21 26 52, domaine.poulleau@wanadoo.fr* 🆅 🕴 🛒 *r.-v.*

♥ DOM. REBOURGEON-MURE		
Cuvée de Maison Dieu 2013 ★★		
■ 6 000	🍷	8 à 11 €

Un ancêtre s'installe à Pommard en 1552 et prend à bail pour quatre-vingt-dix-neuf ans des vignes de l'abbaye Sainte-Marguerite-de-Bouilland. Aujourd'hui,

les Rebourgeon-Mure conduisent 7 ha et s'illustrent régulièrement avec leurs pommard et leurs volnay.

La robe intense et profonde de ce vin élevé quatorze mois en fût laisse deviner un bourgogne de caractère. La suite ne déçoit pas. Le nez s'ouvre sans réserve sur des arômes complexes de petits fruits noirs, de réglisse, d'épices et de sous-bois. À l'unisson, le palais se concentre sur la force et la densité, porté par des tanins carrés, mais ne s'en contente pas, ajoutant de la fraîcheur et de l'élégance à son profil complet et de garde. ♥ 2017-2022 ♀ tourte de faisan au foie gras

○┐ *Dom. Rebourgeon-Mure, 6, Grande-Rue, 21630 Pommard, tél. 03 80 22 75 39, rebourgeon.mure@ orange.fr* Ⓥ Ⓐ ♟ *r.-v.*

DOM. ARMELLE ET BERNARD RION
La Croix blanche Vieilles Vignes 2013 ★

| ■ | 6 000 | ⬤ | 11 à 15 € |

Un domaine fondé en 1896 et transmis de père en fils depuis cinq générations ; de père en fille aujourd'hui, Alice avec son mari Louis ayant rejoint ses parents Armelle et Bernard Rion en 2008, pour vinifier (avec le moins d'interventions possibles à la vigne et au chai) le fruit de 8 ha de vignes, du simple bourgogne au grand cru.

Issue d'un *climat* à cheval sur Nuits-Saint-Georges et Vosne-Romanée, cette cuvée dévoile un bouquet intense de baies noires mûres rehaussées d'épices douces. Tout aussi intense et fruitée, la bouche s'appuie sur une trame de tanins souples et fins qui permettront à ce joli bourgogne d'être apprécié aussi bien jeune que patiné par la garde. ♥ 2015-2019 ♀ bavette sauce poivre

○┐ *Dom. Armelle et Bernard Rion, 8, rte Nationale, 21700 Vosne-Romanée, tél. 03 80 61 05 31, rion@ domainerion.fr* Ⓥ Ⓐ ♟ *t.l.j. 9h-18h; dim. sur r.-v.*

DOM. DE ROCHEBIN Chardonnay 2013 ★

| ■ | 20 000 | ⬤ | 5 à 8 € |

Domaine familial situé non loin de Cluny et transmis de père en fils depuis 1921. Michaël Marillier s'installe en 2004 après son père ; Laurent Chardigny le rejoint en 2008. Ils se partagent la conduite des 50 ha, l'un à la vigne, l'autre en cave.

Aucune timidité dans cette cuvée, qui déploie des parfums intenses de fleurs blanches relevés d'épices douces. Pas de temps mort en bouche non plus : une attaque franche et énergique, un développement riche et rond autour de notes beurrées, une jolie finale minérale qui donne de l'allonge. Un vin complet. ♥ 2015-2020 ♀ volaille sauce au foie gras

○┐ *SCEV Dom. de Rochebin, En Normont, 71260 Azé, tél. 03 85 33 33 37, domaine-de-rochebin@orange.fr* Ⓥ Ⓐ ♟ *r.-v.*

DOM. SORIN-COQUARD Côtes d'Auxerre 2013 ★★

| ■ | 12 000 | î | 5 à 8 € |

Ce domaine familial associe le Bourguignon Paul Sorin et son épouse Christine, viticultrice champe-

noise, installés en 1999 à la tête d'un vignoble de 23 ha.

Intense et complexe, le bouquet de ce Côtes d'Auxerre mêle les fleurs blanches, la noisette et l'abricot mûr. Une intensité que ne renie pas le palais, ample, gras, riche, sur le beurre frais et les fruits jaunes très mûrs, sans jamais céder à la lourdeur, étayé par une fine trame acide. Une bouteille proche du coup de cœur, à conjuguer au présent ou au futur. ♥ 2015-2019 ♀ cassolette de moules au safran
■ Côtes d'Auxerre 2014 (5 à 8 € ; n.c. b.) : vin cité.
♥ 2015-2016

○┐ *EARL Sorin-Coquard, 17, rue de Grisy, 89530 Saint-Bris-le-Vineux, tél. 03 86 53 37 76, domaine.sorin.coquard@wanadoo.fr* Ⓥ Ⓐ ♟ *r.-v.*

Ⓑ DOM. DES TEPPES DE CHATENAY 2013

| ■ | 6 000 | î | 8 à 11 € |

Cet ancien vignoble des moines de Cluny, situé à Azé, fut dévasté par le phylloxéra et laissé en friche pendant plus d'un siècle, avant que Jean-Pierre Teissèdre le replante en chardonnay en 1985. Rejoint par son fils, il a converti ses 8,5 ha de vignes à l'agriculture biologique.

Discret mais délicat, le bouquet s'ouvre à l'aération sur des notes de fleurs blanches, d'agrumes, de poire et d'épices. Une attaque souple et ronde prélude à un palais riche et charnu, auquel une petite touche de fraîcheur donne du tonus. ♥ 2015-2018 ♀ jambon persillé

○┐ *Jean-Pierre Teissèdre, Les Grandes-Bruyères, 434, rue de Belleville, 69460 Saint-Étienne-des-Oullières, tél. 04 74 03 48 02, jp-teissedre.earl@wanadoo.fr* Ⓥ Ⓐ ♟ *t.l.j. 9h-12h 14h-18h; dim. sur r.-v.*

THÉVENET ET FILS
Pinot noir Bussières Les Clos 2013

| ■ | 13 333 | î | 5 à 8 € |

Le grand-père paternel créa l'exploitation en 1952. Installé en 1971, Jean-Claude, le père, fit prospérer le domaine par le porter de 3 à 30 ha en 2008 (année de son décès). Ses fils Benjamin, Jonathan et Aurélien sont désormais aux commandes (26 ha aujourd'hui).

De discrètes mais fines nuances florales et fruitées (framboise, fraise) animent l'olfaction. On retrouve les fruits rouges avec plus d'intensité dans une bouche équilibrée, souple, ronde et fraîche, épaulée en douceur par des tanins fins. ♥ 2015-2018 ♀ pâté en croûte

○┐ *Vignobles Thévenet et Fils, 123, chem. du Breu, 71960 Pierreclos, tél. 03 85 35 72 21, thevenetetfils@ orange.fr* Ⓥ Ⓐ ♟ *t.l.j. 7h30-12h 13h30-18h; sam. dim. sur r.-v.*

DOM. DE LA TOUR BAJOLE
Cuvée Marie-Anne 2013

| ■ | 1 500 | î | 5 à 8 € |

La famille Dessendre cultive la vigne dans le Couchois, entre la Côte chalonnaise et les Hautes-Côtes de Beaune, depuis quatre cents ans. Un attachement sans faille que perpétuent depuis 1985 Marie-Anne et Jean-Claude, à la tête de 10 ha de vignes.

« Cuvée Marie-Anne », car c'est la vigneronne qui est en charge des saignées pour les rosés. Un vin d'un beau rose soutenu aux légers reflets orangés, au nez expressif de pêche, d'abricot et de litchi, bien équilibré entre rondeur et fine acidité. ♥ 2015-2016 ♀ quiche à la tomate

☞ *Marie-Anne et Jean-Claude Dessendre,*
Dom. de la Tour Bajole, 11, rue de la Chapelle,
71490 Saint-Maurice-lès-Couches, tél. 03 85 45 52 90,
domaine-de-la-tour-bajole@wanadoo.fr Ⓥ 🥂 🏠 *r.-v.*

DOM. DES VERCHÈRES 2013 ★		
■ 13 495	🍾 ⬤	5 à 8 €

Bourgogne de Vigne en Verre est le prolongement commercial de dix-huit domaines bourguignons qui se sont regroupés pour faciliter la distribution de leur production.

De prime abord fermé, le bouquet s'ouvre à l'agitation sur des arômes gourmands de croûte de pain, de toasté, de miel et d'agrumes. Introduit par une attaque tout en finesse, le palais associe harmonieusement une chair ronde et tendre à une fine acidité qui lui apporte une belle allonge en finale. Un bourgogne profond, équilibré et élégant. ✗ 2015-2020 ❦ brochet au beurre blanc

☞ *Bourgogne de Vigne en Verre, BP 100, RN 6,*
71700 Tournus, tél. 03 85 51 00 83, contact@
bourgogne-vigne-verre.com Ⓥ 🏠 *r.-v.*

DOM. VERRET Côtes d'Auxerre 2014		
■ 15 000	🍾	5 à 8 €

La famille Verret cultive la vigne depuis deux siècles et demi dans l'Yonne. Pionnier dans le vignoble de l'Auxerrois pour la mise en bouteilles et la commercialisation directe dans les années 1950, ce domaine demeuré familial (60 ha) fréquente régulièrement les pages du guide.

Ce 2014 convie à l'olfaction des notes discrètes d'épices douces et de fruits rouges. La bouche prolonge le fruité avec plus d'intensité, et se montre fraîche, légère et équilibrée. À boire dans sa jeunesse. ✗ 2015-2018 ❦ andouillette grillée

☞ *Dom. Verret, 14, rte de Champs,*
89530 Saint-Bris-le-Vineux, tél. 03 86 53 31 81, dverret@
domaineverret.com Ⓥ 🏠 *t.l.j. sf dim. 8h-12h 14h-18h*

HENRY DE VÉZELAY		
Vézelay Cuvée Terroir 2013 ★★		
■ 4 000		8 à 11 €

Cette coopérative a été créée en 1989. Moteur du vignoble vézelien, elle représente aujourd'hui un tiers de la production (80 % en blanc) et regroupe onze adhérents sur une superficie de 34 ha. Artisane de la renaissance du vignoble, elle impose la vendange manuelle et tend vers le bio.

Tout proche du coup de cœur, cette cuvée associe à l'olfaction de fines nuances florales à l'ananas, la mirabelle, le menthol et les agrumes. La fraîcheur est de mise et apporte beaucoup d'énergie et de longueur dans une bouche gourmande et fruitée (fruits exotiques bien mûrs). Pour un plaisir immédiat ou pour plus tard. ✗ 2015-2020 ❦ tartare de dorade à la citronnelle ■ Vézelay Cuvée Henry de Vézelay Prestige 2013 ★ (11 à 15 € ; 4 230 b.) : agrumes, ananas, touche minérale, le bouquet est séduisant, comme le palais, ample, corpulent et frais, souligné par un boisé bien intégré. ✗ 2016-2020 ■ Cuvée Henry de Vézelay 2013 (5 à 8 € ; 24 854 b.) : vin cité. ✗ 2015-2019

☞ *Cave Henry de Vézelay, 4, rte de Nanchèvres,*
89450 Saint-Père, tél. 03 86 33 29 62, henrydevezelay@
wanadoo.fr Ⓥ 🥂 🏠 *t.l.j. 9h-12h 14h-18h*

DOM. DE LA VIGNE BLANCHE 2014 ★		
■ 10 000	🍾 ⬤	5 à 8 €

La coopérative de Clessé, fondée en 1927 et aujourd'hui présidée par Patrick Rollet, regroupe près de 120 ha de vignes, de chardonnay principalement.

Vous cherchez un « vin plaisir », en voici une version aboutie. Les petits fruits rouges frais, la cerise notamment, composent un bouquet qui « pinote » à souhait. La bouche ? Souple, légère, ronde et fraîche, aux tanins parfaitement fondus. Un vin qui atteint sa cible : le plaisir immédiat. ✗ 2015-2017 ❦ grillades au feu de bois

☞ *Cave de la Vigne blanche, rte de la Vigne-Blanche,*
71260 Clessé, tél. 03 85 36 93 88,
cavecooperative.vigneblanche@wanadoo.fr Ⓥ 🏠 *t.l.j. sf dim. 9h-12h 14h-18h*

LA VIGNE DU CLOÎTRE 2014 ★		
■ 100 000	🍾 ⬤	5 à 8 €

Cette cave coopérative de la Bourgogne du sud, la première de la région, fondée en 1926, exploite aujourd'hui 1 400 ha de vignes à travers 250 vignerons adhérents, ce qui en fait le plus gros producteur de Bourgogne, 80 % de la production étant dédiés au chardonnay.

Un vin qui dépeint avec élégance les qualités du chardonnay. Seyante robe d'or pâle ; nez ouvert sur les fleurs blanches, la pomme, la pêche, la brioche ; bouche très équilibrée, qui associe texture soyeuse, rondeur et droiture, fruité et boisé fondu. Un vin net et sincère. ✗ 2015-2018 ❦ escargots de Bourgogne

☞ *Cave de Lugny, 995, rue des Charmes, 71260 Lugny,*
tél. 03 85 33 22 85, commercial@cave-lugny.com
Ⓥ 🥂 🏠 *t.l.j. 8h30-12h30 13h30-19h (18h l'hiver)*

BOURGOGNE-ALIGOTÉ

Superficie : 1 590 ha / Production : 96 000 hl

Le cépage aligoté donne des vins plus vifs et plus précoces que le chardonnay, mais le terroir influe sur lui autant que sur les autres cépages. Il y a ainsi autant de profils d'aligotés que de zones où on les élabore. Les aligotés de Pernand étaient connus pour leur souplesse et leur nez fruité (avant de céder la place au chardonnay) ; ceux des Hautes-Côtes sont recherchés pour leur fraîcheur et leur vivacité ; ceux de Saint-Bris dans l'Yonne semblent emprunter au sauvignon quelques traces de sureau, sur des saveurs légères. Le bourgogne-aligoté constitue un excellent vin d'apéritif. Associé à la liqueur de cassis, il devient alors le célèbre « kir ». L'appellation a trouvé ses lettres de noblesse dans le petit village de Bouzeron près de Chagny (Saône-et-Loire), où elle est devenue en 2001 une appellation *village*.

CHRISTOPHE AUGUSTE 2014		
■ 35 000		- de 5 €

Christophe Auguste, qui se distingue régulièrement dans ces pages, notamment avec ses bourgognes Coulanges-la-Vineuse, conduit un beau vignoble de 28 ha.

Discret, cet aligoté se livre à l'agitation sur des notes de fruits blancs et de noisette agrémentées de fines touches minérales. En bouche, il offre un développement harmonieux autour d'une agréable fraîcheur bien dans le ton de l'appellation, renforcée par une finale saline. Énergique certes, mais sans excès. ✗ 2015-2017 ♀ gougères

○━ *SCEA Christophe Auguste, 55, rue André-Vildieu, 89580 Coulanges-la-Vineuse, tél. 03 86 42 35 04, scea-christophe.auguste@orange.fr* 🆅 🔎 🏺 *r.-v.*

JEAN BARONNAT 2014		
■	n.c.	8 à 11 €

Fondée en 1920 par Jean Baronnat, l'une des dernières affaires familiales encore indépendantes du Beaujolais, dirigée depuis 1985 par Jean-Jacques Baronnat, petit-fils du fondateur. La maison, bien implantée dans le Beaujolais, mais aussi en Bourgogne, a étendu sa gamme de vins dans le sud de la France. Une habituée du Guide.

Un bon classique que ce 2014 discrètement mais finement bouqueté autour des fleurs blanches et de la fougère. S'y ajoutent des notes minérales et des arômes d'agrumes dans une bouche fraîche et légère. ✗ 2015-2017 ♀ fruits de mer

○━ *Jean Baronnat, 491, rte de Lacenas, 69400 Gleizé, tél. 04 74 68 59 20, info@baronnat.com* 🆅 🏺 *r.-v.*

DOM. VINCENT BOUZEREAU 2013		
■	7 000 î ◫	8 à 11 €

Issu d'une ancienne famille de vignerons et installé dans l'ancien prieuré du château de Meursault, dont l'un de ses ancêtres était propriétaire, Vincent Bouzereau a pris la suite de son père en 1990 à la tête de ce domaine de 10 ha souvent en vue pour ses meursault.

Fruits blancs, note toastée, touche minérale, le bouquet de cet aligoté ne laisse pas indifférent. Le palais non plus : une acidité docile portée par la fraîcheur des agrumes, bien enrobée par une chair ronde et des nuances beurrées plus douces. Proche de l'étoile. ✗ 2015-2018 ♀ cabillaud au beurre blanc

○━ *Vincent Bouzereau, 25, rue de Mazeray, 21190 Meursault, tél. 03 80 21 61 08, vincent.bouzereau@ wanadoo.fr* 🆅 🔎 🏺 *r.-v.*

EDMOND CHALMEAU ET FILS 2013 ★★		
■	6 000 î	5 à 8 €

Une ancienne famille vigneronne installée au cœur de Chitry : Franck Chalmeau a pris la suite de son père Edmond en 1991, avant d'être rejoint par son frère Sébastien. Un domaine passé peu à peu de la polyculture à la seule viticulture (18 ha) et devenu une référence pour ses bourgognes Chitry.

Le bouquet affiche une minéralité pleine d'allant. La bouche, ample et très équilibrée, associe la rondeur et le gras à la fraîcheur de l'abricot frais et du terroir argilo-calcaire qui a vu naître ce vin. Un aligoté de haute expression, à boire ou à attendre un peu. ✗ 2015-2018 ♀ salade de chèvre chaud

○━ *Edmond Chalmeau et Fils, 20, rue du Ruisseau, 89530 Chitry-le-Fort, tél. 03 86 41 42 09, domaine.chalmeau@wanadoo.fr* 🆅 🔎 🏺 *r.-v.*

DOM. CLOS DE CHEVIGNE 2014 ★		
■	2 860 î	5 à 8 €

Installé en 1990 sur l'exploitation familiale de 6 ha alors conduite en polyculture, non loin de Mâcon, Martial Mazille a reconstitué le domaine et l'a agrandi, le consacrant aux seules vignes, lesquelles couvrent aujourd'hui 25 ha.

D'abord timide, le nez de ce 2014 s'ouvre à l'aération sur des arômes complexes de fleurs blanches, de citronnelle et de fruits secs, une fine touche minérale en appoint. Tendre, souple et gras, le palais ne manque pas de la fraîcheur attendue d'un aligoté, renforcée par une finale plus nerveuse. ✗ 2015-2018 ♀ gratin de fruits de mer

○━ *EARL du Clos de Chevigne, rte de Chevigne, 71960 Prissé, tél. 06 80 62 58 96, mmazille@orange.fr* 🆅 🏺 *r.-v.*

Ⓑ GUILHEM ET JEAN-HUGUES GOISOT 2013		
■	4 400 î	5 à 8 €

Une valeur sûre de l'Auxerrois que ce domaine, ancienne place forte de Saint-Bris abritant un corps de garde. Jean-Hugues Goisot et son fils Guilhem exploitent en biodynamie un vignoble de 28 ha et élèvent leurs vins dans de vénérables caves des XIᵉ et XIIᵉs.

Des notes briochées et d'abricot mûr composent un bouquet aimable et généreux. Le prélude à une bouche ronde et soyeuse, sur la pêche de vigne et l'abricot de nouveau, stimulée par une finale plus tonique. ✗ 2015-2017 ♀ quiche lorraine

○━ *Guilhem et Jean-Hugues Goisot, 30, rue Bienvenu-Martin, 89530 Saint-Bris-le-Vineux, tél. 03 86 53 35 15, domaine.jhg@goisot.com* 🆅 🏺 *r.-v.*

♥ DOM. GOUFFIER En Rateaux 2013 ★★		
■	1 500 î ◫	5 à 8 €

DOMAINE GOUFFIER
2013
BOURGOGNE ALIGOTÉ
APPELLATION BOURGOGNE ALIGOTÉ CONTRÔLÉE
EN RATEAUX

Ayant appartenu à la famille Gouffier pendant plus de deux cents ans, ce petit domaine de 5,5 ha a été repris en 2011 par Frédéric Gueugneau, ancien directeur administratif de la cave coopérative La Chablisienne.

Une seyante robe or soutenu habille cet aligoté d'une grande élégance de bout en bout. Au nez, de délicates nuances boisées s'allient sans fausse note au zeste de citron. La bouche attaque sur une franche vivacité avant d'évoluer vers un caractère plus tendre et soyeux, et de déployer une longue finale, pleine d'énergie. ✗ 2015-2018 ♀ truite au bleu

○━ *SAS Maison Gouffier, 11, Grande-Rue, 71150 Fontaines, tél. 06 68 01 71 84, vins.gouffier@ gmail.com.* 🆅 🔎 🏺 *r.-v.* ○━ *Gueugneau Frédéric*

MOILLARD Long du bois 2014		
■	95 000 î	8 à 11 €

Vincent Sauvestre (groupe Béjot) avait le souvenir de ses grands-parents épiciers à Nuits-Saint-Georges parlant souvent de la maison Moillard : il l'a achetée en 2008, pilotant depuis Meursault la partie négoce et le domaine afférent.

Un bouquet intense d'agrumes et de fleurs blanches introduit la dégustation. Celle-ci se poursuit sur un palais au diapason, rond et charnu, souligné par une belle vivacité typique du cépage. Un ensemble harmonieux. ✗ 2015-2017 ♀ carpaccio de saumon

Dom. Moillard, 7, rte de Monthelie, 21190 Meursault, tél. 03 80 21 22 45, contact.france@bejot.com **V** **🛒** *r.-v.*

DOM. DE LA MONETTE Vieilles Vignes 2013

| 1 200 | 🍾 ⬇ | 5 à 8 € |

Depuis sa reprise en 2008 par Roelof Ligtmans et Marlon Steine, couple de Néerlandais tombés sous le charme de la Bourgogne, ce vignoble de 5 ha est conduit en bio (certification en 2013).

De vieilles vignes de soixante-quinze ans sont à l'origine de cette cuvée d'une belle complexité : agrumes, prune, fleurs blanches, touche de pain grillé (neuf mois de barrique). En bouche, on retrouve l'expression florale et fruitée, soulignée par une acidité mesurée. **✗** 2015-2017 **🍴** tapas de la mer

Dom. de la Monette, 15, rue du Château, 71640 Mercurey, tél. 03 85 98 07 99, vigneron@ domainedelamonette.fr **V** **🏃** **🛒** *r.-v.*

OLIVIER MORIN 2013 ★

| 12 000 | 🍾 | 5 à 8 € |

Ici, on cultive la vigne depuis le XVII[e]s. et l'on récolte les étoiles avec une belle constance. Olivier Morin, après dix années dans les médias et la musique, est revenu au domaine familial en 1992, prenant la suite de son père Michel. Il exploite un vignoble de 13 ha dans l'Yonne.

Olivier Morin, en bon musicien, signe un aligoté sans fausse note. La partition débute en finesse par les fruits frais, agrumes en tête, et la minéralité du terroir. Le palais, au diapason, se révèle très équilibré, offrant à la fois des signes de belle maturité, par sa chair ronde, et de fraîcheur, par sa longue finale saline. **✗** 2015-2018 **🍴** andouille de Vire

Olivier Morin, 2, chem. de Vaudu, 89530 Chitry, tél. 03 86 41 47 20, morin.chitry@orange.fr **V** **🏃** **🛒** *r.-v.*

DOM. HENRI NAUDIN-FERRAND 2013

| 6 204 | 🍾 | 8 à 11 € |

Claire Naudin, œnologue de formation, a repris en 1994 cette grande exploitation de 22 ha située à la frontière entre les hautes-côtes-de-beaune et leurs voisines nuitonnes. Depuis 1994, elle perpétue dans les deux Côtes, avec talent et dans une démarche peu aventurier, à la vigne comme au chai, l'œuvre de son père Henri. Une valeur sûre.

Amande, agrumes, fleurs blanches, l'approche est harmonieuse et élégante. En bouche, une nervosité mesurée, du gras, du fruit, une bonne longueur ; en un mot, de l'équilibre. **✗** 2015-2017 **🍴** truite aux amandes

Dom. Henri Naudin-Ferrand, 12, rue du Meix-Grenot, 21700 Magny-lès-Villers, tél. 03 80 62 91 50, info@ naudin-ferrand.com **V** **🛒** *r.-v.*

Ⓑ SYLVAIN PATAILLE 2013

| 2 000 | ⬇ | 8 à 11 € |

Une des valeurs sûres de Marsannay. Installé en 1999, Sylvain Pataille exploite un joli vignoble de près de 15 ha aujourd'hui, conduits en bio certifié. Il excelle notamment dans la vinification des rouges, longuement élevés.

Après douze mois de barrique, cet aligoté livre un bouquet discret à dominante de fleurs blanches et d'agrumes, où le bois est imperceptible. Net et franc en attaque, d'un bon

volume, bien équilibré entre gras et acidité, le palais reste dans le ton de l'olfaction. **✗** 2015-2017 **🍴** moules marinière

Sylvain Pataille, 14, rue Neuve, 21160 Marsannay-la-Côte, tél. 06 30 94 88 28, domaine.sylvain.pataille@wanadoo.fr **V** **🏃** **🛒** *r.-v.*

♥ L'ŒUVRE DE PERRAUD 2013 ★★

| 15 000 | 🍾 | 8 à 11 € |

Après des études au lycée agricole de Mâcon-Davayé, Jean-Christophe Perraud s'installe sur l'exploitation familiale, alors adhérente à la cave coopérative. Aux commandes depuis 2008, il vinifie désormais dans son nouveau chai le fruit des 30 ha que compte le domaine.

De jeunes ceps de quinze ans ont donné naissance à cette cuvée brillante dans tous les sens du terme. La robe est en effet très pâle et scintillante, presque cristalline. Le nez séduit par son élégance florale (acacia, aubépine), mâtinée d'une touche d'agrumes. Élégance que l'on retrouve dans un palais irréprochable : du fruit (citron, fruits blancs), une texture délicate et soyeuse, une vivacité mesurée, sans nervosité, du gras et une belle longueur. **✗** 2015-2018 **🍴** jambon persillé

Dom. Perraud, Nancelle, 71960 La Roche-Vineuse, tél. 03 85 32 95 12, domaineperraud@gmail.com **V** **🏃** **🛒** *r.-v.*

LOUISE PINON 2014

| n.c. | 🍾 | 5 à 8 € |

Valeur sûre du vignoble chablisien, ce domaine a été créé par Jean-Marc Brocard en 1974 à partir de 1 ha de vignes. Aujourd'hui, ce sont 200 ha qui sont exploités par sa famille. À l'arrivée de Julien, la propriété a engagé sa conversion progressive vers la biodynamie.

Un aligoté bien dans le ton de l'appellation. Au nez, des parfums soutenus d'agrumes. En bouche, une franche vivacité citronnée et iodée. **✗** 2015-2017 **🍴** poisson grillé aux agrumes

Jean-Marc Brocard, 3, rte de Chablis, 89800 Préhy, tél. 03 86 41 49 00, info@brocard.fr **V** **🏃** **🛒** *r.-v.* **🏠** **Ⓒ**

SALAMANDRE D'OR 2014 ★

| 130 000 | 🍾 | 5 à 8 € |

Cette « superstructure », réorganisée en 2013, est le fruit de la réunion de cinq caves coopératives : Cave d'Azé, Cave de Viré, Cave du Ch. de Chénas, Cave du Ch. des Loges et la Cave des Vignerons des Pierres Dorées. Elle assure la commercialisation des vins de 900 producteurs du Beaujolais et du Mâconnais.

Un bouquet net et pur d'agrumes, fleurs blanches et de noisette introduit cet aligoté généreux. Le palais se révèle ample, rond et gras, « réveillé » par une finale plus vive et tonique. Pas vraiment dans le canon des aligotés nerveux, mais très harmonieux. **✗** 2015-2017 **🍴** jambon persillé

Alliance des Vignerons Bourgogne-Beaujolais, Les Mouilles, 69840 Juliénas, tél. 04 74 60 64 56, alliance-vignerons-bourgogne-beaujolais@orange.fr

BOURGOGNE

DOM. VERRET 2014 ★

	85 000	î	5 à 8 €

La famille Verret cultive la vigne depuis deux siècles et demi dans l'Yonne. Pionnier dans le vignoble de l'Auxerrois pour la mise en bouteilles et la commercialisation directe dans les années 1950, ce domaine demeuré familial (60 ha) fréquente régulièrement les pages du Guide.

D'une belle intensité, le nez de ce 2014 associe le chèvrefeuille, les fruits blancs et l'abricot sec. On retrouve cette élégante ligne aromatique dans une bouche équilibrée, à la fois fraîche et ronde, et de bonne longueur. ✗ 2015-2017 ♈ soufflé au fromage

o͞ *Dom. Verret, 14, rte de Champs, 89530 Saint-Bris-le-Vineux, tél. 03 86 53 31 81, dverret@ domaineverret.com* �, ■ *t.l.j. sf dim. 8h-12h 14h-18h*

CRÉMANT-DE-BOURGOGNE

Superficie : 1 935 ha / Production : 125 850 hl

Comme toutes les régions viticoles françaises, ou presque, la Bourgogne avait son appellation pour les vins mousseux élaborés sur l'ensemble de son aire géographique. La qualité n'était pas très homogène et ne correspondait pas, la plupart du temps, à la réputation de la région, sans doute parce que les mousseux se faisaient à partir de vins trop lourds. Reconnue en 1975, l'appellation crémant-de-bourgogne a remplacé l'AOC bourgogne mousseux en 1984. Elle impose des conditions de production aussi strictes que celles de la région champenoise et calquées sur celles-ci. Elle connaît actuellement un bon développement. Un crémant-de-bourgogne peut être un blanc de blancs élaboré généralement par un assemblage de chardonnay et d'aligoté, ou il peut assembler des cépages blancs avec le pinot noir et/ou le gamay vinifiés en blanc. Il existe aussi des rosés.

GUY ET OLIVIER ALEXANDRE ★

	2 200	î	8 à 11 €

Une exploitation familiale qui se transmet depuis trois générations, dirigée aujourd'hui par Guy Alexandre et son fils Olivier à la tête d'un vignoble de 13 ha réparti sur quatre communes.

Si le domaine est réputé pour la qualité de ses chablis, sa production de crémant, quasi confidentielle, attire les amateurs de vins aux accents du terroir. Ici, une cuvée « de niche » née du seul chardonnay, couleur jaune citron et animée de fines bulles. Le nez, vineux, libère des notes de pomme golden et de pâtisserie. Le palais, gras et charnu, reste équilibré grâce au soutien d'une fine fraîcheur. ✗ 2015-2018 ♈ gougères

o͞ *Dom. Alexandre, 36, rue du Serein, 89800 La Chapelle-Vaupelteigne, tél. 03 86 42 44 57, info@chablis-alexandre.com* �, ■ *t.-v.*

BAILLY-LAPIERRE
"J'aime être gourmande" par Colette ★

	15 000	î	11 à 15 €

Aujourd'hui, 430 vignerons apportent leurs raisins à la cave de Bailly-Lapierre, qui inventa le concept du crémant-de-bourgogne. Auteure de la plus grosse production de bulles de la région, elle propose une vaste gamme de crémants de qualité, qui reposent dans les immenses galeries souterraines d'une ancienne carrière calcaire. Une valeur sûre.

Quel exploit ! Pas moins de cinq crémants sont retenus dans cette sélection. L'extra-dry rosé, hommage à Colette, dont la passion pour le vin était bien connue, est issu du pinot noir (95 %) complété d'un zeste de gamay. Il arbore une pimpante robe saumonée. L'ascension des bulles, fines et virevoltantes, justifie le « J'aime être gourmande » de l'étiquette. Expressif, le nez développe une fraîcheur avenante sur fond d'arômes framboisés. La bouche, longue, élégante et veloutée, reste vineuse à souhait, sans lourdeur aucune. Une bouteille que l'on pourra apprécier jeune ou plus âgée pour de nouvelles sensations. ✗ 2015-2020 ♈ tarte à la framboise ● Noir et blanc ★ (8 à 11 € ; 70 000 b.) : un brut né de pinot noir et de chardonnay assemblés à parité. Arômes de noisette, bouche gourmande campée sur les agrumes, l'ensemble est expressif, alerte et harmonieux. ✗ 2015-2017 ● Pinot noir ★ (8 à 11 € ; 100 000 b.) : un brut frais, tonique et généreux en arômes de citron vert. ✗ 2015-2017 ● Égarade 2012 (8 à 11 € ; 20 000 b.) ⓑ : vin cité. ✗ 2015-2017 ● Vive la joie 2008 (11 à 15 € ; 60 000 b.) : vin cité. ✗ 2015-2017

o͞ *Caves Bailly-Lapierre, hameau de Bailly, quai de l'Yonne, 89530 Saint-Bris-le-Vineux, tél. 03 86 53 76 55, nathaliec@bailly-lapierre.fr* �, ■ *t.l.j. 10h-12h 14h-18h30*

JEAN-CHARLES BOISSET JCB n° 69

●	31 000		15 à 20 €

Une maison de négoce développée par Jean-Charles Boisset, fils de Jean-Claude, négociant et propriétaire réputé de la Côte de Nuits.

Robe légère et brillante, teintée de saumon et parcourue de bulles denses et serrées. Le nez dévoile sans réserve des parfums de petits fruits rouges acidulés (groseille, framboise) et de pêche. Le palais séduit par sa réelle finesse, par son côté tendre et délicat, par sa fraîcheur aussi, bref par son équilibre. Un crémant très élégant. ✗ 2015-2018 ♈ filet de sandre

o͞ *Maison Jean-Charles Boisset, av. du Jura, 21703 Nuits-Saint-Georges, tél. 03 80 62 61 40, combes.m@boisset.fr* �, ■ *t.l.j. 10h-19h ; lun. 14h-19h*

SYLVAIN BOUHÉLIER Cuvée Tradition

●	20 000		5 à 8 €

Sylvain Bouhélier s'est installé, hors du cadre familial, dans un petit village du Châtillonnais, aux portes de la Champagne, sur la route touristique des crémants, dont il se fait une spécialité. Il y a planté ses premiers pieds de vigne en 1988 et conduit aujourd'hui un vignoble de 6 ha.

Cette cuvée jaune soutenu est parcourue de bulles virevoltantes qui évoluent en un fin cordon pour former une mousse crémeuse. Un nez intensément floral prélude à une bouche souple et gourmande avec ses notes de pain d'épice et de fruits blancs. L'ensemble est pimpant et harmonieux. ✗ 2015-2017 ♈ tartelette au chèvre

o͞ *Sylvain Bouhélier, 1, pl. Saint-Martin, 21400 Chaumont-le-Bois, tél. 03 80 81 95 97, sylvain.bouhelier@orange.fr* �, ■ *t.l.j. sf dim. 15h-18h*

♥ LOUIS BOUILLOT
Blanc de blancs Perle d'ivoire ★★

●	20 000	8 à 11 €

Une maison de négoce, spécialiste des crémants, fondée en 1877 à Nuits-Saint-Georges par Louis Bouillot, depuis 1997 dans le giron du groupe Boisset Famille des Grands Vins. Une valeur sûre.

Cette vénérable maison décroche les étoiles du Guide comme on... enfile les perles. Encore une belle collection de cuvées cette année, avec en tête ce blanc de blancs superbe dans sa robe or clair et scintillante, qui égale la Perle d'or rose 2008, coup de cœur l'an dernier. Très élégant, le nez allie des arômes fruités (pêche, poire, mirabelle) à de stimulantes senteurs d'agrumes. Cette séduction olfactive se prolonge dans une bouche racée, finement minérale jusqu'à la finale, persistante et fraîche. ✗ 2015-2018 ✶ feuilletés de saint-jacques ● Perle d'or 2008 ★ (11 à 15 € ; 10 000 b.) : robe claire animée de fines bulles, nez vif sur le citron, bouche tendue : un beau crémant d'apéritif. ✗ 2015-2017 ● Perle de nuit ★ (8 à 11 € ; 21 000 b.) : un blanc de noirs généreux, ample et vineux, qui pourra être servi à table. ✗ 2015-2018 ● Perle d'aurore ★ (8 à 11 € ; 34 000 b.) : un rosé fringant, alerte et frais, aux plaisantes saveurs de fruits rouges. ✗ 2015-2017

☛ *Louis Bouillot, av. du Jura, 21700 Nuits-Saint-Georges, tél. 03 80 62 61 40, combes.m@boisset.fr* Ⓥ 🔼 *t.l.j. 10h-19h; lun. 14h-19h*

JEAN CHARTRON Le Crémant de Jean 2013

●	1 200	11 à 15 €

Créé en 1859 par le tonnelier Jean-Édouard Dupard, ce domaine d'une grande constance, bien implanté dans les grands crus de Puligny, étend son vignoble sur 13 ha – dont 90 % de chardonnay et trois monopoles (Clos de la Pucelle et Clos du Cailleret en puligny, Clos des Chevaliers en chevalier-montrachet) –, conduits en bio non certifié. Jean-Michel Chartron est aux commandes depuis 2004 ; l'un de ses credo : du bois, oui, mais pas trop. Une valeur sûre.

Ce Crémant de Jean s'annonce par des bulles tumultueuses qui animent une robe or pâle. Le nez, discret et un brin lacté, distille des parfums d'aubépine sur fond de pomme verte. Fraîche dès l'attaque, soutenue par une bonne trame minérale, la bouche se montre énergique et équilibrée. ✗ 2015-2017 ✶ feuilletés saucisse.

☛ *SCEA Jean Chartron, 8 bis, Grande-Rue, 21190 Puligny-Montrachet, tél. 03 80 21 99 19, info@ jeanchartron.com* Ⓥ 🔼 *t.l.j. sf lun. mar. mer. 10h-12h 14h-18h; f. déc.-mars*

CHEVALIER Prestige 2011 ★

●	10 000	8 à 11 €

Une maison historique – aujourd'hui dans le giron du groupe Boisset, comme Louis Bouillot – fondée en 1920 par Eugène Chevalier, parti de Charnay, près de Mâcon, conquérir la Bourgogne « à coup de bulles », de Nuits-Saint-Georges à Rully, pour enfin revenir « évangéliser » sa région d'origine.

Cette cuvée Prestige est issue de pinot noir et de chardonnay. Ses atouts : une brillante robe jaune d'or, un nez floral agrémenté de quelques notes briochées, une bouche ronde et équilibrée. « Le bon goût en bulles », conclut un dégustateur. ✗ 2015-2017 ✶ volaille crémée

☛ *Maison Chevalier, av. du Jura, 21703 Nuits-Saint-Georges, tél. 03 80 62 61 40, combes.m@boisset.fr* Ⓥ 🔼 *t.l.j. 10h-19h; lun. 14h-19h*

PAUL CHOLLET ★

●	31 000	8 à 11 €

Une maison de négoce fondée en 1955, spécialisée dans l'élaboration du crémant-de-bourgogne, reprise en 2002 par Gilles Rémy.

Ce brut habillé d'or aux reflets platine se dévoile au nez avec retenue autour d'arômes de fleurs blanches, d'agrumes et de notes beurrées. La bouche, plus diserte, ample et persistante, offre un harmonieux déploiement de saveurs de fruits blancs. ✗ 2015-2017 ✶ cake aux noix et au bleu

☛ *Paul Chollet, 18, rue du Gal-Leclerc, 21420 Savigny-lès-Beaune, tél. 03 80 21 53 89, contact@ paulchollet.fr* Ⓥ 🚶 🔼 *t.l.j. 8h-12h 14h-18h; sam. 9h-12h*
☛ Rémy Gilles

ANDRÉ DELORME Terroir d'exception ★

●	n.c.	î	8 à 11 €

Spécialisée dans le crémant-de-bourgogne et les vins de la Côte chalonnaise, cette maison créée par André Delorme en 1942 a été rachetée en 2005 par Éric Piffaut, qui l'a installée à Rully dans des chais équipés d'une cuverie des plus modernes.

À partir de terroirs triés sur le volet, Éric Piffaut propose des crémants racés, régulièrement au rendez-vous du Guide. Ce Terroir d'exception en brillante robe dorée dévoile une mousse subtile et discrète. L'olfaction est élégamment florale. La bouche se révèle franche et équilibrée, ample et intense, stimulée par une belle finale finement minérale. ✗ 2015-2018 ✶ suprême de volaille à la crème ● Blanc de blancs Terroirs des fleurs (8 à 11 € ; n.c. b.) : vin cité. ✗ 2015-2017

☛ *André Delorme, Le Meix, 11, rue des Bordes, 71150 Rully, tél. 03 85 87 10 12, contact@ andre-delorme.com* Ⓥ 🚶 🔼 *t.l.j. sf dim. 10h-12h30 14h-17h30* ☛ Piffaut Éric

CLAUDE GHEERAERT Tradition 2011

●	20 000	5 à 8 €

Claude Gheeraert conduit depuis 1991 cette petite exploitation familiale située au cœur du Châtillonnais.

Issu de pinot noir (70 %) et de chardonnay, ce brut Tradition animé par une effervescence délicate séduit par son équilibre impeccable entre une fine acidité et une rondeur fruitée (notes de prune et de poire). Un crémant très frais et dynamique. ✗ 2015-2018 ✶ jambon persillé

☛ *Gheeraert, EARL des Vignes de Jours, 1, rue Haute, 21400 Mosson, tél. 03 80 93 71 67, claude.gheeraert@ nordnet.fr* Ⓥ 🚶 🔼 *t.l.j. sf dim. 10h30-12h 14h-18h* 🏠 Ⓑ

GOUFFIER Extra-brut 2010 ★

●	1 000	8 à 11 €

Ayant appartenu à la famille Gouffier pendant plus de deux cents ans, ce petit domaine de 5,5 ha a été repris en 2011 par Frédéric Gueugneau, ancien directeur administratif de la cave coopérative La Chablisienne.

Logiquement très peu dosé (5 g/l), cet extra-brut ravira les amateurs d'effervescences au plus près du fruit et du terroir. Les sols marno-calcaires sur lesquels prospèrent pinot noir et chardonnay ont transmis une franche expression minérale à ce crémant complexe, ouvert sur des saveurs de fruits blancs (poire) et des notes briochées. ✗ 2015-2018 ♈ huîtres

○─ SAS Maison Gouffier, 11, Grande-Rue, 71150 Fontaines, tél. 06 68 01 71 84, vins.gouffier@gmail.com. ⓥ 🏃 ⬆ r.-v.

PASCAL HENRY ★

| ● | | 5 000 | | 5 à 8 € |

Saint-Cyr-les-Colons est un village situé entre Auxerrois et Chablisien, non loin de Préhy. Céréaliers à l'origine, Pascal et... Pascale Henry y ont créé en 1986 un vignoble qui couvre 15 ha aujourd'hui.

Petite par le volume, mais grande par la qualité que cette cuvée née du seul chardonnay. Un régal pour l'œil avec une belle ascension de fines bulles ; un régal pour le nez aussi, qui développe des arômes gourmands de noisette, d'amande et de beurre frais. Le palais ? Il charme par sa générosité et par sa rondeur avenante. ✗ 2015-2018 ♈ brochet au beurre blanc

○─ EARL Pascal Henry, 30, chem. des Fossés, 89800 Saint-Cyr-les-Colons, tél. 03 86 41 44 87, henry.pascalearl@orange.fr ⓥ 🏃 ⬆ t.l.j. 10h-12h 14h-18h

DOM. MICHEL JUILLOT Blanc de blancs

| ● | - | 6 000 | | 8 à 11 € |

Fondé par Louis Juillot, développé par son fils Michel, conduit depuis la fin des années 1990 par son petit-fils Laurent Juillot, ce domaine emblématique de la Côte chalonnaise couvre 31 ha essentiellement en AOC mercurey, avec des parcelles en Côte de Beaune.

Ce joli crémant élevé vingt-quatre mois sur lattes se présente avec élégance dans une robe lumineuse animée de fines bulles. Des arômes de fruits frais agrémentés de légères nuances briochées composent un bouquet avenant, relayé par une bouche ronde et gourmande. ✗ 2015-2017 ♈ crêpes flambées

○─ Dom. Michel Juillot, 59, Grande-Rue, 71640 Mercurey, tél. 03 85 98 99 89, infos@domaine-michel-juillot.fr ⓥ ⬆ r.-v.

LABOURÉ-GONTARD

| ● | | 90 000 | | 8 à 11 € |

Une maison de négoce fondée en 1895 par les frères Moingeon et spécialisée dans les crémants, reprise en 2003 par le groupe Béjot.

Un crémant issu d'un assemblage de chardonnay (50 %) et de pinot noir (30 %) complété par l'aligoté. Bien en place à tous les stades de la dégustation, il arbore une tenue beige clair, très brillante, traversée de fines bulles. Au nez émergent de discrètes et légères nuances beurrées. Justement dosé (10,2 g/l), ce vin déploie une bouche dont la vivacité est renforcée par de belles notes d'agrumes. ✗ 2015-2018 ♈ tartare de saumon

○─ La Maison du Crémant, 7, rte de Monthelie, 21190 Meursault, tél. 03 80 21 22 45, contact.france@bejot.com ⓥ ⬆ t.l.j. 11h-13h 14h-18h; dim. lun. sur r.-v.

LEBEAULT Blanc de blancs

| ● | | 16 000 | 🍶 🍷 | 8 à 11 € |

Rully est l'un des hauts lieux d'élaboration du crémant et la famille Lebeault a été, dès 1934, une des toutes premières à s'investir dans la production de bourgognes mousseux. Les petits-fils (Pierre et Gérard) de Maurice Lebeault, fondateur du domaine, perpétuent aujourd'hui la tradition et proposent aussi des vins rouges et blancs tranquilles.

Les bulles vives et actives de ce crémant or blanc progressent en un cordon dense et composent un chapeau bien crémeux. Le nez, discret de prime abord, légèrement minéral, se fait un peu plus complexe à l'aération (notes d'agrumes et de brioche). Il annonce une bouche fraîche qui s'épanouit sur une jolie finale saline. Un crémant harmonieux, que l'on verrait bien sur les produits de la mer. ✗ 2015-2018 ♈ filet de saumon sur lit de poireaux

○─ Maison Lebeault, 1, rue des Buis, 71150 Rully, tél. 03 85 87 15 20, contact@cremant-mlebeault.com ⓥ 🏃 ⬆ r.-v.

DOM. DU MOULIN À L'OR GM 2012

| ● | | 5 600 | 🍶 | 5 à 8 € |

Arnaud Mornand s'est installé en 2011 à Chaintré sur les 9 ha que son père Guy cultivait jusque-là. Il conduit son domaine en culture raisonnée.

Arnaud Mornand signe à partir de 55 ares de chardonnay planté sur argilo-calcaires un crémant brut habillé d'or pâle, au nez délicat de fleurs blanches, de fruits blancs, d'amande et de noisette, signature on ne peut plus classique du chardonnay. Un brin évoluée, la bouche n'en demeure pas moins très agréable, bien équilibrée entre acidité et rondeur. ✗ 2015-2016 ♈ volaille à la crème

○─ Dom. du Moulin à l'Or, 319, rte de Juliénas, 71570 Chaintré, tél. 06 07 97 43 25, arnaud.mornand@live.com ⓥ 🏃 ⬆ r.-v.

HENRI MUTIN Cuvée M ★

| ● | | 2 400 | | 8 à 11 € |

Installé dans les bâtiments d'une ancienne dépendance des évêques de Langres, à deux pas de l'ancienne voie romaine reliant Auxerre à Langres et du tombeau de la princesse de Vix et son célèbre cratère, ce domaine, auparavant en polyculture, produit depuis 1992 du crémant exclusivement issu de raisins châtillonnais. Il a entamé en 2011 la conversion au bio de son vignoble.

Or blanc limpide aux reflets émeraude, cette cuvée à peine dosée déploie des bulles fines et persistantes. À un joli nez de fleurs blanches succède une bouche d'une élégante fraîcheur minérale. Belle réussite. ✗ 2015-2018 ♈ flans d'asperges ● Nature (8 à 11 € ; n.c. b.): vin cité. ✗ 2015-2017

○─ SARL Henri Mutin, La Grange-aux-Clercs, 21400 Massingy, tél. 06 07 17 55 11, henri.mutin@wanadoo.fr ⓥ 🏃 ⬆ r.-v.

ŒDORIA Diamant ★

| ● | | 90 000 | | 5 à 8 € |

La cave du Beau Vallon de Theizé et celle des Vignerons de Liergues ont décidé de s'unir en 2009 : Œdoria est leur marque commune. Cette nouvelle entité dispose de

840 ha essentiellement situés au sud du vignoble, à l'ouest de Villefranche-sur-Saône.

Les effervescences de ce Diamant brillant ne donnent pas dans la démesure. Ce crémant n'en reste pas moins très attractif par ses arômes délicats de fleur d'acacia, par sa bouche vive et tonique, et par sa finale franche et droite. Idéal pour l'apéritif. ✗ 2015-2017 ✗ feuilletés de chèvre ● Claude Denis 2012 (5 à 8 € ; 13 600 b.) : vin cité. ✗ 2015-2017

○ Œdoria, 25, rte du Cottet, 69620 Theizé, tél. 04 74 71 48 00, contact@oedoria.com Ⓥ 🏃 🖐 r.-v.

♥ LOUIS PICAMELOT Terroir de Chazot ★★

| ● | 6 874 | 🖐 | 11 à 15 € |

Cette maison de négoce, propriétaire de 11 ha en Côte de Beaune et en Côte chalonnaise, a été fondée en 1926 par Louis Picamelot et reprise par son petit-fils Philippe Chautard en 1987. Dans sa nouvelle cuverie installée en 2006 au creux de la roche à Rully naissent de beaux crémants de terroir ou d'assemblage et quelques vins tranquilles.

Coup de cœur l'an passé avec sa cuvée Jean-Baptiste Chautard 2008, la maison Picamelot récidive avec ce blanc de noirs à peine dosé (7 g/l), issu d'une seule parcelle de vigne située sur les hauteurs de Saint-Aubin, en Côte de Beaune. La présentation est superbe avec ses bulles persistantes et serrées qui animent une robe or pâle cristalline. Un long élevage sur lattes (vingt-quatre mois) a affiné les saveurs de ce 100 % «cœur de cuvée», qui déploie une élégante et large palette allant de notes pâtissières aux fleurs blanches, en passant par les agrumes, la pomme verte et d'évanescentes nuances anisées. Arômes que l'on retrouve dans une bouche à la fois fraîche et tendre, caressée par une fine effervescence. Un crémant de haute expression et de grande harmonie, à réserver pour un mets délicat. ✗ 2015-2018 ✗ carpaccio de loup au citron ● Cuvée Jean-Baptiste Chautard 2010 (15 à 20 € ; 3 650 b.) : vin cité. ✗ 2015-2019

○ Maison Louis Picamelot, 12, pl. de la Croix-Blanche, 71150 Rully, tél. 03 85 87 13 60, info@louispicamelot.com Ⓥ 🖐 t.l.j. sf sam. dim. 8h-12h 13h30-17h30

ALBERT SOUNIT Châtaignier ★★

| ● | 2 706 | 🖐 | 8 à 11 € |

Fondée en 1851 par Flavien Jeunet, cette maison de négoce, qui possède aussi 12 ha de vignes en propre, a été reprise dans les années 1930 par la famille Sounit, qui la cédera à son importateur danois en 1993. L'une des valeurs sûres de la Côte chalonnaise, en vins tranquilles comme en effervescents.

«Du fruit ! Du fruit ! Du fruit !» note un dégustateur emballé par le charme gourmand de cette cuvée issue d'un assemblage de pinot noir (40 %), de pinot beurot (40 %) et de gamay. Un crémant à l'olfaction riche et large (raisin frais, petits fruits rouges, pêche blanche, pétale de rose...) et à la bouche aussi craquante que croquante. ✗ 2015-2017 ✗ salade de fruits exotiques ● Blanc de noirs ★ (8 à 11 € ;

2 030 b.) : un pur pinot noir friand, fruité (fruits rouges, agrumes) et floral (fleurs blanches) au nez, frais et alerte en bouche. ✗ 2015-2017

○ Maison Albert Sounit, 5, pl. du Champ-de-Foire, 71150 Rully, tél. 03 85 87 20 71, albert.sounit@wanadoo.fr Ⓥ 🖐 r.-v. ○ Kjellerup K.

FRÉDÉRIC TROUILLET 2011

| ● | 2 500 | 🖐 | 5 à 8 € |

Au décès de son père Frédéric en 2007, William Trouillet, alors étudiant au lycée viticole de Davayé, revient sur l'exploitation familiale pour seconder sa mère Marie-Agnès, non sans avoir effectué plusieurs stages en France et à l'étranger. Aujourd'hui, l'exploitation s'est beaucoup agrandie et couvre 18 ha.

Un crémant de niche proposé à la vente après trois longues années de repos sur lattes et cinq mois d'élevage en cuve. Né du seul chardonnay, il se présente dans une robe jaune d'or très pâle traversée par une myriade de fines bulles. Très peu dosé (3 g/l), il offre une texture légère et s'anime autour d'une fine fraîcheur renforcée par des arômes d'agrumes et de pomme. Parfait pour l'apéritif. ✗ 2015-2017 ✗ gougères jambon-fromage

○ Dom. Trouillet, rte des Concizes, 71960 Solutré-Pouilly, tél. 03 85 35 80 04, domaine.trouillet@wanadoo.fr Ⓥ 🏃 🖐 t.l.j. sf. dim 9h-12h 14h-18h; f. août

DOM. ROLAND VAN HECKE Cuvée Chardonnay

| ● | 3 700 | 🖐 | 8 à 11 € |

C'est sur les coteaux du Châtillonnais, non loin de la Champagne, qu'en 1991, Roland Van Hecke a planté ses premiers ceps sur les terres d'une exploitation agricole. Il dispose aujourd'hui d'un vignoble de 5 ha principalement consacré aux crémants.

Dosé avec maîtrise, ce crémant issu du seul chardonnay est décrit comme un «archétype du crémant plaisir» par un dégustateur. Ses arguments : une seyante robe jaune doré traversée de fines bulles, des arômes légers et fruités, qui se manifestent au nez comme en bouche, de la fraîcheur et de la délicatesse. ✗ 2015-2017 ✗ truite aux amandes

○ Roland Van Hecke, 5, rue de l'Église, 21570 Grancey-sur-Ource, tél. 03 80 93 79 07, roland.van-hecke@wanadoo.fr Ⓥ 🏃 🖐 r.-v.

VEUVE AMBAL 2013 ★★

| ● | 280 000 | 🖐 | 8 à 11 € |

Vénérable négoce spécialisé en crémant, fondé en 1898 par Marie Ambal et conduit depuis 1988 par son descendant Éric Piffaut. Né à Rully, établi à Beaune depuis 2005, il est le plus important élaborateur de bulles bourguignonnes, nées pour une large part de son vaste vignoble de 250 ha.

Si les Veuves font irrémédiablement penser à la Champagne, la Bourgogne a aussi la sienne. Elle se nomme Ambal et ses crémants régalent régulièrement les amateurs de bulles racées. Encore une belle sélection pour cette incontournable maison, avec pas moins de cinq cuvées qui mettent les sens... en effervescence. À commencer par ce brut millésimé, proche du coup de cœur, qui arbore une brillante tenue chromatique traversée de fines bulles très remuantes. Le bouquet, élégant et harmonieux, associe les fleurs blanches fraîchement

cueillies à des arômes fruités généreux. Puis de fines notes acidulées viennent aiguillonner un palais friand, « adouci » par de plus tendres saveurs briochées. ✗ 2015-2018 ♈ gambas poêlées ● Grande Cuvée ★ (5 à 8 € ; 250 000 b.) : d'un seyant rose limpide aux reflets rubis, ce crémant révèle un nez de raisin frais et offre une bouche fraîche aux saveurs de framboise. Une jolie bulle bourguignonne pour un apéritif sous la tonnelle. ✗ 2015-2017 ● Grande Réserve ★ (5 à 8 € ; 750 000 b.) : une cuvée très séduisante par sa fraîcheur énergique et sa longueur. ✗ 2015-2017 ● Grande Réserve ★ (5 à 8 € ; 500 000 b.) : un crémant frais comme il se doit et finement fruité (fruits rouges). ✗ 2015-2017 ● Prestige ★ (8 à 11 € ; 150 000 b.) : une cuvée qui séduit par sa franchise, sa fraîcheur et son fruité soutenu, au nez comme en bouche. ✗ 2015-2017
⌐ Veuve Ambal, Le Pré-Neuf, 21200 Montagny-lès-Beaune, tél. 03 80 25 01 70, contact@veuve-ambal.com Ⓥ 🅰 ♿ t.l.j. 10h-18h
⌐ Piffaut Éric

VITTEAUT-ALBERTI Blanc de blancs ★

| ● | 12 000 | 🍶 | 8 à 11 € |

L'une des belles références du crémant-de-bourgogne, fondée en 1951 par Lucien Vitteaut, reprise par son fils Gérard en 1969 et dirigée depuis 2010 par sa petite-fille Agnès. La maison possède en propre 17 ha de vignes en Côte chalonnaise et dans les Hautes-Côtes de Beaune.
La maison Vitteaut-Alberti ne rate jamais un rendez-vous du Guide et se place très souvent aux meilleures places. Elle recueille cette étoile cette année pour ce blanc de blancs élaboré à partir de chardonnay (80 %) et d'aligoté. Dans le verre, une belle couleur or clair et un nez ouvert sur les agrumes et les fleurs blanches agrémentés de notes minérales anisées qui renforcent son élégance. La bouche se révèle vineuse mais sans lourdeur, bien équilibrée par l'apport d'une fine fraîcheur. ✗ 2015-2018 ♈ huîtres chaudes
⌐ Vitteaut-Alberti, 16, rue de la Buisserolle, 71150 Rully, tél. 03 85 87 23 97, contact@vitteaut-alberti.fr Ⓥ ♿ t.l.j. sf dim. 9h-12h 14h-18h

➡ LE CHABLISIEN

**Malgré une célébrité séculaire qui lui a valu d'être imité de la façon la plus fantaisiste dans le monde entier, le vignoble de Chablis a bien failli disparaître. Deux gelées tardives, catastrophiques, en 1957 et en 1961, ajoutées aux difficultés du travail de la vigne sur des sols rocailleux et terriblement pentus, avaient conduit à l'abandon progressif de la culture de la vigne ; le prix des terrains en grands crus atteignait un niveau dérisoire, et bien avisés furent les acheteurs du moment. L'apparition de nouveaux systèmes de protection contre le gel et le développement de la mécanisation ont rendu ce vignoble à la vie.
L'aire d'appellation couvre les territoires de la commune de Chablis et de dix-neuf communes voisines dans les quatre appellations chablis. Les vignes dévalent les fortes pentes des coteaux qui longent les deux rives du Serein, modeste affluent de**

l'Yonne. Une exposition sud-sud-est favorise à cette latitude une bonne maturation du raisin, mais on trouvera plantés en vigne des « envers » aussi bien que des « adroits » dans certains secteurs privilégiés. Le sol est constitué de marnes jurassiques (kimméridgien, portlandien). Il convient admirablement à la culture du chardonnay, comme s'en étaient déjà rendu compte au XII°s. les moines cisterciens de la toute proche abbaye de Pontigny, qui y implantèrent sans doute ce cépage, appelé localement beaunois. Celui-ci exprime ici plus qu'ailleurs ses qualités de finesse et d'élégance, qui font merveille sur les fruits de mer, les escargots, la charcuterie. Premiers et grands crus méritent d'être associés aux mets de choix : poissons, charcuterie fine, volailles ou viandes blanches, qui pourront d'ailleurs être accommodés avec le vin lui-même.

PETIT-CHABLIS

Superficie : 780 ha / Production : 46 000 hl

Cette appellation constitue la base de la hiérarchie bourguignonne dans le Chablisien et provient des parcelles installées à la périphérie des appellations plus prestigieuses. Moins complexe que le chablis, le petit-chablis possède une acidité un peu plus élevée. Autrefois consommé en carafe, dans l'année, il est maintenant mis en bouteilles. Victime de son nom, il a eu de la peine à se développer, mais il semble qu'aujourd'hui le consommateur ne lui tienne plus rigueur de son adjectif dévalorisant.

DOM. ALEXANDRE 2013 ★

| ■ | 8 200 | 🍶 | 5 à 8 € |

Une exploitation familiale qui se transmet depuis trois générations, dirigée aujourd'hui par Guy Alexandre et son fils Olivier à la tête d'un vignoble de 13 ha réparti sur quatre communes.
Le nez livre un bouquet de fleurs blanches qui s'épanouissent sur un fond brioché. Ample dès l'attaque, la bouche se révèle onctueuse, soutenue par une fine trame minérale qui apporte de la fraîcheur et confère à ce vin son caractère chablisien. ✗ 2015-2018 ♈ cassolette de moules au safran
⌐ Dom. Alexandre, 36, rue du Serein, 89800 La Chapelle-Vaupelteigne, tél. 03 86 42 44 57, info@chablis-alexandre.com Ⓥ ♿ t.l.j. sf dim. lun. 9h-12h 14h-18h

DOM. CHRISTOPHE CAMU 2013 ★

| ■ | 16 000 | 🍶 | 8 à 11 € |

Représentant la septième génération, Christophe Camu a repris en 1988 cette exploitation familiale présente dans les quatre appellations chablisiennes. Les 13 ha du vignoble entourent le village de Chablis.
Un joli nez intensément « agrumes » (citron, zeste d'orange, pomelo) prélude à un palais vif et persistant. Ce vin, qui a tout pour plaire, pourra être servi dès aujourd'hui à l'apéritif. « Tchin-tchin ! » commente l'un des dégustateurs. ✗ 2015-2018 ♈ gougères
⌐ SCEA Dom. Christophe Camu, 1, av. de la Liberté, 89800 Chablis, tél. 03 86 42 12 50, info@christophecamu.fr Ⓥ 🅰 ♿ t.l.j. 9h-12h30 13h30-17h30

BOURGOGNE

DOM. JEAN-CLAUDE COURTAULT 2013 ★

n.c.	5 à 8 €

Originaire de Touraine, Jean-Claude Courtault arrive dans le Chablisien en 1974 et s'installe à Lignorelles. En 2008, sa fille Stéphanie et son gendre Vincent Michelet l'ont rejoint sur le domaine, qui couvre 20 ha aujourd'hui.

Ce petit-chablis a charmé le jury par son nez élégant, frais et fruité. Le palais se révèle franc, droit, très bien équilibré et de bonne longueur. Bien dans le ton de l'appellation. ✗ 2015-2019 ❦ tartare de dorade à la citronnelle

○┐ *Dom. Jean-Claude Courtault, 1, rte de Montfort, 89800 Lignorelles, tél. 03 86 47 50 59, contact@ chablis-courtault-michelet.com* 🅥 🖈 🖪 *t.l.j. 9h30-12h 14h-18h; sauf sam. dim. sur r.-v.*

ÉRIC ET EMMANUEL DAMPT
Vieilles Vignes 2013

n.c.	🍶	8 à 11 €

Issu d'une longue lignée vigneronne, Bernard Dampt a constitué à partir de 1980 un vignoble dont il livrait le produit à la coopérative. Éric Dampt, l'aîné de ses trois fils, l'a rejoint en 1985. Comme Emmanuel et Hervé, il signe sa propre production au sein du domaine familial. Si l'étiquette affiche Éric et Emmanuel, c'est au premier que l'on doit ce vin. D'intenses parfums de fleurs blanches s'échappent du verre, assortis de nuances de pamplemousse et de touches de pierre à fusil. On retrouve les agrumes et la minéralité dans une bouche franche et vive. Un petit-chablis bien typé. ✗ 2015-2018 ❦ tartare de saumon

○┐ *EARL Éric Dampt, 16, rue de l'Ancien-Presbytère, 89700 Collan, tél. 03 58 16 90 31, eric@dampt.com* 🅥 🖈 🖪 *t.l.j. 9h-12h 13h30-17h30* 🏠 🅑

DOM. SÉBASTIEN DAMPT
Terroir de Milly 2013 ★

2 800	🍶	8 à 11 €

Installé à Chablis, Sébastien Dampt, fils de Daniel Dampt, vigneron à Milly, conduit depuis 2007 son propre domaine de 7 ha. Sous l'enseigne « Maison Dampt », il a ouvert une maison de négoce qu'il dirige avec son frère Vincent.

Seulement six mois d'élevage en cuve ont été nécessaires pour donner naissance à ce petit-chablis au nez joliment fruité, fin et engageant. La minéralité prend le relais dans une bouche délicate, comparée par le jury à de la « dentelle ». ✗ 2015-2018 ❦ gougères au parmesan

○┐ *Dom. Sébastien Dampt, 23 C, rue du Château, Milly, 89800 Chablis, tél. 03 86 18 96 50, sebastien@ sebastien-dampt.com* 🅥 🖈 🖪 *r.-v.*

DAMPT FRÈRES Élégance 2013

n.c.	🍶	5 à 8 €

L'association Dampt-Dupas est une création (2005) du vignoble Dampt, qui a pignon sur rue à Collan, petit village situé entre Chablis et Tonnerre. Dans des chais très modernes, la famille y élève différentes appellations.

Le nez livre des notes intenses et fraîches de bord de mer (iode, salinité) accompagnées de touches de pamplemousse. Tout aussi « maritime », le palais se révèle vif et

précis. Tout indiqué pour les produits de la mer. ✗ 2015-2018 ❦ crevettes à l'aneth

○┐ *EARL Dampt-Dupas, 3, rte de Tonnerre, 89700 Collan, tél. 03 86 54 49 52, emmanuel@ dampt.com* 🅥 🖈 🖪 *r.-v.* 🏠 🅑

AGNÈS ET DIDIER DAUVISSAT 2013

4 000	🍶	5 à 8 €

Installés à Beine, Agnès et Didier Dauvissat, qui ont créé leur domaine en 1987, ont compris que l'amélioration de la qualité passait aussi par le travail dans les vignes. C'est ainsi qu'ils sont revenus au labour de leurs 10 ha pour préserver le terroir.

D'un abord discret, ce 2013 libère à l'aération de fines notes de fleurs blanches. La bouche est délicate et légèrement fruitée, soutenue par une minéralité bien marquée. ✗ 2015-2018 ❦ oursins

○┐ *Agnès et Didier Dauvissat, chem. de Beauroy, Voie-du-Gain, 89800 Beine, tél. 03 86 42 46 40, agnes-didier.dauvissat@wanadoo.fr* 🅥 🖪 *r.-v.*

🅑 BERNARD DEFAIX 2013 ★

10 000	🍶	8 à 11 €

La maison Defaix est un domaine ayant pignon sur rue à Milly, repris par Sylvain et Didier Defaix, les fils de Bernard. C'est aussi une maison de négoce créée en parallèle, qui travaille dans le même esprit que le domaine.

Dans ce vin, on retrouve toute la subtilité du chardonnay planté sur des sols caillouteux. Si le nez s'exprime timidement sur des notes florales, la bouche dévoile dès l'attaque son caractère ample et rond, avant d'offrir en finale une fine fraîcheur toute chablisienne. ✗ 2015-2018 ❦ saumon grillé

○┐ *Dom. Bernard Defaix, 17, rue du Château, Milly, 89800 Chablis, tél. 03 86 42 40 75, contact@ bernard-defaix.com* 🅥 🖈 🖪 *r.-v.*

WILLIAM FÈVRE 2013

n.c.	🍶	8 à 11 €

Valeur sûre du vignoble chablisien, le domaine William Fèvre, producteur et négociant, aujourd'hui propriété de la maison champenoise Henriot, détient 15 ha de grands crus. Didier Séguier, maître de chai du domaine, en élabore les vins avec le souci de la finesse et de la pureté.

Si le nez est encore timide, la bouche, empreinte d'une minéralité iodée, offre la vivacité attendue d'un petit-chablis. Un vin typé et facile d'accès. ✗ 2015-2017 ❦ tourteau

○┐ *Dom. William Fèvre, 21, av. d'Oberwesel, 89800 Chablis, tél. 03 86 98 98 98, contact@ williamfevre.com* 🅥 🖈 🖪 *t.l.j. 9h30-12h30 13h30-18h*

GAUTHERON 2013

1 800	🍶	8 à 11 €

Vignerons de père en fils depuis 1809, les Gautheron sont établis à l'est de Chablis. Alain, installé en 1977, représente la sixième génération et Cyril, arrivé en 2001, la septième. Le père et le fils exploitent un domaine qui s'est agrandi (de 8 à 28 ha entre 1977 et aujourd'hui) et modernisé. Une belle régularité en chablis et en petit-chablis.

Expressif et engageant, le nez dévoile des notes riches et généreuses de poire mûre. La bouche déploie un registre tout aussi suave, soyeux et gourmand. Un surcroît de fraîcheur lui aurait permis de décrocher l'étoile. ✗ 2015-2017 ♈ tartines poire et charolais frais

☛ SCEV Dom. Alain et Cyril Gautheron, 18, rue des Prégirots, 89800 Fleys, tél. 03 86 42 44 34, vins@chablis-gautheron.com 🆅 🎿 🍴 t.l.j. 8h-12h 13h30-17h30; sam. dim. sur r.-v.

DOM. ALAIN GEOFFROY 2013 ★		
▪	14 000 🛏	8 à 11 €

Perpétuant une tradition viticole remontant à 1850, Alain Geoffroy, figure du vignoble chablisien, conduit un important domaine de 50 ha dont le siège est à Beine, village de la rive gauche du Serein, à l'ouest de Chablis. Pour la vinification, il privilégie l'élevage en cuve qui préserve, selon lui, la fraîcheur des chablis.

Alain Goeffroy signe un 2013 subtil et précis. Le nez se partage entre les fleurs blanches et les agrumes. La bouche, dans le même ton mais plus discrète, est portée par une fine minéralité qui lui confère une vivacité bien ajustée. ✗ 2015-2019 ♈ truite au bleu

☛ Dom. Alain Geoffroy, 4, rue de l'Équerre, 89800 Beine, tél. 03 86 42 43 76, info@ chablis-geoffroy.com 🆅 🍴 t.l.j. sf sam. dim. 8h-12h 13h30-17h

DOM. GUEGUEN 2013 ★		
▪	1 500 🛏	5 à 8 €

Frédéric Gueguen et son épouse Céline, fille de Jean-Marc Brocard, ont d'abord travaillé pour le compte de ce dernier, notamment au Dom. des Chenevières, avant de décider de voler de leurs propres ailes en 2012. Ils ont pris en location 22 ha dans le Chablisien et l'Auxerrois.

Le nez de fleurs blanches invite à la dégustation. Frais et alerte, le palais livre de jolies notes d'agrumes (la mandarine en tête) soulignées par une fine minéralité. Un petit-chablis franc, tendu et précis. ✗ 2015-2019 ♈ plateau de fruits de mer

☛ Dom. Céline et Frédéric Gueguen, 31, Grande-Rue-de-Chablis, 89800 Préhy, tél. 03 86 41 45 06, contact@chablis-gueguen.fr 🆅 🎿 r.-v. 🏠 ❹

Le Chablisien

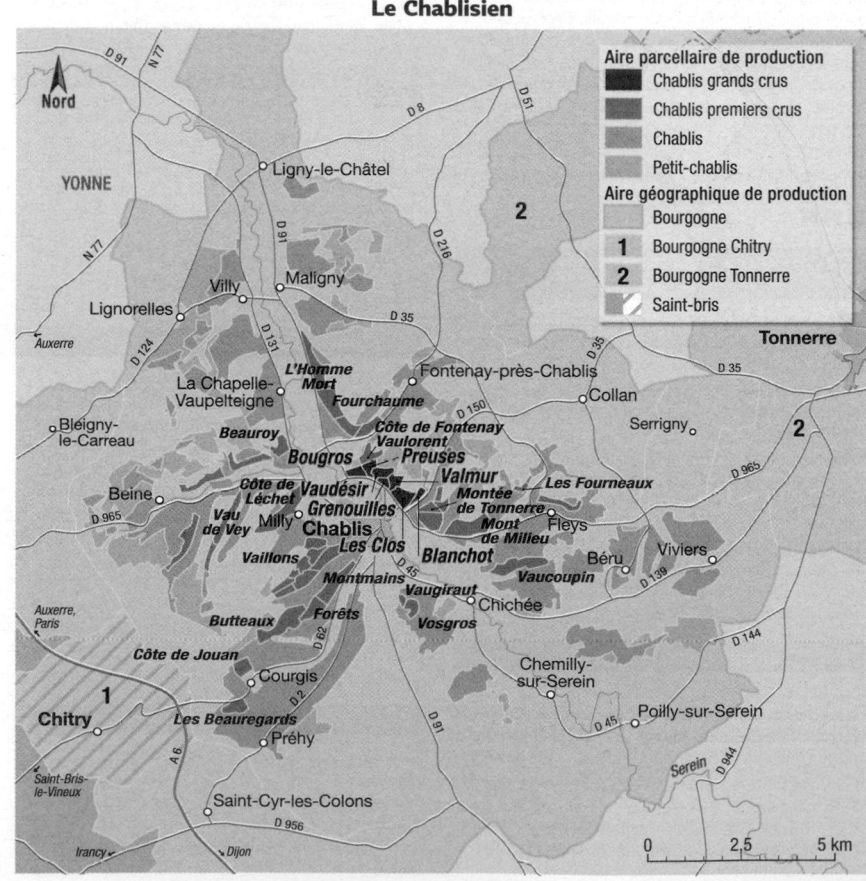

LAMBLIN ET FILS 2013 ★

| | 30 000 | | 🛈 | | 8 à 11 € |

Le village de Maligny se situe au nord de l'aire d'appellation chablis. La famille Lamblin y est établie depuis plus de trois siècles et douze générations. Autant dire que cette maison de négoce fait partie des incontournables du vignoble chablisien.

Au nez, des arômes de fleurs blanches se mêlent à des notes briochées. Ronde dès l'attaque, la bouche est dominée par les fruits blancs et soulignée par une fine minéralité qui étire bien la finale. ✗ 2015-2018 ♈ palourdes farcies

○┐ Lamblin et Fils, rue Marguerite-de-Bourgogne, 89800 Maligny, tél. 03 86 98 22 00, infovin@lamblin.com Ⓥ ⚒ 🎁 t.l.j. sf dim. 8h-12h 14h-17h; sam. 8h-12h

ROLAND LAVANTUREUX 2013 ★★★

| | 15 000 | | 🛈 | | 5 à 8 € |

Valeur sûre du Guide, cette exploitation est située à Lignorelles, aux confins nord du Chablisien. Après un stage au fameux Clos des Lambrays, Arnaud Lavantureux a rejoint son père Roland sur ce domaine de 20 ha où il assure depuis 2010 les vinifications. Son frère David gère quant à lui le développement commercial. Une structure de négoce complète la production.

Le terroir de Lignorelles donne naissance à de très beaux vins. Le 2013 présenté par Roland Lavantureux est de ceux-là. Élevé en cuve durant huit mois, il libère des arômes délicats et très typés « chardonnay » de fruits blancs (pêche, poire). En bouche, le fruit et la minéralité évoluent en parfaite harmonie. Un petit-chablis qui a tout d'un grand. ✗ 2015-2020 ♈ tourte au crabe et petits légumes

○┐ Roland Lavantureux, 4, rue Saint-Martin, 89800 Lignorelles, tél. 03 86 47 53 75, domaine.lavantureux@gmail.com Ⓥ ⚒ 🎁 t.l.j. sf dim. 8h-18h

DOM. DES MARRONNIERS 2013 ★

| | 30 000 | | 🛈 | | 5 à 8 € |

Créé en 1976 par Marie-Claude et Bernard Légland, ce domaine (21 ha) a été repris en juin 2013 par un autre couple, Marie-Noëlle et Laurent Ternynck. Ce ne sont pas des inconnus puisqu'ils sont déjà à la tête du domaine de Mauperthuis à Massangis avec lequel ils collectionnent les étoiles du Guide.

Le nez s'ouvre à l'aération sur des notes d'agrumes et de fruits blancs. Le fruit se confirme dans une bouche alerte, portée par une fine minéralité qui apporte beaucoup de fraîcheur. Un vin tendu et précis. ✗ 2015-2018 ♈ bar aux agrumes

○┐ Dom. des Marronniers, 3, Grande-Rue-de-Chablis, 89800 Préhy, tél. 03 86 41 42 70, contact@ chablismarronniers.com Ⓥ ⚒ 🎁 t.l.j. 8h-12h 13h30-17h30

DOM. MARSOIF Château de Serrigny 2014 ★★

| | 10 000 | | 🛈 | | 8 à 11 € |

Ce domaine de 11 ha héberge une ancienne chapelle du XIIᵉs. qui rappelle que Marsoif (anciennement « Marchesoif ») fut une commanderie templière. La famille Masson y œuvre depuis 1989, avec Raphaël aux commandes depuis 2005.

Tout jeune, ce petit-chablis élevé quatre mois en cuve exprime déjà tout son terroir. Il libère des parfums bien typés de fleurs blanches et de zeste de citron. En bouche, on retrouve les agrumes en bonne compagnie : les fruits blancs se mêlent à une touche de mangue et d'acacia rehaussés en finale par une fine salinité. Un 2014 à la fois vif et gourmand, qui prouve que la valeur n'attend pas le nombre des années. ✗ 2015-2019 ♈ cassolette de fruits de mer

○┐ Dom. Marsoif, 12, rue du Grand-Courtin, 89700 Serrigny, tél. 06 11 74 24 79, marsoif@marsoif.com Ⓥ ⚒ 🎁 r.-v. ○┐ Raphaël Masson

STÉPHANIE ET VINCENT MICHELET 2013 ★

| | 12 000 | | 🛈 | | 5 à 8 € |

Vincent Michelet n'est pas né au pied d'un tonneau : il a travaillé dans d'autres vignobles puis épousé Stéphanie, fille du Chablisien Jean-Claude Courtault. Tout en aidant au domaine familial, le jeune couple a créé en 2008 sa propre exploitation : 7 ha essentiellement en petit-chablis.

Un joli nez minéral et légèrement brioché pour séduire ; une bouche équilibrée entre le gras et la minéralité pour conquérir. Parfait sur toute la ligne. ✗ 2015-2018 ♈ koulibiac de saumon

○┐ Stéphanie et Vincent Michelet, 1, rte de Montfort, 89800 Lignorelles, tél. 03 86 47 50 59, contact@ chablis-courtault-michelet.com Ⓥ ⚒ 🎁 t.l.j. 9h30-12h 14h-18h; sam. dim. sur r.-v.

SYLVAIN MOSNIER 2013 ★★

| | 4 638 | | 🛈 | | 5 à 8 € |

D'abord professeur de mécanique, Sylvain Mosnier, petit-fils de vignerons, a repris en 1978 les vignes de son grand-père et agrandi son domaine autour de Beine. Sa fille Stéphanie a quitté son métier d'ingénieur pour revenir en 2005 sur l'exploitation, qui compte aujourd'hui 18,5 ha. Elle vinifie depuis 2007.

Il n'a pas de souci à se faire Sylvain Mosnier, sa fille Stéphanie a du talent, comme en témoigne cet élégant 2013 : nez à la fois puissant et élégant (amande fraîche, brioche, fleurs blanches), bouche ronde et généreuse, aussi large que longue, soutenue par une trame minérale finement iodée qui signe le terroir. ✗ 2015-2019 ♈ langoustines grillées

○┐ EARL Sylvain Mosnier, 36, rte Nationale, 89800 Beine, tél. 03 86 42 43 96, sylvain.mosnier@ libertysurf.fr Ⓥ ⚒ 🎁 r.-v.

DOM. DE PERDRYCOURT 2014

| | 30 000 | | 🛈 | | 8 à 11 € |

Domaine créé en 1986 dans l'Auxerrois par Arlette et Roger Courty. À l'origine, un demi-hectare, aujourd'hui 13 ha essentiellement autour de Beine, près de Chablis. Depuis 2007, c'est Rémi Courty, le fils de la maison, qui vinifie tous les vins du domaine.

À un nez intense de fleurs et de fruits blancs répond une bouche plutôt légère, fine et fraîche. Ce 2014 de bonne facture est encore marqué par sa jeunesse ; on l'attendra pour qu'il s'étoffe un peu. ✗ 2016-2019 ♈ crevettes en persillade

○┐ Dom. de Perdrycourt, 9, voie Romaine, 89230 Montigny-la-Resle, tél. 03 86 41 82 07, domainecourty@orange.fr Ⓥ ⚒ 🎁 t.l.j. 9h-19h; dim. 9h-12h 🏠 Ⓖ

DOM. DE PISSE-LOUP 2013 ★

| 9 800 | î | 5 à 8 € |

La lignée vigneronne remonte à la Révolution, mais le grand-père de Romuald Hugot avait arraché l'intégralité de ses vignes. En 1985, le jeune vigneron et son père ont replanté le vignoble, qui compte aujourd'hui 14 ha aux environs de Chablis. « Pisse-Loup » est un lieu-dit proche de Beine, leur village.

Romuald Hugot signe un 2013 très typique de l'appellation. Un beau classique avec son nez citronné, sa bouche vive et tonique soulignée par un trait de minéralité qui apporte de la longueur et renforce encore son côté énergique. ✗ 2015-2018 ♈ saumon fumé

↞ EARL Romuald Hugot, 30, rte Nationale, 89800 Beine, tél. 03 86 42 85 11, domaine.pisseloup@free.fr 🆅 🏕 🚻 r.-v.

ISABELLE ET DENIS POMMIER
Hautérivien 2013

| 19 000 | î | 8 à 11 € |

Établis à Chablis, Isabelle et Denis Pommier exploitent ce domaine de 18 ha créé en 1990 et très régulier en qualité. Après avoir conduit quinze ans leur vignoble en lutte raisonnée, ils ont engagé sa conversion à l'agriculture biologique.

Un joli nez de fruits blancs mûrs prélude à une bouche étonnamment riche et onctueuse pour un petit-chablis. Pour autant, c'est un vin réussi. ✗ 2015-2017 ♈ andouillette sauce moutarde

↞ Isabelle et Denis Pommier, 31, rue de Poinchy, 89800 Chablis, tél. 03 86 42 83 04, isabelle@denis-pommier.com 🆅 🏕 🚻 r.-v.

DOM. SÉGUINOT-BORDET 2013 ★

| 8 000 | î | 8 à 11 € |

Une des plus anciennes familles du Chablisien, établie à Maligny sur la rive droite du Serein. Jean-François Bordet a repris en 1998 l'exploitation de son grand-père Roger Séguinot. Le domaine couvre aujourd'hui 16 ha, complété par une activité de négoce.

Au domaine, on a l'habitude de vendanger tard pour obtenir plus de fruits. Mission réussie : le nez oscille entre les agrumes et les fleurs blanches. La bouche se révèle ample, fraîche et bien fruitée, soutenue par une fine minéralité qui allonge la finale. ✗ 2015-2018 ♈ avocat aux crevettes

↞ Dom. Séguinot-Bordet, 8, chem. des Hâtes, 89800 Maligny, tél. 03 86 47 44 42, contact@seguinot-bordet.fr 🆅 🏕 🚻 t.l.j. 8h-12h 13h30-18h; sam. sur r.-v.

DOM. YVON ET LAURENT VOCORET 2013

| 13 800 | î | 5 à 8 € |

Héritier d'une lignée remontant à 1713, conteur patoisant, bon vivant et pilier chablisien, Yvon Vocoret est une figure du vignoble. Il conduit le domaine familial (25 ha) situé à Maligny, rejoint par son fils Laurent.

Ce vin classique, encore timide au premier nez, livre à l'aération de discrètes notes de fleurs blanches. La bouche, de bonne facture, s'exprime surtout sur la fraîcheur, impression renforcée en finale par une agréable touche d'amertume. ✗ 2015-2017 ♈ bulots mayonnaise

↞ Dom. Yvon et Laurent Vocoret, 9, chem. de Beaune, 89800 Maligny, tél. 03 86 47 51 60, domaine.yvon.vocoret@wanadoo.fr 🆅 🏕 🚻 t.l.j. 9h-18h; dim. sur r.-v.

CHABLIS

Superficie : 3 150 ha / Production : 187 000 hl

Le chablis doit à son sol ses qualités inimitables de fraîcheur et de légèreté. Les années froides ou pluvieuses lui conviennent mal, son acidité devenant alors excessive. En revanche, il conserve lors des années chaudes une fraîcheur et une minéralité que n'ont pas les vins blancs de la Côte-d'Or, également issus du chardonnay. On le boit jeune, mais il peut vieillir jusqu'à dix ans et plus, gagnant ainsi en complexité.

♥ DOM. BESSON 2013 ★★

| 16 400 | î | 8 à 11 € |

Petit-fils de tonnelier, fils de vigneron, Alain Besson a pris en main en 1981 le domaine familial constitué par les deux générations précédentes. Il dispose de 21 ha avec ses enfants Camille et Adrien. La première, œnologue, élabore les vins, et le second se charge des vignes.

Le jury a été enthousiasmé par la pureté et la finesse minérale du nez, comme par la droiture et la précision du palais où l'on retrouve l'empreinte du terroir alliée à la fleur blanche. Du charme et une remarquable longueur : un chablis d'une très belle harmonie. ✗ 2016-2020 ♈ plateau de fruits de mer

↞ Dom. Besson, 8, chem. de Valvan, BP 48, 89800 Chablis, tél. 03 86 42 40 88, domaine-besson@wanadoo.fr 🆅 🚻 r.-v.

SAMUEL BILLAUD 2013 ★

| 35 000 | î | 8 à 11 € |

Après vingt années passées sur la propriété familiale (le réputé domaine Billaud-Simon, vendu à Faiveley en 2014), Samuel Billaud a créé sa propre maison de négociant-vinificateur qui propose un éventail de cuvées à partir de sélections parcellaires.

Un nez fort séduisant, entre pêche de vigne, fruits exotiques et minéralité iodée. La bouche, tout aussi charmante, allie une belle rondeur en harmonie avec des notes de fruits jaunes et un côté minéral qui apporte de la vivacité. Un chablis gourmand et frais. ✗ 2015-2018 ♈ andouillette au chablis

↞ Samuel Billaud, 23, rue du Serein, 89800 La Chapelle-Vaupelteigne, tél. 03 86 51 00 07, samuel.billaud@orange.fr 🆅 🏕 🚻 r.-v.

DANIEL BOCQUET 2013 ★

| 4 000 | î | 5 à 8 € |

À la limite du Tonnerrois, le petit village de Béru fait partie des vingt communes situées dans l'aire d'appellation chablis. Daniel Bocquet est installé depuis 1972, secondé par ses fils Jérôme et Bruno arrivés respectivement en 1995 et en 1998. Le vignoble couvre 17,3 ha.

Du nez, discret, minéral et acidulé, à la bouche, ample et onctueuse, ce vin monte en puissance tout au long de la dégustation pour aboutir à une jolie finale, fraîche et de bonne longueur. ✗ 2015-2019 ❢ fricassée de poulet au chablis

o━ SCEA Daniel Bocquet, 11, Grande-Rue, 89700 Béru, tél. 03 86 75 92 25, bocquet.daniel2@wanadoo.fr ⓥ ⬤ r.-v.

DOM. PASCAL BOUCHARD Les Vieilles Vignes 2013 ★		
▪	20 000	🍶 ⬤	11 à 15 €

Joëlle (née Tremblay, l'une des plus anciennes lignées du Chablisien) et son mari Pascal Bouchard sont à la tête d'une exploitation de 33 ha fondée en 1979. Rejoints par leurs deux fils, Romain en 2000 et Damien en 2010, ils sont à la fois vignerons et négociants-éleveurs.

Ces vieilles vignes ont quarante ans. De quoi élaborer un vin de caractère, élevé ici partiellement en fût. Le boisé, mesuré et bien fondu, se traduit par quelques notes grillées au nez et par des touches vanillées au palais, qui ne masquent pas les arômes de fleurs et de fruits blancs. Une attaque vive et franche, puis de la rondeur et du gras, une belle finale : la dégustation laisse une impression de puissance et de fraîcheur. ✗ 2016-2020 ❢ dos de cabillaud rôti

o━ Pascal Bouchard, 5 bis, rue Porte-Noël, 89800 Chablis, tél. 03 86 42 18 64, info@ pascalbouchard.com ⓥ ⬤ t.l.j. 10h 12h30 14h 18h30

Ⓑ ROMAIN BOUCHARD Le Grand Bois 2013 ★		
▪	3 068	🍶 ⬤	15 à 20 €

En 2006, Romain Bouchard, fils de Pascal, a créé sa propre exploitation, le Dom. des Grandes Chaumes, tout en maintenant son activité sur la propriété familiale, où sont élaborés ses vins. Les 6 ha sont conduits en bio certifié.

Un élevage de douze mois en fût pour ce vin bio issu de la vallée du Grand Bois, à Fontenay-près-Chablis. Le nez sur le beurre frais et la vanille annonce une bouche ronde, où l'on retrouve la vanille, alliée aux fruits mûrs ; la fraîcheur indispensable aux bons chablis est bien là. ✗ 2015-2019 ❢ bouchées à la reine

o━ SCEA Romain Bouchard, Dom. de la Grande Chaume, 1, place Émile-Lamotte, 89800 Chablis, tél. 03 86 42 18 64, romain@romainbouchard.com

Ⓑ DOM. BROCARD Pierre de Préhy 2014 ★★		
▪	n.c.	🍶	8 à 11 €

Valeur sûre du vignoble chablisien, ce domaine a été créé par Jean-Marc Brocard en 1974 à partir de 1 ha de vignes. Aujourd'hui, ce sont 200 ha qui sont exploités par sa famille. À l'arrivée de Julien, la propriété a engagé sa conversion progressive vers la biodynamie.

Julien Brocard a voulu traduire dans cette cuvée toute la minéralité de ce terroir, lointain souvenir de la « mer jurassique » qui recouvrait ces terres. De fait, les dégustateurs relèvent dans ce chablis un côté très salin, qui donne la réplique à des notes d'acacia et de fruits jaunes. Le nez est frais et élégant, et la bouche bien structurée et fruitée montre une nervosité de jeunesse. ✗ 2016-2020 ❢ sashimis ▪ Dom. Chenevrières Les Grandes Vignes

2014 ★ (8 à 11 € ; n.c. b.) : un vin jeune, ample et délicat, sur les fleurs blanches et les fruits jaunes, bien équilibré entre rondeur et vivacité minérale. ✗ 2016-2020 ▪ Dom. Sainte-Claire 2013 (8 à 11 € ; n.c. b.) : vin cité. ✗ 2015-2018

o━ Jean-Marc Brocard, 3, rte de Chablis, 89800 Préhy, tél. 03 86 41 49 00, info@brocard.fr ⓥ 🚶 ⬤ r.-v. 🏠 Ⓒ

DOM. MARGUERITE CARILLON 2014		
▪	90 000	🍶	11 à 15 €

Ce domaine familial est vinifié par la maison Béjot à Meursault, propriété de Vincent Sauvestre, et par son directeur technique Mathieu Carrara.

Une robe or vert pour ce jeune millésime au nez agréable mêlant les fleurs blanches et les fruits jaunes, et à la bouche légère et fraîche, qui finit sur une pointe d'amertume. Parfait pour l'apéritif. ✗ 2016-2020 ❢ rillettes de saint-jacques

o━ Dom. Marguerite Carillon, 7, rte de Monthelie, 21190 Meursault, tél. 03 80 21 22 45, contact.france@ bejot.com ⓥ ⬤ t.l.j. 11h-13h 14h-18h; dim. lun. sur r.-v.

DOM. EUGÉNIE CARRION 2014 ★★		
▪	50 000	🍶	11 à 15 €

Ce domaine couvrant 7,5 ha dans le Chablisien est dans l'orbite du puissant groupe Béjot (Vincent Sauvestre) qui exploite plus de 500 ha de la Bourgogne au Languedoc.

Cette propriété propose volontiers des chablis jeunes, brièvement élevés en cuve, à apprécier sans attendre. C'est le cas de ce 2014 or vert au nez élégant de fleurs blanches, de pêche jaune et de fruits exotiques. Plus vive et saline, tendue par une belle minéralité, la bouche associe un fruité intense à des évocations de coquille d'huître. Une réelle harmonie. ✗ 2016-2021 ❢ carpaccio de flétan aux agrumes

o━ Dom. Eugénie Carrion, 7, rte de Monthelie, 21190 Meursault, tél. 03 80 21 22 45, contact.france@ bejot.com

EDMOND CHALMEAU 2013 ★★		
▪	7 000	🍶	8 à 11 €

Une ancienne famille vigneronne installée au cœur de Chitry : Franck Chalmeau a pris la suite de son père Edmond en 1991, avant d'être rejoint par son frère Sébastien. Un domaine passé peu à peu de la polyculture à la seule viticulture (18 ha) et devenu une référence pour ses bourgognes Chitry.

On peut être de Chitry et élaborer de remarquables chablis. Il est vrai que cette ville est réputée pour ses blancs de chardonnay. Voici un vin franc et droit. Si le nez n'est que minéralité, la bouche charnue fait parler les fruits, déployant des notes d'agrumes. La finale est rectiligne, vive et longue. De l'élégance. ✗ 2016-2020 ❢ langoustines

o━ Edmond Chalmeau et Fils, 20, rue du Ruisseau, 89530 Chitry-le-Fort, tél. 03 86 41 42 09, domaine.chalmeau@wanadoo.fr ⓥ 🚶 ⬤ r.-v.

DOM. DES CHAUMES 2013 ★★		
▪	4 000	🍶	8 à 11 €

Né en 1976, Romain Poullet, après ses études au lycée viticole de Beaune, a créé son domaine en 2000 à

▪ BOURGOGNE

Maligny, au nord de Chablis, tout en secondant ses parents sur leur propriété. En 2014, il a pris leur succession et dispose à présent de 12 ha de vignes.

Un chablis flatteur, associant au nez les fleurs blanches, la pêche et les fruits exotiques. Fruits que l'on retrouve en bouche, soulignés par un trait de minéralité saline. « Guilleret », pour reprendre le terme d'une dégustatrice, ce vin est remarquablement équilibré et long. ✗ 2016-2019 ▼ pavé de sandre au beurre blanc

o╾ *Dom. des Chaumes, 6, rue du Temple, 89800 Maligny, tél. 03 86 98 21 83, domainedeschaumes@wanadoo.fr* 🅥 🎿 🚹 *r.-v.*

o╾ Romain Poullet

DOM. CHEVALLIER 2013

■	16 000	ⓘ	8 à 11 €

Héritiers d'une lignée de vignerons installés à Montallery depuis 1788, Claude et Jean-Louis Chevallier exploitent environ 16 ha au sud d'Auxerre, en appellations petit-chablis, chablis et chablis 1er cru.

Un classique de l'appellation, sans fioritures, droit et franc. Le nez est délicatement floral, tout en finesse. On retrouve cette finesse dans un palais ample, minéral et long. ✗ 2015-2019 ▼ aspic de poisson et citron

o╾ *Dom. Chevallier, 6, rue de l'École, Montallery, 89290 Venoy, tél. 03 86 40 27 04, domaine.chevallier.chablis@wanadoo.fr* 🅥 🎿 🚹 *r.-v.*

CHRISTOPHE ET FILS
Vieilles Vignes 2013 ★

■	10 000	ⓘ	8 à 11 €

Les grands-parents de Sébastien Christophe exploitaient en polyculture-élevage leur ferme proche de Chablis. Ce dernier s'est établi en 1999 et a créé une cuverie en 2003. Il cultive 20 ha et vend en bouteilles la plus grande partie de sa production. Un domaine très régulier en qualité.

Une expression discrète mais de la justesse dans ce vin. Le nez est réservé mais prometteur. La bouche à la fois ronde et vive, d'une belle longueur, intéresse par son équilibre. ✗ 2015-2020 ▼ sole grillée

o╾ *Dom. Christophe et Fils, ferme des Carrières, 89800 Chablis, tél. 03 86 55 23 10, domaine.christophe@wanadoo.fr* 🅥 🎿 🚹 *r.-v.*

DOM. JEAN COLLET ET FILS
Vieilles Vignes 2013

■	8 248	ⓘ	8 à 11 €

La famille Collet manie la pioche dans le kimméridgien depuis 1792. Romain, le petit dernier d'une dynastie de vignerons chablisiens (fils de Gilles, petit-fils de Jean), est depuis 2009 aux commandes de l'exploitation familiale. Jean Collet, en 1952, possédait 61 ares de vignes, l'exploitation compte 39 ha aujourd'hui.

Ce vin montre ce que peuvent produire des vignes de quatre-vingts ans. Le nez est vif et floral, tandis qu'au palais, c'est la minéralité qui prend le pouvoir. Franc à l'attaque, à la fois chaleureux et vif, plutôt long, c'est un chablis équilibré. ✗ 2015-2020 ▼ blanquette de veau

o╾ *Dom. Jean Collet et Fils, 15, av. de la Liberté, 89800 Chablis, tél. 03 86 42 11 93, collet.chablis@orange.fr* 🅥 🎿 🚹 *t.l.j. sf dim. 9h-12h 13h30-17h30*

DOM. DE LA CORNASSE 2013 ★

■	20 000	ⓘ	11 à 15 €

Nathalie, fille aînée d'Alain Geoffroy, producteur bien connu de Beine, a créé son propre vignoble en 2000. Aujourd'hui, elle est aidée de ses deux sœurs, Sylvie et Aurélie, qui l'ont rejointe sur ce domaine de 6 ha.

Les jurés ont pris beaucoup de plaisir à déguster ce chablis au nez complexe et bien ouvert sur les fleurs blanches, la poire et l'abricot frais ; l'attaque est ronde, et la finale tendue et acidulée offre un agréable retour fruité : un bel équilibre. ✗ 2015-2018 ▼ carpaccio de saint-jacques

o╾ *Dom. de la Cornasse, SARL A. Geoffroy, 4, rue de l'Équerre, 89800 Beine, tél. 03 86 42 43 76, info@chablis-geoffroy.com* 🅥 🚹 *t.l.j. sf sam. dim. 8h-12h 13h30-17h*

DOM. VINCENT DAMPT 2013

■	22 000	ⓘ	8 à 11 €

Fils de Daniel Dampt, Vincent Dampt s'est installé en 2004 à Milly, près de Chablis, sur une superficie de 3,5 ha. Des droits de plantation de vignes lui ont permis de porter son domaine à 7 ha.

Le nez complexe joue sur les fruits : agrumes, fruits exotiques, fruits jaunes frais, nuancés de fraîches notes mentholées. La bouche n'est pas des plus longues mais elle plaît par son équilibre, par son gras et par son fruité qui fait écho à l'olfaction. ✗ 2015-2018 ▼ saumon poché sauce hollandaise

o╾ *Dom. Vincent Dampt, 19, rue de Champlain, Milly, 89800 Chablis, tél. 03 86 42 47 23, vincent.dampt@sfr.fr* 🅥 🎿 🚹 *r.-v.*

ÉRIC ET EMMANUEL DAMPT
Les Beaumonts 2013 ★

■	n.c.	ⓘ	8 à 11 €

Issu d'une longue lignée vigneronne, Bernard Dampt a constitué à partir de 1980 un vignoble dont il livrait le produit à la coopérative. Éric Dampt, l'aîné de ses trois fils, l'a rejoint en 1985. Comme Emmanuel et Hervé, il signe sa production sur le domaine familial.

Pour cette cuvée, c'est Éric Dampt qui est à la manœuvre. Un vin très agréable avec son nez vif et minéral, son attaque franche et élégante, ses notes de fruits mûrs contrebalancées par une fraîcheur minérale. ✗ 2015-2019 ▼ sole grillée

o╾ *EARL Éric Dampt, 16, rue de l'Ancien-Presbytère, 89700 Collan, tél. 03 58 16 90 31, eric@dampt.com* 🅥 🎿 🚹 *t.l.j. 9h-12h 13h30-17h30* 🏠 🅑

DOM. DANIEL DAMPT ET FILS 2013

■	65 000	ⓘ	8 à 11 €

Issue d'une lignée enracinée dans l'Yonne depuis un siècle et demi, Daniel Dampt a créé son domaine en 1986, conjointement avec Jean Defaix, son beau-père. Il l'a repris à son compte en 1992 avant de bénéficier du renfort de ses deux fils, Vincent en 2002 et Sébastien en 2005. Le vignoble couvre 35 ha.

Un vin discret, encore sur sa réserve. Pour autant le nez est très frais, finement floral. La bouche est vive, tendue, l'acidité répondant parfaitement au gras du fruité. Un vrai chablis ! ✗ 2015-2018 ▼ jambon au chablis

O╼ *Dom. Daniel Dampt et Fils, 1, chem. des Violettes, 89800 Milly-Chablis, tél. 03 86 42 47 23, domaine.dampt.defaix@wanadoo.fr* Ⓥ 🅰 🅵 *r.-v.*

DAMPT FRÈRES Bréchain 2013 ★			
■	n.c.	🅸 ⓦ	8 à 11 €

Un père, Bernard Dampt, vigneron à Collan de 1980 à 1998, comme trois générations avant lui, et trois fils, Éric, Emmanuel et Hervé. Les frères sont indissociables, mais chacun fait ses propres vins. Hervé, le benjamin, s'est installé en 1998 et s'illustre régulièrement dans le Guide.

Chez les frères Dampt, c'est Hervé qui signe la cuvée Bréchain, élevée partiellement en fût. Un boisé bien maîtrisé, à peine perceptible au nez, où les fleurs blanches se mêlent aux agrumes. Gras, beurré et mûr à l'attaque, le palais apparaît généreux, équilibré par une fraîcheur minérale. ✗ 2017-2021 ✵ blanquette de saumon

O╼ *EARL Hervé Dampt, rue de Fleys, 89700 Collan, tél. 03 86 55 29 55, vignoble@dampt.com* Ⓥ 🅰 🅵 *r.-v.*
🏠 Ⓑ

DOM. JEAN DAUVISSAT PÈRE ET FILS Héritage 2012 ★			
■	1 700	🅸	8 à 11 €

Cette exploitation familiale de 22 ha, qui propose des petit-chablis, chablis et cinq premiers crus, avait cessé de commercialiser sa production dans les années 1990. L'arrivée de Fabien Dauvissat à la tête de la propriété en 2009 remet ce domaine sur le devant de la scène chablisienne.

Un long élevage en cuve (dix-huit mois sur lies) pour ce 2012 dont le nez, un peu fumé et très minéral, respire son terroir. Ce vin est aussi charnu, ciselé et très harmonieux. La bouche ample, riche et ronde, est équilibrée par une longue finale minérale : il ne manque rien. ✗ 2015-2020 ✵ blanquette de lotte

O╼ *EARL Dom. Jean Dauvissat, 11, rue de Léchet, 89800 Milly, tél. 06 85 95 34 68, scea.jeandauvissat@orange.fr* Ⓥ 🅰 *r.-v.*

♥ JEAN-PIERRE ET ALEXANDRE ELLEVIN 2013 ★★			
■	10 000	🅸	8 à 11 €

Si la famille cultive la vigne depuis la nuit des temps, c'est Jean-Pierre Ellevin, à partir de 1975, qui a spécialisé l'exploitation en la dédiant au chardonnay. Son fils Alexandre, qui l'a rejoint en 2003, se charge des vinifications. Le domaine a son siège à Chichée, au sud-est de Chablis, et les 16 ha de vignes s'étendent sur les deux rives du Serein.

Selon Alexandre Ellevin, ses chablis trouvent calme et repos au bord du Serein, la rivière qui traverse Chablis et Chichée. Certes, le cadre est... serein. On suppose aussi que le savoir-faire du vigneron n'est pas étranger à l'harmonie de ce vin élégant et frais. Le nez est tout en fleurs blanches. La bouche, à l'unisson, ajoute la rondeur du fruit, soulignée d'un trait minéral. Le chablis à son meilleur. ✗ 2015-2019 ✵ plateau de fruits de mer

O╼ *Dom. Ellevin, 7, rue du Pont, 89800 Chichée, tél. 03 86 42 44 24, jean-pierre.ellevin@wanadoo.fr* Ⓥ 🅰 🅵 *t.l.j. 8h-12h 13h-19h*

WILLIAM FÈVRE 2013 ★			
■	n.c.	🅸	11 à 15 €

Valeur sûre du vignoble chablisien, le domaine William Fèvre, producteur et négociant, aujourd'hui propriété de la maison champenoise Henriot, détient 15 ha de grands crus. Didier Séguier, maître de chai du domaine, en élabore les vins avec le souci de la finesse et de la pureté.

La séduction commence au nez, lequel respire la fraîcheur avec ses arômes de fruits exotiques légèrement citronnés. Franche et fruitée, très agréable, l'attaque ouvre sur une bouche équilibrée, délicate et longue, servie par une belle minéralité qui lui donne du relief. Un chablis typé, au réel potentiel. ✗ 2016-2021 ✵ cassolette de langoustines

O╼ *Dom. William Fèvre, 21, av. d'Oberwesel. 89800 Chablis, tél. 03 86 98 98 98, contact@williamfevre.com* Ⓥ 🅰 🅵 *t.l.j. 9h30-12h30 13h30-18h*
O╼ Groupe familial Henriot

♥ CH. DE FLEYS L'Incontournable 2013 ★★			
■	7 000	🅸 ⓦ	8 à 11 €

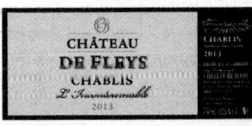

Le premier de la lignée, Julien Philippon, venu du Morvan, s'installe en 1868 comme bûcheron et constitue peu à peu le domaine familial. Son petit-fils André achète en 1988 le château de Fleys, un ancien pavillon de chasse. Une belle vitrine, qu'il a transmise à ses enfants Béatrice, Benoît et Olivier avec un vignoble de 24 ha implanté à l'est de Chablis, sur la rive droite du Serein.

Le vigneron pratique des vinifications sur mesure, en fonction du millésime et du terroir. Pour cette cuvée 2013, un élevage majoritairement en cuve, avec 30 % de fût. Le nez associe les fleurs et les fruits blancs à des touches minérales et à un léger boisé épicé. À la fois ample, nerveuse et saline, la bouche développe des notes de pêche, de noisette, sans oublier ces touches de coquille d'huître typiques du chablis. La minéralité se fond dans la rondeur, la finale est longue et fraîche : parfait et incontournable, en effet. ✗ 2015-2020 ✵ huîtres

O╼ *GAEC Dom. du Ch. de Fleys, 2, rue des Fourneaux, 89800 Fleys, tél. 03 86 42 47 70, philippon.beatrice@orange.fr* Ⓥ 🅵 *r.-v.* O╼ Philippon

DOM. FOURNILLON 2012 ★			
■	6 430	🅸	5 à 8 €

Conduit depuis 2004 par Pascal Fournillon, ce domaine familial couvre 23 ha sur les coteaux du Chablisien, d'Épineuil et de Bernouil dans le Tonnerrois. Fierté des Fournillon : une vigne préphylloxérique de chardonnay, datant de 1835, est toujours présente sur le domaine.

Un long élevage en cuve (vingt-deux mois) pour ce chablis 2012 à dominante minérale. Une minéralité qui apporte finesse et fraîcheur au nez et qui souligne bien le fruit dans une bouche complexe, vive et longue. ✗ 2016-2020 ✵ écrevisses à la nage

○─ *Dom. Fournillon, 34, Grande-Rue, 89360 Bernouil, tél. 03 86 55 50 96, gaec-fournillon-et-fils@wanadoo.fr* Ⓥ 🥂 🍴 *t.l.j. 8h-20h* 🏠 ❶

GAUTHERON 2013 ★

| | 100 000 | 🍾 | 8 à 11 € |

Vignerons de père en fils depuis 1809, les Gautheron sont établis à l'est de Chablis. Alain, installé en 1977, représente la sixième génération et Cyril, arrivé en 2001, la septième. Le père et le fils exploitent un domaine qui s'est agrandi (de 8 à 28 ha entre 1977 et aujourd'hui) et modernisé. Une belle régularité en chablis et en petit-chablis.

Quel joli nez ! Un large éventail de senteurs entre fleurs blanches et agrumes, le tout rehaussé d'épices. Des arômes que l'on retrouve dans une bouche fraîche à souhait, à la longue finale minérale et mentholée. ✗ 2015-2018 ⵂ salade de noix de Saint-Jacques

○─ *SCEV Dom. Alain et Cyril Gautheron, 18, rue des Prégirots, 89800 Fleys, tél. 03 86 42 44 34, vins@chablis-gautheron.com* Ⓥ 🥂 🍴 *t.l.j. 8h-12h 13h30-17h30; sam. dim. sur r.-v.*

DOM. DE LA GENILLOTTE 2013 ★

| | 23 000 | 🍾 ⓦ | 5 à 8 € |

Domaine créé en 1972 à Lignorelles, village situé au nord-ouest de Chablis, en direction d'Auxerre. Conduit depuis 1993 par David Depuydt, il compte aujourd'hui 16 ha, uniquement en chablis.

Un vin gourmand et puissant, bien ouvert sur les fruits mûrs, aux accents exotiques. On retrouve ce fruité dans une bouche ronde et souple, équilibrée par une finale fraîche et minérale. ✗ 2015-2018 ⵂ quenelles de brochet

○─ *SCEV Source-Depuydt, 11, rue Auxerroise, 89800 Lignorelles, tél. 03 86 47 44 44, chablis.depuydt@orange.fr* Ⓥ 🥂 🍴 *r.-v.*

Ⓑ DOM. PHILIPPE GOULLEY 2013

| | 10 000 | 🍾 | 11 à 15 € |

Domaine en bio créé en 1991 par Philippe Goulley, exploitant alors en parallèle le domaine Jean Goulley, converti au bio plus tard et transmis à sa fille Maud en 2013. Le vignoble couvre 5 ha aux environs de la Chapelle-Vaupelteigne, au nord-ouest de Chablis.

Ce vin s'ouvre sur des notes fraîches, florales et citronnées, qui évoluent à l'aération vers les fruits mûrs. Ronde, fruitée et suave à l'attaque, la bouche est soulignée en finale par un trait de fraîcheur minérale. ✗ 2015-2018 ⵂ pavé de sandre au beurre blanc

○─ *Dom. Philippe Goulley, 11 bis, vallée des Rosiers, 89800 La Chapelle-Vaupelteigne, tél. 03 86 42 40 85, info@goulley.fr* Ⓥ 🥂 🍴 *r.-v.*

Ⓑ DOM. JEAN GOULLEY ET FILS 2013 ★★

| | 30 000 | 🍾 | 11 à 15 € |

Le domaine a été créé en 1986 quand Philippe Goulley a rejoint son père Jean sur la structure familiale. Il s'est équipé d'une cuverie et s'est agrandi, passant de 8 à 18 ha aujourd'hui, entièrement conduits en bio certifié. La succession est assurée avec l'installation en 2013 de Maud, fille de Philippe Goulley.

Un chablis à la fois gourmand, puissant et doté d'un réel potentiel. Le nez aux nuances de fruits exotiques est tout en fraîcheur et en élégance. Franche à l'attaque, la bouche montre un équilibre remarquable entre un côté rond, des arômes de fruits mûrs et une tension minérale. Droit et sincère, ce 2013 offre une expression accomplie du millésime et de l'appellation. Proche du coup de cœur. ✗ 2017-2020 ⵂ filet de sole sauce citron

○─ *Dom. Jean Goulley et Fils, La-Chapelle-Vaupelteigne, 89800 Chablis, tél. 03 86 42 40 85, phil.goulley@orange.fr* Ⓥ 🥂 🍴 *r.-v.*

CORINNE ET JEAN-PIERRE GROSSOT
Cuvée La Part des anges 2013 ★★

| | 3 000 | 🍾 | 8 à 11 € |

Fondée en 1920 par les grands-parents des actuels vignerons, cette exploitation familiale est conduite depuis 1980 par Jean-Pierre et Corinne Grossot, rejoints depuis peu par leur fille Ève. Elle dispose d'une belle cave voûtée et de 18 ha de vignes en conversion bio depuis 2012, répartis dans plusieurs terroirs du Chablisien.

Un long (quinze mois) élevage en cuve a permis d'obtenir ce chablis remarquable, aux parfums intenses et frais de pamplemousse et d'aubépine, qui prennent des nuances plus mûres à l'aération. La bouche, à l'unisson, confirme l'élégance et la richesse de ce vin : de la rondeur, de la longueur et un trait de minéralité pour souligner cet ensemble très équilibré. ✗ 2015-2018 ⵂ noix de Saint-Jacques à la crème

○─ *Corinne et Jean-Pierre Grossot, 4, rte de Mont-de-Milieu, 89800 Fleys, tél. 03 86 42 44 64, info@chablis-grossot.com* Ⓥ 🍴 *r.-v.*

DOM. GUEGUEN 2013

| | 4 000 | 🍾 | 8 à 11 € |

Frédéric Gueguen et son épouse Céline, fille de Jean-Marc Brocard, ont d'abord travaillé pour le compte de ce dernier, notamment au Dom. des Chenevières, avant de décider de voler de leurs propres ailes en 2012. Ils ont pris en location 22 ha dans le Chablisien et l'Auxerrois.

Ce vin typique du terroir offre un nez de fruits frais intense et élégant, et une bouche tendue par une belle acidité qui donne de la vivacité et de l'allonge. ✗ 2015-2019 ⵂ marmite du pêcheur

○─ *Dom. Céline et Frédéric Gueguen, 31, Grande-Rue-de-Chablis, 89800 Préhy, tél. 03 86 41 45 06, contact@chablis-gueguen.fr* Ⓥ 🥂 🍴 *r.-v.* 🏠 ❹

DOM. HEIMBOURGER Cuvée Pierre 2013

| | 2 000 | ⓦ | 8 à 11 € |

Installée dans l'Yonne, la famille Heimbourger cultive la vigne depuis trois générations. Le domaine a été constitué en 1960 par Pierre Heimbourger et repris en 1994 par Olivier. Il couvre 16 ha dans les appellations bourgogne, irancy et chablis.

Le nez est frais et discret, sur les agrumes. Cette vivacité prévaut également en bouche, accompagnée d'une légère amertume. Un vin encore nerveux, à garder un peu en cave. ✗ 2016-2019 ⵂ truite grillée

○━ *Dom. Heimbourger, 5, rue de la Porte-de-Cravant, 89800 Saint-Cyr-les-Colons, tél. 03 86 41 40 88, heimbourger@wanadoo.fr* **V** **⬛** *r.-v.*

ROLAND LAVANTUREUX 2013

| | 50 000 | 🍴 ⬗ | 8 à 11 € |

Valeur sûre du Guide, cette exploitation est située à Lignorelles, aux confins nord du Chablisien. Après un stage au fameux Clos des Lambrays, Arnaud Lavantureux a rejoint son père Roland sur ce domaine de 20 ha où il assure depuis 2010 les vinifications. Son frère David gère quant à lui le développement commercial. Une structure de négoce complète la production.

Un chablis bien équilibré et typé, au nez citronné intense et tonique, auquel répond un palais élégant, à la fois vif et gras, aux arômes de fruits frais. L'élevage partiel en fût (de réemploi) n'est guère perceptible. À apprécier sur son fruit. **I** 2015-2018 **Y** tartare de poisson au citron vert

○━ *Roland Lavantureux, 4, rue Saint-Martin, 89800 Lignorelles, tél. 03 86 47 53 75, domaine.lavantureux@gmail.com* **V** **⬛** **⬛** *t.l.j. sf dim. 8h-18h*

DOM. DES MALANDES
Cuvée Tour du Roy Vieilles Vignes 2013 ★★

| | 7 000 | 🍴 ⬗ | 8 à 11 € |

Domaine créé en 1949 par André Tremblay, couvrant aujourd'hui 29 ha. Lyne Marchive, fille du fondateur, le dirige seule depuis 1972, épaulée depuis 2007 par l'œnologue Guénolé Breteaudeau. Une valeur sûre du vignoble chablisien, qui collectionne les coups de cœur du Guide.

Tour du Roy a un voisin réputé, le grand cru Vaudésir. Cette parcelle fait l'objet d'un traitement à part, vinifiée partiellement en fût. Le boisé, bien fondu, donne du caractère au vin sans nuire à sa pureté. En bouche, la minéralité apporte de la vivacité et souligne la finale, d'une rare longueur. Cette bouteille mérite d'attendre. **I** 2017-2021 **Y** ris de veau à la crème

○━ *Dom. des Malandes, 63, rue Auxerroise, 89800 Chablis, tél. 03 86 42 41 37, contact@ domainedesmalandes.com* **V** **⬛** **⬛** *r.-v.*

LA MANUFACTURE 2013

| | 75 000 | 🍴 | 11 à 15 € |

Issu d'une famille bien connue dans le Chablisien, enracinée dans la région depuis le XVIIᵉs., Benjamin Laroche, après avoir travaillé à la direction commerciale de plusieurs maisons, entre Bourgogne, Rhône et Languedoc, a créé en 2014 sa maison de négoce à Chablis.

Ce chablis offre un nez subtil et une bouche un peu courte, mais agréable, ronde, vive et fruitée. Un chablis accessible, pour aujourd'hui. **I** 2015-2017 **Y** dos de cabillaud rôti

○━ *La Manufacture, 40, rte d'Auxerre, 89800 Chablis, tél. 03 86 32 19 50, benjamin.laroche@ lamanufacture-vins.fr* **V** *r.-v.*

DOM. DES MARRONNIERS 2013

| | 100 000 | 🍴 | 8 à 11 € |

Créé en 1976 par Marie-Claude et Bernard Légland, ce domaine (21 ha) a été repris en juin 2013 par un autre couple, Marie-Noëlle et Laurent Ternynck. Ce ne sont

pas des inconnus puisqu'ils sont déjà à la tête du domaine de Mauperthuis à Massangis avec lequel ils collectionnent les étoiles du Guide.

Laurent Ternynck signe ici son premier millésime aux Marronniers et c'est une belle réussite : le nez évoque les agrumes, nuancés de fleurs et de fruits blancs, et d'une touche crayeuse ; la bouche, dans le même registre, associe des impressions de rondeur et une fraîcheur minérale. **I** 2015-2018 **Y** escargots de Bourgogne

○━ *Dom. des Marronniers, 3, Grande-Rue-de-Chablis, 89800 Préhy, tél. 03 86 41 42 70, contact@ chablismarronniers.com* **V** **⬛** **⬛** *t.l.j. 8h-12h 13h30-17h30*
○━ Ternynck

DOM. MAUPA 2013 ★

| | 3 000 | 🍴 | 5 à 8 € |

Consacré essentiellement à l'appellation chablis, ce domaine, repris de père en fils depuis la nuit des temps, est situé sur le joli village de Chichée, au sud-est de Chablis.

Une faible quantité mais une belle qualité pour ce chablis au nez de pêche légèrement épicé et au palais gras et gourmand, tonifié par une finale fraîche. **I** 2015-2018 **Y** matelote de roussette

○━ *EARL du Maupa, 6, rte de Chablis, 89800 Chichée, tél. 03 86 42 15 75, maupa.maurice@sfr.fr* **V** **⬛** *r.-v.*
○━ Maurice

DOM. DE LA MEULIÈRE 2013 ★

| | 74 500 | ⬛ | 8 à 11 € |

Huit générations de vignerons se sont succédé sur ce domaine dont l'origine remonte à 1777. Après Henri, Ulysse, Roger, Claude, se sont aujourd'hui les frères Laroche, Nicolas et Vincent, qui gèrent cette exploitation de 24 ha située à Fleys, au sud-est de Chablis.

Les Laroche pratiquent des élevages longs en cuve et des vinifications simples pour laisser le terroir s'exprimer. Il en résulte ici une cuvée tout en fraîcheur. Le nez franc évoque les agrumes, qui se mêlent aux fleurs blanches et à un aiguillon minéral dans une bouche vineuse et ronde, puissante et persistante. **I** 2016-2019 **Y** blanquette de poisson

○━ *Dom. de la Meulière, 18, rte de Mont-de-Milieu, BP 25, 89800 Fleys, tél. 03 86 42 13 56, contact@ chablis-meuliere.com* **V** **⬛** *t.l.j. sf dim. 9h-12h 13h30-17h*
○━ Laroche Frères

STÉPHANIE ET VINCENT MICHELET 2013

| | 4 000 | ⬛ | 8 à 11 € |

Vincent Michelet n'est pas né au pied d'un tonneau : il a travaillé dans d'autres vignobles puis épousé Stéphanie, fille du Chablisien Jean-Claude Courtault. Tout en aidant au domaine familial, le jeune couple a créé en 2008 sa propre exploitation : 7 ha essentiellement en petit-chablis.

S'il apparaît réservé au nez, discrètement floral (acacia), ce vin n'en est pas moins prometteur par sa bouche ronde et gourmande aux arômes de fruits jaunes, tonifiée par une vivacité minérale. **I** 2016-2020 **Y** carpaccio de saint-jacques

○━ *Stéphanie et Vincent Michelet, 1, rte de Montfort, 89800 Lignorelles, tél. 03 86 47 50 59, contact@ chablis-courtault-michelet.com* **V** **⬛** **⬛** *t.l.j. 9h30-12h 14h-18h; sam. dim. sur r.-v.*

SYLVAIN MOSNIER 2013

	7 522		î		8 à 11 €

D'abord professeur de mécanique, Sylvain Mosnier, petit-fils de vignerons, a repris en 1978 les vignes de son grand-père et agrandi son domaine autour de Beine. Sa fille Stéphanie a quitté son métier d'ingénieur pour revenir en 2005 sur l'exploitation, qui compte aujourd'hui 18,5 ha. Elle vinifie depuis 2007.

Un nez de fleurs blanches d'une belle finesse. La bouche est dominée par des impressions d'ampleur et de rondeur, équilibrée par une finale acidulée. ✗ 2016-2020 ❦ terrine de poisson

☛ EARL Sylvain Mosnier, 36, rte Nationale, 89800 Beine, tél. 03 86 42 43 96, sylvain.mosnier@libertysurf.fr Ⓥ Ⓚ ⬛ r.-v.

DOM. DE LA MOTTE 2013 ★★

	20 000		î		8 à 11 €

Domaine incontournable de l'appellation chablis, cette propriété familiale est conduite depuis 1990 par les trois frères Michaut et Claude Robin, anciens coopérateurs de La Chablisienne. Ils volent désormais de leurs propres ailes, vinifiant et commercialisant le fruit de 28 ha de vignes. Deux étiquettes : Dom. de la Motte et Dom. Michaut.

Ce vin admirable est taillé dans la roche ; précis, parfaitement ciselé, il montre une grande harmonie entre le nez et la bouche. Le premier séduit par sa fraîcheur minérale, la seconde par sa nervosité agréable, sa subtilité et sa persistance. ✗ 2016-2020 ❦ huîtres ■ Dom. de la Motte Cuvée Vieilles Vignes 2013 ★★ (11 à 15 € ; 20 000 b.) : un vin salué pour sa précision, sa droiture et son élégance. Un nez aérien entre acacia et fruits exotiques, une bouche intense et longue alliant fruits mûrs et vivacité minérale. ✗ 2017-2021

☛ Dom. de la Motte, 41, rue du Ruisseau, 89800 Beine, tél. 03 86 42 49 61, domainemotte@chablis-michaut.fr Ⓥ Ⓚ ⬛ t.l.j. 10h30-18h30 ; mer. dim. sur r.-v.

☛ Michaut

CHARLY NICOLLE Ancestrum 2013 ★

	35 000		î ⬤		8 à 11 €

Les arrière-grands-parents de Charly Nicolle cultivaient déjà la vigne. À la suite des générations précédentes, le jeune vigneron s'est lancé dans l'aventure. Installé à Fleys, à l'est de Chablis, il a quitté le domaine familial de La Mandelière et vole de ses propres ailes depuis 2001, choyant ses 9 ha de chardonnay.

Un élevage long en cuve et un passage en fût pour ce chablis frais et fruité, qui n'est guère marqué par le bois. Le nez intense associe les fleurs blanches, le citron et les fruits bien mûrs. Le fruité prend des tons nettement acidulés dans une bouche d'une belle vivacité. ✗ 2016-2020 ❦ saumon à l'oseille

☛ Dom. Charly Nicolle, 17, rue des Prés-Girots, 89800 Fleys, tél. 03 86 42 80 08, charly.nicolle@gmail.com Ⓥ ⬛ r.-v.

DOM. DE PERDRYCOURT
Cuvée Élégance Vieilles Vignes 2014 ★

	3 500		î		11 à 15 €

Domaine créé en 1986 dans l'Auxerrois par Arlette et Roger Courty. À l'origine, un demi-hectare, aujourd'hui

13 ha essentiellement autour de Beine, près de Chablis. Depuis 2007, c'est Rémi Courty, le fils de la maison, qui vinifie tous les vins du domaine.

L'élégance est bien dans la bouteille de ce jeune chablis à peine sorti de cuve à l'heure de la dégustation. Le nez intense penche vers les fruits exotiques. La bouche, de belle longueur, allie rondeur et fraîcheur, la minéralité restant encore en retrait. Un vin très équilibré. ✗ 2017-2021 ❦ tartare de saint-jacques

☛ Dom. de Perdrycourt, 9, voie Romaine, 89230 Montigny-la-Resle, tél. 03 86 41 82 07, domainecourty@orange.fr Ⓥ Ⓚ ⬛ t.l.j. 9h-19h ; dim. 9h-12h 🏠 Ⓖ ☛ Courty

DOM. DE PISSE-LOUP Cuvée Antoine 2013 ★★

	7 000		î		8 à 11 €

La lignée vigneronne remonte à la Révolution, mais le grand-père de Romuald Hugot avait arraché l'intégralité de ses vignes. En 1985, le jeune vigneron et son père ont replanté le vignoble, qui compte aujourd'hui 14 ha aux environs de Chablis. « Pisse-Loup » est un lieu-dit proche de Beine, leur village.

Le petit Antoine se souviendra de cette cuvée 2013 que lui a dédiée son père. Parce qu'elle est excellente et qu'elle est appelée à bien vieillir. Un nez minéral et citronné d'une grande finesse, une bouche légèrement acidulée à l'attaque, vive et d'une grande persistance : le profil d'un vin droit et pur. On peut le servir dès maintenant, sur des fruits de mer de préférence, ou l'attendre. ✗ 2015-2022 ❦ huîtres

☛ EARL Romuald Hugot, 30, rte Nationale, 89800 Beine, tél. 03 86 42 85 11, domaine.pisseloup@free.fr Ⓥ Ⓚ ⬛ r.-v.

RÉGNARD Saint-Pierre 2012 ★

	180 000		î		15 à 20 €

La maison Régnard a pignon sur rue à Chablis depuis 1860. Elle a été rachetée en 1984 par Patrick de Ladoucette, bien connu dans le Centre Loire et également présent dans d'autres vignobles bourguignons.

Saint-Pierre, en hommage à la plus vieille église de Chablis. Le vin, au nez d'aubépine et aux arômes d'agrumes, est ciselé par une belle minéralité qui lui apporte de la vivacité. ✗ 2016-2019 ❦ filet de saint-pierre

☛ Régnard, 28, bd Tacussel, 89800 Chablis, tél. 03 86 42 10 45, regnard.chablis@wanadoo.fr Ⓥ Ⓚ ⬛ t.l.j. 10h-12h 14h-18h ☛ de Ladoucette

DOM. ROY 2013

	10 000		î		5 à 8 €

Héritier d'une lignée de vignerons remontant à l'Empire, Fernand Roy crée ce domaine en 1920, sur la rive droite du Serein, au nord de Chablis. Aujourd'hui, l'exploitation compte 18 ha ; elle est conduite par les troisième et quatrième générations : Claude Roy, épaulé par David et Karine.

Un an de cuve pour ce chablis bien typé mais encore nerveux. Le fruit frais est très présent, tant au nez (avec des touches végétales) qu'en bouche, animée par une grande vivacité. ✗ 2017-2020 ❦ rillettes de saumon

☛ SCEA Dom. Roy, 71, Grand-Rue, 89800 Fontenay-près-Chablis, tél. 03 86 42 10 36, domaine.roy@orange.fr Ⓥ Ⓚ ⬛ r.-v.

SÉGUINOT 2013 ★		
31 500	🍷	8 à 11 €

Établi à Maligny, Daniel Séguinot s'est installé en 1971. Aujourd'hui, ses filles, Émilie, depuis 2003, et Laurence, depuis 2008, assurent la continuité du vignoble qui compte une vingtaine d'hectares.

Le nez, élégant, affiche une complexité naissante qui invite à la dégustation. Ample à l'attaque, le palais est tendu par une belle arête acide qui lui confère beaucoup de fraîcheur. ✗ 2016-2020 ♈ sole grillée ■ Deux Moizelles 2013 (11 à 15 € ; 4 130 b.) : vin cité. ✗ 2016-2019

○━ Dom. Daniel Séguinot et Filles, rte de Tonnerre, 89800 Maligny, tél. 03 86 47 51 40, domaine.danielseguinot@wanadoo.fr 🆅 🎿 🔼 r.-v.

DOM. SÉGUINOT-BORDET Vieilles Vignes 2013		
6 000	🍷	11 à 15 €

Une des plus anciennes familles du Chablisien, établie à Maligny sur la rive droite du Serein. Jean-François Bordet a repris en 1998 l'exploitation de son grand-père Roger Séguinot. Le domaine couvre aujourd'hui 16 ha, complété par une activité de négoce.

Un vin discret, qui doit être aéré pour livrer ses délicats parfums de fleurs blanches. Quant à la bouche, vive et tonique, elle offre une jolie finale saline. ✗ 2015-2018 ♈ plateau de fruits de mer

○━ Dom. Séguinot-Bordet, 8, chem. des Hâtes, 89000 Maligny, tél. 03 86 47 44 42, contact@seguinot-bordet.fr 🆅 🎿 🔼 r.-v. ○━ Bordet

SIMONNET-FEBVRE 2013		
180 000	🍷	8 à 11 €

Reprise en 2003 par Louis Latour, cette maison de négoce-éleveur fondée en 1840 est une référence en Chablisien, dirigée aujourd'hui par Jean-Philippe Archambaud. Une solide renommée qui dépasse largement les frontières de la France, 85 % de la production partant à l'export.

Il y a plus d'élégance que de puissance dans ce chablis discrètement minéral au nez. La bouche, plus expressive, conjugue rondeur et tension. Un vin encore strict, qui ne demande qu'à évoluer. ✗ 2017-2020 ♈ tourteau mayonnaise

○━ Simonnet-Febvre, 30, rte de Saint-Bris, 89530 Chitry-le-Fort, tél. 03 86 98 99 01, contact@simonnet-febvre.com 🆅 🔼 r.-v.

MAISON OLIVIER TRICON 2013 ★		
n.c.	🍷	11 à 15 €

Un négociant chablisien renommé, en France et à l'étranger. Après avoir travaillé dans différents vignobles français et comme maître de chai sur le domaine familial, il a créé son affaire et racheté à sa famille l'important domaine de Vauroux. 80 % de ses vins sont exportés.

Un grand classique de l'appellation, frais et persistant. Le fruit est présent à tous les stades de la dégustation ; il prend des accents d'agrumes dans une bouche à la fois ronde et tonique. Une belle harmonie. ✗ 2015-2019 ♈ terrine de lapereau en gelée

○━ Maison Olivier Tricon, rte d'Avallon, 89800 Chablis, tél. 03 86 42 10 37, maison.tricon@gmail.com 🆅 🔼 r.-v.

PHILIPPE TUPINIER 2013		
5 700	🍷	8 à 11 €

Philippe Tupinier, de formation horticole, a travaillé pendant une décennie dans un domaine du Chablisien avant de s'installer en 2007 comme jeune agriculteur. Il exploite 6 ha et propose aussi des vins de négoce.

Un « vin artisanal », comme le définit Philippe Tupinier. Floral et minéral au nez, ce 2013 dévoile une bouche ronde aux arômes de pêche bien mûre, équilibrée par une finale saline. ✗ 2015-2019 ♈ saumon sauce hollandaise

○━ SARL Philippe Tupinier, 7, Petite-Rue, 89230 Bleigny-le-Carreau, tél. 03 86 41 85 23, domainetupinier@orange.fr 🆅 🎿 🔼 t.l.j. 9h-12h 13h30-19h

DOM. DE VAUROUX 2013 ★		
15 000	🍷	11 à 15 €

Ce domaine a été créé en 1960 par la famille Tricon, encore aux commandes aujourd'hui : c'est Olivier Tricon, par ailleurs négociant, qui le dirige. Le vignoble couvre 46 ha exposés au sud et compte des parcelles dans des 1ers crus réputés et en grand cru.

Si le nez frais semble hésiter entre la fleur et le fruit, la bouche prend le parti des fruits jaunes, arômes en harmonie avec une texture souple et riche. La fraîcheur du chablis est bien là, qui confère à cette bouteille élégance et longueur. Un chablis plutôt pour maintenant. ✗ 2015-2018 ♈ huîtres gratinées

○━ Dom. de Vauroux, rte d'Avallon, 89800 Chablis, tél. 03 86 42 10 37, maison.tricon@gmail.com 🆅 🔼 r.-v.

DOM. LE VERGER 2013		
60 000	🍷	11 à 15 €

Perpétuant une tradition viticole remontant à 1850, Alain Geoffroy, figure du vignoble chablisien, conduit un important domaine de 50 ha dont le siège est à Beine, village de la rive gauche du Serein à l'ouest de Chablis. Pour la vinification, il privilégie l'élevage en cuve qui préserve, selon lui, la fraîcheur des chablis.

Les deux millésimes précédents avaient décroché un coup de cœur. Leur successeur, né dans une année délicate, a moins d'envergure et de longueur, mais on y retrouve des qualités de ses aînés : un nez séduisant, bien ouvert, floral et fruité, et un palais gourmand et gras, tonifié par une finale minérale et acidulée. ✗ 2015-2018 ♈ risotto de saumon

○━ Dom. Alain Geoffroy, 4, rue de l'Équerre, 89800 Beine, tél. 03 86 42 43 76, info@chablis-geoffroy.com 🆅 🔼 t.l.j. sf sam. dim. 8h-12h 13h30-17h

DOM. YVON ET LAURENT VOCORET 2013 ★		
13 100	🍷	8 à 11 €

Héritier d'une lignée remontant à 1713, conteur patoisant, bon vivant et pilier chablisien, Yvon Vocoret est une figure du vignoble. Il conduit le domaine familial (25 ha) situé à Maligny, rejoint par son fils Laurent.

De cette cuvée on retiendra surtout la tension et la droiture, sans oublier la finesse du nez, partagé entre les fleurs du verger et les fruits blancs. Dans le même registre, la bouche est vive, servie par une intense minéralité qui lui confère une belle allonge. ✗ 2015-2019 ❢ lieu jaune au beurre de ciboulette

⚭ *Dom. Yvon et Laurent Vocoret, 9, chem. de Beaune, 89800 Maligny, tél. 03 86 47 51 60, domaine.yvon.vocoret@wanadoo.fr* 🅥 🅚 🅛 *t.l.j. 9h-18h; dim. matin sur r.-v.*

CHABLIS PREMIER CRU

Superficie : 770 ha / Production : 43 900 hl

Le chablis 1er cru provient d'une trentaine de lieux-dits sélectionnés pour leur situation et la qualité de leurs produits. Il diffère du précédent moins par une maturité supérieure du raisin que par un bouquet plus complexe et plus persistant, où se mêlent des arômes de miel d'acacia, un soupçon d'iode et des nuances végétales. Le rendement est limité à 50 hl à l'hectare. Tous les vignerons s'accordent à situer l'apogée du chablis 1er cru vers la cinquième année, lorsqu'il « noisette ». Les *climats* les plus complets sont Montée de Tonnerre, Fourchaume, Mont de Milieu, Forêt ou Butteaux, et Côte de Léchet.

DOM. ALEXANDRE Fourchaume 2013

◾	11 200	🍾	11 à 15 €

Une exploitation familiale qui se transmet depuis trois générations, dirigée aujourd'hui par Guy Alexandre et son fils Olivier à la tête d'un vignoble de 13 ha réparti sur quatre communes.

C'est le deuxième millésime d'Olivier Alexandre, qui a rejoint son père en 2012. Un vin déjà agréable que l'on boira dans sa jeunesse. Les fruits mûrs, agrumes et pêche, dominent, tant au nez qu'en bouche, en harmonie avec un équilibre plutôt rond. ✗ 2015-2019 ❢ poulet à la crème

⚭ *Dom. Alexandre, 36, rue du Serein, 89800 La Chapelle-Vaupelteigne, tél. 03 86 42 44 57, info@chablis-alexandre.com* 🅥 🅛 *r.-v.*

DOM. D'ANTHONY Les Montmains 2013 ★

◾	4 500	🍾	8 à 11 €

Un vignoble créé de toutes pièces par Christian Grossot à partir de 1981, par achat de terres et plantations : aujourd'hui, 15 ha. Le chai a été acquis en 2007 : un bel outil de travail pour le fils, qui vient de s'installer.

Beaucoup d'élégance et de fraîcheur dans ce vin droit, tendu par une fine minéralité. Le nez est délicat, entre poire et agrumes, nuancé d'une petite touche grillée. En bouche, la minéralité s'harmonise avec la rondeur du fruité. La finale est longue et chaleureuse. ✗ 2016-2020 ❢ filet de julienne à l'aneth

⚭ *Dom. d'Anthony, 2, rue de la Conciergerie, 89800 Courgis, tél. 03 86 41 43 28, domainedanthony@orange.fr* 🅥 *r.-v.* ⚭ *Grossot*

BESSON Mont de Milieu 2013 ★

◾	3 190	🍾🍷	11 à 15 €

Petit-fils de tonnelier, fils de vigneron, Alain Besson a pris en main en 1981 le domaine familial constitué par les deux générations précédentes. Il dispose de 21 ha

avec ses enfants Camille et Adrien. La première, œnologue, élabore les vins, et le second se charge des vignes.

Treize mois d'élevage, avec un court séjour en fût, pour cette jolie cuvée qui restitue pleinement son terroir. Le nez intense associe un boisé vanillé très fin, les fleurs du verger et les fruits blancs et jaunes. En bouche, le fruit est bien là, dominé par la minéralité. Un vin tendu, délicat et long. ✗ 2016-2021 ❢ saint-jacques poêlées ◾ Vaillons 2013 ★ (11 à 15 € ; 3 400 b.) : dix-huit mois d'élevage, en cuve exclusivement. Il en résulte un nez sur le tilleul, l'acacia et les fruits mûrs, une bouche longue et précise, à la fois vive et gourmande. ✗ 2016-2020

⚭ *Dom. Besson, 8, chem. de Valvan, BP 48, 89800 Chablis, tél. 03 86 42 40 88, domaine-besson@wanadoo.fr* 🅥 🅛 *r.-v.*

SAMUEL BILLAUD Montée de Tonnerre 2013 ★★

◾	n.c.	🍾🍷	15 à 20 €

Après vingt années passées sur la propriété familiale (le réputé domaine Billaud-Simon, vendu à Faiveley en 2014), Samuel Billaud a créé sa propre maison de négociant-vinificateur qui propose un éventail de cuvées à partir de sélections parcellaires.

Samuel Billaud sait travailler le bois. Il le montre encore avec ce 1er cru vinifié en cuves de petits volumes et en fûts de 400 à 600 litres. Un vin précis et d'une grande élégance. Le nez est intense, floral et minéral. Le prélude à une bouche ample, puissante et gourmande, aux arômes de fruits exotiques soulignés d'un boisé bien fondu, et à la minéralité bien typée. ✗ 2018-2025 ❢ navarin de homard aux légumes ◾ Les Fourneaux 2013 ★ (15 à 20 € ; 7 100 b.) : discret au nez, ce 1er cru intéresse par sa richesse et sa fine minéralité en bouche. ✗ 2019-2025 ◾ Les Vaillons 2013 (15 à 20 € ; 3 100 b.) : vin cité. ✗ 2016-2020

⚭ *Samuel Billaud, 23, rue du Serein, 89800 La Chapelle-Vaupelteigne, tél. 03 86 51 00 07, samuel.billaud@orange.fr* 🅥 🅚 🅛 *r.-v.*

DOM. PASCAL BOUCHARD
Montmains Les Vieilles Vignes 2013 ★★

◾	3 479	🍷	15 à 20 €

Joëlle (née Tremblay, l'une des plus anciennes lignées du Chablisien) et son mari Pascal Bouchard sont à la tête d'une exploitation de 33 ha fondée en 1979. Rejoints par leurs deux fils, Romain en 2000 et Damien en 2010, ils sont à la fois vignerons et négociants-éleveurs.

Quelle richesse, quelle élégance ! Rien ne manque à ce vin né de vieilles vignes, à la fois vif et rond, parfaitement équilibré. Le nez passe des fleurs blanches aux agrumes, sur fond vanillé. Le palais ample et gras est soutenu par un boisé bien maîtrisé et par ce trait de minéralité qui ajoute tension et vivacité. C'est un vin qui nous parle. Proche du coup de cœur. ✗ 2018-2023 ❢ foie gras poêlé aux agrumes ◾ Fourchaume Les Vieilles Vignes 2013 ★★ (20 à 30 € ; 5 161 b.) : au nez, de la pêche, des fruits confits, des fleurs blanches, avec un côté beurré ; en bouche, une attaque ronde, équilibrée par une belle acidité qui donne relief et allonge à la finale. ✗ 2017-2021 ◾ Mont de Milieu 2013 (15 à 20 € ; 2 176 b.) : vin cité. ✗ 2017-2020

⚭ *Pascal Bouchard, 5 bis, rue Porte-Noël, 89800 Chablis, tél. 03 86 42 18 64, info@pascalbouchard.com* 🅥 🅛 *t.l.j. 10h-12h30 14h-18h30*

JEAN-MARC BROCARD Vaulorent 2013 ★

n.c.	⦿	20 à 30 €

Valeur sûre du vignoble chablisien, ce domaine a été créé par Jean-Marc Brocard en 1974 à partir de 1 ha de vignes. Aujourd'hui, ce sont 200 ha qui sont exploités par sa famille. À l'arrivée de Julien, la propriété a engagé sa conversion progressive vers la biodynamie.

La discrétion du nez est de courte durée, l'aération apportant des notes minérales (silex et fumé) du terroir et des nuances de fruits mûrs. Puissante et longue, la bouche dévoile une acidité iodée en ligne droite. Une rondeur gourmande et confite équilibre ce côté tendu. Un vin très plaisant, qui pourra être apprécié prochainement. ✗ 2015-2020 ✠ aspic de lotte au citron

⦿ Jean-Marc Brocard, 3, rte de Chablis, 89800 Préhy, tél. 03 86 41 49 00, info@brocard.fr Ⓥ Ⓚ Ⓛ r.-v. Ⓗ Ⓒ

♥ LA CHABLISIENNE
Côte de Léchet 2012 ★★★

92 499	î ⦿	15 à 20 €

Cave coopérative regroupant près de 300 vignerons et représentant un quart du vignoble de Chablis, la Chablisienne a fêté ses quatre-vingt-dix ans en 2013. Une structure moderne et performante qui contribue largement à la notoriété de l'appellation. Le grand cru Grenouilles est une de ses têtes d'affiche.

Elle a décroché l'un des coups de cœur de la première édition du Guide, et de nombreux autres ont suivi : la cave coopérative a toujours su concilier la qualité avec la quantité, et ce 1ᵉʳ cru en apporte une nouvelle fois la preuve. De la dentelle ! Minéralité et fraîcheur se révèlent déjà dans un nez aérien. En bouche, elles soutiennent les fruits à chair blanche dans un équilibre parfait. Le boisé est à peine perceptible dans ce vin droit, précis et long. Parfait avec les fruits de mer dans sa jeunesse, et avec des viandes blanches dans quelques années. ✗ 2017-2025 ✠ huîtres ■ Mont de Milieu 2012 (20 à 30 € ; 23 030 b.) : vin cité. ✗ 2017-2021

⦿ La Chablisienne, 8, bd Pasteur, 89800 Chablis, tél. 03 86 42 89 89, chab@chablisienne.fr Ⓥ Ⓛ t.l.j. 9h-12h 14h-18h

MAISON CHANDESAIS Vaucoupins 2013 ★

7 360	î	11 à 15 €

Un négoce familial fondé en 1933 par Émile Chandesais, sur la commune de Fontaine, au cœur de la Côte chalonnaise. Il prospère au fil des ans en assurant la vinification, l'élevage et la commercialisation de ses vins de Bourgogne. En 1993, Émile Chandesais cède sa société à la Compagnie Vinicole de Bourgogne, filiale du groupe Picard Vins et Spiritueux.

Un 1ᵉʳ cru au nez de fleurs, d'agrumes et de fruits exotiques bien mûrs. On retrouve cette palette fruitée dans une bouche gourmande, tonifiée par une finale fraîche. Un 1ᵉʳ cru facile d'accès. ✗ 2016-2020 ✠ huîtres chaudes au beurre d'herbes

⦿ Compagnie Vinicole de Bourgogne, rte, de Saint-Loup-de-la-Salle, 71150 Chagny, tél. 03 85 87 51 04, david.fernez@m-p.fr
⦿ Picard Vins et Spiritueux

DOM. DE CHANTEMERLE Fourchaume 2013 ★

32 000	î	8 à 11 €

La Chapelle-Vaupelteigne s'étire dans la vallée du Serein, en aval de Chablis. Adhémar Boudin y a créé son domaine au début des années 1960. Son fils Francis a pris la suite et s'attache à faire des vins qui parlent de leur terroir dans un vignoble de 17 ha.

C'est du solide ! Un 1ᵉʳ cru puissant à tous les stades de la dégustation. Le nez de fruits blancs et jaunes, légèrement miellé, est particulièrement expressif. La minéralité apporte de la vivacité à une bouche à la fois très ronde, riche et acidulée. ✗ 2015-2020 ✠ escalope de veau à la crème ■ L'Homme Mort 2013 (11 à 15 € ; 1 600 b.) : vin cité. ✗ 2016-2020

⦿ Dom. Chantemerle, 3, pl. des Côtats, 89800 La Chapelle-Vaupelteigne, tél. 03 86 42 18 95, dom.chantemerle@orange.fr Ⓥ Ⓚ Ⓛ r.-v.
⦿ Francis Boudin

DOM. DU CHARDONNAY Vaillons 2013

11 000	î	15 à 20 €

Installés sur 37 ha, Étienne Boileau, William Nahan et Christian Simon conjuguent leurs efforts depuis 1987 pour faire de ce domaine une des valeurs sûres du vignoble chablisien. Le premier d'entre eux est chargé des vinifications.

Étienne Boileau aime retrouver son terroir dans la bouteille et élève en cuve la majorité de ses vins. Ce Vaillons en donne un plaisant reflet avec son nez subtilement citronné et sa bouche droite et franche, montrant un juste équilibre entre le fruit mûr et la minéralité. ✗ 2016-2020 ✠ filet de sandre au beurre blanc ■ Vosgros 2013 (15 à 20 € ; 9 000 b.) : vin cité. ✗ 2016-2020 ■ Montmains 2013 (15 à 20 € ; 18 000 b.) : vin cité. ✗ 2018-2020

⦿ Dom. du Chardonnay, moulin du Pâtis, 89800 Chablis, tél. 03 86 42 48 03, info@domaine-du-chardonnay.fr Ⓥ Ⓛ t.l.j. sf sam. dim. 8h-12h 13h30-17h ; f. août ⦿ Boileau Nahan Simon

DOM. CHEVALLIER Montmains 2013 ★★

1 900	⦿	11 à 15 €

Héritiers d'une lignée de vignerons installés à Montallery depuis 1788, Claude et Jean-Louis Chevallier exploitent environ 16 ha au sud d'Auxerre, en appellations petit-chablis, chablis et chablis 1ᵉʳ cru.

Vinifié et élevé onze mois en fût de chêne, ce 1ᵉʳ cru a frôlé le coup de cœur grâce à son remarquable équilibre. Le nez élégant mêle les fleurs blanches, les agrumes et la pêche bien mûrs à des notes miellées et boisées. Dans le même registre aromatique, le palais riche et gras séduit par son boisé bien fondu et par sa finale minérale qui lui donne un surcroît de fraîcheur. La puissance alliée à la finesse. ✗ 2018-2025 ✠ ris de veau aux girolles

⦿ Dom. Chevallier, 6, rue de l'École, Montallery, 89290 Venoy, tél. 03 86 40 27 04, domaine.chevallier.chablis@wanadoo.fr Ⓥ Ⓚ Ⓛ r.-v.

CHRISTOPHE ET FILS Mont de Milieu 2013 ★		
3 000	🍖 🍷	11 à 15 €

Les grands-parents de Sébastien Christophe exploitaient en polyculure-élevage leur ferme proche de Chablis. Ce dernier s'est établi en 1999 et a créé une cuverie en 2003. Il cultive 20 ha et vend en bouteilles la plus grande partie de sa production. Un domaine très régulier en qualité.

Élevage mixte pour ce vin classique de l'appellation. Le nez est fermé, discrètement citronné ; la bouche se montre ronde et fruitée à l'attaque, nerveuse et minérale en finale. Le fût est imperceptible. Un vin tout en finesse, que l'on pourra déboucher prochainement. ✗ 2016-2020 ❦ escargots de Bourgogne

☞ *Dom. Christophe et Fils, ferme des Carrières, 89800 Chablis, tél. 03 86 55 23 10, domaine.christophe@ wanadoo.fr* Ⓥ 🏃 🍷 *r.-v.*

DOM. MICHEL COLBOIS Côte de Jouan 2013		
7 000	🍖	11 à 15 €

Rejoint en 2009 par son fils Benjamin, Michel Colbois est établi depuis 1970 à Chitry-le-Fort. Ses blancs sont souvent en bonne place dans le Guide, qu'ils proviennent du chardonnay ou de l'aligoté. Son vignoble couvre 20 ha.

Ce n'est pas le plus connu des 1ers crus. Son vin n'en est pas moins agréable et représentatif de son terroir. Si le nez apparaît discret, la bouche est tout en fraîcheur, minérale et vive. ✗ 2017-2020 ❦ tourteau mayonnaise

☞ *EARL Dom. Colbois, 69, Grande-Rue, 89530 Chitry, tél. 03 86 41 43 48, contact@colbois-chitry.com* Ⓥ 🏃 🍷 *t.l.j. sf dim. 8h30-12h 13h30-18h*

DOM. DU COLOMBIER Vaucoupin 2013		
6 500	🍖	11 à 15 €

Cette exploitation familiale de 50 ha, qui se transmet de père en fils depuis 1887, est dirigée par trois frères, Jean-Louis, Thierry et Vincent Mothe. Le domaine fait partie des incontournables du vignoble de Chablis, quelle que soit l'appellation.

Un nez élégant de fleurs blanches ; une bouche gourmande où les fruits occupent toute la place – la poire, le melon blanc... –, une belle vivacité née de la minéralité, et l'on obtient ce vin friand, plaisant, très représentatif de son terroir. ✗ 2017-2021 ❦ ravioles de langoustines

☞ *Dom. du Colombier, 42, Grand-Rue, 89800 Fontenay-près-Chablis, tél. 03 86 42 15 04, domaine@chabliscolombier.com* Ⓥ 🏃 🍷 *r.-v.*

☞ *Mothe*

DOM. DE LA CORNASSE Beauroy 2013 ★		
10 000	🍖	15 à 20 €

Nathalie, fille aînée d'Alain Geoffroy, producteur bien connu de Beine, a créé son propre vignoble en 2000. Aujourd'hui, elle est aidée de ses deux sœurs, Sylvie et Aurélie, qui l'ont rejointe sur ce domaine de 6 ha.

Beine et son 1er cru Beauroy sont indissociables dans la famille Geoffroy. Le nez ne sait pas choisir entre les fleurs blanches et la pierre à fusil. Ce qui ne l'empêche pas d'être élégant et frais, un rien mentholé. Tout aussi élégante, la bouche est ronde et fruitée, équilibrée par une finale minérale et saline. ✗ 2016-2020 ❦ fricassée de poulet au chablis

☞ *Dom. de la Cornasse, SARL A. Geoffroy, 4, rue de l'Équerre, 89800 Beine, tél. 03 86 42 43 76, info@chablis-geoffroy.com* Ⓥ 🍷 *t.l.j. sf sam. dim. 8h-12h 13h30-17h*

DOM. VINCENT DAMPT Vaillons 2013		
2 800	🍖	11 à 15 €

Fils de Daniel Dampt, Vincent Dampt s'est installé en 2004 à Milly, près de Chablis, sur une superficie de 3,5 ha. Des droits de plantation de vignes lui ont permis de porter son domaine à 7 ha.

Né sur l'un des plus vastes 1ers crus, sur la rive gauche du Serein, un classique de l'appellation avec son nez fin, discrètement fruité, et sa bouche fraîche et minérale. Pas trop de puissance, mais de la franchise et de la droiture. ✗ 2017-2020 ❦ saint-jacques poêlées

☞ *Dom. Vincent Dampt, 19, rue de Champlain, Milly, 89800 Chablis, tél. 03 86 42 47 23, vincent.dampt@sfr.fr* Ⓥ 🏃 🍷 *r.-v.*

DOM. DANIEL DAMPT ET FILS Fourchaume 2013 ★		
7 000	🍖	15 à 20 €

Issue d'une lignée enracinée dans l'Yonne depuis un siècle et demi, Daniel Dampt a créé son domaine en 1986, conjointement avec Jean Defaix, son beau-père. Il l'a repris à son compte en 1992 avant de bénéficier du renfort de ses deux fils, Vincent en 2002 et Sébastien en 2005. Le vignoble couvre 35 ha.

Le Fourchaume s'étire au nord des grands crus, sur la rive droite. Il a donné ici un vin au nez charmeur, sur les fruits mûrs et le beurre frais, et au palais intense, à la fois gras et tonique. ✗ 2017-2021 ❦ pavé de sandre au beurre blanc
■ Beauroy 2013 ★ (11 à 15 € ; 3 000 b.) : un nez floral tout en finesse et une bouche fraîche à l'attaque, puissante et minérale. ✗ 2018-2022

☞ *Dom. Daniel Dampt et Fils, 1, chem. des Violettes, 89800 Milly-Chablis, tél. 03 86 42 47 23, domaine.dampt.defaix@wanadoo.fr* Ⓥ 🏃 🍷 *r.-v.*

AGNÈS ET DIDIER DAUVISSAT Beauroy 2013 ★		
4 000	🍖	11 à 15 €

Installés à Beine, Agnès et Didier Dauvissat, qui ont créé leur domaine en 1987, ont compris que l'amélioration de la qualité passait aussi par le travail dans les vignes. C'est ainsi qu'ils sont revenus au labour de leurs 10 ha pour préserver le terroir.

Un vin déjà harmonieux, au bon potentiel de garde. Le nez élégant associe les fruits exotiques et les fruits secs. Bien construite, précise, la bouche offre une attaque ample et une longue finale minérale. ✗ 2016-2025 ❦ saint-jacques à la crème

☞ *Agnès et Didier Dauvissat, chem. de Beauroy, Voie-du-Gain, 89800 Beine, tél. 03 86 42 46 40, agnes-didier.dauvissat@wanadoo.fr* Ⓥ 🍷 *r.-v.*

DOM. JEAN DAUVISSAT PÈRE ET FILS Côte de Léchet 2012 ★★		
3 000	🍖	11 à 15 €

Cette exploitation familiale de 22 ha, qui propose des petit-chablis, chablis et cinq premiers crus, avait cessé de commercialiser sa production dans les années 1990. L'arrivée de Fabien Dauvissat à la tête de la propriété en 2009 remet ce domaine sur le devant de la scène chablisienne.

Un séjour de dix-huit mois en cuve sur lies fines pour obtenir ce 1er cru qui brille par son ampleur, sa densité et sa longueur. La séduction commence au nez, avec des arômes d'agrumes, de pêche et de fleurs blanches d'une belle fraîcheur. On retrouve les agrumes dans une bouche gourmande, consistante et fraîche. ✗ 2016-2022 🍴 pavé de cabillaud aux agrumes ■ Fourchaume 2012 ★ (11 à 15 € ; 3 000 b.) : un 1er cru mêlant au nez la fleur du verger et la pêche blanche, consistant et généreux en bouche, équilibré par une finale fraîche, sur les agrumes et la minéralité. ✗ 2017-2021

○┐ EARL Dom. Jean Dauvissat, 11, rue de Léchet, 89800 Milly, tél. 06 85 95 34 68, scea.jeandauvissat@orange.fr Ⓥ 🥾 🍴 r.-v.

CLOTILDE DAVENNE Montmains 2013		
■	3 000	🍶 15 à 20 €

Cette vigneronne œnologue a travaillé chez Jean-Marc Brocard avant de créer en 2005 son exploitation au sud de Chablis, une mosaïque de 14 ha en conversion bio. Elle privilégie les élevages en cuve, quel que soit le cépage, pour préserver la subtilité du terroir.

Un nez très typé et agréable, minéral et iodé. La bouche dévoile une belle richesse et des notes de fruits mûrs, aiguillonnée par une vivacité minérale et citronnée qui lui donne équilibre et persistance. Un bon classique de l'appellation. ✗ 2017-2021 🍴 matelote de poisson

○┐ Clotilde Davenne, 3, rue de Chantemerle, 89800 Préhy, tél. 03 86 41 46 05, serviceclient@clotildedavenne.fr Ⓥ 🥾 🍴 t.l.j. sf dim. 9h-12h 13h30-17h30 🏠 ❸

Ⓑ DOM. BERNARD DEFAIX Vaillons 2013 ★		
■	8 000	🍶 ⬤⬤ 20 à 30 €

La maison Defaix est un domaine ayant pignon sur rue à Milly, repris par Sylvain et Didier Defaix, les fils de Bernard. C'est aussi une maison de négoce créée en parallèle, qui travaille dans le même esprit que le domaine.

Les vins sont vinifiés et élevés en fût, mais les tonneaux, de réemploi, ne laissent guère d'empreinte aromatique. Le nez est discret, élégant et typé, tout comme la bouche, minérale, précise, à la finale saline. ✗ 2017-2020 🍴 lapereau en gelée ■ Côte de Léchet 2013 (20 à 30 € ; 40 000 b.) Ⓑ : vin cité. ✗ 2017-2019 ■ Les Lys 2013 (20 à 30 € ; 3 000 b.) Ⓑ : vin cité. ✗ 2016-2019

○┐ Dom. Bernard Defaix, 17, rue du Château, Milly, 89800 Chablis, tél. 03 86 42 40 75, contact@bernard-defaix.com Ⓥ 🥾 🍴 r.-v.

JEAN-PAUL ET BENOÎT DROIN Mont de Milieu. 2013 ★		
■	5 100	🍶 ⬤⬤ 15 à 20 €

Chez les Droin, on est vigneron de père en fils depuis 1620. Si Jean-Paul Droin est devenu l'historien du vignoble de Chablis, son fils Benoît a apporté sa patte

à cette exploitation de 26 ha en 1999. Ce domaine est familier du Guide, collectionnant les coups de cœur, notamment dans les grands crus.

Trois 1ers crus, trois étoiles pour Benoît Droin, avec une petite préférence pour ce Mont de Milieu, un des climats les plus connus. Ici, un vin très représentatif de l'appellation, au nez acidulé et citronné, encore fermé, et à la bouche droite, nerveuse, à la finale minérale. ✗ 2017-2021 🍴 tartare de poisson aux agrumes ■ Fourchaume 2013 ★ (15 à 20 € ; 2 500 b.) : un fût perceptible dès le nez, à travers des notes grillées alliées à des parfums d'agrumes. En bouche, une corbeille de fruits et une finale très minérale évoquant le caillou. ✗ 2017-2021 ■ Montmains 2013 ★ (15 à 20 € ; 15 000 b.) : un vin nerveux, presque mordant, au nez de fruits frais et de citron, et à la bouche vive, saline et longue. ✗ 2016-2020

○┐ Jean-Paul et Benoît Droin, 14 bis, av. Jean-Jaurès, BP 19, 89800 Chablis, tél. 03 86 42 16 78, benoit@jeanpaulbenoit-droin.fr Ⓥ r.-v.

JEAN-PIERRE ET ALEXANDRE ELLEVIN Vaucoupin 2013 ★		
■	5 000	🍶 11 à 15 €

Si la famille cultive la vigne depuis la nuit des temps, c'est Jean-Pierre Ellevin, à partir de 1975, qui a spécialisé l'exploitation en la dédiant au chardonnay. Son fils Alexandre, qui l'a rejoint en 2003, se charge des vinifications. Le domaine a son siège à Chichée, au sud-est de Chablis, et les 16 ha de vignes s'étendent sur les deux rives du Serein.

Le difficile millésime 2013 réussit bien à la famille Ellevin (voir le chablis). Ce Vaucoupin est un exemple d'équilibre, avec son nez entre fleurs blanches, agrumes et fruits jaunes, prélude à une bouche ronde et gourmande, soutenue par une belle acidité, où l'on retrouve les fruits jaunes. ✗ 2016-2020 🍴 brochet au beurre blanc ■ Vosgros 2013 ★ (11 à 15 € ; 4 000 b.) : élevé en cuve comme le Vaucoupin, il semble être son sosie : autant de fruits mûrs, autant de rondeur et de gras, avec un peu plus de fraîcheur minérale. ✗ 2016-2020

○┐ Dom. Ellevin, 7, rue du Pont, 89800 Chichée, tél. 03 86 42 44 24, jean-pierre.ellevin@wanadoo.fr Ⓥ 🥾 🍴 t.l.j. 8h-12h 13h-19h

DOM. NATHALIE ET GILLES FÈVRE Mont de Milieu 2013 ★		
■	2 000	🍶 ⬤⬤ 20 à 30 €

Dix générations de vignerons depuis le XVIIIe s. et des coopérateurs de père en fils depuis 1923. En 2004, Nathalie et Gilles Fèvre, tous deux œnologues, ont pris la décision de valoriser leur propre production en bouteilles. Ils sont désormais à la tête d'un domaine de 48 ha, dont une quinzaine est conduite en agriculture biologique.

Un élevage de quinze mois, avec un léger apport de bois (15 %), qui transparaît discrètement en bouche. Bien plus présent, le fruit : au nez, de la poire, de l'abricot, du zeste d'orange, qui prennent en bouche une tonalité un peu confite. Du gras, de la rondeur et beaucoup de fraîcheur apportée par une acidité citronnée. ✗ 2017-2022 🍴 fricassée de poularde aux morilles ■ Vaulorent 2013 (30 à 50 € ; 5 000 b.) : vin cité. ✗ 2017-2021

⌒ *Dom. Nathalie et Gilles Fèvre, rte de Chablis, 89800 Fontenay-près-Chablis, tél. 03 86 18 94 47, fevregilles@wanadoo.fr* **V** **↑** *r.-v.*

CH. DE FLEYS Les Fourneaux 2013 ★		
■ 2 000	🍷	11 à 15 €

Le premier de la lignée, Julien Philippon, venu du Morvan, s'installe en 1868 comme bûcheron et constitue peu à peu le domaine familial. Son petit-fils André achète en 1988 le château de Fleys, un ancien pavillon de chasse. Une belle vitrine, qu'il a transmise à ses enfants Béatrice, Benoît et Olivier avec un vignoble de 24 ha implanté à l'est de Chablis, sur la rive droite du Serein.

Un nez élégant aux nuances de fruits mûrs. Ces arômes s'épanouissent en bouche, où l'on trouve une texture souple et agréable qui laisse à l'arrière-plan la minéralité. De la finesse. ✗ 2015-2020 ☕ mâconnais (chèvre) ■ Mont de Milieu Vieilles Vignes 2012 (15 à 20 € ; 4 800 b.) : vin cité. ✗ 2016-2020

⌒ *GAEC Dom. du Ch. de Fleys, 2, rue des Fourneaux, 89800 Fleys, tél. 03 86 42 47 70, philippon.beatrice@ orange.fr* **V** **↑** *r.-v.* ⌒ *Philippon*

GARNIER ET FILS Mont de Milieu 2013		
■ 12 000	◀▶	15 à 20 €

Ce jeune domaine a l'âge du Guide : 1985. Première cuverie en 1992. Aujourd'hui, 24 ha, conduits par Xavier et Jérôme Garnier. Ici, la priorité est donnée au fruit et au terroir, et l'on a plutôt tendance à laisser faire la nature. Pas de levurage ni de fermentations longues, pas de filtrations non plus.

L'élevage en demi-muid n'est pas perceptible ; il est vrai qu'il s'agit de gros contenants, et que le bois n'est pas neuf. Ce 1er cru n'est que fraîcheur et vivacité. Droit, précis, élégant avec son nez d'agrumes et de fleurs blanches. En bouche, la matière s'efface devant la minéralité. Un vin incisif. ✗ 2016-2020 ☕ tartare de saumon au citron vert

⌒ *Garnier et Fils, chem. de Méré, 89144 Ligny-le-Châtel, tél. 03 86 47 42 12, info@chablis-garnier.com*

DOM. DES GENÈVES Les Fourneaux 2013 ★		
■ 4 000	🍷	11 à 15 €

La famille Aufrère cultive la vigne depuis plusieurs générations. Le domaine actuel a été constitué en 1988 par Dominique Aufrère à partir de vignes familiales et il couvre aujourd'hui 16 ha. Stéphane, l'un de ses deux fils, l'a rejoint en 1994, et conduit aujourd'hui la propriété.

Tous les caractères sont réunis pour obtenir un vin typique de l'appellation : un nez franc, fruité, floral, minéral ; une bouche vive, parfaitement équilibrée entre rondeur et minéralité. Une belle tenue. ✗ 2016-2020 ☕ langoustines rôties aux agrumes ■ Mont de Milieu 2013 ★ (11 à 15 € ; 4 000 b.) : un nez de fruits exotiques teinté de minéralité, un bel équilibre entre la rondeur et la vivacité, sur des arômes légèrement briochés. ✗ 2016-2020

⌒ *SCEA Dom. des Genèves, 3, rue des Fourneaux, 89800 Fleys, tél. 03 86 42 10 15, domainegeneves@ wanadoo.fr* **V** **🔑** **↑** *r.-v.*

DOM. ALAIN GEOFFROY Fourchaume 2013 ★★		
■ 10 000		15 à 20 €

Perpétuant une tradition viticole remontant à 1850, Alain Geoffroy, figure du vignoble chablisien, dirige un important domaine de 50 ha dont le siège est à Beine, village de la rive gauche du Serein, à l'ouest de Chablis. Pour la vinification, il privilégie l'élevage en cuve qui préserve, selon lui, la fraîcheur des chablis.

Proche du coup de cœur, ce Fourchaume célèbre le mariage quasi parfait du cépage et du terroir. Le nez délicat est un bouquet de fleurs blanches, de tilleul en fleur. Fraîche à l'attaque, intense, la bouche conjugue une rondeur aux accents de pêche blanche et une vivacité minérale. La finale est tendue, pure et longue. ✗ 2018-2023 ☕ tartare de saint-jacques ■ Vau-Ligneau 2013 (15 à 20 € ; 10 000 b.) : vin cité. ✗ 2015-2018 ■ Beauroy 2013 (15 à 20 € ; 30 000 b.) : vin cité. ✗ 2017-2020

⌒ *Dom. Alain Geoffroy, 4, rue de l'Équerre, 89800 Beine, tél. 03 86 42 43 76, info@ chablis-geoffroy.com* **V** **↑** *t.l.j. sf sam. dim. 8h-12h 13h30-17h*

CORINNE ET JEAN-PIERRE GROSSOT Vaucoupin 2013 ★		
■ 4 000	🍷	11 à 15 €

Fondée en 1920 par les grands-parents des actuels vignerons, cette exploitation familiale est conduite depuis 1980 par Jean-Pierre et Corinne Grossot, rejoints depuis peu par leur fille Ève. Elle dispose d'une belle cave voûtée et de 18 ha de vignes en conversion bio depuis 2012, répartis dans plusieurs terroirs du Chablisien.

Un vin d'une grande finesse avec son nez de fleurs blanches et sa bouche élégante, droite et précise, d'une belle intensité aromatique, où la minéralité apporte tension et longueur. Finale légèrement acidulée, sur le zeste d'orange. ✗ 2016-2020 ☕ ris de veau au citron

⌒ *Corinne et Jean-Pierre Grossot, 4, rte de Mont-de-Milieu, 89800 Fleys, tél. 03 86 42 44 64, info@chablis-grossot.com* **V** **↑** *r.-v.*

DOM. JOLLY ET FILS Fourchaume L'Homme Mort 2013 ★		
■ 4 000	🍷	11 à 15 €

À la tête de 19 ha, Denis Jolly a pris la succession en 1989 de trois générations.

Ce *climat* Fourchaume situé dans la partie nord est bien connu. Son vin est ici très réussi, modèle de minéralité. Celle-ci souligne le nez de fleurs blanches teinté de fougère et confère une acidité bienvenue à une bouche fruitée. De la fraîcheur sur toute la ligne. ✗ 2016 2021 ☕ homard grillé

⌒ *SCEA du Dom. Jolly et Fils, 2, rue Auxerroise, 89800 Maligny, tél. 03 86 47 42 31, dom-jolly-fils@ wanadoo.fr* **V** **🔑** **↑** *r.-v.* 🏠 ⓒ

LAMBLIN ET FILS Vaillon 2013 ★		
■ 6 000		11 à 15 €

Le village de Maligny se situe au nord de l'aire d'appellation chablis. La famille Lamblin y est établie depuis plus de trois siècles et douze générations. Autant dire que cette maison de négoce fait partie des incontournables du vignoble chablisien.

À un nez de coing répond une bouche ronde et fruitée, équilibrée par une vivacité minérale qui lui donne de l'allonge. Un 1er cru très plaisant, qui pourra bientôt paraître à table. ✗ 2016-2020 Ᵹ huîtres chaudes au chablis ■ Mont de Milieu 2013 ★ (15 à 20 € ; 2 000 b.) : un nez particulièrement vif et minéral, une bouche très équilibrée, consistante, gourmande, tonique, fruitée et persistante. ✗ 2017-2020

o➔ *Lamblin et Fils, rue Marguerite-de-Bourgogne, 89800 Maligny, tél. 03 86 98 22 00, infovin@lamblin.com* Ⓥ 🅚 🅛 *t.l.j. sf dim. 8h-12h 14h-17h; sam. 8h-12h*

LAROCHE Les Vaillons Vieilles Vignes 2013 ★★		
▮ | 7 300	🍶 ◑	20 à 30 €

Négociant et producteur, Michel Laroche est l'une des figures du Chablisien. Passé d'un vignoble de 6 ha à la fin des années 1960 à une superficie de 100 ha aujourd'hui, le domaine a son siège à l'Obédiencerie, un ancien monastère bâti au-dessus d'un caveau du IXes. ayant abrité les reliques de saint Martin.

Proche du coup de cœur, un 1er cru associant richesse et fraîcheur. Le nez subtil, sur les fleurs blanches et les agrumes mûrs, est un gage de finesse. La bouche charme par sa matière ronde, enrobée et soyeuse aux arômes de fruits mûrs et d'orange, tendue par une minéralité pure qui souligne et étire la finale. Quelques touches boisées bien fondues, léguées par un fût très mesuré (20 %), donnent un surcroît de complexité. « Il met en appétit », conclut un dégustateur. ✗ 2016-2022 Ᵹ carré de veau aux morilles ■ Mont de Milieu 2013 ★★ (20 à 30 € ; 7 300 b.) : l'élevage en foudre n'a guère marqué ce 1er cru gourmand, opulent, tendu par une minéralité aux accents de pierre à fusil. Richesse et finesse. ✗ 2016-2022 ■ Les Montmains 2013 (20 à 30 € ; 7 300 b.) : vin cité ✗ 2016-2020

o➔ *Laroche, 22, rue Louis-Bro, 89800 Chablis, tél. 03 86 42 89 00, chrystel.meunier@larochewines.com* Ⓥ 🅚 🅛 *r.-v.*

ROLAND LAVANTUREUX Fourchaume 2013 ★		
▮ | 6 000	🍶 ◑	15 à 20 €

Valeur sûre du Guide, cette exploitation est située à Lignorelles, aux confins nord du Chablisien. Après un stage au fameux Clos des Lambrays, Arnaud Lavantureux a rejoint son père Roland sur ce domaine de 20 ha où il assure depuis 2010 les vinifications. Son frère David gère quant à lui le développement commercial. Une structure de négoce complète la production.

Pour étoffer leur palette de vins, David et Arnaud Lavantureux élaborent leurs 1ers crus à partir d'achats de raisins. Avec succès, comme en témoigne ce Fourchaume élevé partiellement en fût. Le nez est délicat, sur les fleurs et les fruits blancs, légèrement boisé. Le palais est rond, gras, gourmand et beurré à souhait. La minéralité chablisienne est en retrait, mais l'ensemble est flatteur. ✗ 2017-2021 Ᵹ bouchée à la reine

o➔ *Roland Lavantureux, 4, rue Saint-Martin, 89800 Lignorelles, tél. 03 86 47 53 75, domaine.lavantureux@gmail.com* Ⓥ 🅚 🅛 *t.l.j. sf dim. 8h-18h*

OLIVIER LEFLAIVE Montée de Tonnerre 2012 ★★		
▮ | 3 400	🍶 ◑	20 à 30 €

Négociant-éleveur établi à Puligny-Montrachet depuis 1984, Olivier Leflaive, l'une des références de la Côte de Beaune, collectionne les étoiles, côté cave (négoce et domaine) et côté hôtellerie : quatre pour son hôtel de Puligny. Au chai, l'œnologue Franck Grux et son complice Philippe Grillet.

Une vinification en fût, où le vin séjourne huit mois avant une « finition » en cuve, voilà comment ce négociant de Puligny-Montrachet aborde les 1ers crus de Chablis. Le boisé, bien fondu, ne s'empare pas du vin, donnant seulement un surcroît de complexité à un nez à la fois puissant et délicat, sur fond floral. Le palais friand et gourmand, aux nuances d'agrumes, monte en puissance, tendu par une vivacité minérale. Un vin intense. ✗ 2017-2022 Ᵹ noix de Saint-Jacques

o➔ *Olivier Leflaive Frères, pl. du Monument, 21190 Puligny-Montrachet, tél. 03 80 21 37 65, contact@ olivier-leflaive.com* Ⓥ 🅚 🅛 *r.-v.*

DOM. DES MALANDES Mont de Milieu 2013 ★		
▮ | 2 000	🍶 ◑	15 à 20 €

Domaine créé en 1949 par André Tremblay, couvrant aujourd'hui 29 ha. Lyne Marchive, fille du fondateur, le dirige seule depuis 1972, épaulée depuis 2007 par l'œnologue Guénolé Breteaudeau. Une valeur sûre du vignoble chablisien, qui collectionne les coups de cœur du Guide.

Un Mont de Milieu mi-cuve mi-fût. Le nez, très élégant, dominé par les agrumes et les fruits jaunes, annonce une bouche souple, dont le léger boisé se nourrit d'agrumes. C'est frais, c'est fin, c'est précis et respectueux du terroir. Le côté charmeur va de pair avec une très belle tenue, qui incite à garder cette bouteille. ✗ 2018-2025 Ᵹ turbot sauce hollandaise

o➔ *Dom. des Malandes, 63, rue Auxerroise, 89800 Chablis, tél. 03 86 42 41 37, contact@domainedesmalandes.com* Ⓥ 🅚 🅛 *r.-v.* o➔ Lyne Marchive

LA MANUFACTURE Beauroy 2013 ★		
▮ | 25 000	🍶 ◑	20 à 30 €

Issu d'une famille bien connue dans le Chablisien, enracinée dans la région depuis le XVIIes., Benjamin Laroche, après avoir travaillé à la direction commerciale de plusieurs maisons, entre Bourgogne, Rhône et Languedoc, a créé en 2014 sa maison de négoce à Chablis.

Ce premier millésime de Benjamin Laroche est une réussite. Le nez entre les fleurs blanches, les fruits exotiques (mangue, fruit de la Passion) et les agrumes est très élégant. Cette délicatesse se prolonge dans une bouche associant la rondeur et les fruits mûrs à une vivacité minérale qui donne de la droiture à l'ensemble et du relief à la finale. Une belle harmonie. ✗ 2016-2021 Ᵹ tempura de homard

o➔ *La Manufacture, 40, rte d'Auxerre, 89800 Chablis, tél. 03 86 32 19 50, benjamin.laroche@ lamanufacture-vins.fr* Ⓥ *r.-v.* o➔ Benjamin Laroche

DOM. DES MARRONNIERS Montmains 2013 ★★		
▮ | 13 000	🍶	11 à 15 €

Créé en 1976 par Marie-Claude et Bernard Légland, ce domaine (21 ha) a été repris en juin 2013 par un autre couple, Marie-Noëlle et Laurent Ternynck. Ce ne sont pas des inconnus puisqu'ils sont déjà à la tête du domaine de Mauperthuis à Massangis avec lequel ils collectionnent les étoiles du Guide.

Un élevage long (quinze mois) en cuve : Laurent Ternynck laisse du temps au temps. Et du temps, il en faudra encore avant que ce Montmains atteigne sa plénitude. Un vin puissant, gourmand, derrière un nez de fleurs blanches tout en finesse. La bouche montre un réel équilibre entre rondeur et vivacité minérale. Un jeune vin salué pour son potentiel. ✗ 2018-2025 ❢ huîtres à la crème

o┐ *Dom. des Marronniers, 3, Grande-Rue-de-Chablis, 89800 Préhy, tél. 03 86 41 42 70, contact@ chablismarronniers.com* Ⓥ 🅐 ❢ *t.l.j. 8h-12h 13h30-17h30*
o┐ Ternynck

DOM. DE LA MEULIÈRE Mont de Milieu 2013 ★

| ▪ | 12 240 | ❢ | 15 à 20 € |

Huit générations de vignerons se sont succédé sur ce domaine dont l'origine remonte à 1777. Après Henri, Ulysse, Roger, Claude, ce sont aujourd'hui les frères Laroche, Nicolas et Vincent, qui gèrent cette exploitation de 24 ha située à Fleys, au sud-est de Chablis.

Des vinifications simples, c'est la marque de fabrique de la famille Laroche. Ce qui lui réussit, à en juger par cette plaisante cuvée bien campée sur son terroir. Un joli nez de pêche et d'abricot mûrs trouve son écho en bouche. Le fruité est toujours là, dans sa rondeur, la fraîcheur venant en finale avec un trait de minéralité. ✗ 2016-2020 ❢ raviolis chinois aux crevettes ▪ Les Fourneaux 2013 (11 à 15 € ; 7 800 b.) : vin cité. ✗ 2015-2018 ▪ Fourchaume 2013 (15 à 20 € ; 1 360 b.) : vin cité. ✗ 2016-2020

o┐ *Dom. de la Meulière, 18, rte de Mont-de-Milieu, BP 25, 89800 Fleys, tél. 03 86 42 13 56, contact@ chablis-meuliere.com* Ⓥ ❢ *t.l.j. sf dim. 9h-12h 13h30-17h*

LOUIS MICHEL ET FILS Forêts 2012 ★

| ▪ | 6 000 | ❢ | 20 à 30 € |

La famille est établie à Chablis depuis 1850. Aujourd'hui, Guillaume Michel dispose d'un vignoble de 25 ha sur les deux rives du Serein, avec des parcelles dans trois grands crus et cinq 1ers crus. Une tradition familiale depuis plusieurs décennies : l'élevage en cuve de tous les vins, pour favoriser la précision et la fraîcheur.

Un long élevage en cuve (quatorze mois) pour obtenir ce 1er cru puissant, riche et ample, au nez gourmand de fruits mûrs, entre pêche et fruits exotiques. Cette richesse n'interdit pas une belle fraîcheur minérale, qui confère précision et longueur à l'ensemble. ✗ 2016-2020 ❢ coq au chablis

o┐ *Louis Michel et Fils, 9, bd de Ferrières, 89800 Chablis, tél. 03 86 42 88 55, contact@ louismicheletfils.com* Ⓥ ❢ *t.l.j. sf sam. dim. 8h30-12h 13h30-17h30*

DOM. MILLET Vaucoupin 2013 ★★

| ▪ | 5 000 | ❢ | 11 à 15 € |

Philippe Millet, jeune agriculteur beauceron, s'installe à Tonnerre dans les années 1960 et crée son domaine en 1980, à la ferme de Marcault. Ses deux fils Baudouin et Paterne ont pris en 2002 sa succession. Leur domaine couvre 13,7 ha.

Typé, racé, voici un vin qui trace sa route. Tout droit, élégant, témoin de son terroir. Le nez respire l'aubépine et les fruits blancs du verger. Quant à la bouche, souple à l'attaque, elle offre cette pointe d'acidité qui donne fraîcheur et longueur. Un vin dense, remarquablement bien construit et d'une grande pureté. ✗ 2017-2025 ❢ risotto aux gambas

o┐ *SARL Dom. Millet, rte de Viviers, ferme de Marcault, 89700 Tonnerre, tél. 03 86 75 92 56, intensement@ chablis-millet.com* Ⓥ 🅐 ❢ *r.-v.*

DOM. LOUIS MOREAU Vaulignot 2013 ★

| ▪ | 54 000 | ❢ | 15 à 20 € |

Louis Moreau représente la sixième génération d'une famille de propriétaires-récoltants installée dans le Chablisien depuis 1814. Il est à la tête de 120 ha répartis en deux domaines (dont 50 ha pour le Dom. Louis Moreau) et dans toutes les appellations du Chablisien, avec pour fleurons cinq grands crus.

Du classique dans cette bouteille typique de son terroir. Le nez, complexe, déploie une large palette d'arômes : fleurs blanches, fruits exotiques, notes minérales. La bouche, plus précise, associe rondeur et fraîcheur minérale dans un bel équilibre. ✗ 2017-2021 ❢ filet de turbot au beurre blanc ▪ Vaillons 2013 (15 à 20 € ; 20 000 b.) : vin cité. ✗ 2015-2018

o┐ *SARL Louis Moreau, 10, Grande-Rue, 89800 Beine, tél. 03 86 42 87 20, contact@louismoreau.com* Ⓥ 🅐 ❢ *t.l.j. sf sam. dim. 8h30-12h 13h30-17h; f. août*

J. MOREAU ET FILS Mont de Milieu 2013 ★

| ▪ | 5 330 | ❢ ◑ | 15 à 20 € |

Difficile de s'y retrouver à Chablis entre toutes les familles Moreau. Fondé en 1814 par Jean-Joseph Moreau, ce négoce, le plus ancien du Chablisien, est devenu propriété du groupe Boisset en 1997.

Une pluie d'étoiles pour cette maison de négoce. Toutes les cuvées ont en commun un élevage relativement court (entre sept et dix mois, comme pour ce vin) et un apport boisé mesuré (10 à 25 % de la cuvée, fût de réemploi). Parmi les vins sélectionnés, le jury a eu un petit faible pour celui-ci. Le fût se manifeste par des notes de pain grillé, de vanille et de fruits secs, qui soulignent un joli fruité aux nuances de pomme, de poire et de citron. Le fruit s'installe dans une bouche vive et intense, avant le retour du grillé en finale. ✗ 2018-2023 ❢ risotto aux champignons ▪ Montmains 2013 ★ (15 à 20 € ; 6 700 b.) : un boisé beurré, grillé et brioché bien intégré ; le nez est complexe et la bouche vive et acidulée, avec une finale boisée. ✗ 2016-2021 ▪ Vaillons 2013 ★ (15 à 20 € ; 11 000 b.) : un nez entre fleurs blanches, agrumes, poire et grillé ; le boisé est présent en bouche mais bien fondu, allié à une vivacité acidulée. ✗ 2016-2021 ▪ Vaucoupin 2013 (15 à 20 € ; 4 000 b.) : vin cité. ✗ 2017-2022

o┐ *J. Moreau et Fils, rte d'Auxerre, 89800 Chablis, tél. 03 86 42 88 05, depuydt.l@jmoreau-fils.com* Ⓥ ❢ *t.l.j. sf sam. dim. 8h-12h 14h-17h30; f. août*
o┐ J.-C. Boisset

MOREAU-NAUDET Forêt 2012 ★★

| ▪ | 7 000 | ❢ ◑ | 20 à 30 € |

Des ancêtres vignerons au XVIIe s., un aïeul, Alfred Naudet, chargé des délimitations de l'appellation. Le domaine naît du mariage, en 1950, de Marie Naudet avec René Moreau. En 1991, Stéphane Moreau arrive sur l'exploitation. Il porte la superficie du vignoble à 25 ha (de 7 ha à l'origine).

Un vin à la fois minéral et gourmand qui a bénéficié d'un long élevage mixte (deux ans en cuve et autant en fût, ce dernier intervenant pour un tiers). Le boisé n'a donc rien d'envahissant dans ce 2012 au nez d'agrumes et à la bouche ronde et puissante, soutenue par une belle minéralité qui lui donne équilibre, vivacité et longueur. ✗ 2017-2025 ♈ poularde aux champignons ■ Montmains 2012 (20 à 30 € ; 3 000 b.) : vin cité. ✗ 2016-2020 ■ Vaillons 2012 (20 à 30 € ; 5 000 b.) : vin cité. ✗ 2016-2020

☛ Moreau-Naudet, 5, rue des Fosses, 89800 Chablis, tél. 03 86 42 14 83, moreau.naudet@wanadoo.fr Ⓥ 🎿 🛏 r.-v.

♥ DOM. CHARLY NICOLLE		
Les Fourneaux 2013 ★★		
■	15 000	🍷 ⑩	11 à 15 €

Les arrière-grands-parents de Charly Nicolle cultivaient déjà la vigne. À la suite des générations précédentes, le jeune vigneron s'est lancé dans l'aventure. Installé à Fleys, à l'est de Chablis, il a quitté le domaine familial de La Mandellère et il vole de ses propres ailes depuis 2001, choyant ses 9 ha de chardonnay.

Situé sur un coteau de Fleys, ce 1er cru n'a pas une grande notoriété, mais il peut donner de superbes vins, à l'image de celui-ci. La présence du fût, réintroduit en 2011 par le vigneron dans l'élaboration de ses 1ers crus, a-t-elle contribué à cette appréciation ? Toujours est-il que les jurés ont été enchantés par cette cuvée dominée au nez comme en bouche par les fruits mûrs, la pêche jaune en tête. Cette maturité du fruit s'harmonise avec un palais rond à souhait, affiné par une minéralité bien chablisienne. Puissance, finesse, longueur : coup de cœur ! ✗ 2016-2022 ♈ ris de veau aux girolles ■ Mont de Milieu 2013 ★ (11 à 15 € ; 4 000 b.) : un style droit et tendu. Nez entre fruits blancs, agrumes et minéralité, bouche bien équilibrée, à la fois ronde, vive et longue. Du potentiel. ✗ 2016-2022

☛ Dom. Charly Nicolle, 17, rue des Prés-Girots, 89800 Fleys, tél. 03 86 42 80 08, charly.nicolle@gmail.com Ⓥ 🛏 r.-v.

DOM. DE PERDRYCOURT Fourchaume 2013 ★		
■	2 000	🍷	15 à 20 €

Domaine créé en 1986 dans l'Auxerrois par Arlette et Roger Courty. À l'origine, un demi-hectare, aujourd'hui 13 ha essentiellement autour de Beine, près de Chablis. Depuis 2007, c'est Rémi Courty, le fils de la maison, qui vinifie tous les vins du domaine.

Beaucoup de caractère et de vivacité dans cette bouteille. Minéralité et fleurs blanches assurent l'élégance du nez. Élégance que l'on retrouve en bouche, où la rondeur donne la réplique à la minéralité, sur des notes fraîches d'agrumes et de fleurs. L'acidité porte loin la finale. ✗ 2016-2022 ♈ plateau de fruits de mer

☛ Dom. de Perdrycourt, 9, voie Romaine, 89230 Montigny-la-Resle, tél. 03 86 41 82 07, domainecourty@orange.fr Ⓥ 🎿 🛏 t.l.j. 9h-19h; dim. 9h-12h 🏠 Ⓖ ☛ Courty

JACQUES PICQ ET SES ENFANTS		
Vaucoupin 2013 ★		
■	2 696	🍷	8 à 11 €

Depuis trois générations, la famille Picq exploite un domaine viticole qui compte 15 ha autour de Chichée. Ce village au sud-est de Chablis comporte des 1ers crus intéressants sur les deux rives du Serein.

Ce 1er cru établi sur un coteau bien raide, exposé au plein sud, mérite d'être connu. Il donne ici un vin franc et précis, au nez discret, floral, fruité et minéral, suivi d'une bouche vive, aux nuances de fruits exotiques. ✗ 2015-2020 ♈ huîtres

☛ Jacques Picq et ses Enfants, 8, rte de Chablis, 89800 Chichée, tél. 06 22 29 46 72, alinevalor@sfr.fr Ⓥ 🎿 🛏 t.l.j. sf dim. 8h 18h

DOM. PINSON FRÈRES Mont de Milieu 2013 ★		
■	17 000	⑩	15 à 20 €

Établis dans le Chablisien dès 1640, les Pinson exportaient du vin aux États-Unis en 1880. Louis Pinson constitue son domaine en 1983. Ses fils Laurent et Christophe portent sa superficie de 4 à 14 ha. Charlène Pinson, fille de Laurent, les a rejoints en 2008. Les vins de la propriété sont régulièrement mentionnés dans le Guide.

Un élevage en fût pendant neuf mois pour ce 1er cru très harmonieux, au boisé bien fondu. Il a apporté de la complexité au nez, qui mêle les agrumes et les fruits blancs à des notes de miel, de cire et de grillé. Une attaque vive, acidulée, ouvre sur une bouche ample, élégante et longue, tendue par une belle minéralité. Proche de la seconde étoile. ✗ 2017-2022 ♈ bar au four ■ Montmains 2013 (15 à 20 € ; 4 300 b.) : vin cité. ✗ 2016-2020

☛ Dom Pinson Frères, 5, quai Voltaire, 89800 Chablis, tél. 03 86 42 10 26, contact@domaine-pinson.com Ⓥ 🛏 t.l.j. sf dim. 8h-12h 13h30-17h30; sam. sur r.-v.

ISABELLE ET DENIS POMMIER		
Côte de Léchet 2012 ★		
■	7 000	🍷 ⑩	15 à 20 €

Établis à Chablis, Isabelle et Denis Pommier exploitent ce domaine de 18 ha créé en 1990 et très régulier en qualité. Après avoir conduit quinze ans leur vignoble en lutte raisonnée, ils ont engagé sa conversion à l'agriculture biologique.

Ce domaine pratique de longs élevages (dix-huit mois), partiellement sous bois pour les 1ers crus. Le nez vif associe agrumes mûrs, boisé léger et minéralité. La bouche ronde est tendue par une acidité très présente, qui lui donne équilibre et longueur. Un vin encore sur sa réserve. ✗ 2018-2022 ♈ huîtres chaudes à la crème ■ Beauroy 2012 ★ (15 à 20 € ; 9 700 b.) : un nez intense et complexe, sur les agrumes, la minéralité et le champignon ; une bouche ronde, riche et longue, tendue par une fraîcheur minérale. Du caractère. ✗ 2018-2022

☛ Isabelle et Denis Pommier, 31, rue de Poinchy, 89800 Chablis, tél. 03 86 42 83 04, isabelle@denis-pommier.com Ⓥ 🎿 🛏 r.-v.

BOURGOGNE

DOM. DENIS RACE Mont de Milieu 2013 ★★

	3 969		🍾		11 à 15 €

Régulièrement distingué dans le Guide, Denis Race exploite 18 ha en Chablisien. Sa fille Claire a rejoint le domaine familial en 2005. Ensemble, ils mettent autant de passion dans l'élaboration de leurs petit-chablis que dans celles de leurs 1ers crus et grands crus.

Denis Race donne la priorité à la vivacité et à la fraîcheur, deux adjectifs qui résument bien ce remarquable Mont de Milieu, présent à la finale des coups de cœur. Tout y est : la finesse du nez minéral, sur la coquille d'huître ; la rondeur du fruit en bouche et une minéralité qui trace une longue ligne droite. ❚ 2018-2025 ❦ plateau de fruits de mer ▪ Montmains 2013 ★ (11 à 15 € ; 19 272 b.) : un nez délicat, entre fleurs blanches et fruits exotiques ; une bouche à l'unisson, élégante, fraîche et longue. Le plaisir du fruit, avec de la profondeur. ❚ 2017-2021

☛ Denis Race, 5, rue de Chichée, 89800 Chablis, tél. 03 86 42 45 87, domaine@chablisrace.com
Ⓥ 🎿 🏠 t.l.j. sf dim. 9h-12h 14h-17h30

♥ DOM. ROY Fourchaume 2013 ★★

	5 500		🍾		11 à 15 €

Héritier d'une lignée de vignerons remontant à l'Empire, Fernand Roy crée ce domaine en 1920, sur la rive droite du Serein, au nord de Chablis. Aujourd'hui, l'exploitation compte 18 ha ; elle est conduite par les troisième et quatrième générations : Claude Roy, épaulé par David et Karine.

L'un des 1ers crus les plus célèbres de l'appellation, qui prolonge au nord-ouest la ligne des grands crus. Celui-ci est salué pour la finesse de son nez, qui voyage entre les fleurs et les agrumes, prélude à une bouche remarquablement équilibrée entre rondeur et vivacité, à la finale d'une rare persistance, d'une minéralité enrobée. C'est tout le terroir qui s'exprime dans ce vin franc et précis. ❚ 2018-2025 ❦ poularde à la crème

☛ SCEA Dom. Roy, 71, Grand-Rue, 89800 Fontenay-près-Chablis, tél. 03 86 42 10 36, domaine.roy@orange.fr Ⓥ 🎿 🏠 r.-v.

FRANCINE ET OLIVIER SAVARY Vaillons 2013 ★★

	2 400		🍾		11 à 15 €

Installés dans le Chablisien en 1984 sur un domaine de poche (1 ha), Francine et Olivier Savary conduisent aujourd'hui un coquet vignoble de 20 ha.

Ce Vaillons fait penser à un verger plutôt qu'à la vigne, tant les fruits mûrs sont présents, aussi bien au nez qu'au palais. Mais la minéralité n'est pas loin, tranchant heureusement avec la rondeur de la bouche. Un vin riche, puissant, droit et très plaisant, qui a participé à la finale des coups de cœur. ❚ 2018-2022 ❦ homard à la nage

☛ SARL Francine et Olivier Savary, 4, chem. des Hâtes, 89800 Maligny, tél. 03 86 47 42 09, f.o.savary@orange.fr
Ⓥ 🎿 🏠 t.l.j. sf dim. 9h-12h 14h-17h30

CH. DE VIVIERS Vaucopins 2013

	10 350		🍾 ⬤		20 à 30 €

Un château classique du XVIIe s. et un vignoble dont le vin fut servi au mariage de Louis XV. L'une des propriétés de la maison Lupé-Cholet, fondée en 1903 à Nuits-Saint-Georges par deux aristocrates bourguignons, le comte Mayol de Lupé et le vicomte de Cholet, et forte de 25 ha à Chablis et en Côte-d'Or.

L'élevage partiel en fût se manifeste au nez comme en bouche par des notes épicées. Une attaque franche ouvre sur une bouche fraîche, dont la tension minérale vient en heureux contrepoint du boisé. ❚ 2018-2022 ❦ truite aux amandes

☛ SCEV Ch. de Viviers, 89700 Viviers, tél. 03 80 61 25 05, bourgogne@lupe-cholet.com
☛ Lupé-Cholet

DOM. YVON ET LAURENT VOCORET Fourchaume 2013 ★★

	10 240		🍾		11 à 15 €

Héritier d'une lignée remontant à 1713, conteur patoisant, bon vivant et pilier chablisien, Yvon Vocoret est une figure du vignoble. Il conduit le domaine familial (25 ha) situé à Maligny, rejoint par son fils Laurent.

Ce célèbre 1er cru, qui a eu des voix pour un coup de cœur, offre ici un remarquable expression de son terroir. Le nez est frais et élégant, entre beurre, citron et pomme verte. On retrouve les agrumes dans une bouche bien construite, acidulée, fraîche, minérale et longue. ❚ 2017-2022 ❦ soupe de lotte ▪ Homme Mort 2013 ★★ (15 à 20 € ; 4 800 b.) : un climat inclus dans la partie nord de Fourchaume. Nez intense et complexe, sur les agrumes, la pêche, le pain et la noisette ; bouche droite, vive et minérale. ❚ 2017-2022

☛ Dom. Yvon et Laurent Vocoret, 9, chem. de Beaune, 89800 Maligny, tél. 03 86 47 51 60, domaine.yvon.vocoret@wanadoo.fr Ⓥ 🎿 🏠 t.l.j. 9h-18h; dim. sur r.-v.

DOM. VOCORET ET FILS Les Montmains 2013 ★

	25 000		🍾 ⬤		11 à 15 €

Les Vocoret se succèdent depuis quatre générations. Installé dans les locaux de l'ancienne coopérative laitière de Chablis, leur domaine (47 ha) cultive une autre originalité, celle d'élever ses vins dans des foudres et des demi-muids. De grands contenants qui permettent d'arrondir le boisé.

L'élevage en demi-muid a donné un vin harmonieux, pas le moins du monde marqué aromatiquement par le bois. Le nez met les fruits mûrs, la mandarine et les fleurs sur le devant de la scène. Le fruité s'épanouit dans un palais rond et gras, traversé par une vivacité minérale qui lui donne équilibre, finesse et potentiel. ❚ 2017-2022 ❦ saumon à l'oseille ▪ Côte de Léchet 2013 ★ (11 à 15 € ; 10 000 b.) : un nez entre fleurs blanches, agrumes, fruits jaunes et minéralité ; une bouche ample, puissante et gourmande, tendue par une belle minéralité. ❚ 2017-2022 ▪ Les Vaillons 2013 ★ (11 à 15 € ; 40 000 b.) : un nez subtilement floral, une bouche fraîche, vive et élégante, d'une grande élégance. ❚ 2017-2022

☛ Dom. Vocoret et Fils, 40, rte d'Auxerre, 89800 Chablis, tél. 03 86 42 12 53, contact@ domainevocoret.com Ⓥ 🎿 🏠 t.l.j. sf dim. 8h-12h 14h-18h

CHABLIS GRAND CRU

Superficie : 103 hl / Production : 5 200 hl

Issu des coteaux les mieux exposés de la rive droite, divisés en sept lieux-dits – Blanchot, Bougros, Les Clos, Grenouilles, Les Preuses, Valmur, Vaudésir – le chablis grand cru possède à un degré plus élevé toutes les qualités des précédents, la vigne se nourrissant d'un sol enrichi par des colluvions argilo-pierreuses. Quand la vinification est réussie, un chablis grand cru est un vin complet, à forte persistance aromatique, auquel le terroir confère un tranchant qui le distingue de ses rivaux de la Côte-d'Or. Sa capacité de vieillissement stupéfie, car il exige huit à quinze ans pour s'apaiser, s'harmoniser et acquérir un inoubliable bouquet de pierre à fusil, voire, pour Les Clos, de poudre à canon !

SAMUEL BILLAUD Les Clos 2013 ★			
▪	600	🍷 ◑	30 à 50 €

Après vingt années passées sur la propriété familiale (le réputé domaine Billaud-Simon, vendu à Faiveley en 2014), Samuel Billaud a créé sa propre maison de négociant-vinificateur qui propose un éventail de cuvées à partir de sélections parcellaires.

Une vinification en petites cuves, puis en fût, pour obtenir ce vin qui ne s'exprimait pas pleinement au palais au moment de la dégustation. Mais la matière est bien là, concentrée et fraîche. Avec son nez minéral, à peine vanillé, mêlant les fruits blancs à des notes de coquille d'huître, ce grand cru accompagnera facilement des fruits de mer. ✗ 2017-2022 ♈ huîtres gratinées

➤ *Samuel Billaud, 23, rue du Serein, 89800 La Chapelle-Vaupelteigne, tél. 03 86 51 00 07, samuel.billaud@orange.fr* 🆅 🅺 🅻 *r.-v.*

DOM. BILLAUD-SIMON Les Preuses 2012			
▪	2 600	🍷	50 à 75 €

Un domaine historique de Chablis, fondé en 1815, qui a connu un grand développement après 1945 avec Jean Billaud et Jules Simon (première mise en bouteilles à la propriété en 1954). Aujourd'hui, 17 ha et toute la hiérarchie des AOC du Chablisien, avec un bel éventail de 1ers crus et de grands crus prestigieux. En 2014, la propriété a été vendue à la maison nuitonne Faiveley. Une valeur sûre du Guide.

La maison élève certains de ses grands crus en cuve, comme celui-ci, au nez encore discret, floral et minéral. Ce 2012 se révèle en bouche, ample, riche et salin. Pas trop de longueur, mais un bel équilibre. ✗ 2017-2023 ♈ homard à la nage

➤ *Dom. Billaud-Simon, 1, quai de Reugny, BP 46, 89800 Chablis, tél. 03 86 42 10 33, catherine@billaud-simon.com* 🆅 🅺 🅻 *r.-v.* ➤ *Faiveley*

DAMPT FRÈRES Les Preuses 2013			
▪	n.c.	🍷 ◑	20 à 30 €

L'association Dampt-Dupas est une création (2005) du vignoble Dampt, qui a pignon sur rue à Collan, petit village situé entre Chablis et Tonnerre. Dans des chais très modernes, la famille y élève différentes appellations.

C'est Emmanuel Dampt qui était à la manœuvre pour élaborer ce grand cru au nez élégamment floral et fruité, et à la bouche franche à l'attaque, tendue et minérale, de bonne longueur. La matière n'est pas énorme, mais le vin est plaisant par ses arômes gourmands de fruits blancs, par sa finesse et sa droiture. ✗ 2016-2021 ♈ dos de cabillaud

➤ *EARL Dampt-Dupas, 3, rte de Tonnerre, 89700 Collan, tél. 03 86 54 49 52, emmanuel@dampt.com* 🆅 🅺 🅻 *r.-v.* 🏠 🅱

♥ JEAN-PAUL ET BENOÎT DROIN			
Les Clos 2013 ★★			
▪	9 800	🍷 ◑	30 à 50 €

Chez les Droin, on est vigneron de père en fils depuis 1620. Si Jean-Paul Droin est devenu l'historien du vignoble de Chablis, son fils Benoît a apporté sa patte à cette exploitation de 26 ha en 1999. Ce domaine est familier du Guide, collectionnant les coups de cœur, notamment dans les grands crus.

Cette édition ne ternira pas la réputation du domaine qui décroche deux coups de cœur en grand cru. Les Clos donnent un vin au nez complexe, profond et élégant, minéral et subtilement boisé, sur des notes vanillées et épicées. La bouche, au diapason, brille par son ampleur, son gras, sa texture soyeuse, qui se conjuguent avec des notes de silex – une minéralité qui explose en finale. De la richesse, de la précision : ce que l'on attend d'un grand cru. ✗ 2017-2025 ♈ poularde au chablis

▪ Vaudésir 2013 ★★ (20 à 30 € ; 7 400 b.) ♥ : un grand cru déjà très ouvert, au nez puissant et raffiné. Le boisé délicat aux nuances de noisette grillée, de vanille et de réglisse se fond dans un ensemble fruité et minéral à souhait. De l'élégance de bout en bout, une longue finale saline. ✗ 2017-2025 ▪ Valmur 2013 ★★ (20 à 30 € ; 4 600 b.) : un vin dont l'élégance repose sur la fraîcheur minérale. Le boisé bien fondu répond à l'acidité. Une belle synthèse chablisienne. ✗ 2017-2022 ▪ Grenouille 2013 ★ (30 à 50 € ; 3 200 b.) : un nez élégant, entre la vanille et l'écorce d'agrumes, un palais puissant et soyeux, soutenu par un boisé très présent et par une belle minéralité. ✗ 2017-2021

➤ *Jean-Paul et Benoît Droin, 14 bis, av. Jean-Jaurès, BP 19, 89800 Chablis, tél. 03 86 42 16 78, benoit@jeanpaulbenoit-droin.fr* 🆅 *r.-v.*

DOM. NATHALIE ET GILLES FÈVRE			
Les Preuses 2012 ★			
▪	4 000	🍷 ◑	50 à 75 €

Dix générations de vignerons depuis le XVIIIe s. et des coopérateurs de père en fils depuis 1923. En 2004, Nathalie et Gilles Fèvre, tous deux œnologues, ont pris la décision de valoriser leur propre production en bouteilles. Ils sont désormais à la tête d'un domaine de 48 ha, dont une quinzaine est conduite en agriculture biologique.

Un élevage mixte en fût neuf et en cuve Inox (70 %) pour ce grand cru. Au nez, l'élevage ressort à travers les notes épicées et grillées qui épousent les fruits blancs et jaunes. Ce côté gourmand se manifeste aussi en bouche, où le vin apparaît riche et rond. La finale assez longue laisse une impression d'harmonie. ✗ 2018-2025 ♈ homard grillé

☛ Dom. Nathalie et Gilles Fèvre, rte de Chablis, 89800 Fontenay-près-Chablis, tél. 03 86 18 94 47, fevregilles@wanadoo.fr 🆅 🆙 r.-v.

GARNIER ET FILS Vaudésir 2012 ★		
◼ 1 860	🍶	30 à 50 €

Ce jeune domaine a l'âge du Guide : 1985. Première cuverie en 1992. Aujourd'hui, 24 ha, conduits par Xavier et Jérôme Garnier. Ici, la priorité est donnée au fruit et au terroir, et l'on a plutôt tendance à laisser faire la nature. Pas de levurage ni de fermentations longues, pas de filtrations non plus.

Jérôme Garnier est un adepte du fût : vingt-quatre mois d'élevage, cela laisse des traces. Notamment au nez, où le chêne vanillé domine le fruit mûr. Le boisé se fait plus raffiné en bouche pour encadrer une matière à la fois ample et tendue, de belle longueur. Un vin franc et prometteur, à garder. ✗ 2018-2025 ♈ vol-au-vent aux fruits de mer

☛ Garnier et Fils, chem. de Méré, 89144 Ligny-le-Châtel, tél. 03 86 47 42 12, info@chablis-garnier.com

DOM. DES MALANDES Les Clos 2012 ★★		
◼ 1 700	🍾 🍶	30 à 50 €

Domaine créé en 1949 par André Tremblay, couvrant aujourd'hui 29 ha. Lyne Marchive, fille du fondateur, le dirige seule depuis 1972, épaulée depuis 2007 par l'œnologue Guénolé Breteaudeau. Une valeur sûre du vignoble chablisien, qui collectionne les coups de cœur du Guide.

Complexe et aromatique : deux adjectifs pour définir ce remarquable grand cru, fermenté en fût et élevé quinze mois en cuve. Au nez, des fleurs blanches, des agrumes, des fruits exotiques et des épices. Dans le même registre, la bouche est ample, gourmande et soyeuse, délicate et longue. Du plaisir pour bientôt et pour longtemps. ✗ 2017-2025 ♈ ris de veau à la crème ◼ Vaudésir 2012 ★ (30 à 50 € ; 3 500 b.) : un grand cru d'une grande fraîcheur minérale, au nez partagé entre fleurs blanches et silex, et à la bouche vive et nette. ✗ 2018-2025

☛ Dom. des Malandes, 63, rue Auxerroise, 89800 Chablis, tél. 03 86 42 41 37, contact@ domainedesmalandes.com 🆅 🅰 🆙 r.-v.

LOUIS MICHEL ET FILS Vaudésir 2012 ★		
◼ 5 200	🍾	30 à 50 €

La famille est établie à Chablis depuis 1850. Aujourd'hui, Guillaume Michel dispose d'un vignoble de 25 ha sur les deux rives du Serein, avec des parcelles dans trois grands crus et cinq 1ᵉʳˢ crus. Une tradition familiale depuis plusieurs décennies : l'élevage en cuve de tous les vins, pour favoriser la précision et la fraîcheur.

Un 2012 tendu et précis, qui restitue son terroir. L'élevage en cuve n'est sans doute pas étranger à cette finesse que

l'on retrouve à tous les stades de la dégustation : au nez, avec des parfums de fleurs fraîchement coupées ; en bouche, où une minéralité délicate épouse le fruit. L'ensemble est droit, bien construit, long, encore retenu. ✗ 2018-2025 ♈ tartare de saint-jacques au citron ◼ Grenouilles 2012 ★ (50 à 75 € ; 2 500 b.) : discrètement floral et minéral au nez, un grand cru tonique et iodé, qui appelle un long séjour en cave. ✗ 2019-2025

☛ Louis Michel et Fils, 9, bd de Ferrières, 89800 Chablis, tél. 03 86 42 88 55, contact@ louismicheletfils.com 🆅 🆙 t.l.j. sf sam. dim. 8h30-12h 13h30-17h30

MOREAU-NAUDET Valmur 2012 ★		
◼ 1 800	🍾 🍶	50 à 75 €

Des ancêtres vignerons au XVIIᵉ s., un aïeul, Alfred Naudet, chargé des délimitations de l'appellation. Le domaine naît du mariage, en 1950, de Marie Naudet avec René Moreau. En 1991, Stéphane Moreau arrive sur l'exploitation. Il porte la superficie du vignoble à 25 ha (de 7 ha à l'origine).

Ce domaine pratique de longs élevages. Pour cette cuvée, deux ans – les deux tiers en cuve et le solde en fût. Une bonne recette, puisque ce grand cru est particulièrement réussi. Au nez, de l'acacia, rehaussé de quelques notes épicées ; en bouche, un boisé maîtrisé, des fleurs encore, de la fraîcheur et de la minéralité. ✗ 2018-2024 ♈ langouste à la vanille

☛ Moreau-Naudet, 5, rue des Fosses, 89800 Chablis, tél. 03 86 42 14 83, moreau.naudet@wanadoo.fr 🆅 🅰 🆙 r.-v.

DOM. PINSON FRÈRES Les Clos 2013		
◼ 8 200	🍶	30 à 50 €

Établis dans le Chablisien dès 1640, les Pinson exportaient du vin aux États-Unis en 1880. Louis Pinson constitue son domaine en 1983. Ses fils Laurent et Christophe portent sa superficie de 4 à 14 ha. Charlène Pinson, fille de Laurent, les a rejoints en 2008. Les vins de la propriété sont régulièrement mentionnés dans le Guide.

Un classique de l'appellation mais encore bien discret, notamment au nez, partagé entre la pêche blanche et la vanille. Pour autant, la bouche est tendue, soutenue par une belle acidité, et pour l'heure marquée par l'élevage qui l'alourdit quelque peu. ✗ 2017-2022 ♈ vol-au-vent

☛ Dom. Pinson Frères, 5, quai Voltaire, 89800 Chablis, tél. 03 86 42 10 26, contact@domaine-pinson.com 🆅 🆙 t.l.j. sf dim. 8h-12h 13h30-17h30 ; sam. sur r.-v.

RÉGNARD Les Clos 2012		
◼ 4 000	🍾	30 à 50 €

La maison Régnard a pignon sur rue à Chablis depuis 1860. Elle a été rachetée en 1984 par Patrick de Ladoucette, bien connu dans le Centre Loire et également présent dans d'autres vignobles bourguignons.

Droit et frais, minéral, il n'en faut pas plus pour résumer ce grand cru représentatif de l'appellation. Le nez, discret, laisse deviner une complexité naissante, entre minéralité et fruité mûr rappelant l'abricot. La bouche est à la fois ample, franche et tendue. ✗ 2016-2022 ♈ blanquette de lotte

0⎯ *Régnard, 28, bd Tacussel, 89800 Chablis,*
tél. 03 86 42 10 45, regnard.chablis@wanadoo.fr
Ⓥ 🏃 🔼 *t.l.j.* 10h-12h 14h-18h 0⎯ *de Ladoucette*

DOM. GUY ROBIN ET FILS
Valmur Vieilles Vignes 2012

	6 850	🍷 🍴	20 à 30 €

Denise et Guy Robin, deux figures du vignoble chablisien, ont passé la main en 2007. Leur fille Marie-Ange
a quitté les bureaux pour revenir à la terre. Celle de
l'exploitation familiale avec ses 20 ha et de nombreux
grands crus dans une cave riche de quelque 120 fûts de
chêne.
Un vin difficile à déguster, peut-être en raison de sa
jeunesse. Il a du caractère, ce qui le rend pour l'heure
sévère. Le nez porte l'empreinte des notes très grillées de
l'élevage, qui rappellent au palais le pain d'épice. La bouche
est à la fois ample et vive, austère en finale. ✗ 2018-2023
🍴 feuilleté de saumon ■ Les Clos 2012 (20 à 30 € ;
1 120 b.) : vin cité. ✗ 2018-2022
0⎯ *EARL Dom. Guy Robin, 13, rue Berthelot,*
89800 Chablis, tél. 03 86 42 12 63, contact@
domaineguyrobin.com Ⓥ 🏃 🔼 *r.-v.*

DOM. SÉGUIN Bougros 2012 ★

	3 200	🍴	20 à 30 €

Fondé au XVIIᵉs., ce domaine de 35 ha conduit
aujourd'hui par François Servin possède des parcelles
dans quatre des sept grands crus de Chablis. Ses vins
sont régulièrement mentionnés dans le Guide.
Austère pour l'instant, mais avec un grand potentiel de
garde. Ce vin est une ligne droite tracée par la minéralité.
Strict, vif, précis, il sait aussi séduire avec son nez de fleurs
blanches et de vanille, qui s'épanouira à la garde.
✗ 2018-2024 🍴 sandre au beurre blanc ■ Blanchot 2012
(20 à 30 € ; 5 060 b.) : vin cité. ✗ 2016-2020
0⎯ *Dom. Servin, 20, av. d'Oberwesel, 89800 Chablis,*
tél. 03 86 18 90 00, contact@servin.fr Ⓥ 🏃 🔼 *t.l.j. sf.*
sam. dim. 8h-12h 13h30-17h30

SIMONNET-FEBVRE Les Clos 2012

	2 940	🍷 🍴	30 à 50 €

Reprise en 2003 par Louis Latour, cette maison de
négoce-éleveur fondée en 1840 est une référence en
Chablisien, dirigée aujourd'hui par Jean-Philippe Archambaud. Une solide renommée qui dépasse largement les frontières de la France, 85 % de la production
partant à l'export.
Le nez discret affiche une complexité naissante avec ses
notes de fleurs blanches, d'agrumes et de fruits exotiques,
assorties d'une touche minérale. La bouche joue sur le
même registre, avec vivacité. Un peu ténu pour décrocher
une étoile, ce grand cru n'en est pas moins bien fait, franc
et agréable. ✗ 2017-2021 🍴 paupiettes de sole
0⎯ *Simonnet-Febvre, 30, rte de Saint-Bris,*
89530 Chitry-le-Fort, tél. 03 86 98 99 01, contact@
simonnet-febvre.com Ⓥ 🔼 *r.-v.*

CH. DE VIVIERS Les Blanchots 2013 ★

	890	🍷 🍴	30 à 50 €

Un château classique du XVIIᵉs. et un vignoble dont
le vin fut servi au mariage de Louis XV. L'une des

propriétés de la maison Lupé-Cholet, fondée en 1903 à
Nuits-Saint-Georges par deux aristocrates bourguignons, le comte Mayol de Lupé et le vicomte de Cholet,
et forte de 25 ha à Chablis et en Côte-d'Or.
Il est encore jeune mais déjà plaisant à boire. Si le nez est
discret, minéral, floral, un rien fumé, la bouche est plus
expressive : beaucoup de fraîcheur, des notes de craie et
d'écorce d'orange, une longue finale vanillée. On ne
pariera pas sur le très long terme, mais un plaisir prochain
est assuré. ✗ 2016-2020 🍴 carpaccio de saint-jacques
0⎯ *SCEV Ch. de Viviers, 89700 Viviers,*
tél. 03 80 61 25 05, bourgogne@lupe-cholet.com
0⎯ *Lupé-Cholet*

IRANCY

Superficie : 165 ha / Production : 6 800 hl

Ce petit vignoble situé à une quinzaine de kilomètres
au sud d'Auxerre a vu sa notoriété confirmée, devenant AOC communale. Les vins d'Irancy ont acquis une
réputation en rouge, grâce au césar (ou romain),
cépage local datant peut-être du temps des Gaules. Ce
dernier est assez capricieux ; lorsqu'il a une production
faible à normale, il imprime un caractère particulier au
vin et, surtout, lui apporte un tanin permettant une
très longue conservation. Lorsqu'il produit trop, il
donne difficilement des vins de qualité ; c'est la raison
pour laquelle il n'a pas fait l'objet d'une obligation dans
les cuvées. Le pinot noir, principal cépage de l'appellation, donne sur les coteaux d'Irancy un vin de qualité,
très fruité, coloré. Les caractéristiques du terroir sont
surtout liées à la situation topographique du vignoble,
qui occupe les pentes formant une
cuvette au creux de laquelle se trouve le village. Le
terroir déborde sur les deux communes voisines de
Vincelotte et de Cravant, où les vins de la Côte de
Palotte sont particulièrement réputés.

Ⓑ JEAN-LOUIS ET JEAN-CHRISTOPHE BERSAN
Cuvée Louis Bersan 2013

	n.c.	🍴	15 à 20 €

Ce jeune domaine, aussi maison de négoce, a été créé
en 2010 par Pierre-Louis Bersan et son père Jean-
François, issus d'une famille présente à Saint-Bris
depuis... 1453. Leur vignoble (22 ha) est conduit en bio.
Un joli nez sur la cerise et une bouche fruitée relevée par
des notes épicées. Le fond boisé rend la finale plus sévère
et appelle la garde. Patience donc, le potentiel est bien là,
et cette bouteille de caractère donnera un irancy bien typé
dans quelques années. ✗ 2017-2021 🍴 coq au vin
0⎯ *Dom. Jean-Louis et Jean-Christophe Bersan,*
20, rue du Dr-Tardieux, 89530 Saint-Bris-le-Vineux,
tél. 03 86 53 33 73, jean-louis.bersan@wanadoo.fr
Ⓥ 🏃 🔼 *r.-v.*

BENOÎT CANTIN
Cuvée Émeline 2013 ★

	11 300	🍴	11 à 15 €

Établie à Irancy, cette exploitation familiale est dédiée
au pinot noir, en particulier à l'appellation communale.
À sa tête depuis 1993, Benoît Cantin fait volontiers

visiter son nouveau chai à barriques où sont élevés ses vins. Son domaine couvre 15 ha.

Expressif, le nez est engageant par ses parfums de fruits rouges. Dans un sillage finement boisé, la bouche se révèle gourmande, étayée par des tanins soyeux, qui témoignent d'une extraction réussie, un brin plus sévères en finale toutefois. Un vin bien équilibré, qui ne demande qu'à vieillir. ✗ 2017-2022 ♈ civet de lièvre ■ La Grande Côte 2013 ★ (11 à 15 € ; 28 000 b.) : un nez intense de fruits rouges légèrement épicés, une bouche charnue et tout aussi fruitée, bâtie sur des tanins solides. ✗ 2016-2021

☛ *Benoît Cantin, 35, chem. des Fossés, 89290 Irancy, tél. 03 86 42 21 96, cantin.benoit@orange.fr* Ⅴ 🏃 ♿ *t.l.j. 8h-12h 14h-19h*

♥ COLINOT Cuvée Soufflot 2012 ★★

■	2 400	ⅰⅰ	20 à 30 €

Depuis 2001, Stéphanie Colinot vinifie les lieux-dits les plus connus d'Irancy (Palotte, Les Mazelots, Côte du Moutier, Les Cailles, Boudardes...), s'attachant à exprimer les différents terroirs de son vignoble de 12,5 ha.

Stéphanie Colinot a fait forte impression avec ce 2012 élevé en fût, qui rend hommage à son aïeul l'architecte Soufflot, natif d'Irancy. Emballant de bout en bout, ce vin séduit d'emblée par son bouquet « extraverti », intense et généreux de fruits rouges légèrement confits. Une intensité à laquelle fait écho un palais à la fois élégant et puissant, ample et charnu, soutenu par un boisé bien fondu. Un grand irancy de caractère, à garder en cave. ✗ 2017-2023 ♈ tournedos Rossini

☛ *Dom. Colinot, 1, rue des Chariats, 89290 Irancy, tél. 06 81 27 08 32, vin@irancy-colinot.fr* Ⅴ 🏃 ♿ *r.-v.*

LA CROIX MONTJOIE
Collection 2013 ★

■	n.c.	ⅰⅰ	11 à 15 €

Tous deux ingénieurs agronomes, Sophie et Matthieu Woillez sont installés depuis 2009 dans la commune de Tharoiseau, sur un vignoble de 10 ha. Ils ont entrepris d'importants travaux d'aménagement.

Cet irancy révèle de l'élégance et du caractère. Au nez, c'est la cerise qui domine, accompagnée de notes poivrées. En bouche, les fruits rouges bien présents, épaulés par des tanins encore un peu fermes qui appellent une courte garde. ✗ 2017-2020 ♈ filet de charolais

☛ *Dom. la Croix Montjoie, 50, Grande-Rue, 89450 Tharoiseau, tél. 03 86 32 40 94, contact@ lacroixmontjoie.com* Ⅴ 🏃 ♿ *t.l.j. 10h-19h; nov.-mars sur r.-v.* ☛ *Woillez*

ÉRIC ET EMMANUEL DAMPT 2013 ★

■	n.c.	🍶 ⅰⅰ	8 à 11 €

Un père, Bernard Dampt, vigneron à Collan de 1980 à 1998, comme trois générations avant lui ; trois fils, Éric, Emmanuel et Hervé ; plusieurs exploitations : une pour chaque frère, une pour la fratrie. Les frères sont indissociables, mais chacun a son rôle à jouer, et tous font leurs propres vins.

Plus habitués à vinifier des chardonnays, Éric et Emmanuel Dampt ne sont pas moins habiles avec le pinot noir. Cet irancy très typé en témoigne. Les arômes de griotte et de sous-bois s'emparent du nez, relayés par une bouche longue et bien charpentée, aux tanins fins. Du caractère et de l'élégance. ✗ 2017-2020 ♈ jambon persillé

☛ *Vignoble Dampt, rue de Fleys, 89700 Collan, tél. 03 86 55 29 55, vignoble@dampt.com* Ⅴ 🏃 ♿ *t.l.j. 9h-12h 13h30-17h30* 🏠 🅱

🅱 GUILHEM ET JEAN-HUGUES GOISOT
Les Mazelots 2013 ★★

■	3 000	ⅰⅰ	11 à 15 €

Une valeur sûre de l'Auxerrois que ce domaine, ancienne place forte de Saint-Bris abritant un corps de garde. Jean-Hugues Goisot et son fils Guilhem exploitent en biodynamie un vignoble de 28 ha et élèvent leurs vins dans de vénérables caves des XIᵉ et XIIᵉs.

Un irancy comme on les aime : franc, racé, élégant. Le nez est un panier de fruits : cerise, fraise des bois et mûre. La bouche, longue, ronde et gourmande, livre en sus des fruits des notes bien fondues de torréfaction. On fera toutefois patienter ce 2013 en cave pour que les tanins, encore un peu stricts en finale, s'assagissent. ✗ 2017-2021 ♈ canard aux olives

☛ *Guilhem et Jean-Hugues Goisot, 30, rue Bienvenu-Martin, 89530 Saint-Bris-le-Vineux, tél. 03 86 53 35 15, domaine.jhg@goisot.com* Ⅴ ♿ *r.-v.*

DOM. DE MAUPERTHUIS 2013

■	13 000	ⅰⅰ	8 à 11 €

Installés en Tonnerrois depuis 1992, Laurent et Marie-Noëlle Ternynck conduisent un vignoble de 14 ha. Ils signent des vins très souvent en bonne place dans le Guide, notamment leurs bourgognes d'appellations régionales.

Encore dominé par le bois, ce 2013 a du potentiel. D'intenses notes grillées marquent le nez, relayées par une bouche riche et suave, plus sévère en finale. Il faudra s'armer de patience pour que cet irancy prometteur gagne en finesse. ✗ 2018-2021 ♈ bœuf à la ficelle

☛ *EARL de Mauperthuis, Civry, 89440 Massangis, tél. 03 86 33 86 24, ternynck@hotmail.com* Ⅴ ♿ *r.-v.* ☛ *Laurent et Marie-Noëlle Ternynck*

STÉPHAN ET MARIE PODOR Palotte 2012 ★

■	2 500	ⅰⅰ	15 à 20 €

Stéphan Podor s'est installé en 1990 sur 4 ha, reprenant dix ans plus tard les vignes de son cousin Jean. Presque 10 ha aujourd'hui, dont une petite partie en Palotte.

Un peu de césar avec le pinot noir, cela donne du caractère. Ce Palotte n'en manque pas avec son nez grillé et très épicé. La bouche offre un éventail de saveurs gourmandes allant de la cerise à l'écorce d'orange, en passant par la cannelle et l'anis. Un vin très expressif, au caractère un peu atypique et presque méridional. ✗ 2015-2019 ♈ daube de bœuf

☛ *Stéphan et Marie Podor, 54, rue Soufflot, 89290 Irancy, tél. 03 86 42 34 64, stephanpodor@free.fr* Ⅴ 🏃 ♿ *r.-v.*

BOURGOGNE

DOM. DES REMPARTS Les Cailles 2012 ★★		
■ 6 000	🍾	5 à 8 €

À Saint-Bris-le-Vineux, un Sorin peut en cacher un autre. Ici, nous sommes chez Patrick, Jean-Marc et Thomas, issus d'une longue lignée de vignerons et conduisant une belle unité de 40 ha.

Chez les Sorin, le cépage césar entre encore dans la composition des cuvées d'irancy (8 % ici), avec succès. Cela donne un vin élégant, bien fondu et gourmand qui fait la part belle aux fruits rouges légèrement confits soulignés par une pointe de fraîcheur. Malgré son caractère déjà très aimable, on pourra l'attendre un peu pour en apprécier toutes les qualités. ✗ 2016-2020 ♥ bœuf bourguignon

☞ EARL Dom. des Remparts, 6, rte de Champs, 89530 Saint-Bris-le-Vineux, tél. 03 86 53 33 59, contact@domaine-des-remparts.com Ⓥ 🎿 🏠 t.l.j. sf dim. 9h-12h 14h-18h

THIERRY RICHOUX Ode à Odette 2012 ★★		
■ 10 000	◫	20 à 30 €

Cette famille ancienne de vignerons est établie à Irancy. Elle a misé sur la viticulture dès le milieu des années 1970. Gabin et Félix, les deux enfants de Thierry Richoux, sont prêts à prendre les rênes du domaine. Le vignoble de 23 ha est en conversion bio depuis 2012.

Cette cuvée élaborée par Thierry Richoux en hommage à sa grand mère Odette Rojot a conquis le jury et frôlé le coup de cœur. Trente mois d'élevage en demi-muid ont donné naissance à un vin puissant et généreux, qui allie épices et notes grillées à l'olfaction. La bouche est riche, dense, puissante et complexe (moka, épices à nouveau, fruits rouges), étayée par des tanins encore fermes. Le temps arrondira les angles de ce grand vin de garde. ✗ 2019-2025 ♥ filet de bœuf en croûte ■ Les Cailles 2012 (11 à 15 € ; 8 000 b.) : vin cité. ✗ 2018-2022

☞ Thierry Richoux, 73, rue Soufflot, 89290 Irancy, tél. 03 86 42 21 60, irancy.richoux@orange.fr Ⓥ 🎿 🏠 t.l.j. sf dim. 9h-12h 14h-18h

DOM. SAINT-GERMAIN La Bergère 2012 ★★		
■ 4 500	🍾 ◫	11 à 15 €

À l'occasion des vendanges 1981, Christophe Ferrari a une révélation : il sera vigneron. Le temps de terminer ses études, il s'installe en 1987 à Irancy comme jeune viticulteur. Il exploite aujourd'hui 21 ha sur Irancy et sur Chablis, épaulé par ses fils Janus et Nicolas, arrivés respectivement en 2012 et 2013.

Une bouteille admirable, qui était dans la finale des coups de cœur. « Élégant » et « racé » sont les termes qui reviennent le plus souvent dans les commentaires. Le nez et la bouche se font écho autour d'intenses arômes de fruits rouges. Un 2012 des plus gourmands, qui penche vers la rondeur, épaulé par des tanins fins et veloutés. ✗ 2017-2021 ♥ bavette de bœuf grillée ■ Le Paradis 2012 ★★ (15 à 20 € ; 3 100 b.) : un vin frais et puissant, aromatique à souhait, à garder pour qu'il révèle tout son potentiel. ✗ 2018-2021 ■ 2013 (8 à 11 € ; 38 000 b.) : vin cité. ✗ 2015-2018

☞ Christophe Ferrari, 7, chem. des Fossés, 89290 Irancy, tél. 03 86 42 33 43, irancy.ferrari@orange.fr Ⓥ 🎿 🏠 t.l.j. sf dim. 10h-12h 14h-18h30

BRUNO VERRET Sillage 2012 ★		
■ 3 800	◫	15 à 20 €

La famille Verret cultive la vigne depuis deux siècles et demi dans l'Yonne. Pionnier dans le vignoble de l'Auxerrois pour la mise en bouteilles et la commercialisation directe dans les années 1950, ce domaine (60 ha) demeuré familial fréquente régulièrement les pages du Guide.

De fines touches poivrées s'échappent du verre à l'aération. Souple dès l'attaque, adossé à des tanins fondus, le palais délivre d'intenses notes de fruits rouges dans un sillage finement boisé. Une cuvée déjà fort courtoise, que l'on pourra apprécier dans sa jeunesse. ✗ 2015-2020 ♥ ris de veau sauce madère ■ Dom. Verret L'Âme du domaine 2012 ★ (11 à 15 € ; 5 400 b.) : un vin complexe et flatteur par ses notes de cerise finement poivrées et par son boisé bien fondu. « Chef, au fourneau ! » conclut un dégustateur enthousiaste. ✗ 2015-2020

☞ SARL Bruno Verret, 13, rte de Champs, 89530 Saint-Bris-le-Vineux, tél. 03 86 53 77 31, dverret@domaineverret.com Ⓥ 🏠 t.l.j. sf dim. 8h-12h 14h-18h 🏠 Ⓔ

SAINT-BRIS

Superficie : 133 hl / Production : 7 950 hl

VDQS (1974) puis AOC (2001), les saint-bris proviennent essentiellement de la commune du même nom. L'appellation est réservée au sauvignon. Ce cépage est surtout planté sur les plateaux calcaires, où il atteint toute sa puissance aromatique. Contrairement aux vins de sauvignon de la vallée de la Loire ou du Sancerrois, le saint-bris fait généralement sa fermentation malolactique, ce qui lui confère une certaine souplesse.

Ⓑ DOM. BERSAN 2013 ★		
■ 15 000	🍾	5 à 8 €

Ce jeune domaine, aussi maison de négoce, a été créé en 2010 par Pierre-Louis Bersan et son père Jean-François, issus d'une famille présente à Saint-Bris depuis... 1453. Leur vignoble (22 ha) est conduit en bio.

Ce saint-bris évolue en finesse à l'olfaction, autour de notes typées d'agrumes (citron, pamplemousse). À l'unisson, la bouche se révèle équilibrée, alliant sans fausse note fraîcheur et rondeur. ✗ 2015-2017 ♥ rillettes de saumon ■ Mont embrasé 2013 (8 à 11 € ; 3 800 b.) Ⓑ : vin cité. ✗ 2016-2019

☞ Dom. Jean-Louis et Jean-Christophe Bersan, 20, rue du Dr-Tardieux, 89530 Saint-Bris-le-Vineux, tél. 03 86 53 33 73, jean-louis.bersan@wanadoo.fr Ⓥ 🎿 🏠 r.-v.

CLOTILDE DAVENNE 2013 ★		
■ 15 000	🍾	8 à 11 €

Cette vigneronne œnologue a travaillé chez Jean-Marc Brocard avant de créer en 2005 son exploitation au sud de Chablis, une mosaïque de 14 ha en conversion bio. Elle privilégie les élevages en cuve, quel que soit le cépage, pour préserver la subtilité du terroir.

Un vin bien dans le ton de l'appellation par ses parfums de bourgeon de cassis et d'agrumes. En bouche, il offre un bel équilibre entre rondeur et fraîcheur. ✗ 2015-2017 ❣ tarama

☛ Clotilde Davenne, 3, rue de Chantemerle, 89800 Préhy, tél. 03 86 41 46 05, serviceclient@clotildedavenne.fr 🆅 🅺 🅷 t.l.j. sf dim. 9h-12h 13h30-17h30 🏠 ❸

PHILIPPE DEFRANCE 2013 ★		
◾	5 400	5 à 8 €

Un domaine (18,5 ha) établi à Saint-Bris depuis plusieurs générations et conduit par Philippe Defrance depuis 1980. Ses caves voûtées des XIIe et XIIIe s. méritent le détour, ses vins, d'une réelle constance, aussi.

Des notes puissantes et douces de confiserie et de fruits exotiques dominent le nez. On retrouve ces derniers (le litchi en tête) dans une bouche franche et vive. ✗ 2015-2017 ❣ acras de morue

☛ Philippe Defrance, 5, rue du Four, 89530 Saint-Bris-le-Vineux, tél. 03 86 53 39 04, ph.defrance89@orange.fr 🆅 🅺 🅷 r.-v.

WILLIAM FÈVRE 2013 ★★		
◾	n.c.	8 à 11 €

Valeur sûre du vignoble chablisien, le domaine William Fèvre, producteur et négociant, aujourd'hui propriété de la maison champenoise Henriot, détient 15 ha de grands crus. Didier Séguier, maître de chai du domaine, en élabore les vins avec le souci de la finesse et de la pureté.

Il n'est pas passé loin du coup de cœur, ce 2013. Le nez se montre très élégant par ses parfums délicats de fleurs blanches. Rond en attaque, le palais révèle des saveurs de fruits exotiques (le litchi notamment) et déploie en finale une fine fraîcheur qui lui apporte une belle allonge. ✗ 2015-2018 ❣ brandade

☛ Dom. William Fèvre, 21, av. d'Oberwesel, 89800 Chablis, tél. 03 86 98 98 98, contact@williamfevre.com 🆅 🅺 🅷 t.l.j. 9h30-12h30 13h30-18h

DOM. FILLON ET FILS 2013		
◾	9 000	5 à 8 €

Propriété familiale reprise en cogérance par le frère et la sœur en 1995. Établis dans le joli village de Saint-Bris-le-Vineux, les Fillon exploitent un vignoble de 34 ha dans l'Auxerrois et le Chablisien.

Des parfums de bourgeon de cassis et de fruit de la Passion montent du verre. En bouche, le gras s'impose, la minéralité restant pour l'heure en toile de fond. Ce vin n'en reste pas moins agréable par ses arômes persistants de fruits exotiques. ✗ 2015-2017 ❣ filet de sandre sauce mangue

☛ Dom. Fillon, 53, rue Bienvenu-Martin, 89530 Saint-Bris-le-Vineux, tél. 03 86 53 30 26, domaine.fillon@gmail.com 🆅 🅺 🅷 t.l.j. 9h-12h30 14h-19h30

DOM. ANNE ET ARNAUD GOISOT 2013		
◾	5 000	5 à 8 €

Installé depuis 1981 à Saint-Bris dans une maison bourgeoise du XIXe s. au milieu d'un parc arboré, ce couple de vignerons est aujourd'hui à la tête de 23 ha et s'illustre régulièrement avec ses bourgognes Côtes d'Auxerre.

Le nez et la bouche jouent sur deux registres différents : des parfums suaves de nougat pour l'un, des saveurs plus vives de citron vert pour l'autre. Mais l'ensemble est harmonieux et alerte. ✗ 2015-2017 ❣ salade de chèvre chaud

☛ Dom. Anne et Arnaud Goisot, 4 bis, rte de Champs, 89530 Saint-Bris-le-Vineux, tél. 03 86 53 32 15, aa.goisot@wanadoo.fr 🆅 🅷 t.l.j. 8h30-12h 13h30-19h

DOM. GRAND ROCHE 2013 ★★		
◾	30 000	5 à 8 €

Érick Lavallée, comptable devenu céréalier, a créé en 1987 ce domaine de 16,5 ha. Installé à Saint-Bris, il produit du bourgogne Côtes d'Auxerre, du bourgogne-aligoté et du saint-bris.

Neuf mois d'élevage en cuve sur lies fines ont engendré ce vin séducteur en diable, aux parfums délicats de noisette. La bouche, centrée sur d'intenses saveurs d'agrumes, penche vers la vivacité. Un saint-bris élégant, énergique et très harmonieux. ✗ 2015-2017 ❣ sole meunière

☛ Érick Lavallée, rue des Coteaux, 89530 Saint-Bris-le-Vineux, tél. 03 86 53 84 07, lavallee89530@gmail.com 🆅 🅺 🅷 r.-v.

DOM. GÉRARD PERSENOT 2014 ★		
◾	13 000	5 à 8 €

Un domaine familial icaunais conduit de père en fils depuis 1858. Gérard Persenot est aux commandes depuis 1978.

Séduisant au nez par ses arômes de fruits exotiques mûrs, ce 2014 révèle un palais rond qui évolue vers plus de fraîcheur en finale. Encore très jeune au moment de la dégustation, il promet d'être un bon représentant de l'appellation dans quelque temps. ✗ 2016-2020 ❣ brandade de morue

☛ SARL Gérard Persenot, 8, rte de Chitry, 89530 Saint-Bris-le-Vineux, tél. 03 86 53 61 46, gerard@persenot.com 🆅 🅷 r.-v.

DOM. DES REMPARTS 2013		
◾	6 000	5 à 8 €

À Saint-Bris-le-Vineux, un Sorin peut en cacher un autre. Ici, nous sommes chez Patrick, Jean-Marc et Thomas, issus d'une longue lignée de vignerons et conduisant une belle unité de 40 ha.

Agréable et fin, ce sauvignon bourguignon a tendance à « chardonner » avec ses notes de fleurs blanches et sa rondeur avenante, complétées de nuances exotiques. ✗ 2015-2017 ❣ asperges sauce hollandaise

☛ EARL Dom. des Remparts, 6, rte de Champs, 89530 Saint-Bris-le-Vineux, tél. 03 86 53 33 59, contact@domaine-des-remparts.com 🆅 🅺 🅷 t.l.j. sf dim. 9h-12h 14h-18h

PHILIPPE SORIN 2013 ★★		
◾	10 000	5 à 8 €

C'est depuis un ancien relais de poste du XVIIIe s., qui aurait accueilli des hôtes illustres (Casanova, Napoléon,

Dumas), que les Sorin – Philippe et, depuis 2008, son fils Romain –, issus d'une longue lignée de vignerons (1577), conduisent leurs 20 ha de vignes.

Au nez, de puissants arômes de fruits exotiques côtoient le bourgeon de cassis. On retrouve les premiers dans une bouche délicatement anisée, souple et élégante, qui s'achève sur des notes toniques de pamplemousse. ⌛ 2015-2018 🍽 queue de lotte au curry

🔑 *Philippe Sorin, 12, rue de Paris, 89530 Saint-Bris-le-Vineux, tél. 03 86 53 60 76, romain@maitre2poste.fr* Ⓥ 🚶 🍷 *t.l.j. 8h-20h*

DOM. VERRET 2013

◻	15 000	▮	5 à 8 €

La famille Verret cultive la vigne depuis deux siècles et demi dans l'Yonne. Pionnier dans le vignoble de l'Auxerrois pour la mise en bouteilles et la commercialisation directe dans les années 1950, ce domaine (60 ha) demeuré familial fréquente régulièrement les pages du Guide.

Fleurs blanches au nez, agrumes en bouche. S'il n'est pas très puissant, ce vin bien typé mise sur la finesse et la souplesse. ⌛ 2015-2017 🍽 coquilles Saint-Jacques

🔑 *SARL Bruno Verret, 13, rte de Champs, 89530 Saint-Bris-le-Vineux, tél. 03 86 53 77 31, dverret@domaineverret.com* Ⓥ 🍷 *t.l.j. sf dim. 8h-12h 14h-18h*
🏠 Ⓔ

➧ LA CÔTE DE NUITS

La Côte de Nuits s'allonge jusqu'au Clos des Langres, sur la commune de Corgoloin. C'est une côte étroite (quelques centaines de mètres seulement), coupée de combes de style alpestre avec des bois et des rochers, soumise aux vents froids et secs. Elle compte vingt-neuf appellations, avec des villages aux noms prestigieux : Gevrey-Chambertin, Chambolle-Musigny, Vosne-Romanée, Nuits-Saint-Georges... Les 1ers crus et les grands crus (chambertin, clos-de-la-roche, musigny, clos-de-vougeot) se situent à une altitude comprise entre 240 et 320 m. C'est dans ce secteur que l'on trouve les plus nombreux affleurements de marnes calcaires, au milieu d'éboulis variés ; les vins rouges les plus structurés de toute la Bourgogne, aptes aux plus longues gardes, en sont issus.

BOURGOGNE-HAUTES-CÔTES-DE-NUITS

Superficie : 657 ha / Production : 28 750 hl (80 % rouge)

L'appellation s'applique à des vins rouges, rosés et blancs nés dans 16 communes de l'arrière-pays, ainsi que sur les parties de communes situées au-dessus des appellations communales et des crus de la Côte de Nuits. Cette production a augmenté notablement depuis 1970, date avant laquelle ce secteur proposait des vins plus régionaux, bourgogne-aligoté essentiellement. C'est à cette époque que des terrains, plantés avant le phylloxéra, ont été reconquis. La reconstitution du vignoble s'est accompagnée d'un effort touristique, avec en particulier la construction d'une Maison des Hautes-Côtes où l'on peut découvrir les productions locales – dont les liqueurs de cassis et de framboise.

Les coteaux les mieux exposés donnent certaines années des vins qui peuvent rivaliser avec des parcelles de la Côte, notamment en blanc : le chardonnay, d'un millésime à l'autre, donne des vins d'une meilleure régularité que le pinot noir.

Ⓑ MAISON AMBROISE 2013 ★

◻	5 200	🛢	11 à 15 €

Si la famille Ambroise cultive la vigne depuis le XVIIIe s., elle n'en vit que depuis les années 1960. Installé depuis 1987, Bertrand Ambroise laisse la place à ses enfants Ludivine et François, à la tête d'un vignoble de 21 ha (en bio certifié depuis 2013), complété par une activité de négoce-élevage.

Un blanc à l'équilibre irréprochable, très souple et au boisé fondu, qui déploie au nez des arômes flatteurs de miel et d'agrumes confits. Une matière ample, riche et charnue tapisse la bouche, sous-tendue par une touche de fraîcheur minérale. ⌛ 2016-2020 🍽 blanquette de poisson

🔑 *Maison Ambroise, 8, rue de l'Église, 21700 Premeaux-Prissey, tél. 03 80 62 30 19, contact@ambroise.com* Ⓥ 🚶 🍷 *r.-v.*

DOM. BONNARDOT Clos des Oiseaux 2013 ★★

■	2 100	▮ 🛢	8 à 11 €

Après vingt ans passés dans l'informatique financière, Danièle Bonnardot reprend en 2008 l'exploitation où ont œuvré avant elle son arrière-grand-père, son grand-père, son père et son frère. Le domaine couvre 21 ha dans les Hautes-Côtes conduits dans une approche bio, sans certification.

Ce clos de 70 ares est un monopole du domaine. Élevé en fût pendant neuf mois, le 2013 propose au nez des notes briochées et florales (acacia), une pointe épicée lui ajoutant de la complexité. La bouche est très harmonieuse, ample, franche et fringante, une trame minérale lui assurant caractère et longueur. ⌛ 2016-2020 🍽 écrevisse à la nage

🔑 *Dom. Bonnardot, 1, rue de l'Ancienne-Cure, 21700 Villers-la-Faye, tél. 03 80 62 91 27, domaine.bonnardot@wanadoo.fr* Ⓥ 🚶 🍷 *t.l.j. 9h-12h 14h-18h; dim. sur r.-v.*

JULIEN CRUCHANDEAU Les Valançons 2013 ★

■	3 800	🛢	8 à 11 €

Le jeune Julien Cruchandeau, originaire de Chenôve, a longtemps eu deux vies : viticulteur donc, et musicien jusqu'en 2010, avant de se consacrer pleinement à son domaine créé en 2003, 4,5 ha répartis sur les trois Côtes (de Beaune, de Nuits et chalonnaise).

Au nez, des arômes intenses de fruits rouges à bonne maturité se font sentir. Équilibre, volume et concentration s'imposent dès la mise en bouche ; les tanins sont bien en place, élégants et soyeux. De bonnes dispositions pour vieillir sereinement. ⌛ 2017-2020 🍽 coq au vin ■ Vieilles Vignes 2013 (8 à 11 € ; 2 000 b.) : vin cité. ⌛ 2015-2018

La Côte de Nuits

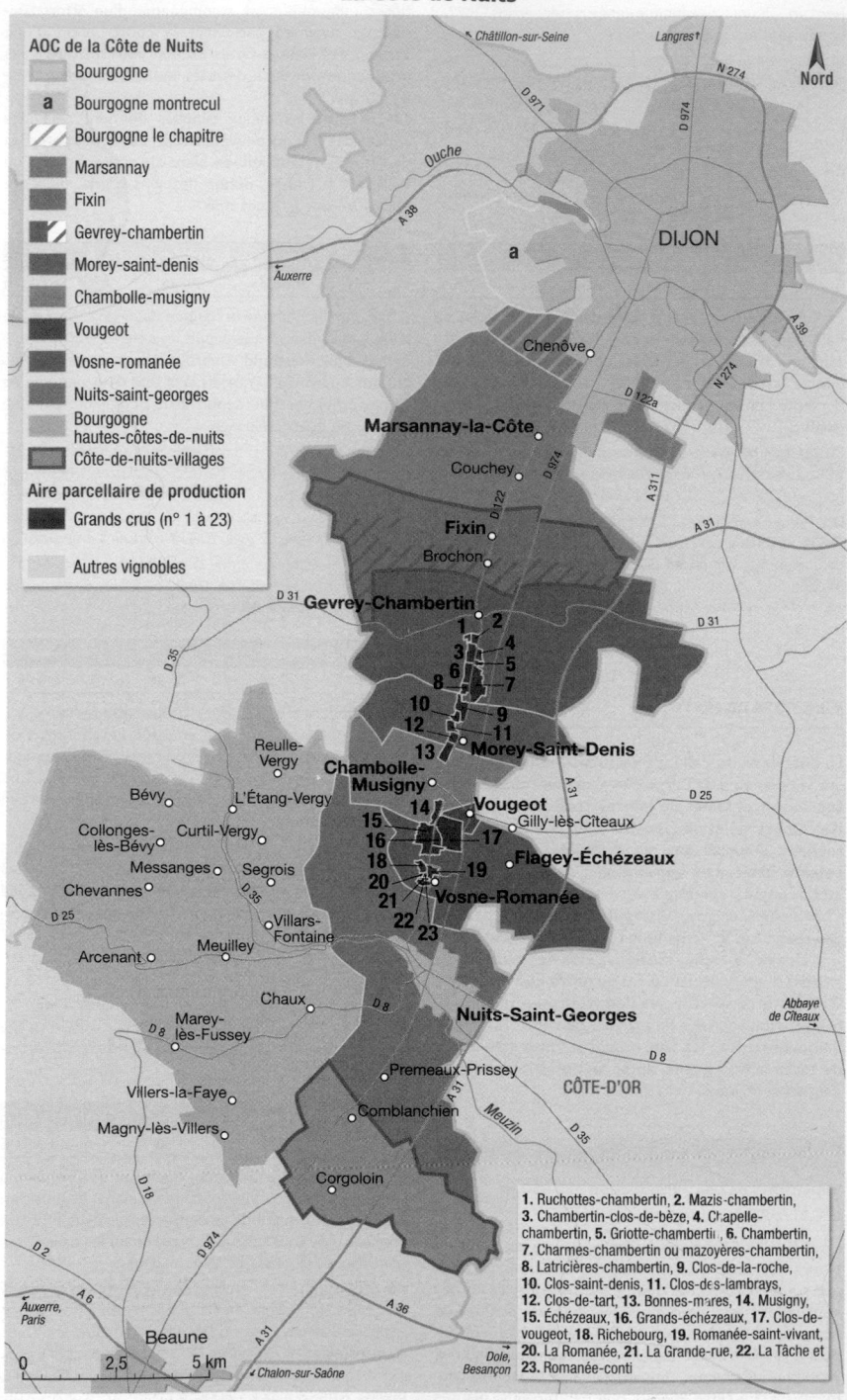

AOC de la Côte de Nuits

- Bourgogne
- **a** Bourgogne montrecul
- Bourgogne le chapitre
- Marsannay
- Fixin
- Gevrey-chambertin
- Morey-saint-denis
- Chambolle-musigny
- Vougeot
- Vosne-romanée
- Nuits-saint-georges
- Bourgogne hautes-côtes-de-nuits
- Côte-de-nuits-villages

Aire parcellaire de production

- Grands crus (n° 1 à 23)
- Autres vignobles

1. Ruchottes-chambertin, 2. Mazis-chambertin, 3. Chambertin-clos-de-bèze, 4. Chapelle-chambertin, 5. Griotte-chambertin, 6. Chambertin, 7. Charmes-chambertin ou mazoyères-chambertin, 8. Latricières-chambertin, 9. Clos-de-la-roche, 10. Clos-saint-denis, 11. Clos-des-lambrays, 12. Clos-de-tart, 13. Bonnes-mares, 14. Musigny, 15. Échézeaux, 16. Grands-échézeaux, 17. Clos-de-vougeot, 18. Richebourg, 19. Romanée-saint-vivant, 20. La Romanée, 21. La Grande-rue, 22. La Tâche et 23. Romanée-conti

○━ *Dom. Julien Cruchandeau, 4, rue Robert, 21700 Chaux, tél. 06 74 85 79 62, domaine.cruchandeau@gmail.com* **V** ⚘ **₊** *r.-v.*

DOM. GLANTENET 2013

| 2 500 | ⊕ | 8 à 11 € |

La famille Glantenet cultive la vigne depuis le XVIIIes. et commercialise ses vins depuis 1997. À la frontière entre hautes-côtes-de-beaune et hautes-côtes-de-nuits, le domaine, conduit par Jean-François Glantenet, s'étend sur 25 ha répartis sur cinq communes autour de Magny-lès-Villers.

Un vin délicat et alerte, présentant de fines notes florales et fruitées au nez (jasmin, chèvrefeuille, agrumes) et une bonne vivacité « terroitée » au palais. Une bouteille intéressante par sa pureté et sa précision ✗ 2016-2020 ❦ jambon persillé

○━ *Dom. Glantenet Père et Fils, 16, rue de l'Aye, 21700 Magny-lès-Villers, tél. 03 80 62 91 61, glantenet@orange.fr* **V** **₊** *r.-v.*

DOM. JACOB 2013 ★★

| 7 500 | ⊕ | 8 à 11 € |

Quatre générations de Jacob se sont succédé sur ce domaine régulier en qualité, établi à Ladoix-Serrigny, au pied de la montagne de Corton. Depuis 2007, Raymond, jusqu'alors aux commandes avec son frère Robert, est épaulé par son fils Damien pour conduire un vignoble de 13 ha.

Le nez, très expressif, fruité (ananas et orange confits) et floral (tilleul, acacia), ouvre la dégustation sur un tempo enthousiasmant. Le palais séduit par son ampleur, sa richesse et son caractère voluptueux ; des qualités qui ne l'empêchent pas de faire montre aussi d'une belle fraîcheur. « Un hautes-côtes grand cru », qui rappelle avec honneur le coup de cœur obtenu par la version 2012. ✗ 2017-2020 ❦ saumon à l'unilatérale

○━ *Dom. Damien et Raymond Jacob, hameau de Buisson, Cidex 20 bis, 21550 Ladoix-Serrigny, tél. 03 80 26 40 42, domainejacob@orange.fr* **V** ⚘ **₊** *r.-v.*

DOM. ALAIN JEANNIARD 2012 ★

| 4 000 | ⊕ | 11 à 15 € |

Après une carrière dans l'industrie, Alain Jeanniard est revenu à ses racines vigneronnes (qui remontent au XVIIIe.) pour reprendre en 2000 le domaine de Morey : 0,5 ha à l'époque, 4,5 ha aujourd'hui. Il a également créé une affaire de négoce en 2003.

Dès les premières notes aromatiques, à la fois florales (acacia), miellées et fruitées (fruits jaunes mûrs), cette cuvée dégage un caractère flatteur. En bouche, un profil plus frais que gras se dessine, le tout dans l'harmonie. ✗ 2016-2019 ❦ sole meunière

○━ *Dom. Alain Jeanniard, 4, rue aux Loups, 21220 Morey-Saint-Denis, tél. 03 80 58 53 49, domaine.ajeanniard@wanadoo.fr* **V** ⚘ **₊** *r.-v.*

♥ HERVÉ KERLANN K 2013 ★★★

| 4 000 | 🍾 ⊕ | 11 à 15 € |

Après avoir vécu au Canada, Hervé Kerlann a acheté le château de Laborde aux Hospices de Beaune en 1998. Un bel endroit pour laisser vieillir les vins de sa maison

de négoce. Un retour aux sources pour lui qui est issu d'une famille de vignerons et de négociants-éleveurs depuis 1873.

Une cuvée élevée pendant dix mois en fût et issue d'une parcelle d'un demi-hectare. Après une première approche tout en finesse et en discrétion, le nez livre à l'aération des notes d'épices douces (cannelle, vanille), de mirabelle et de guimauve. La bouche se révèle ample, riche et charnue, offrant une généreuse sensation de gourmandise tout au long de la dégustation, sans jamais tomber dans la lourdeur grâce au soutien d'une fine trame acide. L'équilibre est tout simplement parfait. ✗ 2018-2021 ❦ bar en croûte de sel

○━ *Maison Kerlann, Ch. de Laborde, 1, rte de Geanges, 21200 Meursanges, tél. 03 80 26 59 68, kerlann.herve@wanadoo.fr* **V** **₊** *r.-v.* 🏠 Ⓔ

DOM. GUILLAUME LEGOU L'Hermitage 2013

| 6 000 | ⊕ | 11 à 15 € |

Après plusieurs années passées en Côte de Nuits et en Côte de Beaune pour perfectionner ses connaissances acquises au lycée viticole de Beaune, Guillaume Legou a acheté une première parcelle de vignes en 2012. Il est aujourd'hui à la tête de près de 6,8 ha

Première sélection dans le Guide pour ce jeune domaine avec une cuvée qui s'affirme avec une certaine finesse à l'olfaction, sur des notes de framboise, de cerise, de tabac blond et d'humus. Des tanins bien fondus tapissent un palais onctueux et léger, égayé par un fruité croquant. L'ensemble laisse une impression d'équilibre et de fluidité. ✗ 2016-2019 ❦ râble de lapin

○━ *Dom. Guillaume Legou, 33b, rue Henri-de-Buhezre, 21700 Nuits-Saint-Georges, tél. 06 12 54 20 39, legouguilaume@aol.fr* **V** ⚘ **₊** *r.-v.*

JEAN-PHILIPPE MARCHAND
Dames Huguettes 2013

| 3 000 | ⊕ | 20 à 30 € |

Les vignobles Marchand ont été fondés en 1813 à Morey et agrandis en 1983 d'une vigne à Gevrey-Chambertin. Héritier de six générations, Jean-Philippe Marchand gère depuis 1984, le domaine familial – installé dans une ancienne fabrique de confitures de Gevrey – ainsi qu'une affaire de négoce.

Le nez, très expressif et généreux mêle des notes d'épices douces, de fruits rouges acidulés et de tabac blond. Le palais se révèle ample, souple et de bonne longueur, porté par des tanins ✗ 2016-2020 ❦ lapin aux pruneaux

○━ *Jean-Philippe Marchand, 4, rue Souvert, BP 41, 21220 Gevrey-Chambertin, tél. 03 80 34 33 60, contact@marchand-jph.fr* **V** ⚘ **₊** *r.-v.*

DOM. NUDANT 2013 ★★

| 6 600 | ⊕ | 11 à 15 € |

Un Guillaume Nudant d'Aloxe-Corton était déjà vigneron en 1453. Son descendant, Guillaume également, a rejoint en 2003 son père Jean-René sur le domaine familial de 16 ha plantés pour l'essentiel autour de la montagne de Corton.

« Un hautes-côtes premier cru », conclut un dégustateur enthousiaste. De fait, le nez, à la fois expressif, complexe et raffiné, associe la noisette fraîche et les fruits blancs à des nuances pierreuses. Tendre et fraîche, la bouche évolue tout en finesse et en longueur, et laisse le souvenir d'un vin des plus harmonieux. ✗ 2016-2020 ⚘ saint-jacques poêlées

☛ Dom. Nudant, 11, rte de Dijon, BP 15, 21550 Ladoix-Serrigny, tél. 03 80 26 40 48, domaine.nudant@wanadoo.fr 🆅 🎿 🏆 t.l.j. sf dim. 8h-12h 14h-18h; sam. sur r.-v. 🏠 🄴

MANUEL OLIVIER Vieilles Vignes 2012		
■	20 000	⬤	11 à 15 €

Installé en 1990, Manuel Olivier a commencé par cultiver les vignes et les petits fruits dans les Hautes-Côtes de Nuits. Aujourd'hui spécialisé, il exploite un vignoble de 11 ha, complété depuis 2007 par une structure de négoce qui lui a permis de mettre un pied en Côte de Beaune.

Le nez demande un peu d'aération pour que les premières notes boisées laissent place à un fruité frais. Une matière consistante, fraîche et équilibrée se manifeste au palais, étayée par des tanins harmonieux, bien qu'un peu stricts en finale. ✗ 2017-2020 ⚘ côte de bœuf ■ 2012 (8 à 11 € ; 6 500 b.) : vin cité. ✗ 2015-2018

☛ Dom. Manuel Olivier, 7, rue des Grandes-Vignes, hameau de Corboin, 21700 Nuits-Saint-Georges, tél. 03 80 62 39 33, contact@domaine-olivier.com 🆅 🎿 🏆 t.l.j. 9h-12h 14h-19h

DOM. SAINT-SATURNIN DE VERGY 2014 ★		
■	35 000	⬤	11 à 15 €

Ce domaine, une partie (31 ha) de l'ancien domaine Geisweiler et Fils à Bévy, est aujourd'hui géré par l'équipe de Vincent Sauvestre (maison Béjot à Meursault).

Le nez exprime de fines notes d'agrumes et de poivre blanc. La bouche s'inscrit dans la continuité, déployant une matière ciselée par un caractère minéral et vif. Un vin franc, d'une belle précision. ✗ 2015-2018 ⚘ huîtres

☛ Dom. Saint-Saturnin de Vergy, 7, rte de Monthelie, 21190 Meursault, tél. 03 80 21 22 45, contact.france@bejot.com 🆅 🏆 r.-v.

GUY SIMON ET FILS Les Dames Huguette 2012		
■	4 000	⬤	8 à 11 €

Guy Simon et son épouse furent parmi les principaux artisans de la reconquête des Hautes-Côtes par la vigne. Leur fils, Didier, est installé sur le domaine (17 ha) depuis 1995 et représente la cinquième génération à œuvrer sur cette propriété fondée en 1862.

L'histoire raconte qu'une grande partie de ce finage emblématique des Hautes-Côtes, situé sur les hauteurs de Nuits, appartenait autrefois à des familles protestantes, les Dames Huguenotes, qui devinrent les Dames Huguette après la révocation de l'édit de Nantes en 1685. La famille Simon en cultive 1,3 ha, à l'origine d'un vin au nez gourmand de chocolat puis de fruits noirs. Une matière fondue et des tanins ronds composent une bouche d'une bonne consistance, épaulée par une agréable pointe de fraîcheur. ✗ 2015-2018 ⚘ petit salé aux lentilles

☛ Guy Simon et Fils, 41, Grande-Rue, 21700 Marey-lès-Fussey, tél. 03 80 62 91 85, guysimonetfils@orange.fr 🆅 🎿 🏆 r.-v.

MARSANNAY

Superficie : 227 ha / Production : 9 650 hl (85 % rouge et rosé)

Les géographes discutent encore sur les limites nord de la Côte de Nuits car, au XIXᵉ s., un vignoble couvrant les communes situées de part et d'autre de Dijon constituait la Côte dijonnaise. Aujourd'hui, à l'exception de quelques vestiges comme le Marcs d'Or et les Montreculs, l'urbanisation a chassé les ceps de Dijon et de la commune voisine de Chenôve.

Marsannay, puis Couchey ont longtemps approvisionné la ville de grands ordinaires et manqué en 1935 le coche des AOC communales. Petit à petit, les viticulteurs ont replanté ces terroirs en pinot, et la tradition du rosé – vendu sous l'appellation « bourgogne rosé de Marsannay » – s'est développée. Puis ils ont de nouveau proposé des vins rouges et blancs comme avant le phylloxéra et, après plus de vingt-cinq ans d'efforts et d'enquêtes, l'AOC marsannay a été reconnue en 1987.

L'appellation se décline en « marsannay rosé » et « marsannay » (vins rouges et vins blancs). Le rosé peut être produit sur une aire plus extensive, dans le piémont sur les graves, tandis que rouges et blancs doivent provenir uniquement du coteau des trois communes de Chenôve, Marsannay-la-Côte et Couchey.

Les marsannay rouges sont charnus, un peu sévères dans leur jeunesse ; il faut les attendre quelques années. Peu répandus dans la Côte de Nuits, les vins blancs sont ici particulièrement recherchés pour leur finesse et leur solidité. Il est vrai que le chardonnay, mais aussi le pinot blanc, trouvent dans des niveaux marneux propices leur terroir d'élection.

DOM. CHARLES AUDOIN Au Champ Salomon 2013 ★		
■	1 500	⬤	15 à 20 €

Cyril Audoin (cinquième génération) a repris en 2008 le domaine familial, après des stages à Petrus (Pomerol), puis en Californie. Le vignoble couvre 14 ha, dont 12 plantés dans le village d'élection du domaine : Marsannay.

Ce marsannay blanc évoque d'abord des notes toastées, avant d'exprimer des arômes de fleur d'oranger et d'amande. La bouche, souple et fine, est d'un bon équilibre, dotée d'une finale fraîche et précise. ✗ 2016-2020 ⚘ foie gras poêlé ■ Les Longeroies 2012 (15 à 20 € ; 6 000 b.) : vin cité. ✗ 2017-2020

☛ Dom. Charles Audoin, 7, rue de la Boulotte, 21160 Marsannay-la-Côte, tél. 03 80 52 34 24, domaine-audoin@orange.fr 🆅 🎿 🏆 r.-v.

RÉGIS BOUVIER Les Longeroies Vieilles Vignes 2013 ★		
■	10 000	⬤	15 à 20 €

Régis Bouvier a fondé ce domaine en 1981 (2 ha au départ, 15,3 ha aujourd'hui), étendu de Marsannay, son fief, dont il défend les couleurs avec brio, à Morey, en passant par Fixin et Gevrey. Une activité de négoce lui permet de compléter sa gamme.

Le nez propose des notes d'épices, de fruits secs (noisette) et de fruits rouges. La bouche se déploie davantage en finesse qu'en puissance, les tanins sont ronds, et la finale est de bonne tenue. ✗ 2017-2020 ♈ volaille rôtie ■ Clos du Roy 2013 (15 à 20 € ; 3 000 b.) : vin cité. ✗ 2016-2020

o─ı *Régis Bouvier, 52, rue de Mazy,*
21160 Marsannay-la-Côte, tél. 03 80 51 33 93,
dom.reg.bouvier@hotmail.fr 🆅 🆇 *r.-v.*

MARC BROCOT Les Champs Salomon 2013		
■ 870	◗	11 à 15 €

En 1985, Marc Brocot a repris l'exploitation familiale en l'agrandissant, pour atteindre 9,25 ha aujourd'hui. Les vignes sont situées en Côte de Nuits, mais aussi sur le nord de la Côte de Beaune (Aloxe-Corton, Pernand-Vergelesses).

Ce marsannay blanc, produit en petite quantité, s'exprime sur des tonalités d'agrumes et de poire à l'olfaction. La bouche se révèle fine, harmonieuse et légèrement minérale. ✗ 2016-2020 ♈ fromage de chèvre

o─ı *Marc Brocot, 34, rue du Carré,*
21160 Marsannay-la-Côte, tél. 03 80 52 19 99,
brocot.viticulteur@orange.fr 🆅 🆇 *r.-v.*

DOM. PHILIPPE CHARLOPIN-PARIZOT En Montchenevoy 2012		
■ n.c.	◗	20 à 30 €

Repris en 1977, ce domaine familial, passé de 1,5 ha à 25 ha aujourd'hui, est en conversion bio. Avec son fils Yann, Philippe Charlopin fait partie des vignerons emblématiques de Gevrey-Chambertin et, plus généralement, de la Côte de Nuits. Il propose une large palette de vins, des *villages* aux grands crus du Chablisien, de la Côte de Beaune et de la Côte de Nuits. On ne compte plus ses étoiles et coups de cœur « vendangés » dans le Guide. Incontournable.

Le nez, des notes de baies noires, demande un peu d'aération pour s'ouvrir. Plus expressif (fruits rouges), le palais se montre rond et aimable, sur la finesse et la légèreté plutôt que sur la puissance. Un style « vin plaisir » qui s'appréciera dès aujourd'hui. ✗ 2015-2019 ♈ blanquette de veau

o─ı *Dom. Philippe Charlopin, 18, rte de Dijon,*
21220 Gevrey-Chambertin, tél. 06 24 71 12 05,
charlopin.philippe21@orange.fr

CLAVELIER ET FILS 2013		
■ 2 400	◗	20 à 30 €

Une maison de négoce (également propriétaire de vignes) installée en Côte de Nuits, à Comblanchien, village connu pour ses carrières de marbre. Fondée en 1935 par Antoine Clavelier et par un certain Jean Pinot, l'affaire a changé plusieurs fois de mains. Elle est dirigée depuis 2001 par Henri-Noël Thomas.

Au nez, des agrumes et la touche grillée de la barrique. Légèrement boisée, la bouche se montre ronde et suave dès l'attaque, une sensation de richesse s'en dégage spontanément. La finale est tendre et persistante, sur une

note vanillée. Un vin de plaisir immédiat. ✗ 2015-2018 ♈ saumon sauce crémée

o─ı *Clavelier et Fils, 49, rte de Beaune,*
21700 Comblanchien, tél. 03 80 62 94 11, vins.clavelier@
wanadoo.fr 🆅 🆇 *t.l.j. sf sam. dim. 9h-17h30; f. 22 déc.-5*
janv. **o─ı** *Thomas*

DOM. COLLOTTE En Combereau 2013 ★		
■ 3 616	◗	11 à 15 €

Depuis l'âge de seize ans, l'autodidacte Philippe Collotte insuffle son énergie au domaine familial, épaulé depuis 2014 par sa fille Isabelle. Une exploitation qui a bien grandi : les 3 ha d'origine (1981) sont passés à 13 aujourd'hui. Ses vins sont régulièrement au rendez-vous du Guide, notamment ceux de son fief d'origine, Marsannay, mais aussi ses fixin et ses chambolle-musigny.

Le nez est ouvert sur des notes légèrement acidulées de petits fruits rouges, agrémentées de senteurs de sous-bois. Le palais, rond et long, dévoile des tanins fondus, soulignés par une pointe de fraîcheur en finale. Un ensemble harmonieux. ✗ 2017-2020 ♈ œuf en meurette

o─ı *Dom. Collotte, 44, rue de Mazy,*
21160 Marsannay-la-Côte, tél. 03 80 52 24 34,
domaine.collotte@orange.fr 🆅 🆇 *r.-v.*

PIERRE DAMOY Les Longeroies 2012 ★		
■ 1 570	◗	30 à 50 €

Établi sur les plus beaux terroirs de Gevrey, Pierre Damoy très en vue pour ses grands crus (notamment ses chambertin, clos-de-bèze, chapelle-chambertin) est aux commandes depuis 1992 d'un domaine de 10,4 ha complété en 2007 par une affaire de négoce. Une valeur sûre.

À l'olfaction, ce marsannay évoque avec générosité la réglisse, la griotte et les fruits noirs. Pleine de charme, la bouche se révèle ample, ronde et riche, structurée par des tanins consistants mais sans dureté. Un vin d'un équilibre irréprochable. À boire jeune ou plus âgé. ✗ 2016-2025 ♈ gigot d'agneau

o─ı *Pierre Damoy, 11, rue du Mal-de-Lattre-de-Tassigny,*
21220 Gevrey-Chambertin, tél. 03 80 34 30 47, info@
domaine-pierre-damoy.com

OLIVIER DECELLE – PIERRE-JEAN VILLA Les Longeroies 2012		
■ 2 500	◗	20 à 30 €

Fondée en 2009 par deux associés étrangers à la Bourgogne – Pierre-Jean Villa (vallée du Rhône nord) et Olivier Decelle (Mas Amiel dans le Roussillon, Jean Faure, Haut-Ballet, Haut-Maurac... dans le Bordelais) épaulés par leur œnologue Jean Lupatelli –, cette maison nuitonne (négoce et domaine) s'est aujourd'hui fait une place solide en Bourgogne.

Ce 2012, né de l'un des *climats* de Marsannay les plus prisés, dévoile un bouquet expressif de framboise, de groseille et de myrtille. Dans la continuité aromatique, la bouche se montre fraîche et tendre, sans manquer de consistance, étayée par des tanins souples. ✗ 2016-2020 ♈ poularde rôtie

o─ı *Decelle-Villa, 3, rue des Seuillets,*
21700 Nuits-Saint-Georges, tél. 03 80 53 74 35, contact@
decelle-villa.com

BOURGOGNE

B DOM. JEAN FOURNIER Clos du Roy 2013 ★

| ■ | 9 100 | Ⅲ | 20 à 30 € |

Les Fournier sont vignerons à Marsannay depuis le XVIIᵉs. Laurent a repris en 2001 les rênes du domaine familial, aujourd'hui 16,5 ha en conversion bio depuis 2008. Ce jeune vigneron talentueux évite la surextraction et les maturités extrêmes, préférant exprimer le potentiel du terroir et du millésime.

Le nez, complexe et profond, mêle fruits rouges mûrs et notes grillées et fumées. En bouche, on découvre un vin dense et concentré. Les tanins sont présents en quantité, mais aussi en qualité. Le toucher est soyeux tout au long de la dégustation. L'élégance et l'équilibre sont au rendez-vous, et les années devraient mettre un peu plus en avant encore les vertus de ce marsannay. ✗ 2018-2023 ♈ carré d'agneau ■ Cuvée Saint-Urbain 2013 (15 à 20 € ; 19 300 b.) B : vin cité. ✗ 2018-2021 ■ Les Longeroies 2013 (20 à 30 € ; 8 300 b.) B : vin cité. ✗ 2018-2023

☛ Dom. Jean Fournier, 29, rue du Château, 21160 Marsannay-la-Côte, tél. 03 80 52 24 38, domaine.jean.fournier@orange.fr Ⅴ ♿ r.-v.

JEAN-MICHEL GUILLON ET FILS
Clos des Portes Monopole 2013 ★

| ■ | 4 100 | Ⅲ | 15 à 20 € |

Établi à Gevrey, Jean-Michel Guillon a débuté en 1980 sur un domaine de 2,3 ha, dont il a porté la superficie à plus de 13,8 ha répartis dans de nombreuses appellations (mazis, gevrey, morey, clos-de-vougeot...). Secondé par son fils Alexis depuis 2005, il s'illustre avec une grande régularité dans le Guide.

Le nez est tout d'abord marqué par des notes d'élevage (boisé grillé), mais il gagne en complexité au fil de l'aération : un fruité aux accents de cerise et de cassis se met en place. Une structure tannique ronde et dense lui assure une grande présence en bouche. Un vin ample, riche et puissant, qui gagnera encore en harmonie après quelques années de vieillissement. ✗ 2018-2025 ♈ magret de canard ■ Les Champs Perdrix 2013 (11 à 15 € ; 1 450 b.) : vin cité. ✗ 2016-2020

☛ Jean-Michel Guillon, 33, rte de Beaune, 21220 Gevrey-Chambertin, tél. 03 80 51 83 98, contact@domaineguillon.com Ⅴ ♿ r.-v. ⌂ Ⓓ

B HUGUENOT Champs-Perdrix 2013

| ■ | 10 000 | Ⅲ | 20 à 30 € |

Depuis 1790, dix générations se sont succédé sur ce domaine de 22,4 ha, réputé pour ses marsannay, ses gevrey et ses fixin. Philippe Huguenot a pris la suite de son père Jean-Louis en 1994, et lancé la conversion bio de son vignoble (certification en 2013).

Ce Champs-Perdrix est l'une des cuvées phares du domaine sur Marsannay (coup de cœur dans les millésimes 2006 et 2007). La version 2013 séduit au premier abord par sa fraîcheur et sa précision. Des notes discrètes mais fines de petits fruits noirs s'expriment au nez. D'un bel équilibre, la bouche se révèle souple et fruitée, fraîche et minérale. ✗ 2016-2020 ♈ paupiettes de veau

☛ SCE Dom. Huguenot, 7, ruelle du Carron, 21160 Marsannay-la-Côte, tél. 03 80 52 11 56, domaine.huguenot@wanadoo.fr Ⅴ r.-v.

CH. DE MARSANNAY Le Clos de Jeu 2012

| ■ | 6 652 | Ⅲ | 15 à 20 € |

Le domaine du Ch. de Marsannay s'étend sur près de 34 ha. Il est présent aussi bien en appellations villages qu'en 1ᵉʳˢ crus et grands crus de la Côte de Nuits. Il appartient depuis 2012 à la famille Halley, également propriétaire du Ch. de Meursault en Côte de Beaune. Un programme d'investissements à la vigne et au chai est en cours.

D'une belle expressivité, le nez évoque les fruits rouges à l'eau-de-vie, le cassis et une touche de sous-bois. Les tanins sont bien présents, mais sans rugosité, dans une bouche franche et rectiligne, dont il se dégage une sensation de fraîcheur et d'équilibre. ✗ 2018-2021 ♈ faisan aux raisins

☛ Ch. de Marsannay, 2, rue des Vignes, 21160 Marsannay-la-Côte, tél. 03 80 51 71 11, domaine@chateau-marsannay.com Ⅴ ♿ t.l.j. 10h-12h 14h-19h (10h-18h30 de mai à sept.); f. dim. mi-nov. à Pâques
☛ Olivier Halley

B DOM. SYLVAIN PATAILLE
Les Longeroies 2012

| ■ | 2 400 | Ⅲ | 20 à 30 € |

Une des valeurs sûres de Marsannay. Installé en 1999, Sylvain Pataille exploite un joli vignoble de près de 15 ha aujourd'hui, conduit en bio certifié. Il excelle notamment dans la vinification des rouges, longuement élevés.

Fidèle au rendez-vous, Sylvain Pataille revient avec un Longeroies de belle facture, né sur un terroir qui synthétise les qualités des différents climats de l'appellation. Le vin est charnu et consistant, porté par des tanins fins. La palette aromatique associe les petits fruits noirs, la griotte, la réglisse et une touche de chocolat noir. Une finale persistante conclut agréablement la dégustation. ✗ 2016-2020 ♈ magret de canard ■ 2013 (20 à 30 € ; 3 600 b.) B : vin cité. ✗ 2015-2018

☛ Sylvain Pataille, 14, rue Neuve, 21160 Marsannay-la-Côte, tél. 06 30 94 88 28, domaine.sylvain.pataille@wanadoo.fr Ⅴ ♿ r.-v.

FIXIN

Superficie : 95 ha / Production : 3 960 hl (95 % rouge)

Après avoir admiré les pressoirs des ducs de Bourgogne à Chenôve et dégusté le marsannay, on rencontre Fixin, qui donne son nom à une AOC où l'on produit surtout des vins rouges. Les fixin sont solides, charpentés, souvent tanniques et de bonne garde. Ils peuvent également revendiquer, au choix, à la récolte, l'appellation côte-de-nuits-villages.

Les climats Hervelets, Arvelets, Clos du Chapitre et Clos Napoléon, tous classés en 1ᵉʳˢ crus, sont parmi les plus réputés, mais c'est le Clos de la Perrière qui en est le chef de file puisqu'il a même été qualifié de « cuvée hors classe » par d'éminents écrivains bourguignons et comparé au chambertin ; ce clos déborde un tout petit peu sur la commune de Brochon. Autre lieu-dit : Le Meix-Bas.

DOM. DENIS BERTHAUT Les Arvelets 2013 ★

| ■ 1er cru | 1 900 | ◫ | 20 à 30 € |

Installés en 1974, les frères Denis et Vincent Berthaut (sixième génération) tiennent l'un des domaines phares de Fixin, dont les origines remontent au XVIIIᵉs. Les vignes couvrent 13 ha, dont 8 ha en fixin, conduits en lutte raisonnée « tendance bio ». La relève, avec Amélie, fille de Denis et de Marie-Andrée Gerbet (domaine François Gerbet à Vosne-Romanée), est assurée depuis 2013.

Les Berthaut s'illustrent une nouvelle fois avec trois 2013 de belle facture. Cassis et vanille composent le bouquet avenant de ces Arvelets. Le palais, riche, intense et solide, se révèle bien typé. Un fixin taillé pour la garde et élevé pendant dix-huit mois en fût, dont la structure demandera un peu de temps pour donner sa pleine mesure. ✕ 2018-2025 ▼ bœuf mijoté ■ En Combe Roy 2013 ★ (15 à 20 € ; 900 b.) : un joli nez de cassis et d'épices douces, un palais dense et étoffé, bâti sur des tanins fins et serrés. ✕ 2018-2022 ■ Les Crais 2013 (15 à 20 € ; 5 000 b.) : vin cité. ✕ 2018-2022

o⊸ Dom. Denis Berthaut, 9, rue Noisot, 21220 Fixin, tél. 03 80 52 45 48, denis.berthaut@wanadoo.fr
Ⓥ ⚐ ♟ ⬧ r.-v.

DOM. CLÉMANCEY
Les Hervelets Vieilles Vignes 2013 ★

| ■ 1er cru | 2 900 | ◫ | 15 à 20 € |

Marie-Odile Barçon-Clémancey a pris la tête de ce domaine familial en 1996. Un travail soigné à la vigne (labours, ébourgeonnage...) permet de tirer le meilleur parti de ses terroirs. Le domaine, basé à Couchey dans une maison datant des XVIIIᵉ et XIXᵉs., exploite 7,5 ha de vignes, très majoritairement plantés en rouge.

Un *climat* en pente douce, le plus vaste de Fixin, moins caillouteux que les autres 1ᵉʳˢ crus, où naissent des vins souvent plus tendres et délicats, moins carrés que ses voisins. Le domaine en exploite 1,67 ha, à l'origine d'un vin profond, qui se déploie avec intensité au nez, sur des notes de groseille, de framboise et de mûre. Des tanins solides mais fins structurent la bouche et confèrent une personnalité affirmée à ce vin de bonne garde. ✕ 2018-2023 ▼ filet de bœuf sauce morilles

o⊸ Dom. Clémancey, 33, rue Jean-Jaurès, 21160 Couchey, tél. 03 80 59 87 41, domaine.clemancey@wanadoo.fr
Ⓥ ♟ ⬧ r.-v.

CLOS SAINT-LOUIS Hervelets 2012

| ■ 1er cru | 3 000 | ◫ | 20 à 30 € |

Philippe Bernard et son épouse Martine sont installés depuis 1990 sur le domaine familial, créé en 1910. Ils mènent leurs vinifications sans artifices pour mettre en valeur les qualités de leur vignoble de 18 ha, répartis sur trois finages : Marsannay, Gevrey-Chambertin et Fixin. Le nez de ce 1ᵉʳ cru évoque avec discrétion les fruits noirs et la réglisse. La bouche se montre riche et de bonne concentration, soutenue par un beau boisé et par des tanins souples, quoique plus sévères en finale. À boire aussi bien jeune que plus âgé. ✕ 2016-2021 ▼ bœuf bourguignon

o⊸ Dom. du Clos Saint-Louis, 4, rue des Rosiers, 21220 Fixin, tél. 03 80 52 45 51, closstlouis@orange.fr
Ⓥ ♟ ⬧ t.l.j. 9h-12h 13h-18h30; f. 15-30 août
o⊸ Philippe Bernard

DOM. COLLOTTE
Les Crais de Chêne Cuvée Vieilles Vignes 2013

| ■ | 1 846 | ◫ | 15 à 20 € |

Depuis l'âge de seize ans, l'autodidacte Philippe Collotte insuffle son énergie au domaine familial, épaulé depuis 2014 par sa fille Isabelle. Une exploitation qui a bien grandi : les 3 ha d'origine (1981) sont passés à 13 aujourd'hui. Ses vins sont régulièrement au rendez-vous du Guide, notamment ceux de son fief d'origine, Marsannay, mais aussi ses fixin et ses chambolle-musigny.

Ce fixin s'exprime sur des notes de torréfaction et de fruits noirs compotés (mûre). La bouche est puissante, dense et profonde, avec une pointe d'austérité tannique et un boisé soutenu mais de qualité. L'attente est de rigueur. ✕ 2018-2023 ▼ filet de biche

o⊸ Dom. Collotte, 44, rue de Mazy, 21160 Marsannay-la-Côte, tél. 03 80 52 24 34, domaine.collotte@orange.fr Ⓥ ♟ r.-v.

GUY ET YVON DUFOULEUR
Clos du Chapitre Monopole 2012 ★★

| ■ 1er cru | 15 000 | ◫ | 20 à 30 € |

Les Dufouleur perpétuent une tradition vigneronne qui remonte à la fin du XVIᵉs. Le domaine actuel – le négoce Dufouleur Père et Fils a été vendu en 2006 – est né de la fusion en 2007 de la propriété familiale avec le domaine Yvan Dufouleur créé en 1991. Guy étant décédé, le vignoble (25 ha) est aujourd'hui dirigé par son fils aîné Yvan, épaulé à la gérance par Xavier, frère de Guy.

Le Clos du Chapitre, un 1ᵉʳ cru de 4,8 ha détenu en monopole par les Dufouleur, est l'un des plus beaux terroirs de Fixin. Il le démontre une nouvelle fois avec ce 2012 d'une grande noblesse. Le nez se montre expressif et complexe : des notes d'épices, de prune et de fruits rouges soutenus par un beau boisé. À l'unisson, la bouche, corpulente, intense et élégante, déploie des tanins à la fois fins et concentrés. Un fixin de caractère qui mérite de séjourner en cave. ✕ 2018-2025 ▼ lapin aux pruneaux

o⊸ Dom. Guy et Yvan Dufouleur, 17, rue Thurot, BP 80138, 21704 Nuits-Saint-Georges Cedex, tél. 06 13 27 15 59, gacile.dufouleur@21700-nuits.com Ⓥ ♟ r.-v.

DOM. PIERRE GELIN Clos Napoléon 2012 ★

| ■ 1er cru | 5 600 | ◫ | 20 à 30 € |

Fondée en 1925 par Pierre Gelin, cette propriété familiale exploite un vignoble de 13 ha sur les communes de Fixin et de Gevrey-Chambertin. Elle est conduite aujourd'hui par Pierre-Emmanuel Gelin, qui porte un soin particulier à la méthode culturale : la lutte raisonnée est appliquée, les vignes sont labourées, les désherbants bannis, et la conversion à l'agriculture biologique est prévue pour 2015.

Un grand classique des 1ᵉʳˢ crus de Fixin, que ce Clos Napoléon, un *climat* en monopole de 1,8 ha, situé à la hauteur du Clos du Chapitre, en dessous des Perrières. Autrefois cadastré « Aux Cheuzots », il doit son nom à Claude Noisot, officier de la garde impériale, en fut propriétaire. Le nez se montre assez discret, sur des notes de cerise bien mûre et de violette. La bouche fait l'unanimité par sa densité, son volume, ses tanins fins et soyeux, et son boisé ajusté, issu d'un élevage long de vingt et un mois. Déjà harmonieuse, cette bouteille réclame un peu de temps pour donner le meilleur d'elle-même. ✗ 2018-2022 ￥ rôti de veau Orloff ■ 2012 ★ (15 à 20 € ; 10 000 b.) : apprécié pour son caractère gourmand et persistant (griotte, fraise des bois, épices), son ampleur, ses tanins soyeux et sa rondeur. ✗ 2016-2020 ■ 1er cru Les Hervelets 2012 (20 à 30 € ; 1400 b.) : vin cité. ✗ 2016-2020

☞ *Dom. Pierre Gelin, 22, rue de la Croix-Blanche, 21220 Fixin, tél. 03 80 52 45 24, info@ domaine-pierregelin.fr* Ⓥ 🏃 🎁 *r.-v.*

Ⓑ **HUGUENOT** Petits Crais 2013 ★		
■	15 000	▥ 20 à 30 €

Depuis 1790, dix générations se sont succédé sur ce domaine de 22,4 ha, réputé pour ses marsannay, ses gevrey et ses fixin. Philippe Huguenot a pris la suite de son père Jean-Louis en 1994, et lancé la conversion bio de son vignoble (certification en 2013).

Cette cuvée, issue de vignes de cinquante ans, s'ouvre sans réserve sur des notes intenses de petits fruits rouges et de cassis. La bouche se montre fraîche, consistante et bien charpentée par des tanins jeunes et fins. Une bouteille qui demandera quelques années de garde pour s'assagir. Le 2009 obtient un coup de cœur. ✗ 2017-2022 ￥ filet de bœuf en croûte

☞ *SCE Dom. Huguenot, 7, ruelle du Carron, 21160 Marsannay-la-Côte, tél. 03 80 52 11 56, domaine.huguenot@wanadoo.fr* Ⓥ *r.-v.*

♥ **JAFFELIN** Les Hervelets 2013 ★★		
■ 1er cru	1 174	▥ 20 à 30 €

Cette maison de négoce-éleveur implantée à Beaune depuis 1816 appartient à la galaxie des vins Boisset. Elle conserve son autonomie d'achat avec Marinette Garnier à sa tête, une jeune œnologue qui a pris la suite de Prune Amiot en 2011. En vue notamment pour ses pernand-vergelesses et ses auxey-duresses.

Un coup de cœur qui fait écho à celui obtenu pour Les Hervelets 2007. Le nez propose de très jolies nuances fruitées (cassis et framboise), de violette et d'épices. Une touche subtilement épicée apporte un surcroît de complexité. La bouche se révèle riche et solide, le fruit et la matière sont remarquablement soulignés par un boisé fin et ajusté. Les tanins sont aujourd'hui assez sérieux, mais ils assurent à cette belle cuvée un potentiel de garde certain. ✗ 2018-2022 ￥ brie de Meaux

☞ *Maison Jaffelin, 2, rue Paradis, 21200 Beaune, tél. 03 80 22 12 49, jaffelin@maisonjaffelin.com* Ⓥ 🏃 🎁 *r.-v.*

DOM. JOLIET Clos de la Perrière Monopole 2012		
■ 1er cru	n.c.	▥ 50 à 75 €

Le Clos de la Perrière fut créé au XIIᵉ s. par les moines de Cîteaux et classé au XIXᵉ s. à l'égal des « grands vins de Gevrey-Chambertin » par le docteur Lavalle, qui notait que M. le marquis de Montmort vendait son clos « au même prix que le Chambertin ». Cette parcelle de 5 ha (dont 50 ares en chardonnay) est exploitée en monopole par la famille Joliet depuis 1853 – par Bénigne Joliet aujourd'hui –, qui ne cultive que le Clos.

Logiquement sélectionné plus souvent dans sa version pinot noir, le Clos s'illustre ici avec son blanc. Un vin au bouquet plaisant et frais d'agrumes et d'eucalyptus, au palais bien équilibré, tendu par une fine minéralité et offrant de l'intensité en rétro-olfaction. ✗ 2016-2020 ￥ saucisson brioché

☞ *Joliet Père et Fils, Manoir de la Perrière, 21220 Fixin, tél. 03 80 52 47 85, benigne@wanadoo.fr* Ⓥ 🏃 🎁 *r.-v.*

CH. DE MARSANNAY 2013		
■	8 000	▥ 15 à 20 €

Le domaine du château de Marsannay s'étend sur près de 34 ha. Il est présent aussi bien en appellations *villages* qu'en 1ᵉʳˢ crus et grands crus de la Côte de Nuits. Il appartient depuis 2012 à la famille Halley, également propriétaire du château de Meursault en Côte de Beaune. Un programme d'investissements à la vigne et au chai est en cours.

Ce fixin s'exprime sur des notes de cerise et de framboise soulignées par un boisé discret. Il dispose en bouche d'une charpente de tanins solides, épaulée par une pointe de fraîcheur. Un vin de bonne garde. ✗ 2017-2021 ￥ civet de lièvre

☞ *Ch. de Marsannay, 2, rue des Vignes, 21160 Marsannay-la-Côte, tél. 03 80 51 71 11, domaine@ chateau-marsannay.com* Ⓥ 🏃 🎁 *t.l.j. 10h-12h 14h-18h30 (10h-18h30 de mai à sept.); f. dim. mi-nov. à Pâques*

Ⓑ **ARMELLE ET JEAN-MICHEL MOLIN** 2012 ★		
■	4 800	▥ 15 à 20 €

Armelle et Jean-Michel Molin ont créé en 1987 ce domaine, qui couvre aujourd'hui 6,5 ha. Après l'arrivée de leur fils Alexandre (en 2004) sur l'exploitation, la conversion bio a été engagée et la certification obtenue en 2010. La propriété est régulièrement sélectionnée pour ses fixin.

Ce *village* se présente avec beaucoup de subtilité. Agréable dès aujourd'hui, il s'ouvre sur des notes de groseille, de mûre et d'épices. Une texture fine se livre en souplesse en bouche. Les tanins sont un peu plus fermes en finale, mais ne nuisent pas à l'harmonie générale. ✗ 2016-2020 ￥ lapin à la moutarde ■ 2013 ★ (15 à 20 € ; 1 500 b.) Ⓑ : le nez dévoile d'intenses notes d'agrumes. Le palais se montre ample et gras, équilibré par une fine vivacité. ✗ 2015-2020

☞ *Dom. Armelle et Jean-Michel Molin, 54, rte des Grands-Crus, 21220 Fixin, tél. 03 80 52 21 28, domaine.molin@wanadoo.fr* Ⓥ 🏃 🎁 *r.-v.*

GÉRARD SEGUIN La Place 2013 ★		
■	3 400	▥ 11 à 15 €

Établi vers 1850, Alexis Seguin, petit propriétaire à Gevrey, fut l'un des premiers en Bourgogne à greffer avec des bois américains. Le domaine s'est peu à peu agrandi, pour atteindre 6,3 ha aujourd'hui, conduits par Gérard Seguin, son épouse Chantal et leur fils Jérôme.

Le nez de ce fixin propose une belle palette de petits fruits : cerise, cassis et groseille, accompagnés d'une note fumée. La bouche séduit par sa densité, sa richesse, ses tanins fermes et par sa fraîcheur par. qui apporte un surcroît de longueur. Un vin qu'il faudra attendre quelques années pour l'apprécier au mieux. ✗ 2018-2022 ✿ pintade rôtie

○⌐ *Gérard Seguin, 11-15, rue de l'Aumônerie, 21220 Gevrey-Chambertin, tél. 03 80 34 38 72, domaine.gerard.seguin@wanadoo.fr* 🆅 🅰 🔁 *r.-v.*

GEVREY-CHAMBERTIN

Superficie : 410 ha / Production : 17 280 hl

Au nord de Gevrey, trois appellations communales sont produites sur la commune de Brochon : fixin sur une petite partie du Clos de la Perrière, côte-de-nuits-villages sur la partie nord (lieux-dits Préau et Queue-de-Hareng) et gevrey-chambertin sur la partie sud. En même temps qu'elle constitue l'appellation communale la plus importante en volume, la commune de Gevrey-Chambertin abrite des 1ers crus tous plus grands les uns que les autres. La combe de Lavaux sépare la commune en deux parties. Au nord, on trouve, entre autres *climats*, les Évocelles (sur Brochon), les Champeaux, la Combe aux Moines (où allaient en promenade les moines de l'abbaye de Cluny qui furent au XIIIes. les plus importants propriétaires de Gevrey), les Cazetiers, le Clos Saint-Jacques, les Varoilles, etc. Au sud, les crus sont moins nombreux, presque tout le coteau étant en grand cru ; on peut citer les *climats* de Fonteny, Petite-Chapelle, Clos-Prieur, entre autres. Les vins de cette appellation sont solides et puissants dans le coteau, élégants et subtils dans le piémont. À ce propos, il y a lieu de réfuter une opinion erronée selon laquelle l'appellation gevrey-chambertin s'étendrait jusqu'à la ligne de chemin de fer Dijon-Beaune, dans des terrains qui ne le mériteraient pas. Cette information, qui fait ti de la sagesse des vignerons de Gevrey, nous donne l'occasion d'apporter une explication : la Côte a été le siège de nombreux phénomènes géologiques, et certains de ses sols sont constitués d'apports de couverture, dont une partie a pour origine les phénomènes glaciaires du quaternaire. La combe de Lavaux a servi de « canal », et à son pied s'est constitué un immense cône de déjection dont les matériaux sont semblables à ceux du coteau. Dans certaines situations, ils sont simplement plus épais, donc plus éloignés du substratum. Essentiellement constitués de graviers calcaires plus ou moins décarbonatés, ils donnent ces vins élégants et subtils dont nous parlions précédemment.

DOM. DES BEAUMONT Les Cherbaudes 2013 ★

■ 1er cru	1 800	◫	30 à 50 €

Thierry Beaumont a créé son domaine en 1991 en reprenant les vignes familiales et commercialise en bouteille, sous son patronyme, depuis 1999. Le vignoble couvre 5,4 ha à Morey, Chambolle et Gevrey. Les cuvées de ce vigneron peu interventionniste à la vigne et au chai, qui a investi dans un outil de travail moderne, sont chaque année au rendez-vous du Guide.

Le nez développe des arômes de cerise noire et de fruits rouges compotés, le tout bien marié avec le fût, offrant

un boisé discret. La bouche est structurée par des tanins ronds et gourmands. Sa concentration lui offre un beau potentiel de garde. ✗ 2018-2023 ✿ coq au vin

○⌐ *Dom. des Beaumont, 9, rue Ribordot, 21220 Morey-Saint-Denis, tél. 03 80 51 87 89, contact@ domaine-des-beaumont.com* 🆅 *r.-v.*

DOM. DENIS BERTHAUT Les Cazetiers 2013 ★

■ 1er cru	600	◫	30 à 50 €

Installés en 1974, les frères Denis et Vincent Berthaut (sixième génération) tiennent l'un des domaines phares de Fixin, dont les origines remontent au XVIIIes. Les vignes couvrent 13 ha, dont 8 ha en fixin, conduits en lutte raisonnée « tendance bio ». La relève, avec Amélie, fille de Denis et de Marie-Andrée Gerbet (domaine François Gerbet à Vosne-Romanée), est assurée depuis 2013.

« Bien faire vaut mieux que dire », peut-on lire sur le linteau datant de 1693 de la porte du 9 rue Noisot. Bien fait, ce 1er cru l'est sans conteste. Des notes complexes de fruits noirs (cassis en particulier) et rouges s'associent à un boisé toasté bien fondu au nez. Un fruit et une concentration que l'on retrouve avec gourmandise dans une bouche concentrée, aux tanins soyeux et sans agressivité. Un vin expressif et chaleureux. ✗ 2018-2023 ✿ chaource ■ Clos des Chezeaux 2013 (20 à 30 € ; 3 000 b.) : vin cité. ✗ 2018-2023

○⌐ *Dom. Denis Berthaut, 9, rue Noisot, 21220 Fixin, tél. 03 80 52 45 48, denis.berthaut@wanadoo.fr* 🆅 🅰 🔁 *r.-v.*

MARC BROCOT 2013 ★

■	750	◫	15 à 20 €

En 1985, Marc Brocot a repris l'exploitation familiale en l'agrandissant, pour atteindre 9,25 ha aujourd'hui. Les vignes sont situées en Côte de Nuits, mais aussi sur le nord de la Côte de Beaune (Aloxe-Corton, Pernand Vergelesses).

Ce gevrey village est un grand charmeur. Il s'ouvre sur une belle intensité aromatique dominée par des notes florales et beurrées agrémentées de pain d'épice. La bouche est ronde et harmonieuse, portée par des tanins fondus, tout en laissant une agréable fraîcheur persister en finale. ✗ 2018-2025 ✿ côte de bœuf

○⌐ *Marc Brocot, 34, rue du Carré, 21160 Marsannay-la-Côte, tél. 03 80 52 19 99, brocot.viticulteur@orange.fr* 🆅 🔁 *r.-v.*

Ⓑ CHAMPY Vieilles Vignes 2012 ★

■	1 500	◫	20 à 30 €

Fondée en 1721, la plus ancienne maison de négoce bourguignonne, établie dans le centre historique de Beaune, est désormais propriété du seul Pierre Beuchet, auparavant associé à Pierre Meurgey. Sous la direction de l'œnologue Dimitri Bazas, elle exploite 28 ha de vignes en propre, essentiellement en Côte de Beaune, mais s'approvisionne aussi plus au nord.

Le nez évoque un registre animal et sauvage ; il réclame un peu de temps et d'aération pour s'affiner. Rien de rédhibitoire, toutefois. La bouche est bien en place : longueur, extraction mesurée et richesse sont au rendez-vous. Un ensemble charmeur et harmonieux, à carafer avant le service. ✗ 2016-2020 ✿ faisan en cocotte

BOURGOGNE

○━ Champy, 5, rue du Grenier-à-Sel, 21200 Beaune,
tél. 03 80 25 09 99, contact@champy.com Ⓥ 🏃 🏆 r.-v.

○━ Pierre Beuchet

CHANSON 2012 ★		
■ n.c.	◫	30 à 50 €

L'une des plus anciennes maisons de négoce de Bourgogne, fondée en 1750, reprise en 1999 par le Champagne Bollinger. En plus de ses achats de raisins, elle
dispose d'un important vignoble de 45 ha et de
l'expertise de Jean-Pierre Confuron, son œnologue-
conseil au talent largement salué (aussi pour son
domaine familial Confuron-Cotedidot exploité avec son
frère Yves), qui a développé un style reconnaissable
grâce à ses vinifications en grappes entières. Son fief est
situé autour de Beaune, mais Chanson propose aussi
des appellations en Côte de Nuits.

Le nez, complexe et subtil, mêle notes florales, amande
douce, fruits rouges compotés et épices douces. Le palais
se distingue par sa consistance soyeuse, construite autour
de tanins fondus et déjà agréables, quoique plus stricts en
finale. Une jolie pointe de fraîcheur lui assure un surcroît
d'élégance et de potentiel de garde. ✗ 2018-2025 🍴 rôti de
bœuf aux cèpes

○━ Dom. Chanson Père et Fils, 10, rue Paul-Chanson,
21200 Beaune, tél. 03 80 25 97 97, chanson@
domaine-chanson.com Ⓥ 🏃 🏆 r.-v.

| **DOM. PHILIPPE CHARLOPIN – PARIZOT** | | |
Cuvée Vieilles Vignes 2012		
■ n.c.	◫	30 à 50 €

Repris en 1977, ce domaine familial, passé de 1,5 ha à
25 ha aujourd'hui, est en conversion bio. Avec son fils
Yann, Philippe Charlopin fait partie des vignerons
emblématiques de Gevrey-Chambertin et, plus généralement, de la Côte de Nuits. Il propose une large palette
de vins, des *villages* aux grands crus du Chablisien, de
la Côte de Beaune et de la Côte de Nuits. On ne compte
plus ses étoiles et coups de cœur « vendangés » dans
le Guide. Incontournable.

Avec sa palette aromatique sur les fruits confits et la
violette, associés à une note vanillée, ce vin joue d'emblée
la carte du « vin plaisir ». À l'unisson, la bouche se montre
souple et de bon volume, bâtie sur des tanins fins et
fondus. L'ensemble est équilibré et déjà plaisant. ✗ 2016-
2020 🍴 paupiettes de veau

○━ Dom. Philippe Charlopin, 18, rte de Dijon,
21220 Gevrey-Chambertin, tél. 06 24 71 12 05,
charlopin.philippe21@orange.fr

DOM. CLÉMANCEY Aux Corvées 2013 ★		
■ 1 000	◫	15 à 20 €

Marie-Odile Barçon-Clémancey a pris la tête de ce
domaine familial en 1996. Un travail soigné à la vigne
(labours, ébourgeonnage...) permet de tirer le meilleur
parti de ses terroirs. Le domaine, basé à Couchey dans
une maison datant des XVIIIᵉ et XIXᵉs., exploite 7,5 ha
de vignes, très majoritairement plantées en rouge.

Le nez est ouvert sur des notes boisées et de fruits noirs
compotés. Le palais, soyeux et souple, se distingue par sa
finesse et son élégance plutôt que par sa puissance. Un
peu de temps lui permettra toutefois de mieux digérer son

élevage, encore un peu dominateur en finale, et de gagner
en harmonie. ✗ 2018-2025 🍴 volaille rôtie

○━ Dom. Clémancey, 33, rue Jean-Jaurès, 21160 Couchey,
tél. 03 80 59 87 41, domaine.clemancey@wanadoo.fr
Ⓥ 🏃 🏆 r.-v.

DOUDET-NAUDIN 2013 ★		
■ 4 256	◫	30 à 50 €

Fondée en 1849 par Albert Brenot et acquise par la
famille Doudet en 1933, la maison Doudet-Naudin est un
négoce de Savigny-lès-Beaune qui propose des cuvées
issues de terroirs restreints. Unique propriétaire depuis
2014, Christophe Rochet est épaulé par Isabelle Doudet
à la direction technique et par Bertrand Straebler
comme maître de chai. La maison Doudet possède aussi
son propre domaine : 11 ha entre Beaune et Pernand,
conduits en lutte raisonnée avec des expérimentations
en bio.

Voilà un gevrey-chambertin bien dans l'idée que l'on se
fait des vins de l'appellation : solide, charpenté. Au nez, les
fruits noirs sont mis en valeur par un beau boisé. En
bouche, les tanins sont bien en place, avec une belle
fraîcheur en soutien. Un vin qui doit vieillir favorablement.
✗ 2019-2026 🍴 gigue de chevreuil

○━ Doudet-Naudin, 3, rue Cyrot,
21420 Savigny-lès-Beaune, tél. 03 80 21 51 74, contact@
doudetnaudin.com Ⓥ 🏃 🏆 r.-v.

DOM. DROUHIN-LAROZE Craipillot 2013 ★		
■ 1er cru	1 100	◫	30 à 50 €

En 1850, Jean-Baptiste Drouhin fonde un domaine
viticole à Gevrey. Six générations plus tard, son héritier
Philippe Drouhin, installé en 2001, son épouse Christine
et leurs enfants Caroline et Nicolas conduisent, dans un
esprit bio mais sans certification, un vignoble de 11,5 ha
– dont près de la moitié est dédiée aux grands crus –,
complété en 2008 par un petit négoce (Laroze de
Drouhin) dirigé par Caroline.

Le nez offre tout ce que le pinot noir peut donner comme
élégance aromatique dans le registre des fruits rouges et
noirs bien mûrs. Une belle structure, ferme et solide, se
développe dans une bouche fraîche et longue. De bonne
garde assurément. ✗ 2019-2025 🍴 navarin de biche ■ 2013
(20 à 30 € ; 19 800 b.) : vin cité. ✗ 2018-2025

○━ Dom. Drouhin-Laroze, 20, rue du Gaizot,
21220 Gevrey-Chambertin, tél. 03 80 34 31 49, domaine@
drouhin-laroze.com Ⓥ 🏃 🏆 r.-v.

RAPHAËL DUBOIS 2012		
■ 700	◫	30 à 50 €

Béatrice Dubois et son frère Raphaël, installés depuis
1991, conduisent 22 ha de vignes dans les deux Côtes.
La première vinifie, après plusieurs années passées à
l'étranger ; le second s'occupe de la vente. Ils ont
développé en 2000 une affaire de négoce pour étoffer
leur gamme.

Un *village* produit en petites quantités et issu de vignes
de cinquante-cinq ans 100 % éraflées. D'une bonne
intensité aromatique sur les fruits rouges, il présente aussi
des notes boisées assez fondues. L'équilibre est au
rendez-vous en bouche, les tanins sont souples (un peu
plus marqués en finale), le fruit est bien présent, et le boisé
ajusté. ✗ 2018-2023 🍴 civet de lièvre

○┐ *SARL Raphaël Dubois, 24, rue de la Courtavaux, 21700 Premeaux-Prissey, tél. 03 80 62 30 61, rdubois@ wanadoo.fr* 🆅 🏃 🔼 *r.-v.*

LOU DUMONT 2012

■	3 300	◫	20 à 30 €

Fondée en 2000 à Nuits-Saint-Georges par le Japonais Koji Nakada, ancien sommelier, et son épouse Jae-Hwa Park, cette petite maison de négoce, aujourd'hui implantée à Gevrey, crée un pont entre la Bourgogne et l'Asie, 96 % de la production partant à l'export. En 2012, le couple Nakada a acquis ses premières vignes en propre (bourgogne régional et gevrey-chambertin) : environ 1 ha de vignes en conversion bio.

Le nez, agréable, exhale des arômes de cerise noire, de moka et d'épices. Une certaine gourmandise se dégage de la bouche, soutenue par des tanins souples et bien mise en valeur par une trame fraîche et épicée. ✗ 2017-2020 ¶ chaource

○┐ *Maison Lou Dumont, 32, rue du Mal-de-Lattre-de-Tassigny, 21220 Gevrey-Chambertin, tél. 03 80 51 82 82, support@ loudumont.com* 🆅 🏃 🔼 *r.-v.*

DOM. DUPONT-TISSERANDOT
Lavaux Saint-Jacques 2013

■ 1er cru	1 800	◫	75 à 100 €

Ce domaine familial réputé (notamment pour ses grands crus et ses gevrey) est conduit depuis 1990 par Marie-Françoise Guillard et Patricia Chevillon – qui ont succédé à leurs parents Gisèle et Bernard Dupont-Tisserandot. Il est passé en 2013 dans le giron d'Erwan Faiveley, mais les deux sœurs restent cogérantes de ce vaste vignoble de plus de 20 ha, en Côte de Nuits essentiellement, mais aussi en Côte de Beaune. Aux côtés du maître de chai Didier Chevillon, mari de Patricia, l'œnologue de la maison Faiveley, Jérôme Flous, assure le suivi des vinifications.

Le nez est bien ouvert sur des notes de fruits noirs (cassis) et de torréfaction. La bouche montre tous les attributs d'un vin de bonne garde : après une attaque souple, de l'ampleur, des tanins fermes, de la fraîcheur, de l'équilibre et de la longueur. ✗ 2018-2022 ¶ tournedos Rossini

○┐ *Dom. Dupont-Tisserandot, 2, pl. des Marronniers, 21220 Gevrey-Chambertin, tél. 03 80 34 10 50, contact@ duponttisserandot.com*

DOM. FAIVELEY Les Cazetiers 2013

■ 1er cru	n.c.	◫	75 à 100 €

Cette maison de négoce fondée à Nuits-Saint-Georges en 1825 est un nom qui compte en Bourgogne, depuis sept générations. À sa tête depuis 2005, Erwan Faiveley, qui a succédé à son père François, est épaulé par Bernard Hervet à la direction générale. Aujourd'hui, c'est l'un des plus importants propriétaires de vignes en Bourgogne : 120 ha du Chablisien au Mâconnais, avec son fief en Côte de Nuits, dont 10 ha en grand cru et près de 25 ha en 1er cru.

Voilà un gevrey à la structure affirmée, dense et puissant, mais sans pour autant manquer d'élégance grâce à ses tanins fins et à sa fraîcheur. Quant aux arômes, complexes, ils évoquent les fruits noirs compotés, les épices et le

chocolat. Une belle intensité. ✗ 2019-2025 ¶ noisette de chevreuil

○┐ *Dom. Faiveley, 8, rue du Tribourg, 21700 Nuits-Saint-Georges, tél. 03 80 61 04 55, accueil@ domaine-faiveley.com* 🆅 🏃 🔼

S.C. GUILLARD
Aux Corvées Vieilles Vignes 2012 ★★

■	3 000	◫	15 à 20 €

Michel Guillard, installé en 1979, exploite un petit domaine très régulier de 4,8 ha dédiés aux seuls terroirs de Gevrey, avec un beau patrimoine de vieilles vignes, les premières ayant été plantées en 1911 par le grand-père, Auguste Lyonnet, dit Henri.

La robe affiche un bel éclat rubis soutenu. Sur des notes de griotte, de mûre et de sureau, le nez se montre affable et complexe. La bouche est puissante, suave et chaleureuse, construite sur des tanins fins et soyeux, et laisse une agréable sensation poivrée en finale. Un gevrey à boire aussi bien jeune que patiné par le temps. ✗ 2018-2025 ¶ filet de bœuf sauce poivre

○┐ *S.C. Guillard, 3, rue des Halles, 21220 Gevrey-Chambertin, tél. 03 80 34 32 44* 🆅 🏃 🔼 *r.-v.*

♥ OLIVIER GUYOT Les Champeaux 2012 ★★

■ 1er cru	3 500	◫	30 à 50 €

Olivier Guyot a repris le domaine familial en 1990. Cet adepte des labours au cheval exploite, dans un esprit bio et biodynamiste, 14 ha répartis en de nombreuses petites parcelles, dans la partie nord de la Côte de Nuits, entre Marsannay et Gevrey.

Violette, griotte, cassis, mûre, petite note beurrée, le bouquet est engageant par sa subtilité et sa complexité. Une attaque souple et alerte sur le cassis introduit une bouche délicate où s'affirment des tanins denses et fins, associés à une trame fraîche et fougueuse qui ajoute du dynamisme. Un vin tonique, élégant et droit, appréciable dès aujourd'hui, mais qui demandera un peu de patience pour atteindre son apogée. ✗ 2017-2025 ¶ sanglier sauce grand veneur

○┐ *Olivier Guyot, 39, rue de Mazy, 21160 Marsannay-la-Côte, tél. 03 80 52 39 71, domaine.guyot@wanadoo.fr* 🆅 🔼 *r.-v.*

HARMAND-GEOFFROY Vieilles Vignes 2013 ★★

■	6 600	◫	30 à 50 €

Ce domaine familial fondé à la fin du XIXᵉ s. a été repris par Gérard Harmand en 1989 ; son fils Philippe est aux commandes de la vigne (9 ha) et du chai. La famille n'est peut-être pas la plus médiatique de Gevrey-Chambertin, mais elle est sans conteste l'une des valeurs sûres de la commune. Du *village* au grand cru, elle est d'une constance remarquable en gevrey et très en vue aussi pour ses mazis.

Une fois encore au rendez-vous, le domaine signe un gevrey remarquable, qui séduit d'emblée par son nez ouvert sur les fruits bien mûrs (griotte en tête), la réglisse et le sous-bois. Le charme opère aussi en bouche, où le vin se révèle ample, concentré, charnu, gourmand, souligné par un beau boisé et des tanins de garde. Son potentiel ne fait pas de doute. Les millésimes 2007 et 2008 furent coup de cœur. ✗ 2018-2025 ❦ cîteaux

○➔ EARL Harmand-Geoffroy, 1, pl. des Lois, 21220 Gevrey-Chambertin, tél. 03 80 34 10 65, harmand-geoffroy@wanadoo.fr Ⓥ r.-v.

DOM. HERESZTYN-MAZZINI Les Goulots 2012

■ 1er cru	710	🍵 ⬗	30 à 50 €

Aux origines de ce domaine régulier, un immigré polonais, Jan Heresztyn, qui acquiert quelques ceps à Gevrey dans les années 1930. Ses fils Bernard et Stanislas prendront la suite et agrandiront le vignoble. Sa petite-fille Florence et son compagnon Simon Mazzini, viticulteur champenois de la Montagne de Reims, sont aujourd'hui à la tête de 5,5 ha de vignes entre Gevrey-Chambertin et Chambolle-Musigny. 2012 est leur premier millésime en duo.

Le nez s'exprime sur des notes discrètes de cassis et de fraise, associées à une touche fumée. L'attaque est souple et fraîche, puis le palais déploie des tanins solides, tout en se montrant assez fins et agréables. Un ensemble harmonieux. ✗ 2018-2022 ❦ sauté d'agneau

○➔ Dom. Heresztyn-Mazzini, 27, rue Richebourg, 21220 Gevrey-Chambertin, tél. 06 22 77 14 44, domaine.heresztyn@orange.fr Ⓥ 🍴 r.-v.

Ⓑ HUGUENOT Les Fontenys 2013 ★

■ 1er cru	1 800	⬗	30 à 50 €

Depuis 1790, dix générations se sont succédé sur ce domaine de 22,4 ha, réputé pour ses marsannay, ses gevrey et ses fixin. Philippe Huguenot a pris la suite de son père Jean-Louis en 1994, et lancé la conversion bio de son vignoble (certification en 2013).

Des notes d'épices, de cerise noire et un boisé légèrement grillé se font sentir au nez. Les tanins sont bien présents en bouche mais élégants, le boisé lui aussi est bien en place et tout aussi distingué : une trame de qualité qui donne un vin riche, ample et de bonne garde. ✗ 2018-2025 ❦ canard à l'orange ■ Les Crais 2012 ★ (20 à 30 € ; 12 000 b.) Ⓑ : un gevrey fruité et épicé à l'olfaction, charmeur et rond en bouche, étayé de tanins fondus et soyeux par une petite pointe de vivacité. ✗ 2018 2023 ■ Vieilles Vignes 2013 ★ (30 à 50 € ; 3 500 b.) Ⓑ : au nez, des fruits rouges frais et un boisé discret. En bouche, de la rondeur, des tanins bien domptés et fondus, une fine acidité en soutien. Le tout est bien équilibré. Le 2009 fut coup de cœur. ✗ 2017-2021

○➔ SCE Dom. Huguenot, 7, ruelle du Carron, 21160 Marsannay-la-Côte, tél. 03 80 52 11 56, domaine.huguenot@wanadoo.fr Ⓥ r.-v.

RÉMI JEANNIARD Vieilles Vignes 2013

■	1 450	⬗	15 à 20 €

Après avoir travaillé près de vingt ans avec son père, Rémi Jeanniard a repris une partie des vignes familiales en 2004 et s'est construit une nouvelle cuverie. Il exploite aujourd'hui 6,5 ha, à Morey-Saint-Denis principalement.

Le nez se dévoile dans la finesse et la fraîcheur, autour de discrètes notes fruitées, mentholées et épicées. La bouche, équilibrée, affiche un profil qui privilégie la vivacité,

---

le dynamisme et la délicatesse, plutôt que la puissance et la concentration. ✗ 2017-2020 ❦ volaille farcie aux champignons

○➔ Rémi Jeanniard, 19-21, rue de Cîteaux, 21220 Morey-Saint-Denis, tél. 03 80 58 52 42, remijeanniard@orange.fr Ⓥ 🍴 🍴 r.-v.

♥ PHILIPPE LECLERC En Champs 2012 ★★

■	9 000	⬗	20 à 30 €

Installé depuis 1974 sur le domaine familial, Philippe Leclerc exploite 7,8 ha de vignes, très majoritairement sur Gevrey-Chambertin, son village natal, et sur Chambolle-Musigny. Il élève ses vins longuement en fût de chêne (vingt-deux mois en général) pour peaufiner et arrondir leurs structures.

Un village né sur les pieds du coteau, juste en-dessous des terroirs des 1ers crus. Après vingt-quatre mois de barrique, il se présente dans une élégante robe grenat profond. Une large palette de petits fruits rouges s'ouvre au nez – groseille, framboise, fraise – mise en valeur par un boisé grillé bien intégré. La bouche est équilibrée : souple en attaque, ronde, dense, riche et concentrée, persistant sur une jolie touche fumée en finale. Un gevrey déjà fort aimable, mais qui pourra rester sagement en cave quelques années. ✗ 2016-2022 ❦ filet de bœuf en croûte ■ 1er cru Les Champeaux 2012 (30 à 50 € ; 3 200 b.) : vin cité. ✗ 2017-2022

○➔ Philippe Leclerc, rue des Halles, 21220 Gevrey-Chambertin, tél. 03 80 34 30 72, philippe.leclerc60@wanadoo.fr Ⓥ 🍴 🍵 t.l.j. 9h30-19h

---

LEYMARIE-CECI La Justice 2012

■	1 350	⬗	20 à 30 €

Charles Leymarie, originaire de Corrèze, fonde en 1920 une maison de négoce en Belgique et acquiert en 1933 une petite parcelle du Clos de Vougeot, exploitée « à mi-fruit » par un vigneron local. Une parcelle que reprend son fils René en 1969 lors de l'achat des bâtiments du domaine à Vougeot (une auberge et un relais de poste du XVIIᵉs.) et des vignes attenantes. Le domaine actuel était né. Depuis 2004, c'est son petit-fils Jean-Charles qui est aux commandes des 3,85 ha de vignes et de la maison de négoce.

Le nez traduit une maturité avancée du raisin lors de la récolte : se développent ainsi des arômes de fruits rouges bien mûrs. En bouche, les tanins sont présents mais sans agressivité, accompagnés par une touche de fraîcheur. Une bouteille déjà agréable mais qui pourra aussi être attendue. ✗ 2016-2020 ❦ rôti de veau Orloff

○➔ Leymarie-Ceci, Clos-du-Village, 24, rue du Vieux-Château, 21640 Vougeot, tél. 09 67 19 88 53, leymarie@skynet.be Ⓥ 🍴 🍴 r.-v.

DOM. MICHEL MAGNIEN
Seuvrées Vieilles Vignes 2013 ★

■	6 000	⬗	30 à 50 €

Michel Magnien incarne la quatrième génération à la tête d'un vignoble familial qu'il a considérablement agrandi entre les années 1960 et 1990 (19 ha aujourd'hui). Jusqu'en 1993, il porte sa récolte à la coopérative de Morey. L'arrivée de son fils Frédéric, en charge des vinifications depuis lors, change la donne : les vins sont désormais mis en bouteilles à la propriété. Des vins d'une grande régularité, qui font du domaine l'une des valeurs sûres de la Côte de Nuits.

Ce climat des Seuvrées, un vaste rectangle de vignes situé sous la RD 974 à la lisière de Morey, est l'une des références du domaine. Une bouteille qui dans sa version 2013 annonce tous les attributs d'une cuvée de garde. La robe est profonde. L'expression aromatique est plutôt retenue au premier nez : ce sont surtout les notes d'élevage (torréfaction) qui se font sentir. La bouche est fraîche et bien équilibrée, affermie par des tanins solides mais fins. Un gevrey dans le ton de l'AOC. Coup de cœur dans le millésime 2005. ✗ 2018-2025 ♈ rôti de biche aux fruits rouges

☛ Dom. Michel Magnien, 4, rue Ribordot, 21220 Morey-Saint-Denis, tél. 03 80 51 82 98, domaine@ michel-magnien.com Ⓥ ⊠ 🔋 r.-v.

Ⓑ FRÉDÉRIC MAGNIEN			
Lavaut Saint-Jacques 2013 ★			
■ 1er cru	1 200	⑪	75 à 100 €

Frédéric Magnien est un fin vinificateur de Chambolle et l'une des valeurs sûres de l'appellation, et plus largement des grands crus de la Côte de Nuits. Après avoir travaillé quatre ans sur le domaine de son père Michel, dont il vinifie toujours les vins, exercé un an dans des vignobles du Nouveau Monde (Californie, Australie) et obtenu un diplôme d'œnologie à Dijon, il a lancé en 1995 sa maison de négoce.

D'un joli potentiel de garde, ce vin traduit bien les qualités du secteur de la Combe Lavaut. Il dévoile des arômes engageants de griotte, de framboise et de réglisse. En bouche, l'équilibre entre tanins fondus et ronds, et fraîcheur est aussi au rendez-vous. ✗ 2018-2025 ♈ filet de canette aux cerises

☛ Frédéric Magnien, 26, rte Nationale, 21220 Morey-Saint-Denis, tél. 03 80 52 54 20, frederic@ fred-magnien.com Ⓥ ⊠ 🔋 r.-v.

JEAN-PHILIPPE MARCHAND Vieilles Vignes 2013			
■	3 600	⑪	30 à 50 €

Les vignobles Marchand ont été fondés en 1813 à Morey et agrandis en 1983 d'une vigne à Gevrey-Chambertin. Héritier de six générations, Jean-Philippe Marchand gère le domaine familial – installé dans une ancienne fabrique de confitures de Gevrey – depuis 1984, ainsi qu'une affaire de négoce.

Une jolie fraîcheur se dégage du nez, à travers des notes de fruits rouges caractéristiques du pinot noir, associées à une touche mentholée. En bouche, des tanins fermes et denses assureront un bel avenir à ce gevrey typé. ✗ 2018-2022 ♈ pavé de bœuf sauce poivre

☛ Jean-Philippe Marchand, 4, rue Souvert, BP 41, 21220 Gevrey-Chambertin, tél. 03 80 34 33 60, contact@ marchand-jph.fr Ⓥ ⊠ 🔋 r.-v.

DOM. MARCHAND FRÈRES Vieilles Vignes 2013 ★			
■	4 000	⑪	20 à 30 €

Depuis 1999 sous la conduite de Denis Marchand (septième génération), le domaine Marchand Frères est né en 1813 à Morey-Saint-Denis. L'exploitation, de près de 9 ha, est basée depuis 1983 au cœur même de Gevrey-Chambertin.

Le nez intense et profond exprime avec pureté des notes de fruits noirs mûrs mâtinées de nuances florales. Le palais séduit par son volume, sa rondeur et sa suavité, bien soutenu par une touche de fraîcheur minérale et par des tanins fins qui s'imposent crescendo. ✗ 2018-2022 ♈ brillat-savarin

☛ Dom. Marchand Frères, 1, pl. du Monument, 21220 Gevrey-Chambertin, tél. 03 80 62 10 97, dmarc2000@sfr.fr Ⓥ ⊠ 🔋 r.-v.

CH. DE MARSANNAY Les Champeaux 2012 ★			
■ 1er cru	1 129	⑪	50 à 75 €

Le domaine du château de Marsannay s'étend sur près de 34 ha. Il est présent aussi bien en appellations villages qu'en 1ers crus et grands crus de la Côte de Nuits. Il appartient depuis 2012 à la famille Halley, également propriétaire du château de Meursault en Côte de Beaune. Un programme d'investissements à la vigne et au chai est en cours.

Le nez associe des notes boisées grillées à de fines touches de fruits rouges. Le palais, bien équilibré, fait la synthèse entre souplesse (en attaque), densité, tanins fermes, fraîcheur et fruité. Une finale épicée et réglissée conclut harmonieusement la dégustation. ✗ 2018-2023 ♈ lapin à la moutarde

☛ Ch. de Marsannay, 2, rue des Vignes, 21160 Marsannay-la-Côte, tél. 03 80 51 71 11, domaine@ chateau-marsannay.com Ⓥ ⊠ 🔋 t.l.j. 10h-12h 14h-19h (10h-18h30 de mai à sept.); f. dim. mi-nov. à Pâques
☛ Olivier Halley

DOM. FABRICE MARTIN 2013			
■	900	⑪	20 à 30 €

Un petit domaine de 2,3 ha que Fabrice Martin a créé en 2000 et qu'il exploite dans trois appellations : gevrey-chambertin, nuits-saint-georges et vosne-romanée.

Le registre aromatique s'exprime dans la délicatesse, sur des notes florales, fruitées (cerise), mentholées et épicées. La bouche se montre fruitée, ronde, charnue et gourmande sans être lourde, grâce à une touche bienvenue de fraîcheur. Un gevrey bien équilibré. ✗ 2017-2023 ♈ œufs en meurette

☛ Fabrice Martin, 42, rue de la Grand-Velle, 21700 Vosne-Romanée, tél. 03 80 61 27 84, fabrice.martin12@hotmail.fr Ⓥ 🔋 r.-v.

MOILLARD 2013 ★			
■	9 000	⑪	20 à 30 €

Vincent Sauvestre (groupe Béjot) avait le souvenir de ses grands-parents épiciers à Nuits-Saint-Georges parlant souvent de la maison Moillard : il l'a achetée en 2008, pilotant depuis Meursault la partie négoce et le domaine afférent.

Des arômes subtils de fruits rouges et noirs exhalent du verre, offrant une tonalité fraîche et flatteuse à ce gevrey. Tout aussi convaincante, la bouche se révèle dense et montante, structurée par un boisé bien ajusté et par des tanins fermes et prometteurs. ✗ 2019-2025 ♈ gigot d'agneau

○⊸ *Dom. Moillard, 7, rte de Monthelie, 21190 Meursault, tél. 03 80 21 22 45, contact.france@bejot.com* Ⓥ 🏃 *t.l.j. 11h-13h 14h-18h; dim. lun. sur r.-v.; f. janv.-fév.*

B DOM. THIERRY MORTET 2012

| ■ | 17 000 | 🍶 ◑ | 20 à 30 € |

Thierry Mortet, dont les vins figurent souvent dans le Guide, s'est installé en 1992 sur une partie du domaine familial, qu'il a agrandi, portant sa superficie à 8,5 ha aujourd'hui, convertis à l'agriculture biologique à partir de 2007. Il est particulièrement à l'aise sur les terroirs de son village.

Le nez dévoile avec intensité des notes de cassis et de cerise à l'eau-de-vie. La bouche se montre concentrée, dense et fraîche à la fois, évoluant en finesse plutôt qu'en force. On retrouve les fruits avec plaisir en rétro-olfaction. ℤ 2017-2021 ♈ magret de canard

○⊸ *Dom. Thierry Mortet, 16, pl. des Marronniers, 21220 Gevrey-Chambertin, tél. 03 80 51 85 07, domainethierrymortet@hotmail.fr* Ⓥ 🏃 🏻 *r.-v.*

A. NOIROT-CARRIÈRE Benatons 2012 ★

| ■ | 4 200 | ◑ | 50 à 75 € |

Une affaire toujours familiale, fondée à Dijon en 1891 par Ariste Noirot et installée à Nuits-Saint-Georges en 1975. Elle s'appuie sur un vignoble de plus d'une vingtaine d'hectares et sur des achats de raisins.

Si le premier nez est un peu boisé (vanille), l'aération révèle un fruité généreux de fruits rouges et de mûre sur fond d'épices. L'équilibre entre le fruit et une fine acidité est parfaitement assuré dans un palais consistant et d'une très belle longueur, bâti sur des tanins élégants et bien fondus. ℤ 2018-2022 ♈ civet de lièvre ■ **1er cru Craipillot 2012 ★** (50 à 75 € ; 1 000 b.) : un très joli 1er cru d'où se dégage une gamme aromatique intense et complexe, autour de notes florales, fruitées et épicées. La bouche ronde et croquante offre également beaucoup d'agrément avec son volume, ses tanins soyeux et sa finale nette et tendue. ℤ 2019-2025

○⊸ *Noirot-Carrière, 6, rue de Chaux, 21700 Nuits-Saint-Georges, tél. 03 80 62 43 00* 🏃 🏻 *r.-v.*

♥ DOM. QUIVY
Les Corbeaux 2012 ★★

| ■ 1er cru | 900 | ◑ | 50 à 75 € |

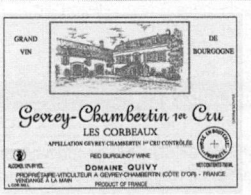

Installé en 1981 dans une belle maison de maître du XVIIIe., Gérard Quivy conduit un petit vignoble de 7 ha et propose une gamme étendue de vins de Gevrey et de Brochon, des *villages*, 1ers et grands crus (chapelle et charmes) souvent en très bonne place dans le Guide.

Les Journeaux 2003 et 2007, Les Évocelles 2010, Les Corbeaux 2012, autant de coups de cœur qui confirment la qualité constante des gevrey du domaine, sans conteste l'une des références de l'appellation. Comme toujours ici, le vin a connu un long séjour en fût (vingt à un mois). Mais point de boisé intempestif à l'olfaction : expressive

et fine, celle-ci révèle sans détour des notes de cerise kirschée et de cassis agrémentées d'une pointe épicée. À l'unisson, la bouche dégage une très belle harmonie, conjuguant souplesse, puissance et densité, fruité et minéralité, le tout longuement soutenu par des tanins parfaits, soyeux et élégants. ℤ 2020-2025 ♈ caille aux raisins ■ Gérard Quivy Les Évocelles 2012 ★ (30 à 50 € ; 1 200 b.) : né de vieilles vignes centenaires, ce gevrey se révèle intense et bien ouvert sur des notes de violette et d'amande. La bouche, chaude et épicée, offre une belle consistance, étayée par des tanins nobles, un brin plus sévères en finale. ℤ 2019-2025 ■ En Champs 2013 ★ (20 à 30 € ; 3 100 b.) : « du plaisir tout simplement », conclut un juré à propos de ce gevrey expressif (griotte, notes balsamiques, boisé élégant), suave, riche et soyeux, épaulé par des tanins extraits en finesse. ℤ 2018-2025

○⊸ *Dom. Quivy, 7, rue Gaston-Roupnel, 21220 Gevrey-Chambertin, tél. 03 80 34 31 02, gerard.quivy@wanadoo.fr* Ⓥ 🏃 🏻 *t.l.j. 9h-12h 14h-18h; f. janv.*

DOM. MARC ROY
Vieilles Vignes 2013

| ■ | 8 500 | ◑ | 30 à 50 € |

Après plusieurs expériences dans des vignobles de France et d'ailleurs, la jeune Alexandrine Roy (quatrième génération) a repris en 2005 ce petit domaine familial de 4 ha. Elle décline une poignée de cuvées (trois gevrey-*villages* et un marsannay blanc) qu'elle conduit dans un esprit très « raisonné ».

Un *village* d'une belle finesse, fluide, souple et gourmand, qui séduira les amateurs de pinots noirs subtils et précis. Le nez se montre frais, sur un registre de petits fruits rouges et de fleurs. Le plaisir est déjà là. Ces Vieilles Vignes (soixante-dix ans) furent coup de cœur sur le millésime 2011. ℤ 2016-2020 ♈ pigeon aux épices

○⊸ *Marc Roy, 8, av. de la Gare, 21220 Gevrey-Chambertin, tél. 03 80 51 81 13, domainemarcroy@orange.fr* Ⓥ 🏃 🏻 *r.-v.*

SEGUIN-MANUEL
Les Cazetiers 2013 ★

| ■ 1er cru | 600 | ◑ | 50 à 75 € |

Thibaut Marion a repris en 2004 cette maison fondée à Savigny en 1824 et aujourd'hui basée à Beaune. En parallèle à son activité de négoce, il exploite ce domaine qu'il a fait grandir de 3,5 à 8 ha (en conversion bio), essentiellement en Côte de Beaune.

2014 marque les dix ans de Thibaut Marion à la tête d'un négoce qui fête ses cent quatre-vingt-dix ans. Une année qui voit aussi la maison se renforcer en Côte de Nuits et en Côte chalonnaise avec de nouveaux contrats d'approvisionnement. Côté Gevrey, ce 1er cru 2013 issu de 12 petits ares se fait d'emblée séducteur avec ses tonalités fraîches de fruits rouges et noirs sur un fond boisé discret. Une approche olfactive qui donne envie de porter le vin en bouche, où la pureté du fruit et sa fraîcheur se confirment ; une élégance renforcée par des tanins à la fois fermes et fins. Un gevrey fluide, droit et racé. ℤ 2018-2025 ♈ curry d'agneau

○⊸ *Dom. Seguin-Manuel, 2, rue de l'Arquebuse, 21200 Beaune, tél. 03 80 21 50 42, contact@ seguin-manuel.com* Ⓥ 🏃 🏻 *r.-v.*

DOM. TAUPENOT-MERME 2012

| ■ | 8 700 | 🍷 ⬤ | 30 à 50 € |

En 1963, Jean Taupenot, de Saint-Romain, épouse Denise Merme et se fixe à Morey. Aujourd'hui, leurs enfants Romain et Virginie conduisent, en bio non certifié, un vignoble de 13 ha avec un pied en Côte de Nuits et l'autre en Côte de Beaune. Un domaine constant en qualité.

Un vin qui séduit par ses qualités de finesse et d'équilibre plutôt que par sa puissance. Le nez est ouvert sur les notes agréables de baies sauvages et de thé fumé. En bouche, de la souplesse, de la fraîcheur et une structure légère bâtie sur des tanins à petits grains fins. Un gevrey qui s'appréciera dès aujourd'hui et pendant quelques années. ⵣ 2016-2020 🍷 salmis de pintade

☛ *Dom. Taupenot-Merme, 33, rte des Grands-Crus, 21220 Morey-Saint-Denis, tél. 03 80 34 35 24, domaine.taupenot-merme@orange.fr*
Ⓥ 🏃 ⬤ *r.-v.*

Ⓑ DOM. TORTOCHOT
Les Champeaux 2013

| ■ 1er cru | 4 000 | ⬤ | 30 à 50 € |

Fondé à Gevrey en 1865, ce domaine est régulièrement sélectionné pour ses gevrey et ses mazis-chambertin. En 1997, Chantal Michel-Tortochot (quatrième génération), ancienne contrôleuse de gestion dans l'industrie hourguignonne, a repris les vignes familiales, un beau parcellaire de 11 ha (dont 10 % de grands crus et autant de 1ers crus), certifiés bio depuis 2013.

Le nez évoque les fruits noirs confiturés mâtinés d'une note empyreumatique. Le palais fait montre de délicatesse et de subtilité (un dégustateur évoque Chambolle, si ce n'est une petite pointe de fermeté en finale). Un ensemble équilibré, qui gagnera son étoile après un passage en cave. ⵣ 2017-2023 🍷 bœuf en daube

☛ *Dom. Tortochot, 12, rue de l'Église, 21220 Gevrey-Chambertin, tél. 03 80 34 30 68, contact@ tortochot.com* Ⓥ 🏃 ⬤ *r.-v.*

DOM. DES VAROILLES
La Romanée Vieilles Vignes Monopole 2012 ★

| ■ 1er cru | 4 000 | ⬤ | 30 à 50 € |

Bien connu pour ses gevrey et ses charmes, ce domaine conduit depuis 1990 par Gilbert Hammel dispose de 10 ha répartis dans de nombreux crus prestigieux de Gevrey, dont plusieurs en monopole (Clos des Varoilles, Clos du Meix, Clos du Couvent et La Romanée).

Située à l'entrée de la Combe de Lavaux, la Romanée est un clos de 1 ha jadis planté en blanc en raison de son altitude (340 m), qui fut la propriété des moines de Cluny au XIIe s. Les vignes, exposées plein sud, au-dessus du 1er cru Clos des Varoilles, ont donné naissance à un 2012 expressif et charmeur, ouvert sur la cerise, les fruits noirs confiturés et une touche minérale (silex). Dans le même esprit, la bouche se montre harmonieuse et délicate, sans manquer de profondeur ni de structure. À boire ou à garder quelques années. ⵣ 2016-2025 🍷 faisan à la cocotte
■ Clos du Meix des Ouches Monopole 2012 (20 à 30 € ; 3 000 b.) : vin cité. ⵣ 2020-2025 ■ 1er cru Clos des Varoilles Monopole 2012 (30 à 50 € ; 18 000 b.) : vin cité. ⵣ 2018-2025

☛ *Dom. des Varoilles, 11, rue de l'Ancien-Hôpital, rue de la Croix-des-Champs, 21220 Gevrey-Chambertin, tél. 03 80 34 30 30, contact@domaine-varoilles.com*
Ⓥ 🏃 ⬤ *r.-v.* ☛ Hammel-Cheron

Ⓑ DOM. DE LA VOUGERAIE Les Évocelles 2012

| ■ | 2 654 | ⬤ | 30 à 50 € |

Un domaine né en 1999 de l'assemblage de plusieurs vignes acquises au fil du temps par la famille de Nathalie et Jean-Charles Boisset, ses actuels propriétaires : 44 ha cultivés en biodynamie, répartis en 67 parcelles (dont le célèbre monopole Clos Blanc de Vougeot) sur les deux Côtes.

Le nez est expressif, avec une dominante boisée qui le pénalise un peu aujourd'hui, les fruits restant pour l'heure masqués. L'attaque est souple et ample, la trame tannique fine et soyeuse, et la finale fraîche et précise. À attendre pour que le bois se fonde. ⵣ 2017-2022 🍷 volailles aux cèpes

☛ *Dom. de la Vougeraie, 7 bis, rue de l'Église, 21700 Premeaux-Prissey, tél. 03 80 62 48 25, vougeraie@ domainedelavougeraie.com* Ⓥ *r.-v.*

CHAMBERTIN

Superficie : 13 ha / Production : 437 hl

Bertin, vigneron à Gevrey, possédant une parcelle voisine du Clos de Bèze et fort de l'expérience qualitative des moines, planta les mêmes ceps et obtint un vin similaire : c'était le « champ de Bertin », d'où Chambertin.

CH. DE MARSANNAY 2012

| ■ Gd cru | 286 | ⬤ | + de 100 € |

Le domaine du château de Marsannay s'étend sur près de 34 ha. Il est présent aussi bien en appellations *villages* qu'en 1ers crus et grands crus de la Côte de Nuits. Il appartient depuis 2012 à la famille Halley, également propriétaire du château de Meursault en Côte de Beaune. Un programme d'investissements à la vigne et au chai est en cours.

Le nez n'est pas un grand bavard à ce stade et un boisé aux accents épicés (poivre, cannelle) domine, mais rien de surprenant pour un chambertin. En bouche, l'expression aromatique reste là aussi discrète ; on y retrouve la densité et la solidité caractéristiques du grand cru, renforcées par des tanins bien en place, à la fois élégants et puissants. Un bon passeport pour la garde. ⵣ 2020-2028 🍷 gigue de chevreuil

☛ *Ch. de Marsannay, 2, rue des Vignes, 21160 Marsannay-la-Côte, tél. 03 80 51 71 11, domaine@ chateau-marsannay.com* Ⓥ 🏃 ⬤ *t.l.j. 10h-12h 14h-18h30 (10h-18h30 de mai à sept.); f. dim. mi-nov. à Pâques*

DOM. HENRI REBOURSEAU 2012 ★

| ■ Gd cru | 576 | ⬤ | + de 100 € |

Ce domaine fut créé en 1919 par le général Henri Rebourseau, qui regroupa les vignes de son père autour de la maison familiale, une belle bâtisse du XVIIIe s. Son arrière-petit-fils Jean de Surrel est aujourd'hui aux commandes d'un vignoble de 13 ha, fort d'un joli patrimoine de grands crus.

Une puissance certaine se dégage dès l'approche olfactive, qui déploie des notes d'épices, de fruits rouges et noirs. La bouche, ample et dense, adossée à une structure certes robuste mais aussi fine et équilibrée, affiche une retenue de bon aloi à cette heure. « De la réserve et des réserves », conclut un dégustateur. ℤ 2020-2027 ❦ filet de bœuf en croûte

⊶ *Dom. Henri Rebourseau, 10, pl. du Monument, 21220 Gevrey-Chambertin, tél. 03 80 51 88 94, domaine@ rebourseau.com* 🆅 🎿 🔳 *r.-v.*

CHAMBERTIN-CLOS-DE-BÈZE

Superficie : 15 ha / Production : 510 hl

Les religieux de l'abbaye de Bèze plantèrent en 630 une vigne dans une parcelle de terre qui donna un vin particulièrement réputé : ce fut l'origine de l'appellation. Les vins de cette aire AOC peuvent également s'appeler chambertin.

DOM. DROUHIN-LAROZE 2013			
■ Gd cru	4 500	◗◗	75 à 100 €

En 1850, Jean-Baptiste Drouhin fonde un domaine viticole à Gevrey. Six générations plus tard, son héritier Philippe Drouhin, installé en 2001, son épouse Christine et leurs enfants Caroline et Nicolas conduisent, dans un esprit bio mais sans certification, un vignoble de 11,5 ha – dont près de la moitié est dédiée aux grands crus –, complété en 2008 par un petit négoce (Laroze de Drouhin) dirigé par Caroline.

Avec 1,5 ha de clos-de-Bèze, le domaine figure dans le club très fermé des principaux propriétaires du doyen des clos bourguignons. La capacité de conservation de ce grand cru n'est pas à démontrer. Ce 2013 cadenassé à double tour, au nez (quelques notes de fruits rouges et de boisé épicé à l'aération) comme en bouche, très dense, très serré et encore très mystérieux, montre tous les caractères du grand cru qu'il faut laisser en cave. « Cistercien », dirait d'aucun. ℤ 2020-2030 ❦ époisses

⊶ *Dom. Drouhin-Laroze, 20, rue du Gaizot, 21220 Gevrey-Chambertin, tél. 03 80 34 31 49, domaine@ drouhin-laroze.com* 🆅 🎿 🔳 *r.-v.*

FRÉDÉRIC MAGNIEN 2013 ★			
■ Gd cru	n.c.		+ de 100 €

Frédéric Magnien est un fin vinificateur de Chambolle et l'une des valeurs sûres de l'appellation, et plus largement des grands crus de la Côte de Nuits. Après avoir travaillé quatre ans sur le domaine de son père Michel, dont il vinifie toujours les vins, exercé un an dans ses vignobles du Nouveau Monde (Californie, Australie) et obtenu un diplôme d'œnologie à Dijon, il a lancé en 1995 sa maison de négoce.

D'abord vanillé, le nez s'ouvre à l'agitation sur la violette et le cassis. En bouche, le vin se dévoile dans l'onctuosité et l'élégance, faisant valoir des tanins d'un grand raffinement. Un caractère propre à ce grand cru, bien mis en valeur ici par un boisé épicé et par une fine fraîcheur qui ajoutent un supplément d'agrément. Une cuvée, déjà flatteuse, mais qui gagnera à être attendue. ℤ 2020-2025 ❦ poularde aux morilles

⊶ *Frédéric Magnien, 26, rte Nationale, 21220 Morey-Saint-Denis, tél. 03 80 52 54 20, frederic@ fred-magnien.com* 🆅 🎿 🔳 *r.-v.*

▶ AUTRES GRANDS CRUS DE GEVREY-CHAMBERTIN

Autour des deux précédents, il y a six autres crus qui présentent des caractères proches. Les conditions de production sont un peu moins exigeantes, mais les vins montrent une solidité, une puissance et une plénitude comparables, et offrent des arômes où domine la réglisse. Autant de traits qui permettent généralement de différencier les vins de Gevrey de ceux des appellations voisines : les Latricières, les Charmes, les Mazoyères, qui peuvent également s'appeler Charmes (l'inverse n'est pas possible) ; les Mazis, comprenant les Mazis-Haut et les Mazis-Bas ; les Ruchottes (venant de « roichot », lieu où il y a des roches), toutes petites par la surface, comprenant les Ruchottes-du-Dessus (1 ha 91 a 95 ca) et les Ruchottes-du-Bas (1 ha 27 a 15 ca) ; les Griottes, où auraient poussé des cerisiers sauvages ; et enfin, la Chapelle, nom évoquant une chapelle bâtie en 1155 par les religieux de l'abbaye de Bèze et rasée lors de la Révolution.

LATRICIÈRES-CHAMBERTIN

Superficie : 7 ha / Production : 275 hl

DOM. CHANTAL RÉMY 2013 ★			
■ Gd cru	1 200	🍷 ◗◗	75 à 100 €

Après la division du domaine Louis Rémy, Chantal Rémy a créé sa propre exploitation en 2009, doublée d'une petite structure de négoce en 2011, à l'arrivée de son fils Florian – le tout dans un « esprit bio » (labour au cheval, pas de produits chimiques) mais sans certification. Le domaine exploite trois grands crus et le Clos des Rosiers en monopole sur Morey-Saint-Denis.

« Ça fleure bon la Bourgogne et le bourgogne du haut de l'échelle », selon un dégustateur conquis. La palette aromatique s'ouvre en effet sans réserve sur des notes de cerise, de mûre et de myrtille des plus avenantes. La bouche se révèle ample, suave et soyeuse dès l'attaque, bâtie sur des tanins veloutés, au grain très fin, et s'étire dans une longue finale épicée. Un vin complet et fort courtois. ℤ 2018-2025 ❦ sandre au vin rouge

⊶ *Dom. Chantal Rémy, 1, pl. du Monument, 21220 Morey-Saint-Denis, tél. 03 80 34 32 59, domaine.chantal.remy@orange.fr* 🆅 🎿 🔳 *r.-v.*

CHAPELLE-CHAMBERTIN

Superficie : 5,5 ha / Production : 175 hl

DOM. DROUHIN-LAROZE 2013			
■ Gd cru	1 500	◗◗	50 à 75 €

En 1850, Jean-Baptiste Drouhin fonde un domaine viticole à Gevrey. Six générations plus tard, son héritier Philippe Drouhin, installé en 2001, son épouse Christine et leurs enfants Caroline et Nicolas conduisent, dans un esprit bio mais sans certification, un vignoble de 11,5 ha – dont près de la moitié est dédiée aux grands crus –, complété en 2008 par un petit négoce (Laroze de Drouhin) dirigé par Caroline.

Le nez s'ouvre crescendo à l'aération, évoquant alors le cassis frais et la vanille. La bouche, flatteuse et souple, est bâtie sur des tanins ronds et courtois, extraits en finesse. Un grand cru déjà agréable, que l'on pourra apprécier relativement jeune. ✗ 2017-2025 ✶ cailles aux raisins

○┐ *Dom. Drouhin-Laroze, 20, rue du Gaizot, 21220 Gevrey-Chambertin, tél. 03 80 34 31 49, domaine@ drouhin-laroze.com* 🆅 🔨 🔼 *r.-v.*

CHARMES-CHAMBERTIN

Superficie : 29 ha / Production : 1 115 hl

DOM. DES BEAUMONT 2013 ★		
■ Gd cru	2 100	🍖 ◗	50 à 75 €

Thierry Beaumont a créé son domaine en 1991 en reprenant les vignes familiales et commercialise en bouteille, sous son patronyme, depuis 1999. Le vignoble couvre 5,4 ha à Morey, Chambolle et Gevrey. Les cuvées de ce vigneron peu interventionniste à la vigne et au chai, qui a investi dans un outil de travail moderne, sont chaque année au rendez-vous du Guide.

Le nez associe en toute harmonie les notes toastées et épicées de l'élevage en fût et le fruité fin (quelques notes florales également) du pinot noir planté sur un beau terroir. Une harmonie que l'on retrouve dans un palais ample, frais et bien structuré par des tanins soyeux. Du charme à revendre. ✗ 2020-2025 ✶ volaille truffée

○┐ *Dom. des Beaumont, 9, rue Ribordot, 21220 Morey-Saint-Denis, tél. 03 80 51 87 89, contact@ domaine-des-beaumont.com* 🆅 *r.-v.*

DOM. CASTAGNIER 2013 ★		
■ Gd cru	2 000	◗	50 à 75 €

Installé depuis 1975 sur le domaine familial de Morey-Saint-Denis, Jérôme Castagnier exploite (en biodynamie non certifiée) un vignoble de 4 ha en Côte de Nuits. Ses grands crus, notamment ses clos-de-vougeot, clos-de-la-roche et clos-saint-denis, lui permettent de s'illustrer avec une réelle constance.

Au nez, un boisé toasté met le fruit en valeur sans l'écraser. Le palais est pour l'heure un peu serré, bâti sur des tanins carrés et sur une vivacité de jeunesse encore très présente, sans que cela nuise à l'équilibre général. Tous les attributs du vin de grande garde sont ici réunis. ✗ 2020-2027 ✶ navarin de biche

○┐ *EARL Dom. Castagnier, 20, rue des Jardins, 21220 Morey-Saint-Denis, tél. 03 80 34 31 62, jeromecastagnier@yahoo.fr* 🆅 🔨 🔼 *r.-v.*

DOM. PHILIPPE CHARLOPIN 2012		
■ Gd cru	n.c.	◗	+ de 100 €

Repris en 1977, ce domaine familial, passé de 1,5 ha à 25 ha aujourd'hui, est en conversion bio. Avec son fils Yann, Philippe Charlopin fait partie des vignerons emblématiques de Gevrey-Chambertin et, plus généralement, de la Côte de Nuits. Il propose une large palette de vins, des *villages* aux grands crus du Chablisien, de la Côte de Beaune et de la Côte de Nuits. On ne compte plus ses étoiles et coups de cœur « vendangés » dans le Guide. Incontournable.

Après une première approche un peu sauvage, le nez propose à l'aération de belles notes de fruits rouges, d'épices et de torréfaction. En bouche, une agréable

fraîcheur épaule des tanins souples et fins qui donnent à ce vin un caractère gourmand et déjà accessible. Un grand cru au profil aérien et élégant plutôt que puissant et tannique. ✗ 2017-2022 ✶ pigeon aux épices

○┐ *Dom. Philippe Charlopin, 18, rte de Dijon, 21220 Gevrey-Chambertin, tél. 06 24 71 12 05, charlopin.philippe21@orange.fr*

LOU DUMONT 2012		
■ Gd cru	600	◗	50 à 75 €

Fondée en 2000 à Nuits-Saint-Georges par le Japonais Koji Nakada, ancien sommelier, et son épouse Jae-Hwa Park, cette petite maison de négoce, aujourd'hui implantée à Gevrey, crée un pont entre la Bourgogne et l'Asie, 96 % de la production partant à l'export. En 2012, le couple Nakada a acquis ses premières vignes en propre (bourgogne régional et gevrey-chambertin) : environ 1 ha de vignes en conversion bio.

Ce grand cru dévoile un charme élégant et délicat qui ravira les amateurs de grands crus de Bourgogne tout en souplesse, en finesse et en fraîcheur. Le plaisir est d'autant plus spontané que son expression aromatique, ici comme en bouche, se montre à la fois généreuse et raffinée, autour de la rose, du cassis et de la mûre. ✗ 2017-2023 ✶ suprêmes de canard

○┐ *Maison Lou Dumont, 32, rue du Mal-de-Lattre-de-Tassigny, 21220 Gevrey-Chambertin, tél. 03 80 51 82 82, support@ loudumont.com* 🆅 🔨 🔼 *r.-v.*

DOM. DUPONT-TISSERANDOT 2013 ★		
■ Gd cru	3 700	◗	+ de 100 €

Ce domaine familial réputé (notamment pour ses grands crus et ses gevrey) est conduit depuis 1990 par Marie-Françoise Guillard et Patricia Chevillon – qui ont succédé à leurs parents Gisèle et Bernard Dupont-Tisserandot. Il est passé en 2013 dans le giron d'Erwan Faiveley, mais les deux sœurs restent co-gérantes de ce vaste vignoble de plus de 20 ha, en Côte de Nuits essentiellement, mais aussi en Côte de Beaune. Aux côtés du maître de chai Didier Chevillon, mari de Patricia, l'œnologue de la maison Faiveley, Jérôme Flous, assure le suivi des vinifications.

Le nez, ouvert et complexe, mêle notes de griotte, de poivre et de tabac. Dès l'attaque en bouche, on devine le solide vin de garde, bâti sur la fraîcheur et sur des tanins robustes et serrés, encore sévères à ce stade ; une puissance qui ne se dément pas jusqu'en finale. Un grand vin en devenir. ✗ 2020-2028 ✶ civet de sanglier

○┐ *Dom. Dupont-Tisserandot, 2, pl. des Marronniers, 21220 Gevrey-Chambertin, tél. 03 80 34 10 50, contact@ duponttisserandot.com*

Ⓑ HUGUENOT 2013 ★		
■ Gd cru	1 000	◗	50 à 75 €

Depuis 1790, dix générations se sont succédé sur ce domaine de 22,4 ha, réputé pour ses marsannay, ses gevrey et ses fixin. Philippe Huguenot a pris la suite de son père Jean-Louis en 1994, et lancé la conversion bio (certification en 2013).

Un fruité très fin monte du verre : des notes de cassis et de groseille soutenues par un boisé délicat vont crescendo. Épaulée par ce même boisé élégant qui laisse sa part au fruit, la bouche allie avec un équilibre certain puissance, concentration et finesse. Le charme opère déjà, mais le temps est son meilleur allié. ✘ 2020-2028 ❦ cailles aux raisins

○━ SCE Dom. Huguenot, 7, ruelle du Carron, 21160 Marsannay-la-Côte, tél. 03 80 52 11 56, domaine.huguenot@wanadoo.fr Ⓥ r.-v.

Ⓑ MICHEL MAGNIEN 2013			
■ Gd cru	n.c.	◫	+ de 100 €

Michel Magnien incarne la quatrième génération à la tête d'un vignoble familial qu'il a considérablement agrandi entre les années 1960 et 1990 (19 ha aujourd'hui). Jusqu'en 1993, il porte sa récolte à la coopérative de Morey. L'arrivée de son fils Frédéric, en charge des vinifications depuis lors, change la donne : les vins sont désormais mis en bouteilles à la propriété. Des vins d'une grande régularité, qui font du domaine l'une des valeurs sûres de la Côte de Nuits.

Le nez montre une belle intensité, sur des arômes de fruits rouges agrémentés d'une tonalité fraîche, mentholée. Le boisé se fait davantage sentir en bouche, où il éteint le fruit pour l'heure, et les tanins, encore très fougueux, demandent à se fondre. Patience donc. ✘ 2020-2027 ❦ marcassin aux cerises noires

○━ Dom. Michel Magnien, 4, rue Ribordot, 21220 Morey-Saint-Denis, tél. 03 80 51 82 98, domaine@ michel-magnien.com Ⓥ 🏠 ❚ r.-v.

| ♥ Ⓑ FRÉDÉRIC MAGNIEN | | | |
Aux Charmes 2013 ★★			
■ Gd cru	n.c.	◫	+ de 100 €

Frédéric Magnien est un fin vinificateur de Chambolle et l'une des valeurs sûres de l'appellation, et plus largement des grands crus de la Côte de Nuits. Après avoir travaillé quatre ans sur le domaine de son père Michel, dont il vinifie toujours les vins, exercé un an dans des vignobles du Nouveau Monde (Californie, Australie) et obtenu un diplôme d'œnologie à Dijon, il a lancé en 1995 sa maison de négoce.

Les dégustateurs trouvent aisément un terrain d'entente pour souligner la longueur, l'équilibre et la « race » de ce grand cru. Issu du lieu-dit historique de ce terroir, le climat Aux Charmes, ce vin s'exprime à l'olfaction sur des notes intenses de mûres et de cerises, accompagnées par un boisé bien dosé aux accents épicés et chocolatés. À l'unisson, la bouche se révèle à la fois fraîche, puissante, concentrée et très fine dans le grain de ses tanins. Sérieux et élégant. ✘ 2020-2030 ❦ rôti de cerf au cassis

○━ Frédéric Magnien, 26, rte Nationale, 21220 Morey-Saint-Denis, tél. 03 80 52 54 20, frederic@ fred-magnien.com Ⓥ 🏠 ❚ r.-v.

DOM. HENRI REBOURSEAU 2012 ★			
■ Gd cru	1 780	◫	+ de 100 €

Ce domaine fut créé en 1919 par le général Henri Rebourseau, qui regroupa les vignes de son père autour de la maison familiale, une belle bâtisse du XVIIIᵉs. Son arrière-petit-fils Jean de Surrel est aujourd'hui aux

commandes d'un vignoble de 13 ha, fort d'un joli patrimoine de grands crus.

Le nez, intense et complexe, mêle notes de fruits sauvages, de pivoine et de terre humide. En bouche, on découvre un vin long, boisé, riche, puissant et concentré, qui dispose de tous les atouts pour s'affiner et se bonifier au fil des années en cave. ✘ 2020-2028 ❦ civet de lièvre

○━ Dom. Henri Rebourseau, 10, pl. du Monument, 21220 Gevrey-Chambertin, tél. 03 80 51 88 94, domaine@ rebourseau.com Ⓥ 🏠 ❚ r.-v. ○━ Surrel Jean de

DOM. DES VAROILLES 2012 ★★			
■ Gd cru	2 600	◫	50 à 75 €

Bien connu pour ses gevrey et ses charmes, ce domaine conduit depuis 1990 par Gilbert Hammel dispose de 10 ha répartis dans de nombreux crus prestigieux de Gevrey, dont plusieurs en monopole (Clos des Varoilles, Clos du Meix, Clos du Couvent et La Romanée).

Le nez, ouvert sur des notes florales (pivoine, rose), les fruits rouges et les épices, offre une approche des plus élégantes et engageantes. La bouche ne déçoit pas : très harmonieuse, ample et charnue, aux tanins délicats et soyeux, bien mise en valeur par une fine fraîcheur minérale, elle signe un vrai vin de terroir et de caractère. ✘ 2018-2025 ❦ poularde aux truffes

○━ Dom. des Varoilles, 11, rue de l'Ancien-Hôpital, rue de la Croix-des-Champs, 21220 Gevrey-Chambertin, tél. 03 80 34 30 30, contact@domaine-varoilles.com Ⓥ 🏠 ❚ r.-v.

Ⓑ DOM. DE LA VOUGERAIE Les Mazoyères 2013			
■ Gd cru	2 900	◫	+ de 100 €

Un domaine né en 1999 de l'assemblage de plusieurs vignes acquises au fil du temps par la famille de Nathalie et Jean-Charles Boisset, ses actuels propriétaires : 44 ha cultivés en biodynamie, répartis en 67 parcelles (dont le célèbre monopole Clos Blanc de Vougeot) sur les deux Côtes.

Ce grand cru, issu de la partie sud de l'appellation, qui peut être revendiquée en AOC mazoyères ou en charmes, livre un bouquet délicatement épicé, floral et fruité (cassis). Une expression aromatique et une finesse que l'on retrouve dans un palais « aérien et féminin », épaulé par des tanins bien fondus et un boisé tendre. Le 2012 fut coup de cœur, dans un style proche, mais avec plus de densité et de concentration. ✘ 2018-2025 ❦ chapon aux truffes noires

○━ Dom. de la Vougeraie, 7 bis, rue de l'Église, 21700 Premeaux-Prissey, tél. 03 80 62 48 25, vougeraie@ domainedelavougeraie.com Ⓥ r.-v.

MAZIS-CHAMBERTIN

Superficie : 8,8 ha / Production : 275 hl

DOM. PHILIPPE CHARLOPIN 2012			
■ Gd cru	n.c.	◫	+ de 100 €

Repris en 1977, ce domaine familial, passé de 1,5 ha à 25 ha aujourd'hui, est en conversion bio. Avec son fils Yann, Philippe Charlopin fait partie des vignerons emblématiques de Gevrey-Chambertin et, plus générale-ment, de la Côte de Nuits. Il propose une large palette de vins, des *villages* aux grands crus du Chablisien, de la Côte de Beaune et de la Côte de Nuits. On ne compte plus ses étoiles et coups de cœur « vendangés » dans le Guide. Incontournable.

Le nez demande un peu d'aération pour s'exprimer. Il se dévoile alors sur des notes nettes de boisé grillé et de fruits rouges. La bouche, souple et charnue, s'appuie sur des tanins au touché soyeux et déploie une belle et longue finale. Un mazis au profil charmeur et gourmand plutôt que puissant. ✗ 2018-2025 ✠ volaille de Bresse rôtie

☞ *Dom. Philippe Charlopin, 18, rte de Dijon, 21220 Gevrey-Chambertin, tél. 06 24 71 12 05, charlopin.philippe21@orange.fr*

♥ DOM. HARMAND-GEOFFROY 2013 ★★		
■ Gd cru	3 900	◫	75 à 100 €

Ce domaine familial fondé à la fin du XIXᵉs. a été repris par Gérard Harmand en 1989 ; son fils Phi-lippe est aux com-mandes de la vigne (9 ha) et du chai. La famille n'est peut-être pas la plus médiatique de Gevrey-Chambertin, mais elle est sans conteste l'une des valeurs sûres de la commune. Du *village* au grand cru, elle est d'une constance remarquable en gevrey et très en vue aussi pour ses mazis.

La famille Harmand-Geoffroy dispose de 80 ares en mazis, des vieux ceps âgés entre quarante et soixante dix ans. C'est incontestablement la cuvée phare de ce domaine très recommandable, qui avait déjà ébloui le jury dans sa version 2012. Le 2013 fait aussi bien, dans ce style « Harmand » qui fait son succès, à base de fraîcheur minérale et d'élégance, de concentration et de précision, de tanins sérieux mais soyeux. Un beau boisé aux accents de moka et d'épices met le tout en valeur. Un monument d'équilibre, encore en devenir, bien sûr, où rien n'est forcé, où tout est en place pour un long séjour en cave. ✗ 2020-2030 ✠ filet de bœuf Wellington

☞ *EARL Harmand-Geoffroy, 1, pl. des Lois, 21220 Gevrey-Chambertin, tél. 03 80 34 10 65, harmand-geoffroy@wanadoo.fr* 🆅 r.-v.

ⓑ DOM. TORTOCHOT 2013 ★		
■ Gd cru	2 100	◫	75 à 100 €

Fondé à Gevrey en 1865, ce domaine est régulièrement sélectionné pour ses gevrey et ses mazis-chambertin. En 1997, Chantal Michel-Tortochot (quatrième généra-tion), ancienne contrôleuse de gestion dans l'industrie bourguignonne, a repris les vignes familiales, un beau parcellaire de 11 ha (dont 10 % de grands crus et autant de 1ᵉʳˢ crus), certifiés bio depuis 2013.

Un grand vin, comme ce terroir, mis entre de bonnes mains, sait en livrer. Le nez propose des notes poivrées, de cassis frais et de fruits rouges. Une attaque souple, soyeuse et fruitée ouvre sur un palais onctueux, d'une grande élégance et d'une réelle finesse. Des qualités qui ne l'empêchent pas d'affirmer aussi la structure solide qui fait la réputation des grands crus de Gevrey-Chambertin. Ce mazis très bien proportionné ira chercher en cave sa

deuxième étoile, d'ores et déjà toute proche. ✗ 2020-2028 ✠ civet de sanglier

☞ *Dom. Tortochot, 12, rue de l'Église, 21220 Gevrey-Chambertin, tél. 03 80 34 30 68, contact@ tortochot.com* 🆅 🏃 🏠 r.-v.

RUCHOTTES-CHAMBERTIN

Superficie : 3 ha / Production : 98 hl

CH. DE MARSANNAY 2012 ★		
■ Gd cru	280	◫	+ de 100 €

Le domaine du château de Marsannay s'étend sur près de 34 ha. Il est présent aussi bien en appellations *villages* qu'en 1ᵉʳˢ crus et grands crus de la Côte de Nuits. Il appartient depuis 2012 à la famille Halley, également propriétaire du château de Meursault en Côte de Beaune. Un programme d'investissements à la vigne et au chai est en cours.

Soutenu par un boisé bien dosé et séducteur, aux tonalités épicées et vanillées, ce grand cru développe à l'olfaction des notes délicates de fruits noirs (cassis en particulier). Le palais, ample, puissant et long, s'adosse à des tanins consistants, qui lui assurent un potentiel de garde indéniable. ✗ 2018-2025 ✠ chevreuil sauce grand veneur

☞ *Ch. de Marsannay, 2, rue des Vignes, 21160 Marsannay-la-Côte, tél. 03 80 51 71 11, domaine@ chateau-marsannay.com* 🆅 🏃 🏠 t.l.j. 10h-12h 14h-18h30 (10h 18h30 de mai à sept.); f. dim. mi nov. à Pâques

MOREY-SAINT-DENIS

Superficie : 96 ha / Production : 3 822 hl (95 % rouge)

Entre Gevrey-Chambertin et Chambolle-Musigny, Morey-Saint-Denis constitue l'une des plus petites appellations communales de la Côte de Nuits. Outre d'excellents 1ᵉʳˢ crus (en majorité rouges), la commune possède cinq grands crus ayant une appellation d'ori-gine contrôlée particulière : clos-de-tart, clos-saint-denis, bonnes-mares (en partie), clos-de-la-roche et clos-des-lambrays. Les vins rouges de cette commune apparaissent comme intermédiaires entre les puis-sants gevrey et les délicats chambolle. Les vignerons présentent au public les morey-saint-denis, et unique-ment ceux-ci, le vendredi précédant la vente Hospices de Nuits (3ᵉ semaine de mars), lors d'un Carrefour de Dionysos à la salle des fêtes communale.

DOM. PIERRE AMIOT ET FILS Les Ruchots 2012		
■ 1er cru	2 500	◫	30 à 50 €

Un domaine établi à Morey-Saint-Denis depuis cinq générations, conduit aujourd'hui par les fils de Pierre Amiot, Jean-Louis et Didier. Le vignoble couvre 8 ha sur Morey, essentiellement, et sur Gevrey, dont deux grands crus. Souvent en vue pour ses morey et ses clos-de-la-roche.

Un *climat* situé juste en dessous du Clos de Tart. Le nez est relativement discret, proposant de fines notes de fruits rouges à l'aération. Le palais se montre robuste et frais, porté par des tanins solides et denses. Un vin d'avenir. ✗ 2018-2025 ✠ onglet aux échalotes ■ **1er cru** Les

BOURGOGNE

Millandes 2012 (30 à 50 € ; 2 600 b.) : vin cité. ✗ 2018-2023

☞ Dom. Pierre Amiot et Fils, 27, Grande-Rue, 21220 Morey-Saint-Denis, tél. 03 80 34 34 28, contact@ domainepierreamiot.fr Ⓥ 🚶 🔒 r.-v. 🏠 Ⓔ

♥ DOM. DES BEAUMONT Les Millandes 2013 ★★

■ 1er cru	1 500	◖▮	30 à 50 €

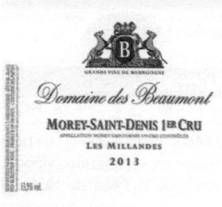

Domaine des Beaumont
MOREY-SAINT-DENIS 1ER CRU
LES MILLANDES
2013

Thierry Beaumont a créé son domaine en 1991 en reprenant les vignes familiales et commercialise en bouteille, sous son patronyme, depuis 1999. Le vignoble couvre 5,4 ha à Morey, Chambolle et Gevrey. Les cuvées de ce vigneron peu interventionniste à la vigne et au chai, qui a investi dans un outil de travail moderne, sont chaque année au rendez-vous du Guide.

Les vins du domaine séduisent souvent par leur consistance et leur expression aromatique riche et complexe. Ce 1er cru illustre toutes ces qualités avec brio. Un nez généreux de mûre, de cassis et de cerise ouvre la dégustation. La bouche se révèle ample, dense, solidement arrimée à ses tanins, puissants mais fins, et prolongée par une finale élégante et saline. Tous les attributs du vin de garde. ✗ 2019-2025 ☖ brie de Meaux
■ Village 2013 (20 à 30 € ; 4 500 b.) : vin cité. ✗ 2018-2022

☞ Dom. des Beaumont, 9, rue Ribordot, 21220 Morey-Saint-Denis, tél. 03 80 51 87 89, contact@ domaine-des-beaumont.com Ⓥ r.-v.

RÉGIS BOUVIER En la rue de Vergy 2013

■	2 800	◖▮	20 à 30 €

Régis Bouvier a fondé ce domaine en 1981 (2 ha au départ, 15,3 ha aujourd'hui), étendu de Marsannay, son fief, dont il défend les couleurs avec brio, à Morey, en passant par Fixin et Gevrey. Une activité de négoce lui permet de compléter sa gamme.

Le nez, sur le registre de la griotte, des fruits noirs et du boisé torréfié, se livre avec intensité. Une bonne harmonie se dégage du palais : de la fraîcheur, du fruit, des tanins présents sans agressivité et une jolie finale minérale. De bonne tenue et paré pour la cave. ✗ 2018-2022 ☖ bœuf bourguignon

☞ Régis Bouvier, 52, rue de Mazy, 21160 Marsannay-la-Côte, tél. 03 80 51 33 93, dom.reg.bouvier@hotmail.fr Ⓥ 🔒 r.-v.

Ⓑ DOM. JEAN FÉRY ET FILS 2012 ★

■	1 800	◖▮	20 à 30 €

Un domaine familial des Hautes-Côtes de Beaune créé en 1890 et développé dans les années 1990 par Jean-Louis Féry, son actuel propriétaire : 12 ha en bio certifié depuis 2011, en Côte de Nuits et Côte de Beaune. La bonne marche du vignoble et du chai est assurée par son épouse, Brigitte Ponnelle-Féry.

Les dix-huit mois d'élevage dominent l'olfaction, plus ouverte aux fruits après agitation du verre. Mise en valeur par un boisé de qualité, la bouche est appréciée pour sa bonne densité, sa rondeur et sa longueur. ✗ 2018-2021 ☖ bœuf Strogonoff

☞ Dom. Jean Féry et Fils, 1, rte de Marey, 21420 Échevronne, tél. 03 80 21 59 60, fery.vin@ wanadoo.fr Ⓥ 🚶 🔒 r.-v. 🏠 Ⓒ

DOM. MAURICE GAVIGNET Les Millandes 2012 ★

■ 1er cru	3 000	◖▮	20 à 30 €

L'histoire débute vers 1900, lorsqu'Honoré Gavignet, vigneron à la Romanée-Conti, fonde son domaine à Nuits-Saint-Georges. Son arrière-petit-fils, Arnaud, est à la tête de la propriété depuis 2008 et exploite des vignes sur la Côte de Nuits et la Côte de Beaune.

L'expression aromatique, intense, traduit un fruit à belle maturité (coulis de fruits noirs, de cassis notamment), agrémenté de nuances florales au deuxième nez. Une matière dense et pleine tapisse le palais, renforcée par des tanins fins et bien serrés. Un vin complet et consistant, bâti pour durer. ✗ 2018-2023 ☖ civet de sanglier

☞ Gavignet Père et Fils, 73, rue Félix-Tisserand, 21700 Nuits-Saint-Georges, tél. 03 80 61 03 87, contact@ maurice-gavignet.com Ⓥ 🔒 t.l.j. sf dim. 9h-12h 14h-18h

ALAIN JEANNIARD Les Chenevery 2012

■ 1er cru	600	◖▮	30 à 50 €

Après une carrière dans l'industrie, Alain Jeanniard est revenu à ses racines vigneronnes (qui remontent au XVIIIe s.) pour reprendre en 2000 le domaine de Morey : 0,5 ha à l'époque, 4,5 ha aujourd'hui. Il a également créé une affaire de négoce en 2003.

Le nez, dense et profond, évoque la cerise juteuse, les épices et le café torréfié. La bouche se révèle plus fine que puissante, tout en montrant une bonne longueur et une certaine fermeté en finale. ✗ 2018-2021 ☖ pavé de bœuf sauce café

☞ Dom. Alain Jeanniard, 4, rue aux Loups, 21220 Morey-Saint-Denis, tél. 03 80 58 53 49, domaine.ajeanniard@wanadoo.fr Ⓥ 🚶 🔒 r.-v.

RÉMI JEANNIARD Vieilles Vignes 2013

■	4 500	◖▮	15 à 20 €

Après avoir travaillé près de vingt ans avec son père, Rémi Jeanniard a repris une partie des vignes familiales en 2004 et s'est construit une nouvelle cuverie. Il exploite aujourd'hui 6,1 ha, à Morey-Saint-Denis principalement.

Des fines touches vanillées montent du verre, puis prennent place des notes de fruits rouges et noirs. Le palais se révèle ample et solide, sous-tendu par une agréable fraîcheur qui lui donne une bonne allonge. ✗ 2018-2021 ☖ côte de bœuf

☞ Rémi Jeanniard, 19-21, rue de Cîteaux, 21220 Morey-Saint-Denis, tél. 03 80 58 52 42, remijeanniard@orange.fr Ⓥ 🚶 🔒 r.-v.

DOM. LEYMARIE-CECI Clos Solon 2012

■	1 200	◖▮	20 à 30 €

Charles Leymarie, originaire de Corrèze, fonde en 1920 une maison de négoce en Belgique et acquiert en 1933 une petite parcelle du Clos de Vougeot, exploitée « à mi-fruit » par un vigneron local. Une parcelle que reprend son fils René en 1969 lors de l'achat des bâtiments du domaine à Vougeot (une auberge et un relais de poste du XVIIe s.) et des vignes attenantes. Le domaine actuel était né. Depuis 2004, c'est son petit-fils

Jean-Charles qui est aux commandes des 3,85 ha de vignes et de la maison de négoce.

Un vin expressif sur des notes de mûre et de fruits rouges au nez. Le palais offre un profil frais et fin, sans manquer pour autant de consistance. Un vin qui devrait évoluer favorablement. ✗ 2018-2021 ❦ canette aux cerises

☛ Leymarie-Ceci, Clos-du-Village,
24, rue du Vieux-Château, 21640 Vougeot,
tél. 09 67 19 88 53, leymarie@skynet.be 🆅 🎿 🍴 r.-v.

⑧ FRÉDÉRIC MAGNIEN Ruchots 2013

■ 1er cru	1 500		75 à 100 €

Frédéric Magnien est un fin vinificateur de Chambolle et l'une des valeurs sûres de l'appellation, et plus largement des grands crus de la Côte de Nuits. Après avoir travaillé quatre ans sur le domaine de son père Michel, dont il vinifie toujours les vins, exercé un an dans des vignobles du Nouveau Monde (Californie, Australie) et obtenu un diplôme d'œnologie à Dijon, il a lancé en 1995 sa maison de négoce.

Le nez s'exprime sur des notes de cassis bien mûr associé à une touche grillée. Le palais, frais, dense et compact, offre beaucoup de matière et montre les muscles en finale. La patience est de rigueur. ✗ 2018-2022 ❦ salmis de faisan

☛ Frédéric Magnien, 26, rte Nationale,
21220 Morey-Saint-Denis, tél. 03 80 52 54 20, frederic@
fred-magnien.com 🆅 🎿 🍴 r.-v.

DOM. STÉPHANE MAGNIEN Les Faconnières 2013

■ 1er cru	2 500		30 à 50 €

Stéphane Magnien, installé en 2008, incarne la qua trième génération sur ce domaine créé en 1897. Les vignes (4,5 ha) ne sont entretenues que par des labours (pas de désherbants) et comptent une bonne proportion de vieux ceps.

Le nez s'avère plutôt discret mais fin, mêlant harmonieusement fruité et boisé. La bouche s'inscrit dans cette lignée : élégance et souplesse (tanins soyeux et fondus) plutôt que concentration. ✗ 2016-2020 ❦ cailles aux morilles

☛ Dom. Stéphane Magnien, 5, ruelle de l'Église,
21220 Morey-Saint-Denis, tél. 03 80 51 83 10, mail@
domainemagnien.com 🆅 🍴 r.-v.

DOM. MARCHAND FRÈRES Vieilles Vignes 2013 ★

■	3 000		15 à 20 €

Depuis 1999 sous la conduite de Denis Marchand (septième génération), le domaine Marchand Frères est né en 1813 à Morey-Saint-Denis. L'exploitation, de près de 9 ha, est basée depuis 1983 au cœur même de Gevrey-Chambertin.

Ce village dégage beaucoup d'agrément dès les premières sensations olfactives, portées vers des notes de fruits rouges et noirs. En bouche, équilibre et élégance sont les maîtres-mots : une belle fraîcheur qui apporte de la longueur, des tanins soyeux qui confèrent du volume et un côté caressant, le tout bien mis en valeur par un boisé fin. ✗ 2018-2022 ❦ brillat-savarin ■ 1er cru Les Faconnières 2013 (30 à 50 € ; 1 300 b.) : vin cité. ✗ 2018-2023

☛ Dom. Marchand Frères, 1, pl. du Monument,
21220 Gevrey-Chambertin, tél. 03 80 62 10 97,
dmarc2000@sfr.fr 🆅 🎿 🍴 r.-v.

▶ LES GRANDS CRUS DE MOREY-SAINT-DENIS

Parmi les grands crus de Morey-Saint-Denis, le clos-de-la-roche et le clos-saint-denis ne sont pas des clos, en dépit de leurs noms. Assez morcelés, ils regroupent plusieurs lieux-dits et sont exploités par de nombreux propriétaires. Le clos-de-tart est, lui, entièrement ceint de murs et exploité en monopole. Également d'un seul tenant, le clos-des-lambrays regroupe plusieurs parcelles et lieux-dits : Les Bouchots, Les Larrêts ou Clos des Lambrays, Le Meix-Rentier.

CLOS-DE-LA-ROCHE

Superficie : 13,4 ha / Production : 450 hl

ANNE ET SÉBASTIEN BIDAULT 2012

■ Gd cru	300		75 à 100 €

Sébastien et Anne Bidault se sont installés en 2000, cultivant alors un microvignoble de 5 ares de gevrey-chambertin ; ils exploitent 1 ha aujourd'hui, sur cinq appellations (gevrey, morey, chambolle-musigny, aloxe-corton et clos-de-la-roche).

Nécessairement confidentiel (6 ares de pinot noir), ce clos-de-la-roche affiche une belle concentration au nez, autour d'arômes de fruits noirs soutenus par un boisé torréfié assez raffiné. Construite sur des tanins de qualité, la bouche fait écho à l'olfaction et propose le niveau de richesse et de puissance attendu d'un grand cru. ✗ 2020-2025 ❦ râbles de lapin aux raisins

☛ Anne et Sébastien Bidault, 9, rue des Jardins,
21220 Morey-Saint-Denis, tél. 06 73 84 03 34,
annebidault@yahoo.fr 🆅 🎿 🍴 r.-v.

♥ JEAN-CLAUDE BOISSET 2013 ★★

■ Gd cru	600		+ de 100 €

Un important négoce créé en 1961 par Jean-Claude Boisset qui, installé à Nuits-Saint-Georges dans l'ancien couvent des Ursulines, est propriétaire de vignes dans toute la Bourgogne, mais aussi dans d'autres vignobles en France et à l'étranger. Depuis 2002, Grégory Patriat, le vinificateur, s'attache à élaborer des cuvées haut de gamme, dans une approche « domaine ».

Un grand cru particulièrement séducteur par la fraîcheur et la complexité de sa palette aromatique, qui évoque les fruits rouges (cerise) et la torréfaction, mais aussi le menthol et le poivre. Une superbe maestria se manifeste dans une bouche très équilibrée, qui prolonge la précision et la finesse du nez. Les tanins sont logiquement encore un peu fermes, mais quelques années de garde permettront à ce grand cru d'atteindre l'harmonie parfaite. ✗ 2020-2028 ❦ sauté de sanglier

☛ Jean-Claude Boisset, 5, quai Dumorey,
21700 Nuits-Saint-Georges, tél. 03 80 62 61 61, jcb@
jcboisset.fr 🆅 🍴 t.l.j. sf lun. 10h-19h

BOURGOGNE

ⒷDOM. MICHEL MAGNIEN 2013

■ Gd cru	n.c.	⬗	+ de 100 €

Michel Magnien incarne la quatrième génération à la tête d'un vignoble familial qu'il a considérablement agrandi entre les années 1960 et 1990 (19 ha aujourd'hui). Jusqu'en 1993, il porte sa récolte à la coopérative de Morey. L'arrivée de son fils Frédéric, en charge des vinifications depuis lors, change la donne : les vins sont désormais mis en bouteilles à la propriété. Des vins d'une grande régularité, qui font du domaine l'une des valeurs sûres de la Côte de Nuits.

Un vin riche et rond, dévoilant une matière d'une belle densité et des tanins fondus, qui s'affermissent en finale. L'ensemble reste assez discret aujourd'hui sur le plan aromatique. Patience. ✗ 2020-2025 ▼ volaille truffée

☛ *Dom. Michel Magnien, 4, rue Ribordot, 21220 Morey-Saint-Denis, tél. 03 80 51 82 98, domaine@ michel-magnien.com* Ⓥ 🅐 🔒 *r.-v.*

CLOS-SAINT-DENIS

Superficie : 6 ha / Production : 200 hl

DOM. CASTAGNIER 2013 ★

■ Gd cru	1 500	⬗	50 à 75 €

Installé depuis 1975 sur le domaine familial de Morey-Saint-Denis, Jérôme Castagnier exploite (en biodynamie non certifiée) un vignoble de 4 ha en Côte de Nuits. Ses grands crus, notamment ses clos-de-vougeot, clos-de-la-roche et clos-saint-denis, lui permettent de s'illustrer avec une réelle constance.

Le nez se développe avec puissance sur des notes de fruits noirs épaulées par un boisé bien intégré (élevage pendant seize à dix-huit mois avec 40 % de fût neuf). La bouche est certes un peu fermée à ce stade, mais elle laisse percevoir une belle qualité de tanins, de la fraîcheur et surtout une bonne concentration et une grande ampleur. ✗ 2020-2025 ▼ rôti de bœuf aux cèpes

☛ *EARL Dom. Castagnier, 20, rue des Jardins, 21220 Morey-Saint-Denis, tél. 03 80 34 31 62, jeromecastagnier@yahoo.fr* Ⓥ 🅐 🔒 *r.-v.*

OLIVIER GUYON 2012

■ Gd cru	600	⬗	75 à 100 €

Olivier Guyot a repris le domaine familial en 1990. Cet adepte des labours au cheval exploite, dans un esprit bio et biodynamiste, 15 ha répartis en de nombreuses petites parcelles, dans la partie nord de la Côte de Nuits, entre Marsannay et Gevrey.

Seulement 600 bouteilles de cette cuvée ont été produites en 2013, nées de 25 ares de ce grand cru réputé plus aimable et rond que son voisin le clos-de-la-roche. De fait, les quelques privilégiés qui auront l'occasion de la déguster découvriront un vin d'une belle harmonie, suave et tendre, aux tanins fins et soyeux et à l'expression aromatique encore très élégante (fruits noirs mûrs, réglisse). ✗ 2019-2025 ▼ faisan aux raisins

☛ *Olivier Guyot, 39, rue de Mazy, 21160 Marsannay-la-Côte, tél. 03 80 52 39 71, domaine.guyot@wanadoo.fr* Ⓥ 🔒 *r.-v.*

DOM. MICHEL MAGNIEN 2013 ★★

■ Gd cru	n.c.	⬗	+ de 100 €

Michel Magnien incarne la quatrième génération à la tête d'un vignoble familial qu'il a considérablement agrandi entre les années 1960 et 1990 (19 ha aujourd'hui). Jusqu'en 1993, il porte sa récolte à la coopérative de Morey. L'arrivée de son fils Frédéric, en charge des vinifications depuis lors, change la donne : les vins sont désormais mis en bouteilles à la propriété. Des vins d'une grande régularité, qui font du domaine l'une des valeurs sûres de la Côte de Nuits.

« Excellent », « déjà magnifique », les jurés se sont enthousiasmés pour ce grand cru. L'effet de sa très grande concentration et sa rondeur ? De ses tanins veloutés et charmeurs ? De sa longueur « infinie » ? Ou encore la récompense de son expression aromatique très intense, sur des notes de fraise confiturée enrobées par un boisé doux et bien intégré ? Un peu tout cela sans doute. Et encore un très beau clos-saint-denis de Frédéric et Michel Magnien. ✗ 2020-2030 ▼ filet de biche en croûte

☛ *Dom. Michel Magnien, 4, rue Ribordot, 21220 Morey-Saint-Denis, tél. 03 80 51 82 98, domaine@ michel-magnien.com* Ⓥ 🅐 🔒 *r.-v.*

CHAMBOLLE-MUSIGNY

Superficie : 152 ha / Production : 6 050 hl

Commune de grande renommée malgré sa petite étendue, Chambolle-Musigny doit sa réputation à la qualité de ses vins et à la notoriété de ses 1ers crus, dont le plus connu est le *climat* des Amoureuses. Tout un programme ! Mais Chambolle a aussi ses Charmes, Chabiots, Cras, Fousselottes, Groseilles et autres Lavrottes… Le petit village aux rues étroites et aux arbres séculaires abrite des caves magnifiques (domaine des Musigny).

Toujours rouges, les chambolle sont élégants et subtils. Ils allient la force des bonnes-mares à la finesse des musigny, à l'image d'un pays de transition dans la Côte de Nuits.

DOM. DES BEAUMONT
Les Chardannes 2013

■		2 400	⬗	20 à 30 €

Thierry Beaumont a créé son domaine en 1991 en reprenant les vignes familiales et commercialise en bouteille, sous son patronyme, depuis 1999. Le vignoble couvre 5,4 ha à Morey, Chambolle et Gevrey. Les cuvées de ce vigneron peu interventionniste à la vigne et au chai, qui a investi dans un outil de travail moderne, sont chaque année au rendez-vous du Guide.

Ce vin jeune libère un joli fruit après aération. Au palais, il se montre frais et assez volumineux. Il exprime également des notes boisées encore marquées à ce stade, accompagnées en finale de tanins un brin sévères, mais rien de rédhibitoire, un peu de garde apportera le fondu nécessaire. ✗ 2017-2020 ▼ pintade rôtie

☛ *Dom. des Beaumont, 9, rue Ribordot, 21220 Morey-Saint-Denis, tél. 03 80 51 87 89, contact@ domaine-des-beaumont.com* Ⓥ *r.-v.*

ANNE ET SÉBASTIEN BIDAULT
Les Herbues 2012 ★

| ■ | 1 500 | ⊞ | 20 à 30 € |

Sébastien et Anne Bidault se sont installés en 2000, cultivant alors un microvignoble de 5 ares de gevrey-chambertin ; ils exploitent 1 ha aujourd'hui, sur cinq appellations (gevrey, morey, chambolle-musigny, aloxe-corton et clos-de-la-roche).

Bien qu'originaire de Puligny, pays des blancs, Sébastien Bidault s'y entend aussi en matière de rouges, qu'il aime fruités avec un bon potentiel de garde. De fait, il propose ici un vin prometteur et bien ouvert sur les fruits, noirs et confiturés, signe engageant d'une vendange bien mûre. On retrouve le fruit dans une bouche bien charpentée, riche et équilibrée. De beaux atouts pour la garde. ✗ 2018-2023 ❦ canard à l'orange

o━ *Anne et Sébastien Bidault, 9, rue des Jardins, 21220 Morey-Saint-Denis, tél. 06 73 84 03 34, annebidault@yahoo.fr* Ⓥ 👤 🈁 *r.-v*

DOM. PHILIPPE CHARLOPIN-PARIZOT 2012

| ■ | n.c. | ⊞ | 30 à 50 € |

Repris en 1977, ce domaine familial, passé de 1,5 ha à 25 ha aujourd'hui, est en conversion bio. Avec son fils Yann, Philippe Charlopin fait partie des vignerons emblématiques de Gevrey-Chambertin et, plus généralement, de la Côte de Nuits. Il propose une large palette de vins, des *villages* aux grands crus du Chablisien, de la Côte de Beaune et de la Côte de Nuits. On ne compte plus ses étoiles et coups de cœur « vendangés » dans le Guide. Incontournable.

La palette aromatique est une heureuse association de fruits noirs, de torréfaction et de cacao. Une texture suave et réglissée se distingue dans un palais rond et suffisamment structuré pour affronter la garde. Un vin qui joue la carte de la gourmandise plutôt que celle de la puissance. ✗ 2017-2022 ❦ râble de lapin aux pruneaux

o━ *Dom. Philippe Charlopin, 18, rte de Dijon, 21220 Gevrey-Chambertin, tél. 06 24 71 12 05, charlopin.philippe21@orange.fr*

DOM. DIGIOIA-ROYER
Les Fremières Vieilles Vignes 2013

| ■ | 2 500 | ⊞ | 20 à 30 € |

Souvent en vue pour ses chambolle-musigny, Michel Digioia exploite depuis 1999 ce petit domaine familial de 4,9 ha, dont une bonne part est dédiée aux appellations régionales et communales.

Une cuvée d'une belle intensité aromatique et d'une solide consistance en bouche. Le nez est généreux, centré sur les fruits biens mûrs mâtinés de clou de girofle et de nuances fumées. Après une attaque souple, la bouche se montre dense et massive, aiguillonnée par une finale minérale et assez tendue. ✗ 2018-2023 ❦ filet de bœuf

o━ *Michel Digioia, 16, rue du Carré, 21220 Chambolle-Musigny, tél. 03 80 61 49 58, micheldigioia@wanadoo.fr* Ⓥ 👤 🈁 *r.-v.*

DOUDET-NAUDIN 2013 ★

| ■ | 2 000 | ⊞ | 50 à 75 € |

Fondée en 1849 par Albert Brenot et acquise par la famille Doudet en 1933, la maison Doudet-Naudin est un négoce de Savigny-lès-Beaune qui propose des cuvées issues de terroirs restreints. Unique propriétaire depuis 2014, Christophe Rochet est épaulé par Isabelle Doudet à la direction technique et par Bertrand Straebler comme maître de chai. La maison Doudet possède aussi son propre domaine : 11 ha entre Beaune et Pernand, conduits en lutte raisonnée avec des expérimentations en bio.

Avec ses notes de fruits rouges, nettes et pures, le nez se montre ouvert et élégant. Ce même fruité élégant, mis en relief par un boisé bien maîtrisé, est prolongé par un palais qui s'exprime aussi bien avec densité que fraîcheur, étayé par des tanins présents juste ce qu'il faut. Équilibre et bon potentiel sont au rendez-vous. ✗ 2018-2022 ❦ bœuf en daube

o━ *Doudet-Naudin, 3, rue Cyrot, 21420 Savigny-lès-Beaune, tél. 03 80 21 51 74, contact@doudetnaudin.com* Ⓥ 👤 🈁 *r.-v.*

JOSEPH DROUHIN Baudes 2012

| ■ 1er cru | 800 | ⊞ | 50 à 75 € |

Créée en 1880, cette maison beaunoise travaille une large palette d'AOC bourguignonnes : de Chablis (38 ha sous l'étiquette Drouhin-Vaudon) à la Côte chalonnaise (3 ha), en passant par les Côtes de Beaune et de Nuits (32 ha). On peut y ajouter les vignes américaines du domaine Drouhin en Oregon (90 ha), créé en 1987, et de Roserock Vineyard, 112 ha dans la région des Eola-Amity Hills. Ce négoce d'envergure grâce à ce vaste domaine de 73 ha développé par Robert Drouhin à partir de 1957, désormais géré par ses quatre enfants, est aussi le plus important propriétaire de vignes cultivées en biodynamie. Incontournable.

Ce chambolle fait preuve de raffinement mais aussi de profondeur, pas comme en bouche. Le premier associe un boisé toasté et fumé aux fruits mûrs. La seconde, équilibrée, longue, puissante, mais avec finesse et retenue, signe un beau classique de garde. ✗ 2019-2025 ❦ faisan en cocotte

o━ *Maison Joseph Drouhin, 7, rue d'Enfer, 21200 Beaune, tél. 03 80 24 68 88, maisondrouhin@drouhin.com* Ⓥ 👤 🈁 *r.-v.*

DOM. A.-F. GROS 2013 ★★

| ■ | 2 400 | ⊞ | 30 à 50 € |

Fille de Jean Gros (Vosne-Romanée), sœur de Bernard (domaine Gros Frère et Sœur), Anne-Françoise Gros a choisi François Parent comme époux et maître de chai. Ensemble, ils conduisent un vignoble de 10 ha dans les deux Côtes pour lequel on ne compte plus les coups de cœur. Incontournable.

Bien dans l'esprit des vins de l'appellation, ce 2013 s'exprime dans le registre de la finesse, de la précision et de la longueur. Le nez évoque les fruits rouges, le cassis et le merrain avec élégance. La bouche est ample, fraîche et racée, bâtie sur des tanins au grain délicat. ✗ 2018-2022 ❦ filet de biche

o━ *Dom. A.-F. Gros, 5, Grande-Rue, 21630 Pommard, tél. 03 80 22 61 85, af-gros@wanadoo.fr* Ⓥ *r.-v.* 🏠 Ⓔ

DOM. ANTONIN GUYON Clos du Village 2012

| ■ | 2 700 | ⊞ | 30 à 50 € |

Ce domaine s'est constitué à partir des années 1960 un vaste vignoble de 48 ha, principalement en premiers et grands crus, allant de Gevrey-Chambertin à Meursault.

BOURGOGNE

Une exploitation régulière en qualité, conduite par Dominique Guyon, fils d'Antonin.

Les fruits rouges (groseille, framboise) associés à un boisé torréfié s'expriment harmonieusement au nez. Des tanins présents mais souples structurent une bouche fraîche, consistante et persistante. ✗ 2017-2021 ✠ noisette de chevreuil

○┐ *Dom. Antonin Guyon, 21420 Savigny-lès-Beaune, tél. 03 80 67 13 24, domaine@guyon-bourgogne.com* Ⓥ ⚐ ⚑ r.-v.

RÉMI JEANNIARD Vieilles Vignes 2013			
■	2 850	⬤	15 à 20 €

Après avoir travaillé près de vingt ans avec son père, Rémi Jeanniard a repris une partie des vignes familiales en 2004 et s'est construit une nouvelle cuverie. Il exploite aujourd'hui 6,1 ha, à Morey-Saint-Denis principalement.

Après agitation, des notes de fruits frais (cerise, cassis) montent au nez. Une fraîcheur qui apporte de la longueur et du dynamisme à un palais d'une bonne concentration, renforcé par des tanins solides et encore sévères. ✗ 2018-2021 ✠ ris de veau

○┐ *Rémi Jeanniard, 19-21, rue de Cîteaux, 21220 Morey-Saint-Denis, tél. 03 80 58 52 42, remijeanniard@orange.fr* Ⓥ ⚐ ⚑ r.-v.

MAISON JESSIAUME Aux Échanges 2012			
■ 1er cru	870	⬤	30 à 50 €

Acheté en 2007 par Sir David Murray, ce domaine familial (9 ha, en grande partie sur la commune de Santenay) fait figure de valeur sûre en Côte-d'Or. En 2008, une structure de négoce est venue compléter la production de la propriété. L'œnologue est William Waterkeyn.

Des parfums intenses de mûre et de cassis associés à une touche réglissée donnent une expression aromatique complexe. La bouche est longue, généreuse, solidement charpentée et encore assez austère. Ce chambolle a de la personnalité et devra patienter en cave. ✗ 2019-2025 ✠ selle d'agneau

○┐ *SARL Dom. Jessiaume, 10, rue de la Gare, 21590 Santenay, tél. 03 80 20 60 03, contact@ domaine-jessiaume.com* Ⓥ ⚐ ⚑ r.-v.
○┐ Murray Sir David

PATRICK LAGRANGE Les Maladières 2012 ★			
■	n.c.	⬤	30 à 50 €

Patrick Lagrange, retraité de la restauration et de la commercialisation de caves à vins, s'est engagé en 2009 comme négociant-éleveur confidentiel à Fixin, vinifiant des petits lots de vendanges intéressants.

L'élégance et la finesse des vins de Chambolle sont ici à l'honneur. Le nez, d'abord discret, évoque l'aération le fruit noir et la cerise à l'eau-de-vie. Adossée à des tanins denses et soyeux, la bouche se montre à la fois généreuse, charnue et fraîche, persistant sur des notes de groseille. ✗ 2018-2023 ✠ canard aux cerises

○┐ *Patrick Lagrange, Bourgogne Cave Passion, 22, rue de l'Abbé-Chevalier, 21220 Fixin, tél. 06 63 71 15 15, palagrange@wanadoo.fr* Ⓥ ⚐ ⚑ r.-v.

LEYMARIE-CECI Aux Échanges 2012			
■ 1er cru	600	⬤	50 à 75 €

Charles Leymarie, originaire de Corrèze, fonde en 1920 une maison de négoce en Belgique et acquiert en 1933 une petite parcelle du Clos de Vougeot, exploitée « à mi-fruit » par un vigneron local. Une parcelle que reprend son fils René en 1969 lors de l'achat des bâtiments du domaine à Vougeot (une auberge et un relais de poste du XVIIᵉs.) et des vignes attenantes. Le domaine actuel était né. Depuis 2004, c'est son petit-fils Jean-Charles qui est aux commandes des 3,85 ha de vignes et de la maison de négoce.

Le nez évoque les épices et les fruits noirs (cassis, mûre). Le vin emplit bien le palais et ses tanins solides mais fins, accompagnés par un intense boisé vanillé et par une pointe agréable de fraîcheur. En devenir et prometteur. ✗ 2018-2024 ✠ rôti de veau aux champignons

○┐ *Leymarie-Ceci, Clos-du-Village, 24, rue du Vieux-Château, 21640 Vougeot, tél. 09 67 19 88 53, leymarie@skynet.be* Ⓥ ⚐ ⚑ r.-v.

DOM. STÉPHANE MAGNIEN Les Sentiers 2013 ★			
■ 1er cru	1 900	⬤	30 à 50 €

Stéphane Magnien, installé en 2008, incarne la quatrième génération sur ce domaine créé en 1897. Les vignes (4,5 ha) ne sont entretenues que par des labours (pas de désherbants) et comptent une bonne proportion de vieux ceps.

Le nez est profond, élégant, marqué par de fins arômes de fruits rouges. En bouche, le fruit reste intense, la matière dense et riche. Les tanins, vigoureux, ne sont pas totalement fondus aujourd'hui, mais l'ensemble apparaît bien équilibré, laissant même une sensation gourmande en finale. ✗ 2018-2025 ✠ rôti de biche aux fruits rouges

○┐ *Dom. Stéphane Magnien, 5, ruelle de l'Église, 21220 Morey-Saint-Denis, tél. 03 80 51 83 10, mail@ domainemagnien.com* Ⓥ ⚑ r.-v.

ⓑ FRÉDÉRIC MAGNIEN Borniques 2013 ★			
■ 1er cru	2 500		75 à 100 €

Frédéric Magnien est un fin vinificateur de Chambolle et l'une des valeurs sûres de l'appellation, et plus largement des grands crus de la Côte de Nuits. Après avoir travaillé quatre ans sur le domaine de son père Michel, dont il vinifie toujours les vins, exercé un an dans les vignobles du Nouveau Monde (Californie, Australie) et obtenu un diplôme d'œnologie à Dijon, il a lancé en 1995 sa maison de négoce.

La couleur, soutenue et violacée, comme la forte intensité aromatique du nez, annoncent un vin d'une grande profondeur. Promesse tenue en bouche. La matière est concentrée, la structure solide et serrée, le boisé bien intégré et la finale longue et droite. Un chambolle très équilibré, bâti pour durer. ✗ 2019-2025 ✠ poularde aux morilles ■ Vieilles Vignes 2013 ★ (50 à 75 € ; n.c. b.) ⓑ : fruits noirs et boisé toasté au nez ; bouche dense et charpentée, tout en laissant une sensation de fluidité et d'harmonie. Complet et de bonne garde. ✗ 2018-2022

○┐ *Frédéric Magnien, 26, rte Nationale, 21220 Morey-Saint-Denis, tél. 03 80 52 54 20, frederic@ fred-magnien.com* Ⓥ ⚐ ⚑ r.-v.

DOM. MARCHAND FRÈRE Vieilles Vignes 2013

| ■ | 3 500 | ◫ | 20 à 30 € |

Depuis 1999 sous la conduite de Denis Marchand (septième génération), le domaine Marchand Frères est né en 1813 à Morey-Saint-Denis. L'exploitation, de près de 9 ha, est basée depuis 1983 au cœur même de Gevrey-Chambertin.
Une palette aromatique délicate (violette, petits fruits rouges) se déploie au nez. Une subtilité que nos dégustateurs retrouvent dans une bouche fruitée, finement boisée, souple et aérienne : « On peut s'y laisser prendre sans attendre », conclut l'un d'eux. ✗ 2017-2020 ❦ fromage de Cîteaux
⚬ Dom. Marchand Frères, 1, pl. du Monument, 21220 Gevrey-Chambertin, tél. 03 80 62 10 97, dmarc2000@sfr.fr Ⓥ Ⓚ Ⓣ r.-v.

Ⓑ DOM. THIERRY MORTET Les Beaux Bruns 2012

| ■ 1er cru | 1 200 | ◫ | 30 à 50 € |

Thierry Mortet, dont les vins figurent souvent dans le Guide, s'est installé en 1992 sur une partie du domaine familial, qu'il a agrandi, portant sa superficie à 8,5 ha aujourd'hui, convertis à l'agriculture biologique à partir de 2007. Il est particulièrement à l'aise sur les terroirs de son village.
Le nez s'exprime sur des notes de confiture de fruits noirs associées à un boisé torréfié et à quelques nuances animales. Un caractère bien mûr qui se confirme dans une bouche puissante, bâtie sur des tanins serrés et encore austères. ✗ 2018-2025 ❦ civet de biche
⚬ Dom. Thierry Mortet, 16, pl. des Marronniers, 21220 Gevrey-Chambertin, tél. 03 80 51 85 07, domainethierrymortet@hotmail.fr Ⓥ Ⓚ Ⓣ r.-v.

DOM. MICHEL NOËLLAT 2013

| ■ | 3 000 | ◫ | 30 à 50 € |

Alain (au commercial) et Jean-Marc Noëllat (à la vigne et au chai) ont pris en 1990 la relève de leur père Michel sur ce vaste domaine de 27 ha. Ils ont été rejoints en 2012 et en 2015 par la sixième génération, Sébastien, fils du second, et Sophie, fille du premier. Une valeur sûre de la Côte de Nuits, notamment pour les vosne-romanée.
Un vin qui ne fait pas immédiatement consensus parmi nos dégustateurs. Fermé au premier nez, il est aussi marqué par son élevage en fût, mais l'aération lui assure un supplément d'expression. Une belle charpente de tanins soyeux, enrobée d'une chair tendre et souple, se dessine en bouche, conférant au vin un caractère aimable. ✗ 2017-2021 ❦ rôti de veau aux chanterelles
⚬ SCEA Dom. Michel Noëllat, 5, rue de la Fontaine, 21700 Vosne-Romanée, tél. 03 80 61 36 87, domaine.michel-noellat@wanadoo.fr Ⓥ Ⓚ Ⓣ r.-v.

GÉRARD RAPHET 2012 ★

| ■ | 5 000 | ◫ | 20 à 30 € |

Installé en 2002, Gérard Raphet incarne la quatrième génération à conduire ce domaine familial, dont le vignoble agrandi au fil des années couvre aujourd'hui 12 ha en Côte de Nuits.
Le nez est délicat sur des notes de griotte, d'épices et une touche florale. Le palais se révèle charmeur, plein, frais et salin, porté par des tanins fins et soyeux. Un chambolle

subtil et bien élevé, qui séduira les amateurs de l'appellation. ✗ 2018-2021 ❦ filet de bœuf en croûte
⚬ Gérard Raphet, 25, rte des Grands-Crus, 21220 Morey-Saint-Denis, tél. 03 80 51 89 52, gerard.raphet@wanadoo.fr Ⓥ Ⓚ Ⓣ r.-v.

GÉRARD SEGUIN Derrière le four 2013 ★

| ■ | 1 800 | ◫ | 20 à 30 € |

Établi vers 1850, Alexis Seguin, petit propriétaire à Gevrey, fut l'un des premiers en Bourgogne à greffer avec des bois américains. Le domaine s'est peu à peu agrandi, pour atteindre 6,3 ha aujourd'hui, conduits par Gérard Seguin, son épouse Chantal et leur fils Jérôme.
Le nez s'ouvre sans réserve sur des notes élégantes de cassis agrémentées d'un boisé toasté flatteur. Dans la continuité, la bouche se donne avec beaucoup de rondeur et de gourmandise, mais aussi de précision et de longueur grâce à une belle fraîcheur et à des tanins fins. ✗ 2018-2020 ❦ dinde farcie
⚬ Gérard Seguin, 11-15, rue de l'Aumônerie, 21220 Gevrey-Chambertin, tél. 03 80 34 38 72, domaine.gerard.seguin@wanadoo.fr Ⓥ Ⓚ Ⓣ r.-v.

♥ DOM. ANNE ET HERVÉ SIGAUT
Les Noirots 2013 ★★

| ■ 1er cru | 2 600 | ◫ | 30 à 50 € |

Depuis le départ à la retraite d'Hervé Sigaut en 2008, son épouse Anne, qui assurait les vinifications depuis 2004, est seule aux commandes. Une valeur sûre en chambolle-musigny, fer de lance de ce domaine de 7,5 ha.
Au nez, les fruits noirs s'associent à un joli boisé épicé. Mais c'est en bouche que le vin se révèle. Une attaque tout en douceur, un fruité frais et délicat, des tanins à parfaite maturité, nobles et fins, lui assurent une grande personnalité. Un boisé bien intégré, subtilement dosé, lui apporte une complexité supplémentaire. Un condensé de l'appellation. « Le plaisir est déjà là », note un juré ; « il en a encore sous les tanins », précise un autre. À vous de voir... ✗ 2017-2025 ❦ navarin de biche ■ 1er cru Les Chatelots 2013 ★★ (30 à 50 € ; 2 800 b.) : une belle complexité (mûre, cassis, poivre), des tanins en dentelle, beaucoup d'élégance, un boisé ajusté et une fine fraîcheur « terroitée ». Finaliste des coups de cœur. ✗ 2018-2023 ■ 1er cru Les Sentiers 2013 ★ (30 à 50 € ; 4 000 b.) : un nez intense de fruits rouges et noirs compotés, une bouche ample qui concilie précision, concentration, force et finesse. ✗ 2018-2023
⚬ Dom. Anne et Hervé Sigaut, 12, rue des Champs, 21220 Chambolle-Musigny, tél. 03 80 62 80 28, herve.sigaut@wanadoo.fr Ⓥ Ⓚ Ⓣ r.-v.

HENRI DE VILLAMONT Les Baudes 2012 ★

| ■ 1er cru | n.c. | ◫ | 30 à 50 € |

Ce propriétaire (10 ha) et négociant-éleveur, dans le giron du groupe suisse Schenk depuis 1964, élève ses vins dans une spectaculaire cuverie créée entre 1880 et 1888 à Savigny-lès-Beaune par Léonce Bocquet, alors unique propriétaire du Clos de Vougeot.

Le nez, à dominante épicée, propose aussi des notes de fruits rouges confiturés. En bouche, on découvre un chambolle chaleureux et solidement bâti, où les tanins affirment volontiers leur présence. Une finale réglissée conclut agréablement la dégustation. ✗ 2018-2022 ❦ civet de sanglier

⌐ *Henri de Villamont, rue du Dr-Guyot, 21420 Savigny-lès-Beaune, tél. 03 80 21 50 59, contact@hdv.fr* �V 🚶 🏠 *t.l.j. sf dim. 10h-12h30 13h30-18h*

BONNES-MARES

Superficie : 16 ha / Production : 520 hl

Cette appellation déborde sur la commune de Morey, le long du mur du clos-de-tart, mais la plus grande partie est située sur Chambolle. C'est le grand cru par excellence. Les bonnes-mares, pleins, vineux, riches, ont une bonne aptitude à la garde et accompagnent volontiers le civet ou la bécasse après quelques années de vieillissement.

DOM. PHILIPPE CHARLOPIN 2012 ★

■ Gd cru	n.c.	⊕	+ de 100 €

Repris en 1977, ce domaine familial, passé de 1,5 ha à 25 ha aujourd'hui, est en conversion bio. Avec son fils Yann, Philippe Charlopin fait partie des vignerons emblématiques de Gevrey-Chambertin et, plus générale-ment, de la Côte de Nuits. Il propose une large palette de vins, des *villages* aux grands crus du Chablisien, de la Côte de Beaune et de la Côte de Nuits. On ne compte plus ses étoiles et coups de cœur « vendangés » dans le Guide. Incontournable.

Le nez est tourné vers des notes de fruits noirs agrémentées d'une touche de graphite et de cuir. Une attaque souple et fraîche ouvre sur un palais riche et consistant, bâti sur de beaux tanins de garde, fins et élégants, dignes d'un grand cru de Bourgogne. ✗ 2019-2025 ❦ faisan à la broche

⌐ *Dom. Philippe Charlopin, 18, rte de Dijon, 21220 Gevrey-Chambertin, tél. 06 24 71 12 05, charlopin.philippe21@orange.fr*

DOM. DROUHIN-LAROZE 2013 ★

■ Gd cru	4 800	⊕	75 à 100 €

En 1850, Jean-Baptiste Drouhin fonde un domaine viticole à Gevrey. Six générations plus tard, son héritier Philippe Drouhin, installé en 2001, son épouse Christine et leurs enfants Caroline et Nicolas conduisent, dans un esprit bio mais sans certification, un vignoble de 11,5 ha – dont près de la moitié est dédiée aux grands crus –, complété en 2008 par un petit négoce (Laroze de Drouhin) dirigé par Caroline.

Au nez, des arômes de boisé torréfié, de cèdre, de menthol et de cassis se manifestent sans réserve et en toute harmonie. En bouche, le vin affiche une belle longueur, de la puissance et beaucoup d'ampleur, autour de tanins serrés et d'un boisé soutenu qui doivent encore se fondre. ✗ 2019-2025 ❦ oie rôtie aux marrons

⌐ *Dom. Drouhin-Laroze, 20, rue du Gaizot, 21220 Gevrey-Chambertin, tél. 03 80 34 31 49, domaine@drouhin-laroze.com* �V 🚶 🏠 *r.-v.*

FOUGERAY DE BEAUCLAIR 2013 ★

■ Gd cru	1 500	⊕	+ de 100 €

Jean-Louis Fougeray a créé en 1978 ce domaine, dont le nom associe celui de sa femme, née Beauvais, et celui de son ami vigneron Bernard Clair. Le vignoble, aujourd'hui 17,5 ha, est géré avec talent par son gendre Patrice Ollivier.

Porté par des tanins bien présents mais soyeux, ce bonnes-mares évolue dans un style riche, gras et souple, et se montre plus flatteur en bouche qu'au nez à ce stade. L'expression aromatique, sur des notes de petits fruits mûrs et de vanille, reste en effet pour l'heure réservée. Un peu de patience en cave lui sera bénéfique. ✗ 2018-2025 ❦ filet de bœuf

⌐ *Dom. Fougeray de Beauclair, 44, rue de Mazy, BP 36, 21160 Marsannay-la-Côte, tél. 03 80 52 21 12, fougeraydebeauclair@wanadoo.fr* �V 🚶 🏠 *r.-v.*

FRÉDÉRIC MAGNIEN 2013

■ Gd cru	n.c.	⊕	+ de 100 €

Frédéric Magnien est un fin vinificateur de Chambolle et l'une des valeurs sûres de l'appellation, et plus largement des grands crus de la Côte de Nuits. Après avoir travaillé quatre ans sur le domaine de son père Michel, dont il vinifie toujours les vins, exercé un an dans des vignobles du Nouveau Monde (Californie, Australie) et obtenu un diplôme d'œnologie à Dijon, il a lancé en 1995 sa maison de négoce.

Ce 2013 s'ouvre sur des notes de cerise noire et de réglisse agrémentées d'une touche grillée. Une palette aromatique confirmée par une bouche chaleureuse, riche et de bonne concentration, qui développe un joli moelleux sans manquer de la structure solide attendue d'un bonnes-mares. Un grand cru équilibré, à la fois gourmand et armé pour la garde. ✗ 2019-2025 ❦ civet de sanglier

⌐ *Frédéric Magnien, 26, rte Nationale, 21220 Morey-Saint-Denis, tél. 03 80 52 54 20, frederic@fred-magnien.com* �V 🚶 🏠 *r.-v.*

♥ DOM. NEWMAN 2012 ★★

■ Gd cru	830	⊕	75 à 100 €

Un domaine créé par Christopher New-man, constitué de parcelles rachetées entre 1972 et 1974 à son père, l'un des premiers Américains à avoir investi dans la vigne en Bourgo-gne, et à Alexis Lichine, et replantées à la même période : 5,5 ha de vignes, avec un pied dans chaque Côte, dont trois grands crus nuitons.

À la tête de 33 ares de ce grand cru, Chris Newman a su en tirer le meilleur en 2012. Le charme opère d'emblée, à travers un nez très expressif, une véritable corbeille de fruits noirs mâtinée d'un beau boisé aux accents de moka et de cannelle. En bouche, la concentration, la richesse et la puissance du millésime sont au rendez-vous et s'ajoutent aux qualités de profondeur et de consistance apportées par ce terroir. Un vin aussi large que long, aussi élégant que solide : une grande réussite. ✗ 2020-2025 ❦ noisette de chevreuil

○━ GFA Dom. Newman, 29, bd Clemenceau, 21200 Beaune, tél. 03 80 22 80 96, info@domainenewman.com

VOUGEOT

Superficie : 16 ha / Production : 525 hl (70 % rouge)

C'est la plus petite commune de la côte viticole. Si l'on ôte de ses 80 ha les 50 ha 59 a 10 ca du Clos, les maisons et les routes, il ne reste que quelques hectares de vignes en vougeot, dont plusieurs 1ers crus, les plus connus étant le Clos Blanc (vins blancs) et le Clos de la Perrière.

Ⓑ DOM. DE LA VOUGERAIE		
Le Clos blanc de Vougeot Monopole 2012 ★		
1er cru	9 000 🖤 ⬤	50 à 75 €

Un domaine né en 1999 de l'assemblage de plusieurs vignes acquises au fil du temps par la famille de Nathalie et Jean-Charles Boisset, ses actuels propriétaires : 44 ha cultivés en biodynamie, répartis en 67 parcelles (dont le célèbre monopole Clos Blanc de Vougeot) sur les deux Côtes.

Ancienne vigne de Cîteaux (on disait autrefois le « Petit Clos blanc de Cîteaux »), ce clos en monopole accueille le chardonnay et les pinots gris (4 %) et blanc (1 %). Après deux coups de cœur en deux millésimes, ce 1er cru version 2012 n'atteint pas les mêmes sommets. Mais tout de même, quel joli vin ! Le nez, très ouvert, associe les agrumes, le coing, les fleurs blanches et le boisé épicé. Le palais joue aussi la carte du fruit, mais aussi et surtout celle de l'opulence et de la puissance, égayé par une finale plus fraîche qui rappelle avec à propos la minéralité des lieux. ✗ 2016-2020 � ris de veau aux morilles

○━ Dom. de la Vougeraie, 7 bis, rue de l'Église, 21700 Premeaux-Prissey, tél. 03 80 62 48 25, vougeraie@ domainedelavougeraie.com 🆅 r.-v.

CLOS-DE-VOUGEOT

Superficie : 50 ha / Production : 1 630 hl

Tout a été dit sur le Clos ! Comment ignorer que plus de soixante-dix propriétaires se partagent ses quelque 50 ha ? Un tel attrait n'est pas dû au hasard ; c'est bien parce que le célèbre Clos produit du bon vin et que tout le monde en veut ! Il faut faire la différence entre les vins « du dessus », ceux « du milieu » et ceux « du bas », mais les moines de Cîteaux, lorsqu'ils ont élevé le mur d'enceinte, avaient tout de même bien choisi leur lieu... Fondé au début du XIIᵉ s., le Clos atteignit très rapidement sa dimension actuelle ; l'enceinte d'aujourd'hui reste antérieure au XVᵉ s. Quant au château, construit aux XIIᵉ et XVIᵉ s., il mérite qu'on s'y attarde un peu. La partie la plus ancienne comprend le cellier, de nos jours utilisé pour les chapitres de la Confrérie des Chevaliers du Tastevin, actuelle propriétaire des lieux, et la cuverie, qui abrite à chaque angle quatre magnifiques pressoirs d'époque.

DOM. CASTAGNIER 2013 ★		
■ Gd cru	2 700 ⬤	50 à 75 €

Installé depuis 1975 sur le domaine familial de Morey-Saint-Denis, Jérôme Castagnier exploite (en biodynamie

non certifiée) un vignoble de 4 ha en Côte de Nuits. Ses grands crus, notamment ses clos-de-vougeot, clos-de-la-roche et clos-saint-denis, lui permettent de s'illustrer avec une réelle constance.

Le nez est ouvert sur des notes de fruits noirs, de framboise et de noisette grillée. Le palais se révèle ample, frais, solide, ferme même, mais préserve une belle harmonie. L'ensemble donne un vin de caractère et de garde, bien dans le ton de l'appellation. ✗ 2020-2025 � civet de marcassin

○━ EARL Dom. Castagnier, 20, rue des Jardins, 21220 Morey-Saint-Denis, tél. 03 80 34 31 62, jeromecastagnier@yahoo.fr 🆅 🅺 🅱 r.-v.

MAISON CHANZY 2013		
■ Gd cru	2 000 🖤 ⬤	+ de 100 €

Implanté à Bouzeron, ce domaine de 32 ha (en Côte chalonnaise, avec aussi un pied en Côte de Beaune et en Côte de Nuits) est exploité depuis 2013 par Jean-Baptiste Jessiaume, son régisseur et maître de chai, issu d'une lignée vigneronne de Santenay. Anthony Colas est l'œnologue.

Le nez évoque une corbeille de fruits rouges, agrémenté d'un boisé discret. En bouche, on découvre un clos-de-vougeot qui campe sur une trame fraîche, un peu vive même au goût de certains jurés, mais qui offre un bon mariage bois-fruit, des tanins vigoureux et de la longueur. Bâti pour une longue garde. ✗ 2020-2027 � fromage de Cîteaux

○━ Maison Chanzy, 1, rue de la Fontaine, 71150 Bouzeron, tél. 03 85 87 23 69, domaine@ chanzy.com 🆅 🅺 🅱 t.l.j. 8h-12h 13h30-17h30; sam. dim. sur r.-v. ○━ Megreditchian Philippe Der

DOM. DROUHIN-LAROZE 2013 ★★		
■ Gd cru	4 200 ⬤	75 à 100 €

En 1850, Jean-Baptiste Drouhin fonde un domaine viticole à Gevrey. Six générations plus tard, son héritier Philippe Drouhin, installé en 2001, son épouse Christine et leurs enfants Caroline et Nicolas conduisent, dans un esprit bio mais sans certification, un vignoble de 11,5 ha – dont près de la moitié est dédiée aux grands crus –, complété en 2008 par un petit négoce (Laroze de Drouhin) dirigé par Caroline.

La palette aromatique, sur la réglisse, le pruneau, les fruits noirs et le grillé, est des plus gourmandes. Après une belle entrée en bouche, large et intense, ce clos-de-vougeot impose une matière dense et concentrée, consolidée par des tanins élégants et encore fermes aujourd'hui, qui s'affineront avec le temps. De grandes promesses pour l'avenir. ✗ 2020-2028 � filet de bœuf sauce au poivre

○━ Dom. Drouhin-Laroze, 20, rue du Gaizot, 21220 Gevrey-Chambertin, tél. 03 80 34 31 49, domaine@ drouhin-laroze.com 🆅 🅺 🅱 r.-v. ○━ Drouhin Philippe

DOM. FRANÇOIS GERBET 2012		
■ Gd cru	900 ⬤	50 à 75 €

Les sœurs Marie-Andrée et Chantal Gerbet ont repris en 1983 le domaine fondé par leur père François en 1947. À la tête d'un vignoble de 10 ha, elles s'illustrent régulièrement avec leurs clos-de-vougeot et leurs vosne-romanée.

Le nez, intense, associe des notes de fruits noirs, de pivoine et d'épices. L'attaque conjugue concentration et fraîcheur, puis les tanins s'affermissent et enserrent quelque peu la finale, vive et tendue. Un grand cru encore très fougueux, mais prometteur. Une question de temps... ✗ 2020-2028 ⵟ marcassin aux cerises noires

⚭ *Dom. François Gerbet, 2, rte Nationale, pl. de l'Église, 21700 Vosne-Romanée, tél. 03 80 61 07 85, vins.gerbet@ wanadoo.fr* 🆅 🔼 *t.l.j. 10h-12h 14h-18h; f. janv.*

JEAN-MICHEL GUILLON 2013 ★			
■ Gd cru	1 080	🍶 ◐	50 à 75 €

Établi à Gevrey, Jean-Michel Guillon a débuté en 1980 sur un domaine de 2,3 ha, dont il a porté la superficie à plus de 13,8 ha répartis dans de nombreuses appellations (mazis, gevrey, morey, clos-de-vougeot...). Secondé par son fils Alexis depuis 2005, il s'illustre avec une grande régularité dans le Guide.

Un très joli clos-de-vougeot, dans un style qui privilégie la finesse plutôt que la concentration. Le nez est marqué par la griotte, le cassis et quelques notes épicées et réglissées. La bouche se montre fruitée, suave et soyeuse, soutenue par d'aimables tanins ronds. Une bouteille déjà agréable, mais qui pourra bien sûr être attendue. ✗ 2016-2023 ⵟ râble de lapin

⚭ *Jean-Michel Guillon, 33, rte de Beaune, 21220 Gevrey-Chambertin, tél. 03 80 51 83 98, contact@ domaineguillon.com* 🆅 🏃 🔼 *r.-v.* 🏠 ⓓ

B DOM. GUYON 2013			
■ Gd cru	650	◐	75 à 100 €

Un domaine familial très régulier en qualité (on ne compte plus les étoiles et les coups de cœur), repris en 1991 par Jean-Pierre Guyon, rejoint par son frère Michel. Le vignoble couvre 9 ha conduits en bio certifié, dans la Côte de Nuits et le nord de la Côte de Beaune.

Un joli vin de garde, dont le nez, expressif, évoque un panier de fruits bien mûrs (cassis, framboise), sur un fond boisé discret. La bouche, riche, concentrée, d'une longueur honorable, s'appuie sur des tanins qualitatifs qui commencent à s'assouplir. Encore un peu de patience. ✗ 2018-2025 ⵟ civet de biche

⚭ *EARL Dom. Guyon, 11-16, RD 974, 21700 Vosne-Romanée, tél. 03 80 61 02 46, domaine.guyon@wanadoo.fr* 🆅 *r.-v.*

♥ MAISON JESSIAUME 2012 ★★			
■ Gd cru	745	◐	75 à 100 €

Acheté en 2007 par Sir David Murray, ce domaine familial (9 ha, en grande partie sur la commune de Santenay) fait figure de valeur sûre en Côte-d'Or. En 2008, une structure de négoce est venue compléter la production de la propriété. L'œnologue est William Waterkeyn.

La parcelle est petite, 18 ares, et la production très limitée, a fortiori dans un millésime peu productif comme 2012. Des éléments qui n'empêchent pas cette cuvée de faire

montre d'un solide tempérament. Le nez propose des notes suaves de confiture de cassis et de réglisse mâtinées de nuances épicées. On retrouve le fruit dans une bouche très élégante, fraîche, intense et étoffée, dont les tanins « cisterciens » correspondent bien à la typicité du Clos. Une grande bouteille de garde. ✗ 2020-2030 ⵟ tournedos chasseur

⚭ *SARL Dom. Jessiaume, 10, rue de la Gare, 21590 Santenay, tél. 03 80 20 60 03, contact@ domaine-jessiaume.com* 🆅 🏃 🔼 *r.-v.*

CH. DE MARSANNAY 2012			
■ Gd cru	670	◐	75 à 100 €

Le domaine du château de Marsannay s'étend sur près de 34 ha. Il est présent aussi bien en appellations *villages* qu'en 1ᵉʳˢ crus et grands crus de la Côte de Nuits. Il appartient depuis 2012 à la famille Halley, également propriétaire du château de Meursault en Côte de Beaune. Un programme d'investissements à la vigne et au chai est en cours.

Un vin encore sauvage et « monacal » à ce stade. Le nez, fermé à double tour, s'ouvre doucement à l'agitation sur les fruits noirs et les épices. Derrière un boisé soutenu et des tanins sévères mais de qualité, au grain fin, se dessine une matière d'une belle consistance. Une impétuosité que le temps devrait assagir. ✗ 2020-2027 ⵟ civet de sanglier aux airelles

⚭ *Ch. de Marsannay, 2, rue des Vignes, 21160 Marsannay-la-Côte, tél. 03 80 51 71 11, domaine@chateau-marsannay.com* 🆅 🏃 🔼 *t.l.j. 10h-12h 14h-18h30 (10h-18h30 de mai à sept.); f. dim. mi-nov. à Pâques*

DOM. MICHEL NOËLLAT 2013 ★★			
■ Gd cru	1 500	◐	75 à 100 €

Alain (au commercial) et Jean-Marc Noëllat (à la vigne et au chai) ont pris en 1990 la relève de leur père Michel sur ce vaste domaine de 27 ha. Ils ont été rejoints en 2012 et en 2015 par la sixième génération, Sébastien, fils du second, et Sophie, fille du premier. Une valeur sûre de la Côte de Nuits, notamment pour ses vosne-romanée.

Harmonie est le qualificatif qui revient le plus souvent dans les commentaires des dégustateurs. Harmonie du bouquet, qui s'ouvre crescendo sur des senteurs gourmandes de fruits des bois, de réglisse et de vanille. Harmonie du palais, ample, d'une longueur remarquable, bâti sur des tanins à la fois délicats et serrés. Un vin déjà délicieux et promis à une très belle évolution. ✗ 2020-2028 ⵟ canard à l'orange

⚭ *SCEA Dom. Michel Noëllat, 5, rue de la Fontaine, 21700 Vosne-Romanée, tél. 03 80 61 36 87, domaine.michel-noellat@wanadoo.fr* 🆅 🏃 🔼 *r.-v.*

MANUEL OLIVIER 2012 ★			
■ Gd cru	600		+ de 100 €

Installé en 1990, Manuel Olivier a commencé par cultiver les vignes et petits fruits des Hautes-Côtes de Nuits. Aujourd'hui spécialisé, il exploite un vignoble de 11 ha, complété depuis 2007 par une structure de négoce qui lui a permis de mettre un pied en Côte de Beaune.

Un grand cru bien construit, même s'il est plutôt réservé pour l'heure à l'olfaction (des notes fumées et épicées pointent à l'aération). C'est en bouche qu'il s'affirme : il attaque sur la rondeur, avant de monter en puissance, porté par des tanins élégants et fermes à la fois et par une fine acidité qui lui donne une belle allonge. ℤ 2020-2025 ♈ perdreau rôti

○━ *Dom. Manuel Olivier, 7, rue des Grandes-Vignes, hameau de Corboin, 21700 Nuits-Saint-Georges, tél. 03 80 62 39 33, contact@domaine-olivier.com* 🆅 🎿 🔼 *r.-v.*

DOM. HENRI REBOURSEAU 2012			
■ Gd cru	1 270	⬢	+ de 100 €

Ce domaine fut créé en 1919 par le général Henri Rebourseau, qui regroupa les vignes de son père autour de la maison familiale, une belle bâtisse du XVIIIᵉs. Son arrière-petit-fils Jean de Surrel est aujourd'hui aux commandes d'un vignoble de 13 ha, fort d'un joli patrimoine de grands crus.

Ce clos-de-vougeot dévoile un nez de cerise tout juste à maturité, de bourgeon de cassis et de pivoine, souligné par une fraîcheur minérale. Fraîcheur bien présente également dans un palais dense et corpulent, qui doit encore s'affiner. Le potentiel est là. ℤ 2019-2025 ♈ canard aux cerises

○━ *Dom. Henri Rebourseau, 10, pl. du Monument, 21220 Gevrey-Chambertin, tél. 03 80 51 88 94, domaine@ rebourseau.com* 🆅 🎿 🔼 *r.-v.*

CH. DE SANTENAY 2013			
■ Gd cru	700	⬢	50 à 75 €

Ce majestueux château aux tuiles vernissées, aussi appelé « château Philippe le Hardi », fut propriété du premier duc de la grande Bourgogne (1342-1404). Aujourd'hui dans le giron du Crédit Agricole, il étend son vaste vignoble sur 97 ha et plusieurs AOC beaunoises et chalonnaises, sous la houlette de l'œnologue et directeur d'exploitation Gérard Fagnoni.

Un nez franc de framboise et de torréfaction introduit ce 2013. La bouche se montre ample et vive ; les tanins sont bien présents mais demandent à se patiner. Un petit manque d'harmonie pénalise cette cuvée pour l'heure ; rien de rédhibitoire cependant, le temps fera son œuvre. ℤ 2020-2025 ♈ filet de bœuf Wellington

○━ *SAS Ch. de Santenay, 1, rue du Château, 21590 Santenay, tél. 03 80 20 61 87, contact@ chateau-de-santenay.com* 🆅 🎿 🔼 *r.-v.*

▶ ÉCHÉZEAUX ET GRANDS-ÉCHÉZEAUX

Au sud du Clos de Vougeot, la commune de Flagey-Échézeaux, dont le bourg est dans la plaine, tout comme celui de Gilly-lès-Cîteaux, est située en face du Clos de Vougeot. Elle n'en est pas moins viticole, et son vignoble grimpe jusqu'à la montagne. La partie du piémont bénéficie de l'appellation vosne-romanée. Sur le coteau se succèdent deux grands crus : grands-échézeaux et échézeaux. Les vins de ces deux crus, dont les plus prestigieux sont les grands-échézeaux, sont très « bourguignons » : solides, charpentés et pleins de sève. Ils sont essentiellement exploités par les vignerons de Vosne et de Flagey.

ÉCHÉZEAUX	

Superficie : 35 ha / Production : 1 235 hl

DOM. PHILIPPE CHARLOPIN 2012 ★★			
■ Gd cru	n.c.	⬢	+ de 100 €

Repris en 1977, ce domaine familial, passé de 1,5 ha à 25 ha aujourd'hui, est en conversion bio. Avec son fils Yann, Philippe Charlopin fait partie des vignerons emblématiques de Gevrey-Chambertin et, plus généralement, de la Côte de Nuits. Il propose une large palette de vins, des *villages* aux grands crus du Chablisien, de la Côte de Beaune et de la Côte de Nuits. On ne compte plus ses étoiles et coups de cœur « vendangés » dans le Guide. Incontournable.

Le nez se fait séducteur dès les premières notes, à travers une large palette aromatique qui évoque les épices, la cerise, le cassis, la framboise... Bâti sur des tanins fermes et fins, le palais affirme rondeur, richesse et volume, sans se départir d'une pointe de fraîcheur qui ajoute de l'élégance et de la longueur. ℤ 2020-2028 ♈ filet mignon de Black Angus poivre

○━ *Dom. Philippe Charlopin, 18, rte de Dijon, 21220 Gevrey-Chambertin, tél. 06 24 71 12 05, charlopin.philippe21@orange.fr*

DOM. A.-F. GROS 2013			
■ Gd cru	1 100	⬢	+ de 100 €

Fille de Jean Gros (Vosne-Romanée), sœur de Bernard (domaine Gros Frère et Sœur), Anne-Françoise Gros a choisi François Parent comme époux et maître de chai. Ensemble, ils conduisent un vignoble de 10 ha dans les deux Côtes pour lequel on ne compte plus les coups de cœur. Incontournable.

Un vin déjà flatteur qui annonce aussi de belles promesses pour les années qui viennent. Le nez, complexe, dévoile un joli fruit, mis en valeur par un boisé bien fondu (élevage de vingt mois). La bouche se révèle fraîche et tonique en attaque, puis monte en puissance, portée par des tanins solides et encore assez stricts à ce stade. À suivre... ℤ 2020-2025 ♈ perdreau rôti

○━ *Dom. A. F. Gros, 5, Grande-Rue, 21630 Pommard, tél. 03 80 22 61 85, af-gros@wanadoo.fr* 🆅 *r.-v.* 🏠 🅱

♥ 🅱 DOM. GUYON 2013 ★★			
■ Gd cru	1 050	⬢	75 à 100 €

Un domaine familial très régulier en qualité (on ne compte plus les étoiles et les coups ce cœur), repris en 1991 par Jean-Pierre Guyon, rejoint par son frère Michel. Le vignoble couvre 9 ha conduits en bio certifié, dans la Côte de Nuits et le nord de la Côte de Beaune.

2011, 2012, 2013, trilogie bénie des dieux pour le domaine Guyon, qui signe donc un troisième coup de cœur en trois ans avec son échézeaux. Le nez, complexe, évoque la rose, les épices et le cassis avec une belle intensité, une palette aromatique typique d'une vinification en grappes entières.

Une intensité qui se confirme dans une bouche longue, ample et délicate, adossée à des tanins d'une réelle finesse, même s'ils se révèlent logiquement plus austères en finale à cette heure. Tout est déjà bien en place et quelques années de garde ne peuvent qu'être profitables à cette bouteille. **ꜟ** 2020-2028 **Ψ** gigot d'agneau en croûte

☞ *EARL Dom. Guyon, 11-16, RD 974, 21700 Vosne-Romanée, tél. 03 80 61 02 46, domaine.guyon@wanadoo.fr* **Ⓥ** **🛏** *r.-v.*

DOMINIQUE MUGNERET En Orveaux 2013			
■ Gd cru	n.c.	ⅲ	75 à 100 €

Après Marcel, le grand-père, puis Denis, le père, parti à la retraite en 2003, la troisième génération de Mugneret (Dominique) conduit aujourd'hui ce domaine de 6 ha très souvent en vue pour ses nuits et ses vosne, qui exploite aussi des grands crus en métayage.

Issue de la partie nord du terroir des échézeaux (dominant le Clos de Vougeot), cette cuvée se distingue surtout par son élégance. Le nez présente une palette aromatique pure et distinguée, autour des fruits rouges, d'un végétal noble et d'un bon boisé. Le palais est bien équilibré, fin et long. Un grand cru au profil délicat plutôt que puissant, que l'on pourra apprécier relativement jeune. **ꜟ** 2018-2023 **Ψ** ris de veau persillé

☞ *Dominique Mugneret, 9, rue de la Fontaine, 21700 Vosne-Romanée, tél. 06 63 32 79 72, dominique.mugneret@wanadoo.fr* **Ⓥ** **🚶** **🛏** *r.-v.*

DOM. DES PERDRIX 2012 ★★			
■ Gd cru	3 100	ⅲ	+ de 100 €

Ce domaine incontournable de la Côte de Nuits (12 ha dont 6 en grands et 1ers crus) a été pris en main en 1995 par la famille Devillard (Ch. de Chamirey à Mercurey et Dom. de la Ferté à Givry). Il doit son nom au 1er cru Aux Perdrix, l'une des plus belles parcelles de Nuits-Saint-Georges possédée en quasi monopole.

Le domaine est propriétaire d'une belle superficie de ce grand cru : 1,14 ha. Les amateurs ne peuvent que s'en réjouir. Cet échézeaux se montre à la hauteur de sa réputation : une palette aromatique intense et très harmonieuse de fruits rouges mâtinés de boisé fin, une texture remarquable de finesse en bouche, avec en soutien une belle assise de tanins à la fois serrés et veloutés et une minéralité qui apporte tonicité et longueur. **ꜟ** 2020-2025 **Ψ** carré d'agneau sauce café

☞ *Dom. des Perdrix, rue des Écoles, Premeaux-Prissey, 21700 Nuits-Saint-Georges, tél. 03 85 45 21 61, contact@domainedesperdrix.com* **Ⓥ** **🚶** **🛏** *r.-v.*
☞ *Famille Devillard*

DOM. DE LA ROMANÉE-CONTI 2013 ★★			
■ Gd cru	n.c.	ⅲ	+ de 100 €

De ce grand cru parmi les plus vastes de Bourgogne (plus de 35 ha), la Romanée-Conti est l'un des plus importants propriétaires : elle en possède une belle parcelle de 4 ha à 37 ca. C'est le plus précoce des grands crus du domaine, réputé moins complexe que les grands-échézeaux – « glorieux aîné dont il brûle d'égaler la fortune », selon Aubert de Vilaine.

Contrairement à sa réputation de précocité, l'échézeaux a été le dernier vendangé des grands crus du domaine, le 12 octobre et la matinée du 13 – dans une atmosphère froide et humide faisant écho à un printemps chagrin. Un côté maussade attaché à cette année 2013 qui pourrait faire oublier que le soleil a brillé en été et durant l'arrière-saison sur la Côte de Nuits, permettant une lente maturation du pinot noir. Le vin affiche une robe très foncée, prélude à un nez concentré, généreux et fort gourmand de fruits noirs. La bouche elle-même apparaît très ouverte et déjà séduisante, avec son attaque fraîche et sa mâche croquante, tout en affichant l'étoffe et l'ampleur d'un grand cru. L'année revêche a ainsi engendré un vin joyeux. **ꜟ** 2018-2025 **Ψ** filet de chevreuil aux griottes

☞ *SC du Dom. de la Romanée-Conti, 1, rue Derrière-le-Four, 21700 Vosne-Romanée, tél. 03 80 62 48 80*

GRANDS-ÉCHÉZEAUX

Superficie : 7,5 ha / Production : 240 hl

♥ DOM. DE LA ROMANÉE-CONTI 2013 ★★★			
■ Gd cru	9 586	ⅲ	+ de 100 €

Le domaine de la Romanée-Conti détient 3 ha 52 a et 63 ca des 8 ha de ce grand cru mitoyen du Clos de Vougeot, dont il est très proche aussi par son terroir. Il fut également détenu jadis par l'abbaye de Cîteaux. Dans le verre, un vin souvent droit, d'une grande élégance, « aristocrate ».

Au 2013 colle l'image d'une année froide et arrosée, mais dans les grands crus de Vosne-Romanée, les baies qui ont réussi à se former malgré les pluies de la fin du printemps ont « mijoté » sous le soleil à partir de juillet. Les orages des 4 et 5 octobre ont provoqué des attaques de pourriture et commandé le début de la récolte. Le grands-échézeaux a été parmi les premiers vendangés des grands crus du domaine, l'après-midi du 6 et la matinée suivante, le botrytis ayant heureusement été contré par la chute des températures. Dès l'approche, ce millésime captive par sa densité et sa couleur encre, l'annonce d'une grande matière. Dans le verre, on respire la terre mousse et le végétal noble, puis la mûre acide, le fruit noir, le noyau, la réglisse. En bouche, une trame solide de tanins fermes s'affirme, avec toute la richesse aromatique perçue au nez : épices, touche florale, encens, fumé, fruits noirs encore... Un retour de la pointe végétale laisse une impression de fraîcheur. Un vin complet et complexe, où tout doit se mettre en place, mais qui procure déjà un moment mémorable de dégustation. **ꜟ** 2020-2030 **Ψ** lièvre à la royale

☞ *SC du Dom. de la Romanée-Conti, 1, rue Derrière-le-Four, 21700 Vosne-Romanée, tél. 03 80 62 48 80*

VOSNE-ROMANÉE

Superficie : 150 ha / Production : 5 955 hl

Là aussi, la coutume bourguignonne est respectée : le nom de Romanée est plus connu que celui de Vosne. Quel beau tandem ! Comme Gevrey-Chambertin, cette commune est le siège d'une multitude de grands crus ; mais il existe à proximité des *climats* réputés, tels les 1ers crus Suchots, Les Beaux Monts, Les Malconsorts et bien d'autres.

DOM. BERTAGNA Les Beaux Monts 2012			
■ 1er cru	3 600	ⅲ	50 à 75 €

Ce domaine de 17 ha rayonne sur un beau patrimoine de cinq grands crus. Il est dirigé depuis 1982 par la famille Reh, originaire de la Moselle allemande, et depuis 1988 par Eva Reh-Siddle. Une valeur sûre, notamment pour ses vougeot et son monopole Clos de la Perrière.
Un 1er cru situé côté Flagey-Échézeaux, sur un terroir de coteaux très riche en cailloux. Le domaine y exploite 90 ares de pinot noir. Le nez, expressif, évoque les fruits rouges compotés. La bouche présente un bel équilibre entre une matière généreuse et dense, des tanins concentrés et une pointe d'acidité qui apporte fraîcheur et longueur. Un vosne puissant, qui gagnera son étoile en cave. ✗ 2018-2023 ▼ poularde aux truffes
o— SARL Dom. Bertagna, 16, rue du Vieux-Château, 21640 Vougeot, tél. 03 80 62 86 04, contact@ domainebertagna.com Ⅴ ⚑ r.-v.

DOM. RENÉ CACHEUX ET FILS 2012 ★			
■	2 400	ⅲ	20 à 30 €

En 2005, après avoir travaillé sur d'autres exploitations viticoles, Gérald Cacheux a succédé à ses parents à la tête de ce petit domaine familial (3,26 ha), fondé en 1988. Il exploite des vignes sur Vosne-Romanée et Chambolle-Musigny.
Le nez propose de fines notes de cassis et de framboise. Le palais dégage beaucoup d'harmonie, de volume et de rondeur, structuré par des tanins fondus. Un vosne-romanée fin et long, bien représentatif de son appellation, que l'on pourra déguster assez jeune. ✗ 2017-2022 ▼ pintade forestière
o— EARL René Cacheux et Fils, 28, rue de la Grand-Velle, 21700 Vosne-Romanée, tél. 03 80 61 28 72, gerald.cacheux@free.fr Ⅴ ⚑ r.-v.

♥ **DOM. PHILIPPE CHARLOPIN PARIZOT** 2012 ★★			
■	n.c.	ⅲ	30 à 50 €

Repris en 1977, ce domaine familial, passé de 1,5 ha à 25 ha aujourd'hui, est en conversion bio. Avec son fils Yann, Philippe Charlopin fait partie des vignerons emblématiques de Gevrey-Chambertin et, plus généralement, de la Côte de Nuits. Il propose une large palette de vins, des *villages* aux grands crus du Chablisien, de la Côte de Beaune et de la Côte de Nuits. On ne compte plus ses étoiles et coups de cœur « vendangés » dans le Guide. Incontournable.
Une édition sans coup de cœur serait sans doute une déception pour les Charlopin. Cela arrive très rarement, et ce ne sera pas pour cette année. Le domaine signe un « simple » vosne très expressif au nez, sur les fruits noirs mariés à un boisé grillé d'une belle finesse. Le palais se révèle très charnu, puissant, riche et concentré, bien dans

le style maison, conclu par une longue finale qui apporte un surcroît de fraîcheur. De bien belles promesses en perspective. ✗ 2018-2025 ▼ civet de lièvre
o— Dom. Philippe Charlopin, 18, rte de Dijon, 21220 Gevrey-Chambertin, tél. 06 24 71 12 05, charlopin.philippe21@orange.fr

RAPHAËL DUBOIS Les Chalandins 2012 ★			
■	1 100	ⅲ	30 à 50 €

Béatrice Dubois et son frère Raphaël, installés depuis 1991, conduisent 22 ha de vignes dans les deux Côtes. La première vinifie, après plusieurs années passées à l'étranger ; le second s'occupe de la vente. Ils ont développé en 2000 une affaire de négoce pour étoffer leur gamme.
Un vosne issu de la partie négoce. De fines notes d'épices et de cassis frais montent au nez. Une sensation de gourmandise et d'équilibre se dégage du palais, ample et généreux, soutenu avec élégance par des tanins bien en place et très fins. ✗ 2018-2022 ▼ coq au vin
o— SARL Raphaël Dubois, 24, rue de la Courtavaux, 21700 Premeaux-Prissey, tél. 03 80 62 30 61, rdubois@ wanadoo.fr Ⅴ ⚑ r.-v.

DOM. FRANÇOIS GERBET Aux Réas 2013 ★★			
■	9 000	ⅲ	20 à 30 €

Les sœurs Marie-Andrée et Chantal Gerbet ont repris en 1983 le domaine fondé par leur père François en 1947. À la tête d'un vignoble de 10 ha, elles s'illustrent régulièrement avec leurs clos-de-vougeot et leurs vosne-romanée.
Situé côté Nuits-Saint-Georges, Aux Réas est le plus vaste *climat* de l'appellation classé en *village* (9,78 ha). Le domaine Gerbet y a vendangé 60 ares de pinot noir à l'origine d'un vin des plus gracieux. Des arômes très fins de violette et de petits fruits rouges composent un nez charmeur. Le palais affiche beaucoup de volume et une belle concentration, tout en conservant de l'élégance et de la fraîcheur. Un boisé bien fondu met en valeur l'ensemble sans écraser le fruit. ✗ 2018-2023 ▼ faisan aux raisins ■ 1er cru Les Suchots 2013 ★ (30 à 50 € ; 2 400 b.) : un bouquet profond et avenant, sur la pivoine, la cerise et le cassis, ouvre la dégustation. La bouche offre un bel équilibre entre un fruité soutenu, une fine fraîcheur minérale, qui court jusqu'en finale, et des tanins souples et fondus. ✗ 2017-2022 ■ 1er cru Petits Monts 2013 (30 à 50 € ; 2 400 b.) : vin cité. ✗ 2018-2025
o— Dom. François Gerbet, 2, rte Nationale, pl. de l'Église, 21700 Vosne-Romanée, tél. 03 80 61 07 85, vins.gerbet@ wanadoo.fr Ⅴ t.l.j. 10h-12h 14h-18h; f. janv.

DOM. A.-F. GROS Maizières 2013 ★			
■	2 400	ⅲ	30 à 50 €

Fille de Jean Gros (Vosne-Romanée), sœur de Bernard (domaine Gros Frère et Sœur), Anne-Françoise Gros a choisi François Parent comme époux et maître de chai. Ensemble, ils conduisent un vignoble de 10 ha dans les deux Côtes pour lequel on ne compte plus les coups de cœur. Incontournable.
Située au pied des Grands-Échézeaux, cette parcelle de 28 ares figure parmi les plus beaux villages de la commune, donnant en général des vins tendres et élégants. C'est bien le cas du 2013, qui propose à l'olfaction comme en bouche

une large palette aromatique sur la pivoine, la fraise, les épices douces (vanille) ou encore le chocolat. Épaulés par un boisé fin et une agréable fraîcheur, les tanins sont bien enrobés et laissent une sensation suave et dense. Un beau représentant de Vosne. ✗ 2018-2022 ❦ magret de canard ■ Clos de la Fontaine Monopole 2013 ★ (30 à 50 € ; 2 100 b.) : une cuvée d'une belle densité, finement bouquetée autour de la cerise, de la pivoine et de la vanille. La bouche, séveuse et charnue, s'appuie sur des tanins fins et serrés, et déploie une finale fraîche et longue. ✗ 2018-2022 ■ Aux Réas 2013 (30 à 50 € ; 10 500 b.) : vin cité. ✗ 2017-2020

☛ *Dom. A.-F. Gros, 5, Grande-Rue, 21630 Pommard, tél. 03 80 22 61 85, af-gros@wanadoo.fr* Ⓥ *r.-v.* 🏠 Ⓔ

DOM. MICHEL GROS			
Clos des Réas Monopole 2013 ★			
■ 1er cru	10 000	◕	50 à 75 €

L'aîné de la famille Gros – Anne-Françoise (A.-F. Gros) et Bernard (Gros Frère et Sœur) ont chacun leur domaine – a débuté en 1979 avec 2 ha en Hautes-Côtes. Il conduit aujourd'hui 23 ha et s'illustre régulièrement avec ses vosne-romanée, ses nuits-saint-georges et ses hautes-côtes.

Sur ce terroir emblématique et historique (exploité en monopole) du domaine, Michel Gros propose un solide vin de garde. Le nez associe le cassis, la cerise noire et un bon boisé torréfié et fumé. La bouche est dense, riche, puissante, tout en restant élégante grâce à des tanins extraits avec délicatesse. La finale laisse sur une agréable impression épicée. ✗ 2018-2025 ❦ civet de sanglier

☛ *Dom. Michel Gros, 7, rue des Communes, 21700 Vosne-Romanée, tél. 03 80 61 04 69, contact@ domaine-michel-gros.com* Ⓥ 🔖 *r.-v.*

DOM. GROS FRÈRE ET SŒUR 2013			
■	10 800	🍷 ◕	30 à 50 €

L'histoire débute en 1830 avec l'installation d'Alphonse Gros à Vosne sur un vignoble agrandi au fil des générations, partagé entre les héritiers en 1963, dont Gustave et sa sœur Colette, qui créent leur domaine. Une exploitation de 20 ha aujourd'hui, d'une constance sans faille, conduite de main de maître depuis 1980 par leur neveu Bernard Gros.

Des nuances aromatiques de fruits noirs et d'épices se dévoilent avec générosité à l'olfaction. Sous-tendue par une belle fraîcheur, la bouche est encore un peu massive et concentrée, mais les tanins sont de qualité. Quelques années de patience seront bénéfiques. ✗ 2018-2022 ❦ canard aux cerises

☛ *Dom. Gros Frère et Sœur, 6, rue des Grands-Crus, 21700 Vosne-Romanée, bernard.gros2@wanadoo.fr* Ⓥ 🔖 🏃 *r.-v.*

ALAIN GUYARD Aux Réas 2012 ★			
■	1 700	◕	20 à 30 €

Un domaine familial créé en 1900 par les grands-parents pépiniéristes après la crise phylloxérique. Souvent en vue par ses marsannay et ses fixin, Alain Guyard s'est installé en 1981 et conduit aujourd'hui un vignoble de 8 ha.

Le nez montre des qualités de complexité, centré sur de fines notes de fruits rouges soutenues par un boisé suave.

Bien fruitée elle aussi, la bouche se révèle généreuse, ample et bien équilibrée, mise en relief par des tanins de qualité. ✗ 2017-2020 ❦ gigot d'agneau

☛ *Alain Guyard, 10, rue du Puits-de-Têt, 21160 Marsannay-la-Côte, tél. 03 80 52 14 46, domaine.guyard@orange.fr* Ⓥ 🔖 🏃 *r.-v.*

Ⓑ DOM. GUYON En Orveaux 2013 ★			
■ 1er cru	1 500	◕	50 à 75 €

Un domaine familial très régulier en qualité (on ne compte plus les étoiles et les coups de cœur), repris en 1991 par Jean-Pierre Guyon, rejoint par son frère Michel. Le vignoble couvre 9 ha conduits en bio certifié, dans la Côte de Nuits et le nord de la Côte de Beaune.

L'une des valeurs sûres du domaine que ce 1er cru né sur 34 ares de ce petit *climat* situé en haut de pente, au-dessus du grand cru Échézeaux. Un vin qui s'exprime avec intensité sur les notes de cassis au nez comme en bouche, avec une pointe florale en prime (vinification en grappes entières). La bouche se révèle ample, dense, concentrée, mais toujours équilibrée. Un vosne à la fois corpulent et élégant, bien dans le style maison. ✗ 2019-2025 ❦ noisette de chevreuil ■ Les Charmes de Mazières 2013 (30 à 50 € ; 1 800 b.) Ⓑ : vin cité. ✗ 2018-2023

☛ *EARL Dom. Guyon, 11-16, RD 974, 21700 Vosne-Romanée, tél. 03 80 61 02 46, domaine.guyon@wanadoo.fr* Ⓥ *r.-v.*

DOM. MICHEL MAGNIEN			
Vieilles Vignes 2013			
■	2 000	◕	50 à 75 €

Michel Magnien incarne la quatrième génération à la tête d'un vignoble familial qu'il a considérablement agrandi entre les années 1960 et 1990 (19 ha aujourd'hui). Jusqu'en 1993, il porte sa récolte à la coopérative de Morey. L'arrivée de son fils Frédéric, en charge des vinifications depuis lors, change la donne : les vins sont désormais mis en bouteilles à la propriété. Des vins d'une grande régularité, qui font du domaine l'une des valeurs sûres de la Côte de Nuits.

Le nez se présente avec une bonne intensité sur un registre de fruits noirs (cassis, mûre). La bouche est dense et fraîche, construite sur des tanins fermes qui se patineront avec la garde. ✗ 2017-2021 ❦ pintade à la forestière

☛ *Dom. Michel Magnien, 4, rue Ribordot, 21220 Morey-Saint-Denis, tél. 03 80 51 82 98, domaine@ michel-magnien.com* Ⓥ 🔖 🏃 *r.-v.*

DOM. FABRICE MARTIN 2013			
■	900	◕	20 à 30 €

Un petit domaine de 2,3 ha que Fabrice Martin a créé en 2000 et qu'il exploite dans trois appellations : gevrey-chambertin, nuits-saint-georges et vosne-romanée.

Au nez, les fruits noirs et rouges s'associent à un boisé soutenu mais élégant, aux tonalités fumées. Le palais se déploie avec constance et harmonie, porté par une trame fine et fraîche et par des tanins souples. Une jolie finale poivrée et réglissée conclut agréablement la dégustation de ce *village* bien représentatif de son appellation. ✗ 2017-2020 ❦ rôti de veau Orloff

☞ *Fabrice Martin, 42, rue de la Grand-Velle, 21700 Vosne-Romanée, tél. 03 80 61 27 84, fabrice.martin12@hotmail.fr* Ⓥ ⬆ *r.-v.*

DOMINIQUE MUGNERET
Cuvée Alliance des Terroirs 2013 ★

| ■ | | 7 500 | ⅰⅰ | 30 à 50 € |

Après Marcel, le grand-père, puis Denis, le père, parti à la retraite en 2003, la troisième génération de Mugneret (Dominique) conduit aujourd'hui ce domaine de 6 ha très souvent en vue pour ses nuits et ses vosne, qui exploite aussi des grands crus en métayage.

Issue d'un assemblage de plusieurs parcelles, cette cuvée s'invite avec régularité dans le Guide depuis quelques années. Un vosne qui ne manque pas de caractère, ni d'équilibre. Le cassis, la griotte kirschée et la fraise égaient le nez. Arômes que l'on retrouve dans un palais long et frais, bien construit autour de tanins fins et serrés. ⓧ 2018-2023 ⓨ sauté de marcassin aux cèpes

☞ *Dominique Mugneret, 9, rue de la Fontaine, 21700 Vosne-Romanée, tél. 06 63 32 79 72, dominique.mugneret@wanadoo.fr* Ⓥ 🏃 ⬆ *r.-v.*

DOM. MICHEL NOËLLAT 2013

| ■ | | 5 000 | ⅰⅰ | 30 à 50 € |

Alain (au commercial) et Jean-Marc Noëllat (à la vigne et au chai) ont pris en 1990 la relève de leur père Michel sur ce vaste domaine de 27 ha. Ils ont été rejoints en 2012 et en 2015 par la sixième génération, Sébastien, fils du second, et Sophie, fille du premier. Une valeur sûre de la Côte de Nuits, notamment pour ses vosne-romanée.

Les Noëllat sont fidèles au rendez-vous, comme toujours, avec une cuvée proche de l'étoile, qui fait preuve de droiture et de précision. Le nez est intense, floral, fruité et réglissé, la bouche nette, fraîche et serrée, avec un caractère minéral en finale qui lui confère un supplément de caractère. ⓧ 2018-2022 ⓨ civet de biche ■ **1er cru Les Beaux Monts 2013** (50 à 75 € ; 3 400 b.) : vin cité. ⓧ 2019-2025

☞ *SCEA Dom. Michel Noëllat, 5, rue de la Fontaine, 21700 Vosne-Romanée, tél. 03 80 61 36 87, domaine.michel-noellat@wanadoo.fr* Ⓥ 🏃 *r.-v.*

MANUEL OLIVIER Les Damaudes 2012 ★

| ■ | | 1 500 | ⅰⅰ | 30 à 50 € |

Installé en 1990, Manuel Olivier a commencé par cultiver les vignes et les petits fruits dans les Hautes-Côtes de Nuits. Aujourd'hui spécialisé, il exploite un vignoble de 11 ha, complété depuis 2007 par une structure de négoce qui lui a permis de mettre un pied en Côte de Beaune.

Nos dégustateurs saluent avec une belle unanimité la rondeur et la puissance de ce *village*, solidement construit sur des tanins fins. Une intensité d'autant plus appréciée qu'elle s'accompagne d'une expression aromatique élégante et complexe, centrée sur les fruits rouges frais. ⓧ 2018-2022 ⓨ magret de canard aux cerises

☞ *Dom. Manuel Olivier, 7, rue des Grandes-Vignes, hameau de Corboin, 21700 Nuits-Saint-Georges, tél. 03 80 62 39 33, contact@domaine-olivier.com* Ⓥ 🏃 ⬆ *t.l.j. 9h-12h 14h-19h*

DOM. DES PERDRIX 2012

| ■ | | 4 700 | ⅰⅰ | 50 à 75 € |

Ce domaine incontournable de la Côte de Nuits (12 ha dont 6 en grands et 1ers crus) a été pris en main en 1995 par la famille Devillard (Ch. de Chamirey à Mercurey et Dom. de la Ferté à Givry). Il doit son nom au 1er cru Aux Perdrix, l'une des plus belles parcelles de Nuits-Saint-Georges, possédée en quasi monopole.

Fruits rouges mûrs, vanille, chocolat, un nez généreux ouvre la dégustation. Une attaque souple prélude à un palais chaleureux, dense et profond, bien mis en relief par des tanins vigoureux. Un vosne puissant et de bonne garde. ⓧ 2018-2023 ⓨ tournedos Rossini

☞ *Dom. des Perdrix, rue des Écoles, Premeaux-Prissey, 21700 Nuits-Saint-Georges, tél. 03 85 45 21 61, contact@domainedesperdrix.com* Ⓥ 🏃 *r.-v.*

DOM. ARMELLE ET BERNARD RION
Les Chaumes Vieilles Vignes 2013

| ■ | 1er cru | 2 800 | ⅰⅰ | 30 à 50 € |

Un domaine fondé en 1896 et transmis de père en fils depuis cinq générations ; de père en fille aujourd'hui, Alice avec son mari Louis ayant rejoint ses parents Armelle et Bernard Rion en 2008, pour vinifier (avec le moins d'interventions possibles à la vigne et au chai) le fruit de 8 ha de vignes, du simple bourgogne au grand cru.

Un 1er cru situé côté Nuits-Saint-Georges, sur lequel les Rion exploitent une parcelle de 45 ares. Dans le verre, un vin d'une bonne densité, qui s'ouvre sur des arômes de griotte et d'épices. La bouche, à l'unisson, se montre souple et suave, sans manquer de l'élégance et de la subtilité souvent associées aux vins de Vosne. Un ensemble harmonieux et expressif. ⓧ 2017-2021 ⓨ selle d'agneau

☞ *Dom. Armelle et Bernard Rion, 8, rte Nationale, 21700 Vosne-Romanée, tél. 03 80 61 05 31, rion@domainerion.fr* Ⓥ 🏃 ⬆ *t.l.j. 9h-18h; dim. sur r.-v.*

DOM. FABRICE VIGOT La Colombière 2013

| ■ | | 1 170 | 🍾 ⅰⅰ | 30 à 50 € |

Fabrice Vigot est installé depuis 1990 à la tête d'un petit domaine de 6,5 ha constitué à partir de vignes familiales, en vosne-romanée pour l'essentiel, dont il est devenu l'une des bonnes références, de même qu'en échezeaux et nuits-saint-georges.

Le nez demande un peu d'aération pour délivrer ses parfums de groseille et de framboise rehaussés d'épices douces. En bouche, on découvre un vin sur la fraîcheur, équilibré et agile, mais plus austère en finale. Quelques années de garde lui seront profitables. ⓧ 2018-2022 ⓨ pigeon aux épices

☞ *Dom. Fabrice Vigot, 20, rue de la Fontaine, 21700 Vosne-Romanée, tél. 03 80 61 13 01, fabrice.vigot@wanadoo.fr* Ⓥ ⬆ *r.-v.*

▶ **LES GRANDS CRUS DE VOSNE-ROMANÉE**

Tous sont des crus plus prestigieux les uns que les autres, et il serait bien difficile d'indiquer le plus grand... Certes, la romanée-conti jouit de la plus importante renommée, et l'on trouve dans l'histoire de nombreux témoignages de « l'exquise qualité » de ce

BOURGOGNE

vin. La célèbre pièce de vigne de la Romanée fut convoitée par les grands de l'Ancien Régime : ainsi Mme de Pompadour ne réussit pas à l'emporter contre le prince de Conti, qui put l'acquérir en 1760. Jusqu'à la Seconde Guerre mondiale, la vigne de la romanée-conti et celle de la tâche restèrent non greffées, traitées au sulfure de carbone contre le phylloxéra. Mais il fallut alors les arracher.

La première récolte des nouveaux plants eut lieu en 1952. Ce romanée-conti, exploité en monopole, reste l'un des vins les plus illustres et les plus chers du monde. Les autres grands crus sont le richebourg, la romanée, romanée-saint-vivant, la grande-rue et la tâche – dernière-née des grands crus, reconnue en 1992. Comme dans tous les grands crus, les volumes produits sont de l'ordre de 20 à 30 hl par hectare selon les années.

des bouteilles produites lors des années solaires et fastes comme 2009. Les rendements ont été ici de 17 hl/ha. Le vin s'ouvre sur un boisé noble, sur le café, la torréfaction, avec un côté fumé typique du terroir, qui laisse place à un fruit profond et à des évocations florales. Après une attaque étonnamment fine, une belle mâche s'affirme et les tanins montent en puissance. Cependant, si ce richebourg montre plus de corpulence et de chaleur que les autres grands crus, sa texture est moins massive que ne le laissait prévoir le nez, sans fougue excessive ni rugosité. Le boisé fait son retour en finale, sur des notes d'épices et de chocolat, avec une pointe d'alcool. De la force et de la finesse. ✗ 2020-2030 ℣ côtes de chevreuil sauce venaison

☛ *SC du Dom. de la Romanée-Conti,*
1, rue Derrière-le-Four, 21700 Vosne-Romanée,
tél. 03 80 62 48 80

RICHEBOURG

Superficie : 7,5 ha / Production : 200 hl

♥ DOM. A.-F. GROS 2013 ★★★

■ Gd cru	2 500	⊪	+ de 100 €

Fille de Jean Gros (Vosne-Romanée), sœur de Bernard (domaine Gros Frère et Sœur), Anne-Françoise Gros a choisi François Parent comme époux et maître de chai. Ensemble, ils conduisent un vignoble de 10 ha dans les deux Côtes pour lequel on ne compte plus les coups de cœur. Incontournable.

Anne-Françoise Gros dispose de 60 ares dans ce grand cru parmi les plus fameux de Vosne-Romanée. De quoi produire environ 2 500 bouteilles en 2013. Et quelles bouteilles ! Le nez est intense, très épicé (poivre blanc), très fruité (fruits noirs mûrs) et un rien toasté. Le palais, « prenant » et d'une longueur infinie, est un harmonieux mélange d'ampleur, de richesse, de complexité, de minéralité aussi. Un vin au caractère bien trempé, tout en restant fin et soyeux. Tellement richebourg... ✗ 2020-2035 ℣ gigue de chevreuil aux épices

☛ *Dom. A.-F. Gros, 5, Grande-Rue, 21630 Pommard,*
tél. 03 80 22 61 85, af-gros@wanadoo.fr ℣ *r.-v.* 🏠 ⓔ

DOM. DE LA ROMANÉE-CONTI 2013 ★★

■ Gd cru	n.c.	⊪	+ de 100 €

Avec 3,51 ha, le domaine possède près de la moitié de l'appellation (8 ha environ). Des vignes mitoyennes (au nord-est) de celles de la Romanée-Conti ; on prête d'ailleurs souvent au richebourg le même caractère soyeux que son prestigieux voisin. Ce que l'on sait moins, c'est qu'il s'agit d'une vigne de Cîteaux vinifiée jadis au château du Clos de Vougeot.

Un richebourg vendangé l'après-midi du 9 octobre et le matin du 10, juste après la romanée-conti. Après un tri minutieux à la vigne et au chai, le 2013, comme les autres grands crus du domaine, livrera à peine plus de la moitié

ROMANÉE-CONTI

Superficie : 1,63 ha / Production : 46 hl

DOM. DE LA ROMANÉE-CONTI 2013 ★★★

■ Gd cru	n.c.	⊪	+ de 100 €

84 |88| |89| 90 |91| 94 95 ⑯ ⑰ 98 01 03 ⑤ ⑥ ⑧ ⑨ ⑩ 12 ⑬

Un domaine, le plus prestigieux de Bourgogne, dont les limites n'ont pratiquement pas varié depuis le XVIe s. (1 ha 81 a 40 ca aujourd'hui), une appellation (en monopole) et un vin né d'une petite vigne d'exception plantée sur un carré presque parfait d'environ 150 m de côté. La quintessence du terroir bourguignon. Une histoire emblématique de la Bourgogne viticole également. Propriété jusqu'en 1584 du prieuré de Saint-Vivant, puis passé de mains en mains, le domaine fut acquis en 1760 par celui qui lui donna son nom définitif et son prestige, Louis-François de Bourbon, prince de Conti. Un prestige entretenu depuis 1912 par la famille de Villaine, associée depuis 1942 aux Leroy-Roch. La gestion quotidienne du domaine est assurée depuis 1974 par Aubert de Villaine, épaulé désormais par son neveu Bertrand et, à la cave, par un régisseur de talent, Bernard Noblet.

En année difficile, la romanée-conti exprime peut-être encore davantage qu'en année heureuse la quintessence du pinot noir : austérité dans les volumes, richesse dans l'expression. Un mois de mai aussi glacial qu'arrosé retarde-t-il la floraison, un juin revêche entraîne-t-il coulure et millerandage ? Les baies formées parcimonieusement ne profiteront que mieux de l'été plus clément... Cueillies en un seul après-midi, le 8 octobre, lorsque l'automne imposait déjà sa fraîcheur, elles ont engendré un vin au nez étonnamment ouvert, gourmand et complexe, sur la fraise des bois et la cerise à l'alcool nuancées de verveine, de thé vert et d'encens. L'attaque délicate et fraîche sur un palais ample, suave, floral, dont les tanins se font oublier. Une romanée-conti « amicale et tendre », qui se livre sans réserve, mais sans excès ni démonstration de force. Complète, complexe, profonde et sincère. ✗ 2020-2035 ℣ chapon truffé

☛ *SC du Dom. de la Romanée-Conti,*
1, rue Derrière-le-Four, 21700 Vosne-Romanée,
tél. 03 80 62 48 80

ROMANÉE-SAINT-VIVANT

Superficie : 9,3 ha / Production : 240 hl

♥ DOM. POISOT PÈRE ET FILS 2012 ★★

■ Gd cru	2 000	ⅲ	+ de 100 €

ROMANÉE-SAINT-VIVANT
GRAND CRU
APPELLATION ROMANÉE-SAINT-VIVANT CONTRÔLÉE

DOMAINE POISOT
PÈRE & FILS

Après vingt-cinq ans dans la Marine, Rémi Poisot a repris en 2010 le vignoble familial, 2 ha hérités en 1902 par Marie Poisot, fille de Louis Latour : un 1er cru en pernand et trois grands crus (corton, corton-charlemagne et romanée-saint-vivant).

Les Quatre Journaux constituent l'un des clos historiques du monastère de Saint-Vivant-de-Vergy en Romanée. Marey puis Marey-Monge après la Révolution, la vigne devient Latour en 1898. Depuis le XII^{e}s., ses propriétaires se comptent sur les doigts d'une seule main... Rémi Poisot en signe une version 2012 longiligne, d'une grande élégance et surtout très fidèle au caractère de son terroir ; ce vin présente une remarquable texture au palais, épaulé par des tanins soyeux et la minéralité des lieux. Les difficultés du millésime 2013 ont naturellement réduit le rendement de la parcelle (-25 %) : finesse et précision se conjuguent donc ici avec concentration. Tout cela est agrémenté avec netteté d'une remarquable finesse aromatique au nez comme en bouche, autour de la cerise et de la réglisse. ✗ 2020-2030 ♥ poularde truffée

☛ Rémi Poisot, 14, av. Charles-Jaffelin, 21200 Beaune, tél. 03 80 21 16 81, remipoisot@domaine-poisot.fr

Ⓥ 🎿 👤 r.-v.

DOM. DE LA ROMANÉE-CONTI 2013 ★★

■ Gd cru	n.c.	ⅲ	+ de 100 €

82 87 89 91 92 |95| |97| |98| 99 00 01 ③ ④ ⑤ ⑥ ⑧ ⑨ ⑩ ⑪ 12 13

Avec 5,28 ha, le domaine est le plus important propriétaire de ce grand cru historique (9,3 ha), qui doit sa naissance et son nom au prieuré de Saint-Vivant (fondé en 900), auquel le duc de Bourgogne céda en 1131 les terres de la future appellation dont une partie deviendra la Romanée-Conti. Exploitée en fermage par le domaine à partir de 1966, la parcelle sera rachetée aux Marey-Monge en 1988.

Son secret ? Les petits rendements imposés par les intempéries au moment critique où se formait la fleur, un lent mûrissement estival sous un ciel plus clément que dans la Côte de Beaune, la minutie des équipes des vignes menées par Nicolas Jacob et les soins donnés au chai sous la direction de Bernard Noblet. Un millésime sauvé des eaux... et des maladies. Récoltée en fin de saison, les 10 et 11 octobre, la romanée-saint-vivant montre cette année son visage charmeur. Très ouvert, le nez affiche d'emblée son élégance et sa complexité, explorant la rose, la fraise et autres petits fruits, la réglisse, les épices, le thé fumé et même les agrumes. Délicatesse, complexité, fraîcheur, ces qualités se prolongent dans une bouche ample et étoffée, qui garde un caractère aérien jusqu'en finale, portée par des tanins très fins. Aucune agressivité, aucune

ostentation et une rare harmonie dans ce vin sensuel et racé. ✗ 2020-2030 ♥ pavé de sanglier au poivre

☛ SC du Dom. de la Romanée-Conti, 1, rue Derrière-le-Four, 21700 Vosne-Romanée, tél. 03 80 62 48 80

LA TÂCHE

Superficie : 5 ha / Production : 95 hl

DOM. DE LA ROMANÉE-CONTI 2013 ★★★

■ Gd cru	n.c.	ⅲ	+ de 100 €

72 73 75 78 ⑦⑨ 80 |81| |82| |85| |87| |89| |91| |92| |96| ⑨⑦ ⑨⑧ ⑨⑨ 00 ⓪② ⓪④ ⓪⑤ 06 08 ⑨ ⑪ 12 ⑬

L'autre monopole du domaine, 6 ha 6 a 20 ca situés au sud de la Romanée-Conti. Son nom provient d'une ancienne expression bourguignonne : « faire une tâche », signifiant cultiver la vigne en échange d'une rémunération forfaitaire. Acquis par La Romanée-Conti en 1933, ce grand cru n'a connu que quatre propriétaires depuis le XVII^{e}s. Des greffons de ses vignes ont permis de reconstituer le vignoble de La Romanée-Conti entre 1947 et 1948, créant ainsi un lien de parenté entre les deux vins.

La récolte confidentielle d'un millésime exceptionnellement tardif. Petites grappes millerandées, pluies des premiers jours d'octobre, botrytis à l'affût, arrêté toutefois par les premiers frimas. Vendangé les 7, 8 et 9 octobre par un temps déjà presque hivernal, ce millésime demande à être réchauffé dans le verre. D'abord fermé, il ne livre au premier nez qu'une évocation de feuille de mûrier. À l'aération, il s'épanche en notes de griotte mûre enrobée de chocolat, avec des touches de bois de santal et d'épices douces – l'empreinte d'un fût bien intégré. De la fraîcheur en attaque, puis de la mâche, de la matière, de la générosité, le tout sans excès tannique. Un parcours changeant où le vin dévoile de multiples facettes, avant le retour en finale du bois de santal. Un superbe vin de bouche, à la fois opulent et soyeux. ✗ 2020-2035 ♥ filet de bœuf et purée de ratte

☛ SC du Dom. de la Romanée-Conti, 1, rue Derrière-le-Four, 21700 Vosne-Romanée, tél. 03 80 62 48 80

NUITS-SAINT-GEORGES

Superficie : 306 ha / Production : 12 030 hl (97 % rouge)

Cette bourgade de 5 500 habitants est l'une des plus petites capitales du vin de Bourgogne. Elle accueille le siège de nombreuses maisons de négoce et de liquoristes qui produisent le cassis de Bourgogne, ainsi que d'élaborateurs de vins mousseux qui furent à l'origine du crémant-de-bourgogne. Elle a également son vignoble des Hospices, dont la vente aux enchères annuelles de la production le dimanche précédant les Rameaux, et abrite le siège administratif de la confrérie des Chevaliers du Tastevin.
La cité donne son nom à l'appellation communale la plus méridionale de la Côte de Nuits. Cette dernière, qui déborde au sud sur la commune de Premeaux, n'engendre pas de grands crus comme ses voisines du nord,

mais elle compte de très nombreux 1ers crus réputés, aux caractères fort divers selon leur situation au nord ou au sud de Nuits. Tous ces vins ont en commun une grande richesse tannique qui leur confère un solide potentiel de garde (de cinq à quinze ans).

Parmi les 1ers crus, les plus connus sont les Saint-Georges, dont on dit qu'ils portaient déjà des vignes en l'an mil, les Vaucrains, les Cailles, les Champs-Perdrix, les Porrets, sur la commune de Nuits, et les Clos de la Maréchale, des Argillières, des Forêts-Saint-Georges, des Corvées, de l'Arlot, sur Premeaux.

DOM. DE L'ARLOT
Clos de l'Arlot Monopole 2012 ★

■ 1er cru	1 600	🍶 ◑	50 à 75 €

Un domaine fondé au XVIIIes., réputé pour ses nuits-saint-georges et propriété d'Axa Millésimes depuis 1987. L'œnologue Géraldine Godot, ancienne régisseur de la maison Alex Gambal, a pris en 2015 la relève de l'actuel directeur technique Jacques Devauges (ex-Vougeraie et Frédéric Magnien), arrivé en 2011 pour succéder à Olivier Leriche. Le domaine, sous la direction générale de Christian Seely, étend son vignoble sur 15 ha (en conversion vers la biodynamie), dont deux monopoles en nuits-saint-georges 1er cru : le Clos des Forêts et le Clos de l'Arlot.

Le Clos de l'Arlot dans sa version blanche est composé de chardonnay surtout et de quelques pieds de pinot beurot, sur 1,2 ha. Dans le verre, un vin dont la générosité se confirme tout au long de la dégustation. Le nez, d'abord réservé, s'ouvre à l'aération sur des notes d'agrumes, de noisette et de fleurs blanches. La bouche se révèle souple en attaque, riche et consistante dans son développement, équilibrée par une fine trame minérale. Un nuits blanc aussi rare que plaisant. ✗ 2017-2022 ♈ ris de veau à la crème

☞ Dom. de l'Arlot, 14 RD 974, 21700 Premeaux-Prissey, tél. 03 80 61 01 92, contact@arlot.fr 🆅 r.-v.

DOM. JEAN CHAUVENET Les Perrières 2013 ★

■ 1er cru	900	◑	30 à 50 €

Christine et Christophe Drag ont repris la propriété familiale en 1994 à la suite du départ à la retraite de Jean Chauvenet, père de Christine et fondateur du domaine en 1969. Ils exploitent aujourd'hui un vignoble de 9,17 ha et s'imposent comme une valeur sûre de l'appellation nuits-saint-georges.

Le nez prend forme après quelques minutes d'aération sur des notes de fruits rouges à bonne maturité. En bouche, on découvre un nuits gourmand, séduisant par sa souplesse, sa rondeur et sa générosité, impressions renforcées par des tanins tendres. Une vivacité mesurée apporte un dynamisme appréciable en finale. ✗ 2017-2020 ♈ canette aux cerises ■ 1er cru Les Damodes 2013 (30 à 50 € ; 1 200 b.) : vin cité. ✗ 2017-2020 ■ 1er cru Les Bousselots 2013 (30 à 50 € ; 1 000 b.) : vin cité. ✗ 2018-2023

☞ Dom. Jean Chauvenet, 6, rue de Gilly, 21700 Nuits-Saint-Georges, tél. 03 80 61 00 72, domaine-jean.chauvenet@orange.fr 🆅 🏃 r.-v.

DOM. CHAUVENET-CHOPIN Charmottes 2013 ★★

■	2 100	◑	20 à 30 €

En 1985, Évelyne et Hubert Chauvenet reprennent la propriété familiale, qu'ils complètent en 2001 par le domaine Chopin-Groffier de Comblanchien. Ils exploitent aujourd'hui 13,5 ha de vignes en Côte de Nuits et proposent notamment un large éventail de climats en nuits-saint-georges.

Les reflets violacés de la robe, profonde, illustrent la grande jeunesse de ce vin. Le nez, complexe, associe des notes florales (violette) et fruitées (fruits rouges mûrs) bien mariées à un boisé torréfié et réglissé. La bouche se révèle ample et charnue, épaulée par des tanins soyeux et très élégants et par une belle minéralité qui accompagne le fruit dans une longue finale. ✗ 2017-2021 ♈ filet de bœuf en croûte ■ 1er cru Les Chaignots 2013 ★ (20 à 30 € ; 1 800 b.) : épices, cerise noire et violette pour le nez, relayées par un palais solide, puissant, riche et persistant. ✗ 2018-2023 ■ 2012 (20 à 30 € ; 2 100 b.) : vin cité. ✗ 2017-2020

☞ Chauvenet-Chopin, 97, rue Félix-Tisserand, 21700 Nuits-Saint-Georges, tél. 03 80 61 28 11, chauvenet-chopin@wanadoo.fr 🆅 🍷 r.-v.

DOM. CHEVILLON-CHEZEAUX
Les Saint-Julien 2013

■	1 800	◑	20 à 30 €

Représentant la cinquième génération, Claire Chevillon et son époux Philippe Chezeaux ont repris en 2000 le domaine familial créé en 1887. Ils exploitent aujourd'hui 8,6 ha, dont 90 % de rouge, avec des parcelles dans une demi-douzaine de climats de Nuits-Saint-Georges.

Ce climat est bien situé à mi-hauteur sur le coteau, dans la partie nord de l'appellation. Des notes de fruits compotés avec quelques touches minérales s'expriment au nez. Des tanins fermes, une trame fraîche et une belle densité confèrent du caractère à cette cuvée et lui promettent un bon vieillissement. ✗ 2018-2022 ♈ pigeon aux petit pois

☞ Dom. Chevillon-Chezeaux, 41, rue Henri-de-Bahèzre, 21700 Nuits-Saint-Georges, tél. 03 80 61 23 95, chevillon.chezeaux@orange.fr 🆅 🏃 r.-v.

DOM. A. CHOPIN ET FILS
Les Bas de Combe 2012 ★

■	900	◑	20 à 30 €

Installé à l'extrême sud de la Côte de Nuits, Arnaud Chopin a repris le domaine familial en 2010, à la retraite de ses parents. Avec l'aide de son jeune frère Alban, il s'apprête à passer le vignoble en bio. Régulièrement, il s'illustre par ses nuits-saint-georges et ses côtes-de-nuits-villages.

Le nez propose de belles nuances de petits fruits rouges et noirs, soulignés par un boisé finement intégré. Une harmonie que l'on retrouve dans une bouche ample, grasse et légèrement saline, bâtie sur des tanins jeunes mais déjà bien assouplis par l'élevage. L'ensemble est équilibré, déjà très aimable tout en étant promis à un bel avenir. ✗ 2017-2020 ♈ tendrons de veau braisés

☞ Dom. A. Chopin-Fils, D 974, 21700 Comblanchien, tél. 03 80 62 92 60, domaine.chopin-fils@orange.fr 🆅 🏃 r.-v. 🏠 ❸ 🏠 🅴

Ⓑ DOM. DES CLOS Les Crots 2012

■ 1er cru	1 010	◑	30 à 50 €

Après plusieurs expériences à l'étranger, Grégoire Bichot a intégré la maison de négoce familiale Albert Bichot, pour la quitter quelques années après et créer en 1995 le domaine des Clos. Depuis 2011, il s'est établi dans l'ancien couvent des Bernardines de Nuits-Saint-Georges et dirige un vignoble de 5,25 ha sur Beaune, Nuits-Saint-Georges et Chablis (conduits en bio sur la Côte-d'Or, en biodynamie dans le Chablisien).

De ses 60 ares de ce *climat* escarpé, Grégoire Bichot avait extrait un 2009 admirable, élu coup de cœur. S'il n'est pas du même niveau, son 2012 a aussi de bons arguments à faire valoir. Le nez, intense, libère des arômes de cassis et de mûre finement acidulés, tandis que la bouche, fraîche, ferme et dense, apporte de la profondeur à cette cuvée. Un bon fond de vin que le temps mettra en valeur. ✗ 2018-2022 ❦ selle d'agneau

○┐ *Dom. des Clos, 3, rue des Seuillets, 21700 Nuits-Saint-Georges, tél. 03 80 21 42 66, contact@domainedesclos.com* ○┐ Bichot

DOM. DE LA DOUAIX Vieilles Vignes 2012

| ■ | 800 | ◐ | 20 à 30 € |

Au départ, un lopin de vignes acquis à Arcenant au début des années 2000 par Mark Moustie, d'origine belge. Rejoint par son fils Gilles, il crée en 2006 le domaine de la Douaix, dont le vignoble couvre aujourd'hui 4 ha.

Le nez, ouvert et chaleureux, associe des notes de fruits à l'eau-de-vie, de vanille et une touche animale. Une matière dense se déploie en bouche, renforcée par des tanins encore sévères à ce stade, mais le pronostic d'évolution est favorable. Patience. ✗ 2018-2023 ❦ rôti de bœuf sauce poivre

○ *« Dom. de la Douaix, rue du Moutier, 21700 Arcenant, tél. 06 85 95 01 79, moustie.gilles@orange.fr*

DOM. GUY ET YVAN DUFOULEUR Clos des Perrières 2012 ★★

| ■ 1er cru | 4 000 | ◖ ◐ | 30 à 50 € |

Les Dufouleur perpétuent une tradition vigneronne qui remonte à la fin du XVIᵉs. Le domaine actuel – le négoce Dufouleur Père et Fils a été vendu en 2006 – est né de la fusion en 2007 de la propriété familiale avec le domaine Yvan Dutouleur créé en 1991. Guy étant décédé, le vignoble (25 ha) est aujourd'hui dirigé par son fils aîné Yvan, épaulé à la gérance par Xavier, frère de Guy.

La robe, profonde, annonce un vin de belle densité. De délicates notes de cerise et de torréfaction montent au nez. Un fruité et une élégance que l'on retrouve aussi dans une bouche aussi large que longue, texturée en finesse, soutenue par des tanins fermes et par une fraîcheur minérale bien sentie. Un nuits complet et complexe. ✗ 2018-2023 ❦ mijoté de joues de bœuf

○┐ *Dom. Guy et Yvan Dufouleur, 17, rue Thurot, BP 80138, 21704 Nuits-Saint-Georges Cedex, tél. 06 13 27 15 59, gaelle.dufouleur@21700-nuits.com*

DOM. DUPASQUIER ET FILS 2012

| ■ | 900 | ◐ | 15 à 20 € |

Dans la famille Dupasquier depuis cinq générations, ce domaine dispose de 10 ha répartis autour de Nuits-Saint-Georges et de la montagne de Corton.

Ce nuits « pinote » bien : par sa fraîcheur et ses notes de petits fruits rouges, il se montre fidèle au caractère du cépage. Il plaît aussi par sa bouche souple, élégante et longue, définie par des tanins fins et harmonieux. ✗ 2017-2020 ❦ canette aux cerises

○┐ *Dom. Dupasquier et Fils, 47 bis, rue Henri-Challand, 21700 Nuits-Saint-Georges, tél. 03 80 61 13 78, dupasquier.domaine@wanadoo.fr*

DOM. FAIVELEY Les Saint-Georges 2013 ★★

| ■ 1er cru | n.c. | ◐ | + de 100 € |

Cette maison de négoce fondée à Nuits-Saint-Georges en 1825 est un nom qui compte en Bourgogne, depuis sept générations. À sa tête depuis 2005, Erwan Faiveley, qui a succédé à son père François, est épaulé par Bernard Hervet à la direction générale. Aujourd'hui, c'est l'un des plus importants propriétaires de vignes en Bourgogne : 120 ha du Chablisien au Mâconnais, dont son fief en Côte de Nuits, dont 10 ha en grand cru et près de 25 ha en 1er cru.

Une bouteille qui peut légitimement être versée au dossier visant à faire classer le terroir des Saint-Georges dans la catégorie des grands crus. Le nez s'exprime crescendo à mesure de son aération, sur des arômes de fruits rouges, de Zan et de toasté. Mais ce vin se distingue avant tout par la noblesse de son palais : beaucoup de matière, de la fraîcheur, des tanins à la fois denses, serrés et raffinés, une longue finale. De la générosité et de la précision tout au long de la dégustation. ✗ 2018-2025 ❦ cuissot de chevreuil

○┐ *Dom. Faiveley, 8, rue du Tribourg, 21700 Nuits-Saint-Georges, tél. 03 80 61 04 55, accueil@domaine-faiveley.com*

♥ PHILIPPE GAVIGNET Les Chabœufs 2013 ★★

| ■ 1er cru | 4 500 | ◐ | 30 à 50 € |

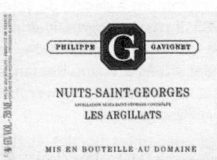

Installé en 1979 à la suite de son père Michel, Philippe Gavignet, qui incarne la quatrième génération à la tête du domaine familial, est le premier à se consacrer pleinement à la vigne. Ce spécialiste des nuits-saint-georges exploite aujourd'hui 12 ha.

Quel millésime 2013 pour Philippe Gavignet, qui plane au-dessus de la sélection avec une belle pluie d'étoiles et pas moins de deux coups de cœurs ! En tête, ce 1er cru au nez très flatteur et complexe de fruits rouges et de boisé grillé. De l'attaque à la finale, le palais offre un équilibre parfait entre une chair suave et tendre, des tanins veloutés et une acidité fondue à souhait. Un grand nuits de garde, ample et homogène. ✗ 2019-2025 ❦ filet de chevreuil aux airelles

■ Les Argillats 2013 ★★ (20 à 30 € ; 3 300 b.) ♥ : deuxième coup de cœur avec ce *village* plein de sève, aux tanins délicats et soyeux, d'une grande persistance aromatique, qui s'exprime avec toute la subtilité du pinot noir issu d'un beau terroir (fruits rouges, nuances florales). ✗ 2018-2022 ■ 1er cru Les Bousselots 2013 ★

(30 à 50 € ; 3 000 b.) : un boisé dominant au nez, beaucoup d'ampleur, de gras et une texture veloutée en bouche, et une longue finale minérale et épicée. ✗ 2018-2023 ■ Vieilles Vignes 2013 ★ (20 à 30 € ; 3 900 b.) : un vin subtil plutôt que puissant, au nez discret (fruits noirs, violette, Zan), au palais souple et frais, porté par des tanins fins et un boisé fondu. ✗ 2016-2019

○━ Dom. Philippe Gavignet, 36, rue du Dr-Louis-Legrand, 21700 Nuits-Saint-Georges, tél. 03 80 61 09 41, contact@ domaine-gavignet.fr 🆅 🏃 🆔 t.l.j. 9h-12h 14h-17h30; sam. dim. sur r.-v.

DOM. PHILIPPE GIRARD
Les Charmois 2013 ★

■	1 500	◑	20 à 30 €

Ici, on est vigneron de père en fils depuis... 1530. Arnaud Girard a rejoint en 2011 son père Philippe à la tête des 11 ha de vignes, disséminées de Nuits-Saint-Georges à Savigny-lès-Beaune.

Le nez, intense, mêle les fruits frais, la réglisse et les épices ; un boisé bien marié apporte une complexité supplémentaire. La bouche est dense et charnue, corsée par des tanins jeunes et frais. Un bon classique de l'appellation. ✗ 2018-2022 ♉ entrecôte marchand de vin

○━ Dom. Philippe Girard, 37, rue du Gal-Leclerc, 21420 Savigny-lès-Beaune, tél. 03 80 21 57 97, contact@ domaine-philippe-girard.com 🆅 🆔 r.-v.

DOM. MICHEL GROS 2013

■	5 000	◑	20 à 30 €

L'aîné de la famille Gros – Anne-Françoise (A.-F. Gros) et Bernard (Gros Frère et Sœur) ont chacun leur domaine – a débuté en 1979 avec 2 ha en Hautes-Côtes. Il conduit aujourd'hui 23 ha et s'illustre régulièrement avec ses vosne-romanée, ses nuits-saint-georges et ses hautes-côtes.

L'expression olfactive est assez difficile à cerner au premier nez. Elle se précise et s'affine avec l'aération, sur une dominante fruitée et épicée. Fraîche en attaque, la bouche se montre dense et ferme, et persiste en finale sur une touche poivrée. Un nuits solide et de bonne garde. ✗ 2018-2022 ♉ côte de bœuf au poivre ■ 2013 (30 à 50 € ; 1 200 b.) : vin cité. ✗ 2018-2021

○━ Dom. Michel Gros, 7, rue des Communes, 21700 Vosne-Romanée, tél. 03 80 61 04 69, contact@ domaine-michel-gros.com 🆅 🆔 r.-v.

BERTRAND MACHARD DE GRAMONT
Les Terrasses des Vallerots 2012 ★

■	1 500	◑	20 à 30 €

Après avoir géré successivement deux domaines familiaux, Bertrand Machard de Gramont a décidé de voler de ses propres ailes en 1983. Il passe progressivement la main à sa fille Axelle, à ses côtés depuis 2004. Ils cultivent 6 ha principalement situés à Vosne-Romanée et à Nuits-Saint-Georges, et ont entamé la conversion bio du vignoble depuis le millésime 2011.

Le nez offre avec générosité des notes florales et des fruits acidulés. Des tanins denses et serrés soutiennent un palais très frais, minéral et long. Un ensemble vigoureux sans excès, très équilibré et de bonne garde. ✗ 2018-2022 ♉ canard rôti

○━ Bertrand Machard de Gramont, 13, rue de Vergy, 21700 Nuits-Saint-Georges, tél. 03 80 61 16 96, bertrandmacharddegramont@gmail.com 🆅 🏃 🆔 r.-v.

Ⓑ FRÉDÉRIC MAGNIEN Damodes 2013

■ 1er cru	1 000	◑	75 à 100 €

Frédéric Magnien est un fin vinificateur de Chambolle et l'une des valeurs sûres de l'appellation, et plus largement des grands crus de la Côte de Nuits. Après avoir travaillé quatre ans sur le domaine de son père Michel, dont il vinifie toujours les vins, exercé un an dans des vignobles du Nouveau Monde (Californie, Australie) et obtenu un diplôme d'œnologie à Dijon, il a lancé en 1995 sa maison de négoce.

Si le premier nez se montre fermé, des notes de cerise, de mûre et de cassis prennent de l'ampleur avec l'aération. On retrouve le fruit dans une bouche fraîche et bien arrimée à ses tanins, fermes et serrés. ✗ 2018-2021 ♉ cailles aux morilles

○━ Frédéric Magnien, 26, rte Nationale, 21220 Morey-Saint-Denis, tél. 03 80 52 54 20, frederic@ fred-magnien.com 🆅 🏃 🆔 r.-v.

JEAN-PHILIPPE MARCHAND
Les Argillats Vieilles Vignes 2013

■	1 800	◑	30 à 50 €

Les vignobles Marchand ont été fondés en 1813 à Morey et agrandis en 1983 d'une vigne à Gevrey-Chambertin. Héritier de six générations, Jean-Philippe Marchand gère le domaine familial – installé dans une ancienne fabrique de confitures de Gevrey – depuis 1984, ainsi qu'une affaire de négoce.

Le nez est encore sur la retenue à ce stade. Il associe toutefois à l'agitation des notes de fruits noirs et un boisé discret. La bouche se montre serrée, marquée par des tanins pour l'heure assez anguleux. Un nuits vigoureux et de garde. ✗ 2019-2023 ♉ livarot

○━ Jean-Philippe Marchand, 4, rue Souvert, BP 41, 21220 Gevrey-Chambertin, tél. 03 80 34 33 60, contact@ marchand-jph.fr 🆅 🆔 r.-v.

♥ DOMINIQUE MUGNERET
Vieilles Vignes 2013 ★★

■	5 500	◑	20 à 30 €

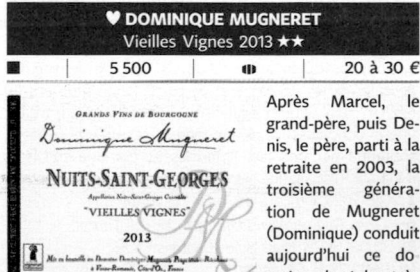

Après Marcel, le grand-père, puis Denis, le père, parti à la retraite en 2003, la troisième génération de Mugneret (Dominique) conduit aujourd'hui ce domaine de 6 ha très souvent en vue pour ses nuits et ses vosne, qui exploite aussi des grands crus en métayage.

Un nuits qui réussit une très belle synthèse entre fraîcheur de l'expression aromatique et profondeur de la structure au palais. Le nez est en effet très expressif, bien ouvert sur la mûre et les fruits rouges, agrémenté d'une fine touche boisée. La bouche se révèle parfaitement équilibrée, à la fois très alerte, très fruitée et solidement charpentée. Appréciable dès aujourd'hui, pour les amateurs de vins corsés, cette bouteille affiche un bon potentiel de garde. ✗ 2017-2022 ❦ coq au vin ■ **1er cru Aux Boudots 2013 ★** (30 à 50 € ; 3 000 b.) : un nez frais (fruits rouges, note pierreuse), un palais fruité, fin et rond, un petit air de vosne-romanée. ✗ 2017-2021

☞ *Dominique Mugneret, 9, rue de la Fontaine, 21700 Vosne-Romanée, tél. 06 63 32 79 72, dominique.mugneret@wanadoo.fr* Ⓥ 🏃 🔼 *r.-v.*

DOM. NUDANT 2012 ★		
■	1 400	20 à 30 €

Un Guillaume Nudant d'Aloxe-Corton était déjà vigneron en 1453. Son descendant, Guillaume également, a rejoint en 2003 son père Jean-René sur le domaine familial de 16 ha plantés pour l'essentiel autour de la montagne de Corton.

Un vin solide conforme à l'idée que l'on attend de l'appellation. Des arômes avenants de fruits mûrs montent au nez, accompagnés de notes de sous-bois. La bouche est généreuse, longue, bâtie sur une structure sérieuse et serrée. ✗ 2018-2023 ❦ pavé de biche Rossini

☞ *Dom. Nudant, 11, rte de Dijon, BP 15, 21550 Ladoix-Serrigny, tél. 03 80 26 40 48, domaine.nudant@wanadoo.fr* Ⓥ 🏃 🔼 *t.l.j. sf dim. 8h-12h 14h-18h; sam. sur r.-v.* 🏠 ⊙

MANUEL OLIVIER 2012		
■	n.c.	20 à 30 €

Installé en 1990, Manuel Olivier commence par cultiver les vignes et petits fruits dans les Hautes-Côtes de Nuits. Aujourd'hui spécialisé, il exploite un vignoble de 11 ha, complété depuis 2007 par une structure de négoce qui lui a permis de mettre un pied en Côte de Beaune.

Le premier nez est dominé par un boisé soutenu. L'expression aromatique gagne ensuite en complexité autour des petits fruits rouges rehaussés d'une note poivrée. Le palais, à l'unisson, est construit sur des tanins solides et sur une fine trame minérale. Bien dans le ton de l'appellation. ✗ 2018-2022 ❦ agneau rôti

☞ *Dom. Manuel Olivier, 7, rue des Grandes-Vignes, hameau de Corboin, 21700 Nuits-Saint-Georges, tél. 03 80 62 39 33, contact@domaine-olivier.com* Ⓥ 🏃 🔼 *r.-v.*

DOM. DES PERDRIX Aux perdrix 2012 ★		
■ 1er cru	8 120	50 à 75 €

Ce domaine incontournable de la Côte de Nuits (12 ha dont 6 en grands et 1ers crus) a été pris en main en 1995 par la famille Devillard (Ch. de Chamirey à Mercurey et Dom. de la Ferté à Givry). Il doit son nom au 1er cru Aux Perdrix, l'une des plus belles parcelles de Nuits-Saint-Georges possédée en quasi monopole.

Le nez monte en puissance et en complexité au fil de l'aération, proposant de la framboise, de la mûre et de la groseille avec beaucoup de délicatesse. Un même fruité élégant parcourt un palais qui affiche une remarquable longueur et beaucoup d'ampleur, étayé par des tanins bien en place mais déjà soyeux et par un boisé racé. ✗ 2018-2025 ❦ filet de chevreuil aux airelles ■ **1er cru Terres blanches 2012 ★** (50 à 75 € ; 360 b.) : du fruit (myrtille, prunelle), une attaque croquante, un palais puissant et gras aux tanins serrés, une finale fraîche, l'archétype du

nuits à encaver. ✗ 2019-2025 ■ 2012 (30 à 50 € ; 5 150 b.) : vin cité. ✗ 2018-2021

☞ *Dom. des Perdrix, rue des Écoles, Premeaux-Prissey, 21700 Nuits-Saint-Georges, tél. 03 85 45 21 61, contact@ domainedesperdrix.com* Ⓥ 🏃 🔼 *r.-v.* ☞ Devillard

CH. DE POMMARD 2012		
■	6 000	30 à 50 €

Ce château emblématique de la Côte de Beaune, dont les origines remontent à 1727, a misé sur l'œnotourisme et la vente au domaine : chaque année, ce sont 35 000 œnophiles qui franchissent les portes du clos de 22,5 ha et achètent ainsi 90 % de la production. Racheté à Maurice Giraud en 2014 par le Californien Michael Baum, il est sous la responsabilité technique d'Emmanuel Sala qui depuis 2007 élabore à côté du « grand vin » une large gamme de la Côte issue d'achats de raisins.

Le nez, sur le réserve, s'ouvre quelque peu à l'aération sur les fruits rouges et un boisé léger. En bouche, s'il se montre encore un peu revêche aujourd'hui, ce nuits affiche un volume certain et de l'élégance. Il devrait s'affirmer et s'affiner dans la durée. ✗ 2018-2022 ❦ pintade rôtie

☞ *Ch. de Pommard, 15, rue Marey-Monge, 21630 Pommard, tél. 03 80 22 12 59, contact@ chateaudepommard.com* Ⓥ 🏃 🔼 *t.l.j. 9h30-18h30*

Ⓑ **CH. DE PRÉMEAUX** 2012		
■	7 000	15 à 20 €

Installé depuis 1982 dans une belle bâtisse du XIXᵉs. construite avec les pierres de l'ancien château-fort, brûlé en 1762, Arnaud Pelletier (cinquième génération aux commandes de la propriété) a été parmi les précurseurs de la viticulture bio en Côte de Nuits. Son domaine, étendu sur 14,5 ha, propose essentiellement du nuits-saint-georges, du hautes-côtes-de-nuits et du côte-de-nuits-villages.

Après une première expression discrète voire animale, le nez s'ouvre sur des notes florales, fruitées et vanillées complexes. Le palais se révèle ample, fin et plutôt souple, enrobé par un boisé discret. La finale plus austère appelle la garde. ✗ 2017-2021 ❦ tournedos chasseur

☞ *Dom. du Ch. de Prémeaux, 9, rue de la Courtavaux, 21700 Premeaux-Prissey, tél. 03 80 62 30 64, chateau.de.premeaux@wanadoo.fr* Ⓥ 🏃 🔼 *r.-v.* 🏠 ⓘ ☞ Pelletier

REINE PÉDAUQUE 2013 ★		
■	7 000	20 à 30 €

La Reine Pédauque est une signature historique de la Maison Corton André, vénérable maison de négoce-élevage installée à Aloxe-Corton depuis 1923. Propriété depuis 2003 du groupe Ballande, elle est entrée en 2014 dans le giron du groupe Béjot, basé à Meursault et dirigé par Vincent Sauvestre. Le suivi œnologique, jusqu'alors assuré par Ludivine Griveau, désormais régisseur des Hospices de Beaune, est confié par Matthieu Cararra.

Dernier millésime suivi par Ludivine Griveau, ce 2013 livre à l'olfaction des arômes subtils de fruits rouges bien mûrs (cerise, framboise) dans un fin sillage boisé et épicé. La bouche dégage une sensation de gourmandise et de souplesse à l'attaque, puis s'affermit en finale sous l'effet de tanins jeunes et fringants. ✗ 2018-2022 ❦ rôti de bœuf

○┐ *Reine Pédauque, 3, rue des Vercots, 21420 Aloxe-Corton, tél. 03 80 25 00 00, contact.france@bejot.com*

HENRI ET GILLES REMORIQUET Les Allots 2013

■	3 000	🍴 🍷	20 à 30 €

Les Remoriquet travaillaient déjà la vigne au XVIIᵉs. pour les moines de l'abbaye de Cîteaux. Depuis quatre générations, ils ont constitué peu à peu leur propre parcellaire : 10,5 ha de vignes, sur Nuits-Saint-Georges et Vosne-Romanée notamment. Œnologue de formation, Gilles Remoriquet est aux commandes depuis 1979.

Le nez est assez réservé, mais laisse percevoir des notes épicées et florales d'une belle finesse à l'aération. Une mâche puissante caractérise le palais, encore austère pour l'heure. L'ensemble reste équilibré, mais demandera un peu de temps pour atteindre son apogée. ✗ 2018-2022 ❦ soumaintrain

○┐ *Dom. Remoriquet, 25, rue de Charmois, 21700 Nuits-Saint-Georges, tél. 03 80 61 24 84, domaine.remoriquet@wanadoo.fr* Ⓥ 🎿 🏺 *r.-v.*

DOM. ARMELLE ET BERNARD RION
Les Murgers Vieilles Vignes 2013 ★

■ 1er cru	2 500	🍷	30 à 50 €

Un domaine fondé en 1896 et transmis de père en fils depuis cinq générations ; de père en fille aujourd'hui, Alice avec son mari Louis ayant rejoint ses parents Armelle et Bernard Rion en 2008, pour vinifier (avec le moins d'interventions possibles à la vigne et au chai) le fruit de 8 ha de vignes, du simple bourgogne au grand cru.

Le nez est un mariage harmonieux de fruits noirs et de boisé modéré. Une fine acidité et des tanins souples et ronds se distinguent dans un palais bien équilibré et long. Un nuits déjà très courtois. ✗ 2017-2022 ❦ cailles farcies au foie gras ■ Cuvée Dame Marguerite Vieilles Vignes 2013 (20 à 30 € ; 5 800 b.) : vin cité. ✗ 2017-2020

○┐ *Dom. Armelle et Bernard Rion, 8, rte Nationale, 21700 Vosne-Romanée, tél. 03 80 61 05 31, rion@domainerion.fr* Ⓥ 🎿 🏺 *t.l.j. 9h-18h; dim. sur r.-v.*

DOM. DE LA VOUGERAIE
Clos de Thorey Monopole 2012

■ 1er cru	4 342	🍷	30 à 50 €

Un domaine né en 1999 de l'assemblage de plusieurs vignes acquises au fil du temps par la famille de Nathalie et Jean-Charles Boisset, ses actuels propriétaires : 44 ha cultivés en biodynamie, répartis en 67 parcelles (dont le célèbre monopole Clos Blanc de Vougeot) sur les deux Côtes.

Ce monopole est entré dans le giron du domaine avec ce millésime 2012. Une première réussie, avec un vin qui s'exprime à l'olfaction sur des notes de fruits rouges frais, soutenues par un boisé légèrement toasté. Un fruité croquant ouvre sur un palais frais, robuste et d'une longueur honorable. Un bon classique. ✗ 2018-2022 ❦ gigue de chevreuil

○┐ *Dom. de la Vougeraie, 7 bis, rue de l'Église, 21700 Premeaux-Prissey, tél. 03 80 62 48 25, vougeraie@domainedelavougeraie.com* Ⓥ *r.-v.*

Superficie : 148 ha / Production : 6 345 hl (95 % rouge)

Cette appellation associe cinq communes situées aux deux extrémités de la Côte de Nuits : au nord, Fixin (qui a aussi sa propre appellation) et Brochon (dont une partie du vignoble est classée en gevrey-chambertin) ; au sud, aux portes de la Côte de Beaune, Premeaux, Prissey (commune fusionnée avec la précédente), Comblanchien, réputée pour son « marbre », une pierre calcaire extraite de son coteau, et enfin Corgoloin, qui marque la limite sud de l'appellation tout comme celle de la Côte de Nuits, au niveau du Clos des Langres. Dans ce dernier village, la « montagne » diminue d'altitude et le vignoble s'amenuise ; sa largeur ne dépasse guère 200 m. Rouges le plus souvent, les côtes-de-nuits-villages sont d'un bon niveau qualitatif et assez abordables.

Ⓑ MAISON AMBROISE 2013 ★

■	6 600	🍷	15 à 20 €

Si la famille Ambroise cultive la vigne depuis le XVIIIᵉs., elle n'en vit que depuis les années 1960. Installé depuis 1987, Bertrand Ambroise laisse la place à ses enfants Ludivine et François, à la tête d'un vignoble de 21 ha (en bio certifié depuis 2013), complété par une activité de négoce-élevage.

Le nez évoque les fruits à belle maturité : cerise confite et mûre. Une matière assez puissante, ferme et ample s'affirme en bouche. Un vin qui donne déjà du plaisir mais qui devrait évoluer favorablement au cours de la garde. ✗ 2016-2020 ❦ entrecôte marchand de vin

○┐ *Maison Ambroise, 8, rue de l'Église, 21700 Premeaux-Prissey, tél. 03 80 62 30 19, contact@ambroise.com* Ⓥ 🎿 🏺 *r.-v.*

DOM. A. CHOPIN ET FILS Vieilles Vignes 2012

■	3 500	🍷	15 à 20 €

Installé à l'extrême sud de la Côte de Nuits, Arnaud Chopin a repris le domaine familial en 2010, à la retraite de ses parents. Avec l'aide de son jeune frère Alban, il s'apprête à passer le vignoble en bio. Régulièrement, il s'illustre par ses nuits-saint-georges et ses côtes-de-nuits-villages.

L'expression aromatique, complexe, mêle la cerise très mûre, le cassis et une touche animale. Après une attaque souple, des tanins fermes et d'une belle densité se déploient en bouche, accompagnés de fines nuances empyreumatiques. Un peu d'aération avant le service lui fera du bien. ✗ 2017-2020 ❦ daube de joue de bœuf

○┐ *Dom. A. Chopin-Fils, D. 974, 21700 Comblanchien, tél. 03 80 62 92 60, domaine.chopin-fils@orange.fr* Ⓥ 🎿 🏺 *r.-v.* 📞 ➌ 🏠 Ⓔ

DOM. DÉSERTAUX-FERRAND 2013

■	6 700	🍴 🍷	11 à 15 €

Ce domaine familial de 14 ha fondé en 1899 à Corgoloin, village-frontière entre les deux Côtes, celle de Nuits et celle de Beaune, est conduit depuis 1995 par Vincent Désertaux, son épouse Geneviève et sa sœur Christine. Souvent en vue pour ses côtes-de-nuits-villages.

Élevé pour moitié en fût pour moitié en cuve, ce vin joue la carte de la finesse aromatique, sur des notes florales et iodées, et de la pureté. La bouche, minérale et « verticale », confirme ce registre net et franc. ✗ 2016-2019 ♥ pavé de lotte

○━ *Dom. Désertaux-Ferrand, 135, Grande-Rue, 21700 Corgoloin, tél. 03 80 62 98 40, contact@ desertaux-ferrand.com* 🆅 🅺 🛊 *r.-v.* 🏠 🅴

DOM. DE LA DOUAIX Vieilles Vignes 2012 ★		
■	2 100	◫	15 à 20 €

Au départ, un lopin de vignes acquis à Arcenant au début des années 2000 par Mark Moustie, d'origine belge. Rejoint par son fils Gilles, il crée en 2006 le domaine de la Douaix, dont le vignoble couvre aujourd'hui 4 ha.

Ces « vraies » vieilles vignes ont quatre-vingt-dix ans, plantées sur un demi-hectare. Elles ont donné naissance à ce vin d'une belle concentration et d'une grande longueur, bâti sur des tanins affirmés mais sans rugosité. Quelques notes boisées, élevage en fût de dix-huit mois oblige, se font sentir mais sans masquer son fruité, intense et généreux au nez comme en bouche. ✗ 2017-2022 ♥ filet de chevreuil aux airelles

○━ *Dom. de la Douaix, rue du Moutier, 21700 Arcenant, tél. 06 85 95 01 79, moustie.gilles@orange.fr* 🆅 🅺 🛊 *r.-v.* 🏠 🅴

♥ **DOM. GACHOT-MONOT** Les Chaillots 2013 ★★		
■	5 000	◫	15 à 20 €

Depuis 1993, Damien Gachot est à la tête de ce domaine familial créé il y a cinq générations. Après une expérience viticole de dix mois en Californie, le jeune vigneron s'était alors associé à sa mère pour donner à l'exploitation sa configuration actuelle. Celle-ci compte 14 ha de vignes, principalement sur les appellations nuits-saint-georges, chambolle-musigny et côte-de-nuits-villages.

Ce terroir du sud de la Côte de Nuits, dont le nom signifie « petits cailloux » en patois bourguignon, réussit régulièrement à ce domaine ; il est une nouvelle fois parfaitement mis en valeur par Damien Gachot. Le nez s'ouvre sur des arômes de fruits frais (cassis, myrtille), auxquels un fin boisé grillé apporte un surcroît de complexité. Le palais se révèle ample, suave et soyeux, structuré en douceur par des tanins ronds. Un modèle d'harmonie, à découvrir aussi bien jeune que patiné par la garde. ✗ 2016-2021 ♥ tournedos Rossini

○━ *EARL Dom. Gachot-Monot, 3, rue de la Bretonnière, 21700 Corgoloin, tél. 03 80 62 93 03, contact@gachot-monot.com* 🆅 🅺 🛊 *r.-v.*

DOM. HENRI NAUDIN-FERRAND 2012 ★		
■	2 800	◫	15 à 20 €

Claire Naudin, œnologue de formation, a repris en 1994 cette grande exploitation de 22 ha située à la frontière entre les hautes-côtes-de-beaune et leurs voisines nuitonnes. Depuis 1994, elle perpétue dans les deux Côtes, avec talent et dans une démarche peu interven-

tionniste, à la vigne comme au chai, l'œuvre de son père Henri. Une valeur sûre.

Parée d'une robe particulièrement intense, cette cuvée déploie avec spontanéité des notes de fruits rouges (framboise), de cassis et d'épices. Sa fraîcheur intense, minérale et fruitée, ses tanins fins et fondus, sa longueur lui assurent beaucoup de caractère en bouche. ✗ 2017-2020 ♥ rôti de veau Orloff

○━ *Dom. Henri Naudin-Ferrand, 12, rue du Meix-Grenot, 21700 Magny-lès-Villers, tél. 03 80 62 91 50, info@naudin-ferrand.com* 🆅 🛊 *r.-v.*

DOM. PETITOT Les Vignottes Vieilles Vignes 2013 ★★		
■	2 700	◫	11 à 15 €

Installés à Corgoloin dans un corps de ferme du XIVᵉˢ., les époux Petitot ont repris en 2002 le domaine familial développé à la fin des années 1970 par Jean Petitot. Nathalie, l'œnologue, veille au vin, tandis que son époux Hervé veille « aux grains » (0,6 ha de vignes).

Le nez, très expressif, déploie avec spontanéité des notes de fruits noirs, de fruits rouges et d'épices. Fidèle à l'olfaction, la bouche se montre souple, fraîche, persistante et d'une belle concentration. L'ensemble est gourmand et intense. ✗ 2018-2020 ♥ poularde aux morilles ■ Les Monts de Boncourt 2013 ★ (11 à 15 € ; 2 700 b.) : l'élégance est le point fort de cette cuvée au nez (fines notes de violette et de cerise fraîche) comme en bouche, ronde, souple, aux tanins soyeux. ✗ 2016-2019

○━ *Dom. Petitot, 26, pl. de la Mairie, 21700 Corgoloin, tél. 03 80 62 98 21, domaine.petitot@wanadoo.fr* 🆅 🅺 🛊 *r.-v.*

DOM. PILLOT-HENRY 2013 ★		
■	4 000	◫	11 à 15 €

Fils d'un vigneron propriétaire de quelques ares de pommard 1ᵉʳ cru Les Charmots, Thomas Henry, après avoir travaillé pendant dix ans comme technicien en viticulture, a pris un domaine à Comblanchien en 2008 (le caveau est à Pommard) et exploite aujourd'hui 7,8 ha de vignes entre Nuits-Saint-Georges et Pommard.

D'une belle complexité au nez (cassis, myrtille, cerise), ce 2013 séduit aussi par sa bouche très fruitée, souple, fine et soyeuse. Un vin harmonieux et gourmand. ✗ 2016-2020 ♥ rôti de veau en cocotte

○━ *EARL Pillot-Henry, ancienne rte d'Autun, 21630 Pommard, tél. 06 28 29 73 97, earl.pillot-henry@orange.fr* 🆅 🅺 🛊 *r.-v.*

DOM. DE LA POULETTE 2012		
■	19 000	◫	11 à 15 €

Appartenant à une famille dont la présence sur la Côte viticole est attestée depuis l'époque de Louis XIV, ce domaine se transmet par les femmes depuis cinq générations : Françoise Michaut-Audidier en est l'actuelle propriétaire, épaulée à la vigne et au chai par François Michaut. Le vignoble couvre 7,68 ha, notamment sur trois *climats* de Nuits-Saint-Georges et à Vosne-Romanée.

Des arômes intenses et frais de fruits rouges (fraise, groseille) montent au nez. La bouche s'inscrit dans la continuité avec son attaque vigoureuse, mais ne manque pas de chair pour autant et s'appuie sur de bons tanins,

BOURGOGNE

présents sans excès. Un vin soigné, que l'on pourra apprécier dans sa jeunesse. ✕ 2016-2019 ▾ carpaccio de bœuf

☛ *Dom. de la Poulette, 103, Grande-Rue, 21700 Corgoloin, tél. 03 80 62 98 02, infos@poulette.fr* Ⓥ Ⓚ 🅡 *r.-v.*

Ⓑ CH. DE PRÉMEAUX 2012 ★

■		7 300		⬙		11 à 15 €

Installé depuis 1982 dans une belle bâtisse du XIXᵉ s. construite avec les pierres de l'ancien château-fort, brûlé en 1762, Arnaud Pelletier (cinquième génération aux commandes de la propriété) a été parmi les précurseurs de la viticulture bio en Côte de Nuits. Son domaine, étendu sur 14,5 ha, propose essentiellement du nuits-saint-georges, du hautes-côtes-de-nuits et du côte-de-nuits-villages.

Ce vin demande un peu d'aération, ou quelques années de garde pour les plus patients, afin de donner le meilleur de lui-même. La palette aromatique s'exprime alors dans un registre de fruits noirs agrémentés d'une touche légèrement grillée. La bouche se montre ferme (et encore un peu fermée), épaulée par un bon boisé, bien équilibrée et longue. ✕ 2017-2020 ▾ tendrons de veau braisés

☛ *Dom. du Ch. de Prémeaux, 9, rue de la Courtavaux, 21700 Premeaux-Prissey, tél. 03 80 62 30 64, chateau.de.premeaux@wanadoo.fr* Ⓥ Ⓚ 🅡 *r.-v.* 🏠 Ⓓ

PHILIPPE ROSSIGNOL 2012

■		3 000		⬙		11 à 15 €

Philippe Rossignol et son fils Sylvain travaillent ensemble depuis 2005 sur ce petit domaine de 7 ha créé de toutes pièces en 1976, à partir de 2,5 ha de vignes.

Ce vin a connu un long élevage de vingt-deux mois en fût (dont un tiers neufs). Une caractéristique qui ne l'empêche pas de proposer, aux côtés de nuances empyreumatiques, de délicates notes florales et fruitées au nez comme en bouche. Cette dernière se révèle soyeuse et persistante, portée par des tanins fins et fondus. ✕ 2016-2020 ▾ volaille rôtie

☛ *Dom. Philippe Rossignol, 61, av. de la Gare, 21220 Gevrey-Chambertin, tél. 03 80 51 81 17, sceaphilipperossignol@hotmail.fr* Ⓥ Ⓚ 🅡 *r.-v.*

➡ LA CÔTE DE BEAUNE

Plus large (un à deux kilomètres) que la Côte de Nuits, la Côte de Beaune est plus tempérée et soumise à des vents plus humides, ce qui entraîne une plus grande précocité dans la maturation. La vigne monte à une altitude plus élevée que dans la Côte de Nuits, à 400 m et parfois plus. Le coteau est coupé de larges combes, dont celle de Pernand-Vergelesses qui sépare la « montagne » de Corton du reste de la Côte. Géologiquement, la Côte de Beaune apparaît plus homogène que la Côte de Nuits : au bas, un plateau presque horizontal, formé par les couches du bathonien moyen recouvertes de terres fortement colorées. C'est de ces sols assez profonds que proviennent les grands vins rouges (beaune Grèves, pommard Épenots...). Au sud de la

Côte de Beaune, les bancs de calcaires oolithiques avec, sous les marnes du bathonien moyen recouvertes d'éboulis, des calcaires sus-jacents donnent des sols à vigne caillouteux, graveleux, sur lesquels sont récoltés les vins blancs parmi les plus prestigieux : premiers et grands crus des communes de Meursault, Puligny-Montrachet, Chassagne-Montrachet. Si l'on parle de « côte des rouges » et de « côte des blancs », il faut citer entre les deux le vignoble de Volnay, implanté sur des terrains pierreux argilo-calcaires et donnant des vins rouges d'une grande finesse.

BOURGOGNE-HAUTES-CÔTES-DE-BEAUNE

Superficie : 815 ha / Production : 39 500 hl (85 % rouge)

Cette appellation est située sur une aire géographique comprenant une vingtaine de communes et débordant sur le nord de la Saône-et-Loire. Comme celui des hautes-côtes-de-nuits, ce vignoble s'est développé depuis les années 1970-1975.

Le paysage est pittoresque et de nombreux sites méritent une visite, comme Orches, La Rochepot et son château, Nolay et ses halles. Enfin, les Hautes-Côtes, qui étaient autrefois une région de polyculture, sont restées productrices de petits fruits destinés à alimenter les liquoristes de Nuits-Saint-Georges et de Dijon. Cassis et framboise servent à élaborer des liqueurs et des eaux-de-vie d'excellente qualité. L'eau-de-vie de poire des Monts de Côte-d'Or trouve également ici son origine.

DOM. BOURGOGNE-DEVAUX La Dalignière 2013

■		2 800		⬙		8 à 11 €

Sylvie Bourgogne a repris en 1986 le domaine créé en 1899 par son arrière-grand-père. Contrainte de vendre la production en raisin et de réduire le vignoble (2,35 ha aujourd'hui), elle a vinifié son premier hautes-côtes-de-beaune en 2012.

Après une première vinification très réussie sur le 2012, le domaine confirme ses bonnes dispositions avec un second millésime de belle facture. À l'origine de ce vin, de vieux ceps de cinquante-sept ans, une longue macération préférentielle pour favoriser l'extraction et l'expression du terroir, puis un élevage en fût de douze mois. Dans le verre, un 2013 expressif et frais au nez comme en bouche, sur le cassis (feuille et fruit) et la cerise, bien structuré et de bonne longueur. Encore un peu stricte, la finale appelle la garde. ✕ 2016-2020 ▾ rosbif

☛ *Dom. Bourgogne-Devaux, 2, chem. de Mavilly, 21190 Meloisey, tél. 06 03 11 65 40, domaine.bourgogne@gmail.com* Ⓥ Ⓚ 🅡 *r.-v.*

DOM. DENIS CARRÉ Le Clou 2013

■		n.c.		⬙		8 à 11 €

À Meloisey, dans les Hautes-Côtes, Martial et Gaëtane Carré ont rejoint leur père Denis, fondateur en 1975 de ce domaine qui excelle dans plusieurs AOC, en hautes-côtes-de-beaune, saint-romain et pommard notamment.

Sur la commune de Meloisey, Le Clou – qui désigne un ancien clos fait de pierres sèches – fait partie de ces rares vignes classées au niveau régional qui peuvent revendi-

La Côte de Beaune

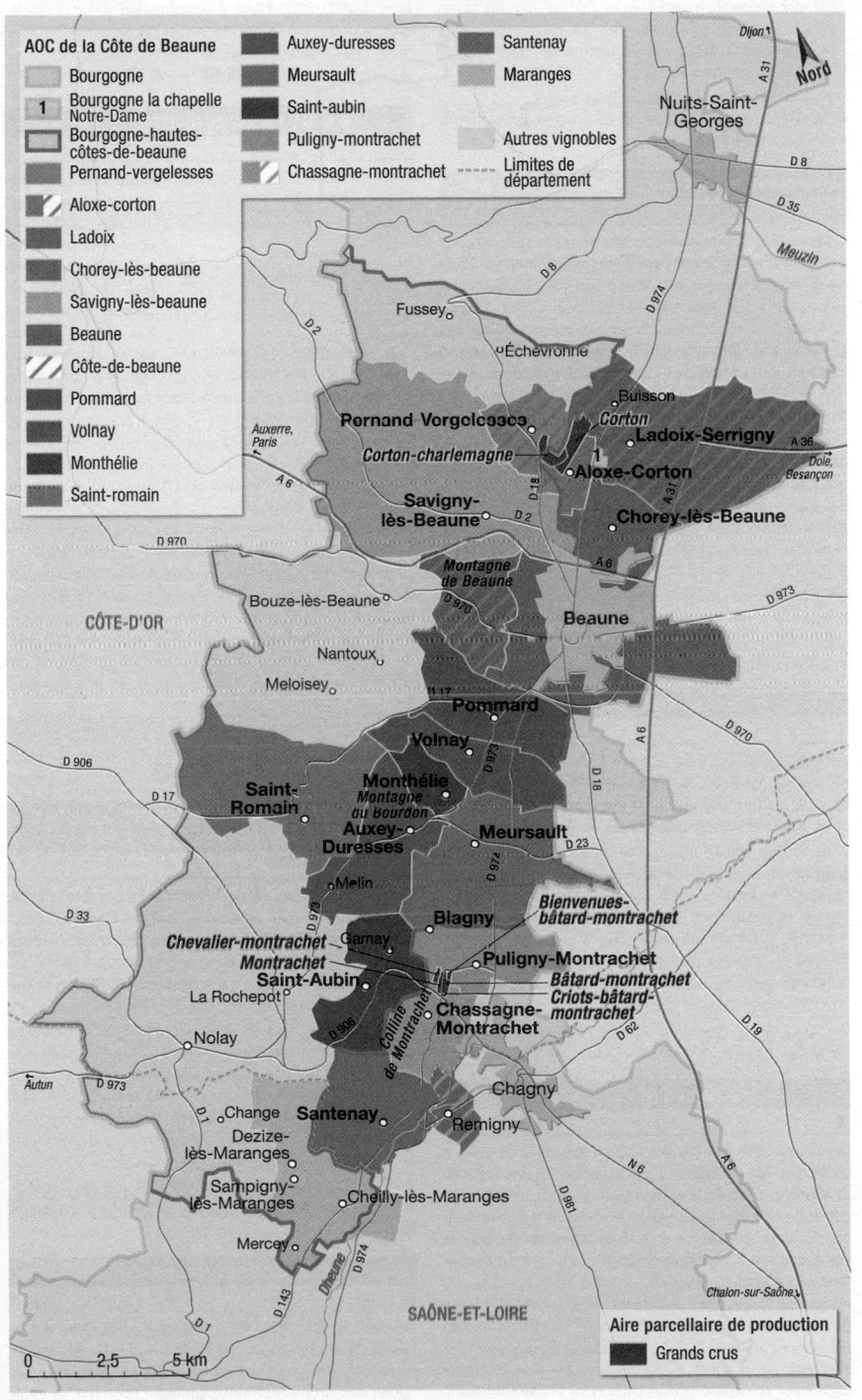

AOC de la Côte de Beaune
- Bourgogne
- 1 Bourgogne la chapelle Notre-Dame
- Bourgogne-hautes-côtes-de-beaune
- Pernand-vergelesses
- Aloxe-corton
- Ladoix
- Chorey-lès-beaune
- Savigny-lès-beaune
- Beaune
- Côte-de-beaune
- Pommard
- Volnay
- Monthélie
- Saint-romain
- Auxey-duresses
- Meursault
- Saint-aubin
- Puligny-montrachet
- Chassagne-montrachet
- Santenay
- Maranges
- Autres vignobles
- - - - Limites de département

Aire parcellaire de production
Grands crus

463

quer un nom cadastré. Dans le verre, un vin au nez généreux de fruits rouges cuits mâtiné par un boisé soutenu ; arômes prolongés par un palais de bonne longueur, rond en attaque, plus austère en finale. ✗ 2016-2020 ❦ petit salé aux lentilles

☛ *Dom. Denis Carré, 1, rue du Puits-Bouret, 21190 Meloisey, tél. 03 80 26 02 21, domainedeniscarre@ wanadoo.fr* Ⓥ 🅺 🅱 *r.-v.*

JEAN CHARTRON En Bois Guillemain 2013 ★★

■	6 782	🍶 ⬛	11 à 15 €

Créé en 1859 par le tonnelier Jean-Édouard Dupard, ce domaine d'une grande constance, bien implanté dans les grands crus de Puligny, étend son vignoble sur 13 ha – dont 90 % de chardonnay et trois monopoles (Clos de la Pucelle et Clos du Cailleret en puligny, Clos des Chevaliers en chevalier-montrachet) –, conduits en bio non certifié. Jean-Michel Chartron est aux commandes depuis 2004 ; l'un de ses credo : « Du bois, oui, mais pas trop. » Une valeur sûre.

Tout proche du coup de cœur, ce hautes-côtes dévoile des parfums délicats et complexes de fleurs des murets (églantine et aubépine) et de fruits jaunes sur un fond boisé bien fondu. Une élégance qui caractérise aussi le palais, parfaitement équilibré, ample, long, gras, soyeux, ciselé par une fine minéralité et la fraîcheur des agrumes. ✗ 2016-2020 ❦ lotte à l'armoricaine

☛ *Jean Chartron, Grande-Rue, 21190 Puligny-Montrachet, tél. 03 80 21 99 19, info@ jeanchartron.com* Ⓥ 🅱 *t.l.j. sf lun. mar. mer. 10h-12h 14h-18h ; f. déc.-mars*

LOUIS CHAVY 2012 ★

■	n.c.	5 à 8 €

La Compagnie des Vins d'Autrefois (CVA) est une maison de négoce créée en 1975 par Jean-Pierre Nié, établie à Beaune, qui propose une large gamme de vins de négoce et de domaines de Bourgogne et du Beaujolais.

Cette cuvée se distingue d'emblée par son bouquet élégant et délicat de chèvrefeuille, d'agrumes et de viennoiserie à peine sortie du four. Des arômes gourmands qui prennent des tonalités de miel d'acacia, d'amande grillée et de fruits blancs dans une bouche franche en attaque, ample, riche et veloutée dans son développement, soutenue par une fine acidité. ✗ 2017-2020 ❦ navarin de poisson

☛ *La Compagnie des Vins d'Autrefois, 3, pl. Notre-Dame, 21200 Beaune, tél. 03 80 26 33 00, cva@cva-beaune.fr*

Ⓑ DOM. CHEVROT 2013

■	12 000	⬛	8 à 11 €

Depuis sa création, l'exploitation est passée de 5 ha à 16 ha. Les fils de Fernand et Catherine Chevrot, Pablo et Vincent, tous deux œnologues, se sont installés au début de ce siècle et ont engagé en 2008 la conversion bio de la propriété. Le cheval est revenu labourer la vigne comme à l'époque de Paul et Henriette, fondateurs du domaine en 1930.

Au sud de l'appellation, la famille Chevrot exploite 3,1 ha de pinot noir à l'origine de cette cuvée proche de l'étoile. Ses arguments : une belle robe rubis soutenu, un joli nez de griotte et de mûre qui se révèle après une première impression animale, un palais plein, riche et doté de tanins

fermes qui destinent cette bouteille harmonieuse à la cave. ✗ 2017-2020 ❦ bœuf bourguignon

☛ *Dom. Chevrot et Fils, 19, rte de Couches, 71150 Cheilly-lès-Maranges, tél. 03 85 91 10 55, contact@chevrot.fr* Ⓥ 🅺 🅱 *r.-v.* 🏠 Ⓒ

♥ DOM. DE LA CONFRÉRIE 2013 ★★

■	3 500	🍶 ⬛	8 à 11 €

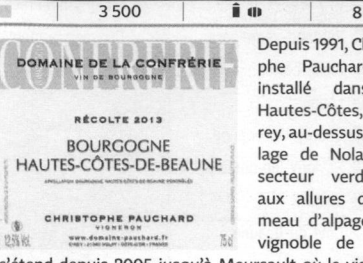

Depuis 1991, Christophe Pauchard est installé dans les Hautes-Côtes, à Cirey, au-dessus du village de Nolay ; un secteur verdoyant, aux allures de hameau d'alpage. Son vignoble de 9 ha s'étend depuis 2005 jusqu'à Meursault où le vigneron a acquis une parcelle.

Régulièrement sélectionné pour ses hautes-côtes, dans les deux couleurs, Christophe Pauchard signe cette année le meilleur blanc de la sélection. Un vin né de ceps de vingt-cinq ans, dont un tiers a séjourné en fût, les deux tiers restant en cuve durant une année avant d'être assemblés. Le résultat est emballant : une très belle robe or pâle, un nez élégant et complexe de fleurs blanches, de pamplemousse, de brioche et de noisette grillée, une bouche à l'unisson, ronde et riche sans lourdeur, soulignée par la minéralité du terroir argilo-calcaire. Bonne nouvelle : ce vin est d'ores et déjà prêt à boire (la garde n'est pas non plus interdite, ce hautes-côtes a de la ressource). ✗ 2015-2018 ❦ rôti de lotte au lard

☛ *Christophe Pauchard, Dom. de la Confrérie, 37, rue Perraudin, Cirey, 21340 Nolay, tél. 06 87 39 29 07, info@domaine-pauchard.fr* Ⓥ 🅺 🅱 *r.-v.*

DOM. DEMANGEOT
Cuvée Delphine Saint Eve 2013 ★

■	1 700	⬛	8 à 11 €

Originaire de Sampigny-lès-Maranges, cette famille vigneronne est bien enracinée dans les Hautes-Côtes : elle ne s'est déplacée que de 4 km en... quatre siècles (elle cultive la vigne de père en fils depuis le XVIIᵉ s.). Jean-Luc Demangeot s'est installé en 1981 sur le domaine, qui couvre aujourd'hui 9,75 ha.

Une cuvée très régulière en qualité, qui rend hommage à la grand-mère maternelle du vigneron, « une sainte femme qui m'a élevé et que j'aime comme ma mère », explique ce dernier. Dans le verre, un beau vin floral (chèvrefeuille) et très finement boisé à l'olfaction, franc, frais et croquant en bouche, souligné par une délicate touche de minéralité en finale. ✗ 2016-2020 ❦ tourte au saumon

☛ *Maryline et Jean-Luc Demangeot, 6, rue de Santenay, 21340 Change, tél. 03 85 91 11 10, contact@demangeot.fr* Ⓥ 🅺 🅱 *r.-v.*

DOM. DOUDET-NAUDIN 2012 ★

■	4 864	⬛	11 à 15 €

Fondée en 1849 par Albert Brenot et acquise par la famille Doudet en 1933, la maison Doudet-Naudin est un négoce de Savigny-lès-Beaune qui propose des cuvées issues de terroirs restreints. Unique propriétaire depuis

2014, Christophe Rochet est épaulé par Isabelle Doudet à la direction technique et par Bertrand Straebler comme maître de chai. La maison Doudet possède aussi son propre domaine : 11 ha entre Beaune et Pernand, conduits en lutte raisonnée avec des expérimentations en bio.

Issue de la partie négoce, cette cuvée se montre un peu timide au premier nez, avant que l'aération ne libère des arômes soutenus de fruits rouges mûrs, d'épices, de sous-bois et de fumé. Une attaque souple fait place à une bouche concentrée, ample et bien charpentée, bâtie pour durer. ✗ 2018-2020 ❦ coq au vin

○━ *Doudet-Naudin, 3, rue Cyrot,*
21420 Savigny-lès-Beaune, tél. 03 80 21 51 74,
contact@doudetnaudin.com Ⓥ Ⓚ Ⓕ *r.-v.*

RAPHAËL DUBOIS Les Montbatois 2013 ★

| ■ | 3 000 | ⊕ | 8 à 11 € |

Béatrice Dubois et son frère Raphaël, installés depuis 1991, conduisent 22 ha de vignes dans les deux Côtes. La première vinifie, après plusieurs années passées à l'étranger ; le second s'occupe de la vente. Ils ont développé en 2000 une affaire de négoce pour étoffer leur gamme.

Des chardonnays de trente-cinq ans sont à l'origine de cette cuvée issue de la partie négoce. Un vin expressif et élégant, ouvert sur les fleurs blanches, les agrumes et la poire compotée. S'ajoutent à cette palette épanouie des notes de noisette grillée dans une bouche longue, ronde et riche, équilibrée par une pointe de vivacité. ✗ 2016-2019 ❦ tajine de poisson

○━ *SARL Raphaël Dubois, 24, rue de la Courtavaux,*
21700 Premeaux-Prissey, tél. 03 80 62 30 61,
rdubois@wanadoo.fr Ⓥ Ⓚ Ⓕ *r.-v.*

LOÏC DURAND 2013

| ■ | 8 000 | 🍾 ⊕ | 5 à 8 € |

Jeune viticulteur, Loïc Durand, fils de Jean-Marc et Christine, a repris en 2005 le domaine familial, situé à côté de l'église de Savigny, qu'il étend progressivement (Beaune, Savigny, Chorey, Rully) pour atteindre 9 ha aujourd'hui.

Quantité et qualité pour ce 2013 au nez fin de groseille et de framboise sur fond toasté-grillé, au palais bien équilibré entre le fruit, un boisé réglissé et épicé et des tanins de bonne facture, un brin plus stricts en finale toutefois. Une courte garde arrondira les angles. ✗ 2016-2019 ❦ poulet fermier

○━ *Dom. Loïc Durand, rue de l'Église,*
21200 Bouze-lès-Beaune, tél. 06 25 20 28 97,
domainedurandloic@orange.fr Ⓥ Ⓚ Ⓕ *r.-v.*

HENRI LATOUR ET FILS 2013 ★★

| ■ | 4 300 | ⊕ | 8 à 11 € |

Les Latour cultivent la vigne depuis sept générations à Auxey-Duresses. Installé en 1992, François Latour exploite un domaine de 15 ha, dont l'essentiel est implanté dans sa commune d'origine.

Cette appellation représente le tiers de ce domaine d'Auxey-Duresses, qui signe ici une très belle cuvée, finaliste des coups de cœur. Ses arguments : une robe sombre, un nez ouvert et élégant de framboise et de fraise sur un léger fond toasté, un palais très équilibré, riche,

rond et long, doté de tanins fins et racés. ✗ 2016-2020 ❦ fondue bourguignonne

○━ *Henri Latour et Fils, rte de Beaune,*
21190 Auxey-Duresses, tél. 03 80 21 65 49,
h.latour.fils@wanadoo.fr Ⓥ Ⓚ Ⓕ *r.-v.*

DOM. SÉBASTIEN MAGNIEN
Clos de la Perrière 2013 ★★

| ■ | n.c. | 🍾 ⊕ | 11 à 15 € |

Sébastien Magnien, originaire des Hautes-Côtes, a créé en 2004 son domaine à partir des vignes maternelles, 12 ha aujourd'hui. Il se dit très interventionniste à la vigne pour les travaux manuels (ce qui permet de limiter les intrants), beaucoup moins au chai (macérations longues, pas de surextraction, usage modéré de fûts neufs).

Avec ses cousins Parigot de Meloisey, Sébastien Magnien est le seul propriétaire de ce clos réputé. Une notoriété loin d'être usurpée : les deux « cousins » ont disputé la finale des coups de cœur (celui des Parigot est monté sur le podium). Ce 2013 s'ouvre sur un nez délicat de mûre et de framboise agrémenté de notes de sous-bois. En bouche, il offre beaucoup de volume, de gras, de rondeur et de fruit, épaulé par un beau boisé toasté et réglissé et par des tanins fins et veloutés. Un vin qui pourra être bu aussi bien jeune que patiné par la garde. ✗ 2016-2020 ❦ mijoté de bœuf ■ Vieilles Vignes 2013 (11 à 15 € ; 10 000 b.) : vin cité. ✗ 2017-2020

○━ *Dom. Sébastien Magnien, 6, rue Pierre-Joigneaux,*
21190 Meursault, tél. 03 80 21 27 58,
domainesebastienmagnien@orange.fr Ⓥ Ⓚ Ⓕ *r.-v.*

MARINOT VERDUN 2013 ★

| ■ | 14 000 | 🍾 | 5 à 8 € |

Cette maison de négoce familiale fondée en 1975 est installée à Mazenay, à la lisière du vignoble du Couchois. Jacques Marinot, bien connu des habitués du Guide, vinifie une large gamme d'appellations (santenay, maranges, givry...).

Élevée un an en cuve, cette importante cuvée met clairement en avant le fruit, en l'occurrence la griotte et la framboise. Un fruité généreux que prolonge un palais franc et frais, soutenu par des tanins fins et soyeux et par une acidité bien fondue qui allonge la finale. ✗ 2016-2019 ❦ rôti de veau sauce curry

○━ *Marinot-Verdun, cave de Mazenay,*
71510 Saint-Sernin-du-Plain, tél. 03 85 49 67 19,
marinot-verdun@wanadoo.fr Ⓥ Ⓚ Ⓕ *t.l.j. sf dim. 8h-12h 14h-18h*

DOM. MAZILLY PÈRE ET FILS La Perrière 2013

| ■ | 2 400 | ⊕ | 11 à 15 € |

Installés depuis 1980 à Meloisey, charmant village des Hautes-Côtes de Beaune, Frédéric Mazilly et son fils Aymeric exploitent, dans un esprit proche du bio, un coquet vignoble de 17 ha. En 2004, Aymeric a également créé une maison de négoce.

Coup de cœur l'an passé, cette cuvée n'atteint pas les mêmes sommets dans sa version 2013, mais elle propose de beaux arguments : une seyante robe or soutenu, un bouquet élégant de fleurs blanches, une bouche fraîche et saline. ✗ 2015-2018 ❦ truite aux amandes ■ 2013 (11 à 15 € ; 5 000 b.) : vin cité. ✗ 2016-2020

BOURGOGNE

☞ *Dom. Mazilly Père et Fils, 1, rte de Pommard, 21190 Meloisey, tél. 03 80 26 02 00, bourgogne-domaine-mazilly@wanadoo.fr* 🆅 🏃 🏠 *r.-v.*

CH. DE MERCEY 2012		
■ | 90 000	🍖 🍷	11 à 15 €

Fondée en 1875, la maison Antonin Rodet, négoce établi en Côte chalonnaise, propose une vaste gamme de vins de toute la Bourgogne. Elle possède aussi les Ch. de Mercey (48 ha au sud de la Côte de Beaune et en Côte chalonnaise) et Ch. de Rully (32 ha en rully). Depuis 2010, elle appartient au groupe Boisset.

Quantité (90 000 bouteilles, ce n'est pas rien a fortiori en Bourgogne) rime ici avec qualité. Un joli nez de cassis, de violette et de clou de girofle ouvre la dégustation, qui se poursuit par une bouche dense et charnue, bien fruitée et boisée avec mesure, structurée par des tanins présents sans sécheresse. Une bonne bouteille pour la cave. ✕ 2017-2022 ☗ reblochon ■ 2012 (11 à 15 € ; 33 000 b.) : vin cité. ✕ 2017-2020

☞ *Ch. de Mercey, 55, Grande-Rue, 71640 Mercurey, tél. 03 85 98 12 12, contact@rodet.com* 🆅 🏃 🏠 *t.l.j. 10h-12h 14h-17h*

MOILLARD 2014		
■ | 80 000	🍷	11 à 15 €

Vincent Sauvestre (groupe Béjot) avait le souvenir de ses grands-parents épiciers à Nuits-Saint-Georges parlant souvent de la maison Moillard : il l'a achetée en 2008, pilotant depuis Meursault la partie négoce et le domaine afférent.

Voici l'une des rares bouteilles de 2014 à avoir passé le handicap d'une mise en bouteille récente. Ses atouts : une jolie robe grenat, un nez plaisant de griotte et d'humus, une bouche d'un bon volume, plutôt souple, franche et fruitée. ✕ 2016-2019 ☗ œufs en meurette

☞ *Dom. Moillard, 7, rte de Monthelie, 21190 Meursault, tél. 03 80 21 22 45, contact.france@bejot.com* 🆅 🏠 *r.-v.*

♥ CLAIRE NAUDIN Orchis Mascula 2012 ★★		
■ | 8 681	🍷	20 à 30 €

Bourgogne
Hautes-Côtes de Beaune

Orchis mascula

2012

Claire Naudin

Claire Naudin, œnologue de formation, a repris en 1994 cette grande exploitation de 22 ha située à la frontière entre les hautes-côtes-de-beaune et leurs voisines nui-tonnes. Depuis 1994, elle per-pétue dans les deux Côtes, avec talent et dans une dé-marche peu intervention-niste, à la vigne comme au chai, l'œuvre de son père Henri. Une valeur sûre.

Cette nouvelle cuvée – dont le nom évoque une orchidée sauvage présente dans les Hautes-Côtes, la Côte chalon-naise et les... Pyrénées-Orientales – offre à Claire Naudin son premier coup de cœur dans cette appellation ; précisons toutefois que son père en avait obtenu un avec son blanc... 1989. Un vin très expressif et complexe, ouvert sur des notes de cerise confite et de queue de cerise macérée, de clou de girofle, de pétales de rose et de toasté ; arômes que l'on retrouve, accompagnés de fines et originales nuances végétales, dans une bouche fraîche

et persistante, bien soutenue par des petits tanins élégants et croquants. «Un style de vin que j'aime bien, issu d'une vinification en vendanges entières, mais qui ne fera peut-être pas l'unanimité», conclut une dégustatrice au palais aiguisé (il s'agit bien de vendanges entières), mais qui se trompe sur un point : ce hautes-côtes a emporté l'adhésion de tous... ✕ 2016-2020 ☗ pintade aux reinettes

☞ *Dom. Henri Naudin-Ferrand, 12, rue du Meix-Grenot, 21700 Magny-lès-Villers, tél. 03 80 62 91 50, info@ naudin-ferrand.com* 🆅 🏠 *r.-v.*

NICOLAS PÈRE ET FILS 2013		
■ | 5 000	🍷	8 à 11 €

Un domaine familial de 17 ha établi sur les hauteurs de Nolay, dans les Hautes-Côtes beaunoises, et conduit depuis 1987 par Alain Nicolas.

Fruits rouges mûrs, violette, boisé discret, le bouquet de ce 2013 est séduisant et harmonieux. Le palais se révèle ample, rond, généreux et corsé (note poivrée), doté de tanins bien en place, encore un peu sévères en finale. ✕ 2017-2020 ☗ tourte à la viande

☞ *EARL Nicolas Père et Fils, 38, rte de Cirey, 21340 Nolay, tél. 03 80 21 82 92, nicolas-alain2@ wanadoo.fr* 🆅 🏃 🏠 *t.l.j. 9h-12h 13h30-19h; dim. sur r.-v.*

DOM. CLAUDE NOUVEAU Vieilles Vignes 2012		
■ | 10 400	🍖	8 à 11 €

Souvent en vue pour ses maranges et ses santenay, ce domaine établi dans le hameau de Marcheseuil, dans les Hautes-Côtes de Beaune, étend son vignoble sur 14 ha. En 2010, Claude Nouveau en a confié les rênes à son gendre Stéphane Ponsard, déjà en place au domaine depuis 2004.

De vénérables ceps de cinquante-sept ans sont à l'origine de cette cuvée élevée dix-huit mois en cuve. Pas de bois donc, et un bouquet chaleureux de petits fruits à l'alcool. En bouche, une bonne densité, de la fraîcheur, voire de la nervosité en finale, et des tanins fermes qui laissent présager un bon vieillissement. ✕ 2017-2020 ☗ terrine de gibier

☞ *Dom. Claude Nouveau, Marcheseuil, 21340 Change, tél. 03 85 91 13 34, domaine@claudenouveau.com* 🆅 🏃 🏠 *r.-v.* 🏠 🅓

♥ DOM. PARIGOT Clos de la Perrière 2013 ★★		
■ | 30 000	🍷	11 à 15 €

DOMAINE PARIGOT
2013
BOURGOGNE
HAUTES-CÔTES DE BEAUNE
"CLOS DE LA PERRIÈRE"
VIN DE BOURGOGNE

Le père, c'est Régis ; le fils, c'est Alexandre. L'œnologue, c'est Ky-riakos Kynigopoulos, spécialiste renommé, né en Grèce. Sur un domaine de 19 ha, ils valorisent avec talent les terroirs bourgui-gnons, témoin les nombreux coups de cœur obtenus pour leurs vins de la Côte de Beaune et des Hautes-Côtes. Référence de l'appellation, ce Clos de la Perrière n'en est pas à son premier coup de cœur ; la version 2013 rejoint ainsi au palmarès la « trilogie magique » 2007-2008-2009 et le solaire millésime 2003. Une robe pourpre intense, un nez généreux de fruits cuits mis en relief par un boisé subtil, les premières impressions invitent à poursuivre. Et l'on découvre en bouche un vin rond, riche, suave, d'une grande longueur, étayé par un boisé noble et des tanins veloutés qui lui confèrent un caractère très courtois. Déjà harmonieux, ce hautes-côtes ne fera que gagner en complexité avec le temps. ✗ 2016-2022 ❦ pot-au-feu de canard

☞ *Dom. Parigot, 8, rte de Pommard, 21190 Meloisey, tél. 03 80 26 01 70, domaine.parigot@orange.fr*
Ⓥ 🏃 🏠 *r.-v.*

DOM. THIERRY PINQUIER 2012

| ■ | 2 600 | 🛈 ⑴ | 8 à 11 € |

En 1994, Thierry Pinquier a pris la relève de ses parents Colette et Maurice, anciens ouvriers vignerons fondateurs du domaine en 1954. Tandis qu'il œuvre à la vigne (6 ha) et au chai, son épouse anime les dégustations et s'occupe des chambres d'hôtes.

Cette cuvée, réservée au premier nez, dévoile à l'aération des notes de fruits noirs, d'épices et d'humus. Gras, d'un bon volume, le palais se révèle puissant et encore assez austère ; le temps sera son allié. ✗ 2017-2020 ❦ daube de bœuf

☞ *Thierry Pinquier, imp. des Belges, 5, rue Pierre-Mouchoux, 21190 Meursault, tél. 03 80 21 24 87, domainepinquier@orange.fr*
Ⓥ 🏃 🏠 *t.l.j. 9h-12h 14h-18h30 ; dim. 9h-12h* 🏠 🏠 ❸

DOM. CHRISTIAN REGNARD
Élevé en fûts de chêne 2013 ★

| ■ | 3 300 | ⑴ | 8 à 11 € |

En 2010, Florian Regnard a rejoint son père Christian sur le domaine familial situé à Sampigny, l'un des trois villages de l'AOC maranges. Parcelle après parcelle, il agrandit le vignoble (9 ha aujourd'hui) et fait bouger les lignes en matière de vinification.

Nous sommes ici à la limite sud de l'appellation. Après une fermentation en fût de chêne pendant plusieurs semaines, puis un élevage de douze mois dans ces mêmes barriques, ce hautes-côtes présente un nez subtil de camomille, d'amande et de miel, prélude à un palais long, rond et gras, stimulé par une fine acidité aux tonalités minérales. ✗ 2016-2019 ❦ cuisses de grenouilles en persillade

☞ *Christian Regnard, 9, rue Saint-Antoine, 71150 Sampigny-lès-Maranges, tél. 03 85 91 10 43, regnardc@wanadoo.fr* 🏃 🏠 *r.-v.*

DOM. SAINT-SATURNIN DE VERGY 2014

| ■ | 75 000 | ⑴ | 8 à 11 € |

Ce domaine, une partie (31 ha) de l'ancien domaine Geisweiler et Fils à Bévy, est aujourd'hui géré par l'équipe de Vincent Sauvestre (maison Béjot à Meursault).

L'un des très rares bourgognes issus du dernier millésime mis en bouteille sélectionnés dans cette édition. Une belle performance – les vins ne sont pas nécessairement prêts à l'heure de la dégustation – que le domaine avait déjà réussie l'an dernier. Ici, un 2014 net et franc, ouvert sur un bouquet frais de cerise et de sous-bois, alerte et bien structuré en bouche. ✗ 2016-2019 ❦ lasagnes à la bolognaise

☞ *Dom. Saint-Saturnin de Vergy, 7, rte de Monthelie, 21190 Meursault, tél. 03 80 21 22 45, contact.france@bejot.com* Ⓥ 🏠 *r.-v.*

CH. DE SANTENAY
Clos de la Chaise Dieu Monopole 2013 ★

| ■ | 45 316 | 🛈 ⑴ | 11 à 15 € |

Ce majestueux château aux tuiles vernissées, aussi appelé « château Philippe le Hardi », fut propriété du premier duc de la grande Bourgogne (1342-1404). Aujourd'hui dans le giron du Crédit Agricole, il étend son vaste vignoble sur 97 ha et plusieurs AOC beaunoises et chalonnaises, sous la houlette de l'œnologue et directeur d'exploitation Gérard Fagnoni.

Entièrement dédié au chardonnay, ce clos de 12,78 ha a donné naissance à un 2013 joliment bouqueté autour des fleurs blanches et d'agrumes sur un fond légèrement toasté et vanillé. Vive dès l'attaque, la bouche se révèle longiligne, minérale, fine et précise, dotée d'une belle longueur. « Un chablis en Côte de Beaune », conclut un juré... ✗ 2015-2019 ❦ tartare de poisson

☞ *SAS Ch. de Santenay, 1, rue du Château, 21590 Santenay, tél. 03 80 20 61 87, contact@chateau-de-santenay.com* Ⓥ 🏃 🏠 *r.-v.*

DOM. DU VIEUX PRESSOIR 2013

| ■ | 1 500 | 🛈 ⑴ | 5 à 8 € |

Éric Duchemin s'est installé en 1991 à Sampigny-lès-Maranges sur un domaine de 9 ha aujourd'hui (maranges, santenay et hautes-côtes-de-beaune), qui tire son nom d'un énorme pressoir du XVIIᵉs. utilisé jusqu'en 1939.

Établi à la limite sud des Hautes-Côtes, ce domaine propose une cuvée qui prend son temps pour délivrer ses parfums de cerise noire relevés d'épices. Plus immédiate dans son expression fruitée, d'un bon volume, la bouche offre une matière souple soutenue par une fine acidité et des tanins bien en place qui devraient assurer à ce vin une bonne évolution en cave. ✗ 2016-2020 ❦ filet mignon de porc

☞ *Éric Duchemin, Dom. du Vieux Pressoir, 16, Grande-Rue, 71150 Sampigny-lès-Maranges, tél. 03 85 91 12 71, domaine.vieux.pressoir@wanadoo.fr*
Ⓥ 🏃 🏠 *r.-v.*

LADOIX

Superficie : 94 ha / Production : 4 065 hl (75 % rouge)

Porte de la Côte de Beaune, cette appellation mériterait d'être mieux connue. Elle porte le nom d'un des trois hameaux de la commune de Ladoix-Serrigny, les deux autres étant Serrigny, près de la ligne de chemin de fer, et Buisson. Ce dernier est situé exactement à la frontière géographique des Côtes de Nuits et de Beaune, marquée par la combe de Magny. Au-delà commence la montagne de Corton, aux grandes pentes à intercalations marneuses, constituant avec toutes ses expositions, est, sud et ouest, l'une des plus belles unités viticoles de la Côte.

Ces différentes situations contribuent à la variété des ladoix rouges, auxquels s'ajoute une production de vins blancs mieux adaptés aux sols marneux de l'argovien ; c'est le cas des Gréchons, par exemple, *climat* situé sur les mêmes niveaux géologiques que le corton-charlemagne, plus au sud, et qui donnent des vins très typés.

Autre particularité : bien que jouissant d'une classification favorable donnée par le Comité de viticulture de Beaune en 1860, Ladoix ne possédait pas de 1ers crus, omission qui a été réparée par l'INAO en 1978 : La Micaude, La Corvée et Le Clou d'Orge, aux vins de même caractère que ceux de la Côte de Nuits, Les Mourottes (basses et hautes), de tempérament sauvage, Le Bois-Roussot, Sur la Lave, sont les principaux de ces 1ers crus.

DOM. BONNARDOT Les Ranches 2013			
■	2 600	🍷 ◫	11 à 15 €

Après vingt ans passés dans l'informatique financière, Danièle Bonnardot reprend en 2008 l'exploitation où ont œuvré avant elle son arrière-grand-père, son grand-père, son père et son frère. Le domaine couvre 21 ha dans les Hautes-Côtes conduits dans une approche bio, sans certification.

« Les ranches » désignaient en patois des ronces qu'il a fallu faire disparaître au profit de fruits plus rémunérateurs... Une vigne de cinquante ans a donné naissance à ce 2013 qui ne cache pas ses onze mois de barrique : les notes empyreumatiques sont bien présentes, les fruits rouges compotés à l'arrière-plan. En bouche, une attaque fraîche et franche, de la matière et des tanins marqués en font un vin en devenir. ✗ 2016-2019 ❦ côte de bœuf

⌐ *Dom. Bonnardot, 1, rue de l'Ancienne-Cure, 21700 Villers-la-Faye, tél. 03 80 62 91 27, domaine.bonnardot@wanadoo.fr* Ⓥ 🏃 🛏 *t.l.j. 9h-12h 14h-18h; dim. sur r.-v.*

CAPITAIN-GAGNEROT Les Gréchons et Foutrières 2013			
▨ 1er cru	6 000	◫	20 à 30 €

Vénérable domaine familial de 16,5 ha fondé en 1802 et implanté à Ladoix-Serrigny. Depuis le 1er janvier 2013, Pierre-François Capitain est seul maître à bord, son père Patrice et son oncle Michel restant à l'écoute. Propriété en vue, notamment pour ses ladoix, aloxe et échézeaux. Situé sur les hauteurs prolongeant la colline de Corton, Les Gréchons et Foutrières, par sa superficie, représentent le deuxième *climat* de Ladoix classé en 1er cru. Il doit son nom à monsieur Gréchon, qui fut propriétaire du bois voisin. Pierre-François Capitain en signe une version très plaisante : nez minéral, fruité (agrumes) et un rien beurré, attaque acidulée ouvrant sur une bouche fraîche et dynamique, florale et fruitée. ✗ 2016-2018 ❦ aumônière au bleu de Bresse ■ **1er cru La Micaude Monopole 2013** (20 à 30 € ; 7 000 b.) : vin cité. ✗ 2015-2019

⌐ *Maison Capitain-Gagnerot, 38, rte de Dijon, 21550 Ladoix-Serrigny, tél. 03 80 26 41 36, contact@capitain-gagnerot.com* Ⓥ 🏃 🛏 *r.-v.*

Ⓑ DOM. CHAPELLE ET FILS Les Vris 2012			
■	4 200	◫	11 à 15 €

Jean-François Chapelle conduit depuis 1991 le vignoble familial (17,75 ha en bio certifié) situé à l'extrémité sud de la Côte de Beaune, avec aussi des parcelles à l'autre bout de la Côte, autour de la montagne de Corton. En 2004, il a adjoint au domaine une partie négoce.

Ce *climat* tire son nom de carrières de laves, aujourd'hui comblées et plantées de vignes, qui sont toutes proches. Le domaine en exploite 97 ares, à l'origine d'un vin au nez de fruits rouges frais et de cassis sur un léger fond boisé, relayé par un palais souple et frais, plus dans la finesse que la puissance, même si la finale un peu ferme appelle une petite garde. ✗ 2016-2019 ❦ rognons de veau au gril

⌐ *EARL Jean-François Chapelle, Le Haut-Village, 21590 Santenay, tél. 03 80 20 60 09, contact@ domainechapelle.com* Ⓥ 🏃 🛏 *t.l.j. sf dim. 9h-12h 14h-17h; f. août*

DOM. CHEVALIER PÈRE ET FILS Les Corvées 2012			
■ 1er cru	n.c.	◫	20 à 30 €

Installé en 1994 sur ce domaine créé en 1850 par Émile Dubois, Claude Chevalier exploite avec trois de ses filles (Julie, Chloé et Anaïs) un vignoble de 14 ha situé au pied et sur les pentes de la montagne de Corton. Une valeur sûre de la Côte de Beaune.

Ladoix rouge ou blanc, le domaine Chevalier s'invite régulièrement dans ces pages, notamment avec ce 1er cru Les Corvées : 1,85 ha de pinot noir à l'origine d'un vin au nez expressif de fruits rouges et de sous-bois, au palais rond et de bonne longueur, soutenu par des tanins bien présents mais sans dureté. ✗ 2016-2020 ❦ tournedos Richelieu

⌐ *Chevalier Père et Fils, 2, Grande-Rue-de-Buisson, Cidex 18, 21550 Ladoix-Serrigny, tél. 03 80 26 46 30, contact@domaine-chevalier.fr* Ⓥ 🏃 🛏 *r.-v.*

CLAVELIER ET FILS Le Clou d'orge 2013			
■ 1er cru	900	◫	30 à 50 €

Une maison de négoce (également propriétaire de vignes) installée en Côte de Nuits, à Comblanchien, village connu pour ses carrières de marbre. Fondée en 1935 par Antoine Clavelier et par un certain Jean Pinot, l'affaire a changé plusieurs fois de mains depuis 2001 par Henri-Noël Thomas.

Ce *climat* tire son nom de l'orge qui poussait autrefois sur ses terres. La vigne y a pris ses aises et donne ici naissance à un 1er cru au bouquet fin d'amande grillée, de fruits blancs (poire) et d'agrumes, au palais expressif, frais et de bonne longueur. ✗ 2015-2018 ❦ beignets de crevette

⌐ *Clavelier et Fils, 49, rte de Beaune, 21700 Comblanchien, tél. 03 80 62 94 11, vins.clavelier@ wanadoo.fr* Ⓥ 🏃 🛏 *t.l.j. sf sam. dim. 9h-17h30; f. 22 déc.-5 janv.* ⌐ *Thomas*

Ⓑ EDMOND CORNU ET FILS La Corvée 2012 ★★			
■ 1er cru	1 800	◫	20 à 30 €

Edmond Cornu, à la retraite, a laissé en 1985 la conduite des 16 ha du domaine familial à Pierre, à son épouse Édith et à son cousin Emmanuel. Installée à Ladoix, la famille Cornu exploite ses vignes jusqu'à Meursault pour former une large palette d'AOC 100 % Côte de Beaune.

Une belle réussite pour le domaine dans le gourmand millésime 2012. En tête, ce 1er cru – le plus grand des onze 1ers crus de Ladoix –, dont les Cornu possèdent 35 ares. Très expressif, le vin dévoile un nez intense de fruits rouges concentrés mâtinés de légères notes animales et boisées (dix-huit mois de fût) et un palais à la fois puissant et frais, équilibré et pur. ✗ 2016-2022 ❦ steak de chevreuil aux airelles ■ **Vieilles Vignes** 2012 ★ (15 à 20 € ; 9 500 b.) Ⓑ : au nez, des fruits rouges compotés et un boisé discret ; en bouche, une belle structure, de la concentration, un joli côté poivré et une finale pleine de fraîcheur. ✗ 2016-2022

○⊷ *Edmond Cornu et Fils, Le Meix-Gobillon, 6, rue du Bief, 21550 Ladoix-Serrigny, tél. 03 80 26 40 79, domaine.cornuetfils@orange.fr* Ⓥ 🏃 🔒 *r.-v.*

FRANÇOIS GAY ET FILS 2012 ★

| ■ | 2 535 | ⬤ | 11 à 15 € |

Établies dans la plaine de Chorey, sept générations de vignerons ont porté ce nom depuis 1880. Pascal Gay, fils de François, est aux commandes depuis 1998.

Ce 2012 dévoile une trame aromatique discrète mais tout en finesse, associant framboise, mûre, cassis et touche épicée. Une attaque souple et fruitée ouvre sur un palais soyeux et délicat, aux tanins bien fondus, dynamisé par une finale fraîche et persistante. ✗ 2016-2020 ♈ suprême de dinde mariné au curry

○⊷ *EARL François Gay et Fils, 9, rue des Fiètres, 21200 Chorey-lès-Beaune, tél. 03 80 22 69 58, dom.gay.francois.fils@orange.fr* Ⓥ 🏃 🔒 *r.-v.*

DOM. JACOB 2013 ★

| ■ | 20 000 | ⬤ | 15 à 20 € |

Quatre générations de Jacob se sont succédé sur le domaine régulier en qualité, établi à Ladoix-Serrigny, au pied de la montagne de Corton. Depuis 2007, Raymond, jusqu'alors aux commandes avec son frère Robert, est épaulé par son fils Damien pour conduire un vignoble de 13 ha.

Valeur sûre de l'appellation ladoix, dans les deux couleurs, le domaine Jacob signe un blanc de très belle facture. Fleurs blanches, agrumes et vanille composent un nez intense et aguicheur. En bouche, du gras, de la rondeur, de l'intensité aromatique et de la longueur. Un vin riche, que l'on pourra laisser vieillir en cave. ✗ 2016-2020 ♈ foie gras

○⊷ *Dom. Damien et Raymond Jacob, hameau de Buisson, Cidex 20 bis, 21550 Ladoix-Serrigny, tél. 03 80 26 40 42, domainejacob@orange.fr* Ⓥ 🏃 🔒 *r.-v.*

DOM. JEAN-PIERRE MALDANT 2013

| ■ | 2 600 | ⬤ | 11 à 15 € |

Jean-Pierre Maldant est le dernier d'une lignée de vignerons aux Hospices de Beaune. Il a quitté cette fonction en 1998 pour se consacrer pleinement à son domaine de 8 ha. Son fils Pierre-François (cinquième génération), qui assurait les vinifications depuis 2010, a pris officiellement les rênes en 2014.

Ce 2013 libère un bouquet expressif de miel et de fougère, soutenu par un bon boisé. Bien équilibré, le palais associe une vinosité certaine à une bonne acidité. ✗ 2015-2018 ♈ dos de cabillaud au beurre blanc

○⊷ *Jean-Pierre Maldant, 30, rte de Beaune, Cidex 29 bis, 21550 Ladoix-Serrigny, tél. 03 80 26 44 50, jeanpierremaldant@voila.fr* Ⓥ 🏃 🔒 *r.-v.*

DOM. MICHEL MALLARD ET FILS La Corvée 2012

| ■ 1er cru | 3 300 | ⬤ | 20 à 30 € |

Michel Mallard agrandit dans les années 1950 le domaine familial, repris depuis par son fils Patrick et son petit-fils Michel. Un domaine de 12,5 ha aujourd'hui, qui se distingue régulièrement pour ses ladoix, aloxe et corton.

Une curiosité toute bourguignonne : les 7,14 ha du plus grand 1er cru de Ladoix abritent les 1,11 ha du *climat* Les Buis, que l'on retrouve aussi en appellation communale... Ici, 73 ares de Corvée pour un vin qui « pinote » à souhait, quelques notes empyreumatiques et un rien animales en appoint. En bouche, c'est frais et rond à la fois, sans manquer de structure ni de longueur : équilibré en somme. À boire jeune comme vieux. Pour mémoire, la version 2009 fut coup de cœur. ✗ 2016-2023 ♈ pintade au curry ■ Le Clos Royer 2012 (15 à 20 € ; 1 600 b.) : vin cité. ✗ 2015-2019

○⊷ *Dom. Michel Mallard et Fils, 43, rte de Dijon, Cidex 14, 21550 Ladoix-Serrigny, tél. 03 80 26 40 64, domainemallard@hotmail.fr* Ⓥ 🏃 🔒 *r.-v.*

♥ DOM. MARATRAY-DUBREUIL
Vieilles Vignes 2013 ★★

| ■ | 7 000 | ⬤ | 11 à 15 € |

Domaine de Ladoix-Serrigny fondé en 1935 lorsque le père de Maurice Maratray préféra réinvestir ses gains dans l'achat de vignes plutôt que dans son entreprise de travaux publics. Maurice Maratray épousa la fille de Pierre Dubreuil, figure de Pernand. Aujourd'hui, l'exploitation couvre 18 ha ; elle est dirigée depuis 1997 par François-Xavier Maratray et sa sœur Marie-Madeleine.

Troisième coup de cœur en trois éditions pour la famille Maratray : après un savigny 1er cru blanc Les Vergelesses 2011 et un chorey rouge Les Bons Ores 2012 l'an dernier, place à ce ladoix né d'une vigne de cinquante ans. Au nez, d'intenses senteurs de fruits mûrs et de réglisse. En bouche, on découvre un vin charnu, ample et corpulent, bâti sur de solides tanins et sur un boisé fondu. Un ladoix des plus harmonieux, que l'on appréciera aussi bien dans sa jeunesse que patiné par quelques années de garde. ✗ 2016-2020 ♈ poularde aux morilles ■ 1er cru Les Gréchons 2013 ★ (20 à 30 € ; 4 000 b.) : un nez floral, vanillé et beurré, un palais gras, plein, long et finement boisé. Une belle expression du chardonnay passé en fût. ✗ 2016-2018 ■ En Naget 2013 (15 à 20 € ; 5 200 b.) : vin cité. ✗ 2016-2019

○⊷ *Dom. Maratray-Dubreuil, 5, pl. du Souvenir, 21550 Ladoix-Serrigny, tél. 03 80 26 41 09, contact@ domaine-maratray-dubreuil.com* Ⓥ 🏃 🔒 *r.-v.*

DOM. NUDANT Les Gréchons 2013 ★

| ■ 1er cru | 2 900 | ⬤ | 20 à 30 € |

Un Guillaume Nudant d'Aloxe-Corton était déjà vigneron en 1453. Son descendant, Guillaume également, a rejoint en 2003 son père Jean-René sur le domaine familial de 16 ha plantés pour l'essentiel autour de la montagne de Corton.

Né de 62 ares de chardonnay, ce 1er cru livre un bouquet varié : agrumes et note minérale au premier nez, puis fleurs blanches, amande, touche beurrée, fruit de la Passion. Une attaque vive introduit une bouche fraîche et équilibrée, agrémentée de nuances torréfiées. Un ensemble harmonieux et complexe. ✗ 2016-2019 ♈ aumônière au Cîteaux ■ 1er cru La Corvée 2012 (20 à 30 € ; 2 800 b.) : vin cité. ✗ 2018-2024

○ *Dom. Nudant, 11, rte de Dijon, BP 15,*
21550 Ladoix-Serrigny, tél. 03 80 26 40 48,
domaine.nudant@wanadoo.fr Ⓥ Ⓚ Ⓛ *t.l.j. sf dim.*
8h-12h 14h-18h; sam. sur r.-v. 🏠 Ⓔ

DOM. PARENT La Corvée 2012			
■ 1er cru	911	🍷 🍶	20 à 30 €

Fondé en 1803, ce domaine historique de Pommard
possède une belle collection de *villages* et de 1ᵉʳˢ crus
dans cette appellation, dont il est l'une des valeurs
sûres. Il est dirigé depuis 1998 par Anne Parent et
Catherine Pagès-Parent, filles de Jacques, qui disposent
de 10 ha de vignes complétés par une activité de négoce.

Une corvée désigne le travail d'entraide que les vignerons
doivent effectuer pour remplacer un collègue souffrant ou
en difficulté ; l'ancêtre de la Sécurité sociale en somme.
Les sœurs Parent cultivent 39 ares et 36 ca précisément
de ce *climat*. Dans le verre, un vin expressif au nez de
griotte et de réglisse ponctué de nuances animales, qui
offre de la richesse et de la mâche en bouche. Pas d'une
grande longueur, mais bien constitué. ✗ 2017-2020
🍽 canard laqué

○ *SAS Dom. Parent, 3, rue de la Métairie, BP 20008,*
21630 Pommard, tél. 03 80 22 15 08,
contact@domaine-parent-bourgogne.com

CH. DE POMMARD Les Gréchons 2012 ★			
■ 1er cru	2 400	🍶	30 à 50 €

Ce château emblématique de la Côte de Beaune, dont
les origines remontent à 1727, a misé sur l'œnotourisme
et la vente au domaine : chaque année, ce sont
35 000 œnophiles qui franchissent les portes du clos de
22,5 ha et achètent 90 % de la production. Racheté à
Maurice Giraud en 2014 par le Californien Michael
Baum, il est sous la responsabilité technique d'Emmanuel Sala qui depuis 2007 élabore à côté du « grand
vin » une large gamme de vins de la Côte issue d'achats
de raisins.

Les plus fidèles lecteurs se souviendront d'un coup de
cœur pour un *village* blanc 2009 dans l'édition 2013 du
Guide. Sans atteindre le même niveau d'excellence, ce
1ᵉʳ cru fait très belle impression : nez intense de fleurs et
fruits blancs mâtinés d'épices (cardamome) et d'un fin
boisé ; bouche tout aussi expressive et persistante, riche
et ronde. Ce vin a du fond et du potentiel de garde.
✗ 2017-2022 🍽 poularde à la crème

○ *Ch. de Pommard, 15, rue Marey-Monge,*
21630 Pommard, tél. 03 80 22 12 59, contact@
chateaudepommard.com Ⓥ Ⓚ Ⓛ *t.l.j. 9h30-18h30*

DOM. PRIN Les Joyeuses 2013 ★			
■ 1er cru	1 200	🍶	20 à 30 €

Implanté à Ladoix-Serrigny, ce domaine de 6 ha est
conduit par Jean-Luc Boudrot depuis 1994. Régulièrement en vue pour ses ladoix, aloxe, corton et savigny.

Ce nom de *climat* rappelle l'esprit grivois des Bourguignons : on dit que les filles « montaient » voir les garçons
aux carrières du village en chantant... Avec ses 75 ares,
c'est le plus petit des 1ᵉʳˢ crus de Ladoix ; Jean-Luc
Boudrot en exploite 22 ares. Il signe ici un vin ouvert sur
les fruits des bois, les raisins secs et des notes torréfiées,
ample et bien équilibré entre puissance tannique, fruité

mûr et fraîcheur. Un ladoix déjà agréable, qui vieillira bien.
✗ 2015-2020 🍽 canette aux cerises ■ 2013 (15 à 20 € ;
5 300 b.) : vin cité. ✗ 2015-2019

○ *Dom. Prin, 2, rue Saint-Marcel, Cidex 44,*
21550 Ladoix-Serrigny, tél. 03 80 26 45 83,
domaineprin@yahoo.fr Ⓥ Ⓚ Ⓛ *r.-v.*

ALOXE-CORTON

Superficie : 118 ha / Production : 4 380 hl
(98 % rouge)

Encerclé par les vignes, Aloxe-Corton est l'un des trois
villages établis au pied de la Montagne de Corton, à
l'extrémité nord de la Côte de Beaune. Les terroirs les
plus réputés sont situés sur la pente, en grand cru
(corton et corton-charlemagne) et en 1ᵉʳ cru, sur des
terrains marneux et calcaires. Parmi ces derniers, Les
Maréchaudes, Les Valozières, Les Lolières (Grandes et
Petites) sont les plus connus. Plusieurs châteaux aux
tuiles vernissées méritent le coup d'œil.

JEAN-CLAUDE BOISSET Les Valozières 2013			
■ 1er cru	1 200	🍶	20 à 30 €

Un important négoce créé en 1961 par Jean-Claude
Boisset qui, installé à Nuits-Saint-Georges dans l'ancien
couvent des Ursulines, est propriétaire de vignes dans
toute la Bourgogne, mais aussi dans d'autres vignobles
en France et à l'étranger. Depuis 2002, Grégory Patriat,
le vinificateur, s'attache à élaborer des cuvées haut de
gamme, dans une approche « domaine ».

Sur ce *climat* humide poussaient jadis des osiers dont les
rameaux servaient à attacher la vigne. La maison Boisset
propose un 2013 discrètement fruité et vanillé à l'olfaction,
souple, frais et élégant en bouche. Un aloxe sur la légèreté
et la finesse plutôt que sur la puissance. ✗ 2016-2019
🍽 feuilleté à l'ami du Chambertin

○ *Jean-Claude Boisset, 5, quai Dumorey,*
21700 Nuits-Saint-Georges, tél. 03 80 62 61 61,
jcb@jcboisset.fr Ⓥ Ⓛ *t.l.j. sf lun. 10h-19h*

Ⓑ DOM. CHAPELLE ET FILS Les Petites Lolières 2012			
■ 1er cru	750	🍶	30 à 50 €

Jean-François Chapelle conduit depuis 1991 le vignoble
familial (17,75 ha en bio certifié) situé à l'extrémité sud
de la Côte de Beaune, avec aussi des parcelles à l'autre
bout de la Côte, autour de la montagne de Corton. En
2004, il a adjoint au domaine une partie négoce.

L'un des quatorze 1ᵉʳˢ crus d'Aloxe : 1,64 ha côté Ladoix-
Serrigny, que 2012 au nez discret de fruits rouges frais mâtiné
de notes balsamiques. La bouche, franche et fraîche en
attaque, déploie une forte densité tannique jusqu'en
finale, qui laisse deviner un solide potentiel de garde. Un
aloxe au caractère bien trempé. ✗ 2020-2027 🍽 côte de
bœuf aux sarments

○ *Dom. Chapelle, Le Haut-Village,*
2, rue des Petits Sentiers, 21590 Santenay,
tél. 03 80 20 60 09, contact@domainechapelle.com
Ⓥ Ⓚ Ⓛ *t.l.j. sf dim. 9h-12h 14h-17h*

BOURGOGNE

DOM. CHEVALIER PÈRE ET FILS 2012

| ■ | n.c. | ◐ | 20 à 30 € |

Installé en 1994 sur ce domaine créé en 1850 par Émile Dubois, Claude Chevalier exploite avec trois de ses filles (Julie, Chloé et Anaïs) un vignoble de 14 ha situé au pied et sur les pentes de la montagne de Corton. Une valeur sûre de la Côte de Beaune.

Cette cuvée se distingue par son nez de sous-bois et d'épices. Une attaque douce et fondue introduit un palais expressif (arômes de myrtille et de mûre) et équilibré, soutenu par des tanins fins, une pointe d'acidité et un bon boisé toasté. ✗ 2016-2020 ❦ noisette de chevreuil

☛ Chevalier Père et Fils, 2, Grande-Rue-de-Buisson, Cidex 18, 21550 Ladoix-Serrigny, tél. 03 80 26 46 30, contact@domaine-chevalier.fr Ⓥ 🖈 🔝 r.-v.

ⓑ EDMOND CORNU & FILS Vieilles Vignes 2012 ★

| ■ | 7 500 | ◐ | 20 à 30 € |

Edmond Cornu, à la retraite, a laissé en 1985 la conduite des 16 ha du domaine familial à Pierre, à son épouse Édith et à son cousin Emmanuel. Installée à Ladoix, la famille Cornu exploite ses vignes jusqu'à Meursault pour former une large palette d'AOC 100 % Côte de Beaune.

Née d'une vigne de trente-cinq ans, cette cuvée dévoile un bouquet frais de cerise et de menthol sur un fond boisé bien fondu. Une attaque ronde et fruitée ouvre sur un palais concentré et caressant, souligné par des tanins soyeux, et déploie une longue et belle finale réglissée. ✗ 2016-2020 ❦ rôti de bœuf sauce à la menthe

☛ Edmond Cornu et Fils, Le Meix-Gobillon, 6, rue du Bief, 21550 Ladoix-Serrigny, tél. 03 80 26 40 79, domaine.cornuetfils@orange.fr Ⓥ 🖈 🔝 r.-v.

DOM. DUBOIS D'ORGEVAL 2012

| ■ | 1 590 | ◐ | 20 à 30 € |

Installée sur la commune de Chorey-lès-Beaune, la famille Dubois d'Orgeval met en valeur 13 ha de vignes en appellations de la Côte de Beaune.

Des parfums d'épices, de fruits rouges et de boisé exhalent du verre. À l'unisson, la bouche s'ouvre sur une attaque franche et offre un bon volume, de la consistance et une structure souple. Un ensemble équilibré. ✗ 2017-2020 ❦ tarte à l'époisses et au livarot

☛ Dom. Dubois d'Orgeval, 3, rue Joseph-Bard, 21200 Chorey-lès-Beaune, tél. 03 80 24 70 89, duboisdorgeval@aol.com Ⓥ 🖈 🔝 r.-v.

DOM. DE LA GALOPIÈRE 2012

| ■ | 1 726 | ◐ | 15 à 20 € |

Après avoir enseigné l'œnologie pendant quatre ans, Gabriel Fournier s'est installé en 1982 sur le domaine familial. Il exploite avec son épouse Claire et, depuis 2015, son fils Vincent 11,25 ha de vignes répartis dans plusieurs AOC de la Côte de Beaune, de Chassagne-Montrachet à la colline de Corton.

Au nez, des notes de sous-bois, quelques touches animales et des fruits rouges confiturés. La bouche se révèle ronde et chaleureuse (cerise à l'eau-de-vie), soutenue par une pointe bienvenue d'acidité et des tanins au grain soyeux. ✗ 2016-2019 ❦ osso-buco à la milanaise

☛ EARL Dom. de la Galopière, 6, rue de l'Église, 21200 Bligny-lès-Beaune, tél. 03 80 21 46 50, cgfournier@ wanadoo.fr Ⓥ 🖈 🔝 r.-v. ☛ Gabriel Fournier

MICHEL GAY ET FILS 2012 ★★

| ■ | 6 000 | ◐ | 20 à 30 € |

Les Gay sont plusieurs à Chorey. Ici, c'est le domaine des fils de Michel : Sébastien, installé en 2000, et Laurent, l'œnologue, qui l'a rejoint en 2010. Incarnant la quatrième génération, ils disposent de 15 ha à Chorey et dans les communes voisines.

Ce village, finaliste pour le coup de cœur, dévoile un bouquet expressif, riche et fin, associant le boisé grillé et épicé de ses dix-huit mois de barrique aux fruits noirs et rouges. Tout aussi expressif, sur les fruits et les épices, le palais offre beaucoup de volume, un support tannique bien en place et une longue finale pleine de gourmandise. Un aloxe des plus harmonieux. ✗ 2018-2023 ❦ magret de canard aux cerises

☛ Dom. Michel Gay et Fils, 1 B, rue des Brenots, 21200 Chorey-lès-Beaune, tél. 03 80 22 22 73, michelgayetfils@orange.fr Ⓥ 🖈 🔝 r.-v.

CHRISTIAN GROS Les Petites Lolières 2012

| ■ 1er cru | 700 | ◐ | 20 à 30 € |

Ce producteur est installé depuis 1975 à l'extrémité sud de la Côte de Nuits, à la tête d'un vignoble de 13 ha. Mais il propose surtout des vins du nord de la Côte de Beaune, autour de la montagne de Corton.

Ce 1er cru dévoile un bouquet élégant de fruits noirs, de café et d'humus. Passé une attaque souple et fraîche, le palais offre un fruité soutenu et une belle mâche autour de tanins fermes. Un aloxe bien construit, appelé à bien vieillir. ✗ 2018-2022 ❦ boudin noir grillé

☛ Christian Gros, 5, rue de la Chaume, 21700 Premeaux-Prissey, tél. 03 80 61 29 74, christian.gros10@wanadoo.fr Ⓥ 🖈 🔝 r.-v.

DOM. ANTONIN GUYON Les Fournières 2012

| ■ 1er cru | 3 500 | ◐ | 30 à 50 € |

Ce domaine s'est constitué à partir des années 1960 un vaste vignoble de 48 ha, principalement en 1ers et grands crus, allant de Gevrey-Chambertin à Meursault. Une exploitation régulière en qualité, conduite par Dominique Guyon, fils d'Antonin.

Ce climat tire son nom de la pratique de l'écobuage : défrichage de la couche superficielle d'un sol grâce à une houe, suivi de l'incinération de ses terres dans des fourneaux (ou «fournières») et de leur épandage pour fertiliser le sol. Dominique Guyon y cultive 1,35 ha de pinot, à l'origine d'un vin discrètement boisé, épicé et fruité, au nez comme en bouche, frais et solidement structuré. ✗ 2018-2022 ❦ canard rôti

☛ Dom. Antonin Guyon, 21420 Savigny-lès-Beaune, tél. 03 80 67 13 24, domaine@guyon-bourgogne.com Ⓥ 🖈 🔝 r.-v.

♥ DOM. DANIEL LARGEOT 2012 ★★

| ■ | 3 600 | ◐ | 15 à 20 € |

Un domaine familial créé en 1925. Marie-France, fille de Daniel Largeot, installée en 2000, et son mari Rémy Martin, arrivé en 2002, conduisent un vignoble de 13 ha ; Marie-France est au chai, Rémy, à la vigne.

Dans la partie sudiste de l'appellation, Aloxe-Corton entre dans le village de Chorey. C'est donc logique que de nombreux producteurs de Chorey y exploitent des vignes, à l'image des Largeot, qui ont vendangé 60 ares de pinot sur ces terres pour élaborer ce 2012 admirable. Cassis, framboise, touche de menthol, c'est un bouquet frais et très avenant qui ouvre la dégustation. Une attaque charnue introduit un palais fruité, dense, solide et concentré, bâti sur des tanins fermes et élégants et sur un boisé parfaitement ajusté. Pour mémoire, le 2002 du domaine fut également coup de cœur. ✗ 2016-2022 ✵ caille au foie gras

☞ *Dom. Daniel Largeot, 5, rue des Brenots, 21200 Chorey-lès-Beaune, tél. 03 80 22 15 10, domainedaniellargeot@orange.fr* Ⓥ 🏃 🏠 *r.-v.*

DOM. MAILLARD PÈRE ET FILS 2013 ★

| ■ | n.c. | 🍷 | 20 à 30 € |

Représentant la dixième génération sur le domaine (1766), les frères Alain (à la vigne) et Pascal Maillard (au chai) disposent d'un vignoble de 19 ha répartis dans sept communes aux environs de la montagne de Corton. Une valeur sûre, notamment en corton et en chorey.

Le nez, complexe, intense et fin, associe le toasté et le fumé du bois à des senteurs de fruits noirs frais et d'épices. Bien équilibrée elle aussi entre le fruit et le merrain, la bouche se révèle ample, riche et concentrée, étayée par des tanins serrés et élégants. Beaucoup de présence et de race dans cet aloxe. ✗ 2017-2022 ✵ coq à l'aloxe

☞ *Dom. Maillard Père et Fils, 2, rue Joseph-Bard, 21200 Chorey-lès-Beaune, tél. 03 80 22 10 67, contact@domainemaillard.com* Ⓥ 🏃 🏠 *r.-v.*

DOM. MICHEL MALLARD ET FILS
La Toppe au Vert 2012 ★

| ■ 1er cru | 1 300 | 🍷 | 30 à 50 € |

Michel Mallard agrandit dans les années 1950 le domaine familial, repris depuis par son fils Patrick et son petit-fils Michel. Un domaine de 12,5 ha aujourd'hui, qui se distingue régulièrement pour ses ladoix, aloxe et corton.

Le nom bucolique de ce *climat* associe la friche (« toppe ») à un terrain en pente (« vert » ou « vers » en bourguignon). Les Mallard y exploitent 42 ares de pinot noir, à l'origine d'un 1er cru mêlant fruits noirs, menthol, cacao et épices à l'olfaction. Des arômes que prolonge avec persistance un palais bien équilibré entre un boisé doux et des tanins solides. Un aloxe élégant et bien structuré. ✗ 2018-2023 ✵ bœuf en daube

☞ *Dom. Michel Mallard et Fils, 43, rte de Dijon, Cidex 14, 21550 Ladoix-Serrigny, tél. 03 80 26 40 64, domainemallard@hotmail.fr* Ⓥ 🏃 🏠 *r.-v.*

DOM. NUDANT
Clos de la Boulotte Monopole 2012 ★★

| ■ | 3 200 | 🍷 | 20 à 30 € |

Un Guillaume Nudant d'Aloxe-Corton était déjà vigneron en 1453. Son descendant, Guillaume également, a rejoint en 2003 son père Jean-René sur le domaine familial de 16 ha plantés pour l'essentiel autour de la montagne de Corton.

Entre Brunette et Boulmeau se glisse cette Boulotte en forme de triangle juste sous le village d'Aloxe : un monopole de 1,12 ha jadis planté de bouleaux, d'où le nom du lieu-dit. La version 2012 a concouru pour le coup de cœur. Ses arguments : un bouquet intense, généreux et complexe de cerise à l'eau-de-vie, de framboise et de cassis souligné par un boisé fondu ; une bouche douce, soyeuse et dense, fruitée, épicée et mentholée, portée par un boisé élégant et discret. ✗ 2016-2020 ✵ filet de bœuf en croûte

☞ *Dom. Nudant, 11, rte de Dijon, BP 15, 21550 Ladoix-Serrigny, tél. 03 80 26 40 48, domaine.nudant@wanadoo.fr* Ⓥ 🏃 🏠 *t.l.j. sf dim. 8h-12h 14h-18h ; sam. sur r.-v.* 🏠 Ⓔ

MANUEL OLIVIER 2012

| ■ | 2 500 | 🍷 | 20 à 30 € |

Installé en 1990, Manuel Olivier a commencé par cultiver les vignes et les petits fruits dans les Hautes-Côtes de Nuits. Aujourd'hui spécialisé, il exploite un vignoble de 11 ha, complété depuis 2007 par une structure de négoce qui lui a permis de mettre un pied en Côte de Beaune.

Au nez, des notes de sous-bois et de fumé (dix-huit mois de fût) se mêlent aux fruits rouges. Suivant la même ligne aromatique, quelques notes chocolatées en plus, la bouche est charpentée par des tanins solides, mais sans rugosité, qui permettront à ce vin de bien évoluer. ✗ 2016-2020 ✵ joue de bœuf

☞ *Dom. Manuel Olivier, 7, rue des Grandes-Vignes, hameau de Corboin, 21700 Nuits-Saint-Georges, tél. 03 80 62 39 33, contact@domaine-olivier.com* Ⓥ 🏃 🏠 *t.l.j. 9h-12h 14h-19h*

DOM. PRIN 2013

| ■ 1er cru | n.c. | 🍷 | 20 à 30 € |

Implanté à Ladoix-Serrigny, ce domaine de 6 ha est conduit par Jean-Luc Boudrot depuis 1994. Régulièrement en vue pour ses ladoix, aloxe, corton et savigny.

Le domaine propose ici un 1er cru sans nom de *climat* car issu d'assemblage. Après aération, le nez libère des fragrances de fruits mûrs (cassis, framboise) et d'épices. Souplesse des tanins, chair tendre, fruité généreux et bon volume caractérisent la bouche, plaisante et équilibrée. ✗ 2016-2020 ✵ rôti de bœuf

☞ *Dom. Prin, 2, rue Saint-Marcel, Cidex 44, 21550 Ladoix-Serrigny, tél. 03 80 26 45 83, domaineprin@yahoo.fr* Ⓥ 🏃 🏠 *r.-v.*

DOM. RAPET PÈRE ET FILS 2013

| ■ | 5 300 | 🍷 | 20 à 30 € |

Ce domaine ancien (1765) et incontournable de Pernand-Vergelesses est conduit par Vincent Rapet depuis 1985. S'il se passionne pour sa commune natale, ce dernier travaille les appellations voisines avec le même soin, sur un vignoble de 20 ha.

Au nez, ce *village* dévoile des parfums de griotte mûre, de pivoine et de grillé. En bouche, c'est un vin dense et puissant que l'on découvre, solidement arrimé à des tanins fermes. Encore un peu « brut de décoffrage », cet aloxe a du potentiel, assurément. ✗ 2018-2025 ▼ magret de canard aux cerises

○━ *Dom. Rapet Père & Fils, 2, pl. de la Mairie, 21420 Pernand-Vergelesses, tél. 03 80 21 59 94, vincent@domaine-rapet.com* Ⓥ Ⓕ *r.-v.*

DOM. GEORGES ROY & FILS Les Cras 2013			
■	2 800	🍖 ⬤	11 à 15 €

Vincent Roy, le vinificateur, et sa sœur Claire, arrivée en 2012, conduisent un domaine familial de 9 ha, établi dans la plaine de Chorey-lès-Beaune, en vue notamment pour ses chorey et ses aloxe-corton.

La route des vins longe ce *climat* de 8,35 ha de forme triangulaire, au sol calcaire varié. En face, c'est le village de Chorey. Ce 2013 dévoile un bouquet frais et franc de petits fruits rouges, cerise en tête. La bouche est équilibrée, fraîche, fruitée et bâtie sur une jolie trame de tanins serrés et sur un boisé intégré. De bonne garde. ✗ 2018-2021 ▼ coq au vin

○━ *Dom. Georges Roy et Fils, 20, rue des Moutots, 21200 Chorey-lès-Beaune, tél. 03 80 22 16 28, domaine.roy-fils@wanadoo.fr* Ⓥ 🏃 Ⓕ *r.-v.*

CH. DE SANTENAY			
Les Brunettes et Planchots 2013			
■	9 700	⬤	20 à 30 €

Terroirs et Châteaux de Bourgogne est la structure de négoce du Ch. de Santenay. Ce majestueux château aux tuiles vernissées, aussi appelé « château Philippe le Hardi », fut propriété du premier duc de la grande Bourgogne (1342-1404). Dans le giron du Crédit Agricole depuis 1997, il étend son vaste vignoble sur 98 ha et plusieurs AOC beaunoises et chalonnaises, sous la houlette de l'œnologue et directeur d'exploitation Gérard Fagnoni.

Brunettes et Planchots ? Ce nom de *climat* provient du gaulois « brenno », désignant des terrains humides, les planchots étant des passerelles de bois utilisées pour traverser les zones boueuses. Dans le verre, un aloxe ouvert à l'olfaction sur les fruits rouges, la pivoine et les épices douces, au palais souple et fruité (griotte, groseille), épaulé par des tanins fins. Un ensemble harmonieux, plus léger que puissant, et déjà plaisant. ✗ 2015-2018 ▼ fondue bourguignonne

○━ *SAS Terroirs et Châteaux de Bourgogne, 1, rue du Château, 21590 Santenay, tél. 03 80 20 61 87, contact@chateau-de-santenay.com* Ⓥ 🏃 Ⓕ *r.-v.*

PERNAND-VERGELESSES

Superficie : 135 ha / Production : 5 640 hl (52 % rouge)

Situé à la jonction de deux vallées, exposé plein sud, le village de Pernand est sans doute le plus « vigneron » de la Côte. Rues étroites, caves profondes, vignes de coteaux, hommes de grand cœur et vins subtils lui ont fait une solide réputation, à laquelle de vieilles familles bourguignonnes ont largement contribué. Il possède le bois de Corton, ainsi qu'une partie des terroirs en grand cru de la célèbre « montagne ». Parmi les 1ers crus, le plus réputé est l'Île des Vergelesses, qui donne des vins tout en finesse.

DOM. JONATHAN BONVALOT Sous-Frétille 2013			
■ 1er cru	2 600	⬤	15 à 20 €

En 2011, le jeune Jonathan Bonvalot a repris la petite vigne plantée, « pour le plaisir », par son père Daniel en 1976 : 1 ha aux origines, 3,5 ha aujourd'hui.

Jonathan Bonvalot avait fait son entrée dans le Guide avec un Sous-Frétille 2011 suivi d'un savigny rouge 2012 l'an dernier ; il confirme avec son Sous-Frétille 2013. Un 1er cru au nez de fleurs blanches, de poire et de noisette, gras et généreux en bouche, soutenu par un boisé bien ajusté. ✗ 2016-2020 ▼ poulet à la crème

○━ *Jonathan Bonvalot, 35, rue de Bully, 21420 Pernand-Vergelesses, tél. 06 23 80 09 41, domainebonvalot@gmail.com* Ⓥ 🏃 Ⓕ *r.-v.*

DOM. DENIS PÈRE ET FILS Sous-Frétille 2013 ★			
■ 1er cru	2 300	⬤	20 à 30 €

En 1940, Raoul Denis, vigneron des Hospices de Beaune comme l'étaient son père et son grand-père, reprend le vignoble familial (13 ha aujourd'hui). Christophe tient le flambeau depuis 1992.

Avec ses 385 m de hauteur, la colline de Frétille et son sommet dominent le village de Pernand. Ce 1er cru livre un bouquet subtil de fleurs blanches, de miel, d'amande et citron. Des arômes que l'on perçoit avec persistance dans une bouche fine, précise et fraîche, voire encore un peu nerveuse en attaque. ✗ 2016-2019 ▼ sushis ■ 1er cru Les Vergelesses 2013 (15 à 20 € ; 1 800 b.) : vin cité. ✗ 2016-2019 ■ 2012 (11 à 15 € ; 11 000 b.) : vin cité. ✗ 2016-2019

○━ *Dom. Denis Père et Fils, 4, chem. des Vignes-Blanches, 21420 Pernand-Vergelesses, tél. 03 80 21 50 91, denis.pere-et-fils@wanadoo.fr* Ⓥ 🏃 Ⓕ *r.-v.*

P. DUBREUIL-FONTAINE PÈRE FILS			
Clos Berthet 2013 ★			
■ 1er cru	4 900	⬤	20 à 30 €

La famille Dubreuil est installée à Pernand-Vergelesses depuis 1879. Incarnant la cinquième génération, Christine Dubreuil, œnologue, a pris la tête du domaine en 1991 (20 ha sur plus d'une dizaine d'AOC).

Ce clos, voisin de Sous-Frétille, est un monopole de l'ancienne vigne de la famille Berthet. Un vin régulièrement présent dans ces pages. Le 2013 dévoile un nez agréable de brioche chaude, d'agrumes frais, de fleurs blanches et de toasté. Le palais se montre généreux sans manquer de vivacité et livre des arômes bien mariés d'agrumes et d'épices. ✗ 2016-2019 ▼ risotto de fruits de mer

○━ *Dom. P. Dubreuil-Fontaine, 18, rue Rameau-Lamarosse, 21420 Pernand-Vergelesses, tél. 03 80 21 55 43, domaine@dubreuil-fontaine.com* Ⓥ Ⓕ *r.-v.*

DOM. FRANÇOISE JEANNIARD			
Cuvée Alexandra 2012 ★★			
■	1 140	⬤	15 à 20 €

Françoise Arpaillanges incarne la quatrième génération à la tête de ce vignoble familial de poche (2,5 ha) qu'elle conduit depuis 2002, sans désherbants, avec beaucoup de labours, dans une approche biodynamiste.

De jeunes vignes plantées en 2006 avec Alexandra, la fille de Françoise Arpaillanges, sont à l'origine de cette cuvée finaliste des coups de cœur. Un vin au bouquet intense et élégant de fleurs blanches, de fruits mûrs et de menthol. La bouche se révèle très équilibrée, à la fois riche, ronde et fraîche, et s'étire dans une longue finale minérale.
✗ 2016-2020 ♈ saint-jacques sur fondue de poireau

☛ *Dom. Françoise Jeanniard,*
9, ruelle Curtil-des-Chambres, 21420 Pernand-Vergelesses,
tél. 06 84 22 79 12, francoise.arpaillanges@wanadoo.fr
Ⓥ 🏃 👤 *r.-v.*

LALEURE-PIOT 2013		
▨ 9 000	⏧	15 à 20 €

Un domaine de 9,8 ha repris en 2010 par la maison beaunoise Champy. Dimitri Bazas, l'œnologue attitré depuis 1999, a entamé la conversion bio du domaine.
Ce 2013 s'ouvre sur des arômes soutenus d'agrumes, de poire, de miel et de fleurs blanches. Une belle attaque franche et fraîche introduit un palais riche et souple, sur les fruits jaunes mûrs, animé par une finale minérale.
✗ 2016-2020 ♈ conchiglie aux moules ▨ 2012 (15 à 20 € ; 3 600 b.) : vin cité. ✗ 2017-2021 ▨ 1er cru Les Vergelesses 2012 (20 à 30 € ; 4 500 b.) : vin cité. ✗ 2018-2022

☛ *Laleure-Piot, 5, rue du Grenier-à-Sel, 21200 Beaune,*
tél. 03 80 25 09 99, contact@champy.com Ⓥ 🏃 👤 *r.-v.*
☛ Pierre Beuchet

PIERRE MAREY ET FILS Les Belles Filles 2013		
▨ 8 000	⏧	15 à 20 €

Situé au cœur de Pernand-Vergelesses, ce domaine s'étend sur 11 ha au nord de la Côte de Beaune. Il a créé une activité de négoce sous le nom d'Éric Marey.
«Sous le Bois de Noël et Belles Filles», tel est le nom complet de ce lieu-dit, mais les Belles Filles se retrouvent souvent seules sur l'étiquette, on comprend aisément pourquoi... Avec ses 20,35 ha, ce *climat* étagé entre 250 et 350 m d'altitude constitue la plus vaste parcelle communale de Pernand. Ces Belles Filles ont déjà valu un coup de cœur au domaine, c'était sur le millésime 2003. La version 2013 dévoile un nez bien typé de griotte. Le palais se montre direct et frais, porté par des tanins encore un peu fermes, et s'achève sur une jolie finale fruitée.
✗ 2016-2020 ♈ chou farci

☛ *EARL Pierre Marey et Fils,*
5 et 6, rue Jacques-Copeau, 21420 Pernand-Vergelesses,
tél. 03 80 21 51 71, domaine.pierremareyfils@orange.fr
Ⓥ 🏃 👤 *r.-v.*

Ⓑ **DOM. PAVELOT** Sous-Frétille 2013 ★		
▨ 1er cru	3 353	⏧	20 à 30 €

Un domaine de près de 9 ha au pied d'une des pentes de la montagne de Corton, transmis de père en fils depuis le XIXᵉ s. et conduit depuis 2002 par Luc Pavelot et sa sœur Lise.
Beurre, chèvrefeuille, camomille, toasté léger, c'est avec un nez gourmand que se présente ce 1er cru. Gourmand aussi est le palais, rond, tendre, porté par un bon boisé vanillé qui lui apporte un surcroît de finesse. ✗ 2017-2020 ♈ sandre au beurre blanc et aux amandes grillées ▨ 2013 (15 à 20 € ; 3 626 b.) Ⓑ : vin cité. ✗ 2016-2019

☛ *EARL Dom. Pavelot, Luc et Lise Pavelot,*
6, rue du Paulant, 21420 Pernand-Vergelesses,
tél. 03 80 26 13 65, domaine.pavelot@orange.fr
Ⓥ 👤 *r.-v.*

DOM. POISOT PÈRE FILS En Caradeux 2012		
▨ 1er cru	1 574	👁 ⏧	20 à 30 €

Après vingt-cinq ans dans la marine, Rémi Poisot a repris en 2010 le vignoble familial, 2 ha hérités en 1902 par Marie Poisot, fille de Louis Latour : un 1er cru en pernand et trois grands crus (corton, corton-charlemagne et romanée-saint-vivant).
Ce 1er cru propose un nez généreux de fruits noirs confits (cassis, myrtille) agrémenté d'une touche de violette. La bouche se révèle puissante, bâtie sur de solides tanins, et offre une finale chaleureuse, aux accents de réglisse.
✗ 2017-2021 ♈ tournedos de bœuf

☛ *Rémi Poisot, 14, av. Charles-Jaffelin, 21200 Beaune,*
tél. 03 80 21 16 81, remipoisot@domaine-poisot.fr
Ⓥ 🏃 👤 *r.-v.*

DOM. RAPET PÈRE & FILS Île des Vergelesses 2013		
▨ 1er cru	1 500	⏧	30 à 50 €

Ce domaine ancien (1765) et incontournable de Pernand-Vergelesses est conduit par Vincent Rapet depuis 1985. S'il se passionne pour sa commune natale, ce dernier travaille les appellations voisines avec le même soin, sur un vignoble de 20 ha.
Ce *climat* étend ses 9,4 ha entre deux 1ers crus, Les Basses Vergelesses et Les Vergelesses. Sa position émergeante à mi-coteau lui a donné son nom. Vincent Rapet, qui en exploite 65 ares, s'illustre régulièrement avec ce vin. Ici, un 2013 de bonne facture, sur le cassis et la framboise au nez, minéral et solide en bouche, avec une finale encore assez stricte. À laisser vieillir. ✗ 2018-2022 ♈ lapin en sauce gibelotte

☛ *Dom. Rapet Père & Fils, 2, pl. de la Mairie,*
21420 Pernand-Vergelesses, tél. 03 80 21 59 94,
vincent@domaine-rapet.com Ⓥ 👤 *r.-v.*

DOM. ROLLIN PÈRE ET FILS 2013 ★		
▨ 8 000	⏧	15 à 20 €

Longtemps modestes vignerons au service d'autres exploitations, les Rollin (aujourd'hui Rémi et Simon) se sont mis peu à peu à leur compte et exploitent depuis 1932 et quatre générations un domaine (12 ha aujourd'hui) à Pernand-Vergelesses, appellation dans laquelle leurs vins brillent régulièrement, dans les deux couleurs.
Île des Vergelesses 2008 (en rouge), 1er cru Sous-Frétille 2010 (en blanc), *village* blanc 2011, Île des Vergelesses 2011 (en rouge) : les Rollin ont obtenu quatre coups de cœur dans les quatre dernières éditions du Guide ! Ils reviennent avec deux *villages* qui, sans atteindre les mêmes sommets, font bonne figure. En tête, ce blanc au nez floral, exotique (ananas) et minéral, prolongé par un palais frais et alerte, agrémenté d'un bon boisé toasté. ✗ 2017-2020 ♈ gambas à la plancha ▨ Les Cloux 2013 (20 à 30 € ; 3 800 b.) : vin cité. ✗ 2017-2020

☛ *Rollin Père et Fils, 49, rte des Vergelesses,*
21420 Pernand-Vergelesses, tél. 03 80 21 57 31,
contact@domaine-rollin.com Ⓥ 🏃 👤 *r.-v.*

CORTON

**Superficie : 95 ha / Production :
2 985 (95 % rouge)**

Au nord de la Côte de Beaune, la « montagne de Corton » est constituée, du point de vue géologique, de différents niveaux auxquels correspondent plusieurs types de vins. Couronnées par le bois qui pousse sur les calcaires durs du rauracien (oxfordien supérieur), les marnes argoviennes laissent apparaître sur plusieurs dizaines de mètres des terres blanches propices aux vins blancs. Elles recouvrent la « dalle nacrée », calcaire en plaquettes qui recèle de nombreuses coquilles d'huîtres de grande dimension ; sur cette formation ont évolué des sols bruns propices au pinot noir.

L'appellation corton peut produire du vin blanc, mais elle est surtout connue en rouge. Les Bressandes naissent sur des terres rouges et allient la puissance à la finesse. En revanche, dans la partie haute des Renardes, des Languettes et du Clos du Roy, les terres blanches donnent en rouge des vins charpentés qui, en vieillissant, prennent des notes animales sauvages que l'on retrouve dans Les Mourottes de Ladoix. Le corton est le grand cru le plus important en volume.

PIERRE ANDRÉ Maréchaudes 2012 ★			
■ Gd cru	3 000	◧	30 à 50 €

Cette maison de négoce a son siège dans le château Corton André, acquis par Pierre André en 1923, aussi nommé « Château jaune » pour ses tuiles vernissées. Dans l'orbite du groupe bordelais Ballande depuis 2003, elle a été acquise par la maison Béjot en 2014. Les vins (de Bourgogne et aussi du Beaujolais) sont placés sous la conduite d'Emmanuel Carrara, l'œnologue de la maison.

À proximité de la source de la Lauve, ce *climat* était un ancien marais dont la partie haute (0,45 ha) est dédiée au grand cru, tandis que sa partie basse (1,41 ha) est en 1er cru. Dix-huit mois d'élevage en fût ont donné à cette bouteille un léger boisé épicé, qui n'empêche pas une belle expression du fruit, avec des nuances de cassis et de violette. L'attaque est franche et fruitée, le palais rond et gras, encadré par des tanins fins, finit sur une touche épicée. ✗ 2016-2020 ♈ pièce de bœuf aux champignons

○┐ *Pierre André, 3, rue des Vercots, 21420 Aloxe-Corton, tél. 03 80 25 00 00, contact.france@bejot.com*

DOM. CACHAT-OCQUIDANT Clos des Vergennes Monopole 2013 ★★			
■ Gd cru	4 500	◧	30 à 50 €

À la tête de 10 ha de vignes répartis tout autour de la montagne de Corton, Jean-Marc Cachat et son fils David figurent en bonne place dans le Guide, surtout pour leurs rouges, majoritaires dans leur carte des vins.

Les vins issus de ce clos exploité en monopole (1,42 ha en pente) sont souvent distingués, et ce 2013 a frôlé le coup de cœur. La robe, aussi profonde que brillante, dessine de belles larmes sur les parois du verre. Les fruits noirs bien mûrs et les épices composent un nez complexe, encore sur sa réserve. Franche à l'attaque, charnue, vineuse et longue, la bouche s'impose par sa puissance et sa trame

solide de tanins serrés, réglissés en finale. Pressés s'abstenir. ✗ 2018-2025 ♈ canard rôti

○┐ *Dom. Cachat-Ocquidant, 3, pl. du Souvenir, Cidex 1, 21550 Ladoix-Serrigny, tél. 03 80 26 45 30, domaine.cachat@wanadoo.fr* Ⅴ ⬆ ⬆ *r.-v.*

CAPITAIN-GAGNEROT Les Grandes Lolières 2013			
■ Gd cru	2 800	◧	30 à 50 €

Vénérable domaine familial de 16,5 ha fondé en 1802 et implanté à Ladoix-Serrigny. Depuis le 1er janvier 2013, Pierre-François Capitain est seul maître à bord, son père Patrice et son oncle Michel restant à l'écoute. Propriété en vue, notamment pour ses ladoix, aloxe et échézeaux. Avant son installation, Pierre-François Capitain a fait un stage en Nouvelle-Zélande, où l'on a trouvé des terroirs à pinot noir. Lui dispose de plusieurs parcelles intéressantes dans différents *climats* du grand corton... Celui-ci est situé à Ladoix, vers la source de la Lauve. On suppose que son nom fait référence aux loups qui allaient s'y abreuver jadis. En 2013 il a engendré un vin au nez évocateur de fruits rouges écrasés et d'épices. Au palais, le fruit est généreux et les tanins déjà enrobés. Une vendange égrappée qui a donné une bouteille pouvant être appréciée jeune. ✗ 2017-2021 ♈ filet de bœuf en croûte

○┐ *Maison Capitain-Gagnerot, 38, rte de Dijon, 21550 Ladoix-Serrigny, tél. 03 80 26 41 36, contact@ capitain-gagnerot.com* Ⅴ ⬆ ⬆ *r.-v.*

DOM. CHEVALIER PÈRE ET FILS Le Rognet 2012			
■ Gd cru	n.c.	◧	50 à 75 €

Installé en 1994 sur ce domaine créé en 1850 par Émile Dubois, Claude Chevalier exploite avec trois de ses filles (Julie, Chloé et Anaïs) un vignoble de 14 ha situé au pied et sur les pentes de la montagne de Corton. Une valeur sûre de la Côte de Beaune.

Ce *climat* où la famille exploite une parcelle de 93 ares bénéficie d'une exposition sud-est sur un terroir de calcaire et de marnes du callovien, appelé « dalle nacrée ». Il engendre une cuvée souvent distinguée par le Guide. Le 2012, rubis foncé, associe au nez le grillé du chêne à la minéralité du sol. Les fruits mûrs apparaissent en bouche, soulignés par des tanins soyeux, qui rendent le vin déjà agréable, même si le boisé est très présent. ✗ 2016-2020 ♈ chapon aux marrons

○┐ *Chevalier Père et Fils, 2, Grande-Rue-de-Buisson, Cidex 18, 21550 Ladoix-Serrigny, tél. 03 80 26 46 30, contact@domaine-chevalier.fr* Ⅴ ⬆ ⬆ *r.-v.*

COMTE SENARD Les Paulands 2012			
■ Gd cru	2 000	◧	50 à 75 €

Un domaine réputé pour ses corton, fondé en 1857 à partir du Clos des Meix, toujours monopole de la famille. Le vignoble couvre 9 ha, conduits depuis 2005 par Lorraine Sénard, qui élève ses vins dans des caves créées au XIVe s. par les bénédictins de l'abbaye de Sainte-Marguerite.

Ce *climat* situé à Aloxe-Corton est peu connu. Et pour cause, coincé au pied de la colline, entre Les Maréchaudes et Les Valozières, il couvre à peine plus de 1 ha. Le nom dériverait de l'ancien français *Pol* qui signifie « mare » ; le sol a été drainé pour être cultivé. Vinifié en vendanges entières, élevé dix-huit mois en fût, ce 2012 libère des notes boisées, vanillées et toastées qui laissent percer les

BOURGOGNE

fruits noirs, nuancés de sous-bois. Après une attaque délicate, la bouche monte en puissance et montre de la fermeté en finale, ainsi qu'un boisé très présent. À attendre. ✗ 2018-2021 ✱ pavé de biche

○━ SCE Dom. Comte Senard, 1, rue des Chaumes, 21420 Aloxe-Corton, tél. 03 80 26 40 73, office@ domainesenard.com Ⓥ ⚑ 🖪 r.-v.

EDMOND CORNU ET FILS Bressandes 2012 ★

■ Gd cru	2 700	◫	50 à 75 €

Edmond Cornu, à la retraite, a laissé en 1985 la conduite des 16 ha du domaine familial à Pierre, à son épouse Édith et à son cousin Emmanuel. Installée à Ladoix, la famille Cornu exploite ses vignes jusqu'à Meursault pour former une large palette d'AOC 100 % Côte de Beaune.

Avec 17,41 ha, le climat des Bressandes est le plus vaste de la « colline des Cortons » : côté Aloxe, une bande de terrain qui occupe le milieu de la pente. Cette famille en exploite 57 ares. Elle égrappe sa vendange et élève le vin dix-huit mois en fût. Il en résulte une cuvée colorée, mêlant les fruits noirs et des notes boisées. Les tanins déjà enrobés structurent un ensemble équilibré et déjà gourmand. ✗ 2017-2020 ✱ faisan en cocotte

○━ Edmond Cornu et Fils, Le Meix-Gobillon, 6, rue du Bief, 21550 Ladoix-Serrigny, tél. 03 80 26 40 79, domaine.cornuetfils@orange.fr Ⓥ ⚑ 🖪 r.-v.

P. DUBREUIL-FONTAINE PÈRE ET FILS
Bressandes 2013 ★

■ Gd cru	3 000	◫	30 à 50 €

La famille Dubreuil est installée à Pernand-Vergelesses depuis 1879. Incarnant la cinquième génération, Christine Dubreuil, œnologue, a pris la tête du domaine en 1991 (20 ha sur plus d'une dizaine d'AOC).

Le climat des Bressandes s'étire à mi-pente et offre à ses grappes une exposition sud-sud-est idéale. Après seize mois de fût, ce 2013 affiche un rouge cardinal et libère des parfums de fruits rouges vanillés. Un corton franc, équilibré, assez long, qui mise sur l'élégance et sur le fruit plus que sur la puissance : il ne demandera pas trop de patience. ✗ 2018-2020 ✱ faisan rôti

○━ Dom. P. Dubreuil-Fontaine, 18, rue Rameau-Lamarosse, 21420 Pernand-Vergelesses, tél. 03 80 21 55 43, domaine@dubreuil-fontaine.com Ⓥ 🖪 r.-v.

♥ DOM. FAIVELEY
Clos des Cortons Faiveley Monopole 2013 ★★

■ Gd cru	n.c.	◫	+ de 100 €

Cette maison de négoce fondée à Nuits-Saint-Georges en 1825 est un nom qui compte en Bourgogne, depuis sept générations. À sa tête depuis 2005, Erwan Faiveley, qui a succédé à son père François, est épaulé par Bernard Hervet à la direction générale. Aujourd'hui, c'est l'un des plus importants propriétaires de vignes en Bourgogne : 120 ha du Chablisien au Mâconnais, avec son fief en Côte de Nuits, dont 10 ha en grand cru et près de 25 ha en 1er cru.

Un clos de 2,76 ha, la seule parcelle en monopole, avec la Romanée-Conti, à bénéficier depuis 1937 du privilège de porter le nom de son propriétaire (encore s'agit-il pour la Romanée-Conti de l'ancien propriétaire). Les vignes ont plus de quarante ans et l'élevage en fût a duré dix-huit mois. Dans ce millésime délicat, le vin décroche un coup de cœur. La robe intense aux reflets violets est profonde, tout comme le nez aux nuances de rose, de pivoine et d'épices poivrées, soulignées par un boisé vanillé que l'on retrouve en bouche. Après une attaque franche, le vin montre un caractère ample et velouté, soutenu par des tanins marqués mais sans rien d'agressif. La finale longue et fraîche laisse un excellent souvenir. ✗ 2020-2025 ✱ gigue de chevreuil

○━ Dom. Faiveley, 8, rue du Tribourg, 21700 Nuits-Saint-Georges, tél. 03 80 61 04 55, accueil@domaine-faiveley.com

DOM. ROBERT GIBOURG Les Renardes 2012 ★

■ Gd cru	600	◫	50 à 75 €

Sébastien Bidault, gendre de Robert Gibourg, est aux commandes depuis 1999 de ce domaine créé en 1965, et qui s'étend sur 5,5 ha répartis équitablement entre Côte de Nuits et Côte de Beaune, entre Gevrey-Chambertin et Chorey-lès-Beaune.

Le nom de ce climat du haut de la colline, parmi les plus réputés de Corton, viendrait des terriers de renard, abondants près des bois. Certainement le fleuron de ce domaine, qui en détient 17 ares. Après un séjour de dix-huit mois en fût, le vin affiche une robe sombre aux reflets violets, un nez tout aussi profond, aux fruits noirs (cassis, myrtille), avec des touches de réglisse et de poivre. La bouche est charpentée et longue, dans le même registre que l'olfaction. ✗ 2018-2020 ✱ rumsteak au poivre

○━ Robert Gibourg, 3, RN 74, 21220 Morey-Saint-Denis, tél. 03 80 34 38 32, rgibourg@club-internet.fr Ⓥ ⚑ 🖪 r.-v.

CHRISTAN GROS Le Rognet 2013 ★

■ Gd cru	880	◫	50 à 75 €

Ce producteur est installé depuis 1975 à l'extrémité sud de la Côte de Nuits, à la tête d'un vignoble de 13 ha. Mais il propose surtout des vins du nord de la Côte de Beaune, autour de la montagne de Corton.

Les pinots noirs à l'origine de ce grand cru ont plus d'un demi-siècle. La robe est intense et sombre ; le nez, discret mais fin, associe les fruits rouges et les épices douces. Rond à l'attaque, le palais dévoile des arômes de fruits noirs bien mûrs soulignés d'un boisé vanillé et offre une finale longue et fraîche. ✗ 2020-2025 ✱ aumônière à l'époisses

○━ Christian Gros, 5, rue de la Chaume, 21700 Premeaux-Prissey, tél. 03 80 61 29 74, christian.gros10@wanadoo.fr Ⓥ ⚑ 🖪 r.-v.

DOM. PIERRE GUILLEMOT
Le Rognet et Corton 2013

■ Gd cru	1 400	◫	30 à 50 €

Les Guillemot œuvrent dans le vin depuis huit générations. La première déclaration de récolte de Pierre date de 1946. Le domaine (8,2 ha), dirigé par son fils Jean-Pierre depuis 1988, est une valeur sûre en savigny.

Placé sur un petit mont sous la colline de Corton, ce *climat* offre une vue imprenable sur le vignoble alentour. La famille Guillemot y détient 30 ares de vignes âgées de cinquante ans. Son vin « sort » pour la troisième année consécutive. Le 2013 livre des parfums élégants de petits fruits rouges et de cannelle. L'attaque est harmonieuse, les tanins enrobés et la finale fraîche. ✗ 2017-2020 ⍲ côte de bœuf

o⊸ *Dom. Pierre Guillemot, 11, place Fournier, 21420 Savigny-lès-Beaune, tél. 03 80 21 50 40, domaine.pierre.guillemot@orange.fr* Ⓥ 🖈 🚻 *r.-v.*

DOM. ANTONIN GUYON Bressandes 2012

■ Gd cru	2 800	ⅲ	50 à 75 €

Ce domaine s'est constitué à partir des années 1960 un vaste vignoble de 48 ha, principalement en 1ers et grands crus, allant de Gevrey-Chambertin à Meursault. Une exploitation régulière en qualité, conduite par Dominique Guyon, fils d'Antonin.

Ce 2012 ne fait pas oublier le millésime précédent, coup de cœur de la dernière édition, mais il est plaisant et sa structure plus fine permettra de l'apprécier avant son aîné. Le nez, élégant et complexe, mêle les fruits rouges et noirs, les fleurs, le sous-bois et une touche poivrée. L'attaque ronde ouvre sur une bouche bâtie sur des tanins fins, dans le même registre que l'olfaction. ✗ 2016-2020 ⍲ lapin chasseur

o⊸ *Dom. Antonin Guyon, 21420 Savigny-lès-Beaune, tél. 03 80 67 13 24, domaine@guyon-bourgogne.com* Ⓥ 🖈 🚻 *r.-v.*

DOM. MAILLARD 2013

■ Gd cru	1 500	ⅲ	30 à 50 €

Représentant la dixième génération sur le domaine (1766), les frères Alain (à la vigne) et Pascal Maillard (au chai) disposent d'un vignoble de 19 ha répartis dans sept communes aux environs de la montagne de Corton. Une valeur sûre, notamment en corton et en chorey.

Produit sur 4,08 ha, le corton issu de chardonnay est une perle blanche dans un écrin de vignes pourpres. La famille Maillard détient des parcelles dans les deux couleurs, et le blanc est en vue cette année. Le corton blanc se rapproche du charlemagne, même s'il a la réputation d'être plus capiteux. Ici, un or profond, un nez complexe sur la camomille, l'acacia et le beurre frais, et une matière ample et onctueuse, en harmonie avec des arômes de fruits jaunes. Un ensemble agréable dès sa jeunesse. ✗ 2016-2020 ⍲ cassolette de homard aux morilles

o⊸ *Dom. Maillard, 2, rue Joseph-Bard, 21200 Chorey-lès-Beaune, tél. 03 80 22 10 67, contact@domainemaillard.com* Ⓥ 🖈 🚻 *r.-v.*

DOM. MARATRAY-DUBREUIL Bressandes 2012 ★

■ Gd cru	2 800	ⅲ	30 à 50 €

Domaine de Ladoix-Serrigny fondé en 1935 lorsque le père de Maurice Maratray préféra réinvestir ses gains dans l'achat de vignes plutôt que dans son entreprise de travaux publics. Maurice Maratray épousa la fille de Pierre Dubreuil, figure de Pernand. Aujourd'hui, l'exploitation couvre 18 ha ; elle est dirigée depuis 1997 par François-Xavier Maratray et sa sœur Marie-Madeleine.

On raconte que trois demoiselles Bressand, originaires de la Saône-et-Loire, possédaient à l'emplacement de ce *climat* une carrière qui fut remblayée et plantée en vigne, d'où le nom du lieu-dit. Selon une autre étymologie, le nom se référerait à des broussailles. Issu de pinots noirs âgés de quarante-cinq ans et élevé dix-sept mois en fûts (neufs à 30 %), le vin mêle les fruits noirs bien mûrs et les fleurs à un boisé discret. Après une attaque élégante et ronde, dans le même registre que le nez, la bouche équilibrée et fraîche finit sur une touche d'amertume qui lui va bien. ✗ 2020-2023 ⍲ fricassée de canard

o⊸ *Dom. Maratray-Dubreuil, 5, pl. du Souvenir, 21550 Ladoix-Serrigny, tél. 03 80 26 41 09, contact@domaine-maratray-dubreuil.com* Ⓥ 🖈 🚻 *r.-v.*

DOM. DU CH. DE MEURSAULT Vergennes 2013 ★

■ Gd cru	830	ⅲ	+ de 100 €

L'emblématique château de Meursault, haut-lieu du tourisme bourguignon et du folklore vineux – on y célèbre la fameuse Paulée le lendemain de la vente des Hospices de Beaune – a souvent changé de mains : famille de Pierre de Blancheton jusqu'à la Révolution ; famille Serre au XIXe ; famille du comte de Moucheron ; famille Boisseaux (maison Patriarche) à partir de 1973. En décembre 2012, nouveau changement : la famille Halley achète le domaine, avant d'acquérir fin 2013 les 60 ha de vignes. Aux commandes du chai : Emmanuel Escutenaire.

Le corton blanc ne représente que 4,08 ha des 95 ha que compte l'appellation. Les cuvées sont confidentielles, comme celle-ci, élue coup de cœur dans le millésime précédent. Le 2013 séduit par sa robe or jaune soutenu, en harmonie avec un nez d'une belle richesse : on y trouve du chèvrefeuille, du fruit jaune, de la vanille, de la noisette. L'attaque ample et ronde est relayée par une finale agréablement fraîche et longue. ✗ 2016-2022 ⍲ risotto saint-jacques et truffes ■ 2012 (75 à 100 € ; 996 b.) : vin cité. ✗ 2018-2020

o⊸ *Dom. du Ch. de Meursault, rue du Moulin-Foulot, 21190 Meursault, tél. 03 80 26 22 75, domaine@chateau-meursault.com* Ⓥ 🖈 🚻 *t.l.j. 9h30-12h 14h30-18h ; f. 20 déc. 5 janv.*

DOM. POISOT PÈRE ET FILS Bressandes 2012

■ Gd cru	1 538	ⅲ	30 à 50 €

Après vingt-cinq ans dans la Marine, Rémi Poisot a repris en 2010 le vignoble familial, 2 ha hérités en 1902 par Marie Poisot, fille de Louis Latour : un 1er cru en pernand et trois grands crus (corton, corton-charlemagne et romanée-saint-vivant).

Né d'une parcelle de 43 ares et de ceps de soixante ans, ce vin coloré aux reflets violets présente un nez sur le fruit malgré un élevage de dix-huit mois en fûts (neufs à 40 %) : on respire dans le verre la fruit rouge confituré avec une touche de sous-bois. La bouche, équilibrée et assez longue, indique que cette bouteille sera bientôt prête. ✗ 2016-2020 ⍲ bœuf braisé

o⊸ *Rémi Poisot, 14, av. Charles-Jaffelin, 21200 Beaune, tél. 03 80 21 16 81, remipoisot@domaine-poisot.fr* Ⓥ 🖈 🚻 *r.-v.*

DOM. JACQUES PRIEUR Bressandes 2012 ★★

■ Gd cru	2 600	ⅲ	+ de 100 €

Ce domaine de belle notoriété, établi de longue date à Meursault (fin du XVIIIes.), dispose de 22 ha de vignes

BOURGOGNE

pour 22 appellations, exclusivement des 1ers et des grands crus (hormis son meursault Clos de Mazeray, conduit en monopole). Entré dans le capital en 1988, Jean-Pierre Labruyère en est devenu l'actionnaire principal en 2006 et son fils Édouard en est l'actuel directeur général. La famille Labruyère est également propriétaire à Pomerol (château Rouget), dans le Beaujolais, son fief d'origine (domaine Labruyère en moulin-à-vent), et en Champagne. Elle peut s'appuyer sur le talent sans faille de Nadine Gublin, l'œnologue maison depuis 1990 et en charge de la direction technique depuis 2009.

Une des stars du domaine. Si elle n'a pas décroché l'équivalent du César, un coup de cœur a été mis aux voix, qu'elle a manqué de peu. Une robe profonde aux reflets violets ; un nez de fruits noirs, de cerise kirschée, de violette et de sous-bois, soulignés d'un trait boisé ; une belle attaque, un corps consistant, avec de la mâche et des tanins soyeux ; une finale épicée. Malgré un élevage de dix-huit mois en fût, le fruit ressort. De la finesse. ✗ 2018-2022 ▼ filet de canard au poivre vert

⌐ *Dom. Jacques Prieur, 6, rue des Santenots, 21190 Meursault, tél. 03 80 21 23 85, info@prieur.com*

DOM. RAPET PÈRE ET FILS 2013 ★

■ Gd cru	2 900	◖▮▮	50 à 75 €

Ce domaine ancien (1765) et incontournable de Pernand-Vergelesses est conduit par Vincent Rapet depuis 1985. S'il se passionne pour sa commune natale, ce dernier travaille les appellations voisines avec le même soin, sur un vignoble de 20 ha.

Née d'un assemblage de deux lieux-dits, Les Chaumes et la Voie Rouge, une cuvée vinifiée avec 30 % de vendanges entières et élevée quinze mois en fût. La robe est profonde ; le nez, fermé, doit être sollicité pour livrer ses parfums de fruits rouges et d'épices. Ample à l'attaque, étayé par des tanins serrés et fins, ce 2013 mérite d'attendre. ✗ 2018-2022 ▼ civet de lièvre ■ **Gd cru** Pougets 2013 (50 à 75 € ; 2 100 b.) : vin cité. ✗ 2018-2022

⌐ *Dom. Rapet Père & Fils, 2, pl. de la Mairie, 21420 Pernand-Vergelesses, tél. 03 80 21 59 94, vincent@domaine-rapet.com* Ⓥ ▮ *r.-v.*

DOM. DE LA ROMANÉE-CONTI 2013 ★★

■ Gd cru	n.c.		+ de 100 €

En 2008, le domaine de la Romanée-Conti a étendu sa gamme prestigieuse vers Aloxe-Corton en prenant en fermage les vignes en corton du domaine Prince Florent de Mérode : 2,27 ha répartis sur trois *climats* de renom, Le Clos du Roi (0,57 ha), Les Bressandes (1,19 ha) et Les Renardes (0,5 ha).

Le premier vendangé des grands crus de pinot noir de la Romanée-Conti – le 3 octobre, on se souvient que 2013 est un millésime fort tardif. Printemps frileux et maussade, floraison chaotique, été capricieux, orages, maladies à l'affût... le raisin a heureusement échappé aux grêles qui ont dévasté la Côte de Beaune d'Aloxe-Corton à Meursault. Très faibles volumes, mais vendanges de qualité, finalement servies par de petits rendements. Dans le verre, le vin apparaît un peu sauvage, animal ; opulent aussi, avec ses notes de fruits mûrs. Une attaque tonique et dense, un développement soyeux, sur des tanins fins, une

finale vive. Un corton à la fois élégant, solide et terrien. ✗ 2018-2025 ▼ pavé de biche aux champignons

⌐ *SC du Dom. de la Romanée-Conti, 1, rue Derrière-le-Four, 21700 Vosne-Romanée, tél. 03 80 62 48 80*

CORTON-CHARLEMAGNE

Superficie : 52 ha / Production : 2 240 hl

Le grand cru corton-charlemagne provient de la partie haute de la « montagne de Corton », propice au chardonnay – cépage qui a aujourd'hui totalement remplacé l'aligoté, autorisé jusqu'en 1948. Il doit son nom de l'empereur carolingien qui, dit-on, aurait fait planter ici des vignes blanches pour ne pas tacher sa barbe. La plus grande partie de la production vient des communes de Pernand-Vergelesses et d'Aloxe-Corton. Vins de garde, les corton-charlemagne atteignent leur plénitude après cinq à dix ans.

PIERRE ANDRÉ 2012

□ Gd cru	2 000	◖▮	75 à 100 €

Cette maison de négoce a son siège dans le château Corton André, acquis par Pierre André en 1923, aussi nommé « Château jaune » pour ses tuiles vernissées. Dans l'orbite du groupe bordelais Ballande depuis 2003, elle a été acquise par la maison Béjot en 2014. Les vins (de Bourgogne et aussi du Beaujolais) sont placés sous la conduite d'Emmanuel Carrara, l'œnologue de la maison.

La vigne du corton-charlemagne est restée durant plus de mille ans la propriété de la collégiale de Saulieu. Quant à cette bouteille, elle a connu un très long élevage en fût – pas moins de dix-huit mois – comme il est de rigueur pour un grand cru. Un boisé vanillé domine d'ailleurs l'olfaction, laissant à l'arrière-plan les arômes du fruit : fruits jaunes mûrs, raisin et abricot secs. Tout aussi marquée par l'élevage, la bouche charnue, fraîche et longue indique un bon potentiel de garde ✗ 2018-2021 ▼ ris de veau aux morilles

⌐ *Pierre André, 3, rue des Vercots, 21420 Aloxe-Corton, tél. 03 80 25 00 00, contact.france@bejot.com*

♥ Ⓑ DOM. FRANÇOISE ANDRÉ 2012 ★★

□ Gd cru	1 000	◖▮	75 à 100 €

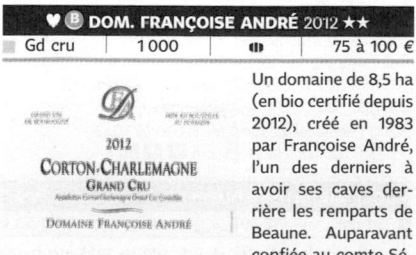

Un domaine de 8,5 ha (en bio certifié depuis 2012), créé en 1983 par Françoise André, l'un des derniers à avoir ses caves derrière les remparts de Beaune. Auparavant confiée au comte Sénard, la gestion est assurée depuis 2009 par Lauriane André, belle-fille de la propriétaire.

C'est avec le millésime 2012, année de la certification bio de son domaine, que Lauriane André obtient son premier coup de cœur. Pour un vin si soutenu, mêlant un grillé flatteur hérité du fût à des nuances de fruits blancs confits et d'épices d'une rare élégance. Particulièrement gras et ample à l'attaque, il évolue sur des notes de fruits bien mûrs et offre une finale à la fois fraîche, fine et longue : un superbe équilibre. ✗ 2020-2025 ♥ poularde de Bresse à la crème

o─ *Dom. Françoise André, 7, rempart Saint-Jean, 21200 Beaune, tél. 03 80 24 21 65, andre.lauriane@yahoo.com* Ⓥ 🎿 🏋 *r.-v.*

arômes de fruits jaunes et des notes d'élevage, la bouche offre une longue finale teintée de minéralité. Le potentiel n'est pas immense, mais l'ensemble est flatteur et bientôt prêt. ✗ 2017-2020 ♥ foie gras poêlé

o─ *Dom. Damien et Raymond Jacob, hameau de Buisson, Cidex 20 bis, 21550 Ladoix-Serrigny, tél. 03 80 26 40 42, domainejacob@orange.fr* Ⓥ 🎿 🏋 *r.-v.*

CAPITAIN-GAGNEROT 2013 ★			
Gd cru	1 400	◑	75 à 100 €

Vénérable domaine familial de 16,5 ha fondé en 1802 et implanté à Ladoix-Serrigny. Depuis le 1er janvier 2013, Pierre-François Capitain est seul maître à bord, son père Patrice et son oncle Michel restant à l'écoute. Propriété en vue, notamment pour ses ladoix, aloxe et échézeaux.

Issu de 43 ares de vieilles vignes (quarante-cinq ans), ce 2013 or intense offre un nez puissant et frais mêlant le chèvrefeuille, les agrumes et le vétiver à une touche de vanille. Ample à l'attaque, riche, de bonne longueur, il apparaît encore marqué par le boisé de son élevage, qui s'exprime en notes persistantes d'épices et de caramel au beurre salé. ✗ 2020-2025 ♥ médaillons de lotte aux épices

o─ *Maison Capitain-Gagnerot, 38, rte de Dijon, 21550 Ladoix-Serrigny, tél. 03 80 26 41 36, contact@capitain-gagnerot.com* Ⓥ 🎿 🏋 *r.-v.*

JEAN CHARTRON 2013 ★★			
Gd cru	590	🍶 ◑	+ de 100 €

Créé en 1859 par le tonnelier Jean-Édouard Dupard, ce domaine d'une grande constance, bien implanté dans les grands crus de Puligny, étend son vignoble sur 13 ha – dont 90 % de chardonnay et trois monopoles (Clos de la Pucelle et Clos du Cailleret en puligny, Clos des Chevaliers en chevalier-montrachet) –, conduits en bio non certifiée. Jean-Michel Chartron est aux commandes depuis 2004 ; l'un de ses credo : « Du bois, oui, mais pas trop. » Une valeur sûre.

Si le chardonnay est devenu cépage international, il n'est pas donné à tout le monde de le valoriser sur les multiples terroirs bourguignons. Jean-Michel Chartron s'y entend, et frôle le coup de cœur avec ce grand cru aux beaux reflets dorés. Les parfums qui s'échappent du verre sont délicats et complexes : les notes de pain grillé de l'élevage laissent percer des fragrances de tilleul, de fleurs blanches, de poire, d'agrumes et de fruits jaunes. Ces fruits jaunes s'épanouissent dans un palais ample et équilibré, à la longue finale fraîche et finement boisée. ✗ 2016-2022 ♥ poulet aux écrevisses

o─ *Jean Chartron, Grande-Rue, 21190 Puligny-Montrachet, tél. 03 80 21 99 19, info@jeanchartron.com* Ⓥ 🏋 *t.l.j. sf lun. mar. mer. 10h-12h 14h-18h; f. déc.-mars*

DOM. JACOB 2013			
Gd cru	5 000	◑	30 à 50 €

Quatre générations de Jacob se sont succédé sur ce domaine régulier en qualité, établi à Ladoix-Serrigny, au pied de la montagne de Corton. Depuis 2007, Raymond, jusqu'alors aux commandes avec son frère Robert, est épaulé par son fils Damien pour conduire un vignoble de 13 ha.

Or pâle limpide aux reflets verts, ce 2013 associe au nez les agrumes, les fleurs blanches, la pêche et un boisé épicé. Riche et onctueuse à l'attaque, en harmonie avec des

LALEURE-PIOT 2012 ★			
Gd cru	2 700	◑	50 à 75 €

Un domaine de 9,8 ha repris en 2010 par la maison beaunoise Champy. Dimitri Bazas, l'œnologue attitré depuis 1999, a entamé la conversion bio du domaine.

On retrouve cette gamme et ce boisé bien ajusté dans un palais charnu, ample, bien équilibré entre gras et fraîcheur, qui s'impose par sa finesse, sans pour autant manquer de consistance. La finale encore sous l'emprise du chêne appelle une petite garde. ✗ 2018-2023 ♥ saint-jacques à la crème safranée

o─ *Laleure-Piot, 5, rue du Grenier-à-Sel, 21200 Beaune, tél. 03 80 25 09 99, contact@champy.com* Ⓥ 🎿 🏋 *r.-v.*

PIERRE MAREY ET FILS 2013			
Gd cru	2 500	◑	50 à 75 €

Situé au cœur de Pernand-Vergelesses, ce domaine s'étend sur 11 ha au nord de la Côte de Beaune. Il a créé une activité de négoce sous le nom d'Éric Marey.

Issu d'une parcelle de 1 ha, ce 2013 s'annonce par des senteurs de fleurs blanches, de viennoiserie, de miel et d'agrumes, avec une touche de « pierre au soleil ». Ample et souple à l'attaque, il s'étire en finale sur des notes minérales. Un peu de garde le portera au zénith. ✗ 2018-2020 ♥ tartare de saumon aux agrumes

o─ *EARL Pierre Marey et Fils, 5 et 6, rue Jacques-Copeau, 21420 Pernand-Vergelesses, tél. 03 80 21 51 71, domaine.pierremareyfils@orange.fr* Ⓥ 🎿 🏋 *r.-v.*

♥ DAVID MORET 2013 ★★			
Gd cru	n.c.	◑	75 à 100 €

David Moret a créé en 1998 sa maison de négoce, établie derrière les remparts de Beaune. Cet adepte des élevages longs s'est fait une spécialité de la vinification « haute couture » des blancs de la Côte de Beaune.

Issu de chardonnay de quarante-cinq ans, ce 2013 doré intense déploie un nez complexe, où l'amande et autres fruits secs côtoient la fougère, la cire d'abeille et un léger boisé épicé et vanillé. Après une attaque ample et souple, sur des notes d'abricot et de miel, la bouche se tend, offrant une longue finale acidulée teintée de torréfaction. Une superbe expression du millésime. ✗ 2020-2025 ♥ millefeuille de pomme verte au crabe

o─ *SARL David Moret, 1 et 3, rue Émile-Goussery, 21200 Beaune, tél. 06 75 01 15 85, davidmoret.vins@orange.fr* Ⓥ 🏋 *r.-v.*

DOM. RAPET PÈRE ET FILS 2013

☐ Gd cru	6 000	◖	50 à 75 €

Ce domaine ancien (1765) et incontournable de Pernand-Vergelesses est conduit par Vincent Rapet depuis 1985. S'il se passionne pour sa commune natale, ce dernier travaille les appellations voisines avec le même soin, sur un vignoble de 20 ha.

La famille exploite 3 ha dans ce grand cru, qui a valu au domaine deux coups de cœur, pour le 2010 et pour le 2012. Certes, ce 2013 ne fait pas oublier son devancier, mais il tire son épingle du jeu dans un millésime difficile. Il s'agit d'un assemblage de trois vignes d'âges différents, précise le propriétaire. La fougère, le genêt et les agrumes accompagnent un nez finement vanillé. Le palais vif et précis offre un équilibre sur la fraîcheur, qui permettra à ce vin d'évoluer dans le bon sens. ✗ 2018-2020 ❦ carpaccio de saint-jacques

○━ *Dom. Rapet Père & Fils, 2, pl. de la Mairie, 21420 Pernand-Vergelesses, tél. 03 80 21 59 94, vincent@domaine-rapet.com* Ⓥ 🛏 *r.-v.*

SAVIGNY-LÈS-BEAUNE

Superficie : 350 ha / Production : 13 350 hl (85 % rouge)

Au nord de Beaune, Savigny est un village vigneron par excellence. L'esprit du terroir y est entretenu, et la confrérie de la Cousinerie de Bourgogne est le symbole de l'hospitalité bourguignonne. Les Cousins jurent d'accueillir leurs convives « bouteilles sur table et cœur sur la main ».

« Nourrissants, théologiques et morbifuges » selon la tradition, les savigny sont souples, tout en finesse, fruités, agréables jeunes tout en vieillissant bien. Parmi les 1ers crus, on citera Aux Clous, Aux Serpentières, Les Hauts Jarrons, Les Marconnets, Les Narbantons.

♥ BOUCHARD AÎNÉ ET FILS 2012 ★★

☐	1 800	◖	20 à 30 €

Dans le groupe Boisset depuis 1992, ce négoce beaunois a été fondé en 1750 par Michel Bouchard et son fils aîné Joseph. Dans l'ancien hôtel du conseiller du Roy (XVIIIᵉs.) sont entreposés les fûts d'élevage de cette maison historique proposant une large gamme de vins de toute la Bourgogne, mais aussi du Beaujolais et du Rhône.

Le chardonnay ne représente que 16 % du vignoble communal de Savigny, qui trouve ici un digne représentant. Paré d'une seyante robe dorée, ce 2012 dévoile un nez intense et élégant, mariant les agrumes et l'abricot à un beau boisé toasté. Une attaque franche ouvre sur un palais généreux, gras, soyeux, presque moelleux, sous-tendu en finale par une fine fraîcheur qui lui confère beaucoup d'allonge. Un modèle d'équilibre. ✗ 2016-2020 ❦ aumônière au chaource

○━ *Bouchard Aîné et Fils, 4, bd du Mal-Foch, 21200 Beaune, tél. 03 80 62 61 00, bouchard@bouchard-aine.fr* Ⓥ 🛏 ⬆ *t.l.j. 9h30-12h30 14h-18h; f. lun. de janv.-fév.*

CHRISTOPHE BUISSON 2012

☐	2 700	◖	15 à 20 €

Plutôt que maçon, comme son père, Christophe Buisson a choisi d'être vigneron. D'abord courtier, il crée son domaine à Saint-Romain en 1996 : 7 ha (en bio) complétés en 2007 par une petite activité de négoce, avec des vins souvent en vue en saint-romain et en auxey-duresses. En 2015, le domaine a fusionné avec le négoce Alex Gambal pour devenir le domaine Gambal Buisson, Christophe conservant un rôle de consultant et se consacrant désormais au développement de la partie négoce.

Un savigny issu de la partie négoce, généreusement bouqueté autour des fruits noirs et rouges, agrémenté de notes d'amande et de sous-bois. Une générosité qui caractérise aussi le palais, long et intense, à la fois vigoureux, frais et plein de fruit. Il gagnera son étoile en cave. ✗ 2018-2021 ❦ tournedos Rossini

○━ *SARL Christophe Buisson, 34, rue de la Tartebouille, 21190 Saint-Romain, tél. 03 80 21 63 92, sarlchristophebuisson@wanadoo.fr* Ⓥ 🛏 *r.-v.*

DOM. CACHAT-OCQUIDANT
Vieilles Vignes 2013 ★

☐	2 340	◖	11 à 15 €

À la tête de 10 ha de vignes réparties tout autour de la montagne de Corton, Jean-Marc Cachat et son fils David figurent en bonne place dans le Guide, surtout pour leurs rouges, majoritaires dans leur carte des vins.

Une cuvée régulièrement au rendez-vous du Guide. La version 2013 livre un bouquet intense de fruits rouges légèrement confiturés. Un fruité généreux auquel fait écho un palais très équilibré, rond, dense, stimulé par une belle fraîcheur minérale et bien épaulé par des tanins serrés. ✗ 2016-2019 ❦ magret de canard

○━ *Dom. Cachat-Ocquidant, 3, pl. du Souvenir, Cidex 1, 21550 Ladoix-Serrigny, tél. 03 80 26 45 30, domaine.cachat@wanadoo.fr* Ⓥ 🛏 *r.-v.*

Ⓑ DOM. LOUIS CHENU PÈRE ET FILLES 2013 ★★

☐	3 000	◖	15 à 20 €

Établies à Savigny, Juliette et Caroline, les deux filles de Louis Chenu, perpétuent la tradition vinicole familiale depuis 1997 (2003 pour la seconde). Elles ont depuis converti la totalité de leur vignoble à l'agriculture biologique.

Fruits exotiques, poire, fleurs blanches, noisette, touche minérale, le bouquet est complexe et élégant. Souple, ample, soyeux, le palais se révèle parfaitement équilibré entre gras et acidité et s'achève sur une longue note saline. Le coup de cœur a été mis aux voix. ✗ 2016-2019 ❦ filet de bar au beurre blanc

○━ *Dom. Louis Chenu Père et Filles, 12, rue Joseph-de-Pesquidoux, 21420 Savigny-lès-Beaune, tél. 03 80 26 13 96, juliette@louischenu.com* Ⓥ 🛏 *r.-v.*

PASCAL CLÉMENT Dessus les Vermots 2012 ★

☐	1 800	◖	11 à 15 €

Après vingt ans de vinification dans différents domaines de Bourgogne, Pascal Clément a créé son négoce en 2012, tourné essentiellement vers les blancs de la Côte chalonnaise et de la Côte de Beaune.

De ce secteur idéal pour le chardonnay, Pascal Clément tire un vin au bouquet élégant d'agrumes, de pomme verte et de fleurs blanches. En bouche, une fine acidité de jeunesse lui apporte du dynamisme et un bon potentiel de garde. ✗ 2016-2020 ♈ bar au fenouil ■ Dessus les Vermots 2013 (11 à 15 € ; 1 000 b.) : vin cité. ✗ 2016-2018

☛ Pascal Clément, 13, rue de Cîteaux, 21420 Savigny-lès-Beaune, tél. 03 80 24 75 05, contact@pascal-clement.fr Ⓥ 🕴 🏠 r.-v.

DOM. DE LA DOUAIX Dessus les Vermots 2012 ★		
■	1 300	⬤⬤	11 à 15 €

Au départ, un lopin de vignes acquis à Arcenant au début des années 2000 par Mark Moustie, d'origine belge. Rejoint par son fils Gilles, il crée en 2006 le domaine de la Douaix, dont le vignoble couvre aujourd'hui 4 ha.

Justement situé au-dessus du climat des Vermots, ce lieu-dit constitue avec 13,11 ha l'une des plus importantes surfaces classées en appellation communale. Les Moustie en exploitent 30 ares en pinot noir, à l'origine d'un vin fruité et discrètement floral à l'olfaction, qui déploie dans une bouche charnue des tanins doux et élégants, accompagnés par un boisé équilibré. ✗ 2017-2020 ♈ petit salé aux lentilles

☛ Dom. de la Douaix, rue du Moutier, 21700 Arcenant, tél. 06 85 95 01 79, moustie.gilles@orange.fr Ⓥ 🕴 🏠 r.-v. 🏠 Ⓔ

DOM. R. DUBOIS & FILS 2012 ★		
■	7 000	🍾⬤⬤	15 à 20 €

Béatrice Dubois et son frère Raphaël, installés depuis 1991, conduisent 22 ha de vignes dans les deux Côtes. La première vinifie, après plusieurs années passées à l'étranger ; le second s'occupe de la vente. Ils ont développé en 2000 une affaire de négoce pour étoffer leur gamme.

Ce village né de ceps de quarante ans distille des senteurs intenses de fruits rouges et noirs en harmonie avec un boisé léger. Une attaque alerte, presque tranchante, introduit un palais lui aussi très fruité et boisé avec justesse, frais et bien charpenté qui s'étire dans une jolie finale poivrée. ✗ 2018-2021 ♈ rôti de veau

☛ Dom. R. Dubois et Fils, 7, rte de Nuits-Saint-Georges, 21700 Premeaux-Prissey, tél. 03 80 62 30 61, contact@domaine-dubois.com Ⓥ 🕴 🏠 r.-v.

DOM. GUY ET YVAN DUFOULEUR Les Gollardes 2013		
■	1 150	🍾⬤⬤	15 à 20 €

Les Dufouleur perpétuent une tradition vigneronne qui remonte à la fin du XVIᵉs. Le domaine actuel – le négoce Dufouleur Père et Fils a été vendu en 2006 – est né de la fusion en 2007 de la propriété familiale avec le domaine Yvan Dufouleur créé en 1991. Guy étant décédé, le vignoble (25 ha) est aujourd'hui dirigé par son fils aîné Yvan, épaulé à la gérance par Xavier, frère de Guy.

De ce secteur réputé pour les blancs, la famille Dufouleur extrait un vin de belle intensité, sur la mie de pain, la noisette, le grillé et le menthol, tandis qu'en bouche, vivacité et rondeur se combinent bien. Un ensemble harmonieux. ✗ 2016-2019 ♈ sandre au beurre blanc

☛ Dom. Guy et Yvan Dufouleur, 17, rue Thurot, BP 80138, 21704 Nuits-Saint-Georges Cedex, tél. 06 13 27 15 59, gaelle.dufouleur@21700-nuits.com Ⓥ 🏠 r.-v.

DOM. LOÏC DURAND 2013		
■	2 000	⬤⬤	11 à 15 €

Jeune viticulteur, Loïc Durand, fils de Jean-Marc et Christine, a repris en 2005 le domaine familial, situé à côté de l'église de Savigny, qu'il étend progressivement (Beaune, Savigny, Chorey, Rully) pour atteindre 9 ha aujourd'hui.

Au nez, des arômes plaisants de cerise et de framboise. En bouche, une attaque fraîche et un développement plus suave mais qui reste léger, avec en soutien des tanins veloutés. ✗ 2016-2018 ♈ langue de bœuf aux câpres

☛ Dom. Loïc Durand, rue de l'Église, 21200 Bouze-lès-Beaune, tél. 06 25 20 28 97, domainedurandloic@orange.fr Ⓥ 🕴 🏠 r.-v.

DOM. MAURICE ÉCARD Les Serpentières 2013 ★ ★		
■ 1er cru	7 000	⬤⬤	15 à 20 €

Ce domaine basé à Savigny-lès-Beaune étend son vignoble sur 15 ha, de part et d'autre du Rhoin, en un coteau nord et un coteau sud. Il est aujourd'hui dans le giron de l'important groupe Béjot (530 ha de vignes en Bourgogne, mais aussi en Provence, dans le Beaujolais, le Languedoc, le Rhône), fondé en 1891 et dirigé par Vincent Sauvestre.

Un vin bien né, finaliste des coups de cœur, issu de l'un des plus grands 1ers crus (12,33 ha) de Savigny. Le nez, intense et généreux, mêle des parfums de mûre et de framboise à des notes poivrées. La bouche se montre ample et riche, structurée par des tanins fins, qui s'harmonisent parfaitement avec un boisé fondu. Un savigny équilibré et promis à un bel avenir. ✗ 2018-2023 ♈ veau Marengo

☛ Dom. Maurice Écard, 7, rte de Monthélie, 21190 Meursault, tél. 03 80 21 22 45, contact.france@bejot.com Ⓥ t.l.j. 11h-13h 14h 18h; dim. lun. sur r.-v.; f janv. fév.

DOM. PHILIPPE GIRARD Les Narbantons 2013		
■ 1er cru	2 400	⬤⬤	15 à 20 €

Ici, on est vigneron de père en fils depuis... 1530. Arnaud Girard a rejoint en 2011 son père Philippe à la tête des 11 ha de vignes, disséminées de Nuits-Saint-Georges à Savigny-lès-Beaune.

L'un des vingt-deux 1ers crus de l'appellation et l'un des plus froids. Issu d'une vigne de soixante ans, ce vin dévoile des parfums de cassis et de cerise sur un fond vanillé. En bouche, de puissants tanins en font un savigny viril, mais fin, destiné à une longue garde. ✗ 2018-2025 ♈ cari d'agneau

☛ Dom. Philippe Girard, 37, rue du Gal-Leclerc, 21420 Savigny-lès-Beaune, tél. 03 80 21 57 97, contact@domaine-philippe-girard.com Ⓥ r.-v.

DOM. PIERRE GUILLEMOT Dessus des Golardes 2013		
■	4 500	⬤⬤	15 à 20 €

Les Guillemot œuvrent dans le vin depuis huit générations. La première déclaration de récolte de Pierre date de 1946. Le domaine (8,2 ha), dirigé par son fils Jean-Pierre depuis 1988, est une valeur sûre en savigny. Le chardonnay se plaît dans cette partie haute de l'appellation. Il donne ici naissance à un vin agréable au nez porté sur les fleurs blanches, le coing et la bergamote. Le palais se montre tout aussi plaisant, souple et frais sans manquer de rondeur, avec un léger boisé grillé en soutien. ✗ 2015-2018 ♈ aumônière au fromage de Cîteaux

☛ *Dom. Pierre Guillemot, 11, place Fournier, 21420 Savigny-lès-Beaune, tél. 03 80 21 50 40, domaine.pierre.guillemot@orange.fr* 🆅 🎿 🍷 *r.-v.*

Ⓑ DOM. GUYON Les Planchots 2013			
■	800	◫	20 à 30 €

Un domaine familial très régulier en qualité (on ne compte plus les étoiles et les coups de cœur), repris en 1991 par Jean-Pierre Guyon, rejoint par son frère Michel. Le vignoble couvre 9 ha conduits en bio certifié, dans la Côte de Nuits et le nord de la Côte de Beaune.

Ce nom de *climat* mérite une explication. En patois bourguignon, on appelle un planchot une passerelle entre deux terrains servant au passage des hommes et des bêtes. Les terrains longeant le Rhoin étant humides, le dérivatif est passé dans le langage courant. Côté vin, ce 2013 au nez fin de cerise, de cassis et de mûre, tout aussi expressif en bouche, dense et rond. ✗ 2017-2020 ♈ blanquette de veau

☛ *EARL Dom. Guyon, 11-16, RD 974, 21700 Vosne-Romanée, tél. 03 80 61 02 46, domaine.guyon@wanadoo.fr* 🆅 🍷 *r.-v.*

DOM. LUCIEN JACOB Les Peuillets 2013 ★			
■ 1er cru	1 900	▮ ◫	15 à 20 €

Établis depuis 1989 dans le village d'Échevronne au cœur des terroirs des Hautes-Côtes, Chantal, Jean-Michel et Christine Jacob conduisent un domaine de 17 ha et produisent du vin dans les deux Côtes, mais aussi des crèmes de petits fruits traditionnelles.

Les Peuillets – de l'ancien français « pol », désignant une mare – constituent un vaste 1er cru situé le long de la route de Beaune, sous les Marconnets. Ce 2013 dévoile des parfums frais et discrets de fruits rouges. Le palais se révèle droit et franc, soutenu par des tanins bien présents mais extraits en finesse, sans agressivité. Une bonne évolution en perspective. ✗ 2018-2022 ♈ aiguillettes de canard ■ 2013 (11 à 15 € ; 5 900 b.) : vin cité. ✗ 2017-2021

☛ *Dom. Lucien Jacob, pl. de la Mairie, 21420 Échevronne, tél. 03 80 21 52 15, lucien-jacob@wanadoo.fr* 🆅 🎿 🍷 *r.-v.* 🏠 Ⓑ

DOM. PATRICK JAVILLIER Les Grands Liards 2013			
■	n.c.	◫	15 à 20 €

Après des études d'œnologie, Patrick Javillier a repris l'exploitation familiale de Meursault et vinifié ses premières cuvées en 1974. Il conduit aujourd'hui un vignoble de 10 ha répartis sur cinq communes de la Côte de Beaune, de Puligny-Montrachet à Pernand-Vergelesses.

C'est un dérivé du gaulois « liga » qui a donné le mot lie et aussi le mot limon. De ces argiles profondes est né un vin réservé à l'olfaction (groseille, épices à l'agitation), bien équilibré en bouche, bâti sur de bons tanins serrés et prolongé agréablement par une finale réglissée. ✗ 2017-2021 ♈ perdrix aux choux

☛ *Dom. Patrick Javillier, 7, imp. des Acacias, 21190 Meursault, tél. 03 80 21 27 87, contact@patrickjavillier.com* 🆅 🎿 🍷 *r.-v.*

DOM. LEBREUIL Aux Clous 2013			
■ 1er cru	1 000	◫	20 à 30 €

Un domaine fondé en 1935 à partir de 2 ha, développé au cours des années 1960 par Pierre Lebreuil, repris par son fils Jean-Baptiste en 2000, aujourd'hui à la tête de 13,5 ha en Côte de Beaune. Régulièrement en vue pour ses savigny.

Timide à l'olfaction (touche de fruits exotiques à l'aération), ce 1er cru se révèle plus nettement en bouche. On y découvre un vin plaisant, d'un bon volume, rendu moelleux par son caractère gras, avec une juste fraîcheur en appoint. ✗ 2016-2019 ♈ gratin de fruits de mer

☛ *Pierre et Jean-Baptiste Lebreuil, 17, rue Chanson-Maldant, 21420 Savigny-lès-Beaune, tél. 03 80 21 52 95, domaine.lebreuil@wanadoo.fr* 🆅 🎿 🍷 *r.-v.*

DOM. MAILLARD PÈRE & FILS 2013 ★			
■	n.c.	◫	15 à 20 €

Représentant la dixième génération sur le domaine (1766), les frères Alain (à la vigne) et Pascal Maillard (au chai) disposent d'un vignoble de 19 ha répartis dans sept communes aux environs de la montagne de Corton. Une valeur sûre, notamment en corton et en chorey.

De ces terres profondes d'argile caillouteuse est né un vin au nez toasté et épicé, prolongé par un palais riche et solide mais fin, bâti sur des tanins en rangs serrés que le temps affinera. Un savigny de caractère. ✗ 2018-2022 ♈ goulasch

☛ *Dom. Maillard, 2, rue Joseph-Bard, 21200 Chorey-lès-Beaune, tél. 03 80 22 10 67, contact@domainemaillard.com* 🆅 🎿 🍷 *r.-v.*

CATHERINE ET CLAUDE MARÉCHAL Vieilles Vignes 2013			
■	9 060	◫	20 à 30 €

Installé dans la plaine de Pommard depuis 1981, le couple Maréchal fait partie des valeurs sûres de la Côte de Beaune. Il conduit, avec minutie et dans un esprit bio (pas de désherbants chimiques, levures indigènes, limitation du soufre), un vignoble de 12,8 ha offrant une large gamme d'appellations. L'une des belles références de la Côte de Beaune.

Coup de cœur l'an passé, cette cuvée se montre plus modeste mais très plaisante dans sa version 2013. Le nez sans dissonance mêle les fruits noirs à un bon boisé. On retrouve le merrain, tendance épicé, dans un palais généreux mais encore austère, étayé par des tanins carrés qui doivent encore se fondre. ✗ 2018-2021 ♈ pavé de bœuf sauce poivre

☛ *EARL Catherine et Claude Maréchal, 6, rte de Chalon, 21200 Bligny-lès-Beaune, tél. 03 80 21 44 37, marechalcc@orange.fr* 🆅 🎿 🍷 *r.-v.*

DOM. PARIGOT Les Peuillets 2013 ★			
■	4 000	◫	15 à 20 €

Le père, c'est Régis ; le fils, c'est Alexandre. L'œnologue, c'est Kyriakos Kynigopoulos, spécialiste renommé, né en Grèce. Sur un domaine de 19 ha, ils valorisent avec talent les terroirs bourguignons, témoin les nombreux coups de cœur obtenus pour leurs vins de la Côte de Beaune et des Hautes-Côtes.

Ce lieu-dit possède la particularité d'être planté à la fois en appellation *village* et (majoritairement) en 1er cru. Côté *village*, les Parigot signent un vin qui s'ouvre sans réserve sur les fruits rouges compotés sur fond de réglisse et de sous-bois. Un caractère gourmand et généreux que l'on retrouve dans une bouche riche et ronde, renforcée par une trame de tanins serrés, mais pas trop, qui laissent augurer une bonne évolution en cave. ✗ 2018-2023 ✢ canard à l'orange

○━ *Dom. Parigot, 8, rte de Pommard, 21190 Meloisey, tél. 03 80 26 01 70, domaine.parigot@orange.fr* **V ⚔ 🏠** *r.-v.*

♥ **DOM. JEAN-MARC ET HUGUES PAVELOT** Les Lavières 2012 ★★			
■ 1er cru	1 200	⬥	20 à 30 €

Installés à Savigny-lès-Beaune, Jean-Marc et Hugues Pavelot comptent parmi les fidèles du Guide et s'illustrent très régulièrement avec leurs savigny. En 2000, Hugues a rejoint son père sur l'exploitation familiale qui s'étend aujourd'hui sur 13 ha.

Le domaine, qui détient des parcelles dans plusieurs 1ers crus de la commune, survole cette sélection avec ce Lavières 2012 – un lieu-dit qui tire son nom des laves qui recouvraient les sarcophages mérovingiens du cimetière voisin, devenu aujourd'hui le *climat* des Godeaux. Au nez, on découvre un vin généreux et intense, ouvert sur la griotte confite et le poivre. On retrouve ces arômes dans un palais séveux, ample et fin, porté par des tanins soyeux qui lui confèrent un côté gourmand des plus aimables et déjà très appréciable. Mais le temps ne lui nuira pas. ✗ 2016-2023 ✢ cari d'agneau aux épices ■ 1er cru Aux Guettes 2012 (20 à 30 € ; 3 500 b.) : vin cité. ✗ 2016-2019

○━ *EARL Dom. Jean-Marc et Hugues Pavelot, 1, chem. des Guettottes, 21420 Savigny-lès-Beaune, tél. 03 80 21 55 21, hugues.pavelot@wanadoo.fr* **V 🏠** *r.-v.*

DOM. DU PRIEURÉ Moutier Amet 2013			
■	n.c.	⬥	11 à 15 €

Établi sur les vestiges d'un prieuré cistercien acquis par sa famille dans les années 1960, ce domaine de 12 ha est conduit depuis 1981 par Jean-Michel Maurice, rejoint par son fils Stephen au début des années 1990.

Moutier-Amet ? Un lieu-dit classé en communal qui devrait son nom à l'ancien monastère d'Adrémar (« moutier » signifie monastère en ancien français), qui fonda l'abbaye de Montiéramey dans le diocèse de Troyes. Dans le verre, un vin dominé par le cassis dès l'olfaction comme en bouche, frais et souple, soutenu par des tanins fondus. Un santenay agréable et léger. ✗ 2015-2018 ✢ dinde aux marrons ■ Les Grands-Picotins 2012 (11 à 15 € ; n.c. b.) : vin cité. ✗ 2016-2019

○━ *Dom. du Prieuré, 23, rte de Beaune, 21420 Savigny-lès-Beaune, tél. 03 80 21 54 27, maurice.jean-michel@wanadoo.fr* **V ⚔ 🏠** *t.l.j. 9h-12h 14h-18h; dim. sur r.-v.* **🀄 ❸ 🏠 Ⓑ**

○━ Jean-Michel Maurice

DOM. DES RIOTTES Les Peuillets 2013			
■ 1er cru	10 000	⬥	15 à 20 €

Sous ce nom de domaine, l'importante maison de négoce Béjot, propriété de Vincent Sauvestre. Les vins sont placés sous la conduite d'Emmanuel Carrara, l'œnologue de la maison.

Si vous prenez l'autoroute en direction du nord, vous ne manquerez pas la vision panoramique qu'offre ce *climat* sur votre droite. Dans le verre, vous découvrirez un vin généreux, ouvert sur des senteurs de fruits noirs mûrs et de cacao, frais en attaque, rond et riche dans son développement, soutenu par des tanins carrés mais élégants, sans dureté, qui poussent loin la finale. ✗ 2018-2022 ✢ ragoût d'agneau

○━ *Dom. des Riottes, 7, rte de Monthélie, 21190 Meursault, tél. 03 80 21 22 45, contact.france@bejot.com* **V 🏠** *r. v.*

DOM. SERRIGNY La Dominode 2012 ★			
■ 1er cru	2 400	🍾 ⬥	20 à 30 €

Les sœurs Francine et Marie-Laure Serrigny ont pris suite de leur père à son décès, en 1995, sur un domaine d'environ 7 ha, dans la famille depuis la fin du XIXe s.

La Dominode est un 1er cru de 6,71 ha enclavé dans celui des Jarrons. Les sœurs Serrigny y exploitent 52 ares de pinot noir et signent un 2012 au nez délicat de fruits rouges et noirs mâtiné d'amande. La bouche est ronde, suave et soyeuse, étayée par une structure souple et un boisé élégant qui n'écrase pas le fruit. Un vin harmonieux et caressant. ✗ 2016-2020 ✢ grenadins de veau braisés ■ 1er cru Les Peuillets 2012 (20 à 30 € ; 1 800 b.) : vin cité. ✗ 2015-2018

○━ *Francine et Marie-Laure Serrigny, 4, rue du Bouteiller, 21420 Savigny-lès-Beaune, tél. 03 80 26 11 75, domaine.serrigny@orange.fr* **V ⚔ 🏠** *r.-v.*

DOM. RENÉ TARDY ET FILS Les Liards 2012 ★★			
■	3 000	⬥	11 à 15 €

À l'origine du domaine, deux familles, les Grivot et les Tardy. L'histoire débute en 1950 lorsque René Tardy structure le vignoble ; il est rejoint en 1978 par ses fils, Jacques et Joël, et les étiquettes porteront dès lors le nom de « Tardy et Fils ». C'est aujourd'hui Pierre Revenet qui est en charge de la vinification des 5 ha du domaine.

Au bord du Rhoin, le ruisseau de Savigny, trois *climats* (Aux Petits, Aux Grands et Les Bas) portent le nom de « Liards ». Additionnés, ils deviennent le plus important lieu-dit de l'appellation avec 18 ha. Le Dom. Tardy en exploite 1 ha planté de vieux ceps de pinot noir de soixante ans, à l'origine d'un vin remarquable, finaliste des coups de cœur. Au nez, les fruits rouges se mêlent aux épices, agrémentés d'une note chaleureuse de marc. Les tanins soyeux soutiennent le palais, ample, frais, minéral et croquant. Plaisant dès aujourd'hui, ce 2012 vieillira bien. ✗ 2015-2022 ✢ paleron braisé

BOURGOGNE

○━ *René Tardy et Fils, 77, rue Caumont-Bréon, 21700 Nuits-Saint-Georges, tél. 09 65 16 10 07, contact@renetardyetfils.com* **V** *r.-v.*

HENRI DE VILLAMONT 2013			
■	660	⅏	20 à 30 €

Ce propriétaire (10 ha) et négociant-éleveur, dans le giron du groupe suisse Schenk depuis 1964, élève ses vins dans une spectaculaire cuverie créée entre 1880 et 1888 à Savigny-lès-Beaune par Léonce Bocquet, alors unique propriétaire du Clos de Vougeot.

Ce *village* confidentiel libère des senteurs de tilleul, de fruits blancs mûrs, de noisette et de grillé. En bouche, il offre un bon équilibre entre acidité et rondeur, mais doit encore digérer son élevage en fût. ✗ 2017-2020 ❦ truite sauce crème

○━ *Henri de Villamont, rue du Dr-Guyot, 21420 Savigny-lès-Beaune, tél. 03 80 21 50 59, contact@hdv.fr* **V** **🏃** **🛗** *t.l.j. sf dim. 10h-12h30 13h30-18h*

DOM. DE LA VOUGERAIE 2012 ★			
■	4 272	🍾 ⅏	20 à 30 €

Un domaine né en 1999 de l'assemblage de plusieurs vignes acquises au fil du temps par la famille de Nathalie et Jean-Charles Boisset, ses actuels propriétaires : 44 ha cultivés en biodynamie, répartis en 67 parcelles (dont le célèbre monopole Clos Blanc de Vougeot) sur les deux Côtes.

Cette cuvée née d'une vigne de vingt-deux ans séduit d'emblée par son profil aromatique élégant, tourné vers les agrumes et le toasté de l'élevage (quinze mois). Quant au palais, il se révèle ample, rond, gras, avec ce qu'il faut de vivacité pour le stimuler jusqu'en finale. Déjà apte pour le service, ce vin évoluera bien. ✗ 2015-2019 ❦ gambas au curry

○━ *Dom. de la Vougeraie, 7 bis, rue de l'Église, 21700 Premeaux-Prissey, tél. 03 80 62 48 25, vougeraie@domainedelavougeraie.com* **V** *r.-v.*

CHOREY-LÈS-BEAUNE

Superficie : 134 ha / Production : 5 240 hl (95 % rouge)

Situé dans la plaine, près de Savigny-lès-Beaune et d'Aloxe-Corton, en face du cône de déjection de la combe de Bouilland, le village produit une majorité de vins rouges friands et faciles d'accès.

CHRISTIAN BELLANG ET FILS Poirier Malchaussé 2012 ★			
■	1 200	🍾 ⅏	11 à 15 €

Implantée à Meursault, non loin du Clos de Mazeray, cette propriété de 9 ha est née de la réunion des deux domaines des grands-parents. Elle est conduite depuis 2010 par Christophe Bellang, fils de Christian.

Curieuse dénomination que ce nom de *climat* qui évoque un verger de poiriers dont les pieds seraient « mal chaussés ». Marie-Hélène Landrieu-Lussigny et Sylvain Pitiot, dans leur excellent *Climats et lieux-dits des grands*

vignobles de Bourgogne, pensent plutôt à la proximité avec la grande voie romaine (en mauvais état ici) qui reliait autrefois Autun à Besançon en passant par Chorey... Le pinot noir, ici une jeune vigne de quinze ans, a remplacé poiriers et/ou pavés et donne naissance à cette cuvée de prime abord fermée, que l'aération rend plus prolixe en fruits (cerise en tête). En bouche, on apprécie sa fraîcheur, son caractère épicé et ses tanins fins et soyeux. ✗ 2017-2020 ❦ pot-au-feu

○━ *Dom. Christian Bellang et Fils, 2 bis, rue de Mazeray, 21190 Meursault, tél. 03 80 21 22 61, domaine.bellang@orange.fr* **V** **🛗** *r.-v.*

DOM. CACHAT OCQUIDANT Vieilles Vignes 2013			
■	5 300	⅏	11 à 15 €

À la tête de 10 ha de vignes réparties tout autour de la montagne de Corton, Jean-Marc Cachat et son fils David figurent en bonne place dans le Guide, surtout pour leurs rouges, majoritaires dans leur carte des vins.

Plus de 90 % de l'appellation est dédiée au pinot noir, qui trouve un beau terrain de jeu dans ce sol d'alluvions marno-calcaires sur fond pierreux. Les Cachat en proposent une variante légère, fruitée (mûre, cassis) et discrètement florale au nez comme en bouche, souple, fraîche et peu tannique. ✗ 2015-2018 ❦ tajine de porc

○━ *Dom. Cachat-Ocquidant, 3, pl. du Souvenir, Cidex 1, 21550 Ladoix-Serrigny, tél. 03 80 26 45 30, domaine.cachat@wanadoo.fr* **V** **🏃** **🛗** *r.-v.*

DOM. DUBOIS D'ORGEVAL 2012			
■	1 800	⅏	15 à 20 €

Installée sur la commune de Chorey-lès-Beaune, la famille Dubois d'Orgeval met en valeur 13 ha de vignes en appellations de la Côte de Beaune.

Après quinze mois d'élevage en fût, cette cuvée livre un bouquet intense où le fruit (groseille, framboise), agrémenté de violette, n'est pas écrasé par le bois, bien intégré et plutôt discret. La bouche se révèle élégante et fraîche, bien structurée, mais en finesse, sans âpreté. ✗ 2017-2021 ❦ canard au poivre vert

○━ *Dom. Dubois d'Orgeval, 3, rue Joseph-Bard, 21200 Chorey-lès-Beaune, tél. 03 80 24 70 89, duboisdorgeval@aol.com* **V** **🏃** **🛗** *r.-v.*

Ⓑ DOM. GUYON Les Bons Ores 2013 ★			
■	4 700	⅏	15 à 20 €

Un domaine familial très régulier en qualité (on ne compte plus les étoiles et les coups de cœur), repris en 1991 par Jean-Pierre Guyon, rejoint par son frère Michel. Le vignoble couvre 9 ha conduits en bio certifié, dans la Côte de Nuits et le nord de la Côte de Beaune.

Comme son nom l'indique, cette terre est bonne à cultiver : « ores » vient du mot latin « hortus » (jardin). Un jardin de 1,87 ha ici, planté de pinot noir, à l'origine d'un vin d'abord discret, plus disert à l'aération, sur les fruits rouges et noirs et quelques notes fumées. Un corps fin, bâti sur des tanins souples et stimulé par une juste fraîcheur, compose un palais agréable et équilibré. ✗ 2016-2020 ❦ poulet aux cèpes

○━ *EARL Dom. Guyon, 11-16, RD 974, 21700 Vosne-Romanée, tél. 03 80 61 02 46, domaine.guyon@wanadoo.fr* **V** **🛗** *r.-v.*

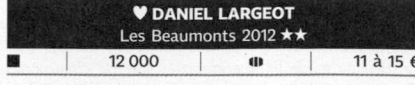

♥ DANIEL LARGEOT
Les Beaumonts 2012 ★★

■ | 12 000 | ◐ | 11 à 15 €

Un domaine familial créé en 1925. Marie-France, fille de Daniel Largeot, installée en 2000, et son mari Rémy Martin, arrivé en 2002, conduisent un vignoble de 13 ha ; Marie-France est au chai, Rémy, à la vigne.

C'est une nouvelle fois avec leur grande parcelle emblématique des Beaumonts (2 ha) que le couple Largeot se distingue. Un coup de cœur d'autant plus méritoire qu'il s'agit là d'une cuvée qui n'a rien de confidentiel, et plus encore en Bourgogne, où l'on sait l'émiettement des parcelles. Ce *climat* forme une large incursion de 41 ha entre les vignobles d'Aloxe-Corton, à l'ouest, et de Savigny, à l'est ; il couvre à lui seul un tiers de l'appellation chorey. Les Largeot en proposent une version des plus abouties, ouverte au nez sur des parfums puissants de cassis mûr, de cerise et de pivoine. Un fruité intense que prolonge une bouche dense, ample et bien charpentée par des tanins racés et parfaitement intégrés. Il y a un côté presque nuiton dans ce vin très élégant. ⧗ 2018-2023 ¥ pigeon farci

⊶ Dom. Daniel Largeot, 5, rue des Brenots, 21200 Chorey-lès-Beaune, tél. 03 80 22 15 10, domainedaniellargeot@orange.fr V ⛹ ⛝ r.-v.

♥ DOM. MAILLARD PÈRE ET FILS 2013 ★★

■ | n.c. | ◐ | 11 à 15 €

Représentant la dixième génération sur le domaine (1766), les frères Alain (à la vigne) et Pascal Maillard (au chai) disposent d'un vignoble de 19 ha répartis dans sept communes aux environs de la montagne de Corton. Une valeur sûre, notamment en corton et en chorey.

Un coup de cœur pour un régional de l'étape, qui met en valeur les deux couleurs de l'appellation avec un blanc sélectionné de belle manière également. Côté rouge, ce 2013, né d'une vigne de quarante ans, dévoile un bouquet intensément fruité de cassis et de cerise, mâtiné de nuances florales et boisées. Une attaque pleine de fraîcheur et de peps introduit un palais fruité à souhait, souple et soyeux, étayé par des tanins fins qui renforcent son caractère aimable. Un chorey bien dans le ton de l'appellation, que l'on pourra apprécier dans sa jeunesse. ⧗ 2016-2020 ¥ jarret de veau ■ 2012 ★ (15 à 20 € ; n.c. b.) : fleurs et fruits blancs, mie de pain, épices pour le nez, du gras et une fine fraîcheur pour le palais, très équilibré. ⧗ 2016-2020

⊶ Dom. Maillard, 2, rue Joseph-Bard, 21200 Chorey-lès-Beaune, tél. 03 80 22 10 67, contact@domainemaillard.com V ⛹ ⛝ r.-v.

DOM. MARATRAY-DUBREUIL
Les Bons Ores 2013

■ | n.c. | ◐ | 11 à 15 €

Domaine de Ladoix-Serrigny fondé en 1935 lorsque le père de Maurice Maratray préféra réinvestir ses gains dans l'achat de vignes plutôt que dans son entreprise de travaux publics. Maurice Maratray épousa la fille de Pierre Dubreuil, figure de Pernand. Aujourd'hui, l'exploitation couvre 18 ha ; elle est dirigée depuis 1997 par François-Xavier Maratray et sa sœur Marie-Madeleine.

Situé sur le piémont de la colline de Corton, ce *climat* bordant la route des vins est l'un des tout meilleurs de l'appellation. Les Maratray y cultivent 2,4 ha de pinot noir et signent une cuvée plaisante par son fruité frais au nez comme en bouche, et sa texture ronde et soyeuse épaulée par des tanins fins et souples. ⧗ 2015-2018 ¥ poulet au thym

⊶ Dom. Maratray-Dubreuil, 5, pl. du Souvenir, 21550 Ladoix-Serrigny, tél. 03 80 26 41 09, contact@domaine-maratray-dubreuil.com V ⛹ ⛝ r.-v.

CATHERINE ET CLAUDE MARÉCHAL 2013 ★

■ | 8 900 | ◐ | 20 à 30 €

Installé dans la plaine de Pommard depuis 1981, le couple Maréchal fait partie des valeurs sûres de la Côte de Beaune. Il conduit, avec minutie et dans un esprit bio (pas de désherbants chimiques, levures indigènes, limitation du soufre), un vignoble de 12,8 ha offrant une large gamme d'appellations. L'une des belles références de la Côte de Beaune.

Fidèle au rendez-vous, le chorey rouge des Maréchal offre à l'olfaction un beau mariage de fruits rouges et noirs. Un fruité auquel répond un palais frais, sur les fruits acidulés (framboise en tête), épaulé par des tanins fins et souples. ⧗ 2016-2019 ¥ tajine de poulet aux légumes

⊶ EARL Catherine et Claude Maréchal, 6, rte de Chalon, 21200 Bligny-lès-Beaune, tél. 03 80 21 44 37, marechalcc@orange.fr V ⛹ ⛝ r.-v.

DOM. PANSIOT 2013 ★★

■ | 5 500 | ⛁ ◐ | 11 à 15 €

Un vaste domaine de 21 ha créé en 1981 (5 ha à l'origine) par Éric Pansiot, associé depuis 2000 avec son épouse Chantal et le Gallois Marc Thomson. En 2004, sa fille Émilie les a rejoints. Un pied dans chaque Côte et une dizaine d'appellations en production.

Un chorey comme on les aime, souple et fruité à souhait, ouvert sans réserve sur les fruits rouges confits, agrémentés de nuances de sous-bois. Suivant avec persistance la même ligne aromatique, la bouche séduit par sa rondeur, la finesse et l'élégance de ses tanins et sa finale longue et expressive. Un vin à partager dès aujourd'hui comme à garder quelques années en cave. ⧗ 2015-2019 ¥ bœuf bourguignon

⊶ Dom. Pansiot, 21, imp. du Château-de-la-Chaume, 21700 Corgoloin, tél. 03 80 62 94 32, domaine-pansiot@bbox.fr V ⛹ ⛝ r.-v.

PERRUCHOT-BOURRUD Les Beaumonts 2012 ★

■ | 800 | ◐ | 11 à 15 €

Après vingt-deux ans en tant que cadre technique chez un négociant en vin, puis sept ans comme cadre commerciale dans une imprimerie, Murielle Dumont s'offre

une reconversion dans la vigne. Elle reprend en 2008 les vignes familiales et la cuverie du grand-père, et crée sa structure viticole avec son frère. Ensemble, ils conduisent aujourd'hui un petit vignoble de 1,6 ha sur Chorey.

Un nouveau nom dans le Guide, cela n'est pas si fréquent en Bourgogne. Murielle Dumont s'invite dans ces pages avec une belle cuvée née de vignes de cinquante ans, bouquetée avec élégance autour de la violette et du cassis. Dans la continuité, le palais se révèle équilibré et complet, bâti sur une fine fraîcheur minérale et sur une bonne trame de tanins soyeux. Une belle évolution en perspective. ✗ 2018-2022 ✠ tourte bourguignonne

○⌐ SCEV Les Beaupoirs, 10, rue Pauline-Léger, 21200 Chorey-lès-Beaune, tél. 03 80 21 32 70, scev-les-beaupoirs@sfr.fr 🆅 🏃 🍴 t.l.j. 14h-18h30; sam. dim. sur r.-v. 🏠 ❶

ROMAIN PERTUZOT Les Beaumonts 2013 ★			
■	n.c.	🍷 ⬗	11 à 15 €

Fils de vignerons, le jeune Romain Pertuzot s'est installé en 2008 sur une petite vigne à Chorey, qu'il agrandit petit à petit et qu'il complète par une activité de négociant lui permettant, comme à beaucoup de jeunes exploitants, de compléter sa gamme.

Ce jeune producteur local continue de tirer son épingle du jeu, avec ici un chorey issu d'un terroir réputé. À l'aération, les fruits rouges confits se mêlent à de plaisantes nuances florales. La bouche se révèle souple, fraîche et équilibrée, avec en soutien une fine structure tannique qui lui confère autant d'élégance que de persistance. Une bouteille à apprécier aussi bien jeune qu'après un peu de garde. ✗ 2016-2020 ✠ chili con carne

○⌐ Romain Pertuzot, 9, rue de Ley, 21200 Chorey-lès-Beaune, tél. 03 80 22 73 67, rpertuzot@wanadoo.fr

DOM. POULLEAU PÈRE ET FILS 2013 ★			
■	1 450	⬗	15 à 20 €

Depuis le départ à la retraite de son père Michel en 1996, Thierry Poulleau (à la technique) et son épouse Florence (au commercial) gèrent les 7,3 ha du domaine familial créé par le grand-père Gaston et signent des vins souvent en vue, notamment des volnay, chorey et côte-de-beaune.

Ce domaine familial basé à Volnay fait partie des producteurs de Chorey les plus réguliers. Il le prouve à nouveau avec cette cuvée ouverte sur les fruits rouges mâtinés de cuir et de notes de sous-bois. Le fruit est aussi bien présent dans une bouche souple et très fraîche, étayée par des tanins fins. ✗ 2015-2018 ✠ couscous

○⌐ Dom. Michel Poulleau, 7, rue du Pied-de-la-Vallée, 21190 Volnay, tél. 03 80 21 26 52, domaine.poulleau@wanadoo.fr 🆅 🏃 🍴 r.-v.

DOM. RAPET PÈRE ET FILS Vieilles Vignes 2013 ★			
■	6 600	⬗	15 à 20 €

Ce domaine ancien (1765) et incontournable de Pernand-Vergelesses est conduit par Vincent Rapet depuis 1993. S'il se passionne pour sa commune natale, ce dernier travaille les appellations voisines avec le même soin, sur un vignoble de 20 ha.

Né d'une belle parcelle de vigne de 2 ha, plantée sur un sol ferrugineux, ce *village* mêle au nez les fruits rouges et

noirs à des nuances de tabac. Bien structuré mais sans âpreté, frais et fruité, le palais est élégant et équilibré. On pourra profiter de cette bouteille dans sa jeunesse, mais un peu de garde lui apportera un surcroît d'harmonie. ✗ 2016-2020 ✠ rôti de veau

○⌐ Dom. Rapet Père & Fils, 2, pl. de la Mairie, 21420 Pernand-Vergelesses, tél. 03 80 21 59 94, vincent@domaine-rapet.com 🆅 🍴 r.-v.

DOM. JOËL REMY Le Grand Saussy 2013			
■	n.c.	⬗	15 à 20 €

Un domaine fondé en 1853 au sud-est de Beaune, repris en 1988 par Joël Remy (cinquième génération), qui met en valeur avec son épouse Florence un vignoble de 12 ha répartis dans plusieurs appellations de la Côte de Beaune.

Joël Remy met en valeur la partie blanche (et confidentielle) de l'appellation avec cette cuvée née sur un *climat* dont le nom est dérivé du mot saule : une zone humide proche du fossé des Brennots, qui accueille aujourd'hui la vigne sur 3,6 ha. Le nez dévoile des senteurs fines et bien mariées de fleurs blanches, de fruits exotiques et de vanille. La bouche se montre ronde, épicée et beurrée, stimulée en finale par une touche de fraîcheur minérale. ✗ 2015-2019 ✠ tajine de fruits de mer

○⌐ Dom. Joël Remy, 4, rue du Paradis, 21200 Sainte-Marie-la-Blanche, tél. 03 80 26 60 80, domaine.remy@wanadoo.fr 🆅 🏃 r.-v.

DOM. GEORGES ROY ET FILS 2013			
■	8 000	🍷 ⬗	11 à 15 €

Vincent Roy, le vinificateur, et sa sœur Claire, arrivée en 2012, conduisent un domaine familial de 9 ha, établi dans la plaine de Chorey-lès-Beaune, en vue notamment pour ses chorey et ses aloxe-corton.

Proche de l'étoile, ce chorey déploie de généreux parfums de fruits rouges et noirs mûrs (fraise, myrtille, mûre). La bouche possède « du mordant », comprenez une fraîcheur bien sentie, renforcé par des tanins fermes, encore un brin sévères en finale. Le temps fera son œuvre... ✗ 2017-2020 ✠ œufs en meurette

○⌐ Dom. Georges Roy et Fils, 20, rue des Moutots, 21200 Chorey-lès-Beaune, tél. 03 80 22 16 28, domaine.roy-fils@wanadoo.fr 🆅 🏃 🍴 r.-v.

BEAUNE

Superficie : 410 ha / Production : 15 650 hl (85 % rouge)

En termes de superficie, l'appellation beaune est l'une des plus importantes de la Côte. Beaune, ville d'environ 23 000 habitants, est aussi et surtout la capitale viti-vinicole de la Bourgogne. Siège d'un important négoce, centre d'un nœud autoroutier, la cité possède un patrimoine architectural qui attire de nombreux touristes. La vente des vins des Hospices reste un événement mondial et représente l'une des ventes de charité les plus illustres. Les vins, essentiellement rouges, sont pleins de force et de distinction. La situation géographique a permis le classement en 1er cru d'une grande partie du vignoble : Les Bressandes, Le Clos du Roy, Les Grèves, Les Teurons et Les Champimonts figurent parmi les plus prestigieux.

B DOM. DE BELLENE Les Grèves 2012

| 1er cru | 867 | ◫ | 20 à 30 € |

Nicolas Potel s'est installé en 2007 au cœur de Beaune dans une splendide maison ancienne, rénovée selon des critères écologiques qui témoignent de l'authenticité de sa démarche bio. Le domaine couvre 20 ha répartis de Saint-Romain à Vosne-Romanée.

Ce *climat* des Grèves est le plus grand (31,33 ha) des quarante-deux 1ers crus beaunois et a souvent la préférence du pinot noir. Nicolas Potel y cultive 23 ares d'une vigne plus que centenaire, plantée en 1904. Le résultat est un vin au nez épanoui et fin de fruits mûrs (cassis, cerise), au palais tendre, suave et souple, mais un peu plus austère en finale. ✗ 2016-2021 ✢ dinde farcie aux marrons

○ᴙ *Dom. de Bellene, 39, rue du Fg.-Saint-Nicolas, 21200 Beaune, tél. 03 80 20 67 64, contact@domainedebellene.com*

FRANÇOIS BERGERET Les Prévolles 2013

| ■ | 1 700 | ◫ | 15 à 20 € |

Un domaine familial depuis quatre générations : 7,5 ha entre Nolay, dans les Hautes-Côtes, Beaune et Pommard, conduits depuis 2000 par François Bergeret.

Coup de cœur l'an passé dans la version 2012, ce *village* né d'une jeune vigne de six ans conserve sa place dans le Guide avec le délicat millésime 2013. Le nez dévoile des senteurs plaisantes d'agrumes, de fruits à chair blanche et de chèvrefeuille, accompagnées par un boisé léger. Le palais se montre équilibré, offrant du gras et ce qu'il faut de fraîcheur, renforcée par une finale saline ✗ 2015-2019 ✢ sushis

○ᴙ *Dom. François Bergeret, 15, rue Franche, 21340 Nolay, tél. 06 87 58 23 45* ▧ ⚘ r.-v. ⌂ ❶

DOM. BERTHELEMOT Clos des Mouches 2012 ★

| 1er cru | 1 947 | ◫ | 20 à 30 € |

Un domaine créé par Brigitte Berthelemot en 2006 avec la reprise des vignes de Jean Garaudet et d'Yves Darviot, 7,8 ha administrés avec Marc Cugney. Un duo complémentaire à en juger par sa régularité depuis son installation.

L'un des 1ers crus les plus renommés et des plus vastes (25 ha) de l'appellation, qui doit son nom aux abeilles (mouches à miel) logeant dans les ruches autrefois installées sur les hauteurs du mont Saint-Désiré, côté Pommard. Le domaine s'illustre régulièrement avec cette cuvée, en rouge comme en blanc. Ici, un 2012 au nez de griotte très légèrement kirschée, au palais charnu, suave et fruité à souhait (la griotte toujours, le pruneau aussi), porté par des tanins fondus et par une jolie finale tout en fraîcheur. Un ensemble harmonieux et élégant. ✗ 2018-2022 ✢ carré d'agneau aux cerises

○ᴙ *Dom. Brigitte Berthelemot, 24, rue des Forges, 21190 Meursault, tél. 03 80 21 68 61, contact@domaineberthelemot.com* ▧ ⚘ ⬆ r.-v.

DOM. BESSON Les Champs Pimont 2012 ★

| 1er cru | 2 500 | ◫ | 20 à 30 € |

Installés en 1989 sur le domaine familial fondé en 1938, Guillemette et Xavier Besson, producteurs renommés de la Côte chalonnaise, conduisent un vignoble de 8 ha.

À leur disposition également, une magnifique cave du XVIIᵉs. classée Monument historique.

Des vignes de cinquante ans sont à l'origine de ce 2012 qui s'ouvre doucement sur des notes de vanille, de truffe et de fruits confiturés. L'attaque est souple et tonique, la trame tannique bien en place et soyeuse, donnant une impression de puissance maîtrisée. Un vin très harmonieux et armé pour bien vieillir. ✗ 2017-2021 ✢ civet de lièvre aux pruneaux

○ᴙ *Dom. Xavier et Guillemette Besson, 9, rue des Bois-Chevaux, 71640 Givry, tél. 03 85 44 42 44, xavierbesson3@wanadoo.fr* ▧ ⚘ ⬆ r.-v. ⌂ ❸

BOUCHARD PÈRE ET FILS 2013 ★

| ■ | n.c. | ◫ | 11 à 15 € |

Fondée en 1731 et propriété du Champagne Joseph Henriot depuis 1995, cette maison de négoce est à la tête d'un vaste vignoble de 130 ha, dont 12 ha en grands crus et 74 ha en 1ers crus. Elle propose une très large gamme de vins, des AOC les plus prestigieuses aux simples régionales, qui reposent dans les magnifiques caves enterrées de l'ancien château de Beaune (XVᵉs.), conservatoire unique de très vieux millésimes. Qui dit vin de Beaune pense à Bouchard, et vice versa : la maison possède pas moins de 50 ha dans l'appellation. Elle propose ici un *village* de caractère. Le nez dévoile des parfums soutenus de réglisse et de violette, mâtinés de nuances animales, minérales et boisées. Le palais se révèle rectiligne, consistant et solide, bâti sur des tanins puissants qui lui confèrent une belle espérance de garde. ✗ 2017-2021 ✢ coq au vin

○ᴙ *Bouchard Père et Fils, Ch. de Beaune, 15, rue du Château, 21200 Beaune, tél. 03 80 24 80 24, contact@bouchard-pereetfils.com* ▧ ⚘ ⬆ t.l.j. 10h-12h30 14h30-18h30 ○ᴙ Famille Henriot

DOM. LAURENT ET KAREN BOUSSEY Les Prévoles 2013 ★

| ■ | 1 800 | ▯ ◫ | 11 à 15 € |

À la tête du domaine familial depuis 2003, Laurent et Karen Boussey exploitent 7,25 ha de vignes répartis dans de nombreuses appellations, d'Aloxe-Corton à Meursault.

Les beaune en appellation communale sont toujours situés, comme c'est le cas ici, sur des terrains au pied de la colline. À partir de 45 ares, les Boussey signent un 2013 expressif, sur les fruits noirs, le tabac et le Zan, frais, consistant et long en bouche, bâti sur des tanins bien en place et qui ne manquent pas de finesse. ✗ 2017-2020 ✢ sanglier sauce au cassis

○ᴙ *Laurent Boussey, 1, rue du Pied-de-la-Vallée, 21190 Monthelie, tél. 03 80 21 28 42, laurent.boussey@sfr.fr* ▧ ⚘ ⬆ r.-v.

B CHRISTOPHE BUISSON Clos Saint-Désiré 2012 ★

| ■ | 2 300 | ◫ | 20 à 30 € |

Plutôt que maçon, comme son père, Christophe Buisson a choisi d'être vigneron. D'abord courtier, il crée son domaine à Saint-Romain en 1996 : 7 ha (en bio) complétés en 2007 par une petite activité de négoce, avec des vins souvent en vue en saint-romain et en auxey-duresses. En 2015, le domaine a fusionné avec le négoce

Alex Gambal pour devenir le domaine Gambal Buisson, Christophe conservant un rôle de consultant et se consacrant désormais au développement de la partie négoce.

Ce climat de 8,88 ha est situé au-dessus du Clos des Mouches, entre 300 et 350 m sur la montagne Saint-Désiré, où le calcaire de Comblanchien fait place à celui du rauracien. Le chardonnay s'y sent bien. Témoin ce 2012 élevé, comme toujours pour les vins de Christophe Buisson, dix-huit mois en fût récent. Pas de bois oppressant ici, mais plutôt de fines notes d'églantine, d'amande, de pêche jaune et de mandarine. Le palais se montre tendre, ample et rond, boisé avec justesse, il ne manque ni de fraîcheur ni de persistance. De bonne garde assurément. ✗ 2018-2022 ❦ blanquette de veau

o━ *Christophe Buisson, 34, rue de la Tartebouille, 21190 Saint-Romain, tél. 03 80 21 63 92, sarlchristophebuisson@wanadoo.fr* Ⓥ 🏃 🛈 *r.-v.*

CAPUANO-FERRERI Cuvée Jean-Marc Ferreri 2013			
■	n.c.	⅏	15 à 20 €

Associé à l'ancien footballeur Jean-Marc Ferreri, John Capuano – dont le père Gino a créé en 1987 ce domaine implanté à Santenay – exploite 12 ha de parcelles s'égrenant de Beaune à Mercurey. Très régulier en qualité.

Griotte, réglisse, épices, petites touches animales, c'est avec un nez expressif que se présente cette cuvée hommage à l'ancien international français (trente-sept sélections). En bouche, le vin offre un bon équilibre, bâti sur des tanins fermes et sur un boisé encore un peu dominateur, mais qui laisse le fruit s'exprimer. ✗ 2017-2020 ❦ foie gras poêlé aux airelles

o━ *EARL Dom. Capuano-Ferreri, 14, rue Chauchien, 21590 Santenay, tél. 03 80 20 68 04, john.capuano@ wanadoo.fr* Ⓥ 🏃 🛈 *r.-v.*

DOM. DENIS CARRÉ Les Tuvilains 2012 ★			
■ 1er cru	n.c.	⅏	20 à 30 €

À Meloisey, dans les Hautes-Côtes, Martial et Gaëtane Carré ont rejoint leur père Denis, fondateur en 1975 de ce domaine qui excelle dans plusieurs AOC, en hautes-côtes-de-beaune, saint-romain et pommard notamment. Tuvilains ? Un 1er cru peu connu, proche de Pommard, situé à mi-pente sur des marnes argoviennes ; son nom évoquerait la difficulté à le cultiver autrefois. Les Carré en tirent un vin au nez élégant et complexe (truffe, cerise kirschée, épices, pivoine). Une attaque moelleuse introduit un palais non moins élégant, texturé, aux tanins fermes mais fins, sous-tendu par une vivacité bien ajustée. La longue finale réglissée laisse le souvenir d'un vin harmonieux. ✗ 2018-2022 ❦ navarin d'agneau

o━ *Dom. Denis Carré, 1, rue du Puits-Bouret, 21190 Meloisey, tél. 03 80 26 02 21, domainedeniscarre@ wanadoo.fr* Ⓥ 🏃 🛈 *r.-v.*

DOM. CAUVARD Les Grèves 2013 ★			
■ 1er cru	1 200	⅏	20 à 30 €

Depuis 1974, Henri et Jacqueline Cauvard sont à la tête de cette exploitation familiale, rejoints en 2007 par leurs fils Julien. Installés au cœur de Beaune, ils exploitent aujourd'hui 18 ha de vignes sur cinq villages de la Côte de Beaune.

Les Grèves constitue le plus grand des *climats* de Beaune et nombreux sont ceux qui en possèdent quelques rangs. Les Cauvard en possèdent 79 ares. Leur 2013 dévoile un nez généreux de fruits rouges mûrs mâtinés de boisé, que prolonge, agrémentée de notes épicées, une bouche équilibrée, persistante, aux tanins fins et bien en place. ✗ 2017-2020 ❦ bœuf bourguignon ■ Clos de la Maladière Monopole 2013 (15 à 20 € ; 1 800 b.) : vin cité. ✗ 2017-2020

o━ *Dom. Cauvard, 34 bis, rte de Savigny, 21200 Beaune, tél. 03 80 22 29 77, julien.cauvard@wanadoo.fr* Ⓥ 🏃 🛈 *r.-v.*

DOM. CHANSON Clos des Fèves Monopole 2012 ★			
■ 1er cru	n.c.	⅏	50 à 75 €

L'une des plus anciennes maisons de négoce de Bourgogne, fondée en 1750, reprise en 1999 par le Champagne Bollinger. En plus de ses achats de raisins, elle dispose d'un important vignoble de 45 ha et de l'expertise de Jean-Pierre Confuron, son œnologue-conseil au talent largement salué (aussi pour son domaine familial Confuron-Cotedidot avec son frère Yves), qui a développé un style reconnaissable grâce à ses vinifications en grappes entières. Son fief est situé autour de Beaune, mais Chanson propose aussi des appellations en Côte de Nuits.

Un clos en monopole de 3,8 ha, répertorié dès 1307. Au nez, des fruits rouges légèrement confits, une note fumée et une touche minérale. En bouche, de l'intensité aromatique, une matière fine, des tanins bien présents mais soyeux et une longue finale poivrée. Ce vin gagnera sa seconde étoile après un petit passage en cave. ✗ 2017-2020 ❦ aiguillettes de canard au foie gras ■ 1er cru Bressandes 2012 (50 à 75 € ; n.c. b.) : vin cité. ✗ 2018-2022

o━ *Dom. Chanson Père et Fils, 10, rue Paul-Chanson, 21200 Beaune, tél. 03 80 25 97 97, chanson@domaine-chanson.com* Ⓥ 🏃 🛈 *r.-v.*

Ⓑ DOM. DES CLOS Les Avaux 2012			
■ 1er cru	1 869	⅏	20 à 30 €

Après plusieurs expériences à l'étranger, Grégoire Bichot a intégré la maison de négoce familiale Albert Bichot, pour la quitter quelques années après et créer en 1995 le domaine des Clos. Depuis 2011, il s'est établi dans l'ancien couvent des Bernardines de Nuits-Saint-Georges et conduit un vignoble de 5,25 ha sur Beaune, Nuits-Saint-Georges et Chablis (conduits en bio sur la Côte-d'Or, en biodynamie dans le Chablisien).

Des ceps de soixante et un ans sont à l'origine de ce 1er cru au nez discret mais fin de griotte et de chocolat. La bouche se montre riche et puissante, soutenue par des tanins soyeux, qui se révèlent un peu plus stricts dans une finale aux tonalités réglissées. À mettre en cave. ✗ 2018-2022 ❦ rôti de bœuf aux cèpes ■ 1er cru Les Grèves 2012 (20 à 30 € ; 970 b.) : vin cité. ✗ 2018-2025

o━ *Dom. des Clos, 3, rue des Seuillets, 21700 Nuits-Saint-Georges, tél. 03 80 21 42 66, contact@domainedesclos.com* o━ *Bichot*

DOM. DOUDET Cent vignes 2012			
■ 1er cru	883	⅏	20 à 30 €

Fondée en 1849 par Albert Brenot et acquise par la famille Doudet en 1933, la maison Doudet-Naudin est un négoce de Savigny-lès-Beaune qui propose des cuvées issues de terroirs restreints. Unique propriétaire depuis 2014, Christophe Rochet est épaulé par Isabelle Doudet à la direction technique et par Bertrand Straebler comme maître de chai. La maison Doudet possède aussi son propre domaine : 11 ha entre Beaune et Pernand, conduits en lutte raisonnée avec des expérimentations en bio.

Cette cuvée issue de l'activité de négoce dévoile des parfums de fruits noirs (cassis, mûre) et d'épices. D'abord souple et fruité, le palais se montre ensuite plus riche et tannique, offrant de la mâche et une finale chaleureuse. ✕ 2017-2020 ❦ terrine de queue de bœuf

☞ Doudet-Naudin, 3, rue Cyrot,
21420 Savigny-lès-Beaune, tél. 03 80 21 51 74,
contact@doudetnaudin.com Ⓥ 🏃 🏠 r.-v.

JOSEPH DROUHIN Clos des Mouches 2012 ★			
■ 1er cru	6 000	◫	75 à 100 €

Créée en 1880, cette maison beaunoise travaille un large palette d'AOC bourguignonnes : de Chablis (38 ha sous l'étiquette Drouhin-Vaudon) à la Côte chalonnaise (3 ha), en passant par les Côtes de Beaune et de Nuits (32 ha). On peut y ajouter les vignes américaines du domaine Drouhin en Oregon (90 ha), créé en 1987, et de Roserock Vineyard, 112 ha dans la région des Eola-Amity Hills. Ce négoce d'envergure grâce à ce vaste domaine de 73 ha développé par Robert Drouhin à partir de 1957, désormais géré par ses quatre enfants, est aussi le plus important propriétaire de vignes cultivées en biodynamie. Incontournable.

On retrouve avec le lumineux millésime 2012 cette « cuvée signature » de la maison beaunoise. Le nez dévoile de fines senteurs de pamplemousse, de mandarine et d'épices. Soyeux dès l'attaque, le palais offre du corps, de l'équilibre et de la longueur, avec une jolie touche minérale en finale. ✕ 2017-2022 ❦ lotte à la crème

☞ Maison Joseph Drouhin, 7, rue d'Enfer, 21200 Beaune, tél. 03 80 24 68 88, maisondrouhin@drouhin.com
Ⓥ 🏃 🏠 r.-v.

DOM. MICHEL GAY ET FILS Coucherias 2012			
■ 1er cru	3 000	◫	20 à 30 €

Les Gay sont plusieurs à Chorey. Ici, c'est le domaine des fils de Michel : Sébastien, installé en 2000, et Laurent, l'œnologue, qui l'a rejoint en 2010. Incarnant la quatrième génération, ils disposent de 15 ha à Chorey et dans les communes voisines.

Regardant le vignoble voisin de Pommard, bien calé sur le flanc sud-est de la montagne de Beaune et ses sols bruns peu épais et pentus, ce climat peu connu est le plus élevé des quarante-deux 1ers crus de Beaune. Les Gay en tirent un vin aux arômes de bourgeon de cassis et de mûre, au palais souple en attaque, structuré par des tanins ronds et offrant une bonne persistance. ✕ 2016-2019 ❦ civet de biche aux airelles

☞ Dom. Michel Gay et Fils, 1 B, rue des Brenots,
21200 Chorey-lès-Beaune, tél. 03 80 22 22 73,
michelgayetfils@orange.fr Ⓥ 🏃 🏠 r.-v.

FRANÇOIS GAY ET FILS Les Teurons 2012 ★			
■ 1er cru	815	◫	15 à 20 €

Établies dans la plaine de Chorey, sept générations de vignerons ont porté ce nom depuis 1880. Pascal Gay, fils de François, est aux commandes depuis 1998.

De ce vaste climat (21 ha) en forme de tertre placé au milieu de la colline de Beaune, le domaine exploite 20 ares de pinot noir. Dans le verre, cela donne un vin bien ouvert sur les fruits rouges et noirs, frais, alerte et soyeux en bouche, bâti sur des tanins fermes mais sans dureté, qui autorisent une ouverture sans trop attendre comme une bonne garde. ✕ 2017-2022 ❦ carré d'agneau aux cerises

☞ EARL François Gay et Fils, 9, rue des Fières,
21200 Chorey-lès-Beaune, tél. 03 80 22 69 58,
dom.gay.francois.fils@orange.fr Ⓥ 🏃 🏠 r.-v.

DOM. GERMAIN PÈRE ET FILS Les Aigrots 2012			
■ 1er cru	1 200	◫	15 à 20 €

Un domaine créé en 1955 par Bernard Germain, rejoint par son fils Patrick en 1976, avec lequel il lance la mise en bouteilles. En 2009, Arnaud, le petit-fils, prend la relève. Il est à la tête de 15 ha, complétés par une activité de négoce à son nom.

Un 1er cru situé côté Pommard. Un nez intense et charmeur de petits fruits rouges confits ouvre la dégustation. La bouche se montre souple en attaque, riche, corsée et fruitée, dotée de tanins fins. ✕ 2018-2022 ❦ filet de Charolais en croûte

☞ Dom. Germain Père et Fils, 34, rue de la Pierre-Ronde,
21190 Saint-Romain, tél. 03 80 21 60 15, contact@
domaine-germain.com Ⓥ 🏃 🏠 t.l.j. sf dim. 8h30-12h
13h30-19h 🏠 Ⓖ

DOM. LUCIEN JACOB Les Cent vignes 2013			
■ 1er cru	1 600	◫	15 à 20 €

Établis depuis 1989 dans le village d'Échevronne au cœur des terroirs des Hautes Côtes, Chantal, Jean-Michel et Christine Jacob conduisent un domaine de 17 ha et produisent du vin dans les deux Côtes, mais aussi des crèmes de petits fruits traditionnelles.

Une vigne de trente ans a donné naissance à ce 1er cru ouvert sur le cassis et les fruits rouges. La bouche offre du volume, de la matière, des tanins suaves, une bonne vivacité et une jolie finale épicée. Il gagnera une étoile après une petite garde. ✕ 2017-2020 ❦ tournedos Richelieu

☞ Dom. Lucien Jacob, 11, pl. de la Mairie,
21420 Échevronne, tél. 03 80 21 52 15,
lucien.jacob@wanadoo.fr Ⓥ 🏃 🏠 r.-v. 🏠 Ⓑ

JAFFELIN Sur les Grèves Clos Sainte-Anne Monopole 2012			
■ 1er cru	1 237	◫	20 à 30 €

Cette maison de négoce-élevage implantée à Beaune depuis 1816 appartient à la galaxie des vins Boisset. Elle conserve son autonomie d'achat avec Marinette Garnier à sa tête, une jeune œnologue qui a pris la suite de Prune Amiot en 2011. En vogue notamment pour ses pernand-vergelesses et ses auxey-duresses.

C'est en tant que propriétaire que cette maison de vin exploite ce petit clos monopolistique de 37 ares, établi à 300 m d'altitude, dans la partie haute du cru. Son 2012 mêle au nez la fraise à un boisé léger. Une attaque fraîche et aérienne fait place à des tanins sérieux, voire sévères en finale. ✕ 2016-2019 ❦ civet de marcassin

☞ Maison Jaffelin, 2, rue Paradis, 21200 Beaune,
tél. 03 80 22 12 49, jaffelin@maisonjaffelin.com
Ⓥ 🏃 🏠 r.-v.

BOURGOGNE

DOM. JESSIAUME Cent Vignes 2012

| ■ 1er cru | 3 170 | 🔖 ⬛ | 20 à 30 € |

Acheté en 2007 par Sir David Murray, ce domaine familial (9 ha, en grande partie sur la commune de Santenay) fait figure de valeur sûre en Côte-d'Or. En 2008, une structure de négoce est venue compléter la production de la propriété. L'œnologue est William Waterkeyn.

Avec ses 23,5 ha, Cent Vignes est le second plus vaste 1er cru de l'appellation. La maison Jessiaume en exploite 1,16 ha. Elle signe un 2012 bien balancé entre pain grillé et petits fruits (mûre, cassis), au palais souple et frais en attaque, consistant et soyeux dans son développement. ✗ 2017-2020 ✵ pintade sauce au maroilles

○━ *Dom. Jessiaume, 10, rue de la Gare, 21590 Santenay, tél. 03 80 20 60 03, contact@domaine-jessiaume.com* Ⓥ 🥾 ☂ *r.-v.* ○━ Sir David Murray

DANIEL LARGEOT Les Grèves 2012 ★

| ■ 1er cru | 2 000 | ⬛ | 15 à 20 € |

Un domaine familial créé en 1925. Marie-France, fille de Daniel Largeot, installée en 2000, et son mari Rémy Martin, arrivé en 2002, conduisent un vignoble de 13 ha ; Marie-France est au chai, Rémy à la vigne.

Une cuvée régulière en qualité, à nouveau au rendez-vous avec ce 2012 expressif et élégant dès l'olfaction (rose, jasmin, fruits rouges, vanille). On retrouve ces arômes dans une bouche dense et bien bâtie sur des tanins présents mais soyeux, qui assureront une bonne tenue à la garde. ✗ 2018-2021 ✵ coq au vin

○━ *Dom. Daniel Largeot, 5, rue des Brenots, 21200 Chorey-lès-Beaune, tél. 03 80 22 15 10, domainedaniellargeot@orange.fr* Ⓥ 🥾 ☂ *r.-v.*

LOUIS LATOUR Vignes franches 2012

| ■ 1er cru | 6 000 | ⬛ | 30 à 50 € |

Une maison familiale toujours indépendante, fondée en 1797 et conduite par dix générations de Latour. Un acteur incontournable de la Bourgogne viticole et le plus important propriétaire de grands crus de la Côte-d'Or (28 ha sur les 48 que compte son vignoble). Les raisins sont vinifiés à Aloxe-Corton, berceau de la famille, et la maison possède sa propre tonnellerie.

Sur les 8,5 ha que composent ce 1er cru calé à mi-coteau tout près de Pommard, la Maison Latour en exploite 2,3 ha. Elle en tire ce vin qui évoque la crème de cassis mâtinée d'épices et de nuances animales. La bouche se révèle fruitée, tendre et riche, avec une pointe végétale pas désagréable en appoint, et s'appuie sur des tanins soyeux. Une petite garde est conseillée. ✗ 2017-2022 ✵ sauté de veau à la tomate

○━ *Maison Louis Latour, 18, rue des Tonneliers, 21200 Beaune, tél. 03 80 24 81 00, contact@louislatour.com*

DOM. VINCENT LEGOU Les Blanches Fleurs 2012 ★

| ■ 1er cru | 1 200 | ⬛ | 20 à 30 € |

Installé dans les Hautes-Côtes de Nuits, tout près de Nuits-Saint-Georges, Vincent Legou a pris en 2008 la suite de son père Jacky, fondateur du domaine en 1984. Le vignoble (en conversion à l'agriculture biologique) couvre 11,5 ha entre Beaune et Gevrey-Chambertin.

On hésite sur l'origine du nom de ce climat de 3,14 ha, situé en bordure du Clos du Roi, côté Savigny : le prénom d'une propriétaire des lieux au XIIIe s. (une certaine Blancheflors) ou la présence, jadis, d'arbres fruitiers à la blanche floraison ?... Vincent Legou en extrait un vin au bouquet intense de fruits rouges, d'amande, de vanille et de torréfaction (dix-huit mois en barrique). Le palais se révèle harmonieux, offrant à la fois de la richesse et de la fraîcheur, des tanins fins et un boisé léger. ✗ 2017-2022 ✵ lapin chasseur

○━ *Dom. Vincent Legou, hameau de Concœur, 21700 Nuits-Saint-Georges, tél. 03 80 62 53 73, domaine.vincent.legou@gmail.com* Ⓥ 🥾 ☂ *r.-v.*

DOM. DU LYCÉE VITICOLE Les Bressandes 2013 ★★

| ■ 1er cru | 2 950 | ⬛ | 15 à 20 € |

Créé en 1884 en pleine crise du phylloxéra, le « Viti » de Beaune a formé des générations de producteurs aux techniques de la vigne et du vin. Il conduit aujourd'hui un domaine de 21 ha qui sert d'outil pédagogique et expérimental.

Ce 1er cru tient son nom de Jean Bressans, un chanoine de Beaune qui vécut au XIIIe s. Les élèves du Lycée ont une nouvelle fois bien travaillé. Après une mention « très réussi » pour leur beaune Les Perrières 2012 l'an dernier, on grimpe un échelon avec ce Bressandes : mention « remarquable » et une finale des coups de cœur. Le nez se révèle épicé, fruité (cassis, merise) et joliment boisé. Des arômes que l'on retrouve dans un palais long, élégant, droit, frais et « bien planté » (comprenez solidement bâti). Déjà harmonieux, il vieillira bien. ✗ 2016-2022 ✵ civet de biche forestier

○━ *Dom. du Lycée Viticole , 16, av. Charles-Jaffelin, 21200 Beaune, tél. 03 80 26 35 81, sylvain.bujeon@ educagri.fr* Ⓥ 🥾 ☂ *t.l.j. 8h30-12h 14h-18h ; f. 1er-15 août* ○━ Bujeon

DOM. SÉBASTIEN MAGNIEN Les Aigrots 2012 ★

| ■ 1er cru | 1 200 | 🔖 ⬛ | 20 à 30 € |

Sébastien Magnien, originaire des Hautes-Côtes, a créé en 2004 son domaine à partir des vignes maternelles, 12 ha aujourd'hui. Il se dit très interventionniste à la vigne pour les travaux manuels (ce qui permet de limiter les intrants), beaucoup moins au chai (macérations longues, pas de surextraction, usage modéré de fûts neufs).

Macération longue, extraction douce, élevage de treize mois en fût pour ces Aigrots. Le résultat est un vin ouvert sur les fruits rouges (griotte) et noirs (cassis) finement confiturés, agrémentés de jolies nuances boisées. La bouche se montre ample et veloutée, longuement étayée par des tanins fins, ronds et fondus. Déjà fort aimable, ce beaune affiche aussi un avenir prometteur. ✗ 2016-2022 ✵ tournedos Rossini

○━ *Dom. Sébastien Magnien, 6, rue Pierre-Joigneaux, 21190 Meursault, tél. 03 80 21 27 58, domainesebastienmagnien@orange.fr* Ⓥ 🥾 ☂ *r.-v.*

DOM. MAILLARD PÈRE ET FILS 2013

| ■ n.c. | ⬛ | 15 à 20 € |

Représentant la dixième génération sur le domaine (1766), les frères Alain (à la vigne) et Pascal Maillard (au chai) disposent d'un vignoble de 19 ha répartis dans sept communes aux environs de la montagne de Corton. Une valeur sûre, notamment en corton et en chorey.

Les beaune des frères Maillard font souvent bonne figure dans le Guide. Il en va ainsi de ce 2013 expressif, sur les fruits rouges, les épices, la violette et la réglisse. Vif en attaque, le palais présente une belle matière, de la chair et un bon fruit, renforcés par des tanins bien présents mais élégants et sans dureté. ⚔ 2018-2021 ▾ sauté d'agneau aux petits légumes

○┐ Dom. Maillard, 2, rue Joseph-Bard, 21200 Chorey-lès-Beaune, tél. 03 80 22 10 67, contact@domainemaillard.com 🆅 🅺 🅵 r.-v.

Beaune 1ᵉʳ Cru
CLOS DES AVAUX
Appellation Beaune 1ᵉʳ Cru Contrôlée
DOMAINE NEWMAN
Propriétaire à Beaune, Côte-d'Or, France
13% ALC BY VOL.   Product of France   750 ML

période : 5,5 ha de vignes, avec un pied dans chaque Côte, dont trois grands crus nuitons.

« L'équilibre est parfait et justifie une bonne garde. Du grand art en vinification ! » écrivions-nous en 2005 à propos du Clos des Avaux du domaine, coup de cœur de l'édition 2006 du Guide. Les mêmes mots peuvent être appliqués à la version 2012. Un vin admirable de bout en bout. Le nez est élégant et profond, mêlant toasté de la barrique (quinze mois) et fruité du pinot (cassis en tête). Le palais, à l'unisson, fait preuve de franchise, de consistance, de finesse et de gourmandise à la fois, associant fruits mûrs et boisé ajusté à de beaux tanins racés et denses. Un 1ᵉʳ cru de haut vol. ⚔ 2018-2025 ▾ pavé de biche sauce grand veneur ■ 1ᵉʳ cru Les Grèves 2012 (30 à 50 € ; 600 b.) : vin cité. ⚔ 2017-2021

○┐ GFA Dom. Newman, 29, bd Clemenceau, 21200 Beaune, tél. 03 80 22 80 96, info@domainenewman.com

DOM. RENÉ MONNIER Les Toussaints 2013

| ■ 1er cru | 1 700 | ◐ | 20 à 30 € |

Ce domaine murisaltien fondé en 1723, propriété de Xavier Monnot, répartit ses 17 ha entre plusieurs AOC beaunoises. Il est régulièrement distingué dans le Guide, notamment pour ses beaune et ses meursault.

Xavier Monnot s'illustre très régulièrement avec ce 1ᵉʳ cru ; un climat en forme de triangle enclavé sous les Bressandes, coincé entre les murets des Grèves et des Cent Vignes, dont il exploite 40 ares de pinot. Dans le verre, un vin au nez fruité (groseille) et épicé. Fruits rouges que l'on retrouve avec intensité en attaque et qui font rapidement place à des tanins puissants et à un boisé soutenu. La finale se montre riche et chaleureuse. À attendre assurément. ⚔ 2016-2022 ▾ bœuf mode

○┐ Dom. René Monnier, 6, rue du Dr-Rolland, 21190 Meursault, tél. 03 80 21 29 32, domaine-rene-monnier@wanadoo.fr 🆅 🅺 🅵 t.l.j. 8h30-12h 14h-18h ○┐ Xavier Monnot

ALBERT MOROT Aigrots 2012 ★

| ■ 1er cru | 3 500 | ◐ | 20 à 30 € |

Si le château de la Creusotte possède un parc magnifique, non loin de celui de la Bouzaise, il a d'autres atouts dans sa cave également. Régulier en qualité, ce domaine beaunois de 8 ha exploite une jolie collection de 1ᵉʳˢ crus.

Le domaine exploite 75 ares des 18,7 ha qui composent l'un des plus grands 1ᵉʳˢ crus de l'AOC. Il en signe une version très réussie, ouverte sur les petits fruits rouges un peu confiturés et un boisé bien senti. La bouche se montre équilibrée, fraîche, fruitée, aux tanins fondus. ⚔ 2016-2019 ▾ tajine de bœuf aux pruneaux ■ 1ᵉʳ cru Bressandes 2012 ★ (30 à 50 € ; 6 000 b.) : issu d'un climat d'altitude réputé, un très joli vin sur les épices, les fruits noirs et le sous-bois, sans en place autour de tanins fermes et élégants. ⚔ 2018-2022 ■ 1ᵉʳ cru Cent-Vignes 2012 (20 à 30 € ; 6 000 b.) : vin cité. ⚔ 2017-2022

○┐ Dom. Albert Morot, Ch. de la Creusotte, 20, av. Charles-Jaffelin, 21200 Beaune, tél. 03 80 22 35 39, albertmorot@aol.com 🆅 🅺 🅵 r.-v.

♥ DOM. NEWMAN Clos des Avaux 2012 ★★

| ■ 1er cru | 1 100 | ◐ | 20 à 30 € |

Un domaine créé par Christopher Newman, constitué de parcelles rachetées entre 1972 et 1974 à son père, l'un des premiers Américains à avoir investi dans la vigne en Bourgogne, et à Alexis Lichine, et replantées à la même

FRANÇOIS PARENT Les Sizies 2013

| ■ 1er cru | 700 | ◐ | 30 à 50 € |

Vinificateur de talent des vins de son épouse Anne-Françoise Gros (Dom. A.-F. Gros à Pommard), François Parent élabore aussi ceux de son vignoble familial, complété par une structure de négoce. Des étiquettes ornées de la truffe noire de Bourgogne, bien connues des lecteurs.

Un certain Renaud de Sesic avait trois parcelles de vignes situées au-dessus de sa tannerie et à proximité de la rivière La Bouzaize. Le nom est resté, pas la tannerie. Ce climat est établi en milieu de coteau, légèrement du côté de l'AOC pommard. François Parent en propose, avec sa casquette de négociant, une version fine, au nez subtil de fruits rouges et de nuances boisées (café, chocolat), au palais plutôt friand et frais, bâti sur des tanins jeunes mais élégants. ⚔ 2016-2020 ▾ canard aux panais

○┐ François Parent, 14 bis, rue Pierre-Joigneaux, 21200 Beaune, tél. 03 80 22 61 85, francois@parent-pommard.com 🆅 r.-v.

DOM. PARIGOT Grèves 2013 ★

| ■ 1er cru | 2 700 | ◐ | 20 à 30 € |

Le père, c'est Régis ; le fils, c'est Alexandre. L'œnologue, c'est Kyriakos Kynigopoulos, spécialiste renommé, né en Grèce. Sur un domaine de 19 ha, ils valorisent avec talent les terroirs bourguignons, témoin les nombreux coups de cœur obtenus pour leurs vins de la Côte de Beaune et des Hautes-Côtes.

Une valeur sûre de l'appellation que le beaune Grèves des Parigot, qui exploitent 44 ares de pinot noir sur le plus grand des quarante-deux 1ᵉʳˢ crus beaunois. Le nez du 2013 mêle cassis, épices et notes de sous-bois. Concentré, dense et riche, le palais déploie des tanins nobles et élégants, accompagnés par un boisé fin aux accents vanillés ; la promesse d'une bonne tenue à la garde. ⚔ 2018-2022 ▾ filet de marcassin aux châtaignes

○┐ Dom. Parigot, 8, rte de Pommard, 21190 Meloisey, tél. 03 80 26 01 70, domaine.parigot@orange.fr 🆅 🅺 🅵 r.-v.

DOM. THIERRY PINQUIER
Les Chaumes Gauffriots 2012

| ■ | 1 300 | 🍖 🍷 | 11 à 15 € |

En 1994, Thierry Pinquier a pris la relève de ses parents Colette et Maurice, anciens ouvriers vignerons fondateurs du domaine en 1954. Tandis qu'il œuvre à la vigne (6 ha) et au chai, son épouse anime les dégustations et s'occupe des chambres d'hôtes.

Un *climat* des hauteurs, situé à 380 m au sommet de la colline de Beaune, d'anciens champs et des friches connus dès 1380 sous le nom d'En Gaufuillot. Thierry Pinquier y cultive 40 ares de pinot noir, dont il a extrait un vin fruité (cassis, fraise des bois), équilibré, frais et bien structuré. De quoi voir venir pour un séjour en cave. Coup de cœur sur le millésime 2003. ✗ 2017-2021 ❦ selle d'agneau rôtie

☛ *Thierry Pinquier, imp. des Belges,*
5, rue Pierre-Mouchoux, 21190 Meursault,
tél. 03 80 21 24 87, domainepinquier@orange.fr
Ⅴ 🔱 🦺 *t.l.j. 9h-12h 14h-18h30; dim. 9h-12h* 🏠 ❸

DOM. POULLEAU PÈRE ET FILS
Les Prévolles 2013

| ■ | 1 100 | 🍷 | 15 à 20 € |

Depuis le départ à la retraite de son père Michel en 1996, Thierry Poulleau (à la technique) et son épouse Florence (au commercial) gèrent les 7,3 ha du domaine familial créé par le grand-père Gaston et signent des vins souvent en vue, notamment de volnay, chorey et côte-de-beaune.

Ce lieu-dit, dont le nom désigne une parcelle située sur un terrain en creux, est situé sous le 1er cru Les Tuvilains. Les Poulleau y cultivent une petite vigne de 18 ares. Cette bouteille offre un nez expressif, sur les fruits rouges. Des arômes que l'on retrouve dans une bouche harmonieuse, aux tanins fins et fondus. ✗ 2017-2020 ❦ faisan aux raisins

☛ *Dom. Michel Poulleau, 7, rue du Pied-de-la-Vallée,*
21190 Volnay, tél. 03 80 21 26 52,
domaine.poulleau@wanadoo.fr Ⅴ 🔱 🦺 *r.-v.*

♥ DOM. JACQUES PRIEUR
Clos de la Féguine Monopole 2012 ★★

| ▢ 1er cru | 1 400 | 🍷 | 30 à 50 € |

MONOPOLE
BEAUNE
CLOS DE LA FÉGUINE
PREMIER CRU
GRAND VIN DE BOURGOGNE
DOMAINE JACQUES PRIEUR

Ce domaine de belle notoriété, établi de longue date à Meursault (fin du XVIIIᵉ s.), dispose de 22 ha de vignes pour 22 appellations, exclusivement des 1ᵉʳˢ et des grands crus (hormis son meursault Clos de Mazeray, conduit en monopole). Entré dans le capital en 1988, Jean-Pierre Labruyère en est devenu l'actionnaire principal en 2006 et son fils Édouard en est l'actuel directeur général. La famille Labruyère est également propriétaire à Pomerol (château Rouget), dans le Beaujolais, son fief d'origine (domaine Labruyère en moulin-à-vent), et en Champagne. Elle peut s'appuyer sur le talent sans faille de Nadine Gublin, l'œnologue maison depuis 1990 et en charge de la direction technique depuis 2009.

Ce clos est un monopole de 1,86 ha situé au sein du 1ᵉʳ cru Aux Coucherias, sur les pentes d'un coteau boisé, à l'entrée de la combe de Bouze-lès-Beaune. Il doit son nom au latin « fagina », ou « fruit du hêtre », et a la particularité d'être planté en rouge (très majoritaire) et en blanc (27 ares). Si les deux couleurs sont représentées dans cette édition, c'est la version blanche qui emporte tous les suffrages. Dans un millésime 2012 compliqué – gels d'hiver et de printemps, floraison difficile, grande amplitude des températures au printemps et en été, fortes pressions du mildiou et de l'oïdium –, avec une baisse conséquente de la production, Nadine Gublin et son équipe ont récolté des raisins bien mûris et d'un très bon état sanitaire. Le résultat est admirable : nez complexe et élégant d'agrumes, de miel, de beurre frais et de fleurs blanches ; palais expressif (fruits blancs, amande), gras, onctueux et charnu, sous-tendu par une fine fraîcheur minérale qui apporte longueur et équilibre. ✗ 2019-2025 ❦ dorade grillée aux amandes ■ 1er cru Clos de la Féguine Monopole 2012 (30 à 50 € ; 2 800 b.) : vin cité. ✗ 2017-2022

☛ *Dom. Jacques Prieur, 6, rue des Santenots,*
21190 Meursault, tél. 03 80 21 23 85, info@prieur.com

G. PRIEUR Clos du Roy 2012 ★★

| ■ 1er cru | 2 000 | 🍷 | 20 à 30 € |

En 1804, les frères Claude et Jean Prieur acquièrent le château Perruchot à Santenay, devenu G. Prieur en 1978. Leurs descendants, Dominique et son fils Guillaume, exploitent une propriété d'une vingtaine d'hectares en Côte de Beaune, à laquelle est adossée une maison de négoce.

Quand Louis XI fit main basse sur les domaines des ducs de Bourgogne, quelques-uns des meilleurs arpents dont cette vigne prit le nom du roi. Un *climat* réputé dont la maison Prieur signe une version remarquable : nez fin de fruits noirs et de boisé (dix-huit mois de barrique), attaque fruitée, souple et élégante, ouvrant sur un palais intense, consistant, aux tanins fermes, gages d'un beau potentiel de conservation. ✗ 2018-2025 ❦ gigot d'agneau

☛ *Maison G. Prieur, rue Narosse, 21590 Santenay,*
tél. 03 80 20 60 56, uny-prieur@prieur-santenay.com
Ⅴ 🔱 🦺 *r.-v.*

MICHEL REBOURGEON Les Chouacheux 2012

| ■ 1er cru | 565 | 🍷 | 20 à 30 € |

Ce domaine, fondé en 1550, établi au cœur de Pommard, a pris le nom de Domaine Michel Rebourgeon en 1964 avec les parents de Delphine Whitehead. Cette dernière est aux commandes depuis 1996 avec son mari Stephen et exploite un petit vignoble de 3,55 ha en AOC beaune, pommard et volnay.

Dérivé de l'ancien français « saulseux », ce *climat* de 5 ha désigne un lieu peuplé de saules avant que les hommes n'y installent la vigne à demeure. Une vigne de cinquante-sept ans pour ce 2012 au nez concentré en petits fruits mûrs sur fond boisé, au palais frais et de bonne consistance, encore un peu strict en finale. ✗ 2016-2020 ❦ magret de canard aux cèpes

☛ *Dom. Michel Rebourgeon, 7, pl. de l'Europe,*
21630 Pommard, tél. 03 80 22 22 83, michel.rebourgeon@
wanadoo.fr Ⅴ 🔱 🦺 *t.l.j. 10h-12h 14h-17h*

DOM. DE LA ROSERAIE Vieilles Vignes 2012

| ■ | 800 | 🍷 | 20 à 30 € |

Installé à Puligny avec le millésime 2012, Julien Petitjean aura mis dix ans (de formation et de recherche de terres

« de caractère ») avant de créer son domaine viticole : 3,4 ha sur quatre parcelles situées entre Beaune et Les Maranges et cultivées dans un esprit bio.

Deuxième sélection dans le Guide pour ce très jeune domaine : un beaune blanc 2012 l'an dernier, un nouveau beaune 2012 cette année, mais issu de vieilles vignes de cinquante-cinq ans. Au nez, une note de vanille (quinze mois de fût) et de poivre accompagne les fruits rouges et noirs. La bouche est harmonieuse : de la souplesse en attaque, de la vivacité, de la matière, des tanins fermes et élégants. Une bouteille que l'on pourra conserver quelque temps en cave. **X** 2016-2020 **Y** dinde aux marrons

O¬ *Dom. de la Roseraie, 3, Grande-Cour, 21190 Puligny-Montrachet, tél. 03 80 21 82 81, contact@domaine-de-la-roseraie.fr* **V** **Ⅱ** *r.-v.*

CH. DE SANTENAY Clos du Roi 2013			
■ 1er cru	2 800	◗	20 à 30 €

Terroirs et Châteaux de Bourgogne est la structure de négoce du Ch. de Santenay. Ce majestueux château aux tuiles vernissées, aussi appelé « château Philippe le Hardi », fut propriété du premier duc de la grande Bourgogne (1342-1404). Dans le giron du Crédit Agricole depuis 1997, il étend son vaste vignoble sur 98 ha et plusieurs AOC beaunoises et chalonnaises, sous la houlette de l'œnologue et directeur d'exploitation Gérard Fagnoni.

Élaboré dans une nouvelle cuverie sise dans les douves du château, ce Clos du Roi bien né livre un bouquet expressif et flatteur de griotte et de mûre. Un fruité généreux que prolonge un palais charnu, soutenu par des tanins « sympathiques » (comprenez souples) et par une fine acidité en finale. **X** 2017-2020 **Y** aumônière au cîteaux

O¬ *SAS Terroirs et Châteaux de Bourgogne, 1, rue du Château, 21590 Santenay, tél. 03 80 20 61 87, contact@chateau-de-santenay.com* **V** **Ⅱ** *r.-v.*

CÔTE-DE-BEAUNE

Superficie : 35 ha / Production : 990 hl (70 % rouge)

À ne pas confondre avec le côte-de-beaune-villages, l'appellation côte-de-beaune ne peut être produite que sur quelques lieux-dits de la montagne de Beaune.

Ⓑ DOM. EMMANUEL GIBOULOT La Combe d'Ève 2013			
■	2 000	◗	20 à 30 €

Installé depuis 1985 à Beaune, Emmanuel Giboulot fait figure de pionnier de l'agriculture biologique – qu'il a adoptée d'emblée – et de la biodynamie (certification en 1996), qu'il défend avec conviction. Son vignoble comporte aussi des parcelles dans les Hautes-Côtes et à Saint-Romain.

Ce blanc mêle au nez les fleurs blanches et des touches végétales avant de libérer à l'aération des notes plus fruitées accompagnées d'un léger boisé. Le fruit blanc aux accents de pomme verte s'épanouit en bouche, souligné d'un trait vanillé et grillé. Un vin svelte et harmonieux, à boire jeune. **X** 2015-2018 **Y** terrine de poisson ■ Les Pierres blanches 2013 (20 à 30 € ; 1 000 b.) : vin cité. **X** 2016-2018

O¬ *Dom. Emmanuel Giboulot, 4, rue de Seurre, 21200 Beaune, tél. 03 80 22 90 07, emmanuel.giboulot@wanadoo.fr* **V** **Ⅱ** *r.-v.*

DOM. LEJEUNE Les Monsnières 2013			
■	3 000	◗	15 à 20 €

Domaine transmis par les femmes depuis 1850, mais administré et vinifié par les hommes : aujourd'hui, François Jullien de Pommerol, ancien professeur à la « Viti » de Beaune, rejoint en 2005 par son gendre Aubert Lefas. Vinifications en grappes entières et longs élevages sous bois sont leur signature, notamment pour les pommard, le cœur de leurs 9,5 ha.

Cette jeune vigne (six ans) a donné naissance à un vin d'un jaune franc et limpide. Un séjour de dix-huit mois en fût se traduit par un premier nez boisé qui laisse percer des parfums floraux. Souple à l'attaque, la bouche montre une belle ampleur, qui appelle les sauces à la crème plus que les coquillages crus. **X** 2016-2018 **Y** quenelles de brochet

O¬ *Dom. Lejeune, 1, pl. de l'Église, 21630 Pommard, tél. 03 80 22 90 88, commercial@domaine-lejeune.fr* **V** **Ⅱ** *r.-v.* **🏠** **◉**

CH. DE LA VELLE Vieille Vigne de Saint-Désiré 2013 ★★			
■	2 000	◗	20 à 30 €

Dans la famille Darviot depuis neuf générations, administré par Bertrand Darviot depuis 1976, ce domaine (et négoce) implanté à Meursault est couvent en vue pour ses beaux. Commandé par une demeure seigneuriale du XIII°s. classée Monument historique, son vignoble s'étend sur 8 ha.

Ce vin de la montagne Saint-Désiré, sur les hauteurs de Beaune côté Pommard, a fait forte impression (et fut pressenti pour un coup de cœur). Au nez, la cerise griotte et la fraise se mêlent aux épices ; en bouche, du fruit, du fruit, encore du fruit, intense et persistant, épaulé par un boisé bien fondu et des tanins soyeux. Une belle expression du pinot noir, que l'on pourra apprécier aussi bien jeune que patiné par la garde. **X** 2016-2021 **Y** sauté de veau aux girolles ■ Clos des Monsnières 2013 (15 à 20 € ; n.c. b.) : vin cité. **X** 2015-2019

O¬ *Bertrand Darviot, 17, rue de la Velle, 21190 Meursault, tél. 03 80 21 22 83, chateaudelavelle@darviot.fr* **V** **Ⅱ** *r.-v.* **🏠** **◉**

POMMARD

Superficie : 320 ha / Production : 12 900 hl

C'est l'appellation bourguignonne la plus connue à l'étranger, sans doute en raison de sa facilité de prononciation... Les formations calcaires tendres sont particulièrement favorables au pinot noir qui produit des vins colorés, solides, tanniques et de garde (jusqu'à dix ans). Les meilleurs *climats* sont classés en 1ers crus, dont les plus connus sont Les Rugiens et Les Épenots.

PIERRE ANDRÉ 2013 ★			
■	3 000	◗	20 à 30 €

Cette maison de négoce a son siège dans le château Corton André, acquis par Pierre André en 1923, aussi nommé « Château jaune » pour ses tuiles vernissées.

Dans l'orbite du groupe bordelais Ballande depuis 2003, elle a été acquise par la maison Béjot en 2014. Les vins (de Bourgogne et aussi du Beaujolais) sont placés sous la conduite d'Emmanuel Carrara, l'œnologue de la maison.

Issue d'un assemblage, cette cuvée ne revendique donc pas de nom de *climat*. Dans une année où la grêle a durement sévi, le travail de négociant est digne de celui du marathonien. Il a abouti à ce vin au nez intense dominé par les fruits noirs, rehaussé par un boisé fondu aux nuances de café. Charnue, droite, racée et longue, la bouche repose sur des tanins qui demandent à se fondre. ✗ 2020-2025 ✗ pavé de bœuf au poivre

☞ *Pierre André, 3, rue des Vercots, 21420 Aloxe-Corton, tél. 03 80 25 00 00, contact.france@bejot.com*

DOM. BILLARD-GONNET Pezerolles 2012

| ■ 1er cru | 1 800 | ⅏ | 30 à 50 € |

Cette famille établie à Pommard depuis 1766 est aujourd'hui à la tête de 10 ha. La propriété annonce huit 1ers crus dans sa carte des vins.

Petit par la surface (5,91 ha) mais de haute réputation, ce 1er cru a engendré ici un 2012 à la robe noire comme la nuit. Noirs aussi sont les parfums de fruits révélés à l'olfaction : myrtille, cassis et mûre rehaussés d'épices. On retrouve ces fruits des bois, associés à un boisé de qualité, dans une bouche charnue, construite sur une trame tannique qui commence à s'assouplir. ✗ 2018-2020 ✗ hure de sanglier

☞ *Dom. Billard-Gonnet, rte d'Ivry, 21630 Pommard, tél. 03 80 22 17 33, billard.gonnet@wanadoo.fr*

ALBERT BOILLOT Les Chanlins-Bas 2012

| ■ 1er cru | 900 | ⅏ | 20 à 30 € |

La famille Boillot, qui a donné naissance à l'un des fondateurs français du vignoble californien, Paul Masson, est établie à Volnay depuis la fin du XVIIᵉs. Raymond Boillot, installé en 1988, conduit aujourd'hui un domaine de 4 ha dédié au pommard, au volnay et aux AOC régionales.

Classés en 1er cru, les Chanlins-Bas jouxtent Volnay. De nature argilo-calcaire, ce *climat* est riche en débris rocheux venus de la combe qui assurent un bon drainage. Ici, un 2012 dont la robe grenat affiche des reflets tuilés ; le nez mêle les fruits mûrs et les épices. La bouche, ample et ronde, est dominée par un boisé qui demande à se fondre. ✗ 2017-2019 ✗ filet mignon aux pruneaux

☞ *Dom. Albert Boillot, 2, ruelle Saint-Étienne, 21190 Volnay, tél. 03 80 21 61 21, dom.albert.boillot@wanadoo.fr* 🅥 🄰 🄵 r.-v.

DOM. BOURGOGNE-DEVAUX Les Vignots 2013

| ■ | 600 | ⅏ | 20 à 30 € |

Sylvie Bourgogne a repris en 1986 le domaine créé en 1899 par son arrière-grand-père. Contrainte de vendre la production en raisin et de réduire le vignoble (2,35 ha aujourd'hui), elle a vinifié son premier hautes-côtes-de-beaune en 2012.

Avec ce pommard né de vignes de soixante ans, ce petit domaine nous emmène en voyage aromatique au pays des fruits rouges et noirs. On retrouve ces derniers dans une bouche charnue et équilibrée, aux tanins bien fondus. ✗ 2016-2018 ✗ filet de bœuf Wellington

☞ *Dom. Bourgogne-Devaux, chem. de Mavilly, 21190 Meloisey, tél. 06 03 11 65 40, domaine.bourgogne@gmail.com* 🅥 🄰 🄵 r.-v.

DOM. LAURENT ET KAREN BOUSSEY 2013

| ■ | 600 | 🍖 ⅏ | 20 à 30 € |

À la tête du domaine familial depuis 2003, Laurent et Karen Boussey exploitent 7,25 ha de vignes répartis dans de nombreuses appellations, d'Aloxe-Corton à Meursault.

Le nez évoque une marmelade de fruits noirs, tandis que la bouche intense, charnue et longue, penche vers la framboise et la griotte. Quelques années de cave permettront à cette bouteille de s'affiner. ✗ 2017-2020 ✗ noisette de chevreuil aux cerises

☞ *Laurent Boussey, 1, rue du Pied-de-la-Vallée, 21190 Monthelie, tél. 03 80 21 28 42, laurent.boussey@sfr.fr* 🅥 🄰 🄵 r.-v.

DOM. MICHEL CAILLOT Les Grands Épenots 2012

| ■ 1er cru | 300 | 🍖 ⅏ | 30 à 50 € |

Un domaine créé en 1967 par Roger Caillot. Établi avec ses parents pendant dix ans et depuis 2003 avec son épouse, Michel Caillot conduit aujourd'hui un vignoble de 15 ha. Sa devise : « Le moins d'interventions dans les vinifications. »

Que le vin soit issu de la parcelle des Grands ou des Petits Épenots, ce *climat* « fait bon », comme disent les Bourguignons. Ici, un vin pourpre très soutenu au nez floral, poivré et grillé. Après une attaque soyeuse et fruitée, des tanins boisés rendent la finale plus sévère. ✗ 2018-2021 ✗ canard aux cerises

☞ *Dom. Michel Caillot, 14, rue du Cromin, 21190 Meursault, tél. 06 87 44 81 44, earl.caillot@orange.fr* 🅥 🄵 r.-v.

DOM. CAPUANO-FERRERI Vieilles Vignes 2013 ★

| ■ | n.c. | ⅏ | 20 à 30 € |

Associé à l'ancien footballeur Jean-Marc Ferreri, John Capuano – dont le père Gino a créé en 1987 ce domaine implanté à Santenay – exploite 12 ha de parcelles s'égrenant de Beaune à Mercurey. Très régulier en qualité.

De couleur cerise noire, ce 2013 offre un nez très agréable mêlant le cassis à la pivoine. Frais à l'attaque, d'une belle ampleur, il déroule des tanins fins et soyeux. Malgré une finale un peu stricte, aux accents de torréfaction (chocolat et café), on pourra apprécier cette bouteille dans sa jeunesse. ✗ 2016-2019 ✗ poule faisane aux girolles

☞ *EARL Dom. Capuano-Ferreri, 14, rue Chauchien, 21590 Santenay, tél. 03 80 20 68 04, john.capuano@wanadoo.fr* 🅥 🄰 🄵 r.-v.

♥ DOM. MARGUERITE CARILLON
Clos de la Platière 2013 ★★

| ■ | 17 000 | ⅏ | 20 à 30 € |

Ce domaine familial est vinifié par la maison Béjot à Meursault, propriété de Vincent Sauvestre, et par son directeur technique Mathieu Carrara.

Un clos de 2,60 ha pour 17 000 bouteilles. Il est d'autant plus méritant de placer au sommet une importante cuvée quand on sait que la grêle est revenue frapper en 2013.

Ce qui a séduit nos jurés ? Une robe engageante, profonde et brillante, aux reflets violets ; un nez complexe mêlant la mûre, la framboise et le poivre à des touches de vanille, de moka et de caramel léguées par un séjour de dix-huit mois dans le chêne ; une bouche à l'unisson, fraîche à l'attaque, ample et longue, étayée par des tanins puissants et harmonieux qui se portent garants de l'avenir de cette bouteille. « Digne des plus grands », conclut un dégustateur. ✗ 2018-2022 ❦ lièvre à la royale

⛓ *Dom. Marguerite Carillon, 7, rte de Monthelie, 21190 Meursault, tél. 03 80 21 22 45, contact.france@bejot.com* 🆅 🛡 *r.-v.*

DOM. DENIS CARRÉ Les Noizons 2012

| ■ | n.c. | ◆▮ | 20 à 30 € |

À Meloisey, dans les Hautes-Côtes, Martial et Gaëtane Carré ont rejoint leur père Denis, fondateur en 1975 de ce domaine qui excelle dans plusieurs AOC, en hautes-côtes-de-beaune, saint-romain et pommard notamment.

L'appellation pommard est, pour 63 % de sa superficie, classée en *village*, et comprend près d'une cinquantaine de *climats* différents à ce niveau communal, dont les *Noizons*, bien connus. Le lieu de naissance de ce vin grenat au nez de fruits noirs et d'épices, à la bouche fraîche à l'attaque, consistante et de bonne longueur. ✗ 2018-2021 ❦ épaule de mouton braisée

⛓ *Dom. Denis Carré, 1, rue du Puits-Bouret, 21190 Meloisey, tél. 03 80 26 02 21, domainedeniscarre@wanadoo.fr* 🆅 🎿 🛡 *r.-v.*

CH. DE LA CHARRIÈRE Les Vignots 2012

| ■ | 2 200 | ◆▮ | 20 à 30 € |

Issu de la division en 1981 des vignes paternelles entre les quatre enfants Girardin, le domaine Yves Girardin comptait 3 ha à ses débuts. L'acquisition en 2004 du château de la Charrière a porté à 21,5 ha la superficie de cette propriété qui a son siège dans le hameau de Santenay-le-Haut.

Né d'une vigne de quarante ans, ce vin rubis sombre s'ouvre des senteurs de mûre, de fruits rouges et d'épices. La bouche charnue, fruitée et boisée, repose sur des tanins soyeux, plus stricts en finale. ✗ 2017-2020 ❦ bœuf braisé aux carottes

⛓ *Dom. Yves Girardin, 1, rte de Dezize-lès-Maranges, 21590 Santenay, tél. 03 80 20 64 36, yves.girardin-domaine@orange.fr* 🆅 🎿 🛡 *r.-v.*

DOM. CYROT-BUTHIAU 2012 ★★

| ■ | 6 000 | ◆▮ | 20 à 30 € |

Domaine constitué dans les années 1920 par Paul-Joseph Cyrot, régisseur du Château de Pommard puis du Clos de Tart et conduit depuis 1989 par Olivier Cyrot, son arrière petit-fils. Ses 6,35 ha sont disséminés de Pommard aux Maranges, à l'extrémité sud de la Côte de Beaune.

Ce vigneron de Pommard exploite une belle surface de 2,3 ha sur sa commune au nom mondialement connu. Il a tiré de son terroir un vin à la robe intense et aux parfums de fruits mûrs finement boisés. Le palais n'est pas en reste, puissant à l'attaque, frais, construit sur des tanins serrés et réglissés. Du potentiel. ✗ 2018-2022 ❦ soumaintrain fermier

⛓ *Dom. Cyrot-Buthiau, 2, ruelle Richebourg, 21630 Pommard, tél. 03 80 22 06 56, olivier@cyrot.fr* 🆅 🎿 🛡 *r.-v.* 🏠 ⑤

DOM. PHILIPPE GIRARD La Combotte 2013

| ■ | 2 000 | ◆▮ | 20 à 30 € |

Ici, on est vigneron de père en fils depuis... 1530. Arnaud Girard a rejoint en 2011 son père Philippe à la tête des 11 ha de vignes, disséminés de Nuits-Saint-Georges à Savigny-lès-Beaune.

Issue d'une vigne de soixante ans, cette cuvée provient d'un terroir froid au sol argileux. Les 40 % de fûts neufs marquent le nez de leur empreinte, tout en laissant percer de jolies nuances de cassis, de cerise et de framboise. Dans le même registre, la bouche suave, fine et élégante repose sur des tanins fondus, marquée en finale par une touche de moka. ✗ 2016-2018 ❦ merlan de bœuf aux girolles

⛓ *Dom. Philippe Girard, 37, rue du Gal-Leclerc, 21420 Savigny-lès-Beaune, tél. 03 80 21 57 97, contact@domaine-philippe-girard.com* 🆅 🛡 *r.-v.*

DOM. ALBERT GRIVAULT Clos Blanc 2012

| ■ 1er cru | 3 300 | ◆▮ | 30 à 50 € |

Un domaine créé en 1879 par Albert Grivault, un ancien distillateur de Béziers devenu vigneron ; un dégustateur émérite également, qui représenta la Bourgogne au jury du Concours des vins de l'Exposition universelle de Paris en 1900. Ses héritiers – Claire Bardet à la gérance depuis 2004 – exploitent aujourd'hui un vignoble de 6 ha, essentiellement planté en chardonnay, dont le meursault 1er cru Clos des Perrières, un clos de 1 ha monopole du domaine.

Apportés par la rivière irriguant la combe du village, les petits cailloux blancs qui jonchent ce clos ont donné leur nom à ce *climat* qui couvre 4,17 ha. Issu d'une belle parcelle de 89 ares, ce 2012 livre des senteurs intenses de violette. Souple à l'attaque, la bouche s'appuie sur des tanins denses et fermes qui appellent quelques années de cave. ✗ 2020-2025 ❦ noisettes de marcassin au genièvre

⛓ *SCE du Dom. Albert Grivault, 7, pl. du Murger, 21190 Meursault, tél. 03 80 21 23 12, albert.grivault@wanadoo.fr* 🎿 🛡 *r.-v.*

♥ DOM. A.-F. GROS Les Pezerolles 2013 ★★

| ■ 1er cru | 1 300 | ◆▮ | 50 à 75 € |

Fille de Jean Gros (Vosne-Romanée), sœur de Bernard (domaine Gros Frère et Sœur), Anne-Françoise Gros a choisi François Parent comme époux et maître... de chai. Ensemble, ils conduisent un vignoble de 10 ha dans les deux Côtes pour lequel on ne compte plus les coups de cœur. Incontournable.

François Parent a vinifié ce millésime qui décroche un coup de cœur, prenant la suite des 2007, 2005 et 2002 pour ce même *climat*. La robe grenat dense et jeune, aux reflets violets, met en valeur des parfums de cerise noire et de petits fruits bien liés aux notes vanillées léguées par un séjour de dix-huit mois dans le chêne. La bouche, à l'unisson du nez, s'appuie sur des tanins à la fois serrés et fondus ; le boisé est bien ajusté et la finale agréable et longue. ✗ 2018-2023 ✣ coq au vin

☛ *Dom. A.-F. Gros, 5, Grande-Rue, 21630 Pommard, tél. 03 80 22 61 85, af-gros@wanadoo.fr* **V** *r.-v.* 🏠 **E**

DOM. HUBER-VERDEREAU Monopole 2012 ★★			
■	1 800	◫	30 à 50 €

Formé à la sommellerie, Thiébaud Huber a repris en 1994 les terres familiales qui avaient été confiées par ses parents à des fermiers. Il cultive en bio depuis 2001 et en biodynamie depuis 2005 (certification en cours) ses 9,5 ha de vignes, complétés en 2011 par un petit négoce.

Issu d'un *climat* traversé par la rivière, classé partiellement (sur 13 ares) en 1er cru, ce 2012 a fait partie des finalistes du coup de cœur. D'un pourpre soutenu, il mêle au nez le cassis, le sous-bois et les notes boisées léguées par un élevage de quatorze mois. Les fruits noirs s'épanouissent avec persistance dans une bouche ample à l'attaque, tannique en finale. ✗ 2018-2020 ✣ terrine de perdreau

☛ *Dom. Huber-Verdereau, 3, rue de la Cave, 21190 Volnay, tél. 03 80 21 64 37, contact@huber-verdereau.com* **V** 🕴 🏠 *r.-v.*

JEAN-LUC JOILLOT Les Charmots 2012			
■ 1er cru	1 000	◫	30 à 50 €

Valeur sûre en pommard, Jean-Luc Joillot s'est installé en 1982 sur le domaine familial, aujourd'hui constitué de 17 ha, avec soixante parcelles dans son cru d'origine.

La robe soutenue met en valeur un nez complexe de fruits rouges confiturés, de fleurs, de vanille et de fumé. Souple, ample et ronde, la bouche offre une bonne persistance. ✗ 2018-2021 ✣ coq au vin ■ 1er cru Les Petits Épenots 2012 (50 à 75 € ; 1 000 b.) : vin cité. ✗ 2020-2025

☛ *Dom. Jean-Luc Joillot, 6, rue Marey-Monge, 21630 Pommard, tél. 03 80 24 20 26, contact@vin-pommard.com* **V** 🕴 🏠 *r.-v.*

DOM. MICHEL LAHAYE			
Les Trois Follots 2012 ★			
■	1 000	◫	15 à 20 €

Installé depuis 1970, Michel Lahaye exploite environ 5,5 ha à Pommard, son fief, à Meursault et à Beaune, pour une moitié en propriété et pour l'autre en métayage.

Exploitée en métayage par un producteur du village, cette vigne a donné naissance à un 2012 à la robe soutenue. Le nez s'ouvre sur la cerise et sur les fruits confiturés, rehaussés d'épices. Souple à l'attaque, la bouche offre une matière soyeuse et finit sur une note chaleureuse rappelant le poivre blanc. ✗ 2018-2020 ✣ sauté de volaille au curry

☛ *Dom. Michel Lahaye, 5, pl. de l'Église, 21630 Pommard, tél. 03 80 22 52 22, michel.lahaye2@sfr.fr* **V** 🕴 🏠 *r.-v.*

LOUIS LATOUR Épenots 2012 ★			
■ 1er cru	1 300	◫	50 à 75 €

Une maison familiale toujours indépendante, fondée en 1797 et conduite par dix générations de Latour. Un acteur incontournable de la Bourgogne viticole et le plus important propriétaire de grands crus de la Côte-d'Or (28 ha sur les 48 que compte son vignoble). Les raisins sont vinifiés à Aloxe-Corton, berceau de la famille, et la maison possède sa propre tonnellerie.

Avec ses 15,14 ha, le *climat* Les Épenots constitue le plus vaste des 28 premiers crus recensés à Pommard. Il a engendré ici un vin au nez suave mariant les fruits noirs et la cerise kirschée à un léger boisé vanillé. Rond et frais à l'attaque, le palais dévoile la puissance tannique attendue de l'appellation. ✗ 2018-2020 ✣ pavé de bœuf

☛ *Maison Louis Latour, 18, rue des Tonneliers, 21200 Beaune, tél. 03 80 24 81 00, contact@louislatour.com*

DOM. LEJEUNE Les Poutures 2013 ★★			
■ 1er cru	3 500	◫	30 à 50 €

Domaine transmis par les femmes depuis 1850, mais administré et vinifié par les hommes : aujourd'hui, François Jullien de Pommerol, ancien professeur à la « Viti » de Beaune, rejoint en 2005 par son gendre Aubert Lefas. Vinifications en grappes entières et longs élevages sous bois sont leur signature, notamment pour le pommard, le cœur de leurs 9,5 ha.

Proches du centre du village, ces anciennes pâtures sont devenues « Poutures » : 4,12 ha de 1er cru. Ici, une cuvée pourpre, au nez encore discret, sur les fruits rouges mûrs, à la bouche ample, pour l'heure très tannique, qui promet une remarquable bouteille dans quelques années. ✗ 2018-2020 ✣ lièvre à la royale ■ 1er cru Les Rugiens 2013 (50 à 75 € ; 600 b.) : vin cité. ✗ 2018-2021 ■ Les Trois Follots 2013 (20 à 30 € ; n.c. b.) : vin cité. ✗ 2016-2018

☛ *Dom. Lejeune, 1, pl. de l'Église, 21630 Pommard, tél. 03 80 22 90 88, commercial@domaine-lejeune.fr* **V** 🕴 🏠 *r.-v.* 🏠 **D** ☛ Famille Jullien de Pommerol

DOM. SÉBASTIEN MAGNIEN			
Les Petits Noizons 2012 ★★			
■	1 200	🍾◫	20 à 30 €

Sébastien Magnien, originaire des Hautes-Côtes, a créé en 2004 son domaine à partir des vignes maternelles, 12 ha aujourd'hui. Il se dit très interventionniste à la vigne pour les travaux manuels (ce qui permet de limiter les intrants), beaucoup moins au chai (macérations longues, pas de surextraction, usage modéré de fûts neufs).

Coiffant les 1ers crus au sommet de la colline de Pommard, ce *climat* de 13,72 ha était autrefois planté de noyers, d'où son nom de Noizons. Issu d'une longue macération, ce *village* affiche une robe profonde et livre des parfums de fruits rouges et de vanille. Des tanins de qualité lui donnent une texture soyeuse et soulignent sa longueur. ✗ 2018-2020 ✣ civet de lièvre ■ Les Perrières 2012 (20 à 30 € ; 1 500 b.) : vin cité. ✗ 2018-2020

☛ *Dom. Sébastien Magnien, 6, rue Pierre-Joigneaux, 21190 Meursault, tél. 03 80 21 27 58, domainesebastienmagnien@orange.fr* **V** 🕴 🏠 *r.-v.*

DOM. MAILLARD PÈRE ET FILS La Chanière 2013

■	n.c.	◖▮▯	20 à 30 €

Représentant la dixième génération sur le domaine (1766), les frères Alain (à la vigne) et Pascal Maillard (au chai) disposent d'un vignoble de 19 ha répartis dans sept communes aux environs de la montagne de Corton. Une valeur sûre, notamment en corton et en chorey.

Le climat est classé en 1er cru sur 2,78 ha ; ce vin provient de la partie classée en *village*. Violette et pivoine, assorties d'un léger boisé, composent le nez. Après une attaque ample et souple, le palais dévoile une matière élégante et suffisamment consistante, encore tannique et austère en finale. Ce vin devrait gagner une étoile à l'ancienneté. ✗ 2017-2020 ✗ pintade aux choux

○┅ *Dom. Maillard, 2, rue Joseph-Bard,*
21200 Chorey-lès-Beaune, tél. 03 80 22 10 67,
contact@domainemaillard.com Ⓥ 🕴 🏠 *r.-v.*

CATHERINE ET CLAUDE MARÉCHAL
La Chanière 2013 ★

■	5 000	◖▮▯	30 à 50 €

Installé dans la plaine de Pommard depuis 1981, le couple Maréchal fait partie des valeurs sûres de la Côte de Beaune. Il conduit, avec minutie et dans un esprit bio (pas de désherbants chimiques, levures indigènes, limitation du soufre), un vignoble de 12,8 ha offrant une large gamme d'appellations. L'une des belles références de la Côte de Beaune.

Sa robe grenat profond à la couleur des petits fruits noirs – cerise kirschée et cassis – qui se cachent dans cette bouteille. Frais à l'attaque, ce 2013 s'appuie sur des tanins serrés qui commencent à se fondre, soulignés par un boisé plus marqué qu'au nez. Avec sa longue finale tannique, ce vin montre « un très beau niveau pour un *village* », selon une dégustatrice. ✗ 2018-2020 ✗ joue de bœuf confite

○┅ *EARL Catherine et Claude Maréchal,*
6, rte de Chalon, 21200 Bligny-lès-Beaune,
tél. 03 80 21 44 37, marechalcc@orange.fr

DOM. MAZILLY PÈRE ET FILS Poutures 2013

■ 1er cru	2 700	◖▮▯	20 à 30 €

Installés depuis 1980 à Meloisey, charmant village des Hautes-Côtes de Beaune, Frédéric Mazilly et son fils Aymeric exploitent, dans un esprit proche du bio, un coquet vignoble de 17 ha. En 2004, Aymeric a également créé une maison de négoce.

Le nom du *climat* rappelle que le vignoble a remplacé une pâture. Issu d'une jeune vigne (quinze ans), le vin affiche pourtant la couleur sombre du pommard. Le nez associe les fruits rouges et noirs (cassis et framboise). Souple et harmonieuse, la bouche est encadrée par des tanins fins qui, malgré leur sévérité en finale, permettront de déboucher cette bouteille assez vite. ✗ 2016-2018 ✗ tournedos aux cèpes

○┅ *Dom. Mazilly Père et Fils, 1, rte de Pommard,*
21190 Meloisey, tél. 03 80 26 02 00,
bourgogne-domaine-mazilly@wanadoo.fr Ⓥ 🕴 🏠 *r.-v.*

DOM. DU CH. DE MEURSAULT
Clos des Épenots 2012

■ 1er cru	5 076	◖▮▯	50 à 75 €

L'emblématique château de Meursault, haut-lieu du tourisme bourguignon et du folklore vineux – on y célèbre la fameuse Paulée le lendemain de la vente des Hospices de Beaune – a souvent changé de mains : famille de Pierre de Blancheton jusqu'à la Révolution ; famille Serre au XIXe s. ; famille du comte de Moucheron ; famille Boisseaux (maison Patriarche) à partir de 1973. En décembre 2012, nouveau changement : la famille Halley achète le domaine, avant d'acquérir fin 2013 les 60 ha de vignes. Aux commandes du chai : Emmanuel Escutenaire.

Avec 3,6 ha sur les 5,23 que compte le 1er cru, le Ch. de Meursault en est le premier propriétaire. D'un grenat brillant, son 2012 présente un nez complexe associant des notes fruitées, grillées et vanillées et une bouche ample et gourmande. Malgré un élevage de dix-huit mois en fût, le boisé, bien intégré, accompagne bien le vin. ✗ 2018-2020 ✗ pigeon rôti

○┅ *Dom. du Ch. de Meursault, rue du Moulin-Foulot,*
21190 Meursault, tél. 03 80 26 22 75,
domaine@chateau-meursault.com Ⓥ 🕴 🏠 *t.l.j. 9h30-12h 14h30-18h ; f. 20 déc.-5 janv.*

JEAN-LOUIS MOISSENET-BONNARD 2013 ★

■ 1er cru	910	◖▮▯	30 à 50 €

Souvent en vue pour ses pommard, Jean-Louis Moissenet, issu d'une longue lignée vigneronne, a débuté comme responsable du rayon Fruits et légumes dans la grande distribution, avant de reprendre en 1988 les vignes familiales provenant de sa grand-mère, Mme Henri Lamarche. Il exploite aujourd'hui un vignoble de 6 ha avec sa fille Emmanuelle-Sophie, arrivée en 2012.

Ce domaine de Pommard s'est bien tiré du difficile millésime 2013. Pas de nom de *climat* pour ce 1er cru qui assemble les raisins des Charmots et des Pezerolles (en raison de la grêle, les volumes étaient trop faibles pour proposer deux cuvées séparées). La cerise noire se marie au bois pour composer un nez subtil. Le fruit noir s'épanouit dans un palais bien construit, frais et ample, plus tannique en finale. ✗ 2018-2020 ✗ faisan aux champignons ■ **Les Cras** 2013 ★ (20 à 30 € ; 1 562 b.) : un nez de fruits rouges bien mûrs et une bouche de bonne longueur, aux tanins souples pour ce vin issu d'un *climat* situé à la limite des 1ers crus. ✗ 2016-2018 ■ **1er cru Les Épenots** 2013 (30 à 50 € ; 1 962 b.) : vin cité. ✗ 2016-2018 ■ **Les Tavannes** 2013 (20 à 30 € ; 902 b.) : vin cité. ✗ 2018-2020

○┅ *Jean-Louis Moissenet-Bonnard, 4, rue des Jardins,*
21630 Pommard, tél. 03 80 24 62 34,
jean-louis.domaine-moisset-bonnard@wanadoo.fr
Ⓥ 🕴 🏠 *r.-v.*

DOM. MONTHELIE-DOUHAIRET-PORCHERET
Les Chanlins 2012 ★

■ 1er cru	450	🍾 ◖▮▯	30 à 50 €

Longtemps régisseur des Hospices de Beaune, André Porcheret acquit en 1989 ce domaine fondé il y a plus de trois siècles. Sa petite-fille Cataldina Lippo l'a rejoint en 2004 et conduit désormais seule le vignoble, qui compte 6,5 ha.

Cette productrice pratique pour ses pinots noirs un égrappage total et une macération en cuve de bois, avec pigeage quotidien. Le vin en ressort bien coloré, avec un nez profond, sur les fruits noirs, la prune, le pruneau et les épices. Les fruits mûrs marquent aussi la bouche, bâtie

sur des tanins souples et bien fondus. La finale est de bonne longueur : une belle réussite pour le millésime.
✗ 2016-2019 ❦ bœuf bourguignon

⌐ *Dom. Monthelie-Douhairet-Porcheret, 1, rue Cadette, 21190 Monthélie, tél. 03 80 21 63 13, douhairet@wanadoo.fr* Ⓥ 👤 ⬆ *r.-v.*

DOM. PASCAL MURE 2013 ★

■	1 812	⬤	15 à 20 €

Installé à Volnay depuis 1987, Pascal Mure, rejoint par son fils Fabien, poursuit l'histoire familiale sur ce domaine de près de 9 ha. Il fait partie de ces vignerons discrets qui, dans l'ombre des « locomotives » du cru, s'appliquent à valoriser leur appellation.
Les vignerons de Volnay ont souvent une parcelle chez « leurs meilleurs ennemis » de Pommard. Et vice versa... Pascal Mure signe ainsi une cuvée colorée, au nez gourmand de fruits rouges, de baies noires et de Zan, rehaussé d'un discret boisé. La bouche est corsetée par des tanins fermes qui soulignent sa longue finale et appellent la garde. Un vin sérieux. ✗ 2018-2020 ❦ civet de lièvre

⌐ *Pascal Mure, 2, Grande-Rue, 21190 Volnay, tél. 03 80 21 61 15, contact@domaine-mure.com* Ⓥ 👤 ⬆ *r.-v.*

LUCIEN MUZARD ET FILS
Les Cras Vieilles Vignes 2013

■	n.c.	⬤	30 à 50 €

Domaine de 18 ha fondé à partir de 1965 par le Santenois Lucien Muzard. Ses fils Hervé et Claude Muzard, vignerons et négociants, ont pris la relève en 1997, avec brio : leurs vins, notamment leurs santenay, collectionnent les étoiles du Guide.
D'un grenat brillant, ce *village* s'ouvre à l'aération sur des parfums de petits fruits rouges et noirs. Franche à l'attaque, souple et équilibrée, la bouche s'appuie sur des tanins fins, un peu stricts en finale. Un pommard d'initiation, que l'on pourra déboucher prochainement.
✗ 2016-2018 ❦ filet de bœuf

⌐ *Lucien Muzard et Fils, 11, rue de la Cour-Verreuil, 21590 Santenay, tél. 03 80 20 61 85, lucienmuzard71@gmail.com* Ⓥ 👤 ⬆ *r.-v.*

DOM. PARENT Les Epenots 2012 ★★

■ 1er cru	1 822	👤 ⬤	50 à 75 €

Fondé en 1803, ce domaine historique de Pommard possède une belle collection de *villages* et de 1ers crus dans cette appellation, dont il est l'une des valeurs sûres. Il est dirigé depuis 1998 par Anne Parent et Catherine Pagès-Parent, filles de Jacques, qui disposent de 10 ha de vignes complétés par une activité de négoce.
En 2012, ce 1er cru a connu la grêle ; si les volumes sont réduits, la qualité est telle que cette bouteille a été finaliste du coup de cœur. Son nez marie la rose, les fruits rouges et les épices. Gras et suave à l'attaque, le palais déroule des tanins marqués mais enrobés et séduit par sa finale persistante. ✗ 2018-2021 ❦ râbles de lapin aux pruneaux

⌐ *SAS Dom. Parent, 3, rue de la Métairie, BP 20008, 21630 Pommard, tél. 03 80 22 15 08, contact@domaine-parent-bourgogne.com*

DOM. PARIGOT Les Riottes 2013 ★

■	4 000	⬤	20 à 30 €

Le père, c'est Régis ; le fils, c'est Alexandre. L'œnologue, c'est Kyriakos Kynigopoulos, spécialiste renommé, né en Grèce. Sur un domaine de 19 ha, ils valorisent avec talent les terroirs bourguignons, témoin les nombreux coups de cœur obtenus pour leurs vins de la Côte de Beaune et des Hautes-Côtes.
La famille Parigot possède plusieurs parcelles de Pommard. Le nom de ce *climat*, Riottes, désigne un cours d'eau intermittent : ce lieu-dit est situé sur un terrain plat, au pied d'un coteau où ressurgissent des eaux d'écoulement. Le vin, grenat profond, libère des parfums intenses de myrtille et de mûre. Ronde, charnue, élégante et longue, la bouche montre une certaine étoffe pour le millésime ; ses tanins sévères en finale invitent à oublier cette bouteille en cave. ✗ 2020-2025 ❦ civet de marcassin au poivre vert ■ 1er cru Charmots 2013 (30 à 50 € ; 2 100 b.) : vin cité. ✗ 2016-2019

⌐ *Dom. Parigot, 8, rte de Pommard, 21190 Meloisey, tél. 03 80 26 01 70, domaine.parigot@orange.fr* Ⓥ 👤 ⬆ *r.-v.*

FERNAND ET LAURENT PILLOT Tavannes 2013

■	4 000	👤 ⬤	20 à 30 €

Installé en 1993, Laurent Pillot, fils de Fernand, représente la quatrième génération de vignerons sur ce domaine de Chassagne-Montrachet. L'exploitation, qui s'est étendue sur Pommard grâce à la reprise des vignes Pothier-Rieussel, approche aujourd'hui les 15 ha.
La famille de Saulx-Tavannes possédait autrefois ici des vignes passées ensuite à la seigneurie de Chambolle-Musigny. Le nom est resté accroché à ce *climat* de Pommard. Le lieu de naissance de ce 2013 qui rappelle la cerise, tant par sa couleur que par son nez, où le fruit rouge se lie au tabac et au boisé légués par un séjour de douze mois en fûts (neufs pour 25 %). La bouche est élégante, fraîche et minérale. ✗ 2018-2020 ❦ fondue bourguignonne

⌐ *Fernand et Laurent Pillot, 2, pl. des Noyers, 21190 Chassagne-Montrachet, tél. 03 80 21 99 83, contact@vinpillot.com* Ⓥ ⬆ *r.-v.*

PASCAL PRUNIER-BONHEUR Trois Follots 2013

■	1 800	⬤	20 à 30 €

Pascal Prunier, natif d'Auxey-Duresses, et son épouse Christine Bonheur ont créé leur domaine en 1983 (7 ha aujourd'hui), complété par une activité de négoce depuis 2002. Des habitués du Guide, notamment pour leurs auxey-duresses et monthélie.
Ce *climat* tire son nom d'une zone humide en raison de la proximité de la rivière où les brouillards persistent. Malgré la grêle qui a réduit la production en 2013, Pascal Prunier a conservé cette cuvée de négoce. Le nez est discret mais avenant, sur la griotte, la cerise, les épices et les touches empyreumatiques de l'élevage. L'attaque, ronde et fine, est relayée par une bonne trame tannique, et le fruit frais s'épanouit jusqu'à la finale grillée et chocolatée. ✗ 2018-2020 ❦ noisettes de chevreuil

⌐ *Dom. Prunier-Bonheur, 23, rue des Plantes, 21190 Meursault, tél. 03 80 21 66 56, pascal.prunier-bonheur@wanadoo.fr* Ⓥ ⬆ *r.-v.*

BOURGOGNE

DOM. RAPET Les Cras 2013		
■ 1 200	◗	15 à 20 €

Natifs de Saint-Romain, où ils habitent l'ancien moulin, les Rapet exploitent un domaine de 13,5 ha né de la fusion des vignes de François Rapet et de sa tante Marie Lamotte. Jean-François, le fils, est aux commandes depuis 1996.

Ce vin provient d'un *climat* de 10,7 ha situé au bas du cône de déjection au débouché de la combe où se niche le village de Pommard. Un terrain riche en graviers et en galets. Mariant au nez des fruits rouges acidulés et une note vanillée, charnu et long en bouche, il ne se livre guère actuellement. Un peu de patience et vous serez enchantés. ✗ 2018-2020 ▼ râbles de lièvre

☛ *Dom. Jean-François Rapet, 1, rue Sous-le-Château, 21190 Saint-Romain, tél. 03 80 21 22 08, domainerapetfrancois@orange.fr* Ⓥ ⚑ 🛉 *r.-v.*

DOM. JOËL REMY La Chanière 2013		
■ 1er cru	n.c.	◗	30 à 50 €

Un domaine fondé en 1853 au sud-est de Beaune, repris en 1988 par Joël Remy (cinquième génération), qui met en valeur avec son épouse Florence un vignoble de 12 ha répartis dans plusieurs appellations de la Côte de Beaune.

En 2013, la grêle a frappé, mais quelques grappes intactes ont permis d'élaborer de belles cuvées telles que celle-ci. Le nez associe la framboise à un boisé bien fondu. Dans le même registre, la bouche, franche à l'attaque, repose sur des tanins qui commencent à se fondre, et finit sur une note épicée. ✗ 2018-2020 ▼ coq au vin

☛ *Dom. Joël Remy, 4, rue du Paradis, 21200 Sainte-Marie-la-Blanche, tél. 03 80 26 60 80, domaine.remy@wanadoo.fr* Ⓥ ⚑ 🛉 *r.-v.*

CHRISTOPHE VAUDOISEY Les Chanlins 2013 ★		
■ 1er cru	n.c.	◗	20 à 30 €

Fondé en 1804, ce domaine a vu passer huit générations de vignerons. Secondé par son fils Pierre, Christophe Vaudoisey, souvent en vue pour ses volnay, est installé depuis 1985 à la tête de 12 ha en volnay, pommard et meursault.

Les Chanlins ? D'anciens champs de lin qui servaient à fabriquer des toiles. Aujourd'hui, un *climat* de 4,43 ha planté de pinot, qui tisse la trame dense de ce pommard à la robe profonde, animée de reflets violines. Au nez, de la cerise et du poivre blanc, une touche de réglisse. Vineuse et acidulée à l'attaque, la bouche aux arômes de griotte se resserre en finale sur des tanins austères qui demanderont du temps à se fondre. Comme pour tout bon pommard. ✗ 2018-2021 ▼ chevreuil en civet

☛ *Christophe Vaudoisey, 1, rue de la Barre, 21190 Volnay, tél. 03 80 21 20 14, christophe.vaudoisey@wanadoo.fr* Ⓥ ⚑ 🛉 *r.-v.*

CH. DE LA VELLE Les Chanlins 2013		
■ 600	◗	20 à 30 €

Dans la famille Darviot depuis neuf générations, administré par Bertrand Darviot depuis 1976, ce domaine (et négoce) implanté à Meursault est souvent en vue pour ses beaune. Commandé par une demeure seigneuriale

du XIIIes. classée Monument historique, son vignoble s'étend sur 8 ha.

Répartis entre une partie basse et une partie haute, ces Chanlins prennent le statut de 1er cru à mi-coteau. Issu d'une vigne âgée d'un demi-siècle et d'un élevage de douze mois en fût, ce 2013 rouge grenat délivre des senteurs de petits fruits des bois. Au palais, l'harmonie et l'équilibre semblent avoir été privilégiés aux dépens de la structure tannique : certains jurés auraient souhaité un vin plus charpenté, tandis que d'autres apprécient sa finesse. ✗ 2017-2019 ▼ bavette à l'échalote

☛ *Bertrand Darviot, 17, rue de la Velle, 21190 Meursault, tél. 03 80 21 22 83, chateaudelavelle@darviot.fr* Ⓥ ⚑ 🛉 *r.-v.* 🏠 Ⓒ

VOLNAY

Superficie : 207 ha / Production : 7 735 hl

Blotti au creux du coteau, le village de Volnay évoque une jolie carte postale bourguignonne. Moins connu que Pommard son voisin, le vignoble n'a rien à lui envier. Ses vins sont tout en finesse ; ils vont de la légèreté des Santenots, situés sur la commune voisine de Meursault, à la solidité et à la vigueur du Clos des Chênes ou des Champans. Nous ne citerons pas tous ses trente 1ers crus, de peur d'en oublier... Le Clos des Soixante Ouvrées est également très connu et donne l'occasion de définir cette mesure : 4 ares et 28 centiares, unité de base des terres viticoles, correspondant à la surface travaillée à la pioche par un ouvrier au Moyen Âge dans sa journée.

DOM. BITOUZET-PRIEUR Taillepieds 2012		
■ 1er cru	900	🍴 ◗	30 à 50 €

Aux origines du domaine, deux familles, l'une de Volnay, l'autre de Meursault. Aujourd'hui, 13 ha de vignes (pas d'herbicides, compost, travail du sol) et des vins, de Beaune à Puligny, en passant par Meursault et Volnay, mis en musique depuis 2008 par François Bitouzet, seul aux commandes depuis 2012. Un domaine souvent en vue pour ses volnay.

Les plus fidèles lecteurs se rappelleront un coup de cœur obtenu pour un Taillepieds 2009, dont le nom évoque la rudesse de ce coteau montant vers la Montagne du Chagnot, si pentu que les vignerons doivent se pencher pour en travailler la terre, au risque de se couper quelques orteils... François Bitouzet en signe une version bien bouquetée autour d'un boisé cacaoté et vanillé qui laisse les fruits s'exprimer (cassis, framboise). Un bon boisé soutient aussi le palais, tendre et soyeux, structuré par des tanins fins qui commencent à se fondre. Un volnay déjà harmonieux, qui ne sera que meilleur après un peu de garde. ✗ 2018-2022 ▼ poulet aux morilles

☛ *Bitouzet-Prieur, 19, rue de la Combe, 21190 Volnay, tél. 03 80 21 62 13, contact@bitouzet-prieur.com* Ⓥ ⚑ 🛉 *r.-v.*

DOM. ALBERT BOILLOT Les Petits Poisots 2012		
■ 1 300	◗	15 à 20 €

La famille Boillot, qui a donné naissance à l'un des fondateurs français du vignoble californien, Paul Masson, est établie à Volnay depuis la fin du XVIIes. Raymond Boillot, installé en 1988, conduit aujourd'hui un domaine de 4 ha dédié au pommard, au volnay et aux AOC régionales.

Les 3,52 ha de ce lieu-dit qui longe la nationale voisinent avec Les Grands Poisots, le plus grand *climat* communal de Volnay. Dans le verre, un vin au nez généreux de griottes confiturées et d'épices, au palais charnu et gras, plus tannique et austère en finale. Encore un peu de patience. ✗ 2018-2023 ❦ quasi de veau sauce forestière

☞ *Dom. Albert Boillot, 2, ruelle Saint-Étienne, 21190 Volnay, tél. 03 80 21 61 21, dom.albert.boillot@wanadoo.fr* Ⓥ 🎿 ⛲ *r.-v.*

DOM. RÉYANE ET PASCAL BOULEY 2012			
■	3 000	⬚	20 à 30 €

Succédant à quatre générations de vignerons, Réyane et Pascal Bouley exploitent un vignoble de 9 ha répartis sur une cinquantaine de parcelles, principalement sur Volnay, mais aussi sur Pommard et Monthélie. Arrivé en 2005, leur fils Pierrick a pris la relève.

Souvent en vue pour ses volnay, le domaine ne rate pas le rendez-vous de la 31ᵉ édition et signe un *village* plaisant par ses arômes généreux de griotte à l'alcool et de réglisse. Généreuse aussi est la bouche (on y retrouve les fruits à l'alcool), riche et charnue, étayée par des tanins ronds et fondus. On pourra en profiter assez vite. ✗ 2016-2019 ❦ filet de canard au poivre vert

☞ *Pascal Bouley, 5, pl. de l'Église, 21190 Volnay, tél. 03 80 21 61 69, bouleypascal@wanadoo.fr* Ⓥ ⛲ *r.-v.*

DOM. MICHEL CAILLOT			
Clos des Chênes 2012 ★★			
■ 1er cru	n.c.	⬚	30 à 50 €

Un domaine créé en 1967 par Roger Caillot. Établi avec ses parents pendant dix ans et depuis 2003 avec son épouse, Michel Caillot conduit aujourd'hui un vignoble de 15 ha. Sa devise : « Le moins d'interventions dans les vinifications. »

Ce volnay frôla le coup de cœur l'an dernier, un souffle l'en sépare cette année... Une belle régularité donc pour ce Clos des Chênes encore un peu timide à l'olfaction, mais très expressif en bouche. Du fruit et des épices, une belle matière ronde et charnue, des tanins soyeux, une pointe de fraîcheur qui pousse loin la finale. L'archétype du volnay, élégant et tout en finesse, que l'on pourra savourer aussi bien jeune que vieux. ✗ 2016-2022 ❦ lièvre à la royale

☞ *Dom. Michel Caillot, 14, rue du Cromin, 21190 Meursault, tél. 06 87 44 81 44, earl.caillot@orange.fr* Ⓥ *r.-v.*

DOM. MARGUERITE CARILLON			
Les Santenots 2013 ★			
■ 1er cru	4 000	⬚	30 à 50 €

Ce domaine familial est vinifié par la maison Béjot à Meursault, propriété de Vincent Sauvestre, et par son directeur technique Mathieu Carrara.

Petite facétie réglementaire toute bourguignonne, ce *climat* à cheval sur les communes de Volnay et de Meursault se revendique en volnay 1ᵉʳ cru si planté en pinot noir, en meursault 1ᵉʳ cru si planté en chardonnay... Dans le difficile millésime 2013, qui a vu Volnay à nouveau touché par la grêle, ce domaine se distingue avec un 1ᵉʳ cru au nez réservé mais délicat de groseille et de framboise

sur un fond légèrement toasté. Ronde, riche et dense, bâtie sur des tanins fermes et fins, la bouche est celle d'un volnay bien typé, équilibré et élégant. ✗ 2018-2022 ❦ filet mignon de veau

☞ *Dom. Marguerite Carillon, 7, rte de Monthélie, 21190 Meursault, tél. 03 80 21 22 45, contact.france@bejot.com* Ⓥ ⛲ *r.-v.*

CHAPUIS & CHAPUIS Chanlin 2013			
■ 1er cru	300	⬚	20 à 30 €

Petits-fils de vignerons d'Aloxe-Corton, les frères Chapuis, Jean-Guillaume (le juriste) et Romain (l'œnologue), ont fondé leur structure de négoce en 2009, installant leur cuverie dans l'ancien château de Pommard. Ils privilégient autant que faire se peut les raisins issus de l'agriculture biologique ou biodynamique.

Un *climat* partagé entre Volnay et Pommard, classé en 1ᵉʳ cru dans les deux communes. Ce 2013 dévoile un nez plaisant et fin de petits fruits noirs (mûre, cassis) et d'épices. En bouche, il se montre gourmand et rond, porté par des tanins souples et par une discrète acidité. La finesse du fruit le rend aérien et déjà charmeur. ✗ 2016-2019 ❦ coq au vin

☞ *Chapuis, 9, rue des Charmots, 21630 Pommard, tél. 06 89 56 05 12, r.chapuis@chapuisfreres.fr* Ⓥ 🎿 ⛲ *r.-v.*

JÉRÔME GERBEAULT 2012			
■	900	👁 ⬚	15 à 20 €

Jérôme Gerbeault représente la quatrième génération à la tête de ce domaine familial fondé en 1930. Il a succédé à son père en 2002 sur 7 ha de vignes en volnay, santenay, meursault et monthélie, tout en s'occupant d'une affaire de négoce-éleveur, les Caves du Vieux Pressoir à Meursault.

Cette cuvée confidentielle dévoile des parfums discrets mais harmonieux de fruits rouges, de fougère et de tabac brun. Le palais, rond et gras, met aussi en valeur le fruit, accompagné par des tanins maîtrisés, extraits en souplesse. ✗ 2016-2020 ❦ agneau braisé au jus

☞ *Jérôme Gerbeault, RD 974, Les Caves du Vieux Pressoir, 21190 Meursault, tél. 03 80 21 20 39, info@vieux-pressoir.com* Ⓥ ⛲ *t.l.j. sf dim. 8h30-12h 14h-18h30*

DOM. GLANTENAY 2012			
■	4 000	⬚	15 à 20 €

Ce domaine de 8 ha est conduit depuis quatre siècles par la famille Glantenay, qui a accueilli en 2012 une nouvelle génération en la personne de Guillaume, fils de Pierre.

Fait rare dans la Côte, avec 46 % d'occupation des sols, l'appellation communale est minoritaire par rapport aux 1ᵉʳˢ crus sur Volnay. Guillaume Glantenay a sélectionné 2 ha de vignes de soixante ans pour élaborer ce *village* au nez bien fruité (griotte et framboise), fin et frais en bouche, soutenu par des tanins fermes mais qui commencent à s'assouplir. Une jolie finale réglissée conclut la dégustation. ✗ 2018-2022 ❦ fondue vigneronne

☞ *SCE Georges Glantenay et Fils, 16, chem. de la Cave, 21190 Volnay, tél. 03 80 21 61 82, cecileglantenay@ orange.fr* Ⓥ 🎿 ⛲ *t.l.j. sf dim. 10h-18h*

♥ PASCAL LABOUREAU Les Lurets 2013 ★★

■ 1 200	⊪	20 à 30 €

Les Laboureau travaillent la vigne depuis 1640. Pascal s'est installé en 1979 à Bligny-lès-Beaune, où il exploite 12,8 ha dans la Côte de Beaune, de Saint-Romain à Pernand-Vergelesses.

La particularité de ce *climat* est d'avoir 80 % de sa surface classés en 1er cru et le reste en appellation communale ; ce qui ne l'empêche pas de se distinguer par des caractères similaires, voire de rivaliser parfois avec les 1ers crus voisins, comme c'est le cas ici. Après dix-huit mois de fût, ce 2013 né de ceps de quarante ans déploie un bouquet intense et engageant de fraise des bois et de mûre. Tout aussi fruitée, la bouche se révèle ample et dense, encore un brin fougueuse, serrée par la jeunesse de ses tanins, mais des tanins racés, au grain fin, qui offrent de belles perspectives de garde à ce « simple », mais pas simpliste, *village*. ✗ 2019-2025 ✆ carré d'agneau

☛ *Pascal Laboureau, 35, rte de Beaune, 21200 Bligny-lès-Beaune, tél. 06 07 22 35 94, laboureaup@wanadoo.fr* Ⓥ 🎿 🏠 *r.-v.*

DOM. VINCENT LATOUR Cuvée Nathan 2012 ★

■ 2 000	🍾 ⊪	20 à 30 €

Établis à Meursault, Cécile et Vincent Latour assurent la continuité du vénérable domaine Jean Latour-Labille (1792), devenu Dom. Vincent Latour – 7,5 ha tout au long de la ceinture blanche de la Côte de Beaune –, auquel ils ont adjoint en 2008 une société de négoce.

Une vigne de quarante ans et douze mois de tonneau pour cette cuvée ne sont pas délicat et harmonieux, à la fois floral, fruité (fruits rouges, cassis) et boisé sans excès. Le palais offre l'élégance et la finesse attendues d'un volnay, avec du fruit, une fraîcheur contenue, du gras qui enrobe bien des tanins soyeux, de l'allonge. ✗ 2018-2023 ✆ côte de bœuf

☛ *Vincent Latour, 6, rue du 8-Mai-1945, 21190 Meursault, tél. 03 80 21 22 49, contact@ domaine-vincentlatour.com* Ⓥ 🎿 🏠 *r.-v.* 🏠 Ⓔ

OLIVIER LEFLAIVE Clos des Angles 2012 ★

■ 1er cru	2 950	🍾 ⊪	30 à 50 €

Négociant-éleveur établi à Puligny-Montrachet depuis 1984, Olivier Leflaive, l'une des références de la Côte de Beaune, collectionne les étoiles, côté cave (négoce et domaine) et côté hôtellerie (quatre pour son hôtel de Puligny). Au chai, l'œnologue Franck Grux et son complice Philippe Grillet.

Pour la petite histoire, cette parcelle en forme de triangle située au bord de l'ancienne voie romaine hébergeait autrefois la stèle funéraire d'un personnage gallo-romain qui fut réutilisée dans le mur d'enceinte de la vigne. Une vigne de vingt-cinq ans pour ce 2012 des plus sérieux. Un volnay réservé au premier nez, un peu plus disert à l'aération (notes de sous-bois, de toasté et de fruits noirs), intense, solide et dense en bouche, bâti sur des tanins fins et serrés. Doté d'un réel potentiel, il gagnera sa seconde étoile en cave. ✗ 2018-2025 ✆ canard aux cerises

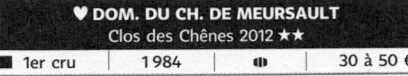

☛ *Olivier Leflaive Frères, pl. du Monument, 21190 Puligny-Montrachet, tél. 03 80 21 37 65, contact@olivier-leflaive.com* Ⓥ 🎿 🏠 *r.-v.*

♥ DOM. DU CH. DE MEURSAULT Clos des Chênes 2012 ★★

■ 1er cru	1 984	⊪	30 à 50 €

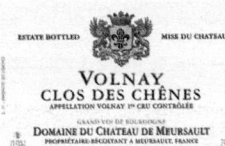

L'emblématique château de Meursault, haut-lieu du tourisme bourguignon et du folklore vineux – on y célèbre la fameuse Paulée le lendemain de la vente des Hospices de Beaune – a souvent changé de mains : famille de Pierre de Blancheton jusqu'à la Révolution ; famille Serre au XIX^{e}s. ; famille du comte de Moucheron ; famille Boisseaux (maison Patriarche) à partir de 1973. En décembre 2012, nouveau changement : la famille Halley achète le domaine, avant d'acquérir fin 2013 les 60 ha de vignes. Aux commandes du chai : Emmanuel Escutenaire.

Ce *climat* situé sous la montagne du Chagnot, côté Monthélie, est le plus vaste 1er cru de l'appellation (15,4 ha). Il doit son nom aux nombreux chênes qui y poussaient autrefois. La vigne y a pris ses droits ; une vigne de cinquante ans ici, à l'origine d'un volnay complexe et racé, ouvert sur la cerise noire, la myrtille, la violette et le toasté de la barrique. La bouche, riche et puissante, est mise en relief par des tanins à la fois concentrés et soyeux et par une longue finale, intense et fruitée. Un vin de matière et de grande garde. ✗ 2018-2025 ✆ pavé de biche

☛ *Dom. du Ch. de Meursault, rue du Moulin-Foulot, 21190 Meursault, tél. 03 80 26 22 75, domaine@chateau-meursault.com* Ⓥ 🎿 🏠 *t.l.j.* 9h30-12h 14h30-18h ; *f.* 20 déc.-5 janv.

DOM. RENÉ MONNIER Clos des Chênes 2013

■ 1er cru	3 000	⊪	30 à 50 €

Ce domaine murisaltien fondé en 1723, propriété de Xavier Monnot, répartit ses 17 ha entre plusieurs AOC beaunoises. Il est régulièrement distingué dans le Guide, notamment pour ses beaune et ses meursault.

En hiver, vous verrez des veines de terres blanches lézarder les 15,4 ha de ce 1er cru en descendant le coteau. Xavier Monnot y cultive 74 ares de pinot noir, à l'origine d'un volnay solide et sévère, comme souvent au domaine. Un vin relativement discret à l'olfaction (toasté, fumé et quelques fruits noirs à l'agitation), plein, dense et encore très tannique en bouche. Le temps doit faire son œuvre. ✗ 2018-2025 ✆ civet de lièvre

☛ *Dom. René Monnier, 6, rue du Dr-Rolland, 21190 Meursault, tél. 03 80 21 29 32, domaine-rene-monnier@wanadoo.fr* Ⓥ 🎿 🏠 *t.l.j.* 8h30-12h 14h-18h ☛ Xavier Monnot

MONTHELIE-DOUHAIRET-PORCHERET En Champans 2012

■ 1er cru	2 100	🍾 ⊪	30 à 50 €

Longtemps régisseur des Hospices de Beaune, André Porcheret acquit en 1989 avec Armande Monthélie-

BOURGOGNE

Douhairet ce domaine fondé il y a plus de trois siècles. Sa petite-fille Cataldina Lippo l'a rejoint en 2004 et conduit désormais seule le vignoble, qui compte 6,5 ha.

Ce *climat* qui marque le début du coteau de Volnay (d'où son nom signifiant « champ sur une pente ») couvre 10 % de l'appellation en 1er cru (11,19 ha), soit l'un des plus vastes de la commune. Dans le verre, un vin au nez concentré de fruits mûrs (cerise, griotte) et de violette, rond et chaleureux (cerise kirschée) en bouche, porté par des tanins fins et par un boisé encore un peu dominant mais de qualité. À attendre pour plus de fondu. ✗ 2018-2022 ♈ navarin d'agneau

⊶ *Dom. Monthelie-Douhairet-Porcheret, 1, rue Cadette, 21190 Monthelie, tél. 03 80 21 63 13, douhairet@wanadoo.fr* Ⓥ 👤 r.-v.

DOM. PASCAL MURE 2013 ★

■	1 824	ⅲ	15 à 20 €

Installé à Volnay depuis 1987, Pascal Mure, rejoint par son fils Fabien, poursuit l'histoire familiale sur le domaine de près de 9 ha. Il fait partie de ces vignerons discrets qui, dans l'ombre des « locomotives » du cru, s'appliquent à valoriser leur appellation.

Cette cuvée née de ceps de quarante-cinq ans libère des parfums soutenus de fruits rouges mâtinés de nuances épicées et réglissées. La bouche se montre ample et dense, bien charpentée par des tanins fermes qui enserrent encore un peu la finale. ✗ 2018-2022 ♈ veau Marengo

⊶ *Pascal Mure, 2, Grande-Rue, 21190 Volnay, tél. 03 80 21 61 15, contact@domaine-mure.com* Ⓥ 👤 r.-v.

JEAN-RENÉ NUDANT Les Santenots 2012

■ 1er cru	n.c.	ⅲ	30 à 50 €

Un Guillaume Nudant d'Aloxe-Corton était déjà vigneron en 1453. Son descendant, Guillaume également, a rejoint en 2003 son père Jean-René sur le domaine familial de 16 ha plantés pour l'essentiel autour de la montagne de Corton.

De ce 1er cru de plein coteau, situé côté Meursault, commune avec laquelle ce *climat* se partage, les Nudant ont tiré un volnay au nez riche et intense de mûre compotée et de ronce, rehaussé d'une touche de vanille. Avenante par son attaque gourmande, la bouche affiche un beau volume et de la densité, consolidée par des tanins serrés, encore un peu austères. ✗ 2018-2022 ♈ gigot d'agneau

⊶ *Dom. Nudant, 11, rte de Dijon, BP 15, 21550 Ladoix-Serrigny, tél. 03 80 26 40 48, domaine.nudant@wanadoo.fr* Ⓥ 👤 t.l.j. sf dim. 8h-12h 14h-18h; sam. sur r.-v. 🏠 Ⓔ

MAISON G. PRIEUR Santenots 2012

■ 1er cru	1 800	ⅲ	20 à 30 €

En 1804, les frères Claude et Jean Prieur acquièrent le château Perruchot à Santenay, devenu G. Prieur en 1978. Leurs descendants, Dominique et son fils Guillaume, exploitent une propriété d'une vingtaine d'hectares en Côte de Beaune, à laquelle est adossée une maison de négoce.

Une citation proche de l'étoile pour ce 1er cru au nez bien fruité, ouvert sur le cassis et la mûre. Le fruit est également présent dans un palais équilibré et plutôt gourmand, rond

et charnu, doté de tanins fins. Déjà plaisant, ce vin a de la réserve. ✗ 2018-2021 ♈ pintade aux cèpes

⊶ *Maison G. Prieur, rue Narosse, 21590 Santenay, tél. 03 80 20 60 56, uny-prieur@prieur-santenay.com* Ⓥ 👤 r.-v.

PASCAL PRUNIER-BONHEUR Clos des Chênes 2013

■ 1er cru	800	ⅲ	30 à 50 €

Pascal Prunier, natif d'Auxey-Duresses, et son épouse Christine Bonheur ont créé leur domaine en 1983 (7 ha aujourd'hui), complété par une activité de négoce depuis 2002. Des habitués du Guide, notamment pour leurs auxey-duresses et monthélie.

Sous sa casquette de négociant, Pascal Prunier signe un volnay expressif, bien ouvert sur les fruits rouges écrasés. Le palais se révèle dense, à la texture fine, mais encore un peu boisé et plutôt strict et tendu en finale. À attendre. ✗ 2019-2025 ♈ pavé de biche

⊶ *Maison Pascal Prunier-Bonheur, 23, rue des Plantes, 21190 Meursault, tél. 03 80 21 66 56, pascal.prunier-bonheur@wanadoo.fr* Ⓥ 👤 r.-v.

DOM. REBOURGEON-MURE Santenots 2013

■ 1er cru	1 000	ⅲ	20 à 30 €

Un ancêtre s'installe à Pommard en 1552 et prend à bail pour quatre-vingt-dix-neuf ans des vignes de l'abbaye Sainte-Marguerite-de-Bouilland. Aujourd'hui, les Rebourgeon-Mure conduisent 7 ha et s'illustrent régulièrement avec leurs pommard et leurs volnay.

S'il existe des divergences sur l'origine du nom du *climat* des Santenots, il n'y a pas de doute sur la qualité de ce 1er cru situé sur la commune de Meursault, qui, lorsqu'il est planté en pinot noir, devient vin de Volnay. La maison Rebourgeon-Mure en propose une version au caractère bien trempé. Au nez, de fines notes de fruits noirs et rouges. En bouche, de la densité, du volume, de la longueur et surtout des tanins très présents, qui lui donnent pour l'heure un côté austère. ✗ 2018-2025 ♈ daube de sanglier

⊶ *Dom. Rebourgeon-Mure, 6, Grande-Rue, 21630 Pommard, tél. 03 80 22 75 39, rebourgeon.mure@orange.fr* Ⓥ 👤 r.-v.

ROSSIGNOL-CORNU ET FILS 2012

■	1 500	ⅲ	15 à 20 €

Les Rossignol sont nombreux à Volnay. Ici, un domaine de poche (4,8 ha), mais qui propose de multiples cuvées en volnay, meursault, pommard et pernand-vergelesses. Héritier d'une longue lignée de vignerons initiée en 1840, Didier Rossignol gère l'exploitation depuis 1989.

Un nez de fruits frais et de toasté venu de dix-huit mois de fût ouvre la dégustation. Aimable et frais à l'attaque, il impose ensuite son solide caractère, bâti sur des tanins puissants et encore sévères. Passage en cave obligatoire. ✗ 2019-2025 ♈ faisan laqué

⊶ *SCE Rossignol-Cornu et Fils, 6-12, rue de Mont, 21190 Volnay, tél. 03 80 21 61 48, info@domaine-rossignolcornu.fr* Ⓥ 👤 r.-v.

DOM. DES TERRES DE VELLE Le Ronceret 2012

■ 1er cru	830	ⅲ	30 à 50 €

Un domaine créé en 2009 par Fabrice Laronze, Sophie, son épouse et Junji Hashimoto, leur bras droit japonais.

Établis dans un ancien moulin au bord de la Velle, ils exploitent une petite « mosaïque à la bourguignonne » de 5,90 ha répartis sur plusieurs AOC de la Côte de Beaune.

Situé dans la partie médiane de l'appellation, entre 200 et 250 m, ce *climat* marque le début de coteau des 1ers crus. Les ronces peuplaient autrefois ce lieu avant leur défrichage et la plantation de la vigne. Des ceps de quarante-cinq ans pour cette cuvée fruitée (mûre, framboise) et épicée à l'olfaction. Bâti sur des tanins puissants mais soyeux, le palais offre un bon volume, de la fraîcheur et du fruit. Une bouteille que le temps valorisera. ✗ 2018-2022 ☘ sot-l'y-laisse de canard

○━ *Dom. des Terres de Velle, chem. Sous-la-Velle, 21190 Auxey-Duresses, tél. 03 80 22 80 31, info@terresdevelle.fr* 🆅 🅰 🅵 *r.-v.* ○━ Laronze

CHRISTOPHE VAUDOISEY Les Mitans 2013			
■ 1er cru	n.c.	◫	20 à 30 €

Fondé en 1804, ce domaine a vu passer huit générations de vignerons. Secondé par son fils Pierre, Christophe Vaudoisey, souvent en vue pour ses volnay, est installé depuis 1985 à la tête de 12 ha en volnay, pommard et meursault.

Ce *climat* de mi-coteau donne ici naissance à un 1er cru généreusement bouqueté autour des fruits rouges cuits. Si l'attaque est discrète, le milieu de bouche se révèle plus ample et puissant, soutenu par des tanins consistants et vigoureux qui appellent la garde. Un volnay de caractère. ✗ 2020-2025 ☘ filet de bœuf aux girolles

○━ *Christophe Vaudoisey, 1, rue de la Barre, 21190 Volnay, tél. 03 80 21 20 14, christophe.vaudoisey@wanadoo.fr* 🆅 🅰 🅵 *r.-v.*

MONTHÉLIE

Superficie : 120 ha / Production : 4 745 hl (85 % en rouge)

Moins connu que ses voisins, Volnay au nord et Meursault au sud, le village de Monthélie est installé à l'entrée de la combe de Saint-Romain qui sépare les terroirs à rouges des terroirs à blancs ; ses coteaux exposés au sud donnent des vins d'excellente qualité.

DOM. RÉYANE ET PASCAL BOULEY Les Clous 2012 ★			
■ 1er cru	600	◫	20 à 30 €

Succédant à quatre générations de vignerons, Réyane et Pascal Bouley exploitent un vignoble de 9 ha répartis sur une cinquantaine de parcelles, principalement sur Volnay, mais aussi sur Pommard et Monthélie. Arrivé en 2005, leur fils Pierrick a pris la relève.

Cet ancien clos est le dernier des seize 1ers crus que compte l'appellation : il fut classé en 2006. Le domaine en exploite 50 ares, dont le fruit, après dix-huit mois de barrique, livre un bouquet complexe et intense de violette, de fruits rouges compotés, de vanille et de réglisse. Une attaque franche et fraîche ouvre sur un palais ample et puissant mais sans dureté, grâce à une texture tendre, presque moelleuse, qui enrobe de solides tanins. Un vin à la fois gourmand et vigoureux. ✗ 2018-2025 ☘ pintade aux champignons

○━ *Pascal Bouley, 5, pl. de l'Église, 21190 Volnay, tél. 03 80 21 61 69, bouleypascal@wanadoo.fr* 🆅 🅵 *r.-v.*

DOM. DENIS BOUSSEY Les Hauts Brins 2013			
■	2 000	◫	11 à 15 €

Installé depuis 1977 à Monthelie, Denis Boussey conduit un domaine de 7,7 ha, qu'il a transmis en douceur à son fils Laurent, seul aux commandes depuis 2015 et qui gère aussi sa propre exploitation.

Des vignes de cinquante ans ont donné naissance à cette cuvée au joli nez de petits fruits rouges et d'épices. Le palais suit la même trame aromatique, se montre frais, équilibré et bien charpenté. De quoi voir venir quelques années en cave. ✗ 2017-2020 ☘ coq au vin

○━ *Dom. Denis Boussey, 1, rue du Pied-de-la-Vallée, 21190 Monthelie, tél. 03 80 21 21 23, domaine.denisboussey@wanadoo.fr* 🆅 🅰 🅵 *t.l.j. sf dim. 8h-12h 13h30-18h*

DOM. ÉRIC BOUSSEY Les Toisières 2013			
■	2 200	◫	11 à 15 €

Grande famille de vignerons de Monthelie, les Boussey exploitent plusieurs AOC en Côte de Beaune. Éric, installé en 1981, a complété son activité en 2007 par une structure de négoce.

Ce *climat* communal à l'exposition sudiste tient son nom d'une ancienne carrière dont on extrayait les laves pour construire les toits. Issu de vignes de cinquante ans, 2013 exprime de belles nuances épicées, florales et fruitées. En bouche, il affiche de la tonicité et une jeunesse prometteuse à travers sa vivacité et ses tanins fermes (mais pas trop). ✗ 2016-2019 ☘ osso-bucco ■ 1er cru Les Riottes 2013 (15 à 20 € ; 1 470 b.) : vin cité. ✗ 2018-2020

○━ *Dom. Éric Boussey, 21, Grande-Rue, 21190 Monthelie, tél. 03 80 21 60 70, ericboussey@orange.fr* 🆅 🅰 🅵 *r.-v.*

Ⓑ LES CHAMPS DE L'ABBAYE Les Sous Roches 2013 ▲			
■	1 000	◫	20 à 30 €

Isabelle et Alain Hasard, ni Bourguignons ni vignerons, mais passionnés de vin, s'installent en 1997 et créent ce domaine de toutes pièces. Ils exploitent aujourd'hui 6 ha (en bio certifié depuis 1999), essentiellement en Côte chalonnaise, avec un pied en Côte de Beaune depuis 2009 grâce à 35 ares de monthélie.

Coup de cœur l'an passé avec cette même cuvée version 2012, le couple Hasard signe un 2013 qui n'a pas à rougir de la comparaison. Le nez offre une belle intensité autour de la framboise et du pruneau. En bouche, on retrouve ce caractère bien fruité, associé à un bon boisé fondu et à des tanins consistants mais agréables, qui structurent le vin sans dureté et lui permettront de bien vieillir. ✗ 2018-2023 ☘ suprêmes de volailles aux cèpes

○━ *Alain Hasard, 9, rue des Roches-Pendantes, 71510 Aluze, tél. 03 85 45 59 32, alainhasard@wanadoo.fr* 🆅 🅰 🅵 *r.-v.*

DOM. CHANGARNIER Pierrefitte 2013 ★			
■ 1er cru	1 300	🅸 ◫	15 à 20 €

Un domaine régulier en qualité (complété par une activité de négoce), dans la famille Changarnier depuis le XVIIe s., repris en 2004 par les frères Claude et Antoine, avec Fabrice Groussin aux commandes de la

BOURGOGNE

cave depuis 2012. Le vignoble couvre 4,3 ha, conduit selon les préceptes de l'agriculture biologique, mais pour l'heure sans certification.

Née sur une petite parcelle située en limite avec Volnay (qui doit son nom à une pierre enfouie), cette cuvée dévoile un nez subtil d'épices et de fruits rouges agrémentés d'une touche animale. Équilibré et long, frais sans manquer de rondeur, bien bâti autour de tanins fins, le palais invite à attendre un peu, mais autorise aussi une dégustation dans l'année qui vient. ✗ 2016-2020 ✗ bœuf bourguignon

☛ *SCEA Dom. Changarnier, pl. du Puits, 21190 Monthelie, tél. 03 80 21 22 18, contact@domainechangarnier.com* ⊻ ⍨ ⚱ *r.-v.*

DOM. DUBUET-MONTHELIE
Les Champs Fulliot 2013 ★

■ 1er cru	2 300	◫	15 à 20 €

L'essentiel des vignes de ce domaine de 8 ha, régulier en qualité, est sur Monthélie. Guy Dubuet – Guy Dubuet était le nom de sa mère – a cédé la place à son fils David, qui perpétue les labours sur l'ensemble de la propriété.

Ce Champs Fulliot – 1er cru phare de l'appellation – dévoile à l'olfaction une complexité naissante autour de notes de fruits rouges, d'épices et de sous-bois. C'est l'équilibre qui définit le mieux la bouche, à la fois fine et ferme, fraîche et longue. Un beau vin complet et de garde. ✗ 2018-2024 ✗ filet de bœuf en croûte ■ Les Longènes 2013 ★ (11 à 15 € ; 2 500 b.) : discrètement boisé et bien fruité, équilibré et frais au palais, structuré sans excès par des tanins fondus et soyeux. Un reflet de l'appellation. ✗ 2016-2019 ■ La Combe Danay 2013 (11 à 15 € ; 2 000 b.) : vin cité. ✗ 2015-2020

☛ *Dubuet-Monthelie et Fils, 1, rue Bonne-Femme, 21190 Monthelie, tél. 06 64 46 10 17, david.dubuet@orange.fr* ⊻ ⍨ ⚱ *r.-v.*

DOM. DUPONT-FAHN Les Vignes Rondes 2013

■	n.c.	◫	15 à 20 €

Depuis le cœur de Monthelie, ce producteur exploite 9 ha de vignes toutes situées en Côte de Beaune. Une originalité : il produit aussi en IGP Pays d'Oc.

C'est un 1er cru des plus chaleureux que propose le domaine avec ce 2013 généreusement bouqueté autour des pruneaux et des fruits rouges à l'alcool. Une sensation de fruits très mûrs que l'on retrouve dans une bouche vineuse, ronde et veloutée, portée par des tanins souples. ✗ 2016-2019 ✗ veau Marengo

☛ *Michel Dupont-Fahn, Les Toisières, 21190 Monthelie, tél. 06 08 51 15 13, domaine.dupontfahn@gmail.com*

DOM. FLORENT GARAUDET
Les Champs Fulliot 2012 ★

■ 1er cru	300	◫	20 à 30 €

Fils de Paul Garaudet, président du Syndicat viticole de Monthelie, Florent s'est construit depuis son installation en 2008 un petit vignoble de 3 ha sur Monthelie, Meursault et Puligny-Montrachet. Il fait partie de la jeune garde de la commune.

Avec ses 8,11 ha, ce 1er cru qui prolonge le coteau de Volnay est le plus grand mais aussi le plus connu des amateurs de monthélie. Florent Garaudet en signe une version confidentielle (issue de 30 ares de pinot noir) mais c'est là son seul défaut. Au nez, des arômes complexes et généreux de cerise à l'eau-de-vie, de cèdre, de toasté et de vanille. En bouche, beaucoup de matière et de volume, des tanins serrés et une belle tension qui étire la finale. Un beau potentiel de garde en perspective. ✗ 2018-2022 ✗ poulet de Bresse rôti ■ Sous le Cellier 2012 (20 à 30 € ; 1 000 b.) : vin cité. ✗ 2015-2019

☛ *Florent Garaudet, 3, rue du Château-Gaillard, 21190 Monthelie, tél. 06 87 77 01 28, florentgaraudet@orange.fr* ⊻ ⍨ ⚱ *r.-v.*

DOM. MONTHELIE-DOUHAIRET-PORCHERET
Le Meix Bataille 2012 ★

■ 1er cru	1 200	◍ ◫	20 à 30 €

Longtemps régisseur des Hospices de Beaune, André Porcheret acquit en 1989 avec Armande Monthelie-Douhairet ce domaine fondé il y a plus de trois siècles. Sa petite-fille Cataldina Lippo l'a rejoint en 2004 et conduit désormais seule le vignoble, qui compte 6,5 ha.

Ce petit 1er cru (2,27 ha) doit son nom à la famille Bataille, dont l'un des membres fut capitaine au château de La Rochepot. Cataldina Lippo y cultive 43 ares de pinot noir, à l'origine d'un vin intense, dominé par les fruits rouges (cerise) que les vingt mois de fût n'écrasent pas (léger grillé en arrière-plan). Frais et élégant tout en affichant une belle solidité, le palais possède tous les atouts pour vieillir avec bonheur. ✗ 2020-2025 ✗ lièvre à la royale

☛ *Dom. Monthelie-Douhairet-Porcheret, 1, rue Cadette, 21190 Monthelie, tél. 03 80 21 63 13, douhairet@wanadoo.fr* ⊻ ⍨ ⚱ *r.-v.*

DOM. NEWMAN 2012

■	600	◫	15 à 20 €

Un domaine créé par Christopher Newman, constitué de parcelles rachetées entre 1972 et 1974 à son père, l'un des premiers Américains à avoir investi dans la vigne en Bourgogne, et à Alexis Lichine, et replantées à la même période : 5,5 ha de vignes, avec un pied dans chaque Côte, dont trois grands crus nuitons.

Griotte, réglisse, vanille, le bouquet de ce *village* est engageant. On retrouve ces arômes dans une bouche souple en attaque, plus ferme dans son développement, avec des tanins qui jouent un peu des épaules en finale et que le temps arrondira. ✗ 2018-2022 ✗ agneau rôti

☛ *GFA Dom. Newman, 29, bd Clemenceau, 21200 Beaune, tél. 03 80 22 80 96, info@domainenewman.com*

DOM. JACQUES PARENT
Les Champs Fulliot 2012 ★

■ 1er cru	893	◍ ◫	30 à 50 €

Fondé en 1803, ce domaine historique de Pommard possède une belle collection de *villages* et de 1ers crus dans cette appellation, dont il est l'une des valeurs sûres. Il est dirigé depuis 1998 par Anne Parent et Catherine Pagès-Parent, filles de Jacques, qui disposent de 10 ha de vignes complétés pour une activité de négoce.

Issu de la partie négoce, ce 1er cru livre des parfums intenses et complexes de fruits rouges compotés, de rose, de réglisse et de vanille. Une belle entrée en matière qui annonce un palais très équilibré, ample, frais et net, structuré par des tanins carrés mais harmonieux. Un monthélie à la fois solide et fin, bâti pour la garde. Son seul défaut : sa confidentialité... **✗** 2018-2025 **♈** magret de canard aux cerises

⊶ SAS Dom. Parent, 3, rue de la Métairie, BP 20008, 21630 Pommard, tél. 03 80 22 15 08, contact@domaine-parent-bourgogne.com

DOM. THIERRY PINQUIER Les Sous-Roches 2013

	1 600	🛈 ⬤	11 à 15 €

En 1994, Thierry Pinquier a pris la relève de ses parents Colette et Maurice, anciens ouvriers vignerons fondateurs du domaine en 1954. Tandis qu'il œuvre à la vigne (6 ha) et au chai, son épouse anime les dégustations et s'occupe des chambres d'hôtes.

Le chardonnay représente environ 15 % de l'appellation, le plus souvent planté au niveau communal, les terroirs de marne et d'argile des 1ers crus manquant généralement de calcaire. Thierry Pinquier exploite 40 ares du cépage sur ce *climat* au sol argilo-calcaire, à l'origine d'un vin joliment bouqueté autour de l'amande et de l'aubépine, avec une touche de boisé en arrière-plan. Encore un peu fermé et tendu, le palais, tout en vivacité, appelle un peu de garde pour trouver son équilibre en cave. **✗** 2016-2019 **♈** tajine de poisson au citron

⊶ Thierry Pinquier, imp. des Belges, 5, rue Pierre-Mouchoux, 21190 Meursault, tél. 03 80 21 24 87, domainepinquier@orange.fr
Ⅴ 🏃 **⚑** t.l.j. 9h-12h 14h-18h30; dim. 9h-12h 🏠🏠 **❸**

DOM. JEAN-PIERRE ET LAURENT PRUNIER Les Champs Fulliot 2013 ★★

■ 1er cru	1 860	⬤	15 à 20 €

Jean-Pierre Prunier a laissé son vignoble de 9,5 ha à ses deux fils : Pascal, établi à Meursault, et Laurent, installé depuis 1992. Une valeur sûre en auxey-duresses et en monthélie.

Cette cuvée fait partie des valeurs sûres de l'appellation. Elle ne déçoit pas dans sa version 2013. Parée d'une élégante robe grenat intense, elle s'ouvre dès le premier nez sur des parfums avenants et bien mariés de fruits rouges, d'épices et de boisé. Une attaque tonique introduit un palais frais et solide, bâti sur des tanins jeunes et racés, au grain fin et velouté. Ce monthélie possède tous les atouts pour vieillir noblement. **✗** 2018-2025 **♈** lapin à la moutarde

⊶ Dom. Jean-Pierre et Laurent Prunier, rue Traversière, 21190 Auxey-Duresses, tél. 03 80 21 27 51, domaine.prunier@wanadoo.fr **Ⅴ** **⚑** r.-v.

PASCAL PRUNIER-BONHEUR Les Crays 2013

■	1 500	⬤	15 à 20 €

Pascal Prunier, natif d'Auxey-Duresses, et son épouse Christine Bonheur ont créé leur domaine en 1983 (7 ha aujourd'hui), complété par une activité de négoce depuis 2002. Des habitués du Guide, notamment pour leurs auxey-duresses et monthélie.

Les Crays est un grand *climat* communal situé côté Auxey-Duresses. Pascal Prunier y cultive 35 ares de pinot noir. Dans le verre, un vin discret mais plaisant, qui mêle au nez les petits fruits mûrs et des notes de sous-bois au toasté du fût. Sans afficher un grand volume, la bouche plaît par son équilibre et par son caractère fruité et poivré. **✗** 2016-2020 **♈** faisan laqué

⊶ Dom. Prunier-Bonheur, 23, rue des Plantes, 21190 Meursault, tél. 03 80 21 66 56, pascal.prunier-bonheur@wanadoo.fr **Ⅴ** **⚑** r.-v.

AUXEY-DURESSES

Superficie : 135 ha / Production : 5 840 hl (65 % rouge)

Le village d'Auxey-Duresses se niche dans un vallon qui conduit vers les Hautes-Côtes. Son vignoble couvre les deux versants de la combe et se répartit en trois îlots : sur la pente nord, il prolonge le terroir de Monthelie et porte des 1ers crus rouges exposés au midi, comme les Duresses ou le Val, fort réputés ; au fond de la combe, il jouxte des parcelles de Saint-Romain ; sur le versant de Meursault, au sud, il produit d'excellents vins blancs.

PHILIPPE BOUZEREAU Les Duresses 2013 ★

■ 1er cru	4 000	⬤	20 à 30 €

Héritier de neuf générations de vignerons, Philippe Bouzereau a pris en 2006 la direction du château de Cîteaux, 18 ha répartis sur six villages de la Côte de Beaune, qu'il exploite avec le moins d'interventions possibles à la vigne et au chai. Il a également développé une activité de négoce sous son nom propre et complète ainsi la belle gamme du domaine familial.

Cette cuvée est l'une des valeurs sûres du domaine, qui met en valeur le *climat* le plus réputé du village. Elle offre au nez, dès la première inspiration, des notes de cannelle et de vanille qui signent les douze mois d'élevage. Des arômes auxquels fait écho une bouche franche, fraîche et ferme, bâtie pour bien vieillir. **✗** 2017-2021 **♈** lapin à la crapaudine

⊶ Philippe Bouzereau, 7, place de la République, 21190 Meursault, tél. 03 80 21 20 32, caveau@chateau-de-citeaux.com **Ⅴ** r.-v.

♥ Ⓑ CHRISTOPHE BUISSON 2012 ★★

■	2 000	⬤	15 à 20 €

Plutôt que maçon, comme son père, Christophe Buisson a choisi d'être vigneron. D'abord courtier, il crée son domaine à Saint-Romain en 1996 : 7 ha (en bio) complétés en 2007 par une petite activité de négoce, avec des vins souvent en vue en saint-romain et en auxey-duresses. En 2015, le domaine a fusionné avec le négoce Alex Gambal pour devenir le domaine Gambal Buisson, Christophe conservant un rôle de consultant et se consacrant désormais au développement de la partie négoce.

L'unique coup de cœur de l'appellation nous vient d'un vigneron installé dans le village voisin de Saint-Romain, où nombreux sont les producteurs qui vinifient de l'auxey. Presque autant que ceux d'Auxey qui travaillent des vignes à Saint-Romain... Après dix-huit mois de fût, ce *village* dévoile un bouquet fruité (fruits rouges frais) et « terroité » (minéralité). Des sensations que l'on retrouve dans une bouche franche et alerte en attaque, ample et dense dans son développement, solidement arrimée à ses tanins, fins et serrés, étirée dans une longue finale aux accents de violette. Un peu d'attente ne rendra ce vin que meilleur. ✗ 2018-2023 ♈ grenadins de veau aux chanterelles

○➜ *Christophe Buisson, 34, rue de la Tartebouille, 21190 Saint-Romain, tél. 03 80 21 63 92, sarlchristophebuisson@wanadoo.fr* 🆅 🔼 *r.-v.*

CHRISTIAN CHOLET-PELLETIER 2013

◼	1 200	◫	11 à 15 €

Christian Cholet a débuté avec le caniculaire millésime 1976. Établi dans la plaine, entre Meursault et Puligny-Montrachet, il conduit aujourd'hui un vignoble de 8 ha et s'illustre avec régularité dans ces pages, notamment par ses auxey-duresses.

Ce vin déploie des arômes harmonieux et subtils de fruits jaunes, de menthol et d'amande fraîche. Le palais est équilibré, on apprécie son côté tendre et la fraîcheur qui le sous-tend jusqu'en finale. ✗ 2015-2018 ♈ poulet mariné au citron

○➜ *Christian Cholet, 40, rue de la Citadelle, 21190 Corcelles-les-Arts, tél. 03 80 21 47 76* 🆅 🏃 🔼 *r.-v.*

DOM. DICONNE Vieilles Vignes 2012

◼	2 100	🍶 ◫	11 à 15 €

Christophe Diconne s'est installé en 2005 sur le domaine familial d'Auxey-Duresses (10,25 ha), succédant à son grand-père Paul et à son père Jean-Pierre. Souvent en vue pour ses auxey-duresses, dans les deux couleurs.

Cette cuvée délivre un bouquet complexe de genêt, de fruits jaunes mûrs, de vanille et d'amande. Souple et charnue, la bouche est bien tonifiée par une fine vivacité qui lui apporte un surcroît d'allonge en finale. ✗ 2015-2017 ♈ terrine de brochet aux agrumes ◼ 2012 (11 à 15 € ; 2 900 b.) : vin cité. ✗ 2017-2022

○➜ *Christophe Diconne, rue de la Velle, 21190 Auxey-Duresses, tél. 03 80 21 25 60, contact@domaine-diconne.fr* 🆅 🏃 🔼 *r.-v.*

DOM. JESSIAUME Les Écussaux 2012 ★

◼ 1er cru	1 020	🍶 ◫	15 à 20 €

Acheté en 2007 par Sir David Murray, ce domaine familial (9 ha, en grande partie sur la commune de Santenay) fait figure de valeur sûre en Côte-d'Or. En 2008, une structure de négoce est venue compléter la production de la propriété. L'œnologue est William Waterkeyn.

Ce *climat* possède la particularité d'être planté pour moitié en appellation *village*, pour moitié en 1er cru. Ce vin se présente avec intensité autour de parfums de fruits rouges compotés (griotte), de poivre et de sous-bois. Une attaque sur le fruit ouvre sur un palais ferme, profond, concentré et persistant. Un auxey solide et prometteur. ✗ 2018-2023 ♈ civet de chevreuil

○➜ *Dom. Jessiaume, 10, rue de la Gare, 21590 Santenay, tél. 03 80 20 60 03, contact@domaine-jessiaume.com* 🆅 🏃 🔼 *r.-v.*

HENRI LATOUR ET FILS La Chapelle 2012

◼ 1er cru	1 460	◫	15 à 20 €

Les Latour cultivent la vigne depuis sept générations à Auxey-Duresses. Installé en 1992, François Latour ex-

ploite un domaine de 15 ha, dont l'essentiel est implanté dans sa commune d'origine.

Ce *climat* de 1,28 ha, coincé entre Les Bréterins et Reugne, côté Monthelie, doit son nom à la chapelle du village dont l'entretien était partagé entre le prêtre d'Auxey et les seigneurs voisins de La Rochepot qui, à titre compensatoire, possédaient cette vigne. François Latour en détient 50 ares aujourd'hui, à l'origine d'un vin de belle intensité, sur les fruits à noyau et le tabac, étoffé et bien charpenté par des tanins fins, bien que plus sévères en finale. Il gagnera son étoile en cave. ✗ 2017-2021 ♈ bœuf Orloff ◼ 1er cru Les Grands Champs 2013 (15 à 20 € ; 1 500 b.) : vin cité. ✗ 2018-2023

○➜ *Henri Latour et Fils, rte de Beaune, 21190 Auxey-Duresses, tél. 03 80 21 65 49, h.latour.fils@wanadoo.fr* 🆅 🏃 🔼 *r.-v.*

JEAN-LOUIS MOISSENET-BONNARD
Les Fosses 2013 ★

◼ 1er cru	2 400	◫	15 à 20 €

Souvent en vue pour ses pommard, Jean-Louis Moissenet, issu d'une longue lignée vigneronne, a débuté comme responsable du rayon Fruits et légumes dans la grande distribution, avant de reprendre en 1988 les vignes familiales provenant de sa grand-mère, Mme Henri Lamarche. Il exploite aujourd'hui un vignoble de 6 ha avec sa fille Emmanuelle-Sophie, arrivée en 2012.

Ce *climat* doit son nom à la topographie du terrain, qui présente des creux appelés fosses suite au rebouchage d'anciennes carrières avec de la terre de remblai. Dans le verre, un vin floral et boisé (grillé), ample et rond, titillé par une fine fraîcheur en finale, qui apporte de l'équilibre et de la longueur. ✗ 2016-2020 ♈ brochet à l'aneth

○➜ *Jean-Louis Moissenet-Bonnard, 4, rue des Jardins, 21630 Pommard, tél. 03 80 24 62 34, jean-louis.domaine-moisset-bonnard@wanadoo.fr* 🆅 🏃 🔼 *r.-v.*

AGNÈS PAQUET 2013

◼	6 700	🍶 ◫	15 à 20 €

Agnès Paquet a créé son domaine en 2000 à partir d'une parcelle acquise par sa famille dans les années 1950. Installée dans les Hautes-Côtes de Beaune, elle exploite 8 ha de vignes, dont une grande partie à Melin, hameau d'Auxey-Duresses.

Le nez de ce *village* s'ouvre doucement sur la griotte et le bourgeon de cassis. En bouche, on découvre un auxey rond et bien en chair, aux tanins souples et aux accents fruités. ✗ 2017-2020 ♈ pintade aux girolles

○➜ *Agnès Paquet, 10, rue du Puits-Bouret, 21190 Meloisey, tél. 03 80 26 07 41, contact@vinpaquet.com* 🆅 🏃 🔼 *r.-v.* 🏠 🅖

JEAN PASCAL ET FILS 2013 ★

◼	6 000	◫	11 à 15 €

Un domaine fondé en 1950. C'est Alexandra Pascal qui, depuis 1978, conduit le vignoble, étendu sur 15 ha et sur quatre communes : Meursault, Auxey-Duresses, Volnay et Puligny-Montrachet.

Cela faisait longtemps que l'on n'avait pas revu ce domaine. Il nous revient en pleine forme avec cet auxey élégant dès l'olfaction, portée sur les fleurs blanches, les fruits exotiques (litchi) et le grillé de la barrique. Puis c'est l'amande fraîche qui s'invite dans un palais ample et long, tendu par une fine acidité qui permettra à ce vin de bien évoluer. ✗ 2016-2019 ♈ poulet au citron

☞ *Dom. Jean Pascal et Fils, 20, Grande-Rue, 21190 Puligny-Montrachet, tél. 03 80 21 34 57, jl.pascal@wanadoo.fr* Ⓥ 🔒 *r.-v.; f. en août*

MAX ET ANNE-MARYE PIGUET-CHOUET			
Le Val Cuvée Stéphane 2013 ★			
■ 1er cru	3 000	◫	15 à 20 €

Un domaine de 10 ha, 100 % familial et 100 % beaunois, né en 1981 de l'union de Max Piguet-Chouet (sixième génération de vigneron) avec Anne-Marye (issue de la plus ancienne famille vigneronne de Meursault), qu'ont rejoints leurs fils Stéphane et William en 2004.

Avec 9,3 ha, le Val, situé côté Monthelie, est le plus vaste des huit 1er crus de l'appellation. Les Piguet-Chouet, ou plus exactement leur fils Stéphane, en signent une version très réussie, qui hume bon la cerise et le pain d'épice. Une attaque franche et nette ouvre sur un palais bien équilibré entre la fraîcheur du terroir et du fruit et des tanins racés et soyeux. De bonne garde assurément. ✗ 2018-2025 ♈ gigue de chevreuil ■ Les Heptures Cuvée Mathis 2013 (11 à 15 € ; 2 000 b.) : vin cité. ✗ 2017-2020

☞ *Max et Anne-Marye Piguet-Chouet, rte de Beaune, 21190 Auxey-Duresses, tél. 03 80 21 25 78, piguet.chouet@wanadoo.fr* Ⓥ 🎿 🔒 *r.-v.*

DOM. JEAN-PIERRE ET LAURENT PRUNIER			
Vieilles Vignes 2013			
■	8 500	◫	11 à 15 €

Jean-Pierre Prunier a laissé son vignoble de 9,5 ha à ses deux fils : Pascal, établi à Meursault, et Laurent, installé depuis 1992. Une valeur sûre en auxey-duresses et en monthélie.

Des notes d'abricot compoté et d'amande exhalent du verre. En bouche, le vin se montre souple et charnu, une fine acidité lui apportant de la vitalité, de l'équilibre et de la longueur. ✗ 2015-2018 ♈ brochet sauce curry ■ 1er cru Les Duresses 2013 (15 à 20 € ; 2 600 b.) : vin cité. ✗ 2016-2020

☞ *Dom. Jean-Pierre et Laurent Prunier, rue Traversière, 21190 Auxey-Duresses, tél. 03 80 21 27 51, domaine-prunier@wanadoo.fr* Ⓥ 🔒 *r.-v.*

PASCAL PRUNIER-BONHEUR 2013 ★★			
■ 1er cru	2 700	◫	15 à 20 €

Pascal Prunier, natif d'Auxey-Duresses, et son épouse Christine Bonheur ont créé leur domaine en 1983 (7 ha aujourd'hui), complété par une activité de négoce depuis 2002. Des habitués du Guide, notamment pour leurs auxey-duresses et monthélie.

C'est avec un « simple » village qui n'a rien de simpliste que les époux Prunier se sont hissés en finale du coup de cœur. Le nez, d'abord discret, se livre à l'aération sur des parfums généreux de fruits rouges mûrs mâtinés de nuances de sous-bois et de toasté. Persistante, équilibrée, boisée avec justesse et offrant beaucoup de matière, la bouche s'adosse à des tanins soyeux qui lui confèrent de l'élégance et un aimable caractère velouté. Digne d'un 1er cru. ✗ 2018-2023 ♈ filet mignon en croûte ■ 1er cru Climat du Val 2013 ★ (20 à 30 € ; 1 500 b.) : des senteurs

suaves de mûre et de cassis compotés, un palais solidement structuré, ample et long. « Un beau dragueur », selon un juré ; il est conseillé de l'attendre. ✗ 2017-2023 ■ Vieilles Vignes 2013 ★ (20 à 30 € ; 1 500 b.) : de fines notes de fleurs blanches et de noisette, une bouche ample, dense et soyeuse, stimulée par une fraîcheur dosée. Harmonieux et gourmand. ✗ 2015-2018

☞ *Dom. Prunier-Bonheur, 23, rue des Plantes, 21190 Meursault, tél. 03 80 21 66 56, pascal.prunier-bonheur@wanadoo.fr* Ⓥ 🔒 *r.-v.*

DOM. MICHEL PRUNIER ET FILLE			
Clos du Val 2012 ★			
■ 1er cru	2 100	◫	20 à 30 €

Les Prunier sont vignerons à Auxey depuis cinq générations. Michel, installé en 1968, transmet progressivement à sa fille Estelle un domaine de 12 ha souvent en vue pour ses auxey-duresses.

Les 92,72 ares de ce clos situé en bordure du 1er cru Les Breterins font partie du plus vaste Climat du Val. Les Prunier père et fille y cultivent 46 ares de pinot noir, qui ont donné naissance à ce vin épicé (poivre) et fruité à l'olfaction, étoffé, ferme et persistant en bouche, bâti sur des tanins fins qui lui assureront une bonne tenue dans le temps. ✗ 2018-2020 ♈ coq au vin ■ 2013 (15 à 20 € ; 4 200 b.) : vin cité. ✗ 2015-2018

☞ *Dom. Michel Prunier et Fille, rte de Beaune, 21190 Auxey-Duresses, tél. 03 80 21 21 05, domainemichelprunier-fille@wanadoo.fr* Ⓥ 🎿 🔒 *r. v.*

DOM. RAPET Les Hautés 2013 ★			
■	2 100	◫	11 à 15 €

Natifs de Saint-Romain, où ils habitent l'ancien moulin, les Rapet exploitent un domaine de 13,5 ha né de la fusion des vignes de François Rapet et de sa tante Marie Lamotte. Jean-François, le fils, est aux commandes depuis 1996.

Avec ses 8,2 ha, ce lieu-dit est le plus vaste de l'appellation au niveau communal. Situé dans le prolongement du vignoble de Meursault, il monte à l'assaut de la colline et tire son nom de cette particularité. Jean-François Rapet y exploite 57 ares de chardonnay, dont le fruit a donné ce vin expressif (fruits frais, fleurs blanches, boisé fondu), gras et charnu, avec une agréable vivacité aux tonalités mentholées en soutien. ✗ 2015-2018 ♈ saint-Jacques poêlées

☞ *Dom. Jean-François Rapet, 1, rue Sous-le-Château, 21190 Saint-Romain, tél. 03 80 21 22 08, domainerapetfrancois@orange.fr* Ⓥ 🎿 🔒 *r.-v.*

DOM. DE LA ROCHE AIGUË 2013			
■	3 140	◫	11 à 15 €

Florence et Éric Guillemard établis à la sortie d'Auxey-Duresses depuis 1995 conduisent un vignoble de 13 ha en auxey-duresses, saint-romain, meursault et pommard.

Les auxey blancs représentent environ 30 % de l'appellation, dont une majeure partie se situe dans le prolongement du coteau de Meursault. Les Guillemard proposent ici un vin simple mais plaisant, floral (genêt), légèrement boisé et beurré à l'olfaction, souple, frais et fin en bouche. ✗ 2015-2019 ♈ risotto de veau

☛ *EARL la Roche Aiguë, Melin, 21190 Auxey-Duresses, tél. 03 80 21 28 33, guillemarderic@wanadoo.fr* Ⓥ 🎿 ⬆ *r.-v.*

PIERRE TAUPENOT Les Grands-Champs 2013			
■ 1er cru	1 500	🍶 ⬥	15 à 20 €

Saint-Romain est le berceau de la famille Taupenot depuis six générations. Pierre, installé en 1988, y conduit un domaine de 6 ha.

Les 4 ha de ce lieu-dit forment la base du coteau des neufs 1ers crus du village. Pierre Taupenot y cultive 23 ares de vieux ceps de cinquante ans, à l'origine d'un vin au nez profond de fruits mûrs sur fond boisé. Le palais attaque sur le fruit, puis monte en puissance, vigoureusement charpenté par de solides tanins qui demandent à se fondre. ✗ 2018-2023 ♈ lapin à la moutarde

☛ *Pierre Taupenot, 24, rue du Chevrotin, 21190 Saint-Romain, tél. 03 80 21 24 37* Ⓥ 🎿 ⬆ *r.-v.*

HENRI DE VILLAMONT La Canée 2012 ★			
▨	1 748	⬥	15 à 20 €

Ce propriétaire (10 ha) et négociant-éleveur, dans le giron du groupe suisse Schenk depuis 1964, élève ses vins dans une spectaculaire cuverie créée entre 1880 et 1888 à Savigny-lès-Beaune par Léonce Bocquet, alors unique propriétaire du Clos de Vougeot.

Un petit *climat* de coteau, planté sur terrain sec et pierreux (son nom viendrait de l'occitan « can » désignant un plateau rocheux). Des ceps de chardonnay de vingt-cinq ans y ont donné naissance à un vin très agréable, au bouquet d'amande et de fruits jaunes (abricot, pêche), au palais frais sans excès de nervosité, minéral et charnu. ✗ 2015-2018 ♈ suprême de volaille à la crème

☛ *Arthur Barolet, rue du Dr-Guyot, 21420 Savigny-lès-Beaune, tél. 03 80 21 50 59, contact@hdv.fr* Ⓥ 🎿 ⬆ *t.l.j. sf dim. 10h-12h30 13h30-18h*

SAINT-ROMAIN

Superficie : 96 ha / Production : 3 900 hl (55 % blanc)

À l'ouest de Meursault, le site mérite une excursion : le village de Saint-Romain se blottit au fond d'une combe, adossé à de superbes falaises. Son vignoble est situé dans une position intermédiaire entre la Côte et les Hautes-Côtes. Les vins rouges sont fruités et gouleyants ; les terrains argileux, avec des bancs marno-calcaires, conviennent bien au chardonnay.

♥ **DOM. BOHRMANN** Clos sous le Château Monopole 2013 ★★			
▨	2 500	⬥	15 à 20 €

Un domaine créé en 2002 par Sofie Bohrmann, d'origine belge, qu'elle gère avec Dimitri Blanc, son complice de vigne et de chai : 11,75 ha conduits en bio non certifié depuis 2007. Promontoire exposé au sud-sud-est, ce *climat* se repère grâce aux ruines de son château visibles de loin. Il couvre 23,85 ha dont Sofie Bohrmann exploite presque un hectare. Elle a élevé douze mois en fût ce blanc élu coup de cœur. D'un jaune pâle aux reflets verts, ce 2013 mêle au nez de fraîches notes d'agrumes et de pomme. Dès l'attaque, sa minéralité lui apporte un côté rectiligne, une droiture qui en imposent. Une réelle harmonie. ✗ 2016-2019 ♈ saumon en croûte de sel

☛ *SCEA Dom. Bohrmann, 9, rue de la Barre, 21190 Meursault, tél. 03 80 21 60 06, domaine.bohrmann@wanadoo.fr* Ⓥ 🎿 ⬆ *r.-v.*

CHRISTOPHE BUISSON 2012 ★			
▨	6 000	⬥	15 à 20 €

Plutôt que maçon, comme son père, Christophe Buisson a choisi d'être vigneron. D'abord courtier, il crée son domaine à Saint-Romain en 1996 : 7 ha (en bio) complétés en 2007 par une petite activité de négoce, avec des vins souvent en vue en saint-romain et en auxey-duresses. En 2015, le domaine a fusionné avec le négoce Alex Gambal pour devenir le domaine Gambal Buisson, Christophe conservant un rôle de consultant et se consacrant désormais au développement de la partie négoce.

À Saint-Romain, les vignes, exposées au sud-sud-est et au nord-nord-est, semblent partir à l'assaut des falaises, entre 280 et 400 m. Sur 2,30 ha, Christophe Buisson y a planté chardonnay et pinot noir. Le premier a engendré un vin distingué pour sa robe claire et brillante, son nez d'agrumes (mandarine et citron) et de fruits blancs, et pour son harmonie générale. Un millésime rond et gras, équilibré par une finale minérale et fraîche. ✗ 2017-2020 ♈ sole meunière

☛ *SARL Christophe Buisson, 34, rue de la Tartebouille, 21190 Saint-Romain, tél. 03 80 21 67 03, sarlchristophebuisson@wanadoo.fr* Ⓥ ⬆ *r.-v.*

BERNARD CARRÉ Sous le Château 2013			
▨	900	⬥	11 à 15 €

Installé depuis 2000 à Meloisey, petit village des Hautes-Côtes de Beaune, Bernard Carré est à la tête de 6 ha, tout en étant vigneron des Hospices de Beaune.

Une parcelle de 90 ares du même *climat* est complantée de chardonnay et de pinot noir. Ses vins, dans les deux couleurs, ont intéressé les jurés. Le blanc, issu de vignes âgées d'un demi-siècle, exprime des senteurs à la fois florales et boisées qui se retrouvent dans une matière fraîche et équilibrée. ✗ 2017-2020 ♈ truite grillée ■ Sous le Château 2013 (8 à 11 € ; 600 b.) : vin cité. ✗ 2016-2020

☛ *Bernard Carré, 4, rue du Puits-Bouret, 21190 Meloisey, tél. 03 80 26 07 76, bernard.carregazzoni@sfr.fr* Ⓥ ⬆ *r.-v.*

MAISON FOURÉ-ROUMIER-DE FOSSEY 2013			
▨	1 480	🍶 ⬥	11 à 15 €

Une petite maison de négoce fondée en 2006 par trois amis en parallèle de leurs activités professionnelles : Bruno Mathieu de Fossey, qui œuvre en Côte de Nuits, « débusque » les cuvées de rouges et sélectionne les parcelles ; Gaël Fouré, chef de cave à Meursault, gère la société et conduit les vinifications ; Denis Roumier, petit-fils de Georges Roumier et cadre dans l'industrie automobile, se charge de la commercialisation.

Née de vignes de quarante ans, cette cuvée livre des parfums délicats de citronnelle, de verveine et d'amande douce. L'attaque franche introduit un palais vif, acidulé, minéral, qui finit sur des touches de pamplemousse un rien amère. ✗ 2017-2020 ❦ jambon persillé

○┐ *Maison Fouré-Roumier-de Fossey, 2, place de l'Europe, BP 18, 21190 Meursault, tél. 03 80 21 64 47, foure.gaelodie@wanadoo.fr* 🅥 👟 🍶 *r.-v.*

DOM. GERMAIN PÈRE ET FILS 2013 ★		
■	18 000	◫	11 à 15 €

Un domaine créé en 1955 par Bernard Germain, rejoint par son fils Patrick en 1976, avec lequel il lance la mise en bouteilles. En 2009, Arnaud, le petit-fils, prend la relève. Il est à la tête de 15 ha, complétés par une activité de négoce à son nom.

Ici, les formations datent du lias, et marnes et calcaires cohabitent avec bonheur. Les bancs argileux ont la préférence du chardonnay qui s'y épanouit pleinement comme on le voit ici. Le nez associe l'aubépine, la rose d'aubépine et les agrumes. Très floral également, le palais conjugue rondeur et fraîcheur dans un bel équilibre. Idéal à l'apéritif. ✗ 2016-2018 ❦ gougères ■ Arnaud Germain 2013 ★ (15 à 20 € ; 1 200 b.) : Arnaud Germain commercialise aussi des vins sous son propre nom. Ici, un chardonnay au nez complexe, entre boisé grillé, fleurs blanches et fruits jaunes, séduisant par son équilibre entre suavité et fraîcheur. ✗ 2016-2018

○┐ *Dom. Germain Père et Fils, 34, rue de la Pierre-Ronde, 21190 Saint Romain, tél. 03 80 21 60 15, contact@domaine-germain.com* 🅥 👟 🍶 *t.l.j. sf dim. 8h30-12h 13h30-19h* 🏠 Ⓖ

ALAIN GRAS 2013			
■	30 000	🍶 ◫	15 à 20 €

Le grand-père et le père vendaient leur vin au négoce. En reprenant le domaine (14 ha) en 1979, Alain Gras s'est lancé dans la mise en bouteilles. Il est aujourd'hui l'une des figures de proue de l'appellation saint-romain.

Majoritairement élevé en cuve, ce saint-romain jaune clair brillant livre des parfums de tilleul, d'agrumes et d'ananas d'une belle fraîcheur. Vif à l'attaque, il montre un léger gras qui lui confère une belle harmonie. ✗ 2016-2018 ❦ tourte au saumon ■ 2013 (15 à 20 € ; 19 000 b.) · vin cité. ✗ 2018-2020

○┐ *Dom. Alain Gras, rue Sous-la-Velle, 21190 Saint-Romain, tél. 03 80 21 27 83, gras.alain1@wanadoo.fr* 🅥 👟 *r.-v.*

DAVID MORET 2013 ★★		
■	6 000	◫	15 à 20 €

David Moret a créé en 1998 sa maison de négoce, établie derrière les remparts de Beaune. Cet adepte des élevages longs s'est fait une spécialité de la vinification « haute couture » des blancs de la Côte de Beaune.

Cette superbe cuvée est parvenue jusqu'à la finale des coups de cœur. Il lui a manqué des voix pour décrocher cette rare distinction, mais elle garde ses deux étoiles. Un élevage de dix-huit mois en fût lui a donné une robe bien dorée et un premier nez où la noisette grillée et le boisé, qui laisse percer de belles notes de fruits jaunes. Vif à l'attaque, solide, minéral et persistant, le palais suit la même ligne aromatique que l'olfaction. ✗ 2016-2018 ❦ truite à la crème

○┐ *SARL David Moret, 1 et 3, rue Émile-Goussery, 21200 Beaune, tél. 06 75 01 15 85, davidmoret.vins@orange.fr* 🍶 *r.-v.*

DOM. NICOLAS PÈRE ET FILS En Chevrot 2013		
■	2 000	◫	11 à 15 €

Un domaine familial de 17 ha établi sur les hauteurs de Nolay, dans les Hautes-Côtes beaunoises, et conduit depuis 1987 par Alain Nicolas.

Le petit vallon du « Creux de Chevrot », comme le nomment les gens du pays, est traversé par un sentier qui conduit à Auxey-Duresses en passant par les hauteurs. Le lieu de naissance de ce 2013 au nez de chèvrefeuille et de thé vert, à la bouche équilibrée et à la finale fraîche. ✗ 2016-2018 ❦ accras de morue

○┐ *EARL Nicolas Père et Fils, 38, rte de Cirey, 21340 Nolay, tél. 03 80 21 82 92, nicolas-alain2@ wanadoo.fr* 🅥 👟 🍶 *t.l.j 9h-12h 13h30-19h; dim. sur r.-v.*

STÉPHANE PIGUET En Poillange 2013 ★		
■	1 800	◫	11 à 15 €

Ouvrier viticole depuis 2003 sur la propriété de ses parents, Max et Anne-Marye Piguet-Chouet, Stéphane Piguet a entrepris en 2012 de créer sa propre activité de négoce pour élargir la gamme du domaine, qui s'étend aujourd'hui aux appellations saint-romain et puligny-montrachet.

Ce lieu-dit calé entre deux ruisseaux au pied de la montagne était souvent inondé, voire marécageux ; son nom dériverait d'ailleurs d'une racine, « pol », qui signifie « mare ». Ce chardonnay or pâle aux reflets verts ne donne pas moins toute satisfaction. On aime son nez complexe, sur les fleurs blanches, les fruits jaunes et un boisé aux nuances de pain beurré et de caramel. Son palais n'est pas en reste, équilibré, frais et long, associant les fruits exotiques et des touches mentholées. ✗ 2016-2018 ❦ saumon en papillote

○┐ *Stéphane Piguet, 29, rue de la Gare, 21190 Meursault, tél. 06 87 54 59 02, maisonstephanepiguet@yahoo.fr* 🅥 👟 *r.-v.*

MAISON POULET PÈRE ET FILS 2013		
■	5 500	◫	20 à 30 €

Une maison fondée en 1747 à Beaune, désormais établie sur les hauteurs de Nuits-Saint-Georges, depuis 1982 dans le giron du négoce nuiton Louis Max. Elle propose une large gamme de vins de Bourgogne (des appellations régionales aux grands crus) et aussi du Beaujolais.

Une robe pâle aux reflets verts et un nez discret, sur les fruits exotiques. Franche à l'attaque, plus expressive, la bouche associe les fleurs blanches et les fruits jaunes et finit sur une pointe de fraîcheur et des notes mentholées. ✗ 2018-2020 ❦ sole meunière

○┐ *Poulet Père et Fils, 6, rue de Chaux, 21700 Nuits-Saint-Georges, tél. 03 80 62 43 00* 👟 🍶 *r.-v.*

DOM. JEAN-PIERRE ET LAURENT PRUNIER La Combe Bazin 2013		
■	2 800	◫	11 à 15 €

Jean-Pierre Prunier a laissé son vignoble de 9,5 ha à ses deux fils : Pascal, établi à Meursault, et Laurent, installé depuis 1992. Une valeur sûre en auxey-duresses et en monthélie.

BOURGOGNE

La Combe Bazin est une légère échancrure avant l'arrivée au village de Saint-Romain. S'il n'a pas l'envergure du millésime précédent, coup de cœur de la dernière édition, ce 2013 n'en est pas moins agréable et bien typé avec son nez frais mêlant agrumes, fruits blancs et fruits exotiques acidulés (ananas) à une touche fumée. Vif à l'attaque, équilibré, il dévoile la minéralité caractéristique du lieu. ⧗ 2017-2020 🍴 daurade royale

Dom. Jean-Pierre et Laurent Prunier, rue Traversière, 21190 Auxey-Duresses, tél. 03 80 21 27 51, domaine.prunier@wanadoo.fr V r.-v.

PASCAL PRUNIER-BONHEUR
La Combe Bazin 2013 ★

	5 000		15 à 20 €

Pascal Prunier, natif d'Auxey-Duresses, et son épouse Christine Bonheur ont créé leur domaine en 1983 (7 ha aujourd'hui), complété par une activité de négoce depuis 2002. Des habitués du Guide, notamment pour leurs auxey-duresses et monthélie.

Si le classement des 1ers crus n'en est qu'au stade des études, le producteur peut déjà adjoindre le nom du *climat* d'où le vin est issu, comme ici la Combe Bazin, le plus vaste des lieux-dits de l'appellation. Or vert aux reflets blancs, ce 2013 offre un nez élégant de fleurs blanches nuancées d'agrumes, prélude à une bouche fraîche, à la finale minérale. ⧗ 2016-2018 🍴 blanquette de lotte

Dom. Prunier-Bonheur, 23, rue des Plantes, 21190 Meursault, tél. 03 80 21 66 56, pascal.prunier-bonheur@wanadoo.fr V r.-v.

♥ DOM. RAPET Vieilles Vignes 2013 ★★

	3 500		11 à 15 €

Natifs de Saint-Romain, où ils habitent l'ancien moulin, les Rapet exploitent un domaine de 13,5 ha né de la fusion des vignes de François Rapet et de sa tante Marie Lamotte. Jean-François, le fils, est aux commandes depuis 1996.

C'est un des producteurs du cru qui décroche l'un des deux coups de cœur de l'appellation. Des ceps de trente ans, un élevage de six mois en fût ont suffi à livrer un vin encore discret mais d'une réelle harmonie. Ce chardonnay affiche une robe typée, or pâle aux reflets verts, et mêle au nez les fruits jaunes et des touches de pain grillé. Une attaque franche et équilibrée met en valeur une saveur d'amande et de boisé rehaussée en finale d'une belle minéralité. ⧗ 2017-2020 🍴 turbot au beurre d'agrumes

Dom. Jean-François Rapet, 1, rue Sous-le-Château, 21190 Saint-Romain, tél. 03 80 21 22 08, domainerapetfrancois@orange.fr V r.-v.

DOM. DE LA ROCHE AIGUË
Le Bas de Poillanges 2013

	3 170		11 à 15 €

Florence et Éric Guillemard, établis à la sortie d'Auxey-Duresses depuis 1995, conduisent un vignoble de 13 ha en auxey-duresses, saint-romain, meursault et pommard.

Situé à la limite d'Auxey-Duresses, non loin du hameau de Melin où ce domaine a son siège, ce *climat* de 10,36 ha représente plus de 10 % de l'appellation. Sans atteindre de tels sommets, le 2013 or soutenu séduit par son nez discret mais assez complexe, mêlant la vanille du merrain aux fruits jaunes. Les notes vanillées de l'élevage se lient en bouche à une touche d'amande amère dans une bouche franche à l'attaque, ample et bien équilibrée. ⧗ 2016-2018 🍴 truite aux amandes

EARL la Roche Aiguë, Melin, 21190 Auxey-Duresses, tél. 03 80 21 28 33, guillemarderic@wanadoo.fr V r.-v. Guillemard

MEURSAULT

Superficie : 395 ha / Production : 18 540 hl (98 % blanc)

La commune chevauche une vallée qui prolonge celle d'Auxey-Duresses et marque une sorte de frontière : avec Meursault commence la véritable production de grands vins blancs. Certains de ses 1ers crus sont mondialement réputés : Les Perrières, Les Charmes, Les Poruzots, Les Genevrières, Les Gouttes d'Or... Ils allient la subtilité à la force, la fougère à l'amande grillée, l'aptitude à être consommés jeunes au potentiel de garde. Si Meursault est bien la « capitale des vins blancs de Bourgogne », elle n'en fournit pas moins quelques vins rouges, issus des terroirs voisins de Volnay, au nord. Ses « petits châteaux » attestent une opulence ancienne. La Paulée, qui a pour origine le nom du repas pris en commun à la fin des vendanges, est devenue une manifestation qui clôt en novembre les « Trois Glorieuses », journées au cours desquelles se déroule la vente des Hospices de Beaune.

PIERRE ANDRÉ 2013

	3 000		20 à 30 €

Cette maison de négoce a son siège dans le château Corton André, acquis par Pierre André en 1923, aussi nommé « Château jaune » pour ses tuiles vernissées. Dans l'orbite du groupe bordelais Ballande depuis 2003, elle a été acquise par la maison Béjot en 2014. Les vins (de Bourgogne et aussi du Beaujolais) sont placés sous la conduite d'Emmanuel Carrara, l'œnologue de la maison.

Un boisé bien dosé, des fruits frais, une touche beurrée, voilà pour le nez, subtil et harmonieux. Le palais ? Du gras, de la rondeur, une fine acidité en soutien. Nous sommes bien à Meursault... ⧗ 2016-2019 🍴 gratin de fruits de mer

Pierre André, 3, rue des Vercots, 21420 Aloxe-Corton, tél. 03 80 25 00 00, contact.france@bejot.com

VINCENT BACHELET
Le Clos du Cromin 2013

	1 700		20 à 30 €

Originaire d'une vieille famille vigneronne des Maranges (il est fils de Bernard Bachelet), Vincent Bachelet a travaillé avec ses frères avant de s'installer, en 2008, à Chassagne-Montrachet, dans les anciens chais du négociant de Marcilly. Il exploite 14 ha, essentiellement dans la Côte de Beaune.

Comme en de nombreux villages de Bourgogne, ce *climat* tire son nom d'une ancienne carrière (*crot* en patois) devenue vigne. Arômes d'acacia et de coing composent un nez expressif. Le palais se montre d'abord suave et gras, un rien confituré et boisé, relancé par une finale plus vive. ✗ 2016-2019 ♥ saint-pierre à la coriandre

☛ *Vincent Bachelet, 27, rte de Santenay, 21190 Chassagne-Montrachet, tél. 03 80 21 37 27, bacheletvincent1@wanadoo.fr* 🅥 🎿 🔾 *r.-v.*

BACHEY-LEGROS ET FILS
Les Grands Charrons 2013

| ◼ | 850 | 🍾 ◑ | 20 à 30 € |

Régulièrement mentionnés dans le Guide, les Bachey-Legros – Christiane et ses fils Samuel et Lénaïc – sont les cinquième et sixième générations à œuvrer sur ce domaine de 19 ha auquel s'est ajoutée une activité de négoce en 2008.

Né sur l'un des plus grands *climats* du village, ce 2013 livre un nez intense, minéral, citronné et vanillé. Le palais se montre souple et équilibré entre le moelleux et le vif, le boisé est bien fondu et la finale un brin épicée. ✗ 2015-2018 ♥ queue de lotte à la persillade ◼ Les Chevalières 2013 (20 à 30 € ; 1 150 b.) : vin cité. ✗ 2016-2020

☛ *Dom. Bachey-Legros, 12, rue de la Charrière, 21590 Santenay, tél. 03 80 20 64 14, christiane.bachey-legros@wanadoo.fr* 🅥 🎿 🔾 *r.-v.*

DOM. BERTHELEMOT Les Tillets 2013

| ◼ | 1 500 | ◑ | 20 à 30 € |

Un domaine créé par Brigitte Berthelemot en 2006 avec la reprise des vignes de Jean Garaudet et d'Yves Darviot, 7,8 ha administrés avec Marc Cugney. Un duo complémentaire à en juger par sa régularité depuis son installation.

Des vignes de cinquante ans sont à l'origine de ce 2013 au nez discrètement floral et fruité. La bouche fait elle aussi dans la discrétion, mais dévoile une matière souple et délicate, soulignée par une agréable fraîcheur. Un « meursault plaisir », à boire dans sa jeunesse. ✗ 2015-2018 ♥ pôchouse

☛ *Dom. Brigitte Berthelemot, 24, rue des Forges, 21190 Meursault, tél. 03 80 21 68 61, contact@domaineberthelemot.com* 🅥 🎿 🔾 *r.-v.*

DOM. BOHRMANN
Les Vireuils 2013

| ◼ | 2 500 | ◑ | 20 à 30 € |

Un domaine créé en 2002 par Sofie Bohrmann, d'origine belge, qu'elle gère avec Dimitri Blanc, son complice de vigne et de chai : 11,75 ha conduits en bio non certifié depuis 2007.

Née d'un lieu-dit que l'on découvre en contournant la colline dominant Meursault, à la limite d'Auxey-Duresses (où l'on trouve le *climat* Les Vireux), cette cuvée dévoile un nez discret mais fin d'agrumes, de girofle et de fleurs blanches. Au palais, c'est un meursault franc et tonique, voire fougueux, dominé par des notes minérales et une saveur acidulée de zeste de citron. De bonne garde. ✗ 2018-2022 ♥ homard Thermidor

☛ *SCEA Dom. Bohrmann, 9, rue de la Barre, 21190 Meursault, tél. 03 80 21 60 06, domaine.bohrmann@wanadoo.fr* 🅥 🎿 🔾 *r.-v.*

DOM. ÉRIC BOUSSEY Limozin 2013

| ◼ | 3 908 | ◑ | 15 à 20 € |

Grande famille de vignerons de Monthelie, les Boussey exploitent plusieurs AOC en Côte de Beaune. Éric, installé en 1981, a complété son activité en 2007 par une structure de négoce.

Au nez, de doux parfums de camomille et de rose. En bouche, de la souplesse et de la fraîcheur, quelques nuances épicées et une bonne longueur. ✗ 2016-2018 ♥ saint-jacques poêlées

☛ *Dom. Éric Boussey, 21, Grande-Rue, 21190 Monthelie, tél. 03 80 21 60 70, ericboussey@orange.fr* 🅥 🎿 🔾 *r.-v.*

PHILIPPE BOUZEREAU Les Genevrières 2013 ★

| 1er cru | 1 500 | ◑ | 30 à 50 € |

Héritier de neuf générations de vignerons, Philippe Bouzereau a pris en 2006 la direction du château de Cîteaux, 18 ha répartis sur six villages de la Côte de Beaune, qu'il exploite avec le moins d'interventions possibles à la vigne et au chai. Il a également développé une activité de négoce sous son nom propre et complète ainsi la belle gamme du domaine familial.

C'est de la partie négoce que provient ce meursault des hauteurs. Un vin très élégant de bout en bout. Au nez, de fines fragrances de fleurs blanches, d'agrumes et de miel sur un fond boisé léger. En bouche, de la finesse également, du gras, de la rondeur, de la chair, de la souplesse et ce qu'il faut d'acidité. Un vin harmonieux qui peut s'apprécier dès maintenant. ✗ 2015-2020 ♥ dorade royale au fenouil ◼ Ch. de Cîteaux Les Narvaux 2013 ★ (20 à 30 € ; 1 500 b.) : un vin floral et fruité, ample et équilibré. ✗ 2016-2019

☛ *Philippe Bouzereau, 7, place de la République, 21190 Meursault, tél. 03 80 21 20 32, caveau@chateau-de-citeaux.com* 🅥 *r.-v.*

DOM. VINCENT BOUZEREAU Les Narvaux 2012

| ◼ | 2 500 | ◑ | 20 à 30 € |

Issu d'une ancienne famille de vignerons et installé dans l'ancien prieuré du château de Meursault, dont l'un de ses ancêtres était propriétaire, Vincent Bouzereau a pris la suite de son père en 1990 à la tête de ce domaine de 10 ha souvent en vue pour ses meursault.

Ce *village* dévoile un nez ouvert sur les fruits jaunes et l'amande. Une attaque souple introduit un palais équilibré, dominé par les fruits blancs et à l'acidité contenue, qui s'achève sur une note minérale. ✗ 2016-2019 ♥ saint-jacques à la crème et fondue de poireaux ◼ 1er cru Le Poruzot 2012 (30 à 50 € ; 600 b.) : vin cité. ✗ 2016-2020

☛ *Vincent Bouzereau, 25, rue de Mazeray, 21190 Meursault, tél. 03 80 21 61 08, vincent.bouzereau@wanadoo.fr* 🅥 🎿 🔾 *r.-v.*

DOM. JEAN-MARIE BOUZEREAU 2013 ★

| ◼ | 8 000 | ◑ | 20 à 30 € |

Jean-Marie Bouzereau est établi depuis 1994 à la tête du domaine familial (8,5 ha). Valeur sûre de l'appellation meursault, il vinifie aussi en puligny, volnay, pommard et beaune.

Dans le difficile millésime 2013, Jean-Marie Bouzereau signe deux jolis meursault, avec en tête ce *village* au nez délicat d'agrumes, de fruits blancs et de verveine. Après une attaque souple et légère où l'on retrouve la verveine, le palais se révèle rond et gras, aiguillonné par des notes poivrées et une fine vivacité qui apporte longueur et dynamisme. À noter : le 2009 fut coup de cœur. ✕ 2015-2019 ▼ sandre à la normande ■ Les Narvaux 2013 (30 à 50 € ; 2 000 b.) : vin cité. ✕ 2016-2019

○┬ *Jean-Marie Bouzereau, 5, rue de la Planche-Meunière, 21190 Meursault, tél. 03 80 21 62 41, jm.bouzereau@club-internet.fr* Ⓥ Ⓚ �ⓣ *r.-v.*

DOM. MARGUERITE CARILLON 2013 ★★		
■ 5 000	ⅢⅠ	20 à 30 €

Ce domaine familial est vinifié par la maison Béjot à Meursault, propriété de Vincent Sauvestre, et par son directeur technique Mathieu Carrara.

Finaliste du jury des coups de cœur, ce meursault dévoile un fort joli nez d'agrumes et de fleurs blanches agrémenté d'un toasté bien dosé. Des arômes que l'on retrouve, associés à des notes de miel et d'amande, dans une bouche ample, très équilibrée, soutenue par un boisé élégant, étirée dans une longue finale aux accents réglissés. ✕ 2016-2020 ▼ lotte à la crème de safran

○┬ *Dom. Marguerite Carillon, 7, rte de Monthelie, 21190 Meursault, tél. 03 80 21 22 45, contact.france@bejot.com* Ⓥ �ⓣ *r.-v.*

CHAMPY 2012 ★		
■ 1 500	ⅢⅠ	20 à 30 €

Fondée en 1721, la plus ancienne maison de négoce bourguignonne, établie dans le centre historique de Beaune, est désormais propriété du seul Pierre Beuchet, auparavant associé à Pierre Meurgey. Sous la direction de l'œnologue Dimitri Bazas, elle exploite 28 ha de vignes en propre, essentiellement en Côte de Beaune, mais s'approvisionne aussi plus au nord.

Issue de l'activité de négoce, cette cuvée séduit d'emblée par son bouquet intense de fruits jaunes mûrs, de fleurs blanches, de beurre frais et d'amande grillée. Le charme opère aussi en bouche : une attaque nette et fraîche, du volume, de la rondeur renforcée par des arômes de fruits mûrs et de beurre, et une jolie finale vive et un rien épicée. ✕ 2016-2021 ▼ suprême de volaille aux morilles

○┬ *Champy, 5, rue du Grenier-à-Sel, 21200 Beaune, tél. 03 80 25 09 99, contact@champy.com* Ⓥ Ⓚ ⓣ *r.-v.*

OLIVIER CHANZY Narvaux 2013		
■ 900	ⅢⅠ	20 à 30 €

Fils d'un vigneron de la Côte chalonnaise, Olivier Chanzy a travaillé de 1999 à 2008 aux côtés de son père. Après quatre ans de gérance d'un domaine en vallée du Rhône méridionale, il est revenu vinifier sur ses terres bourguignonnes, à Meursault, à travers une activité de négoce.

Premier millésime et première sélection dans le Guide avec ce Narvaux flatteur. Le nez dévoile des parfums de fruits mûrs (pomme, abricot), d'acacia et de miel. Une maturité du fruit que l'on retrouve dans un palais équilibré entre gras et minéralité du terroir. ✕ 2015-2019 ▼ turbot rôti au miel

○┬ *Olivier Chanzy, 8, rue de Mazeray, 21190 Meursault, tél. 06 78 71 75 35, vinschanzy@gmail.com* Ⓥ Ⓚ ⓣ *r.-v.*

DOM. DE LA CONFRÉRIE		
Les Cras 2013 ★		
1er cru 600	ⅢⅠ	20 à 30 €

Depuis 1991, Christophe Pauchard est installé dans les Hautes-Côtes, à Cirey, au-dessus du village de Nolay ; un secteur verdoyant, aux allures de hameau d'alpage. Son vignoble de 9 ha s'étend depuis 2005 jusqu'à Meursault où le vigneron a acquis une parcelle.

Ce *climat*, établi sur une carrière, offre des cailloutis calcaires du terroir qui chauffent la vigne au soleil. Christophe Pauchard y exploite 49 ares de chardonnay. Il en tire un meursault de caractère, au nez élégant d'agrumes, de fleurs jaunes, de miel et de vanille, au palais souple en attaque, puis riche et dense dans son développement, étayé par un boisé soutenu mais pas écrasant et par une fine minéralité. Un ensemble bien équilibré, qui mérite de vieillir. Dommage qu'il y en ait si peu... ✕ 2017-2020 ▼ blanquette de veau ■ 2013 (15 à 20 € ; 1 700 b.) : vin cité. ✕ 2017-2020

○┬ *Christophe Pauchard, Dom. de la Confrérie, 37, rue Perraudin, Cirey, 21340 Nolay, tél. 06 87 39 29 07, info@domaine-pauchard.fr* Ⓥ Ⓚ ⓣ *r.-v.*

FOURÉ-ROUMIER-DE FOSSEY 2013		
■ 580	Ⓘ ⅢⅠ	15 à 20 €

Une petite maison de négoce fondée en 2006 par trois amis en parallèle de leurs activités professionnelles : Bruno Mathieu de Fossey, qui œuvre en Côte de Nuits, « débusque » les cuvées de rouges et sélectionne les parcelles ; Gaël Fouré, chef de cave à Meursault, gère la société et conduit les vinifications ; Denis Roumier, petit-fils de Georges Roumier et cadre dans l'industrie automobile, se charge de la commercialisation.

Discret mais fin, le nez de ce 2013 associe des notes citronnées et minérales à un léger boisé vanillé. À l'unisson, le palais se montre souple, charnu et soyeux. Un vin bien représentatif de l'appellation, dont on regrettera seulement la faible disponibilité... ✕ 2015-2019 ▼ poulet de Bresse à la crème

○┬ *Maison Fouré-Roumier-de Fossey, 3, rue des Plantes, BP 8, 21190 Meursault, tél. 03 80 21 64 47, foure.gaelodie@wanadoo.fr* Ⓥ Ⓚ ⓣ *r.-v.*

DOM. DE LA GALOPIÈRE		
Les Chevalières 2013		
■ 1 220	ⅢⅠ	20 à 30 €

Après avoir enseigné l'œnologie pendant quatre ans, Gabriel Fournier s'est installé en 1982 sur le domaine familial. Il exploite avec son épouse Claire et, depuis 2015, son fils Vincent 11,25 ha de vignes répartis dans plusieurs AOC de la Côte de Beaune, de Chassagne-Montrachet à la colline de Corton.

Le bouquet de ce Chevalières associe fleurs blanches, fruits mûrs, notes beurrées et boisées. Au premier contact des papilles, le vin se révèle souple et franc, puis se fait rond et suave, avant de dévoiler une finale plus tonique. À carafer avant le service pour plus d'expression. ✕ 2017-2020 ▼ poisson en sauce crémée

○┬ *EARL Dom. de la Galopière, 6, rue de l'Église, 21200 Bligny-lès-Beaune, tél. 03 80 21 46 50, cgfournier@wanadoo.fr* Ⓥ Ⓚ ⓣ *r.-v.*
○┬ Gabriel Fournier

ARNAUD GERMAIN 2013			
▦	900	◖	20 à 30 €

Un domaine créé en 1955 par Bernard Germain, rejoint par son fils Patrick en 1976, avec lequel il lance la mise en bouteilles. En 2009, Arnaud, le petit-fils, prend la relève à la tête de 15 ha, complétés par une activité de négoce à son nom.

Issu de la partie négoce, cette bouteille offre la robe dorée du meursault, un nez de fleurs blanches et de vanille, et un palais gras et fruité (citron confit, fruits à noyau), qui ne manque ni de fraîcheur ni d'équilibre. ✗ 2016-2020 ♈ lotte à la vanille

☞ *Maison Arnaud Germain, 34, rue de la Pierre-Ronde, 21190 Saint-Romain, tél. 03 80 21 60 15, contact@maison-arnaudgermain.com* Ⓥ 🏃 ♿ *t.l.j. sf dim. 8h30-12h 13h30-19h* 🏠 Ⓖ

ALBERT GRIVAULT Clos du Murger 2013 ★			
▦	10 800	◖	20 à 30 €

Un domaine créé en 1879 par Albert Grivault, un ancien distillateur de Béziers devenu vigneron ; un dégustateur émérite également, qui représenta la Bourgogne au jury du Concours des vins de l'Exposition universelle de Paris en 1900. Ses héritiers – Claire Bardet à la gérance depuis 2004 – exploitent aujourd'hui un vignoble de 6 ha, essentiellement plantés en chardonnay, dont le meursault 1er cru Clos des Perrières, un clos de 1 ha monopole du domaine.

Fait rare, ce *village* est né d'une vigne de 1,66 ha située dans le centre de Meursault. Il s'ouvre sur des parfums discrets mais élégants de fruits jaunes et de fleurs blanches soulignés par des nuances minérales. Une minéralité que l'on retrouve dans un palais long et bien équilibré entre gras et vivacité. ✗ 2016-2019 ♈ bar de ligne à l'unilatérale ■ 1er cru Clos Perrières 2013 (50 à 75 € ; 5 800 b.) : vin cité. ✗ 2016-2019

☞ *SCE du Dom. Albert Grivault, 7, pl. du Murger, 21190 Meursault, tél. 03 80 21 23 12, albert.grivault@wanadoo.fr* 🏃 ♿ *r.-v.*

JANOTSBOS 2012 ★			
▦	1 520	🍾 ◖	20 à 30 €

Cette maison de négoce conduite par Thierry Janots, un Bourguignon issu du monde du vin, et par Richard Bos, un restaurateur néerlandais, s'est installée à Meursault en 2005 d'où elle exporte 60 % de sa production.

Cette jeune maison confirme les bonnes impressions laissées par ses vins depuis quelques années. Ici, un meursault aux accents fruités (citron, pêche, ananas), droit et vif en bouche, voire encore un peu strict, mais prometteur. Taillé pour la cave. ✗ 2018-2024 ♈ pavé de saumon grillé

☞ *JanotsBos, 2, pl. de l'Europe, 21190 Meursault, tél. 03 80 21 79 85, richard@janotsbos.eu*

DOM. PATRICK JAVILLIER Les Tillets 2013			
▦	n.c.	◖	30 à 50 €

Après des études d'œnologie, Patrick Javillier a repris l'exploitation familiale de Meursault et vinifié ses premières cuvées en 1974. Il conduit aujourd'hui un vignoble de 10 ha répartis sur cinq communes de la Côte de Beaune, de Puligny-Montrachet à Pernand-Vergelesses.

Ce *climat* perché sur les hauteurs de la montagne Saint-Christophe domine le vignoble de Meursault. Patrick Javillier en tire un vin au joli nez de fleurs blanches, de coing et de pain grillé, à la bouche équilibrée, légèrement confiturée (le coing toujours et l'abricot), égayée par une fine acidité. ✗ 2016-2019 ♈ truite aux amandes

☞ *Dom. Patrick Javillier, 7, imp. des Acacias, 21190 Meursault, tél. 03 80 21 27 87, contact@patrickjavillier.com* Ⓥ 🏃 ♿ *r.-v.*

LOUIS LATOUR Charmes 2012			
1er cru	900	◖	50 à 75 €

Une maison familiale toujours indépendante, fondée en 1797 et conduite par dix générations de Latour. Un acteur incontournable de la Bourgogne viticole et le plus important propriétaire de grands crus de la Côte-d'Or (28 ha sur les 48 que compte son vignoble). Les raisins sont vinifiés à Aloxe-Corton, berceau de la famille, et la maison possède sa propre tonnellerie.

À l'instar des Gouttes d'or, Les Charmes affichent souvent une parure dorée, c'est bien le cas ici. Des nuances de menthol, d'agrumes et de tilleul composent un nez harmonieux. Souple en attaque, la bouche offre du gras avant de laisser apparaître une « minéralité salivante » en finale. ✗ 2016-2019 ♈ sole grillée

☞ *Maison Louis Latour, 18, rue des Tonneliers, 21200 Beaune, tél. 03 80 24 81 00, contact@louislatour.com*

DOM. VINCENT LATOUR Gouttes d'or 2012 ★			
1er cru	600	🍾 ◖	30 à 50 €

Établis à Meursault, Cécile et Vincent Latour assurent la continuité du vénérable domaine Jean Latour-Labille (1792), devenu Dom. Vincent Latour – 7,5 ha tout au long de la ceinture blanche de la Côte de Beaune –, auquel ils ont adjoint en 2008 une société de négoce.

Beau tir groupé pour les Latour sur les millésimes 2012 et 2013. En tête, le 1er cru dont le seul défaut est sa rareté. Au nez, un mariage heureux entre l'aubépine, le chèvrefeuille, un zeste d'agrumes et un boisé fin. En bouche, un beau volume, de la densité, de la générosité et une finale tout en finesse. ✗ 2017-2021 ♈ turbot au beurre blanc ■ Les Grands Charrons 2013 ★ (20 à 30 € ; 7 000 b.) : avec ses 13,81 ha, ce *climat* est l'un des plus vastes de Meursault. Ici 1 ha à l'origine d'un vin bien typé, floral (tilleul), fruité (abricot sec) et grillé, suave et long, gras et racé. ✗ 2015-2020 ■ Clos des Magny 2013 ★ (20 à 30 € ; 7 000 b.) : né d'une petite parcelle (1,85 ha) peu connue, un meursault au nez miellé soutenu par une petite note végétale, à la bouche ronde et douce, rehaussée par une finale minérale. ✗ 2015-2019 ■ 1er cru Poruzots 2012 (30 à 50 € ; 3 000 b.) : vin cité. ✗ 2015-2019

☞ *Vincent Latour, 6, rue du 8-Mai-1945, 21190 Meursault, tél. 03 80 21 22 49, contact@domaine-vincentlatour.com* Ⓥ 🏃 ♿ *r.-v.* 🏠 Ⓔ

OLIVIER LEFLAIVE Genevrières 2012 ★			
1er cru	1 650	🍾 ◖	50 à 75 €

Négociant-éleveur établi à Puligny-Montrachet depuis 1984, Olivier Leflaive, l'une des références de la Côte de Beaune, collectionne les étoiles, côté cave (négoce et domaine) et côté hôtellerie (quatre pour son hôtel de

BOURGOGNE

Puligny). Au chai, l'œnologue Franck Grux et son complice Philippe Grillet.

Régulièrement au rendez-vous pour ses meursault, la maison Leflaive signe ici un 1er cru très abouti. Le nez dévoile un « bel esprit de chardonnay » : tilleul, citron, boisé toasté et vanillé venu de douze mois de fût. Le palais se montre dense, intense et fin à la fois, porté par une élégante fraîcheur et un boisé ajusté. La longue finale saline apporte un surcroît de finesse et de dynamisme. ✗ 2016-2020 ♈ bar de ligne sauce citronnée

○━ *Olivier Leflaive Frères, pl. du Monument, 21190 Puligny-Montrachet, tél. 03 80 21 37 65, contact@olivier-leflaive.com* Ⓥ 🅙 ♿ *r.-v.*

DOM. MAZILLY PÈRE ET FILS Les Meurgers 2013		
■	4 500	ⅲ	20 à 30 €

Installés depuis 1980 à Meloisey, charmant village des Hautes-Côtes de Beaune, Frédéric Mazilly et son fils Aymeric exploitent, dans un esprit proche du bio, un coquet vignoble de 17 ha. En 2004, Aymeric a également créé une maison de négoce.

Pamplemousse, fleurs blanches et touche minérale caractérisent le nez séduisant de ce *village*. Le palais se révèle vif en attaque, plus rond dans son développement, fruité (pêche et abricot) et d'une bonne longueur. ✗ 2016-2019 ♈ sole à la crème

○━ *Dom. Mazilly Père et Fils, 1, rte de Pommard, 21190 Meloisey, tél. 03 80 26 02 00, bourgogne-domaine-mazilly@wanadoo.fr* Ⓥ 🅙 ♿ *r.-v.*

♥ DOM. DU CH. DE MEURSAULT		
Charmes 2012 ★★		
■ 1er cru	10 164	ⅲ	75 à 100 €

L'emblématique château de Meursault, haut-lieu du tourisme bourguignon et du folklore vineux – on y célèbre la fameuse Paulée le lendemain de la vente des Hospices de Beaune – a souvent changé de mains : famille de Pierre de Blancheton jusqu'à la Révolution ; famille Serre au XIXe s. ; famille du comte de Moucheron ; famille Boisseaux (maison Patriarche) à partir de 1973. En décembre 2012, nouveau changement : la famille Halley achète le domaine, avant d'acquérir fin 2013 les 60 ha de vignes. Aux commandes du chai : Emmanuel Escuteraire.

Troisième coup de cœur en trois éditions du Guide pour le Ch. de Meursault : Clos des Grands Charrons 2010 en meursault, suivi d'un corton Vergennes 2012 l'an dernier et ce Charmes 2012 cette année. Un vin au nez complexe et fin, ouvert sur la pêche, l'abricot, le zeste d'orange et le toasté. La bouche se montre dense, riche, opulente, mais toujours élégante, équilibrée par une fraîcheur aux accents d'agrumes et rehaussée en finale par une note délicatement épicée. ✗ 2017-2023 ♈ feuilleté de langoustines ■ Clos des Grands Charrons 2012 ★ (30 à 50 € ; 2 616 b.) : un meursault intense, ample, gras, rond, « copieux », mais jamais lourd, vivifié par une finale fraîche et fruitée. ✗ 2016-2023 ■ 1er cru Perrières 2012 (75 à 100 € ; 3 444 b.) : vin cité. ✗ 2016-2020

○━ *Dom. du Ch. de Meursault, rue du Moulin-Foulot, 21190 Meursault, tél. 03 80 26 22 75, domaine@chateau-meursault.com* Ⓥ 🅙 ♿ *t.l.j. 9h30-12h 14h30-18h; f. 20 déc.-5 janv.*

JEAN-LOUIS MOISSENET-BONNARD		
Les Vireuils 2013 ★		
■	2 942	ⅲ	20 à 30 €

Souvent en vue pour ses pommard, Jean-Louis Moissenet, issu d'une longue lignée vigneronne, a débuté comme responsable du rayon Fruits et légumes dans la grande distribution, avant de reprendre en 1988 les vignes familiales provenant de sa grand-mère, Mme Henri Lamarche. Il exploite aujourd'hui un vignoble de 6 ha avec sa fille Emmanuelle-Sophie, arrivée en 2012.

Ce *climat* calé entre 300 et 350 m sous la montagne Saint-Christophe marque un virage vers l'ouest qui forme la limite avec Auxey-Duresses. Jean-Louis Moissenet y exploite 36 ares de chardonnay, à l'origine de ce vin expressif (agrumes, miel, touche mentholée), nerveux en attaque, plus souple et gras dans son développement, sans jamais perdre l'équilibre grâce à une vivacité ajustée. ✗ 2016-2019 ♈ brochet à la crème

○━ *Jean-Louis Moissenet-Bonnard, 4, rue des Jardins, 21630 Pommard, tél. 03 80 24 62 34, jean-louis.domaine-moisset-bonnard@wanadoo.fr* Ⓥ 🅙 ♿ *r.-v.*

DOM. RENÉ MONNIER Les Chevalières 2013 ★		
■	18 000	ⅲ	20 à 30 €

Ce domaine murisaltien fondé en 1723, propriété de Xavier Monnot, répartit ses 17 ha entre plusieurs AOC beaunoises. Il est régulièrement distingué dans le Guide, notamment pour ses beaune et ses meursault.

Une cuvée que l'on retrouve régulièrement dans le Guide. La version 2013 s'ouvre sur un nez de fruits blancs et de brioche, poursuit sur un palais gras et chaleureux, bien contrebalancé par une vivacité aux tonalités citronnées. ✗ 2016-2020 ♈ bar en croûte de sel

○━ *Dom. René Monnier, 6, rue du Dr-Rolland, 21190 Meursault, tél. 03 80 21 29 32, domaine-rene-monnier@wanadoo.fr* Ⓥ 🅙 ♿ *t.l.j. 8h30-12h 14h-18h* ○━ Xavier Monnot

DOM. JEAN MONNIER ET FILS Genevrières 2012 ★		
■ 1er cru	1 600	ⅲ	30 à 50 €

Issus d'une longue lignée de vignerons murisaltiens remontant à 1720, Jean-Claude Monnier et son fils Nicolas sont aujourd'hui à la tête d'une exploitation de 15 ha produisant des vins blancs et rouges de la Côte de Beaune.

Un *climat* qui doit son nom aux genévriers qui recouvraient autrefois cette partie pentue de la colline Saint-Christophe ; un nom que l'on retrouve dans de nombreux *villages* de la Côte. Les Monnier signent un meursault au nez fin de fleurs blanches, d'agrumes et de noisette grillée. Des arômes que l'on perçoit dans un palais élégant, croquant et frais, épaulé par un boisé bien ajusté. ✗ 2015-2020 ♈ bar aux herbes

○━ *Dom. Jean Monnier et Fils, 20, rue du 11-Novembre, 21190 Meursault, tél. 03 80 21 22 56, contact@ domaine-jeanmonnier.com* Ⓥ ♿ *t.l.j. 10h-12h 13h30-18h au caveau pl. de l'Hôtel-de-Ville; f. 15 nov.-15 avr.*

♥ DAVID MORET Charmes 2013 ★★

1er cru	3 000	⅏	30 à 50 €

David Moret a créé en 1998 sa maison de négoce, établie derrière les remparts de Beaune. Cet adepte des élevages longs s'est fait une spécialité de la vinification « haute couture » des blancs de la Côte de Beaune.

Avec deux coups de cœur, cette édition met en valeur ce *climat* mondialement connu des amateurs de chardonnay. David Moret en signe une version exaltante dès le premier nez, ouvert sans réserve sur des notes typiques du cépage : fleurs blanches, beurre frais, noisette grillée, pointe miellée. À ce nez délicat et complexe succède un palais tout aussi élégant et expressif (fruits blancs, touche minérale), qui offre le gras et la rondeur attendus d'un beau meursault, avec ce qu'il faut d'acidité pour dynamiser l'ensemble et lui conférer beaucoup de longueur. En résumé : de la matière, de l'élégance et un équilibre admirable. ✗ 2017-2021 ❦ langouste grillée ▪ **1er cru** Les Genevrières 2013 (30 à 50 € ; 1 500 b.) : vin cité. ✗ 2015-2018

o┐ SARL David Moret, 1 et 3, rue Émile-Goussery, 21200 Beaune, tél. 06 75 01 15 85, davidmoret.vins@orange.fr 🔼 r.-v.

JEAN-RENÉ NUDANT 2013

	2 300	⅏	20 à 30 €

Un Guillaume Nudant d'Aloxe-Corton était déjà vigneron en 1453. Son descendant, Guillaume également, a rejoint en 2003 son père Jean-René sur le domaine familial de 16 ha plantés pour l'essentiel autour de la montagne de Corton.

Née d'une vigne de cinquante-cinq ans, cette cuvée dévoile un bouquet floral (acacia) et fruité (coing, pomme), et une bouche équilibrée entre gras et acidité. ✗ 2016-2020 ❦ sandre au beurre blanc

o┐ Dom. Nudant, 11, rte de Dijon, BP 15, 21550 Ladoix-Serrigny, tél. 03 80 26 40 48, domaine.nudant@wanadoo.fr 🔽 🎿 🔼 t.l.j. sf dim. 8h-12h 14h-18h; sam. sur r.-v. 🏠 🅖

MANUEL OLIVIER 2012

	1 500	⅏	20 à 30 €

Installé en 1990, Manuel Olivier a commencé par cultiver les vignes et petits fruits dans les Hautes-Côtes de Nuits. Aujourd'hui spécialisé, il exploite un vignoble de 11 ha, complété depuis 2007 par une structure de négoce qui lui a permis de mettre un pied en Côte de Beaune.

Ce meursault *village*, issu de la partie négoce, livre de jolis parfums de fruits frais, de fleurs blanches et de beurre. Après une attaque douce, la bouche évolue sur un registre frais et alerte. ✗ 2015-2018 ❦ carpaccio de saumon aux zestes d'orange

o┐ SARL Manuel Olivier, 7, rue des Grandes-Vignes, hameau de Corboin, 21700 Nuits-Saint-Georges, tél. 03 80 62 39 33, contact@domaine-olivier.com 🔽 🎿 🔼 r.-v.

MAX ET ANNE-MARYE PIGUET-CHOUET Les Narvaux 2013

	3 000	⅏	20 à 30 €

Un domaine de 10 ha, 100 % familial et 100 % beaunois, né en 1981 de l'union de Max Piguet-Chouet (sixième génération de vigneron) avec Anne-Marye (issue de la plus ancienne famille vigneronne de Meursault), qu'ont rejoints leurs fils Stéphane et William en 2004.

Une vigne de vingt-cinq ans et onze mois de fût pour ce vin qui mêle au nez agrumes, verveine et noisette. La bouche se montre ronde et riche, plus fraîche en finale, agrémentée d'une pointe d'amertume. Un ensemble équilibré et persistant. ✗ 2017-2020 ❦ noix de Saint-Jacques crème et champignons

o┐ Max et Anne-Marye Piguet-Chouet, rte de Beaune, 21190 Auxey-Duresses, tél. 03 80 21 25 78, piguet.chouet@wanadoo.fr 🔽 🎿 🔼 r.-v.

CH. DE POMMARD 2012 ★

	1 200	⅏	30 à 50 €

Ce château emblématique de la Côte de Beaune, dont les origines remontent à 1727, a misé sur l'œnotourisme et la vente au domaine : chaque année, ce sont 35 000 œnophiles qui franchissent les portes du clos de 22,5 ha et achètent 90 % de la production. Racheté à Maurice Giraud en 2014 par le Californien Michael Baum, il est sous la responsabilité technique d'Emmanuel Sala qui depuis 2007 élabore à côté du « grand vin » une large gamme de vins de la Côte issue d'achats de raisins.

Issu d'une vigne de trente-cinq ans, ce 2012 livre un bouquet qui marie fleurs blanches, citron, beurre et touche de pain d'épice. On retrouve les agrumes dans une bouche d'une belle tension, franche et intense. ✗ 2016-2022 ❦ saint-pierre à la plancha

o┐ Ch. de Pommard, 15, rue Marey-Monge, 21630 Pommard, tél. 03 80 22 12 59, contact@chateaudepommard.com 🔽 🎿 🔼 t.l.j. 9h30-18h30 o┐ M. Baum

DOM. SEGUIN-MANUEL Les Clous 2013

	1 500	⅏	30 à 50 €

Thibaut Marion a repris en 2004 cette maison fondée à Savigny en 1824 et aujourd'hui basée à Beaune. En parallèle à son activité de négoce, il exploite ce domaine qu'il a fait grandir de 3,5 à 8 ha (en conversion bio), essentiellement en Côte de Beaune.

Entre la partie du dessus et celle du dessous, Les Clous est avec 18 ha le plus grand *climat* communal du village. Thibaut Marion en exploite 33 ares, à l'origine d'un meursault sur la fraîcheur : nez sur des notes de pierre à fusil, d'agrumes et de menthol, bouche minérale et vive que le temps assouplira. ✗ 2016-2019 ❦ darne de saumon en papillote

o┐ Dom. Seguin-Manuel, 2, rue de l'Arquebuse, 21200 Beaune, tél. 03 80 21 50 42, contact@seguin-manuel.com 🔽 🎿 🔼 r.-v.

CHRISTOPHE VAUDOISEY Les Vireuils 2013

	n.c.	⅏	15 à 20 €

Fondé en 1804, ce domaine a vu passer huit générations de vignerons. Secondé par son fils Pierre, Christophe Vaudoisey, souvent en vue pour ses volnay, est installé depuis 1985 à la tête de 12 ha en volnay, pommard et meursault.

Ce meursault dévoile un nez discret mais typique d'amande et de miel, agrémenté d'un léger toasté et de nuances exotiques. Il offre un bon volume en bouche, de la souplesse et de la fraîcheur, mais reste pour l'heure assez fermé. Il nécessitera un peu de patience avant d'être apprécié à son meilleur. ✗ 2017-2022 ♈ filet de turbot poché

☞ *Christophe Vaudoisey, 1, rue de la Barre, 21190 Volnay, tél. 03 80 21 20 14, christophe.vaudoisey@wanadoo.fr* 🆅 🈂 🆙 *r.-v.*

CH. DE LA VELLE Clos de la Velle 2013 ★

■	2 000	◫	20 à 30 €

Dans la famille Darviot depuis neuf générations, administré par Bertrand Darviot depuis 1976, ce domaine (et négoce) implanté à Meursault est souvent en vue pour ses beaune. Commandé par une demeure seigneuriale du XIIIes. classée Monument historique, son vignoble s'étend sur 8 ha.

Le clos du château, planté de 50 ares de chardonnay, a donné naissance à un 2013 bien typé meursault. Robe brillante et soyeuse ; nez ouvert sur la noisette, le beurre, la vanille et les fleurs blanches ; palais élégant, concentré, suave et gras, épaulé par une fine acidité et un bon boisé qui laisse le fruit s'exprimer. Une bouteille qui évoluera bien. ✗ 2017-2021 ♈ langres

☞ *Bertrand Darviot, 17, rue de la Velle, 21190 Meursault, tél. 03 80 21 22 83, chateaudelavelle@darviot.fr* 🆅 🈂 🆙 *r.-v.* 🏠 🅖

BLAGNY

Superficie : 4,8 ha / Production : 32 hl en *villages* ; 183 hl en 1er cru

Situé à cheval sur les communes de Meursault et de Puligny-Montrachet, un vignoble homogène s'est développé autour du hameau de Blagny. On y produit des vins rouges remarquables portant l'appellation blagny, mais la plus grande superficie est plantée en chardonnay pour donner, selon la commune, du meursault 1er cru ou du puligny-montrachet 1er cru.

DOM. LAMY-PILLOT La Pièce sous le bois 2013

■ 1er cru	1 300	◫	20 à 30 €

René et Thérèse Lamy ont créé en 1973 ce domaine, valeur sûre en chassagne et en saint-aubin. Leurs filles Florence (en 1997) et Karine (en 2004) conduisent aujourd'hui les 15 ha de vignes avec leurs époux respectifs, Sébastien Caillat (à la vigne) et Daniel Cadot (au commercial).

Le seul vin de la petite appellation blagny retenu cette année ; une AOC de poche que mettaient déjà en valeur au XIIes. les moines cisterciens de Maizières, pères du Montrachet. Les sœurs Lamy nous racontent une anecdote à propos de cette petite parcelle de 245 ares. « En 1972, lorsqu'il a fallu se poser la question de la couleur de la plantation, René Lamy, demandant conseil à un vigneron de Meursault, s'est entendu dire : "Si tu veux faire des sous, mets'y du blanc ; si tu veux faire du bon vin, mets'y du rouge"... » Quelque quarante ans plus tard, ces ceps de pinot noir, plantés sur le plus grand des sept

1ers crus de l'appellation, ont donné naissance à ce vin intensément bouqueté autour du cuir, du sous-bois et de la vanille. La bouche, charnue sans manquer de fraîcheur, s'adosse à des tanins bien présents et à un boisé de qualité. ✗ 2016-2020 ♈ chili con carne

☞ *Dom. Lamy-Pillot, 31, rte de Santenay, 21190 Chassagne-Montrachet, tél. 03 80 21 30 52, contact@lamypillot.fr* 🆅 🆙 *r.-v.* ☞ *J.-L. de Montlivault*

PULIGNY-MONTRACHET

Superficie : 208 ha / Production : 10 850 hl (99 % blanc)

Centre de gravité des vins blancs de Côte-d'Or, serrée entre ses deux voisines Meursault et Chassagne, cette petite commune tranquille ne représente en surface de vignes que la moitié de Meursault, ou les deux tiers de Chassagne, mais se console en possédant les plus grands crus blancs de Bourgogne, dont le montrachet (en partage avec Chassagne). La position géographique de ces grands crus, selon les géologues de l'université de Dijon, correspond à une émergence de l'horizon bathonien, qui leur confère plus de finesse, plus d'harmonie et plus de subtilité aromatique qu'aux vins récoltés sur les marnes avoisinantes. Les autres *climats* et 1ers crus de la commune exhalent fréquemment des senteurs végétales à nuances résineuses ou terpéniques qui leur donnent beaucoup de distinction.

BACHEY-LEGROS ET FILS 2013 ★

■	1 700	🍾 ◫	20 à 30 €

Régulièrement mentionnés dans le Guide, les Bachey-Legros – Christiane et ses fils Samuel et Lénaïc – sont les cinquième et sixième générations à œuvrer sur ce domaine de 19 ha auquel s'est ajoutée une activité de négoce en 2008.

Cette cuvée née de chardonnays de quarante ans met en valeur des fragrances beurrées, toastées et florales. Une attaque franche introduit une bouche longue et très équilibrée, qui allie ampleur et rondeur, soulignée par une fine minéralité. ✗ 2016-2020 ♈ tourte au saumon

☞ *Bachey-Legros et Fils, 12, rue de la Charrière, 21590 Santenay, tél. 03 80 20 64 14, christiane.bachey-legros@wanadoo.fr* 🆅 🈂 🆙 *r.-v.*

DOM. ROGER BELLAND Les Champs Gains 2013

■ 1er cru	2 400	◫	50 à 75 €

Un domaine ancien, dont on trouve trace au XVIIIes, couvrant aujourd'hui 24 ha. À sa tête, Roger Belland, installé en 1981, et sa fille Julie, arrivée en 2003 et chargée des vinifications. Pas de bio certifié ici, mais une viticulture raisonnée et maîtrisée (enherbement total du vignoble, pas de désherbants), et des vins d'une grande constance.

Sur ce grand 1er cru (10,69 ha) situé côté Saint-Aubin – dont le nom renvoie à son ancienne destination de terre labourable –, les Belland ont vendangé 45 ares à l'origine d'un vin joliment floral et fruité au nez, et très riche et gras en bouche, équilibré par une touche de fraîcheur minérale bienvenue. ✗ 2017-2022 ♈ aumônière au reblochon

☞ *Dom. Roger Belland, 3, rue de la Chapelle, 21590 Santenay, tél. 03 80 20 60 95, belland.roger@wanadoo.fr* 🆅 🈂 🆙 *r.-v.*

DOM. BERTHELEMOT Les Levrons 2013

	4 600		20 à 30 €

Un domaine créé par Brigitte Berthelemot en 2006 avec la reprise des vignes de Jean Garaudet et d'Yves Darviot, 7,8 ha administrés avec Marc Cugney. Un duo complémentaire à en juger par sa régularité depuis son installation.

On trouve des laves dans ce *climat* situé juste en dessous d'une ancienne carrière qui a donné son nom au fameux 1er cru Perrières. Le domaine y exploite 60 ares qui ont donné naissance à ce *village* délicatement bouqueté autour de la fleur d'acacia, du miel et de la vanille. Une élégance aromatique que met aussi en avant la bouche, souple et légère, stimulée par une bonne vivacité. ✗ 2016-2019 ❢ truite fario en papillote

☞ *Dom. Brigitte Berthelemot, 24, rue des Forges, 21190 Meursault, tél. 03 80 21 68 61, contact@domaineberthelemot.com* 🅥 🈺 🈶 *r.-v.*

DOM. BOHRMANN Grands Champs 2013

	1 500		30 à 50 €

Un domaine créé en 2002 par Sofie Bohrmann, d'origine belge, qu'elle gère avec Dimitri Blanc, son complice de vigne et de chai : 11,75 ha conduits en bio non certifié depuis 2007.

Après un premier nez boisé, ce 2013 libère des senteurs élégantes d'amandes et de beurre. Des arômes que l'on retrouve mêlés aux agrumes dans un palais rond et de bonne intensité, aiguillonné par une finale plus vive et tonique. Un vin équilibré. ✗ 2018-2022 ❢ homard grillé aux amandes

☞ *SCEA Dom. Bohrmann, 9, rue de la Barre, 21190 Meursault, tél. 03 80 21 60 06, domaine.bohrmann@wanadoo.fr* 🅥 🈺 🈶 *r.-v.*

Ⓑ CHRISTOPHE BUISSON 2012

	1 200		30 à 50 €

Plutôt que maçon, comme son père, Christophe Buisson a choisi d'être vigneron. D'abord courtier, il crée son domaine à Saint-Romain en 1996 : 7 ha (en bio) complétés en 2007 par une petite activité de négoce, avec des vins souvent en vue en saint-romain et en auxey-duresses. En 2015, le domaine a fusionné avec le négoce Alex Gambal pour devenir le domaine Gambal Buisson, Christophe conservant un rôle de consultant et se consacrant désormais au développement de la partie négoce.

Le nez, plutôt timide, évoque les fleurs et les fruits blancs à l'aération. Un côté floral auquel fait écho une bouche boisée avec mesure, souple et fraîche, quoique plus chaleureuse en finale. ✗ 2016-2019 ❢ filet de saint-pierre

☞ *Christophe Buisson, 34, rue de la Tartebouille, 21190 Saint-Romain, tél. 03 80 21 63 92, sarlchristophebuisson@wanadoo.fr* 🅥 🈶 *r.-v.*

JEAN CHARTRON
Clos de la Pucelle Monopole 2013 ★

1er cru	5 400		50 à 75 €

Créé en 1859 par le tonnelier Jean-Édouard Dupard, ce domaine d'une grande constance, bien implanté dans les grands crus de Puligny, étend son vignoble sur 13 ha – dont 90 % de chardonnay et trois monopoles (Clos de la Pucelle et Clos du Cailleret en puligny, Clos des

Chevaliers en chevalier-montrachet) – conduits en bio non certifié. Jean-Michel Chartron est aux commandes depuis 2004 ; l'un de ses credo : « du bois, oui, mais pas trop ». Une valeur sûre.

Fidèle au rendez-vous, ce monopole propose une version 2013 expressive dès le premier nez (fleurs blanches, boisé épicé, sous-bois), riche et généreuse en bouche, équilibrée et étirée par une pointe de minéralité et la fraîcheur des agrumes. Bâti pour bien évoluer en cave. ✗ 2018-2025 ❢ sole meunière ■ 1er cru Clos du Cailleret Monopole 2013 (50 à 75 € ; n.c. b.) : vin cité. ✗ 2018-2025

☞ *SCEA Jean Chartron, 8 bis, Grande-Rue, 21190 Puligny-Montrachet, tél. 03 80 21 99 19, info@jeanchartron.com* 🅥 🈶 *t.l.j. sf lun. mar. mer. 10h-12h 14h-18h; f. déc.-mars*

♥ JEAN-LOUIS CHAVY Les Clavoillons 2013 ★★

1er cru	2 000		30 à 50 €

Héritier d'une lignée vigneronne remontant à 1820, Jean-Louis Chavy exploite depuis 2003 ce domaine couvrant 6,5 ha de vignes à Puligny et dans ses environs.

Un *climat* de 5,58 ha situé sous Les Folatières, entre les 1ers crus Les Perrières (partie Clos de la Mouchère) et Les Pucelles. Le domaine y possède 29 ares de chardonnay dont il tire un puligny de haute volée, finement boisé, floral et brioché au nez, ample, riche et sphérique en bouche. Un 1er cru généreux et caressant, au fort potentiel de garde. ✗ 2018-2025 ❢ turbot au beurre blanc

☞ *Jean-Louis Chavy, 27, rue de Bois, 21190 Puligny-Montrachet, tél. 03 80 21 38 85, jeanlouis.chavy@wanadoo.fr* 🅥 🈶 *r.-v.*

DOM. DE LA CHOUPETTE 2013

	900		20 à 30 €

Les frères jumeaux Jean-Christophe (à la vigne) et Philippe Gutrin (au chai) ont créé leur domaine en 1992. Le vignoble couvre aujourd'hui 14 ha répartis en une quinzaine de *climats* sur les communes de Santenay, Chassagne et Puligny-Montrachet.

Une cuvée confidentielle née de vignes de quarante-cinq ans qui hume bon les fleurs blanches et la pâtisserie sur un fond boisé léger. Des notes d'agrumes et de menthol, une trame minérale, le palais se révèle frais et tendu. Un puligny droit dans ses bottes, à laisser vieillir un peu. ✗ 2017-2020 ❢ langoustines

☞ *EARL Dom. de la Choupette, 2, pl. de la Mairie, 21590 Santenay, tél. 06 81 46 71 13, gutrinfils@orange.fr* 🅥 🈺 🈶 *t.l.j. 9h-12h 14h-18h; f. 1er-15 août*

DOM. BRUNO COLIN La Truffière 2012 ★

1er cru	2 500		50 à 75 €

Bruno Colin s'est installé en 2004 à la suite du partage du domaine familial avec son frère Philippe. Cet adepte des élevages longs exploite 8,3 ha de vignes allant des Maranges à Puligny en passant par Chassagne, son fief.

Comme son nom l'indique, ce *climat* situé sous le hameau de Blagny était autrefois planté de chênes truffiers. Le chardonnay y a pris ses aises et donne ici un puligny expressif, sur la réglisse et le fumé. La bouche se révèle ample, suave et riche, équilibrée par une fine acidité qui apporte une vitalité bienvenue en finale. ✗ 2017-2020 ♟ turbot poché à la crème

☛ *Dom. Bruno Colin, 3, imp. des Crêts,*
21190 Chassagne-Montrachet, tél. 03 80 24 75 61,
contact@domainebrunocolin.com Ⓥ 🖾 🖾 *r.-v.*

MARC COLIN ET FILS La Garenne 2013			
1er cru	1 500	◑	50 à 75 €

Marc Colin et son épouse Michèle ont créé ce domaine à la fin des années 1970, à partir de 6 ha. Leurs enfants Caroline, Joseph et Damien conduisent aujourd'hui 19 ha à Saint-Aubin, Chassagne, Puligny et Santenay, majoritairement plantés en blanc, et maintiennent haut la qualité des vins.

Situé autour de 400 m, ce *climat* – réservé autrefois aux seigneurs pour la reproduction et la chasse du petit gibier, notamment du lapin – se place au-dessus du grand cru montrachet. Les Colin y cultivent 22 ares de chardonnay, qui donnent ici un 2013 d'emblée séduisant par son bouquet élégant de vanille, de fleurs blanches et de fruits exotiques. Un fruité ample qui caractérise aussi la bouche, souple et fraîche, plus chaleureuse en finale. ✗ 2016-2020 ♟ blanquette de poisson

☛ *Dom. Marc Colin et Fils, rue de la Chatenière,*
21190 Saint-Aubin, tél. 03 80 21 30 43,
marccolin@ymail.com Ⓥ 🖾 *r.-v.*

DOM. DUPONT-FAHN Les Grands Champs 2013 ★			
	n.c.	◑	20 à 30 €

Depuis le cœur de Monthelie, ce producteur exploite 9 ha de vignes toutes situées en Côte de Beaune. Une originalité : il produit aussi en IGP Pays d'Oc.

Situé au cœur de l'appellation, sous le coteau des 1ers crus, plus précisément sous le Clavaillon, ce lieu-dit étale ses ceps de chardonnay sur 3,6 ha. Michel Dupont-Fahn en propose une version gourmande, riche et charnue, qui combine aux arômes boisés des notes d'abricot et de pêches mûres. Un puligny ample et généreux, que l'on pourra boire aussi bien jeune que patiné par un peu de garde. ✗ 2016-2020 ♟ blanquette de veau aux morilles

☛ *Michel Dupont-Fahn, Les Toisières, 21190 Monthelie,*
tél. 06 08 51 15 13, domaine.dupontfahn@gmail.com

JEAN-CHARLES FAGOT 2013			
	900	◑	20 à 30 €

Installé entre Chagny et Puligny-Montrachet, Jean-Charles Fagot est à la tête de 3,8 ha de vignes. Il s'est fait négociant pour étoffer sa carte des vins et restaurateur en ouvrant en 1998 l'*Auberge du Vieux Vigneron*, où il propose une cuisine du terroir.

Proche de l'étoile, ce *village* s'ouvre discrètement sur des senteurs de fleurs blanches et de fruits jaunes secs. La bouche se révèle assez puissante, mais tout à la fois soyeuse et ronde, soulignée par une légère acidité, et se conclut par une jolie finale sur les fruits à noyau. ✗ 2017-2021 ♟ tourte aux fruits de mer

☛ *Jean-Charles Fagot, rte de Beaune, 21190 Corpeau,*
tél. 03 80 21 30 24, jeancharlesfagot@free.fr
Ⓥ 🖾 🖾 *r.-v.*

ARNAUD GERMAIN 2013 ★			
	1 200	◑	20 à 30 €

Un domaine créé en 1955 par Bernard Germain, rejoint par son fils Patrick en 1976, avec lequel il lance la mise en bouteilles. En 2009, Arnaud, le petit-fils, prend la relève à la tête de 15 ha, complétés par une activité de négoce à son nom.

Issu de la partie de négoce, ce puligny présente un nez intense de fleurs blanches, de noisette, de brioche et de toasté. Si l'attaque est souple et légère, le milieu de bouche se montre plus volumineux, riche et chaleureux, renforcé par un bon boisé. De quoi attendre sereinement qu'il se patine. ✗ 2018-2025 ♟ poularde à la crème

☛ *Maison Arnaud Germain, 34, rue de la Pierre-Ronde,*
21190 Saint-Romain, tél. 03 80 21 60 15,
contact@maison-arnaudgermain.com Ⓥ 🖾 🖾 *t.l.j. sf*
dim. 8h30-12h 13h30-19h 🏠 Ⓖ

VINCENT GIRARDIN Les Combettes 2013			
1er cru	4 500	◑	50 à 75 €

Une maison de grande qualité créée en 1992 par Véronique et Vincent Girardin, cédée en 2012 à leur partenaire historique la Compagnie des Vins d'Autrefois, dirigée par Jean-Pierre Nié. Les équipes techniques et commerciales sont restées les mêmes, et les vins sont toujours vinifiés à Meursault par Éric Germain, bras droit de Vincent Girardin pendant dix ans.

Dérivé du mot « combe », ce *climat* bien connu des amateurs de puligny touche Les Charmes de Meursault. On a connu pire voisinage. Après dix-huit mois en barrique, ce Combettes délivre des senteurs discrètes mais élégantes de fruits jaunes et de fleurs blanches. Légèrement acidulée et bien fruitée, la bouche évolue dans le registre de la vivacité. Un puligny fringant et de bonne longueur. ✗ 2017-2020 ♟ lotte au safran

☛ *Maison Vincent Girardin, ZA Les Champs-Lins,*
21190 Meursault, tél. 03 80 20 81 00,
vincent.girardin@vincentgirardin.com

VINCENT LATOUR Vieilles Vignes 2013 ★			
	900	🍶 ◑	20 à 30 €

Établis à Meursault, Cécile et Vincent Latour assurent la continuité du vénérable domaine Jean Latour-Labille (1792), devenu Dom. Vincent Latour – 7,5 ha tout au long de la ceinture blanche de la Côte de Beaune –, auquel ils ont adjoint en 2008 une société de négoce.

Cette cuvée de vieilles vignes (quarante ans) dévoile un joli nez d'agrumes, qui évolue à l'aération vers les fleurs blanches et le beurre. Les fruits secs s'invitent dans une bouche franche et fraîche en attaque, ample, grasse et soyeuse dans son développement, avec en arrière-plan une fine minéralité. Un puligny harmonieux et de bonne garde. ✗ 2016-2022 ♟ sandre au beurre blanc

☛ *Vincent Latour, 6, rue du 8-Mai-1945,*
21190 Meursault, tél. 03 80 21 22 49,
contact@domaine-vincentlatour.com Ⓥ 🖾 🖾 *r.-v.* 🏠 Ⓔ

OLIVIER LEFLAIVE 2012 ★			
	25 000	◑	30 à 50 €

Négociant-éleveur établi à Puligny-Montrachet depuis 1984, Olivier Leflaive, l'une des références de la Côte de Beaune, collectionne les étoiles, côté cave (négoce et domaine) et côté hôtellerie (quatre pour son hôtel de Puligny). Au chai, l'œnologue Franck Grux et son complice Philippe Grillet.

Cette cuvée, régulièrement au rendez-vous du Guide, n'a rien de confidentiel (a fortiori en territoire bourguignon), ce qui rend la qualité du 2012 d'autant plus méritoire. Elle se distingue par son bouquet intense et harmonieux, floral et fruité, agrémenté de notes de confiserie. En bouche, elle se montre puissante, ample et suave, avec une bonne acidité en soutien, et s'achève sur une longue finale aux tonalités fruitées. ✗ 2017-2020 ▼ bar grillé ▪ **1er cru** Champ Canet 2012 (50 à 75 € ; 2 100 b.) : vin cité. ✗ 2018-2022

o⊓ Olivier Leflaive Frères, pl. du Monument, 21190 Puligny-Montrachet, tél. 03 80 21 37 65, contact@olivier-leflaive.com 🆅 🏃 🅰 r.-v.

DOM. ANDRÉ MOINGEON ET FILS			
La Garenne 2013			
▪ 1er cru	3 000	⬤	20 à 30 €

Un domaine de 10 ha sur Saint-Aubin, Blagny, Chassagne et Puligny, créé en 1983 par André Moingeon et ses deux fils Gérard et Michel. Ce dernier, désormais aux commandes, a été rejoint par son fils Florent en 2009.

Toasté et floral à l'olfaction, ce 2013 offre un bon volume et une fine trame minérale en bouche, mais est encore pour l'heure sous l'emprise de son élevage. Laissez le temps agir. ✗ 2018-2022 ▼ poulet aux girolles

o⊓ André Moingeon et Fils, 2, rue de la Fontaine, Gamay, 21190 Saint-Aubin, tél. 03 80 21 93 67, contact@vins-moingeon.com 🆅 🏃 r.-v.

JEAN-RENÉ NUDANT Les Folatières 2013			
▪ 1er cru	900	⬤	50 à 75 €

Un Guillaume Nudant d'Aloxe-Corton était déjà vigneron en 1453. Son descendant, Guillaume également, a rejoint en 2003 son père Jean-René sur le domaine familial de 16 ha plantés pour l'essentiel autour de la montagne de Corton.

Avec 17,63 ha, ce Folatières constitue le plus grand des dix-sept 1ers crus que compte Puligny. Une petite parcelle de 22 ares est à l'origine de ce 2013 au nez accueillant, le minéral, la poire, l'amande et le toasté. Discret et léger en attaque, le palais se montre ensuite plus intense, plus ample, plus rond, avec en soutien la touche minérale du terroir et la fraîcheur des agrumes. À revoir dans quelques années. ✗ 2018-2022 ▼ noix de Saint-Jacques poêlées

o⊓ Dom. Nudant, 11, rte de Dijon, BP 15, 21550 Ladoix-Serrigny, tél. 03 80 26 40 48, domaine.nudant@wanadoo.fr 🆅 🏃 🅰 t.l.j. sf dim. 8h-12h 14h-18h; sam. sur r.-v. 🏠 🅴

♥ STÉPHANE PIGUET 2013 ★★			
▪	1 500	⬤	20 à 30 €

PULIGNY-MONTRACHET
2013

Stéphane Piguet

Ouvrier viticole depuis 2003 sur la propriété de ses parents, Max et Anne-Marye Piguet-Chouet, Stéphane Piguet a entrepris en 2012 de créer sa propre activité de négoce pour élargir la gamme du domaine, qui s'étend aujourd'hui aux appellations saint-romain et puligny-montrachet.

« Premier millésime pour cette nouvelle activité et déjà les étoiles du Guide », écrivions-nous l'an dernier à propos d'un puligny 2012 (la cuvée Marie) de ce jeune négoce. Deuxième millésime et déjà un coup de cœur, pouvons-nous ajouter. Stéphane Piguet, qui vinifie tous les vins rouges du domaine familial, montre ici que son talent s'étend aussi aux blancs. Il signe un puligny élevé douze mois en fût, qui s'ouvre doucement mais sûrement sur les fleurs blanches, la noisette et les fruits exotiques. Une belle attaque tout en rondeur introduit un palais à la fois imposant et ample et frais, long et parfaitement équilibré. ✗ 2017-2021 ▼ suprême de poularde à la crème

o⊓ Stéphane Piguet, 29, rue de la Gare, 21190 Meursault, tél. 06 87 54 59 02, maisonstephanepiguet@yahoo.fr 🆅 🏃 🅰 r.-v.

DOM. SEGUIN-MANUEL Les Reuchaux 2013			
▪	600	⬤	30 à 50 €

Thibaut Marion a repris en 2004 cette maison fondée à Savigny en 1824 et aujourd'hui basée à Beaune. En parallèle à son activité de négoce, il exploite ce domaine qu'il a fait grandir de 3,5 à 8 ha (en conversion bio), essentiellement en Côte de Beaune.

Situé côté Meursault, ce lieu-dit est avec ses 9 ha le deuxième plus grand climat communal de l'appellation. Thibaut Marion y a vendangé 20 ares de chardonnay pour élaborer cette cuvée de prime abord réservée, plus prolixe à l'aération, sur des parfums de fleurs blanches et de beurre frais, profonde, vive et alerte en bouche. ✗ 2017-2020 ▼ langouste au beurre de curry

o⊓ Dom. Seguin-Manuel, 2, rue de l'Arquebuse, 21200 Beaune, tél. 03 80 21 50 42, contact@ seguin-manuel.com 🆅 🏃 r.-v. o⊓ Thibaut Marion

---

DOM. GÉRARD THOMAS ET FILLES			
La Garenne 2013			
▪ 1er cru	2 900	⬤	20 à 30 €

La mention « et Filles » de l'étiquette se réfère à Isabelle et Anne-Sophie, désormais aux commandes du domaine créé par leur père Gérard Thomas dans les années 1990. Le vignoble couvre une douzaine d'hectares en saint-aubin (principalement) ainsi qu'en meursault, chassagne et puligny.

Un climat situé quelques dizaines de mètres au-dessus du grand cru montrachet, qui avait fait briller le domaine l'an dernier, avec un coup de cœur pour le millésime 2012. Le 2013 n'atteint pas ces sommets, mais séduit par son bouquet plaisant, floral puis fruité, comme par son palais souple et frais sans manquer de gras ni de rondeur. Un vin équilibré. ✗ 2016-2019 ▼ raie aux câpres

o⊓ Dom. Gérard Thomas, 6, rue des Perrières, 21190 Saint-Aubin, tél. 03 80 21 32 57, domaine.gerard.thomas@orange.fr 🆅 🏃 🅰 r.-v.

▶ **MONTRACHET, CHEVALIER, BÂTARD, BIENVENUES-BÂTARD, CRIOTS-BÂTARD**

Montrachet et ses grands crus (chevalier-montrachet, bâtard-montrachet, criots-bâtard-montrachet, bienvenues-bâtard-montrachet) fournissent des vins blancs secs de notoriété mondiale. Pourtant, ils s'inscrivent avec discrétion dans le paysage. Implantées sur le versant d'une colline exposé au sud-sud-est, les vignes se répartissent sur les communes de Puligny-Montrachet et de Chassagne-Montrachet. La particularité la plus étonnante de ces grands crus contigus, et dont la superficie globale n'atteint pas 32 ha, est de se faire attendre plus ou moins longtemps avant d'atteindre leur plénitude : dix ans pour le « grand » montrachet, cinq ans pour le bâtard et les autres crus ; seul le chevalier-montrachet semble s'ouvrir plus rapidement. Tous ces vins structurés et d'une captivante complexité peuvent vivre une décennie, et jusqu'à trente ans dans les grands millésimes.

MONTRACHET			

Superficie : 8 ha / Production : 350 hl

MARC COLIN ET FILS 2013			
Gd cru	500	⏺	+ de 100 €

Marc Colin et son épouse Michèle ont créé ce domaine à la fin des années 1970, à partir de 6 ha. Leurs enfants Caroline, Joseph et Damien conduisent aujourd'hui 19 ha à Saint-Aubin, Chassagne, Puligny et Santenay, majoritairement plantés en blanc, et maintenant haut la qualité des vins.

Le fleuron de la famille Colin : des ceps enracinés depuis soixante-dix ans dans le jurassique. Le 2013 affiche une robe cossue, d'un or jaune soutenu. Si le caractère vanillé et grillé (la noisette, le toast) légué par les quinze mois d'élevage domine largement l'olfaction, le fruit se fraie un chemin au nez puis en bouche, dans des tonalités de raisins puis d'agrumes. À la fois ample, gras, minéral et frais en bouche, le palais révèle un côté presque tannique propre à l'appellation. La finale sur l'écorce d'orange est d'une longueur impressionnante : ce millésime gagnera son étoile dans votre cave. ✗ 2020-2025 ❦ turbot en croûte de sel

⌕ *Dom. Marc Colin et Fils, rue de la Chatenière, 21190 Saint-Aubin, tél. 03 80 21 30 43, marccolin@ymail.com* Ⓥ 🏠 *r.-v.*

CHEVALIER-MONTRACHET			

Superficie : 7,5 ha / Production : 310 hl

JEAN CHARTRON			
Clos des Chevaliers Monopole 2013			
Gd cru	1 693	⏺	+ de 100 €

Créé en 1859 par le tonnelier Jean-Édouard Dupard, ce domaine d'une grande constance, bien implanté dans les grands crus de Puligny, étend son vignoble sur 13 ha – dont 90 % de chardonnay et trois monopoles (Clos de la Pucelle et Clos du Cailleret en puligny, Clos des Chevaliers en chevalier-montrachet) –, conduits en bio non certifié. Jean-Michel Chartron est aux commandes depuis 2004 ; l'un de ses credo : « du bois, oui, mais pas trop ». Une valeur sûre.

Après avoir passé seize mois en fûts (neufs pour 30 %), ce Chevalier s'est fabriqué une armure de douelles. Dans le verre, il arbore une couleur doré soutenu et présente un nez largement ouvert ; la vanille est bien de la partie, mais le boisé laisse libre accès aux fruits exotiques (ananas rôti) et aux fruits jaunes bien mûrs, les agrumes entrant en scène en bouche. Le palais associe ampleur et richesse

– avec un côté beurré – à une pointe de vivacité minérale presque tranchante. Tout est en place pour faire une grande bouteille dans quelques années. ✗ 2018-2020 ❦ feuilleté de langoustines

⌕ *SCEA Jean Chartron, 8 bis, Grande-Rue, 21190 Puligny-Montrachet, tél. 03 80 21 99 19, info@jeanchartron.com* Ⓥ 🏠 *t.l.j. sf lun. mar. mer. 10h-12h 14h-18h; f. déc.-mars*

OLIVIER LEFLAIVE 2012			
Gd cru	580	🍷 ⏺	+ de 100 €

Négociant-éleveur établi à Puligny-Montrachet depuis 1984, Olivier Leflaive, l'une des références de la Côte de Beaune, collectionne les étoiles, côté cave (négoce et domaine) et côté hôtellerie (quatre pour son hôtel de Puligny). Au chai, l'œnologue Franck Grux et son complice Philippe Grillet.

Issu de la propriété familiale mais vendue sous l'étiquette de la maison Leflaive, cette parcelle de vieux chardonnay âgé de cinquante-cinq ans a donné un 2012 doré soutenu, au nez complexe mêlant les fleurs blanches, la camomille et l'anis, qui se nuancent à l'aération de notes de pierre à fusil et d'un léger boisé toasté (pas de bois neuf). Un vin droit, équilibré, qui se livrera davantage avec le temps. ✗ 2018-2020 ❦ cassolette de langouste

⌕ *Olivier Leflaive Frères, pl. du Monument, 21190 Puligny-Montrachet, tél. 03 80 21 37 65, contact@olivier-leflaive.com* Ⓥ 🚶 🏠 *r.-v.*

BÂTARD-MONTRACHET			

Superficie : 11,2 ha / Production : 475 hl

JEAN CHARTRON 2013			
Gd cru	797	🍷 ⏺	+ de 100 €

Créé en 1859 par le tonnelier Jean-Édouard Dupard, ce domaine d'une grande constance, bien implanté dans les grands crus de Puligny, étend son vignoble sur 13 ha – dont 90 % de chardonnay et trois monopoles (Clos de la Pucelle et Clos du Cailleret en puligny, Clos des Chevaliers en chevalier-montrachet) –, conduits en bio non certifié. Jean-Michel Chartron est aux commandes depuis 2004 ; l'un de ses credo : « du bois, oui, mais pas trop ». Une valeur sûre.

Ce grand cru installé sur un faux plat n'aura pas fourni davantage en 2013 qu'en 2012. D'un doré intense, le 2013 offre au premier nez un boisé très marqué mais raffiné aux nuances de noisette grillée, avant de libérer à l'aération des notes de pêche jaune et d'abricot sec. L'attaque fraîche est relayée par des sensations de gras et des évocations de miel, puis une belle tension donne de l'élégance à la finale. ✗ 2018-2020 ❦ langouste grillée

⌕ *SCEA Dom. Jean Chartron, 8 bis, Grande-Rue, 21190 Puligny-Montrachet, tél. 03 80 21 99 19, info@jeanchartron.com* Ⓥ 🏠 *t.l.j. sf lun. mar. mer. 10h-12h 14h-18h; f. déc.-mars*

OLIVIER LEFLAIVE 2012			
Gd cru	510	🍷 ⏺	+ de 100 €

Négociant-éleveur établi à Puligny-Montrachet depuis 1984, Olivier Leflaive, l'une des références de la Côte de Beaune, collectionne les étoiles, côté cave (négoce et domaine) et côté hôtellerie (quatre pour son hôtel de

Puligny). Au chai, l'œnologue Franck Grux et son complice Philippe Grillet.

Exposé au levant et au midi comme le montrachet, à une altitude un peu inférieure – entre 240 et 250 mètres –, Bâtard-Montrachet est le plus étendu des grands crus de Montrachet, mais les propriétaires sont une trentaine, si bien qu'Olivier Leflaive, avec 18 ares, n'est pas le plus mal loti... Jaune aux reflets verts, son 2012 porte l'empreinte de son séjour de quatorze mois dans le chêne : le nez est très marqué par un boisé grillé, même si le miel d'acacia pointe à l'aération. Le fruit mûr entre en scène dans une bouche fraîche à l'attaque, complexe, à la fois ronde et vive. ✗ 2018-2020 ❦ poulet de Bresse aux morilles

○┐ *Olivier Leflaive Frères, pl. du Monument,*
21190 Puligny-Montrachet, tél. 03 80 21 37 65,
contact@olivier-leflaive.com Ⓥ 🅺 ⓛ *r.-v.*

DOM. PRIEUR-BRUNET 2012			
▢ Gd cru	450	Ⅲ	+ de 100 €

En 1804, les frères Claude et Jean Prieur acquièrent le château Perruchot à Santenay, devenu Prieur-Brunet en 1955. Leurs descendants Dominique Prieur-Uny et son fils Guillaume exploitent aujourd'hui un vignoble de 20 ha en Côte de Beaune, auquel est adossée une maison de négoce.

Cette maison détient quelques ares dans ce grand cru, qui fournissent des quantités très limitées. Le 2012 affiche une robe soutenue, paille dorée. Le nez s'ouvre sur un boisé raffiné, des parfums de noisette et d'amande, puis le miel et les fruits blancs très mûrs, voire confits (poire et pêche) s'affirment à l'aération. Encore marqué par l'élevage en fût, le palais est tendu par une fine acidité et offre une finale fraîche et saline qui lui donne une belle élégance. ✗ 2018-2020 ❦ lotte sauce homardine

○┐ *Dom. Prieur-Brunet, rue de Narosse, 21590 Santenay,*
tél. 03 80 20 60 56, uny-prieur@prieur-santenay.com
Ⓥ 🅺 ⓛ *r.-v.*

BIENVENUES-BÂTARD-MONTRACHET

Superficie : 3,5 ha / Production : 145 hl

DOM. FAIVELEY 2013			
▢ Gd cru	n.c.	Ⅲ	+ de 100 €

Cette maison de négoce fondée à Nuits-Saint-Georges en 1825 est un nom qui compte en Bourgogne, depuis sept générations. À sa tête depuis 2005, Erwan Faiveley, qui a succédé à son père François, est épaulé par Bernard Hervet à la direction générale. Aujourd'hui, c'est l'un des plus importants propriétaires de vignes en Bourgogne : 120 ha du Chablisien au Mâconnais, avec son fief en Côte de Nuits, dont 10 ha en grand cru et près de 25 ha en 1er cru.

Exclusivement situé sur le territoire de Puligny-Montrachet, ce grand cru (3,68 ha) est mentionné dès 1397. Il forme un coin sous le Bâtard auquel il accole son nom. La maison Faiveley en détient 50 ares. Le millésime 2013 affiche une brillante robe or ainsi qu'un nez complexe sur les agrumes mûrs nuancés de notes de fruits jaunes et d'un léger toasté. Le palais séveux est tendu par une belle vivacité qui s'affirme en milieu de bouche, appelant un séjour à l'ombre de votre cave pour dompter son

caractère. Ce millésime pourra cependant être apprécié assez jeune. ✗ 2018-2020 ❦ rougets grillés

○┐ *Dom. Faiveley, 8, rue du Tribourg,*
21700 Nuits-Saint-Georges, tél. 03 80 61 04 55,
accueil@domaine-faiveley.com

CRIOTS-BÂTARD-MONTRACHET

Superficie : 1,6 ha / Production : 75 hl

DOM. ROGER BELLAND 2013 ★			
▢ Gd cru	2 000	Ⅲ	+ de 100 €

89 94 95 96 ⑱ **99** 00 01 |02| |03| 04 05 |06| **07** 08 09 **10 11 12** 13

Un domaine ancien, dont on trouve trace au XVIIIᵉˢ, couvrant aujourd'hui 24 ha. À sa tête, Roger Belland, installé en 1981, et sa fille Julie, arrivée en 2003 et chargée des vinifications. Pas de bio certifié ici, mais une viticulture raisonnée et maîtrisée (enherbement total du vignoble, pas de désherbants), et des vins d'une grande constance.

Le plus petit (1,57 ha) des cinq grands crus de la colline du montrachet et le seul situé exclusivement sur le territoire de Chassagne. Roger Belland en détient 62 ares dont il tire des vins régulièrement en bonne place dans le Guide. Le 2013 ne fait pas exception. Après un élevage de douze mois en fût, il revêt une robe or pâle et libère des fragrances de fleurs blanches, d'agrumes, d'amande, de noisette et de vanille. Ample, charnue et massive à l'attaque, la bouche gagne ensuite en finesse, en précision, dévoilant la minéralité de son terroir. Sa persistance notable laisse deviner un réel potentiel. Un vin jeune qui s'exprimera davantage avec le temps. ✗ 2019-2025 ❦ queue de langouste grillée

○┐ *Dom. Roger Belland, 3, rue de la Chapelle,*
21590 Santenay, tél. 03 80 20 60 95,
belland.roger@wanadoo.fr Ⓥ 🅺 ⓛ *r.-v.*

CHASSAGNE-MONTRACHET

Superficie : 300 ha / Production : 15 660 hl
(65 % blanc)

Le village de Chassagne est situé au sud de la Côte de Beaune, entre Puligny, Montrachet et Santenay. Exposé est-sud-est, le vignoble se partage entre pinot noir et chardonnay. La combe de Saint-Aubin, parcourue par la RN 6, forme à peu près la limite méridionale de la zone des vins blancs. Les Clos Saint-Jean et Morgeot, qui donnent des vins solides et vigoureux, sont les 1ers crus les plus réputés de la commune.

VINCENT BACHELET Les Benoîtes 2013			
▇	3 300	ⅢⅢ	15 à 20 €

Originaire d'une vieille famille vigneronne des Maranges, Vincent Bachelet (il est fils de Bernard Bachelet) a travaillé avec ses frères avant de s'installer, en 2008, à Chassagne-Montrachet, dans les anciens chais du négociant de Marcilly. Il exploite 14 ha, essentiellement dans la Côte de Beaune.

Vincent Bachelet peut aller cultiver cette vigne à pied car, depuis son installation en 2008 à Chassagne sur la route de Santenay, il n'est qu'à quelques pas de ce *climat*. Le 2013 de ces Benoîtes retient l'attention, tant par son nez généreux de cerise et de cassis finement boisé et vanillé que par sa matière structurée – l'étoffe d'un vin de garde. « Très pinot noir », résume un dégustateur. ✗ 2018-2021 ❦ pièce de bœuf aux champignons ■ 2013 (20 à 30 € ; 3 600 b.) : vin cité. ✗ 2016-2018

○― *Vincent Bachelet, 27, rte de Santenay, 21190 Chassagne-Montrachet, tél. 03 80 21 37 27, bacheletvincent1@wanadoo.fr* Ⓥ 🏃 🏠 *r.-v.*

DOM. BACHELET-RAMONET
Clos Saint-Jean 2013 ★

■ 1er cru	900	◫	20 à 30 €

Établis dans le quartier du vieux Saint-Jean à Chassagne-Montrachet, Alain Bonnefoy et son épouse veillent depuis 1984 sur les 13 ha de ce domaine familial habitué aux distinctions du Guide pour ses chassagne et ses grands crus de montrachet.

Si on exclut Morgeot qui regroupe d'autres 1ers crus en son sein, le Clos Saint-Jean, avec ses 14 ha, est le plus vaste de Chassagne. Le lieu de naissance de ce blanc cristallin au nez délicat de chèvrefeuille, au palais acidulé et légèrement perlant à l'attaque, dont le gras est réveillé par une pointe de vivacité en finale. ✗ 2016-2018 ❦ truite aux amandes ■ 1er cru Grandes Ruchottes 2013 (20 à 30 € ; 1 500 b.) : vin cité. ✗ 2017-2020

○― *Bachelet-Ramonet , 11, rue du Parterre, 21190 Chassagne-Montrachet, tél. 03 80 21 32 49, bachelet.ramonet@wanadoo.fr* Ⓥ 🏃 🏠 *t.l.j sf dim. 8h30-11h30 13h30-18h30 ; sam sur r.-v.; f. 1er-20 août*

DOM. BACHEY-LEGROS
Morgeot Les Petits Clos Vieilles Vignes 2013 ★★

■ 1er cru	5 400	🍾 ◫	30 à 50 €

Régulièrement mentionnés dans le Guide, les Bachey-Legros – Christiane et ses fils Samuel et Lénaïc – sont les cinquième et sixième générations à œuvrer sur ce domaine de 19 ha auquel s'est ajoutée une activité de négoce en 2008.

Cette cuvée est née d'une vigne de soixante-cinq ans dans la partie haute du secteur de Morgeot. Finaliste du coup de cœur, elle charme par son nez partagé entre mandarine, fleurs blanches et léger boisé puis par sa bouche à la fois vive, ample et persistante. Elle gagnera sa troisième étoile à l'ancienneté. ✗ 2018-2020 ❦ sole meunière ■ Les Plantes Momières Vieilles Vignes 2012 (15 à 20 € ; 3 000 b.) : vin cité. ✗ 2018-2020

○― *Dom. Bachey-Legros, 12, rue de la Charrière, 21590 Santenay, tél. 03 80 20 64 14, christiane.bachey-legros@wanadoo.fr* Ⓥ 🏃 🏠 *r.-v.*

BADER-MIMEUR Vieilles Vignes 2012

■	3 000	◫	20 à 30 €

En 1919 Charles Bader, négociant en vin à Paris, épouse Elise Mimeur, de Chassagne-Montrachet. Leurs héritiers exploitent près de 8 ha, et 98 % des vignes du château de Chassagne. Ingénieur de formation, Alain Fossier veille depuis 1993 sur le domaine, notamment sur le 5 ha du clos du château.

Des plants de chardonnay âgés de quarante-cinq ans sont à l'origine de ce vin or blanc, au nez élégant de fleurs blanches et de grillé. Conjuguant onctuosité et vivacité, il représente bien l'appellation. ✗ 2018-2020 ❦ gratin de fruits de mer ■ Ch. de Chassagne-Montrachet 2012 (15 à 20 € ; 9 000 b.) : vin cité. ✗ 2018-2020

○― *Bader-Mimeur, 1, chem. du Château, 21190 Chassagne-Montrachet, tél. 03 80 21 30 22, info@ bader-mimeur.com* Ⓥ 🏃 🏠 *r.-v.*

DOM. ROGER BELLAND
Morgeot Clos Pitois Monopole 2013

■ 1er cru	9 000	◫	20 à 30 €

Un domaine ancien, dont on trouve trace au XVIIIes, couvrant aujourd'hui 24 ha. À sa tête, Roger Belland, installé en 1981, et sa fille Julie, arrivée en 2003 et chargée des vinifications. Pas de bio certifié ici, mais une viticulture raisonnée et maîtrisée (enherbement total du vignoble, pas de désherbants), et des vins d'une grande constance.

Ce 1er cru limitrophe de Santenay partage sa terre de marnes argoviennes entre 1,44 ha de chardonnay et 1,71 ha de pinot noir, âgés tous deux de soixante ans. D'un grenat profond, le 2013 rouge s'ouvre sur des notes de fruits très mûrs qui prennent des accents confiturés dans une bouche ample et ronde. Autant de qualités à apprécier maintenant. ✗ 2016-2018 ❦ canard aux cerises

○― *Dom. Roger Belland, 3, rue de la Chapelle, 21590 Santenay, tél. 03 80 20 60 95, belland.roger@wanadoo.fr* Ⓥ 🏃 🏠 *r.-v.*

DOM. BERTHELEMOT
Abbaye de Morgeot 2013 ★★

■ 1er cru	3 509	◫	30 à 50 €

Un domaine créé par Brigitte Berthelemot en 2006 avec la reprise des vignes de Jean Garaudet et d'Yves Darviot, 7,8 ha administrés avec Marc Cugney. Un duo complémentaire à en juger par sa régularité depuis son installation.

Cette imposante bâtisse de pierre que les habitants de Chassagne nomment l'abbaye de Morgeot est en réalité un ancien cellier de l'abbaye de Maizière daté de 1150. Aujourd'hui à l'abandon, il est entouré de vignes. Le *climat* est un 1er cru du cœur historique de Chassagne. Ici, un nez discret d'agrumes, de fleurs et de fruits blancs, de mie de pain. Le vin s'impose en bouche : ample à l'attaque, gras et concentré, il offre une longue finale minérale et pure. Un des finalistes du coup de cœur. ✗ 2018-2020 ❦ cari de langouste

○― *Dom. Brigitte Berthelemot, 24, rue des Forges, 21190 Meursault, tél. 03 80 21 68 61, contact@domaineberthelemot.com* Ⓥ 🏃 🏠 *r.-v.*

DOM. BOUARD-BONNEFOY 2013

■	2 800	◫	15 à 20 €

Les trois générations précédentes ont agrandi peu à peu le domaine qui couvre aujourd'hui 5 ha en saint-aubin, puligny et chassagne. Alors que la récolte était jusqu'alors vendue en moûts, Carine et Fabrice Bouard ont débuté la vente en bouteilles dès leur installation en 2006.

Ce *village* blanc représente plus du dixième de la surface exploitée par ce couple de vignerons. Partagé au nez entre les agrumes et l'acacia, il offre une matière ample et souple, équilibrée par une belle fraîcheur. ✗ 2016-2018

❦ saumon en papillote ■ Vieilles Vignes 2013 (11 à 15 € ; 9 000 b.) : vin cité. ✗ 2017-2020

⚏ *Dom. Bouard-Bonnefoy, 12, rte de Santenay, 21190 Chassagne-Montrachet, tél. 03 80 21 28 46, domaine-bouard-bonnefoy@orange.fr* Ⅴ 🍴 *r.-v.*

HUBERT BOUZEREAU-GRUÈRE ET FILLES
Les Blanchots Dessous 2013 ★

■	1 000	⦀	20 à 30 €

Installé en 1965, Hubert Bouzereau exploite avec ses filles Marie-Laure et Marie-Anne un vignoble de 10 ha répartis sur six villages de la Côte de Beaune. Domaine souvent en vue pour ses meursault, puligny et chassagne.

Si les Blanchots-Dessus sont classés en 1er cru, les Blanchots-Dessous n'ont que le rang de *village*. Pourtant, l'un comme l'autre jouxtent le grand cru criots-bâtard-montrachet. Le mystère des terres de Bourgogne... Ces Dessous-là ne sont pas le dessous du panier : robe aux brillants reflets dorés, nez délicat sur les agrumes, légèrement floral et boisé, palais gras, harmonieux et persistant. ✗ 2018-2020 ❦ brochet aux herbes en papillote

⚏ *Hubert Bouzereau-Gruère et Filles, 22 A, rue de la Velle, 21190 Meursault, tél. 03 80 21 20 05, contact@bouzereaugruere.com* Ⅴ 🏃 🍴 *r.-v.* 🏠 ❸

CAPUANO-FERRERI Cuvée Prestige 2013 ★

■	n.c.	⦀	20 à 30 €

Associé à l'ancien footballeur Jean-Marc Ferreri, John Capuano dont le père Gino a créé en 1907 ce domaine implanté à Santenay – exploite 12 ha de parcelles s'égrenant de Beaune à Mercurey. Très régulier en qualité.

Un nez expressif de brioche et d'amande, prélude à un palais rond à l'attaque, puissant et vif en finale, très marqué par les notes grillées et fumées de l'élevage, qui demandent à se fondre. ✗ 2018-2020 ❦ saumon à l'unilatéral ■ 1er cru Morgeot 2013 (20 à 30 € ; n.c. b.) : vin cité. ✗ 2016-2018

⚏ *EARL Dom. Capuano-Ferreri, 14, rue Chauchien, 21590 Santenay, tél. 03 80 20 68 04, john.capuano@wanadoo.fr* Ⅴ 🏃 🍴 *r.-v.*

BERNARD CARRÉ Bouchon de Corvée 2013 ★

■	600	⦀	15 à 20 €

Installé depuis 2000 à Meloisey, petit village des Hautes-Côtes de Beaune, Bernard Carré est à la tête de 6 ha, tout en étant vigneron des Hospices de Beaune. Bouchon ? Un diminutif du mot « bois » qui laisse entendre la présence ancienne de buissons ; 3,64 ha de longs rangs de vignes sur des terres collantes qui devaient transformer en corvée le travail quotidien... Quant à ce chardonnay, il séduit par son nez frais, floral et minéral, nuancé de touches de pâte d'amande. L'attaque dévoile beaucoup de gras et de rondeur, équilibrés par une longue finale minérale. ✗ 2018-2020 ❦ cassolette d'écrevisses

⚏ *Bernard Carré, 4, rue du Puits-Bouret, 21190 Meloisey, tél. 03 80 26 07 76, bernard.carreregazzoni@sfr.fr* Ⅴ 🍴 *r.-v.*

Ⓑ DOM. CHAPELLE ET FILS Morgeot 2012

■ 1er cru	1 800	⦀	20 à 30 €

Jean-François Chapelle conduit depuis 1991 le vignoble familial (17,75 ha en bio certifié) situé à l'extrémité sud de la Côte de Beaune, avec aussi des parcelles à l'autre bout de la Côte, autour de la montagne de Corton. En 2004, il a adjoint au domaine une partie négoce.

Le bas du *climat* Morgeot est réputé pour donner naissance aux meilleurs rouges. Ici, un 2012 grenat profond aux notes de fraise des bois, de cassis et d'épices douces. Aimable et fruité à l'attaque, frais et persistant, il est marqué en finale par des tanins serrés et vifs qui demandent à s'affiner. Un vin prometteur. ✗ 2018-2020 ❦ pavé de bœuf grillé

⚏ *Dom. Chapelle, Le Haut-Village, 2, rue des Petits Sentiers, 21590 Santenay, tél. 03 80 20 60 09, contact@domainechapelle.com* Ⅴ 🏃 🍴 *t.l.j. sf dim. 9h-12h 14h-17h; f. août*

♥ JEAN CHARTRON Cailleret 2013 ★★

1er cru	1 609	🍶 ⦀	50 à 75 €

Grand Vin de Bourgogne
2013
CHASSAGNE-MONTRACHET
"Premier Cru"
" CAILLERET "
Jean Chartron

Créé en 1859 par le tonnelier Jean-Édouard Dupard, ce domaine d'une grande constance, bien implanté dans les grands crus de Puligny, étend son vignoble sur 13 ha – dont 90 % de chardonnay et trois monopoles (Clos de la Pucelle et Clos du Cailleret en puligny, Clos des Chevaliers en chevalier-montrachet) –, conduits en bio non certifié. Jean-Michel Chartron est aux commandes depuis 2004 ; l'un de ses credo : « du bois, oui, mais pas trop ». Une valeur sûre.

Une fois n'est pas coutume, c'est une de ses vignes de Chassagne – et non de Puligny – qui vaut au domaine un coup de cœur. Elle est implantée dans un 1er cru emblématique de l'appellation qui couvre 11,67 ha et qui tire son nom de petites pierres blanches qui parsèment le terrain. Un *climat* réputé pour la finesse et la minéralité de ses vins. Or blanc aux reflets verts, ce 2013 offre bien ce profil avec ses fragrances fraîches de pamplemousse, de fleur d'oranger légèrement mielléés et vanillées, et sa bouche d'une rare harmonie, ample en attaque et d'une belle fraîcheur en finale. ✗ 2016-2018 ❦ sole meunière aux amandes

⚏ *SCEA Jean Chartron, 8 bis, Grande Rue, 21190 Puligny-Montrachet, tél. 03 80 21 99 19, info@jeanchartron.com* Ⅴ 🍴 *t.l.j. sf lun. mar. mer. 10h-12h 14h-18h; f. déc.-mars*

DOM. DE LA CHOUPETTE Morgeot 2013

■ 1er cru	1 000	⦀	20 à 30 €

Les frères jumeaux Jean-Christophe (à la vigne) et Philippe Gutrin (au chai) ont créé leur domaine en 1992. Le vignoble couvre aujourd'hui 14 ha répartis en une quinzaine de *climats* sur les communes de Santenay, Chassagne et Puligny-Montrachet.

Un des *climats* les plus connus de Chassagne. Acacia et pomme, une touche de menthol et un léger trait vanillé, composent le bouquet délicat et frais. La bouche svelte montre une belle tension, soulignée par des notes d'agrumes ; les épices de l'élevage ferment la marche. ✗ 2016-2018 ❦ sandre beurre noisette

⚏ *EARL Dom. de la Choupette, 2, pl. de la Mairie, 21590 Santenay, tél. 06 81 46 71 13, gutrinfils@orange.fr* Ⅴ 🏃 🍴 *t.l.j. 9h-12h 14h-18h; f. août*

♥ DOM. COFFINET-DUVERNAY
Blanchots Dessous 2013 ★★

	2 500	⊕	20 à 30 €

Installé dans un ancien relais de chasse du XIXᵉ s., ce domaine est dans la famille Coffinet depuis 1860. Fernand Coffinet et son épouse Cécile ont passé le relais en 1989 à leur fille Laura et son mari Philippe Duvernay. Leur fils Bastien les a récemment rejoints. À leur carte, de nombreux crus de Chassagne et du bâtard-montrachet.

Couvrant 1,85 ha, ce *climat* classé en *village* a un voisin de palier bien connu : le prestigieux grand cru criots-bâtard-montrachet. Ce vin or vert associe au nez l'acacia, le coing, le citron et une touche grillée. Soutenue par un boisé toasté hérité d'un séjour de seize mois en fût, la bouche charme par son attaque vive, sa fraîcheur et sa persistance. ⚔ 2018-2020 ⚑ turbot au beurre blanc ■ **1ᵉʳ cru Les Caillerets 2013 ★** (30 à 50 € ; 1 700 b.) : un nez délicat, sur les fleurs blanches, les agrumes et un léger boisé ; un palais soyeux à l'attaque, frais et persistant. À garder en cave. ⚔ 2018-2020 ■ **1ᵉʳ cru Clos Saint-Jean 2013 ★** (30 à 50 € ; 800 b.) : au nez, une belle finesse florale et fruitée ; en bouche, du gras équilibré par une fraîcheur minérale. ⚔ 2016-2018

☞ *Dom. Coffinet-Duvernay, 7, pl. Saint-Martin, 21190 Chassagne-Montrachet, tél. 03 80 21 32 12, coffinet.duvernay@orange.fr* Ⓥ 🚶 ♿ *r.-v.*

BRUNO COLIN
En Remilly 2012 ★★

■ 1er cru	1 050	⊕	30 à 50 €

Bruno Colin s'est installé en 2004 à la suite du partage du domaine familial avec son frère Philippe. Cet adepte des élevages longs exploite 8,3 ha de vignes allant des Maranges à Puligny en passant par Chassagne, son fief.

Bruno Colin dispose d'une petite parcelle de chardonnay (22 ares) dans le 1ᵉʳ cru le plus haut et le plus proche de Puligny ; il en a tiré une remarquable cuvée au nez complexe de beurre, de miel, de noisette et de citron au palais ample, gourmand et équilibré. ⚔ 2018-2020 ⚑ poularde aux morilles ■ **1ᵉʳ cru Les Chaumées 2012** (30 à 50 € ; 1 700 b.) : vin cité. ⚔ 2018-2020

☞ *Dom. Bruno Colin, 3, imp. des Crêts, 21190 Chassagne-Montrachet, tél. 03 80 24 75 61, contact@domainebrunocolin.com* Ⓥ 🚶 ♿ *r.-v.*

JEAN-CHARLES FAGOT
Vieille Vigne 2013

■	1 500	⊕	11 à 15 €

Installé entre Chagny et Puligny-Montrachet, Jean-Charles Fagot est à la tête de 3,8 ha de vignes. Il s'est fait négociant pour étoffer sa carte dès vins et restaurateur en ouvrant en 1998 l'*Auberge du Vieux Vigneron*, où il propose une cuisine du terroir.

Ce *village* rubis profond mêle au nez la mûre, le sous-bois et la vanille. Franc à l'attaque, gourmand, il déroule des tanins enrobés qui se montrent encore vifs et fermes en finale. ⚔ 2016-2019 ⚑ entrecôte grillée

☞ *Jean-Charles Fagot, rte de Beaune, 21190 Corpeau, tél. 03 80 21 30 24, jeancharlesfagot@free.fr* Ⓥ 🚶 ♿ *r.-v.*

JEAN FÉRY ET FILS Abbaye de Morgeot 2012

■ 1er cru	3 000	🍶 ⊕	30 à 50 €

Un domaine familial des Hautes-Côtes de Beaune créé en 1890 et développé dans les années 1990 par Jean-Louis Féry, son actuel propriétaire : 12 ha en bio certifié depuis 2011, en Côte de Nuits et Côte de Beaune. La bonne marche du vignoble et du chai est assurée par son épouse, Brigitte Ponnelle-Féry.

Pour un 1ᵉʳ cru, cette cuvée n'a rien de confidentiel ; elle représente 10 % de la surface de ce domaine et a intéressé les jurés pour la troisième année consécutive. D'un or profond, le 2012 associe au nez les fruits jaunes, la vanille et la noisette. Rond et frais à la fois, bien équilibré, le palais offre une longue finale florale soulignée d'un boisé grillé. ⚔ 2016-2018 ⚑ sandre à la crème

☞ *Dom. Jean Féry et Fils, 1, rte de Marey, 21420 Échevronne, tél. 03 80 21 59 60, fery.vin@wanadoo.fr* Ⓥ 🚶 ♿ *r.-v.* 🏠 Ⓒ

☞ FERY Jean-Louis

VINCENT GIRARDIN Le Cailleret 2013 ★★

■ 1er cru	1 800	⊕	50 à 75 €

Une maison de grande qualité créée en 1992 par Véronique et Vincent Girardin, cédée en 2012 à leur partenaire historique la Compagnie des Vins d'Autrefois, dirigée par Jean-Pierre Nié. Les équipes techniques et commerciales sont restées les mêmes, et les vins sont toujours vinifiés à Meursault par Éric Germain, bras droit de Vincent Girardin pendant dix ans.

D'un or vert brillant, ce 1ᵉʳ cru fermenté puis élevé dix-huit mois en fût libère des parfums élégants d'agrumes confits et de fleurs blanches, rehaussés d'un boisé vanillé. L'attaque montre la vivacité du terroir, puis le palais se fait gras et ample avant une longue finale citronnée. Du potentiel. ⚔ 2017-2020 ⚑ dos de cabillaud rôti.

☞ *Maison Vincent Girardin, ZA Les Champs-Lins, 21190 Meursault, tél. 03 80 20 81 00, vincent.girardin@vincentgirardin.com*

♥ LAMY-PILLOT Boudriotte 2013 ★★

■ 1er cru	2 000	⊕	20 à 30 €

René et Thérèse Lamy ont créé en 1973 ce domaine, valeur sûre en chassagne et en saint-aubin. Leurs filles Florence (en 1997) et Karine (en 2004) conduisent aujourd'hui les 15 ha de vignes avec leurs époux respectifs, Sébastien Caillat (à la vigne) et Daniel Cadot (au commercial).

Si les blancs tendent à supplanter les rouges en chassagne, c'est un pinot noir qui met au premier plan ce domaine installé au milieu des vignes de Morgeot, pour

BOURGOGNE

un vin né d'une parcelle jouxtant la cave. Les jurés ont loué la profondeur de la robe aux nuances violines, l'intensité du nez aux nuances de cerise et de cassis bien mûrs, l'attaque franche et généreuse, qui ouvre sur une bouche charnue et structurée : tous les atouts pour vieillir avec bonheur. ✗ 2018-2022 ✗ civet de lapin ■ 1er cru Morgeot 2013 (30 à 50 € ; 3 000 b.) : vin cité. ✗ 2018-2020

☞ *Dom. Lamy-Pillot, 31, rte de Santenay, 21190 Chassagne-Montrachet, tél. 03 80 21 30 52, contact@lamypillot.fr* **V** **⚑** *r.-v.*

LOUIS LATOUR
La Grande Montagne 2012 ★★

■ 1er cru	1 800	⬤	50 à 75 €

Une maison familiale toujours indépendante, fondée en 1797 et conduite par dix générations de Latour. Un acteur incontournable de la Bourgogne viticole et le plus important propriétaire de grands crus de la Côte-d'Or (28 ha que compte son vignoble). Les raisins sont vinifiés à Aloxe-Corton, berceau de la famille, et la maison possède sa propre tonnellerie.

Une cuvée de négoce issue de vieilles vignes. De couleur paille dorée, ce 2012 mêle au nez les fruits jaunes, la noisette et la vanille. Puissant, équilibré et long, pas trop marqué par le fût neuf (50 %), il finit sur une pointe de fraîcheur. De la droiture, de l'élégance et du potentiel. ✗ 2016-2021 ✗ gambas flambées

☞ *Maison Louis Latour, 18, rue des Tonneliers, 21200 Beaune, tél. 03 80 24 81 00, contact@louislatour.com*

VINCENT LATOUR
Les Benoites 2013 ★

■	900	🍶 ⬤	20 à 30 €

Établis à Meursault, Cécile et Vincent Latour assurent la continuité du vénérable domaine Jean Latour-Labille (1792), devenu Dom. Vincent Latour – 7,5 ha tout au long de la ceinture blanche de la Côte de Beaune –, auquel ils ont adjoint en 2008 une société de négoce.

Avec un peu plus de 9 ha, ce *climat* est le plus vaste de l'appellation en *village*. Ici, une cuvée de négoce à la robe lumineuse ; le nez de fleurs blanches et d'abricot annonce un palais puissant et gras, tonifié par une finale fraîche et persistante, pleine de promesses. ✗ 2016-2020 ✗ escalope de veau à la crème

☞ *Vincent Latour, 6, rue du 8-Mai-1945, 21190 Meursault, tél. 03 80 21 22 49, contact@domaine-vincentlatour.com* **V** **⚑** **⚑** *r.-v.* 🏠 **E**

OLIVIER LEFLAIVE Clos Saint-Marc 2012

■ 1er cru	n.c.	🍶 ⬤	50 à 75 €

Négociant-éleveur établi à Puligny-Montrachet depuis 1984, Olivier Leflaive, l'une des références de la Côte de Beaune, collectionne les étoiles, côté cave (négoce et domaine) et côté hôtellerie : quatre pour son hôtel de Puligny. Au chai, l'œnologue Franck Grux et son complice Philippe Grillet.

Un clos peu revendiqué, situé à l'intérieur du 1er cru Les Vergers. Issu des vignes de la propriété, ce 2012 au pâle mêle au nez les fruits à chair blanche et la noisette grillée héritée du fût. Ses arômes beurrés, toastés et floraux sont en harmonie avec une structure ronde et élégante. ✗ 2016-2019 ✗ poularde pochée

☞ *Olivier Leflaive Frères, pl. du Monument, 21190 Puligny-Montrachet, tél. 03 80 21 37 65, contact@olivier-leflaive.com* **V** **⚑** **⚑** *r.-v.*

CH. DE LA MALTROYE
Morgeot Vigne Blanche 2013 ★

■ 1er cru	4 940	⬤	30 à 50 €

Commandé par un château du XVIIIe s. abritant des caves du XVe s., ce domaine acquis par la famille en 1939 est dirigé depuis 1993 par Jean-Pierre Cournut, ancien ingénieur en aéronautique. Le vignoble de 14 ha est pour l'essentiel implanté à Chassagne (70 % de 1ers crus), avec des parcelles à Santenay.

À Chassagne, le 1er cru Morgeot fédère de nombreux climats, comme la Vigne Blanche, réputée pour son chardonnay. Ce cépage a donné naissance à un vin doré limpide, alliant au nez la pêche, l'abricot mûr et des notes de pâtisserie. On retrouve les fruits mûrs dans une bouche bien construite, ample et longue, tendue par une vivacité minérale. ✗ 2018-2020 ✗ dos de saint-pierre rôti ■ 1er cru Clos du Ch. de la Maltroye Monopole 2012 (20 à 30 € ; 2 218 b.) : vin cité. ✗ 2018-2020

☞ *Ch. de la Maltroye, 16, rue de la Murée, 21190 Chassagne-Montrachet, tél. 03 80 21 32 45, chateau.maltroye@wanadoo.fr* **V** *r.-v.*
☞ Jean-Pierre Cournut

MESTRE PÈRE ET FILS
Tonton Marcel Monopole 2012

■ 1er cru	1 176	⬤	30 à 50 €

Une famille de viticulteurs depuis 1887 et cinq générations. Des Maranges à Ladoix en passant par Chassagne et Aloxe, les frères Mestre (Gilbert, Gérard et Michel) exploitent un vignoble de 18 ha.

Un lieu-dit en monopole, situé à l'intérieur du climat La Grande Montagne. Son nom original se réfère à une pierre levée de 1,50 m de haut sur 1 m de large contre laquelle un vieux vigneron dénommé Marcel aimait à se reposer. Son vin, puissant, harmonieux et long, allie le raisin frais, le beurre et les nuances grillées de l'élevage. ✗ 2018-2020 ✗ saint-jacques poêlées safranées

☞ *Mestre Père et Fils, 12, pl. du Jet d'Eau, 21590 Santenay, tél. 03 80 20 60 11, gilbert.mestre@wanadoo.fr* **V** **⚑** **⚑** *t.l.j. sf dim. 10h-12h 14h-18h*

AGNÈS PAQUET
Les Battaudes 2013 ★

■	3 000	🍶 ⬤	20 à 30 €

Agnès Paquet a créé son domaine en 2000 à partir d'une parcelle acquise par sa famille dans les années 1950. Installée dans les Hautes-Côtes de Beaune, elle exploite 8 ha de vignes, dont une grande partie à Melin, hameau d'Auxey-Duresses.

Situé à Demigny, ce lieu-dit repose sur des marnes argileuses qui donnent à ce vin une teinte dorée. L'élevage en fût de onze mois a laissé un boisé délicat qui laisse vite percer les arômes de citron et de fruits blancs. Ample à l'attaque, la bouche finit sur une pointe minérale. ✗ 2016-2018 ✗ pavé de saumon à la vanille

☞ *Agnès Paquet, 10, rue du Puits-Bouret, 21190 Meloisey, tél. 03 80 26 07 41, contact@vinpaquet.com* **V** **⚑** **⚑** *r.-v.* 🏠 **E**

FRANÇOIS PARENT			
Morgeots 2013 ★			
▪ 1er cru	600	◫	50 à 75 €

Vinificateur de talent des vins de son épouse Anne-Françoise Gros (Dom. A.-F. Gros à Pommard), François Parent élabore aussi ceux de son vignoble familial, complété par une structure de négoce. Des étiquettes ornées de la truffe noire de Bourgogne, bien connues des lecteurs.

Une cuvée de négoce, issue de Morgeot, l'un des plus connus des 55 premiers crus de Chassagne. Elle s'ouvre sur des notes de fleurs blanches, de mirabelle, mêlées de touches d'amande, de vanille et de café héritées d'un séjour de dix-huit mois en fût. En bouche, elle se montre puissante, fraîche, harmonieuse et longue. ✗ 2017-2019 ♀ terrine de saumon à l'aneth

☛ *François Parent, 14 bis, rue Pierre-Joigneaux, 21200 Beaune, tél. 03 80 22 61 85, francois@parent-pommard.com* Ⓥ *r.-v.*

AU PIED DU MONT CHAUVE			
Concis des Champs 2012 ★★			
■	2 200	◫	30 à 50 €

Maison de négoce-éleveur créée en 1951 par Louis-Félix Picard. Francine, sa petite-fille, a pris la suite de son père Michel en 2008 avec son frère Gabriel et a rebaptisé en 2011 la société, créant la marque *Au Pied du Mont Chauve*. Elle dispose de l'imposant château de Chassagne-Montrachet et de ses caves médiévales et exploite 35 ha de vignes en propre, à Chassagne, Saint-Aubin et Puligny.

Le Mont Chauve ? Autrement dit le Montrachet, « rachet » signifiant chauve en vieux français. Autre nom mystérieux, le Concis. Dans le Morvan et l'Auxois, le terme désignait un verger clos de haie. Ce *village* a frôlé le coup de cœur grâce à de nombreuses qualités : une robe profonde, des fragrances de fruits rouges soulignées au fin boisé aux nuances de café grillé et une bouche fraîche, concentrée, aussi ronde que longue, tout en fruits rouges, qui finit sur une touche de torréfaction. ✗ 2018-2022 ♀ pavé de bœuf ■ En Pimont 2012 (30 à 50 € ; 15 000 b.) : vin cité. ✗ 2017-2020 ▪ 1er cru Les Chènevottes 2012 (50 à 75 € ; 2 500 b.) : vin cité. ✗ 2018-2021

☛ *Au Pied du Mont Chauve, 5, chem. du Château, 21190 Chassagne-Montrachet, tél. 06 74 82 34 82, francine.picard@domainesfamillepicard.com* Ⓥ ⚒ 🍷 *t.l.j. 10h-18h* 🏠 ➏
☛ Famille Picard

FERNAND ET LAURENT PILLOT			
Morgeot 2013			
▪ 1er cru	3 800	◫	30 à 50 €

Installé en 1993, Laurent Pillot, fils de Fernand, représente la quatrième génération de vignerons sur le domaine de Chassagne-Montrachet. L'exploitation, qui s'est étendue sur Pommard grâce à la reprise des vignes Pothier-Rieusset, approche aujourd'hui les 15 ha.

Or vert, ce morgeot offre un nez délicatement floral et citronné ; le prélude à une bouche tonique où les agrumes se nuancent en finale d'une touche d'épices douces. ✗ 2016-2019 ♀ truite meunière ▪ 1er cru Grandes Ruchottes 2013 (50 à 75 € ; 1 800 b.) : vin cité. ✗ 2018-2020

☛ *Fernand et Laurent Pillot, 2, pl. des Noyers, 21190 Chassagne-Montrachet, tél. 03 80 21 99 83, contact@vinpillot.com* Ⓥ *r.-v.*

DOM. ROUX PÈRE ET FILS			
Les Macherelles 2013 ★★			
▪ 1er cru	3 400	◫	30 à 50 €

Créée en 1855, cette maison associant domaine et négoce, gérée par Christian Roux et ses fils Sébastien et Mathieu, est à la tête d'un vaste ensemble de 65 ha répartis sur 13 villages de la Côte-d'Or et de la Côte chalonnaise. Elle propose une vaste gamme de vins, souvent en vue, notamment en saint-aubin, puligny, chassagne et meursault.

L'un des 55 *climats* classés en 1er cru de Chassagne. La terre faite de marnes argoviennes y est collante et donne des vins plutôt opulents. Or vert, ce chardonnay s'ouvre à l'aération sur les fleurs blanches, la poire, la pomme au four et la touche vanillée de l'élevage. On retrouve la note raffinée de la vanile, alliée au beurre frais, dans une bouche remarquablement équilibrée entre rondeur et vivacité. Un des finalistes pour le coup de cœur. ✗ 2016-2019 ♀ poularde à la crème

☛ *Dom. Roux Père et Fils, 42, rue des Lavières, 21190 Saint-Aubin, tél. 03 80 21 32 92, france@domaines-roux.com* Ⓥ ⚒ 🍷 *r.-v.*

SAINT-AUBIN

Superficie : 162 ha / Production : 8 265 hl (75 % blanc)

Saint-Aubin est dans une position topographique voisine des Hautes-Côtes ; mais une partie de la commune joint Chassagne au sud et Puligny et Blagny à l'est. Le 1er cru Les Murgers des Dents de Chien se trouve même à faible distance des Chevalier-Montrachet et des Caillerets. Le vignoble s'est un peu développé en rouge, mais c'est en blanc qu'il atteint le meilleur.

BADER-MIMEUR En Remilly 2012			
▪ 1er cru	1 200	◫	15 à 20 €

En 1919, Charles Bader, négociant en vin à Paris, épouse Élise Mimeur, de Chassagne-Montrachet. Leurs héritiers exploitent près de 8 ha, et 98 % des vignes du château de Chassagne. Ingénieur de formation, Alain Fossier veille depuis 1993 sur le domaine, notamment sur les 5 ha du clos du château.

Un propriétaire gallo-romain nommé Romilius aurait possédé une ferme sur ce site fortement romanisé par sa position au croisement de voies de communication et serait à l'origine du nom de ce 1er cru. Le lieu de naissance de ce chardonnay or pâle au nez expressif d'agrumes et de fleurs blanches et à la bouche équilibrée, svelte, citronnée et fraîche. ✗ 2016-2018 ♀ rôti de lotte aux agrumes

☛ *Bader-Mimeur, 1, chem. du Château, 21190 Chassagne-Montrachet, tél. 03 80 21 30 22, info@bader-mimeur.com* Ⓥ ⚒ 🍷 *r.-v.*

BARBUSSE 2012			
■ 1er cru	n.c.	◫	8 à 11 €

Cette maison de négoce familiale a été fondée loin du vignoble, en 1908, dans la ville de Montceau-les-Mines, en Saône-et-Loire. Dirigée depuis 1990 par Alexis Bonventre, elle propose à sa clientèle différentes AOC bourguignonnes à des prix raisonnables.

Le pinot noir ne représente que 28 % de la surface totale de l'aire d'appellation, avec une présence marquée des 1ers crus. Celui-ci s'ouvre à l'aération sur des parfums séduisants de framboise, de fraise et de groseille, relevés d'une touche de poivre. Souple à l'attaque, fraîche et aussi fruitée que le nez, la bouche repose sur des tanins soyeux qui lui confèrent un bel équilibre. ✗ 2017-2020 ✗ bœuf braisé en cocotte

☞ *Ets. Barbusse, 18, rue de Dijon, 71300 Montceau-les-Mines, tél. 03 85 58 45 49, barbusse.vins@wanadoo.fr* 🏃 🛏 *r.-v.*

GILLES BOUTON ET FILS Les Champlots 2013 ★			
🔲 1er cru	9 000	◫	15 à 20 €

Gilles Bouton a pris la suite de son grand-père Aimé Langoureau en 1977 sur le domaine familial : 4 ha à l'époque, 16 ha aujourd'hui, qu'il exploite depuis 2009 avec son fils Julien. Le vignoble est réparti sur quatre communes : Saint Aubin, Chassagne, Puligny et Meursault.

Sur les 118 ha de l'appellation classés en 1er cru, 84 le sont en chardonnay. Gilles Bouton exploite une grande parcelle (1,81 ha) de vieilles vignes blanches (près de quarante ans) aux Champlots, 1er cru situé près du hameau de Gamay. Le vin séduit par son nez de fruits exotiques et de fleurs blanches, discrètement boisé, et par sa fraîcheur en bouche. On pourra l'apprécier prochainement. ✗ 2016-2018 ✗ cassolette d'escargots

☞ *EARL Dom. Gilles Bouton et Fils, 24, rue de la Fontenotte, 21190 Saint-Aubin, tél. 03 80 21 32 63, domaine.bouton.gilles@wanadoo.fr* 🛏 🏃 🛏 *r.-v.*

HUBERT BOUZEREAU-GRUÈRE ET FILLES Le Charmois 2012			
🔲 1er cru	1 500	◫	15 à 20 €

Installé en 1965, Hubert Bouzereau exploite avec ses filles Marie-Laure et Marie-Anne un vignoble de 10 ha répartis sur six villages de la Côte de Beaune. Domaine souvent en vue pour ses meursault, puligny et chassagne.

Ce 1er cru est situé à la limite de l'appellation chassagne et les vins qui en sont issus partagent souvent les mêmes caractères organoleptiques que leurs voisins. Ce chardonnay, réservé dans sa présentation, revêt une robe pâle et des parfums discrètement floraux et minéraux. La bouche, dans le même registre, est fraîche, légère et fine, déjà harmonieuse. ✗ 2016-2018 ✗ coquilles Saint-Jacques gratinées

☞ *Hubert Bouzereau-Gruère et Filles, 22 A, rue de la Velle, 21190 Meursault, tél. 03 80 21 20 05, contact@bouzereaugruere.com* 🛏 🏃 🛏 *r.-v.* 🏠 ❸

FRANÇOISE ET DENIS CLAIR Sous Roche Dumay 2013			
🔲 1er cru	2 000	◫	15 à 20 €

Créé par Françoise et Denis Clair en 1986 à partir de 5 ha, ce domaine souvent en vue pour ses saint-aubin et ses santenay couvre aujourd'hui 14 ha, avec une petite

activité de négoce en complément. Le fils Jean-Baptiste, arrivé en 2000, assure les vinifications depuis 2011.

Avec 2,24 ha, ce *climat* est l'un des plus petits premiers crus de l'appellation ; c'est aussi le plus haut : culminant à 400 m, il surplombe Saint-Aubin. Il a engendré ici un vin à la robe pâle, qui s'ouvre sur des senteurs de pomme nuancées de notes de fleurs blanches, d'agrumes, de fruits jaunes et d'un léger grillé. La bouche, tout aussi fruitée, est fraîche et longue. De la droiture. ✗ 2016-2020 ✗ saumon à l'unilatérale

☞ *Françoise et Denis Clair, 14, rue de la Chapelle, 21590 Santenay, tél. 03 80 20 61 96, fdclair@orange.fr* 🛏 🏃 *r.-v.*

MARC COLIN ET FILS En Remilly 2013			
🔲 1er cru	13 000	◫	30 à 50 €

Marc Colin et son épouse Michèle ont créé ce domaine à la fin des années 1970, à partir de 6 ha. Leurs enfants Caroline, Joseph et Damien conduisent aujourd'hui 19 ha à Saint-Aubin, Chassagne, Puligny et Santenay, majoritairement plantés en blanc, et maintiennent haut la qualité des vins.

Ce *climat* occupe la pente du Montrachet exposée aux vents d'ouest. Ses 29,72 ha en font le plus vaste des 1ers crus de l'appellation : il a engendré ici un vin encore réservé, qui découvre à l'aération des parfums de fleurs blanches, d'agrumes, de fruits secs et de fruits jaunes mûrs. Bien équilibré entre rondeur et fraîcheur, le palais offre une finale longue et élégante. Une bouteille à mettre en cave. ✗ 2018-2020 ✗ pavé de sandre au beurre blanc

☞ *Dom. Marc Colin et Fils, rue de la Chatenière, 21190 Saint-Aubin, tél. 03 80 21 30 43, marccolin@ymail.com* 🛏 🏃 *r.-v.*

JEAN-CHARLES FAGOT 2013 ★★			
🔲 1er cru	900	◫	15 à 20 €

Installé entre Chagny et Puligny-Montrachet, Jean-Charles Fagot est à la tête de 3,8 ha de vignes. Il s'est fait négociant pour étoffer sa carte des vins et restaurateur en ouvrant en 1998 l'*Auberge du Vieux Vigneron*, où il propose une cuisine du terroir.

Les 30 premiers crus que compte Saint-Aubin représentent 75 % de l'appellation. Un pourcentage élevé par rapport à la moyenne bourguignonne, mais justifié par la qualité de la production actuelle, dont témoigne cette cuvée qui a frôlé le coup de cœur. D'un or lumineux, ce chardonnay libère des parfums de fleurs blanches nuancés de touches de mandarine et d'un léger boisé vanillé hérité d'un séjour de douze mois en fût. Souple, fruité et croquant à l'attaque, le palais est tonifié par une finale élégante, fraîche, minérale et longue. ✗ 2016-2018 ✗ truite au bleu

☞ *Jean-Charles Fagot, rte de Beaune, 21190 Corpeau, tél. 03 80 21 30 24, jeancharlesfagot@free.fr* 🛏 🏃 🛏 *r.-v.*

JANOTSBOS Sur Gamay 2012			
🔲 1er cru	1 800	🍾 ◫	20 à 30 €

Cette maison de négoce conduite par Thierry Janots, un Bourguignon issu du monde du vin, et par Richard Bos, un restaurateur néerlandais, s'est installée à Meursault en 2005 d'où elle exporte 60 % de sa production.

Ce *climat* dominant le hameau de Gamay, entre 300 et 350 m d'altitude, est en quelque sorte le « côté pile » du Montrachet. Le chardonnay qui prend racine sur ses pentes a donné un vin pâle aux reflets verts, au nez de chèvrefeuille et de jonquille, légèrement citronné. Vif à l'attaque, il est riche, puissant et bien équilibré. ✗ 2016-2018 ♈ salade de chèvre chaud

☛ *JanotsBos, 2, pl. de l'Europe, 21190 Meursault, tél. 03 80 21 79 85, richard@janotsbos.eu*

GILLES LABRY Les Pucelles 2012			
■	1 840	🍷	8 à 11 €

Gilles Labry s'est installé en 1984 sur le domaine familial qui couvre 8 ha et a son siège dans une ferme fortifiée au sud des Hautes-Côtes de Beaune. À sa carte, des appellations régionales, et les AOC hautes-côtes, saint-aubin, auxey-duresses et mercurey.

À flanc de coteau, ce lieu-dit Les Pucelles offre sa forte pente au midi. Né d'un pinot noir de quarante-cinq ans, ce saint-aubin exprime des senteurs de fruits rouges compotés et d'épices. Franche et vive à l'attaque, bien équilibrée, la bouche s'adosse à des tanins fins et fondus qui permettront d'ouvrir cette bouteille prochainement. ✗ 2016-2020 ♈ filet de sandre sauce au vin rouge

☛ *Gilles Labry, Ferme de la Tour, 71360 Saisy, tél. 03 85 82 94 02, labrygilles@orange.fr* Ⓥ 🅰 🏱 *r.-v.*

DOM. LAMY-PILLOT En Créot 2013			
1er cru	4 000	◫	20 à 30 €

René et Thérèse Lamy ont créé en 1973 ce domaine, valeur sûre en chassagne et en saint-aubin. Leurs filles Florence (en 1997) et Karine (en 2004) conduisent aujourd'hui les 15 ha de vignes avec leurs époux respectifs, Sébastien Caillat (à la vigne) et Daniel Cadot (au commercial).

Le nom de ce lieu-dit est la contraction de Crais Haut, terme qui signifie une hauteur pierreuse, ce qui est bien le cas dans ce *climat* à forte pente, qui culmine à 300 m au-dessus du hameau de Gamay. Ce domaine en avait tiré un blanc 2012 remarquable. Plus modeste, son successeur n'en séduit pas moins par son nez de fleurs blanches et d'agrumes finement meillé et vanillé. La bouche n'est pas en reste : souple à l'attaque, tendue par une fine acidité, elle offre une finale fraîche et minérale, aux arômes d'agrumes. ✗ 2016-2020 ♈ sandre au beurre blanc

☛ *Dom. Lamy-Pillot, 31, rte de Santenay, 21190 Chassagne-Montrachet, tél. 03 80 21 30 52, contact@lamypillot.fr* Ⓥ 🏱 *r.-v.*

DOM. SYLVAIN LANGOUREAU En Remilly 2013 ★			
1er cru	8 000	◫	15 à 20 €

Représentant la cinquième génération, Sylvain Langoureau s'est installé en 1988 à la tête du domaine familial, dont les bâtiments datent de 1647. Fort de 10 ha, le vignoble est régulièrement en vue pour ses saint-aubin blancs.

Sylvain Langoureau propose à sa carte une gamme intéressante de 1ers crus blancs de Saint-Aubin. Cette année, le préféré est En Remilly, issu d'un plateau calcaire voisin du Montrachet. On aime son nez complexe de fleurs blanches, de poire et d'agrumes, souligné de boisé,

et sa bouche ronde à l'attaque, puissante, ample, fraîche et longue. ✗ 2018-2020 ♈ langoustines snackées ■ 1er cru Sur le Sentier du Clou 2013 ★ (11 à 15 € ; 2 000 b.) : un *climat* dominant le village ; ce 2013, encore réservé, a été distingué pour ses parfums de fleurs blanches miellées et surtout pour son potentiel, que laisse présager sa bouche souple à l'attaque, puis nerveuse et minérale. ✗ 2018-2023 ■ 1er cru Le Champlot 2013 (15 à 20 € ; 4 000 b.) : vin cité. ✗ 2016-2018

☛ *Dom. Sylvain Langoureau, 20, rue de la Fontenotte, 21190 Saint-Aubin, tél. 03 80 21 39 99, domaine.sylvain.langoureau@cegetel.net* Ⓥ 🅰 🏱 *r.-v.*

DOM. VINCENT LATOUR Cuvée Thomas 2013 ★			
■	1 000	🍷🍷	15 à 20 €

Établis à Meursault, Cécile et Vincent Latour assurent la continuité du vénérable domaine Jean Latour-Labille (1792), devenu Dom. Vincent Latour – 7,5 ha tout au long de la ceinture blanche de la Côte de Beaune –, auquel ils ont adjoint en 2008 une société de négoce.

Les 37 ha classés en appellation communale ne représentent que le quart dans saint-aubin. Ils sont en grande partie situés dans une combe qui part en direction de La Rochepot. Issu de ceps de quarante ans, ce blanc affiche une robe or vert lumineux et un joli nez entre acacia et agrumes. La rondeur de sa bouche le rend charmeur dès maintenant. ✗ 2015-2018 ♈ carpaccio de saint-jacques

☛ *Vincent Latour, 6, rue du 8-Mai-1945, 21190 Meursault, tél. 03 80 21 22 49, contact@domaine-vincentlatour.com* Ⓥ 🅰 🏱 *r.-v.* 🏠 Ⓔ

DOM. DES MEIX Les Murgers des Dents de Chien 2013 ★			
■	600	◫	15 à 20 €

Christophe Guillo a hérité de son grand-père une belle parcelle en saint-aubin. Il a installé sa cuverie à Combertault dans la plaine de Beaune, et agrandi son domaine (10 ha). Vinificateur des cuvées du Dom. du Bout du Monde à Nolay, il en a pris la tête en 2013.

Ce *climat* est limitrophe de Puligny et ses sols calcaires ne sont pas sans évoquer parfois ceux de son voisin. Ici, un vin obtenu par une fermentation très lente à basse température. D'un jaune doré, il offre un nez intense d'agrumes (clémentines et pamplemousse), agrumes que l'on retrouve dans un palais conjuguant rondeur et fraîcheur. ✗ 2017-2020 ♈ gambas flambées au pastis

☛ *Christophe Guillo, 5, rte de Bourguignon, 21200 Combertault, tél. 03 80 26 67 05, guillo-c@wanadoo.fr* Ⓥ 🅰 🏱 *r.-v.*

DOM. ANDRÉ MOINGEON ET FILS La Chatenière 2013			
1er cru	3 300	◫	11 à 15 €

Un domaine de 10 ha sur Saint-Aubin, Blagny, Chassagne et Puligny, créé en 1983 par André Moingeon et ses deux fils Gérard et Michel. Ce dernier, désormais aux commandes, a été rejoint par son fils Florent en 2009. Coteau pentu dans la combe menant à Saint-Aubin, côté Puligny, le 1er cru la Chatenière est une valeur sûre de l'appellation. Il a valu à ce domaine un coup de cœur pour son 2012. Son successeur, proche de l'étoile, s'ouvre sur les agrumes et les fleurs blanches, soulignés d'un trait vanillé. Vif à l'attaque, le palais se développe avec ampleur et rondeur sur des arômes persistants de pêche et d'abricot. ✗ 2018-2020 ❦ saumon à la plancha ■ **1er cru Les Frionnes 2013** (11 à 15 € ; 3 000 b.) : vin cité. ✗ 2016-2018

☛ *André Moingeon et Fils, 2, rue de la Fontaine, Gamay, 21190 Saint-Aubin, tél. 03 80 21 93 67, contact@vins-moingeon.com* Ⓥ 🏐 r.-v.

♥ AGNÈS PAQUET Les Perrières 2013 ★★			
■ 1er cru	1 200	🏺 ◖◗	20 à 30 €

2013
SAINT-AUBIN 1ER CRU
LES PERRIÈRES

Agnès Paquet

Agnès Paquet a créé son domaine en 2000 à partir d'une parcelle acquise par sa famille dans les années 1950. Installée dans les Hautes-Côtes de Beaune, elle exploite 8 ha de vignes, dont une grande partie à Melin, hameau d'Auxey-Duresses.

Dominant le village de Saint-Aubin, ce *climat* de 5,24 ha exposé au midi tire son nom d'une ancienne carrière d'où l'on extrayait de minces dalles de calcaire. Agnès Paquet en a tiré un vin cité l'an dernier, et plébiscité cette année. On loue l'or pâle limpide de sa robe, la richesse minérale de son nez, où l'on respire aussi les agrumes, les fleurs blanches et la noisette grillée, puis sa bouche élégante, tendue et d'une rare longueur. Une remarquable expression du terroir et un boisé bien fondu. ✗ 2016-2020 ❦ langoustines grillées

☛ *Agnès Paquet, 10, rue du Puits-Bourct, 21190 Meloisey, tél. 03 80 26 07 41, contact@vinpaquet.com* Ⓥ 🏐 r.-v. 🅰 ⑤

HENRI PRUDHON ET FILS La Chatenière 2013 ★			
■ 1er cru	750	🏺 ◖◗	15 à 20 €

Une famille implantée de longue date à Saint-Aubin et une exploitation transmise depuis de nombreuses générations. Aujourd'hui, Vincent et Philippe Prudhon épaulent leur père Gérard à la tête d'un vignoble de 14,5 ha. La famille exploite plusieurs 1ers crus dans son village. La Chatenière, qui longe la combe menant à Saint-Aubin, côté Puligny, est une valeur sûre de l'AOC. Le 2012 avait décroché un coup de cœur. Son successeur n'est pas mal du tout. Le nez marie les notes beurrées et vanillées de l'élevage à des touches minérales. Les fleurs blanches et les fruits exotiques s'invitent dans un palais gras et rond, équilibré par une acidité bien fondue. ✗ 2016-2018 ❦ crevettes au wok ■ **1er cru En Remilly 2013** (15 à 20 € ; 1 900 b.) : vin cité. ✗ 2016-2018

☛ *Henri Prudhon et Fils, 32, rue des Perrières, 21190 Saint-Aubin, tél. 03 80 21 31 33, henri-prudhon@wanadoo.fr* Ⓥ 🏐 r.-v.

DOM. ROUX PÈRE ET FILS Les Frionnes 2013 ★			
■ 1er cru	3 850	◖◗	20 à 30 €

Créée en 1855, cette maison associant domaine et négoce, gérée par Christian Roux et ses fils Sébastien et Mathieu, est à la tête d'un vaste ensemble de 65 ha répartis sur 13 villages de la Côte-d'Or et de la Côte chalonnaise. Elle propose une vaste gamme de vins, souvent en vue, notamment en saint-aubin, puligny, chassagne et meursault.

Un *climat* de début de coteau, à l'entrée du village. Son vin, doré, livre un nez intense de fruits blancs, de beurre et de vanille. Le fruit blanc s'épanouit avec persistance en bouche, rehaussé des notes d'épices douces de l'élevage. À servir dans sa jeunesse. ✗ 2015-2017 ❦ coquilles Saint-Jacques vanillées ■ **1er cru Les Cortons 2013** (20 à 30 € ; 8 000 b.) : vin cité. ✗ 2016-2020

☛ *Dom. Roux Père et Fils, 42, rue des Lavières, 21190 Saint-Aubin, tél. 03 80 21 32 92, france@domaines-roux.com* Ⓥ 🏐 r.-v.

CH. DE SANTENAY En Vesvau 2013			
■	31 600	◖◗	15 à 20 €

Ce majestueux château aux tuiles vernissées, aussi appelé « château Philippe le Hardi », fut propriété du premier duc de la grande Bourgogne (1342-1404). Aujourd'hui dans le giron du Crédit Agricole, il étend son vaste vignoble sur 97 ha et plusieurs AOC beaunoises et chalonnaises, sous la houlette de l'œnologue et directeur d'exploitation Gérard Fagnoni.

Cette importante cuvée est née d'une jeune vigne (quinze ans) exposée au sud-ouest. Son nez frais et élégant rappelant le zeste d'orange annonce une bouche tout en fraîcheur, où l'on retrouve les agrumes. Déjà plaisant et parfait à l'apéritif. ✗ 2015-2018 ❦ rillettes de saumon

☛ *SAS Ch. de Santenay, 1, rue du Château, 21590 Santenay, tél. 03 80 20 61 87, contact@ chateau-de-santenay.com* Ⓥ 🏐 r.-v

DOM. GÉRARD THOMAS ET FILLES Champ Tirant 2013			
■	7 800	◖◗	11 à 15 €

La mention « et Filles » de l'étiquette se réfère à Isabelle et Anne-Sophie, désormais aux commandes du domaine créé par leur père Gérard Thomas dans les années 1990. Le vignoble couvre une douzaine d'hectares en saint-aubin (principalement) ainsi qu'en meursault, chassagne et puligny.

Un blanc issu d'une belle parcelle à flanc de coteau, que l'on trouve à la sortie du village en direction des Hautes-Côtes. Le nez associe les fleurs blanches, la pierre à fusil et une touche d'agrumes. Ces derniers s'épanouissent dans un palais frais et minéral, voire incisif. À garder un peu en cave. ✗ 2016-2019 ❦ gambas flambées au marc ■ **1er cru La Chatenière 2013** (15 à 20 € ; 4 800 b.) : vin cité. ✗ 2016-2020 ■ **1er cru Murgers des Dents de Chien 2013** (15 à 20 € ; 13 100 b.) : vin cité. ✗ 2016-2018

☛ *Dom. Gérard Thomas, 6, rue des Perrières, 21190 Saint-Aubin, tél. 03 80 21 32 57, domaine.gerard.thomas@orange.fr* Ⓥ 🏐 r.-v.

SANTENAY

Superficie : 330 ha / Production : 14 040 hl (85 % rouge)

Dominé par la montagne des Trois-Croix, le village de Santenay est devenu, grâce à sa « fontaine salée » aux eaux les plus lithinées d'Europe, une ville d'eau réputée... C'est donc un village polyvalent, puisque son terroir produit également d'excellents vins. Les Gravières, la Comme, Beauregard en sont les crus les plus

BOURGOGNE

connus. Comme à Chassagne, le vignoble présente la particularité d'être souvent conduit en cordon de Royat, élément qualitatif non négligeable.

ABBAYE DE SANTENAY Sous la roche 2013		
▪ 1 500	◗	11 à 15 €

Géré depuis 2003 par Anne Clair, fille de Michel, et son époux, ce domaine vinifie ses cuvées dans une ancienne abbaye. Les 13 ha plantés principalement dans leur fief de Santenay sont en cours de conversion bio.

Un joli nez vanillé et fruité ouvre la dégustation, avec élégance et finesse. Des caractéristiques que l'on perçoit aussi dans un palais délicat et frais (notes de citron), plus nerveux en finale. ✗ 2016-2020 ♈ croustillant de saumon ▪ 1er cru Comme 2013 (11 à 15 € ; 1 500 b.) : vin cité. ✗ 2016-2018 ▪ Clos des Hâtes 2013 (8 à 11 € ; 6 000 b.) : vin cité. ✗ 2016-2019

o— Michel Clair et Fille, abbaye de Santenay, 2, rue de Lavau, 21590 Santenay, tél. 03 80 20 62 55, domaine.michel.clair@wanadoo.fr Ⅴ ⚑ ⬆ r.-v.

DOM. DE L'ASTE Beaurepaire 2013		
▪ 1er cru	800	◗	20 à 30 €

David Moreau a repris en 2013 le domaine de la Bussière, exploitation familiale de ses grands-parents paternels, Simone et Jean Moreau, étendue sur 9 ha. Il l'a rebaptisé du nom de l'Aste, le bâton du dieu romain Bacchus, qui correspond aussi à l'origine étymologique du lieu-dit Les Hâtes où se situe l'exploitation.

Premier millésime en solo donc pour ce vigneron et une première citation pour un vin à l'expression florale et vanillée, tandis qu'une saveur citronnée lui confère une agréable fraîcheur en bouche. Un santenay harmonieux et tonique. ✗ 2015-2018 ♈ poulet au citron

o— Dom. de l'Aste, 4, rue de la Bussière, 21590 Santenay, tél. 03 80 20 61 79, domaine.aste@gmail.com Ⅴ ⚑ ⬆ t.l.j. sf dim. 10h-12h 14h-18h o— Moreau

♥ DOM. BACHEY-LEGROS Clos Rousseau Les Fourneaux Vieilles Vignes 2012 ★★		
▪ 1er cru	1 900	🍾 ◗	20 à 30 €

Régulièrement mentionnés dans le Guide, les Bachey-Legros – Christiane et ses fils Samuel et Lénaïc – sont les cinquième et sixième générations à œuvrer sur ce domaine de 19 ha auquel s'est ajoutée une activité de négoce en 2008.

Situé du côté des Maranges, le Clos Rousseau est subdivisé entre le Petit Clos Rousseau (9,8 ha) et les Fourneaux (6 ha). Les Bachey-Legros exploitent 40 ares de pinot noir de ce dernier. Ils signent un 2012 admirable par l'intensité et la finesse de son bouquet, ouvert sur les petits fruits rouges et la réglisse. Un vin également remarquable par son ampleur, sa richesse et sa puissance maîtrisée, bâtie sur des tanins bien présents mais soyeux qui lui assureront à n'en pas douter une bonne garde. ✗ 2018-2025 ♈ perdrix au chou ▪ Clos des Hâtes Vieilles Vignes 2012 (15 à 20 € ; 5 500 b.) : vin cité. ✗ 2016-2018

▪ 1er cru La Comme Vieilles Vignes 2012 (20 à 30 € ; 2 500 b.) : vin cité. ✗ 2017-2022 ▪ 1er cru Clos des Gravières 2013 (20 à 30 € ; 1 100 b.) : vin cité. ✗ 2015-2018

o— Dom. Bachey-Legros, 12, rue de la Charrière, 21590 Santenay, tél. 03 80 20 64 14, christiane.bachey-legros@wanadoo.fr Ⅴ ⚑ ⬆ r.-v.

JULES BELIN La Comme 2012		
▪ 1er cru	900	◗	30 à 50 €

Cette vénérable maison de négoce fondée en 1817 et reprise en 2003 par la maison nuitonne Louis Max vinifie une vingtaine d'appellations via des achats de raisins dans la Côte de Nuits et la Côte de Beaune.

Troisième sélection de suite pour ce 1er cru de la maison Belin, mais cette fois-ci en version chardonnay. Un vin agréablement vanillé et fruité, gras, dense, d'un bon volume. ✗ 2015-2018 ♈ quenelles de brochet

o— Jules Belin, 6, rue de Chaux, 21700 Nuits-Saint-Georges, tél. 03 80 62 43 00 ⚑ ⬆ r.-v.

DOM. ROGER BELLAND Charmes 2013		
▪	6 000	◗	20 à 30 €

Un domaine ancien, dont on trouve trace au XVIIIe s, couvrant aujourd'hui 24 ha. À sa tête, Roger Belland, installé en 1981, et sa fille Julie, arrivée en 2003 et chargée des vinifications. Pas de bio certifié ici, mais une viticulture raisonnée et maîtrisée (enherbement total du vignoble, pas de désherbants), et des vins d'une grande constance.

Cette cuvée emblématique du domaine frôle l'étoile avec le millésime 2013 bien compliqué. Le nez dévoile des senteurs discrètes de cassis et de fumé. Une attaque chaleureuse introduit une bouche équilibrée, soutenue par des tanins fondus et fins et par un bon boisé. ✗ 2016-2020 ♈ quasi de bœuf braisé au thym

o— Dom. Roger Belland, 3, rue de la Chapelle, 21590 Santenay, tél. 03 80 20 60 95, belland.roger@wanadoo.fr Ⅴ ⚑ ⬆ r.-v.

DOM. BELLEVILLE Les Hâtes 2013		
▪	3 930	◗	15 à 20 €

Né à Rully au début du XXe s., ce domaine compte 24,8 ha répartis de la Côte chalonnaise à la Côte de Nuits. Il est rattaché au Château de Messey (Mâconnais) et au Manoir Murisaltien (Côte-d'Or), propriétés de la famille Dumont.

Au pourpre profond de la robe répond un parfum élégant de fruits rouges associé à un boisé discret que l'on retrouve au palais. En bouche, une belle tenue, des tanins fins : « Un bon représentant de l'appellation », concluent les dégustateurs. ✗ 2016-2018 ♈ civet de lièvre

o— SARL Dom. Belleville, ZA Les Champs-Rouges, 5, rue des Bordes, 71150 Rully, tél. 03 85 91 06 00, contact@domainebelleville.com Ⅴ ⚑ ⬆ t.l.j. sf sam. dim. 8h-16h ; f. août o— Marc Dumont

JEAN-CLAUDE BOISSET La Maladière 2013 ★		
▪ 1er cru	4 500	◗	15 à 20 €

Un important négoce créé en 1961 par Jean-Claude Boisset qui, installé à Nuits-Saint-Georges dans l'ancien couvent des Ursulines, est propriétaire de vignes dans toute la Bourgogne, mais aussi dans d'autres vignobles en France et à l'étranger. Depuis 2002, Grégory Patriat, le vinificateur, s'attache à élaborer des cuvées haut de gamme, dans une approche « domaine ».

Situé au-dessus du centre thermal, ce *climat* exposé au sud tire son nom de « Maladrerie ». Cet endroit était un lieu privilégié où les curistes pouvaient se reposer au calme et au soleil. Ici, le soleil a mis du grenat dans le verre et laissé des parfums délicats de fruits rouges et de fleurs, soulignés du boisé légué par un élevage de quinze mois en fût. Ample et rond en bouche, le vin dévoile une matière consistante et déjà harmonieuse ; les tanins jeunes et vifs de la finale laissent augurer une bonne garde. ✗ 2018-2020 ❦ chausson au pont-l'évêque

☛ *Jean-Claude Boisset, 5, quai Dumorey, 21700 Nuits-Saint-Georges, tél. 03 80 62 61 61, jcb@jcboisset.fr* 🆅 🆂 ꞁ *t l j sf lun. 10h-19h*

DOM. BONNARDOT 2013

■	36 000	⏣	15 à 20 €

Installé en 2006 sur 40 ares, Ludovic Bonnardot, jeune vigneron originaire des Hautes-Côtes de Beaune, s'est associé en 2012 avec ses frères et ses parents, jusqu'alors en coopérative. Le vignoble s'étend désormais sur 16 ha cultivés dans un « esprit bio » (amendements organiques, labours, pas de levure sélectionnée ni autre produit œnologique).

Dans le difficile millésime 2013, ce *village* s'exprime dans un registre aromatique fruité (fraise, framboise) et réglisse, qui se poursuit dans une bouche gourmande, fraîche et légère, agrémentée de notes chocolatées. ✗ 2016-2019 ❦ canette rôtie ■ Saint-Jean 2013 (15 à 20 € ; 1 800 b.) : vin cité. ✗ 2016-2019

☛ *Ludovic et Émilien Bonnardot, 27, Grande-Rue, 21250 Bonnencontre, tél. 03 80 36 31 60, ludovic-bonnardot@orange.fr* 🆅 🆂 ꞁ *r.-v.* 🏠 ⓒ

ÉRIC BOUSSEY 2013 ★★

■	580	⏣	15 à 20 €

Grande famille de vignerons de Monthelie, les Boussey exploitent plusieurs AOC en Côte de Beaune. Éric, installé en 1981, a complété son activité en 2007 par une structure de négoce.

Ce simple *village* or éclatant a su se hisser au sommet, disputant la finale des coups de cœur. Ses atouts ? Un nez expressif et complexe de pêche, de poire williams, de brioche, d'amande grillée ; une bouche tout aussi complexe, à la fois ample et fraîche, d'une grande longueur. À découvrir dans l'année qui vient. ✗ 2016-2019 ❦ turbot grillé

☛ *Dom. Éric Boussey, 21, Grande-Rue, 21190 Monthelie, tél. 03 80 21 60 70, ericboussey@orange.fr* 🆅 🆂 ꞁ *r.-v.*

CAPUANO-FERRERI
Cuvée Prestige 2013 ★

■	n.c.	⏣	11 à 15 €

Associé à l'ancien footballeur Jean-Marc Ferreri, John Capuano – dont le père Gino a créé en 1987 ce domaine implanté à Santenay – exploite 12 ha de parcelles s'égrenant de Beaune à Mercurey. Très régulier en qualité.

Le difficile millésime 2013 a bien réussi à John Capuano, qui place quatre vins dans cette sélection, confirmant que son domaine est l'une des valeurs sûres de Santenay. En

tête, la bien-nommée cuvée Prestige, qui dévoile un bouquet fin de framboise et de cassis. Un fruité que l'on retrouve avec intensité dans une bouche dense, corpulente, puissante et longue, qui n'oublie pas l'élégance de son terroir. ✗ 2016-2020 ❦ tournedos aux cèpes ■ Vieilles Vignes 2013 (11 à 15 € ; n.c. b.) : vin cité. ✗ 2018-2022 ■ 1ᵉʳ cru Gravières 2013 (15 à 20 € ; n.c. b.) : vin cité. ✗ 2018-2025 ■ 1ᵉʳ cru La Comme 2013 (15 à 20 € ; n.c. b.) : vin cité. ✗ 2016-2020

☛ *EARL Dom. Capuano-Ferreri, 14, rue Chauchien, 21590 Santenay, tél. 03 80 20 68 04, john.capuano@wanadoo.fr* 🆅 🆂 ꞁ *r.-v.*

DOM. MARGUERITE CARILLON 2013

■	12 000	⏣	15 à 20 €

Ce domaine familial est vinifié par la maison Béjot à Meursault, propriété de Vincent Sauvestre, et par son directeur technique Mathieu Carrara.

Une robe soutenue et un nez frais et fruité, associant le fruit rouge et le cassis. La bouche suit, fraîche à l'attaque, équilibrée, fruitée et ample. ✗ 2016-2018 ❦ grillades épicées ■ 2013 (15 à 20 € ; 7 000 b.) : vin cité. ✗ 2015-2018

☛ *Dom. Marguerite Carillon, 7, rte de Monthelie, 21190 Meursault, tél. 03 80 21 22 45, contact.france@bejot.com* 🆅 🆂 ꞁ *r.-v.*

MAISON CHANZY Gravières 2013

■ 1er cru	3 500	🏠 ⏣	20 à 30 €

Implanté à Bouzeron, ce domaine de 32 ha (en Côte chalonnaise, avec aussi un pied en Côte de Beaune et en Côte de Nuits) est exploité depuis 2013 par Jean-Baptiste Jessiaume, son régisseur et maître de chai, issu d'une lignée vigneronne de Santenay. Anthony Colas est l'œnologue.

Le jeune directeur de cette maison a pu proposer les Gravières de son enfance grâce à des achats de raisin. Un cru réputé, issu ici de vieilles vignes, élevé dix mois en fût puis cinq en cuve. Ce 2013 grenat mêle au nez fruits rouges mûrs et des notes d'élevage (tabac et grillé). Dans le même registre, assez complexe, la bouche est équilibrée, étayée par des tanins vifs qui commencent à se fondre. ✗ 2017-2020 ❦ bœuf braisé

☛ *Maison Chanzy, 1, rue de la Fontaine, 71150 Bouzeron, tél. 03 85 87 23 69, domaine@chanzy.com* 🆅 🆂 ꞁ *t.l.j. 8h-12h 13h30-17h30; sam. dim. sur r.-v.*

Ⓑ DOM. CHAPELLE ET FILS
Clos des Cornières 2012 ★★

■	9 430	🏠 ⏣	15 à 20 €

Jean-François Chapelle conduit depuis 1991 le vignoble familial (17,75 ha en bio certifié) situé à l'extrémité sud de la Côte de Beaune, avec aussi des parcelles à l'autre bout de la Côte, autour de la montagne de Corton. En 2004, il a adjoint au domaine une partie négoce.

Au sein de ce vaste *climat* (10,89 ha) – dont le nom provient de l'arbre sorbier –, la famille Chapelle exploite un clos de 2,1 ha. Elle signe un 2012 expressif, sur la cerise et les épices, à la fois consistant, suave et rond en bouche, bâti sur des tanins fondus. La finale, ample et fraîche, apporte un surcroît de dynamisme. ✗ 2016-2020 ❦ magret de canard ■ 1ᵉʳ cru La Comme 2012 ★ (20 à 30 € ;

BOURGOGNE

2 880 b.) **B** : si le nez se montre discret, le palais séduit par son fruité avenant et sa fine salinité. ✗ 2016-2020 ■ 1er cru Les Gravières 2012 (20 à 30 € ; 2 000 b.) **B** : vin cité. ✗ 2018-2022 ■ Saint-Jean 2013 (15 à 20 € ; 2 100 b.) **B** : vin cité. ✗ 2017-2020

○➤ SARL Jean-François Chapelle, Le Haut-Village, 21590 Santenay, tél. 03 80 20 60 09, contact@domainechapelle.com **V** 🎿 🔼 t.l.j. sf dim. 9h-12h 14h-17h; f. août

CH. DE LA CHARRIÈRE Clos Rousseau 2013 ★

■ 1er cru	6 300	◫	15 à 20 €

Issu de la division en 1981 des vignes paternelles entre les quatre enfants Girardin, le domaine Yves Girardin comptait 3 ha à ses débuts. L'acquisition en 2004 du château de la Charrière a porté à 21,5 ha la superficie de cette propriété qui a son siège dans le hameau de Santenay-le-Haut.

Né de ceps de pinot noir de trente-cinq ans, ce 2013 livre un bouquet charmeur et généreux de fruits rouges écrasés (fraise, framboise) mâtinés d'un boisé léger et d'une note de cuir. Le palais se montre alerte et souple, souligné par une fine acidité aux accents de fruits acidulés et prolongé par une finale saline. Un santenay que l'on pourra apprécier dans sa jeunesse. ✗ 2015-2018 ▾ œufs en meurette

○➤ Dom. Yves Girardin, 1, rte de Dezize-lès-Maranges, 21590 Santenay, tél. 03 80 20 64 36, yves.girardin-domaine@orange.fr **V** 🎿 🔼 r.-v.

B DOM. CHEVROT Clos Rousseau 2012

■ 1er cru	5 000	◫	15 à 20 €

Depuis sa création, l'exploitation est passée de 5 ha à 16 ha. Les fils de Fernand et Catherine Chevrot, Pablo et Vincent, tous deux œnologues, se sont installés au début de ce siècle et ont engagé en 2008 la conversion bio de la propriété. Le cheval est revenu labourer la vigne comme à l'époque de Paul et Henriette, fondateurs du domaine en 1930.

Ce 1er cru situé côté Maranges offre un vin au nez fruité et boisé de bonne intensité. L'attaque est souple et équilibrée, le milieu de bouche soyeux, fruité et floral, et la finale chaleureuse et épicée. ✗ 2016-2019 ▾ cailles aux airelles

○➤ Dom. Chevrot et Fils, 19, rte de Couchas, 71150 Cheilly-lès-Maranges, tél. 03 85 91 10 55, contact@chevrot.fr **V** 🎿 🔼 r.-v. 🏠 **C**

FRANÇOISE & DENIS CLAIR Clos Genêt 2013 ★

■	6 000	◫	11 à 15 €

Créé par Françoise et Denis Clair en 1986 à partir de 5 ha, ce domaine souvent en vue sur le haut-saint-aubin et ses santenay couvre aujourd'hui 14 ha, avec une petite activité de négoce en complément. Le fils Jean-Baptiste, arrivé en 2000, assure les vinifications depuis 2011.

La famille cultive 1,2 ha des 8,23 ha du Clos Genêt, climat attenant à sa maison, situé sous le 1er cru La Maladière. Un terroir qui leur a valu plus d'une étoile et quelques coups de cœur (1999, 2000 et 2005). Leur 2013 s'ouvre sans réserve sur des notes de fruits rouges, de menthol et de réglisse. La bouche, solide sans être asséchante, offre un fruité croquant (cerise noire et framboise) et une belle fraîcheur. ✗ 2016-2021 ▾ gigot d'agneau

○➤ Françoise et Denis Clair, 14, rue de la Chapelle, 21590 Santenay, tél. 03 80 20 61 96, fdclair@orange.fr **V** 🔼 r.-v.

BRUNO COLIN Les Gravières 2012 ★

■ 1er cru	1 200	◫	20 à 30 €

Bruno Colin s'est installé en 2004 à la suite du partage du domaine familial avec son frère Philippe. Cet adepte des élevages longs exploite 8,3 ha de vignes allant des Maranges à Puligny en passant par Chassagne, son fief. Du plus vaste des 1ers crus de Santenay (29,46 ha), Bruno Colin extrait un vin au nez de qualité, composé de senteurs de fruits noirs, d'épices et de vanille. Des arômes que l'on retrouve dans une bouche fraîche et franche en attaque, offrant une bonne mâche, bâtie sur des tanins solides que le temps domestiquera. ✗ 2017-2022 ▾ joue de bœuf confite

○➤ Dom. Bruno Colin, 3, imp. des Crêts, 21190 Chassagne-Montrachet, tél. 03 80 24 75 61, contact@domainebrunocolin.com **V** 🎿 🔼 r.-v.

MARC COLIN ET SES FILS
Les Champs Claude Vieilles Vignes 2013

■	3 900	◫	20 à 30 €

Marc Colin et son épouse Michèle ont créé ce domaine à la fin des années 1970, à partir de 6 ha. Leurs enfants Caroline, Joseph et Damien conduisent aujourd'hui 19 ha à Saint-Aubin, Chassagne, Puligny et Santenay, majoritairement plantés en blanc, et maintiennent haut la qualité des vins.

Situé dans le bas de Santenay, ce climat voisin de Chassagne étend ses 12,11 ha sur la commune de Remigny, en Saône-et-Loire. Marc Colin y cultivent 78 ares de pinot. Le résultat en 2013 : fraise, framboise et une touche de rose pour l'olfaction, discrète mais fine ; une bouche souple et tendre, fruitée et encore un brin boisée. ✗ 2016-2018 ▾ pintade rôtie

○➤ Dom. Marc Colin et Fils, rue de la Chatenière, 21190 Saint-Aubin, tél. 03 80 21 30 43, . marccolin@ymail.com **V** 🔼 r.-v.

DOM. DE LA CONFRÉRIE 2012

■	2 500	◫	11 à 15 €

Depuis 1991, Christophe Pauchard est installé dans les Hautes-Côtes, à Cirey, au-dessus du village de Nolay ; un secteur verdoyant, aux allures de hameau d'alpage. Son vignoble de 9 ha s'étend depuis 2005 jusqu'à Meursault où le vigneron a acquis une parcelle.

Un santenay rouge, couleur majoritaire dans l'appellation. Dès le premier nez, les fruits rouges s'affirment, cerise en tête, relevés de notes épicées. Ronde et suave à l'attaque, la bouche offre une texture fine et une finale assez longue. ✗ 2016-2018 ▾ tajine d'agneau aux fruits secs

○➤ Christophe Pauchard, Dom. de la Confrérie, 37, rue Perraudin, Cirey, 21340 Nolay, tél. 06 87 39 29 07, info@domaine-pauchard.fr **V** 🎿 🔼 r.-v.

CH. DE LA CRÉE Beauregard 2012 ★

■ 1er cru	894	◫	20 à 30 €

Homme de théâtre et de télévision d'origine suisse, Nicolas Ryhiner a repris ce domaine en 2004, avec son épouse Béatrice : de 1,4 ha à leur arrivée, le vignoble a été porté à 10 ha aujourd'hui, répartis dans sept commues de la Côte de Beaune. Une activité de négoce a été créée en 2008 pour compléter la gamme, sous la marque « Les Tourelles de la Crée ».

Comme son nom l'indique, ce *climat* offre un beau point de vue sur la plaine de Chagny à l'est et sur les Maranges à l'ouest. Sur ce sol aux calcaires grisâtres, le domaine exploite 26 ares de chardonnay, dont il a extrait un vin au bouquet expressif et aérien, floral, vanillé et beurré. Rond et gras, le palais trouve l'équilibre autour d'une fine trame minérale et saline qui étire bien la finale. ✗ 2016-2020 ☥ turbot poché à la vanille ■ 1ᵉʳ cru Gravières 2012 ★ (20 à 30 € ; 1 566 b.) : un nez engageant de cassis et d'épices, une belle tenue en bouche autour de tanins aimables et fondus et d'une pointe minérale qui apporte droiture et longueur. ✗ 2018-2022 ■ 1ᵉʳ cru Clos Faubard 2013 (20 à 30 € ; 790 b.) : vin cité. ✗ 2016-2019

o¬ SARL Ch. de la Crée, 11, rue Gaudin, 21590 Santenay, tél. 03 80 20 63 36, la.cree@orange.fr Ⅴ Ⅹ 🍷 r.-v.

o¬ Nicolas Ryhiner

JÉRÔME FORNEROT Les Charmes 2012

| ■ | 2 500 | ⅏ | 11 à 15 € |

Installé en 2004, Jérôme Fornerot est établi à Saint-Aubin, village de ses ancêtres. Son vignoble de 6,8 ha produit surtout de l'AOC bourgogne et du santenay, tout en se développant à Saint-Aubin.

Cet important *climat* (13,71 ha) côté Maranges est classé en *village* malgré un nom souvent associé aux 1ᵉʳˢ crus. Il partage toutefois avec les Charmes de Meursault la particularité d'être réparti entre Charmes du dessous et du dessus. Ici, un 2012 élevé quinze mois en fût, mêlant au nez la cerise du pinot et la vanille de l'élevage. Après une attaque fraîche et agréable, des tanins serrés, fermes et épicés dominent la dégustation. À attendre. ✗ 2018-2020 ☥ steak au poivre vert

o¬ Jérôme Fornerot, 8, rue des Lavières, 21190 Saint-Aubin, tél. 06 81 32 64 32, jeromefornerot@aol.com Ⅴ Ⅹ 🍷 r.-v.

♥ JACQUES GIRARDIN
Les Terrasses de Biévaux 2013 ★★

| ■ | 13 200 | ⅏ | 11 à 15 € |

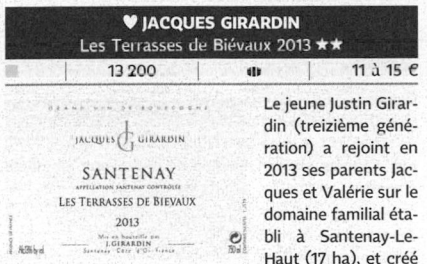

Le jeune Justin Girardin (treizième génération) a rejoint en 2013 ses parents Jacques et Valérie sur le domaine familial établi à Santenay-Le-Haut (17 ha), et créé dans la foulée une activité de négoce pour compléter la gamme.

À Santenay, en 2013, le chardonnay a surpassé le pinot noir par son nombre de vins présentés au grand jury des coups de cœur, et à deux reprises pour ce *climat* des hauteurs. Il prend ici un aspect brillant, couleur or pâle, et libère des parfums charmeurs et délicats de fleurs jaunes et de vanille. Bien épaulée par un boisé impeccable, la bouche affiche un très bel équilibre, se montrant ample, ronde et riche, sans toutefois manquer de fraîcheur. Le 2003 fut également coup de cœur. ✗ 2016-2020 ☥ sole au beurre blanc

o¬ SAS Justin Girardin, 13, rue de Narosse, 21590 Santenay, tél. 03 80 20 60 12, jacques.girardin@wanadoo.fr Ⅴ 🍷 r.-v.

VINCENT GIRARDIN Clos de Tavannes 2013 ★

| ■ 1er cru | 4 500 | ⅏ | 20 à 30 € |

Une maison de grande qualité créée en 1992 par Véronique et Vincent Girardin, cédée en 2012 à leur partenaire historique la Compagnie des Vins d'Autrefois, dirigée par Jean-Pierre Nié. Les équipes techniques et commerciales sont restées les mêmes, et les vins sont toujours vinifiés à Meursault par Éric Germain, bras droit de Vincent Girardin pendant dix ans.

Ce 1ᵉʳ cru renommé, bordant l'appellation chassagne-montrachet, tient son nom des Saulx Tavannes, qui avaient en leur possession la seigneurie laïque de Chambolle-Musigny. Les Girardin y cultivent 70 ares de chardonnay. Leur 2013 livre un nez frais et fin, à dominante citronnée. Au palais, une belle fraîcheur minérale est de mise, offrant tonus et longueur à ce vin alerte. ✗ 2015-2019 ☥ risotto de la mer

o¬ Maison Vincent Girardin, ZA Les Champs-Lins, 21190 Meursault, tél. 03 80 20 81 00, vincent.girardin@vincentgirardin.com

ANDRÉ GOICHOT Champs Claude 2013

| ■ | 1 200 | ⅏ | 15 à 20 € |

Gérée par André Goichot et ses trois fils Arnault, Adrien et Pierre-Alexandre, cette maison de négoce familiale fondée en 1947 près de Meursault est passée du vin de table écoulé en vrac aux bourgognes vendus en bouteille. Elle a déménagé en 2001 pour occuper un site plus moderne à Beaune.

D'un grenat profond, ce *village* 2013, malgré son élevage en fût neuf, libère surtout des parfums de fruits rouges et de fleurs, avec une certaine discrétion. Tout aussi réservée, la bouche dévoile un tanin fin et fondu, réveillée en finale par la nervosité de la jeunesse. ✗ 2017-2020 ☥ paleron de bœuf confit

o¬ Maison André Goichot, av. Charles-de-Gaulle, 21200 Beaune, tél. 03 80 25 91 30, infos@goichot.com Ⅴ r.-v.

LES HÉRITIERS SAINT-GENYS 2013

| ■ | 3 343 | 🍾 ⅏ | 15 à 20 € |

Créée en 2011 à Chassagne-Montrachet sous l'impulsion de Patrice du Jeu, associé à des proches et aux anciens propriétaires des vignes, cette structure exploite 12 ha entre Côte de Beaune et Côte chalonnaise, complétés d'une activité de négoce. La société a restructuré le domaine et rénové la cuverie.

Les blancs représentent à peine plus de 10 % des 37,33 ha que compte l'appellation. Celui-ci, un *village*, intéresse par son nez de poire, d'agrumes et de fleurs blanches et par sa bouche équilibrée, tonique et droite. ✗ 2016-2018 ☥ poulet au citron

o¬ Héritiers Saint-Genys, 4, pl. de l'Église, 21190 Chassagne-Montrachet, tél. 06 88 69 42 27, p.dujeu@terre-net.fr Ⅴ 🍷 r.-v.

PHILIPPE JEANNOT Vieilles Vignes 2013

| ■ | 4 500 | ⅏ | 8 à 11 € |

Domaine fondé en 1996 par Valérie et Philippe Jeannot, rejoints en 2014 par leur fils Quentin. L'exploitation, qui a son siège dans le Couchois, compte 10 ha de vignes disséminées entre Pommard et les Maranges. Elle

BOURGOGNE

propose de nombreuses références en santenay et en maranges.

Ce *village* provient d'une vigne de soixante ans. La robe rubis montre des reflets orangés. L'élevage de dix mois a privilégié le fruit, qui s'épanouit au nez sur des nuances de cassis et de framboise. Moins expressive, fraîche et équilibrée, la bouche se resserre en finale. ✗ 2017-2020 ♀ dinde aux marrons

o⤙ *Philippe Jeannot, 21, rue de Saint-Léger, 71510 Saint-Sernin-du-Plain, tél. 03 85 45 41 15, domaine.jeannot@gmail.com* Ⓥ ⚐ 🏠 *r.-v.*

HERVÉ DE LAVOREILLE Clos du Haut Village 2012			
■	1 300	◑	15 à 20 €

Couronne, blason, devise (« la souche est bonne ») : une vieille famille établie à Santenay depuis sept générations, spécialisée dans les vins de cette commune. Hervé de Lavoreille, qui conduit le domaine (5 ha) depuis 1981, descend de Jean-Marie Duvault-Blochet, important propriétaire du village qui acquit également la Romanée-Conti en 1869, à la fin de sa vie.

L'exploitation est située à Santenay le Haut, tout comme ce *climat*, lieu de naissance de ce 2012 grenat. Le nez est tout en fruits rouges, rehaussé de légères notes d'élevage vanillées, épicées et grillées. Gourmande, adossée à des tanins charmeurs par leur finesse et leur souplesse, la bouche est déjà agréable. Le profil d'un « vin plaisir ». ✗ 2015-2018 ♀ poulet fermier au jus

o⤙ *Dom. Hervé de Lavoreille, 10, rue de la Crée, Les Hauts-de-Santenay, 21590 Santenay, tél. 03 80 20 61 57, delavoreille.herve@orange.fr* Ⓥ ⚐ 🏠 *t.l.j. 9h-12h 14h-19h* 🏠 Ⓔ

PROSPER MAUFOUX 2013			
■	n.c.	◑	15 à 20 €

Constituée en 1860, cette maison de négoce est une institution à Santenay, installée dans l'hôtel particulier bâti en 1838 pour Jacques-Marie Duvault, alors unique propriétaire de la Romanée-Conti. Elle a été reprise en 2009 par la famille Piffaut.

Un 2013 né de vignes de quarante ans et d'un élevage de douze mois en fût. D'un rubis brillant, il s'ouvre sur des parfums de fruits rouges, framboise en tête, rehaussés de notes boisées. Gras et ample en attaque, il se montre une certaine mâche et des tanins encore serrés. Le fruit, encore discret, se révélera avec le temps. ✗ 2018-2020 ♀ fricassée de lapin

o⤙ *Prosper Maufoux, 1, pl. du Jet-d'Eau, 21590 Santenay, tél. 03 80 20 60 40, contact@prosper-maufoux.com* Ⓥ ⚐ 🏠 *t.l.j. 10h-13h 14h-18h30* 🏠 Ⓢ

DAVID MOREAU Cuvée S 2012			
■	3 600	🍾◑	20 à 30 €

David Moreau s'est installé en 2009 à la tête des 6 ha plantés par ses grands-parents. Ce jeune vigneron avoue être plus interventionniste à la vigne qu'à la cave. Il a lui-même greffé les sélections massales de ses vignes où il pratique aussi labour et enherbement.

Coup de cœur l'an passé cette cuvée S – issue de la première parcelle plantée par son grand-père, au lieu-dit Les Cornières –, David Moreau signe une version 2012

moins aboutie mais très plaisante. Le nez dévoile des arômes élégants de griotte nuancés de notes florales et torréfiées. Le palais se révèle ample et soyeux, étayé par des tanins souples et une agréable fraîcheur. Un santenay harmonieux, aérien et élégant. ✗ 2016-2020 ♀ vol au vent forestier ■ 1er cru Clos des Mouches 2012 ★ (30 à 50 € ; 3 600 b.) : un vin complexe (mûre, cassis, touche de cuir), opulent, rond et généreux en bouche, qui reste frais grâce à une fine trame minérale. ✗ 2016-2019

o⤙ *David Moreau, 2, rue de la Bussière, 21590 Santenay, tél. 06 85 96 30 28, contact@ bourgogne-david-moreau.com* Ⓥ ⚐ 🏠 *r.-v.*

LUCIEN MUZARD & FILS Clos de Tavannes 2013 ★			
■ 1er cru	n.c.	◑	20 à 30 €

Domaine de 18 ha fondé à partir de 1965 par le Santenois Lucien Muzard. Ses fils Hervé et Claude Muzard, vignerons et négociants, ont pris la relève en 1997, avec brio : leurs vins, notamment leurs santenay, collectionnent les étoiles du Guide.

Réservé de prime abord, ce 1er cru se dévoile avec netteté, après une courte aération, autour des fruits rouges, de la cannelle, de la vanille et du café torréfié. Souple et fraîche en attaque, la bouche affiche un beau volume, de la consistance et un fruité mûr, le tout porté par des tanins élégants, au grain fin. Une extraction bien menée et un élevage ajusté pour cette bouteille appelée à bien vieillir. ✗ 2017-2022 ♀ mijoté de paleron ■ 1er cru Clos Faubard 2013 ★ (20 à 30 € ; n.c. b.) : cerise noire, framboise et violette composent un bouquet plaisant, auquel répond un palais tout aussi fruité, souple et frais en attaque, ample et finement tannique. ✗ 2016-2021 ■ 1er cru Maladière 2013 (20 à 30 € ; n.c. b.) : vin cité. ✗ 2017-2022 ■ Champs Claude Vieilles Vignes 2013 (15 à 20 € ; n.c. b.) : vin cité. ✗ 2016-2020

o⤙ *Lucien Muzard et Fils, 11, rue de la Cour-Verreuil, 21590 Santenay, tél. 03 80 20 61 85, lucienmuzard71@gmail.com* Ⓥ ⚐ 🏠 *r.-v.*

NOIROT-CARRIÈRE La Comme 2013			
■ 1er cru	900	◑	30 à 50 €

Une affaire toujours familiale, fondée à Dijon en 1891 par Ariste Noirot et installée à Nuits-Saint-Georges en 1975. Elle s'appuie sur un vignoble de plus d'une vingtaine d'hectares et sur des achats de raisins.

Dérivé du mot combe, ce 1er cru cale ses 21,6 ha sous celui des Gravières, entre 250 et 350 m d'altitude. Élevé dix-huit mois en fût, son chardonnay affiche une robe or soutenu et associe au nez les agrumes et le pain grillé. Dense et vif à l'attaque, légèrement boisé, il révèle en finale des arômes de miel. ✗ 2016-2018 ♀ lotte à l'américaine

o⤙ *Noirot-Carrière, 6, rue de Chaux, 21700 Nuits-Saint-Georges, tél. 03 80 62 43 00* ⚐ 🏠 *r.-v.*

DOM. OLIVIER Le Bievaux L'Air de rien 2012 ★★			
■	4 000	🍾◑	20 à 30 €

Ce domaine familial (11 ha en bio sans certification) créé dans les années 1960 s'est spécialisé dans l'élaboration de vins blancs, sans négliger les rouges pour autant. Il a développé en 2005 une activité de négociant-éleveur pour compléter son offre.

Le Bievaux est un *climat* d'altitude, située à flanc de colline entre 300 et 400 m. Antoine Olivier en tire un blanc remarquable, qui frôle le coup de cœur. Ce santenay cristallin dévoile des parfums subtils de fleurs blanches sur un fond boisé discret. À l'unisson, le palais se révèle ample et frais, soutenu par un boisé vanillé tout à fait ajusté. La finale, bien tendue, laisse le souvenir d'un vin énergique. ✗ 2016-2020 ♈ sandre sauce hollandaise ■ 1er cru Beaurepaire 2012 ★ (20 à 30 € ; 1 500 b.) : un *climat* des hauteurs, voisin de La Maladière. Au nez, fruits, fleurs et vanille. En bouche, de la rondeur, de la richesse et une fraîcheur minérale qui apporte de l'allonge et de la tension. Un vin consistant et dynamique. ✗ 2016-2020 ■ Le Temps des C(e)rises 2012 (11 à 15 € ; 6 000 b.) : vin cité. ✗ 2015-2019

o— Dom. Olivier, 5, rue Gaudin, 21590 Santenay, tél. 03 80 20 61 35, domaineolivier@orange.fr
Ⅴ 🏃 🍴 *r. v.*

CH. PERRUCHOT Clos Roussseau 2012 ★★

■ 1er cru	1 500	❶	30 à 50 €

En 1804, les frères Claude et Jean Prieur acquièrent le château Perruchot à Santenay, devenu G. Prieur en 1978. Leurs descendants, Dominique et son fils Guillaume, exploitent une propriété d'une vingtaine d'hectares en Côte de Beaune, à laquelle est adossée une maison de négoce.

Clos Rousseau côté Santenay, Clos Roussots côté Maranges, un même *climat*, deux orthographes et deux appellations, ou un aperçu de la complexité de la Bourgogne viticole... Complexité que met parfaitement en valeur ce 2012 ou pâle aux reflets argent, qui mêle au nez les fleurs blanches, les agrumes, les fruits blancs bien mûrs, la vanille et le miel. Une attaque tendue, saline et fruitée ouvre sur un palais remarquablement équilibré entre fraîcheur minérale et richesse, le tout sur une trame aromatique aux accents exotiques. ✗ 2016-2020 ♈ couscous de poisson ■ Dom. Prieur Brunet 1cr cru Maladière 2012 (15 à 20 € ; 16 000 b.) : vin cité. ✗ 2016-2019

o— G. Prieur, Ch. Perruchot, Santenay-le-Haut, 21590 Santenay, tél. 03 80 21 23 92, uny-prieur@prieur-santenay.com

DOM. PONSARD-CHEVALIER
Les Daumelles 2013

■	1 800	❶	11 à 15 €

Reprise en 1977 après plusieurs années de location par Michel Ponsard et Danielle Chevalier, cette exploitation familiale couvre 6,15 ha. Comme nombre de propriétés établies à Santenay, elle dispose aussi de vignes dans trois 1ers crus des Maranges.

À l'entrée du village de Santenay, avant le pont qui enjambe la Dheune, la vigne de ce lieu-dit Côte les pommiers. Les Ponsard-Chevalier y cultivent 22 ares de chardonnay, dont ils ont extrait un vin qui allie au nez nuances florales (tilleul), fruitées (agrumes) et un brin végétales. La bouche affiche une dominante vive de l'attaque à la finale, ce qui lui confère un caractère tendu et longiligne. ✗ 2015-2018 ♈ lotte sauce agrumes ■ Les Charmes 2013 (11 à 15 € ; 3 000 b.) : vin cité. ✗ 2015-2018

o— EARL Dom. Ponsard-Chevalier, 2, «Les Tilles», 21590 Santenay, tél. 03 80 20 60 87, michelponsard@aol.com Ⅴ 🏃 🍴 *r.-v.*

DOM. CHRISTIAN REGNARD 2013

■	2 250	❶	11 à 15 €

En 2010, Florian Regnard a rejoint son père Christian sur le domaine familial situé à Sampigny, l'un des trois villages de l'AOC maranges. Parcelle après parcelle, il agrandit le vignoble (9 ha aujourd'hui) et fait bouger les lignes en matière de vinification.

Ce *village* dévoile un nez intense de petits fruits rouges agrémentés d'un léger grillé. Au palais, on découvre un vin construit sur le fruit, épaulé par des tanins fins et une agréable touche minérale. ✗ 2016-2018 ♈ grenadin de veau braisé

o— Christian Regnard, 9, rue Saint-Antoine, 71150 Sampigny-lès-Maranges, tél. 03 85 91 10 43, regnardc@wanadoo.fr Ⅴ 🏃 🍴 *r.-v.*

BERNARD ET FLORIAN REGNAUDOT 2013 ★

■	1 000	❶	11 à 15 €

Installé en 1996, Bernard Regnaudot, d'ascendance vigneronne (père et grand-père), a été rejoint en 2014 par son fils Florian. Ce viticulteur discret exploite 6 ha de vieilles vignes. Son domaine s'illustre régulièrement dans son fief des Maranges et tire aussi de belles cuvées du village voisin de Santenay.

Un *village* blanc recommandé grâce à son nez intense de fruits blancs et à son palais ample, gras et citronné. Il sera bientôt à son apogée. ✗ 2016-2018 ♈ terrine de poisson au pamplemousse ■ 2013 (11 à 15 € , 1 800 b.) : vin cité. ✗ 2010-2020

o— Bernard et Florian Regnaudot, 14, rte de Nolay, 71150 Dezize-lès-Maranges, tél. 03 85 91 14 90, regnaudot.bernardetflorian@orange.fr Ⅴ 🍴 *r.-v.*

JEAN-CLAUDE REGNAUDOT ET FILS
Clos Rousseau 2013

■ 1er cru	900	❶	11 à 15 €

Installés au cœur du village de Dezize, Jean-Claude et Didier Regnaudot cultivent avec talent 6,5 ha de vignes entre les Maranges et Santenay. Leurs vins parlent pour eux : le domaine a plusieurs coups de cœur à son actif.

Les Regnaudot exploitent 22 ares de ce *climat*, à l'origine d'un 2013 qui pinote bien, mêlant fruits rouges et noirs. Le palais se montre ferme sans manquer de rondeur et d'ampleur, et déploie une agréable finale fraîche, encore assez sévère. À attendre. ✗ 2018-2023 ♈ rosbif aux cèpes

o— Jean-Claude Regnaudot et Fils, 6, Grande-Rue, 71150 Dezize-lès-Maranges, tél. 03 85 91 15 95, regnaudot.jc-et-fils@orange.fr Ⅴ 🍴 *r.-v.*

DOM. ROUX PÈRE ET FILS
Grand Clos Rousseau 2012

■ 1er cru	2 100	❶	20 à 30 €

Créée en 1855, cette maison associant domaine et négoce, gérée par Christian Roux et ses fils Sébastien et Mathieu, est à la tête d'un vaste ensemble de 65 ha réparti sur 13 villages de la Côte-d'Or et de la Côte chalonnaise. Elle propose une vaste gamme de vins, souvent en vue, notamment en saint-aubin, puligny, chassagne et meursault.

BOURGOGNE

On notera que les 7,92 ha du Grand Clos Rousseau représentent la moitié de la surface du Clos Rousseau. Ici, un 2012 rubis clair mais brillant. Son nez ouvert sur la cerise noire et le cassis, à peine grillé, annonce une bouche fruitée où les tanins répondent présents tout en souplesse. ✗ 2016-2018 ♈ tournedos Rossini

○⃬ *Dom. Roux Père et Fils, 42, rue des Lavières, 21190 Saint-Aubin, tél. 03 80 21 32 92, france@domaines-roux.com* 🅥 🏃 🏠 *r.-v.*

SORINE ET FILS En Charron 2013 ★			
▣	2 800	⦀	11 à 15 €

Originaires de Santenay, les Sorine font du vin depuis 1929. Christian s'est installé en 1990 à la tête des 12 ha familiaux, rejoint en 2009 par sa femme Emma, enseignante formée à l'œnologie. Ils ont aussi développé une petite activité de négoce pour élargir leur gamme.

Comme l'an passé, ce *village* des Sorine met en valeur la partie blanche de l'appellation, qui recouvre 37,33 ha, soit un peu plus de 10 % de la commune. Un vin expressif et franc, ouvert sur les fruits blancs, l'amande et le tilleul. La bouche se montre fruitée, vive, tonique et ample, et déploie une longue finale saline et exotique. ✗ 2015-2018 ♈ carpaccio de saint-jacques

○⃬ *Sorine et Fils, 1, pl. de la Poste, 71150 Cheilly-lès-Maranges, tél. 03 85 87 18 07, christian.sorine@orange.fr* 🅥 🏃 🏠 *r.-v.*

DOM. A. ET P. DE VILLAINE Passetemps 2012 ★★			
■ 1er cru	n.c.	⦀	20 à 30 €

Ce domaine situé à Bouzeron exploite 22 ha de vignes en culture biologique répartis dans les diverses appellations de la Côte chalonnaise. Aubert de Villaine (copropriétaire de la Romanée-Conti) et son épouse Pamela en ont confié la gestion à leur neveu Pierre de Benoist depuis 2001.

Acquis en 2011, ce 1er cru de Santenay (44 ares à mi-coteau) est proche de Bouzeron. Son 2012 a disputé la finale des coups de cœur. Il s'ouvre à l'aération sur d'intenses notes de fruits rouges. En bouche, il emporte l'adhésion, tant par la complexité et sa palette fruitée, épicée et réglissée que par sa rondeur, sa longueur et son potentiel : à attendre. ✗ 2020-2025 ♈ onglet sauce au vin

○⃬ *Dom. de Villaine, 2, rue de la Fontaine, 71150 Bouzeron, tél. 03 85 91 20 50, contact@de-villaine.com* 🅥 🏃 🏠 *r.-v.*

HENRI DE VILLAMONT Les Champs Claude 2012			
■	1 702	⦀	15 à 20 €

Ce propriétaire (10 ha) et négociant-éleveur, dans le giron du groupe suisse Schenk depuis 1964, élève ses vins dans une spectaculaire cuverie créée entre 1880 et 1888 à Savigny-lès-Beaune par Léonce Bocquet, alors unique propriétaire du Clos de Vougeot.

On ne sait si ces anciens champs appartenaient à un certain Claude ou si ces 12 ha étaient simplement clos de murs. Ce *climat* voisin de Chassagne a engendré un vin au nez expressif, complexe et gourmand associant la cerise noire, le cassis, la violette et la pivoine. En bouche, une attaque souple et des tanins vifs et stricts. ✗ 2016-2019 ♈ matelote d'anguilles au vin rouge

○⃬ *Arthur Barolet, rue du Dr-Guyot, 21420 Savigny-lès-Beaune, tél. 03 80 21 50 59, contact@hdv.fr* 🅥 🏃 🏠 *t.l.j. sf dim. 10h-12h30 13h30-18h* ○⃬ Schenk

♥ JEAN-MARC VINCENT Les Gravières 2012 ★★			
■ 1er cru	4 000	⦀	20 à 30 €

Installés en 1997, les époux Vincent cultivent 6,5 ha dans l'esprit bio, autour de leur village de Santenay et aux environs d'Auxey-Duresses.

Ils complètent leur carte des vins par une activité de négoce tournée vers le sud de la Côte de Beaune. Une valeur sûre.

Après avoir décroché trois coups de cœur pour son 1er cru Beaurepaire, Jean-Marc Vincent en obtient un nouveau pour ces Gravières, autre 1er cru bien connu de l'appellation. Profondeur de la robe, intensité du nez, rondeur, gras et velouté d'un palais tout en nuances, dévoilant la minéralité un peu iodée du terroir : les dégustateurs sont conquis. ✗ 2017-2021 ♈ cailles rôties ■ 1er cru Le Beaurepaire 2012 ★ (20 à 30 € ; 2 000 b.) : élevé quinze mois en fût avec bâtonnage, ce 2012 affiche un nez riche et boisé, entre vanille et fleurs jaunes. Frais et tendu en bouche, il développe des arômes de fruits exotiques assez persistants. ✗ 2016-2018

○⃬ *Anne-Marie et Jean-Marc Vincent, 3, rue Sainte-Agathe, 21590 Santenay, tél. 03 80 20 67 37, vincent.j-m@wanadoo.fr* 🅥 🏃 🏠 *r.-v.*

MARANGES

Superficie : 170 ha / Production : 7 450 hl (95 % rouge)

Situé en Saône-et-Loire, à l'extrémité sud de la Côte de Beaune, le vignoble des Maranges regroupe les trois communes de Chailly, Dezize et Sampigny-lès-Maranges qui avaient leur propre appellation jusqu'en 1989. Il comporte six 1ers crus. Les vins rouges ont droit également à l'AOC côte-de-beaune-villages. Fruités, corpulents et charpentés, ils peuvent vieillir de cinq à dix ans.

♥ DOM. BERTRAND BACHELET Les Clos Roussots 2013 ★★			
■ 1er cru	3 200	🍶 ⦀	15 à 20 €

Fils de Jean-Louis et petit-fils de Bernard Bachelet, des vignerons établis à Dezize-lès-Maranges bien avant la naissance de l'appellation maranges en 1988, Bertrand Bachelet a repris en 2011 le domaine familial, qui compte 11 ha.

Troisième millésime et déjà un coup de cœur pour le jeune et donc talentueux Bertrand Bachelet. Au nez, son 1er cru

BOURGOGNE

associe sans fausse note fruits rouges et noirs, épices et vanille. En bouche, il apparaît solide mais sans dureté, frais et fringant, boisé avec justesse et très long. Harmonieux et éclatant. ✗ 2018-2023 ♀ rôti de veau aux patates douces

○━ *Bertrand Bachelet, 4, rue des Maranges, 71150 Dezize-lès-Maranges, tél. 03 85 47 73 81, domainebertrandbachelet@orange.fr* Ⓥ 🎿 🏋️ *r.-v.*

DOM. VINCENT BACHELET			
La Fussière Vielles Vignes 2013 ★			
■ 1er cru	6 000	◑	11 à 15 €

Originaire d'une vieille famille vigneronne des Maranges (il est fils de Bernard Bachelet), Vincent Bachelet a travaillé avec ses frères avant de s'installer, en 2008, à Chassagne-Montrachet, dans les anciens chais du né-gociant de Marcilly. Il exploite 14 ha, essentiellement dans la Côte de Beaune.

C'est une dégustation « pédagogique » que propose Vincent Bachelet avec son Fussière – le plus grand 1er cru de l'appellation – dans ses deux versions, la rouge et la blanche. Une parure sombre habille le vin, dont le nez puissant associe fruits mûrs et boisé toasté. Dense, ronde et longue, avec ce qu'il faut de fraîcheur et de structure, la bouche est très équilibrée. ✗ 2017-2021 ♀ bœuf mode
■ 1er cru La Fussière 2013 (15 à 20 € ; 2 300 b.) : vin cité. ✗ 2016-2018

○━ *Vincent Bachelet, 27, rte de Santenay, 21190 Chassagne-Montrachet, tél. 03 80 21 37 27, bacheletvincent.l@wanadoo.fr* Ⓥ 🎿 🏋️ *r.-v.*

DOM. MARC BOUTHENET La Fussière 2012 ★★			
■ 1er cru	3 000	◑	8 à 11 €

Marc Bouthenet exploite depuis 1988 ce domaine familial de 21 ha, ce qui est loin d'être négligeable à l'échelle bourguignonne. Son fils Antoine Bouthenet, arrivé en 2009, compte développer la vente en bouteilles grâce à un nouveau caveau installé à Mercey, hameau de Cheilly-lès-Maranges.

Cette cuvée née de ceps de trente-cinq ans a concouru pour les coups de cœur. Ses arguments : un nez intense de cassis et framboise, un palais avenant, au fruité persistant, parfaitement équilibré, offrant à la fois une belle rondeur et beaucoup de fraîcheur. ✗ 2016-2019 ♀ coq au vin

○━ *Dom. Marc Bouthenet, 11, rue Saint-Louis, Mercey, 71150 Cheilly-lès-Maranges, tél. 03 85 91 16 51, earlmarcbouthenet@orange.fr* Ⓥ 🎿 🏋️ *r.-v.*

DOM. MAURICE CHARLEUX ET FILS			
Les Clos Roussots 2013			
■ 1er cru	7 000	◑	11 à 15 €

Un domaine régulier en qualité ; 60 ares au temps de Ferdinand Charleux, en 1894, 10 ha aujourd'hui, en maranges et en santenay. Maurice, figure des Maranges, ayant pris sa retraite en 2008, Vincent, l'aîné de ses trois fils, qui travaille depuis 1999 sur l'exploitation, l'a relayé.

Un 1er cru situé à mi-coteau, exposé plein sud, planté de vignes de quarante-cinq ans en moyenne (avec quelques très vieux ceps : 1919, 1932...). Vincent Charleux en tire un vin au nez subtil de fruits rouges et d'épices, que l'on retrouve dans une bouche corpulente, bien structurée par des tanins fermes et serrés et par un boisé soutenu. ✗ 2018-2022 ♀ magret de canard aux cerises

○━ *Maurice Charleux et Fils, 1, Petite-Rue, 71150 Dezize-lès-Maranges, tél. 03 85 91 15 15, domaine.charleux@wanadoo.fr* Ⓥ 🎿 🏋️ *r.-v.*

Ⓑ DOM. CHEVROT 2013 ★			
▦	5 000	◑	15 à 20 €

Depuis sa création, l'exploitation est passée de 5 ha à 16 ha. Les fils de Fernand et Catherine Chevrot, Pablo et Vincent, tous deux œnologues, se sont installés au début de ce siècle et ont engagé en 2008 la conversion bio de la propriété. Le cheval est revenu labourer la vigne comme à l'époque de Paul et Henriette, fondateurs du domaine en 1930.

Maranges est le pays du pinot noir : 163 ha sur les 170 que compte l'appellation. Le chardonnay a certes progressé depuis l'accession à l'AOC en 1989, mais il reste largement minoritaire. En voici un beau représentant, élégant, complexe et fin dans ses arômes de fleurs blanches, de mandarine et de beurre. Élégant aussi en bouche, où des notes de citron et une touche minérale apportent fraîcheur et tonicité. Un vin qualifié de « cristallin ». ✗ 2016-2019 ♀ risotto de la mer

○━ *Dom. Chevrot et Fils, 19, rte de Couches, 71150 Cheilly-lès-Maranges, tél. 03 85 91 10 55, contact@chevrot.fr* Ⓥ 🎿 🏋️ *r.-v.* 🏠 Ⓖ

DOM. DEMANGEOT			
La Fussière 2013 ★			
■ 1er cru	4 175	◑	15 à 20 €

Originaire de Sampigny-lès-Maranges, cette famille vigneronne est bien enracinée dans les Hautes-Côtes : elle ne s'est déplacée que de 4 km en... quatre siècles (elle cultive la vigne de père en fils depuis le XVIIe s.). Jean-Luc Demangeot s'est installé en 1981 sur le domaine, qui couvre aujourd'hui 9,75 ha.

Des ceps de cinquante ans sont à l'origine de ce 1er cru complexe, qui alterne au nez des notes de fruits rouges, d'épices et de sous-bois. Une attaque fruitée et veloutée introduit un palais consistant, à l'acidité bien fondue, encadré par des tanins fins. Une belle allonge en finale et beaucoup d'élégance qui lui donne des airs de volnay : un Fussière bien typé. ✗ 2016-2022 ♀ poulet tandoori

○━ *Mary-Line et Jean-Luc Demangeot, 6, rue de Santenay, 21340 Change, tél. 03 85 91 11 10, contact@demangeot.fr* Ⓥ 🎿 🏋️ *r.-v.*

DOUDET-NAUDIN			
Clos Roussots 2013 ★			
■ 1er cru	3 040	◑	20 à 30 €

Fondée en 1849 par Albert Brenot et acquise par la famille Doudet en 1933, la maison Doudet-Naudin est un négoce de Savigny-lès-Beaune qui propose des cuvées issues de terroirs restreints. Unique propriétaire depuis 2014, Christophe Rochet est épaulé par Isabelle Doudet à la direction technique et par Bertrand Straebler comme maître de chai. La maison Doudet possède aussi son propre domaine : 11 ha entre Beaune et Pernand, conduits en lutte raisonnée avec des expérimentations en bio.

Ce climat est l'un des cinq clos que compte l'appellation, tous classés en 1er cru. La maison Doudet-Naudin y cultive 54 ares de pinot noir, qui donnent naissance à un 2013 expressif (fruits rouges, cassis, poivre), solidement charpenté par des tanins puissants et élégants, au grain fin et garants d'une bonne évolution. ✗ 2017-2022 ☕ pintade aux champignons

o━ Doudet-Naudin, 3, rue Cyrot,
21420 Savigny-lès-Beaune, tél. 03 80 21 51 74, contact@doudetnaudin.com Ⓥ 🖈 ➕ r.-v.

PHILIPPE JEANNOT 2013		
■ 6 000	⬤◗	8 à 11 €

Domaine fondé en 1996 par Valérie et Philippe Jeannot, rejoints en 2014 par leur fils Quentin. L'exploitation, qui a son siège dans le Couchois, compte 10 ha de vignes disséminées entre Pommard et les Maranges. Elle propose de nombreuses références en santenay et en maranges.

Cette cuvée nous rappelle qu'environ la moitié de la surface de l'appellation maranges est classée en niveau communal, ce qui laisse une place généreuse aux 1ers crus. Ici, un village fruité à souhait (cassis, groseille), au nez comme en bouche, frais et alerte, bâti sur des tanins fins. Une pointe de sévérité en finale appelle un peu de garde. ✗ 2017-2022 ☕ entrecôte marchand de vin

o━ Philippe Jeannot, 21, rue de Saint-Léger,
71510 Saint-Sernin-du-Plain, tél. 03 85 45 41 15,
domaine.jeannot@gmail.com Ⓥ 🖈 ➕ r.-v.

⑧ CH. DE MELIN Clos des Rois 2013		
■ 1er cru 5 000	⬤◗	15 à 20 €

La famille cultive des vignes depuis sept générations. Ingénieur dans le BTP, Arnaud Derats a repris le domaine de son grand-père Paul Dumay à Sampigny-lès-Maranges. En 2000, il a acquis le château de Melin (XVIe s.) à Auxey-Duresses et y a transféré ses caves. Le vignoble (25 ha) est en bio certifié depuis 2012.

Ouvert sur un nez frais de cerise et de framboise mâtiné de poivre et de réglisse, ce Clos des Rois déploie en bouche beaucoup de fraîcheur et une structure solide et serrée, encore un peu sévère. ✗ 2018-2023 ☕ pavé de bœuf sauce au poivre vert

o━ SCEA Ch. de Melin, Ch. de Melin,
21190 Auxey-Duresses, tél. 03 80 21 21 19, derats@chateaudemelin.com Ⓥ 🖈 ➕ t.l.j. sf dim. 10h-12h
14h-18h 🏠 ⑤ o━ Derats

| DOM. EDMOND MONNOT ET FILS | | |
Les Clos Roussots 2012 ★		
■ 1er cru 1 500	⬤◗	11 à 15 €

Installé en 2000, Stéphane Monnot représente la troisième génération sur ce domaine des Maranges d'environ 9 ha, créé en 1928. L'installation d'une cuverie moderne permet un travail du raisin par gravité.

C'est un 1er cru solide que propose le domaine, bien dans le ton des vins de ce climat situé sur Sampigny. Le nez se montre fort généreux, ouvert sur les fruits rouges à l'alcool (framboise et cerise). Une générosité que l'on retrouve dans une bouche ample, dense, riche et tannique. Un maranges de cave. ✗ 2017-2022 ☕ filet de bœuf sauce époisses ■ 1er cru La Fussière 2013 (11 à 15 € ; 4 200 b.) : vin cité. ✗ 2017-2020

o━ Dom. Edmond Monnot et Fils, 11, rue de Borgy,
71150 Dezize-lès-Maranges, tél. 03 85 91 16 12,
domaine.monnotetfils@free.fr Ⓥ 🖈 ➕ r.-v.

DOM. CLAUDE NOUVEAU La Fussière 2012		
■ 1er cru 3 650	🍶 ⬤◗	11 à 15 €

Souvent en vue pour ses maranges et ses santenay, ce domaine établi dans le hameau de Marcheseuil, dans les Hautes-Côtes de Beaune, étend son vignoble sur 14 ha. En 2010, Claude Nouveau en a confié les rênes à son gendre Stéphane Ponsard, déjà en place au domaine depuis 2004.

Discret, le bouquet de ce Fussière se livre à l'aération sur des notes fraîches de bourgeon de cassis. C'est en bouche qu'il se révèle plus nettement, offrant de la rondeur et un bon volume, porté par des tanins fins. Un vin encore un peu fermé, mais prometteur. ✗ 2017-2020 ☕ pavé de chevreuil aux airelles

o━ Dom. Claude Nouveau, Marcheseuil, 21340 Change,
tél. 03 85 91 13 34, domaine@claudenouveau.com
Ⓥ 🖈 ➕ r.-v. 🏠 Ⓓ

NICOLAS PERRAULT Le Clos des Loyères 2013 ★		
■ 1er cru 2 400	⬤◗	11 à 15 €

Nicolas Perrault n'a gardé du domaine fondé par son grand-père en 1947 que 4 ha, les meilleurs terroirs (quatre 1ers crus sur les sept que comptent les Maranges), car il a voulu conserver son poste de chef de culture au château de la Crée à Santenay. Si sa démarche est proche de la biodynamie, il refuse la certification pour ne pas s'interdire le recours aux pesticides en cas de force majeure.

De ce 1er cru situé sur Sampigny, Nicolas Perrault exploite 65 ares de pinot noir. Épices, fruits noirs, humus, le nez est ouvert et complexe. De l'épaisseur, de la fraîcheur, des tanins fins, la bouche est élégante et de belle tenue, taillée pour la garde ou à apprécier dans sa jeunesse. ✗ 2016-2021 ☕ côte de veau aux girolles ■ 1er cru Le Clos Roussots 2013 (15 à 20 € ; 1 500 b.) : vin cité. ✗ 2016-2020

o━ Nicolas Perrault, 3, rue du Four,
71150 Dezize-lès-Maranges, tél. 03 85 91 14 67,
perraultn@wanadoo.fr Ⓥ 🖈 ➕ r.-v.

DOM. PONSARD-CHEVALIER La Fussière 2013 ★		
■ 1er cru 1 800	⬤◗	11 à 15 €

Reprise en 1977 après plusieurs années de location par Michel Ponsard et Danielle Chevalier, cette exploitation familiale couvre 6,15 ha. Comme nombre de propriétés établies à Santenay, elle dispose aussi de vignes dans trois 1ers crus des Maranges.

Le plus grand et le plus connu des sept 1ers crus des Maranges. Au nez, des parfums intenses de cassis et d'épices. En bouche, de la souplesse en attaque, du corps, de la générosité, des tanins bien présents mais qui commencent à se fondre et une belle longueur. La pointe d'austérité finale appelle la garde. ✗ 2018-2022 ☕ civet de sanglier

o━ EARL Dom. Ponsard-Chevalier, 2, «Les Tilles»,
21590 Santenay, tél. 03 80 20 60 87, michelponsard@aol.com Ⓥ 🖈 ➕ r.-v.

| DOM. CHRISTIAN REGNARD | | |
Les Clos Roussots 2013		
■ 1er cru 2 600	⬤◗	11 à 15 €

En 2010, Florian Regnard a rejoint son père Christian sur le domaine familial situé à Sampigny, l'un des trois villages de l'AOC maranges. Parcelle après parcelle, il agrandit le vignoble (9 ha aujourd'hui) et fait bouger les lignes en matière de vinification.

Discret mais subtil, le nez de ce 1er cru dévoile des parfums de fruits frais (cassis, framboise) et de sous-bois. Passé une attaque charnue, le palais, bien typée Clos Roussots, déploie une solide trame tannique. Du potentiel. ✗ 2017-2022 ☦ coq au maranges

☞ Christian Regnard, 9, rue Saint-Antoine, 71150 Sampigny-lès-Maranges, tél. 03 85 91 10 43, regnardc@wanadoo.fr 🅥 🏃 🏠 r.-v.

BERNARD ET FLORIAN REGNAUDOT
Le Clos des Rois 2013 ★

■ 1er cru	4 000	ⅲ	11 à 15 €

Installé en 1996, Bernard Regnaudot, d'ascendance vigneronne (père et grand père), a été rejoint en 2014 par son fils Florian. Ce viticulteur discret exploite 6 ha de vieilles vignes. Son domaine s'illustre régulièrement dans son fief des Maranges et tire aussi de belles cuvées du village voisin de Santenay.

L'une des cuvées phares du domaine, couronnée trois fois déjà par un coup de cœur (version 2000, 2002 et 2012). Dans le difficile millésime 2013, elle livre des parfums intenses et frais de framboise et de cassis sur un discret fond boisé. En bouche, elle se révèle bien équilibrée : de la fraîcheur qui lui apporte une belle tension, une chair ronde qui lui confère un côté caressant et des tanins fermes qui commencent à s'assouplir. ✗ 2017-2020 ☦ brochet poché au vin rouge ■ 1er cru Le Clos des Loyères 2013 (11 à 15 € ; 2 400 b.) : vin cité. ✗ 2017-2020

☞ Bernard et Florian Regnaudot, 14, rte de Nolay, 71150 Dezize-lès-Maranges, tél. 03 85 91 14 90, regnaudot.bernardetflorian@orange.fr 🅥 🏠 r.-v.

♥ JEAN-CLAUDE REGNAUDOT ET FILS
Les Clos Roussots 2013 ★★

■ 1er cru	2 400	ⅲ	11 à 15 €

Installés au cœur du village de Dezize, Jean-Claude et Didier Regnaudot cultivent avec talent 6,5 ha de vignes entre les Maranges et Santenay. Leurs vins parlent pour eux : le domaine a plusieurs coups de cœur à son actif.

Trois vins présentés au grand jury et un coup de cœur, les vins de Jean-Claude Regnaudot planent au-dessus des Maranges cette année. Ce Clos Roussots est le plus Santenois des 1ers crus de Maranges : il existe aussi chez son voisin, orthographié Clos Rousseau. Le domaine y exploite 50 ares de pinot noir, à l'origine d'un vin généreusement bouqueté autour des fruits rouges mûrs et légèrement kirschés, ample, suave et rond en bouche, porté par des tanins fins et soyeux et par un boisé très élégant. Un maranges radieux, solaire et délicat à la fois. ✗ 2017-2023 ☦ pintade rôtie ■ 1er cru Clos des Loyères 2013 ★★ (11 à 15 € ; 1 200 b.) : des deux Clos présents en finale des coups de cœur, celui-ci est le plus petit et le moins connu. Il doit son nom aux loups qui venaient autrefois s'abreuver dans la rivière locale, la Cosanne.

Dans le verre, des parfums de fruits rouges confits bien mariés à la vanille, une bouche fraîche, dense et étoffée, bâtie sur des tanins solides sans rugosité. ✗ 2018-2023 ■ 1er cru La Fussière 2013 ★★ (11 à 15 € ; 4 500 b.) : un nez fin de framboise et de toasté, un palais très équilibré, rond et frais, étayé par des tanins élégants et un boisé bien fondu. Finaliste des coups de cœur. ✗ 2016-2020 ■ 2013 ★ (8 à 11 € ; 1 500 b.) : au nez, un boisé épicé et un fruité frais ; en bouche, il oppose une chair ronde et soyeuse à de solides tanins en finale. De bonne garde. ✗ 2017-2022

☞ Jean-Claude Regnaudot et Fils, 6, Grande-Rue, 71150 Dezize-lès-Maranges, tél. 03 85 91 15 95, regnaudot.jc-et-fils@orange.fr 🅥 🏠 r.-v.

CÔTE-DE-BEAUNE-VILLAGES

Superficie : 3 ha / Production : 195 hl

À ne pas confondre avec l'appellation côte-de-nuits-villages qui possède une aire de production particulière, l'appellation côte-de-beaune-villages n'est en elle-même pas délimitée. C'est une appellation de substitution pour tous les vins rouges des AOC communales de la Côte de Beaune, à l'exception des beaune, aloxe-corton, pommard et volnay.

BOUCHARD PÈRE ET FILS 2013

■	n.c.	ⅲ	11 à 15 €

Fondée en 1731 et propriété du Champagne Joseph Henriot depuis 1995, cette maison de négoce est à la tête d'un vaste vignoble de 130 ha, dont 12 ha en grands crus et 74 ha en 1ers crus. Elle propose une très large gamme de vins, des AOC les plus prestigieuses aux simples régionales, qui reposent dans les magnifiques caves enterrées de l'ancien château de Beaune (XVᵉs.), conservatoire unique de très vieux millésimes.

Cette appellation d'entrée de gamme a bénéficié des mêmes conditions d'élevage que les vins réputés de ce négoce. Ses parfums expressifs de petites baies sauvages et de sous-bois s'accompagnent de tanins fondus, plus stricts en finale, qui le rendent harmonieux aujourd'hui tout en lui assurant un certain potentiel de garde. ✗ 2018-2020 ☦ bavette aux champignons

☞ Bouchard Père et Fils, Ch. de Beaune, 15, rue du Château, 21200 Beaune, tél. 03 80 24 80 24, contact@bouchard-pereetfils.com 🅥 🏃 🏠 t.l.j. 10h-12h30 14h30-18h30 ☞ Henriot Famille

➜ LA CÔTE CHALONNAISE

Le paysage s'épanouit quelque peu dans la Côte chalonnaise (4 500 ha) ; la structure linéaire du relief s'y élargit en collines de faible altitude s'étendant plus à l'ouest de la vallée de la Saône. La structure géologique est beaucoup moins homogène que celle du vignoble de la Côte-d'Or ; les sols reposent sur des calcaires du jurassique, mais aussi sur des marnes de même origine ou d'origine plus ancienne, lias ou trias. Des vins rouges d'AOC *village* et premier cru sont produits à partir du pinot noir à Mercurey, Givry et Rully, mais ces mêmes communes proposent aussi des blancs de chardonnay, cépage qui devient unique pour l'appellation montagny située un peu plus au sud ; c'est aussi là que se trouve Bouzeron, à l'aligoté réputé. Il faut enfin signaler un bon vignoble aux abords de Couches, que domine le château médiéval. D'églises romanes en demeures anciennes, chaque itinéraire touristique peut d'ailleurs se confondre ici avec une route des Vins.

BOURGOGNE-CÔTE-CHALONNAISE

Superficie : 460 ha / Production : 24 150 hl (75 % rouge et rosé)

Située entre Chagny et Saint-Gengoux-le-National (Saône-et-Loire), la Côte chalonnaise possède une identité qui lui a permis d'être reconnue en AOC en 1990. L'appellation produit une majorité de rouges assez fermes dans leur jeunesse, quelques rosés et des blancs de style léger.

CAVE DE BISSEY
Cuvée Prestige 2012 ★

| ■ | n.c. | ◗ | 5 à 8 € |

Fondée en 1928, la cave de Bissey est la plus ancienne coopérative de la Côte chalonnaise. Elle en vinifie aujourd'hui sur 88 ha toutes les appellations régionales et communales, et même des 1ers crus en AOC montagny.

Ce vin développe des senteurs discrètes mais séduisantes de petits fruits rouges, de nuances cacaotées et de noyau. Une complexité aromatique que l'on retrouve dans un palais bien construit, sur une fine fondation tannique qui laisse parler les arômes. ✗ 2016-2020 ▼ mortadelle aux truffes

○┐ *Cave de Bissey, Les Millerands, 71390 Bissey-sous-Cruchaud, tél. 03 85 92 12 16, cave.bissey@wanadoo.fr* Ⓥ 🔒 *t.l.j. sf dim. 9h-12h 14h-18h30*

CH. DE CHAMILLY 2012 ★

| ■ | 42 000 | ◗ | 8 à 11 € |

Véronique Desfontaine est depuis 1995 à la tête de l'ancienne demeure du marquis de Chamilly. En 2007, ses deux fils, Xavier et Arnaud, l'ont rejointe et ils exploitent ensemble un vignoble de 26 ha.

Ce vin possède un nez d'une belle typicité où se mêlent harmonieusement des fruits rouges cuits, la framboise fraîche et la vanille. D'un bel équilibre, souple et tendre, le palais joue sur le registre de la légèreté et du plaisir immédiat. ✗ 2015-2017 ▼ planche de charcuterie

○┐ *EARL Ch. de Chamilly, 7, allée du Château, 71510 Chamilly, tél. 03 85 87 22 24, contact@ chateaudechamilly.com* Ⓥ 🔒 *r.-v.*

JOCELYNE CHAUSSIN La Fortune 2013 ★

| ■ | 1 200 | ◗ | 5 à 8 € |

Jocelyne Chaussin assure depuis 1988 la continuité de cette petite exploitation familiale (1,33 ha) ancrée depuis trois générations à Bouzeron. Respectueuse de la nature, elle travaille la vigne comme « dans l'ancien temps », sans produit chimique.

Une robe ambrée de bel éclat habille ce vin au nez floral et subtilement boisé. Une attaque pleine et intense ouvre sur une bouche à la fois riche et acidulée, soulignée par de fines nuances minérales. En finale, on retrouve les fleurs blanches mêlées aux fruits frais et à la vanille. ✗ 2015-2018 ▼ viande blanche à la crème

○┐ *Jocelyne Chaussin, 3, rue des Dames, 71150 Bouzeron, tél. 03 85 87 09 01, jeanlouis.chaussin@orange.fr* Ⓥ 🔒 *r.-v.*

DOM. DAVANTURE 2013

| ■ | 2 300 | 🔺 | 8 à 11 € |

Les trois frères Davanture (Xavier, Damien et Éric) sont issus d'une longue dynastie de vignerons (huit générations). Ils officient sur un domaine de 22 ha situé à Saint-Désert, village de la Côte chalonnaise connu pour son église fortifiée.

Ce 2013 s'annonce par petites touches, offrant tour à tour des arômes d'acacia, d'amande, de vanille, de pêche ou encore de litchi. Sa bouche gourmande et expressive affiche un bon équilibre fruit/acidité et s'étire dans une jolie finale minérale et abricotée. ✗ 2015-2018 ▼ veau à la crème au citron

○┐ *Dom. Davanture, rue de la Messe, Cidex 1516 n° 26, 71390 Saint-Désert, tél. 03 85 47 95 57, domaine.davanture@orange.fr* Ⓥ 🔒 *r.-v.*
○┐ *Murgeres GAEC des*

DOM. DE L'ÉVÊCHÉ 2013 ★

| ■ | 4 500 | 🔺 | 5 à 8 € |

Sylvie et Vincent Joussier sont installés depuis 1985 sur ce domaine de 14 ha auparavant planté en fruitiers. Bien qu'encore très jeunes, les deux enfants du couple participent déjà à l'aventure viticole familiale.

Ce 2013 séduit par son bouquet tendre et fruité : citron, pomme, mangue et coing. Le palais, d'une élégante rondeur et d'un beau fruité qui fait écho à l'olfaction, s'étire sur de longues notes acidulées en finale. ✗ 2015-2019 ▼ jambon persillé

○┐ *EARL Vincent Joussier, 6, rue de l'Évêché, 71640 Saint-Denis-de-Vaux, tél. 03 85 44 30 43, vincentjoussier@cegetel.net* Ⓥ 🔒 *t.l.j. 8h-19h; dim. sur r.-v.; f. 15-31 août* 🏠 Ⓖ

♥ DOM. GOUFFIER Les Malpertuis 2013 ★★

| ■ | 2 000 | ◗ | 8 à 11 € |

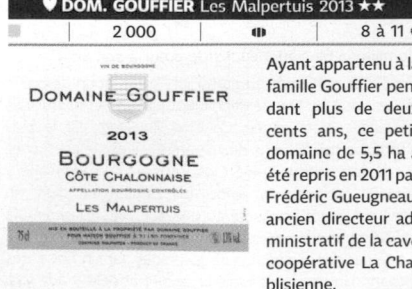

Ayant appartenu à la famille Gouffier pendant plus de deux cents ans, ce petit domaine de 5,5 ha a été repris en 2011 par Frédéric Gueugneau, ancien directeur administratif de la cave coopérative La Chablisienne.

Une robe brillante, jaune paille soutenu, un bouquet élégant de fleurs blanches et de pêche de vigne : les premières impressions sont très engageantes. Équilibrée, la bouche offre une belle gamme aromatique florale et fruitée sur un joli socle boisé, dosé avec mesure. Ronde avec juste ce qu'il faut de vivacité, elle s'étire dans une longue finale fruitée. Une bouteille raffinée, à boire dès aujourd'hui ou à garder quelques années. ✗ 2015-2022 ♈ turbot rôti ■ Roche de Malpertuis 2013 (8 à 11 € ; 1 800 b.) : vin cité. ✗ 2015-2017

☛ *SAS Maison Gouffier, 11, Grande-Rue, 71150 Fontaines, tél. 06 68 01 71 84, vins.gouffier@ gmail.com.* V ⚐ ♈ *r.-v.*

NATHALIE RICHEZ Les Petites Combes 2013		
■	1 200	ᶑ ⅏	8 à 11 €

À trente-sept ans, souhaitant réorienter sa vie professionnelle, Nathalie Richez a pris le chemin de la « viti » de Beaune, avant de s'installer en 2011 sur un domaine de 13 ha allant de la Côte chalonnaise aux hautes-côtes-de-beaune.

Ce 2013 dévoile un nez puissant et complexe mariant les fruits noirs cuits à des notes empyreumatiques (toast grillé, café). Sa bouche imposante et massive, fruit d'une généreuse extraction de tanins et de matière, manque pour l'heure encore un peu d'harmonie, mais laisse deviner un solide potentiel. ✗ 2017-2021 ♈ magret de canard au poivre

☛ *Nathalie Richez, 7, impasse Marguerite-de-Vienne, 71150 Chagny, tél. 06 47 27 96 92, nathalierichez.vinsaufeminin@orange.fr* V ♈ *t.l.j. sf dim. 10h-12h 14h30-18h30*

Le Chalonnais

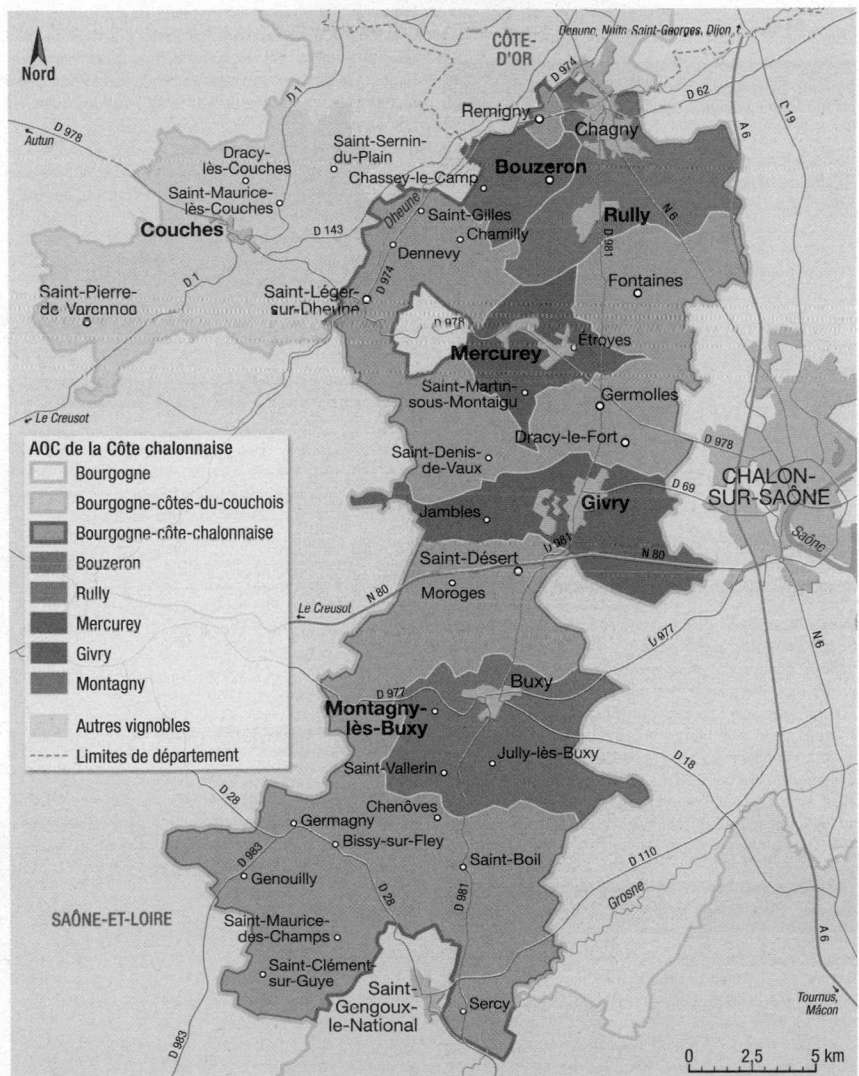

AOC de la Côte chalonnaise
- Bourgogne
- Bourgogne-côtes-du-couchois
- Bourgogne-côte-chalonnaise
- Bouzeron
- Rully
- Mercurey
- Givry
- Montagny
- Autres vignobles
- ----- Limites de département

DOM. VENOT 2013 ★

	9 000		5 à 8 €

Ce domaine de la Côte chalonnaise a été fondé en 1982 par deux frères et l'épouse de l'un d'eux réunis en GAEC (groupement d'exploitants). Sur ce vignoble de 11,5 ha, on bichonne les vignes et on vendange toujours à la main.

Ce vin élevé sous bois pendant un an est d'abord fruité, puis livre après aération des parfums légèrement épicés et boisés. Après une attaque fraîche, il se déploie avec souplesse dans une bouche soyeuse et consistante. Un beau bourgogne issu d'une extraction bien menée. ✗ 2015-2018 ♥ bœuf bourguignon

o━ GAEC Venot, 11, rue de la Croix-de-Bois, 71390 Moroges, tél. 06 13 30 95 89, maximevenot@ neuf.fr 🆅 🎿 🛏 r.-v.

ⓑ DOM. A. ET P. DE VILLAINE
La Digoine 2013

	7 900		15 à 20 €

Ce domaine situé à Bouzeron exploite 22 ha de vignes en culture biologique répartis dans les diverses appellations de la Côte chalonnaise. Aubert de Villaine (copropriétaire de la Romanée-Conti) et son épouse Pamela en ont confié la gestion à leur neveu Pierre de Benoist depuis 2001.

Ce vin couleur cerise se livre d'emblée à travers ses parfums intenses et profonds de fruits rouges, de sous-bois et de kirsch. En bouche, il dévoile un joli grain apporté par des tanins souples et élégants, tandis que des notes plaisantes de petites baies sauvages apportent un supplément de fraîcheur. ✗ 2015-2018 ♥ fromage de Cîteaux

o━ Dom. de Villaine, 2, rue de la Fontaine, 71150 Bouzeron, tél. 03 85 91 20 50, contact@ de-villaine.com 🆅 🎿 🛏 r.-v.

BOUZERON

Superficie : 47 ha / Production : 2 450 hl

Petit village situé entre Chagny et Rully, Bouzeron est de longue date réputé pour ses vins d'aligoté. Cette variété occupe la plus grande partie du vignoble communal. Planté sur des coteaux orientés est-sud-est, dans des sols à forte proportion calcaire, ce cépage à l'origine de vins blancs vifs s'exprime particulièrement bien, donnant naissance à des vins complexes et d'une « rondeur pointue ». Les vignerons du lieu, après avoir obtenu l'appellation bourgogne aligoté bouzeron en 1979, ont réussi à hisser l'aire de production au rang d'AOC communale.

BOUCHARD PÈRE ET FILS
Ancien Dom. Carnot 2013 ★

	n.c.		8 à 11 €

Fondée en 1731 et propriété du Champagne Joseph Henriot depuis 1995, cette maison de négoce est à la tête d'un vaste vignoble de 130 ha, dont 12 ha en grands crus et 74 ha en 1ers crus. Elle propose une très large gamme de vins, des AOC les plus prestigieuses aux simples régionales, qui reposent dans les magnifiques caves enterrées de l'ancien château de Beaune (XVᵉs.), conservatoire unique de très vieux millésimes.

Ce 2013 assez complexe, bien que timide au premier nez, s'ouvre doucement sur les fleurs et les agrumes. Souple et frais, de bonne consistance, le palais dévoile un fruité persistant jusqu'en finale. Un vin gourmand. ✗ 2015-2018 ♥ sandre sauce citron

o━ Bouchard Père et Fils, Ch. de Beaune, 15, rue du Château, 21200 Beaune, tél. 03 80 24 80 24, contact@bouchard-pereetfils.com 🆅 🎿 🛏 t.l.j. 10h-12h30 14h30-18h30 o━ Henriot Famille

MAISON CHANZY
Clos de la Fortune Monopole 2013 ★

	10 000		11 à 15 €

Implanté à Bouzeron, ce domaine de 32 ha (en Côte chalonnaise, avec aussi un pied en Côte de Beaune et en Côte de Nuits) est exploité depuis 2013 par Jean-Baptiste Jessiaume, son régisseur et maître de chai, issu d'une lignée vigneronne de Santenay. Anthony Colas est l'œnologue.

Des ceps de trente-cinq ans et un élevage pour 30 % en fût de chêne ont donné un joli vin brillant et limpide. Les fleurs blanches, le bonbon anglais, le miel et les fruits confits composent un nez complexe et engageant. En bouche, se développent des sensations de rondeur équilibrées par une vivacité aux accents d'agrumes et une finale saline et tendue. ✗ 2015-2019 ♥ huîtres gratinées

o━ Maison Chanzy, 1, rue de la Fontaine, 71150 Bouzeron, tél. 03 85 87 23 69, domaine@chanzy.com 🆅 🎿 🛏 t.l.j. 8h-12h 13h30-17h30; sam. dim. sur r.-v.

DOM. DE L'EXCELLENCE Vin d'Exception 2013 ★

	3 500		11 à 15 €

Après dix années chez Antonin Rodet et cinq chez Albert Bichot, Benoît Charbonnaud a décidé de se mettre à son compte, avec l'aide de quelques amis, pour créer en 2011 ce modeste domaine de 3,5 ha.

Une belle entrée dans le Guide pour le domaine avec ce bouzeron qui mêle d'élégants parfums de pamplemousse, de pierre à fusil et de poire williams. Une fine acidité prédomine dans une bouche fraîche, équilibrée et fruitée, en harmonie avec l'olfaction. ✗ 2015-2018 ♥ saumon fumé

o━ Dom. de l'Excellence, 7, chem. de la Plaine, 71150 Rully, tél. 03 85 87 27 78, benoit.charbonnaud@ wanadoo.fr 🆅 🛏 r.-v.

DOM. DU FOUR BASSOT 2013

	4 022		8 à 11 €

Dès son arrivée en 1999 à la tête du vignoble familial, Sébastien Gault n'a pas lésiné sur les investissements, tant à la vigne qu'en cuverie. En 2011, il a repris 4 ha dans l'appellation rully. L'ensemble de son vignoble compte 29 ha.

Vendanges manuelles, levures indigènes et élevage de six mois en fût de chêne pour ce vin agréable, au bouquet complexe de pain grillé, de fruits jaunes et de bonbon anglais. Son palais, salin, minéral et frais, le destine aux produits de la mer. ✗ 2015-2017 ♥ cabillaud sauce citron

o━ Dom. du Four Bassot, 35, rue des Fougères, 71640 Saint-Mard-de-Vaux, tél. 03 85 45 29 10, earldufourbassot@orange.fr 🆅 🎿 🛏 t.l.j. sf dim. 8h-12h 13h30-19h

♥ LOUIS JADOT 2012 ★★

	17 500	⊕	11 à 15 €

Fondée en 1859, la maison Jadot, établie au cœur de Beaune, a été acquise en 1984 par la famille Kopf, son importateur américain historique, mais a gardé son identité bourguignonne avec la présidence de Pierre-Henri Gagey. Entre ses propriétés et son négoce, elle rayonne sur 210 ha de vignes en Côte d'Or, Mâconnais et Beaujolais.

Cette cuvée dorée aux mille reflets platine dévoile un nez très élégant, fruité (pêche blanche et poire) et floral (acacia et chèvrefeuille), complété de fines notes de beurre frais et de noisette. Fraîche et franche en attaque, la bouche monte progressivement en puissance, déployant beaucoup d'ampleur et une longue finale minérale qui renforce son caractère bien affirmé. « Un seigneur » à réserver pour un repas de fête. ✗ 2015-2020 ♈ brochet au beurre blanc

☞ *Louis Jadot, 21, rue Spuller, 21200 Beaune, tél. 03 80 22 10 57, maisonlouisjadot@louisjadot.com* Ⓥ Ⓚ Ⓛ *r.-v.*

DOM. DES MOIROTS 2013

	5 280	▪ ⊕	8 à 11 €

Situé à Bissey-sous-Cruchaud en Côte chalonnaise, ce domaine de 14 ha est une affaire de famille : celle des Denizot. En 1990, Christophe a rejoint son père Lucien à la tête de l'exploitation, qu'il gère en compagnie de sa sœur Muriel et de son cousin Patrice.

Cette cuvée est née de ceps de trente ans plantés sur un terroir argilo-calcaire, dont le fruit a été pressé doucement en raisins entiers sans foulage. Un suivi des fermentations et un élevage sur lies fines, en cuve ovoïde et en fût de 500 l. Le résultat est convaincant avec ce vin aux parfums timides mais fins de pamplemousse et de fleurs blanches mâtinés de nuances végétales. Bien équilibré entre vivacité et sucrosité et plus disert, le palais développe des saveurs plaisantes de fruits jaunes jusqu'à la finale, ample et harmonieuse. ✗ 2015-2018 ♈ escargots de Bourgogne

☞ *Christophe Denizot, EARL Dom. des Moirots, 14, rue des Moirots, 71390 Bissey-sous-Cruchaud, tél. 03 85 92 16 93, domainedesmoirots@orange.fr* Ⓥ Ⓚ Ⓛ *r.-v.*

RULLY

Superficie : 357 ha / Production : 16 050 hl (65 % blanc)

La Côte chalonnaise assure la transition entre le vignoble de Côte-d'Or et celui du Mâconnais. L'appellation rully déborde de sa commune d'origine sur celle de Chagny, petite capitale gastronomique. Nés sur le jurassique supérieur, les rully sont aimables et généralement de bonne garde. Certains lieux-dits classés en 1er cru ont déjà accédé à la notoriété.

FRANÇOIS D'ALLAINES La Fosse 2012 ★

▪ 1er cru	3 000	🍴 ⊕	15 à 20 €

Après l'école hôtelière, François d'Allaines crée son négoce en 1990 à la frontière entre Saône-et-Loire et Côte-d'Or, puis son domaine en 2009. Cet adepte des élevages longs en fût est souvent au rendez-vous du Guide.

Une vendange manuelle de chardonnay de cinquante ans suivie d'un long élevage en fût ont donné naissance à ce vin qui, s'il tarde à se dévoiler, dégage après aération de fines nuances florales mêlées au citron vert, à la vanille et à la cire d'abeille. La bouche se révèle bien fruitée, ample et surtout très riche, avec une certaine minéralité apportée par le « caillou » du terroir en finale. Une bouteille racée qui demande un peu de temps pour s'épanouir. ✗ 2017-2020 ♈ bouchée à la reine ▪ Tête de Cuvée 2013 (15 à 20 € ; 2 000 b.) : vin cité. ✗ 2015-2017

☞ *François d'Allaines, 2, imp. du Meix-du-Cray, 71150 Demigny, tél. 03 85 49 90 16, francois@dallaines.com* Ⓥ Ⓛ *r.-v.*

DOM. BELLEVILLE La Crée 2013

	6 500	⊕	11 à 15 €

Né à Rully au début du XXᵉs., ce domaine compte 24,8 ha répartis de la Côte chalonnaise à la Côte de Nuits. Il est rattaché au Château de Messey (Mâconnais) et au Manoir Murisaltien (Côte-d'Or), propriétés de la famille Dumont.

Issu de ceps de quarante-cinq ans, ce rully de caractère élevé douze mois en fût de chêne dévoile un bouquet complexe de fleurs blanches (églantine), de vanille, de beurre frais et de menthol. En bouche, se révèle rond, gras et souple sans jamais manquer de fraîcheur. Un vin flatteur et équilibré, à découvrir dans sa jeunesse. ✗ 2015-2018 ♈ volaille en gelée ▪ 1er cru La Pucelle 2013 (15 à 20 € ; 7 150 b.) : vin cité. ✗ 2015-2018

☞ *SARL Dom. Belleville, ZA Les Champs-Rouges, 71150 Rully, tél. 03 85 91 06 00, contact@domainebelleville.com* Ⓥ Ⓚ Ⓛ *t.l.j. sf sam. dim. 8h-16h; f. août* ☞ *Marc Dumont*

Ⓑ **JEAN-CLAUDE ET ANNA BRELIÈRE** Les Préaux 2012 ★★

▪ 1er cru	9 000	⊕	15 à 20 €

En 1948, René Brelière et son épouse Edmée créent l'exploitation en plantant une parcelle de chardonnay : Les Margotés 1ᵉʳ Cru. Depuis 1983, leur fils Jean-Claude et son épouse Anna ont pris le relais, agrandi le domaine, portant sa surface à 8 ha, et l'ont converti au bio.

L'intensité de la robe pourpre de ce 2012 annonce celle de son bouquet, ouvert sur les fruits rouges légèrement compotés, les épices et le pain grillé, associés dans un équilibre subtil. Une harmonie que l'on retrouve dans un palais d'un volume et d'une densité remarquables, même si la trame tannique demande encore un peu de temps pour s'assouplir. Un rully armé pour la garde, que l'on pourra ouvrir aussi dans sa jeunesse. ✗ 2016-2021 ♈ bœuf bourguignon ▪ 1er cru Les Margotés 2013 ★ (15 à 20 € ; 5 000 b.) Ⓑ : un vin charmeur par ses parfums généreux de fruits mûrs et de brioche au beurre qui contraste agréablement avec une bouche vive et minérale. ✗ 2015-2019

BOURGOGNE

☞ *Jean-Claude Brelière, 1, pl. de l'Église, 71150 Rully, tél. 03 85 91 22 01, domainebreliere@orange.fr* 🅥 🏃 👤 *r.-v.*

JEAN CHARTRON Montmorin 2013 ★		
■ 17 690	🍴 🍶	15 à 20 €

Créé en 1859 par le tonnelier Jean-Édouard Dupard, ce domaine d'une grande constance, bien implanté dans les grands crus de Puligny, étend son vignoble sur 13 ha – dont 90 % de chardonnay et trois monopoles (Clos de la Pucelle et Clos du Cailleret en puligny, Clos des Chevaliers en chevalier-montrachet) –, conduits en bio non certifié. Jean-Michel Chartron est aux commandes depuis 2004 ; l'un de ses credo : « Du bois, oui, mais pas trop. » Une valeur sûre.

Ce vin issu d'achat de raisins se présente avec élégance dans une robe or pâle aux reflets citronnés. Le nez d'abord discret s'ouvre par touches successives sur des notes de pierre à fusil, de beurre frais et d'agrumes. En bouche, après une attaque acidulée, un développement rond et riche se met en place jusqu'à la finale, longue et fruitée. ✗ 2017-2020 🍴 matelote de poisson

☞ *Jean Chartron, Grande-Rue, 21190 Puligny-Montrachet, tél. 03 80 21 99 19, info@ jeanchartron.com* 🅥 👤 *t.l.j. sf lun. mar. mer. 10h-12h 14h-18h; f. déc.-mars*

PASCAL CLÉMENT La Crée 2013		
■ 1 500	🍶	11 à 15 €

Après vingt ans de vinification dans différents domaines de Bourgogne, Pascal Clément a créé son négoce en 2012, tourné essentiellement vers les blancs de la Côte chalonnaise et de la Côte de Beaune.

Une robe lumineuse et dorée, un nez à dominante florale, souligné d'un soupçon de boisé grillé, l'approche est sympathique. Frais dès l'attaque, le palais dévoile de fines saveurs fruitées et vanillée et se voit vivifié par une pointe d'agrumes en finale. Un vin prometteur. ✗ 2017-2020 🍴 lotte au beurre citronné

☞ *Pascal Clément, 13, rue de Cîteaux, 21420 Savigny-lès-Beaune, tél. 03 80 24 75 05, contact@ pascal-clement.fr* 🅥 🏃 👤 *r.-v.*

VINCENT DAUX Les Cailloux 2013		
■ 4 500	🍶	11 à 15 €

Auparavant viticulteur dans le Mâconnais, Jean Daux s'installe dans le Chalonnais (Rully) en 1983. Arrivé sur l'exploitation en 1997, son fils Vincent conduit aujourd'hui ce domaine de 15 ha souvent en vue dans ces pages.

Ce rully offre un bouquet complexe de fruits blancs, de chèvrefeuille et de mie de pain. En bouche, il affiche une belle maturité, équilibrée par un trait citronné qui lui apporte une bonne allonge. ✗ 2015-2017 🍴 gougères

☞ *Vincent Daux, Dom. de l'Écette, 21, rue de Geley, 71150 Rully, tél. 03 85 91 21 52, daux.vincent@wanadoo.fr* 🅥 🏃 👤 *r.-v.*

CH. D'ETROYES Les Fromanges 2012 ★★		
■ 8 000	🍾	11 à 15 €

Depuis 1720, les Protheau se sont relayés à Mercurey pour perpétuer la tradition viticole du château d'Etroyes. Le domaine dispose aujourd'hui d'un vignoble de 50 ha en Côte chalonnaise.

Cette parcelle de chardonnay a donné un vin doré et brillant aux arômes floraux (tilleul et chèvrefeuille) et fruités (pêche de vigne), le tout rehaussé par une note minérale qui apporte de la fraîcheur. Fraîcheur que l'on retrouve dans un palais fruité, à l'équilibre irréprochable entre rondeur et vivacité. ✗ 2015-2019 🍴 gratin d'écrevisses

☞ *Ch. d'Etroyes, Dom. M. Protheau, 71640 Mercurey, tél. 03 85 45 10 84, contact@ domaine-protheau-mercurey.fr* 🅥 🏃 👤 *t.l.j. sf dim. 10h-12h 14h-18h; f. janv.*

JEAN-CHARLES FAGOT 2013 ★		
■ 3 000	🍶	11 à 15 €

Installé entre Chagny et Puligny-Montrachet, Jean-Charles Fagot est à la tête de 3,8 ha de vignes. Il s'est fait négociant pour étoffer sa carte des vins et restaurateur en ouvrant en 1998 l'*Auberge du Vieux Vigneron*, où il propose une cuisine du terroir.

Frais et franc, le bouquet de ce 2013 brillant et limpide se compose de petites fleurs blanches et de fruits jaunes soulignés d'un trait boisé. Une attaque vive et énergique ouvre sur un palais consistant sans lourdeur, friand, équilibré par un trait d'acidité bien fondue. ✗ 2015-2018 🍴 poisson blanc à la crème

☞ *Jean-Charles Fagot, rte de Beaune, 21190 Corpeau, tél. 03 80 21 30 24, jeancharlesfagot@free.fr* 🅥 🏃 👤 *r.-v.*

DOM. DE LA FOLIE Clos la Folie Monopole 2013		
■ 5 340	🍴	11 à 15 €

Le domaine de la Folie jouit d'un panorama exceptionnel de toute la Côte chalonnaise jusqu'à Nuits-Saint-Georges. Il appartient depuis plus de deux siècles à la famille Noël-Bouton. Clémence Dubrulle, incarnant la cinquième génération, est aujourd'hui aux commandes des 12 ha de vignes.

Ce vin s'ouvre doucement sur des arômes de fruits à chair blanche et de chèvrefeuille. Timide en bouche, il possède toutefois une texture ronde et tendre et se voit dynamiser en finale par une discrète vivacité. ✗ 2015-2018 🍴 sandre au beurre blanc

☞ *Dom. de la Folie, chem. de la Folie, 71150 Chagny, tél. 03 85 87 18 59, domainedelafolie@sfr.fr* 🅥 🏃 👤 *t.l.j. 8h-20h* ☞ *Dubrulle*

DOM. DU FOUR BASSOT Vieilles Vignes En Varot 2013		
■ 11 344	🍴 🍶	11 à 15 €

Dès son arrivée en 1999 à la tête du vignoble familial, Sébastien Gault n'a pas lésiné sur les investissements, tant à la vigne qu'en cuverie. En 2011, il a repris 4 ha dans l'appellation rully. L'ensemble de son vignoble compte 29 ha.

Cette cuvée pâle et brillante s'ouvre sur les fleurs blanches agrémentées de notes grillées léguées par neuf mois d'élevage en pièce bourguignonne. En bouche, une attaque ample et charnue laisse place à des saveurs vanillées, grillées et fumées encore dominantes. À réserver aux amateurs de vins boisés. ✗ 2016-2020 🍴 navarin de poisson

○┐ *Dom. du Four Bassot, 35, rue des Fougères,*
71640 Saint-Mard-de-Vaux, tél. 03 85 45 29 10,
earldufourbassot@orange.fr Ⓥ 🏃 🏠 *t.l.j. sf dim. 8h-12h*
13h30-19h ○┐ Sébastien Gault

Ⓑ DOM. JAEGER-DEFAIX Rabourcé 2013 ★★			
▪ 1er cru	2 000	⊞	20 à 30 €

Épouse de Bernard Defaix, vigneron à Chablis, Hélène
Jaeger a repris en 2005 l'exploitation de sa grande-tante
Henriette Niepce. Elle a engagé la conversion bio dans
la foulée (certification en 2009).

D'une grande élégance dans sa robe or clair à reflets verts,
ce 2013 livre des parfums intenses de fruits jaunes, de pain
brioché et de fleurs blanches mêlés aux notes minérales
du terroir. Le palais se révèle riche, souple et tendre de
l'attaque à la finale. ✘ 2016-2020 ¥ poulet de Bresse à la
crème ▪ 1er cru Clos du Chapitre 2013 ★ (20 à 30 € ;
5 500 b.) Ⓑ : un 1er cru apprécié pour son fruité, noir et
intense, sa corpulence, sa structure bien en place et son
aptitude certaine au vieillissement. ✘ 2017-2021 ▪ 1er cru
Mont-Palais 2013 ★ (20 à 30 € ; 5 000 b.) Ⓑ : aubépine,
citron et pêche de vigne, ce rully séduit par son nez
intense et son palais tout aussi aromatique, frais et long.
✘ 2015-2019

○┐ *Dom. Jaeger-Defaix, 20, rue des Buis, 71150 Rully,*
tél. 03 86 42 40 75, helene.jaeger@wanadoo.fr
Ⓥ 🏃 🏠 *r.-v.*

JAFFELIN 2013		
▪	4 249	11 à 15 €

Cette maison de négoce-élevage implantée à Beaune
depuis 1816 appartient à la galaxie des vins Boisset. Elle
conserve son autonomie d'achat avec Marinette Garnier à sa tête, une jeune œnologue qui a pris la suite de
Prune Amiot en 2011. En cuve notamment pour ses
pernand-vergelesses et ses auxey-duresses.

Ce rully offre un joli nez de fleurs blanches, de pêche,
d'abricot et d'agrumes. Une attaque citronnée introduit
une bouche équilibrée, élégante, tendre et fine qui invite
à consommer cette bouteille dans sa jeunesse. ✘ 2015-
2017 ¥ gratin de fruits de mer

○┐ *Maison Jaffelin, 2, rue Paradis, 21200 Beaune,*
tél. 03 80 22 12 49, jaffelin@maisonjaffelin.com
Ⓥ 🏃 🏠 *r.-v.*

CLAUDIE JOBARD			
Montagne la Folie 2013			
▪	15 000	ⓘ ⊞	11 à 15 €

Cette vigneronne installée depuis 2006 dans le village de
Demigny, en Saône-et-Loire, a repris en 2011 les vignes
de son grand-père Gabriel Billard, ajoutant à sa gamme
de rully quelques arpents de pommard et de beaune
1er cru. Le tout représente aujourd'hui 9,5 ha.

Ce 2013 de bonne tenue propose un éventail aromatique
qui va du fruit jaune frais au fruit exotique en passant par
les nuances empyreumatiques léguées par un an de fût.
Sur la réserve en bouche, il plaît toutefois par sa souplesse,
sa fraîcheur et son équilibre. ✘ 2016-2019 ¥ plateau de
fruits de mer

○┐ *Dom. Claudie Jobard, 5, rte de Beaune,*
71150 Demigny, tél. 03 85 49 46 81, claudiejobard@
orange.fr Ⓥ 🏃 🏠 *r.-v.*

PHILIPPE MILAN ET FILS 2013		
▪	8 500	⊞	8 à 11 €

À la suite du décès de son père Philippe en 2009, Karl
Milan a repris l'exploitation du domaine. Il l'a depuis
agrandi (11 ha aujourd'hui) en y ajoutant quelques
parcelles de pommard et de maranges (*villages et 1er cru*).
Ce rully dévoile une olfaction engageante et alerte,
minérale et mentholée. La bouche offre elle aussi une
agréable fraîcheur construite sur des notes d'agrumes
persistantes qui l'animent jusqu'à la finale, longue et
tonique. ✘ 2015-2017 ¥ petite friture

○┐ *EARL Philippe Milan et Fils, 2, rue du Pigeonnier,*
71150 Chassey-le-Camp, tél. 03 85 91 21 38,
milan.philippe3@wanadoo.fr Ⓥ 🏃 🏠 *r.-v.*

DOM. NINOT Chaponnière 2013		
▪	12 000	ⓘ ⊞	11 à 15 €

Les Ninot sont tonneliers et vignerons depuis le XIVe s.
Le grand-père a largement contribué à la naissance et
à la renommée de l'appellation. À son décès, la propriété
fut divisée entre les cinq enfants. L'un d'eux a tout fait
pour maintenir cet héritage dans la famille, mais il n'a
pu sauver que sa part et a dû tout recommencer. Depuis
2003, c'est sa fille Erell, rejointe par son frère Flavien en
2013, qui gère les 13 ha du domaine.

L'expression aromatique de ce Chaponnière surprend
agréablement par sa finesse ; elle décline toutes les
facettes du chardonnay élevé en fût ; fleurs blanches,
fruits jaunes, vanille, brioché. On retrouve la même palette
de saveurs dans un palais gras et charnu stimulé par une
fine trame acidulée, tandis que la finale, encore sous
l'emprise du chêne, appelle la garde. ✘ 2017-2021
¥ andouillette ▪ Dom. du Meix Guillaume Vieilles Vignes
2013 (11 à 15 € ; 10 000 b.) : vin cité. ✘ 2018-2021

○┐ *Dom. Ninot, le Meix Guillaume, 2, rue de Chagny,*
71150 Rully, tél. 03 85 87 07 79, ninot.domaine@
wanadoo.fr Ⓥ 🏃 🏠 *r.-v.*

♥ JEAN-BAPTISTE PONSOT Montpalais 2013 ★★		
▪ 1er cru	12 500	ⓘ ⊞	15 à 20 €

Bernard Ponsot,
« encyclopédie vi-
vante » de l'histoire
de Rully et de son
vignoble, lègue son
domaine à son fils
Jean-Baptiste en
2000. Depuis, celui-ci
n'a eu de cesse d'améliorer la qualité des vins, nés de 8,5 ha
de vignes.

Tout simplement le meilleur rully blanc de la sélection,
unanimement apprécié pour son bouquet puissant de
fleurs jaunes (genêt, mimosa), d'épices et d'agrumes, et
pour son palais à la fois généreux et dynamique (fruits
mûrs, vanille et minéralité), remarquable d'équilibre, profond et long. Du relief et du caractère pour ce vin à boire
dans sa jeunesse ou à attendre quelques années. ✘ 2015-
2020 ¥ turbot rôti aux petits légumes ▪ 1er cru Molesme
2013 (15 à 20 € ; 10 500 b.) : vin cité. ✘ 2017-2020

○┐ *Jean-Baptiste Ponsot, 26, Grande-Rue, 71150 Rully,*
tél. 03 85 87 17 90, domaine.ponsot@orange.fr
Ⓥ 🏃 🏠 *r.-v.*

DOM. ROIS MAGES Les Cailloux 2012 ★

	3 500		◗		11 à 15 €

Anne-Sophie Debavelaere crée son domaine à Rully en 1984. Elle est rejointe plus tard par son fils Félix, alors jeune œnologue fraîchement diplômé. Ensemble, ils gèrent aujourd'hui 11 ha sur plusieurs appellations.

Vendangé à la main, puis vinifié et élevé en fût, ce 2012 arbore une parure dorée du plus bel effet. Son nez subtil marie harmonieusement les fleurs blanches, les épices douces et les fruits à noyau (pêche et abricot). Franc à l'attaque, bien structuré et acidulé, gras et minéral, le palais se révèle très harmonieux et complet. ✘ 2017-2020 ♶ suprêmes de volaille à la crème ■ Les Cailloux 2012 (11 à 15 € ; 5 000 b.) : vin cité. ✘ 2017-2020

o⊶ Félix Debavelaere, 21, rue des Buis, 71150 Rully, tél. 03 85 48 65 64, as.debavelaere@gmail.com
Ⓥ Ⓚ ⬆ r.-v.

DOM. ROUX PÈRE ET FILS
Clos des Mollepierres 2013 ★

	31 000		🍾 ◗		11 à 15 €

Créée en 1855, cette maison associant domaine et négoce, gérée par Christian Roux et ses fils Sébastien et Mathieu, est à la tête d'un vaste ensemble de 65 ha répartis sur 13 villages de la Côte-d'Or et de la Côte chalonnaise. Elle propose une vaste gamme de vins, souvent en vue, notamment en saint-aubin, puligny, chassagne et meursault.

Ce 2013 d'abord discret s'ouvre à l'agitation sur les fleurs et les fruits blancs agrémentés d'une petite touche boisée. La bouche, à l'unisson, s'affirme par son équilibre abouti entre l'acidité et le gras. ✘ 2015-2018 ♶ cassolette de moules au safran

o⊶ Dom. Roux Père et Fils, 42, rue des Lavières, 21190 Saint-Aubin, tél. 03 80 21 32 92, france@domaines-roux.com Ⓥ Ⓚ ⬆ r.-v.

♥ CH. DE RULLY
Molesme 2013 ★★

1er cru	14 000		🍾 ◗		15 à 20 €

Fondée en 1875, la maison Antonin Rodet, négoce établi en Côte chalonnaise, propose une vaste gamme de vins de toute la Bourgogne. Elle possède aussi les Ch. de Mercey (48 ha au sud de la Côte de Beaune et en Côte chalonnaise) et de Rully (32 ha en rully). Depuis 2010, elle appartient au groupe Boisset.

Cette cuvée couleur bigarreau aux élégants reflets rubis a remporté tous les suffrages. Discrète et subtile, son olfaction se révèle finement fruitée, associant des notes de cerise noire à la confiture de framboises. La bouche, ample et charnue, présente une texture veloutée étayée par une trame tannique mûre et épanouie, et s'étire dans une longue finale goûteuse et racée. Un vin déjà abouti, mais qui prendra pleinement son envol d'ici quelques années. ✘ 2017-2020 ♶ pigeon rôti ■ 1er cru La Pucelle 2013 (15 à 20 € ; 6 000 b.) : vin cité. ✘ 2015-2018

o⊶ Ch. de Rully, 55, Grande-Rue, 71640 Mercurey, tél. 03 85 98 12 12, contact@rodet.com Ⓥ Ⓚ ⬆ r.-v.
o⊶ Antonin Rodet

DOM. DE RULLY SAINT-MICHEL
Rabourcé 2013

1er cru	4 200		◗		15 à 20 €

Autrefois rattaché au château Saint-Michel, ce domaine créé par le Grand Argentier de Napoléon III, Yvert de Saint-Aubin, est géré par ses lointains descendants Solange des Déserts et Emmanuel de Bodard.

Ce 2013 dévoile de jolis arômes boisés et épicés. Même si une légère âpreté finale se fait ressentir, la bouche reste équilibrée et avenante, offrant une balance gras/acidité réussie et une belle générosité autour des fruits mûrs. Un bon vin qui a besoin d'un séjour en cave pour s'apaiser. ✘ 2017-2020 ♶ homard sauce à l'estragon

o⊶ Dom. de Rully Saint-Michel, 4, rue du Château, 71150 Rully, tél. 03 85 91 28 63, domainerullysaintmichel@hotmail.fr Ⓥ Ⓚ ⬆ r.-v.
o⊶ de Bodard

ALBERT SOUNIT La Pucelle 2012

1er cru	2 766		🍾 ◗		15 à 20 €

Fondée en 1851 par Flavien Jeunet, cette maison de négoce, qui possède aussi 12 ha de vignes en propre, a été reprise dans les années 1930 par la famille Sounit, qui la cédera à son importateur danois en 1993. L'une des valeurs sûres de la Côte chalonnaise, en vins tranquilles comme en effervescents.

Une robe profonde et intense laisse deviner un vin de grande maturité, ce que confirme un nez puissant mêlant la pêche, l'abricot, le miel d'acacia et de fines touches vanillées. Le palais se révèle ample et généreux, souple et gourmand, bien dans le ton du millésime. ✘ 2015-2019 ♶ ami du Chambertin ■ Les Chênes 2012 (11 à 15 € ; 2 432 b.) : vin cité. ✘ 2017-2021

o⊶ Maison Albert Sounit, 5, pl. du Champ-de-Foire, 71150 Rully, tél. 03 85 87 20 71, albert.sounit@wanadoo.fr Ⓥ ⬆ r.-v. o⊶ K. Kjellerup

DOM. A. ET P. DE VILLAINE Grésigny 2012 ★★

1er cru	2 000		◗		20 à 30 €

Ce domaine situé à Bouzeron exploite 22 ha de vignes en culture biologique répartis dans les diverses appellations de la Côte chalonnaise. Aubert de Villaine (copropriétaire de la Romanée-Conti) et son épouse Pamela en ont confié la gestion à leur neveu Pierre de Benoist depuis 2001.

2012, premier millésime pour cette parcelle de Grésigny et premier succès puisque ce vin finit au pied du podium des coups de cœur. Ses atouts : une robe jaune doré à reflets bronze ; un nez particulièrement engageant et harmonieux de vanille, d'épices, de pêche jaune et d'abricot ; une bouche puissante, bien équilibrée entre sensations de richesse et de vivacité, longuement parcourue de notes fruitées et épicées en osmose avec le nez. Un rully subtil et gracieux à réserver pour un mets noble. ✘ 2016-2020 ♶ homard breton grillé

o⊶ Dom. de Villaine, 2, rue de la Fontaine, 71150 Bouzeron, tél. 03 85 91 20 50, contact@de-villaine.com Ⓥ Ⓚ ⬆ r.-v.

MERCUREY

**Superficie : 645 ha / Production : 27 700 hl
(80 % rouge)**

Situé à 12 km au nord-ouest de Chalon-sur-Saône, Mercurey jouxte au sud le vignoble de Rully. C'est l'appellation communale la plus importante en volume de la Côte chalonnaise. Le vignoble s'étage entre 250 et 300 m d'altitude autour de Mercurey (fusionnée avec Bourgneuf-Val-d'Or) et de Saint-Martin-sous-Montaigu. Plus charpentés sur marnes, plus fins sur sols caillouteux, les vins sont en général solides et aptes à la garde (jusqu'à six ans, voire davantage). Parmi trente-deux *climats* classés en 1ers crus, on citera Les Champs Martin, Clos des Barrault ou encore Clos l'Évêque.

DOM. BRINTET La Levrière 2013			
■ 1er cru	6 000	◆�》	15 à 20 €

Famille vigneronne depuis le XVIes , les Brintet ont pris leur quartier dans une belle bâtisse à la sortie du village de Mercurey où ils conduisent 9,5 ha de vignes.
Ce vin dévoile des arômes typiques de petits fruits rouges et noirs (cerise, myrtille et mûre). La bouche a de la tenue, même si elle manque un peu de profondeur pour un 1er cru, et s'adosse à des tanins de qualité, fins et soyeux. **✕** 2016-2020 **❣** rôti de bœuf ■ Vieilles Vignes 2013 (15 à 20 € ; 3 300 b.) : vin cité. **✕** 2015-2019
❍━ Dom. Brintet, 105, Grande-Rue, 71640 Mercurey, tél. 03 85 45 14 50, domaine.brintet@wanadoo.fr � ▣ r. w

CH. DE CHAMILLY Clos la Perrière Monopole 2012 ★			
■	17 000	◆�》	11 à 15 €

Véronique Desfontaine est depuis 1995 à la tête de l'ancienne demeure du marquis de Chamilly. En 2007, ses deux fils, Xavier et Arnaud, l'ont rejointe et ils exploitent ensemble un coquet vignoble de 26 ha.
La robe est bien typée du millésime, rouge rubis à l'éclat carmin. Au nez, se dévoile des parfums séduisants : cerise confite, notes végétales plus fraîches, poivre noir. Une attaque souple et suave introduit une bouche portée par des tanins arrondis et l'empreinte minérale du terroir. Un bon mercurey séveux, à boire ou à garder. **✕** 2015-2020 **❣** pintade rôtie et trompettes de la mort
❍━ EARL ch. de Chamilly, 7, allée du Château, 71510 Chamilly, tél. 03 85 87 22 24, contact@ chateaudechamilly.com ▣ ▣ ▣ r.-v. **❍━** Desfontaine

CH. DE CHAMIREY Les Cinq 2012 ★			
■ 1er cru	5 600		50 à 75 €

Propriété de la famille Devillard, ce domaine emblématique a développé son activité viticole dans les années 1930, sous l'impulsion du marquis de Jouennes. Les héritiers de ce dernier, Bertrand Devillard et ses enfants Amaury et Aurore, conduisent aujourd'hui un vaste vignoble de 39 ha.
Ce 1er cru dévoile un nez pur et franc de petits fruits rouges et noirs savamment mêlés à des notes kirshées et vanillées. Après une attaque souple, la bouche se révèle dense et compacte, enrobée par une chair soyeuse et prolongée par une finale épicée qui lui apporte un supplément de noblesse et de complexité. **✕** 2017-2022

❣ bœuf bourguignon ■ 2012 (20 à 30 € ; n.c. b.) : vin cité.
✕ 2015-2018
❍━ Ch. de Chamirey, Chamirey, 71640 Mercurey, tél. 03 85 45 21 61, contact@chateaudechamirey.com ▣ ▣ ▣ t.l.j. sf dim. lun. 10h-19h; déc.-avr. t.l.j. sf sam. dim. 10h-18h **❍━** Devillard

MAISON CHANZY Clos du Roy 2013 ★			
■ 1er cru	6 900	◆◉	20 à 30 €

Implanté à Bouzeron, ce domaine de 32 ha (en Côte chalonnaise, avec aussi un pied en Côte de Beaune et en Côte de Nuits) est exploité depuis 2013 par Jean-Baptiste Jessiaume, son régisseur et maître de chai, issu d'une lignée vigneronne de Santenay. Anthony Colas est l'œnologue.
Les ceps de pinot noir à l'origine de ce vin sont implantés sur un sol argilo-calcaire. Récoltés manuellement début octobre, leurs fruits ont ensuite été élevés dix-huit mois en fût. Dans le verre, un vin d'un beau rubis étincelant, au nez franc de cerise, de myrtille et de cassis. En bouche, il se montre à la fois tonique et charnu, fruité et bien structuré. **✕** 2016-2020 **❣** entrecôte marchand de vin
❍━ Maison Chanzy, 1, rue de la Fontaine, 71150 Bouzeron, tél. 03 85 87 23 69, domaine@ chanzy.com ▣ ▣ ▣ t.l.j. 8h-12h 13h30-17h30; sam. dim. sur r.-v.

DOM. VINCENT ET JEAN-PIERRE CHARTON Clos du Roy 2013 ★			
■ 1er cru	5 600	◉	15 à 20 €

Un domaine créé en 1960, conduit depuis 2011 par la troisième génération. Vincent Charton exploite aujourd'hui un vignoble de 10 ha.
Issue d'une vendange éraflée à 100 % et d'une macération de vingt jours, cette cuvée a séjourné en fût plus de dix mois. Elle offre une olfaction classique de fruits rouges, de vanille et de violette. En bouche, elle se montre équilibrée, dotée d'une solide trame tannique et d'un boisé encore un peu dominateur. **✕** 2017-2022 **❣** côte de bœuf
❍━ EARL Dom. Charton, 29, Grande-Rue, 71640 Mercurey, tél. 03 85 45 22 39, jean-pierre-charton@wanadoo.fr ▣ ▣ ▣ r.-v.

MAISON COLIN-SEGUIN Clos des Montaigus 2013 ★			
■ 1er cru	6 000	◆◉	15 à 20 €

Pierre Colin et Olivier Seguin se sont associés en 2005 pour créer leur maison. Après des débuts dans la vente de vins fins, ils ont initié en 2008 une activité de négoce-éleveur, appuyés par leur œnologue, Olivier Bosse-Platière.
Ce 1er cru offre un bouquet élégant qui marie les petits fruits rouges à la violette et à la vanille. Flatteuse et épanouie, la bouche dévoile des tanins appuyés enrobés par une chair ronde et s'étire dans une longue finale encore un peu sous l'emprise du bois. **✕** 2016-2020 **❣** poitrine de veau braisée ■ L'Audacieux 2013 ★ (11 à 15 € ; 4 000 b.) : des arômes de framboise, de cassis et de mûre composent un nez avenant, prolongé par une bouche bien construite, tanins de garde. **✕** 2017-2021
❍━ Maison Colin-Seguin, 4, rte de Dijon, 21700 Nuits-Saint-Georges, tél. 03 80 30 21 21, olivier.seguin@maison-colin-seguin.com ▣ ▣ r.-v.

BOURGOGNE

DANJEAN-BERTHOUX Les Chavances 2013 ★

| ■ | 4 680 | ◫ | 11 à 15 € |

Blotti au pied du célèbre mont Avril, le petit village bourguignon de Jambles développe sa vocation viticole ainsi que l'élevage de race charolaise. Pascal Danjean y élabore ses vins depuis 1993, à la tête aujourd'hui de 11,6 ha de vignes.

Issu de raisins récoltés à la main fin septembre, ce mercurey carminé dévoile des senteurs de cassis et d'épices chaudes. Après une attaque nerveuse, soutenue par des tanins carrés, apparaît une matière concentrée, aux saveurs de prune bien mûre. Un bon classique que le temps bonifiera. ✗ 2018-2022 ♈ bœuf en daube

☛ Danjean-Berthoux, Le Moulin-Neuf, 45, rte de Saint-Désert, 71640 Jambles, tél. 03 85 44 54 74, danjean.berthoux@wanadoo.fr Ⓥ 🏃 ╏ r.-v.

DOM. DAVANTURE 2013

| ■ | 5 400 | ◫ | 11 à 15 € |

Les trois frères Davanture (Xavier, Damien et Éric) sont issus d'une longue dynastie de vignerons (huit générations). Ils officient sur un domaine de 22 ha situé à Saint-Désert, village de la Côte chalonnaise connu pour son église fortifiée.

Ce mercurey associe la rose marine et les fruits cuits à un boisé chaleureux. Un dégustateur décrit ainsi la suite : « avec son palais croquant soutenu par une trame harmonieuse, dans un style 'vieille école', ce vin est vraiment bien né ». ✗ 2015-2019 ♈ anguille au vin rouge

☛ Dom. Davanture, rue de la Messe, Cidex 1516 n° 26, 71390 Saint-Désert, tél. 03 85 47 95 57, domaine.davanture@orange.fr Ⓥ 🏃 ╏ r.-v.

☛ GAEC des Murgers

DOM. DE L'EUROPE Les Chazeaux 2013 ★★

| ■ | 1 200 | ◫ | 11 à 15 € |

Chantal Côte et Guy Cinquin conduisent un petit domaine de 3 ha à Mercurey. « Observer et écouter la nature, s'imprégner de la terre et de l'air, et devenir leurs humbles serviteurs », telle est leur devise.

Souvent en bonne place dans le Guide, les Cinquin finissent ici au pied du podium des coups de cœur avec ce mercurey doré et brillant, qui décline de délicieux arômes de fruits jaunes mûrs, de vanille, d'épices et de noisette. Après une attaque citronnée, il dévoile une bouche riche, onctueuse et très longue. À réserver pour un mets noble. ✗ 2016-2020 ♈ bar en croûte de sel ■ Les Closeaux 2013 (11 à 15 € ; 3 000 b.) : vin cité. ✗ 2017-2020

☛ Guy et Chantal Cinquin, Dom. de l'Europe, 7, rue du Clos-Rond, 71640 Mercurey, tél. 06 08 04 28 12, cote.cinquin@wanadoo.fr Ⓥ 🏃 ╏ r.-v. 🏠 ❷ 🏠 Ⓑ

DOM. DE L'ÉVÊCHÉ Les Ormeaux 2013

| ▢ | 1 200 | ◫ | 11 à 15 € |

Sylvie et Vincent Joussier sont installés depuis 1985 sur ce domaine de 14 ha auparavant planté en fruitiers. Bien qu'encore très jeunes, les deux enfants du couple participent déjà à l'aventure viticole familiale.

Née de vignes d'une vingtaine d'années et passé en fût de chêne de 500 l., ce mercurey offre un nez riche de fruits mûrs et de vanille. Une attaque fraîche, une matière souple

et soyeuse et un boisé fondu forment une bouche équilibrée et déjà agréable. ✗ 2015-2019 ♈ sot-l'y-laisse de dinde à la truffe

☛ EARL Vincent Joussier, 6, rue de l'Évêché, 71640 Saint-Denis-de-Vaux, tél. 03 85 44 30 43, vincentjoussier@cegetel.net Ⓥ 🏃 ╏ t.l.j. 8h-19h; dim. sur r.-v.; f. 15-31 août 🏠 Ⓒ

DOM. DE LA FRAMBOISIÈRE
Clos des Myglands Monopole 2013

| ■ 1er cru | 22 180 | ◫ | 20 à 30 € |

Cette maison de négoce fondée à Nuits-Saint-Georges en 1825 est un nom qui compte en Bourgogne, depuis sept générations. À sa tête depuis 2005, Erwan Faiveley, qui a succédé à son père François, est épaulé par Bernard Hervet à la direction générale. Aujourd'hui, c'est l'un des plus importants propriétaires de vignes en Bourgogne : 120 ha du Chablisien au Mâconnais, avec son fief en Côte de Nuits, dont 10 ha en grand cru et près de 25 ha en 1er cru.

Ce 1er cru, monopole de la Maison Faiveley, dévoile une belle palette aromatique qui mêle harmonieusement les fruits rouges à des notes plus végétales de bruyère et de bourgeon de cassis. Frais et équilibré, le palais affiche une armature tannique encore bien présente qui laisse augurer un avenir prometteur à ce mercurey de caractère. ✗ 2018-2023 ♈ daube de marcassin

☛ Dom. Faiveley, 8, rue du Tribourg, 21700 Nuits-Saint-Georges, tél. 03 80 61 04 55, accueil@ domaine-faiveley.com

DOM. PATRICK GUILLOT En Boussoy 2013

| ■ | 1 793 | ◫ | 11 à 15 € |

Représentant la troisième génération à conduire la propriété familiale, Patrick Guillot, installé depuis 1988, exploite 6 ha de vignes situés principalement à Mercurey.

Ce 2013 à la tenue impeccable, rouge cardinal, offre des senteurs intenses de bois de rose et de santal mêlées aux fruits rouges et confits. Après une attaque nerveuse sur des tanins jeunes et vifs, il se déploie plus timidement jusqu'en finale. Le temps patinera cette cuvée destinée à la cave. ✗ 2018-2022 ♈ époisses

☛ Dom. Patrick Guillot, 9 A, rue de Vaugeailles, Chamirey, 71640 Mercurey, tél. 03 85 45 27 40, domaine.pguillot@orange.fr Ⓥ r.-v.

DOM. JEANNIN-NALTET 2013

| ▢ | 3 000 | ◫ | 11 à 15 € |

Après une carrière de dix ans en tant qu'ingénieur en optimisation industrielle et après une formation à la « Viti » de Beaune, Benoît Eschard, neveu de Thierry Jeannin-Naltet, a repris les rênes en 2013 de ce domaine familial de 8,6 ha créé en 1858.

Benoît Eschard réussit pleinement son premier millésime avec ce joli mercurey finement bouqueté autour des fleurs blanches et des épices douces, équilibré entre une matière riche, une acidité ferme et un boisé noble. On lui prédit un bel avenir, au vin comme au vigneron... ✗ 2017-2021 ♈ lotte à l'armoricaine

☛ Dom. Jeannin-Naltet, 4, rue de Jamproyes, 71640 Mercurey, tél. 03 85 45 13 83, domaine@ domainejn.fr Ⓥ 🏃 ╏ r.-v.

♥ DOM. MICHEL JUILLOT
Les Vignes de Maillonge 2013 ★★

	12 000	◁▷	15 à 20 €

Domaine Michel Juillot
2013
Mercurey
APPELLATION MERCUREY CONTRÔLÉE
Les Vignes de Maillonge
GRAND VIN DE BOURGOGNE   75 cl
                                12,5% vol.
LAURENT JUILLOT
VITICULTEUR A MERCUREY, S-&-L., FRANCE

Fondé par Louis Juillot, développé par son fils Michel, conduit depuis la fin des années 1990 par son petit-fils Laurent Juillot, ce domaine emblématique de la Côte chalonnaise couvre 31 ha essentiellement en AOC mercurey, avec des parcelles en Côte de Beaune.

Couleur or, brillant et étincelant à tous les sens du terme, ce vin propose une large palette aromatique : petites fleurs blanches sauvages, noisette grillée, rose fraîche, notes minérales. La bouche, exquise, se révèle à la fois ample, consistante et tonique, fruitée (agrumes) et finement boisée. Un vin complet que l'on prendra plaisir à boire aussi bien jeune qu'après un peu de garde. ✗ 2015-2020 ♈ sandre au beurre blanc ■ **1er cru Clos des Barraults 2013 ★** (20 à 30 € ; 11 000 b.) : un bouquet intense de fruits noirs et de cuir agrémenté de quelques notes de vapeurs d'alcool, prolongé par un palais ample, solide, corpulent. Un 1er cru de garde et de caractère. ✗ 2018-2025 ■ **1er cru En Sazenay 2013** (15 à 20 € ; 2 820 b.) : vin cité. ✗ 2015-2019

☞ Dom. Michel Juillot, 59, Grande-Rue, 71640 Mercurey, tél. 03 85 98 99 89, infos@domaine-michel-juillot.fr Ⓥ 🏃 🍴 r.-v.

Ⓑ DOM. LOUIS MAX
Les Rochelles 2013

	7 000	◁▷	20 à 30 €

Maison de négoce fondée en 1859 par Evgueni-Louis Max, émigré de Géorgie. Depuis 2007, elle est la propriété de Philippe Bardet, un amateur de vin genevois qui a confié en 2014 à David Duband, célèbre vigneron de la Côte de Nuits, la responsabilité de la vinification et de l'élevage des vins de la maison. Elle dispose, en plus de ses achats de raisins, d'un vignoble en propre de 150 ha à Mercurey et dans les Corbières. Sur les flacons, des étiquettes reconnaissables entre toutes, dessinées par Pierre Le Tan.

Ce mercurey plaisant développe un nez charmant qui allie le chèvrefeuille à l'ananas et à la vanille. À la fois tendre et animé par une fraîcheur tonique, le palais plaît par son équilibre et ses arômes citronnés persistants. ✗ 2015-2019 ♈ pôchouse ■ **Clos la Marche Monopole 2013** (20 à 30 € ; 11 300 b.) Ⓑ : vin cité. ✗ 2017-2021

☞ Louis Max, 6, rue de Chaux, 21700 Nuits-Saint-Georges, tél. 03 80 62 43 00, louismax@louis-max.fr 🏃 🍴 r.-v.

DOM. DU MEIX FOULOT
Clos du Ch. de Montaigu 2011

■ 1er cru	7 000	🍶 ◁▷	15 à 20 €

En 1996, Agnès Dewe-de Launay, après quatre années passées aux États-Unis, a repris ce domaine de 20 ha à la suite de son père Paul.

Cette cuvée a fermenté avec des levures indigènes et a séjourné douze mois en fût de chêne puis six mois en cuve avant d'être mise en bouteille. Dans le verre, un vin ouvert sur les petits fruits rouges du cépage et les notes empyreumatiques de l'élevage, bien construit autour de tanins fins qui lui permettront d'évoluer sereinement. ✗ 2016-2020 ♈ œufs en meurette

☞ Dom. du Meix-Foulot, 11, rue du Clos-du-Roi, Touches, 71640 Mercurey, tél. 02 85 45 13 92, meixfoulo@club.fr Ⓥ 🏃 🍴 r.-v.

CH. DE MERCEY 2012 ★

	5 500	🍶 ◁▷	11 à 15 €

Fondée en 1875, la maison Antonin Rodet, négoce établi en Côte chalonnaise, propose une vaste gamme de vins de toute la Bourgogne. Elle possède aussi les Ch. de Mercey (48 ha au sud de la Côte de Beaune et en Côte chalonnaise) et Ch. de Rully (32 ha en rully). Depuis 2010, elle appartient au groupe Boisset.

Ce blanc limpide et brillant propose une olfaction séduisante : églantine, citron, pêche jaune. La bouche, riche, suave et fruitée, est équilibrée par la justesse d'un boisé fondu et par une fine fraîcheur minérale. ✗ 2015-2020 ♈ brochet au beurre blanc

☞ Ch. de Mercey, 55, Grande-Rue, 71640 Mercurey, tél. 03 85 98 12 12, contact@rodet.com Ⓥ 🏃 🍴 t.l.j. 10h-12h 14h-17h

CH. MI-PONT 2012

	10 000	◁▷	8 à 11 €

Cette maison de négoce, fondée en 1842 à Mercurey, est dirigée par Laurent Dufouleur, le dernier négociant-éleveur de ce gros bourg vigneron.

Issue d'un terroir argilo-calcaire, cette cuvée attire l'œil par sa robe rubis éclatante. Dès le premier nez, des senteurs de fruits rouges apparaissent, annonçant une bouche fruitée et équilibrée, légèrement acidulée et portée par des tanins fermes. Un bon classique bourguignon. ✗ 2016-2020 ♈ bœuf bourguignon

☞ Tramier et Fils, rue de Chamerose, 71640 Mercurey, tél. 03 85 45 10 83, info@maison-tramier.com Ⓥ 🏃 🍴 t.l.j. sf dim. 9h-12h 14h-18h ; f. 3 sem. en août

Ⓑ DOM. DE LA MONETTE
Le Saut Muchiau 2013 ★

	2 200	🍶 ◁▷	11 à 15 €

Depuis sa reprise en 2008 par Roelof Ligtmans et Marlon Steine, couple de Néerlandais tombés sous le charme de la Bourgogne, ce vignoble de 5 ha est conduit en bio (certification en 2013).

Une parcelle de 50 ares de pinot noir presque quinquagénaire est à l'origine de cette cuvée sombre et profonde, dont le nez discret et réservé ne laisse deviner que quelques parfums de cerise très mûre et de cassis relevés d'un soupçon végétal. Plein, solide et généreux, adossé à une structure tannique ferme, le palais reste pour l'instant sous la domination de son élevage. À noter de jolies notes de framboise, de moka et de chocolat en finale. Un indéniable potentiel pour ce vin. ✗ 2018-2022 ♈ lapin aux pruneaux

☞ Dom. de la Monette, 15, rue du Château, 71640 Mercurey, tél. 03 85 98 07 99, vigneron@ domainedelamonette.fr Ⓥ 🏃 🍴 r.-v.

♥ DOM. DE LA PERRIÈRE 2013 ★★

| ■ 1er cru | 4 000 | ◗ | 15 à 20 € |

Propriété fondée par Jean et Thérèse Duvernay en 1970 avec 7 ha de vignes. Aujourd'hui, elle en compte 19 et est dirigée par leurs enfants, Jean-Luc et Christophe. En 2014, Floriane, la fille de Jean-Luc, obtient son diplôme d'œnologue et rejoint le domaine. Des ceps de quarante ans ancrés dans un sol argilo-calcaire et récoltés à la main, et un élevage d'un an en fût de chêne sont à l'origine de ce superbe 1er cru pourpre sombre, qui offre un bouquet complexe associant les fruits noirs aux senteurs des sous-bois, les épices chaudes à la framboise fraîche. Une complexité que l'on retrouve dans un palais corpulent, intense et bien équilibré, soutenu par des tanins fins et soyeux. Un modèle d'élégance à réserver pour un mets de choix. ✗ 2018-2023 ♔ lièvre à la royale

○━ EARL Duvernay Père et Fils, 20, rue du Clos-l'Évêque, 71640 Mercurey, tél. 03 85 45 12 56, domaine.duvernay@orange.fr Ⓥ Ⓚ Ⓘ t.l.j. 9h-12h 14h-18h; f. 10-30 août

FRANÇOIS RAQUILLET
Les Vasées 2013 ★

| ■ 1er cru | 6 000 | ◗ | 15 à 20 € |

Héritiers de dix générations de vignerons, François et Emmanuelle Raquillet sont à la tête du domaine familial (10 ha) depuis 1990 et signent avec constance des cuvées de belle facture.

Coup de cœur l'an dernier avec leur 1er cru Les Veleys 2012, les Raquillet signent ici un mercurey dont l'élégance transparaît d'emblée dans sa robe pourpre à reflets roses. Le nez, d'abord peu expressif, s'ouvre à l'agitation sur une fine palette fruitée : fraise, framboise et groseille. Le palais se montre rond, équilibré et persistant, étayé par des tanins fondus et soyeux. ✗ 2015-2020 ♔ entrecôte charolaise

○━ François Raquillet, 19, rue de Jamproyes, 71640 Mercurey, tél. 03 85 45 14 61, contact@domaine-raquillet.com Ⓥ Ⓚ Ⓘ r.-v.

CH. DE SANTENAY Les Puillets 2013

| ■ 1er cru | 33 200 | ◗ | 15 à 20 € |

Ce majestueux château aux tuiles vernissées, aussi appelé « château Philippe le Hardi », fut propriété du premier duc de la grande Bourgogne (1342-1404). Aujourd'hui dans le giron du Crédit Agricole, il étend son vaste vignoble sur 97 ha et plusieurs AOC beaunoises et chalonnaises, sous la houlette de l'œnologue et directeur d'exploitation Gérard Fagnoni.

Cette cuvée dévoile un nez intense et élégant de fruits noirs, de pivoine et de violette. Une attaque souple et homogène précède une bouche solide, aux tanins massifs, un peu fugace en finale. ✗ 2017-2022 ♔ faisan aux airelles ■ 2013 (11 à 15 € ; 230 000 b.) : vin cité. ✗ 2015-2018

○━ SAS Ch. de Santenay, 1, rue du Château, 21590 Santenay, tél. 03 80 20 61 87, contact@chateau-de-santenay.com Ⓥ Ⓚ Ⓘ r.-v.

MICHEL SARRAZIN La Perrière 2013 ★

| ■ | 9 000 | ◗ | 11 à 15 € |

La généalogie de ce domaine, toujours dans la même famille quelques siècles plus tard, remonte à 1671. Régulièrement distingués dans le Guide, les frères Sarrazin, Guy et Jean-Yves, savent tirer la quintessence des cépages bourguignons et des sols argilo-calcaires de Givry, leur fief d'origine. Incontournable.

Une robe profonde, d'un beau rubis tirant sur le bleu, un bouquet fruité à dominante de framboise agrémenté de notes de sous-bois, de cannelle et de menthe, la première approche est pour le moins engageante. Une attaque ronde et gourmande prélude à une bouche équilibrée, empreinte d'arômes de caramel au beurre salé et bâtie sur des tanins au grain fin. Une bouteille harmonieuse et de bonne garde. ✗ 2017-2022 ♔ tendrons de veau

○━ SARL Michel Sarrazin et Fils, 26, rue de Charnailles, 71640 Jambles, tél. 03 85 44 30 57, sarrazin2@wanadoo.fr Ⓥ Ⓚ Ⓘ t.l.j. sf dim. 8h-12h 13h30-19h ⌂ Ⓑ

ALBERT SOUNIT Vieilles Vignes 2012

| ■ | 3 040 | ◗ | 15 à 20 € |

Fondée en 1851 par Flavien Jeunet, cette maison de négoce, qui possède aussi 12 ha de vignes en propre, a été reprise dans les années 1930 par la famille Sounit, qui la cédera à son importateur danois en 1993. L'une des valeurs sûres de la Côte chalonnaise, en vins tranquilles comme en effervescents.

Le nez, fermé de prime abord, s'ouvre à l'agitation sur des arômes de framboise et de groseille relevés d'épices. La bouche se montre ronde et gourmande, avec de la finesse dans sa trame tannique, plus « droite dans ses bottes » en finale. ✗ 2016-2020 ♔ selle d'agneau rôtie

○━ Maison Albert Sounit, 5, pl. du Champ-de-Foire, 71150 Rully, tél. 03 85 87 20 71, albert.sounit@wanadoo.fr Ⓥ Ⓘ r.-v.

DOM. DE SUREMAIN 2013

| ■ | n.c. | ◗ | 15 à 20 € |

Situé au cœur de Mercurey, le château du Bourgneuf est le fief de la famille de Suremain depuis sept générations. Un domaine né en 1870 du regroupement de différentes métairies familiales. La mise en bouteilles date de 1947. Installés en 1979, Yves et Marie-Hélène de Suremain, rejoints en 2005 par leur fils aîné Loïc, exploitent aujourd'hui un vignoble de 18 ha.

Après une récolte manuelle fin septembre, les raisins ont cuvé durant quinze jours dans des cuves en bois avant de finir leur élevage dans une pièce bourguignonne (tonneau de 228 litres) pour un an. Encore sous l'emprise du bois, ce 2013 possède néanmoins de sérieux atouts : une palette aromatique large (vanille, fruits noirs et fruits confits) ; une bouche séveuse et concentrée, aux tanins fermes. Un vin qui réclame un peu de patience. ✗ 2017-2023 ♔ coq au vin ■ 1er cru Les Crêts 2013 (15 à 20 € ; 5 300 b.) : vin cité. ✗ 2018-2023

○━ Dom. de Suremain, Ch. du Bourgneuf, 71, Grande-Rue, 71640 Mercurey, tél. 03 85 98 04 92, domaine-de-suremain.com Ⓥ Ⓚ Ⓘ r.-v.

BOURGOGNE

DOM. THEULOT JUILLOT
La Cailloute Monopole 2013 ★★

■ 1er cru	6 000	◫	15 à 20 €

Nathalie et Jean-Claude Theulot dirigent depuis 1986 le domaine créé par leurs grands-parents au début du siècle dernier. Ils ont progressivement étendu le vignoble de 5,5 ha à 11 ha aujourd'hui, comprenant le fameux 1er cru La Cailloute, en monopole.

Des raisins récoltés manuellement début octobre ont donné ce vin couleur cerise, d'une belle limpidité typique du pinot noir. Le nez, sobre de prime abord, s'ouvre à l'agitation sur des notes fruitées, épicées et vanillées. Des arômes que l'on retrouve dans un palais équilibré et charnu, appuyé sur une trame tannique soyeuse et bien fondue. ✗ 2016-2020 ♈ filet de bœuf au jus réduit ■ 1er cru Champs Martins 2013 ★ (15 à 20 € ; 2 000 b.) : un vin exotique et flatteur, bien balancé entre rondeur et fine vivacité. ✗ 2016-2020

○━ Nathalie et Jean-Claude Theulot, Dom. Theulot Juillot, 4, rue de Mercurey, 71640 Mercurey, tél. 03 85 45 13 87, contact@theulotjuillot.eu Ⓥ 🎿 🏠 t.l.j. 8h-12h 13h30-18h; sam. dim. sur r.-v.

DOM. TUPINIER-BAUTISTA
Clos du Roy 2013 ★

■ 1er cru	4 000	◫	20 à 30 €

Manuel Bautista exploite depuis 1997 la propriété (10 ha aujourd'hui) de sa belle-famille, les Tupinier, vignerons à Mercurey depuis 1770. Une affaire de négoce a été créée pour l'achat de raisins de la Côte chalonnaise et de la Côte de Beaune.

À la recherche constante de la maturité de ses raisins, Manuel Bautista signe un 1er cru au nez complexe de fruits noirs et de sous-bois. Dès l'attaque, on perçoit un vin d'une grande amplitude, construit sur un socle tannique élégant et fin. « Une bien jolie bouteille, de celle que l'on termine », conclut un juré enthousiaste. Nous recommanderons bien entendu la modération... ✗ 2017-2023 ♈ filet de bœuf en croûte ■ 1er cru Les Vellées 2013 ★ (15 à 20 € ; 3 500 b.) : une belle présence aromatique tout au long de la dégustation (mûre, sous-bois) et des tanins souples et soyeux pour ce vin élégant. ✗ 2016-2020 ■ 1er cru En Sazenay 2013 ★ (15 à 20 € ; 6 000 b.) : un 1er cru charmeur en diable, très fruité, mais aussi bien musclé et d'une amplitude imposante. ✗ 2017-2023

○━ Dom. Tupinier-Bautista, 21, rue de la Cure, Touches, 71640 Mercurey, tél. 06 87 16 02 14, tupinier.bautista@wanadoo.fr Ⓥ r.-v.

GIVRY

Superficie : 270 hl / Production : 12 580 hl (80 % rouge)

À 6 km au sud de Mercurey, cette petite bourgade typiquement bourguignonne est riche en monuments historiques. Le givry rouge, la production principale, aurait été le vin préféré d'Henri IV. Mais le blanc intéresse aussi. L'appellation s'étend sur la commune de Givry, mais « déborde » aussi légèrement sur Jambles et Dracy-le-Fort.

DOM. BESSON Le Haut Colombier 2012 ★

■	10 000	◫	11 à 15 €

Installés en 1989 sur le domaine familial fondé en 1938, Guillemette et Xavier Besson, producteurs renommés de la Côte chalonnaise, conduisent un vignoble de 8 ha. À leur disposition également, une magnifique cave du XVIIe s. classée Monument historique.

Ce 2012 livre un nez fin et équilibré entre les fruits rouges du cépage (groseille et framboise) et le boisé de l'élevage (beurre frais et vanille). La bouche, d'abord souple, dévoile ensuite une structure imposante, construite sur des tanins jeunes et fermes. Une bouteille prometteuse pour un mets de goût. ✗ 2017-2021 ♈ civet de marcassin ■ Le Haut Colombier 2013 (11 à 15 € ; 2 500 b.) : vin cité. ✗ 2015-2018

○━ Dom. Xavier et Guillemette Besson, 9, rue des Bois-Chevaux, 71640 Givry, tél. 03 85 44 42 44, xavierbesson3@wanadoo.fr Ⓥ 🎿 🏠 r.-v. 🏠 ❸

RENÉ BOURGEON Clos de la Brûlée 2013

■	n.c.		8 à 11 €

Jambles, où vous ne manquerez pas de visiter l'église Saint-Bénigne, compte de nombreuses belles maisons vigneronnes, telle celle de René Bourgeon. Ce dernier a été rejoint par son fils Jean-François qui s'apprête à prendre seul la relève.

Ce 2013 déploie une large et séduisante palette aromatique : fleurs blanches, tilleul, poire, pomme, pierre à fusil. Quant à la bouche, elle trouve aisément son équilibre entre acidité et rondeur, et plaît aussi par son fruité (pêche, litchi, ananas) et par sa longue finale pleine de fraîcheur. ✗ 2015-2018 ♈ fruits de mer

○━ EARL René Bourgeon, 2, rue du Chapitre, 71640 Jambles, tél. 03 85 44 35 85, gaec.renebourgeon@wanadoo.fr Ⓥ 🎿 🏠 t.l.j. 8h-12h 13h-19h; dim. sur r.-v.

♥ DOM. DU CELLIER AUX MOINES
Clos du Cellier aux Moines 2012 ★★★

■ 1er cru	7 000	◫	20 à 30 €

CLOS DU CELLIER AUX MOINES
GIVRY PREMIER CRU
2012
DOMAINE DU CELLIER AUX MOINES

Fondé en 1258 par les moines cisterciens, propriété d'une seule et même famille après la Révolution française, ce domaine classé Monument historique a été acquis et restauré à partir de 2004 par Philippe Pascal, ancien cadre dirigeant chez LVMH, son épouse Catherine et ses trois enfants. En 2007 a eu lieu la première vinification depuis la Révolution dans un cuvage rénové. Le vignoble est essentiellement constitué des 4,7 ha de pinot noir du Clos du Cellier aux Moines, un des 1ers crus historiques de Givry, complétés par quelques ares de chardonnay en Côte de Beaune.

Ni herbicide ni pesticide, travail régulier du sol, attente de la maturité optimale du pinot, vendanges manuelles, tri sévère... tous les soins apportés ici à la vigne ont donné un givry d'exception. Un vin rubis franc et brillant, au nez épanoui et intense, ouvert sur des notes de tubéreuse, de fruits noirs et de sous-bois complétées par une touche de vanille. Après une attaque croquante, se développe une bouche ample et chaleureuse, centrée sur la cerise noire bien mûre et adossée à des tanins « punchy » qui lui confèrent une belle allonge de boxeur ! Un vin puissant et racé à réserver pour un mets de choix. ✗ 2018-2025 ✠ filet de bœuf aux morilles

☞ *Dom. du Cellier aux Moines,*
Clos du Cellier aux Moines, 71640 Givry,
tél. 03 85 44 53 75, contact@cellierauxmoines.fr
Ⓥ ⬛ *r.-v.*

DOM. CHOFFLET-VALDENAIRE Clos de Choue 2013 ★			
■ 1er cru	22 000	🐂 ⬤	15 à 20 €

Ce vieux vignoble créé en 1710 est exploité depuis 1988 par Denis Valdenaire, le gendre de M. Chofflet, savoyard d'origine à la tête aujourd'hui de 14 ha de vignes.

Cette cuvée a été macérée à froid pendant cinq jours, puis a cuvé pendant quatorze jours avant d'être`élevée en fût durant dix-huit mois. Dans le verre, un vin aux parfums complexes d'épices, de mûre et de pivoine, souple en attaque, porté par des tanins fins et caressants, étiré dans une jolie finale en « queue de paon ». ✗ 2015-2020 ✠ coq au vin ■ **1er cru Les Galaffres 2013** (15 à 20 € ; 5 000 b.) : vin cité. ✗ 2017-2020

☞ *Dom. Chofflet-Valdenaire, Russilly, 71640 Givry,*
tél. 03 85 44 34 78, chofflet.valdenaire@orange.fr
Ⓥ 🚶 ⬛ *r.-v.*

CLOS SALOMON Monopole 2013			
■ 1er cru	30 000	⬤	15 à 20 €

Domaine phare de l'appellation givry, ce 1er cru appartient en monopole à la famille du Gardin. À sa tête, Ludovic, héritier, associé avec Fabrice Perrotto, lyonnais d'origine, met un point d'honneur à conserver les traditions bourguignonnes : rendements faibles, vendanges manuelles, élevage en pièces de 228 l...

Une jolie robe rouge cerise habille cette cuvée au nez complexe mariant le bois aux petits fruits rouges et à la pivoine. Complet et racé, le palais offre une matière pulpeuse et une ossature solide qui ne demande que quelques mois pour s'affiner et assurera un bon vieillissement à ce givry. ✗ 2016-2019 ✠ joue de bœuf confite

☞ *Dom. du Clos Salomon, 16, rue du Clos-Salomon,*
71640 Givry, tél. 03 85 44 32 24, clos.salomon@
wanadoo.fr Ⓥ ⬛ *r.-v.*

DANJEAN-BERTHOUX La Plante 2013 ★			
■ 1er cru	6 800	🐂 ⬤	11 à 15 €

Blotti au pied du célèbre mont Avril, le petit village bourguignon de Jambles développe sa vocation viticole ainsi que l'élevage de la célèbre race charolaise. Pascal Danjean y élabore ses vins depuis 1993, à la tête aujourd'hui de 11,6 ha de vignes.

Une récolte les derniers jours de septembre, puis une fermentation avec régulation de températures ont donné un vin agréable et plein. Des notes de fleurs d'acacia s'échappent du verre, tandis qu'à la mise en bouche, une impression de pureté et de fraîcheur se dessinent ; viennent ensuite des notes minérales (silex et pierre à fusil) qui se fondent dans une matière onctueuse. Un bien joli vin d'apéritif. ✗ 2015-2018 ✠ gougère au jambon ■ **1er cru Clos du Cras Long 2013** (11 à 15 € ; 7 800 b.) : vin cité. ✗ 2017-2021

☞ *Danjean-Berthoux, Le Moulin-Neuf,*
45, rte de Saint-Désert, 71640 Jambles,
tél. 03 85 44 54 74, danjean.berthoux@wanadoo.fr
Ⓥ 🚶 ⬛ *r.-v.*

DOM. DE LA FERTÉ Servoisine 2012 ★		
■ 1er cru	3 760	20 à 30 €

Ce domaine doit son nom à l'abbaye de la Ferté, première fille de l'abbaye de Cîteaux, bâtie au début du VIIe s. Cultivés par les moines cisterciens jusqu'à la Révolution, les 3 ha de ce domaine ont été repris en 1995 par Bertrand Devillard (Ch. de Chamirey, Dom. des Perdrix).

Malgré un boisé dominant, le nez de cette cuvée laisse poindre des senteurs généreuses de fruits l'alcool et d'autres plus fraîches et surprenantes de bonbon anglais. Le palais, ample, dense, profond et bien structuré, signe un vin très bien élevé que le temps révélera. ✗ 2017-2021 ✠ carré d'agneau

☞ *Dom. de la Ferté, BP 5, 71640 Mercurey,*
tél. 03 85 41 21 61, contact@domainedelaferte.com
Ⓥ 🚶 ⬛ *r.-v.*

DOM. MICHEL GOUBARD ET FILS La Grande Berge 2013			
■ 1er cru	6 000	🐂 ⬤	11 à 15 €

Vignerons de père en fils depuis 1600, les Goubard sont très bien implantés en Côte chalonnaise, avec pas moins de 37 ha de vignes à leur disposition. Michel a aujourd'hui passé le relais à ses fils Pierre-François et Vincent.

Ce vin élevé en cuve et en fût durant quinze mois dévoile un fin bouquet de baies sauvages, de fruits noirs et de toast grillé. Adossé par des tanins fins et plutôt légers, lepalais s'épanouit quant à lui sur des arômes de groseille et de framboise. ✗ 2015-2018 ✠ magret de canard aux cerises

☞ *Dom. Michel Goubard et Fils, 6, rue de Bassevelle,*
71390 Saint-Désert, tél. 03 85 47 91 06, earl.goubard@
wanadoo.fr Ⓥ ⬛ *t.l.j. 9h-12h 14h-18h; sam. dim. sur r.-v.*

DOM. LABORDE-JUILLOT Clos le Vernoy 2013 ★			
■ 1er cru	n.c.	⬤	11 à 15 €

Créée durant la crise de 1929, la cave des Vignerons de Buxy poursuit son développement. Cette coopérative a su rassembler et valoriser les producteurs d'un même terroir et les impliquer dans son fonctionnement.

Le nez de ce 2013 est de bon augure : agrumes, fruits blancs et jaunes se manifestent sans réserve à l'agitation du verre. La bouche, très tendre en attaque, se révèle souple et fluide sans manquer de présence grâce à de fines saveurs florales et fruitées agrémentées d'une touche citronnée en finale. ✗ 2015-2018 ✠ saumon en papillote ■ **1er cru Clos Marceaux Monopole 2012** (11 à 15 € ; 12 840 b.) : vin cité. ✗ 2017-2023

☞ *Vignerons de Buxy, Les Vignes-de-la-Croix,*
2, rte de la Croix, 71390 Buxy, tél. 03 85 92 03 03,
accueil@vigneronsdebuxy.fr Ⓥ 🚶 ⬛ *t.l.j. 9h-12h 14h-18h30*

DOM. MOUTON Clos Charlé 2013

1er cru	13 000	◐	15 à 20 €

Cette exploitation familiale, installée depuis quatre générations à Givry, dispose aujourd'hui de 12 ha de vignes réparties en appellations régionales, communales et 1er cru. Elle est menée par Laurent Mouton.

Ce vin dévoile sans réserve ni fausse note des parfums intenses de fruits rouges agrémentés d'agréables notes de violette. Aimable et aguicheur, le palais est bâti sur des tanins fins et un boisé bien fondu, rehaussé par quelques nuances d'épices en finale. ✗ 2015-2018 ✗ tajine d'agneau aux pruneaux

⚲ SCEA Dom. Mouton, 6, rue de l'Orcène, Poncey, 71640 Givry, tél. 03 85 44 37 99, domaine-mouton@vin-givry.com 🆅 🔩 r.-v.

DOM. PARIZE PÈRE ET FILS
Champ Lalot 2013 ★

1er cru	2 128	◐	11 à 15 €

L'histoire de la famille Parize en terre givrotine remonte à 1890, lorsque les aïeux de Laurent s'installent à Poncey, alors commune indépendante. Le domaine compte aujourd'hui 8 ha.

Des chardonnays de vingt ans sont à l'origine de ce vin qui a séjourné en fût durant six mois. Mais point de boisé intempestif ici : ce sont des arômes frais de citron et de zeste d'orange qui s'exhalent du verre. Souple en attaque, le palais est de bonne tenue, bien étayé par le bois, et s'achève sur des notes d'agrumes qui font écho à l'olfaction. Un vin harmonieux, déjà disponible et de bonne garde. ✗ 2015-2019 ✗ blanquette de poisson ▪ Les Grandes Vignes 2012 (11 à 15 € ; 6 288 b.) : vin cité. ✗ 2015-2017

⚲ Gérard et Laurent Parize, 18, rue des Faussillons, 71640 Givry, tél. 03 85 44 38 60, laurent.parize@wanadoo.fr 🆅 🔩 t.l.j. 9h-19h

DOM. PELLETIER-HIBON Les Margalice 2013

▪	2 000	◐	11 à 15 €

La propriété n'a cessé de se développer depuis qu'André Pelletier (1898-1953) a pu acquérir quelques parcelles de Givry. Son fils Henri a poursuivi son œuvre jusqu'à sa retraite en 2005, après s'être associé avec son gendre Luc Hibon en 2001. Ce dernier et son épouse exploitent désormais les 6 ha de vignes familiales.

Cette cuvée Margalice – hommage aux enfants de la famille, Margot, Gabin et Alice – révèle une belle personnalité : fraîche et charmeuse en attaque, elle développe ensuite une bouche riche et complexe, aux tanins encore très présents et déploie une jolie trame aux accents de griotte. Un vin en devenir. ✗ 2018-2022 ✗ civet de lièvre

⚲ Dom. Pelletier-Hibon, rue de la Planchette, Poncey, 71640 Givry, tél. 03 85 94 87 42, pelletier.hibon@club-internet.fr 🆅 🔩 r.-v. 🏠 Ⓖ

DOM. RAGOT Crausot 2013

1er cru	1 400	🍷◐	20 à 30 €

En 2003, Nicolas Ragot, incarnant la cinquième génération, vient épauler son père, Jean-Paul, à la tête de ce domaine familial de 9,2 ha, établi au cœur de Givry. Il en reprend seul les commandes en 2008.

Après un coup de cœur dans l'édition précédente pour son 1er cru rouge La Grande Berge 2012, le domaine propose ici un blanc plaisant par son nez floral et fruité agrémenté de notes de pierre à fusil, comme par sa bouche fraîche, franche et de belle tenue. ✗ 2015-2018 ✗ friture de la Seille ▪ Champ Pourot 2013 (11 à 15 € ; 10 000 b.) : vin cité. ✗ 2015-2018

⚲ Dom. Ragot, 4, rue de l'École, 71640 Givry, tél. 03 85 44 35 67, vin@domaine-ragot.com 🆅 🔩 t.l.j. sf dim. 8h-20h 🏠 Ⓖ

♥ MICHEL SARRAZIN
Champ Lalot 2013 ★★

1er cru	13 000	◐	11 à 15 €

La généalogie de ce domaine, toujours dans la même famille quelques siècles plus tard, remonte à 1671. Régulièrement distingués dans le Guide, les frères Sarrazin, Guy et Jean-Yves, savent tirer la quintessence des cépages bourguignons et des sols argilo-calcaires de Givry, leur fief d'origine. Incontournable.

Carton plein pour les frères Sarrazin, qui classent trois de leurs vins du millésime 2013 dans le Guide. Chronique d'un succès annoncé tant leur domaine brille par sa régularité au plus haut niveau depuis des années. D'un soyant rubis à reflets violines, ce Champs Lalot – déjà coup de cœur à plusieurs reprises dans les millésimes antérieurs – offre un premier nez timide qui s'ouvre doucement à l'aération sur les petits fruits (framboise, fraise, mûre). C'est en bouche qu'il fait la différence : une texture très veloutée, des tanins jeunes et fermes, et une longue finale pleine de vivacité et d'énergie. Autant d'atouts pour un épanouissement serein en cave. ✗ 2018-2022 ✗ gigot d'agneau ▪ 1er cru Les Grands Prétants 2013 ★★ (11 à 15 € ; 8 000 b.) : des fruits noirs légèrement compotés et des épices denses au nez, une bouche consistante et séveuse, au fruité « explosif », ce 1er cru a frôlé le coup de cœur. ✗ 2017-2022 ▪ 1er cru Les Pièces d'Henry 2013 ★ (11 à 15 € ; 4 000 b.) : un vin finement floral et minéral, ample, gras et frais à la fois. ✗ 2016-2020

⚲ SARL Michel Sarrazin et Fils, 26, rue de Charnailles, 71640 Jambles, tél. 03 85 44 30 57, sarrazin2@wanadoo.fr 🆅 🔩 t.l.j. sf dim. 8h-12h 13h30-19h 🏠 Ⓑ

DOM. JEAN TATRAUX ET FILS
La Grande Berge 2012 ★

1er cru	4 800	◐	11 à 15 €

Sylvain Tatraux a pris les rênes du domaine familial en 1997, dont le vignoble couvre aujourd'hui 8,5 ha.

Bordé d'un disque brique, la robe cerise de ce vin séduit tout autant que son large bouquet de griotte, de sous-bois et de volute de havane. Le palais, ample et corpulent, dévoile un fruité soutenu et une finale vive. Déjà plaisante, cette bouteille pourra aussi être attendue. ✗ 2015-2020 ✗ bœuf bourguignon

⚲ Dom. Jean Tatraux et Fils, 20, rue de l'Orcène, Poncey, 71640 Givry, tél. 03 85 44 36 89, sylvain.tatraux@wanadoo.fr 🆅 🔩 r.-v.

MONTAGNY

Superficie : 310 ha / Production : 17 000 hl

Entièrement vouée aux blancs, Montagny est l'appellation la plus méridionale de la Côte chalonnaise et annonce déjà le Mâconnais. Ses vins peuvent être produits sur quatre communes : Montagny, Buxy, Saint-Vallerin et Jully-lès-Buxy. Plusieurs 1ers crus (les Coères, les Burnins, les Platières...) sont délimités sur la commune de Montagny. Assez subtils, avec des arômes d'agrumes et une touche de minéralité, de bonne garde, les montagny mériteraient d'être mieux connus.

DOM. MICHEL ANDREOTTI Les Coères 2013 ★

☐ 1er cru	3 400	📷	15 à 20 €

En 1993, Philippe Andreotti a succédé à son beau-père à la tête de cette exploitation, propriété familiale depuis plusieurs générations. Le domaine (6,5 ha) établi au cœur de l'appellation montagny est commandé par une ancienne ferme du XIXe s.

Le nez de ce 1er cru surprend agréablement par ses parfums de fruit de la Passion et de mangue mêlés à quelques notes végétales. Le palais se montre riche et large, ample et suave. ✗ 2015-2018 ❦ aumônière au chèvre frais

○━ Arlette et Philippe Andreotti, Les Guignottes, 71390 Saint-Vallerin, tél. 03 85 92 11 16, philippe.andreotti@wanadoo.fr 🆅 🧗 🚶 r.-v.

DOM. BERNOLLIN Les Chaniots 2012 ★

☐ 1er cru	2 266	📷 ⬚	15 à 20 €

Fondée en 1851 par Flavien Jeunet, cette maison de négoce, qui possède aussi 12 ha de vignes en propre, a été reprise dans les années 1930 par la famille Sounit, qui la cédera à son importateur danois en 1993. L'une des valeurs sûres de la Côte chalonnaise, en vins tranquilles comme en effervescents.

Issu d'achat de raisins au domaine Berthenet de Jully-lès-Buxy, ce 2012 a séduit le jury par ses senteurs intenses de beurre frais, de fleurs jaunes et de noisette, comme par sa bouche ronde et bien équilibrée, étirée en finale sur de beaux amers qui lui confèrent de la noblesse. ✗ 2015-2018 ❦ bar grillé ■ 1er cru Les Coères 2012 ★ (11 à 15 € ; 3 066 b.) : un nez élégant et intense d'amande fraîche, de chèvrefeuille et de poire williams, et un palais rond, riche et puissant, agrémenté d'une jolie finale sur la noisette. ✗ 2016-2020

○━ Maison Albert Sounit, 5, pl. du Champ-de-Foire, 71150 Rully, tél. 03 85 87 20 71, albert.sounit@wanadoo.fr 🆅 🚶 r.-v.

♥ JEAN-PIERRE BERTHENET Les Saint Morilles 2013 ★★

☐ 1er cru	6 800	📷	11 à 15 €

Vigneron depuis 1974, Jean-Pierre Berthenet quitte la cave coopérative de Buxy en 2002 pour vinifier sa propre production, le fruit d'une vingtaine d'hectares. L'une des valeurs sûres de l'appellation montagny.

Carton plein pour ce domaine qui classe, excusez du peu, quatre vins dans cette sélection. En tête, ce 1er cru jaune clair à reflets verdoyants qui dévoile des senteurs subtiles

de lilas, de muguet et de chèvrefeuille mêlées aux fruits jaunes mûrs. Le prélude complexe à une bouche souple et fruitée (nectarine) en attaque, ample, dense et croquante à la fois, soulignée par un souffle minéral jusqu'à la finale, longue et élégante. Parfait pour découvrir cette belle appellation qui mériterait d'être mieux connue. ✗ 2016-2020 ❦ truite aux amandes ■ 1er cru Mont-Cuchot 2013 ★ (11 à 15 € ; 6 600 b.) : un nez délicat, minéral et floral, précède un palais très élégant, à la fois léger, ample et frais, bien équilibré et long. ✗ 2016-2020 ■ Vieilles Vignes 2013 ★ (15 à 20 € ; 12 000 b.) : un vin au nez de fleurs blanches délicatement vanillées, frais et minéral en bouche. ✗ 2016-2019 ■ François Berthenet Les Coères 2013 ★ (11 à 15 € ; 1 500 b.) : présenté par François, le fils de Jean-Pierre, un vin souple, frais, minéral et long en bouche, légèrement suave en finale. ✗ 2016-2019

○━ Dom. Berthenet et Fils, rue du Lavoir, 71390 Montagny-lès-Buxy, tél. 09 65 38 99 03, domaine.berthenet@free.fr 🆅 🧗 🚶 r.-v.

DOM. DU CLOS SALOMON Le Clou 2013 ★

☐	10 000	⬚	11 à 15 €

Domaine phare de l'appellation givry, ce 1er cru appartient en monopole à la famille du Gardin. À sa tête, Ludovic, héritier, associé avec Fabrice Perrotto, lyonnais d'origine, met un point d'honneur à conserver les traditions bourguignonnes : rendements faibles, vendanges manuelles, élevage en pièces de 228 l...

Issu de 2,2 ha de chardonnay plantés en 2004 sur sol argilo-marneux, ce montagny offre un nez fruité ponctué de notes de miel d'acacia et de vanille. La bouche fruitée, fraîche, voire nerveuse livre des arômes de pomelo en finale. Un vin complexe et énergique. ✗ 2015-2018 ❦ cassolette de fruits de mer

○━ Dom. du Clos Salomon, 16, rue du Clos-Salomon, 71640 Givry, tél. 03 85 44 32 24, clos.salomon@wanadoo.fr 🆅 🚶 r.-v.

CH. DE DAVENAY Clos Chaudron 2012

☐ 1er cru	28 000	📷	15 à 20 €

Maison de négoce-éleveur créée en 1951 par Louis-Félix Picard. Francine, sa petite-fille, a pris la suite de son père Michel en 2008 avec son frère Gabriel et a rebaptisé en 2011 la société, créant la marque Au pied du Mont Chauve. Elle dispose de l'imposant château de Chassagne-Montrachet et de ses caves médiévales, et exploite 35 ha de vignes en propre, à Chassagne, Saint-Aubin et Puligny.

Située à la pointe sud de la Côte chalonnaise, la parcelle Clos Chaudron est établie sur un relief accidenté qui s'étend sur la commune de Buxy, dans le hameau de Davenay. Y est né ce 2012 timide au premier nez, qui s'ouvre doucement sur de fines notes minérales et d'agrumes. Au palais, il se livre plus nettement, offrant un mariage harmonieux entre rondeur et fraîcheur et une jolie finale sur le zeste de mandarine qui lui confère un surcroît de complexité. ✗ 2015-2018 ❦ poulet au citron

○━ *Dom. Famille Picard, 5, chem. du Château, 21190 Chassagne-Montrachet, tél. 06 74 82 34 82, famille.picard@domainesfamillepicard.com* 🅥 🅚 🅛 *t.l.j. 10h-18h*

FEUILLAT-JUILLOT Les Jardins 2013 ★		
1er cru	3 000	🍶	11 à 15 €

Françoise Feuillat-Juillot, fille d'une illustre famille vigneronne de Mercurey, a posé ses valises en 1989 sur les terres de Montagny. Elle exploite aujourd'hui 14 ha de vignes, dont treize 1ers crus.

Du verre s'échappent des arômes fruités de mandarine et de pomme verte soulignés d'un trait minéral. Des saveurs fruitées qui «explosent» dans une bouche ample et fraîche, dynamisée par une longue finale acidulée. Un vin très expressif, énergique et déjà harmonieux. ✗ 2015-2018 ❦ truite au bleu

○━ *Dom. Feuillat-Juillot, rte de Montorge, 71390 Montagny-lès-Buxy, tél. 03 85 92 03 71, domaine@ feuillat-juillot.com* 🅥 🅚 🅛 *r.-v.*

MILLEBUIS Les Coères 2013		
1er cru	29 490	🍶	11 à 15 €

Créée durant la crise de 1929, la cave des Vignerons de Buxy poursuit son développement. Cette coopérative a su rassembler et valoriser les producteurs d'un même terroir et les impliquer dans son fonctionnement.

Des notes de buis, de pêche blanche et de nectarine soulignées de pierre à fusil animent l'olfaction de ce 1er cru expressif. La bouche, équilibrée, suit la même ligne aromatique et déploie une jolie finale épicée. ✗ 2015-2018 ❦ blanquette de veau aux champignons ■ 2013 (8 à 11 € ; 29 560 b.) : vin cité. ✗ 2015-2018

○━ *Vignerons de Buxy, Les Vignes-de-la-Croix, 2, rte de la Croix, 71390 Buxy, tél. 03 85 92 03 03, accueil@vigneronsdebuxy.fr* 🅥 🅚 🅛 *t.l.j. 9h-12h 14h-18h30*

DOM. DES MOIROTS Le Vieux Château 2013		
1er cru	9 430	🍶 ◫	11 à 15 €

Le domaine est une affaire de famille : celle des Denizot. En 1990, Christophe a rejoint son père Lucien à la tête de l'exploitation, qu'il gère en compagnie de sa sœur Muriel et de son cousin Patrice.

La vendange manuelle de ces chardonnays et l'élevage pour partie en fût pendant onze mois ont donné un vin au nez généreux d'agrumes, de fleurs blanches et de pomme verte ; bien équilibré entre rondeur, finesse et nervosité. ✗ 2015-2018 ❦ cuisses de grenouilles

○━ *Christophe Denizot, Dom. des Moirots, 14, rue des Moirots, 71390 Bissey-sous-Cruchaud, tél. 03 85 92 16 93, domainedesmoirots@orange.fr* 🅥 🅚 🅛 *r.-v.*

DOM. DE MONTORGE Les Coères 2013		
1er cru	3 200	🍶	11 à 15 €

Entre Montagny-Lès-Buxy et Saint-Vallerin, sur le hameau de Montorge, Charles et Jean-Joseph Flandre ont créé en 1972 une exploitation familiale à partir de 12 ha de vignes classés exclusivement en 1er cru. En 2014, Yann, le second fils de Jean-Joseph, a pris le relais.

Ce 1er cru offre une belle palette olfactive, mêlant agrumes et fleurs blanches, zeste de citron et touches minérales,

richesse et vivacité. Un vin équilibré et avenant, parfait pour l'apéritif. ✗ 2015-2018 ❦ rillettes de saumon

○━ *Dom. de Montorge, Cidex 1118 Montorge, 71390 Montagny-lès-Buxy, tél. 06 87 68 90 28, domainemontorge@yahoo.fr* 🅥 🅚 🅛 *t.l.j. 9h-12h30 14h-19h; dim. sur r.-v.*

PIGNERET FILS Les Coères 2013 ★		
1er cru	4 500		8 à 11 €

Installés du côté de Givry en 2001, les frères Éric et Joseph Pigneret, quatrièmes du nom à conduire le domaine familial (30 ha), ont créé la marque de négoce Pigneret Fils pour enrichir leur gamme.

Ce 2013 offre un bouquet floral discret et fin. Après une attaque vive, la bouche se révèle ample, généreuse, intense et persistante. Un vin encore jeune et un brin fougueux qu'il conviendra d'attendre pour qu'il s'assouplisse et donne sa pleine mesure. ✗ 2017-2020 ❦ filet de sole bonne femme

○━ *Pigneret Fils, Vingelles, 71390 Moroges, tél. 03 85 47 15 10, dpm.pigneret@orange.fr* 🅥 🅚 🅛 *t.l.j. 9h-12h 14h-19h; dim. 9h-12h*

CH. DE LA SAULE Les Burnins 2012		
1er cru	400	◫	11 à 15 €

Situé à une vingtaine de kilomètres au sud-ouest de Chalon-sur-Saône, Montagny-lès-Buxy rassemble de façon circulaire, au cœur du village, d'anciennes maisons vigneronnes. Ce château commandant 18,5 ha de vignes, propriété d'Alain Roy, est situé en contrebas du village.

Ce 2012 dévoile un bouquet délicat de fruits exotiques et de genêt accompagné de noisette fraîche. La bouche est souple, fraîche et équilibrée, soulignée par une agréable pointe d'amertume en finale. ✗ 2015-2018 ❦ saint-jacques snackées ■ 1er cru Cuvée spéciale en fût de chêne 2012 (11 à 15 € ; n.c. b.) : vin cité. ✗ 2015-2018

○━ *Alain Roy, Ch. de la Saule, 71390 Montagny-lès-Buxy, tél. 03 85 92 11 83* 🅛 *r.-v.*

➡ LE MÂCONNAIS

Jeu de collines découvrant souvent de vastes horizons, où les bœufs charolais ponctuent de blanc le vert des prairies, le Mâconnais (5 700 ha en production) cher à Lamartine – Milly, son village, est vinicole, et lui-même possédait des vignes – est géologiquement plus simple que le Chalonnais. Les terrains sédimentaires du triasique au jurassique y sont coupés de failles ouest-est. 20 % des appellations sont communales, 80 % régionales (mâcon blanc et mâcon rouge). Sur des sols bruns calcaires, les blancs les plus réputés, issus de chardonnay, naissent sur les versants particulièrement bien exposés et très ensoleillés de Pouilly, Solutré et Vergisson avec les AOC pouilly-fuissé, pouilly-vinzelles, pouilly-loché, saint-véran. Ils sont remarquables par leur aptitude à une longue garde. Les rouges et rosés proviennent du pinot noir pour les vins d'appellation bourgogne, et de gamay noir à jus blanc pour les mâcon issus de terrains à plus basse altitude et moins bien exposés, aux sols souvent limoneux où des rognons siliceux facilitent le drainage.

MÂCON ET MÂCON-VILLAGES

Production : 29 400 hl (85 % en rouge)

L'aire de production est assez vaste : du nord au sud, de la région de Tournus jusqu'aux environs de Mâcon, une cinquantaine de kilomètres sur une quinzaine de kilomètres d'est en ouest. À la diversité des situations répond celle des vins. Les appellations mâcon ou mâcon suivi de la commune d'origine sont utilisées pour les rouges, rosés et blancs. Les deux premiers sont le plus souvent issus de gamay, les troisièmes de chardonnay. Les vins blancs peuvent s'appeler aussi mâcon-villages.

VINS AUVIGUE Solutré Le Moulin du pont 2014		
▬	16 000	🍾	8 à 11 €

Producteurs depuis plus de cinq générations, Michel et Jean-Pierre Auvigue pratiquent également depuis 1982 l'achat de raisins. Ils ont transformé un ancien moulin à huile, en chai de vinification et d'embouteillage.

Le Mâconnais

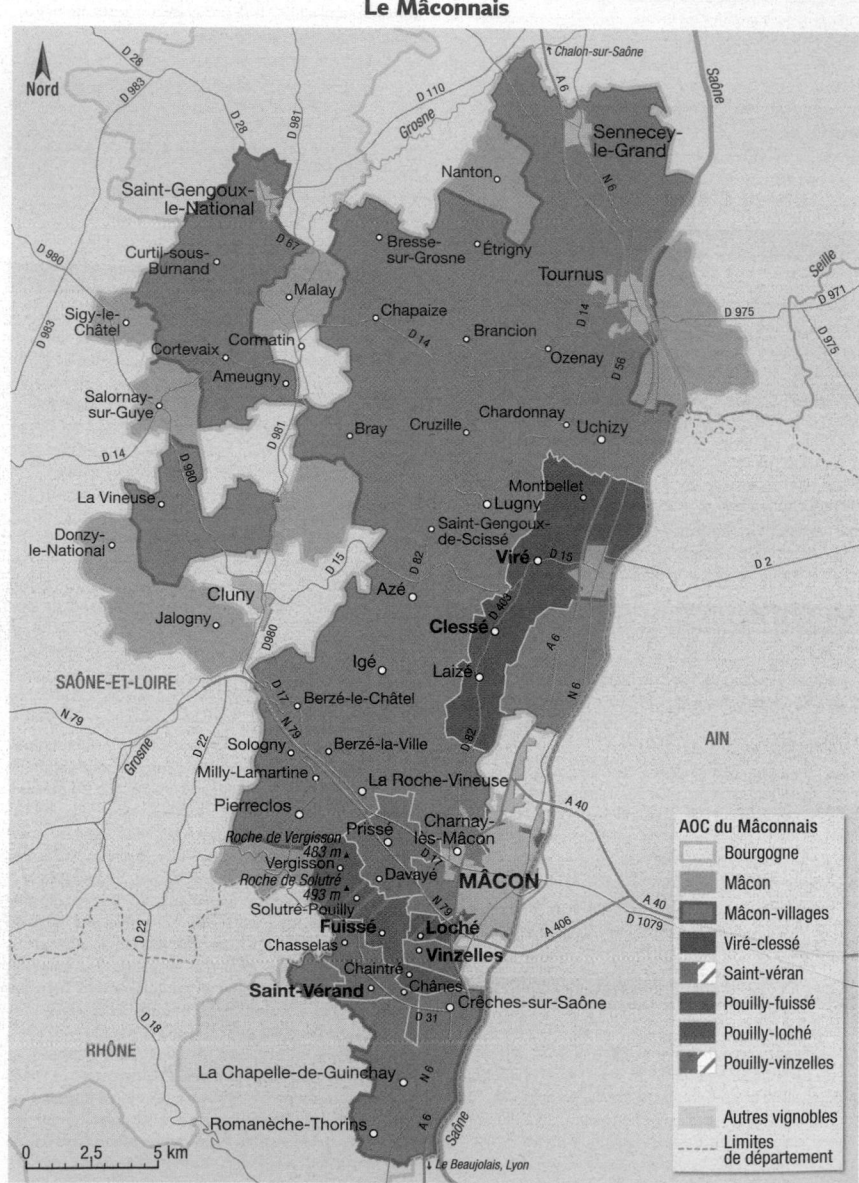

Des vignes trentenaires et une vinification 100 % cuve Inox sont à l'origine de ce vin simple et bien fait, aux douces notes de verveine et de citron confit. Équilibré et de bonne longueur, il est à boire sur le fruit, à l'apéritif de préférence. ✗ 2015-2017 ▼ gougères

☛ *SARL Vins Auvigue, 3131, rte de Davayé, 71850 Charnay-lès-Mâcon, tél. 03 85 34 17 36, vins.auvigue@wanadoo.fr* Ⓥ 🏃 🛏️ *r.-v.*

CAVE D'AZÉ Azé Élevé en fût de chêne 2013 ★		
▪	13 000	⬤	5 à 8 €

Fondée en 1927, la cave d'Azé vinifie aujourd'hui 275 ha de vignes sous la houlette de Denis Charlot. Elle s'est taillé une belle réputation pour ses vins blancs, sans négliger ses pinots noirs et ses effervescents, sans oublier non plus sa cuvée originale de liquoreux.

Vêtue d'une robe cerise bien brillante, cette cuvée offre un nez complexe, floral (pivoine) et fruité (fraise et framboise), le tout bien marié au fût de l'élevage. Une impression de richesse et de profondeur se dégage du palais, étayé par une jolie structure tannique, à la fois solide et soyeuse, qui pousse loin la finale. Un vin puissant et équilibré. ✗ 2017-2020 ▼ rôti de bœuf sauce Périgueux

☛ *Cave coopérative d'Azé, En Tarroux, 71260 Azé, tél. 03 85 33 30 92, contact@caveaze.com* Ⓥ 🏃 🛏️ *t.l.j. 9h-12h 14h-18h*

CÉDRIC ET JEAN-MARC BALANDRAS Serrières 2013		
▪	7 000	🍾	5 à 8 €

Ce domaine familial de 10 ha a la particularité d'être situé dans un pittoresque hameau mâconnais à cheval sur deux villages (Cenves et Serrières), deux départements (Rhône et Saône-et-Loire) et, par conséquent, deux régions (Rhône-Alpes et Bourgogne). Cédric Balandras s'est installé avec son père Jean-Marc en 2000.

Ce 2013 rouge cerise aux reflets violines offre un bouquet intense et charmeur de fruits noirs concentrés et de poivre. Rond, souple et fruité, le palais se révèle harmonieux. L'archétype du « vin plaisir » à boire sur le fruit. ✗ 2015-2017 ▼ onglet grillé

☛ *Cédric et Jean-Marc Balandras, EARL Les Guérins, 71960 Serrières, tél. 03 85 35 72 94, jmcbalandras@ orange.fr* Ⓥ 🏃 *r.-v.* 🏠 Ⓑ

JEAN BARONNAT 2013		
▪	n.c.	8 à 11 €

Fondée en 1920 par Jean Baronnat, l'une des dernières affaires familiales encore indépendantes du Beaujolais, dirigée depuis 1985 par Jean-Jacques Baronnat, petit-fils du fondateur. La maison, bien implantée dans le Beaujolais, mais aussi en Bourgogne, a étendu sa gamme de vins dans le sud de la France. Une habituée du Guide.

Ce *village* dévoile de nombreux parfums : chèvrefeuille, aubépine, citron, mandarine. Toutes ces saveurs se retrouvent dans une bouche souple et tendre, à la finale flutée. Un vin déjà agréable, à associer aux produits de la mer. ✗ 2015-2018 ▼ friture de poissons

☛ *Jean Baronnat, 491, rte de Lacenas, 69400 Gleizé, tél. 04 74 68 59 20, info@baronnat.com* Ⓥ 🛏️ *r.-v.*

DAVID BIENFAIT 2013		
▪	3 800	🍾	8 à 11 €

David Bienfait a grandi à Vergisson, fasciné par le métier de vigneron. Après un BTS « viti », il part pour la Nouvelle-Zélande puis rentre en Mâconnais fin 2009 pour s'installer sur 1,8 ha de pouilly-fuissé. Aujourd'hui, son domaine compte 3 ha de chardonnay.

Ce vin s'ouvre sur des parfums d'orange amère et de petites fleurs blanches. Souplesse et onctuosité caractérisent la bouche, à laquelle une jolie finale sur les agrumes apporte finesse et légèreté. ✗ 2015-2018 ▼ truite aux amandes

☛ *David Bienfait, rue de l'Étang, 71960 Bussières, tél. 06 86 72 53 93, davidbienfait@hotmail.fr* Ⓥ 🛏️ *r.-v.*

BOUCHARD AÎNÉ ET FILS 2013		
▪	7 500	8 à 11 €

Dans le groupe Boisset depuis 1992, ce négoce beaunois a été fondé en 1750 par Michel Bouchard et son fils aîné Joseph. Dans l'ancien hôtel du conseiller du Roy (XVIIIᵉ s.) sont entreposés les fûts d'élevage de cette maison historique proposant une large gamme de vins de toute la Bourgogne, mais aussi du Beaujolais et du Rhône.

Ce vin dévoile un bouquet discrètement boisé et floral, nuancé d'agrumes. Une complexité que ne dément pas le palais, ample, tonique, acidulé et bien structuré. ✗ 2015-2018 ▼ aumônière de saint-jacques

☛ *Bouchard Aîné et Fils, 4, bd du Mal-Foch, 21200 Beaune, tél. 03 80 62 61 00, bouchard@ bouchard-aine.fr* Ⓥ 🏃 🛏️ *t.l.j. 9h30-12h30 14h-18h; † lun. de janv.-fév.*

♥ DOM. BOURDON 2013 ★★		
▪	5 500	🍾	5 à 8 €

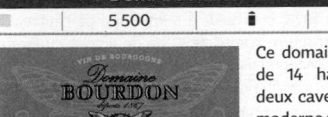

Ce domaine de plus de 14 ha possède deux caves : un chai moderne au cœur du hameau de Pouilly et une magnifique cave voûtée en pierre à Vergisson. À sa tête, Sylvie et François Bourdon représentent la cinquième génération.

Issue d'un terroir calcaire et élevée sur lies fines pendant huit mois, cette cuvée délivre des parfums intenses et très harmonieux de fleurs blanches, d'agrumes fraîchement pressés, et de fruits exotiques. Un équilibre remarquable caractérise également la bouche, à la fois ronde, onctueuse et acidulée. Un vrai « vin plaisir », élégant et frais. ✗ 2015-2019 ▼ brochet au beurre blanc ▶ Vergisson 2013 ★ (8 à 11 € ; 3 000 b.) : un vin au caractère confit, gras et solaire, pour une viande blanche ou pour un poisson en sauce. ✗ 2015-2019

☛ *EARL François et Sylvie Bourdon, rue de la Chapelle, 71960 Solutré-Pouilly, tél. 03 85 35 81 44, francoisbourdon2@wanadoo.fr* Ⓥ 🏃 🛏️ *t.l.j. 8h-20h*

JOSEPH BURRIER Charnay 2013		
▪	12 000	🍾 ⬤	8 à 11 €

Présente depuis plus de cinq siècles dans le vignoble du Mâconnais, la famille Burrier est propriétaire de l'un des domaines viticoles majeurs de la région, le Ch. de Beauregard. En complément, une activité de négoce a été créée, avec une sélection rigoureuse des raisins et des vins retenus.

Ce 2013 dévoile un bouquet charmant de fleurs blanches et d'herbe sèche. Frais, équilibré et aromatique (notes d'amande fraîche), le palais bénéficie d'une fine empreinte minérale apportée par le terroir et d'une finale acidulée qui renforce son caractère tonique. Tout indiqué pour les produits de la mer. ✗ 2015-2018 ⏰ bourriche d'huîtres
⚲ *Maison Georges Burrier, Rouette-du-Clos, Ch. de Beauregard, 71960 Fuissé, tél. 03 85 35 60 76, joseph.burrier@wanadoo.fr* 🅥 🛠 🔺 *r.-v.*

DOM. CARRETTE Soluté Les Condemines 2014 ★

| ■ | 4 800 | 🍾 | 5 à 8 € |

Henri Carrette, issu d'une famille vigneronne, acquiert en 1980 une grande maison dont cave voûtée au pied de la roche de Vergisson. Il y débute alors la vente en bouteilles à la propriété. Depuis 2004, son fils et son petit-fils perpétuent la tradition.

Ce 2014 séduit d'emblée par la franchise et l'éclat de sa robe bouton d'or. Le nez discret s'éveille doucement à l'aération dans un registre plutôt floral souligné de notes citronnées. La bouche associe beaucoup de rondeur à des nuances d'agrumes qui lui confèrent de la fraîcheur et une bonne longueur. ✗ 2015-2018 ⏰ sole meunière
⚲ *GAEC Dom. Carrette, 39, rte des Crays, 71960 Vergisson, tél. 03 85 59 02 74, contact@ domaine-carrette.fr* 🅥 🛠 🔺 *r.-v.*

CAVE DE CHAINTRÉ Chaintré 2013

| ■ | 6 000 | 🍾 | 5 à 8 € |

Cette cave résulte de l'union, en 2013, des coopératives de Juliénas et de Chaintré fondées respectivement en 1960 et en 1928, et situées à 6 km l'une de l'autre. La nouvelle structure compte 290 ha de vignes en Beaujolais et en Mâconnais. Pour autant, chaque cave garde sa structure de vinification et son identité propre.

La cave propose ici un mâcon classique né de chardonnay planté sur argilo-calcaires, vendangé à la machine, fermenté à basse température puis élevé cinq mois en cuve sur lies fines. Un classicisme que l'on retrouve dans le verre : robe claire à reflets verts, bonne intensité aromatique (fleurs blanches et agrumes), bouche à l'unisson, légère, souple et fraîche. Un vin léger et agréable, tout indiqué pour l'apéritif ou les produits de la mer. ✗ 2015-2017 ⏰ papillote de poisson
⚲ *Cave Grands Vins Juliénas-Chaintré, Ch. du Bois de la Salle, 69840 Juliénas, tél. 04 74 04 42 61, compta@julienaschaintre.fr* 🅥 *r.-v.*

LES CHAIS LÉTOURNEAU Lugny Les Charmes 2013

| ■ | 3 000 | 🍾 🍷 | 5 à 8 € |

Une maison fondée en 1902 et un savoir-faire transmis depuis trois générations de vignerons. C'est Yannick Létourneau qui en est le responsable depuis 2002. Situé à Burgy, au nord de Mâcon, dans une région propice à l'élaboration du vin blanc, ce domaine (8,3 ha) est spécialisé dans la production d'effervescents de qualité depuis 1950 et de vins blancs d'appellation.

Yannick Létourneau est le seul vigneron particulier à proposer ce lieu-dit du même nom (37 ares), le reste étant produit par la cave coopérative de Lugny (105 ha). Dans le verre, cela donne une jolie couleur jaune d'or, d'intenses

arômes fruités puis miellés, prolongés par un palais bien équilibré entre gras et acidité. ✗ 2015-2018 ⏰ poulet en gelée
⚲ *Yannick Létourneau, 91, rte du Bourg, 71260 Burgy, tél. 06 78 41 27 58, yannick.letourneau@wanadoo.fr* 🅥 🛠 🔺 *r.-v.*

MAISON CHANDESAIS 2014 ★★

| ■ | 20 000 | 🍾 | - de 5 € |

Un négoce familial fondé en 1933 par Émile Chandesais, sur la commune de Fontaine, au cœur de la Côte chalonnaise. Il prospère au fil des ans en assurant la vinification, l'élevage et la commercialisation de ses vins de Bourgogne. En 1993, Émile Chandesais cède sa société à la Compagnie Vinicole de Bourgogne, filiale du groupe Picard Vins et Spiritueux.

Rouge intense et brillant, ce mâcon présente un nez soutenu de fruits noirs rappelant le cassis et la mûre. La bouche ample et fraîche offre une belle concentration et une bonne structure qui lui permettra de bien évoluer. ✗ 2016-2020 ⏰ tournedos grillé ■ Les Colombes 2014 (5 à 8 € ; 100 000 b.) : vin cité. ✗ 2015-2018
⚲ *Compagnie Vinicole de Bourgogne, rte, de Saint-Loup-de-la-Salle, 71150 Chagny, tél. 03 85 87 51 04, david.fernez@m-p.fr*
⚲ Picard Vins et Spiritueux

DOM. CHÊNE Milly-Lamartine 2014 ★

| ■ | 35 000 | 🍾 | 5 à 8 € |

Vigneronne depuis 1973, la famille Chêne quitte la cave coopérative de Prissé en 1999 pour vinifier et commercialiser sa propre production. Établi en plein cœur du val Lamartinien, le domaine dispose d'un important vignoble : 40 ha répartis dans plusieurs appellations.

Élevé six mois en cuve, ce 2014 dévoile un bouquet élégant de pêche de vigne, de fougère et d'abricot, nuancé de notes beurrées. Après une attaque énergique, la bouche se révèle riche et puissante, vineuse et fruitée. Un vin de forte concentration, que l'on pourra attendre un peu pour l'assagir. ✗ 2016-2020 ⏰ blanquette de poulet
⚲ *Dom. Chêne, Ch. Chardon, 71960 La Roche-Vineuse, tél. 03 85 37 65 90, domainechene@orange.fr* 🅥 🛠 🔺 *t.l.j. 9h30-12h 14h30-19h*

DOM. DES CHENEVIÈRES Les Saints-Jean 2013 ★

| ■ | 575 | 🍷 | 8 à 11 € |

Ce domaine de 42,5 ha situé à l'ouest de Mâcon est exploité par la même famille depuis cinq générations. Il s'est forgé une solide réputation avec ses bourgognes génériques et ses mâcons, souvent en vue dans ces pages. C'est aujourd'hui Vincent et Nicolas Lenoir, aidés de leur épouse et de leurs enfants Sylvain et Aurélien, qui sont aujourd'hui aux commandes.

Double coup de cœur l'an dernier pour son bourgogne rouge La Baronne 2012 et son mâcon blanc Vieilles Vignes 2012, la famille signe ici une cuvée harmonieuse et élégante, qui marie sans fausse note les agrumes aux notes fumées de l'élevage en fût. La bouche évolue sur la rondeur, avec une pointe de vivacité en soutien. Un ensemble très équilibré. ✗ 2015-2019 ⏰ jambon persillé
⚲ *Dom. des Chenevières, Le Bourg, 71960 Saint-Maurice-de-Satonnay, tél. 03 85 33 31 27, domaine.chenevieres@orange.fr* 🅥 🛠 🔺 *t.l.j. 9h-12h 14h-19h* ⚲ Lenoir

DOM. LES CHENEVIÈRES 2013		
25 000	🍶	8 à 11 €

Georges Duboeuf a fondé cette affaire familiale de négoce en 1964. Il est l'un des grands acteurs viticoles en France. Numéro un pour la commercialisation des vins du Beaujolais et du Mâconnais, il vinifie annuellement 165 000 hl avec 400 viticulteurs et 20 caves coopératives sous contrat, soit l'équivalent de 30 millions de bouteilles.

Ce mâcon originaire de Saint-Maurice-de-Sathonay présente bien dans sa robe or pâle aux reflets vert tendre. Le nez dévoile de jolies senteurs de pêche blanche et de citron, prélude à une bouche expressive et tonique, à la finale vive et citronnée. ✗ 2015-2018 ❦ moules marinière

☞ Les Vins Georges Duboeuf,
208, rue de Lancié, 71570 Romanèche-Thorins,
tél. 03 85 35 34 20, gduboeuf@duboeuf.com
Ⓥ 🏃 🏠 t.l.j. 10h-18h

DOM. CLOS DE CHEVIGNE La Verchère 2014		
4 000	🍶	5 à 8 €

Installé en 1990 sur l'exploitation familiale de 6 ha alors conduite en polyculture, non loin de Mâcon, Martial Mazille a reconstitué le domaine et l'a agrandi, le consacrant aux seules vignes, qui couvrent aujourd'hui 25 ha.

Une jolie robe jaune ourlée de vert, un large éventail aromatique de senteurs (mandarine, miel, poire), l'approche est séduisante. La bouche se distingue par un équilibre réussi entre le gras et l'acidité, l'alcool et les arômes. Bien dans le ton du millésime. ✗ 2015-2018 ❦ blanquette de veau

☞ EARL du Clos de Chevigne, rte de Chevigne,
71960 Prissé, tél. 06 80 62 58 96, mmazille@orange.fr
Ⓥ 🏠 r.-v. ☞ Martial Mazille

| JEAN-MICHEL COMBIER | | |
Serrières Élevé en fût de chêne 2013 ★		
1 150	🍶 ⬤	5 à 8 €

Situé sur les hauteurs de Serrières et dominant les jolis coteaux granitiques du « Triangle d'or » (Bussières, Pierreclos et Serrières), ce domaine géré depuis 1988 par Jean-Michel Combier compte aujourd'hui près de 10 ha.

Né de raisins de gamay vendangés à la main, ce 2013 a séjourné dix mois en barrique. Finesse et harmonie le caractérisent de bout en bout : une robe rouge cerise ; un nez intense et complexe alliant petits fruits rouges, poivre noir et épices douces ; un palais aussi concentré qu'équilibré, ample et charnu, soutenu par des tanins fins. ✗ 2015-2019 ❦ onglet à l'échalote

☞ Jean-Michel Combier, Les Provenchères,
71960 Serrières, tél. 03 85 35 75 80, jeanmichelcombier@orange.fr Ⓥ 🏠 r.-v.

| DOM. CORDIER | | |
Milly-Lamartine Clos du Four 2013		
4 000	⬤	15 à 20 €

Basé à Fuissé, Christophe Cordier a pris la tête de ce vignoble de 35 ha à la suite de son père Roger. Il a élargi sa gamme en créant une affaire de négoce sous son nom. Une référence en Mâconnais, sous les deux casquettes, également présent en Beaujolais.

Adepte de l'élevage en fût de chêne, Christophe Cordier propose toujours des cuvées de belle facture, dont l'empreinte boisée est encore souvent présente. C'est le cas pour ce 2013 or jaune très soutenu, au nez puissant de vanille et de toast grillé. Le merrain est tout aussi intense dans une bouche dense, relevée par une acidité citronnée. Un vin puissant à réserver aux amateurs de vins boisés. ✗ 2017-2020 ❦ ris de veau aux morilles ▪ Christophe Cordier Vieilles Vignes 2013 (8 à 11 € ; 4 000 b.) : vin cité. ✗ 2015-2018

☞ Dom. Cordier Père et Fils, 71960 Fuissé,
tél. 03 85 35 62 89, domaine.cordier@wanadoo.fr
Ⓥ 🏃 🏠 r.-v.

| ♥ DOM. COTEAUX DES MARGOTS | | |
Cuvée Margot 2013 ★★		
1 500	⬤	5 à 8 €

Jean-Luc Duroussay s'installe en 1983 sur le domaine familial, 15 ha situés au cœur des collines du Mâconnais, essentiellement sur Pierreclos. Il y est rejoint en 1999 par son épouse Véronique ; ensemble, ils entreprennent de valoriser la production en développant la vente en bouteilles aux particuliers.

Véronique Duroussay se rend tous les samedis matin sur le magnifique et pittoresque marché de Cluny pour proposer à la clientèle la gamme complète des vins du domaine. L'occasion pour les œnophiles de goûter cette cuvée de haute volée. Un 100 % gamay qui offre un nez très précis de fruits rouges sur un léger fond boisé, presque imperceptible, longuement relayé par un palais très équilibré, rond et frais, structuré en finesse par des tanins veloutés. Une véritable gourmandise, à savourer avec un plat canaille. ✗ 2015-2019 ❦ pâté en croûte

☞ Jean-Luc et Véronique Duroussay,
Dom. Coteaux des Magots, 219, rue des Margots,
71960 Pierreclos, tél. 06 25 56 23 08,
domainecoteauxdesmargots@wanadoo.fr Ⓥ 🏃 🏠 t.l.j.
9h-12h 13h30 18h30

| ♥ MARCEL COUTURIER | | |
Vinzelles Au Corlier 2013 ★★		
2 500	⬤	8 à 11 €

Installé en cave particulière depuis 2005 après avoir été apporteur à la cave coopérative des Grands Crus à Vinzelles, Marcel Couturier revendique une viticulture proche de l'agrobiologie, sans pour autant passer à la certification.

Issu d'un assemblage de terroirs calcaires et d'argiles profondes, cette cuvée se présente dans une robe dorée d'un bel éclat. Elle mêle avec intensité et élégance les fruits du verger aux parfums de la barrique (sous-bois, vanille). La bouche se révèle ample, parfaitement équilibrée entre richesse et acidité, longuement parcourue de saveurs fruitées et épicées en parfaite harmonie avec l'olfaction. Un mâcon de haute expression élaboré avec grand soin, très élégant et cohérent. ✗ 2015-2019 ▼ saumon à l'aneth ■ Loché Les Longues Terres 2013 ★★ (8 à 11 € ; 8 000 b.) : finaliste des coups de cœur, une cuvée saluée pour ses arômes intenses de fruits confits et de miel, et pour son palais harmonieux, à la fois gras et frais, rehaussé par une finale légèrement saline. ✗ 2015-2019

☛ *Marcel Couturier, Les Pelées, 71960 Fuissé, tél. 06 23 97 23 21, domainemarcelcouturier@orange.fr* Ⓥ Ⓚ Ⓛ *r.-v.*

Ⓑ DOM. DE LA CROIX SENAILLET Davayé 2013 ★★			
■	12 000	🍷	8 à 11 €

Ce domaine fut créé en 1969 par Maurice Martin, qui a progressivement abandonné la polyculture pour la vigne. En 1990, son fils Richard reprend le domaine familial, avant d'être rejoint par son frère Stéphane en 1992. La propriété de 6,5 ha au départ s'est agrandie pour atteindre 25 ha aujourd'hui, répartis sur 52 parcelles en bio certifié depuis 2010.

Paré d'une robe dorée, ce mâcon est étincelant et lumineux. À l'olfaction, on distingue les senteurs typiques du chardonnay : fleurs et fruits blancs mêlés à des notes minérales et mentholées. La bouche se révèle bien structurée, dans un parfait équilibre onctuosité-vivacité. ✗ 2017-2020 ▼ fromage de chèvre Mâconnais

☛ *Richard et Stéphane Martin, Dom. de la Croix Senaillet, En Coland, 71960 Davayé, tél. 03 85 35 82 83, richard@domainecroixsenaillet.com* Ⓥ Ⓚ Ⓛ *r.-v.*

DOM. DELORME ET FILS Chaintré Les Champs Bardes 2013			
■	1 200	🍷	8 à 11 €

Situé au cœur du village de Vergisson, face à la Roche de Solutré, le domaine a été créé en 1985 par Michel Delorme. Son fils, Christian, a pris la suite en janvier 2008.

Élevée seize mois sur lies fines en cuve Inox, cette cuvée s'affiche dans une robe brillante aux reflets verts. Des nuances élégantes de fruits jaunes introduisent une bouche équilibrée, à la fois ronde et fraîche. Un bon classique. ✗ 2015-2018 ▼ terrine de poulet

☛ *Dom. Delorme et Fils, 90, rte de Pierreclos, 71960 Vergisson, tél. 03 85 35 84 50, domainedelormeetfils@gmail.com* Ⓥ Ⓚ Ⓛ *t.l.j. 10h-12h 14h-19h*

DOUDET-NAUDIN 2013			
■	3 000	🍷	8 à 11 €

Fondée en 1849 par Albert Brenot et acquise par la famille Doudet en 1933, la maison Doudet-Naudin est un négoce de Savigny-lès-Beaune qui propose des cuvées issues de terroirs restreints. Unique propriétaire depuis 2014, Christophe Rochet est épaulé par Isabelle Doudet à la direction technique et par Bertrand Straebler comme maître de chai. La maison Doudet possède aussi son propre domaine : 11 ha entre Beaune et Pernand, conduits en lutte raisonnée avec des expérimentations en bio.

Vendangée à la main et vinifiée à basse température, cette cuvée mérite l'attention par son nez frais d'agrumes souligné de notes minérales, comme par son palais souple et rond, stimulé par un soupçon de citron en finale. ✗ 2015-2018 ▼ cabillaud à la citronnelle

☛ *Doudet-Naudin, 3, rue Cyrot, 21420 Savigny-lès-Beaune, tél. 03 80 21 51 74, contact@doudetnaudin.com* Ⓥ Ⓚ Ⓛ *r.-v.*

DOM. ELOY Pierreclos 2013			
■	6 000	🍷	5 à 8 €

Installé depuis 1987 au cœur de Fuissé, à quelques encablures de Pierreclos, son village d'origine, Jean-Yves Eloy est à la tête d'un domaine de 28 ha.

Cette cuvée met en avant le gamay, cépage roi du secteur du « triangle d'or » composé des communes de Bussières, Pierreclos et Serrières. Elle s'annonce par une couleur rouge cerise intense et un bouquet fruité de bonne maturité ponctué de nuances épicées. Souple et ronde en attaque, la bouche suit elle aussi une ligne fruitée et s'appuie sur des tanins encore fermes. ✗ 2016-2018 ▼ grillade de bœuf

☛ *Jean-Yves Eloy, Le Plan, 71960 Fuissé, tél. 03 85 35 67 03, domaine.eloy@outlook.fr* Ⓥ Ⓚ Ⓛ *r.-v.*

♥ DOM. FICHET Igé La Cra Cuvée Prestige 2013 ★★			
■	4 600	🍷 ⬤	15 à 20 €

Domaine sorti de la cave coopérative par Francis Fichet en 1976. Ses fils Pierre-Yves et Olivier, aux commandes depuis 1999, exploitent aujourd'hui 28 ha de vignes, à partir desquels ils produisent une quinzaine de cuvées différentes nées des quatre cépages de Bourgogne. Une valeur sûre du Mâconnais, complétée en 2006 par une petite structure de négoce.

Avec le produit phare de leur domaine, issu de vieux ceps de chardonnay de quarante-cinq ans plantés sur un sol très crayeux, les Fichet signent le plus beau des coups de cœur. Paré d'or intense aux reflets lumineux, ce vin dévoile une palette aromatique complexe alliant les fleurs blanches et les fruits jaunes au pain grillé et au beurre frais. Une harmonie que l'on retrouve dans un palais ample, riche, soyeux et long, encadré par un boisé parfaitement intégré. Un très beau vin, qui vient jouer dans la cour des grands blancs bourguignons. ✗ 2016-2020 ▼ ris de veau à la crème ■ Igé Château-London 2013 ★ (8 à 11 € ; 20 000 b.) : un vin typé, fin et élégant, bien équilibré entre rondeur de la chair et fraîcheur du fruit. ✗ 2015-2018

☛ *Dom. Fichet, 651, rte d'Azé, 71960 Igé, tél. 03 85 33 30 46, olivier.fichet@wanadoo.fr* Ⓥ Ⓚ Ⓛ *t.l.j. 8h-12h 13h-18h30 ; dim. sur r.-v.*

DOM. OLIVIER FICHET Burgy Les Verchères 2013 ★			
■	4 000	🍷 ⬤	11 à 15 €

Olivier Fichet a acquis en 2005 cette exploitation de 7 ha spécialisée dans la production de crémant-de-bourgogne. L'ancien propriétaire continue de travailler les vignes et son successeur produit des vins exclusivement tranquilles.

Ce 2013 est un vin enthousiasmant par sa robe brillante et légère comme par son bouquet expressif de chardonnay muscaté, doux et chaleureux. Les mêmes sensations aromatiques s'épanouissent dans une bouche gourmande et ronde, qui s'achève sur de fines saveurs minérales et acidulées. Une jolie bouteille pour l'apéritif. ✗ 2015-2018 ♈ gougères au chèvre

○━ *Dom. Olivier Fichet, Vignoble de Burgy, 71960 Igé, tél. 06 81 60 11 13, olivier.fichet@wanadoo.fr* 🆅 🎿 🏠 *r.-v.*

DOM. GIROUX 2013 ★★		
◼	4 000	🏠	8 à 11 €

Créé en 1973 par Yves Giroux, ce domaine a connu sa première succession en 2010. C'est aujourd'hui le fils aîné Sébastien qui préside aux destinées de ce vignoble de 6,8 ha.

Né de vieilles vignes de soixante ans vendangées à la main, vinifié avec des levures indigènes et élevé pendant un an, ce mâcon se révèle d'excellente facture. D'un superbe or vert tendre, il livre des parfums intenses de fleurs blanches mêlées aux notes minérales du terroir. En bouche, il s'impose par sa fraîcheur dynamique renforcée par une élégante salinité et par sa typicité toute mâconnaise. Un vrai régal. ✗ 2015-2018 ♈ moules au safran

○━ *Dom. Yves Giroux et Fils, Les Molards, 71960 Fuissé, tél. 06 80 72 28 91, domainegiroux@wanadoo.fr* 🆅 🎿 🏠 *r.-v.*

LUDOVIC GREFFET 2013		
◼	1 000	🏠 ⬤	5 à 8 €

Depuis son installation en 2000, Ludovic Greffet, quatrième du nom à la tête du domaine, a modernisé l'exploitation familiale. Il s'est forgé un solide savoir-faire par un apprentissage dès son plus âge dans les vignes de son père et par de nombreuses expériences auprès de différents vignerons de la Côte de Beaune et de Châteauneuf-du-Pape.

Issu de jeunes ceps de chardonnay plantés sur un sol limoneux, puis élevé neuf mois en foudre de chêne et en cuve, ce 2013 séduit par son olfaction délicate composée de fruits blancs et d'un zeste d'agrumes, et par sa bouche tonique et acidulée. Un mâcon plein de peps, parfait pour l'apéritif. ✗ 2015-2018 ♈ verrine de saumon

○━ *Ludovic Greffet, imp. du Forgeron, 71960 Solutré-Pouilly, tél. 06 23 75 35 22, domaine@ludovic-greffet.fr* 🆅 🎿 🏠 *r.-v.*

CH. DE LA GREFFIÈRE Serrières La Croix 2013 ★		
◼	3 000	⬤	8 à 11 €

Installés en 1981, Isabelle et Vincent Greuzard ont ouvert en 2001 un petit musée où sont exposés les outils anciens de leurs parents et grands-parents, vignerons eux aussi. Ils exploitent aujourd'hui un vignoble de 42 ha.

Les gamays de vingt-cinq ans à l'origine de cette cuvée ont grandi sur les jolis coteaux de Serrières au sol de sable et de granit. L'olfaction dévoile des notes discrètes de griotte et de framboise. Les fruits rouges s'expriment pleinement, en revanche, dans une bouche équilibrée, souple et

gouleyante. Un mâcon frais, à boire dans sa jeunesse. ✗ 2015-2017 ♈ assiette de charcuterie ◼ La Roche Vineuse Les Ronzettes 2013 (11 à 15 € ; 3 000 b.) : vin cité. ✗ 2017-2020

○━ *Ch. de la Greffière, la Greffière, 71960 La Roche-Vineuse, tél. 03 85 37 79 11, xavier@chateaudelagreffiere.com* 🆅 🎿 🏠 *t.l.j. 9h-12h 14h-18h; dim. sur r.-v.* ○━ Greuzard

HUET L. B. 2013		
◼	3 000	🏠	5 à 8 €

Laurent Huet s'installe comme vigneron en 1987. D'abord apporteur à la cave coopérative de Clessé, il vinifie pour la première fois « à la maison » le millésime 1994. En 2008, son épouse Brigitte crée à son tour sa propre exploitation. Aujourd'hui, la vinification et la commercialisation de ses vins sont réalisées par une société de négoce (Huet L.B.). L'ensemble du vignoble s'étend sur 23 ha.

Lumineux dans sa robe d'or, ce 2013 présente un nez discret dans lequel on décèle toutefois de fines notes d'agrumes bien mûrs à l'aération. Suave, presque sucrée en attaque, la bouche s'équilibre autour d'une trame acidulée prolongée par une finale citronnée. ✗ 2015-2018 ♈ poisson sauce agrumes

○━ *Huet L.B., rte de Germolles, 71260 Clessé, tél. 03 85 36 96 99, laurent.huet16@wanadoo.fr* 🆅 🎿 🏠 *r.-v.*

DOM. MARC JAMBON ET FILS Pierreclos Cuvée Fût de chêne 2013		
◼	3 730	⬤⬤⬤	8 à 11 €

Présente à Pierreclos depuis 1750, la famille Jambon (aujourd'hui Marc et son fils Pierre-Antoine) conduit un domaine de 11,5 ha et signe de belles cuvées avec une réelle constance.

Ce 2013 vinifié et élevé en fût de chêne s'ouvre sur des arômes de fleur d'oranger et de fruits jaunes. Le palais se révèle épanoui et équilibré, franc et net. Un mâcon bien typé et harmonieux. ✗ 2015-2018 ♈ côte de veau aux champignons

○━ *Dom. Marc Jambon et Fils, 38, imp. de la Roche, 71960 Pierreclos, tél. 03 85 35 73 15, domainemarcjambon@orange.fr* 🆅 🎿 🏠 *r.-v.*

MAURICE LAPALUS ET FILS Pierreclos Les Crus 2014 ★		
◼	25 000	🏠	5 à 8 €

La famille Lapalus cultive la vigne à Pierreclos depuis 1937. En 2000, à l'arrivée du fils Christophe, elle a entrepris de grands travaux, notamment la construction d'un nouveau chai spacieux, moderne et fonctionnel. Aujourd'hui, le domaine couvre 17 ha.

Issue de ceps de gamay de quarante ans, cette cuvée rubis intense se livre pleinement à l'olfaction sur des notes « explosives » de griotte et de groseille relevées d'épices douces. Adossé à une fraîcheur acidulée aux accents amyliques, le palais se révèle équilibré, souple et friand, bien représentatif de son appellation et de son cépage. ✗ 2015-2018 ♈ andouillette grillée

○━ *Maurice Lapalus et Fils, 758, rte de Vergisson, 71960 Pierreclos, tél. 03 85 35 71 90, contact@vinslapalus.com* 🆅 🎿 🏠 *r.-v.*

BOURGOGNE

DOM. DES MAILLETTES
Davayé Les Belouzes 2013 ★

| | 12 000 | 🍶 | 5 à 8 € |

Touché dès son plus jeune âge par le virus de la viticulture en accompagnant ses parents dans les vignes, Guy Saumaize s'est naturellement orienté vers le métier de vigneron, mais il a également créé une pépinière reconnue et fréquentée par de nombreux producteurs de la région. Depuis sa disparition brutale en 2013, c'est Annie, sa femme, épaulée par son fils Guillaume, qui a repris le flambeau.

La relève semble bien assurée pour leur premier millésime. Annie Saumaize et son fils proposent un très joli vin au nez complexe de pamplemousse, de fleur de citronnier et de petites fleurs sauvages. Une entrée en matière engageante qui prélude à une bouche vive, franche et bien équilibrée, ouverte sur une large palette de saveurs fruitées. Un vin plein de fraîcheur et très aromatique, idéal sur les produits de la mer. ✗ 2015-2018 ♈ sandre au vin blanc

☛ Annie Saumaize, Dom. des Maillettes, 71960 Davayé, tél. 03 85 35 82 65, guy.saumaize.maillette@wanadoo.fr Ⓥ 🏃 🍷 r.-v.

MANOIR DU CAPUCIN Solutré-Pouilly Délice 2013

| | 10 000 | 🍶 | 8 à 11 € |

Le manoir aux colonnes toscanes, avec ses caves et son clos, fut la demeure du Capucin Luillier, auteur des Noëls Mâconnais au XVIIᵉs. Chloé Bayon et son compagnon Guillaume Pichon, les actuels propriétaires, en ont entrepris la rénovation afin de pouvoir l'habiter. Ils conduisent aujourd'hui un vignoble de 12,4 ha.

Ce 2013 est construit autour d'une palette aromatique rappelant la pêche et le raisin frais. Une fraîcheur que l'on retrouve dans une bouche friande, soutenue par une minéralité bien présente. Un vin d'une belle typicité. ✗ 2015-2017 ♈ cake au saumon

☛ Chloé Bayon, Le Plan, 71960 Fuissé, tél. 03 85 35 87 74, manoirducapucin@yahoo.fr Ⓥ 🏃 🍷 r.-v.

DOM. GEOFFREY MARTIN
Fuissé Les Châtaigniers 2013 ★

| | 3 000 | 🍶 | 8 à 11 € |

Issu d'une lignée de vignerons, Geoffrey Martin s'est installé sur 6,5 ha en 2012 à Leynes, aux confins du Mâconnais et du Beaujolais.

D'une grande clarté, ce 2013 révèle d'intenses notes d'agrumes sur fond de minéralité. On retrouve ces sensations harmonieuses en compagnie d'amande et de fruits blancs frais dans une bouche souple et persistante. Un mâcon charmeur, qualifié de « féminin ». ✗ 2015-2018 ♈ fromage de chèvre frais

☛ Geoffrey Martin, La Creuze-Noire, 71570 Leynes, tél. 03 85 37 46 43, geo89mar@live.fr Ⓥ 🏃 🍷 t.l.j. sf dim. 8h-12h 14h-18h

CH. DE MESSEY
Cruzille Clos des Avoueries Tête de cuvée 2013

| | 2 800 | ⬤ | 11 à 15 € |

En 1986, Marc Dumont reprend un vignoble à Cruzille, qui appartenait autrefois aux moines de Cluny, puis

rachète le château de Messey, propriété de 89 ha, dont 17 en AOC. Pour élargir sa gamme, il acquiert en 1992 le Manoir Murisaltien, maison de négoce de Meursault, puis le Ch. de Belleville à Rully.

Ce 2013 se révèle intéressant par sa complexité. On y décèle des senteurs de fruits très mûrs, d'amande, de noisette et d'abricot sec mêlées aux notes fumées et presque pétrolées du terroir de Cruzille. Après une belle attaque, la bouche prolonge les arômes perçus à l'olfaction et déploie en finale une fine salinité. ✗ 2015-2018 ♈ ceviche

☛ GFA Ch. de Messey, Ch. de Messey, 71700 Ozenay, tél. 03 85 51 33 83, vin@demessey.com Ⓥ 🏃 🍷 r.-v.
🏠 Ⓖ 🏠 Ⓔ

JEAN-PIERRE MICHEL
Terroir de Quintaine 2013 ★

| | 10 000 | 🍶 | 8 à 11 € |

Valeur sûre du Mâconnais, ce vigneron exploite 8,5 ha à Quintaine, au cœur de l'AOC viré-clessé, sur les premiers coteaux exposés au soleil levant surplombant la vallée de la Saône, à mi-chemin entre Mâcon et Tournus. Ses pratiques : labour des sols, récolte manuelle à maturité, vinifications longues et « naturelles » (sans chaptalisation ni levurage) conduites selon la nature des terroirs, en cuve ou en fût, avec des élevages longs sur lies fines.

Une robe dorée scintillante habille ce vin au nez très engageant de fleurs blanches et d'agrumes. Au palais, il se dévoile progressivement, offrant une matière onctueuse et généreuse parfumée par un fruité mûr qui contribue à l'harmonie générale. ✗ 2015-2018 ♈ foie gras

☛ Jean-Pierre Michel, pl. de Quintaine, 71260 Clessé, tél. 03 85 23 04 82, vinsjpmichel@orange.fr Ⓥ 🏃 🍷 r.-v.

DOM. MICHEL 2013

| | 19 000 | 🍶 | 11 à 15 € |

Ce domaine de 21 ha situé dans le pittoresque hameau de Cray est réputé tant pour son excellence que pour sa longévité (fondation en 1840) : les générations se succèdent, la qualité des vins demeure.

Engageante dans sa robe dorée à reflets ambrés, cette cuvée offre un bouquet de belle maturité autour du miel et des fruits confits. La bouche, à l'unisson, se révèle riche et puissante, et déploie une finale originale sur les agrumes confits et la tourbe. Un « monstre de matière », qui demande un peu de garde pour s'assagir. ✗ 2018-2025 ♈ homard flambé au whisky

☛ Dom. Michel, Cray, Cidex 624, 71260 Clessé, tél. 03 85 36 94 27, domainemichelclesse@orange.fr Ⓥ 🏃 🍷 r.-v.

CH. DE MIRANDE 2014

| | 46 666 | 🍶 | 11 à 15 € |

Jean Loron, vigneron né dans le Beaujolais en 1711, vinifiait les lieux-dits de sa région et du Mâconnais. En 1821, son petit-fils Jean-Marie développe la maison en fondant un commerce d'expédition de vins. Aujourd'hui, l'entreprise familiale, également propriétaire de plusieurs domaines (châteaux de la Pierre, de Fleurie, de Bellevue, domaines des Billards, de la Vieille Église...), est dirigée par la huitième génération.

Une fermentation à basse température et un élevage sur lies fines ont donné ce vin brillant, or pâle à reflets verts. Son nez très ouvert et primesautier, rappelant les fruits exotiques et le bonbon anglais, introduit une bouche fraîche et équilibrée, dans laquelle on retrouve le zeste d'agrumes, agrémentée d'une légère note amère. ✗ 2015-2018 ♈ fromage de chèvre

☛ *Dom. de la Grange Magnien, La Bouthière, 71390 Chenoues, tél. 03 85 36 81 20, vinloron@loron.fr*

SYLVAINE ET ALAIN NORMAND		
La Roche-Vineuse Vieilles Vignes 2012 ★		
10 000	◍	8 à 11 €

Alain Normand s'est installé en 1993 à la tête de 13 ha. En 2010, le domaine s'agrandit considérablement avec le vignoble du père de Sylvaine, passant à 32 ha de vignes réparties sur Solutré, Chaintré, Prissé et La Roche-Vineuse.

Ce 2012, issu de chardonnay enraciné sur un sol argilo-calcaire, a été vinifié en fût sur lies fines puis élevé douze mois en barrique. Il en résulte un vin doré et brillant, à la palette aromatique fine et élégante, composée de citron, d'orange et de brioche au beurre. Après une attaque fraîche se développe une bouche fruitée, ample et charnue, dans laquelle le bois se fond harmonieusement. ✗ 2015-2020 ♈ poulet crème citron

☛ *Sylvaine et Alain Normand, 16, chem. de la Grange-du-Dîme, 71960 La Roche-Vineuse, tél. 03 85 36 61 69, vins@domaine-normand.com*
V ♿ ♨ *r.-v.*

DOM. LA PASTOURETTE DES VIGNES		
Milly-Lamartine 2013		
2 400	⬛ ◍	8 à 11 €

Ce domaine de près de 4 ha se situe entre Mâcon et Cluny, sur le village de Sologny, dans les hauteurs du val Lamartinien. Le terme « pastourette » signifie « petite bergère » et désigne aussi la « cadole », l'abri du vigneron. Par ce nom, Céline Robergeot-Cienki, installée en 2013, tient à souligner la tradition d'élevage du Mâconnais et à indiquer sa double activité d'éleveuse de moutons et de vigneronne.

La vendange manuelle de ces vieux chardonnays de quatre-vingt dix ans a eu lieu début octobre ; Céline Robergeot-Cienki a choisi un élevage de deux tiers en cuve et un tiers en fût de quatre à cinq vins. Il en résulte un vin au nez intense et printanier associant les petites fleurs blanches et les fruits jaunes à la minéralité du terroir calcaire. Le palais se révèle bien frais, souple et friand. Une jolie réussite pour un premier millésime. ✗ 2015-2018 ♈ fromage de chèvre frais

☛ *Céline Robergeot-Cienki, Les Bois, 71960 Sologny, tél. 06 87 28 32 07, robergeot.sologny71@orange.fr*
V ♿ ♨ *r.-v.*

L'ŒUVRE DE PERRAUD 2013 ★★		
60 000	⬛	8 à 11 €

Après des études au lycée agricole de Mâcon-Davayé, Jean-Christophe Perraud s'installe sur l'exploitation familiale, alors adhérente à la cave coopérative. Aux commandes depuis 2008, il vinifie désormais dans son nouveau chai le fruit des 30 ha que compte le domaine.

Teinté d'un beau jaune citron, ce 2013 livre à l'aération des notes à la fois fines et intenses d'agrumes et de fruits secs. Une attaque vive et dynamique introduit une bouche très plaisante, parfaitement équilibrée entre une aimable rondeur et une acidité mesurée qui permettra à ce vin de bien évoluer en cave. ✗ 2015-2019 ♈ moules gratinées

☛ *Dom. Perraud, Nancelle, 71960 La Roche-Vineuse, tél. 03 85 32 95 12, domaineperraud@gmail.com*
V ♿ ♨ *r.-v.*

DOM. LES PERSERONS		
Charnay-lès-Mâcon Vieilles Vignes 2013 ★		
8 250	⬛ ◍	5 à 8 €

Créée en 1929, cette cave coopérative regroupe un vignoble de près de 130 ha qui s'étend sur les coteaux calcaires du Mâconnais.

Ce blanc, auquel la fermentation puis l'élevage de huit mois en cuve bois et fût de chêne confèrent une belle teinte dorée, est d'une agréable simplicité. Si son nez se montre discret, c'est en bouche qu'il se distingue : celle-ci s'avère bien équilibrée, à la fois ronde et vive, avec une légère pointe d'amertume qui lui apporte du caractère. ✗ 2015-2018 ♈ vol-au-vent financière

☛ *Cave de Charnay-lès-Mâcon, En Condemine, 71850 Charnay-lès-Mâcon, tél. 03 85 34 87 32, michael.dafre@cave-charmay.com* V ♿ ♨ *r.-v.*

DOM. DE LA PIERRE DES DAMES		
Prissé 2014		
6 900	⬛	5 à 8 €

Très investi au sein des instances décisionnelles de la profession viti-vinicole, Jean-Michel Aubinel peut compter sur sa compagne Marie-Thérèse Canard et son associé Vincent Nectout pour tenir les rênes de ce domaine de 26 ha qu'il a repris en 1991.

De jeunes ceps de vingt ans ont donné ce vin au nez finement fruité (agrumes) et floral (aubépine). Suivant la même ligne aromatique, la bouche séduit par sa puissance et sa fraîcheur citronnée. ✗ 2016-2019 ♈ truite au pamplemousse

☛ *Dom. de la Pierre des Dames, Mouhy, 71960 Prissé, tél. 03 85 20 21 43, jm.aubinel@wanadoo.fr*
V ♿ ♨ *r.-v.*

DOM. DANIEL POLLIER Fuissé 2013 ★		
6 227	⬛	8 à 11 €

Ce domaine familial d'un peu plus de 13 ha, exploité depuis quatre générations par la famille Pollier, est situé au cœur du bucolique village de Fuissé. Adepte de la modernité, avec une approche très technique du métier de vigneron, Daniel Pollier récolte ses chardonnays à la machine, puis vinifie et élève son vin en cuve Inox avec maîtrise des températures.

Ce 2013 dévoile un bouquet élégant de fleurs blanches et de verveine séchée. Le palais, à l'unisson, se montre d'abord doux, puis se voit stimulé par une pointe citronnée qui lui apporte équilibre et longueur. Il laisse le souvenir d'un vin à la fois jeune et déjà abouti. ✗ 2015-2019 ♈ poulet à la crème

☛ *EARL Dom. Daniel Pollier, Le Bourg, 71960 Fuissé, tél. 03 85 35 66 85, contact@domainedanielpollier.com*
V ♿ ♨ *r.-v.*

RIJCKAERT
Fuissé Vieilles Vignes 2013 ★★

| ■ | 3 600 | ◐ | 11 à 15 € |

Installés en 1988, Régine et Jean Rijckaert ont décidé en 2013 de transmettre progressivement leur activité (domaine et négoce) à Florent Rouve, ancien directeur du domaine du lycée viticole de Mâcon-Davayé.

Ce 2013 a fière allure dans sa robe dorée intense. Son nez élégant et aromatique rappelle combien le chardonnay, quand il est mûr et bien soigné, apprécie un long séjour en fût de chêne (quinze mois pour celui-ci). Après une mise en bouche énergique, une matière riche, dense et fruitée apparaît dans un écrin minéral. Un excellent représentant des blancs de Bourgogne, bâti pour une longue garde. ✗ 2017-2025 ♈ ris de veau à la crème
o━ Dom. Rijckaert, En Cuette, RD 54, 71960 Davayé, tél. 03 85 35 15 09, frouve@rijckaert.fr
Ⓥ 🏃 ♿ r.-v.

DOM. SAINT-DENIS
Chardonnay 2013 ★

| ■ | 11 000 | ⋔ | 11 à 15 € |

Hubert Laferrère s'installe en 1986 à la tête de ce domaine, avec un objectif clair : être à l'écoute de la nature plutôt que vouloir la dominer. Pour cela, il utilise peu de moyens mécaniques à la vigne, afin de préserver la faune et la flore de ses parcelles. Il recherche des fermentations naturelles et lentes, rythmées par les saisons et les cycles lunaires pour obtenir un vin franc et « nature » façonné uniquement par son terroir.

Ce 2013 est issu de vieilles vignes récoltées à la main et a été patiemment élevé douze mois en cuve. Un vin qui séduit d'emblée par son bouquet complexe de fruits frais (raisin, poire, pêche de vigne) et de miel d'acacia. Le charme se prolonge dans un palais riche et rond, équilibré par une agréable fraîcheur minérale. Un vin tout en finesse et en élégance, promis à un bel avenir. ✗ 2017-2020 ♈ poêlée de coquillages
o━ Dom. Saint-Denis, 230, rue du 19-Mars, rte de Péronne, 71260 Lugny, tél. 06 71 60 25 67, domaine.saintdenis@wanadoo.fr Ⓥ ♿ r.-v.
o━ Laferrère

Ⓑ DOM. SAINTE-BARBE
Les Tilles 2013 ★

| ■ | 6 000 | ⋔ | 8 à 11 € |

Un vignoble de 9 ha conduit en bio, des vendanges manuelles et des élevages longs : une méthode qui a fait ses preuves, témoin les nombreuses sélections des vins de Jean-Marie Chaland dans le Guide.

Ce village est né de ceps de chardonnay enracinés sur un sol argilo-calcaire, puis vendangés à la main. Sa robe d'or attire l'œil, tandis que le nez, d'abord discret, s'ouvre à l'agitation sur le zeste d'orange et la fleur d'aubépine. D'une belle amplitude dès l'attaque, le palais se montre élégant et soyeux, équilibré par une fine acidité, sans aucune agressivité. ✗ 2015-2018 ♈ cuisses de grenouilles en persillade
o━ Jean-Marie Chaland, 12, rue En-Chapotin, Cidex 2163, 71260 Viré, tél. 09 64 48 09 44, jean-marie.chaland@orange.fr Ⓥ 🏃 ♿ r.-v. 🏠 ❸

DOM. DE LA SARAZINIÈRE
Bussières Les Devants 2013 ★★

| ■ | 3 500 | ◐ | 8 à 11 € |

Valeur sûre des AOC mâcon et mâcon-villages, Philippe Trébignaud a créé en 1990 ce domaine de 6 ha. Il élabore ses vins selon la méthode bourguignonne traditionnelle (vendanges manuelles, vinification et élevage en fûts de chêne neufs et de réemploi).

Issu de ceps de gamay implantés sur un sol argilo-calcaire, ce vin a tout d'un grand : une belle couleur pourpre brillant, une palette aromatique complexe de framboise fraîche, de cerise charnue et d'épices chaudes, un palais rond et fruité, soutenu par des tanins fins et élégants. Sa finale épicée lui confère de la longueur et de la tonicité. Une belle image de l'appellation à boire ou à attendre. ✗ 2015-2020 ♈ bœuf bourguignon ■ Bussières Cuvée Claude Seigneuret 2013 ★ (8 à 11 € ; 8 000 b.) : une belle cuvée qui séduit par ses arômes fumés du terroir et fruités du chardonnay mûr (abricot, coing), et par sa bouche minérale tendue et longue. ✗ 2015-2019
o━ Philippe Trébignaud, Dom. de la Sarazinière, 71960 Bussières, tél. 06 11 96 85 27, philippe.trebignaud@wanadoo.fr Ⓥ 🏃 ♿ r.-v.

TERRES SECRÈTES
Verzé Croix-Jarrier 2013 ★

| ■ | 18 000 | ⋔ | 5 à 8 € |

Les Vignerons des Terres Secrètes sont les héritiers du mouvement coopératif qui s'est constitué au début du XXᵉs. en Mâconnais. Cette association, née en 1928 de la fusion des caves coopératives de Prissé, Sologny et Verzé, exploite aujourd'hui près de 950 ha de vignes, principalement de chardonnay.

Ce mâcon livre un bouquet intense de petites fleurs de printemps, avant de glisser en bouche vers les agrumes, le citron notamment, et la minéralité. Un vin alerte, frais, équilibré et facile d'accès. ✗ 2015-2018 ♈ pâtes aux langoustines ■ Milly-Lamartine 2013 ★ (5 à 8 € ; 20 000 b.) : une belle intensité aromatique, sur les fleurs blanches, l'orange et la minéralité, dans ce vin élégant, fin et long. ✗ 2015-2018
o━ Vignerons des Terres Secrètes, 158, rue des Grandes-Vignes, 71960 Prissé, tél. 03 85 37 88 06, contact@terres-secretes.fr Ⓥ 🏃 ♿ t.l.j. 9h-12h30 13h30-19h 🏠 Ⓔ

THÉVENET ET FILS
Milly-Lamartine Fût de chêne 2013 ★

| ■ | 1 733 | ◐ | 8 à 11 € |

Le grand-père paternel créa l'exploitation en 1952. Installé en 1971, le père, Jean-Claude, fit prospérer le domaine pour le porter de 3 à 30 ha en 2008 (année de son décès). Ses fils Benjamin, Jonathan et Aurélien sont désormais aux commandes (26 ha aujourd'hui).

La robe plutôt soutenue, d'un élégant jaune d'or aux reflets verts, invite à poursuivre. Le nez, plus léger, offre de délicates notes fruitées et épicées. Cette complexité aromatique se prolonge dans une bouche riche et ample, ciselée par la minéralité du terroir et par une longue finale saline. ✗ 2016-2020 ♈ filet de bar rôti ■ 2013 (5 à 8 € ; 2 573 b.) : vin cité. ✗ 2017-2020

☛ *Vignobles Thévenet et Fils, 123, chem. du Breu, 71960 Pierreclos, tél. 03 85 35 72 21, thevenetetfils@ orange.fr* Ⓥ Ⓚ Ⓛ *t.l.j. 7h30-12h 13h30-18h; sam. dim. sur r.-v.*

DOM. DES TREMBLAYS		
Vieilles Vignes Élevé en fût de chêne 2013		
■ 2 000	◖	5 à 8 €

Fabrice Besson s'est installé en 2002 sur 4,5 ha de vignes avant de reprendre, à la retraite de son père en 2007, le vignoble familial qu'il a doté en 2013 d'un nouveau chai moderne et pratique. Le vignoble couvre aujourd'hui 11 ha.

Cette cuvée issue d'une vendange manuelle de vieux ceps de chardonnay dévoile un nez intense et riche de fruits blancs mûrs et d'agrumes. Le palais, à l'unisson, attaque directement sur la mandarine, avant que ne se déploient une multitude de saveurs fruitées. ✗ 2015-2018 ☙ saint-jacques au beurre de yuzu

☛ *Fabrice Besson, Le Tremblay, 71960 Serrières, tél. 06 76 64 66 13, fabricebesson.serrieres@orange.fr* Ⓥ Ⓚ Ⓛ *r.-v.* ⓐ Ⓞ

DOM. CATHERINE ET DIDIER TRIPOZ		
Charnay Clos des Tournons 2014 ★★		
■ 15 000	ⓘ	5 à 8 €

En 1988, la famille Tripoz succède à la famille Chevalier à la tête de cette exploitation de Charnay couvrant une dizaine d'hectares.

D'un joli jaune paille à reflets verts, ce 2014 d'humeur primesautière offre un nez complexe de fruits exotiques et de pain d'épice. Sa bouche agréable et sapide s'étire longuement sur des saveurs d'agrumes. ✗ 2015-2018 ☙ fromage de chèvre sec ■ Charnay Clos des Tournons 2013 (5 à 8 € ; 3 790 b.) : vin cité. ✗ 2015-2018

☛ *Catherine et Didier Tripoz, 450, chem. des Tournons, 71850 Charnay-lès-Mâcon, tél. 03 85 34 14 52, didier.tripoz@wanadoo.fr* Ⓥ Ⓚ Ⓛ *r.-v.*

DOM. DU CH. DE VERGISSON Soluté 2013 ★		
■ 4 000	ⓘ	5 à 8 €

Stéphanie Saumaize et Pierre Desroches sont à la tête de ce domaine de 9 ha situé au pied de la roche de Vergisson. Depuis 2012, ils vinifient leur récolte dans les fameuses caves voûtées et superposées du château de Vergisson.

Cette cuvée d'un seyant doré dévoile un nez intense et complexe qui associe le beurre, la menthe et des notes de citron frais. Cette complexité se confirme dans une bouche bien équilibrée, agréable et friande, agrémentée des saveurs minérales du terroir. ✗ 2015-2018 ☙ terrine de poisson

☛ *Dom. du Ch. de Vergisson, 101, rue du Château-de-France, 71960 Vergisson, tél. 06 21 85 67 60, pierredesroches@hotmail.fr* Ⓥ Ⓚ Ⓛ *r.-v.*

Ⓑ DOM. DE LA VERPAILLE		
Vieilles Vignes 2013 ★		
■ 13 000	ⓘ	8 à 11 €

Estelle et Baptiste Philippe s'installent sur l'exploitation familiale en 2004. Ils convertissent l'ensemble du vignoble (20 ha) à l'agriculture biologique et la certification est acquise en 2009.

Le terme « vieilles vignes » n'est pas galvaudé ici : une vigne de chardonnay centenaire est à l'origine de ce 2013 enchanteur, qui dévoile un nez intense ouvert sur les fleurs blanches, le citron pressé et la poire williams. La première impression en bouche se fait sur la vivacité, avant qu'une matière riche et suave n'enveloppe les papilles. Un vin charmeur et expressif en diable. ✗ 2015-2018 ☙ filet de féra aux capres

☛ *Baptiste et Estelle Philippe, 70, rue Marcel-Laurencin, Au Buc, 71260 Viré, tél. 03 85 33 14 47, domainedelaverpaille@gmail.com* Ⓥ Ⓛ *t.l.j. sf dim. 13h30-18h30*

CAVE DE LA VIGNE BLANCHE 2014		
■ 4 000	ⓘ	5 à 8 €

La coopérative de Clessé, fondée en 1927 et aujourd'hui présidée par Patrick Rollet, regroupe près de 120 ha de vignes, de chardonnay principalement.

C'est une vigne rouge que La Vigne Blanche s'illustre cette année. Un vin encore discret à l'olfaction, sur un registre fruité. Plus expressif, toujours sur les fruits rouges, le palais se révèle souple, gouleyant et bien équilibré. Un gamay pur jus facile d'accès. ✗ 2015-2017 ☙ saucisson brioché

☛ *Cave de la Vigne blanche, rte de la Vigne-Blanche, 71260 Clessé, tél. 03 85 36 93 88, cavecooperative.vigneblanche@wanadoo.fr* Ⓥ Ⓛ *t.l.j. sf dim. 9h-12h 14h-18h*

♥ Ⓡ LES VIGNES DE JOANNY Davayé 2013 ★★		
■ 6 000	ⓘ	11 à 15 €

C'est Julien Collovray, l'un des enfants du domaine des Deux Roches à Davayé, qui se cache derrière Les Vignes de Joanny, hommage à son arrière-grand-père, fondateur de la lignée vigneronne. Conduit en bio, ce vignoble de 7 ha de chardonnay est principalement implanté à Davayé.

Cette cuvée plébiscitée pour son élégance et sa noblesse se présente dans une très belle robe dorée limpide et lumineuse. Suit un nez intense et complexe sur les fleurs de printemps, la craie et les fruits frais. Dans le même registre, la bouche charme par son attaque minérale et subtile, par sa fraîcheur et sa longueur. Cette bouteille racée trouvera sa place à l'apéritif comme au repas, et sera facile à marier avec les produits de la mer. ✗ 2015-2019 ☙ saint-jacques crémées

☛ *Les Vignes de Joanny, La Cuette, 71960 Davayé, tél. 03 85 35 86 51, jcollovray@collovrayterrier.com* Ⓥ Ⓚ Ⓛ *t.l.j. sf sam. dim. 8h-12h 13h30-17h30*
☛ Julien Collovray

VIRÉ-CLESSÉ		

Superficie : 390 ha / Production : 22 000 hl

Appellation communale récente née en 1998, viré-clessé a de solides ambitions en matière de vins blancs. Elle a fait disparaître les dénominations mâcon-viré et mâcon-clessé avec le millésime 2002.

JEAN BARONNAT 2013

	n.c.		8 à 11 €

Fondée en 1920 par Jean Baronnat, l'une des dernières affaires familiales encore indépendantes du Beaujolais, dirigée depuis 1985 par Jean-Jacques Baronnat, petit-fils du fondateur. La maison, bien implantée dans le Beaujolais, mais aussi en Bourgogne, a étendu sa gamme de vins dans le sud de la France. Une habituée du Guide.

Ce 2013 séduit par son nez floral de prime abord, fruité après aération : agrumes et pêche de vigne. On retrouve la nervosité du citron dans un palais franc à l'attaque, minéral et persistant dans son développement. L'ensemble, déjà prêt, gagnera en fondu au cours des prochaines années. ✶ 2015-2018 ✶ fruits de mer

☞ Jean Baronnat, 491, rte de Lacenas, 69400 Gleizé, tél. 04 74 68 59 20, info@baronnat.com Ⓥ ⓪ r.-v.

DOM. DU BICHERON
Vieilles Vignes 2013

	2 000	🏠	5 à 8 €

Créé en 1889 par Antoine Rousset sur 3 ha de vignes, non loin de Cluny et de la roche de Solutré, ce domaine, aujourd'hui conduit par ses arrière-petits-enfants Geneviève et David, compte 48 ha.

Ce 2013 se laisse désirer ; très discret à l'olfaction, il demande à être sollicité. Après quelques secondes d'aération, il déploie enfin quelques notes fruitées, plutôt surmaturées. Dès l'attaque, il se montre suave, presque doux, avant de développer en finale une minéralité et une salinité qui équilibrent l'ensemble. ✶ 2017-2020 ✶ brochet au beurre blanc

☞ Dom. du Bicheron, Saint-Pierre-de-Lanques, 71260 Péronne, tél. 03 85 36 94 53, domainedubicheron@wanadoo.fr Ⓥ ⓪ t.l.j. sf sam. dim. 10h-12h 13h30-17h30 ☞ Denis Rousset

DOM. ANDRÉ BONHOMME
Les Prêtres de Quintaine 2012 ★

	2 300	⬥	15 à 20 €

André Bonhomme et son épouse Gisèle ont créé ce domaine en 1956 et l'ont transmis en 2004 à leur gendre Éric Palthey, ancien architecte, et à leur fille Jacqueline, tous deux rejoints entre-temps par leurs enfants Aurélien et Johan. Le travail des vignes est biologique, les vendanges sont manuelles et la vinification est traditionnelle, avec des élevages longs.

De vénérables ceps de quatre-vingt-dix ans ont donné naissance à cette cuvée élevée vingt-quatre mois sous bois, qui libère d'abord de délicats parfums vanillés, puis s'épanouit à l'aération sur des arômes intenses de fruits très mûrs, de café et de toast grillé. Dans la continuité, la bouche, ronde à l'attaque, associe le gras et l'acidité pour composer un ensemble épanoui. Un vin de garde. ✶ 2017-2025 ✶ poularde de Bresse à la crème ■ Les Hauts des Ménards 2012 ★ (15 à 20 € ; 2 000 b.) : un vin rond et charnu souligné par une fine vivacité, qui marie les notes du chardonnay aux fragrances du boisé de l'élevage. ✶ 2017-2022 ■ Cuvée spéciale 2012 (8 à 11 € ; 35 000 b.) : vin cité. ✶ 2017-2022

☞ Dom. André Bonhomme, rue Jean-Large, 71260 Viré, tél. 03 85 27 93 93, earl.bonhomme.andre@terre-net.fr Ⓥ ⓪ t.l.j. 8h30-12h 13h30-18h30 ☞ Éric Palthey

CHRISTOPHE CORDIER Vieilles Vignes 2013 ★

	8 000	⬥	15 à 20 €

Basé à Fuissé, Christophe Cordier a pris la tête de ce vignoble de 35 ha à la suite de son père Roger. Il a élargi sa gamme en créant une affaire de négoce sous son nom. Une référence en Mâconnais, avec les deux casquettes, également présent en beaujolais.

Dix-huit mois en fût de chêne ont donné de la puissance et de la complexité à ce viré-clessé. Le nez apparaît encore marqué par le bois, même s'il laisse percer de fines notes florales. Après une attaque qui fait bonne impression et un développement à la fois tonique et riche, c'est finalement le merrain qui s'impose en finale. À attendre pour plus de fondu. ✶ 2018-2023 ✶ blanquette de veau

☞ Christophe Cordier, 71960 Fuissé, tél. 03 85 35 62 89, domaine.cordier@wanadoo.fr Ⓥ ⓪ r.-v.

DOM. GONDARD PERRIN
Cuvée ancestrale Brechen 2012 ★

	1 200	⬥	8 à 11 €

Implanté au cœur de Viré, ce domaine s'illustre depuis peu dans le Guide : Pierre Gondard livrait auparavant la totalité de sa récolte à la cave coopérative du village. Depuis 2008, il vinifie les 15 ha de vignes dans son propre chai.

Issu d'une vigne de cinquante ans vendangée à la main, élevé vingt-trois mois en fût sur lies fines, ce 2012 arbore fièrement un bel éclat doré. Son olfaction élégante marie le brugnon aux petites fleurs blanches. Le palais, riche, puissant, équilibré par une fine fraîcheur, s'étire longuement sur les saveurs de vanille. Un vin de gastronomie. ✶ 2017-2022 ✶ poularde à la crème ■ Le Clos de Chapotin 2012 (11 à 15 € ; 1 200 b.) : vin cité. ✶ 2016-2019

☞ EARL Pierre et Mylène Gondard, Les Cochets, 71260 Viré, tél. 03 85 33 12 47, mylene.gondard@gmail.com Ⓥ ⓪ t.l.j. 9h-19h30

DOM. MICHEL Quintaine 2012 ★★

	19 000	🏠	15 à 20 €

Ce domaine de 21 ha situé dans le pittoresque hameau de Cray est réputé tant pour son excellence que pour sa longévité (fondation en 1840) : les générations se succèdent, la qualité des vins demeure.

Le meilleur vin de la dégustation s'habille d'or jaune profond et déploie une large palette de fruits mûrs, blancs, jaunes et même exotiques, dans un écrin minéral. On apprécie aussi son équilibre en bouche, sa fraîcheur, sa longueur et ses élégantes et friandes saveurs fruitées. Une bouteille racée, à garder en cave quelques années. ✶ 2017-2022 ✶ homard grillé ■ Sur le chêne Vieilles Vignes 2012 ★ (15 à 20 € ; 25 000 b.) : un vin aux senteurs puissantes bien mêlées de fruits blancs et de bois, ample et onctueux en bouche. ✶ 2017-2022

☞ Dom. Michel, Cray, Cidex 624, 71260 Clessé, tél. 03 85 36 94 27, domainemichelclesse@orange.fr Ⓥ ⓪ r.-v.

JEAN-PIERRE MICHEL Melle 2011

	3 000	🏠	15 à 20 €

Valeur sûre du Mâconnais, ce vigneron exploite 8,5 ha à Quintaine, au cœur de l'AOC viré-clessé, sur les premiers coteaux exposés au soleil levant surplombant la vallée de la Saône, à mi-chemin entre Mâcon et Tournus. Ses pratiques : labour des sols, récolte manuelle à maturité, vinifications longues et « naturelles » (sans chaptalisation ni levurage) conduites selon la nature des terroirs, en cuve ou en fût, avec des élevages longs sur lies fines.

Cette cuvée a été cueillie le 4 octobre 2011, date d'anniversaire de la fille de Sylvie et Jean-Pierre Michel, qui ce jour, n'avait pas collège. Elle a donc participé activement à la vendange et à l'élaboration de cette cuvée, d'où le nom « Melle ». Ce vin délivre d'intenses notes fruitées, que l'on retrouve dans un palais équilibré et frais. ✗ 2015-2018 ♈ poisson aux agrumes

☛ Jean-Pierre Michel, pl. de Quintaine, 71260 Clessé, tél. 03 85 23 04 82, vinsjpmichel@orange.fr
🆅 🏇 🏠 r.-v.

Ⓑ DOM. SAINTE-BARBE Thurissey 2012		
■ 3 000	◑	15 à 20 €

Un vignoble de 9 ha conduit en bio, des vendanges manuelles et des élevages longs : une méthode qui a fait ses preuves, témoin les nombreuses sélections des vins de Jean-Marie Chaland dans le Guide.

Ce viré-clessé dévoile des parfums de fruits mûrs soulignés de notes miellées et vanillées (quatorze mois de fût). Ronde à l'attaque, la bouche se révèle charnue et même opulente en finale. Un vin généreux et original, que l'on pourra apprécier dès aujourd'hui. ✗ 2015-2020 ♈ viande blanche crémée

☛ Jean-Marie Chaland, 12, rue En-Chapotin, Cidex 2163, 71260 Viré, tél. 09 64 48 09 44, jean-marie.chaland@orange.fr 🆅 🏇 🏠 r. v. 🏔 ➌

DOM. DES TERRES DE CHATENAY Terroir de Quintaine 2013		
■ 6 000	🍶◑	8 à 11 €

Ce couple de vignerons est installé à Péronne, village situé à l'ouest des coteaux de Viré et de Clessé, à la tête d'un vignoble de 9 ha.

Ce vin dévoile un nez discret de petites fleurs des haies et de jus de citron. Le palais se révèle minéral et frais, un peu évanescent en finale. Un viré-clessé d'une aimable simplicité, tout indiqué pour l'apéritif. ✗ 2015-2018 ♈ petits mâconnais frais

☛ EARL Jean-Claude et Marie-Odile Janin, Les Picards, 71260 Péronne, tél. 06 87 99 49 13, janinmojc@wanadoo.fr 🆅 🏇 🏠 r.-v.

CAVE DE VIRÉ Quintaine 2013 ★		
■ 12 500	🍶	8 à 11 €

Cette coopérative est née en 1928 pour faire face aux difficultés économiques engendrées par la Première Guerre mondiale et le phylloxera. Une cave réputée depuis toujours pour ses vins blancs, précurseur en matière de commerce puisqu'elle fut la première à vendre au détail en litre et à développer son commerce à l'export. Elle compte 145 adhérents pour 300 ha de vignes.

Ce vin né de vieux chardonnays libère des notes de petites fleurs blanches qui s'épanouissent ensuite dans une bouche ample, agrémentée d'une belle fraîcheur. ✗ 2016-2019 ♈ comté affiné ■ En Long champ 2013 (8 à 11 € ; 6 700 b.) : vin cité. ✗ 2016-2019

☛ Cave de Viré, 1, rue de la Cave, 71260 Viré, tél. 03 85 32 25 50, cuverie-cavedevire@orange.fr
🆅 🏠 t.l.j. sf dim. 9h-12h 14h-18h

POUILLY-FUISSÉ

Superficie : 760 ha / Production : 39 150 hl

Le profil des roches de Solutré et de Vergisson s'avance dans le ciel comme la proue de deux navires ; à leur pied, le vignoble le plus prestigieux du Mâconnais, celui du pouilly-fuissé, se développe sur les communes de Fuissé, de Solutré-Pouilly, de Vergisson et de Chaintré. Les pouilly-fuissé ont acquis une très grande notoriété, notamment à l'exportation, et leurs prix ont toujours été en compétition avec ceux des chablis. Ils sont vifs, pleins de sève et complexes. Élevés en fût de chêne, ils acquièrent avec l'âge des arômes d'amande grillée ou de noisette.

JEAN-PIERRE ET MICHEL AUVIGUE La Frérie 2013		
■ 3 500	◑	11 à 15 €

Producteurs depuis plus de cinq générations, Michel et Jean-Pierre Auvigue pratiquent également depuis 1982 l'achat de raisins. Ils ont transformé un ancien moulin à huile, en chai de vinification et d'embouteillage.

Profondément fruitée, l'olfaction évoque les fruits blancs et jaunes sur fond de vanille. Suivant la même ligne aromatique, la bouche se révèle ample et acidulée, toutefois encore un peu ralentie par le boisé de l'élevage. Patience. ✗ 2017-2020 ♈ feuilleté au saint-nectaire

☛ SARL Vins Auvigue, 3131, rte de Davayé, 71850 Charnay-lès-Mâcon, tél. 03 85 34 17 36, vins.auvigue@wanadoo.fr 🆅 🏠 r.-v.

DAVID BIENFAIT Les Crays 2013 ★		
■ 2 250	◑	15 à 20 €

David Bienfait a grandi à Vergisson, fasciné par le métier de vigneron. Après un BTS « viti », il part pour la Nouvelle-Zélande puis rentre en Mâconnais fin 2009 pour s'installer sur 1,8 ha de pouilly-fuissé. Aujourd'hui, son domaine compte 3 ha de chardonnay.

Ce 2013 s'ouvre sur un bouquet séduisant qui associe l'églantine, l'acacia et de fines notes d'élevage. Sa bouche encore ferme est compensée par un fruité mûr, voire confit, marié à un boisé discret. Bâti pour bien vieillir. ✗ 2016-2020 ♈ vol-au-vent

☛ David Bienfait, rue de l'Étang, 71960 Bussières, tél. 06 86 72 53 93, davidbienfait@hotmail.fr 🆅 🏠 r.-v.

DOM. BOURDON Cuvée réservée 2013 ★		
■ 4 800	◑	15 à 20 €

Ce domaine de plus de 14 ha possède deux caves : un chai moderne au cœur du hameau de Pouilly et une magnifique cave voûtée en pierre à Vergisson. À sa tête, Sylvie et François Bourdon représentent la cinquième génération.

L'élégante robe dorée invite à la dégustation. On découvre alors un nez bien typé évoquant les petites fleurs blanches, le citron vert et la pêche de vigne. Une attaque sur les fruits, le palais se fait ample et gras, tout en conservant une fine minéralité qui lui apporte de la fraîcheur. Un bon standard de l'appellation. ✗ 2016-2020

BOURGOGNE

🍢 terrine de poisson ■ 2013 (11 à 15 € ; 5 060 b.) : vin cité.

🍴 2015-2018

☛ *EARL François et Sylvie Bourdon, rue de la Chapelle, 71960 Solutré-Pouilly, tél. 03 85 35 81 44, francoisbourdon2@wanadoo.fr* 🆅 🌂 🏆 *t.l.j. 8h-20h*

DOM. CARRETTE Les Crays 2013		
■	2 495	⅏	11 à 15 €

Henri Carrette, issu d'une famille vigneronne, acquiert en 1980 une grande maison avec cave voûtée au pied de la roche de Vergisson. Il y débute alors la vente en bouteilles à la propriété. Depuis 2004, son fils et son petit-fils perpétuent la tradition.

Après onze mois de barrique, ce vin dévoile un large éventail aromatique : fruits exotiques, agrumes et chèvre-feuille. Bien rond, ample, puissant et chaleureux, le palais appelle la garde. 🍴 2017-2020 🍢 brochet au beurre blanc

☛ *GAEC Dom. Carrette, 39, rte des Crays, 71960 Vergisson, tél. 03 85 59 02 74, contact@ domaine-carrette.fr* 🆅 🌂 🏆 *r.-v.*

CH. DE CHAINTRÉ 2013 ★		
■	7 000	î	11 à 15 €

Ce domaine prestigieux, et toujours familial, existe depuis plus d'un siècle. Jean-Paul Paquet, vigneron fuisséen, a repris en 2003 ce vignoble qui fut l'ancienne propriété du château de Chaintré. Il le transmet à son fils Yannick en 2006.

Récolté à la main et élevé en cuve pendant neuf mois, ce 2013 affiche un air printanier et frais qui a séduit le jury. Son nez vif et net délivre des notes de citron vert, de noix fraîche et de raisin, le tout souligné d'un trait fumé. De longueur honorable, la bouche se révèle à la fois tendre et tendue, d'une fraîcheur incontestable. « Frais et dispo, il fera de l'effet sur des huîtres grasses (Isigny, Utah beach...) ou même des Bouzigues », conclut un dégustateur gastronome. 🍴 2015-2019 🍢 fruits de mer

☛ *Dom. Paquet et Fils, Les Granges, 71570 Chaintré, tél. 03 85 27 01 06, fussiacus@wanadoo.fr* 🆅 🌂 🏆 *r.-v.*

CAVE DE CHAINTRÉ Le Clos Reyssier 2013		
■	2 600	î	11 à 15 €

Cette cave résulte de l'union, en 2013, des coopératives de Juliénas et de Chaintré fondées respectivement en 1960 et en 1928, et situées à 6 km l'une de l'autre. La nouvelle structure compte 290 ha de vignes en Beaujolais et en Mâconnais. Pour autant, chaque cave garde sa structure de vinification et son identité propre.

Un pouilly-fuissé intéressant par son nez séducteur à dominante florale, agrémenté de miel et de nuances minérales. La bouche, fine et souple, avec une légère minéralité en soutien, est dominée par un fruité mûr jusqu'en finale. 🍴 2015-2019 🍢 brochet au beurre blanc

☛ *Cave Grands Vins Juliénas-Chaintré, Ch. du Bois de la Salle, 69840 Juliénas, tél. 04 74 04 42 61, compta@julienaschaintre.fr* 🆅 🏆 *r.-v.*

DOM. DE LA CHAPELLE Aux Bouthières 2013		
■	n.c.	⅏	15 à 20 €

La marque « Dom. de la Chapelle » fut créée en 1904, mais elle n'appartenait pas à l'époque à la famille Rollet.

En 2005, Catherine et Pascal Rollet ont acquis les vignes qu'ils travaillaient en métayage depuis 1982.

D'un bel or franc, ce vin dévoile des senteurs généreuses de miel et d'ananas. En bouche, on ressent un fruité mûr persistant tout au long d'une dégustation sans aspérité. 🍴 2015-2018 🍢 saint-jacques au beurre de yuzu

☛ *EARL Pascal Rollet, hameau de Pouilly, 71960 Solutré-Pouilly, tél. 03 85 35 81 51, rolletpouilly@ wanadoo.fr* 🆅 🌂 🏆 *t.l.j. 8h-18h; f. 15-20 août*

DOM. CHEVEAU Les Trois Terroirs 2013			
■	13 000	î ⅏	11 à 15 €

Représentant la troisième génération, Nicolas Cheveau et son épouse Aurélie ont développé le domaine en superficie (18 ha) et privilégié le commerce en bouteilles afin de valoriser leurs terroirs et leur savoir-faire.

Du verre s'échappent des arômes de pêche de vigne, de pomme et de noix fraîche mariés à de subtiles notes mentholées et miellées. Riche, gras, concentré, le palais se révèle très puissant et généreux en saveurs de fruits très mûrs. Un pouilly-fuissé des plus chaleureux, à attendre avant de l'associer à un plat de caractère. 🍴 2017-2022 🍢 ris de veau à la crème ■ Aux Bouthières 2013 (15 à 20 € ; 1 500 b.) : vin cité. 🍴 2017-2022

☛ *Dom. Cheveau, rte des Concizes, 71960 Solutré-Pouilly, tél. 06 83 77 07 25, domaine@ vins-cheveau.com* 🆅 🌂 🏆 *r.-v.*

DOM. CLOS GAILLARD 2013		
■	2 000	î	11 à 15 €

Gérald Favre s'est installé en 1984 à la tête d'un domaine de quelque 5 ha et, comme il se plaît à le rappeler, il représente la première génération de vignerons de la famille...

Vinifié à basse température, ce 2013 se révèle discret mais fin à l'olfaction, sur des notes de fleurs blanches et d'agrumes. La bouche élégante et citronnée est équilibrée. Tout indiqué pour l'apéritif ou les produits de la mer. 🍴 2015-2018 🍢 cabillaud au four

☛ *Gérald Favre, Pouilly, 71960 Solutré-Pouilly, tél. 06 16 46 31 08, geraldfavre@orange.fr* 🆅 🏆 *r.-v.*

CHRISTOPHE CORDIER Terroirs rares 2013 ★		
■	5 000	î	20 à 30 €

Basé à Fuissé, Christophe Cordier a pris la tête du vignoble de 35 ha à la suite de son père Roger. Il a élargi sa gamme en créant une affaire de négoce sous son nom. Une référence en Mâconnais, avec les deux casquettes, également présent en beaujolais.

Assemblage de plusieurs terroirs de l'appellation, cette cuvée élevée un fût pendant dix-huit mois offre un nez très ouvert et intense qui rappelle le berlingot à l'anis, le pain grillé et la torréfaction. La bouche, élégante et soyeuse, est soutenue par un bon boisé et par une belle minéralité qui lui donne du nerf et de l'allonge. Un vin équilibré et prometteur. 🍴 2016-2019 🍢 coquilles Saint-Jacques gratinées ■ 2013 (15 à 20 € ; 15 000 b.) : vin cité. 🍴 2018-2021

☛ *Christophe Cordier, 71960 Fuissé, tél. 03 85 35 62 89, domaine.cordier@wanadoo.fr* 🆅 🌂 🏆 *r.-v.*

BOURGOGNE

ⓑ DOMINIQUE CORNIN Clos Reyssié 2013 ★

| | 3 000 | 🍾 ◗ | 15 à 20 € |

À l'origine, les vignes du domaine étaient récoltées à la machine et les raisins confiés à la coopérative de Chaintré. En 1995, Dominique Cornin se retire de la cave, opte pour la vendange manuelle et s'oriente peu à peu vers le bio, jusqu'à la certification obtenue en 2009. Son fils Romain l'a rejoint en 2012.

Des ceps d'un âge canonique (quatre-vingt-douze ans !) ont donné naissance à ce vin, très engageant par son bouquet à l'approche boisée, qui délivre à l'aération des arômes de fleurs blanches, de beurre frais et de citron. Au palais, il développe une matière ronde, séveuse et citronnée, mise en relief par une fine trame acide. ✶ 2017-2020 ♈ suprêmes de poulet à la crème ■ Les Chevrières 2013 (20 à 30 € ; 4 200 b.) ⓑ : vin cité. ✶ 2017-2021

o━ Dominique Cornin, 339, Savy-le-Haut,
71570 Chaintré, tél. 03 85 37 43 58, dominique@
cornin.net Ⓥ 🔗 r -v

DOM. CORSIN Aux Chailloux 2013

| | 3 400 | 🍾 ◗ | 15 à 20 € |

Ce domaine prestigieux, et toujours familial, existe depuis plus d'un siècle. Précurseur dans la vente en bouteilles, il est aujourd'hui entre les mains expertes de Jean-Jacques et Gilles Corsin.

Situé au cœur du hameau de Pouilly, ce terroir mythique de l'appellation, exposé au sud, donne en général des vins chaleureux et puissants, qui sans nul doute retiendront l'attention de la commission d'enquête de l'INAO en charge du dossier de reconnaissance des 1ers crus de l'AOC. Cette cuvée expressive mise sur les fruits mûrs et le miel, tandis que quelques nuances boisées apparaissent à l'aération. Puissant, volumineux, bien charnu, le palais s'étire longuement sur des notes de pamplemousse et de confiture de vieux garçon, soulignées par une pointe de fraîcheur acidulée qui devrait assurer un vieillissement harmonieux. ✶ 2017-2021 ♈ cassolette de moules au safran

o━ Dom. Corsin, Les Plantés, 71960 Davayé,
tél. 03 85 35 83 69, contact@domaine-corsin.com
Ⓥ 🔗 r.-v.

DOM. DE LA CROIX SENAILLET 2013 ★★

| | 2 500 | ◗ | 20 à 30 € |

Ce domaine fut créé en 1969 par Maurice Martin, qui a progressivement abandonné la polyculture pour la vigne. En 1990, son fils Richard reprend le domaine familial, avant d'être rejoint par son frère Stéphane en 1992. La propriété de 6,5 ha au départ s'est agrandie pour atteindre 25 ha aujourd'hui, répartis sur 52 parcelles en bio certifié depuis 2010.

Finaliste des coups de cœur, ce 2013 d'un bel or flamboyant libère au nez des parfums intenses et suaves de noisette fraîche, de chèvrefeuille et d'angélique accompagnés d'aériennes notes minérales. Une attaque franche et nette ouvre sur une bouche charnue dominée par les agrumes, l'abricot et la brioche au beurre, une finale acidulée lui apportant une fraîcheur et un équilibre très appréciables. ✶ 2015-2020 ♈ chapon de Bresse à la crème

o━ Richard et Stéphane Martin,
Dom. de la Croix Senaillet, En Coland, 71960 Davayé,
tél. 03 85 35 82 83, richard@domainecroixsenaillet.com
Ⓥ 🔗 🔗 r.-v.

DOM. DENUZILLER Astragale 2013 ★

| | 3 000 | 🍾 | 8 à 11 € |

Ce domaine de 14 ha est constitué de 63 parcelles de chardonnay, que Gilles et Joël Denuziller vinifient en petit contenant afin de respecter au mieux la typicité de chaque terroir.

Le nom de cette cuvée est un clin d'œil à la découverte, lors de la construction de la cave souterraine en 1997, d'un site préhistorique dans lequel de nombreux os d'astragale furent identifiés. Dans le verre, un 2013 qui décline une olfaction fraîche de fruits jaunes, de pamplemousse et de minéralité. Puissant dès l'attaque, le palais dévoile un fruité intense à dominante d'agrumes qui s'agrémente d'une touche mentholée en finale. Un pouilly-fuissé typé, équilibré et frais, qui devrait bien vieillir. ✶ 2017-2020 ♈ sandre en papillote ■ Le Clos 2012 (11 à 15 € ; 2 000 b.) : vin cité. ✶ 2015-2019

o━ Dom. Denuziller, imp. de l' Église,
71960 Solutré-Pouilly, tél. 03 85 35 80 77,
domaine.denuziller@orange.fr Ⓥ 🔗 r.-v.

DOM. DE NADINE FERRAND
Éclat d'ammonite 2013 ★

| | n.c. | ◗ | 11 à 15 € |

Incarnant la troisième génération de vignerons, Nadine Ferrand est depuis l'année 2000 à la tête d'une exploitation qu'elle a portée à plus de 10 ha. Sa fille Marine l'a rejointe en 2012. Un domaine régulier en qualité.

Ce 2013 or clair dévoile un nez à la fois subtil et généreux de fruits mûrs et de fût de chêne. Puissant et concentré, le boisé prédomine aussi en bouche, un peu trop pour l'instant, même si l'on décèle déjà une matière dense et riche et un équilibre en devenir. Une bouteille qui devra trouver l'apaisement au fond de votre cave pendant quelques années. ✶ 2018-2022 ♈ côte de veau aux morilles

o━ Nadine Ferrand, 51, chem. du Voisinet,
71850 Charnay-lès-Mâcon, tél. 06 09 05 19 74,
ferrand.nadine@wanadoo.fr Ⓥ 🔗 🔗 t.l.j. 8h-19h

DOM. J.-A. FERRET 2013 ★

| | 50 000 | 🍾 ◗ | 20 à 30 € |

Le domaine Ferret, fondé en 1890, a acquis sa notoriété au fil des années avec Jeanne Ferret, femme avant-gardiste et opiniâtre, puis avec sa fille Colette qui a su conserver le prestige du domaine. Poursuivant dans ce même esprit, la maison Louis Jadot, actuelle propriétaire, met en valeur un vignoble de 18,6 ha.

Cultivés sur les argilo-calcaires de Fuissé, vendangés à la main fin septembre, ces chardonnays bien mûrs ont donné un vin or clair et bien brillant, qui a conservé de son élevage partiel en fût une empreinte finement boisée. La bouche se révèle très élégante et intense, riche et concentrée, et se conclut en finesse sur la minéralité et la noisette fraîche. Un bel ambassadeur de l'appellation. ✶ 2017-2021 ♈ soufflé au foie gras

o━ SCEA Ferret-Lorton, rue du Plan, 71960 Fuissé,
tél. 03 85 35 61 56, ferretlorton@orange.fr Ⓥ 🔗 🔗 r.-v.
o━ Famille Kopf

OLIVIER FICHET Terroir de Fuissé 2013 ★

| | 2 600 | ◗ | 11 à 15 € |

Domaine sorti de la cave coopérative par Francis Fichet en 1976. Ses fils Pierre-Yves et Olivier, aux commandes depuis 1999, exploitent aujourd'hui 28 ha de vignes, à partir desquels ils produisent une quinzaine de cuvées différentes nées des quatre cépages de Bourgogne. Une valeur sûre du Mâconnais, complétée en 2006 par une petite structure de négoce.

De ce vin or clair s'échappent de délicates notes florales et minérales rehaussées d'une touche mentholée. D'un volume léger, aérienne, la bouche est dominée par les petites fleurs blanches et le citron avant de renouer avec la menthe fraîche dans une finale longue et alerte. Un beau représentant de l'appellation et du millésime. ✗ 2015-2018 🍽 ceviche de cabillaud

○⊸ *Dom. Fichet, 651, rte d'Azé, 71960 Igé, tél. 03 85 33 30 46, olivier.fichet@wanadoo.fr* 🅥 🏃 🔧 *t.l.j. 8h-12h 13h-18h30; dim. sur r.-v.*

CH. FUISSÉ Les Brûlés 2013 ★★

| ■ | 2 500 | ◫ | 30 à 50 € |

Ce domaine emblématique de Fuissé exploite aujourd'hui 40 ha de chardonnay sur les meilleurs terroirs de l'appellation. Aux commandes des vinifications, Antoine Vincent, ingénieur agronome et œnologue, dont les vins connaissent une renommée internationale (80 % à l'export).

Ce terroir des Brûlés doit son nom à son exposition plein sud, sur un coteau escarpé, majoritairement argileux (80 %) et un peu calcaire (20 %). Il est ici à l'origine d'une superbe cuvée or paille aux reflets argentés, qui offre au nez une palette aromatique intense et large mêlant subtilement la pêche jaune et le raisin muscat au vanillé du fût de chêne. À la fois riche et fraîche, fruitée (coing) et fumée, la bouche est un modèle du genre pour le mariage réussi du bois et du vin. Succès garanti d'ici quelques années avec un mets de choix. ✗ 2018-2022 🍽 turbot sauce hollandaise ■ Le Clos 2013 ★ (30 à 50 € ; 4 300 b.) : un vin apprécié pour ses senteurs surannées d'eau de rose et de sucre d'orge, et pour son palais tendre, élégant et charmeur. ✗ 2015-2020

○⊸ *Ch. de Fuissé, Le Plan, 71960 Fuissé, tél. 03 85 35 61 44, domaine@chateau-fuisse.fr* 🅥 🏃 🔧 *t.l.j. sf sam. dim. 8h-12h 13h30-17h30*
○⊸ Famille Vincent

♥ DOM. DES GERBEAUX Champs roux 2013 ★★

| ■ | 2 000 | ◫ | 15 à 20 € |

Ce vignoble familial fut créé en 1896 par Jacques Charvet, l'arrière-grand-père de Jean-Michel Drouin. Il compte aujourd'hui 13 ha de chardonnay répartis dans les appellations mâcon, saint-véran et pouilly-fuissé. Une valeur sûre, avec des coups de cœur réguliers du Guide dans cette dernière AOC.

Jean-Michel Drouin signe à nouveau un vin de haute volée et décroche ici son neuvième coup de cœur en pouilly-fuissé, si nous avons bien compté. Un 2013 très élégant dans sa robe jaune d'or aux reflets bronze lumineux. Non moins élégant, le nez évoque intensément les petites fleurs blanches et les fruits mûrs bien mariés aux notes boisées de l'élevage. Une intensité aromatique à laquelle fait écho une bouche riche, puissante, séveuse et parfaitement équilibrée, qui s'étire longuement sur des accents d'agrumes confits. ✗ 2018-2022 🍽 volaille à la crème ■ Les Crays 2013 ★★ (15 à 20 € ; 2 000 b.) : dominée par l'olfaction par des notes empyreumatiques, ample, soyeuse et harmonieuse au palais, une belle cuvée de garde. ✗ 2018-2022

○⊸ *SCEV Dom. des Gerbeaux, Les Gerbeaux, 71960 Solutré-Pouilly, tél. 03 85 35 80 17, j-michel.drouin.gerbeaux@wanadoo.fr* 🅥 🔧 *r.-v.*
○⊸ Drouin

DOM. GUERRIN ET FILS
La Maréchaude 2013 ★

| ■ | 2 500 | ◫ | 15 à 20 € |

En 1984, Maurice Guerrin a créé avec seulement 2,5 ha ce domaine qui compte aujourd'hui 14 ha de chardonnay. Son fils l'a rejoint fin 2011 afin de développer la commercialisation en bouteilles.

Ce 2013 a bénéficié d'un élevage de onze mois en barrique dont il retire un bouquet élégant de fruits mûrs (pêche, poire et mirabelle) souligné de vanille et d'épices douces. La bouche séduit par son charnu, sa rondeur, son fruité et sa finale minérale. ✗ 2015-2018 🍽 terrine de foies de volaille ■ Sur la roche 2013 ★ (15 à 20 € ; 3 000 b.) : de beaux atours boisés pour cette cuvée structurée et pleine de promesses. ✗ 2017-2020

○⊸ *Dom. Guerrin et Fils, 572, rte des Bruyères, 71960 Vergisson, tél. 03 85 35 80 25, domaine@ domaineguerrin.com* 🅥 🏃 🔧 *r.-v.*

MANOIR DU CAPUCIN Aux Morlays 2013

| ■ | 580 | | 15 à 20 € |

Le manoir aux colonnes toscanes, avec ses caves et son clos, fut la demeure du Capucin Luillier, auteur des Noëls Mâconnais au XVIIᵉs. Chloé Bayon et son compagnon Guillaume Pichon, les actuels propriétaires, en ont entrepris la rénovation afin de pouvoir l'habiter. Ils conduisent aujourd'hui un vignoble de 12,4 ha.

Issue de chardonnays de trente ans fermentés à basse température, cette cuvée de bon aloi mêle sans fausse note la pêche de vigne, le coing et les fleurs blanches. Équilibré, sans fard, le palais se montre frais et plaisant. ✗ 2015-2018 🍽 fromage de chèvre affiné

○⊸ *Chloé Bayon, Le Plan, 71960 Fuissé, tél. 03 85 35 87 74, manoirducapucin@yahoo.fr* 🅥 🏃 🔧 *r.-v.*

CÉDRIC ET PATRICE MARTIN 2013

| ■ | 4 500 | 🍶 | 11 à 15 € |

Cédric et Patrice Martin exploitaient leurs vignes individuelles avant de décider en 2012 de mutualiser leurs structures viticoles respectives, au départ à la retraite de leurs parents Sylvaine et Jean-Jacques. Ils ont ainsi créé un domaine de 12 ha de vieilles vignes de chardonnay et de gamay, qui propose des vins du Mâconnais et du Beaujolais.

Fermenté longuement et élevé dix mois en cuve, ce 2013 présente un nez complexe de fruits à chair blanche, d'agrumes et de fleurs des haies. On retrouve cette même intensité aromatique dans une bouche légère, nette et fraîche. Un « vin plaisir » à boire sur le fruit. ✗ 2015-2017 🍽 jambon persillé

○┐ *SCEV Cédric et Patrice Martin, Les Verchères,*
71570 Chânes, martinpatris@club-internet.fr
Ⓥ Ⓚ 🔒 *r.-v.*

DOM. PASCAL RENAUD Aux Insards 2013 ★		
750	⬤▯	15 à 20 €

Depuis 1987 à la tête de l'ancienne propriété de la famille Balladur, Pascal Renaud est aujourd'hui secondé par son fils Guillaume pour cultiver les 20 ha du vignoble, principalement en appellation pouilly-fuissé.

Cette cuvée se révèle d'emblée expressive avec ses multiples arômes fruités rappelant la poire, la pêche jaune et le citron. Frais et de bonne tenue, le palais apporte déjà du plaisir. Une bouteille harmonieuse, que l'on pourra boire dès la sortie du Guide. ✗ 2015-2018 ♈ fromage de chèvre ■ Aux Chailloux 2013 ★ (15 à 20 € ; 3 500 b.) : un vin harmonieux, frais et énergique, fruité et surtout très minéral. ✗ 2015-2018

○┐ *Dom. Pascal Renaud, 71960 Solutré-Pouilly,*
tél. 03 85 35 84 62, domainerenaudpascal@wanadoo.fr
Ⓥ Ⓚ 🔒 *r.-v.*

ÈVE ET MICHEL REY Les Crays 2013 ★		
1 550	⬤▯	15 à 20 €

Ève et Michel Rey sont à la tête depuis 1988 de ce petit domaine de 3,5 ha, une mosaïque de petites parcelles de vignes situées principalement au pied de la roche de Vergisson.

Pour élaborer ce 2013, 30 ares de chardonnay ont été sélectionnés. Il en résulte un vin attrayant par sa couleur paille comme par son nez « chêneux » à l'approche, ouvert à l'aération sur une multitude de fragrances fruitées. On retrouve ces arômes dans une bouche ample et ferme, stimulée par une pointe de vivacité. ✗ 2017-2020 ♈ fromage de Cîteaux ■ Sur la roche 2012 (15 à 20 € ; 870 b.) : vin cité. ✗ 2015-2018

○┐ *Ève et Michel Rey, 35, chem. du Sabotier,*
71960 Vergisson, tél. 03 85 35 85 78, michel.rey19@
wanadoo.fr Ⓥ Ⓚ 🔒 *r.-v.*

RIJCKAERT Vers Chânes Vieilles Vignes 2013 ★		
2 400	⬤▯	20 à 30 €

Installés en 1988, Régine et Jean Rijckaert ont décidé en 2013 de transmettre progressivement leur activité (domaine et négoce) à Florent Rouve, ancien directeur du domaine du lycée viticole de Mâcon-Davayé.

Une cuvée de négoce née d'une parcelle de vignes quinquagénaires situées à Fuissé, exploitée par Serge Mornand. Dans le verre, un vin clair et lumineux, aux accents boisés prometteurs. Encore sous l'emprise du merrain elle aussi, la bouche se révèle ample, puissante et riche. À garder quelques années pour plus d'harmonie. ✗ 2018-2022 ♈ andouillette sauce moutarde

○┐ *Dom. Rijckaert, En Cuette, RD 54, 71960 Davayé,*
tél. 03 85 35 15 09, frouve@rijckaert.fr Ⓥ Ⓚ 🔒 *r.-v.*

DOM. THIBERT PÈRE ET FILS Les Cras 2012 ★★		
n.c.		15 à 20 €

Issus d'une dynastie de vignerons longue de huit générations, Andrée et René Thibert créent leur propre domaine en 1967, sur 2,5 ha. Aujourd'hui, leurs enfants

Sandrine et Christophe sont cogérants d'un vignoble de 30 ha.

Coup de cœur dans l'édition précédente pour sa cuvée Vignes blanches 2011, le domaine signe ici un 2012 qui a peu à lui envier. La robe est cristalline, couleur or pâle. Le nez s'ouvre délicatement sur les senteurs minérales de la pierre à fusil de son lieu de naissance, Les Cras, et son terroir très calcaire. Après une attaque ample et franche, la bouche offre une onctuosité séduisante et un équilibre parfait, toujours portée par une subtile minéralité. Une longueur admirable et une belle noblesse d'origine en font un grand pouilly-fuissé de caractère. ✗ 2015-2022 ♈ homard grillé

○┐ *Dom. Thibert Père et Fils, rue Adrien-Arcelin,*
71960 Fuissé, tél. 03 85 27 02 66, info@
domaine-thibert.com Ⓥ Ⓚ 🔒 *t.l.j. 8h30-12h30*
13h30-18h30; sauf dim. sur r.-v.

DOM. VAUPRÉ Vieilles Vignes 2013 ★		
4 500	⬤▯	11 à 15 €

Depuis l'arrivée du fils Florent en 2009 aux côtés de son père Dominique, l'ensemble du vignoble familial (11 ha) est labouré ou enherbé, les traitements sont raisonnés, la vinification se fait avec les levures indigènes et les élevages sur lies se sont allongés jusqu'à la mise en bouteilles.

Une vieille vigne de soixante-quatre ans cultivée sur un sol d'argiles et de calcaires a donné naissance à ce plaisant 2013. Au nez, les senteurs boisées (torréfaction et vanille) se mêlent à des nuances fruitées. On retrouve les fruits mûrs dans une bouche ample et riche, qui s'achève sur une agréable note acidulée lui apportant fraîcheur et longueur. ✗ 2015-2019 ♈ matelote de poissons

○┐ *Dom. Vaupré, imp. du Clos, le Bourg,*
71960 Solutré-Pouilly, tél. 03 85 35 85 67,
dominique.vaupre@club-internet.fr Ⓥ Ⓚ 🔒 *r.-v.*

DOM. DU CH. DE VERGISSON 2013		
7 000	🍾⬤▯	11 à 15 €

Stéphanie Saumaize et Pierre Desroches sont à la tête de ce domaine de 9 ha situé au pied de la roche de Vergisson. Depuis 2012, ils vinifient leur récolte dans les fameuses caves voûtées et superposées du château de Vergisson.

D'un bel or sans surcharge, ce 2013 présente un nez net et franc de fruits jaunes. Fruits que l'on retrouve, l'abricot notamment, dans une bouche expressive, élégante et équilibrée par une juste fraîcheur. Une bouteille à réserver pour l'apéritif. ✗ 2015-2018 ♈ gougères ■ Sur la roche 2012 (15 à 20 € ; 1 000 b.) : vin cité. ✗ 2015-2017

○┐ *Dom. du Ch. de Vergisson,*
101, rue du Château-de-France, 71960 Vergisson,
tél. 06 21 85 67 60, pierredesroches@hotmail.fr
Ⓥ Ⓚ 🔒 *r.-v.*

○┐ Pierre Desroches et Stéphanie Saumaize

DOM. DES VIEILLES PIERRES La Roche Vieilles Vignes 2013		
2 400	⬤▯	15 à 20 €

Installé à l'entrée du village de Vergisson, dans de magnifiques bâtiments datant du XVIIIes., Jean-Jacques

Litaud exploite le domaine familial, dont le vignoble couvre aujourd'hui 10 ha de chardonnay.

Élevé onze mois sous bois (dont 15 % de fûts neufs), ce 2013 en retire un bouquet aux accents de pain grillé, de vanille et de torréfaction. Le palais se révèle gras, riche et dense, dominé par les arômes de la barrique jusque dans sa longue finale. À réserver aux amateurs de vins boisés. ✗ 2016-2020 ⅋ blanquette de veau

○┐ Jean-Jacques Litaud, 167, rue des Nambrets, 71960 Vergisson, tél. 03 85 35 85 69, j-j.litaud@orange.fr
Ⓥ 🏃 🏆 r.-v.

CH. VITALLIS Vieilles Vignes 2013		
9 823	◐	15 à 20 €

Au château Vitallis, vieille demeure seigneuriale de 1305 située au cœur du village de Fuissé, on utilise les techniques les plus modernes en matière de culture de la vigne et de vinification : vendanges à la machine, pressoir pneumatique, cuves thermorégulées et caves et stockage climatisées. Le vignoble, dirigé par Denis Dutronc, couvre 10 ha.

Ce 2013 dévoile un nez variétal qui rappelle les fleurs blanches et la pomme golden agrémentée de notes de vanille. La bouche, chaleureuse et grillée en première approche, s'équilibre par la suite grâce à une fine tension citronnée. Pour amateurs de blancs boisés. ✗ 2015-2018 ⅋ sauté de veau aux petits pois

○┐ Denis et Maxime Dutron, rue Adrien-Arcelin, 71960 Fuissé, tél. 03 85 35 64 42, denis.dutron@ wanadoo.fr Ⓥ 🏃 🏆 t.l.j. 8h30-19h; sam. dim. sur r.-v.; f. 1er-24 août

▶ POUILLY-LOCHÉ ET POUILLY-VINZELLES

Moins connues que leur voisine, ces petites appellations situées sur le territoire des communes de Loché et de Vinzelles produisent des vins blancs secs de même nature que le pouilly-fuissé, avec peut-être un peu moins de corps.

POUILLY-LOCHÉ

Superficie : 32 ha / Production : 1 500 hl

AUVIGUE Classique Vignes centenaires 2013 ★		
1 000	◐	11 à 15 €

Producteurs depuis plus de cinq générations, Michel et Jean-Pierre Auvigue pratiquent également depuis 1982 l'achat de raisins. Ils ont transformé un ancien moulin à l'huile situé à la « Patte d'Oie » en chai de vinification et d'embouteillage.

Des ceps de chardonnay centenaires ont donné naissance à ce 2013 à la robe éclatante, cousue d'or. Le bouquet, discret à l'approche, laisse échapper à l'aération de fines senteurs de fleurs blanches agrémentées de notes de viennoiserie au beurre. La bouche se révèle dense, ample et ronde, dominée par les fruits blancs et les agrumes. Le tout est très équilibré. ✗ 2016-2020 ⅋ escalope de veau à la crème

○┐ Vins Auvigue, 3131, rte de Davayé, 71850 Charnay-lès-Mâcon, tél. 03 85 34 17 36, vins.auvigue@wanadoo.fr Ⓥ 🏃 🏆 r.-v.

CLOS DES ROCS Les Quatre Saisons 2013 ★		
n.c.		11 à 15 €

Issu d'une famille vigneronne depuis sept générations, Olivier Giroux a grandi au milieu des vignes de Fuissé. En 2002, après avoir dirigé une exploitation dans la vallée du Rhône, il revient sur ses terres natales et acquiert ce domaine de 7,5 ha en pouilly-loché et (un peu) en pouilly-fuissé, dont le Clos des Rocs et ses 3,5 ha en monopole. Le passage au bio est engagé.

Ce 2013 joliment doré offre un nez à la fois généreux et d'une grande droiture, ouvert sur des senteurs de petites fleurs blanches et de noisette. Même sincérité en bouche : c'est net, bien ciselé et d'une belle finesse de saveur. En vin noble, mets noble. ✗ 2016-2020 ⅋ filet de bar sauce crémée ■ Les Mûres 2013 (15 à 20 € ; n.c. b.) : vin cité. ✗ 2015-2017 ■ Monopole 2013 (15 à 20 € ; n.c. b.) : vin cité. ✗ 2016-2020

○┐ Clos des Rocs, SCEA Vignoble du Clos des Rocs, 64, chem. de la Colonge, 71000 Loché, tél. 03 85 32 97 53, vin@closdesrocs.fr Ⓥ 🏃 🏆 t.l.j. 9h-18h; f. 1er-15 août

DOM. CORDIER PÈRE ET FILS 2013		
1 000	◐	15 à 20 €

Basé à Fuissé, Christophe Cordier a pris la tête de ce vignoble de 35 ha à la suite de son père Roger. Il a élargi sa gamme en créant une affaire de négoce sous son nom. Une référence en Mâconnais, sous les deux casquettes, également présent en Beaujolais.

D'une bonne intensité et avec de l'éclat, cette cuvée se donne sans compter autour d'arômes déjà bien développés de fruits mûrs : pêche jaune, mirabelle... En bouche, elle offre du gras et de la chair, soutenus par une intense vivacité qui lui donne de l'allonge. ✗ 2015-2019 ⅋ carrelet meunier

○┐ Dom. Cordier Père et Fils, 71960 Fuissé, tél. 03 85 35 62 89, domaine.cordier@wanadoo.fr
Ⓥ 🏃 🏆 r.-v.

MARCEL COUTURIER Vieilles Vignes 2013		
2 500	◐	11 à 15 €

Installé en cave particulière depuis 2005 après avoir été apporteur à la cave coopérative des Grands Crus à Vinzelles, Marcel Couturier revendique une viticulture proche de l'agrobiologie, sans pour autant passer à la certification.

D'un jaune doré très net, ce vin se livre sans ostentation sur des notes de brioche, de noisette et de miel d'acacia. Longue, bien constituée, d'une rondeur avenante, la bouche offre des saveurs prégnantes et agréables qui font écho à l'olfaction. ✗ 2015-2018 ⅋ gambas grillées

○┐ Marcel Couturier, Les Pelées, 71960 Fuissé, tél. 06 23 97 23 21, domainemarcelcouturier@orange.fr
Ⓥ 🏃 🏆 r.-v.

DOM. GIROUX Au Bucher 2013		
4 000	🍾	8 à 11 €

Créé en 1973 par Yves Giroux, ce domaine a connu sa première succession en 2010. C'est aujourd'hui le fils aîné Sébastien qui préside aux destinées de ce vignoble de 6,8 ha.

D'un bel or très brillant, cette cuvée dévoile des arômes délicats d'acacia. Aérien et équilibré, le palais délivre des saveurs franches et alertes de fleur d'acacia qui devraient se complexifier avec le temps. Un vin fin et délié, appelé à bien évoluer. ✗ 2017-2021 ♈ sole meunière

☛ *Dom. Yves Giroux et Fils, Les Molards, 71960 Fuissé, tél. 06 80 72 28 91, domainegiroux@wanadoo.fr* 🆅 🕴 🔋 *r.-v.*

Superficie : 52 ha / Production : 1 700 hl

DOM. DE FUSSIACUS 2013		
2 600	🍶	11 à 15 €

Jean-Paul Paquet est à la tête de cette propriété familiale depuis 1978. Ce domaine porte le nom du seigneur romain Fussiacus qui s'installa à Fuissé. Un domaine très régulier en qualité.

Dans le verre, un vin jaune or aux reflets jade né des raisins vendangés à maturité (et à la main), puis élevé en foudre thermorégulé. Le nez mêle des parfums délicats d'aubépine, de coing et de menthol, prolongés par une bouche croquante et équilibrée, étirée dans une longue finale sur le citron et l'amande. ✗ 2015-2018 ♈ bouillabaisse

☛ *Jean-Paul Paquet, Les Mollards, 71960 Fuissé, tél. 03 85 27 01 06, fussiacus@wanadoo.fr* 🆅 🕴 🔋 *r.-v.*

CAVE DES GRANDS CRUS BLANCS Vieilles Vignes 2013 ★		
10 000	🍶	8 à 11 €

Créée en 1929, la Cave des Grands Crus Blancs a scellé l'union des vignerons de deux villages voisins : Vinzelles et Loché.

Née de 2 ha argilo-siliceux propices au chardonnay, cette cuvée dévoile un bouquet aérien délicatement floral et fruité. La bouche laisse une même impression de finesse, de légèreté et de fraîcheur grâce à des saveurs minérales et citronnées qui s'étirent longuement en finale. Un vin joyeux et printanier. ✗ 2015-2018 ♈ saint-jacques marinées ▪ Les Quarts 2013 (8 à 11 € ; 18 000 b.) : vin cité. ✗ 2016-2020

☛ *Cave des Grands Crus Blancs, 2368, rte des Allemands, 71680 Vinzelles, tél. 03 85 27 05 70, contact@lesgrandscrusblancs.com* 🆅 🔋 *t.l.j. 9h-12h30 13h30-18h30*

DOM. THIBERT PÈRE ET FILS Les Longeays 2012		
n.c.		15 à 20 €

Issus d'une dynastie de vignerons longue de huit générations, Andrée et René Thibert créent leur propre domaine en 1967, sur 2,5 ha. Aujourd'hui, leurs enfants Sandrine et Christophe sont cogérants d'un vignoble de 30 ha.

Derrière une robe couleur bronze se dévoile un bouquet intense et profond qui rappelle le terroir d'origine de ce vin (pierre à fusil) et son élevage (vanille, grillé). Le palais se révèle ample, rond, bien construit autour d'une fine acidité et d'un boisé harmonieux, allégé par une jolie finale sur les agrumes. ✗ 2017-2020 ♈ cassolette de langoustines

☛ *Dom. Thibert Père et Fils, rue Adrien-Arcelin, 71960 Fuissé, tél. 03 85 27 02 66, info@ domaine-thibert.com* 🆅 🕴 🔋 *t.l.j. 8h30-12h30 13h30-18h30; sam. dim. sur r.-v.*

Superficie : 680 ha / Production : 37 500 hl

Implantée surtout sur des terroirs calcaires, l'appellation, reconnue en 1971, constitue la limite sud du Mâconnais, entre les AOC pouilly-fuissé, pouilly-vinzelles et beaujolais. Elle est réservée aux vins blancs produits dans huit communes de Saône-et-Loire. Légers, élégants, fruités, les saint-véran accompagnent bien les débuts de repas. Ils sont intermédiaires entre les pouilly-fuissé et les mâcon suivis d'un nom de village.

CH. CHASSELAS Le Clos 2012 ★		
3 000	🍶	8 à 11 €

Ce domaine viticole depuis cinq siècles, que commande un château des XIVe et XVIIIe s. flanqué de trois tours en poivrière, a été repris en 1999 par Jean-Marc Veyron La Croix et Jacky Martinon, à la tête de 11 ha conduits dans une démarche raisonnée (labour, griffage, amendement naturel...).

Cette parcelle de 80 ares située dans le parc du château a donné naissance à un vin frais et tonique. Or étincelant, il dévoile un nez frais et minéral, tandis que la bouche riche et complexe s'étire longuement en finale sur des notes citronnées. Bien représentatif de son appellation, il pourra être bu dès la sortie du Guide mais aussi encavé pour quelques années. ✗ 2015-2020 ♈ fromage de chèvre du Mâconnais

☛ *Ch. de Chasselas, En Château, 71570 Chasselas, tél. 03 85 35 12 01, chateauchasselas@aol.com* 🆅 🕴 🔋 *t.l.j. 10h-12h 14h-18h* 🏠 🇪

♥ DOM. CHÊNE Cuvée Prestige 2013 ★★		
3 000	🍶 🍶	8 à 11 €

Vigneronne depuis 1973, la famille Chêne quitte la cave coopérative de Prissé en 1999 pour vinifier et commercialiser sa propre production. Établi en plein cœur du val Lamartinien, le domaine dispose d'un important vignoble : 40 ha répartis dans plusieurs appellations.

Née de raisins récoltés début octobre, cette cuvée porte haut les couleurs de l'appellation. Elle a grandi pour partie dans des fûts de chêne neufs pendant dix mois. Parée d'une robe d'or pâle, elle livre d'intenses parfums de fruits blancs mûrs mêlés aux épices douces et aux arômes toastés du bois. Le palais, ample et gras, puissant et long, stimulé par une fraîcheur minérale, laisse le souvenir d'un vin élégant et racé. ✗ 2017-2020 ♈ langouste grillée

BOURGOGNE

☞ Dom. Chêne, Ch. Chardon, 71960 La Roche-Vineuse, tél. 03 85 37 65 90, domainechene@orange.fr
Ⓥ Ⓚ Ⓣ t.l.j. 9h30-12h 14h30-19h

SOPHIE CINIER À la côte 2013 ★		
2 500	◫	11 à 15 €

En 2000, Sophie Cinier s'installe à la tête de la petite propriété familiale de 2,3 ha. Elle vend d'abord ses raisins aux négociants locaux, puis vinifie en 2005 pour la première fois. Elle travaille seule, de la vigne à la commercialisation. Ne possédant pas de saint-véran, elle a créé une structure de négoce afin d'acheter des raisins sur pied et de les vinifier.

Ce 2013 or vert offre un nez intense où l'on distingue l'abricot, l'ananas frais, l'aubépine et la vanille. Ample et ronde, la bouche est équilibrée par une trame acidulée bien dosée. Idéal pour l'apéritif ou une entrée fraîche. ✗ 2015-2017 ♈ tartare de crabe à la mangue

☞ Dom. Sophie Cinier, rue Adrien-Arcelin, Champ-Potard, 71960 Fuissé, tél. 03 85 35 66 41, sophie.cinier@orange.fr Ⓥ Ⓚ Ⓣ r.-v. 🏠 ③ ♈ Ⓒ

COLLOVRAY & TERRIER Tradition 2013		
200 000	◫	11 à 15 €

Propriétaires du domaine des Deux Roches, valeur sûre du Mâconnais, les familles Collovray et Terrier ont développé une petite activité de négoce dans les années 1990 pour élargir leur gamme.

Produit en 200 000 exemplaires, ce 2013 qui n'a rien de confidentiel fait rimer quantité et qualité. Un vin or vert clair, au nez subtil, minéral et fruité. Droite et tendue, d'une longueur appréciable, la bouche est stimulée par les saveurs acidulées de mandarine et de citron confit. ✗ 2016-2019 ♈ poulet au citron

☞ Collovray et Terrier, La Cuette, 71960 Davayé, tél. 03 85 35 86 51, info@collovrayterrier.com
Ⓥ Ⓚ Ⓣ t.l.j. sf sam. dim. 8h-12h 13h30-17h30

DOM. CORSIN Vieilles Vignes 2013		
26 400	🍖 ◫	8 à 11 €

Ce domaine prestigieux, et toujours familial, existe depuis plus d'un siècle. Précurseur dans la vente en bouteilles, il est aujourd'hui entre les mains expertes de Jean-Jacques et Gilles Corsin.

Ce 2013 jaune d'or étincelant offre un nez intense de fleur d'acacia subtilement mariée aux notes grillées de la barrique. Si certains jurés estiment que cette dernière se révèle trop présente au palais, d'autres apprécient au contraire son apport en structure et en complexité. À réserver aux amateurs de vins boisés. ✗ 2017-2020 ♈ blanquette de veau

☞ Dom. Corsin, Les Plantés, 71960 Davayé, tél. 03 85 35 83 69, contact@domaine-corsin.com
Ⓥ Ⓣ r.-v.

♥ **DOM. DE LA CREUZE NOIRE** La Côte 2013 ★★		
4 000	🍖	8 à 11 €

Ce domaine familial de 17 ha est situé à Leynes, village frontière entre Beaujolais et Mâconnais. À sa tête depuis 1985, Christine et son époux Dominique Martin le conduisent en lutte raisonnée et pratiquent des vendan-

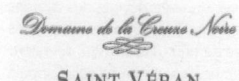

ges manuelles. Leur vignoble est réparti entre les AOC bourguignonnes et beaujolaises.

« La Côte » d'où est issue cette splendide cuvée est un terroir argilo-calcaire tardif de Chasselas qui donne en général des vins d'une grande minéralité, bien équilibrés et de bonne garde. Ce 2013 en est un éminent représentant. On appréciera d'abord le brillant de sa robe teintée d'or blanc, ainsi que ses senteurs de fruits frais et de fleur de tilleul ; puis son palais charnu, parfaitement équilibré entre rondeur et fraîcheur minérale, étiré dans une longue finale sur les agrumes et le litchi. ✗ 2017-2021 ♈ poulet en gelée et légumes croquants ■ Les Carrales 2013 ★★ (11 à 15 € ; 2 000 b.) : une trame aromatique aimable et complexe (ananas frais, fleurs blanches et amande) et une bouche très équilibrée, longue et fraîche. ✗ 2015-2020

☞ Dominique et Christine Martin, La Creuze-Noire, 71570 Leynes, tél. 03 85 37 46 43, domainemartin.dcn@gmail.com
Ⓥ Ⓚ Ⓣ t.l.j. sf dim. 8h-12h 14h-18h

Ⓑ **DOM. DE LA CROIX SENAILLET** 2013 ★		
70 000	🍖 ◫	11 à 15 €

Ce domaine fut créé en 1969 par Maurice Martin, qui a progressivement abandonné la polyculture pour la vigne. En 1990, son fils Richard reprend le domaine familial, avant d'être rejoint par son frère Stéphane en 1992. La propriété de 6,5 ha au départ s'est agrandie pour atteindre 25 ha aujourd'hui, répartis sur 52 parcelles en bio certifié depuis 2010.

Ce 2013 jaune pâle à reflets argentés diffuse d'intenses parfums fruités qui rappellent la poire, la pêche blanche et la datte, le tout souligné de pierre à fusil. Au palais, on retrouve l'empreinte fruitée, ainsi que des arômes de fleurs blanches et de miel d'acacia, et une minéralité puissante. Un vin à la fois cossu et élégant. ✗ 2016-2020 ♈ filets de rouget poêlés

☞ Richard et Stéphane Martin, Dom. de la Croix Senaillet, En Coland, 71960 Davayé, tél. 03 85 35 82 83, richard@domainecroixsenaillet.com
Ⓥ Ⓚ Ⓣ r.-v.

Ⓑ **DOM. DE LA CROUZE** L'Or des roches 2013 ★		
10 000	🍖	8 à 11 €

Que de progrès réalisés depuis la reprise du domaine familial par Pierre Desroches en 1986 ! Arrivée de Nathalie Valette, sa conjointe, en 1990, puis en 2003, « le grand saut » : la sortie de la cave coopérative de Prissé et enfin, en 2010, la conversion de la totalité du vignoble (7 ha) à l'agriculture biologique.

Ce vin d'un beau jaune d'or lumineux libère d'abord de délicates senteurs de noisette et de beurre frais, puis monte en puissance pour s'épanouir sur des parfums intenses et frais de fleur d'acacia et de chèvrefeuille soulignés de notes minérales. La bouche, pleine et élégante, appuyée elle aussi par une forte minéralité, déploie des saveurs friandes de fruits blancs et jaunes et

une longue finale pleine de fraîcheur. ✗ 2016-2020
🍽 sandre au beurre blanc

○┐ *Dom. de la Crouze, 1298, chem. de Tillier-la-Crouze,
71960 Vergisson, tél. 03 85 37 80 09, pierre-desroches@
cegetel.net* Ⓥ 🅐 *r.-v.*

FRÉDÉRIC CURIS		
Clos des Chailloux 2013 ★		
23 000	🍾 ◑	11 à 15 €

Installé en 1999 sur le vignoble familial (5 ha
aujourd'hui), Frédéric Curis a développé la vente en
bouteille et s'est également investi dans la vie syndicale,
présidant un temps l'appellation saint-véran.
Or pâle aux multiples reflets brillants, ce 2013 attire l'œil.
Au nez, il dévoile d'envoûtantes et subtiles senteurs de
fleurs blanches typiques du cépage et une fine minéralité
propre au terroir calcaire des Chailloux. La bouche tient
les promesses de l'olfaction, offrant une matière fruitée
et savoureuse stimulée par une finale citronnée. ✗ 2015-
2019 🍽 quenelles de brochet

○┐ *Curis, Au-Clos-d'Amélie, 71960 Davayé,
tél. 06 03 11 65 79, frederic@daumainecuris.com*
Ⓥ 🍴 *r.-v.* 🏠 ❺

DOM. DE LA DENANTE		
Les Maillettes 2013 ★		
n.c.		8 à 11 €

Investi de multiples missions syndicales viticoles depuis
de nombreuses années, Robert Martin est épaulé sur le
domaine par son fils Damien. Ensemble, ils ont construit
une cuverie moderne à Davayé pour accueillir le fruit de
leurs 12 ha de vignes.
Ce 2013 couleur or vert, timide au premier nez, se dévoile
à l'aération sur des notes fraîches et élégantes de fleurs
blanches. On retrouve cette fraîcheur en soutien d'une
bouche ronde et souple, étirée dans une finale franche et
nette. ✗ 2015-2018 🍽 friture de poissons

○┐ *Damien Martin, Les Gravières, 71960 Davayé,
tél. 03 85 35 82 88, martin.denante@wanadoo.fr*
Ⓥ 🅐 🍴 *t.l.j. 8h-19h; dim. sur r.-v.*

P. FERRAUD ET FILS		
Cuvée 130 2013 ★		
2 000	◑	15 à 20 €

En 1882, Philibert Ferraud crée sa structure de négoce.
À cette époque, les vins quittaient le vignoble dans des
« pièces » sur des chars à bœufs, puis étaient expédiés
sur les lieux de consommation par péniche et par
chemin de fer. Une maison restée dans la même famille
depuis cinq générations, qui étend son vignoble sur 4 ha
aux pieds des roches jumelles de Solutré et de Vergisson.
Pour célébrer les cent trente ans d'existence de la maison,
Jean-Michel et Yves-Dominique Ferraud ont produit cette
cuvée éclatante et lumineuse. Une corbeille de fruits
exotiques se livre sans réserve à l'olfaction, tandis
qu'apparaissent doucement à l'aération des senteurs
derose et de noisette. En bouche ? Une rondeur « bourgeoise et classe », selon un dégustateur, sans aspérité, qui
confère à ce vin un caractère aimable et généreux.
✗ 2016-2019 🍽 poularde à la crème

○┐ *P. Ferraud et Fils, 31, rue du Mal-Foch, BP 60194,
69823 Belleville Cedex, tél. 04 74 06 47 60, ferraud@
ferraud.com* Ⓥ 🅐 🍴 *t.l.j. sf sam. dim. 8h-12h 14h-17h*

CH. DE LA GREFFIÈRE		
Aux monts 2013		
1 500	◑	15 à 20 €

Installés en 1981, Isabelle et Vincent Greuzard ont
ouvert en 2001 un petit musée où sont exposés les
outils anciens de leurs parents et grands-parents,
vignerons eux aussi. Ils exploitent aujourd'hui un vignoble de 42 ha.
Limpide et clair, ce saint-véran offre un nez complexe
alliant des nuances boisées à des notes florales et fruitées
typées du chardonnay. La bouche nécessite une aération
de quelques minutes pour se donner pleinement ; on
découvre alors un vin structuré, vif et complexe, en accord
avec l'olfaction. Un peu de garde sera nécessaire pour qu'il
s'exprime pleinement. ✗ 2017-2020 🍽 jambon persillé

○┐ *Ch. de la Greffière, la Greffière,
71960 La Roche-Vineuse, tél. 03 85 37 79 11, xavier@
chateaudelagreffiere.com* Ⓥ 🅐 🍴 *t.l.j. 9h-12h 14h-18h;
dim. sur r.-v.* ○┐ *Greuzard*

DOM. GUERRIN & FILS		
La Côte Rôtie 2013		
n.c.	◑	11 à 15 €

En 1984, Maurice Guerrin a créé avec seulement 2,5 ha
ce domaine qui compte aujourd'hui 14 ha de chardonnay. Son fils l'a rejoint fin 2011 afin de développer la
commercialisation en bouteilles.
Élevé une petite année en fût de chêne, ce 2013 en retire
une couleur jaune d'or intense et un nez puissant de café
grillé, de beurre noisette et de cacao. Et si le boisé
l'emporte aussi en bouche, le vin reste bien présent à
travers une matière riche et charnue. Il faudra simplement
un peu de patience afin que l'équilibre se crée. Une
bouteille à réserver pour un plat gourmand. ✗ 2017-2021
🍽 suprêmes de volaille à la crème

○┐ *Dom. Guerrin et Fils, 572, rte des Bruyères,
71960 Vergisson, tél. 03 85 35 80 25, domaine@
domaineguerrin.com* Ⓥ 🅐 🍴 *r.-v.*

ROGER LASSARAT		
Le Cras 2012 ★		
2 000	◑	15 à 20 €

Roger Lassarat s'est installé en 1969 entre les roches de
Vergisson et de Solutré, avec quelques ares de vignes.
Il conduit aujourd'hui avec son fils Pierre-Henri un
vignoble de 19 ha, dont 2 ha dans le Beaujolais en AOC
moulin-à-vent, acquis avec son ami humoriste Laurent
Gerra.
Passé sous bois pendant douze mois, ce 2012 éclatant
dans sa robe dorée aux reflets bronze dévoile un nez
ample et complexe : fleurs blanches, fruits jaunes mûrs,
agrumes et notes boisées. Ronde et riche, la bouche,
imprégnée d'intenses notes d'agrumes et d'épices douces,
offre une belle mâche, de l'équilibre et de la longueur.
✗ 2017-2020 🍽 cassolette de langoustines

○┐ *Roger Lassarat, 121, rue du Martelet,
71960 Vergisson, tél. 03 85 35 84 28, info@
roger-lassarat.com* Ⓥ 🅐 🍴 *r.-v.* 🏠 Ⓑ

LOÏC MARTIN		
Champ rond 2013 ★		
2 000	◑	11 à 15 €

Loïc Martin, jeune vigneron installé en 2009, exploite
4 ha de vignes dans la partie méridionale de l'appellation
saint-véran.

Récoltés à Leynes, sur des coteaux argilo-calcaires, ces chardonnays de quarante ans ont été vinifiés et élevés en fût de chêne. Le résultat est un 2013 d'un beau jaune d'or ouvert sur les fruits, surtout, et la brioche dans une moindre mesure. Une attaque douce introduit une bouche fruitée, légère et équilibrée. ✗ 2015-2018 ♈ petits pains au comté et au cumin

☞ Loïc Martin, La Creuze-Noire, 71570 Leynes, tél. 03 85 37 46 43, domainemartin.dcn@gmail.com Ⓥ 🏃 🛏 t.l.j. sf dim. 8h-12h 14h-18h

DOM. GEOFFREY MARTIN
La Côte 2013 ★

| | n.c. | ⏸ | 11 à 15 € |

Issu d'une lignée de vignerons, Geoffrey Matin s'est installé sur 6,5 ha en 2012 à Leynes, aux confins du Mâconnais et du Beaujolais.

Pour son deuxième millésime, ce vigneron signe un beau saint-véran d'un seyant jaune d'or, au nez d'une grande finesse qui associe les fleurs blanches, l'amande fraîche et les fruits blancs. Quant à la bouche, tout en rondeur et douceur, elle est soulignée par une pointe de vivacité bien dosée. ✗ 2016-2019 ♈ escalope de veau à la crème

☞ Geoffrey Martin, La Creuze-Noire, 71570 Leynes, tél. 03 85 37 46 43, geo89mar@live.fr Ⓥ 🏃 🛏 t.l.j. sf dim. 8h-12h 14h-18h

GILLES MORAT 2013 ★

| | 5 000 | 🍾 | 11 à 15 € |

Après une carrière dans l'électronique, Gilles Morat décide de reprendre le domaine familial (6 ha au pied de la roche de Vergisson) en 1997. Ce vigneron consciencieux s'illustre avec une grande régularité par ses pouilly-fuissé.

Une vendange manuelle le premier jour d'octobre a permis de rentrer un raisin bien mûr et sain. Ont suivi une vinification et un élevage en cuve Inox thermorégulée à l'origine d'un vin aux parfums discrets de confiture de fruits blancs et de miel d'acacia. En bouche, il se montre parfaitement équilibré entre une belle corpulence et une fine vivacité aux tonalités d'agrumes. Un vin déjà flatteur à boire sur son fruit. ✗ 2015-2017 ♈ escargots de Bourgogne

☞ Gilles Morat, 595, rte des Bruyères, 71960 Vergisson, tél. 03 85 35 85 51, gil.morat@wanadoo.fr Ⓥ 🛏 r.-v.

DOM. PERRAUD 2013

| | 8 500 | 🍾 | 11 à 15 € |

Après des études au lycée agricole de Mâcon-Davayé, Jean-Christophe Perraud s'installe sur l'exploitation familiale, alors adhérente à la cave coopérative. Aux commandes depuis 2008, il vinifie désormais dans son nouveau chai le fruit des 30 ha que compte le domaine.

Animée par des reflets vifs, la robe de ce vin attire l'œil. L'olfaction, assez discrète de prime abord, révèle aprèsquelques secondes d'aération un capital aromatique intéressant, orienté surtout sur le fruit blanc et les petites fleurs des haies. Sa bouche, agréable, dévoile une chair ronde et souple, et une acidité importante qui stimule la finale. Encore en devenir. ✗ 2017-2020 ♈ anguille grillée

☞ Dom. Perraud, Nancelle, 71960 La Roche-Vineuse, tél. 03 85 32 95 12, domaineperraud@gmail.com Ⓥ 🏃 🛏 r.-v.

DOM. DE LA PIERRE DES DAMES
Mathilde 2013 ★

| | 2 000 | ⏸ | 11 à 15 € |

Très investi au sein des instances décisionnelles de la profession viti-vinicole, Jean-Michel Aubinel peut compter sur sa compagne Marie-Thérèse Canard et son associé Vincent Nectout pour tenir les rênes de ce domaine de 26 ha qu'il a repris en 1991.

Ce 2013 séduit par son mariage très réussi entre le bois et le vin. Vanille et fruits secs, noix de coco et chèvrefeuille s'entremêlent à l'olfaction et s'invitent également dans une bouche dense et charnue. Un saint-véran, à la fois, généreux et subtil. ✗ 2016-2019 ♈ saint-jacques rôties

☞ Dom. de la Pierre des Dames, Mouhy, 71960 Prissé, tél. 03 85 20 21 43, jm.aubinel@wanadoo.fr Ⓥ 🏃 🛏 r.-v.
☞ Aubinel

DOM. DES PIERRES ROUGES
Vieilles Vignes 2013 ★

| | 5 000 | 🍾 | 11 à 15 € |

Ce domaine de 12 ha, implanté à Chasselas, est situé face au magnifique château du village ; d'ailleurs, l'aïeul créateur de ce vignoble Jean-Marie Robert en fut le vigneron jusqu'en 1923. Il est aujourd'hui géré par Jean-Pierre Jullin et son fils Jérôme.

Une vendange manuelle et un élevage de six mois en cuve ont abouti à ce vin jaune d'or souligné de reflets verts. Le nez s'exprime joliment sur les notes de fruits jaunes et blancs, et de pierre à fusil. La bouche, soulignée par une intense minéralité, offre beaucoup de matière à ce saint-véran à la fois complexe et puissant, tonique et frais. ✗ 2016-2020 ♈ fromage de chèvre du Mâconnais ■ La Côte 2013 (8 à 11 € ; 560 b.) : vin cité. ✗ 2016-2019

☞ Jérôme Jullin, La Place, 71570 Chasselas, tél. 03 85 35 12 25, dom.pierres.rouges@terre-net.fr Ⓥ 🏃 🛏 r.-v.

Ⓑ DOM. DES PONCETYS
Les Chailloux 2013 ★★

| | 6 000 | ⏸ | 11 à 15 € |

Le lycée viticole de Mâcon-Davayé forme les vignerons de Bourgogne et d'ailleurs depuis de nombreuses générations. Le domaine attenant (16 ha) est cultivé en bio, et Frédéric Servais, le maître de chai, entend produire les vins les plus « naturels » possibles.

L'un des coups de cœur de la précédente édition ; la version 2013 a peu à lui envier. Ourlée d'or, elle laisse échapper des senteurs suaves de pêche blanche bien mûre et des notes de muscat mêlées à de délicates fragrances florales. Le palais se distingue par son équilibreimpeccable entre rondeur et acidité, sans prédominance ni de l'un ni de l'autre. ✗ 2016-2020 ♈ saint-jacques à la crème ■ Les Crèches 2013 (11 à 15 € ; 2 700 b.) Ⓑ : vin cité. ✗ 2015-2018

☞ Dom. des Poncetys, 71960 Davayé, tél. 03 85 33 56 22, domaineponcetys@free.fr Ⓥ 🏃 🛏 t.l.j. sf sam. dim. 8h30-12h 14h-18h

PRIEURÉ DU BOIS DE LEYNE 2013

3 000	🍷	8 à 11 €

Installés dans un ancien prieuré de Leynes, village de la « zone mixte » Mâconnais-Beaujolais, Nadine et Bruno Jeandeau produisent dans les deux régions et élaborent aussi des crémants. Le domaine (de 10 ha aujoud'hui) a été créé par Bruno en 1990, rejoint sept ans plus tard par Nadine, et possède trois magnifiques caves voûtées pour une superficie de 150 m².

Ce 2013 propose une large palette aromatique, principalement fruitée : pêche de vigne, citron et poire. Quelques notes florales s'invitent dans une bouche souple et fraîche. ✗ 2015-2019 ♈ andouillette au vin blanc

🔑 *Nadine et Bruno Jeandeau, Le Bois-de-Leynes, 71570 Leynes, tél. 03 85 35 11 56, bruno.jeandeau@orange.fr* Ⓥ 🧑 👤 *r.-v.*

PASCAL RENOUD-GRAPPIN 2013

6 000	🍷	0 à 11 €

Créé de toutes pièces par Pascal Renoud-Grappin en 1996 à partir d'une parcelle de 30 ares de chardonnay, ce domaine compte aujourd'hui 11 ha. Avec les années, il a développé principalement une clientèle de particuliers.

Cette cuvée vinifiée en cuve durant dix mois plaît d'emblée pour sa teinte or pâle et son développement aromatique rappelant la fleur d'acacia et le miel. Vive et très citronnée, la bouche se révèle intense et dynamique. Un vin simple et de bon aloi à réserver pour les produits de la mer. ✗ 2015-2018 ♈ plateau d'huîtres

🔑 *Pascal Renoud-Grappin, Les Plantés, 71960 Davayé, tél. 03 85 35 81 35, rg.pascal@orange.fr* Ⓥ 🧑 👤 *r.-v.*

DOM. DE RONCEVAUX 2013 ★★

n.c.	🍷	11 à 15 €

Formateur jusqu'en 1999, Éric Saveret a quitté le monde de l'enseignement mécanique pour reprendre l'exploitation familiale de 4,5 ha.

Cette cuvée a été vendangée manuellement fin septembre, vinifiée avec les levures du terroir, puis élevée dix mois en cuve. Arborant une belle robe dorée à l'or fin, elle se révèle intense et complexe, d'une droiture exemplaire. Des senteurs principalement fruitées accompagnent toute la dégustation. Une attaque franche et nette prélude à une bouche harmonieuse et riche, allégée par une fine vivacité aux tonalités de pamplemousse. Un saint-véran d'une grande finesse caractérisé par une très belle extraction du fruit. ✗ 2015-2019 ♈ saint-jacques à la nage

🔑 *Éric Saveret, Roncevaux, 71960 Davayé, tél. 06 10 99 70 70, eric.saveret@gmail.com* Ⓥ 🧑 👤 *r.-v.*

VIGNERONS DES TERRES SECRÈTES 2013 ★

40 000	🍷	5 à 8 €

Les Vignerons des Terres Secrètes sont les héritiers du mouvement coopératif qui s'est constitué au début du XXᵉs. en Mâconnais. Cette association, née en 1928 de la fusion des caves coopératives de Prissé, Sologny et Verzé, exploite aujourd'hui près de 950 ha de vignes, principalement de chardonnay.

Élaborée à partir des moyens les plus modernes, dans un esprit « industriel », cette cuvée de belle tenue est proposée à un prix très raisonnable. Parée d'or blanc étincelant, elle allie avec élégance des senteurs de tilleul et de citron à des notes plus exotiques de fruits tropicaux. La bouche, tout aussi fruitée et bien équilibrée, s'étire longuement sur des saveurs de pamplemousse rose. ✗ 2015-2019 ♈ carpaccio de saumon

🔑 *Vignerons des Terres Secrètes, 158, rue des Grandes-Vignes, 71960 Prissé, tél. 03 85 37 88 06, contact@terres-secrets.fr* Ⓥ 🧑 👤 *t.l.j. 9h-12h30 13h30-19h* 🏠 Ⓔ

♥ DOM. THIBERT PÈRE ET FILS
Bois de fée 2012 ★★

n.c.		11 à 15 €

Issus d'une dynastie de vignerons remontant à huit générations, Andrée et René Thibert créent leur propre domaine en 1967, sur 2,5 ha. Aujourd'hui, leurs enfants Sandrine et Christophe sont cogérants d'un vignoble de 30 ha.

Cette cuvée de haute volée, or blanc à reflets vert tendre, stimule agréablement le nez grâce à sa complexité aromatique : aubépine, craie et citron. Une attaque ample et puissante ouvre un palais très équilibré, épicé, frais et tonique. La finale à la fois élégante et structurée confère un supplément de noblesse à ce grand saint-véran. ✗ 2015-2020 ♈ homard thermidor

🔑 *Dom. Thibert Père et Fils, rue Adrien-Arcelin, 71960 Fuissé, tél. 03 85 27 02 66, info@domaine-thibert.com* Ⓥ 🧑 👤 *t.l.j. 8h30-12h30 13h30-18h30; sam. dim. sur r.-v.*

DOM. DES VALANGES Les Terres Noires 2013

9 300	🍷 🍾	11 à 15 €

Fervent défenseur de l'appellation saint-véran, Michel Paquet exploite depuis 1980 ce domaine de 12 ha à Davayé, planté de chardonnay à l'origine de vins à forte personnalité. Une valeur sûre.

Les Terres Noires sont un *climat* de Davayé. Elles donnent naissance à ce vin simple et frais d'un bel or pâle, ouvert sur les petits fruits blancs agrémentés de notes minérales. La bouche, vive et soutenue dès l'attaque, monte en puissance jusqu'en finale, portée par une intense fraîcheur aux accents de pamplemousse et de citron vert. Un joli vin d'apéritif. ✗ 2015-2018 ♈ bouquet de crevettes grises

🔑 *Michel Paquet, Dom. des Valanges, 71960 Davayé, tél. 03 85 35 85 03, domaine-des-valanges@wanadoo.fr* Ⓥ 🧑 👤 *r.-v.*

BOURGOGNE

La Champagne

|||||||||||||||||||||||||||||||||||||||||||||||||||||||||||||||||||||||||||||||||||||||||||

33 500 ha

Production :

349 000 000 bouteilles ou 2 262 000 hl

Types de vins :

Blancs ou rosés effervescents pour
l'essentiel. Quelques vins tranquilles
rouges, blancs et rosés (AOC
coteaux-champenois et rosé-des-riceys)

Principales régions :

Montagne de Reims, Côte des Blancs,
vallée de la Marne, Aube.

Cépages :

Blancs : chardonnay pour l'essentiel (pinot
blanc, pinot gris, arbanne, petit-meslier
très rarement).

Rouges : pinot noir, pinot meunier.

JEAN-PIERRE MAREIGNER
Gosset

La maison Gosset est incontestablement une valeur sûre de la Champagne. Elle accroche un nouveau coup de cœur à son palmarès. Mais cette spécialiste du pinot noir s'illustre aujourd'hui avec une cuvée de chardonnay. Jean-Pierre Mareigner, son chef de cave, montre ainsi sa capacité à perpétuer le style maison en le déclinant avec des assemblages différents et en s'appuyant sur un réseau fidèle de viticulteurs qui lui fournissent les raisins.

On dit souvent de Gosset qu'elle est « la plus petite des grandes maisons de Champagne ». Qu'est-ce que cela signifie ?

J.-P. M. Gosset est d'abord la plus ancienne des maisons de vins de Champagne. Sa création par Pierre Gosset date de 1584. Par ailleurs, en effet, nous ne commercialisons pas des volumes extravagants : un million de bouteilles. Nous ne sommes pas une grande maison par le volume. Ce que nous recherchons, avant tout, c'est la qualité.

Vous sélectionnez donc vos approvisionnements rigoureusement ?

J.-P. M. Nos approvisionnements sont essentiellement basés sur les premiers et grands crus autour d'Aÿ et d'Épernay, dans un rayon de 30 km autour de la maison. Je compare ce travail à celui d'un chef de cuisine : il s'appuie sur un réseau de fournisseurs pour s'assurer de la qualité. J'ai moi-même un peu de vignes. On ne fait pas du vin sans voir la vigne. Sa maturité, son équilibre, etc.

« Le champagne chez Gosset, c'est d'abord un vin, la bulle vient après », dites-vous.

J.-P. M. En 1584, Gosset ne faisait pas de champagne, qui n'existait pas à l'époque. Nous avons naturellement, historiquement, une culture de terroirs et de crus. C'est pour cela que l'on parle de vin au départ. La bulle vient en complément.

Comme définissez-vous le style Gosset ?

J.-P. M. Nos cuvées montrent beaucoup de fraîcheur en attaque. C'est un vin assez vif et d'une très belle longueur en bouche. En matière aromatique, nous sommes dans un registre subtil et complexe. Je parle aussi volontiers de structure mais, attention, il ne s'agit jamais de lourdeur.

Ces qualités sont obtenues par un élevage long. Cela vous semble-t-il indispensable ?

J.-P. M. Oui, nous ne faisons pas les fermentations malolactiques. Cela demande donc de laisser longtemps les vins en élevage. Sur la cuvée Grand blanc de blancs, l'année de base est 2010. Nous avons pratiquement un stock de 5 millions de bouteilles. Cet élevage permet de commercialiser des vins prêts à être dégustés.

Quelles sont les caractéristiques de cette cuvée Grand blanc de blancs ?

J.-P. M. C'est une cuvée récente pour notre maison implantée dans un secteur de noirs. Il a fallu élaborer un 100 % blanc qui porte la signature Gosset. Si je n'avais choisi que des chardonnays provenant de la Côte des Blancs, donnant de la finesse et de l'élégance certes, nous n'aurions pas eu cette signature. Nous avons donc opté également pour des chardonnay de la Montagne de Reims, afin d'apporter de la structure et de la longueur. La vinification, elle, reste la même.

Quels types de plats conseillez-vous pour l'accompagner ?

J.-P. M. C'est un champagne d'apéritif avant tout. On peut l'apprécier avec des gougères tout simplement. Mais le blanc de blancs se marie aussi très bien avec des coquilles Saint-Jacques, des tartares de poisson, des viandes blanches ou même un comté jeune.

♥ Champagne
Grand blanc de blancs ★★

Gosset, 12, rue Godart-Roger,
51200 Épernay, tél. 03 26 56 99 56,
info@champagne-gosset.com

BENOÎT ET MÉLANIE TARLANT

Dom. Tarlant

Dans ce vignoble frais qu'est la Champagne, la tradition est d'ajouter du sucre en fin de vinification (une « liqueur de dosage » en proportion variable) pour arrondir les vins. Les Tarlant ont été les précurseurs des champagnes non dosés (bruts zéro ou nature) ou peu dosés (extra-bruts), qui rencontrent une faveur croissante. Entre cet essor et le domaine Tarlant, lequel a inspiré l'autre ? Qu'importe, le domaine, mené par Benoît et Mélanie, maîtrise parfaitement ce type d'élaboration. Et ce n'est pas le fruit du hasard.

« Nous nous sommes particulière ment attachés à la production de champagne brut nature, confirme Benoît Tarlant. C'est une démarche assez globale. Avec ma sœur, nous sommes arrivés dans un contexte (ndlr : en 1999 et en 2005) où des impulsions avaient été données. Mon père avait déjà lancé une cuvée de ce type dans les années 1980. Elle était restée relativement confidentielle. Mais c'était déjà une transgression par rapport à une approche classique champenoise. » Un écart de conduite qui ne fait pas peur à Benoît Tarlant. Le jeune homme a parcouru de nombreuses régions viticoles au cours de son master à l'Office international des vins. « J'avais une expérience globale, mondiale du vin, je ne me sentais pas obligé de rentrer dans un cadre classique. Je me suis dit : essayons de réfléchir à tous les niveaux du domaine pour faire de notre cuvée brut nature l'étendard de la maison. » Un chemin qui n'est pas celui de la facilité. Il faut tout mettre en œuvre, à la vigne en particulier,

pour que le sucre de la liqueur de dosage ne soit pas la béquille, la solution de facilité, actionnée par les producteurs les moins rigoureux.

Le fil du rasoir

« Nous sommes davantage sur le fil du rasoir, reconnaît Benoît Tarlant. J'aime bien ce challenge qui consiste à ne pas avoir de deuxième chance avec un ajout de sucre qui va venir attendrir les choses. Cela nous pousse à être encore plus proches de la vigne et du vin pour avoir, in fine, du plaisir gustatif. Le travail de base, c'est la vigne, avec moins de traitements chimiques et des méthodes qui affectent moins la plante, qui respectent ses rythmes. La finalité reste d'obtenir de jolis raisins, bien mûrs. Car la condition essentielle pour faire un grand brut nature, c'est d'avoir des raisins à maturité. Cela nous renvoie à notre cœur de métier. »

La vraie nature

Au milieu des années 2000, alors que l'arrivée de Mélanie Tarlant ra-

jeunit encore l'équipe dirigeante du domaine, la pratique du brut nature est devenue la plus commune. Elle concerne aujourd'hui 75 à 80 % de la production de la maison. Et la cuvée Brut nature zéro en est l'étendard. A contre-courant de la culture « Coca-Cola », le défi paraissait osé. Pourtant, les habitudes ont changé sans heurts mais avec quelques explications. « Quand on est convaincu, passionné, au fond, c'est simple. C'est la passion qui parle. Il a fallu expliquer davantage notre métier de vigneron. Nous avons senti une écoute. Cela a été finalement assez simple. Les gens ont l'impression de rentrer en contact avec notre nature, nos vins, nos vignes. De rentrer dans un partage. » conclut Mélanie Tarlant. Et le domaine fait école, la preuve que les amateurs sont convaincus.

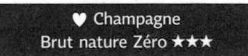

♥ Champagne
Brut nature Zéro ★★★

Tarlant,
21, rue de la Coopérative,
51480 Œuilly, tél. 03 26 58 30 60,
champagne@tarlant.com

LA CHAMPAGNE

C'est dans le vignoble le plus septentrional du pays qu'a été mise au point la méthode champenoise, à l'origine d'un des vins les plus prestigieux du monde, le vin des rois devenu celui de toutes les fêtes. Un vin unique, nulle autre production ne pouvant usurper ce nom ; mais pluriel, en raison de l'étendue de l'aire d'appellation et de la diversité des styles.

Naissance du champagne

Apparu à l'époque gallo-romaine, le vignoble s'est d'abord développé grâce à des abbayes comme Hautvillers ou Saint-Thierry. Il a bénéficié de la proximité de la capitale et du sacre des rois à Reims. Cependant, les vins sont tranquilles jusqu'à la fin du XVIIe s. S'ils ont tendance à pétiller dans les tonneaux – les frimas de cette région septentrionale arrêtant parfois les fermentations qui repartaient lorsque les températures remontaient –, la mousse apparaît longtemps comme un accident de vinification.

Ce fut sans doute en Angleterre que l'on commença à mettre systématiquement en bouteilles ces vins instables qui, jusque vers 1700, étaient livrés en fût ; ce conditionnement permit au gaz carbonique de se dissoudre dans le vin pour se libérer au débouchage : le vin effervescent était né. La mode s'en répandit dans la haute société. Et dom Pérignon, à qui la tradition attribue la paternité du champagne, ce moine bénédictin, contemporain de Louis XIV et procureur de l'abbaye de Hautvillers, produisait les meilleurs vins de la région. Il perfectionna l'art du pressurage et de l'assemblage – à la base des champagnes de qualité –, mais n'inventa sans doute pas la méthode champenoise.

En 1728, le conseil du roi autorise le transport du vin en bouteilles ; un an plus tard, la première maison de vin de négoce est fondée : Ruinart. D'autres suivent (Moët en 1743), mais c'est au XIXe s. que la plupart des grandes maisons se créent ou se développent. Au cours du même siècle, l'élaboration du champagne se perfectionne et différents styles de champagnes s'affirment. En 1804, Mme Clicquot lance ainsi le premier champagne rosé ; à partir de 1860, Mme Pommery élabore des « bruts », à l'encontre du goût majoritaire des doux pour les doux ; vers 1870 sont proposés les premiers champagnes millésimés. Raymond Abelé invente, en 1884, le banc de dégorgement à la glace.

La Champagne est tardivement frappée par le phylloxéra, puis la Grande Guerre ravage les vignobles. La crise conduit à la protection juridique de l'appellation contre les usurpations et à la délimitation de l'aire de production. Un long processus semé de contestations et de troubles, entre l'arrêt de 1887 réservant aux producteurs de la région le terme de champagne et la loi de 1927 fixant les limites de la région viticole.

Un vignoble septentrional

La Champagne est la plus septentrionale des régions viticoles de France. Le vignoble s'étend dans les départements de la Marne, de l'Aisne et de l'Aube, avec de modestes extensions en Seine-et-Marne et en Haute-Marne. Il est soumis à une double influence climatique, océanique et continentale. La première apporte de l'eau en quantité régulière ; la seconde, si elle favorise l'ensoleillement l'été, entraîne des risques de gel, notamment au printemps, qui font obstacle à la régularité de la production. Les écarts climatiques sont cependant atténués par la présence d'importants massifs forestiers. L'absence d'excès de chaleur contribue à la finesse des vins.

Un même paysage de coteaux se révèle dans tout le vignoble, où l'on distingue cependant plusieurs régions : la Montagne de Reims ; la Côte des Blancs ; la vallée de la Marne (la zone proche d'Épernay, sur la rive droite étant appelée « Grande Vallée de la Marne ») ; enfin, à l'extrême sud-est, le vignoble de l'Aube.

De la craie, du calcaire et des marnes

La mer, en se retirant il y a quelque 70 millions d'années, a laissé un socle crayeux dont la perméabilité et la richesse en principes minéraux apportent leur finesse aux vins de Champagne ; ce substrat crayeux a également facilité le percement des galeries où mûrissent longuement des millions de bouteilles. Une couche argilo-calcaire recouvre le socle crayeux sur près de 60 % des terroirs actuellement plantés. Dans l'Aube, les sols marneux sont proches de ceux de la Bourgogne voisine.

Géologiquement, le vignoble correspond aux lignes de côtes concentriques de l'est du Bassin parisien : la côte d'Île-de-France regroupe la Montagne de Reims, la vallée de la Marne, la Côte des Blancs et celle du Sézannais. La côte de Champagne porte quelques vignes, autour de Vitry-le-François (Marne) et de Montgueux (Aube). Enfin, la côte des Bar est occupée par la plus grande partie des vignobles de l'Aube (autour de Bar-sur-Seine et de Bar-sur-Aube). Les fronts de côte sont constitués de couches dures de calcaire ou de craie, les pentes des coteaux, où est installée la vigne, de formations plus tendres, crayeuses, marneuses ou sableuses.

Cépages : deux noirs et un blanc

Le choix des cépages s'adapte aux variations pédologiques et climatiques. Pinot noir (38 %), pinot meunier (32 %), chardonnay (30 %) ainsi que d'autres variétés devenues très rares – pinot blanc, pinot gris, petit meslier, arbane – se partagent les surfaces plantées. Le pinot noir est surtout cultivé sur les coteaux de la

Montagne de Reims et de l'Aube ; le meunier, sur ceux de la Marne, tandis que le chardonnay a donné son nom à la Côte des Blancs.

Une économie florissante

Malgré la crise, près de 305 millions de bouteilles de champagne ont été écoulés en 2013. Poids lourd de l'agriculture française, ce vin représente plus de 4 milliards d'euros de chiffre d'affaires, dont la moitié à l'export. En valeur, il contribue à environ 30 % des exportations de vins. Son élaboration particulière sur plusieurs années (en moyenne trois ans) oblige à un stockage supérieur à 1,4 milliard de bouteilles. La viticulture et l'élaboration occupent environ 30 000 personnes, dont 15 600 vignerons exploitants, parmi lesquels seulement 4 750 sont des récoltants-manipulateurs. Les autres sont des « vendeurs au kilo » qui approvisionnent le négoce ou les coopératives. Parmi ces dernières, 43 vendent au public. Si les neuf dixièmes des superficies appartiennent à des viticulteurs, le négoce assure près des trois quarts du chiffre d'affaires et plus de 80 % des exportations. On compte 300 maisons de négoce, dont quelques dizaines de sociétés d'envergure remontant souvent au XIXᵉ, voire au XVIIIᵉs.

Les étapes de l'élaboration

Les vendanges : en Champagne, la machine à vendanger est interdite, car il est essentiel que les grains de raisin parviennent en parfait état au lieu de pressurage et que les peaux des raisins noirs ne tachent pas le moût. Les centres de pressurage sont disséminés au cœur du vignoble afin de raccourcir le temps de transport du raisin. Le pressurage est sévèrement réglementé. De 4 000 kg de raisins, on ne peut extraire que 25,5 hl de moût. Le pressurage est fractionné entre la cuvée (20,5 hl) et la taille (5 hl). Les moûts sont vinifiés très classiquement comme tous les vins blancs.

L'assemblage des cuvées : à la fin de l'hiver, le chef de cave goûte les vins disponibles et les mêle de façon à obtenir une cuvée harmonieuse, qui corresponde au goût suivi de la marque.

Le tirage : une liqueur de tirage, composée de levures, de vieux vins et de sucre, est ajoutée au vin au moment de la mise en bouteilles :

Style de champagne selon le dosage	Pourcentage de sucres
Brut zéro (brut nature)	Moins de 3 g/l (pas de sucres ajoutés)
Extra-brut	0 à 6 g/l
Brut	6 à 12 g/l
Extra-dry	12 à 17 g/l
Sec (dry)	17 à 32 g/l
Demi-sec	32 à 50 g/l
Doux (très rare)	Plus de 50 g/l

c'est le tirage. Les levures vont transformer le sucre en alcool et il se dégage du gaz carbonique, prisonnier du flacon, qui se dissout dans le vin. Cette deuxième fermentation en bouteilles s'effectue lentement, à basse température (11 °C), dans les vastes caves champenoises.

Le repos sur lies : les levures forment des lies, qui influent sur le goût du vin. Un long vieillissement sur lies est indispensable à la finesse des bulles et à la qualité aromatique. La règlementation fixe un délai de quinze mois entre le tirage et l'expédition (dont douze mois sur lies) pour la plupart des champagnes, qui est porté à trois ans pour les millésimés. Ces durées sont supérieures dans la plupart des maisons. Le meilleur champagne, le plus complexe, est en effet celui qui a mûri le plus longtemps sur lies (cinq à dix ans)

Le remuage : il permet d'entraîner les lies vers le col du flacon en inclinant progressivement les bouteilles – à la main, sur les célèbres pupitres, et le plus souvent, grâce aux gyropalettes, qui automatisent et raccourcissent le processus.

Le dégorgement : après deux ou trois mois de remuage, on gèle le col dans un bain réfrigérant et on ôte le bouchon ; le dépôt est expulsé sous la pression du gaz carbonique.

Le dosage : on remplace le vide créé par l'expulsion du dépôt par une « liqueur de dosage » (ou « liqueur d'expédition »): le plus souvent, celle-ci est composée de sucre de canne dissous dans du vin, pour arrondir le champagne qui a perdu tous ses sucres. Le mélange est ensuite homogénéisé et les bouteilles se reposent encore avant l'habillage pour laisser disparaître le goût de levure.

Tous les champagnes sont classés selon leur dosage en sept catégories (du brut zéro au rarissime doux). La catégorie figure obligatoirement sur l'étiquette. Une mention utile pour le consommateur, car le dosage conditionne le style du champagne, son usage et les accords avec les mets. Ainsi, les bruts ne conviennent pas pour les desserts sucrés. Ces derniers sont les plus nombreux.

Les styles de champagnes

En dépit de l'appellation unique, il existe de nombreux styles de champagnes, qui tiennent au dosage (voir ci-dessus) et à l'assemblage. L'art du champagne repose en effet sur l'assemblage, avant la prise de mousse, de vins tranquilles différents (les vins de base). Les cuvées peuvent associer des cépages, des années de récolte, des communes (crus), des vins vinifiés différemment (en cuve ou en fût). On trouve ainsi :

Des blancs de blancs et des blancs de noirs : Les premiers sont issus du seul cépage chardonnay, les seconds du pinot noir et/ou du pinot meunier vinifiés en blanc. Le blanc de blancs se caractérise par sa finesse et sa fraîcheur. Il dévoile des arômes de fleurs et de fruits blancs, d'agrumes. On peut le servir à l'apéritif ou avec poissons et volailles. Le blanc de noirs, plutôt puissant et vineux, avec des arômes de fruits rouges et d'épices, peut accompagner un repas. De nombreux champagnes associent des cépages blancs et noirs ;

Des champagnes blancs et des rosés : il est possible en Champagne d'ajouter un peu de vin rouge au vin blanc pour obtenir un rosé, ce qui est interdit ailleurs. À côté de ces rosés d'assemblage, il existe des rosés de saignée, plus colorés et plus structurés, issus d'une macération de cépages noirs ;

Des bruts sans année : ils sont issus de vins d'années différentes. La grande majorité des champagnes n'est pas millésimée. La situation septentrionale du vignoble ne permet pas en effet de présenter chaque année un champagne de qualité né d'une seule vendange. Les Champenois ont

CHAMPAGNE

LE STATUT DE L'ÉLABORATEUR

Le statut professionnel du producteur est une mention obligatoire, portée en petits caractères sous forme codée :
RM : récoltant-manipulant
NM : négociant-manipulant
CM : coopérative de manipulation
RC : récoltant-coopérateur
SR : société de récoltants
CM : coopérative de manipulation
MA : marque d'acheteur
« Manipuler » signifie « élaborer ». La marque d'acheteur désigne un champagne acheté par une structure qui ne le fabrique pas (restaurant, enseigne de supermarché...). L'amateur a alors intérêt à se renseigner sur l'élaborateur. Les récoltants-manipulants sont des vignerons qui ne peuvent élaborer leurs cuvées qu'à partir du raisin de leur domaine, à la différence des coopératives et des négociants qui peuvent s'approvisionner dans tout le vignoble. Ces derniers ont souvent aussi des vignes en propre, mais celles-ci ne fournissent qu'une partie de leurs raisins. Le récoltant-coopérateur confie tout ou partie de l'élaboration à une coopérative.

donc créé une banque de vins – les vins de réserve, issus d'années antérieures – dans laquelle peut puiser le chef de cave pour composer des cuvées équilibrées. Certaines sont composées de vins jeunes, d'autres font appel à plus ou moins de vins de réserve. Nés d'un assemblage propre à chaque maison, parfois tenu secret, les bruts sans année représentent le style de la marque.

Des millésimés : ils proviennent des vendanges d'une seule année, précisée obligatoirement sur l'étiquette et le bouchon. Les millésimés ne sont élaborés que dans les meilleures années (la décision de millésimer une année est du ressort de chaque maison). Ils sont plus structurés et complexes que les bruts sans année, grâce à la qualité des vendanges et à un long repos sur lies. Les cuvées de prestige des grandes maisons sont souvent millésimées.

Politique de marque

Que peut-on lire en effet sur une étiquette champenoise ? La marque et le nom de l'élaborateur ; le dosage (brut, sec, etc.) ; le millésime – ou son absence ; la mention « blanc de blancs » lorsque seuls des raisins blancs participent à la cuvée ; quand cela est possible – cas rare –, la commune d'origine des raisins ; parfois enfin, mais cela est peu fréquent, la cotation qualitative des raisins : « grand cru » pour les 17 communes qui ont droit à ce titre, ou « premier cru » pour les 41 autres. Le statut professionnel du producteur, lui, est une mention obligatoire, portée en petits caractères sous forme codée : NM, négociant-manipulant ; RM, récoltant-manipulant ; CM, coopérative de manipulation ; MA, marque d'acheteur ; RC, récoltant-coopérateur ; SR, société de récoltants ; ND, négociant-distributeur. Que déduire de tout cela ? Que les Champenois ont délibérément choisi une politique de marque ; que l'acheteur commande du Moët et Chandon, du Bollinger, du Taittinger, parce qu'il préfère le goût suivi de telle ou telle marque. Cette conclusion est valable pour tous les champagnes de négociants-manipulants, de coopératives et des marques auxiliaires, mais ne concerne pas les récoltants-manipulants qui, par obligation, n'élaborent de champagne qu'à partir des raisins de leurs vignes, souvent groupées dans une seule commune. Ces champagnes sont dits monocrus, et le nom de ce cru figure en général sur l'étiquette.

CHAMPAGNE

Production : 2 640 000 hl

ALLOUCHERY-PERSEVAL Tradition Blanc de noirs		
● 1er cru	40 000	11 à 15 €

Implanté sur la Montagne de Reims, aux portes de la cité des Sacres, ce domaine familial couvre 8 ha, conduit depuis 2006 par Émilien Allouchery. (RC)
Cette cuvée doit tout au pinot noir, cépage favori d'Écueil. Nez engageant de fruits blancs, de fruits exotiques et de café. Attaque nerveuse, bouche puissante et élégante, finale aux arômes mûrs d'agrumes confits. ✗ 2015-2018 ♀ ballottine de râble de lapin
☛ Émilien Allouchery, 11, rue de l'Église, 51500 Écueil, tél. 03 26 49 74 61, contact@alloucheryperseval.com
Ⅴ 🏃 ♀ r.-v.

ANTHIME Héritage Les 300 ★		
●	n.c.	◖	20 à 30 €

Au début du XXᵉs., les Collet vendent leurs raisins au négoce. René Collet, coopérateur, lance son champagne en 1973. Ses trois fils, Thomas, Vincent et Florent, s'installent entre 2001 et 2011, et décident d'élaborer leurs cuvées. Ils disposent de 5 ha de vignes dans le Sézannais. Deux marques : René Collet et Anthime. (RM)
Les champagnes de la gamme Anthime sont vinifiés en fût de chêne, pratiquement sans fermentation malolactique. Le chardonnay, majoritaire (60 %), s'allie aux deux pinots dans cette cuvée au nez bien ouvert, floral, brioché et boisé, qui prend à l'aération des notes de vin liquoreux. Bien équilibrée, la bouche, où le fût ressort, s'oriente vers le fruit à noyau, la papaye et les épices. ✗ 2015-2018 ♀ coquilles Saint-Jacques gratinées
☛ Anthime, 6, ruelle de Louche, 51120 Fontaine-Denis, tél. 03 26 80 22 48, contact@champagne-collet.fr
Ⅴ 🏃 ♀ r.-v.

JEAN-ANTOINE ARISTON		
Chardonnay by Charles Antoine 2008 ★		
●	10 000	🍾	30 à 50 €

Établi dans un minuscule village de la vallée de l'Ardre, à l'ouest de Reims, Bruno Ariston exploite le domaine familial (7,5 ha), épaulé à la cave par son fils Charles-Antoine. (RM)
Issu de vieilles vignes plantées sur le lieu-dit Montant au Four, ce millésime montre une belle évolution. Droit, minéral, précis, tendu, il associe aux fleurs la truffe et la réglisse. De l'énergie, une vivacité maîtrisée et de la

délicatesse. ✗ 2015-2019 ✼ nage de lotte ● Carte Or (15 à 20 € ; 10 000 b.) : vin cité. ✗ 2015-2017

☛ *Bruno Ariston, 4, rue Haute, 51170 Brouillet, tél. 03 26 97 47 02, champagne.ariston@wanadoo.fr* Ⓥ 🏃 🏠 *r.-v.*

PIERRE ARNOULD Blanc de noirs Effrontée ★			
● Gd cru	2 000	📷	20 à 30 €

Implanté à Verzenay, grand cru de la Montagne de Reims, ce domaine familial commercialise son champagne depuis 1925. Depuis 2002, c'est Nathalie, la fille de Pierre, qui élabore les champagnes de la propriété. (RM)

Ce blanc de noirs porte la marque du pinot noir, cépage roi de Verzenay : un nez chaleureux de brioche beurrée et de fruits confits rehaussés d'épices ; une bouche ample, structurée, généreuse, gourmande et longue. Pour la table. ✗ 2015-2019 ✼ chapon rôti

☛ *EARL Pierre Arnould, 1, rue Gambetta, 51360 Verzenay, tél. 03 26 49 40 12, arnould-ralle@wanadoo.fr* Ⓥ 🏃 🏠 *r.-v.*

ASPASIE ★			
●	11 000	📷	15 à 20 €

À la tête de 12 ha de vignes dans la vallée de l'Ardre, Paul-Vincent Ariston a pris en 2011 la suite de son père Rémi sur l'exploitation, dont les origines remontent à 1794. Il commercialise ses champagnes sous les marques Ariston fils ou Aspasie, marque créée en hommage à une aïeule. (RM)

Né des deux pinots à parité, un rosé de noirs intense et frais, élégant et long, aux arômes de groseille, de framboise et d'agrumes. ✗ 2015-2018 ✼ verrine crevettes au pamplemousse ● Carte blanche (15 à 20 € ; 30 000 b.) : vin cité. ✗ 2015-2018

☛ *Paul-Vincent Ariston, 4, Grande-Rue, 51170 Brouillet, tél. 03 26 97 43 46, contact@champagneaspasie.com* Ⓥ 🏃 🏠 *r.-v.*

VINCENT D'ASTRÉE Gouttes d'or ★			
● 1er cru	n.c.	📷	15 à 20 €

Marque de la coopérative de Pierry, près d'Épernay, fondée en 1956. La cave dispose des 80 ha de ses adhérents qui cultivent leur vignoble dans cette commune ou celle, voisine, de Moussy. (CM)

En 2016, les Celliers de Pierry fêteront leur soixantième anniversaire. Leur brut sans année, ample et bien fruité, porte la marque du meunier, qui entre à hauteur de 80 % dans l'assemblage, complété par le chardonnay. Nez sur la pêche et les petits fruits des bois, bouche fraîche à l'attaque, structurée et longue, vive en finale. ✗ 2015-2018 ✼ saint-jacques aux truffes ● Rêve d'été (15 à 20 € ; n.c. b.) : vin cité. ✗ 2015-2018

☛ *Vincent d'Astrée, 32, rue Léon-Bourgeois, 51530 Pierry, tél. 03 26 54 03 23, celliers@vincentdastree.com* Ⓥ 🏃 🏠 *r.-v.*

CH. DE L'AUCHE ★			
●	8 000		15 à 20 €

Fondée en 1961, la coopérative de Germigny, Janvry et Rosnay commercialise ses champagnes depuis 1974. Elle propose deux marques : Prestige des Sacres et Ch. de l'Auche. L'approvisionnement couvre 110 ha en environs de la cité des Sacres : massif de Saint-Thierry, vallée de l'Ardre, Montagne de Reims... L'encépagement du secteur privilégie le meunier. (CM)

Le meunier, à hauteur de 85 %, et le pinot noir contribuent à cette cuvée. Un rosé de noirs donc, issu d'un assemblage. La robe saumonée montre des reflets cuivrés. Expressif, le nez associe les fruits mûrs, l'abricot confit, les fruits secs, des notes grillées et légèrement beurrées. Vive à l'attaque, parfumée, gourmande, la bouche allie une certaine vinosité et une belle fraîcheur. À son apogée. ✗ 2015-2017 ✼ panacotta mangue-Passion ● Cuvée du chapitre ★ (30 à 50 € ; 3 000 b.) : né de pur meunier, un blanc de noirs d'une belle ampleur, au nez agréablement évolué, entre fruits secs, vanille, biscuit et moka. Pour la table. ✗ 2016-2018 ● Prestige des Sacres La Cuvée boisée (30 à 50 € ; 5 000 b.) : vin cité. ✗ 2015-2018

☛ *Coop. vinicole G.J.R., rue de Germigny, 51390 Janvry, tél. 03 26 03 63 40, info@champagne-de-lauche.com* Ⓥ 🏠 *t.l.j. sf sam. dim. 8h-12h30 13h30-18h*

COMTE AUDOIN DE DAMPIERRE Blanc de blancs Cuvée des ambassadeurs ★★			
● Gd cru	n.c.		30 à 50 €

Audoin de Dampierre est le descendant d'une dynastie champenoise sept fois séculaire. Son arrière-grand-père s'est intéressé au champagne en 1880. Lui-même a créé en 1986 une maison de négoce dont le siège a été transféré en 2014 à Bouzy. (NM)

Des chardonnay du Mesnil-sur-Oger, Avize et Cramant collaborent à ce blanc de blancs peu dosé, au nez floral et beurré alliant richesse et finesse. La bouche subtile, harmonieuse et complexe offre une finale d'une grande pureté. ✗ 2015-2020 ✼ tartare de bar ● Blanc de blancs Prestige 2002 ★ (75 à 100 € ; 16 800 b.) : ficelé à l'ancienne, un blanc de blancs de grande classe, élégant et fondu, aux arômes de fruits confits, de coing et de torréfaction. Proche des étoiles. ✗ 2015-2020

☛ *SAS Comtes de Dampierre, 22, rue Gambetta, 51150 Bouzy, tél. 03 26 53 16 67, champagne@dampierre.com* Ⓥ 🏃 🏠 *r.-v.*

PAUL AUGUSTIN 2008			
●	1 500	📷	20 à 30 €

Isabelle et Éric Ammeux ont repris en 1991 l'exploitation familiale plantée en pinots, située à Jonquery, petit village niché entre l'Ardre au nord et la Marne au sud. En 1998, Isabelle a acquis un vignoble planté en chardonnay et lancé en 2005 la marque Paul Augustin. (RM)

Du chardonnay majoritaire (70 %, complété par le meunier) dans ce brut de belle tenue, ample et gras avec élégance, aux arômes gourmands de fruits confits, de vanille et de cacao. Un champagne de repas. ✗ 2015-2018 ✼ langouste au beurre blanc

☛ *Paul Augustin, 1, rue de la Barbe-aux-Cannes, 51700 Jonquery, tél. 03 26 58 10 55, eric.ammeux@wanadoo.fr* Ⓥ 🏃 🏠 *t.l.j. 9h-11h30 14h-18h; sam. dim. sur r.-v.* ☛ *Isabelle Ammeux*

AUTRÉAU DE CHAMPILLON Les Perles de la Dhuy 2008 ★			
● Gd cru	7 000		20 à 30 €

Sur leur coteau de Champillon dominant la Marne, les Autréau cultivaient la vigne du vivant de dom Pérignon.

CHAMPAGNE

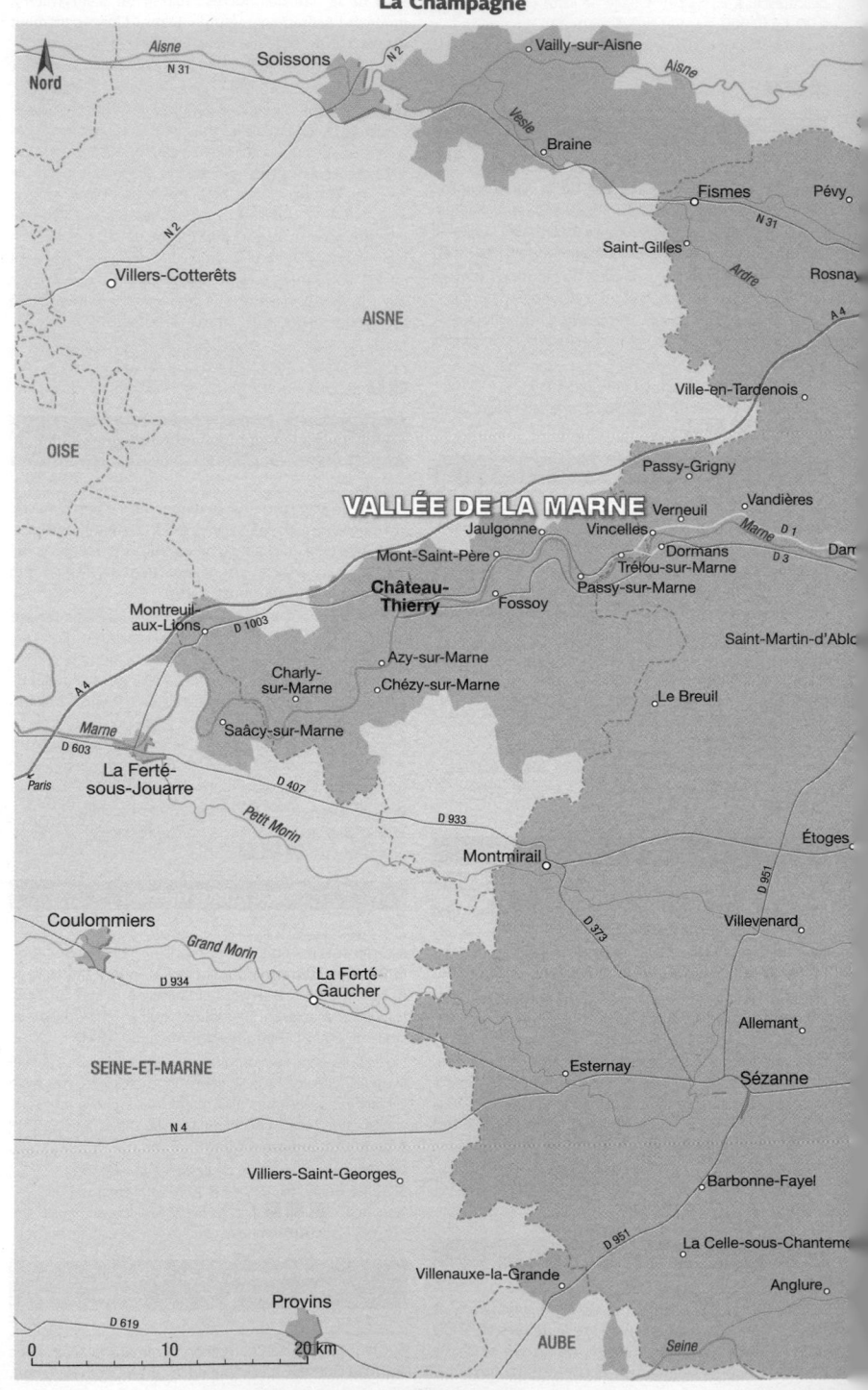

La Champagne

Nord

Aisne

Soissons

N 2

Vailly-sur-Aisne

Aisne

N 31

Vesle

Braine

Fismes

Pévy

N 31

Saint-Gilles

Ardre

Rosnay

Villers-Cotterêts

AISNE

A 4

Ville-en-Tardenois

OISE

Passy-Grigny

Vandières

VALLÉE DE LA MARNE

Verneuil

Marne

D 1

Jaulgonne

Vincelles

Mont-Saint-Père

Dormans

D 3

Dar

Trélou-sur-Marne

Château-Thierry

Fossoy

Passy-sur-Marne

Saint-Martin-d'Ablc

Montreuil-aux-Lions

D 1003

Azy-sur-Marne

Charly-sur-Marne

Chézy-sur-Marne

Le Breuil

A 4

Saâcy-sur-Marne

Marne

D 603

Paris

La Ferté-sous-Jouarre

D 407

D 933

Montmirail

Étoges

Petit Morin

D 951

Coulommiers

Grand Morin

Villevenard

D 373

D 934

La Ferté-Gaucher

Allemant

SEINE-ET-MARNE

Esternay

Sézanne

N 4

Villiers-Saint-Georges

Barbonne-Fayel

D 951

La Celle-sous-Chanteme

Anglure

Villenauxe-la-Grande

Provins

D 619

0   10   20 km

AUBE

Seine

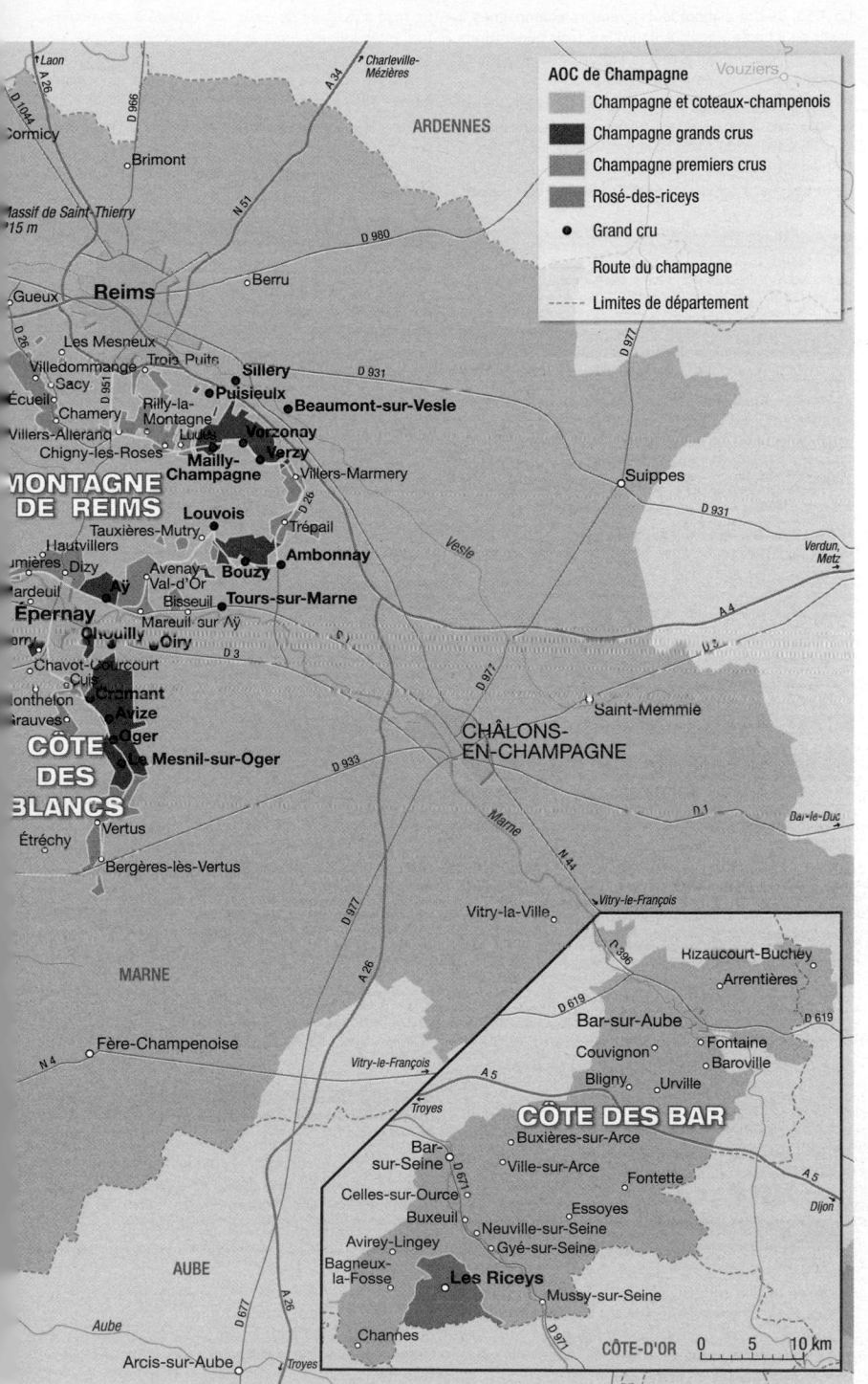

AOC de Champagne

Champagne et coteaux-champenois
Champagne grands crus
Champagne premiers crus
Rosé-des-riceys
● Grand cru
Route du champagne
Limites de département

Laon
Charleville-Mézières
Vouziers
ARDENNES
Cormicy
Brimont
Massif de Saint-Thierry
15 m
Gueux
Reims
Berru
Les Mesneux
Trois Puits
Villedommange
Sillery
Écueil
Sacy
Puisieulx
Beaumont-sur-Vesle
Chamery
Rilly-la-Montagne
Villers-Allerand
Ludes
Vorzonay
Chigny-les-Roses
Verzy
Mailly-Champagne
Villers-Marmery
MONTAGNE DE REIMS
Louvois
Suippes
Tauxières-Mutry
Trépail
Hautvillers
Ambonnay
umières
Dizy
Avenay-Val-d'Or
Bouzy
Verdun, Metz
ardeuil
Aÿ
Bisseuil
Épernay
Mareuil-sur-Aÿ
Tours-sur-Marne
arn
Chouilly
Oiry
Chavot-Courcourt
Cuis
Cramant
onthelon
Avize
Grauves
Oger
Saint-Memmie
CÔTE DES BLANCS
Le Mesnil-sur-Oger
CHÂLONS-EN-CHAMPAGNE
Étréchy
Vertus
Bergères-lès-Vertus
Bar-le-Duc
Vitry-la-Ville
Vitry-le-François
MARNE
Rizaucourt-Buchey
Arrentières
Fère-Champenoise
Bar-sur-Aube
Fontaine
Vitry-le-François
Couvignon
Baroville
Bligny
Urville
Troyes
CÔTE DES BAR
Buxières-sur-Arce
Bar-sur-Seine
Ville-sur-Arce
Celles-sur-Ource
Fontette
Buxeuil
Essoyes
Avirey-Lingey
Neuville-sur-Seine
Bagneux-la-Fosse
Gyé-sur-Seine
Dijon
Les Riceys
Mussy-sur-Seine
AUBE
Channes
Aube
CÔTE-D'OR
Arcis-sur-Aube
Troyes

0   5   10 km

En 1953, ils ont élaboré leurs premiers champagnes à partir de 3 ha de vignes. Aujourd'hui, trois générations gèrent la maison, qui a pris le statut de négociant et s'appuie sur 32 ha en propre. (NM)

Ce millésimé privilégie le chardonnay (80 %), complété par le pinot noir. Il offre une belle expression avec des notes de pain grillé et de fruits blancs, et une bouche dans le même registre, charnue et puissante. ✗ 2015-2018 ♥ filet de turbot rôti ● 1er cru (15 à 20 € ; 200 000 b.) : vin cité. ✗ 2015-2019

○┐ Autréau de Champillon, 7, rue René-Baudet, 51160 Champillon, tél. 03 26 59 46 00, champagne.autreau@wanadoo.fr Ⓥ 🅰 🆃 t.l.j. 8h-12h 14h-18h; sam. dim. sur r.-v.

AYALA Brut majeur ★		
●	550 000	20 à 30 €

La maison Ayala est née en 1860 de la rencontre de Raphaël-Edmond-Louis Gonzague de Ayala, fils d'un diplomate colombien, et de Berthe-Gabrielle d'Albrecht, nièce du vicomte de Mareuil. Depuis 2005 propriété du Champagne Bollinger, elle a pour chef de cave Caroline Latrive. (NM)

Floral et aérien, ce champagne réunit les trois cépages (40 % de chardonnay et autant de pinot noir, le meunier en appoint), qui contribuent à sa belle expression et à son équilibre. Un ensemble élégant, structuré et long. Pour l'apéritif ou le poisson. ✗ 2015-2018 ♥ pavé de thon mi-cuit ● Rosé majeur (30 à 50 € ; 60 000 b.) : vin cité. ✗ 2015-2018

○┐ Ayala, 1, rue Edmond-de-Ayala, 51160 Aÿ, tél. 03 26 55 15 44, contact@champagne-ayala.fr Ⓥ 🅰 🆃 r.-v. ○┐ Groupe S.J.B.

JEAN BAILLETTE-PRUDHOMME Réserve ★★		
● 1er cru	20 000	11 à 15 €

Un domaine familial de 5 ha situé aux portes sud-est de Reims. Depuis la disparition en 2005 de Jean Baillette, vigneron méticuleux, son épouse Marie-France et ses deux filles Laureen et Justine élaborent le champagne. (RM)

Trois cépages (40 % de pinot noir, 30 % de meunier et 30 % de chardonnay), trois ans sur lattes et 50 % de vins de réserve pour cette cuvée qui a recueilli tous les superlatifs. Le nez intense déploie des notes complexes évoquant le chocolat et le café. L'annonce d'une bouche consistante, ample, vineuse, complexe, dans le même registre que l'olfaction, avec ce qu'il faut de fraîcheur et une longue finale sur les épices douces. De la personnalité. ✗ 2015-2019 ♥ caille farcie au foie gras ● 1er cru Memoris (20 à 30 € ; 20 000 b.) : vin cité. ✗ 2015-2018

○┐ Jean Baillette-Prudhomme, 4, rue de la Gare, 51500 Trois-Puits, tél. 03 26 82 37 14, champagnejbp@ yahoo.fr Ⓥ 🅰 🆃 r.-v.

PAUL BARA Bouzy Grand Rosé			
● Gd cru	18 000	🛏	20 à 30 €

Fondé en 1833 et conduit aujourd'hui par Chantale Bara, fille de Paul, ce domaine réputé est implanté dans l'un des grands crus de noirs de la Montagne de Reims. Les 11 ha sont exclusivement plantés de pinot noir et de chardonnay classés en grand cru. (RM)

Ce rosé à majorité de pinot noir (80 %) a une nouvelle fois intéressé les jurés grâce à sa couleur rose pâle légèrement tuilé, à son nez frais aux arômes délicats de framboise et à sa bouche ronde, fruitée, briochée et longue. Pour l'apéritif ou le dessert. ✗ 2015-2018 ♥ brochettes de fraises apéritives

○┐ Paul Bara, 4, rue Yvonnet, 51150 Bouzy, tél. 03 26 57 00 50, info@champagnepaulbara.fr Ⓥ 🆃 r.-v.

BARBIER-LOUVET Tradition			
● 1er cru	20 000	🛏	11 à 15 €

Fondée en 1835 et conduite depuis 1992 par David Barbier, cette exploitation implantée sur le versant sud de la Montagne de Reims couvre près de 7 ha, avec des parcelles dans plusieurs grands crus et 1ers crus. (RM)

Le pinot noir, qui représente les 90 % de cette cuvée, complété par le chardonnay, a légué à ce champagne des arômes de fruits mûrs et une belle ampleur. Idéal pour les entrées et les poissons cuisinés. ✗ 2015-2018 ♥ vol-au-vent aux fruits de mer ● Gd cru Prestige (15 à 20 € ; 6 500 b.) : vin cité. ✗ 2015-2018

○┐ Barbier-Louvet, 8, rue de Louvois, 51150 Tauxières-Mutry, tél. 03 26 57 04 79, contact@ champagne-barbier-louvet.com Ⓥ 🅰 🆃 r.-v.

DE BARFONTARC Tradition ★			
●	297 350	🛏	11 à 15 €

Marque de la coopérative de Baroville et des environs. Fondée en 1962, la cave vinifie les récoltes de 112 ha ; le pinot noir, largement dominant dans le secteur de Bar-sur-Aube, est très présent dans les assemblages. (CM)

Quatre parts de pinot noir pour une part de chardonnay dans ce brut gourmand et frais qui sera parfait à l'apéritif. Nez entre fleurs blanches, pomme et poire compotées ; bouche tonique à l'attaque, sur les agrumes (pamplemousse rose), qui prend de l'ampleur tandis que la griotte entre en scène. ✗ 2015-2018 ♥ gougères au chaource ● ★ (15 à 20 € ; 19 806 b.) : composé de pinot noir et de chardonnay à parts presque égales, un rosé apprécié pour ses arômes de petits fruits rouges acidulés et pour sa bouche tout en fraîcheur, aux nuances d'agrumes. ✗ 2015-2018

○┐ De Barfontarc, 18, rue de Bar-sur-Aube, 10200 Baroville, tél. 03 25 27 07 09, champagne@ barfontarc.com Ⓥ 🅰 🆃 t.l.j. sf dim. 9h-12h 13h30-17h30 🏠 Ⓔ

BARNAUT Sec Cuvée Douceur ★			
● Gd cru	2 500	🛏	20 à 30 €

Courtier-pressureur pour les grandes maisons de Champagne, Edmond Barnaut décide en 1874 d'élaborer et de commercialiser ses propres cuvées. Son descendant, Philippe Secondé, œnologue, continue son œuvre depuis 1986. Il dispose d'un important vignoble – près de 17 ha. (RM)

En Champagne, un « sec » n'est pas sec : c'est un moelleux léger, un peu moins doux qu'un demi-sec. Composé de deux tiers de pinot noir et d'un tiers de chardonnay, ce champagne s'annonce par un nez très frais sur la pêche blanche, la poire, l'amande verte et la noisette. Dans le même registre, la bouche séduit par son attaque et par son équilibre. ✗ 2015-2017 ❦ galette à la frangipane

○┅ *Barnaut, 2, rue Gambetta, 51150 Bouzy, tél. 03 26 57 01 54* 🅥 🅗 *t.l.j. sf dim. 10h30-12h30 13h30-17h30; f. 1ʳᵉ sem. de jan.* ○┅ Ph. et E. Seconclé

CLAUDE BARON Cuvée Perle rosé ★		
●	10 000	ⓘ ◫	15 à 20 €

Tournée notamment vers les cavistes et l'export, une structure de négoce créée par la famille Baron, qui élabore des champagnes à l'ouest de Château-Thierry depuis la seconde moitié du XXᵉs. Claude et Régine Baron, forts de 50 ha de vignes, l'ont créée en 2006 avec leurs trois filles Claire, Lise et Aline, ces deux dernières à la cave. (NM)

Deux tiers de noirs (meunier surtout) et un tiers de blancs composent ce rosé qui tire sa teinte pâle de l'ajout de 8 % de vin rouge. Nez délicat, sur la groseille et les agrumes, attaque souple, bouche tout en finesse, élégante et longue. ✗ 2015-2018 ❦ pigeonneau aux groseilles ● Cuvée Saphir (11 à 15 € ; 80 000 b.) : vin cité. ✗ 2015-2019

○┅ *Claude Baron, 1, rue des Chaillots, Grand-Porteron, 02310 Charly-sur-Marne, tél. 03 23 82 02 65, champagnebaronalbert@wanadoo.fr* 🅥 🅗 🅣 *t.l.j. sf dim. 8h15-12h 13h45-17h45; sam. sur r.-v.*

BARON ALBERT Tradition ★★		
●	90 000	ⓘ	11 à 15 €

Fondée en 1947 par Albert Baron, repris en 1972 par son fils Claude secondé aujourd'hui par ses trois filles, Claire, Aline et Lise (ces deux dernières œnologues), ce négoce dispose d'un important vignoble (50 ha) dans la vallée de la Marne, aux environs de Château-Thierry. Vinifiés sans fermentation malolactique, les champagnes élaborés par Lise Baron cultivent la fraîcheur. Deux marques : Baron Albert et Jean de la Fontaine. (NM)

Le meunier (70 %) est associé au chardonnay dans ce champagne d'apéritif tout en fraîcheur – «sans doute vinifié sans malo », écrit avec raison un des experts. Nez franc de pain grillé, de citron et de pamplemousse. Bouche très équilibrée, tendue, mentholée, agrémentée d'une touche de pain d'épice ; dosage subtil : de la finesse. ✗ 2015-2018 ❦ verrine de bar à la citronnelle ● Jean de la Fontaine ★ (11 à 15 € ; 70 000 b.) : le meunier en vedette (70 %, les deux autres cépages en appoint) dans ce champagne intensément fruité, frais, raffiné et plutôt long, au nez de fruits jaunes un rien miellés. Pour l'apéritif comme pour la table. ✗ 2015-2018 ● Jean de la Fontaine 2008 (15 à 20 € ; 10 000 b.) : vin cité. ✗ 2015-2020

○┅ *Baron Albert, 1, rue des Chaillots, Grand-Porteron, 02310 Charly-sur-Marne, tél. 03 23 82 02 65, champagnebaronalbert@wanadoo.fr* 🅥 🅗 🅣 *t.l.j. sf dim. 8h15-12h 13h45-17h45; sam. sur r.-v.*

BARON DAUVERGNE La Marguerite en folie ★★		
● Gd cru	5 000	20 à 30 €

Domaine constitué en 1923, aujourd'hui structure de négoce dirigée depuis 2000 par Vincent Dauvergne, arrière-petit-fils des fondateurs. La maison a pignon sur rue à Bouzy, célèbre grand cru de la Montagne de Reims, et dispose de 7 ha en propre. (NM)

Vieilli quatre ans sur lattes, ce brut privilégie le pinot noir (80 %), complété par le chardonnay. Il a charmé les

dégustateurs, tant par son nez d'amande grillée, de fruits rouges et de cacao vivifié de touches d'agrumes que par sa bouche à la fois ample, vineuse, fraîche, délicate et longue. Recommandé pour un apéritif dînatoire. ✗ 2015-2018 ❦ mignardises salées

○┅ *Baron Dauvergne, 31, rue de Tours-sur-Marne, 51150 Bouzy, tél. 03 26 57 00 56, barondauvergne@ orange.fr* 🅥 🅚 🅣 *r.-v.*

BARON-FUENTÉ Blanc de blancs Esprit ★★		
●	40 000	ⓘ ◫	30 à 50 €

Maison née en 1967 du mariage de Gabriel Baron, vigneron champenois, avec Dolorès Fuenté, originaire d'Andalousie. Elle est gérée depuis 1993 par leurs enfants, Sophie et Ignace, qui s'appuient sur un domaine de 38 ha à l'ouest de Château-Thierry. (NM)

Typique du chardonnay, un nez vif sur les fleurs et les fruits blancs, l'ananas et les agrumes, prélude à une bouche franche à l'attaque, ample, fraîche et persistante. Un blanc de blancs accompli, pour l'apéritif comme pour la table. ✗ 2015-2018 ❦ pavé de sandre au beurre blanc ● Grande Réserve ★ (20 à 30 € ; 700 000 b.) : des noirs majoritaires (70 %, dont 60 % de meunier) dans ce brut au nez partagé entre pêche, abricot et fruits secs, et à la bouche consistante et longue, aux arômes de fruits mûrs. ✗ 2015-2018

○┅ *Baron-Fuenté, 21, av. Fernand-Drouet, 02310 Charly-sur-Marne, tél. 03 23 82 01 97, accueil@ baronfuente.com* 🅥 🅣 *t.l.j. sf dim. 8h-18h*

LOUIS BARTHÉLÉMY Améthyste ▲		
●	40 000	ⓘ	20 à 30 €

Fondée en 1923 par une princesse russe, la maison Louis Barthélémy est depuis 2002 la propriété de Jean Chancel, dont la famille est propriétaire du Ch. Val Joanis dans le Luberon. Installée à Aÿ au cœur du vignoble champenois, la maison s'approvisionne sur une large palette de crus. (NM)

Quatre parts de raisins noirs (50 % de pinot noir) pour une part de chardonnay dans ce brut aux arômes de fruits confits, rond et persistant, à déboucher dès l'apéritif. ✗ 2015-2018 ❦ gougères ● Extra-brut Quartz (20 à 30 € ; 8 000 b.) : vin cité. ✗ 2015-2018

○┅ *Chancel, 6, rue Jules-Lobet, 51160 Aÿ, tél. 03 10 15 15 49, info@louis-barthelemy.com*

BAUCHET PÈRE ET FILS Signature ★		
● 1er cru	35 000	ⓘ	15 à 20 €

Viticulteurs au début du XXᵉs., les Bauchet sont devenus récoltants-manipulants en 1960, tout en constituant un domaine de 34 ha aux environs d'Épernay, géré depuis 2010 par Bruno Bauchet et sa cousine Florence Bauchet-Labelle. Le domaine a son siège à Bisseuil, commune classée en 1ᵉʳ cru sur la rive droite de la Marne. (RM)

Un champagne harmonieux reflétant la présence majoritaire du chardonnay (75 %, complétés par le pinot noir). Nez frais et élégant de fleurs et de fruits blancs, avec une note de mie de pain, bouche franche à l'attaque, sur les agrumes et les fruits jaunes ; finale épicée. ✗ 2015-2018 ❦ filet de turbot sauce champagne

○┅ *SAS Bauchet, 4, rue de la Crayère, 51150 Bisseuil, tél. 03 26 58 92 12, info@champagne-bauchet.fr* 🅥 🅗 🅣 *r.-v.*

CHAMPAGNE

BAUDRY Distinction ★

	3 129	ⅷ	20 à 30 €

Héritiers d'une lignée vigneronne remontant à 1660, les deux frères José et Armel Baudry exploitent un vignoble de 20 ha dans la Côte des Bar. Représentatif de ce secteur aubois, l'encépagement fait une large place au pinot noir, complété par le chardonnay. (RM)

Une cuvée au nez gourmand de fruits secs (noisette) et à l'attaque vive, bien représentative du pinot noir (80 %) par sa bouche ample et consistante. Sa longue finale aromatique laisse une bonne impression. Un champagne de repas. ✗ 2015-2018 ♈ filet mignon en croûte ● Privilège ★ (15 à 20 € ; 132 000 b.) : « Un bel assemblage dominé par le pinot noir », écrit un juré ; ce cépage représente en effet 80 % de l'assemblage de ce brut au nez élégamment fruité ; l'attaque est fraîche, sur une note de pêche de vigne, et la bouche généreuse et complexe. ✗ 2015-2018

○┐ Baudry, 70, Grande-Rue, 10250 Neuville-sur-Seine, tél. 03 25 38 20 59, info@champagne-baudry.fr Ⓥ 🚶 ♀ r.-v.

MARCELLIN BEAUFORT Les Facettes Réserve ★

1er cru	31 000	🍾	15 à 20 €

Bien connue à Bouzy, village réputé pour son pinot noir, la famille cultive la vigne depuis le XVIᵉs. En 1904, Marcellin Beaufort vend des « vins nature de Bouzy » ; en 1929, il commercialise ses premiers champagnes ; Hugues et Ludovic, ses arrière-petits-fils, ont repris sa marque. (NM)

Le chardonnay (70 %, avec le pinot noir en appoint) domine dans ce brut vinifié sans fermentation malolactique. Au nez, des notes beurrées, briochées et biscuitées, du caramel, des fruits jaunes mûrs. Élégante, complexe et minérale, la bouche suit la même ligne aromatique et fait preuve d'une belle longueur. Pour l'apéritif comme pour la table. ✗ 2015-2018 ♈ mignardises salées

○┐ La Commanderie Diffusion, 28, rue de Tours-sur-Marne, 51150 Bouzy, tél. 06 07 10 91 06 🏠 Ⓖ ○┐ Hugues et Henri Beaufort

HERBERT BEAUFORT
Bouzy La Favorite 2009 ★★

Gd cru	3 000	🍾 ⅷ	30 à 50 €

Marcellin Beaufort a commercialisé les premières bouteilles : du vin tranquille vers 1900 et du champagne en 1929. Son petit-fils Henry exploite avec ses enfants Hugues et Ludovic un vignoble de 13 ha essentiellement implanté à Bouzy, à Ambonnay et à Tours-sur-Marne, grands crus de la Montagne de Reims mettant en vedette le pinot noir. (RM)

Mi-chardonnay mi-pinot noir, ce millésimé vinifié sans fermentation malolactique charme par son nez de fleurs blanches, légèrement brioché, et par sa remarquable harmonie en bouche, où l'aubépine se mêle à des notes pâtissières. Un vin franc, gourmand, à la longue finale minérale. À déboucher dès l'apéritif. ✗ 2015-2020 ♈ roulés au fromage frais ● Blanc de blancs Cuvée du mélomane (20 à 30 € ; 25 000 b.) : vin cité. ✗ 2015-2019

○┐ Herbert Beaufort, 32, rue de Tours-sur-Marne, 51150 Bouzy, tél. 03 26 57 01 34, beaufort-herbert@wanadoo.fr Ⓥ 🚶 ♀ t.l.j. 9h-12h 14h-17h30 🏠 Ⓖ

BEAUGRAND Brut nature Blanc de blancs 2008 ★

	3 766	🍾	30 à 50 €

Héritier de quatre générations, Arnaud Beaugrand conduit depuis 2000 le domaine familial : 20 ha à Montgueux (Aube). Située aux portes de Troyes, cette commune est dotée d'un coteau aux sols calcaires, bien exposé au sud-est, où le chardonnay mûrit à merveille et règne en maître. (RM)

Des vignes de cinquante ans sont à l'origine de ce blanc de blancs qui proviennent d'un millésime réputé pour sa fraîcheur, et le champagne n'a reçu aucun dosage. Il en résulte un vin au nez élégant et fin de fleurs blanches, et au palais puissant, complexe et long, à la finale à la fois briochée et acidulée. ✗ 2015-2018 ♈ ravioles de homard

○┐ Beaugrand, 4, rue Léon-Beaugrand, 10300 Montgueux, tél. 03 25 79 85 11, contact@champagne-beaugrand.com Ⓥ 🚶 ♀ r.-v.

BEAUMONT DES CRAYÈRES
Blanc de noirs Fleur noire 2006 ★★

	10 000		20 à 30 €

Fondée en 1955, la coopérative de Mardeuil vinifie environ 90 ha, principalement situés sur les coteaux proches d'Épernay. Elle apparaît avec régularité dans les sélections du Guide, sous différentes marques : Beaumont des Crayères, Comte Stanislas, Charles Leprince. (CM)

Mariant pinot noir (70 %) et pinot meunier, ce blanc de noirs a convaincu les jurés par son nez intense, brioché et épicé, qui traduit une heureuse évolution. Quant à la bouche, tout aussi intense, elle séduit par son côté gourmand, son équilibre parfait et sa longue finale. ✗ 2015-2018 ♈ escalope de foie gras poêlée ● Charles Leprince 2004 ★★ (20 à 30 € ; 25 000 b.) : deux belles étoiles pour ce millésime mi-blancs mi-noirs (les deux pinots) au nez brioché et épicé ; des notes évoluées rappelant le sous-bois apparaissent dans une bouche vive, longue et remarquablement équilibrée. ✗ 2015-2020

○┐ Beaumont des Crayères, 64, rue de la Liberté, 51530 Mardeuil, tél. 03 26 55 29 40, contact@champagne-beaumont.com Ⓥ ♀ t.l.j. sf sam. dim. 8h30-12h 13h30-17h ; f. 1ᵉʳ-28 août

Ⓑ FRANÇOISE BEDEL Extra-brut Dis, vin secret

	11 500		30 à 50 €

Établie dans la vallée de la Marne, en aval de Château-Thierry, Françoise Bedel a repris une partie de l'exploitation familiale en 1979. Depuis 1998, elle conduit ses 8,4 ha de vignes en biodynamie. En 2003, son fils Vincent l'a rejointe. Ces récoltants pratiquent la vinification parcellaire et élèvent souvent leurs vins en fût de chêne. (RM)

Cet extra-brut doit presque tout au pinot meunier (95 %, avec une goutte de chardonnay), cépage roi de la vallée de la Marne occidentale. Le nez puissant, vineux, évolué, évoque les petits fruits très mûrs. La bouche aromatique et équilibrée finit sur une légère amertume. Un vin élégant pour amateurs de champagnes non dosés. ✗ 2015-2018 ♈ flétan sauce hollandaise

○┐ SARL Françoise Bedel, 71, Grande-Rue, 02310 Crouttes-sur-Marne, tél. 03 23 82 15 80, contact@champagne-bedel.fr Ⓥ ♀ t.l.j. 9h-12h30 13h30-18h ; sam. dim. sur r.-v.

GÉRARD ET OLIVIER BELIN ★

●	2 500	📷	15 à 20 €

Olivier, œnologue, et Katty Belin ont repris en 1997 le domaine familial qui couvre 8 ha autour d'Essômes-sur-Marne, en aval de Château-Thierry. Les coteaux environnants sont plantés majoritairement de meunier. (RM)

Le meunier (60 %) compose avec le pinot noir et le chardonnay à parts égales dans ce rosé d'assemblage qui s'ouvre sur des senteurs de pain blanc, avant d'évoluer sur des notes de fleurs blanches, d'eau de rose, de fruits blancs et de groseille. Le prélude à une bouche franche à l'attaque et d'une agréable vivacité, aux arômes de griotte. Pour l'apéritif. ✗ 2015-2017 ⵞ feuilleté au fromage de Langres

☞ *Belin, 30a, Aulnois, 02400 Essômes-sur-Marne, tél. 03 23 70 88 43, info@champagne-belin.fr*
Ⅴ 🏃 *r.-v.*

L. BÉNARD-PITOIS Carte blanche

● 1er cru	n.c.	📷	11 à 15 €

À la tête du domaine familial depuis 1991, Laurent Bénard exploite 11 ha de vignes réparties dans deux grands crus de la Côte des Blancs et dans quatre 1ers crus de la Grande Vallée de la Marne. Il vinifie ses vins de base en petite cuve ou en fût. (RM)

Les raisins noirs (pinot noir surtout) représentent les trois quarts de cette cuvée au nez subtilement fruité. Avec ses arômes de pain beurré, le palais apparaît plus évolué, mais combine cette maturité généreuse avec une fraîcheur préservée. Pour l'apéritif ou une viande blanche. ✗ 2015-2016 ⵞ pintade aux girolles

☞ *CARL Bénard Louis, 23, rue Duval, 51160 Mareuil-sur-Aÿ, tél. 03 26 52 60 28, benard-pitois@wanadoo.fr* Ⅴ 🏃 🎁 *t.l.j. sf dim. 10h-12h 13h30-17h; sam. sur r.-v.; f. 15 jrs en août*

A. BERGÈRE Tentation ★

●	5 000		20 à 30 €

A. Bergère : comme Albert qui élabora les premiers champagnes en 1949, comme André, arrivé en 1986 qui développa le vignoble, du Sézannais à la vallée de la Marne en passant par la Côte des Blancs. Depuis 2007, la maison a une adresse qui en impose, avenue de Champagne à Épernay.

Le chardonnay entre à hauteur de 75 % dans cette cuvée, avec le pinot noir en appoint – des raisins de la récolte 2010. Le cépage majoritaire lui a légué un nez aérien, délicat et frais, sur la noisette fraîche, le beurre et la vanille, une bouche franche à l'attaque, étoffée, élégante et très longue. ✗ 2015-2018 ⵞ poulet au champagne ● Gd cru Blanc de blancs 2006 ★ (50 à 75 € ; 1 100 b.) : un nez riche et évolué de frangipane, de fruits secs et de marron glacé ; une même générosité en bouche, où la crème pâtissière, la vanille, les fruits jaunes et l'eau-de-vie de mirabelle entrent en scène ; de la fraîcheur pour équilibrer le tout. ✗ 2015-2018

☞ *André Bergère, 40, av. de Champagne, 51200 Épernay, tél. 03 26 59 30 23, annaelle.bergere@champagne-andre-bergere.com* Ⅴ 🏃 🎁 *t.l.j. 10h-12h 14h-18h* 🏠 ⑤ 🏠 Ⓔ

PAUL BERTHELOT La Marquise ★

●	4 000	🍾	20 à 30 €

Établis près d'Épernay, les Berthelot élaborent du champagne dès la deuxième moitié du XIXᵉ s. Paul développe l'affaire et lance la marque à son nom. Aujourd'hui, son petit-fils Arnaud Berthelot s'appuie sur un vignoble de 16 ha. (NM)

Cette cuvée est un blanc de blancs vinifié en fût de chêne. Riche et mûr, le nez mêle une touche de beurre aux fruits jaunes (mirabelle), au miel et à l'amande fraîche. Franche à l'attaque, ronde et ample, la bouche déploie des arômes de croûte de pain et de fruits légèrement compotés, vivifiée par une finale minérale. ✗ 2015-2018 ⵞ rôti de veau

☞ *Paul Berthelot, 889, av. du Gal-Leclerc, 51530 Dizy, tél. 03 26 55 23 83, champagneberthelotpaul@orange.fr* Ⅴ 🏃 🎁 *t.l.j. 8h30-12h 14h-18h; f. 2ᵉ quinzaine d'août*

PIERRE BERTRAND Tradition

●	8 500	📷	11 à 15 €

Pierre Bertrand crée son vignoble à partir de 1946 et devient récoltant-manipulant. Il a neuf enfants et beaucoup de garçons, mais c'est sa fille Thérèse qui lui succède en 1982. Bertrand, son petit-fils, a pris la relève en 2010. Il exploite 6 ha dans la Grande Vallée de la Marne.

Assemblant les trois cépages champenois par tiers, un bon brut sans année à la robe or soutenu, aux arômes intenses de pêche, à la bouche fruitée, légèrement évoluée, ronde et persistante. ✗ 2015-2016 ⵞ coquille Saint-Jacques gratinée

☞ *Pierre Bertrand, 166, rue Louis-Dupont, 51480 Cumières, tél. 03 26 54 08 24, bertrand.pierre7@wanadoo.fr* Ⅴ 🏃 🎁 *r.-v.*

♥ BESSERAT DE BELLEFON B de B ★★★

●	n.c.	50 à 75 €

Originaire d'Hautvillers, Edmond Besserat a fondé en 1843 cette société qui, après plusieurs changements de sièges et de propriétaires, appartient à la maison Burtin d'Épernay (groupe Lanson-BCC). Les champagnes maison sont vinifiés sans fermentation malolactique et tirés à petite mousse. (NM)

Création du chef de cave Cédric Thiébault pour le deux centième anniversaire de la maison, cette cuvée de prestige, née de 45 % chardonnay, d'autant de pinot noir et d'un appoint de meunier, a charmé nos dégustateurs. La robe or clair est animée d'un joli cordon de bulles fines qui laissent monter les senteurs de fleurs et de fruits blancs, nuancées à l'aération de notes d'amande, de brioche et d'épices. Franche et vive à l'attaque, la bouche combine puissance, finesse et élégance. ✗ 2015-2020 ⵞ haddock pommes confites et feuilles d'oxalys

☞ *Besserat de Bellefon, 22, rue Maurice-Cerveaux, 51200 Épernay, tél. 03 26 78 52 16, info@besseratdebellefon.com* Ⅴ *r.-v.*

BERNARD BIJOTAT Blanc de blancs ★

●	5 000	📷	15 à 20 €

À la suite des trois générations précédentes, Bernard et Sébastien Bijotat cultivent 10 ha de vignes aux environs de Romeny-sur-Marne, village qui longe un méandre de la Marne, en aval de Château-Thierry. (RM)

Un nez fin et complexe, grillé et beurré, une attaque franche et intense, et une finale longue et fraîche : ce que l'on attend d'un blanc de blancs. Parfait à l'apéritif. **⚔ 2015-2018 ¥** copeaux de vieux comté ● (11 à 15 € ; 87 720 b.) : vin cité. **⚔ 2015-2018**

⚲ *Bernard Bijotat, 2, rte Nationale, 02310 Romeny-sur-Marne, tél. 03 23 70 12 51, contact@champagne-bernard-bijotat.fr* Ⅴ 🚶 🛏 *t.l.j. 8h-18h* 🏠 🅐

MARC BIJOTAT Tradition ★		
●	60 000	11 à 15 €

Paul, Maurice et Marc Bijotat (avant Alexandre et Vanessa) se sont succédé à la tête de cette propriété qui couvre près de 13 ha entre Charly et Château-Thierry, dans la vallée de la Marne. Leur domaine est à 80 km de Paris. (RM)

Du meunier majoritaire (80 %, avec les deux autres cépages en appoint) dans ce brut or jaune au nez cossu de fruits mûrs. Équilibrée, vineuse sans excès, la bouche offre une finale assez longue et fraîche aux nuances de pamplemousse. **⚔ 2015-2016 ¥** carré de veau aux girolles

⚲ *Marc Bijotat, 70 bis, rte Nationale, 02310 Romeny-sur-Marne, tél. 03 23 70 18 42, champagne-marc-bijojat@hotmail.fr* Ⅴ 🛏 *t.l.j. 9h-17h; sam. dim. sur r.-v.*

ARNAUD BILLARD Grande Réserve		
●	18 000	11 à 15 €

Tourné vers le midi, le coteau de Reuil domine la Marne. Installé en 1992, Arnaud Billard y cultive près de 8 ha avec son épouse Lydie. (RM)

Majoritaires dans l'assemblage (87 %, dont meunier 67 %), les raisins noirs laissent leur empreinte dans cette cuvée au nez puissant de fruits mûrs (abricot), nuancé de beurre et de vanille, et à la bouche ample, structurée et longue : un champagne de repas. **⚔ 2015-2018 ¥** coq au champagne ● Blanc de meuniers Cuvée des aïeux 2009 (15 à 20 € ; 2 000 b.) : vin cité. **⚔ 2015-2017**

⚲ *Arnaud Billard, 4, rue Bacchus, hameau de l'Échelle, 51480 Reuil, tél. 03 26 58 66 60, info@ domaine-bacchus.com* Ⅴ 🚶 🛏 *r.-v.* 🏠 🅖

H. BLIN ★		
●	20 000	20 à 30 €

En 1947, dans les temps difficiles de l'après-guerre, une trentaine de vignerons, autour d'Henri Blin, fondent la « coop » de Vincelles (vallée de la Marne). La cave regroupe aujourd'hui une centaine d'adhérents qui apportent le produit de leurs 120 ha de vignes. (CM)

Un rosé d'assemblage issu des trois cépages champenois (dont près de 60 % de meunier) ; un apport de 20 % de vin rouge lui donne une robe groseille aux reflets cuivrés ; le nez fin et léger évoque la fraise des bois ; la bouche, à l'unisson, est gourmande, fraîche et tonique, avec en finale une agréable amertume rappelant le pamplemousse. **⚔ 2015-2017 ¥** aiguillettes de canard sauce orange

⚲ *H. Blin, 5, rue de Verdun, 51700 Vincelles, tél. 03 26 58 20 04, contact@champagne-blin.com* Ⅴ 🛏 *t.l.j. sf sam. dim. 9h-12h 14h-17h30; f. août*

MAXIME BLIN Extra-brut L'Onirique ★		
●	n.c.	30 à 50 €

Située dans le Massif de Saint-Thierry, au nord-ouest de Reims, cette exploitation de 12 ha, fondée par Robert Blin en 1960, est aujourd'hui conduite par Gilles Blin et son fils Maxime. Deux marques : R. Blin & Fils et, depuis 2000, Maxime Blin. (RM)

Un faible dosage pour cette cuvée à dominante de pinot noir (90 %, avec le chardonnay en appoint). Élégant et complexe, le nez asssocie les fleurs, les fruits blancs et la prune à une touche d'épices et de miel. Vive à l'attaque, charnue, fraîche et délicate à la fois, la bouche déploie des arômes persistants d'agrumes et de pomme. Une belle fraîcheur pour l'apéritif et assez d'étoffe pour la table. **⚔ 2015-2018 ¥** verrine de saint-jacques ● R. Blin et Fils ★ (30 à 50 € ; n.c. b.) : un pur pinot noir. Une robe rose intense aux reflets cuivrés ; un nez puissant de soupe de fraises, de griotte et de framboise, et une attaque fraîche pour ce vin qui reste en bouche. « Du fruit, du fruit ! » Un rosé sans artifices. **⚔ 2015-2018**

⚲ *Maxime Blin, 11, rue du Point-du-Jour, 51140 Trigny, tél. 03 26 03 10 97, maxime.blin@champagne-blin-et-fils.fr* Ⅴ 🚶 🛏 *r.-v.*

BLONDEL Cuvée Prestige ★		
1er cru	10 000	20 à 30 €

Fondée au début du XXᵉs. par l'arrière-grand-père notaire de Thierry Blondel, cette maison s'appuie sur un vignoble de 11 ha d'un seul tenant – une rareté sur la Montagne de Reims où les successions ont morcelé les domaines. Les vins vieillissent au moins trois ans sur lattes. (NM)

Mi-blancs mi-noirs (pinot noir), cette cuvée s'ouvre sur des notes d'acacia et de fleur d'oranger, puis s'oriente vers l'ananas et le citron, qui prennent des tons confits à l'aération. Franche à l'attaque, elle déploie en bouche des arômes de fruits blancs et offre une finale tonique. **⚔ 2015-2018 ¥** coquille Saint-Jacques ● ★ (15 à 20 € ; 10 000 b.) : un rosé issu de pur pinot noir. Robe cuivrée, nez légèrement évolué de moka et de vanille, en harmonie avec un palais riche, aux arômes confits et toastés, équilibré par ce qu'il faut de fraîcheur. À servir de l'apéritif au dessert. **⚔ 2015-2016**

⚲ *Blondel, Dom. des Monts-Fournois, BP 12, 51500 Ludes, tél. 03 26 03 43 92, contact@ champagneblondel.com* Ⅴ 🚶 🛏 *r.-v.*

PIERRE BOEVER ET FILS Des Dames de France		
Gd cru	7 000	11 à 15 €

Sébastien et Anne Boever ont repris en 2004 l'exploitation familiale créée après la Seconde Guerre mondiale par le grand-père du premier qui a lancé la marque Dames de France en 1968. Sébastien, œnologue, s'occupe de la vinification avec son père Pierre. Les deux tiers de la production sont exportés. (RM)

Une robe rose soutenu aux reflets saumon, un nez entre pomme, bonbon et fruits exotiques ; c'est surtout en bouche que ce rosé convainc, vineux, riche, charpenté, complexe et de bonne longueur. **⚔ 2015-2017 ¥** charlotte aux fraises

⚲ *SCEV Boever-Denancy, rue du Champ-Neuville, 51150 Tauxières, tél. 03 26 57 04 20, boever@cegetel.net* Ⅴ 🛏 *r.-v.*

BOIZEL Joyau de France 2000	
n.c.	75 à 100 €

Fondée en 1834, cette maison sparnacienne a vu se succéder cinq générations. En 1972, Évelyne Roques-Boizel en a pris les commandes avec son mari Christophe Roques. Tout en restant familiale, la société a rejoint en 1994 le petit groupe créé par Philippe Baijot et Bruno Paillard, devenu Lanson-BCC. (NM)

Après quinze années de vieillissement, cette cuvée a pris une couleur jaune doré, et le nez des accents de caramel, de confiture de lait et de fruits à l'alcool que l'on retrouve au palais. Ce dernier reste d'une belle tenue, légèrement boisé, avec une finale très évoluée. ✗ 2015-2016 ♈ foie gras poêlé

☞ Boizel, 46, av. de Champagne, 51200 Épernay,
tél. 03 26 55 21 51, boizelinfo@boizel.fr  r.-v.
☞ Lanson-BCC

♥ **BOLLINGER** Spécial cuvée ★★	
n.c.	30 à 50 €

Célèbre maison fondée en 1829 par Joseph Bollinger, négociant originaire du Wurtemberg. Elle est restée familiale, même si, depuis 2008, elle est présidée par une personne extérieure à la famille, Jérôme Philipon. Forte d'un vignoble de 164 ha à dominante de pinot noir, elle veille au maintien de son style fondé sur des assemblages savants de vins vinifiés séparément en fût de chêne (de réemploi pour éviter un boisé dominateur) et en cuve de petites capacités. Quant aux vins de réserve, ils sont conservés en magnum sous « petite mousse ». Le tirage se fait sous bouchage liège. (NM)

Une robe flatteuse, bouton d'or, à l'effervescence affirmée. Le nez offre un jardin printanier. Le pinot noir, majoritaire dans cet assemblage, s'exprime en bouche avec beaucoup de fraîcheur, accompagnée d'une belle rondeur, et développe des notes de maturité : un ensemble remarquable, qui a encore de belles années devant lui. ✗ 2015-2020 ♈ copeaux de pata negra ● La Grande Année 2005 ★★ (+ de 100 € ; n.c. b.) : déjà goûté à plusieurs reprises, ce millésime associant deux tiers de pinot noir et un tiers de chardonnay vinifiés en fût garde son caractère puissant, avec un nez opulent, entre amande amère et fruits confits, et une bouche solaire et riche. La finale boisée est marquée par des notes chaleureuses de fruits à l'alcool et de fruits secs. ✗ 2015-2023

☞ Bollinger, 16, rue Jules-Lobet, 51160 Aÿ,
tél. 03 26 53 33 66, contact@champagne-bollinger.fr

♥ **BONNAIRE**	
Blanc de blancs Ver sacrum ★★	
5 000	30 à 50 €

Comme plus d'un viticulteur champenois, le grand-père de l'actuel récoltant a pris son indépendance vis-à-vis du négoce à la suite de la crise de 1929 et s'est lancé dans la manipulation en 1932. Aujourd'hui, Jean-Louis exploite avec ses deux fils 22 ha de vignes, principalement dans la Côte des Blancs. (RM)

Né des récoltes 2006 et 2005, ce blanc de blancs vieilli sous liège a été faiblement dosé, à la limite de l'extra-brut. Remarqué dans la dernière édition, il est plébiscité cette année. Intense et complexe au nez, il mêle le beurre, la brioche, le miel, le grillé et la mandarine, avant de dévoiler un palais ample et beurré, tendu par une fine acidité qui souligne sa longueur. ✗ 2015-2019 ♈ saint-pierre sauce citron vert ● Gd cru Blanc de blancs 2006 ★ (30 à 50 € ; 15000 b.) : un millésime dans sa maturité, au nez de chocolat blanc, de noisette, de fruits jaunes et de toast, prélude à une bouche équilibrée, à la fois ample et fraîche, aux arômes de pain grillé et d'abricot. ✗ 2015-2017

☞ Bonnaire, 120, rue d'Épernay, 51530 Cramant,
tél. 03 26 57 50 85, info@champagne-bonnaire.com
 r.-v.

BONNET-PONSON			
Extra-brut Blanc de noirs Jules Bonnet 2008 ★★			
1er cru	5 000		20 à 30 €

Depuis 1862, six générations de Bonnet se sont succédé à Chamery, au sud-ouest de Reims. Aujourd'hui, Thierry et Cyril gèrent 10,5 ha sur le flanc nord de la Montagne de Reims : soixante-dix parcelles en 1er cru et en grand cru. Leur démarche se rapproche de la biodynamie et leurs champagnes vieillissent au moins quatre ans sur lattes. (RM)

Née du seul pinot noir, cette cuvée s'ouvre sur des arômes puissants de fruits mûrs. L'attaque dévoile un vin puissant et riche, stimulée par une longue finale acidulée. Du potentiel. ✗ 2015-2021 ♈ gibier à plume ● 1er cru Blanc de blancs Les Vignes Dieu 2008 ★ (20 à 30 € ; 5 000 b.) : un chardonnay au nez discret d'acacia, de miel et de café ; franc à l'attaque, gourmand et long, le palais séduit par ses arômes de vanille et d'agrumes mûrs. ✗ 2015-2018

☞ Bonnet-Ponson, 20, rue du Sourd, 51500 Chamery,
tél. 03 26 97 65 40, champagne.bonnet.ponson@
wanadoo.fr  r.-v.

FRANCK BONVILLE Blanc de blancs 2009 ★			
Gd cru	15 000		30 à 50 €

Créé en 1926, le domaine a commercialisé ses premières bouteilles après la Seconde Guerre mondiale. Il est dirigé depuis 1996 par Olivier Bonville, le petit-fils de Franck, qui dispose de 18 ha dans trois grands crus de la Côte des Blancs : Avize, Cramant et Oger. (RM)

Avec son nez expressif d'épices (curry) et sa bouche vanillée, puissante et longue qui finit sur des touches de caramel, ce millésime tiendra sa place à table et pourra affronter des fromages. ✗ 2015-2018 ♈ vieux comté

☞ SAS Bonville, 9, rue Pasteur, 51190 Avize,
tél. 03 26 57 52 30, contact@champagnebonville.fr
 r.-v.

BOREL-LUCAS Cuvée de réserve ★	
50 000	11 à 15 €

Fondé par l'aïeul Marcel Lucas en 1929 et conduit aujourd'hui par la famille Crépaux, ce domaine couvre 13 ha entre vallée de la Marne, Côte des Blancs et secteur de Congy et d'Étoges – commune où l'exploitation est installée. (RM)

Des noirs majoritaires (80 %, du meunier surtout) dans cette cuvée or paille, au nez franc de pain, de fleurs blanches, de beurre et d'agrumes confits. Dans une belle continuité, la bouche est gourmande, structurée et fraîche, avec une finale persistante sur le zeste d'agrumes. Pour l'apéritif comme pour la table. ✗ 2015-2018 ▼ coquilles Saint-Jacques ● Chardonnay Art divin ★ (15 à 20 € ; n.c. b.) : un nez élégant de fruits blancs et d'agrumes, avec une touche grillée ; une bouche ample et surtout très fraîche, à la longue finale soulignée d'un trait de vivacité. ✗ 2015-2019 ● Gd cru Blanc de blancs Cuvée Sélection (15 à 20 € ; 10 000 b.) : vin cité. ✗ 2015-2017

☞ Borel-Lucas, 3, rue Richebourg, 51270 Étoges, tél. 03 26 59 30 46, champagneborellucas@orange.fr Ⓥ 🏃 🏠 t.l.j. 9h-12h 14h-19h; dim. 9h-12h; f. 15-30 août

BOUCHÉ PÈRE ET FILS Cuvée réservée			
●	200 000	🏠	15 à 20 €

Créée en 1920, cette maison établie à la porte sud d'Épernay a commercialisé ses premières cuvées en 1945. Elle est dirigée par l'œnologue Nicolas Bouché, qui dispose d'un important vignoble de 30 ha disséminé sur onze crus différents. (NM)

Deux tiers de noirs et un tiers de blancs composent cette cuvée issue des trois cépages champenois. On aime son nez frais, entre fleurs blanches et agrumes, sa bouche équilibrée aux arômes de noisette fraîche et d'amande. Pour l'apéritif et les entrées marines. ✗ 2015-2018 ▼ gougères

☞ Bouché Père et Fils, 19, rue du Gal-de-Gaulle, 51530 Pierry, tél. 03 26 54 12 44, info@champagne-bouche.fr Ⓥ 🏃 🏠 t.l.j. sf dim. 8h-12h 14h-17h; f. août

BOULARD-BAUQUAIRE Carte noire			
●	8 000	🏠	15 à 20 €

Denis Boulard a constitué en 1963 ce vignoble aux alentours de Cormicy, village viticole le plus septentrional du vignoble, au nord-ouest de Reims. Il l'a transmis en 2005 à son fils Christophe, qui exploite près de 8 ha dans ce secteur ainsi qu'à Trépail, dans la Montagne de Reims. (RM)

Du meunier et du pinot noir à parts égales dans cette cuvée au nez bien fruité de prune et de raisin frais. Franc à l'attaque, gourmand et généreux, ce champagne offre une longue finale sur la pêche de vigne. Pour l'apéritif comme pour la table. ✗ 2015-2017 ▼ caille aux raisins

☞ Boulard-Bauquaire, 30, rue du Petit-Guyencourt, 51220 Cormicy, tél. 03 26 61 30 79, info@champagne-boulard-bauquaire.fr Ⓥ 🏃 🏠 r.-v.

R. BOURDELOIS 2009 ★			
●	4 600		20 à 30 €

Créée en 1901 par Adonis Bourdelois, cette exploitation familiale est dirigée depuis 2012 par la petite-fille de Raymond Bourdelois, Audrey Renoir, qui représente la sixième génération. Le vignoble couvre 5,6 ha sur les coteaux d'Épernay et autour d'Aÿ. (RM)

Ce millésimé est un pur chardonnay au nez partagé entre le beurre et les fruits secs, à la bouche vineuse, fondue et longue, en harmonie avec le nez. ✗ 2015-2018 ▼ feuilleté aux saint-jacques

☞ SCEV Renoir-Bourdelois, 737, av. du Gal-Leclerc, 51530 Dizy, tél. 06 73 60 82 39, champagnebourdelois@hotmail.fr Ⓥ 🏃 🏠 t.l.j. sf dim. 8h30-12h 13h30-17h

BOURGEOIS-BOULONNAIS Tradition ★★			
1er cru	n.c.	🏠	11 à 15 €

Établie à Vertus, dans la partie sud de la Côte des Blancs, la famille Bourgeois dispose d'un vignoble de plus de 5,6 ha implanté uniquement sur cette vaste commune classée en 1er cru. Le chardonnay est logiquement très présent dans ses cuvées. (RM)

Quatre parts de chardonnay pour une part de pinot noir dans ce brut sans année salué pour son nez complexe, mûr et délicat, qui déploie à l'aération des notes de fruits confits, de grillé et de tabac blond. On retrouve cette complexité en bouche, avec vinosité, fraîcheur et longueur. Traduisant une heureuse évolution, ce vin a encore des réserves. On pourra le déguster pour lui-même ou le servir à table. ✗ 2015-2019 ▼ pavé de sandre au beurre blanc ● Blanc de blancs ★★ (15 à 20 € ; n.c. b.) : un nez droit, minéral, aux arômes d'aubépine nuancés d'une touche fumée. Nette et franche à l'attaque, à la fois ample, puissante, élégante et longue, la bouche finit sur une pointe minérale. ✗ 2015-2018

☞ Bourgeois-Boulonnais, 8, rue de l'Abbaye, 51130 Vertus, tél. 03 26 52 26 73, bourgeoi@hexanet.fr Ⓥ 🏃 🏠 r.-v.

BOURGEOIS-DIAZ Extra-brut '3C ★			
●	4 220	🏠 ◑	20 à 30 €

Jérôme Bourgeois a abandonné son travail de commercial dans l'industrie pour reprendre en 2001 le domaine familial, qui couvre près de 7 ha à l'ouest de Château-Thierry. Il a quitté la coopérative puis engagé à partir de 2009 une conversion progressive du vignoble vers la biodynamie, obtenant la certification en 2015. (RM)

La trilogie champenoise (chardonnay 40 %, meunier 35 %, pinot noir 25 %) et un élevage partiel en fût au service d'une cuvée au nez floral raffiné, et au palais très équilibré, séveux, légèrement boisé, qui laisse une impression de vinosité. ✗ 2015-2018 ▼ huîtres gratinées

☞ Bourgeois-Diaz, 43, Grande-Rue, 02310 Crouttes-sur-Marne, tél. 03 23 82 18 35, bourgeois-diaz@wanadoo.fr Ⓥ 🏃 🏠 r.-v.

CH. DE BOURSAULT 2002 ★★			
●	3 000	🏠	20 à 30 €

Construit en 1843, un fastueux château néo-Renaissance dominant la vallée de la Marne, sur la rive gauche : le cadeau de mariage de Barbe-Nicole Clicquot (la « veuve Clicquot ») à sa petite-fille. Cas presque unique en Champagne, le domaine, clos de murs, inclut les bâtiments d'exploitation et le vignoble. Acquis par la famille Fringhian en 1927, il couvre aujourd'hui 13 ha. (NM)

Une évolution heureuse pour cette cuvée d'un grand millésime, associant trois quarts de pinot noir au chardonnay. D'un or ambré, ce champagne offre une palette à la fois florale et empyreumatique, évocatrice de café. La pêche jaune et les agrumes confits s'ajoutent à cette palette dans une bouche généreuse, restée très fraîche, à la finale longue et acidulée. ✗ 2015-2018 ▼ ris de veau aux morilles

☞ Ch. de Boursault, 2, rue Maurice-Gilbert, 51480 Boursault, tél. 03 26 58 42 21, info@champagnechateau.com Ⓥ 🏠 r.-v. ☞ H. Fringhian

CHAMPAGNE

BOUTILLEZ-GUER Tradition ★			
● 1er cru	13 000	🍾	11 à 15 €

La famille Boutillez est établie à Villers-Marmery depuis le XVᵉs. Aujourd'hui, Marc Boutillez cultive un peu plus de 5 ha dans ce 1ᵉʳ cru, l'un des rares de la Montagne de Reims où domine le chardonnay. (RM)

Issue pour 80 % de chardonnay, avec le pinot noir en appoint, cette cuvée tire du cépage majoritaire son nez subtil d'agrumes et de fruits exotiques, une bouche harmonieuse, franche à l'attaque, tout en finesse et en fraîcheur. Pour l'apéritif et les entrées. ✗ 2015-2018 ❦ pain brioché au crabe ● 1er cru Blanc de blancs (11 à 15 € ; 4 500 b.) : vin cité. ✗ 2015-2018

○┐ Boutillez-Guer, 38, rue Pasteur, 51380 Villers-Marmery, tél. 03 26 97 91 38, boutillez.guer@wanadoo.fr Ⅴ 🥾 🚻 r.-v.

OLIVIER ET BERTRAND BOUVRET Tradition			
●	16 000	🍾	11 à 15 €

Un jeune domaine aubois de 3 ha environ, implanté dans la région de Bar-sur-Seine. 1986, installation d'Olivier Bouvret et premières plantations ; 2001, arrivée de son frère Bertrand, suivie de la construction de la cave. Premières vinifications en 2002. (RM)

Ce brut sans année doit presque tout au pinot noir (90 %, le solde en chardonnay), cépage omniprésent dans l'Aube. D'une belle finesse au nez, sur les fruits blancs, la pêche et les fruits secs, il se montre franc à l'attaque, frais et long ✗ 2015-2018 ❦ gratinée d'oignons au chaource

○┐ GAEC des Blés d'Or, 39, rue de l'Église, 10110 Merrey-sur-Arce, tél. 06 30 60 81 93, champagnebouvret@gmail.com Ⅴ 🥾 🚻 r.-v.

BRETON FILS Blanc de blancs ★★			
●	20 000	🍾	15 à 20 €

Parti de 5 ares dans les années 1950, Ange Breton a développé son domaine pendant un demi-siècle. Établie à Congy, entre Côte des Blancs et Sézannais, l'exploitation, forte d'un vignoble de 17 ha réparti sur onze communes, est dirigée par son fils Reynald, qui officie à la cave. (RM)

Un nez expressif, très frais, sur l'acacia et la minéralité, nuancé de notes plus mûres de pêche. Tonique à l'attaque, la bouche conjugue ampleur et vivacité. À déboucher dès l'apéritif et pour tout le repas. ✗ 2015-2019 ❦ risotto aux truffes

○┐ Breton Fils, 12, rue Courte-Pilate, 51270 Congy, tél. 03 26 59 31 03, contact@champagne-breton-fils.fr Ⅴ 🥾 🚻 r.-v.

BRICE Bouzy Vintage 2008 ★			
● Gd cru	8 000	🍾 ⬥	20 à 30 €

Fondée en 1994 par Jean-Paul Brice, de vieille souche vigneronne, et gérée depuis 2009 par son fils Jean-René, cette maison de négoce dispose de 8 ha sur le terroir de Bouzy ; elle propose une gamme de champagnes issus de grands crus prestigieux, affichés sur l'étiquette. Les vins sont élaborés sans fermentation malolactique. (NM)

Né à Bouzy, ce millésime privilégie bien entendu le pinot noir (80 %), complété par le chardonnay. Encore discret, il mêle au nez les fleurs et les fruits blancs, les agrumes,

une légère note grillée et un soupçon de tabac blond. Après une attaque ample, ronde et boisée, la fraîcheur revient en force, sur des notes d'agrumes, soulignant la longue finale acidulée. Un champagne harmonieux et structuré, belle image de l'année 2008. ✗ 2015-2019 ❦ ravioles de homard

○┐ Brice, 22, rue Gambetta, 51150 Bouzy, tél. 03 26 52 06 60, contact@champagne-brice.com Ⅴ 🥾 🚻 t.l.j. 9h-18h; sam. dim. sur r.-v.

PIERRE BRIGANDAT ET FILS ★★			
●	4 000	🍾	15 à 20 €

Channes, dans l'Aube, est le village le plus méridional de la Champagne, aux confins de l'Yonne et de la Côte-d'Or. Pierre Brigandat y a replanté à partir de 1960 un coteau bien exposé et relancé avec son épouse Élyette la petite exploitation de son grand-père laissée à l'abandon. Leur fils Bertrand, qui les a rejoints en 1993, suit depuis 2000 une démarche biodynamique sans certification. (RM)

Cépage roi de la Côte des Bar, le pinot noir a donné naissance à un rosé obtenu par macération. La robe est rose soutenu, aux reflets rouges, le nez discret et délicat. Fruits rouges et exotiques mêlés, les arômes s'épanouissent dans une bouche qui offre une belle surprise : bien construite et longue, elle brille autant par sa puissance que par sa vivacité. Cette cuvée a assez de présence pour figurer à table. Proche du coup de cœur. ✗ 2015-2019 ❦ poire pochée au vin rouge

○┐ Pierre Brigandat, 25, Grande-Rue, 10340 Channes, tél. 06 82 91 43 24, champagne.brigandat@orange.fr Ⅴ 🥾 🚻 r.-v.

BRISSON-JONCHÈRE 3 Cépages ★★			
●	16 088	🍾 ⬥	11 à 15 €

Un petit domaine (3 ha) aubois récent. La famille vendait son raisin au négoce. Installés en 1998, Bénédicte et Claude Jonchère ont été coopérateurs jusqu'en 2005, puis se sont lancés dans l'élaboration de leurs cuvées. Bénédicte est à la cave. (RM)

Trois cépages ? Le pinot noir, qui joue les premiers rôles (65 %), le meunier (20 %) et le chardonnay (15 %) à l'arrière-plan. La cuvée contient 10 % de vins de réserve élevés dans des fûts de chêne aubois. Il en résulte un joli nez de noisette, de fruits secs, de fruits confits et de miel, une bouche crémeuse, beurrée, gourmande, fraîche et longue. Pour l'apéritif comme pour la table. ✗ 2015-2019 ❦ miniquiches au saumon

○┐ Brisson-Jonchère, 6, chem. de l'Argillier, 10200 Bar-sur-Aube, tél. 06 66 61 27 07, champagnebrissonjonchere@orange.fr Ⅴ 🥾 🚻 r.-v.

VINCENT BROCHET Brut extra			
● 1er cru	30 000	🍾	15 à 20 €

Installée à Écueil, au sud de Reims, depuis le XVIIᵉs., la famille Brochet lance après-guerre sa marque Brochet-Hervieux, défendue par Alain Brochet. En 2010, Vincent, frère du précédent, crée sa marque de champagne. Il dispose de 5 ha de vignes. (RM)

Cette cuvée n'est pas un extra-brut, mais un brut. Un champagne qui met à l'honneur le pinot noir (80 %), variété choyée à Écueil, avec les deux autres cépages en complément. Le nez est fin, droit et raffiné, la bouche fraîche à l'attaque, mûre et de bonne longueur. ✗ 2015-2018 ❦ salade de saint-jacques et asperges

⚲ *Vincent Brochet, Dom. les Croix,*
28, rue de Villers-aux-Nœuds, 51500 Écueil,
tél. 03 26 49 24 06, contact@
champagne-vincent-brochet.com Ⓥ ⚑ *r.-v.*

ANDRÉ BROCHOT 2006 ★		
● 4 540	⬛	15 à 20 €

Créé en 1949, ce domaine est implanté dans le secteur des coteaux sud d'Épernay. Il est conduit par Francis Brochet depuis les années 1980. Le meunier occupe une place importante dans l'encépagement de ce secteur comme dans les cuvées de ce récoltant. (RM)

Né de pur meunier, ce rosé provient de l'assemblage de vin blanc et d'un peu de vin rouge. De couleur pâle, il est « meunier au premier nez », selon un juré ; très expressif et élégant, il offre une évolution aromatique intéressante, libérant des parfums de fruits rouges, d'épices et de fleurs séchées, avec une touche minérale. En bouche, il se montre généreux, rond et fondu. Un rosé de repas. ✗ 2015-2018 ❦ aiguillettes de canard aux cerises

⚲ *Francis Brochet, 21, rue de Champagne, 51530 Vinay,*
tél. 03 26 59 91 39, champagne.andre.brochot@orange.fr
Ⓥ ⚐ ⚑ *r.-v.*

ÉDOUARD BRUN L'Élégante ★		
● Gd cru 4 000	⬛ ⬭	30 à 50 €

Fondée en 1898, cette structure de négoce familiale porte le nom de son créateur, un ancien tonnelier. Les fûts ou foudres sont toujours utilisés pour la vinification de certaines cuvées. La maison dispose en propre de 8 ha dans la Montagne de Reims et aux environs d'Aÿ. (NM)

Privilégiant le chardonnay (80 %), complété par du pinot noir vinifié en fût, ce champagne offre un nez de fruits blancs teinté de notes d'évolution. L'apport du bois transparaît en bouche, où le vin se montre franc à l'attaque, à la fois rond et long. Pour l'apéritif comme pour la table. ✗ 2015-2019 ❦ cassolette d'escargots au champagne ● Édouard Brun et Cie **Gd cru Brut nature ★** (50 à 75 € ; 3 000 b.) : deux tiers de chardonnay pour un tiers de pinot noir vinifié en cuve se marient dans ce champagne non dosé. Nez intense et complexe d'agrumes, de brioche, de grillé et de miel ; bouche à l'unisson, riche et ample, à la finale tendue et longue. ✗ 2015-2018

⚲ *SAS Édouard Brun, 14, rue Marcel-Mailly, 51160 Aÿ,*
tél. 03 26 55 20 11, contact@champagne-edouard-brun.fr
Ⓥ ⚐ ⚑ *r.-v.* ⚲ Delescot

JACQUES BUSIN ★		
● Gd cru 9 000	⬛	15 à 20 €

Ernest Busin commercialisait déjà son champagne en 1902. Après Pierre et Jacques, Emmanuel Busin a pris en 2006 les commandes de la propriété, forte de 15 ha répartis dans cinq grands crus prestigieux de la Montagne de Reims : Verzenay, Mailly-Champagne, Verzy, Sillery et Ambonnay. (RM)

Un rosé de noirs, issu bien entendu de pinot noir. Puissant et fruité au nez, il séduit par son attaque et sa fraîcheur, son allonge sa finesse. ✗ 2015-2017 ❦ canard à l'orange ● **Gd cru Tradition ★** (11 à 15 € ; 35 000 b.) : le pinot noir

(70 %) s'allie au chardonnay dans ce champagne alliant au nez fruits mûrs, beurre, mie de pain, vanille et caramel au lait. Des notes pâtissières, mûres et compotées que l'on retrouve dans une bouche vineuse et de bonne longueur. ✗ 2015-2017

⚲ *Jacques Busin, 17, rue Thiers, 51360 Verzenay,*
tél. 03 26 49 40 36, jacques-busin@wanadoo.fr
Ⓥ ⚐ ⚑ *r.-v.*

GUY CADEL Carte blanche		
● 25 700	⬛ ⬭	11 à 15 €

Une vieille famille du cru (1717) et une exploitation partagée entre vignes et céréales jusqu'à l'installation de Philippe Thiébault en 1982. Aujourd'hui, ce dernier exporte 60 % de sa production. Il exploite 10 ha de meunier et de chardonnay dans la vallée de la Marne et la Côte des Blancs. (RM)

Du chardonnay 2011 élevé en fût est assemblé à du meunier 2012 (80 %) pour donner ce brut au nez frais, de belle tenue en bouche, aux arômes d'amande, de fruits secs et de figue. Pour l'apéritif. ✗ 2015-2017 ❦ copeaux de vieux comté

⚲ *Guy Cadel, 13, rue Jean-Jaurès, 51530 Mardeuil,*
tél. 03 26 55 24 59, philippe-thiebault2@wanadoo.fr
Ⓥ ⚑ *r.-v.* ⚲ Thiébault

CANARD-DUCHÊNE Authentic		
● n.c.		20 à 30 €

Fondée en 1868 par Victor Canard, tonnelier, et Léonie Duchêne, vigneronne, cette maison est restée implantée à Ludes, dans la Montagne de Reims, où elle dispose de 6 km de caves. Elle a été reprise en 2003 par le groupe Thiénot. (NM)

Un rosé mariant les trois cépages champenois (70 % de noir, dont 10 % de pinot noir vinifié en rouge). Un nez fin et élégant, sur les fruits rouges, et une bouche franche, fruitée et fraîche composent un élégant champagne d'apéritif. ✗ 2015-2018 ❦ brochettes de fruits apéritives

⚲ *Canard-Duchêne, 1, rue Edmond-Canard, 51100 Ludes,*
tél. 03 26 61 10 96, info@canard-duchene.fr
Ⓥ ⚐ ⚑ *t.l.j. sf dim. 10h30-18h* ⚲ Thiénot-Bordeaux

JEAN-YVES DE CARLINI		
● Gd cru 7 000	⬛	15 à 20 €

Roger de Carlini commercialise les premiers champagnes en 1955. Jean-Yves s'installe en 1970, lance sa marque en 1984 et passe le relais en 2009 à sa fille Aude et à son gendre Laurent Krantz. Le vignoble couvre près de 7 ha autour de Verzenay, grand cru de noirs dans la Montagne de Reims. (RM)

Ce rosé bien coloré de la Montagne de Reims comprend trois quarts de pinot noir, assemblés à du chardonnay. Les jurés apprécient son nez aromatique où la poire côtoie les agrumes, la pêche et la grenadine, avec des touches confites et briochées. Fraîche à l'attaque, la bouche gourmande prolonge ce joli fruité varié, entre pêche de vigne, mandarine, cerise et framboise. ✗ 2015-2017 ❦ filet mignon aux fruits

⚲ *Jean-Yves de Carlini, 13, rue de Mailly,*
51360 Verzenay, tél. 03 26 49 43 91,
champagne.decarlini@orange.fr Ⓥ ⚐ ⚑ *r.-v.*

DE CASTELLANE ★★		
●	n.c.	20 à 30 €

Bien connue à Épernay pour son beffroi dressé au bout de l'avenue de Champagne, cette maison fondée en 1895 par le vicomte Florens de Castellane a été associée aux fastes de la Belle Époque et des Années folles. Elle est aujourd'hui dans le giron du groupe Laurent-Perrier. Autre emblème de la marque : la croix rouge de Saint-André. (NM)

Les trois cépages champenois collaborent à ce rosé dominé par les noirs (70 %, dont 40 % de pinot noir). De couleur saumonée, ce champagne séduit par son nez flatteur et gourmand de petits fruits rouges : fraise, cassis, cerise. Associant richesse et fraîcheur, la bouche brille par son équilibre, sa complexité et sa longueur. Pour l'apéritif comme pour la table. ✗ 2015-2019 ♈ saumon laqué au miel d'orange ● (20 à 30 € ; n.c. b.) : vin cité. ✗ 2015-2018 ● Cuvée Commodore (30 à 50 € ; n.c. b.) : vin cité. ✗ 2015-2019

☛ De Castellane, 63, av. de Champagne, 51200 Épernay, tél. 03 26 51 19 19, olivier.kanengieser@castellane.com Ⓥ ⚐ ⚑ t.l.j. 10h-12h 14h-18h ; f. 1er janv.-15 mars ☛ Laurent-Perrier

CATTIER Quartz		
●	35 000	î	20 à 30 €

Les origines de cette maison remontent au XVIIIe s. et les premières bouteilles ont été vendues en 1918. La société a son siège à Chigny-les-Roses, au cœur de la Montagne de Reims, et dispose d'un vignoble en propre de 33 ha. (NM)

Les raisins noirs (80 %, dont 50 % de meunier) dominent l'assemblage de ce brut sans année, au nez discret mariant les agrumes (orange et pamplemousse) à un léger grillé. En bouche, ce champagne se montre rond, ample et équilibré, assez complexe. Pour l'apéritif comme pour la table. ✗ 2015-2017 ♈ ris de veau braisés

☛ Cattier, 6 et 11, rue Dom-Pérignon, 51500 Chigny-les-Roses, tél. 03 26 03 42 11, champagne@cattier.com Ⓥ ⚑ t.l.j. 8h-12h 14h-18h

JACQUES CHAPUT L'Authentic ★		
●	12 000	î ⬥	20 à 30 €

Installés dans la région de Bar-sur-Aube, les Chaput cultivent la vigne depuis plus de deux siècles. Jacques Chaput a lancé sa marque dans les années 1950. Ses fils Jean-Paul et Jacky exploitent aujourd'hui un vignoble près de 14 ha. (NM)

« Une majorité de raisins noirs », écrit un dégustateur. En effet, le pinot noir entre à hauteur de 70 % dans cette cuvée de prestige, complété par 30 % de chardonnay vinifié en fût. Il en résulte une robe vieil or, un nez intense et puissant mêlant les fruits confits ou macérés, le pruneau et le coing à des notes toastées ; puis une belle attaque, ouvrant sur une bouche gourmande, à la fois ample et vive, teintée d'une minéralité crayeuse. Un champagne de repas. ✗ 2015-2019 ♈ pigeonneau rôti

☛ Jacques Chaput, 1, rue Blanche, 10200 Arrentières, tél. 03 25 27 00 14, contact@jacques-chaput.com Ⓥ ⚑ r.-v.

CHAPUY Tradition		
●	22 000	î	15 à 20 €

Un ancêtre fut maire d'Oger pendant la Révolution. En 1952, Serge Chapuy lance son champagne. Arnold prend le relais en 1981. Ses filles Élodie et Aurore l'ont rejoint, la seconde se chargeant des vinifications. Couvrant 8 ha entre Côte des Blancs, Sézannais et coteaux d'Épernay, le vignoble privilégie le chardonnay. (NM)

Les trois cépages champenois sont mis à contribution pour ce brut mi-blancs mi-noirs qui n'a fait que partiellement sa fermentation malolactique. Le nez est vif, sur les agrumes ; les fruits blancs entrent en scène dans une bouche ferme, nerveuse et longue. Un jeune champagne qui devrait gagner une étoile à l'ancienneté. ✗ 2015-2019 ♈ huîtres ● Tradition (15 à 20 € ; 8 000 b.) : vin cité. ✗ 2015-2018

☛ SAS Chapuy, 10, rue de Champagne, ZA Le Cep, 51190 Oger, tél. 03 26 57 51 30, contact@ champagne-chapuy.com Ⓥ ⚐ ⚑ r.-v.

ROLAND CHARDIN Rosé de saignée ★		
●	8 000	î	11 à 15 €

Constitué à partir de 1970 par Roland Chardin, ce domaine a été repris en 2010 par son fils Arnaud. Situé dans la Côte des Bar (Aube), il s'étend sur 6 ha, non loin des Riceys, secteur où domine le pinot noir. (RM)

Un rosé de saignée provient d'une courte macération d'un cépage noir, ici le pinot noir. Caractéristique de ce style de champagne, celui-ci affiche une robe framboise, prélude à un nez profond, aux nuances de fraise, et à une bouche à la fois corpulente et fraîche, où l'on retrouve la fraise. De la matière et du caractère. Pour le repas, le fromage ou le dessert. ✗ 2015-2018 ♈ crumble fraises-rhubarbe

☛ SCEA Chardin Père et Fils, 23, rue de l'Église, 10340 Avirey-Lingey, tél. 03 25 29 33 90, champagnechardin@terre-net.fr Ⓥ ⚐ ⚑ t.l.j. sf dim. 8h30-12h 14h-17h30 ; sam. sur r.-v.

GUY CHARLEMAGNE Blanc de blancs Réserve		
● Gd cru	40 000	î	20 à 30 €

Fondée en 1892 et conduite depuis 1988 par Philippe Charlemagne, cette propriété de 15 ha s'étend pour l'essentiel autour du Mesnil-sur-Oger, au cœur de la Côte des Blancs. (SR)

Un nez agréable, complexe, assez évolué, aux nuances de fruits jaunes ; la bouche, à l'unisson, penche vers la rondeur et développe des arômes de mangue et d'agrumes ; une finale fraîche contribue à son équilibre. Parfait pour un apéritif dînatoire. ✗ 2015-2017 ♈ feuilleté aux saint-jacques

☛ SAS Guy Charlemagne, 4, rue de La Brèche-d'Oger, 51190 Le Mesnil-sur-Oger, tél. 03 26 57 52 98, champagneguycharlemagne@orange.fr Ⓥ ⚐ ⚑ r.-v.

CHARLIER & FILS Rosé de saignée Prestige ★		
●	8 000	⬥	15 à 20 €

Établis sur la rive droite de la Marne, les Charlier exploitent 15 ha de vignes. Dans leur cave, d'impressionnants foudres de chêne sont utilisés pour la conservation des vins avant l'assemblage. (RM)

CHAMPAGNE

Ce champagne rosé provient d'une macération de raisins noirs (meunier à 80 %) qui lui lègue une couleur brique, un nez intense de fruits rouges et de fraise écrasée, et une bouche fruitée, charpentée, fraîche, élégante et longue, très bien équilibrée. Pour les desserts, mais aussi les viandes blanches. ✗ 2015-2017 ❦ soupe de fruits rouges ● Carte noire (11 à 15 € ; 70 000 b.) : vin cité. ✗ 2015-2016

☞ *Charlier et Fils, 4, rue des Pervenches, 51700 Montigny-sous-Châtillon, tél. 03 26 58 35 18, champagne-charlier@wanadoo.fr* Ⓥ 🚶 🛏 *r.-v.*

VINCENT CHARLOT Extra-brut Blanc de blancs L'Or des basses ronces 2011 ★			
●	2 300	🍾	50 à 75 €

Couvrant 4 ha sur les terroirs d'Épernay, de Mardeuil et de Moussy, l'une des rares propriétés champenoises conduites en biodynamie (certification Demeter en 2013). Elle est dirigée depuis 2001 par Vincent Charlot, qui vinifie ses cuvées en barrique sans fermentation malolactique. Autre étiquette : Charlot-Tanneux. (RM)

Vinifié sans levurage ni filtration, faiblement dosé, ce champagne qui tire son nom d'un lieu-dit provient d'une seule parcelle ; c'est l'un des rares représentants du millésime 2011, qui s'annonce excellent. Intense et délicat, le nez mêle la fleur blanche, le citron mûr, la vanille et des notes toastées. On retrouve la vanille et les agrumes dans une bouche vive à l'attaque, ample, harmonieuse, minérale et longue. Un vin tout en finesse, à déboucher dès l'apéritif. ✗ 2015-2020 ❦ verrines de saint-jacques

☞ *Vincent Charlot, 23, rue des Semons, 51530 Mardeuil, tél. 03 26 51 93 92, champcharlottanneux@free.fr* Ⓥ 🚶 🛏 *r.-v.*

CHARPENTIER Terre d'émotion			
●	4 000	🛏 🍾	30 à 50 €

Au milieu du XIXᵉ s., des ancêtres abreuvaient les cochers qui hâlaient les péniches sur la Marne. Aujourd'hui, Jean-Marc Charpentier exporte 30 % de ses champagnes. Il exploite 20 ha aux environs de Château-Thierry. À signaler : la forte présence du chardonnay dans l'encépagement du domaine, ce qui est rare dans le secteur. (NM)

La gamme Terre d'émotion est cultivée selon une démarche biodynamique et vinifiée en partie dans des fûts de réemploi. Le rosé, issu à 88 % de chardonnay, emprunte au meunier sa couleur. Il en résulte une robe pâle, rose poudré, un nez fin et frais de groseille et de framboise, une bouche en harmonie avec l'olfaction, souple et vive à l'attaque, fraîche en finale, sur des notes d'agrumes. Parfait pour l'apéritif. ✗ 2015-2018 ❦ verrine de saumon mariné

☞ *Charpentier, 11, rte de Paris, 02310 Charly-sur-Marne, tél. 03 23 82 10 72, info@champagne-charpentier.com* 🚶 🛏 *r.-v.*

CHASSENAY D'ARCE Extra-brut Pinot blanc 2006 ★			
●	7 238	🛏	30 à 50 €

Cette coopérative auboise fondée en 1956 fédère aujourd'hui 130 adhérents qui cultivent 300 ha répartis dans dix villages de la vallée de l'Arce, près de Bar-sur-Seine. (CM)

Un blanc de blancs sans chardonnay ! Le pinot blanc, encore cultivé dans l'Aube, règne sans partage dans ce champagne au nez minéral, sur la pierre à fusil. Le faible dosage se traduit par une attaque vive et une bouche fraîche et élégante, aux arômes de pain beurré et à la longue finale acidulée. ✗ 2015-2018 ❦ turbot sauce hollandaise

☞ *Chassenay d'Arce, 11, rue du Pressoir, 10110 Ville-sur-Arce, tél. 03 25 38 30 78, m.lorin@ chassenay.com* Ⓥ 🚶 🛏 *r.-v.*

FRANÇOIS CHAUMONT Blanc de noirs Puisieulx ★★			
Gd cru	n.c.	🛏	11 à 15 €

En 1994, François Chaumont reprend un vignoble familial de 5 ha à Puisieulx, grand cru de la Montagne de Reims. Le savoir-faire et les installations de son épouse Marie-Hélène Littière, vigneronne à Œuilly, lui permettent de quitter la coopérative en 2008. (RM)

Les champagnes affichant le nom du village de Puisieulx, grand cru de noirs au terroir restreint, ne sont pas légion. Ce blanc de noirs (pinot noir), finaliste du coup de cœur, montre que la réputation de ce village n'est pas usurpée. Le nez fruité marie avec bonheur la mandarine à des notes briochées et légèrement toastées ; la bouche ronde et longue charme par son équilibre et son côté gourmand, avec ses notes de fruits exotiques et de pêche de vigne. De la finesse du début à la fin. ✗ 2015-2018 ❦ tourte aux ris de veau

☞ *François Chaumont, 4, rue de la Pierre-Aiguë, 51480 Œuilly, tél. 03 26 52 79 60, contact@ champagne-francois-chaumont.fr* Ⓥ 🚶 🛏 *r.-v.*

A. CHAUVET Blanc de blancs Cachet vert ★			
1er cru	20 000	🛏	15 à 20 €

Fondée en 1848 et dirigée par la famille Paillard-Chauvet, cette maison de champagne établie à l'est d'Épernay, dans la Grande Vallée de la Marne, dispose de 10 ha de vignes répartis dans sept grands crus et 1ᵉʳˢ crus, notamment dans la Montagne de Reims. (NM)

Un blanc de blancs de la Montagne de Reims, aux parfums d'acacia. Frais à l'attaque, épanoui et long, légèrement gras et miellé, il évoque des raisins bien mûrs. Un champagne harmonieux et gourmand. ✗ 2015-2018 ❦ bar au four

☞ *A. Chauvet, 41, av. de Champagne, 51150 Tours-sur-Marne, tél. 03 26 58 92 37, contact@ champagnechauvet.fr* Ⓥ 🚶 🛏 *r.-v.*
☞ *Famille Paillard-Chauvet*

HENRI CHAUVET ★★			
●	n.c.	🛏	15 à 20 €

Le fondateur du domaine, Henri Chauvet, était un viticulteur et pépiniériste qui cultivait vers 1900 les plants greffés nécessaires à la reconstitution du vignoble dévasté par le phylloxéra. Depuis 1987, Damien, son arrière-petit-fils, exploite 8 ha à deux pas de Reims. (RM)

Élu coup de cœur l'an dernier, ce rosé à la robe intense tirant sur le rubis est issu de la macération partielle du pinot noir. Il est de nouveau salué, en des termes presque identiques. On loue son nez élégant, sur les fruits rouges, et sa tenue en bouche : attaque franche, belle matière alliant corps et fraîcheur ; arômes de cerise et joli retour des fruits rouges en finale. De la finesse, pour l'apéritif, et de l'étoffe, pour la table. ✗ 2015-2019 ❦ rôti de veau braisé aux agrumes ● Blanc de noirs (11 à 15 € ; n.c. b.) : vin cité. ✗ 2015-2018

○┐ *Damien Chauvet, 6, rue de la Liberté,*
51500 Rilly-la-Montagne, tél. 03 26 03 42 69, contact@
champagne-chauvet.com 🅥 🕍 🛏 *r.-v.*

MARC CHAUVET		
●	10 000	📷	15 à 20 €

Une famille enracinée depuis le XVIᵉˢ. à Rilly-la-Montagne, au sud de Reims. Aujourd'hui, Nicolas (à la vigne) et sa sœur Clotilde, œnologue (à la cave), installés en 1996, cultivent 13 ha de vignes, perpétuant le domaine créé en 1964 par leur père Marc. Leurs vins sont vinifiés sans fermentation malolactique. (RM)

Les trois cépages collaborent à ce rosé d'assemblage de couleur soutenue, au nez agréablement poivré et à la bouche ferme mais élégante, précise et longue, légèrement tannique. Un rosé de repas. ✗ 2015-2019 ❦ pintade aux pêches ● Tradition (11 à 15 € ; 40 000 b.) : vin cité. ✗ 2015-2019

○┐ *SCEV Marc Chauvet, 3, rue de la Liberté,*
51500 Rilly-la-Montagne, tél. 03 26 03 42 71,
champagnemarcchauvet@gmail.com 🅥 🕍 🛏 *t.l.j.*
8h-12h 13h30-17h30; sam. dim. sur r.-v.

ÉTIENNE CHÉRÉ Tradition		
●	25 000	📷	11 à 15 €

Au sud de la Côte des Blancs, la vigne, qui formait jusque-là un ruban continu, s'éparpille en petits îlots. C'est dans cette zone, sur les coteaux du Petit Morin, que Damien Chéré exploite depuis 2003 le domaine de 6 ha créé en 1975 par la génération précédente. (RM)

Un assemblage classique de 60 % de noirs (les deux pinots à parts égales) et de 40 % de blancs. Nez intense associant la pomme à des nuances plus mûres de fruits confits et de pain grillé. Bouche fraîche à l'attaque, fondue et longue, aux arômes d'agrumes nuancés en finale de notes briochées et toastées. ✗ 2015-2018 ❦ feuilletés au fromage

○┐ *Étienne Chéré, 1, rue des Vignes-Basses,*
51270 Courjeonnet, tél. 06 14 15 24 84,
champagnechere@yahoo.fr 🅥 🕍 *r.-v.* 🏠 🅐

M. CHEVROLAT ★		
●	2 500	📷	15 à 20 €

Michel Chevrolat a repris en 1984 l'exploitation créée par son père André en 1952 (7 ha aujourd'hui), plantée majoritairement en pinot noir. Il n'a commercialisé que vingt ans plus tard ses champagnes. Il propose aussi du rosé-des-riceys, spécialité du village aubois où il est établi. (RM)

Ce rosé provient d'une macération durant soixante-douze heures de pinot noir récolté en 2012. Robe rose soutenu, son nez bien ouvert sur la cerise et autres fruits rouges, sa bouche ample, riche et puissante, fruitée et légèrement

fumée, composent un champagne harmonieux, caractéristique d'un rosé de saignée. Idéal à l'apéritif ou au dessert. ✗ 2015-2018 ❦ soupe de fraises à la menthe ● Réserve (11 à 15 € ; 17 000 b.) : vin cité. ✗ 2015-2016

○┐ *EARL Michel Chevrolat, 7 bis, rue du Pont,*
10340 Les Riceys, tél. 03 25 29 99 64,
champagne.mchevrolat@cder.fr 🅥 🕍 🛏 *r.-v.*

H. DE CHOISEUL Réserve ★★		
●	98 232	📷	15 à 20 €

Établie aux portes sud d'Épernay, la famille Vollereaux cultive la vigne dès 1805 et commercialise ses premières bouteilles en 1923. Aujourd'hui, c'est une structure de négoce forte d'un important domaine (42 ha). Pierre Vollereaux passe le relais à son fils Franck qui commercialise ses cuvées sous deux marques : Vollereaux et H. de Choiseul. (NM)

Né d'un assemblage des trois cépages champenois, où le meunier l'emporte (60 %), un brut à la robe claire traversée d'une bulle fine et discrète. Son nez évolué évoque avec délicatesse le fruit de la Passion, le pain d'épice et le caramel. La palette s'enrichit de notes toastées dans une bouche intense, dense et fraîche, qui ne lui cède en rien sur l'élégance. ✗ 2015-2018 ❦ feuilletés au foie gras

○┐ *SA Vollereaux, 48, rue Léon-Bourgeois, 51530 Pierry,*
tél. 03 26 54 03 05, f.vollereaux@champagne-vollereaux.fr
🅥 🕍 🛏 *r.-v.*

CHARLES CLÉMENT Cuvée spéciale ★★		
●	n.c.	📷	20 à 30 €

Marque de la coopérative de Colombé-le-Sec, créée en 1956 près de Bar-sur-Aube, aux confins de la Haute-Marne. Elle rend hommage à Charles Clément, l'un des fondateurs. La cave compte une soixantaine d'adhérents et vinifie le produit de 112 ha de vignes. (CM)

Les jurés ont savouré avec plaisir cette cuvée associant le chardonnay majoritaire (70 %) au pinot noir. Au nez comme en bouche, des arômes de crème brûlée, de caramel, de beurre, de l'intensité, en harmonie avec une bouche séduisante à l'attaque, riche et puissante, avec délicatesse. ✗ 2015-2019 ❦ poularde rôtie ● Tradition (15 à 20 € ; n.c. b.) : vin cité. ✗ 2015-2018

○┐ *Sté coopérative vinicole de Colombé-le-Sec et*
Environs, 33, rue Saint-Antoine, 10200 Colombé-le-Sec,
tél. 03 25 92 50 71, champagne-charles-clement@
fr.oleane.com 🅥 🕍 🛏 *t.l.j. 8h-12h 14h-18h; dim. sur r.-v.*
🏠 ❸

PAUL CLOUET ★		
●	8 000	📷	20 à 30 €

Domaine fondé en 1907 à Bouzy par Paul Clouet et conduit depuis 1992 par Marie-Thérèse Bonnaire, sa petite-fille : 6 ha entre Bouzy, grand cru de noirs, et Chouilly, grand cru de blancs. Les cuvées sont élaborées par Jean-Louis Bonnaire, mari de la vigneronne, également récoltant à Cramant. (RM)

Vieilli trois ans sur lies, un rosé d'assemblage associant 80 % de pinot noir et 20 % de chardonnay, un dosage mesuré. L'ajout de 12 % de vin rouge de Bouzy lui a donné une robe saumonée aux reflets orangés. Le nez est fin, sur les fruits rouges, la bouche se montre ample, vineuse et longue. À servir de l'apéritif au dessert. ✗ 2015-2018

CHAMPAGNE

♈ homard grillé ● (20 à 30 € ; 18 000 b.) : vin cité.
✗ 2015-2018

☛ *Paul Clouet, 1, pl. André-Tritant, 51150 Bouzy,*
tél. 03 26 57 07 31, contact@champagne-paul-clouet.com
Ⓥ ♉ *r.-v.* 🏠 ❹

COLIN ★★			
● 1er cru	8 000	🔒	20 à 30 €

Le premier de la lignée cultivait la vigne en 1829. Dans les années 1990, les frères Colin, Richard et Romain, quittent la coopérative pour lancer leur champagne. Ils disposent de près de 10 ha de vignes implantées pour l'essentiel dans la Côte des Blancs, avec des parcelles dans le Sézannais et la vallée de la Marne. (RM)

Un rosé de la Côte des Blancs : le chardonnay domine, complété par du pinot noir (on en cultive un peu autour de Vertus). Ce champagne d'un rose soutenu a enchanté les jurés par sa fraîcheur. Son nez aérien mêle les fleurs et les fruits, et sa bouche est expressive, élégante, tonique et longue. L'ensemble conviendra à des desserts fruités peu sucrés et aussi à du poisson. ✗ 2015-2017 ♈ salade de fruits

☛ *Colin, 101, av. du Gal-de-Gaulle, 51130 Vertus,*
tél. 03 26 58 86 32, info@champagne-colin.com
Ⓥ ♉ *r.-v.*

COLLARD-CHARDELLE			
Blanc de blancs Cuvée Or blanc 2008			
●	11 700	🔒 ◑	20 à 30 €

Trois générations de récoltants-manipulants se sont succédé sur ce domaine de la vallée de la Marne (6,5 ha), conduit par Daniel Collard depuis 1970. Un style constant le caractérise : des vinifications sans fermentation malolactique et un élevage en foudre de chêne. (RM)

Un nez de belle intensité, de pomme et de bonbon acidulé avec une belle intensité. Une bouche vive à l'attaque, ample, où le boisé ressort sur des notes de crème à la vanille. Pour l'apéritif comme pour la table. ✗ 2015-2018 ♈ croustade aux fruits de mer

☛ *EARL Collard-Chardelle, 68, rue de Reuil,*
51700 Villers-sous-Châtillon, tél. 03 26 58 00 50,
champagne.collard.chardelle@wanadoo.fr Ⓥ ♋ *r.-v.*

COLLARD-PICARD			
Blanc de blancs Cuvée Dom. Picard ★★			
● Gd cru	10 000	◑	30 à 50 €

En 1996, Caroline et Olivier ont uni leurs noms, Picard et Collard, à la ville et à la cave. Aujourd'hui, un domaine de 16 ha dans la vallée de la Marne et la Côte des Blancs – avec les parcelles en 1er cru et en grand cru conduites en bio – et, depuis 2013, une adresse prestigieuse à Épernay. (RM)

Un blanc de blancs vinifié en foudre de chêne sans fermentation malolactique, selon la tradition Collard. Une recette qui a réussi à ce blanc de blancs au nez intense, beurré et brioché, et au palais gras et complexe, à la finale vanillée. Un vin de repas. ✗ 2015-2018 ♈ ris de veau aux morilles ● Cuvée Prestige ★ (15 à 20 € ; 40 000 b.) : un des coups de cœur de l'an dernier. Cette version se montre franche, riche et longue, et séduit par sa palette aromatique flatteuse – pain grillé, pain d'épice, fruits confits, miel, vanille et tabac blond, qui traduit son élevage partiel dans le bois. ✗ 2015-2018

☛ *Collard-Picard, 15, av. de Champagne, 51200 Épernay,*
tél. 03 26 52 36 93, collard-picard@wanadoo.fr
Ⓥ ♋ ♉ *t.l.j. 10h-18h (10h30-17h30 l'hiver)*

COLLET			
●	500 000	🔒	20 à 30 €

Marque de la Coopérative Générale des Vignerons (Cogevi) établie à Aÿ, choisie en hommage à son fondateur. Elle est la plus ancienne de Champagne, constituée en 1921 à l'initiative de Raoul Collet, dans le sillage des révoltes de 1911 contre la fraude. (CM)

Trois quarts de raisins noirs (dont 50 % de meunier) et un quart de blancs dans ce brut au nez brioché, toasté et torréfié, et à la bouche intense et consistante, dans le même registre que l'olfaction. Pour l'apéritif comme pour la table. ✗ 2015-2018 ♈ mignardises salées

☛ *Collet – Cogevi, 14, bd Pasteur, CS30008, 51160 Aÿ,*
tél. 03 26 55 15 88, info@champagne-collet.com
Ⓥ ♋ ♉ *r.-v.*

CHARLES COLLIN Blanc de noirs		
●	15 000	20 à 30 €

En 1952, une poignée de viticulteurs aubois se rassemble pour fonder la coopérative de Fontette. En 1993, la cave prend pour marque le nom de son principal fondateur, Charles Collin. Aujourd'hui, elle vinifie le produit de 330 ha de vignes cultivés par ses 100 adhérents. (CM)

Ce blanc de noirs doit tout au pinot noir, cépage omniprésent en Côte des Bar. Il a donné naissance à un brut au nez léger, floral et frais, et à la bouche bien équilibrée, aux arômes de fruits, de beurre, de pain grillé et de pâtisserie. ✗ 2015-2017 ♈ sole grillée

☛ *Charles Collin, 27, rue des Pressoirs, 10360 Fontette,*
tél. 03 25 38 31 00, info@champagne-charles-collin.com
Ⓥ ♋ ♉ *r.-v.*

COMTESSE LAFOND Comtesse		
●	25 000	20 à 30 €

Bien connu à Pouilly-sur-Loire, Patrick de Ladoucette, négociant et propriétaire de nombreux domaines, notamment dans la vallée de la Loire et en Bourgogne, a lancé au début du XXIᵉs. sa marque de champagne et restauré à Épernay l'ancien château de Pékin pour en faire le siège de sa maison. Il dispose d'un peu plus de 5 ha en propre. (NM)

Le pinot noir (60 %) se marie au chardonnay dans ce brut vieilli trois ans sur lattes. Le nez associe fleurs séchées et minéralité. Fraîche et minérale à l'attaque, élégante, la bouche offre un joli retour fruité en finale. Un champagne d'apéritif. ✗ 2015-2018 ♈ feuilleté aux saint-jacques

☛ *Comtesse Lafond, 79, av. de Champagne,*
51200 Épernay, tél. 03 26 32 26 40, comtesselafond@
wanadoo.fr Ⓥ ♋ ♉ *t.l.j. 10h-12h 14h-18h*
☛ *de Ladoucette*

JACQUES COPIN Brut nature 2005 ★★			
●	5 326	🔒	15 à 20 €

Enfants de viticulteurs, Jacques et Anne-Marie Copin ont fondé en 1963 ce domaine conduit depuis 1995 par leur fils Bruno et sa femme Marielle, épaulés par leurs enfants Lucile et Mathieu. L'exploitation couvre 10 ha dans la vallée de la Marne. (RM)

Les dégustateurs avaient apprécié le 2004 de ce brut nature (non dosé) ; le millésime suivant a été proposé pour un coup de cœur. Du chardonnay et du pinot noir à parts égales ont donné un champagne au nez séduisant par ses arômes à la fois frais et suaves d'ananas, de fruits confits, de miel et d'épices. Le palais, dans le même registre que le nez, est bien présent, puissant, vif et long. Sa fraîcheur conviendra à l'apéritif et sa bonne structure permettra de le servir à table. ✗ 2015-2019 ▼ feuilleté de poisson

● Tradition (11 à 15 € ; 40 000 b.) : vin cité. ✗ 2015-2016

☞ Jacques Copin, 23, rue de la Barre, 51700 Verneuil, tél. 03 26 52 92 47, contact@champagne-jacques-copin.com Ⓥ 🄺 🄻 t.l.j. 8h-12h 14h-18h

JACQUES COPINET Blanc de blancs		
●	28 000	🄸	15 à 20 €

En 1975, Jacques Copinet vend ses premières bouteilles. Sa fille Marie-Laure et son mari Alexandre Kowal suivent ses traces. Leurs vignes (9 ha) s'étendent principalement au sud du Sézannais, terre propice au chardonnay, ainsi que dans l'Aube et la vallée de la Marne, secteurs respectivement propices au pinot noir et au meunier. (RM)

Un blanc de blancs au nez vif mêlant les fleurs, la vanille et quelques notes de torréfaction. L'attaque est fraîche, la finale minérale et citronnée. Pour l'apéritif et les produits de la mer. ✗ 2015-2019 ▼ sashimis

☞ EARL Copinet, 11, rue de l'Ormeau, 51260 Montgenost, tél. 03 26 80 49 14, info@champagne-copinet.com Ⓥ 🄺 🄻 r.-v.

STÉPHANE COQUILLETTE		
Blanc de blancs Cuvée Diane ★		
Gd cru	5 344	🄸	20 à 30 €

Installé à Chouilly, grand cru de la Côte des Blancs, Stéphane Coquillette conduit près de 7 ha de vignes implantées dans ce secteur, ainsi que dans la Grande Vallée de la Marne et la Montagne de Reims. Son père Christian est toujours actif sur son domaine et ses enfants Diane et Louis se préparent à prendre la relève. (RM)

Un nez vif, grillé et toasté, avec une nuance de moka. Une attaque franche, prélude à une bouche équilibrée, fraîche et assez longue, où l'on retrouve le côté toasté du nez. ✗ 2015-2018 ▼ rillettes de saumon

☞ Stéphane Coquillette, 15, rue des Écoles, 51530 Chouilly, tél. 03 26 51 74 12, champagne.coquillette@orange.fr Ⓥ 🄺 🄻 r.-v.

PIERRE CORDONNIER Blanc de blancs 2009		
●	3 264	🄸	20 à 30 €

Installée en 2004, Isabelle Cordonnier élabore ses champagnes et bichonne le petit vignoble familial (2,6 ha) à Grauves, village en 1er cru voisin d'Avize et de Cramant, dans la Côte des Blancs. (RM)

Le premier blanc de blancs millésimé d'Isabelle Cordonnier avait vivement intéressé. Le 2009 est plus modeste. Fermé au nez, il doit être aéré pour livrer ses parfums légèrement grillés. La bouche séduit davantage : vive, ample et longue, elle dévoile de jolis arômes de pêche blanche, d'agrumes et de pain toasté. Un champagne adapté au repas. ✗ 2015-2018 ▼ sole meunière

☞ SCEV Pierre Cordonnier, 3, rue des Coudons, 51190 Grauves, tél. 03 26 53 17 79, champagnepierrecordonnier@wanadoo.fr Ⓥ 🄻 r.-v.

EDMÉ COSTE Blanc de blanc		
●	15 000	🄸	20 à 30 €

Une nouvelle marque lancée en 2014 par Thomas Cheurlin. Descendant d'une lignée de vignerons remontant à 1788, et fort d'un vignoble implanté sur les coteaux de l'Ource (Aube), ce récoltant vend aussi ses champagnes sous l'étiquette Cheurlin-Dangin. (RM)

Un nez attirant, mêlant l'acacia, l'aubépine, la rose et les agrumes. Après une attaque souple mais agréable, la bouche montre une fraîcheur d'un blanc de blancs et fait preuve d'une belle longueur. Si certains jurés sont sensibles à son dosage, la complexité et la finesse de ses arômes font l'unanimité. Pour l'apéritif ou les entrées marines. ✗ 2015-2018 ▼ saint-jacques au beurre

☞ EARL Thomas Cheurlin, 17, Grande-Rue, 10110 Celles-sur-Ource, tél. 03 25 38 50 26, contact@cheurlin-dangin.fr Ⓥ 🄺 🄻 t.l.j. sf dim. 9h-12h 14h-17h30

Ⓑ VINCENT COUCHE Extra-brut Chloé		
●	4 587	🄸 🔵	30 à 50 €

Établi dans l'Aube, Vincent Couche a pris en 1996 les rênes de la propriété familiale, qu'il exploite depuis 2011 en biodynamie (sous label Demeter). Son vignoble de 13 ha comporte deux pôles : 3 ha sur le coteau de Montgueux, à l'ouest de Troyes, une des terres d'élection du chardonnay, et 10 ha à Buxeuil, dans la Côte des Bar, où prospère le pinot noir. (RM)

Chloé ? Un autre nom de Déméter, la déesse de la terre... Deux tiers de pinot noir et un tiers de chardonnay dans cet extra-brut vini-cuve mi-fût, qui plaît par son nez intense de pêche, son attaque vive et citronnée et sa bouche vineuse, équilibrée et longue, aux arômes de fruits jaunes mûrs. ✗ 2016-2019 ▼ gougères

☞ Vincent Couche, 29, Grande-Rue, 10110 Buxeuil, tél. 03 25 38 53 96, contact@champagne-couche.fr Ⓥ 🄺 🄻 r.-v.

DAVID COUTELAS		
Cuvée César Vintage 2006 ★		
●	4 600	🔵	20 à 30 €

Héritier d'une lignée de viticulteurs remontant au XVIIIe s., David Coutelas a pris les rênes en 1997 de l'exploitation familiale : près de 8 ha sur les coteaux bordant la rive droite de la Marne. Suivant la tradition familiale, il élève ses vins en fût et sans fermentation malolactique. Il les stabilise par le froid en ouvrant les portes de sa cave au cœur de l'hiver. (RM)

Une fois de plus remarquée, cette cuvée millésimée assemblant deux tiers de chardonnay à un tiers de pinot noir séduit par son nez subtil alliant le pain, le beurre, le citron confit et des nuances boisées et fumées. La bouche, à l'unisson, développe avec persistance des notes gourmandes de beurre, de noisette et de zeste d'agrumes. ✗ 2015-2017 ▼ lapin au miel

☞ David et Séverine Coutelas, 13, rue des Vignes, 51700 Villers-sous-Châtillon, tél. 03 26 59 07 57, david-coutelas@wanadoo.fr Ⓥ 🄺 🄻 r.-v.

COUVENT FILS Empreinte ★

	7 000	🍶 📿	11 à 15 €

La grand-mère de Sylvie Monnin-Couvent a commercialisé les premiers champagnes en 1947. À la succession de son père en 1985, cette dernière a repris sa part de vigne (3,7 ha), qu'elle exploite avec son mari Gérard. Le domaine est situé dans la vallée de la Marne. (RM)

Une empreinte... de noirs : le meunier (55 %) s'allie au pinot noir dans cette cuvée au nez intense de fruits jaunes mûrs. Ces fruits d'été se mêlent à la pêche de vigne, aux fruits secs et à des notes briochées dans une bouche ronde et équilibrée, à la finale agréablement fruitée. Recommandé pour un apéritif dînatoire. ✗ 2015-2017 ▼ feuilletés au saumon

☛ Couvent Fils, 5, rue Corneille, 02850 Trélou-sur-Marne, tél. 03 23 70 33 36, champagne-couventfils@orange.fr Ⓥ 🎿 🎁 r.-v. 🏠 Ⓖ ☛ SCEV Monnin-Couvent

COUVREUR-PHILIPPART
Carte d'or ★

1er cru	30 000	🍶	11 à 15 €

Situé au pied de la Montagne de Reims, Rilly-la-Montagne est un ancien village classé en 1er cru, proche de la cité des Sacres. Jacques et Élisabeth Couvreur-Phillipart y ont fondé en 1974 leur domaine et l'ont transmis en 1990 à leur fils Emmanuel ; le vignoble compte 8 ha. (RM)

Les trois cépages champenois sont assemblés par tiers dans ce brut au nez léger mêlant les fleurs blanches aux fruits mûrs et à la pêche de vigne. La bouche, ronde à l'attaque, séduit par ses arômes persistants de fruits jaunes et par sa finale fraîche. Pour l'apéritif et le poisson. ✗ 2015-2017 ▼ saumon sur lit de poireaux

☛ Couvreur-Philippart, 12, rue de Reims, 51500 Rilly-la-Montagne, tél. 03 26 03 40 05, couvreur.philippart@orange.fr Ⓥ 🎿 🎁 r.-v.

CUILLIER PÈRE & FILS ★

	6 000		15 à 20 €

Constitué en 1904 dans le massif de Saint-Thierry, au nord-ouest de Reims, ce vignoble couvre 6,5 ha. Patrick Cuillier, qui le gère depuis 1980, confie ses vendanges à la coopérative de Pouillon. (RC)

Le meunier (50 %), le pinot noir (20 %) et le chardonnay collaborent à ce rosé d'assemblage ; le pinot noir, vinifié en rouge, lui donne une couleur rose soutenu, qui annonce un nez puissant de fraise, de framboise et de fruits noirs. Rond à l'attaque, le palais est étoffé, bien dosé, dans le même registre que l'olfaction. Pour l'apéritif comme pour la table. ✗ 2015-2018 ▼ canard aux cerises ● Sélection (11 à 15 € ; 13 000 b.) : vin cité. ✗ 2015-2018

☛ Cuillier Père et Fils, 14, pl. d'Armes, 51220 Pouillon, tél. 03 26 03 18 74, contact@champagne-cuiller.fr Ⓥ 🎿 🎁 r.-v.

PAUL DANGIN ET FILS Cuvée Carte noire

	82 000		11 à 15 €

Une famille enracinée à Celles-sur-Ource, village aubois proche de Bar-sur-Seine. Le champagne a été lancé par Paul Dangin en 1947. Aujourd'hui, la structure de négoce, forte de 50 ha de vignes, mobilise quinze membres de la famille. (NM)

Un pur pinot noir au nez expressif de fruits blancs (poire) et d'agrumes. En bouche, le fruit accompagne une structure fraîche et agréable, légèrement acidulée. Idéal à l'apéritif et sur les entrées froides. ✗ 2015-2018 ▼ pâté en croûte

☛ SARL Paul Dangin et Fils, 11, rue du Pont, 10110 Celles-sur-Ource, tél. 03 25 38 50 27, contact@champagne-dangin.com Ⓥ 🎿 🎁 t.l.j. sf sam. dim. 8h-12h 13h30-18h

DAUBY MÈRE & FILLE Cuvée Réserve

1er cru	15 000	🍶 📿	15 à 20 €

Francine Dauby (depuis 1990) et Flore (depuis 2009) : un tandem mère-fille conduit cette exploitation constituée au début du XXᵉs., qui a commercialisé son champagne à partir de 1956. Le domaine couvre 8 ha autour d'Aÿ, célèbre grand cru de noirs. (RM)

Le pinot noir (60 %) s'allie au chardonnay dans ce brut au nez discrètement floral, à la bouche équilibrée et fraîche, qui se fait plus ronde dans son développement. Pour l'apéritif et les entrées marines. ✗ 2015-2017 ▼ rillettes de saumon

☛ Dauby, 22, rue Jeanson, 51160 Aÿ, tél. 03 26 54 96 49, champagne.dauby@orange.fr Ⓥ 🎿 🎁 r.-v. 🏠 Ⓖ

HENRI DAVID-HEUCQ Réserve ★

	56 000	🍶	11 à 15 €

Quatre générations au service du champagne. Henri David-Heucq s'est installé en 1973 et a lancé sa marque. Quarante ans plus tard, ses fils Olivier et Maxime le secondent sur l'exploitation : 9,5 ha dans la vallée de la Marne. Le meunier, cépage roi du secteur, prédomine. (NM)

Cuvée élaborée à partir de 85 % de pinot meunier, 10 % de chardonnay et 5 % de pinot noir. Cet assemblage aboutit à un vin harmonieux, rond et très aromatique, aux parfums d'évolution et à la belle finale sur les fruits confits. Parfait pour l'apéritif et les entrées. ✗ 2015-2017 ▼ terrine de lapereau en gelée ● ★ (15 à 20 € ; 8 500 b.) : du potentiel pour ce rosé d'assemblage à dominante de meunier (85 %), distingué pour son élégance et son joli fruité, au nez comme en bouche. ✗ 2015-2018

☛ SARL David-Heucq et Fils, 3, rte de Romery, 51480 Fleury-la-Rivière, tél. 03 26 58 47 19, contact@davidheucq.com Ⓥ 🎿 🎁 r.-v.

ÉLISE DECHANNES
Pinot noir Les Riceys 2010

	950	🍶	20 à 30 €

Élise Dechannes a abandonné une carrière dans la banque pour reprendre en 2008 l'exploitation de ses parents, qui couvre 4,6 ha des Riceys, important village viticole de l'Aube. Le pinot noir, cépage roi de la Côte des Bar, domine largement l'encépagement du domaine. (RM)

Né d'une seule parcelle de pinot noir, ce brut millésimé dévoile un nez de fleurs blanches tout en finesse et séduit en bouche par sa fraîcheur fruitée. ✗ 2015-2018 ▼ sole grillée

☛ Élise Dechannes, 1, pl. des Héros-de-la-Résistance, 10340 Les Riceys, tél. 03 51 63 20 36, elise.dechannes@sfr.fr Ⓥ 🎿 🎁 r.-v.

JACQUES DEFRANCE Exception ★		
●	n.c.	20 à 30 €

Louis, Roger, Jacques et aujourd'hui Christophe : quatre générations de viticulteurs aubois installés aux Riceys-Bas, l'un des trois bourgs qui forment l'important village viticole aubois des Riceys. Le vignoble de 12 ha est à dominante de pinot noir, cépage omniprésent dans ces contrées. (RM)

Il existe, notamment dans l'Aube, des vinificateurs qui osent élaborer des champagnes avec des cépages méconnus (mais autorisés), comme le pinot blanc. Une variété à l'origine de cette cuvée conjuguant maturité et fraîcheur, aux arômes agréables de fruits blancs. ✗ 2015-2018 ❦ langoustines sautées

☞ *Jacques Defrance, 28, rue de la Planté, 10340 Les Riceys, tél. 03 25 29 32 20, champagne-jacques-defrance@wanadoo.fr* Ⅴ 🏠 🔁 *r.-v.*

DANIEL DEHEURLES L'Élixir		
●	2 000	◉	20 à 30 €

Établie dans la Côte des Bar, la famille Deheurles a vendu son raisin au kilo jusqu'en 1990, puis s'est lancée dans la manipulation, tout en agrandissant peu à peu son domaine (6 ha aujourd'hui). Daniel Deheurles, qui a commercialisé ses premières bouteilles en 2000, travaille désormais avec sa fille Émilie. (RM)

Élevé en fût de chêne, ce pur chardonnay dévoile un nez évolué aux parfums de noisette et une bouche agréable, ronde et ample. ✗ 2015-2018 ❦ foie gras poêlé

☞ *Daniel Deheurles, 1, rue de l'École, 10110 Celles-sur-Ource, tél. 03 25 38 57 64, champagne.deheurles@orange.fr* Ⅴ 🏠 🔁 *t.l.j. 8h-12h 13h30-18h30; dim. sur r.-v.* 🏠 Ⓐ

MARCEL DEHEURLES ET FILS Prestige ★★		
●	8 000	◉	15 à 20 €

Créé en 1970 dans l'Aube, au cœur de la Côte des Bar, ce domaine s'est lancé dans la manipulation au cours de la décennie suivante. Installé en 2006, Benoît Deheurles exploite plus de 9 ha répartis sur cinq communes : outre le chardonnay et le pinot noir, il cultive le pinot blanc, présent dans l'Aube. (RM)

Le pinot noir (45 %) s'allie au chardonnay (30 %) et au pinot blanc dans cette cuvée limpide aux brillants reflets or. Le nez flatteur et fin développe des notes torréfiées et miellées ; des arômes fruités viennent compléter la palette dans une bouche à la fois généreuse et élégante, traduisant une belle évolution. ✗ 2015-2020 ❦ poulet aux morilles ● Opale & Sens ★ (15 à 20 € ; 1500 b.) : un chardonnay né de l'excellente année 2008, élevé partiellement sous bois. On aime son expression aromatique – agrumes, notes toastées puis épices à l'aération – et sa bouche conjuguant puissance et vivacité. ✗ 2015-2020

☞ *Benoît Deheurles, 3, rue de l'École, 10110 Celles-sur-Ource, tél. 03 25 38 55 06, contact@champagne-deheurles.fr* Ⅴ 🏠 🔁 *r.-v.*

LOUIS DÉHU Tradition ★		
●	30 000	ⓘ	15 à 20 €

Conduit depuis 2011 par Thierry Niziolek, ce domaine de 10 ha a son siège à Venteuil, sur la rive droite de la Marne. (RM)

Assemblage de récoltes 2011 et 2012, ce brut sans année privilégie les raisins noirs (80 %, les deux pinots à parts égales). On aime son nez floral et citronné, et sa bouche équilibrée, tout en finesse, aux arômes de fruits jaunes. Un vin d'apéritif. ✗ 2015-2018 ❦ mignardises salées ● ★ (15 à 20 € ; 8 000 b.) : un rosé de noirs (pinot noir) obtenu par assemblage. Palette surprenante, évoluée, mêlant le miel, le beurre et l'eau-de-vie, palais gras et consistant. Passage sous bois perceptible. ✗ 2015-2018

☞ *SAS Louis Déhu, 10, bd Saint-Michel, 51480 Venteuil, tél. 03 26 57 64 95, dehu-isabelle@wanadoo.fr* Ⅴ 🏠 🔁 *r.-v.*

DELABARRE Cuvée Prestige ★		
●	5 000	ⓘ	15 à 20 €

Domaine familial implanté dans la vallée de la Marne depuis les années 1920 ; premiers champagnes en 1950. Christiane Delabarre a pris en 1979 les rênes du vignoble (6 ha). Le pinot meunier, qui prospère sur les coteaux exposés au plein sud de la vallée de la Marne, domine l'encépagement. (RM)

Le pinot noir compose 50 % de la cuvée Prestige, complété par le meunier (20 %) et le chardonnay. Si le nez apparaît discret, la bouche surprend heureusement en déployant d'agréables arômes de fruits des bois et de griotte ; vineuse, elle offre une finale d'une étonnante fraîcheur. ✗ 2015-2018 ❦ volaille rôtie

☞ *Christiane Delabarre, 26, rue de Chatillon, 51700 Vandières, tél. 03 26 58 02 65, delabarre.christiane@orange.fr* Ⅴ 🏠 🔁 *r.-v.*

V. DELAGARDE Cuvée Excellence ★		
●	4 000	ⓘ	20 à 30 €

De vieille souche vigneronne, Valérie Delozanne et Vincent Delagarde ont repris en 2000 les vignes de leurs parents respectifs : 8 ha à dominante de meunier, cépage très cultivé dans le secteur des monts de Reims et dans la vallée de l'Ardre. (RM)

Un assemblage par tiers des trois cépages champenois. Un mot revient dans toutes les descriptions : aérien. Un nez agréablement floral, une bouche franche, puissante et pourtant tout en finesse. Bref, un champagne élégant, « une danseuse étoile », pour reprendre l'expression d'une dégustatrice. ✗ 2015-2018 ❦ flétan sauce citron

☞ *Valérie et Vincent Delagarde, 67, rue de Savigny, 51170 Serzy-et-Prin, tél. 03 26 97 40 18, contact@champagne-delagarde-delozanne.fr* Ⅴ 🏠 🔁 *r.-v.*

DELAGNE ET FILS Cuvée Prestige ★★		
●	150 000		15 à 20 €

Propriétaire de vignes autour de Cerseuil, dans la vallée de la Marne, et de caves à Épernay, la famille Mansard a cédé sa marque, Mansard-Baillet, qui fait désormais partie du groupe Rapeneau. Delagne et Fils est une autre marque de Mansard-Baillet. (NM)

Une cuvée or pâle privilégiant le meunier (60 %), complété par le pinot noir (20 %) et le chardonnay. Le nez se partage entre le beurre et les fruits secs. Des notes grillées et épicées apparaissent en bouche et donnent de la complexité à une matière ample, gourmande et persistante. ✗ 2015-2019 ❦ coquille Saint-Jacques ● Tradition de Delagne et Fils Grande Cuvée ★ (15 à 20 € ; 80 000 b.) :

un assemblage de chardonnay (70 %) et de pinot noir au nez puissant de pomme et de noisette, à la bouche souple, ample et crémeuse. ✗ 2015-2018 ● Cuvée Prestige ★ (15 à 20 € ; 80 000 b.) : la version « rosé » de la cuvée Prestige fait elle aussi la part belle au meunier. Un rosé finement évolué et équilibré, qui trouvera sa place à table. ✗ 2015-2017

○┐ Mansard-Baillet, 14, rue Chaude-Ruelle, 51200 Épernay, tél. 03 26 54 18 55, contact@ champagnemansard.com Ⓥ 🎿 🏠 r.-v. ○┐ Rapeneau

DELAMOTTE Blanc de blancs ★★		
●	n.c.	ê	30 à 50 €

L'une des plus anciennes maisons de Champagne, née en 1760. Elle a conservé le nom de son fondateur, conseiller échevin de Reims marié à une riche propriétaire de vignes à Aÿ. Depuis 1988, elle est rattachée au groupe Laurent-Perrier. Société sœur du mythique Salon, elle est établie au Mesnil-sur-Oger, au cœur de la Côte des Blancs, et le chardonnay est très présent dans ses cuvées. (NM)

Ce pur chardonnay s'habille d'une robe doré intense coiffée d'une mousse fine et crémeuse. Complexe, riche et subtil, le nez allie l'acacia, les fruits blancs confits à des notes grillées et toastées. La bouche n'est pas en reste : à la fois ample et tonique, elle s'étire en une longue finale fraîche. Une cuvée pleine de charme, pour l'apéritif comme pour la table. ✗ 2015-2020 🍴 noix de Saint-Jacques à la crème

○┐ Delamotte, 7, rue de la Brèche-d'Oger, 51190 Le Mesnil-sur-Oger, tél. 03 26 57 51 65, champagne@salondelamotte.com Ⓥ r.-v.
○┐ Laurent-Perrier

DELAVENNE PÈRE & FILS		
● Gd cru	10 000	ê	15 à 20 €

Domaine familial créé en 1920, conduit depuis 2008 par Maëlle et Jean-Christophe Delavenne : 9 ha entre les grands crus Bouzy, Ambonnay (Montagne de Reims) et Cramant (Côte des Blancs). Les champagnes sont vinifiés sans fermentation malolactique. (RM)

Deux tiers de pinot noir (dont 17 % de vin rouge de Bouzy) pour un tiers de chardonnay dans ce rosé à la robe tuilée, au nez évolué sur les fruits à l'alcool. C'est surtout en bouche qu'il séduit, offrant un style à la fois massif et gourmand, et de jolies notes compotées. ✗ 2015-2018 🍴 fondant au chocolat

○┐ SCEV Delavenne Père et Fils, 6, rue de Tours, 51150 Bouzy, tél. 03 26 57 02 04, champagnedelavenne@ orange.fr Ⓥ 🎿 🏠 r.-v.

MARTHE DELIGNY Extra-brut Cuvée Réserve ★		
● Gd cru	2 000	ê	15 à 20 €

Fille d'un vigneron de la Montagne de Reims, Marthe Deligny étudie la gestion puis décide de revenir sur les vignes familiales. Elle a lancé sa marque en 2011 : une « simple » cuvée en grand cru. (RM)

Assemblage de pinot noir et de chardonnay, cette cuvée dosée en extra-brut (c'est-à-dire très peu) séduit par son nez expressif, entre fruits confits et liqueur de framboise. La bouche, également très fruitée, est savoureuse et équilibrée. Idéal à l'apéritif ou sur le poisson. ✗ 2015-2018 🍴 dos de cabillaud rôti

○┐ Marthe Deligny, 13, rue Nationale, 51500 Ludes, tél. 06 80 27 46 48, marthedeligny@hotmail.fr Ⓥ 🎿 🏠 r.-v.

| MARLÈNE DELONG | | |
Blanc de blancs Cuvée Nature ★		
●	2 000	ê	30 à 50 €

En 1966, Gérard Delong, ouvrier, loue des terres et plante des vignes, puis achète des parcelles. Premières vendanges en 1970, acquisition d'un pressoir en 1980 : premières cuvées au domaine. En 2001, Marlène a rejoint l'exploitation, qui compte 9 ha dans le Sézannais. (RM)

Le Sézannais fournit à partir du chardonnay d'agréables champagnes, à l'image de celui-ci, né de la récolte 2009. Peu dosée, cette cuvée Nature n'est pas un « brut nature », mais les vins qui la composent ont été vinifiés sans levurage, non chaptalisés et non filtrés. Avec son nez de fleurs blanches, de beurre et de brioche, et sa bouche ronde, gourmande et étoffée, elle séduit par son harmonie. ✗ 2015-2018 🍴 filets de rouget au four

○┐ Marlène Delong, 2, ruelle du Larry, 51120 Allemant, tél. 03 26 80 58 73 Ⓥ 🎿 🏠 r.-v.

VINCENT DELOUVIN ★		
●	15 000	ê	11 à 15 €

Situé à Mardeuil, village voisin d'Épernay, le domaine a son siège dans une imposante demeure, qui abritait au XVIIIᵉ s. une laiterie appartenant à l'abbaye d'Hautvillers. Émile Leclère l'a racheté en 1880. Vincent Delouvin poursuit l'activité familiale depuis 1999. (RM)

Issu du seul meunier, ce champagne séduit par ses parfums subtils de fruits rouges confits et caramel, qui se prolongent dans une bouche ample et bien équilibrée. Un vin flatteur et harmonieux. ✗ 2015-2018 🍴 escalope de veau à la crème

○┐ Émile Leclère, 15, rue Victor-Hugo, 51530 Mardeuil, tél. 03 26 55 24 45, info@champagne-leclere.com Ⓥ 🎿 🏠 t.l.j. 8h30-17h30; sam. sur r.-v. 🏠 Ⓑ

DELOUVIN-BAGNOST Cuvée Tradition ★		
●	50 000	ê	11 à 15 €

Une famille enracinée à Vandières (vallée de la Marne) depuis le XVIIᵉ s., qui commercialise son vin depuis les années 1930. La marque est née en 1975 du mariage des parents de Jérôme Delouvin, installé en 2005. Ses quelque 10 ha de vignes font la part belle au meunier. (RM)

Le meunier, présent à hauteur de 70 % dans l'assemblage, s'exprime harmonieusement dans ce brut fruité au nez comme en bouche, séduisant par sa fraîcheur et son dosage très discret. Pour l'apéritif comme pour la table. ✗ 2015-2018 🍴 langoustines rôties

○┐ Delouvin-Bagnost, 35, rue Bailly, 51700 Vandières, tél. 03 26 58 03 91, champagne.delouvin-bagnost@ wanadoo.fr Ⓥ 🎿 🏠 r.-v. 🏠 Ⓔ

DELOUVIN-NOWACK Carte d'or ★★		
●	40 000		11 à 15 €

Si la marque Delouvin-Nowack est née en 1949 du mariage des parents de l'actuel propriétaire, les Delouvin, vignerons ou tonneliers, sont établis à Vandières depuis le XVIIᵉ s. et élaborent leurs champagnes depuis

1930. Installé en 1976, Bertrand Delouvin exploite 7 ha dans la vallée de la Marne. (RM)

Un blanc de noirs faisant la part belle au pinot meunier (80 %). Premier nez expressif, dominé par les fruits secs, l'amande et la noisette. À l'aération, on découvre des parfums de fruits exotiques, de mangue, ainsi qu'une nuance évoluée de fruits confits. Les fruits exotiques, rehaussés d'épices, se prolongent dans une bouche soyeuse, à la fois puissante et vive. Un champagne gourmand, remarquablement équilibré et persistant. ✗ 2015-2019 ¥ chapon rôti ● Carte rubis (15 à 20 € ; 3 000 b.) : vin cité. ✗ 2015-2016

○━ Delouvin-Nowack, 29, rue Principale, 51700 Vandières, tél. 03 26 58 02 70, info@champagne-delouvin-nowack.com 🆅 🕴 🏌 r.-v.

SERGE DEMIÈRE Cuvée Prestige ★			
● Gd cru	2 500	🍾 🍶	20 à 30 €

Ce vigneron s'est installé en 1976 sur le domaine familial implanté sur le versant sud est de la Montagne de Reims. Il tire parti de deux grands crus voisins célèbres pour leur pinot noir : Ambonnay et Bouzy. (RM)

Mi-pinot noir mi-chardonnay, cette cuvée tire de sa vinification partielle en fût une robe doré intense et un nez ouvert, complexe, aux parfums de fruits secs, de beurre et de vanille. L'attaque est franche, le dosage judicieux. Le bois apporte du gras et un certain potentiel. ✗ 2015-2019 ¥ carré de veau aux champignons

○━ EARL Serge Demière, 7, rue de la Commanderie, 51150 Ambonnay, tél. 03 26 57 07 79, serge.demiere@wanadoo.fr 🆅 🕴 🏌 r.-v.

M. DEMIÈRE ET FILS Blanc de blancs		
●	n.c.	15 à 20 €

Michel Demière avait acquis ses premières parcelles en 1975, après son mariage ; son fils Matthieu lui a succédé en 2002 à la tête de 6 ha autour de Trépail. Un village de la Montagne de Reims qui se singularise : le chardonnay y prédomine dans une contrée où le pinot noir est roi. (RM)

Un blanc de blancs de la Montagne de Reims au nez gourmand d'acacia, de mirabelle et de pêche de vigne. Fidèle à l'olfaction, la bouche est expressive, riche, ronde et longue, avec ce qu'il faut de fraîcheur. ✗ 2015-2019 ¥ pavé de saumon sauce hollandaise

○━ SCEV M. Demière, 2, allée du Jardinot, 51380 Trépail, tél. 03 26 57 06 23, michel.demiere@wanadoo.fr 🆅 r.-v.

DEMILLY DE BAERE Cuvée Carte d'or ★★		
●	60 000	15 à 20 €

Gérard Demilly appartient à une famille établie à Bligny (Côte des Bar) depuis le XVIIᵉs. En 1978, il étudie la viticulture et achète avec son épouse Françoise un vignoble (8 ha aujourd'hui) dont le siège occupe une ancienne verrerie du XVIIIᵉs. Après avoir fait ses classes en Australie et en Californie, leur fils Vincent, œnologue, les a rejoints. (NM)

L'excellence dans la régularité : cet assemblage de quatre cépages (pinot noir pour les trois quarts, complété par le chardonnay, le pinot blanc et le pinot meunier) est de nouveau jugé remarquable. Un champagne frais et tonique, aux notes discrètes de chèvrefeuille et de melon. À ouvrir dès l'apéritif et jusqu'au dessert. ✗ 2015-2020

¥ poulet au citron ● Cuvée pure ★ (20 à 30 € ; 8 500 b.) : un brut issu de chardonnay et de pinot noir à parts égales, récoltés en 2005. Nez épanoui sur les fruits confits et la figue, belle attaque, bouche ample et épicée, élégamment évoluée. ✗ 2015-2018

○━ Gérard Demilly, Dom. de la Verrerie, 1, rue du Château, 10200 Bligny, tél. 03 25 27 44 81, champagne-demilly@wanadoo.fr 🆅 🕴 🏌 r.-v.

GASTON DERICBOURG Chardonnay ★			
● 1er cru	70 000	🍾	30 à 50 €

Maire de Pierry, près d'Épernay, durant trente ans, Gaston Dericbourg avait lancé sa marque en 1920. Sans enfant, il a transmis sa maison de champagne et ses vignes à la famille Mandois. (NM)

Un nez riche, sur des notes d'acacia et d'abricot ; un palais à l'unisson, rond et fruité, aux arômes de fruits confits et de raisins secs. Le dosage apporte une finale gourmande qui reste fraîche. ✗ 2015-2018 ¥ vieux comté ● Gd cru Hommage ★ (50 à 75 € ; 40 000 b.) : un blanc de blancs qui offre la finesse et la fraîcheur attendues de ce style de champagne, ainsi que de plaisants parfums de fleurs blanches et de vanille. Bonne longueur. ✗ 2015-2018

○━ Dericbourg, 66, rue du Gal-de-Gaulle, BP 9, 51530 Pierry, tél. 03 26 54 03 18, info@champagne-dericbourg.fr

DÉROT-DELUGNY			
Pinot gris Cuvée des fondateurs			
●	3 500	🍾	11 à 15 €

Fils de maréchal-ferrant, l'arrière-grand-père Philippe Dérot, fabricant de charrues vigneronnes puis de tracteurs-enjambeurs, vendit ses premières bouteilles en 1929. Aujourd'hui François Dérot et son fils Laurent exploitent 10 ha aux confins de la Seine-et-Marne et de l'Aisne. (RM)

Un hommage aux fondateurs qui cultivaient le pinot gris, cépage devenu extrêmement rare en Champagne, qui est à la base de cette cuvée : une curiosité ! Robe dorée, nez assez généreux, brioché ; bouche ample, plutôt gourmande, dans le même registre. ✗ 2015-2018 ¥ poulet rôti

○━ François Dérot, 15, Grande-Rue, 02310 Crouttes-sur-Marne, tél. 03 23 82 18 18, derot-delugny@wanadoo.fr 🆅 🕴 🏌 r.-v.

DÉROUILLAT Blanc de blancs L'Esprit ★			
● 1er cru	8 000	🍾	15 à 20 €

Premiers champagnes familiaux avant 1945, sous la marque Dérouillat-Bauchet puis Dérouillat-Franquet. Installé en 1983, Luc Dérouillat a préféré simplifier. Secondé par ses filles Fanny et Cécile, il exploite 5,5 ha sur les coteaux d'Épernay, dans la Côte des Blancs et la vallée de la Marne. (RM)

Un champagne riche et intense, né de raisins de la Côte des Blancs. Il se tisse tout en fleurs blanches (aubépine, acacia). Des arômes toastés et grillés s'invitent dans une bouche vive à l'attaque, à la fois puissante et fine. Une belle harmonie. ✗ 2015-2019 ¥ saumon fumé ● 1er cru Cuvée Cécile 2006 ★ (20 à 30 € ; 1 200 b.) : un millésime mi-blancs mi-noirs, tiré sous liège. Déjà apprécié l'an dernier, il conserve un bel équilibre et du potentiel. Au nez comme en bouche, il dévoile de jolies nuances de fruits jaunes mûrs, de miel et de pain grillé. ✗ 2015-2018

☛ *Dérouillat, 23, rue des Chapelles, 51530 Monthelon,*
tél. 03 26 59 76 54, champagne.derouillat@wanadoo.fr
V ⚑ 🏠 *t.l.j. sf dim. 9h-12h 14h-17h30*

DESBORDES-AMIAUD Par Élodie ★★

| ● 1er cru | n.c. | 🍶 | 15 à 20 € |

Situé au pied de la « Montagne », près de Reims, ce domaine existait déjà au début du XIXᵉs. Depuis quatre générations, il est conduit par les femmes. Ainsi, à Marie-Christine Desbordes a succédé en 1997 Élodie, qui a repris son indépendance en 2015 et fait renaître sa marque. Elle exploite 9 ha de vignes. (RM)

Né de pinot noir, un rosé de macération typique : robe soutenue, rose saumon, nez fort agréable, sur les fruits rouges (cerise), le beurre et la brioche, arômes qui persistent et signent au palais. À découvrir sur des plats salés-sucrés. ✗ 2015-2018 🍴 magret aux groseilles

☛ *Élodie Desbordes, 73, av. de Champagne,*
51200 Épernay, tél. 06 76 08 32 11, elodiechampagne@
orange.fr **V ⚑ 🏠** *r.-v.*

A. DESMOULINS ET CIE Cuvée Brut royal

| ● | 4 000 | | 20 à 30 € |

Fondée en 1908, cette maison de négoce sise à Épernay est gérée par Jean et Virginie Bouloré, petit-fils et arrière-petite-fille d'Albert Desmoulins. (NM)

Né d'un assemblage faisant la part belle au chardonnay (70 %, avec le pinot meunier en appoint), ce brut sans année offre un nez intense de fruits blancs (poire et alcool de poire) rehaussés de touches épicées, et se distingue en bouche par sa fraîcheur et sa longueur. ✗ 2015-2018 🍴 pavé de sandre au beurre blanc

☛ *A. Desmoulins et Cie, 44, av. Mal-Foch,*
51200 Épernay, tél. 03 26 54 24 24,
champagne.desmoulins@orange.fr **V ⚑ 🏠** *r.-v.*
☛ *Bouloré*

PAUL DÉTHUNE ★

| ● Gd cru | 4 000 | 🍶 | 20 à 30 € |

Lignée remontant à 1610, propriété constituée en 1840. Des caves du XVIIᵉs. et 7 ha autour d'Ambonnay, grand cru de noirs de la Montagne de Reims. Vignoble conduit depuis 1995 par Pierre et Sophie Déthune, qui élèvent une partie de leurs vins en foudre. Domaine certifié Haute valeur environnementale. (RM)

Assemblant pinot noir (80 %) et chardonnay, ce rosé allie finesse et générosité. Finesse du nez floral et fruité, délicatesse des arômes de petits fruits rouges et noirs en bouche, justesse du dosage, finale chaleureuse : une réelle harmonie. ✗ 2015-2018 🍴 rillettes de saumon ● Gd cru Blanc de noirs ★ (30 à 50 € ; n.c. b.) : du pinot noir vinifié et élevé en fût de chêne. Un champagne ample, charnu, d'une belle vinosité. Idéal pour la table. ✗ 2015-2019

☛ *EARL Paul Déthune, 2, rue du Moulin,*
51150 Ambonnay, tél. 03 26 57 01 88, info@
champagne-dethune.com **V ⚑ 🏠** *r.-v.*

DEUTZ Blanc de blancs 2008 ★★

| ● | 42 000 | | 50 à 75 € |

Originaires d'Aix-la-Chapelle, deux négociants en vins, William Deutz et Pierre-Hubert Geldermann, ont fondé en 1838 cette prestigieuse maison. Longtemps demeurée familiale, elle est entrée en 1993 dans le groupe

Roederer. Réputée pour ses assemblages minutieux (30 à 40 crus différents pour son brut Classic), elle s'approvisionne dans un rayon restreint de 30 km autour du grand cru Aÿ, dans la Grande Vallée de la Marne. (NM)

Un champagne à retenir parmi les belles et grandes cuvées de blanc de blancs 2008. Frais et flatteur, le nez se distingue par l'élégance de ses arômes de fleurs blanches, de poire et de coing. Riche en attaque, la bouche brille par sa complexité, sa jeunesse énergique et par sa parfaite fraîcheur, soulignée par une finale mentholée plaisante. ✗ 2015-2020 🍴 noix de Saint-Jacques à la crème ● Brut Classic ★ (30 à 50 € ; 1 800 000 b.) : assemblage par tiers des trois cépages champenois, le brut sans année de Deutz est une valeur sûre. Nez élégant de fruits confits, de zeste d'orange et de pomme caramélisée ; bouche tout en finesse, laissant une impression de légèreté. ✗ 2015-2018 ● Cuvée William Deutz 2002 ★ (+ de 100 € ; 35 000 b.) : 62 % de pinot noir, 11 % de meunier et le solde en chardonnay pour ce millésime au nez de frangipane, de noisette grillée et d'épices douces, qui garde de la fraîcheur. ✗ 2015-2018

☛ *Deutz, 16, rue Jeanson, 51160 Aÿ, tél. 03 26 56 94 00,*
france@champagne-deutz.com **V** *r.-v.* **☛** Roederer

JACQUES DEVILLERS ET FILS ★

| ● | 3 000 | 🍶 | 11 à 15 € |

Les Devillers élaborent leurs champagnes depuis quatre générations. Aujourd'hui, Nadine Devillers et son fils Raphaël exploitent un peu plus de 3 ha à Neuville-aux-Larris, à mi-chemin entre les vallées de la Marne et de l'Ardre. (RM)

Un rosé de noirs (meunier 90 %) plus d'une fois remarqué. Ici, une effervescence soutenue dans une belle couleur rubis. En bouche, puissance et équilibre, avec un joli panier de fruits rouges acidulés (groseille, cerise). L'ensemble gagnera à vieillir un peu. ✗ 2016-2020 🍴 crumble fraises-rhubarbe

☛ *Jacques Devillers et Fils, 19, rue de Paradis,*
51480 La Neuville-aux-Larris, tél. 06 85 15 48 31,
devillers.raphael@orange.fr **V ⚑ 🏠** *r.-v.*

DHONDT-GRELLET
Blanc de blancs Prestige du moulin

| ● Gd cru | n.c. | 🍶 | 20 à 30 € |

Viticulteurs depuis plusieurs générations, les Dhondt sont récoltants-manipulants depuis quelques années. Installés près d'Avize dans la Côte des Blancs, ils exploitent 6 ha de vignes. (RM)

Le style de la Côte des Blancs s'affiche dans cette cuvée vive, franche, minérale, bien taillée, aux arômes d'agrumes. Le temps sera propice à un bel épanouissement. ✗ 2016-2020 🍴 plateau de fruits de mer

☛ *Dhondt-Grellet, Le Moulin, 51190 Flavigny,*
tél. 03 26 87 97 09, dhondt-grellet@wanadoo.fr
V ⚑ 🏠 *r.-v.*

DIDIER-DUCOS Absolu Meunier

| ● | 6 000 | | 15 à 20 € |

Un domaine fondé en 1950 par Adrien Didier et Yvonne Ducos, conduit depuis 2005 par leur petit-fils Nicolas Didier et son épouse Clothilde. Le vignoble couvre 8 ha sur les coteaux d'Épernay. (RM)

Un pur meunier une fois de plus remarqué. Une cuvée équilibrée, d'une belle fraîcheur, aux arômes de tilleul et de thé. ✗ 2015-2018 ♈ sashimis

o→ *Didier-Ducos, 9 bis, rue Julien-Ducos, 51530 Saint-Martin-d'Ablois, tél. 03 26 59 93 39, champagnedidierducos@orange.fr* Ⓥ 🏃 🍴 *r.-v.*

FRANÇOIS DILIGENT Brut Nature Pinot blanc ★

●	10 000	🍴	30 à 50 €

Les Moutard, alliés aux Diligent, sont vignerons depuis quatre siècles à Buxeuil, en amont de Bar-sur-Seine. François Diligent élabore des champagnes sous son nom dès 1927. Une maison dirigée aujourd'hui par François Moutard, qui apprécie les bruts non dosés et les cépages rares comme le pinot blanc, cépage confidentiel encore cultivé dans l'Aube. (NM)

Pour la troisième année consécutive, voici un pur pinot blanc de François Moutard. Un champagne au nez floral et citronné, à la bouche généreuse, soulignée d'arômes de mirabelle. Pourtant, aucun sucre n'est venu adoucir ce vin après vinification (« nature »). ✗ 2015-2018 ♈ terrine de saint-jacques

o→ *Diligent, 6, rue des Ponts, 10110 Buxeuil, tél. 03 25 38 50 73, champagne@champagne-moutard.eu*

ANDRÉ DILIGENT ET FILS ★

●	n.c.	🍴	11 à 15 €

Héritiers d'une lignée de viticulteurs, Patrick et Joël Diligent sont établis dans la Côte des Bar (Aube). Ils élaborent du champagne depuis les années 1980 et disposent d'une surface de 10,5 ha sur les coteaux de la Seine. (RM)

Du fruit, du fruit, et encore du fruit ! Le jury s'est fait plaisir en goûtant ce rosé très gourmand, issu de la macération du pinot noir. Confiture de fraises, bonbon à la fraise... Ce fruit est le fil rouge de la dégustation. Une gourmandise, pour l'apéritif ou le dessert. ✗ 2015-2018 ♈ tarte aux fraises

o→ *GAEC la Vignobloise, 23, Grande-Rue, 10110 Buxeuil, tél. 03 25 38 51 78, contact@ champagne-andre-diligent.com* Ⓥ 🏃 🍴 *r.-v.*

DOM CAUDRON Sublimité 50/50 2007 ★

●	8 000	🍴 ◖	30 à 50 €

Cette marque de la coopérative de Passy-Grigny rend hommage au curé de ce village de la vallée de la Marne. Un bon vivant qui appuya, par un don de 1 000 F, la fondation de la cave en 1929. Cette dernière vinifie 130 ha cultivés par ses adhérents. (CM)

50/50 ? Du meunier et du chardonnay à parts égales, ce dernier vieilli six mois en fût. Il en résulte une robe doré soutenu, un nez entre fleurs jaunes et pêche, et une bouche à l'unisson, ample, gourmande et longue. ✗ 2015-2018 ♈ foie gras poêlé

o→ *Coopérative vinicole de Passy-Grigny, 22, rue Jean-York, 51700 Passy-Grigny, tél. 03 26 52 92 65, champagnedomcaudron@hexanet.fr* Ⓥ 🏃 🍴 *r.-v.*

PIERRE DOMI Cœur de rose ★

● 1er cru	6 200	🍴	15 à 20 €

Créée en 1947, cette exploitation familiale, aujourd'hui conduite par Stéphane et Thierry Lutz, les petits-fils de Pierre Domi, a son siège à Grauves, village surplombé par des falaises, à l'ouest de la Côte des Blancs. Le vignoble de 8,5 ha s'éparpille sur les coteaux sud d'Épernay. (RM)

Ce rosé d'assemblage porte la marque du chardonnay (90 %) et tire sa teinte saumon clair à un apport de vin rouge. Un nez agréable, bien ouvert sur la framboise et la fraise des bois, prélude à une bouche fraîche et acidulée, qui laisse une impression de finesse et de légèreté. ✗ 2015-2018 ♈ carpaccio de truite saumonée

o→ *Pierre Domi, 10, rue Bruyère, 51190 Grauves, tél. 03 26 59 71 10, contact@champagne-domi.com* Ⓥ 🏃 🍴 *r.-v.*

DOM PÉRIGNON Vintage 2005 ★★

●	n.c.		+ de 100 €

Le champagne de prestige par excellence, nommé en hommage au « père du champagne ». Chargé du vignoble et de la cave de l'abbaye de Hautvillers, dom Pérignon, à qui la tradition attribue l'invention de la méthode champenoise, montra cette maîtrise de l'art de l'assemblage qui fait les grandes cuvées. Son lointain successeur, depuis les années 1990, est le Vertusien Richard Geoffroy. La composition du Dom Pérignon reste secrète et chaque millésime est une création. Tout au plus sait-on qu'il met en œuvre du chardonnay et du pinot noir des grands crus de la Côte des Blancs et de la Montagne de Reims, ainsi que de Hautvillers, en souvenir de dom Pérignon. (NM)

Ce millésime délivre au premier nez des notes beurrées et torréfiées, puis s'ouvre sur des parfums de fleurs blanches. Il montre en bouche une matière ronde, tendue par une belle acidité, et découvre une palette aromatique d'une grande richesse, florilège d'agrumes confits, de compote de poires et de zeste d'orange, des arômes qui persistent longuement. Malgré ses qualités présentes, il serait dommage de céder à l'impatience et de déboucher dès maintenant ce champagne qui s'enrichira avec les années. ✗ 2017-2022 ♈ lotte sauce agrumes et zestes

o→ *Dom Pérignon, 20, av. de Champagne, 51200 Épernay, tél. 03 26 51 20 00*

DIDIER DOUÉ Cépage Chardonnay 2006 ★★

●	4 800	🍴	15 à 20 €

Didier Doué s'est installé en 1975 sur le domaine familial et s'est équipé d'un pressoir cinq ans plus tard. Établi à 10 km à l'ouest de Troyes, il cultive 5 ha sur le coteau de Montgueux, dont les sols crayeux sont propices au chardonnay. Il a engagé en 2009 la conversion bio de son vignoble et travaille dans l'esprit de la biodynamie, produisant en outre son électricité. (RM)

Un blanc de blancs au nez flatteur, complexe et fin, à dominante de poire et le coing, nuancés de beurre, de brioche et de zeste d'agrumes. Attaque vive, sur d'élégants parfums de fruits blancs mûrs et finale tonique, soulignée d'une note de pamplemousse. Un vin droit, bien dosé, élégant, d'une remarquable fraîcheur pour ce millésime. ✗ 2015-2019 ♈ ravioles de langoustines au gingembre ● Prestige ★ (15 à 20 € ; 5 000 b.) : du chardonnay majoritaire (60 %) assemblé au pinot noir dans ce brut équilibré, droit et frais, aux arômes subtils d'amande grillée et de vanille. ✗ 2015-2018

o→ *Didier Doué, 3, voie des Vignes, 10300 Montgueux, tél. 03 25 79 44 33, doue.didier@wanadoo.fr* Ⓥ 🏃 🍴 *r.-v.*

CHAMPAGNE

DOYARD-MAHÉ Blanc de blancs Carte d'or ★

● 1er cru	25 000	15 à 20 €

Créé en 1927 par Maurice Doyard, cofondateur du Comité interprofessionnel du vin de Champagne, ce domaine situé dans la Côte des Blancs est géré depuis 1988 par Philippe Doyard, l'un de ses petits-fils, rejoint par sa fille Carole. Le chardonnay est à la base de ses cuvées. (RM)

L'élégance est le maître mot de cette cuvée de chardonnay, au nez beurré et toasté, avec des nuances de figue et de vanille. De belle tenue, la bouche offre une finale harmonieuse aux parfums d'agrumes et de miel. ✗ 2015-2018 ▼ suprême de volaille aux morilles ● 1er cru Blanc de blancs 2009 ★ (30 à 50 € ; 5 000 b.) : un chardonnay harmonieux et de belle tenue, aux notes minérales et citronnées persistantes. ✗ 2015-2019

○═ Doyard-Mahé,
28, chem. des Sept-Moulins-d'Argensole, 51130 Vertus,
tél. 03 26 52 23 85, champagne.doyard-mahe@
wanadoo.fr Ⓥ 🏃 ᛘ r.-v.

DRAPPIER Brut Nature Pinot noir ★

●	30 000	30 à 50 €

Une maison auboise de renom fondée en 1808. Son actuel propriétaire, Michel Drappier, conduit un vignoble de 56 ha (dont un tiers en bio) aux environs de Bar-sur-Aube, mais il s'approvisionne aussi dans d'autres secteurs. À la cave, les sulfitages et les dosages sont mesurés. Les bouteilles de prestige vieillissent dans de vénérables caves creusées en 1152 par les moines de la proche abbaye de Clairvaux. (NM)

Non dosé, ce rosé a été obtenu par macération de pinot noir suivie d'une saignée. La robe est pâle, rose orangé ; le nez intense associe les petits fruits rouges et noirs (groseille, cassis), les fleurs et les épices. La bouche est bien structurée, fraîche, élégante. Un rosé qui mise sur la finesse, mais qui pourra tenir sa place au repas. ✗ 2015-2018 ▼ sushis ● Blanc de blancs (30 à 50 € ; 60 000 b.) : vin cité. ✗ 2015-2019 ● Millésime Exception 2008 (30 à 50 € ; 60 000 b.) : vin cité. ✗ 2016-2020

○═ Drappier, rue des Vignes, 10200 Urville,
tél. 03 25 27 40 15, info@champagne-drappier.com
Ⓥ 🏃 ᛘ r.-v.

DRIANT-VALENTIN Extra-brut Grande Réserve ★

● 1er cru	8 000	🍾	20 à 30 €

Grauves se niche dans un vallon voisin de la Côte des Blancs ceinturé de coteaux pentus couronnés de bois. Jacques Driant cultive 8 ha aux environs, ainsi qu'à Aÿ. Son fils David suit ses pas, tradition familiale oblige : le jour même de sa naissance, il a dégusté sa première goutte de champagne ! (RM)

Composé d'une majorité de chardonnay (80 %), cet extra-brut sans dosage étonne par sa souplesse et la richesse de son nez, sur les agrumes et la confiture d'abricots. La fraîcheur est cependant bien là, et le cépage majoritaire transparaît à la dégustation. « Une belle découverte ! » note un juré. Idéal pour l'apéritif et les produits de la mer. ✗ 2015-2017 ▼ buisson de langoustines

○═ Jacques et David Driant, 4, imp. de la Ferme,
51190 Grauves, tél. 03 26 59 72 26, contact@
champagne-driant-valentin.com Ⓥ 🏃 ᛘ r.-v. 🏠 ⊖

GÉRARD DUBOIS Blanc de blancs 2001 ★★

● Gd cru	1 200	🍾	20 à 30 €

Rescapé de la Grande Guerre, le grand-père de Gérard Dubois, cocher chez un châtelain, se fait transporteur de vins. Ayant besoin de fourrage pour ses chevaux, il acquiert des terres autour d'Avize pour faire pousser de l'avoine. Des parcelles intégrées en 1927 dans l'aire d'appellation : un vignoble naît, qui compte aujourd'hui 6 ha, dont la moitié en Côte des Blancs. (RM)

Vieilli sur liège à l'ancienne, ce millésime 2001 – année de modeste réputation – affiche une évolution réussie : nez intense de fruits confits ; bouche tout aussi intense, ronde et équilibrée, aux arômes très agréables de fleurs blanches et de brioche. ✗ 2015-2018 ▼ poulet au champagne

○═ Gérard Dubois, 67, rue Ernest-Vallé, 51190 Avize,
tél. 03 26 57 58 60, contact@champagnedubois.fr
Ⓥ 🏃 ᛘ r.-v.

HERVÉ DUBOIS
Blanc de blancs Réserve ★

● Gd cru	7 000	🍾	15 à 20 €

Transporteur de vins, Paul Dubois achète en 1920 des terres à Avize pour y semer du fourrage. Après 1930, il devient cultivateur et vigneron ; son fils Jean spécialise l'exploitation, et son petit-fils Hervé lance son champagne en 1981. Aujourd'hui rejoint par ses deux filles, il cultive 7 ha, dont 4,5 ha sur la Côte des Blancs. (RM)

Vinifié sans fermentation malolactique et dosé avec mesure, selon la pratique de la maison, un blanc de blancs typique par sa fraîcheur, sa finesse et son élégance. On apprécie sa belle minéralité et sa richesse en arômes de miel et d'amande. ✗ 2015-2018 ▼ huîtres gratinées

○═ Hervé Dubois, 67, rue Ernest-Vallé, 51190 Avize,
tél. 03 26 57 52 45, champagne.dubois@gmail.com
Ⓥ 🏃 ᛘ t.l.j. 8h-17h; sam. dim. sur r.-v.

DUBOIS P. & F. Cuvée du rédempteur ★★

●	25 000	▥	15 à 20 €

Vignoble créé en 1911 par Edmond Dubois, qui prit cette même année la tête de la révolte vigneronne contre la fraude, ce qui lui valut d'être surnommé Le Rédempteur par ses pairs. En 2010, Claude Dubois, petit-fils d'Edmond, a transmis l'exploitation à sa fille Claudie Dubois-Michaux : 7 ha dans la vallée de la Marne. (RM)

Né des trois cépages champenois assemblés par tiers, ce brut, timide au nez, s'ouvre sur des parfums de miel et de torréfaction (cacao, café). Franc à l'attaque, il évolue ensuite avec ampleur en déployant les arômes mûrs du nez : miel, pâtisserie et tabac blond. Une acidité tonique lui confère une grande élégance. Un champagne raffiné. ✗ 2015-2018 ▼ gougères au parmesan

○═ EARL du Rédempteur Dubois P & F, 30, rte d'Arty,
Les Almanachs, 51480 Venteuil, tél. 03 26 58 48 37,
contact@redempteur.com Ⓥ 🏃 ᛘ r.-v. 🏠 ⊖

DUMANGIN J. FILS Le Rosé

● 1er cru	29 500	🍾	20 à 30 €

Représentant la cinquième génération d'élaborateurs, Gilles Dumangin a repris en 2001 les vignes familiales (5,5 ha) implantées à Chigny-les-Roses, sur le flanc nord de la Montagne de Reims. (NM)

De couleur saumon pâle, un rosé d'assemblage classique (47 % de chardonnay et les deux pinots en appoint). Au nez, des parfums de framboise ; en bouche, un bel équilibre et des arômes fruités et beurrés tout en finesse. ✗ 2015-2018 ✛ poulet au curry

○┑ J. Dumangin Fils, 3, rue de Rilly, 51500 Chigny-les-Roses, tél. 03 26 03 46 34, info@champagne-dumangin.fr

Ⓥ ✚ t.l.j. sf dim. lun. mer. 10h-17h30

DANIEL DUMONT Grande Réserve ★		
●	65 000	î	15 à 20 €

Située à proximité de la cité des Sacres, sur la Montagne de Reims, cette exploitation fondée en 1970 est conduite depuis 1992 par un frère et une sœur, secondés par la génération suivante. Le vignoble couvre 10 ha. (RM)

Les trois cépages champenois collaborent à l'assemblage de ce brut (noirs 60 %, dont 40 % de pinot noir). Le nez puissant évoque les fruits confits, tandis que la bouche, d'une belle vivacité, se porte sur les fleurs blanches. Pour l'apéritif comme pour la table. ✗ 2015-2018 ✛ feuilletés au saumon

○┑ Daniel Dumont, 11, rue Gambetta, 51500 Rilly-la-Montagne, tél. 03 26 03 40 67, info@ champagne-danieldumont.com Ⓥ 🕭 ✚ r.-v.

DUVAL-LEROY Blanc de blancs Prestige 2006 ★		
● Gd cru	n.c.	50 à 75 €

Forte d'un vignoble de 200 ha et de cinq centres de pressurage, cette maison fondée en 1859 à Vertus est la plus importante de la Côte des Blancs. Dirigée depuis 1991 par Carol Duval-Leroy, elle est restée dans le giron familial. La plupart des cuvées sont construites sur le chardonnay. (NM)

Ce millésime 2006 de pur chardonnay présente une belle évolution olfactive avec d'élégantes notes de vanille et de fruits secs, complétées en bouche de nuances miellées. L'attaque est fine et le palais équilibré et long. ✗ 2015-2018 ✛ papillote de bar à la vanille ● **Gd cru Femme de Champagne 1996 ★★** (+ de 100 € ; n.c. b.) : quatre parts de chardonnay pour une de pinot noir dans cette cuvée de prestige qui a connu le bois. Plébiscité il y a cinq ans, ce grand millésime s'impose encore par sa fraîcheur et son élégance, déployant de belles notes de fruits jaunes et de toast. ✗ 2015-2018

○┑ Duval-Leroy, 69, av. de Bammental, 51130 Vertus, tél. 03 26 52 10 75, champagne@duval-leroy.com Ⓥ 🕭 ✚ r.-v.

XAVIER DUVAT ET FILS Tête de cuvée 2011 ★		
●	10 000	⏧	15 à 20 €

Aux origines du domaine, implanté entre Épernay et Sézanne, un viticulteur alsacien arrivé en 1870. Premiers champagnes en 1958. Aujourd'hui, 10 ha entre Marne, Aisne et Aube, conduits depuis 1991 par Xavier Duvat, rejoint en 2010 par son fils Léonard. (RM)

Composé d'une majorité de chardonnay (70 %, avec le pinot noir en appoint), un brut millésimé franc, équilibré et long, aux plaisants arômes de pâtisserie et de fruits mûrs. Le dosage réussi met en valeur sa complexité. ✗ 2015-2018 ✛ tempura de gambas

○┑ SAS Xavier Duvat et Fils, 20, Grande-Rue, 51270 Fèrebrianges, tél. 03 26 59 35 69, xduvat@ wanadoo.fr Ⓥ 🕭 ✚ r.-v. 🏠 Ⓑ

CHARLES ELLNER ★★		
●	50 000	î	15 à 20 €

Maison de négoce créée en 1905 par Charles-Émile Ellner, remueur devenu élaborateur. Les générations successives ont agrandi peu à peu le vignoble, qui compte aujourd'hui 50 ha. Jean-Pierre Ellner, petit-fils du fondateur, est aux commandes, épaulé par ses neveux. (NM)

Un rosé d'assemblage associant à parts égales pinot noir et chardonnay. La robe rose brillant aux reflets rubis est pleine de promesses, tout comme les parfums de fruits rouges et de mûre. C'est plutôt la framboise qui ressort en bouche ; un fruité gourmand allié à une délicate fraîcheur. ✗ 2015-2018 ✛ soupe de fruits rouges ● **Grande Réserve ★** (15 à 20 € ; 150 000 b.) : un assemblage dominé par le chardonnay (60 %, avec le pinot noir en appoint) ; nez intense, sur les agrumes et les fleurs blanches ; bouche ronde, chaleureuse, vivifiée par des arômes d'agrumes. ✗ 2015-2018

○┑ SAS Ellner, 6, rue Côte-Legris, 51200 Épernay, tél. 03 26 55 60 25, info@champagne-ellner.com

Ⓥ 🕭 ✚ r.-v.

ERARD-SALMON Cuvée Prestige ★		
●	12 000		15 à 20 €

Vignerons de père en fils depuis cinq générations sur la rive droite de la Marne, les Erard sont devenus récoltants manipulants en 1981. Installé trois ans plus tard, Sylvain dispose de plus de 8 ha. En 2009, il a acquis des barriques pour proposer un nouveau style de champagne. (RM)

Pas de bois pour cette cuvée assemblant par tiers les trois cépages champenois. Nez légèrement floral (fleur d'oranger, acacia) qui s'oriente à l'aération vers les fruits confits acidulés (ananas, citron). Bouche franche et bien construite, à l'unisson de l'olfaction. ✗ 2015-2018 ✛ poulet à l'ananas ● **L'Épicurienne 2010 ★** (30 à 50 € ; 900 b.) : mi-blancs mi-noirs (les deux pinots), une cuvée peu dosée vinifiée en fût de chêne et élevée pendant neuf mois sur lies fines ; un champagne rond et puissant, où des arômes miellés et vanillés s'expriment avec harmonie. ✗ 2015-2018

○┑ EARL Erard-Salmon, 8, rue du Pressoir, 51700 Olizy-Violaine, tél. 03 26 58 13 30, champagne.erard.salmon@orange.fr

Ⓥ 🕭 ✚ r.-v.

ESTERLIN Sélection ★★		
●	120 000	î	15 à 20 €

En 1947, trois vignerons fondent à Mancy la coopérative des Coteaux d'Épernay, qui prend pour marque Esterlin. Aujourd'hui, 190 adhérents, cultivant 120 ha et trois centres de pressurage. Le chardonnay est très présent dans les cuvées de la cave, vinifiées sans fermentation malolactique. (CM)

Mariant le chardonnay (40 %) aux deux cépages noirs (meunier surtout), cette cuvée charme par nez très complexe, mêlant fleurs blanches, verveine et notes miellées. Suivant le même registre, avec des notes d'anis et de camomille, la bouche conjugue richesse et fraîcheur. ✗ 2015-2018 ✛ escalope de veau au citron ● **Chardonnay ★** (20 à 30 € ; 80 000 b.) : un blanc de blancs séduisant par son attaque aérienne, sa fraîcheur et ses arômes de fruits blancs, de nougat et d'amande grillée. ✗ 2015-2018

○━ *Esterlin, 25, av. de Champagne, 51200 Épernay, tél. 03 26 59 71 52, contact@champagne-esterlin.fr*

PASCAL ÉTIENNE Tradition ★		
20 000	11 à 15 €	

Après avoir travaillé entre 1993 et 2010 avec son père Jean-Marie, Pascal Étienne commercialise ses cuvées sous son nom. Situé majoritairement sur les communes de Cumières, d'Hautvillers et de Damery, son domaine (5 ha) dispose d'une salle de réception offrant une vue panoramique sur la vallée de la Marne. (RM)

Les trois cépages champenois (noirs à 60 %) collaborent à ce brut gourmand, à la fois rond et frais, dont la palette d'une belle complexité mêle les fruits jaunes suaves (mirabelle), des notes briochées et des nuances acidulées de bonbon anglais. ✗ 2015-2018 ❦ cailles au citron

○━ *Pascal Étienne, 39, rte Nationale, 51530 Mardeuil, tél. 03 26 54 49 60, champagne-pascal-etienne@ orange.fr* 🅥 🅺 🅛 *r.-v.*

CHRISTIAN ÉTIENNE Cuvée Tradition		
56 000	🅘 ◫	11 à 15 €

Installés en 1978 non loin de Bar-sur-Aube, Christian et Anne Étienne exploitent 10 ha de vignes et disposent de vastes équipements modernes. Formé à Beaune, Christian apprécie les élevages en pièce de chêne. (RM)

Quatre parts de pinot noir pour une part de chardonnay dans cette cuvée au nez discret, qui offre une bonne surprise en bouche, conjuguant harmonieusement puissance, fraîcheur et de jolies notes acidulées. Bonne longueur. ✗ 2015-2018 ❦ bouchées à la reine

○━ *Christian Étienne, 12, rue de la Fontaine, 10200 Meurville, tél. 03 25 27 46 66, champagnesperance@orange.fr* 🅥 🅺 🅛 *r.-v.*

MICHEL FALLET Prestige ★		
3 500	11 à 15 €	

Michel Fallet a repris en 1979 la propriété cultivée avant lui par son père et son grand-père. Avec son fils Sylvain, il exploite environ 4 ha sur Charly-sur-Marne, gros village viticole situé en aval de Château-Thierry. (RM)

Ce champagne doit presque tout au chardonnay (95 %), complété d'une larme de meunier. Il a pour atouts un nez beurré bien ouvert et une bouche puissante et longue, aux arômes de fruits jaunes. ✗ 2015-2017 ❦ saumon mariné aux herbes

○━ *SAS Michel Fallet, 4, rue des Clos-du-Mont, Drachy, 02310 Charly-sur-Marne, tél. 03 23 82 02 55, champagne-michel-fallet@orange.fr* 🅥 🅺 🅛 *r.-v.*

FANIEL ET FILS Blanc de blancs Appogia ★★		
8 000	🅘	15 à 20 €

Au milieu du XXᵉ s., André Faniel plante ses vignes autour de Cormoyeux, sur la rive droite de la Marne, et lance son champagne. En 1992, son fils Jacques crée sa marque. Avec Mathieu, la troisième génération arrive en 2009 sur le domaine, qui compte 9 ha. (RM)

Un nez minéral et frais, plaisant par ses senteurs de fleurs blanches, nuancées de notes anisées et mentholées. Intense et tonique, la bouche monte en puissance ; on y

retrouve la belle minéralité caractéristique de ce blanc de blancs. ✗ 2015-2018 ❦ plateau de fruits de mer

○━ *Jacques Faniel, 19, rue des Gouttes-d'Or, 51480 Cormoyeux, tél. 03 26 58 64 04, contact@ champagne-faniel.fr* 🅥 🅺 🅛 *r.-v.*

FENEUIL-POINTILLART Cuvée Louis 2006 ★			
1er cru	2 000	🅘	20 à 30 €

Jeannick Pointillart et Daniel Feneuil sont les héritiers de deux familles vigneronnes enracinées depuis le XVIIᵉ s. à Chamery, 1ᵉʳ cru de la Montagne de Reims. Ils ont lancé leur champagne en 1972 et transmis leur domaine de près de 7 ha à leur fils Benjamin. (RC)

Mi-chardonnay mi-meunier, vinifié sans fermentation malolactique, ce champagne offre un nez épanoui aux nuances de fruits mûrs à noyau tels que l'abricot. Sa bouche puissante, ample et vineuse en fait un représentant typique de son millésime. ✗ 2015-2018 ❦ poulet au champagne

○━ *Feneuil-Pointillart, 21, rue du Jard, 51500 Chamery, tél. 03 26 97 62 35, champagne.fp@wanadoo.fr* 🅥 🅺 🅛 *r.-v.*

NICOLAS FEUILLATTE Grande Réserve ★		
n.c.	🅘	20 à 30 €

Nicolas Feuillatte est depuis 1986 la marque du Centre Vinicole de Chouilly. Fondée en 1972, cette union de producteurs regroupe 82 coopératives, 5 000 adhérents et plus de 2 200 ha répartis dans toute la Champagne. Ses caves stockent des dizaines de millions de bouteilles. (CM)

Vieillie trois ans sur lattes, cette cuvée, d'abord discrète, découvre à l'aération de séduisants parfums de fruits secs. Agréable, équilibrée et fraîche, la bouche dévoile un potentiel intéressant qui permettra à ce champagne de s'épanouir au cours des prochaines années. Idéal à l'apéritif ou sur du poisson. ✗ 2015-2018 ❦ raie au beurre blanc

○━ *Nicolas Feuillatte, Centre Vinicole Champagne, CD 40A , 51530 Chouilly, tél. 03 26 59 55 50, service-visites@feuillate.com* 🅥 🅺 🅛 *r.-v.*

DANY FÈVRE 2008 ★		
2 300	🅘	15 à 20 €

Ce domaine fondé en 1880 dispose de 8 ha de vignes implantées sur les coteaux de l'Arce, à l'est de Bar-sur-Seine (Aube). Il est conduit depuis 1981 par Évelyne Penot, épaulée par Stéphane Fèvre depuis 2012. (RM)

Le pinot noir (60 %) s'allie au chardonnay dans cette cuvée millésimée au nez subtil de fleurs blanches ; délicate elle aussi, la bouche séduit par son expression aromatique, où les fruits blancs (poire) jouent leur partition. Un ensemble harmonieux. ✗ 2015-2018 ❦ suprême de poularde à la crème

○━ *Stéphane Fèvre et Évelyne Penot, 8, rue Benoit, 10110 Ville-sur-Arce, tél. 03 25 38 76 63, champagne.fevre@wanadoo.fr* 🅥 🅺 🅛 *r.-v.*

BERNARD FIGUET Cuvée spéciale ★		
90 000	🅘	11 à 15 €

Créé au début du XXᵉ s. dans la vallée de la Marne, en aval de Château-Thierry, le domaine des Figuet a élaboré ses premiers champagnes en 1946 et couvre aujourd'hui 13 ha. Aux commandes depuis 1992, Éric Figuet, œnologue, et son épouse Isabelle. (RM)

Un assemblage des trois cépages champenois, avec le meunier en vedette (75 %). Discret au nez, ce brut plaît par sa longueur et par son bel équilibre entre fraîcheur et rondeur. De l'élégance. ✗ 2015-2018 ✗ gougères

⌐ *Bernard Figuet, 144, rte Nationale, 02310 Saulchery, tél. 03 23 70 16 32, champagne.bfiguet@wanadoo.fr* 🆅 🅺 🅻 *t.l.j. 9h-12h 14h-18h*

ALEXANDRE FILAINE Cuvée Confidence ★★		
2 000	⬗	20 à 30 €

Fabrice Gass est installé à Damery, sur la rive droite de la Marne, non loin d'Épernay. Il consacre une minuscule surface (1,5 ha) à sa marque, dont le nom double est un hommage à ses grands-parents, Emmanuel Filaine et Marcelle Alexandre. (RM)

Souvent en très bonne place, cette cuvée n'a qu'un défaut : elle est... confidentielle. Mariant deux tiers de noirs (dont 50 % de pinot noir) à un tiers de chardonnay – ici des récoltes 2009 et 2008 – vinifiés en fûts de réemploi, elle captive par sa complexité : abricot, agrumes, fruits confits et notes d'élevage toastées et vanillées se mêlent harmonieusement au nez. Quant à la bouche, généreuse, gourmande, fraîche et longue, elle offre un savoureux florilège de pêche et de fruits rouges (fraise des bois). Proche du coup de cœur. ✗ 2015-2018 ✗ carpaccio de saint-jacques

⌐ *Fabrice Gass, 17, rue Raymond-Poincaré, 51480 Damery, tél. 03 26 58 88 39, alexandrefilaine@ orange.fr* 🆅 🅺 🅻 *r.-v.*

B FLEURY Extra-brut 2002 ★★		
17 000	🍷 ⬗	30 à 50 €

Célèbre maison de la Côte des Bar (Aube) fondée en 1895. Émile Fleury est le premier à greffer du pinot noir ; Robert commercialise ses premières bouteilles en 1929 et Jean-Pierre est un pionnier de la biodynamie en Champagne : il convertit ses 15 ha dès 1989. Vingt ans plus tard, ses trois enfants entrent en scène : Morgane tient une cave à Paris, Jean-Sébastien se charge des vinifications et Benoît des vignes. (NM)

Trois quarts de pinot noir pour un quart de chardonnay dans cet extra-brut au nez délicat d'acacia, avec des touches de beurre et un léger boisé. La bouche s'exprime avec finesse sur des arômes plus évolués de pain grillé, d'épices et de sureau. Un bel apogée. ✗ 2015-2018 ✗ fruits de mer ● Blanc de noirs ★ (20 à 30 € ; 120 000 b.) B : du pur pinot noir. Nez assez discret mais élégant, sur la pêche blanche et l'iris. Attaque fraîche, belle structure et fruité persistant. ✗ 2015-2018 ● Extra-brut Sonate n°9 Opus 10 ★ (50 à 75 € ; 6 200 b.) B : un assemblage de pinot noir (76 %) et de chardonnay récoltés en 2010. Vinification sans soufre, pour un tiers en fût. Nez élégant, compoté et beurré ; attaque fraîche, bouche ample et puissante sur des notes de fruits mûrs et d'amande. ✗ 2015-2018

⌐ *Fleury, 43, Grande-Rue, 10250 Courteron, tél. 03 25 38 20 28, champagne@champagne-fleury.fr* 🆅 🅺 🅻 *r.-v.*

FLUTEAU Blanc de noirs ★★		
30 000		15 à 20 €

À l'origine, une maison de négoce créée en 1935 par Émile Hérard, vigneron, associé à son gendre Georges Fluteau, fils d'un courtier en vins. Installé en 1996,

Thierry Fluteau, lui, a préféré le statut de récoltant. Avec son épouse américaine Jennifer et leur fils Jérémy, il conduit 9 ha de vignes à l'extrême sud du vignoble aubois. (RM)

Le pinot noir s'exprime de manière élégante dans cette cuvée au nez intense de torréfaction (amande grillée et moka). On retrouve cette même présence aromatique au palais, avec de la matière, un côté gourmand et fruité, et une belle persistance. Du caractère ! ✗ 2015-2020 ✗ magret de canard rosé ● Cuvée Prestige 2009 ★ (15 à 20 € ; 8 000 b.) : les arômes de fruits blancs (pomme, poire) et la tonicité du chardonnay, la richesse de 2009, une belle attaque et une puissance maîtrisée. ✗ 2015-2018

⌐ *EARL Thierry Fluteau, 3, rue de la Nation, 10250 Gyé-sur-Seine, tél. 03 25 38 20 02, champagne.fluteau@wanadoo.fr* 🆅 🅺 🅻 *r.-v.*

FOISSY-JOLY Réserve ★		
18 000	🍷	11 à 15 €

Noé-les-Mallets : un village aubois au bord du ru Noé, entouré d'un amphithéâtre couvert de vignes, dans la région de Bar-sur-Seine. Installé en 2003, Frédéric Joly y conduit le domaine familial (8 ha) à la suite de trois générations. (RM)

Une majorité de pinot noir, avec le chardonnay en complément, pour cette cuvée plaisante par ses arômes (brioche, fruits jaunes et fruits exotiques) et par son équilibre entre sucre et acidité. ✗ 2015-2018 ✗ poulet mariné miel et citron vert ● Joly (11 à 15 € ; 4 000 b.) : vin cité ✗ 2015-2018

⌐ *Foissy-Joly, 2 et 4, rue de Chatet, 10360 Noé-les-Mallets, tél. 03 25 29 65 24, contact@ champagne-foissy-joly.com* 🆅 🅺 🅻 *t.l.j. 8h-12h 14h-18h; dim. 9h-12h*

FOLLET Vintage 2008 ★★		
1 500	🍷 ⬗	30 à 50 €

Quatre générations se sont succédé à la tête de ce vignoble de la vallée de la Marne et de la Montagne de Reims. Installé en 1982, Joël Follet est épaulé à la cave par son fils Nicolas, œnologue. (RM)

Mi-blancs mi-noirs (les deux pinots à parité), vinifié à 80 % en fût, ce millésimé or intense charme par la complexité de sa palette aromatique : boisé légèrement épicé, puis fruits jaunes. Tendue et minérale à l'attaque, la bouche aux arômes confits est soutenue par une fraîcheur tonique : une rare élégance, reflet d'un excellent millésime et d'une réelle maîtrise de la vinification sous bois. ✗ 2015-2020 ✗ pâté champenois en croûte

⌐ *SCEV Follet-Ramillon, 29, Grande-Rue, 51480 Belval-sous-Chatillon, tél. 03 26 58 11 68, champagne.follet-ramillon@wanadoo.fr* 🆅 🅺 🅻 *r.-v.* 🏠 ⓒ

FOREST-MARIÉ Saint-Crespin ★		
1er cru	7 200	⬗	15 à 20 €

Thierry Forest conduit depuis 1980 le domaine familial, tout proche de Reims. Son vignoble se partage entre Écueil, 1er cru de la Montagne de Reims au sud de la cité des Sacres, et Trigny, dans le massif de Saint-Thierry, au nord-ouest. (RM)

Souvent distinguée, cette cuvée au nez franc naît de pinot noir d'Écueil. Son passage en foudre lui a légué une belle matière, ronde et ample, et une palette complexe, marquée par des arômes évolués comme le coing ou la figue. ✗ 2015-2018 ⚑ veau sauce au chaource

○━ SCEV Forest-Marié, 20, rue de la Chapelle, 51140 Trigny, tél. 03 26 03 13 23, champagne-forest-marie@orange.fr Ⓥ 🚶 🛏 r.-v.

THIERRY FOURNIER Réserve ★			
●	60 000	🍾	11 à 15 €

Thierry et Murielle Fournier se sont établis en 1983 à Festigny, sur la rive gauche de la Marne, reprenant les vignes des grands-parents. En trente ans, la surface de leur domaine a triplé, passant de 4 à 12 ha. (RM)

Complété par le pinot noir et le chardonnay, le meunier compose à 80 % cette cuvée au nez d'une grande finesse, sur les fruits secs et la praline. Dès l'attaque, cette délicatesse se confirme : un champagne très équilibré, au dosage invisible. Pour l'apéritif comme pour la table. ✗ 2015-2018 ⚑ cailles aux raisins

○━ Thierry Fournier, 8, rue du Moulin, Neuville, 51700 Festigny, tél. 03 26 58 04 23, thierry.fournier7@wanadoo.fr Ⓥ 🚶 🛏 r.-v.

PHILIPPE FOURRIER Carte d'or			
●	29 000	🍾	11 à 15 €

Cette structure familiale est présente depuis cinq générations dans la Côte des Bar (Aube). Elle a son siège à Baroville, le plus gros village viticole de la région de Bar-sur-Aube. (NM)

Le pinot noir compose exclusivement cette cuvée au nez dominé par la pomme et à la bouche harmonieuse, fraîche et gourmande, aux arômes de fruits exotiques. Idéal à l'apéritif. ✗ 2015-2018 ⚑ gougères

○━ Philippe Fourrier, 39, rue de Bar-sur-Aube, 10200 Baroville, tél. 03 25 27 13 44, contact@champagne-fourrier.fr Ⓥ 🚶 🛏 t.l.j. sf dim. 9h-12h 13h30-17h30

FRESNET-JUILLET Carte d'or ★			
●	n.c.	🍾	11 à 15 €

Gérard Fresnet décide en 1952 d'élaborer ses champagnes et consacre de longues années (entre 1955 et 1997) à creuser à la main ses caves dans la craie. Son fils Vincent a pris le relais ; il exploite près de 6 ha entre la Montagne de Reims et la Grande Vallée de la Marne. (NM)

Composé à 80 % de pinot noir, avec le chardonnay en complément, un champagne séducteur, tant par son nez d'une belle finesse mêlant fruits jaunes et notes grillées que par sa bouche agréable et longue où ressort le cépage majoritaire. ✗ 2015-2018 ⚑ choux au chaource

○━ Fresnet-Juillet, 10, rue de Beaumont, 51380 Verzy, tél. 03 26 97 93 40, info@champagne-fresnet-juillet.com Ⓥ 🚶 🛏 r.-v.

DENIS FRÉZIER Blanc de blancs ★		
●	1 500	15 à 20 €

Le premier des Frézier vignerons naquit en 1799. Alfred Frézier commence la commercialisation des champagnes en 1935. Depuis 2001, c'est son petit-fils Sébastien, fils de Denis, qui gère l'exploitation : près de 6 ha entre coteaux d'Épernay, Côte des Blancs et Grande Vallée de la Marne. (RC)

Vieilli trois ans sur lattes comme tous les champagnes de la maison, ce blanc de blancs offre un nez complexe et opulent sur le tilleul et les fruits compotés. La bouche, à l'unisson, est généreuse et longue. ✗ 2015-2018 ⚑ aumônière de noix de Saint-Jacques

○━ Denis Frézier, 50, rue Gaston-Poittevin, 51530 Monthelon, tél. 03 26 59 70 16, contact@champagne-frezier.com Ⓥ 🚶 🛏 r.-v.

FROMENT-GRIFFON Grande Réserve ★			
1er cru	2 000	🍾	15 à 20 €

Marie et Mathias Griffon, tous deux œnologues diplômés, exploitent depuis 2002 les 6,6 ha du vignoble créé par l'arrière-grand-père de Mathias dans la Montagne de Reims. Mathias est aussi le vice-président de la coopérative de Sermiers, où il apporte ses raisins ; il intervient dans les assemblages. (RC)

Une nouvelle fois distinguée cette année, cette Grande Réserve mi-blancs mi-noirs surprend agréablement par son élégance et par sa fraîcheur, soulignée par des arômes de fleurs blanches et de citron, et par une finale sur le pamplemousse. ✗ 2015-2018 ⚑ mijoté de lotte aux épices
● 1er cru Privilège 2008 (15 à 20 € ; 2 500 b.) : vin cité. ✗ 2015-2018

○━ Froment-Griffon, 2, rue du Clos-des-Moines, 51500 Sermiers, tél. 03 26 46 94 36, contact@champagne-froment-griffon.com Ⓥ 🛏 r.-v.

GABRIEL-PAGIN FILS Grande Réserve			
1er cru	10 000	🍾 🍷	15 à 20 €

Propriété fondée en 1946 dans la Grande Vallée de la Marne. Aurélien Gabriel, œnologue, qui représente la troisième génération, a pris les commandes en 2012. Il dispose de 9,5 ha autour d'Avenay-Val d'Or et dans la Côte des Blancs. Exploitation certifiée Haute valeur environnementale. (RM)

Du chardonnay majoritaire (70 %, avec le pinot noir en appoint) dans cette cuvée au nez délicatement floral ; en bouche, des notes acidulées mettent en valeur cette dominante de fleurs blanches. Pour l'apéritif et les entrées. ✗ 2015-2018 ⚑ coquilles Saint-Jacques au beurre

○━ Gabriel-Pagin Fils, 4, rue des Remparts, 51160 Avenay-Val-d'Or, tél. 03 26 52 31 03, gabriel.pagin@wanadoo.fr Ⓥ 🚶 🛏 r.-v. 🏠 Ⓐ

GALLIMARD PÈRE ET FILS Cuvée Quintessence Vieilli en fût de chêne ★★		
●	3 000	🍷	20 à 30 €

Des Gallimard qui rencontrent souvent les éditions Hachette. Cette famille des Riceys, important village viticole de la Côte des Bar (Aube), a élaboré ses premiers champagnes en 1930. Installé sur l'exploitation en 1989, Didier Gallimard conduit 10 ha plantés majoritairement de pinot noir. (NM)

Une fois de plus, cette cuvée vieillie en fût de chêne a reçu un très bon accueil du jury. Le nez dévoile des arômes évolués, beurrés et toastés ; la bouche se montre intense, harmonieuse ; on y découvre ces mêmes saveurs de brioche beurrée mariées à de puissantes notes de fruits mûrs. ✗ 2015-2018 ⚑ pâté chaud en croûte

0-n *EARL Gallimard Père et Fils,*
18-20, rue Gaston-Cheq-le-Magny, BP 23,
10340 Les Riceys Cedex, tél. 03 25 29 32 44,
champ.gallimard@wanadoo.fr V ⚡ 🍷 *t.l.j. sf dim.*
9h-12h 14h-17h30; sam. sur r.-v.

BERNARD GANTOIS			
100 % chardonnay ★			
● Gd cru	15 000	🍶	15 à 20 €

Installé en 1981, Bernard Mallol exploite 7 ha de vignes très bien situées sur deux terroirs de la Côte des Blancs classés en grand cru : Cramant et Chouilly. (RM)

Ce blanc de blancs présente un nez fort élégant mêlant les agrumes à des notes beurrées et grillées. Il convainc aussi par son attaque vive et par sa bouche mûre aux arômes complexes et persistants de noisette assortis d'une touche minérale. Du caractère. ✗ 2015-2018 🍴 bar de ligne au beurre fondu

0-n *Bernard Mallol, 290, rue du Gal-de-Gaulle,*
51530 Cramant, tél. 03 26 57 96 14, champagne.mallol@
wanadoo.fr V ⚡ 🍷 *r.-v.*

GAUDINAT-BOIVIN 2008 ★			
●	1 200	🍶	15 à 20 €

Les frères Hervé et David Gaudinat exploitent 6 ha sur la rive gauche de la Marne, à Festigny, Leuvrigny et Œuilly. La famille élabore ses champagnes depuis les années 1950. (RM)

Les raisins noirs (les deux pinots) composent 70 % de ce millésimé au nez partagé entre les fleurs blanches et les petits fruits rouges. On retrouve les fleurs dans une bouche ample, à la finale tendue : un ensemble élégant. ✗ 2015-2018 🍴 turbot sauce hollandaise ● Grand Rosé (11 à 15 € ; 3 000 b.) : vin cité. ✗ 2015-2017

0-n *EARL Gaudinat-Boivin, 6, rue des Vignes,*
Le Mesnil - Le Huttier, 51700 Festigny,
tél. 03 26 58 01 52, ch.gaudinat.boivin@wanadoo.fr
V ⚡ 🍷 *r.-v.*

♥ GEOFFROY			
Extra-brut 2005 ★★★			
●	6 000	🍾	50 à 75 €

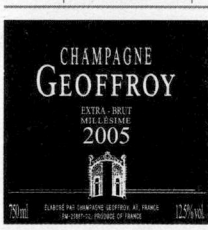

Perpétuant une tradition vigneronne remontant au XVIIᵉ s., Jean-Baptiste Geoffroy est installé depuis 2006 à Aÿ, dans les locaux d'une ancienne coopérative. Ses racines sont à Cumières, village sur la rive droite de la Marne, presque en face d'Épernay, où il cultive 13,5 ha. Il a succédé à René, bien connu de nos premiers lecteurs. (RM)

Pour la deuxième fois consécutive, ce récoltant obtient un coup de cœur. La distinction va cette année à un millésime mariant une bonne moitié de chardonnay aux deux pinots (30 % de pinot noir). Les vins de base ont été vinifiés en fût sans chaptalisation, sans fermentation malolactique et tirés sous liège. Il en résulte un nez floral tout en finesse et une bouche puissante et fraîche, légèrement boisée, aux arômes de fleurs blanches et de

fruits secs. Un vin magnifique, à son apogée. ✗ 2015-2018 🍴 risotto aux truffes

0-n *Geoffroy, 4, rue Jeanson, 51160 Aÿ,*
tél. 03 26 55 32 31, info@champagne-geoffroy.com
V ⚡ 🍷 *r.-v.*

PIERRE GERBAIS			
Extra-brut Prestige ★			
●	15 000	🍶	20 à 30 €

Depuis quatre générations, les Gerbais cultivent la vigne près de Bar-sur-Seine, dans l'Aube. C'est aujourd'hui Pascal, le fils de Pierre, rejoint par Aurélien, qui conduit le domaine : environ 18 ha en propre. Le pinot blanc, une variété rare en Champagne, est choyé par les propriétaires. (NM)

Ici, un pur chardonnay, d'une belle intensité, tendu et frais. La palette aromatique, mariant les fruits blancs au miel, est riche et harmonieuse. ✗ 2015-2016 🍴 carré de veau aux morilles

0-n *Pierre Gerbais, 13, rue du Pont, BP 17,*
10110 Celles-sur-Ource, tél. 03 25 38 51 29, contact@
gerbais.com V ⚡ 🍷 *r.-v.*

JEAN GIMONNET Blanc de blancs Sélection ★			
● 1er cru	n.c.	🍶	15 à 20 €

Repère dans le paysage au nord de la Côte des Blancs, l'église romane de Cuis a dû voir passer bien des Gimonnet, vignerons enracinés dans ce village. Jean-Luc est aujourd'hui à la tête de l'exploitation familiale. Le chardonnay constitue la base des cuvées de la propriété. (RM)

Intense et fin, le nez mêle les fleurs blanches à de subtiles notes d'évolution rappelant les fruits compotés et la frangipane. La bouche séduit par son attaque fraîche, son équilibre, sa longueur et ses arômes de fruits secs. De la finesse. ✗ 2015-2018 🍴 sole grillée

0-n *Jean-Luc Gimonnet, 7, rue Jean-Mermoz, 51530 Cuis,*
tél. 03 26 59 86 50, champjg@free.fr V ⚡ 🍷 *r.-v.*

GIMONNET-GONET Blanc de blancs Cuvée or ★			
● Gd cru	30 000	🍶	15 à 20 €

Tous deux issus de lignées bien connues de la Côte des Blancs, Philippe Gimonnet et son épouse Anne Gonet lancent leur champagne en 1986 et agrandissent leur domaine : 15 ha aujourd'hui, dont l'essentiel dans quatre grands crus de chardonnay et quelques autres dans la vallée de la Marne. (RM)

Un pur chardonnay de la Côte des Blancs. Nez brioché, vanillé, nuancé de touches de rose et de fruits jaunes (prune, abricot). Belle attaque, dosage précis, aucune lourdeur : un vin séducteur. ✗ 2015-2017 🍴 sole grillée

0-n *Gimonnet-Gonet, 225, rue du Bas-des-Auges,*
51190 Le Mesnil-sur-Oger, tél. 09 82 29 93 15, contact@
champagne-gimonnet-gonet.com V ⚡ 🍷 *r.-v.*

LIONEL GIRARD ET FILS Tradition ★★			
●	8 000	🍶	11 à 15 €

Quatre générations de viticulteurs sur la rive droite de la Marne. Comme ses parents, Lionel Girard est coopérateur ; disposant d'un petit vignoble de 1,5 ha, il lance sa marque en 1983. (RC)

CHAMPAGNE

Le meunier compose 95 % de cette cuvée, complété d'une goutte de chardonnay. Discrètement floral et miellé, voici un champagne charmeur, tant par la complexité et l'élégance de ses arômes de fruits confits et d'épices que par la vivacité de sa finale. Idéal pour un dessert peu sucré. ✗ 2015-2018 ♈ tarte aux mirabelles

☛ *Lionel Girard, 4, ruelle du Pot-d'Étain, 51480 La Neuville-aux-Larris, tél. 03 26 52 14 58, champagne@champagnelionelgirard.com* 🆅 🏃 🚹 *r.-v.*

DOM. B. GIRARDIN Point d'orgue 2007 ★		
●	3 000	🍴	20 à 30 €

Bernard Girardin a créé sa marque en 1971 et constitué son vignoble sur les coteaux sud d'Épernay. Sa fille Sandrine Brites-Girardin a deux passions : le champagne et la musique. Elle aime le jazz, joue du piano et aide son père dans les vignes et à la cave. À dix-huit ans, elle opte pour les bulles. Trois ans plus tard, en 1994, elle compose sa première cuvée : Vibrato. (RM)

Issu des trois cépages champenois (70 % de noirs), un millésimé au nez subtil de biscuit et de pâtisserie. L'abricot, la pêche et la groseille viennent compléter cette palette dans une bouche droite et équilibrée. ✗ 2015-2017 ♈ sole grillée sur lit de poireaux

☛ *Sandrine Girardin, Dom. B. Girardin, 19, rue du Bas, 51530 Mancy, tél. 03 26 59 70 78, info@champagne-bgirardin.com* 🆅 🏃 🚹 *r.-v.* 🏠 ④

PIERRE GOBILLARD Réserve ★		
● 1er cru	13 000	🍴	15 à 20 €

Cette maison de négoce est établie dans la vallée de la Marne à l'entrée du village d'Hautvillers, le « berceau du champagne » où officia dom Pérignon. Hervé et Florence Gobillard, à sa tête depuis 1990, transmettent l'exploitation à leurs enfants Pierre-Alexis et Chloé. (NM)

Mi-blancs mi-noirs (les deux pinots à égalité), cette cuvée séduit par un nez fruité et frais, sur l'ananas, le citron et les fruits blancs, avec des touches vanillées et grillées. La bouche suit la même ligne aromatique, franche et légèrement acidulée. Un brut bien structuré et tout en finesse. ✗ 2015-2018 ♈ pavé de sandre rôti

☛ *Pierre Gobillard, 341, rue des Côtes-de-L'Héry, 51160 Hautvillers, tél. 03 26 59 45 66, info@champagne-gobillard-pierre.com* 🆅 🏃 🚹 *t.l.j. 9h-12h 14h 18h*

J.-M. GOBILLARD & FILS Grande Réserve ★		
● 1er cru	200 000	🍴	15 à 20 €

Sandrine, Jean-François, Philippe et Thierry Gobillard sont les petits-enfants de Gervais et les enfants de Jean-Marie Gobillard. Le premier créa le vignoble en 1945, le second lança sa marque dix ans plus tard. Les vignes couvrent 25 ha autour d'Hautvillers, village de la vallée de la Marne où officia dom Pérignon. Deux étiquettes : Gervais et J.-M. Gobillard. (NM)

Mi-chardonnay (50 %) mi-pinots, ce brut offre un nez intense et frais de fleurs blanches et de citron. La bouche, entre agrumes et fruits compotés, présente la même intensité aromatique. De la présence. ✗ 2015-2018 ♈ filet mignon safrané

☛ *J.-M. Gobillard et Fils, 38, rue de l'Église, 51160 Hautvillers, tél. 03 26 51 00 24, caveau@champagne-gobillard.com* 🆅 🚹 *r.-v.*

GONET SULCOVA		
Blanc de blancs Cuvée Montgueux ★★		
●	5 000	🍴	15 à 20 €

Domaine créé au début du XXᵉs. par Charles Gonet et développé par son fils Jacques. Vincent Gonet et son épouse Davy Sulcova en prennent les rênes en 1985, lancent leur marque et s'installent à Épernay. Rejoints par leurs enfants, ils exploitent 16 ha sur la Côte des Blancs et à l'Aube. (RM)

Cette cuvée est composée uniquement de chardonnay de Montgueux, village proche de Troyes au terroir propice à ce cépage. Elle reçoit un excellent accueil pour ses nuances élégantes de fleurs blanches, sa fraîcheur et son harmonie générale. Pour l'apéritif et les produits de la mer. ✗ 2015-2018 ♈ plateau de fruits de mer

☛ *SCEV Beauregard, Champagne Gonet Sulcova, 13, rue Henri-Martin, 51200 Épernay, tél. 03 26 54 37 63, gonet-sulcova@wanadoo.fr* 🆅 🏃 🚹 *r.-v.*

♥ GOSSET		
Grand blanc de blancs ★★		
●	100 000	🍴	50 à 75 €

« La plus ancienne maison de la Champagne », fondée en 1584 – avant que le vin de la région ne prît mousse – par Pierre Gosset, échevin d'Aÿ et propriétaire de vignes. À l'époque, les vins de cette ville, souvent rouges, rivalisaient à la cour avec ceux de Beaune. Après Pierre Gosset, treize générations se sont succédé. La société est aujourd'hui dans le giron du groupe Renaud-Cointreau. Les champagnes Gosset ne font pas leur fermentation malolactique. (NM)

Après un coup de cœur attribué l'an passé à un autre champagne, c'est au tour de la cuvée Grand blanc de blancs d'être couronnée. Un chardonnay salué d'emblée pour la fraîcheur et la finesse de son nez mêlant fruits frais et pâte d'amande. Quant à la bouche, vive à l'attaque, elle garde un caractère tonique tout en dévoilant des arômes gourmands de massepain et de frangipane. Sa longue finale sur le pamplemousse, agréablement amère, achève de convaincre. ✗ 2015-2020 ♈ foie gras poêlé compote de poires

☛ *Gosset, 12, rue Godart-Roger, 51200 Épernay, tél. 03 26 56 99 56, info@champagne-gosset.com* 🆅 *t.l.j. sf sam. dim. 8h30-11h45 14h-17h* ☛ *Renaud Cointreau*

J.-M. GOULARD Rosé Orphise ★		
●	12 000	🍴	15 à 20 €

Implanté à Prouilly, dans le massif de Saint-Thierry, ce vignoble familial couvre 7,5 ha aujourd'hui. Jean-Marie Goulard s'est lancé dans la manipulation au cours des années 1970. Ses trois fils l'ont rejoint ; l'aîné, Sébastien, officie à la cave. (RM)

Un rosé de noirs, issu de l'assemblage des deux pinots (meunier majoritaire). Robe rose soutenu, nez bien ouvert sur les fruits rouges, bouche au fruité exubérant, sur la fraise et la grenadine, rehaussés d'un soupçon d'épices. Richesse et fraîcheur. Pour la table. ✗ 2015-2018 ♈ magret de canard aux cerises

☛ *EARL Goulard, 13, Grande-Rue, 51140 Prouilly,*
tél. 03 26 48 21 60, contact@champagne-goulard.com
Ⓥ 🏃 ♿ *t.l.j. sf dim.* 9h-12h 13h30-18h 🏠 ❷ ♿ �◉

DIDIER GOUSSARD Esprit élégant ★		
●	5 500	🍾	15 à 20 €

Après avoir travaillé aux côtés de sa sœur Francine et de son beau-frère Jean-Claude Dauphin, Didier Goussard, œnologue, et sa femme Marie-Hélène ont constitué leur propre domaine en 2007. Installé dans le vaste village viticole des Riceys (Aube), le couple cultive 3 ha de vignes. (RM)
Le chardonnay (60 %) et le pinot noir collaborent à cette cuvée au nom bien choisi, à lire les notes des dégustateurs. Un champagne subtil, harmonieux, judicieusement dosé, aux arômes de fruits et de fleurs blanches. Idéal à l'apéritif. ✗ 2015-2018 ⑂ toasts au saumon
☛ *Didier Goussard, 69, rue du Gal-de-Gaulle,*
10340 Les Riceys, tél. 03 25 38 65 25,
champagne.didier.goussard@orange.fr Ⓥ 🏃 ♿ *r.-v.*

GUSTAVE GOUSSARD Prestige ★		
●	2 400	🍾	15 à 20 €

Installé près des Riceys, diplômé de la faculté d'œnologie de Dijon, Didier Goussard s'est associé en 1989 avec sa sœur et son beau-frère (Goussard et Dauphin). Après la disparition de ce dernier, il a créé ce négoce en 2013, avec la marque Gustave Goussard. (NM)
Le chardonnay, majoritaire (60 %), est assemblé au pinot noir dans cette cuvée au nez floral et mentholé. L'attaque en bouche est généreuse, la finale tonique et élégante. Une belle fraîcheur ✗ 2015-2016 ⑂ croustillant de saint-jacques
☛ *Didier Goussard, SARL du Val de Sarce,*
2, chem. Saint-Vincent, 10340 Avirey-Lingey,
tél. 03 25 29 30 03, gustave.goussard@orange.fr
Ⓥ 🏃 ♿ *r.-v.*

H. GOUTORBE Spécial Club 2005 ★		
● Gd cru	10 000	🍾	20 à 30 €

Au début du XXᵉ s., à l'époque où le vignoble champenois devait se reconstituer, Émile Goutorbe était pépiniériste viticole. Henri a développé la propriété et s'est lancé dans la manipulation après la dernière guerre. Son fils René et ses enfants Élisabeth et Étienne, qui ont aussi créé un hôtel trois étoiles, gèrent aujourd'hui le domaine (22 ha), qui a son siège à Aÿ. (RM)
Ce grand cru d'Aÿ privilégie évidemment le pinot noir (70 %), complété par le chardonnay. Le nez, évocateur de fruits confits ou macérés, la bouche puissante, aux arômes de fruits jaunes, de noyau, de pâte de coings et d'amandes traduisent une évolution intéressante. ✗ 2015-2020 ⑂ saint-nectaire fermier
☛ *René Goutorbe, 9 bis, rue Jeanson, 51160 Aÿ,*
tél. 03 26 55 21 70, info@champagne-henri-goutorbe.com
Ⓥ 🏃 ♿ *t.l.j.* 9h30-12h 14h-17h; lun. sam. sur r.-v.

ANDRÉ GOUTORBE ET FILS		
Plaisir d'antan Élevé en fût de chêne ★★		
●	3 000	🍾	20 à 30 €

La famille Goutorbe, qui cultive la vigne depuis 1875, a lancé son champagne dès 1902. Après Victor, Armand et André, David s'est installé en 2000. Son vignoble de 12 ha est implanté dans la vallée de la Marne, non loin d'Épernay. (RM)
Une cuvée déjà appréciée l'an dernier, mais cette version est un pur chardonnay; les vins de base ont été vinifiés complètement en fût et conservés deux ans; le champagne, tiré sous liège à l'ancienne, a vieilli cinq ans avant dégorgement. Une vinification parfaitement réussie : un nez frais, tout en finesse, sur les fleurs blanches et les fruits jaunes; une bouche ronde et élégante; des arômes toastés et beaucoup de fruit. Pour la table. ✗ 2015-2018 ⑂ foie gras poêlé
☛ *André Goutorbe et Fils, 6, rue Georges-Clemenceau,*
51480 Damery, tél. 03 26 58 43 47,
champ.goutorbe-andre@wanadoo.fr Ⓥ 🏃 ♿ *r.-v.*

THIERRY GRANDIN Cuvée Prestige 2007 ★		
●	5 000	🍾	15 à 20 €

La famille commercialise son vin à la fin du XIXᵉ s. Établi dans un village niché entre Marne et Ardre, Thierry Grandin, par ailleurs président de la coopérative de La Neuville-aux-Larris, a lancé sa marque en 1982. Ses vignes (4 ha) sont implantées dans la vallée de la Marne et à Villedommange. (RC)
Mi-blancs mi-noirs (les deux pinots), ce millésime, à son apogée, présente un nez intense aux nuances de fruits confits (abricot) et dévoile une bouche gourmande, fraîche et très persistante. ✗ 2015-2016 ⑂ poularde rôtie
☛ *Thierry Grandin, 10, rue de la Mairie,*
51480 Champlat, tél. 03 26 58 11 71, grandin.constant@
orange.fr Ⓥ 🏃 ♿ *r.-v.*

ALFRED GRATIEN 2000 ★★		
●	15 000	⑾	50 à 75 €

Une maison fondée en 1864 par Alfred Gratien, rachetée en 2000 par le groupe allemand Henkell & Co, qui a rassemblé de nombreuses marques européennes d'effervescents. Elle a conservé son chef de cave, Nicolas Jaeger, quatrième du nom à travailler pour la marque et à en garder les traditions (absence de fermentation malolactique, élevage des vins de base en pièces champenoises de réemploi). (NM)
Deux tiers de chardonnay complété par les deux pinots pour ce millésime tiré sous liège. Le nez, magnifique, décline des notes grillées rappelant le café; la bouche dévoile des notes exubérantes de fruits confits emportées par une ligne d'acidité qui donne beaucoup d'allonge et de fraîcheur à l'ensemble. ✗ 2015-2020 ⑂ ris de veau aux morilles ● Cuvée Paradis 2006 ★★ (50 à 75 € ; 12 000 b.) : couronnée l'an dernier, cette cuvée de prestige assemblant deux tiers de chardonnay à un tiers de pinot noir et restée sept ans sur lattes se maintient. On aime son nez beurré et compoté, et la bouche aux jolies notes torréfiées, restée vive. ✗ 2015-2019
☛ *Alfred Gratien, 30, rue Maurice-Cerveaux,*
51200 Épernay, tél. 03 26 54 38 20, contact@
alfredgratien.com Ⓥ ♿ *r.-v.* ☛ *Henkell & Co*

GÉRARD GRATIOT Prélude ★		
●	11 700		15 à 20 €

Au tournant du XXᵉ s., Désiré Gratiot remporte un concours agricole pour son vin blanc. Installés en 2002, ses descendants Sandrine et Rémy Gratiot exploitent

18 ha dans la vallée de la Marne, en aval de Château-Thierry. (RM)

Cépage roi de la vallée de la Marne occidentale, le meunier compose 70 % de cette cuvée qui s'impose par sa souplesse, son fruité légèrement miellé et ses notes de beurre et de pâtisserie. La bouche aux arômes de pomme caramélisée marie la vinosité et la fraîcheur ; une finale acidulée donne du tonus à l'ensemble. ✗ 2015-2018 ♈ vol-au-vent

☛ *Gérard Gratiot, 27, av. Fernand-Drouet, 02310 Charly-sur-Marne, tél. 03 23 82 06 89, contact@champagne-gratiot.fr* Ⓥ 🔛 *t.l.j. sf sam. dim. 9h-12h 14h-18h*

GRATIOT-PILLIÈRE		
●	12 000	📷	11 à 15 €

Les ancêtres cultivaient la vigne du vivant de dom Pérignon. Le champagne est lancé dans les années 1960. Installés en 1991, Olivier et Sébastien Gratiot exploitent 18 ha dans la vallée de la Marne et confient leur récolte à la Covama, importante coopérative du secteur. (RC)

Vieilli au minimum deux ans en cave, ce rosé d'assemblage marie le meunier (80 %) au chardonnay. De couleur saumonée, il libère des parfums de fruits rouges mûrs témoignant d'une belle maturité. Le palais est équilibré, avec un dosage bien fondu. ✗ 2015-2016 ♈ fondant au chocolat

☛ *SCEV Gratiot-Pillière, 8-10, av. Fernand-Drouet, 02310 Charly-sur-Marne, tél. 03 23 82 08 68, info@champagne-gratiot-pilliere.com* Ⓥ 🔛 *t.l.j. sf dim. 9h-12h 13h30-18h; août sur r.-v.*

A. GRILLIAT & FILS 2007 ★		
● Gd cru	3 000	📷	15 à 20 €

En 2014, Fabien Grilliat a succédé à son père Alain qui avait lancé sa marque en 1975. Le vignoble familial (5 ha) est bien situé, partagé entre la Grande Vallée de la Marne (notamment Aÿ, grand cru de noirs) et Avize, grand cru de la Côte des Blancs. (RM)

Reflétant l'encépagement du vignoble, ce millésime marie 70 % de pinot noir et 30 % de chardonnay. Avec son nez bien ouvert, élégamment fruité, son effervescence douce, sa bouche ronde aux arômes de fruits compotés, ce 2007 constitue une belle surprise. ✗ 2015-2018 ♈ poulet au champagne

☛ *A. Grilliat et Fils, 27, rue Jules-Blondeau, 51160 Aÿ, tél. 03 26 55 17 65, champagne-grilliat@club-internet.fr* Ⓥ 🎿 🔛 *r.-v.*

GRUET 2009 ★★		
●	50 700	📷	15 à 20 €

Les Gruet cultivaient déjà la vigne sous Louis XIV dans la Côte des Bar, mais c'est Claude Gruet – toujours en activité – qui a constitué le domaine, se lançant dans l'élaboration du champagne en 1975. À la production de ses 20 ha s'ajoute une structure de négoce. (NM)

Mariant 70 % de pinot noir au chardonnay, ce millésime proche du coup de cœur est salué pour sa finesse et son élégance. Le nez associe les fruits blancs bien mûrs et les agrumes, rehaussés d'une nuance florale. Ces fruits, notamment la pêche, s'accompagnent en bouche d'une petite touche vanillée. L'attaque est vive, la finale acidulée et longue. Pour l'apéritif comme pour la table. ✗ 2015-2019

♈ écrevisses à la nage ● ★ (15 à 20 € ; 150 000 b.) : un rosé d'assemblage (pinot noir et chardonnay) harmonieux et riche, au fruité très fin. Du style et du caractère. ✗ 2015-2018

☛ *Gruet, 48, Grande-Rue, 10110 Buxeuil, tél. 03 25 38 54 94, contact@champagne-gruet.com* Ⓥ 🎿 🔛 *t.l.j. 8h-12h 13h30-17h30; sam. dim. sur r.-v.; f. sem. du 15 août*

MAURICE GRUMIER		
Extra-brut Amand Cuvée du fondateur ★★		
●	3 000	🍾	30 à 50 €

Héritier d'une lignée remontant à 1743, Amand Grumier commercialise ses premières bouteilles en 1928. Fabien arrive sur le domaine en 1999 et en prend les rênes en 2006. Avec son épouse Hélène, il exploite 8 ha dans la vallée de la Marne. Domaine certifié Haute valeur environnementale. (RM)

Cuvée dédiée à l'arrière-grand-père qui a élaboré le premier champagne en 1928. Mi-pinot noir mi-chardonnay, cet extra-brut, qui frôle le coup de cœur, a été vinifié sous bois ; il est resté huit ans sur lattes. La richesse est au rendez-vous, avec un nez partagé entre fruits confits, vanille et brioche, et une bouche franche, onctueuse et ronde dans le même registre que l'olfaction. ✗ 2015-2019 ♈ pavé de sandre rôti au beurre blanc ● Extra-brut Les Rosiers ★ (30 à 50 € ; 1 500 b.) : issu de pinot noir, un rosé vinifié sous bois sans fermentation malolactique. Une couleur soutenue, rose framboise, un nez de griotte et d'épices, et une matière imposante, concentrée et fondue. ✗ 2015-2018

☛ *Maurice Grumier, 13, rte d'Arty, 51480 Venteuil, tél. 03 26 58 48 10, champagnegrumier@wanadoo.fr* Ⓥ 🎿 🔛 *r.-v.*

NICOLAS GUEUSQUIN Tradition ★		
● 1er cru	200 000		15 à 20 €

Établi près d'Épernay, un négoce discret mais prospère, créé en 1993 par Nicolas Gueusquin, jeune ingénieur agronome. Toujours dirigé par son fondateur, il s'appuie sur un vignoble en propre de 10 ha. (NM)

On retrouve la cuvée Tradition, dans une version assemblant 80 % de pinot noir au chardonnay. Avec son nez floral, sa bouche à l'unisson, fraîche et vivifiée par une fine effervescence, où l'on retrouve les fleurs blanches mariées à la violette, ce 1er cru laisse une impression de délicatesse. Pour l'apéritif comme pour la table. ✗ 2015-2018 ♈ carpaccio de saint-jacques

☛ *Nicolas Gueusquin, 5, allée du Petit-Bois, 51530 Dizy, tél. 03 26 59 99 34, info@sa-lesrochesblanches.fr* Ⓥ 🎿 🔛 *r.-v.*

GUILLETTE-BREST ★		
●	15 000	📷	11 à 15 €

La famille est installée à Monthelon, dans la région des coteaux sud d'Épernay. Maxime Guillette a pris en 2003 la succession de son père et cultive 4,5 ha ; il conserve la moitié de la production pour ses cuvées et vend l'autre au négoce. (RM)

Les trois cépages champenois (70 % de noirs, dont 50 % de meunier) collaborent à cette cuvée au nez intense de mirabelle compotée. La bouche, elle, est franche et vive, jouant sur des notes d'agrumes. À déboucher dès l'apéritif. ✗ 2015-2018 ❦ feuilletés au comté

☛ Guillette-Brest, 14, rue Gaston-Poittevin, 51530 Monthelon, tél. 03 26 59 73 38, champagne.guillette-brest@hotmail.com Ⓥ 🅐 🅟 t.l.j. 8h-12h 14h-18h

GUYOT-GUILLAUME Extra-brut N° 6 Vinifiée en fût de chêne ★★			
●	n.c.	◖◗	30 à 50 €

Les Guyot ont planté leur vignoble entre 1960 et 1980 dans la vallée de l'Ardre. Installé en 1975, Dominique Guyot exploite un domaine de 5 ha. Il confie sa vendange à la coopérative, mais assure l'élaboration à partir de la prise de mousse. (RC)

Déjà très remarquée l'an dernier, cette cuvée peu dosée est le fruit de l'assemblage d'un tiers de meunier (30 %) vinifié en fût de chêne et de 70 % de chardonnay. Le nez floral est très élégant et la bouche, bien mûre et opulente, montre une rare complexité, grâce aux vins de réserve. Un champagne à la fois ample et précis, pur et gourmand : un réel plaisir. Proche du coup de cœur. ✗ 2015-2018 ❦ saint-jacques à la crème ● Réserve ★ (15 à 20 € ; n.c. b.) : né des trois cépages champenois, un champagne polyvalent et gourmand, frais et bien équilibré, aux arômes de fruits jaunes. ✗ 2015-2017

☛ Dominique Guyot, 9, rue des Sablons, 51390 Méry-Prémecy, tél. 03 26 03 65 25, dom.guyo@wanadoo.fr Ⓥ 🅐 🅟 r.-v.

GYÉJACQUOT FRÈRES Extra-brut Prestige			
●	10 000	🏚	15 à 20 €

Deux frères ont planté en 1970 les premières vignes et lancé leur champagne cinq ans plus tard. Aujourd'hui, ce sont toujours deux frères, Frédéric et Cyril Gyéjacquot, qui gèrent cette jeune structure familiale et son vignoble de 9,8 ha implanté dans l'Aube, au cœur de la Côte des Bar. (NM)

Le chardonnay (70 %) se marie au pinot noir dans cette cuvée qui s'ouvre sur de fraîches senteurs florales (acacia, aubépine) et fruitées (ananas, citron). La bouche est franche, légèrement acidulée et longue. Parfait pour un apéritif dînatoire. ✗ 2015-2018 ❦ tartare de saint-jacques

☛ SARL Gyéjacquot, 4, chem. de l'Huilerie, 10110 Celles-sur-Ource, tél. 03 25 38 56 07, gyejacquot@aol.com Ⓥ 🅐 🅟 r.-v.

HARLIN PÈRE & FILS Goutte d'or ★			
●	.n.c.	🏚	20 à 30 €

Descendant de viticulteurs, Guy Harlin développe le vignoble au cours des années 1980 dans la vallée de la Marne (Tours-sur-Marne, notamment) ainsi qu'à Épernay. Dominique, l'un de ses fils, prend la direction du domaine en 1990 et installe pressoir et cuverie. Maxime et Guillaume, les petits-fils, ont rejoint en 2012 l'exploitation, qui couvre 9,5 ha. (RM)

Complété de deux cépages noirs (pinot noir surtout), le chardonnay entre pour moitié dans l'assemblage de ce rosé obtenu par adjonction d'un vin rouge de pinot noir (10 %). D'une jolie teinte saumonée aux reflets violacés, ce vin charme par son fruité frais, complexe et pimpant, auquel répond une bouche tout en vivacité et en finesse. ✗ 2015-2018 ❦ apéritif avec brochettes de fruits

☛ Harlin Père et Fils, 8, rue de la Fontaine, Port-à-Binson, 51700 Mareuil-le-Port, tél. 03 26 58 34 38, harlin.champagne@wanadoo.fr Ⓥ 🅐 🅟 r.-v.

♥ JEAN-NOËL HATON ★★			
●	50 000	🏚	20 à 30 €

Fondé en 1928 par Octave Haton, l'un des pionniers de la manipulation à Damery, ce négoce est dirigé par Jean-Noël Haton depuis 1971 ; son fils Sébastien officie en cave. La famille s'approvisionne sur 110 ha et détient un vignoble de 20 ha. À la cuverie, plus de cent cuves, permettant de vinifier les crus séparément, et des fûts utilisés pour certains vins de réserve. (NM)

Assemblant les trois cépages champenois par tiers, ce rosé tire sa couleur rose orangé de l'ajout de 10 % de vin rouge de pinot noir. Son opération de séduction débute par des parfums légers et harmonieusement fruités ; elle prend toute sa mesure en bouche, où une effervescence crémeuse et une acidité délicate et fraîche exaltent ses arômes persistants de fruits rouges et d'épices. ✗ 2015-2018 ❦ papillote de gambas au gingembre

☛ Jean-Noël Haton, 5, rue Jean-Mermoz, 51480 Damery, tél. 03 26 58 40 45, contact@champagne-haton.com Ⓥ 🅟 r.-v.

HATON ET FILS Cuvée Prestige ★			
●	n.c.	🏚	15 à 20 €

À Damery, gros bourg viticole sur la rive droite de la Marne, on compte plusieurs branches de la famille Haton – des descendants d'Octave Haton, fondateur d'une maison de champagne en 1928. Ce négoce est dirigé par un de ses petits-fils, Philippe Haton, épaulé par son épouse Isabelle et par ses filles Élodie et Ophélie. (NM)

Dans cette cuvée Prestige, le chardonnay est associé à parité au meunier, le cépage phare de la vallée de la Marne, pour apporter du « peps » au champagne. Objectif atteint : des notes citronnées rehaussent les senteurs de pêche du nez et une belle vivacité tonifie la bouche et étire la finale. ✗ 2015-2018 ❦ raviolis chinois aux crevettes ● Blanc de blancs Grande Réserve (15 à 20 € ; n.c. b.) : vin cité. ✗ 2015-2018

☛ Haton et Fils, 28, rue Alphonse-Perrin, 51480 Damery, tél. 03 26 58 41 11, contact@champagnehatonetfils.com Ⓥ 🅟 t.l.j. 9h-12h 14h-18h

LE HAUT DES CHARMES Expression ★★			
●	48 000	🏚	20 à 30 €

Grauves est situé entre la Côte des Blancs (à l'est) et coteaux sud d'Épernay. C'est dans ce village que Michel Mathieu et Françoise Princet ont débuté en 1960 leur carrière vigneronne avec quelques parcelles représentant à peine un hectare. En quarante ans, ils ont constitué un vignoble de près de 9 ha. (RM)

Le Haut des Charmes est une marque lancée en 2015 pour approvisionner le marché des cavistes indépendants. La cuvée Expression associe à parts égales du chardonnay de la Côte des Blancs et du pinot noir de la Côte des Bar. Un mariage heureux, puisque ce champagne a été proposé pour un coup de cœur. Les dégustateurs ont apprécié son effervescence dynamique, son nez de fruits blancs, de citron et de foin coupé ; ils ont surtout été convaincus par sa bouche ample, longue et très vive aux arômes d'agrumes et de grillé. Un ensemble élégant et frais. ✗ 2015-2018 ✗ langoustines sauce champagne ● Mathieu-Princet **1er cru Grande Réserve** (15 à 20 € ; 19 000 b.) : vin cité. ✗ 2015-2018

○━ *SARL Mathieu-Princet, 16, rue Bruyère, 51190 Grauves, tél. 03 26 59 73 72, contact@ champagne-mathieu-princet.fr*

MARC HÉBRART			
● 1er cru	19 000	🍷	15 à 20 €

Jean-Paul Hébrart conduit depuis 1997 l'exploitation créée en 1962 par son père Marc : 14 ha, avec des parcelles dans cinq grands crus (Oiry, Chouilly et Avize dans la Côte des Blancs, Aÿ et Louvois dans la vallée de la Marne et la Montagne de Reims) et dans cinq 1ers crus, entre Hautvillers et Bisseuil. Il exporte 80 % de ses cuvées. (RM)

Un rosé issu à parts égales de chardonnay et de pinot noir, auquel 7 % de vin rouge de Mareuil-sur-Aÿ donne sa couleur rose pâle. Une teinte raffinée en harmonie avec un nez élégant de cerise et de cassis, légèrement anisé, et avec une bouche fine et tendue. ✗ 2015-2018 ✗ poisson de roche cuit à la vapeur

○━ *Marc Hébrart, 18, rue du Pont, 51160 Mareuil-sur-Aÿ, tél. 03 26 52 60 75, champagne.hebrart@wanadoo.fr* 🆅 🚶 🛏 *r.-v.*

♥ CHARLES HEIDSIECK			
Blanc des millénaires 1995 ★★★			
●	n.c.		+ de 100 €

La saga des Heidsieck débute avec Florens Louis, originaire d'Allemagne, qui crée en 1785 une structure à l'origine de toutes les maisons Heidsieck. Celle-ci est fondée en 1851 par son petit-neveu Charles-Camille. Ce dernier achète 47 crayères remontant à l'Antiquité pour entreposer les nombreuses cuvées qu'il entend écouler et part à la conquête des États-Unis, où il se fait l'ambassadeur de la maison. Comme Piper Heidsieck, la marque appartient depuis 2011 au groupe EPI, détenteur de marques haut de gamme. (NM)

Présentée aux dégustateurs depuis de nombreuses années, cette cuvée fait toujours son effet, témoignant de l'excellence des caves gallo-romaines de la maison où elle peaufine son long apogée. D'un doré intense et lumineux, ce blanc de blancs de la Côte des Blancs livre au nez une palette aromatique d'une rare complexité qui le fait entrer dans la catégorie des grands chardonnays du monde – « avec ou sans bulle ». Les fruits (abricot et pêche de vigne) côtoient les fleurs (aubépine et rose), la torréfaction (notes grillées et toastées) et la pâtisserie (brioche et vanille), avec une pointe minérale iodée et des nuances d'évolution (truffe et sous-bois) : un méli-mélo raffiné et des plus harmonieux. La bouche est à l'unisson, plus complexe encore, avec des saveurs de beurre et de citron

confit ; encore pleine d'énergie, elle est tendue par une acidité fondue dans sa matière riche et onctueuse. « Exceptionnel, magnifique, superbe... intemporel », concluent les jurés. ✗ 2015-2021 ✗ poularde demi-deuil ● Réserve ★★ (30 à 50 € ; n.c. b.) : les trois cépages à égalité et soixante crus entrent dans la composition de ce brut sans année qui comprend 40 % de vins de réserve et vieillit au moins trois ans. Nez intense mariant fruits mûrs, pain grillé, beurre, vanille et notes empyreumatiques. Bouche équilibrée, fraîche, soyeuse et longue. ✗ 2015-2020

○━ *Charles Heidsieck, 12, allée du Vignoble, 51100 Reims, tél. 03 26 84 43 00, stephen.leroux@ champagnes-ph-ch.com* ○━ PH-CH

PASCAL HÉNIN 2008 ★★			
● Gd cru	4 000	🍷	15 à 20 €

Installés près d'Épernay à Aÿ, célèbre village classé en grand cru et fief du pinot noir, Delphine et Pascal Hénin exploitent 7,5 ha de vignes réparties entre Côte des Blancs, Montagne de Reims et vallée de la Marne. Ils ont lancé leur marque en 1990. (RM)

Il s'est placé sur les rangs lors de la sélection des coups de cœur, ce beau millésimé qui assemble à parts égales du chardonnay originaire du grand cru de Chouilly et du pinot noir lui aussi en provenance de grands crus. Réputée pour sa richesse et sa fraîcheur, la vendange 2008 imprime son caractère à ce champagne à la fois généreux, ample et tonique. Sa palette aromatique complexe et élégante allie notes pâtissières, épicées et torréfiées : pain frais, beurre, tabac blond, chocolat, nougat, réglisse, poivre blanc... Un vin de repas, qui pourrait même s'accorder avec des fromages bleus. ✗ 2016-2020 ✗ poulet de Bresse aux champignons ● Réserve ★ (15 à 20 € ; 5 000 b.) : un peu plus de noirs (40 % pinot, 20 % meunier) que de blancs dans cette cuvée expressive (fruits blancs et notes grillées), à la bouche franche et fraîche. ✗ 2015-2018 ● Blanc de blancs Terre de craie (20 à 30 € ; 3 000 b.) : vin cité. ✗ 2015-2018

○━ *Pascal Hénin, 22, rue Jules-Lobet, 51160 Aÿ, tél. 03 26 54 61 50, pascal.henin@orange.fr* 🆅 🚶 🛏 *r.-v.*

HÉNIN-DELOUVIN Chardonnay			
● Gd cru	4 500	🍷	15 à 20 €

Christine Delouvin et son mari Jacky Hénin ont regroupé leurs vignobles et lancé leur marque en 1990. Leur domaine couvre 6,5 ha répartis dans sept communes, notamment à Aÿ (grand cru de pinot noir), Chouilly (grand cru de blancs), et dans la vallée de la Marne. (RM)

C'est le terroir de Chouilly qui est mis à l'honneur dans cette cuvée en robe claire, au nez discret et à la bouche tendue et vive, parfumée d'agrumes (pamplemousse). Un blanc de blancs fin et élégant. ✗ 2016 2019 ✗ carpaccio de saint-jacques

○━ *Hénin-Delouvin, 22, quai du Port, 51160 Aÿ, tél. 03 26 54 01 81, champagne-henin-delouvin@ hexanet.fr* 🆅 🚶 🛏 *r.-v.*

HENRIOT Blanc de blancs ★			
●	n.c.	🍷	30 à 50 €

Négociants en draps et en vins établis dans la région au XVIIe s., les Henriot s'intéressent au champagne dès le XVIIIe s. La marque remonte à 1808, lancée par une veuve champenoise, Apolline Henriot. Restée indépendante, la maison a connu un beau développement avec Joseph Henriot, qui vient de disparaître en 2015 après avoir cédé sa place en 2008 à son fils Thomas ; elle s'est étendue à la Bourgogne (Bouchard Aîné et Fils, William Fèvre) et au Beaujolais (Villa Ponciago). Le chardonnay est très présent dans ses cuvées champenoises. (NM)

Elle provient en majorité de la Côte des Blancs, cette cuvée à la robe or clair aux reflets verts traversée d'un train de bulles fines. Délicat et brioché, encore sur la réserve, le nez laisse une impression de fraîcheur avec ses nuances d'anis, d'herbe séchée et de poire. Le beurre, la torréfaction et la craie s'ajoutent à cette palette dans un palais tout en légèreté, souple à l'attaque et nerveux en finale. Un champagne très facile d'accès, à déboucher dès l'apéritif. ✗ 2015-2020 ✤ verrines de saint-jacques ● Souverain (30 à 50 € ; n.c. b.) : vin cité. ✗ 2015-2018

○┐ *Groupe familial Henriot, 81, rue Coquebert, 51100 Reims, tél. 03 26 89 53 00, contact@ champagne-henriot.com* Ⓥ *r.-v.*

STÉPHANE HERBERT Cuvée Excellence			
● 1er cru	4 000	🍶	15 à 20 €

Héritier de plusieurs générations de vignerons, Stéphane Herbert a lancé sa marque en 2000, quatre ans après son installation. Il exploite 4,5 ha autour de Rilly-la-Montagne, 1er cru de la Montagne de Reims proche de la cité des Sacres. Ses vins de base sont vinifiés en fût. (RC)

Déjà distingué dans la précédente édition, ce blanc de blancs provient de la récolte 2011. Modérément dosé (6 g/l), il mêle au nez de subtiles notes de fleurs blanches, de brioche et de vanille. La bouche confirme ces impressions et s'équilibre entre richesse et fraîcheur. ✗ 2015-2018 ✤ saumon à l'unilatérale ● 1er cru 2010 (20 à 30 € ; 3 000 b.) : vin cité. ✗ 2016-2021

○┐ *Stéphane Herbert, 11, rue Roger-Salengro, 51500 Rilly-la-Montagne, tél. 03 26 03 49 93, champagneherbert@wanadoo.fr* Ⓥ Ⓚ *r.-v.*

DIDIER HERBERT Platinium 2009 ★		
●	4 200	🍶	20 à 30 €

Didier Herbert reprend en 1982 l'exploitation familiale. Il installe un pressoir, aménage une cuverie, lance sa marque et prend le statut de négociant. Il dispose en propre de plus de 6 ha dans la Montagne de Reims, en 1er cru et en grand cru. (NM)

Assemblé au pinot noir, le chardonnay occupe une place de choix (deux tiers) dans ce brut 2009. Il apporte finesse et fraîcheur, tant au nez qu'en bouche. Fruité (mangue, orange, pêche) et grillé se mêlent à l'olfaction et se retrouvent dans un palais de belle longueur, qui montre l'ampleur et la richesse de son millésime. ✗ 2015-2020 ✤ côte de veau et risotto aux agrumes

○┐ *Didier Herbert, 32, rue de Reims, 51500 Rilly-la-Montagne, tél. 03 26 03 41 53, infos@ champagneherbert.fr* Ⓥ Ⓚ Ⓣ *r.-v.*

CHARLES HESTON La Charles Heston			
●	6 000	🍶	15 à 20 €

Marque de la coopérative les Six Coteaux fondée en 1951 dans le massif de Saint-Thierry, au nord-ouest de

Reims : 130 adhérents y apportent la récolte de leurs 140 ha. (CM)

Blancs et noirs (avec le meunier légèrement majoritaire) vinifiés en foudre de chêne composent à parts égales ce champagne rosé aux nuances orangé intense. Sa palette aromatique associant fruits, torréfaction (moka) et épices se retrouve dans une bouche charnue, équilibrée, vive et longue. ✗ 2015-2018 ✤ navarin de homard

○┐ *Coopérative les Six Coteaux, 20, rte de Thil, 51220 Villers-Franqueux, tél. 03 26 03 08 78, champagne-charlesheston@orange.fr* Ⓥ Ⓚ Ⓣ *t.l.j. 9h-12h30 14h-18h; sam. 9h30-19h; dim. 9h30-13h*

FRANÇOIS HEUCQ Réserve ★			
●	25 000	🍶	11 à 15 €

François Heucq a pris en 1974 la tête du domaine familial : 6,3 ha aux environs de Fleury-la-Rivière, village situé dans une vallée tributaire de la Marne, sur la rive droite. (RM)

Souvent présente dans le Guide, cette cuvée assemble 60 % de noirs et 40 % de blancs – le pinot noir et le chardonnay à parité. Bien fruitée, elle développe une matière fraîche à la vivacité tempérée par un dosage réussi. Pour l'apéritif ou les entrées marines. ✗ 2015-2018 ✤ buisson de langoustines ● Guillaume Heucq Émotion ★ (20 à 30 € ; 1 000 b.) : du pinot noir et du chardonnay de la récolte 2010 à parts égales et un élevage en fût pour cette cuvée au nez intense d'aubépine, de fleur d'oranger et d'amande fraîche. La bouche équilibrée et tonique finit sur une note de citron confit. ✗ 2015-2018

○┐ *SARL François Heucq et Fils, 3, imp. de l'École, 51480 Fleury-la-Rivière, tél. 03 26 58 60 20, champagne.francoisheucq@gmail.com* Ⓥ Ⓚ Ⓣ *r.-v.*

HEUCQ PÈRE & FILS Prestige ★★			
●	8 000	🍶 🍷	20 à 30 €

Installé sur la rive droite de la Marne, André Heucq a pris en 1973 la tête de l'exploitation familiale qui couvre près de 6 ha. Impliqué dans le développement durable, il a équipé son chai d'un puits canadien et de panneaux photovoltaïques, et enherbé la totalité de son vignoble. (RM)

Les raisins noirs (pinot noir et meunier à égalité, issus de la récolte 2009) sont légèrement majoritaires dans cette cuvée ; les vins ont fait l'objet d'un élevage partiel (20 %) en fût – selon la tradition de ces récoltants – et le champagne a bénéficié d'un long repos en cave (cinq ans). D'une belle intensité aromatique, ce brut développe au nez comme en bouche des notes fruitées et empyreumatiques (pain grillé) ; son palais velouté, ample et long lui vaut aussi des éloges. ✗ 2015-2019 ✤ rôti de veau aux champignons

○┐ *André Heucq, 6, rue Eugène-Moussé, 51700 Cuisles, tél. 06 62 37 10 08, andre.heucq@wanadoo.fr* Ⓥ Ⓚ Ⓣ *r.-v.*

HOUSSART Réserve			
● 1er cru	6 000	🍶 🍷	11 à 15 €

Fraîchement diplômé d'œnologie, Romain Houssart reprend en 2007 l'exploitation de ses grands-parents à Chamery, 1er cru de la Montagne de Reims. Sa démarche : vinification sans fermentation malolactique, élevages longs sur lies fines, en cuve Inox ou en fût. (RM)

Trois quarts de raisins noirs (meunier surtout, 70 %), 10 % de vins élevés en fût pour cette cuvée. Le nez séduit par sa complexité : véritable parterre de fleurs (lys, rose, violette, troène), il évoque aussi les fruits blancs et les agrumes, et y ajoute une touche empyreumatique. Plus simple, marquée par les fruits, légèrement miellée, la bouche reste d'une grande fraîcheur. ✗ 2015-2019 ♈ blanquette de lotte

↠ *Romain Houssart, 7, rue de l'Église, 51500 Chamery, tél. 06 84 38 39 66, champagnehoussart@hotmail.fr* Ⅴ 🔥 ▓ *r.-v.*

HUGUENOT-TASSIN Les Fioles ★		
	4 000	📖	15 à 20 €

Bien que l'arrière-grand-père d'Édouard Huguenot ait été à l'origine du premier pressoir communal de Celles-sur-Ource (Aube), la famille ne vit totalement de la vigne que depuis deux générations. Installé en 2008 après ses études à Beaune et des expériences en Afrique du Sud et en Australie, Édouard Huguenot exploite 7 ha dans la région de Bar-sur-Seine. (RM)

Encore présent dans l'Aube, le pinot blanc vient épauler le chardonnay à hauteur de 20 % dans cette cuvée qui tire son nom de la parcelle d'origine des raisins. D'une grande fraîcheur, ce brut mêle au nez citron, fleurs blanches et une touche de fruits mûrs ; il attaque avec franchise et déploie en bouche une belle vivacité. L'ensemble est fin, sans aspérités. ✗ 2015-2018 ♈ toasts au fromage et chorizo

↠ *Huguenot-Tassin, 4, rue du Val-Lune, 10110 Celles-sur-Ource, tél. 03 25 38 54 49, champhuguenot.tassin@free.fr* Ⅴ 🔥 ▓ *r.-v.*

AUGUSTE HUIBAN ★		
	n.c.		11 à 15 €

Repris en 1990 par Éric Ammeux et son épouse, ce vignoble familial se partage entre Jonquery, dans un vallon entre Ardre et Marne, et Fontaine-sur-Aÿ, près d'Épernay. Les raisins de Jonquery donnent naissance au champagne Auguste Huiban, ceux de Fontaine-sur-Aÿ, à la marque Paul Augustin. (RM)

Assemblage des années 2010 et 2011, ce pur meunier livre des parfums intenses de fruits jaunes et de brioche. Ample, équilibré et long, il finit sur une pointe acidulée. ✗ 2015-2018 ♈ sabayon de fruits ● Cuvée des dames blanches ★ (15 à 20 € ; 1 500 b.) : né du seul meunier, de vieilles vignes et de vins élevés cinq à six ans, ce brut montre une belle maturité. Le nez se partage entre fruits compotés un peu acidulés, fleurs blanches et tabac. La bouche légère a su rester fraîche. ✗ 2015-2017

↠ *Auguste Huiban, 1, rue de la Barbe-aux-Cannes, 51700 Jonquery, tél. 03 26 58 10 55, eric.ammeux@ wanadoo.fr* Ⅴ 🔥 ▓ *t.l.j. sf dim. 9h-11h30 14h-18h; sam. sur r.-v.*

FERNAND HUTASSE ET FILS 2002 ★★		
	13 400	📖	20 à 30 €

Les Hutasse se sont installés dans les années 1930 à Bouzy (grand cru de la Montagne de Reims réputé pour son pinot noir). Leur vignoble de 11 ha est aujourd'hui cultivé par Rudy et Nathalie. (RM)

Après plus d'une dizaine d'années de cave, ce 2002, assemblage de pinot noir et de chardonnay à parts égales, commence à dévoiler son potentiel. Son nez complexe explore une palette qui va de la fleur (jasmin) à la truffe blanche en passant par les fruits les plus divers (figue, mirabelle, agrumes confits) et la pâtisserie (vanille, marron). On retrouve cette richesse aromatique dans une bouche fraîche, au toucher soyeux. ✗ 2015-2018 ♈ volaille à la truffe blanche ● ★ (20 à 30 € ; 6 000 b.) : donnant une courte majorité au pinot noir (55 %, le chardonnay en complément), ce champagne offre des arômes confits (abricot, pruneau) et toastés, un palais riche et une finale fraîche. ✗ 2015-2018

↠ *Rudy et Nathalie Hutasse, rue du Haut-Petit-Chemin, 51150 Bouzy, tél. 03 26 57 08 58, info@ champagne-tornay.fr* Ⅴ 🔥 ▓ *t.l.j. 9h-12h 13h30-17h; sam. dim. sur r.-v.*

ROBERT JACOB Prestige ★★		
	n.c.		20 à 30 €

Créé par Robert Jacob en 1960, ce vignoble proche de Bar-sur-Seine (Aube) compte aujourd'hui 6 ha. Il a été repris par son fils Daniel, qui s'est lancé en 1976 dans l'élaboration du champagne. (RM)

Vinifié sans fermentation malolactique puis élevé en fût et vieilli quatre ans sur lattes, ce blanc de blancs est né de la récolte 2006. Malgré son âge, sa robe est restée claire, offrant toujours des reflets verts, et son effervescence est encore tonique. En revanche, son nez est marqué par des notes évoluées de fruits confits qui se prolongent au palais. Ample dès l'attaque, riche sans lourdeur, ce champagne montre une belle harmonie et affirme une vraie personnalité. ✗ 2015-2017 ♈ crêpe aux fruits de mer

↠ *Robert Jacob, 14, rue de Morres, 10110 Merrey-sur-Arce, tél. 03 25 29 83 74, champagnejacob@wanadoo.fr* Ⅴ 🔥 ▓ *t.l.j. sf dim. 9h-12h 14h-17h30*

♥ JACQUART Mosaïque ★★		
	1 000 000		20 à 30 €

Créée en 1964, cette coopérative installée dans un somptueux hôtel particulier de Reims est rattachée à Alliance Champagne, important groupement de caves (2 400 ha, plus de 7 % du vignoble champenois). Les vignes destinées à la marque Jacquart couvrent 350 ha répartis dans plus de 60 crus des quatre grands secteurs de la région. (CM)

Après un blanc de blancs 2006 élu coup de cœur l'an dernier, l'équipe de Floriane Eznack a fait mouche avec le brut sans année de la maison, qui n'a rien de confidentiel ou d'inabordable. Élevée comme un millésimé (plus de trois ans de cave), cette cuvée assemble un peu plus de noirs que de blancs (60 %, du pinot noir) et marie les vendanges 2010 à 2006. De sa robe paille montent des parfums de fleurs blanches et de fruits frais, avec une touche de fruits exotiques, auxquels s'ajoutent en bouche des notes d'agrumes (pamplemousse) et d'épices (vanille). La bouche ravit par sa franchise, son équilibre et sa fraîcheur. ✗ 2015-2019 ♈ waterzoi de poisson ● Mosaïque (20 à 30 € ; 50 000 b.) : vin cité. ✗ 2015-2018

↠ *Jacquart, 34, bd Lundy, 51100 Reims, tél. 03 26 07 88 40, marketing.communication@jad.fr*

YVES JACQUES ★

| ● | 20 000 | 🍴 | 11 à 15 € |

Originaires de la Brie, les Jacques se lancent dans la viticulture en 1932. Yves s'installe en 1955, agrandit le domaine et commercialise ses premiers champagnes en 1962. Son fils Rémy, qui a pris le relais en 1985, exploite 17 ha dans le Sézannais, la vallée de la Marne et l'Aube. (RM)

Ce rosé d'assemblage associe 70 % de noirs (dont 40 % de meunier) et 30 % de blancs. D'un rose orangé plutôt soutenu, il séduit par ses parfums de fruits frais et par sa bouche ample, équilibrée et longue, marquée par une pointe d'amertume en finale. ✗ 2015-2018 ❦ tarte aux fruits rouges

☛ *SCEV Rémi Jacques, 1, rue de Montpertuis, 51270 Baye, tél. 03 26 52 80 77, champagne.yvesjacques@wanadoo.fr* 🆅 👣 🅙 *t.l.j. sf dim. 8h-15h 14h-19h*

GILBERT JACQUESSON Cuvée Eugénie ★★

| ● | 4 000 | 🍴 | 15 à 20 € |

Henri Michel s'est lancé dans l'élaboration du champagne en 1927. Installé en 2000, son descendant Jean-Baptiste Jacquesson représente la quatrième génération de récoltants-manipulants. Établi sur la rive gauche de la Marne, il exploite 6,5 ha de vignes. (RM)

Seul le meunier entre dans ce rosé d'assemblage de teinte rose aux reflets pourprés, qui évoque au nez les petits fruits des bois. Ce champagne prend de l'intensité en bouche, déployant une matière à la fois vineuse, fraîche et longue, qu'une pointe tannique en finale ne réussit pas à rendre sévère. Un rosé gourmand et élégant qui tiendra sa place à table. ✗ 2015-2018 ❦ faisan aux airelles

☛ *Jean-Baptiste Jacquesson, 6, rue de l'Avenir, 51700 Troissy, tél. 03 26 52 70 69, troissy@ club-internet.fr* 🆅 👣 🅙 *r.-v.* 🏨 ❸

CAMILLE JACQUET ★★

| ● | n.c. | | 20 à 30 € |

Dirigée par Christophe et Frédéric Pernet, la maison de négoce Jean Pernet dispose d'un vignoble de 17 ha, répartis entre vallée de la Marne, Côte des Blancs et coteaux d'Épernay. Deux étiquettes : Jean Pernet et Camille Jacquet. (NM)

Le nez discret mais élégant se partage entre la fraise et l'amande. Franche à l'attaque, aérienne et fraîche, vive en finale, la bouche ne déçoit pas. Un champagne tendu et tout en finesse. ✗ 2015-2019 ❦ apéritif ● Blanc de blancs ★ (15 à 20 € ; n.c. b.) : un nez bien ouvert sur le citron et l'aubépine, rehaussé de poivre et de menthol, prélude à une bouche structurée et fraîche. ✗ 2015-2019 ● Brut (15 à 20 € ; n.c. b.) : vin cité. ✗ 2015-2018

☛ *Camille Jacquet, 3, Le Pont-de-Bois, 51530 Chavot-Courcourt, tél. 03 26 57 54 24, champagne.pernet@orange.fr* 🆅 👣 🅙 *r.-v.*

JACQUINET-DUMEZ Grande Réserve

| ● | 35 000 | 🍴 🍷 | 15 à 20 € |

Domaine fondé en 1935. Installés en 1985, Olivier et Aline Jacquinet exploitent un vignoble de 7 ha autour des Mesneux, Sacy, Écueil et Villedommange, 1ers crus

de la Montagne de Reims situés à deux pas de la cité des Sacres. (RM)

Issu majoritairement du meunier (80 %), ce blanc de noirs a partiellement connu le bois (fût et foudres). Au nez, des notes grillées, briochées et confites ; en bouche, de la puissance et de la rondeur, soulignées d'une pointe vive. Un brut structuré, non dénué d'élégance. ✗ 2015-2019 ❦ suprême de volaille à la crème ● Prestige (20 à 30 € ; 7 000 b.) : vin cité. ✗ 2015-2017

☛ *Jacquinet-Dumez, 26, rue de Reims, 51370 Les Mesneux, tél. 03 26 36 25 25, contact@ champagne-jacquinet-dumez.com* 🆅 👣 🅙 *r.-v.*

JACQUINOT ET FILS Private Cuvée

| ● | 38 500 | | 15 à 20 € |

Héritier d'une lignée de viticulteurs remontant au XVIIe s., Pierre Jacquinot commence à vinifier en 1929 et fonde la maison en 1947. Son petit-fils Jean-Manuel, œnologue, travaille en cave depuis 1998 et a pris la tête de la société en 2009. Fidèle au pressoir traditionnel, il dispose de 17 ha de vignes et de caves plus que centenaires creusées dans le sous-sol d'Épernay. (NM)

Dominé par le chardonnay (70 %) complété par le pinot noir, un brut vinifié sans fermentation malolactique. Mêlant au nez agrumes, fruits blancs et herbes aromatiques, c'est un champagne frais et agréable qui équilibre sa vivacité par un joli volume. ✗ 2015-2017 ❦ apéritif

☛ *Jacquinot et Fils, 34-36, rue Maurice-Cerveaux, BP 48, 51202 Épernay, tél. 03 26 54 36 81, contact@ champagne.jacquinot.com* 🆅 👣 🅙 *r.-v.*

PIERRE JAMAIN 2009 ★

| ● | 6 764 | | 15 à 20 € |

Un petit vignoble de 3,5 ha à l'extrême sud du Sézannais, région propice au chardonnay. Pierre Jamain a commercialisé les premières bouteilles en 1962. Sa fille Élizabeth Jamain-Dona a pris le relais en 1985, rejointe depuis par Caroline. (RM)

Un blanc de blancs 2009 arrivé à son apogée. Le nez frais est dominé par les fleurs blanches, le palais ample conjugue harmonieusement vinosité et vivacité. Un archétype du champagne gourmand. ✗ 2015-2016 ❦ suprême de poulet aux girolles ● Cuvée Caroline ★ (15 à 20 € ; 6 000 b.) : ce brut met en vedette le chardonnay (90 %). Au nez intense, frais et fruité répond une bouche équilibrée, d'une belle finesse, dont la longueur laisse augurer une bonne garde. ✗ 2015-2019

☛ *Pierre Jamain, 1, rue des Tuileries, 51260 La Celle-sous-Chantemerle, tél. 03 26 80 21 64, caroline@champagnejamain.com* 🆅 👣 🅙 *r.-v.*

E. JAMART ET CIE
Extra-brut Blanc de noirs Tentation ★★

| ● | 2 500 | 🍴 | 20 à 30 € |

En 1934, année de crise et de mévente, le jeune boulanger Émilien Jamart monte une affaire de négoce avec son beau-père, caviste. Dirigée aujourd'hui par son arrière-petit-fils Maxime Oudart, la maison, qui a son siège à Saint-Martin d'Ablois, village des coteaux sud d'Épernay, dispose de près de 5 ha de vignes. (NM)

Assemblant à parité pinot noir et meunier, ce blanc de noirs, qui frôle le coup de cœur, a fait l'objet d'un dosage limité à 3,5 g/l qui le classe parmi les extra-bruts. Vêtu d'une robe dorée coiffée d'une mousse fine et légère, il libère des arômes de fruits secs et de grillé. Franc à l'attaque, il se déploie tout en souplesse et sa finale s'étire longuement sans dévoiler le moindre excès d'acidité. Un champagne harmonieux qui tire pleinement profit d'un choix judicieux. Pour l'apéritif comme pour la table. ✗ 2015-2019 ❦ feuilleté aux ris de veau ● Trilogie 2010 (20 à 30 € ; 2 500 b.) : vin cité. ✗ 2015-2018

✪ *É. Jamart et Cie, 13, rue Marcel-Soyeux, 51530 Saint-Martin-d'Ablois, tél. 03 26 59 92 78, champagne.jamart@wanadoo.fr* Ⓥ 👣 ⬆ *t.l.j. 9h-12h 13h30-17h; sam. dim. sur r.-v.; f. 15-31 août*

JANISSON-BARADON ET FILS Sélection ★		
●	n.c.	15 à 20 €

Implanté sur les hauteurs d'Épernay, ce domaine fondé en 1922 par un remueur et un tonnelier est aujourd'hui conduit par leurs descendants, Maxence et Cyril Janisson, qui disposent de plus de 9 ha de vignes. (NM)

Né de pinot noir et de chardonnay à parts égales, ce brut incorpore 30 % de vins élevés en fût. Il en résulte quelques notes boisées bien fondues à l'arrière-plan d'un nez de fleurs et de fruits blancs (poire). La bouche est à l'unisson, vive, citronnée, fruitée, légèrement boisée sans jamais montrer d'aspérité tannique. Pas trop de longueur, mais une réelle harmonie. Proche des deux étoiles. ✗ 2015-2019 ❦ bouchées aux saint-jacques ● Grande Réserve ★ (20 à 30 € ; n.c. b.) : du pinot noir et du chardonnay à parité ; un peu de fût, comme pour le brut Sélection, mais avec deux années de cave supplémentaires (trois à quatre ans) et un dosage plus léger. Toujours florale et grillée, la palette aromatique s'enrichit de notes de miel et de tabac ; les notes épicées sont accentuées. La bouche se montre puissante et longue : un champagne de repas. ✗ 2015-2019

✪ *Janisson-Baradon, 9, pl. de la République, 51200 Épernay, tél. 03 26 54 45 85, info@ champagne-janisson.com* Ⓥ ⬆ *t.l.j. 11h-12h 13h30-17h*

JANISSON ET FILS Blanc de noirs ★★			
● Gd cru	n.c.	👣	30 à 50 €

En 1923, Robert Arnould, l'un des grands-pères de Manuel Janisson, élabore et commercialise ses premières cuvées. Installée dans une cave aux lignes modernes, la maison est située à Verzenay, un grand cru de la Montagne de Reims où le pinot noir est roi. (NM)

Sans surprise, ce grand cru qui n'a que partiellement fait sa fermentation malolactique doit tout au pinot noir. Discret au nez, il mêle les agrumes à des notes mentholées, minérales et à une touche de fumée. Vif et gras en bouche, de belle longueur, il finit sur une élégante note d'herbe sèche. Sa richesse lui ouvre un bel avenir – et pour un dégustateur, il devrait mériter un coup de cœur dans quelques années. ✗ 2015-2020 ❦ langoustines flambées

✪ *Janisson et Fils, 11, rue de Beaumont, 51360 Verzenay, tél. 03 26 49 40 19, champagne@janisson.com* Ⓥ ⬆ *r.-v.*

| JEAUNAUX-ROBIN | | | |
Extra-brut Grande Tradition ★			
●	6 000	👣 ⬇	20 à 30 €

Michel Jeaunaux et Marie-Claude Robin se lancent dans la manipulation dans les années 1970, à partir des vignes familiales. Cyril, le fils, installé en 1999, exploite (en

biodynamie non certifiée) près de 6 ha, situés pour l'essentiel à l'entrée de la vallée du Petit Morin, avec 1 ha près de Bar-sur-Aube. (RM)

Déjà remarquée l'an dernier, cette cuvée n'a pas changé de style. L'assemblage est le même : 90 % de noirs, dont deux tiers de meunier ; la vinification fait toujours appel en partie au fût de chêne. Le nez dévoile des notes d'agrumes, d'ananas confit, de torréfaction et de miel, que l'on retrouve dans une bouche vive et droite, à peine assouplie par un dosage léger (5,5 g/l) mais sensible – sans doute récent. ✗ 2015-2019 ❦ copeaux de parmesan

✪ *Cyril Jeaunaux, 1, rue de Bannay, 51270 Talus-Saint-Prix, tél. 03 26 52 80 73, cyril@ champagne-jr.fr* Ⓥ 👣 ⬆ *r.-v.*

JOANNÈS-LIOTÉ ET FILS Extra-dry			
●	13 000	👣 ⬇	15 à 20 €

Un domaine familial créé en 1929 aux portes d'Épernay, conduit depuis 1989 par Didier Joannès. Le vignoble couvre 8,6 ha sur les deux rives de la Marne ; il fait la part belle au meunier. (RM)

Complété par les deux autres cépages champenois, le meunier (70 %) domine dans cette cuvée qui tire sa couleur rose ambré d'un apport de 15 % de vin rouge de pinot noir élevé en fût. Généreusement dosé (extra-dry), c'est un rosé fruité, souple et gourmand. ✗ 2015-2016 ❦ tarte aux fraises

✪ *Joannès-Lioté et Fils, 31, rue Victor-Hugo, 51530 Mardeuil, tél. 03 26 55 32 02, joannes-liote@ wanadoo.fr* Ⓥ 👣 ⬆ *r.-v.*

ABEL JOBART Réserve ★			
●	12 000	👣	11 à 15 €

Thierry, Laurent et Vincent Jobart ont repris en 2002 le domaine de 13 ha créé en 1975 par leur père Abel dans la vallée de l'Ardre, au sud-ouest de Reims. (RM)

Cépage dominant du secteur et du domaine, le meunier (60 %) laisse une belle place au chardonnay dans ce brut au nez discret, fruité, grillé et beurré. Équilibrée mais sur la réserve, la bouche de belle tenue laisse augurer une évolution intéressante. ✗ 2016-2020 ❦ apéritif

✪ *Abel Jobart, 4, rue de la Sous-Préfecture, 51170 Sarcy, tél. 03 26 61 89 89, contact@champagne-abeljobart.com* Ⓥ ⬆ *r.-v.*

RENÉ JOLLY Editio ★★			
●	2 500	👣 ⬇	50 à 75 €

Créé au XVIIIe s. dans la vallée de l'Ource (Aube), ce domaine familial de 13,5 ha est conduit depuis 2000 par Pierre-Éric Jolly, qui développe l'export, privilégie l'élevage en fût et a mis au point un nouveau muselet à trois branches. (RM)

Issue de chardonnay et de pinot noir à parts égales, cette cuvée a bénéficié d'un long vieillissement sous liège (et non sous capsule) avant le traditionnel dégorgement à la volée. Le nez racé et complexe mêle la poire et l'abricot mûrs à de délicates nuances de sous-bois, de beurre et de toast. Ronde et gourmande, la bouche est soulignée d'une belle acidité. Une réelle harmonie. ✗ 2015-2020 ❦ vol-au-vent

✪ *René Jolly, 10, rue de la Gare, 10110 Landreville, tél. 03 25 38 50 91, contact@jollychamp.com* Ⓥ 👣 ⬆ *r.-v.*

BERTRAND JOREZ Sélection ★

	n.c.	11 à 15 €

Domaine familial de 5 ha établi depuis trois générations sur le versant nord de la Montagne de Reims. Installé en 1980, Bertrand Jorez a lancé son champagne la même année. (RC)

Déjà remarquée dans la dernière édition, cette cuvée, qui provient cette année de la vendange 2010, montre encore une belle tenue. La part de chardonnay est montée à 70 %, celle du meunier est tombée à 5 % et le pinot noir fait l'appoint. Le nez délicat associe les fleurs et les fruits blancs, arômes qui se prolongent dans une bouche nerveuse et longue. ✗ 2015-2018 ♥ gougères ● Blanc de blancs ★ (15 à 20 € ; n.c. b.) : après un nez floral, le miel d'acacia s'impose dans une bouche fine et fraîche qui finit sur une touche d'amertume. ✗ 2015-2018

☛ *Bertrand Jorez, 13, rue de Reims, 51500 Ludes, tél. 03 26 61 14 05, bertrand.jorez@wanadoo.fr* 🅥 🛈 🛈 *r.-v.*

JEAN JOSSELIN Composition ★

	5 200	🛈	15 à 20 €

Autrefois point stratégique entre comté de Champagne et duché de Bourgogne, le village de Gyé-sur-Seine (Aube) est aujourd'hui bien ancré dans le vignoble champenois. La famille Josselin y cultive la vigne depuis 1854. Jean a lancé sa marque en 1957. Son fils Jean-Pierre a pris le relais en 1980, rejoint à son tour en 2010 par Jean-Félix, œnologue. (RM)

Trois quarts de pinots (dont 50 % de pinot noir) pour un quart de chardonnay dans ce brut vif et long, tendu de l'attaque à la finale, qui livre avec la timidité de sa jeunesse des notes de pamplemousse, de citron vert et de grillé. L'apogée est à venir. ✗ 2016-2020 ♥ carpaccio de saint-jacques ● Cuvée des Jean (15 à 20 € ; 71 700 b.) : vin cité. ✗ 2015-2016

☛ *Jean-Pierre Josselin, 14, rue des Vannes, 10250 Gyé-sur-Seine, tél. 03 25 38 21 48, contact@ champagnejeanjosselin.fr* 🅥 🛈 🛈 *t.l.j. 8h-12h 13h30-17h30*

♥ KRUG Grande Cuvée ★★

	n.c.	+ de 100 €

CHAMPAGNE

KRUG

GRANDE CUVÉE
BRUT

12%vol   750ml

Originaire de la vallée du Rhin, Joseph Krug, fondateur en 1843 de cette célèbre maison rémoise, fut un assembleur hors pair, qui réussit à magnifier terroirs, cépages et années pour élaborer un champagne de prestige à son goût. Il codifia sa méthode, transmise de génération en génération. Si l'affaire appartient depuis 1999 au groupe LVMH, elle est restée maîtresse de son savoir-faire, le style étant garanti par Olivier Krug, gardien du temple. Elle ne propose que des cuvées haut de gamme, fruits d'assemblages minutieux et savants de vins vinifiés en fûts de 205 l identifiés par le cru. Le vieillissement sur pointe dure six ans au minimum. Il en résulte des champagnes complexes et de garde. (NM)

La cuvée emblématique de la maison : trois cépages assemblés, plus de dix années et de cent vingt vins... et on ne compte plus les coups de cœur décernés par le Guide Hachette. Le résultat a de nouveau convaincu : la robe or clair est animée de fines bulles qui laissent monter des senteurs intenses, complexes et délicates d'aubépine, de beurre, de vanille, de miel d'acacia, de réglisse et de torréfaction. La mise en bouche révèle une matière à la fois ciselée, fraîche et riche, fruitée et boisée, aujourd'hui marquée par une pointe tannique en finale. Chaleureusement recommandé, un brut sans année précis et complexe, au fabuleux potentiel de garde. ✗ 2016-2025 ♥ ris de veau à la crème ● 2003 ★★ (+ de 100 € ; n.c. b.) : « Y'a du vin ! », s'exclame sans réserve un dégustateur. Dès le nez, ce 2003 offre le profil solaire de l'année de la canicule, avec richesse et complexité : au beurre s'ajoutent des touches de caramel et de réglisse, des fruits jaunes mûrs, un boisé bien intégré. Tout aussi riche, puissant, sans excès d'acidité (l'empreinte du millésime) en finale, ce vin « ne fait pas son âge », selon un juré. Il rappelle à certains un grand blanc de la Côte de Beaune... effervescent. Un vrai caractère. ✗ 2018-2025 ● Rosé ★★ (+ de 100 € ; n.c. b.) : les trois cépages et plusieurs années entrent dans ce rosé raffiné, qui tire de la macération du pinot noir sa robe saumon pâle aux reflets tuilés, animée de bulles fines et toniques. Le nez intense et complexe joue sur le raisin et l'abricot secs, le kirsch, la vanille, le caramel, l'orange confite et le boisé. Tout aussi expressive, la bouche montre dès l'attaque son ampleur et sa richesse, sa finesse et son fondu. ✗ 2016-2020

☛ *Krug, 5, rue Coquebert, 51100 Reims, tél. 03 26 84 44 20, krug@krug.fr* ☛ *LVMH*

LABBE ET FILS Prestige ★

● 1er cru	5 000	🛈	15 à 20 €

Depuis la fin du XIXᵉ s., les Labbe se succèdent de père en fils sur leurs terres de Chamery, 1ᵉʳ cru situé sur le flanc nord de la Montagne de Reims, qui mérite le détour pour la très haute flèche de son église. Ils élaborent leur champagne depuis l'arrivée en 1975 de Didier Labbe, aujourd'hui épaulé par ses fils Damien et Jérôme. Leur vignoble couvre 10 ha. (RM)

Du chardonnay et du pinot noir à parité dans ce champagne élaboré sans fermentation malolactique. De là sans doute cette fraîcheur fruitée du nez et cette vivacité en bouche, qui se conjugue avec une belle ampleur. Un vin brillant et complet, idéal pour les produits de la mer. ✗ 2016-2020 ♥ tartare de saint-jacques ● 1er cru Carte blanche (11 à 15 € ; 30 000 b.) : vin cité. ✗ 2015-2016

☛ *Labbe et Fils, 5, chem. du Hasat, 51500 Chamery, tél. 03 26 97 65 45, champagne.labbe@orange.fr* 🅥 🛈 🛈 *t.l.j. sf dim. 9h-12h 14h-18h30 ; f. 8-31 août*

GEORGES LACOMBE Grande Cuvée ★

	100 000	🛈	15 à 20 €

L'œnologue Francis Tribaut, également à la tête du champagne Lallier, a créé en 2004 la maison portant le nom de son beau-père, vigneron à Cahors. L'affaire s'appuie sur 20 ha en propre et sur un site de production très moderne, construit en 2011. (NM)

Un assemblage équilibré où les trois cépages champenois sont associés pratiquement par tiers. L'équilibre est le maître mot pour résumer cette cuvée qui conjugue vivacité et richesse, tout en délivrant des notes intenses de fleurs blanches, de fruits secs et de miel. Pour l'apéritif comme pour la table. ✗ 2015-2018 ♥ écrevisses à la nage

● ★ (15 à 20 € ; 60 000 b.) : des raisins noirs majoritaires (70 %, dont 50 % de pinot noir) dans cette cuvée élevée trois ans sur lattes. Un marc gourmand et complexe (fruits mûrs et compotés, torréfaction), prélude à une bouche à la fois enrobée et fraîche. ✗ 2015-2018

○━ *Georges Lacombe, 4, pl. de la Libération, 51160 Aÿ, tél. 03 26 55 43 40, contact@champagne-lacombe.fr* Ⅴ ⚑ *r.-v.* ○━ Francis Tribaut

LACOURTE-GODBILLON ★		
● 1er cru	45 000 ⬆	20 à 30 €

Domaine fondé en 1883 autour d'Écueil, 1er cru au sud-ouest de Reims. Premières bouteilles en 1947. Géraldine Lacourte et son conjoint Richard Desvignes abandonnent leur activité de cadre en ville pour reprendre en 2006 l'exploitation familiale (8 ha). Ils inaugurent en 2014 un pressoir-cuverie moderne. (RM)

Cette cuvée naît de 85 % de pinot noir complété par du chardonnay. Une joyeuse effervescence traverse sa robe très pâle, mettant en relief des parfums de fruits blancs, poire en tête. Après une attaque fraîche, la bouche dévoile onctuosité et souplesse avant une finale vive et gourmande. Apéritif ou dessert aux fruits frais, vous avez le choix. ✗ 2015-2020 ♈ salade de fruits frais

○━ *Lacourte-Godbillon, 16, rue des Aillys, 51500 Écueil, tél. 03 26 49 74 75, contact@champagne-lacourte-godbillon.com* Ⅴ 🚶 ⚑ *r.-v.*

LACROIX Cuvée Tradition	
● 11 000	11 à 15 €

Les Lacroix sont établis sur la rive droite de la Marne. La dernière génération, installée en 2011, a repris une partie du vignoble familial et acheté des terres pour arriver à 10,5 ha. Elle a commercialisé ses premiers flacons en 2014. (RM)

Les noirs dominent (90 %, dont deux gros tiers de meunier) dans l'assemblage de ce brut. Une robe dorée, un nez discret sur les fruits mûrs, le caramel et les épices. Quant à la bouche, équilibrée, à la fois ample et vive, elle offre une finale chaude et épicée. ✗ 2015-2019 ♈ bouchée à la reine ● Grande Réserve (15 à 20 € ; 12 000 b.) : vin cité. ✗ 2016-2019

○━ *SCEV Lacroix-Delozanne, 4, rue des Genêts, 51700 Montigny-sous-Châtillon, tél. 06 84 48 48 86, champlacroix2@wanadoo.fr* Ⅴ 🚶 ⚑ *r.-v.*

LACULLE Côte des Bar Brut premier ★		
● 56 000	⬆	15 à 20 €

La famille Laculle, établie en 1789 dans l'Aube, cultive plus de 11 ha de vignes sur les coteaux de la vallée de l'Arce, à l'est de Bar-sur-Seine. La marque a été créée en 2000. (RM)

Souvent distingué, ce brut sans année provient exclusivement de pinot noir, ici de la récolte 2011. Le jury a été séduit, tant par la franchise et la délicatesse de son nez d'agrumes (citron, pamplemousse) et de fleurs blanches que par l'élégance de sa bouche à la fois fondue et fraîche. Un champagne aérien. ✗ 2015-2019 ♈ verrines de crabe aux agrumes ● Côte des Bar Cuvée Prestige ★ (20 à 30 € ; 10 000 b.) : du chardonnay et du pinot noir à parité dans cette cuvée, qui offre au nez un agréable mariage du terroir et des cépages, avec des notes d'agrumes et des nuances

minérales. En bouche, une vivacité citronnée, équilibrée par une belle ampleur, et une longue finale. ✗ 2015-2019

○━ *Vignoble Laculle, 1, rue du Vieux-Château, 10110 Chervey, tél. 03 25 38 78 17*

LAGILLE ET FILS	
Reflet d'une passion Vintage 2009 ★	
● 2 500	20 à 30 €

Treslon n'est pas le village champenois le plus connu. Si l'autoroute et le TGV passent tout près, la localité se cache dans un vallon proche de l'Ardre, à l'ouest de Reims. La grand-mère avait cultivé ici les premiers plants, et Bernard Lagille lancé sa marque (1975). Ses filles Claire et Maud, installées en 2005, puis Vincent, le fils, en 2012, l'ont rejoint. (RM)

Ce millésimé privilégie le chardonnay (70 %), escorté du pinot noir. Robe or clair, nez plus évolué de fruits mûrs, de crème et de noisette. Puissante dès l'attaque, volumineuse, la bouche possède assez de fraîcheur pour rester élégante. On apprécie le retour de la noisette en finale. ✗ 2015-2020 ♈ poulet aux écrevisses ● Séduction (15 à 20 € ; n.c. b.) : vin cité. ✗ 2015-2018

○━ *Lagille et Fils, 49, rue de la Planchette, 51140 Treslon, tél. 03 26 97 43 99, contact@champagne-lagille.com* Ⅴ 🚶 ⚑ *r.-v.*

ALAIN LALLEMENT Blanc de blancs ★		
● 3 000	⬆	15 à 20 €

Alain Lallement, qui a pris les rênes de l'exploitation en 1975, est aujourd'hui épaulé par son fils Antoine. La famille a développé l'hébergement, ce qui permet aux visiteurs de découvrir la vaste forêt de Verzy, dans la Montagne de Reims, et ses hêtres tortillards, les célèbres faux. (RM)

Alain Lallement, comme plusieurs de ses confrères de la Montagne de Reims, a planté du chardonnay en terre de pinot noir ; rien d'étonnant à ce que les jurés lui trouvent un côté « original » avec sa présence aromatique affirmée. Au nez, de l'amande fraîche, des fleurs blanches et une touche anisée. La palette s'enrichit d'épices dans une bouche complexe, gourmande et longue qui ne manque pas de finesse : il s'agit bien d'un chardonnay ! ✗ 2015-2020 ♈ lotte à l'armoricaine

○━ *Alain Lallement, 19, rue Carnot, 51380 Verzy, tél. 03 26 97 92 32, champagne.alain.lallement@club-internet.fr* Ⅴ 🚶 ⚑ *r.-v.* 🏠 ❸ 🏠 Ⓑ

PHILIPPE LAMARLIÈRE 2008 ★★		
● 10 000	⬆	20 à 30 €

Créée en hommage à un ouvrier fin dégustateur qui travailla trente ans au service de la maison, une marque du négoce Tribaut-Schloesser, fondé en 1929 non loin d'Hauvillers et de la vallée de la Marne. Gérée par Sébastien Tribaut, l'affaire dispose de 20 ha de vignes. (NM)

Ce millésimé de la belle année 2008 privilégie le pinot noir (60 %), complété par le chardonnay. La robe encore pâle aux reflets verts annonce un réel potentiel. Le nez élégant mêle les fleurs et les fruits blancs ; la bouche achève de convaincre, délicate, charnue et fraîche à l'attaque, soulignée par une subtile acidité. Un champagne raffiné, représentatif du millésime. ✗ 2015-2020 ♈ filet de sole sauce vanillée ● Grande Réserve ★ (15 à 20 € ;

100 000 b.) : vieilli plus de trois ans sur lattes, un assemblage des cépages privilégiant les noirs (70 %) : un nez puissant et évolué, sur les fruits jaunes ; une bouche charnue et longue. Se tiendra bien à table. ⚔ 2015-2018 ● ★ (15 à 20 € ; 20 000 b.) : les deux pinots à parts égales sont en vedette (80 %) dans ce brut au nez de fruits compotés et de beurre, à la bouche souple et équilibrée, vivifiée par une généreuse effervescence. ⚔ 2015-2017

○┐ SARL SVR Philippe Lamarlière,
8, rue des Gais-Hordons, 51480 Romery,
tél. 03 26 58 64 21, contact@svromery.fr

GUY LAMOUREUX Rosé de saignée			
●	8 300	🍾	15 à 20 €

Les Lamoureux sont installés de longue date aux Riceys (Aube), important village de la Champagne méridionale connu pour son rosé tranquille. Aujourd'hui, Stéphane et Alexandre Lamoureux exploitent un vignoble de près de 9 ha et mettent en valeur la marque créée en 1970 par Guy Lamoureux. (RM)

Une cuve de pinot noir en vendange entière a été « saignée » (écoulée) après une courte macération. Une opération délicate, qui demande du savoir-faire pour déterminer le moment optimal. Ici, on a choisi une extraction poussée pour obtenir un rosé de couleur framboise, presque rouge. Il en découle un nez intense de fruits rouges et une bouche puissante et vineuse, qui reste équilibrée grâce à sa finesse et à sa fraîcheur. ⚔ 2015-2020 🍽 fondant au chocolat

○┐ Guy Lamoureux, 10, rue de Frolle, 10340 Les Riceys,
tél. 03 25 29 34 39, champagneguylamoureux@
wanadoo.fr 🆅 🕱 🛉 r.-v.

VINCENT LAMOUREUX Réserve			
●	6 200	🍾	15 à 20 €

Ce domaine est né en 1987 de l'union de Sylviane Vincent et de Jean-Michel Lamoureux. Ces récoltants cultivent 8 ha sur les coteaux des Riceys, dans l'Aube, et proposent les trois AOC de la Champagne, dont le confidentiel rosé-des-riceys. (RM)

Née de 60 % de pinot noir complété de chardonnay, cette cuvée présente un nez discret mais fin de fleurs blanches et d'agrumes. À peine plus épaisse en bouche, elle retient l'attention par sa fraîcheur citronnée, son fruité subtil et son harmonie générale. ⚔ 2015-2018 🍽 filet de barbu aux étrilles

○┐ EARL Vincent Lamoureux,
2, rue du Sénateur-Lesaché, 10340 Les Riceys,
tél. 03 25 29 39 32, lamoureux-vincent@wanadoo.fr
🆅 🕱 🛉 r.-v.

CLAUDE LANCELOT Brio 2004 ★			
●	n.c.	🍾	20 à 30 €

Claude Lancelot et son épouse Nadine ont lancé leur exploitation en 1978. Depuis le décès de son mari en 2012, cette dernière tient la barre avec l'appui de son fils. Leur vignoble est planté de chardonnay sur les coteaux d'Épernay et dans la Côte des Blancs, et de pinot noir près de Bar-sur-Seine. (RM)

Le chardonnay (60 %) l'emporte sur le pinot noir dans l'assemblage de ce millésimé, dont la robe dorée et les arômes de fruits cuits et de sous-bois traduisent l'évolution. Une touche briochée et vanillée vient enrichir la palette dans une bouche équilibrée, fine et longue, traversée par une délicate acidité. ⚔ 2015-2018 🍽 ris de veau à la crème

○┐ Lancelot-Goussard, 30, rue Ernest-Vallé, 51190 Avize,
tél. 03 26 57 94 68 🆅 🛉 r.-v.

LANCELOT-PIENNE Cuvée Marie Lancelot 2009			
● Gd cru	2 500	🍾	30 à 50 €

L'union d'Albert Lancelot avec Brigitte Pienne, suivie de la mise en commun de leurs vignobles de la Côte des Blancs, est à l'origine de la marque (1967). Leur fils Gilles, œnologue, a pris en 2006 la tête du domaine de 8,5 ha, essentiellement situé autour de Cramant. Ses vins sont très peu dosés. (RM)

Portant le nom de la fille de l'élaborateur, ce blanc de blancs de Cramant est le point de rencontre du terroir, du cépage et du millésime. L'année 2009 se traduit par des notes de fruits blancs et par l'ampleur de la bouche ; le cépage, par des nuances grillées et une belle fraîcheur ; et le terroir, par la minéralité, qui apporte équilibre et longueur. Ajoutons un dosage à 4 g/l (extra-brut). ⚔ 2015-2019 🍽 tartare de bar

○┐ Lancelot-Pienne, 1, pl. Pierre-Rivière, 51530 Cramant,
tél. 03 26 59 99 86, contact@
champagne-lancelot-pienne.fr 🆅 🕱 🛉 r.-v.

Y. LANCELOT-WANNER Chardonnay Carte d'or ★★			
● Gd cru	n.c.	🍾 🍷	20 à 30 €

Après ses études près de chez lui (au lycée d'Avize) et ses stages aux antipodes (en Nouvelle-Zélande), Philippe Lancelot a rejoint ses parents en 2004 et pris en 2007 les rênes du domaine constitué à la génération précédente. À la tête de 4,6 ha au cœur de la Côte des Blancs, il cherche à élaborer des vins de garde. (RM)

Une Carte d'or... clair et limpide dans le verre. Un blanc de blancs issu d'un assemblage savant de différentes années (2004 à 1999) et de vins de réserve élevés dans des contenants divers (cuves, barriques, demi-muids, foudres). Une méthode très maîtrisée qui permet au vin de livrer de délicates fragrances florales, subtilement mariées à des notes pâtissières. À la fois riche et fraîche, bien dosée, la bouche convainc par sa personnalité et son élégance. ⚔ 2015-2020 🍽 turbot sauce hollandaise

○┐ Y. Lancelot-Wanner, 155, rue de la Garenne,
51530 Cramant, tél. 03 26 57 58 95, philippe@
champagnelancelot.com 🆅 🕱 🛉 r.-v.

LANSON Extra âge ★★			
●	n.c.		50 à 75 €

Maison fondée en 1760 par François Delamotte, propriétaire de vignes à Cumières. Jean-Baptiste Lanson prend le contrôle de l'affaire en 1837, lui donne son nom et sa dimension internationale en commerçant vers l'Europe du Nord. La marque est depuis 2006 le fleuron du groupe BCC. Le style maison : une grande fraîcheur due à des vinifications sans fermentation malolactique. (NM)

Une cuvée élaborée pour fêter dignement le deux cent cinquantième anniversaire de la marque. Elle assemble pinot noir (60 %) et chardonnay des meilleurs crus et des (bonnes) années 2004, 2002 et 2000, et s'est affinée plus de cinq ans sur lattes. La robe jaune paille est traversée par un train de fines bulles qui porte au nez des parfums

CHAMPAGNE

délicats d'agrumes et de vanille. À la fois crémeuse, vive et toastée, la bouche s'étire longuement, avec élégance. Un excellent champagne qui s'est placé sur les rangs pour un coup de cœur. ✗ 2015-2022 ❦ saint-jacques aux truffes ● Vintage Collection 1988 ★ (+ de 100 € ; n.c. b.) : présenter des millésimes anciens conservés dans les meilleures conditions est une spécialité de la maison. Avec ce brut d'âge vénérable, issu du chardonnay et du pinot noir à parts égales, on découvre des arômes confits, ranciotés et beurrés qui répondent à une bouche pleine de tonus, à l'acidité presque mordante. Sa longue finale minérale signe la noblesse de ses origines. On est surpris, mais on aime. ✗ 2015-2018

☛ *Lanson, 66, rue de Courlancy, 51100 Reims, tél. 03 26 78 50 50, info@lanson.fr* 🆅 🏃 🛆 *r.-v.*

☛ Lanson-BCC

GÉRARD LASSAIGNE Chardonnay ★		
● 24 600	🍾	11 à 15 €

Gérard Lassaigne a créé en 1980 son domaine sur une butte crayeuse dominant à l'ouest la plaine troyenne : la colline de Montgueux. Le chardonnay y trouve un terrain favorable et bénéficie d'une très bonne réputation. Le vignoble couvre 4,5 ha. (RM)

Cette cuvée porte l'empreinte de son cépage : robe claire ; nez fin où pointent fruits blancs et nuances minérales ; bouche élégante, équilibrée et longue. « Un vin qui fait honneur au blanc de blancs », conclut un dégustateur. ✗ 2015-2019 ❦ verrines de crevettes aux agrumes ● Blanc de blancs ★ (11 à 15 € ; 29 800 b.) : un chardonnay au nez de fruits compotés, de brioche et de toast, à la bouche à la fois ample, miellée et vive. Pour l'apéritif comme pour la table. ✗ 2015-2018

☛ *EARL Gérard Lassaigne, 6, rue Valange, 10300 Montgueux, tél. 06 09 10 61 18, cedlas@free.fr* 🆅 🏃 🛆 *r.-v.*

LASSEAUX ET FILS Rosé de saignée		
● 1 000	🍾	15 à 20 €

Une exploitation fondée en 1970 à la Neuville-aux-Larris, village situé à quelques kilomètres au nord de la vallée de la Marne. Elle est dirigée par Philippe Lasseaux, qui confie le fruit de ses 4,3 ha à la coopérative locale. (RC)

Seul le meunier est à l'œuvre dans ce rosé de macération : une couleur intense, presque rouge, des parfums de fraise et de cerise, que l'on retrouve dans une bouche riche et puissante, soutenue par ce qu'il faut d'acidité. ✗ 2015-2016 ❦ soupe de fraises à la menthe

☛ *Lasseaux et Fils, 27, rte de Paradis, 51480 La Neuville-aux-Larris, champagne@lasseaux.com* 🆅 🏃 🛆 *r.-v.*

LAURENT LAUNAY Réserve		
● 25 000	🍾	11 à 15 €

Pierre Launay a débuté ses plantations en 1967 dans le Sézannais et a vendu ses premières bouteilles en 1973. Associés, ses trois fils Jérôme (à la vigne), Lionel (à la cave) et Laurent (à la gestion) commercialisent leurs vins sous des prénoms différents. Le domaine de 14 ha s'étend aussi dans la Côte des Bar, dans l'Aube. (RM)

Pinot noir (60 %) et chardonnay sont unis dans cette cuvée jaune pâle mêlant au nez la crème et la brioche à de fines notes miellées, et à la bouche équilibrée et ronde.

Un champagne à son apogée. ✗ 2015-2016 ❦ cassolette de langoustines

☛ *GAEC Champavigne, 11, rue Saint-Antoine, 51120 Barbonne-Fayel, tél. 03 26 80 20 03, contact@ champagne-launay.fr* 🆅 🏃 🛆 *r.-v.*

PAUL LAURENT Cuvée Prestige L'Essentiel ★		
● 30 000	🍾	15 à 20 €

Lorsque Gilbert Gruet et son épouse Danielle créent leur exploitation en 1952, les coteaux du Sézannais, dans le sud-ouest de la Marne, ne portent que peu de ceps. Depuis, la viticulture s'est fortement développée dans la région, et la maison Gruet, devenue Champagne Paul Laurent en 1993, a pris le statut de négociant. Tandis que deux enfants sont partis élaborer du *sparkling* dans l'Ouest américain, deux autres gèrent l'affaire. (NM)

Une mousse crémeuse coiffe ce brut aux accents de fleurs blanches et de fruits exotiques, rehaussés de nuances grillées et minérales. Vive, légère et tonique, agrémentée d'une pointe saline en finale, la bouche laisse une très bonne impression. À déboucher dès l'apéritif. ✗ 2015-2016 ❦ tartare de saumon ● Cuvée du fondateur (11 à 15 € ; 300 000 b.) : vin cité. ✗ 2015-2016 ● Cuvée du fondateur (15 à 20 € ; 90 000 b.) : vin cité. ✗ 2015-2018

☛ *Paul Laurent, 4, rue des Pressoirs, 51260 Bethon, tél. 03 26 81 91 11, champagne.paul.laurent@wanadoo.fr* 🆅 *r.-v.*

LAURENT-GABRIEL Grande Réserve			
1er cru	n.c.	🍾 🍶	15 à 20 €

Une marque créée par Daniel Laurent en 1982. Depuis 2007, Marie-Marjorie Laurent, sa fille, exploite les 3 ha du domaine répartis dans la Grande Vallée de la Marne et dans la Côte des Blancs. (RM)

Vinifié sans fermentation malolactique, ce brut assemble 85 % de noirs (dont 75 % pinot noir) à 15 % de chardonnay. Un long vieillissement et la conservation en fût d'un tiers des vins de réserve lui ont donné des caractères de maturité : une robe paille doré animée de fines bulles ; un nez mêlant mirabelle mûre, miel et pain d'épice ; un palais riche, crémeux, gourmand, minéral et boisé, qu'une franche acidité équilibre et affine. Un ensemble plein et élégant. Proche de l'étoile. ✗ 2015-2018 ❦ foie gras poêlé

☛ *EARL Laurent-Gabriel, 2, rue des Remparts, 51160 Avenay-Val-d'Or, tél. 03 26 52 32 69, email@ laurent-gabriel.com* 🆅 🏃 🛆 *t.l.j. 9h30-12h 13h30-16h; f. 15-25 août*

LAURENT-PERRIER ★		
●	n.c. 🍾	30 à 50 €

Cette célèbre maison, créée en 1812 par le tonnelier André-Michel Pierlot, associe les patronymes de Mathilde Perrier et de son époux Eugène Laurent, chef de cave ayant repris l'affaire. Elle connaît l'expansion jusqu'au lendemain de la Grande Guerre, puis la léthargie après la disparition sans héritier de la veuve Laurent-Perrier en 1925. Marie-Louise de Nonancourt, née Lanson, rachète la maison en 1939 ; son fils Bernard (1920-2010) lui redonne son lustre et en fait un groupe d'importance détenant des marques réputées comme Salon et Delamotte, et célèbre pour ses cuvées spéciales. (NM)

Le brut sans année, signature d'une maison. Chez Laurent-Perrier, les blancs composent la moitié de la cuvée, complétés par les deux cépages noirs (35 % de pinot noir, 15 % de meunier). Plus de cinquante crus entrent dans sa composition, ainsi que 20 % de vins de réserve. Les vins vieillissent au moins trois ans sur lattes, comme des millésimés. La part importante du chardonnay transparaît dans la finesse et la fraîcheur élégante de ce brut bien dosé. La robe doré profond parcourue de fines bulles et la palette aromatique associant le beurre, la mirabelle et les fruits confits traduisent une belle évolution. Un champagne dans sa plénitude. ✗ 2015-2019 ❦ terrine de lapereau ● Cuvée Rosé ★ (50 à 75 € ; n.c. b.) : lancé en 1968, un rosé issu de la macération de pur pinot noir en provenance d'une dizaine de crus situés principalement dans la Montagne de Reims. D'un saumon soutenu, il offre d'intenses arômes de petits fruits rouges nuancés de quelques touches grillées. Élégant en attaque, c'est un vin puissant, de bonne longueur et surtout très frais, qui saura se tenir à table. ✗ 2015-2019

o━ Laurent-Perrier, 32, av. de Champagne, 51150 Tours-sur-Marne, tél. 03 26 58 91 22, al.domenichini@laurent-perrier.fr Ⓥ r.-v.

o━ de Nonancourt

PASCAL LEBLOND-LENOIR Grande Réserve ★		
● 6 700	î	11 à 15 €

Établie dans l'Aube sur les hauteurs de la Seine, à l'extrême sud de la Champagne, cette famille a commercialisé ses premières bouteilles après 1945. Pascal a lancé sa marque en 1980. Avec ses enfants Claire et Julien, il exploite un domaine de 10 ha, dont une partie est dédiée au rare pinot blanc. (RM)

Dans cette Grande Réserve, issue de la récolte 2009, les 40 % de blancs se répartissent entre 20 % de chardonnay et autant de pinot blanc. Les raisins noirs proviennent, eux, du pinot noir, qui règne dans l'Aube. Robe or pâle aux reflets verts traversée d'une effervescence vive ; nez franc et frais, prélude à une bouche équilibrée, épicée, briochée et beurrée, à la finale longue et délicate. ✗ 2015-2018 ❦ sandre à la cardamome verte

o━ Pascal Leblond-Lenoir, 49, Grande-Rue, 10110 Buxeuil, tél. 03 25 38 54 04, pascal.leblondlenoir@free.fr Ⓥ 🎿 🏠 r.-v.

NOËL LEBLOND-LENOIR Héritage ★★		
● 1 000		20 à 30 €

Les Leblond-Lenoir sont plusieurs à Buxeuil, village de la région de Bar-sur-Seine (Aube). Fils et petit-fils de vignerons, Noël y exploite depuis 1969 un vignoble de 13 ha ; il est aujourd'hui secondé par ses filles Mélaine et Élise. (RM)

Le pinot noir, qui plonge profondément ses racines dans le calcaire du Kimméridgien, contribue seul à cette cuvée issue de la récolte 2011. Un mot pour résumer ce champagne ? Le raffinement. Son cordon de fines bulles traverse une limpide robe, or gris, pour former une mousse légère ; les fragrances subtiles évoquent la fougère, l'aubépine, les fruits jaunes et la brioche, arômes rejoints en bouche par les agrumes et la pomme verte. Le palais, équilibré entre gras et vivacité, laisse une impression d'élégance. Proche du coup de cœur. ✗ 2015-2020 ❦ homard grillé ● Prestige (15 à 20 € ; 10 200 b.) : vin cité. ✗ 2015-2019

o━ Noël Leblond-Lenoir, 3, rue de la Fontaine-Saint-Loup, 10110 Buxeuil, tél. 03 25 38 53 33, noel.leblond@wanadoo.fr Ⓥ 🎿 🏠 r.-v.

ALAIN LEBOEUF Grande Séduction 2010		
● 1 274	î ◑	20 à 30 €

Fils et petit-fils de vignerons aubois, Alain Leboeuf a repris en 1989 le domaine familial : 7 ha à l'extrême sud-est de la Champagne, aux confins de la Haute-Marne. (RM)

Un assemblage de chardonnay et de pinot noir à parts sensiblement égales (45/50) vinifié en partie en fût. Une bulle fine monte dans un jaune pâle aux reflets verts. Un nez élégant, finement grillé, prélude à une bouche équilibrée et fraîche, marquée en finale par une pointe d'amertume. ✗ 2015-2018 ❦ feuilleté aux saint-jacques

o━ SCEV Alain Leboeuf, 1, rue du Moulin, 10200 Colombé-la-Fosse, tél. 03 25 27 11 26, sceyleboeuf@wanadoo.fr Ⓥ 🎿 🏠 r.-v.

PAUL LEBRUN Extra-brut Blanc de blancs ★		
● 20 000	î	15 à 20 €

Établie au cœur de la Côte des Blancs, une famille dans la viticulture depuis plus de dix générations. Première marque en 1902. En 1931, Paul Lebrun lance son champagne. Aujourd'hui, ses petits-enfants Nathalie et Jean Vignier cultivent 16,5 ha de chardonnay autour de Cramant et dans les Sézannais. (RM)

Discret au premier nez, ce chardonnay vinifié en extra-brut libère à l'aération d'élégantes notes de fleurs blanches, de pamplemousse et d'ananas. Une fraîcheur aromatique que l'on retrouve dans une bouche charnue, dense sans lourdeur. La note aurait été encore plus élevée avec un peu plus de longueur... ✗ 2015-2020 ❦ carpaccio de saint-jacques

o━ Paul Lebrun, 65, rue Nestor-Gaunel, 51530 Cramant, tél. 03 26 57 54 88, champagne.vignier-lebrun@wanadoo.fr Ⓥ 🎿 🏠 r.-v. o━ Vignier

LE BRUN SERVENAY ★		
● 4 000	î ◑	15 à 20 €

Patrick Le Brun conduit un vignoble familial dont la majeure partie est située au cœur de la Côte des Blancs, patrie du chardonnay. Ses cuvées ne font pas leur fermentation malolactique et sont faiblement dosées. (RM)

Un petit appoint de noirs (meunier 4 %, pinot noir 8 %) vieillis en fût est associé au chardonnay, donnant un rosé léger aux reflets dorés et au nez finement fruité. Le fruité se précise dans une bouche vive, élancée et longue : on reconnaît le citron vert et la mirabelle fraîche. Un rosé proche d'un blanc de blancs et qui fera le même usage : apéritif ou poisson. ✗ 2015-2018 ❦ filet de bar

o━ SCEV Le Brun Servenay, 14, pl. Léon-Bourgeois, 51190 Avize, tél. 03 26 57 52 75, contact@champagnelebrun.com Ⓥ 🎿 🏠 r.-v.

LECLERC-BRIANT Cuvée divine (Solera) ★		
● 3 000	◑	75 à 100 €

Propriété née en 1872 à Cumières. Installée à Épernay en 1955, elle a pris le statut de négociant. La maison a joué un rôle pionnier dès les années 1960 en vinifiant par lieu-dit et en s'intéressant au bio. Pascal Leclerc, disparu en 2010, avait converti le domaine à la biodynamie.

Rachetée en 2012 par des Américains, la maison est gérée par Frédéric Zeimett, Champenois d'origine, passé auparavant par de grandes maisons comme Moët & Chandon ou Chapoutier. Le vignoble, ramené à 8 ha, est toujours cultivé en biodynamie et des apporteurs en bio complètent son approvisionnement. (NM)

Des noirs majoritaires (80 % de noirs, avec 50 % de pinot meunier) et un appoint de chardonnay dans cette cuvée issue des années 2006, 2005 et 2004 ; les vins ont été élevés dix-huit mois en fût selon le système de la solera. Le dosage est très faible (4 g/l). Nez bien ouvert associant les fruits rouges et les agrumes à des arômes d'évolution évoquant le coing ; bouche puissante et vineuse. Un champagne dans sa plénitude. Pour le repas. ✗ 2015-2017 ▼ chapon rôti

⛬ Leclerc-Briant, 67, rue Chaude-Ruelle, BP 108, 51204 Épernay Cedex, tél. 03 26 54 45 33, info@ leclercbriant.com **V 🎿 🏠** r.-v. ⛬ Denise Dupré

DANIEL LECLERC ET FILS		
●	35 000	🛋	11 à 15 €

Daniel Leclerc plante sa première vigne en 1975 à Polisot, au sud de Bar-sur-Seine, et se lance en 1990 dans l'élaboration du champagne, avec 2 ha. Ses enfants Alexandre et Raphaëlle le rejoignent en 1984 et prennent le relais en 2011 ; ils exploitent aujourd'hui près de 8 ha. (RM)

Un blanc de noirs issu du seul pinot noir. La robe ou pâle montre de légers reflets orangés ; le nez grillé et floral est des plus engageant. Des notes plus fruitées (abricot, pêche) apparaissent dans un palais vif à l'attaque et bien équilibré. ✗ 2015-2018 ▼ feuilleté aux saint-jacques

⛬ Leclerc, Maison-Rouge, 10110 Polisot, tél. 03 25 38 51 12, champagne.daniel.leclerc@orange.fr **V 🎿** r.-v. 🏠 **A**

LECLERC-MONDET Prestige ★★		
●	1 800	🍶	15 à 20 €

Installés en 1952 à Trélou-sur-Marne sur la rive droite de la Marne, Henri Leclerc et son épouse Renée Mondet lancent leur première cuvée. Leur fils Christian reprend l'exploitation en 1976 et passe le relais en 1998 aux petits-fils. Fabien, œnologue, est à la cave et son frère Cédric, à la vigne. Leur domaine couvre 9 ha. (RM)

Un champagne de gastronomie. Pinot noir et chardonnay à parité sont ici vinifiés en fût. Le but est d'obtenir une oxygénation mesurée, une plus grande complexité et d'améliorer la structure du vin. Objectif atteint, à en juger par la robe dorée traversée d'une bulle fine et par la bouche ample et persistante qui dévoile tout un florilège d'arômes : fruits mûrs, coing, pêche, abricot, noisette, brioche, fumée et boisé. Une belle maîtrise. ✗ 2015-2020 ▼ carré de veau aux morilles ● Blanc de blancs (11 à 15 € ; 5 000 b.) : vin cité. ✗ 2015-2018 ● Grande Réserve (11 à 15 € ; 8 000 b.) : vin cité. ✗ 2015-2017

⛬ Leclerc-Mondet, 5, rue Beethoven, 02850 Trélou-sur-Marne, tél. 03 23 70 23 39, leclerc-mondet@orange.fr **V 🎿** r.-v.

HERVÉ LECLÈRE Secret de millésime 2008 ★		
● 1er cru	2 200	🛋	15 à 20 €

Installé en 1980 sur le domaine familial, Hervé Leclère cultive plus de 4 ha entre massif de Saint-Thierry et Montagne de Reims. (RC)

Du pinot noir et du chardonnay à parité et une fermentation malolactique partielle pour ce millésime en devenir, au nez subtilement fruité, floral et évolué, qui intéresse par sa bouche équilibrée et très fraîche. Il devrait évoluer dans le bon sens et pourra être débouché dès maintenant. ✗ 2015-2020 ▼ verrines d'avocat et de langoustines ● 1er cru Reflet de sélection ★ (15 à 20 € ; 6 000 b.) : trois quarts de pinot noir et un quart de chardonnay dans cette cuvée mêlant des senteurs florales et des notes de framboise et de cassis à la fois riches et délicates. La bouche attaque avec souplesse et se déploie avec puissance et longueur. ✗ 2015-2018

⛬ Hervé Leclère, 2, rue Saint-Vincent, 51500 Écueil, tél. 03 26 49 76 64, champagneherveleclere@orange.fr **V 🎿 🏠** r.-v.

ÉMILE LECLÈRE Réserve ★		
●	50 000	🛋	11 à 15 €

Situé à Mardeuil, village voisin d'Épernay, le domaine a son siège dans une imposante demeure, qui abritait au XVIIIᵉs. une laiterie appartenant à l'abbaye d'Hautvillers. Émile Leclère l'a racheté en 1880. Vincent Delouvin poursuit l'activité familiale depuis 1999. (RM)

Ce brut associe 20 % de chardonnay à 80 % de meunier, cépage majoritaire dans la propriété. Nez bien ouvert et riche, sur le biscuit, les fruits secs, le caramel et la pomme cuite. Attaque franche, bouche structurée à la finale fraîche : un réel équilibre. ✗ 2015-2018 ▼ boudin blanc et pommes caramélisées

⛬ Émile Leclère, 15, rue Victor-Hugo, 51530 Mardeuil, tél. 03 26 55 24 45, info@champagne-leclere.com **V 🎿** t.l.j. 8h30-17h30 ; sam. sur r.-v. 🏠 **B**

LECLÈRE-POINTILLART Brut nature ★		
● 1er cru	2 000	🛋	15 à 20 €

Domaine familial implanté à Écueil, village en 1ᵉʳ cru de la Montagne de Reims, au sud de la cité des Sacres. Installé en 1979, Patrice Leclère exploite aux environs 10 ha de vignes. (RC)

La fermentation malolactique a été partiellement bloquée pour ce champagne non dosé, né d'un assemblage à parts égales de chardonnay et de pinot noir. Un train de bulles fines traverse la robe jaune doré. Délicat et flatteur, le nez associe nuances miellées, senteurs de fruits blancs et de fruits confits. Tout aussi expressive, la bouche est structurée, ample, fraîche et longue. Du potentiel. ✗ 2015-2020 ▼ écrevisses à la nage

⛬ Patrice Leclère, 3, Grande-Rue, 51500 Écueil, tél. 03 26 49 77 47, leclpoint@aol.com **V 🎿** t.l.j. sf dim. 9h-12h 13h30-18h

XAVIER LECONTE Cuvée Prestige ★		
●	12 000	🛋 🍶	15 à 20 €

À la suite de quatre générations de viticulteurs, Xavier Leconte exploite un vignoble sur la rive gauche de la Marne. Il est le premier de la lignée à vinifier : coopérateur lors de son installation en 1978, il est devenu récoltant-manipulant dans les années 1980 et a été rejoint en 2013 par son fils Alexis, œnologue. Le domaine couvre 10 ha. (RM)

Deux tiers de pinot noir, un tiers de meunier, vinifiés pour moitié en cuve et pour l'autre en fût, le tout assemblé à des vins de réserve élevés en foudre, sont à l'origine de ce vin de caractère. Une robe dorée animée par une fine effervescence et un nez vineux, noisetté, toasté et beurré introduisent une bouche fraîche à l'attaque, tendue et puissante, qu'un fin grain tannique ne réussit pas à rendre rustique. Pour le repas. ✘ 2016-2020 ❦ faisan braisé aux champignons ● Scellés de terroirs Lieu-dit Le Clos de Poiloux 2006 ★ (30 à 50 € ; 1 400 b.) : un pinot noir en provenance d'une seule parcelle. Vinifié en fût, vieilli huit ans sur lattes, il a atteint une maturité vénérable. Sa couleur est paillée, son nez livre miel, épices, poire très mûre et sous-bois, et sa bouche se montre souple et onctueuse. ✘ 2015-2016

☞ *Xavier Leconte, 7, rue des Berceaux, Bouquigny, 51700 Troissy, tél. 03 26 52 73 59, contact@ champagne-xavier-leconte.com* 🅥 🏃 🛡 *r.-v.* ♠ 🅑

LECONTE-AGNUS ★		
●	7 700	11 à 15 €

Établie sur la rive gauche de la Marne, cette famille cultive la vigne depuis cinq générations, mais ne possédait que quelques ares dans les années 1950. Aujourd'hui, Florian et Enguerran Bonnet exploitent avec leurs parents 9 ha de vignes. (RM)

Un rosé qui doit tout au meunier ; il s'agit néanmoins d'un rosé d'assemblage (teinté par 12 % de vin rouge). Son allure est engageante, avec sa robe saumon soutenu coiffée d'une mousse persistante, et son nez ouvert et gourmand, sur les agrumes et les fruits rouges, l'est encore plus. Le prélude à une bouche tout aussi sympathique, jeune, ronde et équilibrée. ✘ 2015-2017 ❦ fraisier ● Prestige (15 à 20 € ; 8 000 b.) : vin cité. ✘ 2015-2018

☞ *Leconte-Agnus, 3 rue des Grèves, Bouquigny, 51700 Troissy, tél. 03 26 52 70 24, champagne.leconte.agnus@wanadoo.fr* 🅥 🏃 🛡 *r.-v.*

DIDIER LEFÈVRE Blanc de blancs ★			
● Gd cru	10 000	🍶	15 à 20 €

On trouvera Didier Lefèvre à Épernay, sur les bords de la Marne. Il cultive un vignoble réparti entre Côte des Blancs (Oger), coteaux ouest d'Épernay, Sézannais et rive droite de la Marne, dont il livre la récolte à l'une des coopératives d'Avize. (RC)

Une robe or pâle, un nez fin et subtil, entre fleurs blanches et agrumes. Des arômes qui s'invitent dans une bouche à la fois délicate et gourmande. Un champagne élégant et long. ✘ 2015-2018 ❦ petits choux aux crevettes ● (15 à 20 € ; 3 000 b.) : vin cité. ✘ 2015-2018

☞ *Didier Lefèvre, 13, quai de la Villa, BP 1055, 51319 Épernay Cedex, tél. 03 26 54 57 16, champagne.d.lefevre@orange.fr* 🅥 🛡 *r.-v.*

LE GALLAIS Brut nature Cuvée des cèdres ★		
●	5 000	🍶	20 à 30 €

1927 : l'arrière-grand-père de l'actuel récoltant achète des terres du célèbre château de Boursault, sur la rive gauche de la Marne. 1998 : Hervé Le Gallais commercialise ses premiers champagnes. Avec sa fille Charlotte, il exploite un petit vignoble de 4 ha, clos de murs. (RM)

Une cuvée non dosée issue à 90 % de noirs (les deux pinots à parité). La palette aromatique se partage entre le fruit mûr, la « quetsche au soleil », des notes briochées et celles plus fraîches d'agrumes, légèrement anisées. La

bouche, au diapason, se montre vive et équilibrée. ✘ 2015-2019 ❦ langoustines sautées

☞ *Le Gallais, 2, rue Maurice-Gilbert, 51480 Boursault, tél. 03 26 58 94 55, clg@champagnelegallais.com* 🅥 🏃 🛡 *r.-v.*

LEGOUGE-COPIN Tradition ★★		
●	10 000	🍶	15 à 20 €

Vigneron comme les générations qui l'ont précédé, Serge Copin crée sa marque en 1962. Sa fille aînée, Jocelyne, épouse de Jean-Marie Legouge, reprend l'exploitation en 1992. Ils cultivent un domaine de 5 ha dans la vallée de la Marne et sont coopérateurs. (RC)

Cépage roi du secteur, le meunier domine l'assemblage de ce blanc de noirs né de trois années : 2011, 2010 et 2009. Reflétant la variété majoritaire, le nez est ouvert et fruité, déployant des senteurs de pêche, de poire et de citron. Une fraîcheur aromatique qui accompagne une bouche vive, teintée de nuances torréfiées. Un champagne complexe et gourmand. ✘ 2015-2018 ❦ sole grillée ● Réserve ★ (15 à 20 € ; 8 000 b.) : le pinot noir à l'honneur (85 %), associé au chardonnay. Nez franc de blé mûr, d'amande et de fruits frais (pêche blanche, fraise). Bouche élégante, à la fois généreuse et tonique, marquée en finale par des notes de zeste d'agrumes. ✘ 2015-2018 ● (15 à 20 € ; 2 000 b.) : vin cité. ✘ 2015-2018

☞ *Legouge-Copin, 6, rue de l'Abbé-Bernard, 51700 Verneuil, tél. 03 26 52 96 89, boutique@ champagne-legouge-copin.fr* 🅥 🏃 🛡 *r.-v.*

ÉRIC LEGRAND Cuvée Réserve 2008		
●	2 000	🍶	20 à 30 €

Rejoint par son fils Édouard en 2014, Éric Legrand cultive depuis 1980 la propriété familiale qui couvre près de 16 ha dans les vallées de l'Ource et de la Seine (Aube). Il exporte près du tiers de ses cuvées. Autre marque : Legrand Frères. (RM)

Pur pinot noir, ce millésimé en robe claire libère des senteurs de fleurs blanches nuancées de touches d'épices douces et de cire. Crémeuse en attaque, de bonne longueur, la bouche montre un bel équilibre entre onctuosité et fraîcheur. ✘ 2015-2018 ❦ soufflé au foie gras ● Legrand Frères Carte Réserve (15 à 20 € ; 30 000 b.) : vin cité. ✘ 2015-2016

☞ *Éric Legrand, 39, Grande-Rue, 10110 Celles-sur-Ource, tél. 03 25 38 55 07, champagne.legrand@wanadoo.fr* 🅥 🏃 🛡 *r.-v.*

PIERRE LEGRAS ★		
●	10 000	🍶	15 à 20 €

Au XVII[e]s., du vivant de dom Pérignon, un Pierre Legras cultivait déjà quelques arpents à Chouilly. Le domaine couvre aujourd'hui 10 ha, principalement autour de ce village de la Côte des Blancs classé en grand cru. Philippe Legras est associé avec ses fils Michel et Vincent, ce dernier, installé en 2001, élaborant les cuvées. (NM)

Les deux pinots à parts égales (15 % chacun) se taillent la part du lion, le chardonnay, quant à lui, s'octroie celle du lion (70 %). L'assemblage de la récolte 2011 avec des vins de réserve remontant jusqu'à 2008 confère de la maturité à ce brut. Le nez est bien ouvert sur les fruits

CHAMPAGNE

mûrs (mangue) ; la bouche fraîche et concentrée possède un côté croquant sympathique. ✗ 2015-2019 ▼ ris de veau aux girolles

☛ Pierre Legras, 28, rue de Saint-Chamand, 51530 Chouilly, tél. 03 26 56 30 97, contact@ champagne-pierre-legras.com Ⓥ 🖈 ⬆ r.-v.

LEGRAS & HAAS Blanc de blancs ★

● Gd cru	25 000	🖫	30 à 50 €

Maison fondée en 1991 à Chouilly (Côte des Blancs) par François Legras et Brigitte Haas, de vieille souche vigneronne, aujourd'hui relayés par leurs fils Rémi, Olivier et Jérôme. Le vignoble ne compte pas moins de 38 ha. Chacun des fils cultive à part ses parcelles, la récolte étant mise en commun et complétée par des apports de quelques viticulteurs. (NM)

Une bulle fine traverse une robe ou pâle aux reflets verts. Au nez, le bonbon, la brioche et une touche de pomme cuite se mêlent avec finesse. Franche à l'attaque, à la fois structurée et raffinée, de belle longueur, la bouche est élégante, au diapason du nez. Un blanc de blancs représentatif de son grand terroir. ✗ 2015-2018 ▼ turbot sauce hollandaise ● ★ (30 à 50 € ; 15 000 b.) : mariant à parts égales blancs et noirs (les deux pinots à parité), un rosé de couleur soutenue, presque cerise. Plus discret, le nez se partage entre les fruits rouges et l'amande, arômes que l'on retrouve dans une bouche croquante, d'une franche vivacité. ✗ 2015-2019

☛ Legras et Haas, 9, Grande-Rue, 51530 Chouilly, tél. 03 26 54 92 90, direction@legras-et-haas.com Ⓥ 🖈 ⬆ r.-v.

JEAN-PIERRE LEGRET ★

●	20 000	🖫	15 à 20 €

Talus-Saint-Prix ? Un village de la vallée du Petit Morin. Son coteau forme l'un des îlots viticoles qui prolongent vers le sud la Côte des Blancs. Les grands-parents, puis les parents de l'actuel récoltant y ont planté 3 ha de vignes, puis deux autres dans la Sézannais, constituant le domaine. Alain Legret l'exploite aujourd'hui en empruntant à la démarche biodynamique. (RM)

Née d'un assemblage des trois cépages champenois (70 % de noirs), une cuvée vieillie plus de quatre ans sur lattes. La mousse crémeuse met en évidence un nez parfumé aux nuances de tilleul, de menthe et d'agrumes. Le citron vert s'invite dans une bouche consistante, équilibrée et fraîche, à la finale anisée. Du potentiel. ✗ 2015-2020 ▼ gambas au curcuma ● Blanc de blancs Cuvée spéciale (15 à 20 € ; 7 000 b.) : vin cité. ✗ 2015-2018

☛ Alain Legret, 6, rue de Bannay, 51270 Talus-Saint-Prix, tél. 03 26 52 81 41, alain-legret@ wanadoo.fr Ⓥ 🖈 ⬆ t.l.j. 8h30-12h 13h30-18h ; f. août

PASCAL LEJEUNE ★

●	12 000	🖫	15 à 20 €

Installé en 1995 sur l'exploitation familiale, Pascal Lejeune cultive un vignoble de plus de 4 ha implanté sur les coteaux sud d'Épernay. La récolte est vinifiée par la coopérative. (RC)

Du meunier majoritaire (80 %) et du chardonnay ont donné un champagne au nez bien ouvert sur la mirabelle, la pêche, la pomme et le tabac blond. La bouche convainc par sa franchise et son onctuosité gourmande alliée à une belle fraîcheur finale. Un brut harmonieux qui se placera de l'apéritif au dessert. ✗ 2015-2018 ▼ tarte aux mirabelles

☛ Pascal Lejeune, 12, rue Jean-Jaurès, 51530 Moussy, tél. 03 26 51 85 07, pascal.lejeune3@wanadoo.fr Ⓥ 🖈 ⬆ r.-v.

LELARGE-PUGEOT
Extra-brut Les Meuniers de Clémence 2011 ★

● 1er cru	12 000		20 à 30 €

La famille Lelarge a acquis ses premières parcelles en 1799, au sud-ouest de Reims. Installé en 1990, Dominique Lelarge et son épouse Dominique Pugeot lancent un champagne à leur marque. Leur vignoble (8,7 ha), exploité en biodynamie, est l'un des rares en Champagne à être conduit (depuis 2013) en bio certifié. (RM)

Dédié à l'une des filles des récoltants, un blanc de noirs né de pur meunier récolté en 2011, fermenté avec des levures indigènes (pratique délicate) et faiblement dosé (3 g/l). Bien doré, il offre un nez expressif, fumé et beurré. En bouche, les fruits rouges viennent compléter cette palette, et une note minérale donne du relief à une matière puissante et longue. ✗ 2015-2019 ▼ huîtres gratinées

☛ Dominique Lelarge, 30, rue Saint-Vincent, 51390 Vrigny, tél. 03 26 03 69 43, contact@ champagnelelarge-pugeot.com Ⓥ 🖈 ⬆ r.-v.

HENRI LEMAIRE Tendre Rosé ★

●	4 600	🖫	15 à 20 €

À la fin du XIXᵉ s., deux arrière-grands-parents de Nathalie Guillemont cultivent la vigne à Damery, en aval d'Épernay. Le grand-père, Henri Lemaire, commercialise les premiers champagnes en 1947. Installés en 1995, Nathalie et Pascal ont gardé sa marque. Ils exploitent près de 6 ha. (RM)

60 % de meunier et 40 % de pinot noir constituent ce Tendre Rosé. Tendre ? Est-ce en raison de sa couleur claire et élégante ? Ou de son nez léger, délicat, évoquant la fraise des bois ? Ou enfin pour sa bouche fruitée, équilibrée, longue et gourmande qui profite d'un dosage bien fondu ? En tout cas, cette cuvée est très agréable. Idéale à l'apéritif comme au dessert. ✗ 2015-2019 ▼ fraisier ● Esprit Pinot (11 à 15 € ; 12 000 b.) : vin cité. ✗ 2015-2018

☛ Henri Lemaire, 13, rue Raymond-Poincaré, 51480 Damery, tél. 03 26 53 83 12, accueil@ champagne-henri-lemaire.fr Ⓥ 🖈 ⬆ r.-v.

FERNAND LEMAIRE ★

● 1er cru	30 000	🖫	11 à 15 €

Fernand Lemaire devient vigneron en 1903 à Hautvillers, cœur historique du champagne où officia Dom Pérignon. Après Robert, Frédéric lui a succédé en 1984, en attendant Hélène. L'exploitation couvre 6,5 ha. (RM)

Les trois cépages champenois sont assemblés à parité dans ce brut. Nez réservé, discrètement floral, bouche plus expressive, aux arômes de fruits mûrs et de fruits secs. Palais franc à l'attaque, ample et agréablement long : le profil d'un champagne de repas. ✗ 2015-2019 ▼ vol-au-vent

☛ Frédéric Lemaire, 88, rue des Buttes, 51160 Hautvillers, tél. 03 26 59 40 44, champagne-lemaire@wanadoo.fr Ⓥ 🖈 ⬆ t.l.j. 8h-18h ; dim. sur r.-v.

MICHEL LENIQUE
Sélection

●		32 000		🍾		15 à 20 €

Un Alexandre Lenique, fils d'un chef de cave, fonde le domaine en 1768. Michel Lenique lance son champagne en 1960. Il travaille aujourd'hui avec son fils Alexandre. La propriété a son siège à Pierry, premier village viticole au sud d'Épernay et le vignoble couvre 6,7 ha sur la Côte des Blancs et dans la vallée de la Marne. (NM)

Le chardonnay, pour moitié, et les deux pinots à égalité ont façonné ce brut or pâle, au nez frais, sur les fleurs et les fruits blancs. Légère, délicate et citronnée, la bouche confirme la présence du cépage blanc dans l'assemblage et le potentiel cette cuvée. ✗ 2015-2020 ♈ gratin de saint-jacques

�17 *Michel Lenique, 20, rue du Gal-de-Gaulle, 51530 Pierry, tél. 03 26 54 03 65, salenique@wanadoo.fr* 🆅 🅰 🇵 *r.-v.*

LEPREUX-PENET
Bulles d'étoiles ★

●	Gd cru	4 000		🍾		20 à 30 €

Descendant d'une lignée remontant au règne de Louis XIV, Gilbert-Louis Penet est poussé par la crise des années 1930 à élaborer et commercialiser son champagne. En 2008, la quatrième génération, représentée par Virginie Lepreux et François Barbosa, a pris les rênes du domaine : 8 ha à Verzy et Verzenay, deux grands crus de la Montagne de Reims. (RM)

Au pays du pinot noir, c'est ce blanc de blancs que nous avons retenu. Un beau champagne en devenir : aujourd'hui pâle de couleur avec des reflets verts, citronné au nez comme en bouche, fin et vif, demain sans doute plus ample et complexe. ✗ 2016-2020 ♈ langoustines

�17 *Virginie Lepreux-Barbosa, 18-20 rue de Villers, 51380 Verzy, tél. 03 26 97 95 52, champagne@lepreux-penet.com* 🆅 🅰 🇵 *r. v.*

LAURENT LEQUART 2008 ★★

●		7 000		🍾 🍶		15 à 20 €

Domaine exploité depuis quatre générations à Passy-Grigny, aux confins de la Marne et de l'Aisne. Installé en 1988, Laurent Lequart met en valeur 10 ha et chérit le meunier, cépage très cultivé dans le secteur. Il confie sa récolte à la coopérative de son village dont nous remarquons régulièrement la production. (RC)

2008, un millésime dont les Champenois sont satisfaits. Avec raison, comme le montre une nouvelle fois ce millésime mariant meunier et chardonnay à parts égales. Nez expressif d'agrumes et de brioche ; bouche franche à l'attaque, ronde et longue, aux parfums de mirabelle et de pêche jaune, mûre sans lourdeur : un champagne harmonieux et gourmand. ✗ 2015-2018 ♈ poulet aux morilles ● Blanc de blancs ★ (15 à 20 € ; 3 000 b.) : une robe pâle, un nez floral, grillé et beurré, une bouche fine et équilibrée composent un champagne agréable et facile. ✗ 2015-2017 ● Vieilles Vignes (15 à 20 € ; 3 500 b.) : vin cité. ✗ 2015-2017

�17 *Laurent Lequart, 17, rue Bruslard, 51700 Passy-Grigny, tél. 03 26 58 97 48, laurent.lequart@wanadoo.fr* 🆅 🅰 🇵 *r.-v.*

LEQUEUX-MERCIER
Chardonnay Réserve ★

●		7 000		🍾		15 à 20 €

En aval de Dormans, le coteau de Passy-sur-Marne domine les premiers méandres de la rivière à son entrée dans le département de l'Aisne. Installé en 1973, Michel Lequeux représente la troisième génération sur le domaine familial qui couvre 7 ha. (RM)

Du chardonnay à l'honneur au pays du meunier. Bien doré, parcouru de fines bulles, délicatement parfumé de fleurs blanches. On retrouve les fleurs dans une bouche souple à l'attaque, ample et longue, sans la moindre lourdeur. Pour l'apéritif. ✗ 2015-2018 ♈ feuilletés de saint-jacques ● 2003 ★ (20 à 30 € ; 3 000 b.) : la canicule a laissé son empreinte sur la récolte 2003. Chardonnay et pinot noir à parts égales ont donné ici un brut imposant par ses arômes de fruits mûrs et de grillé, et par la richesse de sa bouche, marquée par un peu d'amertume et rafraîchie par une acidité bienvenue. ✗ 2015-2017

�17 *Lequeux-Mercier, 13, rue de Champagne, 02850 Passy-sur-Marne, tél. 03 23 70 35 32, info@champagnelequeuxmercier.fr* 🆅 🅰 🇵 *r.-v.*

LEQUIEN ET FILS
Rosé de saignée

●		3 000		🍾		15 à 20 €

Philippe Lequien reprend en 1995 l'exploitation familiale, installe des pressoirs et quitte la coopérative. Il met en valeur 4 ha à Chavot-Courcourt, village des coteaux sud d'Épernay, célèbre pour son église romane au milieu des vignes. (RM)

Les deux cépages noirs sont à parité dans ce rosé de macération en robe soutenue, au nez de framboise d'une belle fraîcheur. À l'unisson, la bouche se révèle tonique et élégante, bien qu'un peu courte. ✗ 2015-2018 ♈ tiramisu aux fraises

�17 *Lequien et Fils, 1, rue d'Ilbesheim, 51530 Chavot-Courcourt, tél. 03 26 54 95 84, champagne.lequien.et.fils@wanadoo.fr* 🆅 🅰 🇵 *r.-v.*

PAUL LEREDDE 2009 ★

●		4 100		🍾		15 à 20 €

Paul Leredde, récoltant-coopérateur, a lancé sa marque en 1960. Son fils Jean-Yves, installé en 1979, a décidé de vinifier lui-même ses cuvées. Son vignoble couvre 6,7 ha dans la partie la plus occidentale de la vallée de la Marne. (RM)

Les trois cépages champenois sont à parité dans ce 2009 doré à souhait, à l'effervescence légère. Le nez généreux associe les fleurs blanches, les fruits confits et la mangue. La bouche, expressive et plantureuse, est agréablement tonifiée par une acidité présente dès l'attaque, qui étire la finale. Du plaisir dès maintenant et pour quelques années. ✗ 2015-2020 ♈ chapon rôti ● Cuvée rosée ★ (11 à 15 € ; 9 600 b.) : un rosé d'assemblage, issu de 70 % de noirs (dont 50 % de meunier). Robe claire aux reflets rubis, nez fin de fraise et de foin séché, bouche fraîche, ample et gourmande. ✗ 2015-2019

�17 *Paul Leredde, 49, rue de Bézu, 02310 Crouttes-sur-Marne, tél. 03 23 82 09 41, contact@champagne-paul-leredde.com* 🆅 🅰 🇵 *r.-v.*

CHAMPAGNE

LÉTÉ-VAUTRAIN Brut 204 ★		
●	50 000	🛈	20 à 30 €

Exploitation créée dans les années 1960 par Robert Lété et Liliane Vautrain dans la vallée de la Marne, en aval de Château-Thierry. En 2011, leur fils Frédéric a vendu à la maison Baron-Fuente le domaine (7,5 ha), qui semble avoir gardé son autonomie technique. (RM)

Brut 204 ? Ce nombre rappelle qu'une partie importante du vignoble est implantée sur la cote 204 qui fut le lieu d'âpres combats en 1918. Trois quarts de pinots (dont 50 % de meunier) et un quart de chardonnay se marient dans ce brut de belle tenue. Une mousse crémeuse couronne une robe dorée. Le nez complexe mêle des senteurs beurrées, briochées et grillées à des notes de pêche de vigne et de mangue. La bouche, tout aussi agréable, est charnue, ample et parfumée. ✗ 2015-2018 ♈ boudin blanc aux pommes

☛ Lété-Vautrain, 21, av. Fernand-Drouet, 02310 Charly-sur-Marne, tél. 03 23 82 01 97, contact@ lete-vautrain.com 🆅 🅿 t.l.j. sf dim. 8h-18h

L'HOSTE PÈRE ET FILS Blanc de blancs Prestige ★		
●	35 000	🛈	11 à 15 €

À l'écart des capitales du champagne que sont Reims et Épernay, le vignoble de Vitry-le-François ne s'est développé que récemment. Jean L'Hoste, qui a constitué son exploitation à partir de 1971, est un des pionniers de l'élaboration du champagne dans la région. Aujourd'hui, son fils Pascal dispose d'un coquet domaine de 14 ha à dominante de chardonnay. (NM)

Une robe pâle mais joyeuse, animée d'une belle effervescence. Au nez, des senteurs d'acacia et de fruits blancs. Une présentation engageante, mais on apprécie plus encore la bouche, charnue, gourmande, épanouie et fraîche, qui s'étire en une longue finale minérale. ✗ 2015-2018 ♈ cabillaud poché à la citronnelle ● Tradition (11 à 15 € ; 75 000 b.) : vin cité. ✗ 2015-2018

☛ L'Hoste Père et Fils, rue de Vavray, 51300 Bassuet, tél. 03 26 73 94 43, champagnelhoste@wanadoo.fr 🆅 🅿 t.l.j. 8h30-12h 14h-19h; dim. sur r.-v.

LIÉBART-RÉGNIER ★		
●	40 000	🛈	11 à 15 €

Installé en 1987 sur la propriété familiale, Laurent Liébart exploite avec Valérie 10 ha de vignes autour des deux villages d'origine de ses parents : Baslieux-sous-Châtillon et Vauciennes, sur les deux rives de la Marne. (RM)

Associé au pinot noir et au chardonnay, le meunier est majoritaire (75 %) dans ce brut or intense aux arômes évolués de fruits rouges mûrs ou confits. La bouche est structurée, onctueuse et gourmande. Un champagne de repas. ✗ 2015-2018 ♈ foie gras poêlé

☛ Liébart-Régnier, 6, rue Saint-Vincent, 51700 Baslieux-sous-Châtillon, tél. 03 26 58 11 60, liebart-regnier@orange.fr 🆅 🅿 r.-v. 🏠 🅱

MICHEL LITTIÈRE		
●	n.c.	🛈	15 à 20 €

Marie-Hélène Chaumont a rejoint son père Michel Littière en 1991 avant de prendre en 2004 les rênes de l'exploitation familiale, qui couvre plus de 5 ha sur la rive gauche de la vallée de la Marne. (RM)

Un rosé d'assemblage, issu d'une base de pinot noir (50 %), complété par le chardonnay (30 %) et le meunier. Robe rose pâle parcourue d'une fine effervescence ; nez gourmand, entre cerise et amande fraîche ; palais élégant et frais, légèrement acidulé. À déboucher à l'apéritif. ✗ 2015-2016 ♈ brochette de fruits

☛ EARL Michel Littière, 15, rue Saint-Vincent, 51480 Œuilly, tél. 03 26 58 30 25, champagne-michel-littiere@orange.fr 🆅 🅿 r.-v.

☛ Chaumont

GÉRARD LITTIÈRE Prestige		
●	4 000	🛈	15 à 20 €

Geoffray Littière a pris en 2006 la suite de son père Gérard à la tête du domaine familial, constitué par son grand-père dans les années 1950. Le vignoble couvre 5 ha autour d'Œuilly, village situé sur la rive gauche de la Marne. (RM)

Un rosé d'assemblage mariant 60 % de chardonnay aux deux pinots ; l'apport de 15 % de vin rouge lui donne une couleur rose intense et des arômes de fruits rouges, fraise en tête. Le cépage majoritaire lui procure sa finesse et sa fraîcheur. Un champagne équilibré et persistant, qui pourra se marier avec des viandes blanches. ✗ 2015-2019 ♈ filet mignon en croûte

☛ Geoffray Littière, 1, rue du Palais, 51480 Œuilly, tél. 03 26 58 31 76, littiere.gerard@wanadoo.fr 🆅 🅿 r.-v.

| BERNARD LONCLAS | | |
Extra-brut Blanc de blancs ★		
●	6 600		15 à 20 €

Bernard Lonclas a planté ses premiers ceps en 1974 dans le jeune vignoble de Vitry-le-François, à l'est du département de la Marne, et lancé sa marque en 1976. Avec sa fille Aurélie, qui l'a rejoint en 2002, il exploite 8,5 ha de vignes, essentiellement du chardonnay. (NM)

Un blanc de blancs complexe et fin, mariant les fleurs blanches et les fruits frais, avec une dominante d'abricot et de fruits exotiques. Les agrumes complètent cette palette dans une bouche élégante et longue. ✗ 2015-2019 ♈ carpaccio de saint-jacques ● 2010 (20 à 30 € ; 7 500 b.) : vin cité. ✗ 2015-2020

☛ Bernard Lonclas, chem. de Travent, 51300 Bassuet, tél. 03 26 73 98 20, contact@champagne-lonclas.com 🆅 🅿 t.l.j. sf dim. 9h-19h

YVES LOUVET 2006 ★★		
●	3 000	🛈	15 à 20 €

Une lignée de vignerons qui remonte au XIX[e]s. Installé sur le flanc sud-est de la Montagne de Reims, Frédéric Louvet a succédé en 2004 à son père Yves. Il exploite 12 ha dans quatre villages des environs (dont les grands crus de noirs Bouzy et Louvois), ainsi que dans la Côte des Blancs. (RM)

Le brut millésimé 2005 de Frédéric Louvet avait retenu l'attention des dégustateurs ; son successeur fait encore mieux. Également construit sur trois quarts de pinot noir pour un quart de chardonnay, ce 2006 à la robe or pâle traversée d'une fine effervescence brille par la finesse et la complexité de son nez : notes fraîches d'agrumes confits, biscuit grillé, fruits secs et rose. Dans le même registre, la bouche conjugue ampleur et fraîcheur, tendreté et vivacité. Un champagne élégant et racé. ✗ 2015-2020 ❦ filets de saint-pierre

o─ *Frédéric Louvet, 21, rue du Poncet, 51150 Tauxières-Mutry, tél. 03 26 57 03 27, yves.louvet@ wanadoo.fr* Ⓥ ⚹ ⚑ *r.-v.*

DE LOZEY Extra-brut

| | 3 700 | 🍶 | 20 à 30 € |

Quatre générations de Cheurlin se sont succédé depuis qu'Edmond a acheté et planté les premières parcelles à la fin du XIX⁰s. Après lui, Raymond (premiers champagnes), Daniel et Philippe. Ce dernier lance la marque de Lozey dans les années 1980. La maison possède 12 ha de vignes en propre dans la Côte des Bar (Aube). (NM)

Un pur pinot noir. Robe claire, nez chaleureux, sur les fruits à coque et les épices. En bouche, la fraîcheur liée au faible dosage se conjugue avec des arômes de maturité : des épices encore, du fruit mûr et de la noisette. Pour l'apéritif et les produits de la mer. ✗ 2015-2019 ❦ sole meunière

o─ *De Lozey, 72, Grande-Rue, 10110 Celles-sur-Ource, tél. 03 25 38 51 34, delozey@champagne-delozey.fr* Ⓥ ⚹ ⚑ *r.-v.* o─ *Ph. Cheurlin*

LUTUN Extra-brut Fleur de bois 2009 ★

| | 1 000 | ⬗ | 20 à 30 € |

Au XVIII⁰s., on cultivait la vigne à Courtagnon, minuscule village niché près des sources de l'Ardre, dans la Montagne de Reims. En 1952, Fernand Lutun y achète des terres, y reconstitue un vignoble (6 ha aujourd'hui). Toujours la seule récoltante de la commune, sa petite fille Aude l'a repris en 2000. Elle confie sa récolte à la coopérative de Sermiers. (RC)

La fleur, on la perçoit peu, contrairement au bois, bien présent dans ce blanc de blancs vinifié et élevé en fût, qui développe un nez puissant, très beurré et, bien sûr, boisé. On retrouve ce caractère dans une bouche séveuse et vive, soulignée par une touche tannique qui devrait se fondre. Un champagne un peu austère, certes, mais avec de la profondeur. ✗ 2016-2020 ❦ coquilles Saint-Jacques

o─ *SCEV les Baronnies, Lutun, Ferme-du-Château, 51480 Courtagnon, tél. 03 26 59 41 33, aude.lutun@ wanadoo.fr* Ⓥ ⚹ ⚑ *r.-v.*

PASCAL MACHET Cuvée Prestige ★

| | 1 500 | 🍶 | 20 à 30 € |

Propriété familiale de 4 ha constituée à partir de 1840 et implantée à Vaudemange, village viticole situé sur une avant-butte de la Montagne de Reims. Elle commercialise ses bouteilles depuis 1980. Après un parcours dans l'industrie, Landry Machet l'a reprise en 2012. (RC)

Une majorité de raisins noirs (60 %, dont 40 % de pinot noir) dans ce brut de la récolte 2008 qui s'ouvre sur une palette aromatique tout en finesse : agrumes, beurre, fruits blancs, notes grillées et briochées. Dans le même registre, la bouche est fraîche, équilibrée, bien structurée et assez longue. Pour l'apéritif comme pour la table. ✗ 2016-2019 ❦ cassolette de langoustines

o─ *Landry Machet, 2, rue de Micaillé, 51380 Vaudemange, tél. 03 26 67 96 10, p.machet@ wanadoo.fr* Ⓥ ⚹ ⚑ *r.-v.* ⚐ Ⓓ

MACQUART-LORETTE Chardonnay ★

| 1er cru | 2 000 | 🍶 | 15 à 20 € |

André Macquart a repris dans les années 1970 les vignes de son grand-père. Il a été rejoint en 2006 par son fils Clément, qui est depuis 2015 aux commandes de la propriété. Couvrant 5,5 ha, le domaine est situé à quelques kilomètres au sud de Reims. (RC)

Un blanc de blancs au nez fin et complexe, mêlant l'aubépine, le zeste d'agrumes et des nuances grillées, arômes qui se prolongent en bouche. Structuré et ample, il affiche aussi le côté tonique du chardonnay tout au long de la dégustation, de l'attaque vive à la longue finale fraîche : à déboucher dès l'apéritif. ✗ 2015-2019 ❦ verrines de saint-jacques au citron

o─ *EARL Macquart-Lorette, 6, chem. des Glaises, 51500 Écueil, tél. 03 26 49 74 42, contact@ champagne-macquart.fr* Ⓥ ⚹ ⚑ *r.-v.*

MICHEL MAILLIARD Cuvée Grégory ★

| | 5 000 | 🍶 | 20 à 30 € |

Pas moins de 23 ha pour cette propriété, dont les origines remontent à la fin du XIX⁰s. Michel Mailliard a développé le vignoble, implanté principalement aux environs de Vertus, le plus vaste 1er cru de la Côte des Blancs. (RM)

Arrivé à maturité, ce brut doré doit presque tout au chardonnay (95 %, complété par un soupçon de pinot noir). Il provient de l'année 2005, très favorable aux blancs. Le nez frais est un bouquet de fleurs blanches nuancé de vanille et de brioche. Souple à l'attaque, équilibré entre acidité et ampleur, le palais enrichit la palette du nez de notes plus évoluées d'épices rappelant la muscade. ✗ 2015-2016 ❦ carré de veau aux morilles

o─ *Michel Mailliard, 52, av. de Bammental, 51130 Vertus, tél. 03 26 52 15 18, info@champagne-michel-mailliard.com* Ⓥ ⚹ ⚑ *r.-v.* 🏠 Ⓐ

MAILLY GRAND CRU Extra-brut ★

| Gd cru | 15 000 | | 30 à 50 € |

Le terroir pour enseigne, telle est la démarche de cette coopérative fondée en 1929. Pour en être adhérent, on doit obéir à une exigence de taille : n'apporter que des raisins de l'aire de Mailly, grand cru du flanc nord de la Montagne de Reims, où prospère le pinot noir. La cave regroupe 80 viticulteurs qui cultivent 70 ha. (CM)

Trois parts de pinot noir pour une part de chardonnay dans cette cuvée à la robe intensément dorée animée d'une bulle fine. Si le nez paraît timide, s'ouvrant peu à peu sur des notes citronnées et beurrées, la bouche se montre riche, ample et longue, tonifiée par une finale minérale. ✗ 2015-2019 ❦ éminé de crabe en aumônière ⬤ **Gd cru Réserve** (20 à 30 € ; 300 000 b.) : vin cité. ✗ 2015-2017 ⬤ **Gd cru Les Échansons 2004** (75 à 100 € ; 6 700 b.) : vin cité. ✗ 2016-2017

o─ *Mailly Grand Cru, 28, rue de la Libération, 51500 Mailly-Champagne, tél. 03 26 49 41 10, contact@ champagne-mailly.com* Ⓥ ⚑ *t.l.j. sf dim. 8h30-12h 14h-17h; sam. 9h-12h*

ÉRIC MAÎTRE Sélection ★

| | 14 000 | 🍶 | 15 à 20 € |

Installé en 1985, Éric Maître perpétue une exploitation familiale qui remonte à deux siècles. Son vignoble s'étend sur 8 ha dans la Côte des Bar, secteur de l'Aube où le pinot noir est roi. (RM)

Le pinot noir règne sans partage dans cette cuvée à laquelle il lègue un nez expansif, gourmand et généreux, fruité à souhait. La bouche, à l'unisson, se montre chaleureuse, intense, suave, riche d'arômes persistants d'agrumes, de pêche, de poire et de pâtisserie. ☒ 2015-2019 ♈ foie gras poêlé aux pêches

☞ *Éric Maître, 32, Grande-Rue, 10110 Celles-sur-Ource, tél. 03 25 38 58 69, champagne.ericmaitre@wanadoo.fr* Ⓥ 🅰 🏠 *t.l.j. 9h-12h 13h30-16h30; sam. dim. sur r.-v.*

MALARD Blanc de blancs ★★		
● Gd cru	60 000	20 à 30 €

Originaire d'Épernay, Jean-Louis Malard a créé sa maison à Aÿ en 1996. Les raisins proviennent de 1ers et de grands crus. Le siège est à Aÿ, tandis que la vaste cuverie et les caves sont situées à Oiry, dans la Côte des Blancs. (NM)

Robe de chardonnay, or pâle aux reflets verts. Nez discret et subtil, associant les fruits jaunes, le miel et l'amande. La palette gagne en complexité en bouche, avec des notes de tabac blond, de beurre, de coing et de pain d'épice. De l'étoffe et une rondeur élégante pour ce blanc de blancs qui préfère le raffinement à l'exubérance. Proche du coup de cœur. ☒ 2016-2022 ♈ pavé de sandre au beurre blanc ● Cuvée Lady Style ★ (30 à 50 € ; 20 000 b.) : deux tiers de noirs (les deux pinots) et un tiers de chardonnay dans ce brut tout en finesse, au dosage mesuré. Un champagne franc, équilibré et long, aux arômes de pierre à fusil, de fleurs blanches et de fruits exotiques. ☒ 2015-2020 ● Cuvée Lady Style (30 à 50 € ; 5 000 b.) : vin cité. ☒ 2015-2019

☞ *Malard, 23, rue Jeanson, 51160 Aÿ, tél. 03 26 32 40 11* Ⓥ 🅰 *r.-v.*

FRÉDÉRIC MALÉTREZ Réserve ★		
● 1er cru	37 000	📷 15 à 20 €

Frédéric Malétrez reprend l'exploitation familiale en 1982 et débute la vinification deux ans plus tard. Son vignoble de 5 ha s'étend autour de Chamery, un 1er cru de la Petite Montagne de Reims, au sud de la cité des Sacres. (RM)

Deux tiers de noirs (62 %, dont 50 % de pinot noir) et un tiers de blancs dans ce brut sans année associant au nez les fleurs blanches à des notes évoluées d'épices et de fruits. Dans le même registre, le palais concilie ampleur et élégance. ☒ 2015-2018 ♈ ris de veau aux morilles

☞ *SAS Frédéric Malétrez, 11, rue de la Bertrix, 51500 Chamery, tél. 03 26 97 63 92, champagne.maletrez.f@orange.fr* Ⓥ 🅰 *r.-v.*

MANDOIS Blanc de blancs 2010 ★★		
● 1er cru	70 000	30 à 50 €

En 1735, Jean Mandois devient propriétaire de vignes près d'Épernay. Victor, son arrière-petit-fils, fonde en 1860 la maison dirigée aujourd'hui par la neuvième génération. Les Mandois disposent en propre de 40 ha sur les coteaux d'Épernay, la Côte des Blancs et dans le Sézannais. Leurs caves ont été creusées à la fin du XVIIe s. sous l'église de Pierry où repose le frère Jean Oudart, qui œuvra comme dom Pérignon dans le vignoble. (NM)

Or aux reflets verts, ce blanc de blancs millésimé offre des parfums d'une grande finesse : d'abord minéral, le nez s'oriente vers l'aubépine puis déploie des arômes complexes de pêche blanche, de zeste de pamplemousse, de beurre et de brioche ; l'attaque est franche, le dosage bien ajusté, la bouche tendue et acidulée. ☒ 2015-2021 ♈ plateau de fruits de mer ● Brut Zéro ★ (30 à 50 € ; 30 000 b.) : 60 % de noirs (les deux pinots à égalité) et 40 % de blancs dans ce champagne non dosé au nez expressif d'agrumes, de frangipane et d'épices. Un côté évolué qui se confirme dans une bouche fraîche. Un champagne dans sa plénitude. ☒ 2015-2016 ● Grande Réserve (30 à 50 € ; 66 000 b.) : vin cité. ☒ 2015-2018

☞ *Mandois, 66, rue du Gal-de-Gaulle, BP 9, 51530 Pierry, tél. 03 26 54 03 18, info@champagne-mandois.fr* Ⓥ 🅰 🏠 *r.-v.*

GILLES MANSARD 100 % Chardonnay		
●	5 000	📶 20 à 30 €

En 1901, Bennoni Mansard, installé à Cerseuil, dans la vallée de la Marne, élabore les premières cuvées. Arrivé à la tête de la maison en 1986, Gilles Mansard, son arrière-petit-fils, est aujourd'hui rejoint par ses fils. La famille dispose de 24 ha de vignes. (RM)

Un chardonnay fermenté en fût et vinifié sans filtration ni fermentation malolactique. On aime son nez partagé entre fruits jaunes, fruits exotiques, notes beurrées et briochées. Les fruits frais s'épanouissent dans une bouche vive à l'attaque, plus ronde en finale. ☒ 2015-2018 ♈ pavé de bar rôti

☞ *SCEV Gilles Mansard, 4, rue de Tirvet, 51700 Mareuil-le-Port, tél. 03 26 52 74 59, maxime.mansard@yahoo.fr* Ⓥ 🅰 🏠 *r.-v.*

D. MARC ★★		
●	4 000	📶 15 à 20 €

Les Marc sont plusieurs à Fleury-la-Rivière, où leurs ancêtres cultivaient la vigne il y a près de quatre siècles. Installé en 1982, Didier Marc perpétue tradition ; il exploite 4 ha dans la vallée de la Marne. (RM)

Un rosé d'assemblage associant le meunier, majoritaire, aux deux autres cépages champenois et à du vin rouge élevé en fût. Pas de fermentation malolactique. Si la couleur est légère, le vin s'impose par son intensité, tant au nez, marqué par des arômes de fruits rouges bien mûrs, qu'en bouche, où la cerise noire sert de fil conducteur. Un ensemble équilibré, frais et persistant. ☒ 2015-2018 ♈ moelleux à la cerise

☞ *Didier Marc, 11, rue Dom-Pérignon, 51480 Fleury-la-Rivière, tél. 03 26 58 60 69, champagnedidiermarc@free.fr* Ⓥ 🅰 🏠 *r.-v.* 🏠 ⓒ

CAMILLE MARCEL Adage ★★		
●	7 000	📷 15 à 20 €

Dans les années 1950, Marcel Bonnet plante les premiers ceps de l'exploitation – une époque où la viticulture était délaissée dans ce pays de l'Aube méridionale, proche des Riceys. Installé en 1988, Pascal Bonnet, le petit-fils du fondateur, rejoint par sa fille Adeline, est à la tête de 5,5 ha de vignes. (RM)

Un adage désigne localement un pas entre deux danseurs ; ici, le pinot noir (80 %) et le chardonnay ont trouvé l'accord exact. Au nez, une palette complexe : fruits confits et compotés, fleurs et fruits blancs, pâtisserie. En bouche, du corps et de la fraîcheur. Un ensemble flatteur et élégant. À ouvrir dès l'apéritif. ✗ 2016-2020 ⵢ feuilletés aux saint-jacques ● **Brut de noirs ★** (15 à 20 € ; 7 000 b.) : dans la Côte des Bar, il s'agit sans surprise d'un pur pinot noir. Nez tout en finesse, au fruité léger ; attaque franche, soulignée par une belle minéralité, finale persistante. ✗ 2016-2020

○⌐ *Camille Marcel, 12, chem. de Nicey, 10340 Bragelogne, tél. 03 25 29 12 82, contact@ champagne-camille-marcel.com* Ⓥ 🕅 🛈 *r.-v.* ○⌐ Bonnet

MICHEL MARCOULT		
Authentique Élevé en fût de chêne ★		
●	2 000	⒟	20 à 30 €

Domaine fondé en 1967 par Michel Marcoult. En 2004, Julien, le petit-fils, a rejoint son père Francis. Leur exploitation couvre près de 10 ha : plus de la moitié dans le Sézannais où la propriété a son siège, le reste dans le secteur de Vitry-le-François et dans la Côte des Bar (Aube). (RM)

Une cuvée déjà appréciée l'an dernier. Son élevage se dévoile délicatement par des notes de vanille, de grillé et de fumée qui s'allient à des fragrances de zeste de citron confit et de fleurs blanches. Cette expression complexe se prolonge dans une bouche structurée et fraîche, marquée en finale par une note de fruits cuits. ✗ 2016-2019 ⵢ cailles au foie gras ● **Rosé des vignes** (15 à 20 € ; 3 200 b.) : vin cité. ✗ 2015-2016

○⌐ *SCEV Marcoult, 12, rte de Queudes, 51120 Barbonne-Fayel, tél. 03 26 80 20 19, contact@marcoult.com* Ⓥ 🕅 🛈 *r.-v.* 🏠 Ⓑ

JEAN MARNIQUET Carte blanche ★		
● 1er cru	15 000	🛈	11 à 15 €

Fondateur de la marque, Jean Marniquet fut dans les années 1920 l'un des pionniers de l'aviation, d'où les ailes dorées sur les étiquettes. Son petit-fils, Brice Marniquet, a pris le relais en 1995 ; il est à la tête de 6,5 ha dans la Montagne de Reims, la Grande Vallée de la Marne et la Côte des Blancs. (RM)

Le chardonnay joue les premiers rôles dans cette cuvée (70 %), complété par les deux pinots. Un champagne vineux, au nez puissant, joliment grillé et évolué, et à la bouche ample, ronde et longue. ✗ 2015-2018 ⵢ feuilletés au chèvre frais ● (15 à 20 € ; 7 000 b.) : vin cité. ✗ 2015-2018

○⌐ *Brice Marniquet, 12, rue Pasteur, 51160 Avenay-Val-d'Or, tél. 03 26 52 32 36, contact@marniquet.fr* Ⓥ 🕅 🛈 *r.-v.*

MARQUISE DES ANGES 2007 ★★		
●	5 500	🛈	20 à 30 €

À deux pas de Reims, Séverine Vély et son conjoint Jean-Marie di Girolamo ont pris la suite en 2003 de quatre générations. Ils confient la récolte de leurs 4 ha de vignes à la coopérative et se chargent de la commercialisation. (NM)

Une cuvée à déboucher dès l'apéritif, assemblage de chardonnay (60 %) et de pinot noir ; le premier cépage a été vinifié sans fermentation malolactique. Il en résulte une robe or pâle, des parfums frais et légers de citron, prélude

à un palais tonique aux arômes d'agrumes et à la longue finale saline. Élégance, droiture et pureté. ✗ 2015-2021 ⵢ buisson de langoustines ● **Vély-Prodhomme 1er cru Extra-brut ★** (15 à 20 € ; 3 000 b.) : les noirs (95 %, dont 70 % de pinot noir) sont en vedette dans cet extra-brut qui livre au premier nez de frais arômes de citron et de menthol, qui se mâtinent à l'aération de senteurs de beurre et de mirabelle. La bouche, à l'unisson, est tendue, équilibrée et longue. ✗ 2015-2019

○⌐ *Vély-Prodhomme, 5, rue de Chamery, 51500 Écueil, tél. 03 26 49 74 52, champagne-vely-prodhomme@cder.fr* Ⓥ 🕅 🛈 *r.-v.*

GUILLAUME MARTEAUX		
Excellence ★★		
●	6 000	🛈 ⒟	15 à 20 €

Installé en 2001 sur le domaine familial, Guillaume Marteaux exploite un vignoble de 6 ha en forme de cirque, sur la rive droite de la Marne, en aval de Château-Thierry. Le meunier est très présent dans l'encépagement. (RM)

Assemblage des trois cépages champenois des années 2011 à 2009, dont 20 % sont vinifiés en fût. Au nez, d'intenses senteurs toastées (pain grillé) et confiturées qui se prolongent en bouche. Un champagne gourmand, rond et frais, remarquablement équilibré. ✗ 2015-2020 ⵢ langoustines flambées ● **Excellence** (15 à 20 € ; 1 800 b.) : vin cité. ✗ 2015-2017

○⌐ *EARL Guillaume Marteaux, 71, Grande-Rue, 02400 Bonneil, tél. 06 47 41 18 42, contact@champagne-mg.fr* Ⓥ 🕅 🛈 *r.-v.*

G.H. MARTEL Victoire		
●	80 900		20 à 30 €

Fondée en 1869, cette maison appartient depuis 1979 à la famille Rapeneau, négociante en vin depuis le début du XIXᵉ s. et élaboratrice de champagne depuis 1925. Elle a connu une expansion remarquable à la fin du siècle dernier et la marque G.H. Martel est son fer de lance. (NM)

Trois quarts de pinot noir et un quart de chardonnay sont assemblés dans ce rosé qui tire sa teinte rose orangé soutenu de l'apport de 15 % de vin rouge. Nez intensément fruité, sur la fraise et le pain toasté, une bouche toute aussi fruitée, franche, charnue, légèrement citronnée. Un ensemble simple mais bien fait. ✗ 2015-2017 ⵢ soupe de fraises

○⌐ *Martel & Cie, 69, av. de Champagne, BP 101, 51318 Épernay, tél. 03 26 51 06 33, contact@ champagnemartel.com* Ⓥ 🕅 🛈 *t.l.j. 10h-19h*

PHILIPPE MARTIN Cuvée spéciale		
● 1er cru	20 000	🛈	15 à 20 €

La famille Martin cultive la vigne depuis 1750 dans la Grande Vallée de la Marne, non loin d'Épernay. Installé en 1970, Philippe Martin, rejoint en 2013 par sa fille Adeline, exploite un domaine de 10 ha. (RM)

Deux tiers de raisins noirs (pinot noir 50 %, meunier 15 %) pour cette cuvée au nez discrètement compoté ; en bouche, de la délicatesse, de la fraîcheur et une pointe d'amertume en finale. Pour l'apéritif. ✗ 2015-2016 ⵢ gougères

☛ *Philippe Martin, 355, rue du Bois-des-Jots,*
51480 Cumières, tél. 03 26 55 30 37, martinp@hexanet.fr
Ⓥ 👤 🏠 *t.l.j. 8h30-12h30 13h30-19h*

P. LOUIS MARTIN Blanc de blancs ★★

| ● | 7 500 | 🍾 | 15 à 20 € |

Maison fondée à Bouzy en 1864. Si son siège est toujours dans ce grand cru de la Montagne de Reims, la marque appartient aujourd'hui à la famille Rapeneau. (RM)
Beaucoup d'éloges pour un blanc de blancs d'une maison de Bouzy, le royaume du pinot noir : un fait assez rare pour être souligné. Une jolie mousse couronne une robe d'or pâle, mettant en avant un nez toasté et citronné, expressif et net. La bouche n'est pas en reste : son corps charnu et dense est agréablement tenu par une acidité dynamique qui donne du relief à de gourmandes notes beurrées et briochées, nuancées d'arômes de fruits secs. Un champagne harmonieux, qui saura attendre. ✗ 2015-2020 🍴 poêlée de saint-jacques ● (15 à 20 € ; 27 300 b.) : vin cité. ✗ 2015-2019
☛ *Paul-Louis Martin, 3, rue d'Ambonnay, 51150 Bouzy,*
tél. 03 26 57 01 27, gd@champagneplmartin.com
Ⓥ 👤 🏠 *t.l.j. sf dim. lun. 10h-18h*

ALBIN MARTINOT Cuvée Rollon

| ● | 2 000 | ◫ | 20 à 30 € |

Installé en 2000 sur 1,3 ha près de Bar-sur-Seine, Albin Martinot s'est lancé dans l'élaboration du champagne. Il a agrandi le vignoble familial – dont les premiers arpents furent achetés par son arrière-grand-père, qui était tonnelier – et dispose à présent de 4 ha. (RM)
Déjà remarquée dans des éditions antérieures, cette cuvée donne une courte majorité (55 %) au chardonnay, complété par le pinot noir. Elle est vinifiée en fût et n'est pas sulfitée au dégorgement. Légèrement évolué, son nez mêle les fruits jaunes mûrs, les agrumes confits et le miel. Un champagne ample, équilibré et complexe, auquel il n'a manqué qu'un peu de longueur pour atteindre l'étoile. ✗ 2015-2016 🍴 tourte au saumon
☛ *Albin Martinot, Ferme de Chanceron,*
10260 Jully-sur-Sarce, tél. 06 82 93 80 21,
champagne.albin.martinot@gmail.com Ⓥ 👤 🏠 *r.-v.*

THIERRY MASSIN Extra-brut Instant M ★

| ● | 3 000 | 🍾 | 15 à 20 € |

Affluent de la Seine, l'Arce suit un cours sinueux dans la Côte des Bar (Aube). Sur ses coteaux, Thierry et Dominique Massin, frère et sœur, cultivent depuis 1974 un vignoble de 11 ha, dont 9 sont consacrés au pinot noir. (RM)
Un extra-brut qui doit tout aux raisins noirs (85 % de pinot noir, le meunier faisant l'appoint). Premier nez réservé et délicat, sur l'aubépine, les agrumes et la prune, plus expressif et complexe à l'aération, avec des nuances de miel et des touches mentholées. Si le palais ne manque pas d'étoffe, son effervescence crémeuse, sa vivacité, ses arômes de pamplemousse et sa finale tonique laissent une impression de fraîcheur légère. Parfait pour un apéritif, mais peut aussi tenir à table. ✗ 2015-2020 🍴 blanquette de veau ● Réserve (11 à 15 € ; 50 000 b.) : vin cité. ✗ 2015-2018
☛ *Thierry Massin, 6, rte de Bar, 10110 Ville-sur-Arce,*
tél. 03 25 38 74 01, champagne.thierry.massin@
wanadoo.fr Ⓥ 👤 🏠 *r.-v.*

RÉMY MASSIN ET FILS Cuvée Louis-Aristide ★

| ● | 2 800 | 🍾 | 20 à 30 € |

Louis-Aristide Massin, né en 1865, plante les premiers ceps. Rémy lance son champagne en 1974 et reste actif sur l'exploitation. Son fils Sylvère élabore les cuvées, tandis que son petit-fils Cédric, arrivé en 2002, développe l'export et conduit le vignoble : 22 ha dans les vallées de l'Arce et de l'Ource (Aube). (RM)
De fines bulles traversent la robe dorée de ce blanc de noirs (pinot noir) aux notes gourmandes de pâte de fruits, de fruits cuits et d'épices. Puissant, bien équilibré et assez long, le palais développe des arômes de fruits rouges et de fruits secs. ✗ 2015-2020 🍴 tourte à la viande ● Extra-brut Intégrale (20 à 30 € ; 6 000 b.) : vin cité. ✗ 2015-2020
☛ *Rémy Massin et Fils, 34, Grande-Rue,*
10110 Ville-sur-Arce, tél. 03 25 38 74 09, contact@
champagne-massin.com Ⓥ 👤 🏠 *t.l.j. 10h-12h 14h-18h30*

LOUIS MASSING Grande Réserve

| ● | 15 000 | 🍾 | 15 à 20 € |

Les petits-enfants de Louis Massing, fondateur de la maison de négoce, disposent en propre de 11 ha dans la Côte des Blancs. (NM)
Un assemblage classique (60 % de noirs, les deux pinots à égalité, 40 % de chardonnay) pour cette cuvée au nez intense de fruits blancs, rehaussé de notes de cire et de vanille. On retrouve ces arômes évolués, assez fugaces, dans une bouche bien équilibrée. ✗ 2015-2018 🍴 filet mignon en croûte
☛ *Deregard-Massing, 118, allée Jules-Lucotte,*
51190 Avize, tél. 03 26 57 52 92,
champagne.louismassing@orange.fr Ⓥ 👤 🏠 *r.-v.*

MATHELIN L'Orée des chênes ★

| ● | 15 000 | 🍾 ◫ | 15 à 20 € |

L'aventure viticole de la famille Mathelin a débuté en 1791 sur la rive gauche de la Marne. Aujourd'hui, Gilles, Coralie, Cédric et Aurélien gèrent en famille une exploitation qui couvre plus de 14 ha. (RM)
Cette cuvée assemble les trois cépages champenois ; le chardonnay (45 %) a été élevé en fût ; le pinot noir et le meunier (20 % et 35 % respectivement) ont été vinifiés en cuve Inox. Un champagne expressif dès l'olfaction, aux parfums de fruits blancs (poire) teintés de notes d'évolution, la touche boisée faisant son apparition au palais. Beurré, grillé, rond et long en bouche, il tiendra sa place à l'apéritif comme au repas. ✗ 2015-2019 🍴 vieux comté
☛ *SCEV Mathelin, 4, rue des Gibarts, Cerseuil,*
51700 Mareuil-le-Port, tél. 03 26 52 73 58,
mathelin.champagne@orange.fr Ⓥ 👤 🏠 *t.l.j. 8h30-12h*
13h30-17h30; sam. dim. sur r.-v., f. 10-31 août 🏠 Ⓔ

PASCAL MAZET Brut Nature ★

| ● 1er cru | n.c. | 🍾 ◫ | 15 à 20 € |

En se mariant avec une vigneronne en 1978, Pascal Mazet a embrassé le métier de vigneron deux ans plus tard. L'exploitation, proche du parc régional de la Montagne de Reims, a obtenu la certification bio en 2012. (RM)
Pas encore de logo « bio » pour ce champagne non dosé qui privilégie les noirs (50 % de meunier, 20 % de pinot

noir pour 30 % de chardonnay), puisqu'il assemble les récoltes 2008 et 2007 ; 45 % des vins ont été élevés en fût de chêne. Une robe dorée, un joli nez de fruits compotés (pomme, ananas), une bouche fraîche et assez longue, légèrement acidulée, marquée en finale par une légère amertume. ✗ 2015-2018 ❢ pavé de sandre au beurre blanc

○━ SCEV Mazet, 8, rue des Carrières,
51500 Chigny-les-Roses, tél. 03 26 03 41 13, contact@
champagne-mazet.com Ⓥ ◪ r.-v.

GUY MÉA Tradition ★★		
● 1er cru	n.c.	15 à 20 €

Implantée dans un village de la Montagne de Reims où le marquis de Louvois, ministre de Louis XIV, fit construire par Mansard un château aujourd'hui en grande partie détruit, cette propriété élabore du champagne depuis plus d'un demi-siècle. Aux commandes depuis 1902, Évelyne Milési a été rejointe en 2012 par sa fille Sophie, qui officie en cave. (RM)

Assemblage de pinot noir (60 %) et de chardonnay, ce brut délivre des parfums riches et puissants de fruits jaunes mûrs, de citron et d'ananas. Cette complexité s'affirme en bouche, soulignée par une fraîcheur tonique. Un champagne de table qui suscite de nombreuses suggestions d'accords. ✗ 2016-2020 ❢ saint-jacques à l'abricot ● 1er cru Rosa Délice ★★ (20 à 30 € ; n.c. b.) : un vin rouge (6 %) de Bouzy vient teinter un assemblage de chardonnay (57 %) et de pinot noir. Des arômes intenses de fraise et de pâtisserie ; une bouche vive et gourmande, bien dosée.

○━ SCE La Voie des Loups, 2, rue de l'Église,
51150 Louvois, tél. 03 26 57 03 42, champagne.guy.mea@
wanadoo.fr Ⓥ ⊀ ◪ r.-v.

MÉDOT Tradition		
●	n.c.	▯	30 à 50 €

Fondée en 1899 par Jules Médot, cette maison est restée dans la famille durant cinq générations avant d'être reprise en 2003 par le groupe Lombard. Si elle revendique un style traditionaliste, ses caves sont équipées de tout le matériel moderne, des cuves Inox aux gyropalettes. (NM)

Très présent dans les assemblages de la maison, le meunier compose 60 % de ce brut, complété par le chardonnay et le pinot noir. Si le nez apparaît vineux et évolué avec ses notes toastées, le palais est tonifié par une franche acidité et un fruité croquant. Pour l'apéritif. ✗ 2015-2018 ❢ mignardises salées

○━ Lombard & Médot, 1, rue des Cotelles, 51200 Épernay, tél. 03 26 59 57 40, contact@champagne-medot.fr Ⓥ t.l.j. sf sam. dim. 8h30-12h 13h30-17h; f. août

MEHLINGER & FILS Cuvée Harmonie		
●	10 000	▯ ◫	15 à 20 €

La famille cultive la vigne depuis trois générations dans la région de Bar-sur-Aube, aux confins de la Haute-Marne et à deux pas de Colombey-les-Deux-Églises. En 2008, après avoir travaillé dix ans comme œnologue pour une coopérative, Laurent Mehlinger a rejoint son frère sur l'exploitation familiale (10 ha) où il élabore les cuvées. (RM)

Mi-pinot noir mi-chardonnay de la récolte 2012, une cuvée aux parfums de fleurs et de fruits blancs, à la bouche équilibrée et fraîche. Sur sa réserve, il pourrait gagner en expression avec le temps. ✗ 2016-2019 ❢ buisson de langoustines

○━ Mehlinger & Fils, 8, rte de Bayel,
10200 Lignol-le-Château, tél. 06 11 48 33 33,
champagne.mehlinger@wanadoo.fr Ⓥ ⊀ ◪ r.-v.

MERCIER Blanc de noirs ★★		
●	n.c.	▮	20 à 30 €

Maison fondée en 1858 par Eugène Mercier, qui démocratisa le champagne en regroupant plusieurs maisons pour bénéficier de volumes suffisants. Il fit creuser à Épernay un immense réseau de 18 km de galeries que l'on visite à bord d'un petit train. En 1970, Mercier a fusionné avec Moët et Chandon, avant de rejoindre le groupe LVMH. La maison dispose d'un vaste vignoble de 249 ha. (NM)

Or soutenu aux reflets rosés, la robe annonce un nez puissant de fruits rouges, de griotte confite notamment. Des notes de torréfaction apparaissent à l'attaque, tandis que la finale est marquée par des touches épicées. Un brut vineux, ample, onctueux et gourmand, destiné au repas. ✗ 2015-2020 ❢ chapon rôti

○━ Mercier, 68-70, av. de Champagne, 51200 Épernay Ⓥ ⊀ ◪ t.l.j. 9h30-11h30 14h-16h30; f. janv.-fév.

ALAIN MERCIER ET FILS Prestige ★★		
●	6 100	▮	15 à 20 €

Les Mercier se transmettent depuis quatre générations cette exploitation située dans le secteur ouest de la vallée de la Marne : Romain, fils d'Alain, s'est installé en 2010, cent ans après la fondation du domaine. Il cultive un vignoble de 9 ha, avec 3 ha pour chacun des cépages champenois, et commercialise ses cuvées sous plusieurs marques. (RM)

Soixante-dix ares de chardonnay sont à l'origine de cette cuvée vieillie plus de quatre ans sur lattes. La bulle fine, la robe dorée et les parfums de fruits mûrs (mirabelle, amande), de miel et de torréfaction n'ont donc rien d'étonnant. Une bouche charpentée, ronde et gourmande, à la finale fraîche et longue complète une dégustation fort agréable. Un blanc de blancs mûr que l'on pourrait même servir avec un dessert pas trop sucré. ✗ 2015-2018 ❢ foie gras poêlé aux mirabelles ● Romain Florémont Tradition ★ (11 à 15 € ; 46 000 b.) : une cuvée dominée par les deux pinots à parts égales (40 % chacun). Des arômes d'évolution (fruits confits, pomme mûre) marquent ce champagne équilibré et de bonne longueur. ✗ 2015-2017

○━ Alain Mercier et Fils, 14, rte du Champagne,
02850 Passy-sur-Marne, tél. 03 23 70 35 48,
alain.mercier.champ@wanadoo.fr Ⓥ ⊀ ◪ r.-v.

MÉTÉYER PÈRE ET FILS Carte argent		
●	18 000	▮	15 à 20 €

Franck Météyer exploite depuis 1998 le domaine fondé par son trisaïeul en 1860. Sa famille a été la première de Trélou-sur-Marne à installer son propre pressoir en 1929. Le vignoble s'étend sur la rive droite de la rivière. (RM)

Les trois cépages champenois à parité composent cette cuvée vinifiée sans fermentation malolactique. Bien ouvert, le nez se porte sur le coing, la figue et les fruits secs – des arômes d'évolution que l'on retrouve dans une bouche ronde à l'attaque, charpentée, à la finale fraîche et persistante. ✗ 2015-2019 ▼ poularde à la crème

☛ *Météyer Père et Fils, 39, rue de l'Europe, 02850 Trélou-sur-Marne, tél. 03 23 70 26 20, champagnemeteyer@wanadoo.fr* Ⓥ 🕵 🏠 *t.l.j. sf dim. 9h-12h 14h-18h*

Ⓑ BRUNO MICHEL Cuvée blanche ★★

●	40 000	🍶	20 à 30 €

Installé en 1980 au sud d'Épernay, Bruno Michel exploite 12 ha de vignes. Son domaine est l'un des rares en Champagne à être conduit en bio certifié (certification en 2004). (RM)

Une vive effervescence coiffe ce champagne à la robe dorée qui séduit par un nez complexe et frais, où se mêlent des senteurs vanillées, beurrées, biscuitées et fruitées (poire, pomme). La bouche est à la hauteur de l'olfaction et obtient l'adhésion de tous par son attaque franche et vive, son toucher délicat et sa persistance. Il n'a manqué à ce champagne qu'une voix pour décrocher un coup de cœur. À déboucher dès l'apéritif. ✗ 2016-2020 ▼ coquilles Saint-Jacques ● **Cuvée Rosé** (20 à 30 € ; 14 000 b.) Ⓑ : vin cité. ✗ 2015-2018

☛ *Bruno Michel, 4, allée de la Vieille-Ferme, 51530 Pierry, tél. 03 26 55 10 54, champagnebrunomichel@orange.fr* Ⓥ 🕵 🏠 *r.-v.*

PAUL MICHEL Pur chardonnay

● 1er cru	100 000	🍶	15 à 20 €

Au sud d'Épernay, Cuis, un 1er cru, est l'un des premiers villages de la Côte des Blancs. On y trouvera cette exploitation de 20 ha fondée en 1952 et aujourd'hui dirigée par Philippe, Denis et Didier Michel. (RM)

Issu de chardonnay de la récolte 2010, un brut au nez subtilement minéral et floral. Plus expressif et fruité en bouche, il se montre frais, harmonieux et long. ✗ 2015-2020 ▼ tartare de poisson au citron vert

☛ *Paul Michel, 20, Grande-Rue, 51530 Cuis, tél. 03 26 59 79 77, champagne-p.michel@orange.fr* Ⓥ 🏠 *t.l.j. sf sam. dim. 9h-12h 14h-17h; f. août*

CLAUDE MICHEZ Élégance

●	10 000	🍶 🍷	15 à 20 €

Descendants d'apporteurs de raisins, les parents de Laurence Michez deviennent coopérateurs en 1973. Installée en 1999, cette dernière décide avec son mari Cyrille Chenevotot de se lancer dans l'élaboration du champagne. Ayant pris récemment le statut de récoltant-manipulant, le couple exploite un vignoble de 4,2 ha principalement situé autour de Boursault, sur la rive gauche de la Marne. (RM)

Mi-blancs mi-noirs (35 % de pinot noir), mi-cuve mi-fût, ce champagne séduit par son nez intense et flatteur mêlant le citron confit et des notes de torréfaction, de noisette et d'amande grillées. Un peu généreusement dosée, la bouche est ronde et longue. ✗ 2016-2019 ▼ dés de gouda vieux ● **La Villesenière Extra-brut Les Cuteries** (30 à 50 € ; 2 000 b.) : vin cité. ✗ 2015-2018

☛ *Chenevotot, 3, rue du Chêne, Villesaint, 51480 Boursault, tél. 03 26 58 45 03, claude.michez@orange.fr* Ⓥ 🏠 *t.l.j. 10h-12h 14h-17h; sam. dim. sur r.-v.*

PIERRE MIGNON Année de madame 2006 ★

●	15 000	20 à 30 €

Pierre et Yveline Mignon dirigent depuis 1970 le domaine familial implanté dans la vallée du Surmelin, affluent de la Marne, sur la rive gauche. Leur vignoble – pas moins de 17 ha dans la vallée de la Marne, sur les coteaux d'Épernay et la Côte des Blancs – ne suffit pas à leur dynamisme commercial. À l'arrivée de Jean-Charles et Céline, en 2000, la propriété a pris le statut de négociant. (NM)

Cette cuvée millésimée assemble 60 % de chardonnay aux deux pinots (meunier surtout). Elle séduit d'emblée par sa richesse aromatique (beurre, fruits jaunes mûrs, violette, cannelle). Marqué par une effervescence abondante et caressante, riche et ample, le palais est mûr avec élégance. ✗ 2015-2017 ▼ poulet à la crème et aux girolles ● **Prestige ★** (15 à 20 € ; 80 000 b.) : deux tiers de noirs (meunier surtout) et un tiers de blancs dans ce champagne expressif, rond et long, généreux et mûr, aux arômes de confiture de figues, de fumé et de fruits confits. ✗ 2015-2018

☛ *Pierre Mignon, 5, rue des Grappes-d'Or, 51210 Le Breuil, tél. 03 26 59 22 03, info@pierre-mignon.com* Ⓥ 🏠 *t.l.j. sf dim. 8h30-12h 13h30-17h; sam. sur r.-v.*

CHARLES MIGNON Cuvée Comte de Marne ★

● Gd cru	n.c.	🍶	30 à 50 €

Une maison de négoce familiale créée à Épernay en 1995 par Bruno Mignon, arrière-petit-fils de vignerons, et par sa femme Laurence. Trois marques : Charles Mignon, Louis Tollet (destinée aux cavistes et aux restaurateurs) et Léon Launois. (NM)

L'assemblage donne une très courte majorité au pinot noir (55 %), complété par le chardonnay. Une palette aromatique faite de fruits exotiques et de fleurs fanées, qui s'enrichit d'une note grillée dans un palais structuré et de bonne longueur : une bouteille qui tiendra bien sa place à table. ✗ 2015-2020 ● lotte à l'armoricaine ● **Léon Launois Gd cru Prestige 2006** (30 à 50 € ; n.c. b.) : vin cité. ✗ 2015-2017 ● **Léon Launois Gd cru Blanc de blancs** (20 à 30 € ; n.c. b.) : vin cité. ✗ 2015-2016

☛ *Charles Mignon, 7, rue Irène-Joliot-Curie, 51200 Épernay, tél. 03 26 58 33 33, info@champagne-mignon.fr* Ⓥ 🕵 🏠 *r.-v.*

JEAN MILAN Blanc de blancs d'Oger ★★

● Gd cru	20 000	🍶	20 à 30 €

Établis depuis 1864 à Oger, grand cru de la Côte des Blancs, les Milan élaboraient déjà leurs champagnes au XIXes. Caroline et Jean-Charles Milan ont pris en 2007 les rênes de la maison, dont les blancs de blancs sont la spécialité. (NM)

Issu d'un assemblage des années 2010 et 2011, un blanc de blancs au nez affable et complexe, mêlant les agrumes, la poire, le tilleul, le beurre et la brioche à des nuances évoluées rappelant le coing. Tout aussi séduisante, la bouche, franche à l'attaque, prend de l'ampleur tout en restant vive. La finale fruitée et mentholée laisse le souvenir d'une cuvée accomplie. ✗ 2015-2019 ▼ noix de Saint-Jacques au beurre ● **Gd cru Blanc de blancs Symphorine 2010** (30 à 50 € ; 3 000 b.) : vin cité. ✗ 2016-2019

Jean Milan, 8, rue d'Avize, 51190 Oger,
tél. 03 26 57 50 09, info@champagne-milan.com
🆅 🍷 r.-v.

F & R MINIÈRE Influence ★

●	2 900	◍	20 à 30 €

En 2005, les frères Frédéric et Rodolphe Minière reprennent l'exploitation constituée en 1920 par un de leurs arrière-grands-pères : 8 ha sur le massif de Saint-Thierry, au nord-ouest de Reims. Ils sont attachés au pressoir Coquard et aux vinifications en fût sans fermentation malolactique. Premières cuvées en 2015. (RM)

Ces récoltants font leur entrée dans le Guide avec une de leurs premières cuvées, issue de vieilles vignes (les trois cépages champenois) plantées sur des sols à dominante sableuse. Ce brut assemble les années 2006 et 2007, et sans surprise, nos dégustateurs y perçoivent des notes évoluées : poire et pêche confites, noisette et noix, caramel. Générosité, puissance, franchise, maturité définissent ce champagne qui tiendra sa place à table. 𝕀 2015-2018 🍴 pâté chaud en croûte

F. & R. Minière, 8 bis, rue Saint-Martin, 51220 Hermonville, tél. 03 26 50 68 43, contact@ champagne-miniere.fr 🆅 🚶 🍷 r.-v.

MOËT ET CHANDON Impérial ★★

●	n.c.		30 à 50 €

L'une des plus anciennes maisons de Champagne, fondée en 1743 par Claude Moët, propriétaire de vignes. Au début du XIXᵉ s., son petit-fils Jean-Rémy donne à la société une dimension internationale, avec la complicité de son gendre Pierre-Gabriel Chandon de Briailles. Leurs héritiers ont conforté le succès de la marque, devenue la plus connue et la plus vendue au monde. Aujourd'hui, Moët et Chandon, riche de 1 250 ha de vignes (dont 50 % en grand cru) et de 28 km de caves, continue son expansion au sein du puissant groupe LVMH. (NM)

De fines bulles traversent la robe dorée et limpide de ce brut qui symbolise l'art de l'assemblage champenois avec ses trois cépages provenant de 200 crus et de nombreuses années. Le succès de sa diffusion n'est pas usurpé à en juger par cette version au nez complexe et bien ouvert, où se bousculent agrumes (citron), fleurs séchées, menthol, beurre, brioche et torréfaction. Une palette que l'on retrouve dans une bouche harmonieuse, à la fois riche et droite, tendue par une belle fraîcheur. 𝕀 2015-2021 🍴 croustillant de boudin blanc ● Rosé impérial ★ (30 à 50 € ; n.c. b.) : une robe assez soutenue, aux reflets cuivrés, animée d'une effervescence tonique ; un nez léger mais gourmand entre pâtisserie, fleurs, groseille et poivre – des arômes qui se prolongent dans une bouche souple et aérienne évoquant le bonbon aux fruits rouges acidulés. 𝕀 2015-2018 ● Grand Vintage 2006 (30 à 50 € ; n.c. b.) : vin cité. 𝕀 2015-2020

Moët et Chandon – MHCS, 20, av. de Champagne, 51200 Épernay, tél. 03 26 51 20 00, info@moet.fr
🆅 🚶 🍷 r.-v. LVMH

PIERRE MONCUIT Blanc de blancs 2006 ★

Gd cru	44 000		30 à 50 €

Cette propriété fondée en 1889 choie les blancs de blancs provenant de son vaste vignoble (20 ha, dont 15

en grand cru) entre Côte des Blancs et Sézannais. Elle est conduite par Yves et Nicole Moncuit, laquelle se charge des vinifications et forme sa fille Valérie. (RM)

Le nez explore la poire compotée et le citron confit, puis s'enrichit de nuances beurrées, briochées et de mirabelle bien mûre. De l'attaque harmonieuse à la finale fraîche et longue, la bouche se montre à la fois puissante, vineuse et tendue. 𝕀 2016-2022 🍴 chapon rôti ● Gd cru Blanc de blancs Pierre Moncuit-Delos (20 à 30 € ; 50 000 b.) : vin cité. 𝕀 2015-2016

Pierre Moncuit, 11, rue Persault-Maheu, 51190 Le Mesnil-sur-Oger, tél. 03 26 57 52 65, contact@pierre-moncuit.fr
🆅 🚶 🍷 t.l.j. sf dim. 9h-12h 14h-17h30; f. août

ROBERT MONCUIT

Gd cru	50 000	🍶	20 à 30 €

« Propriétaire de vignes au Mesnil-sur-Oger depuis 1889 », annonce fièrement l'étiquette. Pierre Amillet, le petit-fils de Robert Moncuit, qui commercialisa les premières bouteilles en 1928, a pris en 2000 les rênes de l'exploitation : 8 ha dans la Côte des Blancs. (RM)

Le nez, plutôt discret, mêle les fleurs et les fruits blancs, rehaussés d'épices. Ces arômes s'épanouissent dans une bouche franche et vive à l'attaque, bien équilibrée, un peu dosée pour certains dégustateurs. 𝕀 2015-2019 🍴 salade de homard

Pierre Amillet, 2, pl. de la Gare, 51190 Le Mesnil-sur-Oger, tél. 03 26 57 52 71, contact@ champagnerobertmoncuit.com 🆅 🍷 r.-v.

MONDET Brut intense

●	4 000	🍶	15 à 20 €

Le village où cette maison a son siège se niche au fond d'un vallon tributaire de la Marne. Fondée en 1926, l'affaire est dirigée par Francis Mondet, ses filles et ses gendres, qui disposent de 11 ha en propre. (NM)

Cette cuvée privilégie le meunier (à 80 %), complété par le chardonnay. Des vins de la seule année 2011. Nez intense évocateur de torréfaction, de pain et de noisette grillés, de café, d'abricot. Ce côté torréfié, évolué, se confirme en bouche. À son apogée. 𝕀 2015-2016 🍴 fricassée de poulet aux girolles

SARL Francis Mondet, 2, rue Dom-Pérignon, 51480 Cormoyeux, tél. 03 26 58 64 15, champagne.mondet@wanadoo.fr 🆅 🚶 🍷 t.l.j. 9h-12h 14h-17h30; dim. sur r.-v.; f. 10-31 août

MONMARTHE
Extra-brut Coup de cœur ★

1er cru	10 000	🍶	20 à 30 €

Sous Louis XV, les Monmarthe étaient déjà vignerons. En 1930, Ernest lance son champagne. Soixante ans plus tard, Jean-Guy Monmarthe s'installe à la tête du domaine : 17 ha dans la Montagne de Reims. (RM)

Pas de coup de cœur mais une bonne note pour cet extra-brut composé de chardonnay et de pinot noir à parts égales. Le nez se partage entre le citron et des notes plus mûres de pomme cuite et de brioche, prélude à une bouche fraîche à l'attaque, puis ronde et vineuse. 𝕀 2015-2019 🍴 saumon grillé à l'unilatéral ● G. Doré 1er cru Brut nature ★ (11 à 15 € ; 20 000 b.) : sous une autre étiquette de la maison, un champagne non dosé, mi-blancs mi-noirs (les deux pinots). Une mousse abondante anime une robe or aux reflets verts. Les parfums beurrés du premier nez s'enrichissent de notes de pâtisserie, de beignet de fleur d'acacia. L'attaque vive fait place à des impressions d'ampleur et de rondeur, soulignées en finale par une touche de miel. ✕ 2015-2019 ● 1er cru Secret de famille (11 à 15 € ; 95 000 b.) : vin cité. ✕ 2015-2019

☛ Jean-Guy Monmarthe, 38, rue Victor-Hugo, 51500 Ludes, tél. 03 26 61 10 99, champagne-monmarthe@wanadoo.fr Ⓥ 🎿 ⛄ r.-v.

MONT D'HOR Noblesse 2004 ★★		
●		🍷
	3 000		30 à 50 €

Domaine familial fondé en 1885 dans le massif de Saint-Thierry, au nord-ouest de Reims. Nicolas Lemaire l'exploite depuis 1995 avec son frère. Le tandem a ouvert un hôtel et dispose de 14 ha de vignes. (RM)

Mariant 60 % de pinot noir et 35 % de chardonnay complétés par un soupçon de meunier, ce millésimé dosé en extra-brut se partage entre beurre, brioche et nuances empyreumatiques (fumé, pain grillé). La bouche suit la même ligne, intense, complexe, gourmande, ronde et fraîche. ✕ 2015-2022 ☗ tartare de bar

☛ Lemaire, 8, rue du Mont-d'Hor, 51220 Saint-Thierry, tél. 03 26 03 12 42, info@mhchampagne.com Ⓥ 🎿 ⛄ t.l.j. sf dim. 9h-12h 14h-18h

DANIEL MOREAU Carte noire ★		
●		🍷
	25 000		15 à 20 €

Robert Moreau plante ses premières vignes en 1947 aux environs de Vandières, dans la vallée de la Marne. Son fils Daniel, installé en 1969, quitte la coopérative en 1977 pour élaborer ses champagnes. Bastien, le petit-fils, arrive en 1994 sur l'exploitation et en prend la tête en 2005. Son domaine couvre 7 ha. (RM)

Les deux pinots sont associés à parité dans ce blanc de noirs au nez subtilement évolué, brioché et toasté. On retrouve ces nuances, rehaussées d'épices, dans une bouche ronde, élégante et longue. ✕ 2015-2019 ☗ pâté champenois en croûte

☛ Daniel Moreau, 5, rue du Moulin, 51700 Vandières, tél. 03 26 58 01 64, contact@champagne-daniel-moreau.fr Ⓥ 🎿 ⛄ r.-v.

MORIZE PÈRE ET FILS Réserve ★		
●		🍷
	12 400		15 à 20 €

Établis aux Riceys (Aube) depuis 1830, les Moreau sont récoltants-manipulants depuis trois générations. Guy Morize, installé en 1970, dispose d'un vignoble de 6 ha et de splendides caves voûtées bâties par les Cisterciens au XIIe s. (RM)

Privilégiant le pinot noir (85 %) complété par le chardonnay, cette cuvée or pâle libère des parfums intenses et frais de poire, de fleurs blanches, de réglisse et de menthol qui se prolongent au palais. La bouche onctueuse retrouve ce côté tonique dans une finale citronnée et acidulée. Idéal pour l'apéritif. ✕ 2015-2020 ☗ gougères

☛ Morize Père et Fils, 122, rue du Gal-de-Gaulle, 10340 Les Riceys, tél. 03 25 29 30 02, champagnemorize@wanadoo.fr Ⓥ 🎿 ⛄ r.-v.

MOST Extra-brut ★		
● 1er cru	4 500	🍷	30 à 50 €

Le plus jeune négociant de champagne ! Gaëtan Gillet n'est pas de sérail et n'a pas un seul arpent de vignes. BTS de viti-œno à Avize, stages... Il trouve des appuis et crée sa maison en 2011, à vingt-deux ans. Il aime les champagnes peu dosés. (NM)

Déjà apprécié l'an dernier, ce rosé d'assemblage est composé majoritairement (60 %) de chardonnay, complété par du pinot noir (dont 15 % de vin rouge). Des parfums de fruits rouges et noirs se nuancent de notes d'épices et de torréfaction, ce qui traduit un début d'évolution ; la bouche est fondue, riche sans lourdeur, et la finale reste tendue et nette. ✕ 2015-2019 ☗ soupe de fruits rouges ● Extra-brut Nuance (50 à 75 € ; 2 000 b.) : vin cité. ✕ 2017-2022

☛ Most, 4, imp. de l'Ancienne-Mairie, 51190 Avize, tél. 06 23 21 35 29, champagnemost@gmail.com ⛄ r.-v.
☛ Gaëtan Gillet

MOUSSÉ-GALOTEAU ET FILS Prestige		
●		🍷
	6 000		15 à 20 €

Des Galoteau cultivaient la vigne en 1810 à Binson-et-Orquigny, sur la rive droite de la Marne. Premier pressoir en 1880. La propriété renaît après le second conflit mondial ; la marque Moussé-Galoteau est lancée en 1958. Le domaine est actuellement aux mains de Jérémy et de Geoffroy Moussé. (RM)

Cet assemblage met en vedette le chardonnay (70 %), complété par le meunier. Au premier nez, des parfums de fruits blancs, qui se nuancent à l'aération de touches minérales, de notes d'agrumes et de beurre. La bouche reste fruitée et offre une finale tout en fraîcheur. Champagne d'apéritif simple mais net. ✕ 2015-2018 ☗ rillettes de saumon ● Tradition (11 à 15 € ; 50 000 b.) : vin cité. ✕ 2015-2018

☛ EARL Moussé-Galoteau et Fils, 19, rue Blanche, 51700 Binson-Orquigny, tél. 03 26 58 08 91, champagnemousse@gmail.com Ⓥ 🎿 ⛄ r.-v.

YVON MOUSSY Cuvée de réserve		
●		🍷
	6 000		11 à 15 €

Constitué en 1947 par Yvon Moussy, encore présent sur la propriété, ce domaine de 4,2 ha est implanté à Congy, îlot viticole situé entre Côte des Blancs au nord et Sézannais au sud. Il est dirigé par Marylène Moussy, rejointe en 2008 par son fils Antonin Aubry. (RM)

Du chardonnay majoritaire (60 %) et les deux pinots des années 2003 à 2006. Le nez, sans surprise, apparaît évolué, mêlant les fruits à noyau à des notes beurrées et toastées. La bouche est ample et persistante. ✕ 2015-2019 ☗ ris de veau

☛ Marylène Moussy, 16, rue des Moulins, 51270 Congy, tél. 03 26 59 34 47, marylene-moussy@wanadoo.fr Ⓥ 🎿 ⛄ r.-v.

MOUTARD PÈRE ET FILS Grande Cuvée		
●		🍷
	100 000		20 à 30 €

Sous Louis XIII, les Moutard cultivaient déjà la vigne à Bar-sur-Seine, mais la famille n'élabore son champagne que depuis 1927. Aujourd'hui, François, Véronique et Agnès disposent d'un domaine de 22,5 ha. Ils cultivent d'anciens cépages et proposent des champagnes de terroir. (NM)

La principale cuvée de brut sans année de la maison, issue du cépage aubois majoritaire, le pinot noir, vendangé en 2011. Un champagne au nez subtil, jouant sur les fruits secs (amande) et les fruits frais (pêche). Après une attaque vive, soulignée par une effervescence très présente, la bouche se montre équilibrée entre fraîcheur et rondeur, marquée par les arômes évolués perçus au nez. ✗ 2015-2020 ♈ mignardises salées

☞ Moutard, 6, rue des Ponts, 10110 Buxeuil, tél. 03 25 38 50 73, champagne@champagne-moutard.eu Ⓥ 🎿 🛗 t.l.j. sf dim. lun. 10h30-12h30 13h30-18h30; f. jan.-mars 🏠 ❸ 🏠 Ⓖ

MOUTAUX Carte blanche ★		
	8 000	15 à 20 €

Installés à Bligny, village niché à mi-chemin entre Bar-sur-Aube et Bar-sur-Seine, Christine et Renaud Fischer ont pris la suite en 2007 de quatre générations de vignerons. Leur domaine couvre 13 ha. (RM)

Un assemblage assez rare dans la Côte des Bar : 80 % de chardonnay, 20 % de pinot noir. Ce brut dévoile une belle évolution à travers son nez puissant de pêche, de noyau et de fleurs blanches rehaussés d'épices. Une palette qui s'enrichit de bouche d'arômes citronnés. Frais, structuré et équilibré, c'est un champagne de belle tenue que l'on appréciera dès l'apéritif. ✗ 2015-2018 ♈ verrines de crevettes

☞ EARL Moutaux, 2, rue des Ponts, 10200 Bligny, tél. 03 25 27 40 25, champagne.moutaux@orange.fr Ⓥ 🎿 🛗 r.-v.

MOUZON-LEROUX ET FILS 2008 ★★			
● Gd cru	7 300	🍾	15 à 20 €

Premiers vignerons en 1776, premiers champagnes en 1938. Aujourd'hui, Pascale, Philippe et Sébastien Mouzon, qui exploitent 10 ha répartis sur une centaine de parcelles à Verzy, Verzenay, Ludes et Villers-Marmery, dans la Montagne de Reims, ont engagé la conversion bio de 7 ha du domaine. (NM)

Agrumes confits, zeste d'orange, confiture de fraises, chocolat, amande fraîche, gingembre et verveine : les dégustateurs multiplient les descripteurs pour traduire la complexité de ce 2008 partagé entre pinot noir et chardonnay. La bouche à la fois structurée et d'une grande finesse, soutenue par une minéralité qui étire la finale. Un champagne élégant et racé qui devrait tenir dans le temps tout en étant déjà très agréable. ✗ 2015-2025 ♈ homard à la nage ● Gd cru L'Atavique Réserve (20 à 30 € ; 5 100 b.) : vin cité. ✗ 2015-2019

☞ SARL Mouzon-Leroux, 16, rue Basse-des-Carrières, 51380 Verzy, tél. 03 26 97 96 68, champagne-mouzon-leroux@wanadoo.fr Ⓥ 🎿 🛗 r.-v.

♥ G.-H. MUMM Sélection ★★			
● Gd cru	n.c.	🍾	30 à 50 €

Comme d'autres grands noms de la Champagne, la maison Mumm est d'origine allemande, fondée en 1827 par les trois frères Mumm, Jacobus, Gottlieb et Philipp, fils d'un négociant de Cologne. Georges-Hermann Mumm, petit-fils du fondateur, lègue ses initiales à l'entreprise et lance en 1875 le Cordon rouge, évocation

de la Légion d'honneur. L'affaire est restée dans la famille jusqu'en 1914 : la guerre entraîne sa mise sous séquestre en raison de la nationalité allemande de ses propriétaires. Forte d'un vignoble en propre de 218 ha, la société constitue désormais le fleuron champenois du groupe Pernod-Ricard. (NM)

La maison décroche un coup de cœur pour la troisième année consécutive. Cette année, le brut Sélection est à l'honneur, assemblage de pinot noir (60 %) et de chardonnay en provenance de grands crus – de la Montagne de Reims et de la Côte des Blancs. Le nez, d'une rare complexité, associe les fleurs (tilleul, verveine, pétale de rose), la minéralité, les fruits blancs (poire et coing), les agrumes et le menthol. Le palais charme par son élégance, sa finesse, la perfection de son dosage et sa finale saline. ✗ 2015-2020 ♈ coquilles Saint-Jacques

☞ G.-H. Mumm, 29, rue du Champ-de-Mars, 51100 Reims, tél. 03 26 49 59 69, mumm@mumm.com Ⓥ 🎿 🛗 r.-v. ☞ Pernod-Ricard

NAPOLÉON 2000 ★		
●	10 000	30 à 50 €

Les vignerons de la cave de la Goutte d'Or à Vertus n'ont eu qu'à traverser la rue pour faire alliance avec une marque prestigieuse : la maison Ch. & A. Prieur, fondée en 1825, qui exploitait la marque Napoléon depuis 1907, sur le trottoir d'en face. (NM)

Né de pinot noir et de chardonnay à parts égales, ce 2000 offre un nez délicat de pêche et de grillé. L'évolution se dévoile plus franchement en bouche, où l'on découvre des arômes de beurre, de cacao et de café dans une matière puissante. Pour les amateurs de vieux champagnes, qui serviront plutôt ce brut au repas. ✗ 2015-2018 ♈ chapon rôti ● Tradition ★ (20 à 30 € ; 70 000 b.) : mi-chardonnay mi-pinot noir, un vin tout en finesse, marqué au nez par des notes minérales et en bouche par des arômes complexes évoquant la pâtisserie. ✗ 2015-2020

☞ Napoléon, 30, rue du Gal-Leclerc, 51130 Vertus, tél. 03 26 52 11 74, info@champagne-napoleon.fr Ⓥ 🛗 t.l.j. sf sam. dim. 8h30-12h 13h30-17h

BERNARD NAUDÉ 2008 ★			
●	5 900	🍾	15 à 20 €

Un monument surmonté d'une statue de Napoléon, érigé en 1830 par un ancien officier de la Grande Armée, Armand-Prosper Cornette, signale cette exploitation de Charly-sur-Marne, aux confins de l'Aisne et de la Seine-et-Marne. Bernard Naudé, récoltant depuis les années 1970, s'est lancé dans la manipulation en 1983 ; il cultive aujourd'hui avec son fils Vincent un vignoble de 8 ha. (RM)

Les trois cépages champenois sont présents dans ce millésimé, avec une majorité relative pour le chardonnay (42 %). Ce 2008 séduit tant par son nez élégant partagé entre torréfaction et fruits confits que par sa bouche fruitée, équilibrée et persistante. ✗ 2016-2020 ♈ pavé de sandre au beurre blanc ● Plénitude (15 à 20 € ; 3 800 b.) : vin cité. ✗ 2015-2017

☞ *SCEV Bernard Naudé, 12, av. Fernand-Drouet, BP 61, 02310 Charly-sur-Marne, tél. 03 23 82 09 26, info@ champagne-bernard-naude.com* Ⓥ Ⓚ Ⓛ *t.l.j. sf dim. 9h30-12h 13h30-18h; sam. sur r.-v. (janv.-fév. et juil.-août)*

ALAIN NAVARRE Cuvée Fût de chêne

●	2 000	🍾	15 à 20 €

Installée sur la rive droite de la Marne, en amont de Château-Thierry, la famille Navarre produit du vin depuis au moins quatre générations et du champagne depuis trois. En 1980, Alain Navarre a pris la direction du domaine (6,7 ha aujourd'hui) et signé ses premières cuvées. (RM)

Cette cuvée partiellement vieillie en fût de chêne assemble 60 % de chardonnay et 40 % de pinot noir. Une robe or paille et un nez légèrement évolué, très épicé, introduisent une bouche équilibrée au dosage un peu marqué. ✗ 2015-2019 🍽 poulet fermier aux girolles

☞ *Alain Navarre, 14, rue de la Marne, 02850 Passy-sur-Marne, tél. 03 23 70 35 12, contact@ champagne-navarre.fr* Ⓥ Ⓚ Ⓛ *t.l.j. 9h-19h; dim. 10h-12h*

NÉRET-VÉLY Prestige ★

●	1 800	🍾	15 à 20 €

Une exploitation familiale constituée en 1945 et transmise à Alain Néret en 1980. Son vignoble (5,2 ha) est situé à environ 20 km en aval d'Épernay, dans les environs de Festigny, sur la rive gauche de la Marne. (RM)

Cette cuvée Prestige est un blanc de blancs né de la seule récolte 2009. Sa robe dorée aux reflets verts s'anime de bulles persistantes. Sa palette aromatique apparaît nettement évoluée avec ses nuances de beurre, de torréfaction et de pomme, arômes qui se prolongent dans une bouche ample et riche. ✗ 2015-2017 🍽 brochet au beurre blanc ● Réserve (15 à 20 € ; 3 000 b.) : vin cité. ✗ 2015-2017

☞ *Alain Néret, 333, rue des Sources, Fontaine-au-Bron, 51210 Vauchamps, tél. 03 26 81 66 59, neretvelychamp@ orange.fr* Ⓥ Ⓚ Ⓛ *r.-v.*

CAROLE NOIZET Perle noire ★★

●	3 500	🍾	15 à 20 €

En 500, saint Thierry fonda au nord-ouest de Reims une abbaye qui fut l'un des berceaux du vignoble champenois et qui donna son nom au village où Carole Noizet est aujourd'hui établie. La récoltante, installée en 2000, représente la troisième génération sur un domaine couvrant 5,7 ha. (RC)

Perle noire, un nom qui évoque la présence exclusive du pinot noir. Le jury est séduit par la complexité de cette cuvée, où les fleurs blanches côtoient le raisin, l'amande, le beurre et la viennoiserie tout au long de la dégustation. Un champagne riche et puissant qui sera parfait au repas. ✗ 2016-2020 🍽 dinde première

☞ *Carole Noizet, 1, rte de Thil, Le Marché-aux-Pourceaux, D330 bis, 51220 Saint-Thierry, tél. 03 26 97 77 45, champagnenoizetcarole@gmail.com* Ⓥ Ⓛ *r.-v.* 🏠 ❸

NOWACK Blanc de noirs Carte d'or Belle Note ★

●	2 500	🍾	15 à 20 €

À la fin du XVIIIᵉ s., un Nowack originaire de Prague épouse une fille de Vandières, dans la vallée de la Marne.

Baptiste naît de ce mariage, premier des Nowack vignerons. En 1919, Ferdinand Nowack et son fils Fernand décident de vendre eux-mêmes leur production : les champagnes Nowack sont nés, dirigés aujourd'hui par Frédéric et Flavien. (RM)

Une étoile pour ce blanc de pur pinot noir : un brut franc et subtil, mêlant au nez les fleurs et les fruits rouges, avec une touche d'herbe fraîche. Frais à l'attaque, souple, c'est un champagne très élégant. ✗ 2015-2018 🍽 filet mignon aux champignons ● Carte d'or (15 à 20 € ; 3 000 b.) : vin cité. ✗ 2015-2016

☞ *Flavien Nowack, 10, rue Bailly, 51700 Vandières, tél. 03 26 58 02 69, champagne@nowack.fr* Ⓥ Ⓚ Ⓛ *t.l.j. sf dim. 9h-12h 14h-18h* 🏠 Ⓐ

OLIVIER PÈRE ET FILS 2005

●	5 000	🍾	15 à 20 €

Établie sur la rive droite de la Marne, la famille Olivier cultive la vigne depuis 1910 et élabore son champagne depuis 1968. Installé en 2000, Bertrand Olivier dispose d'un vignoble de 11 ha. (RM)

Son nez intense aux nuances de confiture, de miel, de grillé et de pomme rôtie évoque le pinot ; de fait, les raisins noirs entrent à hauteur de 75 % dans l'assemblage de cette cuvée (50 % de pinot noir). L'attaque est fraîche, la bouche structurée et longue, avec un dosage perceptible. ✗ 2015-2017 🍽 foie gras poêlé aux pommes

☞ *EARL Olivier Père et Fils, 2, rue Kennedy, 02850 Trélou-sur-Marne, tél. 03 23 70 25 96, contact@ champagne-olivier-pereetfils.com* Ⓥ Ⓚ Ⓛ *t.l.j. sf dim. 9h-12h 14h-18h*

♥ FRANCIS ORBAN
Extra-brut 2008 ★★

●	1 500	🍾	30 à 50 €

L'arrière-grand-père de Francis Orban s'est lancé dès 1929 dans l'élaboration de ses cuvées. Installé en 1999, ce dernier exploite 7,5 ha sur la rive gauche de la Marne. Il s'applique à mettre en valeur le meunier, cépage qu'il juge trop méconnu. (RM)

C'est le chardonnay qui se taille la part du lion (80 %) dans cet extra-brut issu de la belle vendange 2008. La robe d'un doré limpide est traversée d'un cordon de fines bulles qui exalte un nez complexe et délicat : la vanille, les fleurs blanches, le miel et les fruits se marient avec élégance et parfument un palais équilibré, fondu et harmonieux, à la longue finale fraîche. ✗ 2015-2019 🍽 coquilles Saint-Jacques à la crème ● Réserve (15 à 20 € ; 46 000 b.) : un pur meunier, au nez expressif de pêche, d'abricot et de bonbon, et à la bouche épicée, ronde et structurée. Intensité et longueur. ✗ 2015-2019 ● Extra-brut ★ (20 à 30 € ; 2 000 b.) : aromatique, équilibré et long, ce blanc de meunier extra-brut sera parfait à l'apéritif. ✗ 2015-2018

☞ *Francis Orban, 23, rue du Gal-de-Gaulle, 51700 Leuvrigny, tél. 03 26 58 84 41, francis.orban@ free.fr* Ⓥ Ⓚ Ⓛ *r.-v.*

BRUNO PAILLARD		
Première Cuvée ★★		
n.c.	î ◑	30 à 50 €

Une maison de négoce créée en 1981 par Bruno Paillard. Alors âgé de vingt-sept ans, ce descendant de courtiers et de vignerons vend sa vieille Jaguar pour fonder son affaire. Il mise sur des champagnes haut de gamme. Aujourd'hui, il dispose en propre de 32 ha de vignes (dont 45 % en grand cru) et d'une cuverie « hors sol » ultramoderne. Toutes ses cuvées comptent au moins 20 % de vins vinifiés en fût, leur dosage est très mesuré, leur bulle très fine. La date de dégorgement est indiquée sur chaque bouteille. (NM)

Signature de la maison et valeur sûre du Guide, la Première Cuvée représente plus de la moitié de la production. Elle n'en bénéficie pas moins d'un élevage soigné : du bois, des cuves Inox et trois ans sur lies pour cet assemblage des trois cépages champenois (deux tiers de noirs, dont 45 % de pinot noir). Ce brut séduit par sa fraîcheur. Fraîcheur du nez mêlant les agrumes (citron) et les fruits à chair blanche ; fraîcheur de la bouche, vive à l'attaque, dont la matière riche et structurée est tonifiée par une fine effervescence. Les arômes de fruits secs (amande) sont rehaussés d'une note crayeuse. Du plaisir dès maintenant et du potentiel. ✗ 2015-2023 ▼ ravioles de homard au gingembre ● Première Cuvée ★★ (30 à 50 € ; n.c. b.) : un rosé d'assemblage issu de pinot noir et de chardonnay ; robe rose extrêmement pâle, bulle évanescente, nez légèrement fruité, avec un côté empyreumatique et du fruit sec. En bouche, ce champagne aussi charnu que vif présente une forte personnalité. Un vin superbe d'équilibre, de fraîcheur et de longueur. ✗ 2015-2019 ▼ N.P.U. Nec plus ultra 1999 ★★ (+ de 100 € ; 12 600 b.) : le nec plus ultra de la maison, qui met en vedette de vieux millésimes. Mi-chardonnay mi-pinot noir, ce 1999 vinifié en petits fûts et élevé douze ans sur lies affiche sa belle évolution dans sa robe dorée, son nez complexe, empyreumatique et miellé, sa bouche puissante, fraîche et longue. Une fraîcheur qui devrait lui permettre de se maintenir encore à son apogée. ✗ 2015-2020

○� Bruno Paillard, av. de Champagne, 51100 Reims, tél. 03 26 36 20 22, info@brunopaillard.com

| PAILLETTE ★ | | |
| 71 800 | î | 11 à 15 € |

Richard Paillette a pris la tête en 1997 de la propriété familiale constituée en 1922. Il exploite 7 ha de vignes en aval de Château-Thierry, sur le coteau d'Essômes-sur-Marne exposé au soleil levant. (RM)

Un brut sans année issu des trois cépages champenois, à dominante de noirs (meunier 50 %, pinot noir 10 %). La robe jaune soutenu annonce le caractère (bien) évolué de cette cuvée, qui se confirme au nez, avec des notes de miel, de noix, de pain d'épice, de pain grillé et de café. La bouche surprend davantage par son côté confit et torréfié, et montre une rondeur tonifiée par une finale fraîche. Plutôt pour le fromage (ou les viandes) que pour l'apéritif. ✗ 2015-2016 ▼ vieux comté

○┐ Paillette, 4, Aulnois, 02400 Essômes-sur-Marne, tél. 03 23 70 82 63, champagne.paillette@orange.fr
Ⓥ ⚘ ⬛ r.-v.

| ♥ PALMER & Cᴼ 2008 ★★ | | |
| 80 000 | î | 30 à 50 € |

Fondée à Avize en 1947 par sept vignerons, cette coopérative aujourd'hui installée à Reims a connu un bel essor dans les années 1980. Elle tire son approvisionnement de 365 ha répartis dans une cinquantaine de crus – pour l'essentiel situés dans la Montagne de Reims. Palmer sa marque. (CM)

2008 restera liée dans la mémoire des Champenois à une récolte mûre, riche et saine, à l'origine de grands flacons tel celui-ci. Né de blancs et de noirs à parité (50 % de chardonnay, 40 % de pinot noir, le meunier en appoint), ce millésime a charmé nos dégustateurs par son raffinement. Ses parfums intenses d'agrumes (citron), de pâtisserie et de torréfaction (noisette, cacao) s'entremêlent avec élégance et se prolongent en bouche, exaltés par une effervescence tonique ; sa matière riche est tendue par une acidité vigoureuse. La finale fraîche et harmonieuse signe un grand vin qui saura vieillir. ✗ 2015-2025 ▼ sole aux épices douces ● Réserve (20 à 30 € ; 400 000 b.) : vin cité. ✗ 2015-2018

○┐ Palmer, 67, rue Jacquart, 51100 Reims, tél. 03 26 07 35 07, contact@champagnepalmer.fr Ⓥ r.-v.

| PANNIER 2006 ✦ | | |
| 52 770 | î | 30 à 50 € |

En 1999, Louis-Eugène Pannier crée une maison de négoce qui s'installe à Château-Thierry, dans la vallée de la Marne. En 1974, ses héritiers cèdent la marque à la Covama (un groupement de producteurs), ainsi que d'impressionnantes galeries, anciennes carrières creusées au XIIᵉs. Depuis 2010, la coopérative dispose de 730 ha de vignes. (CM)

Associé aux deux pinots, le chardonnay (42 %) imprime sa marque dans ce millésime resté sur lies fines durant cinq ans. Nez élégant, mêlant le citron, les fruits blancs, le beurre et les fruits secs ; bouche à fois crémeuse et tendue, à la finale acidulée : un ensemble raffiné et frais, pour l'apéritif comme pour la table. ✗ 2015-2020 ▼ saint-jacques à la crème ● (20 à 30 € ; 30 000 b.) : vin cité. ✗ 2015-2020

○┐ Pannier, 23, rue Roger-Catillon, 02400 Château-Thierry, tél. 03 23 69 51 30, nvallee@ champagnepannier.com Ⓥ ⚘ ⬛ r.-v.

| PAQUES ET FILS Carte or | | |
| 1er cru | 43 000 | î | 11 à 15 € |

Les Paques font du vin depuis quatre générations. D'abord à Chigny-les-Roses, ensuite à Rilly-la-Montagne, village distant d'un saut de puce, sur le versant nord de la Montagne de Reims. Installé en 1995, Philippe Paques est à la tête d'un domaine qui couvre 10,5 ha en 1ᵉʳ cru. (RM)

Cette cuvée assemble 50 % de meunier, 30 % de pinot noir et 20 % de chardonnay, et livre des parfums tout en finesse de fleur et de citron. L'annonce d'un champagne frais à l'attaque, équilibré et acidulé. Idéal à l'apéritif. ✗ 2015-2019 ▼ rillettes de saumon

CHAMPAGNE

☙ *Paques et Fils, 1, rue Valmy, 51500 Rilly-la-Montagne,
tél. 03 26 03 42 53, info@champagne-paques.com*
🆅 🎿 🏋️ *r.-v.*

DENIS PATOUX Extra-brut ★		
● 3 000	🍷	15 à 20 €

Viticulteurs depuis plus d'un siècle sur la rive droite de
la Marne, les Patoux ont commencé à élaborer du
champagne en 1945. Installé en 1976, Denis Patoux
dispose d'un vignoble de 8,5 ha qui s'est beaucoup
agrandi ces vingt dernières années grâce à des plantations nouvelles. (RM)

Après un coup de cœur pour un 2006, une très belle étoile
pour cet extra-brut qui marie 60 % de chardonnay et 40 %
de pinot noir des récoltes 2006 et 2005. On aime son nez
raffiné, minéral, bien ouvert sur les fruits blancs (poire).
La bouche suit la même ligne aromatique et conjugue
ampleur et vivacité. Un champagne élégant et tendu.
✗ 2015-2019 🍴 poulet aux écrevisses

☙ *Denis Patoux, 1, rue Bailly, 51700 Vandières,
tél. 03 26 58 36 34, denis.patoux@wanadoo.fr*
🆅 🎿 🏋️ *r.-v.*

HUBERT PAULET Cuvée Tradition		
● 1er cru	25 000	🍷	15 à 20 €

Issu d'une lignée vigneronne remontant à plus d'un
siècle, Olivier Paulet s'est installé en 1998. Il exploite
environ 8 ha dans la Montagne de Reims. Hubert, son
grand-père, avait commercialisé les premières bouteilles dans les années 1930. (RM)

Du meunier (50 %) est associé au pinot noir et au
chardonnay à parité dans cette cuvée assemblant la
récolte 2011 à 30 % de vins de réserve. Nez intense, évolué,
fruité et grillé, bouche tendue, très fraîche et longue. Idéal
à l'apéritif et sur des entrées. ✗ 2015-2018 🍴 feuilletés au
sésame ● 2006 (20 à 30 € ; 5 500 b.) : vin cité. ✗ 2015-2018

☙ *EARL Hubert Paulet, 58, rue de Chigny,
51500 Rilly-la-Montagne, tél. 03 26 03 41 52,
champ.h.paulet@wanadoo.fr* 🆅 🎿 🏋️ *r.-v.*

PAUL-SADI Simone ★		
● 1er cru	6 900	🍷 🍶	15 à 20 €

Après avoir travaillé une quinzaine d'années comme
salarié dans la maison Virgile Portier, l'entreprise familiale gérée par ses parents, Jérôme Portier a lancé en
2011 sa maison et son champagne, qui porte le nom de
son grand-père. Il dispose en propre de près de 3 ha de
vignes. (NM)

Une cuvée en hommage à la grand-mère de Jérôme Portier.
Partiellement vinifié en fût, le chardonnay provient de
Villers-Marmery, un des rares coteaux de la Montagne de
Reims dédié aux blancs. Pâle de couleur, discrètement floral
au nez, c'est un blanc de blancs frais et élancé qui devrait
évoluer favorablement. ✗ 2016-2019 🍴 tartare de saumon

☙ *Paul-Sadi, 21 bis, rte Nationale,
51360 Beaumont-sur-Vesle, tél. 03 26 40 25 18,
paul.sadi@orange.fr* 🆅 🎿 🏋️ *r.-v.* ☙ *Portier*

GHISLAIN PAYER ET FILLE 2006 ★★		
● 2 000	🍷	20 à 30 €

Viticulteurs depuis 1854, établis dans un vallon proche
de la vallée de la Marne, les Payer se flattent de figurer
parmi les vingt-quatre fondateurs de la Coopérative

régionale des vins de Champagne (voir Jacquart, de
Castelnau), dont ils restent de fidèles adhérents. Élise
a rejoint en 2014 son père Ghislain. (RC)

Mi-blancs mi-noirs (les deux pinots), un millésime d'emblée très disert : fruits mûrs, pruneau, brioche, pain
d'épice, beurre, abricot confit. La bouche est gourmande,
ample, vineuse et persistante. ✗ 2016-2020 🍴 foie gras de
canard aux figues

☙ *Ghislain Payer, 18, rue des Longs-Champs,
51480 Fleury-la-Rivière, tél. 03 26 58 48 00, contact@
champagne-ghislain-payer.com* 🆅 🎿 🏋️ *r.-v.*

JEAN-MICHEL PELLETIER Cuvée Candice ★★		
● 1 000	🍷 🍶	20 à 30 €

Jean-Michel Pelletier a repris en 1982 des vignes familiales dans la vallée de la Marne et porté la superficie de
son domaine à près de 5 ha. Diplômé en œnologie, il
participe aux assemblages à la coopérative de Passy-
Grigny qui vinifie sa production. (RC)

Hommage à la fille du vigneron, un pur meunier mi-cuve
mi-fût. Le nez est bien ouvert, fruité et empyreumatique ;
une palette aromatique complexe que l'on retrouve dans
une bouche ample et longue, puissante sans lourdeur, aux
arômes de caramel au lait. Une forte personnalité.
✗ 2015-2020 🍴 fricassée de volaille

☙ *EARL Jean-Michel Pelletier, 22, rue Bruslard,
51700 Passy-Grigny, tél. 03 26 52 65 86,
champagnejmpelletier@wanadoo.fr* 🆅 🏋️ *r.-v.*

♥ ALEXANDRE PENET Extra-brut 2006 ★★		
● n.c.	🍷	30 à 50 €

Ingénieur et œnologue descendant d'une lignée de vignerons
remontant à quatre siècles,
Alexandre Penet conduit depuis 2009 l'exploitation familiale : 6 ha de vignes implantées
sur les coteaux de Verzy et
Verzenay, grands crus de la
Montagne de Reims, dont les
fruits sont commerciali-
sés sous la marque Penet-
Chardonnet. Il a lancé en 2011 une activité de négoce et
sélectionne des champagnes qu'il signe de son patronyme. Toutes ses cuvées sont nature ou extra-brut. (NM)

Mi-blancs mi-noirs (meunier 30 %, pinot noir 20 %), ce
millésimé a emporté l'adhésion. Une bulle fine et nerveuse
traverse la robe or pâle aux reflets verts ; le nez puissant
mêle le coing, les fruits confits, les fruits exotiques et le
pain grillé. Tout aussi fruitée, mais plus briochée, florale
et épicée, la bouche est harmonieuse et fraîche. ✗ 2015-
2019 🍴 toasts au chèvre frais et miel ● Extra-brut ★ (20
à 30 € ; n.c. b.) : les trois cépages sont presque à parts
égales (chardonnay 40 %) dans cet extra-brut très
équilibré, dont les arômes d'amande grillée traduisent
un début d'évolution. Pour l'apéritif. ✗ 2015-2018
● Penet-Chardonnet Gd cru Les Fervins 2009 ★ (50 à
75 € ; 5 500 b.) : un nez discret mêlant les fleurs blanches,
le beurre, la crème et le pain grillé pour ce champagne
équilibré, vif et long. ✗ 2015-2018

☙ *Alexandre Penet, 12, rue Gambetta, 51380 Verzy,
tél. 03 51 00 28 80, contact@lamaisonpenet.com*
🆅 🎿 🏋️ *r.-v.*

PERRIER-JOUËT
Belle Époque 2006 ★★

●	n.c.	î	+ de 100 €

Maison fondée sous le Premier Empire (1811) par Pierre-Nicolas Perrier, bouchonnier d'Épernay propriétaire de vignes, et par Adèle Jouët. Leur fils, Charles, développa l'affaire, notamment vers l'Angleterre où elle devint fournisseur de la reine Victoria. La maison se flatte d'avoir élaboré le premier champagne brut (1854) et figure aussi parmi les précurseurs en matière de vins millésimés. Devenue en 2005 l'un des fleurons du géant Pernod-Ricard, elle s'appuie sur un vignoble de 65 ha (à Cramant et à Avize, en Côte des Blancs à Mailly dans la Montagne de Reims, à Aÿ et à Dizy dans la Grande Vallée de la Marne). Le chardonnay est très présent dans ses cuvées. Sérigraphiées sur la bouteille, les anémones Art nouveau dessinées en 1902 par Émile Gallé ornent depuis 1964 la cuvée millésimée Belle Époque. (NM)

Mi-blancs mi-noirs (pinot noir presque exclusivement), le rosé de prestige de la maison s'habille d'un rose très pâle. Expressif, élégant et complexe, le nez se partage entre les fruits rouges et des notes torréfiées, avec une note d'agrumes. Dans le même registre, la bouche offre une belle matière, structurée et fondue ; la finale est marquée par une légère touche d'amertume qui ne nuit pas à l'harmonie de l'ensemble. ✗ 2015-2019 ❦ pigeon rôti chutney à la cerise ● Grand Brut (30 à 50 € ; n.c. b.) : vin cité ✗ 2015-2010

○┐ Perrier-Jouët, 28, av. de Champagne, 51200 Épernay, tél. 03 26 53 38 00, info@perrier-jouet.fr
○┐ Pernod-Ricard

DANIEL PERRIN 2005 ★

●	18 000	î	15 à 20 €

Daniel Perrin reprend en 1957 le vignoble familial et devient récoltant-manipulant. Aujourd'hui, son fils cadet Christian exploite 14 ha à Urville, près de Bar-sur-Aube. (RM)

Le pinot noir et le chardonnay collaborent à parité à ce millésime. Les fleurs blanches (chèvrefeuille), les fruits exotiques et quelques notes grillées d'évolution composent un nez flatteur. La bouche franche et structurée a gardé sa fraîcheur. ✗ 2015-2020 ❦ ris de veau aux morilles ● Chardonnay (15 à 20 € ; 11 000 b.) : vin cité. ✗ 2015-2020
○┐ EARL Daniel Perrin, 40, rue des Vignes, 10200 Urville, tél. 03 25 27 40 36, champagnedanielperrin@nordnet.fr
Ⓥ Ⓚ Ⓛ r.-v.

PERRON-BEAUVINEAU
Cuvée Abraham Vieilles Vignes 2004 ★

●	5 000		20 à 30 €

En 1999, Marilyne Perron-Beauvineau a pris la direction de l'exploitation familiale proche de Bar-sur-Aube et s'est lancée dans l'œnotourisme. Son fils aîné Fabrice se charge depuis 2010 du travail en cave. (RC)

Cuvée Abraham ? Un clin d'œil à l'ancêtre qui portait ce nom au XVIIᵉs. et une façon de rappeler que les vignes d'où provient cette cuvée, plantées par le père de Fabrice Perron, « ont vu Abraham » : elles ont plus de quarante ans. Les trois cépages à parité collaborent à ce 2004. Avec sa robe or pâle aux reflets verts, son nez subtil, entre fleurs et agrumes, son palais franc et élégant à la finale

légèrement amère, le « patriarche » ne fait pas ses douze ans d'âge. ✗ 2015-2020 ❦ poularde au champagne
○┐ Perron-Beauvineau, 5, rte de Spoy, 10200 Meurville, tél. 03 25 27 40 56, champagne-perron-beauvineau@ hotmail.fr Ⓥ Ⓚ Ⓛ t.l.j. 9h-12h 13h30-20h; lun. sam. dim. sur r.-v. 🏠 ❷

PERROT-BATTEUX & FILLES
Blanc de blancs Hélixe nature

●	3 000	î	15 à 20 €

En 1985, Gervais et Maryline Perrot font l'acquisition d'un pressoir et commencent à commercialiser leur récolte. Après avoir travaillé pour plusieurs maisons, leur fille Cynthia Vigneron-Perron les rejoint en 2009 et sa sœur Céline collabore à la promotion. La famille exploite 5 ha dans la partie sud de la Côte des Blancs. (RM)

Un blanc de blancs non dosé en provenance de Bergères-les-Vertus, issu des années 2009 à 2007. Un champagne d'une belle fraîcheur aux senteurs de fruits jaunes et de fruits confits, complétées en bouche par des notes de brioche et de beurre. ✗ 2015-2020 ❦ blanquette de lotte
○┐ Perrot-Batteux & Filles, 62, av. des Comtes-de-Champagne, 51130 Bergères-les-Vertus, tél. 09 66 91 96 75, contact@ champagneperrot-batteux.com Ⓥ Ⓚ Ⓛ r.-v.

BRUNO PERSEVAL Cuvée Blanc de noirs ★

● 1er cru	4 000	î	11 à 15 €

Héritier d'une lignée remontant à 1640, Bruno Perseval a pris les rênes en 1988 d'un vignoble de 2,6 ha situé dans la partie ouest de la Montagne de Reims, à deux pas de la cité des Sacres. (RM)

Ce blanc de noirs est né des deux pinots à parts égales, récoltés en 2009. Sa palette très fruitée (agrumes, pomme cuite, pêche) s'enrichit à l'aération de notes de biscuit et de pain d'épice. Très expressive elle aussi, bien équilibrée, la bouche finit sur des notes de miel de sapin et de pistache. ✗ 2015-2020 ❦ foie gras poêlé
○┐ Perseval, 13, rue des Sources, 51500 Sacy, tél. 03 26 49 23 84, bruno.perseval@wanadoo.fr Ⓥ Ⓚ Ⓛ r.-v.

PERSEVAL-FARGE Brut nature ★

● 1er cru	2 000	î	20 à 30 €

Son haut clocher (56 m) signale de loin le village de Chamery situé au sud de Reims, au pied de la Montagne, et classé en 1er cru. Cette famille cultive la vigne aux environs depuis le XVIIIᵉs. Depuis 1980, Isabelle et Benoist Perseval exploitent un vignoble de 4 ha sur les coteaux environnants. (RM)

Comme la mention « brut nature » l'indique, ce champagne ne reçoit pas le moindre dosage. Aucun sucre ajouté dans cette cuvée issue de 52 % de meunier, de 38 % de chardonnay et d'un appoint de pinot noir, assemblant des vins de réserve de 2009 à 2004 à la vendange 2010. On aime son nez, où se marient agrumes, abricot, brioche, beurre et fleurs blanches. Vif à l'attaque, ample et vineux, le palais offre une agréable finale fraîche et citronnée. ✗ 2015-2020 ❦ plateau de fruits de mer ● 1er cru Terre de sables (15 à 20 € ; 2 000 b.) : vin cité. ✗ 2015-2019
○┐ Benoist Perseval, 12, rue du Voisin, 51500 Chamery, tél. 03 26 97 64 70, champagne@perseval-farge.fr
Ⓥ Ⓚ Ⓛ r.-v.

CHAMPAGNE

PESSENET-LEGENDRE Cuvée Prestige ★

	5 000		🍾		15 à 20 €

Cyrille Pessenet a repris en 1996 le domaine familial qui couvre 4,2 ha sur la rive droite de la Marne, entre Reuil et Hautvillers. Il a lancé sa propre marque en l'an 2000. (RM)

Assemblé au pinot noir, le chardonnay, majoritaire (75 %), a été vinifié sans fermentation malolactique. Il en résulte un brut agréable, tant par son nez d'agrumes, de beurre, de compote de pommes et de poires que par son palais franc et équilibré, à la finale fraîche et acidulée. Pour l'apéritif et les produits de la mer. ✗ 2015-2020 🍽 sushis

☞ *Pessenet-Legendre, 37, Grande-Rue, 51480 Reuil, tél. 03 26 57 87 19, champagne-pessenet-legendre@ orange.fr* 🆅 🎿 🛗 *r.-v.*

TH. PETIT Carte d'or ★

Gd cru	15 000				15 à 20 €

Pour échapper aux ravages de la crise de 1929, Théophile Petit commercialise son champagne. Son fils André prend la relève en 1948 et, profitant des Trente Glorieuses, porte le vignoble de 1 à 6,3 ha. Sa nièce Bénédicte Bérard-Meuret gère depuis 1995 le domaine situé dans la Montagne de Reims et confie sa vendange à l'Union Champagne. (RC)

Le pinot noir, majoritaire (75 %), s'allie au chardonnay dans ce brut raffiné comprenant 40 % de vins de réserve. Ses atouts : un nez élégant, mêlant agrumes confits, fleurs et fruits blancs, brioche beurrée et pain d'épice ; un palais ample, souple et vineux, vivifié par une finale fraîche et subtilement grillée. Pour l'apéritif comme pour la table. ✗ 2015-2018 🍽 coquilles Saint-Jacques

☞ *Bénédicte Bérard-Meuret, 11, rue Colbert, 51150 Ambonnay, tél. 03 26 57 01 13, champagneth.petit@wanadoo.fr* 🆅 🎿 🛗 *r.-v.* (06-83-17-53-46) 🏠 🅖 ☞ EARL Th. Petit

PETIT & BAJAN Nymphea ★★

Gd cru	2 500		🍾 🍷		30 à 50 €

Propriété de 3,15 ha, créée en 2010. Son nom réunit le patronyme de deux familles vigneronnes alliées ; son siège est à Avize, grand cru de la Côte des Blancs, mais une partie des vignes est implantée à Verzenay, grand cru de noirs. (RM)

Vinifié en extra-brut, un rosé issu à 90 % de chardonnay assemblé à un vin rouge de pinot noir. Il en résulte une jolie robe rose clair traversée d'un cordon de bulles fines, laissant monter des parfums de petits fruits (framboise, groseille, cassis). En bouche, ce champagne se montre remarquablement équilibré entre puissance et acidité. Aucune aspérité tannique ou lourdeur sucrée ne viennent perturber sa sereine harmonie. À déboucher de l'apéritif au dessert. ✗ 2015-2020 🍽 soupe de fruits rouges à la menthe

☞ *EARL Petit et Bajan, 10, rue d'Oger, 51190 Avize, tél. 03 26 52 79 97, veronique@ champagne-petit-et-bajan.fr* 🆅 🎿 🛗 *r.-v.*

PETITJEAN-PIENNE Blanc de blancs 2008

Gd cru	2 200		🍾		20 à 30 €

De vieille souche vigneronne, Denis Petitjean crée avec son épouse sa propre marque en 1981. Leur fille Marie les rejoint en 2004. La famille exploite 3,5 ha de vignes,

implantées pour plus des deux tiers dans des grands crus de la Côte des Blancs. (RM)

Ce blanc de blancs d'un beau millésime présente un nez de fruits blancs légèrement évolué ; on apprécie son attaque vive, son palais tendu et svelte, son juste dosage et sa longueur qui signe sa noble origine. Pour l'apéritif et les produits de la mer. ✗ 2015-2019 🍽 bar au four ● **Gd cru** Cœur de chardonnay Blanc de blancs (15 à 20 € ; 23 400 b.) : vin cité. ✗ 2015-2019

☞ *Denis Petitjean, 4, allée des Bouleaux, 51530 Cramant, tél. 03 26 57 58 26, petitjean.pienne@ wanadoo.fr* 🆅 🎿 🛗 *r.-v.* 🏠 🅘 🏠 🅓

PHILBERT ET FILS Chardonnay

1er cru	10 000		🍾		11 à 15 €

Descendant de plusieurs générations de viticulteurs, Henri Philbert commercialise ses premières bouteilles en 1950. Depuis 1997, ses petits-enfants Jérôme et Frédérique exploitent la propriété : pas moins de 9,5 ha en 1er cru sur la Montagne de Reims. (RM)

Un nez minéral et frais aux nuances d'agrumes, de pêche et de melon prélude à une bouche citronnée, dont la nervosité tranchante traduit la jeunesse. Ce blanc de blancs mérite d'attendre : il devrait gagner en complexité et s'arrondir. ✗ 2016-2022 🍽 huîtres ● (15 à 20 € ; 4 000 b.) : vin cité. ✗ 2015-2016

☞ *Jérôme Philbert, 17, rue Carnot, 51500 Rilly-la-Montagne, tél. 03 26 03 42 58, contact@ champagnephilbert.com* 🆅 🎿 🛗 *t.l.j. sf mer. sam. dim. 9h-12h 14h-17h; f. août*

M. PHILIPPART Blanc de blancs ★

1er cru	2 194		🍾		15 à 20 €

Un Nicaise Philippart cultivait déjà la vigne sur la Montagne de Reims en 1827, mais c'est seulement cent ans plus tard, en 1930, que Maurice Philippart commercialisa les premières bouteilles. En 1996, son petit-fils Franck a pris les commandes du vignoble familial ; pour compléter la production de ses 3 ha, il a adopté le statut de négociant en 2011. (NM)

Ce chardonnay provient de la vendange 2006, et son âge apparaît dans ses arômes évolués de beurre et d'amande grillée, auxquels s'ajoutent au palais des notes de coing et de fruits cuits. L'attaque est fraîche et agréable, et la bouche associe richesse et acidité : beau mariage en perspective avec des plats en sauce. ✗ 2015-2020 🍽 poulet au champagne ● **1er cru** Prestige 2007 (15 à 20 € ; 1 880 b.) : vin cité. ✗ 2015-2020

☞ *SARL Maurice Philippart, 3, rue des Vignes, 51500 Chigny-les-Roses, tél. 03 26 03 42 44, contact@ champagne-mphilippart.com* 🆅 🎿 🛗 *t.l.j. 9h-11h30 14h-17h30; sam. dim. sur r.-v.*

PHILIPPONNAT Clos des Goisses 2005 ★★

	19 030		🍾 🍷		+ de 100 €

Les Philipponnat sont propriétaires de vignes à Aÿ depuis le début du XVIᵉ s. ; négociants et vinificateurs, ils ont un blason datant de la fin du XVIIᵉ s. et un château à Mareuil-sur-Aÿ, acquis en 1910. Ils ont acheté en 1935 le Clos des Goisses, l'un des rares clos champenois ceint de murs et le plus vaste aussi (5,5 ha), implanté sur un coteau aux pentes vertigineuses, en surplomb du canal latéral de la Marne et de cette rivière. (NM)

Les millésimes 2003 et 2004 de cette cuvée avaient reçu un coup de cœur. Le 2005 se « contente » de deux étoiles, en reprenant la même recette : 60 % de pinot noir et 40 % de chardonnay vinifiés sous bois ; fermentation malolactique bloquée et élevage sur lies fines sans bâtonnage ; dosage en extra-brut. La cuvée garde son style : des bulles fines dans une robe dorée ; un nez complexe fait de torréfaction, de fruits compotés et de notes minérales ; une bouche gourmande, ample, équilibrée, au boisé bien fondu. Gageons que ce remarquable champagne saura conquérir bien d'autres palais que celui des jurés. ⧗ 2015-2021 🍷 très vieux comté ● **Blanc de noirs 2008 ★★ (30 à 50 € ; 39 178 b.) :** un pur pinot noir vinifié partiellement en fût, sans fermentation malolactique, au dosage très mesuré. Complexe au nez, il développe des notes pâtissières dans une bouche gourmande, élégante et longue, remarquablement équilibrée entre puissance et finesse. ⧗ 2015-2021 ● **Gd cru 1522 2005 ★ (50 à 75 € ; 5 208 b.) :** deux tiers de pinot noir, un tiers de chardonnay issus de grands crus composent ce brut dosé en extra-brut. Un nez de miel, de cire et de fruits à l'alcool, et une bouche à la fois ronde et fraîche. ⧗ 2015-2018

Philipponnat, 13, rue du Pont, 51160 Mareuil-sur-Aÿ, tél. 03 26 56 93 00, nicole.vezzola@philipponnat.com
V *r.-v.*

JACQUES PICARD Brut nature ★

● | 10 000 | 🍾 | 20 à 30 €

En 1950, Roger Picard plante des vignes sur les flancs du mont de Berru, qui s'élève dans la plaine, à l'est de Reims. Son fils Jacques lance son champagne. Sylvie et Corinne, filles de Jacques, et José Lievens, son gendre, conduisent aujourd'hui la propriété (17 ha). Plusieurs étiquettes : Jacques Picard, Corinne Picard, Henri de Berr. (RM)

Trois quarts de chardonnay, 20 % de meunier et 5 % de pinot noir composent ce champagne non dosé à l'assemblage soigné, comprenant une forte proportion de vin de réserve et tiré à faible pression. Le nez puissant et complexe (fleur d'oranger, fruits exotiques et fruits secs) prélude à une bouche équilibrée et fondue, qui finit sur une note de pain d'épice. ⧗ 2015-2018 🍷 coquilles Saint Jacques ● **Prestige 2005 ★ (20 à 30 € ; 10 000 b.) :** chardonnay (60 %), meunier et pinot noir offrent une cuvée au nez généreux, sur les fruits compotés, la brioche et le pain grillé ; fraîche à l'attaque, puissante et ample, la bouche se montre tout aussi riche et bien fruitée. À ouvrir dès l'apéritif. ⧗ 2015-2017 ● **★ (15 à 20 € ; 6 000 b.) :** le chardonnay domine largement (90 %) dans ce rosé d'un rose léger, au nez discrètement fruité et à la bouche charnue, vineuse, fraîche et longue. ⧗ 2015-2019

Jacques Picard, 12, rue du Luxembourg, 51420 Berru, tél. 03 26 03 22 46, champagnepicard@aol.com
V 🚶 🍷 *r.-v.*

PICARD & BOYER Réserve de famille ★★

● | 6 000 | 🍾 | 15 à 20 €

En 1994, Antoine Picard et Francis Boyer se sont associés pour fonder un vignoble de presque 5 ha dans la vallée de la Marne. En 2010, Axel Picard, fils d'Antoine, a repris le flambeau. (RM)

Cette cuvée or gris a frôlé le coup de cœur ; elle met à l'honneur le chardonnay (80 %), vinifié en fût de chêne, complété par du pinot noir élevé en cuve. Elle est restée cinq ans sur lattes avant son dégorgement et son dosage est très mesuré. Au nez, des parfums de fleurs, de fruits blancs, de réglisse. Ponctué d'une subtile touche boisée, le palais fait preuve d'une égale complexité. Un champagne dans sa plénitude et encore frais, que l'on pourra servir à table. ⧗ 2015-2020 🍷 filet de turbot sauce hollandaise ● **★ (15 à 20 € ; 3 000 b.) :** le meunier majoritaire complété des deux autres cépages sont à l'origine de ce champagne vieilli trois ans sur lattes ; un rosé saumoné, franc et vif, aux parfums de petits fruits rouges (groseille) et de brioche. Parfait pour l'apéritif. ⧗ 2015-2018

Picard & Boyer, Ch. de Vrilly, 51100 Reims, tél. 03 26 85 11 69, contact@champagne-picard-boyer.fr
V *r.-v.*

PIÉTREMENT-RENARD Prestige ★

● | n.c. | 15 à 20 €

Domaine créé en 1919 par Fernand Renard sur les bords du Petit Morin, entre Côte des Blancs et Sézannais, repris en 1992 par son descendant Emmanuel Piétrement, également président de la coopérative locale. Le vignoble s'étend sur 12 ha à Villevenard et sur différents coteaux du Sézannais. (RC)

Les cépages noirs dominent (40 % pinot, 20 % meunier) dans ce brut mêlant notes toastées, beurrées, cannelle et fruits mûrs. Des arômes que l'on retrouve dans une bouche équilibrée, fine et élégante. ⧗ 2015-2019 🍷 cabillaud en papillote ● **Vieilles Vignes 2009 (20 à 30 € ; 5 000 b.) :** vin cité. ⧗ 2015-2019

Emmanuel Piétrement, 30, rue des Hauts-de-Saint-Loup, 51270 Villevenard, tél. 03 26 52 83 03, pietrement-renard@terre-net.fr
V 🚶 🍷 *t.l.j. sf dim. 9h-12h 14h-18h*

PIPER-HEIDSIECK Rare 2002 ★★

● | n.c. | + de 100 €

À l'origine de cette marque, Florens Louis Heidsieck. Arrivant en Champagne en 1777 de sa Westphalie natale pour faire fortune dans le commerce de la laine, il s'intéresse bien vite à l'autre richesse locale, appelée à un avenir plus durable, et fonde son négoce de vins en 1785. La maison est à l'origine de toutes les maisons Heidsieck de Champagne, notamment Charles Heidsieck, la société sœur. Quant à la maison Piper-Heidsieck, elle résulte de l'association de Christian Heidsieck, neveu du fondateur, avec Henri-Guillaume Piper. Le groupe EPI, spécialisé dans le luxe, est aujourd'hui le propriétaire de ces négoces prestigieux. (NM)

Issue de l'excellent millésime 2002, la cuvée haut de gamme de la marque est composée de 70 % de chardonnay et de 30 % de pinot noir. D'emblée, elle affiche sa classe. La robe or très pâle est traversée d'un train de fines bulles. Bien ouvert, le nez se partage entre les fleurs blanches et des notes plus évoluées évoquant la pâtisserie. Fruits blancs et notes beurrées s'épanouissent dans une bouche caressante, longue et d'une très grande fraîcheur. Un champagne élégant, d'un équilibre souverain, à ouvrir dès l'apéritif. ⧗ 2016-2021 🍷 toasts au foie gras ● **Essentiel Cuvée brut ★ (30 à 50 € ; n.c. b.) :** privilégiant les noirs (pinot noir 53 %, meunier 33 %), ce brut offre un nez délicatement grillé et toasté, évolué avec élégance, qui contraste avec une bouche à l'acidité vigoureuse. ✗ 2015-2020

☞ Piper-Heidsieck, 12, allée du Vignoble, 51100 Reims, tél. 03 26 84 43 00, daniel.cabaleiro@ champagnes-ph-ch.com ☞ PH-CH

POINTILLART ET FILS			
Extra-brut Blanc de blancs en barrique 2010 ★			
1er cru	3 000	📖	15 à 20 €

Marque créée en 1946 par le grand-père d'Anthony Pointillart. Ce dernier, après avoir travaillé en Provence, a repris l'exploitation familiale en 2006 : 6 ha sur les coteaux d'Écueil, d'où l'on aperçoit la cathédrale de Reims. (RC)

Ce millésimé 2010 provient de chardonnay élevé six mois en fût. Les notes boisées vanillées sont au rendez-vous ; au nez, elles accompagnent des nuances de pâtisserie, d'agrumes confits et de fleurs blanches ; au palais, des touches épicées (gingembre, poivre). Un champagne tonique et tendu qui mérite d'attendre pour gagner en fondu. ✗ 2016-2020 ♈ sandre au beurre blanc ● (11 à 15 € ; 30 000 b.) : vin cité. ✗ 2015-2018

☞ Anthony Pointillart et Fils, 10, Grande-Rue, 51500 Écueil, tél. 03 26 49 74 95, anthony@ champagnepointillartetfils.com 🆅 🏃 🏆 r.-v.

POISSINET-ASCAS	Cuvée Carte d'or 2008 ★		
●	6 000	📖	20 à 30 €

Située sur la rive droite de la Marne, l'exploitation conduite par Régis Poissinet a été constituée en 1947. Le vignoble couvre 7 ha sur les deux rives de la rivière, avec le meunier pour cépage principal. (RM)

Le meunier constitue 50 % de l'assemblage de ce 2008, complété par 20 % de pinot noir et 30 % de chardonnay. Un millésimé qui combine force, élégance et complexité aromatique. Abricoté, beurré, crémeux au nez, plus marqué par le coing et la cannelle au palais, il séduit en bouche par sa belle tenue, son équilibre et sa fraîcheur. ✗ 2015-2018 ♈ cailles au foie gras

☞ Poissinet, 10 bis, rue de Ménicourt, 51480 Cuchery, tél. 03 26 58 12 93, champagne@poissinet.com 🆅 🏃 🏆 r.-v.

GASTON POITTEVIN	Cuvée de réserve ★		
1er cru	2 682	📖	15 à 20 €

Entre les deux guerres, un Gaston Poittevin fut député de la Marne et président du Syndicat des vignerons. Son arrière-petit-fils, prénommé lui aussi Gaston, exploite 5,8 ha à Cumières, 1er cru de la Grande Vallée de la Marne. Dans sa cave, on pratique encore le remuage à la main. (RM)

Mi-blancs mi-noirs (meunier 30 %, pinot noir 20 %), ce brut au jaune soutenu libère des parfums intenses et flatteurs de fruits blancs, de brioche, de pain grillé et de caramel. Tout aussi expressive, la bouche n'est pas des plus longues mais elle séduit par sa franchise et sa fraîcheur. ♈ pavé de saumon à l'unilatéral ● (11 à 15 € ; 17 374 b.) : vin cité. ✗ 2015-2016

☞ Gaston Poittevin, 129, rue Louis-Dupont, 51480 Cumières, tél. 03 26 55 38 37, gaston.poittevin@ wanadoo.fr 🆅 🏃 🏆 r.-v.

♥ **POL ROGER** Sir Winston Churchill 2002 ★★★

●	n.c.	📖	+ de 100 €

Cette maison de négoce d'Épernay expédia ses premières bouteilles en Angleterre dès sa création par le jeune Pol Roger en 1849. Devenue rapidement célèbre dans le royaume, elle a tissé des liens privilégiés avec les amateurs britanniques, et Winston Churchill ne manquait pas d'afficher sa préférence pour le champagne Pol Roger. L'affaire, restée familiale, s'appuie sur un vignoble de 90 ha. Elle est aujourd'hui dirigée par Patrice Noyelle. (NM)

La cuvée de prestige de la maison, créée en 1975. Proposée dans les millésimes d'excellence, elle résulte de l'assemblage de pinot noir et de chardonnay des meilleures origines. Ceux qui pensent que la Champagne produit deux styles de vins, les puissants d'un côté et les élégants de l'autre, auront grand plaisir à voir ce préjugé battu en brèche en goûtant ce millésimé raffiné qui conjugue les deux qualités. Paré d'une robe doré brillant traversée de fines bulles, ce 2002 offre un premier nez minéral, fumé, grillé et crémeux, puis dévoile à l'aération des notes de fruits secs et de sous-bois. À la fois ferme et ample, le palais développe une minéralité crayeuse. Dès l'attaque vive, sur des notes d'agrumes confits, il est souligné par une fraîcheur cristalline qui donne de l'allonge à la finale, d'une rare persistance. « On ne s'en lasse pas », nous dit-on en conseillant de le déguster pour lui seul : un champagne de méditation. ✗ 2016-2020 ♈ feuilleté léger au parmesan ● Blanc de blancs 2004 ★ (50 à 75 € ; n.c. b.) : nez précis, tout en finesse, crémeux, toasté, brioché et floral (aubépine) ; bouche à la fois énergique, fraîche et soyeuse, aux arômes de tilleul, de vanille, d'épices et de sous-bois. Un blanc de blancs élégant qui n'est pas encore à son apogée. ✗ 2016-2020 ● Extra Cuvée de réserve ★ (30 à 50 € ; n.c. b.) : issu des trois cépages champenois à parts égales, un champagne discrètement empyreumatique, fruité et floral ; franc en bouche, il finit sur une touche d'amertume qui participe à son équilibre. ✗ 2015-2020

☞ Pol Roger, 1, rue Winston-Churchill, 51200 Épernay, tél. 03 26 59 58 00, polroger@polroger.fr 🆅 t.l.j. sf sam. dim. 9h-12h 14h-17h; f. août

CHRISTOPHE POMMELET ★		
●	15 400	📖	11 à 15 €

Installé en 1988 sur les 5,5 ha de l'exploitation familiale située dans la vallée de la Marne, Christophe Pommelet représente la quatrième génération sur le domaine. Son fils l'a rejoint au tournant des années 2010. (RM)

Le meunier, associé au chardonnay, représente les trois quarts de cette cuvée à laquelle il a légué des arômes de fruits blancs (pomme) et d'évolution (pain grillé, sous-bois), ainsi que sa rondeur en bouche. Le chardonnay apporte sa fraîcheur et sa longueur. Un champagne équilibré, pour l'apéritif et les viandes blanches. ✗ 2015-2018 ♈ pâté de lapin en croûte

☞ Christophe Pommelet, 5, rue Cuirasse-Bretagne, 51480 Fleury-la-Rivière, tél. 03 26 58 62 34, christophe.pommelet@wanadoo.fr 🆅 🏃 🏆 r.-v.

R. POUILLON ET FILS Brut nature Les Blanchiens 2007 ★			
1er cru	n.c.	◐	30 à 50 €

Vigneron chez un négociant, Roger Pouillon a lancé son champagne en 1947. Aujourd'hui, son petit-fils Fabrice exploite 6,5 ha répartis sur 36 parcelles et sept communes de la Grande Vallée de la Marne et du versant sud de la Montagne de Reims. Il est attaché à l'élevage sous bois. (RM)

Issu d'une sélection parcellaire, un champagne millésimé mi-blancs mi-noirs (pinot noir), vinifié en fût et non dosé. L'élevage apporte de la complexité à ce brut, où se côtoient acacia, agrumes, abricot sec, beurre et notes boisées évoquant le pain grillé et le toast; dans le même registre, la bouche conjugue ampleur et vivacité. ✗ 2015-2019 ❦ ris de veau aux girolles ● **1er cru Blanc de blancs ★** (20 à 30 € ; n.c. b.) : né de chardonnay des terroirs d'Aÿ, Mareuil-sur-Aÿ et Tauxières, élevé partiellement sous bois, un blanc de blancs au nez évolué et empyreumatique. Dans le même registre, la bouche riche est allégée par une belle acidité. ✗ 2015-2019 ● **Gd cru Extra-brut Les Valnons 2007** (30 à 50 € ; n.c. b.) : vin cité. ✗ 2015-2018

O━ R. Pouillon et Fils, 17, rue d'Aÿ, 51160 Mareuil-sur-Aÿ, tél. 03 26 52 63 62, contact@champagne-pouillon.com Ⓥ ◨ r.-v.

JULIEN PRÉLAT Pinot noir			
1 913		▯	15 à 20 €

Prenant la suite de trois générations de vignerons, Julien Prélat s'est installé en 2000 avant de lancer sa marque dix ans plus tard. Il cultive un petit vignoble de 2,5 ha sur les hauteurs de Bar-sur-Seine, dans l'Aube, et privilégie les cuvées monocépages. (RM)

Issu de pinot noir, cépage roi du Barséquanais, ce brut s'annonce par un nez discrètement fruité (pomme verte) et brioché. Aromatique, longue et marquée par une pointe tannique, sa bouche vive laisse une impression de grande fraîcheur. À servir dès l'apéritif. ✗ 2015-2018 ❦ poulet mariné au citron ● **Demi-sec Gourmandise** (15 à 20 € ; 1 318 b.) : vin cité. ✗ 2015-2018

O━ Julien Prélat, 12, rue des Cortillots, 10110 Celles-sur-Ource, tél. 06 88 17 91 31, contact@ champagne-julienprelat.com Ⓥ ◨ ◨ r.-v.

YANNICK PRÉVOTEAU La Perle des treilles			
15 000		▯	15 à 20 €

Transmise depuis cinq générations, une exploitation familiale établie à Damery, sur la rive droite de la Marne, non loin d'Épernay. Depuis 1996, deux frères, Yannick et Éric Prévoteau, conduisent le vignoble : 10 ha répartis dans douze communes. (RM)

Le nom de cette cuvée fait référence au lieu-dit sur lequel est implantée l'exploitation : la Treille. Ce brut privilégie le pinot noir (60 %), complété par le chardonnay. Il dévoile un nez de fleurs et de fruits blancs. Subtilement crayeux, frais et léger, assez long, il revêt un côté acidulé agréable. ✗ 2015-2019 ❦ feuilleté au brie

O━ Yannick Prévoteau, 4 bis, av. de Champagne, 51480 Damery, tél. 03 26 58 41 65, yannick.prevoteau@ orange.fr Ⓥ ◨ ◨ r.-v.

PRÉVOTEAU-PERRIER Adrienne Lecouvreur			
40 000			15 à 20 €

Champenois d'adoption, Christophe Boudard et Delphine, née Prévoteau, sont installés à Damery, à l'ouest d'Épernay. Ils représentent la troisième génération sur cette exploitation qui commercialise du champagne depuis 1946. Implanté en grande partie dans la vallée de la Marne, leur vignoble de 24 ha s'étend aussi sur les coteaux sud d'Épernay et la Côte des Blancs. (NM)

Cette cuvée porte le nom d'une célèbre tragédienne du XVIIIe s., née à Damery dans une maison dont les Boudard sont propriétaires. Pinot noir et chardonnay collaborent à parité dans ce brut au nez subtil de tilleul, de fleurs séchées et de raisins secs. Ces arômes se prolongent dans une bouche nerveuse à l'attaque, légère et fraîche, qui tire sa discrète suavité d'un dosage sensible. ✗ 2015-2018 ❦ foie gras de figues

O━ Prévoteau-Perrier, 13-15, rue André Maginot, 51480 Damery, tél. 03 26 58 41 56, champagneprevoteau-perrier@orange.fr Ⓥ ◨ ◨ r.-v.
O━ Boudard

FABIENNE PRIÉ Écriture			
7 000		▯	20 à 30 €

Héritière d'une tradition vigneronne remontant au XVIIIe s., Fabienne Prié dirige depuis 1999 une propriété de 7 ha implantée sur la rive droite de la Seine dans la Côte des Bar (Aube). Elle signe ses cuvées depuis 2012. (RM)

Mi-blancs mi-noirs (pinot noir), cette cuvée est plutôt marquée par le chardonnay avec sa robe claire aux reflets verts, son nez de fruits exotiques, de beurre et d'amande verte, sa bouche franche, bien dosée, florale et biscuitée, portée par une fine acidité qui lui donne de l'allonge. Idéal à l'apéritif. ✗ 2015-2018 ❦ tartare de bar

O━ Fabienne Prié, 108, Grande-Rue, 10250 Neuville-sur-Seine, tél. 03 25 38 21 51, fprie@ champagne-prie.com Ⓥ ◨ ◨ r.-v.

CH. & A. PRIEUR Grand Prieur Tradition ★			
50 000		▯	15 à 20 €

Fondée en 1825 par Jean-Louis Prieur, cette maison est considérée comme la plus ancienne de Vertus, commune classée en 1er cru de la Côte des Blancs. Elle a été cédée en 2005 à la coopérative La Goutte d'Or, implantée dans la même commune. Les vins vieillissent ici trois ans sur lattes. (NM)

Issue des trois cépages champenois avec une proportion non négligeable de chardonnay de Vertus, une cuvée expressive au profil évolué, avec ses arômes intenses de miel, de pain grillé et de fruits secs (noix et noisette), et sa bouche gourmande, persistante et tendrement fraîche. ✗ 2015-2018 ❦ filet de saint-pierre aux girolles ● **Grand Prieur 2002** (20 à 30 € ; 20 000 b.) : vin cité. ✗ 2015-2019

O━ Ch. & A. Prieur, 30, rue du Gal-Leclerc, 51130 Vertus, tél. 03 26 52 37 61, info@champagne-prieur.com Ⓥ ◨ t.l.j. sf sam. dim. 8h30-12h 13h30-17h30

CLAUDE PRIEUR 2005 ★★			
2 000			15 à 20 €

Trois générations se sont succédé sur ce domaine de plus de 9 ha situé au sud de Bar-sur-Aube, non loin de

CHAMPAGNE

la Gironde – un petit ruisseau local ! Claude Prieur a repris l'exploitation familiale en 1975 et s'est lancé dans l'élaboration du champagne. (RM)

Le chardonnay, qui a donné de beaux vins en 2005, est privilégié (60 %) dans cette cuvée millésimée, complété par le pinot noir. Un champagne jaune doré, animé d'une fine effervescence, qui a d'emblée captivé le jury par son nez intense, mêlant beurre, brioche, sous-bois, musc, miel, fruits jaunes confits ; en résumé, une heureuse évolution que l'on retrouve dans un corps harmonieux à la fraîcheur préservée. ✗ 2015-2022 ✗ filet mignon aux pêches ● (11 à 15 € ; 15 000 b.) : vin cité. ✗ 2015-2020

○┐ *Claude Prieur, 2, rue Gaston-Cheq, 10200 Bergères, tél. 03 25 27 44 01, champrieur@free.fr* ▼ ✗ ✗ *r.-v.*

PROY-GOULARD Grande Réserve		
●	4 500	🍶 ◑	15 à 20 €

Installés à Épernay, Lucile et Alexandre Goulard, qui exploitent 4,6 ha de vignes, ont créé leur marque en 2012. Ils cultivent leurs raisins noirs au nord-ouest de Reims, dans le massif de Saint-Thierry et leur chardonnay en Côte des Blancs. Ils élèvent leurs vins de réserve en fût et leurs champagnes trois ans sur lies au minimum. (RM)

Les trois cépages champenois sont assemblés à parité dans ce brut fringant, au nez floral nuancé de senteurs mentholées et boisées. Net, franc, équilibré et frais en bouche, il séduit par sa longue finale sur les fruits frais. ✗ 2015-2019 ✗ carpaccio de saint-jacques

○┐ *Lucile Goulard, 8, chem. de la Ferme-des-Forges, 51200 Épernay, tél. 03 26 32 44 69, contact@ champagne-proy-goulard.fr* ▼ ✗ *r.-v.*

QUATRESOLS-GAUTHIER ★★		
● 1er cru	2 543	🍶	15 à 20 €

Domaine créé en 1928. Comme beaucoup de viticulteurs champenois, les Quatresols sont devenus récoltants-manipulants pour faire face à la mévente durant la période de l'entre-deux-guerres. Aujourd'hui, ce sont Régis et son fils Guillaume qui cultivent le vignoble : plus de 7 ha dans la Montagne de Reims. (RM)

Un rosé d'assemblage mariant 40 % de meunier, 30 % de pinot noir et autant de chardonnay ; l'apport de 15 % de vin rouge de pinot noir donne au vin une belle couleur saumonée animée par un joli cordon de bulles. Au nez, des parfums exubérants de fruits frais (cassis, groseille, pomme et fraise) annoncent une bouche gourmande, fraîche, élégante et longue. Un rosé qui pourra se déguster à table. ✗ 2015-2020 ✗ carré d'agneau ● 1er cru Secrets de chêne ★★ (20 à 30 € ; 2 348 b.) : complétés par le chardonnay, les deux pinots composent les deux tiers de cette cuvée vinifiée en fût sans fermentation malolactique et restée quatre ans sur lattes. Un champagne bien construit et frais, à la palette complexe et évoluée, mêlant agrumes, pain d'épice, figue et moka, auxquels s'ajoutent en bouche la vanille et la torréfaction. ✗ 2015-2020

○┐ *EARL Quatresols-Gauthier, 4, rue de Reims, 51500 Ludes, tél. 03 26 61 10 13, pointfrguillaume@ hotmail.fr* ▼ ✗ ✗ *t.l.j. 8h-19h*

SERGE RAFFLIN Extra-Réserve ★★		
●	10 000		15 à 20 €

Une lignée vigneronne remontant au règne de Louis XV. Premiers champagnes dans les années 1920. Aujour-

d'hui, 8 ha dans la Montagne de Reims et la vallée de l'Ardre. Denis Rafflin, l'actuel récoltant, préside le conseil d'administration de la coopérative de Chigny-les-Roses qui vinifie ses cuvées. (RC)

Une cuvée issue de pinot noir (40 %), meunier (35 %) et chardonnay. On apprécie sa mousse fine et légère qui met en relief un nez élégant, floral et fruité ; et plus encore sa bouche très fraîche, harmonieuse et persistante aux arômes de citron et de fruits exotiques. ✗ 2016-2020 ✗ aspic de volaille aux légumes ● Belle Tradition (11 à 15 € ; 35 000 b.) : vin cité. ✗ 2015-2017

○┐ *EARL Serge Rafflin, 1A, rue de Chigny, 51500 Ludes, tél. 03 26 61 12 84, contact@champagneser, gerafflin.fr* ▼ ✗ ✗ *r.-v.*

DIDIER RAIMOND Cuvée sublime ★		
●	1 200	🍶	15 à 20 €

Didier Raimond a travaillé comme œnologue, tout en constituant à partir de 1984 un domaine sur les hauteurs d'Épernay, en plantant des vignes sur d'anciens vergers. Disposant au bout d'une décennie de 6 ha (jusque dans l'Aube), il a lancé son champagne en 1994. (RM)

Issu de la Côte des Blancs, un blanc de blancs dont la robe dorée, les arômes de fruits compotés, de vanille, de cire, de tabac et de cacao traduisent l'évolution. Structurée, ample sans lourdeur, de belle longueur, la bouche est à l'unisson. Un champagne généreux qui pourra être servi à table. ✗ 2015-2018 ✗ poularde à la crème ● Tradition ★ (11 à 15 € ; 5 000 b.) : le chardonnay (80 %), complété des deux cépages noirs, donne le ton dans ce brut aux reflets verts, au nez frais de fruits blancs et à la bouche fine et élégante. ✗ 2015-2018

○┐ *Didier Raimond, 39, rue des Petits-Prés, 51200 Épernay, tél. 06 80 20 98 00, champagnedidier.raimond@wanadoo.fr* ▼ ✗ ✗ *r.-v.*
○┐ *GFA des Charmonts*

ERNEST RAPENEAU ★★		
● 1er cru	111 000		20 à 30 €

Ernest-Louis Rapeneau fonde en 1901 une société de négoce en vins. Ses descendants – notamment Bernard Rapeneau au cours de la seconde moitié du siècle dernier – en ont fait un groupe important en Champagne (avec les marques Ernest Rapeneau, G.-H. Martel et P. Louis Martin). (NM)

Deux tiers de pinot noir, un tiers de chardonnay pour cette cuvée jugée remarquable. Elle offre un nez délicatement floral, fruité et menthole, ample à la fois rond et acidulé. Un champagne d'apéritif. ✗ 2015-2019 ✗ mignardises salées ● (20 à 30 € ; 210 000 b.) : vin cité. ✗ 2015-2018

○┐ *Martel et Cie, 69, av. de Champagne, BP 101, 51318 Épernay , tél. 03 26 51 06 33, contact@ champagnemartel.com* ▼ ✗ ✗ *t.l.j. 10h-19h*

LOUIS RÉGNIER Grande Réserve ★★		
●	30 000	◑	20 à 30 €

Lancée en 2002, la marque appartient à Jean-Noël Haton, à la tête d'une petite maison de négoce de Damery, village situé sur la rive droite de la Marne près d'Épernay. (NM)

Cette cuvée assemble les trois cépages champenois pratiquement par tiers. Bâtie sur 70 % de cépages noirs, elle livre des senteurs puissantes de fruits rouges et de pain grillé, qui annoncent un champagne vineux. La bouche confirme cette impression : gourmande, tout en rondeur, elle est heureusement vivifiée par une effervescence crémeuse qui l'équilibre. ✗ 2015-2019 ♈ coquilles Saint-Jacques ● Chardonnay (20 à 30 € ; 10 000 b.) : vin cité. ✗ 2015-2018

✆ *SAS Louis Régnier, 10, av. de Champagne, 51480 Damery, tél. 06 32 18 31 95*

DE REKENEIRE-PETIT Tradition ★★		
●	n.c.	î	11 à 15 €

Quatre générations se sont succédé sur cette exploitation implantée dans la partie ouest de la vallée de la Marne, en aval de Château-Thierry. Les actuels récoltants ont repris le domaine en 1990 et porté le vignoble de 7 à 12,5 ha. (RM)

Le meunier (60 %), le pinot noir et le chardonnay (20 % chacun) collaborent à ce brut très remarqué, parfait équilibre entre maturité et fraîcheur. Au nez, d'intenses notes de noisette grillée, de torréfaction, d'orange confite et de citron qui se prolongent au palais. Une effervescence délicate et des arômes d'agrumes tonifient l'attaque, puis des senteurs plus évoluées se font jour dans une matière à la fois soyeuse, ample et tendue, d'une grande persistance. Un champagne racé, riche et harmonieux, qui frôle le coup de cœur. ✗ 2015-2020 ♈ pâté champenois en croûte

✆ *I/P Rekeneire, 41, rue Robert-Gerbaux, 02570 Chézy-sur-Marne, tél. 03 23 82 81 48, les-hautes-roches@wanadoo.fr* ⓥ ⚥ 🦽 *r.-v.*

F. REMY-COLLARD Prestige		
●	8 000	◐	15 à 20 €

Fabrice Remy et Sophie Collard, du même village, ont mis en commun leur nom et leur savoir-faire pour créer leur marque en 2006. Ils exploitent plus de 10 ha de vignes dans la vallée de la Marne. Ils évitent le plus souvent la fermentation malolactique et privilégient la vinification en foudre de chêne. (RM)

Mi-blancs mi-noirs (pinot noir et meunier à parité), cette cuvée assemble des vins de réserve élevés en foudre et vieillis trois ans sur lattes. On pourrait l'imaginer fatigué par l'évolution et le bois. Pas le moins du monde. Subtilement citronnée, florale, beurrée et toastée, elle montre en bouche une ampleur équilibrée par une vivacité tonique et s'étire sur une note de citron confit. Du potentiel. ✗ 2016-2019 ♈ sole meunière

✆ *EARL Remy-Collard, 41, rue du Jardin-Neuf, 51700 Villers-sous-Châtillon, tél. 06 75 72 07 13, remy-collard@orange.fr* ⓥ ⚥ 🦽 *r.-v.* 🏠 🅞

VINCENT RENOIR 2007 ★		
● Gd cru	2 000	15 à 20 €

Les grands-parents de Vincent Renoir ont débuté la manipulation dans les années 1940. Aujourd'hui, ce récoltant, à la tête de l'exploitation depuis 1983, cultive 5 ha dans la Montagne de Reims. (RM)

Le chardonnay (70 %) s'allie au pinot noir dans ce brut au dosage bien maîtrisé, qui apporte juste ce qu'il faut de suavité pour tempérer l'acidité. Le nez expressif mêle les fruits compotés, la pâte de fruits, le pain d'épice et le grillé, nuances qui se prolongent au palais pour laisser une

impression d'élégance et de complexité. ✗ 2016-2019 ♈ saumon en papillote

✆ *Vincent Renoir, 19, rue de la Gare, 51380 Verzy, tél. 03 26 97 95 59, vincent.renoir51@orange.fr* ⓥ ⚥ 🦽 *r.-v.*

M. RICHOMME Cuvée Génération 2007 ★		
● Gd cru	1 395	◐	20 à 30 €

En 1951, Moïse Richomme et son père Jules, viticulteur et vannier, commencent à élaborer du champagne et lancent leur marque. Franck, le petit-fils de Moïse, prend les rênes de l'exploitation en 1998. Son vignoble se partage entre Côte des Blancs, Sézannais et vallée de la Marne. (RM)

Vinifié et élevé huit mois en fût, ce blanc de blancs a gardé la trace de son séjour dans le chêne. D'un or soutenu, il libère au premier nez des notes boisées et des senteurs de sous-bois qui font place à des nuances pâtissières, vanillées, à des touches de fruits compotés et de zeste d'agrumes. Cette complexité aromatique se retrouve dans une bouche tendue et fraîche qui rappelle qu'il s'agit d'un 2007. ✗ 2015-2019 ♈ carré de veau aux morilles

✆ *Franck Richomme, 306, rue du Moutier, 51530 Cramant, tél. 03 26 57 52 93, franck.richomme@wanadoo.fr* ⓥ ⚥ 🦽 *r.-v.*

BERNARD ROBERT Blanc de blancs ★		
●	8 460	î	11 à 15 €

Une des plus anciennes maisons de la Côte des Bar. En 1945, Marie-Madeleine Dosné, issue d'une famille de producteurs de vins rouges et son mari Bernard Robert, ancien coiffeur, élaborent 300 bouteilles de champagne. Aujourd'hui, la troisième génération arrivée en 2005, exploite... 35 ha du côté de Bar-sur-Aube. (NM)

Un assemblage qu'on ne peut trouver qu'en Côte des Bar : 85 % de chardonnay et du pinot blanc pour le reste. Le nez, engageant et tonique, dévoile des notes de fleurs blanches, de kiwi, de pamplemousse et d'herbe sèche, avec une pointe minérale. La bouche n'est pas en reste, subtile, fraîche, fruitée (poire, abricot frais et agrumes) et persistante. ✗ 2015-2019 ♈ crevettes sautées au gingembre ● ★ (11 à 15 € ; 4 536 b.) : 85 % de chardonnay dans ce rosé qui tire sa teinte rose pâle aux reflets cuivrés de l'ajout de 15 % d'un vin rouge de pinot noir. Au nez, un panier de fruits rouges (cerise, framboise et fraise) ; une attaque franche et un corps vineux : une cuvée à servir de l'apéritif au dessert. ✗ 2015-2018

✆ *Bernard Robert, 22, rue de l'Orme, 10200 Voigny, tél. 03 25 27 11 53, contact@champagnebernardrobert.com* ⓥ ⚥ 🦽 *t.l.j. 8h-12h 13h-18h; sam. dim. sur r.-v.*

VALÉRY ROBERT 2006		
●	1 000	20 à 30 €

Deux générations s'activent sur ce domaine aubois implanté aux Riceys, importante commune viticole de la Côte des Bar, célèbre pour son rosé tranquille. Le vignoble de 14 ha a été constitué à partir de 1973 et le champagne lancé au début des années 1990. (RM)

Le pinot noir (60 %) et le chardonnay composent un brut 2006 au nez confit, évolué avec finesse et complexité. La bouche, dans le même registre, convainc par sa vinosité et son équilibre. ✗ 2015-2016 ♈ filet mignon au miel

o━ *SCEV Robert, 8, rue de Bagneux, 10340 Les Riceys,*
tél. 03 25 29 10 33, contact@champagnevaleryrobert.fr
🆅 🏃 🛗 *t.l.j. sf sam. dim. 8h-12h 14h-17h30* 🏠 Ⓔ

ROBERT-ALLAIT Cuvée Prestige		
32 000	🍾	15 à 20 €

De vieille souche vigneronne, Sylvie et Régis Robert ont repris en 1979 l'exploitation familiale sise à Villers-sous-Châtillon. Avec l'aide de leur fille Stéphanie et de son mari Aurélien, ils cultivent 13 ha de vignes dans la vallée de la Marne. (RM)

Cette cuvée Prestige assemble deux tiers de raisins noirs (dont 50 % de meunier) et un tiers de chardonnay (35 %). Son effervescence légère et sa robe or clair contrastent avec le nez intense de framboise et de bonbon, arômes qui se prolongent dans une bouche vive et tonique. Idéal à l'apéritif ou avec du poisson. ⟪ 2015-2018 🍴 tartare de saint-jacques

o━ *Régis Robert, 6, rue du Parc,*
51700 Villers-sous-Châtillon, tél. 03 26 58 37 23,
champagne.allait@wanadoo.fr 🆅 🏃 🛗 *t.l.j. sf dim.*
9h-11h30 14h-17h30; f. août

| LOUIS ROEDERER | | |
Cuvée Cristal 2006 ★★★		
n.c.		+ de 100 €

Une maison née à Reims dès 1776. Louis Roederer en devient le patron en 1833, la développe, acquiert des vignes. Dans les années 1870, la maison, qui livre 2,5 millions de bouteilles, a pour principal client la Russie où le tsar Alexandre II demande à Louis Roederer II de lui créer un champagne de prestige : la célèbre cuvée Cristal est lancée (1876). Riche d'un vignoble de 240 ha représentant les deux tiers de ses approvisionnements, la société est toujours dirigée par les descendants des fondateurs. Le dernier, Frédéric Rouzaud, est aujourd'hui à la tête d'un groupe détenant les Champagnes Deutz et de nombreux crus de prestige, du Médoc à la Provence, du Portugal à la Californie. (NM)

Dans un monde avide de nouveauté, il est sans doute rassurant de déguster une icône de la Champagne qui, depuis cent quarante ans, fait parler d'elle et reste au sommet, millésime après millésime. En gardant sensiblement la même recette : des raisins de hautes origines (pinot noir à 55 % et chardonnay), du foudre, pas de fermentation malolactique et un repos de plus de six ans en cave. D'un or clair brillant agité d'un train de fines bulles, le 2006 livre un nez élégant, en deux temps : d'abord des notes pâtissières évocatrices de beurre, de caramel au lait, puis des senteurs d'anis, d'herbes de Provence et d'épices. On perçoit nettement l'anis mêlé aux fruits mûrs lors de la prise en bouche de ce champagne riche, soyeux et d'une grande fraîcheur. On apprécie sa longue finale citronnée et crayeuse, et on prédit un bel avenir à cette cuvée. ⟪ 2017-2025 🍴 homard à la cancalaise ● **2009 ★** (50 à 75 € ; n.c. b.) : deux tiers de pinot noir et un tiers de chardonnay dans cette cuvée obtenue sans fermentation malolactique. D'un rose très pâle, ce brut d'abord léger s'ouvre sur des notes de fruits blancs ou rouges, de torréfaction et d'épices. Il se montre plus imposant en bouche, conjuguant vinosité et fraîcheur, élégance et caractère. ⟪ 2015-2020 ● **Brut premier** (30 à 50 € ; n.c. b.) : vin cité. ⟪ 2016-2020

o━ *Louis Roederer, 21, bd Lundy, CS 40014, 51722 Reims,*
tél. 03 26 40 42 11, com@champagne-roederer.com
o━ *Famille Rouzaud*

| ROGGE-CERESER | | |
Réserve ★★		
20 000	🍾	11 à 15 €

Créée en 1982 sur la rive droite de la Marne, cette exploitation familiale a lancé son champagne en 1997. Le fils, Benjamin Rogge, s'est installé en 2000 sur le domaine, qui couvre 10 ha. (RM)

Les raisins noirs l'emportent (60 %, dont 40 % de pinot noir, complétés par le chardonnay) dans cette cuvée au joli nez de fruits rouges. On retrouve ces arômes dans une bouche équilibrée, suave, fraîche et assez longue. Un champagne agréable et facile qui ne manque pas de potentiel. Idéal à l'apéritif. ⟪ 2015-2019 🍴 feuilletés aux noix de cajou

o━ *Rogge-Cereser, 1, imp. des Bergeries,*
51700 Passy-Grigny, tél. 03 26 52 96 05, info@
rogge-cereser.fr 🆅 🏃 🛗 *r.-v.* 🏠🏠 ❷

| ROLLIN | | |
Privilège 2006 ★		
2 244	🍾	20 à 30 €

La famille cultive la vigne depuis quatre générations et élabore son champagne depuis 1982. Implantée à l'extrémité sud de la Champagne, non loin des Riceys (Aube), l'exploitation, qui couvre 6 ha, est mise en valeur par Éric Braux. (RM)

Le pinot noir (40 %), le meunier (20 %) et le chardonnay jouent ici une partition élégante. Une mousse légère coiffe une robe dorée aux reflets cuivrés ; le nez élégant mêle les fruits secs, le beurre, les agrumes (citron, écorce d'orange), les fruits blancs et le grillé. Franche à l'attaque, complexe, la bouche est délicate et fraîche. Un millésimé aérien. ⟪ 2015-2019 🍴 sole grillée ● **Sélection ★** (11 à 15 € ; n.c. b.) : deux tiers de pinot noir pour un tiers de chardonnay dans ce champagne équilibré, intensément fruité au nez comme en bouche, aux arômes de mangue et de mirabelle. ⟪ 2015-2017

o━ *EARL Vignoble Rollin, 41, Grande-Rue,*
10340 Bragelogne, tél. 03 25 29 10 13, champagnerollin@
gmail.com 🆅 🏃 🛗 *r.-v.*

BRUNO ROULOT Tradition		
39 000	🍾 ⬤	11 à 15 €

Éleveurs et agriculteurs, les Roulot plantent leurs premières vignes en 1965, sur la rive gauche de la Marne. Bruno Roulot s'installe en 1981, devient récoltant, lance sa marque et porte le vignoble à 6 ha. Son fils Benoît le rejoint en 2013. (RM)

Le meunier (90 %, avec un appoint de chardonnay) est en vedette dans ce brut vinifié sans fermentation malolactique et comprenant des vins de réserve vieillis en foudre. La bulle est discrète, la robe pâle et le nez léger. En revanche, la bouche est plus bavarde. Riche et longue, torréfiée et parfumée de fruits rouges, elle est bien agréable. ⟪ 2015-2018 🍴 pâté de lapin en croûte

o━ *Bruno Roulot, 1, rue Saint-Martin,*
02330 La Chapelle-Monthodon, tél. 03 23 82 42 90,
champagne.bruno.roulot@wanadoo.fr 🆅 🛗 *r.-v.*

CHAMPAGNE

OLIVIER ROUSSEAUX Cuvée Prestige 2010 ★			
● Gd cru	1 856	🍾 ◐	15 à 20 €

Petit-fils d'un tonnelier viticulteur, Olivier Rousseaux a succédé à son père en 1985. À la tête de près de 5 ha de vignes, il est installé à Verzenay, grand cru de la Montagne de Reims, non loin du célèbre moulin. (RM) Chardonnay et pinot noir à parité ont séjourné quatre mois en fût pour ce millésime. Le nez, tout en finesse, délivre des senteurs florales (tilleul, aubépine), fruitées (prune) et briochées. La bouche montre un caractère plus affirmé. Chaleureuse, elle déploie des arômes de pâtisserie et de fraise des bois. On pourra attendre cette bouteille plusieurs années. ✗ 2016-2020 ✗ écrevisses à la nage

o⊷ Olivier Rousseaux, 21, rue de Mailly, 51360 Verzenay, tél. 03 26 49 40 50, orousseaux@wanadoo.fr
Ⅴ 🎿 🏠 r.-v.

ROUSSEAUX-FRESNET Antique			
● Gd cru	3 500	🍾	20 à 30 €

Les coteaux nord de la Montagne de Reims accueillent un trio de grands crus prestigieux dédiés au pinot noir : Mailly-Champagne, Verzenay et Verzy. Héritiers de quatre générations de récoltants, Jean-Brice Rousseaux et son épouse exploitent 6,3 ha dans ces trois communes. (RM)
Très remarquée l'an dernier, la cuvée Antique ne démérite pas. Toujours née du seul pinot noir, la nouvelle version n'a pas connu le bois. Le nez gourmand évoque les fruits confits et le bourbon, arômes que l'on retrouve dans une bouche bien équilibrée. À ouvrir dès l'apéritif. ✗ 2015-2016 ✗ toasts au foie gras ● Gd cru Blanc de noirs Prestige (20 à 30 € ; 6 000 b.) : vin cité. ✗ 2015-2019

o⊷ Jean-Brice Rousseaux-Fresnet, 17, rue de Mailly, 51360 Verzenay, tél. 03 26 49 45 66, champagnerousseaux.fresnet@voila.fr
Ⅴ 🎿 🏠 r.-v.

PHILIPPE ROUYER Pur White			
●	4 000	🍾	15 à 20 €

Domaine installé à Fleury-la-Rivière, village accroché aux coteaux de la rive droite de la Marne. Descendant de trois générations de récoltants, Philippe Rouyer en a pris les rênes en 1986. Le pinot meunier représente les trois quarts de ses 4,5 ha de vignes. (RM)
Le blanc de blancs du domaine, baptisé Pur White... Or brillant aux reflets verts ; il présente un nez frais de fleurs blanches, de tilleul et d'agrumes. Une fraîcheur qui s'accentue au palais et invite à servir cette bouteille avec des produits de la mer. ✗ 2015-2017 ✗ buisson de langoustines

o⊷ Philippe Rouyer, 10, rue du Chauffour, 51480 Fleury-la-Rivière, tél. 03 26 58 44 29, contact@champagne-philippe-rouyer.com
Ⅴ 🎿 🏠 r.-v.

RICHARD ROYER Réserve ★★			
●	8 000	🍾	11 à 15 €

Ingénieur agronome et œnologue, Richard Royer a repris en 2007 un domaine cultivé par sa famille depuis au moins deux siècles dans la Côte des Bar (Aube), qui couvre aujourd'hui 13 ha. Il a lancé son étiquette en 2008. (RM)

Huit parts de pinot noir pour deux de chardonnay dans ce brut assemblant la récolte 2011 avec des vins de réserve des années 2010 et 2009 élevés en foudre. On apprécie son nez frais d'agrumes (citron, pamplemousse) souligné par une effervescence tonique, et plus encore sa bouche fruitée et fumée, tout en finesse, à la longue finale fraîche. ✗ 2015-2021 ✗ tartare de bar ● (15 à 20 € ; 2 000 b.) : vin cité. ✗ 2015-2018

o⊷ Richard Royer, 14, Grande-Rue, 10110 Balnot-sur-Laignes, tél. 03 25 29 33 23, richard@champagne-richard-royer.com Ⅴ 🎿 🏠 r.-v.

JEAN-JACQUES ET SÉBASTIEN ROYER Cuvée Grande Réserve			
●	2 000		15 à 20 €

Un domaine constitué en 1974 dans la Côte des Bar (Aube) par Jean-Jacques Royer, fils de viticulteurs. Après l'installation de la deuxième génération (Sébastien et sa sœur Carine), la famille s'est lancée dans l'élaboration du champagne, la commercialisation ayant débuté en 2005. (RM)
Ce brut sans année fait la part belle au pinot noir (66 %), avec le chardonnay en complément. Un champagne au nez beurré et à la bouche citronnée. Bien présente au palais, l'effervescence donne du tonus à une matière équilibrée qui finit sur une légère pointe d'amertume. Un champagne d'apéritif. ✗ 2015-2018 ✗ verrines pamplemousse aux crevettes

o⊷ Jean-Jacques et Sébastien Royer, 18, rue de Viviers, 10110 Landreville, tél 03 25 38 52 62, champagne.royerjjs@orange.fr Ⅴ 🎿 🏠 t.l.j. 8h30-12h 14h-17h; sam. dim. sur r.-v.

ROYER PÈRE ET FILS Prestige			
●	17 000	🍾	15 à 20 €

Les Royer sont plusieurs à Landreville, petit village des bords de l'Ource, près de Bar-sur-Seine. Franck et Jean-Philippe sont les petits-fils de Georges Royer, le fondateur de l'exploitation en 1960. Dans leur vignoble de 28 ha, le pinot noir trouve une large place. (RM)
Un blanc de blancs doré, au nez discret de fleurs, de fruits secs, d'épices (cannelle) et de grillé, arômes qui s'épanouissent dans une bouche équilibrée et fraîche. ✗ 2015-2018 ✗ tartare de langoustines

o⊷ Royer et Cie, 120, Grande-Rue, 10110 Landreville, tél. 03 25 38 52 16, infos@champagne-royer.com
Ⅴ 🎿 🏠 r.-v.

RUINART Blanc de blancs ★★			
●	n.c.		50 à 75 €

La doyenne des maisons de champagne. On pourrait la classer Monument historique, comme le sont ses caves creusées dans la craie pendant la période gallo-romaine. Le fondateur de l'affaire, Nicolas Ruinart, ajouta le négoce en vin en 1729 à son activité de marchand drapier – une autre industrie florissante dans la région à l'époque. La société est restée familiale jusqu'à son absorption par Moët et Chandon en 1963. Son champagne de prestige tire son nom du moine dom Ruinart, contemporain de dom Pérignon. Au cœur des cuvées Ruinart, le chardonnay. (NM)
Des chardonnays en provenance de la Côte des Blancs, et aussi de la Montagne de Reims. Une robe pâle à reflets

verts, animée par une effervescence élégante et persistante. La maturité s'exprime pleinement sur ce blanc de blancs mêlant fruits secs et notes grillées, arômes mis en valeur par une structure fraîche et agréable. Un bon dosage et de la finesse. ✗ 2015-2020 ¥ langoustines grillées au sésame ● Dom Ruinart Blanc de blancs 2004 ★ (+ de 100 € ; n.c. b.) : plus d'une décennie de vieillissement dans les crayères de la maison. Il en résulte un millésime mûr, mêlant les fruits blancs et les agrumes à des notes évoluées de fruits confits et d'amande grillée, servi par une fraîcheur persistante. ✗ 2015-2018

о╾ *Ruinart, 4, rue des Crayères, 51100 Reims,*
tél. 03 26 77 51 51, aaubry@ruinart.com 🖼 🛠 🛡 r.-v.

о╾ LVMH

RENÉ RUTAT Blanc de blancs ★★			
● 1er cru	25 000	🍾	15 à 20 €

Les grands-parents de Michel Rutat, viticulteurs, apportaient leur récolte à la coopérative de Vertus, village situé dans la partie sud de la Côte des Blancs. Son père, René Rutat, devint récoltant-manipulant. En 1985, l'actuel exploitant reprit le domaine (7 ha) et modernisa l'outil de travail. (RM)

Or brillant, ce blanc de blancs brille aussi par sa complexité : on respire dans le verre des arômes typiques des grands chardonnays : le beurre, la brioche, la pâtisserie, les fruits compotés et une touche d'alcool de fruits. Ample, riche, dosé avec précision, ce champagne offre une longue finale fraîche soulignée de notes d'agrumes et de menthol. Un vin de repas qui devrait évoluer favorablement avec le temps. ✗ 2015-2021 ¥ homard à la nage ● 1er cru Grande Réserve ★ (20 à 30 € ; 15 000 b.) : un blanc de blancs chaleureux, mûr aux nuances de miel, de fruits secs et de beurre. ✗ 2016-2020 ● 1er cru Blanc de blancs 2003 (20 à 30 € ; 5 000 b.) : vin cité. ✗ 2015-2018

о╾ *René Rutat, 27, av. du Gal-de-Gaulle, 51130 Vertus,*
tél. 03 26 52 14 79, champagne-rutat@wanadoo.fr
🆅 🛠 🛡 r.-v.

SAINT-CHAMANT Cuvée de chardonnay 2006			
●	11 500	🍾	30 à 50 €

À quatre-vingt-quatre ans, Christian Coquillette, qui commercialise ses champagnes sous la marque Saint-Chamant, est toujours en activité. Le siège de la maison est à Épernay et les installations sont à Chouilly. Le vignoble couvre 11,5 ha, entre coteaux d'Épernay et Côte des Blancs. (RM)

Ce blanc de blancs a bien évolué. La bulle est encore abondante, la robe à peine paillée ; le nez évoque les fruits mûrs, la pomme et le miel. La bouche, restée vive à l'attaque, se montre puissante et aromatique, et fait preuve d'une belle persistance. ✗ 2016-2017 ¥ poulet au champagne

о╾ *Christian Coquillette, Champagne Saint-Chamant,*
50, av. Paul-Chandon, 51200 Épernay, tél. 03 26 54 38 09,
champagnesaintchamant@orange.fr

DE SAINT GALL Tradition			
● 1er cru	n.c.		20 à 30 €

Marque commerciale de l'Union Champagne. Créé en 1966, ce groupement de coopératives a son siège à Avize dans la Côte des Blancs : quelque deux mille adhérents apporteurs de raisins, plus de 1 200 ha de vignes

implantées essentiellement en grand cru et en 1er cru dans la Côte des Blancs et la Montagne de Reims. (CM)

Le chardonnay domine (70 %, avec le pinot noir en complément) dans ce brut au nez fin et complexe (fleurs blanches, beurre, vanille, grillé), au palais ample et rond. Un champagne riche, intéressant par ses arômes et auquel on trouve « une certaine noblesse ». ✗ 2015-2018 ¥ tarte fine aux saint-jacques

о╾ *Union Champagne, 7, rue Pasteur, 51190 Avize,*
tél. 03 26 57 94 22, info@de-saint-gall.com 🆅 r.-v.

SALMON ★			
●	12 400	🍾 🍷	15 à 20 €

Ce domaine de 10 ha est implanté dans la vallée de l'Ardre. Olivier Salmon a succédé en 1980 à Michel Salmon, fondateur de la marque, et a été rejoint en 2003 par son fils Alexandre. La montgolfière sur les étiquettes ? Une passion du producteur. (RM)

Issu de pur meunier, ce rosé doit sa teinte à l'apport de vin rouge. Vêtu d'une robe rose soutenu aux reflets violacés, animée d'un cordon léger, il déploie d'intenses arômes fruités que l'on retrouve dans une bouche riche, vineuse et souple. Un beau reflet de son cépage. ✗ 2015-2019 ¥ faisan aux griottes

о╾ *EARL Salmon, 21-23, rue du Capitaine-Chesnais,*
51170 Chaumuzy, tél. 03 26 61 82 36,
info@champagnesalmon.com 🆅 🛠 🛡 t.l.j. 9h-18h

CHRISTELLE SALOMON Réserve ★		
●	4 300	15 à 20 €

Christelle Salomon a pris en 1999 les rênes du domaine familial, qui couvre 3 ha à Vandières, sur la rive droite de la Marne. Elle a créé son étiquette en 2004 et construit pressoir et cuverie en 2006. (RM)

Le meunier (60 %) reçoit un soutien évident du chardonnay (40 %). La robe de ce brut reste claire, et le nez dominé par les fruits blancs est nuancé par une jolie pointe d'amande et de noisette grillée que l'on retrouve au palais. Vineuse, de bonne longueur, la bouche est fort agréable. ✗ 2015-2018 ¥ cassolette de saint-jacques ● Tradition ★ (11 à 15 € ; 9 000 b.) : un blanc de noirs issu du seul meunier. Délicat et nuancé à l'olfaction, il offre une bouche gourmande à la finale généreuse. ✗ 2015-2018

о╾ *Christelle Salomon, 7, rue Principale, Cidex 308,*
51700 Vandières, tél. 03 26 53 18 55,
champ.c.salomon@orange.fr 🆅 🛠 🛡 r.-v.

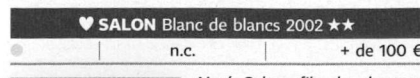

♥ SALON Blanc de blancs 2002 ★★		
●	n.c.	+ de 100 €

Aimé Salon, fils de charron, naît en 1867 à Pocancy, village de la plaine, à quelques kilomètres de la Côte des Blancs. Ses parents veulent faire de lui un instituteur. Il choisit les affaires et commence sa carrière en ramassant, à bicyclette, des peaux de lapin pour une entreprise de fourrures de la capitale qu'il finit par diriger. Épicurien, il revient dans son pays natal pour créer un champagne de rêve. Avec l'aide de son beau-frère, chef de cave, il choisit le terroir : Le Mesnil-sur-Oger ; les meilleures parcelles : celles du haut de l'église ; son premier millésime, 1905, est réservé à sa consommation personnelle. La maison (dans l'orbite du groupe Laurent-Perrier depuis 1988) naît en 1920. Elle est célèbre pour ne proposer qu'une cuvée de blanc de blancs millésimé élaborée seulement les bonnes années et exclusivement issue du Mesnil-sur-Oger, grand cru de la Côte des Blancs. (NM)

Les éditions se suivent et se ressemblent pour cette icône champenoise. De nouveau présenté cette année, le 2002 reçoit la même note, bien que les dégustateurs ne soient pas les mêmes. Et le descriptif ? Très proche de l'année dernière et toujours flatteur. Une robe d'or clair aux reflets verts, couronnée d'une mousse régulière ; un nez élégant et complexe où l'on perçoit du beurre, de la brioche, de la noisette grillée, du fruit sec ou confit, des agrumes et de la torréfaction. La bouche est de même niveau, crémeuse, intense et d'un raffinement extrême. Le reflet d'un grand terroir et d'un grand millésime. ✗ 2015-2020 ❦ poularde au champagne

○━ Salon, 5, rue de la Brèche-d'Oger, 51190 Le Mesnil-sur-Oger, tél. 03 26 57 51 65, champagne@salondelamotte.com ○━ Laurent-Perrier

SANCHEZ-LE GUÉDARD Extra-brut Nature ★			
●	2 000	🍶 ⅏	20 à 30 €

Bernard Le Guédard, salarié viticole, s'installe en 1953 à Cumières, dans la Grande Vallée de la Marne. Il loue quelques vignes, achète des terres, les défriche. Trente ans plus tard, il transmet son domaine à sa fille Patricia et à son gendre José Sanchez, rejoints par leur fils Sébastien. Leur vignoble de 5 ha est en conversion bio depuis 2013. (RM)

Nature ? Non dosé, c'est-à-dire sans sucres ajoutés lors du dégorgement. Celui-ci fait appel à 50 % de pinot noir, complété par 20 % de meunier et 30 % de chardonnay – vinifié et élevé un an en fût. Son nez intense développe des notes de fruits très mûrs (abricot, coing) et de pâtisserie. Ample et gourmande, la bouche ne manque ni d'équilibre ni de longueur. ✗ 2015-2018 ❦ magret de canard aux abricots

○━ EARL Sanchez-Le Guédard, 106, rue Gaston-Poittevin, 51480 Cumières, tél. 03 26 51 66 39, champagne.sanchezleguedard@orange.fr 🆅 👤 👕 r.-v.

CAMILLE SAVÈS Blanc de blancs Le Mont des tours Bouzy ★			
● Gd cru	4 200	⅏	30 à 50 €

Aux origines du domaine, le mariage, en 1894, d'Eugène Savès, ingénieur agronome, avec Anaïs Jolicœur, fille d'un vigneron de Bouzy. Installé en 1982, Hervé Savès, rejoint par Arthur en 2012, conduit 9 ha dans la Montagne de Reims. (RM)

Une cuvée qui suscitera la curiosité ; issue d'une sélection parcellaire, elle provient de chardonnay planté sur le terroir de Bouzy, grand cru de la Montagne de Reims réputé pour son pinot noir. Le vin a été vinifié sans fermentation malolactique, et élevé sept mois en fût. Il en résulte un champagne ciselé, droit, à la bouche tendue, citronnée et vanillée. La persistance est là. Du potentiel ? Sans aucun doute. ✗ 2016-2022 ❦ plateau de fruits de mer

○━ Camille Savès, 4, rue de Condé, 51150 Bouzy, tél. 03 26 57 00 33, champagne.saves@hexanet.fr 🆅 👤 👕 r.-v.

J.-M. SÉLÈQUE Extra-brut Cuvée Partition 2009 ★			
●	1 500	⅏	30 à 50 €

Établie aux portes d'Épernay, cette exploitation élabore ses champagnes depuis les années 1970. Elle dispose d'environ 7,5 ha de vignes dans la vallée de la Marne et la Côte des Blancs. À la cave officient Richard Sélèque et son fils Jean-Marc, installé en 2008. Leurs vins de réserve sont élevés en barrique. (RM)

Un extra-brut déjà distingué dans le millésime précédent : il assemble 72 % de chardonnay et les deux cépages noirs à parité. Une vinification et un élevage de six mois en fût de chêne couplés à une année de belle maturité ont apporté à cette cuvée puissance et complexité. Le nez expressif aux notes de brioche, de pain d'épice et de boisé ne cache pas l'élevage ; agréablement fraîche à l'attaque, la bouche s'arrondit ensuite, développant des notes de miel, de vanille et de fruits frais bien fondues. Un champagne harmonieux, dont la belle acidité laisse auguer un vieillissement serein. ✗ 2016-2022 ❦ coquilles Saint-Jacques ● 1er cru Extra-brut Cuvée Rosé de saignée ★ (30 à 50 € ; 2 000 b.) : pas tout à fait une saignée, car 15 % de chardonnay ont été ajoutés à une macération de pinot noir. Dosée en extra-brut, cette cuvée a connu le bois. Une robe saumon aux reflets orangés ; un nez de fruits rouges confiturés, mâtinés d'épices et de torréfaction (cacao), préludent à une bouche parfumée et ronde, à la finale légèrement tannique. ✗ 2016-2019

○━ SCEV R. et J.-M. Sélèque, 38, rue du Gal-de-Gaulle, 51530 Pierry, tél. 06 72 25 25 02, contact@seleque.fr 🆅 👤 👕 r.-v.

SIMART-MOREAU Sélection			
● Gd cru	16 000	🍶	15 à 20 €

Représentant la quatrième génération à cultiver la vigne, Jean-Philippe Simart a pris en 2013 la tête de l'exploitation fondée à Chouilly par son père Pascal. Les trois quarts de ses 4,5 ha sont implantés en grand cru, le reste en 1er cru : du chardonnay de la Côte des Blancs et des pinots de la Grande Vallée de la Marne. (RM)

Trois quarts de chardonnay pour un quart de pinot noir dans ce brut or pâle animé d'un fin chapelet de bulles. Le nez est léger, sur les fruits blancs et l'acacia. Quant à la bouche, si elle n'est pas très longue, elle séduit par son équilibre entre ampleur et fraîcheur. Un vin d'apéritif. ✗ 2015-2018 ❦ gougères

○━ Jean-Philippe Simart, 9, rue du Moulin, 51530 Chouilly, tél. 03 26 55 42 06, simart.moreau@wanadoo.fr 🆅 👤 👕 r.-v.

SOURDET-DIOT ★			
●	7 000	🍶 ⅏	15 à 20 €

Le vignoble de la Chapelle-Monthodon est situé sur la rive gauche de la Marne. Raymond Sourdet a planté ses premiers ceps en 1962. Son fils Patrick, installé en 1975, élabore désormais ses propres champagnes. Ludivine, sa fille, et son époux Damien ont rejoint en 2004 la propriété, qui compte aujourd'hui 10 ha. (RM)

Une robe légère aux reflets tuilés pour ce rosé qui assemble les trois cépages champenois à parts pratiquement égales et qui incorpore du vin rouge (10 %). À un nez de fruits rouges d'une grande finesse répond une bouche élégante, à la fois riche et fraîche. De l'harmonie et de la présence pour ce champagne que l'on pourra servir de l'apéritif au dessert. ✗ 2015-2018 ♈ soupe de fraises à la menthe

☛ *Patrick Sourdet, 1, hameau de Chézy, 02330 La Chapelle-Monthodon, tél. 03 23 82 46 18, info@champagnesourdet.com* Ⓥ 👤 🏆 *r.-v.*

SOUTIRAN
Blanc de blancs ★★★

● Gd cru	5 000	📷	30 à 50 €

Orphelin, Gérard Soutiran prend en location les vignes de son parrain, puis s'associe à un viticulteur possédant un pressoir. Il ne cesse d'agrandir son bien (6 ha aujourd'hui), tout en créant avec d'autres la coopérative d'Ambonnay. Son fils Alain Soutiran lance sa marque en 1970 et passe le relais en 1990 à sa fille Valérie Renaux. (NM)

La maison Soutiran, pourtant située au cœur des « grands noirs », nous a présenté cet admirable blanc de blancs. D'un doré illuminé de fines bulles, cette cuvée déploie un nez opulent de vanille, de pain d'épice et de fruits confits. Le palais, où l'on retrouve la vanille, avec des notes de beurre et de torréfaction, s'impose par sa puissance et son gras, et plus encore par sa finesse et sa finale élégante et longue. Un champagne de gastronomie. ✗ 2015-2022 ♈ risotto aux cèpes ● Gd cru Signature (30 à 50 € ; 30 000 b.) : vin cité. ✗ 2015-2018

☛ *Soutiran, 3, rue de Crilly, 51150 Ambonnay, tél. 03 26 57 07 87, info@soutiran.com* Ⓥ 🏆 *r.-v.* 🏘 ❷

PATRICK SOUTIRAN Blanc de blancs ★★

● 1er cru	6 000	📷	15 à 20 €

Vigneron bien connu, Gérard Soutiran a eu plusieurs fils. Patrick Soutiran, installé en 1970, cultive avec sa fille Estelle (depuis 2007) et son fils Fabrice (depuis 2013) un vignoble de 3 ha implanté à Ambonnay et à Trépail, deux villages voisins de la Montagne de Reims, classés respectivement en grand cru et en premier cru. (RM)

Si dans la Montagne de Reims, le pinot noir est roi, il laisse une place au chardonnay, notamment à Trépail où il est largement majoritaire. Les Soutiran en tirent un très bon parti, à en juger par leurs blancs de blancs très souvent distingués par les dégustateurs. Celui-ci présente un nez éclatant de fleurs blanches, mâtiné de fruits compotés et de réglisse. En bouche, la palette s'enrichit de vanille, d'agrumes et de nuances toastées. L'attaque est franche et élégante, et la finale laisse une impression de finesse. Un champagne harmonieux, à déboucher à l'apéritif. ✗ 2015-2019 ♈ tartare de saint-jacques

☛ *EARL Patrick Soutiran, 2, rue des Tonneliers, 51150 Ambonnay, tél. 03 26 57 08 18, contact@champagnesoutiran.fr* Ⓥ 👤 🏆 *r.-v.*

TAITTINGER
Blanc de blancs Comtes de Champagne 2006 ★★★

●	n.c.	📷 🍶 ★	+ de 100 €

Alexandre Fourneaux produisait des vins tranquilles à Rilly-la-Montagne. Son fils créa une maison de négoce

dès 1734. Deux siècles plus tard, Pierre Taittinger devint en 1936 l'actionnaire principal de la maison Forest-Fourneaux à laquelle il donna son nom. Passée 2005 sous le contrôle d'un fonds de pension américain, rachetée un an plus tard par la famille, l'affaire est dirigée par Pierre-Emmanuel Taittinger. Avant de s'installer sur la butte Saint-Nicaise, site historique, elle avait son siège à l'hôtel des Comtes de Champagne, d'où le nom de sa cuvée de prestige. La maison dispose de crayères du IVᵉ s. et d'un vaste vignoble (288 ha). Le chardonnay est son cépage emblématique. (NM)

La maison présente cette année le nouveau millésime de sa cuvée de prestige. Comme à l'accoutumée, ce champagne or aux légers reflets verts est composé uniquement de chardonnay de la Côte des Blancs. Il reste également fidèle à son profil, brillant par sa finesse et son élégance. Au nez, des senteurs fraîches de menthol, de fruits exotiques et d'ananas, puis des notes vanillées, grillées et noisettées. Tout aussi harmonieux et subtil, le palais suit une ligne droite, tout en fraîcheur. En finale, les agrumes frais et confits s'allient à une touche fumée. Une rare richesse aromatique et une structure remarquable, qui laisse présager une belle garde. ✗ 2017-2022 ♈ foie gras poêlé

☛ *Taittinger, 9, pl. Saint-Nicaise, 51100 Reims, tél. 03 26 85 45 35, communication@taittinger.fr* Ⓥ 👤 🏆 *t.l.j 9h30-17h30 ; f. sam. dim. mi-mars à mi-nov.*

♥ TARLANT Brut nature Zéro ★★★

	100 000	📷 🍶	30 à 50 €

Enracinés en Champagne, les Tarlant cultivaient déjà la vigne à l'époque de dom Pérignon. Constitution du domaine à partir de 1780 dans la vallée de la Marne, premier champagne livré en 1929. Aujourd'hui, un vignoble de 14 ha et un style reconnu. Aux commandes depuis 1999, Benoît et Mélanie, les enfants de Jean-Mary Tarlant, qui préside la maison. À la cave, Benoît vinifie en petite cuve ou en barrique par « climat », sans fermentation malolactique, élève sur lies les vins de réserve et privilégie les dosages faibles (extra-brut) ou absents (brut zéro). (RM)

Jugée remarquable l'an dernier, cette cuvée obtient la consécration après une année de cave supplémentaire. Elle assemble par tiers les trois cépages champenois et les années 2008 à 2005. Dans un souci de pureté, aucun sucre n'est ajouté au dégorgement. La robe d'un or profond est animée de bulles aussi fines que tenaces. Le nez, flatteur et frais, dévoile des notes subtiles de fleurs et de fruits blancs, avec des nuances de beurre, de brioche et des notes empyreumatiques. Encadrée par une attaque vive et une longue finale tonique et citronnée, la bouche brille par son ampleur, sa structure et sa palette aromatique où la figue fait place à la mangue, au fruit de la Passion et aux agrumes. Une superbe continuité entre le nez et la bouche. ✗ 2015-2021 ♈ sashimis ● Prestige La Matinale 2003 ★ (50 à 75 € ; 5 000 b.) : des vendanges aux aurores pour ce millésime de la canicule, d'où le nom de la cuvée, dégorgée en janvier 2014. Deux gros tiers de noirs (les deux pinots) pour un petit tiers de blancs, des vins fermentés en tonneau. Un nez évolué et complexe : primevère, miel, brioche, noisette, amande... ; une bouche empyreumatique et nerveuse : une vivacité étonnante pour 2003. ✗ 2015-2019

☛ *Tarlant, 21, rue de la Coopérative, 51480 Œuilly, tél. 03 26 58 30 60, champagne@tarlant.com* Ⓥ 🏃 🔧 *r.-v.*

EMMANUEL TASSIN Cuvée Prestige 2008		
●	3 000	🍶	20 à 30 €

Installés dans la Côte des Bar (Aube), les Tassin sont vignerons de père en fils et se sont lancés dans l'élaboration du champagne dès 1930. Emmanuel Tassin a repris en 1987 l'exploitation familiale et lancé son étiquette. Il exploite 9 ha dans la vallée de l'Ource. (RM)

Majoritaire dans la Côte des Bar, le pinot noir compose 60 % de ce brut millésimé où entrent aussi 15 % de pinot blanc, cépage rare cultivé dans l'Aube, et 25 % de chardonnay. Un champagne au nez discrètement fruité et brioché, suivi d'une bouche charnue, fraîche, droite et crayeuse, aux arômes d'agrumes. ✗ 2015-2018 ✶ sot-l'ylaisse de dinde aux agrumes ● **Cuvée de réserve (11 à 15 € ; 20 000 b.)** : vin cité. ✗ 2015-2018

☛ *Emmanuel Tassin, 104, Grande-Rue, 10110 Celles-sur-Ource, tél. 03 25 38 59 44, champagne.tassin.emmanuel@sfr.fr* Ⓥ 🏃 🔧 *r.-v.*

J. DE TELMONT		
Blanc de blancs Grand Couronnement 2002 ▲▲		
●	6 000	🍶	50 à 75 €

Une maison de négoce sise à Damery, sur la rive droite de la Marne. Fondée en 1912 par Henry Lhopital, la société est restée familiale, gérée par Bertrand Lhopital et sa sœur Pascale Parinet qui représentent la quatrième génération. Elle dispose de 36 ha en propre, complétés par des contrats d'approvisionnement pour 110 ha. (NM)

Un blanc de blancs millésimé 2002, une excellente année qui a donné une récolte mûre et saine dont les vins brillent par leur équilibre. Celui-ci est à maturité. Paré d'une robe or paillé coiffée d'une jolie mousse, il déploie des parfums expressifs, floraux (tilleul), miellés et fruités (coing). Dans le même registre, la bouche est harmonieuse, ample, suave, longue et parfaitement dosée. Pour le repas ou un apéritif dînatoire. ✗ 2015-2019 ✶ grenadin de veau aux morilles ● **Blanc de blancs (30 à 50 € ; 30 000 b.)** : vin cité. ✗ 2015-2018

☛ *J. de Telmont, 1, av. de Champagne, 51480 Damery, tél. 03 26 58 40 33, commercial@champagne-de-telmont.com* Ⓥ 🏃 🔧 *r.-v.*

V. TESTULAT Charlotte		
●	7 000	🍶 🔸	15 à 20 €

Une maison d'Épernay fondée en 1862 par Vincent Testulat. Cinq générations plus tard, c'est toujours un Vincent Testulat qui signe les cuvées. (NM)

Dédié à la fille de l'élaborateur, un rosé d'assemblage mariant 50 % de pinot noir, 40 % de meunier, 10 % de chardonnay et un vin rouge provenant du coteau de Cumières. Habillé d'une robe saumon, il déploie un parfum de fruits rouges variés et affiche un corps svelte, frais et élégant. ✗ 2015-2017 ✶ sabayon de fruits rouges

☛ *SA V. Testulat, 23, rue Léger-Bertin, 51201 Épernay Cedex, tél. 03 26 54 10 65, vtestulat@champagne-testulat.com* Ⓥ 🔧 *r.-v.*

ÉRIC THERREY Cuvée spéciale ★		
●	n.c.	15 à 20 €

La ville de Troyes est dominée à l'ouest par la butte calcaire de Montgueux où excelle le chardonnay. Jacky Therrey y a planté les premières vignes dans les années 1960 et lancé son champagne en 1978. Après vingt-cinq ans de collaboration familiale, son fils Éric a pris en 2006 la direction du domaine et rajeuni l'outil de production en 2011. Il cultive 8 ha à Montgueux et à Celles-sur-Ource. (RM)

Élue coup de cœur l'an dernier, cette cuvée or pâle à l'effervescence légère, née de 90 % de chardonnay, a de nouveau intéressé les jurés. Ses atouts : un nez discrètement abricoté, floral et toasté ; une bouche crémeuse, fraîche à l'attaque, aux arômes de mirabelle et d'agrumes, à la longue finale sur l'amande. ✗ 2015-2020 ✶ dos de cabillaud au beurre d'agrumes ● **Carte blanche (11 à 15 € ; n.c. b.)** : vin cité. ✗ 2015-2019 ● **Diamant noir (30 à 50 € ; n.c. b.)** : vin cité ✗ 2016-2020

☛ *Éric Therrey, 8, rte de Montgueux, La Grange-au-Rez, 10300 Montgueux, tél. 03 25 70 30 25, contact@champagne-therrey.fr* Ⓥ 🔧 *t.l.j. sf dim. 9h-12h 14h-18h30; f. 5-20 août*

GUY THIBAUT 100 % pinot noir ★		
Gd cru	1 200	🍶 🔸	15 à 20 €

Petit-fils de Guy Thibaut, créateur de la marque en 1955, Christophe Leriche exploite depuis 1998 un petit vignoble de 2 ha bien situé au cœur des grands crus de pinot noir de la Montagne de Reims. (RM)

Un blanc de noirs – du pinot noir évidemment. Les vins de réserve (un tiers) ont été élevés en fût pendant un an. Ce passage sous bois se traduit moins par des notes empyreumatiques que par une certaine maturité. La robe est d'un or prononcé, le nez se partage entre la pêche et les fruits rouges, et la bouche se montre charnue et équilibrée. ✗ 2015-2020 ✶ noix de saint-jacques gratinées

☛ *Christophe Leriche, 12, rue de Beaumont, 51360 Verzenay, tél. 03 26 08 41 30, info@champagne-thibaut-guy.com* Ⓥ 🏃 🔧 *r.-v.*

THIÉNOT ★		
●	n.c.	20 à 30 €

Ancien banquier, Alain Thiénot est revenu à ses racines champenoises. Il a débuté par le courtage, acheté des vignes à partir de 1976, créé sa maison en 1985, acquis les marques Marie-Stuart, Joseph-Perrier et Canard-Duchêne, s'est diversifié dans le Bordelais et le Languedoc. Depuis 2003, il a pour appui ses enfants Stanislas et Garance. (NM)

Ce brut est l'acteur principal (en nombre de cols) de la maison Thiénot. Il met en scène du chardonnay (45 %), du pinot noir (35 %) et du meunier (20 %) et provient pour 35 % de vins de réserve. Si sa bulle est fine et sa mousse bien présente au-dessus de sa robe aux reflets or vert, ses parfums subtilement fruités restent discrets. La bouche est à l'unisson, fraîche et équilibrée, tout en élégance et délicatesse, et cependant persistante. Idéal à l'apéritif. ✗ 2015-2019 ✶ feuilletés de saint-jacques ● **Cuvée**

CHAMPAGNE

Alain Thiénot 2002 ★ (75 à 100 € ; n.c. b.) : donnant une courte majorité au pinot noir (54 %) complété par le chardonnay, ce millésimé de la belle année 2002 se maintient. Le nez mêle les fruits compotés, le beurre et l'amande ; la bouche reste encore bien vive. ✗ 2015-2019

☛ *Thiénot, 4, rue Joseph-Cugnot, 51500 Taissy, tél. 03 26 77 50 10, infos@thienot.com* **V** *r.-v.*

THIERCELIN			
●	n.c.	🍶	15 à 20 €

Anne-Sophie et Bérangère Thiercelin représentent la cinquième génération à la tête de ce domaine fondé en 1893 sur les coteaux sud d'Épernay. Leur vignoble ne compte pas moins de 17 ha. (RM)

Chardonnay (90 %) et pinot noir sont assemblés ici pour livrer un rosé très vif à l'œil, presque fuchsia, dont les parfums d'agrumes et de fruits rouges se prolongent dans une bouche franche et vive. ✗ 2015-2018 ☖ feuilleté de saumon à la ciboulette ● Carte d'or (11 à 15 € ; n.c. b.) : vin cité. ✗ 2015-2018

☛ *Thiercelin, 54, rue du 11-Novembre, 51530 Moussy, tél. 03 26 55 02 46, contact@champagne-thiercelin.fr* **V** **♿** **🅿** *r.-v.*

J. M. TISSIER Réserve			
●	8 000	🍶	15 à 20 €

Petit-fils de Diogène Tissier, vigneron à la nombreuse descendance, Jacques Tissier a travaillé dès l'âge de quatorze ans avec son père Jean-Marie et repris la propriété en 1993. Il exploite plus de 5 ha de vignes sur les coteaux d'Épernay et dans le Sézannais. (RM)

Dans ce brut sans année, le trio des cépages champenois se répartit comme suit : six parts de chardonnay, trois de meunier et une de pinot noir. La robe d'un or lumineux est parcourue d'un fin cordon de bulles. Le nez se montre fruité et grillé, et la bouche est vivifiée par une effervescence tonique et par une acidité bien présente. Un champagne jeune et tendu. ✗ 2016-2021 ☖ poulet au champagne ● Apollon 2008 (20 à 30 € ; 3 100 b.) : vin cité. ✗ 2015-2018

☛ *SAS J.-M. Tissier, 9, rue du Gal-Leclerc, 51530 Chavot-Courcourt, tél. 03 26 54 17 47, contact@champagne-jm-tissier.com* **V** **♿** **🅿** *r.-v.*

| DIOGÈNE TISSIER ET FILS | | | |
Blanc de noirs Saveur de Juliette ★			
●	13 000	🍶	15 à 20 €

Diogène, le fondateur de la maison en 1931, eut neuf enfants, dont trois suivirent ses traces. Vincent Huber, son petit-fils, est installé comme lui à Chavot-Courcourt, au sud d'Épernay. (NM)

Ce brut, qui rend hommage à la grand-mère de l'exploitant, est un blanc de noirs où le meunier tient la place majeure (70 %). Rien d'étonnant donc à ce que sa dominante aromatique soit fruitée et à ce que sa matière soit ample et veloutée. Cependant, sa finesse, sa fraîcheur et sa longueur ne sont pas que l'expression d'un cépage ; elles définissent ici les caractères d'un vrai vin de Champagne. ✗ 2015-2019 ☖ ris de veau aux morilles

☛ *Diogène Tissier et Fils, 10, rue du Gal-Leclerc, 51530 Chavot-Courcourt, tél. 03 26 54 32 47, diogenetissier@hexanet.fr* **V** **♿** **🅿** *r.-v.* ☛ Huber

MICHEL TIXIER Rosé de saignée ★			
● 1er cru	7 500	🍶 ⬮	15 à 20 €

Le vignoble familial remonte aux années 1920. En 1963, Michel Tixier s'installe et lance sa marque. Benoît, son fils, prend le relais en 1998. Son domaine de 5 ha comprend trente-six parcelles réparties dans la Montagne de Reims, la Côte des Blancs et la vallée de la Marne. (RM)

L'élevage, particulier, a été remarqué par les dégustateurs : le jus de meunier a été « saigné » après 48 h de macération – un temps relativement long – et le vin a été vinifié en fût. De là cette robe soutenue, presque rubis, ces arômes affirmés de griotte confite, voire macérée, de zeste d'agrumes et de boisé, et cette bouche puissante, ronde et gourmande. Un rosé de repas, qui suggère des accords innovants. ✗ 2015-2018 ☖ canapés au bleu et aux noix

☛ *Michel Tixier, 8, rue des Vignes, 51500 Chigny-les-Roses, tél. 03 26 03 42 61, champ.michel.tixier@wanadoo.fr* **V** **♿** **🅿** *r.-v.*

FRÉDÉRIC TORCHET ★★			
●	3 700	🍶	15 à 20 €

Installé en 1985 sur le domaine créé par son père, Frédéric Torchet est établi dans le Sézannais. Il exploite 5 ha de chardonnay, cépage dominant de ce secteur, ainsi que 2 ha de pinot noir implantés à l'autre extrémité de l'Aube, près des Riceys. Ses vins ne font pas la fermentation malolactique. (RM)

Une fois de plus, le rosé de ce récoltant est fort bien accueilli. L'assemblage est similaire aux versions précédentes : du chardonnay associé à 12 % de vin rouge, qui donne un rose tendre traversé d'une fine bulle. Complexe, la palette aromatique mêle des notes vives de fruits (framboise, groseille, fraise des bois, et aussi rhubarbe et grenade) aux épices et au cuir. Tout aussi flatteuse, la bouche est nette et d'une belle fraîcheur. « Pour un tête-à-tête », selon certains dégustateurs. Pour l'apéritif en tout cas. ✗ 2016-2019 ☖ verrines de saumon ● Tradition ★ (11 à 15 € ; 12 000 b.) : mi-pinot noir mi-chardonnay, un brut au nez discret d'amande et de beurre, qui s'enrichit de notes de fleurs et de fruits dans une bouche puissante au dosage marqué. ✗ 2015-2016

☛ *Frédéric Torchet, 12-14, rue Saint-Vincent, 10370 Villenauxe-la-Grande, tél. 03 25 21 36 15, torchet.f@wanadoo.fr* **V** **♿** **🅿** *t.l.j. 9h30-12h 14h-19h ; f. août*

BERNARD TORNAY 2006 ★			
●	7 500	🍶	20 à 30 €

Nathalie Tornay-Hutasse conduit cette exploitation familiale dont les lointaines origines remontent au XVIIe s. Le domaine de 10 ha est installé à Bouzy, au cœur du vignoble des « grands noirs ». (SR)

Du chardonnay et du pinot noir à parité sont à l'origine de ce brut millésimé. À la robe d'or soutenue, parcourue de bulles fines, répond un nez intense, mêlant fruits jaunes mûrs, voire compotés, et pain d'épice. Cette palette aromatique gourmande et complexe se prolonge dans une bouche ample, chaleureuse, équilibrée et longue. Un champagne harmonieux arrivé à son apogée. Pour le repas. ✗ 2015-2016 ☖ poularde rôtie

EURL Tornay, rue du Haut-Petit-Chemin, 51150 Bouzy, tél. 03 26 57 08 58, info@champagne-tornay.fr **V ⚡ ⚡** t.l.j. 9h-12h 13h30-17h; sam. dim. sur r.-v.
Nathalie Hutasse

G. TRIBAUT Blanc de blancs Réserve ★			
●	n.c.	⚱	15 à 20 €

Gaston Tribaut s'est installé en 1935 à Hautvillers, « berceau du champagne », où officia dom Pérignon. Ses deux fils sont devenus récoltants-manipulants en 1975. Depuis 1992, Vincent et Valérie, petits-enfants du fondateur, gèrent la maison, forte de 13 ha de vignes. (NM)

Un blanc de blancs à la robe dorée dont les fines bulles font monter des arômes de mirabelle et d'abricot confit. Le palais, à l'unisson, se montre ample, vineux et long, développant des arômes de fruits confits ; un équilibre sur la rondeur qui le destine plutôt au repas. ✗ 2015-2017 ❦ poulet sauce champagne

G. Tribaut, 88, rue d'Eguisheim, 51160 Hautvillers, tél. 03 26 59 40 57, champagne.tribaut@wanadoo.fr **V ⚡ ⚡** t.l.j. 9h-12h 14h-18h; f. dim. janv.-fév.

TRIBAUT-SCHLOESSER 2007 ★			
●	10 000	⚱	20 à 30 €

Les deux familles mentionnées sur l'étiquette sont à l'origine de cette maison de négoce familiale fondée en 1929 et nichée dans un vallon tributaire de la Marne, à l'orée de la forêt d'Hautvillers. Jean-Marie Tribaut, qui la dirige, dispose de 20 ha de vignes. (NM)

Avec ce brut né de 60 % de pinot noir et de 40 % de chardonnay, pain d'épice et fruits confits s'invitent dans le verre. Tout aussi expressive et gourmande, la bouche se montre vineuse tout en gardant une belle fraîcheur. On apprécie son équilibre et sa finale sur les fruits secs. ✗ 2015-2018 ❦ foie gras poêlé

Tribaut-Schloesser, 21, rue Saint-Vincent, 51480 Romery, tél. 03 26 58 64 21, contact@champagne-tribaut.com **V ⚡ ⚡** r.-v

PIERRE TRICHET La Perle d'or ★★			
● 1er cru	n.c.	⚱ ◍	20 à 30 €

Antoinette Trichet plante les premiers pieds de vigne dans les années 1950. Son fils, uni à une demoiselle Didier, se lance dans la manipulation au détour des années 1970. Pierre Trichet, le petit-fils, a pris en 1986 la tête de la maison, qui dispose en propre de 4,5 ha aux portes de Reims. Il appose depuis 2014 son nom sur les étiquettes. (NM)

Le producteur écrit que, enthousiasmé à la dégustation d'un champagne à petite mousse (faible pression) produit par une célèbre maison, il a souhaité élaborer sa version de ce style de champagne. Le jury a été convaincu par ce chardonnay vinifié partiellement en fût, à la robe pâle parcourue de fines bulles. Le nez est subtil, discrètement parfumé de fleurs blanches, de pomme et de poire, avec une touche minérale et crayeuse. Une élégance que confirme la bouche : droite et minérale, vivifiée par une délicate effervescence, elle s'étire longuement sur des sensations de fraîcheur et des évocations d'agrumes confits, laissant une impression de finesse et d'équilibre. Un champagne racé et pur. ✗ 2015-2018 ❦ tartare de saint-jacques

Pierre Trichet, 11, rue du Petit-Trois-Puits, 51500 Trois-Puits, tél. 03 26 82 64 10, trichet-didier@orange.fr **V ⚡ ⚡** t.l.j. 9h-12h 14h-18h; sam. dim. sur r.-v.; f. 15-31 août 🏠 ❹

TRISTAN H Iseult Brut nature			
●	800	⚱	30 à 50 €

Fils de vignerons, Tristan Hyest s'est installé en 2001 à Trélou-sur-Marne, sur la rive droite de la rivière, où il a constitué un vignoble de 3,5 ha. Il a lancé sa marque en 2010. (RM)

Ce Brut nature assemble trois quarts de chardonnay et un quart de pinot noir issus de la vendange 2008. Au nez, de discrètes nuances florales et biscuitées. Des sensations que l'on retrouve dans une bouche ample et équilibrée. ✗ 2015-2016 ❦ poulet à la crème

Tristan Hyest, 5, cour de la Chapelle, Chassins, 02850 Trélou-sur-Marne, tél. 03 23 82 13 46, tristan@tristanh.fr **V ⚡ ⚡** r.-v.

ALFRED TRITANT ★			
● Gd cru	3 800	⚱	15 à 20 €

Installé sur le versant sud de la Montagne de Reims, Alfred Tritant devient récoltant-manipulant en 1929. Aujourd'hui, Jean-Luc Weber-Tritant est aux commandes. Son vignoble a une superficie restreinte (2,6 ha), mais il est très bien situé, à Bouzy et à Ambonnay, grands crus fiefs du pinot noir. (RM)

Un rosé d'assemblage associant 60 % de pinot noir et 40 % de chardonnay. Robe saumonée, traversée de bulles d'une grande finesse ; nez bien ouvert sur les fruits rouges, avec une touche florale ; bouche puissante et généreuse, au dosage marqué, mais à la vinosité sans lourdeur. Un rosé charpenté – pour le « retour de chasse », suggère un juré. ✗ 2015-2018 ❦ faisan rôti aux cerises ● Gd cru Cuvée Prestige ★ (15 à 20 € ; 8 300 b.) : 60 % de pinot noir et 40 % de chardonnay se marient dans ce champagne au nez de fruits mûrs et de pain d'épice, et à la bouche structurée, vive et longue. ✗ 2015-2018 ● Gd cru Extra brut Cuvée Essentiel ★ (15 à 20 € ; 8 000 b.) : 60 % de pinot noir et 40 % de chardonnay dans cet extra-brut au nez de fleurs et de pêche blanches, à la bouche fruitée, ronde et souple ✗ 2015-2017

Alfred Tritant, 23, rue de Tours, 51150 Bouzy, tél. 03 26 57 01 16, accueil@champagne-tritant.fr **V ⚡ ⚡** r.-v. 🏠 ●

TSARINE ★			
●	n.c.		30 à 50 €

Cette marque appartient au Champagne Chanoine. Dès 1730, les frères Chanoine creusent leur cave à Épernay. Leur maison, la plus ancienne après Ruinart, a subi une éclipse après la guerre, avant de renaître grâce à son intégration dans le groupe Lanson-BCC. Elle a créé la marque Tsarine en souvenir de Catherine II, grande amatrice de champagne. Aujourd'hui, Isabelle Tellier officie à la cave. (NM)

Un rosé d'assemblage qui naît des trois cépages champenois à parts égales. D'un rose soutenu, c'est un champagne fruité et équilibré dont la longueur en bouche laisse augurer quelques années de garde. ✗ 2015-2018 ❦ tarte aux fruits rouges

CHAMPAGNE

Tsarine, allée du Vignoble, 51100 Reims,
tél. 03 26 78 50 08, contact@champagnetsarine.com
V *r.-v.*

JEAN VALENTIN Sélection ★★		
8 000		11 à 15 €

Ancien ingénieur viticole au CIVC (Comité Interprofessionnel des Vins de Champagne), Gilles Valentin est établi aux portes de la cité des Sacres. Il dirige depuis 1995 le domaine fondé en 1922 par sa grand-mère. Le vignoble de 5,5 ha est situé dans la Montagne de Reims. (RM)

La récolte 2010 assemblée à des vins de réserve des vendanges 2009 et 2008, et l'association des trois cépages champenois (meunier 50 %, pinot noir 35 %, chardonnay 15 %) ont permis à cette cuvée d'offrir une palette aromatique intense, complexe et évoluée. Le beurre, la brioche, des notes grillées aux nuances de moka et des touches de menthol et de cuir s'allient au nez et se retrouvent dans une bouche harmonieuse et longue. Pour l'apéritif comme à la table. ✗ 2015-2017 ❦ suprêmes de poularde aux champignons ● **1er cru Tradition** (11 à 15 € ; 27 000 b.) : vin cité. ✗ 2015-2017 ● **1er cru Blanc de blancs Saint-Avertin** (15 à 20 € ; 5 000 b.) : vin cité. ✗ 2015-2017

EARL les Coteaux Valentin, 9, rue Saint-Rémi,
51500 Sacy, tél. 03 26 49 21 91, givalentin@wanadoo.fr
V 🍴 🌱 *r.-v.*

PATRICE VALTON ET FILS		
Réserve ★		
2 800		15 à 20 €

Installés dans la vallée de la Marne, Patrice et Véronique Valton ont pris en 2014 la relève de la génération antérieure. Leur vignoble de 3,5 ha se partage entre meunier et chardonnay. (RM)

Issue de la vendange 2008, cette cuvée mi-chardonnay mi-meunier décroche une belle étoile pour son nez élégant partagé entre fleurs blanches et beurre frais, et pour sa bouche ronde, gourmande et longue, aux arômes de fruits blancs. Pour l'apéritif comme pour la table. ✗ 2015-2018 ❦ ris de veau à la crème

Véronique Valton, 26, rue des Vignes,
51480 Vauciennes, tél. 03 26 58 64 82,
champagne.patrice.valton@orange.fr **V** 🍴 🌱 *r.-v.*

VAN GYSEL-LIÉBART		
n.c.		11 à 15 €

Succédant à trois générations de viticulteurs, Valérie et Benoît Van Gysel se sont installés en 1996 sur le domaine familial avant de commercialiser leurs cuvées trois ans plus tard. Ils cultivent 4 ha sur la rive gauche de la Marne. (RC)

D'un rosé aux reflets orangés, ce rosé d'assemblage associant une majorité de pinot noir (85 %) au chardonnay s'exprime discrètement, tout en fraîcheur. Dans une belle continuité, le palais développe avec franchise de jolies notes de fruits rouges. ✗ 2015-2016 ❦ soupe de fraises

Van Gysel-Liébart, 3, rue des Bons-Vivants,
51700 Mareuil-le-Port, tél. 03 26 51 78 46,
champagne.vangysel-liebart@orange.fr **V** 🍴 🌱 *r.-v.*

M. VANZELLA 2008 ★★		
5 000		15 à 20 €

Domaine constitué en 1950 par Marius Vanzella, exploité depuis 1987 par Alain Gérin, marié à Sophie, petite-fille du fondateur. Ces récoltants confient leurs raisins à la coopérative Les Clos à Mailly. Leur vignoble couvre 10 ha entre Montagne de Reims et vallée de la Marne. (RC)

Ce millésimé issu de la remarquable vendange 2008 marie les trois cépages champenois (50 % pinot noir, 40 % chardonnay, 10 % meunier). Un cordon alerte traverse une robe d'or aux reflets cuivrés. Puissant et évolué, le nez mêle harmonieusement les fruits blancs mûrs et des notes grillées et torréfiées évoquant le moka. La bouche est à la hauteur de l'olfaction, ample dès l'attaque, riche, aromatique et longue. Un champagne généreux et raffiné. ✗ 2015-2019 ❦ filet de turbot au sabayon ● **Tradition** (15 à 20 € ; 20 000 b.) : vin cité. ✗ 2015-2018

SCEV Vanzella, 7, rue Joliot-Curie,
51500 Mailly-Champagne, tél. 03 26 49 41 67,
champagne.vanzella@wanadoo.fr **V** 🍴 🌱 *r.-v.*

VARNIER-FANNIÈRE ★			
● Gd cru	4 000		20 à 30 €

Jean Fannière fut le premier récoltant-manipulant de la famille, en 1950. Guy Varnier, son gendre, lui succéda en 1965. Installé depuis 1988, son fils Denis, œnologue, dispose de 4 ha de vignes très bien situés dans la Côte des Blancs. (RM)

Un rosé qui doit presque tout à la Côte des Blancs : neuf parts de chardonnay pour une de pinot noir d'Ambonnay, cépage qui lui lègue sa couleur. Cette cuvée a bénéficié d'un long élevage sur lies : dix-huit mois en cuve et trois ans sur lattes. Il en résulte une robe saumonée aux reflets ambrés, traversée d'une effervescence tonique, de jolis arômes de fruits rouges frais (framboise) et d'épices (gingembre) qui se prolongent dans une bouche vive. ✗ 2015-2018 ❦ sorbet fruits rouges et citron

Varnier-Fannière, 23, rempart du Midi, 51190 Avize,
tél. 03 26 57 53 36, varnier-fanniere@orange.fr
V 🍴 🌱 *r.-v.*

VARRY-LEFÈVRE			
Prestige Cuvée des deux rondés 2005 ★			
● 1er cru	1 300		15 à 20 €

Établie dans la Montagne, près de Reims, cette propriété (4,2 ha) a commercialisé ses premières cuvées en 1948. À sa tête depuis 2009, Christophe Lefèvre confie les vinifications à la coopérative d'Écueil, mais il effectue les assemblages, la mise en bouteilles et le dégorgement. (RC)

2005 ? Une très bonne année pour le chardonnay, cépage qui représente la moitié de cette cuvée de prestige, associé au pinot noir. Après dix ans de cave, le champagne affiche une robe intensément dorée et libère des parfums de fruits confits mâtinés de cuir. On retrouve ces arômes évolués dans une bouche charpentée et longue, qui a gardé sa fraîcheur. ✗ 2015-2017 ❦ cailles farcies ● **1er cru Sélection ★** (15 à 20 € ; 3 000 b.) : issu du seul pinot noir, ce champagne respire la jeunesse avec sa robe or pâle, son nez de pamplemousse et son palais fin et fruité, sur les agrumes. ✗ 2015-2018

O═ *Christophe Lefèvre, 11, Grande-Rue, 51500 Écueil, tél. 03 26 49 74 47, champagnelefevre@wanadoo.fr* **V** 🥾 🍶 *r.-v.*

VAUTRAIN-PAULET Grande Réserve ★★			
● 1er cru	3 000	🍾	15 à 20 €

Représentant la cinquième génération sur le domaine, Arnaud Vautrain dispose d'un vignoble de 11 ha partagé entre les communes de Dizy (1er cru) et d'Aÿ (grand cru). (RM)

Mi-chardonnay mi-pinot noir, cette cuvée reste au moins quatre ans en cave. Elle en retire un très joli nez de caramel et de beurre salé qui s'enrichit à l'aération de notes de poire et de menthol. La bouche, où pointent l'amande et le grillé, brille tant par son équilibre entre rondeur et acidité que par sa finale, longue et élégante. ✗ 2015-2020 ❦ poularde aux morilles ● (15 à 20 € ; 3 000 b.) : vin cité. ✗ 2015-2017

O═ *Vautrain-Paulet, 195, rue du Colonel Fabien, 51530 Dizy, tél. 03 26 55 24 16, contact@ champagne-vautrain-paulet.fr* **V** 🥾 🍶 *r.-v.*

DE VENOGE Louis XV 2006 ★★			
●	50 000	🍾	+ de 100 €

Cette maison de champagne doit son existence à un citoyen suisse venu du canton de Vaud – région viticole. Henri-Marc de Venoge crée la société en 1837. Son fils la développe à l'international, lance des cuvées spéciales et introduit sur les étiquettes le cordon bleu emblématique, qui rappelle une décoration du temps de la monarchie. L'affaire appartient depuis 1998 au groupe Lanson-BCC. (NM)

La cuvée de prestige de la maison marie à parité pinot noir et chardonnay. Habillé d'une robe encore claire parcourue d'un train de bulles fines, le 2006 laisse monter de jolies notes de pain et d'amande grillés, d'agrumes confits, de cédrat, de moka et d'iode. Une palette aromatique complexe, mise en relief au palais par une effervescence crémeuse, une matière généreuse et ronde, et une finale fraîche. Un brut de caractère qui ne fait pas l'unanimité mais qui a de chauds partisans. ✗ 2016-2021 ❦ saint-jacques poêlées

O═ *De Venoge, 46, av. de Champagne, 51200 Épernay, tél. 03 26 53 34 34, infos@champagnedevenoge.com* **V** *t.l.j. sf sam. dim. 9h-12h 14h-17h* O═ Lanson-BCC

J. -L. VERGNON			
Extra-brut Blanc de blancs Rosémotion			
● Gd cru	4 000	🍾	20 à 30 €

Issu d'une famille de négociants du Mesnil-sur-Oger, Jean-Louis Vergnon reconstitue en 1950 le vignoble familial et commence à élaborer ses champagnes en 1985. Conduite aujourd'hui par Didier Vergnon, appuyé par l'œnologue Christophe Constant, l'exploitation dispose de 5 ha très bien situés dans la Côte des Blancs. (NM)

Le style maison fait de tension, de minéralité et de fraîcheur (on aime ici les dosages extra-bruts) et un assemblage très « Côte des Blancs » pour ce rosé issu à 88 % de chardonnay – un appoint de pinot noir lui donnant sa couleur rose tendre aux reflets orangés. Le nez mêle les fruits compotés, l'abricot sec et les épices. Net et franc, équilibré, le palais est marqué par une fraîcheur

qui s'affirme jusque dans la finale, vive et alerte. ✗ 2016-2019 ❦ escalope au citron

O═ *J.-L. Vergnon, 1, Grande-Rue, 51190 Le Mesnil-sur-Oger, tél. 03 26 57 53 86, contact@champagne-jl-vergnon.com* **V** 🥾 🍶 *r.-v.*

LES VERTUS D'ÉLISE Blanc de blancs 2007 ★			
● 1er cru	3 500	🍾	15 à 20 €

Cédric Guyot obtient un diplôme de sommellerie, puis reprend en 2002 le domaine familial fondé en 1920 par son arrière-grand-mère Élise dans la Côte des Blancs. Hommage est rendu à l'aïeule avec la gamme « Les Vertus d'Élise ». Autre marque : Guyot-Poutrieux. (RC)

Élevé sept ans sur lattes, ce blanc de blancs de Vertus présente un caractère bien affirmé avec ses effluves d'agrumes confits et ses notes évoluées de miel et de coing. Une maturité confirmée en bouche, où la matière est vineuse et ample, équilibrée par ce qu'il faut de fraîcheur. Le 2005 avait obtenu un coup de cœur. ✗ 2015-2018 ❦ sole meunière ● Guyot-Poutrieux 1er cru Blanc de blancs (11 à 15 € ; 6 500 b.) : vin cité. ✗ 2015-2017

O═ *SCEV les Vertus d'Élise, 12, rue du Dr-Bonnet, 51130 Vertus, tél. 06 70 72 84 87, lesvertusdelise@ yahoo.fr* **V** 🥾 🍶 *r.-v.* O═ Cédric Guyot

MAURICE VESSELLE		
Extra-brut Les Hauts Chemins ★		
●	900	75 à 100 €

Les Vesselle sont nombreux à Bouzy, grand cru de la Montagne de Reims célèbre pour son pinot noir. Maurice Vesselle a inscrit la première fois son prénom sur une étiquette en 1955. Didier et Thierry, ses fils, sont attachés aux pratiques traditionnelles et labourent l'ensemble de leur vignoble. (RM)

Ce pur pinot noir né de la récolte 2005 ne cache pas son âge : robe d'or intense aux reflets paille, arômes évolués de cire, de miel, de noix et de fruits secs, prélude à une bouche mûre, ample et riche. Un champagne à son apogée. Son seul défaut : sa confidentialité. ✗ 2015-2016 ❦ risotto aux champignons

O═ *Maurice Vesselle, 3, rue Gambetta, 51150 Bouzy, tél. 03 26 57 00 81, champagne.vesselle@wanadoo.fr* 🍶 *r.-v.*

JEAN VESSELLE Bouzy Prestige ★		
● Gd cru	12 500	20 à 30 €

Les ancêtres de Delphine Vesselle étaient déjà vignerons à Bouzy il y a trois siècles, alors que le vin du cru, rouge et sans bulle, était célèbre à la cour. Son arrière-grand-père constitue le domaine (15 ha aujourd'hui) et élabore du champagne dès le début du XXe s. La récoltante a pris les rênes de l'exploitation dès la fin de ses études, en 1994, un an avant la disparition de son père Jean. (RM)

Sept parts de pinot noir et trois parts de chardonnay sont assemblées dans cette cuvée jaune doré, associant la récolte 2010 à 20 % de vins de réserve. Les parfums de fruits frais du premier nez prennent à l'aération des nuances plus évoluées de pêche jaune compotée, de réglisse et de miel. Dans le même registre, la bouche est gourmande et épicée. ✗ 2015-2018 ❦ noix de Saint-Jacques caramélisées

CHAMPAGNE

○⊸ Jean Vesselle, 4, rue Victor-Hugo, 51150 Bouzy,
tél. 03 26 57 01 55, contact@champagnejeanvesselle.fr
V 🔑 ⚑ r.-v.

ALAIN VESSELLE Cuvée Saint-Éloi ★		
● Gd cru	40 000	15 à 20 €

Une des branches de la famille Vesselle, établie depuis
1885 à Bouzy, village classé en grand cru sur le flanc sud
de la Montagne de Reims, aussi réputé pour ses coteaux
champenois rouges que pour ses champagnes. Après
Alain puis Éloi, Guillaume Vesselle a repris les rênes de
l'exploitation en 2014. (RM)
Mariant à parts égales chardonnay et pinot noir de Bouzy,
cette cuvée or blanc libère des parfums de fleurs blanches
mâtinés d'une touche de fruits rouges. La palette s'enrichit de notes d'agrumes dans un palais frais à l'attaque et
agréablement persistant. ✗ 2015-2018 ✦ ravioles de
homard
○⊸ Alain Vesselle, 15, rue de Louvois, 51150 Bouzy,
tél. 03 26 57 00 88, contact@champagne-alainvesselle.fr
V 🔑 ⚑ r.-v.

GEORGES VESSELLE Juline		
● Gd cru	4 000	🍶	30 à 50 €

La famille Vesselle est installée depuis plusieurs générations à Bouzy, célèbre grand cru de la Montagne de
Reims. Georges, qui fut durant vingt-cinq ans maire du
village, a créé la maison en 1954. Ses deux derniers fils,
Éric et Bruno, se sont associés avec lui en 1993 avant de
reprendre l'affaire, forte de 17 ha principalement dédiés
au pinot noir. (NM)
Juline ? La contraction des prénoms de Julie et de Pauline,
les deux premières petites-filles de Georges Vesselle.
Mariant 80 % de pinot noir et 20 % de chardonnay, cette
cuvée s'ouvre sur des notes de fleurs blanches, de
viennoiserie, de pêche et de noyau. La bouche n'est pas
très longue mais elle séduit par sa finesse et sa fraîcheur.
✗ 2015-2018 ✦ ris de veau à la crème
○⊸ Georges Vesselle, 16, rue des Postes, 51150 Bouzy,
tél. 03 26 57 00 15, contact@champagne-vesselle.fr
V ⚑ t.l.j. sf sam. dim. 9h-12h 14h-17h 🏠 ❺

VEUVE A. DEVAUX D 2006		
●	12 000	🍶	50 à 75 €

Les frères Jules et Auguste Devaux fondent au milieu du
XIXᵉ s. une maison de champagne qui a pignon sur rue
à Épernay et que la dernière génération, sans héritier,
cède en 1987 à l'Union auboise, importante coopérative
créée en 1967. Sous cette marque, la cave « habille » son
haut de gamme. (CM)
Cet assemblage de pinot noir et de chardonnay à parité
intéresse par son nez de fleurs et de fruits blancs, et par
sa bouche équilibrée, fine et bien structurée. Pour l'apéritif
et les produits de la mer. ✗ 2015-2018 ✦ bar au beurre blanc
○⊸ Devaux, Dom. de Villeneuve, 10110 Bar-sur-Seine,
tél. 03 25 38 30 65, mariegillet@champagne-devaux.fr
V 🔑 ⚑ t.l.j. 10h-18h; f. sam. oct.-avr.
○⊸ Union auboise

VEUVE CHEURLIN ★		
●	20 000	🍶	15 à 20 €

Edmond Cheurlin plante ses premiers ceps en 1898 ;
Raymond se lance dans l'élaboration du champagne en
1930. Arrivé à la tête de la maison en 1978, Alain, le
petit-fils, crée la marque Veuve Cheurlin. Il dispose d'un
vignoble de 12 ha répartis sur cinq communes de la Côte
des Bar, dans l'Aube. Autres marques : Jean Arnoult et
Cheurlin et Fils. (NM)
Ce rosé est issu exclusivement du pinot noir et des
vendanges 2012 et 2011. La robe rose clair est flatteuse,
tout comme les arômes, qui tournent autour de la cerise,
fraîche ou confite. L'ensemble est équilibré, assez long.
✗ 2015-2017 ✦ poulet aux griottes
○⊸ Veuve Cheurlin, 100, Grande-Rue,
10110 Celles-sur-Ource, tél. 03 25 38 56 49,
alain.cheurlin@free.fr V 🔑 ⚑ r.-v.

♥ VEUVE CLICQUOT-PONSARDIN ★★		
●	n.c.	🍶	30 à 50 €

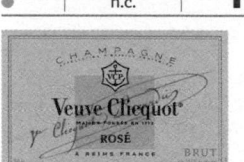

Héritier de banquiers,
négociants en textile
et propriétaires de vi-
gnes, Philippe Clic-
quot fonde en 1772 sa
maison de champa-
gne, avec l'ancre pour
symbole et l'exporta-
tion en ligne de mire. Son fils meurt prématurément en
1805 et c'est sa belle-fille, Barbe-Nicole Ponsardin, âgée
alors de vingt-sept ans, qui, assumant dès lors la
responsabilité de la société, passera à la postérité.
Femme d'affaire accomplie, elle dirige la maison pendant une bonne partie du XIXᵉ s., lui impulsant un essor
considérable. Aujourd'hui, l'entreprise dispose d'un
vignoble en propre de près de 400 ha, et son étiquette
jaune est connue dans le monde entier. Elle fait partie
depuis 1987 du groupe LVMH. (NM)
La version « rosé » de la Veuve Clicquot a vu le jour en
2004. Le pinot noir domine l'assemblage, complété par le
chardonnay et une touche de meunier. La robe saumonée
aux reflets cuivrés et rubis est parcourue par nombre de
cordons de fines bulles ; le bouquet est intense et
complexe. Le premier nez, animal, laisse rapidement place
à des senteurs de fruits frais, d'agrumes, de crème
pâtissière, de biscuit et surtout de cerise et de kirsch. En
bouche la palette s'enrichit de notes de framboise, de
groseille et d'une pointe végétale agréable, rappelant le
rouge de l'assemblage. Le palais structuré, ample sans
lourdeur, fait preuve d'une belle mâche et offre une longue
finale chaleureuse. Un rosé de caractère. ✗ 2016-2020
✦ carré d'agneau ● La Grande Dame 2006 ★★ (+ de
100 € ; n.c. b.) : la cuvée prestige de la maison a vu le jour
en 1972, à l'occasion du bicentenaire de la société. Elle
provient de huit grands crus de noirs et de blancs
(Verzenay et Avize notamment). Or pâle aux reflets
argentés, le millésime 2006 de ce champagne de luxe n'est
qu'au début de sa carrière et se livre avec parcimonie,
laissant percer de fines senteurs de crème pâtissière, de
noisette et de fleurs blanches. Son attaque délicate dévoile
des notes d'agrumes confits, de raisins secs, de noix de
cajou et de pâte d'amandes. La matière soyeuse, riche et
ample, est rafraîchie par des sensations crayeuses et salines
rappelant que ce vin naît des plus beaux terroirs champenois. Un millésime que l'on reverra sans doute avec
un coup de cœur lorsqu'il sera dégusté à son apogée.
✗ 2016-2022 ● Carte jaune (30 à 50 € ; n.c. b.) : vin cité.
✗ 2016-2020

☞ *Veuve Clicquot-Ponsardin, 12, rue du Temple, BP 2714, 51100 Reims, tél. 03 26 89 54 40* **V Å ▯** *r.-v.*

VEUVE DOUSSOT Tendresse ★

●	10 000		🍾		15 à 20 €

Stéphane Joly est établi à l'est de Bar-sur-Seine où il dirige depuis 2000 la maison créée en 1973 par son grand-père. Son vignoble de plus de 7 ha est implanté dans l'Aube, au pied du plateau de Blu (357 m), un des points culminants de la Champagne viticole. (NM)

Le pinot noir est à l'origine de ce rosé aux reflets orangés partagé au nez entre les fruits rouges et le bonbon. Fraîche, équilibrée, la bouche offre une plaisante expression du cépage roi de la Côte des Bar. ✗ 2015-2016 ❢ tarte aux cerises

☞ *SARL Chatet, 1, rue Chatet, 10360 Noé-les-Mallets, tél. 03 25 29 60 61, champagne.veuve.doussot@ wanadoo.fr* **V Å ▯** *t.l.j. sf dim. 9h-12h 14h-17h; f. août*

VEUVE ÉLÉONORE
Blanc de blancs Cuvée Grande Réserve ★★

● Gd cru	n.c.		🍾		15 à 20 €

Bernard Dzieciuck crée en 1965 son exploitation dans la Côte des Blancs, à partir de 5 ares de vignes, et élabore son premier champagne dix ans plus tard. Aujourd'hui, ses enfants Didier, à la cave, et Carole, à la commercialisation, mettent en valeur un vignoble de plus de 13 ha. (RM)

Ce pur chardonnay offre tout ce que l'on peut attendre de mieux d'un blanc de blancs de la Côte des Blancs : des bulles fines dans une robe d'or pâle ; un nez intense, complexe et élégant, dominé par les fleurs blanches et les agrumes ; une bouche harmonieuse, épanouie, fraîche, bien dosée et longue, où se font jour des arômes grillés et miellés. Un remarquable ambassadeur de son terroir et de son cépage, qui passe tout près du coup de cœur. ✗ 2015-2019 ❢ sole grillée ● Cuvée Rubis Rosé de saignée ★ (15 à 20 € ; n.c. b.) : mi-pinot noir mi-meunier, un rosé de saignée vinifié sans fermentation malolactique. Robe soutenue, parfums de fruits rouges : un champagne gourmand et frais. ✗ 2015-2018

☞ *Didier Dzieciuck, 11, rue Margot, 51190 Oger, tél. 03 26 57 50 49, veuve.eleonore@cder.fr* **V Å ▯** *r.-v.*

VEUVE MAÎTRE-GEOFFROY
Carte d'or 2008 ★

● 1er cru	10 000		🍾		15 à 20 €

Thierry Maître et son fils Maxime perpétuent l'exploitation fondée en 1878 par leur aïeule devenue veuve. Situé dans la Grande Vallée de la Marne, le domaine couvre 12 ha. Il a son siège à Cumières, un 1er cru réputé pour sa précocité. (RM)

Complété par le chardonnay, le pinot noir (60 %) l'emporte dans ce 2008 distingué, fin et tonique. Une bulle fine parcourt sa robe et fait monter des parfums de fleurs blanches et de fruits jaunes. La prise en bouche est franche, alerte, et le palais conjugue avec une réelle élégance le côté charnu du pinot et la fraîcheur des raisins blancs. Un beau reflet d'un beau millésime. ✗ 2015-2020 ❢ noix de Saint-Jacques au beurre ● 1er cru Blanc de noirs (20 à 30 € ; 3 000 b.) : vin cité. ✗ 2015-2017

☞ *SA Veuve Maître-Geoffroy, 116, rue Gaston-Poittevin, 51480 Cumières, tél. 03 26 55 29 87, th.maitre@ wanadoo.fr* **V Å ▯** *r.-v.*

FLORENT VIARD Blanc de blancs

● 1er cru	8 000		🍾		11 à 15 €

En s'installant sur le domaine familial en 1994, Florent Viard a commencé à signer les champagnes de la propriété. Il cultive 4,5 ha dans la Côte des Blancs et confie sa récolte à la coopérative de la Goutte d'Or à Vertus. (RC)

Un blanc de blancs au nez bien typé, partagé entre fleurs blanches, notes vanillées, beurrées et toastées. Une palette aromatique complexe que l'on retrouve dans une bouche franche à l'attaque, nette et assez ample. ✗ 2015-2018 ❢ pavé de sandre à la crème

☞ *Florent Viard, 35, av. Saint-Vincent, 51130 Vertus, tél. 03 26 51 60 82, champagne.florent.viard@orange.fr* **V Å ▯** *r.-v.*

VIEILLE FRANCE

●	89 500		🍾		20 à 30 €

Fondée en 1811 par Charles Gabriel de Cazanove, héritier d'une lignée de maîtres verriers, cette maison de négoce rémoise est restée dans la famille jusqu'au milieu du XXᵉs. Depuis 2004, elle fait partie du groupe Rapeneau. (NM)

Né des trois cépages champenois, ce rosé associe un tiers de chardonnay et deux tiers de pinot, dont 15 % de vin rouge qui lui donne une robe tuilé clair. Le nez tourne autour de la cerise ; plus évoluée, la bouche conjugue puissance et élégance grâce à sa fraîcheur, qui permettra de déboucher ce champagne dès l'apéritif. ✗ 2015-2016 ❢ brochettes de fruits

☞ *Charles de Cazanove, 8, pl. de la République, 51100 Reims, tél. 03 26 88 53 86, boutique@ decazanove.com* **V Å ▯** *t.l.j. 10h-19h*

VIGNON PÈRE ET FILS
Réserve des marquises 2011 ★

● Gd cru	3 300		◐		20 à 30 €

Ce domaine familial a lancé sa marque en 1946. Il couvre près de 7 ha dans la Montagne de Reims. D'abord caviste, Stéphane Vignon s'est installé en 2013. Fidèle à la tradition familiale, il élève ses vins de base en fût ; à l'instar de René Muré, vigneron d'Alsace chez qui il s'est formé, il intervient le moins possible en cave : pas de levurage, ni de collage, pas de filtration ou de passage au froid... (RM)

Un champagne millésimé doit mûrir en cave au moins trente-six mois minimum avant commercialisation. Celui-ci est donc l'un des premiers 2011 qui nous ait été présenté. Mariant deux tiers de pinot noir et un tiers de chardonnay, il offre un nez complexe mêlant fleurs blanches, agrumes, fruits confits et brioche, rehaussés de notes boisées et empyreumatiques (tabac, toast). Tous ces arômes évoquent une certaine maturité, alors que la bouche est tout en fraîcheur et en vivacité. Pas encore tout à fait en place, ce millésime est promis à un bel avenir. ✗ 2017-2021 ❢ saint-jacques poêlées

☞ *Vignon Père et Fils, 10, rue Colet, 51360 Verzenay, tél. 09 61 49 05 71, vignon.marquises@orange.fr* **V Å ▯** *r.-v.*

CHAMPAGNE

VILMART & CIE Cœur de cuvée 2007 ★★		
1er cru	8 560 ⬤	50 à 75 €

Domaine fondé en 1890 par Désiré Vilmart, au sud de Reims. Un siècle plus tard, son arrière-arrière-petit-fils, Laurent Champs, en a pris les rênes. Il dispose de 11 ha partagés entre chardonnay (majoritaire) et pinot noir. À la cave, il évite la fermentation malolactique et, comme les vignerons du XVIᵉs. représentés sur les stalles de l'église de Rilly, il est resté fidèle au bois pour l'élevage de ses vins. (NM)

Issu de vieilles vignes (cinquante-cinq ans) de chardonnay (80 %) et de pinot noir, ce millésime s'est placé sur les rangs lors de la sélection des coups de cœur. On comprend pourquoi en lisant les commentaires gourmands des dégustateurs, séduits tant par son nez avenant de beurre, de brioche, de fleurs et de fruits blancs que par sa bouche intense, à la fois vive et ample. Sa longueur, son dosage parfait et sa finale minérale ont également été salués. ✗ 2016-2019 ♈ foie gras poêlé ⬤ 1er cru Grand Cellier ★ (20 à 30 € ; 20 270 b.) : mariant 70 % de chardonnay et 30 % de pinot noir, un brut vinifié en foudre. Fruité au nez, il est équilibré, frais et long. ✗ 2015-2020 ⬤ 1er cru Grand Cellier d'or 2010 ★ (30 à 50 € ; 7 770 b.) : un millésime associant 80 % chardonnay et 20 % pinot noir, vinifié en fût. L'élevage transparaît dans le nez de noisette et de vanille comme dans sa bouche complexe, beurrée, briochée et boisée. ✗ 2017-2022

⌐ Vilmart & Cie, 5, rue des Gravières, 51500 Rilly-la-Montagne, tél. 03 26 03 40 01, laurent.champs@champagnevilmart.fr Ⓥ 🅺 Ⓣ r.-v.
⌐ Laurent Champs

A. VIOT ET FILS ★		
⬤	10 486	î ⬤	11 à 15 €

Fondée aux lendemains de la Première Guerre mondiale, cette propriété proche de Bar-sur-Aube a élaboré ses premiers champagnes en 1921. Julien Viot, qui représente la quatrième génération, la dirige depuis 2005. Il exploite 8 ha de vignes et commercialise ses bouteilles après au moins trois ans de vieillissement en cave. (RM)

Pinot noir, meunier et chardonnay sont à l'œuvre dans ce rosé à la couleur soutenue, presque rubis, couronnée d'une effervescence bien vivante. Le nez délicat est un panier de fruits rouges que l'on retrouve dans une bouche à la fois puissante et fraîche. La finale suave et longue aux nuances de cerise est agréablement marquée par une pointe d'amertume. ✗ 2015-2018 ♈ tarte aux cerises ⬤ Sélection ★ (11 à 15 € ; 31 300 b.) : les trois cépages champenois ont donné naissance à un brut fruité (fruits jaunes et fruits rouges) et équilibré, à la fois ample et frais en bouche. ✗ 2015-2019 ⬤ Sélection ★ (15 à 20 € ; 10 605 b.) : un blanc de blancs délicatement citronné, ample et puissant. ✗ 2015-2019

⌐ A. Viot et Fils, 59, Grande-Rue, 10200 Colombé-la-Fosse, tél. 03 25 27 02 07, champagneviot@wanadoo.fr Ⓥ 🅺 Ⓣ r.-v.

VOIRIN-JUMEL Tradition ★★		
1er cru	20 000	11 à 15 €

En 1945, les Voirin élaborent leurs premières cuvées et les Jumel achètent des vignes. La marque est lancée en 1967. Depuis 1980, Patrick et Alice Voirin, frère et sœur,

exploitent le domaine : 12 ha de vignes situées principalement dans la Côte des Blancs. (RM)

Un brut sans année expressif et très séduisant. Mi-blancs mi-noirs (pinot noir surtout), il offre un nez gourmand et complexe fait de fruits jaunes, de citron et de miel rehaussés d'une touche grillée. Dans le même registre aromatique, la bouche marie vivacité et volume. ✗ 2015-2019 ♈ petites tartines au chaource ⬤ 1er cru Blanc de noirs ★ (15 à 20 € ; 10 000 b.) : le pinot noir joue ici sa partition : si le nez apparaît discret, la bouche est expressive et équilibrée, sur les fruits blancs. ✗ 2015-2018

⌐ Voirin-Jumel, 555, rue de la Libération, 51530 Cramant, tél. 03 26-57 55 82, info@champagne-voirin-jumel.com
Ⓥ 🅺 Ⓣ t.l.j. 9h-11h30 13h30-17h 🏠 ❷ 🏠 Ⓖ

WARIS ET FILLES La Cardinale ★		
Gd cru	2 000	î ⬤	20 à 30 €

Bertrand et Virginie Waris représentent la quatrième génération de Waris sur le domaine qui couvre 7 ha répartis entre Sézannais, vallée de l'Ardre et Côte des Bar (Aube). Ils ont lancé leur étiquette en 2002, peu après leur installation. (RM)

Vinifié et élevé en fût, ce blanc de blancs a vieilli cinq ans sur lattes. Fine et persistante, sa mousse coiffe une robe claire ; elle met en valeur des parfums élégants évoquant la pâtisserie et les fruits à chair blanche. Fraîche, ample et équilibrée, la bouche, à l'unisson du nez, fait preuve d'une belle longueur. ✗ 2015-2019 ♈ sole meunière

⌐ Waris et Filles, 6, rue d'Oger, 51190 Avize, tél. 04 67 77 21 42, virginie.waris@wanadoo.fr
Ⓥ 🅺 Ⓣ r.-v.

ALAIN WARIS ET FILS Sélection ★★		
⬤	n.c.	î	15 à 20 €

Odile et Alain Waris conduisent ce domaine fondé en 1898 par Armand Waris, arrière-grand-père d'Alain. Ils mettent en valeur 6 ha de vignes aux environs d'Avize, grand cru de la Côte des Blancs. (RM)

Chacun des trois cépages champenois est assemblé par tiers dans ce brut en robe jaune pâle que l'on qualifie de charmant. Au nez, derrière la pierre à fusil, on découvre le chèvrefeuille, les fruits à chair blanche et le tabac blond. Vive à l'attaque, puis souple, équilibrée, la bouche offre un côté gourmand fort agréable. ✗ 2015-2018 ♈ gougères ⬤ Blanc de blancs Cuvée ★★ (20 à 30 € ; n.c. b.) : un blanc de blancs racé, expressif, ample et long, d'une grande fraîcheur. Du potentiel. ✗ 2015-2020

⌐ Alain Waris et Fils, 6, rue d'Oger, 51190 Avize, tél. 03 26 57 87 35, champagne.alain.waris@orange.fr
Ⓥ 🅺 Ⓣ r.-v.

WARIS-HUBERT Blanc de blancs Équinoxe 2009 ★		
Gd cru	2 000	⬤	30 à 50 €

Olivier Waris et son épouse Stéphanie conduisent depuis 1997 ce vignoble de 11,5 ha dispersés dans la Côte des Blancs, le Sézannais, la vallée de l'Ardre et la Côte des Bar. Succédant à trois générations de viticulteurs, le vigneron s'est lancé dans l'élaboration du champagne. (RM)

Une cuvée haut de gamme régulièrement distinguée. Elle naît d'une parcelle de vieux chardonnays du coteau d'Avize, classé grand cru, a été vinifiée en fût et provient d'une seule année – cette version 2009 a été millésimée. Or pâle, elle attire par son nez mêlant les fleurs blanches à de délicates notes empyreumatiques, fumées et grillées. La bouche est évidemment ronde, crémeuse et légèrement tannique, sans jamais se départir de sa fraîcheur ni de son élégance. ✗ 2015-2018 ☿ coquille Saint-Jacques

☛ *Waris-Hubert, 14, rue d'Oger, 51190 Avize, tél. 03 26 58 29 93, olivier.waris@orange.fr* 🆅 🅰 🈁 *t.l.j. 9h-12h 14h-18h; f. 15-31 août*

WARIS-LARMANDIER Blanc de blancs ★		
● Gd cru	15 000	20 à 30 €

Marie-Hélène Waris-Larmandier, aujourd'hui associée avec ses trois enfants, exploite le domaine. Son frère François et son fils aîné Jean-Philippe, arrivé sur l'exploitation en 2010, se chargent de l'élaboration des cuvées, toute une gamme de blancs de blancs provenant d'un vignoble de 7 ha situé dans la Côte des Blancs. Ils ont adopté la biodynamie, sans certification. (RM)

Le nez mêle à des senteurs florales intenses des notes plus mûres d'amande, de fruits cuits et de poire williams. La bouche, avec ses arômes pâtissiers, se montre gourmande et plutôt riche ; elle trouve son équilibre grâce à une belle vivacité soulignée par une effervescence tonique. ✗ 2015-2018 ☿ turbot au beurre blanc

☛ *Waris-Larmandier, 608, rempart du Nord, 51190 Avize, tél. 03 26 57 79 05, earlwarislarmandier@ wanadoo.fr* 🆅 🈁 *t.l.j. 8h-12h 14h 17h* 🏠 🅱

Production : 550 hl

Appelés à l'origine vins nature de Champagne, ils devinrent AOC en 1974 et prirent le nom de coteaux-champenois. Tranquilles, souvent rouges, plus rarement blancs ou rosés, ils sont la survivance de temps antérieurs à la naissance du champagne. Comme ce dernier, ils peuvent naître de raisins noirs vinifiés en blanc (blanc de noirs), de raisins blancs (blanc de blancs) ou encore d'assemblages.

Le coteaux-champenois rouge le plus connu porte le nom de la célèbre commune de Bouzy (grand cru de pinot noir). Dans cette commune, on peut découvrir l'un des deux vignobles les plus étranges au monde (l'autre est situé à Aÿ) : de « vieilles vignes françaises préphylloxériques », conduites en foule, selon une technique immémoriale abandonnée partout ailleurs. Tous les travaux sont exécutés artisanalement, à l'aide d'outils anciens. C'est la maison Bollinger qui entretient ce joyau destiné à l'élaboration d'un rare champagne.

Les coteaux-champenois se boivent jeunes, à 7-8 °C pour les blancs, à 9-10 °C pour les rouges que l'on pourra, pour quelques années exceptionnelles, laisser vieillir.

BRICE Bouzy 2012 ★★			
■ Gd cru	2 000	🍶	20 à 30 €

Fondée en 1994 par Jean-Paul Brice, de vieille souche vigneronne, et gérée depuis 2009 par son fils Jean-René, cette maison de négoce dispose de 8 ha sur le terroir de Bouzy ; elle propose une gamme de champagnes issus de grands crus prestigieux, mentionnés sur l'étiquette. Les vins sont élaborés sans fermentation malolactique. (NM)

Ce vin montre que la réputation de Bouzy n'a rien d'usurpé. Issu d'un millésime « de vigneron », tant le travail des vignes fut compliqué cette année-là, il naît du seul pinot noir vinifié et élevé douze mois en fût. Sa couleur est profonde pour un rouge champenois. Son nez intense mêle des notes de cassis et la mûre à des nuances de café et de cacao ; on retrouve ces notes empyreumatiques dans une bouche charpentée, équilibrée et élégante. ✗ 2016-2019 ☿ côte de bœuf

☛ *Brice, 22, rue Gambetta, 51150 Bouzy, tél. 03 26 52 06 60, contact@champagne-brice.com* 🆅 🅰 🈁 *t.l.j. 9h-18h; sam. dim. sur r.-v.*

FROMENTIN-LECLAPART 2012 ★			
■ Gd cru	1 000	🍶 🍷	15 à 20 €

Jean-Baptiste Fromentin a repris en 2005 le domaine familial créé en 1954. Son vignoble de 5 ha est fort bien situé à Bouzy et à Ambonnay, deux grands crus de noirs de la Montagne de Reims. (RC)

Élevé partiellement en fût (30 %), ce vin délivre des notes de cerise et de caramel, tant au nez qu'en bouche. Un vin dans la fougue de sa jeunesse, pour l'heure très marqué par les tanins. Mais nous sommes en Champagne et il faut relativiser : la cuvée reste fraîche, et la finale souple. ✗ 2016-2020 ☿ pavé de biche aux cerises

☛ *Fromentin-Leclapart, 1, rue Paul Doumer, 51150 Bouzy, tél. 03 26 57 06 84, contact@ champagne-fromentin-leclapart.fr* 🆅 🅰 🈁 *r.-v.*

G. PIERRARD Blanc de blancs Cramant Les Hautes Bauves 2002 ★★			
■ Gd cru	3 700	🍶	20 à 30 €

Après une première vie dans le négoce en tant que directeur de cave, Gérald Pierrard a repris une exploitation de 2,1 ha à Cramant, grand cru de la Côte des Blancs. (RM)

Si le vin rouge de champagne est une rareté, le blanc l'est plus encore. Ici, le vinificateur a voulu comparer l'évolution de son champagne 2002 et du même vin de base non champagnisé. Les dégustateurs n'ont pu les comparer, mais ils ont apprécié la robe dorée aux reflets verts de ce pur chardonnay, son nez fin et intense d'agrumes confits, de fleurs séchées et de cire, ainsi que sa bouche structurée et fraîche. Le fruité plus exotique du palais retrouve la Champagne dans une finale minérale. ✗ 2015-2016 ☿ pavé de sandre au beurre blanc

☛ *EARL Pierrard-Frezier, 411, rue Ferdinand-Moret, 51530 Cramant, tél. 03 26 51 90 25, champagne.gpierrard@gmail.com* 🆅 🅰 🈁 *r.-v.*

MAURICE VESSELLE Bouzy 2004 ★★			
■	3 000	🍶 🍷	20 à 30 €

Les Vesselle sont nombreux à Bouzy, grand cru de la Montagne de Reims célèbre pour son pinot noir. Maurice Vesselle a inscrit la première fois son prénom sur une étiquette en 1955. Didier et Thierry, ses fils, sont attachés aux pratiques traditionnelles et labourent l'ensemble de leur vignoble. (RM)

CHAMPAGNE

Cette cuvée d'un âge vénérable a perdu de l'éclat dans sa couleur, mais pas dans ses parfums, bien au contraire. Elle dévoile avec grande finesse toutes les nuances de fruits frais au kirsch, en passant par la compote et la confiture, auxquelles s'ajoutent en bouche des notes d'orange sanguine. Des tanins fondus lui font une bouche soyeuse, agréable et longue. ✗ 2015-2016 ✝ veau aux olives

☛ *Maurice Vesselle, 3, rue Gambetta, 51150 Bouzy, tél. 03 26 57 00 81, champagne.vesselle@wanadoo.fr* 🄻 *r.-v.*

VEUVE DOUSSOT Vieilli en fût de chêne 2012 ★		
■	3 200	🄸 ◑	8 à 11 €

Stéphane Joly est établi à l'est de Bar-sur-Seine où il dirige depuis 2000 la maison créée en 1973 par son grand-père. Son vignoble de plus de 7 ha est implanté dans l'Aube, au pied du plateau de Blu (357 m), un des points culminants de la Champagne viticole. (NM)

Le pinot noir est ici élevé douze mois dans des fûts dont le chêne provient de la forêt champenoise de Cunfin. Une couleur cerise rouge et un nez de kirsch accueillent le dégustateur, qui découvre ensuite une bouche riche, soyeuse et très équilibrée aux arômes de fruits et de cacao, marqué d'une pointe iodée. De l'élégance. ✗ 2016-2020 ✝ coq au vin

☛ *SARL Chatet, 1, rue Chatet, 10360 Noé-les-Mallets, tél. 03 25 29 60 61, champagne.veuve.doussot@ wanadoo.fr* 🅅 🄺 🄻 *t.l.j. sf dim. 9h-12h 14h-17h; f. août*

ROSÉ-DES-RICEYS

Production : 360 hl

Les trois villages des Riceys (Haut, Haute-Rive et Bas) sont situés à l'extrême sud de l'Aube, non loin de Bar-sur-Seine. La commune accueille les trois appellations : champagne, coteaux-champenois et rosé-des-riceys. Ce dernier est un vin tranquille, l'un des meilleurs rosés de France. Déjà apprécié par Louis XIV, il aurait été apporté à Versailles par les canats, spécialistes réalisant les fondations du château, originaires des Riceys.

Ce rosé est issu de la vinification par macération courte de pinot noir, dont le degré alcoolique naturel ne peut être inférieur à 10 % vol. Il faut interrompre la macération – saigner la cuve – à l'instant précis où apparaît le « goût des Riceys » (un goût d'amande et de fruits rouges) qui, sinon, disparaît. Ne sont labellisés que les rosés marqués par ce goût spécial. Élevé en cuve, le rosé-des-riceys se boit jeune, à 8-9 °C, à l'apéritif ou en entrée ; élevé en pièce, il mérite d'attendre entre trois et cinq ans, et on le servira alors à 10-12 °C pendant le repas.

JACQUES DEFRANCE 2009		
■	2 200	🄸	15 à 20 €

Louis, Roger, Jacques et aujourd'hui Christophe : quatre générations de viticulteurs aubois installés aux Riceys-Bas, l'un des trois bourgs qui forment l'important village viticole aubois des Riceys. Le vignoble de 12 ha est à dominante de pinot noir, cépage omniprésent dans ces contrées. (RM)

Dans le verre, une robe d'un rose soutenu, légèrement ambré, évoque la maturité du millésime. Le nez sur les fruits mûrs, les épices, les fleurs séchées et le sous-bois ne dément pas l'impression visuelle. La bouche aurait pu avoir plus de nerf et de longueur, mais elle séduit par sa richesse et son fruité croquant. Un vin à son apogée. ✗ 2015-2016 ✝ jambon rôti

☛ *Jacques Defrance, 28, rue de la Planté, 10340 Les Riceys, tél. 03 25 29 32 20, champagne-jacques-defrance@wanadoo.fr* 🅅 🄺 🄻 *r.-v.*

JEAN-JACQUES LAMOUREUX 2012		
■	3 750	🄸	11 à 15 €

René Lamoureux a planté ses premières vignes en 1947 aux Riceys, relayé en 1978 par Jean-Jacques qui a lancé son champagne en 1985. Son fils Vivien, œnologue, officie aujourd'hui en cave. (RM)

Un rosé de l'année 2012, à la robe presque rouge. Les arômes caractéristiques du pinot noir (groseille, framboise, fraise) s'expriment en toute délicatesse. Dans le même registre, le palais, un peu fugace, est à la fois vineux et légèrement acidulé. ✗ 2015-2017 ✝ gambas sautées

☛ *Jean-Jacques Lamoureux, 27 bis, rue du Gal-de-Gaulle, 10340 Les Riceys, tél. 03 25 29 11 55, champlamoureux@ orange.fr* 🅅 🄺 🄻 *t.l.j. sf dim. 10h-12h 14h-18h*

MOREL PÈRE ET FILS Rosé de cuvaison ★		
■	8 000	🄸	15 à 20 €

Prenant la suite de quatre générations, Pascal Morel s'est installé en 1973 à la tête du vignoble familial (8 ha aujourd'hui). C'est l'un des spécialistes du rosé-des-riceys, qu'il a vinifié avant de champagne. (RM)

Cuvaison ? Ici, une macération durant une trentaine d'heures de grappes entières de pinot noir. Les années 2011 et 2010 ont été assemblées pour cette cuvée d'un rose soutenu, au nez élégant et frais de fleurs et de fruits rouges. Au palais, la palette aromatique s'enrichit en finale de notes de granny-smith et de pamplemousse qui laissent une impression plaisante de vivacité. Un riceys charmeur, délicat et tonique. ✗ 2015-2017 ✝ poulet au citron

☛ *Morel Père et Fils, 93, rue du Gal-de-Gaulle, 10340 Les Riceys, tél. 03 25 29 10 88, morel.pereetfils@wanadoo.fr* 🅅 🄺 🄻 *r.-v.*

Le Jura,
la Savoie
et le Bugey

||||||||||||||||||||||||||||||||||||||||||||||||||||||||||||||||||||||||||||||||||||||||||||||||||||||

• Le Jura

Superficie :

1 950 ha

Production moyenne :

86 000 hl

Types de vins :

Blancs pour les deux tiers, rouges et rosés
(un tiers), effervescents.

Spécialités : vins jaunes (vins de voile)
et liquoreux (vins de paille).

Cépages :

Rouges : pinot noir, poulsard
(ou ploussard), trousseau.

Blancs : chardonnay, savagnin.

• La Savoie et le Bugey

Superficie :

2 031 ha

Production :

111 000 hl

Types de vins :

Blancs majoritairement (70 %),
secs pour la plupart ; rouges
et quelques rosés (5 %).
Quelques blancs effervescents (5 %).

Cépages :

Rouges : mondeuse ; gamay ; pinot noir.

Blancs : jacquère (majoritaire) ; altesse ;
bergeron (roussanne) ; chasselas ;
chardonnay ; molette ; gringet.

ANDRÉ-JEAN MORIN
Dom. de la Touraize

À la tête du domaine de Touraize à Arbois, André-Jean Morin est un viticulteur chevronné, mais un vinificateur débutant. Son parcours démontre que la valeur n'attend pas le nombre des années. Son premier vin de paille reçoit même un coup de cœur... Celui qui aime à se définir comme « un vigneron raisonnable et sincère » est aussi un vinificateur bien inspiré.

Les grandes questions de la quarantaine ne sont pas restées sans conséquence pour André-Jean Morin. À la fin de la première décennie des années 2000, ce viticulteur qui apportait ses raisins à la coopérative a décidé de s'accomplir aussi comme élaborateur de vin. Étonnante vocation tardive pour un homme issu d'une famille viticole depuis 1650. Pas tant que cela en fait. « Après la guerre de 1914, mon grand-père est rentré en coopérative, mon père l'a suivi par conviction », expose André-Jean Morin. Autre époque, autres aspirations. « En 2008-2009, j'ai voulu reprendre le destin de mes raisins en main. » Le quadragénaire a suivi dans sa jeunesse une formation en œnologie. « J'ai toujours gardé un intérêt pour la vinification. Je me suis toujours tenu informé », poursuit-il. Mieux, André-Jean Morin confie qu'il vinifiait à l'époque 200 ou 300 litres par an. « Pour m'amuser, on va dire... »

L'échelle du vigneron

Le 2010 est son premier « vrai » millésime. Autre paradoxe, il le renvoie près des ceps. « Ce que j'ai appris de ma petite expérience, c'est que 80 % du vin se fait à la vigne. Avec de beaux raisins, vous faites de bons vins. Il n'y a pas de secret. J'ai retenu cette phrase d'un grand producteur de côtes-du-rhône : les raisins c'est l'échelle et le vigneron doit y monter. Quand il n'y a plus de barreaux, le vigneron s'arrête de monter. »

Pour ce qui est des vignes, André-Jean Morin maîtrise son sujet. Et depuis longtemps. « J'aime être dans mes vignes. Je travaille 3 ha sans insecticides, ni engrais, ni désherbages chimiques. Je fais au mieux, en sachant que le premier consommateur de mes vins, c'est moi ».

Coups d'essai

Cette édition du Guide confirme que le vigneron dispose avec Les Corvées d'un terroir de prédilection pour le cépage trousseau. « C'est un coteau avec une géologie assez particulière à Arbois. Il y a ici des graviers sur marnes », précise-t-il. Pendant les vendanges, les cuves sont remplies par gravité. Après égrappage et un léger foulage, on laisse les raisins longtemps en

Dom. de la Touraize,
7, rte de la Villette,
39600 Arbois,
tél. 06 83 41 74 60

cuve pour en tirer le meilleur : trente jours contre dix-huit à vingt jours généralement dans le Jura. « Je laisse macérer le marc après la fin des fermentations alcooliques. Cela apporte des notes un peu cacaotées, une structure plus soyeuse. » L'élevage se poursuit sous bois, en demi-muid, pendant une petite année.

Les dégustateurs ont également apprécié le vin de paille de la Touraize dans son premier millésime. Le vigneron explique ce succès par un soin très méticuleux lors des vendanges. « Je suis très maniaque à la cueillette. Les vendanges se font en cagettes avec des bénévoles, un dimanche ». Des raisins issus de trois cépages : chardonnay, savagnin et poulsard en proportions égales. Coups d'essai, coups de maître...

Jean-Charles Girard-Madoux, Chef-Lieu, 73800 Chignin,
tél. 06 19 50 43 35,
jcgirardmadoux@hotmail.fr

JEAN-CHARLES GIRARD-MADOUX
Dom. Girard-Madoux

L'histoire est belle. Par un heureux hasard, Jean-Charles Girard-Madoux a repris les vignes que son arrière-grand-père a cultivées tant de millésimes avant lui. Un vignoble pourtant vendu en 1976. Son retour dans le giron familial semble très bien lui convenir ! Le coup d'essai du jeune vigneron est un coup de maître : un coup de cœur, tout simplement.

Le gène de la vigne

Le domaine Girard-Madoux a longtemps prospéré sur les coteaux du village de Chignin, au sud-est de Chambéry. Jusqu'à ce que le grand-père, puis le père, de Jean-Charles Girard-Madoux se sentent une vocation d'avocats plutôt que de vignerons. Mais il semble bien qu'on ne se débarrasse pas si facilement du gène de la vigne... « Je faisais des études de biologie et c'est lors de vendanges dans le Beaujolais que j'y ai pris goût », se souvient Jean-Charles. Il décide alors de passer un BTS « viti-œno » au lycée viticole de Beaune. Il fait ses gammes au domaine Patrice Rion à Nuits-Saint-Georges. « J'aime travailler dehors, dans la vigne. J'aime aussi le commerce. En fait, c'est un métier très complet où il est possible de tout maîtriser de A à Z. C'est vraiment ce qui m'a attiré ».

En 2006, le vigneron auquel son grand-père avait vendu les vignes souhaite stopper son activité... Cet abandon tombe à pic pour Jean-Charles, qui a maintenant son diplôme et une belle expérience en poche. Il débute avec 2,5 ha avant de s'agrandir. L'exploitation compte 6,5 ha aujourd'hui.

Du pinot noir à la mondeuse

« Mes vignes sont situées sur des coteaux dont les pentes varient entre 30 et 60 %. La mécanisation est donc impossible. Les vendanges se font en caisse ». Il porte un soin particulier à un très ancien cépage rouge qui fait aujourd'hui la réputation des vins savoyards : la mondeuse. « C'est un cépage assez rustique, il mûrit au mois d'octobre et il ne faut laisser que quatre ou cinq grappes par pied », expose Jean-Charles. Il aime particulièrement vinifier les rouges – un

héritage de son expérience en Côte de Nuits. Les mondeuses fermentent en grappes entières versées directement de la caisse à la cuve. La trituration est minimale et le respect du fruit maximal. Pour les blancs, Jean-Charles Girard-Madoux arrache les plants de jacquère pour les remplacer par de la marsanne et de la roussanne, plus qualitative.

Restauration éphémère

Autre particularité du domaine, il propose une activité de « restauration éphémère ». Des repas pris dans les vignes, l'été, ou dans le caveau, l'hiver. Devant un magnifique panorama sur les massifs des Bauges et de la Chartreuse, on prend l'apéritif, avant un repas de grillades au feu de bois et de fromages affinés... Des moments privilégiés pour apprécier les vins du domaine.

LE JURA

Faisant pendant à celui de la Bourgogne, le vignoble du Jura, soumis à un climat plus continental, est d'une superficie bien plus restreinte. S'il cultive largement le chardonnay et le pinot noir bourguignons, il choie des cépages autochtones, comme le savagnin en blanc et le trousseau et le poulsard en rouge. Les amateurs prisent ses productions aussi originales que confidentielles, telles que le vin de paille, le vin jaune et le macvin.

Face à la Côte d'Or Le vignoble, situé sur la rive gauche de la Saône, occupe les pentes qui descendent du premier plateau des monts du Jura vers la plaine, selon une bande nord-sud traversant tout le département, de la région de Salins-les-Bains à celle de Saint-Amour. Ces pentes, beaucoup plus dispersées et irrégulières que celles de la Côte-d'Or, se répartissent sous toutes les expositions, à une altitude se situant entre 250 et 400 m.

Nettement continental, le climat voit ses caractères accusés par l'orientation générale en façade ouest et par les traits spécifiques du relief jurassien, notamment l'existence des « reculées », ces profondes échancrures du plateau ; les hivers sont très rudes et les étés très irréguliers, mais avec souvent beaucoup de journées chaudes. La vendange se prolonge parfois jusqu'à novembre en raison des différences de précocité entre les cépages. Les sols marneux et argileux sont en majorité issus du trias et du lias, surtout dans la partie nord, ainsi que des calcaires qui les surmontent, surtout dans le sud du département. Les cépages locaux sont parfaitement adaptés à ces terrains. Ils nécessitent toutefois un mode de conduite assez élevé au-dessus du sol, pour éloigner le raisin d'une humidité parfois néfaste à l'automne. C'est la taille dite « en courgées », longs bois arqués que l'on retrouve sur les sols semblables du Mâconnais. La culture de la vigne est ici très ancienne : elle remonte au moins au début de l'ère chrétienne si l'on en croit les textes de Pline ; et il est sûr

que le vin du Jura, qu'appréciait tout particulièrement Henri IV, était fort en vogue dès le Moyen Âge. La région compta jusqu'à 20 000 ha de vignes avant la crise phylloxérique.

Des vins originaux Des cépages locaux voisinent avec d'autres, issus de la Bourgogne. Le poulsard (ou ploussard) est propre aux premières marches des monts du Jura ; il n'a été cultivé, semble-t-il, que dans le Revermont, ensemble géographique incluant également le vignoble du Bugey, où il porte le nom de mècle. Ce raisin à gros grains oblongs, très parfumé et peu coloré, contient peu de tanin. C'est le cépage type des vins rosés, vinifiés le plus souvent comme les rouges. Le trousseau, autre cépage local, est en revanche riche en couleur et en tanin. Il donne naissance à des vins rouges caractéristiques des appellations d'origine du Jura. Le pinot noir, venu de la Bourgogne, est utilisé en assemblage ou vinifié seul. Il contribue aussi, avec le chardonnay, au crémant-du-jura, vin effervescent élaboré selon la méthode traditionnelle. Le chardonnay, comme en Bourgogne, réussit ici parfaitement sur les terres argileuses, où il apporte aux vins blancs leur bouquet inégalable. Le savagnin est le cépage blanc local. Il est cultivé sur les marnes les plus ingrates, et donne, après plus de six ans d'élevage spécial dans des fûts en vidange (non ouillés), le vin jaune, un vin de garde vif, riche et complexe, fruit d'une patiente vinification du savagnin sous voile de levures. Le vin de paille, un liquoreux, et le macvin, un vin de liqueur, sont deux autres productions

Pleine de charme, la vieille cité d'Arbois, si paisible, est la capitale de ce vignoble ; on y évoque le souvenir de Pasteur qui, après y avoir passé sa jeunesse, y revint souvent. C'est là, de la vigne à la maison familiale, qu'il mena ses travaux sur les fermentations, si précieux pour la science œnologique ; ils devaient, entre autres, aboutir à la découverte de la « pasteurisation ». C'est à Arbois qu'a été fondée la plus ancienne coopérative de la région, en 1906.

réputées du Jura. Vins de paille et vins jaunes sont proposés dans trois appellations : arbois, côtes-du-jura et l'étoile. Château-chalon est réservée au vin jaune et le macvin-du-jura, un vin de liqueur, bénéficie de son AOC.

Les vins blancs ont parfois un caractère très évolué, presque oxydé : ils sont élevés longuement, sans ouillage, dans le style des vins jaunes. Ils sont souvent issus de savagnin, parfois assemblé au chardonnay. À côté de ces blancs « tradition », on trouve nombre de blancs classiques, les « floraux », vinifiés en cuve ou en fût. Au début du XXᵉ s., on trouvait des vins rouges de plus de cent ans ; ce n'est plus le cas aujourd'hui.

Le rosé, quant à lui, est en réalité un vin rouge peu coloré et peu tannique, qui se rapproche souvent plus du rouge que du rosé des autres vignobles. De ce fait, il est apte à un certain vieillissement.

ARBOIS

**Superficie : 795 ha / Production : 30 000 hl
(54 % rouge et rosé ; 45 % blanc et jaune ;
1 % vin de paille)**

La plus connue des AOC du Jura s'applique à tous les types de vins produits sur douze communes de la région d'Arbois. Il faut rappeler l'importance des marnes triasiques dans cette zone, et la qualité toute particulière des « rosés » de poulsard qui sont issus des sols correspondants. Réputé justement pour ses vins de poulsard, le village de Pupillin peut faire figurer son nom sur les étiquettes à côté de celui d'Arbois.

FRUITIÈRE VINICOLE D'ARBOIS		
Vin jaune 2008 ★		
■ 25 000	⅏	20 à 30 €

Arbois, 1906 : quelques vignerons décident de fonder cette coopérative, l'une des premières en France. La fruitière est toujours là, forte des apports issus de 280 ha de vignes et d'une gamme très complète. Disposant de chais modernes au château Béthanie, acquis en 1969, ses vins figurent souvent en tête d'affiche dans le Guide.

Délicat et riche, sur les épices (curry), la noix et les fruits confits, le nez révèle son intensité à l'aération. Ample sans être molle, la bouche se montre souple, avec un juste retour des épices. Ce vin raffiné est un bon « jaune » de découverte. ☖ 2016-2026 ♈ gambas au safran ■ Vin de paille 2011 ★ (20 à 30 € ; 10 000 b.) : miel, hydromel, mirabelle et foin frais coupé, le nez de ce vin de paille est riche et joliment constitué. La bouche, plutôt moelleuse, trouve un juste équilibre grâce à sa fraîcheur et rappelle les arômes fruités du nez jusqu'en finale. Une tenue en bouche qui ne laisse pas le plaisir en reste. ☖ 2017-2025

☛ *Fruitière Vinicole d'Arbois, 2, rue des Fossés, 39600 Arbois, tél. 03 84 66 11 67, contact@ chateau bethanie.com* 🆅 🅰 🏠 *t.l.j. 10h-12h 14h-18h*

♥ CAVEAU DE BACCHUS		
Vin jaune Cuvée de la confrérie 2006 ★★★		
■ 960	⅏	30 à 50 €

Le caveau de Bacchus, c'est le repaire original qu'a créé Lucien Aviet en 1961 dans le charmant village de Montigny-lès-Arsures. Son fils l'y a rejoint en 1999. Ils dirigent une exploitation de 6 ha.

Bacchus, alias Lucien Aviet, a baptisé son vin jaune « cuvée de la Confrérie » en l'honneur des « confrères », ses meilleurs clients. Or intense, ce 2006 libère un nez très puissant où se mêlent des senteurs de noix, de fruits jaunes (mirabelle) et d'épices. Une attaque ronde et engageante laisse place à une bouche ample, fraîche et grasse à la fois, qui s'étire dans une finale en queue de paon. Une belle typicité dans ce vin d'émotion et d'exception. ☖ 2019-2025 ♈ homard thermidor ■ Cuvée des géologues Rosières 2012 ★ (11 à 15 € ; 3 500 b.) : ce 100 % trousseau trouve

cette année encore une bonne place dans le Guide. Malgré une légère réduction au premier nez, il libère à l'aération des parfums d'épices, de fruits rouges et de truffe. La bouche, longue et bien équilibrée, mêle des arômes de cassis, de framboise et d'épices. ☖ 2017-2021 ■ Cuvée des géologues Rusard 2013 ★ (11 à 15 € ; 3 000 b.) : ce pur trousseau à la couleur griotte joue sur le registre de la groseille au nez. Très fruité aussi en bouche, c'est un vin frais et gourmand. ☖ 2017-2019

☛ *EARL Caveau de Bacchus, 4, rue de la Boutière, 39600 Montigny-lès-Arsures, tél. 03 84 66 11 02, caveaubacchus@orange.fr* 🆅 🅰 🏠 *r.-v.*
☛ Vincent Aviet

PAUL BENOIT ET FILS		
Ploussard Pupillin 2012 ★		
■ 4 000	î	8 à 11 €

Paul et Christophe Benoit, installés au hameau La Chenevière, ancien lieu de culture du chanvre, exploitent un domaine de 10 ha.

Rouge cerise aux reflets orangés, ce ploussard se présente net et dense au nez, ouvert sur les épices et les petits fruits rouges (fraise cuite, cerise). La bouche offre de la rondeur et de la matière, et repose sur des tanins encore un peu fermes en finale, mais que quelques années de garde permettront d'arrondir. Un vin au potentiel intéressant. ☖ 2016-2021 ♈ entrecôte

☛ *Paul Benoit et Fils, 4, rue du Chardonnay, La Chenevière, 39600 Pupillin, tél. 03 84 37 43 72, paul-benoit-et-fils@orange.fr* 🆅 🅰 🏠 *t.l.j. 9h-12h 14h-18h*

Jura

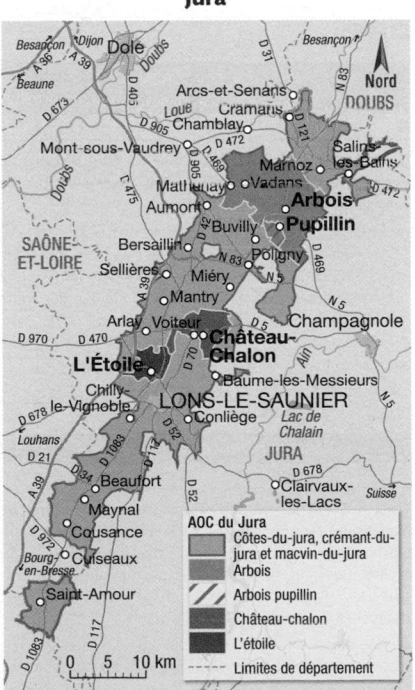

Ⓑ DOM. BRÉGAND Pinot noir 2013 ★

| | 5 300 | | 15 à 20 € |

Le domaine Brégand, propriété de la société Henri Maire, est conduit en agriculture biologique depuis 1997. Plantées de pinot noir sur 4 ha, les vignes sont âgées d'une trentaine d'années.

De robe sombre, ce 2013 présente un nez élégant, intense et frais sur les fruits rouges, que souligne un trait vanillé. Assez marquée par l'élevage en fût (10 % de fûts neufs), la bouche est puissante et prolonge le registre des fruits rouges jusque dans sa finale persistante. Ses tanins encore fermes devraient s'assagir avec une petite garde. ✗ 2017-2022 ♈ cailles aux baies rouges

☞ SCV Dom. Brégand, Boichailles, 39600 Arbois, tél. 03 84 66 12 34

PH. BULABOIS Savagnin 2011 ★★

| | 3 000 | 🍷 | 11 à 15 € |

S'épanouissant dans les marnes bleues, le savagnin est le cépage roi de cette exploitation de 9 ha, reprise en 2002. Philippe Bulabois s'en est fait une spécialité. Les jeunes vignes sont travaillées avec les chevaux de race comtoise nés sur le domaine.

Vieil or presque ambré, cette cuvée libère un nez intense et complexe de tilleul, d'épices, d'agrumes (citron) et de noix. Élégante, la bouche trouve un juste équilibre entre fraîcheur et souplesse, que viennent souligner de savoureuses notes d'agrumes confits. Une belle preuve de la passion et de la maîtrise du savagnin par Philippe Bulabois. ✗ 2019-2021 ♈ homard thermidor

☞ Philippe Bulabois, 51, rte de Villette, 39600 Arbois, tél. 06 34 11 80 75, pbulabois.vigneron@orange.fr
Ⓥ 🔧 🏆 r.-v.

CELLIER SAINT-BENOIT
Pupillin Côte de Feule 2013 ★

| | 2 000 | 🍷 | 5 à 8 € |

Denis Benoit s'est installé en 1989, a livré d'abord en coopérative, puis s'est mis à vinifier et à vendre sa récolte à partir de 2002.

Couleur groseille, ce ploussard dévoile un nez assez dense, fruité, mais aussi épicé et légèrement animal. Après une attaque ronde, la bouche souple à souhait et munie d'une belle fraîcheur prolonge le registre aromatique des fruits rouges. Un vin agréable et polyvalent. ✗ 2016-2020 ♈ grillades

☞ Denis Benoit, Cellier Saint-Benoit, rue du Chardonnay, 39600 Pupillin, tél. 03 84 66 06 07, celliersaintbenoit@wanadoo.fr Ⓥ 🔧 🏆 r.-v.

JOSEPH DORBON Savagnin 2007

| | 1 200 | ⬚ | 11 à 15 € |

C'est à 6 km au nord d'Arbois, sur la commune de Vadans, que sont implantés les 3 ha de vignes de Joseph Dorbon. Le village se trouve au pied d'un château du XVIIIᵉs. Les plus vieilles vignes du domaine sont travaillées à l'aide d'un cheval et les vendanges sont manuelles.

Ce n'est pas un vin jaune, mais ça y ressemble. Pur savagnin vieilli en fût pendant six ans, il est percutant au nez, avec une impression de « patiné » sur la noix et la

muscade. Puissante et complexe, la bouche ne manque pas de finesse grâce à sa juste vivacité qui persiste jusqu'à la finale aux amers élégants. ✗ 2019-2021 ♈ raclette

☞ Joseph Dorbon, 3, pl. de la Liberté, 39600 Vadans, tél. 06 80 30 20 74, joseph.dorbon@wanadoo.fr
Ⓥ 🔧 🏆 r.-v. 🏠 Ⓓ

DOM. DANIEL DUGOIS Auréoline 2013 ★

| | 1 600 | 🍶 | 8 à 11 € |

Daniel Dugois s'installe en 1974 et commercialise sa production au négoce. En 1982, il décide de vinifier lui-même. Son fils, Philippe, le rejoint en 2007 après avoir vinifié à l'étranger et conduit seul le domaine, depuis la retraite de son père en 2014.

Selon Sully, l'arbois était « propre à émoustiller fortement les dames de Paris ». On ne sait si cette cuvée ou clair aux reflets verts a cette vertu, mais elle est en tout cas séduisante. Issue de savagnin élevé en cuve et ouillé, donc sans voile, elle est aux antipodes des vins du Jura dits « typés ». Acidulée et fruitée (notes de fruits exotiques), la bouche est à la fois souple et pleine d'allant. ✗ 2019-2021 ♈ escalopes de poulet à la crème ■ Trousseau Mouchet 2013 (11 à 15 € ; 1 300 b.) : vin cité. ✗ 2017-2019

☞ Dom. Daniel Dugois, 4, rue de la Mirode, 39600 Les Arsures, tél. 03 84 66 03 41, daniel.dugois@wanadoo.fr Ⓥ 🔧 🏆 t.l.j. 10h-12h 14h-18h 🏠 Ⓑ
☞ Philippe Dugois

DOM. MARTIN FAUDOT Trousseau 2013 ★★

| | 6 000 | 🍶 | 11 à 15 € |

Louis Faudot obtint en 1896 de la part de la société de viticulture d'Arbois un diplôme d'honneur pour ses recherches concernant le greffage. Héritiers de ces savoir-faire, Michel Faudot et Jean-Pierre Martin sont à la tête d'un domaine familial de 12 ha.

Ce trousseau, paré de rubis soutenu aux reflets orangés, nous plonge dès l'olfaction dans l'univers fruité de la fraise des bois. Tout aussi fruitée mais avec un côté plus mûr, la bouche, aux tanins fondus, gagne l'appui des épices. L'harmonie est trouvée dans ce vin frais et puissant. ✗ 2017-2022 ♈ pastilla de pigeon

☞ Dom. Martin Faudot, 1, rue Bardenet, 39600 Mesnay, tél. 03 84 66 29 97, info@domaine-martin.fr
Ⓥ 🔧 🏆 r.-v.

SYLVAIN FAUDOT
Trousseau Tour Canoz 2013 ★★

| | 2 000 | ⬚ | 8 à 11 € |

Créé en 1998, ce domaine de 5 ha conduit en agriculture raisonnée a modernisé sa cuverie en 2005, en l'équipant notamment de thermorégulation automatique.

D'une macération pelliculaire d'une semaine et d'un élevage de douze mois en fût ce trousseau tire sa couleur grenat aux légers reflets orangés. Le nez bien frais révèle des parfums de fruits noirs (cassis, mûre) et de réglisse. La bouche, riche, aux tanins fondus, poursuit sur le fruité mûr. De l'ampleur et de la puissance dans ce vin, et tout autant d'harmonie. ✗ 2017-2022 ♈ cailles aux raisins

☞ Sylvain Faudot, 13, rte de Salins, 39600 Saint-Cyr-Montmalin, tél. 03 84 37 41 03, sylvain.faudot-vigneron@sfr.fr Ⓥ 🔧 🏆 t.l.j. sf dim. 9h30-12h 13h30-19h 🏠 Ⓔ

RAPHAËL FUMEY ET ADELINE CHATELAIN
Savagnin 2010

	1 500		▮ ◫		11 à 15 €

Raphaël Fumey et Adeline Chatelain sont logés dans une belle maison comtoise du quartier Saint-Laurent à Montigny-lès-Arsures, charmant village proche d'Arbois et proclamé capitale du trousseau. Ils cultivent 14 ha de vignes.

Douze mois de cuve et trois mois de fût ont été nécessaires pour ce savagnin couleur paille aux reflets de bronze. Discret, le nez s'aventure vers l'anis, le fenouil et les épices. Des notes que l'on retrouve dans une bouche vive et puissante, qui s'adoucit en cours de dégustation pour évoluer vers la rondeur et le gras. Un vin prometteur. ✗ 2019-2021 ▼ fondue savoyarde

☛ Raphaël Fumey et Adeline Chatelain, 2, quartier Saint-Laurent, 39600 Montigny-lès-Arsures, tél. 03 84 66 27 84, contact@fumey-chatelain.fr
Ⓥ ✿ t.l.j. sf dim. 10h30-12h 13h30 18h30

DOM. AMÉLIE GUILLOT
Chardonnay Vieilles Vignes 2012 ★

	1 500		◫		8 à 11 €

Amélie Guillot obtient un diplôme d'œnologue en 1995 et s'installe la même année sur 2 ha de vignes. Originaire de Bourgogne mais étrangère au milieu viticole, elle exploite aujourd'hui près de 4 ha qu'elle vendange manuellement.

Paré de jaune d'or, ce chardonnay issu de vignes de soixante ans libère d'intenses parfums de fruits secs (noix, noisette) et de grillé. La bouche se montre tout aussi intense, ce qu'il faut de fraîcheur et de rondeur, le tout porté par un fruité généreux et bien équilibré. Un vrai « vin plaisir ». ✗ 2019-2021 ▼ carpaccio de veau au thon

☛ Amélie Guillot, 1, rue du Coin-des-Côtes, 39600 Molamboz, tél. 03 84 66 04 00, amelie.guillot@wanadoo.fr Ⓥ ✿ ✿ r.-v. ✿ ◉

♥ DOM. LIGIER PÈRE ET FILS
Poulsard 2013 ★★

	2 500		▮		5 à 8 €

Installée à Arbois, la famille Ligier a créé ce domaine de pièces en 1986, 10 ha aujourd'hui. Des investissements réguliers ont été faits, notamment la construction, en 2002, d'un chai adapté au vieillissement des vins jaunes. Une valeur sûre du vignoble jurassien.

Une robe cerise aux légers reflets bruns réserve à la dégustation de ce poulsard 2013 un brillant accueil dans tous les sens du terme. Le nez harmonieux prend son temps pour se livrer, mais développe une palette d'arômes très « poulsard » à l'aération avec ses notes de petits fruits rouges et de sous-bois. Ronde, l'attaque en bouche précède un beau développement tannique, soyeux à souhait, et les arômes de fruits rouges se mêlent à des notes torréfiées et de fruits à l'alcool. La petite touche fraîcheur en finale vient apporter un tonus tout à fait

opportun pour clore une très belle dégustation. ✗ 2016-2019 ▼ saucisse de Morteau confite à l'échalote

☛ EARL Ligier, 56, rte de Pupillin, 39600 Arbois, tél. 03 84 66 28 06, gaec.ligier@wanadoo.fr
Ⓥ ✿ ✿ t.l.j. 9h-18h30; dim. sur r.-v.
☛ Hervé et Stéphane Ligier

FRÉDÉRIC LORNET Chardonnay 2013 ★

	8 000		◫		8 à 11 €

Il est plutôt rare pour un viticulteur de travailler sur le site d'une abbaye cistercienne du XII e s., et il n'est pas non plus souvent donné aux œnophiles de déguster dans une ancienne chapelle. Boire un vin de Frédéric Lornet, petit-fils de tonnelier, c'est un peu aller aux sources de l'abbaye de Gennes et du travail séculaire autour de la vigne et du vin. Un domaine régulier en qualité.

Jaune clair aux nuances dorées, ce chardonnay libère au nez un fruité intense. La bouche, aux généreuses notes de fruits exotiques, gagne en complexité et en douceur grâce au soutien de délicates notes de miel. Un vin à la fois charpenté et élégant, paré pour la garde. ✗ 2018-2021 ▼ cabillaud en papillote

☛ Frédéric Lornet, L'Abbaye, 39600 Montigny-lès-Arsures, tél. 03 84 37 44 95, frederic.lornet@orange.fr Ⓥ ✿ ✿ t.l.j. 10h-12h 13h30-17h30

DOM. DÉSIRÉ PETIT
Ploussard de Feule Pupillin 2013 ★★

	4 000		▮		8 à 11 €

Désiré Petit a bâti dès 1932 ce domaine qui compte aujourd'hui 27 ha et s'est imposé comme l'une des références incontournables du vignoble jurassien. Ses fils Gérard et Marcel l'ont fait prospérer à partir de 1970, et ce sont désormais les enfants de Marcel, Anne-Laure et Damien, qui en ont la responsabilité, confortant certains positionnements, comme les vendanges manuelles, mais explorant aussi de nouvelles voies, telle la cuvée sans soufre.

Du soufre, cette cuvée-là n'en a pas eu besoin et n'a pas été filtrée. Issu du coteau de Feule, exposé plein sud, le ploussard a donné ici un vin couleur groseille aux reflets orangés. Son nez frais de framboise et de biscuit s'ouvre à l'aération. Une bonne matière s'exprime dans une bouche équilibrée, avec certes des tanins encore un peu présents mais qui s'adouciront avec le temps. ✗ 2018-2022 ▼ assiette de charcuterie

☛ Dom. Désiré Petit, 62, rue du Ploussard, 39600 Pupillin, tél. 03 84 66 01 20, contact@desirepetit.com Ⓥ ✿ ✿ t.l.j. 8h30-12h 14h-18h30

Ⓑ DOM. DE LA PINTE Vin jaune 2007

	1 180		◫		30 à 50 €

On les voit de la route nationale, ces caves uniques dans le Jura : des bâtiments voûtés de 70 m de long, pensés en 1953 par Roger Martin, qui fit du savagnin une passion au point d'en planter 13 ha d'un seul tenant sur les marnes bleues du lias, au lieu-dit « La Pinte à la Capitaine ». Toujours propriété de la famille, le domaine est dirigé par Bruno Ciofi, qui l'a converti à l'agriculture biologique en 1999 et en biodynamie depuis 2009.

D'un bel or, ce vin jaune libère un nez fort délicat et doux, agrémenté de notes iodées. La bouche, à la structure fine et tendre, confirme cette tendance saline. Bien qu'atypique, cette cuvée justement équilibrée est des plus agréables. ✗ 2019-2029 ✞ truite aux amandes

о⌐ *Dom. de la Pinte, rte de Lyon, 39600 Arbois, tél. 03 84 66 06 47, contact@lapinte.fr* 🅥 🅰 🅵 *t.l.j. 9h-12h 14h-18h*

FRUITIÈRE VINICOLE DE PUPILLIN Trousseau Pupillin 2011		
■	16 000	◍	5 à 8 €

Fondée par quelques vignerons en 1909, cette coopérative couvre aujourd'hui 70 ha provenant d'une quarantaine de sociétaires, pour une production d'environ 3 500 hl. Située au cœur du village, dans un cadre régulièrement modernisé, elle allie les dernières techniques de vinification et le respect des usages traditionnels.

Élevé en foudre pendant douze mois, ce trousseau couleur rubis est joliment fruité au nez (cassis, groseille). L'attaque est très souple et précède un beau développement sur des tanins fondus. Une fluidité et une souplesse appréciables. ✗ 2016-2019 ✞ grillades

о⌐ *Fruitière Vinicole de Pupillin, 35, rue du Ploussard, 39600 Pupillin, tél. 03 84 66 12 88, info@pupillin.com* 🅥 🅰 🅵 *t.l.j. 9h-12h 14h-18h*

DOM. ROLET PÈRE ET FILS Poulsard Vieilles Vignes 2012 ★		
■	15 000	î	8 à 11 €

C'est Désiré Rolet qui a créé ce domaine dans les années 1940. Ses enfants conduisent aujourd'hui une des plus importantes exploitations du Jura, constituée de 65 ha dans les AOC arbois, côtes-du-jura, l'étoile et château-chalon.

Un rouge groseille léger tirant vers le rosé, comme on peut les faire dans le vignoble jurassien, habille ce vin qui révèle à l'olfaction des touches poivrées sur un fond de parfum d'orange cuite. Fruité à souhait, fluide et léger en bouche, le vin continue de séduire, rappelant les notes d'orange complétées de délicats arômes de pivoine. C'est un vin de partage, à boire frais. ✗ 2015-2019 ✞ terrine de campagne

о⌐ *Rolet Père et Fils, Montesserin, rte de Dole, 39600 Arbois, tél. 03 84 66 00 05, rolet@wanadoo.fr* 🅥 🅵 *t.l.j. 9h-12h 14h-18h30, au 11 rue de l'Hôtel-de-Ville*

JACQUES TISSOT Chardonnay Les Corvées sous Curon 2013 ★		
■	2 500	◍	11 à 15 €

C'est en 1962 que Jacques Tissot crée son domaine avec une parcelle héritée de son père. La modernisation des chais est engagée en 1992 avec la création d'une surface de 2 000 m² au bord de la nationale 83. Aujourd'hui, la propriété compte 30 ha de vignes, conduite désormais par les enfants, Philippe et Nathalie.

Ce chardonnay, or limpide, libère des parfums intenses et complexes d'épices (curry), de fruits exotiques et de fleurs blanches. Souple à l'attaque, la bouche dévoile progressivement des notes de fruits blancs, d'agrumes, de noix et de boisé, héritage élégant et discret de ses douze mois

d'élevage en fût (60 % en fûts neufs et le reste en fûts de réemploi). Une intensité aromatique qui se déploie dans une juste fraîcheur jusqu'en finale. ✗ 2017-2021 ✞ escalope à la crème

о⌐ *Dom. Jacques Tissot, 39, rue de Courcelles, 39600 Arbois, tél. 03 84 66 24 54, courrierjt@yahoo.fr* 🅥 🅰 🅵 *t.l.j. 10h-12h 14h15-19h*

DOM. JEAN-LOUIS TISSOT Chardonnay 2013 ★		
■	4 000	î	5 à 8 €

L'arrière-grand-père maternel fut l'un des fondateurs de la Fruitière d'Arbois. C'est en 1965 que Jean-Louis Tissot décida de créer son domaine qui, depuis 1994, est cogéré par son fils Jean-Christophe et sa fille Valérie, et qui compte aujourd'hui 16 ha.

Alternative aux vins du Jura dits « typés », ce chardonnay libère un nez tout en finesse avec ses nuances de fleurs et de toasté. De l'élégance et de la matière en bouche : franc en attaque, il évolue tout en fraîcheur et en souplesse sur des notes de noix qui persistent jusqu'en finale. ✗ 2016-2020 ✞ flan aux asperges

о⌐ *Jean-Louis Tissot, Vauxelles, 39600 Montigny-lès-Arsures, tél. 03 84 66 13 08, jean.louis.tissot.vigneron.arbois@wanadoo.fr* 🅥 🅵 *t.l.j. sf dim. 9h-12h 14h-17h30*

MICHEL TISSOT ET FILS 2013 ★		
■	40 000	◍	5 à 8 €

Le domaine Michel Tissot, propriété du groupe Henri Maire depuis 1995, provient d'une maison fondée en 1896 dans le petit village de Nevy-sur-Seille, où sont encore situées les caves.

Ce pur chardonnay, fermenté en pièces (dont environ 20 % de fûts neufs) puis élevé en fût pendant douze mois, a été batonné jusqu'à la fin de la fermentation malolactique. Paré de jaune aux reflets verts, il libère un nez frais sur la pomme verte. Vif mais bien charpenté par le bois, subtilement aromatique, il révélera toute son expression après un léger vieillissement. ✗ 2017-2021 ✞ darne de saumon grillée

о⌐ *Michel Tissot, BP 40012, 39601 Arbois Cedex, tél. 03 84 66 47 97, info@michel-tissot.fr*

♥ **DOM. DE LA TOURAIZE** Trousseau Les Corvées 2013 ★★★		
■	2 660	◍	8 à 11 €

Héritier de huit générations de vignerons, André-Jean Morin a d'abord livré ses raisins à la coopérative avant de vinifier lui-même. Pratiquant une viticulture sans engrais ni insecticides, il envisage l'arrêt total du désherbage chimique. Il dirige une exploitation de 5 ha.

Deux coups de cœur simultanés, une belle reconnaissance pour ce vigneron qui ne vinifie que depuis 2010. Issu de vignes d'une quarantaine d'années, ce trousseau couleur cerise a été élevé en fûts de 600 l pendant douze mois. Il en tire un nez intense de fruits rouges qu'accompagnent des élé-

DOMAINE DE LA TOURAIZE
VIN DE PAILLE
ARBOIS
Appellation Arbois Contrôlée
2010

gantes notes épicées. Vanillée et grillée, la bouche est fine, soyeuse et complexe, prolongeant le plaisir de la dégustation dans sa longue finale. ✗ 2018-2022 ❦ steak de thon au poivre doux

■ Vin de paille 2010 ★★★ (15 à 20 € ; 600 b.) ♥ : ambré, ce vin de paille libère un nez complexe de fruits secs et confits (abricot, coing, figue), agrémenté d'une note de carbone (crayon taillé). Riche et puissante, rappelant avec élégance la palette aromatique de l'olfaction, la bouche est exquise, tant par sa rondeur que par son exceptionnelle longueur.
« Magnifique », dit un dégustateur, tandis qu'un autre souligne la « perfection de l'envergure ». ✗ 2016-2026
o— Dom. de la Touraize, 7, rte de la Villette, 39600 Arbois, tél. 06 83 41 74 60 🅥 🕴 🛆 r.-v.
o— André-Jean Morin

CHÂTEAU-CHALON

Superficie : 50 ha / Production : 1 620 hl

Le plus prestigieux des vins du Jura est exclusivement du vin jaune, le célèbre vin de voile élaboré en quantité limitée selon des règles strictes. Le raisin est récolté sur les marnes noires du lias, dans un site remarquable : un vieux village établi sur des falaises. La mise en vente s'effectue six ans et trois mois après la vendange. Il est à noter que, dans un souci de qualité, les producteurs eux-mêmes ont refusé l'agrément en AOC pour les récoltes de 1974, 1980, 1984 et 2001.

DOM. BERTHET-BONDET 2007 ★

8 000	🍷 🍶	30 à 50 €

Issu d'une famille travaillant dans la lunetterie, Jean Berthet-Bondet, ancien maire de Château-Chalon, est ingénieur agronome de formation, tout comme son épouse. Ils se sont installés en 1985 et travaillent désormais 11 ha de vignes, commandés par une très belle demeure aux caves voûtées. Une valeur sûre du Jura.

Éclatante, jaune doré aux reflets verts, la robe de ce 2007 donne envie de poursuivre la dégustation comme le promeneur est avide de connaître le village de Château-Chalon quand il se trouve en bas de ses falaises. Le nez s'ouvre sur la noix mûre, les fruits secs et le curry : archétypique. La même composition aromatique se retrouve dans une bouche puissante et fraîche jusque dans sa finale citronnée. ✗ 2019-2026 ❦ gâteau aux noix
o— Berthet-Bondet, 7, rue de la Tour, 39210 Château-Chalon, tél. 03 84 44 60 48, berthet-bondet@orange.fr 🅥 🕴 🛆 r.-v. 🏠 🄴

♥ MARCEL CABELIER 2008 ★★★

37 000	🍶	20 à 30 €

Sous cette dénomination œuvre un négociant-vinificateur qui s'est installé en 1986 et fortement développé depuis quelques années dans le Jura en vendant ses vins sous la marque « Marcel Cabelier ». Les apports de cent quatorze vignerons concernent toutes les appellations jurassiennes.

VIN JAUNE DE GRANDE GARDE
CHÂTEAU CHALON
APPELLATION D'ORIGINE CONTRÔLÉE
2008

CABELIER

Jaune doré aux reflets verts, ce 2008 libère un nez de miel, légèrement boisé. Si l'attaque est douce, la puissance ne tarde pas à s'afficher. La noix mûre, la noisette et le grillé s'étendent dans de longues caudalies, dans une bouche à l'équilibre maîtrisé. Un vin harmonieux, tout en finesse à la portée de tous. ✗ 2017-2030 ❦ homard à l'américaine
o— Maison du Vigneron, 22, rte de Champagnole, 39570 Crançot, tél. 03 84 87 61 30, avandervoorde@ lgcf.fr 🅥 🕴 🛆 r.-v.

♥ DOM. COURBET 2007 ★★

1 984	🍶	20 à 30 €

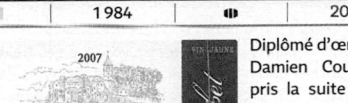

Diplômé d'œnologie, Damien Courbet a pris la suite de ses parents en 2011, après avoir visité d'autres horizons viticoles, comme la Californie ou l'Afrique du Sud. Les caves sont situées dans la maison familiale du petit village de Nevy-sur-Seille et dans l'ancienne chapelle de celui-ci. Les 7,5 ha de la propriété sont cultivés pour moitié en biodynamie, mais sans certification.

Paré d'or, ce 2007 dévoile un nez puissant de fruits confits, mais aussi très complexe, avec de délicates nuances d'épices, de noix, de tabac et de caramel. Tout aussi puissante, la bouche, parfaitement équilibrée, déroule une matière riche et une trame aromatique où la noix mûre se donne sans compter jusqu'à la finale, élégamment citronnée et pleine de fraîcheur. De la personnalité, assurément. ✗ 2019-2030 ❦ poularde à la crème
o— Dom. Courbet, 1130, rte de la Vallée, 39210 Nevy-sur-Seille, tél. 03 84 85 28 70, dcourbet@ hotmail.com 🅥 🕴 🛆 r.-v. 🏠 🄱

MARIE-ANNE ET FRÉDÉRIC LAMBERT 2007

800	🍶	20 à 30 €

Œnologue de formation, Frédéric Lambert a commencé à acheter des vignes en production et des terrains dès 1993. L'installation s'est faite dix ans plus tard et l'exploitation compte désormais 7 ha, comprenant tous les cépages jurassiens, vendangés manuellement.

Premier château-chalon de Frédéric Lambert à figurer dans le Guide, ce vin libère un nez discret mais délicat de noix, de vanille et de tilleul. La bouche ? Elle joue le registre de la finesse : bien que peu marquée par le caractère « jaune », elle ne manque ni de rondeur ni d'expression avec ses arômes de noix mûre, de fruits confits, de vanille et de citron. ✗ 2019-2022 ❦ comté
o— Frédéric Lambert, 14, Pont-du-Bourg, 39230 Le Chateley, tél. 06 03 10 69 04, domainefredericlambert@orange.fr 🅥 🕴 r.-v.

DOM. MACLE 2007 ★

4 000	🍶	30 à 50 €

Jean Macle, ancien maire de Château-Chalon, a créé cette exploitation en 1964. Ses enfants sont désormais

JURA

en charge d'un domaine de 12 ha où vins blancs et jaunes ont la part belle. Des vins élaborés de manière traditionnelle, qui vieillissent dans des caves nichées au cœur du village.

Jaune aux reflets verts, ce vin issu de vignes de quarante ans en moyenne libère au nez des arômes de noix fraîche et de fruits confits. Poursuivant cette belle expression olfactive, la bouche se montre ouverte et franche, préférant la finesse et la fraîcheur à un volume tapageur. Le temps ne devrait que mettre en valeur son potentiel. ✕ 2019-2030 ✚ poularde à la crème et aux morilles

○┑ Dom. Macle, 15, rue de la Roche, 39210 Château-Chalon, tél. 03 84 85 21 85, maclel@ wanadoo.fr Ⓥ 🅰 🅿 r.-v.

JEAN-LUC MOUILLARD 2008 ★★		
2 600	⅏	30 à 50 €

Depuis 1991, Jean-Luc Mouillard élève dans ses belles caves voûtées datant de la fin du XVIᵉs. des vins des AOC l'étoile, côtes-du-jura, macvin-du-jura, crémant-du-jura et château-chalon. Un vigneron multi-appellations et une valeur sûre du vignoble jurassien.

Dans ce vin jaune doré paré de reflets verts, la noix verte s'impose tout en finesse à l'olfaction, accompagnée d'une touche de citronnelle. La bouche, puissante et infiniment longue, rappelle la noix avec justesse, délicatement complétée de touches de noisette. Un vin de garde assurément, mais que l'on pourra déguster dès à présent avec bonheur. ✕ 2016-2030 ✚ coq au vin jaune

○┑ Jean-Luc Mouillard, 379, rue du Parron, 39230 Mantry, tél. 03 84 25 94 30, domainemouillard@ hotmail.fr Ⓥ 🅰 🅿 r.-v. 🏠 ❷

DOM. DÉSIRÉ PETIT 2007		
1 500	⅏	30 à 50 €

Désiré Petit a bâti dès 1932 ce domaine qui compte aujourd'hui 27 ha et s'est imposé comme l'une des références incontournables du vignoble jurassien. Ses fils Gérard et Marcel l'ont fait prospérer à partir de 1970, et ce sont désormais les enfants de Marcel, Anne-Laure et Damien, qui en ont la responsabilité, confortant certains positionnements, comme les vendanges manuelles, mais explorant aussi de nouvelles voies, telle la cuvée sans soufre.

Toujours signé par Gérard et Marcel, ce 2007 est d'abord levuré au nez puis évolue sur la noix fraîche. Bien que légère, la bouche est équilibrée et délicate, avec un joli développement aromatique sur les épices (le curry notamment). ✕ 2019-2022 ✚ truite grillée

○┑ Dom. Désiré Petit, 62, rue du Ploussard, 39600 Pupillin, tél. 03 84 66 01 20, contact@ desirepetit.com Ⓥ 🅰 🅿 t.l.j. 8h30-12h 14h-18h30

DOM. ROLET PÈRE ET FILS Puits-Saint-Pierre 2005 ★★		
1 000	⅏	30 à 50 €

C'est Désiré Rolet qui a créé ce domaine dans les années 1940. Ses enfants conduisent aujourd'hui une des plus importantes exploitations du Jura, constituée de 65 ha dans les AOC arbois, côtes-du-jura, l'étoile et château-chalon.

Dans cet ensemble, les 65 ares de château-chalon sont plantés au lieu-dit Puits-Saint-Pierre, situé sous l'ancienne

église abbatiale, sur un magnifique coteau. Le nez, fondu, s'ouvre tout en finesse sur la noix fraîche et les fruits confits. Puissante et équilibrée, la bouche prolonge la palette aromatique des fruits secs et séduit par son ampleur, sa rondeur, son harmonie et sa longue finale citronnée. ✕ 2019-2025 ✚ beaufort affiné

○┑ Rolet Père et Fils, Montesserin, rte de Dole, 39600 Arbois, tél. 03 84 66 00 05, rolet@wanadoo.fr Ⓥ 🅿 t.l.j. 9h-12h 14h-18h30, au 11 rue de l'Hôtel-de-Ville

CÔTES-DU-JURA

Superficie : 512 ha / Production : 20 540 hl (70 % blanc et jaune ; 28 % rouge et rosé ; 2 % vin de paille)

L'appellation englobe toute la zone du vignoble de vins fins et produit tous les types de vins jurassiens, à l'exception des effervescents.

CH. D'ARLAY Vin jaune 2007		
4 000	⅏	30 à 50 €

Constitué à la fin du XIᵉs., ce domaine viticole (22 ha), aujourd'hui propriété du comte Alain de Laguiche, a été au cours de son histoire une vigne royale d'Espagne, d'Angleterre et de France. Le château et les caves sont classés monuments historiques.

Limpide, ce vin jaune à la robe claire nous invite à cheminer tranquillement, comme sur le sentier sensoriel de découverte de la vigne que met en place le domaine. Des tons légers de noix et du curry montent au nez, ouvrant la voie à une bouche fraîche (voire vive) qui mêle des parfums de noisette, de pomme verte et d'agrumes. ✕ 2019-2024 ✚ langouste à l'armoricaine

○┑ Ch. d'Arlay, 2, rte de Proby, 39140 Arlay, tél. 03 84 85 04 22, chateau@arlay.com Ⓥ 🅿 t.l.j. sf dim. 10h-12h 14h-18h ○┑ Alain de Laguiche

DOM. BADOZ Vin jaune Les Roussots 2008 ★		
8 000	⅏	20 à 30 €

Dix générations de Badoz se sont succédé sur ce domaine de 10 ha, dont les caves sont situées dans la petite ville de Poligny, qui sait si bien marier production viticole et affinage de fromage de Comté. Benoît a pris la succession de son père en 2003.

Clair à l'œil, ce vin jaune est également discret au nez, sur des notes minérales. Bien aromatique (noix), l'attaque est franche. La bouche, puissante et généreuse, s'équilibre sur la fraîcheur. Un vin encore jeune dont la garde aidera à exprimer pleinement le potentiel. ✕ 2020-2030 ✚ truite au vin jaune ■ Savagnin 2010 ★ (11 à 15 € ; 9 000 b.) : un nez prometteur de noisette et de fleur d'acacia pour cette cuvée élevée quatre ans en fût. La bouche, ample, suit cette même trame aromatique avec un agréable boisé. ✕ 2017-2022 ■ Trousseau Les Roussots 2013 ★ (8 à 11 € ; 5 500 b.) : ce 2013 grenat affiche un nez intense de fruits rouges, avec des accents de cuir qui accentuent l'impression de puissance. La bouche, ample et souple, est une belle expression du fruit. ✕ 2016-2020

○┑ Benoît Badoz, 3, av. de la Gare, 39800 Poligny, tél. 03 84 37 18 00, contact@domaine-badoz.fr Ⓥ t.l.j. 8h30-12h30 14h30-19h

BAUD PÈRE ET FILS Chardonnay 2013

| | 7 500 | ◗◗ | 8 à 11 € |

Alain et Jean-Michel Baud sont à la tête de ce domaine familial depuis 1978. Huit générations s'y sont succédé depuis 1642. Berceau originel du domaine, le vignoble du Vernois fit l'objet d'un important remembrement dans les années 1960. Les 21 ha de l'exploitation sont implantés en côtes-du-jura, l'étoile et château-chalon.

Ce chardonnay or pâle, élevé quinze mois en fût, s'ouvre sur un nez d'agrumes puis évolue vers des nuances plus végétales mais toujours très fraîches. Légèrement perlant en bouche, ce 2013 riche, complet et long, n'est pas encore à maturité, mais il est prometteur. ✗ 2017-2021 ❦ truite pochée

☞ Dom. Baud Père et Fils, 222, rte de Voiteur, 39210 Le Vernois, tél. 03 84 25 31 41, info@ domainebaud.fr 🆅 👥 🔼 t.l.j. sf dim. 9h-12h 14h-18h

DOM. BERTHET-BONDET Tradition 2011 ★★

| | 13 000 | 🍶 ◗◗ | 11 à 15 € |

Issu d'une famille travaillant dans la lunetterie, Jean Berthet-Bondet, ancien maire de Château-Chalon, est ingénieur agronome de formation, tout comme son épouse. Ils se sont installés en 1985 et travaillent désormais 11 ha de vignes, commandés par une très belle demeure aux caves voûtées. Une valeur sûre du Jura.

Dans ce 2011, le chardonnay (70 %) a été savamment assemblé au savagnin (30 %). L'élevage en cuve pendant un an puis en fût pendant deux ans, sous voile de levures, le vin tire une teinte vieil or magnifique et un nez bien typé. L'aération met encore plus en valeur l'étendue de sa palette aromatique : noix, épices, miel, notes beurrées... Ample et puissante, la bouche fait la part belle aux arômes de fruits secs (noix), affichant ce qu'il faut de fraîcheur pour exalter l'« intensité jurassienne » de ce vin. On a frôlé le coup de cœur. ✗ 2016-2019 ❦ croûte aux champignons

☞ Berthet-Bondet, 7, rue de la Tour, 39210 Château-Chalon, tél. 03 84 44 60 48, berthet-bondet@orange.fr 🆅 👥 🔼 r.-v. 🏠 🅴

JOËL BOILLEY Vin de paille 2010 ★

| | 14 000 | 🍶 ◗◗ | 15 à 20 € |

C'est en 1987, à l'âge de trente-six ans, que Joël Boilley a repris une ferme céréalière et une exploitation viticole. Après un incendie en 2010, la cave a été reconstruite en 2012. Alors que la production de vin de paille représente souvent une partie marginale dans les exploitations du Jura, Joël Boilley en réalise un volume important sur les 7 ha que compte son domaine.

Ambré aux reflets orangés, ce 2010 affiche un nez intense de miel, de fruits confits et de pruneau cuit. Tout aussi riche en arômes (abricot et miel en dominantes), la bouche joue la carte de la puissance. ✗ 2020-2026 ❦ marquise au chocolat ■ Vin jaune 2007 (20 à 30 € ; 6 000 b.) : vin cité. ✗ 2022-2030

☞ Joël Boilley, 18, rue Marius-Pieyre, 39100 Dole, tél. 06 81 66 87 20, joel.boilley@gmail.com 🆅 👥 🔼 r.-v.

DANIEL BROCARD Savagnin 2008 ★★

| | 1 750 | ◗◗ | 11 à 15 € |

Dans ce domaine proche du château du Pin (XIIIᵉs.), on est viticulteur de père en fils depuis 1890. Daniel Brocard, installé en 1992, y conduit 5 ha de vignes.

Jaune doré soutenu, ce 2008 a été élevé cinq ans en fût. De quoi façonner un joli nez vanillé, floral, mais aussi miellé. On retrouve bien le savagnin dans une bouche puissante, ronde et équilibrée. Un vin tout à fait représentatif. ✗ 2020-2026 ❦ escargots gratinés au beurre de fruits secs ■ Trousseau Pinot 2013 (8 à 11 € ; 2 100 b.) : vin cité. ✗ 2016-2021

☞ Daniel Brocard, 7, rue de l'Église, 39570 Pannessières, tél. 03 84 43 04 67 🆅 👥 🔼 t.l.j. sf dim. 8h-19h

PHILIPPE BUTIN Vin jaune 2007 ★★

| | 2 000 | ◗◗ | 20 à 30 € |

Cette exploitation familiale (22 ha aujourd'hui) depuis trois générations est adepte des vendanges manuelles. Philippe Butin produit essentiellement des vins à partir de cépages blancs qu'il cultive sur les coteaux de Lavigny. Sa production figure régulièrement en bonne place dans le Guide.

La robe est claire mais le nez intense : des parfums de sous-bois et de noix mettent tout de suite l'amateur dans l'ambiance. C'est un « jaune » et un vrai, ce que confirme sans conteste la bouche, ample et harmonieuse : la fraîcheur s'équilibre agréablement et efficacement avec l'alcool. Quant à la noix, elle s'impose tant en intensité qu'en longueur. ✗ 2023-2030 ❦ filets de truite à la crème

☞ Philippe Butin, 21, rue de la Combe, 39210 Lavigny, tél. 03 84 25 36 26, ph.butin@wanadoo.fr 🆅 👥 🔼 r.-v.

MARCEL CABELIER La Côte 39 ★

| | 15 000 | ◗◗ | 8 à 11 € |

Sous cette dénomination œuvre un négociant-vinificateur qui s'est installé en 1986 et fortement développé depuis quelques années dans le Jura en vendant ses vins sous la marque « Marcel Cabelier ». Les apports de cent quatorze vignerons concernent toutes les appellations jurassiennes.

La Côte 39 (allusion au département du Jura) est un assemblage de 73 % de chardonnay et de 27 % de savagnin qui a effectivement été travaillé dans la tradition et l'esprit « jura ». Évolué, le nez tire sur le miel, le pain d'épice, le tabac et la cire d'abeille. Typée, la bouche est riche et solide. ✗ 2016-2020 ❦ comté

☞ Maison du Vigneron, 22, rte de Champagnole, 39570 Crançot, tél. 03 84 87 61 30, avandervoorde@ lgcf.fr 🆅 🔼 r.-v.

Ⓑ CLAUDE CHARBONNIER Vin jaune 2006 ★

| | n.c. | | 20 à 30 € |

Claude Charbonnier s'est tourné vers l'agriculture biologique dès 1968. Il en fut même un des pionniers dans le vignoble du Jura.

Ce beau vin jaune bio, au nez de champignon et de curry, se montre franc, équilibré et long en bouche. Le joli témoin d'une carrière au service du vin et de la nature. ✗ 2022-2030 ❦ canard laqué

☞ Claude Charbonnier, 204, Grande-Rue, 39570 Chille, tél. 03 84 47 23 78

MARIE ET DENIS CHEVASSU Savagnin 2009 ★★

| | 1 800 | ◗◗ | 11 à 15 € |

Les vignes ont été plantées par les parents de la vigneronne, éleveurs. Nichée dans la verdure sur les hauteurs de Menétru, la maison familiale, une ancienne tuilerie, abrite des caves du XVIIIᵉs. Marie-Pierre Chevassu a pris les rênes du domaine en 2008 (4,5 ha aujourd'hui), après avoir travaillé dans d'autres vignobles.

D'un élevage de quatre ans en fût ce 2009 jaune pâle tire un nez délicat de vanille légèrement boisé. La bouche suit cette trajectoire, toujours sur la finesse, accompagnée de notes de miel et de noix. Un vin qui séduira les œnophiles comme les novices à la recherche de vins du Jura typés.
✗ 2016-2026 ♥ dinde aux morilles
☛ *Marie-Pierre Chevassu-Fassenet,*
Les Granges-Bernard, 39210 Menétru-le-Vignoble,
tél. 03 84 48 17 50, mpchevassu@yahoo.fr Ⓥ 🅐 🅛 *r.-v.*

DOM. COURBET Vin de paille 2011		
2 788	◀❙▶	15 à 20 €

Diplômé d'œnologie, Damien Courbet a pris la suite de ses parents en 2011, après avoir visité d'autres horizons viticoles, comme la Californie ou l'Afrique du Sud. Les caves sont situées dans la maison familiale du petit village de Nevy-sur-Seille et dans l'ancienne chapelle de celui-ci. Les 7,5 ha de la propriété sont cultivés pour moitié en biodynamie, mais sans certification.

Le chardonnay, majoritaire dans ce vin de paille, a été associé au savagnin et au poulsard. Le vin tire de cet assemblage un nez délicat de miel, d'abricot et de fruits confits. En bouche, il se montre franc et bien équilibré.
✗ 2018-2026 ♥ foie gras
☛ *Dom. Courbet, 1130, rte de la Vallée,*
39210 Nevy-sur-Seille, tél. 03 84 85 28 70, dcourbet@
hotmail.com Ⓥ 🅐 🅛 *r.-v.* 🏠 Ⓑ

RICHARD DELAY Vin jaune 2007		
2 200	◀❙▶	20 à 30 €

Installé dans les années 1970, Richard Delay s'est forgé une belle réputation et a participé au renouveau de cette partie du vignoble appelée le « sud Revermont ».
Paille aux reflets or, ce vin jaune marie à l'olfaction champignon, noix et curry. Frais à l'attaque, ce que soulignent des notes de citron, le palais affiche un bon équilibre jusqu'en finale. ✗ 2019-2026 ♥ comté
☛ *Richard Delay, 37, rue du Château, 39570 Gevingey,*
tél. 03 84 47 46 78, richard-delay@orange.fr Ⓥ 🅛 *r.-v.*

DOM. GRAND Vin jaune 2008 ★		
2 500	◀❙▶	20 à 30 €

Chez les Grand, on est vigneron de père en fils depuis 1692. Après René Grand, Lothain et ses frères consacrent les années 1970 à 1990 à développer le domaine familial. En 1985, ils quittent Saint-Lothain pour s'installer à Passenans. En 2006, Lothain, son épouse et leur fils Emmanuel reprennent le domaine dans son ensemble (9,5 ha), désormais conduit par ce dernier et Nathalie, sa conjointe. Une valeur sûre.

Jaune clair aux reflets or, ce vin jaune est d'une grande douceur au nez. Cette trame suave se retrouve dans une bouche qui ne manque ni de présence ni de personnalité. La noix verte s'y développe avec bonheur, dans une belle longueur. ✗ 2020-2026 ♥ croûte aux morilles ■ Vin de paille 2011 (20 à 30 € ; 5 500 b.) : vin cité. ✗ 2019-2026
☛ *Dom. Grand, 139, rue du Savagnin, 39230 Passenans,*
tél. 03 84 85 28 88, domaine-grand@wanadoo.fr
Ⓥ 🅐 🅛 *t.l.j. 9h-12h 14h-18h; sam. dim. sur r.-v. en*
janv.-fév.-mars

♥ DOM. HORDÉ		
Vin jaune de Port Lesney 2007 ★★★		
960	◀❙▶	20 à 30 €

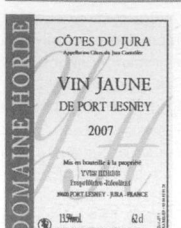

Yves Hordé a acquis un peu à l'aventure une vigne sur le coteau de Port-Lesney en 1999 alors qu'il habitait Reims. Il s'est pris au jeu et s'est agrandi, louant ou achetant des parcelles. Il cultive désormais 2,7 ha, limite les produits phytosanitaires et vendange manuellement.

Toute la passion du vin d'Yves Hordé se retrouve dans ce 2007 de robe claire, qui a connu un élevage de sept ans en fût. Le nez est fin, léger mais bien typé (noix). La bouche met un peu de temps à s'ouvrir, puis se développe avec beaucoup de finesse et d'harmonie, sur d'élégantes tonalités de vanille en finale qui accompagnent des arômes de noix présents pendant toute la dégustation.
✗ 2020-2026 ♥ poularde à la crème
☛ *Yves Hordé, 14, rue du Port, 39600 Port-Lesney,*
tél. 03 84 73 89 24, yves.horde39@orange.fr
Ⓥ 🅐 🅛 *r.-v.*

FRÉDÉRIC LORNET		
Trousseau Cuvée Charles Rouget 2013 ★★		
3 000	◀❙▶	8 à 11 €

Il est plutôt rare pour un viticulteur de travailler sur le site d'une abbaye cistercienne du XIIᵉs., et il n'est pas non plus souvent donné aux œnophiles de déguster dans une ancienne chapelle. Boire un vin de Frédéric Lornet, petit-fils de tonnelier, c'est un peu aller aux sources de l'abbaye de Gennes et du travail séculaire autour de la vigne et du vin. Un domaine régulier en qualité.

Récompensée d'un coup de cœur dans le précédent millésime, cette cuvée couleur grenat est issue de parcelles ayant appartenu à l'ampélographe Charles Rouget. La fraise écrasée et autres petits fruits rouges se pressent au nez, soutenus par une touche de boisé. Fruitée et ronde, la bouche est parfaitement équilibrée entre des tanins soyeux et une fraîcheur revigorante. Un ensemble expressif à souhait. ✗ 2018-2024 ♥ côte de bœuf
■ Chardonnay Cuvée Charles Rouget 2013 ★ (8 à 11 € ; 6 000 b.) : issu de la sélection massale des vignes de Charles Rouget, implantées à Salins-les-Bains, ce vin sent bon les agrumes, les fleurs blanches et l'amande fraîche. Frais en attaque, le vin déroule richesse et fruité, le tout dans un bel équilibre. ✗ 2017-2022
☛ *Frédéric Lornet, L'Abbaye,*
39600 Montigny-lès-Arsures, tél. 03 84 37 44 95,
frederic.lornet@orange.fr Ⓥ 🅐 🅛 *t l.j. 10h-12h*
13h30-17h30

DOM. MACLE 2010 ★		
20 000	◀❙▶	11 à 15 €

Jean Macle, ancien maire de Château-Chalon, a créé cette exploitation en 1964. Ses enfants sont désormais en charge d'un domaine de 12 ha où vins blancs et jaunes ont la part belle. Des vins élaborés de manière traditionnelle, qui vieillissent dans des caves nichées au cœur du village.

Ce 2010, issu de chardonnay (85 %) et de savagnin (15 %), a vieilli trois ans en fût. La proportion des cépages dans l'assemblage change un peu selon les années, mais le type de vin reste fidèle à la tradition locale et familiale. Épices, cire, caramel et fruits secs trouvent dans le beurré un allié de choix pour former un nez élégant. La typicité du savagnin et le côté floral du chardonnay sont réunis dans une bouche qui allie souplesse, puissance et longueur. ✗ 2017-2020 ❦ coquilles Saint-Jacques poêlées à la crème

⌒ *Dom. Macle, 15, rue de la Roche, 39210 Château-Chalon, tél. 03 84 85 21 85, maclel@wanadoo.fr* ▨ ▨ ▨ *r.-v.*

DOM. DES MARNES BLANCHES
Savagnin Empreinte 2010 ★★

■	2 500	◫	15 à 20 €

Tous deux œnologues, Pauline et Géraud Fromont ont créé leur domaine en 2008 en reprenant 4 ha sur un terroir de marnes blanches, que sont venus compléter 6 ha sur des terrains argilo-calcaires. Leur vignoble, situé dans le sud Revermont, est conduit en agriculture biologique.

Comme les autres vins de la gamme Empreinte, ce 2010 a bénéficié d'un élevage sous voile et vieilli quarante-huit mois en fût. Les attributs des vins typés sont bien réunis dans ce savagnin au nez de noix et de pomme verte. Très expressive, puissante et vive, la bouche emprunte cette même voie aromatique sur de longues caudalies. ✗ 2021-2026 ❦ coquelet au vin jaune ■ Vin de paille 2011 ★★ (20 à 30 € ; 900 b.) : ce paille ambré, assemblage de chardonnay (40 %), de savagnin (30 %) et de poulsard (30 %), s'ouvre sur de belles nuances de fruits secs, d'abricot, d'orange, de figue et de caramel. Même si l'attaque peut apparaître chaude, le vin trouve l'équilibre entre puissance et fraîcheur. ✗ 2017-2026

⌒ *Pauline et Géraud Fromont, 3, Les Carouges, 39190 Sainte-Agnès, tél. 03 84 25 19 66, contact@marnesblanches.com* ▨ ▨ ▨ *r.-v.*

DOM. MOREL Chardonnay Les Trouillots 2014

■	2 000	◫	8 à 11 €

Jean-Luc Morel a décidé de passer la main en janvier 2014 à ses deux fils qui reprennent ainsi une partie de l'ancien domaine Morel-Thibaut, l'autre partie étant désormais gérée séparément par Michel Thibaut. Louis et Valentin ont tout de suite pris leurs marques et engagé une conversion à l'agriculture biologique.

Issu de vendanges manuelles, ce chardonnay a été récolté sur le lieu-dit Les Trouillots. Très jeune, il s'ouvre au nez sur des notes fruitées (agrumes, amande) et florales fraîches. On retrouve ce caractère juvénile et vif dans un palais encore légèrement perlant mais qui devrait pleinement s'exprimer avec la garde. ✗ 2018-2022 ❦ ananas rôti au miel

⌒ *Dom. Morel, 8, rue Coittier, 39800 Poligny, tél. 03 84 52 62 55, domaine.morel@orange.fr* ▨ ▨ ▨ *t.l.j. 15h-19h; sam. 10h-12h* ⌒ Jean-Luc Morel

DOM. DE LA PETITE MARNE Pinot noir 2013 ★

■	3 600	◫	8 à 11 €

Jean-Yves et Philippe Noir ont pris la suite de leur père sur une propriété de 11 ha. Adhérents à la cave coopérative depuis 1976, ils ont décidé en 2003 de vinifier au domaine. Le nom de celui-ci fait référence à la nature des sols du terroir polinois.

Vinifié en petit volume, macéré quinze jours avec pigeage, ce 2013 rubis foncé tirant sur le violet a été élevé en fût pendant quatorze mois. Très expressif, le nez mêle aux fruits rouges et noirs (cerise, mûre) des notes de sous-bois. Certes, les tanins sont encore fermes, mais quelques mois de cave assoupliront un vin généreux, aromatique et intense. ✗ 2018-2024 ❦ côte de bœuf ■ Vin jaune 2007 (20 à 30 € ; 900 b.) : vin cité. ✗ 2019-2025

⌒ *Dom. de la Petite Marne, RN 83, 39800 Poligny, tél. 06 73 98 77 98, petitemarne.noir@wanadoo.fr* ▨ ▨ ▨ *ven. sam. 10h-12h 14h-19h* ⌒ Noir Frères

♥ Ⓑ DOM. PIGNIER À la Percenette 2012 ★★

■	5 000	◫	15 à 20 €

à la Percenette
Chardonnay
2012
domaine PIGNIER

La famille Pignier possède cet ancien vignoble monastique depuis 1794 (aujourd'hui 15 ha). Les caves sont situées dans le village de Montaigu, qui protégeait autrefois les salines de Lons-le-Saunier, sur la route du Haut-Jura. En 1998, la fratrie Pignier a fait le choix de la biodynamie. Un choix jamais renié par ces producteurs, détenteurs de multiples coups de cœur dans le Guide.

Ce 2012 complétera le solide palmarès des coups de cœur obtenus par la famille Pignier. Or aux reflets verts, ce chardonnay est d'une remarquable complexité : fruité, floral, minéral et délicatement beurré, il est terriblement racé. Très équilibrée, la bouche suit la même ligne que le nez avec beaucoup de délicatesse, tant au niveau de la structure qu'au plan aromatique : miel, noisette grillée et pomme se développent avec harmonie. Un vin gourmand, déjà bon à déguster, mais qui vieillira bien. ✗ 2015-2019 ❦ escalope à la crème ■ Chardonnay Cellier des Chartreux 2011 ★★ (15 à 20 € ; 3 000 b.) Ⓑ : fermenté et vieilli en pièces de chêne pendant trois ans, ce 2011 a été élevé « sous voile ». Floral, épicé et délicatement boisé au nez, il livre une bouche fine et délicate, pleine d'élégance. ✗ 2016-2020 ■ Sauvageon 2012 (20 à 30 € ; 800 b.) Ⓑ : vin cité. ✗ 2017-2022

⌒ *Dom. Pignier, 11, pl. Rouget-de-Lisle, 39570 Montaigu, tél. 03 84 24 24 30, contact@domaine-pignier.com* ▨ ▨ ▨ *t.l.j. sf dim. 10h-12h 14h-18h30*

XAVIER REVERCHON Vin jaune 2007

■	1 465	◫	20 à 30 €

Xavier représente la quatrième génération des Reverchon sur ce domaine créé en 1900. Il s'est installé en 1978, appliquant un principe qui lui est cher : le labour des vignes. Il se fait fort aussi de n'employer sur ses 6 ha de vignes ni engrais ou désherbage chimiques, ni insecticide ou acaricide. Les vendanges sont manuelles.

Porté donc par une certaine naturalité, ce vin jaune de robe claire affiche un nez fin, sur des touches de minéralité et de sous-bois. Vif en bouche, il pourra vieillir sans difficultés. ✗ 2020-2030 ❦ mont d'or chaud

⌒ *Xavier Reverchon, 2, rue du Clos, 39800 Poligny, tél. 03 84 37 02 58, reverchon.chantemerle@wanadoo.fr* ▨ ▨ ▨ *t.l.j. sf dim. 9h-12h 14h-18h*

JURA

PIERRE RICHARD Tradition 2009 ★

■	6 200	◫	8 à 11 €

Pierre Richard s'est installé en 1976 par succession. Il travaille désormais avec son fils Vincent revenu sur l'exploitation en 2009. Les 9 ha de vignes sont cultivés principalement dans le village du Vernois, dont le vignoble fit l'objet d'un vaste remembrement dans les années 1960.

Ce 2009, assemblage de chardonnay et de savagnin vieillis sous voile séparément et réunis six mois avant la mise en bouteilles, est très typique. Malgré une pointe de réduction, le nez est bien ouvert sur des tons de fruits secs (noisette, noix). Avec ce qu'il faut de fraîcheur, la bouche est tout aussi aromatique (noix) et affiche un côté très droit avec sa délicate minéralité. ✗ 2017-2020 ☖ cuisses de grenouille

➥ *Pierre Richard, 136, rte de Voiteur, 39210 Le Vernois, tél. 03 84 25 33 27, domainepierrerichard@wanadoo.fr* Ⓥ 🚶 ⛏ *r.-v.*

JEAN RIJCKAERT Chardonnay Les Sarres 2012 ★

■	6 000	◫	11 à 15 €

Jean Rijckaert possède un domaine dans le Mâconnais, mais travaille également 6,5 ha dans le Jura. Il agit par ailleurs en tant que négociant-vinificateur. Depuis 2013, son activité est transmise progressivement à Florent Rouve, ancien directeur du domaine du lycée viticole de Mâcon-Davayé.

Élevé en fût pendant quinze mois, ce pur chardonnay né sur la commune de Buvilly a besoin d'aération pour s'ouvrir et dévoile alors de jolies notes fruitées (pomme, poire, pêche, agrumes). La même veine fraîche s'exprime dans une bouche structurée, où une trame acidulée domine. ✗ 2016-2020 ☖ haddock moutarde ■ **Savagnin Les Sarres 2011 ★** (15 à 20 € ; 2 000 b.) : ce savagnin a été élevé dix-huit mois en fût. Les pièces étant ouillées, il ne s'agit pas du tout d'un type « jaune ». Or clair aux reflets verts, il associe au nez des notes florales, végétales et fruitées. D'une belle fraîcheur minérale et ronde à la fois, la bouche est prometteuse. ✗ 2017-2022

➥ *Dom. Rijckaert, En Cuette, RD 54, 71960 Davayé, tél. 03 85 35 15 09, frouve@rijckaert.fr* Ⓥ 🚶 ⛏ *r.-v.*

DOM. DE SAVAGNY Poulsard 2012 ★★

■	3 238		5 à 8 €

Un domaine de 12 ha, créé en 1986 par Claude Rousselot-Pailley et acquis une quinzaine d'années plus tard par la Maison du Vigneron, affaire de négoce établie à Crançot.

Lumineuse, la robe rouge cuivré de ce poulsard est une invitation à fêter les beaux jours. Les petits fruits rouges (fraise des bois, groseille, framboise) bien expressifs parfument le nez sur lequel on a envie de s'attarder. Tout aussi intéressante, la bouche a trouvé un juste équilibre entre structure tannique, fine acidité et fraîcheur fruitée. Un vrai « vin plaisir ». ✗ 2017-2022 ☖ assiette de charcuterie ■ **Chardonnay 2012 ★** (5 à 8 € ; 9 840 b.) : un joli nez, élégant et complexe, sur les fleurs blanches, les fruits mûrs compotés et le pain d'épice. En bouche, solidité et classicisme, avec de la longueur. ✗ 2016-2019

➥ *Dom. de Savagny, 22, rte de Champagnole, 39570 Crançot, tél. 03 84 87 61 30, mbailly@lgcf.fr* Ⓥ ⛏ *t.l.j. sf sam. dim. 10h-12h30 13h30-18h*

♥ DOM. MICHEL THIBAUT
Vin de paille 2010 ★★

■	2 000	◫	15 à 20 €

Natif de Poligny, Michel Thibaut a multiplié les expériences professionnelles dans différents vignobles en France. Il a été cogérant du domaine Morel-Thibaut de 1989 à 2013, puis a créé son propre domaine qui compte désormais 6 ha.

Vinifié encore sur l'aire de l'ancien domaine Morel-Thibaut, ce 2010 attire l'œil par sa robe ambrée aux reflets orangés. Miel, abricot et fruits confits se marient harmonieusement dans un nez ouvert et chaleureux. Parfaitement équilibrée, la bouche séduit immédiatement par une attaque très franche, sur le coing. Pruneau et fruits secs viennent compléter sa belle palette aromatique. Riche, harmonieux, c'est un vin tout à fait représentatif de son appellation. ✗ 2018-2025 ☖ foie gras et confiture de figues

➥ *Dom. Michel Thibaut, 2, rue des Petites-Marnes, 39800 Poligny, tél. 06 84 57 56 15, domaine.michel.thibaut@orange.fr* Ⓥ 🚶 ⛏ *r.-v.*

FRUITIÈRE DE VOITEUR Vin de paille 2010 ★★

■	7 200	◫	20 à 30 €

Cette fruitière – une coopérative, au sens de la mise en commun du fruit du travail – a été créée assez récemment, en 1957, par rapport à de vénérables consœurs locales. Située au pied de Château-Chalon, elle offre un panorama intéressant sur le village et le vignoble.

Ce vin de paille ambré, assemblage de 75 % de chardonnay, de 20 % de poulsard et de 5 % de savagnin, s'ouvre sur la finesse et l'intensité, libérant des arômes gourmands de fruits confits. D'abord franche, la bouche déroule une suavité certaine, mais qui n'altère pas la finesse du vin, mariant avec délicatesse les notes miellées, la figue et la pomme : un vrai ballet aromatique dans un monde de douceur. ✗ 2020-2026 ☖ gâteau aux noix ■ **Chardonnay Vieilli en fût de chêne 2011 ★** (5 à 8 € ; 14 000 b.) : ce vin élevé sous voile, bien typé, évolué et complexe, libère des senteurs de foin coupé, de fruits secs, de noix. La bouche confirme cet univers aromatique très « jaune » et offre de la matière et une fraîcheur bien ajustée. ✗ 2016-2020

➥ *Fruitière Vinicole de Voiteur, 60, rue de Nevy, 39210 Voiteur, tél. 03 84 85 21 29, voiteur@fvv.fr* Ⓥ 🚶 ⛏ *t.l.j. 8h30-12h 13h30-18h; dim. 10h-12h 14h-18h*

CRÉMANT-DU-JURA

Superficie : 331 ha / Production : 19 700 hl (93 % blanc)

Reconnue en 1995, l'AOC crémant-du-jura s'applique à des mousseux élaborés selon les règles strictes des crémants (la méthode traditionnelle), à partir de raisins récoltés à l'intérieur de l'aire de production de l'AOC côtes-du-jura. Les cépages rouges autorisés sont le poulsard (ou ploussard), le pinot noir (appelé localement gros noirien) et le trousseau ; les cépages blancs sont le chardonnay (appelé aussi melon d'Arbois ou gamay blanc), le savagnin (appelé localement naturé) et le pinot gris (rare).

FRUITIÈRE VINICOLE D'ARBOIS ★★

| 150 000 | | 5 à 8 € |

Arbois, 1906 : quelques vignerons décident de fonder cette coopérative, l'une des premières en France. La fruitière est toujours là, forte des apports issus de 280 ha de vignes et d'une gamme très complète. Élevés dans des chais modernes au château Béthanie, acquis en 1969, ses vins figurent souvent en tête d'affiche dans le Guide.

Ce crémant, assemblage de 75 % de chardonnay et de 25 % de pinot noir, affiche un bel or pâle aux reflets argentés. Du verre s'échappent de fines bulles dans un joli cordon. Plutôt floral (fleurs blanches, tilleul) au premier nez, le vin révèle à l'aération de belles notes d'agrumes et de pain grillé. La bouche est assez vive (une fraîcheur bien soulignée par les arômes citronnés), surtout en finale, mais très agréable, sans excès de nervosité. ✗ 2015-2017 ♈ galette des rois

☞ Fruitière Vinicole d'Arbois, 2, rue des Fossés, 39600 Arbois, tél. 03 84 66 11 67, contact@chateau-bethanie.com ⓥ 🏃 🔁 t.l.j. 10h-12h 14h-18h

CAVEAU DES BYARDS 2013 ★

| 100 000 | 🍾 | 5 à 8 € |

Cette petite coopérative est relativement récente puisqu'elle a été créée en 1953. C'est une affaire à taille humaine : 40 ha de vignes seulement et dix-sept adhérents. Mais elle investit régulièrement et sa production figure souvent en bonne place dans le Guide.

Une belle mousse pour ce pur chardonnay couleur jaune très pâle. Ouvert sur le tilleul, le nez aborde aussi un registre fruité un peu plus évolué. Vive, la bouche est expressive, sur un fruité agréable. ✗ 2015-2018 ♈ cake au gingembre

☞ Caveau des Byards, rte de Voiteur, 39210 Le Vernois, tél. 03 84 25 33 52, info@caveau-des-byards.fr ⓥ 🏃 🔁 r.-v.

MARCEL CABELIER 2013 ★

| 236 196 | | 5 à 8 € |

Sous cette dénomination œuvre un négociant-vinificateur qui s'est installé en 1986 et fortement développé depuis quelques années dans le Jura en vendant ses vins sous la marque « Marcel Cabelier ». Les apports de cent quatorze vignerons concernent toutes les appellations jurassiennes.

Les bulles sont timides, mais la robe or pâle seyante. Expressif, le nez est engageant par ses parfums de citron et de cire d'abeille que vient enrichir une touche torréfiée. Vive à souhait, la bouche possède un fruité de bon aloi (poire) et pourra encore gagner en expression aromatique avec un léger vieillissement en cave. ✗ 2016-2020 ♈ terrine de poisson

☞ Maison du Vigneron, 22, rte de Champagnole, 39570 Crançot, tél. 03 84 87 61 30, avandervoorde@lgcf.fr ⓥ 🔁 r.-v.

MARIE-PIERRE CHEVASSU-FASSENET ★

| 3 000 | 🍾 | 5 à 8 € |

Les vignes ont été plantées par les parents de la vigneronne, éleveurs. Nichée dans la verdure sur les hauteurs de Menétru, la maison familiale, une ancienne tuilerie, abrite les caves du XVIIIe s. Marie-Pierre Chevassu a pris les rênes du domaine en 2008 (4,5 ha aujourd'hui), après avoir travaillé dans d'autres vignobles.

Dans son parcours, Marie-Pierre Chevassu-Fassenet a étudié l'univers des effervescents de près en restant trois ans en Champagne. Son crémant présente une mousse fine et régulière. Intense, le nez est d'un fruité revigorant (pamplemousse, pêche), la bouche à l'unisson. La pointe d'amertume en finale n'altère pas son harmonie. Un vin agréable et frais. ✗ 2015-2017 ♈ verrines de crabe

☞ Marie-Pierre Chevassu-Fassenet, Les Granges-Bernard, 39210 Menétru-le-Vignoble, tél. 03 84 48 17 50, mpchevassu@yahoo.fr ⓥ 🏃 🔁 r.-v.

LIGIER PÈRE ET FILS ★

| 8 000 | 🍾 | 8 à 11 € |

Installée à Arbois, la famille Ligier a créé ce domaine de toutes pièces en 1986, 10 ha aujourd'hui. Des investissements réguliers ont été faits, notamment la construction, en 2002, d'un chai adapté au vieillissement des vins jaunes. Une valeur sûre du vignoble jurassien.

Le chardonnay a donné ici un crémant aux bulles fines et régulières. Le nez est assez discret mais délicatement fruité (pêche blanche). La bouche, ample, ne présente aucune agressivité. On pourrait même y trouver un certain moelleux. Un gentil brut, bien dans son appellation. ✗ 2015-2017 ♈ sabayon d'abricots

☞ EARL Ligier, 56, rte de Pupillin, 39600 Arbois, tél. 03 84 66 28 06, gaec.ligier@wanadoo.fr ⓥ 🏃 🔁 t.l.j. 9h-18h30 ; dim. sur r.-v.

JEAN-LUC MOUILLARD 2012 ★★

| 3 900 | | 5 à 8 € |

Depuis 1991, Jean-Luc Mouillard élève dans ses belles caves voûtées datant de la fin du XVIe s. des vins des AOC l'étoile, côtes-du-jura, macvin-du-jura, crémant-du-jura et château-chalon. Un vigneron multi-appellations et une valeur sûre du vignoble jurassien.

Cette cuvée de pur chardonnay, or pâle aux reflets gris-vert, affiche une mousse fine et intense. De ses parfums de fleurs (une pointe de rose) et de ses accents fruités le nez tire une élégante présence. Acidulée et justement dosée, la bouche est agréable et pourra encore évoluer favorablement, notamment pour l'expression de tous ses arômes. ✗ 2016-2019 ♈ framboiser

☞ Jean-Luc Mouillard, 379, rue du Parron, 39210 Mantry, tél. 03 84 25 94 30, domainemouillard@hotmail.fr ⓥ 🏃 🔁 r.-v. 🏠 ❷

♥ DÉSIRÉ PETIT 2013 ★★

| 32 000 | 🍾 | 8 à 11 € |

Désiré Petit a bâti dès 1932 ce domaine qui compte aujourd'hui 27 ha et s'est imposé comme l'une des références incontournables du vignoble jurassien. Ses fils Gérard et Marcel l'ont fait prospérer à partir de 1970, et ce sont désormais les enfants de Marcel, Anne-Laure et Damien, qui en ont la responsabilité, confortant certains positionnements, comme les vendanges manuelles, mais explorant aussi de nouvelles voies, telle la cuvée sans soufre.

De fines bulles montent rapidement dans le verre en formant un joli cordon. Présentation impeccable, or pâle et reflets verts pour ce pur chardonnay plein d'élégance. Le nez est délicatement épicé. La bouche, structurée, est d'une belle persistance minérale, fruitée et florale. Un crémant épatant et complet, qui vieillira bien. ✗ 2016-2020 ♈ cake au gingembre

☛ *Dom. Désiré Petit, 62, rue du Ploussard, 39600 Pupillin, tél. 03 84 66 01 20, contact@ desirepetit.com* Ⓥ 🏃 🔋 *t.l.j. 8h30-12h 14h-18h30*

DOM. G. QUILLOT 2012

	37 960	5 à 8 €

Les vins de ce domaine sont élaborés par la Maison du Vigneron, négociant-vinificateur situé à Crançot. Les vignes (23 ha) sont implantées autour du Montain et de Lavigny.

Un blanc de blanc (pur chardonnay) très pâle et à la bulle fugace. Encore fermé ou naturellement discret, le nez laisse percevoir d'agréables notes fruitées (pomme, poire), complétées de fins accents grillés. Fraîche et bien dosée, la bouche joue également une jolie partition fruitée. ✗ 2015-2017 ♈ salade de fruits frais

☛ *Dom. G. Quillot, 22, rte de Champagnole, 39570 Crançot, tél. 03 84 87 61 30, cdecotesaillard@lgcf.fr*

DOM. DE SAVAGNY 2012 ★★

	23 722	5 à 8 €

Un domaine de 12 ha, créé en 1986 par Claude Rousselot-Pailley et acquis une quinzaine d'années plus tard par la Maison du Vigneron, affaire de négoce établie à Crançot.

Il s'en est fallu de peu pour que ce joli crémant jaune pâle décroche un coup de cœur. Un train de bulles fines très actif forme un beau cordon. Floral et citronné, le nez est très frais. Avec une acidité bien maîtrisée et un bon dosage, la bouche est très plaisante. Les notes d'agrumes (citron, pamplemousse) renforcent la délicate sensation de fraîcheur qui accompagne la dégustation jusqu'en finale. ✗ 2016-2019 ♈ tarte aux fruits

☛ *Dom. de Savagny, 22, rte de Champagnole, 39570 Crançot, tél. 03 84 87 61 30, mbailly@lgcf.fr* Ⓥ 🔋 *t.l.j. sf sam. dim. 10h-12h30 13h30-18h* ☛ *GCF*

JACQUES TISSOT Cuvée Prestige ★

	5 000	8 à 11 €

C'est en 1962 que Jacques Tissot crée son domaine avec une parcelle héritée de son père. La modernisation des chais est engagée en 1992 avec la création d'une surface de 2 000 m² au bord de la nationale 83. Aujourd'hui, la propriété compte 30 ha de vignes, conduite désormais par les enfants, Philippe et Nathalie.

Un joli chapelet de bulles fines traverse une robe couleur jaune paille. Mêlant amande, citron et notes de beurre, le nez est discret mais fin. Généreusement effervescente, la bouche est ronde, longue et bien équilibrée, conviant des arômes persistants d'amande mêlés à des notes beurrées. Un vin ample et intense, bien dans son appellation. ✗ 2016-2019 ♈ cake au saumon et à l'aneth

☛ *Dom. Jacques Tissot, 39, rue de Courcelles, 39600 Arbois, tél. 03 84 66 24 54, courrierjt@yahoo.fr* Ⓥ 🏃 🔋 *t.l.j. 10h-12h 14h15-19h*

L'ÉTOILE

Superficie : 66 ha / Production : 2 345 hl

Le village doit son nom à des fossiles, segments de tiges d'encrines (échinodermes en forme de fleurs), petites étoiles à cinq branches. Son vignoble produit des vins blancs, jaunes et de paille.

DOM. CARTAUX-BOUGAUD
Chardonnay floral Côte des Vents 2013 ★★

	2 000	🍴 🍷	8 à 11 €

L'exploitation familiale a été créée en 1973. Co-exploitant en 1993, Sébastien Cartaux assure seul le devenir du domaine depuis 2010, secondé par son épouse Sandrine.

Plutôt habitué à élaborer des vins blancs vinifiés selon la méthode traditionnelle du Jura, en fûts non ouillés, Sébastien Cartaux s'est essayé pour la première fois aux vins dits « floraux », issus d'un élevage avec ouillage. Essai transformé pour ce vin or pâle qui affiche un nez aux accents résolument fruités. La bouche, acidulée, franche et souple à l'attaque, trouve rapidement l'équilibre et offre une belle puissance aromatique sur fond de noisette et de fruits exotiques. Les vents ont soufflé du bon côté... ✗ 2017-2022 ♈ tarte à l'abricot

☛ *Dom. Cartaux-Bougaud, 5, rue des Vignes, Juhans, 39140 Arlay, tél. 03 84 48 11 51, contact@vinscartaux.fr* Ⓥ 🏃 *r.-v.*

DOM. GENELETTI Au Désaire 2013

	27 000	🍷	8 à 11 €

Le domaine, historiquement ancré dans l'appellation l'étoile, s'est agrandi dans les AOC château-chalon et arbois dont il est devenu l'une des belles références. Il compte désormais 15 ha, conduits par David Geneletti depuis 1997, qui s'est installé à Château-Chalon, dans une ancienne maison d'Henri Maire.

Le nom du lieu-dit qui a donné cette cuvée de chardonnay viendrait du latin « desirae » ou « montagne du désir ». Tout un programme pour ce vin or pâle qui s'ouvre délicatement sur des nuances de fleur d'acacia et de pomme. La bouche est solide mais subtile et fringante, alliant fruits exotiques et finale minérale assortie d'une touche de boisé. ✗ 2016-2019 ♈ plateau de fruits de mer

☛ *Dom. Geneletti, 14, rue Saint-Jean, 39210 Château-Chalon, tél. 03 84 44 95 06, contact@ domaine-geneletti.net* Ⓥ 🏃 🔋 *t.l.j. sf dim. 9h-12h 14h-18h30*

DOM. DE MONTBOURGEAU 2012 ★★

	24 000	🍴 🍷	8 à 11 €

C'est en 1920 que Victor Gros, le grand-père de Nicole Deriaux, s'est installé à Montbourgeau. Son père, Jean Gros, conforta la renommée du domaine. À proximité des 9 ha de vignes se dévoile un lieu bucolique, bordé par une allée de tilleuls débouchant sur les chais qui entourent la maison familiale.

Tout habillé de doré, ce pur chardonnay a vieilli en fût sans ouillage pendant deux ans. Des notes boisées apparaissent au nez, rapidement rejointes par des tons citronnés et des notes de fruits secs. De fraîche à l'attaque, la bouche en serait presque vive. Un côté agrumes renforce cette impression de fraîcheur, tempérée par quelques accents de noisette et un trait de boisé. Un vin à la fois alerte et bien bâti. ✗ 2017-2020 ♈ terrine de poisson

○━ *Dom. de Montbourgeau, 53, rue de Montbourgeau, 39570 L'Étoile, tél. 03 84 47 32 96, domaine@ montbourgeau.com* 🆅 🄸 *t.l.j. 9h-12h 14h-18h; dim. sur r.-v.* ○━ Nicole Deriaux

Superficie : 88 ha / Production : 4 095 hl (92 % blanc)

Tirant probablement son origine d'une recette des abbesses de l'abbaye de Château-Chalon, l'AOC macvin-du-jura – anciennement maquevin ou marc-vin-du-jura – a été reconnue en 1991. C'est en 1976 que la Société de Viticulture engagea pour la première fois une démarche de reconnaissance en AOC pour ce produit très original. L'enquête fut longue. En effet, au cours du temps, le macvin, d'abord vin cult additionné d'aromates ou d'épices, est devenu mistelle, élaboré à partir du moût concentré par la chaleur (cuit), puis vin de liqueur muté soit au marc, soit à l'eau-de-vie de vin. C'est cette dernière méthode, la plus courante, qui a été finalement retenue pour l'AOC. Vin de liqueur, le macvin met en œuvre du moût ayant subi un léger départ en fermentation, muté avec une eau-de-vie de marc de Franche-Comté à appellation d'origine issue de la même exploitation que le moût. Ce dernier doit provenir des cépages et de l'aire de production ouvrant droit à l'AOC. L'eau-de-vie doit être « rassise », c'est-à-dire vieillie en fût de chêne pendant dix-huit mois au moins. Après cette association réalisée sans filtration, le macvin doit « reposer » pendant un an en fût de chêne, puisque sa commercialisation ne peut se faire avant le 1er octobre de l'année suivant la récolte. Apéritif d'amateur, il rappelle les produits jurassiens à forte influence du terroir.

CAVEAU DES BYARDS 2013 ★		
■	25 000 🍖 🍶	11 à 15 €

Cette petite coopérative est relativement récente puisqu'elle a été créée en 1953. C'est une affaire à taille humaine : 40 ha de vignes seulement et dix-sept adhérents. Mais elle investit régulièrement et sa production figure souvent en bonne place dans le Guide.

C'est avec les baies de chardonnay les plus avancées en maturité que Nicolas Baudet, le maître de chai, a élaboré ce macvin à la robe jaune pâle. Le nez est floral, légèrement mentholé, teinté d'un « fond de marc sorti de l'alambic ». En bouche, l'alcool a aussi laissé son empreinte, mais apparaît bien fondu, et la saveur de fruits confits donne une belle finale. ✗ 2016-2021 ♈ gâteau au chocolat

○━ *Caveau des Byards, rte de Voiteur, 39210 Le Vernois, tél. 03 84 25 33 52, info@caveau-des-byards.fr* 🆅 🄰 🄸 *r.-v.*

DOM. COURBET		
■	3 400 🍶	11 à 15 €

Diplômé d'œnologie, Damien Courbet a pris la suite de ses parents en 2011, après avoir visité d'autres horizons viticoles, comme la Californie ou l'Afrique du Sud. Les caves sont situées dans la maison familiale du petit village de Nevy-sur-Seille et dans l'ancienne chapelle de celui-ci. Les 7,5 ha de la propriété sont cultivés pour moitié en biodynamie, mais sans certification.

Une robe claire aux reflets dorés pour ce macvin au nez expressif et de bonne intensité (raisin confit, cire d'abeille, nuances végétales). La bouche, assez forte en alcool, mais également assez suave, est de bonne longueur. ✗ 2018-2025 ♈ gâteau aux noix

○━ *Dom. Courbet, 1130, rte de la Vallée, 39210 Nevy-sur-Seille, tél. 03 84 85 28 70, dcourbet@ hotmail.com* 🆅 🄰 🄸 *r.-v.* 🏠 🄱

SYLVAIN FAUDOT 2013 ★		
■	1 500 🍶	11 à 15 €

Créé en 1998, ce domaine de 5 ha conduit en agriculture raisonnée a modernisé sa cuverie en 2005, en l'équipant notamment de thermorégulation automatique.

La robe de ce macvin est fortement dorée, presque ambrée. Avec une dominante épicée, le nez monte agréablement en intensité à l'aération. L'attaque est chaleureuse et soutenue, mais l'alcool s'avère ensuite bien fondu en milieu de bouche. Les fruits confits et les épices accompagnent une finale douce et plaisante. ✗ 2017-2022 ♈ gratin de poires aux spéculoos

○━ *Sylvain Faudot, 13, rte de Salins, 39600 Saint-Cyr-Montmalin, tél. 03 84 37 41 03, sylvain.faudot-vigneron@sfr.fr* 🆅 🄰 🄸 *t.l.j. sf dim. 9h30-12h 13h30-19h* 🏠 🄱

🄱 DOM. DES MARNES BLANCHES		
■	3 500 🍶	15 à 20 €

Tous deux œnologues, Pauline et Géraud Fromont ont créé leur domaine en 2008 en reprenant 4 ha sur un terroir de marnes blanches, que sont venus compléter 6 ha sur des terrains argilo-calcaires. Leur vignoble, situé dans le sud Revermont, est conduit en agriculture biologique.

Pâle, légèrement doré à l'œil, ce macvin est frais au nez. Une certaine jeunesse s'en dégage, entre tons floraux, d'agrumes et de marc tout juste sorti de l'alambic. Après une attaque plutôt vive, la bouche se déploie sur la douceur et l'alcool, bien accompagnée par une touche de citron confit qui persiste en finale. L'ensemble a toutefois encore besoin de se fondre. ✗ 2018-2022 ♈ tarte au chocolat amer

○━ *Pauline et Géraud Fromont, 3, Les Carouges, 39190 Sainte-Agnès, tél. 03 84 25 19 66, contact@ marnesblanches.com* 🆅 🄰 🄸 *r.-v.*

DOM. DE MONTBOURGEAU ★		
■	4 000 🍶	15 à 20 €

C'est en 1920 que Victor Gros, le grand-père de Nicole Deriaux, s'est installé à Montbourgeau. Son père, Jean Gros, conforta la renommée du domaine. À proximité des 9 ha de vignes se dévoile un lieu bucolique, bordé par une allée de tilleuls débouchant sur les chais qui entourent la maison familiale.

Jaune paille aux reflets brillants, ce macvin présente un bel équilibre olfactif entre pointe végétale discrète, agrumes confits, raisins secs et miel. Une impression d'harmonie confirmée dans une bouche très nette et longue, où fruits

JURA

confits et note torréfiée apportent à la fois douceur et fraîcheur. ✗ 2019-2025 ❦ gratin de poires à la vanille et à l'amande amère

☛ *Dom. de Montbourgeau, 53, rue de Montbourgeau, 39570 L'Étoile, tél. 03 84 47 32 96, domaine@ montbourgeau.com* 🆅 🏠 *t.l.j. 9h-12h 14h-18h; dim. sur r.-v.*

JEAN-LUC MOUILLARD ★			
◼	4 000	◫	11 à 15 €

Depuis 1991, Jean-Luc Mouillard élève dans ses belles caves voûtées datant de la fin du XVIᵉs. des vins des AOC l'étoile, côtes-du-jura, macvin-du-jura, crémant-du-jura et château-chalon. Un vigneron multi-appellations et une valeur sûre du vignoble jurassien.

La robe de ce macvin est joliment dorée. Intense et généreux, le nez affiche des touches légèrement confites et épicées, sans excès d'alcool. Affichant autant de tempérament, la bouche se révèle ample et riche, agréablement équilibrée et longue, sur les fruits confits. ✗ 2017-2022 ❦ foie gras

☛ *Jean-Luc Mouillard, 379, rue du Parron, 39230 Mantry, tél. 03 84 25 94 30, domainemouillard@ hotmail.fr* 🆅 🏠 🏠 *r.-v.* 🏡 ❷

XAVIER REVERCHON 2013 ★			
◼	600	◫	15 à 20 €

Xavier représente la quatrième génération des Reverchon sur ce domaine créé en 1900. Il s'est installé en 1978, appliquant un principe qui lui est cher : le labour des vignes. Il se fait fort aussi de n'employer sur ses 6 ha de vignes ni engrais ou désherbage chimiques, ni insecticide ou acaricide. Les vendanges sont manuelles.

Ce macvin couleur framboise a été élaboré sur la base d'un jus de pinot noir. Le nez est vif, aux accents de sous-bois, avec une très légère note épicée. Sans aspérité et bien construite, la bouche offre un côté cerise et bonbon anglais très gourmand. ✗ 2016-2022 ❦ mousse au chocolat

☛ *Xavier Reverchon, 2, rue du Clos, 39800 Poligny, tél. 03 84 37 02 58, reverchon.chantemerle@wanadoo.fr* 🆅 🏠 🏠 *t.l.j. sf dim. 9h-12h 14h-18h*

LA SAVOIE ET LE BUGEY

Du lac Léman à la rive droite de l'Isère, dans les départements de la Haute-Savoie, de l'Ain, de l'Isère et surtout de la Savoie, le vignoble s'éparpille en îlots le long des vallées, borde les lacs ou s'accroche aux basses pentes les mieux exposées des Préalpes. Il fournit surtout des vins friands, à boire jeunes, blancs secs pour les deux tiers, mais les sélections du Guide montrent l'existence de vins de caractère, voire de garde.

La vigne, la montagne et l'eau Le vignoble savoyard est principalement situé à proximité du lac Léman ou de celui du Bourget, ou le long des rives du Rhône et de l'Isère. Les barrières rocheuses des Bauges et de la Chartreuse, les lacs et les cours d'eau tempèrent la rudesse du climat montagnard.

Des cépages typiques Du fait de la grande dispersion du vignoble, ils sont assez nombreux. Les principales variétés sont au nombre de deux en rouge et de quatre en blanc. En rouge, le gamay, importé du Beaujolais voisin après la crise phylloxérique, donne des vins vifs et gouleyants, à consommer dans l'année. La mondeuse, cépage local, fournit des vins rouges bien charpentés, notamment à Arbin ; c'était, avant le phylloxéra, le cépage le plus important de la Savoie ; elle connaît un regain d'intérêt mérité, car ses vins ont de la personnalité et du potentiel. En blanc, la jacquère et le chasselas (ce dernier cultivé sur les rives du lac Léman) sont à l'origine de vins blancs frais et légers. L'altesse est un cépage très fin, typiquement savoyard, celui de l'appellation roussette-de-savoie. La roussanne, appelée localement bergeron, donne également des vins blancs de haute qualité, spécialement à Chignin (chignin-bergeron). On trouve encore, sur des superficies restreintes, le pinot noir et le chardonnay, et des variétés locales comme le persan (rouge), la molette et le gringet (blancs).

VIN-DE-SAVOIE

Superficie : 1 744 ha / Production : 93 372 hl (70 % blanc)

Le vignoble donnant droit à l'appellation est installé le plus souvent sur les anciennes moraines glaciaires ou sur des éboulis. La dispersion géographique s'ajoute à ce facteur géologique pour expliquer la diversité des vins savoyards, souvent consacrée par l'adjonction d'une dénomination locale à celle de l'appellation régionale (ex. : vin-de-savoie Apremont). Au bord du Léman, à Marin, Ripaille, Marignan et Crépy (ex-AOC), comme sur la rive suisse, c'est le chasselas qui règne. Il donne des vins blancs légers, à boire jeunes, souvent perlants. Les autres zones ont des cépages différents et, selon la vocation des sols, produisent des vins blancs ou des vins rouges. On trouve ainsi, du nord au sud, Ayze, au bord de l'Arve, et ses vins blancs pétillants ou mousseux, puis, au bord du lac du Bourget (et au sud de l'appellation seyssel), la Chautagne et ses vins rouges au caractère affirmé. Au sud de Chambéry, les bords du mont Granier recèlent des vins blancs frais, comme le cru Apremont et celui des Abymes, vignoble établi sur le site d'un effondrement qui, en 1248, fit des milliers de victimes. En face, Monterminod, envahi par l'urbanisation, a malgré tout conservé un vignoble qui donne des vins remarquables ; il est suivi de ceux de Saint-Jeoire-Prieuré, de l'autre côté de Challes-les-Eaux, puis de Chignin, dont le bergeron a une renommée justifiée. En amont sur la rive droite de l'Isère, les pentes sud-est sont occupées par les crus de Montmélian, Arbin, Cruet et Saint-Jean-de-la-Porte.

MICHEL ET JOSEPH ANGELIER
Le Plaisir des anges 2014

10 600	🍾	5 à 8 €

Établis dans le village des Marches depuis 1989, les frères Angelier, Michel et Joseph, sont à la tête aujourd'hui d'un domaine de 8 ha.

La cuvée phare du domaine, née de l'aligoté. Dans sa version 2014, un vin plaisant tant par son fruité exotique (ananas, fruit de la Passion, litchi) que par son palais friand, assez riche et rond, avec en soutien une vivacité typique du cépage. ✗ 2015-2017 ❦ colin meunière

o⟶ EARL Angelier Frères, 526, chem. de Murs, 73800 Les Marches, tél. 06 75 76 13 11, domainedesanges@wanadoo.fr 🆅 🏃 🔋 r.-v.

DENIS ET DIDIER BERTHOLLIER
Saint-Anthelme Chignin Bergeron 2013

4 400	🍾 🍶	15 à 20 €

Alexis Berthollier a spécialisé l'exploitation familiale dès le début des années 1960. À la tête de 10,5 ha de vignes, ses deux fils Denis et Didier poursuivent la même démarche de qualité, en replantant des coteaux délaissés et en adaptant les cépages aux terroirs. Ici, pas de désherbage chimique, les intrants sont limités et les élevages longs privilégiés.

Une partie de la vendange a passé dix-huit mois en cuve, le reste douze mois en fût. Résultat, un chignin-bergeron d'une belle intensité, ouvert à l'olfaction sur les fruits mûrs (le coing notamment) rehaussé par une touche minérale et d'herbes fraîches. Fraîcheur qui caractérise l'attaque, très agrumes (citron, pamplemousse), avant un développement plus riche et chaleureux, encore un peu dominé par l'alcool. ✗ 2016-2020 ❦ volaille à la crème

o⟶ Denis et Didier Berthollier, Dom. la Combe des Grand'Vignes, Le Viviers, 73800 Chignin, tél. 04 79 28 11 75, contact@chignin.com 🆅 🔋 t.l.j. 9h30-12h 14h-19h; dim. 9h30-13h

♥ BLARD ET FILS
Apremont Cuvée Thomas Vieilles Vignes 2014 ★★

12 500	🍾	8 à 11 €

Situé sur les contreforts du massif de la Chartreuse, ce domaine familial, conduit par Jean-Noël Blard et son fils Thomas (cinquième génération), produit essentiellement des vins blancs issus de cépages autochtones, régulièrement sélectionnés dans le Guide.

La jacquère à son meilleur. Ces vieilles vignes ont soixante-dix ans et elles donnent à ce 2014 tout son caractère. Une cuvée qui sonne juste d'emblée avec un nez complexe d'agrumes (citron), de pomme granny-smith et de fleurs blanches, souligné par une belle minéralité. Franche et fraîche en attaque, la bouche se déploie ensuite sur un registre rond, suave et gras sans jamais céder à la lourdeur grâce à une fine trame saline.

et un fruité juteux. Un blanc de gastronomie. ✗ 2016-2019 ❦ veau au citron

o⟶ Blard et Fils, 706, rte de Chapareillan, 73800 Les Marches, tél. 06 22 35 46 34, blardsavoie@yahoo.fr 🆅 🏃 🔋 r.-v.

DOM. G. ET G. BOUVET
Mondeuse Cuvée Guillaume Charles 2011

4 000	🍾 🍶	20 à 30 €

Établi sur les versants sud du massif des Bauges, ce domaine étend son vaste vignoble sur 30 ha et une soixantaine de parcelles qui lui permettent de proposer une large palette de cépages et de vins savoyards.

Au nez, les dix-huit mois de fût se font sentir, mais c'est là un boisé élégant, bien travaillé. On retrouve le merrain et ses accents vanillés dans un palais rond et gras, aux tanins soyeux qui permettront de déguster ce vin assez jeune. ✗ 2016-2019 ❦ toast au chèvre frais

o⟶ Dom. G. et G. Bouvet, Le Villard, 73250 Fréterive, tél. 04 79 28 54 11, contact@domaine-bouvet.com 🆅 🏃 🔋 t.l.j. sf sam. dim. 8h-12h30 13h30-18h

EUGÈNE CARREL ET FILS
Jongieux Mondeuse 2014 ★

14 000	🍾	5 à 8 €

Les Carrel sont vignerons de père en fils et filles depuis 1830 et six générations. Spécialisé dans les années 1970 par Eugène Carrel et conduit par son fils Olivier depuis 1994, le domaine couvre 24 ha implantés sur les fortes pentes du mont de la Charvaz et du mont du Chat. Une valeur sûre en blanc comme en rouge.

Une mondeuse bien typée. Au nez, des notes caractéristiques de poivre, de violette et de fruits noirs avec une petite touche végétale. En bouche, de la rondeur, un caractère enveloppant et une belle persistance sur les fruits noirs. ✗ 2017-2020 ❦ tarte au chocolat noir

o⟶ Dom. Eugène Carrel et Fils, Le Haut, 73170 Jongieux, tél. 06 98 01 57 79, carrel-eugene@wanadoo.fr 🆅 🏃 🔋 t.l.j. 8h-12h 14h-18h; dim. sur r.-v.

LE CELLIER BRONDIEN
Saint-Jean-de-la-Porte Mondeuse 2013 ★

1 000	🍶	15 à 20 €

Tout jeune domaine né en 2013 d'une amitié entre Matthieu Goury, Savoyard d'origine, et Mathieu Apffel, Jurassien pur souche, avec pour projet de mettre en avant les beaux terroirs de la Combe de Savoie. Partisans d'une vinification très peu interventionniste, les deux compères ont pour objectif de passer en bio d'ici 2020.

Élevée dix-huit mois en fût, cette mondeuse adopte une robe sombre, empreinte de reflets violets et de rubis. Le nez, d'abord intensément boisé, laisse percer à l'aération des touches poivrées, avant d'évoluer vers les fruits noirs et la violette. Des arômes complexes et typés que l'on retrouve dans une bouche généreuse et tendre, épaulée par des tanins soyeux. ✗ 2018-2023 ❦ carré d'agneau fumé au serpolet ■ Pinot noir 2014 (8 à 11 € ; 1 000 b.) : vin cité. ✗ 2016-2019

o⟶ Le Cellier Brondien, 433, rue des Chevillards, 73250 Saint-Pierre-d'Albigny, tél. 04 79 44 35 56, cellierbrondien@gmail.com 🆅 🏃 🔋 r.-v.

SAVOIE-BUGEY

LE CELLIER DU PALAIS
Apremont Vieilles Vignes 2014

▪	n.c.	8 à 11 €

Au pied du mont Granier, Le Cellier du Palais est la propriété de la famille Bernard depuis 1700. Béatrice Bernard y exploite 8 ha de vignes, dont la majeure partie en jacquère. Un domaine régulier en qualité.

Intense, floral (acacia) et citronné au nez, ce vin s'illustre par une bouche équilibrée, sur des arômes muscatés en attaque, ronde et suave dans son développement, avec une pointe de vivacité en soutien qui signe le cépage. ✗ 2015-2018 ✗ ravioles au beaufort

○─ *René et Béatrice Bernard, Le Cellier du Palais, village de l'Église, 73190 Apremont, tél. 04 79 28 33 30, bea-bernard@wanadoo.fr* Ⓥ 🦯 🍽 *r.-v.*

DOM. DE LA CHANCELIÈRE Chignin 2014 ★★

▪	30 000	↑	- de 5 €

Fabien Félix s'est installé en 1999 sur ce domaine familial qui ne trouvait pas de successeur : 4,5 ha à l'époque, le tout vendu en vrac au négoce. Aujourd'hui, le vignoble couvre 13 ha et vend 70 % de sa production en bouteilles. Depuis 2012, Fabien Félix est associé avec Georges Navarro.

Issu d'une jacquère de trente ans, ce chignin livre un bouquet très agréable et fin, minéral et fruité. Une belle entrée en matière que prolonge une bouche tout aussi fraîche, alerte et élégante. Le sucre résiduel (5 g/l) n'est pas perceptible. Un vin parfaitement équilibré, ni trop lourd ni trop acide. ✗ 2015-2018 ✗ petite friture

○─ *Dom. de la Chancelière, Chef-Lieu, 73800 Chignin, tél. 04 79 71 57 38* Ⓥ 🦯 🍽 *r.-v.*

PHILIPPE CHAPOT
Mondeuse 2014

▪	2 500	↑	8 à 11 €

Cette exploitation familiale a misé sur la viticulture à partir des années 1950. Elle a depuis triplé ses superficies pour atteindre 10 ha de vignes aujourd'hui, conduits depuis 1996 par Philippe Chapot (troisième

La Savoie et le Bugey

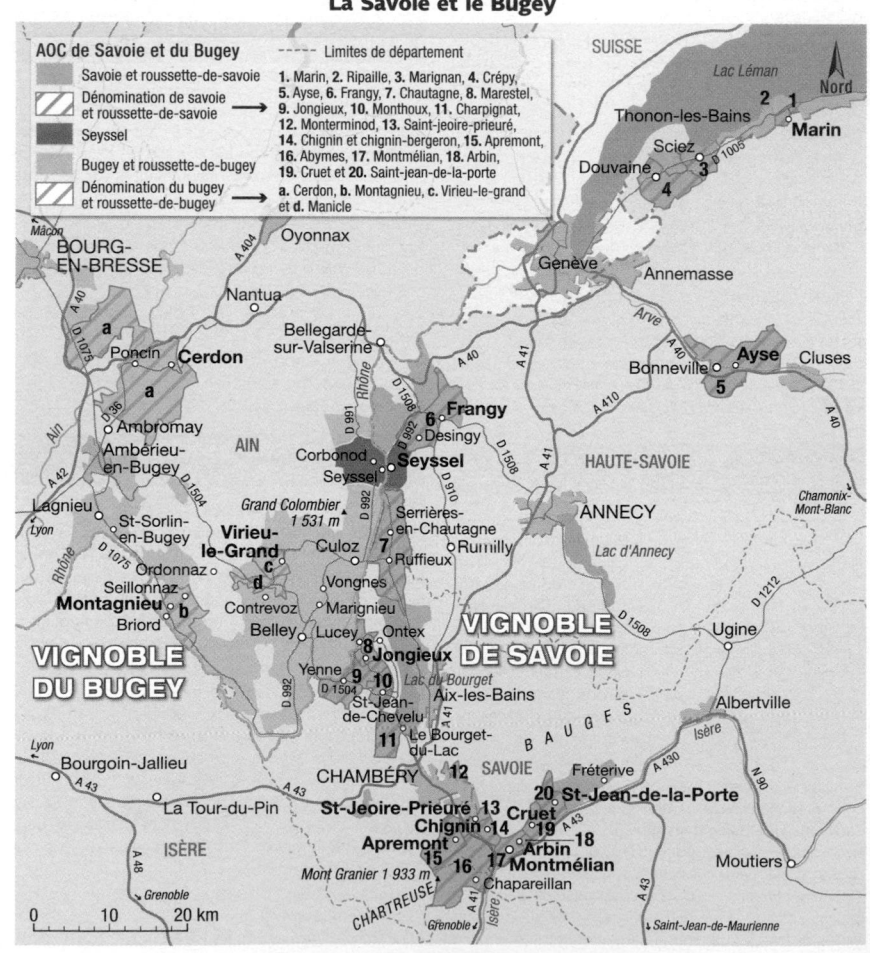

686

génération), qui a introduit progressivement de nouveaux cépages savoyards, comme l'altesse et la mondeuse.

Deuxième vendange seulement pour la jeune mondeuse (quatre ans) de Philippe Chapot. Dans le verre, un vin animal, fruité (cassis) et poivré comme il se doit. En bouche, un profil pas très puissant, mais agréable par la belle rondeur de ses tanins et par son fruité gourmand. ✗ 2015-2018 ▼ onglet à l'échalote

☛ Philippe Chapot, La Serraz, 73190 Apremont, tél. 04 79 28 26 20, p.chapot@orange.fr 🟥 🔲 🔲 r.-v.

CAVE DE CHAUTAGNE Cuvée Vieilles Vignes 2014		
■	10 000	ⓘ	5 à 8 €

Entre lac du Bourget au sud et Rhône à l'ouest, la Chautagne est un petit pays de 15 km de long. La coopérative locale, fondée en 1952, regroupe une cinquantaine de vignerons et vinifie la récolte de 115 ha de vignes.

Cette mondeuse dévoile un nez flatteur de poivre, de violette et de fruits noirs. Tendre, rond, presque moelleux, le palais suit la même voie aromatique, renforcé en finale par des tanins plus fermes. ✗ 2016-2020 ▼ pavé de bœuf sauce au vin ■ Cave de Chautagne Cuvée Exception 2014 (5 à 8 € ; 25 000 b.) : vin cité. ✗ 2015-2016

☛ Cave de Chautagne, lieu-dit Saumont, 73310 Ruffieux, tél. 04 79 54 27 12 🟥 🔲 🔲 t.l.j. 9h 12h 14h-18h

CHEVALLIER-BERNARD Jongieux Mondeuse 2014 ★		
■	15 000	ⓘ	5 à 8 €

Jean-Pierre Bernard, épaulé par son épouse Chantal, a apporté du Beaujolais sa connaissance du gamay quand il s'est installé en 1996 à Jongieux sur la petite exploitation de son beau-père, étendue aujourd'hui sur 12,7 ha. Il maîtrise aussi la vinification des blancs, témoin les sélections régulières de sa roussette-de-savoie.

Poivre, violette, fruits noirs, nous sommes bien en présence d'une mondeuse à l'olfaction. Pas de doute non plus en bouche : des fruits mûrs, du corps, de la générosité, des tanins fermes. ✗ 2017-2020 ▼ œufs en meurette ■ Jongieux Gamay 2014 (5 à 8 € ; 16 000 b.) : vin cité. ✗ 2015-2016

☛ Dom. Chevallier-Bernard, Le Haut, 73170 Jongieux, tél. 04 79 44 00 33, cjpbernard@orange.fr 🟥 🔲 🔲 r.-v.

CAVE DES VINS FINS DE CRUET Mondeuse 2014 ★		
■	18 000	ⓘ	5 à 8 €

La plus importante coopérative savoyarde (240 ha), fondée en 1939, située dans la Combe de Savoie, au sud du massif des Bauges, sur les communes de Saint-Jeoire-Prieuré jusqu'à Fréterive, en passant par Chignin, Francin, Montmélian, Arbin, Cruet, Saint-Jean-de-la-Porte et Saint-Pierre-d'Albigny.

Fruits rouges et cassis mûr composent un bouquet généreux, rehaussé de la note poivrée typique de la mondeuse. Ronde et friande en attaque, la bouche ne manque pas de caractère, épaulée jusqu'en finale par de bons tanins et par une agréable fraîcheur qui lui donne du nerf et de l'allonge. Un beau potentiel en perspective. ✗ 2018-2025 ▼ épaule d'agneau braisée

☛ Cave des Vins Fins de Cruet, 57, pl. de la Gare, 73800 Cruet, tél. 04 79 84 28 52, cavedecruet@wanadoo.fr 🟥 🔲 r.-v.

DOM. DELALEX Marin Clos de Pont 2013 ★		
■	14 000	ⓘ	5 à 8 €

Le cru Marin est un délicieux coteau d'une vingtaine d'hectares planté de chasselas, au bord du lac Léman. Une poignée de producteurs y vivent de la vigne, dont Samuel et Benoît Delalex, à la tête d'un domaine familial de 8 ha spécialisé dans la viticulture dans les années 1960 ; l'une des locomotives du cru, souvent présente dans le Guide.

Le chasselas à l'origine de cette cuvée a vingt-cinq ans. Il est planté sur un lieu-dit très caillouteux et très pentu (30 %) dans le bas de la commune de Marin, au bord de la rivière locale, la Dranse. Il donne naissance à ce vin floral, un brin miellé et surtout minéral (pierre à fusil) à l'olfaction. Minéralité à laquelle fait écho un beau palais croquant, vif et très énergique. ✗ 2015-2019 ▼ truite aux amandes

☛ Dom. Delalex EARL La Grappe Dorée, 108, chem. des Noyereaux, 74200 Marin, tél. 04 50 71 45 82, domainedelalex@hotmail.fr 🟥 🔲 🔲 t.l.j. sf dim. 15h-19h

DOM. DUPRAZ Mondeuse 2014		
■	2 500	ⓘ	11 à 15 €

Héritiers d'une longue lignée vigneronne (1000), Marc Dupraz, le père, et Jérémy, son fils, ne vinifient au domaine familial que depuis 2011, sur 3,5 ha à l'époque, sur 10 ha aujourd'hui.

Belle entrée dans le Guide pour les Dupraz avec cette mondeuse issue de jeunes vignes de dix ans. Au nez, des notes de cassis et de violette. En bouche, une attaque ronde, de la matière, puis une évolution plus stricte, sur des tanins encore un peu sévères. À attendre pour plus de fondu. ✗ 2017-2020 ▼ coq au vin

☛ EARL Marc Dupraz, Le Reposoir, 73190 Apremont, tél. 06 17 51 39 35, domaine.dupraz@gmail.com 🟥 🔲 🔲 r.-v.

DENIS FORTIN Apremont Cuvée Prestige 2014 ★		
■	20 000	ⓘ	5 à 8 €

Denis Fortin est installé à Saint-Badolph, à l'entrée de Chambéry, à la tête d'un petit domaine de 7 ha (dont la moitié en Apremont) qu'il a repris en 1991, succédant à son beau-père. Il a construit un chai en 1992, puis l'a agrandi en 2005. En 2013, il a aussi aménagé une ferme pédagogique pour expliquer son métier de vigneron aux enfants. Ses vins sont régulièrement au rendez-vous du Guide.

Élevée sur lies fines neuf à douze mois, cette cuvée déploie une belle intensité aromatique (citron et fleurs blanches). La bouche est fraîche, fine et longue, au diapason de l'olfaction. À boire dès à présent ou à conserver quelques années. ✗ 2015-2018 ▼ raclette

☛ Denis Fortin, 152, chem. de la Mairie, 73190 Saint-Baldoph, tél. 04 79 28 25 58, denis.fortin@wanadoo.fr 🟥 🔲 🔲 r.-v.

SAVOIE-BUGEY

♥ JEAN-CHARLES GIRARD-MADOUX
Mondeuse 2014 ★★

| ■ | 8 000 | | 5 à 8 € |

La famille Girard-Madoux a longtemps été propriétaire d'un domaine viticole sur la commune de Chignin, jusqu'à sa vente en 1976. En 2006, Jean-Charles Girard-Madoux, BTS « viti-œno » en poche et formé en Bourgogne chez Bernard Rion, reprend les vignes familiales : 2,5 ha à l'époque, 6,5 ha aujourd'hui, plantés sur des coteaux argilo-calcaires exposés au sud-ouest, au pied de la Savoyarde.

Quelle entrée dans le Guide : première sélection et déjà un coup de cœur pour ce jeune vigneron ! De vieux ceps de mondeuse (quarante ans) sont à l'origine d'un vin remarquable de bout en bout. La robe est sombre et profonde, le nez intense et frais, sur les fruits noirs et rouges mâtinés d'épices. Une attaque ronde prélude à une bouche corpulente, dense et puissante, bâtie sur des tanins solides qui corsètent encore un peu la finale. Gros caractère et beau potentiel. ⚔ 2018-2022 ♈ diots de Savoie

○━ Jean-Charles Girard-Madoux, Chef-Lieu, 73800 Chignin, tél. 06 19 50 43 35, jcgirardmadoux@hotmail.fr Ⓥ 🏃 🔋 r.-v.

SAMUEL ET FABIEN GIRARD-MADOUX
Chignin Bergeron 2014 ★★

| ■ | 6 400 | | 8 à 11 € |

Ce domaine familial de 5,5 ha est tenu par les frères Samuel et Fabien Girard-Madoux (quatrième génération). Le premier s'est destiné à la vigne dès ses quatorze ans, le second a fait un détour par la boulangerie avant de s'installer en 2001.

Une belle expression de la roussanne (ou bergeron) savoyarde que ce 2014 intense et complexe à l'olfaction : fleurs blanches, fruits exotiques, abricot, miel, touche de noix... La bouche se révèle très fruitée, ample, riche et suave (cire, amande, abricot mûr) mais sans lourdeur, stimulée par une fine vivacité. ⚔ 2017-2020 ♈ soufflé au beaufort ■ Chignin Vieilles Vignes 2014 (5 à 8 € ; 4 600 b.) : vin cité. ⚔ 2015-2017 ■ Chignin Mondeuse Tradition 2014 (5 à 8 € ; 6 000 b.) : vin cité. ⚔ 2015-2018

○━ Samuel et Fabien Girard-Madoux, Cave Plantin, Tormery, 73800 Chignin, tél. 04 79 28 11 76, caveplantin@gmail.com Ⓥ 🏃 🔋 r.-v.

CHARLES GONNET Chignin Bergeron 2014 ★

| ■ | 20 000 | î | 8 à 11 € |

Charles Gonnet, ingénieur en agriculture de formation, a repris l'exploitation familiale en 1989, étendue aujourd'hui sur 14 ha de vignes. Un domaine en progression constante, souvent en vue pour ses vins blancs (chignin, roussette), qui n'hésite pas à faire évoluer ses pratiques pour permettre au raisin d'exprimer tout son potentiel.

Une belle palette aromatique se dégage du verre : fleurs blanches, miel, agrumes. Une attaque acidulée ouvre sur un palais alerte et fin, porté par une délicate fraîcheur citronnée qui étire bien la finale. Un vin encore jeune mais déjà très harmonieux. ⚔ 2016-2020 ♈ fruits de mer

○━ Dom. Charles Gonnet, Chef-Lieu, 73800 Chignin, tél. 06 80 74 08 46, veronique.gonnet@bbox.fr Ⓥ 🔋 r.-v.

LA GOUTTE D'OR Crépy 2014 ★

| ■ | 72 000 | î | 5 à 8 € |

Cet important domaine (30 ha) existe depuis 1890 et sa création par Léon Mercier, qui a largement contribué à l'accession du cru Crépy en AOC. Ce sont aujourd'hui ses petit-fils et arrière-petit-fils Claude et Stéphane qui sont aux commandes de l'exploitation, dont la moitié du vignoble est en cours de conversion à la biodynamie.

Ce chasselas est plutôt discret au nez (des nuances florales, d'aubépine et d'acacia notamment, apparaissent à l'aération). Il se montre plus expressif et franc en bouche, bien dans le ton du cru avec son profil vif et nerveux. ⚔ 2015-2017 ♈ fruits de mer ■ Dom. Grande Cave Mercier Les Avocates 2014 (5 à 8 € ; n.c. b.) Ⓑ : vin cité. ⚔ 2015-2017

○━ EARL La Goutte d'Or, Dom. de la Grande Cave, 74140 Ballaison, tél. 04 50 94 01 23, clmercier74@aol.com Ⓥ 🏃 🔋 t.l.j. sf dim. 8h-12h 13h30-18h ○━ Mercier

PHILIPPE GRISARD Mondeuse Blanche 2014

| ■ | 8 000 | î | 8 à 11 € |

Issu d'une famille de vignerons et de pépiniéristes depuis plusieurs générations, Philippe Grisard a repris en 2010 la propriété de Gilbert Bouchez à Cruet, tout en gardant une casquette de pépiniériste viticole. Le vignoble couvre aujourd'hui 16 ha, sur lequel il remet au goût du jour des cépages autochtones et oubliés, complété par une activité de négoce.

La rare mondeuse blanche est mise à l'honneur par ce 2014 expressif et élégant au nez (miel, fleurs blanches). À l'unisson, la bouche se révèle ronde et suave, avec en soutien une agréable fraîcheur qui apporte équilibre et longueur. Un ensemble harmonieux et fin. ⚔ 2015-2019 ♈ poisson en sauce crémée

○━ Philippe Grisard, 33, pl. du Maréchet, Saint-Laurent, 73800 Cruet, tél. 04 79 84 30 91, vins@philippegrisard.com Ⓥ 🏃 🔋 r.-v.

DOM. EDMOND JACQUIN ET FILS
Jongieux Gamay 2014 ★

| ■ | 90 000 | î | 5 à 8 € |

Patrice Jacquin, maire de Jongieux, défend avec civisme le foncier viticole de sa commune face à l'urbanisation. Il conduit avec son père Jean-François un domaine de 38 ha, dont une grande partie dédiée à la roussette-de-savoie, avec des vins souvent en vue dans le Guide.

Ce gamay arbore une robe dense et lumineuse qui laisse deviner un vin plutôt généreux. De fait, des parfums de framboise à l'alcool caractérisent le nez. Suivant la même ligne aromatique, le palais se révèle tout aussi chaleureux et assez puissant, soutenu par une structure fine et équilibrée. ⚔ 2015-2018 ♈ côtes de porc à la tomate

○━ GAEC Edmond Jacquin et Fils, Le Haut, 73170 Jongieux, tél. 04 79 44 02 35, jacquin4@wanadoo.fr Ⓥ 🏃 🔋 t.l.j. 8h-12h 14h-18h 🏠 ❷

RENÉ JULIEN Abymes Cuvée Prestige 2014 ★★

8 000	î	- de 5 €

Cette exploitation a misé sur la viticulture à partir des années 1950. À sa tête depuis 2000, René Julien perpétue la tradition des trois générations précédentes sur 4 ha de vignes.

Voisin d'Apremont, le vignoble des Abymes résulte de l'éboulement du mont Granier, qui parsema le paysage de trous et d'étangs, d'où son nom. Sur ces éboulis calcaires, la jacquère trouve un terroir de prédilection et donne des vins de belle facture, souvent aériens et minéraux. Une trame « terroitée » que l'on retrouve dans cette cuvée Prestige aux côtés des fleurs blanches et de l'orange amère. Un vin intense, charnu et long en bouche, équilibré par une fine acidité. ✗ 2015-2018 ❦ omble-chevalier sauce agrumes

🔾 René Julien, 9, chem. de Joyan-la-Palud, 38530 Chapareillan, tél. 06 75 00 10 02, julien.rene@ wanadoo.fr Ⓥ 🏃 🏠 t.l.j. sf dim. 8h-12h 13h-18h30

CH. DE LA MAR
Marestel Le Golliat 2013 ★★

2 600	î	11 à 15 €

Jean-Paul Richard a acheté en 2009 et rénové jusqu'en 2013 cette splendide bâtisse du XIIIᵉs. qui tombait en ruine au pied du coteau de Marestel, ancienne propriété du comte Humbert de Mareste, célèbre croisé qui rapporta de Chypre les premiers plants du cépage altesse. L'exploite son vignoble de 7 ha en biodynamie (non certifiée) et confie le soin de vinifier à Olivier Turlais, œnologue réputé de la région.

Au pied du mont du Chat, le vignoble du cru Marestel est implanté sur les parties hautes et pentues du coteau (pentes de 30 à 70 %), sur des sols argilo-calcaires et sur les éboulis calcaires du Jurassique. Jean-Paul Richard a sélectionné 75 ares d'altesse de quinze ans pour cette cuvée au nez fruité, épicé et fumé, ample, souple, fraîche et longue en bouche. Un vin très équilibré, qui vieillira bien. ✗ 2016-2020 ❦ noix de Saint-Jacques ▪ Marestel La Chapelle 2013 ★ (15 à 20 € ; 2 900 b.) : une cuvée séduisante par ses notes de fruits exotiques et de boisé fumé et toasté, comme par sa bouche ronde, riche et persistante, bâtie sur un boisé encore prégnant mais élégant. De bonne garde assurément. ✗ 2018-2025 ▪ Marestel Le Verney 2013 ★ (15 à 20 € ; 3 000 b.) : on retrouve le côté toasté de la barrique à l'olfaction, accompagné de nuances florales. La bouche se révèle souple et ronde, le boisé fondu, en harmonie avec le fruit et des notes d'amande fraîche. Un vin élégant. ✗ 2016-2020

🔾 SARL du Ch. de la Mar, Aimavigne, 73170 Jongieux, tél. 04 79 96 09 84, chateaudelamar@live.fr Ⓥ 🏃 🏠 r.-v. 🏡 Ⓢ 🔾 Jean-Paul Richard

JEAN MASSON ET FILS
Apremont La Déchirée 2014 ★★

4 500	î	8 à 11 €

Transmis de père en fils depuis cinq générations, ce vignoble est enherbé à 100 % en coteaux et les raisins sont récoltés en surmaturité et à la main. Jean-Claude Masson est aux commandes depuis 1984.

« Asper montis », « la montagne rocheuse et rude » : le vignoble d'Apremont, comme son voisin des Abymes, doit son développement et son nom à l'éboulement du mont Granier en 1248. Et comme aux Abymes, la jacquère y

règne en maître. Elle donne ici naissance à un vin délicatement bouqueté sur les fleurs blanches et les fleurs séchées, au palais très fin et élégant, porté par une belle fraîcheur minérale caractéristique du cru. Joli potentiel de garde. ✗ 2016-2020 ❦ bar au fenouil

🔾 Dom. Jean Masson et Fils, Le Villard, 73190 Apremont, tél. 04 79 28 23 02, dom.jeanmassonetfils@wanadoo.fr Ⓥ 🏠 r.-v.

DOM. DE MÉJANE Chardonnay 2014 ★

7 200	î	5 à 8 €

En 1995, Jean-Georges Henriquet, viticulteur et pépiniériste à Saint-Pierre-d'Albigny, acquiert cette propriété à l'abandon depuis cinquante ans et commence par livrer sa récolte en coopérative, le temps de rénover le domaine (13,1 ha), qui accueille sa première vendange en 2000. Depuis 2002, c'est Anne Bellemin-Laponnaz, sa fille, qui s'occupe de la vigne et du vin, son fils Philippe se chargeant des pépinières.

Fruits mûrs et note beurrée, le nez est gourmand et avenant, bien typé chardonnay. La bouche, généreuse, penche vers la richesse et la rondeur, et s'achève sur une note chaleureuse. Un petit manque de fraîcheur mais un ensemble plaisant. ✗ 2015-2018 ❦ poisson à la crème

🔾 Dom. de Méjane, Les Reys, 73250 Saint-Jean-de-la-Porte, tél. 04 79 71 48 51, contact@domaine-de-mejane.com Ⓥ 🏠 t.l.j. sf dim. 9h-12h 14h-18h 🔾 Henriquet

MICHEL ET XAVIER MILLION-ROUSSEAU
Mondeuse Sélection Vieilles Vignes 2014 ★★

4 500		5 à 8 €

En 1920 déjà, Charles Million-Rousseau vendait sa production aux grands hôtels d'Aix-les-Bains. Ses héritiers, Michel et son fils Xavier, sont aujourd'hui à la tête d'un vignoble de 9 ha implanté sur le coteau de Monthoux. Situées à une altitude de 300 à 500 m, les vignes s'étagent en forte pente avec une exposition au sud-sud-ouest.

Des ceps de soixante-dix ans sont à l'origine de ce vin intensément bouqueté autour des fruits mûrs, cassis en tête. Une maturité que l'on retrouve dans une bouche généreuse, ronde et soyeuse, aux tanins veloutés et fondus. Une mondeuse gourmande et caressante. ✗ 2016-2018 ❦ daube de bœuf

🔾 Michel et Xavier Million-Rousseau, Monthoux, 73170 Saint-Jean-de-Chevelu, tél. 04 79 36 83 93, vinsmillionrousseau@orange.fr Ⓥ 🏠 t.l.j. sf dim. 8h30-12h 14h-19h

JEAN PERRIER ET FILS
Mondeuse Vieilles Vignes Cuvée Gastronomie 2014 ★

20 000	î 🍷	5 à 8 €

Les Perrier cultivent la vigne depuis 1853. Par la suite, l'entreprise (négoce et propriété) s'est largement développée, notamment sous la conduite de Gilbert Perrier dans les années 1960. Ce sont aujourd'hui ses fils Philippe, Christophe et Gilles qui conduisent le vignoble familial, étendu sur 60 ha, huit communes et plusieurs domaines.

Cette mondeuse s'affiche dans une robe noire, le nez bien ouvert sur les fruits mûrs, les épices et un boisé vanillé et toasté. La bouche se révèle ronde et soyeuse, structurée sans excès de dureté, même si les tanins montrent un peu

SAVOIE-BUGEY

plus les muscles en finale. Un ensemble équilibré, qui demande à vieillir quelques années. ✗ 2017-2021 ♈ souris d'agneau

o→ *Dom. Perrier Père et Fils, Saint-André, 73800 Les Marches, tél. 04 79 28 11 45, info@ vins-perrier.com* 🅥 🅰 🅣 *t.l.j. sf sam. dim. 9h-12h 14h-17h30*

JULIE PORTAZ Habanera À mon père 2014 ★			
■	600	🍾	5 à 8 €

Julie Portaz (troisième génération) a repris le domaine familial de l'Épervière en 2012, dont le nom évoque une fleur poussant sur les éboulis montagneux. Le vignoble couvre 5,4 ha.

Une cuvée très confidentielle, née de la jacquère. Au nez, des nuances florales et minérales composent une palette élégante et délicate. Des traits de caractère que l'on perçoit aussi en bouche, où la minéralité des lieux, agrémentée de notes citronnées, apporte une belle fraîcheur et de la longueur. Un vin typé, fin et dynamique. ✗ 2015-2018 ♈ terrine de poisson

o→ *Julie Portaz, rue de la Crapautière, 38530 Chapareillan, tél. 06 86 33 51 08, julie.portaz@ orange.fr* 🅥 🅰 🅣 *r.-v.*

LA CAVE DU PRIEURÉ			
Jongieux Mondeuse 2014 ★★			
■	18 000	🍾	5 à 8 €

Noël et Julien Barlet, père et fils, sont les cinquième et sixième générations de vignerons à la tête du domaine, qui étend son vignoble sur 29 ha. Des vignerons aussi à l'aise en rouge qu'en blanc ; en témoigne la présence régulière de leurs cuvées dans le Guide.

Cette bouteille en robe sombre déploie un bouquet expressif et typé de cerise noire, de mûre, de violette et d'épices. Très équilibré et long, le palais est structuré par des tanins fermes mais sans dureté, enrobés par une chair tendre et veloutée. En finale, une touche minérale apporte un petit « kick » bienvenu. Tout est réuni pour une bonne évolution en cave. ✗ 2018-2022 ♈ tarte au chocolat noir ■ Marestel 2014 ★ (8 à 11 € ; 23 000 b.) : un nez discret de coing mûr ouvre la dégustation. On retrouve le fruit dans une bouche souple et onctueuse. Un joli vin de maturité. ✗ 2016-2019

o→ *Raymond Barlet et Fils, La Cave du Prieuré, 73170 Jongieux, tél. 04 79 44 02 22, caveduprieure@ wanadoo.fr* 🅥 🅣 *t.l.j. sf dim. 14h-18h*

DOM. PASCAL ET ANNICK QUÉNARD			
Chignin Bergeron Sève 2013 ★			
■	800	🍾	15 à 20 €

Cette propriété familiale depuis quatre générations étend son vignoble sur 6,5 ha, qui met en valeur un patrimoine de vieilles vignes, dont certaines plantées par l'arrière-grand-père en 1903. Partisan d'une viticulture peu interventionniste à la vigne et au chai, Pascal Quénard, aux commandes depuis 1987, a fait le choix en 2013 de la conversion bio.

Petit volume pour cette cuvée dont le nom est un jeu de mots entre Ève (pour la tentation) et sève (pour la vigne). Et le dégustateur de croquer ici dans le fruit, non pas la pomme mais la pêche blanche et le coing, agrémenté de notes douces de miel et de frangipane. Arômes qui parcourent une bouche chaleureuse et suave (8 g/l de

sucres résiduels). Un vin gourmand et flatteur. ✗ 2016-2020 ♈ foie gras poêlé

o→ *Dom. Pascal et Annick Quénard, Le Villard, Cidex 4800, 73800 Chignin, tél. 04 79 28 09 01, pascal.quenard.vin@wanadoo.fr* 🅥 🅰 🅣 *r.-v.*

ANDRÉ ET MICHEL QUÉNARD			
Chignin Bergeron Le Grand Rebossan 2013 ★★			
■	4 000	⑾	15 à 20 €

Michel Quénard s'est installé en 1976 à la tête du domaine familial, fondé par ses grands-parents. Son fils Guillaume l'a rejoint en 2009, après des études au lycée viticole de Beaune, puis à l'école d'ingénieurs de Changins (Suisse). Il assure aujourd'hui les vinifications aux côtés de son frère Romain, arrivé en 2013 après des études de viticulture. Aujourd'hui l'un des domaines les plus réputés de Savoie, très régulier en qualité, aussi bien en rouge qu'en blanc.

Élevé en foudre pendant un an, ce 2013 est issu d'une roussanne de quarante ans plantée sur un terroir fortement pentu, extrêmement caillouteux, exposé plein sud. Il dévoile un nez complexe et généreux de fruits confits, de coing, de melon et de noix. Une intensité et une maturité prolongées par un palais chaleureux, soyeux et rond, sous-tendu par une fine fraîcheur et un boisé discret et fondu. Une belle expression du cépage. ✗ 2016-2020 ♈ blanquette de poisson ■ Chignin Vieilles Vignes 2014 ★ (5 à 8 € ; 30 000 b.) : un vin aromatique, floral et fruité, bien équilibré, à la fois rond, riche et frais, souligné par une trame minérale qui apporte de la finesse et de l'allonge. ✗ 2015-2018

o→ *André et Michel Quénard, Torméry, 73800 Chignin, tél. 04 79 28 12 75, am.quenard@wanadoo.fr* 🅥 🅣 *r.-v.*

JEAN-PIERRE ET JEAN-FRANÇOIS QUÉNARD			
Mondeuse Élisa 2014 ★★			
■	7 000	⑾	11 à 15 €

Jean-François Quénard exploite un domaine de 19 ha établi non loin des tours ruinées qui ajoutent encore du relief au village de Chignin. Il développe son exploitation chaque année, comme l'attestent les travaux de sa cave de stockage et de son caveau de vente achevés en 2014. Une valeur sûre du vignoble savoyard.

Élisa est la quatrième fille de Jean-François Quénard. Une heureuse muse pour le vigneron, à en juger par la qualité de cette mondeuse. Au nez, la typicité du cépage est à l'œuvre : fruits noirs, épices, violette et une touche de cacao qui rappelle le passage de neuf mois en demi-muid. En bouche, de la rondeur, de la maturité, un fruité velouté et juteux, une belle mâche autour de tanins fins et soyeux. Un ensemble très avenant, équilibré et sans rugosité. ✗ 2016-2020 ♈ rôti de bœuf sauce chocolat ■ Chignin Bergeron Comme avant 2012 (20 à 30 € ; 2 900 b.) : vin cité. ✗ 2015-2018

o→ *Jean-Pierre et Jean-François Quénard, Le Villard, 73800 Chignin, tél. 04 79 28 08 29, j.francois.quenard@ wanadoo.fr* 🅥 🅣 *r.-v.*

HERVÉ ET PATRICE RAT-PATRON			
Apremont 2014			
■	13 300	🍾	5 à 8 €

Un domaine situé non loin de la chapelle de Myans, dressée en hommage aux victimes de l'effondrement du mont Granier, qui fit des milliers de victimes en 1248. Installés en 1997, Hervé et Patrice Rat-Patron représentent la cinquième génération à exploiter ce vignoble étendu sur quatre communes.

Cette jacquère aromatique (citron, pomme verte, fleurs blanches), au nez comme en bouche, penche plutôt du côté de la rondeur, sans toutefois manquer de la vivacité caractéristique du cépage. Au final, un vin équilibré et de bonne longueur. **I** 2015-2018 **Y** fondue savoyarde

o—¬ Hervé et Patrice Rat-Patron, chem. des Abymes, 73800 Myans, tél. 04 79 28 09 52, rat-patron.freres@ orange.fr **V** 🛠 🔥 r.-v.

PASCAL ET BENJAMIN RAVIER
Abymes 2014

■	10 000	🍾	5 à 8 €

L'éboulement du mont Granier, qui ravagea la contrée en 1248, se serait arrêté à Myans, village voisin de Chignin, épargnant ses habitants. Pascal Ravier, installé dans cette commune depuis 1988, cultive 14 ha aux environs, rejoint aujourd'hui par son fils Benjamin.

Typicité est le mot qui revient le plus souvent dans les commentaires des dégustateurs. Entendez un nez intense d'agrumes, de fleurs blanches et de pierre à fusil, repris par un palais vif et dynamique sans être agressif. Une belle expression de la jacquère, en somme. **I** 2015-2016 **Y** fromage de chèvre

o—¬ EARL Pascal et Benjamin Ravier, Chacuzard, 73800 Myans, tél. 04 79 28 10 97, veronique.ginet@ wanadoo.fr **V** 🔥 r. v.

PHILIPPE ET SYLVAIN RAVIER
Chignin Bergeron Les Amandiers 2014

■	40 000	🍾	8 à 11 €

Philippe Ravier conduit un domaine qui s'est considérablement agrandi, passant de 3 ha à ses débuts, en 1983, à 28 ha aujourd'hui. Son fils Sylvain l'a rejoint en 2007. L'une des belles références de la Savoie viticole.

À un nez tout en fruits (pomme, pêche blanche, melon) répond sans fausse note un palais frais, alerte, léger. Un vin friand et « sans prise de tête », à boire sur le fruit. **I** 2015-2018 **Y** poêlée de saint-jacques

o—¬ EARL Philippe et Sylvain Ravier, 68, chem. du Cellier, 73800 Myans, tél. 04 79 28 17 75, vinsdesavoie@ wanadoo.fr **V** 🛠 🔥 r.-v.

CH. DE RIPAILLE
Ripaille 2014

■	140 000		5 à 8 €

Bénéficiant d'une situation privilégiée grâce à la proximité du lac Léman, les 21 ha de vignes du domaine entourent un château construit en 1434 par les ducs de Savoie, puis détenu par les chartreux au XVIIᵉs. Devenu bien national sous la Révolution, il est vendu à plusieurs reprises, avant d'entrer dans la famille Necker en 1892, toujours propriétaire des lieux et unique exploitante du cru Ripaille.

Le nom du cru n'a rien à voir avec l'expression familière « faire ripaille », mais il rappelle que ce lieu était recouvert de « ripes » (broussailles). Le chasselas y trouve un beau terrain d'expression, à l'origine d'un 2014 minéral (pierre à fusil), floral et légèrement beurré à l'olfaction, frais et

friand en bouche, sans manquer de matière et de gras. Un ensemble équilibré. **I** 2015-2018 **Y** raclette

o—¬ Paule Necker, Dom. de Ripaille, 83, av. de Ripaille, 74200 Thonon-les-Bains, tél. 04 50 71 75 12, domaine.ripaille@wanadoo.fr **V** 🔥 r.-v.

LES ROCAILLES
Mondeuse Saint-Jean-de-la-Porte 2014

■	15 000	🍾	5 à 8 €

Un domaine créé en 1982 et repris en 2006 par deux amis d'enfance, Alban Thouroude et Guillaume Durand, à la tête aujourd'hui d'un vignoble de 20 ha.

Poivre, violette, fruits mûrs, pas de doute, il s'agit bien d'une mondeuse. En bouche, nous ne sommes pas en présence d'un modèle puissant, mais d'un vin plutôt léger, à la fois tendre, fruité et frais. À boire dans sa jeunesse. **I** 2016-2018 **Y** petit salé aux lentilles

o—¬ SARL Les Rocailles, 2492, rte du Lac, Saint-André, 73800 Les Marches, tél. 04 79 28 14 50, lesrocailles.boniface@wanadoo.fr **V** 🔥 r.-v.

o—¬ Durand et Thouroude

Ⓑ DOM. SAINT-GERMAIN
Persan 2014 ★

■	4 000	🍾	11 à 15 €

Étienne et Raphaël Saint-Germain conduisent en biodynamie leur domaine de 10,8 ha. Ils sont installés depuis 1999 à Saint-Pierre-d'Albigny, sur le côté « Bauges » du vignoble, exposé au sud-est et implanté sur le cône de déjection argilo-calcaire et caillouteux de la montagne.

Originaire de la vallée de la Maurienne, le persan est un cépage que l'on revoit fleurir dans le vignoble savoyard depuis quelques années. Une variété qui donne généralement des vins riches en alcool, volontiers tanniques, parfois âpres et rustiques, de longue garde. Point de rusticité ici, du corps et de la tenue en bouche certes, mais sans excès de dureté, avec de la rondeur et du fruit (groseille, cassis). **I** 2017-2020 **Y** gigot d'agneau ■ Mondeuse Le Pied de la Barme 2014 (8 à 11 € ; 7 200 b.) Ⓑ : vin cité. **I** 2017-2022

o—¬ Dom. Saint-Germain, rte du Col-du-Frêne, 73250 Saint-Pierre-d'Albigny, tél. 04 79 28 61 68, vinstgermain1@aol.com **V** 🛠 🔥 r. v.

ADRIEN VACHER
Apremont La Sasson Réserve gastronomique 2014

■	25 000	🍾	- de 5 €

Charles-Henri Gayet, propriétaire du château de la Violette, est également négociant et dirigeant depuis 1989 de la maison familiale Adrien Vacher, fondée en 1950.

Le nom de cette cuvée rend hommage à une célèbre statue érigée en 1892 à Chambéry pour célébrer le rattachement de la Savoie à la France, déboulonnée par les Allemands en 1942 et retrouvée décapitée outre-Rhin après la guerre. Depuis 1982, la « Sasson » a retrouvé sa tête et trône fièrement place du Centenaire... Dans le verre, une jacquère de bon aloi, au nez intense de pamplemousse et d'acacia, la bouche équilibrée, fraîche et minérale, d'une bonne longueur. **I** 2015-2018 **Y** crustacés ■ Abymes La Sasson Réserve gastronomique 2014 (- de 5 € ; 25 000 b.) : vin cité. **I** 2015-2017

○┐ *Maison Adrien Vacher, ZA Plan-Cumin,*
177, rue de la Mondeuse, 73800 Les Marches,
tél. 04 79 28 11 48, contact@adrien-vacher.fr
V **↟** *t.l.j. sf sam. dim. 8h-12h 13h30-18h*
○┐ Charles-Henri Gayet

DOM. DE VERONNET
Chautagne Mondeuse 2014 ★★

| ■ | 9 500 | 5 à 8 € |

Ancienne propriété du château de Fortis, le domaine est
entré dans la famille Bosson en 1928. Alain a succédé à
son père Marcel en 1981 et il conduit aujourd'hui un
vignoble de 10 ha sur les coteaux de la Chautagne, au
nord du lac du Bourget.
La Chautagne est un vignoble propice aux rouges. Alain
Bosson propose ici une version mondeuse très appréciée
pour son nez de fruits rouges et de violette rehaussé de
poivre, comme pour un palais épicé, fruité, minéral et
ferme, bâti sur des tanins bien présents mais sans dureté.
✗ 2018-2025 ♈ carré d'agneau ■ Chautagne Gamay 2014
(5 à 8 € ; 14 000 b.) : vin cité. ✗ 2015-2017
○┐ *Alain Bosson, 3040, rte des Allobroges,*
73310 Serrières-en-Chautagne, tél. 04 79 63 73 11,
alain.bosson@orange.fr **V** **⚹** **↟** *r.-v.*

ADRIEN VEYRON Apremont Cuvée intense 2014

| ■ | 11 000 | î | 5 à 8 € |

Ce domaine familial fondé en 1950 est conduit depuis
1979 par Adrien Veyron (quatrième génération), à la
tête aujourd'hui de 11 ha de vignes à Apremont.
Ce vin très pâle tire de son cépage, la jacquère, ses arômes
de fleurs blanches (acacia) et d'agrumes (pamplemousse).
Le palais, à l'unisson, se montre frais et équilibré, rehaussé
en finale par une pointe d'amertume pas désagréable.
✗ 2015-2017 ♈ poisson grillé ■ 2014 (5 à 8 € ; 6 000 b.) :
vin cité. ✗ 2015-2016
○┐ *SCEA Adrien Veyron, La Ratte, 73190 Apremont,*
tél. 04 79 28 20 20, veyron.vins.savoie@wanadoo.fr
V **⚹** **↟** *t.l.j. 8h-12h 14h-19h*

CH. DE LA VIOLETTE Les Abymes 2014

| ■ | 40 000 | î | - de 5 € |

Charles-Henri Gayet, négociant et patron de la maison
Adrien Vacher, a repris en 2000 ce domaine créé en 1957,
passé de 7 à 18 ha et dont les vins sont régulièrement au
rendez-vous du Guide, en blanc comme en rouge.
Une minéralité prononcée, aux accents de pierre à fusil,
presque de fumé, caractérise cette cuvée de bout en bout
et lui confère une tension certaine, accompagnée par
d'agréables notes florales et citronnées. Un vin nerveux,
plein d'allant. ✗ 2015-2017 ♈ fruits de mer
○┐ *Dom. du Ch. de la Violette, 203, rte de Myans,*
73800 Les Marches, tél. 04 79 28 13 30,
chateaudelaviolette@gmail.com **V** **⚹** **↟** *t.l.j. sf dim.*
9h-12h 14h-18h ○┐ Charles-Henri Gayet

ROUSSETTE-DE-SAVOIE

Superficie : 213 ha / Production : 10 600 hl

Issue aujourd'hui du seul cépage altesse, la roussette-
de-savoie est produite à Frangy, le long de la rivière des
Usses, à Monthoux et à Marestel, au bord du lac du

Bourget. L'usage qui veut que l'on serve jeunes les
roussettes de ce cru est regrettable, puisque, bien
épanouies avec l'âge, elles font merveille sur du
poisson, des viandes blanches ou encore avec le
beaufort local.

♥ EUGÈNE CARREL ET FILS
Marestel 2013 ★★

| ■ | 7 000 | î | 8 à 11 € |

Les Carrel sont vi-
gnerons de père en
fils et filles depuis
1830 et six généra-
tions. Spécialisé dans
les années 1970 par
Eugène Carrel et
conduit par son fils
Olivier depuis 1994,
le domaine couvre 24 ha implantés sur les fortes pentes
du mont de la Charvaz et du mont du Chat. Une valeur
sûre en blanc comme en rouge.
Coup de cœur dans le Guide précédent avec le 2012, le
Marestel des Carrel est à nouveau au sommet de
l'appellation. Le 2013 est un vin d'une très belle maturité,
ce que laisse deviner d'emblée un nez expressif et
généreux de miel et de fruits confits (coing, abricot).
Poursuivant dans le même registre, la bouche se révèle
ample, tendre, riche et persistante, avec un côté fumé qui
lui apporte un surcroît de complexité. On peut boire ce vin
dans sa jeunesse, mais la garde lui apportera un supplément d'âme. ✗ 2016-2020 ♈ côte de veau à la crème
○┐ *Dom. Eugène Carrel et Fils, Le Haut, 73170 Jongieux,*
tél. 06 98 01 57 79, carrel-eugene@wanadoo.fr
V **⚹** **↟** *t.l.j. 8h-12h 14h-18h; dim. sur r.-v.*

JEAN CAVAILLÉ
Vieilles Vignes 2013 ★

| ■ | 6 000 | 8 à 11 € |

Fondée en 1949 par Jean Cavaillé, cette maison de
négoce a son siège à Aix-les-Bains. Si elle diffuse
aujourd'hui des vins de toute la France, elle veille
particulièrement à ses vins de Savoie. Laurent Cavaillé
représente la troisième génération.
Ce 2013 offre un nez plaisant aux accents beurrés, miellés
et floraux. Une attaque souple ouvre sur un palais tout
aussi expressif, frais, gourmand et équilibré. ✗ 2016-2019
♈ saumon à l'oseille
○┐ *Jean Cavaillé, 285, bd Jean-Jules-Herbert,*
73100 Aix-les-Bains, tél. 04 79 61 04 90, cavaille@
cavaille.com **V**

CHEVALLIER-BERNARD
Marestel 2013 ★

| ■ | 7 000 | 8 à 11 € |

Jean-Pierre Bernard, épaulé par son épouse Chantal, a
apporté du Beaujolais sa connaissance du gamay quand
il s'est installé en 1996 à Jongieux sur la petite exploitation de son beau-père, étendue aujourd'hui sur
12,7 ha. Il maîtrise aussi la vinification des blancs, témoin
les sélections régulières de sa roussette-de-savoie.
C'est par des parfums printaniers et délicats de fleurs
blanches que s'ouvre la dégustation de ce Marestel. Un
profil aromatique que l'on retrouve dans un palais frais et

élégant, accompagné en finale par des notes exotiques. Un vin tout en finesse et en légèreté. ✗ 2016-2020 ❦ bar au fenouil

☛ *Dom. Chevallier-Bernard, Le Haut, 73170 Jongieux, tél. 04 79 44 00 33, cjpbernard@orange.fr* 🆅 🎿 ⬆ *r.-v.*

☛ Chantal et Jean-Pierre Bernard

VINCENT COURLET		
Frangy Notre Altesse 2014 ★		
▪ 16 000	ⓘ	5 à 8 €

Ce domaine a été créé en 1968 par le père et le grand-père à partir de 20 ares de vignes. Depuis 1998, Vincent Courlet, qui est passé par l'Oregon, exploite 5 ha autour de Frangy, l'un des meilleurs crus pour la roussette. Enherbement des rangs, réduction des désherbants, arrêt des insecticides, effeuillage mécanique plutôt que traitements antipourriture..., il s'intéresse au bio, mais n'a pas pour l'heure engagé de conversion.

Une altesse de trente ans a donné naissance à une jolie cuvée pleine de finesse. Au nez, des tonalités exotiques, abricotées et florales font bon ménage. Sans manquer de gras et de rondeur, la bouche se montre souple, fraîche et alerte dès l'attaque et jusqu'à la finale, agréablement citronnée. ✗ 2015-2020 ❦ quenelles de brochet

☛ *Vincent Courlet, 550, rte du Tram, 74270 Frangy, tél. 06 81 86 02 52, vincent.courlet@orange.fr* 🆅 🎿 ⬆ *r.-v.*

DOM. GRISARD 2014 ★		
▪ 5 300	ⓘ	5 à 8 €

Vigneron mais aussi pépiniériste (une tradition familiale qui remonte à la crise phylloxérique de la fin du XIXᵉs.), Jean-Pierre Grisard exploite aujourd'hui un vignoble de 21,5 ha dans la Combe de Savoie, exposée plein sud, sur des éboulis calcaires. Il propose une large gamme de vins (une quarantaine de cuvées), dont certains issus de cépages oubliés comme le persan.

Le nez, fin et frais, s'ouvre sur des notes d'acacia, d'agrumes et de fruits blancs. Fraîcheur qui se prolonge dans une bouche franche, légère et harmonieuse, avec de beaux amers en finale. ✗ 2015-2018 ❦ féra au papillote

☛ *Dom. Grisard, 91, rue de la Tronche, 73250 Fréterive, tél. 04 79 28 54 09, gaecgrisard@aol.com* 🆅 🎿 ⬆ *t.l.j. sf dim. 8h-12h 13h30-18h*

GUY JUSTIN Marestel 2013		
▪ 1 800	ⓘ	8 à 11 €

Emmanuelle Justin (quatrième génération) épaule son père Guy depuis 2008 au domaine : à lui, le tracteur et les vinifications (il a été initié à l'œnologie dès son plus jeune âge par sa tante Gabrielle), à elle, le commerce et les marchés. Le domaine est spécialiste de l'altesse, ce cépage occupant près des deux tiers de la superficie totale (12 ha).

Cette roussette de Marestel se présente dans une robe jaune soutenu qui laisse deviner un vin assez riche. De fait, elle développe un nez généreux de miel et de fruits confits. Des arômes que l'on retrouve dans un palais gras et rond, stimulé par une finale plus vive. ✗ 2016-2019 ❦ lasagnes aux fruits de mer

☛ *EARL Guy Justin, La Touvière, 73170 Jongieux, tél. 04 79 36 81 61, justin.emmanuelle@live.fr* 🆅 ⬆ *r.-v.*

DOM. LUPIN Frangy 2014		
▪ 26 000	ⓘ	5 à 8 €

Bruno Lupin possède 5 ha du minuscule cru Frangy occupant un coteau exposé au plein sud et un terroir de moraine glaciaire, sur lequel il exploite l'altesse, déclinée en plusieurs cuvées confidentielles, complétés par 50 ares de mondeuse. Cet ancien œnologue intervient très peu sur ses cuves, laissant au vin le temps de se faire.

L'altesse a donné ici naissance à un vin intense et tendu, ouvert dès l'olfaction sur des notes soutenues de citron, auxquelles fait écho une bouche vive et franche, encore un peu « brute de décoffrage ». ✗ 2016-2018 ❦ truite aux amandes

☛ *Bruno Lupin, rue du Grand-Pont, 74270 Frangy, tél. 04 50 32 29 12, lupin.bruno@aliceadsl.fr* 🆅 ⬆ *t.l.j. sf dim. lun. 8h30-14h 17h-19h*

Ⓑ DOM. SAINT-GERMAIN 2014		
▪ 7 500	ⓘ	8 à 11 €

Étienne et Raphaël Saint-Germain conduisent en biodynamie leur domaine de 10,8 ha. Ils sont installés depuis 1999 à Saint-Pierre-d'Albigny, sur le côté « Bauges » du vignoble, exposé au sud-est et implanté sur le cône de déjection argilo-calcaire et caillouteux de la montagne.

Cette roussette s'ouvre discrètement mais avec élégance sur la poire et les fleurs blanches. Une finesse aromatique prolongée par une bouche souple et fraîche. Un vin léger et harmonieux. ✗ 2015-2018 ❦ poulet grillé au sésame

☛ *Dom. Saint-Germain, rte du Col-du-Frêne, 73250 Saint-Pierre-d'Albigny, tél. 04 79 28 61 68, vinstgermain1@aol.com* 🆅 🎿 ⬆ *r.-v.*

BUGEY

Superficie : 490 ha / Production : 30 335 hl (55 % rouge et rosé)

Dans le département de l'Ain, le vignoble du Bugey occupe les basses pentes des monts du Jura, dans l'extrême sud du Revermont, de Bourg-en-Bresse à Ambérieu-en-Bugey, ainsi que celles qui, de Seyssel à Lagnieu, descendent vers la rive droite du Rhône. Autrefois important, il est aujourd'hui réduit et dispersé. En 2009, il a accédé à l'AOC. Il est établi le plus souvent sur des éboulis calcaires assez escarpés. L'encépagement reflète la situation de carrefour de la région : en rouge, le poulsard jurassien – limité à l'assemblage des effervescents de Cerdon – y voisine avec la mondeuse savoyarde et le pinot et le gamay de Bourgogne ; de même, en blanc, la jacquère et l'altesse sont en concurrence avec le chardonnay – majoritaire – et l'aligoté, sans oublier la molette, cépage local surtout utilisé dans l'élaboration des vins effervescents. En 2011 a été reconnue l'appellation roussette-du-bugey.

SANDRINE BIGOT		
Cerdon Méthode ancestrale 2014		
● 9 866		5 à 8 €

Initiée par son père, Sandrine Bigot a repris la petite exploitation familiale en 2003, qu'elle a entièrement restructurée : surface doublée (4,5 ha aujourd'hui), changement de technique culturale pour plus de res-

SAVOIE-BUGEY

pect de l'environnement et modernisation du matériel, construction d'une cave et d'un caveau de dégustation.

Ce 100 % gamay affiche un nez discret, mais plaisant par ses arômes de fraise et de framboise. Un fruité persistant auquel fait écho une bouche vive et alerte, dynamisée par de petites bulles fines. ✗ 2015-2016 ✗ tarte aux fruits

☞ *Sandrine Bigot, hameau de Cornelle,*
2, rue des Vignerons, 01640 Boyeux-Saint-Jérôme,
tél. 04 74 36 92 47, sandrine.bigot@luxinet.fr Ⓥ Ⓚ Ⓛ *r.-v.*

YANNICK BLANCHET		
Cerdon Classic Demi-sec 2014		
●	40 000	5 à 8 €

Yannick Blanchet s'est installé en 2006 à Jujurieux sur le domaine familial créé par l'arrière-grand-père dans les années 1900, étendu aujourd'hui sur 4,8 ha de vignes. Les vignes plantées à cette époque sur les meilleurs terroirs produisaient du vin rouge jusque dans les années 1970. Depuis, la production des effervescents a pris le dessus.

L'essentiel du vignoble (4 ha) passe dans cette cuvée qui depuis plusieurs années fait preuve d'une belle régularité. Assemblage de gamay (90 %) et de poulsard, elle offre un nez intense de petits fruits rouges, relayés par une bouche fraîche et équilibrée, encore un peu stricte en finale toutefois. ✗ 2015-2016 ✗ salade de fruits

☞ *Yannick Blanchet, 68, pl. du Plâtre, 01640 Jujurieux,*
tél. 04 37 86 55 69, blanchetyannick.viticulteur@orange.fr
Ⓥ Ⓚ Ⓛ *r.-v.*

| CAVE SYLVAIN BOIS Chardonnay 2014 ★★ |||
| ■ | 15 000 | î | - de 5 € |

Sylvain Bois s'est établi en 2001, à vingt-et-un ans, sur les 1,5 ha de vignes plantées par son grand-père. Un domaine qu'il a agrandi progressivement, sur Béon et les coteaux pentus de Talissieu. Il exploite aujourd'hui 5 ha exposés plein sud dans les éboulis de pierres du Grand Colombier et s'est imposé comme l'une des valeurs sûres du Bugey.

Finaliste des coups de cœur, ce vin s'ouvre sur un nez floral, intense et fin. Une expression aromatique très élégante que l'on retrouve dans une bouche ample dès l'attaque, persistante et très bien équilibrée entre gras et acidité. ✗ 2016-2020 ✗ quenelles sauce Nantua ■ Coteau de Chambon Pinot noir 2014 ★★ (- de 5 € ; 5 000 b.) : un vin qui « pinote » à souhait, du début à la fin, autour d'intenses notes de fruits rouges (cerise en tête, comme il se doit). On aime aussi son touché de bouche velouté et soyeux, sa longueur et son dynamisme. Un pinot noir très abouti. ✗ 2016-2019 ■ Roussette du Bugey Coteau de Chambon 2014 ★ (5 à 8 € ; 7 000 b.) : une belle expression de l'altesse, ample, équilibrée, fraîche et minérale. ✗ 2015-2018

☞ *Sylvain Bois, 11, rte de Bourgogne, 01350 Béon,*
tél. 04 79 87 23 26, cavesylvainbois@yahoo.fr Ⓥ Ⓛ *t.l.j.*
sf dim. 9h-12h 14h-18h

BONNOD FILS		
Cerdon Méthode ancestrale Demi-sec 2014		
●	6 800	5 à 8 €

Installé en 1999, Franck Bonnod exploite une petite exploitation familiale de 2 ha créée en 1920 par son grand-père.

Issu d'une petite vigne de gamay de 94 ares, ce cerdon demi-sec dévoile un nez de bonne intensité, sur les fruits rouges (fraise, framboise). Ce même fruité caractérise la bouche, fraîche malgré ses 57 g/l de sucres résiduels, et persistante. ✗ 2015-2016 ✗ moelleux au chocolat

☞ *Franck Bonnod, 157, rue de la Chapelle, Poncieux,*
01640 Boyeux-Saint-Jérôme, tél. 04 74 37 13 22
Ⓥ Ⓚ Ⓛ *r.-v.*

LE CAVEAU BUGISTE			
Cuvée Vieilles Vignes 2014 ★			
■	30 000	î ◍	5 à 8 €

Un incontournable du vignoble savoyard. Le Caveau Bugiste n'est pas une cave coopérative, mais une association de vignerons fondée en 1967 : quatre propriétaires (six à l'origine), tous issus de familles agricoles, qui exploitent ensemble 45 ha de vignes, à l'origine de la plus vaste gamme de vins du Bugey.

Élevée trois mois en fût et trois mois en cuve, cette cuvée de pur chardonnay déploie des arômes intenses de fleurs blanches et de vanille. Soutenue par un bon boisé, encore un peu présent, la bouche se révèle ample et ronde, équilibrée et étirée par une belle fraîcheur en finale. ✗ 2016-2019 ✗ poulet de Bresse à la crème ■ Cuvée des rocailles Manicle 2013 ★ (11 à 15 € ; 10 000 b.) : à peine marqué par ses sept mois de fût, ce pinot noir bien typé dévoile un fruité intense qui lorgne sans surprise vers la cerise. On trouve un bel équilibre en bouche, entre une chair ronde, un fruité généreux et un bon boisé vanillé. ✗ 2015-2018 ■ Roussette de Virieu 2013 ★ (11 à 15 € ; 4 000 b.) : une jolie roussette au nez minéral et frais, à la bouche ample, fine et harmonieuse, un peu plus tendue en finale. ✗ 2015-2018

☞ *Le Caveau Bugiste, 326, rue de la Vigne-du-Bois,*
01350 Vongnes, tél. 04 79 87 92 32, caveau-bugiste@
wanadoo.fr Ⓥ Ⓚ *t.l.j. 9h-12h 14h-19h* 🏠 Ⓑ

PIERRE DUCOLOMB		
Méthode traditionnelle 2012 ★★		
●	18 400	5 à 8 €

Pierre Ducolomb a repris en 1972 l'exploitation familiale, fondée aux environs de 1850. Il exploite un domaine de 9 ha. Spécialiste des rouges, il voit régulièrement ses mondeuses figurer dans le Guide, mais s'illustre aussi avec ses vins blancs, tranquilles ou effervescents.

Cet effervescent est un pur chardonnay de très belle facture, ouvert sans réserve sur des arômes de fruits jaunes et blancs. Ce fruité intense parcourt également la bouche, ample, persistante et parfaitement équilibrée, ni trop riche ni trop vive. ✗ 2015-2018 ✗ feuilleté au fromage ■ Chardonnay 2013 (5 à 8 € ; 10 940 b.) : vin cité. ✗ 2015-2018

☞ *Pierre Ducolomb, Vernans, 01680 Lhuis,*
tél. 04 74 39 82 58, pierre.ducolomb@wanadoo.fr
Ⓥ Ⓚ *t.l.j. sf dim. 8h-12h 14h-19h*

| DUPORT & DUMAS Pinot noir 2014 ★ |||
| ■ | 4 400 | î | 5 à 8 € |

Duport & Dumas est une maison de négoce régulière en qualité, en rouge comme en blanc, fondée par Jacques

Duport et Jean-Philippe Dumas. Située sur les bords du Rhône, au pied de la montagne de Tentanet, elle exploite aussi en propre un vignoble de 9,3 ha.

Ce pinot noir élevé huit mois en cuve libère un fruité assez intense (cerise, mûre). Suivant la même trame aromatique, la bouche se montre riche, charnue et veloutée, bien qu'un brin plus stricte en finale. ✗ 2015-2018 ✟ rôti de veau aux chanterelles

☞ Caveau du Pont-Bancet, Pont-Bancet, 01680 Groslée, tél. 04 74 39 75 19, duportdumas.vinsdubugey@orange.fr
Ⓥ 🅺 🅻 r.-v.

♥ CAVE GIRARDI-DUPOYET
Cerdon Méthode ancestrale Demi-sec 2014 ★★

| ● | n.c. | | 5 à 8 € |

Fondateur de l'exploitation en 1983, Michel Girardi est parti à la retraite en 2013. Pierre-Athanase Dupoyet est venu le remplacer pour épauler Stéphane, le neveu de Michel, déjà installé depuis 1997. Le domaine couvre aujourd'hui 6 ha de vignes sur les pentes raides du village de Cerdon, dédiés uniquement aux pétillants blancs et rosés, élaborés en méthode ancestrale.

Vendange manuelle – les bons effervescents se fabriquent avec des raisins intacts, protégés de l'oxydation ; courte macération des jus pour une couleur vive, fermentation en cuve et prise de mousse en bouteille à basse température pour préserver les arômes du raisin, la maison Girardi-Dupoyet maîtrise sur le bout des doigts la méthode ancestrale. Elle montre à nouveau son savoir-faire avec ce demi-sec rosé foncé, animé par un fin cordon de bulles. Le nez est fruité à souhait, comme il se doit : framboise, cerise, cassis. Très « cerdon » lui aussi, le palais prolonge ce fruité intense et reste franc et frais malgré ses 50 g/l de sucres résiduels. Un modèle d'équilibre. ✗ 2015-2017 ✟ framboisier

☞ Cave Girardi-Dupoyet, rue de la Gumarde, 01450 Cerdon, tél. 04 74 39 95 90, cavegirardi.dupoyet@gmail.com Ⓥ 🅺 🅻 r.-v.

LINGOT-MARTIN Cerdon Méthode ancestrale Demi-sec Classic 2014 ★

| ● | 249 840 | 🅸 ◍ | 5 à 8 € |

Le Cellier Lingot-Martin, vinifié par Jean-Luc Guillon, regroupe cinq familles et 36 ha de vignes. Les deux fondateurs ont quitté le groupe : Messieurs Martin, en 2010, et Lingot, en 2014, mais de nouveaux associés les ont remplacés, et l'aventure débutée en 1970 continue.

Ce pur gamay livre des parfums intensément fruités, framboise en tête, comme attendus d'un cerdon. Les fruits rouges s'imposent aussi dans une bouche alerte malgré ses 59 g/l de sucres résiduels, dynamisée par une jolie fraîcheur jusqu'en finale, qui rend l'ensemble harmonieux. ✗ 2015-2016 ✟ macarons à la framboise

☞ Cellier Lingot-Martin, ZA Sous la côte Menestruel, 01450 Poncin, tél. 04 74 39 97 77, lingot-martin.isa@orange.fr Ⓥ 🅺 🅻 t.l.j. 8h-12h 13h30-18h

GEORGES MARTIN Cerdon Méthode ancestrale Demi-sec Vieilles Vignes 2014 ★

| ● | 14 000 | 🅸 | 5 à 8 € |

Une propriété de 6,5 ha désormais conduite par Xavier Barbe après le départ à la retraite en 2013 de Laure Martin, épouse de Georges, fondateur du domaine en 1970. La qualité du cerdon de la maison est toujours au rendez-vous.

Son premier « vrai » millésime, affirme Xavier Barbe, « né après un été pluvieux bien compensé par un mois de septembre ensoleillé ». Résultat : un cerdon harmonieux, fringant et fruité (fruits rouges, poire, pêche), une belle vivacité venant contrebalancer les 40 g/l de sucres résiduels. ✗ 2015-2016 ✟ gâteau au chocolat

☞ Dom. Georges Martin, Vieillard, 01640 Jujurieux, tél. 06 70 29 33 97, vins.georges.martin@wanadoo.fr
Ⓥ 🅺 🅻 t.l.j. 8h-20h ☞ Xavier Barbe

NICOLAS MAZZUCHELLI
Cerdon Méthode ancestrale Demi-sec 2014 ★★

| ● | 32 000 | 🅸 | 5 à 8 € |

Nicolas Mazzuchelli a repris en 2001 les vignes de son père, environ 1 ha, complétées en 2006 par celles d'un vigneron partant à la retraite et par quelques plantations. Il s'est ainsi constitué un petit domaine de 3,5 ha.

Ce 100 % gamay livre un nez intense de pomme acidulée et de framboise, adouci par une note briochée. Tout aussi aromatique, la bouche offre une belle structure et une fine vivacité qui vient compenser les sucres résiduels (57 g/l) et lui confère équilibre et dynamisme. Tout ce que l'on recherche dans un cerdon, en somme. ✗ 2015-2017 ✟ salade de fraises

☞ Mazzuchelli, rue des Vignes, 01450 Cerdon, tél. 04 74 39 95 31, vins.mazzuchelli@orange.fr
Ⓥ 🅺 🅻 r.-v.

DOM. PERDRIX
Montagnieu 2013

| ● | 5 400 | 🅸 | 5 à 8 € |

Formé en Champagne et ancien chef pressurage du vendangeoir de Bouzy, Philippe Perdrix, épaulé par son épouse Corinne, a repris en 1999 le domaine créé par son père Robert en 1985 autour de Saint-Benoît, village situé sur la rive droite du Rhône. À la fois vignerons et négociants, ils exploitent aujourd'hui 3,4 ha de vignes en propre.

Cette cuvée issue du seul chardonnay dévoile un nez floral et fruité discret mais fin. À l'unisson, la bouche offre un bon équilibre entre rondeur avenante et fraîcheur acidulée. Un vin d'une aimable simplicité. ✗ 2015-2016 ✟ avocat aux crevettes

☞ Philippe Perdrix, 283, chem. Creux-des-Vignes, 01300 Saint-Benoît, tél. 04 74 39 74 24, vin.philippeperdrix@orange.fr Ⓥ 🅺 🅻 r.-v.

♥ CAVEAU QUINARD
Méthode traditionnelle Brut 2011 ★★

| ● | 13 300 | 🅸 | 5 à 8 € |

Situées sur les hautes rives de la vallée du Rhône, les vignes du Caveau Quinard sont exploitées par la même

famille de viticulteurs depuis quatre générations. En conversion bio, le domaine s'étend sur 12 ha, dirigé par Julien Quinard depuis 2007.

Molette et chardonnay pour ce brut très équilibré, marqué par la finesse de ses bulles et par sa minéralité, au nez comme en bouche. Minéralité qui apporte, aux côtés des fruits, beaucoup d'élégance, de fraîcheur et de longueur. Un vin ample et vivant. ✗ 2015-2018 ❣ tartare de saumon

☛ *Quinard, 201, rte du Lit-au-Roi, 01300 Massignieu-de-Rives, tél. 04 79 42 10 18, caveauquinard@orange.fr* Ⓥ 🎿 🏠 *t.l.j. 9h30-12h 14h30-18h*

CÉLINE RONGER
Cerdon Méthode ancestrale La Déserte 2014 ★★

●	4 200	📷	5 à 8 €

Céline Ronger s'est installée en 2003 à partir d'une petite surface de 1,5 ha, dont la vendange était vendue au négoce. Elle s'est peu à peu agrandie et possède aujourd'hui 3 ha de vignes. Depuis 2011, elle vinifie elle-même une partie de sa production pour la vente directe, qu'elle entend développer.

Première apparition dans le Guide pour la vigneronne, avec un très beau cerdon construit dans la finesse, proche du coup de cœur. Robe claire, bulle fine et persistante, joli nez de groseille et de fraise, bouche au diapason, fruitée, élégante, légère et fraîche. La Déserte ? Le nom de la parcelle, tout simplement… Un domaine à suivre. ✗ 2015-2017 ❣ clafoutis aux cerises ● Cerdon Méthode ancestrale 2014 ★★ (5 à 8 € ; 11 000 b.) : un pur gamay de très belle facture. Au nez, du fruit et encore du fruit (pomme, cerise, framboise). En bouche, beaucoup de fraîcheur et du fruit, toujours du fruit. Un cerdon des plus friands. ✗ 2015-2017

☛ *Céline Ronger, 120, chem. de la Ravat, 01250 Bohas-Meyriat-Rignat, tél. 06 80 15 27 93, celineronger@orange.fr* Ⓥ 🏠 *r.-v.*

THIERRY TISSOT Gamay 2013 ★★

■	7 200	📷	5 à 8 €

Après plusieurs expériences dans différents vignobles en France et à l'étranger, Thierry Tissot, œnologue, a repris en 2001 l'exploitation familiale créée à la fin du XIXᵉs. Il a rénové la cave et replanté le coteau du Mataret, longtemps laissé à l'abandon en raison de son caractère morcelé et pentu. Il exploite aujourd'hui un petit vignoble de 5,3 ha.

Un gamay typique par son nez franc et fruité mêlant cassis et cerise, prélude à un palais tout aussi pimpant et friand, agrémenté d'une touche épicée. Outre son intensité aromatique, les dégustateurs soulignent son charnu et sa longueur, qui renforcent sa belle personnalité. ✗ 2015-2018 ❣ saucisse au chou ■ Mataret Roussette du Bugey 2010 ★ (5 à 8 € ; 2 600 b.) : à un nez puissant mais élégant de fleurs blanches, de miel et de fruits frais répond une bouche franche et ample, stimulée par une finale vive et énergique. ✗ 2015-2020 ● Méthode traditionnelle Brut 2011 ★ (5 à 8 € ; 4 400 b.) : ce bugey aux bulles foisonnantes offre un nez floral et brioché, que prolonge une bouche généreuse et gourmande. ✗ 2015-2016

☛ *Thierry Tissot, 42, quai du Buizin, 01150 Vaux-en-Bugey, tél. 06 81 14 02 17, tissot.bugey@ gmail.com* Ⓥ 🎿 🏠 *r.-v.*

GEORGES VUCHER ET FILS
Cerdon Méthode ancestrale Demi-sec 2014

●	101 000	📷	5 à 8 €

Héritier d'au moins cinq générations de vignerons, Éric Vucher s'est installé en 1994 à la tête du domaine familial, situé dans la partie ancienne du village de Cerdon. Il exploite un vignoble de 9,8 ha.

Parcouru d'un joli cordon de bulles fines et persistantes, ce 100 % gamay s'ouvre sur des arômes séducteurs et typiques de fruits rouges (groseille, fraise). La bouche est à l'avenant, fraîche et fruitée, mais un peu plus stricte et tendue en finale. L'ensemble reste très harmonieux. ✗ 2015-2016 ❣ vacherin glacé aux fruits rouges

☛ *EARL Georges Vucher et Fils, quartier La Suisse, Cour de Tache, 01450 Cerdon, tél. 04 74 39 96 61, earl.vucher@orange.fr* Ⓥ 🎿 🏠 *r.-v.*

Le Languedoc
et le Roussillon

‖‖‖

● **Le Languedoc**

Superficie :

246 000 ha

Production :

12,7 Mhl (toutes catégories confondues) ;
1 245 000 hl (AOC du Languedoc).

Types de vins :

Rouges majoritaires, rosés et blancs secs ;
effervescents (à Limoux) ; vins doux
naturels (muscats).

Cépages principaux : (en AOC)

Rouges : grenache noir, syrah, carignan,
mourvèdre, cinsault, cabernet-sauvignon.

Blancs : grenaches gris et blanc, macabeu,
clairette, bourboulenc, vermentino (rolle),
muscat à petits grains, muscat
d'Alexandrie, marsanne, roussanne,
piquepoul, chardonnay, mauzac, chenin,
ugni blanc.

● **Le Roussillon**

Superficie :

7 300 ha

Production :

900 000 hl environ (dont 540 000 en
AOC, et 307 000 en IGP, le reste sans IG).

Types de vins :

Rouges majoritaires, rosés, quelques
blancs secs ; vins doux naturels.

Cépages principaux :

Rouges : grenache noir, carignan,
syrah, mourvèdre, lladoner pelut.

Blancs : grenaches gris et blanc, macabeu,
malvoisie du Roussillon, roussanne,
marsanne, vermentino, muscat à petits
grains, muscat d'Alexandrie.

ANDRÉ LEENHARDT

Ch. de Cazeneuve

André Leenhardt (à gauche sur la photo) œuvre depuis près de trente ans au pied du pic Saint-Loup. Dans la garrigue parsemée de pins et de chênes verts, sur des coteaux en amphithéâtre, il a construit petit à petit son domaine : le Château de Cazeneuve, devenu l'un des plus beaux atours du Pic.

Comment êtes vous arrivé au pic Saint-Loup ?

A. L. Après mes études d'« agro », j'étais décidé à m'installer. Natif de Montpellier, j'avais pour terrain de jeu le pic Saint-Loup dans ma jeunesse. Et il y avait une dynamique dans le vignoble à l'époque : la région passait en AOC coteaux-du-languedoc, les vignerons du Pic se regroupaient, et ils m'ont conseillé. Le terroir était intéressant, le paysage magnifique, et j'avais envie de participer à la renaissance des lieux. J'ai acheté la propriété en 1988, une dizaine d'hectares de vieilles vignes abandonnées qui donnaient du raisin de table.

Qu'avez-vous trouvé ici ?

A. L. Des coteaux adossés à un plateau calcaire, un cirque naturel sous des expositions variables et deux terroirs différents : des hauts de versants d'éboulis argilo-calcaires et des bas de pentes de calcaires tendres, propices aux blancs. Situé au nord de l'appellation, notre terroir est plus frais et plus arrosé que sur la côte. J'allais pouvoir jouer sur les expositions et les sols pour adapter au mieux mes cépages.

Quelles ont été les étapes de l'installation ?

A. L. C'était plus facile qu'aujourd'hui pour un vigneron de s'installer. Durant dix ans, j'ai refait le vignoble, en arrachant et en replantant la garrigue de syrah et de mourvèdre, pour un tiers chacun, et des cinq cépages autorisés. Les blancs représentent 15 % des surfaces. Au début, je livrais mes raisins à la coopérative, mais avec l'idée en tête de construire ma cave un jour. Ce qui arriva en 1991. Et j'ai maintenant 35 ha.

Le respect de la nature est votre règle...

A. L. J'en suis vite venu à travailler au naturel. Le domaine est certifié bio depuis 2010. Les soins apportés aux sols sont essentiels. Je suis revenu aux labours, pour m'éviter toute la panoplie chimique. Le but est d'obtenir de beaux raisins et, pour cela, il faut faire les gestes adéquats tout au long de l'année.

Comment qualifiez-vous votre style ?

A. L. Mes vins ont un potentiel de garde de dix à quinze ans. Mon style, c'est un vin puissant, certes, mais préservant la fraîcheur, la finesse, l'équilibre. Quand mon fils Quentin, le second, a voulu me rejoindre, je lui ai dit : « Réfléchis à apporter quelque chose de nouveau ! » Il a repris un petit fermage de 9 ha en 2011, et il a créé la Cynarah, un assemblage de cinsault, de grenache et de syrah, un vin léger et souple. Un autre style...

Quentin et André Leenhardt, dom. de Cazeneuve, 34270 Lauret, tél. 04 67 59 07 49, andre.leenhardt@wanadoo.fr

terranée, sur les terrasses de galets de la Têt : des terres chaudes rafraîchies par le vent marin et des brouillards matinaux, où se plaisent les vignes blanches, comme ces pieds centenaires de grenache à l'origine du blanc 2014, deuxième coup de cœur. La vallée de l'Agly et ses terres noires du Fenouillèdes, à l'origine d'un fameux maury grenat, troisième coup de cœur représentant les vins doux naturels (10 % de la production).

Les cépages cultivés ? Les grenaches (dans les trois couleurs), syrah, mourvèdre et carignan, le catalan lladoner pelut, les deux muscats, la roussanne, la marsanne, le vermentino et encore le viognier. Mais l'ex flying winemaker n'est guère porté sur le chardonnay, de cabernets, merlot et autres « cépages internationaux ».

JEAN-MARC LAFAGE
Dom. Lafage

Installés près de Perpignan dans un mas du XVᵉ s., les Lafage sont à la fois des anciens et des modernes. Si Jean-Marc est l'héritier d'une lignée remontant à 1798, il a passé un diplôme d'œnologie, épousé une œnologue, acquis une expérience des terroirs et des marchés mondiaux. Revenu dans son « eldorado » roussillonnais, il s'est constitué un domaine de 150 ha représentatif de toute la mosaïque des terroirs régionaux. En 2015, les Lafage décrochent trois coups de cœur !

Des terroirs de l'hémisphère Sud...

Le grand-père de Jean-Marc, vigneron à Maury, a vendu une partie de ses terres, pour installer ses quatre fils. Son père s'est établi à Perpignan. Il négociait sa récolte, destinée aux vins doux naturels, avec un courtier. Jean-Marc devient œnologue, rencontre Eliane sur les bancs de l'université. N'ayant pas d'attaches familiales dans la région, la seconde est tentée par l'aventure du grand large : après la Californie, l'Australie, l'Afrique du Sud, le Chili, l'Argentine. Les Lafage sont des flying winemakers «vinificateurs volants», qui restent dans une maison quelques mois, le temps de vinifier une récolte. Pendant l'hiver austral, ils retournent en Europe, effectuant ainsi deux vinifications par an ! Une riche expérience, qui permet à Jean-Marc d'explorer des terroirs... et les marchés.

... à l'«eldorado » roussillonnais

Les Lafage reviennent au bercail en 1996, au moment où le Roussillon arrache plutôt qu'il ne plante. En 2000, ils décident de restructurer le vignoble familial, de vendre leur production en bouteille, de s'agrandir. Aujourd'hui, ils sont à la tête de 150 ha : une entreprise de vingt-cinq personnes – Eliane vinifie – et un échantillonnage complet des terroirs roussillonnais permettant des vinifications parcellaires. Trois secteurs ici, si divers par le microclimat et l'altitude que les vendanges se déroulent entre le 12 août et le 20 octobre. Chacun d'eux leur a valu cette année un coup de cœur !

Les Aspres : le premier vignoble acheté, planté à 300 m en terrasses épousant les courbes de niveau, sur des schistes marbreux, lieu de naissance du côtes-du-roussillon rouge Le Vignon 2009. La plaine du Roussillon, entre Perpignan et la Médi-

♥ **Dom. Lafage**
Le Vignon 2009 ★★★

♥ **Dom. Lafage**
Centenaire 2014 ★★

♥ **Dom. Lafage**
Grenat 2013 ★★★

● ⊶ *Dom. Lafage, Mas Miraflor, route de Canet, 66000 Perpignan, tél. 04 68 80 35 82, contact@domaine-lafage.com*

LE LANGUEDOC

Plus de deux mille ans d'histoire pour cette région viticole, sous le même soleil méditerranéen. Et pourtant, que de mutations ! Aucun vignoble de France n'a connu de tels bouleversements. Naguère symbole de la viticulture de masse, il fournit encore un tiers de la production française. Si, depuis les années 1980, il se contracte comme peau de chagrin, depuis la première édition en 1985, il s'étoffe dans le Guide ! La preuve de son ascension qualitative. En une génération, le « gros rouge » a fait place à des rouges multiples, tour à tour profonds, veloutés, épicés, ronds, suaves, fringants, aux arômes de cerise, de garrigue, de réglisse... Les vins doux naturels sont toujours superbes, mais la région fournit désormais des blancs vifs, avec ou sans bulles, et des rosés pimpants.

De la montagne à la mer. Entre la bordure méridionale du Massif central, les Corbières et la Méditerranée, le Languedoc est formé d'une mosaïque de vignobles répartis dans trois départements côtiers : le Gard, l'Hérault et l'Aude. On y distingue quatre zones successives : la plus haute, formée de régions montagneuses, notamment de terrains anciens du Massif central ; la deuxième, région des Soubergues (coteaux pierreux) et des garrigues, la partie la plus ancienne du vignoble ; la troisième, la plaine alluviale, assez bien abritée et présentant quelques coteaux peu élevés (200 m) ; et la quatrième, la zone littorale formée de plages basses et d'étangs où le développement concerté du tourisme balnéaire dans les années 1960 n'a pas fait totalement disparaître la viticulture.

L'héritage de l'Antiquité. La vigne est ici chez elle, léguée par les Grecs dès le VIII^{e}s. av. J.-C., puis par les Romains, qui font la conquête des terres bordant le golfe du Lion dès le II^{e}s. av. J.-C. Le vignoble se développe rapidement et concurrence même celui de la péninsule. Affecté par les incursions sarrasines plus que par les grandes invasions, il connaît un début de renaissance au IX^{e}s. grâce aux monastères. La vigne occupe alors surtout les coteaux, les plaines étant vouées aux cultures vivrières. Le commerce du vin s'étend aux XIVe et XV^{e}s. Aux XVIIe et XVIII^{e}s., l'essor économique donne une nouvelle impulsion à la viticulture. Création du port de Sète, ouverture du canal des Deux Mers... ces nouvelles infrastructures encouragent les exportations. Avec le développement des manufactures de tissage de draps et de soieries, une certaine prospérité règne. Le vignoble commence alors à se répandre dans la plaine. Le frontignan est réputé jusque dans le nord de l'Europe.

De la viticulture de masse à la recherche des terroirs. L'essor du chemin de fer, entre les années 1850 et 1880, assure l'ouverture de nouveaux marchés urbains, dont les besoins sont satisfaits par l'abondante production de vignobles reconstitués après la crise du phylloxéra. C'est la grande époque du « vin de consommation courante », avec ses crises de surproductions récurrentes, qui ne décline qu'à partir du milieu du XX^{e}s. et surtout du milieu des années 1970. Une telle production ne correspond plus au goût du consommateur. Institué en 1949, le statut VDQS, catégorie un peu moins contraignante que l'AOC, a permis à ses vignobles de progresser par paliers : un grand nombre sont devenus AOVDQS. Leur reconnaissance par étapes en AOC a jalonné leurs progrès. Grâce à ses bons terroirs situés sur les coteaux et au retour à des cépages traditionnels, le Languedoc viticole produit aujourd'hui des vins de qualité. En 2009, les vins sans indication géographique comptent pour moins de 10 % (encore 20 % en 2000), les vins de pays (IGP) représentent 70 % de la production, et les AOC 27 %. Le Languedoc est aussi première région pour le bio. Depuis 2007 et la création d'une appellation régionale languedoc (qui s'étend aux Pyrénées-Orientales), la profession cherche à hiérarchiser les appellations, comme c'est le cas dans les vignobles anciens, tel le Bordelais.

Des terroirs variés. Les différentes appellations du Languedoc se trouvent dans des situations très variées quant à l'altitude, à la proximité de la mer et aux terroirs. Les sols peuvent être ainsi des schistes de massifs primaires, comme dans certains secteurs des Corbières, du Minervois et de Saint-Chinian ; des grès du lias et du trias (alternant souvent avec des marnes), comme en Corbières et à Saint-Jean-de-Blaquière ; des terrasses et cailloux roulés du quaternaire, excellent terroir à vignes, comme dans le

Val d'Orbieu (Corbières), à Caunes-Minervois, dans la Méjanelle ; des terrains calcaires à cailloutis souvent en pente ou situés sur des plateaux, comme en Corbières, en Minervois ; des terrains d'alluvions récentes dans les coteaux du Languedoc.

Un climat méditerranéen. Assurant l'unité du Languedoc, ce climat a ses contraintes et ses accès de violence. C'est la région la plus chaude de France, avec des températures pouvant dépasser 30 °C en juillet et en août ; les pluies sont rares, irrégulières et mal réparties. La belle saison connaît toujours un manque d'eau important du 15 mai au 15 août. Dans beaucoup d'endroits, seule la culture de la vigne et de l'olivier est possible. La pluviométrie peut varier cependant du simple au triple suivant l'endroit (400 mm au bord de la mer, 1 200 mm sur les massifs montagneux). Les vents viennent renforcer la sécheresse du climat lorsqu'ils soufflent de la terre (mistral, cers, tramontane) ; au contraire, ceux qui proviennent de la mer modèrent les effets de la chaleur et apportent une humidité bénéfique. Souvent transformées en torrents après les orages, souvent à sec en période de sécheresse, les rivières ont contribué à l'établissement du relief et des terroirs.

Un encépagement très varié. À partir de 1950, l'aramon, cépage des vins de table légers planté au XIX^{e}s., a progressivement laissé la place aux variétés traditionnelles du Languedoc-Roussillon, comme le grenache noir ; venus des autres régions françaises, des cépages comme les cabernet-sauvignon, cabernet franc, merlot et chardonnay se sont également répandus, notamment pour produire des vins de pays. Dans le vignoble des vins d'appellation, les cépages rouges sont le carignan, qui apporte au vin structure, tenue et couleur, et le grenache, qui donne au vin sa chaleur, participe au bouquet mais s'oxyde facilement avec le temps, la syrah, cépage de qualité, qui apporte ses tanins et des arômes qui s'épanouissent au vieillissement, le mourvèdre, qui donne des vins élégants et de garde, le cinsault enfin, qui, cultivé en terrain pauvre, donne un vin souple au fruité agréable. Ce dernier entre surtout dans l'assemblage des vins rosés.

Les blancs sont produits à base de grenache blanc pour les vins tranquilles, de piquepoul, de bourboulenc, de macabeu, de clairette. Le muscat à petits grains est à l'origine d'une production traditionnelle de vins doux naturels – les vins liquoreux, riches en sucres et en alcool, se conservaient bien, même

sous les climats chauds, ce qui explique leur naissance sur des terres méditerranéennes. Marsanne, roussanne et vermentino se sont ajoutés plus récemment à ce riche éventail de cépages blancs. Pour les vins effervescents, on fait appel au mauzac, au chardonnay et au chenin.

CABARDÈS

Superficie : 400 ha / Production : 18 000 hl

Rouges ou rosés, les cabardès proviennent de dix-huit communes situées au nord de Carcassonne et à l'ouest du Minervois. Implanté dans la partie la plus occidentale du Languedoc, le vignoble subit davantage l'influence océanique que les autres appellations. C'est pourquoi les cépages autorisés comprennent des cépages atlantiques, comme le merlot et le cabernet-sauvignon, à côté de variétés méditerranéennes comme le grenache noir et la syrah.

CH. LA BASTIDE ROUGEPEYRE Prestige 2012 ★

| ■ | 5 000 | 🍷 ⬗ | 8 à 11 € |

Situé sur le versant sud de la Montagne noire, à Pennautier, près de Carcassonne, le château la Bastide Rougepeyre est une ancienne ferme fortifiée du XIIIᵉs. Dans la même famille depuis neuf générations, ce domaine de 50 ha est conduit aujourd'hui par l'officier de marine Dominique de Lorgeril.

Issu d'un assemblage traditionnel mi-atlantique (merlot, cabernets, malbec) mi-méridional de six cépages, ce 2012 séduit par son bouquet généreux de fruits confiturés. Le charme opère aussi en bouche, où le vin se montre charnu, ample et chaleureux. ✗ 2016-2020 ▼ cassoulet

⌐ SCEA Ch. la Bastide, Dom. la Bastide-Rougepeyre, 11610 Pennautier, tél. 04 68 72 51 91, chateaulabastide@rougepeyre.com Ⓥ 🎿 🏠 t.l.j. sf dim. 8h-12h 14h-16h
⌐ de Lorgeril

CH. JOUCLARY Guillaume de Jouclary 2012 ★

| ■ | 3 000 | ⬗ | 11 à 15 € |

Ce domaine de 60 ha, fondé en 1530 par un consul de la cité de Carcassonne qui a légué son nom à la propriété, appartient à la famille Gianesini depuis 1969. Une valeur sûre de l'appellation cabardès.

Assemblage de merlot, de syrah et de grenache, ce vin – hommage au fondateur du domaine – dévoile un nez complexe de notes balsamiques, de truffe et de châtaigne. Une belle attaque, intense et ample, ouvre sur une bouche bien structurée par un boisé de qualité, encore assez présent. ✗ 2018-2022 ▼ carré d'agneau

⌐ EARL Gianesini, Ch. Jouclary, rte de Villegailhenc, 11600 Conques-sur-Orbiel, tél. 04 68 77 10 02, chateau.jouclary@orange.fr Ⓥ 🎿 🏠 t.l.j. sf dim. 11h-19h

CH. LATOUR DE RISSAC 2012 ★★

| ■ | 100 000 | 🍷 ⬗ | 5 à 8 € |

Un domaine acquis en 2011 par Pierre-André Degroote, fils de Pierre Degroote, propriétaire dans la même appellation du château de Lalande.

Premier millésime pour le vigneron et déjà une très belle réussite. Syrah, grenache, cabernet-sauvignon et merlot à parts quasi égales entrent dans ce vin partagé entre fruits rouges mûrs et senteurs de la garrigue. Chaleureux, fruité et épicé, très long et bâti en finesse sur des tanins fondus, le palais affiche un équilibre remarquable qui permettra d'apprécier ce vin dans sa jeunesse. ✗ 2015-2018 ▼ daube de bœuf

⌐ SCEA Ch. Latour de Rissac, hameau de Caumette-Haute, 11170 Moussoulens, tél. 04 67 37 22 36 ⌐ Degroote

Ⓑ DOM. LOUPIA Tradition 2013 ★

| ■ | 5 000 | ⬗ | 8 à 11 € |

Ce domaine se transmet de mère en fille depuis cinq générations. Pionnier de l'agriculture biologique depuis 1974 (premières mises en bouteilles à la propriété en 1980), il étend son vignoble sur 12,5 ha, conduits depuis 2000 par Nathalie et Philippe Pons.

Ce joli vin issu de merlot (50 %), de syrah (40 %) et de cabernet-sauvignon se présente dans une robe profonde aux reflets violines de jeunesse. Au nez, les fruits rouges et noirs mûrs se mêlent aux épices. Arômes que l'on retrouve dans une bouche vive et tonique en attaque, épaulée par une structure puissante qui promet une belle tenue à la garde. ✗ 2017-2020 ▼ osso bucco

⌐ Nathalie et Philippe Pons, Les Albarels, 11610 Pennautier, tél. 04 68 24 91 77, domaineloupia@orange.fr Ⓥ 🎿 🏠 r.-v.

♥ MAS VENTENAC 2011 ★★★

| ■ | 8 700 | 🍷 ⬗ | 20 à 30 € |

Alain Maurel a créé ce domaine en 1973, plantant les vignes en haute densité (6 500 pieds/ha) pour privilégier des rendements faibles et une plus grande concentration des vins. Un beau patrimoine de 100 ha qu'il a transmis à ses enfants, dirigé aujourd'hui par son gendre Olivier Lauré. Une valeur sûre.

La cuvée phare du domaine, issue d'un mariage de cabernet franc et de syrah, avec un soupçon (5 %) de merlot en complément. La cuvaison, très longue (vingt-cinq jours), a été suivie d'un élevage de douze mois en barrique et demi-muid. Le résultat est emballant, comme souvent ici, avec un vin qui se distingue par sa complexité et son intensité aromatiques : cassis, groseille, épices douces et cacao. Tout à la fois concentré, gras et élégant, le palais s'adosse à des tanins racés, fermes et fins, et s'étire dans une longue finale accompagnée par un boisé parfaitement fondu. Un cabardès de haute extraction, étoffé et de grande garde. ✗ 2018-2025 ▼ daube de

joue de bœuf ■ Ch. Ventenac Carla 2014 ★★ (5 à 8 € ; 40 000 b.) : cabernet-sauvignon (60 %), syrah (30 %) et grenache composent ce rosé pimpant et joyeux, très équilibré, frais et rond, long et fruité. ✕ 2015-2016

○ᵣ *Vignobles Alain Maurel, 4, rue des Jardins, 11610 Ventenac-Cabardès, tél. 04 68 24 93 42, accueil@vignoblesalainmaurel.fr* Ⓥ Ⓣ *t.l.j. sf sam. dim. 7h30-12h 13h30-18h* ○ᵣ Rane

CH. DE PENNAUTIER
L'Esprit de Pennautier 2012 ★★

■	6 000	⅏	20 à 30 €

Les Lorgeril possèdent six domaines familiaux en Languedoc-Roussillon, parmi lesquels le château de Pennautier, un Versailles en Languedoc construit en 1620 à la gloire des seigneurs locaux, trésoriers des États du Languedoc ; une valeur sûre de l'appellation cabardès. Nicolas et Miren de Lorgeril, qui représentent la dixième génération à conduire ce vaste ensemble de 146 ha, sont également à la tête d'une structure de négoce.

L'Esprit de Pennautier est une cuvée haut de gamme issue de merlot (40 %), de syrah (30 %), de cabernet-sauvignon (20 %) et de grenache. Un vin dont la robe sombre annonce la puissance et la maturité. De fait, le nez se révèle intense et complexe, mariant les fruits rouges mûrs aux épices douces. Onctueux et très élégant, le palais s'adosse à des tanins solides et racés qui destinent ce cabardès à une longue garde. ✕ 2018-2023 Ⓣ magret de canard aux cerises

Le Languedoc

AOC du Languedoc

- Languedoc
- Dénominations de l'AOC languedoc →
- Clairette-du-languedoc
- Picpoul-de-pinet
- Faugères
- Saint-chinian
- Minervois
- **a** Minervois-la-livinière
- Cabardès

Vins doux naturels du Languedoc

- Ⓐ Muscat-de-lunel
- Ⓑ Muscat-de-mireval
- Ⓒ Muscat-de-frontignan
- Ⓓ Muscat-de-saint-jean-de-minervois

1 Terrasses du Larzac
2 Pic Saint-Loup
3 Grès de Montpellier
4 Montpeyroux
5 Saint-Saturnin
6 Saint-Drézéry
7 Vérargues
8 Saint-Christol
9 La Méjanelle
10 Saint-Georges-d'Orques
11 Cabrières
12 Pézenas
13 La Clape
14 Quatourze

- Malepère
- Corbières
- **b** Corbières-boutenac
- Limoux, limoux méthode ancestrale, blanquette-de-limoux et crémant-de-limoux
- Fitou

○━ *Ch. de Pennautier, BP 4, 11610 Pennautier,*
tél. 04 68 72 65 29, contact@lorgeril.com 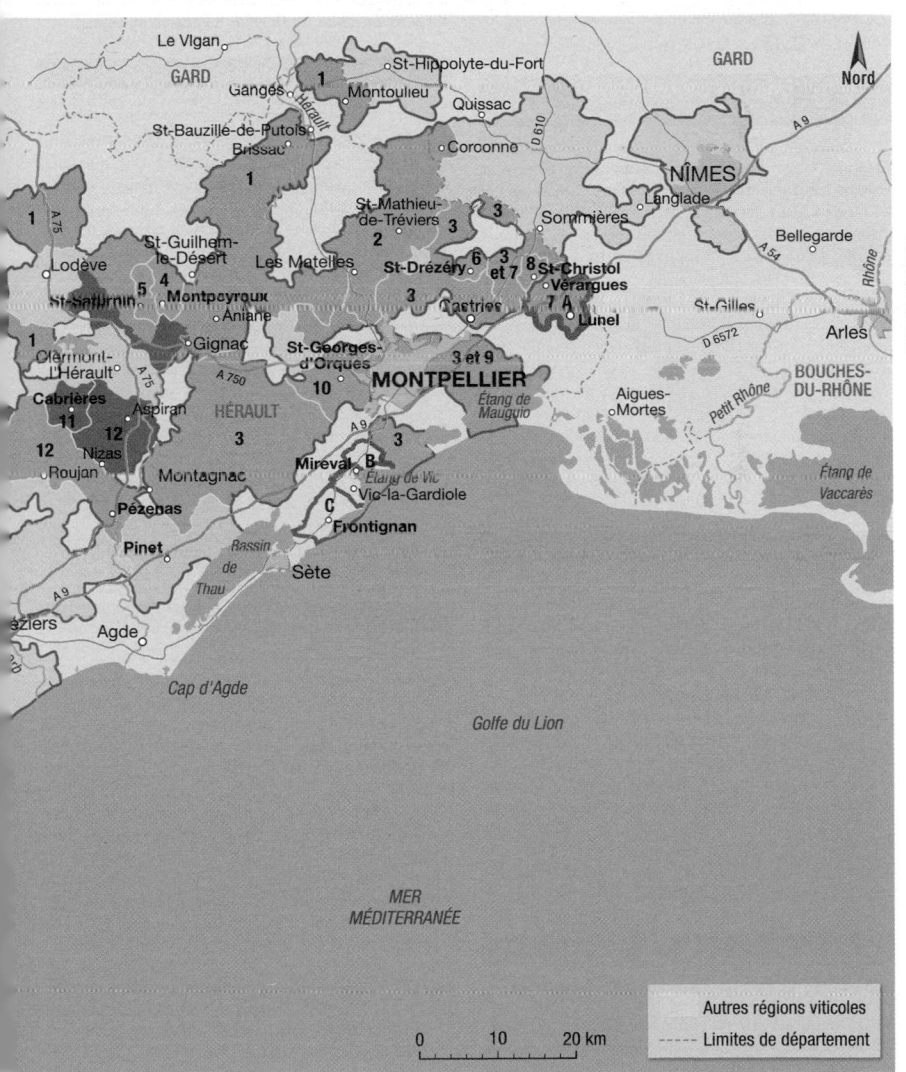 *t.l.j.*
sf dim. 10h-18h (ven. sam. 22h); f. 1ᵉʳ-15 janv.
○━ *de Lorgeril*

CH. SALITIS Cuvée Équinoxe 2013 ★		
■	28 000	🍾	8 à 11 €

Un des domaines historiques du Cabardès, jadis dépendance de l'abbaye de Lagrasse. Anne et Frédéric Maurel conduisent depuis 1986 cette vaste exploitation de 110 ha établie sur le plateau caillouteux de Conques-sur-Orbiel. À l'origine, dit-on, un arrière-grand-père chanceux l'aurait gagné à un jeu de hasard...

Issu de syrah et de grenache pour le côté méditerranéen, de cabernet franc et de malbec pour le côté océanique, ce vin livre d'intenses parfums de fruits rouges et, surtout, de sous-bois. La bouche se révèle ample et bien soutenue par des tanins élégants, encore un peu austères en finale.
✗ 2017-2020 ❦ gigot d'agneau
○━ *Ch. Salitis, 11600 Conques-sur-Orbiel, tél. 04 68 77 16 10,*
salitis@orange.fr *t.l.j. 8h30-12h 14h-17h30*

CLAIRETTE-DU-LANGUEDOC

Superficie : 60 ha / Production : 2 487 hl

Les vignes du cépage clairette sont cultivées dans huit communes de la vallée moyenne de l'Hérault. Après vinification à basse température avec le minimum d'oxydation, on obtient un vin blanc généreux, à la robe

LANGUEDOC

	Autres régions viticoles
- - - - -	Limites de département

jaune soutenu. Il peut être sec, demi-sec ou moelleux. En vieillissant, il acquiert un goût de rancio.

ADISSAN L'Églantier 2014 ★

■		30 000		- de 5 €

Berceau de la clairette, Adissan perpétue la tradition des moelleux. Le village fournit 70 % de la production de l'AOC. Le vignoble occupe des terrasses villafranchiennes composées de galets de quartz, silex et calcaires au sein d'une matrice argilo-sableuse.

Une belle robe or clair introduit cette gourmandise qui rappelle au nez les fruits du verger (poire, pêche), le pain d'épice et la mangue. La bouche est bien équilibrée, délicatement moelleuse, et développe en finale de douces notes de miel. ✗ 2015-2016 ♈ foie gras poêlé

○┐ *La Clairette d'Adissan, av. du Gal-de-Gaulle, 34230 Adissan, tél. 04 67 25 01 07, clairette.adissan@ wanadoo.fr* Ⅴ ⚑ *t.l.j. sf dim. 9h-12h 15h-18h; sam. 9h-12h*

DOM. LA CROIX CHAPTAL
Rancio Vendanges de novembre 2009 ★★

■		1 200		11 à 15 €

Créé au Xᵉs. par les moines bénédictins de l'abbaye de Gellone, ce domaine se partage entre 11 ha de bois et 25 ha de vignes. Depuis 1999, il revit grâce à l'artisan vigneron Charles-Walter Pacaud. Les clés de voûte sculptées du cellier sont reproduites sur l'étiquette.

Voici une clairette de type rancio – une rareté – récoltée par une belle journée de novembre. Un vin ciselé comme un bijou. Derrière une robe cuivrée éclatante, la puissance des arômes ne vous surprendra pas : orange confite, pain d'épice, noix fraîche et abricot sec. Sa bouche liquoreuse, soyeuse et bien mûre se prolonge sur de belles notes cacaotées. ✗ 2015-2018 ♈ fondant au chocolat

○┐ *Pacaud-Chaptal, Dom. la Croix Chaptal, hameau de Cambous, 34725 Saint-André-de-Sangonis, tél. 06 82 16 77 82, lacroixchaptal@wanadoo.fr* Ⅴ ⚐ ⚑ *r.-v.*

LES HAUTS DE SAINT-ROME Cabrières 2014 ★

■		120 000	ⓘ		- de 5 €

Coopérative fondée en 1937, forte des 330 ha de ses adhérents. Si la cave mise sur les rosés, réputés à Cabrières, elle dispose également sur les fameux schistes gris de 20 ha de clairette blanche, l'un des très anciens cépages du Languedoc.

Une belle occasion de découvrir à prix doux l'une des plus anciennes appellations de la région. Des reflets vert et or ornent la robe encore jeune de ce 2014. Des notes d'abricot et de fleur séchée préludent à une bouche pleine de douceur, dont la délicatesse signe bien ce terroir de schistes. ✗ 2015-2016 ♈ tarte Tatin

○┐ *L'aves de l'Estabel, 20, rte de Fontès, 34800 Cabrières, tél. 04 67 88 91 60, sca.cabrieres@wanadoo.fr* Ⅴ ⚐ ⚑ *t.l.j. 9h-12h 14h-18h*

CORBIÈRES

Superficie : 13 000 ha / Production : 461 000 hl

VDQS depuis 1951, reconnus en AOC en 1985, les Corbières constituent une région typiquement viticole, et ce massif montagneux aride, qui sépare le bassin de l'Aude des plaines du Roussillon, n'offre guère d'autres possibilités de culture. Cette vaste appellation s'étend sur 87 communes. Les corbières rouges, majoritaires, ont en commun un côté chaleureux et souvent charpenté. Ils assemblent aux traditionnels carignan et grenache noir la syrah, le cinsault, le mourvèdre, le lladoner pelut... L'appellation produit aussi des rosés et des blancs ; ces derniers mettent à contribution les cépages grenache, macabeu, bourboulenc, marsanne, roussanne et vermentino. Corbières maritimes au sud-est, hautes Corbières au sud, Corbières centrales faites de terrasses et de collines, montagne d'Alaric au nord-ouest... la région présente un relief très compartimenté et des terroirs divers par leur altitude, leurs sols, l'influence méditerranéenne plus ou moins dominante. Ce cloisonnement des sites a conduit à une réflexion sur les spécificités des terroirs de l'AOC, notamment ceux de Durban, Lagrasse et Sigean.

ABBAYE DE FONTFROIDE Ocellus 2014 ★

■		10 000	ⓘ		8 à 11 €

Fondée en 1093, l'abbaye bénédictine de Fontfroide fut rattachée à l'ordre cistercien au XIIᵉs. Une puissance spirituelle et temporelle qui donna un pape à la chrétienté. Aujourd'hui, un site splendide, un domaine viticole (34 ha) depuis les années 1990 et une cave rénovée entre 2000 et 2005, sous l'impulsion de Laure d'Andoque et de Nicolas de Chevron Villette, installés en 2004.

Au sud-ouest de Narbonne, au pied du massif de Fontfroide, les vignes blanches bordent la garrigue dans un terroir encaissé, venteux et assez frais, où marsanne et vermentino s'épanouissent. La première compose 50 % de cette cuvée, le deuxième 35 % et le grenache blanc fait l'appoint. Il en résulte un blanc à la robe pâle et limpide, au nez discret et vif, sur la fleur blanche, le pomelo et le bonbon anglais, au palais à la fois rond, gras et sémillant. ✗ 2015-2017 ♈ poisson à la plancha ■ Ocellus 2014 (8 à 11 € ; 10 000 b.) : vin cité. ✗ 2015-2016

○┐ *Abbaye de Fontfroide, RD 613, 11100 Narbonne, tél. 04 68 45 50 65, vin@fontfroide.com* Ⅴ ⚐ ⚑ *t.l.j. 10h-12h30 13h30-18h* ⌂ ⓒ ○┐ *de Chevron Villette*

CH. AIGUILLOUX Trois Seigneurs 2012 ★★

■		16 000	⑪		11 à 15 €

Fondé en 1860, un domaine de 125 ha, dont 36 de vignes d'un seul tenant, traversé par un ruisseau du nom d'Aiguilloux. Venu de Normandie, François Lemarié, qui le conduit depuis 1982, passe le relais à sa fille Anne. Conversion bio engagée en 2010, certification en 2014.

Un corbières authentique, tant par son assemblage (carignan 50 %, complété par la syrah et le grenache à parité) que par son élaboration : vinification en grains entiers, élevage de douze mois en fût. Un remarquable représentant de l'appellation : sa palette associe les fleurs, le fruit rouge confit, un soupçon de garrigue, des épices et un boisé qui s'affirme davantage en bouche. La bouche ample, fraîche et longue s'appuie sur des tanins un peu fermes en finale. Un vin homogène, complet et raffiné. ✗ 2018-2020 ♈ gigot de sept heures ■ Aventure 2013 (5 à 8 € ; 40 000 b.) : vin cité. ✗ 2015-2018

☞ *François Lemarié, Ch. Aiguilloux,*
11200 Thézan-des-Corbières, tél. 04 68 43 32 71,
aiguilloux@wanadoo.fr 🅥 🛉 🛉 *r.-v.*

CH. LA BASTIDE Eidos 2012 ★

| ■ | 10 000 | ⬤ | 15 à 20 € |

Au nord-ouest de Lézignan-Corbières, un vaste domaine (180 ha) tourné vers l'exportation, acquis en 1990 par Anne-Marie et Guilhem Durand. Une première en Languedoc-Roussillon, il a été cédé en janvier 2015 à l'importateur BHC International Wine Assets Management. Proche du Minervois, le vignoble est installé sur une terrasse ancienne de l'Aude, riche en galets.

Le terroir du domaine se prête moins au carignan qu'à la syrah, qui représente les trois quarts de l'assemblage de ce corbières, complété par le grenache noir. D'une couleur soutenue, presque noire, ce rouge au nez raffiné, fruité, épicé et boisé séduit par son excellente structure. On loue son attaque ample, son volume conjugué à une belle fraîcheur, ses tanins salinés et sa persistance. Puissance et finesse. ✗ 2017-2020 ▼ confit de canard

☞ *SCEA Ch. la Bastide, Ch. la Bastide, 11200 Escales,*
tél. 04 68 27 08 47, chateaulabastide@orange.fr
🅥 🛉 🛉 *r.-v.* ☞ *BHC Int. Wine*

Ⓑ CH. BEAUREGARD MIROUZE Tradition 2014 ★

| ■ | 6 000 | ⬤ | 5 à 8 € |

Ingénieurs agronomes, Karine et Nicolas Mirouze ont quitté la banque et l'informatique pour reprendre en 2000 le domaine familial : 300 ha, dont 25 ha de vignes implantées sur le versant nord du massif de Fontfroide aux sols de grès et au microclimat frais. Exploitation en bio.

Les rosés du domaine sont souvent remarqués. Les raisins sont récoltés à la machine durant la nuit, ce qui permet de préserver la fraîcheur de la vendange, et le vin est élaboré par saignée. Très bel équilibre entre grenache et syrah, robe tendre très engageante, nez délicatement fruité, bouche ronde, tonifiée par un petit perlant qui lui donne fraîcheur et relief, jolie finale acidulée. ✗ 2015-2016 ▼ saint-jacques à la citronnelle

☞ *Karine et Nicolas Mirouze, Ch. Beauregard Mirouze,*
11200 Bizanet, tél. 04 68 45 19 35,
info@beauregard-mirouze.com 🅥 🛉 🛉 *r.-v.*

Ⓑ CH. BORDE ROUGE Rubellis 2013 ★

| ■ | 30 000 | ⬤ | 8 à 11 € |

Aussi ancien que l'abbaye de Lagrasse, le Ch. Borde Rouge est implanté dans un cirque naturel entouré de vignes enracinées dans des terres rouges ferrugineuses d'origine calcaire. Environné d'oliviers, de garrigue et de pinèdes, le vignoble est abrité par des falaises abruptes. Il est exploité en bio depuis 2012.

Du carignan (50 %) vinifié en grains entiers, complété par de la syrah et du grenache égrappés, avec macération à froid. Il en résulte un vin à la robe grenat intense et au nez associant réglisse et fruits rouges ; ample et rond en bouche, c'est un corbières équilibré, franc et sincère, qui ne manque pas de réserves. ✗ 2016-2020 ▼ canette rôtie

☞ *SCEA Dom. de Borde Rouge, rte de St-Pierre,*
11220 Lagrasse, tél. 09 64 13 04 39, contact@
borde-rouge.com 🅥 🛉 🛉 *r.-v.* ☞ *Jean Carrère*

♥ CH. LE BOUÏS
Cuvée R Massif de La Clape 2013 ★★

| ■ | 40 000 | ⬤ ⬤ | 8 à 11 € |

Appuyé aux contreforts du massif de La Clape, face à la Méditerranée, un domaine de 50 ha. À l'horizon, le trait bleu de la mer, aux alentours, les pins et le vacarme reposant des cigales. Une partie des bâtiments du domaine a été aménagée en un restaurant doté d'une terrasse panoramique sur les vignes et la côte.

La trilogie grenache, carignan et syrah, et un élevage d'un an en barrique pour ce corbières à la robe intense aux reflets violets de jeunesse, au nez de mûre et de cassis confiturés. Il en impose dès l'attaque par son ampleur et sa puissance et, sans faiblir, dévoile une trame de tanins denses, fins et soyeux, laissant en finale une impression de rare harmonie. De l'élégance, du style et du goût. ✗ 2017-2020 ▼ souris d'agneau confite ■ Cigale 2013 ★ (5 à 8 € ; 40 000 b.) : un corbières rouge né de grenache et de syrah. Robe grenat profond, nez de fruits noirs cuits, de tabac et d'épices ; bouche dans le même registre, aux tanins enrobés et à la finale chaleureuse. ✗ 2015-2018

☞ *Ch. le Bouïs, rte Bleue, 11430 Gruissan, tél. 04 68 75 25 25,*
contact@chateaulebouis.com 🅥 🛉 *t.l.j. sf sam. dim.*
9h-12h 14h-18h 🏠 ④ ☞ *Olivié*

Ⓑ DOM. LA BOUYSSE Valensol 2013 ★

| ■ | 7 000 | ⬤ | 5 à 8 € |

En 1996, Martine Pagès et son frère Christophe Molinier, tous deux œnologues, reprennent le domaine familial (38 ha près de Fontfroide, sur le terroir de Boutenac) et quittent la coopérative. Ils engagent la conversion bio de l'exploitation (certification en 2013).

Carignan et mourvèdre à parité, élevage sans bois, de quoi donner du caractère et de l'originalité à cette cuvée. Nez encore retenu, évoquant les petits fruits et l'âtre froid ; bouche ample et ronde à l'attaque, aux arômes de fruits noirs ; finale encore austère et tannique signant un certain potentiel. ✗ 2016-2020 ▼ saucisse de Toulouse ■ Cyprius 2014 ★ (5 à 8 € ; 5 350 b.) : né du grenache blanc (60 %), du macabeu et du rare carignan blanc, un corbières au nez intense, floral et un rien vanillé, à la bouche puissante, ronde et complexe (mangue, fruits en confiture, rose, léger boisé). Original et harmonieux. ✗ 2015-2018

☞ *GAEC Molinier, 3 chem. de Montséret,*
11200 Saint-André-de-Roquelongue, tél. 04 68 45 50 34,
info@domainelabouysse.com 🅥 🛉 *t.l.j. sf sam. dim.*
8h-12h 14h-17h 🏠 Ⓖ

LES VIGNERONS DE CAMPLONG
Peyres nobles 2014

| ■ | 15 000 | | - de 5 € |

Fondée en 1932, la coopérative du village de Camplong (30 vignerons, 250 ha à 80 % en AOC corbières) bénéficie d'un excellent terroir, sur les pentes sud de l'Alaric. À l'origine, un seul vin rouge vendu en vrac ; aujourd'hui, de larges gammes et des cuvées ambitieuses.

LANGUEDOC

La gamme Peyres nobles, qui remonte aux années 1970, marque le début de la montée en gamme de la cave. Le blanc naît d'un assemblage typique des corbières, avec une majorité de grenache blanc, complété par la roussanne, le macabeu, et, plus original, le muscat à petits grains. Il en résulte une robe pâle aux reflets verts, un nez discrètement minéral, sur la pierre à fusil ; une bouche vive à l'attaque, puis ronde, bien équilibrée. Ce blanc devrait sortir de sa réserve d'ici quelques mois. ⚒ 2016-2018 ♈ crevettes et langoustines ■ Peyres nobles 2014 (- de 5 € ; 30 000 b.) : vin cité. ⚒ 2015-2016

☛ Vignerons de Camplong, 25, av. de la Promenade, 11200 Camplong-d'Aude, tél. 04 68 43 60 86, secretariat.camplong@orange.fr Ⓥ 🏃 🏋 r.-v. 🏠 Ⓓ

DOM. LES CASCADES Le Ribaute 2012 ★		
■	1 260	⬤	11 à 15 €

Œnologue, Laurent Bachevillier a vinifié de la Suisse à la Nouvelle-Zélande avant de créer en 2010 avec sa femme Sylvie ce domaine en pleine nature, vers Lagrasse. Du vin, mais aussi de la bière, des olives, du safran, des truffes, des légumes... D'emblée, le bio (certification en 2013). L'hiver, les 6 ha de vignes servent de parcours aux ânes et aux moutons, qui font un bon travail de désherbage.

Un « quatre quarts » de syrah, grenache, carignan et mourvèdre, vinifiés ensemble dans une même cuve de bois ; élevé pour moitié en cuve de bois, pour l'autre en barrique. Confidentielle, la cuvée affiche une robe intense, un nez puissant et légèrement évolué de fruits rouges nuancés de sous-bois. Le fruit rouge mûr se fait aussi une place dans une bouche souple à l'attaque, puissante, ronde et longue, à la jolie finale réglissée. ⚒ 2016-2020 ♈ souris d'agneau caramélisée

☛ Laurent et Sylvie Bachevillier, Dom. les Cascades, 4 bis, av. des Corbières, 11220 Ribaute, tél. 06 88 21 84 99, domainelescascades@yahoo.fr Ⓥ 🏃 🏋 sam. 15h-19h 🏠 ➁ 🏠 Ⓓ

LES VIGNERONS DE CASCASTEL		
Les Frênes Élevé en fût de chêne 2013 ★		
■	75 000	⬤	8 à 11 €

Située dans le massif des hautes Corbières et le haut Fitou, à 20 km de la Méditerranée, cette cave créée en 1921 rassemble une centaine d'adhérents qui cultivent 780 ha.

Née dans les hautes Corbières entre calcaires et schistes, voici une cuvée de caractère, bâtie sur le carignan et le grenache complétés de syrah. Timide au premier nez, elle livre une belle palette de fruits rouges, de violette et de pivoine, puis des notes épicées léguées par l'élevage, que l'on retrouve à l'attaque. De bons tanins vanillés font sentir leur présence, signant un vin solide et prometteur. ⚒ 2016-2018 ♈ épaule d'agneau

☛ SCA Les Vignerons de Cascastel, Grand-Rue, 11360 Cascastel-des-Corbières, tél. 04 68 45 91 74, info@ cascastel.com Ⓥ 🏋 t.l.j. sf sam. dim. 9h-12h 14h-18h

♥ CASTELMAURE Cuvée n°3 2013 ★★		
■	40 000	⬤	20 à 30 €

Fondée en 1921, la coopérative d'Embres-et-Castelmaure se niche au fond des hautes Corbières, entre les pentes sauvages de La Sauveille et du col de Bent ; 400 ha de

n° **3**

CASTELMAURE
COOPÉRATIVE DEPUIS 1921

vignes. Les ceps plongent leurs racines dans des sols rocailleux, calcaires ou schisteux.

Une des « stars » de la cave, dont le millésime 2010 fut couronné. N°3, comme les trois cépages qui composent cette cuvée : syrah (40 %), vinifiée en macération carbonique, grenache et carignan, égrappés. Les ceps apprécient ce terroir pentu et rocailleux, encore intact – l'image même des Corbières. Les hommes ont fait le reste, qui ont construit récemment un chai écologique. Tout ce cadre transparaît dans cette bouteille authentique. Une robe profonde ; un nez intense, complexe et fin, sur les fleurs et des notes un peu sauvages ; un palais tout à la fois volumineux et élégant, où s'épanouissent des arômes persistants de fruits noirs. « Du luxe en bouche », conclut un dégustateur. Et les Corbières en bouteilles. ⚒ 2016-2020 ♈ tournedos Rossini ■ Grande Cuvée 2013 ★ (11 à 15 € ; 100 000 b.) : du grenache et de la syrah à parts égales dans cette cuvée ronde et ample, aux arômes confiturés et toastés, adossée à des tanins soyeux et fins, plus stricts en finale. ⚒ 2016-2019

☛ SCV Castelmaure, Cave Coopérative, 4, rte des Cannelles, 11360 Embres-et-Castelmaure, tél. 04 68 45 91 83, vins@castelmaure.com Ⓥ 🏋 t.l.j. 10h-12h 15h-18h

DOM. DE LA CENDRILLON Classique 2012 ★		
■	24 000	🍾	11 à 15 €

La Cendrillon ? Un lieu-dit d'Ornaisons, au pied du massif de Fontfroide, une ancienne auberge le long de la voie romaine qui reliait la Narbonnaise à l'Aquitaine. Enfant du pays, l'entrepreneur Robert Joyeux a repris en 1993 le domaine familial et n'a pas lésiné sur les investissements : nouvelles plantations, aménagement d'un chai. Aujourd'hui, 42 ha en bio certifié depuis fin 2012.

Plantés sur les terrasses argilo-calcaires de l'Orbieu, la syrah (40 %), le grenache et le carignan ont été vendangés à la main pour donner cette cuvée à la robe profonde et au nez complexe, associant fruits rouges, cassis et épices poivrées. Cette complexité se retrouve dans une bouche charpentée, équilibrée, minérale et longue. ⚒ 2015-2019 ♈ tournedos

☛ SCEA Dom. de la Cendrillon, rte de Narbonne, 11200 Ornaisons, tél. 09 61 37 85 51, lacendrillon@ orange.fr Ⓥ 🏃 🏋 r.-v.

LE CHAMP DES MURAILLES		
La Petite Muraille 2013 ★		
■	50 000	🍾	5 à 8 €

Bien connu pour son Ch. Ollieu Romanis, Pierre Bories a racheté en 2012 le Champ des Murailles, domaine en corbières-boutenac créé par François des Ligneris, ancien propriétaire du Ch. Soutard, grand cru classé de Saint-Émilion. Couvrant quelque 10 ha sur le flanc ouest du massif du Pinada, ce vignoble se caractérise par un microclimat plus frais que le Ch. Ollieu Romanis.

« Dans la famille Bories, on aime beaucoup le carignan, jamais il ne nous déçoit. » Il compose 70 % de cette Petite Muraille (cuvée dédiée au corbières), complété par le grenache. On aime son nez engageant et gracieux, sur le fruit rouge frais, et sa présence en bouche. Le soyeux et la finesse de ses tanins va de pair avec un tempérament affirmé, et sa fraîcheur lui donne du relief. ✗ 2016-2019 ▼ entrecôte aux cèpes

○┐ *Dom. Pierre Bories, 11200 Fabrezan,*
tél. 04 68 43 35 20, pbories@chateaulesollieux.com

Ⓑ CH. CICÉRON 2013 ★★		
■	10 000	🍶	11 à 15 €

Dans l'Antiquité, ce domaine était une villa appartenant à une famille de juristes et de tribuns romains. Dépendance de l'abbaye de Lagrasse au Moyen Âge, exploitation expérimentale à partir des années 1960, le Ch. Cicéron est aujourd'hui l'une des propriétés de la famille Vialade, bien ancrée sur le versant sud de la montagne d'Alaric. Le vignoble compte environ 7 ha.

Issu de syrah et de grenache à parts sensiblement égales, ce vin impose sa puissance. Sa robe est sombre, presque noire, mais pas le moins du monde austère. On respire dans le verre une généreuse palette de parfums : petits fruits surmûris, fraise, myrtille, mûre et une pointe d'épices ; la bouche est à la fois ample et tonique, puissante et persistante, étayée par des tanins denses et bien enrobés. ✗ 2016-2020 ▼ cantal vieux

○┐ *SCEA Les Vignobles de Cicéron, Ch. de Cicéron,*
11220 Ribaute, tél. 04 68 32 53 52, ciceron@
les-domaines-auriol.eu 🆅 🚶 👤 *t.l.j. sf sam. dim.*
8h30-12h 14h-19h 🏠 Ⓖ 🏠 Ⓔ **○┐** *Vialade*

CLOS CANOS 2014 ★★		
■	88 000		5 à 8 €

Poursuivant le travail des quatre générations précédentes, Pierre Galinier s'est installé en 1986 sur le domaine familial, qui compte environ 24 ha. Il a parié sur la vente en bouteille et, dès l'an 2000, sur le rosé, adaptant sa vigne et sa cave à l'élaboration des vins de cette couleur, qui représentent aujourd'hui 85 % de sa production.

Complétés par la syrah, les grenaches, dans les trois couleurs (25 % de chaque), représentent les trois quarts de cette cuvée obtenue par pressurage direct. Il en résulte un vin saumon clair, d'une grande finesse florale, au palais consistant, élégant et long, alliant une touche de sucrosité et un ardillon de vivacité. De la finesse pour l'apéritif et du gras pour tenir sa place à table. ✗ 2015-2017 ▼ saumon grillé ou mariné

○┐ *Pierre Galinier, Dom. de Canos, 11200 Luc-sur-Orbieu,*
tél. 04 68 27 00 06, chateau-canos@wanadoo.fr
🆅 🚶 👤 *r.-v.*

BLANC DES DEMOISELLES 2014 ★		
■	93 000	🍶	5 à 8 €

Créée le 31 mars 1914, la coopérative de Saint-Laurent-de-la-Cabrerisse, dans les Corbières centrales, a été nommée en hommage aux femmes qui l'ont maintenue en activité alors que les hommes étaient au front. À partir des années 2000, elle a développé sa production en bouteille.

À la cave, 30 % des raisins sont encore vendangés à la main ; c'est le cas des blancs à l'origine de cette cuvée, qui marie le grenache blanc (50 %), le macabeu, la marsanne et le bourboulenc. Le nez discret s'ouvre sur des notes de fruits exotiques ; la bouche attaque avec fraîcheur puis s'épanouit en rondeurs gourmandes : un bel équilibre.

✗ 2015-2017 ▼ salade de poulpe ■ Ch. de Durfort 2013 ★ (8 à 11 € ; n.c. b.) : de la syrah (60 %) et du grenache pour cette cuvée au nez chaleureux, sur la garrigue, les épices et la vanille, à la bouche généreuse, charpentée et longue. Pour amateurs de vins boisés. ✗ 2017-2020

○┐ *Cellier des Demoiselles, 5, rue de la Cave,*
11220 Saint-Laurent-de-la-Cabrerisse, tél. 04 68 44 02 73,
coop.stlaurent@wanadoo.fr 🆅 🚶 👤 *t.l.j. sf sam. dim.*
8h-12h30 14h-18h

L'ENCLOS DES ROSES 2013		
■	66 000	◑	8 à 11 €

Locomotive des hautes Corbières, cette coopérative regroupant quelque 200 vignerons vinifie le fruit de 1 500 ha de vignes implantées sur un terroir rude et sec propice aux grands vins. À sa carte, des corbières, fitou, vins doux naturels et vins en IGP.

Mariant syrah (40 %), carignan et grenache, un corbières authentique : de la couleur, un nez franc et direct, sur la mûre et le fruit rouge soulignés d'une pointe grillée et cacaotée, une bouche massive, chaleureuse et persistante, aux tanins enrobés, un peu « rocailleuse » en finale. ✗ 2016-2020 ▼ bœuf en daube

○┐ *SCA Mont Tauch, 2, rue de la Cave-Coopérative,*
11350 Tuchan, tél. 04 68 45 41 08, contact@
mont-tauch.com 🆅 🚶 👤 *r.-v.*

Ⓑ CH. FABRE CORDON Parfums d'été 2013 ★		
■	4 000	🍶	8 à 11 €

Situé dans la zone côtière des étangs, un domaine implanté à l'emplacement d'une villa gallo-romaine qui bordait la voie Domitienne. Aujourd'hui, 12 ha (en bio certifié depuis 2013) conduits par Henri et Monique Fabre, longtemps coopérateurs et vignerons indépendants depuis 2001.

Déjà appréciée l'an dernier, cette cuvée met en avant le grenache (80 %), complété par la syrah, tous deux à l'aise dans leur terroir méditerranéen (pas de carignan cette fois-ci, l'année ne s'y prêtait pas). Beaucoup de couleur, un nez moins de nez, du fruit noir, avec fraîcheur. Le fruit s'épanouit en bouche : de la mûre, mâtinée d'un soupçon de truffe. Ample et généreuse, structurée, adossée à des tanins soyeux, la matière reste fraîche : le parfum de l'été 2013 ? À déboucher dès l'apéritif. ✗ 2016-2020 ▼ assiette de jambon cru

○┐ *Ch. Fabre Cordon, L'Oustal-Nau,*
11440 Peyriac-de-Mer, tél. 04 68 42 00 31,
chateaufabrecordon@gmail.com 🆅 🚶 👤 *r.-v.* 🏠 Ⓔ

CH. FONTARÈCHE Cuvée Tradition 2014 ★★		
■	54 000	🍶	- de 5 €

C'est en 1682 que les ancêtres d'Édouard de Lamy ont acquis ce domaine. Son vignoble, implanté sur une haute terrasse graveleuse de l'Aude, couvre 160 ha d'un seul tenant, formant un carré parfait autour du château du XVIIe. Il est dirigé par Vincent Dubernet, ingénieur en agriculture, œnologue et fils d'œnologue.

Pas moins de dix-sept cépages sont cultivés sur le domaine. Très peu connu, le picpoul noir représente 60 % dans ce rosé, complété par la syrah et le grenache. Un pressurage direct lui a donné ce teint délicat, saumon clair. Le nez subtil évoque les fruits blancs, notamment la poire. Dans le même registre, la bouche séduit par son très bel équilibre entre vivacité et rondeur. De la délicatesse et de la personnalité. ✗ 2015-2017 ✗ tarte aux framboises

☞ SCEA Ch. Fontarèche, RD 11, 11200 Canet-d'Aude, tél. 04 68 27 10 01, domaine.de.lamy@wanadoo.fr Ⅴ ⚑ ♨ t.l.j. sf sam. dim. 9h-12h 14h-17h
☞ Famille de Lamy

CH. FONTENELLES		
Cuvée Renaissance Élevé en fût de chêne 2013 ★		
■ 30 000	⬢	15 à 20 €

Domaine familial situé sur le versant nord de l'Alaric. En cinq générations, sa surface est passée de 7 à 40 ha. Aux commandes depuis 1993, Thierry et Nelly Tastu misent sur la qualité.

Élue coup de cœur dans le millésime précédent, cette cuvée ne démérite pas. Sa composition (syrah à 55 %, grenache, vieux carignan et vieux mourvèdre) reste identique, ainsi que son élaboration. Le 2013 affiche une robe presque noire, un nez subtil sur les petits fruits rouges un peu confits, soulignés sans excès des notes grillées de l'élevage. En bouche, il suit la même ligne aromatique et séduit par son ampleur et ses tanins soyeux. Déjà flatteur et prometteur. ✗ 2016-2019 ✗ magret de canard

☞ Thierry Tastu, Ch. de Fontenelles, 78, av. des Corbières, 11700 Douzens, tél. 04 68 79 12 89, t.tastu@fontenelles.com Ⅴ ⚑ ♨ t.l.j. 9h-12h 14h-18h; sam. dim. sur r.-v.

FORTES TÊTES 2014 ★		
■ 5 100	🍶	- de 5 €

Fondée en 1932, la coopérative de Fabrezan s'est choisi comme nom « Terre d'Expression » ; une manière d'exprimer la diversité des terroirs cultivés par ses adhérents – 1 400 ha, répartis sur 23 communes, de Boutenac aux pentes de l'Alaric, de Lézignan à Lagrasse.

Si l'assemblage de ce corbières blanc est classique (grenache, marsanne, macabeu), la réincorporation des fines bourbes et le bâtonnage des lies l'ont bonifié ; éclatant dans le verre, il offre un nez complexe, associant des notes florales printanières et une touche de sous-bois. Le palais est équilibré, de bonne longueur. ✗ 2015-2017 ✗ filet de julienne aux herbes

☞ SCAV Terre d'Expression, 5, rue des Coopératives, 11200 Fabrezan, tél. 04 68 43 61 18, info@terredexpression.fr Ⅴ ♨ r.-v.

CH. GLÉON La Clef 2012 ★		
■ 40 000	🍶	8 à 11 €

Une propriété très ancienne, où l'on peut admirer une chapelle préromane du Vᵉˢ. Resté pendant un millénaire dans la même famille, le château, qui gardait l'entrée des hautes Corbières, a été vendu en 1861 par la dernière marquise de Gléon aux ancêtres des propriétaires actuels. Le domaine s'étend sur 300 ha, et son vignoble sur 50 ha.

Pas moins de cinq cépages collaborent à cette cuvée : le carignan, la syrah, le cinsault, le grenache et le mourvèdre. Un vin tout en fraîcheur fruitée, aux parfums de framboise et de cassis, rehaussés d'une touche réglissée ; une bouche d'une grande finesse, avec des tanins bien présents qui glissent gracieusement. « Il n'y a pas que des vins boisés [dans les Corbières] », conclut un dégustateur

satisfait. Une belle expression du terroir. ✗ 2016-2020 ✗ salade cantal et jambon cru

☞ Ch. Gléon, EARL Ch. Gléon Montanié, 11360 Villesèque-des-Corbières, tél. 04 68 48 28 25, info@gleon-montanie.com Ⅴ ⚑ ♨ t.l.j. 10h-12h30 13h30-19h
☞ Philippe Montanié

GRAIN DE FANNY Le Rouge... à palabrer 2013 ★		
■ 5 000	🍶	8 à 11 €

En 2006, Fanny Tisseyre, héritière de quatre générations de vignerons, reçoit 6 ha de vignes. Elle cherche à faire évoluer ses pratiques, bannit les désherbants et, pour les traitements, se limite au soufre, au cuivre et aux plantes. Elle se flatte de faire des vins différents chaque année, reflets de leur millésime.

Du carignan et du grenache à parité, mis à fermenter ensemble dans une cuve de béton, pour cette cuvée qui parle d'elle-même : forte intensité colorante ; nez frais, évocateur de sous-bois, d'épices et de garrigue ; palais sur le fruit, dynamique ; gras sans opulence, adossé à des tanins soyeux, plus austères en finale. De la personnalité. ✗ 2017-2020 ✗ pintade rôtie

☞ Dom. Grain de Fanny, 10, av. du Chemin-Neuf, 11200 Ornaisons, tél. 04 68 27 05 65, ftisseyre@free.fr Ⅴ ⚑ ♨ r.-v. 🏠 🅒 ☞ Fanny Tisseyre

CH. HAUT GLÉON Notre-Dame 2012 ★		
■ 5 600	⬢	20 à 30 €

De vieilles pierres bien restaurées, aujourd'hui destinées à l'hébergement des visiteurs, une piscine au milieu de 260 ha de garrigue : ce domaine, havre de paix à l'entrée de la... vallée de Paradis, non loin de Durban-Corbières, a développé l'œnotourisme. On y produit un peu d'huile d'olive et du vin (35 ha de vignes).

Deux tiers de syrah complétée par le grenache et le carignan dans cette cuvée grenat intense, marquée par un boisé épicé préservant l'expression du fruit, avec une touche végétale ; à la mise en bouche, ce vin révèle avec élégance une structure affirmée, avec du gras, de l'ampleur, et toujours un boisé pertinent. ✗ 2017-2022 ✗ côte de bœuf grillée ■ 2014 ★ (11 à 15 € ; n.c. b.) : roussanne, vermentino et grenache pour ce blanc au nez discrètement beurré, vanillé et compoté, opulent et gras, avec des arômes de fruits jaunes mûrs en bouche, et un boisé grillé mesuré. ✗ 2015-2018

☞ Ch. Haut Gléon, Dom. de Gléon-le-Haut, 11360 Villesèque-des-Corbières, tél. 04 68 48 85 95, contact@hautgleon.com Ⅴ ⚑ ♨ t.l.j. 9h-12h 14h-18h; dim. 14h-18h 🏠 🏠 ❹

CH. LALIS La Mondaine 2012 ★		
■ 10 000	⬢	11 à 15 €

Œnologue depuis 1995 et conseiller viticole, Philippe Estrade a repris en 2002 le domaine familial fondé un siècle plus tôt, qu'il a modernisé. Il exploite aujourd'hui 45 ha sur les pentes de l'Alaric et le terroir de Lagrasse.

La cuvée haut de gamme du domaine, issue des terroirs argilo-calcaires de la propriété, met en valeur la syrah (80 %), le grenache et un soupçon de mourvèdre faisant l'appoint. Une longue cuvaison suivie d'un élevage de douze mois en barrique lui ont apporté la complexité, des arômes épicés qui se marient aux notes de fruits noirs.

L'attaque est ample et souple, et les tanins du boisé soulignent sa longue finale. ✗ 2016-2020 ♈ bœuf en daube

⚲ *Philippe Estrade, Ch. Lalis, 2, rue des Fleurs, 11220 Ribaute, tél. 04 68 43 19 50, lalis@orange.fr* 🆅 🅰 🆙 *r.-v.* 🏠 🅱

♥ DOM. DE LONGUEROCHE
Cuvée réservée Élevé en fût de chêne 2012 ★★

■	15 000	🍶 🕪	8 à 11 €

Diplômé en droit, marchand d'antiquités, Roger Bertrand cède à sa passion du vin en reprenant en 1986 l'exploitation familiale située au pied de la barre rocheuse de Roquelongue (d'où le nom du domaine), dans le massif de Fontfroide. Il cultive sans pesticides ses 30 ha de vignes qu'il vendange à la main.

Une Cuvée réservée très traditionnelle, assemblant 40 % de carignan – ce cépage souvent décrié et pourtant au cœur du corbières – au grenache et à la syrah à parité. Après un séjour de quinze mois en fût, ce 2012 affiche une robe irréprochable, dense, profonde et éclatante, et un nez puissant soutenu par un boisé de qualité. En bouche, il s'impose par son ampleur à l'attaque, sa matière onctueuse et suave aux arômes de fruits surmûris et par des tanins denses et fondus, toujours marqués du boisé vanillé de l'élevage. ✗ 2016-2020 ♈ daube de sanglier ■ Ch. Bertrand 2013 ★★ (5 à 8 € ; 20 000 b.) : un 2013 d'une remarquable tenue, issu de carignan (50 %), de grenache et de syrah. Robe soutenue, nez complexe tout en fruits épicés, bouche à l'unisson, ample, ronde, consistante, généreuse et longue. ✗ 2016-2018

⚲ *Roger Bertrand, Dom. de Longueroche, 16, rue Ancienne-Poste, 11200 Saint-André-de-Roquelongue, tél. 06 75 22 85 51, contact@rogerbertrand.fr* 🆅 🅰 🆙 *r.-v.*

🅱 CH. DE LUC Les Jumelles 2014

■	10 000	🍶	8 à 11 €

Enracinée dans les Corbières depuis 1605, la famille Fabre détient 360 ha de vignes répartis sur quatre domaines, en corbières, corbières-boutenac et IGP : Ch. Coulon, Ch. Fabre Gasparets, Dom. de la Grande Courtage, Ch. de Luc. Ingénieur agronome et œnologue, Louis Fabre a pris en 1982 la tête de ces vignobles cultivés en bio dès 1991 (certification pour l'ensemble en 2014).

Du grenache et du cinsault pour ce rosé saumoné aromatique, floral et fruité, au palais frais, jovial et persistant. ✗ 2015-2016 ♈ paella

⚲ *Famille Fabre, Ch. de Luc, 1, rue du Château, 11200 Luc-sur-Orbieu, tél. 04 68 27 10 80, info@ famille-fabre.com* 🆅 🅰 🆙 *t.l.j. 9h-12h 14h-18h; sam. dim. sur r.-v.*

CH. MANSENOBLE Réserve 2013 ★

■	13 000	🕪	11 à 15 €

En 1993, Guido Jansegers, belge, courtier en assurances et chroniqueur en œnologie, s'est fait vigneron dans les Corbières en reprenant un domaine remontant au XVIIᵉs. Avec succès. Ses parcelles sont au pied de l'Alaric.

Vendangés à la main, carignan et syrah, complétés par les grenache et mourvèdre, sont éraflés et longuement macérés avant un élevage dans des fûts de réemploi. Le vin arbore une robe profonde, presque noire. Le nez, complexe, se partage entre fruits noirs cuits et épices, avec une touche mentholée. Ample et élégante à l'attaque, équilibrée et fruitée, la bouche dévoile la charpente d'un vin de garde. De la droiture. ✗ 2017-2025 ♈ gigot d'agneau

⚲ *Ch. Mansenoble, 15, av. Henri-Bataille, 11700 Moux, tél. 04 68 43 93 39, mansenoble@wanadoo.fr* 🆅 🅰 🆙 *t.l.j. 9h30-12h 14h-17h30; sam. dim. sur r.-v.* 🏠 🅓 ⚲ Jansegers

CH. DE MATTES Apollon 2013 ★

■	2 500	🕪	11 à 15 €

Proche de la côte, une ancienne dépendance de l'abbaye de Lagrasse, puis une terre noble : 4 000 ha jusqu'en 1914. De nos jours, 300 ha, dont 90 ha de vignes (60 ha en AOC). Dans la même famille depuis 1733, le domaine est géré depuis plus d'un siècle par des femmes – Marie-Alyette Brouillat aujourd'hui.

Cette cuvée met la syrah sur le devant de la scène (80 %), complétée par le mourvèdre, cépage qui affectionne ce terroir de galets roulés. Après un séjour de vingt-quatre mois en barrique, le vin développe des notes d'élevage épicées, vanillées et chocolatées. Malgré la présence marquée du bois, le fruit transparaît dans un palais gourmand et frais en finale : un mariage équilibré du fruit et du fût dans cette cuvée moderne et accessible. ✗ 2015-2018 ♈ côte de bœuf grillée

⚲ *Marie-Alyette Brouillat, Ch. de Mattes, 11490 Portel-des-Corbières, tél. 09 77 78 21 35, mattes.sabran@laposte.net* 🆅 🅰 🆙 *t.l.j. sf dim. 8h-12h 14h-19h* 🏠 🅱

CH. MAYLANDIE Le Cabanon 2014 ★

■	5 300	🍶	5 à 8 €

Jacques Maymil, entrepreneur narbonnais, crée le domaine dans les années 1950 ; son fils Jean quitte la coopérative après l'accession du corbières à l'AOC. La troisième génération, Delphine et son compagnon Éric Virion ont pris les rênes des 23 ha de vignes en 2007. La première, qui a d'abord travaillé dans la communication culturelle, oriente le domaine vers l'œnotourisme.

Le grenache et le bourboulenc collaborent à parité à cette cuvée. À une robe très pâle répond un nez délicatement fruité. Le fruit s'affirme dans une bouche ample, ronde, généreuse et suave, équilibrée par une pointe de vivacité aux accents d'agrumes, de groseille blanche et de fruits exotiques. ✗ 2015-2017 ♈ turbot sauce hollandaise

⚲ *Delphine Maymil et Éric Virion, Ch. Maylandie, 18, av. de Lézignan, 11200 Ferrals-les-Corbières, tél. 04 68 43 66 50, contact@maylandie.fr* 🆅 🅰 🆙 *t.l.j. 10h-12h30 14h-19h* 🏠 🅱

🅱 DOM. DE MONTFIN 2014 ★★

■	5 000		5 à 8 €

Peyriac-de-Mer, où est implanté le domaine acquis en 2002 par Jérôme et Raymond Estève, tire son charme des étangs littoraux, où l'on peut apercevoir des flamants roses, de la garrigue, des pinèdes et des vignes. Les 23 ha de l'exploitation sont cultivés en bio.

Les cépages grenache (60 %), vermentino et roussanne assurent la personnalité de cette cuvée au nez vif, léger et complexe, mariant la fleur blanche à une pointe muscatée. Ample et rond à l'attaque, sur des notes de fruits confits, le vin offre une finale intense, longue, minérale et fraîche qui laisse une impression d'harmonie. ✗ 2015-2017 ▼ fromages doux

☛ *Ch. Montfin, 10, rue du Rec-de-l'Aire, 11440 Peyriac-de-Mer, tél. 04 68 41 93 30, info@ chateaumontfin.com* 🆅 🅰 🅻 *t.l.j. sf sam. dim. 10h-12h30 15h-18h30* ☛ Jérôme Estève

CELLIERS D'ORFÉE
Cuvée L'Infernale 2013 ★

■	n.c.	î	8 à 11 €

Créée en 1933, la cave d'Ornaisons a fusionné avec celle de Ferrals-les-Corbières. Son nom poétique réunit la première syllabe de ces deux villages. La coopérative dispose d'un vignoble de 970 ha répartis sur les AOC corbières et corbières-boutenac.

Christophe Groppi, l'œnologue de la cave, a « concocté » une « cuvée d'enfer » au style particulier : pas de carignan, mais du grenache (70 %) et de la syrah ; pas de bois et une longue cuvaison. Il en résulte un nez tout en fruits rouges, un rien floral et végétal, une bouche ample, charnue, chaleureuse – mais pas chaude –, fruitée et épicée, d'une longueur remarquable. ✗ 2015-2020 ▼ travers de porc sauce barbecue

☛ *Celliers d'Orfée, 53, av. des Corbières, 11200 Ornaisons, tél. 04 68 27 09 76, contact@ celliersdorfee.com* 🆅 🅰 🅻 *t.l.j. sf dim. 8h-12h 14h-18h*

Ⓑ CH. PECH-LATT
Tamanova 2013 ★

■	10 000	î	20 à 30 €

Comme bien des propriétés des Corbières, Pech-Latt est d'origine monastique : le domaine dépendait de l'abbaye de Lagrasse, toute proche, dont le vignoble est attesté en 784. Implantée au pied de la montagne d'Alaric, cette vaste unité (140 ha) est cultivée en bio depuis 1991. Philippe Mathias est aujourd'hui le responsable du vignoble, qui appartient au groupe bourguignon Louis Max.

Un assemblage de syrah (60 %) et de grenache. La couleur soutenue annonce un vin généreux ; des senteurs sauvages et puissantes, puis un corps charpenté, solide à « jouer deuxième ligne de rugby » ; du muscle, donc, avec en finale un rien de rusticité qui s'estompera avec l'âge. ✗ 2017-2023 ▼ civet de sanglier

☛ *Ch. Pech-Latt, 11220 Lagrasse, tél. 04 68 58 11 40, chateau.pechlatt@louis-max.fr* 🆅 🅰 🅻 *t.l.j. sf ven. sam. dim. 8h-12h 13h-17h30* ☛ Louis Max

DOM. LES PROMESSES DE LA TERRE
Renaissance 2013 ★

■	8 000	î	5 à 8 €

Créé en 2011 par Bruno Weiller, ingénieur agronome, ce domaine de 7 ha proche de Lagrasse s'inscrit dans la garrigue. Passionné d'agriculture écologique, le proprié-

taire cultive son vignoble en biodynamie et anime des sessions de formation à cette démarche.

La syrah domine (80 %) l'assemblage de cette cuvée, le grenache et un soupçon de carignan faisant l'appoint. Intense à l'œil, ce vin évoque la garrigue, avec son nez sur les herbes aromatiques, le genièvre et le poivre. Ces notes épicées et végétales se mêlent aux fruits rouges dans un palais franc, équilibré, charpenté sans rusticité, à la finale arrondie. Promesses tenues. ✗ 2016-2019 ▼ tajine d'agneau

☛ *Weiller, Saint-Auriol, 11220 Lagrasse, tél. 06 81 99 04 45, prometerre@wanadoo.fr* 🆅 🅰 🅻 *t.l.j. sf dim. 8h-12h 14h-19h* 🏠 ❷ 🏠 Ⓔ

DOM. ROBIN 2013 ★

■	15 000	î	- de 5 €

Pascale Calvel a repris l'exploitation familiale en 1996, s'est séparée de quelques vignes pour en planter de meilleures et a créé son chai, quittant la coopérative. Son domaine de 22 ha se trouve entre le massif de Fontfroide et les basses collines de Boutenac.

Le carignan (50 %) vinifié en macération carbonique se marie à la syrah et au grenache dans ce 2013 au nez de fruits rouges confiturés et d'épices. La bouche suit la même ligne, ronde à l'attaque, franche et longue, étayée par des tanins de bonne composition. ✗ 2016-2019 ▼ cassoulet

☛ *Pascale Calvel, 3, enclos des Grillons, 11200 Saint-André-de-Roquelongue, tél. 06 88 76 89 10, domainecalvel@hotmail.fr* 🆅 🅰 🅻 *r.-v.*

DOM. ROQUE SESTIÈRE
Carte blanche Élevé en fût de chêne 2013

■	6 000	◫	8 à 11 €

Cette propriété familiale a produit en 1977 ses premières bouteilles : des corbières blancs. C'est dire son originalité : deux tiers des vins sont ici de cette couleur. Arrivé en 1993 sur le domaine, Roland Lagarde a fait passer la superficie cultivée de 28 à 15 ha (sur deux terroirs distincts) et construit un chai. En 2014, il a cédé l'exploitation à l'entrepreneur Thierry Fontanille.

La syrah (60 %) s'allie au carignan dans cette cuvée dont la robe colorée et le nez puissant annoncent une bouche ronde, consistante, aux tanins marqués et à la finale chaleureuse. ✗ 2016-2018 ▼ saucisse confite aux haricots ▶ À l'orée des pins 2014 (5 à 8 € ; 6 500 b.) : vin cité. ✗ 2015-2016

☛ *SCEA Thierry Fontanille, 8, rue des Étangs, 11200 Luc-sur-Orbieu, tél. 04 68 27 18 00, roque.sestiere@orange.fr* 🆅 🅰 🅻 *r.-v.*

DOM. SAINTE-MARIE-DES-CROZES
Timéo 2012 ★★

■	2 544	◫	15 à 20 €

Après trois générations de vignerons pluriactifs « par habitude et par héritage », Bernard Alias prend en 1997 les rênes du domaine situé sur le flanc nord de l'Alaric. Il restructure le vignoble et modernise la cave. Sa fille Christelle vient de le rejoindre après une expérience à l'étranger. Aujourd'hui, 35 ha de vignes en bio certifié depuis 2014.

Portant le nom du premier représentant de la sixième génération, une cuvée originale composée de tous les cépages des Corbières à parts égales : carignan, syrah, cinsault, grenache et mourvèdre. Vendange égrappée, vinifiée en fûts de 500 l, avec pigeage et élevage dans les mêmes fûts. Le résultat ? Un boisé épicé, qui laisse parler le fruit, un vin gourmand, consistant, adossé à des tanins fondus et à la longue finale sur le fruit. De la finesse et de la fraîcheur. ✗ 2017-2023 ♈ magret de canard ■ Hector et Juliette 2013 ★ (8 à 11 € ; 13 000 b.) : un vin dominé par la syrah (85 %), élégamment boisé (grillé, café et cacao), ample, puissant et long, soutenu par des tanins enrobés. ✗ 2016-2019

☛ *Bernard Alias, 36, av. des Corbières, 11700 Douzens, tél. 04 68 79 09 00, d.alias11@orange.fr*  *t.l.j. 14h-18h; sam. dim. sur r.-v.*

CH. SAINT-ESTÈVE Cuvée Henri de Monfreid Élevé en fût de chêne 2012 ★		
■ 16 000	⬗	8 à 11 €

Dans la famille Latham, on trouve Hubert, qui tenta le premier de traverser la Manche en avion, ou Henri de Monfreid, le célèbre explorateur et écrivain. Éric Latham, après avoir exporté du café et du cacao de la Côte-d'Ivoire, a acquis en 1984 le château Saint-Estève (120 ha) rattaché jadis à l'abbaye de Fontfroide.

Une cuvée en hommage au grand-père d'Éric, Henry de Monfreid, originaire des Corbières. L'assemblage met en avant la syrah (60 %), associée aux carignan, grenache et mourvèdre. Après un court séjour en barrique, le 2012 affiche une robe profonde et un nez boisé sans excès, grillé et épicé. Ample, gras et rond à l'attaque, il développe des arômes de fruits noirs soulignés de discrètes notes d'élevage, étayé par des tanins lisses et affables, et finit sur des notes persistantes de moka. ✗ 2017-2021 ♈ côte de bœuf grillée ■ 2013 ★ (5 à 8 € ; 32 000 b.) : quatre cépages dans ce vin au nez intense de cassis et de mûre, et au palais puissant et gras. ✗ 2016-2020

☛ *Éric Latham, Ch. Saint-Estève, 11200 Thézan-des-Corbières, tél. 04 68 43 32 34, contact@chateau-saint-esteve.com*  *t.l.j. 10h-12h 14h-18h* 🏠 Ⓔ

CH. DE SAINT-EUTROPE 2014 ★	
■ 30 000	5 à 8 €

Quatre générations se sont succédé sur ce domaine. Après avoir vinifié plus de vingt-cinq ans dans une coopérative, Olivier Verdale a repris avec son frère Jean-Louis l'exploitation familiale : 47 ha de vieilles vignes sur le terroir réputé de Boutenac.

Mi-grenache mi-syrah, ce rosé vinifié par saignée s'habille d'une robe saumon pâle, en harmonie avec un nez discret, subtil et précis, sur la fleur et un léger miel ; les petits fruits rouges s'éveillent dans une bouche tout en rondeur, ample, onctueuse et suave, équilibrée par une fine acidité. ✗ 2015-2017 ♈ chicken wings

☛ *EARL Ch. de Saint-Eutrope, 31, rue de Fabrezan, 11220 Saint-Laurent-de-la-Cabrerisse, tél. 04 68 44 05 55, verdale.olivier@orange.fr*  *t.l.j. 8h-12h 13h-18h*
☛ *Verdale*

♥ Ⓑ DOM. SAINT-JULIEN D'AURIS 2014 ★★		
■ 6 000	î	5 à 8 €

Ancienne grange cistercienne de l'abbaye de Fontfroide – 162 ha, dont 40 de vignes –, sur le versant nord du

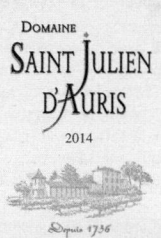

massif de Fontfroide. Jean-Claude Albert acquiert le domaine en 2005, restructure le vignoble et engage sa conversion bio (certification en 2014). Le millésime précédent de cet assemblage de marsanne (70 %) et de grenache blanc avait déjà été jugé remarquable, et celui-ci se hisse au sommet. Robe irréprochable, d'un jaune très pâle aux reflets verts ; nez intense, précis et complexe sur les agrumes et les fruits exotiques (ananas) ; bouche dans le même registre, ronde, ample et longue. Une belle personnalité. ✗ 2015-2017 ♈ sole grillée

☛ *EARL Auris Albert, Ch. Auris, CD 613, rte du Massif-de-Fontfroide, 11100 Narbonne, tél. 04 68 45 16 85, chateauauris@voila.fr*  *r -v*

DOM. SERRES-MAZARD L'Origine 2012 ★		
■ 15 000	⬗	8 à 11 €

Portant le nom des grands-parents, cette exploitation (60 ha) proche de Lagrasse, où s'activent Jean-Pierre et Annie Mazard, Damien et Marie-Pierre, est accueillante avec ses gîtes et ses sentiers botaniques qui permettent de découvrir la flore sauvage.

Cuvée très classique, dans le respect des traditions : carignan, syrah et grenache presque à parité, le tout vinifié en grains entiers ; six mois de fût. Un nez discret mais engageant, sur le fruit rouge mâtiné d'un soupçon de garrigue (thym, romarin) ; un palais puissant, charnu, élégant et long, aux arômes de fruits rouges légèrement fumés. Les tanins devraient s'arrondir au cours des prochaines années. ✗ 2017-2020 ♈ cassoulet

☛ *Dom. Serres-Mazard, 6, pl. Fontvieille, 11220 Talairan, tél. 04 68 44 02 22, mazard.jeanpierre@free.fr*  *r.-v.* 🏠 Ⓖ

TAMAROQUE 2012 ★		
■ 6 000	î	5 à 8 €

Fondées en 1930, les coopératives de Peyriac-de-Mer, Sigean et Portel se sont regroupées, devenant les Caves Rocbère en 1972. Aujourd'hui, le groupement rassemble cinq villages des Corbières maritimes, 220 viticulteurs et 1 500 ha de vignes, produisant 10 % de l'appellation.

Syrah, grenache, carignan et mourvèdre sont associés dans cette cuvée nature au nez de fruits noirs, agrémenté de poivre ; puissante et bien proportionnée, la bouche dévoile des arômes de fruits rouges et s'appuie sur des tanins fondus. De l'élégance et du potentiel. ✗ 2016-2020 ♈ lapin de garenne

☛ *Les Caves Rocbère, 1, av. des Corbières, 11490 Portel-des-Corbières, tél. 04 68 48 28 05, a.ardite@rocbere.com*  *t.l.j. sf dim. lun. 9h-12h30 15h-18h*

TRESMOULIS 2012 ★★		
■ 18 000	⬗	5 à 8 €

Créée en 1920, la coopérative de Leucate a fusionné avec plusieurs coopératives (Quintillan, Roquefort-des-Corbières, La Palme...). Un acteur incontournable du

Fitou maritime, avec plus de 170 adhérents, 1 420 ha et un chai sorti de terre en 2010.

Grenache et syrah à parité (40 %), avec du carignan en appoint ; vendanges égrappées, vinification à basse température, douze mois de fût. À l'arrivée, « Ça sent les vendanges ! » écrit un dégustateur comblé. Le nez est vif, sur le fruit rouge juste cueilli. Frais à l'attaque, le palais s'impose moins par son volume que par sa finesse, sa longueur et ses tanins réglissés. ✗ 2016-2020 ☙ magret de canard

☛ Vignobles Cap Leucate, chai La Prade, 11370 Leucate, tél. 04 68 33 20 41, contact@cave-leucate.com Ⓥ 🎿 🛆 t.l.j. 9h-12h 16h-19h

CH. TRILLOL La Dame d'argent 2014 ★		
■	6 666	🍷
		8 à 11 €

Le village de Cucugnan, immortalisé par A. Daudet, n'est pas en Provence, mais dans l'Aude, sous le regard des châteaux de Quéribus et de Peyrepertuse, aux confins des Pyrénées-Orientales. La famille Sichel, propriétaire dans le Médoc, y a acquis en 1990 une exploitation (40 ha) qu'elle a rénovée.

Ce corbières blanc met en avant la roussanne (85 %), complétée par le macabeu. Le nez apparaît très discret, mais d'une grande finesse ; plus expressif, le palais est tendu par une fine acidité qui fait ressortir des arômes subtils, épicés et confiturés. ✗ 2015-2018 ☙ tomme de brebis jeune

☛ SCA du Trillol, 10, rte de Duilhac, CD 14, 11350 Cucugnan, tél. 04 68 45 01 13, trillol@orange.fr Ⓥ 🎿 🛆 r.-v.

CH. DE VAUGELAS Cuvée V 2013 ★		
■	100 000	🍷 ⬥
		11 à 15 €

Créé par les bénédictins de l'abbaye de Lagrasse, cet ancien et vaste domaine (158 ha de vignes d'un seul tenant) est principalement implanté sur une terrasse de galets de l'Orbieu. Repris en 2000 par la famille Bonfils, il est devenu une valeur sûre du Guide.

Les galets roulés et gravettes ne sont pas le terroir de prédilection du carignan, qui ne représente que 10 % de cette cuvée, dominée par la syrah (60 %) et le grenache. Après un court séjour dans le bois, ce 2013 libère des arômes d'élevage grillés et épicés (clou de girofle) puis, à l'aération, des notes de cerise ; le merrain donne de la complexité et du relief à un vin souple et rond, dont les tanins fondus soulignent la longue finale réglissée. ✗ 2016-2020 ☙ épaule d'agneau farcie

☛ SCEA Ch. de Vaugelas, Ch. de Vaugelas, 11200 Camplong-d'Aude, tél. 04 67 93 10 10, bonfils@bonfilswines.com Ⓥ r.-v. ☛ Bonfils

CH. VIEUX MOULIN 2013 ★		
■	50 000	🍷
		5 à 8 €

Plus de deux siècles d'existence pour ce domaine, qui, avec Alexandre They, installé en 1998, et son œnologue Claude Gros, est devenu une valeur sûre du Guide. Il couvre 28 ha au cœur des Corbières occidentales.

Composé de syrah, mourvèdre, grenache et carignan, le Vieux Moulin donne un peu moins de « grain à moudre » que le millésime précédent, qui avait été élu coup de cœur. Un peu moins complexe sans doute. Mais il affiche autant de couleur (un rouge profond presque noir aux reflets violines), des arômes plaisants de fruits noirs, de pruneau,

en harmonie avec une attaque tout en rondeur, un palais gras et suave, aux tanins soyeux : un vin prêt à passer à table. ✗ 2015-2017 ☙ pigeon rôti

☛ EARL Alexandre They et Associés, Ch. Vieux Moulin, 11700 Montbrun-des-Corbières, tél. 04 68 43 29 39, alex.they@vieuxmoulin.net Ⓥ 🎿 🛆 r.-v. 🏠 Ⓔ

CH. LA VOULTE-GASPARETS 2014 ★		
■	22 600	8 à 11 €

Six générations se sont succédé sur ce domaine couvrant aujourd'hui 55 ha, implanté sur une terrasse d'alluvions anciennes longue de 5 km, appuyée sur les collines gréseuses de Boutenac. Conduit avec brio depuis plus de trente ans par Patrick Reverdy, aujourd'hui épaulé par son fils Laurent, il ne quitte pas le devant de la scène.

Issu d'une belle parcelle sur le terroir de Boutenac, le vermentino (rolle) compose 60 % de cette cuvée, complété par le grenache et un appoint de macabeu. D'un jaune très pâle aux reflets verts, le vin offre un nez élégant sur la fleur blanche, nuancé de citrus et d'épices. La bouche, dans une belle continuité, attaque avec vivacité et séduit par la finesse et la persistance de ses arômes de fleurs, de fruits blancs et d'agrumes. ✗ 2015-2018 ☙ terrine de saint-jacques

☛ SAS Ch. la Voulte-Gasparets, 13, rue des Corbières, 11200 Boutenac, tél. 04 68 27 07 86, chateaulavoulte@wanadoo.fr Ⓥ 🎿 🛆 t.l.j. 9h-12h 14h-18h
☛ Patrick Reverdy

CORBIÈRES-BOUTENAC

Superficie : 245 ha / Production : 8 926 hl

Le terroir de Boutenac (dix communes de l'Aude) fait depuis 2005 l'objet d'une AOC à part entière pour des vins rouges comportant une proportion notable de carignan (30 à 50 %).

Ⓑ CH. DES CARAGUILHES Solus 2013 ★		
■	21 000	🍷 ⬥
		15 à 20 €

Ancienne grange cistercienne, le château, situé à flanc de coteaux domine le vaste vignoble de 130 ha d'un seul tenant qui s'étale tout autour en pente douce, entouré de 500 ha de garrigue. Un pionnier du bio avant l'heure – dès 1987. Propriétaire depuis 2007, Pierre Gabison reste sur cette ligne.

Du carignan, du mourvèdre et de la syrah ; un élevage mixte avec neuf mois de fût. La teinte est jeune ; le nez hésite entre mûre et cassis, puis entre tabac et café grillé ; l'attaque est presque fraîche, le milieu de bouche riche, rond et concentré, la finale marquée par un plaisant retour des fruits noirs... et par quelques tanins austères qui appellent la garde. Sa solide constitution permettra à cette bouteille de patienter en cave. ✗ 2017-2021 ☙ côte de bœuf

☛ Ch. de Caraguilhes, Dom. de Caraguilhes, 11220 Saint-Laurent-de-la-Cabrerisse, tél. 04 68 27 88 99, chateau@caraguilhes.fr Ⓥ 🎿 🛆 t.l.j. sf sam. dim. 9h-12h 14h-18h ☛ Pierre Gabison

JEANJEAN La Résurrection d'un cépage 2012 ★		
■	20 000	8 à 11 €

Depuis 1870 et cinq générations, la famille Jeanjean exerce les métiers de vigneron et de négociant à Saint

Félix-de-Lodez, au cœur du Languedoc. En 2006, elle a confié la direction de sa filiale Jeanjean en Languedoc à Sébastien Narjoud. Jeanjean est rattaché au groupe Advini.

La Résurrection d'un cépage ? Il s'agit du carignan, décrié et arraché, mais qui est au cœur des vins des Corbières. Dans cette cuvée, le grenache lui passe toutefois devant, entrant à hauteur de 60 % dans l'assemblage, la syrah en appoint (10 %). La robe est profonde, le nez chaleureux, sur le fruit rouge et le kirsch. L'attaque met en confiance, nette, sans opulence mais veloutée, les tanins font dans la souplesse, et la longue finale laisse une impression d'harmonie. Un boutenac intense et rond. ✗ 2016-2019 ✗ magret de canard grillé

☞ Jeanjean, rue de l'Enclos, 34725 Saint-Félix-de-Lodez, tél. 04 67 88 80 21, brigitte.barreiro@jeanjean.fr
Ⓥ ▮ t.l.j. sf dim. 9h-12h30 14h-18h30

MESSALINE Élevé en fût de chêne 2013 ★			
■	20 000	◫	11 à 15 €

Créée le 31 mars 1914, la coopérative de Saint-Laurent-de-la-Cabrerisse, dans les Corbières centrales, a été nommée en hommage aux femmes qui l'ont maintenue en activité alors que les hommes étaient au front. À partir des années 2000, elle a développé sa production en bouteille.

Du grenache, de la syrah et du carignan vinifiés en grains entiers et élevés dix-huit mois en barrique. Une teinte idéale, tirant sur le noir, les arômes montent, sans exubérance, rappelant les fruits à l'eau-de-vie, avec une touche de truffe et du boisé vanillé. Après une attaque ronde et chaleureuse, l'élevage s'affiche mais le bois apparaît bien fondu et laisse parler le raisin, sur des nuances de fruits surmûris. Des tanins de belle tenue accompagnent la longue finale. ✗ 2015-2022 ✗ gigot d'agneau

☞ Cellier des Demoiselles, 5, rue de la Cave, 11220 Saint-Laurent-de-la-Cabrerisse, tél. 04 68 44 02 73, coop.stlaurent@wanadoo.fr Ⓥ ▨ ▮ t.l.j. sf sam. dim. 8h-12h30 14h-18h

OLLIEUX-ROMANIS Cuvée or 2012 ★★			
■	15 000	◫	20 à 30 €

Fondé en 1860 dans le terroir de Boutenac, ce vaste vignoble familial est resté dans la même famille depuis lors. Il possède dès 1896 cave et chai à barriques construits avec les pierres de la carrière du domaine. Jacqueline et François Bories le relancent au cours des années 1980, rejoints en 2001 par leur fils Pierre. Le vignoble de 66 ha est cultivé sans engrais ni pesticides.

Le carignan (44 %) est associé à la syrah, au grenache et au mourvèdre dans ce 2012 resté treize mois en barrique de réemploi. La robe intense montre des reflets violets de jeunesse. Le nez profond mêle les fruits noirs bien mûrs, voire macérés, à des notes d'élevage évoquant la vanille et le café. L'attaque franche ouvre sur une matière ronde, ample et chaleureuse, à l'unisson du nez, rehaussée d'un boisé bien fondu. Un vin puissant et concentré témoignant d'une réelle maîtrise de l'élevage. ✗ 2017-2022 ✗ bœuf en daube

☞ SCEA Vignobles Romanis, Ch. les Ollieux, TM 26, 11200 Montséret, tél. 04 68 43 35 20, pbories@ chateaulesollieux.com Ⓥ ▨ ▮ t.l.j. sf dim. 10h-12h 14h-18h

♥ **DOM. DE VILLEMAJOU** 2013 ★★			
■	n.c.	◫	11 à 15 €

Enfant des Corbières, Gérard Bertrand est un important propriétaire et négociant du sud de la France, dont les cuvées apparaissent dans le Guide sous diverses AOC (corbières, fitou, minervois, languedoc, côtes-du-roussillon...) et en IGP.

Villemajou est le domaine familial acheté en 1970 par Georges, le père de Gérard Bertrand : 130 ha en corbières-boutenac. Le coup de cœur de l'appellation lui échoit, pour ce vin assemblant le carignan et la syrah vinifiés en macération carbonique, et le grenache, égrappé, le tout élevé une petite année en barrique. La robe intense, tirant sur le noir, montre un léger tuilé, marque de plénitude ; puissant, accueillant, généreux, le nez décline le fruit compoté et le coing épaulés par un boisé discret et bien fondu. Le palais s'impose par son gras, son ampleur enveloppante et par ses tanins soyeux qui soulignent longuement les arômes perçus au nez. Un vin de garde. ✗ 2017-2022 ✗ carré d'agneau ■ Gérard Bertrand La Forge 2013 ★★ (30 à 50 € ; n.c. b.) : cuvée phare d'un domaine, née d'un lieu-dit parmi les plus qualitatifs de Boutenac et d'un assemblage carignan-syrah. Un vin corpulent, plein, charnu, au superbe équilibre tanin alcool, de longue garde et pourtant déjà accessible et bien ouvert. ✗ 2017-2025

☞ Gérard Bertrand, Ch. l'Hospitalet, rte de Narbonne-Plage, 11100 Narbonne, tél. 04 68 45 28 50, vins@gerard-bertrand.com
Ⓥ ▨ ▮ t.l.j. 9h-19h

FAUGÈRES

Superficie : 2 004 ha / Production : 68 733 hl (99 % rouge et rosé)

Reconnus en AOC depuis 1982, comme les saint-chinian leurs voisins, les faugères sont produits sur sept communes situées au nord de Pézenas et de Béziers, et au sud de Bédarieux. Les vignobles sont plantés sur des coteaux à forte pente, d'une altitude relativement élevée (250 m), dans les premiers contreforts schisteux peu fertiles des Cévennes. Produits à partir des cépages grenache, syrah, mourvèdre, carignan et cinsault, les faugères rouges sont bien colorés, chaleureux, avec des arômes de garrigue et de fruits rouges. L'appellation produit aussi des rosés et de rares blancs.

Ⓑ **ABBAYE SYLVA PLANA** La Closeraie 2013 ★★			
■	65 000	▯	11 à 15 €

L'abbaye fut fondée en 1139 sous l'abbatiat de Desiderius. Elle dresse sa tour capitulaire au cœur des schistes de Faugères, où la tradition viticole inaugurée par les moines cisterciens se perpétue depuis plus de huit siècles. Nicolas Bouchard officie aujourd'hui sur les 50 ha de vignes du domaine.

Une cuvée à l'olfaction généreuse évoquant un panier de fruits rouges et noirs (groseille, cassis, mûre) fraîchement

LANGUEDOC

cueillis. Le palais, rond et puissant à la fois, frais et épicé, est bâti sur des tanins encore robustes et sur une fraîcheur qui équilibre l'ensemble et présage d'un passage en cave réussi. ✗ 2017-2021 ♈ paleron en ragoût ■ **Le Blanc 2014** ★ (8 à 11 € ; 11 000 b.) Ⓑ : une cuvée diaphane aux parfums de fleurs de printemps, de poire et de pêche, droite et fraîche, délicatement mentholée en finale. ✗ 2015-2017

o╼ *SCEA Bouchard-Guy, Abbaye Sylva Plana, 13, Ancienne-RN, 34480 Laurens, tél. 04 67 24 91 67, info@vignoblesbouchard.com* 🅥 🏃 🛠 *t.l.j. sf dim. 9h-12h 13h-17h* 🏠 ❹

LES AMANTS DE LA VIGNERONNE
Dans la peau 2013 ★★

■	3 500	⬤	20 à 30 €

À l'entrée du vieux village de Faugères, une maison de caractère entourée de vignes. Christian et Régine Godefroid, habitués du Guide, y ont aménagé des chambres d'hôtes et conduisent un petit domaine de 8 ha créé en 2004 sur un terroir de schistes, qui s'est rapidement imposé comme une valeur sûre de l'appellation.

Après avoir décroché un coup de cœur dans l'édition précédente, ce domaine signe un 2013 d'une élégance remarquable. Au nez, les senteurs chaudes d'épices douces, de tabac et de fumé (léguées par un passage de dix-huit mois en fût) se mêlent à la fraîcheur des fruits rouges et noirs. La bouche dévoile une matière ample et ronde, des tanins soyeux, une trame acide bien maîtrisée et une palette d'arômes venus de la garrigue qui persistent dans une longue et savoureuse finale. Un vin déjà très aimable, qui supportera la garde sans faiblir. ✗ 2016-2021 ♈ canard braisé ■ **Le Vin des amants 2013** (11 à 15 € ; 2 500 b.) : vin cité. ✗ 2015-2018

o╼ *Les Amants de la Vigneronne, 1207, rte de Pézenas, 34660 Faugères, tél. 04 67 95 78 49, lesamantsdelavigneronne@yahoo.fr* 🅥 🏃 🛠 *t.l.j. 10h-19h* 🏠 ❹ o╼ *Godefroid*

DOM. BALLICCIONI Kallisté 2013 ★

■	4 500	⬤	15 à 20 €

André et Véronique Balliccioni se sont installés sur cette exploitation familiale en 1998, à la tête d'un vignoble de 15 ha.

Un 2013 né d'un assemblage à parts égales de carignan et de syrah encore un peu timide au premier nez. L'agitation dévoile un bouquet complexe et élégant évoquant les fruits noirs mûrs et le laurier agrémentés d'une nuance fumée léguée par un élevage de quatorze mois en fût. On retrouve cette complexité aromatique dans un palais charnu, aux tanins fondus, bien équilibré par une trame acide qui pousse loin la finale. Un vin déjà aimable, qui saura aussi patienter. ✗ 2016-2020 ♈ tajine aux amandes

o╼ *Dom. Balliccioni, 1, chem. de Ronde, 34480 Autignac, tél. 04 67 90 20 31, ballivin@sfr.fr* 🅥 🏃 🛠 *r.-v.*

Ⓑ DOM. DE CÉBÈNE Les Bancèls 2013

■	10 000	🍶	11 à 15 €

Après avoir œuvré pendant vingt ans dans le négoce bordelais, Brigitte Chevalier, originaire du Médoc, a pris en 2007 la tête de ce domaine de 10 ha plantés sur schistes, au cœur du parc naturel régional du Haut-Languedoc.

Cette cuvée, assemblage des quatre cépages phare de l'appellation (syrah, grenache, mourvèdre et carignan), porte le nom des hautes terrasses de schistes qui l'ont vue naître. Le bouquet intense associe le thym et le ciste de la garrigue aux épices et à une touche briochée. Une attaque souple ouvre sur un palais courtois, bâti sur des tanins doux et fins. ✗ 2016-2019 ♈ assiette de charcuterie

o╼ *Brigitte Chevalier, rte de Caussiniojouls, 34600 Faugères, tél. 06 74 96 42 67, bchevalier@cebene.fr* 🅥 🏃 🛠 *r.-v.*

Ⓑ CH. DES ESTANILLES Raison d'être 2013 ★★

■	7 500	⬤	20 à 30 €

L'autodidacte Julien Seydoux a racheté en 2009 le domaine (30 ha) que Michel Louison avait créé en 1976 et marqué de son empreinte avec des faugères souvent remarquables. Les hommes ont changé, mais la qualité demeure. Une valeur sûre.

Finaliste au grand jury des coups de cœur, ce 2013 livre une olfaction riche et élégante, associant aux fruits noirs (pruneau) et à la violette les épices douces et des nuances fumées. On retrouve cette richesse aromatique, avec un penchant pour le cassis, dans un palais aux tanins fermes mais sans agressivité, bien équilibré par la fraîcheur de la finale. Un vin encore en devenir. ✗ 2017-2021 ♈ viande en sauce brune ■ **Inverso 2013** ★★ (15 à 20 € ; 10 500 b.) Ⓑ : un nez encore en retenue, dont on devine le potentiel (laurier, menthol, cassis). La bouche plus diserte est concentrée, solide et fraîche en finale. La garde arrondira cet ensemble déjà très harmonieux. ✗ 2017-2023

o╼ *SCEA Ch. des Estanilles, hameau de Lentheric, 34480 Cabrerolles, tél. 04 67 90 29 25, contact@chateau-estanilles.com* 🅥 🏃 🛠 *r.-v.* o╼ *Seydoux*

DOM. DE FENOUILLET Combe rouge 2012 ★

■	n.c.	🍶 ⬤	11 à 15 €

Les vignobles Jeanjean ont acquis en 1990 les premières parcelles de ce domaine situé à 350 m d'altitude, qui regroupe aujourd'hui 80 ha de vignes. Syrah et grenache y sont plantés selon les courbes de niveau.

D'un abord floral discret, le nez s'ouvre sur de généreux parfums de fruits noirs (cassis et mûre en tête), rejoints par les notes vanillées léguées par un passage de six mois en fût. La bouche ample et riche est dotée de tanins enrobés qui ajoutent à la rondeur de cet ensemble équilibré. ✗ 2016-2019 ♈ joue de bœuf

o╼ *SCEA Le Fenouillet, L'Enclos, 34725 Saint-Félix-de-Lodez, tél. 04 67 88 80 00, damien.guerande@vignobles-jeanjean.fr* 🅥 🛠 *r.-v.*

VIGNOBLES LES FUSIONELS Le Rêve 2013 ★

■	20 000	⬤	8 à 11 €

Une alchimie franco-australienne résultant d'une rencontre fortuite mais féconde dans les Antipodes en 2004. Rencontre du Vieux et du Nouveau Monde. Jem Harris, l'Australien, et son épouse Arielle, fille de vigneron, cultivent ce domaine de 12 ha en faugères, en bio certifié depuis le millésime 2014.

Ouvert et franc sur la violette et la cerise mêlées à des nuances d'eucalyptus et de menthol, ce 2013 élevé en fût pendant un an se déroule au palais une matière fruitée et chaleureuse, munie de tanins fermes et élégants. Un vin harmonieux, à apprécier sur le fruit ou bien à attendre un peu. ✗ 2015-2019 ✟ pavé de bœuf en sauce

☛ *Arielle Harris, rte Aigues-Vives, 34480 Cabrerolles, tél. 04 67 93 63 58, arielledemets@outlook.fr*
Ⓥ 🏃 🏠 *r.-v.*

CH. GRÉZAN Les Schistes dorés 2012 ★		
■ 6 000	◖▮	15 à 20 €

Jadis villa romaine puis commanderie de Templiers, ce curieux château vaut le détour. On l'appelle le « petit Carcassonne du Bitterois » avec son mur d'enceinte fortifié et crénelé remanié au XIXᵉs. Côté vignes, 85 ha conduits par Rémy Fardel et Jean-Louis Pujol.

Cette cuvée à dominante de syrah agrémentée de mourvèdre a bénéficié d'une vinification en barrique suivie d'un élevage sous bois de dix-huit mois. À l'olfaction, fruits noirs et notes grillées et fumées se disputent la première place. Après une attaque fraîche mêlant fruits rouges et épices douces (cannelle), le palais s'affirme sur une trame tannique solide renforcée par un boisé encore bien présent, qui demande à s'affiner. ✗ 2017-2021 ✟ côte de bœuf

☛ *SCEA Ch. de Grézan, D 909, 34480 Laurens, tél. 04 67 90 27 46, chateau-grezan@wanadoo.fr*
Ⓥ 🏃 🏠 *t.l.j. sf dim. 9h-12h 14h-18h* ☛ *Fabien Pujol*

CH. HAUT LIGNIÈRES Carmina Butis 2012		
■ 8 000	◖▮	11 à 15 €

Jérôme Rateau, œnologue trentenaire formé à Bordeaux et issu d'une famille champenoise, a repris ce vignoble de 15 ha en 2007 et installé sa cave dans un ancien relais de poste datant du XIXᵉs.

Carmina Butis ? La « colline rouge », comme la couleur automnale de la colline sur laquelle est établi le vignoble. Paré d'un rubis violacé juvénile, ce 2012 dévoile de senteurs fines et élégantes de tabac blond et d'épices douces (léguées par quinze mois de fût), agrémentées de fruits rouges et de violette. Le palais est adossé à des tanins serrés et à une élégante trame acide qui apporte de l'équilibre à l'ensemble. La finale, aux saveurs fraîches et fruitées, convoque une touche boisée, qui renforce le caractère déjà bien affirmé de ce vin. ✗ 2017-2022 ✟ pigeon rôti

☛ *EARL Vignobles Jérôme Rateau, Ch. Haut Lignières, lieu-dit Bel-Air, 34600 Faugères, tél. 04 67 95 38 27, hautlignieres@yahoo.fr* Ⓥ 🏃 🏠 *t.l.j. sf sam. dim. 9h-18h*

♥ Ⓑ CH. DE LA LIQUIÈRE Tucade 2013 ★★★		
■ 4 000	◖▮	20 à 30 €

Depuis les années 1970, ce domaine est l'un des fleurons de l'appellation, présent dans le Guide avec une régularité sans faille. Doté d'un magnifique terroir de soixante-dix petites parcelles de schistes et de 60 ha de vignes qui sculptent le paysage, il bénéficie aujourd'hui du savoir-faire de la jeune génération, hérité du grand-père Jean et du père Bernard Vidal, l'un et l'autre anciens présidents de l'appellation.

Un 2013 charmeur en tous points. Pour commencer, une élégante robe pourpre et des parfums complexes et envoûtants de fruits rouges et noirs frais (fraise, cassis, mûre) et de fruits secs (pruneau, figue sèche, raisin de Corinthe). Le palais, ample dès l'attaque, monte progressivement en puissance et en générosité, épaulé par des tanins jeunes et serrés, et par une fine fraîcheur qui offre un heureux contrepoint aux saveurs de fruits bien mûrs. Impossible de résister à ce vin solaire. ✗ 2016-2023 ✟ daube de bœuf aux légumes ■ Cistus 2013 ★★ (15 à 20 € ; 17 000 b.) : cette cuvée incontournable du domaine séduit cette année encore grâce à son nez typé de fruits noirs, relevé d'une pointe de menthol et de réglisse, et à sa bouche aux tanins de velours, dense, concentrée et fraîche à la fois. Bâti pour la garde. ✗ 2017-2022

☛ *Ch. de la Liquière, La Liquière, 34480 Cabrerolles, tél. 04 67 90 29 20, info@chateaulaliquiere.com*
Ⓥ 🏠 *t.l.j. sf dim. 9h-12h 14h-18h; sam. sur r.-v.*
☛ *Vidal-Dumoulin*

MAS DU COLOMBEL 2013 ★		
■ 17 000	🍶	8 à 11 €

En 1990, Bruno Lafon crée Diva Sud, une société de négoce, et achète le Dom. Magellan. Avec sa double casquette de vigneron et de négociant, il élabore ses propres vins et sélectionne des cuvées en partenariat avec des vignerons reconnus du Languedoc, du Roussillon, de la vallée du Rhône et de Provence.

L'association avec la famille Chabbert, propriétaire du Ch. Chenaie à Caussiniojouls, porte ses fruits dans ce vin aux senteurs de garrigue, de thym, de chêne vert et de cerise noire. Autant de senteurs qui se retrouvent dans un palais rond, aux tanins fondus et élégants. La finale présente une légère amertume, mais une petite garde devrait l'assagir. ✗ 2016-2018 ✟ brochette de bœuf aux poivrons

☛ *Diva Sud, 467, av. de la Gare, 34480 Magalas, tél. 04 67 36 01 71, contact@divasud.com* ☛ *Lafon*

MAS GABINÈLE Rarissime 2013 ★		
■ 13 000	◖▮	20 à 30 €

Thierry Rodriguez rachète ses premières vignes à son ami Gabriel Mas, surnommé *Gabienèla*, qui désigne en occitan un petit cabanon en bois. Le vignoble couvre aujourd'hui 18 ha.

Ce 2013, né d'un assemblage de syrah, de grenache et de mourvèdre plantés sur des parcelles à très faible rendement, livre un nez concentré et puissant évoquant les fruits noirs, l'olive noire et le laurier puis la vanille et les fruits rouges à l'eau-de-vie. À l'unisson, la bouche déploie une matière ample et onctueuse, adossée à des tanins fins et élégants. La finale chaleureuse et fruitée conclut agréablement la dégustation. Un vin encore fougueux, que la garde devrait assagir. ✗ 2018-2023 ✟ magret de canard flambé

☛ *Thierry Rodriguez, Mas Gabinèle, 1750, chem. de Bédarieux, 34480 Laurens, tél. 04 67 89 71 72, info@masgabinele.com* Ⓥ 🏃 🏠 *t.l.j. sf dim. 10h-12h 16h-18h* 🏠 Ⓓ

MAS OLIVIER		
Grande Réserve Élevé en fût de chêne 2013 ★		
■ 400 000	🍶 ❤	- de 5 €

Cette coopérative est l'une de toutes dernières créées en Languedoc, en 1959. Trois anciennes tours romaines de Faugères, transformées en moulins à vent au XVIIIᵉs., ont été restaurées, et l'on visite aujourd'hui le vieux moulin à grains.

Un 2013 au nez complexe de fruits rouges (cerise, framboise), de senteurs de garrigue et d'olive noire accompagnés de notes toastées et grillées léguées par un passage de huit mois en fût. Le palais se montre concentré, séveux, souple et harmonieux, et se pare de quelques notes vanillées en finale. ✗ 2015-2018 ♈ gratin d'aubergines au parmesan

↠ *Les Crus Faugères, Mas Olivier, 34600 Faugères, tél. 04 67 95 08 80, contact@lescrusfaugeres.com* Ⓥ ⚄ ⛊ *t.l.j. 9h-12h 14h-18h*

Ⓑ MAS ONÉSIME Le Sillon 2013 ★		
◼	3 546	🛈	11 à 15 €

Ses grands-parents ont acquis des vignes après la Seconde Guerre mondiale. Ses parents ont apporté leurs raisins à la coopérative, puis agrandi le vignoble (7 ha aujourd'hui, en bio certifié). Olivier Villaneuva a débuté la mise en bouteilles à la propriété en 2011.

Le grenache (70 % de l'assemblage) cultivé en altitude s'exprime pleinement dans ce vin évoquant le pruneau à l'eau-de-vie et le poivre. La bouche ne manque de rien : ampleur, tanins soyeux et fondus, finale longue et chaleureuse. Un vin bien en place et déjà très aimable. ✗ 2016-2019 ♈ pâtes aux cèpes ◼ Paradis caché 2013 ★ (15 à 20 € ; 2 000 b.) Ⓑ : une cuvée à dominante de syrah. Le nez rappelle la garrigue, les épices, la réglisse et la cerise compotée. La bouche, souple et ronde à l'attaque, trouve l'appui de tanins encore fermes et d'un bon boisé grillé et toasté en finale. ✗ 2017-2022

↠ *Olivier Villaneuva, La Liquière, 34480 Cabrerolles, tél. 04 67 93 63 58, olivier@masonesime.com* Ⓥ ⚄ ⛊ *r.-v.*

DOM. DU MÉTÉORE Les Perséides 2012 ★		
◼	10 000	⬮	11 à 15 €

Une météorite serait tombée à Cabrerolles il y a plus de dix mille ans. Au fond d'un cratère de 220 m de diamètre (le cirque du Clot) se niche la vigne de Geneviève et Guy Libès (23 ha). Les cuvées portent ici des noms d'étoiles filantes : Orionides, Perséides, Léonides.

Ce 2012 élevé en fût pendant douze mois est né d'un assemblage à parts égales de syrah et mourvèdre. De puissantes senteurs de cassis, de thym, de pruneau et de fruits surmûris s'échappent du verre. Dès l'attaque, le vin rappelle les arômes perçus à l'olfaction, avec une dominante de fruits confiturés. Une matière onctueuse enveloppe le palais, étiré par une pointe de fraîcheur. Un ensemble harmonieux, très représentatif de l'appellation. ✗ 2016-2019 ♈ canard à la broche

↠ *Geneviève et Guy Libès, Dom. du Météore, 34480 Cabrerolles, tél. 04 67 90 21 12, domainedumeteore@wanadoo.fr* Ⓥ ⛊ *r.-v.*

Ⓑ DOM. OLLIER-TAILLEFER Castel Fossibus 2012		
◼	9 000	⬮	15 à 20 €

Fos est un charmant village fleuri du haut Languedoc. Incarnant la cinquième génération, Luc et Françoise Ollier, frère et sœur natifs du cru, y conduisent un vignoble familial de 36 ha certifié bio. Une valeur sûre de l'AOC faugères.

Ce 2012 élevé en fût pendant douze mois est le premier millésime du domaine certifié en bio. Il dévoile une robe grenat légèrement cuivré et livre à l'olfaction des senteurs de cerise, de réglisse et de sous-bois. Souple, rond et fruité à l'attaque, le palais s'adosse à des tanins solides, à un bon boisé vanillé et à une fraîcheur bienvenue qui apporte l'équilibre à l'ensemble. Un vin à attendre. ✗ 2017-2021 ♈ veau en sauce

↠ *Dom. Ollier-Taillefer, rte de Gabian, 34320 Fos, tél. 04 67 90 24 59, ollier.taillefer@wanadoo.fr* Ⓥ ⚄ ⛊ *t.l.j. sf dim. 11h-12h 14h30-18h; 15/10-14/04 sur r.-v.* 🏠 Ⓒ

L'ORT DES SCHISTES 2014 ★★		
◼	30 000	🛈	5 à 8 €

Jean-François Vallat a repris en 2003 ce domaine de 47 ha. De 2005 à 2012, il a réalisé d'importants travaux de restructuration du vignoble (50 ha aujourd'hui) et des bâtiments.

Ce 2014 né d'un assemblage de syrah et de grenache séduit d'emblée par sa robe pâle à reflets bleutés et ses parfums friands de bonbon anglais et d'agrumes (citron, pamplemousse). Le palais, frais et croquant, complète cette palette aromatique de saveurs gourmandes et persistantes de petits fruits rouges. Un vin très équilibré, très *friendly* et *trendy*. ✗ 2015-2016 ♈ assiette de charcuterie ◼ Ch. Mandagot Mille Fleurs 2014 ★ (8 à 11 € ; 20 000 b.) : une cuvée rose pâle, au nez élégant évoquant la rose fraîche et la framboise, prolongé par un palais charnu et rond, stimulé par une finale acidulée. ✗ 2015-2016

↠ *Ch. Sauvanes, 9, av. de la Gare, 34480 Laurens, tél. 04 67 96 64 06, contact@vallat-languedoc.com* Ⓥ ⚄ ⛊ *r.-v.* ↠ Vallat

Ⓑ DOM. DES PRÉS LASSES Castel Viel 2012 ★		
◼	5 500	🛈 ⬮	15 à 20 €

L'aventure des deux amis amateurs de vin Jean-Paul Ribeton et Denis Feigel, œnologue, a commencé en 1999. Ensemble, ils ont acheté des vieilles vignes et une ancienne cave du village d'Autignac. Depuis, le vignoble s'est agrandi jusqu'à 30 ha et Boris Feigel les a rejoints en 2006. Les vins sont aujourd'hui certifiés en bio.

Le nez est encore timide mais il laisse deviner des notes de fruits et d'épices douces après agitation. Dans le même registre aromatique, et plus expressive encore, la bouche est structurée par des tanins solides et élégants, légèrement boisés en finale. Un vin puissant, à carafer avant le service. ✗ 2017-2020 ♈ daube de bœuf

↠ *Dom. des Prés Lasses, 26, av. de la Liberté, 34480 Autignac, tél. 04 67 90 21 19, info@ pres-lasses.com* Ⓥ ⚄ ⛊ *r.-v.* ↠ Denis Feigel

DOM. DU ROUGE GORGE 2013		
◼	29 000	🛈	5 à 8 €

Le vin est une vieille histoire de famille chez les Borda, qui se poursuit avec Alain, Monique et Philippe, à la tête d'un important domaine de 107 ha établi sur les coteaux d'Autignac.

Le nez, frais et fin, dévoile des senteurs de fruits rouges, de garrigue et de sous-bois. Une attaque souple laisse place à une structure aimable, adossée à des tanins

fondus. La finale convoque les fruits mûrs et la réglisse, et laisse le souvenir d'un ensemble équilibré et long.
✗ 2015-2018 **Ⓨ** andouillette grillée

O┑ *SCEA Alain et Philippe Borda, Dom. du Rouge Gorge, Les Affanies, 34480 Magalas, tél. 04 67 36 22 86, sceaborda@orange.fr* Ⓥ 🅐 🅛 *t.l.j. 8h-12h 13h-18h; sam. dim. sur r.-v.* 🏠 Ⓔ

SCHISTERELLE Ômage 2012		
■	1 500	⅏	11 à 15 €

Céline Cabanel a repris en 1999 les vignes de ses grands-parents. Son vignoble (6 ha) est situé à Autignac. Depuis 2008, elle réalise elle-même la vinification de ses raisins.

Le grenache est à l'honneur dans cette cuvée ; seuls 10 % de mourvèdre viennent en compléter l'assemblage. Le nez dévoile un élégant mariage de fruits noirs compotés et de senteurs végétales. La bouche, franche et volumineuse, laisse s'exprimer un fruité généreux et croquant. Elle trouve le soutien de tanins souples et finement vanillés, héritage d'un passage de douze mois en fût. Un vin prêt à boire. **✗** 2015-2017 **Ⓨ** entrecôte à l'échalote

O┑ *SCEA Schisterelle, 27 bis, av. de Béziers, 34480 Laurens, tél. 06 03 22 16 56, celine-cabanel@ orange.fr* Ⓥ 🅛 *r.-v.* **O┑** *Céline Cabanel*

DOM. THIBAULT 2013		
■	15 000	🍶	5 à 8 €

Du haut du château du XIᵉˢ. de Roquessels et depuis le lieu-dit dénommé Plô-de-Figues, on aperçoit la Méditerranée et la chaîne des Pyrénées. La famille Estève y est installée depuis la seconde moitié du XIXᵉˢ. Jean-Claude Estève est à la tête de l'exploitation (42 ha) depuis 1979.

Ce 2013 né d'un assemblage de syrah, de carignan et de grenache s'épanouit sur des parfums généreux de fruits rouges et de cardamome, agrémentés d'une note fumée. La bouche légèrement évoluée, déroulant des saveurs de fruits mûrs et de fruits confits, est structurée par des tanins soyeux et par une juste fraîcheur qui souligne la pointe de grillé perceptible en finale. Un vin prêt à boire.
✗ 2015-2018 **Ⓨ** gardiane de taureau

O┑ *Jean-Claude Estève, 2, rue Tras-du-Castel, 34320 Roquessels, tél. 04 67 90 24 11, adouzes@orange.fr* Ⓥ 🅛 *t.l.j. sf dim. 9h-12h 14h-18h*

FITOU

Superficie : 2 590 ha / Production : 90 023 hl

L'appellation fitou, la plus ancienne AOC rouge du Languedoc-Roussillon (1948), est située dans la zone méditerranéenne de l'aire des corbières ; elle comprend à l'est le fitou maritime, qui borde l'étang de Leucate, séparé par un plateau calcaire du fitou de l'intérieur situé dans le massif des Corbières, à l'abri du mont Tauch. L'AOC s'étend sur neuf communes, qui ont également le droit de produire les vins doux naturels rivesaltes et muscat-de-rivesaltes. Le carignan trouve ici son terroir de prédilection. Il peut être complété par le grenache noir, le mourvèdre et la syrah. Élevé au moins neuf mois, le fitou affiche une couleur rubis foncé et un corps puissant et charpenté.

CH. ABELANET Cuvée Roma 2013 ★★		
■	3 600	⅏	15 à 20 €

Autrefois relais de diligences sur la route de l'Espagne, le domaine (20 ha) est propriété de la même famille depuis 1697. Douze générations se sont succédé. Régis Abelanet a passé le témoin à son épouse Marie-Françoise et à leur fils Romain.

Cette cuvée emblématique du domaine, qui fait la part belle au carignan (50 %), a bénéficié d'une vinification soignée (fermentation en barrique) et d'un élevage de dix-huit mois sous bois. La robe grenat laisse apparaître des reflets brun foncé. Élégamment empyreumatique (toasté, fumé), épicé et fruité, le nez annonce un fitou de belle prestance. L'attaque, franche, déroule une trame de tanins fins accompagnés de saveurs chocolatées et fruitées (fruits noirs) persistantes. **✗** 2016-2021 **Ⓨ** pavé de biche aux airelles ■ 2013 (5 à 8 € ; 10 000 b.) : vin cité.
✗ 2015-2018

O┑ *Marie-Françoise Abelanet, Ch. Abelanet 7, av. de la Mairie , 11510 Fitou, tél. 04 68 45 76 50, contact@chateau-abelanet.com* Ⓥ 🅐 🅛 *t.l.j. 9h-12h 14h-18h*

GÉRARD BERTRAND Terroir 2013 ★★		
■	n.c.	⅏	8 à 11 €

Enfant des Corbières, Gérard Bertrand est un important propriétaire et négociant du sud de la France, dont les cuvées apparaissent dans le Guide sous diverses AOC (corbières, fitou, minervois, languedoc, côtes-du-roussillon...) et en IGP.

Cet assemblage de grenache et carignan scintille dans sa robe grenat sombre aux reflets noirs. Le nez de fruits noirs confiturés associés à une pointe de réglisse est intense et délicat. En bouche, le vin se montre ample et franc à l'attaque et s'adosse à des tanins bien charpentés, accompagnés par un fruité très persistant. **✗** 2016-2020 **Ⓨ** tajine de volaille

O┑ *Gérard Bertrand, Ch. l'Hospitalet, rte de Narbonne-Plage, 11100 Narbonne, tél. 04 68 45 28 50, vins@gerard-bertrand.com* Ⓥ 🅐 🅛 *t.l.j. 9h-19h*

♥ DOM. BERTRAND-BERGÉ Ancestrale 2012 ★★		
■	10 000	🍶 ⅏	11 à 15 €

À l'instar de son aïeul Jean Sirven, qui vinifiait son vin à la fin du XIXᵉˢ., Jérôme Bertrand a quitté la coopérative en 1993 pour élaborer ses propres vins. Il a cru très tôt dans la qualité des terroirs rudes de Fitou, élevé et valorisé les vins du cru, puis hissé son domaine (36 ha) parmi les grands. Une partie de son vignoble est déjà convertie au bio, tandis que l'autre est en cours de conversion.

Savoir qui est élu coup de cœur dans l'appellation est presque une évidence, tant le domaine Bertrand-Bergé l'a été souvent ces dernières années. Assemblage de carignan, de grenache, de mourvèdre et de syrah à parts égales, cette cuvée née sur les vignobles d'altitude de Paziols a bénéficié d'un élevage long, dont un passage de douze mois en fût. Elle en tire une robe grenat très dense et un nez d'une grande délicatesse, mêlant des parfums généreux de fruits noirs confiturés (mûre) aux épices (genévrier). Souple et ample à l'attaque, le palais déploie une matière puissante et un fruité généreux reposant sur des tanins soyeux. La fraîcheur s'invite en finale et souligne un long cortège d'arômes de fruits mûrs. Complet, puissant et élégant, ce vin est un modèle d'équilibre, bâti pour durer. ✗ 2018-2026 ♈ canard de Barbarie aux figues ■ La Boulière 2012 ★ (15 à 20 € ; 4 000 b.) ⓑ : le carignan complété d'un soupçon de grenache (5 %) donne au vin un nez intense de fruits noirs mûrs et d'épices (poivre, muscade) et un palais souple et ample adossé à des tanins soyeux et élégants. ✗ 2016-2020 ■ Les Mégalites 2012 ★ (11 à 15 € ; 9 000 b.) ⓑ : une dominante de mourvèdre pour ce vin au nez complexe et intense de fruits mûrs et d'épices, au palais puissant, équilibré et tout en fruit. ✗ 2016-2019

○┑ *Dom. Bertrand-Bergé, 38, av. du Roussillon, 11350 Paziols, tél. 04 68 45 41 73, bertrand-berge@ wanadoo.fr* Ⓥ 🏃 🄵 *t.l.j. 9h-12h 14h-18h* 🏠 ⓑ

LES VIGNERONS DU CAP LEUCATE
Cap 42° Dame de Cézellu 2012

■	8 000	◖►	11 à 15 €

Créée en 1920, la coopérative de Leucate a fusionné avec plusieurs coopératives (Quintillan, Roquefort-des-Corbières, La Palme...). Un acteur incontournable du Fitou maritime, avec plus de 170 adhérents, 1 420 ha et un chai sorti de terre en 2010.

Baptisée en référence aux points de coordonnées maritimes où se situe le vignoble, cette cuvée à dominante de carignan affiche une robe rouge soutenu aux reflets bruns. D'abord ouvert sur des nuances empyreumatiques, le nez libère à l'aération des notes chaleureuses d'épices et une touche d'herbe coupée. Souple et gouleyant à l'attaque, la bouche, légère, livre des arômes de petits fruits rouges. ✗ 2015-2017 ♈ civet de lapin

○┑ *Vignobles Cap Leucate, chai La Prade, 11370 Leucate, tél. 04 68 33 20 41, contact@cave-leucate.com* Ⓥ 🏃 🄵 *t.l.j. 9h-12h 16h-19h*

LES MAÎTRES VIGNERONS DE CASCASTEL
L'Extravagant 2013 ★★

■	82 000	◖►	5 à 8 €

Située dans le massif des hautes Corbières et le haut Fitou, à 20 km de la Méditerranée, cette cave créée en 1921 rassemble une centaine d'adhérents qui cultivent 780 ha.

Cette cuvée met à l'honneur un carignan né sur des calcschistes, un terroir exigeant dont le relief rend le travail des vignerons difficile. De ce labeur résulte un beau vin au nez intense de fruits noirs et de réglisse avec un côté légèrement toasté. Ample et franc à l'attaque, soutenu par des tanins enrobés, le palais rappelle avec persistance les fruits noirs. Un ensemble harmonieux et bien typique de son appellation. ✗ 2016-2021 ♈ entrecôte grillée ■ Sélection vieilles vignes 2013 ★ (8 à 11 € ; 140 000 b.) : élevé en fût pendant douze mois, ce vin aux senteurs boisées et fruitées (framboise) déroule un palais à la fois puissant, généreux et tendre, aux saveurs gourmandes de fruits rouges, d'épices et de vanille. ✗ 2015-2020 ■ Expression de schistes 2013 (8 à 11 € ; 60 000 b.) : vin cité. ✗ 2016-2029

○┑ *SCA Les Vignerons de Cascastel, Grand-Rue, 11360 Cascastel-des-Corbières, tél. 04 68 45 91 74, info@ cascastel.com* Ⓥ 🄵 *t.l.j. sf sam. dim. 9h-12h 14h-18h*

CH. CHAMP DES SŒURS La Tina 2013 ★★

■	6 000	🅸 ◖►	15 à 20 €

Aux commandes de ce domaine de 15 ha situé dans la zone maritime de Fitou, Laurent Maynadier, quatorzième génération de viticulteurs du cru, et Marie Valette, œnologue. Premières bouteilles en 1999.

La Tina ? Le terme désigne un foudre de bois en occitan, dans lequel cette cuvée phare du domaine a séjourné douze mois. Elle en tire une robe d'un rouge grenat profond et un nez complexe de fruits noirs confiturés et de poivre. Ample et frais à l'attaque, le palais repose sur des tanins bien enrobés, composant un ensemble subtil et équilibré à la longue finale réglissée. ✗ 2016-2021 ♈ tajine d'agneau ■ Bel amant 2013 ★ (11 à 15 € ; 16 000 b.) : au nez, des parfums de garrigue et de petits fruits rouges frais ; en bouche, du fruit, une rondeur gourmande et une douceur séduisante. ✗ 2015-2018 ■ Champ des Sœurs 2013 (8 à 11 € ; 20 000 b.) : vin cité. ✗ 2015-2018

○┑ *Laurent Maynadier, 19, av. des Corbières, 11510 Fitou, tél. 04 68 45 66 74, laurent.maynadier@orange.fr* Ⓥ 🏃 🄵 *r.-v.*

DOM. ESCLARMONDE Partage 2013 ★

■	5 300	🅸	8 à 11 €

Luc Esclarmonde, issu d'une longue lignée de vignerons, s'est installé en 1977 en cave coopérative. En 2003, il est rejoint par son fils Gaëtan sur ce domaine de 24,5 ha situés sur les terroirs d'argiles calcaires, de schistes et de galets des coteaux de Paziols. En 2013, ils quittent la coopérative, installent leur cave particulière et signent cette même année leur premier millésime.

Cet assemblage de carignan (30 %), de grenache (30 %) et de syrah (40 %) affiche une couleur grenat très sombre. Bien typé, le nez livre des senteurs de cassis, d'épices et de garrigue complexes et élégantes. Fruité dès l'attaque, le palais trouve le soutien de tanins solides et dévoile une agréable douceur en finale. Un vin gourmand et puissant à la fois. ✗ 2016-2021 ♈ cassoulet ■ L'Impulsif 2013 ★ (5 à 8 € ; 5 500 b.) : des parfums frais de fruits noirs (myrtille, cassis) et rouges (griotte) ; de l'onctuosité, de la douceur et de la vivacité en bouche ; un vin équilibré et typé. ✗ 2015-2019

○┑ *Dom. Esclarmonde, lieu-dit Le Moulin, 11350 Paziols, tél. 04 68 45 45 55, gaetan.esclarmonde@orange.fr* Ⓥ 🏃 🄵 *t.l.j. 10h30-12h30 14h-18h*

CH. L'ESPIGNE Demoiselles Gaubert 2012

■	6 240	🅸	5 à 8 €

Au XVII[e]s., on retrouve trace de ce domaine alors exploité en polyculture. Au fil de son histoire mouvementée, l'exploitation située à Villeneuve-les-Corbières, sur la route des citadelles cathares, s'est orientée vers la vigne. Depuis 1978, elle est dirigée par Philippe Cassignol qui exploite 34 ha de vignes établis sur des schistes primaires.

Demoiselle Gaubert ? Le nom de la sœur de lait de l'arrière-grand-mère de Philippe Cassignol. Cette cuvée livre un nez intense de fruits noirs associé à une touche de laurier. En bouche, ce vin affirme son caractère grâce à ses tanins solides et fermes. ✗ 2016-2019 ♈ gigot de mouton aux herbes

☛ *Famille Cassignol, 2, rue des Moulins, 11360 Villeneuve-les-Corbières, tél. 06 81 17 64 88, chateau.lespigne@orange.fr* 🆅 📣 ♿ *r.-v.*

Ⓑ DOM. GRAND GUILHEM Angels 2013 ★

■	874	⬛	20 à 30 €

Il était ingénieur, elle était experte dans le commerce de l'art. Venant de Montmartre, où les vignes de la Butte les ont inspirés, Séverine et Gilles Contrepois deviennent vignerons en 1997 dans le Fitou intérieur ; ils y cultivent depuis 2003 11,7 ha de vignes (en bio depuis 2004).

Cette cuvée offre une partition très personnelle du carignan (complété de grenache et de syrah) né sur des terroirs de schistes. Le nez, complexe, s'ouvre sur de puissantes senteurs animales, puis libère à l'aération des parfums de garrigue et de myrtille. La bouche, tout en fraîcheur, porte loin les arômes de fruits noirs. Un vin original. ✗ 2016-2019 ♈ bécasse à la ficelle ■ 2013 ★ (11 à 15 € ; 5 648 b.) Ⓑ : un nez bien ouvert sur les fruits noirs accompagnés de notes animales, un palais franc et nerveux, aux tanins fermes. ✗ 2016-2019

☛ *Dom. Grand Guilhem, 1, chem. du Col-de-la-Serre, 11360 Cascastel-des-Corbières, tél. 04 68 45 86 67, gguilhem@aol.com* 🆅 📣 ♿ *t.l.j. 10h30-12h30 18h30-20h* 🏠 Ⓖ 🏠 Ⓔ ☛ Contrepois

Ⓑ CH. DE LA GRANGE Via Fonteius 2012 ★

■	10 000	⬛	11 à 15 €

Implanté dans le Fitou maritime, le domaine des frères Dell'Ova vinifie en cave particulière depuis 1986. Traversé par la voie Domitienne, le vignoble, cultivé en bio depuis 2012, couvre aujourd'hui 67 ha sur le territoire de La Palme, dans une zone ventée bénéficiant de la fraîcheur des embruns.

Cette cuvée à majorité de mourvèdre, élevée dix mois en fût, affiche une robe profonde nuancée de reflets violets. Du verre montent progressivement des notes de sous-bois, puis de toasté et de fumé rejointes par une pointe vanillée. Souple à l'attaque, le palais montre de la concentration et de la structure avec des tanins fermes et de beaux arômes de fruits noirs mêlés à un boisé délicat. Un vin qui saura vieillir. ✗ 2017-2021 ♈ pavé de bœuf sauce aux cèpes ■ Dom. de la Grange Via Domitius 2012 (8 à 11 € ; 100 000 b.) Ⓑ : vin cité. ✗ 2017-2021

☛ *GAEC Dell'Ova Frères, Cabanes-de-la-Palme, BP 5, 11480 La Palme, tél. 04 68 48 17 88, dellovafreres@orange.fr* 🆅 📣 ♿ *t.l.j. sf dim. 10h-12h 14h-18h*

DOM. IZARD 2013

■	30 000	🍾	5 à 8 €

Succédant à ses parents Alain et Maguy Izard, Alban Izard a repris cette propriété de 60 ha implantée sur un terroir de schistes qui forment la trame de ses vins.

Le carignan, majoritaire dans ce 2013, a donné un vin aux parfums intenses de cassis et de réglisse. Le palais, rond et tout aussi fruité, s'appuie sur la séduisante fraîcheur des terroirs d'altitude. Un vin expressif et léger, à apprécier dans sa jeunesse. ✗ 2015-2017 ♈ terrine de sanglier

☛ *Alban Izard, Dom. Lerys, 1, rue de Pech-de-Gril, 11360 Villeneuve-les-Corbières, tél. 04 68 45 95 47, albanizard@orange.fr* 🆅 ♿ *r.-v.* 🏠 ❶

DOM. LEPAUMIER
Vieilles Vignes 2013 ★

■	10 000	⬛	5 à 8 €

Ce domaine est inscrit depuis longtemps dans le paysage fitounais. Christophe Lepaumier, installé depuis 1989, en a pris les rênes en 2004. Il exploite aujourd'hui 20 ha de vignes et privilégie les vendanges manuelles, l'égrappage et l'élevage en fût.

Assemblage de carignan (50 %), de grenache (40 %) et de syrah, ce 2013 se présente dans une robe mate et sombre aux reflets violines. Au nez, la framboise est associée à un vanillé hérité de son élevage de quatre mois sous bois. Le palais, fruité à souhait, long et équilibré déroule une trame de tanins souples et un boisé bien maîtrisé. ✗ 2016-2019 ♈ tourte à la viande

☛ *Christophe Lepaumier, 15, av. de la Mairie, 11510 Fitou, tél. 04 68 45 66 95* 🆅 📣 ♿ *t.l.j. 10h15-12h 14h-18h30*

Ⓑ DOM. MAMARUTA
Cacahuète 2013 ★

■	4 500	⬛	15 à 20 €

Marc Castan reprenant les vignes de son grand-père, vétérinaire de campagne, s'est installé en 2003 entre garrigue, étang et mer. Première vinification en 2009. Le jeune vigneron cultive ses 14 ha en bio et s'essaye à la biodynamie.

Cacahuète ? Le nom du motoculteur qui accompagne le vigneron dans ses travaux à la vigne. L'association du carignan et du mourvèdre sur des sols argilo-calcaires a donné naissance à ce vin racé qui annonce son caractère avec sa couleur pourpre très intense. De la personnalité encore au nez, sur des parfums séduisants de cassis, de sous-bois et de garrigue sauvage. Il se montre rond en bouche, très aromatique, et s'appuie sur une fine fraîcheur qui lui confère un côté aérien. Cet ovni dans la galaxie fitou tient son rang. ✗ 2016-2019 ♈ lièvre à la royale ■ Coupe-soif 2013 (8 à 11 € ; 1 800 b.) : vin cité. ✗ 2017-2019

☛ *Marc Castan, 10, rue Dr-Ferroul, 11480 La Palme, tél. 06 83 24 90 92, marccastan@hotmail.fr* 🆅 📣 ♿ *r.-v.*

MAS DE LA ROQUE Loubrassa 2013

■	5 000	🍾	5 à 8 €

En 2013, Romain Vidal, œnologue, a rejoint son père Jean-Luc pour exploiter les 8 ha de vignes familiales plantées sur un terroir de schistes et d'argiles calcaires.

Loubrassa est le nom du lieu-dit sur lequel a poussé le grenache, majoritaire dans cette cuvée (70 %). Le vin libère un nez de mûre, d'olive noire et de poivre. Onctueuse à l'attaque, la bouche rappelle avec persistance les notes fruitées perçues à l'olfaction, et bénéficie du soutien de tanins solides et encore un peu sévères en finale. ✗ 2017-2021 ♈ carré d'agneau frotté aux herbes

☛ *Jean-Luc Vidal, 4, rue du Vigné, 11510 Fitou, tél. 04 68 45 62 58, romainvidal.ups@gmail.com* 🆅 📣 ♿ *r.-v.*

Ⓑ MAS DES CAPRICES Oufti 2013 ★

| | 12 000 | 🍷 📦 | 11 à 15 € |

Enfants de viticulteurs alsaciens, Mireille et Pierre Mann ont été restaurateurs avant de devenir artisans-vignerons en 2005. Premières bouteilles en 2009, premiers succès. Aujourd'hui, 15 ha en bio sur le plateau calcaire de Leucate et sur les contreforts schisteux des Corbières.

Oufti ? Une interjection liégeoise (les Mann sont de grands amateurs de la Belgique) et anagramme de Fitou. Un nom original pour cette cuvée issue majoritairement de mourvèdre (50 %) accompagné de carignan et de grenache à parts égales. Elle propose un nez classique de fruits noirs et d'épices. Le palais, souple à l'attaque, évolue sur la fraîcheur et des tanins serrés qui promettent à ce vin une bonne capacité de garde. ✗ 2017-2021 ♈ escargots à la languedocienne

☛ Mas des Caprices, 5 et 7, imp. de la Menuiserie, 11370 Leucate, tél. 06 76 99 80 24, masdescaprices@free.fr Ⓥ 🎿 🅿 t.l.j. sf lun. 18h-20h; dim. 11h-13h; hiver sur r.-v. ☛ Pierre Mann

DOM. LES MILLE VIGNES Cadette 2012 ★

| | 12 000 | 🍷 | 15 à 20 € |

Les mille pieds de vignes des débuts se sont transformés au fil des achats et des plantations en une propriété de 11 ha dans le Fitou maritime. Ce domaine créé en 1979 par Jacques Guérin, ancien professeur de « viti » au lycée d'Orange, est conduit depuis 2000 par sa fille Valérie.

Cette cuvée, assemblage de grenache, mourvèdre et carignan à parts égales, livre un nez complexe d'épices, de garrigue et de ciste, agrémenté d'une pointe de cuir. Le palais, ample et fin, offre du fruit sans compter et s'étire dans une belle finale fraîche et alerte. Un vin équilibré, que l'on pourra boire dans sa jeunesse. ✗ 2016-2019 ♈ médaillon de veau aux girolles

☛ Dom. les Mille Vignes, 24, av. San-Brancat, 11480 La Palme, tél. 04 68 48 57 14, les.mille.vignes@free.fr Ⓥ 🎿 🅿 r.-v. ☛ V. Guérin

MONT TAUCH Les Quatre 2013 ★★

| | 80 000 | 🍷 | 8 à 11 € |

Locomotive des hautes Corbières, cette coopérative regroupant quelque 200 vignerons vinifie le fruit de 1 500 ha de vignes implantées sur un terroir rude et sec propice aux grands vins. À sa carte, des corbières, fitou, vins doux naturels et vins en IGP.

Cette cuvée met en valeur un carignan né (et bien né) sur les terroirs schisteux de Tuchan. Finaliste au grand jury des coups de cœur, elle s'ouvre sur un nez classique et généreux de fruits rouges bien mûrs aux accents épicés. Elle affirme son caractère dans un palais franc et frais, bien épaulée par des tanins serrés et stimulée par une longue finale épicée. ✗ 2016-2021 ♈ gigot de sept heures ■ Crouzels 2013 ★★ (8 à 11 € ; 60 000 b.) : de chaleureux parfums de fruits à l'eau-de-vie, des touches épicées (poivre, tapenade) et des notes de vanille, une structure solide, de la vivacité et une longue finale. ✗ 2016-2019 ■ Vieilles Vignes 2013 ★ (8 à 11 € ; 106 600 b.) : un vin mi-grenache mi-carignan aux accents délicats de tabac, de fumée et de fruits rouges. En bouche, un caractère muscié et boisé, et une bonne longueur. ✗ 2017-2020 ■ Ch. de

Ségure 2013 ★ (8 à 11 € ; 79 600 b.) : un nez délicat de fruits rouges, de poivre et de vanille, une bouche ronde, douce et soyeuse pour ce fitou aimable et harmonieux. ✗ 2016-2019

☛ SCA Mont Tauch, 2, rue de la Cave-Coopérative, 11350 Tuchan, tél. 04 68 45 41 08, contact@mont-tauch.com Ⓥ 🎿 🅿 r.-v.

CH. DE NOUVELLES Augusta 2013 ★

| | 20 000 | 🍷 | 8 à 11 € |

Aux abords du col d'Extrême, le domaine tire son nom de Jacques Fournier de Novelli – pape sous le nom de Benoît XII au XIVᵉs. – qui eut ici un château. Propriété de la famille Daurat-Fort depuis 1834, il couvre 75 ha. À sa tête, Jean Daurat-Fort et son fils Jean-Rémy, le premier président l'organisme de défense des vins de Fitou.

Augusta ? Un hommage à l'une des fondatrices du domaine qui œuvra en son temps pour l'évolution de la viticulture. Cette cuvée de carignan, grenache et syrah séduit d'emblée avec son nez expressif de fraise fraîche. D'abord vive, soutenue par des tanins fondus, la bouche penche ensuite vers la douceur, impression renforcée par des arômes chaleureux de garrigue et de fruits rouges. ✗ 2016-2019 ♈ osso bucco

☛ SCEA R. Daurat-Fort, Ch. de Nouvelles, 11350 Tuchan, tél. 04 68 45 40 03, daurat-fort@terre-net.fr Ⓥ 🎿 🅿 t.l.j. 9h-12h 14h-18h; sam. dim. sur r.-v. 🏠 Ⓓ

DOM. DE LA ROCHELIERRE
Cuvée Privilège Élevé en fût de chêne 2013 ★

| | 15 000 | 📦 | 8 à 11 € |

Quatre générations se sont succédé sur ce domaine dirigé depuis 1998 par Jean-Marie Fabre, président des Vignerons indépendants de l'Aude. Un producteur engagé qui préserve son terroir de Fitou : ses vignes (13,5 ha) n'ont pas vu de produits chimiques depuis 1979 (méthode Cousinié).

Cette cuvée dévoile un nez d'abord grillé, qui distille à l'agitation des senteurs de fruits noirs et de garrigue. La bouche est souple et ronde, travaillée avec délicatesse. On y retrouve du fruit associé à une pointe vanillée persistante. ✗ 2016-2019 ♈ canard à l'orange ■ Noblesse du temps 2013 (15 à 20 € ; 3 500 b.) : vin cité. ✗ 2015-2018

☛ Dom. de la Rochelierre, 17, rue du Vigné, 11510 Fitou, tél. 04 68 45 70 52, la.rochelierre@orange.fr Ⓥ 🎿 🅿 t.l.j. 9h-12h 14h-18h; f. le matin et dim. en janv.-fév. 🏠 Ⓑ

DOM. DE ROUDÈNE Élevé en fût de chêne 2012 ★

| | 6 000 | 📦 | 11 à 15 € |

Le village de Paziols, au pied du mont Tauch : c'est là que sont installés depuis 1986 Jean-Pierre (expert en hydrogéologie) et Bernadette Faixo, à la tête de 36 ha de vignes.

Issue des terres rudes du massif des Corbières, cette cuvée n'a rien d'austère. Ouvert sur les fruits mûrs, le nez associe des accents de cuir, de garrigue et de genièvre. Souple et fruitée à l'attaque, la bouche repose sur des tanins et un boisé fondus. Un vin harmonieux. ✗ 2016-2019 ♈ rôti de bœuf ■ Cuvée Jean de Pila 2012 ★ (5 à 8 € ; 10 000 b.) : un nez de fruits rouges surmûris, de laurier, d'épices et de cuir, un palais rond et généreux, ce fitou vise le plaisir immédiat et y parvient pleinement. ✗ 2015-2017

☛ *Bernadette et Jean-Pierre Faixo, 5, espace des Écoles, 11350 Paziols, tél. 04 68 45 43 47, domainederoudene@ orange.fr* 🆅 🅰 🅷 *t.l.j. 9h-12h 14h-19h*

CH. WIALA Harmonie 2013			
◼	6 000	◫	8 à 11 €

Alain Voorons, venu du Nord, et Wiebke Seubert, originaire d'Allemagne, se sont rencontrés lors d'un stage de formation agricole à Narbonne et lancés ensemble en 2001 dans la création d'un vignoble dans le haut Fitou : 7,7 ha de vignes sur une mosaïque de terroirs.

Né sur des terroirs argilo-calcaires, ce 2013, assemblage de grenache (40 %), de carignan (40 %) et de syrah livre des senteurs de petits fruits rouges et noirs confits, agrémentées de notes grillées. Héritage de ses douze mois de fût, le boisé s'invite aussi en bouche et vient renforcer une trame tannique ferme, gage d'un bon veillissement. ✗ 2016-2020 🍴 terrine de sanglier

☛ *SCEA Seubert, Ch. Wiala, 3, rue de la Glacière, 11350 Tuchan, tél. 04 68 45 49 49, vins@chateau-wiala.com* 🆅 🅰 🅷 *t.l.j. 16h-20h*

LANGUEDOC

Superficie : 9 522 ha / Production : 398 780 hl (85 % rouge et rosé)

En 2007, l'appellation coteaux-du-languedoc s'est élargie et a pris le nom de languedoc. L'ancienne AOC était formée de terroirs disséminés en Languedoc, dans la zone des coteaux et des garrigues, entre Narbonne et Nîmes, au pied de la Montagne noire et des Cévennes à la mer Méditerranée – d'anciennes aires VDQS promues en AOC en 1985. Elle a fait place à partir du millésime 2006 à une vaste appellation régionale incluant toutes les aires d'appellation du Languedoc et du Roussillon, jusqu'à la frontière espagnole – à l'exception de Malepère : près de cinq cents communes (122 dans les Pyrénées-Orientales, 195 dans l'Aude, 160 dans l'Hérault et 19 dans le Gard). Les AOC existantes (corbières, faugères, côtes-du-roussillon, etc.) subsistent. Quant au nom « coteaux-du-languedoc », il a pu figurer sur les étiquettes jusqu'en 2012 pour les vins provenant de l'aire historique de l'appellation.

Six cépages dominent la production des vins rouges (majoritaires) et des rosés : carignan et cinsault (limités à 40 %) complétés par les grenache noir, lladoner, mourvèdre et syrah ; en blanc, grenache blanc, clairette, bourboulenc, marsanne, roussanne et vermentino sont les principaux cépages, le piquepoul étant également utilisé. Ce dernier, qui donne un vin vif, est la variété exclusive du picpoul-de-pinet, produit autour du bassin de Thau, promu au rang d'AOC avec le millésime 2013. Six autres dénominations géographiques correspondent à un terroir particulier et affichent des conditions de production plus restrictives que dans le reste de la région : La Clape, où l'on produit les trois couleurs, le Pic Saint-Loup pour les rouges et les rosés, les Grés de Montpellier, Pézenas et les Terrasses du Larzac pour les rouges, ainsi que Sommières depuis 2009. En outre, certaines dénominations

liées à une renommée ancienne peuvent figurer sur l'étiquette des rouges et des rosés : Cabrières, célèbre pour ses rosés, Montpeyroux, Saint-Saturnin, Saint-Georges-d'Orques, La Méjanelle, Quatourze, Saint-Drézéry, Saint-Christol et Vérargues.

⑬ ABBAYE DE VALMAGNE			
Grés de Montpellier Cuvée de Turenne 2012 ★★			
◼	10 600	ⓘ ◫	11 à 15 €

Histoire et vignoble se conjuguent à l'abbaye de Valmagne depuis plus de huit siècles. L'église abbatiale aux proportions de cathédrale et son cloître aux baies cintrées abritent des foudres gigantesques. Le comte Henri de Turenne, ancêtre du propriétaire actuel, avait acquis l'abbaye en 1838. Le domaine s'étend sur 58 ha.

Aux classiques syrah, grenache et mourvèdre est associée ici une touche de morrastel, la signature du domaine pour cette belle cuvée couleur grenat. Le nez intense et fin marie les épices, le cade et l'eucalyptus avec une nuance de fraise. La bouche, soyeuse dès l'attaque, offre elle aussi une palette aromatique complexe et raffinée : poivre noir, café et chocolat côtoient des notes plus fraîches de framboise, de menthol et de violette. Les tanins sont souples et élégants, la finale est gourmande et longue. En deux mots : équilibre et plénitude. ✗ 2019-2022 🍴 lapin en gibelotte

☛ *Philippe d'Allaines, Abbaye de Valmagne, 34560 Villeveyrac, tél. 04 67 78 06 09, info@ valmagne.com* 🆅 🅰 🅷 *t.l.j. 14h-18h du 1/10-14/06 ; 10h-12h du 15/06-31/09*

ABBOTTS & DELAUNAY Réserve 2014 ★			
◼	6 600	ⓘ	11 à 15 €

Laurent Delaunay est issu d'une famille bourguignonne ancienne. Fondateur de la maison de négoce Badet Clément & Cie, il a acheté en 2005 la maison Abbotts, créée en 1996 à Marseillette, près de Carcassonne, par une jeune œnologue australienne, Nerida Abbott.

Pas moins de cinq cépages, avec une courte majorité de bourboulenc, pour ce vin lumineux, couleur jaune paille. Intense et élégant, le bouquet mêle les agrumes, la pêche et la fleur d'acacia. Le palais se révèle rond, gras, concentré et expressif (poire, pêche jaune), équilibré par une finale tout en finesse par une ligne fraîche aux accents de citrus. ✗ 2015-2019 🍴 salade de pétoncles et pamplemousse

☛ *Abbotts & Delaunay, 32, av. du Languedoc, 11800 Marseillette, tél. 09 77 86 46 75, contact@abbottsetdelaunay.com* 🆅 🅰 🅷 *r.-v.*

⑬ ALLEGRIA Cousu main 2012 ★			
◼	2 000	◫	20 à 30 €

Créé en 2008, Allégria est le fruit d'une amitié franco-argentine entre Ghislain et Delphine d'Aboville et Roberto de la Morta (œnologue). La nouvelle cave est implantée au pied du volcan des Baumes et entourée d'un vignoble de 8,5 ha conduit en agriculture biologique depuis 2008.

Ce vin, élaboré avec beaucoup de délicatesse et élevé quinze mois sous bois, déploie une belle puissance que l'on devine à sa robe très sombre. De fines notes minérales côtoient des arômes intenses de cacao, de café et de fruits rouges. Les tanins, serrés et fins à la fois, constituent un bon support pour une bouche longue et suave. ✗ 2016-2019 ✶ tajine aux pruneaux

☛ *Allegria, lieu-dit Fontarèche, 34720 Caux, tél. 06 25 93 08 08, allegria@vinotinto.fr* 🅥 🏃 🏠 *r.-v.*

Ⓑ DOM. D'ANGLAS
Terrasses du Larzac Le Chemin des moutons 2013 ★

■	3 500	⬤⫯	15 à 20 €

Situé au pied des Cévennes, ce domaine, conduit en agriculture biologique et associé à un camping de charme, se transmet dans la même famille depuis quatre générations.

Cette cuvée propose un beau bouquet très « nature » de notes balsamiques, de camphre, de muscade, de cade et de clou de girofle. Les deux ans d'élevage en fût ont arrondi les tanins, encore bien présents toutefois, qui soutiennent une bouche longue et bien équilibrée, alliant rondeur et fraîcheur. ✗ 2016-2020 ✶ petit salé aux lentilles

☛ *Roger Gaussorgues, Dom. d'Anglas, 34190 Brissac, tél. 04 67 73 70 18, contact@domaine-anglas.com* 🅥 🏃 🏠 *t.l.j. sf dim. 9h-12h 14h-18h* 🏠 🅔

Ⓑ CH. D'ANGLÈS La Clape Classique 2012 ★★

■	90 000	🍾	8 à 11 €

Éric Fabre, après une longue carrière de directeur technique au château Lafite-Rothschild dans le Médoc, s'est installé à La Clape. Un terroir déjà couvert de vignes du temps de Jules César, qu'il s'attache à valoriser depuis 2002. Le vignoble couvre 42 ha.

Un vin déjà abouti, d'une belle intensité, qui déploie une large palette aromatique : truffe, fruits noirs, chocolat chaud, poivre blanc... Une attaque ronde ouvre sur une bouche ample, tendre et dense, dotée d'un très bel équilibre. ✗ 2015-2018 ✶ charcuterie fine ■ La Clape Grand Vin 2012 ★ (15 à 20 € ; 20 000 b.) Ⓑ : un nez fin et élégant, fruité et épicé : une bouche ample et soyeuse, encore sous l'emprise de l'élevage, renforcée par des tanins vigoureux. ✗ 2017-2021

☛ *Éric Fabre, Ch. d'Anglès, 11560 Saint-Pierre-la-Mer, tél. 04 68 33 61 33, info@chateaudangles.com* 🅥 🏠 *t.l.j. sf dim. 9h-19h* 🏠 🅔

DOM. DE L'ARGENTEILLE
Terrasses du Larzac Garric 2013 ★

■	5 400	🍾⫯	11 à 15 €

C'est un retour aux sources pour Roger Jeanjean, ancien directeur de cave coopérative, qui vinifie depuis 2011 un vignoble familial en « biens de village » situé au pied du rocher des Vierges.

Un fruité de cassis et de compotée de myrtilles, une pointe minérale, un soupçon de tapenade, des notes toastées : une belle complexité aromatique distingue cette cuvée qui doit son nom au chêne kermès (« garric » en ancien français), arbre méditerranéen poussant sur des sols cailouteux et arides. Aucune sécheresse toutefois dans ce vin, certes encore jeune, serré et marqué par l'élevage, étiré dans une belle finale aux senteurs de thym. La garde lui apportera l'harmonie. ✗ 2017-2022 ✶ lièvre rôti aux herbes

☛ *Dom. de l'Argenteille, 11, allée des Peupliers, 34230 Plaissan, tél. 06 62 31 34 34, roger@millesimesud.fr* 🅥 🏠 *r.-v.* ☛ *Roger Jeanjean*

CH. BAS D'AUMELAS 2013 ★

■	10 000	🍾	8 à 11 €

Cette ferme du XIIᵉs. devint château au XVIᵉs. quand le seigneur Bonnet la préféra à son domaine ravagé par les guerres de Religion. Propriété depuis trois siècles de la famille d'Albenas, ce domaine (18 ha) est exploité depuis 2001 par Geoffroy et Jean-Philippe. La certification bio est en cours.

Le terroir d'Aumelas est propice aux vins blancs, ce que confirme à nouveau cette cuvée du domaine, en vue l'an dernier dans sa version 2012. D'un beau jaune doré, elle séduit par ses senteurs de fleurs blanches, d'épices et de fumé. En bouche, équilibrée et ronde, s'agrémente de notes de poire, de grillé et d'une pointe de menthol. En finale, une touche d'amande amère renforce sa complexité et sa longueur. ✗ 2016-2019 ✶ noix de Saint-Jacques à la crème

☛ *Geoffroy et Jean-Philippe d'Albenas, Ch. Bas d'Aumelas, 34230 Aumelas, tél. 04 30 40 60 29, contact@chateaubasaumelas.fr* 🅥 🏃 🏠 *t.l.j. sf dim. lun. 9h-12h30 14h-19h*

Ⓑ BERGERIE DES SCHISTES Cabrières 2014 ★★

■	17 000	🍾	5 à 8 €

Coopérative fondée en 1937, forte des 330 ha de ses adhérents. Si la cave mise sur les rosés, réputés à Cabrières, elle dispose également sur les fameux schistes gris de 20 ha de clairette blanche, l'un des très anciens cépages du Languedoc.

Le fameux rosé de Cabrières né de l'incontournable cinsault, épaulé par le grenache et une pointe de syrah. Cette cuvée est le produit du vignoble d'un jeune vigneron qui cultive ses vignes en agriculture biologique. On reconnaît ici la « patte » du terroir : une robe rose tendre, un nez subtil de fleurs blanches et de fruits du verger, et une bouche tout en finesse. Un vin tout en finesse. ✗ 2015-2016 ✶ tourte aux poireaux de vigne

☛ *Caves de l'Estabel, 20, rte de Fontès, 34800 Cabrières, tél. 04 67 88 91 60, sca.cabrieres@wanadoo.fr* 🅥 🏃 🏠 *t.l.j. 9h-12h 14h-18h*

BERGERIE DU CAPUCIN
Pic Saint-Loup Dame Jeanne 2013 ★★

■	31 000	🍾	11 à 15 €

Guilhem Viau, après dix ans passés en cave coopérative, s'est lancé en 2008 et a baptisé son domaine du nom du lieu-dit où se situaient les pâturages et la bergerie de son aïeule Jeanne. Il conduit aujourd'hui un vignoble de 15 ha.

Ce vin entre en scène dans une robe très sombre, presque noire. Il déploie un nez intense dominé par les fruits noirs et le poivre. La bouche se révèle droite et bien construite ; la jeunesse des tanins est contrebalancée par une belle onctuosité, et la fraîcheur s'invite en finale. De belles émotions avec ce vin qui mérite d'être carafé pour s'ouvrir plus encore. ✗ 2016-2019 ✶ canard aux deux poivres ■ Pic Saint-Loup Larmanela 2012 ★ (20 à 30 € ; 5 000 b.) : une cuvée de très belle facture. Patientez juste un peu, le temps que le poivre et la réglisse, déjà perceptibles, l'emportent sur les notes d'élevage. ✗ 2016-2019

☛ *Bergerie du Capucin, L'Auberge les Cabanelles, 34270 Valflaunès, tél. 04 67 59 01 00, contact@bergerieducapucin.fr* 🅥 🏠 *t.l.j. sf dim. lun. 10h30-12h30 15h-19h* ☛ *Guilhem Viau*

BOIS D'ELEINS 2014

| ■ | 3 500 | ⊞ | 5 à 8 € |

Aux confins gardois de l'appellation, cette cave tient son nom d'un lieu-dit boisé au pied duquel est élaborée une part de sa production en AOC languedoc, issue des meilleures parcelles.

Ce 2014 d'un beau rose bonbon dévoile des notes fruitées intenses, de fraise écrasée notamment. Équilibré, le palais combine rondeur et fine acidité. Simple et de bon aloi. ✗ 2015-2016 ♈ plateau de charcuterie

☞ *SCEA Les Vignerons d'Eleins, 30350 Moulezan, tél. 04 66 77 81 87, lescoteauxdelacourme@wanadoo.fr* Ⓥ ♒ ♙ *t.l.j. sf dim. 9h-12h 14h-17h30*

DOM. BORT Saint-Christol n° 1 2013 ★★

| ■ | 13 000 | ⬍ | 11 à 15 € |

Créé en 2009, ce jeune domaine, « qui écrit sa propre histoire » sur près de 60 ha, est en agriculture biologique depuis 2014. Ses atouts ? Un chai à la pointe de la modernité, un cheval de trait dans les vignes, des collines de galets et la volonté de ses propriétaires d'innover dans le respect du terroir.

La chaleur des galets de Saint-Christol, beaucoup de syrah et un appoint de grenache sont à l'origine de cette cuvée d'un beau rouge intense. Le nez, immédiatement expressif, mêle le cassis, la groseille et la réglisse agrémentés d'une note balsamique. La bouche séduit par son ampleur, par ses tanins encore jeunes mais élégants, par sa matière souple et concentrée, par sa palette très méditerranéenne de fruits noirs, de réglisse, d'olive noire et de garrigue. ✗ 2018-2022 ♈ civet de lièvre aux olives

☞ *SCEA Dom. Bort, 154, av. Les Platanes, 34400 Saint-Christol, tél. 04 67 86 06 03, sceadomainebort@orange.fr* Ⓥ ♒ ♙ *t.l.j. sf dim. 9h-19h*

DOM. CAMMAOUS Audace 2013 ★

| ■ | 7 000 | ⬍ | 8 à 11 € |

Olivier Panchau a choisi le nom d'un lieu-dit de Vacquières pour son domaine. Vigneron depuis 1998, il crée sa cave et élabore ses premiers vins en 2013.

Discret de prime abord, ce vin dévoile peu à peu des notes balsamiques, de réglisse, de garrigue et un discret fruité. L'attaque est franche, le milieu de bouche charnu, chaleureux et riche, étayé par des tanins déjà bien affinés. La finale, légèrement cacaotée, est soulignée par une belle fraîcheur. Prometteur. ✗ 2017-2021 ♈ estouffade de bœuf

☞ *Dom. Cammaous, 14, chem. Cammaous, 34270 Vacquières, tél. 06 76 08 97 84, opanchau@domainecammaous.com* Ⓥ ♒ ♙ *r.-v.*
☞ *Olivier Panchau*

Ⓑ CAMP AUCELS Milan noir 2013 ★

| ▨ | 6 000 | | 5 à 8 € |

Un nouvel élan depuis 2009 pour ce domaine dédié aux oiseaux : *campaucels* signifie « le champ des oiseaux ». Situé en zone Natura 2000, il est conduit en agriculture biologique certifiée par Cathy Do, œnologue.

Très expressive, cette cuvée développe à l'olfaction un registre épicé de clou de girofle et de muscade, agrémenté de notes de fraise écrasée. Finesse et élégance caractérisent la bouche, adossée à des tanins bien présents mais

affinés et à une belle fraîcheur qui lui donne de l'allonge. ✗ 2016-2020 ♈ grillade de bœuf

☞ *EARL Dom. de Campaucels, 34530 Montagnac, tél. 04 67 24 19 16, domainecampaucels@orange.fr* Ⓥ ♒ ♙ *r.-v.* Ⓔ ☞ Cathy Do

DOM. CANTE VIGNE Audace 2013 ★★

| ■ | 3 200 | ⬍ | 11 à 15 € |

Mylène et Dominique Capelle ont petit à petit construit leur vignoble de quelque 12 ha sur les coteaux en terrasses à galets de Saint-Christol, face à la mer. Premier millésime en 2013.

Belle entrée dans le Guide avec ce vin d'une réelle intensité : par sa robe, pourpre aux reflets violines de jeunesse, comme par son bouquet exubérant et complexe de fruits rouges, de violette, d'épices et de sous-bois. Tout aussi expressive, sur les fruits très mûrs, les fleurs et le poivre, la bouche se révèle suave, puissante et tannique, teintée d'une élégante minéralité qui lui confère un côté aérien en finale. Un ensemble racé, alliance de force maîtrisée, de douceur et de fraîcheur. ✗ 2018-2021 ♈ gardiane de taureau

☞ *Dominique Capelle, 227, chem. des Cigales, 34400 Saint-Christol, tél. 06 25 37 02 17, domilene@sfr.fr* Ⓥ ♒ ♙ *r.-v.*

CH. CAPITELLE DES SALLES
Terrasses du Larzac Hommage 2012

| ■ | 2 250 | ⬍ ⊞ | 11 à 15 € |

La capitelle est une petite bâtisse de pierre sèche édifiée par les anciens grâce au subtil épierrement des parcelles. L'ambition d'Estelle et de Frédéric Salles, outre l'élaboration de vins authentiques, est d'entretenir les paysages, les vignes en terrasses (4 ha), les murets, les capitelles et les mazets.

Si le premier nez est sur la réserve, l'aération libère des notes de romarin, de café et de petites baies noires. La bouche surprend par son extrême sucrosité, tempérée par une pointe de fraîcheur. Les tanins sont encore fermes, bien enrobés par l'alcool. Un vin solaire. ✗ 2017-2021 ♈ daube de joue de bœuf

☞ *Estelle Salles, 6, rte de Rabieux, 34700 Saint-Jean-de-la-Blaquière, tél. 06 86 98 33 48, estelle@capitelle-des-salles.com* Ⓥ ♒ ♙ *r.-v.* ♙ Ⓒ

♥ Ⓑ CH. DE CAZENEUVE 2013 ★★★

| ▨ | 20 000 | ⬍ ⊞ | 15 à 20 € |

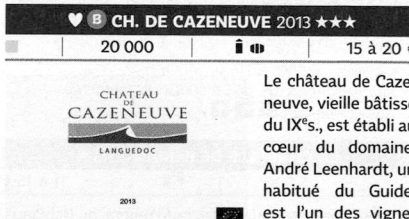
CHÂTEAU DE CAZENEUVE
LANGUEDOC
2013
Languedoc-Appellation Languedoc Contrôlée

Le château de Cazeneuve, vieille bâtisse du IXᵉs., est établi au cœur du domaine. André Leenhardt, un habitué du Guide, est l'un des vignerons emblématiques du Pic Saint-Loup, à la tête d'un beau vignoble de 40 ha planté sur argilo-calcaires.

La complicité de quatre cépages blancs, un élevage très minutieux et dans le verre, la quintessence du terroir. Les jurés ont succombé au charme, à la puissance et à l'élégance de cette cuvée « sculptée comme une œuvre d'art ». Dans sa belle robe dorée, elle montre plusieurs facettes : abricot mûr à point, épices douces, fleurs blanches, noisette ; de délicates notes boisées apportent une complexité supplémentaire. En bouche, l'ampleur le dispute à la fraîcheur, et laisse le souvenir d'un vin dans sa plénitude. ✗ 2015-2020 ♈ poularde à la crème ■ Pic Saint-Loup Cynarah 2013 ★ (8 à 11 € ; n.c. b.) Ⓑ : cette cuvée déjà soyeuse et harmonieuse en bouche ne trahit pas la typicité du Pic Saint-Loup avec ses arômes de fruits noirs, de tabac et de réglisse. ✗ 2015-2018

⌐ *Quentin et André Leenhardt, Dom. de Cazeneuve, 34270 Lauret, tél. 04 67 59 07 49, andre.leenhardt@ wanadoo.fr* Ⓥ 🏃 ⚐ *r.-v.*

Ⓑ ALAIN CHABANON Campredon 2013 ★		
■	19 500	🍶	11 à 15 €

Alain Chabanon a acquis des vignes en 1992 à Montpeyroux et dans les villages environnants. Il a construit sa cave au milieu de son vignoble (16 ha) travaillé en culture biologique et biodynamie.

Campredon, le nom de la mère du vigneron, signifie le « champ rond » en langue d'oc, ce qui convient très bien à ce vin. En effet, le soyeux et la rondeur caractérisent le palais, animé en finale par une touche de nervosité qui vient parfaire l'équilibre. Un charme renforcé par des arômes de framboise et de poivre agrémentés de senteurs de garrigue bien typiques de ce terroir. ✗ 2015-2018 ♈ boudin aux deux pommes

⌐ *Dom. Alain Chabanon, chem. de Saint-Étienne, 34150 Lagamas, tél. 04 67 57 84 64, alainchabanon@ gmail.com* Ⓥ ⚐ *mer. sam. 9h30-12h30; jeu. 17h30-19h30*

LE CHAI D'ÉMILIEN Edmond le Démon 2014 ★		
■	2 700	🍶	8 à 11 €

Émilien Fournel, jeune vigneron installé en 2012, perpétue avec son épouse Ophélie la tradition vigneronne des quatre générations précédentes.

Hommage au grand-père, ce 2014 tout en délicatesse, couleur pétale de rose, marie les agrumes, la poire, la fraise et une note anisée dans un bouquet intense et distingué. Il affiche une belle présence en bouche, où la rondeur est bien balancée par une fine arête acide qui apporte tonus et longueur. ✗ 2015-2017 ♈ magret de canard aux airelles ■ Grés de Montpellier Épopée 2013 ★ (11 à 15 € ; 2 500 b.) : syrah, grenache et mourvèdre pour ce vin expressif, fruité, floral (violette), épicé et boisé (moka), aux tanins souples et soyeux patinés deux mois de fût, et stimulé par une finale fraîche. ✗ 2015-2018

⌐ *Émilien Fournel, 6, rte de Montpellier, 34160 Sussargues, tél. 06 99 50 45 38, contact@ lechaidemilien.com* Ⓥ 🏃 ⚐ *r.-v.*

LA CHAPELLE DE BÉBIAN 2013 ★		
▨	5 000	🍶	11 à 15 €

Un domaine historique et de grand renom, où Bebianus, un vétéran romain, cultivait déjà la vigne au Iᵉʳ s. ; une tradition perpétuée et développée à partir du XIIᵉ s. par les moines cisterciens, qui construisirent la chapelle. Aujourd'hui, un domaine viticole de 30 ha, régulier en qualité, acquis en 2009 par Dimitry Pumpyanski, qui a maintenu l'œnologue Karen Turner aux commandes du chai. Sur un cadran solaire, la devise de la propriété : *nihil sine sole*, « rien sans le soleil »…

Ce blanc doré aux arômes d'aubépine et d'agrumes évolue à l'aération vers la pêche jaune, la mangue et les fruits

secs. La bouche est équilibrée, alliant rondeur et vivacité, avec toujours en fond les agrumes, les fleurs blanches et une agréable pointe d'amertume qui relève la finale. Un vin complexe promis à un bel avenir. ✗ 2016-2019 ♈ saint-jacques gratinées

⌐ *Prieuré Saint-Jean-de-Bébian, rte de Nizas, 34120 Pézenas, tél. 04 67 98 13 60, info@bebian.com* Ⓥ 🏃 ⚐ *r.-v.* ⌐ Dimitry Pumpyanski

DOM. PIERRE CHAVIN Serradèl 2013 ★		
■	200 000	🍶	5 à 8 €

Une jeune maison de négoce créée en 2009 par Fabien Gross, présente sur différents vignobles français, qui vise des « créations haute couture » et du « prêt-à-consommer ».

En occitan, *serradel* désigne un petit coteau. C'est là, sur les pentes ensoleillées d'un terroir à dominante de basalte, que ce languedoc a puisé ses subtiles notes minérales et ses senteurs de garrigue, d'épices et de fraise des bois. La bouche appuie son beau volume sur une trame tannique dense et dévoile des notes de fumé qui signent l'élevage en fût. Un vin généreux et harmonieux. ✗ 2016-2020 ♈ cochon de lait à la broche

⌐ *Dom. Pierre Chavin, 2, bd Jean-Bouin, 34500 Béziers, tél. 04 67 90 12 60, fgross@pierre-chavin.com*

| LE CHEMIN DES RÊVES | | |
Pic Saint-Loup La Soie 2012 ★		
■	1 500	🍶 🍶	20 à 30 €

Pour Benoît Viot, autrefois pharmacien et toujours passionné de biologie et de médecine, l'alchimie du vin n'a pas de secret. Après une première vie professionnelle, ce Tourangeau, qui revendique aujourd'hui une « vie de passion », s'est installé en 2004 à la tête d'un domaine de 18 ha créé *ex nihilo*. La certification bio est en cours.

Dans la lignée du millésime 2011 décrit l'an dernier, cette cuvée, élevée en cuve pendant un an et autant en barrique, se distingue par ses arômes racés de réglisse, de cuir et d'épices. Après une attaque franche et équilibrée, on se laisse charmer par l'onctuosité soyeuse du milieu de bouche et par une longue finale vanillée. Une belle complémentarité entre le terroir et l'élevage. Un conseil : carafez ce vin avant de le servir. ✗ 2016-2020 ♈ perdreaux braisés

⌐ *Le Chemin des Rêves, 218, rue de la Syrah, 34980 Saint-Gély-du-Fesc, tél. 04 99 62 74 25, contact@ chemin-des-reves.com* Ⓥ 🏃 ⚐ *t.l.j. sf dim. 16h-19h* ⌐ Benoît Viot

| CH. CLAUD-BELLEVUE | | |
Saint-Georges d'Orques L'Âme 2012 ★		
■	3 000	🍶	15 à 20 €

Propriété de la famille de Boisgelin depuis 1782, ce domaine situé à l'ouest de Montpellier s'étend sur 50 ha, dont 10 sur le terroir historique de Saint-Georges d'Orques. Ses actuels dirigeants, Hubert, Jacques et Pierre ont obtenu la certification bio en 2013.

Il y a un peu de vieux carignan (20 %) aux côtés du grenache (40 %) et de la syrah dans cette belle cuvée au nez intense de cassis et de framboise, d'épices et de garrigue. La bouche, souple et franche en attaque, offre des notes de petits fruits rouges et noirs, s'adosse à une structure agréable et élégante, et déploie une belle fraîcheur en finale. ✗ 2016-2019 ▼ magret de canard sauce cassis

� SCEA de Boisgelin, Dom. le Claud, 12, av. Georges-Clemenceau, 34430 Saint-Jean-de-Védas, tél. 04 67 27 63 37, pierre.deboisgelin@free.fr
Ⓥ 🅰 🛈 t.l.j. sf dim. 10h-12h30 16h-19h 🏠 ❷

CLAUSADE MONTLONG Élevé en fût de chêne 2014 ★		
■ 3 000	⬚	5 à 8 €

Deux terres ? Simplement parce que les vignes de la coopérative de Saint-Félix-de-Lodez se partagent entre le blanc des calcaires à l'est et le rouge des grès qui entourent à l'ouest le lac du Salagou. Au cœur des Terrasses du Larzac, cette mosaïque de terroirs offre de belles possibilités dans les trois couleurs de l'appellation.

Jaune pâle et brillant aux reflets verts et argentés, ce 2014 respire les fleurs blanches printanières mêlées de notes de beurre et de pain grillé. L'assemblage du grenache blanc et du rolle compose un palais souple, frais et équilibré, bien ouvert sur la pêche blanche et de fines notes boisées, puis sur les agrumes en finale. ✗ 2016-2019 ▼ pélardon

� Vignoble des 2 Terres, 21 bis, av. Marcellin-Albert, 34725 Saint-Félix-de-Lodez, tél. 04 67 96 60 61, info@vignerons-saintfelix.com Ⓥ 🛈 t.l.j. sf dim. 9h-12h 14h-18h

Ⓑ DOM. CLAVEL Pic Saint-Loup Bonne Pioche 2013 ★		
■ 25 000	🍾 ⬚	11 à 15 €

Estelle, Pierre et leurs fils Antoine et Martin perpétuent l'histoire familiale dans la lignée de Jean Clavel. Leur vignoble de 25 ha (en bio certifié) a la particularité de couvrir trois terroirs : Pic Saint-Loup, Grés de Montpellier et La Méjanelle. Une référence du Languedoc viticole.

Les trois clous sur l'étiquette rappellent que les Clavel étaient fabricants de clous avant de se consacrer entièrement à la vigne. Déjà repéré l'an dernier au côté de la cuvée Les Garrigues (coup de cœur), ce Bonne Pioche revient dans une robe jeune à nuances violines, ouvert sur des senteurs élégantes d'épices (poivre, paprika), de fruits noirs et de réglisse. Le palais, bien mûr, est dominé par le gras et s'équilibre en finale grâce à une pointe de fraîcheur bienvenue. Bonne pioche, en effet... ✗ 2016-2020 ▼ carré d'agneau à l'ail

� Dom. Pierre Clavel, Mas de Périé, rte de Sainte-Croix, 34820 Assas, tél. 04 99 62 06 13, info@vins-clavel.fr
Ⓥ 🅰 🛈 t.l.j. sf dim. 14h-19h

CLOS DE L'AMANDAIE 2013 ★		
■ 10 000	🍾	8 à 11 €

À Aumelas, hameaux et vignobles parsèment la garrigue. Autour d'un château du XIIᵉs., parmi les chênes verts, de petites parcelles cachées dans les combes et une cave en pierre du Gard composent le domaine de Philippe Peytavy (17 ha).

De la subtilité et un équilibre sans faille pour cet assemblage de grenache blanc et de roussanne. Très brillant dans sa robe or pâle, ce blanc se distingue d'emblée par la délicatesse de son bouquet : anis, pâte de coings et pain brioché. La bouche, bien construite, associe

sans fausse note rondeur et fraîcheur. ✗ 2015-2017 ▼ gambas grillées

� Philippe Peytavy, rte de Montpellier, 34230 Aumelas, tél. 06 86 68 08 62, closdelamandaie@free.fr
Ⓥ 🅰 🛈 r.-v.

Ⓑ CLOS DES AUGUSTINS Pic Saint-Loup Les Bambins Rosado Glaçado 2014 ★		
■ 20 000	🍾	5 à 8 €

Les cuvées du domaine évoquent chacune un membre de la famille : Sourire d'Odile, Secret de Monique, les deux Roger... Frédéric Mézy est à la manœuvre et travaille selon les préceptes de l'agriculture biodynamique et le calendrier lunaire.

Grenache, cinsault et syrah s'épaulent à merveille dans ce rosé pâle et discrètement saumoné. Les arômes de fruits rouges et d'agrumes explosent au nez. Une belle nervosité soutient la bouche, compensée par un gras qui le rend gourmand à souhait. ✗ 2015-2016 ▼ salades d'été

� Clos des Augustins, 111, chem. de la Vieille, 34270 Saint-Mathieu-de-Tréviers, tél. 04 67 54 73 45, closdesaugustins@wanadoo.fr Ⓥ 🅰 🛈 t.l.j. 10h-12h30 14h-18h30

CLOS DES NINES Obladie 2013 ★★		
■ 5 000	🍾 ⬚	15 à 20 €

En 2002, Isabelle Mangeart décide de changer de métier et crée de toutes pièces le Clos des Nines, dont le nom est un clin d'œil à ses trois filles (nines, en occitan). Le vignoble de 10 ha se niche au cœur de la garrigue et des oliviers, entre Sète et Montpellier.

Grenache blanc, roussanne, vermentino et viognier, quatre cépages dans le vent pour cette cuvée clin d'œil aux Beatles, coup de cœur l'an dernier dans sa version 2012. Le nez, intense et complexe, offre des senteurs d'aubépine, de lys, d'abricot sec, de vanille et de beurre. Complexité qui caractérise aussi la bouche, élégante, riche et longue : fruits jaunes très mûrs, fruits secs, touches d'agrumes, le tout souligné par un fin boisé ✗ 2016-2020 ▼ chapon des Cévennes à la crème

� Clos des Nines, rte de Cournonsec, 34690 Fabrègues, tél. 04 67 68 95 36, clos.des.nines@free.fr Ⓥ 🅰 🛈 r.-v.
� I. Mangeart

LE CLOS DU LUCQUIER Terrasses du Larzac Philippe 2013 ★★		
■ 10 000	⬚	11 à 15 €

C'est au cœur du prestigieux glacis de cailloutis calcaires de Jonquières que la famille Panis cultive la vigne depuis cinq générations et qu'elle a repris la vinification à son compte en 2000 et construisant un nouveau chai.

Le nez, d'abord discret, s'ouvre à l'agitation sur les senteurs de la garrigue. Les épices douces et les fruits rouges s'invitent dans une bouche élégante et fine, étayée par des tanins au très joli grain, affinés par douze mois d'élevage en fût. ✗ 2016-2020 ▼ civet de lièvre ■ Terrasses du Larzac Les Louloups 2013 ★ (15 à 20 € ; 3 500 b.) : un nez, charmeur, de fruits rouges frais et de fruits plus compotés ; un palais frais, structuré par des tanins fermes et un élevage bien fondu. ✗ 2016-2020

� Le Clos du Lucquier, 10, rue de la Font-du-Loup, 34725 Jonquières, tél. 04 67 44 63 11, leclosdulucquier@free.fr Ⓥ 🅰 🛈 r.-v. � Panis

LE CLOS DU PIOCH
Montpeyroux 2013 ★★

■	28 000	📷	5 à 8 €

Issu d'une famille vigneronne, Bruno Salze a créé son domaine en 2002, sur une vingtaine d'hectares en « biens de village », et installé sa cave et son caveau de vente dans une maison ancienne du quartier nord de Montpeyroux nommé La Meillade.

Le nez offre un fruité soutenu et très frais, auquel les épices douces et la réglisse viennent ajouter de la complexité. La bouche est dominée par ce même fruité friand (grenade et fruits confits) et s'adosse à des tanins veloutés qui renforcent son caractère gourmand. L'ensemble compose un vin soyeux, sans aspérité, à savourer dans sa jeunesse. ✗ 2015-2018 ♈ grillades de veau ■ Mas de la Meillade Les Terrasses 2013 ★ (5 à 8 € ; 3 500 b.) : une cuvée solaire, ouverte sur la griotte à l'alcool et le sous-bois, ronde, chaleureuse aux tanins enrobés. ✗ 2015-2018

☛ Bruno Salze, 51, rue La Meillade, 34150 Montpeyroux, tél. 04 67 44 54 02, masdelameillade@orange.fr
🆅 🔧 t.l.j. 10h-12h30 14h-19h 🏠 🅱

🅱 DOM. LE CLOS DU SERRES
Le Clos 2013 ★★

■	20 000	📷	8 à 11 €

Entre le soleil de l'Hérault et l'air frais de l'Aveyron, sur une mosaïque de schistes, galets et grès rouges, Sébastien Fillon a repris en 2006 ce domaine de 15 ha. Cet ingénieur chimiste de formation conduit aujourd'hui son vignoble en agriculture biologique.

Quatre cépages – cinsault, grenache, syrah et la rare œillade assemblés à parts égales – composent ce vin des hauteurs, couleur grenat sombre. Après un peu d'aération, le bouquet se révèle intense et complexe, sur les fruits noirs, le laurier, le cade et le havane. Souple en attaque, portée par des tanins soyeux et fondus, la bouche se montre concentrée, onctueuse, charnue, sans manquer de finesse ni de fraîcheur, et déploie une longue finale sur les épices et le cacao. Un vin de garde à la fois élégant et puissant, à carafer dans ses jeunes années. ✗ 2018-2025 ♈ agneau rôti

☛ Le Clos du Serres, rte du Viala, 34700 Saint-Jean-de-la-Blaquière, tél. 06 88 35 90 07, contact@leclosduserres.fr 🆅 🔧 r. v.
☛ Sébastien Fillon

🅱 LE CLOS RIVIERAL
Terrasses du Larzac Le Roc des cistes 2012 ★★

■	3 000	📷	11 à 15 €

Ce petit domaine familial (5 ha) conduit en agriculture biologique se situe autour du village du Bosc, dans les premiers contreforts du Larzac, sur un terroir de schistes et de grès. À sa tête, Olivier Bellet, jeune œnologue.

Une robe encore jeune habille ce 2012 qui traduit bien ses origines : schistes et grès lui apportent cette qualité de tanins unique, qu'Olivier Bellet a pris le temps de ciseler en fût et qui lui donne une charpente à la fois puissante et fine. Le laurier et le ciste de la garrigue environnante marquent le registre aromatique, qui se diversifie avec des notes de cerise noire, de poivre et de cacao agrémentés d'une touche balsamique. L'ensemble est racé, très

harmonieux, long et vivifié par une pointe de fraîcheur. ✗ 2017-2025 ♈ gigot d'agneau au romarin

☛ Olivier Bellet, 6, rue du Rivieral, Loiras, 34700 Le Bosc, tél. 06 72 22 38 68, belletol@wanadoo.fr
🆅 🔧 r.-v. 🏠 🅱

CH. LA CLOTTE-FONTANE
Mouton la Clotte 2012 ★

■	8 000	💠	11 à 15 €

Deux pharmaciens de formation, Maryline et Philippe Pagès, ont acquis en 2002 ce domaine situé aux portes de Sommières. Le château s'inscrit dans une boucle du Vidourle, fleuve venu des Cévennes et se jetant dans la Méditerranée.

Une robe sombre aux reflets cerise habille ce vin au nez riche et intense, d'abord réglissé et mentholé, évoluant sur les épices douces à l'aération. La bouche révèle une trame fine et équilibrée de tanins fondus, enveloppés d'arômes persistants de cerise compotée, de cannelle et de garrigue. ✗ 2015-2019 ♈ brochette de volaille au miel

☛ Maryline Pagès, Dom. de la Clotte, rte de Lecques, 30250 Salinelles, tél. 04 66 80 87 17, chateaulaclottefontane@gmail.com 🆅 🔧 🔧 r.-v.

DOM. DE LA COSTE-MOYNIER
Saint-Christol Cuvée sélectionnée 2013 ★★

■	20 000	📷	8 à 11 €

L'ordre des chevaliers de Saint-Jean-de-Jérusalem (ou ordre de Malte) cultivait déjà la vigne sur ce terroir de galets roulés de Saint-Christol. Luc et Élisabeth Moynier perpétuent depuis 1975 la tradition des moines hospitaliers sur un vignoble de plus de 77 ha.

Au fil des ans, ce domaine est devenu l'une des références de l'appellation, ce que ne contredira pas cette cuvée jugée remarquable. Sa robe d'encre aux reflets violines laisse présager sa concentration. Son nez prend le temps de s'ouvrir sur les fruits noirs, le poivre, la réglisse et la violette. Une complexité que ne dément pas la bouche : après une attaque franche, le cassis et la mûre s'accompagnent de réglisse et de notes de garrigue et d'épices, le tout soutenu par des tanins serrés et veloutés. Un vin de matière, promis à un bel avenir. ✗ 2018-2022 ♈ faisan farci aux amandes et au foie ■ Grés de Montpellier 2012 ★ (8 à 11 € ; 13 000 b.) : un nez puissant et méridional à souhait de thym, de réglisse et d'épices ; un palais concentré, qui développe d'intenses arômes torréfiés sans pour autant masquer le fruit. ✗ 2016-2019

☛ Élisabeth et Luc Moynier, Dom. de la Coste-Moynier, 34400 Saint-Christol, tél. 04 67 86 02 10, luc.moynier@wanadoo.fr 🆅 🔧 🔧 t.l.j. sf dim. 9h-12h30 13h30-19h

🅱 COSTES-CIRGUES Bois du roi 2012

■	6 650	📷 💠	11 à 15 €

Conduit en agriculture biologique et biodynamique depuis 2003 par Béatrice Althoff, ce domaine est une mosaïque de 17,5 ha constituée d'une centaine de petites parcelles.

Un vin plein de douceur et de charme avec ses notes intenses de fruits rouges et d'épices. La douceur de la bouche est renforcée par des arômes de pruneau, signe de la bonne maturité des raisins. L'ensemble reste souple et soyeux, sans lourdeur. ✗ 2015-2017 ♈ veau aux morilles

☞ *Béatrice Althoff, 1531, rte d'Aubais, 30250 Sommières,*
tél. 06 77 14 09 69, costescirgues@gmail.com
Ⓥ 🏃 🎁 *t.l.j. sf dim. 9h-12h 14h-19h* 🏠 Ⓔ

LES COTEAUX DU PIC		
Pic Saint-Loup Sélection 2013 ★		
■ 50 000	🍾	8 à 11 €

La cave coopérative de Saint-Mathieu-de-Tréviers, établie au pied du pic Saint-Loup, exploite ses vignes (850 ha) en agriculture raisonnée et la conversion bio est acquise pour une partie du vignoble.

Syrah et grenache s'accordent à merveille dans cette cuvée bien typique du terroir avec sa palette d'arômes où la violette se mêle à la réglisse, le poivre aux fruits noirs. Arômes que l'on retrouve dans une bouche expressive, aux tanins soyeux et à la rondeur enveloppante, stimulée en finesse par une fraîcheur discrète en finale. ✗ 2015-2018 🍴 bœuf aux morilles

☞ *SCA Les Coteaux du Pic,*
140, av. des Coteaux-de-Montferrand,
34270 Saint-Mathieu-de-Tréviers, tél. 04 67 55 81 19,
info@coteaux-du-pic.com Ⓥ 🎁 *t.l.j. sf dim. lun.*
9h30-12h30 14h30-18h

CH. DAURION Le Long du parc 2013 ★		
▢ 3 100	⬗	11 à 15 €

C'est en 2011 qu'Isabelle Cordoba-Collet a pris la suite de son père et de son grand-père sur ce beau domaine de 60 ha situé au nord de Pézenas sur un terroir de terrasses cailouteuses striées de basalte.

Cet assemblage de grenache blanc et de roussanne mûris sur les galets de Caux développe un nez puissant de vanille et de beurre frais. La bouche, tout aussi intense, offre un équilibre très réussi, avec beaucoup de gras et de la fraîcheur, et une belle expression aromatique autour des fruits confits, de l'abricot sec et d'une pointe citronnée. ✗ 2016-2019 🍴 cuisse de poulet sauce morilles

☞ *SCEA Dom. Daurion, 34720 Caux, tél. 06 62 31 89 41,*
info@daurion.fr Ⓥ 🏃 🎁 *r.-v.* ☞ *Cordoba*

Ⓑ DOM. DÉCALAGE		
La Méjanelle Trois amours 2013 ★		
■ 5 000	🍾	11 à 15 €

Domaine familial depuis 1867, ce vignoble tout proche de Montpellier est conduit depuis 2004 par Nathalie Delbez. Elle l'a restructuré, tout en conservant précieusement de vieilles vignes, et a obtenu la certification bio pour ses 16 ha.

Les galets de la Méjanelle, apportés des Alpes par le Rhône, constituent un terroir d'excellence pour le grenache et la syrah, comme le montre ce vin au nez intense et typé de garrigue et de petits fruits noirs. La bouche plaît par la finesse de ses tanins, par ses arômes chaleureux de griotte à l'eau-de-vie et de cacao et par sa finale fraîche et friande. ✗ 2016-2019 🍴 lapin de garenne aux pruneaux

☞ *Nathalie Delbez, Calage, chem. de Calage,*
34130 Saint-Aunes, ndelbez@gmail.com Ⓥ 🏃 🎁 *r.-v.*

DEVOIS DE PERRET 2014 ★		
▢ 6 000	🍾	- de 5 €

Valeur sûre de l'appellation, cette coopérative élabore ses vins en sélectionnant le meilleur parmi les terroirs

de calcaires argileux qui entourent le château d'Assas, une folie montpelliéraine du XIXᵉs.

Le Devois de Perret est une belle colline calcaire au sud du village d'Assas. Grenache, vermentino, roussanne et viognier y ont donné naissance à ce blanc très pâle, au nez de fleurs blanches et de fruits tropicaux. Le palais, ample et tonique, se révèle plus expressif, tourné vers l'ananas, la mangue ou encore le litchi, avant une finale élégante et fraîche aux accents de rose. ✗ 2016-2019 🍴 curry de poisson

☞ *SCA Les Vignerons du Pic, 285, av. de Ste-Croix,*
34820 Assas, tél. 04 67 59 56 52, stephanepic@orange.fr
Ⓥ 🎁 *t.l.j. sf lun. 9h-12h 15h-19h*

Ⓑ DEVOIS DES AGNEAUX D'AUMELAS 2013 ★		
■ 60 000	🍾 ⬗	5 à 8 €

Cette ancienne bergerie du XIᵉs. fondée par les Templiers est entourée de garrigue sur le plateau d'Aumelas, là où paissaient les troupeaux de brebis (devois). Le vignoble (15 ha) implanté sur des sols de cailloutis calcaires est mené en agriculture biologique.

La robe est noire, dense : l'annonce d'un vin de caractère. Le nez, très marqué par les notes d'élevage (grillé, vanille), dévoile à l'aération quelques senteurs de garrigue, d'olive noire et une touche pétrolée. Tout aussi boisée (torréfaction), puissante, la bouche offre une belle mâche autour de tanins serrés, affinés par douze mois d'élevage en fût. De longue garde, assurément. ✗ 2019-2025 🍴 civet de lièvre ■ Vignobles Jeanjean Grand Devois 2013 ★ (11 à 15 € ; 8 000 b.) Ⓑ : un nez expressif de fruits noirs, d'épices douces et de torréfaction, prélude à un palais souple, suave, ample et bien épaulé par une fine fraîcheur. ✗ 2016-2020

☞ *SCEA Ch. Valloussière, Mas de Valoussière,*
34230 Cabrials, tél. 04 67 88 80 00, elise.bellot@
vignobles-jeanjean.com Ⓥ 🎁 *t.l.j. sf dim. 9h30-12h*
14h 19h ☞ *Jeanjean*

CH. ELLUL-FERRIÈRES		
Grés de Montpellier Les Romarins 2012 ★		
■ 13 000	🍾	11 à 15 €

Sylvie et Gilles Ellul ont créé en 1997 ce domaine sur les coteaux entourant Castries. L'orientation au sud offre de belles vues sur la Méditerranée et un climat propice à la maturation de tous les cépages de l'appellation.

Les romarins qui entourent la vigne ont donné leur nom à cette belle cuvée composée aux deux tiers de grenache, avec la syrah en appoint. D'abord discret, le nez libère à l'aération des notes de violette et de cassis. La bouche séduit par son attaque fraîche, par ses arômes bien mariés et persistants de réglisse, de moka, d'épices douces et de griotte, et par ses tanins soyeux qui lui confèrent un caractère enrobé et velouté. ✗ 2016-2019 🍴 gigot d'agneau aux pistaches ■ Grés de Montpellier Grande Cuvée 2012 ★ (15 à 20 € ; 3 000 b.) : un nez exubérant de griotte, de cassis et de sous-bois ; une bouche non moins complexe et intense sur le fruit, le fumé et le tabac, portée par des tanins fins et par une jolie finale réglissée. ✗ 2016-2019

☞ *SCEA Ch. Ellul-Ferrières, RD 610, Fontmagne,*
34160 Castries, tél. 06 15 38 45 01, contact@
domaine-ellul.com Ⓥ 🏃 🎁 *t.l.j. sf dim. 17h-19h*

CH. DE L'ENGARRAN
Saint-Georges d'Orques 2014 ★

| ■ | 40 000 | 🔑 | 8 à 11 € |

Le château de l'Engarran est une « folie » montpelliéraine du XVIIIᵉs., classée à l'Inventaire national des Monuments historiques. Diane Losfelt et Constance Rerolle, sur les traces de leurs parents, y cultivent un vignoble de 55 ha, à Saint-Georges-d'Orques, dans les Grés de Montpellier.

Robe pâle « très tendance », belle expression olfactive sur les agrumes et les fruits rouges, les premières impressions sont engageantes. Si l'attaque est vive et tonique, le milieu de bouche offre plus de rondeur ; l'ensemble, très fruité, laisse une sensation d'harmonie. ✗ 2015-2016 🍴 curry d'agneau

○━ SCEA du Ch. de l'Engarran, Ch. de l'Engarran, 34880 Lavérune, tél. 04 67 47 00 02, lengarran@wanadoo.fr 🅥 🏃 🖐 t.l.j. 10h-13h 15h-19h ○━ Grill

Ⓑ ERMITAGE DU PIC SAINT-LOUP
Pic Saint-Loup Cuvée Sainte-Agnès 2013 ★

| ■ | 20 000 | ⬤ᴅ | 15 à 20 € |

Ce domaine (45 ha) est adossé aux premiers contreforts du Pic Saint-Loup. Il est cultivé en bio et en biodynamie par les frères Ravaille.

Ce vin élevé en foudre pendant un an déploie des arômes racés à l'aération : de la réglisse forte, des fruits rouges et de délicieuses notes de tabac blond. Plus discrète, la bouche se distingue par des tanins soyeux et une fine fraîcheur qui parfait son équilibre. ✗ 2016-2018 🍴 côtelettes d'agneau aux herbes

○━ GAEC Ermitage du Pic Saint-Loup, Cami-Lou-Castellas, 34270 Saint-Mathieu-de-Tréviers, tél. 04 67 54 24 68, ermitagepic@free.fr 🅥 🖐 t.l.j. sf dim. 9h-12h 14h-18h ○━ Ravaille

CH. L'EUZIÈRE Grains de lune 2013 ★★

| ■ | 10 000 | 🔑 | 8 à 11 € |

Marcelle Causse a rejoint en 1991 son frère Michel sur ce domaine de 25 ha, qui fut au XIVᵉs. un relais de chevaux sur la route de Maguelonne, avant de devenir une référence en Pic Saint-Loup. Ils représentent la quatrième génération de vignerons sur cette exploitation, dans la famille depuis 1920.

Ce blanc brillant offre un nez enchanteur où l'aubépine et l'acacia côtoient la mandarine et le citron. L'attaque est fraîche, puis le grenache blanc apporte sa rondeur, le vermentino (30 %) ses notes d'agrumes, et la roussanne (50 %) ses nuances florales et fruitées, agrémentées d'une touche d'épices et d'une pointe minérale. Un vin très équilibré, très aromatique, très fin, très long. ✗ 2015-2019 🍴 dinde de Bresse à la crème

○━ Michel et Marcelle Causse, L'Euzière, 9, ancien chem. d'Anduze, 34270 Fontanès, tél. 04 67 55 21 41, leuziere@chateauleuziere.fr 🅥 🏃 🖐 r.-v.

DOM. DE FAMILONGUE Terrasses du Larzac
L'Âme de Familongue 2013 ★

| ■ | 17 000 | ⬤ᴅ | 8 à 11 € |

La trentaine de volières présentes sur le domaine explique l'emblème du perroquet qui orne les étiquettes. Jean-Luc Quinquarlet revendique une culture sans engrais chimiques ni désherbants. Après la coopérative, il s'est établi en cave particulière en 2002 et conduit aujourd'hui 20 ha de vignes.

La belle expression de cet assemblage des cinq cépages principaux de l'appellation traduit une recherche de maturité des raisins et se décline dans une palette de fruits rouges et noirs confiturés et d'agrumes confits. La réglisse et les épices s'ajoutent à cette gamme complexe dans un palais frais et bien structuré. ✗ 2016-2019 🍴 pintade chemisée de lard fumé ■ Terrasses du Larzac Trois naissances 2013 ★ (15 à 20 € ; 10 000 b.) : un nez subtil de fruits rouges, de mûre, de cachou, de poivre blanc et de menthol ; un palais aux tanins bien enrobés. ✗ 2016-2020

○━ Dom. de Familongue, 3, rue Familongue, 34725 Saint-André-de-Sangonis, tél. 04 67 57 59 71, contact@domainedefamilongue.fr 🅥 🏃 🖐 r.-v.

○━ Jean-Luc et Martine Quinquarlet

CH. FONTANÈS Pic Saint-Loup 2013 ★

| ■ | 15 000 | 🔑 ⬤ᴅ | 20 à 30 € |

Cyriaque Rozier a créé son domaine au début des années 2000, sur un coteau argilo-calcaire, à partir de sélections massales plantées à haute densité (10 000 pieds/ha). Il conduit 10 ha de vignes.

La couleur profonde de ce vin est un bon présage. L'intensité aromatique est au rendez-vous : fruits noirs surmûris, menthol et poivre. Le fruit s'amplifie en bouche et accompagne des tanins bien enrobés. Un vin rond, suave, bien équilibré, stimulé par une délicate pointe de fraîcheur en finale. ✗ 2015-2019 🍴 travers de porc aux épices

○━ Rozier, 10, rue des Chênes, 34160 Montaud, tél. 06 10 17 03 18, eyriaque.rozier@hotmail.fr 🅥 🏃 🖐 r.-v.

DOM. DU GRAND CRÈS
Le Blanc du Grand Crès 2013 ★

| ■ | 7 000 | 🔑 | 8 à 11 € |

En 1989, Hervé Leferrer a quitté la Romanée-Conti, où il était régisseur, après avoir eu le coup de foudre pour ce domaine (17 ha aujourd'hui) niché à 300 m d'altitude au cœur des Corbières, au milieu des bois et de la garrigue.

Trois quarts de roussanne, un quart de viognier et la fraîcheur de l'altitude confèrent à ce vin un nez intense et frais de fleur d'acacia, de pêche de vigne et d'ananas, relevé d'une pointe de menthol. En bouche, il offre du gras et cette même fraîcheur, des notes d'orange confite, un soupçon de réglisse et une touche d'amande amère qui rehausse la finale. ✗ 2016-2019 🍴 daurade grillée au fenouil

○━ Hervé Leferrer, 26, rue Sainte-Élisabech, 11200 Fabrezan, tél. 09 61 48 72 67, grand.cres@wanadoo.fr 🅥 🏃 🖐 r.-v.

DOM. LES GRANDES COSTES
Pic Saint-Loup 2012 ★

| ■ | 15 000 | ⬤ᴅ | 20 à 30 € |

Jean-Christophe Granier a repris en 2000 la vieille propriété familiale, l'a rebaptisée et a donné un nouvel élan à ce vignoble de 20 ha situé à Corconne et à Vacquières, en bordure du pic Saint-Loup.

Des vignes de plus de trente ans ont donné naissance à cette cuvée. L'élevage de vingt-quatre mois en barrique, encore bien perceptible, n'a pas masqué la typicité du terroir. Des fruits rouges, des épices et des notes de sous-bois se disputent la première place au nez. La bouche, ample, s'appuie sur des tanins serrés qui commencent à se fondre. La fraîcheur en finale apporte un côté aérien à l'ensemble. ✗ 2016-2019 ❦ tournedos aux cèpes

✻ EARL Dom. les Grandes Costes, 2-6, rte du Moulin-à-Vent, 34270 Vacquières, tél. 04 67 59 27 42, contact@grandes-costes.com Ⓥ Ⓚ Ⓛ t.l.j. sf dim. lun. 9h-13h 14h-17h ✻ Jean-Christophe Granier

DOM. LA GRANGE		
Pézenas Castalides Icône 2013 ★		
■ n.c.	⅏	20 à 30 €

Idéalement situé en bordure du parc naturel régional du Haut Languedoc, à une altitude de 250 m, ce vignoble de 30 ha est cerné par la garrigue. Les raisins mûrissent entourés d'arbustes de thym et de romarin, puis sont vinifiés parcelle par parcelle dans des chais implantés au cœur des vignes.

La garrigue environnante imprègne la gamme aromatique de ce Pézenas et se mêle à la confiture de mûres. Rond et gras, le palais fait preuve d'une grande maturité, toute méditerranéenne, et se voit renforcé par une structure tannique encore bien présente qui enserre quelque peu la finale. ✗ 2017-2021 ❦ carré d'agneau en croûte d'herbes

✻ Dom. la Grange, rte de Fouzilhon, 34320 Gabian, tél. 04 67 24 69 81, shugeux@domaine-lagrange.com Ⓥ Ⓚ Ⓛ t.l.j. sf sam. dim. 9h-16h 🏠 Ⓖ ✻ Rolf Freund

Ⓑ DOM. DES GRÉCAUX		
Terrasses du Larzac Terra Solis 2012		
■ 6 800	🍖	11 à 15 €

Établis à Saint-Jean-de-Fos, village célèbre pour ses toits et chenaux en tuiles vernissées, Arnaud et Sophie Sandras ont pris les rênes de ce domaine en 2009. Leur vignoble de 7 ha issus de biens de village et conduit en bio est situé majoritairement au cœur du terroir de Montpeyroux.

Ce vin se caractérise par un fruité intense de cassis frais ou en liqueur, un peu de prune, des notes de menthol et de réglisse, et quelques arômes balsamiques. La bouche est ronde et grenue, et les tanins encore assez fermes s'affineront avec le temps. ✗ 2016-2019 ❦ rôti de porc aux airelles

✻ Dom. des Grécaux, 4, av. du Monument, 34150 Saint-Jean-de-Fos, tél. 06 38 25 14 89, contact@domainedesgrecaux.com Ⓥ Ⓚ Ⓛ r.-v. ✻ Sandras

GRÈS SAINT-PAUL Antonin 2013 ★		
■ 20 000	🍖	8 à 11 €

Cette propriété familiale est dirigée depuis 1976 par Jean-Philippe Servière, vigneron lunellois héritier de six générations. Au vignoble (24 ha), planté sur une terrasse villafranchienne de galets roulés, comme à la cave, il allie tradition et modernité, après avoir redonné leur lustre aux bâtiments usés par les ans.

Bien connue des lecteurs, cette cuvée affirme son caractère méditerranéen avec son bouquet de fruits mûrs, d'épices et de réglisse douce. Des tanins bien serrés soutiennent un palais charnu et généreux qui doit encore s'affiner. ✗ 2016-2020 ❦ souris d'agneau

✻ GFA Grès Saint-Paul, 1909, rte de Restinclières, 34400 Lunel, tél. 04 67 71 27 90, contact@gres-saint-paul.com Ⓥ Ⓚ Ⓛ t.l.j. sf dim. 9h30-12h30 14h30-19h

DOM. GUINAND		
Saint-Christol Grande Cuvée 2012 ★		
■ 10 000	⅏	8 à 11 €

C'est au cœur de Saint-Christol, village de culture taurine, que se trouve la cave des frères Guinand, depuis 1993 à la tête de ce domaine réputé de 58 ha. Ici, les vignes de syrah et de grenache trouvent leur expression sur un sol caillouteux qui regarde la mer.

Deux tiers de syrah et un tiers de grenache pour cette cuvée aux arômes intenses de grillé et de fruits confits. Une attaque douce et ronde introduit un palais fin et fruité (cassis et myrtille mûrs), aux tanins fondus, quoiqu'un peu plus stricts en finale. Une petite astringence qui devrait disparaître avec le temps. ✗ 2018-2022 ❦ côte de bœuf

✻ EARL Dom. Guinand, 36, rue de l'Épargne, 34400 Saint-Christol, tél. 04 67 86 85 55, contact@domaineguinand.com Ⓥ Ⓚ Ⓛ t.l.j. sf dim. 10h-12h 15h-19h

DOM. GUIZARD Saint-Georges d'Orques Prestige		
Élevé en fût de chêne 2011 ★		
■ 6 000	🍖 ⅏	11 à 15 €

Au cœur du village de Lavérune, installé dans les anciens communs du château des Évêques, ce domaine appartient à la famille Guizard depuis le XVIᵉˢ. Son vignoble de 40 ha s'étend sur une très ancienne terrasse au sol rouge et pierreux.

Ce vin expressif allie les fruits confits, la vanille et une touche balsamique. La bouche est un modèle de rondeur et de douceur, sous-tendue par une fraîcheur préservée qui apporte l'équilibre et souligne des arômes persistants de cerise confite et d'épices. ✗ 2016-2019 ❦ poulet au curry

✻ Dom. Guizard, 12, bd de la Mairie, 34880 Lavérune, tél. 04 67 27 86 59, vigneron@domaine-guizard.com Ⓥ Ⓚ Ⓛ r.-v.

L'HERMAS Terrasses du Larzac 2011		
■ 8 000	⅏	15 à 20 €

En 2003, Matthieu Torquebiau a défriché un petit plateau calcaire à 250 m d'altitude, où son grand-père avait établi son domaine. Il a planté des vignes de syrah et de mourvèdre, qu'il a vinifiées pour la première fois en 2009.

Cette cuvée sombre développe à l'aération des notes de fumé, d'épices douces, de sous-bois et de fruits noirs. Une belle fraîcheur caractéristique du terroir souligne la bouche renforcée par une structure encore ferme. Un vin de bonne garde. ✗ 2018-2021 ❦ agneau de causse

✻ Matthieu Torquebiau, Dom. l'Hermas, lieu-dit Mas-de-Ratte, 34150 Gignac, tél. 06 64 89 20 29, m.torquebiau@sfr.fr Ⓥ Ⓚ Ⓛ r.-v.

DOM. DE L'HORTUS		
Pic Saint-Loup Grande Cuvée 2012		
■ 82 000	🍖 ⅏	20 à 30 €

Entre le pic Saint-Loup et le causse de l'Hortus, dans la combe de Fambetou, ce domaine de référence s'étend sur 71 ha de terroirs variés. Depuis 1978, Jean et Marie-Thérèse Orliac ont défriché la garrigue, remis en état des terrasses, construit un chai, bâti une maison puis installé leurs enfants désormais à leurs côtés.

Le mourvèdre côtoie la syrah (60 %) et une pointe de grenache (5 %) dans cette cuvée bien connue des lecteurs du Guide (coup de cœur dans le millésime 2009). La version 2012 n'est certes pas d'une grande intensité en couleur, mais elle s'exprime élégamment au nez sur la réglisse, l'olive verte et les fruits confits. Fraîche à l'attaque, la bouche évolue ensuite vers plus de rondeur et de générosité. Un ensemble équilibré. ✗ 2016-2019 ♈ côte de bœuf au thym

☛ *EARL Vignoble Orliac, Dom. de l'Hortus, 34270 Valflaunès, tél. 04 67 55 31 20, orliac.hortus@ wanadoo.fr* 🆅 🎿 🏠 *t.l.j. sf dim. 10h-12h 15h-18h*

B LA JASSE CASTEL			
Montpeyroux Bleu velours 2013 ★			
■	2 000	⬤	20 à 30 €

Pascale Rivière a eu un coup de foudre pour ce causse de Montpeyroux, ses hautes vignes et sa bergerie du XVIIᵉs. Dressé face au vent et baigné de soleil, le vignoble de La Jasse Castel couvre aujourd'hui 10 ha et les vins sont désormais élaborés dans une nouvelle cave tout en bois.

Des reflets bleutés de jeunesse animent la robe de cette cuvée aux arômes frais de mûre, de garrigue et de réglisse. Si les tanins sont encore fermes, la maturité est bien présente en bouche, à travers des notes de fruits confits mâtinés d'épices douces et de violette. Une pointe d'acidité apporte l'équilibre et un surcroît de dynamisme à ce vin bâti pour durer. ✗ 2018-2022 ♈ épaule d'agneau aux aubergines

☛ *Pascale Rivière, rte de Gignac, 34150 Saint-Jean-de-Fos, tél. 06 09 90 18 58, jasse-castel@orange.fr* 🆅 🎿 🏠 *r.-v.*

DOM. DU JONCAS Nébla 2014 ★			
■	3 600	⬤	8 à 11 €

Pascal et Christiane Dalier se sont reconvertis dans la viticulture en 2010, au pied du mont Baudile. Ils ont dès le départ choisi l'agriculture biologique (certification en cours) pour leur vignoble (8,5 ha).

Une seyante robe couleur pomelo rose habille ce vin « explosif » à l'olfaction, ouvert sans réserve sur la fraise et la framboise très mûres. Parfait représentant des rosés gastronomiques, il se révèle long, charnu et rond en bouche, rafraîchi par un fruité friand. ✗ 2015-2016 ♈ côtelette d'agneau

☛ *Dom. du Joncas, 670, chem. des Saumailles, 34150 Montpeyroux, tél. 06 09 43 29 61, contact@ domaine-du-joncas.com* 🆅 🎿 *r.-v.* ☛ *Pascal Dalier*

CH. DE LANCYRE			
Pic Saint-Loup Vieilles Vignes 2013 ★★			
■	53 000	⬤	8 à 11 €

Régis Valentin, œnologue et maître de chai, a repris en 2001 ce domaine familial créé en 1960 par les familles Durand-Valentin. Il produit des vins sur 80 ha occupant un beau terroir de calcaires durs et d'argiles rouges.

Des vignes de syrah (65 %) et de grenache de plus de trente ans ont donné naissance à cette cuvée sombre. Le nez s'ouvre sur de beaux arômes de réglisse, de laurier sauce et de fruits des bois. La bouche, onctueuse et

charnue, s'appuie sur des tanins soyeux et sur une fraîcheur délicate. Un vin solide et élégant à la fois, bien méditerranéen, qui n'aura pas peur du temps. Pour plus d'harmonie, n'hésitez-pas à ouvrir la bouteille deux heures avant le service. ✗ 2017-2022 ♈ gardiane de taureau

☛ *SCEA Ch. de Lancyre, Lancyre, 34270 Valflaunès, tél. 04 67 55 32 74, contact@chateaudelancyre.com* 🆅 🏠 *t.l.j. sf dim. 10h-12h30 14h30-18h30*
☛ *Régis Valentin*

B LASCAUX			
Pic Saint-Loup Les Secrets Madeleine 2011 ★★			
■	2 000	🍾 ⬤	50 à 75 €

Jean-Benoît Cavalier, agronome, a relancé le domaine familial au milieu des années 1980 marchant dans les pas de plus de dix générations de vignerons sur ce terroir de cailloutis calcaires. Il conduit son vignoble (45 ha aujourd'hui) en agriculture biologique.

Les Secrets ? Trois cuvées issues de trois parcelles qui donnent des vins très expressifs. Nous avions découvert l'an dernier Le Bois de Tourtourel, c'est la cuvée Madeleine qui est à l'honneur cette année. Ce vin offre un beau voyage au cœur de ce terroir cerné par la garrigue et situé à 150 m d'altitude sur un versant sud : robe intense à nuances brunes, senteurs d'épices, d'olive noire et de vanille, palais solide et chaleureux, finale qui s'étire langoureusement sur des notes réglissées. Et pour ne rien gâcher son potentiel de garde. ✗ 2016-2020 ♈ canard aux olives ■ Ch. de Lascaux Garrigue 2014 ★ (8 à 11 € ; 25 000 b.) B : un vin de caractère avec son nez de fleurs capiteuses et de fruits exotiques, et son palais équilibré, gras et vif à la fois. ✗ 2015-2017

☛ *Jean-Benoît Cavalier, pl. de l'Église, 34270 Vacquières, tél. 04 67 59 00 08, info@chateau-lascaux.com* 🆅 🎿 🏠 *t.l.j. sf sam. dim. 10h-12h 14h-18h*

B DOM. MAGELLAN Pézenas 2012			
■	13 000	🍾 ⬤	11 à 15 €

Bruno Lafon a hérité de son père la passion du vin et la rigueur bourguignonne. Séduit par le terroir langue-docien, il a acquis ce domaine de 32 ha en 1999, qu'il conduit en agriculture biologique.

Discret de prime abord, ce Pézenas développe à l'aération quelques notes végétales rehaussées d'épices. Plus expressive, la bouche se montre chaleureuse et suave. Un vin de bon aloi et bien typé, à boire dans sa jeunesse. ✗ 2015-2018 ♈ grillade

☛ *Dom. Magellan, 467, av. de la Gare, 34480 Magalas, tél. 04 67 36 20 83, contact@domainemagellan.com* 🆅 🎿 🏠 *t.l.j. sf sam. dim. 8h-12h 13h30-16h30*
☛ *Lafon/Legros*

CH. PAUL MAS Clos des Mûres 2013 ★			
■	92 000	⬤	11 à 15 €

À la fois vigneron et négociant, Jean-Claude Mas a créé en 2000 les domaines Paul Mas autour de ses 60 ha de vignes. Il entend mettre en valeur les nuances des terroirs au travers de sept gammes de vins.

Cet assemblage de syrah (85 %) et de grenache fait preuve d'une belle présence au nez comme en bouche. Des arômes intenses de fraise et de framboise confiturées se mêlent à la réglisse et à la cannelle. Le palais se révèle à la fois frais et plein, soyeux et gourmand. De bonnes perspectives de garde. ✗ 2017-2021 ♈ pastilla de pigeon

○━ *Domaines Paul Mas, rte de Villeveyrac, 34530 Montagnac, tél. 04 67 90 16 10, info@ paulmas.com t.l.j. sf dim. lun. 10h-18h30* 🏠

○━ Jean-Claude Mas

■	MAS BELLES EAUX Les Coteaux 2012 ★		
■	136 000	🏠 ⬡	11 à 15 €

Propriété d'AXA Millésimes depuis 2002, ce domaine du XVIIᵉs. doit son nom aux sources qui naissent sur ses terres pour rejoindre la vallée de la Peyne au nord de Pézenas. Ses 75 ha de vignes sont implantés sur des terrasses anciennes de galets roulés, d'argiles rouges et de graviers de quartz.

Les Belles Eaux font aussi de beaux vins, comme cette cuvée issue de deux tiers de syrah associés au grenache et au mourvèdre. La robe est grenat sombre, le nez, intense, sur le grillé, la vanille et les épices. La bouche affiche une structure souple et un bel équilibre, soutenue en douceur par un boisé bien intégré, aux accents torréfiés et cacaotés, qui laisse les fruits rouges s'exprimer en finale. ✗ 2016-2019 ♈ chapon des Cévennes à la broche

○━ *Mas Belles Eaux, 34720 Caux, tél. 04 67 09 30 96, contact@mas-belleseaux.com* Ⓥ 🏍 🎁 *r.-v.*

○━ AXA Millésimes

■	ⒷMAS BRUGUIÈRE Pic Saint Loup L'Arbouse 2012 ★		
■	50 000	🏠 ⬡	11 à 15 €

Une route sublime se faufile entre les falaises de l'Hortus et le pic Saint-Loup, et conduit au mas Bruguière. Après avoir succédé à son père Guilhem, Xavier Bruguière (la septième génération) a converti au bio le domaine familial (20 ha).

On retrouve dans ce 2013 les arômes très fruités (groseille, mûre) qui marquaient déjà le millésime précédent et qui s'accompagnent ici de notes de cuir, de réglisse et de grillé. La bouche ne manque pas de rondeur et s'appuie sur de bons tanins qui doivent encore s'adoucir. La fraîcheur discrète en finale exprime bien la typicité du terroir. ✗ 2016-2020 ♈ sauté d'agneau

○━ *Mas Bruguière, La Plaine, 34270 Valflaunès, tél. 04 67 55 20 97, xavier.bruguiere@wanadoo.fr* Ⓥ 🎁 *t.l.j. sf mer. dim. 10h-12h 14h-18h*

■	MAS BRUNET Cuvée Tradition Élevé en fût de chêne 2013 ★★		
■	13 300	⬡	11 à 15 €

Le haut terroir du Causse-de-la-Selle, fait d'argiles rouges et de pierres dolomitiques sculptées par les ans, est l'un des plus septentrionaux de l'appellation. Serge et Marc Coulet œuvrent respectivement depuis 1988 et 1990 sur ce domaine de 28,7 ha implanté en pleine garrigue.

Une fois de plus, la fraîcheur et l'altitude du terroir du Mas Brunet s'expriment dans ce vin doré et lumineux. Ses arômes soutenus associent la violette aux notes beurrées et grillées d'un élevage bien maîtrisé. On retrouve la violette alliée à la vanille dans une bouche puissante et onctueuse, équilibrée par une belle vivacité. ✗ 2015-2019 ♈ daurade sauce crème et vanille

○━ *GAEC du Dom. de Brunet, rte de Saint-Jean-de-Buèges, 34380 Causse-de-la-Selle, tél. 04 67 73 10 57, brunet.vins.oc@domainedebrunet.com* Ⓥ 🏍 🎁 *t.l.j. 9h30-12h 15h-19h; dim. 15h-19h* 🏠 ❷

○━ Coulet

■	ⒷMAS CORIS Cabrières Thétys 2012 ★		
■	250	🏠 ⬡	50 à 75 €

Ce vignoble de 8 ha est implanté au pied du pic de Vissou, site classé, sur des sols de schistes bien spécifiques du terroir de Cabrières. Véronique Attard, installée en 2009, le conduit selon les préceptes de l'agriculture biologique.

Cette cuvée est marquée par la minéralité du terroir ; le cinsault apporte sa touche aérienne, la syrah sa puissance et le grenache un côté gourmand. Les fruits rouges, la réglisse et les épices de l'élevage composent un nez engageant et harmonieux, prolongé par une bouche généreuse, aux tanins enrobés. ✗ 2016-2019 ♈ daube de bœuf

○━ *Véronique Attard, 3, rue du Dauphiné, 34170 Castelnau-le-Lez, tél. 06 74 14 88 91, byvero34@gmail.com* Ⓥ 🏍 🎁 *r.-v.*

	MAS D'ARCAY Saint-Drézéry Valentibus 2013 ★★★		
■	n.c.	🏠 ⬡	15 à 20 €

Jean Lacauste est issu de huit générations de vignerons. Il a acquis en 2007 cette ancienne propriété viticole de la fin du XIXᵉs., et exploite aujourd'hui 41,5 ha sur le terroir historique de Saint-Drézéry.

Sur les collines de galets de Saint-Drézéry, la syrah et le mourvèdre sont associés au grenache dans cette cuvée admirable, à la robe pourpre intense moirée de violet. Tout aussi intense est le nez, très méditerranéen aussi : la garrigue, le laurier et le thym accompagnent les fruits noirs et un boisé torréfié et vanillé. Porté par des tanins fins et soyeux, le palais se révèle dense et puissant tout en conservant beaucoup de fraîcheur. On y retrouve la mûre et la myrtille aux côtés de notes boisées très fondues. Un modèle d'équilibre. ✗ 2019-2023 ♈ tajine d'agneau ■ Cheveux d'ange 2014 (8 à 11 € ; 2 500 b.) : vin cité. ✗ 2015 2018

○━ *EARL Camp du Four, Mas d'Arcaÿ, 1080, rte de Beaulieu, 34160 Saint-Drézéry, tél. 06 76 04 21 11, lacaustej@yahoo.fr* Ⓥ 🏍 🎁 *t.l.j. sf dim. 17h-19h* ○━ Jean Lacauste

	♥ MAS DE FIGUIER Pic Saint-Loup Joseph 2013 ★★		
■	8 000	⬡	11 à 15 €

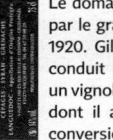

Le domaine fut créé par le grand-père en 1920. Gilles Pagès y conduit aujourd'hui un vignoble de 22 ha, dont il a engagé la conversion à l'agriculture biologique.

Un vin haute couture dans sa robe sombre, presque noire. Le nez offre une véritable farandole d'arômes : fruits rouges très mûrs, réglisse, poivre, vanille, chocolat noir. Le palais garde le cap, se montre droit et franc à l'attaque et libère

LANGUEDOC

sans tarder sa puissance et son onctuosité, tout en restant fin et soyeux derrière sa belle charpente. Des notes finement boisées signent un élevage qui a su se plier au caractère du terroir. Un très bel hommage au grand-père Joseph. ✗ 2017-2021 ♈ civet de biche aux airelles

o━ Gilles Pagès, Mas de Figuier, 34270 Vacquières, tél. 04 67 59 00 29, pagesgi@orange.fr Ⅴ 🏃 🏋 r.-v. 🏠 Ⓒ

MAS DE FOURNEL
Pic Saint-Loup Cuvée Tradition 2013 ★

| ■ | 25 000 | 🍷 | 8 à 11 € |

Gérard Jeanjean est, selon ses dires, « un jeune vinificateur de plus de soixante-dix ans ». Auparavant, il transportait du vin dans son camion-citerne. Après trente-cinq ans d'une vie de camionneur, il se lance dans l'aventure viticole en 1998 et conduit aujourd'hui un vignoble de 27 ha.

Un trio syrah, grenache et mourvèdre pour ce 2013 au nez charmeur de fruits rouges, de cuir et d'épices. On apprécie la finesse de ses tanins, sa rondeur enveloppante et la pointe de fraîcheur en finale. ✗ 2015-2017 ♈ gigot d'agneau au thym ■ Pic Saint-Loup Pierre 2013 ★ (15 à 20 € ; 4 600 b.) : un vin concentré et soyeux, chargé d'épices et de fruits noirs, déjà agréable et apte à la garde. ✗ 2015-2019

o━ SCEA Mas de Fournel, 34270 Valflaunès, tél. 04 67 55 22 12, masdefournel@free.fr Ⅴ 🏃 🏋 t.l.j. 9h-12h 14h-19h; dim. sur r.-v. o━ Jeanjean

---

Ⓑ MAS DE LA SÉRANNE
Terrasses du Larzac Antonin et Louis 2012 ★

| ■ | 8 000 | 🍷 ⅏ | 15 à 20 € |

À la suite d'une reconversion professionnelle, Isabelle et Jean-Pierre Venture se sont installés en 1998 sur le terroir réputé d'Aniane. Ils conduisent aujourd'hui, en bio certifié, un vignoble de 16 ha qu'ils continuent d'embellir, remontant des murs de pierre sèche et plantant des essences méditerranéennes. Côté cave, des vins d'une grande régularité, souvent en vue dans ces pages.

Cette cuvée est un classique des Terrasses du Larzac. Elle s'illustre de nouveau par sa palette aromatique complexe et intense : fruits rouges, garrigue, cade et poivre noir. Empreinte d'arômes persistants d'épices et de moka, la bouche est élégante, bâtie sur des tanins bien ciselés, et se montre plus chaleureuse en finale. Un vin généreux et expressif. ✗ 2016-2019 ♈ kefta d'agneau à la coriandre ■ Terrasses du Larzac Le Clos des Immortelles 2013 (11 à 15 € ; 15 000 b.) Ⓑ : vin cité. ✗ 2017-2020

o━ Venture, Mas de la Séranne, rte de Puéchabon, 34150 Aniane, tél. 04 67 57 37 99, mas.seranne@wanadoo.fr Ⅴ 🏃 🏋 t.l.j. sf dim. 10h-12h 15h-18h30

Ⓑ MAS DE L'ÉCRITURE
Terrasses du Larzac Émotion 2012 ★

| ■ | 16 998 | 🍷 ⅏ | 11 à 15 € |

Pour Pascal Fulla, c'est l'histoire d'une reconversion engagée en 1998 sur un domaine d'une dizaine d'hectares menés en biodynamie. Il a construit une cave contemporaine et a été rejoint en 2009 par sa fille Léa. Le thym, le Zan, la tapenade et les fruits rouges agrémentés d'une pointe de minéralité composent un bouquet complexe et racé. La bouche se révèle équilibrée,

bien fondue et élégante. ✗ 2016-2020 ♈ grenadin de veau aux herbes

o━ Pascal Fulla, 93, chem. de la Frigoule, 34200 Sète, tél. 06 80 15 57 72 Ⅴ 🏃 🏋 r.-v.

MAS DE L'ONCLE
Pic Saint-Loup Cuvée François 2012 ★

| ■ | 3 000 | 🍷 ⅏ | 20 à 30 € |

Fabrice Bonmarchand a repris les 10 ha du Mas de l'Oncle en 2011, après avoir travaillé à travers la France en tant qu'ingénieur du bâtiment. Il a entrepris la conversion du vignoble en bio, a augmenté la surface des vignes cultivées (15 ha aujourd'hui) et développé des activités œnotouristiques.

Une majorité de syrah aux côtés du mourvèdre dans ce vin élevé dix-huit mois en fût, qui dévoile à l'olfaction une belle corbeille de fruits rouges et noirs. Des notes cacaotées et grillées s'épanouissent dans une bouche penchant vers la fraîcheur, mais qui ne manque ni de finesse ni de rondeur. ✗ 2015-2018 ♈ salmis de pintade

o━ Mas de l'Oncle, pl. Miolane, 34270 Lauret, tél. 04 67 67 26 16, contact@masdeloncle.com Ⅴ 🏃 🏋 t.l.j. 10h-13h 15h-19h; dim. sur r.-v.

o━ Bonmarchand

Ⓑ MAS DE MARTIN
Grés de Montpellier Ecce Vino 2013 ★★

| ■ | 1 200 | ⅏ | 30 à 50 € |

Le Mas de Martin de Christian Mocci est un îlot secret de vignes (20 ha) caché au milieu des garrigues et des pinèdes. Ancienne dépendance de l'abbaye de Saint-Germain et halte sur le chemin de Saint-Jacques-de-Compostelle, ce domaine mentionné dès le XIIᵉs. est aujourd'hui conduit en agriculture biologique.

Digne successeur du 2011, coup de cœur l'an passé, cet Ecce Vino version 2013 à la robe noire et marqué par le mourvèdre (50 %, aux côtés de la syrah et du grenache) séduit d'emblée par son nez complexe de garrigue, d'épices, de grillé et de fruits noirs très mûrs. La bouche se révèle ample et onctueuse, étayée par des tanins denses adoucis par quinze mois de fût. On apprécie aussi ses arômes de cassis confit, de grillé et de cacao, avant une finale longue, chaleureuse et épicée. ✗ 2019-2022 ♈ médaillon de biche aux airelles

o━ Christian Mocci, Mas de Martin, rte de Carnas, 34160 Saint-Bauzille-de-Montmel, tél. 04 67 86 98 82, masdemartin@gmail.com Ⅴ 🏃 🏋 t.l.j. 8h-12h 14h-17h 🏠 Ⓔ

Ⓑ MAS DES CHIMÈRES
Terrasses du Larzac Nuit grave 2013

| ■ | 20 000 | 🍷 ⅏ | 11 à 15 € |

Guilhem Dardé, « paysan-vigneron » comme il se présente, produit ses vins en agriculture biologique, en bordure du lac du Salagou. Son épouse Palma travaille avec lui, et leur fille Maguelone les a rejoints en 2008 à la tête d'un vignoble de 23 ha.

Une sensation originale se dégage du bouquet, ouvert sur des notes balsamiques, de musc et de cèdre, qui évolue à l'aération vers une nuance beurrée et les fruits rouges. Fruits rouges que l'on retrouve agrémentés d'épices dans un palais chaleureux, non dénuée de fraîcheur, et doté de tanins de qualité. ✗ 2016-2019 ♈ charcuterie des Cévennes

Mas des Chimères, 26, rue de la Vialle, 34800 Octon, tél. 04 67 96 22 70, mas.des.chimeres@wanadoo.fr Ⓥ ⚡ 🔒 *r.-v.* *Guilhem Dardé*

MAS D'ISNARD
Grés de Montpellier Impériale 2013 ★

| ■ | 3 600 | ⬚ | 15 à 20 € |

Aux portes de Montpellier, Ludovic Rouquairol cultive les 35 ha de ce vieux domaine familial situé sur l'un des terroirs historiques de l'appellation. Le climat adouci par la proximité de la mer y autorise la maturation lente et complète de tous les cépages languedociens.

Issue à parité de syrah et de grenache, cette Impériale « chante la gourmandise ». Sa robe grenat est brillante, aux reflets chocolatés, et son nez mêle la griotte, la muscade et le caramel. La bouche ronde et soyeuse dès l'attaque, d'une aimable douceur, mêle des arômes fins d'épices, de cannelle et de réglisse, et déploie une jolie finale, savoureuse et fraîche. ✗ 2016-2019 ⚑ tajine d'agneau

Rouquairol, 3, rue du Petit-Nice, 34920 Le Crès, tél. 04 67 70 33 02, mas.isnard@orange.fr Ⓥ ⚡ 🔒 *t.l.j. sf dim. 16h-20h*

Ⓑ MAS DU POUNTIL
Gourmandise 2013

| ■ | n.c. | ⬡ | 5 à 8 € |

Le vignoble familial d'une quinzaine d'hectares, menés depuis 2009 en agriculture biologique, est morcelé en vingt parcelles – une richesse de terroirs qui élargit le champ des possibles lors des assemblages. Le domaine doit son nom au petit pont qui avoisine la cave.

Beaucoup de fraîcheur se dégage de l'olfaction, centrée après aération sur le cassis, la mûre et le menthol. Une palette qui renforce aussi le côté friand du palais, souple et sans aspérité. ✗ 2015-2018 ⚑ poulet basquaise

Mas du Pountil, 10 bis, rue du Foyer Communal, 34725 Jonquières, tél. 04 67 44 67 13, mas.du.pountil@wanadoo.fr Ⓥ 🔒 *t.l.j. sf dim. 10h-12h 14h30-18h30* *Brice Bautou*

Ⓑ MAS DU SOLEILLA
La Clape Réserve 2013 ★★

| ▨ | 8 400 | ⬡ ⬚ | 20 à 30 € |

Une propriété d'une vingtaine d'hectares conduits en bio, répartis sur les hauteurs du massif rocheux de la presqu'île de La Clape, près d'une colline baignée de soleil qui donne son nom au domaine. Peter Wildbolz est aux commandes depuis 2003.

Cette cuvée présente un bel éventail de senteurs : d'abord des nuances minérales et iodées, puis des sensations veloutées d'abricot et d'ananas confits, du curry, de l'amande grillée et du pain toasté. La bouche offre beaucoup de gras dès l'attaque et un volume certain. Un vin riche et gourmand. ✗ 2016-2019 ⚑ ris de veau à la crème ■ La Clape Les Bartelles 2011 ★★ (20 à 30 € ; 20 000 b.) : un vin bien typé par son bouquet complexe de fruits noirs à l'alcool, de menthe, de garrigue et d'épices douces, et par son palais tendre et concentré. ✗ 2016-2020

Mas du Soleilla, rte de Narbonne-Plage, 11100 Narbonne, tél. 04 68 45 24 80, vins@mas-du-soleilla.com Ⓥ ⚡ 🔒 *r.-v.* 🏠🏠 ⑤ *Peter Wildbolz*

Ⓑ MAS GABRIEL
Pézenas Clos des Lièvres 2012 ★

| ■ | 5 000 | ⬡ ⬚ | 15 à 20 € |

Ce petit domaine a été créé en 2006 par Peter et Deborah Core, des Anglais amoureux de la région et de la nature, qui cultivent un peu plus de 6,5 ha conduits en bio et situés sur une terrasse villafranchienne et sur les flancs d'une coulée basaltique.

Discrète de prime abord, cette cuvée développe à l'aération un bouquet intense de cassis et de mûre, de fruits secs et d'épices. La bouche se révèle ample et riche, tapissée par un généreux fruité confituré ; sa structure tannique, bien en place, lui confère une belle mâche. L'ensemble reste toutefois gourmand, et la finale, de belle longueur, apporte un surcroît d'élégance. ✗ 2016-2023 ⚑ côte de bœuf

Deborah et Peter Core, Mas Gabriel, 9, av. de Mougères, 34720 Caux, tél. 04 67 31 20 95, info@mas-gabriel.com Ⓥ ⚡ 🔒 *r.-v.*

MAS GOURDOU
Pic Saint-Loup Divin Venin 2012 ★

| ■ | 1 600 | ⬚ | 15 à 20 € |

Domaine historique de l'appellation, le Mas Gourdou appartient à la famille de Jocelyne Thérond depuis la Révolution. Benoît, le fils, a repris en 2012 la tête de ce vignoble de 20 ha commandé par une bâtisse datant du XIIIᵉs.

Syrah et mourvèdre se marient harmonieusement dans ce 2012 passé sous bois pendant deux ans. Un vin élégant dans sa robe grenat sombre, qui s'ouvre sans effort sur des notes boisées (moka), rapidement complétées par des senteurs d'épices et de fruits mûrs. En bouche, l'onctuosité enrobe les tanins jusqu'en finale. Un beau travail d'élevage. ✗ 2016-2019 ⚑ entrecôte et frites maison

EARL Mas Gourdou, 34270 Valflaunès, tél. 04 67 55 30 45, jtherond@masgourdou.com Ⓥ ⚡ 🔒 *t.l.j. 10h-12h 14h-19h; dim. sur r.-v.* 🏠 Ⓑ *Thérond*

MAS GRANIER
Sommières Camp de l'Oste 2013 ★★

| ■ | 3 000 | ⬚ | 15 à 20 € |

Le mas Montel était autrefois une ferme du prieuré Saint-Pierre-d'Aspères, datant du IXᵉs. pour ses parties les plus anciennes. Acquis par Marcel Granier dans l'après-guerre, il est depuis 1992 la propriété de ses deux fils, Dominique et Jean-Philippe, qui conduisent aujourd'hui 40 ha de vignes.

La profondeur de la robe traduit une belle maturité pour cet assemblage de syrah (majoritaire), de grenache et de mourvèdre. Discret de prime abord, le nez s'ouvre à l'agitation sur des notes de fruits compotés, d'épices, de garrigue et de réglisse. Une attaque ample et franche introduit un palais puissant et généreux sur les fruits à l'alcool et la torréfaction, doté de très beaux tanins déjà soyeux et d'une fine fraîcheur en filigrane. ✗ 2015-2019 ⚑ canard à l'orange

Mas Granier, 2, chem. du Mas-Montel, 30250 Aspères, tél. 04 66 80 01 21, montel@wanadoo.fr Ⓥ ⚡ 🔒 *t.l.j. sf dim. 9h30-12h30 14h30-18h30*

LANGUEDOC

MAS NOIR Grés de Montpellier 2013 ★★

| 30 000 | 🏠 ⬤ | 11 à 15 € |

Cet authentique mas languedocien du XVIᵉ s., domaine de 40 ha d'un seul tenant dominant la mer, conduit par Denis Tissot depuis 1987, propose plusieurs marques, dont Dom. Tissot, La Tentation du pasteur et Ch. Ministre (ce dernier devant son nom à un ministre du culte protestant).

Habitué du Guide, ce domaine signe un 2013 fort en syrah (80 %) et mûri sur un beau terroir de galets. La robe est intense et brillante, et le nez éclatant, sur le cassis et la cerise confiturés, la cannelle et la torréfaction, rafraîchis par une pointe d'aneth. Suivant la même ligne aromatique, la bouche se révèle ample, suave, veloutée, stimulée par une pointe de fraîcheur qui exclut toute lassitude à la dégustation de ce vin. Les tanins, bien ancrés, peuvent encore se fondre. ✗ 2019-2021 🍴 osso bucco ■ La Tentation du pasteur Méjanelle Tête de cuvée 2014 ★★ (8 à 11 € ; 7 000 b.) : un nez intense qui mêle boisé et fruits à chair blanche, et une bouche ample, élégante et harmonieuse, délicatement parfumée par la vanille et l'amande douce. ✗ 2016-2019

o— SCEA Dom. Tissot, Mas du Ministre, 34130 Maugio, tél. 04 67 12 19 09, domainetissot@gmail.com

🅥 🏃 🛉 t.l.j. sf dim. 9h-12h 14h-19h

MAS RENÉ GUILHEM Cantagrive 2013 ★

| 4 458 | 🏠 | 8 à 11 € |

En 2010, Patrice et Pierre Gros (quatrième génération) ont construit leur cave entre Clermont-l'Hérault et le lac du Salagou pour tirer le maximum de leur terroir de terrasses villafranchiennes.

Classiquement dominée par les fruits noirs frais relevés d'une note poivrée, cette cuvée affiche une maturité toute méditerranéenne. Bonne attaque, bouche dense et charnue portée par des tanins serrés et par une belle fraîcheur caractéristique de ce terroir de galets. ✗ 2018-2022 🍴 côte de bœuf aux sarments

o— EARL René Guilhem, chem. de la Faïence, 34800 Clermont-l'Hérault, tél. 06 75 66 04 62, patrice-gros@live.fr 🅥 🏃 🛉 r.-v.

♥ DOM. DE MASSEREAU Sommières La Tourie 2013 ★★

| 4 000 | 🏠 ⬤ | 11 à 15 € |

À 3 km de Sommières, les vignes de syrah et de grenache dominent le Vidourle et bordent le camping 5 étoiles de la famille Freychet, qui mise sur l'œnotourisme de standing. Arnaud Freychet dirige depuis 1993 ce domaine familial (50 ha), après un épisode coopératif durant un quart de siècle.

Ce premier coup de cœur pour la dénomination Sommières, reconnue en 2011, récompense une cuvée déjà doublement étoilée dans le Guide 2015 pour sa version 2012. Un assemblage de syrah (80 %) et de grenache qui donne un vin sombre et profond aux reflets rouge sang. Mais c'est bien le sang de la vigne qui s'exprime ici avec puissance et élégance, au nez comme en bouche. La

palette aromatique se révèle d'une grande complexité : cerise, mûre, réglisse et senteurs de la garrigue environnante (sauge, olive, soupçon d'eucalyptus). La bouche est « explosive » et parfaitement équilibrée, à la fois ample, suave, chaleureuse et fraîche, dotée d'une matière dense à peine domptée par un élevage de vingt mois en fût. Un peu d'attente est conseillé, une plus longue garde ne lui fera pas peur. ✗ 2016-2021 🍴 côte de bœuf aux cèpes

o— Arnaud Freychet, 1990, rte d'Aubais, 30250 Sommières, tél. 04 66 80 03 23, vin@ massereau.com 🅥 🏃 🛉 t.l.j. 8h30-13h 14h-18h

o— GFA Massereau

PAUL MAURY La Clape L'Insoupçonné 2012 ★★

| 2 023 | 🏠 ⬤ | 15 à 20 € |

Représentant la quatrième génération d'une famille de vignerons, Paul Maury, épaulé par son épouse Line, exploite 25 ha de vignes pour partie sur les bords du massif de La Clape, entre garrigue et pins, pour partie près de l'oppidum de Nissan-lez-Ensérune.

Une entrée en fanfare dans le Guide pour ce jeune vigneron avec cette cuvée d'une belle intensité. Une touche chocolatée complexifie une olfaction déjà riche d'arômes de fruits rouges, d'épices, de thym et de menthe. De généreuses notes de fruits noirs à l'alcool se mêlent au toasté dans une bouche ample et suave, aux tanins élégants et soyeux. ✗ 2018-2022 🍴 agneau confit au romarin

o— La Combe St-Paul, 340, rue du Jeu-du-Mail, 11110 Salles-d'Aude, tél. 06 15 08 54 07, contact@ lacombesaintpaul.com 🅥 🏃 🛉 r.-v. o— Paul Maury

Ⓑ CH. LES MAZES La Méjanelle Cuvée 1811 2012 ★

| 5 000 | ⬤ | 8 à 11 € |

Aux portes de Montpellier, un parc de pins et micocouliers bicentenaires abrite le château de 1811 et une magnanerie du XIIᵉ s. qui servit autrefois de cave. Depuis 2002, la famille Bouchet fait revivre le domaine ; elle l'a converti au bio (certifié) et y organise expositions et concerts de jazz autour du vin.

Ce 2012 s'annonce par un nez généreux de fruits confiturés, de liqueur de cerise et de vanille. Un agréable prélude à une bouche qui attaque en finesse sur le fruit, avant de libérer plus de puissance, renforcée par les notes chaleureuses et épicées du grenache, bien présent dans l'assemblage (60 %). Un vin généreux, à boire un peu frais pour l'apprécier pleinement. ✗ 2016-2019 🍴 agneau de sept heures

o— Bernard et Dorothée Bouchet, Ch. les Mazes, 34130 Saint-Aunès, tél. 06 24 33 26 23, b-bouchet@ wanadoo.fr 🅥 🏃 🛉 t.l.j. sf dim. 9h-12h30 15h-19h30

DOM. MIRABEL Les Bancels 2013 ★

| 13 000 | 🏠 ⬤ | 11 à 15 € |

Les frères Feuillade, Samuel et Vincent, travaillent ensemble les 12 ha de ce domaine familial en conversion vers le bio. Les meilleures parcelles sont situées sur un terroir de petits éclats calcaires et d'argiles rouges s'étalant entre Corconne et Brouzet-lès-Quissac, en bordure nord de l'aire du Pic Saint-Loup.

Pas moins de cinq cépages dans cette cuvée à dominante de syrah et de mourvèdre. La robe est dense et brillante,

et le nez, expressif, déroule un cortège de fruits frais (mûre, cassis, cerise). Une attaque souple prélude à un palais ample et concentré, bien équilibré entre gras et fraîcheur, fruité et épicé, plus boisé (notes grillées) en finale. Un vin généreux, à apprécier dans le temps. ✗ 2016-2020 ☗ lièvre à la broche ■ **Pic Saint-Loup Les Éclats 2013 ★** (15 à 20 € ; 9 000 b.) : un nez de réglisse, de mûre et de fraise ; en bouche, une belle matière, de la fraîcheur, des fruits noirs, toujours la réglisse et des notes de tabac et de laurier. ✗ 2016-2019

☗ *Dom. Mirabel, rte du Brestalou, 30260 Brouzet-lès-Quissac, tél. 06 22 78 17 47, domainemirabel@neuf.fr* 🆅 👤 🏆 *r.-v.* ☗ Feuillade

---

❤ CH. MIRE L'ÉTANG La Clape Cuvée des ducs de Fleury Élevé en fût de chêne 2013 ★★★

■	22 500	⫘	11 à 15 €

Depuis les hauteurs du domaine, face au soleil levant, on « mire les étangs », l'embouchure de l'Aude, la Méditerranée et le golfe du Lion. Le terroir caillouteux s'étale en terrasses, caressé par la brise marine. Acquis par la famille Chamayrac en 1972, le domaine comptait alors 36 ha de vignes ; il s'étend sur 50 ha aujourd'hui. Un pilier de La Clape.

Un coup de cœur qui confirme, s'il le fallait, l'excellent travail mené par Philippe Chamayrac sur ce magnifique terroir qui fait face à la mer, où les rayons du soleil apportent une si belle maturité aux raisins, et les embruns une saine fraîcheur iodée. Cette cuvée revêt une robe pimpante, agréable prélude visuel à un bouquet intense et complexe de fruits rouges bien mûrs, de pruneau, de violette et d'épices douces. La bouche est à la hauteur de ces charmantes prémices. Sur le même registre aromatique que le nez, agrémentée de vanille, de réglisse et de fruits secs, ample et charnue, elle dévoile une structure tannique remarquable, arrondie par l'élevage en barrique, avec la fraîcheur maritime des lieux en toile de fond. Un modèle d'équilibre et de puissance contrôlée. ✗ 2018-2025 ■ **La Clape Cuvée Aimée de Coigny 2014** (8 à 11 € ; 16 000 b.) : vin cité. ✗ 2015-2017

☗ *Ch. Mire l'Étang, rte des Vins, 11560 Fleury-d'Aude, tél. 04 68 33 62 84, mireletang@wanadoo.fr* 🆅 👤 🏆 *t.l.j. sf dim. 9h-12h 15h-19h* ☗ Chamayrac

---

MOLLARD ET FILLON
Terrasses du Larzac 2013

■	30 000	👤 ⫘	11 à 15 €

Nicolas Mollard et Sébastien Fillon (le Clos des Serres) ont créé en 2011 cette structure de négoce pour vinifier une sélection de parcelles en Terrasses du Larzac. L'agriculture biologique ciblée et une bonne valorisation, pour un juste revenu du vigneron, constituent leur ligne de conduite.

L'élevage en fût a légué son empreinte au nez comme au palais à travers des notes toastées, et su gommer l'aspérité des tanins. Des notes typées de tapenade complètent le tableau, et l'ensemble laisse une sensation harmonieuse, presque aérienne. ✗ 2016-2018 ☗ côtelette d'agneau aux herbes

☗ *SAS Mollard et Fillon, rte du Viala, 34700 Saint-Jean-de-la-Blaquière, tél. 06 88 35 90 07, mollard.fillon@gmail.com* 🆅 👤 🏆 *r.-v.*

Ⓑ DOM. MONPLÉZY Pézenas Félicité 2012 ★★

■	6 000	⫘	11 à 15 €

Ce domaine familial datant de 1734, situé sur une colline près de Pézenas, fut marqué naguère par la forte personnalité de Georges Sutra, syndicaliste viti-vinicole et député européen. Situé en zone Natura 2000, il est désormais dirigé par Anne Sutra de Germa, militante à la Ligue de protection des oiseaux, et par son fils Benoît. L'agriculture biologique est bien sûr de mise.

Comme l'an passé avec le millésime 2011, vous retrouverez dans cette cuvée l'explosivité d'un fruité très mûr, agrémenté de notes de garrigue et de cannelle. La bouche, ample, longue et gourmande, offre elle aussi un fruité soutenu, mâtiné de notes torréfiées, et s'appuie sur de bons tanins qui assureront à ce vin une solide tenue dans le temps. ✗ 2016-2022 ☗ gigot d'agneau aux épices

☗ *Gil Sutra, Dom. Monplézy, chem. Mère-des-Fontaines, 34120 Pézenas, tél. 06 84 02 08 68, vignoble.monplezy@gmail.com* 🆅 👤 🏆 *r.-v.*

GIL MORROT
Montpeyroux Les Initiales de Divem 2013 ★

■	5 200	👤	15 à 20 €

Gil Morrot, chercheur au CNRS, effectue des travaux sur la perception des vins. En 1999, il a acquis ce vignoble de 3,4 ha et vinifie dans une maison de village à Montpeyroux. Dès son installation sur l'exploitation, il a fait le choix de l'agriculture biologique (sans certification). Il a ajouté, entre-temps, 1 ha à la superficie tout en conservant une logique de petits rendements.

Cette cuvée libère des notes typées de thym, d'anis et de fruits rouges. La bouche se révèle ample, charnue, fruitée et épicée, dotée de tanins soyeux. Une gourmandise à croquer sur le fruit ou après quelques années de garde. ✗ 2016-2021 ☗ fromage à pâte molle

☗ *Gil Morrot, 21, rue des Lions, 34150 Montpeyroux, tél. 04 67 96 56 59, gil.morrot@divem.fr* 🆅 👤 🏆 *r.-v.*

Ⓑ MORTIÈS
Pic Saint-Loup Jamais content 2012 ★★

■	12 000	👤	20 à 30 €

Ce domaine, créé en 1993 autour d'un mas du XVIIIᵉs., est situé à 20 km au nord de Montpellier, sur le versant sud du pic Saint-Loup, dans la cuvette de Mortiès. Les familles Guiraudon, Moustiès et Rabasa ont repris en 2008 ce vignoble de 24 ha, entièrement conduit en bio. Une valeur sûre de l'appellation.

Un quatuor de cépages fait chanter le terroir dans ce vin de caractère, au bouquet intense de réglisse, de fruits rouges et d'épices. La bouche se révèle charnue, généreuse et suave, adossée à des tanins fins, un soupçon de fraîcheur en finale lui apportant un supplément d'âme et d'élégance. ✗ 2016-2020 ☗ cuissot de sanglier

☗ *Dom. de Mortiès, rte de Cazevieille, 34270 Saint-Jean-de-Cuculles, contact@morties.com* 🆅 🏆 *r.-v.* ☗ Guiraudon, Moustiès

CH. DE LA NÉGLY La Clape La Falaise 2013 ★★

■	30 000		15 à 20 €

Sur le terroir de La Clape, les brises marines estivales tempèrent la force du soleil et de la tramontane. Installé depuis 1992, Jean Paux-Rosset a réencépagé 75 ha de vignes. Son fils Bastien est aujourd'hui le chef d'exploitation, et Didier Lacreu, son maître de chai.

L'aération permet de dévoiler un beau bouquet de fruits noirs, de mûre notamment, et de tapenade. Puis l'on découvre une bouche corpulente, aux puissantes notes de réglisse et de cassis, bâtie sur une solide trame tannique et un élevage bien intégré. ✗ 2020-2025 ▼ tournedos Rossini ■ La Clape La Brise marine 2014 (5 à 8 € ; 30 000 b.) : vin cité. ✗ 2015-2018

o┐ SCEA Ch. la Négly, 16, rte de Lunès, 11100 Narbonne, tél. 04 68 32 41 50, adv1@lanat.fr Ⓥ 🛇 🔒 r.-v.
o┐ Paux-Rosset

DOM. DE NIZAS Pézenas La Réserve 2010

■	5 800	◑	15 à 20 €

Dans les années 1970, John Goelet, descendant d'une famille de négociants bordelais, a fondé les domaines Clos Duval en Californie, Taltarni et Clover Hill en Australie. Puis il a posé son sac dans le Languedoc, reprenant en 1998 cette propriété établie sur le terroir de Pézenas : 40 ha répartis sur une mosaïque de sols argilo-calcaires, de galets roulés et de basalte.

Épices et fruits kirschés imprègnent le nez comme le palais, sans ostentation. La bouche se révèle souple, gourmande et chaleureuse, épaulée par des tanins très enrobés. L'élevage, affiné, contribue à son harmonie. ✗ 2015-2019 ▼ tajine aux pruneaux

o┐ Dom. de Nizas, hameau de Sallèles, 34720 Caux, tél. 04 67 90 17 92, marketing@domaine-de-nizas.com Ⓥ 🛇 🔒 r.-v. o┐ John Goelet

Ⓑ CH. NOTRE-DAME DU QUATOURZE
Quatourze Grande Réserve À fleur d'eau 2013 ★

■	4 000	◑	15 à 20 €

Aux portes de Narbonne et surplombant l'étang de Bages, le vignoble du Quatourze est l'un des terroirs historiques de l'AOC languedoc. Sur ces sols maigres, où l'alternance de la tramontane et des brises marines crée un climat unique, la famille Ortola installée en 1983 cultive aujourd'hui la vigne en bio certifié.

Quatre cépages et une majorité de syrah composent ce vin né sur les galets roulés proches de l'étang de Bages. Le nez est bien ouvert sur la violette, la mûre et la myrtille. En bouche, les notes de l'élevage en fût (fumée, tabac blond, grillé) participent à sa complexité aux côtés des fruits noirs. Un bon potentiel de garde en perspective. ✗ 2019-2022 ▼ magret de canard aux baies roses ■ 2014 (5 à 8 € ; 36 500 b.) Ⓑ : vin cité. ✗ 2015-2016

o┐ SCEA des Dom. Georges Ortola, Ch. Notre-Dame du Quatourze, 11100 Narbonne, tél. 06 74 78 69 07, georges@ortola.fr Ⓥ 🛇 🔒 r.-v.

DOM. LE NOUVEAU MONDE L'Estanquier 2011 ★

■	5 000	î ◑	8 à 11 €

Ce vignoble de 21 ha établi au sud de Béziers, propriété de la famille Borras-Gauch, est situé entre mer et étang, sur une terrasse villafranchienne de galets roulés mêlés à l'argile rouge, et sous l'influence de la Méditerranée.

Deux tiers de syrah et un tiers de mourvèdre composent ce vin grenat sombre. Les notes boisées du premier nez se fondent à l'aération dans les fruits noirs, accompagnés d'épices et de zeste d'orange. Adossée à des tanins souples et fondus, la bouche se montre ample, chaleureuse et expressive (fruits, épices et garrigue). Une longue finale lui apporte l'équilibre et un surcroît de fraîcheur. ✗ 2016-2019 ▼ lièvre à la royale

o┐ Famille Borras-Gauch, Dom. le Nouveau Monde, 34350 Vendres, tél. 04 67 37 33 68, domaine-lenouveaumonde@wanadoo.fr Ⓥ 🛇 🔒 r.-v. 🏠 Ⓔ

N DE NOVI Grés de Montpellier 2012 ★

■	3 000	◑	50 à 75 €

Chapelle sur le chemin de Saint-Jacques-de-Compostelle au XIᵉˢ., le mas du Novi possède un calvaire portant l'inscription Siste et ora viator : « Assieds-toi et prie, voyageur. » C'est aujourd'hui un domaine de 47 ha de vignes en conversion vers l'agriculture biologique situé dans une couronne de garrigue offrant une vue surprenante sur la mer et l'étang de Thau.

Paré d'une robe sombre, ce 2012 largement dominé par la syrah (seuls 3 % de mourvèdre viennent compléter l'assemblage) offre au nez des senteurs raffinées d'épices, de baie rose, de myrtille et de bois de cade. Il ajoute à sa palette le café, le chocolat, la tapenade et la griotte dans une bouche chaleureuse, puissante, bâtie sur une belle structure tannique et sur un boisé parfaitement maîtrisé. ✗ 2016-2019 ▼ chevreuil en sauce

o┐ Mas du Novi, D 5, rte de Villeveyrac, 34530 Montagnac, tél. 04 67 24 07 32, contact@masdunovi.com Ⓥ 🛇 🔒 r.-v. o┐ Grangély

DOM. PECH ROME Pézenas Opulens 2012 ★

■	4 000	î ◑	15 à 20 €

La passion de deux pharmaciens pour le vin, Mary, originaire d'Irlande, et Pascal Blondel, natif du Languedoc, est à l'origine de ce domaine né en 2001 : 12 ha établis sur les terrasses de Pézenas composées d'une trilogie de sols (basalte, calcaires dolomitiques et galets).

Ce vin très expressif et complexe dévoile au nez comme en bouche un fruité soutenu, beaucoup d'épices, des notes de thym et une pointe d'encens. Une complexité prolongée par un palais aux tanins solides et fermes, auquel une pointe de fraîcheur apporte équilibre, tonus et longueur. Bâti pour la garde. ✗ 2018-2025 ▼ bœuf bourguignon

o┐ SCEA Remparts de Neffiès, 17, Montée-des-Remparts, 34320 Neffiès, tél. 06 08 89 58 11, pechromevin@wanadoo.fr Ⓥ 🛇 🔒 r.-v. o┐ Pascal Blondel

PLAN DE L'HOMME
Terrasses du Larzac Habilis 2012 ★★

■	6 000	î	11 à 15 €

Rémi Duchemin a repris en 2009 le Plan de l'Homme, à l'origine Plan de l'Om. Après avoir brillé dans le Pic Saint-Loup, au Mas de Mortiès, c'est entre les collines rouges et les galets noirs de basalte des Terrasses du Larzac qu'il a entrepris, avec succès, de produire sur

12 ha très morcelés et en conversion bio des vins hautement expressifs, tant rouges que blancs.

Proche du coup de cœur, cette cuvée, qui a pris naissance sur une trilogie fameuse de sols (schistes, grès et ruffes), apparaît brillante à souhait dans sa robe rubis et conjugue en toute harmonie arômes d'épices douces, de cachou et de fruits rouges en confiture. En bouche, la douceur est de mise, sensation renforcée par le soyeux des tanins et par un caractère chaleureux apporté par les fruits mûrs. Un vin tendre et velouté, que l'on appréciera aussi bien jeune que patiné par la garde. ✗ 2016-2021 ♈ tagliata de bœuf

☛ EARL Le Plan de l'Homme, 15, av. Marcellin-Albert, 34725 Saint-Félix-de-Lodez, tél. 04 67 44 02 21, contact@plandelhomme.fr 🆅 👟 🍴 r.-v. ☛ Duchemin

PRIEURÉ SAINT-HIPPOLYTE 2014 ★

| ■ | 300 000 | 🛈 | - de 5 € |

La cave de Fontès a été créée en 1930 par une trentaine de vignerons. Aujourd'hui, elle en compte deux cents. Sur les premiers contreforts des Cévennes méridionales, les vignes recouvrent les coulées basaltiques de Fontès.

Ce rosé bien connu des lecteurs du Guide se montre lumineux dans sa robe rose pivoine. Il charme par ses arômes de framboise et sa pointe minérale, par son attaque tonique, presque acidulée, et par sa rondeur des plus gourmandes en bouche. On en redemande... ✗ 2015-2016 ♈ petits pâtés de Pézenas

☛ SCAV la Fontésole, bd Jules-Ferry, 34320 Fontès, tél. 04 67 25 14 25, sm.la.fontesole@orange.fr 🆅 👟 🍴 t.l.j. sf dim. 8h-12h 14h-18h

DOM. PUECH-AUGER
Montpeyroux Les Dolomies 2012 ★★

| ■ | 5 000 | 🍷 | 8 à 11 € |

Sur ce domaine créé par leur père et sis au nord du village, dans le quartier de La Meillade,, Christophe et Didier Crézégut vinifient et élèvent leurs vins dans la plus stricte tradition. La vingtaine d'hectares du vignoble est disséminée sur des sols argilo-calcaires et marno-calcaires typiques du terroir de Montpeyroux, où syrah, grenache, mourvèdre et carignan ont trouvé une terre de prédilection.

Ce vin, en plein épanouissement, propose un beau développement de sensations olfactives : le nez, puissant et avenant, évoque les fruits rouges en confiture, la griotte à l'alcool et les épices très douces. Le palais reprend la même gamme dans un bel équilibre mêlant une extrême rondeur et une fine fraîcheur. ✗ 2016-2019 ♈ aillade de veau

☛ Dom. Puech-Auger, 3, chem. de la Cagaroulette, 34150 Montpeyroux, tél. 06 74 63 33 02, domainepuechauger@wanadoo.fr 🆅 👟 🍴 r.-v. ☛ Crézégut

CH. PUECH-HAUT
Saint-Drézéry Tête de bélier 2013 ★

| ■ | 80 000 | 🛈 🍷 | 20 à 30 € |

Dès 1985, Gérard Bru a relancé la notoriété du terroir historique de Saint-Drézéry et fait de Puech-Haut une valeur sûre. Son domaine s'étend aujourd'hui sur près de 150 ha répartis dans plusieurs dénominations de l'AOC languedoc. Dans la cave, des têtes de bélier

sculptées dans la pierre soutiennent des cuves en bois tronconiques.

Incontournable de l'AOC, cette Tête de bélier à la robe rouge vif déploie des arômes intenses, fins et fruités. La bouche s'appuie sur une structure soyeuse, bâtie sur des tanins ronds, et dévoile de savoureux arômes de mangue et de fraise des bois agrémentés de poivre. La finale longue et suave invite à prolonger la dégustation. ✗ 2016-2019 ♈ daube provençale

☛ SCEA Ch. Puech-Haut, 2250, rte de Teyran, 34160 Saint-Drézéry, tél. 04 99 62 27 27, chateau.puech-haut@wanadoo.fr 🆅 👟 🍴 r.-v. ☛ Gérard Bru

DOM. LES QUATRE AMOURS Louis 2012

| ■ | n.c. | 🍷 | 15 à 20 € |

Quatre générations de vignerons se sont succédé depuis le XIXᵉˢ. à la tête de ce domaine étendu aujourd'hui sur 18 ha, conduit depuis 2006 par France et Michel Siohan. Les Quatre Amours ? Paul, Olga, Louis et Rose, les enfants du couple.

Dans la lignée du précédent millésime, ce 2012 pour l'heure un peu plus timide livre à l'aération des arômes de petits fruits noirs compotés et de torréfaction. Des notes de vanille et de sous-bois se discernent en bouche mais ne masquent pas le fruit. Un équilibre sur la rondeur et une jolie finale aérienne. ✗ 2015-2017 ♈ grillades de bœuf légumes grillés

☛ Dom. les Quatre Amours, 8, rte de Croix-de-Saint-Antoine, 34230 Belarga, tél. 04 67 24 60 89, fmsiohan@wanadoo.fr 🆅 👟 🍴 r.-v. ☛ F. et M. Siohan

DOM. DE QUERELLE Soumestre 2013 ★

| ■ | 2 700 | 🛈 | 8 à 11 € |

Depuis quatre générations, la famille de Michel Abel dirige ce domaine qui tire son nom de l'occitan cairas, « lieu pierreux » ; un terroir situé sur une terrasse caillouteuse au sud de Béziers, sur lequel est implanté un vignoble de 15 ha.

Syrah, grenache et mourvèdre ont bénéficié de la chaleur des galets roulés et des embruns de la Méditerranée pour atteindre une maturité optimale. Le nez n'est pas timide avec ses notes de fruits mûrs et d'épices agrémentés d'une touche minérale. Des tanins de bonne facture, à la fois fermes et soyeux, soutiennent un palais charnu, animé par une pointe de fraîcheur caractéristique du millésime. ✗ 2016-2020 ♈ gibier aux airelles

☛ Michel Abel, Dom. de Querelle, 34410 Sérignan, tél. 06 14 97 35 21, domainedequerelle@orange.fr 🆅 👟 🍴 r.-v.

CH. RAISSAC Belmont 2013 ★

| ■ | 10 000 | 🛈 | 8 à 11 € |

Au nord de Béziers, le Ch. Raissac s'étend sur 60 ha, dont de belles terrasses villafranchiennes. En 1999, Gustave Viennet succède à cinq générations de vignerons sur le domaine familial ; il développe l'œnotourisme et cultive la diversité, avec pas moins de douze cépages et cinq terroirs.

Mi-syrah mi-grenache, ce 2013 livre un nez intense de cerise, de framboise et de mûre relevées d'une touche épicée. Une attaque franche ouvre sur un palais dense, étayé par des tanins jeunes et vigoureux. Les fruits rouges et noirs sont accompagnés en finale de poivre, de cacao et d'une pointe de menthol. Un vin déjà harmonieux, mais à garder pour en tirer le meilleur. ✗ 2018-2025 ⍾ gigot d'agneau aux petits légumes

☛ SCEA Viennet, Ch. Raissac, rte de Murviel, 34500 Béziers, tél. 04 67 28 15 61, info@raissac.com Ⓥ 👤 🚶 t.l.j. sf sam. dim. 9h-12h 14h30-18h 🏠 ⑤
☛ Gustave Viennet

♥ Ⓑ DOM. DE LA RÉSERVE D'O
Terrasses du Larzac La Réserve d'O 2012 ★★

| ■ | 15 000 | ⏳ | 11 à 15 € |

Situées en altitude sur le causse d'Arboras, les vignes cherchent ici la terre sous les cailloux. Marie, la nouvelle présidente du syndicat Terrasses du Larzac, et Frédéric Chauffray travaillent en biodynamie et vinifient avec des méthodes douces (minimum de SO$_2$, pas de levurage, ni de collage et de filtration) des vendanges où chaque grain est minutieusement choisi.

Cette cuvée d'un seyant grenat aux légers reflets violets livre à l'aération un bouquet expressif et complexe de sous-bois, de menthol, de garrigue et de fruits rouges très mûrs. Les mêmes arômes se mêlent intensément dans une bouche souple en attaque, ample et ronde dans son développement, portée par des tanins soyeux et bien affinés, et par une fine fraîcheur qui lui apporte équilibre et longueur. Déjà très harmonieux, un vin à conjuguer au présent ou au futur proche. ✗ 2016-2020 ⍾ osso bucco

☛ Marie et Frédéric Chauffray, Dom. de la Réserve d'O, rue du Château, 34150 Arboras, tél. 06 76 04 03 88, contact@lareservedo.fr Ⓥ 🚶 👤 r.-v.

Ⓑ CH. LA ROQUE Pic Saint-Loup Tradition 2013

| ■ | 40 000 | ⏳ | 8 à 11 € |

Ce domaine produit du vin depuis le XIII^{e}s. Son emblématique pigeonnier médiéval témoigne de cette longue histoire vigneronne que perpétue Jacques Figuette depuis 2006. Et le vignoble (29 ha) est désormais en culture biologique et biodynamique.

Encore jeune dans sa robe sombre à reflets violets, ce 2013 déploie calmement des notes de fruits noirs, de poivre et de grillé. L'harmonie est déjà atteinte en bouche : douce rondeur, tanins déjà fondus et fraîcheur agréable. Il n'est pas nécessaire d'attendre. ✗ 2015-2017 ⍾ grillades au feu de bois

☛ Ch. la Roque, 2, chem. de Saint-Mathieu, 34270 Fontanès, tél. 04 67 55 10 18, contact@ chateau-laroque.fr Ⓥ 🚶 👤 r.-v. ☛ Jacques Figuette

---

Ⓑ DOM. DE ROQUEMALE
Grés de Montpellier Lema 2013 ★

| ■ | 6 000 | ⏳ 📶 | 11 à 15 € |

Roquemale signifie « mauvaise roche » en langue d'Oc ; la vigne y produit peu de raisin mais un raisin de bonne maturité. Valérie Tabaries et Dominique Ibanez, enfants

---

de vignerons, ont entièrement créé ce domaine en 2001, séduits par ce terroir constitué de sols argilo-calcaires et de terres rouges : 12 ha aujourd'hui, en bio certifié.

Né de raisins mûris sur un vallon caché dans la garrigue, ce vin presque noir charme d'emblée par son nez d'épices douces, d'iris et de violette, souligné par un boisé léger. En bouche, il se montre ample et élégant, associant dans l'équilibre structure et fraîcheur. On y perçoit d'agréables notes d'épices, de caramel et de vanille, mais aussi le cassis, la mûre ou encore la réglisse. Ses tanins encore jeunes lui assurent un bon potentiel. ✗ 2016-2019 ⍾ filet mignon en croûte

☛ Valérie et Dominique Ibanez, 25, rte de Clermont, 34560 Villeveyrac, tél. 04 67 78 24 10, contact@roquemale.com Ⓥ 🚶 👤 r.-v. 🏠 ②

CH. ROUMANIÈRES
Grés de Montpellier Le Chant des pierres 2013 ★★

| ■ | 5 500 | ⏳ | 11 à 15 € |

Entre Gard et Hérault, au flanc sud du bois de Paris, le village de Garrigues porte bien son nom. Le Ch. Roumanières y compte 33 ha de vignes sur cailloutis calcaires à flanc de collines. Mathieu Gravegeal a pris la tête de l'exploitation familiale en 2008.

La syrah, le grenache et le mourvèdre ont puisé le meilleur des coteaux qui dominent le village pour offrir ce vin d'un noir intense aux reflets fuchsia. Le nez s'ouvre progressivement sur des notes flatteuses de cassis frais, de griotte, de thym et de fleur de sureau. Le palais allie souplesse, volume et concentration, et développe des arômes intenses de liqueur de mûre, de garrigue et de grillé qui font place au fruité à la fraîcheur du litchi. Un vin à la fois dense, riche et élégant, qui gagnera son étoile dans la durée. ✗ 2019-2022 ⍾ magret sauce aigre-douce

■ Les Garrics 2012 ★ (11 à 15 € ; 2 600 b.) : un nez intense de cassis et de grillé, un beau volume en bouche, des tanins fondus, un bon boisé qui n'écrase pas le fruit et une finale sur les épices. ✗ 2019-2022

☛ Ch. Roumanières, 2, chem. des Verriers, 34160 Garrigues, tél. 06 78 00 24 62, roumanieres@voila.fr Ⓥ 🚶 👤 t.l.j. sf dim. lun. 9h-12h 15h-18h30 🏠 ④ ☛ Gravegeal

---

CH. ROUQUETTE-SUR-MER
La Clape Cuvée Henri Lapierre 2012 ★

| ■ | 10 000 | 📶 | 15 à 20 € |

Situées sur les falaises de bord de mer du massif de La Clape, les vignes, disposées en îlots entourés de garrigues et de bois, regardent la mer, dont elles reçoivent les brises salutaires. Ancienne propriété de la vicomtesse de Narbonne au XV^{e}s., le domaine appartient depuis 1970 à Jacques Boscary, à la tête aujourd'hui d'un vignoble de 55 ha.

Déjà dans sa plénitude, cette cuvée régulièrement au rendez-vous du Guide présente une robe ourlée de reflets bruns. Le bouquet, intense et opulent, mêle senteurs de la garrigue, fruits à noyau très mûrs, menthol, poivre, café et cacao. La bouche est déjà affinée, ronde et soyeuse, soutenue par des tanins enrobés et un boisé bien intégré qui laisse sa part au fruit. ✗ 2015-2018 ⍾ grillades d'agneau

☛ Jacques Boscary, Ch. Rouquette-sur-Mer, rte Bleue, 11100 Narbonne-Plage, tél. 04 68 65 68 65, bureau@chateaurouquette.com Ⓥ 🚶 👤 t.l.j. 10h-12h30 14h30-18h30 🏠 Ⓔ

DOM. SAINTE-CÉCILE DU PARC
Pézenas Sonatina 2012 ★

| ■ | 2 530 | 🍾 ⟲ | 11 à 15 € |

Les vignes en terrasses (15 ha) de ce domaine repris en 2005 par Christine Mouton-Bertoli sont conduites en agriculture biologique et cernent une cave récente, achevée en 2011. Toutes les cuvées font ici référence à la musique, dont sainte Cécile est la patronne.

La puissance caractérise ce vin, de bout en bout. Puissance du bouquet, tourné vers les fruits secs et les épices de l'élevage. Puissance de la bouche, aux accents réglissés, à la fois tonique et solide, ciselée par de bons tanins de garde. Puissant donc, mais aussi élégant et très harmonieux. ✗ 2018-2025 ♈ filet de bœuf aux cèpes

o– SCEA Mouton-Bertoli, Dom. Sainte-Cécile du Parc, rte de Caux, 34120 Pézenas, tél. 06 79 18 68 56, cmb@stececileduparc.com 🆅 🅰 🔼 r.-v.

CH. SAINT-JEAN D'AUMIÈRES
Terrasses du Larzac L'Alchimiste 2013 ★

| ■ | 26 000 | 🍾 ⟲ | 11 à 15 € |

Au XVIIIᵉs., cette propriété appartenait au procureur du roi J.-B. Claparède. Situé sur une colline marno-calcaire à l'entrée de Gignac, ce domaine de 50 ha, dont 35 de vignes, a été repris en 2013 par le négociant Vianney Castan, qui renoue ainsi avec la tradition vigneronne familiale.

Quelques notes animales en guise d'accueil, puis très rapidement les fruits rouges bien mûrs, le thym et le cade s'imposent. Une palette aromatique qui s'enrichit de belles notes d'élevage dans une bouche d'une élégante rondeur, gourmande, bâtie sur des tanins très soyeux. ✗ 2016-2019 ♈ sauté de bœuf aux olives

o– SCEA Les Vignobles Joseph Castan, Ch. St-Jean d'Aumières, 34150 Gignac, tél. 04 67 40 00 64, v.castan@josephcastan.com 🆅 r.-v.
o– Vianney Castan

DOM. SAINT-JULIA Diogène 2012

| ■ | 3 000 | 🍾 | 11 à 15 € |

Fervent gardien de la tradition familiale, Régis Sudre a choisi pour nom de domaine celui de la première chapelle chrétienne sise dans l'ancien oppidum romain de Murviel-lès-Montpellier, où se situent ses 15 ha de vignes.

Diogène est le nom du dernier cheval du grand-père du vigneron. La cerise à l'eau-de-vie, la garrigue, le cade, le poivre blanc, c'est par un nez méridional à souhait que débute la dégustation. Après une attaque franche, elle se poursuit sur le même tempo solaire dans un palais chaleureux et vineux, soutenu par des tanins soyeux. Tout indiqué pour une viande en sauce. ✗ 2016-2018 ♈ daube de bœuf

o– Régis Sudre, 3, rte de Bel-Air, 34570 Murviel-lès-Montpellier, tél. 06 46 48 29 55, regis.sudre@orange.fr 🆅 🅰 🔼 r.-v.

♥ CH. SAINT-MARTIN DE LA GARRIGUE
Grés de Montpellier 2012 ★★

| ■ | 6 000 | 🍾 ⟲ | 15 à 20 € |

Au milieu des pins centenaires, le château d'inspiration Renaissance a conservé son esthétique classique en

s'enrichissant des apports de ses propriétaires successifs : seigneurs et notables, hommes d'épée ou d'Église, investisseurs. En 2011, Jean-François Farinet devient responsable de ce domaine (70 ha) aux dix-sept cépages répartis sur des terroirs de grès rouges et de calcaires lacustres.

Valeur sûre de l'appellation, ce domaine signe une cuvée enthousiasmante, expressive et harmonieuse, qui fait la part belle au mourvèdre (55 %). Le nez se révèle complexe et farouchement méridional : liqueur de mûre, confiture de cassis, cerise confite, café, touche de garrigue et d'olive noire. Bâtie sur des tanins veloutés, la bouche se montre suave et friande tout en offrant beaucoup de volume ; en belle cohérence avec l'olfaction, on y retrouve la confiture de cerises et de cassis, le cacao et le caramel, avant une longue finale mêlant le poivre et le grillé. Un vin à la fois intense et élégant, qui évolue sans le moindre faux pas. ✗ 2018-2023 ♈ porc aux épices douces ■ Bronzinelle 2012 ★ (8 à 11 € ; 30 000 b.) : un classique du domaine (syrah, carignan, grenache, mourvèdre), au nez puissant de fruits noirs, de violette, d'épices, de camphre et de grillé, ample et suave, soyeux et frais à la fois. ✗ 2015-2019

o– SCEA Saint-Martin de la Garrigue, 34530 Montagnac, tél. 04 67 24 00 40, contact@stmartingarrigue.com 🆅 🅰 🔼 t.l.j. 8h30-12h 13h30-17h30

LES VIGNERONS DE SAINT-SATURNIN
Saint-Saturnin L'Exception 2012 ★

| ■ | 40 000 | 🍾 | - de 5 € |

« La Cathédrale », comme l'appellent les vignerons de Saint-Saturnin-de-Lucian, est l'une des rares coopératives présidée par une femme, Bernadette Gazel. Elle a créé le « Sentier du vin des poètes », une balade qui permet de découvrir ce joli terroir. Une tour carrée du XIVᵉs. est aujourd'hui le clocher du village et l'emblème de la cave.

Belle profondeur de la robe, grenat bordé de violet, des arômes puissants de fruits noirs à l'alcool, de cade, de thym et de menthe fraîche qui se développent à l'aération. Une palette engageante qui s'enrichit en bouche de réglisse et de notes poivrées. Les tanins, encore fermes, confèrent une belle mâche et assurent à ce vin une bonne tenue à la garde. ✗ 2017-2020 ♈ jarret de veau braisé

o– Les Vins de Saint-Saturnin, 5, av. Noël-Calmel, 34725 Saint-Saturnin-de-Lucian, tél. 04 67 96 61 52, contact@vins-saint-saturnin.com 🆅 🅰 🔼 t.l.j. 8h30-12h 14h-18h

CH. DE LA SALADE SAINT-HENRI
Pic Saint-Loup Aguirre 2012 ★

| ■ | 6 000 | 🍾 ⟲ | 15 à 20 € |

Sur ce domaine familial, qui doit son nom à un casque romain trouvé en ces lieux, les bâtiments datent du Moyen Âge, et la vigne y est cultivée depuis le début du XVIIIᵉs. Anne Donnadieu, pharmacienne de formation, est aux commandes depuis 2006, avec à sa disposition un vignoble de 35 ha.

LANGUEDOC

Syrah (80 %), grenache et mourvèdre sont associés dans ce vin solaire, au nez riche et puissant de fruits rouges surmûris, d'épices, de menthol et de chocolat. Des arômes qui imprègnent aussi une bouche ronde, chaleureuse et persistante, épaulée par des tanins veloutés et fondus. ✗ 2015-2019 ♈ daube d'agneau

⊶ Vialla-Donnadieu, Dom. de la Salade Saint-Henri, 1050, rte de Saint-Jean-de-Cuculles, 34270 Saint-Mathieu-de-Tréviers, tél. 04 67 55 20 11, annedonnadieu@gmail.com 🆅 🏃 ♿ t.l.j. 11h-13h 16h-18h

⊶ Scolhat-Vialla

DOM. SARRAT DE GOUNDY			
La Clape Cuvée du planteur 2013 ★			
■	13 000	🍷	11 à 15 €

Pour la famille Calix, Sarrat de Goundy est une aventure familiale démarrée en 2000. Claude, le père, qui a acquis sa première vigne en 1966 et présidé aux destinées de la cave coopérative d'Armissan, a voulu tirer profit de son terroir rocailleux pour signer ses propres vins, aidé par sa femme Rosy et son fils Olivier.

Ce vin respire la garrigue environnante qui l'a vue naître : des touches de menthol et de thym caractéristiques du massif de La Clape, composent un joli bouquet, complété de notes de fruits rouges frais. Une attaque ronde introduit un palais à la structure déjà soyeuse, soutenu en finale par une pointe fraîche. De l'harmonie et de belles promesses pour la garde. ✗ 2016-2021 ♈ carré d'agneau en croûte aux herbes

⊶ SARL Olivier Calix, 46, av. de Narbonne, 11110 Armissan, tél. 04 68 45 30 68, oliviercalix@hotmail.com 🆅 ♿ t.l.j. 9h-12h30 15h-19h

CH. LA SAUVAGEONNE			
Terrasses du Larzac Cuvée Les Ruffes 2013 ★★			
■	n.c.	🍷	11 à 15 €

Enfant des Corbières, Gérard Bertrand est un important propriétaire et négociant du sud de la France, dont les cuvées apparaissent dans le Guide sous diverses AOC (corbières, fitou, minervois, languedoc, côtes-du-roussillon...) et en IGP.

Ce vin sombre, tirant vers le noir, est né sur les fameuses ruffes, des terres de cailloutis couleur lie-de-vin. On aime la puissance du bouquet, sur le cassis en confiture, le pruneau, le moka, la réglisse et le caramel au lait. La bouche se révèle ample, puissante, bâtie sur des tanins denses et soyeux, rafraîchie en finale par une pointe d'eucalyptus. De bonne garde assurément. ✗ 2018-2023 ♈ faisan rôti ■ Terrasses du Larzac Pica Broca 2013 ★ (11 à 15 € ; n.c. b.) : des notes de torréfaction, de cacao, de cassis et de pruneau, un palais gras et rond, aux tanins fermes et de garde. ✗ 2018-2023

⊶ Gérard Bertrand, Ch. l'Hospitalet, rte de Narbonne-Plage, 11100 Narbonne, tél. 04 68 45 28 50, vins@gerard-bertrand.com 🆅 🏃 ♿ t.l.j. 9h-19h

DOM. DES SAUVAIRE 2012 ★			
■	3 000	🍾	5 à 8 €

Relais de poste du XVIᵉs. situé entre Sommières et Alès, le Mas de Reilhe, reconnaissable par à sa tour carrée, est entré dans la famille Sauvaire en 1850. Représentant la quatrième génération de vignerons, Hervé vinifie depuis

1999 sur ce terroir de calcaires et d'argiles. Son domaine s'étend aujourd'hui sur 25 ha.

Ce vin séduit d'emblée par ses arômes intenses et riches de fruits noirs, d'épices et de cacao, auxquels se mêle une pointe de kirsch. La suite ne déçoit pas, avec une bouche ample et chaleureuse, aux tanins fondus, où l'on devine la confiture de fraises, le pruneau, puis la réglisse en finale. ✗ 2016-2019 ♈ sauté d'agneau à la languedocienne

⊶ Hervé Sauvaire, Mas de Reilhe, 165, chem. du Mas-de-Reilhe, 30260 Crespian, tél. 04 66 77 89 71, herve.sauvaire@wanadoo.fr 🆅 🏃 ♿ r.-v.

VIGNERONS DU SOMMIÉROIS			
Les Romanes 2013			
■	13 000	🍾	5 à 8 €

Soixante-dix vignerons, pour 660 ha de vignes, sont réunis dans cette coopérative établie dans la partie la plus orientale de l'appellation languedoc, qui sélectionne minutieusement les parcelles sur leurs terroirs d'argiles à silex ou de défriche calcaire.

Une cuvée originale ouverte sur le cassis de prime abord, sur l'olive noire et le moka à l'aération. Quelques notes d'évolution apparaissent dans une bouche souple et bien enrobée. À boire dans sa jeunesse. ✗ 2015-2018 ♈ magret de canard

⊶ Caveau des Vignerons du Sommiérois, 2, rue de l'Arnède, 30250 Sommières, tél. 04 66 80 03 31, charlotte.d@les-vignerons-du-sommierois.com 🆅 ♿ t.l.j. sf dim. 9h-12h30 15h-19h

CH. LE THOU Collection 2013 ★			
■	14 000	🍾	8 à 11 €

Ce domaine est construit sur le site d'une villa romaine. Tout autour, le vignoble de 17 ha prend racine sur une terrasse de galets roulés dont le climat est tempéré par la proximité de la Méditerranée.

Des arômes de fruits secs et d'olive noire animent le bouquet de ce vin profond. Une pointe d'épices se développe à l'aération et accompagne aussi un palais rond, aux tanins doux, souligné par une fraîcheur agréable caractéristique du millésime 2013. Un languedoc en finesse, qui ne manque pas de présence. Ouvrir la bouteille deux heures à l'avance. ✗ 2015-2017 ♈ bavette au roquefort

⊶ SCEA Valéry, rte de Béziers, 34410 Sauvian, tél. 04 99 41 02 74, laurent@famillevalery.com 🆅 🏃 ♿ r.-v.

⑧ DOM. DE TRÉPALOUP			
Les Pierres blanches 2013 ★★			
▪	2 500	🍷	8 à 11 €

Situé sur les éboulis de calcaire jurassique du bois de Parls, le domaine a été repris en 2002 par Laurent et Rémi Vandôme. Les deux frères ont converti leurs 15 ha de vignes à l'agriculture biologique, et replanté figuiers et oliviers.

Ce blanc clair aux reflets vifs, issu de roussanne et de grenache blanc, s'ouvre sur des parfums séducteurs et subtils de coing et d'anis. On retrouve le coing, avec persistance, dans un palais rond, souple et fin, soutenu par un boisé très fondu qui signe un élevage parfaitement maîtrisé. Un blanc harmonieux et très languedocien. ✗ 2016-2019 ♈ rougets grillés

○━ *Dom. de Trépaloup, rue du Moulin-d'Huile, 30260 Saint-Clément, tél. 04 66 77 48 39, trepaloup@ gmail.com* 🆅 🎿 🏠 *mer. ven. 17h-19h30; sam. 15h-19h30*
○━ Laurent et Rémi Vandôme

Ⓑ DOM. DE LA TRIBALLE Toutes Aures 2013 ★

■	7 150	î	5 à 8 €

Ce domaine de 15 ha cerné par la garrigue est situé au nord-est de Montpellier. Sabine et Olivier Durand, sixième génération sur l'exploitation familiale, l'ont repris en 1990, perpétuant la culture des vignes en agriculture biologique (principes respectés depuis 1974).

Cette cuvée provient d'une parcelle de vieux ceps de carignan, de syrah et de grenache. L'intensité de la robe et du bouquet ne laisse pas indifférent ; on perçoit des fruits rouges et noirs, des notes empyreumatiques et des parfums de garrigue. La bouche, bien structurée, affiche un bel équilibre teinté de fraîcheur. Un joli caractère.
✗ 2015-2018 ✗ cuissot de sanglier
○━ *Sabine et Olivier Durand, EARL Durand Olivier, Dom. de la Triballe, 34820 Guzargues, tél. 04 67 59 66 32, la-triballe@club-internet.fr* 🆅 🎿 🏠 *r.-v.*

LES TROIS PUECHS Cuvée Tradition 2013 ★

■	6 500	î	5 à 8 €

Le vignoble (25 ha sur argilo-calcaires mêlés de basalte) est implanté sur trois puechs – « monts » en occitan –, correspondant chacun à un lieu-dit. Un patrimoine familial que Jacques Coudere, ancien président de la cave de Gabian, a largement restructuré (nouvelles plantations, remembrements) pour créer le domaine en 2010.

Un assemblage syrah-grenache bien dans la tradition méditerranéenne, classique aussi par son côté très mûr et chaleureux. La robe est encore jeune, violine ; les fruits rouges confits agrémentés d'arômes de garrigue et de réglisse composent un nez flatteur. Une belle rondeur sans lourdeur, de la longueur, le charme opère aussi en bouche. ✗ 2015-2020 ✗ filet mignon à la moutarde
○━ *Dom. les Trois Puechs, 4, rte de Magalas, 34480 Fouzilhon, tél. 09 62 20 98 87, lestroispuechs@gmail.com* 🆅 🎿 🏠 *r.-v.*

Ⓑ TROIS TERRES
Terrasses du Larzac Le Saut du diable 2012 ★

■	4 000	î ◫	8 à 11 €

Conduit par Graeme Angus, ancien hématologue passionné de vins, amateur de la région et de coins sauvages, ce vignoble de 6 ha cultivé sur trois types de sols est labellisé en agriculture biologique.

Des arômes de cassis en guise d'accueil, puis à l'aération des notes de fruits rouges compotés et d'épices douces. La bouche, soyeuse et gourmande, offre le même registre aromatique, s'adosse à des tanins très enrobés et se voit vivifiée par une pointe de fraîcheur. Un ensemble équilibré et appelé à bien vieillir. ✗ 2017-2022 ✗ pintade aux lardons
○━ *Graeme Angus, Trois Terres, rue de la Vialle, 34800 Octon, tél. 04 67 44 71 22, graemeangus@hotmail.com* 🆅 🎿 🏠 *r.-v.*

Ⓑ CH. LA VERNÈDE Élevé en fût de chêne 2013 ★

■	6 306	◫	11 à 15 €

En 1872, les héritiers du comte d'Hulst cédèrent leur propriété à Henri Calvet, descendant de Pierre Mignard,

---

Premier peintre de Louis XIV. Aujourd'hui, le château appartient à Jean-Marc Ribet, arrière-arrière-petit-fils d'Henri Calvet. Entre Béziers et Narbonne, les 52 ha de vignes, entre céréales et oliviers, sont actuellement conduits en bio.

Un grenat soutenu habille ce duo syrah-mourvèdre, qui s'ouvre sur des arômes frais de fraise et de cerise mâtinés de nuances grillées. La bouche déploie une structure équilibrée bâtie sur des tanins denses ; aux notes de fruits s'ajoutent le poivre et la cannelle, puis des touches grillées dans une finale qui garde de la fraîcheur. ✗ 2018-2022
✗ magret grillé au poivre
○━ *Ch. la Vernède, rte de Salles, 34440 Nissan-lez-Ensérune, tél. 04 67 37 00 30, chateaulavernede.34@orange.fr* 🆅 🎿 🏠 *t.l.j. 8h-12h 14h-18h* 🏠 ④ 🏠 Ⓑ ○━ Jean-Marc Ribet

---

DOM. DE VILLENEUVE
Pic Saint-Loup Chant des roches 2012

■	7 000	◫	15 à 20 €

À Claret, au nord de Montpellier, le domaine d'Anne-Lise Fraisse et de son mari apiculteur étend son vignoble sur 48 ha. Les bâtiments et le caveau voûté du XIIᵉs., récemment restauré, sont établis au cœur des vignes, dans un cirque naturel bordé de garrigue et de pinède.

Élevé en barrique pendant vingt-quatre mois, ce 2012, orné de quelques nuances brunes, dévoile un joli bouquet d'épices et de fruits rouges. En bouche, les notes boisées prennent le dessus. Le tout reste équilibré, sans excès, et devrait pouvoir attendre encore un peu. ✗ 2016-2018
✗ magret de canard au miel
○━ *Anne-Lise Fraisse, dom. de Villeneuve, hameau Les Embuscalles, 34270 Claret, tél. 04 67 59 08 66, fraisse.villeneuve@orange.fr*

PICPOUL-DE-PINET

BEAUVIGNAC Cuvée Anniversaire 2014 ★

■	20 000	î	- de 5 €

La cave de Pomérols, fondée en 1932, regroupe aujourd'hui près de 150 viticulteurs en picpoul-de-pinet, dont les vignes (1 700 ha) couvrent aussi bien le terroir de garrigue de Castelnau-de-Guers que le glacis d'épandage qui constitue le cœur historique de l'appellation.

Cette cuvée est issue d'une sélection de parcelles de piquepoul très anciennes. Pâle à reflets verts, elle exhale des senteurs généreuses de tilleul et surtout de fruits exotiques. Son palais élégant, bien équilibré entre fraîcheur et rondeur, témoigne de la bonne maturité des raisins. ✗ 2015-2017 ✗ huîtres pochées en sabayon ■ 2014 (- de 5 € ; 400 000 b.) : vin cité. ✗ 2015-2016
○━ *Cave les Costières de Pomérols, 68, av. de Florensac, 34810 Pomérols, tél. 04 67 77 01 59, info@cave-pomerols.com* 🆅 🎿 🏠 *r.-v.*

DOM. DU CHÂTEAU Cuvée des comtesses 2014 ★

■	25 000	î	5 à 8 €

Le Ch. de Pinet se transmet de père en fils depuis plus de deux cent cinquante ans. Aujourd'hui, deux femmes, Simone et sa fille Anne-Virginie, conduisent le domaine étendu sur 35 ha.

LANG JEDOC

Un picpoul-de-pinet classique avec sa robe pâle, ses arômes intenses d'agrumes et sa bouche fraîche et alerte qui ne manque pas de rondeur. On apprécie aussi sa petite pointe minérale qui anime discrètement la finale. ✗ 2015-2016 ♈ tourteau

o⌐ Simone et Anne-Virginie Arnaud-Gaujal, Ch. de Pinet, 34850 Pinet, tél. 04 68 32 16 67, chateaudepinet@voila.fr Ⓥ ⚑ r.-v.

LA CROIX GRATIOT Bréchallune 2014

■		5 000		5 à 8 €

La Croix Gratiot est un domaine de près de 30 ha regroupés autour des bâtiments, au cœur d'une étendue de collines calcaires où le vignoble est cerné de garrigue.

Quelques reflets verts soulignent la belle brillance de ce vin. Le nez, d'abord discret, se développe à l'aération sur des notes de pêche blanche et de citron. La bouche est vive et harmonieuse. Un ensemble alerte et dynamique. ✗ 2015-2016 ♈ plateau de fruits de mer

o⌐ La Croix Gratiot, Dom. de Sainte-Croix, 34530 Montagnac, tél. 04 67 25 27 88, croixgratiot@gmail.com Ⓥ ⚹ ⚑ t.l.j. sf sam. dim. 9h-12h 14h30-17h30 o⌐ Ricome

DOM. GAUJAL Cuvée Ludovic Gaujal 2014 ★

■	30 000	î	5 à 8 €

La famille Gaujal est à Pinet depuis 1744. La rue dans laquelle se trouve leur cave porte même le nom de « Ludovic Gaujal » qui a largement contribué à la renommée du picpoul-de-pinet. Son fils Laurent a repris le flambeau en 2013 et conduit 22 ha de vignes.

Si la robe est discrète, le nez se montre très expressif avec ses notes de citron confit et de fleurs blanches. L'équilibre est de mise dans une bouche structurée par une fine arête acide, qui ne manque pas d'étoffe ni de volume. ✗ 2015-2017 ♈ poêlée de saint-jacques

o⌐ SCEA C&L Gaujal, 1, rue Ludovic-Gaujal, 34850 Pinet, tél. 04 67 77 02 12, lg@gaujal.fr Ⓥ ⚹ ⚑ mar. jeu. 10h-12h 14h-17h

DOM. DES LAURIERS Prestige 2014

■	20 000	î	5 à 8 €

Jouxtant Pézenas, le domaine de Marc Cabrol s'étend sur 45 ha entre garrigue et pinèdes (22 ha pour la vigne), à Castelnau-de-Guers, l'une des cinq communes de l'appellation picpoul-de-pinet. Une valeur sûre.

Discrète à l'œil, cette cuvée est bien dans la lignée de l'appellation avec ses arômes d'agrumes frais et sa pointe de minéralité. La bouche, franche et droite, met en avant une bonne fraîcheur, étoffée en finale par une agréable rondeur. ✗ 2015-2016 ♈ plateau de fruits de mer

o⌐ EARL Dom. des Lauriers, 15, rte de Pézenas, 34120 Castelnau-de-Guers, tél. 04 67 98 18 20, contact@domaine-des-lauriers.com Ⓥ ⚑ t.l.j. sf sam. dim. 9h30-12h 14h-18h o⌐ Marc Cabrol

MAS SAINT-LAURENT Montmèze 2014 ★

■	45 000	î	5 à 8 €

Sur ce terroir, qui regarde l'étang de Thau, on a retrouvé des œufs de dinosaures fossilisés datant de 65 millions d'années. Depuis 1989, Roland Tarroux y cultive avec grand soin ses parcelles de piquepoul, étendues sur 35 ha.

Ce vin or pâle livre un nez puissant dominé par les fruits exotiques bien mûrs. Une attaque franche et intense laisse place à un milieu de bouche d'une rondeur délicate, persistante sur les fleurs blanches, avec toujours en soutien la belle vivacité caractéristique de l'appellation. ✗ 2015-2017 ♈ risotto aux palourdes

o⌐ Roland Tarroux, Mas Saint-Laurent, Montmèze, 34140 Mèze, tél. 04 67 43 92 30, massaintlaurent@wanadoo.fr Ⓥ ⚑ t.l.j. 10h-12h30 14h-18h30

LES VIGNOBLES MONTAGNAC
Les Terres rouges 2014 ★★

■	n.c.	î	- de 5 €

Cette coopérative produit du vin depuis 1937. Aujourd'hui, cinq cents vignerons issus de huit communes cultivent 2 000 ha de vignes bordées au sud par l'étang de Thau et la Méditerranée, au nord par des reliefs calcaires où l'Hérault a creusé des gorges profondes.

Cette cuvée est née sur des terres rouges de coteaux situés au cœur de la garrigue. Parée d'une robe claire et brillante, elle dévoile au nez des arômes très frais d'agrumes, de mangue et de fleurs blanches. On reconnaît bien ici la typicité de l'appellation : bouche vive et alerte, sans manquer de rondeur. Sa persistance citronnée est le point d'orgue de la dégustation. ✗ 2015-2017 ♈ plateau d'huîtres

o⌐ SCAV Les Vignobles Montagnac, 15, av. d'Aumes, 34530 Montagnac, tél. 04 67 24 03 74, cooperative.montagnac@wanadoo.fr Ⓥ ⚹ ⚑ t.l.j. sf dim. 9h30-12h 15h30-18h; sam. 9h30-12h30

DOM. MORIN-LANGARAN Noire 2014

■	43 000		- de 5 €

Dominant le bassin de Thau et longeant la Via Domitia, le domaine d'Albert Morin existe depuis 1330 et compte aujourd'hui 60 ha de vignes.

Une fois encore au rendez-vous, ce domaine signe un picpoul-de-pinet bien typé avec sa robe claire à reflets verts, ses arômes d'agrumes et sa pointe anisée, sa vivacité séduisante en bouche et sa finale bien fruitée. ✗ 2015-2016 ♈ coquillages de l'étang de Thau

o⌐ Albert Morin, Dom. Morin-Langaran, rte de Marseillan, 34140 Mèze, tél. 04 67 43 71 76, domainemorin-langaran@wanadoo.fr Ⓥ ⚑ t.l.j. 10h-18h; f. dim. janv.-fév.

L'ORMARINE Carte noire 2014

■	300 000		- de 5 €

Coopérative fondée en 1922, L'Ormarine – à l'époque Association des Producteurs de vins blancs de Pinet – est un acteur de poids dans la défense de la toute nouvelle AOC. Elle représente aujourd'hui plus de 500 coopérateurs pour une surface de 2 100 ha, dont 520 dédiés au seul cépage piquepoul.

Ce 2014 libère tout d'abord des notes florales très douces. Viennent ensuite les agrumes et une pointe minérale, renforçant la fameuse arête acide caractéristique des picpoul-de-pinet. L'ensemble ne manque ni de charme ni de rondeur. ✗ 2015-2016 ♈ moules grillées sur sarments

o→ *Cave de l'Ormarine, 13, av. du Picpoul, 34850 Pinet, tél. 04 67 77 03 10, caveormarine@wanadoo.fr*
V 🄰 🄵 *r.-v.*

DOM. REINE JULIETTE Terres rouges 2014 ★		
▪	30 000	🄸	5 à 8 €

Construite en 118 av. J.-C. pour relier l'Italie à l'Espagne, la Via Domitia, dite « chemin de la reine Juliette », est la plus ancienne voie romaine de Gaule. Elle favorisa l'expansion de la viticulture dans le Languedoc et jouxte ce domaine familial créé en 1986.

Cette cuvée séduit par ses senteurs de fruits exotiques et de pamplemousse – plus discrètes cependant que sur le millésime précédent, élu coup de cœur. À une attaque très vive succède rapidement un palais enrobé par une jolie sucrosité, tandis que la finale présente bien la fraîcheur attendue d'un picpoul. ✗ 2015-2017 ♈ moules marinière

o→ *EARL Alliès, 11, rte de Magas, 34480 Pouzolles, tél. 04 67 24 78 77, marion.allies0765@orange.fr*
V 🄰 🄵 *r.-v.*

▶ **LES APPELLATIONS DE LIMOUX**

BLANQUETTE-DE-LIMOUX

Ce sont les moines de l'abbaye Saint-Hilaire, commune proche de Limoux, qui, découvrant que leurs vins repartaient en fermentation, ont été les premiers élaborateurs de blanquette-de-limoux. Trois cépages sont utilisés pour son élaboration : le mauzac (90 % minimum), le chenin et le chardonnay ; ces deux derniers cépages introduits à la place de la clairette apportent à la blanquette acidité et finesse aromatique. La blanquette-de-limoux est élaborée suivant la méthode de seconde fermentation en bouteille et se présente sous dosages brut, demi-sec ou doux.

♥ **PIERRE CHANAU** 2013 ★★		
●	80 000	5 à 8 €

Propriétaire et négociant, cette maison familiale et indépendante depuis six générations est dirigée aujourd'hui par Françoise Antech, à la suite de son père Georges et de son oncle Roger. Une valeur sûre, spécialisée dans l'élaboration des bulles limouxines.

Cette blanquette destinée aux magasins Auchan (Chanau est un anagramme de la marque) revêt une belle robe or pâle agrémentée d'une effervescence fine et discrète. Bien que d'intensité moyenne, le nez séduit par la finesse de ses notes briochées et florales. Une finesse que l'on retrouve dans un palais ample dès l'attaque, souligné jusqu'en finale par une très fine acidité qui lui apporte beaucoup d'élégance et une longueur remarquable. ✗ 2015-2018 ♈ gravlax de saumon

o→ *Georges et Roger Antech, Dom. de Flassian, 11300 Limoux, tél. 04 68 31 15 88, courriers@ antech-limoux.com* **V** 🄵 *t.l.j. sf sam. dim. 8h-12h 14h-18h*

Ⓑ **DOM. DELMAS** Cuvée Tradition ★		
●	65 000	🄸	8 à 11 €

Domaine situé sur le versant méridional d'un coteau en amphithéâtre, dans le charmant village d'Antugnac. Bernard Delmas, cuisinier de formation et troisième du nom à conduire l'exploitation familiale, avec son épouse Marlène, est un pionnier de l'agriculture biologique : ses 30 ha de vignes sont convertis depuis 1986.

La robe, d'un jaune cristallin à reflets verts, est traversée de fines bulles, nombreuses et régulières. Le nez se montre intense et complexe : notes briochées et miellées, touche fumée puis compote de rhubarbe. Une belle vivacité minérale s'invite dans une bouche très équilibrée qui laisse une impression de finesse et de netteté. ✗ 2015-2018 ♈ dos de cabillaud aux agrumes ▪ Limoux Terroir Haute Vallée Élevé en fût de chêne 2013 ★ (11 à 15 € ; n.c. b.) : un bouquet toasté et grillé, agrémenté de notes d'ananas et de citron, prolongé par une bouche équilibrée, ample et vive. ✗ 2016-2018

o→ *Dom. Delmas, 11, rte de Couiza, 11190 Antugnac, tél. 04 68 74 21 02, domainedelmas@orange.fr*
V 🄰 🄵 *t.l.j. 9h-12h 14h-18h*

DOM. ROSIER 2013		
●	n.c.	🄸	- de 5 €

En 1982, Michel Rosier a quitté sa Champagne natale pour venir s'implanter sur les terres d'altitude (300 à 450 m) de Villelongue-d'Aude, ancien village fortifié construit en circulade, situé dans la partie ouest de l'appellation caractérisée par un climat océanique. Il a été rejoint depuis quelques années par son fils Nicolas. Cette cuvée s'ouvre sur des arômes discrets de fruits mûrs, de fleurs blanches et de vanille. Une bulle très fine anime une bouche fraîche, sans excès de nervosité. Un peu fugace, mais plaisant. ✗ 2015-2016 ♈ tourte au fromage blanc

o→ *Dom. Rosier, rue Farman, BP 23, 11300 Limoux, tél. 04 68 31 48 38, domaine-rosier@wanadoo.fr* **V** 🄵 *r.-v.*

JOSEPH SALASAR 2013		
●	150 000	🄸	8 à 11 €

Cette maison de négoce familiale spécialisée dans l'élaboration des bulles de Limoux (blanquette et crémant) et propriétaire du Dom. Beausoleil a été fondée en 1890 par Joseph Salasar. Dirigée par son petit-fils René depuis 1974, elle a été cédée en 2012 à la famille Bonfils, propriétaire de nombreux vignobles dans le Languedoc-Roussillon.

La robe jaune légèrement doré est traversée de bulles fines et abondantes. Le nez, intense, associe la noisette et l'abricot. La bouche est harmonieuse et fraîche, on y retrouve les fruits secs agrémentés d'une touche épicée. Belle longueur en finale. ✗ 2015-2016 ♈ truite aux amandes

o→ *Maison Salasar, 4, rue de l'Égalité, 11260 Campagne-sur-Aude, tél. 04 68 20 04 62, vfernandez@salasar.fr* **V** 🄰 🄵 *t.l.j. 8h-12h30 14h-18h*
o→ Bonfils

SIEUR D'ARQUES Diaphane Grande Cuvée 2012 ★		
●	75 000	🄸	8 à 11 €

La cave coopérative Sieur d'Arques est un acteur incontournable du vignoble limouxin, où elle assure

LANGUEDOC

environ 60 % de la production. Fondée en 1946, elle fédère aujourd'hui quelque 290 adhérents et dispose d'un vaste vignoble de 2 200 ha éparpillés sur plus de quarante communes, ce qui lui permet d'opérer une sélection parcellaire rigoureuse sur une très large variété de terroirs.

Déjà sélectionnée l'an passé dans le millésime 2011, cette cuvée Diaphane version 2012 a séduit le jury par sa belle effervescence et par ses parfums intenses et complexes de fleur d'acacia, de pêche blanche et d'épices douces agrémentés d'un soupçon d'agrumes. Une attaque ample ouvre sur un palais vif et tonique, sans agressivité, qui fait écho à l'olfaction, notamment son côté fruité. ✗ 2015-2017 ❦ terrine de poisson ● Expert Club Cuvée Prestige (5 à 8 € ; 80 000 b.) : vin cité. ✗ 2015-2016

☛ SAS Sieur d'Arques, rte de Carcassonne, BP 30, 11303 Limoux Cedex, tél. 04 68 74 63 11, s.echantillon@sieurdarques.com Ⓥ 🎿 🎁 t.l.j. 9h30-12h30 14h-18h30

TAUDOU 2011		
●	7 000	8 à 11 €

Héritier de plusieurs générations de vignerons, Jean-Pascal Taudou exploite depuis 2004 une trentaine d'hectares de vignes à Loupia, charmant village construit en circulade à l'ouest de l'appellation.

La robe dorée annonce les arômes de maturité de l'olfaction : caramel, écorce d'orange confite et épices. Arômes que l'on retrouve dans une bouche ample et généreuse, laissant apparaître une délicate évolution (pomme mûre). À son apogée. ✗ 2015-2016 ❦ poisson sauce crémée

☛ Taudou, 1, rue du Parc, 11300 Loupia, tél. 04 68 69 50 14, taudouvignerons@orange.fr Ⓥ 🎿 🎁 r.-v.

AOC à part entière, la blanquette méthode ancestrale reste un produit confidentiel. Le principe d'élaboration réside dans une seule fermentation en bouteille. Aujourd'hui, les techniques modernes permettent d'élaborer un vin peu alcoolisé (autour de 6 % vol.), doux, provenant de l'unique cépage mauzac.

Ⓑ DOM. DELMAS Clair de lune ★		
●	10 000	🍾	8 à 11 €

Domaine situé sur le versant méridional d'un coteau en amphithéâtre, dans le charmant village d'Antugnac. Bernard Delmas, cuisinier de formation et troisième du nom à conduire l'exploitation familiale, avec son épouse Marlène, est un pionnier de l'agriculture biologique : ses 30 ha de vignes sont convertis depuis 1986.

Ce vin jaune pâle à l'effervescence fine mais discrète séduit par ses arômes de pomme au four agrémentés de touches florales. La bouche est douce, fine et fraîche à la fois ; on y retrouve avec persistance les notes de pomme perçues à l'olfaction. ✗ 2015-2016 ❦ tarte Tatin

☛ Dom. Delmas, 11, rte de Couiza, 11190 Antugnac, tél. 04 68 74 21 02, domainedelmas@orange.fr Ⓥ 🎿 🎁 t.l.j. 9h-12h 14h-18h

ROBERT ★		
●	10 000	5 à 8 €

Dans les années 1930, Pierre Robert s'installait au domaine de Fourn pour y cultiver quelques arpents de mauzac, cépage traditionnel de la région. Aujourd'hui, ses deux petits-fils Jean-Luc et Bernard sont aux commandes de 38 ha de vignes. Un haut-lieu de la bulle de Limoux.

Cette année encore, la blanquette méthode ancestrale du domaine a été remarquée par le jury. Ses atouts : des notes caractéristiques de pomme, de miel et de cannelle, et une bouche élégante, ample, bien équilibrée par une finale agréable et fraîche. ✗ 2015-2016 ❦ tarte poires-noisettes

☛ Sté des Vins Robert, Dom. de Fourn, 11300 Pieusse, tél. 04 68 31 15 03, robert.blanquette@wanadoo.fr Ⓥ 🎿 🎁 t.l.j. 9h-12h 14h-19h

Production : 30 000 hl

Reconnu seulement en 1990, le crémant-de-limoux n'en bénéficie pas moins de la solide expérience et de l'exigence des producteurs de la région en matière de vins effervescents. Les conditions de production de la blanquette étant déjà très strictes, les Limouxins n'ont eu aucune difficulté à adopter la rigueur de l'élaboration propre au crémant. Depuis déjà quelques années s'affinaient dans leurs chais des cuvées issues de subtils mariages entre la personnalité et la typicité du mauzac, l'élégance et la rondeur du chardonnay, la jeunesse et la fraîcheur du chenin. Depuis 2004, le mauzac, cépage traditionnel de la région, est désormais réservé à la blanquette et c'est le chardonnay qui règne en maître dans l'appellation crémant-de-limoux. Enfin, le pinot noir peut être utilisé en appoint dans l'élaboration des rosés.

ANTECH Alliance 2013 ★		
●	40 000	8 à 11 €

Propriétaire et négociant, cette maison familiale et indépendante depuis six générations est dirigée aujourd'hui par Françoise Antech, à la suite de son père Georges et de son oncle Roger. Une valeur sûre, spécialisée dans l'élaboration des bulles limouxines.

Un cordon persistant anime une robe pâle et lumineuse. Le nez, tout en fruit, évoque le pamplemousse rose, le citron ou encore la pêche de vigne. À l'unisson, le palais onctueux et rond est sous-tendu par une belle vivacité, sans excès de nervosité. Un ensemble harmonieux et persistant. ✗ 2015-2018 ❦ salade de fruits ● Saint-Laurent 2013 ★ (8 à 11 € ; 40 000 b.) : chardonnay (50 %), chenin (40 %) et mauzac pour ce crémant pâle et brillant, à l'olfaction très florale (chèvrefeuille, acacia), vif et longiligne en bouche. ✗ 2015-2017

☛ Georges et Roger Antech, Dom. de Flassian, 11300 Limoux, tél. 04 68 31 15 88, courriers@ antech-limoux.com Ⓥ 🎁 t.l.j. sf sam. dim. 8h-12h 14h-18h

DOM. J. LAURENS Clos des Demoiselles 2013 ★		
●	49 000	🍾	11 à 15 €

Jacques Calvel, un enfant du pays de Sault, est revenu aux sources après une carrière dans l'informatique aux

États-Unis et en Suisse. En 2002, il a repris le domaine Laurens, fondé dans les années 1980 par le Champenois Michel Derviu, l'a agrandi (30 ha aujourd'hui) et modernisé, secondé par son maître de chai Henri Albrus.

Une bulle fine et persistante anime une robe jaune pâle et brillante. Les fruits jaunes macérés à l'alcool et les fleurs blanches composent un bouquet généreux et intense. Arômes qui imprègnent aussi une bouche bien équilibrée entre douceur, rondeur et vivacité. Un bon classique. ✗ 2015-2018 ✗ tarte aux abricots ● La Rose n°7 ★ (8 à 11 € ; 39 900 b.) : bulles fines et intenses, arômes d'agrumes, de pierre à fusil et de fruits rouges un brin acidulés, une fine vivacité en bouche, contrebalancée par une finale plus douce. ✗ 2015-2017

o⌐ SCEA Dom. J. Laurens, Les Graimenous, rte de La Digne-d'Amont, 11300 La Digne-d'Aval, tél. 04 68 31 54 54, domaine.jlaurens@wanadoo.fr
Ⓥ 🎐 🛈 t.l.j. 8h30-12h30 13h30-18h; sam. dim. sur r.-v.
o⌐ J. Calvel

♥ PAUL MAS
Prima Perla ★★

●	13 000		8 à 11 €

À la fois vigneron et négociant, Jean-Claude Mas a créé en 2000 les domaines Paul Mas autour de ses 60 ha de vignes. Il entend mettre en valeur les nuances des terroirs au travers des sept gammes de vins.

Animée d'un cordon de bulles très fines, la robe or blanc de ce crémant offre une approche élégante et invite à poursuivre. Le nez, intense et complexe, mêle les fleurs blanches, le citron et les petits fruits rouges (dus sans doute aux 10 % de pinot noir présents dans l'assemblage). Ces arômes, agrémentés de nuances épicées, s'épanouissent dans une bouche ample, longue et d'une grande finesse. ✗ 2015-2018 ✗ tarte au citron ● Ch. Martinolles Cuvée M 2013 ★★ (8 à 11 € ; 13 000 b.) : de discrètes mais très élégantes nuances florales (aubépine), briochées et réglissées ; un palais frais et délicat, aux tonalités d'agrumes et de fleurs blanches soulignées par une fine effervescence. ✗ 2015-2018 ● Prima Perla ★★ (8 à 11 € ; 14 000 b.) : un crémant aux bulles légères, au nez très expressif et fin de pêche de vigne, de framboise et de violette, élégant et frais en bouche. Proche du coup de cœur. ✗ 2015-2017

o⌐ Domaines Paul Mas, rte de Villeveyrac, 34530 Montagnac, tél. 04 67 90 16 10, info@ paulmas.com Ⓥ 🛈 t.l.j. sf dim. lun. 10h-18h30 🏠 Ⓒ

♥ DOM. JO RIU
L'Inattendu 2012 ★★★

●	1 200	🛈 ⬛	11 à 15 €

Le domaine a toujours vendu ses vins en vrac, jusqu'en 2007, année où la petite-fille de Jo Riu, Caroline, a repris les 30 ha de vignes, épaulée par Arnaud Mayade, son maître de chai.

Chardonnay (70 %), chenin (20 %) et pinot noir composent cet Inattendu qui a séduit le palais exigeant des

dégustateurs. Un crémant rare par le volume produit et par le choix peu commun d'une vinification et d'un élevage en fût de chêne. Un très joli cordon de bulles fines et alertes anime une robe jaune pâle. Fleurs blanches, épices douces, brioche au beurre, le nez est une vraie gourmandise, qui annonce une bouche très expressive (noisette, fleur de sureau, agrumes, pomme fraîche), riche et onctueuse, soulignée jusqu'en finale par une fine acidité. Un effervescent atypique et d'une réelle complexité. ✗ 2015-2018 ✗ filet de bar au beurre blanc

o⌐ Dom. Jo Riu, Les Bouziers, 11300 Pieusse, tél. 06 22 87 82 17, contact@domaine-joriu.com
Ⓥ 🎐 🛈 r.-v.

ROBERT 2013 ★

●	30 000		8 à 11 €

Dans les années 1930, Pierre Robert s'installa au domaine de Fourn pour y cultiver quelques arpents de mauzac, cépage traditionnel de la région. Aujourd'hui, ses deux petits-fils Jean-Luc et Bernard sont aux commandes de 38 ha de vignes. Un haut-lieu de la bulle de Limoux.

Des bulles fines et plutôt discrètes parcourent une robe pâle et limpide. Au nez, des notes de noisette accompagnent les fleurs blanches et les fruits mûrs (pomme, pêche de vigne). Une attaque franche introduit un palais ample et vineux, souligné par une fine acidité qui lui apporte un surcroît de droiture. Un crémant de caractère. ✗ 2015-2018 ✗ ceviche de dorade

o⌐ Sté des Vins Robert, Dom. de Fourn, 11300 Pieusse, tél. 04 68 31 15 03, robert.blanquette@wanadoo.fr
Ⓥ 🎐 🛈 t.l.j. 9h-12h 14h-19h

SIEUR D'ARQUES Première Bulle 2013 ★

●	300 000	🛈	11 à 15 €

La cave coopérative Sieur d'Arques est un acteur incontournable du vignoble limouxin, où elle assure environ 60 % de la production. Fondée en 1946, elle fédère aujourd'hui quelque 290 adhérents et dispose d'un vaste vignoble de 2 200 ha éparpillés dans plus de quarante communes, ce qui lui permet d'opérer une sélection parcellaire rigoureuse sur une très large variété de terroirs.

Ce rosé, issu à 70 % de chardonnay (20 % de chenin et le pinot noir en complément), livre un bouquet intense de pomelo et de tilleul. En bouche, c'est la vivacité qui l'emporte, assurant une bonne longueur et une belle tonicité. ✗ 2015-2017 ✗ charlotte aux fraises ■ Limoux Toques et Clochers Terroir océanique 2013 ★ (11 à 15 € ; 18 000 b.) : un 100 % chardonnay au nez complexe de pain d'épice, de fruits exotiques et de minéralité, ample, dense et bien équilibré en bouche entre le bois, le fruit et l'acidité. ✗ 2015-2018

o⌐ SAS Sieur d'Arques, av. de Carcassonne, BP 30, 11303 Limoux Cedex, tél. 04 68 74 63 11, s.echantillon@sieurdarques.com Ⓥ 🛈 t.l.j. 9h30-12h30 14h-18h30; dim. 10-12h 14h30-18h

LANGUEDOC

LIMOUX

Superficie : 194 ha / Production : 8 097 hl (60 % blanc)

L'appellation limoux nature, reconnue en 1938, désignait le vin de base destiné à l'élaboration de l'appellation blanquette-de-limoux et toutes les maisons de négoce en commercialisaient quelque peu. En 1981, cette AOC s'est vu interdire, au grand regret des producteurs, l'utilisation du terme *nature*, et elle est devenue limoux. Resté à 100 % mauzac, le limoux a décliné lentement, les vins de base de la blanquette-de-limoux étant alors élaborés avec du chenin, du chardonnay et du mauzac. Cette appellation renaît depuis l'intégration, pour la première fois à la récolte 1992, des cépages chenin et chardonnay, le mauzac restant toutefois obligatoire. La dynamique équipe limouxine voit ainsi ses efforts récompensés. Une particularité : la fermentation et l'élevage jusqu'au 1er mai, à réaliser obligatoirement en fût de chêne. Depuis 2004, l'AOC produit également des vins rouges à partir des cépages atlantiques (merlot surtout, cabernets et cot) et des cépages méditerranéens (syrah, grenache).

DOM. ASTRUC Teramas 2013 ★★

| ■ | 7 200 | ⅷ | 8 à 11 € |

Depuis 2003, Jean-Claude Mas est le propriétaire de ce domaine créé en 1862 par Jean Astruc (cocher du fiacre au château de Bourigeole). Son vignoble s'étend sur 50 ha, dont 25 dédiés à l'appellation limoux.

La méditerranéenne syrah (30 %) complète les océaniques merlot (55 %) et cabernet-sauvignon dans cette cuvée qui se dévoile à l'aération sur des notes de fruits rouges surmûris et d'épices douces. Ample, gras, concentré, bâti sur des tanins présents sans dureté, le palais est harmonieux et fait écho à l'olfaction, agrémenté d'une petite touche de cuir. ✗ 2017-2020 ♈ moelleux au chocolat ■ Teramas 2013 ★ (8 à 11 € ; 7 200 b.) : fruits secs grillés, agrumes, fleurs blanches, bois frais pour le nez, volume et bel équilibre gras-fraîcheur pour le palais. ✗ 2015-2019 ■ Ch. Arrogant Frog 2013 (11 à 15 € ; 2 000 b.) : vin cité. ✗ 2015-2019

○━ *Dom. Astruc, 20, av. du Chardonnay, 11300 Malras, tél. 04 68 31 13 26, info@paulmas.com* Ⅴ 🏛 🛈 *t.l.j. sf sam. dim. 9h-12h 14h-17h* ○━ *Jean-Claude Mas*

♥ DOM. DE BARON'ARQUES 2012 ★★

| ■ | 66 000 | ⅷ | 30 à 50 € |

Ancienne propriété de l'abbaye de Saint-Polycarpe au XVIIe s., ce domaine (43 ha aujourd'hui) a été acquis en 1998 par la baronne Philippine de Rothschild (Ch. Mouton-Rothschild à Pauillac) et ses deux fils, qui l'ont entièrement rénové, à la vigne et au chai, et en ont fait l'une des valeurs sûres de l'appellation.

Deuxième coup de cœur en deux éditions pour la baronnie Rothschild dans ses œuvres limouxines. Après la Capitelle 2011, place au « grand vin » 2012 du domaine. D'abord discret, il s'ouvre à l'aération sur des parfums soutenus de fruits rouges mûrs, de sous-bois et de vanille. Une attaque franche et nette introduit un palais complexe (épices, réglisse, griotte confite, léger vanillé), très bien structuré par des tanins élégants et stimulé jusqu'en finale par une fine fraîcheur. Un vin parfaitement équilibré, à conjuguer au futur proche ou au futur (très) éloigné. ✗ 2017-2025 ♈ tournedos Rossini de canard ■ La Capitelle du Dom. de Baron'Arques 2012 ★★ (15 à 20 € ; 36 000 b.) : très aromatique, ouverte sur les fruits rouges confits, le pruneau et un grillé délicat, une cuvée chaleureuse, solide et concentrée, qui ne manque pas de fraîcheur. ✗ 2017-2021

○━ *Dom. de Baron'Arques, 11300 Saint-Polycarpe, tél. 04 68 31 96 60, cfoucachon@domainedebaronarques.com* Ⅴ 🏛 🛈 *t.l.j. sf sam. dim. 9h-12h 14h-17h* ○━ *GFA Baronne Philippine de Rothschild*

♥ GÉRARD BERTRAND Aigle royal 2013 ★★

| ■ | 10 500 | 🛈 ⅷ | 30 à 50 € |

Enfant des Corbières, Gérard Bertrand est un important propriétaire et négociant du sud de la France, dont les cuvées apparaissent dans le Guide sous diverses AOC (corbières, fitou, minervois, languedoc, côtes-du-roussillon...) et en IGP.

Il se dégage de ce 100 % chardonnay couleur jaune paille des notes soutenues et harmonieuses de genêt, de chèvrefeuille et de fruits jaunes mûrs agrémentés d'un soupçon de pierre à fusil et de noisette grillée. La bouche se révèle ample, ronde et riche, intensément fruitée (agrumes, fruits blancs), grillée et vanillée, avec en soutien une fine vivacité qui étire la finale. Un limoux complexe, intense et élégant, promis à une belle évolution en cave. ✗ 2015-2020 ♈ chapon aux morilles

○━ *Gérard Bertrand, Ch. l'Hospitalet, rte de Narbonne-Plage, 11100 Narbonne, tél. 04 68 45 28 50, vins@gerard-bertrand.com* Ⅴ 🏛 🛈 *t.l.j. 9h-19h*

ANNE DE JOYEUSE Very Limoux 2012 ★★

| ■ | 30 000 | ⅷ | 5 à 8 € |

Cette cave coopérative fondée en 1929 s'est une spécialité de l'élaboration des vins rouges de Limoux et de la haute vallée de l'Aude issus de sélections parcellaires rigoureuses, sans pour autant négliger la production des vins blancs.

Une belle robe sombre habille ce vin issu de merlot (50 %), de cabernet franc, de syrah et de malbec. Des notes de vanille et de fruits noirs compotés composent un bouquet généreux et intense, que prolonge, agrémenté de nuances épicées et cacaotées, un palais suave, riche et bien structuré. « Very Limoux », en effet, et de bonne garde. ✗ 2016-2020 ♈ civet de chevreuil ■ Very Limoux Chardonnay 2012 ★ (5 à 8 € ; 50 000 b.) : un vin brioché, anisé et fruité à l'olfaction, long, élégant, minéral et très frais en bouche, soutenu par un boisé fondu. ✗ 2016-2020

○━ *Oustal Anne de Joyeuse, 41, av. Charles-de-Gaulle, BP 39, 11303 Limoux Cedex, tél. 04 68 74 79 40, commercial.france@cave-adj.com* 🛈 *t.l.j. sf dim. 9h-12h 15h-19h*

DOM. JO RIU Terrajo 2013		
5 200	î ⅏	8 à 11 €

Le domaine a toujours vendu ses vins en vrac, jusqu'en 2007, année où la petite-fille de Jo Riu, Caroline, a repris les 30 ha de vignes, épaulée par Arnaud Mayade, son maître de chai.

Merlot (70 %), syrah et un soupçon (5 %) de grenache sont associés dans cette cuvée ouverte sans réserve à l'olfaction sur le cassis frais. Franche en attaque, de bonne concentration, la bouche séduit elle aussi par son fruité intense, sur le cassis toujours et la fraise. ✗ 2015-2019 ♈ rôti de veau aux champignons

☛ Dom. Jo Riu, Les Bouziers, 11300 Pieusse, tél. 06 22 87 82 17, contact@domaine joriu.com Ⓥ 🕭 🛈 r.-v.

DOM. RIVES-BLANQUES La Trilogie 2012 ★		
1 500	⅏	20 à 30 €

Ce domaine de 30 ha (dont 20 de vignes) est établi dans une zone protégée Natura 2000, à la croisée des influences méditerranéennes et océaniques. Un couple anglo-hollandais, les Panman, a pris la suite en 2001 d'Erick Vialade, resté sur l'exploitation pour former le fils des nouveaux propriétaires, Jan Ailbe.

La trilogie chenin (46 %), chardonnay (37 %) et mauzac compose ce limoux séducteur par son bouquet de fleur d'acacia, de poire et de cire d'abeille. Le charme continue d'opérer dans une bouche ronde, suave et briochée de prime abord, avant d'évoluer jusqu'en finale sur une trame plus vive, fruitée (agrumes) et minérale. ✗ 2016-2020 ♈ saumon au beurre blanc

☛ Ch. Rives-Blanques, Dom. Rives-Blanques, 11300 Cépie, tél. 04 68 31 43 20, rives-blanques@wanadoo.fr Ⓥ 🕭 🛈 r.-v. ☛ Jan et Caryl Panman

MALEPÈRE

Superficie : 384 ha / Production : 18 521 hl

Longtemps AOVDQS côtes-de-la-malepère, ce vignoble a accédé à l'appellation d'origine contrôlée en 2007. Il s'étend sur le territoire de trente-neuf communes de l'Aude. Sa situation au nord-ouest des hauts de Corbières limite les influences méditerranéennes pour le soumettre à des influences océaniques. Aussi les malepère, vins rouges ou rosés, ne privilégient-ils pas les cépages du Sud mais les variétés bordelaises. En rouge, le merlot doit constituer la moitié de l'assemblage, suivi du cabernet franc ou du cot (20 %). En rosé, c'est le cabernet franc qui joue le rôle majeur (50 %). Les cépages méditerranéens comme le grenache et le cinsault n'entrent dans les assemblages qu'à titre accessoire.

♥ **D. DE FOURNERY** 2013 ★★★		
n.c.		- de 5 €

Construite en 1947 sur l'ancienne gare de Routier, la cave du Razès, l'une des plus importantes coopératives de France, s'approvisionne dans trente-six communes et regroupe 3 000 ha de vignes au sud de Carcassonne. À voir au village : l'église fortifiée Saint-Laurent datant du XIIIᵉs.

C'est la finesse et l'élégance qui ont conduit à ce coup de cœur, reflet de la trilogie des cépages de l'appellation que sont le merlot (50 % ici), le cabernet-sauvignon et le cabernet franc. Une belle robe rubis profond ornée de quelques reflets violines de jeunesse, un nez généreux de fruits à l'alcool, de prune verte et de mirabelle, accompagné de notes de tabac frais : l'approche ne laisse pas indifférent. Ample et rond en attaque, le palais s'impose par sa puissance exceptionnelle, toujours accompagné par ce fruité intense qui fait un long écho à l'olfaction. ✗ 2016-2020 ♈ rôti de veau aux cèpes

☛ Cave du Razès, D 623, 11240 Routier, tél. 04 68 69 39 15, caveau@cave-razes.com Ⓥ 🛈 t.l.j. sf dim. 9h-12h 14h-18h

Ⓑ **CH. GUILHEM** Prestige 2014 ★		
25 000	î	8 à 11 €

Établi au cœur du village de Malviès, près de Carcassonne, ce domaine, valeur sûre de l'appellation, est dans la même famille depuis six générations : 35 ha de vignes (en bio certifié depuis 2013) commandés par un château de style Directoire construit à la fin du XVIIIᵉs., bâti sur des vestiges gallo-romains. Après sa mère Brigitte Gourdou-Guilhem, aux commandes pendant plus de vingt-cinq ans, Bertrand Gourdou a pris le relais en 2006. Mi-cabernet franc mi-cabernet-sauvignon, ce rosé brillant, couleur pétale de rose, séduit d'emblée par ses notes de petits fruits rouges acidulés, prolongées avec élégance et intensité dans un palais frais et alerte. ✗ 2015-2016 ♈ salade niçoise

☛ Ch. Guilhem, 1, bd du Château, 11300 Malviès, tél. 04 68 31 14 41, contact@chateauguilhem.com Ⓥ 🕭 🛈 t.l.j. 9h-12h 14h-18h; sam. dim. sur r.-v.

DOM. LA LOUVIÈRE La Maîtresse 2012 ★		
40 000	î	8 à 11 €

C'est l'histoire d'un industriel allemand, Klaus Grohe, qui tombe sous le charme de cette région et de ce terroir. Installé en 1992, désormais épaulé par son fils Nicolas, il a patiemment reconstruit ce domaine dont le vignoble couvre aujourd'hui 46 ha, en cours de conversion bio.

Une belle robe rubis soutenu ornée de reflets orangés d'évolution et un nez généreux de fruits mûrs composent une entrée en matière sympathique. La suite ne déçoit pas : une attaque ronde ouvre sur une bouche accompagnée d'une légère sucrosité, renforcée par des tanins fermes, encore un peu sévères en finale, qui accentuent le caractère vigoureux de cet assemblage merlot (80 %), cabernet-franc et malbec. ✗ 2017-2020 ♈ cassoulet

☛ Klaus Grohe, Dom. la Louvière, 11300 Malviès, tél. 04 68 20 71 55, jharris@domaine-la-louviere.com Ⓥ 🕭 🛈 t.l.j. sf dim. 9h-19h

CAVE LA MALEPÈRE Rare 2011 ★		
5 010	⅏	8 à 11 €

Créée en 1949 à Arzens dans l'Aude, regroupant quatre coopératives voisines et plus de 200 viticulteurs qui travaillent sur 2 000 ha, la Malepère représente l'une des plus importantes coopératives de France. Sa devise se résume en un seul mot « RARE », pour Réactivité, Amélioration, Respect, Environnement.

La trilogie de Malepère (le merlot et les deux cabernets) est à l'œuvre dans cette cuvée puissante. Le nez, chaleureux et intense, marie les fruits macérés à l'alcool et la vanille ; en bouche, un boisé soutenu accompagne une structure tannique fondue : un vin de caractère, qu'un peu de garde assouplira. ✗ 2017-2020 ❦ tajine d'agneau

☞ Cave la Malepère, av. des Vignerons, 11290 Arzens, tél. 04 68 76 71 76, caveau@cavelamalepere.fr Ⓥ ⚹ ♟ t.l.j. sf sam. dim. 8h-12h 14h-18h

DOM. DE LA SAPINIÈRE Bianca Flora 2014 ★★

■	3 300	🏅	11 à 15 €

Il n'y a plus de sapins à la Sapinière : le bois a été fourni à Viollet-le-Duc pour la restauration du château comtal de Carcassonne. Il n'y avait plus de ceps non plus sur la propriété, mais Joëlle Parayre, après une carrière dans l'industrie agroalimentaire, a redonné vie à partir de 1998 à ce domaine à l'abandon, créé par un négociant bordelais en 1865.

Cabernet franc (60 %) et grenache pour ce rosé « trendy », pâle aux reflets saumonés, qui libère des parfums de pétale de rose d'une grande finesse. Élégance que l'on retrouve dans une bouche très harmonieuse offrant un superbe équilibre entre fraîcheur et douceur. ✗ 2015-2016 ❦ soupe de fraises ■ 2013 ★★ (5 à 8 € ; 1 800 b.) : un vin qui vise le fruité et la souplesse, et qui atteint pleinement son objectif. ✗ 2015-2019

☞ Joëlle Parayre, Dom. de la Sapinière, Maquens, 11090 Carcassonne, tél. 04 68 72 65 99, j.parayre@domainedelasapiniere.com Ⓥ ⚹ ♟ r.-v.

MINERVOIS

Superficie : 4 000 ha / Production : 120 000 hl (97 % rouge et rosé)

Le minervois est produit sur soixante et une communes, dont quarante-cinq dans l'Aude et seize dans l'Hérault. Cette région plutôt calcaire, aux collines douces et aux revers exposés au sud, protégée des vents froids par la Montagne noire, produit des vins blancs, rosés et rouges.

Le vignoble du Minervois est sillonné de routes séduisantes ; un itinéraire fléché constitue la route des Vins, bordée de nombreux caveaux de dégustation. Un site célèbre dans l'histoire du Languedoc, celui de l'antique cité de Minerve, où eut lieu un acte décisif de la tragédie cathare ; de nombreuses chapelles romanes et les églises de Rieux et de Caune sont les atouts touristiques de la région.

ABBOTTS ET DELAUNAY Cumulo Nimbus 2012 ★

■	3 300	◑	15 à 20 €

Issu d'une famille de producteurs et négociants bourguignons, Laurent Delaunay, œnologue, après avoir créé Badet Clément & Cie, a racheté en 2005 l'affaire fondée en 1996 par l'œnologue australienne Nerida Abbott, créant sous le nom d'Abbotts & Delaunay une société de négoce-vinificateur spécialisée dans les vins du Languedoc-Roussillon.

Profondeur, raffinement, équilibre : trois mots qui résument ce vin. Profondeur de la robe, d'un pourpre soutenu et brillant ; raffinement et finesse des senteurs de cacao mêlées à des notes de fruits rouges et noirs ; équilibre en bouche, richesse et concentration du palais ; arômes de boisé, d'épices douces et de fruits compotés s'y étirent en une très longue finale où défilent les caudalies. ✗ 2017-2023 ❦ tourte au gibier

☞ Abbotts & Delaunay, 32 av. du Languedoc, 11800 Marseillette, tél. 04 68 79 00 00, contact@abbottsetdelaunay.com Ⓥ ⚹ ♟ r.-v.

CH. D'AGEL In extremis 2012 ★★

■	4 600	◑	20 à 30 €

Sur son rocher dominant un méandre de la Cesse, Agel est établi sur la route Minervoise, à mi-chemin entre Béziers et Carcassonne. La vigne est implantée sur des terroirs d'altitude (180 m) aux sols formés d'éclats calcaires ou en plaine, sur des galets roulés. Le domaine a été acquis en 2003 par une quarantaine d'amateurs fédérés par Robin Budowski, ingénieur agronome suisse.

Cette cuvée est issue de parcelles situées sur le tènement de Cazelles, à 180 m d'altitude, non loin de l'aire du muscat-de-saint-jean-de-minervois. Ses sols constitués d'éclats calcaires et d'argiles permettent d'obtenir une maturité optimale tout en conservant le caractère frais et primesautier des vins de ce terroir. Douze mois d'élevage ont apporté ici une légère touche vanillée qui rehausse des notes de pêche de vigne, de mûre et de bâton de réglisse. Ces arômes sont voluptueusement fondus, la charpente et la fraîcheur acidulée donnent un équilibre parfait, et la finale se distingue par sa longueur et par son élégance. ✗ 2018-2023 ❦ daube de canard

☞ SAS Ch. d'Agel, Les Crozes, 34210 Agel, tél. 04 68 91 37 74, contact@chateaudagel.com Ⓥ ⚹ ♟ r.-v.

LE CH. D'ALBAS Élevé en fût de chêne 2012 ★

■	8 000	◑	8 à 11 €

Amateur de vins, Graham Nutter a racheté ce domaine viticole et restauré tant ses vignes que ses vieilles pierres – notamment la chapelle romane du XIᵉs. qui domine la propriété. Il exploite 30 ha et propose plusieurs cuvées de minervois et d'IGP pays d'Oc.

Le Ch. d'Albas suit les préconisations de la méthode Cousinié visant à l'équilibre nutritionnel du cep, qui améliore la résistance aux maladies et diminue d'autant les traitements phytosanitaires. De ses terroirs de grès difficiles et austères est né un vin qui sort des sentiers battus : alors qu'il semble empreint de légèreté, la moindre agitation du verre provoque une explosion de cassis et de mûre. La bouche ? Confortable, allègre, mêlant la douceur de la soie et la chaleur des épices, de belle longueur, elle laisse l'impression d'une rare finesse. ✗ 2018-2020 ❦ carré d'agneau aux épices

☞ EARL Saint-Jacques d'Albas, Le Bas, 11800 Laure-Minervois, tél. 04 68 78 24 82, info@chateaustjacques.com Ⓥ ⚹ ♟ t.l.j. sf sam. dim. 8h-12h 13h30-17h 🏠 Ⓔ ☞ Nutter

CH. L'AMIRAL Cuvée Tradition 2013 ★

■	8 000	🏅	8 à 11 €

Un ancêtre, l'amiral Gayde, a agrandi au début du XIXᵉs. ce vignoble du Minervois, qui compte aujourd'hui

30 ha. Son père avait fait construire de spectaculaires bâtiments en arc de cercle, que l'on remarque par satellite. Ce cadre abrité des vents dominants permet toutes les prouesses de vinification. Aux commandes depuis 2008, Bénédicte Gobé représente la septième génération.

Avec 40 % de carignan et autant de grenache, la syrah en appoint, cette cuvée s'inscrit dans la tradition. On retrouve le cassis et la cerise caractéristiques de ces cépages, la densité du premier et la rondeur du second, avec des tanins un brin taquins et anguleux. La finale déploie quelques touches réglissées – la touche de la syrah – qui glissent sur une délicate note acidulée. ✗ 2018-2020 ❦ épaule d'agneau

☞ Bénédicte Gobé, 14, av. de l'Amiral-Gayde, 11800 Aigues-Vives, tél. 06 83 51 68 88, contact@chateaulamiral.fr Ⓥ 🏂 🏠 r.-v. 🏠 🅑

LES VIGNERONS D'ARGELIERS Les 87 2013 ★★

| ■ | 10 000 | 🍶 | 5 à 8 € |

C'est d'Argeliers que partit la révolte vigneronne de 1907 contre la fraude. Quatre-vingt-sept vignerons du village emmenés par Marcellin Albert furent les premiers à manifester. Ils étaient 600 000 trois mois plus tard dans les rues de Montpellier. Créée en 1931, la coopérative compte 300 adhérents et 1 600 ha de vignes exploitées.

Cette cuvée commémorative de la révolte vigneronne du Languedoc soulève une foule d'arômes : en tête du cortège, un groupe boisé, bien encadré par des tanins charpentés ; suivent des fruits noirs, qui revendiquent leur appartenance à la syrah, puis défilent les fruits rouges placés sous la bannière chaleureuse du grenache. Ce bel ensemble, bien uni, bien soudé, en bonne intelligence peut demander sa libération immédiate dans votre verre. ✗ 2015-2019 ❦ tendrons de veau à la tomate

☞ La Languedocienne et ses Vignerons, 10, av. Pierre-de-Coubertin, 11120 Argeliers, tél. 04 68 46 11 14, lang-vin@wanadoo.fr Ⓥ 🏂 🏠 r.-v.

DOM. DE BARROUBIO Jean Miquel 2013 ★★

| ■ | 5 000 | 🍶 | 8 à 11 € |

La famille est établie dans le Minervois depuis la fin du XVᵉ s. Installé en 2000, Raymond Miquel exploite 60 ha, dont 31 ha sont dédiés à la vigne. Référence en muscat-de-saint-jean-de-minervois, le domaine propose aussi des rouges intéressants en AOC minervois.

Raymond Miquel prouve une nouvelle fois son savoir-faire en rouge avec cette cuvée dédiée à son père. Ce vin charme d'emblée par la finesse de sa palette aromatique où la griotte rejoint des touches florales. Généreux, satiné, suave au palais, il dévoile un boisé vanillé qui lui donne un côté suave et gourmand, et qui ajoute de la consistance à une trame élégante. ✗ 2018-2023 ❦ civet de sanglier

☞ Raymond Miquel, Barroubio, 34360 Saint-Jean-de-Minervois, tél. 04 67 38 14 06, barroubio@barroubio.fr Ⓥ 🏂 🏠 t.l.j. 10h-12h 14h-18h 🏠 🅑

GÉRARD BERTRAND Art de vivre Réserve 2013 ★★

| ■ | n.c. | 🍶 | 5 à 8 € |

Enfant des Corbières, Gérard Bertrand est un important propriétaire et négociant du sud de la France, dont les cuvées apparaissent dans le Guide sous diverses AOC (corbières, fitou, minervois, languedoc, côtes-du-roussillon...) et en IGP.

Le Ch. l'Hospitalet, domaine de Gérard Bertrand sur la route de Narbonne-Plage, est le cadre, fin juillet, d'un festival de jazz. On peut savourer des morceaux de John Coltrane ou de Miles Davis, tout en se délectant de ce « virtuose » qui swingue entre garrigue et fruits noirs bien mûrs, dans un bel accord. Le duo syrah-carignan joue en parfaite harmonie, sur fond de tanins soyeux, une partition bien écrite et vous emporte vers une finale chaleureuse aux accents de torréfaction. Un ensemble qui pourra se produire sans fausse note au moins trois saisons. ✗ 2015-2020 ❦ pavé de bœuf aux cèpes

☞ Gérard Bertrand, Ch. l'Hopitalet, rte de Narbonne-Plage, 11100 Narbonne, tél. 04 68 45 28 50, vins@gerard-bertrand.com Ⓥ 🏂 🏠 t.l.j. 9h-19h

CH. CABEZAC Les Capitelles 2014 ★

| ■ | 3 200 | 🍷 🍶 | 11 à 15 € |

En 1997, Gontran Dondain, industriel dans l'agroalimentaire et grand amateur de vins, rachète cette propriété dans le Minervois, dotée de chais vieux d'un siècle et de 78 ha de terres (65 ha de vignes aujourd'hui). Il restructure le vignoble et les installations, et fait du Ch. Cabezac un complexe œnotouristique avec hôtel et restaurant gastronomique.

Que de chemin parcouru depuis 1997 ! Gontran Dondain a fait de ce domaine une destination touristique prisée avec animations diverses, centre de formation et même une cave pédagogique. L'élaboration du vin reste toutefois le cœur de Cabezac et les vignes, choyées, sont contraintes à l'excellence. Cette cuvée, dont le nom évoque ces constructions en pierre sèche qui servaient de refuge aux bergers, est l'un des rares minervois blancs de la sélection. Solidement bâtie sur la roussanne (80 %) et le grenache blanc, cette Capitelle recèle un nectar vanillé (la roussanne a été élevée en fût) d'où émergent des notes gourmandes et voluptueuses de fruits à chair blanche. Sa matière ample se conjugue avec une belle jeunesse, qui nous vaut une finale volubile, tout en fleurs blanches. ✗ 2017-2020 ❦ huîtres gratinées

☞ SCEA Ch. Cabezac, 23, hameau Cabezac, 11120 Bize-Minervois, tél. 04 68 46 23 05, tara@chateaucabezac.com Ⓥ 🏂 🏠 t.l.j. 10h-18h; f. dim. hors été ☞ Gontran Dondain

DOM. CAILHOL-GAUTRAN Villa Lucia 2012 ★★

| ■ | 5 000 | 🍷 🍶 | 11 à 15 € |

Quatre générations se sont succédé sur ce domaine fondé au début du XXᵉ s. En 1997, l'exploitation s'équipe d'une cave au hameau de Cailhol. En 2006, Jeanne et Christian Gautran transmettent le domaine à leur fils Nicolas et à son épouse Olivia. Le vignoble s'inscrit dans le Causse du haut Minervois.

De la syrah majoritaire (70 %), avec du carignan et du grenache en complément. Les deux premiers ont été vinifiés en macération carbonique ; une partie des vins a été élevée en cuve, l'autre en barrique. Un 2012 parfaitement ciselé, complexe et harmonieux, aux parfums exubérants de fruits frais relevés d'épices douces et mâtinés de cuir, adossé à des tanins patinés et soyeux. ✗ 2017-2022 ❦ bœuf braisé aux olives ■ L'Enclos des bécasses 2013 ★★ (8 à 11 € ; 30 000 b.) : cuvée issue d'une structure de négoce créée par Nicolas Gautran. Un nez explosif de petits fruits rouges et d'épices douces, un boisé imposant, et une ligne fine et élégante de fraîcheur en bouche renforcée par une finale vivifiante sur les agrumes. ✗ 2018-2024

☞ *Nicolas Gautran, hameau de Cailhol,*
34210 Aigues-Vives, tél. 04 68 91 26 03, gautran@orange.fr

CH. CANET 2012 ★			
■	37 200	î	8 à 11 €

Commandé par un grande demeure du XIXᵉs., ce domaine viticole en Minervois a été racheté en 2007 par les Néerlandais Floris et Victoria Lemstra. Aujourd'hui, 45 ha de vignes, 3 ha d'oliviers et 65 ha de champs et de pinèdes ainsi que des gîtes aménagés dans les anciennes maisons des ouvriers vignerons.

Le domaine est situé à l'ouest de l'appellation ; dans ce secteur plus frais, la syrah trouve son aire de prédilection. Elle compose 70 % de cette cuvée, complétée par la grenache qui lui donne cette belle sensation de maturité. L'œnologue, Nathalie Leclercq, a façonné un vin tout en douceur et en élégance, et plein de générosité. La qualité du travail à la vigne et au chai transparaît également dans la richesse et l'intensité des arômes de fruits rouges rehaussés d'une pointe poivrée. Équilibre, souplesse, ampleur, franchise, fraîcheur et fondu, accents de garrigue : voilà un authentique minervois. ✗ 2016-2018 ❦ côtelettes d'agneau aux herbes

☞ *SCEA Ch. Canet, 11800 Rustiques,*
tél. 04 68 79 28 25, nathalie@chateaucanet.com
Ⓥ 🏃 🎒 *r.-v.* 🏠 Ⓔ

DOM. DE CANTAUSSEL Cuvée Estelum 2012			
■	9 300	î ▥	8 à 11 €

Claude et Jean-Luc Bohler rêvaient de devenir vignerons. Après deux ans de recherche, séduits par le cadre du Minervois, ils ont acheté trois mas du XVIIᵉs. et un vignoble en pentes et en terrasses, sur le petit causse, à 300 m d'altitude, puis ont creusé un chai dans le roc. Après avoir exploité leur 10 ha en lutte raisonnée, ils se sont orientés vers le bio (certification en 2014).

Proche du pic Saint-Martin, le vignoble exposé plein sud est enchâssé dans la causse. Les raisins arrivent par gravité dans les cuves, après des tris successifs : le carignan à pleine maturité en figure de proue, accompagné de la syrah, d'une touche de grenache et d'un soupçon de mourvèdre. Après dix-huit mois de fût, le quatuor donne un vin rubis profond, au nez intense et à la bouche puissante qui attaque rondement sur des notes de toast grillé bien beurré. Une bonne reprise, et un côté chaleureux qui s'accompagne d'une belle onctuosité ; des notes de cuir, et un bois dominateur, que le temps doit dompter. ✗ 2018-2020 ❦ moussaka

☞ *Claude et Jean-Luc Bohler, Dom. de Cantaussel,*
34210 Siran, tél. 04 68 91 46 86, jlbohler@pt.lu Ⓥ 🏃 🎒 *r.-v.*

DOM. LE CAZAL Le Pas de Zarat 2012 ★★			
■	15 000	▥	11 à 15 €

Fondé en 1870, ce domaine s'inscrit dans le terroir d'altitude du causse minervois, bordé à l'ouest par le Pas de Zarat, un petit canyon. Il se transmet depuis cinq

générations. En 1996, Claude Derroja a pris les rênes des 17 ha de la propriété, riche d'un beau patrimoine de vieilles vignes.

Carignan, grenache et syrah sont assemblés dans ce vin rouge rubis qui offre l'expression de son terroir d'altitude. Son nez complexe allie la garrigue, et ses senteurs capiteuses, aux fruits rouges charnus du verger. Souple et gourmand, le palais associe la fraîcheur à un boisé bien fondu, marqué de quelques grains de vanille et de touches de menthe poivrée. La finale chaleureuse traduit l'exposition au sud du vignoble. ✗ 2020-2023 ❦ bœuf braisé à la provençale

☞ *Claude Derroja, EARL Dom. le Cazal, lieu-dit Le Cazal,*
34210 La Caunette, tél. 04 68 91 62 53, info@lecazal.com
Ⓥ 🏃 🎒 *r.-v.*

♥ Ⓑ DOM. DE CLARMON Clara 2012 ★★★			
■	5 500	î	8 à 11 €

Ce nom à consonance occitane est la contraction du prénom des deux filles de Frédérique et de Denis Josserand, Clara et Manon. Le couple s'est établi en 1997 sur un vignoble du Minervois ; il a créé sa cave en 2004. Aujourd'hui, 15 ha de vignes – en bio certifiés depuis 2012 –, une oliveraie et des chênes truffiers.

La première cuvée certifiée bio du domaine, dédiée à la fille aînée des vignerons, ne va pas passer inaperçue ! La vendange a été ramassée et triée manuellement. Le grenache (50 %), la syrah (40 %) et le carignan font bien les choses : on sent déjà, à l'agitation du verre, le flacon exceptionnel – une invitation au voyage, vers les contrées exotiques d'où proviennent la cannelle et autres épices douces, et la fève de cacao ; ces arômes rejoignent le cassis, la mûre et le pruneau, et naviguent sur un océan de douceur, traçant leur route avec ampleur et droiture, encadrés par des tanins serrés, jusqu'à une finale aux accents d'arabica torréfié. ✗ 2018-2020 ❦ joue de bœuf en daube

☞ *Frédérique et Denis Josserand,*
16, pl. du Château, 11200 Tourouzelle, tél. 04 68 41 60 12,
domaine@clarmon.fr Ⓥ 🏃 🎒 *r.-v.*

DOM. LA CROIX DE SAINT-JEAN Cuvée Michel 2012			
■	7 000	î	5 à 8 €

Trois générations de vignerons se côtoient sur ce domaine (18 ha) situé dans la partie orientale du Minervois : Michel Fabre, son père Robert, quatre-vingts ans, qui a réimplanté le vignoble sur les coteaux, et ses enfants Alexis et Annabelle. La Croix-de-Saint-Jean a été lancé en 2003 en association avec Fabrice Leseigneur, photographe et œnophile.

Après « le père » (Lo Paire) et « l'enfant » (Lo Mainatge), voici Michel, la cuvée du vigneron. Elle naît de l'union heureuse, à parité, de la syrah et du grenache. Un vin droit, qui est la grâce et le raffinement mêmes, mais avec un côté canaille dans ses arômes exubérants de fruits rouges compotés, parfumés d'une touche de cannelle. Éclatant de

jeunesse, chaleureux, c'est le « vin plaisir » par excellence.

✗ 2016-2020 ❦ pot-au-feu sauce tomate

☛ *Fabre, La Croix-de-Saint-Jean, 11120 Bize-Minervois,
tél. 04 68 46 35 32, lacroixdestjean@hotmail.fr*
Ⅴ 🎿 🛡 *r.-v.*

PIERRE CROS Les Aspres 2012 ★★★

| ■ | 5 000 | ▥ | 20 à 30 € |

Installé sur 21 ha de vignes, et au moins autant d'oliviers, d'amandiers et de chênes truffiers, Pierre Cros est un grand artiste vigneron, référence du Minervois, à en juger par son palmarès dans le Guide. Il se voit comme un « paysan » et dit tenir de ses père et grands-pères, boulangers à Badens, son respect du client. Outre les cépages de l'appellation, Pierre Cros préserve de vieux ceps oubliés, voire « mal aimés » (comme l'aramon), et acclimate des variétés venues d'ailleurs.

La cuvée phare du domaine brille une fois de plus. Cette syrah choyée et élevée un an en fût est bien dans la veine des millésimes précédents, avec ses senteurs intenses et chaleureuses d'épices et de fruits noirs, rehaussées de notes de cèdre et de touches de truffe. Cacao et moka torréfiés entrent en scène dans une attaque ample et onctueuse. Concentrés et suave, les tanins doux et épicés soulignent une finale intense, véritable apothéose. Une bouteille qui sera aussi agréable jeune (servie en carafe) que patinée par les ans. ✗ du 2016-2025 ❦ gigot de sept heures

☛ *Pierre Cros, 20, rue du Minervois, 11800 Badens,
tél. 04 68 79 21 82, dom-pierre-cros@wanadoo.fr*
Ⅴ 🎿 🛡 *r.-v.* 🏠 🌓

DOM. ENTRETAN
Cuvée Polère 2013 ★★

| ■ | 6 000 | ▥ | 8 à 11 € |

Vigneron discret, Jean-Claude Plantade s'est installé en 1980 avec Dominique et vinifie en cave particulière depuis 2001. Il cultive 10 ha au sud du Minervois, près du canal du Midi, et exporte la moitié de ses vins vers l'Allemagne.

Une fois de plus, la cuvée dédiée à l'oncle, dominée par la syrah, passe brillamment la barre. Après quatre mois à l'épreuve du fût, ce vin ressort grandi ; une Polère chaleureuse et dense, riche de senteurs généreuses de fruits rouges rehaussées de vanille et de cannelle, qui ne vous laissera pas de glace. L'estampille acidulée du millésime 2013 donne à la structure un surcroît d'élégance et à la finale persistante un supplément de finesse.

✗ 2016-2018 ❦ estouffade de bœuf à la provençale

☛ *GAEC Plantade, 10, rue des Alizés, 11200 Roubia,
tél. 04 68 43 25 16, jean.plantade@wanadoo.fr*
Ⅴ 🎿 🛡 *r.-v.*

DOM. PIERRE FIL Cuvée Orebus 2013 ★

| ■ | 11 000 | 🍾 ▥ | 11 à 15 € |

Situé dans la partie orientale du Minervois, ce domaine couvre 26 ha sur des terrasses de graves ou des calcaires lacustres. Dans la famille depuis sept générations, il associe l'expérience du père et la technicité du fils. Le tandem vinifie la plupart des cépages en macération carbonique.

Sur ce terroir de galets roulés, de grès et de schistes, le mourvèdre trouve son aire de prédilection et domine dans cette cuvée. Associé à 30 % de syrah, laquelle raffermit les tanins, et à 10 % de grenache, qui apporte sa chaleur, il engendre une cuvée Orebus « triple XL » qui réussit brillamment son passage en fût de chêne (douze mois). La barrique a laissé des notes de toasté grillé, sur lequel le raisin a étalé une belle couche de confiture de fruits noirs. Si les tanins demandent à se polir, la richesse et la générosité d'une matière épicée lui donnent de l'amabilité et contribue à sa longueur. Une bouteille qui se bonifiera en cave. ✗ 2018-2024 ❦ pigeon en cocotte

☛ *Dom. Pierre Fil, 12, imp. Les-Combes, 11120 Mailhac,
tél. 09 67 19 40 24, jeoffrey@domaine-pierre-fil.fr*
Ⅴ 🎿 🛡 *r.-v.* ☛ Jérôme Fil

CH. DE L'HERBE SAINTE
Cuvée Ambroisie 2013 ★★

| ■ | 1 860 | 🍾 ▥ | 11 à 15 € |

Situé dans la partie orientale du Minervois, à 300 m du canal du Midi, le domaine (64 ha) a été acquis en 2001 par la famille Greuzard, originaire de Bourgogne et installée en Languedoc depuis 1980. Premier achat de vignes en 1987 et premières vinifications à la propriété en 2010.

Achat du vignoble en 2001, puis de la maison, agrandissement du chai, développement de l'accueil, installation des enfants... Les Greuzard ont fait du chemin. Déjà distinguée l'an dernier, cette cuvée monte d'un cran avec ce millésime. Elle est constituée de syrah (72 %), complétée de carignan, grenache et mourvèdre à parité. Le nom du domaine, qui évoque les herbes aromatiques, n'est pas le fruit du hasard. Son vin est un condensé de garrigue. On y respire à plein nez le thym, le romarin et le genièvre. D'un beau volume, la bouche aux arômes de fruits rouges allie la générosité au soyeux des tanins, puis une fraîcheur minérale et des notes vanillées viennent donner une grande envergure à la finale. ✗ 2017-2020 ❦ bœuf en daube

☛ *Famille Greuzard, Dom. de l'Herbe Sainte,
11120 Mirepeisset, tél. 04 68 46 30 37,
herbe.sainte@wanadoo.fr* Ⅴ 🎿 🛡 *t.l.j. 10h 12h 16h-19h;
dim. sur r.-v.* 🏠 🅴

🅱 DOM. DES HOMS Paul 2013 ★★

| ■ | 25 000 | 🍾 ▥ | 8 à 11 € |

À la croisée du vent marin et du cers, les vignes sont idéalement plantées sur des terrasses caillouteuses au pied de la Montagne noire. Jean-Marc de Crozals a repris en 2000 l'exploitation familiale. Il a replanté 90 % du vignoble (en bio depuis 2007), commencé la mise en bouteilles à la propriété et converti au bio ses 20 ha.

Après un coup de cœur obtenu dans l'édition précédente, le domaine confirme sa qualité avec une autre cuvée créée à la naissance du fils du vigneron, qui privilégie elle aussi la syrah (80 %), cépage choyé par le propriétaire. Un jeune Paul qui montre une maturité affirmée et une belle personnalité, et qui apparaît bien élevé après huit mois de fût. Il a retiré de ce séjour de la consistance, des arômes vanillés et des notes épicées qui lui donnent beaucoup de charme. Un vin suave et chaleureux, qui finit sur une évocation de réglisse rappelant les confiseries de notre enfance. ✗ 2017-2020 ❦ daube de canard

☛ *de Crozals, Dom. des Homs, 11160 Rieux-Minervois,
tél. 04 68 78 10 51, jm.decrozals@free.fr* Ⅴ 🎿 🛡 *t.l.j.
10h-13h 15h-19h30* 🏠 🅲

ⒷDOM. DES MAELS
Le Clos du pech Laurié 2012

| ■ | 4 000 | ⦿ | 11 à 15 € |

Un projet de vie : jeunes œnologues, Morgane et Frédéric Laigre-Schwertz ont quitté l'Alsace pour s'installer en 2002 sur les rives du canal du Midi dans un petit domaine de 15 ha exploité en bio (certification en 2011). Pâtissiers à la retraite, les parents de Morgane s'occupent des chambres et tables d'hôtes.

Souvent retenue, cette cuvée est issue de grenache majoritaire (80 %), avec un appoint de syrah, vinifiée en macération carbonique et élevée un an en barrique. Le 2012 séduit par son nez puissant de petits fruits rouges et de truffe noire. La bouche introduit dans un univers aromatique très accueillant, évocateur de tasse de moka et de suaves confiseries au kirsch. ⚔ 2015-2020 ⸙ tajine d'agneau

☞ Schwertz, 32, av. des Platanes, 11200 Argens-Minervois, tél. 04 68 27 52 29, vignoble@ domainedesmaels.com Ⓥ 🅰 🅱 r.-v. 🏠 ➍

CH. MALVES Les Frères Bousquet 2013 ★

| ■ | 20 000 | | 5 à 8 € |

Non loin des murailles de Carcassonne, dans la partie ouest de l'appellation minervois, une puissante maison forte du XIIᵉs. avec quatre tours d'angle, entourée de 150 ha de vignes : le fief des frères Christian et Jean-Louis Bousquet, qui ont pris la suite de trois générations et conduisent leur domaine en traitant leurs vignes à demi-dose.

Les deux frères Bousquet allient tradition et modernité : dans leur cave construite en 1867, des cuves en pierre aux parois d'une épaisseur de 1,8 m côtoient l'Inox brillant et la technologie de pointe. Avec ces outils, ils excellent dans l'assemblage des cépages. Pour ce 2013, de la syrah (60 %) et du grenache. Un minervois typé, gorgé de fruits noirs, conjuguant puissance et grande douceur réglissée. ⚔ 2016-2019 ⸙ andouillette de canard ▪ Les Frères Bousquet 2014 ★ (5 à 8 € ; 13 300 b.) : marsanne, roussanne et grenache pour ce vin floral et mentholé, ample et rond, montrant en finale une pointe acidulée. ⚔ 2015-2018

☞ SCEA Bousquet, Ch. de Malves, 11600 Malves-en-Minervois, tél. 04 68 72 25 32, malves-bousquet@wanadoo.fr Ⓥ 🅰 🅱 t.l.j. 8h-12h 14h-19h; sam. dim. sur r.-v.

MÉGALITHES 2013 ★

| ■ | 3 000 | ⦿ | 11 à 15 € |

Réunissant 200 vignerons de deux communes voisines au sud-est de l'appellation minervois, non loin de Narbonne, cette coopérative dispose des 650 ha de ses adhérents.

Dolmens et pierres plantées témoignent du passé celtibère de la région, que les vignerons de Pouzols mettent en avant sur l'étiquette de leur cuvée Mégalithe, issue majoritairement de syrah (80 %, avec le mourvèdre en appoint) et élevée dix-huit mois en fût de 400 l. Loin d'avoir un cœur de pierre, ce vin se montre généreux et tendre, offrant des corbeilles de fruits frais, avant de dérouler avec élégance des tanins toastés et veloutés, accompagnés d'une profusion de fruits noirs, dans une chaleur typiquement méditerranéenne. ⚔ 2017-2023 ⸙ gigot d'agneau

☞ Les Vignerons de Pouzols Mailhac, RD 5, 11120 Pouzols-Minervois, tél. 04 68 46 13 76, cave.pouzols@yahoo.fr Ⓥ 🅰 🅱 t.l.j. 9h-12h 14h-18h

ⒷCH. MIGNAN Pech Quisou 2013 ★

| ■ | 30 000 | 🏠 ⦿ | 5 à 8 € |

Domaine créé en 1956 par le grand-père de Christian Mignard sur les hautes terrasses argilo-calcaires de Siran et repris en 2002 par ce dernier. Aujourd'hui, 15 ha partagés entre les AOC minervois et minervois-la-livinière. L'actuel vigneron a construit sa cave et converti son vignoble au bio (certification en 2012).

Né sur la colline (pech) Quisou et bâti sur la trilogie syrah-carignan-grenache – assemblés en proportions sensiblement égales –, ce vin rubis brillant apparaît richement épicé, intensément poivré. L'attaque franche dévoile des arômes de fruits frais sur une assise de bois patiné. L'élevage de qualité met en valeur une matière ample, issue d'un terroir parfaitement maîtrisé. La griffe d'un vigneron de talent. ⚔ 2016-2018 ⸙ entrecôte grillée

☞ Christian Mignan, Ch. Mignan, 34210 Siran, tél. 06 74 23 33 54, christian.mignard@wanadoo.fr Ⓥ 🅰 🅱 r.-v. 🏠 Ⓒ

CH. MILLEGRAND
Élevé en fût de chêne 2013 ★★

| ■ | 200 000 | 🏠 ⦿ | 8 à 11 € |

Rapatrié d'Algérie, Jean-Michel Bonfils a constitué un « empire » viticole : 20 propriétés en Languedoc et 3 en Bordelais, soit 1 800 ha. La famille exploite notamment Millegrand, propriété de l'évêché de Carcassonne jusqu'en 2003 : 180 ha de vignes le long du canal du Midi, non loin de la cité fortifiée.

Quatre cépages sont assemblés dans cette cuvée : la syrah (50 %), le grenache, le carignan et le cinsault. Les Bonfils recherchent l'extraction maximale : chaque grain doit restituer avec générosité tous les soins et les efforts du vigneron. L'alchimie s'opère grâce à un élevage bien mené, aux accents vanillés et épicés, qui laisse toute sa place aux arômes de fruits noirs, cassis et groseille, alliés avec élégance dans une matière douce et suave. Un ensemble complet et complexe. ⚔ 2016-2019 ⸙ moussaka

☞ SCEA Ch. Millegrand, Dom. de Millegrand, 11800 Trèbes, tél. 04 67 93 10 10, bonfils@ bonfilswines.com Ⓥ t.l.j. sf sam. dim. 8h-12h 14h-17h
☞ Bonfils

CH. DE MINERVE 2012

| ■ | 2 500 | 🏠 | - de 5 € |

Julien Gardiennet s'est établi en 2010 dans le village d'Azillanet, à 4 km au sud de Minerve. Implanté sur le terroir de la fière cité cathare, qui a donné son nom à l'appellation, son domaine a en outre le privilège de posséder des vestiges du château.

Bâtie sur quatre pierres angulaires (le grenache, la syrah, le carignan et le cinsault), cette cuvée, solidement ancrée dans le terroir, évoque la garrigue, avec des notes de pêche de vigne, de poivre et de fruits rouges. Bien construite, très droite, elle finit sur une note acidulée très agréable. ⚔ 2016-2019 ⸙ keftedes

☞ Julien Gardiennet, 6, rue de la Mairie, 34210 Azillanet, tél. 04 68 65 38 78, julien.gardiennet@orange.fr Ⓥ 🅱 r.-v.

CH. MIRAUSSE Le Grand Penchant 2013 ★★

| ■ | 9 500 | î | 8 à 11 € |

Proche de Carcassonne, cette ancienne terre du seigneur de Badens, émigré en Autriche à la Révolution, est devenue bien national et a été achetée par un ancêtre de Raymond Julien. Ce dernier a pris les rênes de la propriété en 1971. Viticulteur exigeant, il reste fidèle à la vendange manuelle et pratique la vinification en grains entiers.

Deux tiers de syrah, un tiers de grenache et quelques gouttes de carignan composent cette cuvée qui porte le nom d'un lieu-dit. Ce vin droit et franc, au regard ténébreux, a un penchant pour les fruits mûrs, le cassis et la mûre notamment. Après une attaque ronde et épicée, la bouche offre des toasts à la tapenade, puis s'oriente vers la garrigue où des tanins montent la garde. Le temps les polira ; les amateurs de vins de terroir costauds et chaleureux peuvent cependant déboucher cette bouteille dès aujourd'hui. ✗ 2015-2021 ▾ civet de lapin

o→ Raymond Julien, Ch. Mirausse, 11800 Badens, tel. 06 87 77 81 53, julien.mirausse@wanadoo.fr
Ⓥ Ⓚ Ⓛ r.-v.

CH. PIQUE-PERLOU La Sellerie 2012 ★

| ■ | 3 000 | ⱳ | 15 à 20 € |

Serge Serris a repris en 1981 le domaine familial implanté dans le Minervois. Il exploite 32 ha sur des terrasses argilo-calcaires dominant le canal du Midi, au sud de l'AOC minervois et en corbières.

Mi carignan mi syrah, élevée quinze mois en fût, cette cuvée Sellerie est un bon cheval, bien harnaché, qui tiendra la distance. Souple à l'attaque, sur un boisé vanillé suave, ce vin monte en puissance, se fait chaleureux et épicé, puis une vivacité minérale tend la finale, donnant de l'allonge à l'ensemble et laissant augurer une bonne garde. ✗ 2017-2021 ▾ côte de bœuf

o→ Ch. Pique-Perlou, 12, av. des Écoles, 11200 Roubia, tél. 04 68 43 22 46, chateau.pique-perlou@wanadoo.fr
Ⓥ Ⓚ Ⓛ t.l.j. 10h-12h30 15h30-19h o→ Serge Serris

CH. PORTAL Cuvée Haute Expression 2013

| ■ | 100 000 | | 5 à 8 € |

Installé en 1997, Jérôme Portal, qui exploite 30 ha en Minervois, non loin de la serre d'Oupia, a pris ses marques dans le Guide. Il propose des cuvées sous plusieurs étiquettes : à son nom ou à celui de localités comme Beaufort ou Artix.

La syrah (80 %) domine dans ce vin pourpre profond, complétée par le grenache. Le nom de cette cuvée est bien trouvé, à en juger par les commentaires des jurés, intéressés par son expression exubérante et originale, suave et gourmande : chocolat chaud, pâtisserie vanillée. On laissera cependant cette bouteille en cave pour permettre à tous ces arômes et composants de se fondre. ✗ 2017-2021 ▾ sauté d'agneau aux herbes

o→ Jérôme Portal, Dom. d'Artix, 34210 Beaufort, tél. 04 68 91 28 28, ch-beaufort@wanadoo.fr Ⓥ Ⓛ r.-v.

DOM. LA PRADE MARI
Gourmandise des bois 2012 ★

| ■ | 10 000 | ⱳ | 15 à 20 € |

Pierre Mari et son fils Laurent ont quitté la région d'Oran, où ils cultivaient vignes, oliviers et orangers, et re-construit en 1964 une propriété dans le Minervois héraultais. Professeur de dessin industriel, Éric, le petit-fils, a choisi en 2000 de perpétuer le domaine au décès de son père. Il a engagé la conversion bio de son vignoble de 24 ha, conseillé par un agronome naturopathe.

Après le Conte des garrigues, dans la dernière édition, voici la Gourmandise des bois, qui comporte plus de syrah (80 %) et moins de grenache. Le nom de la seconde pourrait se référer au fût, car le vin séjourne douze mois en barrique. Éric Mari excelle dans la savante alchimie du vin et du bois, comme le montre une fois de plus ce millésime où les arômes de l'élevage rencontrent avec fougue ceux issus du terroir, formant une harmonie parfaite. La douceur gourmande est au rendez-vous, avec la vanille, et les tanins du bois mettent leur talent au service d'un équilibre chaleureux qui n'est pas près d'être rompu. ✗ 2017-2023 ▾ faisan aux raisins

o→ Dom. la Prade Mari, hameau de la Prade, 34210 Aigne, tél. 04 68 91 22 45, domainelaprademari@wanadoo.fr Ⓥ Ⓚ Ⓛ t.l.j. sf dim. 9h-17h; sam. sur r.-v.
🏠 Ⓔ o→ Eric Mari

DOM. PUJOL La Mitre de l'évêque 2012 ★★

| ■ | 2 000 | î ⱳ | 20 à 30 € |

Le domaine résulte de l'association en 2000 de deux vieilles familles vigneronnes de Saint-Frichoux, village proche du canal du Midi : André Izard (aux vignes), ancien coopérateur, et Yves et Jean-Claude Pujol (le premier à la cave, le second à la gestion). Les deux vignobles réunis couvrent plus de 100 ha. Emmanuel Pujol, fils de Jean-Claude, officie en cave.

La Mitre de l'évêque ? Une des cuvées haut de gamme de l'exploitation, assemblage de syrah (70 %) et de grenache, qui connaît le bois. Derrière sa bannière pourpre défile une procession bigarrée de cacao, de noix de coco, de fruits rouges... un paradis aromatique, des fleuves de douceur. La bouche ne quitte pas cet univers : on y trouve générosité, onctuosité, ampleur, évocations gourmandes et suaves de pâtisserie, déroulé soyeux et long de tanins, sans le moindre à-coup, une élégance qui se prolonge infiniment. ✗ 2017-2023 ▾ civet de sanglier aux airelles

o→ Dom. Pujol-Izard, 8 bis, av. de l'Europe, 11800 Saint-Frichoux, tél. 04 68 78 15 30, info@pujol-izard.com Ⓥ Ⓚ Ⓛ t.l.j. 8h-12h 14h-18h, sam. dim. sur r.-v.

CH. DE RIEUX 2012

| ■ | 10 000 | ⱳ | 11 à 15 € |

Propriété familiale fondée en 1870 près du château de Rieux (Xᵉs.), longtemps tournée surtout vers le négoce – mais aussi l'export, dès 1870 –, reprise en 1998 par Emmanuel de Soos. Ce dernier a réduit son vignoble de 10 ha (24 ha aujourd'hui), et préfère les vins d'assemblage du Minervois aux vins de cépage. Sur l'exploitation, l'été, un restaurant éphémère.

Issu de syrah assouplie par 20 % de cinsault, ce 2012 a effectué un séjour de douze mois en demi-muid (500 l). Il en retire un nez complexe, associant d'intenses senteurs de fruits mûrs à des touches d'encens. La bouche chaleureuse apparaît très marquée par l'élevage, avec des tanins épicés et un boisé grillé. Il ne faudra cependant que peu de temps à cette bouteille pour se libérer de sa gangue de bois et s'ouvrir au monde. Les amateurs de vins boisés pourront l'apprécier jeune. ✗ 2015-2022 ▾ carré d'agneau aux herbes

LANGUEDOC

*Emmanuel de Soos, Ch. de Rieux,
11610 Rieux-Minervois, tél. 06 86 45 53 63,
chateauderieux@wanadoo.fr* 🅥 🅚 🅡 *r.-v.* 🏠 🅑

DOM. SAINTE-LÉOCADIE
Cuvée Fernand Avéroux 2012 ★★

■	6 000	🍷	8 à 11 €

Établi au sud-est de l'appellation minervois sur un terroir de mourrels particulièrement chaud et aride, ce domaine de 30 ha tire son nom d'une martyre vénérée par les arrière-grands-parents, fondateurs du vignoble. Arrivé sur l'exploitation en 1996, Thierry Bonnel a bâti une nouvelle cave en 2002.

Le vigneron est passé maître dans l'art de la vinification en grains entiers (macération carbonique) – la prise de risque est à la hauteur des espérances et la dévotion à sainte Léocadie porte ses fruits. Ce mode de vinification met en relief des parfums intenses de cassis, de groseille, de mûre, et même de sureau. Des arômes en harmonie avec une attaque tout en rondeur et en souplesse, et avec un développement chaleureux et ample, marqué par l'entrée en scène de tanins jeunes et vifs qui donnent le ton jusqu'à la finale intense. ✗ 2017-2023 ♟ canard rôti

*Thierry Bonnel, La Combe, 34210 Aigne,
tél. 04 68 91 80 27, thierry.bonnel4@wanadoo.fr*
🅥 🅚 🅡 *t.l.j. sf dim. 9h-12h 14h-19h*

DOM. LA SIRANIÈRE 2013

■	5 000	🍷	8 à 11 €

Quelques amis, pour lesquels le vin est « avant tout une fête », ont acheté des vignes en 2007 et 2008, puis une cave, du matériel d'exploitation, et ils se sont attaché les services de Bernard Marty, chef d'orchestre au chai. Leur domaine ne compte que 4 ha : une moitié sur les hauteurs de La Livinière, l'autre sur le piémont de Siran.

Deux tiers de syrah et un tiers de grenache pour ce minervois qui évoque intensément les épices et la chaleur de la garrigue, tout en déroulant des tanins suaves, d'une belle finesse. Un vin équilibré, tout en élégance, qui finit sur un soupçon de poivre. Déjà prêt à passer à table. ✗ 2015-2018 ♟ pavé de bœuf au poivre

*SAS La Siranière, 9, av. des Meulières,
34210 La Livinière, tél. 06 12 72 12 98, lasiraniere@neuf.fr*
🅥 🅚 🅡 *r.-v.* 🏠 ❷

DOM. TERRES GEORGES Quintessence 2013 ★★

■	5 500	◫	11 à 15 €

Trois semaines après avoir confié son bien, Georges s'est éteint. Satisfait de savoir que ses vignes resteraient dans la famille. Anne-Marie, sa fille, et Roland Coustal ont quitté leur métier pour assurer la pérennité du domaine, qu'ils ont rebaptisé Terres Georges en hommage au père. Ce dernier était coopérateur ; les héritiers ont créé une cave et limité à 13 ha la surface de leur exploitation pour tout suivre de très près.

De là-haut, Georges doit être fier du travail accompli par sa fille et par Roland sur la mosaïque de petites vignes. La syrah (80 %) et le grenache ont donné un nez complexe aux nuances de cerise et de mûre tout en suavité. Un vin ample, dont la forte personnalité n'exclut pas la finesse et l'élégance. La finale persistante, un peu exotique, rappelle

son séjour réussi de huit mois en barrique. ✗ 2017-2020 ♟ gigot à la broche

*Anne-Marie et Roland Coustal, 2, rue des Jardins,
11700 Castelnau-d'Aude, tél. 06 30 49 97 73, info@
domaineterresgeorges.com* 🅥 🅚 🅡 *r.-v.* 🏠 🅑

CH. TOURRIL Livia Gold 2013 ★★

■	2 400	🍷 ◫	15 à 20 €

Cet ancien domaine de 13 ha sur argilo-calcaires, orienté au levant, s'inscrit dans un amphithéâtre naturel, bordé de pinèdes et de garrigues. Il a été acquis et rénové en 1998 par l'entrepreneur Philippe Espeluque.

Cette cuvée Livia est le fruit d'un élevage poussé. Il faut dire que cette syrah concentrée se prête bien au jeu. Après un séjour de quatorze mois en fût neuf, le boisé toasté tient le premier rôle mais il n'éclipse en rien le vin ; un sombre qui délivre en pleine lumière les arômes de garrigue du terroir et des touches chaleureuses d'épices. La démonstration de force du merrain n'empêche nullement l'expression d'une matière douce et harmonieuse, et laisse envisager pour cette bouteille un avenir radieux. ✗ 2017-2023 ♟ pavé de biche sauce grand veneur

*Ch. Tourril, chem. des Matelles, 11200 Roubia,
tél. 04 68 91 36 89, info@chateautourril.fr* 🅥 🅚 🅡 *t.l.j.
sf sam. dim. 9h-12h 14h-18h* ❧ *Philippe Espeluque*

DOM. DES TROIS ÉCUS
Les Vieilles Vignes 2013 ★

■	10 000	🍷 ◫	8 à 11 €

Jean-Marc Spahn, entrepreneur dans l'immobilier, a repris en 2012 avec ses deux frères un vignoble de 8 ha situé dans l'aire du minervois-la-livinière, et fait construire une cave semi-enterrée sur une colline, le Pech de la Boriette. À sa carte, des vins de cépage et d'appellation.

Installés en 2012, les frères Spahn ont à peine le temps de créer une cave qu'ils figurent déjà dans le Guide. Leur terroir, à mi-chemin entre Siran et La Livinière, se met à la disposition de ceux qui l'approvisionent. Ajoutez-y des maturations et des vinifications poussées à l'extrême, et vous obtenez un grand vin rouge à la robe acajou chatoyant, aux senteurs intenses de fruits cuits et de fruits secs rehaussés de cannelle et de poivre. Ce 2013 présente de la fraîcheur du millésime, accompagné d'un boisé toasté doublé de notes de fruits rouges acidulés. Son élevage encore dominateur demande un peu de temps pour se fondre : laissons à cette bouteille le temps de grandir. ✗ 2018-2020 ♟ pavé de bœuf au poivre

Jean-Marc Spahn, Dom. des Trois Écus, 34210 Siran
🅥 🅡 *r.-v.*

♥ CH. VAISSIÈRE 2012 ★★★

■	40 000	◫	11 à 15 €

Dans la famille depuis 1780, ce domaine du Minervois a trouvé un nouveau souffle après 1952 avec Paul Mandeville, qui a été le premier en 1961 à planter de la syrah en Languedoc. Depuis 1984, son fils Olivier est aux commandes, rejoint par ses deux enfants. Sur le domaine, une chapelle (IXᵉ-Xᵉs.).

Le fils d'Oliver Mandeville a rejoint depuis peu son père sur le domaine. Ce coup de cœur est le fruit du travail de ce jeune passionné, qui a tiré d'un terroir sec et chaud un

CHÂTEAU VAISSIÈRE
2012
MINERVOIS

excellent vin, issu de syrah majoritaire. D'emblée, on tombe sous le charme de ce grand ténébreux, de sa générosité, de la franchise de ses arômes : violette, réglisse à profusion et, à l'aération, quelques accents vanillés. Doux à l'attaque, le palais monte en puissance, en dévoilant un bel élevage qui lui donne un surcroît de complexité, de volume et d'harmonie. La finale est gracieuse et suave, à la fois chaleureuse et délicate. ✗ 2017-2020 ⚊ pavé de bœuf au poivre

☞ *Olivier Mandeville, Dom. Vaissière, 11700 Azille, tél. 06 18 39 31 22, vmandeville@chateauvaissiere.fr* 🆅 👟 🍷 *r.-v.*

CH. VILLERAMBERT Terre de marbre 2013 ★		
◼ 30 000	🍷 ◫	11 à 15 €

Un site très ancien, non loin de la Via Domitia ; un château du XVIᵉs. et 114 ha de vignes sur argilocalcaires, schistes et même sur une veine de marbre rose, où furent établis en 1700 des carrières royales. La famille Julien, qui détenait la propriété depuis 1858, l'a vendue en 2014 aux Domaines Bonfils, propriétaires de 20 domaines dans la région, et de trois crus bordelais. La vigne, cultivée ici probablement depuis le IVᵉˢ., y est attestée depuis le XIIIᵉs. Le groupe Bonfils, qui a repris le domaine, a su profiter d'emblée de l'héritage de Michel Julien sur ces terroirs splendides de marbre rose. Née de la syrah (60 %) complétée par les grenache, mourvèdre et carignan, cette cuvée brillant de mille feux libère d'intenses notes épicées, avec, sous-jacent, un boisé très marqué. Après une attaque ronde et gourmande, d'une minéralité élégante, on perçoit quelques tanins un rien rocailleux ; une finale chaleureuse, évocatrice d'un coulis de fruits rouges, ne laisse pas de marbre. ✗ 2017-2020 ⚊ carré d'agneau aux épices

☞ *Ch. Villerambert, 11160 Caunes-Minervois, tél. 04 67 93 10 10, bonfils@bonfilswines.com* 🆅 *t.l.j. sf sam. dim. 9h-11h30 13h30-18h30* ☞ Bonfils

Ⓑ DOM. VORDY Los Gals 2014 ★★		
◻ 2 400	◫	11 à 15 €

Ingénieur, Didier Vordy a repris en 1994, avec son épouse Hélène, le domaine familial autour de la citadelle cathare de Minerve : 20 ha, en bio certifié depuis 2013 ; ils sont aujourd'hui épaulés par leur fils Thibaut. S'accrochant aux versants de la Cesse et du Brian, les ceps plongent leurs racines dans des calcaires appelés grésettes.

Le minervois blanc est rare. En voici un, composé de 70 % de roussanne et de grenache blanc. Après un court élevage sur lies en barrique, il libère des fragrances fraîches évoquant un buisson de fleurs blanches, rehaussées à l'aération de notes de fruits secs et de vanille. À la fois onctueuse et fine, la bouche tendre et bien fondue est la suavité même. ✗ 2015-2018 ⚊ fromage de chèvre

☞ *Didier Vordy, Mayranne, 34210 Minerve, tél. 04 68 91 80 39, vordy.didier@wanadoo.fr* 🆅 👟 🍷 *t.l.j. sf sam. dim. 9h-12h 14h-17h* 🏠 Ⓓ

Superficie : 200 ha / Production : 7 000 hl

Reconnue en 1999, l'appellation minervois-la-livinière regroupe cinq communes des contreforts de la Montagne noire. Elle produit des vins rouges issus de petits rendements.

Ⓑ DOM. BORIE DE MAUREL Cuvée Félines 2013 ★★		
◼ 20 000	🍷	11 à 15 €

En 1989, Michel Escande laisse tomber son autre passion, la voile, rentre au pays avec son épouse et crée son domaine à partir d'achats et de vignes familiales. Aujourd'hui accompagné de ses deux fils, Maxime et Gabriel, il travaille 37 ha en biodynamie et vinifie en grains entiers. Une valeur sûre du Guide avec des cuvées comme Sylla ou Félines.

En capitaine expérimenté, Michel Escande tient toujours la barre, accompagné de ses deux fils. L'équipage, travaillant en biodynamie, suit les cycles lunaires ; deux percherons splendides tirent la charrue pour les labours. À l'écoute des palpitations de la nature, cette Félines avance à pas feutrés dans sa robe noire, pour mieux bondir dans la garrigue aux essences capiteuses, au milieu des pins et des petits fruits du sous-bois. Elle évolue en souplesse, mais avec fermeté, une sa fraîcheur minérale, renforcée par la puissance musculeuse de ses tanins : un équilibre parfait. La finale fait « ronronner » de jolies notes empyreumatiques, tout en restant vive, toutes griffes dehors. ✗ 2015-2025 ⚊ confit de canard aux frites

☞ *Dom. Borie de Maurel, rue de la Sallèle, 34210 Félines-Minervois, tél. 04 68 91 68 58, contact@ boriedemaurel.fr* 🆅 👟 🍷 *t.l.j. sf dim. lun. 9h-12h 15h-18h*

♥ DOM. DE CANTAUSSEL Pic Saint-Martin 2012 ★★★		
◼ 8 000	🍷 ◫	11 à 15 €

Domaine de Cantaussel
Pic St Martin
MINERVOIS LA LIVINIÈRE
Appellation Minervois
La Livinière Controlée

Claude et Jean-Luc Bohler rêvaient de devenir vignerons. Après deux ans de recherche, séduits par le cadre du Minervois, ils ont acheté trois mas du XVIIᵉs. et un vignoble en pentes et en terrasses, sur le petit causse, à 300 m d'altitude, puis ont creusé un chai dans le roc. Après avoir exploité leur 10 ha en lutte raisonnée, ils se sont orientés vers le bio (certification en 2014).

Le domaine a le vent en poupe (voir aussi l'AOC minervois), témoin ce 2012 qui transporte dans un univers aromatique intense et captivant : framboise et cassis bien mûrs, eucalyptus. Souple à l'attaque, la bouche monte en puissance sur une trame de tanins vanillés et suaves aux accents de noix de coco, tout en restant marquée par la fraîcheur de l'altitude : un équilibre parfait. Cuir patiné, tabac blond et épices concourent à une rare complexité ; la persistance ajoute au charme immédiat de cette

bouteille tout en constituant son «capital temps».
✗ 2020-2025 ♈ civet de chevreuil

☛ Claude et Jean-Luc Bohler, Dom. de Cantaussel,
34210 Siran, tél. 04 68 91 46 86, jlbohler@pt.lu Ⓥ 🏃 🏠 r.-v.

CH. FAÎTEAU Cuvée Gaston 2012 ★		
■	4 200	◫	11 à 15 €

L'arrière-grand-père de Jean-Michel Arnaud a planté les
premiers ceps vers 1920. Ce dernier a repris l'exploitation en 2000; il est sorti de la coopérative pour
proposer ses cuvées: vins de pays, minervois et
minervois-la-livinière. Le domaine offre une vue imprenable sur les Pyrénées.

Le carignan et le grenache, qui complètent la syrah (60 %),
ont ici plus de soixante-cinq ans – l'âge de la retraite pour
beaucoup. Eux prennent toujours du service pour
conduire des raisins à parfaite maturité. Quinze mois de
fût ont à peine nuancé de vanille ce beau ténébreux, riche
d'arômes de cerise et de groseille. Les tanins, patinés,
s'effacent poliment devant un volume chaleureux et une
belle ampleur, pour ouvrir une voie royale, veloutée et
suave, à la finale d'une persistance de 8 caudalies.
✗ 2020-2025 ♈ civet de lapin

☛ Jean-Michel Arnaud, Ch. Faîteau,
17 bis, rte des Mourgues, 34210 La Livinière,
tél. 06 15 90 89 48, contact@chateaufaiteau.com
Ⓥ 🏃 🏠 t.l.j. sf dim. 10h-12h 14h-18h

DOM. L'OSTAL CAZES Grand Vin 2012 ★★		
■	20 000	◫	20 €

Jean-Michel Cazes, propriétaire du Ch. Lynch-Bages en
pauillac, a acheté en 2002 au pied de la Montagne noire
150 ha de terres. Le vignoble a été restructuré, et une
ancienne tuilerie aménagée en cave. Aujourd'hui, 62 ha,
situés en partie sur le prestigieux terroir de La Livinière
et formant l'Ostal Cases, terme occitan qui signifie à la
fois la famille et la maison.

Quatre cépages constituent cette cuvée avec des pour-
centages d'une précision chirurgicale : 13 % de carignan,
12 % de grenache, 5 % de mourvèdre et 70 % de syrah.
Ce beau monde, après une station de quinze mois en fût,
a «greffé» aux arômes d'olive noire et de poivre des
accents intenses de garrigue et de laurier. Souple à
l'attaque, la bouche, cousue main, reste ferme et fraîche,
bien structurée par un boisé torréfié et des tanins soyeux.
Aucune urgence à boire cette bouteille, sa constitution
vigoureuse autorise une bonne garde. ✗ 2018-2025
♈ cassoulet au confit de canard

☛ J.-M. Cazes, Tuilerie Saint-Joseph, 34210 La Livinière,
tél. 04 68 91 47 79, contact@lostalcazes.com
Ⓥ 🏃 🏠 t.l.j. sf lun. 10h-12h 14h-18h

Ⓑ DOM. DE THOLOMIÈS 2013 ★★		
■	18 000	🍖 ◫	15 à 20 €

Le domaine a appartenu à la vicomtesse de Narbonne
en 977, puis au clergé et, après divers changements de
mains, est échu en 1982 au rugbyman Lucien Rogé.
Enfin, il a été racheté en 2011 par les Grands Chais de
France, puissant groupe basé en Alsace qui détient
quelque 300 ha en Languedoc-Roussillon. Aujourd'hui,
l'exploitation couvre 71 ha, dont 49 plantés en vignes et
exploités en bio.

L'équipe technique des Grands Chais de France a pris la
pleine mesure de ce terroir et su tirer parti de l'héritage
de Lucien Rogé, présent durant quarante ans à Tholomiès.
Pour preuve, ce 2013 d'une complexité rare ; toutes les
familles d'arômes sont présentes au nez, qui va du fruit
confituré aux notes intenses, grillées et vanillées, de
l'élevage, en passant par l'olive noire et le moka sucré. S'il
est marqué par ses douze mois de fût, le vin reste suave
et onctueux, offrant une matière ample et veloutée. Une
bouteille bien dans la lignée des livinière, complète,
complexe, au fort potentiel. ✗ 2017-2025 ♈ bœuf en daube

☛ SCEA de Tholomiès, 34210 La Livinière,
tél. 04 67 39 29 49 ☛ Les Grands Chais de France

SAINT-CHINIAN

**Superficie : 3 261 ha / Production : 138 218 hl
(99 % rouge et rosé)**

Mentionnés dès 1300, les saint-chinian sont VDQS
depuis 1945 et AOC depuis 1982. Implanté dans l'Hérault, au nord-ouest de Béziers, orienté vers la mer, le
vignoble couvre vingt communes et s'étend sur des
coteaux le plus souvent situés entre 100 et 300 m
d'altitude. Il s'enracine dans les schistes, surtout dans
la partie nord, et dans les cailloutis calcaires, vers le
sud. Nés du grenache, de la syrah, du mourvèdre, du
carignan et du cinsault, les saint-chinian ont un potentiel de garde de quatre à cinq ans.

CH. BELOT		
Les Mouleyres Élevé en fût de chêne 2013 ★		
■	12 500	◫	8 à 11 €

Cet ancien rendez-vous des chasses royales au
XVIIᵉ s. aurait reçu la visite du roi Louis XIV. Depuis 1997,
Lionel Belot est aux commandes. Après avoir entièrement restauré le domaine et renouvelé le vignoble avec
l'aide de sa famille, il cultive aujourd'hui 36 ha de vignes.
Un 2013 qui assume pleinement son élevage en fût de
chêne (un an). Le nez offre une élégante palette aromatique où le thym et le romarin de la garrigue le disputent
aux fruits mûrs et au moka. La bouche, tout aussi
réjouissante, se révèle concentrée et soyeuse, imprégnée
de saveurs de fruits rouges, de vanille, d'épices et de
torréfaction. Un élevage fort bien maîtrisé, mais que la
garde pourra encore assagir. ✗ 2017-2021 ♈ pigeon rôti

☛ Lionel Belot, Dom. du Tendon, 34360 Pierrerue,
tél. 04 67 38 08 96, vignoble.belot@wanadoo.fr
Ⓥ 🏃 🏠 r.-v.

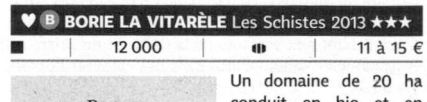

♥ Ⓑ BORIE LA VITARÈLE Les Schistes 2013 ★★★

■	12 000	◫	11 à 15 €

Un domaine de 20 ha
conduit en bio et en
biodynamie depuis 1990
par Jean-François Izarn,
adepte des vinifications
douces avec des levures
indigènes, respectueuses
de l'environnement et du
terroir. Ce vigneron d'une
grande valeur, reconnu et
apprécié de ses pairs, a « quitté la scène » prématurément, à la suite d'un accident de tracteur dans son

vignoble. Sa femme Cathy poursuit aujourd'hui son œuvre, à laquelle elle a largement contribué.

Cette cuvée, baptisée du nom du terroir qui l'a vue naître, s'était déjà distinguée l'an dernier. Le grand jury n'a nullement hésité à lui attribuer cette année la récompense suprême. Il a été conquis par sa robe profonde animée de reflets grenat comme par ses parfums délicats de réglisse et de violette alliés aux épices douces (cardamome et cannelle). La bouche dévoile une matière puissante et généreuse où se mêlent fruits rouges et notes grillées. À cette élégance aromatique s'ajoute un équilibre parfaitement maîtrisé entre tanins veloutés et fraîcheur délicatement minérale en finale. Un vin de grande classe déjà très aimable et qui saura vieillir. ✗ 2016-2022 ✗ cailles rôties aux raisins ■ Les Crès 2013 ★ (15 à 20 € ; 5 000 b.) ❸ : un vin solaire au nez complexe de fruits rouges, de tapenade, de poivre et de caramel, charnu, souple et chaleureux en bouche. ✗ 2016-2018

☞ *Cathy Izarn, Borie La Vitarèle, 34490 Causses-et-Veyran, tél. 04 67 89 50 43, contact@borielavitarele.fr* Ⓥ ⚒ ⚑ *r.-v.*

❸ CH. BOUSQUETTE Rosalie 2014 ★

■	5 000	🍷	5 à 8 €

Dominant la vallée de l'Orb, cette ancienne propriété seigneuriale, dont les terres furent vendues à la Révolution, a été reprise en 1996 par Éric et Isabelle Perret. Les 24 ha de vignes sont conduits en agriculture biologique depuis 1972, aujourd'hui certifiée.

Rosalie ? La jument qui a aidé au travail de la vigne pendant de longues années. Une vigne qui a donné naissance ici à un vin élégant sur les fleurs blanches, les fruits frais et le bonbon anglais. La bouche rappelle ces arômes et les complète d'une note de violette et d'agrumes (pamplemousse). Sous-tendue par une fine trame acide, elle se montre vive et alerte jusqu'en finale. ✗ 2015-2016 ✗ tapas

☞ *Éric Perret, Ch. Bousquette, rte de Cazouls, 34460 Cessenon-sur-Orb, tél. 04 67 89 65 38, labousquette@wanadoo.fr* Ⓥ ⚒ ⚑ *t.l.j. 9h-12h 13h30-18h30, sam. dim. sur r.-v.* 🏠 ❺

DOM. DE CAMBIS
Rock de Carignane 2013

■	4 000	🍷	11 à 15 €

En 2002, la famille Perolari a acquis ce domaine et entamé d'importants travaux de restructuration du vignoble. En 2004, elle sort de la coopérative et signe ses premières cuvées. Depuis 2015, le fils Martin se prépare à prendre la relève sur les 15 ha que compte l'exploitation.

De vénérables vignes de carignan (quatre-vingt-dix-neuf ans) plantées sur les coteaux schisteux de Berlou ont suggéré le nom de cette cuvée complétée d'un soupçon de grenache. Après une légère aération, des notes minérales, des épices et des parfums de fruits confiturés s'échappent du verre. La bouche, fraîche, est adossée à des tanins encore un peu sévères mais qui ne manquent pas d'ampleur. Un ensemble bien équilibré, qui gagnera à vieillir. ✗ 2017-2020 ✗ fondue bourguignonne

☞ *Dom. de Cambis, 2, rue des Mimosas, 34360 Berlou, tél. 06 20 79 78 93, mperolari.ddc@gmail.com* Ⓥ ⚒ ⚑ *r.-v.*

DOM. CATHALA Cuvée A 2013 ★★

■	5 000	🍷	11 à 15 €

La famille Cathala cultive la vigne de père en fils depuis sept générations à Cessenon-sur-Orb, à 20 km au nord-ouest de Béziers. Les 15 ha que compte l'exploitation sont aujourd'hui conduits par les frères Bruno et Pascal.

Ce 2013 issu d'un assemblage de syrah (majoritaire) et de grenache, élevé un an en fût, s'exprime à l'olfaction sur de séduisants parfums de cassis et de mûre compotés mêlés à des notes de garrigue et d'épices. Ample, charnue, fraîche et tout aussi aromatique (épices et cassis encore), la bouche s'appuie sur des tanins fondus et déroule une longue finale réglissée. Un saint-chinian haut en couleur et en expression. ✗ 2017-2022 ✗ côte de veau forestière ■ Cuvée A' 2013 ★★ (8 à 11 € ; 6 000 b.) : un duo syrah-grenache de haute expression (cerise mûre, raisin, notes fumées et grillées), frais, souple et très fin, aux tanins arrondis et veloutés. ✗ 2016-2020 ■ Cuvée A Passion 2014 (8 à 11 € ; 4 000 b.) : vin cité. ✗ 2015-2016

☞ *Dom. Cathala, 19, chem. du Pizou, 34460 Cessenon-sur-Orb, tél. 06 33 59 55 34, domaine.cathala@gmail.com* Ⓥ ⚒ ⚑ *r.-v.* 🏠 ❸

LE CHANT DES GARRIGUES 2013 ★

■	40 000	🍷	5 à 8 €

Créée en 1937, la cave des Vignerons de Saint-Chinian est située au cœur du village éponyme. Elle regroupe 175 adhérents, pour un millier d'hectares de vignes.

Une longue macération carbonique a donné naissance à cette cuvée aux accents méditerranéens et chaleureux de garrigue et d'épices, de truffe et de cacao. Une attaque ronde et pleine ouvre sur un palais aux tanins soyeux et fondus enrobés de saveurs de fruits rouges et de sous-bois. La longue finale réglissée apporte une touche de fraîcheur à cet ensemble élégant. ✗ 2016-2019 ✗ rôti de biche ■ Renaud de Valon Élevé en fût de chêne 2012 ★ (8 à 11 € ; 40 000 b.) : garrigue, réglisse, sous-bois, vanille pour le nez ; volume, fraîcheur et tanins fins pour le palais, fruité et fumé. ✗ 2016-2016

☞ *Cave des Vignerons de Saint-Chinian, rte de Sorteilho, 34360 Saint-Chinian, tél. 04 67 38 28 48, info@vin-saintchinian.com* Ⓥ ⚑ *t.l.j. 9h-12h 14h-18h ; été 9h-19h*

CLOS BAGATELLE La Terre de mon père 2013

■	10 000	🍷	8 à 11 €

En 1623, un ancêtre, artisan drapier, s'établit au lieu-dit Bagatelle dans le massif de l'Espinouse. Replantation du vignoble dans les années 1960, premières bouteilles en 1973. Installé en 1993 avec Christine Deleuze, Luc Simon tire de ses 60 ha de vignes des saint-chinian et des muscat-de-saint-jean-de-minervois appréciés.

Ce 2013, élevé dix-huit mois en fût, dévoile un bouquet complexe de fruits noirs, de garrigue, de vanille et de fruits secs. On retrouve cette richesse aromatique dans une bouche ample, dotée de tanins fondus et d'une juste fraîcheur qui vient souligner une jolie finale sur le café grillé. ✗ 2017-2021 ✗ tajine d'agneau aux pruneaux

☞ *EARL Bagatelle, Clos Bagatelle, 34360 Saint-Chinian, tél. 04 67 93 61 63, closbagatelle@wanadoo.fr* Ⓥ ⚒ ⚑ *t.l.j. sf sam. dim. 9h-12h 14h-18h* ☞ Simon

LANGUEDOC

CLOS LA RIVIÈRE 2012 ★

| ■ | 15 000 | ◫ | 5 à 8 € |

Carole et Jean-Philippe Madalle ont repris en 2007 ce domaine familial établi dans un décor magnifique de vieilles vignes (18 ha) cultivées en terrasses.

Ce 2012 juvénile dévoile une olfaction complexe de fruits rouges frais et de clou de girofle agrémentés de notes toastées. La bouche, franche et ample, rappelle les accents aromatiques de la garrigue, épaulée par des tanins souples et soyeux. D'agréables nuances de café torréfié viennent clore la dégustation de ce vin généreux et méridional en diable. ✗ 2016-2021 ❦ brochettes d'agneau

o━ Jean-Philippe Madalle, 52, av. Jean-Jaurès, 34490 Causses-et-Veyran, tél. 06 76 29 26 34, madallejp@orange.fr Ⓥ 🏃 r.-v. 🏠 Ⓒ

DOM. COMPS Les Gleizettes 2013 ★

| ■ | 3 000 | î | 5 à 8 € |

C'est en 1975 que sortirent les premières bouteilles du domaine. Vigneron et œnologue, Jean-Christophe Martin gère la propriété (20 ha) avec l'appui de toute sa famille, y compris de ses grands-parents Juliette et Pierre Comps.

Complexe et intense, le nez s'épanouit sur des senteurs plaisantes de cassis confituré et de cerise écrasée, agrémentés de légères notes épicées. Fraîche à l'attaque, la bouche complète cette palette aromatique avec la réglisse et déploie une matière souple et suave adossée à des tanins fins qui se fondent dans une savoureuse finale sur les fruits mûrs. Un vin encore en devenir. ✗ 2017-2021 ❦ viandes grillées

o━ SCEA Martin Comps, 23, rue Paul-Riquet, 34620 Puisserguier, tél. 06 08 75 77 38 Ⓥ 🏃 🏋 t.l.j. sf lun. jeu. dim. 9h-12h30 16h-17h30

Ⓑ CH. COUJAN Tradition 2014 ★

| ■ | 15 000 | | 5 à 8 € |

La famille de François Guy et de Solange Peyre est propriétaire depuis 1869 de ce domaine établi sur un îlot de corail fossilisé. Le vignoble couvre 55 ha, convertis à l'agriculture biologique.

Ce rosé de saignée pâle frangé de saumon s'épanouit à l'olfaction sur de délicates fragrances de pivoine, de cassis et de pomelo. Une fine trame aromatique est rappelée dans une bouche bien équilibrée entre douceur et fraîcheur, longue, vive et fruitée en finale. ✗ 2015-2016 ❦ salade magret de canard aux oranges

o━ Florence Guy et S. Peyre, Ch. Coujan, 34490 Murviel-lès-Béziers, tél. 04 67 37 80 00, chateau-coujan@orange.fr Ⓥ 🏃 🏋 t.l.j. 9h-12h 14h-18h; dim. sur r.-v. 🏠 Ⓔ

CH. CREISSAN Cuvée Thibaut 2012 ★

| ■ | 16 000 | ◫ | 8 à 11 € |

La cave du domaine est située dans l'enceinte médiévale de Creissan. Bernard Reveillas, à la tête de 33 ha de vignes plantés sur la partie argilo-calcaire de l'appellation saint-chinian, met à l'honneur la langue d'Oc dans le nom de ses vins, notamment avec sa cuvée Cort d'amor (« Cour d'amour »), inspirée d'un célèbre récit poétique du XIIᵉs.

Régulier en qualité, le domaine signe une belle cuvée au bouquet complexe, frais et fruité, mêlant aux notes de garrigue, de cassis et de fraise des parfums de cacao, de menthol et une touche de cuir. La bouche se montre soyeuse et ample, adossée à des tanins fins et croquants. La fraîcheur s'invite en finale où elle souligne les savoureuses notes de réglisse et de figue sèche. ✗ 2016-2019 ❦ boudin noir ■ Fin'Amor 2014 ★ (- de 5 € ; 8 000 b.) : un vin réjouissant, à lafois suave et frais, équilibré et expressif, sur les fleurs de printemps et des nuances fumées au nez, sur le zeste d'agrumes, le paprika et le buis en bouche. ✗ 2015-2019

o━ Bernard Reveillas, 3, chem. du Moulin-d'Abram, 34370 Creissan, tél. 06 85 13 83 15, bernard.reveillas@orange.fr Ⓥ 🏋 r.-v.

DOM. LA CROIX D'ALINE 2013 ★★

| ■ | 30 000 | î | 5 à 8 € |

Cette maison de négoce a été créée en 1995, sous l'impulsion de la vigneronne Claude Vialade. Une structure importante et réputée qui vinifie aujourd'hui quelque 9 millions d'hectolitres et travaille avec soixante-quatorze caves partenaires.

Cette cuvée née d'un assemblage de syrah (majoritaire) et de grenache s'ouvre sur des fragrances de fruits surmûris, presque compotés, soulignés de notes balsamiques. Sur les tonalités épicées et réglissées, la bouche offre un équilibre impeccable entre une chair suave et ronde, une fraîcheur bien dosée et des tanins fins et fondus. Un saint-chinian complet, complexe et déjà plein d'aménité. ✗ 2016-2020 ❦ magret de canard

o━ SAS Les Domaines Auriol, 12, rue Gustave-Eiffel, Z.I. Gaujac, 11200 Lézignan-Corbières, tél. 04 68 58 15 15, info@les-domaines-auriol.eu Ⓥ 🏋 t.l.j. sf ven. sam. dim. 8h30-12h 14h-17h45

CH. LA DOURNIE Étienne 2012

| ■ | 15 000 | ◫ | 11 à 15 € |

Ce domaine de 45 ha implanté sur les sols schisteux de Saint-Chinian a vu se succéder six générations de femmes de la famille Étienne.

Le nez, complexe et puissant, évoque la tapenade, la violette et le café torréfié, puis les fruits confits. Il prélude à un palais suave, aux saveurs de liqueur de fruits. Les tanins sont élégants et une fraîcheur alerte apporte à l'ensemble équilibre et longueur. ✗ 2016-2019 ❦ rôti de bœuf sauce madère

o━ Ch. la Dournie, La Dournie, 34360 Saint-Chinian, tél. 04 67 38 19 43, chateau.ladournie@wanadoo.fr Ⓥ 🏃 🏋 t.l.j. sf sam. dim. 9h-13h 14h-18h o━ Étienne

Ⓑ DOM. LES EMINADES Montmajou 2013 ★

| ▨ | 3 200 | ◫ | 11 à 15 € |

Ce domaine a été créé en 2002 par Patricia et Luc Bettoni. Ils conduisent leurs 14 ha de vignes en agriculture biologique.

Cet assemblage de grenache blanc (majoritaire) et de marsanne plantés sur un terroir argilo-calcaire s'ouvre tout en finesse sur des notes de verveine et de pêche bientôt relayées par des fruits exotiques et des nuances grillées léguées par dix mois de fût. Souple, fraîche (agrumes) et aérienne en attaque, la bouche penche peu à peu vers la douceur et l'onctuosité, renforcées par des arômes de fruits confits. La finale, persistante, convie une saveur élégante de mangue séchée et une touche de vanille. Un blanc complexe et de bonne garde. ✗ 2017-2021 ⧯ mangue et oranges à la coriandre

o┐ *Patricia et Luc Bettoni, 9, rue Saint-Bauléry, 34360 Cébazan, tél. 04 67 36 14 38, contact@leseminades.fr* 🆅 👟 👍 *r.-v.*

GOLDEN VINES Roquebrun 2012 ★★		
■ 80 000	◫	15 à 20 €

Son terroir de schistes orienté au sud a valu au village de Roquebrun une dénomination particulière en 2005. Les vignerons de la coopérative locale pratiquent une sélection des parcelles et des apports selon les cépages, les tènements et les maturités.

Une olfaction intense et élégante ouvre la dégustation de ce 2012 : épices (cannelle), cacao, vanille, truffe et senteurs fruitées. Elle se poursuit avec autant de finesse dans un palais ample et suave, soutenu par des tanins velouté et un boisé délicat, stimulé par une finale fraîche, aux tonalités épicées. ✗ 2016-2021 ⧯ magret de canard ■ Prestige 2012 ★ (8 à 11 € ; 80 000 b.) : une cuvée à dominante de mourvèdre, au nez juvénile de fruits rouges nuancé de bois de cade. Le palais ? Rond et plein, long et généreux, structuré sans excès par des tanins fins. ✗ 2017-2021

o┐ *SCAV Cave de Roquebrun, av. des Orangers, 34460 Roquebrun, tél. 04 67 89 64 35, cave@cave-roquebrun.fr* 🆅 👟 👍 *r.-v.*

Ⓑ DOM. DES JOUGLA Viels Arrasics 2013		
■ 2 400	◫	11 à 15 €

Dans ce domaine familial, qui se transmet de génération en génération depuis 1545, le chai de vinification a été construit en 1900 et rénové la dernière fois en 2007. Les vignes sont conduites en bio certifié depuis 2009.

Cete cuvée, issue d'un assemblage de syrah (majoritaire), de grenache et de mourvèdre, porte encore les traces de son élevage de douze mois sous bois. Les senteurs de fruits frais apparaissent aux nuances de boisé et de fruits secs. La bouche est fraîche et équilibrée, malgré des tanins encore jeunes et fougueux. Un peu de patience pour un meilleur fondu. ✗ 2017-2020 ⧯ assiette de charcuterie

o┐ *SCEA Dom. des Jougla, Le Village, 34360 Prades-sur-Vernazobre, tél. 04 67 38 06 02, info@domainedesjougla.com* 🆅 👟 👍 *r.-v.*

♥ DOM. LA LINQUIÈRE Le Chant des cigales Élevé en fût de chêne 2013 ★★		
■ 16 000	◫	8 à 11 €

DOMAINE LA LINQUIÈRE
Le Chant des Cigales
2013
SAINT-CHINIAN

Sorti de la cave coopérative en 2001, ce domaine de la famille Salvestre (20 ha) s'est depuis affirmé comme l'un des porte-drapeaux de l'appellation, comme en témoignent les nombreuses distinctions dans ces pages. Les vins proviennent de parcelles de schistes perchées à 310 m d'altitude.

Le domaine se distingue cette année encore avec cette cuvée déjà coup de cœur dans les millésimes 2011 et 2010. Un vin rubis aux profonds reflets noirs, élevé en fût pendant un an, qui dévoile ses charmes dès l'olfaction farouchement méridionale avec ses senteurs de garrigue et d'eucalyptus, de fruits noirs et d'épices sur un fond finement boisé. Le palais, à l'unisson, offre puissance et rondeur. Il trouve le soutien de tanins fins, bien qu'encore jeunes, et s'agrémente de notes grillées dans sa longue finale. Un modèle d'harmonie, qui gagnera en maturité avec la garde. ✗ 2017-2023 ⧯ gigue de biche sauce grand veneur ■ La Sentenelle 310 2013 ★★ (15 à 20 € ; 3 600 b.) : terroir et élevage en harmonie dans ce vin complexe (iode, eucalyptus, poivre, moka), puissant et solide, bâti pour durer. ✗ 2017-2023

o┐ *Famille Salvestre, 12, av. de Béziers, 34360 Saint-Chinian, tél. 04 67 38 25 87, linquiere@neuf.fr* 🆅 👟 👍 *t.l.j. 9h-12h 14h30-19h*

MAS CHAMPART Côte d'Arbo 2013 ★		
■ 13 500	🍶	8 à 11 €

Un paysage magnifique, des vignes en terrasses, un mas à flanc de coteaux, un terroir très pierreux, argilo-calcaire. Isabelle et Matthieu Champart cultivent dans ce cadre de carte postale 15 ha de vignes depuis 1976, qu'ils vinifient depuis 1988, année de leur sortie de la coopérative.

Les cinq cépages historiques de l'appellation sont associés dans cette cuvée à la robe intense. Le nez révèle des fragrances de fruits noirs teintées d'une touche fine et élégante de minéralité. Rond, puissant, fruité et frais à la fois, le palais témoigne d'un équilibre parfait. Un saint-chinian de tradition. ✗ 2016-2020 ⧯ plateau de charcuterie ■ 2013 ★ (11 à 15 € ; 6 000 b.) : nez délicat de fruits blancs sur un fond minéral ; bouche suave et ronde, soulignée par une fine vivacité. ✗ 2016-2020

o┐ *EARL Champart, Bramefan, rte D-20, 34360 Saint-Chinian, tél. 04 67 38 05 59, mas-champart@wanadoo.fr* 🆅 👟 👍 *r.-v.*

DOM. LA MAURERIE Le Crestel 2012 ★		
■ 2 800	🍶 ◫	11 à 15 €

Le domaine de Michel Depaule (28 ha) se trouve dans un petit hameau d'une vingtaine d'âmes cerné de garrigue, et ses vignes sont plantées sur des schistes. Une nouvelle cave a été ouverte il y a peu et les anciens bâtiments ont été aménagés en gîtes.

Au nez, des parfums délicats de torréfaction laissent place à l'aération à des notes de fruits noirs, de réglisse et de poivre du Sichuan. Fraîche et franche à l'attaque, la bouche évoque les plantes odorantes de la garrigue (thym, ciste) et la pierre à fusil. Puissante, elle s'adosse à des tanins encore un peu sévères, mais l'ensemble reste harmonieux et reflète parfaitement son terroir. ✗ 2016-2020 ⧯ daube de bœuf

o┐ *Michel Depaule, La Maurerie, 34360 Prades-sur-Vernazobre, tél. 04 67 38 22 09, michel.depaule@wanadoo.fr* 🆅 👟 👍 *r.-v.* 🏠 Ⓓ

DOM. LA MAURINE Secrets de Paul 2012 ★		
■ 13 000	◫	11 à 15 €

Carole et Sébastien Collot ont restructuré le domaine familial fondé en 1905, se sont lancés en 2003 dans la

LANG.-JEDOC

vinification et, dans une ancienne écurie restaurée au cœur du village, ils ont aménagé un caveau de dégustation. Le vignoble s'étend aujourd'hui sur 22 ha.

Paul est l'arrière-grand-père et le fondateur du domaine. Dans ce 2012, qui a séjourné un an en fût, le carignan est associé à la syrah (80 %). Le nez révèle des notes toastées d'épices, de cacao et de cuir. La bouche ample, souple, soyeuse et fraîche évoque, quant à elle, la garrigue, la cannelle et le sous-bois, et s'appuie sur des tanins fins et serrés. À carafer pour une expression pleine et entière. ✗ 2017-2020 ▼ côte de bœuf grillée

O━ *Carole et Sébastien Collot, 2, rue du Stade, 34490 Causses-et-Veyran, tél. 06 82 96 28 00, lamaurinerouge@hotmail.fr* 🅥 🎿 🖐 *r.-v.*

CH. MILHAU-LACUGUE		
Les Truffières 2014 ★		
■ 10 000	🍶	11 à 15 €

Exploitant depuis 1994 cette ancienne possession des Hospitaliers de Saint-Jean, à 3 km de l'abbaye de Fontcaude, Jean Lacugue, œnologue de formation, a une conviction : l'importance du terroir dans l'expression des vins. Ce domaine (60 ha aujourd'hui) accueillait au Moyen Âge les nombreux pèlerins de Saint-Jacques-de-Compostelle.

Petits fruits rouges et noirs, réglisse, le nez de ce 2014 est flatteur et gourmand. S'ajoutent des notes épicées à cette palette dans une bouche suave et ronde. Un saint-chinian facile d'accès et près à boire. ✗ 2015-2018 ▼ grillades de viande ■ 2014 (5 à 8 € ; 6 000 b.) : vin cité. ✗ 2015-2018

O━ *SCEA Ch. Milhau-Lacugue, Dom. de Milhau, rte de Cazedarnes, 34620 Puisserguier, tél. 04 67 93 64 79, lacuguejean@yahoo.fr* 🅥 🎿 🖐 *r.-v.*

LES PAÏSSELS 2013 ★★		
■ 5 000	🍶 🍷	11 à 15 €

Vivien Roussignol et Marie Toussaint se sont installés en 2011 sur ce vignoble de 2 ha composé de vieilles vignes cultivées sur des coteaux schisteux et taillées en gobelet. Ils ont acquis un hectare de vignes supplémentaire et continuent de privilégier les petits rendements.

Ces jeunes vignerons avaient fait une entrée en fanfare dans le Guide avec un coup de cœur pour leur 2011. Ce millésime n'atteint certes pas les mêmes sommets, mais il a su conquérir les jurés grâce à son nez délicat évoquant les épices, le café et les fruits mûrs de fin d'été. La bouche, souple et gourmande à l'attaque, fait preuve d'équilibre, de volume et d'élégance, sans excès de structure. La finale, fraîche et longue, laisse le souvenir d'un vin complet et parfaitement maîtrisé. ✗ 2016-2019 ▼ marmite de paleron de bœuf

O━ *Vivien Roussignol et Marie Toussaint, rue des Cèdres, 34360 Babeau, tél. 06 22 74 24 51, contact@paissels.fr* 🅥 🖐 *r.-v.*

CH. DU PRIEURÉ DES MOURGUES		
Grande Réserve 2012 ★		
■ 6 400	🍶 🍷	11 à 15 €

Bâti en 1820, le prieuré appartenait alors à l'évêché de Saint-Pons-de-Thomières, époque dont témoignent encore plusieurs calvaires. Installé en 1990, Jérôme Roger a souhaité reconstituer ce vignoble tel qu'il était

au XIXᵉ s. L'œuvre est achevée et les vignes couvrent aujourd'hui une surface de quelque 20 ha.

Cette cuvée de syrah, de grenache et de mourvèdre est une belle expression du terroir de schistes qui l'a vue naître. Cassis, poivre, fruits rouges compotés et thym s'associent dans une olfaction fine et complexe. Soyeuse à l'attaque, fraîche et charnue, la bouche est à l'unisson, épaulée par des tanins réglissés et déjà fondus. Un vin bien représentatif de l'appellation. ✗ 2016-2020 ▼ filet de bœuf à la broche

O━ *Ch. du Prieuré des Mourgues, 34360 Pierrerue, tél. 04 67 38 18 19, prieure.des.mourgues@wanadoo.fr* 🅥 🎿 🖐 *r.-v.* 🏠 🄴 O━ Jérôme Roger

CH. QUARTIRONI DE SARS		
Haut Coup de foudres 2013		
■ 8 000	🍷	30 à 50 €

Au hameau du Priou, au sud du Caroux et de l'Espinouse culminant à plus de 1 000 m, les vignes alignées sur des coteaux de schistes surplombent la vallée de Saint-Chinian. Armelle, Roger, Guilhem et Magali Quartironi y cultivent en famille ce domaine d'une superficie de 15,6 ha.

Le nez s'ouvre sur un fruité intense relayé par les épices et des senteurs végétales à l'aération. La bouche se révèle fraîche et ample, adossée à des tanins jeunes et croquants, et s'achève sur d'agréables notes de fruits secs. Encore un peu sur la retenue, ce vin est à attendre pour une expression optimale. ✗ 2018-2022 ▼ volaille rôtie

O━ *Dom. des Pradels-Quartironi, hameau Le Priou, Pierrerue, 34360 Saint-Chinian, tél. 04 67 38 01 53, quartironipradels@gmail.com* 🅥 🎿 *r.-v.* 🏨 🅾 🏠 🄴

CH. SAINT-MARTIN DES CHAMPS		
Camille 2014 ★		
■ 10 000	🍶	8 à 11 €

Héritiers d'une longue lignée de vignerons (XVIIᵉ s.), Michel Birot et son fils Pierre ont acquis en 1997 ce château situé aux portes de Béziers, puis l'ont restauré de fond en comble, le vignoble de 98 ha tout comme la cave.

Cette cuvée de saignée baptisée en l'honneur de la fille de Pierre Birot est née d'un assemblage de syrah et de grenache à parts égales. Le nez, net et expressif, s'épanouit sur la framboise, les fleurs et le bonbon anglais. La bouche, tout aussi fruitée, sur la fraise notamment, se montre ample, alerte et fraîche jusqu'en finale. ✗ 2015-2016 ▼ assiette de charcuterie ■ Mathieu 2012 (11 à 15 € ; 4 000 b.) : vin cité. ✗ 2017-2020

O━ *Pierre et Michel Birot, Ch. Saint-Martin-des-Champs, rte de Puimisson, 34490 Murviel-lès-Béziers, tél. 04 67 32 92 58, domaine@saintmartindeschamps.com* 🅥 🎿 🖐 *t.l.j. 9h-18h* 🏠 🄴

DOM. LA SERVELIÈRE	Le Roc de la Baumelle 2013	
■ 3 500	🍷	8 à 11 €

La Servelière est l'ancien nom du village de Babeau, où est établi ce domaine familial, en plein cœur du terroir de schistes. À la tête de l'exploitation, Joël Berthomieu a, en vingt ans, doublé la superficie des vignes cultivées, passant celle-ci de 12 à 24 ha. L'ancienne bergerie abrite le caveau de dégustation.

Ce 2013 à dominante de syrah s'exprime à l'olfaction sur des arômes généreux de fruits rouges et noirs, de notes de garrigue et de cacao. Introduite par des saveurs poivrées et boisées, la bouche déploie une trame tannique fine et élégante, et une finale fraîche aux accents mentholés. Un vin de bonne garde. ⧗ 2017-2022 🍴 gardianne de taureau

⊶ *Joël Berthomieu, 1, rue des Cèdres, 34360 Babeau-Bouldoux, tél. 04 67 38 17 08, joel.berthomieu@orange.fr* V ⛹ 🍷 *r.-v.*

CH. DE VEYRAN Tradition 2013 ★

■ | 13 300 | 🍾 | 5 à 8 €

Ancienne bastide languedocienne du XIIe s., le château Veyran et son exploitation viticole (37 ha) sont sous la responsabilité de Gérard Antoine, qui a succédé à son père Henri en 1984. Le caveau occupe une belle cave voûtée du XVIIIe s.

Un nez alerte évoquant un panier de petits fruits rouges prélude à un palais ample et frais dès l'attaque, où l'on retrouve le fruité croquant aux côtés des épices et de tanins soyeux. Un vin pimpant, équilibré et déjà fort aimable. ⧗ 2015-2020 🍴 côtelettes d'agneau au romarin

⊶ *Antoine Gérard, Ch. de Veyran, 34490 Causses-et-Veyran, tél. 06 99 80 01 02, antoine@chateau-veyran.com* V ⛹ 🍷 *r.-v.*

VIGNES ROYALES 2013 ★

■ | 4 000 | 5 à 8 €

Dans l'Antiquité, ce domaine était une villa appartenant à une famille de juristes et de tribuns romains. Dépendance de l'abbaye de Lagrasse au Moyen Âge, exploitation expérimentale à partir des années 1960, le Ch. Cicéron est aujourd'hui l'une des propriétés de la famille Vialade, bien ancrée sur le versant sud de la montagne d'Alaric. Le vignoble compte environ 7 ha.

Une cuvée vinifiée par la famille Vialade et commercialisée par les domaines Auriol. Au nez, les arômes de garrigue et de cassis se mêlent aux épices douces et à la truffe. Cette agréable complexité se prolonge dans une bouche fraîche et équilibrée, épaulée par des tanins serrés qui ne nuisent ni à la souplesse ni à l'harmonie de l'ensemble. À apprécier dans sa jeunesse. ⧗ 2015-2017 🍴 rôti de bœuf

⊶ *SCEA Les Vignobles de Cicéron, Ch. de Cicéron, 11220 Ribaute, tél. 04 68 32 53 52, ciceron@les-domaines-auriol.eu* V ⛹ 🍷 *t.l.j. sf sam. dim. 8h30-12h 14h-19h* 🏠 ⑤ 🏠 Ⓔ ⊶ Vialade

➧ LES VINS DOUX NATURELS

Dès l'Antiquité, les vignerons de la région ont élaboré des vins liquoreux de haute renommée. Au XIIIe s., Arnaud de Villeneuve découvrit le mariage miraculeux de la « liqueur de raisin et de son eau-de-vie » : c'est le principe du mutage qui, appliqué en pleine fermentation sur des vins rouges ou blancs, arrête celle-ci en préservant ainsi une certaine quantité de sucre naturel.

Les vins doux naturels d'appellation contrôlée se répartissent dans la France méridionale : Pyrénées-Orientales, Aude, Hérault, Vaucluse et Corse, jamais bien loin de la Méditerranée. Les cépages utilisés sont le grenache (blanc, gris, noir), le macabeu, la malvoisie du Roussillon, dite tourbat, le muscat à petits grains et le muscat d'Alexandrie. La taille courte est obligatoire.

Les rendements sont faibles et les raisins doivent, à la récolte, avoir une richesse en sucre de 252 g minimum par litre de moût. L'agrément des vins est obtenu après un contrôle analytique. Ils doivent présenter un taux d'alcool acquis de 15 à 18 % vol., une richesse en sucre de 45 g minimum à plus de 100 g pour certains muscats et un taux d'alcool total (alcool acquis plus alcool en puissance) de 21,5 % vol. minimum. Certains sont commercialisés tôt (muscats), d'autres le sont après trente mois d'élevage. Vieillis sous bois de manière traditionnelle, c'est-à-dire dans des fûts, ils acquièrent parfois après un long élevage des notes très appréciées de rancio.

MUSCAT-DE-LUNEL

Superficie : 321 ha / Production : 8 206 hl

Implanté entre Nîmes et Montpellier, le vignoble est principalement installé sur des nappes de cailloutis de plusieurs mètres d'épaisseur à ciment d'argile rouge (gress). Le seul muscat à petits grains est à l'origine de vins doux naturels qui doivent garder au minimum 110 g/l de sucre.

LACOSTE
Mas de Bellevue Tradition 2014 ★

■ | 15 000 | 5 à 8 €

Racheté aux époux Lacoste en 2010 par Nicolas Charrière, ancien directeur d'une coopérative ardéchoise, le Clos de Bellevue compte 15 ha à Saturargues, sur la partie la plus haute de l'appellation. Le jeune vigneron cultive du muscat dont il tire les vins les plus divers, muscat-de-lunel en tête, ainsi que des cépages rouges qui fournissent des languedoc.

Quatrième vendange pour Nicolas Charrière qui rend hommage à travers cette cuvée à son devancier sur le domaine où il souffle un petit vent de modernité, à en juger par le style de ce muscat aux fragrances pénétrantes de tilleul et de sureau. La bouche suit cette ligne florale et fraîche, dévoilant des notes charmeuses de fleurs blanches et des touches vivifiantes de verveine qui s'effacent délicatement pour laisser la place à la douceur croquante et tonique d'un bonbon acidulé. ⧗ 2015-2018 🍴 salade d'oranges

⊶ *Dom. le Clos de Bellevue, Mas de Bellevue, 34400 Lunel, tél. 04 67 83 24 83, leclosdebellevue@gmail.com* V ⛹ 🍷 *t.l.j. sf dim. 9h-12h 15h-19h*
⊶ Charrière

DOM. SAINT-PIERRE DE PARADIS
Vendanges d'automne 2013 ★★

■ | 4 000 | 🛢 | 11 à 15 €

Créée en 1957, la coopérative de Lunel réunit plus de 90 adhérents qui cultivent environ 350 ha sur grès et galets roulés, dont 70 % sont dédiés au muscat à petits grains à l'origine du muscat-de-lunel et le reste à des vins de pays et à des effervescents.

Bien connue de nos lecteurs, cette étiquette propose une cuvée issue de muscats surmûris récoltés à la main. Paradis ? Ce muscat en donne comme un avant-goût... D'un séjour de douze mois en fût, il ressort richement doté d'une palette complexe : après les classiques notes de miel et de cire émergent des nuances chaleureuses et bien fondues de pruneau nappé d'un doux sirop vanillé. Le palais dense, conjuguant volume et finesse, montre un équilibre parfait et une grande persistance. (Bouteilles de 50 cl.) ✗ 2015-2018 ❦ foie gras poêlé

o⊷ SCA du Muscat de Lunel, rte de Lunel-Viel, 34400 Vérargues, tél. 04 67 86 00 09, info@muscat-lunel.com Ⓥ 🖈 🏠 r.-v.

MUSCAT-DE-FRONTIGNAN

Superficie : 812 ha / Production : 19 666 hl

Reconnu en 1936, le frontignan a été le premier muscat à obtenir l'appellation d'origine contrôlée. Il naît entre Sète et Mireval. Le vignoble, exposé au sud-est, est abrité des vents du nord par le massif de la Gardiole. Il s'enracine dans des terrains secs, caillouteux, pierreux, issus de couches jurassiques, molassiques et d'alluvions anciennes – des sols ingrats pour toute autre culture. Autrefois appelé « muscat doré de Frontignan », le muscat à petits grains est le cépage exclusif de l'appellation. Avec un minimum de 110 g/l de sucre, les frontignan sont des vins doux naturels puissants ; ils ne manquent pourtant jamais d'élégance.

MAS DE MADAME 2013 ★

| ■ | 12 000 | 🍾 | 8 à 11 € |

Conduit par les Sourina père et fils – le premier agronome, le second œnologue –, ce vignoble de coteaux (46 ha d'un seul tenant sur le piémont du massif de la Gardiole) est l'un des plus anciens de Frontignan. Les archives municipales attestent la présence du muscat dès 1170. Le Mas de Madame, bâti au XVIe s., a été restauré en 2003 et les chais ont été modernisés en 2006.

Si la marque n'est pas antérieure à 2006, le domaine est le fruit d'une longue histoire. Depuis 2006, le Mas de Madame place toujours un de ses vins dans la sélection. Ce 2013 d'une pâleur diaphane recèle un bouquet de fleurs magnifiques et un panier de succulentes pêches de vigne suaves à souhait. La bouche est d'une belle fraîcheur. ✗ 2015-2020 ❦ canapés au foie gras

o⊷ Dom. du Mas de Madame, rte de Montpellier, 34110 Frontignan, tél. 06 07 38 77 89, jacques.sourina@ mas-de-madame.com Ⓥ 🖈 🏠 t.l.j. 9h-12h30 14h-20h

o⊷ Sourina

DOM. PEYRONNET
Cuvée Belle Étoile 2014 ★

| ■ | 7 000 | 🍾 | 8 à 11 € |

Le petit commerce de vins et muscats installé en 1935 dans l'ancienne forge de l'arrière-grand-père est toujours là. L'achat de la première parcelle date de la même époque. Œnologue, Alain Peyronnet a repris en 1990 le vignoble familial – 12 ha dédiés au muscat – et montre une régularité sans faille.

Une belle étoile, justement, pour cette cuvée qui continue à briller, dans le verre, avec d'éclatants rayons dorés, comme à l'olfaction, intense, centrée sur les fruits secs et l'abricot. La bouche, d'un beau volume, monte en puissance ; on y retrouve les fruits secs, la pêche et la figue. La douceur s'invite dans une finale qui n'a rien d'une étoile filante. ✗ 2015-2020 ❦ foie gras poêlé aux figues

o⊷ EARL Dom. Peyronnet, 9, av. de la Libération, 34110 Frontignan, tél. 04 67 48 34 13, caves.favier-bel@ wanadoo.fr Ⓥ 🖈 🏠 r.-v.

♥ CH. DE PEYSSONNIE 2014 ★★★

| ■ | 70 000 | 🍾 | 5 à 8 € |

Fondée dès 1904, la cave de Frontignan (devenue Frontignan Muscat) dispose aujourd'hui de plus de 620 ha cultivés par 160 coopérateurs ; elle fournit 85 % de l'AOC muscat-de-frontignan, tout en déclinant de multiples styles de vins à base de muscat à petits grains.

Un des fleurons de la cave, ancienne propriété des évêques de Montpellier remontant au XVIe s., 20 ha de vignes vendangés à la main. Un superbe muscat au nez jeune et friand sur la figue et le litchi, à la bouche ample et élégante conjuguant douceur et fraîcheur. Les fruits à chair blanche s'attardent dans une longue finale chaleureuse qui laisse une sensation d'équilibre et de plénitude. ✗ 2015-2018 ❦ poire au chocolat ■ Ch. de Rimbault 2014 ★★ (5 à 8 € ; 70 000 b.) : un remarquable muscat mêlant au nez fleurs blanches, agrumes et pêche abricot, frais à l'attaque, onctueux et miellé, à la plaisante finale sur l'abricot sec. ✗ 2015-2018 ■ Douze ans d'âge ★ (15 à 20 € ; 10 000 b.) : un long élevage en vieux foudres pour ce vin complexe (amande grillée, truffe, moka, grillé et noix), frais et long. ✗ 2015-2018

o⊷ SCA Frontignan Muscat, 14, av. du Muscat, BP 136, 34112 Frontignan Cedex, tél. 04 67 48 12 26, cl@frontignanmuscat.fr Ⓥ 🖈 🏠 t.l.j. 9h30-12h30 14h30-18h30

Ⓑ CH. DE STONY Soleil d'hiver 2014 ★

| ■ | 9 300 | 🍾 | 8 à 11 € |

Domaine acquis en 1860 par un aïeul savoyard, fabricant de vermouth, qui approvisionnait son industrie grâce aux vins de ses vastes propriétés languedociennes. Installé en 1983, son descendant Frédéric Nodet exploite 12,5 ha de vignes, blanches surtout ; en bio certifié depuis 2014.

Ce Soleil d'hiver fleure bon le printemps avec ses senteurs intenses de menthol et de garrigue. En bouche, fraîcheur tonique et concentration jouent à fleurets mouchetés. Le palais gagne en volume et dévoile des touches épicées mêlées à des notes florales puissantes et persistantes qui traduisent la jeunesse de cette cuvée. ✗ 2015-2018 ❦ tarte aux pêches

o⊷ Ch. de Stony, La Peyrade, 34110 Frontignan, tél. 04 67 18 80 30, chateaudestony@orange.fr Ⓥ 🖈 🏠 t.l.j. 9h-12h30 14h-18h30 (10h-13h 15h-19h30 l'été) ; dim. sur r.-v. o⊷ Frédéric Nodet

MUSCAT-DE-MIREVAL

Superficie : 275 ha / Production : 6 211 hl

Ce vignoble est bordé par Frontignan à l'ouest, le massif de la Gardiole au nord et la mer et les étangs au sud. D'origine jurassique, les sols se présentent sous forme d'alluvions anciennes de cailloutis calcaires. Le cépage exclusif est le muscat à petits grains ; le mutage est effectué assez tôt, car les vins doivent avoir un minimum de 110 g/l de sucre ; ceux-ci sont fruités et liquoreux, avec onctuosité.

DOM. DE LA BELLE DAME		
Belle Dame bleue 2014 ★		
■	5 400	5 à 8 €

Jean-Luc Mazas a créé en 1996 ce domaine qui couvre 14 ha. Depuis 2007, il vinifie sa récolte et commercialise ses vins – secs, pétillants et VDN (muscat-de-mireval). Il propose aussi des produits du terroir.

Cette Belle Dame bleue est parée d'une robe cousue d'or et brodée d'émeraudes scintillantes. Laissant dans son sillage d'élégantes fragrances florales, elle joue parfaitement la séduction, fine et déliée, fait quelques arabesques au milieu d'un verger de pêches et d'abricots bien mûrs, et une gracieuse et longue révérence avant de quitter la scène. Une réelle harmonie. ✗ 2015-2018 ❦ fondant au chocolat cœur d'abricot

↝ Dom. de la Belle Dame, 135, chem. de la Tieulière, 34110 Mireval, tél. 06 62 24 10 10, contact@belledame.fr
Ⓥ 🚶 ♿ r.-v. ↝ Jean Luc Mazas

CH. D'EXINDRE		
Vent d'anges 2013 ★★		
■	11 000	11 à 15 €

Ancienne villa gallo-romaine puis bien épiscopal, le domaine a été acquis à la Révolution par la famille Sicard, toujours propriétaire aujourd'hui. Une cave du XIXᵉ s., 45 ha de vignes. Des IGP, des AOC languedoc, du muscat-de-mireval.

Issue de muscat passerillé, cette cuvée est de nouveau fort louée : ces Anges vous ouvrent les portes du paradis. Au jardin d'Éden, on parcourt une forêt d'acacias en fleur, puis on aborde un océan de plénitude et l'on goûte à la finesse fondante d'un miel mille-fleurs, vivifiée par des évocations de jus d'orange à la fois tonique et capiteux. Harmonieux et séveux, ce Vent d'anges est vraiment animé d'un souffle divin... ✗ 2015-2018 ❦ tarte aux abricots caramélisés

↝ Catherine Sicard-Géroudet, La Magdelaine-d'Exindre, 34750 Villeneuve-lès-Maguelone, tél. 04 67 69 49 77, catherinegeroudet@yahoo.fr Ⓥ 🚶 ♿ tlj. sf mer. dim. 15h-19h; sam. 9h-12h 🏠 Ⓖ

♥ DOM. DU MAS ROUGE 2014 ★★★		
■	5 000	11 à 15 €

Ce mas typique est protégé par le bois des Aresquiers, entre Méditerranée et étangs. Julien Cheminal, qui l'a acquis en 1997, en a restauré le vignoble (35 ha) ainsi que le chai à l'imposante charpente. Il vinifie depuis 2002, montrant une belle régularité dans ses vins doux de muscat, en mireval et frontignan.

Une robe scintillante aux reflets verts, des parfums intenses de fruits exotiques (litchi) et d'agrumes qui invitent au voyage... Ce muscat nous entraîne dans un univers envoûtant de douceur, de finesse et de subtilité ; il conjugue l'opulence et un côté aérien, passant de la suavité acidulée de notes d'ananas au sirop à une finale tendre et chaleureuse. Un vin à la fois consistant et d'une rare délicatesse. ✗ 2015-2020 ❦ salade de poulet à l'ananas ■ Muscat-de-frontignan 2014 ★ (11 à 15 € ; 2 400 b.) : un muscat agréable par son nez floral et printanier, et par sa bouche à la fois vivifiante, croquante et douce, aux nuances de fruits blancs. ✗ 2015-2020

↝ Dom. du Mas Rouge, 30, chem. de la Poule-d'Eau, 34110 Vic-la-Gardiole, tél. 04 67 51 66 85, contact@domainedumasrouge.com Ⓥ 🚶 ♿ t.l.j. sf dim. 10h-13h 15h-19h ↝ Cheminal

DOM. DE LA RENCONTRE Éclat 2014 ★★		
■	3 000	11 à 15 €

C'est ici, en 1854, que Gustave Courbet a peint son chef-d'œuvre La Rencontre, stylisé sur les étiquettes. Rencontre encore, au Mexique, entre Pierre Viudes qui courait le monde et Julie, une Anglaise exilée. Enfin, les jeunes mariés « rencontrent » ces vignes de Vic-la-Gardiole et créent en 2011 un domaine de 12 ha.

Dans ce muscat se rencontrent deux familles aromatiques qui s'allient avec bonheur : on y respire d'abord la fleur de tilleul, pour humer ensuite, en faisant tourner le verre, le parfum de la pêche blanche bien mûre. L'attaque se fait tout en finesse et tout en nuances, sur de fraîches notes de pomelo, puis on retrouve l'onctuosité de la pêche au sirop. Densité et fondu, un équilibre parfait. ✗ 2015-2018 ❦ foie gras poêlé aux pêches

↝ Pierre et Julie Viudes, 50, chem. de la Condamine, 34110 Vic-la-Gardiole, tél. 06 24 05 39 46, pierre@domainedelarencontre.com Ⓥ 🚶 ♿ r.-v.

MUSCAT-DE-SAINT-JEAN-DE-MINERVOIS

Superficie : 185 ha / Production : 5 522 hl

Constitué de parcelles imbriquées dans la garrigue, le vignoble est perché à 200 m d'altitude. Il s'ensuit une récolte tardive – près de trois semaines environ après les autres appellations de muscat de l'Hérault. Seul cépage autorisé, le muscat à petits grains plonge ses racines dans des sols calcaires d'un blanc étincelant où apparaît parfois le rouge de l'argile. Les vins doivent avoir un minimum de 125 g/l de sucre. Ils sont très aromatiques, avec beaucoup de finesse, de fraîcheur et des notes florales caractéristiques.

BAGATELLE Grain de lumière 2014		
■	6 000	5 à 8 €

En 1623, un ancêtre, artisan drapier, s'établit au lieu-dit Bagatelle dans le massif de l'Espinouse. Replantation du vignoble dans les années 1960, premières bouteilles en

1973. Installé en 1993 avec Christine Deleuze, Luc Simon tire de ses 60 ha de vignes des saint-chinian et des muscat-de-saint-jean-de-minervois appréciés.

Un muscat diaphane et lumineux aux reflets vert intense, où l'on découvre avec enchantement un pur extrait de menthe poivrée vivifiant et chaleureux à la fois, qui fond délicatement en bouche sur un carré de sucre. Conjuguant fraîcheur tonique et moelleux à la fois, il présente ce surcroît de minéralité que réservent les calcaires durs dans certains millésimes. ✗ 2015-2018 ✟ pêche melba

⚮ *EARL Bagatelle, Clos Bagatelle, 34360 Saint-Chinian, tél. 04 67 93 61 63, closbagatelle@wanadoo.fr*
Ⓥ 🎿 🦮 *t.l.j. sf sam. dim. 9h-12h 14h-18h*
⚮ Luc Simon

♥ **DOM. DE BARROUBIO** Dieuvaille 2013 ★★		
◼	4 000	î	11 à 15 €

Domaine de Barroubio
2013

Muscat de St-Jean de Minervois

La famille est établie dans le Minervois depuis la fin du XVᵉs. Installé en 2000, Raymond Miquel exploite 60 ha, dont 31 ha sont dédiés à la vigne. Référence en muscat-de-saint-jean-de-minervois, le domaine propose aussi des rouges intéressants en AOC minervois.

Cette cuvée triomphe de nouveau cette année, portant à dix le nombre des coups de cœur obtenus par le domaine – et nous nous en sommes tenus aux plus récents. À la suite des 2002, 2008, 2010 et 2012, ce 2013 porte la griffe de Raymond Miquel : élégance, équilibre parfait, suavité et rare délicatesse. La mise en bouche dévoile des arômes raffinés, intenses et persistants, floraux (rose), mentholés et fruités (pêche et abricot). Un vin haute couture. ✗ 2015-2020 ✟ sorbet au litchi ◼ **Carte noire** 2014 ★★ (8 à 11 € ; 50 000 b.) : un vin remarquable de fraîcheur et de délicatesse, ouvert sur la verveine, le sureau et les fruits exotiques, à la fois moelleux, vif et long en bouche. ✗ 2015-2018

⚮ *Raymond Miquel, Barroubio,*
34360 Saint-Jean-de-Minervois, tél. 04 67 38 14 06, barroubio@barroubio.fr Ⓥ 🎿 🦮 *t.l.j. 10h-12h 14h-18h* 🏠 Ⓑ

ÉCLAT BLANC 2014 ★★		
◼	26 000	-	î	11 à 15 €

Fondée en 1955, la coopérative Le Muscat a contribué au renouveau de ce cépage traditionnel, qui n'occupait qu'une dizaine d'hectares au début du siècle dernier. Elle regroupe les 160 ha de ses adhérents et fournit 75 % des volumes de l'appellation muscat-de-saint-jean-de-minervois.

On est habitué aux « coups d'éclat » d'Alain Tailhan, épaulé désormais par Éric Fraisse. Les deux compères réalisent cette année un doublé. La cuvée préférée est celle-ci, issue d'une sélection des meilleures parcelles (10 ha). Les calcaires les plus durs ont engendré le muscat le plus tendre, aux arômes exubérants d'agrumes, de fleurs blanches et de litchi, à la bouche onctueuse qui dévoile une finesse minérale incomparable. ✗ 2015-2018 ✟ poire au roquefort ◼ **Sélection Petit Grain** 2014 ★ (8 à 11 € ; 37 200 b.) : une fois de plus distinguée, cette cuvée à la fois intense et légère, issue des premiers jus, séduit par sa fraîcheur et ses arômes de nectarine, de pêche et de poire. ✗ 2015-2018

⚮ *SCA le Muscat, Le Village,*
34360 Saint-Jean-de-Minervois, tél. 04 67 38 03 24, lemuscat@wanadoo.fr Ⓥ 🦮 *t.l.j. 9h-12h 14h-18h*

DOM. MARCON 2014 ★		
◼	10 000		5 à 8 €

Fils de viticulteur, Philippe Marcon a été vingt ans coopérateur, avant de s'installer en 2010 en cave particulière. Il dispose aujourd'hui de 14 ha de vignes. Si le caveau de dégustation se trouve à Saint-Chinian, le domaine est implanté au hameau de Barroubio, à Saint-Jean-de-Minervois.

Un véritable marchand des quatre saisons, ce muscat ! Il livre à profusion de la poire williams, de l'abricot rouge du Roussillon, du coing et de superbes fruits des îles, litchi et ananas en tête, le tout disposé avec élégance sur un étal solide. Ample et consistant au palais, il est tonifié par des notes citronnées et acidulées qui le rendent très attrayant. ✗ 2015-2018 ✟ salade de fruits

⚮ *Philippe Marcon, 30, rue du Magot,*
34360 Saint-Chinian, tél. 06 15 02 18 34, marconp@wanadoo.fr Ⓥ 🎿 🦮 *r.-v.*

LE ROUSSILLON

Le Roussillon viticole, qui correspond au département des Pyrénées-Orientales, est très proche du Languedoc voisin par son climat, son histoire, son encépagement et les styles de vins. Il est d'ailleurs inclus dans la nouvelle appellation régionale languedoc. La différence est surtout culturelle : le Roussillon est en majeure partie catalan. L'offre du plus méridional des vignobles de France se partage entre de superbes vins doux naturels et des vins secs : rouges aux multiples facettes, rosés généreux et même, de plus en plus, blancs vifs.

Aux portes de l'Espagne Amphithéâtre tourné vers la Méditerranée, le vignoble du Roussillon est bordé par trois massifs : les Corbières au nord, le Canigou à l'ouest, les Albères au sud, qui forment la frontière avec l'Espagne. Trois fleuves, la Têt, le Tech et l'Agly, ont modelé un relief de terrasses dont les sols caillouteux et lessivés sont propices aux vins de qualité, et particulièrement aux vins doux naturels. On rencontre également des schistes noirs et bruns, des arènes granitiques, des argilo-calcaires ainsi que des collines détritiques du pliocène. Le vignoble du Roussillon bénéficie d'un climat très ensoleillé, avec des températures clémentes en hiver, chaudes en été. La pluviométrie (350 à 600 mm/an) est mal répartie, et les pluies d'orage ne profitent guère à la vigne. Il s'ensuit une période estivale très sèche, dont les effets sont souvent accentués par la tramontane, vent qui favorise la maturation des raisins. La vigne, depuis l'invasion phylloxérique, est plantée sur les meilleurs terroirs, en particulier sur les coteaux. Sa culture reste traditionnelle, souvent peu mécanisée. La plante est encore souvent conduite en gobelet : les ceps forment de petits buissons, sans palissage.

Vins doux naturels et vins secs L'implantation de la vigne en Roussillon, sous l'impulsion des marins grecs attirés par les richesses minières de la côte, date du VIIes. avant notre ère. Sans doute produisait-on ici déjà des vins doux. Au Moyen Âge, époque d'essor de la viticulture, fut mise au point, dans la région, la technique du mutage des vins à l'alcool, qui permet la conservation et qui valut aux vins doux roussillonnais une réputation solide. Si la part de ces derniers dans la production a baissé à la fin du XXes., leur qualité s'est améliorée, et la région en offre une diversité sans pareille. La modernisation de l'équipement des caves, la diversification de l'encépagement et des techniques de vinification (avec la macération carbonique, par exemple), et la maîtrise des températures au cours de la fermentation permettent aujourd'hui au Roussillon d'exceller dans les vins secs.

▶ CÔTES-DU-ROUSSILLON ET CÔTES-DU-ROUSSILLON-VILLAGES

Ces deux appellations s'étendent dans les Pyrénées-Orientales – la région historique du Roussillon. L'aire la plus étendue, celle des côtes-du-roussillon, produit des vins dans les trois couleurs, tandis que les côtes-du-roussillon-villages sont toujours rouges.

Les vins blancs sont produits principalement à partir des cépages macabeu et grenache blanc, complétés par la malvoisie du Roussillon, la marsanne, la roussanne et le rolle, et vinifiés par pressurage direct. Bien méditerranéens, finement floraux (fleur de vigne), ils accompagnent les fruits de mer, les poissons et les crustacés. Les vins rosés et les vins rouges sont obtenus à partir d'au moins trois cépages, le carignan (60 % maximum), le grenache noir, la syrah et le mourvèdre constituant les cépages principaux. Tous ces cépages (sauf la syrah) sont conduits en taille courte à deux yeux. Souvent, une partie de la vendange est vinifiée en macération carbonique, notamment le carignan qui donne, avec cette méthode de vinification, d'excellents résultats. Les vins rouges sont fruités, épicés et riches. Les rosés, vinifiés obligatoirement par saignée, sont aromatiques, corsés et nerveux.

Au sud de Perpignan, depuis 2003, on produit des côtes-du-roussillon-Les-Aspres, une dénomination attribuée aux vins rouges après identification parcellaire. Les côtes-du-roussillon-villages sont localisés dans la partie septentrionale du département des Pyrénées-Orientales ; ils s'enrichissent de quatre dénominations reconnues pour leur terroir particulier : Caramany, Lesquerde, Latour-de-France et Tautavel. Gneiss, arènes granitiques et schistes confèrent aux vins une richesse et une diversité qualitatives que les vignerons ont bien su mettre en valeur. Les côtes-du-roussillon-villages varient selon la nature de leur terroir mais affichent toujours de beaux tanins, fins pour les terroirs acides, plus solides sur schistes et argilo-calcaires ; certains peuvent se boire jeunes, d'autres gagnent à être gardés quelques années ; ils développent alors un bouquet intense et complexe. Leurs qualités organoleptiques diversifiées leur permettent de s'associer avec les mets les plus variés.

CÔTES-DU-ROUSSILLON

Superficie : 5 770 ha / Production : 215 500 hl (98 % rouge et rosé)

Ⓑ DOM. ELS BARBATS		
Les Aspres Les Bruyères Blanches 2012 ★★		
■	2 600	🏠	11 à 15 €

Domaine implanté dans le Roussillon des Aspres, entre genêts et cistes, sur fond de Canigou. Installés depuis 1982 à la tête d'un domaine de 10 ha, Paul et Muriel Milhé-Poutingon ont été coopérateurs avant de vinifier en cave particulière à partir de 1995. Ils ont converti leur vignoble au bio.

De la syrah majoritaire, escortée de carignan et de grenache dans ce 2012 à l'approche timide. Doucement, des senteurs de cerise à l'eau-de-vie et une touche toastée se libèrent, accompagnant des parfums du maquis. C'est en bouche que ce vin se révèle, autour d'un corps puissant et ample, aux tanins solides, et d'arômes intenses de fruits noirs et de tapenade. ✗ 2017-2022 ♈ civet de lièvre

o–⟙ *Paul Milhé-Poutingon, Dom. Els Barbats,*
66300 Tresserre, tél. 04 68 83 28 51
🅥 ⚘ 🍴 *r.-v.*

Ⓑ DOM. BELLAVISTA		
La cuvée d'Ava 2013 ★★		
■	40 000	î	5 à 8 €

Acquis en 1992 par la famille Bertrand, ce domaine de 50 ha, adossé aux collines de Castelnou, dresse fièrement de superbes bâtisses du XIIIᵉˢ. bien restaurées. Le vignoble a été converti au bio en 2013.

Il a fallu attendre vingt ans pour voir le domaine commercialiser ses premières bouteilles, en 2011, et déjà, la propriété prend ses marques dans le Guide. Avec un vin rubis qui délivre d'entrée une corbeille de fruits rouges, avec un trait de cassis à l'arrière-plan. Gourmand en bouche, confituré et frais à la fois, empreint de la minéralité de ce terroir de schistes gris, il glisse avec souplesse sur des tanins fins, plus fermes en finale. Un type accompli de « vin plaisir ». ✗ 2015-2017 ♈ saucisse grillée

o–⟙ *Dom. Bellavista, Mas Bellavista, 66300 Camélas,*
tél. 04 68 53 25 18, domaine-bellavista@orange.fr
🅥 🍴 *r.-v.* o–⟙ Bertrand

GÉRARD BERTRAND		
Sang et or Pure légende 2014 ★		
▣	n.c.	î	8 à 11 €

Enfant des Corbières, Gérard Bertrand est un important propriétaire et négociant du sud de la France, dont les cuvées apparaissent dans le Guide sous diverses AOC (corbières, fitou, minervois, languedoc, côtes-du-roussillon...) et en IGP.

Fil conducteur de la dégustation, le vermentino (80 %, associé à la marsanne) joue sa partition sur des notes d'agrumes, apportant sa fraîcheur citronnée, complétées par la pêche blanche et la poire williams. Après une attaque souple et tendre, le vin se montre frais et persistant, citronné et mentholé. ✗ 2015-2018 ♈ calamars à la plancha ■ Sang et or Pure légende 2014 (8 à 11 € ; n.c. b.) : vin cité. ✗ 2015-2016

o–⟙ *Gérard Bertrand, Ch. l'Hopitalet,*
rte de Narbonne-Plage, 11100 Narbonne,
tél. 04 68 45 28 50, vins@gerard-bertrand.com
🅥 ⚘ 🍴 *t.l.j. 9h-19h*

DOM. BOUDAU Le Clos 2013 ★		
■	45 000	î	5 à 8 €

Véronique Boudau et son frère Pierre sont à la tête du domaine familial depuis 1993. Ils ont décidé de donner un nouveau souffle à la propriété, qui couvre quelque 50 ha sur d'excellents terroirs, à l'entrée de la vallée de l'Agly. Le pari est réussi : la totalité de la production est mise en bouteilles et commercialisée dans un réseau de restaurants et de cavistes.

Le Roussillon

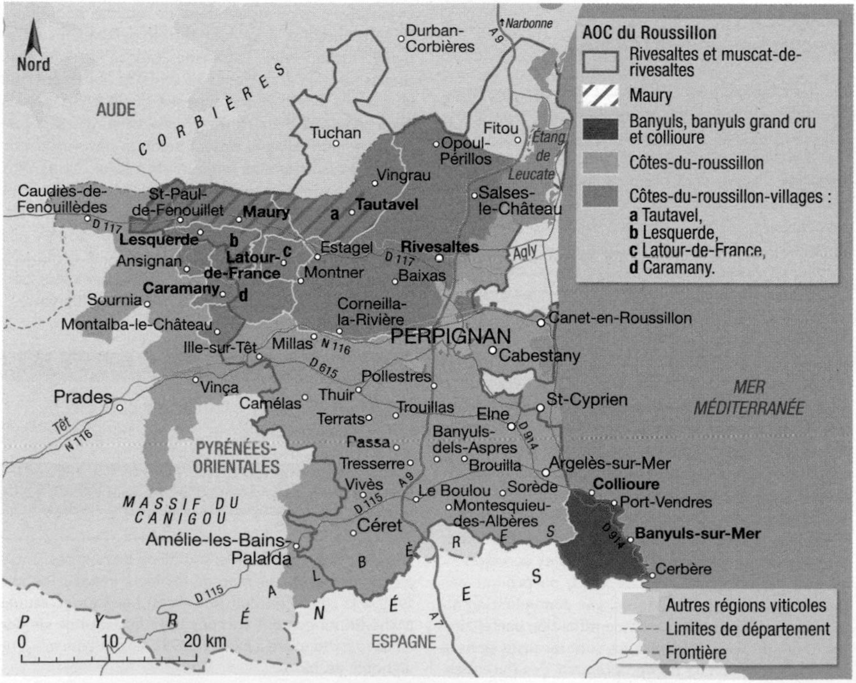

AOC du Roussillon
☐ Rivesaltes et muscat-de-rivesaltes
▨ Maury
■ Banyuls, banyuls grand cru et collioure
▨ Côtes-du-roussillon
■ Côtes-du-roussillon-villages :
a Tautavel,
b Lesquerde,
c Latour-de-France,
d Caramany.

☐ Autres régions viticoles
--- Limites de département
– · – Frontière

Le Clos, c'est toujours ce fruit à croquer, cette cerise burlat sur une touche de cassis. Un vin qui traduit un travail précis, une vinification sur mesure pour le grenache (70 %), afin d'en extraire cette finesse aromatique et cette rondeur bonhomme empreinte de douceur – et pourtant surprenante de fraîcheur. ✗ 2015-2018 ✞ bolas de picolat

☛ *Dom. Boudau, 6, rue Marceau, 66600 Rivesaltes, tél. 04 68 64 45 37, contact@domaineboudau.fr*
Ⓥ 🛉 *t.l.j. sf dim. 10h-12h 15h-19h; sam. 15h-19h en hiver*

CH. DE CALADROY Rosé des vents 2014		
■ 20 000	🍶	5 à 8 €

Une forteresse médiévale qui gardait la frontière entre le royaume de France et celui d'Espagne. De la terrasse du château, on découvre un panorama exceptionnel : au loin, la mer, le Canigou ; en contrebas, les vignes (130 ha) et les oliviers (7 ha). La chapelle du XIIᵉ s. accueille le caveau de dégustation.

Né au pied du château balayé par les vents, ce rosé d'altitude reflète toute la fraîcheur du lieu. Le rose soutenu est vif, et même si le nez est discret, on y sent le souffle de la tramontane passant sur les fleurs de maquis et le bourgeon de cassis. La bouche réglissée, elle aussi pétillante de fraîcheur, se prolonge sur une note de genièvre. ✗ 2014-2015 ✞ seiche à la plancha

☛ *SCEA Ch. de Caladroy, lieu-dit Caladroy, 66720 Bélesta, tél. 04 68 57 10 25, contact@caladroy.com* Ⓥ 🛉 *t.l.j. sf sam. dim. 8h30 12h 14h 18h* ☛ *Mazerette*

Ⓑ DOM. CARLE-COURTY Camps Bernats 2013 ★★		
■ 800	🍷	11 à 15 €

Implanté au pied de l'ermitage de Força Réal, d'où le panorama embrasse tout le Roussillon, le vignoble de Carle-Courty (3,5 ha au départ, 13 ha aujourd'hui) est cultivé en bio depuis 2002. Un choix de vie pour Frédéric Carle, comptable né en Champagne, installé depuis 1995 dans la vallée de la Têt, entre ceps de syrah et schistes bruns, vieilles vignes de carignan et de grenache, et cheminées de fées.

Du macabeu et de la marsanne assemblés à parité. Le premier apporte des notes d'acacia, la seconde des nuances d'agrumes et d'amande, le fût léguant sa touche de vanille. Un vin méditerranéen, rond, et généreux, avec ce qu'il faut de tension et une pointe d'amertume qui donne du relief à la finale et prolonge le plaisir. ✗ 2015-2018 ✞ saumon mi-cuit sauce soja

☛ *Dom. Carle-Courty, 6, rte de Corneilla, 66170 Millas, tél. 04 68 57 21 79, domaine.carlecourty@orange.fr*
Ⓥ 🛉 *t.l.j. sf dim. 9h30-12h 14h30-19h*

Ⓑ DOM. CAZES Hommage 2014		
■ 25 000	🍶	8 à 11 €

Fondation en 1895, premières mises en bouteilles en 1955 et une croissance continue. Aujourd'hui, un domaine de 220 ha entièrement conduit en biodynamie depuis 2005. À sa carte, toutes les AOC du Roussillon, des IGP et tous les styles de vin. Dans le giron du groupe Advini depuis 2004.

Issu de syrah et de grenache à parts égales, complétés d'un appoint de mourvèdre, un vin en pleine jeunesse : d'un grenat profond, minéral et frais, c'est un vin chaleureux, aux tanins enrobés, qui joue avec élégance sur

le fruit noir (cassis) et les épices. Un « vin plaisir » qui ne manque pas de réserves. ✗ 2015-2019 ✞ fricassée de canard

☛ *SCEA Cazes, 4, rue Francisco-Ferrer, 66600 Rivesaltes, tél. 04 68 64 08 26, info@cazes.com*
Ⓥ 🛉 🛉 *r.-v.* 🏠 ❺ ☛ *Advini*

DOM. DES CHÊNES Les Magdaléniens 2013 ★		
■ 4 500	🍷	11 à 15 €

Fondé en 1912, ce domaine livrait à l'origine ses raisins à un célèbre fabricant d'apéritifs. Couvrant aujourd'hui 39 ha, il est conduit par Alain Razungles qui prouve que l'on peut être à la fois professeur en œnologie (à Sup Agro Montpellier) et grand vigneron.

La roussanne, cépage difficile, est rare en Roussillon. Dommage, car avec le grenache blanc elle forme un bien joli couple, comme ici (53 %). Elle compense par ses fraîches notes exotiques la douceur miellée du grenache, évocatrice de fleurs jaunes. La bouche franche, légèrement briochée, témoigne d'un élevage sur lies fines qui apporte rondeur et longueur. ✗ 2015-2018 ✞ escalope de veau

☛ *Dom. des Chênes, 7, rue Mal-Joffre, 66600 Vingrau, tél. 04 68 29 40 21, domainedeschenes@wanadoo.fr*
Ⓥ 🛉 *t.l.j. 9h-12h 14h-18h; sam. dim. sur r.-v.*

Ⓑ CLOS DES VINS D'AMOUR Idylle 2014 ★		
■ 15 000	🍷	8 à 11 €

Christine et Nicolas Dornier, tous deux œnologues, se sont associés à Christophe et Laurence Dornier pour reprendre en 2002 les vignes cultivées par la famille depuis 1860. Les deux couples ont quitté la coopérative en 2004. Leur domaine (25 ha en conversion bio) s'étend sur les terroirs schisteux de Tautavel, de Maury et de Saint-Paul-de-Fenouillet.

Le grenache gris (40 %, associés au grenache blanc et à un appoint de macabeu) apporte sa touche argentée à la robe d'or. Le nez est intensément floral, sur l'acacia et l'aubépine, nuancés de notes fraîches de pêche blanche. La vinification en demi-muids et le bâtonnage contribuent à la profondeur de la bouche et à son moelleux ; le terroir ajoute son empreinte minérale et le grenache gris revient en finale, léguant une agréable pointe d'amertume qui prolonge le vin. ✗ 2015-2018 ✞ blanquette de veau

☛ *Vignobles Dornier, 3, rte de Lesquerde, 66460 Maury, tél. 04 68 34 97 06, maury@closdesvinsdamour.fr*
Ⓥ 🛉 *r.-v.*

CH. DE CORNEILLA Cavalcade 2012 ★★		
■ 4 000	🍷	11 à 15 €

Célèbre pour les exploits olympiques de Pierre en hippisme et de Christian en escrime, la famille Jonquères d'Oriola est installée depuis 1485 au Ch. de Corneilla, bâti par les templiers au XIIᵉ s., et conduit 60 ha de vignes. William, qui a rejoint en 2010 son père Philippe après un « tour du monde œnologique », représente la vingt-septième génération de vignerons !

Assemblage de syrah (80 %) et de grenache, un vin remarqué pour sa matière, son volume, la souplesse de ses tanins et la complexité de sa palette alliant un boisé bien fondu, des épices (cannelle, muscade) et des notes de fruits rouges. ✗ 2015-2022 ✞ rôti de biche ■ Cavalcade

ROUSSILLON

2014 ★★ (11 à 15 € ; 5 000 b.) : un assemblage de vermentino, de grenache blanc et de macabeu et un élevage sous bois pour cette cuvée alliant fraîcheur et onctuosité, fleurs blanches et léger vanillé. ✗ 2016-2018
■ **Ch. du Vercol 2014 ★** (5 à 8 € ; 40 000 b.) : quatre cépages, un court élevage sous bois pour ce vin équilibré mariant un boisé vanillé aux fruits confiturés. ✗ 2016-2020
○➛ EARL Jonquères d'Oriola, Ch. de Corneilla,
3, rue du Château, 66200 Corneilla-del-Vercol,
tél. 04 68 22 73 22, chateaudecorneilla@hotmail.com
Ⓥ ♦ t.l.j. sf dim. 11h-12h 17h-18h30

DAME D'ELNE Élevé en fût de chêne 2013 ★★		
■ 29 000	⊕	5 à 8 €

Les Vignerons de Cabestany, Alenya, Villeneuve-la-Raho, Elne et Saint-Nazaire se sont regroupés en 2010 sous le nom de la Société coopérative viticole C.A.V.E.S. De cette union est née la société commerciale Terroirs romans, dont le nom a été inspiré par la richesse des œuvres d'art roman de leurs villes, comme le cloître d'Elne. Elle commercialise la production (13 500 hl) des 50 viticulteurs qui exploitent 290 ha.

Quel bel élevage ! De ceux qui révèlent le fruit, vous en font sentir la fraîcheur, puis le déclinent en bouche, en fruité confituré et l'orientent vers le pruneau et des notes de venaison. Un élevage où le fût apporte fondu et notes réglissées dans un vin puissant et structuré. ✗ 2015-2020
♀ souris d'agneau au romarin
○➛ SARL Terroirs Romans, 67, av. Paul Reig, 66200 Elne,
tél. 04 68 95 15 74, terroirs-romans@orange.fr Ⓥ r.-v.
○➛ SCV CAVES

DOM. DANJOU-BANESSY Coste 2013 ★		
■ 3 500	⊕	15 à 20 €

Denis Banessy, secondé par sa fille Denise Danjou, modernise et agrandit le domaine dans la vallée de l'Agly. Ses petit-fils Benoît et Sébastien, aux commandes depuis 2003, développent une gamme de vins secs et amorcent la conversion bio de leurs 16 ha de vignes sur trois terroirs : schistes, galets roulés et argiles.

Remarquable cépage pour l'élaboration des blancs, le grenache gris trahit sa présence (25 %, complétés par autant de blanc et du macabeu) par les reflets argent de la robe pâle. Le vin s'éveille doucement, libérant des senteurs minérales bien marquées et une pointe d'agrumes. L'attaque est vive, sur des notes de citron et de chèvrefeuille, puis le palais prend de l'ampleur, sans se départir de ce profil tendu jusqu'en finale. ✗ 2016-2019
♀ blanquette de lotte
○➛ EARL Dom. Danjou-Banessy, 1 bis, rue Thiers,
66600 Espira-de-l'Agly, tél. 04 68 64 18 04, bendanjou@
hotmail.fr Ⓥ ♦ r.-v.

Ⓑ **DOM. DES DEMOISELLES** Les Charlines 2014 ★★★		
■ 6 000	î	5 à 8 €

Sept générations de vignerons et de marchands de chevaux se sont succédé à la tête de ce domaine au cœur des Aspres. C'est en hommage aux trois dernières, représentées par des femmes, que la propriété porte son nom. Isabelle Raoux a abandonné l'équitation en 1998 pour perpétuer l'exploitation. Elle officie à la cave et son mari Didier à la vigne (30 ha en bio).

Mariant syrah et grenache, un rosé de caractère qui affiche une robe soutenue, au rebours de la mode actuelle. À cette gaîté colorée répond au nez une explosion de fruits rouges : la fraîcheur de la framboise joue avec la douceur de la fraise, stimulées par la nervosité de la groseille. Quant au palais, il se montre à la fois frais, ample, gras et gouleyant. ✗ 2015-2016 ♀ couscous ■ **Les Pierres Blanches 2013 ★★** (8 à 11 € ; 3 500 b.) Ⓑ : les grenaches blanc et gris et un soupçon de macabeu dans ce vin qui a séduit par sa vivacité et sa minéralité. ✗ 2015-2018
○➛ Isabelle Raoux, Dom. des Demoiselles, Mas Mulès,
66300 Tresserre, tél. 06 83 04 34 62,
domaine.des.demoiselles@nordnet.fr Ⓥ ⚘ ♦ r.-v. ⌂ Ⓓ

DOM BRIAL Hélios 2014 ★		
■ 9 384	î	5 à 8 €

Suivi à la parcelle, maîtrise de la totalité de la chaîne d'élaboration, du raisin à la bouteille, démarche de développement durable... La cave de Baixas, fondée en 1923, compte 380 coopérateurs qui exploitent 2 500 ha répartis sur une trentaine de communes.

Dans la superbe gamme Hélios, cette année, c'est le rosé qui se démarque dans sa tendre robe pivoine. La syrah (80 %) joue sa partition sur des airs de framboise, et le grenache apporte ses notes de griotte sur fond amylique. Fraîcheur, présence aromatique : un rosé à l'accent du Sud, d'une belle élégance. ✗ 2015-2016 ♀ planche de chorizo et de fuet
○➛ Vignobles Dom Brial, 14, av. Mal-Joffre, 66390 Baixas,
tél. 04 68 64 22 37, contact@dom-brial.com
Ⓥ ⚘ ♦ r.-v.

CH. DONA BAISSAS Rosa Dona 2014 ★		
■ 14 000		5 à 8 €

Les soldats de l'Empire qui, établissant le cadastre, eurent la surprise de trouver un domaine viticole géré par une femme, appelèrent le domaine « Mas de la Dona » (« Mas de la Femme » en catalan). Dans la même famille depuis 1817, l'exploitation s'étend sur 76 ha entre vallée de la Têt et de l'Agly. À sa tête depuis 2008, Vincent Baissas.

Un rosé à dominante de syrah (60 %), avec le grenache en complément. La Dame a mis sa plus belle robe, d'un rose vif soutenu. Son parfum ? Les petits fruits des bois, la fraise et une suave touche lactée. En bouche, l'airelle et les petits fruits acidulés prennent le pas sur la rondeur du grenache. De la vivacité. ✗ 2015-2016 ♀ poivron farci calamars et chorizo
○➛ Ch. Dona Baissas, ancienne rte de Maury,
66310 Estagel, tél. 04 68 29 00 02,
info@donabaissas.com
Ⓥ ⚘ ♦ t.l.j. sf sam. dim. 10h-12h 14h-17h

CH. L'ESPARROU Mas Grand 2013 ★		
■ 20 000	î ⊕	11 à 15 €

Construit à la fin du XIXᵉs. par l'architecte danois Petersen, un château « noyé » dans son parc, à deux pas de l'étang de Canet. Le vignoble (60 ha) occupe la pointe avancée d'un plateau de galets roulés de haute expression. Longtemps propriété de la famille Rendu, il a été acquis en 2012 par Jean-Michel Bonfils, dont la famille détient de nombreux vignobles en Languedoc et jusqu'en Bordelais.

Le vin se livre sans réserves dès l'ouverture, proposant une palette aromatique rare et complexe : sous-bois, cèpe frais et truffe accompagnent la cerise noire et des notes d'élevage empyreumatiques, rappelant le cacao. Le boisé est aussi très présent dans une bouche ronde, étayée par une trame tannique déjà mûre et enrobée. ✗ 2015-2018 ❦ médaillon de veau aux morilles

☛ *Ch. de l'Esparrou, rte de Saint-Cyprien,*
66140 Canet-en-Roussillon, tél. 04 67 93 10 10, bonfils@
bonfilsvins.com Ⅴ *t.l.j. 9h-12h 14h-18h* ☛ Bonfils

GINETTE 2014 ★		
■	15 000	- de 5 €

En 1964, une poignée de vignerons s'unissent parce qu'ils sont convaincus que « le groupe est meilleur que le meilleur du groupe ». Aujourd'hui, les Vignerons Catalans rassemblent neuf caves coopératives, 2 500 adhérents et une quarantaine de caves privées, soit plus de 10 000 ha.

Les dégustateurs ne connaissaient pas son nom et n'avaient pas vu son étiquette délicieusement désuète – vintage pour mieux dire. Elle ne va pas passer inaperçue, la Ginette, dans sa robe saumonée, avec ses parfums de fruits exotiques, de rose et de pomelo. Un travail de vinification bien mené (pressurage direct) a permis de conserver à ce rosé fraîcheur amylique, volume et fruité aux accents de sangria et de citron vert. ✗ 2015-2016 ❦ encornets farcis

☛ *Vignerons Catalans, 1870, av. Julien Panchot,*
BP 29000, 69962 Perpignan Cedex 9, tél. 04 68 85 04 51,
contact@vigneronscatalans.com

DOM. GRIER Galamus 2012 ★★★		
■	20 000	⬙	8 à 11 €

La famille Grier, propriétaire d'un vignoble en Afrique du Sud réputé pour ses effervescents, possède depuis 2006 ce domaine de 22 ha d'un seul tenant dans les Fenouillèdes.

Issu de la trilogie grenache-syrah-carignan, qui s'exprime avec bonheur sur les terres noires de la haute vallée de l'Agly, ce 2012 élevé un an en fût a enchanté les jurés, qui soulignent la complexité de sa palette où épices, cacao et vanille se marient avec justesse au fruité mûr et réglissé de la syrah et de la cerise très « grenache ». La bouche, dans le droit fil, y ajoute une touche toastée, conjuguant volume, finesse des tanins et une fraîche minéralité – l'empreinte du terroir. ✗ 2016-2020 ❦ pavé de bœuf sauce réglisse ■ Aquila 2013 ★★ (5 à 8 € ; 40 000 b.) : un rouge non boisé, à la fois rond et long, bien fondu et tout en fruits mûrs. ✗ 2015-2018

☛ *Dom. Grier, 18 av. Jean Moulin,*
66220 Saint-Paul-de-Fenouillet, tél. 04 68 73 34 39,
contact@domainegrier.com Ⅴ 🥾 ⬆ *r.-v.*

CH. DES HOSPICES DE CANET Gaïa 2014 ★★		
■	7 000	⬙	5 à 8 €

Cinq générations se sont succédé sur ce vignoble (40 ha) situé sur les terrasses de galets roulés entre le littoral et la ville de Perpignan. Trois générations y officient aujourd'hui : Louis, le grand-père, Michel, le père, et Marc, le petit-fils ingénieur agronome.

Le Roussillon, l'autre « pays » du rosé, avec 100 000 hl élaborés en AOC et de remarquables cuvées telles que celle-ci. Si sa robe pâle à reflets d'argent évoque la Provence, le nez de ce 2014 « revient au pays » avec ses arômes de fruits des bois, un soupçon de grenadine et des notes de rose. En bouche, des fruits frais, de la vivacité, la douceur du grenache (80 %) équilibrée par les notes acides du pamplemousse rose. ✗ 2015-2016 ❦ ratatouille froide ■ Artemis 2013 ★ (5 à 8 € ; 5 000 b.) : de la syrah majoritaire (60 %) dans un vin élevé en cuve, fruité, puissant et équilibré. ✗ 2015-2019

☛ *Ch. des Hospices de Canet, 5 impasse de l'Hort,*
66140 Canet-en-Roussillon, tél. 06 63 02 46 00,
contact@chateau-des-hospices.fr Ⅴ 🥾 ⬆ *t.l.j. sf dim.*
9h-12h 15h-18h ☛ Benassis

CH. DE JAU 2014 ★		
■	17 000	🏛	8 à 11 €

Du bâtiment construit au XIIᵉs. par les moines cisterciens il ne reste que la superbe tour épousant la roche. Jean et Bernard Dauré ont acheté le domaine en 1974. La magnanerie du milieu du XIXᵉs. abrite aujourd'hui l'Espace d'art contemporain, qui voisine avec l'un des premiers restaurants vignerons créés en France, ouvert l'été. Le vignoble couvre 110 ha.

Rares sont les blancs où le vermentino joue sa partition à parité avec les cépages ancestraux du Roussillon (ici, le macabeu). Dommage, au vu de ce vin au nez élégamment floral, sur le lilas teinté de citronnelle. En bouche, il fait preuve d'une vivacité tonique aux accents de pample mousse et de citron vert. ✗ 2015-2018 ❦ tourteau mayonnaise ■ 2014 (8 à 11 € ; 21 800 b.) : vin cité. ✗ 2015-2016

☛ *Vignobles Dauré, Ch. de Jau, 66600 Cases-de-Pène,*
tél. 04 68 38 90 10, daure@wanadoo.fr Ⅴ ⬆ *t.l.j. sf ven.*
sam. dim. 9h-17h30 (hiver) ; t.l.j. 10h-20h (été)

♥ DOM. LAFAGE Le Vignon 2009 ★★★		
■	1 200	⬙	30 à 50 €

Éliane et Jean-Marc Lafage ont vinifié pendant dix ans dans l'hémisphère Sud, puis ont repris l'exploitation familiale, établie sur trois terroirs bien distincts du Roussillon : la vallée de l'Agly, vers Maury, les terrasses de galets roulés proches de la mer, les Aspres et ses terres d'altitude. Aujourd'hui, quelque 150 ha cultivés à petits rendements.

Si le domaine continue sur sa lancée, on ne dira plus un « Lafage », mais un « coup de cœur ». Voyez ce rouge, né sur un terroir d'altitude aux sols de schistes, sur le piémont du Canigou. De la syrah (70 %) et du carignan, vinifiés pour partie en macération carbonique. Après une longue cuvaison et vingt-quatre mois sous bois, on découvre un univers de douceur, de la minéralité, du volume, un fruit encore bien marqué et un aiguillon de poivre vert. La barrique parle au vin sans hausser le ton. De la présence et de l'élégance. ✗ 2015-2018 ❦ magret de canard sauce poivre

Centenaire 2014 ★★ (11 à 15 € ; 50 000 b.) ♥ : un second coup de cœur, pour un blanc issu de grenaches presque centenaires, avec de la roussanne en appoint. Un élevage sur mesure, comprenant un léger apport de bois (quatre mois). Le résultat ? Un nez intense de fleurs blanches et de fruits exotiques, un beau volume et une infinie fraîcheur, soulignée d'une touche de verveine. ✗ 2015-2018 ■ La Grande Cuvée 2014 ★★ (15 à 20 € ; 10 000 b.) : un nez intense de rose, de citron et de mandarine, prélude à une bouche équilibrée et fraîche. ✗ 2015-2016

☛ Dom. Lafage, Mas Miraflor, route de Canet, 66000 Perpignan, tél. 04 68 80 35 82, contact@domaine-lafage.com 🅅 🏠 t.l.j. sf dim. 10h-12h15 14h45-18h30 (ouv. dim. été)

CH. LAURIGA
La Cuvée Prestige René Clar 2012 ★★

| ■ | 2 100 | 🍷 ◑ | 20 à 30 € |

Jacqueline Clar poursuit l'œuvre de Jean sur les 50 ha du domaine, restructuré dans les années 1990. Ce vignoble situé au sud-ouest de Perpignan, sur des terrasses de galets et des sables, fournissait jadis la cour du roi d'Aragon.

De la maturité dans ce 2012 à dominante de syrah qui fait preuve d'un réel équilibre entre les notes grillées, fumées et vanillées héritées du fût et les nuances de fruits mûrs, d'épices et de garrigue apportées par le vin. Le temps a apporté la rondeur et la souplesse à des tanins au grain savoureux, une touche de chocolat et de l'harmonie à l'ensemble. Un vin pour aujourd'hui et pour demain. ✗ 2016-2020 🍽 gigot d'agneau aux épices ■ Soleil Blanc de Lauriga 2013 (11 à 15 € ; 2 000 b.) : vin cité. ✗ 2015-2017

☛ Ch. Lauriga, Traverse de Ponteilla, RD 37, 66300 Thuir, tél. 04 68 53 26 73, info@lauriga.com 🅅 👟 🏠 r.-v. ☛ Jacqueline Clar

BERNARD MAGREZ Si mon père savait 2012 ★

| ■ | 20 000 | 🍷 ◑ | 8 à 11 € |

Bernard Magrez, connu notamment pour son Ch. Pape Clément, cru classé des Graves, collectionne les vignobles dans l'Ancien et le Nouveau Monde. Il aime investir de nouveaux terroirs à forte personnalité et a créé à partir de 2003 un domaine dans la vallée de l'Agly (25 ha). La propriété est aujourd'hui installée à Montner, dans la cave du village magnifiquement rénovée.

De la syrah majoritaire, complétée par trois autres cépages. La robe profonde montre de légers reflets tuilés qui annoncent la maturité de ce vin. La suite confirme que ce 2012 est prêt à passer à table. Le nez associe un fin boisé, d'intenses notes de truffe et de fruits compotés, le laurier-sauce apportant sa touche sauvage. Gras, rond, bien constitué, le palais montre des tanins très délicats et finit sur une note réglissée. ✗ 2015-2018 🍽 civet de lièvre

☛ Bernard Magrez, 2 Grand Rue, 66720 Montner, tél. 06 88 97 92 21, domaine-magrez-montner@orange.fr 🅅 🏠 r.-v.

MAS ALMES Pedra 2011 ★★

| ■ | 2 500 | 🍷 ◑ | 8 à 11 € |

Louis Rigaill a été viticulteur en coopérative entre 1984 et 2001 avant de s'installer en cave particulière avec son beau-frère, puis créer son propre domaine en 2007. Son vignoble couvre 10 ha dans le Crest, près de Rivesaltes.

Issu d'une longue macération de la syrah élevée en barrique, complétée par du grenache et du mourvèdre élevés en cuve, ce vin charme par ses parfums de cerise noire et de myrtille qui prennent en bouche des tonalités nettement confiturées et vanillées. De la puissance, de l'intensité et du potentiel. ✗ 2016-2020 🍽 filet de bœuf en croûte ■ Argile 2011 ★★ (8 à 11 € ; 2 500 b.) : de la syrah (élevée sous bois), du grenache et du mourvèdre pour ce vin au nez de fruits noirs, d'épices et d'eucalyptus ; au palais réglissé, tendu et ferme. ✗ 2016-2020

☛ EARL Mas Almes, 21, bd de la Marine, 66510 Saint-Hippolyte, tél. 06 86 85 45 95, masalmesrigaill@gmail.com 🅅 👟 🏠 t.l.j. sf sam. dim. 17h30-19h 🏠 Ⓓ ☛ Louis Rigaill

Ⓑ MAS BAUX Grand Red 2014 ★

| ■ | 3 000 | 🍷 | 5 à 8 € |

Serge Baux a repris en 1998 ce domaine situé à quelques pas de la mer, entre Perpignan et Canet-en-Roussillon. La propriété couvre 20 ha, dont 12 ha de vignes sur un terroir de galets roulés, travaillés en bio (certification en 2013).

La douceur suave du grenache alliée au fruité et à la note réglissée de la syrah (60 %), voilà un duo qui ne manque pas d'allure dans sa parure « grand red » si profonde qu'il vire au noir. L'aération libère des senteurs de violette, de sous-bois et de petits fruits noirs. En bouche, la cerise légèrement épicée, un joli grain de tanin, du volume et de la rondeur. ✗ 2016-2020 🍽 pavé de bœuf au poivre ■ Velours Rouge 2014 (8 à 11 € ; 3 000 b.) Ⓑ : vin cité. ✗ 2015-2020

☛ EARL Mas Baux, voie des Coteaux, 66140 Canet-en-Roussillon, tél. 04 68 80 25 04, contact@mas-baux.com 🅅 👟 🏠 t.l.j. sf dim. 9h-12h 14h-17h

Ⓑ MAS BÉCHA
Les Aspres Excellence Charles 2013 ★★

| ■ | 66 666 | 🍷 | 15 à 20 € |

Au sud de Perpignan, Charles Perez exploite son domaine depuis 2004 au hameau de Nils, dans les Aspres – 30 ha en bio. Cette figure du vignoble se fait « croquer » par un artiste différent chaque année pour illustrer ses étiquettes. Il en va de même pour les membres de sa famille. Le Mouton Rothschild catalan, en quelque sorte !

Que de présence dans ce vin ! Il n'a pas connu le bois, gardé seulement six mois en cuve afin de conserver tout son fruit et son authenticité. Un fruit mûr qui explose dès l'ouverture, sur la framboise et la cerise, sans oublier la note charmeuse de Zan léguée par la syrah (80 %). La bouche, où le fruit reste omniprésent, surprend par son volume, sa puissance, la force retenue de ses tanins, son profil tendu. ✗ 2016-2020 🍽 sauté d'agneau ■ Barrique Serge 2013 (11 à 15 € ; 6 000 b.) Ⓑ : vin cité. ✗ 2016-2020

☛ Charles Perez, Mas Bécha, 3, av. de Pollestres, 66300 Nyls-Ponteilla, tél. 04 68 95 42 04, hachette2016@masbecha.com 🅅 👟 🏠 r.-v.

MAS DE LA DEVÈZE
Élevé en fût de chêne 2013 ★★

| 3 700 | ◫ | 11 à 15 € |

Simon Hugues était agriculteur, Nathalie commerciale dans la filière viticole à l'export. Ils ont repris en 2012 au cœur du terroir de Maury une très ancienne propriété qui avait été démantelée dans les années 1980 et s'attachent à restaurer en famille les 30 ha de vignes en gobelet.

De vieilles vignes de grenache blanc et de macabeu (à parité) plantées dans un secteur réputé pour ces rouges, des vendanges manuelles, une vinification et un élevage attentifs – en demi-muids de chêne neuf pour les deux tiers. Le résultat ? Un vin aux senteurs printanières, accompagnées d'une note douce de toasté épicé. Un palais fin, élégant, fluide, d'une rare longueur, à la texture veloutée héritée des schistes, aux accents de miel fumé du maquis. ✗ 2016-2020 ♈ lotte à la plancha

☞ Nathalie et Simon Hugues, Mas de la Devèze, rte des Mas, 66720 Tautavel, tél. 04 68 61 04 58, contact@masdeladeveze.fr Ⅴ 🖈 ♿ r.-v.

Ⓑ CH. DU MAS DÉU
Cuvée Guillem 2014 ★★

| 3 000 | 🍶 | 5 à 8 € |

Ancienne commanderie des Templiers, le Mas Déu est une impressionnante bâtisse d'où la vue embrasse les Aspres. Un lieu chargé d'histoire où Arnaud de Villeneuve aurait mis au point le mutage. La famille Oliver s'y est installée au début du siècle dernier. Claudie débuta la vente en bouteilles dès les années 1970. Installé en 1991, son fils Claude conduit aujourd'hui les 21 ha de la propriété.

La syrah (60 %) marque de son empreinte colorée et réglissée çe vin où le grenache exprime une belle maturité par sa rondeur et son fruité. Un soupçon de carignan vient apporter sa charpente et une note de clou de girofle. La vinification crée l'harmonie de cet ensemble où rien n'accroche. ✗ 2015-2019 ♈ lapin aux pruneaux ■ Claudie Oliver 2014 ★★ (5 à 8 € ; 3 100 b.) Ⓑ : un rosé aromatique (fleur blanche, pamplemousse), alliant nervosité mentholée et ampleur moelleuse. ✗ 2015-2016

☞ Claude Oliver, Ch. du Mas Déu, 66300 Trouillas, tél. 04 68 53 11 66, claude.oliver@orange.fr Ⅴ 🖈 ♿ t.l.j. sf dim. 14h-18h; f. jan.

MAS ROUS Tradition 2013 ★

| 12 700 | 🍶 | 5 à 8 € |

En 1850, Michel Bizern, agriculteur, transforme en maison une bergerie des Albères, au pied des Pyrénées, fondant le Mas del Ros (« maison du blond » en catalan), qui devient Mas Rous. Son arrière-petit-fils, José Pujol, qui est brun, reprend l'exploitation en 1976. Une valeur sûre de 32 ha en bio certifié depuis 2014.

Un vin au nez discret de fruits confiturés, de cuir et de poivre noir, rehaussé par la minéralité des Albères. Petits fruits rouges et noirs (mûre), sous-bois, pointe de cacao en finale, l'expression est agréable, et les tanins sont remarqués pour leur finesse. Un ensemble fondu, bien équilibré et frais. ✗ 2015-2020 ♈ carré d'agneau au safran

☞ Dom. du Mas Rous, 13, rue du renard, 66740 Montesquieu-des-Albères, tél. 04 68 89 64 91, masrous@mas-rous.com Ⅴ 🖈 ♿ t.l.j. sf dim. 9h30-12h 14h-18h ☞ José Pujol

DOM. MIRABAU 2013 ★

| 70 000 | 🍶 | 5 à 8 € |

Cette maison de négoce a été créée en 1995, sous l'impulsion de la vigneronne Claude Vialade. Une structure importante et réputée qui vinifie aujourd'hui quelque 9 millions d'hectolitres et travaille avec soixante-quatorze caves partenaires.

Du fruit rouge et des épices viennent prendre place après un premier nez plus sourd, entre sous-bois et venaison. Une bouche à la fois ample et fraîche, un tanin bien travaillé, la jolie rondeur du grenache mûr, une finale sur la figue et le pruneau : de l'harmonie et du raffinement pour ce vin né de syrah et de grenache. ✗ 2015-2019 ♈ tajine de bœuf aux épices

☞ SAS Les Domaines Auriol, 12, rue Gustave Eiffel, Z.I. Gaujac, 11200 Lézignan-Corbières, tél. 04 68 58 15 15, info@les-domaines-auriol.eu Ⅴ ♿ t.l.j. sf ven. sam. dim. 8h30-12h 14h-17h45 ☞ Claude Vialade

DOM. MODAT De-ci de-là 2013 ★

| 5 700 | 🍶 ◫ | 11 à 15 € |

D'origine catalane, Philippe Modat, magistrat, est un amateur de vin éclairé – comme son père, devenu lui aussi vigneron. Cette passion s'est concrétisée par la constitution en 2006 d'un domaine dans la vallée de l'Agly : 25 ha de vignes sur un plateau à 300 m d'altitude, en conversion bio depuis 2011 (8 ha en biodynamie) et une cave de conception écologique, dotée de cellules photovoltaïques, inaugurée en 2008.

De-ci de-là ? Ce blanc est né de vieilles vignes blanches (grenaches blanc et gris, macabeu) plantées en mélange dans des parcelles de cépages rouges. Récolte erratique suivie d'un élevage sur lies avec bâtonnage. Il en résulte un vin rond, ample, vanillé et toasté, avec un soupçon d'abricot, de fleurs miellées et une tension sous-jacente aux accents d'airelle. ✗ 2015-2018 ♈ pavé de turbot rôti

☞ Dom. Modat, Lieu-dit Les Plas, 66720 Cassagnes, tél. 04 68 54 39 14, contact@domaine-modat.com Ⅴ 🖈 ♿ r.-v.

CH. MONTESQUIEU DES ALBÈRES 2014

| 18 000 | - de 5 € |

Installée à Saint-Genis-des-Fontaines, la coopérative des vignerons des Albères regroupe une trentaine de viticulteurs et propose une large gamme de vins rouges, rosés et blancs, sans oublier les vins doux naturels. Elle commercialise plusieurs étiquettes : le Prestige, Ch. la Roca, Ch. Montesquieu...

La syrah impose son fruité avec une nuance de cerise ; le terroir apporte sa touche minérale et l'œnologue, avec sa maîtrise, ajoute à l'ensemble un fond de notes amyliques. Une fine fraîcheur exalte les arômes dominés en bouche par la touche acidulée de la mandarine. Un rosé équilibré et aérien pour l'apéritif ✗ 2015-2016 ♈ salade de fruits de mer

☞ SCV Les Vignerons des Albères, 9, av. des Écoles, 66740 Saint-Génis-des-Fontaines, tél. 04 68 89 81 12, vigneronsdesalberes@wanadoo.fr Ⅴ 🖈 ♿ r.-v. ☞ Surjus

ROUSSILLON

ⒷCH. DE L'OU 2014

| ■ | 4 000 | î | 8 à 11 € |

Philippe Bourrier, agronome, et son épouse Séverine, œnologue, ont acheté en 1999 ce domaine dont le nom vient d'une résurgence dans un bassin en forme d'œuf (*ou* en catalan). Ils ont refait le chai et travaillé d'emblée en bio leur vignoble qui couvre 40 ha entre plaine du Roussillon et Fenouillèdes.

Un rosé à la robe tendre, saumon pâle, et au nez expressif, sur la pivoine, la framboise et la cerise fraîche. Une jolie présence, de la vivacité, c'est de l'été en bouteille. Voilà un vin de bonne compagnie friand et souple, qui permettra de prolonger les vacances après la sortie du Guide. ⚔ 2015-2016 🍴 brochettes de poulet

☛ *Ch. de l'Ou, Route de Villeneuve, D8, 66200 Montescot, tél. 04 68 54 68 67, chateaudelou66@orange.fr* Ⓥ 👤 🏠 *r.-v.* ☛ *Bourrier*

ⒷDOM. PARCÉ Fraîcheur rosée 2014 ★

| ■ | 3 200 | î | 5 à 8 € |

Depuis leur installation en 1982, André et Armelle Parcé ont accompli un patient travail de restructuration de leur domaine de 20 ha, qu'ils parachèvent en 2013 en obtenant la certification bio.

Un rose fuchsia vif et lumineux, en harmonie avec des senteurs estivales de rose et de tulipier de Virginie ; côté fruit, la framboise l'emporte sur la fraise et les notes amyliques. La mûre rejoint ce panier de petits fruits dans une bouche qui surprend par sa puissance, son volume et sa présence. Une intensité qui permettra à cette bouteille d'accompagner tout le repas. ⚔ 2015-2016 🍴 poissons à la plancha

☛ *EARL A. Parcé, 21 ter, rue du 14-Juillet, 66670 Bages, tél. 04 68 21 80 45, vinsparce@9business.fr* Ⓥ 👤 🏠 *t.l.j. sf dim. 9h15-12h 16h-18h30*

CH. PEZILLA La Marquise 2014 ★

| ■ | 40 000 | î | 5 à 8 € |

Résultant de la fusion de trois caves, cette coopérative porte le nom de l'inventeur des vins doux naturels, Arnaud de Villeneuve. Elle rassemble 350 viticulteurs de Salses, de Rivesaltes et de Pézilla-la-Rivière, qui cultivent quelque 2 500 ha de vignes.

De la syrah pour moitié, complétée du mourvèdre et un peu de grenache, dans ce vin alliant finesse et présence. Au nez, l'exubérance des fruits rouges, la douce chaleur des épices et la fraîcheur du sous-bois. Un rouge intensément aromatique et gourmand, facile à marier avec les mets. ⚔ 2015-2016 🍴 côtes d'agneau au thym ■ Arnaud de Villeneuve n°153 RD 900 2014 (- de 5 € ; 14 000 b.) : vin cité. ⚔ 2015-2016

☛ *Cave Arnaud de Villeneuve, 153, RD 900, 66600 Rivesaltes, tél. 04 68 64 06 63, contact@caveadv.com* Ⓥ 👤 🏠 *t.l.j. 9h-12h 14h-19h*

DOM. PIQUEMAL Les Terres Grillées 2013 ★★

| ■ | 12 000 | î ⊕ | 8 à 11 € |

Sous l'impulsion d'Annie et de Pierre Piquemal, ce domaine familial (48 ha) est devenu une référence du Roussillon. Tout en maintenant les pratiques traditionnelles, il dispose d'un chai très moderne, à l'extérieur du village. Un outil adapté pour exalter l'expression de chaque terroir (schistes feuilletés, argilo-calcaires, galets roulés). Les vinifications sont assurées par Marie-Pierre Piquemal.

Le grenache blanc (50 %) s'allie au macabeu (40 %) et à une touche de vermentino dans ce vin d'un bel or, au nez floral, entre jasmin et violette, alors que la bouche séduit par sa rondeur et son boisé, sur fond réglissé. ⚔ 2016-2018 🍴 paella aux fruits de mer ■ Tradition 2013 ★ (5 à 8 € ; 15 000 b.) : syrah, grenache, carignan et un élevage en cuve pour ce vin équilibré, rond et soyeux, aux senteurs de mûre et de myrtille. ⚔ 2015-2018 ■ Les Terres grillées 2014 (5 à 8 € ; 6 000 b.) : vin cité. ⚔ 2015-2016

☛ *Dom. Piquemal, RD 117, km 7, 66600 Espira-de-l'Agly, tél. 04 68 64 09 14, contact@domaine-piquemal.com* Ⓥ 👤 🏠 *t.l.j. sf dim. 9h-12h 14h-18h*

CH. PLANÈRES Cuvée Chantail 2014 ★★

| ■ | 60 000 | î | - de 5 € |

Le domaine des frères Jaubert et de Roland Noury, l'un des pionniers des crus du Roussillon, apparaît tel un balcon donnant sur les Albères, la mer et le Canigou. Le vignoble s'étend sur 105 ha, dont une soixantaine d'un seul tenant autour d'une bâtisse catalane du XIXᵉs. sur le plan (plateau) de Planères.

La trilogie magique du Roussillon – syrah-grenache-carignan – un peu de soleil, un joli terroir, de la maturité, une vinification soignée et voilà, sur un air de tramontane, une cuvée qui chante la douce symphonie des petits fruits rouges. Élégant dans sa robe noire, fin, souple, montrant un bel équilibre entre sucrosité et fraîcheur, un vin gourmand et friand, prêt à boire. ⚔ 2015-2018 🍴 sauté d'agneau

☛ *Ch. Planères, Vignobles Jaubert-Noury, 66300 Saint-Jean-Lasseille, tél. 04 68 21 74 50, contact@chateauplaneres.com* Ⓥ 👤 🏠 *t.l.j. sf dim. 9h-12h 14h-18h; sam. sur r.-v.*

DOM. RETY L'Insolente 2013

| ■ | 8 000 | î | 11 à 15 € |

Fils de paysans bretons émigrés aux États-Unis, né à Manhattan et Franco-Américain, Patrick Rety a réalisé son rêve : faire du vin, travailler sur l'expression du terroir. Il étudie et commence son parcours en Bretagne, vendant des franchises d'une chaîne de restauration. En 2012, son domaine (2 ha) voit le jour, près de Rivesaltes.

Vieilles vignes, terroir d'altitude et le grenache (80 %) qui impose sa loi : voilà de quoi expliquer la maturité de ce 2013, sa fraîcheur aussi et son fruité centré sur la griotte. Ce vin n'emploie pas la force, mais convainc par son élégance, le velouté de ses tanins et, en finale, par la douce chaleur de ses arômes de cerise chocolatée. ⚔ 2015-2017 🍴 canette aux cerises

☛ *Dom. Rety, 6, rue Rigaud, 66600 Espira-de-l'Agly, tél. 06 20 02 29 65, rety.patrick@orange.fr* Ⓥ 🏠 *r.-v.*

CH. DE REY Les Galets Roulés 2013 ★

| ■ | 3 708 | ⊕ | 15 à 20 € |

Dominant la Grande Bleue et les étangs, le château de Rey, fondé en 1875, déroule ses 36 ha sur les galets et les sables de la « haute » terrasse de l'Agly culminant à...15 m. Un château très « fin XIXᵉs. » à la tour élancée, des gîtes à 5 mn des plages. Aux commandes depuis 1996, Cathy et Philippe Sisqueille.

Du carignan et de la syrah à parité dans ce 2013 à la robe profonde, qui se dévoile d'emblée, parlant avec intensité de fruits rouges, y ajoutant du cassis et une élégante touche boisée, vanillée et toastée. Au palais, le vin joue sur le velouté de ses tanins, sur sa belle maturité, et sa persistance a de quoi séduire. ✗ 2015-2018 ☗ pintade aux champignons ◼ Mine de Rey 2013 (20 à 30 € ; 759 b.) : vin cité. ✗ 2016-2019 ◼ Sisquò 2014 (5 à 8 € ; 3 534 b.) : vin cité. ✗ 2015-2016

☛ Cathy et Philippe Sisqueille, Ch. de Rey, rte de Saint-Nazaire, 66140 Canet-en-Roussillon, tél. 04 68 73 86 27, contact@chateauderey.com
Ⓥ 🎿 🛏 t.l.j. sf dim. 10h-12h 15h-18h 🏠 Ⓔ

CH. ROMBEAU Pierre de la Fabrègue
Élevée en fût de chêne 2011 ★★

| ◼ | 15 000 | 📷 ⬠ | 11 à 15 € |

Le domaine de Rombeau est dans la famille depuis des siècles. Vigneron médiatique, restaurateur et hôtelier, Pierre-Henri de La Fabrègue lui a donné un bel éclat. Des 130 ha (dont 25 en bio) de l'exploitation naissent des muscats-de-rivesaltes, des rivesaltes et des vins secs, en AOC et en IGP. Une production bien connue des lecteurs du Guide.

Cette cuvée en hommage au père du propriétaire confirme la tenue du 2011, excellent millésime en Roussillon pour les vins rouges. La syrah, complétée de grenache (et un peu de mourvèdre), dévoile ses arômes de fruits confiturés et de réglisse, avec une pointe plus sauvage et fraîche de maquis et de genévrier, le tout enveloppé d'un boisé agréable. Un très bel élevage qui apprête le vin sans le brusquer et lui confère fondu et puissance retenue. ✗ 2015-2018 ☗ onglet beurre marchand de vin ◼ Le Rosé 2014 ★★ (8 à 11 € ; 4 500 b.) Ⓑ : un rosé saumoné pétillant de jeunesse, au palais tonique, entre framboise fraîche et pamplemousse rose. ✗ 2015-2016

☛ SCEA Dom. de Rombeau, 2, av. de la Salanque, 66600 Rivesaltes, tél. 04 68 64 35 35, domainederombeau@gmail.fr Ⓥ 🎿 🛏 r.-v. 🏠 Ⓔ
☛ de la Fabrègue

Ⓑ DOM. ROSSIGNOL Les Aspres Le Graal 2011 ★★

| ◼ | 2 996 | ⬠ | 11 à 15 € |

Où vont s'arrêter Fabienne et Pascal Rossignol ? Création du domaine en 1995, construction d'un chai souterrain pour les vins secs en 2002, certification bio en 2009, musée, automates, clos des cépages, boutique paysanne... aujourd'hui 17 ha dans les Aspres pour ces vignerons qui ont le sens de l'accueil.

Il vient des Aspres, au sud de Perpignan, ce 2011 à dominante de mourvèdre, cépage merveilleux - quand il le veut bien. Sa robe grenat s'orne d'un joli tuilé. Le nez exprime à l'aération des senteurs de sous-bois, de cuir, de tapenade noire et un début de venaison, puis des touches de figue et de douces nuances de cacao. Dans une bouche ample et ronde, le tanin hésite entre velours et soie, montrant un grain si agréable du mourvèdre. Un vin de caractère, qui vous parle de Méditerranée et garde la fraîcheur du sous-bois. ✗ 2016-2020 ☗ gigot d'agneau en croûte d'épices

☛ Pascal Rossignol, rte de Villemolaque, 66300 Passa, tél. 04 68 38 83 17, domaine.rossignol@free.fr
Ⓥ 🎿 🛏 t.l.j. 10h00-12h00 15h-18h30; dim. sur r.-v.

CH. SAINT-NICOLAS Nicolaus 2012

| ◼ | 5 000 | ⬠ | 20 à 30 € |

Situé en bord de Méditerranée, entre mer et montagne, ce prieuré construit par les templiers est devenu un domaine viticole en 1781 sous l'impulsion de Pierre Poeydavant, basque d'origine et sous-intendant de Louis XVI. Les 66 ha de vignes que couvre aujourd'hui le domaine sont conduits par Pierre Schneider.

Un long élevage sous bois (vingt mois) apporte au fruit noir confituré et à la cerise à l'eau-de-vie hérités de la syrah (90 %) des notes de torréfaction et un beau fondu au palais. Celui-ci associe le pruneau et la noix muscade sur un fond toasté qui adoucit des tanins bien présents. Un vin agréable, complexe et long. ✗ 2017-2020 ☗ civet de lièvre

☛ Ch. Saint-Nicolas, rte de Canohès, 66300 Pontella, tél. 04 68 53 47 61, chateausaintnicolas@hotmail.com
Ⓥ 🎿 🛏 t.l.j. sf sam. dim. 9h-17h30 🏠 Ⓔ

DOM. SARDA-MALET
Terroir Mailloles 2008 ★★

| ◼ | 6 000 | ⬠ | 20 à 30 € |

« On devrait construire les villes à la campagne, l'air y est plus pur. » Cette citation d'Alphonse Allais est en passe de se réaliser tant la ville de Perpignan pousse aux portes du domaine. Un havre de paix avec une vue splendide sur le Canigou. Jérôme Sarda hérite des premières vignes, exploitées aujourd'hui par son petit fils Jérôme Malet. Certification bio en 2013.

Mi-mourvèdre mi-syrah, ce 2008 est resté vingt-quatre mois en barrique. La robe est encore d'un grenat profond. Le nez, intense et fondu, évoque la garrigue. La bouche révèle un vin en pleine force de l'âge où se retrouvent la patine réglissée, la vanille du fût et la confiture de framboises, contrebalancés par une jolie vivacité. Le superbe tanin du mourvèdre clôt la dégustation avec finesse. ✗ 2015-2018 ☗ canard aux cèpes ◼ Terroir Mailloles 2009 ★★ (20 à 30 € ; 1 700 b.) : après vingt-quatre mois de fût, il captive par ses notes de fruits confits, ses airs de vendanges tardives alsaciennes, son ampleur et son bel équilibre entre notes miellées, fruits exotiques et eucalyptus. ✗ 2015-2016

☛ Dom. Sarda-Malet, Mas Saint-Michel, chem. de Sainte-Barbe, 66000 Perpignan, tél. 04 68 56 72 38, sardamalet@wanadoo.fr
Ⓥ 🎿 🛏 r.-v.

DOM. SOL-PAYRÉ Trilogia 2012 ★★

| ◼ | 6 000 | 📷 | 15 à 20 € |

Le grand-père de Jean-Claude Sol, ouvrier agricole émigré d'Espagne en 1913, a reconstruit sa vie à l'abri de la cathédrale d'Elne, fondant un domaine qui s'est agrandi petit à petit pour atteindre 45 ha. Principalement implanté au sud du département, entre Perpignan et Collioure, le vignoble s'est étendu au nord, sur les sols acides des Fenouillèdes.

Trilogia ? Du grenache, de la syrah et du carignan à parité, nés sur trois terroirs différents : les schistes de Maury, les gneiss de Lansac et les granites de Rasiguères. Tous s'unissent pour composer un vin au joli nez évoluant doucement vers les fruits confiturés, le pruneau, la cerise à l'eau-de-vie et la torréfaction. Structuré et long, bâti sur

ROUSSILLON

des tanins veloutés, le palais finit sur une note pimentée. ✗ 2016-2019 ♈ magret de canard aux cerises ∎ Ater 2011 ★★ (20 à 30 € ; 2 000 b.) : vinifié sous bois et élevé en cuve, un vin alliant finesse, minéralité et fraîcheur, reflet des gneiss et schistes de l'Agly. ✗ 2015-2018

☛ *Dom. Sol-Payré, rte de Saint-Martin, 66200 Elne, tél. 04 68 22 17 97, domaine@sol-payre.com* Ⓥ 🚶 🍷 *t.l.j. sf dim. 10h-19h (avr.-sept.); t.l.j. sf sam. dim. 10h-17h (oct.-mars)*

♥ TERRASSOUS		
Villare Juliani 2013 ★★★		
∎ 15 000	🍷	5 à 8 €

Les vignerons de Constance et Terrassous regroupent depuis 2009 trois caves des Aspres, dans la partie sud du Roussillon : 70 adhérents pour 700 ha de vignes. Un terroir de collines et de terrasses au pied du Canigou, lequel apporte avec ses schistes une palette supplémentaire de terroirs. La cave commercialise en tirage limité toute une gamme de splendides vins doux naturels, du six ans d'âge aux millésimes anciens.

L'expression aromatique a subjugué le dégustateurs. Le nez hésite entre le rouge – la framboise – et le noir – le cassis –, tandis que la syrah, qui joue les premiers rôles, apporte ses notes de Zan et de violette, auxquelles s'ajoutent des senteurs méditerranéennes de garrigue. Au palais, le vin se révèle puissant, ample et très frais à la fois, étonnamment souple. Le tanin est fin et soyeux, le fruit omniprésent : la pureté et l'harmonie mêmes. De quoi « terrasser » le grand jury – de plaisir ! ✗ 2016-2020 ♈ sauté de marcassin à la réglisse ∎ Ch. Mossé 2014 ★★ (5 à 8 € ; 20 000 b.) : l'alliance harmonieuse de la puissance et de la vivacité, de l'iris et des fruits exotiques. ✗ 2015-2016

☛ *SCV Les Vignobles de Constance et du Terrassous, 46, av. des Corbières, 66300 Terrats, tél. 04 68 53 02 50, contact@terrassous.com* Ⓥ 🍷 *t.l.j. sf dim. 8h30-12h 14h-18h30*

DOM. LA TOUPIE		
Pirouette 2013 ★★		
∎ 4 000	🍷	8 à 11 €

Après vingt ans passés dans l'administration viticole, puis à parcourir le vignoble pour la coopérative du Mont Tauch, dans l'Aude, Jérôme Collas a franchi le pas... et la « frontière » entre Languedoc et Roussillon, pour s'installer en 2012 sur 10 ha dans la vallée de l'Agly.

Pirouette ? Un autre nom pour « toupie ». Une Pirouette issue de vieilles vignes et d'une longue macération, qui n'esquive en rien le terroir de Maury. Terroir qui s'impose aux côtés des notes de cerise charnue du grenache et la réglisse de montagne de la syrah, qui lègue de la souplesse, des tanins patinés, de la fraîcheur et de la minéralité. En résumé, un vin sur le fruit, à la fois riche et gouleyant. ✗ 2015-2018 ♈ mixed gril au barbecue

☛ *Dom. la Toupie, 19, rte de Perpignan, 66380 Pia, tél. 07 86 28 99 52, contact@domainelatoupie.fr* Ⓥ 🚶 🍷 *r.-v.* ☛ *Jérôme Collas*

| TRELOAR Three Peaks 2012 ★★ | | |
| ∎ 9 000 | ◖ | 8 à 11 € |

Rachel et Jonathan Hesford habitaient non loin du World Trade Center. Après la tragédie du 11 septembre 2001, ils décident de changer de vie et partent en Nouvelle-Zélande où ils restent trois ans pour apprendre le métier de vigneron. Installés en Roussillon, ils conduisent ce domaine de 10 ha depuis 2006.

Le grenat soutenu ne laisse rien paraître des deux ans d'élevage. En revanche, la palette aromatique évoque la vendange mûre, le fruit noir (cassis) et le sous-bois, avant d'évoluer vers le pruneau, les épices et la réglisse. On retrouve en bouche le fruit agrémenté de cannelle et de la fraîcheur du gingembre qui souligne une tension surprenante. Appuyé sur des tanins à la force contenue, le vin investit longuement le palais. ✗ 2017-2020 ♈ pavé de bœuf sauce au poivre

☛ *Dom. Treloar, 16, traverse de Thuir, 66300 Trouillas, tél. 04 68 95 02 29, info@domainetreloar.com* Ⓥ 🚶 🍷 *mar. jeu. sam. 9h30-12h 14h-18h30* 🏠 Ⓔ

| DOM. TRILLES Pedra Lluna 2013 ★★ | | |
| ∎ 1 000 | ◖ | 11 à 15 € |

BTS en poche, Jean-Baptiste Trilles rejoint en 2000 les vignes familiales (40 ha cultivés) dans les Aspres. Apporteur de raisins à la coopérative à ses débuts, il devient vigneron en 2007, avant de construire en 2010 une cave à sa mesure à Tresserre, aux pays des « bruixes » (fées ou sorcières). Des sorcières qui ont inspiré le nom de ses cuvées.

Rares sont les vins en Roussillon à base de mourvèdre – un cépage « de vignerons » pas toujours docile, mais quel plaisir quand il veut bien ! Cette cuvée, où il entre à hauteur de 90 %, en porte la marque dans sa robe noire, la noblesse de ses tanins, sa fraîcheur réglissée, son volume, sa complexité (genièvre, fruits noirs épicés et toasté bien fondu). ✗ 2016-2020 ♈ entrecôte aux cèpes ∎ Incantation 2013 ★ (8 à 11 € ; 4 000 b.) : de la syrah (55 %, les grenache et mourvèdre en appoint) et un élevage en cuve de bois pour ce vin fondu et frais, qui parle de garrigue, d'épices et de violette. ✗ 2015-2018

☛ *Jean-Baptiste Trilles, chem. des Coulouminettes, 66300 Tresserre, tél. 06 15 46 64 71, contact@domainetrilles.fr* Ⓥ 🚶 🍷 *r.-v.*

| CH. VALMY 2012 ★ | | |
| ∎ 20 000 | 🍷 | 8 à 11 € |

Au pied des Albères, le château Valmy, construit vers 1890 par l'architecte danois Viggo Dorph Petersen, est entouré de 23 ha de vignes. En 1999, Bernard Carbonnell engage la restructuration du domaine avec notamment la création de chambres d'hôtes de luxe.

On trouve toujours beaucoup de finesse dans les vins nés de ce terroir acide des Albères, où les Pyrénées rencontrent la mer. On apprécie ici la subtilité et la précision des arômes fruités, la fraîcheur conjuguée à une belle souplesse des tanins, une rondeur originale de cacao en finale. Une force contenue et une impression de légèreté. ✗ 2016-2020 ♈ carré d'agneau

☛ *Ch. Valmy, chem. de Valmy, 66700 Argelès-sur-Mer, tél. 04 68 81 25 70, contact@chateau-valmy.com* Ⓥ 🚶 Ⓔ *t.l.j. sf sam. dim. 9h30-12h30 14h30-18h30* 🏠 ⑤ ☛ *Carbonnell*

DOM. VAQUER Cuvée Bernard 2013 ★

| ■ | 9 000 | 🍷 | 8 à 11 € |

Domaine acheté en 1912 par la famille Vaquer dans les Aspres. Dans la lignée, le « maréchal », Fernand Vaquer, figure historique du rugby catalan, deux fois champion de France avant guerre puis entraîneur dans les années 1950 de l'USAP. Premières mises en bouteilles en 1968. Aujourd'hui, le domaine couvre 18 ha, conduits par Frédérique.

Le trio grenache-syrah-carignan convient à merveille au terroir des Aspres. Pour preuve, ce vin bigarreau, entre fruits noirs, cuir, sous-bois et minéralité, au palais structuré, où dialoguent un fin fruité et un tanin épicé. ✗ 2016-2019 ▼ brochette de bœuf

○━ *Dom. Vaquer, 1-2, rue des Écoles, 66300 Tresserre, tél. 04 68 38 89 53, domainevaquer@gmail.com* Ⓥ 🔣 🔣 *r.-v.*

DOM. DE VÉNUS L'Effrontée 2011 ★★

| ■ | 8 500 | ⬤ | 15 à 20 € |

Un domaine constitué à partir de 2003 par des associés et amis, autour de Jean-Luc Coupet, spécialiste en fusions-acquisitions de domaines, de Jean-François Nègre, qui a quitté le domaine de l'Île Margaux, de Gilles Gavignaud, ancien propriétaire et aujourd'hui régisseur, de Nathalie Abet, au chai, et d'Alice Euvrard, au commercial. Aujourd'hui, 40 parcelles et 15 ha dans le haut Agly.

Remarquable la fraîcheur de ce 2011. Si l'on sait qu'il provient de sols de schistes plantés de grenache gris (25 %, aux côtés du macabeu en dominante, du vermentino et du carignan blanc), qu'il a fini sa fermentation et accompli son élevage sur lies fines en tonneau de 400 l, tout s'explique. On comprend aussi sa douceur, son fruité, la délicatesse des notes d'acacia, le grillé fin du boisé et cette remarquable finale mentholée. Une réelle élégance. ✗ 2015-2018 ▼ aile de raie aux câpres

○━ *Dom. de Vénus, 13, av. Jean-Moulin, 66220 Saint-Paul-de-Fenouillet, tél. 04 68 59 18 81, domainedevenus@aliceadsl.fr* Ⓥ 🔣 🔣 *t.l.j. 9h-18h; dim. sur r.-v.* ○━ *Jean-François Nègre*

CH. DE VILLECLARE
Révélation 2013 ★★

| ■ | 2 400 | ⬤ | 11 à 15 € |

Un domaine de la famille Jonquères d'Oriola situé dans les Albères, sur la rive gauche du Tech. Au milieu des vergers de pêchers et d'abricotiers, des vignes (40 ha, le bio en ligne de mire) et d'un parc aux arbres plus que centenaires, la bâtisse des Templiers du XIIᵉs. se dessine, imposante, sur fond de massif pyrénéen.

Le grenat de la robe n'est pas sans rappeler celui des pierres fines dont le Roussillon s'est fait une spécialité. Après un premier nez associant sous-bois et minéralité, le vin s'ouvre rapidement sur les fruits rouges et le pruneau, accompagnés des notes toastées de l'élevage. Dans le même registre, la bouche est remarquée pour sa souplesse, le soyeux de ses tanins et sa grande finesse. ✗ 2015-2019 ▼ magret de canard aux épices

○━ *SCEA Jonquères d'Oriola, Ch. de Villeclare, 66690 Palau-del-Vidre, tél. 06 84 11 44 76, villeclare@wanadoo.fr* Ⓥ 🔣 🔣 *r.-v.*

CÔTES-DU-ROUSSILLON-VILLAGES

Superficie : 2 270 ha / Production : 67 500 hl

DOM. DE L'AGLY
Latour de France Entrée du Royaume 2013 ★

| ■ | 22 400 | ⬤ | 15 à 20 € |

Ce domaine de 12 ha est né en 2003 de la passion de l'œnologue catalan Hervé Sabardeil et du négociant bordelais Jean-Patrick Moaté. Ils ont déniché la perle rare sur les hauts de Latour de France, à 280 m d'altitude. Première récolte en 2003. Depuis 2008, Boris Kovac, lui aussi œnologue, a rejoints et un nouveau chai a été inauguré en août 2013.

Les quatorze mois de barrique ont légué à ce vin des notes fumées, vanillées et torréfiées, agrémentées de confiture de cerises. On retrouve les fruits rouges en compagnie d'épices dans une bouche ample et longue, soutenue par des tanins veloutés. ✗ 2016-2020 ▼ contre-filet de bœuf à l'échalote

○━ *Dom. de l'Agly, av. Guy Male, BP9, 66720 Latour-de-France, tél. 06 14 80 00 99, domagly@orange.fr* ○━ *Sabardeil*

ARCADIE Byzance 2013 ★★

| ■ | 6 600 | 🍷 ⬤ | 8 à 11 € |

Originaire de la vallée du Rhône, Agnès Graugnard, œnologue, a créé sa maison de négoce en 2003. Elle vinifie des raisins achetés à trois producteurs partenaires installés dans les Fenouillèdes et dans la vallée de l'Agly. Commercialisés sous la marque Arcadie, ses vins sont issus de vendanges manuelles et fermentent sans levurage.

Ce 2013 s'ouvre sans réserve sur des parfums de rose complétés à l'aération par les épices et des notes généreuses de confiture de mûre. Ronde et onctueuse, vineuse même, la bouche révèle des arômes intenses de cerise noire et s'appuie sur des tanins bien présents mais sans dureté. ✗ 2016-2021 ▼ pigeonneau rôti aux fruits secs

○━ *Agnès Graugnard, 18, av. Jean Moulin, 66220 Saint-Paul-de-Fenouillet, tél. 06 76 54 22 49, contact@vinarcadie.com* Ⓥ 🔣 🔣 *r.-v.*

DOM. ARGUTI Ugo 2012

| ■ | 8 000 | ⬤ | 11 à 15 € |

En 2004, Marie-Christine et Ugo Arguti ont posé leurs valises dans la vallée de l'Agly. Toscan d'origine, bordelais d'adoption, le second a longtemps dirigé un grand château à Saint-Émilion. Il signe désormais ses propres cuvées à partir de 7 ha de vignes.

Cet assemblage de grenache (60 %), de syrah (30 %) et de carignan révèle un nez intense de fruits mûrs et de vanille. Rondeur et fraîcheur sont au rendez-vous dans une bouche corsée, bâtie sur des tanins denses et sur un boisé vanillé soutenu. ✗ 2016-2019 ▼ civet de gigot d'agneau

○━ *Dom. Arguti, 14, av. du 16-Août-1944, 66220 Saint-Paul-de-Fenouillet, tél. 06 73 85 17 93, domaine.arguti@orange.fr* Ⓥ 🔣 🔣 *r.-v.*

LE BARRAL DE TRÉMOINE 2012 ★★

| ■ | 2 500 | ⬤ | 20 à 30 € |

Une coopérative fondée en 1919, regroupant quelque soixante vignerons qui cultivent 540 ha dans quatre

ROUSSILLON

villages situés dans la vallée de l'Agly : Planèzes, Rasiguères, Lansac et Cassagnes. L'histoire de la cave est liée au festival de musique classique créé en 1980 par la pianiste britannique Moura Lympany.

Ce 2012 très homogène et complexe livre un bouquet soutenu de réglisse et d'épices assortis de nuances fumées. On retrouve ces arômes avec persistance dans une bouche ample, onctueuse, intense et fraîche à la fois, soutenue par une fine minéralité et des tanins veloutés. ✗ 2017-2022 ▼ filet Rossini ■ Cuvée Moura Lympany Rasiguères Élevé en fût de chêne 2012 ★★ (5 à 8 € ; 40 000 b.) : une belle cuvée partagée entre les fruits rouges et la réglisse, ample, longue et franche, aux tanins ronds et soyeux. ✗ 2016-2021 ■ Excellence du Ch. Cuchous Caramany 2012 ★★ (8 à 11 € ; 21 000 b.) : au nez, des notes de tapenade et de toasté ; en bouche, de la générosité et de la fraîcheur, de l'ampleur et de la puissance. Un vin complet. ✗ 2017-2022 ■ Ch. Planèzes Latour de France Élevé en fût de chêne 2012 (8 à 11 € ; 13 000 b.) : vin cité. ✗ 2015-2018

o–¬ *Les Vignerons de Trémoine, 5, av. de Caramany, 66720 Rasiguères, tél. 04 68 29 11 82, rasiguères@ wanadoo.fr* Ⓥ ⊞ *t.l.j. sf dim. 8h-12h 14h-18h*

GÉRARD BERTRAND			
Tautavel Tautavellissime 2013 ★			
■	n.c.	⬤ ◖	5 à 8 €

Enfant des Corbières, Gérard Bertrand est un important propriétaire et négociant du sud de la France, dont les cuvées apparaissent dans le Guide sous diverses AOC (corbières, fitou, minervois, languedoc, côtes-du-roussillon...) et en IGP.

Cet assemblage syrah, grenache et carignan livre un nez intense de fruits noirs confiturés, de griotte et de rose dans un sillage finement vanillé. En bouche, il se révèle puissant et épicé, et délivre en finale de jolies notes de torréfaction. Les tanins, encore un peu fermes, devraient s'assagir avec une courte garde. ✗ 2016-2019 ▼ magret de canard

o–¬ *Gérard Bertrand, Ch. l'Hospitalet, rte de Narbonne-Plage, 11100 Narbonne, tél. 04 68 45 28 50, vins@gerard-bertrand.com* Ⓥ ⚐ ⊞ *t.l.j. 9h-19h*

| DOM. BOUDAU Patrimoine 2012 ★★ | | | |
| ■ | 8 000 | ◖ | 15 à 20 € |

Véronique Boudau et son frère Pierre, sont à la tête du domaine familial depuis 1993. Ils ont décidé de donner un nouveau souffle à la propriété, qui couvre quelque 50 ha sur d'excellents terroirs, à l'entrée de la vallée de l'Agly. Le pari est réussi : la totalité de la production est mise en bouteilles et commercialisée dans un réseau de restaurants et de cavistes.

Le nez s'ouvre sans réserve sur d'intenses notes de cassis, de poivre et de sous-bois. Franc et puissant dès l'attaque, le palais repose sur des tanins fermes et serrés, et offre en finale un joli retour fruité et épicé. De bonne garde assurément. ✗ 2017-2022 ▼ boles de Picolat ■ Padri 2012 ★ (11 à 15 € ; 5 000 b.) : un vin puissant, expressif (fruits noirs mûrs, poivre, cannelle), persistant, aux tanins denses et de garde. ✗ 2017-2022

o–¬ *Dom. Boudau, 6, rue Marceau, 66600 Rivesaltes, tél. 04 68 64 45 37, contact@domaineboudau.fr* Ⓥ ⊞ *t.l.j. sf dim. 10h-12h 15h-19h; sam. 15h-19h en hiver*

| CH. DE CALADROY Rouge Émotion 2013 ★★ | | | |
| ■ | 4 000 | ◖ | 30 à 50 € |

Une forteresse médiévale qui gardait la frontière entre le royaume de France et celui d'Espagne. De la terrasse du château, on découvre un panorama exceptionnel : au loin, la mer, le Canigou ; en contrebas, les vignes (130 ha) et les oliviers (7 ha). La chapelle du XIIᵉˢ. accueille le caveau de dégustation.

Le nez s'ouvre sur des notes intenses de cassis et de framboise assortis d'une touche vanillée et de nuances épicées. Puissante, la bouche emprunte cette même voie aromatique complexe, qu'elle complète de saveurs toastées laissant présager une belle garde. ✗ 2016-2020 ▼ entrecôte grillée au feu de bois ■ Pierre droite 2013 ★ (15 à 20 € ; 1 800 b.) : une cuvée élégante et fraîche, aux arômes de fruits rouges, de vanille et de garrigue. ✗ 2015-2018 ■ Éclat de schistes 2013 (8 à 11 € ; 30 000 b.) : vin cité. ✗ 2015-2018

o–¬ *SCEA Ch. de Caladroy, lieu-dit Caladroy, 66720 Bélesta, tél. 04 68 57 10 25, contact@caladroy.com* Ⓥ ⊞ *t.l.j. sf sam. dim. 8h30-12h 14h-18h* o–¬ *Mézerette*

| CALMEL ET JOSEPH Caramany Les Crus 2012 ★ | | | |
| ■ | n.c. | ◖ | 11 à 15 € |

Laurent Calmel, œnologue, s'est associé avec Jérôme Joseph pour fonder en 1995 une maison de négoce spécialisée dans les vins de terroir du Languedoc-Roussillon. Le duo a lancé son étiquette en 2007. Il sélectionne les parcelles, vinifie et élève les cuvées.

Ce Caramany revêt une belle robe rubis, signe de sa jeunesse, et s'ouvre sur des parfums intenses de réglisse, de menthol, de cassis et de coriandre. Ronde, chaleureuse et onctueuse, la bouche délivre, quant à elle, des saveurs bien typées de tapenade et d'épices. ✗ 2015-2018 ▼ épaule d'agneau rôtie aux épices

o–¬ *SARL Calmel et Joseph, 42, rue Barbès, 11000 Carcassonne, tél. 04 68 72 09 88, jjoseph@calmel-joseph.com* ⊞ *r.-v.*

LES VIGNERONS DE CARAMANY			
Caramany Presbytère Prestige 2012 ★★			
■	25 000	◖	5 à 8 €

Caramany se niche dans la vallée de l'Agly, non loin d'un lac de retenue. Fondée en 1924, sa coopérative est au centre de la vie locale, proposant des journées d'animation au bord du lac. Les vignes en altitude de ses adhérents (280 ha) bénéficient de nuits fraîches et de terroirs de gneiss qui confèrent de la subtilité aux vins.

Ce 2012 n'est pas passé loin du coup de cœur. Expressif et engageant, le nez dévoile d'intenses et généreux parfums de framboise confite, de réglisse et de caramel. Très souple en attaque, la bouche offre une chair gourmande et onctueuse, stimulée par une fraîcheur bien ajustée. ✗ 2015-2020 ▼ magret de canard aux cerises ■ Caramany Rouge carmin Réserve 2013 (8 à 11 € ; 25 000 b.) : vin cité. ✗ 2017-2021

o–¬ *Les Vignerons de Caramany, 70, Grand-Rue, 66720 Caramany, tél. 04 68 84 51 80, contact@vigneronsdecaramany.com* Ⓥ ⚐ ⊞ *t.l.j. 8h-12h 14h-18h*

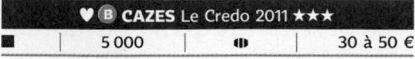

♥ Ⓑ **CAZES** Le Credo 2011 ★★★		
■	5 000	◑	30 à 50 €

Fondation en 1895, premières mises en bouteilles en 1955 et une croissance continue. Aujourd'hui, un domaine de 220 ha entièrement conduit en biodynamie depuis 2005. À sa carte, toutes les AOC du Roussillon, des IGP et tous les styles de vin. Dans le giron du groupe Advini depuis 2004.

Le syrah et le mourvèdre assemblés à parité (35 %), complétés de grenache et de carignan, ont donné naissance à cette magnifique cuvée grenat foncé aux reflets tuilés. Le jury s'est d'emblée converti à ce Credo au nez intense et gourmand de fruits rouges et noirs caramélisés. On retrouve les fruits, plus expressifs encore et agrémentés d'épices, dans une bouche aussi large que longue, riche et dense, aux tanins encore un peu rigoristes pour l'heure, qui donnent foi en l'avenir de ce vin. ✗ 2017-2022 ❦ baron d'agneau aux herbes ■ Latour de France L'Excellence de Triniac 2013 ★ (8 à 11 € ; 180 000 b.) : un « vin plaisir » sur les fruits rouges et le pruneau relevés d'épices, souple, rond et friand, souligné par une fine fraîcheur. ✗ 2015-2018

o— SCEA Cazes, 4, rue Francisco-Ferrer, 66600 Rivesaltes, tél. 04 68 64 08 26, info@cazes.com Ⓥ ⚘ ❦ r.-v. ⌂⌂ ⑤

| **M. CHAPOUTIER** | | |
Les Vignes de Bila-Haut 2013 ★		
■	100 000	◑	5 à 8 €

Cette vénérable (XIXᵉs.) et incontournable maison, mise sur orbite internationale par Michel Chapoutier à partir des années 1990, propose une large gamme issue de ses propres vignes (350 ha, en biodynamie) ou d'achats de raisin dans la plupart des appellations phares de la vallée du Rhône, mais aussi en Roussillon et en Alsace.

Un joli cocktail de cassis, de mûre et de poivre s'exhale du verre. Rond en attaque, le palais se révèle ensuite plus frais et puissant, toujours élégant. Bâti sur des tanins fins, il déroule jusqu'en finale de jolies notes de myrtille, de réglisse et de gingembre. ✗ 2015-2018 ❦ tajine de bœuf

o— Maison M. Chapoutier, 18, av. du Dr-Paul-Durand, 26600 Tain-l'Hermitage, tél. 04 75 08 28 65, chapoutier@chapoutier.com Ⓥ ⚘ ❦ r.-v.

| **DOM. CHEMIN FAISANT** | | |
Tautavel Un de ces quatre 2013		
■	n.c.	◑	5 à 8 €

À la création du domaine, en 1986, Sylvie et Charles Faisant exploitent 3 ha de vignes familiales. Chemin faisant, ils ont acquis 100 ha et plus de 200 000 bouteilles sortent de leurs chais de Tautavel... Une nouvelle structure a été créée en décembre 2013 en association avec Jean-Noël Calmon.

Ce 2013 dévoile un nez de petits fruits rouges agrémenté de fines notes vanillées. En bouche, place aux fruits noirs

et à un aimable caractère friand, souple, frais et léger. Un « vin plaisir » à boire sur le fruit. ✗ 2015-2017 ❦ steak tartare

o— Jean-Noël Calmon, SAS Dom. Chemin Faisant, 66720 Tautavel, tél. 06 83 24 65 51, jeannoel.calmon@sfr.fr Ⓥ ⚘ ❦ r.-v.

| **DOM. DES CHÊNES** | | |
Les Grands-mères Vieilles Vignes 2011 ★		
■	10 500	î	8 à 11 €

Fondé en 1912, ce domaine livrait à l'origine ses raisins à un célèbre fabricant d'apéritifs. Couvrant aujourd'hui 39 ha, il est conduit par Alain Razungles qui prouve que l'on peut être à la fois professeur en œnologie (à Sup Agro Montpellier) et grand vigneron.

Le nez distille des notes toastées et fumées accompagnées de figue confite et de cannelle. Dans le même registre, le palais se révèle franc, élégant et frais, étayé par des tanins encore un peu jeunes. ✗ 2016-2019 ❦ magret de canard aux cèpes

o— Dom. des Chênes, 7, rue Mal-Joffre, 66600 Vingrau, tél. 04 68 29 40 21, domainedeschenes@wanadoo.fr Ⓥ t.l.j. 9h-12h 14h-18h; sam. dim. sur r.-v.

| **CLOS DEL REY** | | |
L'Aragone 2013 ★★		
■	2 400	î	11 à 15 €

Domaine créé en 2001 par Jacques Montagné. Aujourd'hui, Julien, qui a pris le relais en 2004, travaille une douzaine d'hectares au milieu de 300 ha de garrigue aux senteurs de thym et de romarin. À 300 m d'altitude, ses parcelles sont les plus hautes du cru Maury, au pied du château cathare de Quéribus.

Cette cuvée pourpre intense livre un nez discret mais fin de cassis, de vanille et de garrigue. Souple dès l'attaque, le palais se révèle riche en fruits rouges et s'achève sur une jolie fraîcheur apportée par des nuances mentholées. ✗ 2015-2018 ❦ civet de langouste à la catalane ■ 2011 ★ (20 à 30 € ; 1 800 b.) : un vin empyreumatique et fruité (myrtille, mûre) franc et vif, bâti sur des tanins soyeux. ✗ 2015-2018

o— Julien Montagné, 7, rue Henri-Barbusse, 66460 Maury, tél. 04 68 59 15 08, closdelrey@gmail.com Ⓥ ⚘ ❦ r.-v.

Ⓑ **DELMAS** M 2011 ★★		
■	5 000	î ◑	20 à 30 €

Installé sur le dernier versant maritime des Corbières, au sud de la forteresse de Salses, ce domaine de création récente (2007) conduit par Pierre-André Delmas et son épouse Mercedes, couvre 15 ha.

Ce 2011 a séduit le jury par sa fougue et son intensité. Il faut dire que le nom de cette cuvée « m » est un message d'amour du vigneron adressé à son épouse... Dans un sillage finement boisé, le nez expressif et complexe allie les fruits noirs à la réglisse. Une attaque franche et ample introduit un palais puissant, épaulé par des tanins enrobés, qui fait écho à l'olfaction en finale. ✗ 2015-2020 ❦ tournedos de bœuf aux morilles

o— Pierre-André Delmas, 29, av. du Stade, 66600 Rivesaltes, tél. 04 68 51 88 10, pad@masdelmas.com Ⓥ ⚘ ❦ r.-v.

ROUSSILLON

DOM. DEPEYRE Tradition 2012 ★

■	12 000	🜊	8 à 11 €

Serge Depeyre et Brigitte Bile se rencontrent pendant leurs études, s'installent en 1995 à Cases-de-Pène, à 10 minutes de Perpignan, et créent en 2002 leur domaine : 13 ha dans la vallée de l'Agly, sur argilo-calcaires et schistes noirs. Ici, pas d'engrais chimiques, un apport de matière organique, et une mule assure une partie des labours.

Un nez intense de fruits rouges et d'épices prélude à un palais souple en attaque, qui déroule de belles saveurs de cassis ; la suite est plus corsée, portée par des tanins encore un peu fougueux. Un vin charpenté, doté d'un joli potentiel. ✗ 2016-2020 ❦ travers de porc sauce aigre-douce

☞ *Dom. Depeyre, 2, rue des Oliviers,*
66600 Cases-de-Pène, tél. 04 68 28 32 19,
brigitte.bile@orange.fr Ⓥ 🅚 🅣 *r.-v.* ☞ Brigitte Bile

DOM. LA DIFFÉRENCE
Tautavel La Grande Cuvée 2011 ★

■	1 200	⬙	50 à 75 €

La Cave La Différence a été créée en 2007 au cœur de Tautavel par un petit groupe d'amis réunis autour de Charles Faisant (Dom. Chemin Faisant). Elle propose des cuvées plutôt confidentielles et haut de gamme élaborées à partir de parcelles de très vieilles vignes sur le terroir de Tautavel.

Cette Grande Cuvée s'ouvre sur des parfums de fruits rouges confiturés et libère à l'aération des arômes de pruneau, de cacao et de poivre rose. Ouverte sur des notes de cerise confite, de café et de poivre, la bouche se révèle ample, suave et dense. ✗ 2016-2020 ❦ gigot d'agneau à la ficelle

☞ *SCEA La Différence, 1, av. Jean Badia,*
66720 Tautavel, tél. 04 68 66 89 38,
ladifference.caroline@orange.fr Ⓥ 🅚 🅣 *r.-v.*

VIGNOBLES DOM BRIAL Corpus 2010 ★★

■	9 988	⬙	20 à 30 €

Suivi à la parcelle, maîtrise de la totalité de la chaîne d'élaboration, du raisin à la bouteille, démarche de développement durable... La cave de Baixas, fondée en 1923, compte 380 coopérateurs qui exploitent 2 500 ha répartis sur une trentaine de communes.

Ce 100 % syrah libère d'intenses notes de fruits rouges et noirs rehaussés d'épices. Onctueuse et riche en attaque, la bouche se révèle complexe (poivre, figue de barbarie, tapenade), concentrée, structurée par des tanins serrés et prolongée par une longue finale aux accents de la garrigue. ✗ 2017-2022 ❦ daube provençale

☞ *Vignobles Dom Brial, 14, av. Mal-Joffre, 66390 Baixas,*
tél. 04 68 64 22 37, contact@dom-brial.com
Ⓥ 🅚 🅣 *r.-v.*

CH. DONA BAISSAS Les Hauts de Dona 2009 ★★

■	6 600	⬙	15 à 20 €

Les soldats de l'Empire qui, établissant le cadastre, eurent la surprise de trouver un domaine viticole géré par une femme, appelèrent le domaine « Mas de la Dona » (« Mas de la Femme » en catalan). Dans la

même famille depuis 1817, l'exploitation s'étend sur 76 ha entre vallée de la Têt et de l'Agly. À sa tête depuis 2008, Vincent Baissas.

Ce 2009 revêt une robe profonde striée de reflets acajou. Intense, le nez mêle la confiture de fruits noirs et les sous-bois aux épices douces. La bouche se révèle ample, puissante, généreuse et gourmande par ses notes de fruits rouges confiturés. ✗ 2015-2020 ❦ civet de sanglier ■ Per Dona 2014 (5 à 8 € ; 53 000 b.) : vin cité. ✗ 2016-2020

☞ *Ch. Dona Baissas, ancienne rte de Maury,*
66310 Estagel, tél. 04 68 29 00 02,
info@donabaissas.com
Ⓥ 🅚 🅣 *t.l.j. sf sam. dim. 10h-12h 14h-17h*

DOM. DE L'EDRE 2012 ★★

■	4 000	⬙	20 à 30 €

Jacques Castany travaillait dans les transports et Pascal Dieunidou, dans l'informatique. En 2002, ils se lancent en viticulture dans une cave minuscule. Avec succès, comme en témoigne un palmarès déjà brillant. Le vignoble de 10 ha est situé à Vingrau, face à un cirque grandiose où domine le calcaire.

Ce 2012 livre un bouquet puissant et complexe de fruits noirs confiturés assorti d'épices, de confiserie à la réglisse et de notes de garrigue. La bouche, riche, onctueuse, subtilement vanillée, est soutenue par des tanins fondus et soyeux. Un vin d'ores et déjà savoureux et gourmand. ✗ 2015-2018 ❦ osso bucco

☞ *Dom. de l'Edre, 8, rue de la République,*
66720 Tautavel, tél. 06 08 66 17 51, contact@edre.fr
Ⓥ 🅚 🅣 *r.-v.* ☞ Pascal Dieunidou et Jacques Castany

ÉLÉVATION Vieilles Vignes 2013

■	18 000	⬙	8 à 11 €

En 1964, une poignée de vignerons s'unissent parce qu'ils sont convaincus que « le groupe est meilleur que le meilleur du groupe ». Aujourd'hui, les Vignerons Catalans rassemblent neuf caves coopératives, 2 500 adhérents et une quarantaine de caves privées, soit plus de 10 000 ha.

Cette cuvée libère un nez fin de griotte et d'épices. Souple et ronde, bâtie sur des tanins fins, la bouche associe les fruits noirs à des notes de café et de cacao. ✗ 2015-2018 ❦ fricassée de rognons d'agneau

☞ *Vignerons Catalans, 1870, av. Julien Ranchot,*
BP 29000, 69962 Perpignan Cedex 9, tél. 04 68 85 04 51,
contact@vigneronscatalans.com

DOM. FONTANEL Tautavel Cistes
Élevé en fût de chêne 2013 ★★

■	7 000	⬙	11 à 15 €

Les origines du domaine remontent à 1864. À sa tête depuis 1989, Pierre et Marie-Claude Fontaneil exploitent 25 ha sur des terroirs variés, d'où ils tirent des cuvées à forte personnalité, aussi bien en vins secs qu'en vins doux naturels. Deux caveaux, l'un à Estagel et l'autre à Tautavel (où se trouve la cave).

Ce Tautavel à dominante de syrah dévoile un nez complexe mêlant la cerise, la mûre, le poivre et les épices douces. La bouche, fruitée et réglissée, en impose par son volume, sa puissance maîtrisée et sa longueur. ✗ 2016-2020 ❦ gigot rôti ■ Tradition 2013 ★★ (8 à 11 € ;

15 000 b.) : élevé un cuve, un vin séducteur par son nez de fruits rouges confiturés, de garrigue et de poivre, et par son palais ample, suave, fondu et épicé. ✗ 2015-2018

☞ *Fontaneil, 25, av. Jean-Jaurès, 66720 Tautavel, tél. 04 68 29 04 71, pierre@domainefontanel.fr* Ⓥ 🀫 🃏 *r.-v.*

DOM. GRIER Olympus 2011

| ■ | 1 000 | ⅏ | 20 à 30 € |

La famille Grier, propriétaire d'un vignoble en Afrique du Sud réputé pour ses effervescents, possède depuis 2006 un domaine de 22 ha d'un seul tenant dans les Fenouillèdes.

Beaucoup de syrah (70 %) et un appoint de grenache dans ce 2011 au nez expressif de gelée de mûre et de vanille. En bouche, le fruit domine dans un sillage finement boisé. Un vin prêt à boire qui associe douceur et aménité. ✗ 2015-2017 🍽 crostinis à la tomate

☞ *Dom. Grier, 18 av. Jean Moulin, 66220 Saint-Paul-de-Fenouillet, tél. 04 68 73 34 39, contact@domainegrier.com* Ⓥ 🀫 🃏 *r.-v.*

BERNARD MAGREZ Passion d'une vie 2012 ★

| ■ | 21 000 | 🗄⅏ | 11 à 15 € |

Bernard Magrez, connu notamment pour son Ch. Pape Clément, cru classé des Graves, collectionne les vignobles dans l'Ancien et le Nouveau Monde. Il aime investir de nouveaux terroirs à forte personnalité et a créé à partir de 2002 un domaine dans la vallée de l'Agly (25 ha). La propriété est aujourd'hui installée à Montner, dans la cave du village magnifiquement rénovée.

« Élégant » est le qualitatif le plus utilisé par les dégustateurs. Une élégance que l'on perçoit dans un bouquet avenant et complexe de fruits rouges mûrs, d'épices et de garrigue, et dans une bouche riche et puissante, aux tanins veloutés. ✗ 2017-2020 🍽 magret de canard aux cerises

☞ *Dom. Bernard Magrez, 2, Grand-Rue, 66720 Montner, tél. 06 88 97 92 21, domaines magrez-montner@orange.fr* Ⓥ 🃏 *r.-v.*

DOM. MAS CRÉMAT Cuvée Bastien 2013

| ■ | 3 000 | ⅏ | 15 à 20 € |

Les terres de schistes noirs ont donné son nom au Mas Crémat (« brûlé » en catalan), repris en 2006 par une famille de vignerons bourguignons : Christine et Julien Jeannin, secondés par leur mère Catherine. Un superbe mas du XIXᵉ s. et un vignoble de 33 ha labouré et conduit en fonction du cycle de la lune.

Discret au premier abord, ce 2013 s'ouvre à l'aération sur les fruits rouges. Un fruité que l'on retrouve, plus expressif encore, en compagnie de la vanille, dans une bouche ample, adossée à une structure tannique solide. ✗ 2017-2020 🍽 canard à la cerise

☞ *Dom. Mas Crémat, 66600 Espira-de-l'Agly, tél. 04 68 38 92 06, mascremat@mascremat.com* Ⓥ 🀫 🃏 *t.l.j. sf sam. dim. 10h-12h 14h-17h* ☞ *Jeannin*

MAS DE LA DEVÈZE Tautavel 2013 ★★

| ■ | 2 900 | ⅏ | 11 à 15 € |

Simon Hugues était agriculteur, Nathalie commerciale dans la filière viticole à l'export. Ils ont repris en 2012 au cœur du terroir de Maury une très ancienne propriété

qui avait été démantelée dans les années 1980 et s'attachent à restaurer en famille les 30 ha de vignes en gobelet.

Le nez s'ouvre sans réserve sur les fruits noirs, la vanille, la réglisse et les épices. Arômes que l'on retrouve dans une bouche ample, puissante, élégante et racée. Ce 2013 pourra patienter un peu en cave pour que les tanins s'assagissent. ✗ 2017-2020 🍽 faisan lardé ■ 2013 ★★ (11 à 15 € ; 6 300 b.) : un vin élégant et puissant, au nez intense de mûre, de garrigue et d'épices, structuré par des tanins fermes et vigoureux. ✗ 2018-2022

☞ *Nathalie et Simon Hugues, Mas de la Devèze, rte des Mas, 66720 Tautavel, tél. 04 68 61 04 58, contact@masdeladeveze.fr* Ⓥ 🀫 🃏 *r.-v.*

MAS DES MONTAGNES 2013

| ■ | 45 000 | 🗄 | 8 à 11 € |

Les Lorgeril possèdent six domaines familiaux en Languedoc-Roussillon, parmi lesquels le Ch. de Pennautier (146 ha) créé en 1620. Nicolas et Miren de Lorgeril, qui représentent la dixième génération à conduire ce vaste domaine de 146 ha, sont également à la tête d'une structure de négoce.

Le nez fin et délicat évoque une corbeille de fruits rouges et noirs agrémenté d'épices. La bouche, à l'avenant, centrée sur des arômes délicats de cerise, se révèle souple et très fraîche. ✗ 2015-2018 🍽 côtes d'agneau

☞ *Mas des Montagnes, 11610 Pennautier, tél. 04 68 72 65 29, contact@lorgeril.com* Ⓥ 🀫 🃏 *lun-jeu 10h-18h ; ven-sam 10h-22h* ☞ *de Lorgeril*

MAS KAROLINA 2013 ★★

| ■ | 6 600 | 🗄⅏ | 15 à 20 € |

Elle est allée vinifier aux États-Unis et en Afrique du Sud ; elle connaît le Bordelais où elle a longtemps vécu et où elle a obtenu son diplôme d'œnologue ; pourtant, c'est dans la vallée de l'Agly au charme sauvage que Caroline Bonville a posé ses valises en 2003. Elle y conduit aujourd'hui un domaine de 17 ha.

Des notes de groseille, de cerise, de mûre et d'épices douces s'échappent du verre. On les retrouve en compagnie de saveurs de café et de cacao dans une bouche riche et élégante, étayée par des tanins fins. ✗ 2015-2020 🍽 filet de biche aux airelles

☞ *Caroline Bonville, 29, bd de l'Agly, 66220 Saint-Paul-de-Fenouillet, tél. 06 20 78 05 77, mas.karolina@gmail.com* Ⓥ 🀫 🃏 *t.l.j. 10h-12h30 15h-18h ; sam. dim. sur r.-v. ; f. janv-fév.*

MAS LAVAIL Désirade 2012 ★

| ■ | 10 000 | ⅏ | 11 à 15 € |

Jean et Nicolas Batlle, père et fils, ont acquis ce joli mas du XIXᵉ s. en 1999, à l'installation du second. À la tête de ce domaine de 80 ha de vieilles vignes, Nicolas poursuit le travail de quatre générations de vignerons sur les terres noires de Maury.

Cette cuvée sombre, tirant vers le noir, libère des parfums généreux de réglisse, de muscade, de fruits noirs mûrs et de garrigue. La bouche très puissante et concentrée emprunte ce même sillage aromatique jusqu'en finale, où l'on retrouve la réglisse, plus expressive encore, relevée d'une touche poivrée. On n'oubliera pas de carafer ce vin

Ⓡ **ROUSSILLON**

pour en apprécier toute la complexité. ✗ 2017-2021 ☗ entrecôte vigneronne

☗ *Dom. Mas de Lavail, RD 117, 66460 Maury, tél. 04 68 59 15 22, masdelavail@wanadoo.fr* Ⓥ 🖪 *t.l.j. sf dim. 10h30-12h 15h-18h30* ☗ Batlle

DOM. MODAT Caramany Comme avant 2012 ★★

■	20 000	🖢 ⅏	11 à 15 €

D'origine catalane, Philippe Modat, magistrat, est un amateur de vins éclairé – comme son père, devenu lui aussi vigneron. Cette passion s'est concrétisée par la constitution en 2006 d'un domaine dans la vallée de l'Agly : 23 ha de vignes un plateau à 300 m d'altitude, en conversion bio depuis 2011 (8 ha en biodynamie) et une cave de conception écologique, dotée de cellules photovoltaïques, inaugurée en 2008.

La robe grenat aux reflets tuilés annonce la bonne maturité de cette cuvée. Ce que confirme le nez par ses notes complexes de tapenade, de figue et de raisin sec finement caramélisées. Onctueux dès l'attaque, sur des saveurs de fruits confits, le palais présente une chair suave et généreuse qui enrobe des tanins veloutés. ✗ 2015-2018 ☗ pastilla de pintade et raisins secs ■ Caramany Sans plus attendre 2012 ★ (15 à 20 € ; 9 700 b.) : au nez, des notes de noix de cajou grillées ; en bouche, du volume, de l'onctuosité et une fine fraîcheur qui apporte l'équilibre. ✗ 2015-2018

☗ *Dom. Modat, lieu-dit Les Plas, 66720 Cassagnes, tél. 04 68 54 39 14, contact@domaine-modat.com* Ⓥ 🏃 🖪 *r.-v.*

Ⓑ DOM. MONT-NOIR Bonelli 2012 ★★

■	4 000	🖢	15 à 20 €

Cette exploitation familiale de 20 ha doit son nom à la traduction en français du nom de la commune où elle est installée (Montner), située à 25 km au nord-ouest de Perpignan. Conduit en bio certifié depuis 2012, le vignoble est implanté sur un sol de schiste métamorphique.

Cette cuvée à majorité de carignan (60 %), complétée de grenache et de syrah à parité, livre un nez intense, riche et complexe : confiture de fruits rouges, zeste d'orange, épices douces. Soyeuse et veloutée dès l'attaque, la bouche déroule de généreuses saveurs fruitées et épicées qui font écho à l'olfaction et s'étirent dans une finale des plus gourmandes. ✗ 2015-2018 ☗ gigot d'agneau de sept heures

☗ *Dom. Mont-Noir, 15, rue des oliviers, 66720 Montner, tél. 04 68 29 15 34, domaine.mont.noir@gmail.com* Ⓥ 🏃 🖪 *r.-v.* ☗ Jean-Luc Garrigue

DOM. MOUNIÉ
Tautavel Carpe Diem Élevé en fût de chêne 2012 ★

■	2 000	⅏	20 à 30 €

Une cave construite en 1925 et cinq générations de vigneronnes : le domaine se transmet de mère en fille. Depuis 1992, il est dirigé par Claude Rigaill, assistée de l'œnologue Brigitte Soriano. Un travail de restructuration des parcelles a été mené sur les 20 ha de l'exploitation.

Cette cuvée sombre aux reflets bruns livre des notes confiturées de cassis, de mûre et de cerise assorties d'épices douces. Ample et puissante dès l'attaque, la bouche est structurée par des tanins fermes sans dureté, enrobés par une chair tendre et soyeuse aux saveurs de fruits noirs, de café et de cacao. ✗ 2015-2018 ☗ travers de porc laqués

☗ *Dom. Mounié, 1, av. du Verdouble, 66720 Tautavel, tél. 04 68 29 12 31, domainemounie@free.fr* Ⓥ 🏃 🖪 *r.-v.* ☗ Claude Rigaill

PIERRE PELOU Tautavel Tramontane 2013 ★★★

■	7 000	🖢	5 à 8 €

Dans la famille depuis 1908, ce domaine de 25 ha est connu de nos lecteurs sous le nom de Celler d'al Mouli. Il est implanté sur les argilo-calcaires de Tautavel, terroir particulièrement adapté au grenache noir. Jean-Pierre Pelou, « vigneron-kiné », a transmis ses vignes et son savoir-faire à son fils Pierre, œnologue, installé en 1997.

À un petit souffle de Tramontane près, cette cuvée grenat intense et profonde obtenait le coup de cœur. Puissant et complexe, le nez évoque une corbeille de fruits (mûre, cassis, cerise) accompagné de notes épicées. Gourmande, dense et charnue, la bouche, aussi large que longue, est bâtie sur des tanins des plus soyeux. Un grand Tautavel, plein de charme et d'aménité. ✗ 2015-2020 ☗ côte à l'os

☗ *EARL Pierre Pelou, 9, rue de la République, 66720 Tautavel, tél. 06 16 96 49 61, pierre@pelou.eu* Ⓥ 🏃 *r.-v.* 🏠 Ⓒ

CH. DE PÉNA Les Pierres Noires 2012 ★

■	6 000	⅏	11 à 15 €

Le village de Cases-de-Pène tient son nom d'un ermitage du Xᵉ s. établi sur un roc (*pena* en catalan) calcaire qui ferme la vallée de l'Agly. Les terres noires schisteuses y alternent avec l'ocre des argilo-calcaires, formant deux superbes terroirs de 410 ha sur lesquels travaillent les 60 vignerons de la coopérative locale.

Riche, élégant et complexe avec ses parfums de fruits noirs mûrs, de muscade et de réglisse, ce vin séduit d'emblée. Il confirme sa stature massive dès l'attaque, ample et puissante, qui introduit un palais généreux, bâti sur des tanins solides et serrés ; on retrouve avec plaisir les arômes du nez dans une finale persistante. ✗ 2017-2022 ☗ filet de bœuf aux morilles

☗ *Cellier de Péna, 2, bd Mal-Joffre, 66600 Cases-de-Pène, tél. 04 68 38 93 30, contact@ chateaudepena.com* Ⓥ 🏃 🖪 *r.-v.*

DOM. PIQUEMAL La Colline oubliée 2014 ★

■	6 000	🖢 ⅏	8 à 11 €

Sous l'impulsion d'Annie et de Pierre Piquemal, ce domaine familial (48 ha) est devenu une référence du Roussillon. Tout en maintenant les pratiques traditionnelles, il dispose d'un chai très moderne, à l'extérieur du village. Un outil adapté pour exalter l'expression de chaque terroir (schistes feuilletés, argilo-calcaires, galets roulés). Les vinifications sont assurées par Marie-Pierre Piquemal.

D'une vigne abandonnée puis réhabilitée (La Colline oubliée), Marie-Pierre a composé une cuvée grenat intense aux reflets pourpres, qui libère de fines notes de cassis et de poivre. Puissante et onctueuse, la bouche se révèle joliment vanillée, étayée par des tanins présents sans dureté. ✗ 2015-2020 ☧ aiguillettes de canard

☛ *Dom. Piquemal, RD 117, km 7, 66600 Espira-de-l'Agly, tél. 04 68 64 09 14, contact@domaine-piquemal.com* 🆅 🛉 *t.l.j. sf dim. 9h-12h 14h-18h*

♥ Ⓑ DOM. POUDEROUX Terre brune 2012 ★★

| ■ | n.c. | ⬺ | 15 à 20 € |

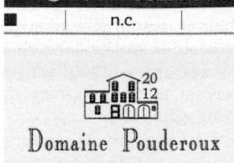

Une remarquable régularité pour ce domaine de 15 ha niché au cœur du village de Maury. Une petite cave bien agencée et un joli jardin-terrasse où Robert et Cathy Pouderoux accueillent leurs visiteurs. À leur carte, le rouge est en vedette : du maury, bien sûr (doux ou sec), et aussi des côtes-du-roussillon-villages. En bio certifié depuis 2012.

Issue de grenache, mourvèdre et syrah à parts quasi égales, cette cuvée d'un beau rouge profond aux reflets violines livre un nez expressif et intense de myrtille, de poivre et de confiture de mûre. La bouche n'est pas en reste : dense et aromatique (fruits rouges), suave et harmonieuse, elle est structurée par des tanins enrobés et offre en finale de délicates notes boisées. Un vin de garde que l'on pourra toutefois d'ores et déjà apprécier. ✗ 2015-2020 ☧ gigot d'agneau en croûte d'épices ■ Latour de grès 2013 ★ (11 à 15 € ; 8 000 b.) Ⓑ : un vin aux parfums de fruits secs, de sous-bois, de tabac et de fruits rouges, puissant, vineux et concentré en bouche. ✗ 2016-2020

☛ *Dom. Pouderoux, 2, rue Émile-Zola, 66460 Maury, tél. 04 68 57 22 02, domainepouderoux@orange.fr* 🆅 🛉 *r.-v.*

Ⓑ CH. ROMBEAU Le Rouge 2013 ★★★

| ■ | 2 700 | | 11 à 15 € |

Le domaine de Rombeau est dans la famille depuis des siècles. Vigneron médiatique, restaurateur et hôtelier, Pierre-Henri de La Fabrègue lui a donné un bel éclat. Des 130 ha (dont 25 en bio) de l'exploitation naissent des muscats-de-rivesaltes, des rivesaltes et des vins secs, en AOC et en IGP. Une production bien connue des lecteurs du Guide.

Cette cuvée noire d'encre associe la syrah (65 %), le mourvèdre (20 %) et le grenache. Le nez, intense et généreux, mêle la confiture de griotte et la vanille à quelques notes de venaison. Arômes que l'on perçoit aussi dans une bouche à la fois onctueuse et puissante, riche et élégante, relevée dans sa longue finale par de fines nuances poivrées. À un souffle du coup de cœur... ✗ 2016-2021 ☧ rôti de veau aux cèpes ■ Élise Vieilles Vignes 2011 ★★ (11 à 15 € ; 15 000 b.) : à un nez discret de fruits rouges sur fond boisé s'oppose une bouche puissante, concentrée, suave et longue. Du panache et de l'intensité. ✗ 2017-2022

☛ *SCEA Dom. de Rombeau, 2, av. de la Salanque, 66600 Rivesaltes, tél. 04 68 64 35 35, domainederombeau@gmail.fr* 🆅 🛉 *r.-v.* 🏠 ❷
☛ *P.-H. de la Fabrègue*

CH. SAINT-ROCH Chimères 2013

| ■ | 20 000 | ⬺ | 11 à 15 € |

Éliane et Jean-Marc Lafage ont vinifié pendant dix ans dans l'hémisphère Sud, puis ont repris l'exploitation familiale, établie sur trois terroirs bien distincts du Roussillon : la vallée de l'Agly, vers Maury, les terrasses de galets roulés proches de la mer, les Aspres et ses terres d'altitude. Aujourd'hui, quelque 150 ha cultivés à petits rendements.

Un court élevage sous bois pour ce vin intense, ouvert sur les fruits rouges et noirs et la garrigue, au palais puissant, généreux et encore un peu marqué par le bois. Du caractère. ✗ 2017-2020 ☧ entrecôte

☛ *Lafage, Mas Miraflors, ancienne rte de Canet, 66000 Perpignan, tél. 04 68 80 35 82, contact@domaine-lafage.com* 🆅 🛉 *t.l.j. sf dim. 10h-12h15 14h45-18h30*

CH. SEGUALA Tautavel 2013 ★★

| ■ | n.c. | | 8 à 11 € |

Cette étiquette est dans le giron des Grands Chais de France, géant français du négoce de vins créé à la fin des années 1980 par Joseph Helfrich, aujourd'hui présent dans l'ensemble des régions viticoles françaises et dans le monde entier.

Le nez intense et gourmand évoque la griotte, la vanille et le cacao. En bouche, ce vin séduit par sa concentration, ses tanins soyeux, sa matière onctueuse et sa gamme aromatique qui s'étend des fruits rouges (la cerise en tête) aux fruits noirs (la mûre notamment), en passant par les épices douces. ✗ 2017-2021 ☧ tajine d'agneau

☛ *Les Grands Chais de France, 1, rue de la Division Leclerc, 67290 Petersbach, tél. 03 69 35 02 65, cstoffel@lgcf.fr*

SEMPER Lesquerde Famae 2013 ★

| ■ | 8 000 | 🍶 | 5 à 8 € |

Tradition, ce terme est omniprésent dans cette famille vigneronne. Après leurs parents Paul et Geneviève, Florent (à la vigne) et Mathieu (à la cave) perpétuent un travail authentique de la vendange. Sur leur domaine de 30 ha, ils peuvent jouer sur deux terroirs : les schistes noirs de Maury et les arènes granitiques de Lesquerde.

Cette cuvée a d'emblée séduit le jury par sa robe sombre et profonde aux reflets violines. Le nez, élégant, est dominé par la cerise et le cassis mûrs, assortis de nuances de rose et de violette. La bouche se révèle à la fois douce et fraîche sur des notes de fruits rouges mûrs et d'eucalyptus, et s'achève sur une jolie note acidulée. ✗ 2015-2018 ☧ carré d'agneau aux herbes

☛ *Dom. Semper, 2, chem. du Rec, 66460 Maury, tél. 04 68 59 14 40, domaine.semper@wanadoo.fr* 🆅 🛉 🛉 *t.l.j. 10h30-12h 15h30-19h; f. janv.*

SYROUSSE 2012 ★

| ■ | 5 500 | 🍶 | 5 à 8 € |

Depuis 2010, date de la fusion des trois caves de Tautavel et Vingrau, les vignerons disposent de 850 ha. Ils ont mis en place une nouvelle gamme afin d'affirmer leur identité propre, et proposent, grâce aux sélections parcellaires, des vins à forte personnalité.

Beaucoup de syrah (70 %) et un peu de grenache et de carignan dans ce vin au nez complexe (fruits rouges, épices), au palais puissant, ample et soyeux, soutenu par des tanins veloutés. ✗ 2016-2020 ❦ brochettes d'agneau

o━ *SCV Les Vignerons Tautavel-Vingrau, 24, av. Jean-Badia, 66720 Tautavel, tél. 04 68 29 12 09, m.verges@tautavelvingrau.com* Ⓥ 🏠 *t.l.j. 9h30-12h 14h-17h30*

DOM. DE VÉNUS Passions 2010 ★

| ■ | 7 065 | 🍾 ⦷ | 15 à 20 € |

Un domaine constitué à partir de 2003 par des associés et amis, autour de Jean-Luc Coupet, spécialiste en fusions-acquisitions de domaines, de Jean-François Nègre, qui a quitté le domaine de l'Île Margaux, de Gilles Gavignaud, ancien propriétaire et aujourd'hui régisseur, de Nathalie Abet, au chai, et d'Alice Euvrard, au commercial. Aujourd'hui, 40 parcelles et 15 ha dans le haut Agly.

Ce 2010 élevé douze mois en fût dévoile des parfums intenses et généreux de confiture de fraises et de réglisse. Très fruité dès l'attaque, le palais, épaulé par des tanins policés et soyeux, surprend agréablement par sa puissance aromatique et sa persistance. ✗ 2015-2019 ❦ civet de gigot d'agneau

o━ *Dom. de Vénus, 13, av. Jean-Moulin, 66220 Saint-Paul-de-Fenouillet, tél. 04 68 59 18 81, domainedevenus@aliceadsl.fr* Ⓥ 🎿 🏠 *t.l.j. 9h-18h; dim. sur r.-v.* o━ *Jean-François Nègre*

ARNAUD DE VILLENEUVE
Réserve du Gouverneur Élevé en fût de chêne 2012

| ■ | 8 000 | ⦷ | 11 à 15 € |

Résultant de la fusion de trois caves, cette coopérative porte le nom de l'inventeur des vins doux naturels, Arnaud de Villeneuve. Elle rassemble 350 viticulteurs de Salses, de Rivesaltes et de Pézilla-la-Rivière, qui cultivent quelque 2 500 ha de vignes.

Un mariage de mûre, de cassis, de fraise et de poivre introduit un palais franc, concentré et épicé jusque dans sa longue finale. Une courte garde devrait assagir les tanins encore un peu fougueux de ce vin de caractère. ✗ 2016-2019 ❦ entrecôte au poivre

o━ *Cave Arnaud de Villeneuve, 153, RD 900, 66600 Rivesaltes, tél. 04 68 64 06 63, contact@caveadv.com* Ⓥ 🎿 🏠 *t.l.j. 9h-12h 14h-19h*

COLLIOURE

Superficie : 619 ha / Production : 19 930 hl (85 % rouge et rosé)

Portant le nom d'un charmant petit port méditerranéen, cette appellation couvre le même terroir que celui de l'appellation banyuls ; il regroupe les quatre communes de Collioure, Port-Vendres, Banyuls-sur-Mer et Cerbère. Les collioure rouges et rosés assemblent principalement grenache noir, mourvèdre et syrah, le cinsault et le carignan entrant comme cépages accessoires. Issus de petits rendements, ce sont des vins colorés, chaleureux, corsés, aux arômes de fruits rouges bien mûrs. Les rosés sont aromatiques, riches et néanmoins nerveux. Les collioure blancs, qui font la

part belle aux grenaches blanc et gris, sont produits depuis le millésime 2002.

ABBÉ ROUS Cornet & Cie 2013 ★★

| ■ | 6 000 | ⦷ | 11 à 15 € |

Coopérative créée en 1950 et nommée en hommage à l'abbé qui vers 1870 devint négociant-éleveur de vins de Banyuls pour financer l'agrandissement de l'église paroissiale sans faire appel à la générosité publique et qui se fit à l'occasion le mécène de Maillol. Installée à Banyuls-sur-Mer, la cave s'appuie sur les 1 200 ha de ses 750 adhérents pour proposer toute une gamme de banyuls et de collioure. Une valeur sûre.

Cette élégante cuvée, née d'un assemblage de grenaches gris et blanc, de roussanne, de marsanne et de vermentino, livre un bouquet engageant, finement citronné et agrémenté d'une touche minérale. Vive et alerte, l'attaque introduit une bouche tout aussi raffinée, ample, bien équilibrée entre gras et fraîcheur du terroir. ✗ 2016-2018 ❦ bar de ligne à la fleur de sel

o━ *Cave de l'Abbé Rous, rte du Balcon-de-Madeloc, 66650 Banyuls-sur-Mer, tél. 04 68 88 72 72*

DOM. DE LA CASA BLANCA Lluminari 2013 ★

| ■ | 3 000 | ⦷ | 15 à 20 € |

L'enfant du pays, le terrien Laurent Escapa, a accueilli le marin Henri Levano, puis Valérie Reig est venue compléter le trio pour œuvrer dans une des plus vieilles caves de Banyuls. Sur ce petit domaine (7 ha), la mule et le treuil ont fait leur apparition pour éviter l'emploi de désherbant sur les terrasses accrochées aux collines banyulencques.

Cette cuvée Lluminari – « lumière et air » en catalan – est très engageante par son nez de petits fruits noirs agrémenté de notes de cacao et de cuir. La bouche se révèle ronde et chaleureuse, centrée sur les fruits rouges à l'eau-de-vie et soutenue par un bon boisé et des tanins encore un peu fermes en finale. ✗ 2016-2020 ❦ filet de bœuf aux morilles

o━ *Dom. de la Casa blanca, 16, av. de la Gare, 66650 Banyuls-sur-Mer, tél. 04 68 88 12 85, domainedelacasablanca@orange.fr* Ⓥ 🎿 🏠 *r.-v.*

LES CLOS DE PAULILLES 2014 ★

| ■ | 57 000 | ⦷ | 11 à 15 € |

Avec 100 ha d'un seul tenant (dont soixante-trois plantés), le plus vaste domaine des AOC collioure et banyuls, situé dans le site protégé de l'anse de Paulilles. Ancienne propriété de la famille Pams, puis pendant trente-cinq ans des Dauré (Jau). Ces derniers l'ont vendu en 2013 à la famille Cazes, laquelle s'implante ainsi en Côte Vermeille. La cave a été totalement rénovée. Le restaurant les pieds dans l'eau est un des attraits du lieu.

Ce 2014 rose tendre et brillant s'ouvre sur des notes anisées accompagnées de parfums de garrigue et libère à l'aération des nuances florales. Une attaque souple introduit un palais onctueux et persistant sur les fruits rouges. ✗ 2015-2016 ❦ cataplana ■ 2013 (15 à 20 € ; 50 000 b.) : vin cité. ✗ 2016-2018

o━ *SCEA Clos de Paulilles, 4, rue Francisco-Ferrer, 66600 Rivesaltes, tél. 04 68 64 08 26, info@cazes.com* Ⓥ 🎿 🏠 *t.l.j. sf dim. 9h-12h 14h-18h30* o━ *Cazes*

GUIDE HACHET/   29.95€
9782013962643 00570

T O T A L   29.95€
1 Article(s)

ESPECES   29.95€

TVA+TSA	MT TVA.	MT H.T.	MT TTC
1% 5.50	1.56	28.39	29.95

007 / 0023 / 26/11/2015 / 14:04:46
Magasin : 01001 Ticket : 000095

* 1 0 0 1 0 0 7 0 0 9 5 *

GUIDE HACHET/	29.95€
9782013962643 00570	

T O T A L	**29.95€**
1 Article(s)	

ESPECES   29.95€

TVA+TSA	MT TVA.	MT H.T.	MT TTC
1> 5.50	1.56	28.39	29.95

007 / 0023 / 26/11/2015 / 14:04:46
Magasin : 01001 Ticket : 000095

* 1 0 0 1 0 0 7 0 0 9 5 *

♥ COUME DEL MAS Quadratur 2013 ★★★

| ■ | 6 000 | ▥ | 20 à 30 € |

QUADRATUR

COUME DEL MAS 2013

Ingénieur agronome, Philippe Gard a d'abord travaillé à la chambre d'agriculture d'Auxerre, puis à celle de Bordeaux. Mais sa passion, c'est la vigne, et il a fini par se poser avec Nathalie en 1998 à Cosprons, près de l'anse de Paulilles, où il exploite aujourd'hui 15 ha en terrasses. Il lance son étiquette Coume del Mas en 2001. Intenses et raffinés, ses banyuls comme ses collioure ont d'emblée fait sensation.

Philippe Gard collectionne les étoiles et décroche un nouveau coup de cœur pour cette cuvée déjà distinguée avec le millésime 2008. Le 2013 a conquis le jury qui n'a pas tari d'éloges : « belle harmonie », « finesse », « élégance »... Au nez, des arômes complexes de cassis, de mûre, de vanille, de réglisse, de cannelle et de poivre invitent à poursuivre. En bouche, le charme continue d'agir. On y retrouve les fruits rouges et noirs dans un sillage finement vanillé. De la douceur, du volume, de la souplesse, une belle matière veloutée non dénuée de fraîcheur. Que demander de plus ? ✗ 2015-2020 ▾ canard aux cerises ■ Schistes 2013 ★★ (15 à 20 € ; 12 000 b.) : un vin puissant, ample, suave et généreux, fruité et vanillé, bâti sur une structure des plus soyeuses. ✗ 2016-2022 ■ Folio 2014 ★★ (15 à 20 € ; 10 000 b.) : au nez, des nuances grillées, de la noisette et de l'acacia ; en bouche, de fines notes empyreumatiques, de la douceur, de l'ampleur et de l'élégance. ✗ 2016-2019

⌐ Coume Del Mas, 3, rue Alphonse-Daudet, 66650 Banyuls-sur-Mer, tél. 04 68 88 37 03, info@coumedelmas.com ▣ ▨ ▦ r.-v. ⌐ Philippe Gard

LE DOMINICAIN Colline Matisse 2012

| ■ | 20 000 | ▯ | 8 à 11 € |

Face au château royal de Collioure, cette coopérative est installée depuis sa fondation (1926) dans l'ancienne église du couvent des Dominicains, sécularisé à la Révolution. Ce monument du XIIIᵉs. abrite de vieux foudres qui créent une atmosphère particulière. La cave vinifie 125 ha situés sur le terroir de la commune. À voir dans l'église, l'exposition réalisée par Francis Pous, président de la cave.

Le grenache noir, le mourvèdre et le carignan, implantés sur des terrasses abruptes retenues par des murets, composent cette cuvée aux senteurs de sous-bois (feuille mouillée), de venaison et de ciste. Franc dès l'attaque, ce 2012 se révèle souple et fruité en bouche et s'achève sur une noble amertume et une petite pointe d'austérité. ✗ 2016-2019 ▾ lapin aux olives

⌐ SCV Cellier le Dominicain, pl. Orfila, 66190 Collioure, tél. 04 68 82 05 63, contact@dominicain.com ▣ ▨ ▦ t.l.j. 9h-12h30 13h30-18h

L'ÉTOILE Les Toiles fauves 2014 ★

| ■ | 10 000 | ▯ | 8 à 11 € |

Au cœur du village, la petite cave garde l'aspect rétro de l'époque de sa création. Fondée en 1921, c'est la plus

ancienne coopérative de Banyuls. Connue pour ses vins doux naturels traditionnels hors d'âge, elle a su maintenir les traditions dans un esprit de famille. Les grands foudres, les demi-muids et les dames-jeanne accueillent des produits bien typés.

Cet assemblage syrah (60 %) et grenache affiche une robe saumoné brillant. Des parfums de fruits des bois agrémentés de nuances anisées s'échappent du verre. Une attaque fraîche introduit un palais souple et léger centré sur les fruits rouges. Un rosé de gastronomie bien dans le ton de l'appellation. ✗ 2015-2016 ▾ rougets grillés à la plancha ■ Les Toiles fauves 2013 (8 à 11 € ; 7 800 b.) : vin cité. ✗ 2016-2020

⌐ Sté coopérative l'Étoile, 26, av. du Puig-del-Mas, 66650 Banyuls-sur-Mer, tél. 04 68 88 00 10, info@cave-letoile.com ▣ ▨ ▦ t.l.j. 9h30-12h30 14h30-18h

DOM. MADELOC Cuvée Serral 2012 ★

| ■ | 13 000 | ▯ ▥ | 11 à 15 € |

Pierre Gaillard aime les côtes et les schistes. Producteur bien connu de la Côte Rôtie, il s'est tourné vers le sud et s'est intéressé à Faugères, avant de racheter en 2002 Madeloc en Côte Vermeille. Sa fille Élise, ingénieur agricole, conduit le domaine (16 ha environ) et vinifie avec brio. Sur certaines pentes, on a recours au treuil, comme dans la vallée du Rhône.

Ce 2012 révèle un nez complexe et élégant de cassis, de réglisse, de vanille et de garrigue (ciste, sauge, romarin). La cerise noire prend le relais dans une bouche équilibrée, souple, savoureuse et gourmande, soutenue par des tanins fins et serrés. Un vin d'avenir que l'on pourra apprécier dès aujourd'hui. ✗ 2015-2022 ▾ paupiettes de lotte au lard paysan

⌐ Dom. Madeloc, 1 bis, av. du Gal-de-Gaulle, 66650 Banyuls-sur-Mer, tél. 04 68 88 38 29, domaine-madeloc@wanadoo.fr ▣ ▨ ▦ r.-v. ⌐ Pierre Gaillard

DOM. PIC JOAN 2014 ★

| ■ | 4 000 | ▯ ▥ | 8 à 11 € |

Jean Solé et Laura Parcé ont fondé leur domaine en 2009 à partir de vignes familiales et créé leur cave avec seulement 2,3 ha. Aujourd'hui, ils exploitent plus de 7 ha en « artisans vignerons ». À leur carte, des collioure fort remarqués et de jeunes banyuls rimage.

Pâle et brillant, ce rosé de saignée et de pressurage direct, issu de grenache (60 %) et de mourvèdre, laisse poindre des parfums de fraise des bois et de fleurs blanches. Souple, gouleyant et frais, il joue son rôle avec élégance. ✗ 2015-2016 ▾ poêlée de langoustines ■ 2013 ★ (15 à 20 € ; 4 650 b.) : d'intenses notes d'agrumes et de pierre à fusil, de la fraîcheur en attaque, une évolution souple et riche sur la pêche blanche et la mûre, une finale dynamique et longue. ✗ 2015-2018

⌐ Dom. Pic Joan, 20, rue de l'Artisanat, 66650 Banyuls-sur-Mer, tél. 06 21 34 20 96, domainepicjoan@orange.fr ▣ ▨ ▦ r.-v. ⌐ Jean Solé

DOM. PIÉTRI-GÉRAUD
Le Moulin de la Cortine 2013

| ■ | 2 480 | ▯ | 15 à 20 € |

Établi au cœur de Collioure, dans une des plus petites rues de la cité, ce domaine est dirigé depuis 2006 par

ROUSSILLON

Laetitia Piétri-Clara, qui a pris la suite de sa mère Maguy. Appuyée par l'œnologue Hélène Grau, la vigneronne perpétue la tradition inaugurée à la fin du XIXᵉ s. par l'arrière-grand-père Étienne Giraud. Le vignoble couvre 20 ha, essentiellement en AOC banyuls et collioure.

Née de la syrah (60 %), complétée du grenache et du mourvèdre à parité, cette cuvée libère des parfums de cerise, que l'on retrouve dans une déclinaison plus kirschée et en compagnie d'épices dans une bouche ronde et généreuse. ✗ 2015-2018 ¥ tajine de veau

☛ Laetitia Piétri-Clara, Dom. Piétri-Géraud, 22, rue Pasteur, 66190 Collioure, tél. 04 68 82 07 42, domaine.pietri-geraud@wanadoo.fr Ⓥ ⚑ ♿ r.-v.

DOM. DE LA RECTORIE
Oriental 2013 ★

■	4 000	⬤	15 à 20 €

La famille Parcé avait renoncé à vinifier après la mort de l'arrière-grand-père en 1913. Marc et son frère Thierry – rejoints par Jean-Emmanuel, fils de ce dernier – ont agrandi le domaine et sont sortis de la coopérative en 1984. À partir d'une trentaine de parcelles, Thierry, le vinificateur, propose des vins d'une régularité exemplaire en banyuls et en collioure.

Cette cuvée livre un nez expressif et intense de cacao, d'épices et de fruits noirs. Une attaque ronde introduit un palais à la fois puissant et frais, aux saveurs de petits fruits noirs que l'on retrouve avec plaisir, agrémentées de notes d'olive noire. Bâti sur des tanins soyeux, ce 2013 a décidément tout pour plaire. ✗ 2015-2019 ¥ agneau aux pruneaux

☛ Dom. de la Rectorie, 30-65, av. du Puig-del-Mas, 66650 Banyuls-sur-Mer, tél. 04 68 88 13 45, la-rectorie@orange.fr Ⓥ ♿ t.l.j. sf dim. 10h-12h 16h-19h ☛ Parcé

♥ DOM. SAINT-SÉBASTIEN
Inspiration céleste 2013 ★★★

■	3 000	⬤	20 à 30 €

DOMAINE ST SEBASTIEN
INSPIRATION
CÉLESTE
2013

Jacques Piriou et Romuald Peronne – l'œnologue – se sont associé pour racheter ce domaine en 2008 et sont entrés dans le Guide par la grande porte avec leurs collioure. Ils gèrent à Banyuls un restaurant en terrasse face au port, Le Jardin de Saint-Sébastien, et proposent une promenade en bateau pour découvrir par la mer les 15 ha de leur vignoble en terrasses. À leur carte, des collioure et des banyuls exclusivement.

Que l'Inspiration vienne du ciel, de la mer ou de la terre, elle a porté ses fruits... Ce 2013 élevé un an en barrique est salué d'entrée pour la profondeur de sa robe grenat aux reflets violines. Son nez intense et élégant se partage entre les fruits mûrs et les nuances cacaotées de l'élevage. Douce et ronde en attaque, plus fraîche et centrée sur les petits fruits rouges dans son développement, la bouche s'appuie sur des tanins soyeux et bien fondus qui permettront d'apprécier dès aujourd'hui cette bouteille pleine de charme et de gourmandise. ✗ 2015-2022 ¥ magret de canard ■ Inspiration marine 2013 ★★ (20 à 30 € ; 3 000 b.) : issue de parcelles jouxtant la mer, une cuvée tendre et veloutée, gorgée de fruits rouges mûrs au nez comme en bouche. ✗ 2015-2018 ■ Inspiration minérale 2013 (20 à 30 € ; 3 000 b.) : vin cité. ✗ 2015-2017

☛ Dom. Saint-Sébastien, 10, av. du Fontaulé, 66650 Banyuls-sur-Mer, tél. 04 68 88 30 14, contact@domaine-st-sebastien.com Ⓥ ⚑ ♿ t.l.j. 10h-13h 14h-19h ☛ Piriou Peronne

CAVE TAMBOUR L'Alchimiste 2011 ★★

■	9 000	⬤	15 à 20 €

Fondée en 1920, cette propriété a choisi son nom en mémoire d'un ancêtre qui fut jadis tambour dans l'armée. Depuis 2004, c'est la cinquième génération, représentée par Clémentine Herre, qui est aux commandes. Proposant des visites du vignoble (22 ha) à pied, en catamaran ou en hélicoptère, des dégustations à thème, la famille mise sur l'œnotourisme.

Si un alchimiste sait transmuter les métaux, Clémentine Herre, elle, a su transformer ses raisins de grenache, mourvèdre et carignan en une très séduisante cuvée qui a frôlé le coup de cœur. Le nez, complexe, mêle les fleurs (violette, myosotis), la cerise, le pain grillé et les épices. Dans le même registre, la bouche se révèle franche, souple et persistante, bâtie sur des tanins savoureux. ✗ 2015-2020 ¥ mar y muntanya ■ Hautes Vignes 2014 ★★ (11 à 15 € ; 4 000 b.) : un nez intense et frais de citron et de fleurs blanches prélude à une bouche tout aussi vive et non dénuée de gras, qui s'achève sur de beaux amers. ✗ 2015-2018

☛ Cave Tambour, 2, rue Charles-de-Foucault, 66650 Banyuls-sur-Mer, tél. 04 68 88 12 48, cavetambour@gmail.com Ⓥ ⚑ ♿ t.l.j. sf sam. dim. 10h-12h 14h-19h ☛ Herre

TERRES DES TEMPLIERS
Premium 2013 ★★

■	4 176	⬤	30 à 50 €

Devenu Terres des Templiers, l'ancien Cellier des Templiers, une coopérative créée en 1921. Elle revendique l'héritage de cet ordre militaire à qui l'on doit la mise en valeur des pentes schisteuses de Banyuls. Aujourd'hui, la cave dispose des 1 200 ha de ses adhérents et, depuis la récolte 2011, du Mas Ventous, un vaste chai de vinification qui s'ajoute à la grande cave de 1964, réservée aux longs élevages. À sa carte, des collioure et des banyuls.

Ce 100 % grenache gris élevé sept mois en fût livre un nez finement boisé, agrémenté d'amande fraîche et de fruits blancs. La bouche se révèle ample, onctueuse et intense, soulignée par des notes fumées qui animent la finale, longue, fraîche et intense. On pourra patienter un peu pour que ce 2013 révèle toute sa complexité. ✗ 2016-2020 ¥ fricassée de volaille ■ Prestige 2013 ★ (30 à 50 € ; 13 600 b.) : un vin élevé en fût, au nez intense de noisette grillée, de moka et de menthol, ample, gras et puissant, aux tanins fins. ✗ 2018-2022 ■ Les Schistes de Valbonne 2013 ★ (15 à 20 € ; 27 042 b.) : un blanc chaleureux et onctueux, sur le citron confit et la pêche blanche mûre, rehaussé en finale par une noble amertume. ✗ 2015-2018 ■ Les Schistes de Valbonne 2012 ★ (15 à 20 € ; 15 000 b.) : le cassis, le pruneau confituré et la figue se partagent le nez de ce vin suave, fruité et chaleureux en bouche. ✗ 2016-2022

⊶ *Terres des Templiers, rte du Mas-Reig,*
66650 Banyuls-sur-Mer, tél. 04 68 98 36 70,
dmalejacq@templers.com 🆅 🈲 🆕 *t.l.j. 10h-19h; f. janv.*

TERRIMBO 2013		
■	2 500 ⬙	20 à 30 €

Philippe Gard, propriétaire en vue de Coume del Mas, s'est associé avec Jacky Loos, créateur de l'hôtel Host et Vinum et de son restaurant Le Clos des Pins à Canet-en-Roussillon, pour fonder en 2011 Terrimbo, un petit domaine (1,5 ha) en conversion bio. Le vignoble est implanté sur des terrasses de schistes, en bas du village de Cospron, près de la baie de Paulilles.

La syrah (60 %) complétée du grenache a donné naissance à cette cuvée qui s'ouvre sans réserve sur le cassis et les épices douces. On retrouve le petit fruit noir, plus expressif encore, dans une bouche ample, souple et intense. ✗ 2015-2018 🍴 canard aux figues

⊶ *Terrimbo, 3, rue Daudet, 66650 Banyuls-sur-Mer, tél. 06 11 84 16 97, info@terrimbo.com* 🆅 🈲 🆕 *r.-v.*

| **DOM. LA TOUR VIEILLE** | | |
Puig Ambeille 2013 ★		
■	5 000 🍖	11 à 15 €

Créé en 1982, ce domaine de 13 ha regroupe les vignes de Vincent Cantié (à Collioure) et celles de Christine Campadieu (à Banyuls), issus l'un comme l'autre de vieilles familles vigneronnes. L'exploitation domine la mer sur les hauteurs de Collioure. Elle montre une belle régularité, aussi bien en vins doux naturels qu'en vins secs.

Ce vin livre un nez intense de fruits rouges mûrs agrémenté de notes de réglisse et de garrigue finement poivrées. Ample et gras en attaque, le palais se montre plus frais dans son développement, étayé par des tanins souples et veloutés. ✗ 2015-2018 🍴 carré d'agneau

⊶ *Dom. la Tour Vieille, 12, rte de Madeloc,*
66190 Collioure, tél. 04 68 82 44 82, info@latourvieille.fr
🆅 🈲 🆕 *t.l.j. sf sam. dim. 9h-12h 14h-17h*
⊶ *Vincent Cantié et Christine Campadieu*

| **DOM. VIAL-MAGNÈRES** | | |
Le Petit Couscouril 2013		
■	2 000 🍖⬙	11 à 15 €

Un vent mauvais pendant les vendanges 2013 a emporté Bernard Sapéras, vigneron accompli et chantre de son terroir. Cet œnologue et chimiste de formation, arrivé en 1985 sur le domaine de son beau-père, avait donné un bel élan à la propriété et à l'appellation : c'est à lui que l'on doit le banyuls blanc, l'engouement pour le rancio, la réussite du collioure blanc... et le chemin d'Anicet pour découvrir le cru. Son fils Olivier et son épouse Chrystel sont désormais les porteurs de mémoire et les garants de l'avenir.

Né sur les schistes pentus de ce superbe vignoble en terrasses, ce 2013 livre un nez discret de cassis. En bouche, il se révèle suave, rond et généreux, centré sur des notes de figue mûre et de confiserie à la réglisse. ✗ 2016-2020 🍴 pavé de thon Rossini

⊶ *Dom. Vial-Magnères, 14, rue Édouard-Herriot,*
66650 Banyuls-sur-Mer, tél. 04 68 88 31 04, al.tragou@
orange.fr 🆅 🈲 🆕 *r.-v.* ⊶ Chrystel et Olivier Sapéras

➡ **LES VINS DOUX NATURELS**

Dès l'Antiquité, les vignerons de la région ont élaboré des vins liquoreux de haute renommée. Au XIIIᵉ s., Arnaud de Villeneuve découvrit le mariage miraculeux de la « liqueur de raisin et de son eau-de-vie » : c'est le principe du mutage qui, appliqué en pleine fermentation sur des vins rouges ou blancs, arrête celle-ci en préservant ainsi une certaine quantité de sucre naturel. Les vins doux naturels d'appellation contrôlée se répartissent dans la France méridionale : Pyrénées-Orientales, Aude, Hérault, Vaucluse et Corse, jamais bien loin de la Méditerranée. Les cépages utilisés sont le grenache (blanc, gris, noir), le macabeu, la malvoisie du Roussillon, dite tourbat, le muscat à petits grains et le muscat d'Alexandrie. La taille courte est obligatoire. Les rendements sont faibles et les raisins doivent, à la récolte, avoir une richesse en sucre de 252 g minimum par litre de moût. L'agrément des vins est obtenu après un contrôle analytique. Ils doivent présenter un taux d'alcool acquis de 15 à 18 % vol., une richesse en sucre de 45 g minimum à plus de 100 g pour certains muscats et un taux d'alcool total (alcool acquis plus alcool en puissance) de 21,5 % vol. minimum. Certains sont commercialisés tôt (muscats), d'autres le sont après trente mois d'élevage. Vieillis sous bois de manière traditionnelle, c'est-à-dire dans des fûts, ils acquièrent parfois après un long élevage des notes très appréciées de rancio.

▶ **BANYULS ET BANYULS GRAND CRU**

Superficie : 1 160 ha / Production : 28 500 hl (90 % rouge)

Voici un terroir exceptionnel, comme il en existe peu dans le monde viticole : à l'extrémité orientale des Pyrénées, des coteaux en pente abrupte sur la Méditerranée. Seules les quatre communes de Collioure, Port-Vendres, Banyuls-sur-Mer et Cerbère bénéficient de l'appellation. Le vignoble s'accroche à des terrasses installées sur des schistes dont le substrat rocheux est, sinon apparent, tout au plus recouvert d'une mince couche de terre. Le sol est donc pauvre, souvent acide, n'autorisant que des cépages très rustiques, comme le grenache, au rendement extrêmement faible – souvent moins d'une vingtaine d'hectolitres à l'hectare. En revanche, le lieu bénéficie d'un microclimat particulier avec un ensoleillement optimisé par la culture en terrasses – culture difficile car manuelle, afin de protéger la terre qui ne demande qu'à être ravinée par le moindre orage – et par la proximité de la Méditerranée.

L'encépagement des rouges, majoritaires, est à base de grenache ; ce sont surtout de vieilles vignes qui occupent le terroir. La vinification se fait par macération ; le mutage intervient parfois sur le raisin, permettant ainsi une longue macération qui peut durer plus d'un mois ; c'est la pratique de la macération sous alcool, ou mutage sur grains. Grenaches gris et blanc, macabeu, plus rarement muscat et malvoisie, entrent dans la composition des blancs.

ROUSSILLON

L'élevage joue un rôle essentiel. En général, il tend à favoriser une évolution oxydative du produit, dans le bois (foudres, demi-muids) ou en bonbonnes exposées au soleil sur les toits des caves. Les différentes cuvées ainsi élevées sont assemblées avec le plus grand soin par le maître de chai pour créer les nombreux types que nous connaissons. Dans certains cas, l'élevage cherche à préserver au contraire le fruit du vin jeune en empêchant toute oxydation ; on obtient alors des produits différents : ce sont les rimages. Pour l'appellation grand cru, l'élevage sous bois est obligatoire pendant trente mois.

BANYULS

ABBÉ ROUS
Rimage Mise précoce Cornet et Cⁱᵉ 2013 ★★

■	9 000	î	15 à 20 €

Coopérative créée en 1950 et nommée en hommage à l'abbé qui vers 1870 devint négociant-éleveur de vins de Banyuls pour financer l'agrandissement de l'église paroissiale sans faire appel à la générosité publique et qui se fit à l'occasion le mécène de Maillol. Installée à Banyuls-sur-Mer, la cave s'appuie sur les 1 200 ha de ses 750 adhérents pour proposer toute une gamme de banyuls et de collioure. Une valeur sûre.

Ce vin de longue macération attendait avec impatience sa libération ; le résultat est épatant. En rouge et noir, la robe impressionne par sa profondeur. Le grenache impose à l'olfaction son fruité (cassis, mûre, fraise) et s'agrémente de la note fraîche et réglissée de la violette. La bouche ? Du velours. Elle offre un superbe équilibre entre une aimable douceur, des tanins fins et une farandole de fruits qui s'efface doucement au profit des épices et d'une belle fraîcheur mentholée. ✗ 2017-2025 ✗ roquefort

o⌐ Cave de l'Abbé Rous, rte du Balcon-de-Madeloc, 66650 Banyuls-sur-Mer, tél. 04 68 88 72 72

DOM. DE LA CASA BLANCA Rimage 2013 ★★★

■	3 000	⊕	15 à 20 €

L'enfant du pays, le terrien Laurent Escapa, a accueilli le marin Henri Levano, puis Valérie Reig est venue compléter le trio pour œuvrer dans une des plus vieilles caves du terroir. Dans ce petit domaine (7 ha), la mule et le treuil ont fait leur apparition pour éviter l'emploi de désherbant sur les terrasses accrochées aux collines banyulencques.

Le jury a été impressionné par la complexité et l'équilibre admirable de ce vin. La richesse aromatique se remarque dès le premier nez : cerise noire, cassis, mûre, réglisse et vanille, qui apportent une fraîcheur soutenue. La bouche se montre charnue, mûre et fraîche à la fois, centrée sur les fruits noirs gorgés de soleil et mâtinés de petites touches de chocolat, de café et de noix de cajou. Une harmonie parfaite. ✗ 2016-2022 ✗ tarte linzertorte

o⌐ Dom. de la Casa blanca, 16, av. de la Gare, 66650 Banyuls-sur-Mer, tél. 04 68 88 12 85, domainedelacasablanca@orange.fr Ⓥ 🎿 🏠 r.-v.

LES CLOS DE PAULILLES Traditionnel 2010

■	5 300		15 à 20 €

Avec 100 ha d'un seul tenant (dont soixante-trois plantés), le plus vaste domaine des AOC collioure et

banyuls, situé dans le site protégé de l'anse de Paulilles. Ancienne propriété de la famille Pams, puis pendant trente-cinq ans des Dauré (Jau). Ces derniers l'ont vendu en 2013 à la famille Cazes, laquelle s'implante ainsi en Côte Vermeille. La cave a été totalement rénovée. Le restaurant les pieds dans l'eau est un des attraits du lieu.

L'élevage obligatoire en milieu oxydatif apporte au grenat d'origine de doux reflets tuilés qui ajoute une complexité aromatique qui ajoute au fruit mûr des notes évoluées de pruneau et un soupçon de figue sèche. La bouche se fait tendre, s'arrondit, invite un temps le cacao et le café, puis sa générosité s'efface en finale au profit de la fraîcheur. ✗ 2017-2025 ✗ tarte aux figues

o⌐ SCEA Clos de Paulilles, 4, rue Francisco-Ferrer, 66600 Rivesaltes, tél. 04 68 64 08 26, info@cazes.com Ⓥ 🎿 🏠 t.l.j. sf dim. 9h-12h 14h-18h30 o⌐ Cazes

COUME DEL MAS Galateo 2013 ★★

■	6 000	⊕	15 à 20 €

Ingénieur agronome, Philippe Gard a d'abord travaillé à la chambre d'agriculture d'Auxerre, puis à celle de Bordeaux. Mais sa passion, c'est la vigne, et il a fini par se poser avec Nathalie en 1998 à Cosprons, près de l'anse de Paulilles, où il exploite aujourd'hui 15 ha en terrasses. Il lance son étiquette Coume del Mas en 2001. Intenses et raffinés, ses banyuls comme ses collioure ont d'emblée fait sensation.

Un séjour de six mois en barriques régulièrement ouillées évite toute oxydation et permet, quand la maîtrise est là, d'obtenir cette subtile fusion du vin et de son contenant. Ainsi, le fruit (cerise et cassis), s'agrémente ici de notes épicées et vanillées et d'un soupçon de réglisse. Un fruité gourmand (cerise burlat) que l'on retrouve dans une bouche ample, douce et élégante, rehaussée en finale par une fraîcheur mentholée. Sérénité et profondeur. (Bouteilles de 50 cl.) ✗ 2018-2025 ✗ fondant au chocolat

o⌐ Coume Del Mas, 3, rue Alphonse-Daudet, 66650 Banyuls-sur-Mer, tél. 04 68 88 37 03, info@coumedelmas.com Ⓥ 🎿 r.-v.

DOM. DE MAS BLANC Caudalies ★

■	3 000	⊕	15 à 20 €

Un grand-père docteur, un père docteur et vigneron, figure locale et héraut de l'appellation banyuls, Jean-Michel Parcé a choisi : ce sera uniquement vigneron... Depuis 1976, il conduit les 19 ha de vignes familiales, diversifiant les productions.

Le regard est attiré par l'ambré limpide et le brillant de la robe. Une invitation à la découverte qui se poursuit par un nez original alliant fruits confiturés, abricot sec, verveine et minéralité. Frais, épicé et fruité (citron confit, orange), le palais se révèle bien équilibré, à la fois vif et généreux. ✗ 2017-2025 ✗ tomme de brebis

o⌐ Dom. du Mas blanc, 9, av. du Gal-de-Gaulle, 66650 Banyuls-sur-Mer, tél. 04 68 88 32 12, domainemasblanc@free.fr Ⓥ 🏠 t.l.j. sf sam. dim. 9h-12h 14h-18h o⌐ Jean-Michel Parcé

DOM. PIETRI-GÉRAUD 2012

■	3 683	⊕	15 à 20 €

Établi au cœur de Collioure, dans une des plus petites rues de la cité, ce domaine est dirigé depuis 2006 par

Laetitia Piétri-Clara, qui a pris la suite de sa mère Maguy. Appuyée par l'œnologue Hélène Grau, la vigneronne perpétue la tradition inaugurée à la fin du XIXᵉs. par l'arrière-grand-père Étienne Giraud. Le vignoble couvre 20 ha, essentiellement en AOC banyuls et collioure.

L'élevage de douze mois en barriques neuves apporte une nuance dorée à la robe de ce blanc et un surcroît de complexité : le miel d'acacia et l'abricot sec s'accompagnent ainsi de nuances de café, de grillé et de tabac blond. Le palais se montre suave et rond, relevé par une finale minérale et épicée. ✗ 2015-2020 ♈ orangette

o→ *Laetitia Piétri-Clara, Dom. Piétri-Géraud, 22, rue Pasteur, 66190 Collioure, tél. 04 68 82 07 42, domaine.pietri-geraud@wanadoo.fr* ⓥ 🚶 🏠 *r.-v.*

DOM. DE LA RECTORIE		
Rimage Cuvée Léon Parcé 2012 ★★		
■ n.c.	ⅲ	15 à 20 €

La famille Parcé avait renoncé à vinifier après la mort de l'arrière-grand-père en 1913. Marc et son frère Thierry – rejoints par Jean-Emmanuel, fils de ce dernier – ont agrandi le domaine et sont sortis de la coopérative en 1984. À partir d'une trentaine de parcelles, Thierry, le vinificateur, propose des vins d'une régularité exemplaire en banyuls et en collioure.

Dix-huit mois d'élevage sous bois : Thierry Parcé propose ici un banyuls dans la tradition des « vintage » de Porto. La robe est noire, intense, et dès l'ouverture, le vin décline une superbe partition aromatique entre senteurs du sous-bois, mûre fraîche, cassis et cerise à l'alcool sur fond épicé. Chocolaté, vanillé, chaleureux (cerise à l'alcool), fondu et suave, le palais dévoile en finale des tanins encore présents qui prônent la garde. (Bouteilles de 50 cl.) ✗ 2020-2030 ♈ dessert au chocolat ■ Rimage Mise précoce Cuvée Thérèse Reig 2013 ★ (11 à 15 € ; 5 000 b.) : élevé en cuve, un vin souple, sur le fruit. (Bouteilles de 50 cl.) ✗ 2015-2019

o→ *Dom. de la Rectorie, 30-65, av. du Puig-del-Mas, 66650 Banyuls-sur-Mer, tél. 04 68 88 13 45, la-rectorie@ orange.fr* ⓥ 🏠 *t.l.j. sf dim. 10h-12h 16h-19h* **o**→ *Parcé*

CAVE TAMBOUR Ambroisie ★		
■ 2 500	ⅲ	30 à 50 €

Fondée en 1920, cette propriété a choisi son nom en mémoire d'un ancêtre qui fut jadis tambour dans l'armée. Depuis 2004, c'est la cinquième génération, représentée par Clémentine Herre, qui est aux commandes. Proposant des visites du vignoble (22 ha) à pied, en catamaran ou en hélicoptère, des dégustations à thème, la famille mise sur l'œnotourisme.

Dire que ce vin était d'un rouge profond à l'origine... Le temps a fait son œuvre, et le tuilé prend ici de surprenantes notes ambrées. Déconcertant aussi ce voyage aromatique entre figue sèche, pruneau, un début de rancio aux accents de cerneau de noix, les fruits grillés et une pointe d'orange. En bouche, les épices s'invitent à la fête, le boisé s'impose et le rancio s'adoucit autour de notes de raisins à l'eau-de-vie ; l'ensemble offre un équilibre penchant vers le sec. ✗ 2018-2028 ♈ dessert au chocolat

o→ *Cave Tambour, 2, rue Charles-de-Foucault, 66650 Banyuls-sur-Mer, tél. 04 68 88 12 48, cavetambour@gmail.com* ⓥ 🏠 *t.l.j. sf sam. dim. 10h-12h 14h-19h* **o**→ *Herre*

CELLIER DES TEMPLIERS		
Rimage Mise tardive Prestige 2013 ★★		
■ 4 266	ⅲ	30 à 50 €

Devenu Terres des Templiers, l'ancien Cellier des Templiers est une coopérative créée en 1921. Elle revendique l'héritage de cet ordre militaire à qui l'on doit la mise en valeur des pentes schisteuses de Banyuls. Aujourd'hui, la cave dispose de 1 200 ha de ses adhérents et, depuis la récolte 2011, du Mas Ventous, un vaste chai de vinification qui s'ajoute à la grande cave de 1964, réservée aux longs élevages. À sa carte, des collioure et des banyuls.

Tri à la parcelle et sur table, grain à grain, le Prestige se mérite... Le résultat est là, un vin noir, profond, très soigné, enrichi par un an en barriques neuves, qui s'exprime sur le fruit rouge confituré agrémenté de la fraîcheur du cassis et d'un fin vanillé. Prolongeant ce fruité à croquer, mâtiné de gourmandes notes chocolatées, le palais se révèle rond, puissant, intense et structuré. Un banyuls prêt pour un plaisir immédiat et pour affronter le temps. ✗ 2015-2030 ♈ forêt noire ■ Rimage Mise précoce 2013 (15 à 20 € ; 82 400 b.) : vin cité. ✗ 2015-2020

o→ *Terres des Templiers, rte du Mas-Reig, 66650 Banyuls-sur-Mer, tél. 04 68 98 36 70, dmalejacq@templers.com* ⓥ 🚶 🏠 *t.l.j. 10h-19h; f. janv.*

DOM. VIAL-MAGNÈRES Rivage ambré ★★★		
■ 2 500	ⅲ	20 à 30 €

Un vent mauvais pendant les vendanges 2013 a emporté Bernard Sapéras, vigneron accompli et chantre de son terroir. Cet œnologue et chimiste de formation, arrivé en 1985 sur le domaine de son beau-père, avait donné un bel élan à la propriété et à l'appellation : c'est à lui que l'on doit le banyuls blanc, l'engouement pour le rancio, la réussite du collioure blanc... et le chemin d'Anicet pour découvrir le cru. Son fils Olivier et son épouse Chrystel sont désormais les porteurs de mémoire et les garants de l'avenir.

Un banyuls blanc trois étoiles qui concourt pour le coup de cœur, ce doit être une première de mémoire de Guide Hachette... La robe est superbe, or ambré, limpide et brillante, et le nez envoûtant par son intensité et son raffinement : fruits secs (amande, abricot), miel d'acacia et zestes d'orange sur un air de... gewurztraminer. L'élevage en solera apporte au palais un fondu admirable et une enveloppe boisée qui se fond parfaitement dans le vin, d'un volume impressionnant, très long et complexe, sur des notes de tabac miellé, de café, de citron et d'orange confits. ✗ 2015-2030 ♈ tarte à l'abricot

o→ *Dom. Vial-Magnères, 14, rue Édouard-Herriot, 66650 Banyuls-sur-Mer, tél. 04 68 88 31 04, al.tragou@ orange.fr* ⓥ 🚶 🏠 *r.-v.* **o**→ *Chrystel et Olivier Sapéras*

BANYULS GRAND CRU		

DOMINICAIN Camille Descossy ★★		
■ n.c.	ⅲ	11 à 15 €

Face au château royal de Collioure, cette coopérative est installée depuis sa fondation (1926) dans l'ancienne église du couvent des Dominicains, sécularisé à la Révolution. Ce monument du XIIIᵉs. abrite de vieux foudres qui créent une atmosphère particulière. La cave vinifie 125 ha situés sur le terroir de la commune. À voir dans l'église, l'exposition réalisée par Francis Pous, président de la cave.

Malgré les trois ans de foudre, le grenat reste marqué, agrémenté toutefois de quelques nuances tuilées d'évolution. L'intérêt de cet élevage « doux » est de conserver l'expression « cerise kirchée » du raisin et de conférer plus de maturité au fruité, qui prend ici des tonalités de pruneau et de fruits rouges confiturés. Des arômes complétés d'épices, de fruits secs et de grillé dans une bouche riche, intense et complexe, à la fougue bien maîtrisée et d'une belle fraîcheur en finale. ✗ 2017-2035 ❦ tajine d'agneau aux pruneaux

⚭ SCV Cellier le Dominicain, pl. Orfila, 66190 Collioure, tél. 04 68 82 05 63, contact@dominicain.com Ⓥ 🅰 🆕 t.l.j. 9h-12h30 13h30-18h

♥ **CELLIER DES TEMPLIERS** Président Henry Vidal
Cuvée Prestige 2003 ★★★

| ■ | 33 444 | ⬲ | 30 à 50 € |

Devenu Terres des Templiers, l'ancien Cellier des Templiers est une coopérative créée en 1921. Elle revendique l'héritage de cet ordre militaire à qui l'on doit la mise en valeur des pentes schisteuses de Banyuls. Aujourd'hui, la cave dispose des 1 200 ha de ses adhérents et, depuis la récolte 2011, du Mas Ventous, un vaste chai de vinification qui s'ajoute à la grande cave de 1964, réservée aux longs élevages. À sa carte, des collioure et des banyuls.

Quelle classe, quelle élégance, tout y est ! Un vin inoubliable, né d'un raisin de superbe qualité apte à subir les affres de huit ans d'élevage sous bois, en foudre et en demi-muid, avant de se reposer (depuis 2011) en bouteille. La robe acajou est superbe et lumineuse, la palette aromatique une ode au grenache noir : cerise, pruneau, fruits secs et léger rancio aux tonalités de noix. S'ajoutent les épices douces, la fleur miellée et des notes empyreumatiques dans un palais ample, souple, gourmand, soyeux en diable, au fondu remarquable ; rien n'accroche ici, l'équilibre est parfait et pour longtemps. ✗ 2018-2040 ❦ foie gras aux figues

⚭ Terres des Templiers, rte du Mas-Reig, 66650 Banyuls-sur-Mer, tél. 04 68 98 36 70, dmalejacq@templers.com Ⓥ 🅰 🆕 t.l.j. 10h-19h; f. janv.

DOM. VIAL-MAGNÈRES Cuvée André Magnères

| ■ | n.c. | ⬲ | 30 à 50 € |

Un vent mauvais pendant les vendanges 2013 a emporté Bernard Sapéras, vigneron accompli et chantre de son terroir. Cet œnologue et chimiste de formation, arrivé en 1985 sur le domaine de son beau-père, avait donné un bel élan à la propriété et à l'appellation : c'est à lui que l'on doit le banyuls blanc, l'engouement pour le rancio, la réussite du collioure blanc... et le chemin d'Anicet pour découvrir le cru. Son fils Olivier et son épouse Chrystel sont désormais les porteurs de mémoire et les garants de l'avenir.

Une couleur acajou aux reflets cuivrés habille ce grand cru élevé en vieux foudres et mis en bouteille dix ans après les vendanges. Au nez, des notes intenses de pruneau, d'orange, d'épices et de noix. Une attaque souple et ronde introduit un palais ample, généreux, riche sans lourdeur, égayé par une jolie finale sur l'orange amère. ✗ 2015-2020 ❦ foie gras poêlé

⚭ Dom. Vial-Magnères, 14, rue Édouard-Herriot, 66650 Banyuls-sur-Mer, tél. 04 68 88 31 04, al.tragou@orange.fr Ⓥ 🅰 🆕 r.-v.
⚭ Chrystel et Olivier Sapéras

RIVESALTES

Superficie : 5 180 ha / Production : 107 930 hl (55 % blanc)

Longtemps, rivesaltes fut la plus importante des appellations des vins doux naturels : elle couvrait 14 000 ha et produisait 264 000 hl en 1995. Puis la crise a frappé et après un Plan rivesaltes qui a permis la reconversion d'une partie de ce vignoble, la production de cette appellation se rapproche désormais en volume de celle du muscat-de-rivesaltes. Le terroir du rivesaltes s'étend en Roussillon et dans une toute petite partie des Corbières, sur des sols pauvres, secs, chauds, favorisant une excellente maturation. Quatre cépages sont autorisés : grenache, macabeu, malvoisie et muscat, les deux premiers étant largement dominants. La vinification se fait en blanc et en rouge. Les rivesaltes rouges proviennent principalement du grenache noir ; ce cépage subit alors souvent une macération, afin de donner le maximum de couleur et de tanins.

L'élevage des rivesaltes est fondamental pour la détermination de la qualité. Les blancs donnent les ambrés, et les rouges les tuilés, au terme de deux ans ou plus d'élevage. Selon l'élevage, en cuve ou dans le bois, ils développent des arômes bien différents. Le bouquet rappelle la torréfaction, les fruits secs, avec une note de rancio dans les vins les plus évolués. Certains rivesaltes rouges ne subissent pas d'élevage et sont mis très jeunes en bouteilles. Ce sont les grenats, caractérisés par des arômes de fruits frais : cerise, cassis, mûre. Les derniers cahiers des charges autorisent les rivesaltes rosés.

CH. DE CANTERRANE
Ambré Clos Saint-Georges 1978 ★★★

| ■ | 30 000 | ▮ | 50 à 75 € |

Fondé en 1900 dans les Aspres, le Clos Saint-Georges est resté dans la même famille. Il est conduit depuis 1970 par Claude et Dominique Ortal, qui ont engagé en 2010 et 2011 une campagne de replantation (sur 50 ha) pour orienter plus le vignoble vers la production de vins secs, mais ils offrent aussi quelques belles cuvées de vins doux. Deux étiquettes : Clos Saint-Georges et Ch. de Canterrane.

Les ambrés fascinent toujours par la façon qu'ils ont de défier le temps. Leur robe prend de plus en plus de reflets roux, tandis que leur univers aromatique ne cesse de s'enrichir. Ici, des agrumes, des fruits secs, de l'abricot rouge du Roussillon, des fruits confits, du coing, sans oublier la gamme empyreumatique : le fumé, le grillé... ; tous ces arômes s'entremêlent et se mettent mutuellement en valeur. La bouche ? Fondue, ronde, agrémentée

d'une touche « alsace vendanges tardives » avec son côté tendu. Un plaisir dès aujourd'hui et pour très longtemps.
✗ 2015-2030 **❦** moelleux au chocolat cœur abricot

o┐ *Ortal, Clos Saint-Georges, 66300 Trouillas,*
tél. 04 68 21 61 46, clortal@wanadoo.fr Ⓥ 🏃 🔼 *t.l.j.*
9h-12h 14h30-18h 🏠 ❺ 🏠 Ⓓ

Ⓑ DOM. CARLE COURTY		
Ambré Vieilli sous bois 2010 ★★		
◼	2 000	◫	11 à 15 €

Implanté au pied de l'ermitage de Força Réal, d'où le panorama embrasse tout le Roussillon, le vignoble de Carle-Courty (3,5 ha au départ, 13 ha aujourd'hui) est cultivé en bio depuis 2002. Un choix de vie pour Frédéric Carle, comptable né en Champagne, installé depuis 1995 dans la vallée de la Têt, entre ceps de syrah et schistes bruns, vieilles vignes de carignan et de grenache, et cheminées de fées.

Longtemps décrié, le grenache gris est aujourd'hui considéré comme un atout dans l'élaboration des blancs secs ou doux du Roussillon. À la sucrosité et à la finesse du grenache blanc, il apporte cette « accroche » légèrement tannique qui permet au vin de prendre de l'ampleur, de l'allonge et devient un point d'ancrage pour les notes merveilleuses de fruits secs lorsque, comme ici, l'élevage sous bois est de qualité. Ajoutez le litchi, l'orange confite trahissant une pointe de muscat, une touche d'épices et vous pouvez servir cette bouteille avec une large palette culinaire **✗** 2015-2030 **❦** canard à l'orange

o┐ *Dom. Carle Courty, 6, rte de Corneilla, 66170 Millas,*
tél. 04 68 57 21 79, domaine.carlecourty@orange.fr
Ⓥ 🏃 🔼 *t.l.j. sf dim. 9h30-12h 14h30-19h*

Ⓑ DOM. CAZES Tuilé 2006 ★★★		
◼	8 000	◫	20 à 30 €

Fondation en 1895, premières mises en bouteilles en 1955 et une croissance continue. Aujourd'hui, un domaine de 220 ha entièrement conduit en biodynamie depuis 2005. À sa carte, toutes les AOC du Roussillon, des IGP et tous les styles de vin. Dans le giron du groupe Advini depuis 2004.

Il faut des raisins bio d'une grande qualité pour arriver, après une longue macération, à cette extraction qui permettra au vin d'affronter le temps et de s'enrichir de l'élevage. Sept ans sous bois ont donné à la robe brillante et lumineuse des tons d'acajou. Le plaisir continue avec un nez intense, mêlé d'épices, de café, de cacao, de la douceur de fruits confiturés ; avec une bouche ample, puissante mais mesurée, où rien n'accroche, dans un équilibre superbe. Rondeur, fruits mûrs, soupçon de fruits secs, pruneau, notes empyreumatiques, tout y est, perdure et finit par s'estomper avec délicatesse et fraîcheur.
✗ 2015-2030 **❦** roquefort

o┐ *SCEA Cazes, 4, rue Francisco-Ferrer,*
66600 Rivesaltes, tél. 04 68 64 08 26, info@cazes.com
Ⓥ 🏃 🔼 *r.-v.* 🏠 ❺

LE GRENAT DE COUME MAJOU 2011		
◼	660	🍶	15 à 20 €

D'origine belge, Luc Charlier, médecin, chercheur en pharmacie... et aussi amateur éclairé de vins et rédac-

teur à la revue *In vino veritas*, s'est établi en 2005, à près de cinquante ans, à Corneilla-la-Rivière, où il soigne une douzaine de parcelles – 10 ha environ entre Estagel et Saint-Paul-de-Fenouillet.

Maturité, rendements très bas (autour de 10 hl/ha), récolte en cagettes, pigeage au pied, absence de collage et de filtration. Le résultat ? Un vin qui « a de la gueule », celle du vigneron, un passionné. Un vin qui demande à s'ouvrir, à se faire désirer, pour que la violette épouse le fruit. Un vin souple, onctueux, de belle rondeur, aux tanins bien présents prêts à fondre sur le chocolat. **✗** 2015-2020 **❦** fondant au chocolat

o┐ *Luc Charlier, 11, rue de l'Église,*
66550 Corneilla-la-Rivière, tél. 04 68 51 84 83,
charlier.luc@wanadoo.fr Ⓥ 🏃 🔼 *r.-v.*

CROIX MILHAS Ambré Spécial réserve 20 ans d'âge		
Élevé en fût de chêne ★★		
◼	10 000		15 à 20 €

En 1964, une poignée de vignerons s'unissent parce qu'ils sont convaincus que « le groupe est meilleur que le meilleur du groupe ». Aujourd'hui, les Vignerons Catalans rassemblent neuf caves coopératives, 2 500 adhérents et une quarantaine de caves privées, soit plus de 10 000 ha.

Que faisiez-vous il y a vingt ans ? Eux, les grenaches blancs et gris, commençaient leur élevage qui les a conduits entre les mains expertes des Vignerons catalans, qui proposent ce vingt ans d'âge, résumé du savoir-faire local. L'or pâle s'est mué en ambré-roux, les notes florales ont pris la route des épices, la pêche de vigne a fait place aux tons plus mûrs de l'abricot sec, de l'orange confite ; la complicité avec la futaille a ajouté la douceur du caramel, et le grillé des fruits secs. Au palais, un beau fondu, sur un équilibre doux tonifié par une belle acidité finale. À table, vous pourrez prendre la route de l'Auvergne, pour des accords fromagers ou celle des Indes... **✗** 2015-2025 **❦** vieux cantal Vignerons catalans Ambré Collection ★ (8 à 11 € ; 5 000 b.) : des grenaches blancs et gris pour cet ambré au nez encore sur les fruits frais (agrumes), avec une « liqueur de vieux garçons ». **✗** 2015-2025

o┐ *Vignerons Catalans, 1870, av. Julien-Panchot,*
BP 29000, 66962 Perpignan Cedex 9, tél. 04 68 85 04 51,
contact@vigneronscatalans.com

Ⓑ C. ET D. DENEUFBOURG		
Grenat Lætitia Deneufbourg 2014		
◼	2 400	🍶	11 à 15 €

Corinne et Damien Deneufbourg ont pris en 2003 la suite de trois générations de viticulteurs sur un domaine de 20 ha situé dans la plaine vallonnée du Roussillon, au sud de Perpignan. Ils ont créé leur cave particulière en 2009. Conduite en bio, l'exploitation est également certifiée HVE (haute valeur environnementale).

La mise en bouteilles très précoce permet de conserver au vin toute la fraîcheur du fruit. La grenache joue entre mûre et cassis, y ajoutant une surprenante note florale. Un joli grain de tanin accompagne un palais souple, tout en fruit, où la vivacité prend le pas sur la structure. **✗** 2015-2020 **❦** soupe de fruits rouges

o┐ *C. et D. Deneufbourg, 9, rue du Figuier,*
66450 Pollestres, tél. 04 68 85 46 02,
deneufbourgd@wanadoo.fr Ⓥ 🏃 🔼 *r.-v.*

ROUSSILLON

DOM BRIAL Ambré Grande Réserve 1999 ★		
■	7 809 ◕	20 à 30 €

Suivi à la parcelle, maîtrise de la totalité de la chaîne d'élaboration, du raisin à la bouteille, démarche de développement durable... La cave de Baixas, fondée en 1923, compte 380 coopérateurs qui exploitent 2 500 ha répartis sur une trentaine de communes.

Dans la gamme des « 9 », la cave propose cinq millésimes depuis 1959. Le 1999 est le « petit » dernier de cette série de légende. Il se présente en habit d'or et d'ambre brillant et, d'entrée, vous parle fruits secs, abricot rouge du Roussillon, patine miellée des vieux fûts. Douce, suave, tout en puissance contenue, la bouche finit sur une note épicée : un réel équilibre. ✗ 2015-2025 ♟ saint-honoré

○┐ *Vignobles Dom Brial, 14, av. Mal-Joffre, 66390 Baixas, tél. 04 68 64 22 37, contact@dom-brial.com* Ⓥ 👤 🎁 *r.-v.*

CH. DONA BAISSAS Ambré Hors d'âge ★		
■	15 000 ◕	11 à 15 €

Les soldats de l'Empire qui, établissant le cadastre, eurent la surprise de trouver un domaine viticole géré par une femme, appelèrent le domaine « Mas de la Dona » (« Mas de la Femme » en catalan). Dans la même famille depuis 1817, l'exploitation s'étend sur 76 ha entre vallée de la Têt et de l'Agly. À sa tête depuis 2008, Vincent Baissas.

La robe attire par sa brillance et ses reflets roux, hommages du temps. Le temps qui a aussi transformé le bouquet en une palette complexe où se mêlent le coing, le pain d'épice, les fruits confits et la senteur douce de vieux foudre. La bouche chaleureuse est encore plus évoluée, dévoilant des notes de café et d'amande grillée, avec la rondeur et la douceur des vieux rhums jusqu'à une finale marquée par une pointe de rancio. ✗ 2015-2025 ♟ tiramisu

○┐ *Ch. Dona Baissas, ancienne rte de Maury, 66310 Estagel, tél. 04 68 29 00 02, info@donabaissas.com* Ⓥ 👤 🎁 *t.l.j. sf sam. dim. 10h-12h 14h-17h*

LES VIGNERONS DE FORÇA RÉAL Ambré Hors d'âge 2000		
■	2 500 ◕	8 à 11 €

Força Réal ? La « forteresse royale », en catalan. Un château fort (détruit au XVIIᵉs.), élevé au XIVᵉs. au sommet d'une montagne par les rois d'Aragon et de Majorque pour garder la vallée de la Têt qui marquait la frontière nord de leur royaume. C'est le nom qu'a pris la coopérative de Millas, créée en 1930, qui regroupe aujourd'hui 90 adhérents et dispose de 130 ha.

Si un jour, bien entraînés, vous vous lancez dans la « Panoramique », course exigeante au départ de Millas, en traversant la Têt, vous découvrirez en montant vers Força Réal le vignoble de la « coop ». À la force des mollets, vous comprendrez ces coteaux de schistes et l'équilibre qu'y trouvent les ceps. Des schistes qui imprègnent cet ambré de leur minéralité et contribuent à sa finesse. Il ne faut pas y chercher la puissance, mais un boisé fin, des arômes d'abricot sec, une touche d'agrumes confiturés, avec une pointe de noble amertume pour prolonger la bouche. ✗ 2015-2020 ♟ vieux salers

○┐ *SCV Les Vignerons de Força Réal, 4, rue Léo-Lagrange, 66170 Millas, tél. 04 68 57 35 02, cave-coop-millas@wanadoo.fr* Ⓥ 🎁 *t.l.j. sf sam. dim. lun. 15h-18h30*◕

CH. LAFFORGUE Ambré 2004 ★		
■	6 000	👤 ◕ 15 à 20 €

Installé en 2001, Noël Lafforgue représente la cinquième génération sur le domaine, qui couvre environ 20 ha, entre les vallées de la Têt et de l'Agly. Son vignoble repose sur deux terroirs : les collines schisteuses, arides et ventées au pied du château de Calce et les galets roulés au bas des collines de Força Réal.

L'élevage marque de son empreinte ce vin d'un vieil or ambré aux reflets roux. Il se traduit d'abord par des notes de cire, de miel, de fruits secs grillés, de raisin de Corinthe et de vieux foudre, puis par un équilibre chaleureux, gage d'une longue vie. Le vin, puissant et généreux, prend des airs de vieil armagnac, adouci par une note d'orange confite. ✗ 2015-2025 ♟ délice à la mandarine

○┐ *Noël Lafforgue, 26, rte Nationale, 66550 Corneilla-la-Rivière, tél. 04 68 73 12 25, lafforgue.noel@orange.fr* Ⓥ 👤 🎁 *r.-v.* 🏠 Ⓓ

MAS CRISTINE Ambré ★		
■	1 800 ◕	15 à 20 €

Superbe mas installé depuis 1810 dans le massif des Albères, à la limite du cru banyuls, isolé au milieu du maquis ponctué de chênes-lièges. Les vignes dominent les pins qui descendent en pente douce vers la mer. Implanté sur des sols de schistes, de quartz et d'argile rouge, le domaine (25 ha aujourd'hui) a été acheté en 2006 à la famille Dauré (Jau) par Philippe Gard et Julien Grill. L'équipe est aussi à la tête de la Coume del Mas.

Un ambré assemblant par tiers le muscat, le macabeu et le grenache blanc. Un élevage sous bois modéré a conduit à ce vieil or aux reflets cuivrés et apporté sa touche à une palette aromatique complexe autour des fruits exotiques, de la note omniprésente de muscat et de l'acacia. La bouche est marquée par les épices et les fruits exotiques, avec une nuance « verveine-tilleul » apportée par le muscat. Généreuse, elle penche vers la rondeur, tonifiée en finale par la fraîcheur d'une agréable amertume. ✗ 2015-2020 ♟ fromage blanc au miel

○┐ *Mas Cristine, chem. de Saint-André, 66700 Argelès-sur-Mer, tél. 04 68 54 27 60, info@mascristine.com* Ⓥ 👤 🎁 *t.l.j. sf sam. dim. 9h-17h*

CH. DU MAS DÉU Ambré Cuvée des Amoureux 2012 ★		
■	4 000	👤 ◕ 11 à 15 €

Ancienne commanderie des Templiers, le Mas Déu est une impressionnante bâtisse d'où la vue embrasse les Aspres. Un lieu chargé d'histoire où Arnaud de Villeneuve aurait mis au point le mutage. La famille Oliver s'y est installée au début du siècle dernier. Claudie débuta la vente en bouteille dès les années 1970. Installé en 1991, son fils Claude conduit aujourd'hui les 21 ha de la propriété.

Ce rivesaltes est issu d'un secteur qui sera bientôt intégré aux côtes-du-roussillon-villages. Sa robe ambrée révèle des reflets topaze, signe d'une belle évolution. L'aération dévoile le fruit mûr et l'abricot sec, qui épousent les notes empyreumatiques apportées par les fûts, le cacao et l'arabica. Après une attaque restée très fraîche, souple et fruitée, la bouche montre des nuances plus évoluées de fruits secs et une douceur miellée – elle attend avec impatience l'arrivée de la tomme de brebis avec sa confiture de figues. ✗ 2015-2020 ❦ fromages affinés

○— *Claude Oliver, Ch. du Mas Déu, 66300 Trouillas, tél. 04 68 53 11 66, claude.olivier@orange.fr* Ⓥ 🏠 🍴 *t.l.j. sf dim. 14h-18h*

PIERRE PELOU
Muté sur grains 2013

■	3 000	🏠	11 à 15 €

Dans la famille depuis 1908, ce domaine de 25 ha est connu de nos lecteurs sous le nom de Celler d'al Mouli. Il est implanté sur les argilo-calcaires de Tautavel, terroir particulièrement adapté au grenache noir. Jean-Pierre Pelou, « vigneron-kiné », a transmis ses vignes et son savoir-faire à son fils Pierre, œnologue, installé en 1997. Dense et sombre, la robe est typique des grenats jeunes. Le vin s'ouvre doucement sur la cerise et la mûre, une note plus mûre de pruneau à l'eau-de-vie. La bouche suit la même ligne aromatique, avec une touche poivrée qui vient se joindre à des tanins bien présents et relever la finale d'une belle fraîcheur. ✗ 2015-2020 ❦ salade de fruits des bois

○— *EARL Pierre Pelou, 9, rue de la République, 66720 Tautavel, tél. 06 16 96 49 61, pierre@pelou.eu* Ⓥ 🏠 🍴 *r. v.* 🏠 Ⓖ

CH. DE PÉNA Tuilé Hors d'âge ★

■	6 000	🍶	8 à 11 €

Le village de Cases-de-Pène tient son nom d'un ermitage du Xᵉ s. établi sur un roc (pena en catalan) calcaire qui ferme la vallée de l'Agly. Les terres noires schisteuses y alternent avec l'ocre des argilo-calcaires, formant deux superbes terroirs de 410 ha sur lesquels travaillent les 60 vignerons de la coopérative locale.

Voilà un très joli tuilé, où l'élevage sous bois apporte cette superbe robe au tuilé acajou, cette palette aromatique d'une grande richesse allant de la cerise kirschée au chocolat, en passant par la figue, le pruneau et les fruits confiturés. Avec son palais harmonieux, rond et tout en finesse, à la finale douce et longue, sur les fruits secs et des notes toastées et cacaotées, cette bouteille révèle une réelle maîtrise. Elle est prête. ✗ 2015-2020 ❦ foie gras poêlé aux figues

○— *Cellier de Péna, 2, bd Mal-Joffre, 66600 Cases-de-Pène, tél. 04 68 38 93 30, contact@chateaudepena.com* Ⓥ 🏠 🍴 *r.-v.*

DOM. DE RANCY Ambré 1965 ★★

■	1 000	🍶	+ de 100 €

Brigitte et Jean-Hubert Verdaguer conduisent depuis 1989 le domaine familial (17 ha aujourd'hui) installé au cœur du village de Latour-de-France. Depuis sa fondation en 1920, cette propriété s'intéresse aux vins doux naturels longuement élevés sous bois, notamment aux rivesaltes, même si au tournant de ce siècle, elle s'est lancée dans l'élaboration de vins secs, en AOC ou IGP. Autre cheval de bataille des vignerons, le rancio sec, en IGP.

On ne parle même plus ici d'ambré, tant la couleur tend vers le café ou le chocolat ! Et dire que ce vin était or pâle à l'origine... Il conduit dans le « Verdaguer », au cœur du pays rancio, un monde de vins originaux, dont l'âge suffit à imposer le respect. Incroyable macabeu, si léger, si peu démonstratif dans sa jeunesse, si discrètement floral... Après avoir trouvé sa maison, il grandit, se libère, pour offrir, au gré des tonneaux de son élevage, la douceur des vieux rhums « arrangés », la vivacité de l'eau-de-vie de prune, l'épice, le café, le rancio expressif de la noix, la douce amertume de l'amande grillée. Un festival aromatique, à partager uniquement avec de vrais amis. ✗ 2015-2025 ❦ roquefort

○— *Dom. de Rancy, 8, pl. du 8-Mai-1945, 66720 Latour-de-France, tél. 04 68 29 03 47, info@domaine-rancy.com* Ⓥ 🏠 🍴 *t.l.j. 10h-13h 15h-19h; dim. sur r. v.* ○— Verdaguer

♥ DOM. DE LA ROCHELIERRE
Carr...Emment intense ! 2013 ★★★

■	2 200	🏠	8 à 11 €

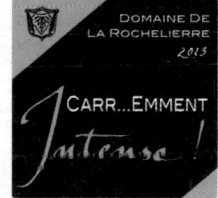

Quatre générations se sont succédé sur ce domaine dirigé depuis 1998 par Jean-Marie Fabre, président des vignerons indépendants de l'Aude. Un producteur engagé qui préserve son terroir de Fitou : ses vignes (13,5 ha) n'ont pas vu de produits chimiques depuis 1979 (méthode Cousinié).

Dans la série des grenats, c'est sur ce grenache noir sombre et brillant issu d'une longue macération que s'est arrêté le jury. Un vin qui explose dès l'ouverture, mêlant la fraise, le cassis, la cerise et la violette à la fraîcheur du sous bois. On se laisse ensuite charmer par l'ampleur de la bouche, par ce fondu remarquable pour un vin si jeune, par la patte veloutée des tanins. L'équilibre est parfait : la fraîcheur compense la douceur, l'extraction est superbe, et le fruit noir gourmand et relevé d'épices reste longtemps sur les papilles. ✗ 2015-2025 ❦ soufflé au chocolat

○— *Dom. de la Rochelierre, 17, rue du Vigné, 11510 Fitou, tél. 04 68 45 70 52, la.rochelierre@orange.fr* Ⓥ 🏠 🍴 *t.l.j. 9h-12h 14h-18h; f. le matin et dim. en janv.-fév.* 🏠 Ⓑ ○— Fabre

♥ DOM. ROSSIGNOL
Ambré 2009 ★★★

■	4 900	🍶	8 à 11 €

Où vont s'arrêter Fabienne et Pascal Rossignol ? Création du domaine en 1995, construction d'un chai souterrain pour les vins secs en 2002, certification bio en 2009, musée, automates, clos des cépages, boutique paysanne,... aujourd'hui 17 ha dans les Aspres pour ces vignerons qui ont le sens de l'accueil.

Quel beau travail pour obtenir aussi rapidement – tout est relatif, il a fallu tout de même sept ans... – un vin aussi abouti ! À l'œuvre, les grenaches blancs et gris (80 %), complétés des deux muscats. Après élevage, le vin revêt une robe ambrée tirant sur l'acajou – de la haute couture. Sa palette aromatique complexe, digne d'un grand parfumeur, décline évidemment la gamme des fruits secs, nuancés de miel de châtaigner, de cannelle et de notes plus toniques de mandarine. La bouche ? La souplesse et la fraîcheur réunies, la puissance retenue, le grain sapide des tanins et le défilé des arômes du nez complétés d'une touche d'agrumes confits et de la vivacité amère du rancio. Une merveille en perspective sur des plats sucrés-salés asiatiques. ✗ 2015-2025 ♈ travers de porc au caramel

☞ Pascal Rossignol, rte de Villemolaque, 66300 Passa, tél. 04 68 38 83 17, domaine.rossignol@free.fr Ⓥ 🅰 ⛛ t.l.j. 10h-12h 15h-18h30 ; dim. sur r.-v.

Ⓑ DOM. ROUSSELIN Ambré Miss Terre 2011 ★		
■	1 200 ⬧	20 à 30 €

Pascal et Laurence Rousselin se sont installés en 1995 à l'entrée de Lesquerde, loin des grands axes de circulation du Roussillon, entre Maury et Saint-Paul-de-Fenouillet, à 350 m d'altitude. Ils élaborent leurs vins depuis 2005 : de microcuvées typées à partir de 8 ha de vignes conduites en bio.

Sur les sols légers et filtrants du domaine, le macabeu (90 %) apporte sa fraîcheur et un support sur lequel le muscat vient jouer de son charme. L'élevage ajoute sa touche d'ambre à la robe et fait évoluer la palette aromatique, qui décline le miel de sapin, l'abricot sec, la verveine et une surprenante note de noix. Cette dernière se confirme en bouche : la dégustation conduit en « pays rancio », dévoilant une matière souple, fine et gourmande, à la finale très nette sur le café et les fruits secs. ✗ 2015-2020 ♈ moelleux aux noix et au café

☞ Dom. Rousselin, 104, Grand-Rue-du-Capitoul, 66220 Lesquerde, tél. 04 68 59 17 12, domainerousselin@yahoo.fr Ⓥ ⛛ r.-v.

DOM. SARDA-MALET Grenat La Carbasse 2009		
■	4 000 🍶	20 à 30 €

« On devrait construire les villes à la campagne, l'air y est plus pur. » Cette citation d'Alphonse Allais est en passe de se réaliser tant la ville de Perpignan pousse aux portes du domaine. Un havre de paix avec une vue splendide sur le Canigou. Jérôme Sarda hérite des premières vignes, exploitées aujourd'hui par son petit-fils Jérôme Malet. Certification bio en 2013.

L'intérêt d'un élevage en cuve et d'une mise tardive après quelques mois d'élevage est multiple. Il permet à ce grenat de conserver la fraîcheur sombre de la robe et d'en augmenter la brillance, et même si le vin demande du temps pour s'ouvrir, d'ajouter au fruit frais la note plus confiturée du pruneau et un fond de tabac miellé. La bouche s'arrondit, et les fruits cuits viennent accompagner la framboise. Avec son équilibre un peu sec et sa générosité, ce vin est apte à la garde. ✗ 2015-2025 ♈ fondant au chocolat cœur framboise

☞ Dom. Sarda-Malet, Mas Saint-Michel, chem. de Sainte-Barbe, 66000 Perpignan, tél. 04 68 56 72 38, sardamalet@wanadoo.fr Ⓥ 🅰 ⛛ r.-v.

TERRASSOUS		
Ambré Hors d'âge Élevé en fût de chêne 2007 ★★		
■	25 000 ⬧	8 à 11 €

Les vignerons de Constance et Terrassous regroupent depuis 2009 trois caves des Aspres, dans la partie sud du Roussillon : 70 adhérents pour 700 ha de vignes. Un terroir de collines et de terrasses au pied du Canigou, lequel apporte avec ses schistes une palette supplémentaire de terroirs. La cave commercialise en tirage limité toute une gamme de splendides vins doux naturels, du six ans d'âge aux millésimes anciens.

Le secret de ce flacon réside-t-il dans la fermentation d'une partie des grenaches blancs en barrique ? Ou bien dans l'importance des volumes en élevage, qui permet, à l'instar des portos, de proposer ce « type » six ans d'âge ? Déjà, l'or ambré lumineux attire, puis c'est le bouquet qui captive, invitant pain d'épice et fruits secs, orange confite et fraîcheur mentholée, fruits blancs à l'eau-de-vie et douceur de la cannelle. La bouche est à l'unisson, complète, équilibrée, fraîche et douce, suave et puissante. Un remarquable ensemble à savourer dès aujourd'hui *i per molts anys* (et pendant de nombreuses années), comme l'on dit en pays catalan. ✗ 2015-2025 ♈ crème catalane

☞ SCV Les Vignobles de Constance et du Terrassous, 46, av. des Corbières, 66300 Terrats, tél. 04 68 53 02 50, contact@terrassous.com Ⓥ ⛛ t.l.j. sf dim. 8h30-12h 14h-18h30

LES TERRES ROUSSES		
Tuilé Élevé en fût de chêne 2011		
■	1 470 🍶 ⬧	11 à 15 €

Créé en 2003, Les Terres Rousses est un ESAT (établissement et service d'aide par le travail). Cette exploitation viticole de 21 ha fournit un emploi à huit personnes handicapées qui participent à la production, de la conduite et de l'entretien du vignoble jusqu'à la commercialisation, en passant par la vinification.

Trente-six mois en barrique n'ont que peu affecté la robe, qui reste d'un grenat soutenu et ne présente qu'un léger reflet tuilé caractéristique. Le nez est flatteur, entre fruits noirs, vanille de l'élevage et soupçon de fruits secs. Le palais structuré dévoile un boisé intense qui laisse à l'arrière-plan les arômes de fruits confiturés. La charpente tannique et l'équilibre chaleureux appellent la garde. ✗ 2017-2025 ♈ moelleux au chocolat

☞ ESAT les Terres rousses, chem. des Terres-Rousses, 66140 Canet-en-Roussillon, tél. 04 68 34 90 75, esat.les.terres.rousses@hotmail.fr Ⓥ ⛛ t.l.j. sf sam. dim. 8h30-12h 13h30-17h30

ARNAUD DE VILLENEUVE		
Ambré 10 ans d'âge Grande Réserve ★★		
■	3 300 🍶 ⬧	11 à 15 €

Résultant de la fusion de trois caves, cette coopérative porte le nom de l'inventeur des vins doux naturels, Arnaud de Villeneuve. Elle rassemble 350 viticulteurs de Salses, de Rivesaltes, et de Pézilla-la-Rivière, qui cultivent quelque 2 500 ha de vignes.

Fraîcheur, équilibre, complexité aromatique : cet ambré traduit tout l'art de l'assemblage entre des vins élevés en cuve, sous bois et surtout en solera. Le coup de patte est là, qui offre une bouteille tout en finesse, jouant sur le zeste d'orange, le raisin sec et le pain d'épice – des douceurs relevées par le fruité acide de l'arabica d'altitude (*what else ?*). La dégustation laisse envisager pour ce vin une vie infinie, de l'apéritif aux fruits secs jusqu'au dessert. ✗ 2015-2030 ♈ crème brûlée ■ Tuilé 5 ans d'âge Tradition ★★ (8 à 11 € ; 9 000 b.) : un tuilé remarquable par son élégance et le soyeux de ses tanins. ✗ 2015-2025

🔸 *Cave Arnaud de Villeneuve, 153, RD 900, 66600 Rivesaltes, tél. 04 68 64 06 63, contact@ caveadv.com* 🆅 🅐 🅵 *t.l.j. 9h-12h 14h-19h*

MUSCAT-DE-RIVESALTES

Superficie : 5 221 ha / Production : 106 765 hl

Le muscat-de-rivesaltes peut provenir de l'ensemble du terroir des appellations rivesaltes, maury et banyuls. Les deux cépages autorisés sont le muscat à petits grains et le muscat d'Alexandrie. Le premier, souvent appelé muscat blanc ou muscat de Rivesaltes, est précoce et préfère les terrains relativement frais et calcaires. Le second, appelé aussi muscat romain, est plus tardif et très résistant à la sécheresse. La vinification s'opère soit par pressurage direct, soit avec une macération plus ou moins longue. La conservation se fait obligatoirement en milieu réducteur, pour éviter l'oxydation des arômes primaires. Avec 100 g/l minimum de sucres, les vins sont liquoreux. Ils sont à boire jeunes, à une température de 9 à 10 °C.

DOM. DE BESOMBES Mas Sant-Miquel 2014 ★		
■ 3 200	🏠	11 à 15 €

Au début du XVIIIᵉ s., Joseph-Antoine Tiburce, procureur des fermes du roi, crée le domaine familial. Son lointain héritier, Damien de Besombes Singla, après des études de commerce international, a repris en 2002 la propriété. Il exploite en bio 50 ha de vignes sur trois terroirs différents : la vallée de l'Agly, la plaine du Roussillon et les Aspres.

Ce muscat offre un premier nez subtil de fleurs de citrus relayé à l'agitation par le zeste de citron, la poire et la rose. Une attaque onctueuse, un développement et une finale d'une belle fraîcheur aux nuances d'agrumes, le palais se révèle harmonieux. ✗ 2015-2017 ♈ cake aux fruits confits

🔸 *Damien de Besombes Singla, Mas Saint-Michel, 66600 Salses-le-Château, tél. 06 12 10 97 68, damien.debesombes@gmail.com* 🆅 🅐 🅵 *r.-v.*

DOM. BOBÉ 2014 ★★		
■ 1 500	🏠	5 à 8 €

Robert Vila, représentant la troisième génération, est établi depuis 1986 tout près de Perpignan sur les terrasses caillouteuses de la Têt. Il conduit un vignoble de 45 ha.

Ce muscat 100 % muscat d'Alexandrie d'une belle brillance dévoile des parfums puissants et variés de raisin mûr, de fruits blancs (poire, pêche), d'abricot, de miel et d'épices. Ample et équilibrée, la bouche est soutenue par une bonne vivacité, renforcée en finale par des notes de citron confit et de menthe fraîche. ✗ 2015-2017 ♈ touron et rousquilles

🔸 *Robert Vila, Mas de la Garrigue, 5, chem. de Baixas, 66240 Saint-Estève, tél. 06 11 35 47 94, robert.vila@wanadoo.fr* 🆅 🅵 *lun. mer. ven. 14h30-18h*

CH. CAP DE FOUSTE 2013 ★		
■ 7 000	🏠	8 à 11 €

La vieille demeure catalane (construite en 1830) et son parc au charme délicieux sont situés aux portes de Perpignan, non loin du lac de Villeneuve de la Raho. Joseph Mas conduit ce domaine depuis 1978. Le vignoble couvre aujourd'hui 90 ha.

À un premier nez discret succèdent après une courte aération des arômes intenses de fleurs bleues (iris, glycine) et de fruits exotiques. Le palais se montre à la fois onctueux et frais, d'une belle élégance, animé par des notes gourmandes d'agrumes et de fruits blancs et jaunes mûrs. ✗ 2015-2017 ♈ timbale de saint-jacques et agrumes

🔸 *SCI Ch. Cap de Fouste, 1, D 39, 66180 Villeneuve-de-la Raho, tél. 04 68 55 91 04, capdefouste@free.fr* 🆅 🅐 🅵 *t.l.j. sf dim. 9h-12h 14h30-18h30* 🔸 Groupama

VIGNOBLES CAP LEUCATE Royal 2014		
■ 13 200	🏠	8 à 11 €

Créée en 1920, la cave de Leucate a fusionné avec plusieurs coopératives (Quintillan, Roquefort-des-Corbières, La Palme...). Un acteur incontournable du Fitou maritime, avec plus de 170 adhérents, 1 420 ha et un chai sorti de terre en 2010.

Ce muscat d'un abord discret s'exprime à l'aération sur des notes de fruits confits, d'agrumes et de buis. La bouche se révèle ample et liquoreuse. Un muscat généreux et de bon goût. ✗ 2015-2017 ♈ saint-honoré

🔸 *Vignobles Cap Leucate, chai La Prade, 11370 Leucate, tél. 04 68 33 20 41, contact@cave-leucate.com* 🆅 🅐 🅵 *t.l.j. 9h-12h 16h-19h*

CASCASTELLISSIME 2014		
■ 44 000	🏠	8 à 11 €

Située dans le massif des hautes Corbières et le haut Fitou, à 20 km de la Méditerranée, cette cave créée en 1921 rassemble une centaine d'adhérents qui cultivent 780 ha.

Ce vin cristallin dévoile des notes fraîches et toniques de citron, de pomélo et de bourgeon de cassis. D'une belle persistance aromatique, à l'unisson du bouquet, la bouche se montre friande et acidulée. ✗ 2015-2017 ♈ saint-jacques émulsion crème-citron

🔸 *Les Vignerons de Cascastel, Grand-Rue, 11360 Cascastel-des-Corbières, tél. 04 68 45 91 74, info@cascastel.com* 🆅 🅵 *t.l.j. sf sam. dim. 9h-12h 14h-18h*

Ⓑ DOM. CAZES 2012 ★★		
■ 25 000	🏠	11 à 15 €

Fondation en 1895, premières mises en bouteilles en 1955 et une croissance continue. Aujourd'hui, un domaine de 220 ha entièrement conduit en biodynamie depuis 2005. À sa carte, toutes les AOC du Roussillon, des IGP et tous les styles de vin. Dans le giron du groupe Advini depuis 2004.

Une robe brillante et dorée aux reflets verts, des arômes puissants et originaux de résine, de fleurs séchées et de

ROUSSILLON

menthol, les premières impressions sont fort séduisantes. Promesses confirmées par une bouche ample et très équilibrée, à la fois généreuse et fraîche, aux notes de poire, de pâte d'amandes, de fruits secs et confits. Une finale tout en douceur et d'une belle longueur achève de convaincre. ✗ 2015-2017 ☗ tajine de poulet au citron

☙ *SCEA Cazes, 4, rue Francisco-Ferrer,*
66600 Rivesaltes, tél. 04 68 64 08 26, info@cazes.com
Ⅴ 🗲 🏋 *r.-v.* 🏠 ❺

CH. CHAMP DES SŒURS 2014 ★		
■	2 000	🍶	11 à 15 €

Domaine de 15 ha situé dans la zone maritime de Fitou. Aux commandes, Laurent Maynadier, quatorzième génération de viticulteurs du cru, et Marie Valette, œnologue. Premières bouteilles en 1999.

Tout dans ce vin, né dans la zone maritime de Fitou, évoque la fraîcheur et l'harmonie. En premier lieu la robe, or pâle aux reflets verts, puis les arômes d'agrumes (citron vert, pomélo), de menthol et de fleurs blanches, enfin le palais, à la fois vif et doux. ✗ 2015-2017 ☗ foie gras mi-cuit

☙ *Ch. Champ des Sœurs, 19, av. des Corbières,*
11510 Fitou, tél. 04 68 45 66 74, laurent.maynadier@
orange.fr Ⅴ 🗲 🏋 *r.-v.* ☙ Maynadier

DOM. DES CHÊNES 2012		
■	5 000	🍶	11 à 15 €

Fondé en 1912, ce domaine livrait à l'origine ses raisins à un célèbre fabricant d'apéritif. Couvrant aujourd'hui 39 ha, il est conduit par Alain Razungles qui prouve que l'on peut être à la fois professeur en œnologie (à Sup Agro Montpellier) et grand vigneron.

L'approche visuelle et olfactive est attrayante : robe jaune d'or d'une belle brillance, nez délicat d'agrumes confits, de fleurs de garrigue et de pâte d'amandes. La bouche, moelleuse et tendre, compensée par une fine vivacité, déploie une jolie finale sur des notes de verveine et de pâte de coing. ✗ 2015-2017 ☗ panellets

☙ *Dom. des Chênes, 7, rue Mal-Joffre, 66600 Vingrau,*
tél. 04 68 29 40 21, domainedeschenes@wanadoo.fr
Ⅴ 🏋 *t.l.j. 9h-12h 14h-18h; sam. dim. sur r.-v.*

DOM BRIAL 2014		
■	95 000	🍶	8 à 11 €

Suivi à la parcelle, maîtrise de la totalité de la chaîne d'élaboration, du raisin à la bouteille, démarche de développement durable... La cave de Baixas, fondée en 1923, compte 380 coopérateurs qui exploitent 2 500 ha répartis sur une trentaine de communes.

Cette cuvée – assemblage à parts égales de muscat petits grains et de muscat d'Alexandrie – associe au nez notes finement végétales, agrumes frais et fruits à chair blanche. La bouche, bien équilibrée, se montre fraîche et fruitée, et déploie une jolie finale finement muscatée. ✗ 2015-2017 ☗ crumble de pêche sauce chocolat

☙ *Vignobles Dom Brial, 14, av. Mal-Joffre, 66390 Baixas,*
tél. 04 68 64 22 37, contact@dom-brial.com Ⅴ 🗲 *r.-v.*

CH. DE L'ESPARROU 2014 ★★		
■	20 000	🍶	11 à 15 €

Construit à la fin du XIXᵉs. par l'architecte danois Petersen, un château « noyé » dans son parc, à deux pas

de l'étang de Canet. Le vignoble (60 ha) occupe la pointe avancée d'un plateau de galets roulés de haute expression. Longtemps propriété de la famille Rendu, il a été acquis en 2012 par Jean-Michel Bonfils, dont la famille détient de nombreux vignobles en Languedoc et jusqu'en Bordelais.

Ce vin issu des deux muscats exhale des arômes intenses et variés de fleur d'oranger, de zestes d'agrumes, de fruits exotiques (papaye, mangue) et de poire fraîche. La bouche, particulièrement séduisante, longue et racée, offre un équilibre irréprochable entre puissance et tonicité. Un muscat emballant et typé, énergique et expressif. ✗ 2015-2017 ☗ feuilleté craquant poire-chocolat

☙ *Ch. de l'Esparrou, rte de Saint-Cyprien,*
66140 Canet-en-Roussillon, tél. 04 67 93 10 10, bonfils@
bonfilsvins.com Ⅴ *t.l.j. 9h-12h 14h-18h* ☙ Bonfils

CH. DES HOSPICES DE CANET Intuition 2013 ★		
■	7 000	🍶	8 à 11 €

Depuis cinq générations, la famille Bénassis est installée au cœur de Canet-en-Roussillon. La cave est abritée dans une bâtisse traditionnelle catalane datant de 1836. Le vignoble (40 ha) est situé sur les terrasses de galets roulés entre le littoral et la ville de Perpignan. Aujourd'hui, trois générations officient sur le domaine : Louis, le grand-père, Michel, le père et Marc, le petit-fils ingénieur agronome.

Ce muscat dévoile un nez élégant, frais et complexe de citron, de verveine, de tilleul et de fleurs blanches. La bouche se révèle ample, fraîche, équilibrée et d'une belle persistance aromatique, sur les mêmes tonalités que celles perçues à l'olfaction. ✗ 2015-2017 ☗ nougat glacé

☙ *Ch. des Hospices de Canet, 5, imp. de l'Hort,*
66140 Canet-en-Roussillon, tél. 06 63 02 46 00,
contact@chateau-des-hospices.fr Ⅴ 🗲 *t.l.j. sf dim.*
9h-12h 15h-18h ☙ Bénassis

DOM. LAFAGE Grain de vigne 2014 ★★		
■	10 000	🍶	11 à 15 €

Éliane et Jean-Marc Lafage ont vinifié pendant dix ans dans l'hémisphère Sud, puis ont repris l'exploitation familiale, établie sur trois terroirs bien distincts du Roussillon : la vallée de l'Agly, vers Maury, les terrasses de galets roulés proches de la mer, les Aspres et ses terres d'altitude. Aujourd'hui, quelque 150 ha cultivés à petits rendements.

Un joli flacon légèrement ventru, élégamment bouché de verre, met en valeur la robe presque translucide de ce Grain de vigne. Bien entendu, les dégustateurs du Guide avaient sous les yeux une bien plus triste bouteille anonyme. Mais peu importe le flacon... Ils ont unanimement apprécié les arômes d'une grande fraîcheur – litchi, citron et menthol – qui s'en dégageaient, comme l'équilibre délicat du palais entre une tendre liqueur et une fine vivacité. ✗ 2015-2017 ☗ sorbet au citron

☙ *Lafage, Mas Miraflors, ancienne rte de Canet,*
66000 Perpignan, tél. 04 68 80 35 82,
contact@domaine-lafage.com Ⅴ 🏋 *t.l.j. sf dim.*
10h-12h15 14h45-18h30

CH. LAURIGA 2014 ★		
■	2 800	🍶	11 à 15 €

Jacqueline Clar poursuit l'œuvre de Jean sur les 50 ha du domaine, restructuré dans les années 1990. Ce vignoble situé au sud-ouest de Perpignan, sur des terrasses de galets et des sables, fournissait jadis la cour du roi d'Aragon.

Cet assemblage de muscat à petits grains (70 %) complété de muscat d'Alexandrie dévoile des arômes puissants et persistants d'acacia, de chèvrefeuille et de fruits à chair blanche. L'équilibre en bouche est bien assuré entre douceur et acidité, et la finale se montre fort plaisante avec sa touche de bonbon acidulé. ✗ 2015-2017 ❦ tarte aux abricots

⚲ *Ch. Lauriga, Traverse de Ponteilla, RD 37, 66300 Thuir, tél. 04 68 53 26 73, info@lauriga.com* **V** **♟** **♦** *r.-v.* ⚲ Jacqueline Clar

MAÎTRE DE CABESTANY L'Esprit 2014		
■ 52 000		8 à 11 €

Les Vignerons de Cabestany, Alenya, Villeneuve de la Raho, Elne et Saint-Nazaire se sont regroupés en 2010 sous le nom de la Société coopérative viticole C.A.V.E.S. De cette union est née la société commerciale Terroirs romans, dont le nom a été inspiré par la richesse des œuvres d'art roman de leurs villes, comme le cloître d'Elne. Elle commercialise la production (13 500 hl) des 50 viticulteurs qui exploitent 290 ha.

Au nez, on perçoit des arômes de fruits exotiques, d'abricot, d'écorce d'orange et de verveine. La bouche, à la fois onctueuse et fraîche, associe quant à elle des notes d'ananas et de melon. ✗ 2015-2017 ❦ tarte à l'ananas

⚲ *SARL Terroirs Romans, 67, av. Paul Reig, 66200 Elne, tél. 04 68 95 15 74, terroirs-romans@orange.fr* **V** **♦** *r.-v.* ⚲ SCV C.A.V.E.S.

DOM. MAS CRÉMAT 2014		
■ 5 000	🍷	8 à 11 €

Les terres de schistes noirs ont donné son nom au Mas Crémat (« brûlé » en catalan), repris en 2006 par une famille de vignerons bourguignons : Christine et Julien Jeannin, secondés par leur mère Catherine. Un superbe mas du XIXᵉs. et un vignoble de 33 ha labouré et conduit en fonction du cycle de la lune.

Cet assemblage à parité des deux muscats révèle un nez à la fois puissant et frais, ouvert sur les fleurs blanches, les fruits exotiques, les agrumes et une légère touche de menthol. En bouche, beaucoup d'ampleur, de la chair et une finale intéressante sur des notes de verveine et de menthe. ✗ 2015-2017 ❦ salade de pêches à la menthe

⚲ *Dom. Mas Crémat, 66600 Espira-de-l'Agly, tél. 04 68 38 92 06, mascremat@mascremat.com* **V** **♟** **♦** *t.l.j. sf sam. dim. 10h-12h 14h-17h* ⚲ Jeannin

MAS DE LAVAIL 2013 ★		
■ 3 000		8 à 11 €

Jean et Nicolas Batlle, père et fils, ont acquis ce joli mas du XIXᵉs. en 1999, à l'installation du second. À la tête de ce domaine de 80 ha de vieilles vignes, Nicolas poursuit le travail de quatre générations de vignerons sur les terres noires de Maury.

Ce muscat s'ouvre sur des parfums intenses et originaux d'épices douces, assortis de notes plus classiques de fruits frais. L'harmonie en bouche est excellente, alliant sans fausse note fraîcheur et suavité. Un très joli vin, atypique et gourmand. ✗ 2015-2017 ❦ crème catalane

⚲ *Dom. Mas de Lavail, RD 117, 66460 Maury, tél. 04 68 59 15 22, masdelavail@wanadoo.fr* **V** **♦** *t.l.j. sf dim. 10h30-12h 15h-18h30* ⚲ Batlle

CH. DU MAS DÉU Cuvée Christine 2014 ★		
■ 2 400	🍷	8 à 11 €

Ancienne commanderie des Templiers, le Mas Déu est une impressionnante bâtisse d'où la vue embrasse les Aspres. Un lieu chargé d'histoire où Arnaud de Villeneuve aurait mis au point le mutage. La famille Oliver s'y est installée au début du siècle dernier. Claudie débuta la vente en bouteille dès les années 1970. Installé en 1991, son fils Claude conduit aujourd'hui les 21 ha de la propriété.

Christine ? L'épouse du vigneron. Tout d'abord discret à l'olfaction, le vin s'exprime plus franchement à l'aération sur des notes intenses de fleurs blanches, de fruits jaunes mûrs, de raisin confit, de liqueur de verveine et de menthe fraîche. Une belle complexité prolongée par un palais puissant et gras, stimulé par de fins et beaux amers en finale. ✗ 2015-2017 ❦ tarte aux abricots

⚲ *Claude Oliver, Ch. du Mas Déu, 66300 Trouillas, tél. 04 68 53 11 66, claude.oliver@orange.fr* **V** **♟** **♦** *t.l.j. sf dim. 14h-18h; f. jan.*

♥ **MAS KAROLINA** L'Effrontée 2006 ★★		
■ 4 500	◖	20 à 30 €

Elle est allée vinifier aux États-Unis en et Afrique du Sud ; elle connaît le Bordelais où elle a longtemps vécu et où elle a obtenu son diplôme d'œnologue ; pourtant, c'est dans la vallée de l'Agly au charme sauvage que Caroline Bonville a posé ses valises en 2003. Elle y conduit aujourd'hui un domaine de 17 ha.

Or brillant aux reflets légèrement cuivrés, la robe de ce vin élevé en barrique en oxydation extérieure est d'une insolente beauté. Dès le premier nez, les arômes explosent en un bouquet varié et généreux de fruits à l'alcool, d'abricot confit, d'amande, d'épices, de vanille... Et quelle présence en bouche ! Beaucoup de volume, un équilibre remarquable, des notes complexes et gourmandes de miel, de citron confit, de tabac blond et de menthol. Fort bien élevée cette Effrontée... (Bouteilles de 50 cl.) ✗ 2015-2018 ❦ stilton

⚲ *Caroline Bonville, 29, rue de l'Agly, 66220 Saint-Paul-de-Fenouillet, tél. 06 20 78 05 77, mas.karolina@gmail.com* **V** **♟** **♦** *t.l.j. 10h-12h30 15h-18h; sam. dim. sur r.-v.; f. janv-fév.*

LE MUSCAT DE MONTANA 2013		
■ 2 000	🍷	11 à 15 €

Depuis 1996, Patrick Saurel n'a pas chômé. Venu du monde du commerce, il a poussé sa passion pour la vigne jusqu'au bout : restructuration et agrandissement du domaine, création d'un nouveau chai, inauguration d'un musée du Vin, conduite raisonnée (avant le bio ?)... Son exploitation couvre aujourd'hui 37 ha.

Ce vin s'ouvre sans réserve sur des arômes intenses de fleurs blanches, de pain brioché et de fruits confits. D'un beau volume, la bouche dévoile de fines notes d'évolution assorties d'une pointe savoureuse d'amande amère. (Bouteilles de 50 cl.) ✗ 2015-2017 ❢ gâteau oranges et amandes

⌐ *Ch. Montana, rte de Saint-Jean-Lasseille, 66300 Banyuls-dels-Aspres, tél. 04 68 37 54 84, chateaumontana@wanadoo.fr* �V 🕷 ❶ *t.l.j. 9h30-12h30 14h30-18h; dim. sur r.-v.* 🏠 Ⓑ ⌐ *Saurel*

DOM. MOUNIÉ 2014

| ■ | 5 000 | ❚ | 8 à 11 € |

Une cave construite en 1925 et cinq générations de vigneronnes : le domaine se transmet de mère en fille. Depuis 1992, il est dirigé par Claude Rigaill, assistée de l'œnologue Brigitte Soriano. Un travail de restructuration des parcelles a été mené sur les 20 ha de l'exploitation.

Ce muscat dévoile un nez intense et délicat de fruits exotiques, de zeste de citron et de miel, assortis d'une touche de pin. Ample et rond en bouche, sa douceur est équilibrée par une bonne trame acide qui lui apporte un surcroît de tonicité. ✗ 2015-2017 ❢ tarte au citron meringuée

⌐ *Dom. Mounié, 1, av. du Verdouble, 66720 Tautavel, tél. 04 68 29 12 31, domainemounie@free.fr* �V 🕷 ❶ *r.-v.*

CH. DE NOUVELLES Prestige 2014 ★

| ■ | 10 000 | ❚ | 11 à 15 € |

Aux abords du col d'Extrême, le domaine tire son nom de Jacques Fournier de Novelli – pape sous le nom de Benoît XII au XIVᵉs. – qui eut ici un château. Propriété de la famille Daurat-Fort depuis 1834, il couvre 75 ha. À sa tête, Jean Daurat-Fort et son fils Jean-Rémy, le premier président l'organisme de défense des vins de Fitou.

Robe or clair aux reflets argentés, premier nez très floral, sur des notes d'acacia, puis des arômes d'ananas, de pomme fraîche et d'agrumes, l'approche est éminemment sympathique. La bouche ne déçoit pas, offrant une grande douceur contrebalancée avec justesse par une longue finale fraîche et muscatée. ✗ 2015-2017 ❢ beignets d'acacia

⌐ *SCEA R. Daurat-Fort, Ch. de Nouvelles, 11350 Tuchan, tél. 04 68 45 40 03, daurat-fort@terre-net.fr* �V 🕷 ❶ *t.l.j. 9h-12h 14h-18h; sam. dim. sur r.-v.* 🏠 Ⓓ

Ⓑ DOM. PARCÉ L'Exotisme 2014 ★

| ■ | 4 000 | ❚ | 8 à 11 € |

Depuis leur installation en 1982, André et Armelle Parcé ont accompli un patient travail de restructuration de leur domaine de 20 ha qu'ils parachèvent en 2013 en obtenant la certification bio.

D'un bel or clair, ce muscat affiche beaucoup d'élégance et de dynamisme. Les arômes rappellent les fleurs blanches, le pomelo, la poire, la verveine et la menthe fraîche. Les sensations en bouche sont à l'avenant, dominées par la vivacité et des notes de citron. ✗ 2015-2017 ❢ sorbet aux poires

⌐ *EARL A. Parcé, 21 ter, rue du 14-Juillet, 66670 Bages, tél. 04 68 21 80 45, vinsparce@9business.fr* �V 🕷 ❶ *t.l.j. sf dim. 9h15-12h 16h-18h30*

PIERRE PELOU Le Muscat d'Inès 2014 ★★

| ■ | 5 000 | ❚ | 11 à 15 € |

Dans la famille depuis 1908, ce domaine de 25 ha est connu de nos lecteurs sous le nom de Celler d'al Mouli.

Il est implanté sur les argilo-calcaires de Tautavel, terroir particulièrement adapté au grenache noir. Jean-Pierre Pelou, « vigneron-kiné », a transmis ses vignes et son savoir-faire à son fils Pierre, œnologue, installé en 1997. Cette cuvée or pâle libère des arômes très frais qui évoquent tour à tour les fleurs et les fruits blancs, la pêche de vigne, le citron lime et la fougère. La bouche, à la fois douce et fraîche, soyeuse et alerte, persiste longuement sur des notes d'agrumes et de pêche. Un muscat abouti, d'un équilibre impeccable. ✗ 2015-2017 ❢ fourme d'Ambert

⌐ *EARL Pierre Pelou, 9, rue de la République, 66720 Tautavel, tél. 06 16 96 49 61, pierre@pelou.eu* �V 🕷 ❶ *r.-v.* 🏠 Ⓒ

DOM. PIQUEMAL Les Larmes d'Hélios 2014 ★★

| ■ | 15 000 | ❚ | 8 à 11 € |

Sous l'impulsion d'Annie et de Pierre Piquemal, ce domaine familial (48 ha) est devenu une référence du Roussillon. Tout en maintenant les pratiques traditionnelles, il dispose d'un chai très moderne, à l'extérieur du village. Un outil adapté pour exalter l'expression de chaque terroir (schistes feuilletés, argilo-calcaires, galets roulés). Les vinifications sont assurées par Marie-Pierre Piquemal.

Un grand classique de l'appellation (coup de cœur l'an dernier dans sa version 2013) que cet Hélios lumineux – c'est tout le moins avec un tel patronyme « solaire » – qui tapisse le verre de larmes joliment dorées. Le nez, puissant et racé, associe fruits exotiques (litchi notamment), fleurs blanches et citron. L'équilibre en bouche est parfaitement réalisé entre une douce liqueur et une fine fraîcheur renforcée par une longue finale légèrement mentholée. ✗ 2015-2017 ❢ salade de fruits frais à la menthe

⌐ *Dom. Piquemal, RD 117, km 7, 66600 Espira-de-l'Agly, tél. 04 68 64 09 14, contact@domaine-piquemal.com* �V 🕷 ❶ *t.l.j. sf dim. 9h-12h 14h-18h*

CH. PLANÈRES Excellence 2014 ★

| ■ | 15 000 | ❚ | 8 à 11 € |

Le domaine des frères Jaubert et de Roland Noury, l'un des pionniers des crus du Roussillon, apparaît tel un balcon donnant sur les Albères, la mer et le Canigou. Le vignoble s'étend sur 105 ha, dont une soixantaine d'un seul tenant autour d'une bâtisse catalane du XIXᵉs. sur le plan (plateau) de Planères.

Une robe d'or léger, limpide et brillante, des arômes intenses et acidulés d'agrumes, de poire et de menthe fraîche, l'approche se montre fort engageante. La suite est à l'avenant, avec une bouche très équilibrée, croquante, fraîche et fruitée (fruits à chair blanche). Un muscat gourmand et fringant. (Bouteille de 50 cl.). ✗ 2015-2017 ❢ carpaccio de fraises

⌐ *Vignoble Jaubert-Noury, Ch. Planères, 66300 Saint-Jean-Lasseille, tél. 04 68 21 74 50, contact@chateauplaneres.com* �V 🕷 ❶ *t.l.j. sf dim. 9h-12h30 14h-18h; sam. sur r.-v.*

REGARDS DE FEMMES Muscat de Noël n°2 Le temps d'un secret 2014 ★

| ■ | 16 000 | ❚ | 8 à 11 € |

Le village de Cases-de-Pène tient son nom d'un ermitage du Xᵉs. établi sur un roc (pena en catalan) calcaire qui ferme la vallée de l'Agly. Les terres noires schisteuses y alternent avec l'ocre des argilo-calcaires, formant deux superbes terroirs de 410 ha sur lesquels travaillent les 60 vignerons de la coopérative locale.

Un vin or pâle au bouquet puissant et varié de melon jaune, de pêche, d'agrumes, de menthol et d'eucalyptus. Une belle finesse en bouche jointe à un équilibre bien ajusté entre douceur et fraîcheur en font un muscat très agréable. ✗ 2015-2017 ❦ tarte aux abricots

o➝ Cellier de Péna, 2, bd Mal-Joffre,
66000 Cases-de-Pène, tél. 04 68 38 93 30,
contact@chateaudepena.com Ⓥ 🎿 🏠 r.-v.

CH. LA ROCA 2014		
■	8 000	5 à 8 €

Installée à Saint-Genis-des-Fontaines, la coopérative des vignerons des Albères regroupe une trentaine de viticulteurs et propose une large gamme de vins rouges, rosés et blancs, sans oublier les vins doux naturels. Elle commercialise plusieurs étiquettes : le Prestige, Ch. la Roca, Ch. Montesquieu...

Ce muscat dévoile un premier nez légèrement anisé, auquel succède à l'aération des nuances de fruits exotiques, d'agrumes et de rose. La bouche se montre fraîche et dynamique, portée par des arômes de citron confit, avant une finale agréablement liquoreuse. ✗ 2015-2017 ❦ salade de fruits exotiques

o➝ SCV les Vignerons des Albères,
9, av. des Écoles, 66740 Saint Génis des Fontaines,
tél. 04 68 89 81 12, vigneronsdesalberes@wanadoo.fr
Ⓥ 🎿 🏠 r.-v.

| CH. SAINT-NICOLAS | | |
L'Élixir du Roy 2013		
■	5 000	8 à 11 €

Situé en bord de Méditerranée, entre mer et montagne, ce prieuré construit par les Templiers est devenu un domaine viticole en 1781 sous l'impulsion de Pierre Pueydavant, basque d'origine et sous-intendant de Louis XVI. Les 66 ha de vignes que couvre aujourd'hui le domaine sont conduits par Pierre Schneider.

Issu du seul muscat à petits grains, cette cuvée en reflète beaucoup de ses caractéristiques : arômes puissants et élégants de raisin frais et d'agrumes, palais rond, gras et complexe. Un très beau classique. ✗ 2015-2017 ❦ fromage de chèvre frais

o➝ Ch. Saint-Nicolas, rte de Canohès, 66300 Ponteilla,
tél. 04 68 53 47 61, chateausaintnicolas@hotmail.com
Ⓥ 🎿 🏠 t.l.j. sf sam. dim. 9h-17h30 🏠 Ⓔ

Ⓑ DOM. SARDA-MALET 2013 ★		
■	4 000	11 à 15 €

« On devrait construire les villes à la campagne, l'air y est plus pur. » Cette citation d'Alphonse Allais est en passe de se réaliser tant la ville de Perpignan pousse aux portes du domaine. Un havre de paix avec une vue splendide sur le Canigou. Jérôme Sarda hérite des premières vignes, exploitées aujourd'hui par son petit-fils Jérôme Malet. Certification bio en 2013.

La robe d'un bel or intense, limpide et lumineux, qui habille ce vin donne envie de poursuivre. On découvre alors un nez puissant et complexe offrant de fines notes d'évo-

lution : miel, confiture de citron, liqueur de verveine. En bouche : beaucoup de rondeur et d'équilibre, et une jolie finale florale (rose, fleur d'oranger). ✗ 2015-2017 ❦ cornes de gazelle

o➝ Dom. Sarda-Malet, Mas Saint-Michel,
chem. de Sainte-Barbe, 66000 Perpignan,
tél. 04 68 56 72 38, sardamalet@wanadoo.fr
Ⓥ 🎿 🏠 r.-v.

SEMPER Muscat de Noël 2014		
■	3 400	î	8 à 11 €

Tradition, ce terme est omniprésent dans cette famille vigneronne. Après leurs parents Paul et Geneviève, Florent (à la vigne) et Mathieu (à la cave) perpétuent un travail authentique de la vendange. Sur leur domaine de 30 ha, ils peuvent jouer sur deux terroirs : les schistes noirs de Maury et les arènes granitiques de Lesquerde.

Ce muscat de Noël évoque la verveine, les fleurs blanches et les écorces d'agrumes. Une attaque très vive introduit un palais d'une belle ampleur, ouvert sur des notes de melon, à la finale fraîche soulignée par une légère amertume. ✗ 2015-2017 ❦ salade de fruits frais

o➝ Dom. Semper, 2, chem. du Rec, 66460 Maury,
tél. 04 68 59 14 40, domaine.semper@wanadoo.fr
Ⓥ 🎿 🏠 t.l.j. 10h30-12h 15h30-19h; f. janv.

SERRE ROMANI 2014 ★		
■	2 500	î	8 à 11 €

Laurent et Cylia Pratx se sont rencontrés lors de leurs études d'ingénieurs agronomes à Toulouse. Laurent a travaillé successivement pour le Ch. de Nages à Nîmes et pour la maison Gabriel Meffre à Gigondas. En 2008, le couple fait l'acquisition de ce domaine de 6 ha sur Espira-de-l'Agly et Maury et tire son nom (la « montagne aux romarins »), de l'une des parcelles.

Le nez, fin et complexe, associe les fruits exotiques, les agrumes et le tilleul à une légère touche de fraise des bois. Onctueuse en attaque, la bouche penche ensuite vers la fraîcheur. Un vin équilibré, alerte et parfumé. ✗ 2015-2017 ❦ sorbet aux agrumes

o➝ Serre Romani, 8, rue Ludovic-Ville, 66600 Rivesaltes,
tél. 06 74 03 29 01, serre-romani@orange.fr
Ⓥ 🏠 r.-v.

TRELOAR 2013		
■	4 000	î	8 à 11 €

Rachel et Jonathan Hesford habitaient non loin du World Trade Center. Après la tragédie du 11 septembre 2001, ils décident de changer de vie et partent en Nouvelle-Zélande où ils restent trois ans pour apprendre le métier de vigneron. Installés en Roussillon, ils conduisent ce domaine de 10 ha depuis 2006.

Cette cuvée développe au nez des arômes élégants de rose et d'agrumes. La bouche, ronde et souple, d'une douceur mesurée, dévoile quant à elle de jolies notes de kumquat et de pomelo, et s'étire dans une belle finale pleine de fraîcheur. (Bouteille de 50 cl.) ✗ 2015-2017 ❦ rosace aux oranges

o➝ Dom. Treloar, 16, traverse de Thuir, 66300 Trouillas,
tél. 04 68 95 02 29, info@domainetreloar.com
Ⓥ 🎿 🏠 mar. jeu. sam. 9h30-12h 14h-18h30 🏠 Ⓔ
o➝ Hesford

ROUSSILLON

ARNAUD DE VILLENEUVE
Tradition 2014 ★★

■		25 000		8 à 11 €

Résultant de la fusion de trois caves, cette coopérative porte le nom de l'inventeur des vins doux naturels, Arnaud de Villeneuve. Elle rassemble 350 viticulteurs de Salses, de Rivesaltes et de Pézilla-la-Rivière, qui cultivent quelque 2 500 ha de vignes.

Ce muscat d'assemblage (muscat d'Alexandrie à 80 % complété du muscat à petits grains) dévoile un nez très puissant de pamplemousse, de zeste d'agrumes, de fruit de la Passion et d'ananas. Très charnu, le palais séduit par sa fraîcheur citronnée et sa longue finale aromatique. ✗ 2015-2017 ❦ tarte tahitienne à la banane

☛ *Cave Arnaud de Villeneuve, 153, RD 900, 66600 Rivesaltes, tél. 04 68 64 06 63, contact@caveadv.com* Ⓥ 🔥 🛈 *t.l.j. 9h-12h 14h-19h*

MAURY

Superficie : 280 ha / Production : 6 600 hl (85 % rouge)

Le vignoble recouvre la commune de Maury, au nord de l'Agly, et une partie des trois communes limitrophes. Encadré par des montagnes calcaires, les Corbières au nord et les Fenouillèdes au sud, il s'accroche à des collines escarpées aux sols de schistes noirs de l'aptien plus ou moins décomposés. Les maury rouges doivent leur caractère au grenache noir, cépage dominant. La vinification se fait souvent par de longues macérations, suivies d'un long élevage en fût – parfois en bonbonnes de verre – qui permet d'affiner des cuvées remarquables. D'un rouge profond lorsqu'ils sont jeunes, les maury prennent par la suite une teinte acajou. Au bouquet, ils évoquent d'abord les petits fruits rouges, avant d'évoluer vers le cacao, les fruits cuits et le café. Plus rares sont les blancs, élaborés à partir des grenaches blanc et gris et du macabeu.

DOM. ARGUTI Ugo 2013 ★★

■		2 500	⬤❙❙	15 à 20 €

En 2004, Marie-Christine et Ugo Arguti ont posé leurs valises dans la vallée de l'Agly. Toscan d'origine, bordelais d'adoption, il seconda à longtemps dirigé un grand château à Saint-Émilion. Il signe désormais ses propres cuvées à partir de 7 ha de vignes.

Récolte en cagettes, longue macération, fermentation à basse température, pigeages manuels ; une vinification très soignée et la volonté d'extraction se traduisent par une robe entre rouge et noir et par un nez tendre au premier abord, qui se dévoile doucement à l'aération sur des senteurs intenses et croquantes de griotte et de mûre rehaussées de vanille héritée et de nuances d'eucalyptus. Le fruit noir s'épanouit dans un palais ample et généreux, remarquable de fondu, marqué en finale par une originale touche de cacao. L'accord gourmand est tout trouvé... ✗ 2015-2020 ❦ fondant au chocolat noir

☛ *Dom. Arguti, 14, av. du 16-Août-1944, 66220 Saint-Paul-de-Fenouillet, tél. 06 73 85 17 93, domaine.arguti@orange.fr* Ⓥ 🔥 🛈 *r.-v.*

DOM. DU DERNIER BASTION
Grenat Premier Printemps 2013

■		2 000	🍷	11 à 15 €

Le nom du domaine fait référence à Quéribus, dernier bastion cathare dominant le village. Une très ancienne exploitation familiale (1798) établie à l'entrée du village de Maury, si l'on vient de Perpignan. Sébastien Lafage en a pris les rênes en 2014. Dans son vignoble de 14 ha, le grenache est roi.

L'élevage en cuve a permis au vin de conserver une robe profonde aux reflets violines de jeunesse. Un grenat typique où le grenache se décline en notes de cerise noire à l'eau-de-vie. Ce fruité expressif prend nettement des accents de noyau dans une bouche où les tanins sont présents et de belle facture. ✗ 2015-2020 ❦ soupe de fruits rouges vanillée

☛ *Dom. du Dernier Bastion, 29, av. Jean-Jaurès, 66460 Maury, tél. 06 73 03 24 71, dernierbastion@orange.fr* Ⓥ 🔥 🛈 *r.-v.*

DOM. FONTANEL 2013

■		3 000	⬤❙❙❙	11 à 15 €

Les origines du domaine remontent à 1864. À sa tête depuis 1989, Pierre et Marie-Claude Fontaneil exploitent 25 ha sur des terroirs variés, d'où ils tirent des cuvées à forte personnalité, aussi bien en vins secs qu'en vins doux naturels. Deux caveaux, l'un à Estagel et l'autre à Tautavel (où se trouve la cave).

Le nez élégant d'épices exotiques rehaussant les notes de cassis, de mûre, et de cerise noire révèle un léger élevage en barrique bien mené, que la robe rubis ne trahit pas. Riche et structuré en bouche, ce grenat montre une extraction marquée, mais où reste mesurée, avec des tanins bien enrobés. Le fruit légèrement confituré fait place en finale à la fraîcheur mentholée du poivre vert et du pistachier térébinthe. ✗ 2015-2020 ❦ soupe de fraises à la menthe

☛ *Fontaneil, 25, av. Jean-Jaurès, 66720 Tautavel, tél. 04 68 29 04 71, pierre@domainefontanel.fr* Ⓥ 🔥 🛈 *r.-v.*

Ⓑ GRAIN DE LUNE 2013 ★★

■		1 500	🍷	8 à 11 €

Maison de négoce fondée en 2009 dans le Gard. Son nom, Vindemiatrix, est celui d'une étoile de la constellation de la Vierge apparaissant dans le ciel au moment des récoltes. Les deux associés à l'origine du projet, Christophe Lignot et Christophe Nousbaum, se sont fixé comme objectif de faire briller au firmament des appellations les vins doux naturels, production trop souvent méconnue.

Un joli vin au nez intense de fruit noir, accompagné d'une touche originale de genièvre. Des fruits noirs qui s'imposent en bouche, avant que la cerise ne vienne marquer l'empreinte du grenache. Le palais franc et remarquablement équilibré, marqué en finale par des nuances mentholées et des notes de clou de girofle, se prolonge sur un tanin suave, promesse d'une belle garde. (Bouteilles de 37,5 cl.) ✗ 2015-2023 ❦ compote de cerise épicée

☛ *Vindemiatrix, 658, chem. du Mas-d'Ayrolles, 30100 Alès, tél. 04 66 52 40 47, contact@ vin-demiatrix.com* 🛈 *r.-v.*

♥ DOM. LAFAGE Grenat 2013 ★★★

■	8 000	🍷 🍶	11 à 15 €

Éliane et Jean-Marc Lafage ont vinifié pendant dix ans dans l'hémisphère Sud, puis ont repris l'exploitation familiale, établie sur trois terroirs bien distincts du Roussillon : la vallée de l'Agly, vers Maury, les terrasses de galets roulés proches de la mer, les Aspres et ses terres d'altitude. Aujourd'hui, quelque 150 ha cultivés à petits rendements.

Vieilles vignes, tri à la parcelle, renouvelé à l'entrée en cave, macération à froid, âge de la durée de macération... quel est le facteur dominant de ce coup de cœur ? Car il a tout pour lui ce grenat : la profondeur de la robe qui s'ourle d'un très léger tuilé, une superbe expression autour d'une farandole de petits fruits rouges et noirs où la cerise bigarreau mène la danse, et une bouche gourmande, généreuse, finement vanillée et fruitée. Un équilibre admirable, une puissance veloutée : un réel plaisir dès aujourd'hui. (Bouteilles de 50 cl.) ✗ 2015-2020 ♈ fondant au chocolat

☛ Lafage, Mas Miraflors, ancienne rte de Canet, 66000 Perpignan, tél. 04 68 80 35 82, contact@domaine-lafage.com 🆅 ⓥ t.l.j. sf dim. 10h-12h15 14h45-18h30

MAS KAROLINA 2013 ★

■	2 640	🍶	15 à 20 €

Elle est allée vinifier aux États-Unis et en Afrique du Sud ; elle connaît le Bordelais où elle a longtemps vécu et où elle a obtenu son diplôme d'œnologie ; pourtant, c'est dans la vallée de l'Agly au charme sauvage que Caroline Bonville a posé ses valises en 2003. Elle y conduit aujourd'hui un domaine de 17 ha.

Ce grenat rubis tendre montre de légers reflets tuilés légués par un séjour de douze mois en fût. Le nez dévoile des senteurs d'épices et de cacao sur fond de mûre et de cerise. Ample, savoureux, le palais aux tanins fondus joue aussi sur le fruit mûr, rehaussé de la touche vanillée de l'élevage et d'une fraîcheur poivrée en finale. Une bouteille qui laisse une impression de sérénité. ✗ 2015-2020 ♈ foie gras poêlé aux cerises

☛ Caroline Bonville, 29, bd de l'Agly, 66220 Saint-Paul-de-Fenouillet, tél. 06 20 78 05 77, mas.karolina@gmail.com 🆅 🜂 ⓥ t.l.j. 10h-12h30 15h-18h; sam. dim. sur r.-v.; f. janv-fév.

♥ LES VIGNERONS DE MAURY
Tuilé Cent ans d'Histoire ★★★

■	9 500	🍶	15 à 20 €

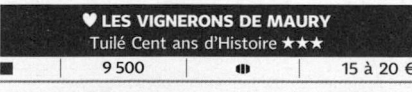

Fondée en 1910, la cave coopérative de Maury est aujourd'hui la plus ancienne du département encore en activité. Après les révoltes viticoles de 1907, elle regroupa plus de 130 propriétaires. Aujourd'hui, la cave dispose des 800 ha de ses adhérents ; elle vit du

grenache qui donne les traditionnels vins doux naturels et, depuis 2011, les maury secs.

Un grand tuilé qui se maintient au sommet : la robe superbe se pare des reflets tilleul du rancio. Fruits secs, cire, tabac brun, chocolat, noix de cajou, noix, genièvre... ce vin est une exploration aromatique dans un univers d'une rare richesse, au nez comme en bouche. Une gourmandise et une merveille d'équilibre. ✗ 2015-2025 ♈ tarte aux noix et au café ■ Tuilé Chabert de Barbera 1985 ★★ (30 à 50 € ; 9 000 b.) : il semble éternel avec sa parure cuivrée, ses notes de figue, de pruneau, de cacao et son superbe rancio. ✗ 2015-2025 ■ Tuilé Vieille Réserve 2000 ★ (8 à 11 € ; 41 000 b.) : le rancio avec ses notes de noix perce entre fruits secs et torréfaction, dans un ensemble suave mais relevé. ✗ 2015-2025 ■ Ambré 2004 ★ (5 à 8 € ; 19 000 b.) : agrumes, fruits secs, abricot sec se mêlent avec bonheur. ✗ 2015-2025

☛ SCV Les Vignerons de Maury, 128, av. Jean-Jaurès, 66460 Maury, tél. 04 68 59 00 95, contact@vigneronsdemaury.com 🆅 ⓥ t.l.j. 8h30-12h30 14h-18h

DOM. POUDEROUX
Tuilé Vendange Mise tardive 2008 ★

■	2 000	🍷 🍶	15 à 20 €

Une remarquable régularité pour ce domaine de 15 ha niché au cœur du village de Maury. Une petite cave bien agencée et un joli jardin-terrasse où Robert et Cathy Pouderoux accueillent leurs visiteurs. À leur carte, le rouge est en vedette : du maury, bien sûr, doux ou sec, et aussi des côtes-du-roussillon-villages. En bio certifié depuis 2012.

Un 2008 surprenant de fraîcheur. Sa robe encore grenat s'ourle d'un très léger tuilé ; le nez s'exprime sur les fruits rouges sûrmûris, voire compotés, et sur des notes vanillées. On trouve de l'élégance à la bouche où le boisé se fond avec un tanin velouté autour de la douceur de la cerise noire. ✗ 2015-2025 ♈ foie gras poêlé aux cerises ■ Hors d'âge 15 ans ★ (20 à 30 € ; 2 000 b.) : un joli tuilé fondu et très soyeux, jouant sur la figue sèche et la fraîcheur de la gentiane. ✗ 2015-2025

☛ Dom. Pouderoux, 2, rue Émile-Zola, 66460 Maury, tél. 04 68 57 22 02, domainepouderoux@orange.fr 🆅 🜂 ⓥ r.-v.

LA PRÉCEPTORIE
Grenat Aurélie 2011 ★

■	16 000	🍷	11 à 15 €

Banyulenque et donc marin, ancré dans les schistes et les vignes de la Côte Vermeille, Joseph Parcé, fils de Marc (La Rectorie), débarque à Maury en 2007 comme maître de chai au domaine de la Préceptorie, qui avait été créé en 2001. Il est désormais le seul maître à bord de ce vignoble de 45 ha conduit en bio.

Si la robe rouge grenat évoque la cerise, c'est vers les fruits mûrs et confiturés qu'il faut chercher l'expression aromatique. Pruneau à l'eau-de-vie, fruits confits, touche de cacao traduisent un raisin gorgé de soleil et les quatre ans d'âge. La bouche est chaleureuse, charnue, encore vive, avec un tanin bien enrobé. ✗ 2015-2020 ♈ mousse au chocolat noir

☛ Joseph Parcé, 1, rte de Lansac, 66220 Saint-Arnac, tél. 04 68 59 26 74, lapreceptorie@gmail.com 🆅 🜂 ⓥ r.-v.

ROUSSILLON

DOM. DE SERRELONGUE Vintage 2012

| | 3 500 | | ⬛ | | 11 à 15 € |

Fils de coopérateurs, Julien Fournier s'est lancé en 2002 dans l'aventure de la cave particulière sur le domaine familial. Ses parcelles couvrent près de 7 ha, majoritairement sur les schistes de Maury, certaines se trouvant sur les terres caillouteuses de Tautavel. De vieilles vignes et des vinifications avec les levures indigènes.

Ce 2012 a encore un bel avenir : sa robe reste profonde et très jeune avec ses reflets violines, et son nez de fruits mûrs rappelle la vendange et le sous-bois à l'automne. Dans le droit-fil, la bouche est bien en chair, avec un joli grain de tanin, ne laissant percevoir un brin d'évolution qu'à travers quelques douces nuances de figue bien mariées à des arômes de fruits des bois. ✗ 2015-2022 ❦ feuilleté figue-roquefort

☞ *Fournier, 149, av. Jean-Jaurès, 66460 Maury, tél. 04 68 59 02 17, julienf66@aol.com* Ⓥ ⬛ ⬛ *r.-v.*

DOM. LA TOUPIE Tertio 2013 ★

| | 1 700 | | ⬛ | | 15 à 20 € |

Après vingt ans passés dans l'administration viticole, puis à parcourir le vignoble pour la coopérative du Mont Tauch, dans l'Aude, Jérôme Collas a franchi le pas... et la « frontière » entre Languedoc et Roussillon, pour s'installer en 2012 sur 10 ha dans la vallée de l'Agly.

Rares sont les macabeus sur le terroir de Maury ; voici un blanc issu de vieilles vignes offrant une expression délicate de ce cépage. La robe est très pâle, diaphane. Le nez élégant et frais évoque la fleur blanche, qui prend des tonalités de fleurs d'oranger dans un palais à la fois vif et suave, chaleureux et minéral. Un ensemble frais et tout en finesse à découvrir à l'apéritif. ✗ 2015-2019 ❦ dés de tortilla

☞ *Dom. la Toupie, 19, rte de Perpignan, 66380 Pia, tél. 07 86 28 99 52, contact@domainelatoupie.fr* Ⓥ ⬛ ⬛ *r.-v.* ☞ *Jérôme Collas*

MAURY SEC

Réservée à l'origine aux vins doux naturels, l'appellation maury sec accordée à partir du millésime 2011 aux vins secs produits sur le même terroir (communes de Maury, Tautavel, Saint-Paul et Rasiguères). Les vignerons de cette aire d'appellation proposaient auparavant leurs vins secs en AOC côtes-du-roussillon-villages. Le grenache noir, emblématique de l'appellation, entre à hauteur de 60 % minimum (et 80 % maximum) dans les assemblages. Les vins bénéficient d'un élevage de six mois au minimum.

CLOS DES VINS D'AMOUR
Un Baiser 2011 ★★

| | 6 000 | | 🍾 | | 15 à 20 € |

Christine et Nicolas Dornier, tous deux œnologues, se sont associés à Christophe et Laurence Dornier pour reprendre en 2002 les vignes cultivées par la famille depuis 1860. Les deux couples ont quitté la coopérative en 2004. Leur domaine (25 ha en conversion bio) s'étend sur les terroirs schisteux de Tautavel, de Maury et de Saint-Paul-de-Fenouillet.

Une belle robe limpide ; un nez engageant sur les fruits à noyau et le schiste au soleil. Ample, élégant et net, le vin n'est qu'harmonie. Les tanins sont fondus et soyeux, et la finale est intense et longue. Un vin savoureux et gourmand. ✗ 2015-2018 ❦ filet de bœuf en croûte

☞ *Vignobles Dornier, 3, rte de Lesquerde, 66460 Maury, tél. 04 68 34 97 06, maury@closdesvinsdamour.fr* Ⓥ ⬛ ⬛ *r.-v.*

DOM. DU DERNIER BASTION
Perles noires Vieilles Vignes 2013

| | 2 000 | | ⬛ | | 11 à 15 € |

Le nom du domaine fait référence à Quéribus, dernier bastion cathare dominant le village. Une très ancienne exploitation familiale (1798) établie à l'entrée du village de Maury, si l'on vient de Perpignan. Sébastien Lafage en a pris les rênes en 2014. Dans son vignoble de 14 ha, le grenache est roi.

Une robe dense aux reflets pourpres, un nez dominé par la mûre, les épices et une note réglissée très agréable : la présentation inspire confiance. Souple, rond et enveloppant, le palais montre encore quelques petits tanins serrés qui n'empêcheront pas d'apprécier cette bouteille dès maintenant. ✗ 2015-2018 ❦ foie gras poêlé aux fruits rouges

☞ *Dom. du Dernier Bastion, 29, av. Jean-Jaurès, 66460 Maury, tél. 06 73 03 24 71, dernierbastion@orange.fr* Ⓥ ⬛ ⬛ *r.-v.*

❤ DOM. FONTANEL 2013 ★★★

| | 3 000 | | ⬛ | | 11 à 15 € |

Les origines du domaine remontent à 1864. À sa tête depuis 1989, Pierre et Marie-Claude Fontaneil exploitent 25 ha sur des terroirs variés, d'où ils tirent des cuvées à forte personnalité, aussi bien en vins secs qu'en vins doux naturels. Deux caveaux, l'un à Estagel et l'autre à Tautavel (où se trouve la cave).

Que ce soit en côtes-du-roussillon-villages Tautavel ou en maury sec, ce domaine a été plus d'une fois au sommet, et ce 2013 s'attire une nouvelle fois une pluie d'éloges. La robe est étincelante, le nez aussi frais et croquant que riche et complexe, entre cerise, fruits noirs et épices. Quant à la bouche, c'est l'élégance même : ample, souple, délicate et soyeuse, elle est aussi tonique et longue. L'équilibre parfait entre finesse et intensité. ✗ 2016-2019 ❦ magret de canard aux cerises

☞ *Fontaneil, 25, av. Jean-Jaurès, 66720 Tautavel, tél. 04 68 29 04 71, piarc@domainefontanel.fr* Ⓥ ⬛ ⬛ *r.-v.*

LES VIGNERONS DE MAURY
Nature de Schiste 2013 ★★

| | 22 000 | | ⬛ | | 8 à 11 € |

Fondée en 1910, la cave coopérative de Maury est aujourd'hui la plus ancienne du département encore en activité. Après les révoltes viticoles de 1907, elle regroupa plus de 130 propriétaires. Aujourd'hui, la cave dispose des 800 ha de ses adhérents ; elle vit du grenache qui donne les traditionnels vins doux naturels et, depuis 2011, les maury secs.

Une cuvée proche du coup de cœur, distinction qui a mis au premier plan un autre maury sec du même millésime l'an dernier. D'un grenat aux reflets rubis, limpide et brillant, ce 2013 s'annonce par un nez intense et très fin mêlant la cerise, la prune et une touche de cacao grillé. Ample et rond, suave et gourmand, le palais évolue sur des tanins enrobés et enveloppants, et s'étire dans une longue finale poivrée. ✗ 2015-2019 ⍊ gigot d'agneau

o⟲ SCV Les Vignerons de Maury,
128, av. Jean-Jaurès, 66460 Maury, tél. 04 68 59 00 95,
contact@vigneronsdemaury.com
Ⅴ 🔒 t.l.j. 8h30-12h30 14h-18h

ROCHER DES BUIS 2013 ★★			
■	6 000	î	11 à 15 €

Depuis 2010, date de la fusion des trois caves de Tautavel et Vingrau, les vignerons disposent de 850 ha. Ils ont mis en place une nouvelle gamme afin d'affirmer leur identité propre, et proposent, grâce à des sélections parcellaires, des vins à forte personnalité.

La robe est profonde aux reflets rubis vif, le nez bien ouvert, légèrement épicé sur une pointe de fruits mûrs. La bouche, puissante, évolue sur des tanins serrés demandant un peu de garde pour une parfaite harmonie. ✗ 2017-2021 ⍊ cuisson de sanglier mariné

o⟲ SCV Les Vignerons Tautavel-Vingrau,
24, av. Jean-Badia, 66720 Tautavel, tél. 04 68 29 12 09,
m.verges@tautavelvingrau.com Ⅴ 🔒 t.l.j. 9h30-12h
14h-17h30

CH. SAINT-ROCH Kerbuccio 2013 ★			
■	15 000	⏦	20 à 30 €

Éliane et Jean-Marc Lafage ont vinifié pendant dix ans dans l'hémisphère Sud, puis ont repris l'exploitation familiale, établie sur trois terroirs bien distincts du Roussillon : la vallée de l'Agly, vers Maury, les terrasses de galets roulés proches de la mer, les Aspres et ses terres d'altitude. Aujourd'hui, quelque 150 ha cultivés à petits rendements.

Le château est situé au pied de la forteresse cathare de Quéribus, dont Kerbuccio est le nom celte. La robe est profonde, noir d'encre. Le nez délivre une note boisée presque truffée nuancée d'une pointe de réglisse et de vanille. Généreuse, ample, fraîche et gourmande, la bouche est, elle aussi, marquée par l'élevage. On peut déboucher cette bouteille dès maintenant, mais mieux vaut l'attendre. ✗ 2017-2020 ⍊ carré d'agneau

o⟲ Lafage, Mas Miraflors, ancienne rte de Canet,
66000 Perpignan, tél. 04 68 80 35 82, contact@
domaine-lafage.com Ⅴ 🔒 t.l.j. sf dim. 10h-12h15
14h45-18h30

Ⓑ DOM. DES SOULANES			
Bastoul Laffite 2012 ★			
■	2 600	⏦	15 à 20 €

Avant de se mettre à son compte en 2002, Daniel Laffite a travaillé quinze ans pour une importante propriété, exploitée en agriculture biologique depuis 1972. Il en a racheté une partie et aménagé sa cave. Il exploite aujourd'hui 17 ha avec sa femme Cathy.

Une robe pleine de jeunesse, aux reflets violines, à laquelle répond un nez subtil et tonique, associant les fruits à noyau à des notes vives de groseille et d'agrumes. Élégance, finesse et fraîcheur définissent la bouche. Un joli « vin plaisir » qui fera merveille à l'apéritif ou sur un buffet. ✗ 2015-2018 ⍊ jambon serrano

o⟲ Laffite, Mas de Las-Fredas, 66720 Tautavel,
tél. 06 12 33 63 14, daniel.laffite@nordnet.fr Ⅴ 🏃 🔒 r.-v.

DOM. LA TOUPIE			
Sur un fil rouge 2013 ★			
■	4 700	î	11 à 15 €

Après vingt ans passés dans l'administration viticole, puis à parcourir le vignoble pour la coopérative du Mont Tauch, dans l'Aude, Jérôme Collas a franchi le pas... et s'installer en 2012 sur 10 ha dans la vallée de l'Agly.

Un nez frais, sur la fraise des bois et le poivre vert. On retrouve cette fraîcheur et ce fruité dans une bouche puissante et intense aux arômes de cerise mûre, animée par une pointe de vivacité et par une finale relevée de poivre, de clou de girofle et de notes mentholées. ✗ 2016-2019 ⍊ salmis de palombe

o⟲ Dom. la Toupie, 19, rte de Perpignan, 66380 Pia,
tél. 07 86 28 99 52, contact@domainelatoupie.fr
Ⅴ 🏃 🔒 r.-v. o⟲ Jérôme Collas

Le Poitou et les Charentes

||||||||||||||||||||||||||||||||||||||||||||||||||||||||||||||||||||||||||||||||||||

Superficie :

Haut-Poitou : 700 ha ;

Cognac : 685 400 ha (79 930 plantés, essentiellement destinés à la production de l'eau-de-vie ; pineau-des-charentes : 1 132 ha).

Production :

Haut-Poitou : 19 000 hl ;

Cognac : 800 000 hl (cognac) ; 102 000 hl (pineau-des-charentes).

Types de vins

Vin de liqueur (le pineau-des-charentes, assemblage de moût et de cognac, eau-de-vie élaborée dans la même aire d'appellation) ; vins tranquilles rouges, rosés et blancs (haut-poitou).

Sous-régions

Haut-Poitou au nord (rattaché viticolement au Val de Loire).

Vignobles du cognac et ses six terroirs (voir carte).

Cépages principaux

Rouges : cabernet franc, cabernet-sauvignon, merlot, gamay (ce dernier uniquement pour le haut-poitou).

Blancs : ugni blanc (surtout), colombard, folle blanche (pour le cognac) ; sémillon, montils, sauvignon.

LINE SAUVANT
Dom. Guillon-Painturaud

Line Sauvant est arrivée jeune fille dans les vignes familiales de Segonzac, 18 ha dévoués aux cinq cognacs et aux huit pineaux qu'elle élabore depuis vingt ans avec talent. Chez elle, le vieillissement fait toute la différence. Ses aïeux avaient gardé de belles réserves dans leurs tonneaux...

Une petite définition du pineau pour commencer ?

Le pineau-des-charentes est un vin de liqueur, mutage de jus de raisin frais (trois quarts) et de cognac (un quart). Comme ses cousins le floc-de-gascogne et le pommeau normand, faits avec l'armagnac et le calvados. On choisit nos parcelles un an à l'avance, on vendange au meilleur moment, puis on presse et on mute le premier jus du raisin avec le cognac. Le pineau est ainsi fait.

La différence chez vous, c'est le vieillissement ?

À Segonzac, en premier cru de la Grande Champagne, se trouvent les meilleurs terroirs. Nos pineaux vieillissent en petits fûts de chêne et se concentrent. La « part des anges » représente une perte de 1,5 à 2 % par an. Notre coup de cœur au Guide Hachette récompense un extra-vieux de vingt-cinq ans ! Le bois apporte longueur et rondeur en bouche, du gras et une teinte ambrée aux blancs, orangée pour les rosés. Cette année, on lancera un cognac de cinquante ans d'âge.

La protection de la nature est un facteur important ?

Nous bénéficions du label HVE (haute valeur environnementale), qui vise à entretenir la biodiversité : maintien des haies, des arbres, des murets, des lieux de vie des insectes, travail du sol plutôt que désherbage et pratiques phytosanitaires raisonnées. Bref, on est à l'écoute de la nature. Les clients nous posent de plus en plus de questions à ce sujet d'ailleurs. Une certification est justifiée.

Ce domaine, c'est une longue histoire de famille...

Mon grand-père avait retrouvé des traces familiales datant de 1610, des ancêtres tisserands au XVIIe s. L'un de nos deux alambics date de 1914, installé par mon arrière-grand-père Abel. Autrefois, l'eau-de-vie était livrée au négoce, à la maison Rémy Martin. En 1978, mes parents ont lancé leurs propres pineaux et cognacs, sous leurs noms : Jean-Pierre Guillon, mon père, et le nom de jeune fille de ma mère, Painturaud. Et je suis arrivée en 1994.

Avec quoi accorder un pineau extra-vieux ?

Le rosé, qui ressemble à de vieux portos, s'accordera avec un gâteau au chocolat ou une tarte caramélisée, comme une Tatin. Avec le blanc, un foie gras sera idéal ou des fromages de caractère, comme les bleus. On peut aussi le déguster tel quel en apéritif, bien sûr.

....

♥ **Pineau-des-charentes**
Extra-vieux Exception ★★

Guillon-Painturaud Biard, 16130 Segonzac, tél. 05 45 83 41 95, info@guillon-painturaud.com

LE POITOU ET LES CHARENTES

Les vignobles des anciennes provinces de l'Aunis, de la Saintonge et du Poitou ont prospéré avant celui du Bordelais, grâce au port de La Rochelle. Si le Poitou n'a gardé que quelques ceps, les Charentes ont, depuis le XVIe s., fondé leur essor sur la distillation des vins blancs. Le cognac a fait leur réputation – une eau-de-vie qui contribue à un élégant vin de liqueur, le pineau-des-charentes.

Du Bassin parisien au Bassin aquitain.

Au nord-ouest, la Vendée; au nord, l'Anjou; au nord-est, la Touraine; à l'est, les plateaux du Limousin; au sud, le Bassin aquitain. Géologiquement, le Poitou, enserré entre les terrains primaires du Massif armoricain et du Massif central, fait communiquer les deux grands bassins sédimentaires du territoire français, le Bassin parisien et le Bassin aquitain, d'où le nom de Seuil du Poitou. Ses terrains sont de nature sédimentaire, tout comme ceux, au sud, des pays charentais, auréoles du Bassin aquitain. Les reliefs plats du Poitou font place à des terrains plus ondulés en Charente, où les sols prennent çà et là la couleur blanchâtre du calcaire. Son climat océanique très doux rapproche la région Poitou-Charentes de l'Aquitaine: il est souvent ensoleillé en été ou à l'arrière-saison, avec de faibles variations de températures, ce qui permet une lente maturation des raisins.

La fortune médiévale.

Dès l'époque gallo-romaine, les pays des Pictaves et des Santones ont été rattachés à la même province que Bordeaux et, à partir du Xe s., Aquitaine et Poitou ont été réunis sous un même duché, avant de devenir partie intégrante, au milieu du XIIe s., du grand royaume Plantagenêt comprenant Aquitaine, Poitou, Anjou et Angleterre. Leur histoire viticole présente ainsi des traits communs, quoique les époques de prospérité n'aient pas toujours coïncidé.

Aux temps gallo-romains, malgré l'éclat de Saintes et de Poitiers, nul indice d'une viticulture prospère dans la région, alors que Bordeaux possède déjà des vignobles réputés. C'est au Moyen Âge que le vignoble poitevin s'épanouit. Sa viticulture a un caractère hautement spéculatif: elle est suscitée par le renouveau de la navigation maritime et par l'essor des villes de l'Europe du Nord. Le nouveau patriciat urbain veut consommer du vin. Des navires, plus gros et plus perfectionnés qu'auparavant, partent en quête de la boisson aristocratique. Les Poitevins répondent à cette demande. On plante en quantité dans les diocèses de Poitiers et de Saintes: vins de La Rochelle, de Ré et d'Oléron, de Niort, de Saint-Jean d'Angély, d'Angoulême... Fondée par Guillaume X et protégée par les ducs d'Aquitaine, La Rochelle est l'un des principaux ports d'expédition. On appelle aussi vins du Poitou les produits nés dans les régions voisines de l'Aunis, de la Saintonge et de l'Angoumois – les provinces historiques situées sur le territoire actuel des deux Charentes.

Des alambics pour les Hollandais.

La prise de La Rochelle par le roi de France, en 1224, ferme aux vins du Poitou le marché anglais désormais approvisionné par des clarets bordelais. Les autres régions de l'Europe du Nord deviennent alors leur principal débouché – en particulier la Hollande – surtout après 1579, quand les Provinces-Unies prennent leur indépendance et s'affirment comme une puissance maritime et commerciale. Les Hollandais apprécient les vins blancs doux. Néanmoins, les

vins de la région voyagent mal. Les négociants hollandais trouvent la solution: le *brandwijn* («vin brûlé»), ou eau-de-vie. Grâce à la distillation, ils parviennent à valoriser des vins faibles, à diminuer les volumes transportés et à remédier à une surproduction récurrente. Une opération tellement intéressante que l'alambic se répand dans les campagnes de l'Aunis et de la Saintonge.

Cette eau-de-vie est devenue le cognac, dont la notoriété s'est affirmée aux XVIIIe s. et XIXe s. La crise phylloxérique, si elle a suscité l'essor des alcools de grains, n'a pas ruiné durablement le vignoble charentais, qui bénéficiait d'un grand prestige, consacré par une AOC dès 1909. En revanche, le vignoble poitevin a failli disparaître complètement du paysage viticole.

HAUT-POITOU

**Superficie : 186 ha / Production : 11 000 hl
(55 % blanc)**

Le docteur Guyot rapporte en 1865 que le vignoble de la Vienne représente 33 560 ha. De nos jours, outre le vignoble du nord du département, rattaché au Saumurois, et une enclave dans les Deux-Sèvres, seuls subsistent deux îlots viticoles autour des cantons de Neuville et de Mirebeau. Marigny-Brizay est la commune la plus riche en viticulteurs indépendants. Les autres se sont regroupés pour former la cave de Neuville-de-Poitou. En 2011, le Haut-Poitou a accédé à l'appellation d'origine contrôlée. Les sols du plateau du Neuvillois, évolués sur calcaires durs et craie de Marigny ainsi que sur marnes, sont propices aux différents cépages de l'appellation ; le plus connu d'entre eux est le sauvignon (blanc ou gris). En rouge, le cépage principal est le cabernet franc, complété par le merlot, le pinot noir et le gamay.

CLÉMENT CHARRON		
Cabernet 2014		
■ 30 000	🍶	5 à 8 €

Frédéric Brochet crée à vingt-trois ans, alors qu'il rédige sa thèse de doctorat en œnologie, son petit domaine à partir des 49 ares de vignes paternelles. C'est l'origine de la société Ampelidae, née dans la cave familiale de La Mailleterie. Aujourd'hui, son vignoble, complété par une activité de négoce, couvre plus de 100 ha, morcelé sur une trentaine de kilomètres autour de Marigny-Brizay et réparti sur plusieurs propriétés.

Une jolie robe pourpre profond attire l'œil. Le nez, intense, libère des notes de fruits rouges et de cassis. À l'unisson, la bouche se révèle fraîche et équilibrée, portée par des tanins souples. ✗ 2015-2018 ❦ côtes d'agneau

☞ *Ampelidae, Manoir de Lavauguyot,
86380 Marigny-Brizay, tél. 05 49 88 18 18,
ampelidae@ampelidae.com* 🅥 🏃 🏠 *t.l.j. sf dim. 9h-12h
14h-18h* ☞ Brochet

♥ DOM. LA TOUR BEAUMONT		
Sauvignon 2014 ★★		
■ 53 000	🍶	8 à 11 €

Après cinq années passées en Bourgogne, Pierre Morgeau a rejoint en 2011 son père Gilles sur cette exploitation familiale créée en 1860, qu'il dirige seul depuis 2015. Le donjon d'un ancien château du XIIᵉs. a donné son nom au domaine, dont les 26 ha se répartissent sur deux coteaux séparés par le Clain. Une valeur sûre du Haut-Poitou.

Un nouveau coup de cœur pour ce domaine, après celui obtenu l'an passé pour son gamay en IGP Val de Loire. Aussi à l'aise en blanc qu'en rouge, Pierre Morgeau signe

Le Poitou-Charentes

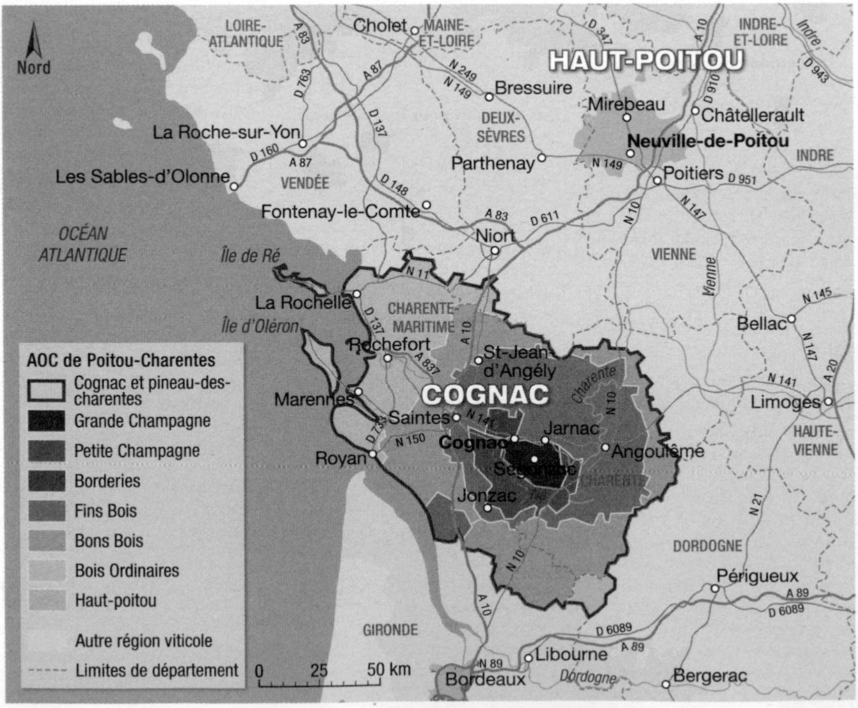

[Carte du Poitou-Charentes avec les AOC]

AOC de Poitou-Charentes
- ☐ Cognac et pineau-des-charentes
- ■ Grande Champagne
- Petite Champagne
- Borderies
- Fins Bois
- Bons Bois
- Bois Ordinaires
- Haut-poitou

Autre région viticole
- - - - Limites de département

0   25   50 km

un sauvignon pâle et brillant, qui offre une réelle complexité aromatique autour du pamplemousse, du citron, de la mangue et des fruits blancs. Le palais se révèle tout aussi intense et élégant, parfaitement équilibré entre rondeur avenante et vivacité maîtrisée. Un vrai « vin-plaisir ». ✗ 2015-2017 ✼ makis ◼ Cabernet franc 2014 (5 à 8 € ; 11 200 b.) : vin cité. ✗ 2015-2017

○┐ Pierre Morgeau, 2, av. de Bordeaux, 86490 Beaumont, tél. 05 49 85 50 37, tour.beaumont@terre-net.fr Ⓥ 🎫 t.l.j. sf dim. 9h30-12h 14h30-19h (18h sam. et en hiver)

DOM. DE VILLEMONT			
Sauvignon gris Surprise d'antan 2014 ★			
◼	4 000	👜	8 à 11 €

Créé en 1995, ce domaine très régulier en qualité surplombe la vallée de l'Envigne. Il étend son vignoble sur 22 ha, exploité en famille par les Bourdier : Alain, le père, et Rodolphe, le fils, à la vigne et au chai, Annie, la mère, et Virginie, la fille, à la commercialisation.

Pâle et cristalline, la robe annonce un vin bien typé sauvignon, ce que confirme le nez avec ses notes d'agrumes et de fruits blancs. Une attaque franche et vive sur des arômes rappelant le pamplemousse précède un palais qui reste frais et tonique jusqu'en finale. ✗ 2015-2017 ✼ fruits de mer ◼ Cabernet franc 2014 (5 à 8 € ; 11 000 b.) : vin cité. ✗ 2015-2018 ◼ Cabernet franc Cuvée Prestige 2014 (8 à 11 € ; 5 000 b.) : vin cité. ✗ 2015-2018

○┐ EARL Alain Bourdier, Dom. de Villemont, 6, rue de l'Ancienne Commune, 86110 Mirebeau, tél. 05 49 50 51 31, contact@domainedevillemont.com Ⓥ 🦌 🎫 t.l.j. sf dim. 9h30-12h 14h-18h

PINEAU-DES-CHARENTES

Le pineau-des-charentes est produit dans la région de Cognac – vaste plan incliné d'est en ouest avec une altitude maximale de 180 m, qui s'abaisse progressivement vers l'océan Atlantique. Le vignoble, traversé par la Charente, est implanté sur des coteaux au sol essentiellement calcaire. Sa destination principale est la production du cognac. Cette eau-de-vie est « l'esprit » du pineau-des-charentes, cette liqueur résultant du mélange des moûts des raisins charentais frais ou partiellement fermentés avec du cognac.

Selon la légende, c'est par hasard qu'au XVIᵉ s. un vigneron un peu distrait commit l'erreur de remplir de moût de raisin une barrique qui contenait encore du cognac. Constatant que ce fût ne fermentait pas, il l'abandonna au fond du chai. Quelques années plus tard, alors qu'il s'apprêtait à vider la barrique, il découvrit un liquide limpide, doux et fruité : ainsi serait né le pineau-des-charentes. Le recours à cet assemblage se poursuit aujourd'hui encore de la même façon artisanale et à chaque vendange, car le pineau-des-charentes ne peut être élaboré que par les viticulteurs. Les moûts de raisin proviennent essentiellement, pour les blancs, des cépages ugni blanc, colombard, montils, sauvignon et sémillon, auxquels peuvent être adjoints le merlot et les deux cabernets, et, pour les rouges et rosés, des cabernets, du merlot et du malbec. Le moût doit dépasser les 170 g de sucre par litre en puissance. Le pineau-des-charentes vieillit en fût de chêne pendant au moins un an, le plus souvent durant plusieurs

années. Il ne peut sortir de la région que mis en bouteilles.

Comme en matière de cognac, il n'est pas d'usage d'indiquer le millésime. En revanche, un qualificatif d'âge est souvent spécifié. Le terme « vieux pineau » est réservé au pineau de plus de cinq ans, et celui de « très vieux pineau » à celui de plus de dix ans. Dans ces deux cas, le vieillissement s'accomplit exclusivement en barrique. La qualité de ce vieillissement doit être reconnue par une commission de dégustation. Le degré alcoolique est généralement compris entre 17 % vol. et 18 % vol., et la teneur en sucre non fermenté entre 125 et 150 g ; le rosé est généralement plus doux et plus fruité que le blanc, lequel est plus nerveux et plus sec.

Le pineau-des-charentes peut être consommé jeune (à partir de deux ans) ; il donne alors tous ses arômes de fruits, encore plus présents dans le rouge et le rosé. Avec l'âge, il prend des parfums de rancio très caractéristiques.

RAYMOND BOSSIS ★			
◼	8 000	🍶	8 à 11 €

D'origine vendéenne, la famille Bossis s'est installée en Charente en 1924. Raymond Bossis a développé le domaine et, en 1970, la vente directe. C'est aujourd'hui son fils Jean-Luc qui conduit les 31 ha de vignes plantées sur les coteaux argilo-calcaires de l'estuaire de la Gironde, face au Médoc.

Ce pineau revêt une robe jaune paillé et déploie des arômes fins et légers de fruits frais et d'agrumes. Au palais, une attaque ronde dévoile des notes de fruits secs teintées de vanille. L'équilibre est en place : le sucre est présent, mais la vivacité le soutient avec brio. ✗ 2015-2020 ✼ tatin à l'ananas

○┐ SCEA Les Groies, 4, Les Groies, 17150 Saint-Bonnet-sur-Gironde, tél. 05 46 86 02 19, pineau.bossis@neuf.fr Ⓥ 🦌 🎫 t.l.j. 9h-12h 14h-19h ○┐ Raymond Bossis

DOM. DE LA CHEVALERIE			
◼	7 000	👜 🍶	8 à 11 €

Ce domaine de 26 ha situé dans le cru de cognac Fins Bois, à proximité du théâtre gallo-romain des Bouchauds, entre Angoulême et Cognac, distille depuis quatre générations.

Un pineau rosé à la robe rouge brillant orné de reflets tuilés. Le nez, discret, rappelle les fruits confits, la fraise et la griotte. La chaleur de l'eau-de-vie, perceptible à l'attaque, fait ensuite place à la rondeur et à l'onctuosité dans un palais qui conserve un peu de vivacité. Les fruits accompagnent la finale. L'équilibre est harmonieux. Un bon classique. ✗ 2015-2019 ✼ sabayon de fruits rouges

○┐ Pelletant, La Chevalerie, rte de la Vigerie, 16170 Saint-Amand-de-Nouère, tél. 05 45 96 88 53, contact@cognac-pineau-pelletant.com Ⓥ 🦌 🎫 t.l.j. 8h30-12h30 14h-19h ; sam. dim. sur r.-v. 🏠 ⓒ

PASCAL CLAIR			
◼	8 000	🍶	8 à 11 €

Dans la même famille depuis 1850, ce domaine étend son vignoble de 24 ha sur les coteaux argilo-calcaires de Grande et Petite Champagne. Pascal Clair est aux commandes depuis 1981 et signe des pineaux d'une belle régularité.

Un moût mi-ugni blanc mi-sémillon pour ce pineau d'un jaune paille brillant. Le nez se révèle fruité, vif et puissant, typique d'un jeune pineau. La fougue de la jeunesse apparaît également en bouche, où l'alcool perçu à l'attaque est rapidement complété par la rondeur et la sucrosité. Produit agréable et alerte. ✗ 2015-2020 ♈ roquefort

○━ *EARL Pascal Clair, 6, La Genebrière,* *17520 Neuillac, tél. 05 46 70 22 01, pascal.clair@free.fr* Ⓥ 🏃 🍴 *r.-v.*

DOM. DROUET ET FILS		
Vieux Gabriel Vieilli en fût de chêne ★★		
■ 1 400	⊪	15 à 20 €

Les arrière-grands-parents étaient domestiques sur ce domaine fondé en 1848 ; les grands-parents achetèrent l'exploitation, et le père installa l'alambic. Les Drouet, livreurs de vins, devinrent ainsi bouilleurs de cru en Grande Champagne. Patrick s'est établi en 1993 et a développé la vente en direct. Il conduit aujourd'hui, avec son épouse Corinne, un vignoble de 40 ha.

Hommage au grand-père de Patrick Drouet, une cuvée associant ugni blanc (70 %) et colombard. D'un vieil or brillant, elle dévoile un nez très élégant de fruits confits (abricot) et de fruits secs (noisette), auquel des notes de rancio ajoutent de la complexité. Ronde et fraîche, la bouche s'appuie sur des tanins fondus et développe des arômes de fruits secs, de mangue et de boisé. Sa très belle expression aromatique n'a d'égale que sa longueur. Une bouteille gourmande et fruitée. ✗ 2015-2021 ♈ coquilles Saint-Jacques au pineau

○━ *Patrick Drouet, 1, rte du Maine-Neuf,* *16130 Salles-d'Angles, tél. 05 45 83 63 13,* *contact@cognac-drouet.fr* Ⓥ 🏃 🍴 *t.l.j. sf. mer. apr.–m.* *9h-13h 14h-17h30; sam. dim. sur r.-v.*

DULUC ★		
■ n.c.	⊪	8 à 11 €

C'est après la crise du phylloxéra, en 1884, que la famille Duluc acquiert cette propriété. Les frères Pierre et Daniel reprennent en 1978 le vignoble de 40 ha implanté sur les sols argilo-calcaires de la Grande Champagne. En juillet 2013, Guillaume les rejoint.

Le nez, d'un abord discret, dévoile peu à peu sa richesse à travers des parfums de raisins frais puis de fruits confits. La bouche, ample et élégante, révèle un réel équilibre et une eau-de-vie bien fondue. Sa persistance aromatique, sur des notes de raisins mûrs légèrement muscatés, séduira plus d'un amateur. ✗ 2016-2021 ♈ salade mesclun-magrets fumés-roquefort

○━ *Pierre et Daniel Duluc, SCEA de l'If, Chez Guionnet,* *16120 Touzac, tél. 05 45 97 03 30, pierreduluc@orange.fr* Ⓥ 🏃 🍴 *t.l.j. sf sam. dim. 9h-19h*

VIGNOBLE EGRETEAU Vieux ★		
■ 8 500	🍾 ⊪	11 à 15 €

Installé en 2004, Ludovic Egreteau représente la septième génération sur la propriété familiale. Il a débuté la vente alors qu'il était encore étudiant. Sur ce domaine de 48 ha, situé en Charente-Maritime à la

frontière de la Charente, il propose des pineaux de qualité et des cognacs de tous âges.

Ce vieux pineau, associant à parité ugni blanc et colombard, a vieilli en fût de chêne pendant douze ans. Jaune doré, il libère des arômes variés allant du fruité au floral, avec des nuances légèrement évoluées. Après une attaque suave et fruitée, le palais se révèle épanoui, mûr, équilibré par une fine vivacité, et s'étire dans une finale longue et très élégante. ✗ 2015-2020 ♈ foie gras poêlé

○━ *Vignoble Egreteau, 29, rue de Saint-Bris,* *Chez Petit-Bois, 17770 Brizambourg, tél. 05 46 95 96 04,* *domaine@vignoble-egreteau.fr* Ⓥ 🏃 🍴 *r.-v.*

FAVRE ET FILS Réserve oubliée ★		
■ 5 300	🍾 ⊪	11 à 15 €

Ce domaine de 41 ha, implanté au cœur de l'île d'Oléron, a été créé en 1900 et pratique la vente directe depuis 1968. Pascal Favre, installé en 1993, a lancé la conversion bio en 2010 ; il propose différents pineaux, cognacs et vins de pays.

Issu d'un moût assemblant par tiers colombard, sémillon et ugni blanc, élevé quatre ans en fût, ce pineau, d'un doré ambré exprime déjà des arômes d'évolution. La bouche se montre ronde et intense, sur des notes de grillé, de figue confite et de miel. L'équilibre est au rendez-vous grâce à une fine acidité en soutien. ✗ 2015-2020 ♈ fourme d'Ambert ■ L'Insulaire (8 à 11 € ; n.c. b.) : vin cité. ✗ 2015-2020

○━ *SCEA Favre et Fils, village La Fromagerie,* *17310 Saint-Pierre-d'Oléron, tél. 05 46 47 05 43,* *vignoble.favre@orange.fr* Ⓥ 🏃 🍴 *t.l.j. sf dim. 9h-12h30* *14h30-19h*

♥ LAURENT FRADON ★★		
■ 10 000	⊪	8 à 11 €

Un domaine familial situé au sud de l'appellation cognac, en cru Bons Bois. Laurent Fradon a succédé à son père en 2002 à la tête d'un vignoble de 15 ha. Les cognacs et les pineaux-des-charentes sont issus d'un seul et unique millésime.

De ce pineau légèrement tuilé, né du seul millésime 2012, les dégustateurs ont souligné l'intensité remarquable du bouquet, où le pruneau et les fruits surmûris se mêlent à des notes délicates d'amande et de chèvrefeuille. Ce sont surtout sa concentration, sa puissance et son intensité en bouche qui lui valent ce coup de cœur. Les tanins sont enrobés à souhait et s'accordent avec une palette aromatique complexe de fruits confits, d'épices et de rancio. ✗ 2015-2020 ♈ tiramisu aux framboises

○━ *Laurent Fradon, Le Fief-des-Sables, 17210 Bran,* *tél. 05 46 04 54 42, vanesfradon@hotmail.fr* Ⓥ 🏃 🍴 *t.l.j. sf dim. 12h-14h*

DOM. DE FRAICHEFONT ★		
■ 2 000	⊪	11 à 15 €

Vendange manuelle à maturité, extraction lente des jus, élevage à 50 % en fûts neufs, vieillissement durant trois à cinq ans, telles sont les méthodes de production respectueuses du raisin employées par Lionel Ducom, installé en 1991.

Des reflets vieil or confèrent de l'éclat à ce jeune pineau, issu du seul millésime 2009 et d'un élevage de quatre ans en fût. Le nez est intense et riche. Les arômes du bois neuf y prédominent (pâtisserie, chêne grillé). La bouche est plus complexe : s'y entremêlent des notes de fruits confits, de figue séchée et de fleurs blanches. Ample, ronde et moelleuse, elle s'achève sur d'harmonieuses nuances boisées. ⚔ 2016-2023 ⵂ foie gras ■ Vieux (20 à 30 € ; 1 000 b.) : vin cité. ⚔ 2016-2021

☛ *Lionel Ducom, rue du Labeur, Fraichefont,*
16170 Auge-Saint-Médard, tél. 06 80 00 87 84,
dl.ducom@wanadoo.fr 🅥 🅐 🅟 *r.-v.*

PIERRE GAILLARD		
Très vieux ★★		
■ 12 000	◫	15 à 20 €

Les Gaillard sont établis depuis cinq générations sur leur domaine des Fins Bois, à la limite de la Petite Champagne, dans une région de la haute Saintonge où la culture de la vigne est ancestrale. Soin apporté à la vigne, maîtrise du vieillissement des cognacs et des pineaux, Pierre Gaillard et son fils Pascal exploitent avec talent un vignoble de 20 ha.

Ce très vieux pineau se pare d'une robe doré ambré. Le nez, puissant et complexe, offre des senteurs de fruits confits, de pâte d'amandes et de fleurs blanches. Franche à l'attaque, la bouche dévoile une matière onctueuse, souple et ronde, et de persistantes notes de fruits exotiques et de noix. Très belle harmonie. ⚔ 2015-2023 ⵂ roquefort ■ ★ (8 à 11 € ; 9 000 b.) : ce pineau signé Pascal Gaillard est né sur un sol argilo-calcaire planté de merlot et de cabernet. Au nez, des parfums de fruits rouges, de cerise surtout, et une note de bonbon anglais qui lui donne une petite touche gourmande supplémentaire. En bouche, un bel équilibre entre fraîcheur, moelleux et tanins de l'élevage. ⚔ 2015-2021

☛ *Pierre Gaillard, 3, chez Trébuchet,*
17240 Clion, tél. 05 46 70 47 35
🅥 🅐 🅟 *t.l.j. sf sam. dim. 14h-19h*

HENRI GEFFARD ★★		
■ 11 000	◫	8 à 11 €

Incontournable, cette propriété viticole (30 ha) de Grande Champagne appartient à la famille Geffard depuis 1840. Henri ayant pris sa retraite, ce sont ses enfants Karine et Stéphane (sixième génération) qui lui ont succédé. Ils élaborent pineaux, cognacs et vins de pays charentais.

D'un brillant jaune doré légèrement cuivré, ce pineau à forte dominante d'ugni blanc (90 %, le cabernet-sauvignon en appoint) dévoile des arômes plaisants et frais de fruits acidulés. Puis ce sont les fruits jaunes confits qui s'invitent avec persistance dans une bouche ronde, ample et longue, équilibrée par une juste vivacité. Un vin complet et bien dans son appellation. ⚔ 2016-2022 ⵂ tarte aux abricots et aux amandes

☛ *SARL Henri Geffard, La Chambre, 16130 Verrières,*
tél. 05 45 83 02 74, cognac.geffard@aliceadsl.fr
🅥 🅐 🅟 *r.-v.* 🏠 ❶ 🏠 Ⓑ

GUÉRINAUD ★		
■ 3 000	◫	8 à 11 €

L'histoire vigneronne de la famille débute en 1914 avec l'arrière-grand-père. Emmanuel Guérinaud s'installe en 1998 sur le domaine, situé près de Pons, et se lance aussitôt dans la mise en bouteilles et la vente en direct. Ses vignes couvrent 41 ha.

Fruit d'une vinification « à l'ancienne » (batonnage et élevage en barrique), ce 100 % ugni blanc est porté sur le fruit frais, la pâte de fruits et le pain d'épice. Une pointe de rancio vient parfaire cette riche palette olfactive. Le miel, le raisin de Corinthe et une touche de vanille agrémentent un palais souple, gras et long, bien équilibré entre sucres, alcool et acidité. Un ensemble harmonieux. ⚔ 2015-2019 ⵂ tartines de chèvre chaud au miel

☛ *Guérinaud, 3, L'Opitage, 17800 Mazerolles,*
tél. 05 46 94 01 56, emmanuel.guerinaud@terre-net.fr
🅥 🅐 🅟 *r.-v.*

♥ GUILLON-PAINTURAUD		
Extra-vieux Exception ★★		
■ 6 000	◫	50 à 75 €

Il faut remonter jusqu'en 1610 pour retrouver les origines de cette famille dont l'exploitation est ancrée au cœur de la Grande Champagne, sur des coteaux argilo-calcaires et crayeux. Un domaine de 18 ha régulier en qualité, réputé notamment pour ses pineaux extra-vieux.

L'Exception qui confirme la règle : ce très vieux rosé décroche un coup de cœur pour la deuxième année consécutive. Une rareté par son volume et par sa qualité admirable. Vingt-cinq ans en fût de petite contenance le parent d'une robe prune tuilée et lui lèguent un nez superbe, méli-mélo complexe et gourmand en diable de fruits confits (cerise, fraise, framboise) et de pâte de coings, auquel un rancio explosif apporte une touche de chocolat et de caramel. Après une attaque ronde et douce, la bouche déploie avec puissance et persistance un concentré de fruits en marmelade, de pruneau et d'épices douces. Une longue finale voluptueuse ajoute un surcroît de majesté à ce vin. ⚔ 2015-2025 ⵂ dessert au chocolat

☛ *Guillon-Painturaud, Biard, 16130 Segonzac,*
tél. 05 45 83 41 95, info@guillon-painturaud.com
🅥 🅐 🅟 *r.-v.*

DOM. DE LA MARGOTTERIE Vieux		
■ 4 000	◫	11 à 15 €

Cette exploitation familiale de 75 ha, propriété des Terrigeol depuis trois générations, se situe à Saint-Ciers-sur-Gironde aux limites des deux départements. Le mariage des terroirs de la Gironde et de la Charente-Maritime permet à la propriété d'offrir une gamme des plus variées : vins du Blayais – dont elle est l'une des valeurs sûres avec son château des Matards, ses pineaux et cognacs (domaine de la Margotterie).

Mi-colombard mi-ugni blanc, ce pineau plaît par la finesse de ses arômes de vanille, de sous-bois et de fruits frais teintés de miel. Arômes que prolonge un palais charmeur par son équilibre entre rondeur et fraîcheur, et par sa légèreté. Idéal pour l'apéritif. ✗ 2015-2018 🍷 toasts de foie gras

☛ SCEA Terrigeol et Fils, 27, av. du Pont-de-la-Grâce, Le Pas-d'Ozelle, 33820 Saint-Ciers-sur-Gironde, tél. 05 57 32 61 96, info@chateau-des-matards.com Ⓥ 🎽 ⚑ t.l.j. 8h-12h30 13h45-17h30; sam. dim. sur r.-v.

J.-P. MÉNARD Très vieux ★★

| ■ | 5 000 | ⦿ | 20 à 30 € |

La société Ménard exploite plusieurs propriétés (62 ha), toutes établies en Grande Champagne, terroir très réputé du cognac, et vend pineaux et cognacs en bouteille depuis 1946, à Saint-Même-les-Carrières. Une valeur sûre.

Finaliste au grand jury des coups de cœur, ce pur ugni blanc a séduit d'emblée par la complexité de son nez. Un vieillissement de douze ans en fût lui a conféré d'élégantes senteurs de rancio, de noix et d'amande fondues dans un boisé élégant. Une alchimie entre le merrain (vanille) et le fruit (ananas confit) qui opère aussi très bien dans un palais savoureux, persistant et de grande intensité, parfaitement équilibré entre le gras et une fine acidité qui lui donne de l'allant. ✗ 2015-2019 🍷 gâteau aux amandes

☛ J.-P. Ménard et Fils, 2, rue de la Cure, 16720 Saint-Même-les-Carrières, tél. 05 45 81 90 26 Ⓥ 🎽 ⚑ t.l.j. 9h-12h 14h-17h

VIGNOBLES MORANDIÈRE ★

| ■ | 10 000 | ⦿ | 8 à 11 € |

Vincent Morandière a acquis son savoir-faire en Alsace et en Australie, mais aussi près de son père, dont il a pris la succession en 2005 ; il est à la tête d'un vignoble de 33 ha consacré au pineau et aux IGP.

Fidèle au rendez-vous du Guide, ce domaine régulier en qualité signe un pineau couleur cerise. C'est surtout la framboise qui caractérise le nez, ouvert à l'aération sur un mariage généreux du cassis et de la cerise à l'eau-de-vie. Présentant dès l'attaque un fruité charnu, le palais, bien charpenté, prend en finale des accents de liqueur de framboise et d'orange confite. Un pineau persistant, intense et harmonieux. ✗ 2015-2019 🍷 soupe de framboises ■ Quintessence Vieux (11 à 15 € ; 1 200 b.) : vin cité. ✗ 2015-2018

☛ Vignobles Morandière, rue du Pineau, Le Breuil, 17150 Saint-Georges-des-Agouts, tél. 05 46 86 02 76, vignobles.morandiere@orange.fr

J. PAINTURAUD Très vieux ★

| ■ | 400 | ⦿ | 30 à 50 € |

Une propriété située à Segonzac, au cœur de la Grande Champagne, exploitée par les Painturaud depuis la fin du XIXᵉ s. L'une des premières familles à avoir lancé la commercialisation de ses propres cognacs et pineaux : c'était en 1934, sous l'impulsion de Jacques-Guy Painturaud. En 2011, son fils Jacques a pris sa retraite et laissé sa place à deux de ses quatre fils, Jean-Philippe et Emmanuel, à la tête aujourd'hui de 25 ha de vignes.

L'élevage de quarante ans sous bois a été parfaitement maîtrisé. Une robe profonde et ambrée habille le vin. Le nez intense associe des notes de vieux bois et de rancio : café, pruneau, fruits cuits et noix séchée. Cette richesse

aromatique se retrouve dans un palais persistant, concentré, puissant, rond et gras. Un pineau très évolué, mais encore fort harmonieux. (Bouteilles de 50 cl) ✗ 2015-2017 🍷 foie gras

☛ SARL J. Painturaud, 3, rue Pierre-Gourry, 16130 Segonzac, tél. 05 45 83 40 24, contact@ cognac-painturaud.com Ⓥ 🎽 ⚑ r.-v.

THIERRY POUILLOUX Vieux

| ■ | 1 000 | ⦿ | 15 à 20 € |

L'histoire du domaine débute en 1905 avec l'arrière-grand-père Eugène Poussard, qui s'installe avec quelques ares de vignes à Pérignac, dans le triangle Cognac-Pons-Saintes, au cœur de la Saintonge romane. Ce dernier développe le système de taille Guyot Poussard, efficace pour prévenir les maladies du bois. La vente directe de cognac et de pineau commence en 1978. Aujourd'hui, Thierry et Jérémy (cinquième génération) sont aux commandes d'un vignoble de 35 ha en Petite et Grande Champagnes.

Ce pineau est aussi agréable dans sa présentation, entre le doré et le vieil or, que dans ses arômes floraux d'une grande finesse. Acidulé à l'attaque, le palais développe ensuite un beau volume et joue sur des notes de miel et de fruits à chair blanche confiturés. Un ensemble équilibré et persistant. ✗ 2015-2017 🍷 bleu de Bresse

☛ Jérémy et Thierry Pouilloux, 6, imp. du Sud, Peugrignanc, 17800 Pérignac, tél. 05 46 96 41 41, pouilloux.thierry@wanadoo.fr Ⓥ 🎽 ⚑ t.l.j. 9h30-12h15 16h-19h15

DOM. LA PRENELLERIE Très vieux ★

| ■ | 7 000 | ⦿ | 8 à 11 € |

Conduit par la même famille depuis cinq générations, ce domaine est situé sur les coteaux argilo-calcaires de l'estuaire de la Gironde, à 5 km de Talmont, site touristique emblématique de la Charente-Maritime. Frédéric Billonneau est à sa tête depuis 2004.

Sa couleur rouge intense et ses notes de cassis, de groseille et de griotte proviennent de la macération du merlot et des cabernets (franc et sauvignon) dans l'eau-de-vie. Un fruité que l'on retrouve dans une bouche ronde, charnue, intense et suave, prolongée par une belle finale soyeuse. ✗ 2015-2020 🍷 crumble aux cerises

☛ Frédéric Billonneau, Dom. la Prenellerie, 1, La Prenellerie, 17120 Épargnes, tél. 06 08 33 00 80, fbillonneau@yahoo.com Ⓥ 🎽 ⚑ t.l.j. sf dim. 9h-12h 14h-19h

GÉRARD ET CÉCILE RABY ★

| ■ | 1 350 | ⦿ | 11 à 15 € |

Nichée sur les coteaux calcaires de Grande Champagne, cette exploitation est installée au logis de la Brée, sur les terres du chevalier de la Croix Marron, inventeur de la double distillation charentaise. La famille Raby y élabore cognacs et pineaux depuis cinq générations. Gérard et sa fille Cécile conduisent aujourd'hui un vignoble de 40 ha. Ils se sont lancés dans la vente directe en 2007.

Ce vin se montre élégant dans sa présentation : robe jaune doré du plus bel effet, nez séducteur de rancio et de fruits frais. Puissant dès l'attaque, rond et gras, le palais déploie des saveurs intenses et harmonieuses de boisé, de beurré vanillé et de fruits jaunes, avant de s'étirer dans une longue finale. ✗ 2015-2019 ❦ crêpes Suzette

o⟶ *Gérard et Cécile Raby, Logis de la Brée, 16130 Segonzac, tél. 05 45 83 35 69, contact@ cognac-raby.fr* 🅥 🅺 🅻 *r.-v.*

LES RAISINS DE L'ABBAYE		
■	3 500	🍶 🍷	8 à 11 €

Cet ancien domaine ecclésiastique, devenu une ferme charentaise avec cour fermée et porche typiques, étend son vignoble de 27 ha près de Saint-Jean-d'Angély, sur des terres de groies peu profondes et séchantes. La vente directe de pineau et de cognac a débuté en 1999 avec Thierry et Olivier Madé, installés depuis 1992.

Ce joli pineau rubis ambré associe merlot et cabernet franc. À l'olfaction, cerise confite et épices se mêlent à un boisé bien intégré. La bouche, tout en fruits, se montre ronde et de bonne longueur. Un produit harmonieux. ✗ 2015-2020 ❦ moelleux au chocolat

o⟶ *GAEC de l'Abbaye, 17, chem. de l'Abbaye, 17400 Asnières-la-Giraud, tél. 05 46 59 17 36, raisins.abbaye@gmail.com* 🅥 🅺 🅻 *t.l.j sf dim. 9h-12h30 14h-20h* o⟶ *Guy Madé*

ROUSSILLE		
■	6 000	🍷	8 à 11 €

Gaston Roussille fonde ce domaine en 1928 puis se lance dans la vente en bouteilles dans les années 1950. Son petit-fils Pascal a pris les rênes en 1976 des 30,7 ha de vignes. Les bâtiments d'exploitation sont disposés en enfilade, ce qui permet de suivre les étapes de l'élaboration du cognac (pressoir, distillerie et vieillissement).

Ce pineau rubis, encore jeune, dévoile une matière dense et charnue et des arômes gourmands de cassis, de fraise et de clafoutis aux cerises, que l'on retrouve au nez comme en bouche. Le vieillissement sous bois est bien maîtrisé, laissant le fruit s'exprimer avec persistance. ✗ 2015-2019 ❦ dessert au chocolat

o⟶ *Pascal Roussille, 21, rue de Libourdeau, 16730 Linars, tél. 05 45 91 05 18, sca.pineau-roussille@terre-net.fr* 🅥 🅺 🅻 *t.l.j. 8h-12h 14h-19h; dim. sur r.-v.*

CLAUDE THORIN Tradition		
■	5 000	🍷	11 à 15 €

Situé au cœur de la Grande Champagne, ce domaine principalement dédié au cognac a développé dans les années 1980 la production de pineau puis de vins de pays en 2000, sous la marque Croix Fadet. Claude Thorin a succédé à son père André en 1985.

De son élevage de quatre ans en fût de chêne, cette cuvée retire une seyante robe dorée. La noix, la muscade et l'orange confite composent un bouquet évolué mais flatteur. Des notes de rancio accompagnent des arômes fruités dans un palais rond et gras. Ce pineau s'appréciera de l'apéritif au dessert. ✗ 2015-2018 ❦ mouclade

o⟶ *SCEA Dom. Thorin, 1, rue de l'Ancien-Puits, 16130 Segonzac, tél. 05 45 83 33 46, claudethorin@ cognac-thorin.com* 🅥 🅺 🅻 *r.-v.*

VEUVE BARON ET FILS		
	Vieux ★		
■	3 300	🍷	15 à 20 €

Commandée par un ancien pavillon de chasse datant de François Ier, avec cour fermée par les chais de vinification et de vieillissement, la propriété se transmet de père en fils depuis 1837. Antoine Baron, cinquième du nom, dirige depuis 2007 le domaine de 54 ha situé au nord de Cognac, réputé pour ses pineaux blancs.

Une fois n'est pas coutume, c'est avec un rosé que le domaine se distingue. Un 100 % merlot élevé plus de huit ans en fût, dont la robe aux nuances cuivrées annonce un début d'évolution. Le nez intense et net mêle fruits rouges mûrs, réglisse et notes torréfiées. Des arômes auxquels fait écho une bouche fraîche en attaque, puis souple et ronde, qui s'achève sur des notes évoluées. ✗ 2015-2018 ❦ charlotte poire-chocolat

o⟶ *SCEA Vignobles Baron, Logis de Brissac, BP 7, 16370 Cherves-Richemont, tél. 05 45 83 16 27, veuve.baron@wanadoo.fr* 🅥 🅺 🅻 *t.l.j. sf dim. 9h30-12h 14h-18h30)*

FÉLIX-MARIE DE LA VILLIÈRE		
■	600	🍷	8 à 11 €

Située tout près d'Archiac, sur les magnifiques coteaux de Petite Champagne, la distillerie Vinet-Delpech a été fondée en 1934 par la réunion de deux familles viscéralement ancrées dans la région et toutes deux productrices de pineau et de cognac. Cette maison de négoce, également propriétaire d'une centaine d'hectares de vignes, est dirigée depuis 1991 par Bruno Delannoy, qui a tourné la production vers l'export (90 % de l'activité).

Ce 100 % cabernet présente toutes les caractéristiques d'un vieux pineau : une robe claire et tuilée, un nez d'orange confite et de cerise à l'eau-de-vie, avec en toile de fond les arômes de noix typiques du rancio. Suit une bouche ample et ronde, associant moelleux et rancio jusque dans une finale harmonieuse et longue. ✗ 2015-2018 ❦ tarte au chocolat

o⟶ *Distillerie Vinet-Delpech, 3, imp. Félix-Chartier, 17520 Brie-sous-Archiac, tél. 05 46 70 04 66, contact@ vinet.delpech.com* 🅥 *t.l.j. sf sam. dim. 9h-12h 14h-17h*

CHARENTES

La Provence
et la Corse

||||||||||||||||||||||||||||||||||||||||||||||||||||||||||||||||||||||||||||||||||||||||||||||||

• La Provence

Superficie :
29 000 ha

Production :
1 300 000 hl

Types de vins :
Rosés majoritaires, rouges de garde et blancs.

Cépages principaux :
Rouges : grenache, cinsault, syrah,
carignan, tibouren, mourvèdre,
cabernet-sauvignon.
Blancs : ugni blanc, vermentino (rolle),
bourboulenc, clairette, sémillon, sauvignon.

• La Corse

Superficie :
7 000 ha

Production :
350 000 hl dont 35,5 % en AOC, 59,2 %
en IGP et 5,3 % en VSIG

Types de vins :
En AOC, rosés majoritaires (55 %),
rouges (33 %), blancs (10,5 %), vins doux
naturels muscat-du-cap-corse (1,5 %)
En IGP, rosés majoritaires (48 %),
rouges (35 %) et blancs (17 %)

Cépages principaux: :
Rouges: niellucciu, sciaccarellu, grenache,
cinsault, syrah, carignan, aleatico
Blancs: vermentinu (rolle), bourboulenc,
clairette, muscat à petits grains

ÉRIC DE SAINT-VICTOR

Ch. de Pibarnon

Henri de Saint-Victor s'en est allé en 2013, après son épouse Catherine. Il a laissé à son fils Éric, qui a fait ses classes à Pibarnon, et à la manœuvre désormais, un vignoble taillé dans les collines, une référence à Bandol. Une occasion pour le Guide Hachette de louer le bandol rouge.

Pibarnon, c'est le rêve accompli d'Henri de Saint-Victor...

Il y est arrivé tard, à la cinquantaine passée, en 1978, mais avec la fougue d'un néophyte. Après une carrière à Paris, il avait envie de faire un truc pour lui. Il a trouvé trois hectares et demi, et un Piémontais, Modesto Ramolino, qui hésitait à vendre. Il ne comprenait pas qu'on s'intéresse à un tel lieu, aride et perdu. Mon père a demandé conseil à un jeune œnologue, Jean-Paul Aubanel, qui lui a répondu : « Vous vous débrouillerez très bien tout seul ! » Il a consulté Modesto, qui lui a dit : « Tu goûtes le raisin, et quand la grappe a bon goût, c'est bon ! » Et pour son premier millésime, le 1978, il a obtenu la médaille d'or à Paris, en rouge et en rosé.

Son « cirque » d'Épidaure, c'était un travail de titan ?

Ses neveux l'appelaient « Tonton Bulldozer » ! Deux étés entiers de terrassements ! Il a façonné la colline comme un théâtre antique, en gradins, restauré les restanques (les terrasses traditionnelles, ndlr), et

planté sur 20 ha. Il fallait tout construire, la bastide, la cave et l'orangerie en 1997, la salle de réception et de dégustation. À son enterrement, Louis Audibert, son chef de culture, lui a rendu un bel hommage : « Dans la vie, tu gagnes ou tu perds », a-t-il dit, « Lui, il gagnait toujours »...

Qu'aviez-vous en tête quand vous avez repris la propriété en 2000 ?

J'ai commencé en 1989. J'ai d'abord découvert le patchwork des parcelles, il y en a 220, et j'ai appris à vinifier sous ses ordres. Quand mes parents ont arrêté, en 2000, je me suis entouré d'une équipe formidable : Louis Audibert, qui est là depuis le début et qui va partir au printemps prochain, et Marie Laroze, comme maître de chai, et on a fait beaucoup de progrès avec Marie.

Votre père était très fier des marnes bleues de son terroir...

En haut de la colline, on trouve des calcaires du début du secondaire, alors qu'ailleurs à Bandol, ils sont plus récents. Des calcaires actifs, parse-

més de fossiles, qui donnent la tension saline, la sève, la minéralité des vins. Et puis en terrassant le grand cirque, on est tombé sur des veines bleutées. Après analyse, les géologues ont déduit qu'il s'agissait de marnes bleues du santonien. Chargés d'oligo-éléments, très riches. Les mêmes que sous Petrus et Yquem ! Un trésor sous nos vignes !

Le mourvèdre, c'est la force de Pibarnon...

C'est un aristocrate ! Il possède la tête et les jambes à la fois. Il démarre avec la structure d'un grand bordeaux et évolue vers la finesse et le velours d'un bourgogne. Plus que sa puissance, on le laisse exprimer sa face féline.

♥ Bandol 2012 ★★

Ch. de Pibarnon,
410, chem. de la Croix-des-Signaux,
83740 La Cadière-d'Azur,
tél. 04 94 90 12 73,
contact@pibarnon.fr

HENRI ORENGA DE GAFFORY
Dom. Orenga de Gaffory

Henri Orenga de Gaffory, Corse de vieille souche, s'est établi voilà quarante ans dans le Nebbio. Pas de châteaux ou de bastides sur ces terres, mais des maisons et des bergeries de pierres sèches, parsemées à travers le maquis.

GFA Orenga de Gaffory,
20253 Patrimonio,
tél. 04 95 37 45 00,
contact@orengadegaffory.com

Vous appartenez à une très vieille famille corse...

H. O. G. Elle remonte à la dix-neuvième génération. Mes ancêtres viennent de Vintimille, sur la côte ligure. Les Orenga sont arrivés en 1711 en Corse et ont fait souche à Bastia. Et avant Pascal Paoli, Jean-Pierre (Ghjuvan Petru) de Gaffory s'est illustré comme général par ses faits d'armes de patriote contre les Génois, tout comme son épouse Faustina. Il a pris la citadelle de Corte et a été assassiné dans une embuscade en 1753. Il a sa statue à Corte.

Le fameux Cap-Corse Mattéi, c'était vous, auparavant...

H. O. G. Nous en produisions dans l'avant-guerre cinq millions de bouteilles. C'était un apéritif en vogue à l'époque, avec les Byrrh et les Dubonnet. L'affaire avait été créée en 1872. C'était une mistelle de jus de raisin et d'alcool, assortis de quinquina. Mais la boisson est passée de mode, nous avons vendu la marque en 1974. Nous avions aussi les eaux pétillantes de la source d'Orezza.

Quand êtes vous arrivés à Patrimonio ?

H. O. G. Mon père Pierre a acquis le domaine en 1966, au lieu-dit Morta Majo. J'y suis arrivé en 1974, à vingt-quatre ans. Aujourd'hui nous possédons 57 ha entre les communes de Saint-Florent, Patrimonio, Oletta, Barbaggio et Poggio-d'Oletta, toutes dans l'appellation patrimonio. Le domaine est une collection de propriétés acquises au fil du temps et donc une sélection fine de parcelles, opérée sur plus de trente années et choisies pour leur exposition et leur sous-sol.

Le domaine se compose donc de nombreux microterroirs ?

H. O. G. Il se situe dans l'amphithéâtre du golfe de Saint-Florent, l'unique enclave argilo-calcaire de l'île. Il bénéficie du climat marin, d'un fort ensoleillement et d'un vent doux et rafraîchissant, le Libecciu. Le domaine est morcelé entre quatre grands sites portant chacun quatre à cinq parcelles de vignes, ce qui nous offre lors des assemblages davantage de complexité. Si la prédominance est argilo-calcaire, certaines parcelles sont graveleuses, recouvertes de galets et particulièrement propices aux vins rouges.

Vous êtes aussi partie prenante du Clos San Quilico...

H. O. G. En effet, nous sommes partenaires de la famille Piazza-Alessandrini depuis 1992. Le Clos est au cœur du Nebbio, sur la commune de Poggio-d'Oletta, non loin de la chapelle romane de San Quilico. Il y a là 35 ha d'un seul tenant, plantés des cépages corses : niellucciu et sciacarellu.

LA PROVENCE

La Provence, pour tout un chacun, est un pays de vacances où « il fait toujours soleil » et où les gens, à l'accent chantant, prennent le temps de vivre... Pour les vignerons aussi, c'est un pays de soleil, qui brille trois mille heures par an. Les pluies y sont rares mais violentes, les vents fougueux et le relief tourmenté. Les Phocéens, débarqués à Marseille vers 600 av. J.-C., ne se sont pas étonnés d'y voir de la vigne, comme chez eux, et ont participé à sa diffusion. Grâce au tourisme, la viticulture a retrouvé des couleurs, et sa couleur préférée est le rosé. La région fournit aussi des rouges concentrés ou fruités, et de rares blancs.

Des voies romaines aux routes des vacances.

Après les Phocéens, les Romains puis les moines et les nobles, et jusqu'au roi-vigneron René d'Anjou, comte de Provence au XVᵉ s., se sont fait les propagateurs de la vigne. Éléonore de Provence, épouse d'Henri III, roi d'Angleterre, sut donner aux vins de Provence un grand renom, tout comme Aliénor d'Aquitaine l'avait fait pour les vins d'Aquitaine. Ils furent par la suite un peu oubliés du commerce international, faute de se trouver sur les grands axes de circulation. Ces dernières décennies, le développement du tourisme les a remis à l'honneur, et spécialement aux vins rosés, vins joyeux s'il en est, symboles de vacances estivales et dignes accompagnements des plats provençaux.

Un vignoble morcelé et des cépages variés.

La structure du vignoble est souvent morcelée, la géopédologie étant très diversifiée par le relief offrant des zones contrastées tant en matière des sols que des microclimats. Comme dans les autres vignobles méridionaux, les cépages sont très variés : l'appellation côtes-de-provence en admet treize. Encore que les muscats, qui firent la gloire de bien des terroirs provençaux avant la crise phylloxérique, aient pratiquement disparu.

Le rosé en tête. Depuis plusieurs années, le rosé s'est imposé auprès des consommateurs. La Provence possède ainsi le premier vignoble au monde de vins rosés et s'impose comme la première région en France des vins de cette couleur avec environ 40 % de la production nationale.

« AVÉ L'ASSENT »

Et puisqu'on parle encore provençal dans quelques domaines, sachez qu'un « avis » est un sarment, qu'une « tine » est une cuve et qu'une « crotte » est une cave ! Peut-être vous dira-t-on aussi qu'un des cépages porte le nom de « pecoui-tour » (queue tordue) ou encore « ginou d'agasso » (genou de pie), à cause de la forme particulière du pédoncule de sa grappe...

Ces vins, de même que les vins blancs (ceux-ci plus rares mais souvent surprenants), sont généralement bus jeunes. Il en est de même pour beaucoup de vins rouges, lorsqu'ils sont légers. Mais les plus corsés, dans toutes les appellations, vieillissent fort bien.

BANDOL

Superficie : 1 690 ha / Production : 56 466 hl (95 % rouge et rosé)

Noble vin produit sur les terrasses brûlées de soleil des villages de Bandol, Le Beausset, La Cadière-d'Azur, Le Castellet, Évenos, Ollioules, Saint-Cyr-sur-Mer et Sanary, à l'ouest de Toulon, le bandol est blanc, rosé ou rouge. Ce dernier est corsé et tannique grâce au mourvèdre, cépage qui le compose pour plus de la moitié. Généreux, il s'accorde avec les venaisons et les viandes rouges. Sa palette aromatique et subtile est faite de poivre, de cannelle, de vanille et de cerise noire. Le bandol rouge supporte fort bien une longue garde.

DOM. DES BAGUIERS 2014

■	13 350	🍾	11 à 15 €

Transmis de génération en génération, le domaine délaisse la polyculture à la fin des années 1970 pour se consacrer à la vigne. Depuis, Franck et Claudine Jourdan travaillent aux côtés de leur père Jean-Louis sur un vignoble de 36 ha étendu entre Bandol, Le Castellet et La Cadière-d'Azur.

L'olfaction associe les fruits jaunes, les épices douces et le genêt. Suivant la même ligne aromatique, le palais se révèle souple, fluide et frais, et confère à ce joli rosé un caractère aérien. ✗ 2015-2016 ♈ sushis
⚬ GAEC Jourdan, 227, rue des Micocouliers, Le Plan-du-Castellet, 83330 Le Castellet, tél. 04 94 90 41 87, jourdan@domainedesbaguiers.com
Ⓥ 🏔 🚻 t.l.j. 10h-12h 15h-18h30

Ⓡ LA BASTIDE BLANCHE 2014 ★

■	17 000	🍾	15 à 20 €

Un domaine de référence, créé en 1972 par Baptistin Bronzo et son fils Michel à partir de 10 ha de vignes. Agrandi et entièrement restructuré, le vignoble couvre aujourd'hui 28 ha, aménagés en terrasses au pied du Castellet et cultivés en biodynamie. La famille Bronzo a également pris en fermage les châteaux des Baumelles (10 ha à Saint-Cyr) et du Castillon (8 ha au Catellet).

D'un abord plutôt réservé à l'olfaction, ce bandol blanc s'ouvre timidement à l'aération sur des nuances florales. En bouche, il se montre rond, suave et soyeux, avec une fine acidité en filigrane qui apporte l'équilibre. ✗ 2015-2018 ♈ praires à l'étouffée ■ Ch. des Baumelles 2013 ★ (15 à 20 € ; 6 400 b.) Ⓑ : un 2013 très expressif (fruits noirs, épices et tabac), à la personnalité affirmée, chaleureux et bâti sur des tanins fermes. ✗ 2018-2023

☛ *SCEA Bronzo, 367, rte des Oratoires,*
83330 Sainte-Anne-du-Castellet, tél. 04 94 32 63 20,
contact@bastide-blanche.fr 🔲 🔲 *r.-v.*

BASTIDE DE LA CISELETTE 2014

■	9 600		11 à 15 €

Jusqu'alors coopérateur, Robert De Salvo s'est lancé dans l'élaboration de son propre vin en 2010. Installé sur les terres de ses ancêtres, au Brûlat-du-Castellet, il exploite un vignoble de 15 ha sur des terroirs variés, au parcellaire découpé.

Quelques tours de verre s'avèrent nécessaires pour libérer l'expression très méditerranéenne (garrigue, nèfle, poivre blanc) de ce rosé porté en toute simplicité par une bouche à la fois fraîche et vineuse. ✗ 2015-2016 ❦ tatin poivrons-tapenade

☛ *Robert De Salvo, 54, chem. de l'Olivette,*
Le Brûlat, 83330 Le Castellet, tél. 04 94 07 98 84,
rds.bastideciselette@orange.fr
🔲 🔲 🔲 *t.l.j. sf dim. 14h-18h; sam. et été 9h-12h 14h-19h*

♥ Ⓑ DOM. BUNAN
Moulin des Costes 2014 ★★

	10 000	🍷	15 à 20 €

La troisième génération est aujourd'hui aux commandes des Domaines Bunan, créés en 1961, qui comprennent plusieurs exploitations réputées en côtes-de-provence et bandol : le Moulin des Costes, le Ch. et le Mas de la Rouvière, Bélouvé, tous ces vignobles étant conduits en culture biologique depuis 2011.

Valeur sûre de l'appellation, les domaines Bunan s'illustrent cette année avec un blanc de haute expression qui met à l'honneur la couleur la plus méconnue de Bandol mais pas la moins intéressante. Ici, un vin éclatant dans tous les sens du terme, par sa robe lumineuse comme par son expression aromatique des plus intenses et complexes : pamplemousse, zeste de citron, pêche et abricot gorgés de soleil. Une intensité fruitée qui apporte beaucoup de vitalité à un palais ample, riche, dense et soyeux, étiré dans une finale d'une étonnante longueur. Un grand blanc, complet et savoureux. ✗ 2015-2018 ❦ volaille en croûte de sel ■ Moulin des Costes 2014 ★ (15 à 20 € ; 40 000 b.) Ⓑ : un joli mariage de saveurs (agrumes, garrigue et grillé) pour ce rosé intense et structuré. ✗ 2015-2017 ■ Moulin des Costes Charriage 2012 ★ (20 à 30 € ; 5 000 b.) Ⓑ : encore sous l'emprise du bois, un rouge équilibré entre des tanins solides et une fine fraîcheur saline. ✗ 2018-2023 ■ Ch. la Rouvière 2014 ★ (15 à 20 € ; 5 000 b.) Ⓑ : un blanc très aromatique, exotique et floral, frais, friand et long. ✗ 2015-2018

☛ *Dom. Bunan, 338 bis, chem. de Fontanieu,*
Le moulin des Costes, 83740 La Cadière-d'Azur,
tél. 04 94 98 58 98, bunan@
bunan.com 🔲 🔲 🔲 *t.l.j. 9h-12h 14h-18h; f. dim.*
d'oct. à mars

LA CADIÉRENNE 2014

■	10 000	🍷	5 à 8 €

Quelque 300 coopérateurs et 650 ha de vignes, des vins en AOC bandol et côtes-de-provence, en IGP Var, Méditerranée et Mont-Caume : la Cadiérenne, créée en 1929, est un acteur qui compte dans le paysage provençal.

Une robe jaune pâle habille ce blanc issu de clairette à majorité (60 %, complétés d'ugni blanc), qui dévoile une expression à dominante florale typique du cépage. Une belle matière, un bon équilibre gras-acidité et une délicate amertume en finale, le palais ne déçoit pas. ✗ 2015-2018 ❦ moules au safran

☛ *SCV la Cadiérenne, quartier Le Vallon,*
83740 La Cadière-d'Azur, tél. 04 94 90 11 06,
cadierenne@wanadoo.fr 🔲 🔲 🔲 *r.-v.*

DOM. DU CAGUELOUP 2014 ★

■	5 500	🍷	11 à 15 €

Héritier d'une longue lignée de vignerons (vingt et une générations), Richard Prébost conduit depuis les années 1980 ce domaine bien connu pour ses bandol, qui propose aussi de beaux côtes-de-provence. Cagueloup ? C'est l'histoire d'un petit Prébost qui un jour avala un louis d'or. Son père, pris de panique, lui lança : « Cague l'ou »...

Paré d'une robe aux reflets verdoyants, ce blanc révèle des notes subtiles de fleurs blanches, de zeste d'orange et de coing. La bouche se révèle chaleureuse et d'une aimable rondeur briochée, avant de se montrer plus fraîche en finale, aiguillonnée par de beaux amers. ✗ 2015-2017 ❦ loup en croûte de sel ■ 2012 (20 à 30 € ; 7 000 b.) : vin cité. ✗ 2019-2021

☛ *Dom. de Cagueloup, 267, chem. de la Verdelaise,*
83270 Saint-Cyr-sur-Mer, tél. 04 94 32 49 42,
domainedecagueloup@gmail.com
🔲 🔲 🔲 *t.l.j. 9h-20h; f. janv.* ☛ *Prébost*

♥ CH. CANADEL 2014 ★★

■	30 000	🍷	15 à 20 €

Lors de la construction de la cave en 2013, des fouilles archéologiques ont mis au jour des traces d'activité agricole (moulin à huile, cuves à vin) datant de l'époque romaine qui témoignent de l'antériorité du domaine. Un domaine qui n'a retrouvé son identité qu'en 2007 avec son rachat par Jacques et Caroline de Chateauvieux. Deux ans plus tard, ils ont confié la direction du vignoble (15 ha en restanques) à leur fille Laure Benoist et son mari Vianney, tous deux ingénieurs agronomes. En 2011, la première bouteille du Ch. Canadel voit le jour. La conversion bio est en cours.

Une renaissance sous les meilleurs auspices pour ce domaine : premier millésime vinifié par les nouveaux propriétaires et déjà un coup de cœur ! Une robe d'un élégant rose tendre, un nez puissant et expressif de fruits exotiques, d'agrumes et de fruits blancs, les premières impressions sont séduisantes en diable. Une attaque

PROVENCE

ample et très tonique prélude à un palais suave, soyeux et fruité (ananas, mangue), vivifié par une fine touche saline qui lui confère une longueur remarquable et beaucoup d'élégance. ✗ 2015-2017 🍸 tempura de crevettes

🔑 Ch. Canadel, 994, chem. du Canadeau, 83330 Le Castellet, tél. 04 94 98 40 10, contact@ chateau-canadel.fr Ⓥ 🅰 🏠 t.l.j. 10h-12h30 15h-19h

🔑 de Chateauvieux

DOM. DUPUY DE LÔME 2014 ★			
■	2 000	🍶	15 à 20 €

Ancienne propriété de Stanislas Dupuy de Lôme, l'inventeur du cuirassé à vapeur, ce domaine (15 ha) en cours de conversion bio est situé au cœur du site naturel des Grès de Sainte-Anne-d'Évenos. Il a été restructuré en 1998 par deux descendants, Benoît Cossé et Geoffroy Perouse, et le chai est sorti de terre en 2006. Le Bourguignon Gérald Damidot élabore les vins, issus d'un terroir silico-calcaire exposé plein nord.

Ce vin jaune pâle décline à l'olfaction un joli fruité à dominante d'agrumes. À ce nez flatteur répond une bouche bien équilibrée et tout aussi expressive, sur les mêmes tonalités et empreinte d'une légère amertume en finale qui lui apporte un surcroît de longueur et de complexité. ✗ 2015-2016 🍸 lasagnes saumon et fenouil ■ 2014 (11 à 15 € ; 44 000 b.) : vin cité. ✗ 2015-2016

🔑 Dom. Dupuy de Lôme, 624, rte de Toulon, 83330 Sainte-Anne-d'Évenos, tél. 04 94 05 22 99, domainedupuydelome@orange.fr Ⓥ 🅰 🏠 r.-v.

🔑 SAS les Grès

La Provence

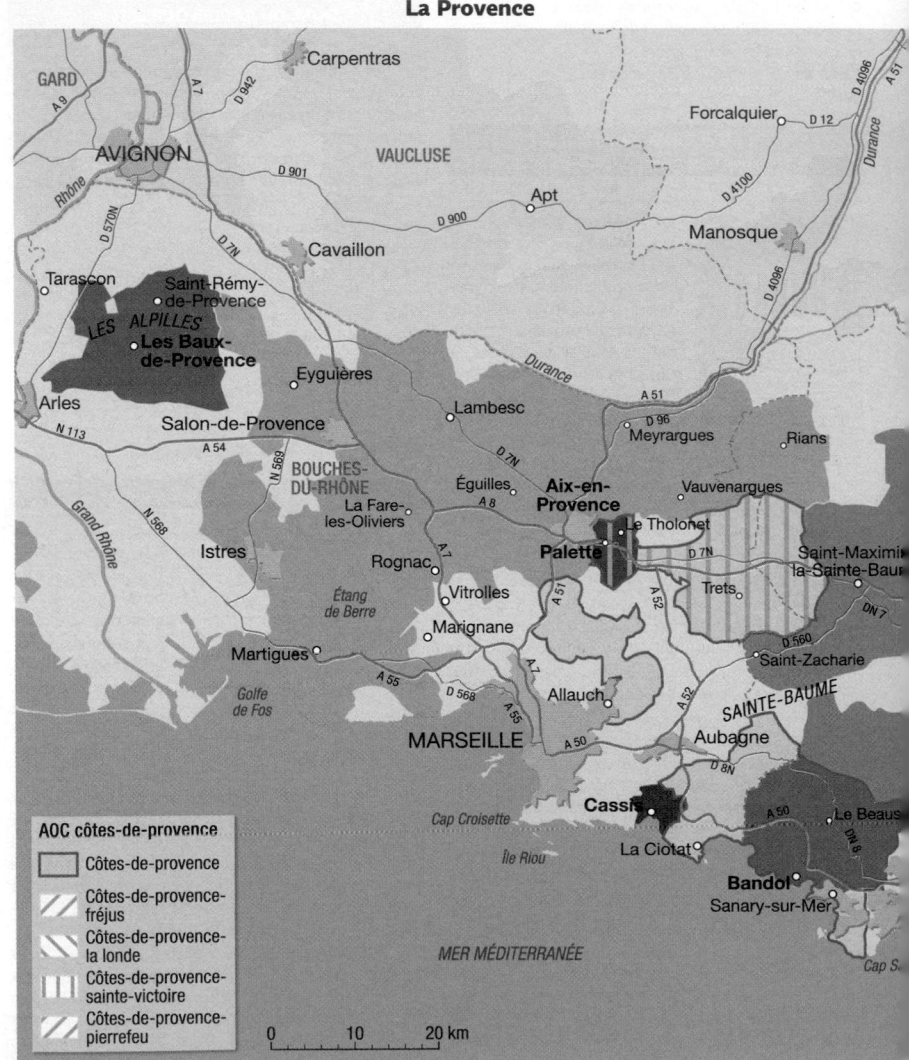

AOC côtes-de-provence
- Côtes-de-provence
- Côtes-de-provence-fréjus
- Côtes-de-provence-la londe
- Côtes-de-provence-sainte-victoire
- Côtes-de-provence-pierrefeu

0   10   20 km

CH. DE FONT VIVE 2014 ★★		
1 000	🏠	15 à 20 €

La famille Barthès est à la tête de deux domaines : le Dom. de Font-Vive et le Ch. Barthès, implantés dans les restanques du Val d'Arenc. Elle signe des vins régulièrement en vue dans le Guide, ses rosés notamment.

Ornée de reflets verts, la robe lumineuse de ce blanc invite à poursuivre. Du verre s'échappent de fines tonalités florales, de bergamote notamment, agrémentées de notes de zeste d'orange qui ajoutent à la complexité du bouquet. Des arômes qui imprègnent durablement une bouche très harmonieuse, ample, soyeuse et fraîche. ✗ 2015-2018 🍽 turbot grillé au fenouil ■ 2012 ★ (15 à 20 € ; 5 000 b.) : de la générosité à revendre dans ce bandol au nez chaleureux (pruneau, fraise écrasée, santal

et épices) et aux tanins solides mais bien enrobés. ✗ 2017-2025 ■ Ch. Barthès 2014 ★ (11 à 15 € ; 67 000 b.) : un bon rosé de bouche, qui associe un joli volume à une expression intense de fruits rouges, d'agrumes et de réglisse. ✗ 2015-2016 ■ Ch. Barthès 2014 ★ (15 à 20 € ; 8 000 b.) : un blanc énergique et frais, au panel aromatique varié (agrumes, touche minérale et buis). ✗ 2015-2016

☞ Philippe Barthès, 83330 Le Beausset, tél. 04 94 98 60 06, barthesph2@wanadoo.fr Ⓥ 🏠 r.-v.

DOM. DE FRÉGATE 2014 ★		
13 600	🏠	11 à 15 €

« Entre mer et pierres » ; ainsi s'affiche le domaine, dans la même famille depuis 1882. Son nom vient du vieux

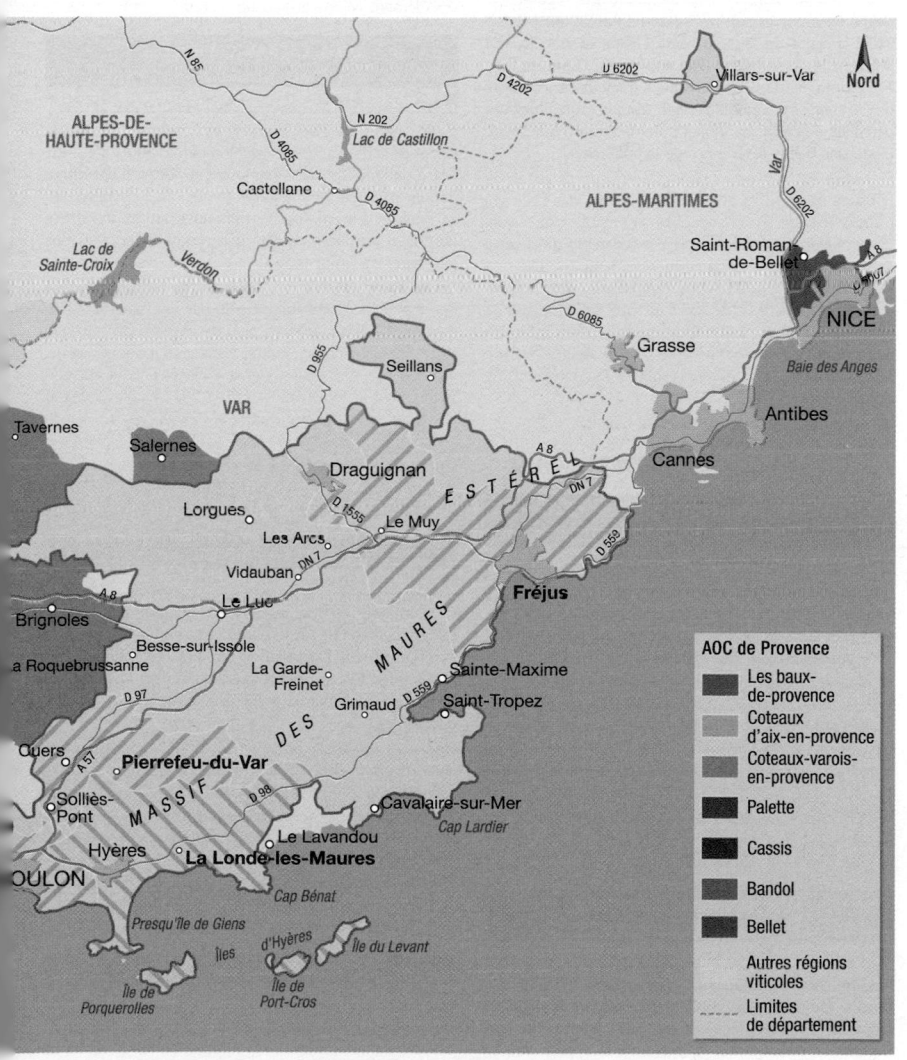

AOC de Provence

- Les baux-de-provence
- Coteaux d'aix-en-provence
- Coteaux-varois-en-provence
- Palette
- Cassis
- Bandol
- Bellet
- Autres régions viticoles
- - - - - Limites de département

PROVENCE

provençal *fragato* (« casser »), en référence au travail d'épierrage nécessaire pour planter la vigne. La Grande Bleue, ici omniprésente, borde la propriété dont le vignoble couvre 30 ha, à cheval entre Saint-Cyr et Bandol.

Toujours aussi à l'aise en rosé, le domaine propose un joli 2014 couleur chair, au bouquet subtil et complexe de fleurs blanches, de rose fraîche, de pêche et de litchi. On retrouve avec persistance des notes de pêche blanche bien juteuse dans une bouche tonique, délicate et longue. Un bandol en dentelle. ✗ 2015-2016 ⵟ friture de chipirons

☙ *Dom. de Frégate, rte de Bandol, 83270 Saint-Cyr-sur-Mer, tél. 04 94 32 57 57, commercial@domainedefregate.com* Ⓥ 🅰 ♟ *t.l.j. 8h30-12h30 13h30-18h30*

LE GALANTIN 2014 ★★		
■	7 500	♟ 11 à 15 €

Céline Devictor et son frère Jérôme Pascal ont pris en 2000 la suite de leurs parents Liliane et Achille, qui créèrent le domaine en 1965 au Plan-du-Castellet face à la montagne du Gros-Cerveau, à quelques encablures de la mer. Le vignoble s'est étendu sur plusieurs parcelles de l'AOC bandol et couvre aujourd'hui 35 ha. L'une des belles références de l'appellation.

Plus souvent remarqué pour ses rouges et rosés, le domaine s'illustre ici avec un assemblage clairette-ugni blanc à l'origine d'un bandol blanc de haute expression. Une couleur trop peu connue des amateurs qui trouve avec ce 2014 un formidable représentant, qui allie une réelle complexité aromatique (agrumes et fleurs blanches), une matière riche, dense et soyeuse à une grande fraîcheur qui pousse loin la finale. Le coup de cœur fut mis aux voix. ✗ 2015-2017 ⵟ tajine de poisson ■ 2014 ★ (11 à 15 € ; 45 000 b.) : un rosé floral, souple, frais, long et d'une grande élégance. ✗ 2015-2016

☙ *Dom. le Galantin, 690, chem. du Galantin, 83330 Le Plan-du-Castellet, tél. 04 94 98 75 94, domaine-le-galantin@wanadoo.fr* Ⓥ 🅰 ♟ *r.-v.* 🏠 Ⓔ

CH. JEAN-PIERRE GAUSSEN		
Longue Garde 2012		
■	10 000	⑪ 15 à 20 €

Fondateurs du domaine dans les années 1960, Jean-Pierre et Julia Gaussen conduisent toujours l'exploitation, 12 ha de vignes sur sols argilo-calcaires en appellation bandol, avec désormais leur fille Mireille à leurs côtés.

Notes d'épices, de chocolat, de fruits noirs mûrs, touche animale, le nez est bien typé mourvèdre. En bouche, le vin, solidement charpenté par des tanins puissants et par un élevage qui doit encore se fondre, affiche un beau potentiel. De longue garde en effet, cette cuvée n'usurpe pas son nom. ✗ 2019-2025 ⵟ daube de sanglier

☙ *Ch. Jean-Pierre Gaussen, 1585, chem. de l'Argile, BP 23, 83740 La Cadière-d'Azur, tél. 04 94 98 75 54, jp.gaussen@free.fr* Ⓥ 🅰 ♟ *r.-v.*

LES VIGNOBLES GUEISSARD		
Cros du Loup 2013 ★★		
■	1 200	⑪ 20 à 30 €

Pauline Giraud et Clément Minne, diplôme de « viti-œno » en poche et après des expériences dans le Nouveau Monde, décident de faire leur propre vin. Vignerons sans terres, ils prennent des parcelles en

fermage et constituent ainsi une mosaïque de 17 ha répartis sur plusieurs terroirs.

D'un beau rouge profond, ce bandol s'ouvre sur les fruits mûrs, le cassis notamment, accompagnés par des notes de cacao, de grillé et d'épices. La bouche se révèle riche et complexe, structurée par des tanins solides et serrés et par un très bon support acide. Un vin taillé pour une longue garde. ✗ 2019-2025 ⵟ pavé de biche ■ G 2013 ★ (15 à 20 € ; 8 000 b.) : un rouge bien constitué, épicé et chaleureux, aux tanins mûrs et veloutés. ✗ 2017-2022 ■ G 2014 ★ (11 à 15 € ; 30 000 b.) : un rosé complexe et frais, autour de notes de melon, de fruits exotiques et de pamplemousse. ✗ 2015-2016

☙ *Les Vignobles Gueissard, allée du Figuier, 83110 Sanary-sur-Mer, tél. 09 81 49 76 00, pauline@lesvignoblesgueissard.com* Ⓥ 🅰 ♟ *t.l.j. sf dim. 10h-12h30 15h-18h (19h de mai à sept.)* ☙ Clément Minne et Pauline Giraud

DOM. LAFRAN-VEYROLLES		
Cuvée spéciale 2012		
■	5 000	♟ ⑪ 20 à 30 €

Valeur sûre de l'appellation, ce domaine de 10 ha – propriété d'un certain Melchion Lafran au XVIIᵉs. – est entré dans la famille Férec-Jouve au XIXᵉs. Il est dirigé depuis 1975 par Claude Férec-Jouve, qui a délaissé une carrière dans les ressources humaines pour reprendre le flambeau au décès de son père Louis Férec, l'un des pionniers de l'appellation.

Cette cuvée dévoile un bouquet fin et complexe à dominante de fruits frais, étoffé par une palette variée d'épices (poivre, muscade, clou de girofle). On retrouve cette belle fraîcheur fruitée dans une bouche solide, épaulée par des tanins bien en place, encore un peu sévères en finale. Patience. ✗ 2017-2022 ⵟ côte de bœuf

☙ *Dom. Lafran-Veyrolles, 2115, rte de l'Argile, 83740 La Cadière-d'Azur, tél. 04 94 90 13 37, contact@ lafran-veyrolles.com* Ⓥ 🅰 ♟ *t.l.j. sf dim. 8h30 (sam. 10h)-12h 14h30-17h30 (18h30 en été)* ☙ SCEA Férec-Jouve

DOM. DE LA LAIDIÈRE 2012 ★		
■	20 000	⑪ 15 à 20 €

Ce domaine familial, aujourd'hui conduit par Freddy Estienne et sa fille Anne, a vu le jour en 1941, l'année de la création de l'appellation bandol. Le vignoble en restanques (24 ha) est exposé au sud-sud-est sur un terroir de type marno-sableux à la sortie des gorges d'Ollioules.

Quelques reflets ambrés, ornent la robe de ce rouge d'abord discret qui s'ouvre au palais. À l'attaque facile succède beaucoup de longueur et de fraîcheur. La persistance des plus plaisantes combine fruits noirs, sous-bois, réglisse et notes toastées. ✗ 2015-2020 ⵟ veau marengo

☙ *Dom. de la Laidière, 426, chem. de Font-Vive, Sainte-Anne-d'Évenos, 83330 Évenos, tél. 04 98 03 65 75, info@laidiere.com* Ⓥ 🅰 ♟ *t.l.j. sf sam. dim. 9h-12h 14h-17h* ☙ Estienne

DOM. LOU CAPELAN 2014 ★		
■	2 400	♟ 11 à 15 €

À l'origine, un petit domaine familial de 4 ha au lieu-dit Les Capelaniers, repris en 1992 par Maurice Silvestri. La production est alors en vin de table, mais les terrains sont classés en AOC bandol. Arrachage, replantation et premier bandol élaboré en 1996. Aujourd'hui, le vignoble couvre 41 ha, dont 14 en production, sur La Cadière et Le Castellet.

La dégustation s'ouvre par un nez délicat, sans exubérance, à dominante d'agrumes et d'eucalyptus. Le prélude à une bouche équilibrée, à la fois ronde, ample et fraîche, soulignée en finale par une fine tension minérale. ✗ 2015-2018 ♈ pissaladière

o━ *Maurice Silvestri, mas des Figuiers,*
930, chem. de la Massoque, 83330 Le Brûlat-du-Castellet,
tél. 04 98 03 60 09, loucapelan@hotmail.fr
Ⓥ 🍴 🛏 *t.l.j. sf dim. lun. 10h-12h 14h-18h*

Ⓑ DOM. MARIE BÉRÉNICE 2012

■	2 000	▥	15 à 20 €

Ce domaine créé par Damien Roux entre les villages de La Cadière d'Azur et du Castellet dispose de 12 ha de vignes en restanques, conduits selon les préceptes de l'agriculture biologique. Il produit aussi de l'huile d'olive, bio également.

Premier millésime et première entrée dans le Guide avec ce bandol de belle facture, ouvert sur des notes d'épices douces agrémentées d'une touche d'orange sanguine qui apporte une agréable fraîcheur. On retrouve cette dominante épicée aux côtés des fruits mûrs dans une bouche jeune et fougueuse qui doit encore se patiner. ✗ 2016-2022 ♈ tajine d'agneau ■ 2014 (15 à 20 € ; 1 600 b.) Ⓑ : vin cité ✗ 2016-2018

o━ *Damien Roux, 1826, rte du Grand-Vallat,*
83330 Le Castellet, tél. 09 50 67 59 59,
contact@domainemarieberenice.com Ⓥ 🍴 🛏 *r.-v.*

DOM. MAUBERNARD 2013 ★

■	17 000	⬡	11 à 15 €

Installé en 2000, Michel Vidal conduit ce petit domaine familial créé par son arrière-grand-père Julien Fabre. Le vignoble s'étend sur 8 ha (en conversion bio) aux portes de Saint-Cyr.

L'empreinte de l'élevage est sensible dès le premier nez à travers des notes de boisé fumé et épicé. Un trait de caractère que ne renie pas le palais, dense et profond, bâti sur des tanins virils qui ne laissent pas de doute sur le solide potentiel de ce vin. ✗ 2019-2025 ♈ daube de sanglier ■ 2014 ★ (11 à 15 € ; 19 400 b.) : un rosé sur les fruits rouges, ample, long et bien équilibré entre une texture soyeuse et une fine acidité. ✗ 2015-2016

o━ *Dom. Maubernard, 4949, chem. de Saint-Antoine,*
83270 Saint-Cyr-sur-Mer, tél. 04 91 37 03 44,
domaine.maubernard@wanadoo.fr
Ⓥ 🍴 🛏 *t.l.j. 9h-12h 14h-18h*

MOULIN DE LA ROQUE
Grande Réserve 2014 ★★

■	25 000	⬠	11 à 15 €

Installée depuis 1950 dans un moulin du XVIᵉs., une partie de la structure de la coopérative du Castellet a été transférée dans 3 200 m² semi-enterrés répondant aux normes éco-environnementales ; le site de la Cadière-d'Azur abrite désormais les vinifications.

Expressif, le nez déploie une palette aromatique variée : fruits exotiques, fruits rouges, nèfle, épices. La bouche se montre persistante, tendre et enveloppante, mise en relief par des notes suaves et délicates de meringue et de fleurs blanches. Un très beau rosé, tout en finesse et en élégance. ✗ 2014-2018 ♈ tartare de thon ■ Les Baumes 2012 ★ (8 à 11 € ; 20 000 b.) : un nez discret, fruité et boisé, une bouche fraîche aux tanins fins et élégants. ✗ 2017-2022 ■ Dom. des Capelaniers 2014 ★ (8 à 11 € ; 40 000 b.) : des parfums de melon, de pamplemousse et de fruits rouges, une bouche puissante, généreuse et longue sans manquer de fraîcheur. ✗ 2015-2016 ■ Dom. de la Nartette 2012 ★ (11 à 15 € ; 5 000 b.) Ⓑ : de l'expression, de l'ampleur, des tanins compacts et austères, une jolie finale fruitée et épicée. ✗ 2018-2023

o━ *Moulin de la Roque, 1, rte des Sources,*
83330 Le Castellet, tél. 04 94 90 10 39,
contact@laroque-bandol.fr Ⓥ 🍴 🛏 *r.-v.*

CH. DE LA NOBLESSE 2013 ★

■	6 600	🍷⬡	11 à 15 €

Ce domaine, fondé dans les années 1930 et resté familial depuis lors, étend ses vignes sur 13 ha d'un seul tenant. Aux commandes, Henri Gaussen, épaulé depuis 1990 par sa fille Agnès Cade, œnologue.

Une robe sombre aux nuances violines, un bouquet chaleureux de tabac, de cacao et de fruits noirs à l'alcool, l'approche est engageante et bien dans le ton de l'appellation. La bouche s'avère elle aussi bien typée : une belle ossature de tanins veloutés, un fruité mûr et persistant, un caractère vineux et une finale épicée. ✗ 2010-2022 ♈ goulasch ■ 2014 ★ (11 à 15 € ; 2 600 b.) : ananas, pêche et agrumes pour ce blanc ample, rond et souple, plus tendu en finale. ✗ 2015-2018

o━ *EARL Ch. de la Noblesse, 1685, chem. de l'Argile,*
83740 La Cadière-d'Azur, tél. 04 94 98 72 07,
chateau.noblesse@gmail.com Ⓥ 🍴 🛏 *t.l.j. sf dim.*
10h-12h 14h-19h o━ Gaussen-Cade

DOM. DE L'OLIVETTE 2012

■	40 000	⬡	15 à 20 €

Depuis deux siècles, la famille Dumoutier, très impliquée dans la création de l'AOC bandol, anime l'un des plus vastes domaines de l'appellation avec ses 55 ha de vignoble implanté entre les villages médiévaux du Castellet et de La Cadière-d'Azur ; il est aussi l'un des plus constants.

Ce bandol sombre et dense s'ouvre sur des notes d'élevage intenses, à dominante de cacao et d'épices douces, agrémentées de senteurs plus fraîches de sous-bois. Des arômes que l'on retrouve dans un palais bien structuré, qui a du volume et d'une honorable longueur. Une bouteille d'ores et déjà plaisante, mais que l'on pourra remiser en cave sans crainte pour plus de fondu. ✗ 2015-2020 ♈ canette rôtie aux olives

o━ *Dumoutier, Dom. de l'Olivette,*
519, chem. de l'Olivette, 83330 Le Castellet,
tél. 04 94 98 58 85, contact@domaine-olivette.com
Ⓥ 🍴 🛏 *t.l.j. sf dim. 8h30-12h 14h-18h*

CH. PEY NEUF 2014 ★★

■	133 000	⬠	11 à 15 €

Guy Arnaud, héritier de trois générations de vignerons sur ces terres familiales de La Cadière-d'Azur, non loin du port de Bandol, a pris en 1982 les rênes du domaine et de ses 56 ha de vignes. Il cultive une partie du vignoble selon les principes de la biodynamie, sans certification.

Souvent en vue pour ses rosés, le domaine propose ici un 2014 qui ne nuira pas à sa réputation, bien au contraire. Un rosé très «fashion», comme le note un dégustateur, comprenez très pâle et lumineux, couleur litchi. Le nez, intense, propose une agréable variation autour des fruits rouges (fraise, framboise). La bouche s'avère ronde et suave, équilibrée par une acidité dosée à la perfection qui pousse loin, très loin la finale, intense et fruitée. ✗ 2015-2016 ♈ rôti de lotte au lard ■ 2014 ★★ (8 à 11 € ; n.c. b.) : une palette aromatique variée (aubépine, pêche, menthol, citron vert), une belle concentration et une fraîcheur revigorante ; en un mot : de l'harmonie. ✗ 2015-2018

☞ *Guy Arnaud, Dom. Pey-Neuf, 1947, rte de la Cadière, 83270 Saint-Cyr-sur-Mer, tél. 06 03 58 35 33, domaine.peyneuf@wanadoo.fr* 🅥 🏃 🎁 *r.-v.*

♥ CH. DE PIBARNON 2012 ★★		
■ 80 000	⬤	30 à 50 €

La famille de Saint-Victor (aujourd'hui Éric) prend pied en 1978 sur ces terres bandolaises qu'elle exploite en bio non certifié. Après de nombreux travaux d'agrandissement, la propriété compte aujourd'hui 50 ha de vignes s'étageant en restanques, à 300 m d'altitude, et formant un cirque exposé au sud-est. Une référence incontournable de l'appellation bandol.

Le bandol à son meilleur avec ce 2012 qui témoigne de la haute expression du mourvèdre dans un millésime pourtant difficile. La robe est dense et sombre, le bouquet généreux et bien ouvert sur les fruits mûrs enrichis de notes épicées et de délicates nuances florales. Ample, profonde, séveuse, longuement tapissée par un fruité gourmand, la bouche s'adosse à une élégante fraîcheur mentholée et à des tanins déjà bien veloutés et d'une grande finesse de grain. Un vin complet qui marie puissance et élégance, séduit par sa présence immédiate et sa dimension à venir. ✗ 2018-2025 ♈ tournedos Rossini

☞ *Ch. de Pibarnon, 410, chem. de la Croix-des-Signaux, 83740 La Cadière-d'Azur, tél. 04 94 90 12 73, contact@pibarnon.fr* 🅥 🏃 🎁 *t.l.j. sf dim. 9h-12h 14h-18h*
☞ de Saint-Victor

DOM. RAY-JANE		
Cuvée de la Ville de Sanary 2014 ★		
■ 5 000	🍶	11 à 15 €

Perpétuant une tradition vigneronne qui remonte au XIIIe s., Alain Constant compte parmi les 26 ha de son domaine un tiers de vignes centenaires ; un vignoble cultivé en bio (en partie converti), dans la plus pure tradition avec labour à la charrue et piochage à la main. Ce bandol blanc se révèle d'emblée riche en saveurs exotiques agrémentées de nuances de buis, d'agrumes et de fleur d'acacia. On retrouve ces arômes avec persistance

dans une bouche alerte et harmonieuse, qui laisse une agréable sensation de fraîcheur, mêlant en finale une touche végétale à de beaux amers. ✗ 2015-2018 ♈ spaghettis aux coques ■ 2014 (11 à 15 € ; 10 600 b.) 🅑 : vin cité. ✗ 2015-2016

☞ *Dom. Ray-Jane, 373, av. du Bosquet, 83330 Le Castellet, tél. 04 94 98 64 08, domainerayjane@gmail.com* 🅥 🏃 🎁 *t.l.j. sf dim. 8h30-12h 14h-19h*
☞ Alain Constant

CH. SALETTES Cayenne 2013 ★		
■ 2 000	⬤	30 à 50 €

Depuis 1604, dix-huit générations de vignerons se sont succédé sur ce terroir mêlé d'argile, de calcaire et de roc concassé sur lequel est implanté le vignoble : 40 ha d'un seul tenant au pied de La Cadière-d'Azur. Un domaine entièrement restructuré, à la vigne et au chai, par Jean-Pierre Boyer, puis par ~~son fils~~ Nicolas, décédé prématurément en 2011. Jean-Pierre a donc repris les rênes, secondé par l'œnologue Alexandre Le Corguillé. Une valeur sûre, d'une grande constance dans la qualité et ce dans les trois couleurs de l'appellation.

Coup de cœur l'an dernier avec son rouge 2012, le domaine revient avec un 2013 de très belle facture, issu d'une parcelle de mourvèdre et de grenache (5 %) au sol caillouteux dont la plantation il y a quarante ans a laissé le souvenir d'un travail de... bagnards. Au nez, les épices douces accompagnent les fruits mûrs. La bouche, à l'unisson, s'appuie sur une trame élégante de tanins veloutés et s'étire dans une belle finale finement poivrée. ✗ 2017-2023 ♈ carré d'agneau aux cèpes ■ 2014 (15 à 20 € ; 11 000 b.) : ce blanc ne manque ni de relief ni d'équilibre, ni de fraîcheur ni d'expression (fruits à chair blanche et ananas). ✗ 2015-2018

☞ *Ch. Salettes, chem. des Salettes, 83740 La Cadière-d'Azur, tél. 04 94 90 06 06, salettes@salettes.com* 🅥 🏃 🎁 *t.l.j. sf dim. 8h-12h 14h-17h; sam. 9h-12h en été* ☞ Boyer-Ricard

DOM. SORIN 2013 ★		
■ 4 800	⬤	15 à 20 €

Bourguignon d'origine, Luc Sorin s'installe en terres provençales en 1994. Ses vignes (14 ha), conduites en culture raisonnée, sont groupées à 80 % en un seul tenant et traversées par la limite de l'aire d'appellation bandol.

Ce bandol d'un beau rouge profond aux nuances violines de jeunesse dévoile un bouquet intense et complexe qui associe le café, le tabac blond, la garrigue et le menthol. La bouche se révèle souple en attaque, puis s'étoffe autour de tanins mûrs, et s'achève sur des nuances corsées et chaleureuses de poivre et de cacao. Un bon classique de garde. ✗ 2018-2025 ♈ bœuf marengo

☞ *Dom. Sorin, 1617, rte de La Cadière, 83270 Saint-Cyr-sur-Mer, tél. 04 94 26 62 28, luc.sorin@wanadoo.fr* 🅥 🏃 🎁 *r.-v.*

DOM. DE SOUVIOU Tête de cuvée 2012		
■ 6 800	⬤	20 à 30 €

Ce domaine très ancien (les cultures de la vigne et des oliviers existaient déjà au XVIe s.) est entré dans la famille Pascal en 2001. Celle-ci y a relancé l'oléiculture, sans négliger le vin. Situé sur la route qui monte de Beausset au circuit du Castellet, le vignoble s'étend sur

25 ha en restanques, à l'origine de bandol (et aussi de côtes-de-provence) d'une constance remarquable.

Après trois coups de cœur consécutifs, excusez du peu, le Dom. de Souviou sème une aimable discorde au sein des dégustateurs appelés à goûter sa Tête de cuvée 2012. Les avis sont en effet partagés : un bandol cossu comme il se doit pour les uns, trop opulent pour les autres. Les amateurs de vins puissants apprécieront en tout cas sa nature solaire et vigoureuse, portée par une matière dense, par des notes de fruits surmûris, presque confits, et par des tanins imposants. ✗ 2019-2025 ▼ daube de sanglier ■ 2014 (11 à 15 € ; 12 000 b.) : vin cité. ✗ 2015-2018

o-- SCEA Olivier Pascal, Dom. de Souviou,
RN 8, 83330 Le Beausset, tél. 04 94 90 57 63,
souviou@wanadoo.fr Ⓥ ⬛ t.l.j. 9h-12h 15h-19h

DOM. LA SUFFRÈNE 2014 ★★	
■ 140 000	11 à 15 €

C'est au lieu-dit La Suffrène – qui aurait été autrefois la résidence d'une compagne du Bailli de Suffren – que s'étend une partie des vignes de ce domaine incontournable de l'AOC bandol. Un vignoble familial de 55 ha, morcelé en une centaine de parcelles, dont les raisins étaient portés à la coopérative jusqu'en 1996 et l'arrivée de Cédric Gravier, à la suite de ses grands-parents.

Après quatre coups de cœur consécutifs (!), la Suffrène « rentre dans le rang », passant de l'admirable au « simplement » excellent avec ce rosé gorgé de fruits : figue fraîche, abricot, fraise des bois. Arômes qui se marient à des notes plus confites et épicées dans une bouche très ronde, généreuse et persistante, soulignée par une fine minéralité qui signe l'expression du terroir. Finaliste des coups de cœur. ✗ 2015-2017 ▼ poulet au citron ■ 2012 ★ (15 à 20 € ; 45 000 b.) : au nez, des accents empyreumatiques, réglissés et fruités, prolongés par un palais ample et frais, aux tanins fins. ✗ 2017-2022 ■ 2014 ★ (11 à 15 € ; 8 000 b.) : un blanc frais, exotique et citronné, au nez comme en bouche. ✗ 2015-2018

o-- Dom. la Suffrène, 1066, chem. de Cuges,
83740 La Cadière-d'Azur, tél. 04 94 90 09 23,
suffrene@orange.fr Ⓥ 🅺 🅣 t.l.j. sf dim. 9h-12h 14h-18h
o-- Cédric Gravier

Ⓑ DOM. DE TERREBRUNE 2012 ★	
■ 56 000 ⑾	20 à 30 €

Dans les années 1960, Georges Delille entreprend d'énormes travaux pour mettre en état la propriété qu'il vient d'acquérir. Les argiles très brunes dans lesquelles s'enracinent les 30 ha de vignes inspirèrent alors le nom du domaine, dirigé aujourd'hui par Reynald, le fils du fondateur arrivé en 1980, date des premières mises en bouteilles.

Un peu fermé de prime abord, ce bandol s'ouvre doucement à l'aération sur des notes profondes de fruits noirs et de muscade. Souple en attaque, la bouche affiche un bel équilibre sucrosité-matière-tanins et déploie une longue finale épicée. À revoir dans quelques années pour une expression plus aboutie. ✗ 2018-2022 ▼ navarin d'agneau ■ 2014 ★ (15 à 20 € ; 12 000 b.) Ⓑ : un vin à la fois riche et frais, minéral et fruité. ✗ 2015-2018

o-- Dom. de Terrebrune, 724, chem. de la Tourelle,
83190 Ollioules, tél. 04 94 74 01 30, domaine@
terrebrune.fr Ⓥ 🅺 🅣 t.l.j. sf dim. 9h-12h30 14h30-18h

♥ Ⓑ CH. GUILHEM TOURNIER		
Cuvée la Malissonne 2012 ★★		
■ 5 000	⑾	15 à 20 €

Fils des propriétaires du Dom. Roche Redonne, Guilhem Tournier exploite depuis 2004 son propre vignoble conduit en bio : 6 ha établis au pied du village médiéval de La Cadière-d'Azur.

Après quelque dix années en solo, dix années de progrès dont s'est fait témoin le Guide, millésime après millésime, Guilhem Tournier atteint la plus haute marche du podium avec un bandol rouge, la couleur emblématique d'une appellation qui voit le vin en rose... La robe pourpre, d'une vivacité lumineuse, séduit tout autant que le nez, complexe et généreux, sur la prune macérée et les fruits noirs mûrs mâtinés de notes grillées et réglissées. Souple et frais en attaque, le palais monte doucement en puissance, porté par des tanins en rangs serrés et par un bon boisé empyreumatique et cacaoté. La finale, longue, vigoureuse mais sans dureté, laisse le souvenir d'un vrai bandol de garde. ✗ 2018-2025 ▼ magret de canard aux morilles

o-- Guilhem Tournier, Ch. Guilhem Tournier,
chem. des Paluns, 83740 La Cadière-d'Azur,
tél. 04 94 90 11 03, guilhem.tournier@sfr.fr
Ⓥ 🅺 🅣 r.-v.

DOM. TROIS FILLES 2014	
■ 12 000	11 à 15 €

Une nouvelle vie pour ce tout jeune domaine sorti en 2013 de la coopérative par les trois filles de la famille Arlon – Audrey, Léonie et Justine. Un vignoble porté aujourd'hui à 7,5 ha, accroché à une colline surplombant la mer, à La Cadière-d'Azur.

Une légère agitation du verre facilite l'expression de ce rosé couleur peau de pêche. Se révèlent alors des notes douces de fruits rouges et de fleurs blanches, accompagnées par la fraîcheur minérale des lieux, le tout dans un équilibre appréciable. ✗ 2015-2016 ▼ pissaladière

o-- Famille Arlon, 1616, chem. de la Bégude,
83740 La Cadière-d'Azur, tél. 06 62 89 79 90,
contact@domainesdestroisfilles.com Ⓥ 🅺 🅣 r.-v.

CH. LA VIVONNE 2014		
■ n.c.	î	11 à 15 €

Situé sur les hauteurs du village médiéval du Castellet, entre mer et montagne au cœur du vignoble bandolais, ce domaine de 25 ha a été racheté à Walter Gilpin par Michel Benhaim en 2010.

Ce rosé pâle et aérien, couleur litchi, séduit par son expression aromatique délicate autour de la pêche blanche et du bonbon arlequin, par sa légèreté et par sa vivacité mesurée, mise en relief par une tendre amertume en finale. ✗ 2015-2016 ▼ tian provençal

o-- La Vivonne, 3345, montée-du-Château,
83330 Le Castellet, tél. 04 94 98 70 09, domaine@
vivonne.com Ⓥ 🅺 🅣 r.-v. o-- M. Benhaim

LES BAUX-DE-PROVENCE

Superficie : 300 ha / Production : 9 212 hl

Perchée sur un éperon rocheux, la citadelle des Baux garde le souvenir des seigneurs orgueilleux qui l'édifièrent à partir du XIes. La blancheur de ses murailles est celle du calcaire des Alpilles, dont elle constitue un avant-poste. Ce massif au relief pittoresque taillé en biseau par l'érosion est le paradis de l'olivier, dont les fruits bénéficient de deux AOC. Le vignoble trouve également ici son secteur un milieu favorable, sur les dépôts caillouteux caractéristiques de cette région, comme les grèzes litées, éboulis d'origine glaciaire. Elles sont ici peu épaisses et la fraction fine, dont dépend la réserve hydrique du sol, est importante. Ce secteur se distingue par une nuance climatique qui en fait une zone précoce, peu gélive, chaude et plus arrosée (650 mm).

Reconnue en 1995 au sein de la zone des coteaux-d'aix-en-provence, cette AOC est réservée aux vins rouges (80 %) et rosés. Les règles de production y sont plus strictes (rendement plus bas, densité plus élevée, taille plus restrictive, élevage d'au moins douze mois pour les vins rouges, minimum de 50 % de saignée pour les vins rosés) ; l'encépagement, mieux défini, repose sur le couple grenache-syrah, accompagné quelquefois du mourvèdre.

Ⓑ MAS DE GOURGONNIER 2013			
■	10 000	🍷	8 à 11 €

Commandé par un mas construit en 1720, ce vignoble de 45 ha, propriété familiale depuis cinq générations, est conduit en agriculture bio depuis le début, certifié depuis 1975. Le compost se fait sur le domaine, les traitements à la vigne et les intrants au chai sont réduits au strict minimum.

Grenache, syrah, cabernet-sauvignon et carignan composent cette cuvée élaborée sans ajout de sulfites (ni à la vinification ni pendant l'élevage ni à la mise en bouteilles). Le résultat est un vin expressif (arômes intenses de fruits rouges et de cassis), dense et bien structuré par des tanins fermes. En devenir. ✗ 2017-2020 ♈ tajine d'agneau aux pruneaux

☛ Mme Nicolas Cartier et ses Fils, Mas de Gourgonnier, Le Destet D 78, 13890 Mouriès, tél. 04 90 47 50 45, contact@gourgonnier.com Ⓥ 🚶 🅟 t.l.j. 9h-12h 14h-18h; f. dim. janv.-mars

MAS SAINTE-BERTHE Louis David 2012 ★			
■	13 000	🍷 ◑	11 à 15 €

Ce domaine de 40 ha, situé au pied du village des Baux-de-Provence, est une valeur sûre qui produit sous cette AOC du vin et de l'huile d'olive. Il tire son nom d'une chapelle érigée en 1538 sur ses terres. Le vignoble, planté à partir des années 1950, est conduit par Christian Nief depuis 2000.

L'élevage s'est déroulé pendant un an en fût : 50 % en bois neuf, 50 % en barrique de un et deux ans. On ressent nettement la part du bois, surtout en bouche, le nez étant centré sur les fruits rouges cuits agrémentés de nuances de cuir. Un vin promis à un bel avenir, puissant, riche, ample et généreux sans manquer ni de finesse ni de fraîcheur. ✗ 2018-2022 ♈ lièvre à la royale

☛ Mas Sainte-Berthe, chem. de Sainte-Berthe, 13520 Les Baux-de-Provence, tél. 04 90 54 39 01, info@mas-sainte-berthe.com Ⓥ 🚶 🅟 t.l.j. 9h-12h 14h-18h
☛ Rolland

Ⓑ CH. ROMANIN 2014			
■	37 000	🍷	11 à 15 €

Anciens propriétaires du Ch. Montrose, cru classé de Saint-Estèphe, Anne-Marie et Jean-Louis Charmolüe ont acquis en 2006 ce vaste domaine (250 ha) au passé ancien, situé au cœur de l'AOC baux-de-provence, sur les ruines d'un château de l'ordre des Templiers datant du XIIIes. Le vignoble couvre 58 ha, conduits en biodynamie depuis 1988, et les vins sont élevés dans une cave monumentale, creusée dans la roche et conçue comme une cathédrale gothique.

Grenache (64 %) et counoise (21 %) composent ce rosé, complétés par la syrah (10 %) et le mourvèdre (5 %). Cela donne un joli vin couleur chair, limpide et brillant, qui joue sur la délicatesse à travers des nuances florales et fruitées (fruits rouges), au nez comme en bouche, et un équilibre centré sur la fraîcheur. ✗ 2015-2016 ♈ filets de poulet marinés aux épices

☛ Ch. Romanin, rte de Cavaillon, 13210 Saint-Rémy-de-Provence, tél. 04 90 92 45 87, contact@chateauromanin.fr Ⓥ 🚶 🅟 r.-v.
☛ Charmolüe

Ⓑ DOM. DES TERRES BLANCHES 2014			
■	33 000	🍷	11 à 15 €

Ce domaine précurseur en matière de viticulture biologique (« bio-actif » depuis 1970) a été fondé en 1968 par Noël Michelin. Conduit par la famille Parmentier-Jolly depuis 2007, il a changé de propriétaire en 2012, racheté par Laurent Hild, un industriel alsacien. Ce dernier a maintenu cette orientation sur un vignoble de 40 ha. Régulièrement en vue pour ses baux-de-provence, dans les trois couleurs.

Pas moins de six cépages (grenache noir en tête) sont à l'œuvre dans ce rosé à la robe éclatante. Du verre montent des arômes généreux mais délicats de fruits mûrs, avec la framboise écrasée comme note dominante. Ample à l'attaque, le palais offre de l'onctuosité et de la richesse, équilibrée par une pointe de vivacité bienvenue. Un vin de gourmandise, de gourmet même, à réserver pour le repas. ✗ 2015-2016 ♈ rougets à la provençale ■ 2014 (11 à 15 € ; 17 000 b.) Ⓑ : vin cité. ✗ 2015-2018

☛ Laurent Hild, Dom. des Terres blanches, RD 99, rte de Cavaillon, 13210 Saint-Rémy-de-Provence, tél. 04 90 95 91 66, info@terresblanches.com Ⓥ 🚶 🅟 t.l.j. 9h-18h30

BELLET

Superficie : 48 ha / Production : 1 150 hl (65 % rouge et rosé)

De rares privilégiés connaissent ce minuscule vignoble situé sur les hauteurs de Nice, dont la production est presque introuvable ailleurs que localement. Elle est faite de blancs originaux et aromatiques, grâce au rolle, cépage de grande classe, et au chardonnay (qui se plaît à cette latitude quand il est exposé au nord et suffisamment haut) ; de rosés soyeux et frais ; de

rouges somptueux, auxquels deux cépages locaux, la fuella et le braquet, donnent une typicité certaine. Ils seront à leur juste place avec la riche cuisine niçoise si originale, la tourte de blettes, le tian de légumes, l'estocaficada, les tripes, sans oublier la socca, la pissaladière ou la poutine.

COLLET DE BOVIS 2013 ★★

■	2 400	◐	15 à 20 €

Jean Spizzo, enseignant universitaire, s'est passionné pour la culture de la vigne et la vinification dès 1974. Le vignoble de 4,5 ha, en conversion à l'agriculture biologique, est situé sur les collines de Bellet qui dominent la ville de Nice.

Le nez, gourmand et riche, livre des parfums d'ananas rôti et de fruits blancs mûrs assortis de notes vanillées et d'arômes de moka. Franche en attaque, la bouche se révèle dense et onctueuse, portée par les fruits blancs mûrs et soutenue par un fin sillage boisé. Déjà un très beau vin mais aussi plein de promesses pour l'avenir. ⧗ 2017-2020 🍷 sole meunière ■ 2013★ (15 à 20 €; 1 800 b.) : des parfums de garrigue, d'orange confite et de menthol, et une bouche élégante, fraîche et persistante. ⧗ 2017-2019

🔑 *Jean Spizzo, Le Fogolar, 370, chem. de Crémat, 06200 Nice, tél. 04 93 37 82 52, jeanetmichele.spizzo@sfr.fr* V 🚶 🍷 *r.-v.* 🏠 Ⓔ

♥ Ⓑ CH. DE CRÉMAT 2014 ★★

■	3 300	🍾	20 à 30 €

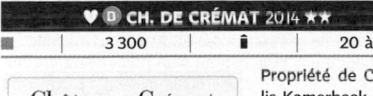

Propriété de Cornelis Kamerbeek, amateur éclairé et passionné de vin depuis 2001, ce domaine de 10 ha (converti au bio) s'étend sur un terroir de galets roulés caractéristiques de l'appellation bellet. Une valeur sûre.

De beaux reflets saumonés animent la robe de ce superbe vin, qui dévoile à l'aération de fines nuances florales (rose, violette, chèvrefeuille) agrémentées d'une pointe de bergamote. Si l'entame est engageante, la suite est emballante avec une bouche souple, tendre, soyeuse et gourmande, aux arômes savoureux de bonbon à la violette et de fruits rouges écrasés. Un bellet de gastronomie, qui porte très haut la couleur rosée de l'appellation. ⧗ 2017-2020 🍷 blanquette de poisson ■ 2011★ (20 à 30 €; 18 000 b.) : un vin concentré, généreux, riche sans lourdeur et complexe (cacao, petits fruits noirs, tabac blond, pruneau...). ⧗ 2017-2019 ■ 2011★ (20 à 30 €; 3 300 b.) : un blanc équilibré et complexe, à la fois minéral et suave (fruits confits). ⧗ 2015-2018

🔑 *Ch. de Crémat, 442, chem. de Crémat, 06200 Nice, tél. 04 92 15 12 15, cremat.vins@orange.fr* V 🚶 🍷 *t.l.j. 9h-12h 13h-17h* 🔑 Kamerbeek

Ⓑ DOM. DE LA SOURCE 2014 ★

■	3 500	🍾	15 à 20 €

Une source qui alimentait autrefois des cultures florales et maraîchères donne son nom à ce domaine de 5 ha conduit en agriculture biologique par Jacques Dalmasso, épaulé de ses enfants Carine et Éric depuis 2003.

Ce 2014 se livre progressivement à l'olfaction sur la rose séchée et le brugnon mûr. La bouche, à la fois croquante et suave, donne l'impression de mordre dans un fruit jaune juteux sur fond de sucre cuit. Un rosé aux multiples facettes. ⧗ 2015-2016 🍷 escalope milanaise ■ 2012 (20 à 30 €; 6 000 b.) Ⓑ : vin cité. ⧗ 2017-2019

🔑 *Dom. de la Source, 303, chem. de Saquier, 06200 Nice, tél. 04 93 29 81 60, contact@domainedelasource.fr* V 🚶 🍷 *t.l.j. 10h-18h* 🔑 Dalmasso

CASSIS

Superficie : 200 ha / Production : 7 687 hl

Un creux de rochers, auquel on n'accède que par des cols relativement hauts de Marseille ou de Toulon, abrite, au pied des plus hautes falaises de France, des calanques et une certaine fontaine qui, selon les Cassidens, rendrait leur ville plus remarquable que Paris... Mais aussi un vignoble que se disputaient déjà, au XIe s., les puissantes abbayes, en demandant l'arbitrage du pape, et qui produit aujourd'hui des vins rouges, rosés et surtout blancs. Mistral disait de ces derniers qu'ils sentaient le romarin, la bruyère et le myrte. Capiteux et parfumés, les cassis blancs sont des vins de classe qui s'apprécient particulièrement avec les bouillabaisses, les poissons grillés, les coquillages et les viandes blanches.

Ⓑ DOM. DU BAGNOL 2014

■	38 000	🍾	11 à 15 €

Depuis 2003, Sébastien Genovesi dirige ce domaine de 14,5 ha en bio certifié, implanté en plein cœur de Cassis, qui fut créé en 1884 par le marquis de Fesques. Les archives mentionnent la présence de vignes dès 1430 en ce lieu appelé « Lobanhou », au pied du cap Canaille, la plus haute falaise maritime de France.

Ce blanc déploie une large palette aromatique portée sur l'aubépine, le jasmin, la brioche et la pâte de coings. Palette qui s'épanouit, en compagnie de la pêche et de l'abricot, dans une bouche fraîche et alerte, soulignée en finale par une note minérale. Un cassis bien équilibré. ⧗ 2015-2020 🍷 tajine de lotte ■ 2014 (11 à 15 €; 41 500 b.) : vin cité. ⧗ 2015-2016

🔑 *Sébastien Genovesi, Dom. du Bagnol, 12, av. de Provence, 13260 Cassis, tél. 04 42 01 78 05, jeanlouis.geno@orange.fr* V 🍷 *t.l.j. sf sam. dim. 8h-12h 14h-18h*

Ⓑ CH. BARBANAU Clos Val Bruyère 2013 ★

■	25 000	🍾	11 à 15 €

Sur les traces d'un arrière-grand-père vigneron, le renouveau du Clos Val Bruyère revient au père de Sophie Cerciello qui fait l'acquisition en 1989 de ce domaine situé à l'extrémité ouest des côtes-de-provence, non loin de Cassis. Sophie et Didier Simonini s'attachent à élaborer des vins proches de la nature, issus de l'agriculture biologique depuis 2008.

Après un superbe coup de cœur pour le 2012, cette cuvée revient avec moins d'ambition dans sa version 2013, mais

PROVENCE

avec de bons arguments à faire valoir. Un blanc fort plaisant par son bouquet complexe de noisette fraîche, d'eucalyptus et de chocolat blanc, comme par sa bouche riche et puissante, sur les fruits mûrs et le miel, stimulée par de beaux amers en finale. ✗ 2015-2019 ✵ brandade de morue

⊶ Ch. Barbanau, Le Hameau,
13830 Roquefort-la-Bédoule, tél. 04 42 73 14 60,
contact@chateau-barbanau.com Ⓥ 🔥 r.-v.

CLOS D'ALBIZZI 2014

| ■ | | 45 000 | | 11 à 15 € |

Le domaine fut créé en 1523 par le Florentin Antonio d'Albizzi. Son descendant François Dumon conduit aujourd'hui les 14 ha de vignes d'un seul tenant du domaine, adossés au mont Gibaou, sur un sol argilo-calcaire et marneux.

Ce cassis dévoile à l'olfaction d'agréables notes de violette, d'amande et de noisette. En bouche, il se révèle équilibré, associant une aimable rondeur aux tonalités de miel et de sirop d'abricot à une fine amertume. ✗ 2015-2017 ✵ dorade aux citrons confits

⊶ François Dumon, Ferme Saint-Vincent, av. des Albizzi,
13260 Cassis, tél. 04 42 01 11 43, clos.dalbizzi@orange.fr
Ⓥ 🔥 🔥 r.-v.

DOM. LA FERME BLANCHE 2014 ★

| ■ | | 6 000 | ⅅ | 11 à 15 € |

En 1714, le vignoble s'étendait jusqu'aux portes de la cité phocéenne. Démembré à la Révolution, il n'en reste aujourd'hui que 30 ha menés par Jéromine Paret et Philippe Garnier. Le domaine est en conversion bio.

Une belle robe grenat habille ce rouge original dominé par des notes de cerise bigarreau et d'épices douces. La bouche offre une bonne mâche, autour de tanins encore un peu jeunes mais de qualité, et trouve un bon support dans une élégante fraîcheur saline. ✗ 2016-2019 ✵ onglet grillé ■ 2014 (11 à 15 € ; 40 000 b.) : vin cité. ✗ 2015-2018

⊶ Dom. de la Ferme blanche, RD 559, 13260 Cassis,
tél. 04 42 01 00 74, fermeblanche@wanadoo.fr
Ⓥ 🔥 🔥 t.l.j. 9h-18h ⊶ Paret

CH. DE FONTBLANCHE
Pur jus de gouttes 2014 ★★

| ■ | | n.c. | 🔥 | 11 à 15 € |

Émile Bodin, l'un des précurseurs des vins de Cassis, a créé son vignoble au château de Fontblanche en 1890, après la crise phylloxérique. La sixième génération conduit les 35 ha de ce domaine commandé par une demeure édifiée au XVIIᵉ s. par le marquis de Villepay.

Frédéric Mistral aurait apprécié ce blanc au véritable accent cassidéen : robe empreinte de soleil au reflet jaune d'or, arômes sauvages de la garrigue environnante : sauge, romarin. Quant à la bouche, elle se révèle florale et fruitée, croquante et équilibrée, avec en finale une touche saline qui rappelle que les embruns ne sont pas loin. Un cassis de terroir. ✗ 2015-2018 ✵ coquille Saint-Jacques à la plancha

⊶ SCEA Bontoux-Bodin, Ch. de Fontblanche,
rte de Carnoux, 13260 Cassis, tél. 04 42 01 00 11,
chateau.fontblanche@terre-net.fr Ⓥ 🔥 🔥 t.l.j. sf dim.
8h-12h 14h-18h

CH. DE FONTCREUSE Cuvée F 2014 ★

| ■ | | 49 300 | 🔥 | 11 à 15 € |

Une fontaine creusée en 1687 pour alimenter en eau courante le château en cours de construction est à l'origine du nom du domaine, que le vigneron Jean-François Brando a acquis trois siècles plus tard. Ce lieu fut aussi, après la Révolution, la demeure des commissaires de la République.

Valeur sûre de l'appellation, Fontcreuse signe ici un joli cassis couleur chair, sur les fruits rouges et les épices douces. Un rosé équilibré en bouche, auquel la dominante de grenache (80 %, le cinsault en complément) apporte rondeur et générosité, contrebalancées par la fraîcheur minérale du terroir. ✗ 2015-2016 ✵ crostinis tomate et jambon

⊶ Jean-François Brando, Ch. de Fontcreuse,
13, rte Pierre-Imbert, 13260 Cassis, tél. 04 42 01 71 09,
fontcreuse@wanadoo.fr Ⓥ 🔥 t.l.j. sf sam. dim. 8h30-12h
14h-18h

Ⓑ DOM. DU PATERNEL Blanc de blancs 2014

| ■ | | 180 000 | 🔥 | | 11 à 15 € |

Le Dom. du Paternel créé en 1951 est exploité par Jean-Michel Santini, son épouse et leurs trois enfants. C'est l'un des plus grands domaines de l'appellation cassis, certifié en agriculture biologique. L'autre domaine (7 ha) des Santini, Couronne de Charlemagne, situé au pied de la colline éponyme, est également conduit en bio.

Tout en fraîcheur, ce cassis dévoile à l'olfaction d'agréables notes de pamplemousse et de citron. Une fraîcheur qui apporte une belle netteté à un palais direct et franc, caractère renforcé par une finale minérale. ✗ 2015-2018 ✵ poisson de roche ■ Esprit de famille 2013 (20 à 30 € ; 4 000 b.) Ⓑ : vin cité. ✗ 2017-2022 ■ Dom. Couronne de Charlemagne 2014 (11 à 15 € ; 4 000 b.) Ⓑ : vin cité. ✗ 2015-2016

⊶ Dom. du Paternel, 11, rte Pierre-Imbert, 13260 Cassis,
tél. 04 42 01 77 03, contact@domainedupaternel.com
Ⓥ 🔥 🔥 t.l.j. sf dim. 9h30-12h30 14h-18h ⊶ Santini

DOM. DES QUATRE VENTS 2014

| ■ | | 15 000 | 🔥 | 8 à 11 € |

Alain de Montillet est depuis 1973 à la tête du domaine des Quatre Vents, structure familiale de 9 ha en cours de conversion vers l'agriculture biologique, qui produit du cassis depuis la création en 1936.

Ce rosé couleur bois de rose, assemblage de grenache, de cinsault et de mourvèdre, dévoile un nez élégant et frais de petits fruits rouges et d'agrumes. La bouche, nette, sans exubérance, associe les fruits perçus à l'olfaction à une fine touche minérale. ✗ 2015-2016 ✵ tartare de dorade

⊶ Alain de Montillet, Dom. des Quatre Vents,
7, av. des Albizzi, 13260 Cassis, tél. 04 42 01 88 10,
quatrevents-cassis@orange.fr Ⓥ r.-v.

COTEAUX-D'AIX-EN-PROVENCE

**Superficie : 4 720 ha / Production : 211 012 hl
(95 % rouge ou rosé)**

Sise entre la Durance au nord et la Méditerranée au sud, entre les plaines rhodaniennes à l'ouest et la Provence triasique et cristalline à l'est, l'AOC coteaux-d'aix-en-provence appartient à la partie occidentale de la Provence calcaire. Le relief est façonné par une succession de chaînons, parallèles au rivage marin et couverts de taillis, de garrigue ou de résineux : chaînon de la Nerthe près de l'étang de Berre, chaînon des Costes prolongé par les Alpilles, au nord.

Entre ces reliefs s'étendent des bassins sédimentaires d'importance inégale (bassin de l'Arc, de la Touloubre, de la basse Durance) où se localise l'activité viticole. Grenache et cinsault forment encore la base de l'encépagement, avec une prédominance du premier ; syrah et cabernet-sauvignon sont en progression et remplacent peu à peu le carignan.

Les vins rosés légers, fruités et agréables s'apprécient avec des plats provençaux : ratatouille, artichauts barigoule, poisson grillé au fenouil, aïoli... Les vins rouges bénéficient d'un contexte pédologique et climatique favorable. Jeunes et fruités, avec des tanins souples, ils peuvent accompagner viandes grillées et gratins. Ils atteignent leur plénitude après deux ou trois ans de garde et se marient alors avec viandes en sauce et gibiers. La production de vins blancs est limitée. La partie nord de l'aire de production est plus favorable à l'élaboration de ces cuvées qui mêlent la rondeur du grenache blanc à la finesse de la clairette, du rolle et du bourboulenc.

Ⓑ LA BARGEMONE Cuvée Marina 2014 ★		
■	80 000	🛆	11 à 15 €

Créée au XIIIᵉs. par les Templiers, propriété du comte des Baux, puis de la famille Bargemon, cette exploitation a été reprise en 2007 par Marina et Christian Garin qui ont rénové, arraché, et replanté le vignoble, étendu sur 63 ha et en cours de conversion bio.

Issu de cabernet-sauvignon, de syrah et de grenache par tiers, ce rosé plaît par son bouquet intense et avenant de fruits rouges, groseille en tête, par sa fraîcheur et sa légèreté. Une belle personnalité. ✗ 2015-2016 ♈ gaspacho

⚫ Commanderie de la Bargemone, RN 7, 13760 Saint-Cannat, tél. 04 42 57 22 44, contact@bargemone.com Ⓥ 👥 🛆 t.l.j. sf sam. dim. 8h-18h
⚫ Garin

Ⓑ CH. BAS Le Temple 2013		
■	10 000	🛆	15 à 20 €

Bâti sur les ruines d'un site gallo-romain érigé au Iᵉʳs. avant J.C. et restauré au XVIIᵉs., ce domaine n'est dédié à la vigne que depuis 1970. Il étend son vignoble de 72 ha à 200 m d'altitude. La conversion bio est certifiée depuis 2010.

Cabernet-sauvignon, grenache, syrah et mourvèdre pour ce vin ouvert sur les fruits rouges à l'eau-de-vie, le poivron rouge et quelques notes animales. La bouche, qui suit la même ligne aromatique, se montre dense et charnue, mais encore très virile et tannique. Il est urgent d'attendre. ✗ 2017-2021 ♈ civet de lièvre

⚫ Ch. Bas, Ch. Bas, 13116 Vernègues, tél. 04 90 59 13 16, chateaubas@wanadoo.fr Ⓥ 👥 r.-v.

Ⓑ DOM. LES BÉATES Les Béatines 2014		
■	55 000	🛆	8 à 11 €

Acquis en 1996 par les familles Terrat et Chapoutier, ce domaine de 40 ha est conduit « en solo » et en biodynamie par les Terrat depuis 2002. Les Béates étaient des religieuses envoyées ici au XVIIᵉs. pour instruire et catéchiser les enfants.

Grenache et syrah sont associés dans ce 2014 bien typé rosé de Provence par sa robe très pâle. Le nez est bien ouvert sur la mangue et la cerise, et le palais équilibré, porté par une fraîcheur agréable. Le vin d'apéritif par excellence. ✗ 2015-2016 ♈ tapenade

⚫ Dom. les Béates, rte de Caireval, 13410 Lambesc, tél. 04 42 57 07 58, contact@lesbeates.com
Ⓥ 👥 🛆 t.l.j. sf dim. 10h-17h ⚫ Pierre-François Terrat

Ⓑ CH. CABANES 2014 ★		
■	59 600	🛆	5 à 8 €

La cave coopérative de Rognes, fondée en 1924, est devenue l'Hostellerie des vins de Rognes en 2012. Elle regroupe 65 producteurs pour une surface en vignes de quelque 600 ha en côteaux-d'aix-en-provence.

La robe rose pâle est accompagnée de reflets violines de jeunesse. D'intenses notes de fruits rouges accompagnées de délicats parfums de rose composent un bouquet engageant et élégant. Une légère acidité apporte juste ce qu'il faut de fraîcheur dans une bouche qui fait la part belle aux fruits frais, agrémentés de quelques touches amyliques. Un ensemble très harmonieux. ✗ 2015-2016 ♈ rougets à la plancha

⚫ Hostellerie des Vins de Rognes, chem. de Bres, RD 15, 13840 Rognes, tél. 04 42 50 26 79, contact@hvrognes.com Ⓥ 👥 🛆 t.l.j. sf dim. 9h-12h 14h30-19h

Ⓑ LA CADENIÈRE Vallon d'Escale 2014 ★		
▨	6 600	🛆	5 à 8 €

À la tête de ce domaine depuis trois générations, la famille Tobias a planté à petit le vignoble, qui s'étend aujourd'hui sur 53 ha, certifiés en bio depuis le millésime 2012. Gérard et Pierrette Tobias ont confié en 1985 les commandes à leurs enfants, Vincent, Pierre et Gabriel.

Nous avons ici affaire à un vin de belle expression. Intense aromatiquement, avec des notes de pamplemousse, de mangue et de pêche de vigne, il se montre ample, rond et suave en bouche, et s'étire dans une longue finale pleine de douceur. ✗ 2015-2016 ♈ toasts au saumon fumé
■ Vallon d'Escale 2013 (8 à 11 € ; 6 600 b.) Ⓑ : vin cité.
✗ 2017-2020

⚫ Dom. de la Cadenière, rte de Coudoux, D19, 13680 Lançon-de-Provence, tél. 04 90 42 82 56, la-cadeniere@wanadoo.fr Ⓥ 👥 🛆 t.l.j. sf dim. 8h30-12h 14h-18h ⚫ Frères Tobias

CH. CALISSANNE 2014 ★		
■	52 000	🛆	8 à 11 €

Ancienne place forte celto-ligure, La Calissanne fut propriété de l'ordre de Malte aux XIIIᵉ et XIVᵉs., d'un parlementaire aixois au XVIIᵉs., d'un industriel du savon au XIXᵉs., et enfin, en 2001, de l'homme d'affaires Philippe Kessler, disparu en 2008. C'est aujourd'hui Sophie, l'épouse de ce dernier, qui dirige cette vaste propriété de 1000 ha, dont une centaine de vignes, répartie sur 25 parcelles de coteaux pierreux en pente légère. Ce pilier de l'AOC coteaux-d'aix, conduit par Jean Bonnet pendant vingt-cinq ans, qui a mené une réflexion poussée sur la politique de plantation et l'entretien du vignoble, est désormais dirigé par Christophe Barraud.

L'arrivée de Christophe Barraud, qui vient de Tavel pour remplacer l'excellent Jean Bonnet, parti profiter d'une retraite amplement méritée, a-t-elle insufflé une nouvelle dynamique aux rosés du domaine ? Quoi qu'il en soit, ces derniers sont à l'honneur cette année. En première ligne, le « château » 2014, au nez intense de fruits exotiques et d'abricot frais, bien équilibré entre la fraîcheur, la rondeur et cette complexité aromatique qui perdure tout au long de la dégustation. Un vin des plus expressifs. ✗ 2015-2016 ✗ brandade de morue ■ Calisson de Calissanne 2014 ★ (11 à 15 € ; n.c. b.) : un rosé de caractère, ouvert sur les agrumes, la pêche et les fruits exotiques, ample et frais, souligné par une élégante pointe minérale. ✗ 2015-2016 ■ Clos Victoire 2014 ★ (15 à 20 € ; 4 400 b.) : un bouquet délicat de fleurs blanches, d'amande et de poire sur fond boisé, et un palais à la fois gras, puissant et fin. ✗ 2017-2020

○— Ch. de Calissanne, RD 10, 13680 Lançon-de-Provence, tél. 04 90 42 63 03, commercial@chateau-calissanne.fr
Ⓥ 🏃 🚻 t.l.j. 9h30-19h ○— Sophie Kessler Matière

Ⓑ DOM. D'ÉOLE 2014 ★		
■	60 000	🍷	11 à 15 €

Implanté au nord des Alpilles, non loin des Baux et de Saint-Rémy-de-Provence, ce domaine, un habitué du Guide, est placé sous le signe du mistral, ce vent bienfaiteur pour l'état sanitaire des raisins. Acquis en 1996 par un financier, Christian Raimont, il étend son vignoble sur 25 ha en coteaux-d'aix, conduits en agriculture biologique.

La robe rose pâle est animée par de beaux reflets saumonés. Au nez, un côté minéral accompagne harmonieusement la fraise, la pêche et les fleurs blanches. Le palais se révèle gourmand et élégant, à la fois riche et frais. Un rosé très expressif et équilibré, avec du caractère et de la typicité. ✗ 2015-2016 ✗ poulet à l'ananas

○— Dom. d'Éole, chem. des Pilons, 13810 Eygalières, tél. 04 90 95 93 70, domaine@domainedeole.com
Ⓥ 🏃 🚻 r.-v. ○— Christian Raimont

MONCIGALE Cuvée Loussiné 2014 ★		
■	130 000	🍷	- de 5 €

Moncigale est une marque ombrelle du groupe alcoolier Marie Brizard, destinée à la grande distribution.

Réservée aux magasins Casino, cette cuvée séduit par sa complexité aromatique construite autour de la pêche de vigne, de la mangue, de l'ananas et de la framboise. Dans la même lignée, la bouche se révèle suave, généreuse et ample, sans manquer de fraîcheur, centrée sur un fruité croquant et très expressif. Une vraie gourmandise. ✗ 2015-2016 ✗ thon basquaise

○— Moncigale, 6, quai de la Paix, 30300 Beaucaire, tél. 04 66 59 74 39, pmartin@mabriz.com
○— Marie Brizard

DOM. L'OPPIDUM DES CAUVINS 2014 ★		
■	200 000	🍷	- de 5 €

Rémy et Dominique Ravaute ont repris en 1989 le domaine créé par leur grand-père au début du siècle dernier et situé au cœur du massif de la Trévaresse, sur une ancienne place forte romaine. Un vaste vignoble de 100 ha et l'une des valeurs sûres des coteaux-d'aix-en-provence.

Ce rosé couleur chair aux reflets violines est caractérisé par la douceur tout au long de la dégustation. La fraise et la pêche blanche dessinent un bouquet délicat, repris par un palais tendre et rond, qu'une finale onctueuse rend encore plus aimable et aguicheur. ✗ 2015-2016 ✗ salade de fruits

○— Dom. l'Oppidum des Cauvins, RD 543, Les Cauvins, 13840 Rognes, tél. 04 42 50 29 40, oppidumdescauvins@wanadoo.fr Ⓥ 🚻 t.l.j. sf dim. lun. 9h-12h 14h-19h
○— Rémy Ravaute

LES VIGNERONS DU ROY RENÉ Opale 2014 ★		
■	60 000		5 à 8 €

La coopérative de Lambesc, située à une vingtaine de kilomètres au nord-ouest d'Aix-en-Provence, a été fondée par Jules Reynaud en 1922. Forte de 700 ha de vignes, elle est un acteur important de l'AOC coteaux-d'aix et une valeur sûre pour ses rosés.

Cerise, pêche, ananas, quelques notes florales, la complexité de ce rosé est son premier atout. Sa fraîcheur et son fruité gourmand (fraise, agrumes), sa finale généreuse et intense composent en bouche une très belle représentation de l'appellation. ✗ 2015-2016 ✗ tomates farcies

○— SCA Les Vignerons du Roy René, 6, av. du Gal-de-Gaulle, RN7, 13410 Lambesc, tél. 04 42 57 00 20, c.lesage@lesvigneronsduroyrene.com
Ⓥ 🏃 🚻 t.l.j. 9h-12h 14h30-19h

CH. SAINT-HILAIRE 2013		
■	13 500	🍷	8 à 11 €

La famille Lapierre exploite la vigne depuis le XVIIIe s. sur Coudoux. Le domaine dans sa forme moderne a été créé en 1973. Il étend son vignoble sur 58 ha en cours de conversion bio (certification prévue pour le millésime 2015).

En 2012, une nouvelle cave a été construite, équipée de matériel moderne. Cette cuvée en a profité pleinement. Au nez, un côté goudron et fumé marque la présence du cabernet-sauvignon (associé ici à parts égales avec la syrah). La bouche dévoile une structure bien droite, adossée à des tanins fins et serrés, qui lui confèrent pour l'heure un caractère encore austère. Prometteur. ✗ 2017-2020 ✗ sauté d'agneau aux épices

○— Ch. Saint-Hilaire, La Plantade, R19, 13111 Coudoux, tél. 04 42 52 10 68, contact@chateau-saint-hilaire.fr
Ⓥ 🚻 t.l.j. sf dim. 9h-12h30 14h30-19h ○— Lapierre

DOM. LES TOULONS Sanlaurey 2014 ★		
■	10 000	🍷	5 à 8 €

Avec son corps de ferme construit en 1767 sur le site d'une ancienne villa romaine très importante, cette propriété plonge ses racines loin dans l'histoire. Le vignoble couvre 26 ha, conduit depuis 1984 par Denis Alibert.

Ce 2014 se démarque d'emblée par sa couleur grenadine plus intense que les classiques rosés de Provence. Elle séduit aussi par son fruité persistant tout au long de la dégustation, fruité à dominante de fraise et de framboise, agrémenté d'une touche de caramel au lait apportée par le grenache (40 % de l'assemblage aux cotés de 50 % de syrah et 10 % de cabernet-sauvignon). Le palais est à l'avenant, tout en fruit, et plaît par sa rondeur, son onctuosité et sa générosité. Un rosé de repas. ✗ 2015-2017 ♈ moussaka

⚰ *EARL Denis Alibert et Fils, Dom. les Toulons, 83560 Rians, tél. 04 94 80 37 88, lestoulons@wanadoo.fr* 🅅 🇮 🇮 *r.-v.*

DOM. TOUR CAMPANETS		
Bois des fées 2014 ★		
■	8 000	⬛	8 à 11 €

Cette vaste propriété s'étend sur 101 ha d'un seul tenant, dont 32 ha dédiés à la vigne et aux coteaux-d'aix-en-provence. Un domaine repris par Emmanuelle Baude en 2012, qui a abandonné son métier de notaire pour réaliser son rêve. Elle a procédé à de nombreux investissements à la vigne et au chai, et a notamment lancé la conversion bio.

Une première sélection dans le Guide pour le domaine, avec un millésime réputé peu commode, mais l'obstacle est franchi sans souci. Ce rosé complexe et élégant dévoile des arômes intenses de fraise, d'agrumes et de bonbon acidulé, prolongés par un palais ample et très équilibré. ✗ 2015-2016 ♈ pastilla de pigeon ■ Esprit Campanets 2014 (5 à 8 € ; 53 300 b.) : vin cité. ✗ 2015-2016

⚰ *Dom. Tour Campanets, 3243, rte de Rognes, 13610 Le Puy-Sainte-Reparade, tél. 04 42 61 86 91, contact@domaine-tour-campanets.com* 🅅 🇮 🇮 *t.l.j. sf sam. dim. 9h-12h 14h-17h* 🏠 ⓔ ⚰ *Baude*

🅥 DOM. DE VALDITION		
Vallon des anges 2014		
▨	n.c.	⬛	11 à 15 €

Cet important domaine de 250 ha (dont 90 de vignes) est une ancienne propriété de François Iᵉʳ, qui l'offrit en dot de mariage à sa fille Caroline du Prévôt. Commandé par une bastide surmontée d'un clocher du XIIᵉs., le vignoble est en bio certifié depuis 2012.

Après le coup de cœur obtenu l'an dernier pour cette même cuvée, version 2013, le domaine signe un 2014 moins abouti certes, mais très honorable. Un rosé «tendance Provence», comprenez en robe très pâle. D'originales notes de buis accompagnent les fruits rouges à l'olfaction. En bouche, ce sont les agrumes qui dominent et confèrent à ce vin une agréable fraîcheur. ✗ 2015-2016 ♈ seiche à la plancha

⚰ *SNC Dom. de Valdition, rte d'Eygalières, 13660 Orgon, tél. 04 90 73 08 12, valdition@valdition.com* 🅅 🇮 *t.l.j. 9h30-12h30 14h-19h; f. dim. en hiver* ⚰ *Codevim*

Superficie : 2 285 ha / Production : 123 900 hl (97 % rouge et rosé)

Reconnue en 1993, l'AOC est produite dans le département du Var sur 28 communes. Ceinturé à l'est et à l'ouest par les côtes-de-provence, le vignoble, discontinu, se niche entre les massifs calcaires boisés, au nord de la Sainte-Baume et autour de Brignoles qui fut résidence d'été des comtes de Provence. Signalons que le syndicat a son siège dans l'ancienne abbaye de La Celle reconvertie en hôtel-restaurant sous la houlette d'Alain Ducasse.

BASTIDE DE BLACAILLOUX	Éclosion 2014 ★	
■	8 533	⬛	5 à 8 €

Héritier d'une tradition vigneronne depuis quatre générations, Bruno Chamoin a repris en 1995 la destinée de ce domaine, dont le nom rappelle que le vignoble de 30 ha s'étend sur des sols caillouteux de nature argilo-calcaire. Si la cave, construite en 2014, respecte son environnement, elle associe les techniques les plus modernes de vinification.

Premier millésime mis en bouteilles au domaine pour Bruno Chamoin et déjà une belle réussite. Un rosé intense, riche en saveurs d'agrumes, de fruit de la Passion et de fleurs blanches, qui garde le goût du fruit exotique dans un palais ample et suave, stimulé par une finale plus vive aux accents citronnés. ✗ 2015-2016 ♈ terrine de légumes

⚰ *SCEA Bastide de Blacailloux, Dom. de Blacailloux, 83170 Tourves, tél. 04 94 86 83 83, contact@bastide-de-blacailloux.com* 🅅 🇮 🇮 *t.l.j. 10h-12h30 14h30-19h; dim. 10h-13h*

♥ Ⓑ DOM. LA BASTIDE DES OLIVIERS		
Le Naturel du Vigneron 2014 ★★		
■	1 200	⬛	11 à 15 €

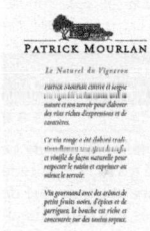
PATRICK MOURLAN
Le Naturel du Vigneron

Dès son installation en 2000, Patrick Mourlan a fait le choix de l'agriculture biologique. Il perpétue un savoir-faire hérité de plusieurs générations de viticulteurs et s'applique, dans une bastide entourée d'oliviers centenaires et de 10 ha de vignes, à élaborer ses vins avec le moins d'intervention possible.

La robe impeccable de cette superbe cuvée à dominante de syrah, d'un rouge foncé tirant vers le noir, donne le ton et laisse deviner un vin au caractère affirmé. Le nez dévoile un fruité charnu et savoureux de cassis, de griotte et de pruneau. La bouche confirme les premières impressions : elle se révèle dense, généreuse, chaleureuse et veloutée, étayée par des tanins soyeux au grain très fin, et offre dans une finale gourmande à souhait un long retour sur la cerise. Déjà épanouie, cette cuvée est aussi bâtie pour durer. ✗ 2015-2020 ♈ côte de bœuf

⚰ *Patrick Mourlan, La Bastide des Oliviers, 1011, chem. Louis-Blériot, 83136 Garéoult, tél. 04 94 04 03 11, patrick.mourlan@wanadoo.fr* 🅅 🇮 🇮 *t.l.j. sf dim. 10h-12h30 15h-19h*

BERGERIE D'AQUINO	2008 ★	
■	4 000	⬛ ⏳	20 à 30 €

Créé en 2002, autour des ruines d'une très vieille bergerie, ce petit domaine de 5 ha ne disposait pas de chai de vinification et d'élevage. Reprenant en 2008 la propriété, Jean-Pierre Beert, industriel belge, reconstruit la bergerie et y aménage une cave performante.

La robe profonde aux reflets violets de jeunesse annonce un vin vigoureux. Au nez, une belle complexité se dévoile autour de généreuses notes de fruits noirs confiturés, de tabac blond, de moka et de cacao. La bouche se révèle ample, chaleureuse, expressive (cerise à l'eau-de-vie,

PROVENCE

résiné, Zan) et robuste, bâtie sur des tanins bien présents. Un rouge cossu à réserver pour un mets de caractère.

✗ 2016-2020 ❦ pavé de biche aux airelles

○➜ *EARL Bergerie d'Aquino, rte de Mazaugues, RD 64, 83170 Tourves, tél. 06 29 21 09 52, varaquino@gmail.com*

Ⓥ 🎟 🏠 *r.-v.* ○➜ Bompard

Ⓑ CH. LA CALISSE
Patricia Ortelli 2014 ★

| ■ | 5 000 | ⓘ | 15 à 20 € |

Au XIXᵉ s., cette ancienne magnanerie était plantée d'amandiers dont les fruits servaient aux confiseurs d'Aix-en-Provence pour la fabrication des calissons. Désormais dédié à la vigne (11,8 ha), le domaine est dirigé par Patricia Ortelli depuis 1991, qui le conduit en agriculture biologique.

La légèreté de la robe cristalline, à peine rosée, s'accorde au fruité flatteur de son expression aromatique : litchi, ananas, fruits blancs. La bouche dévoile un caractère suave de meringue, avant de revenir à la fraîcheur du fruit (fraise des bois, pomelos) en finale. ✗ 2015-2016 ❦ tarte au citron meringuée ■ Patricia Ortelli 2014 ★ (15 à 20 € ; 5 000 b.) Ⓑ : un joli blanc tout en rondeur, long et très fruité. ✗ 2015-2018

○➜ *Ch. la Calisse, RD 560, 83670 Pontevès, tél. 04 94 77 24 71, contact@chateau-la-calisse.fr*

Ⓥ 🎟 🏠 *t.l.j. sf dim. 9h-12h 14h-17h*

CH. DES CHABERTS
Cuvée Prestige 2014 ★

| ■ | 13 000 | | 5 à 8 € |

Au pied du massif forestier qu'est la montagne de La Loube, ce vignoble de 30 ha perché à 350 m d'altitude entre Garéoult et La Roquebrussanne est constitué de coteaux arides et caillouteux abrités des vents dominants.

Cette cuvée rose tendre dévoile des parfums plaisants et complexes de bourgeon de cassis, de fraise des bois, de pomelo, de basilic et de fleur de buis. Longue et croquante, à l'unisson du bouquet, la bouche s'équilibre parfaitement entre rondeur et vivacité. ✗ 2015-2016 ❦ pâtes aux moules ■ Cuvée Prestige 2014 ★ (8 à 11 € ; 3 500 b.) : un vin alerte et complexe, sur l'ananas, le pamplemousse, la meringue et le citron confit, stimulé en finale par une pointe saline. ✗ 2015-2017

○➜ *SCI Ch. des Chaberts, 83136 Garéoult, tél. 04 94 04 92 05, chaberts@wanadoo.fr*

Ⓥ 🎟 🏠 *t.l.j. sf dim. 9h-12h 14h-18h*

○➜ Betty-Ann Cundall

DOM. LA CHAUTARDE 2014

| ■ | 600 | ⓘ | 5 à 8 € |

C'est en 2003 que Vincent Garnier a repris, en association avec son frère Christophe, les rênes du domaine appartenant à sa famille depuis le XVIIIᵉ s, installé près de la commune de La Celle, en AOC coteaux-varois. Le vignoble s'étend sur 32 ha.

Ce blanc confidentiel s'ouvre lentement à l'agitation sur des notes fraîches et acidulées d'agrumes. Arômes que l'on retrouve avec persistance dans un palais friand et souple. ✗ 2015-2017 ❦ saumon en papillote

○➜ *SCEA Garnier, 2927, rte de Bras, 83143 Le Val, tél. 06 74 67 57 96, la-chautarde@orange.fr* Ⓥ 🏠 *r.-v.*

Ⓑ DOM. DU DEFFENDS
Champs du Bécassier 2014 ★

| ■ | 5 000 | ⓘ | 8 à 11 € |

Jacques de Lanversin acquiert le domaine en 1963 et restructure le vignoble. Sa famille exploite aujourd'hui 14 ha de vignes, converties au bio, sur des coteaux argilo-calcaires bien ensoleillés, à 420 m d'altitude. Une valeur sûre de l'appellation coteaux-varois-en-provence, reconnue notamment pour ses rouges.

Cet assemblage syrah-grenache dévoile un bouquet complexe mariant notes fumées, fruits rouges et senteurs de la garrigue. La bouche se montre puissante et généreusement fruitée, affermie par des tanins francs qui assureront une bonne évolution à ce vin de caractère. ✗ 2016-2020 ❦ faisan en cocotte ■ Rosé d'une nuit 2014 (8 à 11 € ; 20 000 b.) Ⓑ : vin cité. ✗ 2015-2016 ■ Champs de la Truffière 2013 (11 à 15 € ; 15 000 b.) Ⓑ : vin cité. ✗ 2016-2020

○➜ *Famille de Lanversin, Dom. du Deffends, 2020, chem. du Deffends, 83470 Saint-Maximin-la-Sainte-Baume, tél. 04 94 78 03 91, domaine@deffends.com* Ⓥ 🎟 🏠 *t.l.j. sf dim. 10h-12h 15h-18h; f. sam. en janv.-fév.*

Ⓑ CH. DUVIVIER L'Amandier 2014 ★

| ■ | 12 000 | ⓘ ⧗ | 11 à 15 € |

Situé dans la zone la plus septentrionale de l'AOC coteaux-varois, ce domaine de 32,5 ha a été racheté en 1992 par la maison suisse Delinat. Vignoble et travail au chai sont conduits en agriculture biologique certifiée.

Une belle personnalité et de l'élégance pour ce vin original qui allie des arômes complexes de poire, de mangue et de whisky à une fraîcheur minérale et à un fin boisé vanillé. ✗ 2015-2018 ❦ colombo de veau

○➜ *SCEA Ch. Duvivier, La Genevrière, D 560, 83670 Pontevès, tél. 04 94 77 02 96, aak@chateau-duvivier.com* Ⓥ 🎟 🏠 *r.-v.*

CH. DE L'ESCARELLE 1718 2014 ★

| ■ | 4 500 | ⧗ | 15 à 20 € |

En 1920, François-Joseph Fournier (déjà propriétaire de l'île de Porquerolles) fit cadeau à son épouse de cette propriété adossée au contrefort de la montagne de La Loube. Dans les années soixante, la famille Gassier a transformé le domaine qui, avec 100 ha de vignes, représente sans doute la plus grande cave particulière de l'AOC coteaux-varois, acquise en 2014 par Yan Pineau.

1718 : date de plantation des premiers ceps sur le domaine. Des vignes de syrah et de grenache vinifiés et élevés en barriques pour ce 2014 très pâle aux reflets irisés, au bouquet harmonieux de fleurs blanches, de fruits mûrs et d'épices douces. La bouche, ample et soyeuse, soutenue par un boisé fin et délicat, se montre plus tendue en finale. Un rosé de gastronomie harmonieux et racé. ✗ 2015-2018 ❦ poulet à l'estragon ■ 1718 2013 ★ (15 à 20 € ; 6 000 b.) : un blanc riche et toasté, souligné par une fraîcheur aux tonalités d'agrumes. ✗ 2015-2018

○➜ *Les Vignobles de l'Escarelle, Ch. de l'Escarelle, 83170 La Celle, tél. 04 94 69 09 98, v.mazzotto@escarelle.fr* Ⓥ 🎟 🏠 *t.l.j. 9h-12h 14h-18h (10h-14h 15h-19h en été)* 🏠 Ⓔ ○➜ Yann Pineau

ESTANDON VIGNERONS
Saint-Louis de Provence 2014

■	100 000		- de 5 €

Fondée en 1947, cette coopérative a pris le nom de Cercle des Vignerons de Provence en 2005 avant d'adopter en 2012 celui de sa marque emblématique, Estandon Vignerons.

Bien dans l'air du temps, ce rosé pâle est construit sur la fraîcheur des agrumes et des petits fruits rouges acidulés. Simple, dynamique et harmonieux, le palais suit la même ligne aromatique. ✗ 2015-2016 ✗ cake au chorizo

➤ Estandon Vignerons, 727, bd Bernard-Long, 83170 Brignoles, tél. 04 94 37 21 00, lfourastie@estandon-vignerons.fr

DOM. D'ESTIENNE 2014 ★

■	85 000		- de 5 €

La maison de négoce Bréban fondée en 1952 est spécialisée depuis trois générations dans la commercialisation des vins de Provence.

Ce vin rosé poudré dévoile d'intenses notes de fruits gorgés de soleil (pêche, abricot, agrumes). La bouche, elle aussi très fruitée, se montre souple, ronde, ample et longue, rehaussée par une petite touche de citron vert qui lui va bien en finale. ✗ 2015-2016 ✗ pissaladière ■ Dom. de la Colombe 2014 ★ (- de 5 € ; 60 000 b.) : un rosé léger, frais et friand, au fruité délicat. ✗ 2015-2016

➤ « Vins Bréban, av. de la Durlière, 83170 Brignoles, tél. 04 94 69 37 55, export@vinsbreban.com

DOM. LA GAYOLLE Prestige 2014 ★

■	7 600	🍴	8 à 11 €

Au cœur de la Provence verte, entre chênes et pins maritimes, ce domaine familial créé en 1855 déroule ses 45 ha au pied du massif de La Loube. C'est Nicolas Paul, héritier de sept générations de vignerons, qui dirige aujourd'hui l'exploitation. En 2014, il a achevé la construction d'un nouveau chai.

C'est d'un tout nouveau chai qu'est sorti ce vin de caractère aux reflets violines, qui mêle à l'olfaction notes florales et citronnées, épices douces et fruits rouges. Le palais se révèle ample, plein, soyeux et un brin tannique en finale. Un rosé de repas assuré. ✗ 2015-2017 ✗ paupiettes de veau à la provençale

➤ Dom. la Gayolle, 83170 La Celle, tél. 09 66 81 18 28, paulgayolle@wanadoo.fr ▾ 🏃 🍴 t.l.j. sf dim. 9h30-12h30 14h30-18h30 ➤ Paul

LA GRAND'VIGNE Cuvée les Fournerys 2011 ★

■	3 500	🍷	8 à 11 €

Roland Mistre, œnologue reconnu dans la région, a repris en 1998 l'exploitation familiale créée au début du XXᵉs., qui livrait ses raisins à la coopérative. Il vinifie aujourd'hui pour son compte le fruit de 12 ha de vignes et fait figure de valeur sûre en coteaux-varois.

L'aération libère pleinement ce rouge élégant, profond et farouchement méridional, qui dévoile alors un bouquet complexe et intense de fruits rouges confiturés, de thym et de pâte d'olives. La bouche, ample, dense, généreuse, dotée de tanins fins, ajoute une saveur bien fruitée aux notes de cacao, de vanille et de cannelle léguées par

l'élevage. Déjà harmonieux, ce 2011 peut encore profiter du temps qui passe. ✗ 2015-2018 ✗ civet de lièvre ■ Cuvée les Fournerys 2014 ★ (5 à 8 € ; 6 000 b.) : un rosé suave, souple et très expressif (pêche, mandarine, cerise). ✗ 2015-2016

➤ La Grand'Vigne, Roland Mistre, rte de Cabasse, 83170 Brignoles, tél. 04 94 69 37 16, contact@lagrandvigne.com ▾ 🏃 🍴 r.-v.

DOM. DE LA JULIENNE Cuvée Émilie 2014

■	10 000	🍴	5 à 8 €

Entre Brignoles et Saint-Maximin, non loin de la RN 7, Marc Sicardi a racheté en 1996 un vignoble à l'abandon qu'il a progressivement replanté, pour exploiter aujourd'hui 14 ha. En 2000, il a fait construire une cave enterrée qui intègre un processus de gravité totale dès la réception des raisins.

Cette cuvée associe le grenache et le cinsault avec à peine 10 % de syrah. Judicieux assemblage qui donne naissance à un rosé intéressant par sa fraîcheur au nez comme en bouche, sur fond de bourgeon de cassis, d'écorce de pamplemousse et de basilic. Un vin croquant. ✗ 2015-2016 ✗ fruits de mer

➤ Marc Sicardi, Dom. de la Julienne, chem. des Plaines, 83170 Tourves, tél. 06 20 83 93 90, marc.sicardi@lajulienne.com ▾ 🏃 🍴 t.l.j. sf dim. 9h-17h; été 9h-19h

CH. LAFOUX Cuvée Auguste 2013 ★★

■	7 000	◑	11 à 15 €

Racheté en 1999 par Claudine et Yvon Boisdron, le domaine doit son nom à la source voisine de La Foux. Il est commandé par une bastide du XIIIᵉs. bâtie sur un ancien fortin romain situé le long de la voie Aurélienne. Le domaine s'étend sur 174 ha, dont 22 ha de vignes plantées sur un sol argilo-calcaire et entourées de chênes.

Ce vin intense aux reflets violines de jeunesse associe à l'olfaction un boisé élégant et des notes épicées de poivre blanc et de gingembre. Si une fraîcheur fruitée l'accompagne de bout en bout, la bouche, dense, large et solide, aux tanins serrés, reste pour l'heure dominée par son élevage. Un très beau vin de garde, qui saura récompenser les plus patients. ✗ 2017-2022 ✗ poulet aux morilles ■ Cuvée Auguste 2014 ★ (8 à 11 € ; 15 000 b.) : un rosé ample, tonique et expressif (groseille, framboise). ✗ 2015-2016

➤ Ch. Lafoux, RN 7, 83170 Tourves, tél. 04 94 78 77 86, contactlafoux@gmail.com ▾ 🏃 🍴 t.l.j. sf dim. 9h-12h 14h-18h ➤ Boisdron

ⒷCH. LA LIEUE Tradition 2014

■	24 000	🍴	5 à 8 €

Fondé en 1876 par Philomène Batilde, veuve d'un soyeux lyonnais, ce domaine (77 ha aujourd'hui) se transmet depuis cinq générations au sein de la famille Vial. Le vignoble converti à l'agriculture biologique dès 1997 est conduit par Jean-Louis et Julien Vial (père et fils).

Ce blanc délivre une palette aromatique variée de fleur d'aubépine, de buis, de fruits exotiques et de menthol. Ample et rond en attaque, le palais évolue ensuite vers un registre plus frais et citronné, renforcé par une pointe d'amertume en finale qui lui confère un surcroît de longueur. ✗ 2015-2017 ✗ ceviche

PROVENCE

○─ *Famille Vial, Ch. la Lieue, rte de Cabasse,*
83170 Brignoles, tél. 04 94 69 00 12, chateau.la.lieue@
orange.fr Ⓥ 🏃 ⬛ *t.l.j. 9h-12h30 14h-19h; dim. 10h-12h*
15h-18h

Ⓑ DOM. DU LOOU Esprit de blancs 2014 ★

| ⬛ | 10 000 | 📠 | 8 à 11 € |

Longtemps propriété du clergé de Saint-Victor à Marseille, le domaine du Loou (dont la tradition viticole remonte à l'Antiquité) appartient depuis 1954 à la famille Di Placido. Couvrant 25 ha à l'origine, il compte aujourd'hui 60 ha de vignes d'un seul tenant conduites en bio.

Une élégante robe aux reflets bouton d'or, un bouquet complexe et varié, à la fois citronné, exotique, floral et miellé, l'approche est très séduisante. En bouche, ce blanc s'affirme par une tonicité agréable, renforcée par une légère amertume en finale. ✗ 2015-2017 ❦ pain de poisson ⬛ Rosé de printemps 2014 (8 à 11 € ; 9 000 b.) Ⓑ : vin cité. ✗ 2015-2016

○─ *SCEA Di Placido, Dom. du Loou,*
83136 La Roquebrussanne, tél. 04 94 86 94 97,
domaine-du-loou@wanadoo.fr Ⓥ 🏃 ⬛ *r.-v.*

Ⓑ CH. MARGILLIÈRE Hautes Terres 2012 ★

| ⬛ | 20 000 | 📠 | 15 à 20 € |

À quelques kilomètres de Brignoles, le caveau de dégustation a été aménagé dans une ancienne magnanerie du XVIIᵉs. rénovée avec les techniques d'antan. À partir de 1996 et grâce à Patrick Caternet, le vignoble (22 ha aujourd'hui) retrouve son lustre d'autrefois. En 2002, Pauline, sa fille, prend en charge la commercialisation des vins du domaine étiquetés bio depuis 1999.

Des arômes intenses de cerise, de cassis, de cacao et de sous-bois composent un joli bouquet varié. Dotée de tanins fondus, la bouche se montre chaleureuse et riche sans lourdeur, équilibrée par une pointe de fraîcheur. ✗ 2015-2018 ❦ aiguillettes de canard ⬛ Bastide 2014 (8 à 11 € ; 11000 b.) Ⓑ : vin cité. ✗ 2015-2017

○─ *Ch. Margilliere, rte de Cabasse, 83170 Brignoles,*
tél. 04 94 69 05 34, contact@chateau-margilliere.com
Ⓥ 🏃 ⬛ *r.-v.* ○─ *P. Caternet*

Ⓑ CH. MARGÜI Les Pierres sauvages 2014 ★

| ⬛ | 3 000 | 📠 | 15 à 20 € |

Marie-Christine et Philippe Guillanton s'attachent depuis 2000 à faire renaître cette ancienne propriété viticole et oléicole abandonnée depuis les années 1950. Ils ont ainsi replanté l'oliveraie et le vignoble (16 ha aujourd'hui), cultivés en bio et en biodynamie.

Ce blanc net et aérien s'affirme sur d'agréables et dynamiques notes citronnées et végétales relayées par un palais bien balancé entre alcool et vivacité. ✗ 2015-2018 ❦ pâtes aux coques ⬛ La Chapelle 2014 (11 à 15 € ; 4 000 b.) Ⓑ : vin cité. ✗ 2015-2016

○─ *Marie et Philippe Guillanton, Ch. Margüi,*
83670 Châteauvert, tél. 06 10 26 56 25, philguillanton@
yahoo.fr Ⓥ 🏃 ⬛ *t.l.j. sf dim. lun. 10h-18h*

Ⓑ CH. MIRA LUNA 2014

| ⬛ | 3 300 | 📠 | 15 à 20 € |

Acquis par Thomas Bove en 2008 (Dom. de la Mascaronne), ce domaine de 7 ha est conduit selon les préceptes de l'agriculture biologique. 2014 constitue son premier millésime.

Une jolie réussite pour ce premier vin, un rosé issu de syrah et de mourvèdre, couleur marbre rose, dominé à l'olfaction par les fruits rouges (fraise, cerise). La bouche penche plutôt vers l'exotisme et la fraîcheur avec ses nuances d'ananas, sensation que renforce une finale longue et acidulée. ✗ 2015-2016 ❦ tapas de la mer

○─ *SAS Dom. Mira Luna, Dom. la Mascaronne, RN7,*
83340 Le Luc, tél. 04 94 39 45 40,
info@mascaronne.com ○─ *T. Bove*

Ⓑ CH. D'OLLIÈRES Prestige 2014 ★

| ⬛ | 30 000 | 📠 | 11 à 15 € |

Sous la direction de Charles Rouy, qui a fait ses armes dans la célèbre maison beaunoise Bouchard, cette ancienne seigneurie a su retrouver sa tradition viticole à partir de 2002 grâce à une restructuration du vignoble (16 ha replantés sur les 35 ha que compte aujourd'hui le domaine) et à un investissement dans des équipements modernes.

Fruits rouges, mandarine, agrumes, ce rosé clair et lumineux se dévoile sans réserve à l'olfaction. Une attaque pleine et veloutée introduit une bouche fraîche, au fruité doux, qui évolue vers un caractère plus vineux en finale. Un vin à la personnalité affirmée, qui accompagnera volontiers une cuisine épicée. ✗ 2015-2016 ❦ bœuf sauté au basilic ⬛ Haut du Pigeonnier 2014 ★ (15 à 20 € ; 3 000 b.) : un blanc goûteux, sur l'amande grillée et les fruits blancs, bien équilibré entre alcool et acidité. ✗ 2015-2018

○─ *Ch. d'Ollières, Le Château, 83470 Ollières,*
tél. 04 94 59 85 57, info@chateau-ollieres.com
Ⓥ 🏃 ⬛ *t.l.j. sf sam. dim. 9h-12h30 14h-17h30*
○─ *Famille Rouy*

Ⓑ CH. DE LA PRÉGENTIÈRE Cuvée Prestige 2014

| ⬛ | 16 000 | 📠 | 8 à 11 € |

Au sein de ce vaste vignoble de 57 ha exposé plein sud face aux monts Petit et Gros Bessillon, au cœur de la Provence verte, on distingue encore les traces de la ligne de chemin de fer qui reliait Nice à Meyrargues au XIXᵉs. Reprise en 2001 par Jean-Claude Caillou, cette propriété a connu une profonde restructuration.

Ce rosé pâle ne manque pas d'attraits : une belle intensité aromatique (fraise, groseille, fruit de la Passion), de la droiture et de la fraîcheur. ✗ 2015-2016 ❦ lasagnes de légumes

○─ *Dom. de la Prégentière, RD 560, 83670 Pontevès,*
tél. 04 94 77 10 64 Ⓥ 🏃 ⬛ *t.l.j. sf dim. 10h-12h*
14h-17h30 🏠 Ⓒ

Ⓑ DOM. RAMATUELLE Bienfait de Dieu 2011 ★

| ⬛ | n.c. | 📠 | 11 à 15 € |

Fanny, sa fille, et Hugues, son gendre, sont venus seconder Bruno Latil sur ce domaine familial situé au cœur de la Provence verte. Niché au pied du massif de la Sainte-Baume, sur des coteaux et semi-coteaux argilocalcaires, le vignoble de 50 ha est enherbé et pâturé de l'hiver au printemps par un troupeau de brebis.

Une jolie entrée en matière pour cette cuvée au nez expressif : fruits compotés, poivre, poudre de cacao, pierre à fusil, pointe saline. En bouche, elle offre un caractère épicé, de la densité et du volume, et s'appuie sur une trame tannique harmonieuse et fondue. ✗ 2015-2018 🍗 pintade fermière

☛ EARL Bruno Latil, Dom. de Ramatuelle, 83170 Brignoles, tél. 04 94 69 10 61, ramatuelle2@ wanadoo.fr 🆅 🛗 t.l.j. sf dim. 9h-12h 14h-18h

---

♥ DOM. LA ROSE DES VENTS 2014 ★★

| ■ | 16 500 | î | 5 à 8 € |

Fondée au début du XXᵉs., l'exploitation s'est transmise au fil des générations. Depuis 1994, Gilles Baude, œnologue, conduit le domaine avec son beau-frère Thierry Josselin, chargé de la commercialisation. Une valeur sûre en coteaux-varois.

Gilles Baude fait encore très fort cette année et décroche deux coups de cœur après celui obtenu l'an dernier pour son blanc 2013. La version 2014, tout aussi lumineuse que sa « grande sœur », impressionne d'emblée par sa grande fraîcheur aromatique, centrée sur les agrumes et les fruits exotiques. La note est tenue, bien tenue, dans un palais ample, très dense, rond et d'une admirable finesse, soulignée par une agréable vivacité qui porte loin la finale. Un grand blanc délicat et harmonieux. ✗ 2015-2018 🍗 carpaccio de bar ■ Seigneur de Broussan 2014 ★★ (8 à 11 € ; 13 900 b.) ♥ : ce vin cristallin mise clairement sur la légèreté et dévoile un magnifique bouquet de fraise et de pêche blanche. Caractérisé par un volume et une fraîcheur remarquables, le palais associe quant à lui le pamplemousse à la pêche de vigne. Un rosé aérien qui s'appréciera de l'apéritif au dessert. ✗ 2015-2017

☛ Dom. la Rose des Vents, 1404, rte de Toulon, 83136 La Roquebrussanne, tél. 04 94 86 99 28, larosedesvents073@orange.fr 🆅 🏃 🛗 t.l.j. sf dim. 9h-12h 14h-18h ☛ Baude et Josselin

---

SAINT-ANDRIEU
L'Oratoire 2014 ★

| ■ | 60 000 | | 8 à 11 € |

Acquis en 2003 par Jean-Paul et Nancy Bignon, par ailleurs propriétaires du Château Talbot, cru classé de saint-julien dans le Médoc, ce domaine de 24 ha jouit d'un terroir argilo-calcaire privilégié à 380 m d'altitude au pied du Bessillon.

De jolis parfums fruités sans exubérance s'exhalent de ce rosé harmonieux. Après une attaque directe et tonique, la bouche se révèle bien équilibrée entre la fraîcheur apportée par des arômes de fruits exotiques et le gras de l'alcool. ✗ 2015-2016 🍗 poêlée de saint-jacques ■ Dom. Saint-Andrieu L'Oratoire 2014 (11 à 15 € ; n.c. b.) : vin cité. ✗ 2016-2019 ■ Dom. Saint-Andrieu L'Oratoire 2014 (11 à 15 € ; 1 300 b.) : vin cité. ✗ 2015-2018

☛ Dom. Saint-Andrieu, 83570 Carcès, tél. 04 94 59 52 42, domainesaintandrieu@club-internet.fr 🆅 🏃 🛗 r.-v.

DOM. SAINT-JEAN-LE-VIEUX
Cuvée La Grand'Bastide 2013

| ■ | 13 800 | î | 5 à 8 € |

Pierre et Claude Boyer conduisent depuis 1990 un domaine de 66 ha, sur lequel ils s'emploient à moderniser les techniques culturales et le travail au chai dans le respect de l'environnement (toiture photovoltaïque, phytobac pour la récupération des eaux de lavage...).

Cette cuvée présente un bouquet fruité (cassis, myrtille, fraise écrasée), relayé par un palais aux tanins souples, quoiqu'encore un peu anguleux en finale. Rien de rédhibitoire, ce rouge déjà agréable pourra s'apprécier dans sa jeunesse. ✗ 2015-2018 🍗 caillettes ■ Cuvée La Grand'Bastide 2014 (5 à 8 € ; 6 600 b.) : vin cité. ✗ 2015-2017

☛ Dom. Saint-Jean-le-Vieux, 317, av. 8-Mai-1945, 83470 Saint-Maximin, tél. 04 94 59 77 59, domaine@ saintjeanlevieux.com 🆅 🏃 🛗 t.l.j. sf dim. 8h-12h30 14h-19h ☛ Pierre Boyer

---

CH. SAINT-JULIEN 2014

| ■ | 12 260 | î | 5 à 8 € |

Depuis 1992, la famille Garrassin redynamise ce domaine dont l'origine remonterait à l'époque gallo-romaine. La cave a été reconstruite sur les vestiges d'une ancienne bergerie du XVIIᵉs., et le vignoble replanté pour atteindre 30 ha. Claire, petite-fille de Maurice Garrassin, apporte son énergie au domaine.

Citron, jasmin, beurre frais, noisette, le nez invite à aller plus loin. La bouche ne déçoit pas : équilibrée, souple et fraîche, elle dévoile en finale une gourmande petite note miellée qui apporte un surcroît de douceur et de chaleur. ✗ 2015-2016 🍗 poisson en papillote ■ Exception de Saint-Julien 2011 (11 à 15 € ; 5 000 b.) : vin cité. ✗ 2016-2019

☛ Ch. Saint-Julien, quartier Saint-Julien, RD 205, 83170 La Celle, tél. 04 94 59 26 10, info@ domaine-st-julien.com 🆅 🏃 🛗 t.l.j. sf dim. lun 9h-12h 14h-18h ☛ Garrassin

---

LES TERRES DE SAINT-HILAIRE
Le Bois du Marquisat 2012

| ■ | 5 000 | ⬛ | 11 à 15 € |

Entre la montagne Sainte-Victoire et les monts Auréliens, au sein d'un immense domaine de 1 500 ha de forêts, ce vaste vignoble de 146 ha, acquis en 2002 par la famille Burel, est commandé par des bâtiments abbatiaux du XVIIᵉs. Des centaines de moutons pâturent dans les vignes pour un désherbement naturel.

D'un beau grenat sombre, ce vin associe au nez les fruits à l'alcool à un boisé bien intégré. Au palais, les tanins sont bien en place, enrobés par une chair souple et accompagnés en finale par des notes de garrigue et de cacao. ✗ 2015-2018 🍗 pavé de bœuf

☛ Les Terres de Saint-Hilaire, rte de Rians, 83470 Ollières, tél. 04 98 05 40 12, pduteil@tdsh.fr 🆅 🛗 t.l.j. sf dim. 10h-12h30 13h30-18h 🏠 ④ 🏠 Ⓓ ☛ Burel

THUERRY Les Abeillons 2014 ★★		
■	40 000	👤	11 à 15 €

Au sein du parc régional du Haut-Var Verdon, une bâtisse templière du XIIᵉs., soulignée par un chai longiligne ultramoderne et semi-enterré (2 200 m²), commande une propriété de 340 ha, dont 40 ha de vignes. Une valeur sûre de la Provence viticole, dans les trois couleurs.

D'un beau rose tendre couleur... barbe à papa, cette cuvée dévoile une personnalité dynamique construite sur des notes d'agrumes, de zeste de citron vert notamment. Tout aussi fruitée, la bouche se révèle souple, fraîche et persistante. Une vraie friandise. ✗ 2015-2016 🍽 salade de poulpe ■ Les Abeillons 2011 ★ (15 à 20 € ; 30 000 b.) : rouge tendre et généreux, bâti sur des tanins ronds et veloutés. ✗ 2015-2018

o⊣ Ch. Thuerry, 83690 Villecroze, tél. 04 94 70 63 02, thuerry@chateauthuerry.com 🆅 👟 👤 t.l.j. sf dim. 9h-17h30; été t.l.j. 9h-19h o⊣ Croquet

ⓑ CH. TRIANS 2014 ★		
■	3 600	👤	8 à 11 €

Cette ancienne magnanerie, qui a toujours eu une activité viticole, tire son nom d'une villa romaine, la villa Triana. Depuis 1990, Jean-Louis Masurel, jadis directeur du groupe LVMH, lui a redonné son caractère. Implantés en coteau, à 350 m d'altitude, et exposés au nord-ouest, les 20 ha de vignes sont certifiés culture biologique en 2012.

Ce blanc offre une réelle complexité : ananas, mangue, pêche, poire, acacia, sureau. Une même élégance caractérise un palais d'une tenue irréprochable, ample et gras, sous-tendu par une fine fraîcheur et adouci en finale par une note pâtissière. Un vin complet. ✗ 2015-2018 🍽 tarte aux légumes et fromage

o⊣ Ch. Trians, chem. des Rudelles, 83136 Néoules, tél. 04 94 04 08 22, trians@wanadoo.fr 🆅 👟 👤 t.l.j. sf dim. 9h-12h 14h-18h 🏠 Ⓔ o⊣ J-L Masurel

DOM. DE VALCOLOMBE 2014		
■	1 700	👤 🍶	8 à 11 €

Créé en 1993 par Pierre et Marie Leonetti, médecins, ce domaine de 6 ha qui côtoie les oliviers, a été racheté en 2012 par Philippe et Marie-Hélène Grammont.

Ce vin rouge vif dévoile un nez surprenant, un peu « sauvageon », animal. Le fruit, la cerise noire mûre notamment, agrémentée d'une note grillée en finale, reprend son autorité en bouche et accompagne une ossature simple et souple qui autorise une dégustation dès la sortie du Guide. ✗ 2015-2017 🍽 daube provençale

o⊣ Dom. de Valcolombe, 1375, chem. des Espèces, 83690 Villecroze, tél. 06 79 61 20 13, phgrammont@wanadoo.fr 🆅 👟 👤 t.l.j. 10h-13h 15h-19h o⊣ Grammont

ⓑ DOM. LES VALLONS DE FONTFRESQUE Cuvée de Claire 2014 ★★		
■	3 300	👤 🍶	8 à 11 €

Depuis 2006, Claire et Denis Sicamois, épaulés par leur fils Yann, n'ont pas ménagé leurs efforts pour ranimer un domaine presque à l'abandon. Établi à l'emplacement d'un ancien camp romain, celui-ci tire son nom (« fon-taine froide ») de la présence de nombreuses sources sur ses terres. Le vignoble couvre aujourd'hui 12 ha.

La « cuvée de la patronne », claire et lumineuse, s'ouvre sans réserve sur des arômes de citron et de fruit de la Passion. Elle poursuit par une bouche à la fois ample, puissante et très élégante par le soyeux de sa texture, offrant beaucoup de fruit, à l'unisson du bouquet. Un blanc expressif et bien typé. ✗ 2015-2018 🍽 aïoli ■ Cuvée des Tamaris 2014 ★ (5 à 8 € ; 5 000 b.) ⓑ : un rosé centré sur les fruits rouges acidulés au nez, rond et vineux en bouche. ✗ 2015-2016

o⊣ Les Vallons de Fontfresque, Camp-Redon, RD 64, 83170 Tourves, tél. 04 94 69 01 22, domaine@lvdf.fr 🆅 👟 👤 t.l.j. sf dim. 10h-18h o⊣ Claire Sicamois

DOM. DU VIGNARET 2014 ★		
■	12 500		5 à 8 €

Après avoir vinifié au sein de prestigieux domaines de la région provençale, Roger Tourrel (ancien maître de chai du château de Galoupet) reprend en 2004 les vignes familiales et décide d'élaborer ses propres vins. Il exploite aujourd'hui 28 ha en culture raisonnée, préférant l'utilisation du compost à celle d'engrais chimiques.

Le nez de ce rosé aux reflets corail est agréable et gourmand, centré sur le fruit rouge acidulé (framboise, groseille), puis s'ouvre à l'agitation sur d'élégantes notes de chèvrefeuille et de jasmin. Une association aromatique prolongée par une bouche fraîche et veloutée, adoucie en finale par une touche pâtissière. ✗ 2015-2016 🍽 agneau à la plancha

o⊣ EARL Tourrel, Dom. du Vignaret, chem. du Pré-de-Castres, 83136 Forcalqueiret, tél. 04 94 80 53 95, dom.du.vignaret@orange.fr 🆅 👟 👤 t.l.j. sf dim. 9h30-12h30 15h-19h

CÔTES-DE-PROVENCE

Superficie : 23 280 ha / Production : 975 977 hl (96 % rouge et rosé)

Née en 1977, cette vaste appellation occupe un bon tiers du département du Var, avec des prolongements dans les Bouches-du-Rhône, jusqu'aux abords de Marseille, et une enclave dans les Alpes-Maritimes. Trois terroirs la caractérisent : le massif siliceux des Maures, au sud-est, bordé au nord par une bande de grès rouge allant de Toulon à Saint-Raphaël, et, au-delà, l'importante masse de collines et de plateaux calcaires qui annonce les Alpes. Issus de nombreux cépages en proportions variables, sur des sols et des expositions tout aussi divers, les côtes-de-provence présentent, à côté d'une parenté due au soleil, des variantes qui font précisément leur charme... Un charme que le Phocéen Protis goûtait sans doute déjà, six cents ans avant notre ère, lorsque Gyptis, fille du roi, lui offrait une coupe en aveu de son amour... La diversité des côtes-de-provence a conduit à individualiser certains terroirs, comme ceux de Sainte-Victoire et de Fréjus, reconnus en 2005, ou La Londe en 2008.

Sur les blancs tendres mais sans mollesse du littoral, les nourritures maritimes et très fraîches seront tout à fait à leur place, tandis que ceux qui sont un peu plus « pointus », nés un peu plus au nord, appelleront des écrevisses à l'américaine et des fromages piquants. Les rosés, plus ou moins tendres ou nerveux, s'accorderont aux fragrances puissantes de la soupe au pistou, de l'anchoïade, de l'aïoli, de la bouillabaisse, et aussi aux poissons et fruits de mer aux arômes iodés : rougets, oursins, violets. Parmi les rouges, ceux qui sont tendres, à servir frais, conviennent aussi bien aux gigots et aux rôtis qu'au pot-au-feu, surtout si l'on sert ce dernier en salade ; les rouges puissants, généreux, qui peuvent parfois vieillir une dizaine d'années, conviendront aux civets, aux daubes, aux bécasses. Et pour les amateurs d'harmonies insolites, rosés frais et champignons, rouges et crustacés en civet, blancs avec daube d'agneau (au vin blanc) procurent de bonnes surprises.

CH. L'AFRIQUE N°2 2014 ★★		
◼	47 000	8 à 11 €

La famille Sumeire, établie à Trets depuis au moins le XIIIᵉs. est propriétaire de trois châteaux en Provence : le Ch. l'Afrique, le Ch. Coussin et le ch. Maupague.

Ce vin affirme sa forte présence du premier regard à la dernière gorgée. Une robe « tendance », à peine rosée, un bouquet gorgé de fruits charnus à souhait (pêche, abricot, citron), une bouche longue et épanouie, mariage heureux des arômes perçus à l'olfaction, du gras et de la fraîcheur. Tout indique ici un rosé de gastronomie. ✗ 2015-2016 ♈ turbot grillé ◼ Ch. Maupague Sainte-Victoire 2014 ★ (8 à 11 € ; 80 000 b.) : du relief et de la fraîcheur, de la longueur et de la complexité (nuances minérales, aubépine, agrumes). ✗ 2015-2018 ◼ Ch. Coussin Sainte-Victoire 2014 (11 à 15 € ; 80 000 b.) : vin cité. ✗ 2015-2016

⛫ Famille Sumeire, 1048, chem. de Coussin, 13530 Trets, tél. 04 42 61 20 00, sumeire@sumeire.com Ⓥ 🄺 🄵 r.-v.

FLEUR DE L'AMAURIGUE 2014		
◼	60 000	5 à 8 €

Un domaine situé entre Le Luc-en-Provence et Cabasse, cerné de vignes et de collines boisées entourant une longue bâtisse provençale. Il est la propriété depuis 1998 de la famille De Groot (Dick, Eugénie et leurs enfants Fleur et Melvin), qui a entièrement rénové le vignoble et les bâtiments, créé une cave de vinification et sorti la production de la cave coopérative du village.

Assemblage classique de grenache (80 %) et de cinsault, ce rosé pâle né d'une vendange nocturne se distingue par sa générosité. Générosité des fruits mûrs à l'olfaction, générosité d'une bouche ample, ronde et riche, soulignée par une pointe de fraîcheur bienvenue. Un rosé gourmand pour la table. ✗ 2015-2016 ♈ ratatouille

⛫ Dom. de l'Amaurigue, rte de Cabasse, 83340 Le Luc-en-Provence, tél. 04 94 50 17 20, contact@amaurigue.com Ⓥ 🄺 🄵 t.l.j. 9h-12h 14h-18h; sam. dim. sur r.-v. ⛫ De Groot

LES CAVES DE L'AMIRAL		
Cuvée de l'Amiral 2014		
◼	6 700	- de 5 €

Le vignoble de la cave coopérative de l'Amiral est situé au cœur de la Provence verte sur des coteaux qui dominent le château d'Entrecasteaux (XIᵉs.) et ses jardins dessinés par Lenôtre. Fondée en 1925, la cave regroupe 200 ha de vignes composés de restanques, de coteaux et petits plateaux.

Des nuances minérales et des arômes de fruits rouges animent l'olfaction de ce rosé gourmand et expressif. La pêche prend le relais dans un palais souple et rond. ✗ 2015-2016 ♈ poulet au curry

⛫ SCA Les Caves de l'Amiral, rte de Saint-Antonin, quartier Les Prés, 83570 Entrecasteaux, tél. 04 94 04 42 68, cave.amiral@wanadoo.fr Ⓥ 🄺 🄵 r.-v.

CH. ANGUEIROUN Réserve Cuvée Iris 2014 ★		
◼	12 500	8 à 11 €

Créé par un négociant en 1931 sur une ancienne réserve de chasse, le domaine couvre 120 ha face à la mer, dont 35 ha de vignes entourant un mas et une bastide datés du XIXᵉs. Une petite anguille (angueiroun en provençal) orne les étiquettes d'Éric Dumon, installé ici depuis 1998.

Coup de cœur dans l'édition précédente pour son rouge Prestige 2011, le domaine se distingue cette année avec ce blanc issu d'un assemblage rolle-ugni blanc. Le nez développe une fine touche iodée aux côtés des fruits exotiques. La bouche, harmonieuse, conjugue la rondeur, renforcée par des notes généreuses de fruits à chair blanche, et la fraîcheur apportée par une touche citronnée. ✗ 2015-2017 ♈ gratin de coquillages ◼ La Londe Prestige 2014 ★ (11 à 15 € ; 9 000 b.) : une présence délicatement parfumée (agrumes, fruits rouges) pour ce rosé bien équilibré entre rondeur et fine acidité. ✗ 2015-2016 ◼ Prestige 2013 ★ (15 à 20 € ; 3 200 b.) : la cuvée haut de gamme du domaine. Du gras, du volume, un boisé bien fondu et de la tonicité. ✗ 2015-2020

⛫ Dumon, 1077, chem. de l'Angueiroun, 83230 Dormes-les-Mimosas, tél. 04 94 71 11 39, contact@angueiroun.fr Ⓥ 🄺 🄵 t.l.j. 8h-12h 14h-18h 🏠 Ⓖ

CH. LES APIÈS Cuvée Prestige 2011 ★		
◼	2 000	20 à 30 €

C'est en 2001 que M. Wouters acquiert ce domaine qu'il rénove entièrement en 2005. Depuis 2010, sa fille dirige l'exploitation, dont le vignoble couvre 20 ha d'un seul tenant.

À l'aération se dévoilent des arômes généreux de fruits rouges mûrs soutenus par des notes de torréfaction et d'épices. La bouche offre beaucoup de densité et de sucrosité, adossée à des tanins fondus et un boisé encore bien présent qui demande à se patiner. Une belle construction pour cette cuvée au bon potentiel de garde. ✗ 2016-2020 ♈ sauté de veau aux aubergines

⛫ Ch. les Apiès, Clos Saint-Jean, BP 15, 83460 Les Arcs-sur-Argens, tél. 06 30 44 16 14, cathywouters73@gmail.com Ⓥ 🄺 🄵 r.-v. 🏠 Ⓖ
⛫ Wouters

CH. L'ARNAUDE Pierre-Louis 2012 ★		
◼	7 500	11 à 15 €

Dans cet ancien ermitage situé sur la route de Saint-Jacques-de-Compostelle dans la plaine de Lorgues, les moines cultivaient vignes et oliviers. Séduit par la quiétude des lieux, Pierre Olivier Turbil a racheté le domaine en 2013, où il développe un projet autour de l'œnotourisme.

Un fond vanillé et des arômes soutenus de fruits rouges sont libérés à l'aération. La palette aromatique s'enrichit de nuances de fruits noirs mûrs, d'épices et de torréfaction dans une bouche aimable et longue, étayée par des tanins souples et ronds. ✗ 2016-2019 ♈ osso bucco

○▬ SCEA Ch. l'Arnaude, rte de Vidauban, 83510 Lorgues, tél. 04 94 73 70 67, poturbil@gmail.com Ⓥ 🅰 🛡 t.l.j. sf dim. 10h-13h 14h-18h 🏠 ⑤ ○▬ Turbil

ⒷDOM. DES ASPRAS Les Trois Frères 2014 ★		
■	38 000	î	8 à 11 €

Avec Michaël Latz à sa tête, ce domaine fut l'un des pionniers de la conversion intégrale en bio du village de Correns, dès 1996. Aujourd'hui, le vigneron est épaulé par ses trois fils Sébastien, Alexandre et Raphaël, sur un vignoble de 22 ha entourant une bâtisse de style piémontais.

Le nez développe des arômes frais de mandarine, de pomelo et de fruits exotiques. Une jolie palette fruitée qui prolonge une bouche harmonieuse et bien proportionnée, à la fois dense et tonique. ✗ 2015-2016 ♈ salade de fruits

○▬ SARL Dom. des Aspras, 83570 Correns, tél. 04 94 59 59 70, domaine@aspras.com Ⓥ 🅰 🛡 t.l.j. 9h-12h 15h-19h 🏠 Ⓔ ○▬ Michaël Latz

CH. D'ASTROS Cuvée spéciale 2014 ★		
■	3 500	î ⅏	11 à 15 €

Sur cette propriété se sont succédé une commanderie templière, une bâtisse de la Renaissance et enfin le château à l'architecture italienne (1862) où fut tourné le film Le Château de ma mère. Ses 80 ha conduits par la famille Martin-Maurel sont implantés sur les contreforts argilo-calcaires dominant la plaine des Maures.

Ce vin dévoile un nez agréable et fin alliant notes boisées et senteurs de fruits à chair blanche. Tonique en attaque, il offre du volume et de la densité en bouche et s'étire dans une jolie finale fruitée. ✗ 2015-2018 ♈ salade de fruits exotiques

○▬ SCEA du Ch. d'Astros, rte de Lorgues, 83550 Vidauban, tél. 04 94 99 73 00, contact@astros.fr Ⓥ 🛡 t.l.j. sf dim. 10h-12h30 14h-18h ○▬ Maurel

CH. DE L'AUMÉRADE Cuvée Marie-Christine 2014 ★		
■ Cru clas.	350 000	î	8 à 11 €

Remarqué par le roi Henri IV et par son ministre le duc de Sully, qui y fait planter le premier mûrier de France en 1594 et les platanes ornant toujours les jardins du château, ce domaine entre dans la famille d'Henri Fabre en 1932. Les 550 ha de ce cru classé de Provence sont conduits aujourd'hui par Marie-Christine Fabre Grimaldi et son époux Vincent Grimaldi.

Un rosé commercialisé dans la bouteille « Marie-Christine », conçue en 1950 d'après une pâte de verre d'Émile Gallé. Un écrin élégant pour un vin qui a fière allure dans sa robe pâle et qui séduit d'emblée par son fruité savoureux de pêche et de poire agrémenté de notes plus douces de confiserie. En bouche, l'équilibre est de mise, entre rondeur, souplesse et acidité bien dosée. ✗ 2015-2016 ♈ brochettes de porc au miel ■ Ch. de l'Aumérade Cru clas. Sully 2014 (11 à 15 € ; 23 000 b.) : vin cité. ✗ 2015-2016

○▬ Ch. de l'Aumérade, rte de Puget-Ville, 83390 Pierrefeu-du-Var, tél. 04 94 28 20 31, production@ aumerade.com Ⓥ 🅰 🛡 t.l.j. sf dim. 8h30-12h30 14h-18h ○▬ Famille Fabre

LES VIGNERONS DU BAOU Sainte-Victoire 2013 ★		
■	n.c.	⅏	8 à 11 €

Cette coopérative viticole a été créée en 1912 dans la commune de Pourcieux, face au massif de la Sainte-Victoire. Elle vinifie la production de 390 ha de vignes.

Le nez comme le palais de ce Sainte-Victoire gardent l'empreinte élégante et fondue d'un élevage sous bois tout à fait maîtrisé. Cela donne un vin gourmand, soyeux, structuré avec justesse qui, s'il s'avère déjà harmonieux, peut encore s'affiner avec la garde. ✗ 2016-2020 ♈ sauté d'agneau ■ Prestige 2013 ★ (8 à 11 € ; 1 056 b.) : un 100 % rolle intense et complexe (pêche blanche, agrumes, nuances florales et touche safranée), gras et bien structuré par le bois. ✗ 2016-2020 ■ Sainte-Victoire 2014 (8 à 11 € ; 6 000 b.) : vin cité. ✗ 2015-2016

○▬ Les Vignerons du Baou, 45, av. Raoul-Blanc, 83470 Pourcieux, tél. 04 94 78 03 06, vignerons-du-baou@wanadoo.fr Ⓥ 🅰 🛡 t.l.j. sf dim. 9h-12h 14h30-18h30

ⒷCH. BARBANAU L'Instant 2014		
■	7 000	î	8 à 11 €

Sur les traces d'un arrière-grand-père vigneron, le renouveau du Clos Val Bruyère revient au père de Sophie Cerciello qui fait l'acquisition en 1989 de ce domaine situé à l'extrémité ouest des côtes-de-provence, non loin de Cassis. Sophie et Didier Simonini s'attachent à élaborer des vins proches de la nature, issus de l'agriculture biologique depuis 2008.

Ce blanc aux scintillements dorés dévoile d'originales notes de feuille de buis agrémentées de nuances légèrement fumées. Des arômes de fruits frais prennent le relais dans une bouche dynamique, relevée par une touche saline. ✗ 2015-2018 ♈ sardinade et poivrons grillés

○▬ Ch. Barbanau, Le Hameau, 13830 Roquefort-la-Bédoule, tél. 04 42 73 14 60, contact@chateau-barbanau.com Ⓥ 🛡 r.-v.

CH. BARBEIRANNE Cuvée Vallat-Sablou 2014 ★★		
■	6 000	⅏	11 à 15 €

Au cœur de la Provence verte, ce vignoble de 34 ha est établi sur le terroir argilo-calcaire des coteaux du massif des Maures. Les oliviers côtoient les parcelles de vignes en restanques autrefois plantées de lavande encadrant une bastide du XVIIIe s.

Robe jaune d'or scintillante, olfaction suave et généreuse dominée par les fruits blancs, le citron confit et des nuances délicates de vanille et d'amande grillée, la présentation est fort séduisante. Une attaque souple et fraîche ouvre sur un palais tout aussi complexe (poire et abricot mûrs, torréfaction), ample, onctueux et long. En résumé : un élevage parfaitement maîtrisé qui laisse s'exprimer le fruit et offre un avenir prometteur à ce vin. ✗ 2015-2019 ♈ volaille à la crème

○▬ Ch. Barbeiranne, lieu-dit La Pellegrine, 83790 Pignans, tél. 04 94 48 84 46, barbeiranne@wanadoo.fr Ⓥ 🅰 🛡 t.l.j. sf dim. 9h-12h 13h30-18h ; sam. 10h-12h 14h-18h ○▬ Marie-Noëlle Febvre

♥ DOM. DE LA BASTIDE BLANCHE
Two B 2013 ★★

| ■ | 5 500 | ◫ | 20 à 30 € |

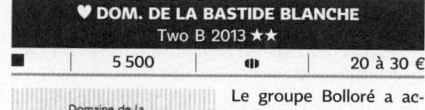

Le groupe Bolloré a acquis en 2001 deux domaines viticoles des côtes-de-provence : La Bastide Blanche, dont les 15 ha de vignes s'étendent entre le cap Taillat et le cap Lardier, sur la partie sauvage de la presqu'île de Saint-Tropez, et le Dom. de la Croix (environ 100 ha), cru classé situé au pied du village de La Croix-Valmer, face à la mer.

Des ceps de syrah (80 %) et de grenache plantés sur 8 ha au cœur de la presqu'île de Saint-Tropez ont donné naissance à cette cuvée haut de gamme, élevée douze mois en pièce bourguignonne et en foudre. Le nez complexe et généreux associe les fruits rouges confits, une pointe de poivre, quelques nuances mentholées et un élégant boisé vanillé. En bouche, le vin se révèle ample, riche, chaleureux et puissant sans lourdeur, soutenu par une fine acidité, par un boisé racé et des tanins de velours. Un ensemble complet et copieux, bâti pour une bonne garde. ✗ 2018-2022 ❦ daube de bœuf

☛ *Domaines de la Croix et de la Bastide blanche, 816, bd de Tabarin, 83420 La Croix-Valmer, tél. 04 94 95 01 75, contact@domainedelacroix.com* Ⓥ Ⓚ Ⓣ *t.l.j. 10h-13h 15h-19h; f. janv.* ☛ Bolloré

BASTIDE DES DEUX LUNES
Lune rouge 2013 ★

| ■ | 3 500 | ◫ | 11 à 15 € |

Bertrand Dubois, œnologue, a repris au début des années 2000 les vignes familiales, jusqu'alors destinées à la vinification en coopérative. Le chai de la Bastide des Deux Lunes a vu le jour pour les vendanges 2012.

De subtiles senteurs de groseille, d'épices douces, de cacao et de garrigue sont associées dans un bouquet intense et complexe. Le prélude à un palais tout aussi aromatique, rond et harmonieux, soutenu par des tanins fondus. Une bouteille que l'on pourra apprécier aussi bien jeune qu'après quelques années de garde. ✗ 2016-2019 ❦ daube de bœuf ■ **Tout près des étoiles 2013** ★ (8 à 11 € ; n.c.) : une jolie fraîcheur, une belle densité et un fruité exotique. ✗ 2016-2019

☛ *Bastide des Deux Lunes, chem. des Escances, 83390 Puget-Ville, tél. 06 16 31 13 71, bastidedes2lunes@gmail.com* Ⓥ Ⓚ Ⓣ *r.-v.* ☛ Bertrand Dubois

CH. BASTIDIÈRE
Élevé en fût de chêne 2012 ★

| ■ | 3 042 | ◫ | 8 à 11 € |

En 1994, le docteur Thomas Flensberg et son épouse tombent sous le charme d'une bastide en ruine et de son petit vignoble à l'abandon qu'ils décident de restaurer. Ils ont œuvré avec persévérance pour relancer l'activité viticole de ce domaine de 12,5 ha.

Ce vin d'un beau rouge profond déploie de subtils arômes fruités mâtinés de notes grillées et épicées. La bouche offre un beau volume et s'adosse sur une trame tannique ferme et solide qui demande à se fondre. Un vin bien élevé que le temps rendra encore plus courtois. ✗ 2017-2020 ❦ côte de bœuf

☛ *Thomas Flensberg, Ch. Bastidière, rte de Pierrefeu, 83390 Cuers, tél. 04 94 13 51 28, infobastidiere@aol.com* Ⓥ Ⓚ Ⓣ *t.l.j. sf dim. 9h30-12h30 14h-17h*

DOM. DES BEAUCAS
Exception 2014

| ■ | 30 000 | 🍶 | 8 à 11 € |

Le vignoble, qui date de 1780, est situé sur les terres du Revest, anciennes propriétés des princes de Condé, en surplomb du golfe de Saint-Tropez ; un emplacement de choix, où les vignes sont cultivées depuis plus de 2000 ans. Conduit depuis 2001 par la famille Roynette, il s'étend aujourd'hui sur 13 ha.

Robe très pâle, nez fin de fruits jaunes et d'ananas, bouche bien équilibrée entre une aimable rondeur et une fraîcheur aux accents citronnés : un rosé sans fausse note. ✗ 2015-2016 ❦ anchoïade

☛ *Roynette, lieu-dit Beaucas, CD 44, 83120 Sainte-Maxime, tél. 04 94 40 73 76, contact@domainedesbeaucas.com* Ⓥ Ⓚ Ⓣ *t.l.j. sf dim. 10h-19h*

Ⓑ DOM. LE BERCAIL
Confidence 2013 ★

| ■ | 6 000 | ◫ | 8 à 11 € |

Créé en 1000, le Bercail est depuis 1984 un centre d'aide par le travail accueillant des adultes en situation de handicap. Le vignoble s'étend sur 14 ha.

De beaux reflets violines de jeunesse animent la robe de cette cuvée discrète au premier nez, qui s'ouvre à l'agitation sur d'harmonieuses nuances réglissées, fruitées et épicées. Le palais se révèle puissant, intensément fruité, et montre un peu des muscles en finale. Une bouteille de caractère qui doit encore se fondre. ✗ 2018-2022 ❦ brochette de grives

☛ *Dom. le Bercail, 864, chem. de la Plaine, 83480 Puget-sur-Argens, tél. 04 94 19 54 09, domaine.le.bercail@adapei83.fr* Ⓥ Ⓚ Ⓣ *t.l.j. sf sam. dim. 8h-17h30*

CH. DE BERNE 2013 ★

| ■ | 40 000 | ◫ | 20 à 30 € |

Situé au cœur du Var, ce vaste domaine de 118 ha de vignes est devenu un véritable centre œnotouristique : journées à thème, concerts, cours de cuisine, visites des caves et dégustations, hôtel Relais & Château, deux restaurants...

Issue de vieilles vignes de syrah et de cabernet-sauvignon, cette cuvée présente une robe pourpre profond aux légers reflets violines. Les fruits mûrs (pruneau) relevés d'épices introduisent une bouche ample et massive, où s'entremêlent fruits noirs et poivre, à l'unisson du bouquet. Une trame solide de tanins fermes et encore légèrement anguleux offre à ce vin un beau potentiel de garde. ✗ 2018-2021 ❦ sauté d'agneau ■ **2013** (15 à 20 € ; 20 000 b.) : vin cité. ✗ 2015-2018

☛ *Vignobles de Berne, rte de Salernes, 83510 Lorgues, tél. 04 94 60 43 60, info@chateauberne.com* Ⓥ Ⓚ Ⓣ *r.-v.*

PROVENCE

CH. DES BERTRANDS 2014 ★★

| | 6 500 | ▯ | 11 à 15 € |

Ancien relais de chasse de Colbert, ce domaine compte un important vignoble de 200 ha au pied du massif des Maures, au Cannet-des-Maures. Repris par les vignobles de Borme en 2010, le vignoble est en complète restructuration.

Le vermentino (appelé aussi rolle) marque de sa typicité le nez et le palais de ce vin séducteur en diable. Un blanc tout en dentelle, ouvert sur des arômes élégants et harmonieux de poire, de pêche et de fleurs blanches, bien proportionné entre une chair ronde et soyeuse et une fine fraîcheur qui porte loin la finale. ✗ 2015-2019 ♈ rillettes de saumon ■ 2014 ★ (11 à 15 € ; 30 000 b.) : du relief, de l'énergie et d'intenses notes d'agrumes. ✗ 2015-2016

o── Ch. des Bertrands, rte de la Garde-Freinet, 83340 Le Cannet-des-Maures, tél. 04 94 60 43 60, info@chateauberne.com ▣ ▣ ▣ r.-v.

DOM. DES BLAÏS 2014 ★★

| | 44 000 | | 5 à 8 € |

Fondée en 1912, cette cave coopérative dédiée aux côtes-de-provence produit 110 000 hl pour quelque 500 ha de vignes. Aux commandes des vinifications, le talentueux maître de chai François Brun.

Un rosé d'une grande élégance, pressenti pour le coup de cœur. Ses arguments : une seyante robe rose clair lumineuse, des arômes subtils et gourmands de fruits rouges et d'agrumes à l'olfaction, une bouche de belle tenue, parfaitement équilibrée entre une rondeur généreuse et une fine fraîcheur végétale et fruitée (pamplemousse rose), étirée dans une longue finale savoureuse. ✗ 2015-2016 ♈ brochettes de poulet mariné

o── La Vidaubanaise, 89, chem. de Sainte-Anne, BP 24, 83550 Vidauban, tél. 04 94 73 00 12, commercial@vidaubanaise.com ▣ ▣ t.l.j. sf dim. 8h-12h 14h-18h
🏠 Ⓔ

ⒷDOM. BOIS DES DEMOISELLES
Cuvée des Selves 2014 ★

| | 3 014 | ▯ | 8 à 11 € |

Ce domaine repris en fermage en 2009 par Sophie et Benoît Lopitaux est situé dans la vallée de l'Argens sur la commune de Draguignan. Le vignoble, conduit en bio certifié depuis 2013, couvre 8 ha implantés sur les coteaux d'une site forestier.

Ce rosé pâle dévoile à l'olfaction des arômes intenses de bonbon anglais et d'agrumes. Arômes que l'on retrouve dans une bouche bien construite, longue et très fraîche ; un caractère alerte renforcé par une jolie pointe saline en finale. ✗ 2015-2016 ♈ farcis provençaux

o── Benoît Lopitaux, Dom. Bois des Demoiselles, chem. du Bois-des-Demoiselles, 83300 Draguignan, tél. 04 94 68 18 40, boisdesdemoiselles@wanadoo.fr ▣ ▣ ▣ r.-v.

CH. DES BORMETTES
Instinct parcellaire La Fonderie 2013

| | 8 100 | ▯ ⊞ | 11 à 15 € |

Ce domaine viticole, dont l'existence est avérée depuis le XIVᵉs., devint la propriété des Chartreux de la Verne en 1588. En 1855, la propriété est acquise par Horace Vernet, peintre officiel de Napoléon III, qui la dote d'un château. En 1920, elle est acquise par la famille des Faré, toujours propriétaire des lieux (65 ha de vignes).

Cette cuvée d'un seyant rouge profond et brillant s'épanouit à l'olfaction sur des arômes harmonieux d'épices, de vanille et de fruits noirs. En bouche, elle s'appuie sur une belle structure tannique, présente sans dureté. Un vin de belle tenue. ✗ 2016-2019 ♈ fromage à pâte pressée

o── SC Dom. des Bormettes, 903, rte du Pellegrin, 83250 La Londe-les-Maures, tél. 06 02 51 03 58, bormettes@gmail.com ▣ ▣ r.-v. o── Fabrice Faré

DOM. BOUISSE-MATTERI Harmonie 2014 ★

| | 15 000 | ▯ | 5 à 8 € |

Partis de 13 ha de vignes, Bruno Merle et son épouse Mariette n'exploitent pas moins de 55 ha aujourd'hui. Depuis 2009, leur fils Thomas participe pleinement à l'élaboration des vins. Sa sœur Fanny s'occupe de la vigne.

Une teinte lumineuse rose clair habille ce vin qui évoque au nez la fraîcheur exotique de la goyave et du pamplemousse. Le prélude à une bouche ronde, ample et chaleureuse, laissant le goût du fruit en finale. ✗ 2015-2016 ♈ poisson cru au lait de coco ■ Cuvée Paradis 2014 ★ (5 à 8 € ; 5 000 b.) : un blanc fruité, salin et mentholé, séveux et rond. ✗ 2015-2018

o── Mathilde Merle, Dom. Bouisse-Matteri, 3301, rte des Loubes, 83400 Hyères, tél. 04 94 38 65 05, bruno.merle@wanadoo.fr ▣ ▣ ▣ t.l.j. sf dim. 9h-19h; dim. 9h-12h30 en juil.-août

DOM. DE LA BOUVERIE 2014 ★

| | 12 000 | ⬓ | 8 à 11 € |

C'est dans les années 1980 que Jean Laponche acquiert ce domaine, ancienne ferme autrefois consacrée à l'élevage de bovins. Il exploite aujourd'hui un vignoble de 30 ha face aux crêtes dentelées du rocher de Roquebrune-sur-Argens.

Ce 100 % rolle conserve pour l'heure quelques traces de son passage en barrique : notes de grillé, de coco et de vanille, agrémentées de nuances abricotées. Empreinte boisée (beurre noisette) que l'on retrouve dans un palais très élégant, bien structuré et long. Un blanc de caractère, bâti pour la garde. ✗ 2017-2020 ♈ blanquette de veau

o── Jean Laponche, Dom. de la Bouverie, 83520 Roquebrune-sur-Argens, tél. 04 94 44 00 81, domainedelabouverie@wanadoo.fr ▣ ▣ t.l.j. sf dim. 9h-12h 15h-18h

CH. DE BRÉGANÇON La Réserve 2014 ★

| ■ Cru clas. | 50 000 | | 11 à 15 € |

Placé en bordure maritime, ce cru classé de Provence est commandé par une demeure du XVIIᵉs. (résidence présidentielle d'été), propriété de la famille Tézenas depuis huit générations. Si l'on y élevait jadis les vers à soie, seuls les vignes et les oliviers y sont désormais exploités.

Des reflets saumonés animent la robe de ce rosé alerte, stimulé par un joli fruité à dominante de pêche et de pamplemousse. Le palais offre un profil tonique, voire nerveux en attaque, adouci par une longue finale plus chaleureuse. ✗ 2015-2016 ❦ gambas flambées ▪ La Réserve 2014 ★ (11 à 15 € ; 10 000 b.) : un blanc tonique et complexe (kumquat, citron, fleurs blanches et fruits exotiques). ✗ 2015-2016

☛ SARL Ch. de Brégançon, 639, rte de Léoube, 83230 Bormes-les-Mimosas, tél. 04 94 64 80 73, chateaudebregancon@wanadoo.fr 🆅 🚶 🅿 t.l.j. sf dim. 9h-12h 13h-19h ☛ Tézenas

ⓑ DOMAINES BUNAN
Bélouvé 2014 ★

▪	30 000	🛈	8 à 11 €

La troisième génération est aujourd'hui aux commandes des Domaines Bunan, créés en 1961, qui comprennent plusieurs exploitations réputées en côtes-de-provence et bandol : le Moulin des Costes, le château et le Mas de la Rouvière, Bélouvé, tous ces vignobles étant conduits en culture biologique depuis 2011.

Rose aux reflets nacrés, ce vin est d'abord rythmé par des notes fraîches de pamplemousse qui se développent avec intensité au nez, tandis que le palais dévoile des arômes plus exotiques et une jolie rondeur enveloppante. Un vin harmonieux et expressif. ✗ 2015-2016 ❦ tian au chèvre frais ▪ Bélouvé 2014 ★ (8 à 11 € ; 7 000 b.) ⓑ : un blanc friand et alerte, ciselé par d'intenses nuances d'agrumes. ✗ 2015-2017

☛ Dom. Bunan, 338 bis, chem. de Fontanieu, Le moulin des Costes, 03740 La Cadière d'Azur, tél. 04 94 98 58 98, bunan@bunan.com 🆅 🚶 🅿 t.l.j. 9h 12h 14h-18h ; f. dim. d'oct. à mars

DOM. DU CAGUELOUP Cuvée Minette 2013

▪	5 500	◑	8 à 11 €

Héritier d'une longue lignée de vignerons (vingt et une générations), Richard Prébost conduit depuis les années 1980 ce domaine bien connu pour ses bandol, qui propose aussi de beaux côtes-de-provence. Cagueloup ? C'est l'histoire d'un petit Prébost qui un jour avala un louis d'or. Son père, pris de panique, lui lança : « Cague l'ou »...

Ce vin rouge dévoile un bouquet généreux et bien typé de fruits noirs compotés, d'épices et de violette. Ces mêmes arômes accompagnent une bouche bien constituée, riche et chaleureuse. ✗ 2015-2019 ❦ souris d'agneau confite au miel

☛ Dom. de Cagueloup, 267, chem. de la Verdelaise, 83270 Saint-Cyr-sur-Mer, tél. 04 94 32 49 42, domainedecagueloup@gmail.com 🆅 🚶 🅿 t.l.j. 9h-20h ; f. janv. ☛ Prébost

DOM. DES CAMPAUX Osérose 2014

▪	25 000		15 à 20 €

Ce domaine était autrefois une ferme où s'approvisionnait la chartreuse de la Verne. Elle fut ensuite une auberge et un relais. Ses bâtiments appartiennent depuis 1900 à la famille Naveau, qui conduit aujourd'hui un vignoble de 33 ha sur les flancs du massif des Maures.

Issue de vieilles vignes, cette cuvée à la teinte abricotée s'exprime en finesse. Le nez fruité évoque les agrumes, puis les fruits noirs à l'aération. La bouche, souple, fraîche

et d'une longueur honorable, évolue quant à elle sur des notes citronnées. Un ensemble harmonieux. ✗ 2015-2016 ❦ tortilla forestière

☛ Dom. des Campaux, 6987, rte du Dom, 83230 Bormes-les-Mimosas, tél. 04 94 54 79 00, campaux@wanadoo.fr 🆅 🚶 🅿 t.l.j. sf sam. dim. 9h-18h ☛ Naveau

HAMEAU DES VIGNERONS DE CARCÈS
Lou Neïtar 2014 ★★

▪	10 434	🛈	5 à 8 €

Nommée la Carçoise avant 2007, cette coopérative fondée en 1910 s'est orientée au milieu des années 1980 vers la production de rosés et a renouvelé en grande partie son encépagement vers des cépages aromatiques et à faibles rendements, vinifiant aujourd'hui quelque 530 ha.

Un nouveau visuel très féminin et l'apport d'un nouvel œnologue ont donné un bel élan à cette cuvée phare du Hameau. Pour débuter, une élégante parure couleur pêche, pâle et cristalline, et une aromatique délicate balancée entre la douceur du bonbon anglais, le croquant des fruits rouges et la finesse des fleurs blanches. Suit une bouche tendre et suave, bien équilibrée par la fraîcheur et portée par un fruit omniprésent. Un rosé de très belle facture, délicat et expressif sans exubérance. ✗ 2015-2016 ❦ poulet à l'estragon

☛ Hameau des Vignerons de Carcès, 66, av. Ferrandin, 83570 Carcès, tél. 04 94 04 50 04 🆅 🚶 🅿 r.-v.

CH. CARPE DIEM 2013 ★

▪	5 400	🛈	8 à 11 €

Albéric Philipon a repris début 2013 ce domaine de 14 ha. Il se rend tous les mardis au marché de Cotignac pour y proposer ses vins. Le vignoble est en cours de conversion bio.

La robe est d'un plaisant rubis léger et le nez tout aussi engageant, mêlant la douceur des fruits mûrs, la fraîcheur de la menthe poivrée et la délicatesse de la violette. La bouche se révèle équilibrée, souple et friande, sur un fond d'épices douces. ✗ 2015-2018 ❦ grillade de bœuf

☛ Ch. Carpe Diem, 4436, rte de Carcès, 83570 Cotignac, tél. 06 09 01 67 70, contact@chateaucarpediem.com 🆅 🚶 🅿 t.l.j. 9h30-13h 15h-19h ☛ Philipon

CH. DU CARRUBIER
Cuvée Ingénue 2014 ★

▪	12 000	🛈	8 à 11 €

Située sur la route du fort de Brégançon, cette propriété familiale depuis 1974 est nichée dans la commune de La Londe, en contrebas du massif des Maures. Les vignes, implantées sur un sol siliceux d'origine schisteuse, occupent 25 des 88 ha que compte l'exploitation.

Des nuances litchi animent ce rosé au bouquet élégant et subtil de fruits exotiques rehaussés d'une pointe d'épices. Épices qui prennent un caractère « explosif » (poivre, pain d'épice) dans une bouche dense, soyeuse et harmonieuse. ✗ 2015-2016 ❦ trifle aux spéculoos

☛ SC du Dom. du Carrubier, 1590, rte du Carrubier, 83250 La Londe-les-Maures, tél. 04 94 66 82 82, contact@carrubier.fr 🆅 🅿 r.-v.

CH. LA CASTILLE 2014 ★

| | 25 000 | 🏅 | 5 à 8 € |

Ancienne propriété des Comtes de Provence au XVᵉˢ., le domaine de la Castille possède un château et des caves construites au XVIIIᵉˢ. par les bagnards de Marseille. Il appartient depuis 1922 au diocèse de Fréjus-Toulon.

Issu de grenache (majoritaire), de cinsault et de tibouren, ce rosé couleur saumonée se révèle très expressif et représentatif des vins de l'appellation avec son volume et son fruité intense de l'attaque à la finale. Une cuvée harmonieuse, sans creux ni fausse note. ✗ 2015-2016 ⚑ petits farcis

☞ Ch. la Castille, de la Farlède à la Crau, RD554, 83210 Solliès-Ville, tél. 04 94 00 80 50, caveau@domaine-castille.fr 🆅 🏃 🔋 t.l.j. sf dim. 8h-12h 14h-18h

CH. CAVALIER Prestige 2014 ★

| | 12 000 | 🏅 ◫ | 11 à 15 € |

Ce domaine acquis par Pierre Castel en 2000 ne produit que du rosé en AOC côtes-de-provence à partir d'un coquet vignoble de 50 ha implanté sur des terres sableuses. Il en compte aujourd'hui 150.

Ce rosé lumineux, aux nuances litchi, s'épanouit à l'olfaction sur des notes intenses de mandarine et de fruits exotiques. Arômes prolongés par un palais équilibré, franc, frais, souple et soyeux. ✗ 2015-2016 ⚑ couscous

☞ SCEA Ch. Cavalier, 1265, chem. de Marafiance, 83550 Vidauban, tél. 04 94 73 56 73, vidauban@castel-freres.com 🆅 r.-v.

CH. DE CHAUSSE 2012

| | 23 000 | 🏅 ◫ | 15 à 20 € |

Depuis 1990, Roseline Schelcher est à la tête de cette propriété qu'elle a créée de toutes pièces en contrebas du village de La Croix-Valmer, ses vignes implantées sur des coteaux de schistes et phyllades dominant la mer. Le vignoble compte aujourd'hui 15 ha.

À l'aération, le nez oscille entre fruits noirs mûrs et notes grillées. La bouche se révèle à la fois puissante et fraîche et développe de beaux arômes fruités, épicés et torréfiés. L'élevage, encore un peu marqué mais de qualité, appelle la garde. ✗ 2016-2019 ⚑ sauté d'agneau aux olives

☞ Ch. de Chausse, 83420 La Croix-Valmer, tél. 04 94 79 60 57, chateaudechausse@orange.fr 🆅 🏃 🔋 t.l.j. 10h-12h 15h-18h ☞ Roseline Schelcher

CH. DE LA CLAPIÈRE La Violette 2014 ★

| ▪ Cru clas. | 25 000 | 🏅 | 8 à 11 € |

Construit au XVIIIᵉˢ. sur une ancienne villa romaine, ce domaine commandé par une grande bastide d'inspiration florentine fut le fief de la famille de Clapier, avant de devenir à la fin du XIXᵉˢ. celui de la Baronne Elizabeth Isabella Johnstone-Gordon. En 1928, le négociant Henri Fabre acquiert la propriété dirigée aujourd'hui par son petit-fils... Henri Fabre, qui lui a redonné sa vocation viticole. Le vignoble couvre 53 ha.

Des arômes d'agrumes et de pêche composent le nez complexe de cette cuvée couleur litchi. Une attaque fraîche et citronnée introduit une bouche soyeuse, tout en finesse et en rondeur. Un ensemble harmonieux et délicat. ✗ 2015-2016 ⚑ tartare de poisson au gingembre

☞ SCEA des Dom. Fabre, Ch. de la Clapière, 2042, rte de Pierrefeu, RD12, 83400 Hyères, tél. 04 94 31 26 58, fabre.bartalli@chateau-la-clapiere.com 🆅 🔋 t.l.j. sf dim. lun. 9h-12h 14h-19h 🏠 🄴

DOM. DU CLOS D'ALARI Le Vermentino 2014 ★★

| | 4 900 | 🏅 | 15 à 20 € |

Anne-Marie et Nathalie Vancoillie, mère et fille, conduisent depuis 1998 ce domaine niché au cœur du Var, près de l'abbaye du Thoronet, et disposant d'un vignoble de 8 ha en AOC côtes-de-provence. Elles produisent également de l'huile d'olive grâce à leurs trois cents oliviers et exploitent aussi des chênes truffiers.

« Explosif » est un qualificatif que l'on retrouve dans tous les commentaires de dégustation. La robe « fait des étincelles » avec ses reflets verts ; le bouquet offre une myriade d'arômes fruités (mandarine, pêche, abricot...) ; le palais, très élégant et soyeux, y ajoute un soupçon de menthol, qui amplifie sa complexité et sa fraîcheur. Le coup de cœur fut mis aux voix. ✗ 2016-2019 ⚑ poulet aux écrevisses ▪ Jules 2012 ★ (15 à 20 € ; 2 674 b.) : un rouge friand et généreux, affiné par un élevage qui respecte le fruit. ✗ 2015-2018

☞ Nathalie Vancoillie, 717, rte de Mappe, 83510 Saint-Antonin-du-Var, tél. 04 94 04 46 74, leclosdalari@noos.fr 🆅 🏃 🔋 t.l.j. 9h-13h 16h-20h 🏠 🄅

Ⓑ CLOS DE L'OURS Grizzly 2013 ★

| ▪ | 5 400 | ◫ | 15 à 20 € |

Fabienne et Michel Brotons ont réalisé leur rêve en créant ce domaine viticole. Depuis 2012, ils exploitent 13 ha de vignes en agriculture biologique, au cœur de la Provence verte.

Ce vin issu d'un assemblage parfaitement proportionné entre syrah, grenache et mourvèdre dévoile à l'agitation des parfums intenses et bien mariés de cassis et de coco. La bouche associe une structure solide et ferme, une fraîcheur énergique et une rondeur avenante. Un vin équilibré et promis à un bel avenir. ✗ 2019-2022 ⚑ veau aux olives

☞ Clos de l'Ours, 4776, chem. du Clos-de-Ruou, 83570 Cotignac, tél. 04 94 04 77 69, closdelours@gmail.com 🆅 🏃 r.-v. 🏠 🄅 ☞ Brotons

CLOS DES ROSES Dame de cœur 2014 ★

| ▪ | 4 800 | 🏅 | 15 à 20 € |

Sur les contreforts de l'Esterel, cette jeune exploitation créée en 2006 par la famille Barbero commande 10 ha de vignes ancrées sur le terroir volcanique réputé de Fréjus.

Un bouquet subtil aux senteurs florales et vanillées ouvre la dégustation. Une attaque douce et suave introduit un palais qui s'ouvre lentement sur d'agréables notes fruitées et briochées. Ce rosé se livre avec parcimonie certes, mais avec une belle élégance. ✗ 2015-2016 ⚑ gratin de légumes ▪ 2014 ★ (8 à 11 € ; 4 800 b.) : un blanc à la fois rond, charnu et frais, d'un bon potentiel. ✗ 2015-2019

☞ Clos des Roses, 1609, rte de Malpasset, 83600 Fréjus, tél. 04 94 52 80 51, contact@closdesroses.com 🆅 🏃 r.-v. 🏠 🄅 ☞ Alex Barbero

CLOS MISTINGUETT 2014 ★			
◼ Cru clas.	25 160	◨	5 à 8 €

Située entre Bormes-les-Mimosas et le golfe de Saint-Tropez, cette propriété viticole de 14 ha fut jadis le fief du « Tout Paris », Mistinguett en tête. La famille Guérin veille sur le vignoble depuis trois générations.

Au nez, quelques notes de poire et d'agrumes. En bouche, des saveurs de fruits à noyau et d'ananas rehaussées d'une pointe minérale et un bel équilibre entre douceur et fraîcheur. Un rosé gourmand et dynamique. ✗ 2015-2016 ❦ brochettes d'agneau

☛ Famille Guérin, Dom. du Noyer – Clos Mistinguett, 5645, rte du Dom, 83230 Bormes-les-Mimosas, tél. 04 94 71 18 52, closmistinguett@yahoo.fr
Ⓥ ⚹ ⬛ t.l.j. 9h-18h30

CLOS SAINTE-ANNE 2012 ★			
◼	2 500	◨	11 à 15 €

Ce petit domaine tropézien de 6 ha a été créé en 2010 par Jean-Michel Augier et son fils Christophe.

Ce 2012 s'ouvre lentement sur des notes de sirop de fruits rouges, de pruneau et de cacao. Une attaque franche introduit une bouche ample, riche et suave, ouverte sur des arômes persistants de fruits noirs compotés, de moka, de Zan et de chocolat, et trouve un bon appui sur des tanins fondus et un boisé bien intégré. ✗ 2015-2018 ❦ osso bucco

☛ Jean-Michel et Christophe Augier, 40, Vieux-Chemin-de-Sainte-Anne, 83990 Saint-Tropez, tél. 06 19 89 66 39, clos.sainte.anne@orange.fr
Ⓥ ⚹ ⬛ t.l.j. sf dim. 10h-12h 14h-19h

LES CLOS SERVIEN LCS 2014 ★			
◼	2 800	🍶	11 à 15 €

À la tête depuis 2010 de ce domaine, dont la production était jusqu'alors portée à la coopérative, la famille Servien exploite cette jolie propriété de 11 ha établie sur une terre schisteuse, à quelques kilomètres du golfe de Saint-Tropez.

Une robe cristalline, une olfaction puissante et complexe aux nuances d'ananas et de pamplemousse relevées de quelques notes de buis, l'approche laisse deviner un blanc alerte. De fait, la bouche, ouverte sur des arômes d'écorce de pamplemousse, se montre tonique et saline, sans toutefois manquer de rondeur. Un ensemble cohérent et harmonieux. ✗ 2015-2017 ❦ raie aux agrumes

☛ Dom. les Clos Servien, 310, chem. de la Tour, 83310 Grimaud, tél. 06 09 96 12 67, lesclosservien@orange.fr Ⓥ ⬛ t.l.j. sf dim. 15h30-19h; f. nov.-mars

CH. COLBERT Mélia 2014 ★		
◼	40 000	8 à 11 €

Ce vaste domaine créé en 1960 est situé au cœur de la plaine des Maures. Les 110 ha de vignes, propriété des Chevron-Villette, sont conduits en agriculture raisonnée, selon la certification Terra Vitis.

Un bouquet intense et complexe de fruits mûrs, d'agrumes et d'épices agrémenté de fines notes florales introduit cette cuvée à dominante de grenache. Tout aussi expressif et goûteux, ample et bien équilibré, le palais dévoile des arômes gourmands et généreux de fruits

jaunes à maturité et se voit stimulé par une belle tension en finale. ✗ 2015-2016 ❦ lapin aux olives

☛ SCEA Ch. Reillanne, rte de St-Tropez, 83340 Le Cannet-des-Maures, tél. 04 94 50 11 70, commercial@chevron-villette-vigneron.com
☛ de Chevron-Villette

COMMANDERIE DE PEYRASSOL 2014 ★		
◼	10 800	8 à 11 €

La cave moderne et le parc de sculptures s'intègrent aujourd'hui parfaitement à cette ancienne commanderie templière créée en 1204. Ici, face au massif des Maures, on exploite 90 ha de vignes, cent cinquante chênes truffiers et des milliers d'oliviers sur une vaste propriété acquise en 2001 par Philippe Austruy.

Ce vin présente bien avec son nez élégant de citron et de fleurs blanches. Des nuances florales confirmées par une bouche fraîche et alerte, à la texture fine et souple. ✗ 2015-2017 ❦ anchois de Collioure ◼ 2014 ★ (8 à 11 € ; 170 000 b.) : une belle présence pour ce rosé triand, au fruité charnu. ✗ 2015-2016

☛ SARL Commanderie de Peyrassol, RN 7, 83340 Flassans-sur-Issole, tél. 04 94 69 71 02, contact@peyrassol.com Ⓥ ⚹ ⬛ r.-v. 🏠 ❺ ☛ Ph. Austruy

LES CAVES DU COMMANDEUR Dédicace 2014 ★		
◼	n.c.	8 à 11 €

Cette coopérative née en 1912 regroupe 550 ha de vignes exploités par 120 adhérents, au cœur de la Provence viticole, plus de 85 % de rosés.

Un bouquet généreux et expressif de fruits jaunes ensoleillés (ananas, pêche) ouvre la dégustation. Ample, suave et d'une belle longueur, la bouche se dessine avec élégance autour d'une aromatique persistante qui fait écho à l'olfaction. Un rosé « féminin », tout en finesse et en douceur. ✗ 2015-2016 ❦ salade de fruits

☛ Les Caves du Commandeur, 18, rue de Moulin, 83570 Montfort-sur-Argens, tél. 04 94 59 59 02, eurlcommandeur@orange.fr Ⓥ ⚹ ⬛ t.l.j. sf dim. 9h-12h30 14h30-18h30; dim. 9h-12h30 en juil.-août

Ⓑ **VIGNERONS DE CORRENS** Croix de Basson 2014 ★		
◼	20 000	🍶	5 à 8 €

Fondée en 1930, la cave coopérative de Correns, petit village pittoresque niché au cœur du Var, regroupe 30 adhérents. Ceux-ci ont tous fait le choix de l'agriculture biologique dès 1997.

D'un beau jaune cristallin, ce vin dévoile un nez intense de coing, de poire et de papaye rafraîchi par une touche d'agrumes. Agrumes qui animent dès l'attaque une bouche persistante, ample et tonique. ✗ 2015-2017 ❦ papillote de cabillaud

☛ EURL Les Vignerons de Correns, pl. de l'Église, 83570 Correns, tél. 04 94 59 59 46, lesvignerons-correns@wanadoo.fr Ⓥ ⚹ ⬛ r.-v.

CH. DE LA COULERETTE La Londe Élixir 2014 ★		
◼	n.c.	🍶	8 à 11 €

Le vignoble de 60 ha d'un seul tenant s'étend sur une petite colline, petit coulet en provençal, exposée plein sud face aux îles d'Or. Il est conduit depuis 1962 par la famille Bréchet, installée dans un château du XIXᵉs. au pied du massif des Maures, également productrice de gigondas et de châteauneuf-du-pape.

Une robe aux reflets saumonés habille ce rosé bien ouvert sur des arômes d'agrumes et de fleurs blanches. Le palais se révèle frais, acidulé et léger, tourné vers des parfums de fruits rouges en rétro-nasale. Un vin joliment proportionné. ✗ 2015-2016 ᵀ pana cotta aux fruits rouges

o–ı Ch. de la Coulerette, 83250 La Londe-les-Maures, tél. 04 90 83 70 31, contact@famillebrechet.fr Ⓥ Ⓚ ⓘ r.-v.

o–ı Famille Bréchet

CH. LES CROSTES Cuvée Prestige 2013 ★			
■	20 000	◑	11 à 15 €

Trente années après la terrible gelée de 1956, l'exploitation alors destinée à la culture de l'olive se tourne vers la vigne. Une aubaine pour les lecteurs du Guide, puisque depuis de nombreuses années, les vins sont ici régulièrement présents. Le vignoble, conduit par un homme d'affaires allemand depuis 1998, compte 213 ha de vignes.

Au nez, des nuances réglissées se marient à des senteurs fumées et briochées, souvenirs de douze mois de fût. Une attaque souple et déliée prélude à une bouche solide, bien charpentée par des tanins jeunes et vigoureux qui demandent à s'assouplir. ✗ 2017-2019 ᵀ civet de lapin aux champignons

o–ı H.-L. Ch. les Crostes, 2086, chem. de Saint-Louis, 83510 Lorgues, tél. 04 94 73 98 40, linda.schalles@chateau-les-crostes.eu Ⓥ Ⓚ ⓘ t.l.j. sf dim. 9h-19h (9h-18h d'oct. à mars)

CH. DEFFENDS Cuvée Première 2014 ★			
■	24 000	ⓘ	8 à 11 €

Depuis 1998, Xavier Vergès est à la tête du vignoble du Ch. Deffends, une belle unité de 30 ha implantée sur une terrasse de graves argilo-calcaires des Maures et commandée par une bastide du XVIIᵉs. aux platanes séculaires. Une valeur sûre en côtes-de-provence et coteauxvarois.

Une robe pâle et brillante « très tendance », un nez franc de petits fruits rouges, l'approche est classique et engageante. Ample dès l'attaque, fruité (dominante de pêche), le palais associe la rondeur à une fine amertume qui lui apporte du tonus et de la complexité. Un rosé bien dans son temps, pour toute occasion. ✗ 2015-2016 ᵀ carpaccio de saumon

o–ı Vergès, EARL Ch. Deffends, quartier du Deffends, 83660 Carnoules, tél. 04 94 28 33 12, chateaudeffends@orange.fr Ⓥ Ⓚ ⓘ t.l.j. 9h-12h 15h-19h 🏠 Ⓔ

CH. DES DEMOISELLES 2013 ★			
■	n.c.		11 à 15 €

Située sur le plateau de La Motte près des gorges de Pennafort, cette ancienne propriété de la famille Grimaldi du prince de Monaco, est conduite par Aurélie Bertin depuis 2005. D'importants travaux de rénovation ont redonné sa splendeur à la bastide de 1830 qui commande un vignoble de près de 70 ha.

Une robe profonde habille ce vin qui se livre avec timidité et finesse autour de notes de fruits noirs confiturés. Introduit par une attaque solide, le palais, dense et plein,

répond avec beaucoup de générosité et d'intensité autour d'arômes d'épices, de fruits noirs et de cacao, et d'une structure tannique cossue. Il faudra patienter pour apprécier cette cuvée à son apogée. ✗ 2017-2022 ᵀ navarin d'agneau ■ 2014 ★ (11 à 15 € ; 13 073 b.) : un rosé intense, sur les fruits exotiques et les agrumes, au palais tout en fraîcheur et en dentelle. ✗ 2015-2016

o–ı SCEA Ch. des Demoiselles, 2040, rte de Callas, 83920 La Motte, tél. 04 94 99 50 30, contact@sainte-roseline.com Ⓥ Ⓚ ⓘ r.-v. 🏠 ⑤ 🏠 Ⓔ

o–ı Teillaud

CH. DEMONPÈRE Cuvée Prestige 2013			
■	2 670	ⓘ ◑	11 à 15 €

Yves Journel a repris ce domaine en 2011 et perpétue la culture en bio des vignes, comme son prédécesseur. Il conduit aujourd'hui un important vignoble de 144 ha.

Une robe lumineuse couleur chair habille ce rosé ouvert sur d'élégantes senteurs de pêche et d'abricot mêlées à des nuances florales. Franche en attaque, la bouche se révèle ample et fruitée à souhait, agrémentée de notes de fleurs jaunes. ✗ 2015-2016 ᵀ curry de légumes

o–ı Ch. Demonpère, rte des Mayons, La Pardiguière, 83340 Le Luc, tél. 04 94 60 07 78, chateau@demonpere.fr Ⓥ Ⓚ ⓘ r.-v. o–ı Yves Journel

DOM. DESACHY Éva 2014 ★★			
■	6 666		5 à 8 €

Anne et Marc Desachy ont pris la relève de leur père sur ce domaine de 8 ha face aux îles d'Or, créé dans les années 1980.

Des nuances pivoine animent ce rosé ouvert sur les fruits rouges et les fleurs jaunes. À ce joli bouquet répond un palais à l'unisson, ample, généreux, étoffé et persistant, souligné par une fine fraîcheur jusqu'en finale. Un rosé de repas. ✗ 2015-2016 ᵀ tajine de poisson ■ La Londe 2012 ★ (8 à 11 € ; 3 200 b.) : un vin intense et puissant, fruité, épicé et boisé. ✗ 2017-2020

o–ı Dom. Desachy, Le Bas-Pansard, 360, chem. des Oliviers, 83250 La Londe-les-Maures, tél. 04 94 66 84 46, domaine.desachy@orange.fr Ⓥ Ⓚ ⓘ t.l.j. sf dim. 9h-12h 15h-19h

DOM. DES DIABLES Sainte-Victoire Rose bonbon 2014 ★			
■	32 000		8 à 11 €

Virginie Fabre et Guillaume Philip, les enfants du Dom. Sainte-Lucie, dirigent depuis 2007 cette propriété de 17 ha auparavant laissée à l'abandon. Une création récente, mais déjà une référence, souvent en vue dans le Guide pour ses côtes-de-provence rosés.

Ce rosé couleur litchi offre un bouquet intense de pamplemousse et de fruits exotiques mâtinés de nuances florales. En bouche, l'équilibre penche vers la fraîcheur et la minéralité, avec une présence du fruit tout aussi marquée qu'à l'olfaction. Une bonne typicité Sainte-Victoire pour ce Rose bonbon à croquer. ✗ 2015-2016 ᵀ bouillabaisse

o–ı Dom. des Diables, av. Paul-Cézanne, 13114 Puyloubier, tél. 06 81 43 94 62, contact@mip-provence.com Ⓥ Ⓚ ⓘ t.l.j. sf dim. lun. mar. 9h-12h 14h-17h30

o–ı Philip et Fabre

CH. D'ESCLANS Rock angel 2014 ★

	133 000	🍶 ⬩	20 à 30 €

Célèbre fabricant marseillais d'allumettes dans les années 1850, Joseph Toussaint Caussemille fut l'un des propriétaires du Ch. d'Esclans, bâtisse du XIXᵉs. inspirée des villas toscanes. Sacha Lichine, fils de feu Alexis Lichine, ancien propriétaire du Ch. Prieuré-Lichine, a pris en 2006 les commandes de ce domaine de 267 ha, dont 44 ha de vignes, réputés pour ses rosés élevés sous bois.

Issu de grenache, rolle et tibouren et d'une vinification partielle en demi-muids, ce rosé d'une belle limpidité s'exprime avec élégance et discrétion autour de subtiles notes d'agrumes nuancées de parfums floraux. La bouche se révèle tout aussi harmonieuse, finement ciselée par une touche de fraîcheur bien dosée. ✗ 2015-2017 ❦ petits farcis provençaux ■ Les Clans 2013 ★ (50 à 75 € ; 18 000 b.) : cuvée star du domaine, un rosé dense et charnu, atypique par son passage en fût qui renforce le vin sans l'étouffer. ✗ 2015-2018

o⤸ SAS Ch. d'Esclans, Dom. Sacha Lichine, 4005, rte de Callas, 83920 La Motte, tél. 04 94 60 40 40, chateaudesclans@sachalichine.com Ⓥ 🏃 🔒 t.l.j. 10h-19h

DOM. DE L'ESPARRON Virginie 2014 ★

	20 000	🍶	5 à 8 €

Laurent Migliore et sa sœur Virginie représentent la quatrième génération à la tête de ce domaine fondé en 1937. Non loin du village des tortues de Gonfaron, cette propriété s'étend sur 47 ha au pied du massif des Maures sur des terres argilo-calcaires.

Cette cuvée d'un délicat rose pâle dévoile un nez élégant et complexe de pêche, de nectarine et d'abricot mûr. En bouche, elle se montre équilibrée, ronde, longue et expressive, sur les fruits jaunes et rouges et les fleurs blanches. ✗ 2015-2016 ❦ tian de légumes

o⤸ Dom. de l'Esparron, EARL Migliore, Dom. de l'Esparron, 83590 Gonfaron, tél. 04 94 78 34 41, domaineesparron@orange.fr Ⓥ 🔒 t.l.j. sf dim. 8h-12h 13h30-19h o⤸ Migliore

ESTANDON Héritage 2014

	1 000 000		5 à 8 €

Fondée en 1947, cette coopérative a pris le nom de Cercle des Vignerons de Provence en 2005 avant d'adopter en 2012 celui de sa marque emblématique, Estandon Vignerons.

Une robe étincelante aux reflets rose clair habille ce vin finement bouqueté autour des fruits rouges et des fleurs blanches. Arômes complétés dans une bouche ronde et souple par des nuances épicées et, en finale, par celles acidulées des agrumes. ✗ 2015-2016 ❦ salade niçoise

o⤸ Estandon Vignerons, 727, bd Bernard-Long, 83170 Brignoles, tél. 04 94 37 21 00, lfourastie@estandon-vignerons.fr

L'ESTELLO Sextant Or 2014 ★

	17 000	🍶	8 à 11 €

Un domaine placé sous le signe des étoiles (estello en provençal) et de la mer (le sextant sur les étiquettes) par l'ancien propriétaire, qui venait de passer quinze ans sur les flots. Gilles Malinge a repris cette propriété en 2003 et l'a agrandie, portant la surface du vignoble à

30 ha. Il vend sa production aux particuliers et à la restauration. En dernière année de conversion vers la certification bio.

Faisant la part belle au grenache (90 %), ce rosé pâle laisse échapper de fines senteurs fruitées allant des fruits rouges croquants à la pêche jaune juteuse ou encore l'abricot. La bouche associe sans dissonance sucrosité et fraîcheur autour d'arômes fruités qui font écho à l'olfaction. ✗ 2015-2016 ❦ salade de fruits

o⤸ Dom. de l'Estello, 838, chem. de Bélinarde, rte de Carcès, 83510 Lorgues, tél. 04 94 73 22 22, lestello@lestello.com Ⓥ 🏃 🔒 t.l.j. sf dim. 9h-12h30 14h-18h; dim. 9h-12h30 (juil.-août) 🏠 Ⓔ o⤸ Gilles Malinge

Ⓑ LA FERME DES LICES 2012

	4 800	⬩	20 à 30 €

L'union de huit propriétaires et de Laurence Berlemont, œnologue, a permis de reconstituer un ancien vignoble de 8 ha (menacé par un projet immobilier), la seule cave particulière de Saint-Tropez. Le domaine situé sur le littoral sud-est du Var, dans la plaine des Salins, propose des vins aujourd'hui certifiés bio.

Issu d'une majorité de syrah, ce vin dévoile des arômes soutenus de petits fruits noirs et de pruneau. Les notes vanillées, souvenir de son élevage, accompagnent le fruit et la minéralité dans une bouche à l'expression bien ancrée. ✗ 2016-2019 ❦ magret de canard

o⤸ SCEA Clos des Vignes, Mas de la Moutte, chem. des Treilles-de-la-Moutte, 83990 Saint-Tropez, tél. 04 94 59 12 40, info@lafermedeslices.fr Ⓥ 🔒 r.-v.

CH. FERRY LACOMBE Naos 2014 ★★

	40 000	🍶	8 à 11 €

L'histoire de ce domaine, situé dans le paysage de la montagne Sainte-Victoire, remonte au XVIIᵉs. lorsque Daniel de Ferry, maître-verrier, s'installa à La Combe, dont la forêt fournissait le bois nécessaire à son activité. Le vignoble couvre 40 ha.

Ce rosé d'une belle pâleur comme il se doit, associe à l'olfaction, mesurée et délicate, une fine minéralité à des notes d'amande fraîche et de violette. Le palais, plus prolixe, va crescendo de l'attaque à la finale, offrant d'intenses nuances épicées, anisées et florales. Une vraie promenade dans la garrigue et une belle expression du terroir. ✗ 2015-2016 ❦ carpaccio de bar ■ Clos la Neuve Passion 2014 (8 à 11 € ; 66 000 b.) : vin cité. ✗ 2015-2016

o⤸ SCEA Ch. Ferry Lacombe, 2068, rte de St-Maximin, 13530 Trets, tél. 04 42 29 40 04, info@ferrylacombe.com Ⓥ 🏃 🔒 t.l.j. sf sam. dim. 9h-12h 14h-18h (19h en été); sam. du 15 juin au 15 sep. o⤸ Pinot

Ⓑ CH. FONT DU BROC 2014 ★

	20 000	🍶	15 à 20 €

Sur un terroir argilo-calcaires dominant la cité médiévale des Arcs-sur-Argens, ce domaine couvre plus de 120 ha, partagés entre la vigne (32 ha, en bio certifié), les oliviers et l'élevage de chevaux de compétition.

Des parfums de genêt et de chèvrefeuille mâtinés de nuances citronnées rythment l'olfaction plus délicate qu'intense de ce vin. Le palais offre du volume et une belle fraîcheur renforcée par une fine trame minérale et saline qui accompagne un fruité charnu jusqu'en finale. Un blanc

PROVENCE

843

bien typé. ✗ 2015-2018 ♈ oursinade ■ 2014 (11 à 15 € ; 64 000 b.) Ⓑ : vin cité. ✗ 2015-2016

⊶ Ch. Font du Broc, chem. de la Font-du-Broc, 83460 Les Arcs-sur-Argens, cbroch@chateau-fontdubroc.com 🆅 🚶 🏠 t.l.j. 10h-18h (17h dim.) ⊶ Sylvain Massa

Ⓑ DOM. DE LA FOUQUETTE
Cuvée Bonne Chère 2013

| ■ | 9 000 | 🍶 | 8 à 11 € |

Sur les contreforts du massif des Maures, Isabelle Daziano conduit depuis 2005 avec son époux Jean-Pierre les 16 ha du domaine paternel, et signe en 2013 le premier millésime en bio certifié.

Cette cuvée dévoile une belle intensité aromatique autour des épices, du poivre blanc notamment, enrichie de notes de cuir. En bouche, il s'appuie sur une charpente tannique soyeuse qui lui confère un caractère d'ores et déjà aimable et flatteur, tout en lui assurant une bonne évolution en cave. ✗ 2016-2019 ♈ daube de sanglier

⊶ Dom. de la Fouquette, rte de Gonfaron, 83340 Les Mayons, tél. 04 94 73 08 45, domaine.fouquette@wanadoo.fr 🆅 🚶 🏠 t.l.j. 10h-12h 15h-19h ⊶ Daziano

CH. DU GALOUPET 2014 ★

| ■ Cru clas. | 260 000 | 🍶 | 11 à 15 € |

Ce cru classé très ancien, qui apparaît sur les cartes établies sous Louis XIV, est situé au large de Hyères, face aux îles d'Or. Le château, avec 72 ha de vignes s'étendant sur des roches métamorphiques, possède une cave voûtée enterrée, vestige de l'époque romaine, et une cave ultramoderne dédiée à l'élaboration des vins.

Un assemblage complexe de six cépages méditerranéens, à dominante de grenache et de cinsault, compose ce rosé saumoné, qui libère des parfums de fleurs blanches et de confiserie. Une composition aromatique tout en finesse que l'on retrouve dans un palais élégant et soyeux. ✗ 2015-2016 ♈ terrine lotte et saint-jacques

⊶ Ch. du Galoupet – GWC, Saint-Nicolas, 83250 La Londe-les-Maures, tél. 04 94 66 40 07, wines@galoupet.com 🆅 🏠 t.l.j. sf sam. dim. 9h30-12h30 13h30-17h30

CH. DES GARCINIÈRES Cuvée du Prieuré 2012 ★

| ■ | 2 000 | ◑ | 11 à 15 € |

Un domaine de 17 ha établi sur un ancien prieuré des moines cisterciens de l'abbaye Saint-Victor de Marseille, situé à deux pas du golfe de Saint-Tropez. La famille de Stéphanie Valentin, qui s'est installée en 1987, en est propriétaire depuis 1898.

Un rouge à la robe sombre auréolée de reflets rubis. Le bouquet chaleureux associe la griotte confiturée à une note « sauvageonne » de garrigue. En bouche, un léger boisé légué par à peine six mois de fût, aux accents de tabac blond et d'épices douces, accompagne les tanins bien présents mais sans dureté pour solidifier ce vin méridional à souhait. À attendre un peu. ✗ 2017-2020 ♈ rôti de bœuf au poivre frais ■ 2014 (8 à 11 € ; 3 300 b.): vin cité. ✗ 2015-2017

⊶ Famille Valentin, Ch. des Garcinières, 1082, rte de la Foux, 83310 Cogolin, tél. 04 94 56 02 85, garcinieres@wanadoo.fr 🆅 🚶 🏠 r.-v.

LES VIGNERONS DU GARLABAN 2014 ★

| ■ | 10 500 | | 5 à 8 € |

Regroupement des caves du pays d'Aubagne jusqu'aux portes de Marseille, cette coopérative créée en 1924 étend son vignoble (180 ha) entre les collines du Garlaban et de la Sainte-Baume.

À l'olfaction, des notes de genêt et d'aubépine s'entremêlent aux fruits jaunes gorgés de soleil. La bouche offre une attaque tonique, une jolie palette aromatique (amande fraîche, noisette, fruits blancs) et une belle longueur. ✗ 2015-2018 ♈ tourte au saumon

⊶ Les Vignerons du Garlaban, 8, chem. de Saint-Pierre, 13390 Auriol, tél. 04 42 04 70 70, vignerons.garlaban@orange.fr 🆅 🏠 t.l.j. sf dim. 9h-12h 15h-19h

CH. GASSIER Cuvée Loubiero 2014 ★

| ■ | 100 000 | 🍶 | 8 à 11 € |

Situé dans la commune de Puyloubier, sur les coteaux calcaires issus de colluvions arrachées à la montagne Sainte-Victoire, le vignoble conduit par la famille Gassier couvre une quarantaine d'hectares. Un important producteur de vins rosés de l'AOC côtes-de-provence.

À peine teinté de reflets violines, ce vin franc dévoile des senteurs harmonieuses et fraîches de pamplemousse et de fruit de la Passion. Arômes relayés par une bouche élégante, soulignée par une fine trame acidulée de l'attaque à la finale. Ce rosé bien dans son appellation et son millésime. ✗ 2015-2016 ♈ pissaladière ■ Sainte-Victoire 946 2014 ★ (20 à 30 € ; 5 000 b.): bien dans le ton de la dénomination Sainte-Victoire, ce rosé s'exprime sans réserve sur des notes fruitées savoureuses et fraîches de cerise et de framboise. Un vin expressif, alerte et friand. ✗ 2015-2016

⊶ SAS Ch. Gassier, Logis-de-la-Colle, 13114 Puyloubier, tél. 04 42 66 38 74, gassier@chateau-gassier.fr 🆅 🚶 🏠 t.l.j. sf sam. dim. 9h-17h30 ⊶ Advini

Ⓑ DOM. DE GAVAISSON
Cuvée Émotion 2013 ★★

| ■ | 5 000 | 🍶 ◑ | 30 à 50 € |

Repris en 1992 par la famille Than, ce domaine est entièrement dédié au vin blanc, né de 4 ha plantés des cépages rolle et sémillon et conduits en bio.

Cueillette manuelle et nocturne, et rendements sévèrement limités pour cette cuvée remarquable réunissant 80 % de rolle et 20 % de sémillon. Le nez se dévoile lentement à l'aération, libérant les notes douces de fruits confits, de zeste d'agrumes et d'épices fines. Une complexité et une générosité aromatiques prolongées par un palais très équilibré, à la fois gras, ample et frais, qui reflète parfaitement les apports des deux cépages. Un blanc de gastronomie. ✗ 2015-2019 ♈ navarin de la mer

⊶ Dom. de Gavaisson, 2487, chem. de Gimasservis, 83510 Lorgues, tél. 04 94 59 53 62, info@gavaisson.fr ⊶ Than

DOM. GAVOTY Cuvée Clarendon 2014 ★

| ■ | 13 000 | 🍶 | 15 à 20 € |

Ce domaine – vaste vignoble de 49 ha d'un seul tenant – est la propriété des Gavoty depuis 1806. Il a bâti sa renommée sur l'élaboration de blancs et de rouges de garde. Un domaine précurseur aussi : c'est Pierre Gavoty qui a introduit le rolle dans le côtes-de-provence blanc. Sa fille Roselyne, en charge des vinifications depuis 1985, a pris la direction de l'exploitation en 2001.

Ce 100 % rolle dévoile un bouquet printanier, délicat et complexe de fleurs blanches et de pêche juteuse, agrémenté de notes douces de dragée. Ample et longue, la bouche conjugue harmonieusement cette même douceur aromatique à une texture en dentelle et une fraîcheur bien ciselée, parfaitement ajustée. Un blanc qualifié de « féminin, aux accents du soleil ». ✗ 2015-2016 ♈ langouste grillée ■ Cuvée Clarendon 2014 ★ (11 à 15 € ; 25 000 b.) : une belle expression fruitée (mangue, fruit de la Passion) pour ce rosé dynamique et équilibré. ✗ 2015-2016

○━ Roselyne Gavoty, Dom. Gavoty, Le Grand-Campdumy, 83340 Cabasse, tél. 04 94 69 72 39, domaine@gavoty.com Ⓥ 🏃 🛏 t.l.j. sf sam. dim. 8h-12h 14h-18h 🏠 Ⓔ

VIGNERONS DE GONFARON		
Cuvée Féérique 968 2014 ★		
■	4 500	🛏	5 à 8 €

Créée en 1921, la coopérative de Gonfaron réunit aujourd'hui quelque 130 adhérents pour un vignoble de 600 ha implanté sur des terroirs d'une grande diversité – schistes, grès rouge, argilo-calcaires – entre le massif des Maures et l'Aille, qui prend sa source au village.

« Tutti frutti » pour résumer ce vin, tant son expression aromatique est orientée vers le fruit à l'olfaction : pêche de vigne et fruits exotiques variés, avec un soupçon de fleurs blanches. Nuances identiques dans une bouche équilibrée, à la fois ronde et fraîche, soulignée par une fine minéralité. ✗ 2015-2016 ♈ verrine de radis au chèvre frais ■ Rosé de Légende 2014 ★ (5 à 8 € ; 8 000 b.) : un rosé frais à souhait, dominé par les agrumes. ✗ 2015-2016

○━ Maîtres Vignerons de Gonfaron, 83590 Gonfaron, tél. 04 94 78 30 02, info@vignerons-gonfaron.com Ⓥ 🏃 🛏 t.l.j. 9h-12h 14h-18h

CH. LA GORDONNE		
Tête de cuvée Vérité du terroir 2014		
■	800 000	🛏	5 à 8 €

Situé sur les coteaux de Pierrefeu au cœur du massif des Maures, ce vignoble s'étend sur 280 ha. Le nom du domaine rappelle un certain conseiller de Gourdon, qui acquit la propriété au XVIIᵉs.

Grenache, cinsault, syrah et tibouren, vendangés de nuit, composent ce rosé couleur corail, dominé par les fruits rouges à l'olfaction. Dès l'attaque, le palais, tout aussi fruité, affiche une belle assurance empreinte de fermeté. ✗ 2015-2016 ♈ paëlla

○━ Grands Dom. du Littoral, Ch. la Gordonne, rte de Cuers, 83390 Pierrefeu-du-Var, tél. 04 94 33 48 52, njulian@gdl.fr Ⓥ 🏃 🛏 t.l.j. sf sam. dim. 9h-12h 13h-19h ○━ Vranken

CH. GRAND BOISE Jadis 2014 ★★		
■	60 000	🛏	8 à 11 €

Le domaine se situe en bout de plateau, au-dessus du village médiéval des Arcs-sur-Argens. Les 34 ha de vignes entourent une bâtisse carrée et la cave en pierre surplombe l'ensemble.

Ce rosé lumineux présente une grande puissance aromatique, libérant des parfums intenses de groseille et de fruits exotiques. Un fruité frais et soutenu (fruits rouges et pamplemousse) qui imprime aussi sa marque dans une bouche ample et persistante. ✗ 2015-2016 ♈ aïoli ■ Sainte-Victoire 2014 ★ (8 à 11 € ; 60 000 b.) : un rosé apprécié pour son fruité friand et son équilibre rondeur-fraîcheur. ✗ 2015-2016 ■ 1610 2012 ★ (20 à 30 € ; n.c. b.) : un vin intense et puissant, encore jeune et fougueux. ✗ 2017-2020

○━ SCEA Dom. de Grand Boise, 1536, chem. de Grisole, 13530 Trets, tél. 04 42 29 22 95, contact@grandboise.com Ⓥ 🏃 🛏 t.l.j. sf sam. dim. 9h-12h30 14h-18h

LE GRAND CROS L'Esprit de Provence 2014 ★★		
■	6 500		8 à 11 €

Au cœur de l'appellation côtes-de-provence, le vignoble du Grand Cros côtoie les pins ainsi qu'une oliveraie. Il a séduit en 1989 la famille Faulkner, qui l'a entièrement réhabilité. Depuis 2000, c'est Julian, le fils, qui dirige le domaine et les vinifications.

De l'authenticité et beaucoup d'expression dans ce vin blanc remarquable. Des accents de garrigue (sauge, genêt en fleurs, menthol et eucalyptus) explosent dès l'aération, alors que le palais, d'une grande élégance, soyeux et fin, se développe autour des fruits jaunes (mirabelle, fruit de la Passion). À entendre les cigales... ✗ 2015-2018 ♈ mille-feuille de filets de rouget

○━ Dom. du Grand Cros, RD 13, 83660 Carnoules, tél. 04 98 01 80 08, info@grandcros.fr Ⓥ 🏃 🛏 t.l.j. sf dim. 9h 18h ○━ Faulkner

Ⓑ DOM. DE LA GRANDE PALLIÈRE 2014 ★★		
■	50 000	🛏	8 à 11 €

Ce domaine familial de 32 ha, situé à près de 250 m d'altitude, est entièrement tourné vers l'agriculture biologique depuis 1998, comme tous les vignobles de Correns, village « bio » depuis les années 1990.

Derrière la robe lumineuse de ce rosé aux légers reflets saumonés, se dévoile un bouquet expressif et élégant qui mêle fruits jaunes, ananas et fleurs blanches. La bouche se révèle fraîche en attaque, puis s'équilibre autour d'une aimable rondeur fruitée (abricot, pêche). L'ensemble est harmonieux, empreint d'une belle persistance aromatique. ✗ 2015-2016 ♈ tian de légumes ■ 2014 (8 à 11 € ; 10 000 b.) Ⓑ : vin cité. ✗ 2015-2016

○━ Dom. de la Grande Pallière, La Grande-Pallière, 83570 Correns, tél. 04 94 59 57 55, contact@lagrandepalliere.com Ⓥ 🏃 🛏 r.-v. 🏠 Ⓒ ○━ Guibergia

DOM. LA GRAND'PIÈCE 2014		
■	2 900	🛏	5 à 8 €

Sur cette exploitation familiale d'un seul tenant (d'où son nom), située en bordure de la voie Aurélienne, de récentes fouilles archéologiques ont permis de mettre au jour un village gallo-romain dont certains vestiges sont exposés au caveau. Les 25 ha de vignes sont conduits par Bruno de Chauvelin depuis 1984.

Les agrumes et les fruits exotiques animent l'olfaction de cette plaisante cuvée. La bouche dévoile un bon équilibre entre une fraîcheur amylique et fruitée et une agréable rondeur. ✗ 2015-2017 ♈ friture de chipirons

PROVENCE

○┐ SCEA de Chauvelin, Dom. la Grand' Pièce,
83340 Cabasse, tél. 06 10 78 49 58, lagrandpiece@live.fr
V 🅺 🅰 r.-v.

DOM. DE GRANDPRÉ Minotaure 2014 ★★		
■	10 000 ⬛ 🍶	8 à 11 €

Sous la protection du massif des Maures, ce domaine
de 25 ha de l'AOC côtes-de-provence est conduit en
culture raisonnée depuis 2006 par Valérie Vidal-Revel,
anciennement antiquaire.

D'une belle clarté, ce 2014 offre un bouquet très expressif
de melon et de fruits jaunes agrémenté de notes plus
fraîches de buis. La bouche, souple et ronde, dévoile quant
à elle des arômes persistants de fruits à noyau. La finale,
tonique, apporte un surcroît de longueur à ce rosé au
caractère affirmé. ✗ 2015-2016 🍴 bouillabaisse

○┐ Dom. de Grandpré, chem. des Grands-Prés,
83390 Puget-Ville, tél. 04 94 23 42 86 **V 🅺 🅰** t.l.j. sf
dim. 9h-12h 14h-18h ○┐ Vidal-Revel

DOM. DES GRANDS ESCLANS Cuvée Prestige 2012 ★		
■	14 000 ⬛ 🍶 🍷	8 à 11 €

Les vignes du domaine sont orientées sud-est, face au
rocher rouge de Roquebrune-sur-Argens, en contrebas
d'une bâtisse datant des XVIIIᵉ et XIXᵉs. et des ruines
d'une tour sarrazine. En 1998, Justo Benito, ancien
tailleur de cristal, a remis en état les bâtiments et le
vignoble de 190 ha.

Animé par des nuances violines intenses, propres à la
syrah récoltée à maturité, ce vin s'exprime avec élégance
dans un registre fruité (fruits rouges mûrs) et fumé. Le
palais se révèle onctueux, porté par des tanins fins et
soyeux et par un boisé fondu aux accents vanillés. Déjà
harmonieuse, cette bouteille vieillira bien. ✗ 2017-2021
🍴 civet de lapin

○┐ SCEA Dom. des Grands Esclans, D 25, rte de Callas,
83920 La Motte, tél. 04 94 70 26 08,
domaine.grands.esclans@orange.fr **V 🅺 🅰** t.l.j. sf dim.
9h-18h; sam. 10h-18h ○┐ Benito

LES VIGNOBLES GUEISSARD G 2013 ★★		
■	7 000 🍷	8 à 11 €

Pauline Giraud et Clément Minne, diplôme de « viti-
œno » en poche et après des expériences dans le
Nouveau Monde, décident de faire leur propre vin.
Vignerons sans terres, ils prennent des parcelles en
fermage et constituent ainsi une mosaïque de 17 ha
répartis sur plusieurs terroirs.

Cette cuvée dévoile un bouquet puissant mêlant vanille,
moka et fruits confiturés. Le prélude à un palais élégant
et racé, aux accents torréfiés et réglissés, soutenu par des
tanins fins et soyeux qui laissent augurer une belle
évolution en cave. ✗ 2018-2022 🍴 chocolat grand cru ■ Les
Papilles 2014 ★ (5 à 8 € ; 40 000 b.) : un rosé intense, frais
et très amylique. ✗ 2015-2016

○┐ Les Vignobles Gueissard, allée du Figuier,
83110 Sanary-sur-Mer, tél. 09 81 49 76 00, pauline@
lesvignoblesgueissard.com **V 🅺 🅰** t.l.j. sf dim.
10h-12h30 15h-18h (19h de mai à sept.)
○┐ Clément Minne et Pauline Giraud

Ⓑ CH. HERMITAGE SAINT-MARTIN Enzo 2014 ★		
■	6 500 🍶	8 à 11 €

Longtemps laissé à l'abandon, ce domaine situé au pied
des barres rocheuses de Cuers, se reconstruit depuis
1999 et son rachat par Guillaume Enzo Fayard. Les 15 ha
du vignoble sont conduits selon les préceptes de
l'agriculture biologique.

Élevé sur lies fines, ce 100 % rolle se distingue à l'olfaction
par une finesse fruitée et florale. Autour des agrumes et
des fruits exotiques, la bouche déploie une agréable
fraîcheur et une bonne longueur. Classique à l'apéritif, il
en étonnera plus d'un au dessert. ✗ 2015-2017 🍴 dessert
au chocolat ■ Ikon 2014 ★ (15 à 20 € ; 25 000 b.) Ⓑ : un
rosé souple et fin, ouvert sur des notes citronnées et de
confiserie. ✗ 2015-2016 ■ Ikon 2012 ★ (20 à 30 € ;
3 500 b.) Ⓑ : de jolis tanins souples, des arômes intenses
de fruits rouges et un bon boisé épicé. ✗ 2016-2019

○┐ Ch. Hermitage Saint-Martin, le Haut Pansard, BP 1,
83250 La Londe-les-Maures, tél. 04 94 00 44 44,
info@chateauhermitagesaintmartin.com **V 🅰** t.l.j. 9h-12h
14h-18h ○┐ Fayard

DOM. L'HEURE BLEUE L'Aube azur 2014 ★		
■	7 562 🍶	8 à 11 €

Un jeune domaine repris par Alain Place et son épouse,
tombés sous le charme de la Provence. Après de gros
travaux de restructuration sur les 5 ha que compte le
vignoble, le couple signe son premier millésime en 2012.
L'heure bleue ? Un moment particulier où les nuages et
le ciel sont sublimés par la lumière à la tombée du jour...

Le nez timide mais subtil se partage entre les agrumes et
les fruits exotiques mûrs (mangue). En bouche, la
fraîcheur est de mise, apportée de fines notes de
citron, de pêche et d'abricot. Un rosé alerte et expressif.
✗ 2015-2016 🍴 curry de poisson

○┐ Alain Place, rte Notre-Dame-des-Anges,
chem. des Houerts, 83590 Gonfaron, tél. 06 17 33 33 33,
info@domaineheurebleue.com **V 🅰** r.-v.

♥ DOM. JACOURETTE Sainte-Victoire 2014 ★★★		
■	28 000	8 à 11 €

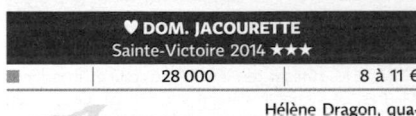

Hélène Dragon, qua-
trième du nom à
conduire l'exploita-
tion familiale, œuvre
au chai et à la vente,
tandis que son mari
Frédéric Arnaud
conduit la vigne. Le duo est installé depuis 1997 à la tête
d'un domaine de 18 ha situé à 5 km de la montagne
Sainte-Victoire.

Une robe rose pâle aux reflets saumon annonce la couleur :
l'élégance est de mise. À l'agitation, des notes de pêche, de
mandarine et de fleurs blanches se mêlent avec finesse.
Une remarquable expression fruitée caractérise la bouche,
aussi large que longue, soulignée par une nuance minérale
qui signe un magnifique rosé de terroir très représentatif
de la dénomination Sainte-Victoire. ✗ 2015-2017 🍴 tarte à
la tomate ■ L'Ange et Luce 2014 ★★ (5 à 8 € ; 5 800 b.) :
un blanc complexe et structuré, qui mêle un fruité charnu
(fruits blancs) à de fines notes boisées. ✗ 2015-2019

☛ *Dom. Jacourette, rte de Trets, RD 23,*
83910 Pourrières, tél. 04 94 78 54 60, helene.dragon@
jacourette.com Ⅴ 🎿 🏠 *r.-v.* ☛ Hélène Dragon

DOM. DE JALE La Bouïsse 2008 ★★		
■ 4 000	◫	11 à 15 €

Les 20 ha du vignoble, implantés au pied du massif des Maures sur des sols de grès rose et de schistes, sont entourés de pins parasols et de chênes-lièges. Le domaine a été créé en 1998, et la cave, un an plus tard.

Des parfums généreux de fruits compotés, de pruneau et de menthol animent l'olfaction de cet assemblage syrah-carignan. La bouche se révèle suave, soyeuse et réglissée, adossée à des tanins ronds et un boisé qui prend des tonalités épicées en finale. Une belle construction malgré un millésime délicat qui confirme les bonnes dispositions du domaine en matière de vins rouges de caractère. ✗ 2017-2020 ♈ tajine d'agneau aux fruits secs

☛ *Dom. de Jale, chem. des Fenouils, rte de Saint-Tropez,*
83550 Vidauban, tél. 04 94 73 51 50, domjale@yahoo.fr
Ⅴ 🏠 *t.l.j. sf dim. 9h-12h 14h-18h; sam. sur r.-v.*
☛ François Seminel

⑧ **JAS D'ESCLANS** Cœur de loup 2014 ★★		
▨ Cru clas.	29 000	🍶	8 à 11 €

Pastoralisme, agriculture, magnanerie et viticulture sont autant d'activités qui se sont succédé au fil des siècles sur cette propriété. Depuis 2002, la famille de Wulf s'attache à cultiver en bio ce cru classé de Provence (50 ha). La cave de vinification, moderne, répond aux critères d'écoconstruction.

Ce blanc aux nuances paille livre un bouquet à la fois fringant et délicat de citron et de fleurs blanches. Ces notes zestées s'accompagnent d'arômes persistants et généreux de melon et d'abricot dans un palais soyeux et très élégant, souligné par une fine vivacité bien dosée. ✗ 2016-2019 ♈ dorade grillée ■ **Cru clas.** Cuvée du Loup Élevé en barrique 2012 ★ (15 à 20 € ; 12 000 b.) ⑧ : un vin complexe et intense, puissant et distingué, aux tanins fins. ✗ 2019-2022

☛ *EARL du Dom. du Jas d'Esclans, 3094, rte de Callas,*
83920 La Motte, tél. 04 98 10 29 29, domaine@
jasdesclans.fr Ⅴ 🎿 🏠 *r.-v.* ☛ M. de Wulf

JAS DES OLIVIERS Cuvée Sainte-Brigitte 2014 ★		
■ 1 500	🍶	5 à 8 €

Le Jas des Oliviers est une ancienne bergerie convertie à la vigne et exploitée par la famille Ollivier depuis 1824 ; ses 25 ha se dispersent sur le territoire de Fréjus, à 1 km à peine de la mer, dans les terres rouges volcaniques du massif de l'Esterel.

Myriam Ollivier, maître de chai, signe un 100 % ugni blanc élégant dans sa robe jaune pâle et gorgé de fruits : pêche, mirabelle, fruit de la Passion. La bouche accentue ce caractère fruité avec des arômes généreux et suaves de fruits au sirop, avant de déployer une finale plus vive et dynamique qui lui apporte l'équilibre et une jolie longueur. ✗ 2015-2018 ♈ tarte aux prunes

☛ *Jas des Oliviers, 1386, av. André-Léotard,*
83600 Fréjus, tél. 04 94 51 15 19, jasdesoliviers@
gmail.com Ⅴ 🎿 🏠 *t.l.j. sf dim. lun. 9h-12h 15h-19h*
☛ Ollivier

CH. DE JASSON Éléonore 2014 ★★		
■ 41 200	🍶	11 à 15 €

Anciens restaurateurs parisiens, Benjamin de Fresne et son épouse Marie-Andrée ont repris cette exploitation en 1990 : 16 ha de vignes sur sols de schistes et d'argile à quelques encablures de la Méditerranée, au sud, et du massif des Maures, au nord.

Des reflets abricotés animent la robe de ce rosé élégant, aux senteurs de fleurs blanches et de fruits rouges. Une ligne aromatique à laquelle répond avec intensité une bouche parfaitement équilibrée, à la fois généreuse, ronde et fraîche, agrémentée en finale de notes persistantes d'agrumes. ✗ 2015-2016 ♈ filets de rougets

☛ *Benjamin de Fresne, Ch. de Jasson,*
813, rte de Collobrières, 83250 La Londe-les-Maures,
tél. 04 94 66 81 52, chateau.de.jasson@orange.fr
Ⅴ 🎿 🏠 *t.l.j. 9h30-12h30 15h-18h30*

CH. JAUNE 2013 ★		
■ n.c.	🍶	5 à 8 €

Créée en 1912, la cave coopérative de La Crau, située à une dizaine de kilomètres de Hyères, a fusionné en 1998 avec celle de Solliès. En 2007, le caveau a été rénové et modernisé pour une diversification des produits.

Ce 2013 à dominante de syrah dévoile un nez bien construit autour des fruits rouges (la fraise notamment) soulignés d'épices douces, de notes de sous-bois et de menthol. Une approche séduisante que prolonge un palais harmonieux, sur fond de fruits rouges frais et de tanins fins et soyeux. Un vin à boire dans sa jeunesse pour en apprécier tout le fruit. ✗ 2015-2017 ♈ raviolis à la bolognaise

☛ *Cellier de La Crau, 85, av. de Toulon, 83260 La Crau,*
tél. 04 94 66 73 03, cellier-lacrau@wanadoo.fr Ⅴ 🏠 *t.l.j.*
sf dim. 8h30-12h 14h-18h

⑧ **CH. LA JEANNETTE** La Londe Fleurs 2013 ★		
■ 8 000	🍶	5 à 8 €

Implanté à l'entrée de la vallée des Borrels, ce vignoble s'étend sur 45 ha. Racheté en 2000 à la famille Moutte (propriétaire depuis plus de cent ans), il est aujourd'hui mené par Gisèle et Hervé Limon, qui ont acquis la certification bio en 2011 et réalisé d'importants investissements en cave. Une valeur sûre.

Une robe grenat profond, un nez puissant de fruits mûrs (fraise, mûre) agrémentés de fines notes grillées, l'approche est élégante. La bouche ne déçoit pas ; d'une agréable rondeur, elle s'adosse à une structure tannique équilibrée et un boisé bien fondu. Un vin harmonieux, élevé avec soin. ✗ 2016-2019 ♈ sauté de veau aux olives

☛ *SCEA Ch. la Jeannette, 566, chem. des Borrels,*
83400 Hyères, tél. 04 94 65 68 30, chateaulajeannette@
yahoo.fr Ⅴ 🎿 🏠 *t.l.j. sf dim. 9h30-13h 14h-18h30*
☛ Limon

VIGNOBLE KENNEL Pierrefeu Explicite 2013		
■ 2 500	🍶 ◫	11 à 15 €

Julien Kennel, représentant la quatrième génération, a repris en 2005 le domaine familial (ancienne dépendance des moines de Saint-Victor au Moyen Âge et jusqu'à la Révolution) acquis en 1937 à la marquise de Pierrefeu par son arrière-grand-père tonnelier et déve-

PROVENCE

loppé par son grand-père dans les années 1950, qui élabora les premiers vins à la propriété.

La syrah est majoritaire (90 %) dans ce Pierrefeu grenat intense aux reflets violines, dont l'expression olfactive est pour l'heure encore dominée par le passage en fût. On retrouve ce boisé aux côtés de notes de cassis dans une bouche souple en attaque, qui évolue vers plus de fermeté jusqu'en finale. Un peu de temps en cave lui sera nécessaire. ✗ 2017-2020 ♈ faux-filet au poivre

o— *Vignoble Kennel, 116, chem. des Moulières, 83390 Pierrefeu-du-Var, tél. 04 94 28 20 39, vignoble.kennel@wanadoo.fr* 🆅 🏃 🏠 *t.l.j. sf dim. 8h-12h 14h-18h; sam. 9h-12h* 🏠 🅴

CH. DES LAUNES Signature des Launes 2013 ★		
■	1 300	⅏	30 à 50 €

Situé sur les contreforts du massif des Maures, le vignoble de 24 ha est conduit depuis 2005 par Jacqueline et Lambert Dielesen, qui y ont engagé d'importantes restructurations. Passionnés d'équitation, ils ont fait du domaine un haut lieu d'œnotourisme, avec une écurie et un centre de dressage.

Cette cuvée d'un beau pourpre profond dévoile des parfums intenses et harmonieux de fruits noirs agrémentés de notes vanillées, cacaotées et épicées léguées par dix-huit mois de fût. Le palais, ample, suave et charnu, est soutenu par une belle ossature tannique et boisée témoignant d'un élevage parfaitement maîtrisé qui permettra d'apprécier cette cuvée dès aujourd'hui comme plus tard. ✗ 2015-2020 ♈ tajine d'agneau

o— *Ch. des Launes, 7270, rte du Luc, 83680 La Garde-Freinet, tél. 04 94 85 29 10, chai@ chateaudeslaunes.com* 🆅 🏃 🏠 *t.l.j. 10h-12h 14h-17h; été 10h-18h; f. dim. sept.-juin;* 🏠 🅴 o— Dielesen

CH. LAUZADE 2013		
■	30 000	🍾	8 à 11 €

Propriétaire du Ch. Marquis de Terme (margaux) et du Val d'Arenc (bandol), la famille Sénéclauze a repris le Ch. Lauzade en 2007. Les origines de ce domaine remontent à 46 av. J.-C., date de construction d'une villa romaine sur ce terroir argilo-calcaires et gréseux. Les 50 ha de vignes sont commandés par une bastide du XIXᵉs. à la cour carrée plantée de platanes tricentenaires.

Thym, poivre, petits fruits rouges mûrs, quelques notes de sous-bois, c'est par un bouquet typiquement méridional que débute la dégustation de ce 2013. Une palette agrémentée de notes vanillées qui s'épanouit dans un palais généreux, rehaussé par un soupçon de fraîcheur mentholée en finale. Un bel équilibre nez-bouche pour ce vin déjà accessible. ✗ 2015-2019 ♈ grillades de bœuf

o— *Ch. Lauzade-Sénéclauze, 3423, rte de Toulon, 83340 Le Luc en Provence, tél. 04 94 60 72 51, chateaulauzade@orange.fr* 🆅 🏃 🏠 *t.l.j. sf sam. dim. 9h-12h 13h30-17h30*

🅱 DOM. LOLICÉ Voltige 2014 ★★		
■	13 500	8 à 11 €

Tourné vers la plaine de Cuers-Pierrefeu, ce domaine appartient aux Monet depuis 1998 : Patrick s'occupe des vignes (17 ha en bio), tandis que son épouse Barbara œuvre au chai. Son nom est une contraction des prénoms des enfants, Lola, Lissy et Célia. D'abord

destinés à la coopérative, les raisins sont vinifiés au domaine depuis 2002.

Après deux coups de cœur consécutifs pour son rosé Évasion, le domaine propose à nouveau un rosé emballant. Un vin à dominante de grenache qui dévoile au nez comme en bouche de savoureuses notes fruitées (pêche de vigne, pomelo) ; il offre beaucoup de volume et de dynamisme, porté par une fraîcheur fringante de bout en bout, renforcé en finale par une touche acidulée de zeste d'agrumes. Un ensemble friand et parfaitement équilibré. ✗ 2015-2016 ♈ risotto aux asperges ■ Évasion 2012 (11 à 15 € ; 2 700 b.) 🅱 : vin cité. ✗ 2015-2018

o— *SCEA Dom. Lolicé, 1122, chem. de la Ruol, quartier Saint-Laurent, 83390 Puget-Ville, tél. 04 94 33 53 61, lolicedomaine@orange.fr* 🆅 🏃 🏠 *r.-v.*

DOM. LONGUE TUBI 2012 ★		
■	1 300	🍾 ⅏	11 à 15 €

Longue Tubi est un rappel aux origines gallo-romaines d'une conduite en terre cuite qui captait probablement l'eau d'une source, trace d'une activité humaine très ancienne sur ces terres calcaires. François et Catarina Buisine y conduisent un vignoble de 21 ha, en cours de conversion au bio.

Des senteurs généreuses et soutenues de fruits rouges mûrs et d'épices s'exhalent du verre à l'aération. Le palais, ample, puissant et riche, offre une belle présence tannique, pour l'heure encore assez sévère mais fort prometteuse. Le temps arrondira les angles, patience... ✗ 2019-2022 ♈ gigot d'agneau confit

o— *Dom. Longue Tubi, rte de Gonfaron, 83340 Flassans-sur-Issole, tél. 04 94 82 37 09, contact@longuetubi.com* 🆅 🏃 🏠 *r.-v.*

LOU BASSAQUET Rascailles 100 ans 2014 ★		
■	4 800	5 à 8 €

Créée en 1914 dans la vallée de l'Arc, la cave coopérative de Trets tiens son nom Lou Bassaquet du surnom donné aux Tretsois par les villages voisins en mémoire du saccage infligé au village par les armées de François Iᵉʳ en 1537. Le vignoble couvre 525 ha implantés face au massif de la Sainte-Victoire.

Comme l'indique l'étiquette, ce millésime marque les cent ans de la coopérative. Un 100 % vermentino qui conjugue puissance et finesse, bien ouvert à l'olfaction sur des arômes variés et complexes d'asperge fraîche, de pierre à fusil, de violette ou encore de dragée. Soutenue par une belle minéralité, la bouche se révèle délicate, équilibrée et persistante sur un fruité croquant. ✗ 2015-2016 ♈ brochette de lotte ■ Rascailles 100 ans 2014 ★ (5 à 8 € ; 13 000 b.) : un rosé fruité et amylique, alerte, souple et frais. ✗ 2015-2016

o— *Cellier Lou Bassaquet, chem. du Loup, BP 22, 13530 Trets, tél. 04 42 29 20 20, contact@ loubassaquet.com* 🆅 🏃 🏠 *t.l.j. sf dim. lun. 9h-12h 14h-18h*

DOM. LE LOUP BLEU Vol de nuit 2014 ★★		
■	6 666	🍾 ⅏	8 à 11 €

Ce vignoble de 9 ha, qui produit exclusivement en AOP côtes-de-provence et côtes-de-provence Sainte-Victoire, a été acquis en 2012 et restructuré. Le domaine en cours de conversion au bio doit son nom à la montagne Podium Luperium, la « colline des Loups ». Des arômes de fruits blancs et de fruits à noyau, un soupçon de fleur de sureau composent un bouquet intense et délicat. Le palais, fin, souple et soyeux, dévoile quant à lui des notes plus fraîches de cassis et de pamplemousse. Un vrai panier de fruits. ✗ 2015-2016 ❦ filet de rouget au fenouil ■ Sainte-Victoire Croix du sud 2013 ★ (8 à 11 € ; n.c. b.) : un vin ample, dense et bien ouvert sur les fruits rouges. ✗ 2015-2018

☛ Dom. le Loup Bleu, Piconin, 13114 Puyloubier, tél. 06 24 05 64 75, m.dubois@le-loup-bleu.com Ⓥ 🅚 🅵 r.-v.

CH. MAÏME 2014 ★		
■	226 133	8 à 11 €

Implanté près de la cité médiévale des Arcs-sur-Argens, ce domaine conduit depuis 1996 par Jean-Louis Sibran étend ses 34 ha de vignes sur les contreforts du massif des Maures. Son nom (« Maxime » en provençal) a été inspiré par une chapelle médiévale située au cœur du vignoble.

Ce rosé pâle aux reflets saumonés dévoile d'intenses notes de rose agrémentées de nuances sucrées de confiserie. La bouche, portée par ces mêmes arômes floraux agrémentés d'une touche de bonbon, séduit par son élégance et sa texture fine, son volume et sa belle longueur. ✗ 2015-2016 ❦ pissaladière

☛ SCEA Ch. Maïme, RN 7, 83460 Les Arcs-sur-Argens, tél. 04 94 47 41 66, maime.terrei@wanadoo.fr Ⓥ 🅚 🅵 r.-v. ☛ Sibran-Garcia

Ⓑ CH. MALHERBE 2014 ▲		
■	7 400	15 à 20 €

Depuis quatre générations, la famille Ferrari exploite ce domaine, une ancienne ferme du Fort de Brégançon, dont le vignoble couvre 20 ha entre collines et bord de mer, sur un sol de micaschistes bleus émaillés de filons granitiques.

Une élégante robe aux reflets corail habille ce rosé élevé sur lies fines, dominé à l'olfaction par des notes de fruits confits mâtinées de discrètes nuances d'épices douces. Gras, ample, puissant, le palais ne laisse pas indifférent. Un rosé de bouche pour œnophile averti. ✗ 2015-2017 ❦ pintade aux figues

☛ Ch. Malherbe, 1, rte du Bout-du-Monde, 83230 Bormes-les-Mimosas, tél. 04 94 64 80 11, chateau-malherbe@wanadoo.fr Ⓥ 🅵 t.l.j. sf dim. 9h-18h (10h-20h juil.-sept.) ☛ Ferrari

Ⓑ CH. MARAVENNE Collection privée 2011 ★		
■	8 000	11 à 15 €

Ce vignoble de 25 ha implanté sur des sols schisteux au pied du massif des Maures est conduit en agriculture biologique depuis 2001. En 2012, Jean-Louis Gourjon a cédé son domaine à la famille Audinet-Venturini.

Ce 2011 rouge profond séduit d'emblée par son nez intense de fruits rouges relevés d'une pointe de cannelle. Après une attaque offrant un joli velouté, il dévoile une structure ferme, renforcée par un bon boisé qui doit encore se fondre. Un vin puissant auquel quelques années de garde apporteront rondeur et souplesse. ✗ 2015-2020 ❦ gigot de bœuf en croûte ■ Collection privée 2014 (11 à 15 € ; 25 000 b.) Ⓑ : vin cité. ✗ 2015-2016

☛ Ch. Maravenne, rte de Valcros, 83250 La Londe-les-Maures, tél. 04 94 66 80 20, contact@maravenne.com Ⓥ 🅵 t.l.j. sf dim. 9h-12h30 14h-18h30 🏠 ⑤ 🏠 Ⓔ ☛ Audinet et Venturini

DOM. DE MARCHANDISE 2014		
■	250 000	5 à 8 €

Établi au pied du rocher de Roquebrune, ce domaine était depuis 1910 exclusivement dédié aux vins rouges. Pierre et Robert Chauvier l'acquièrent en 1971, en améliorent les équipements et le vignoble, et étendent la production aux rosés. Le vignoble s'étend aujourd'hui sur 47 ha.

Pas moins de cinq cépages (grenache, syrah, tibouren, cinsault et mourvèdre) composent ce rosé pâle, couleur pêche. À l'aération se dévoile une aromatique subtile de rose sur fond de fruits blancs. Accompagnée de nuances de fleurs blanches, la bouche offre une agréable souplesse. Un bon représentant de l'appellation. ✗ 2015-2016 ❦ sauté de poulet à la citronnelle

☛ Dom. de Marchandise, 2867, rte de Marchandise, 83520 Roquebrune-sur-Argens, tél. 04 94 45 42 91, contact@domainedemarchandise.com Ⓥ 🅵 t.l.j. 9h-12h 14h-19h ☛ Chauvier

MARQUIS DES VALLATS 2014		
■	50 000	🍾	5 à 8 €

Située dans le golfe de Saint-Tropez, la cave de Grimaud est l'une des plus anciennes de la région. Fondée en 1932, elle regroupe quelque 270 coopérateurs pour 950 ha de vignes, dont la majorité s'accrochent aux coteaux sablo-argileux dominant le golfe.

Élaboré à partir de grenache (90 %) et de cinsault (10 %), ce rosé pâle dévoile un nez simple et de bon aloi de fleurs blanches et de fruits à chair jaune. La bouche combine vivacité et finesse autour de saveurs d'agrumes. ✗ 2015-2016 ❦ salade d'avocat au crabe

☛ SCV Les Vignerons de Grimaud, 36, av. des Oliviers, 83310 Grimaud, tél. 04 94 43 20 14, vignerons.grimaud@wanadoo.fr Ⓥ 🅵 t.l.j. sf dim. 8h30-12h30 14h-18h15

CH. LA MARTINETTE 2013 ★★		
■	6 000	🍾	15 à 20 €

Trois investisseurs d'origine russe ont acquis en 2011 les 300 ha du Ch. la Martinette, l'une des plus vieilles exploitations agricoles de Lorgues (1620), ainsi que les 100 ha du Prieuré Sainte Marie Vieille, ancienne villa romaine puis dépendance de l'abbaye de Lérins établie sur la commune du Thoronet. Alexei Dmitriev, le gérant des deux domaines, et son directeur technique Guillaume Harant, se sont attelés à un vaste programme de restructuration des vignobles.

Paré d'une élégante robe pourpre, ce 2013 complexe et chaleureux dévoile des parfums gourmands de fruits rouges mûrs et de réglisse. Une attaque ample ouvre sur un palais très harmonieux, doté de tanins soyeux et fondus et renforcé par un boisé encore dominateur mais de grande qualité. Un vin fort prometteur. ✗ 2017-2022 ❦ tournedos Rossini ■ Rollier de la Martinette 2014 ★ (8 à 11 € ; 50 000 b.) : un rosé frais, amylique et fruité (agrumes). ✗ 2015-2016 ■ Caviar Blanc 2013 ★ (20 à 30 € ; 3 000 b.) : un blanc boisé, ferme et structuré, aux accents de caramel, d'amande et de poivre. ✗ 2016-2020

PROVENCE

○➝ SCEA la Martinette, 4005, chem. de la Martinette, 83510 Lorgues, tél. 04 94 73 84 93, contact@ chateaulamartinette.com Ⓥ 🅣 t.l.j. sf dim. 10h-19h; f. sam. nov-mars ○➝ Dmitriev

LA MASCARONNE Fazioli 2013			
■	11 200	🍾	11 à 15 €

C'est sur un terrain argilo-calcaires que sont implantés les 40 ha de vignes disposées en restanques de cette propriété des côtes-de-provence.

La profondeur de la robe annonce un rouge de caractère, qui dévoile un nez chaleureux et intense de fruits noirs surmûris et de fruits rouges à l'alcool agrémentés d'une pointe de poivre noir et de cuir. En bouche, l'extraction est de mise, avec des tanins solides, un beau volume, un côté un rien vineux contrebalancé par de subtiles notes mentholées. ✗ 2016-2020 🍽 daube de bœuf

○➝ SCEA Ch. la Mascaronne, RN 7, 83340 Le Luc-en-Provence, tél. 04 94 39 45 40, info@mascaronne.com Ⓥ 🅣 r.-v. ○➝ Tom Bove

Ⓑ MAS DE CADENET 2014 ★			
■	15 000	🍾	11 à 15 €

Accompagné de ses enfants Maud et Matthieu, Guy Négrel perpétue une tradition familiale débutée en 1813 sur ces terres des contreforts de la montagne Sainte-Victoire. Le vignoble de 45 ha est implanté sur un terroir de gravoches.

Ce 100 % rolle à la robe cristalline laisse échapper d'élégants parfums de pêche rehaussés d'anis étoilé. Soutenue par le fruit, la bouche se révèle très équilibrée, à la fois soyeuse, tendre et d'une élégante fraîcheur. ✗ 2015-2018 🍽 dorade au fenouil

○➝ Mas de Cadenet, chem. D 57, 13530 Trets, tél. 04 42 29 21 59, maud.negrel@masdecadenet.fr Ⓥ 🅐 🅣 t.l.j. 9h-12h 14h-18h30 ○➝ Guy Négrel

CH. MATHERON Le M' Tradition 2014 ★			
■	15 000	🍾	5 à 8 €

En 1962, la famille Bernard, déjà à la tête du Dom. des Vérans à Cannet-des-Maures depuis plus de deux cents ans, rachète le Ch. Matheron à Vidauban. Depuis 1992, Paul Bernard est aux commandes de ce vignoble de 20 ha.

Une robe pâle couleur peau de pêche habille ce rosé franc et intense dès l'olfaction, ouvert sur les fruits rouges et les agrumes. Suivant la même ligne aromatique, la bouche associe sans déséquilibre une jolie rondeur, une vivacité penchant vers la nervosité et une fine touche d'amertume qui apporte un surcroît de complexité. ✗ 2015-2016 🍽 tapas de la mer

○➝ EARL Paul Bernard, 400, chem. du Domaine-de-Matheron, 83550 Vidauban, tél. 04 94 73 01 64, contact@chateau-matheron.com Ⓥ 🅐 🅣 t.l.j. sf dim. 9h30-12h30 15h-19h; juil.-août dim. 10h-13h 🏠 ❷ 🏠 Ⓑ

Ⓑ CH. MENTONE Émotion 2014			
■	15 000	🍾	8 à 11 €

Établi sur un terroir argilo-calcaires, ce domaine historique où la marquise de Sévigné aimait séjourner comprend 170 ha de forêt aux arbres centenaires, un parc avec bassins d'agrément et fontaines, et une cave voûtée datant du milieu du XIXᵉs. Le vignoble s'étend sur 27 ha.

Quelques reflets saumonés animent la robe de ce rosé clair qui développe des arômes de bonbon anglais, de pêche, de framboise. Arômes que l'on retrouve dans un palais friand, souple et fin. ✗ 2015-2016 🍽 thon mi-cuit et salade thaï

○➝ Ch. Mentone, 401, chem. de Mentone, 83510 Saint-Antonin-du-Var, tél. 04 94 04 42 00, info@ chateaumentone.com Ⓥ 🅐 été t.l.j. 10h-18h; hiver t.l.j. 9h-17h; sam. dim. sur r.-v. 🏠 ❺ 🏠 Ⓔ ○➝ Caille

CH. LES MESCLANCES Cuvée Saint-Honorat 2014 ★★			
■	8 933	🍾	8 à 11 €

En 2009, aidé de sa fille et de son gendre, Arnaud de Villeneuve a repris le domaine à la retraite de son frère Xavier. D'importants travaux de rénovation des chais, de nouvelles cuvées, il ouvre un nouveau chapitre. Le vignoble s'étend aujourd'hui sur 27 ha.

Ce rosé lumineux offre dès l'olfaction une belle envolée aromatique autour des fruits exotiques et de la rose. Une palette élégante et subtile que prolonge avec persistance une bouche tout en finesse, bien équilibrée entre douceur mesurée et fraîcheur bien dosée. ✗ 2015-2016 🍽 marbré de saumon aux herbes ■ Cuvée Saint-Honorat 2013 ★ (11 à 15 € ; 1915 b.) : la fraîcheur des agrumes et la douceur épicée du bois dans ce vin franc et élégant. ✗ 2015-2017

○➝ SCEA Ch. les Mesclances, 3583, chem. du Moulin-Premier, 83260 La Crau, tél. 04 94 12 10 95, amaury.walch@mesclances.com Ⓥ 🅐 🅣 t.l.j. sf dim. 9h-12h 14h-19h

MINUTY Prestige 2014 ★★			
■	750 000	🍾	15 à 20 €

Les vignes du Ch. Minuty d'époque napoléonienne surplombent la presqu'île de Saint-Tropez, en contrebas du village de Gassin. Incarnant la troisième génération à la tête de ce cru réputé, classé depuis 1936, Jean-Étienne et François Matton conduisent aujourd'hui un vaste vignoble de 72 ha.

Cet assemblage (grenache 60 % et cinsault 20 % complétés de tibouren et de syrah à parité) bien construit a concouru pour le coup de cœur. Ses arguments : une seyante robe rose pastel, un bouquet intense et subtil d'agrumes, d'asperge et de pêche blanche, un palais ferme et dense, stimulé en finesse par une finale douce-amère. Un rosé d'une grande élégance à réserver pour un mets délicat. ✗ 2014-2019 🍽 carpaccio de saint-jacques ■ M 2014 (11 à 15 € ; 2 500 000 b.) : vin cité. ✗ 2015-2016

○➝ SA Minuty, 2491, rte de la Berle, 83580 Gassin, tél. 04 94 56 12 09, info@minuty.fr Ⓥ 🅐 🅣 t.l.j. sf sam. dim. 9h-12h 14h-18h ○➝ Matton

CH. MISTRAL 2013			
■	22 000	🍾	8 à 11 €

La société de négoce Gilardi commercialise la production de plusieurs domaines provençaux (Ch. Mistral, Dom. de la Vieille Tour, Dom. de Grand Route...).

De la sincérité dans ce rouge à la robe profonde ornée de reflets grenat. Un joli vin corsé, dominé par les épices et bâti sur une trame tannique soyeuse et élégante. ✗ 2015-2020 🍽 côtelettes d'agneau aux herbes ■ Dom. de la

Vieille Tour 2014 (5 à 8 € ; 18 000 b.) : vin cité. ✗ 2015-2017

☞ SA Gilardi, ZAC du Pont-Rout, 83460 Les Arcs-sur-Argens, tél. 04 98 10 45 45, gilardi@gilardi.fr Ⅴ t.l.j. sf sam. dim. 8h-12h 13h-17h; f. mi-août

LES VIGNERONS DU MONT SAINTE-VICTOIRE Saint-Victoire 2014 ★		
■	7 000	5 à 8 €

Établie dans le site classé de la montagne Sainte-Victoire, cette cave coopérative exploite le fruit de 720 ha de vignes implantés sur la face sud de ce mont si cher à Cézanne.

Des nuances bleutées animent la robe de ce Sainte-Victoire aux nuances d'agrumes, de fleurs blanches et de sureau. La bouche ample et tendre offre un joli velouté et de fines notes de framboise. Un rosé charmeur en diable. ✗ 2015-2016 ♈ cassolette de fruits de mer

☞ Les Vignerons du Mont Sainte-Victoire, 63, av. d'Aix, 13114 Puyloubier, tél. 04 42 66 32 21, vignerons-msv@wanadoo.fr Ⅴ 🔑 t.l.j. sf dim. 9h-12h 14h-18h

♥ CH. MOURESSE Grande Cuvée 2014 ★★		
■	3 100	11 à 15 €

Repris en 2008 par Hynde et Christophe Bouvet, qui y ont réalisé d'importants investissements tant au chai qu'au vignoble, ce domaine possède 25 ha de vignes en AOC côtes-de-provence. Régulier en qualité, dans les trois couleurs.

Cette cuvé, grande par le nom, l'est aussi dans le verre. Largement dominée par le grenache (90 %, la syrah faisant l'appoint), elle dévoile un nez très intense et délicat à la fois de pamplemousse, de fruit de la Passion et de violette. On retrouve ces arômes avec la même intensité dans une bouche ample et gracieuse, fraîche et très longue. Un rosé majuscule à savourer de l'apéritif au dessert. ✗ 2015-2017 ♈ tarte fine à la tomate

☞ SCEA Dom. de Mouresse, 951, chem. des Grands-Pins, 83550 Vidauban, tél. 09 61 59 27 23, mouresse@gmail.com Ⅴ 🔑 🔑 t.l.j. sf dim. 10h-12h30 13h30-17h30

☞ Bouvet

CH. DES MURAIRES 2014		
■	50 000	8 à 11 €

Acquis en 2010 par Bernard Magrez, ce domaine viticole de 15 ha est niché au pied du massif des Maures, entre Nice et Aix-en-Provence. Il était auparavant exploité par le Dom. de la Bastide neuve (Cannet-des-Maures).

Des senteurs vives et fines d'agrumes et de fruits exotiques s'épanouissent à l'olfaction de ce vin pâle et léger, facile d'accès, alliant en bouche souplesse et éloquence fruitée et conclu par une note gourmande de noix de coco. ✗ 2015-2016 ♈ sushis

☞ Bernard Magrez, rte de Toulon, les Goirannes, 83340 Le Luc, tél. 06 88 61 01 54, domaines-magrez-leluc@orange.fr Ⅴ 🔑 🔑 r.-v.

DOM. DES MYRTES Prestige 2013		
■	2 000	5 à 8 €

Situé sur les contreforts sud du massif des Maures, le vignoble du domaine, implanté sur un sol de cailloutis de schistes caractéristique de la dénomination La Londe, s'étend sur 47 ha. L'exploitation pratique une polyculture horticole, arboricole, viticole et maraîchère.

Cette cuvée propose un développement aromatique alerte autour des petits fruits rouges acidulés. Un fruité frais prolongé par une bouche souple, fine et déliée, aux tanins légers. Un vin facile d'accès et gouleyant. ✗ 2015-2017 ♈ tartare de bœuf

☞ GAEC Barbaroux, Dom. des Myrtes, 1167, rte de la Jouasse, 83250 La Londe-les-Maures, tél. 04 94 66 83 00, domainedesmyrtes@free.fr Ⅴ 🔑 🔑 r.-v.

CH. DE PAMPELONNE Légende 2014 ★		
■	8 000	15 à 20 €

Le château, dont la construction remonte à la fin du XVIIᵉs., se situe à proximité des célèbres plages de Pampelonne, sur la presqu'île de Saint-Tropez. Le domaine et ses 50 ha de vignes sont propriété de la famille Gasquet-Pascaud depuis 1840.

Beaucoup de finesse se révèle à l'aération : notes florales, pêche blanche juteuse et autres fruits à chair blanche. La bouche, fraîche et aromatique en attaque, se prolonge autour du fruit avec friandise et rondeur. ✗ 2015-2016 ♈ pipérade

☞ SCA Les Maîtres Vignerons de la Presqu'île de Saint-Tropez, 270, RD 98, La Foux, 83580 Gassin, tél. 04 94 56 32 04, info@mavigne.com 🔑 t.l.j. sf dim. 9h-13h 15h-19h (juil.-août 19h30)

CH. PAQUETTE Roches noires 2012 ★		
■	5 000	11 à 15 €

Jérôme Paquette, œnologue, conduit un domaine de 25 ha (déjà présent sur les cartes du XVIIᵉs.) implanté sur un sol de roches volcaniques. Son grand-père avait acquis en 1952 cette exploitation alors appelée Curebéasse.

Belle intensité pour ce rouge grenat aux notes de vanille (élevage de douze mois en fût) et de fruits rouges. Souple en attaque, le palais, ample et long, va crescendo, porté par une structure puissante et solide. Une bonne évolution en perspective. ✗ 2017-2020 ♈ baron d'agneau

☞ Ch. Paquette, Dom. de Curebéasse, 83600 Fréjus, tél. 04 94 40 87 90, contact@chateaupaquette.fr Ⅴ t.l.j. sf dim. 9h-12h 14h-18h

CH. PARADIS Coup de cœur 2014 ★★		
■	30 000	8 à 11 €

Situé face au massif des Maures, ce domaine de 40 ha est dirigé depuis 2007 par Jean-Charles Foellner.

Le charme opère dès la présentation avec une belle robe marbre rose. Le nez évolue en délicatesse sur des notes fruitées et des touches de confiserie. En bouche, l'harmonie est de mise entre fraîcheur et douceur, entre saveurs de fruits rouges, de fruits exotiques et de bonbon anglais. Un rosé festif, aromatique et équilibré. ✗ 2015-2016 ♈ dorade crème de pastis ■ Cuvée Laure 2014 (8 à 11 € ; 5 000 b.) : vin cité. ✗ 2015-2018

PROVENCE

⌐ *SCEA Ch. Paradis, Dom. du Paradis, av. du Paradis, 83340 Le Luc-en-Provence, tél. 04 94 47 96 13, jcf@ chateauparadis.fr* Ⓥ 🅰 🔒 *t.l.j. 10h-19h* ⌐ Foellner

CH. PAS DU CERF	
La Londe Rocher des croix 2014 ★	
■ | 9 300	11 à 15 €

Le vignoble étend ses 80 ha à quelques kilomètres des plages de l'Estagnol et des Îles d'Or sur les contreforts schisteux du massif des Maures. La famille Gualtieri, parents et enfants, s'est installée en 2001 sur cette propriété remontant à 1848, en quittant dans le même temps la coopérative.

Des lueurs saumonées éclairent la robe de ce rosé aux senteurs vives de pamplemousse mâtinées de parfums de fleurs blanches, tandis que douceur et vivacité font bon ménage dans un palais souple et long. ✗ 2015-2016 ♈ côte de veau à la tomate

⌐ *SCEA Ch. Pas du Cerf, rte de Collobrières, 83250 La Londe-les-Maures, tél. 04 94 00 48 80, info@pasducerf.com* Ⓥ 🅰 🔒 *t.l.j. 9h-12h30 14h30-18h30* ⌐ Gualtieri

CH. PEIGROS Tendance 2014 ★	
■ | 18 100	5 à 8 €

Robert Ghigo est depuis 2010 propriétaire du Ch. Vert (30 ha), l'un des plus vieux domaines de La Londe-les-Maures, et de Ch. Peigros (24 ha), travaillé sur un mode biologique (conversion en cours).

Une robe rose saumonée habille ce vin au nez intensément floral, rehaussé par la fraîcheur des agrumes et une agréable touche végétale. Une attaque franche et fraîche ouvre sur un palais rond et gras, d'une appréciable longueur et stimulé par les agrumes en finale. ✗ 2015-2016 ♈ aïoli ■ Pierrefeu Camille 2014 (8 à 11 € ; 18 200 b.) : vin cité. ✗ 2015-2016

⌐ *Ch. Peigros, rte de Puget-Ville, quartier Peigros, 83390 Pierrefeu-du-Var, tél. 04 94 66 80 59, contact@chateau-peigros.com* Ⓥ 🅰 🔒 *r.-v.*
⌐ Robert Ghigo

Ⓑ **DOM. DES PEIRECÈDES**	
Le Fil d'Ariane 2014 ★★	
■ | 53 000	5 à 8 €

Entre Pierrefeu et Cuers, Alain Baccino et sa fille Audrey, œnologue, conduisent en bio un domaine de 50 ha réparti entre trois îlots, transmis de père en fils pendant quatre générations, de père en fille pour la cinquième.

Ce rosé s'ouvre sans réserve sur des arômes intenses de fraise, de fruits exotiques et de citron. Une attaque franche et énergique introduit un palais qui offre un écho harmonieux à l'olfaction, complété par de fines nuances réglissées en finale. Un vin expressif, souple, frais, gouleyant à souhait. ✗ 2015-2016 ♈ gambas au combawa ■ Ch. la Tulipe noire 2014 ★ (11 à 15 € ; n.c. b.) Ⓑ : un véritable feu d'artifice aromatique autour des fleurs de printemps, de la pêche mûre et de l'abricot. ✗ 2015-2016

⌐ *Alain Baccino, Dom. des Peirecèdes, 1201, chem. La Mue, 83390 Cuers, tél. 04 94 48 67 15, compta@domainedespeirecedes.com* Ⓥ 🅰 🔒 *t.l.j. sf dim. 9h-12h 14h-18h* 🏠 Ⓔ

Ⓑ **DOM. PINCHINAT** Villa Victorine 2014	
■ | 30 000	🍷 | 5 à 8 €

Situé dans la plaine de Trets au pied de la montagne Sainte-Victoire, ce domaine est dirigé par Alain de Welle, qui applique depuis son installation en 1990 les règles de l'agriculture biologique sur ses 30 ha de vignes.

D'un seyant rose framboisé, ce vin doit attendre deux ou trois tours de verre pour dévoiler ses arômes fruités. Plus loquace, le palais se révèle chaleureux, équilibré par une pointe de fraîcheur, et s'étire dans une jolie finale aux accents d'épices douces. ✗ 2015-2016 ♈ wok de légumes

⌐ *Alain de Welle, Dom. Pinchinat, 83910 Pourrières, tél. 04 42 29 29 92, domainepinchinat@wanadoo.fr* Ⓥ 🅰 🔒 *r.-v.*

DOM. PIQUEROQUE 2013 ★	
■ | 5 000	5 à 8 €

Ce domaine de 70 ha partagés entre vignes et chênes verts créé en 1999 est conduit en agriculture raisonnée par Max Hubbard.

Une robe fluide et légère habille cette cuvée gorgée de fruits frais relevés d'épices. La bouche se montre fraîche, aérienne, fine et sans accroche. Un rouge friand et joliment fruité, léger et gouleyant. ✗ 2015-2018 ♈ penne all'amatriciana ■ 2014 (5 à 8 € ; 2 800 b.) : vin cité. ✗ 2015-2017

⌐ *Dom. de Piqueroque, rte de Cabasse, 83340 Flassans-sur-Issole, tél. 04 94 37 30 71, piqueroque@aol.com* Ⓥ 🔒 *t.l.j. sf dim. 9h-13h*

Ⓑ **DOM. DES PLANES** Blanc de blancs 2014 ★	
■ | 23 000	🍷 | 11 à 15 €

Déjà plus de trois décennies que la famille Rieder, d'origine allemande, exploite ce vaste domaine de 96 ha, dont 28 plantés de vignes conduits depuis 2009 en agriculture biologique. Ilse Rieder est aux commandes depuis 2005.

Une seyante robe jaune paille et brillante habille ce vin au nez intense de fruits blancs juteux et de fleurs blanches. Une attaque fraîche introduit un palais rond et soyeux à l'unisson du bouquet, délicatement floral et fruité. Il est stimulé par une belle tension en finale qui donne de l'allonge à l'ensemble. ✗ 2015-2017 ♈ lasagnes au saumon ■ Cuvée Tiboulen 2014 (11 à 15 € ; 40 000 b.) Ⓑ : vin cité. ✗ 2015-2016

⌐ *SCEA Les Planes, Famille Rieder, Dom. des Planes, 83520 Roquebrune-sur-Argens, tél. 04 98 11 49 00, vin@dom-planes.com* Ⓥ 🅰 🔒 *t.l.j. sf dim. 9h-12h30 14h30-18h30* 🏠 Ⓔ

DOM. DES POMPLES Pompilia 2014 ★	
■ | 5 600	🍷 | 8 à 11 €

La famille de Matthieu Lafont, les Brissy, est établie au Dom. des Pomples depuis 1877. Après des études en électronique, Matthieu prend en 2009 la direction des 27 ha de l'exploitation et insuffle une nouvelle dynamique : création d'un caveau de vente, conversion bio en cours, expositions...

Une robe lumineuse, un nez aux connotations florales et fruitées (agrumes et fruits exotiques), un palais très plaisant, dans la même veine, ample et subtil. ✗ 2015-2016 ♈ aïoli

○ SCEA Brissy, Dom. des Pomples, hameau des Pomples, 83340 Cabasse, tél. 04 94 80 24 66, m.lafont@domainedespomples.fr Ⓥ ⚡ 🍷 r.-v.

DOM. RABIEGA Rabiega 2014 ★★			
■	8 000	🍶	11 à 15 €

Propriété de 10 ha, ce domaine est situé sur le plateau argilo-calcaires qui côtoie les hauteurs de Draguignan. L'œnologue suédois Sven Anders Aakesson l'a cédé en 2014 à Yves Tanchou, qui souhaite lui donner une dimension œnotouristique.

Des senteurs de pamplemousse, de citron et d'épices douces rythment l'olfaction de ce rosé élégant. Un vin très apprécié aussi par son attaque directe et énergique, sa texture soyeuse, sa persistance. Une vraie friandise. ✗ 2015-2016 🍴 salade de la mer

○ Dom. Rabiega, 516, chem. du Cros-d'Aimar, 83300 Draguignan, tél. 04 94 68 44 22, gerald.rouby@ rabiega.com Ⓥ ⚡ 🍷 r.-v. ○ Tanchou

CH. RASQUE Blanc de blanc 2014		
■	40 000	15 à 20 €

Gérard Biancone s'est installé en 1983 dans le village provençal de Taradeau, où il a créé le Ch. de Rasque, établi sur un beau terroir argilo-calcaires. Sa fille Sophie a pris en 2007 la conduite du vaste vignoble de 100 ha. La tension caractérise ce vin aux nuances vert pâle. Agrumes, fruits exotiques et buis se mêlent à l'olfaction. Une palette qui s'épanouit dans un palais dynamique, agrémenté de légères nuances mentholées en finale. ✗ 2015-2017 🍴 plateau de coquillages

○ SCEA du Ch. Rasque, 2897, rte de Flayosc, 83460 Taradeau, tél. 04 94 99 52 20, accueil@ chateaurasque.com Ⓥ ⚡ 🍷 lun.-ven. 9h-18h; sam. dim. 10h-18h; f. sam. dim. de nov. à mars 🏠 ❺

CH. RÉAL MARTIN Perle de rosé 2014 ★			
■	57 600	🍶	8 à 11 €

Jean-Marie Paul, pionnier de la restauration moderne et fondateur du groupe Score, a été séduit par cet ancien domaine des comtes de Provence (35 ha aujourd'hui) situé à 350 m d'altitude. Il s'y est installé en 2001 et a entrepris une rénovation complète de la bastide du XVIᵉs. et de la cave.

Beaucoup de délicatesse se dessine dans la robe couleur chair de ce rosé à l'olfaction intense, mêlant fruits blancs et petits fruits rouges nuancés d'agrumes. Une attaque tonique donne le la à un palais fruité (ananas, fruits jaunes), minéral et très frais. ✗ 2015-2016 🍴 makis et sushis

○ SCEA Ch. Réal Martin, rte de Barjols, 83143 Le Val, tél. 04 94 86 40 90, crm@chateau-real-martin.com Ⓥ ⚡ 🍷 t.l.j. sf sam. dim. 8h30-12h 13h30-17h30; juin-sept. t.l.j. sf dim. 10h-18h ○ Score International

RIMAURESQ 2014				
■ Cru clas.	200 000	🍶	11 à 15 €

Acquis par une famille écossaise en 1988, ce cru classé de Provence s'est agrandi de 18 ha en 2004 sur Cuers. Aujourd'hui grand d'une cinquantaine d'hectares, le vignoble s'étend au pied de Notre-Dame-des-Anges,

point culminant des Maures, sur un sol schisteux pauvre, avec une exposition nord-ouest.

Ce rosé aux chatoiements saumonés se distingue par le caractère floral et délicat de son olfaction, que l'on perçoit aussi dans une bouche souple et fraîche. Un vin d'une agréable simplicité. ✗ 2015-2016 🍴 plateau de fruits de mer

○ Dom. de Rimauresq, rte Notre-Dame-des-Anges, BP 26, 83790 Pignans, tél. 04 94 48 80 45, rimauresq@ wanadoo.fr Ⓥ 🍷 r.-v. 🏠 ❹ ○ Wemyss

CH. RIOTOR 2014		
■	80 000	8 à 11 €

Au pied du massif des Maures, 48 ha de vignes, complantées sur sols de grès et de schistes rouges, sont exploités par la famille Abeille depuis quatre générations.

Une aromatique soignée mêlant notes de confiserie, agrumes et fruits rouges prélude à un palais équilibré et gourmand, souple et frais, qui marie subtilement et avec persistance notes florales et fruitées. ✗ 2015-2016 🍴 salade niçoise

○ SARL Ch. Riotor, chem. de la Galante, 83340 Le Cannet-des-Maures, tél. 04 90 83 72 75, chateauriotor@orange.fr ○ Frères Abeille

CH. ROSAN Cuvée Élégance 2014 ★			
■	11 000	🍶	8 à 11 €

Acquis en 2012 par Gérard Chauvet, ce domaine de 10 ha, cultivé sur des restanques (terrasses), offre une superbe vue sur le massif des Maures et la chapelle de Notre-Dame-des-Anges.

Ce joli rosé couleur pêche s'exprime sur des notes florales agrémentées de nuances fruitées et toniques de framboise et d'agrumes. La bouche, élégante et équilibrée, allie souplesse et ampleur, et s'étire dans une longue finale. ✗ 2015-2016 🍴 poivrons farcis

○ Ch. Rosan, quartier la Fondaille, RD 97, 83790 Pignans, tél. 06 70 08 13 79, chateau.rosan@ gmail.com Ⓥ ⚡ 🍷 t.l.j. sf dim 10h-12h 16h-19h; hiver sur r.-v. ○ Chauvet

DOM. LA ROSE DES VENTS Le Jas d'Émilien 2014 ★		
■	4 176	8 à 11 €

Fondée au début du XXᵉs., l'exploitation s'est transmise au fil des générations. Depuis 1994, Gilles Baude, œnologue, conduit le domaine avec son beau-frère Thierry Josselin, chargé de la commercialisation. Une valeur sûre en coteaux-varois.

Bien connu des lecteurs pour ses excellents coteaux-varois, le domaine signe ici une cuvée confidentielle à dominante de grenache. Robe « trendy » pâle et cristalline, nez intense de fruits exotiques, de zeste d'orange sanguine sur fond de bonbon anglais, les premières sensations sont séduisantes. Elles préludent à une bouche élégante, franche et croquante en attaque, plus riche dans son développement, longue et bien fruitée (ananas mûr, fruit de la Passion). Un rosé aromatique et dynamique. ✗ 2015-2016 🍴 calamars farcis

○ Dom. la Rose des Vents, 1404, rte de Toulon, 83136 La Roquebrussanne, tél. 04 94 86 99 28, larosedesvents073@orange.fr Ⓥ ⚡ 🍷 t.l.j. sf dim. 9h-12h 14h-18h ○ Baude-Josselin

PROVENCE

CH. ROUBINE Premium 2014 ★

| Cru clas. | 50 000 | 🍶 | 15 à 20 € |

Quelque 85 ha de vignes en cours de conversion bio situées dans un cirque naturel bordé de pins et de chênes constituent ce cru classé de Provence connu depuis le XIVᵉs. pour ses origines templières (ordre de Saint-Jean-de-Jérusalem). Valérie Rousselle, à la tête du domaine depuis 1994, cultive au total treize cépages méditerranéens.

La fraîcheur caractérise cette cuvée ouverte à l'olfaction sur des notes ensoleillées de fruits exotiques rehaussés par une nuance saline. Notes exotiques qui se mêlent aux fruits blancs et jaunes dans une bouche tonique et persistante. Une belle expression pour ce blanc dans l'air du temps. ✗ 2015-2017 ¶ salade de poulpe ■ Cru clas. Premium 2014 ★ (15 à 20 € ; n.c. b.) : complexité (fruits exotiques, notes anisées), volume et fraîcheur, ce rosé a tout pour plaire. ✗ 2015-2016

⚲ *Ch. Roubine, 4216, rte de Draguignan, 83510 Lorgues, tél. 04 94 85 94 94, contact@chateauroubine.com* 📺 🎿 🏕 *t.l.j. 9h-18h; sam. dim. 10h-18h* 🏘 ❺ ⚲ V. Rousselle

Ⓑ DOM. DE ROUCAS 2013 ★

| | 1 600 | 🍷 | 8 à 11 € |

À quelques kilomètres du village d'Entrecasteaux, le domaine, converti à l'agriculture biologique, étend ses 5 ha de vignes sur un terroir argilo-calcaires.

Des nuances de fruits rouges et d'épices réveillées par une pointe de menthol et de violette composent un nez complexe et racé qui laisse deviner un rouge de caractère. De fait, le palais s'avère puissant, solide, bâti sur des tanins jeunes et fougueux. Ce vin gagnera en sagesse avec le nombre des années. ✗ 2018-2022 ¶ coq au vin

⚲ *SCEA Dom. de Roucas, rte de Carcès, 83570 Entrecasteaux, tél. 04 94 04 48 14, paulinje@wanadoo.fr* 📺 🎿 🏕 *t.l.j. sf dim. 10h-12h 14h-18h* ⚲ Paulin

CH. DU ROUËT Belle Poule 2014 ★

| | 56 000 | 🍶 | 8 à 11 € |

Au pied des roches rouges des premiers contreforts de l'Esterel, la propriété conduite par la famille Savatier depuis la fin du XIXᵉs. se tourne résolument vers la vigne dès 1927. Son vignoble s'étend aujourd'hui sur 85 ha.

Issu d'un assemblage de cépages typiquement méditerranéens (grenache, tibourenc, cinsault et un soupçon de syrah), ce vin libère des notes intenses et acidulées de petits fruits rouges et de citron. Cette tonicité fruitée se confirme avec persistance dans une bouche bien équilibrée. ✗ 2015-2016 ¶ pizza blanche

⚲ *Dom. du Ch. du Rouët, rte de Bagnols-en-Forêt, 83490 Le Muy, tél. 04 94 99 21 10, chateau.rouet@ wanadoo.fr* 📺 🎿 🏕 *t.l.j. 8h30-12h 14h-18h; dim. 14h-18h* 🏠 Ⓓ ⚲ Savatier

♥ Ⓑ DOM. SAINT-ANDRÉ DE FIGUIÈRE
La Londe Confidentielle 2014 ★★

| | 27 000 | 🍶 | 20 à 30 € |

Après vingt ans passés à Chablis au domaine Laroche, Alain Combard revient en 1992 dans sa Provence natale pour reprendre ce domaine de 65 ha (en bio certifié).

CÔTES DE PROVENCE, LA LONDE
CONFIDENTIELLE
Domaine Saint André de Figuière
2014

Disparu en 2015, cet ardent défenseur de la dénomination La Londe avait transmis le relais à trois de ses enfants et à son gendre, qui poursuivent aujourd'hui son œuvre, souvent en vue dans ces pages.

Une robe très pâle couleur chair habille ce superbe vin ouvert à l'aération sur des parfums délicats de fleurs blanches et des nuances zestées de pomelo. Faisant écho à l'olfaction, le palais, ample, riche et profond, ajoute de fines notes minérales et mentholées qui lui apportent un surcroît de complexité et beaucoup de fraîcheur. Un rosé savoureux, de gastronomie. ✗ 2015-2017 ¶ langoustes flambées ■ Première de Figuières 2014 ★ (11 à 15 € ; 117 000 b.) Ⓑ : un vin expressif, sur les fruits blancs et les agrumes, souple et fin. ✗ 2015-2016

⚲ *Saint-André de Figuière, 605, rte de Saint-Honoré, BP 47, 83250 La Londe-les-Maures, tél. 04 94 00 44 70, figuiere@figuiere-provence.com* 📺 🏕 *t.l.j. sf dim. 9h-12h 14h-18h* ⚲ Famille Combard

DOM. SAINT-ANDRIEU 2014

| | 84 000 | | 8 à 11 € |

Acquis en 2003 par Jean-Paul et Nancy Bignon, par ailleurs propriétaires du Ch. Talbot, cru classé de saint-julien dans le Médoc, ce domaine de 24 ha jouit d'un terroir argilo-calcaires privilégié à 380 m d'altitude au pied du Bessillon.

Une robe franche et de fines senteurs citronnées agrémentées d'une pointe de cannelle composent une entrée en matière plaisante et de bonne intensité. En bouche, le vin se montre fin et frais, voire un peu nerveux en finale. Un rosé énergique. ✗ 2015-2016 ¶ salade de fruits exotiques

⚲ *Dom. Saint-Andrieu, 83570 Correns, tél. 04 94 59 52 42, domainesaintandrieu@club-internet.fr* 📺 🎿 🏕 *r.-v.* ⚲ Bignon

CH. SAINTE-BÉATRICE Cuvée Vaussière 2014

| | 33 000 | 🍶 | 8 à 11 € |

Situé à 4 km de la belle ville de Lorgues, ce domaine (50 ha aujourd'hui) est en constante évolution depuis sa création en 1975 : restructuration complète du vignoble, construction de bâtiments et de caves voûtées, ouverture d'un musée de la Vigne et du Vin.

Ce 2014 rose bonbon dévoile un nez friand au fruité délicat de framboise. Il poursuit sur ce même registre dans une bouche d'un bon volume, persistante et souple. ✗ 2015-2016 ¶ riz cantonais

⚲ *Ch. Sainte-Béatrice, 491, chem. des Peiroux, 83510 Lorgues, tél. 04 94 67 62 36, stebeatrice@ wanadoo.fr* 📺 🎿 🏕 *t.l.j. sf dim. 8h-12h 14h-18h* ⚲ Novaretti

DOM. SAINTE-CROIX LA MANUELLE
Leï Grés 2013 ★

| | 9 800 | 🍶 | 5 à 8 € |

Situé à quelques pas de l'abbaye du Thoronet, ce domaine de 38 ha a été créé en 1950 par Fernand Pélépol. Implanté sur un terroir argilo-calcaires en restanques, le vignoble est désormais conduit par Christian Pélépol et sa famille, qui ont inauguré leur nouvelle cave de vinification en 2009.

Fruits rouges mûrs et notes de garrigue relevés d'épices composent le bouquet méridional à souhait de cette cuvée de carignan (50 %), de syrah et de grenache. Adossé à des tanins soyeux, le palais se révèle ample et épicé sur fond de fruits frais. ⚔ 2015-2018 🍽 empenadas de bœuf

⚲ Dom. Sainte-Croix La Manuelle, rte de l'Abbaye, 83340 Le Thoronet, tél. 04 94 67 31 47, saintecroixlamanuelle@orange.fr 🆅 🎿 🔋 t.l.j. sf dim. 9h-12h 14h-19h (18h oct.-mar.) ⚲ Pélépol

DOM. SAINTE-LUCIE
Sainte-Victoire l'Hydropathe 2014 ★★

◼	19 300	11 à 15 €

Créée en 1979 par Michel Fabre à partir de 8 ha sur le piémont de la montagne Sainte-Victoire, cette propriété s'est considérablement agrandie pour atteindre aujourd'hui 33 ha. L'arrivée des enfants – Virginie en 2005, Aurélien en 2009 – a insufflé un souffle nouveau au domaine (importants investissements à la vigne et au chai, au marketing et au commercial), dont le Guide s'est fait le témoin. Une valeur sûre.

Cette cuvée phare du domaine évoque le cercle littéraire éponyme fondé à la fin du XIXe s. par le poète Émile... Goudeau, qui se réunissait à l'hôtel... Boileau. Nul doute que ce rosé à dominante de syrah aurait tournoyé dans les verres de ces poètes qui goûtaient peu l'eau. À l'allure soignée de la robe, d'un rose pâle vibrant, répond un nez intense d'agrumes et de bonbon acidulé. Très équilibrée, la bouche est à la fois suave et tendue par une fine vivacité et s'étire dans une longue finale citronnée. « Hydropathes, chantons en cœur / La noble chanson des liqueurs »... ⚔ 2015-2017 🍽 paëlla ◼ Made in Provence by Sainte-Lucie 2014 (11 à 15 € ; 9 300 b.) : vin cité. ⚔ 2015-2017

⚲ Dom. Sainte Lucie, av. Paul-Cézanne, 13114 Puyloubier, tél. 06 81 43 94 62, contact@ mip-provence.com 🆅 🎿 🔋 mer.-sam. 9h-12h 14h-17h30 ⚲ Fabre

Ⓑ CH. SAINTE-MARGUERITE
La Londe Symphonie 2013

◼ Cru clas.	18 000	◫	15 à 20 €

Depuis sa création en 1911, ce vignoble familial s'est bien agrandi, passant de 11 à 98 ha sur les premiers contreforts du massif des Maures qui dominent la Méditerranée, à quelques encablures des Îles d'Or. Brigitte et Jean-Pierre Fayard ont repris ce cru classé en 1977, aujourd'hui certifié en bio. Ils sont aujourd'hui aidés de leurs enfants Olivier, Guillaume, Lionel et Christine.

Au nez, des notes de fruits rouges, d'épices et de cuir se mêlent à des nuances boisées vanillées léguées par un long élevage en barrique. Un mariage bois-fruit très réussi qui caractérise aussi la bouche, souple, de bonne longueur et bien équilibrée. ⚔ 2016-2019 🍽 coq au vin

⚲ Ch. Sainte-Marguerite, le Haut-Pansard, BP1, 83250 La Londe-les-Maures, tél. 04 90 00 44 44, info@ chateausaintemarguerite.com 🆅 🔋 t.l.j. 9h-12h 14h-18h ⚲ Fayard

DOM. SAINTE-MARIE 1884 2014 ★★

◼	100 000	11 à 15 €

En 1884, une épidémie de choléra s'arrête miraculeusement aux portes de la propriété. Une statue de la Vierge est alors édifiée, et le domaine baptisé de son nom ; un domaine repris en 2007 par Christopher Duburcq, qui en engage la conversion bio l'année suivante.

Harmonie et finesse caractérisent ce vin né de vieilles vignes. Robe pâle, nez flatteur et délicat, minéral et abricoté, palais à l'unisson, souple, soyeux et long, ce rosé de terroir a tout pour plaire. ⚔ 2015-2016 🍽 côtes d'agneau au romarin ◼ Tradition 2014 ★ (8 à 11 € ; 15 000 b.) Ⓑ : une belle expression autour du fruit exotique, pour ce blanc bien équilibré entre douceur et vivacité. ⚔ 2016-2019

⚲ Dom. Sainte-Marie, RN 98, rte de Saint-Tropez, 83230 Bormes-les-Mimosas, tél. 04 94 49 57 15, contact@domainesaintemarie.fr 🆅 🎿 🔋 t.l.j. sf dim. 9h30-18h ⚲ Duburcq

CH. SAINTE-ROSELINE
La Chapelle de Sainte-Roseline 2012 ★

◼ Cru clas.	12 917	30 à 50 €

Autour de l'abbaye Sainte-Roseline du XIe s. et de sa chapelle où reposent les reliques de la sainte, cet ancien vignoble des évêques de Fréjus (où séjourna le pape Jean XXII) côtoie les oliviers et les forêts sur une superficie de 90 ha. En 1994, Bernard Teillaud entreprend de rénover cette propriété, puis en 2007, sa fille Aurélie Bertin Teillaud reprend le domaine. L'un des dix-huit crus classés de Provence et l'un des piliers de l'appellation souvent en vue pour ses rouges.

Fidèle au rendez-vous, Sainte-Roseline signe une fois encore un vin rouge de belle facture. Fruité confituré et concentré, boisé toasté et brioché, épices douces, le nez offre un bon mariage du bois et du fruit. Des arômes qui s'accommodent fort bien aussi en bouche, où l'on découvre un vin puissant, riche, solidement structuré, stimulé par une belle finale pleine de fraîcheur. Bâti pour durer. ⚔ 2019-2022 🍽 moelleux au chocolat amer

⚲ SCEA Ch. Sainte-Roseline, 83460 Les Arcs-sur-Argens, tél. 04 94 99 50 30, contact@sainte-roseline.com ⚲ Teillaud

CH. SAINT-MARC Grande Réserve Domini 2013 ★★

◼	4 000	◫	11 à 15 €

Emmanuel Nugues, Bourguignon tombé sous le charme de l'arrière-pays du golfe de Saint-Tropez, a racheté en 2000 ce domaine de 8 ha implanté entre Méditerranée et massif des Maures, sur des sols schisteux.

La robe d'un noir profond reflète une belle extraction de la syrah et du cabernet-sauvignon bien mûrs. Encore dominé par l'élevage, le nez évoque le bon bois neuf, à travers de fines touches d'amande et de toasté. S'ajoutent des arômes de cerise noire et de garrigue, ainsi qu'une belle fraîcheur mentholée dans une bouche ample, longue et dense, adossée à des tanins soyeux. Un vin de caractère promis à un bel avenir. ⚔ 2016-2020 🍽 faisan en cocotte

⚲ Ch. Saint-Marc, 588, chem. des Crottes-de-Saint-Marc, 83310 Cogolin, tél. 04 94 54 69 92, chateau.saint.marc@wanadoo.fr 🆅 🎿 🔋 r.-v. ⚲ Emmanuel Nugues

PROVENCE

CH. DE SAINT-MARTIN Grande Réserve 2014 ★

| ■ Cru clas. | 80 000 | 🍶 | 15 à 20 € |

Les Romains au II[e]s. av. J.-C., puis les moines de Lérins du Xe au XVIII[e]s. ont cultivé la vigne sur ces terres. Depuis 1740 et dix-huit générations, le château se transmet de mère en fille (à une exception près). Adeline de Barry est depuis 1993 aux commandes de ce cru classé de Provence dont le vignoble couvre 50 ha.

La légère austérité du premier nez est vite oubliée pour laisser la part belle aux agrumes après aération. Ample, élégante et longue, la bouche a du relief, portée jusqu'en finale par les arômes suaves de la mangue et la délicate amertume du pamplemousse. ✗ 2015-2019 ❦ salade de fruits

o⊓ SCEA Ch. de Saint-Martin, rte des Arcs, 83460 Taradeau, tél. 04 94 99 76 76, contact@ chateaudesaintmartin.com 🆅 🏃 🏋 t.l.j. sf dim. 9h-12h 14h-18h; juil-août t.l.j. 9h-19h 🏠 🌀 o⊓ de Barry

CH. SAINT-MAUR L'Excellence 2014

| ■ Cru clas. | 50 000 | 🍶 | 15 à 20 € |

Déjà propriétaire de la Quinta do Pessegueiro (Douro), Roger Zannier a acquis cette propriété en 1955. C'est aujourd'hui son gendre, Marc Monrose, qui conduit ce domaine de 54 ha, situé dans le golfe de Saint-Tropez, à Cogolin.

De ce rosé saumoné s'échappent de délicates senteurs de fruits jaunes et d'agrumes confits. La bouche offre un joli croquant et une agréable rondeur autour du litchi et des petits fruits rouges. ✗ 2015-2016 ❦ calamars sautés

o⊓ SA Ch. Saint-Maur, 700, rte de Collobrières, 83310 Cogolin, tél. 04 94 95 48 48, cms@zannier.com 🆅 🏃 🏋 t.l.j. sf dim. 9h-12h 14h-18h o⊓ Dom. Roger Zannier

CH. SAINT-PIERRE Cuvée Marie 2014 ★★

| ■ | 10 000 | | 5 à 8 € |

À la suite de trois générations de vignerons, Jean-Philippe Victor exploite les terres du Ch. Saint-Pierre depuis 1987 (60 ha aujourd'hui). Les vignes sont situées en contrebas du village médiéval des Arcs-sur-Argens, au cœur de l'appellation côtes-de-provence.

Faisant la part belle au grenache (90 %), cette cuvée rose saumoné livre des nuances délicates et complexes de fleurs blanches, de fraise et de fruits à chair blanche. Une attaque fraîche ouvre sur un palais offrant beaucoup de gourmandise autour de notes de fruits juteux et d'une fine tension minérale qui donne de la profondeur à ce rosé finement épicé en finale. Une superbe maîtrise dans ce rosé de terroir, à la fois généreux et fin. ✗ 2015-2016 ❦ bœuf aux oignons

o⊓ Ch. Saint-Pierre, rte de Taradeau, D 10, 83460 Les Arcs-sur-Argens, tél. 04 94 47 41 47, contact@chateausaintpierre.fr 🆅 🏋 t.l.j. sf dim. 9h-12h 14h-18h (juil.-août 19h) o⊓ Jean-Philippe Victor

Ⓑ DOM. SAINT-ROMAN D'ESCLANS Classique 2013 ★★

| ■ | 6 690 | 🍶 | 8 à 11 € |

Cette propriété viticole de quelque 15 ha située à La Motte, sur un coteau dominant la vallée des Esclans, a

été acquise en 1973 par Philippe Miguet. Ses petits-enfants ont repris les rênes en 2011.

Une parure pourpre aux nuances violines habille ce vin proposant au nez une belle diversité aromatique : poivre, cannelle, petits fruits rouges. Arômes auxquels une bouche dense, ample et solidement charpentée par de beaux tanins fins et serrés offre un écho intense. Un rouge au caractère affirmé, bâti pour bien évoluer. ✗ 2017-2020 ❦ côte de bœuf au thym

o⊓ Dom. Saint-Roman d'Esclans, rte de Callas, D 25, 83920 La Motte, tél. 04 94 70 24 92, st-roman@ wanadoo.fr 🆅 🏋 t.l.j. sf dim. 10h-18h; ouv. dim. juil-août 🏠 Ⓔ o⊓ Raymond

DOM. DE SAINT-SER Sainte-Victoire Cuvée Prestige 2014 ★

| ■ | 72 000 | 🍶 | 11 à 15 € |

Le vignoble (31 ha) s'étend sur un terroir privilégié de cailloutis calcaires adossé au versant sud de la montagne Sainte-Victoire, où les raisins bénéficient d'un ensoleillement maximal. Le domaine tient son nom de la chapelle de Saint-Ser dédiée à un ermite du V[e]s. qui, ignorant les menaces du souverain wisigoth Enric, fut décapité.

Une belle robe claire et tendance habille ce rosé au nez encore assez réservé et frais de buis et d'agrumes. On retrouve ces tonalités dans une bouche ample et souple, aiguillonnée par une fine tension en finale. ✗ 2015-2016 ❦ petits farcis provençaux ■ Sainte-Victoire Cuvée Prestige 2012 ★ (11 à 15 € ; 4 500 b.) : des notes puissantes de cuir et de fruits rouges s'allient à une structure tannique soyeuse. ✗ 2015-2019

o⊓ SARL Dom. de Saint-Ser, RD 17, rte de Cézanne, 13114 Puyloubier, tél. 04 42 66 30 81, info@saint-ser.com 🆅 🏃 🏋 t.l.j. 10h-13h 14h-19h o⊓ J. Guichot

SAINT-SIDOINE 2014 ★

| ■ | 60 000 | 🍶 | 5 à 8 € |

Rebaptisée Cellier Saint-Sidoine en 1987, la coopérative de Puget-Ville fondée en 1923 regroupe 250 adhérents et exploite, avec quelque 550 ha de vignes, l'un des plus grands ensembles de l'aire des côtes-de-provence.

De ce rosé pimpant se dégagent avec gourmandise des arômes de fruits rouges croquants et de bonbon acidulé. Après une attaque franche et alerte, la bouche se livre avec générosité autour d'une agréable douceur et d'un fruité omniprésent. ✗ 2015-2016 ❦ bouillabaisse

o⊓ Cellier Saint-Sidoine, 12, rue de la Libération, 83390 Puget-Ville, tél. 04 98 01 80 50, cellier-saint-sidoine@wanadoo.fr 🆅 🏋 r.-v.

VIGNOBLES DE SAINT-TROPEZ Cuvée Paul Signac 2013

| ■ | 5 500 | 🍶 | 11 à 15 € |

Fondée en 1908, la coopérative des Vignobles de Saint-Tropez regroupe la production de 133 adhérents qui cultivent 177 ha de vignes sur tout le littoral tropézien.

La robe légère et vive annonce la fraîcheur de cette cuvée. Au nez, d'intenses et alertes arômes de fruits rouges ponctués de notes d'épices douces et de réglisse. En bouche, de la souplesse, une agréable vivacité, du fruit et de fines nuances épicées. ✗ 2015-2018 ❦ tomates farcies

� *Vignobles de Saint-Tropez, av. Paul-Roussel, 83990 Saint-Tropez, tél. 04 94 97 01 60, contact@ vignobles-saint-tropez.com* Ⓥ 🔨 *t.l.j. sf dim. 9h-12h30 14h30-18h30*

DOM. DE LA SANGLIÈRE La Londe Prestige 2014 ★		
■	14 400	î	11 à 15 €

Ce vignoble de bord de mer de quelque 20 ha est conduit par Rémy et Olivier Devictor avec les mêmes contraintes qu'en bio, mais sans certification. Au cap Bénat, site protégé à quelques kilomètres des îles d'Hyères, ils poursuivent le travail initié par leur père dans les années 1980.

Puisant son origine d'un terroir à dominante de schistes, ce rosé « craquant et croquant » développe à l'aération des nuances fraîches d'agrumes et de fruits rouges. La bouche, tout autant gorgée de fruits, déploie une attaque gourmande et suave, avant de pencher vers une franche tension qui offre à ce vin une longueur appréciable. ✗ 2015-2016 ❦ salade niçoise

� *Dom. de la Sanglière, 3886, rte de Léoube, 83230 Bormes-les-Mimosas, tél. 04 94 00 48 58, remy@domaine-sangliere.com* Ⓥ 🔨 🔨 *t.l.j. 9h-12h 15h-19h* 🏠 ❺ � *Devictor*

SECRET DE COMPTOIR 2014 ★★	
■ 50 000	5 à 8 €

Cette coopérative, qui regroupe 900 ha de vignes exploités par cent vingt viticulteurs, est née en 2004 de la fusion des caves de Flassans et de Cabasse.

Ce rosé dévoile un nez prometteur et fin de fruits exotiques et de fleurs blanches. Ample, souple, douce et suave, la bouche tient les promesses de l'olfaction, offrant la même élégance aromatique. ✗ 2015-2016 ❦ salade pastèque, tomate et feta ■ Comptoir Divin 2014 ★ (5 à 8 € ; 4 000 b.) : un rosé souple, fin et frais, sur le zeste d'agrumes. ✗ 2015-2016

� *Le Comptoir des Vins de Flassans, av. du Gal-de-Gaulle, 83340 Flassans-sur-Issole, tél. 04 94 69 71 01, contact@comptoirdesvinsflassans.fr* Ⓥ 🔨 🔨 *t.l.j. sf dim. 9h30-12h30 15h-19h*

DOM. SIOUVETTE Le Clos 2013 ★★	
■ 2 700	⅏	15 à 20 €

Ancienne ferme des pères chartreux de la Verne, cette propriété familiale (depuis 1836) produisait autrefois du bois d'œuvre. Elle se convertit à la viticulture au début du XXᵉs. Les 22 ha de vignes plantées en coteaux sur les sols argilo-schisteux du massif des Maures surplombent la vallée de la Môle.

Des arômes soutenus de fruits exotiques, d'abricot et de fleurs blanches composent un bouquet emballant. Étoffée de fines notes boisées, cette intensité ne faiblit pas en bouche, où l'on découvre un vin bien proportionné, à la fois rond, souple et frais. ✗ 2016-2019 ❦ risotto aux truffes ■ Le Clos 2014 ★★ (11 à 15 € ; 5 500 b.) : un très joli vin, harmonieux et expressif, aux senteurs de mangue et de pomelo. ✗ 2015-2016 ■ Cuvée Marcel Galfard 2014 ★ (8 à 11 € ; 35 000 b.) : un rosé fruité (framboise et groseille), à la fois doux et tonique. ✗ 2015-2016

� *EARL Dom. Siouvette, 990, rte de Toulon, 83310 La Môle, tél. 04 94 49 57 13, contact@ siouvette.com* Ⓥ 🔨 🔨 *t.l.j. 8h-12h30 13h30-19h; f. dim. de nov. à fév.* 🏠 ❺ � *Sauron*

♥ **DOM. TERRE DE MISTRAL** Anna 2014 ★★		
■	15 000	î	8 à 11 €

Denis Gueury et Serge Davico décident en 2007 de s'associer afin de partager une passion commune pour leur terroir provençal. Ils unissent leurs compétences et leurs terres : pendant que Denis s'occupe de l'oliveraie et du moulin à huile, Serge s'affaire à la vigne – 55 ha répartis en plusieurs îlots sur Rousset, Puyloubier et Saint-Antonin – et au chai.

Une robe scintillante auréolée de reflets verts et un bouquet épanoui de pêche blanche, de pomelo et de fleurs blanches composent une entrée en matière des plus séduisantes. Une attaque à l'énergie vivifiante ouvre sur une bouche à la fois ample et expressive (agrumes, nuance mentholée), généreuse et très fraîche, stimulée en finale par de beaux amers qui apportent un supplément de complexité et une belle allonge. À réserver pour un mets délicat. ✗ 2015-2017 ❦ dos de saint-pierre à l'unilatéral

� *Serge Davico, chem. du Pavillon, rte de Peynier, 13790 Rousset, tél. 04 42 29 14 84, commerce@terre-de-mistral.com* Ⓥ 🔨 🔨 *r.-v.*

DOM. TERRES DESTEL Cuvée Estelle 2014 ★★	
■ 2 700	20 à 30 €

Sur ce domaine viticole, le seul de la commune de Saint-Raphaël, au cœur du massif de l'Esterel, les vignes sont implantées sur un terroir argilo-volcanique. La propriété doit son nom à celui (Estelle) de la fille de Philippe Polette, propriétaire des lieux depuis 2010.

Une robe aux nuances rose bonbon habille ce vin qui se développe avec discrétion à l'olfaction, sur les petits fruits rouges et les agrumes. Une attaque souple et aérienne introduit un palais ample et tendre, au fruité bien marqué et persistant. ✗ 2015-2016 ❦ souris d'agneau confite

� *Dom. Terres Destel, rue Jean-Rostand, 83700 Saint-Raphaël, tél. 06 48 62 11 70, terres.destel@ orange.fr* � *Polette*

DOM. DES THERMES Iter Privatum 2014 ★		
■	13 000	î	5 à 8 €

La famille Robert, qui exploite ses vignes depuis six générations (1792), est sortie de la coopérative en 1998. Le vignoble de 41 ha d'un seul tenant entoure une bâtisse du XVIIIᵉs. et des pins parasols centenaires situés sur le site d'une villa gallo-romaine, dont on peut découvrir les vestiges dans un musée créé en 2012.

Des éclats cristallins et étincelants ornent ce rosé au bouquet énergique et harmonieux de citron et de fruit de la Passion. Les papilles se régalent tout autant, enveloppées par l'aimable rondeur de ce vin riche et expressif. ✗ 2015-2016 ❦ tartare de gambas

PROVENCE

☛ *Dom. des Thermes, EARL Robert, DRN 7, 83340 Le Cannet-des-Maures, tél. 04 94 60 73 15, domaine.des.thermes@orange.fr* 🅥 🕮 🏠 *t.l.j. sf dim. 8h-19h*

THUERRY Le Château 2014 ★		
7 000	🍶	11 à 15 €

Au sein du parc régional du Haut-Var Verdon, une bâtisse templière du XIIᵉs., soulignée par un chai longiligne ultramoderne et semi-enterré (2 200 m²), commande une propriété de 340 ha, dont 40 ha de vignes. Une valeur sûre de la Provence viticole, dans les trois couleurs.

Le nez de cette cuvée est orienté vers la fraîcheur avec des notes de citron et autres agrumes. Une attaque franche ouvre sur un palais rond et souple, qui se donne des airs plus minéraux en finale. Un blanc harmonieux. ✗ 2015-2017 ⴲ sole meunière

☛ *Ch. Thuerry, 83690 Villecroze, tél. 04 94 70 63 02, thuerry@chateauthuerry.com* 🅥 🕮 🏠 *t.l.j. sf dim. 9h-17h30; été t.l.j. 9h-19h* ☛ Croquet

Ⓑ DOM. LA TOUR DES VIDAUX Farnoux 2014		
7 200	🍶	8 à 11 €

Marlena et Paul Weindel conduisent, selon les préceptes de la biodynamie, un vignoble de 20 ha planté sur des sols schisteux dans la petite vallée fluviale du Réal Martin, occupant le versant méridional du massif des Maures.

Ce rosé s'ouvre sur un bouquet discret mais plaisant de fruits rouges et fruits à chair jaune, prolongé par un palais ample, souple et soyeux. Un vin harmonieux, qui offre une large palette d'accords gourmands. ✗ 2015-2016 ⴲ ratatouille niçoise

☛ *V.-Paul Weindel, rte de Pignans, hameau Les Vidaux, 83390 Pierrefeu-du-Var, tél. 04 94 48 24 01, tourdesvidaux@orange.fr* 🅥 🕮 🏠 *t.l.j. sf dim. 9h-12h 14h30-18h30* 🏠 Ⓔ

Ⓑ CH. TOUR SAINT-HONORÉ TSH 2014		
45 000	🍶	8 à 11 €

Serge Portal, de souche londaise, cultive ses 28 ha de vignes en bio certifié sur les restanques arrachées aux contreforts du massif des Maures, en face des îles d'Or.

Un éclat cuivré anime la robe de ce vin au nez subtil, anisé et fruité (fruits jaunes). La bouche se montre plaisante par sa fraîcheur, sa souplesse et sa jolie finale réglissée. ✗ 2015-2016 ⴲ poisson grillé au fenouil

☛ *Ch. Tour Saint-Honoré, 1255, rte de Saint-Honoré, 83250 La Londe-les-Maures, tél. 04 94 66 98 22, chateau-tsh@wanadoo.fr* 🅥 🏠 *t.l.j. sf sam. dim. 10h 12h 15h-18h30* ☛ Serge Portal

LE CELLIER DES TROIS COLLINES Vitis 2 2014 ★		
10 000	🍶	5 à 8 €

Le Cellier des Trois Collines est né de la fusion des coopératives de Draguignan et de Flayosc, associant ainsi environ 180 ha de vignes établis sur les terroirs de Trans-en-Provence et de Callas, sur les contreforts du haut Var.

Paré d'une robe litchi pâle, ce rosé exhale un bouquet à la fois intense et fin de fruit de la Passion. La bouche offre un bel équilibre entre fraîcheur et douceur et des arômes gourmands de bonbon anglais, de fruits jaunes sucrés et d'ananas. ✗ 2015-2016 ⴲ filets de rougets

☛ *Le Cellier des Trois Collines, rond-point Michelages, 83780 Flayosc, tél. 04 94 39 61 09, contact@ cellierdes3collines.com* 🅥 🕮 🏠 *t.l.j. 9h-19h30*

DOM. LES TROIS TERRES Cuvée Tradition 2014 ★		
34 000	🍶	5 à 8 €

Luc Nivière, ancien pompier professionnel reconverti à la vigne pour succéder à son père, est depuis 2002 à la tête de ce domaine de 30 ha. Les vignes sont implantées au point de jonction de trois terroirs argilo-calcaires, de couleurs différentes : une spécificité représentée sur les étiquettes.

Une robe rose pâle aux légers reflets saumon, un nez aux accents de pamplemousse, de rose, de violette et de bonbon, ce rosé offre une approche fort sympathique. Le prélude à une bouche tonique et expressive (pomelo, fruits rouges) en attaque, ample et riche dans son développement. ✗ 2015-2016 ⴲ petits farcis

☛ *Dom. les Trois Terres, D 79, rte de Brignoles, 83340 Cabasse, tél. 04 94 80 38 46, domainetroisterres@ orange.fr* 🅥 🏠 *r.-v.* ☛ Luc Nivière

Ⓑ DOM. TURENNE Antoine 2014		
10 000	🍶	8 à 11 €

Philippe Bénézet, troisième génération de vignerons à la tête du domaine depuis 1990, exploite ses 20 ha de vignes en agriculture biologique depuis 2007.

Des éclats dorés illuminent la robe de ce vin aux senteurs de fruits blancs et de miel agrémentées de nuances plus fraîches d'eucalyptus. Une expression élégante et une exubérance que l'on retrouve dans une bouche dynamique en attaque (notes citronnées), plus ronde dans son développement. ✗ 2015-2018 ⴲ loup au fenouil

☛ *Philippe Bénézet, Dom. Turenne, rte de Pierrefeu, 83390 Cuers, tél. 04 94 48 68 77, philippe-benezet@wanadoo.fr* 🅥 🏠 *r.-v.*

DOM. VAL D'ASTIER 2014 ★		
30 000	🍶	11 à 15 €

C'est dans le lieu-dit Val-d'Astier, sur les hauteurs de Cogolin au pied des Maures et à quelques kilomètres du golfe de Saint-Tropez, que Bruno Seignez a créé son domaine en 2003, après avoir fait ses armes dans des caves provençales. Le vignoble s'étend sur 18 ha.

Rose pâle comme il se doit, ce 2014 livre un nez à la fois exubérant et élégant d'agrumes (pamplemousse rose, citron) nuancé de senteurs florales. La bouche associe fraîcheur et souplesse sur un fond de minéralité qui apporte un surcroît de complexité à une finale délicate et persistante. ✗ 2015-2016 ⴲ rouleaux de printemps

☛ *Bruno Seignez, Dom. Val d'Astier, 330, chem. du Val d'Astier, 83310 Cogolin, tél. 06 09 13 27 64, accueil@domainevaldastier.com* 🅥 🕮 🏠 *t.l.j. sf sam. dim. 9h-13h 16h-20h; r.-v. hors-saison*

VAL D'IRIS Cuvée Éva 2013 ★★

| ■ | 4 000 | 🍴 🍷 | 11 à 15 € |

Un parfumeur grassois planta ici les premières vignes. Il y planta aussi des iris, toujours utilisés pour la fabrication de produits cosmétiques et entretenus par Anne et Jean-Daniel Dor, à la tête du domaine depuis 1999. Le vignoble compte aujourd'hui un peu plus de 8 ha.

Cette cuvée à dominante de syrah (70 %) séduit d'emblée avec sa robe vibrante et profonde. Ouvert sur la cerise et la fraise mûres, il libère à l'aération des notes subtilement poivrées et mentholées ponctuées d'une touche gourmande de chocolat blanc. Le prélude à un palais franc, spontané, harmonieux, gorgé de fruits rouges mûris au soleil mâtinés d'épices. Un vin farouchement provençal. ✗ 2015 2017 🍴 samossas au bœuf

o→ Val d'Iris, 341, chem. de la Combe, 83440 Seillans, tél. 04 94 76 97 66, info@valdiris.com Ⓥ 🚶 🔱 r.-v.
o→ Dor

Ⓑ CH. LES VALENTINES 2014 ★

| ■ | 175 000 | | 11 à 15 € |

Situé au bord de la Méditerranée, au sein de la dénomination La Londe, ce domaine de 45 ha est conduit en bio certifié. Apparu aux premières heures du XXᵉ s., il apportait sa vendange à la coopérative, puis Gilles Pons a créé en 1997 la cave qu'il a baptisée du nom de ses enfants Valentin et Clémentine.

Des arômes variés de fruits rouges et de fleurs blanches s'associent à des notes plus toniques de fruits exotiques. Ample dès l'attaque, le palais se montre riche et rond, équilibré par une fine vivacité. Un joli rosé gourmand. ✗ 2015-2016 🍴 filets de rouget ■ 2014 ★ (11 à 15 € ; 11 000 b.) Ⓑ : un vin équilibré, frais et floral. ✗ 2017-2019 ■ Le Caprice de Clémentine 2014 ★ (8 à 15 € ; 150 000 b.) : un rosé souple, frais, énergique, et amylique. ✗ 2015-2016

o→ Ch. les Valentines, 807, rte de Collobrières, 83250 La Londe-les-Maures, tél. 04 94 15 95 55, anthony@lesvalentines.com Ⓥ 🚶 🔱 t.l.j. 9h-19h
o→ Pons

Ⓑ CH. LA VALETANNE Vieilles Vignes 2014 ★

| ■ | 30 000 | 🍴 | 11 à 15 € |

L'œnologue suisse Jérôme Constantin dirige ce jeune domaine (2007) constitué d'un vignoble de 15 ha entre mer et collines, dont une partie est revendiquée en côtes-de-provence La Londe.

Ce rosé couleur pêche se révèle délicatement autour de fines nuances de fraise et d'agrumes. Une attaque ample et ronde prélude à une bouche équilibrée, stimulée par une pointe acidulée de fruits exotiques. ✗ 2015-2016 🍴 souris d'agneau confite

o→ Ch. la Valetanne, rte de Valcros, 83250 La Londe-les-Maures, jc@chateaulavaletanne.com Ⓥ 🚶 🔱 t.l.j. sf sam. dim. 10h-12h 15h-17h
o→ Kenth Runge

Ⓑ CH. DE VAUCOULEURS Les Lézards 2014 ★★

| ■ | 6 630 | 🍴 | 8 à 11 € |

Propriété de la famille De Wulf depuis 2010 – qui a pris la suite de la famille Bigot à sa tête depuis 1943 –, ce domaine de 20 ha est conduit en bio certifié depuis

2013. Le château veille sur la vallée de l'Argens, défendu par sa garde de chênes, d'oliviers et de pins parasols.

Une parure séduisante aux nuances rose pomelo habille ce vin à l'olfaction zestée. La bouche, à l'unisson, offre de belles proportions entre une chair tendre et ronde et une fine fraîcheur qui lui apporte longueur et équilibre. Un rosé très élégant, à réserver pour un mets délicat. ✗ 2015-2016 🍴 risotto aux noix de Saint-Jacques ■ Les Lézards 2013 ★★ (8 à 11 € ; 6 600 b.) Ⓑ : un superbe vin puissant, soyeux, solaire, et très long. ✗ 2017-2020 ■ 2014 ★ (5 à 8 € ; 6 800 b.) Ⓑ : un vin nerveux, intense et long, sur les agrumes et les fleurs blanches. ✗ 2015-2017

o→ EARL du Dom. du Jas d'Esclans, Ch. de Vaucouleurs, DN7, 83480 Puget-sur-Argens, tél. 04 94 45 20 27, contact@jasdesclans.fr Ⓥ 🚶 🔱 r.-v.
o→ Matthieu De Wulf

CH. VÉREZ Élevé en fût de chêne 2013 ★

| ■ | 2 000 | 🍷 | 15 à 20 € |

Propriété de la famille Rosinoer depuis 1994, ce domaine est situé dans la plaine des Maures et s'étend sur 100 ha, dont 32 ha consacrés à la vigne. Il est conduit aujourd'hui par Laurence Rosinoer.

Une robe profonde habille cet assemblage à dominante de syrah, qui dévoile à l'aération des arômes intenses de fruits des bois, de poivre et de moka. Une attaque puissante et franche prélude à un palais ample, généreux (fruits noirs surmûris, torréfaction) et cossu, soutenu par des tanins fermes et une finale serrée. ✗ 2018-2021 🍴 carré d'agneau aux épices

o→ Rosinoer, Ch. Verez, 5192, chem. de la Verrerie-Neuve, 83550 Vidauban, tél. 04 94 73 69 90, verez@chateau-verez.com Ⓥ 🚶 🔱 t.l.j. sf sam. dim. 8h-12h 13h-17h 🏨 Ⓖ 🏠 Ⓔ

CH. VERT La Londe Cuvée Séduction 2014 ★

| ■ | 12 800 | 🍴 | 11 à 15 € |

Cette propriété viticole a vu le jour au XVIIᵉ s. et comptait à l'époque un millier d'hectares de vignes et de bois. Acquise par Robert Ghico en 2010, la propriété dispose aujourd'hui de 30 ha.

Cet assemblage de grenache et de syrah livre un nez riche et complexe qui éveille la gourmandise : notes fruitées (fruits exotiques, agrumes), nuances de bonbon et de guimauve. En bouche, douceur et fraîcheur sont à l'équilibre et composent un rosé séduisant, tonifié par les agrumes en finale. ✗ 2015-2016 🍴 fricassée de supions

o→ Vignes Ch. Vert, av. Georges-Clémenceau, 83250 La Londe-les-Maures, tél. 04 94 66 80 59, contact@chateau-vert.com Ⓥ 🚶 🔱 t.l.j. sf dim. 9h30-12h 15h-19h o→ Robert Ghico

CAVE DES VIGNERONS LONDAIS Amplitude 2014 ★

| ■ | 2 000 | | 8 à 11 € |

Cette cave dynamique créée en 1921 au lendemain de la guerre n'a cessé d'évoluer. Un nouveau caveau alliant modernité et tradition a été construit en 2011. Forte de 109 adhérents, elle est aujourd'hui sous la direction d'Éric Dusfourd qui a effectué en 2013 sa première vinification à la cave.

Engageante dans sa robe jaune éclatante aux reflets verdoyants, cette cuvée séduit aussi par ses parfums de

PROVENCE

fleurs blanches, de fruits jaunes mûrs et de raisin frais. Une attaque fraîche introduit un palais ample et charnu, sous-tendu jusqu'en finale par une agréable trame saline sur fond de fruits jaunes mûrs et de caramel au lait.

✗ 2015-2018 ♈ brandade de morue

о━ *Cave des Vignerons londais, Le Pansard, RD 559, 83250 La Londe-les-Maures, tél. 04 94 66 80 23, contact@vignerons-londais.com* Ⅴ 🎿 ⬆ *t.l.j. 8h45-12h15 15h30-18h30; dim. 8h45-12h15*

PALETTE

Superficie : 48 ha / Production : 1 843 hl (70 % rouge et rosé)

Tout petit vignoble, aux portes d'Aix, qui englobe l'ancien clos du bon roi René. Rosés, rouges et blancs font appel à de nombreux cépages locaux. Les rouges, de garde, expriment la violette et le bois de pin.

Ⓑ CH. HENRI BONNAUD Quintessence 2014 ★★		
▨	7 700	⬤⫶	20 à 30 €

En 1996, Henri Bonnaud a transmis à son petit-fils Stéphane Spitzglous un beau vignoble de 14 ha (dont une partie est convertie au bio, l'autre en cours de conversion), implanté sur les calcaires de Langesse, face à la montagne Sainte-Victoire, sur lesquels sont produits des vins de palette depuis 2004.

De beaux reflets argentés animent la robe de ce vin encore sous l'emprise de son élevage en fût : notes vanillées et toastées, tabac blond. À cette olfaction noble et racée fait écho une bouche parfaitement équilibrée entre générosité et fraîcheur, boisé fondant et intensité fruitée. De belles perspectives d'évolution. ✗ 2018-2022 ♈ mignon de veau à la crème ■ 2012 ★ (20 à 30 € ; 45 000 b.) : un vin porté vers la fraîcheur des fruits rouges au nez, solide et puissant en bouche. ✗ 2016-2020 ■ 2014 ★ (15 à 20 € ; 15 000 b.) Ⓑ : un rosé dynamique et souple, bien ouvert sur les fruits rouges. ✗ 2015-2016

о━ *Ch. Henri Bonnaud, 585, chem. de la Poudrière, 13100 Le Tholonet, tél. 04 42 66 86 28, contact@chateau-henri-bonnaud.fr* Ⅴ 🎿 ⬆ *t.l.j. sf dim. 10h-12h 14h-18h* о━ Spitzglous

CH. CRÉMADE 2014 ★		
■	8 000	🎁 ⬤⫶	15 à 20 €

Un domaine incontournable de l'appellation palette, commandé par une bastide typiquement aixoise du XVIIIᵉs. Au pied de la montagne Sainte-Victoire, le vignoble de 9 ha riches de plus de vingt-cinq cépages s'étend sur le terroir très particulier de cailloutis calcaires de Langesse.

Ce vin aux jolis reflets cuivrés se laisse désirer et demande quelques minutes pour se laisser découvrir pleinement ; il dévoile alors un bouquet délicat d'amande grillée, relayé par un palais subtil et fin. ✗ 2015-2016 ♈ tarte tapenade et poivrons ■ 2012 ★ (20 à 30 € ; n.c. b.) : petits fruits rouges et noirs à l'olfaction, richesse et fraîcheur au palais. ✗ 2016-2020

о━ *Ch. Crémade, 649, rte de Langesse, 13100 Le Tholonet, tél. 04 42 66 76 80, chateaucremade@yahoo.fr* Ⅴ 🎿 ⬆ *r.-v.* о━ Moquet

CH. DE MEYREUIL 2014 ★		
■	3 800	⬤⫶	8 à 11 €

Dominant le village de Meyreuil, sous le regard bienveillant de la montagne Sainte-Victoire, cette propriété est commandée par un château qui fut un ancien couvent de jeunes filles au XVIIᵉs. Tout autour, un petit vignoble de 4 ha, conduit depuis 2006 par Jacqueline Reynaud.

Une robe aux reflets argentés, un nez flatteur à l'expression muscatée de litchi et d'abricot frais, l'approche est agréable. En bouche, pas de relâchement : un joli fruité croquant qui fait écho à l'olfaction, une texture fine et soyeuse, une belle longueur. Un blanc ciselé et précis. ✗ 2017-2019 ♈ pavlova aux fruits rouges

о━ *Jacqueline Raynaud, Le Château, allée des Pins, 13590 Meyreuil, tél. 04 42 58 03 96*

LA CORSE

La production viticole corse est avant tout orientée vers l'élaboration de vins identitaires portés par des cépages historiquement installés et adaptés aux sols et climats locaux. Les efforts qualitatifs tant au vignoble (gestion des arrachages et des restructurations) qu'en unités de vinification (efforts sur les cuveries, maîtrise des températures) se ressentent bien évidemment dans les vins. Cette évolution qui apporte une vision d'avenir est aujourd'hui associée à un fort développement de la production en agriculture biologique et à un développement de l'œnotourisme.

Une montagne dans la mer La définition traditionnelle de la Corse est aussi pertinente en matière de vins que pour mettre en évidence ses attraits touristiques. La topographie est en effet très tourmentée dans toute l'île, et même l'étendue que l'on appelle la côte orientale – et qui, sur le continent, prendrait sans doute le nom de costière – est loin d'être dénuée de relief. Cette multiplication des pentes et des coteaux, inondés le plus souvent de soleil mais maintenus dans une relative humidité par l'influence maritime, les précipitations et le couvert végétal, explique que la vigne soit présente à peu près partout. Seule l'altitude en limite l'implantation.

Le relief et les modulations climatiques qu'il entraîne s'associent à trois grands types de sols pour caractériser la production vinicole, dont la majorité est constituée de vins de pays (surtout) et de vins sans indication géographique. Le plus répandu des sols est d'origine granitique ; c'est celui de la quasi-totalité du sud et de l'ouest de l'île. Au nord-est se rencontrent des sols de schistes et, entre ces deux zones, existe un petit secteur de sols calcaires.

Des cépages originaux Associés à des cépages importés, on trouve en Corse des cépages spécifiques d'une originalité certaine, en particulier le niellucciu, donnant des vins au caractère tannique dominant et qui excelle sur le calcaire. Le sciaccarellu, lui, présente plus de fruité et donne des vins que l'on apprécie davantage dans leur jeunesse. Quant au blanc, vermentinu (ou malvasia), il est, semble-t-il, apte à produire les meilleurs vins des rivages méditerranéens.

En règle générale, on consommera plutôt jeunes les blancs et surtout les rosés ; ils iront très bien sur tous les produits de la mer et avec les excellents fromages de chèvre du pays, ainsi qu'avec le brocciu. Les vins rouges, eux, conviendront, selon leur âge et la vigueur de leurs tanins, aux différentes préparations de viande et, bien sûr, à tous les fromages de brebis. À noter que certains grands vins blancs, passés ou non en bois, ont une belle aptitude au vieillissement.

CORSE OU VIN-DE-CORSE

Superficie : 2 150 ha / Production : 90 360 hl (90 % rouge et rosé)

L'AOC corse ou vin-de-corse peut être produite dans les trois couleurs sur l'ensemble des terroirs classés de l'île, à l'exception de l'aire d'appellation patrimonio, au nord. Selon les régions et les domaines, les proportions respectives des différents cépages ainsi que les variétés des sols apportent aux vins des tonalités diverses. Les nuances régionales justifient une dénomination spécifique de microrégions, dont le nom peut être associé à l'appellation (Coteaux-du-Cap-Corse, Calvi, Figari, Porto-Vecchio, Sartène). La majeure partie de la production est issue de la côte orientale.

♥ DOM. D'ALZIPRATU Calvi Pumonte 2014 ★★

	10 000	🍷	11 à 15 €

Créé en 1968 par le baron Henry-Louis de La Grange, ce domaine de 38 ha répartis sur trois terroirs autour du couvent d'Alzipratu bénéficie de l'influence climatique mer-montagne. Il est conduit par Pierre Acquaviva et Cécilia, son épouse.

Un vermentinu remarquable en tous points : un nez complexe et généreux de fruits blancs frais (pêche et poire), de fruits exotiques et de fleurs d'agrumes, un palais ample, suave, gras et frais à la fois, intense et long. Ce vin a tout bon. ✗ 2015-2018 ❦ brocciu ■ **Calvi Pumonte 2014 ★★** (11 à 15 € ; 10 000 b.) : Belle vendange d'étoiles et de coups de cœur pour le domaine, qui, après le vermentinu, met à l'honneur le sciaccarellu avec ce rosé au nez envoûtant de fleurs blanches et d'orange teinté de minéralité. Pamplemousse, pêche, touche poivrée, le palais, ample et dense, n'est pas en reste du point de vue aromatique et emporte l'adhésion par son équilibre parfait entre alcool et fine acidité, et par sa longueur. De la gourmandise, de l'énergie et de l'élégance : un vin complet. ✗ 2015-2016

○━ Dom. d'Alzipratu, lieu-dit Alzipratu, 20214 Zilia, tél. 04 95 62 75 47, alzipratu@orange.fr Ⓥ 🥾 ♿ t.l.j. sf sam. dim. 9h-12h 14h-18h

CAMELLU Calvi 2014

	3 000	🍷	5 à 8 €

Avec 4 ha de vignes, Bernard Villanova exploite le plus petit vignoble de l'appellation corse Calvi. Un domaine familial restructuré en 1994, planté en coteaux et bien exposé sur une arène granitique.

Le nez est expressif, sur la fleur blanche et le citrus. La bouche, bien équilibrée entre douceur et fraîcheur, dévoile une petite note d'amertume en finale, typique du vermentinu. ✗ 2015-2016 ❦ tapas de la mer

○━ Bernard Villanova, 4, pl. Prince-Pierre, 20214 Calenzana, tél. 06 80 10 79 02, camellu@wanadoo.fr Ⓥ 🥾 ♿ t.l.j. sf dim. 8h-12h 16h-20h 🏠 Ⓓ

⑧ **CASTELLU DI BARICCI** Sartène 2014 ★			
■	18 000	🍾	11 à 15 €

Établie dans la vallée de l'Ortolo, la famille Quilichini produit des vins depuis trois siècles. C'est en 2010 qu'Élisabeth a repris la propriété familiale. Le domaine de 14,5 ha a acquis sa certification bio en 2013.

Né d'un assemblage pour deux tiers de sciaccarellu (niellucciu pour le reste), ce vin exprime parfaitement son terroir et son cépage. Il charme par son nez floral nuancé d'épices et de foin frais. La bouche est tout aussi aromatique, centrée sur les fruits frais, sous-tendue par une fine fraîcheur qui étire la finale. ✗ 2015-2016 ♈ ceviche de thon ■ Sartène 2014 (15 à 20 € ; 4 000 b.) : vin cité. ✗ 2015-2018

☞ *Élisabeth Quilichini, vallée de l'Ortolo, 20100 Sartène, tél. 09 88 99 30 62, info@castelludibaricci.com*
Ⓥ 🕭 🚹 *r.-v.* 🏠 ⑤

CLOS CALVIANI 2014			
■	8 000	🍾	5 à 8 €

Le Clos Calviani, petite propriété située au-dessus de la commune d'Aléria, est l'un des domaines de la famille Poli. Elle est conduite par Antoine, l'un des fils d'Ange Poli, propriétaire du Dom. de Piana.

De cette cuvée née d'un assemblage à parts égales de niellucciu et de syrah, on apprécie les parfums de fruits rouges mâtinés de réglisse et d'épices douces. La bouche s'appuie sur des tanins fermes sans dureté, accompagnés d'un fruité frais. ✗ 2016-2019 ♈ rôti de bœuf

☞ *EARL Dom. Antoine Poli, Linguizzetta, 20230 San-Nicolao, tél. 04 95 38 86 38, domaine.de.piana@wanadoo.fr* Ⓥ 🚹 *t.l.j. 8h30-19h*

⑧ **CLOS CULOMBU** Calvi 2014 ★★			
■	60 000	🍾 ⑩	8 à 11 €

Ce domaine de 53 ha est dirigé par la famille Suzzoni depuis 1973. Situé dans la commune de Lumio sur un beau terroir d'arènes granitiques, il est conduit par Étienne Suzzoni depuis 1989.

Ce 2014 se distingue par une remarquable intensité olfactive, sur le fruit rouge et le myrte. La bouche, solidement bâtie sur des tanins fermes, offre à la fois du volume, du gras et de la fraîcheur. Un vin très équilibré et long, promis à une belle garde. ✗ 2017-2020 ♈ entrecôte grillée

☞ *Clos Culombu, chem. San-Pedru, 20260 Lumio, tél. 04 95 60 70 68, culombu.suzzoni@wanadoo.fr*
Ⓥ 🕭 🚹 *r.-v.*

CLOS D'ORLÉA Signature d'un caractère 2012			
■	5 000	🍾	8 à 11 €

Le Clos d'Orléa, exploité par François Orsucci depuis 1990, est une jolie propriété de 55 ha située non loin du fort d'Aléria.

Ce 2012 associant au niellucciu (majoritaire) le sciaccarellu et la syrah livre un nez délicat de fruits noirs (pruneau) mâtiné d'épices douces, de cuir et de réglisse. Une complexité que l'on perçoit dans un palais doté de tanins fins et soyeux, stimulé par une fine fraîcheur qui assure à l'ensemble équilibre et longueur. ✗ 2015-2017 ♈ pièce de bœuf ■ Signature d'un caractère 2014 (8 à 11 € ; 3 000 b.) : vin cité. ✗ 2015-2017

☞ *François Orsucci, Clos d'Orléa, 20270 Aléria, tél. 04 95 57 13 60, contact@closdorlea.com*
Ⓥ 🕭 🚹 *t.l.j. 9h-13h 15h-20h*

CLOS FORNELLI La Robe d'ange 2014			
■	9 000	🍾	8 à 11 €

En 2005, Josée Vanucci a repris avec son mari Fabrice ce vignoble familial créé en 1928 et restructuré dans les années 1970 par ses parents apporteurs de raisin à la coopérative. Le vignoble de 25 ha est établi sur les terrasses alluviales de la Bravone.

Ce 2014 né du seul sciaccarellu livre un nez typique du cépage : fruits noirs et épices. La bouche, tout en légèreté et en finesse, se révèle suave et fraîche à la fois, adossée à des tanins fermes et dynamisée par une finale tonique et longue. Un vin à attendre. ✗ 2017-2020 ♈ plateau de charcuterie corse ■ 2014 (5 à 8 € ; 16 000 b.) : vin cité. ✗ 2015-2016

☞ *Josée Vanucci-Couloumere, lieu-dit Clos Fornelli, Pianiccia, 20270 Tallone, tél. 06 61 76 46 19, josee.vanucci@laposte.net* Ⓥ 🕭 🚹 *r.-v.*

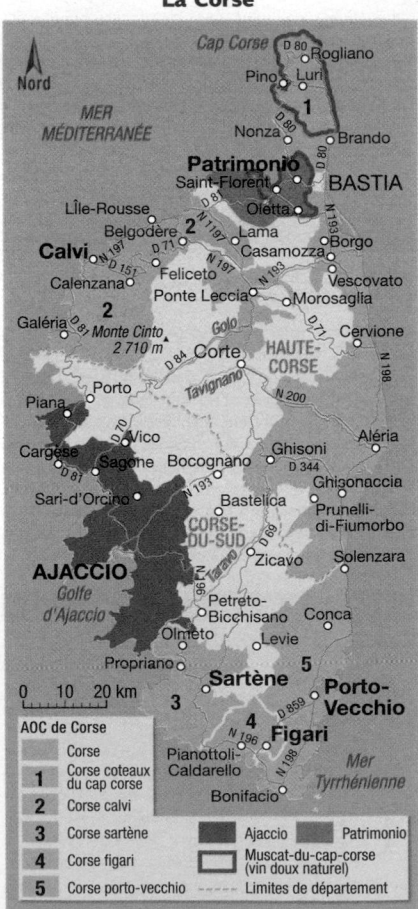

La Corse

CLOS LANDRY
Calvi 2014 ★

| ■ | 60 000 | 🔒 | 8 à 11 € |

Créé en 1900 par Timothée Landry, ce domaine se situe à proximité de l'aéroport de Calvi. Dans la famille de Cathy Paolini depuis quatre générations, il occupe 25 ha complantés des cépages traditionnels : sciaccarellu, grenache, niellucciu, vermentinu.

Une cuvée aromatique à souhait : agrumes (pamplemousse, citron) et fleurs (rose), complétés de notes minérales. Le palais est caractérisé par une fraîcheur tonique qui prend des accents iodés en finale. Un rosé de belle expression. ✘ 2015-2016 ❦ tartare de poisson

☛ *Cathy Paolini, rte de la Forêt-de-Bonifatu, 20260 Calvi, tél. 04 95 65 04 25, closlandry@wanadoo.fr* Ⓥ ⚐ 🔼 *t.l.j. sf dim. 9h12h 14h-19h*

CLOS LUCCIARDI
Signora Catalina 2014

| ■ | 9 000 | 🔒 | 11 à 15 € |

Josette et Joseph Lucciardi ont repris en 2004 l'exploitation familiale, après une période de fermage. Enraciné sur le sol argilo-caillouteux des coteaux d'Antisanti, le vignoble couvre 11 ha.

Ce vermentinu diaphane livre au nez des parfums délicats de fleurs d'acacia et de fruits blancs. On retrouve ces arômes dans une bouche fraîche, un brin nerveuse, mais bien équilibrée. Un vin pour aujourd'hui. ✘ 2015-2017 ❦ coquilles Saint-Jacques ■ 2014 (8 à 11 € ; 20 000 b.) : vin cité. ✘ 2015-2016

☛ *Lucciardi, Dom. de Pianiccione, 20270 Antisanti, tél. 06 77 07 27 34, contact@closlucciardi.com* Ⓥ 🔼 *r.-v.*

CLOS POGGIALE 2014 ★

| ■ | 26 666 | 🔒 | 5 à 8 € |

Jean-François Renucci a racheté ce magnifique vignoble à la famille Skalli en 2011. Situé sur le plateau de Pianiccia, près de l'étang de Diana aux portes d'Aléria, le vignoble couvre une dizaine d'hectares.

Une sélection parcellaire rigoureuse a donné naissance à ce vermentinu de haute expression. Le nez mêle les fleurs de printemps aux fruits blancs et aux fruits exotiques. Le palais, aux arômes de pêche blanche et d'agrumes, se montre souple et frais à la fois, un peu plus tonique en finale, ce qui lui apporte un surcroît de longueur et d'élégance. ✘ 2016-2019 ❦ bouillabaisse

☛ *Dom. Terra Vecchia, lieu-dit Terra Vecchia, 20270 Aléria, tél. 04 95 57 20 30, contact@ clospoggiale.fr* Ⓥ ⚐ 🔼 *t.l.j. sf sam. dim. 9h-18h*

ENCLOS DES ANGES
Calvi 2013

| ■ | 11 000 | 🔒 | 11 à 15 € |

Richard Spurr, winemaker anglo-irlandais, a abordé la Corse comme consultant, avant de s'installer en Balagne en 2007 sur un vignoble de 15 ha à l'abandon. Il conduit aujourd'hui 20 ha.

Ce rouge à dominante de niellucciu livre un nez délicatement fruité agrémenté de quelques notes épicées. Le palais poursuit sur ce registre aromatique, épaulé par des tanins veloutés. À laisser patienter en cave. ✘ 2016-2019 ❦ pavé de bœuf

☛ *Enclos des Anges, rte de Bonifatu, 20260 Calvi, tél. 06 20 26 31 70, richard@enclosdesanges.fr* Ⓥ ⚐ 🔼 *r.-v.*

DOM. DE LA FIGARELLA
Calvi 2014 ★

| ■ | 4 000 | 🔒 | 8 à 11 € |

Implanté à Calenzana, ce domaine de 34,5 ha en cours de conversion bio a été créé par François Acquaviva en 1966. Le fils de ce dernier, Achille, a repris le vignoble dans les années 1980 et c'est aujourd'hui Marina, petite-fille du fondateur, qui assure le suivi des vignes et des vinifications.

Un nez fruité à souhait, évoquant les agrumes, précède un palais tout en rondeur et en douceur, souligné par une fraîcheur de bon aloi qui étire la finale. ✘ 2016-2019 ❦ fromages corses de Calenzana

☛ *Achille Acquaviva, Dom. de la Figarella, rte de l'Aéroport, 20214 Calenzana, tél. 04 95 65 07 24, domalnefigarella@wanadoo.fr* Ⓥ ⚐ 🔼 *t.l.j. 10h-12h30 16h-19h30*

Ⓑ DOM. DE GRANAJOLO
Porto-Vecchio Cuvée Tradition 2014

| ■ | 12 800 | 🔒 | 8 à 11 € |

Ce domaine, fondé par André et Monika Boucher en 1974, est le premier vignoble corse à avoir obtenu une certification bio, en 1987. À la disparition de son père, Gwenaële, œnologue, a repris la gestion de la propriété avec sa mère en 2002. Le vignoble (20 ha) a connu en 2003 une évolution importante puisqu'il s'est doté d'un outil de vinification.

Ce 100 % vermentinu s'ouvre avec prestance sur les fruits blancs et les fruits exotiques. Ces arômes sont rappelés avec plus de finesse dans une bouche soyeuse, bien équilibrée entre onctuosité, suavité et fraîcheur, dotée d'une pointe minérale et de notes de pamplemousse en finale qui lui apportent un surcroît de longueur et de complexité. ✘ 2016-2019 ❦ salade de fruits jaunes

☛ *Dom. de Granajolo - Mme Boucher, La Testa, 20144 Sainte-Lucie-de-Porto-Vecchio, tél. 04 95 70 37 83, info@granajolo.fr* Ⓥ ⚐ 🔼 *r.-v.*

DOM. MAESTRACCI
E Prove 2014 ★

| ■ | 12 000 | 🔒 | 8 à 11 € |

Au cœur du Reginu, cette superbe vallée dominée par le Montegrossu, le domaine de Michel Raoust, gendre de Roger Maestracci, l'ancien propriétaire, compte 30 ha de vignes. Depuis 2009, sa fille, Camille-Anaïs, a pris les vinifications sous sa responsabilité.

Ce domaine bien connu des lecteurs du Guide, régulier en qualité, propose un 2014 délicatement bouqueté sur les fleurs de printemps, la pêche et la menthe-citron. La bouche est croquante et fraîche de bout en bout, exaltant des saveurs de fruits blancs. À déguster dans sa jeunesse. ✘ 2015-2017 ❦ plateau de fromages corses

☛ *Camille-Anaïs Raoust, Dom. Maestracci, E Prove, 20225 Feliceto, tél. 04 95 61 72 11, contact@ domaine.maestracci.com* Ⓥ ⚐ 🔼 *r.-v.*

CORSE

DOM. DU MONT SAINT-JEAN
Cuvée Castellu Vecchiu 2014

	7 200		🍾		5 à 8 €

Cette belle propriété est gérée par la famille Pouyau depuis plus de deux siècles. Sur les coteaux d'Antisanti, à l'ouest de la commune d'Aléria, Roger et sa fille Julia conduisent un vaste vignoble de 115 ha étendu tout autour de la cave.

Ce pur vermentinu livre un nez délicat et typique du cépage : des arômes d'agrumes complétés de menthol et de foin coupé. La bouche est vive et bien équilibrée, malgré une pointe de dureté en finale. Un blanc pour aujourd'hui, à carafer avant le service. ✗ 2015-2017 ❦ bar au fenouil

☞ Dom. du Mont Saint-Jean, Campo Quercio, BP 19, 20270 Antisanti, tél. 04 95 57 13 21, montstjean@wanadoo.fr 🆅 🏃 🎁 t.l.j. sf sam. dim. 8h-12h 13h30-17h

Ⓑ DOM. PERO LONGO
Sartène Esprit de la terre 2012 ★

	12 000		🍷		15 à 20 €

Ce domaine de 24 ha est situé dans le Sartenais, tout près de la sculpture naturelle « Le Lion de Rocca Pina ». Repris par la famille Richarme en 1993, il a été converti au bio (certification en 2003) et à la biodynamie en 2000.

Élevé en fût pendant un an, ce 2012, habillé d'une robe claire qui laisse transparaître quelques signes d'évolution, livre un nez de petits fruits rouges cuits aux subtils accents épicés. La bouche, tout aussi aromatique, reste croquante et souple, munie de tanins fins et d'une fraîcheur de bon aloi utile pour la garde. Un ensemble harmonieux et déjà fort aimable, que l'on pourra aussi laisser vieillir. ✗ 2016-2020 ❦ carré d'agneau aux herbes

☞ Pierre Richarme, Dom. Pero Longo, 20100 Sartène, tél. 04 95 77 07 11, contact@perolongo.com
🆅 🎁 r.-v. 🏨 ④ 🏠 🅓

Ⓑ DOM. DE PETRA BIANCA
Figari Vinti Legna 2014

	30 000		🍾 🍷		11 à 15 €

Joël Rossi et Jean Curallucci reprennent en 1990 cette propriété de 50 ha. Situé dans la commune de Figari, le domaine est conduit en bio.

Un 2014 à l'élevage mixte qui dévoile à l'olfaction des parfums fougueux de fruits rouges, d'épices et de bois. Ce que confirme la bouche, solidement bâtie autour de tanins de qualité mais encore un peu stricts. Un vin encore dans sa jeunesse qu'il faudra savoir attendre pour en apprécier toute la complexité. ✗ 2017-2020 ❦ viande grillée ■ Figari Prestige 2014 (8 à 11 € ; 50 000 b.) : vin cité. ✗ 2015-2016

☞ Dom. de Petra Bianca, Lieu-dit Petra Grossa, 20114 Figari, tél. 04 20 01 71 39, petra.bianca@sfr.fr
🆅 🏃 🎁 r.-v.

DOM. DE PIANA 2013 ★

	41 000		🍾		5 à 8 €

Propriété historique de la famille Poli, par ailleurs propriétaire d'autres domaines tels le Clos Alivu et le Clos Teddi (régulièrement en vue dans ces pages), ce domaine d'une dizaine d'hectares est conduit par Ange Poli, le patriarche.

Ce 2013 clair et brillant a séduit les dégustateurs avec ses fragrances subtilement fruitées rehaussées d'une pointe d'anis. La bouche se révèle ronde et soyeuse, bien équilibrée entre douceur et fraîcheur, fruitée jusqu'en finale. Un vin harmonieux à boire dans sa jeunesse. ✗ 2015-2017 ❦ assiette de crustacés

☞ EARL Dom. de Piana, Linguizzetta, 20230 San-Nicolao, tél. 04 95 38 86 38, domaine.de.piana@wanadoo.fr 🆅 🎁 t.l.j. 8h30-19h

DOM. POLI 2013 ★★

	6 000		🍾		5 à 8 €

Éric Poli, fils d'Ange Poli (Dom. de Piana), également responsable des domaines familiaux de la région de Bravone, a créé ce domaine en 2007.

Ce pur niellucciu sombre à reflets bleutés a charmé d'emblée les dégustateurs avec son nez de fruits rouges très mûrs. La bouche, munie de tanins riches mais déjà bien fondus, rappelle les arômes perçus à l'olfaction, soulignés par une fraîcheur qui apporte à l'ensemble équilibre et longueur. Un 2013 de belle tenue, qui pourra être dégusté dans sa jeunesse ou conservé quelques années en cave. ✗ 2016-2020 ❦ assiette de charcuterie corse

☞ Éric Poli, lieu-dit Puntichiu, 20230 San-Nicolao, tél. 09 66 82 24 07, clos.alivu@orange.fr 🎁 t.l.j. 9h-12h30 16h-20h; f. nov-avr

PRESTIGE DU PRÉSIDENT 2014

	5 000		🍾		5 à 8 €

Fondée en 1958, la SCA UVIB est la plus grande coopérative vinicole de Corse. Établie à Aléria, non loin de l'étang de Diana, elle vinifie quelque 1 700 ha de vignes appartenant à une centaine d'adhérents.

Ce 2014 s'épanouit autour de parfums élégants évoquant les agrumes (pamplemousse en tête) et les fleurs blanches. Le palais, frais dès l'attaque, poursuit sur une trame vive et tendue, avant de montrer plus de douceur en finale. ✗ 2015-2017 ❦ brocciu

☞ SCA UVIB, Padulone, 20270 Aléria, tél. 04 95 57 02 48, aleymarie@uvib.fr 🆅 🏃 🎁 r.-v.

DOM. SAN MICHELI
Sartène Alfieri Polidori 2014 ★★

	2 000		🍷		11 à 15 €

Le domaine San Micheli, l'un des plus anciens de l'appellation corse Sartène, est dans la famille Phélip depuis plus de trois cents ans. Jean-Paul et Bénédicte ont pris les commandes de ce vignoble de 23 ha en 1975. Son exposition sud-ouest lui assure un climat favorable à la culture de la vigne.

Ce vermentinu élevé sous bois pendant huit mois dévoile des parfums de citrus et de fruits exotiques fondus dans la vanille. Fraîche à l'attaque, la bouche poursuit sur un développement ample et gras, sous-tendu par une fine acidité qui met en relief un beau fruité vanillé et pousse loin la finale. ✗ 2017-2020 ❦ blanquette de veau ■ Sartène Alfieri Polidori 2012 (11 à 15 € ; 10 000 b.) : vin cité. ✗ 2015-2018

☞ *Dom. San Micheli, Capanelli d'Ortolo, 20100 Sartène, tél. 04 95 77 06 38, contact@domainesanmicheli.com* 🆅 🍷 *r.-v.* 🏠 🅔

Ⓑ DOM. SAPARALE Sartène 2014 ★★

⬛	40 000	⬆	8 à 11 €

Cette propriété fondée au XIXᵉs. par Philippe de Rocca Serra a repris vie en 1998 avec l'arrivée à sa tête de Philippe Farinelli, œnologue de talent et vinificateur averti, descendant du fondateur. Le domaine de 50 ha est conduit en bio.

Un nez chaleureux et parfumé de fleurs d'agrumes est nuancé d'une élégante note minérale. Le palais, gras et frais à la fois, dévoile des saveurs gourmandes et suaves évoquant le miel et les fruits confiturés, le tout persistant dans une longueur remarquable. Un vin qui porte haut les couleurs de son terroir, appréciable dès maintenant ou à laisser en cave quelque temps. ✗ 2015-2020 ♈ plancha de saint-jacques à l'ail ■ Sartène Cuvée Casteddu 2013 ★★ (11 à 15 € ; 30 000 b.) : élevée en foudre et née d'un assemblage de niellucciu et de sciaccarellu, cette cuvée dévoile des parfums délicats mêlant les fruits aux épices (poivre), à la coriandre, au cuir et au café torréfié. La bouche n'est pas en reste, remarquablement équilibrée entre des tanins de soie et une fraîcheur qui étire la finale élégante et réglissée. Un vin qui saura vieillir. ✗ 2017-2021 ☞ *Dom. Saparale, vallée de l'Ortolo, 20100 Sartène, tél. 04 95 77 15 52, contact@saparale.com* 🆅 🏃 🍷 *r.-v.* 🏠 🅔

SECRET CASANOVA 2014 ★

⬛	n.c.	⬆	5 à 8 €

Créée en 1975, cette cave, la troisième structure coopérative de l'île, vinifie la production de quelque 800 ha de vignes et regroupe une trentaine d'exploitations. Le président actuel, André Casanova, a donné son nom à la marque principale commercialisée par la cave.

Ce 2014, né d'un assemblage à parts égales de sciaccarellu et de niellucciu, livre un nez de fruits rouges et noirs aux tonalités épicées (poivre, cannelle). On retrouve cette caractéristique aromatique dans un palais souple, muni de tanins enrobés, et agréablement long. Un vin déjà fort aimable et qui saura attendre un peu. ✗ 2015-2019 ♈ pièce de bœuf grillée ☞ *Cave coopérative d'Aghione, lieu-dit Aristone, 20240 Ghisonaccia, tél. 04 95 56 60 20, coop.aghione.samuletto@yahoo.fr* 🆅 *t.l.j. 8h-17h*

DOM. DE SOLENZARA Porto Vecchio 2013 ★

⬛	5 333	⬆	5 à 8 €

Les terres de ce domaine étaient allouées à l'industrie jusqu'en 1857, à l'arrivée de nouveaux propriétaires qui défrichent alors ces 100 ha de terre et en consacrent 15 à la vigne et une autre partie à la polyculture. Depuis 1990, Émile Lucchini est aux commandes de ce vignoble qu'il conduit en agriculture raisonnée.

Ce 2013 né d'un assemblage de sciaccarellu, de niellucciu et de mourvèdre se présente dans une surprenante robe claire. Il est introduit par un nez franc de fruits et de notes minérales. Le palais rappelle les fruits noirs et rouges et déroule une matière souple et fraîche à la fois. Un vin atypique, à apprécier dans sa jeunesse ou à laisser vieillir. ✗ 2015-2019 ♈ assiette de charcuterie corse

☞ *Émile Lucchini, Dom. de Solenzara, BP 44, 20145 Solenzara, tél. 06 10 17 82 94, domainedesolenzara@gmail.com* 🆅 🏃 🍷 *t.l.j. sf dim. 9h-13h 16h-20h; f. oct.-janv.* 🏠 🅔

DOM. DE TANELLA Figari Cuvée Alexandra Grande Réserve 2013 ★★

⬛	8 000	🍶	15 à 20 €

Fondé par la famille de Peretti Della Rocca en 1870, ce domaine de 50 ha d'un seul tenant, établi sur des arènes granitiques, transmis de père en fils depuis sa création, est conduit par Jean-Baptiste depuis 1975. Un des fleurons du terroir de Figari.

Ce 2013 dévoile des parfums riches et complexes mêlant aux fruits blancs confiturés des notes d'amande grillée, de café et de vanille héritées de son passage en fût. La bouche, ample, onctueuse et longue, complète la gamme aromatique perçue au nez avec les agrumes confits, le miel, l'abricot et une touche épicée en finale. Un vin déjà fort aimable, bâti aussi pour durer. ✗ 2015-2019 ♈ filet de bar aux herbes fraîches ■ Figari Clos Marc Aurèle 2014 ★ (8 à 11 € ; 10 000 b.) : un vin qui a séduit le jury avec son nez de fruits mûrs mêlé d'une élégante touche minérale. En bouche, il se montre aromatique (fruits rouges), souple et soyeux. On aurait apprécié un peu plus de longueur, mais l'ensemble est bien construit. ✗ 2016-2019 ■ Figari Cuvée Alexandra 2013 (11 à 15 € ; 20 000 b.) : vin cité. ✗ 2017-2021 ☞ *SAS de Peretti, Dom. de Tanella, rte de Bonifacio, 20137 Porto-Vecchio, tél. 04 95 70 46 23, tanella@wanadoo.fr* 🆅 *t.l.j. sf dim. 9h30-12h 15h-18h30; sam. 9h30-12h au magasin*

TERRA NOSTRA Cuvée ancestrale 2013 ★★

⬛	35 000	🍶	8 à 11 €

L'union des Vignerons associés du Levant est la structure commercialisant les vins de la Cave coopérative de la Marana, groupement de producteurs situé à Borgo, commune du sud de Bastia. La Cave regroupe environ 900 ha de vignes et une quarantaine de vignerons répartis sur la côte orientale de la Corse. Elle propose des vins de marque et vinifie également pour quelques domaines particuliers.

Élevé douze mois en fût, ce pur niellucciu rubis profond s'ouvre sur des parfums complexes et subtils de fruits noirs, de caramel et de café. Le palais rappelle ce caractère finement boisé, adossé à des tanins assagis et veloutés, équilibré par ce qu'il faut de fraîcheur, et étiré dans une longue finale. Le coup de cœur n'est pas passé loin. ✗ 2017-2020 ♈ daube de veau corse ■ Niellucciu 2014 ★ (- de 5 € ; 100 000 b.) : un 100 % niellucciu au nez bien ouvert sur les fruits noirs épicés et le café. Le palais ? Plein, volumineux, rond, fruité et long : il a tout pour plaire et pour durer. ✗ 2016-2021 ☞ *Cave coopérative de la Marana, lieu-dit Rasignani, 20290 Borgo, tél. 04 95 58 44 00, info@corsicanwines.com* 🆅 🍷 *t.l.j. sf dim. 9h-12h 14h-19h; sam. 9h-12h; lun. 14h-19h*

Ⓑ DOM. DE TORRACCIA Porto-Vecchio Réserve Oriu 2014 ★

⬛	3 000	⬆	11 à 15 €

Créé en 1964 par Christian Imbert, ce domaine de 43 ha est dirigé par son fils Marc depuis 2008. Le vignoble,

CORSE

conduit en bio, est situé dans la région du Freto, à l'extrémité méridionale de l'île.

Ce 2014 s'épanouit sur des arômes riches et complexes de fleurs blanches et de rose. Introduit par la fraîcheur, le palais déroule une matière onctueuse, sous-tendue par une élégante acidité qui prend des tonalités minérales en finale. Un vin très harmonieux, complet et énergique. ✗ 2016-2019 ♈ bar au fenouil et aux épices douces

👄 *Dom. de Torraccia, 20137 Lecci, tél. 04 95 71 43 50, torracciaoriu@wanadoo.fr* 🅥 🏃 👆 *r.-v.* 👄 Imbert

DOM. VICO 2014 ★

| ■ | 30 000 | 🍶 | 5 à 8 € |

Ce domaine de 90 ha est le seul de Corse à ne pas être près de la mer. C'est donc au cœur de l'île, à Ponte-Leccia, que les vignes s'épanouissent sous le regard bienveillant du Monte Cinto, point culminant de l'île.

Ce 2014 élevé sur lies fines dévoile un nez expressif et flatteur évoquant le buis et le citron vert. Franc à l'attaque, le palais rappelle les arômes perçus à l'olfaction et se montre onctueux, riche et ample, avec une finale plus fraîche, qui lui apporte équilibre et longueur. ✗ 2016-2017 ♈ volaille à la crème ■ 2014 ★ (5 à 8 € ; 80 000 b.) : un rosé aux parfums de fruits frais et de fleurs blanches. À l'attaque, il se montre rond et onctueux, puis dévoile une agréable fraîcheur en milieu de bouche qui lui donne de l'allonge. ✗ 2015-2016

👄 *SCEA Dom. Vico, rte de Calvi, 20218 Ponte-Leccia, tél. 04 95 47 32 04, domaine.vico@orange.fr*

♥ DOM. LA VILLA ANGELI
Cuvée Don Pasquale 2012 ★★★

| ■ | 8 000 | 🍶 | 11 à 15 € |

Ce domaine installé sur les terres d'Antisanti a été créé par Albert Mizael dans les années 1960. Il est depuis 2000 conduit par ses enfants, dont Guy Mizael, par ailleurs président de la Cave coopérative de la Marana. Ensemble, ils ont entièrement restructuré le vignoble.

Ce 2012 en robe sombre frangée de grenat libère des parfums intenses et élégants mêlant les fruits rouges à des notes de réglisse. On retrouve ces arômes dans une bouche ample et ronde, munie de tanins fins et soyeux qui se fondent dans une finale longue, très longue. Un rouge déjà magnifique, à déguster dans sa jeunesse. ✗ 2015-2018 ♈ pavé de bœuf au poivre ■ Cuvée Don Pasquale 2014 ★ (11 à 15 € ; 15 000 b.) : ce rosé né de sciaccarellu et d'un soupçon de cinsault se présente en robe pâle légèrement saumonée. Un nez finement fruité précède un palais droit et vif, bien construit et persistant. ✗ 2015-2016

👄 *SCEA Boc'Angeli, Alzitone, 20240 Ghisonaccia, tél. 04 95 56 12 02, contact@villaangeli.com* 🅥 🏃 👆 *r.-v.* 👄 Guy Mizael

Superficie : 243 ha / Production : 8 800 hl (90 % rouge et rosé)

L'appellation ajaccio borde sur quelques dizaines de kilomètres la célèbre cité impériale et son golfe. Ce terroir d'exception, généralement granitique, permet au sciaccarellu, cépage phare pour les rouges et rosés, et au vermentinu, en blanc, d'exprimer tout leur potentiel.

CLOS D'ALZETO L'Alzeto 2014 ★★

| ■ | 80 000 | | 8 à 11 € |

Ce domaine possède la parcelle (52 ha) de vignes la plus élevée de Corse : elle culmine à 500 m d'altitude. La famille Albertini est aux commandes depuis le XIXᵉ s., et c'est aujourd'hui Alexis qui est en charge de l'élaboration des vins.

Ce 2014 à la robe cristalline et aux reflets saumonés s'épanouit sur des parfums d'agrumes (orange, citron) que l'on retrouve dans une bouche ronde, soyeuse et savoureuse. L'ensemble, sous-tendu par une remarquable fraîcheur, appelle une note anisée en finale, qui ajoute de la longueur et de la complexité. ✗ 2015-2016 ♈ tajine libanais ■ Prestige 2014 ★ (11 à 15 € ; 30 000 b.) : ce pur vermentino au nez aérien et très élégant évoquant les fleurs de printemps dévoile un palais gras et puissant, aromatique et long. Un vin d'une belle typicité. ✗ 2016-2018 ■ Prestige 2012 ★ (11 à 15 € ; 20 000 b.) : les dégustateurs ont salué le caractère affirmé de ce 2012 : un nez intense de fruits rouges, une bouche aux tanins à la fois solides et élégants et d'une longueur remarquable. ✗ 2018-2022

👄 *SARL Clos d'Alzeto, 20151 Sari-d'Orcino, tél. 04 95 52 24 67, contact@closdalzeto.com* 🅥 🏃 👆 *t.l.j. 8h-12h 14h-18h* 👄 Pascal Albertini

CLOS CAPITORO 2012 ★

| ■ | 66 000 | 🍶 | 8 à 11 € |

Fondé dans la seconde moitié du XIXᵉ s., le Clos Capitoro (46 ha) fut l'un des premiers domaines corses à mettre en bouteilles (1856). Situé sur des coteaux argilo-siliceux non loin des plages de Porticcio, il est aujourd'hui conduit par Jacques Bianchetti, secondé par ses filles Éloïse et Mélissa.

Paré d'un rubis sombre et intense frangé de grenat, ce 2012 né sur des arènes granitiques et d'un assemblage de sciaccarellu (majoritaire) et de grenache livre des parfums gourmands et complexes de cassis, de poivre et de girofle. La bouche, aux petites notes de cerise kirschée, est solide et ferme, stimulée par une fraîcheur bienvenue qui apporte équilibre et longueur. Une bouteille bâtie pour la garde. ✗ 2018-2022 ♈ magret de canard sauce fruit rouge ■ 2014 ★ (8 à 11 € ; 45 000 b.) : ce 2014 à la robe soutenue est encore un peu sur la réserve au premier nez. L'agitation révèle de délicates fragrances d'agrumes et de cerise bigarreau. La bouche, vive à l'attaque, se montre plus suave dans son développement. La finale renoue avec la fraîcheur et persiste sur des notes gourmandes de cerise. ✗ 2015-2016

👄 *Jacques Bianchetti, Clos Capitoro, Pisciatella, 20166 Porticcio, tél. 04 95 25 19 61, melissa@clos-capitoro.com* 🅥 🏃 👆 *r.-v.*

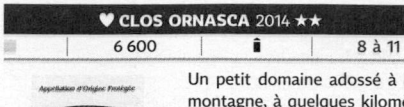

♥ CLOS ORNASCA 2014 ★★

	6 600		🍶		8 à 11 €

Un petit domaine adossé à la montagne, à quelques kilomètres de la mer : 12 ha d'un seul tenant sur un sol granitique caractéristique des terroirs corses, sous la conduite depuis 2002 de Jean-Antoine Manenti et Laetitia Tola, fille du fondateur Vincent Tola.

Ce domaine régulièrement sélectionné dans le Guide se voit récompensé cette année pour un 2014 de haute expression, au nez pur et très ouvert sur la pomme verte. La bouche, généreuse, ample, onctueuse et fraîche à la fois, déroule un fruité croquant d'agrumes et s'étire dans une longue finale qui laisse une impression de grande plénitude. ✗ 2015-2018 ▼ bar grillé aux herbes fraîches

⚡ Tola-Manenti, Clos Ornasca, Eccica Suarella, 20117 Cauro, tél. 04 95 25 09 07, closornasca@orange.fr
Ⓥ 🏠 t.l.j. sf dim. 8h-12h 15h-19h

♥ DOM. COMTE PERALDI 2012 ★★

	114 400		🍶 ⬭		8 à 11 €

Ce domaine de 55 ha établi à la lisière d'Ajaccio est la propriété de la famille Tyrel de Poix depuis 1963. C'est désormais le fils de Guy de Poix, disparu prématurément, qui entretient la grande notoriété de ce vignoble, l'un des plus vastes de l'appellation. Charlotte et Guillaume de Poix portent haut les couleurs de l'appellation avec ce 2012 né d'un assemblage de sciaccarellu, de niellucciu et de carignan. Les dégustateurs ont unanimement salué sa robe vermillon profond frangée de reflets tuilés, signes de maturité. Le nez, séducteur en diable, s'épanouit sur les fruits noirs (cassis, prune) et rouges (cerise). On retrouve ces arômes dans une bouche de velours, aux tanins soyeux et fondus d'une élégance remarquable. L'ensemble est sous-tendu par une fraîcheur bien maîtrisée qui persiste jusque dans la finale subtilement soulignée de vanille. Un vin déjà très harmonieux, qui ne perdra rien à un séjour en cave. ✗ 2016-2022 ▼ osso buco
■ 2014 ★ (8 à 11 € ; 44 600 b.) : un 2014 cristallin, encore un peu sur la réserve au nez. Le palais se montre plus disert, sur des saveurs de fruits acidulés, bien équilibré entre fraîcheur et douceur. La finale est agréablement suave et laisse le souvenir d'un vin gourmand. ✗ 2015-2016

⚡ EARL Dom. Peraldi, chem. du Stiletto, 20167 Mezzavia, tél. 04 95 22 37 30, dom.peraldi@wanadoo.fr Ⓥ 🏠 t.-v. ⚡ Tyrel de Poix

DOM. DE PIETRELLA 2013 ★

	40 000				5 à 8 €

Ce beau domaine de 38 ha situé dans la commune de Cauro fut créé par les frères Tirroloni dans les années 1980. Toussaint, fils de l'un des fondateurs, l'a repris à son compte au début des années 2000 et s'emploie à élaborer ses vins dans la grande tradition des ajaccio.

Un nez fin et complexe de fruits noirs confiturés, d'amande amère, de poivre blanc et de menthol introduit ce 2013 vendangé à la main, assemblage de sciaccarellu (80 %) et de grenache. Suit une attaque vive et aromatique, sur les baies rouges et noires et le poivre. Le milieu de bouche se montre plus doux, adossé à des tanins présents mais déjà bien fondus. Un ensemble généreux et bâti pour durer. ✗ 2017-2021 ▼ agneau rôti aux herbes
■ 2014 ★ (5 à 8 € ; 10 000 b.) : un vin né du seul vermentino au généreux parfum de fleurs de printemps. La bouche est fraîche, bien équilibrée et subtilement aromatique : on aime la petite note de menthol et la minéralité qui s'invitent en finale, apportant un supplément de complexité et de tonus. ✗ 2016-2020

⚡ Toussaint Tirroloni, Dom. de Pietrella, Cauro, 20117 Cauro, tél. 06 11 36 41 20, info@domainedepietrella.com Ⓥ 🏠 t.l.j. sf dim. 9h-12h 14h30-18h30

DOM. DE LA SORBA
Cuvée Sebastianu Costa 2012 ★

	1 000		⬭		11 à 15 €

Louis Musso cultive ce vignoble de 25 ha depuis les années 2000. Il a repris la suite de son père et a doté le vignoble d'un outil moderne de vinification.

Drapé de grenat, ce 2012 né d'un assemblage de sciaccarellu (dominant), de niellucciu et de grenache s'épanouit sur les fruits rouges fondus dans le cacao, le tabac et le menthol (élevage en fût d'un an). L'attaque est franche, sur les fruits rouges et le pain grillé, le milieu de bouche épaulé par des tanins veloutés et ronds et par une fine fraîcheur qui apporte équilibre et longueur. De belles promesses pour l'avenir. ✗ 2018-2023 ▼ foie de veau poêlé
■ 2013 (5 à 8 € ; 15 000 b.) : vin cité. ✗ 2016-2019

⚡ Louis Musso, EARL Dom. San Biaggio, Dom. de la Sorba, rte du Finosello, 20090 Ajaccio, tél. 06 10 85 10 98, domainedelasorba@wanadoo.fr Ⓥ 🏠 t.-v.

PATRIMONIO

Superficie : 418 ha / Production : 16 140 hl (85 % rouge et rosé)

Au pied du cap Corse, la petite enclave de terrains calcaires qui, du golfe de Saint-Florent, se développe vers l'est et surtout vers le sud, présente les caractères d'un cru bien homogène. Le niellucciu, en rouge et en rosé, et le vermentino en blanc laissent leur empreinte dans des vins typés et d'excellente qualité : des rouges fruités et épicés, qui peuvent être somptueux et de longue garde, des rosés colorés, puissants et fruités, des blancs gras et aromatiques.

DOM. ALISO-ROSSI
Réserve du domaine 2014 ★

	6 000		🍶		8 à 11 €

Non loin de la rivière Aliso, qui finit sa course dans le golfe de Saint-Florent, ce domaine étend ses 25 ha de vignes au cœur du maquis. Dominique Rossi y cultive les cépages corses sur différents terroirs (schistes, argilo-

CORSE

calcaires), des parcelles de vieilles vignes ayant appartenu à son grand-père. Une valeur sûre pour ses patrimonio et ses muscats.

Ce 2014 rubis clair s'épanouit sans réserve sur les fruits rouges (groseille, cerise). En bouche, il se montre tout aussi aromatique, accompagné d'une nuance minérale. Encore dans sa jeunesse, il déroule une trame tannique ferme mais sans rugosité aucune. Bien équilibré entre suavité et fraîcheur, il ne manque pas non plus de longueur. Complet. ✗ 2017-2021 ♈ entrecôte grillée

☛ *Dom. Aliso-Rossi, 20246 Santo-Pietro-di-Tenda, tél. 04 95 37 03 03* ⚒ *t.l.j. sf dim. 9h-12h 14h-18h*

NAPOLÉON BRIZI 2014 ★

| ■ | 10 000 | 🏛 | 11 à 15 € |

Le domaine a été créé en 1920 par le grand-père de Napoléon Brizi. Fort de 12 ha situés non loin des portes nord de Saint-Florent, il fait partie des propriétés historiques de l'appellation patrimonio. Depuis 2011, il exploite aussi 3 ha de muscat à petits grains au pied de falaises calcaires. À la disparition de Napoléon Brizi, la gestion de l'exploitation a été reprise par Orenga de Gaffory.

Pour donner naissance à ce 2014, les raisins, récoltés en caisse, ont été maintenus au froid durant 24 à 48 heures pour favoriser la macération pelliculaire. Le vin en tire une robe claire et un nez de framboise et de pêche blanche. La bouche, bien équilibrée et fraîche, rappelle avec persistance les arômes perçus à l'olfaction. Un rosé moderne. ✗ 2015-2016 ♈ grillades

☛ *EARL Napoléon Brizi, Patrimonio, 20253 Patrimonio, tél. 04 95 58 44 01, a.mazoyer@corsicawines.com* Ⓥ 🏠 *r.-v.*

DOM. DE CATARELLI Blanc de blancs 2014 ★

| ■ | 5 000 | 🏛 | 11 à 15 € |

Ce domaine est situé sur la commune de Farinole, au départ de la sinueuse route du Cap-Corse. Les premières vignes furent plantées en 1880 par l'arrière-grand-père Xavier Massini. Le phylloxéra n'ayant pas épargné l'île, le vignoble fut restructuré en 1920 et reçut son nom actuel. Un vignoble de 9 ha aujourd'hui, conduit par Laurent Le Stunff, régulièrement en vue, pour ses blancs notamment.

Le nez est encore timide, finement parfumé d'agrumes et de fleurs de jasmin. La bouche, plus expressive, dévoile des saveurs franches de citron et de pamplemousse, soustendue de bout en bout par une fraîcheur qui apporte de l'allonge à cet ensemble harmonieux et élégant. ✗ 2015-2019 ♈ salade de fruits de mer

☛ *EARL Dom. de Catarelli, Marine de Farinole, rte de Nonza, 20253 Patrimonio, tél. 04 95 37 02 84* Ⓥ 🏠 *t.l.j. sf dim. 9h-12h 15h-19h* 🏠 Ⓔ
☛ Laurent Le Stunff

CLOS ALIVU 2014 ★★

| ■ | 8 000 | 🏛 | 8 à 11 € |

Alivu ? « Olivier », en corse. Un petit domaine de 5 ha planté de niellucciu et de vermentinu d'une quarantaine d'années établi dans la commune de Poggio-d'Oletta.

Coup de cœur l'an dernier, cette cuvée exprime parfaitement son terroir. Généreusement bouquetée (pamplemousse, fleurs de printemps), elle déroule une bouche tout aussi parfumée et savoureuse, ronde et remarqua-

blement équilibrée entre douceur et fraîcheur. ✗ 2015-2019 ♈ tapas de la mer

☛ *Éric Poli, imm. Palazzo, lieu-dit Puntichiu, 20230 San-Nicolao, tél. 06 19 42 54 91, clos.alivu@orange.fr* 🏠 *t.l.j. 9h-12h30 16h-20h; f. nov.-avr.*

CLOS SAN QUILICO 2014 ★

| ■ | 30 000 | 🏛 | 5 à 8 € |

Seconde propriété de la famille Orenga de Gaffory, le Clos San Quilico, que dirige Henry Orenga, couvre 30 ha de vignes situées sur la petite route qui rejoint Poggio-d'Oletta depuis Saint-Florent. Il est commandé par un corps de ferme datant du XVIIIe s., en cours de rénovation.

Ce domaine bien connu des lecteurs du Guide signe un 2014 rose soutenu et bien ouvert à l'olfaction sur la fraise nuancée de menthol et d'anis. En bouche, le vin se montre ample, rond et long. ✗ 2015-2016 ♈ brochettes de bœuf ■ 2014 (5 à 8 € ; 22 000 b.) : vin cité. ✗ 2015-2018

☛ *EARL Dom. San Quilico, 20253 Patrimonio, tél. 04 95 37 45 00, contact@orengadegaffory.com* Ⓥ ⚒ 🏠 *t.l.j. 9h-19h; f. avr.-oct.* ☛ Orenga Henri

CLOS TEDDI Tradition 2014 ★

| ■ | 30 000 | 🏛 | 8 à 11 € |

Marie-Brigitte Poli a repris en 1996 les rênes de la propriété familiale. Son vignoble de quelque 37 ha situé dans le désert des Agriates, sur un ancien site archéologique, n'est accessible que par une piste difficile. Régulièrement en vue pour ses sélections parcellaires travaillées avec soin.

Épaulée par Xavier Enu, vinificateur de talent, Marie-Brigitte Poli-Juillard signe un vermentinu floral à souhait à l'olfaction, délicatement accompagné de nuances d'agrumes et de fruit de la Passion. En bouche, on retrouve ce fruité gourmand, qui accompagne une matière à la fois onctueuse et fraîche. Une longue finale ponctue la dégustation de ce vin auquel rien ne manque. ✗ 2016-2020 ♈ loup à la crème d'agrumes ■ Clos Teddi Tradition 2014 ★ (8 à 11 € ; 69 000 b.) : ce 2014 clair et brillant livre un nez amylique nuancé de fruits rouges. La bouche est fraîche et tendue de bout en bout, ponctuée par une finale fruitée savoureuse et gourmande. ✗ 2015-2016 ■ Clos Teddi Grande Cuvée 2011 ★ (11 à 15 € ; 4 000 b.) : ce 2011 à la robe légèrement ambrée a été élevé sous bois pendant dix-huit mois. Il en tire un nez de fruits rouges aux nuances subtilement toastées. La bouche, fruitée, ronde et souple, est adossée à des tanins assagis. ✗ 2017-2021

☛ *Marie-Brigitte Poli, Casta, 20217 Saint-Florent, tél. 09 66 82 24 07, clos.teddi@orange.fr* 🏠 *t.l.j. 9h-12h30 16h-20h; f. nov.-avr.*

DOM. DEVICHI Mlle D 2013 ★

| ■ | 13 000 | 🏛 | 8 à 11 € |

Un domaine familial créé à la fin du XIXe s., dans la famille Devichi depuis six générations. Situé à Barbaggio en Haute-Corse, il étend ses 27 ha de vignes sur un sol argilo-calcaire. Arrivée sur l'exploitation en 2002, Marie-Françoise a succédé à son père en 2012.

On apprécie ce 2013 grenat profond pour son olfaction accorte de fruits, de poivre et de girofle. La bouche, fine et fruitée, est élégamment soutenue par des tanins soyeux. Un ensemble enveloppant et long, déjà très aimable et promis à une belle évolution. ✗ 2015-2019 ⵌ tarte au chocolat amer

○━ *Marie-Françoise Devichi, lieu-dit Fontana, 20253 Barbaggio, tél. 06 03 83 57 03, m.f@wanadoo.fr* 🅥 🏃 🛅 *r.-v.*

♥ DOM. D'E CROCE 2012 ★★

| ■ | 25 000 | 🍾 | 20 à 30 € |

Yves Leccia a créé son propre domaine en 2005, après avoir dirigé avec sa sœur l'exploitation familiale éponyme pendant une quinzaine d'années. Il conduit aujourd'hui, avec son épouse Sandrine, un vignoble couvrant 15 ha de sols argilocalcaires et schisteux à Poggio-d'Oletta. L'un des piliers de l'appellation patrimonio, souvent en vue aussi pour ses muscats.

Cette cuvée à la robe dense s'épanouit avec élégance et puissance sur les fruits rouges (framboise en tête puis cassis) agrémentés d'une subtile note épicée et réglissée. La bouche, bâtie sur une trame tannique suave et fraîche à la fois, ferme mais sans dureté, se révèle longue et très élégante. Une parfaite expression du niellucciu et une vinification remarquablement maîtrisée. ✗ 2018-2022 ⵌ civet de sanglier ■ 2014 ★ (15 à 20 € ; 10 000 b.) : un rosé complexe et élégant, bien ouvert à l'olfaction sur les fruits d'été et les fleurs blanches, rond, souple et frais en bouche. ✗ 2015-2016 ■ 2013 ★ (20 à 30 € ; 12 000 b.) : des arômes de fruits blancs subtilement vanillés montent du verre. En bouche, le vin est droit et net, sous-tendu par une fine trame acide qui l'accompagne jusque dans sa finale fruitée. ✗ 2015-2019

○━ *Dom.Yves Leccia, lieu-dit Morta Piana, E Croce, 20232 Poggio-d'Oletta, tél. 06 11 96 02 51, info@ yves-leccia.com* 🅥 🏃 🛅 *t.l.j. sf dim. 9h-12h 15h-18h*

DOM. GIACOMETTI
Cru des Agriates 2013 ★★

| ■ | 20 000 | 🍾 | 5 à 8 € |

Sur la route qui joint Saint-Florent à la Balagne en traversant le désert des Agriates, on trouve ce domaine (28,5 ha) créé en 1966. Laurent Giacometti, père de l'actuel propriétaire, le rachète en 1987. Sarah et Simon, représentant la troisième génération, sont en passe de prendre la relève, et ont d'ores et déjà entrepris la conversion bio de la propriété.

Intense et généreux, le nez dévoile un fruité nuancé d'épices. La bouche est aimable : épaulée par des tanins riches et élégants, dotée d'une remarquable fraîcheur, elle laisse le fruit s'exprimer pleinement jusqu'en finale. Un ensemble très harmonieux à apprécier dès aujourd'hui ou à laisser vieillir. ✗ 2015-2020 ⵌ bécasse rôtie aux champignons ■ Cru des Agriates 2014 ★★ (5 à 8 € ; 20 000 b.) : un nez frais et fruité évoquant la pêche de vigne prélude la bouche droite, élégamment aromatique et longue. ✗ 2015-2016

○━ *Giacometti, Casta, 20217 Saint-Florent, tél. 04 95 37 00 72, domainegiacometti@orange.fr* 🅥 🏃 🛅 *t.l.j. sf sam. dim. 10h-12h 15h-19h*

Ⓑ DOM. LECCIA 2011 ★★

| ■ | 30 000 | 🍾 | 15 à 20 € |

Longtemps aidé par son frère Yves, Annette Leccia a repris seule en 2005 les rênes de la propriété familiale. Elle avait à cœur de convertir son vignoble en bio ; c'est chose faite depuis la récolte 2011. Elle travaille ses raisins avec des levures indigènes afin d'exprimer au mieux le potentiel de son vignoble.

Ce 2011 a bénéficié d'un long élevage en cuve de deux ans. Il s'ouvre sur un fruité mûr évoquant les baies rouges et noires (cassis, groseille). On retrouve cette gamme aromatique dans une bouche souple et suave, aux tanins arrondis, et parfaitement équilibrée par une belle fraîcheur qui porte le vin fort aimable, déjà prêt à boire. ✗ 2015-2018 ⵌ côte de veau corse ■ 2014 ★ (20 à 30 € ; 9 000 b.) : un pur vermentinu de belle facture, au nez d'agrumes et à la bouche enveloppante et onctueuse, plus fraîche en finale, à laquelle de beaux amers apportent un surcroît de complexité. ✗ 2015-2019

○━ *Dom. Leccia, lieu-dit Morta Piana, 20232 Poggio-d'Oletta, tél. 04 95 37 11 35, domaine.leccia@wanadoo.fr* 🅥 🏃 🛅 *t.l.j. 9h-12h30 14h30-19h*

DOM. MONTEMAGNI Prestige du Menhir 2014 ★★

| ■ | 6 000 | 🍾 | 8 à 11 € |

Le domaine le plus important de l'appellation patrimonio en surface . 15 ha en 1050, date de sa création par l'arrière-grand-père, 110 ha aujourd'hui. Aux commandes, le patriarche respecté Louis Montemagni, qui a confié les vinifications à une jeune œnologue de talent, Aurélie Melleray. Un pilier de la Corse viticole.

Ce pur vermentinu s'épanouit sur les fruits blancs mâtinés de tonalités subtiles d'amande grillée et de vanille. La bouche, très douce et très souple, rappelle les arômes perçus à l'olfaction et s'appuie sur une fraîcheur tonique qui pousse loin la finale et apporte à l'ensemble un bel équilibre et beaucoup de tonus. ✗ 2016 2019 ⵌ oursins ■ Prestige du Menhir 2014 ★★ (8 à 11 € ; 5 600 b.) : un rosé de saignée au nez très expressif évoquant les fruits du verger (pêche jaune, cerise burlat). On retrouve ce fruité généreux dans une bouche croquante et très longue. ✗ 2015-2016

○━ *Montemagni, Pucciansca, 20253 Patrimonio, tél. 04 95 35 90 40, domainemontemagni@orange.fr* 🅥 🏃 🛅 *t.l.j. 9h-18h* 🏘 ❸

DOM. NOVELLA 2014

| ■ | 15 000 | 🍾 | 8 à 11 € |

Une propriété familiale de 12 ha reprise en 1976 par Pierre-Marie Novella. Le vignoble situé dans la commune d'Oletta, au cœur de la Conca d'Oro, est en marche vers l'agriculture biologique.

Ce 2014 pâle et brillant est né d'un assemblage de niellucciu et de vermentinu. Le nez libère de plaisants parfums de groseille et de silex. La bouche se montre souple, fraîche et alerte. Un bon classique. ✗ 2015-2016 ⵌ grillades

○━ *Pierre-Marie Novella, 20232 Oletta, tél. 04 95 39 07 41, domainenovella@gmail.com* 🅥 🏃 🛅 *t.l.j. sf dim. 10h-12h 15h-19h; f. nov.-fév.*

♥ ORENGA DE GAFFORY
Cuvée Felice 2014 ★★

| 5 000 | 🍷 | 11 à 15 € |

C'est en 1966, alors que l'AOC patrimonio n'est pas encore reconnue, que Pierre Orenga de Gaffory crée son domaine. Un vaste ensemble de 58 ha aujourd'hui, morcelés sur différentes communes et différents terroirs, tous dans l'aire d'appellation patrimonio, dont il est l'une des valeurs sûres. Aux commandes depuis 1974, Henry, fils de Pierre, dirige aussi un second domaine, le Clos San Quilico, dans la commune de Poggio-d'Oletta.

Un domaine abonné aux distinctions. Il signe ici une cuvée de grande expression. Au nez, on est charmé par les parfums puissants et gourmands de fleurs blanches et de fruit de la Passion. L'opération séduction se prolonge dans une bouche remarquablement équilibrée entre douceur et fraîcheur, très longue et d'une grande élégance. ✗ 2016-2020 ♈ colombo de poisson ■ 2014 ★ (8 à 11 € ; 60 000 b.) : un 2014 qui joue la carte de l'exotisme avec ses parfums francs de litchi et de mangue agrémentés de fruits rouges. La bouche est bien tenue par la fraîcheur, soulignant un beau fruité et apaisant son caractère vineux. ✗ 2015-2016 ■ 2013 ★ (8 à 11 € ; 90 000 b.) : au nez, de plaisantes fragrances d'épices et de fumé se marient aux fruits rouges. Élégant en bouche, le vin fait patte de velours avec sa trame tannique soyeuse et fondue. La fraîcheur est appelée en finale, lui apportant une agréable longueur. ✗ 2017-2021

o→ GFA Orenga de Gaffory, 20253 Patrimonio, tél. 04 95 37 45 00, contact@orengadegaffory.com 🆅 🅰 🅿 t.l.j. 9h-19h; f. avr.-oct.

DOM. SANTAMARIA DS 2010 ★

| 8 000 | 🍷 | 8 à 11 € |

Comptant parmi les vignerons incontournables de l'appellation, Jean-Louis Santamaria, cinquième génération sur ce domaine, exploite 13 ha de vignes à Poggio-d'Oletta. Il a engagé la conversion au bio du vignoble et est aujourd'hui secondé par son fils.

Ce 2010 sombre aux reflets tuilés dévoile à l'olfaction des arômes plaisants de fruits rouges confiturés. En bouche, on apprécie des tanins fondus et la fine fraîcheur qui met en relief un fruité noir (pruneau) nuancé de cannelle. Un vin à apprécier dans sa jeunesse. ✗ 2015-2018 ♈ carré de porc aux pruneaux

o→ Dom. Santamaria, rte du Lac-de-Padula, Plaine d'Oletta, 20217 Saint-Florent, tél. 04 95 39 03 51, domaine.santamaria@orange.fr 🆅 🅰 🅿 t.l.j. 9h-12h 14h-18h; sam. dim. sur r.-v.

MUSCAT-DU-CAP-CORSE

Superficie : 89 ha / Production : 1 977 hl

Délimitée dans les territoires de 17 communes de l'extrême nord de l'île, l'appellation a été reconnue en 1993 – aboutissement des longs efforts d'une poignée de vignerons regroupés sur les terroirs calcaires de Patrimonio et sur ceux, schisteux, de l'AOC vin-de-corse Coteaux-du-cap-corse.

Le seul muscat blanc à petits grains entre dans ce vin, élaboré par mutage à l'eau-de-vie de vin comme tout vin doux naturel. L'eau-de-vie arrête la fermentation et préserve ainsi au moins 95 g/l de sucres résiduels. Les muscats n'en gardent pas moins une belle fraîcheur.

DOM. ALISO-ROSSI Goccia d'Oru 2014 ★

| 3 000 | 🍷 | 11 à 15 € |

Non loin de la rivière Aliso, qui finit sa course dans le golfe de Saint-Florent, ce domaine étend ses 25 ha de vignes au cœur du maquis. Dominique Rossi y cultive les cépages corses sur différents terroirs (schistes, argilo-calcaires), des parcelles de vieilles vignes ayant appartenu à son grand-père. Une valeur sûre pour ses patrimonio et ses muscats.

Un 2014 habillé de jaune clair et bien ouvert à l'olfaction sur les fleurs des champs, quelques notes de foin coupé et une pointe de litchi. La bouche est chaleureuse à l'attaque puis trouve l'équilibre entre douceur et fraîcheur. Un ensemble harmonieux et moderne, à attendre un peu. ✗ 2017-2020 ♈ soupe de fraises au basilic

o→ Dom. Aliso-Rossi, 20246 Santo-Pietro-di-Tenda, tél. 04 95 37 03 03 🅿 t.l.j. sf dim. 9h-12h 14h-18h

o→ Dominique Rossi

NAPOLÉON BRIZI Cuvée Iniziale 2014

| 5 000 | 🍷 | 20 à 30 € |

Le domaine a été créé en 1920 par le grand-père de Napoléon Brizi. Fort de 12 ha situés non loin des portes nord de Saint-Florent, il fait partie des propriétés historiques de l'appellation patrimonio. Depuis 2011, il exploite aussi 3 ha de muscat à petits grains au pied de falaises calcaires. À la disparition de Napoléon Brizi, la gestion de l'exploitation a été reprise par Orenga de Gaffory.

Habillé d'or, ce 2014 livre à l'olfaction des parfums de miel et d'eucalyptus, prélude à une bouche vive, voire nerveuse, mais bien équilibrée par une matière suave. Quelques mois en cave assagiront l'ensemble. ✗ 2016-2018 ♈ bûche aux marrons

o→ EARL Napoléon Brizi, Patrimonio, 20253 Patrimonio, tél. 04 95 58 44 01, a.mazoyer@corsicawines.com 🆅 🅿 r.-v.

DOM. DE CATARELLI 2014 ★

| 4 000 | 🍷 | 11 à 15 € |

Ce domaine est situé sur la commune de Farinole, au départ de la sinueuse route du Cap-Corse. Les premières vignes furent plantées en 1880 par l'arrière-grand-père Xavier Massini. Le phylloxéra n'ayant pas épargné l'île, le vignoble fut restructuré en 1920 et reçut son nom actuel. Un vignoble de 9 ha aujourd'hui, conduit par Laurent Le Stunff, régulièrement en vue, pour ses blancs notamment.

Or vif, ce 2014 se livre en finesse sur des parfums de cédrat et de citrus. On retrouve cette trame aromatique dans une bouche suave (miel) et riche, sans excès d'alcool, équilibrée par une finale fraîche aux saveurs gourmandes d'ananas. ✗ 2016-2019 ♈ salade d'agrumes

EARL Dom. de Catarelli, Marine de Farinole,
rte de Nonza, 20253 Patrimonio, tél. 04 95 37 02 84
V ⚑ t.l.j. sf dim. 9h-12h 15h-19h 🏠 **🅔**

Laurent Le Stunff

CLOS NICROSI
Muscatellu 2014 ★

■	2 000	🍶	20 à 30 €

La propriété, dont certaines limites sont la Méditerranée, a presque les pieds dans la mer. Jean-Noël Luigi et son fils Sébastien sont d'ardents défenseurs des muscats de tradition. À Rogliano, ils conduisent 10 ha de vignes plantées sur un terroir riche en minéraux et constitué de schistes dégradés et d'alluvions.

Paré de jaune profond, ce 2014 libère des fragrances élégantes de caramel et de pruneau à l'eau-de-vie. Les saveurs caramélisées sont rappelées dans un palais suave et chaleureux, équilibré par une fraîcheur bien ajustée. Un ensemble harmonieux et long. **I** 2015-2018 **Y** escalope de foie gras poêlée

SCEA Clos Nicrosi, 20247 Rogliano,
tél. 04 95 35 41 17, clos.nicrosi@orange.fr **V 🏃 ⚑** t.l.j.
sf dim. 10h-12h 16h-19h; 30 sept.-1er juin sur r.-v.

Jean-Noël Luigi

CLOS SANTINI 2014 ★

■	10 000	🍶	15 à 20 €

Franck Santini a repris la propriété familiale en 2006. Bienheureux petit-fils du vigneron Louis Montemagni et du négociant Toussaint Mathieu Santini, il a ainsi pu profiter d'une expérience familiale vieille de cent cinquante ans pour créer son exploitation. Aujourd'hui, il a obtenu la certification bio, après une démarche de conversion entamée en 2009.

Ce 2014 se livre sans retenue sur la pêche jaune et la guimauve puis quelques touches grillées. La bouche, bien dosée entre douceur et alcool, complète les arômes perçus à l'olfaction de notes exotiques (ananas), bien soulignées par une finale fraîche et longue. **I** 2016-2019 **Y** tarte au chocolat

Franck Santini, lieu-dit Morta Majo,
20253 Patrimonio, tél. 04 95 37 00 92,
domaine.francksantini@gmail.com **V 🏃 ⚑** t.l.j. 9h-19h;
sam. dim. (saison) 10h-12h 14h-19h

Ⓑ DOM. LECCIA 2013 ★

■	8 000	🍶	20 à 30 €

Longtemps aidé par son frère Yves, Annette Leccia a repris seule en 2005 les rênes de la propriété familiale. Elle avait à cœur de convertir son vignoble en bio ; c'est chose faite depuis la récolte 2011. Elle travaille ses raisins avec des levures indigènes afin d'exprimer au mieux le potentiel de son vignoble.

Des notes d'eucalyptus et de menthol s'échappent du verre. On retrouve ces arômes dans une bouche ample, riche et suave, aux accents de surmaturation, mais bien équilibrée par une pointe de fraîcheur. Un vin à attendre un peu. **I** 2017-2020 **Y** tarte à l'orange

Dom. Leccia, lieu-dit Morta Piana,
20232 Poggio-d'Oletta, tél. 04 95 37 11 35,
domaine.leccia@wanadoo.fr **V 🏃 ⚑** t.l.j. 9h-12h30
14h30-19h

DOM. MONTEMAGNI Cuvée Prestige 2014 ★★

■	5 000	🍶	11 à 15 €

Le domaine le plus important de l'appellation patrimonio en surface : 15 ha en 1850, date de sa création par l'arrière-grand-père, 110 ha aujourd'hui. Aux commandes, le patriarche respecté Louis Montemagni, qui a confié les vinifications à une jeune œnologue de talent, Aurélie Melleray. Un pilier de la Corse viticole.

Beaucoup de délicatesse dans ce muscat jaune clair brillant : un nez intense évoquant le jasmin et le chèvrefeuille, une bouche puissante qui ne cède nullement à la lourdeur, suave et fraîche à la fois, parfumée d'élégantes notes de rose et de pivoine. Un vin très raffiné. **I** 2016-2020 **Y** toasts de foie gras

Montemagni, Pucciansca, 20253 Patrimonio,
tél. 04 95 35 90 40, domainemontemagni@orange.fr
V 🏃 ⚑ t.l.j. 9h-18h 🏠 **🅒**

♥ ORENGA DE GAFFORY Impassitu 2013 ★★

■	7 500	🍶	15 à 20 €

C'est en 1966, alors que l'AOC patrimonio n'est pas encore reconnue, que Pierre Orenga de Gaffory crée son domaine. Un vaste ensemble de 58 ha aujourd'hui, morcelés sur différentes communes

et différents terroirs, tous dans l'aire d'appellation patrimonio, dont il est l'une des valeurs sûres. Aux commandes depuis 1974, Henry, fils de Pierre, dirige aussi un second domaine, le Clos San Quilico, dans la commune de Poggio-d'Oletta.

Pour donner naissance à ce muscat de grande expression, les raisins ont été laissés sur pied pour être récoltés en surmaturité avec un tri sévère de la vendange. Le résultat ? Un nez puissant évoquant la fleur d'oranger, le fruit de la Passion et la mangue. La bouche, bien équilibrée entre douceur et fraîcheur, ronde, soyeuse et ample, n'est pas en reste et laisse apparaître de jolies notes de miel et de fruits exotiques. Le muscat à son meilleur et pour longtemps. **I** 2017-2022 **Y** roquefort

GFA Orenga de Gaffory, 20253 Patrimonio,
tél. 04 95 37 45 00, contact@orengadegaffory.com
V 🏃 ⚑ t.l.j. 9h-19h; f. avr.-oct.

Ⓑ DOM. SANTAMARIA DS 2014 ★

■	2 000	🍶	15 à 20 €

Comptant parmi les vignerons incontournables de l'appellation, Jean-Louis Santamaria, cinquième génération sur ce domaine, exploite 13 ha de vignes à Poggio-d'Oletta. Il a engagé la conversion au bio du vignoble et est aujourd'hui secondé par son fils.

Ce 2014 jaune doré dévoile un nez complexe, finement muscaté et relevé d'une touche iodée. La bouche, bien équilibrée entre douceur et vivacité, dévoile une longue finale à la minéralité tonique. **I** 2016-2019 **Y** feuilletés au roquefort

Dom. Santamaria, rte du Lac-de-Padula,
Plaine d'Oletta, 20217 Saint-Florent, tél. 04 95 39 03 51,
domaine.santamaria@orange.fr **V 🏃 ⚑** t.l.j. 9h-12h
14h-18h; sam. dim. sur r.-v.

CORSE

Le Sud-Ouest

Superficie :

51 500 ha (environ)

Production :

1 600 000 hl (environ)

Types de vins :

Rouges ; rosés ; blancs secs et moelleux ;
vins effervescents (gaillac) ; vins de
liqueur (floc-de-gascogne).

Cépages principaux :

Rouges : malbec (cot ou auxerrois),
tannat, négrette, fer-servadou (braucol ou
mansois), duras, merlot, cabernet franc,
cabernet-sauvignon, syrah, gamay.

Blancs : sauvignon, sémillon, muscadelle,
mauzac, l'en de l'el (loin de l'œil), gros
manseng, petit manseng, courbu, baroque,
ugni blanc (ce dernier pour l'armagnac).

DAVID FOURTOUT
Vignoble des Verdots

Conduit depuis 1992 par David Fourtout, le vignoble Les Verdots passe pour un paradis bachique. Les récompenses tombent, multiples, dans l'escarcelle du domaine. Pour autant, ces succès ne sont pas dus aux seules qualités de terroirs d'exception. Aussi décisive qu'essentielle, la passion de l'homme y contribue.

Un commentateur déclarait récemment que vous étiez l'un des phares du vignoble bergeracois. Qu'en dites-vous ?

D. F. Que nul ne saurait rester insensible à cet excès d'honneur… Je tiens néanmoins à préciser que notre vignoble, cousin du grand voisin bordelais, possède de nombreux « phares ».

La passion qui vous anime est unanimement perçue comme l'origine de vos succès, comme en témoignent de nombreux coups de coeur dans ces pages…

D. F. S'il suffisait d'être passionné pour réussir… Non ! Je me donne à fond dans ce métier que j'ai choisi, c'est vrai, par passion. Mon plus cher désir, c'est le plaisir du partage avec ceux qui apprécient mes vins, mais aussi avec ceux qui m'aident à les élaborer. Ce partage des plaisirs est un sentiment qui nous euphorise. Je dis bien « nous ». Car le vin, c'est l'aboutissement d'un travail collectif. Comment le traduire ? À chaque coup de cœur du Guide, ce même sentiment m'envahit. Se montrer blasé serait hypocrite. C'est un bonheur d'apprendre, non pas que mon vin est le meilleur, mais qu'à un moment donné des inconnus aient pu goûter aux joies de sa découverte. J'ai alors plaisir à associer au succès ceux qui ont œuvré à sa réussite. Tous ! De l'œnologue aux journaliers et vendangeurs… Je ne suis qu'un simple capitaine d'équipe.

Comme au rugby ?

D. F. Bien sûr. Au rugby, le succès résulte toujours de l'effort commun. Dans le Bergeracois, terre d'ovalie, on comprend cela.

Cette ferveur, collective selon vous, se décèle dans tous vos vins. Est-ce un héritage du savoir familial ?

D. F. La famille m'a inculqué le sens du travail. Primordial. Ma vocation ? Anecdotique. Après des études en biologie appliquée, je n'envisageais pas mon avenir dans le vin.

Pas de chute dans une cuve de merlot magique ?

D. F. Ma potion magique, c'est le hasard d'une rencontre avec Bertrand Bourdil, l'ancien directeur technique de Mouton Rothschild, à qui je dois d'inoubliables évasions gustatives : Margaux, Lafite-Rothschild, Mouton-Rothschild ! J'en suis revenu ébloui. Tout part de là.

Et le hasard a bien fait les choses. La suite, c'est une belle fécondité…

D. F. J'en prends acte. Tout en restant persuadé que sans remise en question quotidienne, le succès ne peut perdurer.

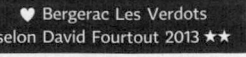

*EARL David Fourtout,
Les Verdots, 24560 Conne-de-Labarde,
Tél. 05 53 58 34 31, verdots@wanadoo.fr*

NADINE GAZTAMBIDE
Cave d'Irouléguy

Sur les versants de vallées verdoyantes – Anhaux, Baïgorry, Irouléguy se déploient les ceps montagnards d'un très ancien vignoble situé sur la route de Saint-Jacques-de-Compostelle, au pied du col de Roncevaux : irouléguy. La Cave coopérative de Saint-Étienne-de-Baïgorry, poumon économique des lieux, occupe 135 ha sur les 240 que compte l'appellation. Nadine Gaztambide, nouvelle directrice de la cave, ne manque pas de projets pour valoriser et faire connaître le vin basque.

Basque d'adoption

Bordelaise d'origine, bardée de diplômes de gestion et de finance acquis à Strasbourg puis mis en pratique en France et au Canada, cette « globe-trotteuse », qui découvrit le vin à la Chambre d'agriculture de la Gironde, affiche avec fierté le patronyme de son époux. Patronyme évoquant, en langue basque, « l'allée des châtaigniers ». « Je me sens intégrée à cette accueillante région et, plus encore, à cette entreprise dont j'ai la charge depuis janvier 2015. » Nadine Gaztambide ne cache pas son admiration pour l'esthétique de ces « vignes en terrasses qui engendrent naturellement de petits rendements ». Ses partenaires ? « Une équipe de 40 vignerons coopérateurs, durs à la tâche et totalement investis dans une démarche participative. Ils ne se contentent pas de gérer les acquis mais se projettent avec enthousiasme dans un futur proche innovant. »

Projets «bio» et tourisme vert

Les projets abondent . « Nombre de nos vignerons se préparent à une conversion vers l'agriculture biologique (actuellement le bio représente 10 % des volumes) ; nous envisageons, dès la fin des vendanges, de modifier le chai afin d'y accueillir des barriques. Dans la vigne, nous allons multiplier les sélections parcellaires. » Quant aux coups de cœur du Guide Hachette, ce sont « des récompenses qui comptent. Elles sanctionnent nos efforts. Tous ici, y compris Éric Boissonneau, notre œnologue conseil dont je ne dirai jamais assez de bien, sont persuadés qu'elles sont facteur d'incitation à la découverte de ce cœur du Pays basque. Et de ses particularismes culturels.» Nadine Gaztambide reste néanmoins consciente des efforts à accomplir pour « mieux se faire connaître ». Même si, à deux pas d'Irouléguy, Saint-de-Jean-Pied-de-Port est un haut-lieu du tourisme vert, ce vignoble secret, entre pâtu-

res, bosquets et landes de fougères, dispersé comme les fermes, est bien caché, loin des routes côtières très fréquentées. « Certes l'activité de notre magasin a de bonnes répercussions sur l'artisanat local. Mais il nous faut encore améliorer l'accueil des visiteurs. » Démarche dont l'un des buts reste la compréhension des valeurs d'Euskadi, valeurs pour lesquelles Nadine Gaztambide éprouve un solide attachement « Elles transparaissent autant dans nos terroirs et nos vins si typés que dans notre manière d'être. » Agréables découvertes en perspective.

....

♥ Irouléguy Lehia 2013 ★★★

♥ Irouléguy Mignaberry 2013 ★★

Cave d'Irouléguy,
rte de Saint-Jean-Pied-de-Port,
64430 Saint-Étienne-de-Baïgorry,
tél. 05 59 37 41 33,
contact@cave-irouleguy.com

Groupant sous la même bannière des appellations aussi éloignées qu'irouléguy, bergerac ou gaillac, la région viticole du Sud-Ouest rassemble ce que les Bordelais appelaient le « Haut-Pays » et le vignoble de l'Adour, proche des Pyrénées. Elle comprend des microvignobles très anciens, jusqu'au pied du Massif central. À la diversité des cépages cultivés dans ces régions dispersées répond celle de la production : le Sud-Ouest fournit pratiquement tous les styles de vins. Des vins originaux, longtemps restés dans l'ombre, et qui bénéficient souvent de ce fait d'un bon rapport qualité-prix.

Dans l'ombre de Bordeaux. Jusqu'à l'apparition du rail, les vins du Haut-Pays, en provenance des vignobles de la Garonne et de la Dordogne, sont restés dans l'ombre du grand voisin bordelais. Fort de sa position géographique et de privilèges royaux, Bordeaux dictait sa loi aux producteurs de Duras, Buzet, Fronton, Cahors, Gaillac et Bergerac. Jusqu'à la fin du XVIIIᵉ s., tous leurs vins devaient attendre que la récolte bordelaise soit entièrement vendue aux amateurs outre-Manche et aux négociants hollandais avant d'être embarqués, quand ils n'étaient pas utilisés comme vins « médecins » pour remonter certains clarets. De leur côté, les vins du piémont pyrénéen ne dépendaient pas de Bordeaux, mais étaient soumis à une navigation hasardeuse sur l'Adour avant d'atteindre Bayonne. On peut comprendre que, dans ces conditions, leur renommée ait rarement dépassé le voisinage immédiat.

Un conservatoire des cépages. Si les vignobles les plus proches du Bordelais, dans le Bergeracois ou le Lot-et-Garonne, cultivent les mêmes variétés que leur voisin girondin, les autres constituent un véritable musée des cépages d'autrefois. On trouve rarement ailleurs une telle diversité de variétés. Le particularisme et l'enclavement de nombreuses régions du Sud-Ouest expliquent la survivance de cépages locaux. Les Gascons ont ainsi le petit et le gros mansengs, le tannat, le baroque, sans parler de l'arrufiac, du raffiat de Moncade ou du camaralet de Lasseube. Le cahors tire son originalité du malbec (ou auxerrois), le fronton de la négrette, le gaillac des duras, len de l'el (loin de l'œil), mauzac, braucol... Loin de le renier, toutes ces appellations revendiquent avec fierté le qualificatif de vin « paysan » en donnant à ce terme toute sa noblesse. La vigne n'a pas exclu l'élevage et les autres cultures, et les vins côtoient sur le marché les produits fermiers avec lesquels ils se marient tout naturellement, ce qui fait du Sud-Ouest l'une des régions privilégiées de la gastronomie de tradition.

⇒ LE PIÉMONT DU MASSIF CENTRAL

CAHORS

Superficie : 4 050 ha / Production : 155 370 hl

D'origine gallo-romaine, le vignoble de Cahors est l'un des plus anciens de France. Jean XXII, pape d'Avignon, fit venir des vignerons quercynois pour produire le châteauneuf-du-pape, et François Iᵉʳ planta à Fontainebleau un cépage cadurcien ; l'Église orthodoxe adopta le cahors comme vin de messe, et la cour des tsars comme vin d'apparat... Pourtant, ce vignoble revient de loin ! Totalement anéanti par les gelées de 1956, il était retombé à 1 % de sa superficie antérieure. Reconstitué dans les méandres de la vallée du Lot avec des cépages nobles traditionnels – le principal étant l'auxerrois, également appelé cot ou malbec (70 % de l'encépagement), complété par le merlot (environ 20 %) et le tannat –, le terroir de Cahors a retrouvé la place qu'il mérite, gagnant même les causses comme dans les temps anciens.

Appelé jadis *black wine* par les Anglais, le cahors est puissant, robuste, haut en couleur ; il s'agit incontestablement d'un vin de garde, même si cette aptitude au vieillissement varie en fonction du terroir, de l'encépagement et de la vinification. Il peut toutefois être servi jeune : il est alors charnu, agréablement fruité, et doit être consommé légèrement rafraîchi, sur des grillades, par exemple.

CH. ARMANDIÈRE
Diamant rouge Vieilli en fût de chêne 2012

| ■ | 15 000 | ⦿ | 8 à 11 € |

Le nom du domaine, conduit par Bernard Bouyssou depuis 1998, rend hommage à son grand-père Armand, fondateur de la coopérative Côtes d'Olt de Parnac. Le vignoble s'étend sur 25 ha.

Né de pur malbec, ce cahors lentement vinifié et élevé en fût pendant dix-huit mois se présente en robe grenat frangée de violine. Il s'exprime sur des parfums nets et intenses mêlant les fruits rouges compotés aux épices. Le palais, volumineux et gras, rappelle les fruits rouges et noirs, adossé à des tanins fondus. Un ensemble bien construit et long. ✗ 2017-2020 ❦ poulet fermier

o–n *Bernard Bouyssou, Le Port-de-l'Angle, 46140 Parnac, tél. 05 65 36 75 97, chateau@armandiere.com*
Ⓥ 🚶 ♿ *r.-v.*

DOM. LA BÉRANGERAIE Cuvée Maurin 2012 ★

| ■ | 11 700 | 🍶 | 8 à 11 € |

Née officiellement en 1971, la propriété des Bérenger a le même âge que l'AOC cahors. Le fils et la fille de Sylvie et d'André Bérenger, aidés de leurs conjoints, ont repris le vignoble familial (32 ha) en 1997.

Distinguée par un coup de cœur dans l'édition 2015, cette cuvée de pur malbec vendangée à la main attire l'attention cette année encore grâce à sa couleur grenat intense et limpide, et à ses parfums complexes et délicats de fruits noirs et rouges nuancés d'épices. La bouche n'a peut-être pas l'étoffe du millésime précédent, mais elle reste plaisante, généreusement fruitée (cerise noire), souple et longue. ✗ 2019-2021 ♟ entrecôte vigneronne

☛ *La Bérangeraie, Coteaux de Cournou, 46700 Grézels, tél. 05 65 31 94 59, berangeraie@wanadoo.fr* Ⓥ ⚐ 🔊 *t.l.j. 9h-12h 14h-18h*

DOM. LE BOUT DU LIEU
Orbe noir Malbec 2012 ★★

■	13 300	⬚	11 à 15 €

L'histoire commence en 1925, quand les grands-parents d'Arnaldo Dimani quittent leur Italie natale une valise à la main pour s'installer dans le Lot, où ils acquièrent en 1980 un petit vignoble. Aujourd'hui, le domaine s'étend sur 18 ha.

D'une couleur sombre et intense, ce vin élevé sous bois pendant quatorze mois libère des senteurs intenses et fraîches de cassis, de mûre et de menthe poivrée. Ample et suave, le palais déroule une matière d'une remarquable souplesse, bâtie sur des tanins de velours. Les saveurs gourmandes des fruits rouges écrasés sont soulignées par une fraîcheur qui étire la finale. ✗ 2016-2020 ♟ canard rôti aux cèpes

☛ *Dimani et Fils, Le Bout-du-Lieu, 46140 Saint-Vincent-Rive-d'Olt, tél. 06 89 29 66 24, leboutdulieu@orange.fr* Ⓥ ⚐ 🔊 *r.-v.*

CH. LA CAMINADE 2013 ★★

■	118 000	⬚	5 à 8 €

Ce domaine familial, dont le nom signifie « presbytère » en patois, a appartenu au clergé jusqu'à la Révolution. Représentant la quatrième génération, Dominique et Richard Ressès sont aujourd'hui à la tête d'un vignoble de 35 ha. Un pilier de l'appellation cahors.

Ce vin né d'un assemblage de malbec et de merlot a bénéficié d'un élevage de vingt-quatre mois en cuve. Le nez est généreux et intense, sur les fruits noirs bien mûrs, les épices douces et des senteurs de sous-bois. Dans le même registre aromatique, le palais déroule une matière ample, onctueuse et suave, bâtie sur des tanins élégants et fins, et soutenue par une juste fraîcheur qui lui donne de l'allonge. Un cahors typique et remarquablement équilibré, à attendre. ✗ 2017-2022 ♟ foie gras poêlé ■ La Commandery 2012 ★ (11 à 15 € ; 26 500 b.) : bien connue de nos lecteurs, une cuvée élevée vingt-quatre mois en cuve puis douze mois en fût. Le 2012 est un vin harmonieux qui joue davantage le registre de l'élégance que celui de la puissance. ✗ 2017-2022

☛ *Ch. la Caminade, 46140 Parnac, tél. 05 65 30 73 05, resses@wanadoo.fr* Ⓥ ⚐ 🔊 *t.l.j. sf sam. dim. 8h-12h 14h-18h* ☛ *Ressès*

CH. CAMP DEL SALTRE Chevalier de Malecoste
Élevé en fût de chêne 2011 ★

■	10 000	⬚	5 à 8 €

Camp del Saltre ? « Le champ du tailleur », en occitan. Une propriété de 21 ha située sur les deuxième et troisième terrasses du Lot, au cœur du vignoble de Cahors, et conduite par Gérard et Dominique Delbru.

Ce cahors 100 % malbec élevé dix-huit mois en fût se présente dans une élégante robe sombre aux reflets violines. Il s'épanouit sur des parfums de fruits noirs (cassis, mûre) fondus dans le cacao et le chocolat du

merrain, avec une pointe végétale plus fraîche. La bouche est souple et suave, adossée à des tanins soyeux. Le fruité, bien enrobé d'un délicat vanillé, persiste jusqu'en finale. ✗ 2017-2019 ♟ bœuf aux airelles

☛ *Gérard et Dominique Delbru, Camp-del-Saltre, rte du Collège, 46220 Prayssac, tél. 05 65 22 42 40, d.g.delbru@wanadoo.fr* Ⓥ ⚐ 🔊 *t.l.j. sf dim. 9h-19h*

DOM. CAMPOY 2013 ★

■	3 000	⬚ ⬚	5 à 8 €

En 2001, Christophe Campoy a rejoint l'exploitation familiale située sur le causse du Lot, avec l'idée de replanter de la vigne. Après un déboisement, il plante en 2005 1 ha de malbec et en 2007 0,5 ha de chenin. En 2008, il reprend une parcelle de vieilles vignes âgées de 30 ans, ce qui porte son domaine à 3 ha.

Né de pur malbec, ce 2013 élevé sous bois pendant un an et autant en cuve livre un nez fin et discret de petits fruits rouges délicatement vanillés. La bouche, adossée à des tanins souples, trouve le soutien d'une trame acide qui accompagne avec élégance les saveurs de fruits noirs épicés jusqu'en finale. Un vin bien construit et un élevage maîtrisé. ✗ 2017-2019 ♟ lentilles au porc confit

☛ *Christophe Campoy, Les Pradelles, 46090 Flaujac-Poujols, tél. 06 99 95 15 80, christophe.campoy@wanadoo.fr* Ⓥ ⚐ 🔊 *r.-v.*

DOM. CAPELANEL La Rangée du curé 2013

■	10 000	⬚	8 à 11 €

Sébastien Dauliac a pris en main en 2002 ce vignoble de 14 ha implanté sur un terroir sidérolithique (sables siliceux et argiles à graviers) caractéristique des Causses.

Un pur malbec élevé en fût pendant douze mois. Affichant une robe sombre et profonde, il s'ouvre sur un nez complexe mêlant les fruits noirs à du boisé subtil. En bouche, il est structuré par des tanins souples et une trame acide bienvenue qui met en valeur les arômes persistants de fruits et d'épices. Un ensemble harmonieux et bien typé. ✗ 2017-2021 ♟ filet de bœuf

☛ *Dauliac, Les Roques, Pages, 46140 Luzech, tél. 06 81 62 66 48, sebastien.dauliac@orange.fr* Ⓥ ⚐ 🔊 *r.-v.*

DOM. DE CAUSE La Lande Cavagnac 2012 ★★

■	13 200	⬚	8 à 11 €

Serge et Martine Costes ont quitté la ville dans les années 1990 pour perpétuer l'exploitation familiale. Aujourd'hui, ils exploitent près de 15 ha dans la partie ouest de l'appellation, non loin du château fort de Bonaguil.

Ce 2012 élevé en fût pendant quatorze mois affiche une robe profonde et s'ouvre sur des parfums intenses de fruits mûrs aux accents délicats de vanille, de caramel et d'épices. À ce nez élégant répond une bouche tout aussi aromatique, onctueuse et suave, épaulée de tanins présents mais sans aucune agressivité. La finale fraîche, épicée et mentholée, laisse le souvenir d'un vin riche et puissant mais d'une race délicatesse. Une bouteille de garde. ✗ 2017-2022 ♟ pavé de biche

☛ *EARL Durou et Costes, Cavagnac, 46700 Soturac, tél. 05 65 36 41 96, domainedecause@wanadoo.fr* Ⓥ ⚐ 🔊 *r.-v.*

CH. DU CAYROU 2011

| ■ | 30 000 | 🍷 | 5 à 8 € |

Cette exploitation familiale a été acquise en 2008 par les Douin. Le vignoble de 38 ha, situé sur les terrasses alluviales du Lot, est conduit en agriculture biologique (certification en 2012).

Ce 2011, né d'un assemblage de malbec (majoritaire) et de 10 % de merlot s'ouvre sur des parfums intenses et caractéristiques du cépage : fruits noirs et rouges, épices et touche mentholée. Déjà mûr, il se montre souple, suave et charnu, équilibré par une juste acidité qui lui donne de l'allonge. Un vin gourmand. ✗ 2016-2019 ♟ chili con carne

☛ *Ch. du Cayrou, Plaine-du-Cayrou, 46700 Puy-l'Évêque, tél. 05 65 28 87 43, chateauducayrou@yahoo.fr* Ⓥ 🚶 ♿ *r.-v.*

CH. DE CAYX Malbec 2012 ★

| ■ | 40 000 | ⊪ | 20 à 30 € |

Propriété depuis 1974 de la reine et du prince consort du Danemark, Henri de Laborde de Monpezat, le château de Cayx, dominant le Lot, étend son vignoble sur 23 ha. Aux commandes, Guillaume Bardin, neveu du prince, est épaulé au chai par Alexandre Gélis, venu du Ch. Lagrézette.

Ce 2012 élevé douze mois en barrique s'habille d'un pourpre intense frangé de violine. Il livre des senteurs gourmandes de mûre confiturée relevées d'épices, arômes que l'on retrouve dans une bouche souple et tendre adossée à des tanins soyeux. Il trouve le soutien d'une juste fraîcheur qui lui confère harmonie et longueur. ✗ 2017-2019 ♟ cailles farcies

☛ *SCEA Ch. de Cayx, 46140 Luzech, tél. 05 65 30 52 50, office@chateau-de-cayx.com* Ⓥ 🚶 ♿ *t.l.j. sf dim. 10h-12h 14h-18h* ☛ SAR Henrik

Ⓑ CH. DU CÈDRE GC 2012 ★

| ■ | 8 000 | ⊪ | 50 à 75 € |

Pascal et Jean-Marc Verhaeghe ont obtenu la certification bio au terme d'une longue pratique commencée au début des années 1990. Dédié autrefois à la culture de la lavande, le domaine compte aujourd'hui 27 ha de vignes. Un pilier de l'appellation cahors.

Une cuvée bien connue des lecteurs du Guide, maintes fois distinguée. Ce pur malbec né de sols argilo-calcaires, fermenté et élevé deux ans en barriques neuves affiche une couleur noir d'encre et s'épanouit sur des parfums suaves et bien fondus de fruits noirs et de vanille rehaussés d'élégantes notes de cuir. La bouche, ample et ronde, est adossée à des tanins fondus et trouve le soutien d'une trame acide qui prolonge la finale aux délicates notes de grillé et d'eucalyptus. Un vin complexe, harmonieux, bâti pour la garde. ✗ 2019-2021 ♟ parmentier de canard aux truffes ■ Le Cèdre 2012 ★ (20 à 30 € ; 35 000 b.) Ⓑ : un pur malbec élevé deux ans en fût à l'engageante robe pourpre soutenu. Il livre un nez plaisant où le grillé de l'élevage se mêle aux fruits rouges et noirs compotés. La bouche est fraîche et repose sur des tanins déjà fondus. La finale mentholée apporte un supplément d'élégance à cet ensemble bien construit. ✗ 2017-2020

☛ *Ch. du Cèdre, Bru, 46700 Vire-sur-Lot, tél. 05 65 36 53 87, chateauducedre@wanadoo.fr* Ⓥ 🚶 ♿ *t.l.j. sf dim. 9h-12h 14h-18h* ☛ Pascal et Jean-Marc Verhaeghe

DOM. DES CHATAÎGNALS 2013 ★

| ■ | 44 000 | 🍷 | - de 5 € |

Les vignerons des Côtes d'Olt forment avec les coopératives de Fronton, Rabastens et Técou le groupe Vinovalie, qui compte 4000 ha de vignes et 450 adhérents.

Un pur malbec né sur des graves. Le nez mêle avec délicatesse fruits noirs (mûre, prune, cerise), violette, cuir et épices douces (poivre, clou de girofle). La bouche au fruité mûr montre souplesse, volume et puissance adossée à des tanins présents mais sans agressivité. Un vin riche et prometteur. ✗ 2018-2021 ♟ rôti de sanglier ■ Tarani Réserve 2013 (5 à 8 € ; 65 000 b.) : vin cité. ✗ 2017-2020 ■ Astrolabe 2013 (8 à 11 € ; 40 000 b.) : vin cité. ✗ 2017-2019

☛ *Vinovalie – Côtes d'Olt, Cauzenil, 46140 Parnac, tél. 05 65 30 71 86* Ⓥ 🚶 ♿ *r.-v.*

CLOS DE POUGETTE Les Hauts de Pougette Élevé en fût de chêne 2012 ★

| ■ | 5 300 | ⊪ | 8 à 11 € |

À Cournou, petit village situé sur le causse du Lot, au sud-ouest de Cahors, Pierre Bénac a repris les vignes familiales en 1992 et conduit un vignoble de 22 ha.

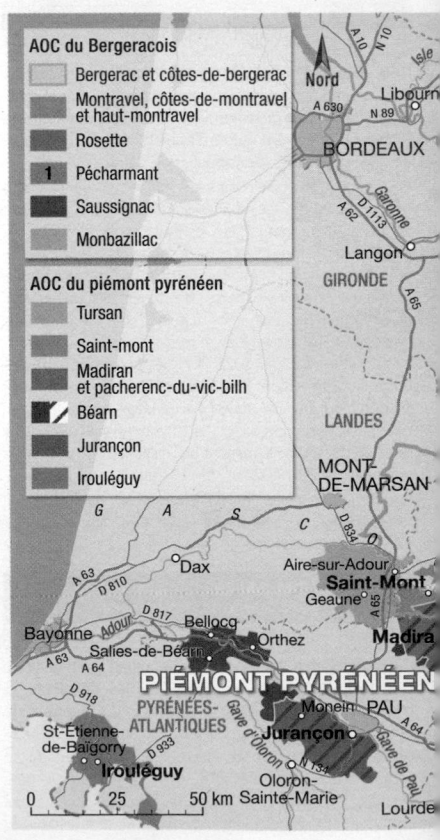

AOC du Bergeracois

- ☐ Bergerac et côtes-de-bergerac
- ☐ Montravel, côtes-de-montravel et haut-montravel
- ☐ Rosette
- 1 Pécharmant
- ☐ Saussignac
- ☐ Monbazillac

AOC du piémont pyrénéen

- ☐ Tursan
- ☐ Saint-mont
- ☐ Madiran et pacherenc-du-vic-bilh
- ☐ Béarn
- ☐ Jurançon
- ☐ Irouléguy

Élevé en fût pendant vingt-deux mois, ce pur malbec s'ouvre sur un bouquet de fruits rouges aux accents subtilement boisés. Tendre à l'attaque, le palais suit un développement ample et gourmand, structuré sur des tanins soyeux. Il dévoile des arômes persistants de fruits des bois : le bois reste à sa place. ✗ 2017-2021 ❦ civet de lièvre à la royale

○┐ *Pierre Bénac, Cournou,*
46140 Saint-Vincent-Rives-d'Olt, tél. 06 22 50 51 42,
closdepougette@alsatis.net 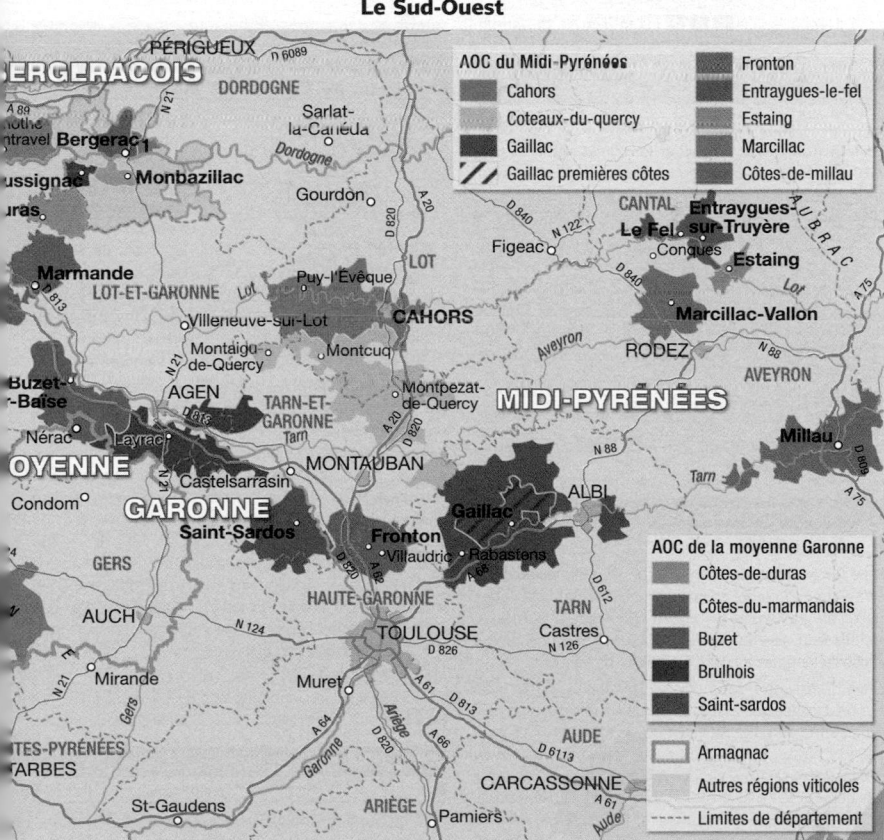 *t.l.j. 8h-20h*

Ⓑ LE CLOS D'UN JOUR		
Un jour sur terre 2012 ★		
■	🍾	15 à 20 €
	6 000	

Un jour... Stéphane Azémar, architecte de formation, et Véronique, archéologue, ont quitté la région parisienne pour s'installer sur une petite propriété à Duravel, un village abrité du vent du Nord par un arc de collines, et faire de la vigne leur métier. Ils conduisent leurs 7 ha de vigne en bio certifié.

Ce pur malbec a la particularité d'avoir été élevé dans la terre en jarres de terre cuite pendant dix-huit mois. Il présente une robe profonde aux parfums intenses et frais de fruits rouges et noirs à peine cueillis. Le palais est franc et ample, rond et généreusement fruité.

Des tanins encore un peu fermes et une trame acide soulignent sa longue finale et le destinent à la garde. ✗ 2017-2020 ❦ magret de canard aux fruits rouges

○┐ *Véronique et Stéphane Azémar, Le Clos d'un Jour,*
46700 Duravel, tél. 06 81 57 04 83, s.azemar@
wanadoo.fr 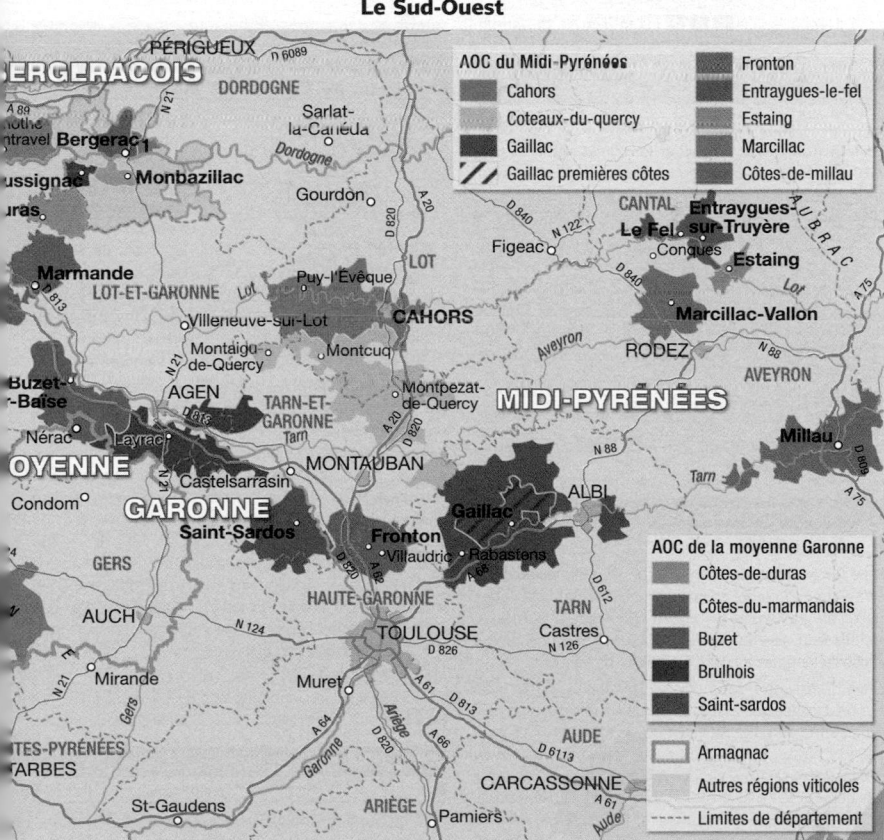 *t.l.j. sf dim. 9h-12h 14h-18h*

CLOS TROTELIGOTTE K Malbec 2012 ★		
■	⊞	15 à 20 €
	4 000	

Christian Rybinski et son fils Emmanuel cultivent leurs 12 ha de vignes sur des sols argilo-calcaires sidérolithiques rouges, riches en fer. Après une dizaine d'années d'agriculture raisonnée, les deux vignerons ont engagé la conversion bio de leur vignoble (certification en 2014).

Élevé en barrique de chêne pendant vingt-quatre mois, ce 2012 né sur des sols argilo-calcaires se présente dans une robe élégante couleur cerise noire. Il laisse monter des parfums engageants de fruits rouges délicatement mentholés et subtilement boisés. Doux et rond, généreux et fruité, le palais s'appuie sur des tanins fondus, soutenu par une acidité qui porte loin la finale finement boisée. ✗ 2017-2019 ❦ confit de canard

○┐ *Emmanuel Rybinski, Le Cap-Blanc, 46090 Villesèque,*
tél. 06 74 81 91 26, contact@clostroteligotte.fr
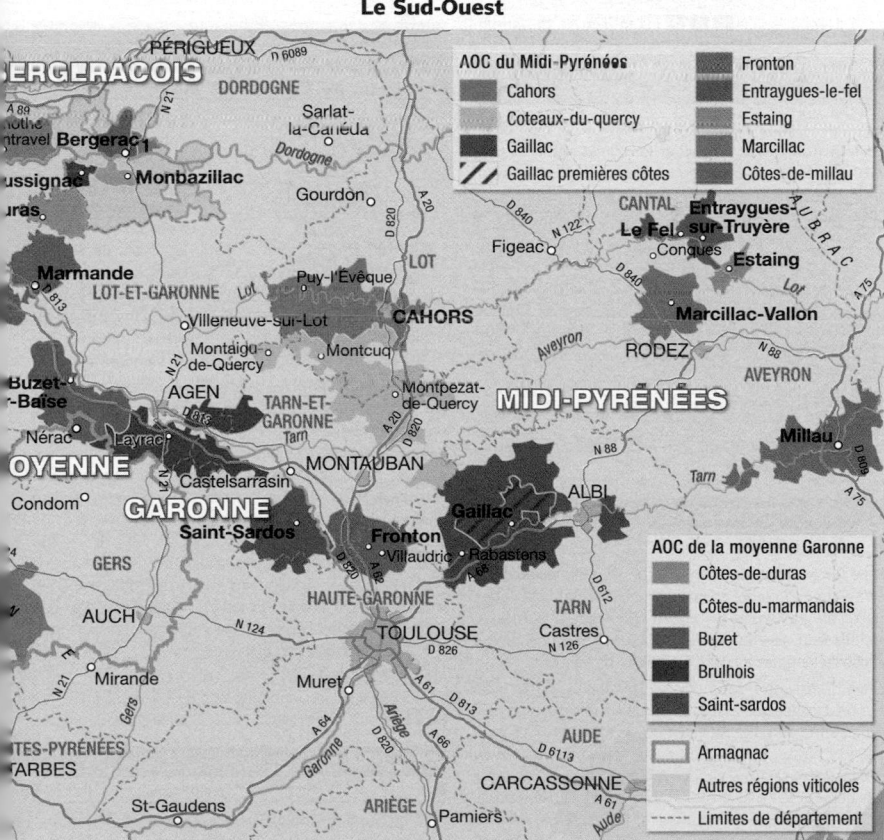 *t.l.j. sf dim. 9h-12h 14h-18h*

Le Sud-Ouest

♥ CH. COMBEL LA SERRE Élite 2012 ★★

| ■ | 3 000 | ⊞ | 20 à 30 € |

Sortis de la coopérative en 1998, Jean-Pierre Ilbert et son fils Julien ont fait le choix de ne planter que le malbec sur les sols d'argiles rouges. Ils ont engagé la conversion bio de leurs 22 ha de vignes.

Élevé longuement en barrique (vingt-quatre mois), ce pur malbec à la robe intense et profonde s'épanouit sur des parfums de marmelade de fruits rouges (framboise, fraise, groseille) et noirs (pruneau, mûre, cassis) mâtinés de réglisse et rehaussés de menthol. Le palais, puissant, mûr et ample, s'adosse à des tanins fins et soyeux. Une fraîcheur de bon aloi prolonge le plaisir de la dégustation, soulignant une finale délicatement épicée. Un vin complet, d'un rare équilibre, bâti pour la garde. ✗ 2017-2022 ♈ confit d'oie ■ Cœur de cuvée 2012 ★ (8 à 11 € ; 20 000 b.) : un nez délicat de cassis et de vanille, une bouche à l'unisson, adossée à des tanins robustes. Un vin de caractère. ✗ 2017-2022

o⟶ Jean-Pierre et Julien Ilbert, Cournou, 46140 Saint-Vincent-Rive-d'Olt, tél. 05 65 30 71 34, julien.ilbert@yahoo.fr Ⓥ 🚶 🏠 t.l.j. sf dim. 8h-12h 14h-18h

CH. LA COUSTARELLE
La Grande Réserve d'Athéna Malbec 2011 ★

| ■ | 60 000 | | 8 à 11 € |

Paul, Gaston, Pierre, Michel et Caroline Cassot : depuis 1870, la même famille conduit ce domaine de 50 ha situé sur la troisième terrasse du Lot, rive droite, exposée au plein sud.

Un nez puissant évoquant les fruits noirs (mûre, cassis), rehaussé d'une pointe plus fraîche de menthol. Ample et frais à la fois, le palais retrouve ces arômes, épaulé par des tanins serrés et soutenu par ce qu'il faut de fraîcheur pour lui donner de l'allonge. Un passage en cave l'aidera à gagner en rondeur et en fondu. ✗ 2017-2020 ♈ entrecôte

o⟶ Caroline Cassot , Ch. la Coustarelle, Les Caris, 46220 Prayssac, tél. 05 65 22 40 10, chateaulacoustarelle@wanadoo.fr Ⓥ 🚶 🏠 t.l.j. sf dim. 9h-12h 14h-18h

CH. CROZE DE PYS Révélation 2011 ★★

| ■ | 3 000 | ⊞ | 15 à 20 € |

René Roche avait repris en 1966 un vignoble abandonné à Vire-sur-Lot, planté en malbec, merlot et tannat sur des terres de graviers et de sables. Œnologue à Bordeaux, son fils Jean, revenu en 1987 poursuivre le travail de ses ancêtres, conduit aujourd'hui 48 ha de vignes.

Élevé douze mois sous bois, ce pur malbec à la robe sombre frangée de violine s'épanouit sur des parfums frais évoquant le cassis et l'eucalyptus. Le palais, gras, charnu, à la fois puissant et élégant, porte la marque vanillée de l'élevage. Les tanins sont fins et bien fondus, et une juste fraîcheur porte loin la finale. Un cahors typé et prêt à boire. ✗ 2016-2019 ♈ côte de bœuf sur sarments ■ 2013 ★ (5 à 8 € ; 60 000 b.) : un nez fin sur les fruits noirs (cassis)

et la violette, typique du cépage (malbec majoritaire). Un palais, souple et aromatique (mûre), adossé à des tanins encore jeunes et fougueux en finale. ✗ 2017-2020

o⟶ SCEA des Domaines Roche, Ch. Croze de Pys, 46700 Vire-sur-Lot, tél. 05 65 21 30 13, chateau-croze-de-pys@wanadoo.fr Ⓥ 🚶 🏠 t.l.j. 9h30-12h 13h30-17h; sam. dim. sur r.-v.

DIVIN CROISILLE 2012 ★

| ■ | 6 500 | ⊞ | 20 à 30 € |

Cécile et Bernard Croisille se sont installés en 1979 au hameau de Fages, perdu sur le causse au-dessus de Luzech. Ils ont agencé une cave moderne et commencé à élaborer leur vin en 2000, à partir de 25 ha de vignes (30 ha aujourd'hui). Avec leur fils Germain qui les a rejoints au domaine, ils ont engagé la conversion bio du vignoble.

Ce pur malbec élevé vingt-quatre mois en barrique offre un nez intense porté sur les fruits à l'alcool avec des accents vanillés. Franc à l'attaque, bien équilibré entre onctuosité et fraîcheur, le palais repose sur des tanins soyeux. On y retrouve les fruits rouges vanillés et une pointe de fruits noirs soulignés par la finale fraîche. ✗ 2019-2021 ♈ filet de bœuf

o⟶ Ch. les Croisille, Fages, 46140 Luzech, tél. 05 65 30 53 88, chateaulescroisille@wanadoo.fr Ⓥ 🚶 🏠 t.l.j. sf dim. 9h-19h

♥ CH. EUGÉNIE
Cuvée réservée de l'aïeul 2013 ★★★

| ■ | 50 000 | ⊞ | 8 à 11 € |

1470 : c'est à cette date que remontent les archives de ce domaine qui connut de prestigieux clients au XVIIIᵉˢ., notamment les tsars de Russie. Dans la famille Couture depuis cinq générations, cette propriété s'appuie sur un vignoble de 42 ha.

Hommage aux vignes les plus âgées du domaine, plantées par le grand-père de l'actuel propriétaire, cette cuvée est un exemple de régularité (témoin, sa dizaine de mentions dans les précédentes édition du Guide). Elle fait honneur à sa réputation avec ce 2013 élevé dix-huit mois en fût. D'un beau rouge sombre, ce malbec teinté de tannat livre d'élégantes senteurs de fruits confits, de violette et de vanille. Dans le même registre, le palais fait preuve d'un remarquable équilibre, entre acidité maîtrisée et tanins fins et soyeux, développant un fruité gourmand et savoureux jusque dans sa longue finale mentholée. Un cahors qui porte fièrement les couleurs de son terroir. ✗ 2017-2022 ♈ civet de chevreuil

o⟶ Ch. Eugénie, Rivière-Haute, 46140 Albas, tél. 05 65 30 73 51, couture@chateaueugenie.com Ⓥ 🚶 🏠 t.l.j. sf dim. 9h30-12h30 14h-19h o⟶ Couture

ⓑ CH. FANTOU Grande terrasse Malbec 2012 ★

| ■ | 14 000 | ⊞ | 8 à 11 € |

Loïc et Aurélie Aldhuy-Thévenot ont repris l'exploitation familiale, aujourd'hui conduite en bio certifié. Les dernières plantations ont porté la surface des vignes à 21 ha, réparties entre causses de pierrailles et terrasses d'alluvions de la vallée du Lot.

Du malbec associé à un soupçon de merlot (5 %) dans ce 2012 au nez net, intense et franc, sur les fruits noirs (mûre), les épices (poivre) et le bourgeon de cassis. La bouche dévoile un fruité vanillé discret, une structure tannique solide, et fait preuve d'une bonne longueur. Un vin à laisser vieillir pour plus de souplesse. ✶ 2017-2020 ❦ cassolette d'agneau confit

o━ *Famille Aldhuy-Thévenot, Ch. Fantou, 46220 Prayssac, tél. 05 65 30 61 85, chateau-fantou@orange.fr* 🆅 🅺 🆖 *r.-v.*

CH. DE GAUDOU Tradition 2013 ★		
■ 235 000	🍾	5 à 8 €

Au XVIIIᵉs., Louis Durou s'installa au lieu-dit Gaudou, près de Vire-sur-Lot. Flanqué de pigeonniers, selon la tradition quercynoise, le château domine un vignoble de 46 ha mené aujourd'hui par René Durou et son fils Fabrice.

Cette cuvée associant du malbec (majoritaire), du merlot et du tannat livre des parfums gourmands de fruits mûrs soulignés de senteurs plus fraîches aux tonalités végétales. La bouche adopte le même registre et révèle une structure tannique ferme. Un ensemble bien construit et long, à faire patienter encore un peu pour lui permettre de gagner en fondu. ✶ 2016-2019 ❦ rôti de veau ■ Grande lignée 2013 ★ (8 à 11 € ; 40 000 b.) : un élevage de quatorze mois sous bois pour cette cuvée au nez délicat de confiture de cassis et de violette alliés aux épices et à la vanille, et au palais ample, puissant et long, boisé et vanillé. ✶ 2018-2022

o━ *Fabrice Durou, Ch. de Gaudou, Gaudou, 46700 Vire-sur-Lot, tél. 05 65 36 52 93, info@ chateaudegaudou.com* 🆅 🅺 🆖 *t.l.j. sf dim. 14h30-17h30*

CH. DE GRÉZELS Prestige 2013 ★		
■ 110 000	🍾	5 à 8 €

Ce vignoble est le berceau de la famille Rigal, présente dans la région depuis le milieu du XVIIIᵉs. Il est dominé par un château jadis propriété des évêques de Cahors. Développé par Jean-Marie Rigal à partir des années 1950, cet ensemble de quelque 34 ha est aujourd'hui conduit par son fils Franck épaulé par son frère David (œnologue).

Du malbec associé à 30 % de merlot dans ce cahors aux parfums engageants de fruits rouges et noirs confiturés aux accents délicatement épicés. Onctueuse et suave, équilibrée par une fine fraîcheur et bâtie sur des tanins déjà mûrs et bien fondus, la bouche suit la même ligne aromatique et offre une finale fraîche et élégante. Un vin complexe et typé. ✶ 2016-2020 ❦ omelette aux cèpes

o━ *Famille Rigal, SCEA Ch. de Grézels, Ch. Saint-Didier-Parnac, 46140 Parnac, tél. 05 65 30 78 13, maite.rigal@orange.fr* 🆅 🅺 🆖 *r.-v.*

CH. DE HAUTERIVE		
Chemin de Compostelle Malbec 2012 ★		
■ 25 000	🍾	5 à 8 €

Les frères Gilles et Dominique Filhol ont rejoint leur père sur le domaine implanté au cœur du village de Vire-sur-Lot. Le vignoble couvre 20 ha sur la deuxième terrasse de la vallée du Lot et bénéficie d'une exposition au plein sud.

Hommage aux pèlerins de Saint-Jacques de Compostelle, qui contribuent à faire connaître depuis le Moyen Âge Cahors et ses vins, cette cuvée libère des senteurs puissantes de fruits noirs bien mûrs. On retrouve ces arômes dans une bouche souple à l'attaque, aux tanins dénués d'agressivité. Du potentiel. ✶ 2018-2021 ❦ confit d'oie ■ 2012 (5 à 8 € ; 52 000 b.) : vin cité. ✶ 2016-2019

o━ *Gilles et Dominique Filhol, Le Bourg, 46700 Vire-sur-Lot, tél. 05 65 36 52 84, chateaudehauterive@wanadoo.fr* 🆅 🅺 🆖 *t.l.j. sf dim. 8h30-12h 14h-19h*

CH. HAUT-MONPLAISIR		
Pur plaisir Malbec 2011 ★★		
■ 7 000	🍷	20 à 30 €

Cathy et Daniel Fournié ont repris en 1994 ce domaine de 30 ha, aujourd'hui en bio certifié. Autodidactes, ils ont pris conseil auprès des vignerons voisins. Ils ont vite et bien appris, témoins les sélections régulières dans ces pages.

Élevée vingt-quatre mois en barrique, cette cuvée noir intense aux reflets acajou délivre des senteurs engageantes et complexes de fruits noirs (cerise, mûre) mâtinés d'épices et chocolat. Franc, gras, ample et charnu, tout aussi aromatique que le nez, le palais repose sur une trame tannique déjà fondue. La finale chaleureuse signe un vin harmonieux et complet, aimable dès à présent mais aussi construit pour durer. ✶ 2016-2022 ❦ agneau rôti à la sarriette ■ Prestige Malbec 2011 ★ (11 à 15 € , 35 000 b.) : un élevage de vingt-deux mois en fût pour cette cuvée aux parfums gourmands et complexes de fruits rouges épicés, chocolatés, rehaussés d'une note de cuir. Charnu, ample et onctueux, épaulé par ses tanins veloutés, ce 2011 peut s'apprécier dès à présent. ✶ 2015-2020

o━ *Ch. Haut-Monplaisir, 46700 Lacapelle-Cabanac, tél. 05 65 24 64 78, chateau.hautmonplaisir@wanadoo.fr* 🆅 🅺 🆖 *t.l.j. 9h-12h 14h-18h; sam. dim. r.-v.* 🏠 🅔
o━ *Fournié Daniel et Cathy*

DOM. D'HOMS Les Chevaliers Malbec 2012 ★★		
■ 2 000	🍾	11 à 15 €

Situé dans le Quercy blanc, ce domaine résulte de la fusion des vignobles de Roger Thiery (4 ha) et de Daniel Cauzit (5 ha), vignerons du cru, qui s'étaient associés. En 2003, Charlène, la fille du second, les a rejoints.

Ce 2012 élevé longuement en cuve (vingt-deux mois) exprime des parfums délicats et complexes de fruits noirs et de violette, marqueurs du cépage malbec. Le palais, tendu par une fraîcheur tonique, long et ample, suit la même ligne aromatique. Remarquablement structuré, ce vin peut être apprécié dans sa jeunesse à condition d'être carafé. ✶ 2016-2022 ❦ canard aux pruneaux

o━ *Dom. d'Homs, Maux, D 656, 46800 Saux, tél. 05 65 24 93 12, contact@domainedhoms-cahors.fr* 🆅 🅺 🆖 *t.l.j. 10h-17h (19h de juin à septembre)*

🅑 CH. LACAPELLE CABANAC		
Malbec XL 2012 ★		
■ 5 800	🍷	11 à 15 €

Néovignerons venus du monde de l'informatique et du marketing, Thierry Simon et Philippe Vérax se sont installés en 2001 sur ce vignoble au cœur du causse, à quelque distance du Lot. Ils l'ont conduit d'emblée en biodynamie et l'exploitent en bio certifié.

Élevé en fût de chêne pendant vingt-quatre mois, ce malbec s'ouvre sur des senteurs fines et élégantes de fruits rouges écrasés aux nuances épicées et boisées. Le palais est rond, ample et généreusement fruité, adossé à des tanins déjà fondus. Une légère tension lui donne de l'allonge. ✗ 2016-2019 ♥ entrecôte sur sarments

☛ Ch. Lacapelle Cabanac, Le Château, 46700 Lacapelle-Cabanac, tél. 05 65 36 51 92, contact@lacapelle-cabanac.com 🆅 🎿 🏠 t.l.j. sf sam. dim. 9h-12h 14h-18h

---

♥ **CH. LAGRÉZETTE** Malbec 2012 ★★		
■ 56 437	🍷	20 à 30 €

Un domaine vedette du vignoble cadurcien, acquis en 1980 par l'homme d'affaires Alain-Dominique Perrin. Il est renommé pour l'architecture caractéristique de son manoir du XVIᵉ s., avec ses tours en poivrière, ses toits pentus et son pigeonnier ; pour son patrimoine viticole aussi (90 ha), exploité depuis le XVIᵉ s. ; pour ses vins ambitieux, surtout, régulièrement mis en vue dans ces pages.

La cuvée principale du domaine ne vieillit pas moins de dix-huit mois en barriques de chêne neuf. Puissante et élégante, elle s'épanouit sur la cerise chocolatée, avec une pointe de menthe et une bouche empyreumatique. Tout aussi intense et complexe, à la fois rond et frais, le palais épaulé de tanins serrés mais soyeux s'étire dans une longue et savoureuse finale aux accents subtilement vanillés. Un vin de gastronomie. ✗ 2017-2022 ♥ agneau confit aux herbes ■ Clos Marguerite Massault Malbec 2012 ★★ (30 à 50 € ; 10 900 b.) : un pur malbec élevé dix-huit mois sous bois, au nez subtil et bien ouvert sur le pruneau et la myrtille délicatement vanillés. Le prélude à une bouche d'une remarquable harmonie, bien équilibrée entre des tanins doux et une juste fraîcheur qui étire la finale marquée par un retour des fruits noirs épicés. ✗ 2018-2022

☛ SCEV la Grézette, Dom. de Lagrézette, 46140 Caillac, tél. 05 65 20 07 42, cblanc@lagrezette.fr 🆅 🎿 🏠 t.l.j. 10h-12h 14h-18h; f. janv. ☛ Perrin A.-D.

CH. LAMARTINE Cuvée particulière 2013 ★		
■ 50 000	🍷	11 à 15 €

Selon la légende, la ramure d'un chêne centenaire abritait ici les rendez-vous galants d'une belle Martine... Depuis 1975, Alain Gayraud conduit ce domaine aux origines anciennes (1883), situé aux confins du Lot-et-Garonne. Le vignoble couvre 35 ha, exposé au plein sud. Un pilier de l'appellation.

Une des cuvées emblématiques d'un domaine de nombreuses fois en vue dans le Guide. Du malbec teinté de tannat, élevé quatorze mois en fût, aux parfums délicats de fruits rouges légèrement grillés. La bouche ? Ronde et suave, adossée à des tanins robustes, encore jeunes, suffisamment fraîche pour supporter la garde. ✗ 2016-2019 ♥ gigot de sept heures

☛ SCEA Ch. Lamartine, Lamartine, 46700 Soturac, tél. 05 65 36 54 14, chateau-lamartine@wanadoo.fr 🆅 🎿 🏠 t.l.j. 9h-12h 13h30-18h30 ☛ Alain Gayraud

---

LOU PRINCE 2013 ★		
■ 6 000	🍷	20 à 30 €

Selon la tradition villageoise, un Jouves ayant vu le roi de France pour lui livrer du vin aurait été surnommé « Lou Prince » à son retour. Ce surnom reste utilisé par les vieux villageois de Cournou. Didier et Bruno Jouves conduisent aujourd'hui un domaine de 27 ha.

Issu de pur malbec, ce 2013 a bénéficié d'un élevage long (vingt-quatre mois) en barrique. Il en tire des parfums expressifs et complexes de cassis et de fruits des bois fondus dans des notes de toasté, de grillé et de vanille. Souple, charnu et ample à l'attaque, le palais est solidement structuré par des tanins encore fermes. Sa trame acide vient lui apporter équilibre et longueur, soulignant son fruité jusqu'en finale. Pour les amateurs de vins boisés et puissants. ✗ 2017-2021 ♥ chevreuil rôti ■ Dom. du Prince Rossignol 2013 ★ (15 à 20 € ; 4 000 b.) : pas de bois pour cette cuvée au nez de fruits noirs délicatement confiturés accompagnés d'une note de rhubarbe. Ample, aromatique et longue, la bouche est portée par des tanins fermes et une juste fraîcheur. Un vin bien typé et tendu qui saura supporter la garde. ✗ 2018-2021

☛ GAEC de Pauliac, Dom. du Prince, Cournou, 46140 Saint-Vincent-Rive-d'Olt, tél. 05 65 20 14 09, domaineduprince@alsatis.net 🆅 🎿 🏠 t.l.j. 9h-19h; dim. 9h-12h ☛ Jouves

---

DOM. DE MAISON NEUVE 2012 ★★		
■ 16 000	🍶	5 à 8 €

Michèle, Bernard Delmouly et leur fils Cyrille sont installés sur la commune du Boulvé, dans le canton de Montcuq, là où le chanteur Nino Ferrer avait élu domicile. L'exploitation s'est transmise de père en fils depuis 1900 et compte aujourd'hui 14 ha.

Ce 2012 de pur malbec au rouge profond s'ouvre sur des parfums typiques du cépage : fruits noirs (cassis), avec une touche végétale (bourgeon de cassis). À ce nez fruité et gourmand répond une bouche tout aussi savoureuse, adossée à des tanins soyeux et bien fondus. Une cuvée qui porte fièrement les couleurs de son appellation. ✗ 2017-2020 ♥ canard en daube ■ Cuvée Amandine 2011 ★ (20 à 30 € ; 1 300 b.) : un nez flatteur sur les fruits noirs, rehaussé d'une pointe mentholée, prélude à une bouche fraîche, onctueuse et tannique, à la finale tonique et boisée. Un vin à la fois fin et puissant, belle expression du malbec élevé sous bois. ✗ 2017-2019

☛ Delmouly, GAEC de Maison Neuve, 46800 Le Boulvé, tél. 05 65 31 95 76, domainemaisonneuve@wanadoo.fr 🆅 🎿 🏠 t.l.j. 8h-12h 14h-19h

---

ⓑ **MAS DEL PÉRIÉ** La Roque Malbec 2013 ★★		
■ 20 000	🍶 🍷	11 à 15 €

Jeune vigneron, Fabien Jouves a repris en 2006 ce domaine situé sur les plus hauts coteaux de Cahors, à 350 m, à quelque distance du Lot. Sa démarche ? Agriculture biologique et biodynamique (certifications acquises) et sélections parcellaires.

Ce 2013 s'épanouit sur des parfums discrets de fruits rouges soulignés délicatement de vanille. Dans le même registre, le palais, adossé à des tanins fins, veloutés et fondus, offre une fraîcheur tonique qui étire sa finale. Une remarquable harmonie. ✗ 2018-2022 ❦ confit de porc aux haricots blancs

○┐ *Mas del Périé, Le Bourg, 46090 Trespoux-Rassiels, tél. 05 65 30 18 07, masdelperie@wanadoo.fr*
Ⓥ 🏃 🔼 *t.l.j. 8h-12h 14h-19h* ○┐ Jouves Fabien

CH. DE MERCUÈS Malbec 2013		
■	65 000	🍶 ◫	15 à 20 €

Fondée en 1887 dans le Lot, la maison Georges Vigouroux œuvre depuis quatre générations à la renommée des vins de Cahors. Ce négoce, pionnier de l'appellation, distribue ses marques et possède plusieurs domaines (Leret-Monpezat, Mercuès, Tournelle ou encore Haute-Serre).

Ce 2013 offre un nez délicat de fruits noirs nuancés de notes de fruits à l'eau-de-vie et de cuir. La bouche est tendue par une acidité qui met en valeur ses arômes de fruits noirs épicés et trouve le soutien de tanins serrés, encore un peu fermes. Un ensemble bien maîtrisé qui révélera d'autres secrets après un passage en cave. ✗ 2018-2021 ❦ civet de biche ■ Crocus Atelier 2012 (15 à 20 € ; 33 000 b.) : vin cité. ✗ 2018-2021 ■ Ch. Leret Malbec Réserve 2013 (8 à 11 € ; 26 600 b.) : vin cité. ✗ 2017-2021

○┐ *GFA Georges Vigouroux, Ch. de Mercuès, 46090 Mercuès, tél. 05 65 20 80 80, vigouroux@ g-vigouroux.fr* Ⓥ 🏃 🔼 *t.l.j. sf lun. 10h-12h30 14h30-19h, f. nov.-mars*

MÉTAIRIE GRANDE DU THÉRON Prestige 2013 ★★		
■	24 000	◫	8 à 11 €

Ce domaine aux bâtiments en pierre jaune du Quercynois ordonnés autour d'une grande cour carrée dispose de 32 ha de vignes plantés sur les coteaux pentus de la troisième terrasse dominant la vallée du Lot.

Élevé quinze mois sous bois, ce cahors né de pur malbec s'ouvre sur des parfums complexes et fins de fruits noirs (cassis, mûre) rehaussés d'un boisé délicat aux nuances d'épices et de caramel. Tout aussi fruitée, la bouche révèle un équilibre remarquable entre onctuosité et fraîcheur, une trame acide venant en renfort de tanins dénués d'agressivité. Un retour des notes d'élevage en finale apporte un surcroît de suavité à cet ensemble bâti pour durer. ✗ 2017-2022 ❦ aiguillettes de canard aux fruits noirs ■ Ch. Haute Borie Tradition 2013 ★ (5 à 8 € ; 36 000 b.) : des parfums complexes et puissants de fruits rouges (framboise, cerise) mâtinés d'épices douces, et une structure tannique encore ferme. ✗ 2017-2021 ■ Ch. Haute Borie Cuvée Prestige 2013 (8 à 11 € ; 12 000 b.) : vin cité. ✗ 2017-2021

○┐ *Liliane Barat-Sigaud, Métairie Grande du Théron, 46220 Prayssac, tél. 05 65 22 41 80, barat-sigaud@ wanadoo.fr* Ⓥ 🏃 🔼 *r.-v.*

CH. NOZIÈRES 2012 ★		
■	30 000	🍶	- de 5 €

Pierre et Paulette Maradenne ont acheté en 1955 cette propriété où se côtoyaient la vigne, la lavande, les céréales et les vaches laitières. Les premières bouteilles ont été commercialisées dans les années 1970. Aujourd'hui conduit par leur petit-fils Olivier Guitard, le domaine compte plus de 52 ha.

Issu de malbec teinté de merlot, ce 2012 offre un nez frais sur le cassis. On retrouve ce fruit dans une bouche ample et longue, d'une rare suavité, bâtie sur des tanins veloutés. La finale tout en fraîcheur laisse envisager un potentiel intéressant. ✗ 2017-2021 ❦ selle d'agneau confite

○┐ *EARL de Nozières, Bru, 46700 Vire-sur-Lot, tél. 05 65 36 52 73, chateaunozieres@wanadoo.fr*
Ⓥ 🏃 🔼 *t.l.j. sf dim. 9h-12h 14h-19h* ○┐ Maradenne-Guitard

CH. PAILLAS 2012		
■	35 000	🍶	5 à 8 €

Germain Lescombes a créé de toutes pièces ce domaine en 1978 à Floressas et planté ses vignes à 240 m d'altitude, sur le plateau dominant la vallée du Lot. Son vignoble, d'un seul tenant, s'étend sur 27 ha en demi-cercle autour du chai et des bâtiments, dont certains datent du XIIIᵉs.

Un 2012 au bouquet intense de fruits noirs et rouges. Ample, adossée à des tanins soyeux, la bouche poursuit sur ce registre gourmand et fruité jusqu'en finale. Un vin encore dans sa jeunesse, qui pourra être apprécié dès maintenant, servi en carafe. ✗ 2016-2021 ❦ rôti de bœuf ■ Boutarel 2012 (- de 5 € ; 70 000 b.) : vin cité. ✗ 2017-2020

○┐ *SCEA de Saint-Robert, Paillas, 46700 Floressas, tél. 05 65 36 58 28, info@paillas.com* Ⓥ 🏃 🔼 *t.l.j. sf sam. dim. 9h-12h 14h-17h30*

CH. PECH DE JAMMES Malbec 2013 ★		
■	12 000	🍶 ◫	15 à 20 €

Le domaine a appartenu au ministre Bernard Pons avant d'être vendu à des familles américaines et laissé à l'abandon. Grâce à l'aide de Bertrand-Gabriel Vigouroux, Thomas Chardard propriétaire depuis 2009, a redonné ses lettres de noblesse à cette belle exploitation.

Ce 2013 s'ouvre sur des senteurs engageantes de fruits noirs épicés et vanillés, accompagnées de notes de cerise à l'eau-de-vie. Dans le même registre, le palais apparaît volumineux, rond et persistant, structuré par des tanins soyeux. Un vin de caractère typique et prêt à boire. ✗ 2015-2019 ❦ côte de bœuf ■ Petit Jammes Malbec 2013 (8 à 11 € ; 5 000 b.) : vin cité. ✗ 2017-2019

○┐ *SCEA T. Chardard, 740, rte de Vayrols, 46090 Flaujac-Poujols, tél. 06 80 98 55 10, thomas@ pechdejammes.fr*

DOM. PEJUSCLAT Prestige 2012 ★★		
■	3 000	◫	8 à 11 €

Au sud de l'appellation, sur la commune de Villesèque, un petit domaine de 10 ha tenu par Guillaume Bessières, installé en 2002, et son père.

Issu de pur malbec, ce 2012 offre un nez bien ouvert sur les fruits noirs soulignés d'une touche de boisé fumé. Ces arômes s'épanouissent dans un palais à la fois ample et charpenté, soutenu par une juste fraîcheur qui apporte harmonie et longueur. Un vin puissant et typé, promis à un bel avenir. ✗ 2018-2022 ❦ sauté de sanglier aux aubergines

○┐ *Guillaume Bessières, Péjusclat, 46090 Villesèque, tél. 06 83 80 01 46, pejusclat.guillaume@live.fr*
Ⓥ 🏃 🔼 *t.l.j. sf dim. 8h-12h30 13h30-19h*

SUD-OUEST

CH. PINERAIE Élevé en fût de chêne 2013 ★

| ■ | 150 000 | ◫ | 8 à 11 € |

Un domaine de 50 ha fondé il y a cent cinquante ans sur les deuxième et troisième terrasses du Lot. Aujourd'hui, les cinquième et sixième générations travaillent ensemble, Anne et Emmanuelle Burc ayant rejoint leur père Jean-Luc.

Un nez de fruits rouges empreint de tabac, de vanille et de quelques notes balsamiques. Le palais se montre ample, puissant et solide, étayé par des tanins en train de se fondre. Le boisé de la barrique encore très présent appelle la garde. ✗ 2027-2021 ❦ filet de bœuf aux champignons

☛ Burc, Leygues, 46700 Puy-l'Évêque,
tél. 05 65 30 82 07, chateaupineraie@wanadoo.fr
Ⅴ 🎿 ✚ t.l.j. sf sam. dim. 9h-12h 14h-18h

CH. PLAT FAISANT Cuvée des Générations 2012 ★

| ■ | 20 000 | ◫ | 11 à 15 € |

Le domaine se situe au cœur du lieu-dit Les Roques, sur les hauteurs de Saint-Vincent-Rive-d'Olt. Serge Bessières et Caroline Dumond conduisent un vignoble de 20 ha en conversion bio. Une valeur sûre de l'AOC cahors, souvent en vue pour ses cuvées de l'Ancêtre et des Générations, qui honorent les aïeux vignerons.

Ce 2012 révèle un nez complexe et bien ouvert sur les fruits noirs confiturés teintés d'épices douces. Ample et équilibré, le palais déroule une trame tannique fine et élégante, et s'étire en une longue finale où l'on retrouve le fruité épicé et réglissé. Un vin harmonieux et bien construit. ✗ 2017-2020 ❦ magret de canard aux airelles ■ Malbec 2011 ★ (5 à 8 € ; 30 000 b.) : un nez sur les fruits noirs (pruneau) et de délicates notes de torréfaction. Souple, gras et long, le palais déroule une matière charnue adossée à des tanins souples et soyeux. Un vin élégant, prêt à boire. ✗ 2015-2020

☛ Ch. Plat Faisant, Les Roques,
46140 Saint-Vincent-Rive-d'Olt, tél. 05 65 30 76 38,
chateauplatfaisan@wanadoo.fr Ⅴ 🎿 ✚ r.-v. 🏠 🅔

CH. PONZAC Éternellement Cahors 2012 ★

| ■ | 3 000 | ◫ | 15 à 20 € |

Enracinés à Carnac depuis le XIVᵉˢ., les Molinié sont très liés à l'histoire du village. Jean-Pierre est ainsi maire de la commune. Au château, Mathieu et Virginie élaborent la trilogie de Ponzac : les cuvées Maintenant, Patiemment et Éternellement. Ils conduisent 30 ha de vignes.

Issue du pur malbec, cette cuvée élevée dix-huit mois en fût s'épanouit sur de discrètes senteurs de pruneau teintées d'une pointe réglissée. La bouche ample, suave et ronde, est bâtie sur des tanins fins ; une juste fraîcheur donne de l'allonge à la finale marquée par un retour du pruneau et de la réglisse. Un vin harmonieux. ✗ 2017-2019 ❦ risotto aux cèpes

☛ EARL la Croix des Vignes, Le Causse,
46140 Carnac-Rouffiac, tél. 05 65 31 99 48,
chateau.ponzac@wanadoo.fr Ⅴ 🎿 ✚ t.l.j. 9h-19h
☛ Molinié

CH. DU PORT Cuvée Prestige Malbec 2012

| ■ | 63 000 | 🍾 ◫ | 8 à 11 € |

Les trois frères Arnaud, Didier et Francis Pelvillain gèrent ensemble plusieurs vignobles ainsi qu'une mai-

son de négoce. Construit à la fin du XIXᵉˢ., face au village d'Albas, le château du Port est aujourd'hui dominé par ses 40 ha de vignes.

Ce 2012 tire de son élevage un nez intense et fin de fruits rouges et noirs aux accents cacaotés et torréfiés. On retrouve cette palette épicée dans une bouche ronde aux tanins veloutés, sous-tendue par une fine acidité qui lui confère équilibre et longueur. ✗ 2017-2019 ❦ confit de canard

☛ GAEC de Pelvillain-Circofoul, RD9 Circofoul,
46140 Albas, tél. 05 65 20 13 13, pelvillainfreres@
orange.fr Ⅴ 🎿 ✚ t.l.j. sf sam. dim. 8h30-12h 14h-17h30

CH. QUATTRE Malbec 2013

| ■ | 20 000 | ◫ | 8 à 11 € |

Établi en Quercy blanc, ce vignoble de 65 ha est planté sur les plus hautes terrasses du sud de l'appellation. Il est la propriété d'une société rattachée au groupe bordelais Ginestet.

Ce 2013 s'épanouit sur des parfums discrets de fruits rouges et noirs teintés de vanille. Le palais, souple, déroule des tanins en train de se fondre. Un vin simple et bien construit. ✗ 2017-2019 ❦ cailles farcies au foie gras

☛ SCEA Saint-Seurin, Ch. Quattre,
46800 Bagat-en-Quercy, tél. 05 65 36 91 04,
chateauquattre@orange.fr Ⅴ 🎿 ✚ t.l.j. sf sam. dim. 8h-12h
14h-18h ; ven. 16h ; f. du 24/12 au 02/01 ☛ Mauget

CH. LA REYNE Le Prestige 2013 ★★

| ■ | 70 000 | ◫ | 8 à 11 € |

Commandée par une grande bâtisse flanquée de deux pigeonniers, cette propriété familiale de Puy-l'Évêque, dans la vallée du Lot, est aux mains de Johan Vidal, arrivé en 1997. Le vignoble s'étend sur 33 ha.

Né de pur malbec, ce vin tire de son élevage de vingt-deux mois en fût une couleur pourpre profond et des parfums riches et complexes de fruits rouges réglissés et vanillés aux tonalités balsamiques et légèrement mentholées. Ample, rond, puissant et gras, le palais trouve le soutien de tanins élégants et fondus, et d'une fraîcheur bienvenue qui étire la finale. Un vin d'une remarquable harmonie, bien dans son appellation. ✗ 2017-2022 ❦ daube de bœuf ■ Clos des Batuts 2012 ★ (5 à 8 € ; 90 000 b.) : au nez, des parfums généreux de fruits noirs confiturés, d'épices (poivre) et quelques notes de sous-bois. Gourmand et aromatique à l'attaque, le palais est soutenu par des tanins dénués d'agressivité et par une fraîcheur qui tonifie la finale. ✗ 2018-2021 ■ Clos des Batuts 2013 (5 à 8 € ; 90 000 b.) : vin cité. ✗ 2018-2021

☛ SARL La Reyne Sélection, Leygues,
46700 Puy-l'Évêque, tél. 05 65 30 82 53,
chateaulareyne@orange.fr Ⅴ 🎿 ✚ r.-v.

RIGAL Troisième terrasse 2012 ★

| ■ | 6 000 | 🍾 ◫ | 11 à 15 € |

Cette maison cadurcienne, dont les origines remontent à 1755, rayonne aujourd'hui dans tout le Sud-Ouest, affiliée désormais au vaste groupe Advini.

Le malbec a poussé sur la haute terrasse pour donner un vin aux senteurs intenses de fruits aux épices, accompagnées de notes vanillées et grillées. Ample et pleine de charme, la bouche suit un développement tout en rondeur et en fruité, adossée à des tanins puissants mais élégants.

Un vin charnu, gourmand et prêt à boire. ✖ 2015-2019 ♈ foie gras poêlé

☛ SAS Rigal, Ch. Saint-Didier, 46140 Parnac, tél. 05 65 30 70 10, audrey.boguslawski@rigal.fr f.

CH. DES ROCHES Écusson 2013 ★		
■ 18 000	î	- de 5 €

Fort de son diplôme de viti-œno, Patrick Laur a repris le vignoble familial en 1979. En 2009, il a été rejoint par son fils Ludovic. Ensemble, ils ont agrandi l'exploitation qui compte aujourd'hui 44 ha de vignes.

Né de pur malbec, ce 2013 libère des parfums puissants de fruits noirs mûrs aux accents poivrés. Souple à l'attaque, le palais se développe avec ampleur, rappelant avec délicatesse les fruits noirs mûrs (cassis) et des épices dans une finale longue et fraîche. Un vin simple et bien construit. ✖ 2017-2021 ♈ cassoulet ■ Baron du Tertre Terroir Malbec 2013 ★ (5 à 8 € ; 39 000 b.) : d'intenses parfums de fruits noirs, de violette et de menthol pour ce 2013 équilibré et fin, subtilement fruité et épicé jusqu'en finale. Un vin que la garde devrait révéler. ✖ 2019-2021 ■ Mont Laur Malbec 2013 (5 à 8 € ; 48 000 b.) : vin cité. ✖ 2017-2019

☛ Patrick et Ludovic Laur, Le Bourg, 46700 Floressas, tél. 05 65 31 95 61, vignobleslaur@orange.fr Ⓥ 🅿 🕴 t.l.j. sf dim. 9h-12h 14h-18h30

♥ CH. DE ROUFFIAC		
La Passion Élevé en fût de chêne 2012 ★★★		
■ 20 000	⬤⬤	8 à 11 €

Château de Rouffiac
LA PASSION
CAHORS
2012
MIS EN BOUTEILLE AU CHÂTEAU
ÉLEVÉ EN FÛT DE CHÊNE
N° 007331 à ○ ○○ bouteilles

Pascal et Olivier Pieron détiennent 72 ha de vignes, dont ce château de Rouffiac situé sur les hauteurs de Duravel, dans la vallée du Lot. Leurs vins sont aujourd'hui distribués par la maison Rigal.

Depuis leur arrivée sur le domaine en 2001, les Pieron n'ont eu de cesse de s'agrandir tout en privilégiant la qualité de leurs vins. Témoin, cette cuvée de pur malbec qui s'épanouit sur des senteurs riches de petits fruits noirs mûrs (mûre, cassis) aux accents cacaotés, poivrés et vanillés. Poursuivant sur cette même ligne aromatique, le palais s'appuie sur les tanins d'une remarquable finesse, délicatement fondus et soulignés par une fraîcheur qui accompagne longuement la finale. Un modèle d'élégance, de richesse, de puissance et... de gourmandise. ✖ 2017-2022 ♈ confit de canard aux cèpes ■ Ch. Bovila Les Quatre Églises Malbec 2012 ★ (5 à 8 € ; 60 000 b.) : vin discret et fin de fruits rouges frais et de vanille. En bouche, le vin déroule une matière souple, mûre et bien fondue, équilibré par une juste acidité. Un cahors élégant. ✖ 2017-2020

☛ Pascal et Olivier Pieron, SCEA PO Pieron, 46700 Duravel, tél. 05 65 36 54 27, vignoblespieron@orange.fr Ⓥ 🅿 🕴 t.l.j. sf dim. 9h-12h 14h-18h; f. 15-31 déc. 🏠 ❹

CH. SAINT-SERNIN		
Prestige Vieilli en fût de chêne 2012 ★		
■ 26 000	⬤⬤	8 à 11 €

La famille exploite la vigne à Parnac depuis le début du XVIIᵉs. Marie et Dominique Cavalié développent le

domaine et le transmettent en 2005 à leur fille Anne, qui quitte l'enseignement. Avec son mari Jean-Michel Swartwagher, elle exploite 51 ha.

Ce 2012 a bénéficié d'un élevage de quatorze mois en barrique. Il en tire un nez discret de fruits noirs et rouges nuancés de café. Le palais, généreusement fruité et bien structuré, trouve jusqu'en finale le soutien d'une juste fraîcheur. Un vin bien représentatif de l'appellation. ✖ 2017-2019 ♈ tajine de pruneaux

☛ SCEA Cavalié, Les Landes, 46140 Parnac, tél. 05 65 20 13 26, saint.sernin@sfr.fr Ⓥ 🅿 🕴 t.l.j. 10h-12h 14h-17h; sam. dim. r.-v. 🏠 Ⓓ

CH. TOUR DE MIRAVAL Quatuor 2011 ★		
■ 1 180	⬤⬤	20 à 30 €

Évelyne Demeaux-Lévy a reçu de sa grand-mère Rachel ce domaine qui domine la vallée, d'où son nom. Sur ce terroir argilo-calcaire, elle conduit vers l'agriculture biologique ses 4 ha de vignes.

Quatuor ? Une référence au nombre des membres de la famille ainsi qu'au nombre de barriques de chêne neuf qui ont accueilli ce malbec pendant vingt-cinq mois. Au nez, le vin s'épanouit sur des parfums frais et gourmands de cassis, de groseille et de bourgeon de cassis. Au palais, il est soyeux et fruité, ajoutant la confiture de groseilles à des touches délicatement réglissées. Une longue finale fraîche apporte du tonus et de la complexité à cet ensemble, prêt à boire. ✖ 2016-2020 ♈ entrecôte sauce au vin

☛ Évelyne Demeaux-Lévy, Ch. Tour de Miraval, 46800 Saint-Matré, tél. 06 86 05 89 74, chateau.miraval@free.fr Ⓥ 🅿 🕴 r.-v.

TRIGUEDINA Élégant Malbec 2012 ★		
■ 69 430	⬤⬤	5 à 8 €

En 1830, Étienne Baldès plante ses premières vignes au Clos Triguedina, sur les deuxième et troisième terrasses du Lot. Jean-Luc Baldès, en digne héritier, exploite aujourd'hui les 60 ha d'un seul tenant du domaine. Une référence de l'appellation cahors.

Du malbec fermenté en cuve Inox puis élevé en fût (six mois). Le nez franc et typé évoque les fruits noirs mûrs rehaussés d'épices. Ces arômes se nuancent de réglisse dans un palais velouté, sous-tendu par une fraîcheur bien marquée qui donne de l'allonge à la finale. Un vin de caractère, très représentatif de son appellation. ✖ 2017-2021 ♈ magret de canard aux cèpes ■ Combe haute Première terrasse Malbec 2012 (5 à 8 € ; 37 330 b.) : vin cité. ✖ 2017-2020 ■ Clos Triguedina Baldès 2012 (15 à 20 € ; 29 082 b.) : vin cité. ✖ 2017-2019

☛ SARL Jean-Luc Baldès, Les Poujols, 46700 Vire-sur-Lot, tél. 05 65 21 30 81, contact@jlbaldes.com Ⓥ 🅿 🕴 t.l.j. sf dim. 9h-12h 14h-18h; f. fin déc.

CH. VINCENS Prestige 2013 ★		
■ 50 000	⬤⬤	5 à 8 €

Prosper Vincens acheta sa première parcelle à son retour de la Grande Guerre. En 1982, Michel quitta la coopérative pour élever ses propres vins. La famille – aujourd'hui Isabelle Vincens et son frère Philippe – est toujours aux commandes et conduit un vignoble de 39 ha.

Cette cuvée s'exprime sur des senteurs chaleureuses de cerise à l'eau-de-vie et de cassis. En bouche, elle déroule une matière fraîche et tonique appuyée par des tanins fermes et fougueux, et se distingue par sa longueur. Un vin facile à boire. **I** 2019-2021 **Y** carré d'agneau aux herbes

o— *Ch. Vincens, Foussal, 46140 Luzech,*
tél. 05 65 30 74 78, philippe@chateauvincens.fr
V 🚶 **⬆** *t.l.j. sf dim. 9h-19h* 🏠 **€**

COTEAUX-DU-QUERCY

Superficie : 300 ha / Production : 13 290 hl

Située entre Cahors et Gaillac, la région viticole du Quercy s'est reconstituée assez récemment. Mais, comme dans toute l'Occitanie, la vigne y était cultivée dès l'Antiquité. La viticulture connut cependant plusieurs périodes de reflux. Elle pâtit notamment, au Moyen Âge, de la prépondérance de Bordeaux, puis au début du XXᵉs., du poids du Languedoc-Roussillon. La recherche de la qualité, qui s'est manifestée à partir de 1965 par le remplacement des hybrides, a conduit à la définition d'un vin de pays en 1976. Peu à peu, les producteurs ont isolé les meilleurs cépages et les meilleurs sols. Ces progrès qualitatifs ont débouché sur l'accession à l'AOVDQS en 1999. Le territoire délimité s'étend sur 33 communes des départements du Lot et du Tarn-et-Garonne. Le 31 décembre 2011, la catégorie des AOVDQS a disparu et les coteaux-du-quercy ont été reconnus en AOC. Rouges et rosés, les coteaux-du-quercy assemblent le cabernet franc, cépage principal pouvant atteindre 60 %, et le tannat, cot, gamay ou merlot (chacune de ces variétés à hauteur de 20 % maximum).

LES VIGNERONS DU QUERCY 2012 ★		
■ 12 431	◑	5 à 8 €

Créée en 1985, cette coopérative est implantée à Montpezat-de-Quercy, très belle bastide située au nord du Tarn-et-Garonne, au milieu d'un pays vallonné, où la vigne compose avec de multiples cultures. Elle vinifie en bio (certification acquise à partir du millésime 2014) le produit de 130 ha récolté par ses 35 adhérents.

Ce 2012 présente un nez ouvert et complexe de fruits noirs mûrs (cerise, cassis), de cuir frais et de fumé. Le palais suit la même ligne, suave, soutenu par des tanins bien fondus et par ce qu'il faut de fraîcheur pour parfaire son équilibre. Un vin prêt à boire. **I** 2015-2019 **Y** tajine d'agneau aux pruneaux **I** Peyrc Farinière Élevé en fût de chêne 2012 (5 à 8 € ; 5 300 b.) : vin cité. **I** 2016-2018

o— *Les Vignerons du Quercy, 4555, rte de Paris,*
82270 Montpezat-de-Quercy, tél. 05 63 02 03 50,
lesvigneronsduquercy@wanadoo.fr **V** 🚶 **⬆** *t.l.j. sf dim.*
9h-12h 14h-19h

GRAINS DE REVEL 2014		
▨ 9 333	■	5 à 8 €

Domaine familial de 14 ha implanté à l'est de Montauban, non loin du village médiéval de Bruniquel. Avant l'an 2000, il fournissait son vin en vrac aux négociants. Sous l'impulsion de Mickaël Raynal, arrivé sur l'exploitation en 2010, il développe la vente directe et s'oriente vers le bio.

D'une couleur pelure d'oignon, ce rosé s'ouvre sur la fraise, la groseille et les fruits blancs complétés de notes florales. Franc à l'attaque, il déroule une bouche fraîche, dans le même registre que l'olfaction. Un vin simple et facile à boire. **I** 2016-2017 **Y** salaisons

o— *EARL Papyllon, 110, chem. des Brugues, 82800 Vaïssac,*
tél. 06 77 11 93 31, domainederevel@yahoo.fr **V** 🚶 **⬆** *r.-v.*

GAILLAC

Superficie : 3 923 ha / Production : 160 000 hl (65 % rouge et rosé)

Comme l'attestent les vestiges d'amphores fabriquées à Montels, les origines du vignoble gaillacois remontent à l'occupation romaine. Au XIIIᵉs., Raymond VII, comte de Toulouse, prit à son endroit un des premiers décrets d'appellation contrôlée, et le poète occitan Auger Gaillard célébrait déjà le vin pétillant de Gaillac bien avant l'invention du champagne. Le vignoble se répartit entre les premières côtes, les hauts coteaux de la rive droite du Tarn, la plaine, la zone de Cunac et le pays cordais. Les coteaux calcaires se prêtent admirablement à la culture des cépages blancs traditionnels comme le mauzac, le len de l'el (loin de l'œil), l'ondenc, le sauvignon et la muscadelle. Les zones de graves sont réservées aux cépages rouges, duras, braucol ou fer-servadou, syrah, gamay, négrette, cabernet, merlot. La variété des cépages explique la palette des vins gaillacois. Pour les blancs, on trouvera les secs et perlés, frais et aromatiques, et les moelleux des premières côtes, riches et suaves. Ce sont ces vins, très marqués par le mauzac, qui ont fait la renommée de l'appellation. Le gaillac mousseux peut être élaboré soit par une méthode artisanale à partir du sucre naturel du raisin (méthode gaillacoise), soit par la méthode traditionnelle ; la première donne des vins plus fruités, avec du caractère. Les rosés de saignée sont légers ; quant aux vins rouges, s'ils sont souvent gouleyants, notamment lorsqu'ils sont issus de gamay, ils peuvent aussi se montrer plus charpentés et offrir un certain potentiel de garde.

CH. BALSAMINE L'École buissonnière 2014 ★		
▨ 2 820	■	5 à 8 €

Christelle Demanèche et Christophe Merle ont décidé de voler de leurs propres ailes et quitté la coopérative en 2007. Ainsi a vu le jour le Ch. Balsamine, sur les premières côtes de Gaillac. Les vignes (20 ha) sont exposées au sud-sud-est, avec pour horizon lointain les Pyrénées.

Amusante, l'étiquette porte le logo du domaine, un mouton et un merle, clin d'œil aux patronymes des propriétaires (« manech » désignant une race de mouton basque). Assemblage de mauzac et de sauvignon, cette cuvée séduit, tant par son nez frais de fleurs blanches que par sa bouche ample et fraîche à la fois, aux arômes de pomme, de poire et de citron. **I** 2015-2019 **Y** lotte au curry

o— *EARL Les Balsamines, chem. de Téoulet,*
81600 Gaillac, tél. 06 11 28 12 99, chateaubalsamine@
orange.fr **V** 🚶 **⬆** *t.l.j. 9h30-12h 14h30-19h; dim. sur r.-v.*
o— *Merle*

DOM. BARREAU Tradition 2014 ★★		
■ 12 000	■	5 à 8 €

Installé sur la rive droite du Tarn, au niveau des premières côtes de Gaillac, ce domaine compte 42 ha de vignes. Jean-Claude Barreau le conduit depuis 1976.

Cette cuvée née d'un assemblage de braucol, de cabernet, de duras et de syrah affiche une élégante couleur saumonée et livre des parfums friands de fruits des bois et de fruits à chair blanche. La bouche conjugue rondeur, douceur et fraîcheur dans un équilibre remarquable. Sa finale étire longuement les saveurs gourmandes de fruits des bois. De la finesse. ✗ 2015-2016 ❦ calamars farcis

o⟶ Dom. Barreau, Boissel, 81600 Gaillac,
tél. 05 63 57 57 51, domaine.barreau@wanadoo.fr
Ⓥ 🕴 t.l.j. sf dim. 9h-12h 14h-19h

CH. BELMONT Doux 2014 ★★		
■	12 000	â	5 à 8 €

Créée en 1878, la maison de négoce des Arbeau a pris de l'envergure au XXᵉs. en se spécialisant dans les vins et spiritueux. En 1920, la famille a acquis le Ch. Coutinel (52 ha), et s'est lancée dans la mise en bouteilles en 1982. Depuis les années 2000, Géraud Arbeau et sa sœur Anne dirigent l'affaire.

Or franc, ce vin né d'un assemblage de mauzac et de len de l'el s'ouvre sur des parfums riches et complexes de fruits à chair blanche, frais (pomme, poire) et confiturés (coing), avec quelques notes de pain d'épice. Tout aussi aromatique, ample, puissante et douce, la bouche offre ce qu'il faut de fraîcheur pour parfaire son équilibre et prolonger la finale aux saveurs gourmandes de fruits exotiques. Un vin de caractère, qui ne manque pas d'élégance. ✗ 2015-2021 ❦ foie gras poêlé

o⟶ Vignobles Arbeau, 6, rue Demuqes,
82370 Labastide-Saint-Pierre, tél. 05 63 64 01 80,
vignobles@arbeau.com Ⓥ 🕴 🕴 r.-v.

CH. BOURGUET Doux 2014		
■	6 667	â	5 à 8 €

Composé de 21,5 ha de vignes exposées au levant face à la cité médiévale de Cordes-sur-Ciel, le domaine est conduit par Jean et Jérôme Borderies à Vindrac-Alayrac, sur les terres les plus au nord de l'AOC gaillac.

Or pâle, ce moelleux issu de len de l'el s'ouvre sur les fruits frais, puis penche vers les agrumes et les fleurs blanches. Franche à l'attaque, la bouche déroule une matière suave aux nuances de fruits exotiques. Une agréable fraîcheur vient tonifier l'ensemble et lui donner de l'harmonie. ✗ 2015-2017 ❦ tarte au chocolat amer ■ 2014 (- de 5 € ; 4 000 b.) : vin cité. ✗ 2016-2017

o⟶ Jean et Jérôme Borderies, Les Bourguets,
81170 Vindrac-Alayrac, tél. 05 63 56 15 23,
chateaubourguet@orange.fr Ⓥ 🕴 🕴 t.l.j. 9h-12h 15h-18h; dim. sur r.-v.

Ⓑ DOM. DE BRIN Doux Loin de l'œil 2014		
■	1 000	â	15 à 20 €

Autrefois apportés à la coopérative, les raisins de ce domaine de 12 ha sont désormais vinifiés à la propriété par Damien Bonnet. Sur un plateau entouré de bois de chênes, ce dernier applique aux vignes une culture biologique (certification acquise) et vinifie dans le même esprit.

D'un bel or cuivré, cette cuvée de pur len de l'el (loin de l'œil) livre des parfums intenses et complexes de fruits confits (abricot, coing) et de zeste d'orange, avec des nuances miellées. Le palais confirme ce fruité rôti et confit, offrant un développement concentré, onctueux et tendre

sans pour autant céder à la lourdeur, grâce à une fine acidité qui porte loin la finale. Un moelleux gaillacois typique. ✗ 2016-2017 ❦ feuilletés au roquefort

o⟶ Damien Bonnet, lieu-dit Brin, 81150 Castanet,
tél. 05 63 56 90 60, domainedebrin@gmail.com
Ⓥ 🕴 🕴 t.l.j. sf dim. 9h-12h 14h-19h

DOM. DE CANTO PERLIC Sélection 2013 ★★		
■	5 700	â	5 à 8 €

Süne et Ursula Sloge, deux Suédois séduits par le terroir gaillacois, ont restauré à partir de 2010 le vignoble et les chais de ce domaine de quelque 8 ha.

D'un grenat profond, ce vin issu d'un assemblage de syrah (majoritaire), de braucol et de merlot livre un bouquet complexe, intense et gourmand de fruits noirs mûrs (mûre, cassis) aux accents épicés. Le palais dense, adossé à des tanins dénués d'agressivité, conjugue rondeur, ampleur et fraîcheur. La longue finale teintée de réglisse laisse une sensation de plénitude. ✗ 2017-2021 ❦ tajine aux pruneaux

o⟶ SCEA Canto Perlic, rte de la Ramaye, 81600 Gaillac,
tél. 05 63 57 25 56, cantoperlic@telia.com Ⓥ 🕴 r.-v.
o⟶ Sloge

DOM. CARCENAC Perlé Frénésie 2014 ★		
■	10 000	â	8 à 11 €

Le domaine est aujourd'hui conduit par Joseph, Nicole et leur fils Cédric Carcenac, au cœur du village de Montans. Il compte 70 ha s'étendant sur les trois types de terroirs gaillacois.

Une cuvée à majorité de len de l'el complétée d'un peu de muscadelle. Elle ne renie pas le nom que lui ont choisi les vignerons : sa robe brillante laisse vite apparaître un nuage de bulles très fines. Le nez évoque la pêche et la poire, nuancé de touches plus végétales qui lui donnent un côté frais. La bouche fruitée, au perlant tonique, est bien équilibrée, conjuguant onctuosité et fraîcheur. ✗ 2016-2018 ❦ langoustines

o⟶ Dom. Carcenac, Le Jauret, 81600 Montans,
tél. 05 63 57 57 28, domaine.carcenac@orange.fr
Ⓥ 🕴 🕴 t.l.j. 8h-12h 14h-19h

DOM. DES CASSAGNOLS Doux Ambre de vigne 2014 ★		
■	2 800	â	5 à 8 €

Installé en 1986, Éric Stilhart a quitté la coopérative en 2005. Il conduit aujourd'hui 18 ha de vignes à Lisle-sur-Tarn et a engagé la conversion bio de son domaine.

Habillé d'une couleur or tirant sur l'ambre, ce moelleux issu de len de l'el porte bien son nom. Il laisse s'échapper du verre des parfums suaves de fruits blancs cuits (pomme, poire) et, bien sûr, d'ananas. On retrouve ces saveurs dans un palais souple, ample et chaleureux, sous-tendu par une fine trame acide qui apporte l'équilibre à l'ensemble. Un digne représentant se son appellation. ✗ 2015-2019 ❦ tarte Tatin

o⟶ SARL dom. des Cassagnols, Saint-Salvy,
81310 Lisle-sur-Tarn, tél. 05 63 33 34 59, eric.stilhart@gmail.com Ⓥ 🕴 🕴 r.-v. o⟶ Stilhart

CASTEL DE BRAMES Cuvée des origines 2013 ★★		
■	n.c.	â	5 à 8 €

Constitué par un négociant gaillacois en 1791, ce domaine a été laissé à l'abandon après la crise du phylloxéra et la

SUD-OUEST

Seconde Guerre mondiale. Il a retrouvé un nouveau souffle après 1969, date de l'arrivée des actuels propriétaires, à la tête aujourd'hui de 30 ha de vignes.

Ce 2013 est né d'un subtil assemblage de duras, de braucol, de prunelart et d'une pointe de syrah. Le nez, puissant et complexe, mêle aux fruits rouges et noirs d'élégantes touches épicées. Rond et charnu, il charme par ses tanins soyeux et par sa fraîcheur qui étire la finale délicatement mentholée. Un vin d'une remarquable harmonie, dans un millésime pourtant difficile. ✗ 2017-2019 ⍥ lapin aux pruneaux ◼ Serena Loin de l'œil 2014 ★ (5 à 8 € ; 1 760 b.) : un len de l'œil vendangé au petit matin, conservant ainsi toutes ses qualités aromatiques dans un nez fin et élégant d'agrumes (citron), de fleurs et de fruits blancs, et dans un palais à la fois onctueux, gourmand, acidulé et frais. Une belle expression du terroir. ✗ 2017-2019

☛ Estela Loddo, Brames-Aïgues, 81310 Peyrole, estela@ castel-de-brames.com Ⅴ 🏃 🖫 t.l.j. 8h-19h; dim. sur r.-v.
☛ Castel de Brames

CH. CLÉMENT TERMES Mémoire 2014 ★★

◼	⅏	8 à 11 €
10 000		

Le domaine est né en 1860 sous l'impulsion de Clément Termes qui construisit un chai, puis le château. Olivier et Caroline David, ses descendants (septième génération), sont désormais à la tête de 120 ha de vignes.

Ce gaillac sec issu de mauzac et élevé en fût pendant six mois affiche une robe dorée intense. Bien ouvert au nez sur les agrumes, il dévoile aussi quelques notes d'élevage tout en finesse (noisette). Le palais, bien équilibré, déroule une matière ample et généreuse, marquée en finale par un élégant boisé. Un ensemble très harmonieux. ✗ 2015-2019 ⍥ sandre à la crème d'agrumes

☛ SCEV David, Les Fortis, 81310 Lisle-sur-Tarn, tél. 05 63 40 47 80, juliecoustel@clementtermes.fr
Ⅴ 🏃 🖫 t.l.j. sf dim. 9h-12h 13h-18h30

CH. LA COMBELLE L'Émotion 2013 ★

◼	⅏	15 à 20 €
1 500		

Petit-fils de vigneron et fils de forestier, Didier Smolinski a vinifié dans différentes régions viticoles avant de s'installer en 2013 dans le Gaillacois, à la tête de 20 ha de vignes.

Une cuvée or pâle mi-sauvignon mi-len de l'œil, élevée six mois en barrique, aux délicats parfums d'agrumes. Bien fraîche et fruitée, la bouche est élégante, équilibrée et légèrement acidulée. Un vin que l'élevage n'a pas excessivement marqué et qui conserve une vivacité plaisante tout au long de la dégustation. ✗ 2017-2019 ⍥ sandre au beurre blanc

☛ Ch. la Combelle, Frausseilles, 81170 Cordes-sur-Ciel, tél. 06 66 66 44 17, contact@chateaulacombelle.com
Ⅴ 🏃 🖫 r. v.

CH. L'ENCLOS DES ROSES 2014 ★

◼	î	5 à 8 €
9 000		

Aurélie Balaran, fille de Roselyne et Jean-Marc Balaran (domaine d'Escausses), a acheté en 2007 des parcelles du château Larroze, propriété de la famille Cros dans les années 1980. Elle conduit aujourd'hui un vignoble de 20 ha.

Un rosé pâle aux reflets cuivrés issu d'un assemblage de braucol (80 %) et de duras. Le nez bien ouvert évoque

un panier de fruits : agrumes, petits fruits rouges (groseille, framboise), fruits d'été (pêche, abricot), avec une touche de pierre à fusil. Légèrement perlante et vive à l'attaque, suave et aussi fruitée que le nez, la bouche finit sur des notes acidulées d'agrumes confits. ✗ 2015-2016 ⍥ grillades

☛ Aurélie Balaran, La Salamandrie, 81150 Sainte-Croix, tél. 05 63 56 80 52, aurelie.balaran@wanadoo.fr
Ⅴ 🏃 🖫 t.l.j. 9h-19h; dim. sur r.-v.

DOM. D'ESCAUSSES L'Ombre fraîche 2014 ★

◼	î	5 à 8 €
20 000		

À mi-chemin entre Albi et le village médiéval de Cordes-sur-Ciel, le vignoble (36 ha) de la famille Balaran s'étend à flanc de coteaux dans la roche mère de calcaires et de marnes, à 250 m d'altitude, avec une exposition au sud-est et sud-ouest. Domaine constitué en 1979 par Jean-Marc Balaran. Une valeur sûre.

Cette cuvée a pour originalité une proportion élevée de muscadelle (60 %), complétée par du len de l'œil et un appoint de sauvignon. On apprécie son nez de fleurs blanches, de tilleul et de buis. La mise en bouche est tout aussi séduisante : dynamique, frais et légèrement perlant, le palais est bien équilibré par des impressions de rondeur et par une finale acidulée. Un vin surprenant. ✗ 2017-2019 ⍥ tapas de la mer

☛ Roselyne et Jean-Marc Balaran, La Salamandrié, 81150 Sainte-Croix, tél. 05 63 56 80 52, jean-marc.balaran@wanadoo.fr Ⅴ 🏃 🖫 t.l.j. 9h-19h; dim. sur r.-v.

HMMM...! Brut 2014 ★★

◯		8 à 11 €
47 469		

Les caves de Técou, de Rabastens, de Fronton et des Côtes d'Olt ont uni leurs forces et rejoint en 2006 le groupe Vinovalie. La coopérative présente plusieurs gammes de vins aux noms charmants : entre Fascination, Confidences, Évocation, Facétie et Passion.

Une mousse légère et un cordon de fines bulles ornent la robe dorée de cette cuvée de mauzac. Le nez, intense et frais, mêle à la pomme et à la poire quelques touches citronnées. L'attaque, fraîche et bien effervescente introduit une bouche ample et suave, tendue jusqu'en finale par une fine acidité. ✗ 2016-2017 ⍥ tapas de la mer ◼ Astrolabe Loin de l'œil 2014 ★ (8 à 11 € ; 23 000 b.) : un pur len de l'œil au nez fin et complexe de fleurs et de fruits blancs. En bouche, le vin conjugue ampleur, gras, douceur et vivacité jusque dans une finale acidulée et fruitée pleine de charme. Un vin bien typé. ✗ 2017-2019

☛ Vinovalie – Cave de Técou, 100, rte de Técou, 81600 Técou, tél. 05 63 33 00 80, passion@ cavedetecou.fr Ⅴ 🏃 🖫 r.-v.

DOM. DE LABARTHE Cuvée Guillaume 2012 ★

◼	î ⅏	8 à 11 €
30 000		

Ce domaine transmis de père en fils depuis 1550 est aujourd'hui conduit par Jean-Paul Albert, à la tête d'un vignoble de 60 ha qui entoure d'anciennes bâtisses de pierre blanche. En 2013, son fils Thibault l'a rejoint sur l'exploitation en conversion bio.

Une cuvée de braucol complété de 10 % de syrah, élevée sous bois pendant douze mois. Le nez, d'abord timide, libère à l'aération des notes de fruits mûrs aux accents épicés (poivre) et légèrement vanillés. En bouche, le vin évolue tout en rondeur et en souplesse, sur des tanins suaves et fondus. Une fine fraîcheur s'invite en finale, soulignant le trait de poivre et le boisé de l'olfaction. ✗ 2017-2019 🍴 magret de canard sauce fruits rouges ● Méthode ancestrale 2014 ★ (8 à 11 € ; 40 000 b.) 🅱 : une mousse crémeuse anime de fines senteurs de pêche mûre que l'on retrouve dans un palais frais et rond à la fois. ✗ 2016-2017

☛ Albert, Dom. de Labarthe, 81150 Castanet, tél. 05 63 56 80 14, labarthe@vinlabarthe.com 🆅 🏃 🛗 t.l.j. 9h-12h 14h-19h

CH. DE LACROUX Vigne du Castellan 2013 ★		
■	20 000 🍶	5 à 8 €

Sur les coteaux de l'Albigeois, les frères Philippe-Xavier, Jean-Marie et Bruno Derrieux perpétuent un héritage ancien sur leurs 38 ha de vignes : en 1700, Jeanne et Guillaume Derrieux, laboureurs, cultivaient déjà les coteaux de Lincarque.
Né d'un assemblage de braucol, de duras, de syrah et de merlot, ce 2013 livre des parfums délicats et complexes de fruits noirs très mûrs (cassis, pruneau) teintés d'épices. Franche à l'attaque, la bouche déroule une matière ronde et volumineuse, légèrement suave. La finale est marquée par ce même fruit très mûr, voire macéré. Un vin chaleureux. ✗ 2017-2019 🍴 paupiettes de veau

☛ GAEC Pierre Derrieux et Fils, Ch. de Lacroux, Lincarque, 81150 L'estayrols, tél. 05 63 56 88 88, lacroux@chateaudelacroux.com 🆅 🏃 🛗 t.l.j. 9h-12h30 14h-19h 🏰 ④ 🏠 ⓞ

CH. LASTOURS Les Graviers 2014 ★		
■	60 000 🍶	- de 5 €

Au bout d'une longue allée de platanes, un château construit au XVIIe s. et remanié au siècle suivant, entouré d'un jardin à la française. Son propriétaire, Hubert de Faramond, est aujourd'hui à la tête d'un vignoble de 50 ha.
Pas moins de cinq cépages contribuent à cette cuvée : le len de l'el (45 %), le sauvignon, le sémillon, ainsi qu'un soupçon de muscadelle et de mauzac. Le vin, d'un bel or, laisse des larmes sur les parois du verre. Il s'ouvre sur les fleurs blanches, les fruits exotiques, le pamplemousse et une note plus mûre de poire compotée. Tout aussi aromatique au palais, rond à l'attaque, ample, bien équilibré et persistant, il a tout pour plaire. ✗ 2017-2018 🍴 gambas sautées ● Méthode ancestale 2014 (5 à 8 € ; 5 000 b.) : vin cité. ✗ 2016-2017

☛ Hubert de Faramond, 81310 Lisle-sur-Tarn, tél. 05 63 57 07 09, chateau-lastours@wanadoo.fr 🆅 🏃 🛗 t.l.j. 9h-12h 14h-19h

DOM. LAUBAREL L'Aubarèl Braucol 2013 ★★		
■	2 500 🍷	8 à 11 €

Ce petit domaine de 6 ha fondé en 1904 a été repris en 2008 par Lucas Merlo, vigneron natif d'Albi. Après avoir travaillé dans le Médoc et à Cahors, il s'est installé sur les premières côtes de Gaillac.
Le braucol ? Rappelons qu'il s'agit du fer-servadou. Élevé en fût pendant un an, ce 2013 livre des arômes puissants et friands de fruits rouges et noirs, soulignés d'un élégant boisé, épicé et réglissé. Souple à l'attaque, dans le même

registre que le nez, le palais se montre charnu et long. Un vin qui a su tirer brillamment son épingle du jeu dans un millésime difficile. ✗ 2017-2019 🍴 pavé de bœuf ■ Doux 2014 ★ (5 à 8 € ; 6 500 b.) : un moelleux charmeur, né d'un assemblage à parts égales de mauzac et de len de l'el, aux senteurs complexes mêlant citron, fleurs et fruits blancs, touches miellées et muscatées. On retrouve cette palette d'arômes dans une bouche droite et élégante, à la fois fraîche et douce. Une rare finesse. ✗ 2016-2019

☛ Lucas Merlo, Dom. Laubarel, 3000, rte de Cordes, 81600 Gaillac, tél. 05 63 57 41 90, lucas.merlo545@orange.fr 🆅 🏃 🛗 t.l.j. sf dim. 9h-12h 14h-19h

DOM. DE LONG-PECH Cuvée C. Bastide 2014 ★		
■	2 500 🍶	5 à 8 €

Depuis 2000, Sandra Bastide et sa sœur Karine travaillent sur ce vignoble de 18 ha perché sur les hauteurs de Lisle-sur-Tarn, et proposent tous les types de vins gaillacois.
Ce gaillac sec issu d'un assemblage de len de l'el (majoritaire), de mauzac et de sauvignon libère un agréable bouquet de fruits à chair blanche, d'agrumes et de buis rehaussé de notes briochées. La bouche, équilibrée, associe une belle fraîcheur à des arômes de pamplemousse nuancés d'une touche végétale. Un ensemble bien en place et harmonieux. ✗ 2017-2019 🍴 gambas grillées ● Fraîcheur perlée 2014 ★ (5 à 8 € ; 5 200 b.) : un joli nuage de bulles orne cette cuvée issue d'un assemblage à parts égales de len de l'el et de mauzac. Nez discret et élégant, citronné et brioché ; bouche bien équilibrée, fraîche et persistante. Un vin aromatique et plaisant. ✗ 2016-2019

☛ EARL Bastide, Dom. de Long-Pech, Lapeyrière, 81310 Lisle-sur-Tarn, tél. 05 63 33 37 22, contact@domaine-de-long-pech.com 🆅 🏃 🛗 t.l.j. 9h-12h 14h-18h30; dim. sur r.-v.

MANOIR DE L'EMMEILLÉ 2014 ★		
■	20 000 🍶	5 à 8 €

En occitan, emmeillé signifie « amandier ». La propriété de Charles et Jeanine Poussou à Campagnac occupe d'anciens bâtiments religieux datant du Moyen Âge, et la cave a été aménagée dans la chapelle voûtée. Le vignoble de 35 ha est conduit en agriculture raisonnée.
Un rosé pâle né d'un assemblage à parts égales de syrah, de braucol et de duras. L'aération libère des senteurs de fruits rouges puis d'agrumes. On retrouve ces arômes dans une bouche persistante, à la fraîcheur tonique. ✗ 2015-2016 🍴 charlotte aux fruits des bois ■ Doux 2014 ★ (8 à 11 € ; 6 000 b.) : mi-mauzac mi-len de l'el, un moelleux aux parfums discrets et élégants de fleurs blanches. Au palais, une attaque suave, des arômes de fruits et une fine trame acide qui donne de l'allonge. ✗ 2016-2018

☛ Manoir de l'Emmeillé, 81140 Campagnac, tél. 05 63 33 12 80, emmeille@wanadoo.fr 🆅 🏃 🛗 t.l.j. sf dim. 9h-12h 14h-18h30 ☛ Poussou

MAS D'AUREL 2014 ★★		
■	5 000 🍶	- de 5 €

Après avoir cultivé le célèbre vignoble algérien de Mascarsa, Albert Ribot s'installe en 1963 sur ce domaine, à présent conduit par sa fille Brigitte et son mari Jacques Molinier. Un corps de bâtiment en pierre calcaire blanche, une cour fermée, un pigeonnier : le mas d'Aurel est des plus typiques.

Ce gaillac sec issu d'un assemblage de muscadelle, de len de l'el et de sauvignon libère des senteurs fruitées que l'on retrouve dans un palais parfaitement équilibré et frais, rehaussé d'une note minérale en finale. ✗ 2017-2019 ❦ noix de Saint-Jacques ■ 2014 ★ (- de 5 € ; 7 000 b.) : une cuvée rose bonbon associant le braucol à la syrah. Nez intense de fruits exotiques ; palais tout aussi aromatique, vif, généreux et persistant. ✗ 2015-2016

☞ EARL Mas d'Aurel, 81170 Donnazac, tél. 05 63 56 06 39, masdaurel@wanadoo.fr
Ⓥ 🏃 🛄 t.l.j. sf dim. 9h-12h 14h-19h

MAS DE GROUZE Méthode ancestrale 2014 ★★

●		12 000		8 à 11 €

Implanté depuis quatre générations sur les sols argilo-calcaires de Rabastens, ce domaine de 32 ha est aux mains de Jérôme et Sébastien Alquier, le premier œuvrant principalement à la vigne et au chai, le second à la commercialisation des vins.

De fines bulles ornent la robe or gris de ce pur mauzac. Le nez élégant associe la pomme et la poire à une touche amylique. La bouche, ample, onctueuse et fruitée, est vivifiée par une finale acidulée. ✗ 2016-2017 ❦ tarte à la rhubarbe ■ Tradition 2014 ★ (- de 5 € ; 5 000 b.) : un gaillac sec associant la muscadelle et le len de l'el au sauvignon. Nez frais de fleurs blanches, de bourgeon de cassis et de poire ; bouche perlante, ample et bien équilibrée entre douceur et fraîcheur acidulée. ✗ 2016-2017

☞ GAEC Mas de Grouze, 81800 Rabastens, tél. 05 63 33 80 70, gaecmasdegrouze@wanadoo.fr
Ⓥ 🏃 🛄 t.l.j. sf jeu. dim. 9h-12h 14h-19h ☞ Alquier

DOM. MAS PIGNOU
Doux Les Hauts de Laborie 2014

■		9 800		5 à 8 €

Le domaine de Jacques et Bernard Auque s'étend sur 44 ha, établi à plus de 200 m d'altitude au sommet des premières côtes de Gaillac, offrant une vue exceptionnelle à 360 ° sur la route des Bastides. Les vignes sont conduites en agriculture raisonnée.

Un moelleux issu d'un assemblage de mauzac, de len de l'el et de sauvignon. Expressif, le nez livre d'abord des senteurs typiques du sauvignon (chèvrefeuille, buis, agrumes) puis des notes plus suaves de poire. Le palais offre une matière douce, chaleureuse et fruitée, équilibrée par une fraîcheur acidulée qui tonifie la finale. ✗ 2015-2019 ❦ toasts au foie gras

☞ Dom. du Mas Pignou, 81600 Gaillac, tél. 05 63 33 18 52, maspignou@gmail.com Ⓥ 🏃 🛄 t.l.j. 9h-12h 14h-19h ☞ B. Auque

♥ CH. LES MÉRITZ Doux Prestige 2014 ★★

■		48 000	î	5 à 8 €

Situés à Cahuzac-sur-Vère, les domaines Philippe-Gayrel sont issus du rapprochement entre les familles Gayrel et Philippe, et proposent des vins signés par Françoise Laurent, l'œnologue conseil de crus et châteaux du Sud-Ouest.

Ce moelleux d'un bel or, à majorité de len de l'el, a charmé le jury par la complexité de sa palette où les fleurs blanches se mêlent à la pomme, à la poire, au coing, aux agrumes

(citron, zeste d'agrumes confits) et à l'ananas, avec quelques touches d'amande fraîche. Tout en souplesse, le palais se révèle tendre, rond et d'une rare richesse aromatique, soutenu par une fraîcheur qui étire la finale aux saveurs de miel. Un modèle d'harmonie. ✗ 2019-2021 ❦ tarte Tatin ■ Prestige 2013 ★★ (5 à 8 € ; 60 000 b.) : un nez de fruits rouges (framboise, fraise) délicatement poivré ; un palais long et riche, adossé à des tanins élégants au grain fin. ✗ 2016-2020

☞ SCEA de Ravailhe, 81140 Cahuzac-sur-Vère
☞ Gayrel

♥ CH. MONTELS Secret de Saint-André 2012 ★★★

■		n.c.	î 🍷	8 à 11 €

Propriété de Bruno Montels, ce domaine de 28 ha est situé à Souel, sur le plateau calcaire de Cordes. Il est bien connu des lecteurs du Guide.

Cette cuvée a fait l'unanimité ; elle est née d'un assemblage de fer-servadou et de syrah, et a bénéficié d'un long élevage en barrique (vingt-deux mois). Paré d'une superbe robe presque noire aux reflets violines, ce 2012 dévoile un nez profond d'une rare élégance, mêlant le cassis et la cerise à un noble boisé aux accents épicés et chocolatés. Le palais ? Suave et souple à l'attaque, concentré, il déroule un fruité croquant, soutenu par une juste fraîcheur qui met en relief la finale délicatement boisée. Un modèle d'harmonie. ✗ 2017-2021 ❦ civet de marcassin

☞ Bruno Montels, Burgal, 81170 Souel, tél. 05 63 56 01 28, montels0887@aol.com Ⓥ 🛄 r.-v.

DOM. DU MOULIN Vieilles Vignes 2013 ★

■		7 500	🍷	8 à 11 €

Nicolas et Jean-Paul Hirissou conduisent 40 ha de vignes, 20 ha sur la rive gauche du Tarn, sur des graves, et 20 ha sur la rive droite, sur des terres argilo-calcaires. Très réguliers en qualité, leurs vins fréquentent assidûment le Guide, souvent aux meilleures places.

D'un or soutenu, ce gaillac sec à majorité de sauvignon livre des parfums délicats de fruits mûrs, voire confits. Il s'affirme avec plus de force en bouche, où il dévoile une matière ample, tendue par une fine acidité. Une note boisée en finale lui confère un surcroît de complexité et d'élégance. Un ensemble harmonieux et bien en place. ✗ 2017-2019 ❦ sandre au beurre citronné ■ Florentin 2013 ★ (20 à 30 € ; 4 500 b.) : il n'a peut-être pas l'étoffe du millésime précédent qui avait obtenu un coup de cœur, mais ce braucol ne manque pas de charme avec ses parfums de cerise et de groseille, sa bouche ample et ronde à la finale longue et fraîche. ✗ 2017-2019

☞ Dom. du Moulin, chem. des Crêtes, 81600 Gaillac, tél. 05 63 57 20 52, domainedumoulin81@orange.fr
Ⓥ 🏃 🛄 t.l.j. 8h-12h 14h-19h ☞ Nicolas Hirissou

LES SECRETS DU CH. PALVIÉ Doux 2014 ★★

| ■ | 7 200 | ⬤⬤ | 11 à 15 € |

Montans, près de Gaillac, abritait dans l'Antiquité de multiples ateliers de fabrication d'amphores frappées du sceau du village. C'est là que les Bézios, père et fils, conduisent ce domaine de 30 ha fondé en 1971.

Pour ce moelleux élevé sous bois pendant dix mois, une robe vieil or, un nez intense et riche marqué par la surmaturation avec ses senteurs de fruits secs, de fruits confits (pomme, ananas, figue), de miel et d'épices ; un palais tendre et suave agréablement soutenu par la fraîcheur. Un vin gourmand, qui conjugue puissance et élégance. (Bouteilles de 50 cl.) ✗ 2019-2021 ♈ tarte Tatin ■ Dom. la Croix des Marchands Vieilles Vignes 2012 ★ (8 à 11 € ; 6 000 b.) : un assemblage de syrah et de braucol. Un nez délicat de fruits noirs rehaussé d'un fin boisé. Bouche concentrée et bien fondue aux arômes suaves de cerise noire et à la finale longue, élégante et marquée par l'élevage. Un vin de caractère bien construit. ✗ 2017-2019 ■ Dom. la Croix des Marchands Doux 2013 ★ (5 à 8 € ; 12 000 b.) : un moelleux associant mauzac et len de l'el. Nez aromatique mêlant la mandarine, la poire, le coing, les fruits exotiques et le miel. Bouche généreuse, ample et suave, marquée en finale par un élégant retour de la mandarine. ✗ 2016-2019

⌐ J.-M. et M.-J. Bézios, Dom. la Croix des Marchands, 81600 Montans, tél. 05 63 57 19 71, contact@croixdesmarchands.fr Ⓥ 🏃 🎒 r.-v.

PYRENE 2014 ★

| ■ | 15 000 | 🍾 | 8 à 11 € |

Fils d'un bijoutier béarnais, Lionel Osmin est devenu ingénieur agricole et a fondé en 2010 une maison de négoce spécialisée dans les vins du grand Sud-Ouest, d'Irouléguy à Bergerac, de Madiran à Marcillac. Il a quatre associés, dont l'œnologue Damiens Sartori.

Cette cuvée à la robe profonde est née d'un assemblage de duras à 60 % et de braucol. Les senteurs de fruits rouges se nuancent d'épices (poivre), arômes que l'on retrouve dans un palais bien équilibré, adossé à des tanins fins et élégamment réglissés. Un ensemble gourmand, bâti pour durer. ✗ 2015-2018 ♈ tajine aux pruneaux ■ Lionel Osmin et Cie 2013 (8 à 11 € ; 8 000 b.) : vin cité. ✗ 2016-2018

⌐ Lionel Osmin & Cie, 14, rue des Bruyères, 64160 Morlaas, tél. 05 59 05 14 66, vin@osmin.fr Ⓥ 🎒 t.l.j. sf dim. lun. 10h-14h 16h30-21h; (vente: 1, rue du Château, 64000 Pau)

Ⓑ CH. DE RHODES Méthode ancestrale 2014 ★★

| ⬤ | 3 730 | | 11 à 15 € |

Dans un paysage de collines rappelant la Toscane, un château aux tourelles aiguisées, deux caves voûtées en brique, et quelque 22 ha de vignes alentour. Éric Lepine mène en bio ce domaine, où il a réintroduit le prunelart, vieux cépage local.

Une mousse légère et crémeuse orne la robe de cette cuvée de mauzac. Le nez, franc et typé, évoque la pomme mûre. On retrouve ces arômes dans une bouche fraîche à l'effervescence vive. Un ensemble très élégant, tout en finesse et en fruité. ✗ 2015-2016 ♈ charlotte aux poires

⌐ Ch. de Rhodes, Boissel, 81600 Gaillac, tél. 05 63 57 06 02, info@chateau-de-rhodes.com Ⓥ 🏃 🎒 r.-v. ⌐ Éric Lepine

Ⓑ DOM. RENÉ RIEUX Doux Harmonie 2013 ★

| ■ | 7 466 | 🍾 | 8 à 11 € |

Le domaine est un établissement d'aide par le travail pour adultes handicapés. Il a vu le jour en 1988 lorsque René Rieux donna en fermage à l'association Les Papillons Blancs du Tarn, une dizaine d'hectares de vignes au hameau de Boissel. Il compte aujourd'hui quelque 23 ha certifiés en bio.

Une engageante couleur dorée pour ce moelleux issu de len de l'el complété de mauzac et de muscadelle. Le nez, complexe, s'ouvre sur d'agréables senteurs de fruits surmûris, de fruits confits et de fruits secs, complétées de notes de miel. La bouche onctueuse et ronde en attaque dévoile ensuite une fraîcheur bienvenue qui prolonge la finale miellée et épicée. ✗ 2017-2019 ♈ tarte Tatin ■ Harmonie 2014 (5 à 8 € ; 8 000 b.) Ⓑ : vin cité. ✗ 2015-2016

⌐ Agapei Tricat Service Production, 1495, rte de Cordes, 81600 Gaillac, tél. 05 63 57 29 29, domaine@domainerenerieux.com Ⓥ 🏃 t.l.j. 10h-13h 14h-18h

♥ CH. DE SALETTES Premières Côtes 2013 ★★

| ■ | 8 000 | ⬤⬤ | 8 à 11 € |

Au cœur des premières côtes, ce vignoble de 30 ha est dominé par un château du XIIIᵉˢ. Roger Le Net l'avait acheté en ruine et restauré pour en faire un hôtel restaurant 4 étoiles. Aujourd'hui, Delphine Le Net est aux commandes. Aux fourneaux, le chef Ludovic Dziewulski.

Né d'un assemblage de mauzac, de len de l'el et de sauvignon, ce gaillac sec élevé en barrique pendant un an a conquis d'emblée le jury avec sa robe dorée et ses larmes le long des parois du verre. Le charme continue d'opérer à l'olfaction grâce à ses senteurs élégantes associant les fleurs blanches et les agrumes à un fin boisé. L'attaque fraîche et fruitée ouvre sur une matière onctueuse, vivifiée par une finale délicatement acidulée aux saveurs d'agrumes. Un travail d'orfèvre. ✗ 2017-2019 ♈ homard à l'armoricaine

⌐ SCEV Ch. de Salettes, Durantou, 81140 Cahuzac-sur-Vère, tél. 09 64 14 44 61, vins@chateaudesalettes.com Ⓥ 🎒 t.l.j. 8h-20h ⌐ Delphine Le Net

♥ DOM. SALVY Méthode ancestrale 2014 ★★

| ⬤ | 3 000 | | 8 à 11 € |

La propriété fut créée par un aïeul prénommé Salvy, qui a laissé son nom au domaine. Sur les coteaux pierreux qui surplombent la Vère, Anne, Marc et Patrick Durel cultivent sur 22 ha les cépages à l'accent gaillacois, les rouges duras et braucol, et les blancs mauzac et len de l'el.

Cette cuvée vinifiée à la gaillacoise a séduit le jury grâce à une présentation irréprochable : un cordon de fines perles dans une robe or vert brillante et limpide à la mousse

crémeuse. Au nez, autant de charme, avec ses parfums expressifs et fins de pomme, de poire et de citron. Le palais ? Une conjugaison remarquable de la fraîcheur, du fruité, de la douceur et du volume, le tout dans une belle longueur. « On en redemande », conclut un juré. ✗ 2015-2016 ❦ tarte Tatin ■ Tradition 2014 ★★ (5 à 8 € ; 5 600 b.) : un rosé associant à parts égales le braucol, la syrah et le merlot, aux intenses senteurs de petits fruits rouges et de bonbon anglais. Attaque ronde et élégante, fruité gourmand et finale délicate, fraîche et longue. ✗ 2015-2016

○━ *Dom. Salvy, Arzac, 81140 Cahuzac-sur-Vère, tél. 05 63 33 97 29, salvy@wanadoo.fr* Ⓥ 🏃 ▮ *t.l.j. sf lun. 10h-12h 15h-18h* ○━ Anne Marc et Patrick Durel

DOM. SARRABELLE Tradition 2014 ★★

| ■ | 12 530 | | - de 5 € |

La source qui jaillit près du château de Montaigut était jadis le lieu des rendez-vous galants de la belle Yolande, que ses prétendants rêvaient de serrer dans leurs bras, *sarro-bello* en occitan. Voilà l'origine du nom du domaine de Laurent et Fabien Caussé, installés en 2002 et aujourd'hui à la tête d'un vignoble de 38 ha.

Issu de duras (majoritaire), de syrah et d'un soupçon de braucol, ce vin se présente dans une séduisante robe framboise. Le nez, franc et fruité, livre des notes plaisantes de bonbon anglais. Souple et rond à l'attaque, équilibré par une belle fraîcheur, le palais offre des arômes persistants de fruits des bois. Un rosé charmeur en diable, qui conjugue harmonieusement puissance, douceur et vivacité. ✗ 2015-2016 ❦ chipirons à la tinta ■ Tradition 2014 ★ (- de 5 € ; 6 145 b.) : un gaillac sec né d'un assemblage de len de l'el et de muscadelle, teinté d'un soupçon de mauzac. On aime ses senteurs nettes et fraîches de fruits blancs, son palais ample et gras, tendu par une fraîcheur qui met en relief son fruité. ✗ 2017-2019 ● Méthode ancestrale 2014 ★ (8 à 11 € ; 12 000 b.) : un cordon de fines bulles dans une robe dorée, en harmonie avec un nez de pêche mûre et avec un palais franc, ample et riche, soutenu jusqu'en finale par une fine fraîcheur. ✗ 2016-2017

○━ *Dom. Sarrabelle, Les Fortis, 81310 Lisle-sur-Tarn, tél. 05 63 40 47 78, contact@sarrabelle.com* Ⓥ 🏃 ▮ *t.l.j. sf dim. 9h-12h 14h-19h* ○━ Caussé

DOM. DES TERRISSES L'Orée rouge 2013 ★

| ■ | 20 000 | î | 8 à 11 € |

Les terrisses sont des briques de terre crue et de paille mélangées qui servaient à l'édification des bâtisses traditionnelles du Gaillacois, comme l'imposante ferme à quatre pentes qui commande ce vignoble. Brigitte et Alain Cazottes gèrent depuis 1984 le domaine familial de 38 ha, faisant suite à sept générations sur ce vignoble.

D'une couleur légère, cette cuvée née d'un assemblage de braucol (50 %), de duras et de syrah livre d'intenses parfums de framboise et de cassis aux nuances épicées. On retrouve cette palette dans une bouche souple et tendre, au corps svelte, marquée en finale par un plaisant retour épicé. ✗ 2016-2019 ❦ entrecôte grillée ■ Doux Grande Tradition 2014 (8 à 11 € ; 20 000 b.) : vin cité. ✗ 2016-2018

○━ *EARL Cazottes, Dom. des Terrisses, 81600 Gaillac, tél. 05 63 57 16 80, gaillacterrisses@orange.fr* Ⓥ 🏃 ▮ *r.-v.*

CH. TOUNY LES ROSES
Le Poète Élevé en fût de chêne 2012 ★★

| ■ | 1 000 | ⅲ | 11 à 15 € |

Ce château, métairie viticole avant la Révolution, a toujours produit du vin. Le bâtiment, qui accueille les visiteurs, est entouré de vignes et pourvu d'un ponton sur le Tarn. Le vignoble de 2,5 ha est conduit depuis 1999 par Thierry Bosschaert.

Ce vin d'un rouge léger aux reflets violines est né d'un assemblage de syrah (majoritaire), de braucol et de duras et a bénéficié d'un élevage de onze mois en barrique. Il présente un nez intense sur les fruits rouges et la violette, relevé d'épices. Souple, aromatique et frais, remarquablement équilibré, il offre une finale longue et fondue. ✗ 2016-2019 ❦ magrets de canard séchés

○━ *Thierry Bosschaert, 32, chem. de Touny, 81150 Lagrave, tél. 05 63 57 90 90, chateau@touny.fr* Ⓥ ▮ *r.-v.* 🏘 🄼 ⑤ ▮ Ⓔ

DOM. DE LA VALIÈRE Confidences 2013 ★★

| ■ | 2 500 | ⅲ | 8 à 11 € |

Installés en 2004, Georges et Jacques Bennes cultivent en agriculture raisonnée le vignoble familial de 5,3 ha, établi sur un terroir de graves au sud-ouest de l'appellation gaillac.

Ce vin mi-syrah mi-braucol a bénéficié d'un élevage de douze mois en barrique. Il en tire des parfums de cèdre et de fumé, qui laissent s'exprimer des notes de fruits mûrs et de rose fanée. Au palais, le vin déroule une matière généreuse et charnue, ronde et charpentée, où l'on découvre une palette de saveurs complexes alliant les fruits rouges et noirs à la réglisse et au camphre. La finale d'une rare persistance achève de convaincre. « Délicieux », conclut un juré, soulignant qu'il s'agit d'un 2013, millésime ô combien difficile. ✗ 2016-2020 ❦ pavé de bœuf

○━ *EARL Bennes, Saint-Waast, 81800 Coufouleux, tél. 06 80 43 61 76, contact@domaine-valiere.com*

DOM. VAYSSETTE Cuvée Thibault 2013 ★★

| ■ | 5 800 | | 5 à 8 € |

Florentin et Andrée Vayssette, les grands-parents, s'installèrent en 1930 sur le chemin des crêtes de Gaillac. Les suivirent Jacques, leur fils, et Maryse. Aujourd'hui le petit-fils Patrice se met à l'épaule sur les 28,5 ha de vignes. Une valeur sûre de l'appellation.

Grenat intense et profond, ce braucol livre un nez intense et complexe associant aux fleurs et aux fruits noirs d'élégantes touches d'épices et de réglisse. On retrouve cette palette dans un palais ample, généreux et persistant, généreux, adossé à des tanins serrés mais fins. ✗ 2016-2019 ❦ épaule d'agneau

○━ *Vayssette, 2738, chem. des Crêtes, 81600 Gaillac, tél. 05 63 57 31 95, domaine.vayssette@e-kiwi.fr* Ⓥ 🏃 ▮ *r.-v.* 🏘 Ⓐ

Ⓑ CH. LES VIGNALS Doux Mélodie 2014

| ■ | 17 700 | ⅲ | 5 à 8 € |

Un domaine de 70 ha situé à Cestayrols, au nord-ouest de Gaillac, sur le terroir argilo-calcaire de la rive droite du Tarn balayé par le vent d'autan. Racheté en 1996 par M. Varoli, il a jusqu'en 2002 été régi par Olivier Jean qui a engagé la conversion au bio du domaine (certification en 2013). Depuis 2014, une nouvelle équipe œuvre au chai : Éric Brun et Caroline Boisset.

Mi-len de l'el mi-muscadelle, ce moelleux s'ouvre en finesse sur la pomme et le coing. Souple et douce à l'attaque, la bouche s'épanouit tout en rondeur sur les arômes perçus à l'olfaction. Un vin délicat et sincère. ✗ 2015-2019 ✝ toasts de pain d'épice et roquefort

☞ SCEA Ch. les Vignals, Les Vignals, 81150 Cestayrols, tél. 05 63 55 41 53, contact@lesvignals.fr Ⓥ 🏃 🔋 t.l.j. sf dim. 9h-19h

VIGNÉ-LOURAC Doux Terrae Veritas 2014 ★★

| ■ | 48 000 | 🛢 | 5 à 8 € |

Un domaine régulier en qualité, pour ses gaillac mais aussi pour ses vins de pays, dirigé par Alain Gayrel et son fils Vincent.

Finaliste du jury des coups de cœur, ce moelleux, issu de len de l'el complété de mauzac, s'habille d'un or éclatant, en accord avec des parfums suaves de fruits exotiques bien mûrs, de coing compoté, de miel et d'épices douces. Tout aussi charmeur et aromatique, ample, riche, tendre et onctueux, le palais est tendu par une fraîcheur élégante qui se teinte d'une agréable pointe d'amertume en finale. De la concentration et de l'élégance. ✗ 2015-2022 ✝ savarin chantilly

☞ Alain et Vincent Gayrel, 103, av. Foch, 81600 Gaillac, tél. 05 63 81 21 11, cave-gaillac@wanadoo.fr Ⓥ 🔋 t.l.j. 9h30-12h30 14h30-19h30

VINS-D'ENTRAYGUES-ET-DU-FEL

Superficie : 21 ha / Production : 718 hl (80 % rouge et rosé)

Ces vins naissent au sud du département du Cantal et au nord de celui de l'Aveyron, sur les premiers contreforts des massifs du Cantal et de l'Aubrac. Produits au confluent du Lot et de la Truyère, les blancs d'Entraygues, cultivés sur d'étroites banquettes aux sols schisteux aménagées à flanc de coteaux abrupts, sont issus de chenin et de mauzac. Frais et fruités, ils font merveille sur les truites sauvages et le cantal doux. Les vins rouges du Fel, solides et terriens, seront bus sur de l'agneau des Causses et sur la potée auvergnate. Comme tous les AOVDQS, ces vins ont été reconnus en AOC en 2011.

JEAN-MARC VIGUIER 2013 ★

| ■ | 8 000 | 🛢 | 5 à 8 € |

Sur les coteaux abrupts qui dominent la vallée du Lot s'étirent les 6 ha de vignoble de Jean-Marc Viguier, héritier d'une longue lignée de vignerons.

Ce blanc est né de chenin planté sur arènes granitiques. Bien ouvert sur la pêche et les fruits exotiques confits, il dévoile un palais persistant, vif et souple à la fois, dans le même registre que le nez. Un vin riche, complexe et bien équilibré. ✗ 2015-2019 ✝ plateau de fruits de mer

☞ Jean-Marc Viguier, Les Buis, 12140 Entraygues, tél. 05 65 44 50 45, jeanmarc.viguier@yahoo.fr Ⓥ 🏃 🔋 t.l.j. sf dim. 10h-12h 15h-19h

MARCILLAC

Superficie : 185 ha / Production : 7 904 hl

Reconnu en AOC en 1990, ce vin rouge naît dans l'Aveyron, dans une cuvette naturelle au microclimat favorable : le « vallon ». Cultivé sur des argiles riches en oxyde de fer – les rougiers –, le mansoi (ferservadou) lui donne une réelle originalité, faite d'une rusticité tannique et d'arômes de framboise.

DOM. DE L'ALBINIE 2014

| ■ | 5 000 | 🛢 | 5 à 8 € |

Alain Falguières a repris en 1998 cet ancien domaine viticole laissé à l'abandon après la crise du phylloxéra. Il l'a replanté et a aménagé une cave à Salles-la-Source (au nord-ouest de Rodez) dans un quartier qui comptait autrefois une quarantaine de caves reliées entre elles par des fleurines.

Paré d'une robe presque noire à reflets violines, ce 2014 se livre en toute discrétion au nez sur les fruits noirs et les épices. La bouche, généreuse et ample à l'attaque, se montre aussi tendue et repose sur des tanins encore un peu fermes. Un ensemble néanmoins harmonieux et aromatique. ✗ 2017-2019 ✝ salaisons

☞ Falguières, 14, av. de Bordeaux, 12000 Rodez, tél. 05 65 67 02 69, famille.falguieres@orange.fr 🏃 🔋

Ⓑ DOM. DES COSTES ROUGES Tandem 2014 ★★

| ■ | 20 000 | 🛢 | 5 à 8 € |

À l'origine exploité en polyculture, ce domaine converti au bio est aujourd'hui presque exclusivement dédié à la vigne (6 ha), une petite production de légumes, de céréales et de volaille complétant l'activité. Éric et Claudine Vinas y sont installés depuis 1993.

Habillé d'un noir teinté de reflets violines, ce 2014 livre des parfums intenses et complexes de fruits noirs mûrs et de réglisse, accompagnés de touches végétales. Rond à l'attaque, il dévoile un fruité gourmand, un beau volume et des tanins souples. La finale fraîche porte loin ses arômes. Un vin harmonieux et typique. ✗ 2017-2021 ✝ filet de bœuf

☞ Claudine et Éric Vinas, GAEC Dom. des Costes Rouges, Combret, 12330 Nauviale, tél. 05 65 72 83 85, domaine-des-costes-rouges@wanadoo.fr Ⓥ 🔋 t.l.j. 9h-12h 14h-19h; juil.-août sur r.-v. 🏠 ➋ 🏠 Ⓔ

DOM. DU CROS VV 2013 ★★

| ■ | 10 000 | 🍶 | 8 à 11 € |

Il y a encore trente ans, ce domaine emblématique de l'AOC marcillac ne disposait que d'un hectare de vigne et produisait environ 4 000 bouteilles par an. La superficie atteint à présent les 30 ha. La propriété est conduite par Philippe Teulier, secondé depuis 2006 par son fils Julien. Une valeur sûre.

Cette cuvée naît de vignes de plus de cinquante ans plantées sur des coteaux abrupts aux sols d'éboulis calcaires. Elle livre un nez typique de petits fruits rouges et de kirsch, accompagnés de quelques notes épicées. En bouche, il est tout velours et souplesse, avec ses tanins fondus et ses arômes chaleureux de fruits mûrs. Sa trame acide sous-jacente vient équilibrer l'ensemble et porte loin la finale. ⚔ 2016-2021 ♈ pavé de bœuf ■ Lo Sang del Païs 2014 (5 à 8 € ; 120 000 b.) : vin cité. ⚔ 2017-2019

○┐ *Philippe Teulier, Dom. du Cros, 12390 Goutrens, tél. 05 65 72 71 77, pteulier@domaine-du-cros.com* Ⓥ 🏃 🍴 *t.l.j. sf dim. 9h-12h 14h-18h*

DOM. LAURENS Cuvée de Flars 2013		
■	21 000	⬤	8 à 11 €

Quand Michel Laurens revint à Clairvaux en 1983 et qu'il retrouva son frère Gilbert, il décida avec lui d'étendre le domaine de famille : rachat de vieilles vignes, de terrasses, de terres en friches, défrichage, plantations... Après des années de travail, le domaine qui couvrait à l'origine 1,5 ha s'étend aujourd'hui sur 21 ha.

Paré d'un grenat intense, ce 2013 livre un nez subtil qui mêle les fruits rouges à des notes de boisé vanillé. Volumineux dès l'attaque, le palais poursuit le même registre aromatique sur une trame tannique présente mais souple, qui laisse la part belle au fruit. ⚔ 2017-2019 ♈ filet de bœuf ■ 2014 (5 à 8 € ; 60 000 b.) : vin cité. ⚔ 2016-2019

○┐ *Dom. Laurens, 7, av. de la Tour, 12330 Clairvaux, tél. 05 65 72 69 37, info@domaine-laurens.com* Ⓥ 🏃 🍴 *t.l.j. sf dim. 10h-12h 14h-19h*

♥ LIONEL OSMIN & CIE Mansois 2014 ★★		
■	12 000	🍾	8 à 11 €

Fils d'un bijoutier béarnais, Lionel Osmin est devenu ingénieur agricole et a fondé en 2010 une maison de négoce spécialisée dans les vins du grand Sud-Ouest, d'Irouléguy à Bergerac, de Madiran à Marcillac. Il a quatre associés, dont l'œnologue Damiens Sartori.

Mansois ? Le fer-servadou, cépage au cœur du marcillac. D'un rouge profond aux nuances violines, ce 2014 libère un nez très typé de fruits des bois et d'épices avec une pointe plus végétale. En bouche, il déroule un fruité bien mûr aux accents épicés, soutenu par des tanins déjà fondus. Un vin complet qui compte ce qu'il faut de fraîcheur pour lui donner de l'allonge. ⚔ 2017-2021 ♈ pot-au-feu d'agneau

○┐ *Lionel Osmin & Cie, 14, rue des Bruyères, 64160 Morlaas, tél. 05 59 05 14 66, vin@osmin.fr* Ⓥ 🍴 *t.l.j. sf dim. lun. 10h-14h 16h30-21h; (vente: 1, rue du Château, 64000 Pau)*

LES VIGNERONS DU VALLON Les Crestes 2014 ★		
■	20 000	🍾	5 à 8 €

Établie dans le fameux vallon de Marcillac, cette coopérative, créée en 1965, regroupe une quarantaine de vignerons et fournit 60 % de la production de l'AOC.

Comme l'annonce sa robe grenat profond, ce marcillac livre un nez mêlant de cassis et fruits des bois nuancés d'une touche végétale. Le palais, plutôt léger, fait preuve d'une fraîcheur qui met en valeur son fruité jusqu'en finale. ⚔ 2017-2019 ♈ suprême de volaille

○┐ *Les Vignerons du Vallon, RD 840, 12330 Valady, tél. 05 65 72 70 21, kasperoibfelt@groupe-unicor.com* Ⓥ 🏃 🍴 *t.l.j. sf dim. 9h-12h 14h-18h*

CÔTES-DE-MILLAU

Superficie : 56 ha / Production : 2 030 hl (97 % rouge et rosé)

Reconnu en AOVDQS en 1994, le plus méridional des vignobles aveyronnais est implanté sur des coteaux de la haute vallée du Tarn, dans un secteur déjà soumis aux influences méditerranéennes. Majoritaires, les rouges et rosés sont composés de syrah et de gamay et, dans une moindre proportion, de cabernet-sauvignon, de fer-servadou et de duras. Les blancs assemblent chenin et mauzac. Les côtes-de-millau ont accédé à l'AOC en 2011.

Ⓑ DOM. DU VIEUX NOYER 2013 ★		
■	8 000	🍾	5 à 8 €

Un grand noyer au tronc sculpté des symboles de la vigne trône à l'entrée de la propriété de Bernard Portalier, qui compte un vignoble de 15 ha conduit en bio, établi au pied des Grandes Causses. À découvrir, outre les vins, les apéritifs maison, le Calistou (noix, mirabelle et vin rosé) et la Vignola (cerise et vin rouge).

Une robe dense, couleur rubis, habille ce vin aux parfums généreux et complexes de framboise à l'eau-de-vie, de griotte, de poivron et d'épices. Le bourgeon de cassis et la cerise s'invitent dans un palais très frais, aux tanins souples et soyeux, agrémenté d'une jolie finale réglissée. Un vin franc et bien ciselé. ⚔ 2015-2018 ♈ andouillette ■ Cuvée Lou Radou 2013 (8 à 11 € ; 1 500 b.) Ⓑ : vin cité. ⚔ 2015-2017

○┐ *Dom. du Vieux Noyer, rte des Gorges, Boyne, 12640 Rivière-sur-Tarn, tél. 05 65 62 64 57, bernard.portalier@sfr.fr* Ⓥ 🏃 🍴 *r.-v.*

➡ **LA MOYENNE GARONNE**

FRONTON

Superficie : 2 060 ha / Production : 97 242 hl

Vin des Toulousains, le fronton provient d'un très ancien vignoble, autrefois propriété des chevaliers de l'ordre de Saint-Jean-de-Jérusalem. Lors du siège de Montauban, Louis XIII et Richelieu se livrèrent à force dégustations comparatives... Reconstitué grâce à la création des coopératives de Fronton et de Villaudric, le vignoble a conservé un encépagement original avec la négrette, variété locale que l'on retrouve à Gaillac ; lui sont associés principalement la syrah, le cot, le cabernet franc et le cabernet-sauvignon, le fer-servadou et le gamay. Le terroir occupe les trois terrasses du Tarn, aux sols de boulbènes, de graves ou de rougets. Les vins rouges à forte proportion de cabernet, de gamay ou de syrah sont fruités et aromatiques. Plus riches en négrette, ils sont alors puissants, tanniques, dotés d'un fort parfum de terroir aux accents de violette. Les rosés sont francs, vifs et fruités.

CH. BELLEVUE LA FORÊT L'Allégresse 2014 ★

| 210 000 | î | 5 à 8 € |

Avec 100 ha d'un seul tenant, Bellevue la Forêt est le plus vaste domaine de l'appellation. Patrick Germain, issu d'une lignée de viticulteurs d'Afrique du Nord, l'avait acquis en 1974, un an avant la création de l'AOC, puis mis en valeur et en avait largement diffusé les vins. En 2008, il l'a vendu à Philip Grant. Formé au vin, l'homme d'affaires irlandais ne manque pas d'ambition pour le vignoble.

Rose vif, cette cuvée livre un nez délicat sur la groseille et la grenade. Souple à l'attaque, le palais trouve l'équilibre entre suavité et fraîcheur, et développe des arômes persistants de fruits frais acidulés. ✗ 2015-2016 ♥ friture de chipirons

○┐ SCEA Ch. Bellevue la Forêt, 5580, rte de Grisolles, 31620 Fronton, tél. 05 34 27 91 91, cblf@ chateaubellevuelaforet.com Ⓥ 🅰 🏠 t.l.j. sf dim. 9h30-12h30 14h-18h ○┐ Philip Grant

Ⓑ CH. BOUISSEL Le Bouissel 2012 ★★

| 12 000 | î ◑ | 11 à 15 € |

Constitué par le grand-père dans les années 1930, ce vignoble de 21 ha est implanté sur la troisième terrasse du Tarn, la plus haute et la plus ancienne. Anne-Marie et Pierre Selle ont spécialisé le domaine et lancé la mise en bouteilles en 1989. Arrivé en 2008, leur fils Nicolas a engagé la conversion bio (certification en 2012). Son cheval de bataille : la négrette.

Finaliste des coups de cœur, ce 2012 arbore une robe profonde qui annonce un vin concentré. Le nez livre des parfums riches et complexes, légèrement acidulés, de fruits rouges et noirs. À la fois ample, rond et frais à l'attaque, le palais suit la même ligne, développant des arômes persistants de fruits rouges et de cassis mûr, soutenu par des tanins bien fondus. Un ensemble élégant. ✗ 2017-2021 ♥ tournedos ■ La Forgeronne 2012 (30 à 50 €; 900 b.) Ⓑ : vin cité. ✗ 2017-2021

○┐ Pierre, Anne-Marie et Nicolas Selle, Ch. Bouissel, 200, chem. du Vert, 82370 Campsas, tél. 05 63 30 10 49, contact@chateaubouissel.com Ⓥ 🅰 🏠 t.l.j. sf dim. 10h-12h 14h-19h; sam. sur r.-v.

Ⓑ CH. BOUJAC
Éole Élevé en fût de chêne 2013 ★

| 5 000 | ◑ | 5 à 8 € |

Un domaine familial tourné, à l'origine, vers la polyculture et l'élevage. Arrivés à sa tête en 1989, Philippe et Michelle l'ont spécialisé et se sont orientés vers la vente directe. Le vignoble, qui compte aujourd'hui 28 ha, est exploité en bio certifié depuis 2012.

D'un rouge sombre presque noir, ce 2013, assemblage de négrette (45 %), de cabernet (30 %) et de syrah, mêle d'intenses parfums de fruits noirs compotés, de réglisse et de violette. Rond à l'attaque, riche et volumineux, le palais rappelle les arômes de l'olfaction, soutenu par une trame tannique ferme, et offre une finale fraîche et longue. ✗ 2016-2019 ♥ entrecôte

○┐ Michèle et Philippe Selle, 499, chem. de Boujac, 82370 Campsas, tél. 05 63 30 17 79, selle.philippe@ wanadoo.fr Ⓥ 🅰 🏠 t.l.j. sf dim. 9h-12h 14h30-18h30 ○┐ Michelle Selle

♥ DOM. CALLORY
Pinot Saint-Georges 2013 ★★

| 25 000 | î | 5 à 8 € |

Au temps de Napoléon, Guillaume Vigouroux fut le seul des quatre frères à revenir des champs de bataille. David, son descendant (cinquième génération), installé sur le domaine familial en 1995, s'est marié avec une... Anglaise, qui contribue à la renommée de la négrette outre-Manche. Le vignoble, créé en 1882, s'étend aujourd'hui sur 80 ha. Le couple a repris en 2009 le domaine Callory, un vignoble de 20 ha.

Une cuvée de pure négrette (ou pinot Saint-Georges) née sur des sols sableux. La robe est sombre et profonde. Intense et complexe, le nez marie de délicats parfums de fruits rouges à des notes de cuir, d'épices douces et de réglisse. Tout aussi complexe, le palais déroule une matière ample et puissante, reposant sur les tanins soyeux. Des arômes de pruneau et de fraise accompagnent ce beau développement avec ce qu'il faut de fraîcheur pour donner de l'allonge à ce vin harmonieux. ✗ 2017-2021 ♥ saucisse ■ Ch. Baudare Cuvée Prestige 2013 ★★ (5 à 8 €; 92 000 b.) : un nez intense de fruits noirs aux accents épicés qui se prolongent dans un palais rond, fruité et velouté. Une longue finale vient parfaire cet ensemble remarquablement équilibré. ✗ 2017-2021 ■ Ch. Baudare Perle noire 2013 ★ (5 à 8 €; 50 000 b.) : une pure négrette née de sols argilo-calcaires, livrant un nez intense et mûr sur les fruits rouges confits et la violette. En bouche, de l'équilibre et de la puissance, grâce à une structure tannique présente mais fondue, et une fraîcheur qui porte longuement les arômes de fruits confits. ✗ 2017-2019

○┐ David et Claude Vigouroux, Cave de vente, 161, rue Basse, 82370 Campsas, tél. 05 63 30 51 33, vigouroux@aol.com Ⓥ sam. 9h-12h 14h-18h; sur r.-v. en sem.

CH. CARROL DE BELLEL Élégance 2014 ★★

| 1 500 | | 5 à 8 € |

En 2007, Yannick Gasparotto s'est associé avec son père Gilbert sur le domaine familial qu'il a repris l'année suivante. Il a porté la superficie de l'exploitation à 32 ha et pratique la lutte raisonnée.

Une robe bouton de rose pour ce 2014, assemblage de négrette (50 %), de syrah (30 %) et de gamay et cabernet franc en appoint. Le nez frais associe les fruits rouges et les agrumes à la pêche blanche. Souple à l'attaque, de belle longueur, la bouche se montre équilibrée entre rondeur suave et vivacité tonique. ✗ 2015-2016 ♥ nems de crevettes ■ Tradition 2013 ★ (- de 5 €; 4 000 b.) : un nez intense de fruits noirs épicés, un palais à l'unisson, riche et ample, structuré par des tanins bien fondus. Un vin croquant, typique de son appellation. ✗ 2017-2019

○┐ EARL Carrol de Bellel, 103, chem. de Boujac, 82370 Campsas, tél. 06 49 25 05 82, yannick.gasparotto@hotmail.fr Ⓥ 🅰 🏠 sam. 9h-12h 14h-18h ○┐ Gasparotto

SUD-OUEST

CLAMENS Julie 2014 ★		
■	57 000	🍷	8 à 11 €

Jean-Michel Bégué représente la quatrième génération de vignerons sur le domaine. D'abord coopérateur, il s'est lancé avec succès dans la vinification. En 2012, il a cédé sa propriété à l'homme d'affaires allemand Stefan Heppelmann, mais il est resté aux commandes de l'exploitation (27 ha).

Ce vin pâle livre un nez intense de fruits exotiques, de pêche blanche et de bonbon à la fraise. D'un beau volume, il se montre à la fois frais et chaleureux. Un rosé moderne, gourmand à souhait. ✗ 2015-2016 ▼ grillades ■ Ch. Clamens Caractères 2012 (15 à 20 € ; 4 602 b.) : vin cité. ✗ 2016-2019

⊶ *EURL Bégué-Heppelmann, 740, chem. de Caillol, 31620 Fronton, tél. 05 61 82 45 32, chateauclamens@ orange.fr* 🆅 🚶 *t.l.j. sf sam. dim. 8h30-12h 13h30-17h*

CH. CLOS MIGNON		
Sélection 2013 ★★		
■	25 000	🍷	5 à 8 €

Commandé par des bâtiments d'exploitation en brique et galets typiques du Frontonnais, le domaine remonte à 1870. Il est implanté à Villaudric, un terroir historique de l'appellation. Acquis par la famille Muzart en 1952, il est géré depuis 2000 par Olivier, qui conduit ses 20 ha en lutte raisonnée.

D'un rouge cerise profond et brillant, ce 2013, assemblage de négrette (60 %) et de syrah, libère au nez des arômes complexes de fruits rouges et noirs (fraise, mûre) et de fruits acidulés aux accents épicés. Ample et charnu en bouche, il se montre souple et frais à la fois. Ses tanins bien intégrés mettent en valeur une palette d'arômes subtils et complexes qui persistent dans une finale fraîche et gourmande. ✗ 2015-2019 ▼ cailles farcies au foie gras ■ 2014 (5 à 8 € ; 25 000 b.) : vin cité. ✗ 2015-2016

⊶ *Olivier Muzart, EARL du Ch. Clos Mignon, 109, rte de Clos-Mignon, 31620 Villeneuve-lès-Bouloc, tél. 05 61 82 10 89, omuzart@closmignon.com* 🆅 🚶 *r.-v.*

COMTE DE NÉGRET 2014 ★★		
■	175 000	🍷	- de 5 €

La cave coopérative de Fronton, qui fait partie de Vinovalie, rassemble deux cents coopérateurs cultivant un cépage emblématique de la région : la négrette. Elle développe plusieurs marques, dont Comte de Négret, souvent en vue dans le Guide.

De couleur saumon, ce rosé offre un nez expressif de fruits rouges et de bonbon anglais. Souple en attaque, vineuse et ronde, la bouche est équilibrée par une finale fraîche marquée par un joli retour fruité. Un vin long et typique de son appellation. ✗ 2015-2016 ▼ millefeuille de saumon gravlax ■ Exception du Comte de Négret Élevé en fût de chêne 2012 ★ (5 à 8 € ; 40 000 b.) : un vin frais, complexe et tout en finesse, au boisé bien intégré, étayé par des tanins alertes. ✗ 2017-2019

⊶ *Vinovalie – Site de Fronton, 175, av. de la Dourdenne, 31620 Fronton, tél. 05 62 79 97 79, magasin@ vins-fronton.com* 🆅 *t.l.j. sf dim. 9h-12h30 14h-19h*

CH. COUTINEL		
À 100 %, je ne négrette rien! 2013 ★		
■	12 800	🍷	8 à 11 €

Créée en 1878, la maison de négoce des Arbeau a pris de l'envergure au XXes. en se spécialisant dans les vins et spiritueux. En 1920, la famille a acquis le Ch. Coutinel (52 ha), et s'est lancée dans la mise en bouteilles en 1982. Depuis les années 2000, Géraud Arbeau et sa sœur Anne dirigent l'affaire.

Née de pure négrette, cette cuvée livre un nez raffiné de fraise confite aux accents réglissés. Le palais poursuit ce développement aromatique, complété d'une note de sous-bois, bien structuré par des tanins souples et une finale qui compte ce qu'il faut de fraîcheur. Un vin tout en finesse. ✗ 2015-2019 ▼ cailles aux raisins ■ Tradition 2013 (5 à 8 € ; 88 000 b.) : vin cité. ✗ 2015-2019

⊶ *Vignobles Arbeau, 6, rue Demages, 82370 Labastide-Saint-Pierre, tél. 05 63 64 01 80, vignobles@arbeau.com* 🆅 🚶 🚶 *r.-v.*

♥ CH. CRANSAC		
Tradition 2014 ★★		
■	30 000	🍷	5 à 8 €

Un vrai château du XVIIes., en brique rose, et un domaine de 150 ha, dont 50 ha de vignes implantées sur les anciennes terrasses du Tarn. La propriété a été achetée en 1999 par Laurent Philis qui a produit sa première vendange en 2003.

Un rosé séducteur en diable avec sa couleur pétale de rose et son nez intense, fin et complexe de cerise, de pêche, d'ananas et de bonbon. Rond, gourmand et persistant, le palais est un modèle d'équilibre entre onctuosité, suavité et fraîcheur. ✗ 2015-2016 ▼ salade crevettes mangue et agrumes ■ Exception 2012 (8 à 11 € ; 5 000 b.) : vin cité. ✗ 2016-2020

⊶ *SCEA Dom. de Cransac, 1020, chem. du Cotité, 31620 Fronton, tél. 05 62 79 34 30, secretariat@ chateaucransac.com* 🆅 🚶 🚶 *t.l.j. sf sam. dim. 9h-12h 14h-18h*

CH. DEVÈS Noir désir 2013		
■	3 000	🍷	8 à 11 €

Depuis plus de trente ans, Michel Abart exploite son domaine (26 ha) sur la deuxième terrasse du Tarn. Alors que la machine à vendanger s'est généralisée sur les terrasses peu accidentées du Frontonnais, il est resté attaché aux vendanges manuelles. Il a réservé plus d'une fois de bonnes surprises aux amateurs.

Ce 2013 de pure négrette livre un nez bien typé de fruits rouges et de violette aux accents épicés et réglissés. Franc à l'attaque, il déroule un palais ample et bien structuré, aux arômes de fruits compotés et d'épices. ✗ 2016-2019 ▼ aiguillettes de canard

⊶ *Michel Abart, 2255, rte de Fronton, 31620 Castelnau-d'Estrétefonds, tél. 06 17 20 67 56, chateaudeves@hotmail.fr* 🆅 🚶 🚶 *r.-v.*

CH. FONT BLANQUE 2013 ★

| ■ | 4 000 | 🛈 | 5 à 8 € |

Ce domaine familial de 18 ha, créé en 2005 et déjà bien connu des habitués du Guide, est implanté sur un sol argilo-limoneux. Il a été entièrement restructuré et replanté.

D'un rouge profond, ce 2013, assemblage de négrette (60 %) et de syrah, livre un nez bien typé du cépage majoritaire, avec ses parfums de violette nuancés de notes de fraise et de groseille. La bouche est souple et fraîche à la fois, étayée par des tanins arrondis. Un vin croquant. ✗ 2015-2018 ♈ cassoulet

☞ GAEC de Font Blanque, 1055, rte de Fabas, 82370 Campsas, tél. 05 63 64 08 91, chateau.font-blanque@orange.fr Ⓥ 🅰 🅱 r.-v.

CH. JOLIET Élevé en fût de chêne 2013

| ■ | 4 200 | ◑ | 8 à 11 € |

Créateurs du domaine en 1984, François et Marie-Claire Daubert ont pris leur retraite en 2010 et transmis leur propriété à de jeunes vignerons frontonnais, Marie-Ange et Jérôme Soriano, qui ont agrandi le vignoble, portant sa superficie à 24 ha.

D'abord discret, il libère à l'aération des arômes de violette, de petits fruits acidulés et quelques touches réglissées et grillées. Poursuivant dans le même registre, le vin déroule au palais une matière souple et onctueuse, et finit sur des notes réglissées et poivrées. Un vin facile à boire. ✗ 2015-2018 ♈ saucisse de Toulouse

☞ EARL de Joliet, 1070, chem. des Peyrounets, 31620 Fronton, tél. 05 61 82 46 02, dejoliet@orange.fr Ⓥ 🅰 🅱 mer. à sam. 9h-12h 15h-18h

♥ Ⓑ CH. LAUROU Les Complices 2013 ★★

| ■ | 5 000 | 🛈 | 8 à 11 € |

Informaticien et Parisien dans une vie antérieure, Guy Salmona s'est reconverti dans la négrette à Fronton en rachetant ce domaine. Il a engagé en 2009 la conversion bio de ses 44 ha de vignes.

D'un beau rouge sombre nuancé de violet, ce 2013 livre un nez riche et complexe de fruits mûrs (fraise, pruneau), de violette et d'épices. Franche et nette à l'attaque, la bouche se déploie dans un beau volume, adossée à des tanins bien fondus. La fraîcheur de la finale vient tonifier cet ensemble complexe. ✗ 2016-2019 ♈ aiguillettes de canard aux cèpes

☞ Guy Salmona, Ch. Laurou, 2250, rte de Nohic, 31620 Fronton, tél. 05 61 82 40 88, guy.salmona@wanadoo.fr Ⓥ 🅱 r.-v.

DOM. DE LESCURE À l'avenir 2013 ★

| ■ | 10 000 | 🛈 | 8 à 11 € |

Acquise en 1923 par la famille Cardetti, l'exploitation a débuté la production viticole en 1970, avec Jean-Marie. Installé en 2008, Fabien a porté la superficie du vignoble à 23 ha ; il cultive aussi 15 ha de céréales et 8,5 ha de noisetiers.

Issu de pure négrette, ce 2013 à la robe profonde s'ouvre sur des parfums puissants de cassis et de fraise macérés, d'épices et de Zan. Une palette aromatique que l'on retrouve dans un palais tout en fraîcheur, aux tanins bien fondus. Un vin typé et harmonieux. ✗ 2017-2020 ♈ canard laqué ■ Sans plus attendre 2014 (5 à 8 € ; 12 000 b.) : vin cité. ✗ 2015-2016

☞ EARL Dom. de Lescure, 151, chem. de Lescure, 82370 Labastide-Saint-Pierre, tél. 05 63 30 55 45, domainedelescure@orange.fr Ⓥ 🅰 🅱 r.-v.
☞ Fabien Cardetti

CH. MONTAURIOL
Prestige 2013 ★★

| ■ | 20 000 | ◑ | 5 à 8 € |

Dirigeant d'une briqueterie, Nicolas Gélis s'est orienté avec succès vers la viticulture dans le Frontonnais ; il a racheté successivement trois châteaux : Ferran (1994), Montauriol (1998) et Cahuzac (2008), et développé une structure de négoce. À la tête de plus de 100 ha de vignes sur des terroirs différents, il est devenu une valeur sûre de l'appellation.

Finaliste du jury des coups de cœur, ce 2013 associant à la négrette (55 %) la syrah et le cabernet franc séduit par son nez élégant et complexe mariant les fruits rouges et noirs, la violette, la réglisse, la vanille et des notes toastées. On retrouve cette complexité dans un palais riche et rond, aux tanins soyeux, tonifié par une belle fraîcheur qui lui donne de l'allonge. Un représentant fort harmonieux de son appellation. ✗ 2016-2019 ♈ gigot de sept heures ■ Chemin de Saint-Jacques 2013 ★★ (5 à 8 € ; 100 000 b.) : autre finaliste des coups de cœur, un 2013 au nez complexe de fruits rouges mûrs rehaussés d'épices et de réglisse. Le palais aux tanins déjà soyeux affiche puissance, volume et rondeur, équilibré par une belle fraîcheur en finale. ✗ 2016-2019 ■ Ch. Ferran Classique 2013 ★★ (5 à 8 € ; 64 000 b.) : un nez délicat et complexe de fraise confiturée, de violette et de réglisse ; un palais généreux et long, dans le même registre que l'olfaction, aux tanins bien intégrés. ✗ 2016-2019

☞ Nicolas Gélis, Ch. Montauriol, 1925, rte des Châteaux, 31340 Villematier, tél. 05 61 35 30 58, contact@vignobles.nicolasgelis.com Ⓥ t.l.j. sf sam. dim. 9h-12h 13h-16h

DOM. DES PRADELLES Tradition 2013

| ■ | 9 330 | 🛈 | - de 5 € |

Domaine fondé en 1869. Sa vocation viticole s'affirme en 1990 avec François Prat, qui sort de la coopérative. Sa fille Noëlle prend le relais en 2012, mais son père reste actif à la cave, ainsi que Philippe Sérié, le maître du chai, et Alain Escarguel, l'œnologue. Le domaine s'étend sur 15,8 ha au sud de l'appellation, sur la troisième terrasse du Tarn.

Ce 2013 libère après aération des parfums frais de petits fruits rouges et noirs, de violette et d'épices. Franc à l'attaque, toujours aromatique, le vin affiche une structure tannique solide et une finale gourmande et fraîche. ✗ 2016-2019 ♈ cassoulet

☞ Noëlle Prat, 44, chem. de la Bourdette, 31340 Vacquiers, tél. 05 61 84 97 36, noelle.prat@hotmail.fr Ⓥ 🅰 🅱 t.l.j. sf dim. 14h-19h; sam. 9h-12h 🏠 🅐

LE ROC Cuvée réservée 2012		
■	10 000	◧	8 à 11 €

Dans la famille Ribes, chacun trouve sa place. Jean-Luc, qui est bluesman à ses heures, a repris la propriété familiale en 1981, rejoint au fil du temps par Frédéric et Cathy, puis par Pierre. La propriété couvre 21 ha sur boulbènes et sur graves.

Rouge sombre, ce 2012 assemble la négrette (50 %), le cabernet-sauvignon et la syrah à parité. Il s'ouvre généreusement au nez sur les fruits rouges acidulés (grenade, groseille), avec une pointe de cuir. Ample et rond au palais, il déploie des arômes de violette bien typés, soutenu par des tanins encore fermes et vifs. ✗ 2017-2020 ▼ magret de canard grillé ■ La Folle noire d'Ambat 2013 (5 à 8 € ; 4 500 b.) : vin cité. ✗ 2015-2019

⊶ *Dom. Le Roc, SARL F. Ribes, 1605 c, rte de Toulouse, 31620 Fronton, tél. 05 61 82 93 90, leroc@cegetel.net* Ⓥ ⚒ 🛠 *t.l.j. sf sam. dim. 9h-12h 14h-18h*

DOM. ROUMAGNAC Authentique 2014 ★		
■	20 000	🥂	5 à 8 €

À Raygades, hameau de Villematier en Haute-Garonne, le domaine s'étend sur 14 ha, à la limite des troisième et deuxième terrasses. Jean-Paul Roumagnac cultive depuis longtemps les vignes familiales. Son fils Nicolas s'est lancé en 2011 dans la vente directe.

Un nez ouvert sur la fraise écrasée et la pêche de vigne. La bouche, ronde et gourmande, développe un fruité finement acidulé. Une fine fraîcheur vient tonifier la finale. ✗ 2016-2017 ▼ poulet à la citronnelle

⊶ *Jean-Paul et Nicolas Roumagnac, 525, hameau de Raygades, 31340 Villematier, tél. 06 80 95 34 08, contact@domaineroumagnac.fr* Ⓥ ⚒ 🛠 *r.-v.*

DOM. DE SAINT-GUILHEM Renaissance 2011		
■	6 700	◧	8 à 11 €

Cet ancien domaine viticole (1738) est situé entre la deuxième et la troisième terrasse du Tarn. Il doit son nom au comte de Toulouse, Guillaume de Gellone canonisé en 1066 sous le nom de saint Guilhem. Aujourd'hui propriété de Philippe Laduguie, il compte plus de 36 ha, mais les vignes (6,5 ha) composent avec les prés et les bois.

D'une couleur profonde et encore jeune aux reflets violets, ce 2011 a bénéficié d'un élevage de trente-six mois en fût. Il dévoile un nez expansif de fruits à l'eau-de-vie et de fruits noirs confiturés, teintés de réglisse et d'un subtil boisé. Ample et charnu, il s'appuie sur des tanins encore un peu fermes et offre une finale fraîche : il a encore des réserves. ✗ 2015-2019 ▼ aiguillettes de canard aux figues

⊶ *Philippe Laduguie, 1619, chem. de Saint-Guilhem, 31620 Castelnau-d'Estretefonds, tél. 05 61 82 12 09, philippe.laduguie@orange.fr* Ⓥ ⚒ 🛠 *t.l.j. 9h30-19h30; dim. sur r.-v.* 🍴 ❸ 🏠 Ⓑ

Ⓑ **CH. SAINT-LOUIS** Naturellement négrette 2012		
■	5 790	◧	5 à 8 €

Racheté en 1991 par Marie-Cécile (née Arbeau) et Ali Mahmoudi, le domaine de 35 ha (dont 24 ha en fronton) a connu de grandes transformations, tant à la vigne

qu'au chai – la dernière étant la certification bio. L'esprit persan d'Ali, œnologue iranien formé à Toulouse, y souffle comme un parfum d'Orient (le hammam n'a pas été oublié).

Ce 2012 de pure négrette livre à l'aération des parfums frais de fruits rouges et des notes boisées héritées de son élevage de douze mois en fût. Au palais, à l'attaque ample et chaleureuse, le fruité souligné de notes d'élevage gagne en complexité. Les tanins encore un peu fermes devraient s'assouplir. ✗ 2015-2019 ▼ filet de canard grillé ■ 2012 (5 à 8 € ; 68 000 b.) Ⓑ : vin cité. ✗ 2015-2018

⊶ *SCEA Ch. Saint-Louis, 380, chem. du Bois-Vieux, 82370 Labastide-Saint-Louis, tél. 05 63 30 13 13, proprietaire@chateausaintlouis.fr* Ⓥ 🛠 🛠 *t.l.j. 9h-12h 14h-19h; sam. dim. sur r.-v.* 🏠 Ⓔ ⊶ Ali Mahmoudi

Ⓑ **TOT ÇO QUE CAL** 2013 ★		
■	4 500	◧	15 à 20 €

Marc Penavayre, ingénieur agronome et œnologue, a donné un nouvel élan au domaine familial qu'il a repris en 1991, restructuré et agrandi. Le vignoble s'étend aujourd'hui sur 30 ha et a achevé sa conversion bio en 2012.

Ce vin issu de pure négrette affiche une robe intense et livre un nez délicat de fruits mûrs et de réglisse. En bouche, il déploie des arômes de cassis, soutenu par des tanins encore un peu fermes, mais la finale fraîche permettra une garde qui devrait arrondir l'ensemble. ✗ 2016-2019 ▼ boudin et pommes ■ Alabets [et alors ?] 2013 (11 à 15 € ; 9 000 b.) Ⓑ : vin cité. ✗ 2016-2019

⊶ *Ch. Plaisance, 102, pl. de la Mairie, 31340 Vacquiers, tél. 05 61 84 97 41, chateau-plaisance@wanadoo.fr* Ⓥ ⚒ 🛠 *mer. à sam. 9h-12h 15h-19h* ⊶ Penavayre

CH. VIGUERIE DE BEULAYGUE Les Aïeux 2012 ★		
■	3 500	◧	5 à 8 €

Transmise dans la même famille depuis cinq générations, cette exploitation ne s'est spécialisée qu'à la fin des années 1990 ; elle commercialise sa production depuis 1995. Cédric Faure, qui a pris la relève en 2002, cultive 18 ha et élabore des cuvées qui suscitent beaucoup d'intérêt.

Ce 2012, assemblage de négrette (70 %) et de syrah, élevé douze mois en fût, livre un nez expressif de fruits rouges confiturés et de violette, relevé d'épices. Dans ce même registre, suave et frais à la fois, le palais s'appuie sur une trame tannique déjà fondue qui met en valeur ses arômes. Un vin harmonieux, déjà prêt. ✗ 2015-2019 ▼ rôti de bœuf

⊶ *Cédric Faure, 1650, chem. de Bonneval, 82370 Labastide-Saint-Pierre, tél. 05 63 30 54 72, ce.faure@gmail.com* Ⓥ 🛠 *t.l.j. sf dim. 9h-19h*

BRULHOIS

Superficie : 194 ha / Production : 8 787 hl

Passés de la catégorie des AOVDQS en 1984 à celle de AOC en 2011, ces vins sont produits de part et d'autre de la Garonne, autour de la petite ville de Layrac, dans les départements du Gers, du Lot-et-Garonne et du Tarn-et-Garonne. Essentiellement rouges, ils sont issus des cépages bordelais et des cépages locaux, tannat et cot.

DEUX SŒURS EN AQUITAINE 2013

| ■ | 15 000 | 🛆 | 8 à 11 € |

Deux sœurs, Catherine et Isabelle Orliac, ont su mettre en valeur cette ancienne maison forte du XIIes. qui commande 10 ha de vignes. Cette bastide établie sur un terroir royal appartenait jadis à leur aïeul Jean Orliac, fournisseur de la cour de France.

S'ouvrant sur des parfums subtils de fruits noirs, ce 2013 à dominante de merlot, souple et suave au palais, déroule un fruité généreux, avec une pointe réglissée en finale. Un vin simple et complet. ✗ 2016-2019 ♈ cailles rôties

☛ Ch. Labastide Orliac, 47270 Clermont-Soubiran, tél. 05 53 87 41 02, chateau.orliac@wanadoo.fr
Ⓥ 🏕 🍷 r.-v. 🏠 Ⓐ

CH. GRAND CHÊNE 2014 ★★

| ■ | 20 000 | 🛆 | 5 à 8 € |

Née de l'association, en 1997, des caves de Goulens et Donzac, elles-mêmes créées en 1960, la cave du Brulhois vinifie sous des marques diverses la plus grande partie des vins de l'appellation brulhois.

De couleur soutenue, ce rosé libère des parfums explosifs de fruits rouges frais et acidulés (cerise, fraise, groseille). Tout aussi séduisante, la bouche, dans la continuité du nez, est friande et bien équilibrée entre suavité et fraîcheur. Une finale longue ajoute à son charme. ✗ 2015-2016 ♈ grillades ■ Les Vignerons du Brulhois La Voûte Saint-Roc 2013 ★ (- de 5 € ; 9 000 b.) : ce 2013 chaleureux au nez l'est tout autant au palais. Généreux et puissant, il s'adosse à des tanins encore un peu fermes mais laisse tout le fruit s'exprimer. Un vin complet, à attendre un peu. ✗ 2016-2019

☛ Les Vignerons du Brulhois, 3458, av. du Brulhois, 82340 Donzac, tél. 05 63 39 91 92, info@vigneronsdubrulhois.com Ⓥ 🏕 🍷 r.-v.

BUZET

Superficie : 2 091 ha / Production : 115 003 hl (95 % rouge et rosé)

Connu depuis le Moyen Âge et autrefois partie intégrante du haut pays bordelais, le vignoble de Buzet s'étendait entre Agen et Marmande. D'origine monastique, il a été développé par les bourgeois d'Agen puis a failli disparaître après la crise phylloxérique. Il est devenu à partir de 1956 le symbole de la renaissance du vignoble du haut pays. Deux hommes, Jean Mermillod et Jean Combabessouse, ont présidé à ce renouveau, qui doit beaucoup à la cave coopérative de Buzet, laquelle élève une grande partie de sa production en barrique. Ce vignoble s'étend aujourd'hui entre Damazan et Sainte-Colombe, sur les premiers coteaux de la Garonne, près des villes touristiques de Nérac et de Barbaste. L'alternance de boulbènes et de sols graveleux et argilo-calcaires permet d'obtenir des vins à la fois variés et typés. Les rouges, puissants, profonds, charnus et soyeux, rivalisent avec certains de leurs voisins girondins.

♥ DOM. DE BRAZALEM 2013 ★★

| ■ | 45 000 | 🛆 ⬷ | 5 à 8 € |

Importante coopérative du Sud-Ouest de la France, la cave de Buzet produit de nombreux vins de l'appellation

(en rouge, blanc et rosé). Elle a été créée en 1953 et l'appellation buzet a vu le jour vingt ans plus tard. Elle prône une viticulture durable, conciliant progrès technologiques et pratiques naturelles.

Un grenat intense, brillant et limpide : la présentation de ce 2013 est irréprochable. Le vin se montre tout aussi séducteur au nez avec ses élégants parfums de fruits rouges et noirs aux doux accents d'épices, de vanille et de boisé. Puissant à l'attaque, charnu et bien ouvert sur la mûre confiturée, le vin se déploie sur des tanins fondus, puis rencontre une fraîcheur bienvenue dans une finale vanillée des plus délicates. ✗ 2019-2021 ♈ cailles farcies au foie gras et au raisin ■ Ch. du Bouchet 2013 ★ (5 à 8 € ; 80 000 b.) : un nez fin et complexe de fruits frais (groseille, mûre) aux accents vanillés, épicés et légèrement mentholés. Un palais souple à l'attaque, aux tanins soyeux, dans le même registre que le nez. Du caractère. ✗ 2017-2021 ■ Dom. de la Chapellanie 2013 (- de 5 € ; 57 000 b.) : vin cité. ✗ 2017-2019

☛ Les Vignerons de Buzet, 56, av. des Côtes-de-Buzet, BP 17, 47160 Buzet-sur-Baïse, tél. 05 53 84 74 30, buzet@vignerons-buzet.fr Ⓥ 🏕 🍷 r.-v. 🏠 ➌ 🏠 Ⓓ

DOM. COURÈGE-LONGUE Arrougeys 2012 ★

| ■ | 1 200 | ⬷ | 20 à 30 € |

Le nom de Courège-Longue provient des vignes que cultivaient avec minutie le père et le grand-père de David Sazi, sur ce terroir si particulier de graves rubéfiées où est implanté ce petit domaine de 5,5 ha.

Le grenat intense annonce une riche matière. D'une belle complexité, le nez mêle les fruits noirs (mûre, cassis, fruits à l'eau-de-vie) à des notes vanillées, boisées et grillées, héritées de son élevage de vingt et un mois en fûts neufs. Tout aussi expressif, vineux, le palais déroule un généreux fruité aux accents épicés, soutenu par des tanins solides qui commencent à s'assouplir. Un vin de caractère, qui gagnera à vieillir encore quelques années. ✗ 2017-2021 ♈ aiguillettes de canard aux cèpes

☛ David Sazi, Débat, 47230 Feugarolles, tél. 06 10 80 93 96, sazi.david@neuf.fr Ⓥ 🏕 🍷 r.-v.

L'EXCELLENCE 2013 ★★

| ■ | 170 000 | 🛆 | - de 5 € |

Importante coopérative du Sud-Ouest de la France, la cave de Buzet produit de nombreux vins de l'appellation (en rouge, blanc et rosé). Elle a été créée en 1953 et l'appellation buzet a vu le jour vingt ans plus tard. Elle prône une viticulture durable, conciliant progrès technologiques et pratiques naturelles.

Comme l'annonce la robe grenat sombre aux reflets violacés, cette cuvée porte bien son nom. Elle libère de généreux parfums de fruits noirs (mûre, cassis) rehaussés d'une fraîcheur mentholée. La bouche déploie son fruité avec souplesse et onctuosité, étayée par des tanins de belle tenue jusque dans une finale épicée. Un vin généreux et consistant, qui peut être apprécié dès maintenant. ✗ 2015-2021 ♈ confit de canard ■ Baron d'Albret 2013 (5 à 8 € ; 180 000 b.) : vin cité. ✗ 2019-2021 ■ Astris L'Étoile du vigneron 2013 (- de 5 € ; 120 000 b.) : vin cité. ✗ 2017-2021

☞ *Les Vignerons de Buzet, 56, av. des Côtes-de-Buzet, BP 17, 47160 Buzet-sur-Baïse, tél. 05 53 84 74 30, buzet@vignerons-buzet.fr* 🆅 🅰 🅻 *r.-v.* 🏠 ❸ 🏠 🅳

CH. DU FRANDAT 2013	
■ 11 000	5 à 8 €

La fille de Patrice Sterlin, Laetitia, préside aujourd'hui avec son mari aux destinées de ce domaine de 28 ha, trente ans après l'arrivée de son père dans une propriété à l'histoire viticole ancienne, datant de plus de deux siècles.

Ce 2013 libère à l'aération d'élégants parfums de fruits rouges. Rond et souple à l'attaque, il déroule un fruité généreux sur une structure tannique encore ferme qu'on laissera s'arrondir. ✗ 2017-2019 ♈ magret de canard

☞ *Laetitia et Mickaël Le Biavant, EARL Vignoble du Frandat, Le Frandat, 47600 Nérac, tél. 05 53 65 23 83, contact@chateaudufrandat.fr* 🆅 🅰 🅻 *t.l.j. sf dim. 9h-12h 13h30-18h*

CH. TOURNELLES Vintage 2014 ★	
■ 6 700	5 à 8 €

Originaire de Cahors, Bertrand-Gabriel Vigouroux est un fin connaisseur du malbec. À son arrivée en 1995 à Buzet, il a replanté son vignoble (15 ha) des coteaux de Calignac à haute densité avec une grande proportion du cépage cadurcien. Et le malbec de Cahors prospère désormais dans l'appellation buzet.

D'une belle couleur framboise, ce rosé, assemblage des deux cabernets, de merlot et de malbec, livre un nez puissant de fruits rouges et noirs, et de bonbon anglais. La bouche, tout en fruit et légèrement amylique, se montre aussi ronde que longue. ✗ 2016-2017 ♈ marmite de crevettes

☞ *SCEV Bertrand Gabriel, Ch. Tournelles, 47600 Calignac, tél. 05 65 20 80 80, vigouroux@ g-vigouroux.fr* ☞ *B.-G. Vigouroux*

CÔTES-DU-MARMANDAIS

Superficie : 1 314 ha / Production : 67 387 hl (97 % rouge et rosé)

Les côtes-du-marmandais sont produits sur les deux rives de la Garonne ; le vignoble, un peu en aval de Buzet, jouxte à l'ouest l'entre-deux-mers, au nord les côtes-de-duras. Les vins blancs, à base de sémillon, de sauvignon, de muscadelle et d'ugni blanc, sont secs, vifs et fruités. Les vins rouges, issus des cépages bordelais et d'abouriou, de syrah, de cot et de gamay, sont bouquetés et souples. La Cave du Marmandais, qui regroupe les deux sites de Beaupuy et de Cocumont, fournit les volumes les plus importants de l'AOC.

CH. LA BASTIDE 2014 ★		
■ 22 800	⬗	5 à 8 €

La coopérative de Marmande représente 95 % de la production de l'appellation, soit environ 810 ha pour six millions de bouteilles réparties dans de nombreux domaines. Elle a remis à l'honneur l'abouriou, vieux cépage rouge du Lot-et-Garonne menacé de disparition, en lui aménageant un conservatoire en 2004.

Ce pur sauvignon élevé pendant douze mois en barrique mêle au nez des parfums de fruits blancs (pomme, pêche) et des notes vanillées que l'on retrouve dans un palais onctueux et rond, marqué par une pointe de fraîcheur en finale. Un vin simple et bien équilibré. ✗ 2016-2019 ♈ risotto aux cèpes ■ Ch. Bazin 2013 (11 à 15 € ; 18 666 b.) 🅱 : vin cité. ✗ 2017-2019

☞ *SCA Cave du Marmandais, La Cure, 47250 Cocumont, tél. 05 53 94 50 21, info@ cavedumarmandais.fr* 🆅 🅰 🅻 *r.-v.*

CH. DE BEAULIEU 2013 ★★		
■ n.c.	🏠 ⬗	8 à 11 €

Le château de Beaulieu est un ancien fortin gascon flanqué de tours, agrandi aux XVIe et XVIIes. Fin 1991, Agnès et Robert Schulte, les propriétaires du château depuis une vingtaine d'années, ont racheté les 30 ha de vignes attenants.

Pourpre intense, ce 2013 affiche son caractère, lequel se confirme au nez, avec de puissants arômes de fruits rouges mûrs, de vanille et de cuir. À l'unisson, la bouche franche et puissante repose sur des tanins élégants ; une pointe de fraîcheur donne de l'allonge à ce vin intense et complexe. ✗ 2017-2025 ♈ rôti de chevreuil aux cèpes

☞ *Robert et Agnès Schulte, Ch. de Beaulieu, 47180 Saint-Sauveur-de-Meilhan, tél. 05 53 94 30 40, chateau_de_beaulieu@hotmail.com* 🆅 🅰 🅻 *t.l.j. 8h-12h 13h30-17h30*

🅱 DOM. DE BEYSSAC L'Initial 2013		
■ 14 000	🏠	8 à 11 €

Une reconversion réussie pour ce « néovigneron » qui a créé ce domaine *ex nihilo* en 2009. Avec ses 10,4 ha de vignes à Marmande, il affiche un parcours technologique remarquable : écoconstruction du chai, agriculture biologique au vignoble et une vinification la plus naturelle possible.

Au nez, d'intenses parfums de fruits noirs mûrs (myrtille), que l'on retrouve en bouche dès l'attaque et qu'une finale fraîche met en valeur. Encore un peu fermes, les tanins incitent à attendre cette bouteille. ✗ 2018-2021 ♈ confit de porc aux haricots blancs

☞ *Dom. de Beyssac, Bellevue, Beyssac, 47200 Marmande, tél. 06 81 26 46 52, info@ domainedebeyssac.fr* 🆅 🅰 🅻 *r.-v.* ☞ *F. Broutet*

🅱 CH. BOIS BEAULIEU Belle du Méras 2013 ★★		
■ 6 666	🏠 ⬗	8 à 11 €

La légende rapporte que les fils de Clovis venaient chasser le sanglier sur ce plateau du Meilhan... Après la création du chai en 1998 et la conversion bio de ce vignoble de 10 ha (certification acquise en 2013), la famille Tarascon continue à exprimer le meilleur de ce terroir.

Ce 2013, assemblage de quatre cépages (merlot, malbec, cabernet franc et cabernet-sauvignon) a bénéficié d'un passage de dix mois en fût. Il en tire, alliés aux parfums de cassis, des notes de toasté, de grillé, d'épices et de cacao. La bouche, à l'unisson, développe une matière riche et complexe, soutenue par une fraîcheur qui persiste en finale. Une valeur sûre de l'appellation ; un vieillissement lui sera profitable. ✗ 2020-2023 ♈ sauté de sanglier aux aubergines

⚭ *Ch. Bois Beaulieu, Caubayn - SCEA Campot,*
47180 Meilhan-sur-Garonne, tél. 05 53 94 18 58, contact@
bois-beaulieu.com 🆅 🅺 🅸 *t.l.j. 14h-18h* ⚭ *Tarascon*

DOM. GILBERT BONNET
Les Astéries Élevé en fût de chêne 2013 ★★

| ■ | 30 000 | 🛈 ⬗ | 5 à 8 € |

En 2004, Gérard Bonnet décide de sortir de la cave coopérative, il crée un chai et installe un espace d'accueil à Marmande. Il conduit aujourd'hui un vignoble de 20 ha, dont une partie en conversion à l'agriculture biologique.

D'un rouge profond, cette cuvée, dont le nom fait référence au terroir qui l'a vue naître, tire de son assemblage (merlot, abouriou, cot et les deux cabernets) et de son passage de douze mois en fût un nez intense de fruits mûrs rehaussé de notes toastées et épicées. Franche à l'attaque, la bouche évolue avec rondeur, bâtie sur des tanins souples. Bien fondu, le boisé laisse le fruit s'exprimer longuement. Un vin élégant et racé. 🍴 2019-2021 🍽 tourte de faisan au foie gras ■ Clos de l'Adret Élevé en fût de chêne 2013 ★★ (8 à 11 € ; 8 000 b.) : assemblage à parts égales de merlot, d'abouriou et de cot, ce 2013 marie les fruits cuits à un discret boisé. Dense et puissante, la bouche repose sur des tanins solides, aux arômes de café, qui commencent à se fondre. La finale est marquée par une pointe de fraîcheur. 🍴 2019-2021 ■ De la racine au vin 2013 (8 à 11 € ; 2 000 b.) 🅑 : vin cité. 🍴 2017-2021

⚭ *Gilbert Bonnet, Lachaupe-Bouilhats, 47200 Marmande,*
tél. 06 14 76 78 90, domainebonnet-gilbert@
vinsdemarmande.com 🆅 🅺 🅸 *r.-v.*

🅑 CLOS CAVENAC Le Rusé 2014

| ■ | 5 000 | 🛈 | 5 à 8 € |

Emmanuelle Piovesan a repris le domaine familial en 2003. Elle a fait le choix de l'agriculture biologique (certifiée depuis le millésime 2012) pour la conduite de ses 11 ha de vignes.

Une robe pâle aux reflets saumonés pour ce rosé à majorité d'abouriou, au nez intense et fin de fleurs blanches et de fraise. Des arômes que l'on retrouve dans une bouche suave à l'attaque, équilibrée par une belle fraîcheur. 🍴 2016-2017 🍽 grillades

⚭ *Emmanuelle Piovesan, Cavenac,*
47180 Castelnau-sur-Gupie, tél. 05 53 83 81 20,
closcavenac@yahoo.fr 🆅 🅺 🅸 *r.-v.*

♥ CRÉPUSCULE SÉLECTION
Jean-André Lafitte 2014 ★★

| ■ | 6 600 | | - de 5 € |

La coopérative de Marmande représente 95 % de la production de l'appellation, soit environ 810 ha pour six millions de bouteilles réparties dans de nombreux domaines. Elle a remis à l'honneur l'abouriou, vieux cépage rouge du Lot-et-Garonne menacé de disparition, en lui aménageant un conservatoire en 2004.

Or pâle aux brillants reflets, ce blanc a charmé le jury avec son nez intense, très « sauvignon », mêlant les agrumes et les fruits à chair blanche. On retrouve les agrumes (pamplemousse) dans une bouche onctueuse et fine, tonifiée en finale par une fraîcheur qui lui donne de l'allonge. 🍴 2017-2019 🍽 alose à l'oseille ■ Crépuscule de fruit 2013 (- de 5 € ; 120 000 b.) : vin cité. 🍴 2016-2019 ■ Just abouriou 2013 (5 à 8 € ; 40 000 b.) : vin cité. 🍴 2017-2020 ■ Essence d'abouriou 2013 (5 à 8 € ; 133 000 b.) : vin cité. 🍴 2017-2020

⚭ *SCA Cave du Marmandais, La Cure,*
47250 Cocumont, tél. 05 53 94 50 21, info@
cavedumarmandais.fr 🆅 🅺 🅸 *r.-v.*

LA VIEILLE ÉGLISE Réserve 2013 ★★

| ■ | 133 000 | 🛈 ⬗ | 5 à 8 € |

La coopérative de Marmande représente 95 % de la production de l'appellation, soit environ 810 ha pour six millions de bouteilles réparties dans de nombreux domaines. Elle a remis à l'honneur l'abouriou, vieux cépage rouge du Lot-et-Garonne menacé de disparition, en lui aménageant un conservatoire en 2004.

Ce 2013 issu de merlot assemblé à l'abouriou et au malbec se présente frais et pimpant au nez, avec des parfums amyliques. Franc à l'attaque, charnu, il s'adosse à des tanins souples et conjugue suavité et fraîcheur dans un remarquable équilibre. 🍴 2015-2018 🍽 carré d'agneau persillé ■ Richard 1er 2013 ★ (5 à 8 € ; 30 000 b.) : un 2013 au nez délicat de fruits noirs bien mariés à des notes boisées et vanillées. Ample en attaque, frais et long, le palais déroule une matière concentrée et soyeuse au boisé bien intégré. 🍴 2019-2021 ■ Ferran Pradets 2013 (- de 5 € ; 140 000 b.) : vin cité. 🍴 2016-2019

⚭ *SCA Cave du Marmandais, La Cure,*
47250 Cocumont, tél. 05 53 94 50 21, info@
cavedumarmandais.fr 🆅 🅺 🅸 *r.-v.*

SAINT-SARDOS

Superficie : 104 ha / Production : 5 492 hl

Ancien vin de pays, saint-sardos a été reconnu en AOVDQS en 2005 et en AOC en 2011. Ce vignoble fut créé au XIIᵉs. lors de la fondation de l'abbaye de Grand Selve à Bouillac. Il s'étend sur la rive gauche de la Garonne, au sud-ouest du Tarn-et-Garonne et au nord de la Haute-Garonne. Rouges et rosés, les saint-sardos assemblent au moins trois cépages : la syrah (plus de 40 % de l'encépagement) et le tannat (plus de 20 %), complétés par le cabernet franc et le merlot.

GILLES DE MORBAN 2013 ★★

| ■ | 38 000 | 🛈 | 5 à 8 € |

L'appellation saint-sardos est née autour de la coopérative locale, fondée en 1956, qui a fait renaître ce vignoble de la Lomagne, déjà mis en valeur au Moyen Âge par les Cisterciens. La cave assure l'essentiel de la production et a créé de multiples marques.

Ce 2013 à dominante de syrah affiche une robe intense, presque noire. Bien ouvert au nez, il livre des parfums délicats de fruits noirs et rouges assortis d'une touche végétale. Souple dès l'attaque, le palais est chaleureux et généreusement fruité. 🍴 2016-2019 🍽 poulet de Bresse rôti aux champignons ■ Pech de Boisgrand Élevé en fût de

SUD-OUEST

chêne 2012 ★ (5 à 8 € ; 15 000 b.) : un nez complexe de fruits confiturés et de pruneau, et un palais ample dans le même registre. Ses tanins pour l'heure un peu fougueux et ses notes d'élevage encore présentes invitent à l'attendre. ✗ 2017-2020

☞ *Les Vignerons de Saint-Sardos, 2, chem. de Naudin, 82600 Saint-Sardos, tél. 05 63 02 52 44, contact@ cave-saint-sardos.com* Ⓥ 🏃 🔼 *t.l.j. sf dim. 9h-12h 14h-18h*

➧ LE BERGERACOIS ET DURAS

BERGERAC

Superficie : 10 002 ha / Production : 500 562 hl (70 % rouge et rosé)

Héros de la célèbre pièce d'Edmond Rostand, Cyrano de Bergerac a certainement accru la notoriété de la cité dordognaise qui a donné son nom à l'AOC en 1936. Sa gastronomie comme son vignoble vallonné, mosaïque de terroirs, confèrent à la région un réel intérêt touristique. Les vins peuvent être produits dans 90 communes de l'arrondissement de Bergerac. Rouges, rosés ou blancs secs, les bergerac naissent principalement du merlot, des cabernets et du malbec en rouge et en rosé, du sémillon, du sauvignon et de la muscadelle en blanc. Les rouges sont aromatiques et souples, les rosés, frais et fruités. La diversité des terroirs (calcaires, graves, argiles, boulbènes) donne aux blancs des expressions aromatiques variées. Jeunes, les vins sont fruités, élégants, un rien nerveux. Vinifiés dans le bois, ils devront attendre un an ou deux avant de révéler l'expression du terroir.

B DOM. DE L'ANCIENNE CURE Jour de fruit 2013		
■ 15 000	🍶 ⬛	11 à 15 €

Cinquième génération à cultiver la vigne, Christian Roche hérite une partie de la propriété familiale en 1984. Cinq ans plus tard, il aménage son chai de vinification. Établi dans l'ancien presbytère de Colombier, il conduit aujourd'hui un vaste vignoble de près de 50 ha (avec une dominante de vignes blanches) aux sols variés, ce qui lui permet de proposer une large gamme de vins du Bergeracois, complétée par une activité de négociant-éleveur. Incontournable.

Élevée en foudre pendant quatorze mois, cette cuvée bien nommée livre des parfums généreux et puissants de fruits rouges. En bouche, ce vin de matière est tout aussi fruité et mêle à ses saveurs un boisé vanillé, soutenu par une fraîcheur qui lui donne de l'allonge. ✗ 2017-2020 ♈ entrecôte

☞ *SARL l'Ancienne Cure, 24560 Colombier, tél. 05 53 58 27 90, ancienne-cure@orange.fr* Ⓥ 🏃 🔼 *t.l.j. sf dim. 9h-18h*

DOM. JULIEN AUROUX Cimes dans la brume 2014 ★		
■ 1 200	🍶	8 à 11 €

Située sur la commune de Boisse, au sud de la Dordogne, cette propriété familiale est transmise de-

puis six générations. Julien Auroux préside depuis 2013 aux destinées du domaine et conduit ses 10 ha de vignes selon les principes de l'agriculture biologique (certification en cours).

Une belle entrée dans les pages du Guide pour ce jeune vigneron qui a baptisé sa cuvée en référence au paysage qu'il côtoie devant son chai. On apprécie la couleur rouge vif éclatante de ce cabernet-sauvignon teinté d'un soupçon de merlot (5 %). Et on se laisse séduire encore par ses parfums explosifs de fruits rouges et noirs légèrement surmûris. Le palais ? Charmeur lui aussi : tout en rondeur et en souplesse, bien structuré par ses tanins soyeux et élégants. La fraîcheur appelée en finale prolonge le plaisir de la dégustation. Tout est en place dans ce vin promis à un bel avenir. ✗ 2018-2022 ♈ pintade aux cèpes ■ 2014 ★ (5 à 8 € ; 3 000 b.) : au nez, des senteurs suaves et gourmandes de fruits noirs mûrs (cassis), que l'on retrouve dans un palais bien équilibré, aux tanins souples et harmonieux. Un vin plein de générosité. ✗ 2015-2019

☞ *Auroux, Mique, 24560 Boisse, tél. 06 49 87 45 16, julien.auroux@orange.fr* Ⓥ 🏃 🔼 *r.-v.*

BÉLINGARD 2014		
■ 80 000	🍶	5 à 8 €

Ce domaine familial (70 ha) mené par Laurent de Boisredon est situé au-dessus de la vallée de la Dordogne, sur un promontoire célèbre pour son ancien culte druidique, où se déroulèrent les premiers combats de la guerre de Cent Ans.

De couleur cerise limpide et brillante, cette cuvée issue de merlot (majoritaire), de cabernet-sauvignon, de cabernet franc et d'un soupçon de malbec (5 %) livre des senteurs intenses de fruits aux accents réglissés et épicés. Le palais, ample et généreux, rappelle ces notes épicées, adossé à des tanins encore jeunes mais persistants qui poussent loin la finale. ✗ 2018-2022 ♈ civet de marcassin

☞ *Laurent de Boisredon, Bélingard, 24240 Pomport, tél. 05 53 58 28 03* Ⓥ 🏃 🔼 *t.l.j. sf dim. 8h30-13h 14h-18h*

CH. LA BESAGE Grande Cuvée Élevé en fût de chêne 2013 ★		
■ 33 333	⬛	5 à 8 €

Cette cave coopérative appartenant au groupement « Couleurs d'Aquitaine », prolongée par une structure de négoce, regroupe quelque 400 adhérents pour une surface totale de 4 000 ha de vignes.

D'un rouge intense aux reflets violines, cette cuvée élevée en barrique libre un nez encore sur la réserve où l'on perçoit des notes de fruits rouges et noirs (cassis). On retrouve ces arômes dans un palais bien structuré, adossé à des tanins fermes et boisés, mais qui trouve ce qu'il faut de fraîcheur pour apporter l'harmonie. Un vin solide, à attendre. ✗ 2017-2020 ♈ rôti de bœuf ■ **Grande Cuvée** 2014 (5 à 8 € ; 14 000 b.) : vin clté. ✗ 2015-2017

☞ *SAS Couleurs d'Aquitaine, Les Seguinots, Bât. Unidor, rte de Marmande, 24100 Saint-Laurent-des-Vignes, tél. 05 53 57 63 61, contact@couleursdaquitaine.fr*

CH. LES BORIES DE MAZIÈRE 2014		
■ 20 000	🍶	- de 5 €

Un domaine exploité depuis quatre générations sur les terrasses argilo-calcaires, au sud de Bergerac.

Aujourd'hui commandés par Renée Roche, les quelque 40 ha de vignes sont conduits selon les principes de l'agriculture raisonnée.

Habillé de rose pâle, ce vin à majorité de merlot libère à l'olfaction des arômes fins et complexes de fleurs et de fruits à chair blanche. Introduit par une fraîcheur perlante, le palais évolue sur une matière suave. La finale persiste et rappelle les arômes fruités teintés d'une touche végétale. ✗ 2015-2016 ▼ poulet à la citronnelle

☛ *Renée Roche, Mazière, 24560 Bouniagues, tél. 05 53 58 23 57*

CH. BOUFFEVENT
Cuvée Mathilde 2014 ★

| ■ | 20 000 | 🍶 ⅏ | 5 à 8 € |

La famille Pauty exploite 32 ha de vignes et 20 ha de pommiers dans la vallée de la Dordogne à Lamonzie-Saint-Martin. Le château appartient à la famille depuis plus d'un siècle. Le vignoble est conduit depuis plusieurs années en agriculture raisonnée.

Baptisée du prénom de la fille de François Pauty, la propriétaire du domaine, cette cuvée de pur merlot, élevée six mois en fût après douze mois de vinification en cuve, se présente dans une robe rouge foncé brillant. Au nez, elle mêle aux fruits rouges et noirs des notes torréfiées plaisantes, que l'on retrouve en compagnie de la vanille et du chocolat dans un palais ample et généreux, aux tanins fondus. Un joli vin bien mûr, au boisé fin et subtil, qui livrera d'autres secrets après une petite garde. ✗ 2018-2021 ▼ canard aux cerises ■ Cuvée Tradition 2014 (5 à 8 € ; 30 000 b.) : vin cité. ✗ 2017-2020

☛ *Vignobles Pauty, 19, rte de Bouffevent, 24680 Lamonzie-Saint-Martin, tél. 05 53 24 29 05, chateaubouffevent@wanadoo.fr* 🆅 🏃 🚻 *r.-v.*

CH. BRIAND 2013 ★★

| ■ | 8 000 | 🍶 ⅏ | 8 à 11 € |

Le chai est une ancienne dépendance du château de Bridoire. Quant au vignoble d'environ 20 ha, il a été repris par deux jeunes vignerons, Cédric et Amélie Bougues, qui le restructurent et l'entourent de jachères fleuries, ce qui contribue à la biodiversité, sans parler de la beauté du paysage.

La robe est pourpre, fraîche et intense, ornée de reflets violacés. D'un élevage de douze mois en fût le vin tire des senteurs suaves et complexes de fruits rouges aux accents de noisette et de réglisse. Gourmande et fruitée, la bouche déroule une trame de tanins concentrés et fins. La finale est encore un peu austère, mais le temps œuvrera pour arrondir cet ensemble déjà harmonieux. ✗ 2018-2021 ▼ rôti de bœuf ■ 2014 ★★ (5 à 8 € ; 9 000 b.) : un nez complexe de fleurs blanches, puis de fruits blancs, d'épices et de vanille. Frais à l'attaque, le palais, bien équilibré, se fait soyeux et offre des arômes délicats de fruits blancs, de pêche et de boisé jusqu'en finale. Un vin doté d'une matière bien mûre, qui saura supporter d'être attendu encore un peu. ✗ 2017-2020 ■ 2014 (5 à 8 € ; 9 000 b.) : vin cité. ✗ 2015-2016

☛ *Ch. Briand, EARL Montfort-Bougues, Le Nicot, 24240 Ribagnac, tél. 06 83 33 48 83, chtbriand@yahoo.fr* 🆅 🏃 🚻 *t.l.j. 9h-19h*

DOM. LE CASTELLAT
Sélection vieilles vignes 2014

| ■ | 5 000 | 🍶 | - de 5 € |

Dominant la vallée de la Dordogne, sur la rive gauche, le « petit castel » est une maison de plaisance qui a pris la place d'une tour de garde. Autrefois exploité en polyculture, le domaine (22,3 ha) est désormais consacré aux vins. Jean-Luc Lescure est à sa tête depuis 1983.

Avec sa couleur rose soutenu aux reflets rouges, cette cuvée à dominante de merlot fait penser à un clairet. Au nez, elle conjugue élégamment fruits rouges et notes florales. La bouche est ronde, penchant légèrement vers la douceur, avant de laisser apparaître une trame plus vive en finale, accompagnée d'un joli retour des fruits rouges. Un rosé original. ✗ 2015-2016 ▼ côtes de porc à la tomate

☛ *Jean-Luc Lescure, Le Castellat, 24240 Razac-de-Saussignac, tél. 05 53 27 08 83, domaine.castellat@wanadoo.fr* 🆅 🏃 🚻 *t.l.j. sf dim. 9h-19h* 🏠 🅖

♥ CLOS DES VERDOTS 2014 ★★

| ■ | 70 000 | 🍶 | 5 à 8 € |

Conduite depuis 1992 par le talentueux David Fourtout, issu d'une famille originaire de Saint-Émilion, cette exploitation de 45 ha est une valeur sûre du Bergeracois, avec plusieurs coups de cœur à son actif. Un succès lié à un beau terroir de calcaires veinés de silex, à des installations modernes et à des sélections exigeantes.

Engageante avec sa couleur rubis foncé aux reflets violines, cette cuvée de merlot complété de cabernet-sauvignon et de malbec s'ouvre d'abord sur les fruits noirs bien mûrs, puis libère avec subtilité des notes épicées à l'aération. Le palais, ample et bien équilibré, est adossé à des tanins puissants mais déjà mûrs, qui accompagnent le vin jusque dans sa finale généreuse et remarquablement persistante. Un 2014 tout en délicatesse, qui saura vieillir. ✗ 2019-2025 ▼ côte de bœuf

■ Les Verdots selon David Fourtout 2013 ★★ (20 à 30 € ; 9 000 b.) ♥ : jaune doré avec des reflets verts, la robe annonce un vin complexe. Témoin, le nez particulièrement expressif et riche sur les agrumes, les fruits secs, les épices et un fin boisé hérité des quatorze mois de fût. Le palais révèle une matière onctueuse, ronde, corsée et charnue avec ce qu'il faut d'acidité pour apporter l'équilibre. Il rappelle les arômes gourmands de l'olfaction, les complétant d'une touche de caramel en finale. Un vin très raffiné. ✗ 2017-2020 ■ Ch. la Tour des Verdots 2014 (8 à 11 € ; 25 000 b.) : vin cité. ✗ 2017-2019

☛ *EARL David Fourtout, Les Verdots, 24560 Conne-de-Labarde, tél. 05 53 58 34 31, verdots@wanadoo.fr* 🆅 🏃 🚻 *t.l.j. sf dim. 9h-12h30 14h-18h30 ; juil.-août 9h-19h* 🏠 ❷ 🏠 🅑

LE CLOS DU BREIL 2014

| ■ | 3 900 | 🍶 | 5 à 8 € |

Aux marges orientales de l'appellation, cette petite propriété familiale de 5,5 ha, conduite par Yann Vergniaud à la suite de ses parents, Nadine et Jean, bénéficie du terroir des calcaires d'Issigeac, riche en silex.

Habillée d'un jaune pâle limpide et brillant, cette cuvée mi-sauvignon mi-sémillon est encore un peu timide au premier nez, mais libère à l'aération des parfums subtils et plaisants de fleurs et de fruits blancs. On retrouve ces arômes dans un palais gras et volumineux qui témoigne d'un élevage sur lies bien maîtrisé. Un ensemble aromatique, équilibré et persistant. ✗ 2015-2017 ▼ fondue océane

☞ *Famille Vergniaud, Le Breil,*
24560 Saint-Léon-d'Issigeac, tél. 05 53 58 75 55,
leclosdubreil@free.fr 🆅 🅰 🍴 *t.l.j. sf dim. 9h-12h 14h-18h*

CLOS DU MAINE-CHEVALIER 2014

| ■ | 6 000 | 🍶 | - de 5 € |

Fondée en 1947 et conduite depuis 1988 par Claudine et Claude Caillard, une propriété de 12 ha située aux confins du Lot-et-Garonne, sur le plateau argilo-calcaire d'Issigeac. Un bon terroir viticole, si bien que la famille a arrêté la polyculture-élevage pour se consacrer au vin.

Rose vif intense, cette cuvée à dominante de malbec livre des parfums séducteurs, fins et complexes de fruits rouges (fraise, framboise) et noirs (cassis) très mûrs, et de bonbon anglais. La bouche, riche et volumineuse, penche plus du côté de la douceur que de la fraîcheur, mais n'en est pas moins équilibrée. Un vin de gastronomie, simple et précis. ✗ 2015-2016 ▼ canard à la chinoise

☞ *EARL Clos du Maine-Chevalier, Le Maine-Chevalier,*
24560 Plaisance, tél. 05 53 58 55 63,
closdudomainechevalier@orange.fr 🆅 🅰 🍴 *t.l.j.*
9h-12h30 13h30-19h ☞ *Caillard*

Ⓑ CLOS JULIEN 2013 ★

| ■ | 2 600 | 🍶 | 5 à 8 € |

Viviane Sroka, alsacienne d'origine, s'est installée en 2001 sur ce petit vignoble de 2,5 ha situé à l'extrémité ouest du département de la Dordogne, aux confins du Bordelais. Elle le conduit en bio certifié.

Habillée d'un rouge assez léger, cette cuvée à dominante de cabernet franc s'ouvre sur des senteurs plaisantes de fruits noirs. Vive et fruitée à l'attaque, elle repose sur une trame tannique remarquablement soyeuse, flattant les saveurs de mûre et de cassis jusque dans une finale pleine de fraîcheur. Un vrai « vin de plaisir », prêt à boire. ✗ 2015-2018 ▼ assiette de charcuterie

☞ *Viviane Sroka, 127, chem. des Lavandières,*
24230 Saint-Antoine-de-Breuilh, tél. 06 16 65 13 67,
vitijul@club-internet.fr 🆅 🅰 *r.-v.*

Ⓑ CH. CLUZEAU L'Envol 2013 ★★

| ■ | 2 000 | 🍶 | 11 à 15 € |

Tonnelier durant quarante ans en Corrèze, Marc Saury a racheté en 2004, à un viticulteur partant à la retraite, cette propriété de 12,5 ha conduite en bio au cœur du Périgord pourpre.

D'une élégante couleur jaune doré bien brillant, cette cuvée, assemblage de sauvignon, de sémillon et de muscadelle, libère des senteurs intenses et complexes de fruits exotiques, d'agrumes et de fleurs blanches relevés d'épices douces. Riche et plein, le palais laisse s'épanouir un généreux fruité (fruits exotiques) rappelant les notes épicées et vanillées dans sa longue finale. Un digne représentant de son appellation, facile à boire et charmeur en diable. ✗ 2016-2019 ▼ crème brûlée au foie gras ■ 2013 ★ (8 à 11 € ; 5 000 b.) Ⓑ : une cuvée issue de sauvignon, de sémillon et de muscadelle, bien ouverte sur les fruits frais et quelques notes épicées. Au palais, la souplesse et la rondeur de l'attaque laissent place à un développement plus nerveux et très aromatique, sur les agrumes. La finale, persistante, est teintée d'une légère amertume qu'une petite pointe d'acidité aider à assagir. ✗ 2016-2019 ■ Côtes-de-bergerac L'Empyrée 2012 (11 à 15 € ; 2 800 b.) Ⓑ : vin cité. ✗ 2015-2018

☞ *SCEA le Petit Cluzeau, Le Petit-Cluzeau,*
24240 Flaugeac, tél. 05 53 24 33 71, chateau.cluzeau.@
yahoo.fr 🆅 🅰 🍴 *r.-v.*

♥ CH. COURT-LES-MÛTS 2014 ★★

| ■ | 28 000 | 🍶 | 5 à 8 € |

Cinq générations au service du vin. Pierre Sadoux quitte les hauts plateaux algériens en 1961 pour s'établir sur cet ancien domaine (XVIIᵉ s.) du Bergeracois implanté sur les coteaux de la rive gauche de la Dordogne. Aujourd'hui, Pierre Sadoux Jr est aux commandes et conduit une exploitation de 54 ha.

D'une couleur profonde et intense, cette cuvée révèle un nez complexe et gourmand de fruits mûrs. Le palais, rond, est à l'unisson. Il trouve le soutien de tanins élégants et enveloppants, et d'une trame acide bien dosée qui étire la finale dans une longueur remarquable, avec un agréable retour du fruit. Un vin rouge très équilibré, qui laisse une sensation de plénitude. ✗ 2019-2021 ▼ gigot de sept heures ■ Ch. Bramefant 2014 ★ (5 à 8 € ; 48 000 b.) : un joli nez intensément fruité, un palais franc, droit et tout aussi fruité. Les tanins sont encore jeunes mais élégants et sans agressivité. Un vin qui mérite d'être attendu pour exprimer tout son potentiel. ✗ 2018-2021

☞ *Pierre Sadoux, Ch. Court-les-Mûts,*
24240 Razac-de-Saussignac, tél. 05 53 27 92 17,
court-les-muts@wanadoo.fr 🆅 🅰 🍴 *t.l.j.sf dim. 9h-12h*
14h-18h; sam. sur r.-v.

CYRANO DE BERGERAC 2013 ★

| ■ | 16 000 | 🍶 ⬗ | 5 à 8 € |

Antoine de Corbiac, qui a rejoint sa mère Thérèse sur l'exploitation, représente la... dix-septième génération sur le domaine, une famille apparentée à Cyrano de Bergerac. Très ancien, ce vignoble de 16,5 ha aujourd'hui, idéalement perché sur la crête du coteau de Pécharmant, est aussi une valeur sûre du Bergeracois.

Hommage au truculent personnage d'Edmond Rostand, cette cuvée élevée en barrique pendant un an libère des parfums complexes et puissants (fruits confits, notes boisées) au... nez. En bouche, Cyrano livre une botte secrète : une attaque tout en fraîcheur qui crée la surprise, relayée ensuite par une matière ronde, suave et bien structurée. Un vin de caractère, assurément. ✗ 2017-2020 🍽 rouelle de porc grillée

○ *Maison Cyrano de Bergerac, 22, rue Saint-James, 24100 Bergerac, tél. 05 53 57 27 44, maison-cyrano@ bergerac.com* Ⓥ 🛏 *t.l.j. sf dim 10h-18h*

CH. LES DONATS Les Coquilles 2014 ★		
■	20 000	📷	- de 5 €

Un domaine acheté en 1994 par Patrick Somers, qui l'a restructuré et rénové. Il couvre aujourd'hui 14,5 ha de vignes. En 2011, Olivier Verhelst, ingénieur œnologue, a rejoint l'équipe. Il a mis en pratique le savoir-faire des maîtres bordelais, avec lesquels il a travaillé après sa formation initiale en Belgique.

Une cuvée de sémillon complété d'un soupçon de sauvignon gris (5 %) et de muscadelle (5 %), au nez intense de fruits exotiques et de fleurs blanches. La bouche, elle aussi savoureuse avec ses notes d'agrumes et de fruit de la Passion, est ample, complexe et élégante, penchant légèrement sur la douceur. Un vin gourmand, rond et frais à la fois. ✗ 2015-2017 🍽 gambas grillées au coulis d'agrumes ■ Le Prestige 2013 (8 à 11 € ; 3 600 b.) : vin cité. ✗ 2016-2018

○ *Ch. les Donats, impasse des Donats, 24520 Saint-Nexans, tél. 05 53 58 42 78, info@ chateaulesdonats.com* Ⓥ 🛏 *r.-v.* ○ Olivier Verhelst

DUC DE MÉZIÈRE 2014 ★		
■	17 300		de 5 €

Fondée en 1935, cette cave coopérative établie aux confins du Bergeracois et du Bordelais exploite aujourd'hui un vignoble de 400 ha et propose une large gamme de vins des aires de Bergerac et de Montravel.

Habillé d'une robe saumonée brillante et limpide, ce vin issu d'un assemblage de cabernet-sauvignon, de merlot, de cabernet franc et de malbec libère des parfums plaisants de petits fruits rouges (fraise, groseille) que l'on retrouve dans une bouche ronde et légèrement suave. La fraîcheur s'invite en fin de bouche, conférant à l'ensemble équilibre et longueur. ✗ 2015-2016 🍽 soupe de fruits rouges ■ 2014 (- de 5 € ; 7 401 b.) : vin cité. ✗ 2016-2017

○ *Union de Viticulteurs de Port-Sainte-Foy, 78, rte de Bordeaux, 33220 Port-Sainte-Foy, tél. 05 53 27 40 70, chaicavepsf@orange.fr* Ⓥ 🚶 🛏 *t.l.j. sf sam. dim. 9h-12h 14h-17h*

♥ EPICURUS 2014 ★★		
■	10 000	📷	5 à 8 €

Cette cave coopérative appartenant au groupement « Couleurs d'Aquitaine », prolongée par une structure de négoce, regroupe quelque 400 adhérents pour une surface totale de 4 000 ha de vignes.

Les épicuriens du jury des coups de cœur se sont reconnus dans ce sauvignon d'un beau jaune pâle, brillant et limpide. Ils ont été particulièrement séduits par les senteurs complexes, fraîches et soutenues, de fleurs blanches, d'agrumes et de fruits du verger (pêche, abricot). Le palais, vif à l'attaque, déroule une matière riche et fruitée, ample et puissante. La finale persistante

apporte une touche délicatement minérale qui confère à un ensemble d'une remarquable harmonie un supplément d'élégance. ✗ 2017-2019 🍽 merlu grillé à la plancha ■ Mosaïque 2014 (- de 5 € ; 86 000 b.) : vin cité. ✗ 2018-2021 ■ Mosaïque 2014 (- de 5 € ; 44 000 b.) : vin cité. ✗ 2015-2016

○ *SAS Couleurs d'Aquitaine, Les Seuguinots, Bât. Unidor, rte de Marmande, 24100 Saint-Laurent-des-Vignes, tél. 05 53 57 63 61, contact@couleursdaquitaine.fr*

CH. DE FAYOLLE 2013 ★		
■	6 000	📷	5 à 8 €

Déjà propriétaire d'une ferme bio en Écosse, Julian Taylor a acheté en 2010 ce domaine commandé par un château du XVᵉs. à l'architecture typiquement périgourdine. Il a réduit sa superficie de 17 à 11,6 ha, ne gardant que les meilleures parcelles.

Bien ouvert au nez sur les fruits rouges et noirs (cassis), le vin laisse s'échapper quelques notes épicées. Toujours bien fruité, le palais déroule une matière ronde et des tanins soyeux, puis déploie une agréable fraîcheur en finale, soulignée par une pointe végétale. Une petite marque de jeunesse que la garde devrait estomper. ✗ 2017-2020 🍽 salmis de palombe ■ 2014 ★ (5 à 8 € ; 8 000 b.) : un sauvignon teinté de sémillon (10 %) qui livre des senteurs typiques d'agrumes mûrs, de buis et quelques touches de fruits secs. La bouche souple déroule une fine fraîcheur fruitée (fruits exotiques) qui persiste agréablement. Un joli classique de l'appellation. ✗ 2015-2018

○ *SARL Marcassin, Ch. de Fayolle, 24240 Saussignac, tél. 05 53 74 32 02, admin@chateaufayolle.com* Ⓥ 🚶 🛏 *t.l.j. sf ven. sam. dim. 13h30-17h30* 🏠 🅔

CH. LA FERRIÈRE Premier acte 2013 ★		
■	7 000	🍾	8 à 11 €

Quatrième génération de vignerons, Olivier Mayet est installé sur ce domaine familial depuis 1992. Il confiait à l'époque sa récolte à la coopérative. En 2010, il en est sorti et a signé son premier millésime 2011. Il conduit un vignoble de 20 ha.

Premier acte ? Un clin d'œil à l'année 2011 qui fut à la fois un début et un accomplissement pour Olivier Mayet : son premier millésime. Il signe une cuvée pourpre et intense, frangée de violine. Le nez, complexe, livre des parfums de fruits noirs (cassis) soutenus, complétés de touches de caramel et de vanille. On retrouve ce fruité mûr dans un palais au boisé bien intégré et aux tanins présents sans agressivité. Encore un peu d'attente pour l'ensemble, déjà bien en place, s'affine. ✗ 2017-2021 🍽 entrecôte

○ *EARL la Ferrière, La Prade, Razac-de-Saussignac, 24680 Gardonne, tél. 06 81 67 14 99, mayet-olivier@ orange.fr* Ⓥ 🚶 🛏 *r.-v.*

CH. FONGRENIER-STUART		
Cuvée Marcia Élevé en fût de chêne 2013		
■	1 900	🍾	8 à 11 €

Le Texan Henry Stuart, ancien pilote, s'était installé ici en 1985. Sa veuve Marcia Stuart continue son œuvre, assistée au chai par Pierre Carle, et exploite 11 ha de vignes. La source de Fongrenier, captée à l'époque gallo-romaine, a été redécouverte dans une des parcelles du domaine.

SUD-OUEST

Vinifiée quinze mois en fût, cette cuvée livre un nez fin de fruits noirs mûrs, que l'on retrouve dans un palais bâti sur des tanins présents sans agressivité, complétés d'un élégant boisé légèrement vanillé. Un vin soyeux et prêt à boire. ✗ 2015-2018 ▼ lamproie à la bordelaise ■ Côtes-de-bergerac Cuvée Marcia 2012 (5 à 8 € ; 15 000 b.) : vin cité. ✗ 2015-2018

o― Ch. Fongrenier-Stuart, 24240 Razac-de-Saussignac, tél. 05 53 27 92 73, fongrenier.stuart@frec.fr
Ⅴ 🕴 🚹 r.-v.

CH. LES FONTENELLES 2014 ★★★

| ■ | 60 000 | 🛈 | - de 5 € |

Son père et son grand-père avant lui officiaient sur ce domaine implanté sur les coteaux sud du Bergeracois. C'est à vingt ans, en 2000, que Nicolas Bourdil les suit, reprend les quelque 28 ha de vignes et sort son premier millésime. Il a entrepris d'importants travaux de rénovation des bâtiments, notamment de la cave qui accueille les visiteurs.

D'un rouge grenat profond, la robe annonce la concentration de cette cuvée. Le nez laisse s'échapper de puissantes senteurs de fruits rouges, notamment la framboise que l'on retrouve en bouche, accompagnée d'arômes plus complexes de cerise et de mûre. Tout en rondeur et en suavité, le palais repose sur des tanins présents et bien enrobés, et compte ce qu'il faut d'acidité pour porter loin la finale intensément fruitée. Un vin fin, gourmand et particulièrement élégant. ✗ 2017-2020 ▼ lièvre à la royale ■ Côtes-de-bergerac 2014 ★ (- de 5 € ; 33 700 b.) : les arômes flatteurs de pêche blanche et de fruits confits perçus au nez se retrouvent dans une bouche très fraîche, voire un brin nerveuse, et longue. Un vin facile à boire. ✗ 2015-2018

o― SCEA les Fontenelles, Les Fontenelles, 24500 Saint-Julien-d'Eymet, tél. 06 83 89 05 09, chateau.fontenelles@orange.fr Ⅴ 🕴 🚹 r.-v. o― Bourdil

CH. LA GRANDE BORIE 2014 ★

| ■ | 25 000 | 🛈 | 5 à 8 € |

Créé en 1925 pour produire des vins blancs liquoreux, ce vignoble familial s'est agrandi et diversifié à partir des années 1960. Proche de Monbazillac, mais hors de l'aire d'appellation, il s'est aussi tourné vers les rouges. Conduit depuis 1989 par Claude Lafaye, il compte aujourd'hui 30 ha.

Habillée d'un rouge grenat très soutenu aux reflets violacés, cette cuvée révèle finesse et élégance dès l'olfaction avec ses parfums de fruits noirs et rouges aux accents cacaotés et torréfiés. Au palais, l'attaque est vive, sur les fruits noirs, et la structure ample et ronde, avec des tanins en train de se fondre. Un vin déjà harmonieux. ✗ 2015-2018 ▼ entrecôte ■ 2014 (5 à 8 € ; 10 000 b.) : vin cité. ✗ 2017-2019

o― EARL des Vignobles Lafon-Lafaye, 577, chem. de la Grande-Borie, 24520 Saint-Nexans, tél. 05 53 24 33 21, cllafaye@wanadoo.fr Ⅴ 🕴 🚹 t.l.j. sf dim. 8h30-12h 14h-18h

CH. LES GRIMARD Demi-sec 2014 ★★

| ■ | n.c. | 🛈 | - de 5 € |

Voilà une trentaine d'années que la famille Joyeux vend son vin en bouteilles à Montazeau au cœur du Mon-

travel, pays cher à Montaigne. Le chai a été aménagé dans une ancienne grange du XVᵉs., les vignes s'étendent sur 28 ha.

Un rosé mi-merlot mi-cabernet qui a séduit le jury avec sa teinte pâle légèrement saumonée et son nez discret qui développe à l'aération des notes de fruits rouges (fraise) et d'agrumes. La bouche nette déroule un fruité généreux, soutenu par une fine trame acide qui lui apporte équilibre et longueur. Un vin agréable et racé. ✗ 2015-2016 ▼ tarte aux fruits rouges ■ Montravel Sec 2014 (- de 5 € ; 6 400 b.) : vin cité. ✗ 2015-2017

o― GAEC des Grimard, Les Grimards, 24230 Montazeau, tél. 05 53 63 09 83, ch.lesgrimard@orange.fr
Ⅴ 🕴 🚹 t.l.j. 8h-12h 14h-18h; dim. sur r.-v.

Ⓑ GRINOU Tradition 2014 ★

| ■ | 7 300 | 🛈 | 5 à 8 € |

En 1978, Guy Cuisset s'est installé sur le domaine fondé sur la rive gauche de la Dordogne par son grand-père venu de Thiérache. Améliorant les techniques de vinification, il a fait une valeur sûre de ce vignoble, exploité en bio certifié depuis 2009. Ses fils Julien et Gabriel travaillent aujourd'hui à ses côtés sur 30 ha de vignes.

Habillée d'une robe intense presque noire, cette cuvée à majorité de merlot livre un nez de fruits compotés agrémentés de notes épicées. Bien fruité et tonique à l'attaque, le palais appelle des nuances cacaotées très séduisantes. Il déroule une matière généreuse et suave, équilibrée par une finale plus fraîche et persistante. Un vin bien fait, dont la structure promet une belle évolution. ✗ 2017-2020 ▼ tome des Bauges jeune

o― Guy Cuisset, Le Bourg, Ch. Grinou, 24240 Monestier, tél. 05 53 58 46 63, chateaugrinou@aol.com
Ⅴ 🕴 🚹 t.l.j. 9h-12h30 13h-19h

CH. HAUTE-FONROUSSE 2014 ★

| ■ | 18 000 | 🛈 | - de 5 € |

Gaston Géraud acheta en 1962 le domaine à une famille belge. Son petit-fils Stéphane mène aujourd'hui l'exploitation, dont le vignoble couvre 33 ha.

Parée de rouge rubis aux reflets violets, cette cuvée de merlot teintée d'un soupçon de cabernet (5 %) livre des parfums puissants de fruits rouges bien mûrs, que l'on retrouve dans une bouche aux tanins souples et ronds. Un vin à apprécier sur le fruit. ✗ 2015-2018 ▼ assiette de charcuterie

o― EARL Ch. Haute-Fonrousse, Haute-Fonrousse, 24240 Monbazillac, tél. 06 14 22 15 04, geraud.vins@ wanadoo.fr Ⅴ 🕴 🚹 t.l.j. 9h-12h 14h-18h; sam. dim. sur r.-v. o― Géraud et Fils

CH. HAUT LAMOUTHE 2014

| ■ | 10 000 | 🛈 | 5 à 8 € |

Cette propriété familiale conduite par trois frères, Christian, Michel et Alain Durand, possède aussi des vergers de pruniers et de pommiers. Côté vigne, le domaine s'est développé à partir des années 1980 pour atteindre aujourd'hui 40 ha, implantés au pied du tertre de Montcuq. Le vignoble est conduit en agriculture raisonnée.

La couleur pétale de rose de cette cuvée à dominante de merlot attire immédiatement l'œil. La séduction se poursuit grâce à une olfaction qui laisse percevoir des arômes frais de fruits rouges (fraise) et d'agrumes (pamplemousse). Arômes que l'on retrouve dans une bouche croquante et finement perlante. Un « vin plaisir », idéal pour l'apéritif. ✗ 2015-2016 ❖ assiette de charcuterie

o͞ *GAEC de Lamouthe, 56, rte de Lamouthe, 24680 Lamonzie-Saint-Martin, tél. 09 64 45 34 53, chateauhautlamouthe@wanadoo.fr*

Ⓥ 🏹 ⬆ *t.l.j. sf dim. 8h30-18h; sam. 8h30-12h*

o͞ Durand-Pouget

CH. DU HAUT PEZAUD		
Distinction Fût de chêne 2014 ★		
■ 2 000	⬤Ⅲ	5 à 8 €

Comptable à Bruxelles, éprise des liquoreux, Christine Borgers a quitté en 1999 la Belgique pour devenir vigneronne à Monbazillac. Elle a construit une cave moderne et renouvelé des parcelles sur les quelque 10 ha du domaine.

Une cuvée à dominante de sémillon élevée cinq mois en fût qui se présente dans une séduisante robe or nuancé de vert. Elle livre de puissants parfums de fruits frais mêlés à ceux du pain grillé, de la noisette et des épices. La bouche déroule une palette onctueuse et aromatique, sous-tendue par une acidité délicate qui ajoute à son harmonie générale, tout en étirant la finale, agrémentée de beaux amers. ✗ 2017-2020 ❖ escalope de veau crème de morilles

o͞ *Ch. du Haut Pezaud, Les Pezauds, 24240 Monbazillac, tél. 05 53 73 01 02, chohpezaud@wanadoo.fr* Ⓥ 🏹 ⬆ *t.l.j. 13h30-18h30 (10h-19h l'été)*

o͞ Christine Borgers

Ⓑ CH. LES HAUTS DE CAILLEVEL		
Atypique 2014 ★★		
■ 2 000	🍶	8 à 11 €

Sylvie Chevallier et Marc Ducrocq organisaient des « événements ». En 1999, ils ont changé de vie et sont devenus « artisans vignerons » en reprenant ce domaine sur la rive gauche de la Dordogne, dont le nom évoque les cailloux : 18 ha d'un seul tenant, des blancs sur le plateau, des rouges sur le coteau. En bio certifié depuis 2013.

De couleur jaune pâle, cette cuvée issue d'un assemblage à parts égales de sauvignon gris, de sauvignon blanc et de chenin libère un nez complexe d'une grande délicatesse mêlant fleurs blanches, buis, agrumes (citron, pamplemousse) et touches épicées. Franc en attaque, le palais est au diapason de l'olfaction, soutenu par une trame acide bien maîtrisée. Un vin atypique, mais qui n'en est pas moins plaisant. ✗ 2016-2019 ❖ plateau de fruits de mer ■ Été 2013 2013 ★ (5 à 8 € ; 5 000 b.) Ⓑ : cette cuvée à majorité de merlot a su tirer son épingle du jeu d'un millésime 2013 difficile (gel, pluie, grêle...). Elle livre des senteurs gourmandes et intenses de fruits noirs et rouges. Puissant et riche en attaque, le palais se montre à la fois concentré, tannique et suave, porté sur les fruits noirs bien mûrs. Le temps devrait faire son œuvre pour attendrir cet ensemble déjà bien équilibré. ✗ 2017-2021 ■ Fleur de roche 2014 (5 à 8 € ; 7 800 b.) Ⓑ : vin cité. ✗ 2016-2018

o͞ *Sylvie Chevallier, Les Hauts de Caillevel, 24240 Pomport, tél. 05 53 73 92 72, caillevel@orange.fr* Ⓥ 🏹 ⬆ *t.l.j. sf dim. 9h-12h 14h-18h*

Ⓑ CH. DE LA JAUBERTIE Cuvée Tradition 2011		
■ 80 000	🍶	5 à 8 €

Nick Ryman, homme d'affaires britannique, a acheté la Jaubertie en 1973. Son fils Hugh a quitté les vignobles d'Australie il y a plus de trente ans pour reprendre ce domaine commandé par un château Directoire. Aujourd'hui, 48 ha en bio certifié. Une valeur sûre.

Habillée de grenat aux franges orangées, cette cuvée libère un nez de fruits noirs (cassis, pruneau) légèrement évolué, avec quelques touches épicées. En bouche, le fruité est présent, penchant vers les fruits rouges. Le palais est rond et équilibré, adossé à des tanins présents sans agressivité. Un vin agréable et prêt à boire. ✗ 2015-2018 ❖ cassoulet ■ Mirabelle 2013 (15 à 20 € ; 10 000 b.) Ⓑ : vin cité. ✗ 2015-2018

o͞ *SA Ryman, Ch. de la Jaubertie, 24560 Colombier, tél. 05 53 58 32 11, jaubertie@wanadoo.fr* Ⓥ 🏹 ⬆ *t.l.j. sf sam. dim. 10h-17h*

Ⓑ CH. KALIAN 2013 ★		
■ 2 600	⬤Ⅲ	8 à 11 €

Anne et Alain Griaud ont acquis en 1992 cette propriété (10,4 ha convertis en bio) qu'ils baptisent alors château Kalian, en référence aux prénoms de leurs enfants : Katell et Kilian. La première est aujourd'hui *winemaker* en Virginie, et le second a pris la suite de ses parents.

Vinifiée en barrique pendant un an, cette cuvée à majorité de cabernet franc livre des senteurs gourmandes de fruits rouges aux accents boisés. La bouche séduit par son équilibre et son élégance : à une attaque fraîche, qui flatte un fruité mûr, succède une matière souple, épaulée par des tanins présents sans agressivité. Un vin harmonieux. ✗ 2017-2019 ❖ pièce de bœuf ■ Monbazillac 2013 (11 à 15 € ; 4 000 b.) Ⓑ : vin cité. ✗ 2018-2022

o͞ *EARL Kalian Griaud, Ch. Kalian, Bernasse, 24240 Monbazillac, tél. 05 53 24 98 34, kalian.griaud@wanadoo.fr* Ⓥ 🏹 ⬆ *t.l.j. 10h-19h*

CH. LADESVIGNES 2014		
■ 30 000	🍶	- de 5 €

Véronique et Michel Monbouché ne cessent d'améliorer et d'étendre leur domaine (60 ha aujourd'hui), qui bénéficie d'un panorama imprenable sur Bergerac et la vallée de la Dordogne. La fin des travaux qu'ils ont entrepris est prévue pour... 2020.

Une robe vive, brillante et soutenue, habille cette cuvée à large majorité de merlot (80 %). Elle livre des senteurs acidulées évoquant la framboise et la cerise. On retrouve cette fraîcheur dans une bouche qui rappelle avec délicatesse les fruits rouges. Un vin cohérent. ✗ 2015-2016 ❖ côtelette d'agneau

o͞ *SCEA Ch. Ladesvignes, Ladesvignes, 24240 Pomport, tél. 05 53 58 30 67, contact@ladesvignes.com* Ⓥ 🏹 ⬆ *t.l.j. sf sam. dim. 9h-12h 14h-18h*

o͞ Michel Monbouché

CH. LAMOTHE BELAIR 2014		
■ 80 000	🍶 ⬤Ⅲ	- de 5 €

Bien connu des lecteurs du Guide, Stéphane Puyol exploite la vigne dans le Libournais (20 ha en saint-émilion et en saint-émilion grand cru) depuis 1987 avec son château Barberousse et son voisin le château

Montremblant. Il vinifie également dans le Bergeracois depuis 1991 et l'acquisition du château Lamothe Belair, situé sur le plateau de Belair, dans le prolongement du coteau de Saint-Émilion.

Une couleur rubis frangé de violine introduit cette cuvée à dominante de merlot. Le nez, droit et franc, laisse s'échapper des parfums plaisants de fruits noirs mûrs mêlés à des notes grillées, héritage de son passage de six mois en barrique. Le palais, qui penche vers la douceur, est bien équilibré. Il est bâti sur un bon boisé et des tanins de qualité mais encore austères en finale. À attendre pour plus de fondu. ✗ 2018-2021 ✗ magret de canard ■ Ch. Lamothe Bellevue 2014 (- de 5 € ; 40 000 b.) : vin cité. ✗ 2018-2021

○━ SCEA Vignobles Stéphane Puyol, Ch. Barberousse, 33330 Saint-Émilion, tél. 05 57 24 74 24, chateau-barberousse@wanadoo.fr Ⓥ Ⓚ Ⓛ r.-v.

LISA 2013 ★★		
■	5 000 ⊕	8 à 11 €

Une maison de négoce familiale du Bergeracois, fondée dans les années 1980 par Patrick Montfort et reprise en 2009 par Julien Montfort.

Lisa ? Un hommage à l'artiste Lisa Clarke qui réalise tous les ans une étiquette différente pour cette cuvée, sur la thématique du corps féminin. Ce 2013 mi-sauvignon mi-sémillon a fait l'objet d'un travail minutieux de vinification et d'élevage (lies fines et six mois de barrique). Il en tire un nez intense et complexe de fleurs blanches et d'agrumes, agrémenté de notes muscatées. Des arômes que l'on retrouve dans un palais au volume remarquable et d'une fraîcheur savoureuse jusqu'en finale. Un modèle d'équilibre, qui peut être attendu une année ou deux en cave. ✗ 2017-2020 ✗ nage de coquilles Saint-Jacques ■ Julien de Savignac Le Sec 2014 (- de 5 € ; 25 000 b.) : vin cité. ✗ 2015-2017

○━ Julien de Savignac, av. de la Libération, 24260 Le Bugue, tél. 05 53 07 10 31, julien.de.savignac@ wanadoo.fr Ⓥ Ⓚ Ⓛ t.l.j. sf dim. 9h-19h
○━ Julien Montfort

CH. DE LA MALLEVIEILLE 2014 ★		
■	40 000 î	5 à 8 €

Cette belle gentilhommière du XVIIIᵉs. à parements de brique rouge, entourée d'arbres séculaires, était autrefois un relais de poste entre Sainte-Foy-la-Grande et Mussidan. Philippe et Hélène Biau, installés depuis 1983, mènent un vignoble de 30 ha qui domine la majestueuse vallée de la Dordogne.

Paré de grenat aux reflets violines, ce vin à dominante de merlot libère de puissants parfums de fruits noirs (cassis). Arômes que l'on retrouve agrémentés d'épices dans un palais bien équilibré et tout en souplesse, plus chaleureux en finale et muni de tanins présents mais mûrs. ✗ 2017-2019 ✗ côtes d'agneau grillées aux herbes ■ Imagine 2012 (11 à 15 € ; 5 000 b.) : vin cité. ✗ 2017-2020

○━ Vignobles Biau, La Mallevieille, 24130 Monfaucon, tél. 05 53 24 64 66, chateaudelamallevieille@wanadoo.fr Ⓥ Ⓚ Ⓛ t.l.j. 9h-12h 14h-19h

CH. LES MARNIÈRES L'Églantier 2014 ★		
■	2 400 î ⊕	8 à 11 €

La propriété de Reine et Christophe Geneste est dans la famille depuis six générations. Le vignoble se partage

entre 20 ha de rouges et 12 ha de blancs. Certaines parcelles sont constituées de marnes, d'où le nom de la propriété.

Une engageante couleur jaune clair aux reflets verts introduit cette cuvée issue d'un assemblage de sauvignon, de muscadelle et de sémillon passé en barrique pendant cinq mois. Au nez subtil et élégant de fleurs blanches succède un palais à la personnalité plus marquée : à la fois frais et suave, il laisse apparaître un fruité généreux et persistant (fruits à chair blanche) aux accents vanillés. Une légère attente lui fera sans doute gagner en complexité. ✗ 2017-2020 ✗ veau sous la mère sauce morilles ■ 2014 (5 à 8 € ; 12 000 b.) : vin cité. ✗ 2015-2017 ■ Le Sorbier 2014 (8 à 11 € ; 1 200 b.) : vin cité. ✗ 2017-2020

○━ SCEA Vignobles Christophe Geneste, imp. des Marnières, 24520 Saint-Nexans, tél. 05 53 58 31 65, chateaulesmornieres@orange.fr Ⓥ Ⓚ Ⓛ r.-v.

MAYNE DE BEAUREGARD 2014		
■	66 000 î	- de 5 €

Une maison de négoce créée en 2008 et dirigée par Christope Matenot. Elle distribue des vins de toutes les appellations du Sud-Ouest.

Cette cuvée rose pâle aux reflets saumonés est issue d'un assemblage de cabernet franc (majoritaire), de cabernet-sauvignon et de merlot. Le nez tout en discrétion évoque les fruits à chair blanche. Quant à la bouche, vive dès l'attaque et jusqu'en finale, elle penche vers les fruits rouges légèrement confiturés. Un vin fruité donc, alerte et harmonieux. ✗ 2015-2016 ✗ beignets de crevettes

○━ Grand Terroir Sud-Ouest, 208, chem. de Delmas, 82000 Montauban, tél. 05 63 67 12 26, edange@gt-so.fr
○━ Christophe Mathenot

CH. MONTPLAISIR 2014 ★		
■	2 400 î	8 à 11 €

Les parents de Charles Blanc, originaires de Saint-Émilion et de Cognac et eux-mêmes enfants de vignerons, ont acheté ce vignoble en 1978. Leur fils a repris la propriété en 2001 après s'être formé à Sancerre et en Nouvelle-Zélande. Il a recentré son vignoble en ne conservant que le meilleur, passant de 12 ha à 7 ha aujourd'hui.

Brillante et jaune pâle, cette cuvée issue d'un assemblage de sauvignon, de sémillon, de muscadelle et de chenin a bénéficié d'une vinification en fût de 300 l. Elle s'ouvre sur de généreux parfums d'agrumes et de fruits exotiques. Le palais, franc à l'attaque, est soutenu par une trame acide qui flatte un fruité persistant. Un vin équilibré, qui gagnera en fondu avec la garde. ✗ 2017-2019 ✗ matelote d'anguille ■ Rosette 2014 (8 à 11 € ; 5 000 b.) : vin cité. ✗ 2016-2019

○━ Charles Blanc, 147, rte de Peymilou, lieu-dit Montplaisir, 24130 Prigonrieux, tél. 06 81 05 69 64, info@chateau-montplaisir.com Ⓥ Ⓚ Ⓛ t.l.j. 9h-19h

CH. MOULIN DE BEL-AIR 2014 ★	
■	85 000	5 à 8 €

Après un parcours dans l'électronique, Jean-René Ley est revenu aux vignes familiales, qui couvrent aujourd'hui 55 ha dans le Bergeracois et le Libournais.

Le château se trouve à l'emplacement d'une commanderie des Templiers, dont subsiste la chapelle.

Teintée de rouge cerise, cette cuvée dévoile un nez fruité et délicat. Le palais, onctueux et frais à la fois, est bien équilibré, adossé à des tanins solides, encore un peu accrocheurs en finale. Un passage en cave devrait arrondir les angles. ✗ 2017-2019 ❦ lièvre aux épices douces ■ Montravel L'Excellence du Ch. le Castellot 2012 (11 à 15 € ; 10 000 b.) : vin cité. ✗ 2017-2020

○━ GAF Ley et Fils, Dom. des Templiers, 24230 Saint-Michel-de-Montaigne, tél. 05 53 58 68 15, ley.vignobles@wanadoo.fr t.l.j. 9h-12h30 14h-17h; f. 1er-15 août

CH. DE PANISSEAU Merlot 2014 ★

■	68 000	î	5 à 8 €

Témoignage de l'architecture périgourdine féodale, construit par les Anglais au XIIes., puis remanié à la Renaissance, ce château commande aujourd'hui un vignoble de 65 ha à Thénac. Propriété d'un fonds d'investissement européen, le domaine a entrepris d'importants travaux pour moderniser sa chaîne de production, baissé ses rendements pour privilégier la qualité et fait appel à l'œnologue Ludwig Vanneron.

Couleur rubis foncé aux reflets violines, cette cuvée à majorité de merlot complété de malbec et de cabernet franc révèle une belle maturité à l'olfaction centrée sur les fruits rouges et noirs. Frais à l'attaque, le palais monte en puissance, porté par des tanins ronds qui lui confèrent un beau volume. On y retrouve des notes de petits fruits rouges (cerise, groseille, framboise) qui accompagnent le vin jusque dans sa longue finale. Un bergerac gourmand et bien équilibré, à apprécier dans sa jeunesse. ✗ 2016-2019 ❦ grillades ■ Sauvignon 2014 (5 à 8 € ; 12 700 b.) : vin cité. ✗ 2016-2019

○━ Ch. de Panisseau, Panisseau, 24240 Thénac, tél. 05 53 58 40 03, contact@panisseau.com

Ⓑ CH. LE PAYRAL Petite Fugue 2013 ★

■	4 500	◗	5 à 8 €

Isabelle et Thierry Daulhiac conduisent un domaine d'une quinzaine d'hectares implantés sur un terroir à silex. La démarche bio est poussée ici jusqu'au chai : élevage en fût sans sulfites et emploi de levures exclusivement indigènes.

D'un jaune doré soutenu nuancé de vert, ce 2013 (sauvignon gris et sauvignon blanc) élevé six mois en fût libère des parfums intenses de fruits secs, de fleurs blanches et quelques notes muscatées. La bouche séduit par son volume et son onctuosité, et par le rappel des arômes de muscat. Une fine fraîcheur soutient l'ensemble pour lui apporter l'harmonie et lui donner de l'allonge. Un vin atypique et très plaisant. ✗ 2016-2019 ❦ saumon gravlax

○━ EARL Thierry et Isabelle Daulhiac, Le Bourg, 24240 Razac-de-Saussignac, tél. 05 53 22 38 07, daulhiac.thierry@wanadoo.fr r.-v.

DOM. LE PETIT MARSALET 2014

■	n.c.	î	- de 5 €

Son père avait hérité en partage d'un clos familial en 1976. Le vignoble s'est étendu (13,5 ha aujourd'hui), un

chai a été créé, et Jean-Philippe Cathal, le fils, a repris l'exploitation en 2002.

Affichant une couleur jaune pâle brillant, ce sauvignon livre un nez discret et nuancé de fruits jaunes et de fleurs blanches. Très fraîche dès l'attaque, la bouche séduit par des saveurs de pâte de fruits et par ses touches légèrement amyliques. Un vin tonique et harmonieux. ✗ 2015-2018 ❦ cake aux olives

○━ Jean-Philippe Cathal, 34, rue de la Marque-à-Feu, Marsalet, 24100 Saint-Laurent-des-Vignes, tél. 05 53 57 53 36 t.l.j. sf dim. 8h-12h30 13h-19h

♥ CH. PINTOUCAT 2014 ★★

■	10 600	î	- de 5 €

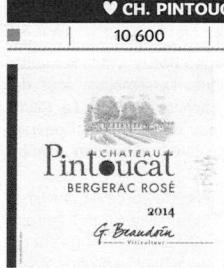

Vignoble situé au pied du coteau de Monbazillac, dans la famille de l'actuel producteur depuis 1976. Une ancienne « marque hollandaise » : au XVIIes., les négociants venus des Pays-Bas se fournissaient ici en vins doux. Aujourd'hui, 26 ha conduits depuis 2011 par Gilles Beaudoin.

Ce vin pâle aux reflets saumonés a conquis d'emblée le jury par ses parfums francs et intenses de fruits à chair blanche. Au palais, il se montre tout aussi charmeur. L'attaque vive est suivie d'un développement fruité, généreux et long, sur la fraise et la framboise confiturées, bien soutenu par une fine fraîcheur qui s'étire longuement en finale. Un rosé festif et bien typé. ✗ 2015-2016 ❦ beignets de courgette

○━ Gilles Beaudoin, Le Pintoucat, 24240 Monbazillac, tél. 05 53 73 14 01, beaudoin.gilles@wanadoo.fr r.-v.

CH. PIQUE-SÈGUE 2014 ★

■	7 400	î	5 à 8 €

Cette propriété fut déjà répertoriée au XIVes. par l'archevêque de Bordeaux pour la qualité de ses vins. Henri IV y faisait halte, dit-on, pour abreuver son cheval à l'une de ses fontaines. Sept siècles plus tard, la vigne demeure, couvrant plus de 220 ha sur les plus hauts coteaux de Montravel.

Une couleur rose pâle très « tendance » habille cette cuvée à majorité de cabernet-sauvignon, bien ouverte à l'olfaction sur les fleurs blanches. La bouche séduit par sa fraîcheur et ses arômes de fruits qui persistent dans une longue finale. ✗ 2015-2016 ❦ grillades ■ Montravel Terre de Pique-Sègue Anima Vitis 2012 (11 à 15 € ; 8 600 b.) : vin cité. ✗ 2018-2021

○━ SNC Ch. Pique-Sègue, Ponchapt, 33220 Port-Sainte-Foy-et-Ponchapt, tél. 05 53 58 52 52, infos@chateau-pique-segue.fr r.-v. ○━ Mallard

CH. LE RAULY Irrésistible 2014 ★★

■	21 300	î	- de 5 €

Une propriété familiale depuis trois générations à présent aux mains de Guillaume Borderie, qui a rejoint sur le vignoble en 2012.

Une robe très concentrée, presque noire, habille cette cuvée à large dominante de merlot (plus de 80 %), aux senteurs de cassis, de mûre et de kirsch. Frais à l'attaque, le palais, soutenu par une trame de tanins amples et ronds, se révèle tout aussi aromatique, sur les fruits noirs et la cerise à l'eau-de-vie. Un vin fin et gourmand à la fois, très harmonieux et d'une étonnante maturité pour son millésime. Il porte bien son nom... ✗ 2017-2021 ♈ civet de marcassin

○━ *Borderie, Le Rauly, 24240 Monbazillac,*
tél. 06 85 76 15 21, contact@vignerons-perigourdins.com
Ⓥ 👣 🅿 *r.-v.*

Ⓑ CH. LA RAYRE 2014		
⬛	12 500	👤	5 à 8 €

Les Vesselle sont bien connus à Bouzy. Vincent a quitté sa Champagne pour pratiquer l'assemblage sous des cieux plus cléments. Il a racheté en 1999 La Rayre, ancienne métairie du château de Fonvieille. Couvrant 25 ha de coteaux au sud de Monbazillac, son vignoble est en bio certifié depuis 2013.

Légèrement dorée et brillante, cette cuvée de sauvignon à peine teinté de sémillon (1 %) s'ouvre sur des senteurs engageantes d'agrumes et d'ananas. Bien fraîche et légèrement perlante à l'attaque, la bouche progresse vers la rondeur, avec toujours les agrumes et les fruits exotiques comme fil conducteur. Un retour acidulé en finale confère à cet ensemble harmonieux un surcroît de complexité. ✗ 2015-2017 ♈ rillettes de la mer

○━ *Ch. la Rayre, La Rayre, 24560 Colombier,*
tél. 05 53 58 32 17, vincent.vesselle@orange.fr
Ⓥ 👣 🅿 *r.-v.* ○━ Vesselle

CH. LE REYSSAC 2014 ★		
⬛	23 000	👤	- de 5 €

Dans la famille Gouy depuis 1920, ce domaine de 53 ha est situé à Pomport, à 10 km au sud de Bergerac, sur le versant gauche de la Dordogne, et s'étend sur des côteaux argilo-calcaires. Cyril Gouy s'apprête à reprendre les commandes du domaine, à la suite de ses parents.

Rouge léger aux reflets rubis, cette cuvée à majorité de merlot révèle à l'agitation d'agréables parfums de fruits rouges. Rond à l'attaque, le palais déroule peu à peu un fruité mûr et plaisant, qui trouve le soutien de tanins déjà bien fondus. Un vin souple et de bonne facture, facile à boire. ✗ 2015-2018 ♈ salaisons

○━ *EARL Vignobles Gouy, La Haute-Brande,*
24240 Pomport, tél. 05 53 58 63 94, gouy.m-a@
wanadoo.fr Ⓥ *r.-v.*

Ⓑ CH. LA ROBERTIE		
Cuvée vinifiée en barrique 2013 ★		
⬛	1 500	🍶	8 à 11 €

« Vigneron artisan », c'est ainsi que se définit Brigitte Soulier, depuis 1999 à la tête de ce domaine bien connu des lecteurs du Guide. Privilégiant la qualité à la quantité, elle a recentré son vignoble autour de ses meilleures parcelles et de ses jeunes vignes (12,5 ha aujourd'hui contre 14 auparavant). Des vignes – deux ensembles, les sémillon à Rouffignac et les cépages rouges sur le plateau de Flaugeac – conduites en bio certifié et en biodynamie depuis 2011.

Limpide et intense, cette cuvée de sauvignons (blanc pour 72 % et gris pour 28 %) a bénéficié d'un élevage de onze mois en barrique. Elle en tire des parfums plaisants d'agrumes agrémentés de notes muscatées et de vanille. Le palais d'abord souple, rond et suave, convoque une fraîcheur bienvenue qui l'accompagne jusqu'à la finale rehaussée par de beaux amers. Pour les amateurs de blancs boisés. ✗ 2017-2019 ♈ sandre au beurre citronné

○━ *Ch. la Robertie, Brigitte Soulier, La Robertie,*
24240 Rouffignac-de-Sigoulès, tél. 05 53 61 35 44,
chateau.larobertie@wanadoo.fr Ⓥ 👣 🅿 *t.l.j. 10h-19h;*
sam. dim. sur r.-v.

Ⓑ CH. LA SALAGRE 2014		
⬛	75 220	👤	- de 5 €

Un vignoble de 43 ha conduit en bio depuis 2000 et certifié en 2003. Il est situé à Pomport, à 10 km au sud de Bergerac.

Couleur grenat profond, cette cuvée à large majorité de merlot (85 %), complété de cabernet-sauvignon, s'ouvre avec une belle intensité sur les fruits rouges et noirs. Léger en attaque, le palais développe un fruité agréable, adossé à des tanins déjà bien fondus. Un vin simple et flatteur, qui joue le registre du fruit et de la rondeur. ✗ 2016-2018 ♈ entrecôte aux sarments

○━ *SCEA La Salagre, lieu-dit La Salagre, 24240 Pomport,*
tél. 05 57 40 08 88, m.pellerin@bordeaux-vineam.fr
○━ Bordeaux Vineam

CH. SEIGNORET LES TOURS Tentation 2014 ★		
⬛	25 000	👤	5 à 8 €

Après avoir acheté ses premières parcelles et planté ses propres vignes à partir de 1992 sur le coteau de Saussignac, Serge Gazziola a repris en 1999 l'exploitation familiale du château Les Plaguettes. Il s'est constitué ainsi un domaine de 42 ha.

La robe, couleur pétale de rose aux reflets violets, est engageante. Le vin, issu d'un assemblage de cabernet franc, de merlot et de malbec et de cabernet-sauvignon, livre un nez intense, complexe et nuancé, sur les fruits rouges (framboise, fraise) et noirs (cassis). Le palais est introduit par une attaque souple et tendre, puis évolue vers la vivacité ; une sensation de fraîcheur accentuée par une finale tonique qui rappelle avec gourmandise les arômes perçus à l'olfaction. Un ensemble harmonieux et persistant. ✗ 2015-2016 ♈ beignets de crevettes

○━ *EARL Vignobles Serge Gazziola, Les Plaguettes,*
24240 Saussignac, tél. 06 08 61 58 77, contact@
vignobles-gazziola.com Ⓥ 👣 🅿 *r.-v.*

ROSE DE SIGOULÈS 2014 ★★		
⬛	5 000	👤	5 à 8 €

Fondée en 1939, cette coopérative regroupe aujourd'hui 150 adhérents, qui cultivent 900 ha de vignes au sud de Bergerac.

Aucun doute possible, cette cuvée est issue de sauvignon. Témoin, son nez aux arômes caractéristiques de fleurs blanches, de buis, d'agrumes et de pêche blanche. Un côté perlant plein de tonus introduit un palais vif et généreusement fruité (agrumes et fruit de la Passion) jusqu'en finale. Une cuvée qui assume pleinement et fièrement ses origines ampélographiques. ✗ 2016-2020 ♈ congre

grillé ■ Doméa 2014 (- de 5 € ; 17 000 b.) : vin cité.
✗ 2015-2016 ■ Côtes-de-bergerac Ch. Besage Prestige
Élevé en fût de chêne 2013 (5 à 8 € ; 15 000 b.) : vin cité.
✗ 2017-2019

⊶ *Cave de Sigoulès, Mescoules, 24240 Sigoulès,*
tél. 05 53 61 55 00, contact@vigneronsdesigoules.fr
V **⚓** **⚕** *t.l.j. sf dim. 9h-12h30 14h-18h30*

TERRE D'INNOCENCE 2014 ★		
■	33 333	î	- de 5 €

Domaine créé vers 1900 par les Borie sur les coteaux sud
de l'appellation, près d'Eymet. Installé en 1998, Hervé
étend et restructure le vignoble (50 ha aujourd'hui).
Depuis l'arrivée en 2011 de sa compagne Laurence
Nicolas, œnologue, il développe la vente directe.

Rubis profond d'une belle limpidité, ce vin de merlot teinté
d'un soupçon de cabernet-sauvignon (5 %) s'ouvre sur
des parfums puissants et généreux de fruits rouges bien
mûrs. Rond à l'attaque, il déroule une matière charnue qui
met bien en valeur les saveurs des fruits rouges rehaussés
de touches épicées. Les tanins sont doux et soyeux,
épaulés par une fine trame acide qui étire la finale. Un vin
tendre et gourmand, à apprécier sur le fruit. ✗ 2015-2019
Y saltimbocca ■ Ch. la Forêt Réserve 2013 (- de 5 € ;
6 000 b.) : vin cité. ✗ 2016-2017

⊶ *Vignobles Borie, Ch. la Forêt, 24500 Sainte-Innocence,*
tél. 06 63 90 08 71, vignoble.borie@wanadoo.fr
V **⚓** **⚕** *r.-v.*

CH. THÉNAC 2013 ★★		
■	18 000	î ▥	15 à 20 €

Un château construit sur les ruines d'un prieuré bénédictin et une vaste propriété de 200 ha où la vigne
côtoie pruniers, cultures, bois et étangs. Racheté en
2001 par Eugen Shvidler, homme d'affaires américain
d'origine russe, le domaine est devenu en quelques
années une valeur sûre du Bergeracois.

Paré d'un beau grenat aux franges violines, ce 2013 qui a
bénéficié d'un élevage de douze mois en barrique libère
des senteurs puissantes de fruits noirs confiturés, de
réglisse et de vanille. Le palais, bien construit, est muni de
tanins présents mais fondus et d'une trame acide qui
pousse loin la finale très aromatique, sur les fruits à noyau.
Un vin bâti pour la garde. ✗ 2018-2022 **Y** rouelle de porc
grillée ■ 2013 ★ (15 à 20 € ; 10 000 b.) : une robe claire
aux reflets verts ; un nez ouvert aux arômes typiques du
cépage (fleurs et fruits blancs, buis) ; un palais nerveux à
l'attaque, plus onctueux et rond en milieu de bouche,
rappelant les notes florales en finale. Un vin harmonieux,
qui penche vers la fraîcheur. ✗ 2015-2017 ■ Fleur de
Thénac 2013 (8 à 11 € ; 37 000 b.) : vin cité. ✗ 2017-2020

⊶ *SCEA Ch. Thénac, Le Bourg, 24240 Thénac,*
tél. 05 53 61 36 85, wines@chateau-thenac.com
V **⚓** **⚕** *r.-v.*

B CH. TOUR DES GENDRES 2014		
■	50 000	î	5 à 8 €

Una storia italiana. En 1986, les frères de Conti joignent
leurs terres, associent leurs familles et fondent l'entreprise de Conti. Jean, Luc, leurs épouses et un cousin
suivent ainsi les pas de Vincenzo, arrivé là en 1925.
Aujourd'hui, ils exploitent 50 ha de vignes, en bio depuis
2005, complétés par une structure de négoce.

Paré d'un rouge sombre bien dense, ce vin issu de merlot
(60 %) et de malbec libère des parfums discrets de fruits
rouges et noirs. Il se révèle avec plus de force dans un
palais rond, fruité et de bonne longueur. Les tanins encore
jeunes s'arrondiront avec la garde. ✗ 2017-2019 **Y** confit de
canard

⊶ *SCEA De Conti, Les Gendres, 24240 Ribagnac,*
tél. 05 53 57 12 43, familledeconti@wanadoo.fr **V** **⚕** *r.-v.*
🏠 **B**

B CH. TOURMENTINE 2014 ★		
■	20 000	î	5 à 8 €

Jean-Marie Huré est passé par le ministère de l'Agriculture de Côte d'Ivoire avant de s'établir vigneron dans
le Bergeracois en 1986. Le domaine compte 33 ha, et
2009 constitue le premier millésime certifié en agriculture biologique.

Une engageante couleur rubis aux reflets violines introduit
cette cuvée. Suivent un nez de cassis d'une belle
puissance et une bouche ample et ronde, bâtie sur des
tanins souples. Une fine fraîcheur vient soutenir l'ensemble et lui donner de l'allonge. ✗ 2016-2019 **Y** confit de
canard

⊶ *EARL Vignobles Huré, Tourmentine, 24240 Monestier,*
tél. 05 53 58 41 41, aetjmhure@wanadoo.fr **V** **⚓** **⚕** *r.-v.*
🏠 **B**

CÔTES-DE-BERGERAC

Cette appellation ne définit pas un terroir mais des
conditions de récolte plus restrictives qui doivent
permettre d'obtenir des vins riches, concentrés, charpentés, au potentiel de garde plus important que les
bergerac.

B DOM. DE L'ANCIENNE CURE L'Extase 2012 ★		
■	5 000	▥	15 à 20 €

Cinquième génération à cultiver la vigne, Christian
Roche hérite une partie de la propriété familiale en 1984.
Cinq ans plus tard, il aménage son chai de vinification.
Établi dans l'ancien presbytère de Colombier, il conduit
aujourd'hui un vaste vignoble de près de 50 ha (avec
une dominante de vignes blanches) aux sols variés, ce
qui lui permet de proposer une large gamme de vins du
Bergeracois, complétée par une activité de négociant-
éleveur. Incontournable.

Assemblage de 60 % de merlot, de malbec et de
cabernet-sauvignon à parité, ce 2012 élevé seize mois en
fût affiche une engageante couleur pourpre, presque
noire, aux reflets tuilés. Le verre laisse échapper des
parfums complexes et élégants de fruits rouges et noirs
mûrs (cassis, griotte) aux accents épicés. Le palais, ample
et rond, rappelle avec gourmandise la palette aromatique
du nez, épaulé de tanins vifs mais qui devraient s'assagir
dans le temps. Un vin de garde opulent et harmonieux.
✗ 2017-2021 **Y** foie gras aux groseilles ■ Bergerac L'Extase
2013 ★ (15 à 20 € ; 5 000 b.) **B** : Christian Roche a
privilégié les vignes blanches dans l'encépagement de son
vignoble, dont certains cépages devenus rares. Témoin,
l'assemblage subtil de ce 2013 (60 % sauvignon, 10 %
sémillon, 10 % muscadelle complété de pointes de chenin
et d'ondenc), qui s'ouvre sur des parfums complexes de
pomme et d'abricot confit, puis dévoile une élégante

SUD-OUEST

touche muscatée. La bouche, aux saveurs tout aussi complexes, offre un beau volume et trouve le soutien d'une trame acide qui porte loin la finale. Un vin complet et prêt à boire. ✗ 2015-2018

○━ *Christian Roche, L'Ancienne Cure, 24560 Colombier, tél. 05 53 58 27 90, ancienne-cure@orange.fr*
Ⓥ 👣 🎁 *t.l.j. sf dim. 9h-18h*

Ⓑ CH. BELLES FILLES 2014		
■ 45 800	👤	- de 5 €

Un domaine de 24 ha situé sur les hauteurs de la Dordogne, à Thénac, et converti à l'agriculture biologique.

Une cuvée issue de sémillon, de muscadelle et de sauvignon à la robe jaune parée de reflets dorés et au nez bien ouvert sur les fruits et le miel. Bâti sur une trame acide, le palais dévoile des arômes d'abricot et de miel. Sa douceur bien maîtrisée en fait un vin plaisant. ✗ 2016-2019 ✲ tarte au chocolat

○━ *EARL De Conti, Les Eymaries, 24240 Thénac, tél. 05 53 24 52 11, chateau.belles.filles@gmail.com*
Ⓥ 👣 🎁 *t.l.j. 9h-12h 13h30-18h* 🏠 ➊

CH. DU BLOY Sirius 2012		
■ 2 200	👤 ⅷ	8 à 11 €

Olivier Lambert, informaticien, et Bertrand Lepoittevin-Dubost, avocat, se sont associés en 2001 pour relancer ce domaine de 16,5 ha, dont ils ont engagé la conversion bio.

La robe grenat profond de ce 2012 à dominante de merlot, élevé en cuve (dix mois) puis en fût (douze mois), annonce un vin de belle concentration. Preuve en est faite au nez, avec des parfums intenses de fruits rouges mâtinés de douces notes empyreumatiques, comme en bouche, laquelle est soutenue par des tanins amples et équilibrés, bien qu'encore un peu jeunes. Un vin de bonne longueur, à attendre pour en apprécier toutes les qualités. ✗ 2016-2021 ✲ rôti de sanglier

○━ *SCEA Lambert Lepoittevin-Dubost, Le Blois, 24230 Bonneville, tél. 05 53 22 47 87, chateau.du.bloy@ wanadoo.fr* Ⓥ 👣 🎁 *t.l.j. 9h-12h 14h-18h; sam. dim. sur r.-v.*

♥ DOM. DU BOIS DE POURQUIÉ 2014 ★★		
■ 10 000	👤	5 à 8 €

DOMAINE
DU BOIS
DE POURQUIÉ
CÔTES DE BERGERAC
Appellation Côtes de Bergerac Contrôlée
MOELLEUX
2014
Mis en Bouteille au Domaine
Marlène et Alain Mayet
12% vol.   75 cl

Alain Mayet descend d'une ancienne famille de bâtisseurs de cathédrales venus du centre de la France, dont certains s'installèrent dans la vallée de la Dordogne. Marlène et Alain Mayet sont depuis 1981 à la tête de ce domaine de 30 ha. Nette, brillante et légèrement dorée, la robe de cette cuvée mi-sauvignon gris mi-sémillon est particulièrement soignée. L'olfaction n'est pas en reste avec ses senteurs puissantes mais délicates de fruits blancs (poire) et de fruits exotiques

mûrs. On retrouve ces arômes, tout aussi intenses, dans un palais rond et suave, bien équilibré par une fine fraîcheur

en finale. Un vin harmonieux du début à la fin. ✗ 2017-2021 ✲ mousse au chocolat amer ■ **Bergerac** 2014 ★ (5 à 8 € ; 10 000 b.) : un rosé un peu tannique, rond et suave, flattant un fruité gourmand qui penche vers la fraise (du Périgord, bien sûr). ✗ 2015-2016

○━ *Marlène et Alain Mayet, Le Bois-de-Pourquié, 24560 Conne-de-Labarde, tél. 05 53 58 25 58, domaine-du-bois-de-pourquie@wanadoo.fr* Ⓥ 🎁 *t.l.j. sf dim. 9h-12h 14h-19h*

DOM. DE LA COMBE		
Cuvée Jules Élevé en fût de chêne 2012 ★★		
■ 2 800	ⅷ	5 à 8 €

Sylvie et Claude Sergenton ont acquis en 1980 ce domaine, qui comptait alors 8 ha de vignes, et ont porté sa superficie à 32 ha. Leurs enfants les ont rejoints en 2005. L'un d'eux, Thierry, est devenu maître de chai.

Un 2012 à dominante de merlot élevé sous bois pendant douze mois. Il affiche une teinte grenat sombre et limpide, et révèle des senteurs élégantes et complexes de fruits rouges et noirs (cassis), de chocolat, et de grillé. Frais à l'attaque, le palais déroule une matière généreuse aux saveurs de fruits rouges, harmonieusement soutenue par des tanins mûrs et fondus. Un élevage parfaitement maîtrisé pour ce vin dense et complexe, qui livrera toutes ses subtilités avec la garde. ✗ 2017-2021 ✲ tome des Bauges jeune ■ **Bergerac** 2014 ★ (- de 5 € ; 12 000 b.) : une robe rose bonbon engageante, un nez intense et gourmand sur la cerise mûre, un palais penchant vers la douceur et la rondeur, qui offre un fruité généreux. Un rosé de bonne facture. ✗ 2015-2016

○━ *EARL Dom. de la Combe, La Combe, 24240 Razac-de-Saussignac, tél. 05 53 27 86 51, thierrysergenton@gmail.com* Ⓥ 👣 🎁 *r.-v.*

CH. COURT-LES-MÛTS L'Oracle 2012 ★★		
■ 2 910	ⅷ	15 à 20 €

Cinq générations au service du vin. Pierre Sadoux quitte les hauts plateaux algériens en 1961 pour s'établir sur cet ancien domaine (XVIIᵉ s.) du Bergeracois implanté sur les coteaux de la rive gauche de la Dordogne. Aujourd'hui, Pierre Sadoux Jr est aux commandes et conduit une exploitation de 54 ha.

D'un beau grenat soutenu, limpide et brillant, ce 2012 issu de malbec (40 %) et merlot (40 %), complétés de cabernet-sauvignon, s'ouvre sur un nez délicat et complexe de fruits rouges (cerise) et noirs (cassis) laissant apparaître quelques notes épicées héritées de la barrique (quatorze mois). Le palais, rond, gourmand et fruité à l'attaque, repose sur une structure tannique ferme, qui commence à se fondre et déploie une belle et longue finale. Un 2012 harmonieux, au beau potentiel. ✗ 2017-2021 ✲ poitrine de veau farcie ■ **Ch. Bramefant** 2014 ★ (5 à 8 € ; 67 000 b.) : le nez s'ouvre sur d'intenses senteurs de fruits d'été (pêche, abricot), de fleurs (acacia, genêt) et de miel. On retrouve ces arômes dans une bouche bien équilibrée entre fraîcheur et suavité, avec une finale légèrement nerveuse qui confère à ce vin harmonieux un supplément de tonus. ✗ 2016-2019 ■ **2014** (5 à 8 € ; 28 000 b.) : vin cité. ✗ 2016-2019

○━ *Pierre Sadoux, Ch. Court-les-Mûts, 24240 Razac-de-Saussignac, tél. 05 53 27 92 17, court-les-muts@wanadoo.fr* Ⓥ 👣 🎁 *t.l.j. sf dim. 9h-12h 14h-18h; sam. sur r.-v.*

DUC DE MÉZIÈRE 2014 ★

| ■ | 26 000 | | - de 5 € |

Fondée en 1935, cette cave coopérative établie aux confins du Bergeracois et du Bordelais exploite aujourd'hui un vignoble de 400 ha et propose une large gamme de vins des aires de Bergerac et de Montravel.

Limpide, brillant et paré d'or pâle, ce vin issu de sémillon et de muscadelle dévoile des parfums intenses de fruits confits et de fruits blancs (poire, pêche). La bouche, tout en rondeur et équilibrée par une juste fraîcheur, rappelle ces notes aromatiques jusqu'en finale. Un vin harmonieux et expressif. ✗ 2017-2019 ♥ moelleux au chocolat ■ Montravel Terre bleue 2014 (5 à 8 € ; 18 000 b.) : vin cité. ✗ 2015-2018

○┐ *Union de viticulteurs de Port-Sainte-Foy, 78 rte de Bordeaux, 33220 Port-Sainte-Foy, tél. 05 53 27 40 70, chai_cavepsf@orange.fr* V ⚡ 🔼 *t.l.j. sf sam. dim. 9h-12h 14h-17h*

DOM. DE GRANGE NEUVE 2014 ★

| ■ | 39 600 | î | - de 5 € |

Anthony Castaing préside désormais aux destinées de ce vignoble familial fondé en 1896 par Pierre Pichon. Le vignoble couvre 73 ha à Pomport, à 12 km au sud de Bergerac.

Anthony Castaing travaille ses vins en cherchant la rondeur, le gras et la maturité du fruit. Témoin, cette cuvée mi-sémillon mi-sauvignon habillée d'or, au nez intense de fruits confits. On retrouve ces arômes mûrs dans une bouche suave et onctueuse à souhait, bien équilibrée par la fraîcheur. Un modèle d'harmonie. ✗ 2016-2019 ♥ feuilletés au roquefort ■ Bergerac 2014 (- de 5 € ; 32 666 b.) : vin cité. ✗ 2015-2018

○┐ *SCEA de Grange Neuve, Castaing et Fils, 24240 Pomport, tél. 05 53 58 42 23, castaing@ grangeneuve.fr* V ⚡ 🔼 *t.l.j. 9h-12h 14h-18h; sam. dim. sur r.-v.* 🔼 🅴

CH. HAUT-FONGRIVE L'Indomptable 2012 ★

| ■ | 1 200 | î ⅲ | 11 à 15 € |

Acquis par la famille Boucher en 2006, ce domaine d'une dizaine d'hectares est situé sur les hauteurs de la Dordogne, à Thénac. Cette exploitation est conduite selon les principes de l'agriculture biologique depuis 2008 (certification en cours).

Intense et bien dorée, cette cuvée mi-sémillon mi-muscadelle s'ouvre sur un nez puissant de fleurs blanches et de fruits secs agrémenté d'un léger boisé, trace de son passage de neuf mois en fût. Le palais repose sur une trame acide qui flatte ses arômes de fruits mûrs, de miel et de caramel. On retrouve la note boisée en finale, qui confère au vin un supplément de complexité. Un moelleux généreux. ✗ 2017-2019 ♥ foie gras

○┐ *Boucher, Le Seignal, 24240 Thénac, tél. 06 81 65 85 37, haut.fongrive@yahoo.com* V ⚡ 🔼 *r.-v.* 🔼 🅰

♥ DOM. HAUT-MONTLONG
Les Vents d'anges 2012 ★★

| ■ | 6 000 | ⅲ | 11 à 15 € |

En 1925, un métayage de 6 ha. La deuxième génération achète les vignes en 1950 et le domaine s'agrandit peu à

peu. Aujourd'hui, 70 ha sur les hauteurs de Pomport, dans la vallée de la Dordogne. Alain Sergenton, installé en 1983, a passé le relais à ses filles Laurence et Audrey, et à ses gendres.

Une superbe teinte pourpre sombre frangée de nuances violines habille ce 2012. Très ouvert, le nez libère des parfums de cerise à l'eau-de-vie élégamment mêlés à ceux de la barrique (pain grillé). Le palais, puissant à l'attaque, se montre opulent et tannique, mais déjà bien soyeux. Il rencontre en finale une fraîcheur bienvenue qui porte loin ses intenses saveurs de fruits noirs (cassis, myrtille). Un vin bien travaillé, à apprécier dès maintenant ou à attendre pour en découvrir de nouvelles facettes. ✗ 2016-2021 ♥ coq au vin

○┐ *Dom. Haut Montlong, Le Malveyrin, 24240 Pomport, tél. 05 53 58 81 60, sergenton-haut-montlong@ wanadoo.fr* V ⚡ 🔼 *t l j 8h-12h 13h30-18h; sam. dim. sur r.-v.* 🔼 🅾 🔼 🅲

Ⓑ CH. LAROQUE 2013

| ■ | 1 150 | î | 5 à 8 € |

Aux confins de la Gironde, ce vignoble de 11 ha établi sur un plateau rocheux offre une vue imprenable sur la vallée de la Dordogne. Repris en 2007 par Olivier, fils de Jacques de la Bardonnie, il est cultivé depuis vingt-cinq ans en biodynamie.

Une teinte rubis dense ; un nez qui s'ouvre tout en finesse sur des arômes de fruits rouges et noirs (cerise, cassis) et une pointe végétale (poivron) ; un palais frais et fruité, qui évolue sur l'onctuosité, soutenu par une matière tannique présente mais fondue. Un vin à l'équilibre subtil, qui a su tirer un parti harmonieux du millésime. ✗ 2017-2020 ♥ salade de gésiers confits

○┐ *Olivier Faurichon de la Bardonnie, Ch. la Roque, 941, rte de Couin , 24230 Saint-Antoine-de-Breuilh, tél. 05 40 92 20 71, domainedupossible@gmail.com* V 🔼 *r.-v.* 🔼 🅾

DOM. DE PÉCOULA
Harmonie de Pécoula 2012 ★

| ■ | 3 000 | ⅲ | 8 à 11 € |

À la suite de leurs père et grand-père, René Labaye et son frère Jean-Marie exploitent le vignoble familial, qui compte aujourd'hui 33 ha, dont 25 sont destinés au monbazillac.

Habillé de grenat profond aux reflets tuilés, ce 2012 de merlot presque pur (seuls 10 % de cabernet-sauvignon viennent le compléter) libère des parfums intenses et complexes de fruits rouges aux accents épicés et chocolatés, héritage d'un élevage (bien intégré) de seize mois en fût. Le palais, ample à l'attaque, est bâti sur des tanins présents mais déjà bien fondus, soulignant des notes élégantes de toasté et de grillé qui persistent longuement. Un vin déjà prêt à boire, mais qui saura révéler d'autres secrets avec le temps. ✗ 2015-2020 ♥ côte à l'os ■ Bergerac 2014 (- de 5 € ; 8 666 b.) : vin cité. ✗ 2015-2016 ■ Bergerac 2014 (- de 5 € ; 8 666 b.) : vin cité. ✗ 2015-2017

SUD-OUEST

☛ *GAEC de Pécoula, Pécoula, 24240 Pomport,*
tél. 05 53 58 46 48, pecoula.labaye@wanadoo.fr
Ⓥ 🏃 ⚲ *r.-v.*

CH. LES PLAGUETTES Cuvée Prestige 2014 ★★		
■	9 300	⬛	5 à 8 €

Après avoir acheté ses premières parcelles et planté ses propres vignes à partir de 1992 sur le coteau de Saussignac, Serge Gazziola a repris en 1999 l'exploitation familiale du château Les Plaguettes. Il s'est constitué ainsi un domaine de 42 ha.
Du prestige ? Cette cuvée à dominante de sémillon n'en manque pas. La robe dorée aux reflets verts est engageante, et le nez frais, riche et complexe, porté par les agrumes, les fruits secs et les fleurs blanches. Le palais est parfaitement équilibré entre douceur et fraîcheur, et long à l'envi. Un modèle d'harmonie, idéal pour l'apéritif.
⚑ 2017-2021 ❢ foie gras et pain d'épice ■ **Bergerac Fleur de cuvée blanche 2014 ★** (5 à 8 € ; 6 500 b.) : un pur sauvignon au nez intensément parfumé de citron, de fleurs blanches et de fruits exotiques. Au palais ? De la vivacité et de la rondeur à la fois, de l'équilibre donc, et de beaux arômes de fruits blancs persistant dans une agréable complexité. ⚑ 2016-2019
☛ *EARL Vignobles Serge Gazziola, Les Plaguettes,*
24240 Saussignac, tél. 06 08 61 58 77, contact@
vignobles-gazziola.com Ⓥ 🏃 ⚲ *r.-v.*

CH. LES SAINTONGERS D'HAUTEFEUILLE Élevé en fût de chêne 2012 ★		
■	6 200	⬥	8 à 11 €

La famille d'Hautefeuille arrivant de Picardie en 1973 trouva des chais à l'abandon. Elle renoue avec la vocation viticole du domaine à partir de 1999, en replantant merlot et cabernet-sauvignon sur les meilleures parcelles. Catherine d'Hautefeuille mène aujourd'hui ce petit vignoble de 2,5 ha, établi sur le plateau des calcaires d'Issigeac.
Élevé douze mois en fût, cet assemblage à parts égales de cabernet-sauvignon et de merlot conserve une robe rubis aux reflets violines d'une étonnante fraîcheur. Au nez, on apprécie les parfums de fruits rouges tonifiés par une pointe végétale (poivron). Le palais, ample, rond et bien équilibré, est structuré par des tanins solides et puissants qui commencent à se fondre. Un surcroît d'élégance est apporté en finale par quelques notes boisées. Un vin qui a bien su tirer parti du millésime. ⚑ 2017-2021 ❢ canard aux olives
☛ *Catherine d'Hautefeuille, Les Saintongers,*
24560 Saint-Cernin-de-Labarde, tél. 05 53 24 32 84,
vianneydhautefeuille@hotmail.fr Ⓥ 🏃 ⚲ *r.-v.*

DOM. DU SIORAC Tradition 2012		
■	27 410	⬛	5 à 8 €

Conduite par les trois frères Landat, rejoints par la dernière génération, cette exploitation de 27 ha est implantée tout au sud du département de la Dordogne, à mi-chemin entre les bastides d'Eymet et d'Issigeac. Outre le vin, elle produit du verjus, un jus de raisins verts acidulé utilisé en cuisine.
D'une belle teinte jaune doré, ce vin issu d'un assemblage complexe de sémillon, de sauvignon blanc, de muscadelle et de sauvignon gris s'ouvre sur un nez un peu timide de

fleurs blanches et de fruits mûrs. La bouche, fraîche à l'attaque, se fait ensuite plus suave. Un moelleux à la douceur maîtrisée, qui sera un compagnon idéal à l'apéritif ou au dessert. ⚑ 2016-2019 ❢ tarte aux abricots et amandes
☛ *Dom. du Siorac, Siorac, 24500 Saint-Aubin-de-Cadelech,*
tél. 05 53 74 52 90, info@domainedusiorac.fr Ⓥ 🏃 ⚲ *t.l.j.*
sf dim. 9h-12h 14h-18h

CH. TOUR DE GRANGEMONT Élevé en fût de chêne 2012		
■	15 000	⬥	5 à 8 €

Le gros du vignoble (50 ha) se trouve au lieu-dit Grangemont ; une haute tour se dressait autrefois en haut du coteau, d'où le nom du domaine. Fabien Lavergne, œnologue, a pris en 2012 la direction de la propriété familiale, où il secondait depuis des années son père Christian.
Paré d'un rouge rubis éclatant, ce 2012 à dominante de merlot a bénéficié d'un élevage de douze mois sous bois. Il en tire un nez alerte et fruité (groseille, cerise, griotte) aux accents empyreumatiques et vanillés. Le palais, bien frais, déroule un fruité généreux. Un vin que l'on pourra apprécier dans sa jeunesse. ⚑ 2016-2019 ❢ canard aux olives
☛ *EARL Lavergne, Portugal,*
24560 Saint-Aubin-de-Lanquais, tél. 05 53 24 32 89,
tour-de-grangemont@sfr.fr Ⓥ 🏃 ⚲ *t.l.j. sf dim. 10h-12h*
15h-19h

LES VERDOTS **SELON DAVID FOURTOUT** 2013 ★		
■	10 000	⬥	20 à 30 €

Conduite depuis 1992 par le talentueux David Fourtout, issu d'une famille originaire de Saint-Émilion, cette exploitation de 45 ha est une valeur sûre du Bergeracois, avec plusieurs coups de cœur à son actif. Un succès lié à un beau terroir de calcaires veinés de silex, à des installations modernes et à des sélections exigeantes.
Rubis profond frangé de nuances violines, ce 2013 à dominante de cabernet franc a été élevé en fût pendant vingt-deux mois. Il en tire un nez plein de promesses ouvert sur les petits fruits rouges élégamment complétés de vanille. Promesses tenues en bouche : elle rappelle le fruité du nez et offre une matière dense, ronde et fraîche à la fois, aux tanins déjà bien fondus. Un beau potentiel, dans un millésime plutôt difficile. ⚑ 2017-2021 ❢ rôti de sanglier ■ **Ch. les Tours des Verdots 2012** (8 à 11 € ; 25 000 b.) : vin cité. ⚑ 2017-2021
☛ *EARL David Fourtout, Les Verdots,*
24560 Conne-de-Labarde, tél. 05 53 58 34 31, verdots@
wanadoo.fr Ⓥ 🏃 ⚲ *t.l.j. sf dim. 9h-12h30 14h-18h30;*
juil.-août 9h-19h 🏠 ❷ 🏠 Ⓑ

MONBAZILLAC

Superficie : 1 949 ha / Production : 44 152 hl

Ce vignoble est implanté au cœur du Bergeracois, sur des coteaux pentus de la rive gauche de la Dordogne exposés au nord. Les grappes y reçoivent en automne la fraîcheur et les brumes qui favorisent le développement du botrytis, la pourriture noble. Le sol argilo-calcaire apporte des arômes intenses ainsi qu'une structure puissante à ces vins moelleux et liquoreux.

♥ Ⓑ DOM. DE L'ANCIENNE CURE
L'Abbaye 2013 ★★

■ 5 000	⬤	20 à 30 €

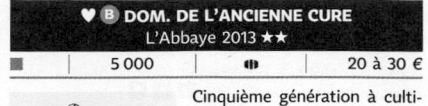

Cinquième génération à cultiver la vigne, Christian Roche hérite une partie de la propriété familiale en 1984. Cinq ans plus tard, il aménage son chai de vinification. Établi dans l'ancien presbytère de Colombier, il conduit aujourd'hui un vaste vignoble de près de 50 ha (avec une dominante de vignes blanches) aux sols variés, ce qui lui permet de proposer une large gamme de vins du Bergeracois, complétée par une activité de négociant-éleveur. Incontournable.

Assemblage à majorité de sémillon, complété de muscadelle et d'un soupçon de chenin, cette cuvée se présente dans une robe dorée engageante. Au nez, elle affiche une complexité remarquable avec ses parfums bien ouverts de fruits secs, de fruits compotés et d'agrumes. Le palais, au volume majestueux, est d'une impressionnante onctuosité, soutenu par ce qu'il faut de fraîcheur pour apporter l'équilibre et une superbe allonge en finale. Un modèle d'harmonie et de puissance maîtrisée. ✗ 2019-2022 ❦ crème brûlée au foie gras

☞ Christian Roche, L'Ancienne Cure, 24560 Colombier, tél. 05 53 58 27 90, ancienne-cure@orange.fr
🆅 🏃 🛗 t.l.j. sf dim. 9h-18h

CH. CAILLAVEL 2013

■ 10 000	🍖 ⬤	11 à 15 €

Jean-Jacques Lacoste exploite un ensemble viticole réparti sur deux domaines. Caillavel, établi sur le plateau de Pomport, dispose d'un vignoble de 20 ha commandé par un château incendié pendant la guerre de Cent Ans et reconstruit au XVIᵉs. Haut-Theulet, d'une superficie de 11 ha, est implanté sur Monbazillac. Des vins souvent en vue dans ces pages.

Claire, limpide et dorée, cette cuvée qui a fait un passage de six mois en barrique libère des parfums élégants et intenses de fruits d'été (abricot). Très flatteuse, la bouche se montre souple et suave, mais sans lourdeur aucune. Un vin bien équilibré sur le fruit et facile à boire. ✗ 2016-2019 ❦ tarte au chocolat amer ■ Ch. Haut-Theulet 2013 (11 à 15 € ; 30 000 b.) : vin cité. ✗ 2017-2020

☞ GAEC Ch. Caillavel, 24240 Pomport, tél. 05 53 58 43 30, chateaucaillavel@orange.fr
🆅 🏃 🛗 t.l.j. sf dim. 8h30-12h 14h30-18h30

Ⓑ CH. LE CLOU
Andromède Cuvée élevée en barrique 2013

■ 1 800	⬤	11 à 15 €

En 1999, Sylvie et Manuel Killias ont racheté ce domaine, une ancienne métairie. Ils l'ont agrandi, portant la surface des vignes à 20 ha et ont adopté l'agriculture biologique. Ils continuent de moderniser l'exploitation, notamment avec la construction d'un nouveau chai en 2014.

Parée d'un jaune doré limpide, cette cuvée vinifiée en barrique pendant dix-huit mois livre un nez d'abord discret. Après une légère aération, celui-ci révèle des senteurs gourmandes de fruits cuits, agrémentées d'une pointe légèrement iodée et boisée. Le palais souple et suave peut compter sur le soutien d'une bonne trame acide, qui lui apporte équilibre et longueur. ✗ 2017-2020 ❦ tarte au beurre blanc ■ Bergerac Pléiades Cuvée élevée en barrique 2014 (8 à 11 € ; 1 800 b.) Ⓑ : vin cité. ✗ 2017-2019

☞ Killias, Ch. le Clou, 24240 Pomport, tél. 05 53 63 32 76, chateau.le.clou@online.fr
🆅 🏃 🛗 t.l.j. sf dim. 9h-12h 13h30-19h

CH. LE FAGÉ Cuvée Grande Réserve
Vinifié en fût de chêne 2012 ★

■ 2 600	⬤	15 à 20 €

Créé en 1757, ce domaine commandé par un petit château aux allures de chartreuse, sur la côte nord de Monbazillac couvre 48 ha aujourd'hui. Héritier de dix générations, Benoît Gérardin en a pris les rênes en 2012. Il est en quête de vins droits, fruités et frais.

Assemblage subtil à majorité de sémillon complété de sauvignon et d'une pointe de muscadelle, cette cuvée élevée sous bois pendant dix-huit mois se présente dans une belle couleur aux reflets orangés. Elle livre des senteurs fines et complexes de fruits cuits (coing, abricot, mirabelle), auxquelles se mêlent d'élégantes notes boisées. Très riche et ample, le palais déroule une palette d'arômes tout aussi complexe, penchant sur l'abricot, les fruits confits et le miel, et une belle fraîcheur qui lui donne de l'allonge. Un vin à attendre encore un peu pour en apprécier toutes les facettes. ✗ 2017-2025 ❦ tarte à l'orange amère ■ Bergerac 2014 (5 à 8 € ; 40 000 b.) : vin cité. ✗ 2015-2016 ■ Bergerac Sauvignon 2014 (5 à 8 € ; 20 000 b.) : vin cité. ✗ 2015-2017

☞ Gérardin, Ch. le Fagé, 24240 Pomport, tél. 05 53 58 32 55, info@chateau-le-fage.com 🆅 🛗 t.l.j. 8h15-12h30 13h45-17h15; sam. dim. sur r.-v.

Ⓑ GRANDE MAISON
Cuvée du château 2012 ★★

■ n.c.	⬤	15 à 20 €

Grande Maison ? Une ancienne demeure fortifiée construite par les Anglais pendant la guerre de Cent Ans. Thierry Després avait acquis en 1990 le domaine, l'avait converti au bio et lui avait donné du lustre, notamment grâce à ses monbazillac. La famille Chabrol l'a repris en 2012 et commande un vignoble de 14 ha.

Une cuvée à dominante de sémillon longuement élevée en barrique (deux ans). Elle affiche une engageante couleur jaune doré aux reflets verts et s'ouvre sur des parfums flatteurs de fruits confits, d'abricot, de miel et de coing élégamment teintés de boisé vanillé. En bouche, le vin séduit par son remarquable équilibre entre rondeur et fraîcheur, et par le retour des arômes complexes perçus à l'olfaction. Des notes florales, de café torréfié et de pain grillé viennent compléter cette large palette aromatique dans une finale persistante et suave. Un monbazillac d'une grande richesse, promis à un bel avenir. (Bouteilles de 37,5 cl.) ✗ 2019-2025 ❦ tarte à l'orange meringuée

☞ Benjamin Chabrol, LD Grande Maison, 24240 Monbazillac, tél. 05 53 58 26 17, grandemaison.monbazillac@gmail.com

SUD-OUEST

HAUT MONTLONG Cuvée Audrey 2013		
■ 6 000	🖢	8 à 11 €

En 1925, un métayage de 6 ha. La deuxième génération achète les vignes en 1950 et le domaine s'agrandit peu à peu. Aujourd'hui, 70 ha sur les hauteurs de Pomport, dans la vallée de la Dordogne. Alain Sergenton, installé en 1983, a passé le relais à ses filles Laurence et Audrey, et à ses gendres.

Ce pur sémillon est encore timide au nez, mais laisse s'échapper des senteurs plaisantes et élégantes d'agrumes à l'aération. En bouche, il se montre plus disert, bâti sur une matière onctueuse et ample, comptant ce qu'il faut de fraîcheur pour échapper à la lourdeur. Un vin typique et facile à boire. ✗ 2019-2021 ✙ roquefort ■ **Bergerac Dom. Haut Montlong Éclat de fruit 2014** (5 à 8 € ; 12 000 b.) : vin cité. ✗ 2016-2018

☛ *Dom. Haut Montlong, Le Malveyrein, 24240 Pomport, tél. 05 53 58 81 60, sergenton-haut-montlong@ wanadoo.fr* Ⅴ 🏃 🏠 🎁 *t.l.j. 8h-12h 13h30-18h; sam. dim. sur r.-v.* 🏠 ❷ 🏠 Ⓒ

CH. MONBAZILLAC 2013		
■ 44 000	🖢 ⅏	15 à 20 €

Le château de Monbazillac, propriété de la cave de Monbazillac depuis 1960, est d'une architecture originale, mélange de systèmes défensifs médiévaux et d'élégances de la Renaissance. Le monument datant du XVIᵉs. est emblématique du Bergeracois. La cave vinifie près d'un tiers de l'appellation monbazillac.

Cette cuvée or pâle, qui a été vinifiée un an en cuve et un an en barrique, libère des parfums concentrés et riches de fruits confits, que l'on retrouve dans un palais penchant vers l'onctuosité et la douceur. De l'harmonie et de la générosité. ✗ 2017-2021 ✙ salade de pêches à la menthe

☛ *Cave de Monbazillac, rte de Mont-de-Marsan, 24240 Monbazillac, tél. 05 53 63 65 00, gm.passelande@ chateau-monbazillac.com* Ⅴ 🏃 🏠 *t.l.j. sf dim. 10h-12h30 13h30-18h*

♥ **CH. PERROU-LA-BARAGOILE** Grande Réserve 2012 ★★★		
■ 3 466	⅏	8 à 11 €

Vieille noblesse d'origine champenoise remontant aux Croisades. Parmi ses nombreuses branches, l'une s'est fixée dans le Sud-Ouest et possède de vastes vignobles dans l'Entre-deux-Mers et le Bergeracois.

Intense et d'une belle teinte jaune doré, cette cuvée de pur sémillon s'ouvre sur de superbes notes de coing, de fruits cuits et de miel, auxquelles se mêlent des notes de pain grillé héritées de son élevage de plus de dix-huit mois en barrique. Le palais déroule une surprenante mais agréable douceur, épaulée par une matière riche et aromatique évoquant un vrai cocktail de fruits d'été (abricot, figue sèche, datte), avec ce qu'il faut de fraîcheur pour apporter longueur et équilibre. Ce vin, qui n'a pas encore livré tous ses secrets, est bâti pour la garde. (Bouteilles de 37,5 cl.) ✗ 2019-2025 ✙ bleu d'Auvergne affiné ■ Ch. de Vernajou

Grande Réserve 2012 (8 à 11 € ; 3 466 b.) : vin cité. ✗ 2019-2025

☛ *SCEA Famille d'Amécourt, Ch. Bellevue, 33540 Sauveterre-de-Guyenne, tél. 05 56 71 54 56, sceafamille.damecourt@neuf.fr* Ⅴ 🏃 🏠 *r.-v.*

CH. POULVÈRE Prestige 2013 ★		
■ 26 000	🖢 ⅏	11 à 15 €

Ancienne dépendance du château de Monbazillac, le château Poulvère date de la même époque. Il est exploité depuis plus de cent ans par les Borderie, qui travaillent toujours en famille sur un vignoble de 103 ha : Francis conduit le vignoble, et son neveu Frédéric le chai.

Jaune pâle chatoyant frangé de doré, cette cuvée a bénéficié d'un élevage de douze mois en fût après un passage en cuve de la même durée. Elle laisse s'échapper du verre des parfums riches et intenses de fruits confits et d'agrumes, complétés de quelques touches rôties. Au palais, on apprécie sa matière onctueuse bien soutenue par la fraîcheur. Une finale encore un peu amère laisse deviner que le vin n'a pas fini de livrer toute sa complexité. La garde ne pourra que lui être bénéfique. ✗ 2019-2025 ✙ feuilleté au roquefort ■ **Côtes-de-bergerac 2014** ★ (5 à 8 € ; 64 000 b.) : un nez subtil de fleurs et de fruits confits, un palais volumineux et tendre, offrant une agréable vivacité en finale. Un vin complet. ✗ 2016-2020 ■ **Bergerac 2014** (- de 5 € ; 26 400 b.) : vin cité. ✗ 2016-2018

☛ *GFA Poulvère, Poulvère, 24240 Monbazillac, tél. 05 53 58 30 25, famille.borderie@poulvere.com* Ⅴ 🏃 🏠 *t.l.j. sf dim. 9h-12h 14h-18h* ☛ Famille Borderie

⑧ **CH. VARI** Réserve du château 2013 ★		
■ 2 000	⅏	15 à 20 €

Yann Jestin, installé depuis 1994 sur ce domaine de 20 ha, est œnologue et courtier en grands crus classés du Bordelais. Il a engagé en 2009 la conversion de son vignoble à l'agriculture biologique.

Habillée de jaune paille aux reflets dorés, cette cuvée, où le sémillon compose la grande majorité de l'assemblage (seuls 5 % de sauvignon et 5 % de muscadelle viennent le compléter), a bénéficié d'un long élevage en barrique (quatorze mois). Le vin en tire des parfums complexes et concentrés de fruits confits, de fruits exotiques (mangue) et d'abricot sur un léger fond boisé. Le palais est souple et doux, mais sans lourdeur aucune. On y retrouve des arômes élégants et persistants de fruits confits jusqu'en finale. ✗ 2019-2025 ✙ tarte abricots et amandes

☛ *Vignobles Jestin, Pataud, 24240 Monbazillac, tél. 05 53 61 84 98, contact@chateau-vari.com* Ⅴ 🏠 *t.l.j. sf sam. dim. 8h-12h 13h-17h*

MONTRAVEL

Cette région garde le souvenir de Montaigne : c'est dans la maison forte familiale que l'écrivain rédigea ses *Essais* et l'on peut encore visiter sa « librairie » à Saint-Michel-de-Montaigne. La production se divise en montravel blanc sec, typé par le sauvignon, en côtes-de-montravel et haut-montravel, deux appellations de vins moelleux, et depuis 2001 en montravel rouge. En rouge comme en blanc, les cépages sont ceux du Bordelais voisin.

L'ENCLOS PONTYS 2012

| ■ | 4 000 | Ⅲ | 8 à 11 € |

Négociant bordelais bien connu, Jean-Marie Chadronnier a cherché de « grands terroirs » hors des appellations de prestige. C'est ainsi qu'il a acquis Marsau (12 ha) en 1994, séduit par son terroir d'argiles profondes où prospère le merlot, cépage exclusif. Avant de planter en 2002, à deux collines de là, mais dans le Bergeracois, deux petits hectares à Montpeyroux, berceau de la famille : c'est L'Enclos Pontys (AOC montravel) dominé lui aussi par le merlot.

Issu à 90 % de merlot, ce 2012 rubis soutenu laissant apparaître quelques signes d'évolution libère des senteurs plaisantes de fruits noirs (prune) aux accents épicés et cacaotés. Soyeuse et élégante, la bouche se montre toute aussi fruitée, enrobée par des tanins mûrs et élégants. Un vin tout en finesse et en rondeur. ✗ 2017-2020 ♈ lapin aux épices douces

☞ *Famille Chadronnier, SC Ch. Marsau, Bernarderie, 33570 Francs, tél. 06 09 71 22 35, jm.chadronnier@ gmail.com* Ⅴ 🎿 🍴 *r.-v.*

RÉVÉLATION DE GRIMARDY 2012 ★★

| ■ | 1 520 | Ⅲ | 15 à 20 € |

Issu d'une famille de vignerons originaire de Châteauneuf-du-Pape, Marcel Establet a repris les rênes de ce domaine situé à Montazeau, à équidistance de Saint-Émilion et Bergerac. Il convertit progressivement au bio ses 11 ha de vignes.

Habillé d'un rouge profond, ce 2012 qui a bénéficié d'un élevage long en barrique (vingt-deux mois) laisse s'échapper du verre des senteurs complexes et engageantes de fruits rouges (cerise), d'épices, de fumé et de poivre doux. La bouche, ample et intense, déploie un fruité mûr explosif, adossée à des tanins fermes et souples. Un vin à la fois puissant et caressant. ✗ 2018-2025 ♈ rôti de bœuf

☞ *Marcel Establet, 14, Les Grimards, 24230 Montazeau, tél. 05 53 57 96 78, grimardy@wanadoo.fr* Ⅴ 🍴 *t.l.j. sf dim. 9h-12h30 14h-19h*

♥ CH. MOULIN CARESSE Grande Cuvée Cent pour 100 2012 ★★★

| ■ | 14 000 | Ⅲ | 11 à 15 € |

CHATEAU
MOULIN CARESSE
CENT
POUR
100
MONTRAVEL
2012

Très ancienne propriété familiale située sur les hauteurs de Montravel, ce vaste domaine est aujourd'hui l'une des références en Bergeracois, grâce au travail mené depuis 1990 (sortie de la coopérative) par Jean-François Deffarge, « autodidacte en œnologie », qui passe aujourd'hui la main à ses enfants. Le vignoble (47 ha) s'étend sur deux terroirs bien distincts : des pentes argilo-calcaires et un haut plateau de boulbènes.

Une cuvée dont le nom annonce la couleur et le caractère. Une robe intense et profonde, presque noire, un nez percutant et enveloppant où les fruits noirs mûrs (cassis, myrtille, cerise noire) se marient aux notes de vanille et de cacao hérités d'un élevage de dix-huit mois sous bois. Au palais ? De la densité, de la structure, des tanins fermes, du volume et une pointe de douceur. Les jurés louent à l'envi

ce vin puissant et persistant. Certains ont même susurré à l'oreille de leur voisin : « C'est une bombe... » ✗ 2019-2025 ♈ côte à l'os ■ Magie d'automne 2014 (5 à 8 € ; 15 000 b.) : vin cité. ✗ 2017-2019

☞ *EARL Deffarge Danger, 1235, rte de Couin, 24230 Saint-Antoine-de-Breuilh, tél. 05 53 27 55 58, moulin.caresse@cegetel.net* Ⅴ 🎿 🍴 *t.l.j. sf sam. dim. 9h-12h 14h-18h* 🏠 🅔

B CH. MOULIN GARREAU Les Régates 2014

| ■ | 13 000 | 🍾 | 5 à 8 € |

Un moulin à vent dressé autrefois au hameau de Garreau donne son nom à ce domaine situé aux confins du Libournais. Pharmacien parisien reconverti dans la viticulture, Alain Péronnet a fait ses (brillants) débuts dans le Guide avec le millésime 2005. Son ancienne spécialité, l'homéopathie, lui aura peut-être inspiré la conversion bio de ses 10 ha de vignes.

Jaune pâle à reflets verts, ce mi-sauvignon mi-sémillon laisse s'échapper du verre des parfums délicats mais encore un peu timides de citron vert, de rhubarbe et de litchi. Les fruits exotiques s'imposent dans une bouche fraîche et bien équilibrée. Une finale légèrement amère lui donne un supplément de tonus. ✗ 2015-2017 ♈ plateau d'huîtres

☞ *Alain Péronnet, 10, rte du Coteau, 24230 Lamothe-Montravel, tél. 05 53 61 26 97, aperonnet@wanadoo.fr* Ⅴ 🎿 🍴 *r.-v.*

♥ DOM. DE PERREAU 2014 ★★

| ■ | 14 000 | 🍾 | 5 à 8 € |

DOMAINE
DE PERREAU

Gaëlle Reynou-Grenier

MONTRAVEL

Le domaine de la famille Reynou se situe à Perreau, hameau du XVIᵉ s. proche du village de Saint-Michel-de-Montaigne. Succédant à quatre générations de viticulteurs, Gaëlle reprend le vignoble en 2013 : 21,5 ha conduits en viticulture raisonnée.

Brillante et de teinte jaune-vert, cette cuvée, issue des sauvignons blanc et gris complétés de sémillon, libère des senteurs intenses et complexes mêlant la pêche blanche, les agrumes et les fleurs blanches à quelques notes épicées. Tout aussi aromatique, le palais déroule un fruité ample penchant vers la mirabelle et le miel. La fraîcheur appelée en finale prolonge le plaisir de la dégustation et laisse le souvenir d'un vin remarquablement équilibré et complexe. ✗ 2016-2019 ♈ salade de gambas avocat et mangue ■ Bergerac Pierre et eau 2014 (5 à 8 € ; 16 000 b.) : vin cité. ✗ 2018-2021

☞ *EARL Vignobles Reynou, Perreau, 24230 Saint-Michel-de-Montaigne, tél. 06 81 08 98 36, gaelle@vignobles-reynou.fr* Ⅴ 🎿 🍴 *t.l.j. sf sam. dim. 9h-12h 14h-17h* 🏠 🅒

CH. LE RAZ Cuvée Grand Chêne Élevé en fût de chêne 2013 ★

| ■ | 6 036 | 🍾 Ⅲ | 5 à 8 € |

Le domaine est entré dans la famille Barde en 1958. Au fil des ans, des achats et des fermages, il s'est agrandi de vignes, de bois et de cultures, et embelli après la restauration de sa gentilhommière du XVIIᵉs. Les vignes occupent aujourd'hui 58,5 ha sur les hauts plateaux.

Ce domaine, bien connu des lecteurs du Guide, signe une cuvée jaune brillant et légèrement doré qui a bénéficié d'un élevage de neuf mois sous bois. Elle en tire un nez complexe et expressif d'agrumes (pamplemousse) souligné d'un subtil boisé toasté. Tout aussi aromatique mais dans un registre plus exotique, la bouche déroule un beau volume et une matière onctueuse penchant vers la douceur. ✗ 2016-2019 ♥ blanquette de veau ■ Côtes-de-montravel 2014 (- de 5 € ; 14 100 b.) : vin cité. ✗ 2016-2019

○━ GAEC du Maine, Le Raz,
24610 Saint-Méard-de-Gurçon, tél. 05 53 82 48 41, vignobles-barde@le-raz.com Ⓥ 👟 🔼 t.l.j. sf dim. 9h-12h30 14h15-18h30; sam. sur r.-v. ○━ Barde

CH. ROQUE-PEYRE Cuvée Jean-Léonce 2012 ★★★

| ■ | 2 400 | 🍖 ⓫ | 11 à 15 € |

À l'origine, cette petite propriété familiale produisait surtout des vins doux, comme la plupart des vignerons de la région. Aujourd'hui, Jean-Marie Vallette propose aussi des vins rouges. Après plus d'un siècle d'existence, le domaine s'étend sur 45 ha, associant la viticulture au tourisme vert.

Avec sa robe rubis profond frangée de violine, ce 2012 à dominante de merlot laisse présager sa concentration. À l'olfaction, il livre des arômes intenses de fruits noirs mûrs (pruneau, cerise noire). Volumineuse et souple, la bouche se montre tendre et finement suave. Elle trouve le soutien de tanins élégants et enrobés, associés à un boisé très discret et bien fondu. Un vin de matière promis à un bel avenir. ✗ 2019-2025 ♥ dinde aux marrons ■ Subtilité 2014 (5 à 8 € ; 23 066 b.) : vin cité. ✗ 2015-2017

○━ EARL Vignobles Vallette, lieu-dit Roque,
33220 Fougueyrolles, tél. 05 53 24 77 98, vignobles.vallette@wanadoo.fr Ⓥ 👟 🔼 r.-v.

HAUT-MONTRAVEL

♥ CH. PUY-SERVAIN Terrement 2013 ★★

| ■ | 4 000 | | 11 à 15 € |

Puy-Servain est le nom du lieu-dit et signifie « sommet » (puy), « venteux ou servi par le vent » (servain). Daniel Hecquet fut œnologue au célèbre château d'Yquem, avant de regagner la propriété familiale à Ponchapt, qui compte aujourd'hui 47 ha de vignes. Un pilier du Bergeracois pour ses montravel et haut-montravel.

Brillant et bien doré, ce pur sémillon libère des parfums particulièrement riches et puissants d'abricot, de pêche, de coing et de fruits confits. Tout aussi aromatique et penchant vers l'abricot confit, la bouche est suave et onctueuse, sans lourdeur aucune. Elle appelle ce qu'il faut de fraîcheur pour parfaire son harmonie et son élégance, portant loin une finale intensément fruitée. Un liquoreux de belle facture. (Bouteilles de 50 cl.) ✗ 2019-2025 ♥ roquefort

○━ SCEA Puy Servain, Calabre, 33220 Port-Sainte-Foy, tél. 05 53 24 77 27, oenovit.puyservain@wanadoo.fr
Ⓥ 👟 🔼 t.l.j. 8h-12h 14h-18h 🏠 🅔 ○━ Hecquet

PÉCHARMANT

Superficie : 418 ha / Production : 14 864 hl

Au nord-est de Bergerac, ce « Pech », colline couverte de vignes, donne un vin rouge aux tanins fins et élégants, apte à la garde.

CH. BAROUILLET Hecate 2012

| ■ | 4 000 | ⓫ | 15 à 20 € |

Un nom récent dans le Guide, mais ce domaine familial de 40 ha n'a rien de nouveau, puisque Vincent Alexis a pris la suite de huit générations. Installé depuis 2010, il a engagé la conversion bio de la propriété et il vinifie dans le même esprit, en privilégiant les levures indigènes et les fermentations longues.

Grenat profond et brillant, ce 2012 à majorité de merlot est encore un peu fermé au nez, mais laisse percevoir à l'agitation des notes de fruits noirs et de cuir. Plus expressif, le palais déroule une matière ample et riche, invitant des arômes de fruits dans une belle complexité. Les tanins sont encore jeunes : l'ensemble gagnera à se fondre avec le temps. ✗ 2017-2019 ♥ lapin aux épices douces

○━ Ch. Barouillet, Le Barouillet, 24240 Pomport, tél. 05 53 58 42 20, vincent@barouillet.com Ⓥ 👟 🔼 t.l.j. sf sam. dim. 9h-19h ○━ Alexis Vincent

CH. DE BIRAN 2012 ★

| ■ | 13 000 | 🍖 | 8 à 11 € |

Tout a commencé au château Theulet à Monbazillac, berceau de la famille Alard. Antoine Alard a diversifié sa production avec des pécharmant issus du domaine de la Métairie et du château de Biran.

D'une élégante teinte grenat, cette cuvée à dominante de merlot livre d'intenses parfums de fruits noirs mûrs aux accents réglissés et grillés. Ronde, concentrée et mûre, la bouche est soutenue par des tanins soyeux, une fine fraîcheur qui lui confère un supplément de complexité et porte loin la finale. Un pécharmant harmonieux conjuguant puissance et finesse. ✗ 2017-2020 ♥ gigot de sept heures ■ Bergerac Ch. Theulet 2014 ★ (5 à 8 € ; 13 000 b.) : issu de sauvignon complété d'un soupçon de sémillon, ce vin livre des arômes typiques d'agrumes et de buis, et dévoile une bouche onctueuse et fraîche à la fois, d'une belle longueur. ✗ 2015-2018

○━ SCEA Alard, Le Theulet, 24240 Monbazillac, tél. 05 53 57 30 43, alardetfils@orange.fr Ⓥ 🔼 r.-v.

CH. CORBIAC Numéro un 2012 ★

| ■ | n.c. | ⓫ | 8 à 11 € |

Issu d'une famille apparentée à Cyrano de Bergerac, Antoine de Corbiac, qui a rejoint sa mère Thérèse sur l'exploitation, représente la... dix-septième génération sur le domaine. Très ancien, ce vignoble de 16,5 ha aujourd'hui, idéalement perché sur la crête du coteau de Pécharmant, est une valeur sûre du Bergeracois.

Grenat profond, ce 2012 qui a fait un passage de douze mois en barrique laisse monter des senteurs puissantes et engageantes de fruits noirs, puis de toasté, de truffe et de grillé, ainsi qu'une petite pointe animale. La bouche, ronde et concentrée, repose sur une structure tannique bien en place et encore jeune, mais non agressive. Une élégante finale au boisé vanillé prolonge le plaisir de la dégustation. Un vin bâti pour durer. **I** 2017-2021 **Y** filets de canard aux figues ■ **Number one** 2013 (8 à 11 € ; 16 000 b.) : vin cité. **I** 2016-2018

o― *Durand de Corbiac, Ch. de Corbiac, 24100 Bergerac, tél. 05 53 57 20 75, corbiac@corbiac.com* Ⅴ 🎔 🛍 *t.l.j. 10h-19h*

DOM. DU GRAND JAURE Mémoire 2012 ★★		
■ 6 000	⅏	11 à 15 €

Bernadette Baudry et son frère Bertrand ont pris la relève sur le domaine familial. Longtemps producteurs exclusifs de vins rouges sur les **17 ha de vignes** que compte leur exploitation, ils se sont diversifiés en plantant des cépages blancs pour produire de la rosette.

Ce 2012 à dominante de merlot, élevé en fût pendant quinze mois, livre à l'olfaction de puissants arômes de fruits rouges et noirs associés à une élégante note de boisé. On retrouve plus intensément les fruits, avec une touche de surmaturation, dans une bouche souple, aux tanins bien enrobés. La finale longue et fraîche laisse le souvenir d'un vin harmonieux. Deux ou trois années de garde devraient lui apporter une patine intéressante. **I** 2016-2019 **Y** épaule d'agneau grillée ■ **Terroir** 2012 (8 à 11 € ; 11 000 b.) : vin cité. **I** 2017-2020 ■ **Rosette** 2014 (5 à 8 € ; 20 000 b.) : vin cité. **I** 2016 2018

o― *GAEC Baudry, 16, chem. de Jaure, 24100 Lembras, tél. 05 53 57 35 65, domaine.du.grand.jaure@wanadoo.fr* Ⅴ 🎔 🛍 *t.l.j. sf dim. 9h-12h30 14h-19h*

DOM. DU HAUT-PÉCHARMANT Prestige 2012		
■ 30 000	⅏	11 à 15 €

Les **35 ha** du vignoble s'étalent au sommet du coteau de Pécharmant, au sol caillouteux et sablonneux parsemé de silex taillés. Didier Roches est installé depuis 1998 dans une demeure du XIX^{e}s. entourée d'un parc dominant la vallée.

D'une teinte rubis intense, cette cuvée, où le merlot et les cabernets se disputent l'assemblage, s'ouvre sur les fruits rouges bien mûrs, invitant des nuances réglissées et vanillées héritées de son passage de vingt mois en fût. Le palais, rond, dense et tendre, révèle une agréable concentration et s'appuie sur des tanins jeunes et encore fermes. Le temps devrait permettre à l'ensemble de s'arrondir. **I** 2017-2020 **Y** cuissot de chevreuil aux cèpes

o― *Didier Roches, Dom. du Haut-Pécharmant, Peyrelevade, 24100 Bergerac, tél. 05 53 57 29 50, hautpecharmant@orange.fr* Ⅴ 🎔 🛍 *t.l.j. 8h-12h30 13h30-18h30*

♥ **CH. HUGON** 2012 ★★		
■ 6 000	⅏	8 à 11 €

Sébastien Cousy bichonne son petit domaine de 4,1 ha en haut de la butte du hameau de Pécharmant. Ayant repris le vignoble en 2007, il le cultive en lutte raisonnée et proscrit l'utilisation de désherbants.

Ce domaine est un habitué du Guide, maintes fois distingué, notamment dans le millésime précédent pour lequel il avait déjà obtenu un coup de cœur. Il persiste et signe avec cette cuvée élevée douze mois en fût, qui

affiche une superbe robe grenat, limpide et brillante. Au nez, le vin livre des parfums puissants et élégants de fruits rouges bien mûrs et de violette, mâtinés de touches subtiles de grillé. Tout en souplesse et en rondeur, la bouche offre beaucoup de volume, soutenue par des tanins bien présents mais soyeux et fins. Un juste retour des fruits mûrs accompagne la longue finale, laissant un souvenir de plénitude. Un vin déjà agréable à boire, mais aussi bâti pour la garde. **I** 2016-2021 **Y** magret de canard

o― *Sébastien Cousy, chem. du Hameau-de-Pécharmant, 24100 Bergerac, tél. 05 53 73 23 80, chateau.hugon@ neuf.fr* Ⅴ 🎔 🛍 *t.l.j. 9h-12h 14h-18h*

CH. LES MERLES		
L'Envol 2012		
■ 10 000	⅏	8 à 11 €

Au siècle dernier, trois générations de Lajonie ont constitué un vignoble d'environ 65 ha dans le Bergeracois. La famille exploite trois domaines : les châteaux Pintouquet – le berceau –, Bellevue (monbazillac) et les Merles, gérés depuis 1983 par Joël et Alain.

Parée d'un rouge grenat brillant, cette cuvée passée en fût pendant douze mois livre un bouquet fruité (fruits rouges frais) et mentholé où s'invitent quelques notes délicates d'élevage (grillé). Souple en attaque, le palais offre de la concentration et une bonne structure, épaulé par des tanins bien enrobés. Un vin que l'on pourra apprécier dans sa jeunesse. **I** 2016-2018 **Y** selle d'agneau et légumes croquants

o― *SCEA Roben, 2, chem. des Merles, 24520 Mouleydier, tél. 06 22 13 54 13* Ⅴ 🛍 *r.-v.* **o―** Lajonie

DOM. LA MÉTAIRIE 2012 ★		
■ 5 000	î	8 à 11 €

Tout a commencé au château Theulet à Monbazillac, berceau de la famille Alard. Antoine Alard a diversifié sa production avec des pécharmant issus du domaine de la Métairie et du château de Biran.

Cette cuvée livre un nez fin et subtil de petits fruits rouges, d'épices et de truffe. La bouche charnue, tendre et concentrée, est structurée par des tanins élégants et soyeux. Paré pour la garde. **I** 2016-2020 **Y** gigot de mouton

o― *SARL Dom. la Métairie, Le Theulet, 24240 Monbazillac, tél. 05 53 57 30 43, alardetfils@wanadoo.fr* Ⅴ 🛍 *r.-v.*

CH. DU ROOY 2012 ★★		
■ 25 000	⅏	8 à 11 €

Partis de rien, avec un vignoble en mauvais état, Gilles et Laetitia Gérault améliorent chaque année les vignes, le chai, les équipements de vinification et de stockage, et la qualité des vins, nés d'un vignoble de 19 ha.

Une robe grenat profond et intense habille cette cuvée qui a bénéficié d'un élevage de douze mois sous bois. Le nez est encore discret, livrant timidement des notes de fruits mûrs aux accents réglissés, mentholés et légèrement épicés. La bouche est plus diserte, affichant une rondeur et un volume très appréciables. Ses tanins sont encore fougueux : la garde ne pourra que flatter cet ensemble déjà très harmonieux et le faire gagner en fondu. ✗ 2017-2020 ♈ gigot de mouton ■ Bergerac 2014 ★★ (- de 5 € ; 5 500 b.) : cette cuvée dévoile des senteurs florales fines et fraîches reprises par un palais gourmand, onctueux et tonique à la fois. Un ensemble remarquablement équilibré et d'une belle longueur. ✗ 2016-2019

o🡒 Gilles et Laetitia Gérault, EARL Ch. du Rooy, Rosette, 24100 Bergerac, tél. 05 53 24 13 68, contac@ chateau-du-rooy.fr 🆅 🖿 🏠 t.l.j. 10h-13h 14h 19h; dim. sur r.-v.

CH. TERRE VIEILLE 2012			
■	35 000	◍	11 à 15 €

Sur ce domaine sis à Grateloup naquit le philosophe Maine de Biran, député de la Dordogne et conseiller d'État sous l'Empire et la Restauration. Le coteau d'argiles rouges ferrugineuses regorge de silex taillés venus de la préhistoire. Gérôme Morand-Monteil y cultive 13 ha de vignes, privilégiant les récoltes manuelles et l'élevage en barrique.

D'un beau rouge grenat aux reflets tuilés, cette cuvée à majorité de merlot libère des senteurs fraîches de fruits noirs (pruneau, cassis) et des notes plus chaudes de caramel et de vanille, héritage de dix-huit mois de barrique. Souple à l'attaque, le palais se montre persistant et bien équilibré, reposant sur des tanins présents mais sans dureté. Un vin droit et harmonieux. ✗ 2017-2020 ♈ confit de canard

o🡒 Gérôme et Dolores Morand-Monteil, Grateloup, 24520 Saint-Sauveur-de-Bergerac, tél. 05 53 57 35 07, gerome-morand-monteil@wanadoo.fr 🆅 🖿 🏠 t.l.j. 9h-12h 14h-18h; juil.-août 9h-18h 🏠 🇪

| CH. LA TILLERAIE | | | |
Élevé en fût de chêne 2012 ★			
■	50 000	🍶 ◍	11 à 15 €

Ce domaine doit son nom à l'allée de tilleuls majestueux menant à un joli manoir de la fin du XVIIIᵉs. La demeure, entourée d'un parc planté d'arbres centenaires (séquoias, pins maritimes, pins bleus, marronniers et chênes), commande un vignoble de 30 ha établi sur les collines dominant Bergerac.

Grenat intense aux reflets tuilés, ce 2012 libère de puissants arômes de fruits rouges (groseille) associés à des notes d'élevage subtiles évoquant le toasté, le grillé et le tabac. Le palais, à l'unisson, repose sur des tanins fermes sans dureté, accompagnés par une trame fraîche qui pousse loin la finale. Un vin bien équilibré. ✗ 2016-2019 ♈ jambon braisé au porto

o🡒 SCEA Ch. la Tilleraie, lieu-dit Les Farcies, Pécharmant, 24100 Bergerac, tél. 05 53 57 86 42, priscilla@ chateaulatilleraie.com 🆅 🖿 🏠 t.l.j. sf sam. dim. 8h-12h 14h-18h o🡒 Begue

DOM. DU VIEUX SAPIN 2013			
■	14 400	🍶 ◍	5 à 8 €

Alliance Aquitaine est une vaste structure coopérative née en 2009 de la fusion des caves de Bergerac, du Fleix, de Saint-Vivien et de Carsac-de-Gurson : 200 viticulteurs, 1 600 ha à cheval sur la Dordogne et la Gironde. Elle propose des appellations du Bergeracois et des AOC régionales bordeaux.

Une couleur légère, rubis pâle, habille cette cuvée élevée en barrique pendant douze mois. On apprécie l'olfaction, sur les fruits rouges frais, agrémentés de très légères notes d'élevage. Vive et tonique à l'attaque, la bouche est tout en légèreté, en fraîcheur et en fruité. Un vin qui a su tirer son épingle du jeu dans un millésime difficile et qu'il faut savoir apprécier dans sa jeunesse. ✗ 2016-2018 ♈ veau marengo

o🡒 SCA Alliance Aquitaine, Le Vignoble, 24130 Le Fleix, tél. 05 53 24 64 32, contact@allianceaquitaine.com 🆅 🏠 t.l.j. sf dim. 8h-12h 13h30-18h

ROSETTE

Superficie : 10,6 ha / Production : 402 hl

Dans un amphithéâtre de collines dominant au nord de la ville de Bergerac, sur un terroir argilo-graveleux, est installée l'appellation la plus confidentielle de la région, qui produit un vin moelleux.

CH. COMBRILLAC 2013 ★★			
■	8 500	🍶	5 à 8 €

Ingénieur en agriculture et œnologue, Florent Girou a géré un domaine en Toscane avant de reprendre en 2008 l'exploitation familiale. Situé aux portes de Bergerac sur une haute terrasse de la Dordogne, le vignoble couvre 15 ha.

Habillée d'une élégante robe jaune pâle aux reflets verts, cette cuvée issue de sémillon (majoritaire), de sauvignon et d'une pointe de muscadelle, libère des parfums expressifs et complexes de fleurs blanches, de fruits d'été (pêche, abricot) et de fruits exotiques. Le palais, séducteur en diable, allie la fraîcheur à la richesse aromatique, un équilibre subtil rehaussé par les notes acidulées des agrumes en finale. Un vin moderne et harmonieux. ✗ 2017-2020 ♈ toasts de foie gras au poivre noir ■ Bergerac 2014 ★★ (5 à 8 € ; 4 000 b.) : cette cuvée à dominante de cabernet-sauvignon livre des parfums puissants mais fins de fraise, de cerise et d'agrumes. Franc à l'attaque, il joue le registre de la vivacité et de la puissance, portant loin les arômes de fruits rouges en finale. Une petite pointe de douceur apporte à ce bergerac bien équilibré un surcroît de complexité. Un ensemble élégant. ✗ 2015-2016 ■ Bergerac L'Inédit 2013 (8 à 11 € ; 3 100 b.) : vin cité. ✗ 2015-2017

o🡒 Florent Girou, imp. Coucombre, 24130 Prigonrieux, tél. 06 30 74 44 92, florentgirou@combrillac.fr 🆅 🖿 🏠 t.l.j. sf dim. 9h-12h 14h-18h

LES VIGNOBLES DU LAC 2014			
■	19 180		5 à 8 €

À Ginestet, terroir situé au nord de Bergerac et plutôt dédié à la production de blancs moelleux, Guy Gaudy et Alain Dantin conduisent un domaine de 30,4 ha.

Parée de jaune pâle aux reflets verts, cette cuvée mêle à l'olfaction des parfums de pomme, d'abricot et de fleurs blanches (tilleul, verveine). On retrouve ces arômes, complétés de touches plus fraîches d'agrumes dans une bouche bien équilibrée. ✗ 2017-2020 ♈ marmite de volaille au lait de coco

o🡒 SCEA Dom. du Lac, Le Lac, 24130 Ginestet, tél. 05 53 57 45 27, domainedulac@orange.fr 🆅 🏠 t.l.j. 8h-12h 14h-19h

♥ CH. DU ROOY 2014 ★★

| ■ | 20 000 | î | 5 à 8 € |

Partis de rien, avec un vignoble en mauvais état, Gilles et Laetitia Gérault améliorent chaque année les vignes, le chai, les équipements de vinification et de stockage, et la qualité des vins, nés d'un vignoble de 19 ha.

Parée d'une séduisante couleur jaune clair nuancé de vert, cette cuvée s'ouvre sur un nez plaisant de fruits confits, de fruits d'été (abricot, pêche) et de fruits secs (figue, datte). Un mélange aromatique subtil et élégant que l'on retrouve dans un palais rond et onctueux, qui appelle une fraîcheur finement acidulée en finale, portant loin le plaisir de la dégustation. Un vin harmonieux qui porte fièrement les couleurs de cette petite appellation en plein renouveau. ✗ 2017-2020 ♈ cailles aux raisins

☛ Gilles et Laetitia Gérault, EARL Ch. du Rooy, Rosette, 24100 Bergerac, tél. 05 53 24 13 68, contac@ chateau-du-rooy.fr 🅥 🎿 🛗 t.l.j. 10h-13h 14h 19h; dim. sur r.-v.

SAUSSIGNAC

Superficie : 49 ha / Production : 771 hl

Un vignoble situé sur la rive gauche de la Dordogne, entre celui du pays foyen (Gironde), à l'ouest, et l'aire du monbazillac, à l'est. Loué au XVIᵉs. par le Pantagruel de François Rabelais, inscrit au cœur d'un superbe paysage de plateaux et de coteaux, ce terroir engendre de grands vins liquoreux.

CANTERA 2013 ★★

| ■ | 5 000 | î ◫ | 5 à 8 € |

Fondée en 1939, cette coopérative regroupe aujourd'hui 150 adhérents, qui cultivent 900 ha de vignes au sud de Bergerac.

Un robe vieil or, intense et brillante, habille ce vin au nez puissant et complexe de fruits confits (abricot) et de fruits exotiques (mangue), avec une touche délicate de vanille, héritage de son passage en barrique. La bouche dévoile un gourmand fruité confituré, stimulé par une fine fraîcheur en finale. Un vin délicat, équilibré et bien fondu. (Bouteilles de 50 cl.) ✗ 2019-2021 ♈ tarte aux abricots et amandes

☛ Cave de Sigoulès, Mescoules, 24240 Sigoulès, tél. 05 53 61 55 00, contact@vigneronsdesigoules.fr 🅥 🎿 🛗 t.l.j. sf dim. 9h-12h30 14h-18h30

♥ Ⓑ CH. MIAUDOUX 2012 ★★

| ■ | 1 600 | ◫ | 15 à 20 € |

Installé en 1986 sur la rive gauche de la Dordogne, Gérard Cuisset a débuté comme salarié viticole. Aujourd'hui, la famille exploite 35 ha de vignes et des pruniers d'Ente (pour le pruneau d'Agen). Un domaine de référence, en

CHATEAU
MIAUDOUX

Saussignac
2012

bio depuis 2003. Le fils aîné Samuel l'oriente vers la biodynamie.

Couleur vieil or, ce 2012 à dominante de sémillon a bénéficié d'un élevage de dix-huit mois sous bois. Il livre des senteurs complexes et fines évoquant les fruits confits, les fruits à chair jaune (pêche, abricot) et blancs (coing), les fleurs blanches (aubépine), et de légères touches vanillées. On retrouve ce cortège d'arômes dans une bouche suave et riche, parfaitement équilibrée par une élégante vivacité. Un vin de dessert, qui plaira aux amateurs de douceur. (Bouteilles de 50 cl.) ✗ 2019-2021 ♈ salade d'oranges aux épices douces

☛ Gérard Cuisset, Les Miaudoux, 24240 Saussignac, tél. 05 53 27 92 31, lesmiaudoux@gmail.com 🅥 🛗 r.-v. 🏠 Ⓔ

CH. MONESTIER LA TOUR 2013

| ■ | 1 600 | ◫ | 11 à 15 € |

Cette valeur sûre du Bergeracois a changé de mains en 2012, Karl-Friedrich Scheufele, coprésident de la société horlogère suisse Chopard, l'ayant rachetée. Dès 1998, son ancien propriétaire, Philip de Haseth-Möller, avait entièrement restauré cette ancienne capitainerie du XIIIᵉs., où voisinent des bâtiments du XVIIIᵉs. et une tour du XIXᵉs. façon Viollet-le-Duc. Sur ce vaste domaine de plus de 100 ha, 30 sont consacrés aux vignes.

Le nez évoque les fruits confits et les fruits à chair jaune (abricot, pêche) que complètent des notes épicées, traces de son élevage de dix-huit mois en fût. Expressif, lui aussi, le palais, gras et onctueux, rencontre une fraîcheur bienvenue en finale qui porte loin des saveurs gourmandes de coing. (Bouteilles de 50 cl.) ✗ 2019-2025 ♈ tarte aux pêches

☛ SCEA Monestier la Tour, La Tour, 24240 Monestier, tél. 05 53 24 18 43, contact@chateaumonestierlatour.com 🅥 🎿 🛗 r.-v.

Ⓑ CH. RICHARD
Tradition 2012 ★

| ■ | 4 400 | ◫ | 8 à 11 € |

Richard Doughty, fils d'un pilote britannique et d'une mère bourbonnaise du Tronçais, est passé de la prospection pétrolière aux terroirs périgourdins. Propriétaire de ce domaine depuis 1988, il a adopté dès 1991 l'agriculture biologique. Il a même travaillé à l'élaboration du cahier des charges du « vin bio » européen publié en 2012. Il exploite selon ces principes 13,3 ha de vignes.

Or intense, la robe de ce 2012 élevé quinze mois en barrique laisse supposer une belle concentration. Témoin, le nez complexe et subtil de fruits confits, d'abricot et de miel teinté d'une délicate touche boisée. Le palais est plein de douceur, mais sans lourdeur car bien soutenu par la fraîcheur. On retrouve des notes de boisé qui laissent le fruit s'exprimer avec force et persistance jusqu'en finale. (Bouteilles de 50 cl.) ✗ 2019-2021 ♈ sorbet aux fraises

☛ Richard Doughty, Ch. Richard, La Croix-Blanche, 24240 Monestier, tél. 05 53 58 49 13, richard@ chateaurichard.com 🅥 🎿 🛗 t.l.j. 9h-12h 14h-19h; sam. dim. sur r.-v. 🏠 Ⓑ

VENDANGES D'AUTREFOIS
Élevé en fût de chêne 2013 ★

■	34 000	◐	5 à 8 €

Cette cave coopérative appartenant au groupement « Couleurs d'Aquitaine », prolongée par une structure de négoce, regroupe quelque 400 adhérents pour une surface totale de 4 000 ha de vignes.

Une couleur élégante, jaune doré aux reflets cuivrés. Un nez ouvert et généreux sur les fruits confits, l'abricot et la pêche associés à quelques notes vanillées. On retrouve le fruit et un côté miellé dans une bouche bien équilibrée entre suavité et fraîcheur. La finale encore marquée par le boisé devrait s'affiner avec la garde. Un vin au beau potentiel. (Bouteilles de 50 cl.) ✗ 2019-2023 ♈ foie gras du Périgord ■ Bergerac Ch. la Jolie 2014 (5 à 8 € ; 80 000 b.) : vin cité. ✗ 2016-2018

o━ SAS Couleurs d'Aquitaine,
Les Seuguinots, Bât. Unidor, rte de Marmande,
24100 Saint-Laurent-des-Vignes, tél. 05 53 57 63 61,
contact@couleursdaquitaine.fr

CÔTES-DE-DURAS

Superficie : 1 943 ha / Production : 111 660 hl (65 % rouge et rosé)

Entre côtes-du-marmandais au sud et vignes du Bergeracois au nord, ce vignoble fait la jonction entre ceux de la Garonne et ceux de la Dordogne. Il est implanté sur des coteaux découpés par la Dourdèze et ses affluents, aux sols d'argilo-calcaires et de boulbènes. Prolongement du plateau de l'Entre-deux-Mers, il a accueilli tout naturellement les cépages bordelais : en blanc, sémillon, sauvignon et muscadelle ; en rouge, cabernet franc, cabernet-sauvignon, merlot et malbec. Historiquement, il a été marqué par l'influence des huguenots, très présents dans la région. Après la révocation de l'édit de Nantes, les exilés protestants faisaient venir, dit-on, le vin de Duras jusqu'à leur retraite hollandaise et marquer d'une tulipe les rangs de vigne qu'ils se réservaient. Le vignoble se partage entre les vins blancs, secs ou moelleux, et les vins rouges, souvent vinifiés en cépages séparés. Il produit aussi des rosés. La Maison des Vins de Duras permet de découvrir tous ces vins ainsi que les cépages, dans un Jardin des vignes où l'on peut pique-niquer.

DOM. DES ALLÉGRETS Champ du bourg 2013 ★

■	4 000	🛈	8 à 11 €

Installée aux confins de la Gironde depuis cinq générations, la famille Blanchard perpétue ce domaine qui compte aujourd'hui 17 ha. Une valeur sûre.

Ce moelleux à majorité de sémillon n'a rien à envier à ses voisins girondins. Paré d'un beau jaune doré, il s'ouvre sur un nez où les fruits confits (coing, abricot) se mêlent à des notes miellées. Ample et onctueux à l'attaque, le vin livre le même fruité généreux, que viennent compléter d'agréables arômes d'agrumes, bien soutenus par une fraîcheur tonique. Un 2013 puissant et fin à la fois. ✗ 2019-2023 ♈ bananes flambées au Grand Marnier ■ Sauvignon 2014 ★ (5 à 8 € ; 15 000 b.) : un nez frais et bien typé sauvignon avec ses notes fraîches et fruitées (pêche,

abricot), et un palais tout aussi aromatique (citron vert), bien équilibré entre onctuosité et fraîcheur. ✗ 2017-2019

o━ Famille Blanchard, Dom. des Allégrets,
47120 Villeneuve-de-Duras, tél. 06 87 11 50 20, contact@
allegrets.com Ⓥ 🥾 r.-v.

DOM. AMBLARD 2014

■	42 000		- de 5 €

Ce vignoble appartient à la famille Pauvert depuis 1938 et couvre 130 ha.

Ce 2014 de pur sauvignon s'ouvre sur un bouquet typé d'agrumes (pamplemousse), de fleurs blanches, de fruits blancs (pêche de vigne), de fruit de la Passion et de buis. Légèrement perlant, le palais est dans la continuité du nez, déroulant progressivement une belle matière qui trouve une assise sur la fraîcheur. Un bon classique. ✗ 2016-2018 ♈ plateau d'huîtres

o━ SCEA Dom. Amblard, 47120 Saint-Sernin-de-Duras, tél. 05 53 94 77 92 Ⓥ 🥾 ♿ t.l.j. sf sam. dim. 8h-12h 14h-18h o━ Guy Pauvert

BERTICOT Cuvée première Sauvignon 2014 ★

■	4 400	🛈	5 à 8 €

Fondée en 1965, la cave coopérative de Duras rassemble 120 viticulteurs qui cultivent 1 000 ha. Elle fournit 55 % de la production de l'appellation, dans les trois couleurs : des vins de propriétés et des vins de la cave, sous la marque Berticot.

Paré d'or clair aux reflets verts, ce pur sauvignon livre un nez puissant mais élégant de fleurs blanches et de bourgeon de cassis. Gourmande et mûre, la bouche est très aromatique, portée sur les agrumes et soutenue par une trame fraîche qui persiste jusqu'à la finale, subtilement mentholée. ✗ 2016-2018 ♈ risotto aux coques ■ Cuvée première 2014 ★ (5 à 8 € ; 44 000 b.) : parée de rose vif et clair, cette cuvée de merlot et de cabernet-sauvignon livre un nez fruité et amylique, prolongé par une bouche ample et onctueuse. Une pointe de fraîcheur vient équilibrer l'ensemble. ✗ 2015-2016 ■ Secret de Berticot 2014 ★ (- de 5 € ; 164 000 b.) : un nez discret et fin de fruits rouges, de fruits blancs et d'épices. Au palais, de la rondeur et de la suavité. Une touche plus fraîche en finale vient apporter l'équilibre. ✗ 2015-2016 ■ Secret de Berticot Sauvignon 2014 (- de 5 € ; 164 000 b.) : vin cité. ✗ 2015-2017

o━ Cave de Berticot, rte de Sainte-Foy-la-Grande,
47120 Duras, tél. 05 53 83 75 47, contact@berticot.com
Ⓥ 🥾 ♿ r.-v.

DOM. LES BERTINS Cuvée Dominique 2012 ★

■	3 700	◐	8 à 11 €

Ce domaine de 14,7 ha a été acquis en 1968 par Pierrette et Dominique Manfe qui l'ont transmis en 2001 à leur fille Jackie.

Cette cuvée de merlot complété de 20 % de cabernet-sauvignon affiche une robe soutenue aux délicats reflets bleutés. Puissant et complexe au nez, sur les parfums de cassis et de cannelle, le vin déploie un palais suave au fruité croquant, soutenu par une trame tannique encore un peu ferme, mais adoucie en finale par plus de rondeur et rehaussée par une note épicée plaisante. ✗ 2017-2021 ♈ bécasses rôties ■ Sauvignon 2014 (5 à 8 € ; 9 000 b.) : vin cité. ✗ 2015-2018 ■ Terre blanche 2013 (5 à 8 € ; 10 800 b.) : vin cité. ✗ 2016-2019

○⊸ *Dom. les Bertins, Les Bertins, 47120 Saint-Astier,*
tél. 05 53 94 76 26, contact@lesbertins.fr Ⓥ ⬛ *t.l.j. sf*
dim. 9h-12h 14h-19h 🏠 Ⓑ ○⊸ Jacqueline Bertin

CH. CONDOM Cuvée Delph 2013		
⬛	4 800	⬗	5 à 8 €

Le château fut construit en 1690 par le sieur de
Condom-Perceval, grand écuyer des rois de France. Les
vignes couvrent aujourd'hui 5 ha sur la commune de
Loubès-Bernac, au nord de l'appellation côtes-de-duras.
Élevé en fût pendant dix-huit mois, cet assemblage de
cabernet-sauvignon, de merlot et de cot livre des parfums
empyreumatiques complexes et intenses, et des touches
de fruits noirs. La bouche, bien fruitée, s'appuie sur des
tanins solides et dévoile une pointe d'amertume en finale.
À attendre pour plus de fondu. ✗ 2017-2019 ❦ pâté de lapin
○⊸ *SCEA Condom, Le Bourg, 47120 Loubès-Bernac,*
tél. 06 03 85 54 36

LES COURS 2014 ★		
⬛	4 000		- de 5 €

Fabrice Pauvert a coiffé la double casquette de vigneron
et de négociant. Il a repris en 2007 le petit vignoble de
sa belle-famille (10 ha) ainsi que la marque du domaine
des Cours. Il est aussi président de l'Organisme de
défense et de gestion des côtes-de-duras.
Paré d'une couleur saumon limpide, ce pur cabernet
s'ouvre au nez sur les fruits rouges frais (fraise), les
agrumes et les fleurs. Rond à l'attaque, il se livre tout en
fruité et en gourmandise, trouvant le juste équilibre entre
onctuosité et fraîcheur. ✗ 2015-2017 ❦ flan de courgettes
au piment d'Espelette ⬛ 2013 (5 à 8 € ; 3 000 b.) : vin cité.
✗ 2016-2019
○⊸ *Fabrice Pauvert, SARL Fasy, Le Grand-Coup,*
47120 Saint-Sernin, tél. 05 53 83 62 42, fabrice-pauvert@
orange.fr Ⓥ 🎿 *r.-v.* ○⊸ SARL Fasy

DOM. DE FERRANT Tradition 2013		
⬛	4 422	🍾	5 à 8 €

Denis Vuillien, ex-ingénieur de travaux publics, et son
épouse Marie-Thérèse ont opté pour une retraite active
en reprenant ce domaine situé dans la vallée de Dropt :
13 ha de vignes et 9 ha de pruniers d'Ente qui donnent
les pruneaux d'Agen.
Habillé d'un rouge soutenu aux reflets bleutés, ce 2013,
assemblage de merlot et des deux cabernets, livre un nez
percutant de fruits rouges, agrémenté de notes variétales
(poivron) et de chocolat. Léger à l'attaque, le vin évolue
vers la rondeur, bien soutenu par ses tanins, et trouve son
équilibre sur la fraîcheur en finale. Un peu de temps devrait
l'aider à s'arrondir encore. ✗ 2017-2019 ❦ grenadins de
veau braisés
○⊸ *SCEA Vignobles Vuillien, Dom. de Ferrant,*
47120 Esclottes, tél. 05 53 84 45 02, vignobles.vuillien@
free.fr Ⓥ 🎿 ⬛ *t.l.j. 9h-18h; sam. dim. sur r.-v.*

GRAND MAYNE Sauvignon 2014 ★		
⬛	50 000	🍾	5 à 8 €

Référence de l'appellation, le domaine a été acheté en
1985 et restauré par l'importateur britannique Andrew
Gordon qui a entièrement replanté le vignoble (34 ha
aujourd'hui).

Paré d'une teinte jaune citron brillant, ce sauvignon
complété de 10 % de sémillon offre un nez complexe et
expressif d'agrumes, de fleurs blanches, de cire d'abeille
et d'épices douces. En bouche, il se montre souple et
onctueux, livrant des arômes de pêche blanche et de poire.
Il compte ce qu'il faut de fraîcheur pour porter loin la
finale. Un vin harmonieux. ✗ 2016-2019 ❦ terrine de
saint-jacques ⬛ Merlot Cabernet 2013 (5 à 8 € ;
60 000 b.) : vin cité. ✗ 2017-2019 ⬛ Dom. du Grand Mayne
Prestige 2012 (8 à 11 € ; 20 000 b.) : vin cité. ✗ 2016-2019
○⊸ *Dom. du Grand Mayne, Le Grand-Mayne,*
47120 Villeneuve-de-Duras, tél. 05 53 94 74 17,
domaine-du-grand-mayne@wanadoo.fr Ⓥ 🎿 ⬛ *t.l.j. sf*
dim. 9h-12h 13h-18h 🏠 Ⓑ

Ⓑ DOM. LES HAUTS DE RIQUETS La Muguette 2011 ★		
⬛	3 000	⬗	15 à 20 €

Soixante plantes sauvages sont répertoriées, dont une
collection d'orchidées, sur le sentier botanique qui
traverse les vignes des Bireaud, un domaine de 15 ha
exploité en bio certifié. C'est sous l'impulsion de
l'arrière-grand-père Pierre-Élie Bireaud que fut créée
l'AOC côtes-de-duras en 1937.
La robe profonde presque noire aux reflets violacés
annonce un vin de matière. Preuve en est faite au nez, avec
de puissants arômes de fruits à noyau confiturés. À la fois
puissant et frais à l'attaque, le palais se révèle gourmand
à souhait et déroule une structure tannique solide mais
déjà bien fondue et tout en finesse. Un vin qui saura
attendre. ✗ 2017-2019 ❦ civet de sanglier
○⊸ *Hauts de Riquets, Riquets, 47120 Baleyssagues,*
tél. 06 87 83 25 40, hautsderiquets@orange.fr
Ⓥ 🎿 ⬛ *r.-v.* 🏠 Ⓑ ○⊸ Bireaud

♥ DOM. DE LAULAN 2014 ★★		
⬛	90 000	🍾	5 à 8 €

Des habitués du Guide. Depuis
leur arrivée en 1974, Gilbert et
Claudie Geoffroy ont entièrement rénové leur vignoble tout
en l'agrandissant : 35 ha
aujourd'hui. En 2000, ils ont
passé le relais à leurs enfants,
Régis et Angélique.
Ce pur sauvignon teinté de jaune
paille aux reflets verts s'ouvre sur
un nez de fruits mûrs puissant
mais plein de finesse (pêche,
fruits exotiques). La séduction se
poursuit en bouche : ronde et
charnue, celle-ci rappelle les arômes du nez, complétés de saveurs suaves et persistantes de
poire et de litchi, et s'étire dans une finale longue et fraîche.
Une vraie gourmandise. ✗ 2017-2019 ❦ aumônières de
saumon au chèvre frais ⬛ Duc de Laulan Élevé en fût de
chêne 2013 (5 à 8 € ; 5 000 b.) : vin cité. ✗ 2017-2019
⬛ 2013 (- de 5 € ; 10 000 b.) : vin cité. ✗ 2017-2019
○⊸ *EARL Geoffroy, Dom. de Laulan, 47120 Duras,*
tél. 05 53 83 73 69, contact@domainelaulan.com
Ⓥ 🎿 *t.l.j. sf dim. 8h-12h 13h30-18h30;*
sam. sur r.-v.

SUD-OUEST

LES MÉDIÉVALES 2014 ★		
■	264 000	ⓘ	- de 5 €

Fondée en 1965, la cave coopérative de Duras rassemble 120 viticulteurs qui cultivent 1 000 ha. Elle fournit 55 % de la production de l'appellation, dans les trois couleurs : des vins de propriétés et des vins de la cave, sous la marque Berticot.

Clin d'œil au majestueux château de Duras qui surplombe la ville et la vallée du Dropt, cette cuvée habillée d'un rose pâle lumineux s'ouvre sur un nez élégant de fleurs mêlées à des parfums frais de fruits rouges acidulés (fraise, groseille) et d'agrumes. Franche à l'attaque, la bouche déroule volume et rondeur, bien équilibrée par la fraîcheur des arômes de cerise et de bonbon anglais jusqu'en finale. ✗ 2015-2016 ❦ grillades ■ Grange aux filles 2013 ★ (5 à 8 € ; 12 000 b.) : élevé en fût d'acacia, ce 2013 paré de rose pâle aux nuances orangées livre un nez complexe qui mêle des notes amyliques à des parfums de fraise. Croquant à souhait, le palais déroule un fruité généreux bien soutenu par la fraîcheur. D'élégantes notes de vanille et de cannelle s'invitent en milieu de bouche et viennent accompagner la finale. Un rosé élégant et original. ✗ 2015-2017 ■ Ch. Laplace Sauvignon 2014 (- de 5 € ; 46 000 b.) : vin cité. ✗ 2015-2017

⟜ Cave de Berticot, rte de Sainte-Foy-la-Grande, 47120 Duras, tél. 05 53 83 75 47, contact@berticot.com Ⓥ 🅰 Ⓡ r.-v.

Ⓑ DOM. MONT RAMÉ 2011 ★★		
■	3 000	⬤	8 à 11 €

Agronome de formation et viticulteur par passion, Manuel Baritaud a repris en 2005 la propriété familiale de 7 ha acquise en 1920 par son arrière-grand-père, venu d'Espagne.

La robe profonde de ce 2011 à dominante de merlot affiche quelques signes d'évolution. Au nez, d'abord de la discrétion, puis une légère aération libère des arômes plaisants et complexes de moka et de vanille qui se mêlent à ceux des fruits. Puissant dès l'attaque, dense et fruité, le palais s'adosse à des tanins bien mûrs, qui poussent loin la finale. Un vin de caractère. ✗ 2017-2020 ❦ pintade au porto

⟜ Dom. Mont Ramé, Mont-Ramé, 47120 Duras, tél. 05 53 83 70 78, andre.baritaud@wanadoo.fr Ⓥ 🅵 r.-v. ⟜ Manuel Baritaud

CH. LA MOULIÈRE 2013 ★		
■	24 000	ⓘ	5 à 8 €

Au XVIᵉ s., un nommé Lamolhière, venu au pays de Duras dévasté par la guerre de Cent Ans, obtint une tenure du baron de Duras et se convertit au protestantisme. Après la révocation de l'édit de Nantes, son domaine fut confisqué. Dans les années 1950, le Bordelais Claude Blancheton le racheta. Aujourd'hui, le domaine de 29,5 ha est géré par ses fils, Patrick et Francis.

Paré d'un rouge grenat aux reflets violacés, ce merlot complété de 20 % de cabernet-sauvignon s'ouvre sur un nez gourmand et soutenu de fruits rouges frais. Le palais, franc et tout aussi généreusement fruité, évolue en puissance, porté par des tanins solides. Du caractère et de l'équilibre. ✗ 2017-2020 ❦ foie de veau à l'anglaise ■ Sauvignon 2014 (5 à 8 € ; 12 000 b.) : vin cité. ✗ 2015-2018 ■ Ch. Molhière Terroir des ducs Sauvignon 2014 (5 à 8 € ; 30 000 b.) : vin cité. ✗ 2015-2017

⟜ Patrick Blancheton, Ch. Mohlière, 47120 Duras, daniel.bensoussau@mdvr.fr
⟜ Maison des Vignerons récoltants

DOM. DE LA TUILERIE LA BREILLE		
Sauvignon 2014 ★		
■	6 000	ⓘ	- de 5 €

Jean-Marc Ossard a repris en 1993 le domaine de son beau-père, avec qui il a appris le métier. L'esprit de famille est toujours présent dans la conduite de cette exploitation de 35 ha.

Habillée de jaune pâle aux reflets verts, cette cuvée de pur sauvignon livre un nez expressif et bien typé : fleurs blanches, buis et notes végétales. Bien équilibré entre onctuosité et vivacité, le palais révèle une belle complexité aromatique qui fait écho à l'olfaction et persiste longuement en finale. ✗ 2015-2017 ❦ crabe farci

⟜ Jean-Marie Ossard et Dominique Patriarca, La Tuilerie, 47120 Loubès-Bernac, tél. 06 18 36 90 24, latuilerie47@lgtel.fr Ⓥ 🅰 🅵 t.l.j. sf dim. 9h-20h
⟜ EARL des Monts d'Or

DOM. DU VIEUX BOURG 2014 ★		
■	3 600		- de 5 €

En 1952, Georges Bireaud achetait le domaine du Vieux Bourg en côtes-de-duras. Depuis lors, ses descendants – Bernard, puis aujourd'hui son fils Vincent – se sont attachés avec constance à mettre en valeur son vignoble, porté à 30 ha.

Paré d'un rouge foncé, ce 2014 affiche une belle intensité au nez, avec des notes de bonbon anglais et de fraise. La bouche se montre ample, ronde et fruitée, bien soutenue par une fine fraîcheur. Un vin très équilibré. ✗ 2015-2017 ❦ grillades

⟜ Vincent Bireaud, Vieux Bourg, 47120 Pardaillan, tél. 05 53 83 02 18, vieux-bourg@lgtel.fr Ⓥ 🅰 🅵 t.l.j. sf dim. 9h-12h 14h-18h; sam. sur r.-v.

➡ **LE PIÉMONT PYRÉNÉEN**

MADIRAN

Superficie : 1 273 ha / Production : 61 738 hl

D'origine gallo-romaine, le madiran fut pendant longtemps le vin des pèlerins de Saint-Jacques-de-Compostelle, avant de retrouver la notoriété grâce à la gastronomie du Gers. Son aire de production, à quelque 40 km au nord-est de Pau, est à cheval sur trois départements : le Gers, les Hautes-Pyrénées et les Pyrénées-Atlantiques. Le cépage à l'origine de ce vin rouge est le tannat, complété par les cabernet franc (ou bouchy), cabernet-sauvignon et fer-servadou (ou pinenc). Les vignes, cultivées en demi-hautain, partagent les coteaux avec cultures et bosquets.

Les madiran traditionnels, à forte proportion de tannat, sont colorés et virils. Fort tanniques, ils supportent très bien le passage sous bois et doivent attendre quelques années. Avec l'âge, ils se montrent à la fois sensuels, charnus et charpentés. Lorsqu'ils sont moins riches en tannat et issus de cuvaisons plus courtes, les madiran sont plus souples et fruités. Ils peuvent alors être servis jeunes.

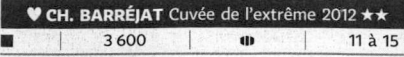

♥ CH. BARRÉJAT Cuvée de l'extrême 2012 ★★

| ■ | 3 600 | Ⅰ | 11 à 15 € |

Quatre générations se sont succédé sur ce domaine qui commercialise sa production en bouteilles depuis 1967. Installé en 1992, Denis Capmartin exploite aujourd'hui 35 ha avec une belle régularité. Il a équipé son exploitation d'un chai à barriques en 1997, avant de moderniser sa cuverie en 2008.

Une belle consécration pour Denis Capmartin avec cette cuvée née de tannat (majoritaire) et de cabernet sauvignon, élevée douze mois en fût. Elle se présente dans une séduisante robe sombre frangée de rouge, et s'épanouit sur des parfums d'une remarquable complexité, mariant avec finesse les fruits rouges et noirs à la menthe, aux épices et à un noble boisé. Charnue et bien en place, la bouche offre tout ce que l'on attend d'un madiran de garde : de la structure, du corps, du volume, de la puissance, de la fraîcheur et de la longueur. ✗ 2019-2025 ▼ gigot d'agneau aux herbes ■ Cuvée des vieux ceps 2012 (5 à 8 € ; 36 000 b.) : vin cité. ✗ 2018-2022

☞ Denis Capmartin, Ch. Barréjat, 32400 Maumusson-Laguian, tél. 05 62 69 74 92, denis.capmartin@laposte.net Ⅴ 🎿 ♟ t.l.j. sf dim. 8h30-12h30 14h-19h

DOM. BASSAIL Tradition 2013 ★

| ■ | 26 600 | ⬆ | 5 à 8 € |

Patrick Berdoulet conduit depuis 1980 l'exploitation familiale située dans la commune de Viella, dans le Gers. D'une superficie totale de 11 ha, le domaine est dédié au madiran et au pacherenc-du-vic-bilh.

D'une séduisante couleur cerise burlat aux nuances violines, ce vin issu de tannat complété d'un peu de cabernet franc et de cabernet-sauvignon s'ouvre sur des senteurs élégantes de fruits légèrement confiturés (cerise, cassis). On retrouve ces arômes dans un palais rond et ample, adossé à des tanins veloutés. Un madiran facile d'accès, à apprécier sur le fruit. ✗ 2016-2019 ▼ magret de canard aux airelles ■ Cuvée Saint-Vincent 2013 (8 à 11 € ; 31 300 b.) : vin cité. ✗ 2016-2019

☞ EARL Dom. Bassail, Patrick Berdoulet, Dom. Bassail, 32400 Viella, tél. 05 62 69 76 62, domaine.bassail@wanadoo.fr Ⅴ 🎿 ♟ t.l.j. 9h-12h 14h-19h

DOM. DOU BERNÈS 2012

| ■ | 10 000 | ⅠⅠⅠ | 5 à 8 € |

Dans le paysage des petites collines dodues d'Aydie, Jean-Paul Cazenave cultive 14 ha de vignes, les trois-quarts en madiran, sur un terroir réputé, au lieu-dit Rendaou – littéralement les rangs pentus.

Grenat foncé tirant sur le noir, ce 2012 issu de tannat et d'un peu de cabernet-sauvignon livre un nez expressif de fruits noirs aux accents épicés marqués, témoins d'un passage de onze mois en barriques bordelaises. En bouche ? De la densité, de la souplesse, de la suavité, un bon boisé et de la puissance tannique, mais aussi une

fraîcheur bienvenue qui accompagne la finale. Pour amateurs de vins boisés. ✗ 2017-2020 ▼ côte à l'os

☞ Jean-Paul Cazenave, Curon, 64330 Aydie, tél. 05 59 04 04 49 Ⅴ 🎿 ♟ r.-v.

DOM. BERNET Vieilles Vignes 2013 ★★

| ■ | 8 000 | ⅠⅠⅠ | 8 à 11 € |

Installé en 1980, Yves Doussau conduit le domaine familial de 11 ha répartis entre les AOC madiran et pacherenc-du-vic-bilh.

Habillé de grenat frangé de pourpre, ce 2013 à large dominante de tannat, élevé sous bois pendant un an, dévoile un nez de fruits noirs laissant progressivement la place à des notes d'épices et de vanille léguées par la barrique. Une attaque tout en douceur et en souplesse précède un développement très long et bien structuré par des tanins parfaitement enrobés. Une puissance contenue gage d'un bel avenir pour cet ensemble déjà fort aimable. ✗ 2017-2022 ▼ confit de canard ■ Pacherenc-du-vic-bilh Cuvée des demoiselles 2014 ★ (5 à 8 € ; 2 000 b.) : une couleur jaune paille, un nez intense de fleurs blanches et de pêche sucrée, un palais souple, gras, fruité (abricot, fleur d'acacia), équilibré par une fraîcheur tonique aux nuances de citron vert : ce sec a tout pour plaire. ✗ 2016-2019 ■ Pacherenc-du-vic-bilh Vendanges tardives 2013 ★ (8 à 11 € ; 8 000 b.) : une cuvée de petit manseng teintée de 10 % de gros manseng, élevée six mois en cuve et six mois en fût qui, par sa robe or franged d'ambre, annonce des signes plaisants de surmaturation. Témoin, son nez intense de fruits blancs (coing), de noix, de miel et d'agrumes confits, comme son palais à la fois suave et tendu par une trame acide vivifiante. Un vin harmonieux. ✗ 2016-2020

☞ Yves Doussau, Dom. Bernet, 32400 Viella, tél. 05 62 69 71 99, earl.bernet@wanadoo.fr Ⅴ 🎿 ♟ t.l.j. sf dim. 9h-13h 14h-19h 🏠 Ⓑ

CLOS DE L'ÉGLISE Pur Sang 2012

| ■ | 3 300 | ⅠⅠⅠ | 15 à 20 € |

Un vignoble fondé avant la Première Guerre mondiale, conduit depuis 1997 par Arnaud Vigneau, qui exploite 20 ha de vignes en madiran, pacherenc-du-vic-bilh et béarn.

Élevé vingt-quatre mois en barrique, ce 100 % tannat à la robe sombre et mat libère des parfums complexes et fins mêlant les fruits rouges et noirs compotés à des notes réglissées, épicées et légèrement mentholées. Ronde et fruitée, la bouche déroule une matière souple, sans excès de bois. Un ensemble bien construit, à apprécier dès maintenant ou après une courte garde. ✗ 2015-2019 ▼ pavé de biche

☞ EARL Arnaud Vigneau - Clos de l'Église, 7, rte de l'Église, 64350 Crouseilles, tél. 05 59 68 13 46, closdeleglise@orange.fr Ⅴ 🎿 ♟ r.-v.

CLOS FARDET Cuvée Moutoué Fardet 2013

| ■ | 3 700 | ⬆ ⅠⅠⅠ | 11 à 15 € |

Pascal Savoret s'est installé en 1996 sur les vignes que possédait son grand-père, Eugène Moutoué. Pour élaborer ses vins, il utilise encore l'ancien pressoir du début du XXᵉ s., privilégiant ainsi pigeage et pressurage manuels.

Dix-huit mois de fût ont laissé à ce pur tannat des parfums puissants de vanille et de torréfaction qui écrasent encore un peu le fruit (cassis) à l'olfaction. Le palais, chaleureux et puissant, déroule une matière riche et dense, adossée à des tanins fermes. Le bois joue ici un rôle bénéfique en apportant à cet ensemble de bonne longueur une pointe plus suave en finale. Un vin solidement charpenté, que la garde assouplira. ✗ 2018-2021 ❦ gigot d'agneau

⊶ *Pascal Savoret, Clos Fardet, Bel-Air, 65700 Madiran, tél. 06 88 80 68 89, closfardet@gmail.com* Ⓥ 👤 🏠 *jeu. ven. sam. 9h30-19h* ⊶ 01oeno-viti

Ⓑ L'ÉTOILE DE COMPOSTELLE 2012

■	n.c.		- de 5 €

Établie de longue date à Saint-Laurent-du-Bois, la famille Raymond voit apparaître la première génération de vignerons au Château de Lagarde en 1850 avec 15 ha. Sept générations plus tard, Lionel Raymond, installé en 2000 à la suite de son père Jean-Pierre, conduit un vaste ensemble de 170 ha, entièrement convertis en bio, soit la plus grande exploitation du genre en Bordelais.

Ce 2012 livre des parfums intenses et frais de groseille et de cassis complétés de notes balsamiques et d'eucalyptus. En bouche, il s'avère encore jeune, épaulé par des tanins fermes et vigoureux, mais l'équilibre est au rendez-vous grâce au soutien d'une agréable fraîcheur et d'un fruité bien présent jusqu'en finale. Ce vin s'exprimera pleinement après une courte garde. ✗ 2017-2020 ❦ entrecôte sur sarments

⊶ *SARL Raymond, Ch. de Lagarde, 33540 Saint-Laurent-du-Bois, tél. 05 56 76 43 63, contact@vignobles-raymond.fr* Ⓥ 👤 🏠 *r.-v.*

CH. DE FITÈRE Tradition 2013 ★

■	66 000		5 à 8 €

Un domaine de 50 ha situé sur les sols argilo-calcaires de Cannet, conduit par René Castets depuis 1978.

Cette cuvée associant au traditionnel tannat un peu de cabernet-sauvignon (20 %) s'ouvre sur des parfums francs de cassis et de framboise. Tout aussi fruitée, la bouche se montre aimable et ronde, soutenue par des tanins souples et fondus. En finale ? De la fraîcheur et du fruit (encore). Un vin avenant, à apprécier dès à présent. ✗ 2015-2018 ❦ cassoulet

⊶ *René Castets, 32400 Cannet, tél. 05 62 69 82 36, rene.castets@gmail.com* Ⓥ 👤 🏠 *t.l.j. 8h30-12h 14h-19h*

LAFFONT Erigone Vendanges tardives 2012

■	10 600	◧	20 à 30 €

Pierre Speyer, d'origine belge, conduit vers l'agriculture biologique sa toute petite propriété de 4 ha, située à Maumusson.

Cette cuvée élevée en fût pendant trente mois s'épanouit sur des senteurs fraîches de fruits rouges à peine cueillis et des notes de menthol. Le palais, introduit par une attaque souple, déroule peu à peu son fruité et trouve le soutien de tanins bien fondus et d'une fraîcheur ajustée, qui confère à l'allonge de ce vin aimable, à goûter sur le fruit. ✗ 2016-2019 ❦ confit de canard

⊶ *SARL Pierre Speyer, Dom. Laffont, 32400 Maumusson-Laguian, tél. 05 62 69 75 23, domainelaffont@gmail.com* Ⓥ 👤 🏠 *r.-v.*

VIGNOBLES MARIE MARIA Novel 2012 ★★

■	20 000	👤	8 à 11 €

La coopérative de Crouseilles a été créée en 1950, deux ans après la reconnaissance en AOC du madiran et du pacherenc-du-vic-bilh. Elle a largement contribué au renouveau du grand vin rouge pyrénéen, dont elle fournit plus du tiers des volumes. Regroupant 130 vignerons, elle propose, outre le madiran, du pacherenc et du béarn.

Finaliste au grand jury des coups de cœur, cette cuvée née d'un assemblage de tannat et de cabernet-sauvignon séduit d'emblée par ses parfums montants et chaleureux évoquant les petits fruits rouges à l'eau-de-vie et le cassis. Bien corsée, la bouche déroule une matière dense et fruitée, épaulée par des tanins soyeux et enrobés, une fraîcheur bien maîtrisée vient soutenir l'ensemble et flatter jusqu'en finale un savoureux fruité. Un vin d'une grande harmonie. ✗ 2018-2022 ❦ côte à l'os sur sarments ■ Ch. de Crouseilles 2012 ★ (8 à 11 € ; 50 000 b.) : tannat associé et cabernet franc pour ce vin élevé sous bois pendant un an (dont un tiers en barriques neuves), ouvrant sur des parfums délicats de fruits des bois, de framboise et d'épices. En bouche, il se montre droit et équilibré, bien que les tanins soient encore un peu jeunes. À attendre pour plus de fondu. ✗ 2017-2020 ■ Carte d'or 2013 (- de 5 € ; 200 000 b.) : vin cité. ✗ 2017-2019

⊶ *Cave de Crouseilles, rte du Château, 64350 Crouseilles, tél. 05 62 69 66 77, m.darricau@ crouseilles.fr* Ⓥ 👤 🏠 *t.l.j. sf dim. 9h-12h 14h-19h* 🏠 ③ 🏠 Ⓓ

DOM. DU MOULIÉ 2013 ★★

■	24 000	👤	5 à 8 €

En gascon, *moulié* signifie « moulin » et « meunier ». Dans la famille depuis 1920, le domaine borde l'ancien chemin menant au moulin du village situé sur le Bergons, petit affluent de l'Adour. Les deux sœurs Charrier, Lucie (à la cave) et Michèle (à la vigne), y conduisent en bio un vignoble de 16 ha.

Sombre et profond, ce vin de tannat complété de 20 % de cabernet franc, élevé lentement en cuve (deux ans), livre avec intensité des parfums de fruits noirs et rouges (cassis, mûre, cerise, framboise...) finement marqués de réglisse. L'attaque tout en douceur précède un développement ample et dynamique, épaulé par des tanins solides, mais qui commencent à se fondre. En finale, une belle fraîcheur accompagne longuement le retour des arômes fruités et épicés. Un ensemble d'une harmonie remarquable. ✗ 2017-2025 ❦ tajine d'agneau aux dattes ■ Pacherenc-du-vic-bilh Cuvée L 2013 (11 à 15 € ; 1 900 b.) : vin cité. ✗ 2015-2019

⊶ *Lucie et Michèle Charrier, Dom. du Moulié, 32400 Cannet, tél. 05 62 69 77 73, domainedumoulie@ orange.fr* Ⓥ 👤 🏠 *t.l.j. 9h-12h30 14h-18h30; dim. sur r.-v.*

CH. PEYROS Vieilles Vignes 2012 ★★

■	40 000	👤 ◧	11 à 15 €

La propriété madiranaise de la famille Lesgourgues, dont le berceau est situé dans le Bas-Armagnac, et qui s'étend jusqu'en l'Uruguay. Son nom signifie « lieu pierreux » en gascon. Les 20 ha de vignes sont cultivés en lutte raisonnée.

Un vin issu de ceps de tannat de quarante ans et de cabernet franc, élevé pour partie en cuve (vingt mois) et pour partie en fût (douze mois). Intense et net, le nez offre des parfums élégants de fruits légèrement compotés, agrémentés d'épices. Tout aussi expressive, la bouche évolue dans le registre de la fraîcheur et de la finesse, avec une ossature souple et fondue. Un équilibre bien maîtrisé qui promet le meilleur avec la garde. ✗ 2018-2023 ▼ fondant au chocolat noir

○━ Ch. Peyros, 9, chem. du Château,
64350 Corbère-Abères, tél. 06 77 79 76 35,
chateau.peyros@leda-sa.com ○━ Leda SA

DOM. PICHARD Cuvée Aimé 2011

■	12 000	◫	11 à 15 €

Créé en 1955 par Auguste Vigneau, ce domaine, orienté au plein sud face aux Pyrénées en haut d'un coteau, fait partie des plus anciens vignobles de l'appellation madiran. Les actuels propriétaires ont relancé l'exploitation : les vignes ont été remises en état, le chai rénové et la conversion au bio entamée.

Paré d'un rouge sombre et dense, ce tannat complété de 30 % de cabernet franc a bénéficié d'un élevage sous bois de deux ans. Il en tire un nez chaleureux de fruits rouges et noirs mûrs fondus dans les épices et dans un délicat boisé (fumé, café). On retrouve les notes délicates du merrain dans un palais à la fois suave, frais et solidement structuré. À attendre pour plus de fondu. ✗ 2018-2021 ▼ tajine d'agneau aux pruneaux

○━ SARL Cork-Sentilles, Dom. Pichard, côte de Pichard, 65700 Soublecause, tél. 05 62 96 35 73, pichard65@orange.fr ▼ ⚒ ⬛ t.l.j. 9h-12h30 13h30-18h; dim. sur r.-v.

DOM. SERGENT Élevé en fût de chêne 2013 ★★

■	16 900	◫	8 à 11 €

En 1902, Hubert Dousseau acquiert le domaine. Depuis 1995, Brigitte et Corinne, ses arrière-petites-filles, y conduisent un vignoble de 19,5 ha. Une petite maison gasconne au cœur des vignes a été convertie en gîte.

Même récompense que pour le millésime précédent pour ce tannat élevé un an en barrique habillé d'une couleur sombre semblable à de l'encre. Il se livre sans compter sur des senteurs de fruits noirs à l'eau-de-vie (pruneau), de fruits noirs en confiture (cassis, mûre) et des notes d'épices, de balsamique et d'eucalyptus. À cette olfaction complexe répond un palais ample, charnu, gras et étoffé, adossé à des tanins veloutés et délicatement réglissés. La finale rappelle avec délice et persistance les fruits à l'eau-de-vie et les épices douces. Un vin complet et bien construit promis à un bel avenir. ✗ 2019-2022 ▼ côte à l'os sur sarments ■ Pacherenc-du-vic-bilh Les Grains d'Élise 2014 (8 à 11 € ; 2 200 b.) : vin cité. ✗ 2016-2019

○━ Brigitte et Corinne Dousseau , Dom. Sergent, 32400 Maumusson-Laguian, tél. 05 62 69 74 93, contact@domaine-sergent.com ▼ ⚒ ⬛ t.l.j. sf sam. dim. 9h-12h30 14h-18h30 🏠 Ⓑ

PACHERENC-DU-VIC-BILH

Superficie : 260 ha / Production : 10 510 hl

Né sur la même aire que le madiran, ce vin blanc est issu de cépages locaux (courbu, gros et petit mansengs, arrufiac) et bordelais (sauvignon) ; cet ensemble apporte une palette aromatique d'une extrême richesse. Tous les pacherenc sont gras et vifs. Suivant les conditions climatiques du millésime, ils sont secs ou moelleux. Les premiers, à boire jeunes, expriment les agrumes, les fruits exotiques et le miel. L'amande et la noisette s'ajoutent à cette gamme dans les moelleux, de moyenne garde.

CH. D'AYDIE Odé d'Aydie 2014 ★★

■	25 000	🍶 ◫	11 à 15 €

Le château d'Aydie est une affaire de famille (et une valeur sûre) : quatre enfants Laplace suivent aujourd'hui les traces de leur grand-père Frédéric, qui fut l'un des premiers à vendre du madiran en bouteilles, avec l'aide d'André Daguin, le célèbre cuisinier gascon. L'exploitation couvre 58 ha.

Il n'a peut-être pas l'étoffe du millésime précédent qui avait décroché trois étoiles et un coup de cœur, mais il ne manque ni d'atouts ni de charme : un nez intense et frais d'agrumes (pamplemousse, citron vert), de fruits exotiques (ananas) et de noisette, délicatement soulignés de notes boisées léguées par six mois d'élevage en fût ; une bouche ronde, onctueuse et gourmande, invitant progressivement la vivacité pour souligner une belle ligne aromatique et allonger la finale. Un équilibre remarquable. ✗ 2017-2020 ▼ langoustines ■ 2013 (8 à 11 € ; 3 500 b.) : vin cité. ✗ 2016-2019 ■ Madiran Odé d'Aydie 2012 (8 à 11 € ; 60 000 b.) : vin cité. ✗ 2015-2019 ■ Madiran L'Origine 2013 (5 à 8 € ; 120 000 b.). vin cité. ✗ 2017-2019

○━ Famille Laplace, Ch. d'Aydie, 64330 Aydie, tél. 05 59 04 08 00, contact@famillelaplace.com ▼ ⚒ ⬛ t.l.j. 9h-13h 14h-19h

DOM. BERTHOUMIEU Pierres de Grés 2014 ★★

■	8 000	🍶	8 à 11 €

Fondée vers 1850, cette propriété familiale a vu se succéder six générations. À la suite de son père Louis, Didier Barré, installé en 1980, a contribué au renouveau du madiran, dont il est l'un des porte-étendards. Il exploite 25 ha aujourd'hui. Sa cuvée haut de gamme, issue de très vieilles vignes, est dédiée à Charles de Batz (madiran), qui n'est autre que d'Artagnan.

Un assemblage de gros et de petit mansengs avec une pointe de petit courbu a donné naissance à ce vin aux parfums délicats et nuancés de fleurs blanches, de fruits exotiques confits, de brioche et de beurre. Une attaque ronde introduit une bouche concentrée, élégante et savoureuse, ciselée par une trame acide parfaitement maîtrisée, apportant de la longueur à ce bel ensemble. ✗ 2017-2020 ▼ merlu au beurre blanc ■ Symphonie d'automne 2012 ★ (11 à 15 € ; 4 000 b.) : un petit manseng teinté de petit courbu, élevé sous bois pendant dix mois, aux parfums intenses de fruits exotiques frais (ananas, mangue, litchi) soulignés d'un trait de vanille. Franc à l'attaque, sous-tendu par une juste fraîcheur, le palais est à l'unisson. La finale persistante est teintée d'un boisé élégant et bien fondu, apportant à l'ensemble un surcroît de complexité. ✗ 2015-2018 ■ Madiran Haute Tradition 2013 (8 à 11 € ; 80 000 b.) : vin cité. ✗ 2015-2018

○━ Didier Barré, Dutour, 32400 Viella, tél. 05 62 69 74 05, barre.didier@wanadoo.fr ▼ ⚒ ⬛ t.l.j. 8h-12h 14h-19h; dim. sur r.-v.

SUD-OUEST

BRUMONT Torus 2013 ★★

| 40 000 | 🍾 | 8 à 11 € |

Alain Brumont est un infatigable découvreur de terroirs gascons. Il aime mettre en scène les cépages locaux. Il est le leader du Sud-Ouest viticole tant en madiran qu'en pacherenc-du-vic-bilh ou dans les côtes-de-gascogne. Il règne sur plusieurs marques et domaines, dont les réputés châteaux Bouscassé et Montus.

Né du petit manseng associé à 10 % de gros manseng, ce vin livre un nez expressif de fleurs blanches, de pamplemousse, de fruits exotiques (ananas, mangue), de chocolat blanc et de noisette. Vive à l'attaque, la bouche fait exploser le fruit, bien épaulée par une trame acide qui stimule sans excès l'ensemble jusque dans sa longue finale. L'équilibre entre douceur et fraîcheur est parfait, laissant le souvenir d'un vin plein et sapide. ✗ 2017-2020 ♈ chipirons à la tinta ■ Madiran Ch. Montus 2012 ★ (20 à 30 € ; 200 000 b.) : Alain Brumont a fait l'acquisition de ce château en 1979, l'a entièrement replanté sur des pentes de galets roulés, au sous-sol d'argiles jaunes et rouges. Il est devenu un emblème de l'appellation avec plusieurs coups de cœur à son actif. Ce millésime né d'un assemblage de tannat et de cabernet-sauvignon s'épanouit sur des parfums puissants et complexes de fruits noirs (cassis, pruneau) et d'épices. À l'unisson, la bouche est épaulée par des tanins serrés mais sans agressivité et par une acidité bien maîtrisée. Un beau vin de garde. ✗ 2019-2025 ■ Madiran Ch. Bouscassé 2012 (15 à 20 € ; 280 000 b.) : vin cité. ✗ 2017-2020 ■ Ch. Bouscassé Jardins 2014 (8 à 11 € ; 60 000 b.) : vin cité. ✗ 2016-2019

⚷ SA Vignobles Brumont, Ch. Bouscassé, 32400 Maumusson-Laguian, tél. 05 62 69 74 67, contact@brumont.fr 🆅 🏃 🏠 t.l.j. sf sam. dim. 8h-12h 14h-18h

Ⓑ DOM. CAPMARTIN Cuvée du couvent 2013 ★

| 8 000 | 🍷 | 11 à 15 € |

L'histoire du domaine débute en 1986 avec 1,5 ha de vignes en location. La première récolte donnera 60 hl l'année suivante. Depuis lors, le vignoble a grandi et Guy Capmartin, qui s'est installé dans l'ancien couvent de Maumusson, conduit son exploitation en bio. Une valeur sûre, tant en madiran qu'en pacherenc-du-vic-bilh.

Ce petit manseng est le fruit d'une vendange de fin d'automne (novembre) et d'un élevage sous bois. Sa couleur jaune or ourlé de cuivre annonce la surmaturation, ce que confirme le nez, complexe et bien ouvert sur les fruits blancs mûrs (coing), le miel, le pain d'épice et les fruits jaunes compotés soulignés d'un trait de vanille. Une concentration aromatique que l'on retrouve dans un palais suave et ample, bien équilibré par une juste fraîcheur qui pousse loin la finale aux accents boisés. ✗ 2017-2022 ♈ foie gras poêlé

⚷ Dom. Capmartin, Le Couvent, 32400 Maumusson-Laguian, tél. 05 62 69 87 88, capmartinguy@yahoo.fr 🆅 🏠 t.l.j. 9h-13h 14h-19h; dim. sur r.-v.

Ⓑ CLOS BASTÉ 2013 ★

| 2 500 | 🍷 | 11 à 15 € |

En 1998, Philippe Mur, œnologue et maître de chai, achète avec son épouse Chantal une bâtisse en ruines,

la maison Basté, puis quelques parcelles alentour. Le domaine, qui compte aujourd'hui 10 ha, est conduit en agriculture biologique.

Seul le petit manseng entre dans la composition de ce 2013 élevé en fût pendant dix mois, dont la couleur or ourlée de reflets cuivrés annonce un vin de bonne concentration. Intense et complexe, le nez s'épanouit sur des parfums de fruits exotiques très mûrs (ananas, mangue), de miel et de vanille. On retrouve ces arômes suaves dans une bouche tendre et moelleuse, soulignée d'un élégant boisé. La fraîcheur est également la partie, apportant à l'ensemble équilibre et longueur. Un vin bien construit et déjà fort aimable. ✗ 2016-2022 ♈ toasts au roquefort ■ 2013 (11 à 15 € ; 2 500 b.) Ⓑ : vin cité. ✗ 2017-2019

⚷ Philippe et Chantal Mur, Clos Basté, 64350 Moncaup, tél. 05 59 68 27 37, closbaste@wanadoo.fr 🆅 🏃 🏠 t.l.j. sf dim. 10h-18h

DOM. DAMIENS 2013 ★★

| 3 000 | 🍾 | 11 à 15 € |

En 1970, André Beheïty, jeune agriculteur, achète un coteau en friche de 10 ha proche de son petit vignoble de 6 ha. Première vinification en 1971, aménagement du chai à barriques en 1987. Installé en 1999, son fils Pierre-Michel dispose de 16 ha de vignes en conversion bio.

Jaune ou ourlé d'ambre, ce 2013 s'épanouit sur un nez riche qui allie des notes beurrées aux fruits secs, aux fruits exotiques et à la brioche. Frais à l'attaque, le palais déroule une matière ample et concentrée, bien équilibrée par une trame acide exaltant les saveurs de fruits exotiques en finale. Un vin complexe, long et bien construit, qui porte haut les couleurs de l'appellation. ✗ 2018-2022 ♈ poire Belle Hélène

⚷ Pierre-Michel Beheïty, Dom. Damiens, 64330 Aydie, tél. 05 59 04 03 13, domainedamiens64@gmail.com 🆅 🏃 🏠 t.l.j. 9h-12h30 14h-19h; dim. sur r.-v.

DOM. LABRANCHE LAFFONT 2013 ★

| 4 000 | 🍷 | 11 à 15 € |

Le domaine familial remonte à la Révolution. Jeune œnologue, Christine Dupuy s'installe en 1992 sur l'exploitation. Elle porte sa superficie de 6 à 21 ha et, surtout, s'impose comme l'une des valeurs sûres des appellations madiran et pacherenc. Son trésor : 50 ares de vignes préphylloxériques. Vignoble en bio certifié depuis 2014.

Élevée en fût pendant neuf mois, cette cuvée de petit manseng complétée de 10 % de gros manseng s'épanouit sur des senteurs fraîches de fruits blancs (pêche, poire) et de fruits exotiques (ananas, mangue) soulignées d'un trait de vanille. Introduit par la rondeur, le palais évolue rapidement vers la fraîcheur et conserve une belle tension jusqu'en finale. Cette trame acide flatte un fruité gourmand d'agrumes et de fruits exotiques, bien fondu dans des notes subtilement boisées. Un joli vin alerte et tout en finesse. ✗ 2017-2021 ♈ bras de gitan ■ Madiran 2013 (5 à 8 € ; 260 b.) : vin cité. ✗ 2016-2019

⚷ Christine Dupuy, Domaine Labranche Laffont, 32400 Maumusson-Laguian, tél. 05 62 69 74 90, christine.dupuy@labranchelaffont.fr 🆅 🏃 🏠 t.l.j. 9h-12h30 14h-19h; dim. sur r.-v.

CH. LAFFITTE-TESTON Rêve d'automne 2013 ★★		
■ 22 000	◐	11 à 15 €

Jean-Marc Laffitte a acquis ce domaine de 40 ha il y a plus de vingt-cinq ans. Il expérimente le vieillissement de ses madiran en barriques de chêne, à 800 m de profondeur au fond des grottes de Bétharram. Ses enfants Ericka et Joris l'épaulent désormais.

Cette cuvée née du seul petit manseng, élevée en barrique pendant huit mois, a frôlé le coup de cœur. Ses atouts ? Un nez complexe mariant élégamment les fruits très mûrs (coing et mangue) à un subtil boisé ; une bouche concentrée qui allie fraîcheur, gras, douceur et saveurs gourmandes et persistantes de fruits caramélisés. Un modèle d'équilibre. ✗ 2018-2022 ❦ pithiviers ■ Ericka 2014 ★ (5 à 8 € ; 35 000 b.) : un assemblage de petit manseng, de gros manseng et de petit courbu passé en fût pendant huit mois. Un nez frais, citronné et boisé, prélude à une bouche vive et aromatique, aux saveurs d'agrumes bien mariées au merrain. La finale est longue et nerveuse, rehaussée d'une pointe de minéralité qui lui apporte un surcroît de complexité. ✗ 2016-2019

☛ Famille Laffitte, Ch. Laffitte-Teston, 32400 Maumusson-Laguian, tél. 05 62 69 74 58, info@ laffitte-teston.com Ⓥ 🚶 ⬆ t.l.j. sf dim. 9h30-12h30 13h30-18h30

LAOUGUÉ Passion de Charles Clément 2014 ★		
■ n.c.	🍶	8 à 11 €

Pierre Dabadie s'est installé en 1980 sur l'exploitation familiale, dont il a fait passer la superficie de 7 à 20 ha, 16 étant dédiés au madiran.

Hommage au père de Pierre Dabadie, ce 100 % petit courbu au nez ouvert et complexe évoque les fleurs blanches, les fruits exotiques et les agrumes. Franc à l'attaque, le palais se montre bien équilibré entre vivacité, gras et douceur jusqu'en finale, flattant des arômes de citron avec persistance. Un vin bien dans le ton de l'appellation. ✗ 2016-2019 ❦ plateau de fruits de mer ■ Madiran Dom. Laougué Marty 2013 ★ (11 à 15 € ; n.c. b.) : ce tannat complété de 20 % des deux cabernets se montre discret au nez, puis s'épanouit à l'aération sur les fruits noirs. C'est en bouche qu'il révèle son caractère : à la fois gras et frais, il trouve le soutien de tanins arrondis et d'un fruité généreux qui persiste jusqu'en finale. Un vin qui joue la carte de la délicatesse et de l'élégance. ✗ 2017-2020

☛ Pierre Dabadie, rte de Madiran, 32400 Viella, tél. 06 76 78 35 08, sylvaindabadie@gmail.com Ⓥ 🚶 ⬆ t.l.j. 9h-19h

♥ VIGNOBLES MARIE-MARIA Novel 2014 ★★		
■ 10 000	🍶	8 à 11 €

La coopérative de Crouseilles a été créée en 1950, deux ans après la reconnaissance en AOC du madiran et du pacherenc-du-vic-bilh. Elle a largement contribué au renouveau du grand vin rouge pyrénéen, dont elle fournit plus du tiers des volumes. Regroupant 130 vignerons, elle propose, outre le madiran, du pacherenc et du béarn.

Habillée d'un jaune or paille, cette cuvée de gros manseng et de petit courbu a su réjouir le jury avec ses parfums expressifs de fruits exotiques légèrement confits, d'agrumes et de fleurs blanches mâtinés d'une note minérale (silex)

pleine d'élégance. La souplesse introduit une bouche ample, généreuse et copieusement aromatique, sous-tendue par une trame acide bien maîtrisée qui exalte le côté agrume de la finale. Un vin gourmand et parfaitement équilibré. ✗ 2016-2019 ❦ tarte au citron meringuée ■ Grains de Roy 2011 ★★ (8 à 11 € ; 30 000 b.) : une cuvée très aromatique tant au nez (coing, fleurs blanches) qu'en bouche. La fraîcheur bien maîtrisée cisèle cette dernière, souligne ses saveurs d'agrumes et allonge la finale. Un vin bien en place. ✗ 2015-2018 ■ Carte d'or 2014 ★ (- de 5 € ; 10 000 b.) : un nez de citron, de pêche blanche et de chèvrefeuille ; une bouche souple et onctueuse, aux saveurs gourmandes d'agrumes persistant grâce à une trame vive qui sous-tend le vin de bout en bout. Un équilibre bien maîtrisé. ✗ 2016-2019

☛ Cave de Crouseilles, rte du Château, 64350 Crouseilles, tél. 05 62 69 66 77, m.darricau@ crouseilles.fr Ⓥ 🚶 ⬆ t.l.j. sf dim. 9h-12h 14h-19h 🏠 ❸ 🏠 Ⓓ

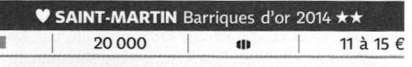

DOM. MONTBLANC Élevé en fûts de chêne neuf 2013 ★		
■ 5 000	◐	8 à 11 €

Daniel Saint-Orens, installé en 1980, exploite en agriculture raisonnée 7 ha de vignes sur la commune de Maumusson-Laguian.

Né du petit manseng et d'un peu de gros manseng, ce 2013 a bénéficié d'un élevage en fûts de chêne neuf pendant six mois. Il en tire un nez intense et complexe évoquant les fruits confits (coing), les fruits exotiques et les épices douces. On retrouve cette palette aromatique dans une bouche onctueuse à l'attaque, bien équilibrée entre douceur et fraîcheur. La tension demeure jusqu'en finale et souligne une note de rancio et une légère amertume qui confère à cet ensemble bien construit un supplément d'originalité et de complexité. ✗ 2017-2019 ❦ dinde farcie aux marrons

☛ Daniel Saint-Orens, Dom. Monblanc, 32400 Maumusson-Laguian, tél. 06 83 63 42 42, domainemonblanc@hotmail.fr 🚶 ⬆ t.l.j. sf dim. 9h-12h 14h-18h

♥ SAINT-MARTIN Barriques d'or 2014 ★★		
■ 20 000	◐	11 à 15 €

Le berceau de ce vaste groupement de coopératives, né en 1979 de la fusion de trois caves gersoises, se trouve à Saint-Mont. Devenue Plaimont Producteurs, la structure réunit depuis 1999 la cave de Crouseilles et celle de Condom : un acteur majeur du Sud-Ouest viticole.

Cette cuvée associant au petit manseng le gros manseng et le petit courbu a bénéficié d'un élevage de trois mois en barrique de chêne. Elle en tire une robe qui a séduit le jury avec sa couleur paillée et son nez montant de délicates fleurs blanches et de fruits confits (mirabelle, abricot sec), souligné d'un subtil boisé vanillé. Introduite par une attaque tendre et moelleuse, la bouche progresse vers la fraîcheur, exaltant les saveurs fruitées pleines de gourmandise révélées à l'olfaction. La sensation liquoreuse s'intensifie en finale, bien soutenue par la fraîcheur, et laisse le souvenir d'un vin complet et très harmonieux. ✗ 2017-2020 🍷 canard à l'orange ■ Saint-Albert Barriques d'or 2014 ★★ (15 à 20 € ; 40 000 b.) : il s'en est fallu de peu pour que cette cuvée décroche un coup de cœur. Elle annonce avec sa couleur ourlée de cuivre des signes de concentration. Elle s'épanouit sur des parfums complexes et intenses de fruits blancs, de fruits exotiques confits et d'agrumes mûrs. Moelleux à l'attaque, le palais trouve le soutien d'une vivacité pleine de tonus qui exalte le fruit (ananas miellé) et lui apporte de la longueur. Un équilibre remarquable. ✗ 2017-2020 ■ Délice d'automne 2014 ★ (8 à 11 € ; 40 000 b.) : cette cuvée passée en fût pendant trois mois mêle au nez des senteurs élégantes de mirabelle, de miel d'acacia et de brioche. Souple à l'attaque, le palais est bien équilibré entre douceur et fraîcheur, rappelant avec gourmandise le fruité perçu à l'olfaction, exalté en finale par une fine trame acide. ✗ 2019-2022

o╍ *Plaimont Producteurs, Rte d'Orthez, 32400 Saint-Mont, tél. 05 62 69 62 87, d.caillard@ plaimont.fr* Ⓥ Ⓚ 🔒 *t.l.j. sf dim. 9h-12h30 14h30-19h* 🏠 ❸ 🏠 Ⓓ

DOM. TAILLEURGUET 2014 ★			
■	3 000	🍶	5 à 8 €

André Dartigues a confié à son gendre François Bouby la gestion de l'exploitation. Ce dernier consacre 9 ha à la culture de la vigne, à l'extrémité sud-ouest du Gers, dans la commune de Maumusson.

Un gros manseng (majoritaire) complété de petit manseng bien ouvert sur les fruits blancs (coing), les agrumes et le jasmin. Le fruité, penchant sur la pêche blanche et le citron, revient dans un palais franc et frais, souligné par une pointe de minéralité et d'amertume en finale, qui confère à cet ensemble bien équilibré un surcroît de complexité. ✗ 2016-2020 🍷 sushis

o╍ *EARL Dom. Tailleurguet, 32400 Maumusson-Laguian, tél. 05 62 69 73 92, domaine.tailleurguet@wanadoo.fr* Ⓥ Ⓚ 🔒 *t.l.j. sf dim. 9h-13h 14h-19h*

| CH. DE VIELLA | | | |
Louise d'Aure 2014 ★★			
■	3 000	🍶	5 à 8 €

Propriété de la famille depuis 1952, conduite par Alain Bortolussi depuis 1982, l'exploitation tire son nom de la commune gersoise où elle est implantée. Bien restauré, un vrai château du XVIIIᵉ s., dominant un coteau viticole, des caves voûtées abritant le chai à barriques ; 25 ha de vignes.

Né d'un assemblage à parts égales de petit et de gros mansengs et élevé sur lies fines, ce 2014 livre un nez superbe évoquant une véritable corbeille de fruits : ananas, mangue, fruit du dragon, citron, mandarine... Tout aussi charmeuse et aromatique, la bouche est à la fois riche et fraîche, délicatement suave et en même temps-croquante en finale. Un vin concentré mais tonique, très original et harmonieux. ✗ 2017-2022 🍷 tourtière landaise ■ Madiran Ch. de Viella Prestige 2012 ★ (11 à 15 € ; 8 000 b.) : ce vin « noir » né du seul tannat a bénéficié d'un élevage d'un an en cuve et autant en fût.

Il livre un nez généreux de fruits rouges et noirs confits. Puissant et chaleureux, le palais déroule une matière riche et tannique, rappelant le fruité compoté bien marié aux notes du merrain. Un madiran « pur jus », persistant et bien construit, armé pour la garde. ✗ 2019-2025 ■ Madiran L'Originel 2013 ★ (5 à 8 € ; 80 000 b.) : le nez dévoile de délicats arômes de cassis et de poivre. La bouche, ample et bien équilibrée, s'adosse à des tanins bien travaillés qui flattent le retour des fruits noirs épicés. Un vin puissant et souple à la fois. ✗ 2018-2022

o╍ *Alain Bortolussi, Ch. de Viella, rte de Maumusson, 32400 Viella, tél. 05 62 69 75 81, contact@chateauviella.fr* Ⓥ Ⓚ 🔒 *t.l.j. sf dim. 8h30-12h30 14h-19h*

SAINT-MONT

Superficie : 1 149 ha / Production : 76 724 hl (80 % rouge et rosé)

Consacré AOVDQS en 1981 sous le nom de côtes-de-saint-mont, le saint-mont a accédé trente ans plus tard à l'AOC. Prolongement vers l'est du vignoble de Madiran, il tire son nom et son origine d'une abbaye fondée au XIᵉ s. et a connu une renaissance à partir de 1970. Le cépage rouge principal est encore ici le tannat, les cépages blancs, vinifiés en secs, se partageant entre la clairette, l'arrufiac, le courbu et les mansengs. L'essentiel de la production est assuré par l'union dynamique des caves coopératives Plaimont. Les rouges sont colorés et corsés, rapidement ronds et plaisants, les rosé, fins et fruités, les blancs secs et nerveux.

| PLAIMONT Les Hauts de Bergelle | | | |
Élevé en fût de chêne 2013 ★★			
■	100 000	🍷	5 à 8 €

Le berceau de ce vaste groupement de coopératives, né en 1979 de la fusion de trois caves gersoises, se trouve à Saint-Mont. Devenue Plaimont Producteurs, la structure réunit depuis 1999 la cave de Crouseilles et celle de Condom : un acteur majeur du Sud-Ouest viticole.

Assemblage de tannat (majoritaire), de fer-servadou et de cabernet-sauvignon, ce 2013 habillé d'une robe profonde aux reflets violets libère un nez complexe et intense de fruits noirs, de boisé torréfié, de tabac et de réglisse. En bouche, il se montre rond à l'attaque. Muni de tanins solides mais sans dureté, il trouve l'équilibre sur une belle trame acide et commence à exprimer un caractère velouté. ✗ 2017-2020 🍷 civet de sanglier ■ Monastère de Saint-Mont 2013 (15 à 20 € ; 13 000 b.) : vin cité. ✗ 2017-2020

o╍ *Plaimont Producteurs, Rte d'Orthez, 32400 Saint-Mont, tél. 05 62 69 62 87, d.caillard@ plaimont.fr* Ⓥ Ⓚ 🔒 *t.l.j. sf dim. 9h-12h30 14h30-19h* 🏠 ❸ 🏠 Ⓓ o╍ *Joël Boueilh*

| ♥ PLAIMONT | | | |
L'Absolu des trois terroirs 2013 ★★			
■	8 000	🍷	11 à 15 €

Le groupe Plaimont Producteurs est le fruit d'une association de trois caves en 1979 qui unirent leurs initiales (PL pour Plaisance, AI pour Aignan et MONT

pour Saint-Mont) pour créer ce leader des vins du Sud-Ouest produisant 40 millions de bouteilles.

Habillé d'un rouge sombre et profond, ce 2013 à majorité de tannat a bénéficié d'un élevage de douze mois en fût. Il libère un nez intense de cerise kirschée et de mûre, teinté d'élégantes notes de vanille. Rond en attaque, il déroule un volume imposant et une palette complexe de fruits surmûris et de fumé. Muni d'une structure tannique solide, il trouve l'équilibre sur une fraîcheur bien dosée qui lui donne de l'allonge. Un vin complet, dense et généreux. À attendre. ✗ 2018-2021 ♈ côte à l'os ■ L'Empreinte de Saint-Mont 2013 ★ (11 à 15 € ; 20 000 b.) : ce vin né tannat, d'un soupçon de ter-servadou et de cabernet-sauvignon livre un nez intense et suave de fruits mûrs, de vanille et de réglisse. Souple en attaque, il est bâti sur des tanins ronds et déroule un beau fruité (fraise confiturée), souligné par une fine fraîcheur. ✗ 2017-2021 ■ L'Empreinte de Saint-Mont 2014 (11 à 15 € ; 10 000 b.) : vin cité. ✗ 2016-2019

○━ *Plaimont Terroirs et Châteaux, 32400 Saint-Mont, tél. 05 62 69 62 87, d.caillard@plaimont.fr* Ⓥ ⚐ ⚑ *r.-v.* 🏠 ④ 🏠 Ⓓ

CH. SAINT-GO 2014 ★		
■ 15 000	î	8 à 11 €

Ce domaine situé à Bouzon-Gellenave, dont l'histoire remonte à 1421, a été repris en 1996 par six jeunes vignerons. Ils ont replanté leur vignoble (aujourd'hui 40 ha) attenant au château et sont entrés dans le groupement de la coopérative Plaimont.

Cette cuvée habillée de jaune brillant aux reflets verts est un assemblage de gros manseng (80 %), de petit courbu (15 %) et d'une pointe d'arrufiac (5 %). Elle révèle un nez intense et complexe mêlant les fleurs blanches et un « cocktail » de fruits (pamplemousse, litchi, mangue...) à des touches minérales. Rond à l'attaque, et tout aussi aromatique, le palais se montre onctueux, voire beurré, puis trouve l'équilibre sur une fraîcheur qui porte loin la finale. ✗ 2016-2019 ♈ saumon gravlax

○━ *Ch. Saint-Go, 32400 Saint-Mont, tél. 05 62 69 62 87, d.caillard@plaimont.fr* Ⓥ ⚐ ⚑ *r.-v.* 🏠 ④ 🏠 Ⓓ

TURSAN

Superficie : 300 ha / Production : 16 532 hl (82 % rouge et rosé)

Autrefois vignoble d'Aliénor d'Aquitaine, le terroir de Tursan s'étend essentiellement dans les Landes, sur les coteaux de l'est de la Chalosse, autour d'Aire-sur-Adour et de Geaune. Il produit des vins dans les trois couleurs. Les plus intéressants sont les blancs, issus principalement d'un cépage original, le baroque. Des vins secs et nerveux, au parfum inimitable. Longtemps classé en AOVDQS (appellation d'origine vin délimité de qualité supérieure), il a accédé à l'AOC à la disparition des AOVDQS en 2011.

♥ CH. DE BACHEN 2013 ★★		
■ 13 500	î ⋒	8 à 11 €

Le chef étoilé Michel Guérard cultive en tursan (20 ha) son jardin de vignes à Duhort-Bachen et aussi les étoiles dans le Guide. Maison noble dominant l'Adour, le château de Bachen a été acquis par la famille en 1983.

Coup de cœur avec sa cuvée Baron de Bachen dans la précédente édition, Michel Guérard se voit à nouveau récompensé cette année. Cet assemblage de quatre cépages (baroque, sauvignon, petit et gros mansengs) livre un nez complexe et intense de fruits blancs complétés d'une note beurrée. Remarquablement ample et onctueuse, la bouche déroule des arômes élégants d'agrumes, soutenue par ce qu'il faut de fraîcheur pour donner de l'allonge à cette ensemble raffiné. ✗ 2016-2019 ♈ plateau d'huîtres ■ Baron de Bachen 2013 ★ (15 à 20 € ; 12 300 b.) : cet assemblage de baroque, de sauvignon et de mansengs a charmé le jury avec un nez s'ouvrant tout en finesse sur des notes fruitées et épicées. Le palais, quant à lui, offre souplesse et rondeur, avec une belle complexité aromatique et un élégant boisé. ✗ 2016-2019

○━ *Michel Guérard, Cie Hôtelière et Fermière d'Eugénie-les-Bains, 40320 Eugénie-les-Bains, tél. 05 58 71 76 76, direction@ michelguerard.com* Ⓥ ⚐ ⚑ *r. v.*

CH. DE PERCHADE 2014		
■ 13 000	î	5 à 8 €

Voici plus de quarante ans que la famille Dulucq produit son vin de Tursan sur les 19 ha du vignoble exposé au plein sud, face à la chaîne des Pyrénées, sur un lit de cailloux roulés. Depuis 2012, le domaine est aux mains de Marie-Laure et David, représentant la quatrième génération.

Cet assemblage de tannat (40 %), de cabernet franc (30 %) et de cabernet sauvignon (30 %) affiche un beau rouge grenat intense. Bien ouvert sur les fruits rouges frais (fraise, cerise), le nez est soutenu par une note végétale. Le palais frais, léger et fruité, offre tout ce que l'on attend de l'appellation. ✗ 2015-2018 ♈ assiette de charcuterie

○━ *EARL Dulucq, Au Bourg, Ch. de Perchade, 40320 Payros-Cazautets, tél. 05 58 44 50 68, tursan-dulucq@wanadoo.fr* Ⓥ ⚐ ⚑ *r.-v.*

LES VIGNERONS LANDAIS		
Oh Cœur des vignes 2012		
■ 40 000	î ⋒	5 à 8 €

La coopérative regroupe aujourd'hui 154 vignerons sur les terroirs de Tursan et de Chalosse, dans le sud des Landes.

De couleur cerise burlat intense, ce 2012, assemblage des deux cabernets et du tannat, livre un nez intense de fruits rouges mûrs (cerise) soutenu de touches réglissées et mentholées. Le palais, muni de tanins mûrs, se montre rond et frais à la fois, et déploie un fruité persistant. ✗ 2016-2019 ♈ agneau rôti

SUD-OUEST

☛ *Les Vignerons landais, 30, rue Saint-Jean,*
40320 Geaune, tél. 05 58 44 51 25, info@tursan.fr
Ⓥ 🎿 🎽 *t.l.j. sf dim. 9h-12h 14h30-17h30*

BÉARN

Les vins du Béarn peuvent être produits sur trois aires séparées. Les deux premières coïncident avec celles du jurançon et du madiran. La troisième comprend les communes qui entourent Orthez, Salies-de-Béarn et Bellocq. Reconstitué après la crise phylloxérique, le vignoble occupe les collines prépyrénéennes et les graves de la vallée du Gave. Les cépages rouges sont constitués par le tannat, les cabernet-sauvignon et cabernet franc (bouchy), les anciens manseng noir, courbu rouge et fer-servadou. Les vins sont corsés et généreux, les rosés vifs et délicats, avec des arômes fins de cabernet et une bonne structure en bouche.

CAVE DE CROUSEILLES Le Petit Cayolar 2014

■		30 000		î		- de 5 €

La coopérative de Crouseilles, a été créée en 1950, deux ans après la reconnaissance en AOC du madiran et du pacherenc-du-vic-bilh. Elle a largement contribué au renouveau du grand vin rouge pyrénéen, dont elle fournit plus du tiers des volumes. Regroupant 130 vignerons, elle propose, outre le madiran, du pacherenc et du béarn.

Pourpre aux reflets violines, cette cuvée à dominante de tannat s'ouvre sur des arômes intenses de fruits noirs frais. Bien que les tanins soient encore assez présents, le palais ne manque pas de rondeur. Un vin simple et bien fondu. ✗ 2016-2019 ▼ tajine aux pruneaux
☛ *Cave de Crouseilles, rte du Château,*
64350 Crouseilles, tél. 05 62 69 66 77, m.darricau@
crouseilles.fr Ⓥ 🎿 🎽 *t.l.j. sf dim. 9h-12h 14h-19h*
🏠 ❸ 🏠 Ⓓ

DOM. GUILHEMAS 2013 ★★

■		15 000		î ⅷ		5 à 8 €

Installé à Salies-de-Béarn, une des nombreuses petites villes thermales du piémont pyrénéen, Pascal Lapeyre a repris en 1987 le domaine fondé en 1909 par son arrière-grand-père et aménagé la cuverie et le chai. Exposés au plein sud, ses 13 ha de vignes couvrent les coteaux des Guilhemas, face aux Pyrénées. Ses vins, valeurs sûres de l'AOC, sont vendus sous l'étiquette Dom. Lapeyre ou Dom. Guilhemas.

Avec sa robe sombre presque noire, ce 2013 s'annonce intense. Preuve en est fait au nez, avec ses arômes puissants et complexes de cuir et de fruits noirs mûrs, qui laissent ensuite place à des notes mentholées et épicées. La bouche, volumineuse, est dotée de tanins bien enrobés. Elle rappelle avec force le cortège d'arômes décelés à l'olfaction et les pousse loin, dans une finale mentholée et fraîche. Un ensemble de grande élégance. ✗ 2017-2019 ▼ confit de canard ■ Dom. Lapeyre Série 1909 2013 ★ (11 à 15 € ; 3 000 b.) : une cuvée intense, riche de notes grillées et vanillées, probable héritage de douze mois en fût. Le palais est à la fois puissant et velouté, avec de séduisantes notes de moka et de vanille. Un élevage bien maîtrisé. ✗ 2017-2020

☛ *Pascal Lapeyre, 52, av. des Pyrénées,*
64270 Salies-de-Béarn, tél. 05 59 38 10 02, contact@
domaine-lapeyre-guilhemas.com Ⓥ 🎿 🎽 *t.l.j.*
8h30-12h30 14h30-19h30; dim. sur r.-v.

QU'AÏMARY 2013 ★

■		44 000		ⅷ		- de 5 €

Fondée en 1949, la cave de Gan réunit 850 ha de vignes, soit plus de 250 viticulteurs, et fournit plus de la moitié des volumes de l'appellation jurançon. Elle propose ses vins de marque et des vins de propriété élaborés par ses soins.

Paré d'un beau « cerise noire » orné de nuances pourpres, ce 2013 offre un nez puissant et profond de fruits noirs mûrs, de sous-bois et de fougère. Tout en souplesse, le palais, bâti sur des tanins solides, développe un fruité plaisant et enveloppant. La finale épicée est encore un peu serrée, mais tout devrait s'arrondir avec une courte garde. ✗ 2017-2019 ▼ côte à l'os ■ Dom. du Château 2013 ★ (5 à 8 € ; 26 600 b.) : un nez intense de fruits noirs aux accents épicés, un palais velouté mais encore un peu sévère en finale. Un vin à laisser vieillir pour en apprécier toute l'expression. ✗ 2017-2019

☛ *Cave de Gan Jurançon, 53, av. Henri-IV, 64290 Gan,*
tél. 05 59 21 57 03, cave@cavedejurancon.com
Ⓥ 🎿 🎽 *r.-v.*

JURANÇON

« Je fis, adolescente, la rencontre d'un prince enflammé, impérieux, traître comme tous les grands séducteurs : le jurançon », écrit Colette. Célèbre depuis qu'il servit à Pau au baptême d'Henri IV, le jurançon est devenu le vin des cérémonies de la maison de France. On trouve ici les premières notions d'appellation protégée – car il était interdit d'importer des vins étrangers – et même une hiérarchie des crus, puisque toutes les parcelles étaient répertoriées suivant leur valeur par le parlement de Navarre. Comme les autres vins de Béarn, le jurançon, alors rouge ou blanc, était expédié jusqu'à Bayonne, au prix de navigations parfois hasardeuses sur les eaux du Gave. Très prisé des Hollandais et des Américains, le jurançon connut une éclipse avec la crise phylloxérique. La reconstitution du vignoble fut effectuée avec les méthodes et les cépages anciens, sous l'impulsion de la Cave de Gan et de quelques propriétaires. Ici mieux qu'ailleurs, le millésime revêt une importance primordiale, surtout pour les jurançon moelleux qui demandent une surmaturation tardive par passerillage sur pied. Les cépages traditionnels, uniquement blancs, sont le gros et le petit mansengs, et le courbu. Les vignes sont cultivées en hautains pour échapper aux gelées. Il n'est pas rare que les vendanges se prolongent jusqu'aux premières neiges.
Le jurançon sec est un blanc de couleur claire à reflets verts, très aromatique, avec des nuances miellées. Le jurançon moelleux prend une couleur dorée, des arômes complexes de fruits exotiques (ananas et goyave) et d'épices (muscade et cannelle), et offrent un bel équilibre acidité-liqueur. Ils peuvent vieillir très longtemps et donner de grandes bouteilles qui accompagneront un repas.

DOM. BORDENAVE Cercle des amis 2012 ★

■	2 500	ⅲ	30 à 50 €

Implantée à Monein, au cœur de l'appellation jurançon, cette propriété familiale se transmet depuis 1676. Elle élabore ses propres vins depuis que Gisèle Bordenave, œnologue, l'a reprise en 1993.

Ce petit manseng or intense aux reflets cuivrés, élevé en barrique de chêne, s'épanouit sur des parfums complexes de miel et de fruits confits (coing, abricot), puis de fruits secs et quelques notes toastées et briochées. Le palais, ample et gras, conjugue avec délicatesse douceur et fraîcheur. Une fine tension acide accompagne longuement la finale et présage une bonne capacité de garde. ✗ 2018-2021 ✛ marquise au chocolat ■ **Cuvée des dames 2013 ★** (15 à 20 € ; 9 000 b.) : cuvée maintes fois remarquée dans ces pages, ce 100 % petit manseng libère des parfums typiques de fruits à chair blanche (pêche, poire), de fruits exotiques (mangue), de truffe et d'épices. Chaleureux à l'attaque, le palais se montre puissant et bien équilibré par une fine trame acide qui accompagne des saveurs de pomme jusqu'en finale. ✗ 2017-2022

☞ *Dom. Gisèle Bordenave, rte d'Ucha, quartier Ucha, 64360 Monein, tél. 05 59 21 34 83, contact@ domaine-bordenave.com* Ⅴ ⅺ ⅼ *t.l.j. 9h-19h; dim. sur r.-v.*

DOM. BORDENAVE-COUSTARRET
Renaissance 2014

■	8 000	ⅰ	8 à 11 €

Au cœur des coteaux de Lasseube au sud de Pau, le petit domaine de 5 ha est installé en altitude, à 380 m, face aux Pyrénées. Fondé en 1842, il est conduit depuis 1995 par Sébastien Bordenave-Coustarret.

Cette cuvée née d'un assemblage de petit manseng, de courbu et (plus rare) de camaralet libère un nez élégant et frais d'agrumes (citron) et de fruits exotiques. Le palais suit une ligne vive et tendue jusqu'en finale. Un vin cohérent et énergique. ✗ 2016-2019 ✛ merlu à l'espagnole

☞ *Bordenave-Coustarret, chem. Ranque, 64290 Lasseube, tél. 05 59 21 72 66, domainecoustarret@wanadoo.fr* Ⅴ ⅺ ⅼ *t.l.j. 9h30-12h30 13h30-18h; dim. sur r.-v.*

Ⓑ DOM. BRU-BACHÉ La Quintessence 2012 ★

■	9 000	ⅲ	20 à 30 €

Claude Loustalot poursuit l'œuvre de son oncle sur ce célèbre domaine. Il cultive les 11 ha en agriculture biologique et en biodynamie, avec pour objectif de préserver l'identité du jurançon.

Fer de lance du domaine, cette cuvée née du seul petit manseng peut s'enorgueillir d'un beau palmarès dans le Guide. Parée d'un jaune or foncé aux nuances ambrées, elle s'ouvre sur d'intenses senteurs évoquant la torréfaction (fruits à coque et café), puis s'invitent des notes de miel et de fruits jaunes bien mûrs. La bouche est tendre et douce, sous-tendue par une fine acidité qui flatte les arômes perçus à l'olfaction et apporte à l'ensemble équilibre et longueur. ✗ 2016-2019 ✛ tarte au bleu de Bresse

☞ *Dom. Bru-Baché, 39, rue Barada, 64360 Monein, tél. 05 59 21 36 34, domaine.bru-bache@orange.fr* Ⅴ ⅺ ⅼ *r.-v.* ☞ Claude Loustalot

DOM. DE CABARROUY 2014 ★

■	4 200	ⅰ	5 à 8 €

Dans les années 1980, Patrice Limousin, alors jeune vigneron dans la région nantaise, rencontre Freya Skoda, une étudiante berlinoise. Le couple achète en 1988 ce domaine à l'abandon. Ils ont replanté les vignes, restauré la demeure du XVIIIe et aménagé un chai. Le vignoble compte aujourd'hui 21 ha.

De couleur pâle et légère aux nuances de fenaison, cette cuvée associant le gros (majoritaire) et le petit mansengs livre au nez des nuances aériennes de fleurs blanches et de menthe. Le palais, ample et alerte, reste sur une ligne fraîche et tendue, renforcée par des arômes citronnés et par une pointe de minéralité en finale. Un vin rectiligne et une belle expression du cépage. ✗ 2016-2019 ✛ choucroute de la mer ■ **Cuvée Sainte-Catherine 2012** (11 à 15 € ; 4 500 b.) : vin cité. ✗ 2016-2019

☞ *Dom. de Cabarrouy, chem. Cabarrouy, 64290 Lasseube, tél. 05 59 04 23 08, domaine.cabarrouy@orange.fr* Ⅴ ⅺ ⅼ *t.l.j. 10h-12h30 14h-19h; dim. sur r.-v.* ☞ Limousin et Skoda

DOM. CASTERA 2013 ★★

■	2 400	ⅰ	5 à 8 €

Fondée en 1895, cette ferme béarnaise a longtemps accueilli veaux, vaches, cochons, couvées et un verger de pêches roussanne de Monein. Les blondes d'Aquitaine et les champs de maïs sont restés, mais le vignoble a gagné du terrain (11,5 ha) avec l'arrivée de Christian Lihour. Son fils Franck l'a rejoint en 2014.

Un vin né de gros manseng à peine teinté de petit manseng (5 %), en robe dorée nuancée de vert. Il s'épanouit sur des parfums élégants et intenses de fleurs blanches, de fruits frais et de beurre frais. La bouche est franche, vive et volumineuse. Elle poursuit sur ce registre tonique jusque dans une finale aux saveurs gourmandes de fruits exotiques (ananas, mangue) et d'agrumes. Un modèle d'équilibre. ✗ 2017-2020 ✛ crabe farci ■ 2014 (5 à 8 € ; 2 700 b.) : vin cité. ✗ 2016-2019

☞ *Christian Lihour, quartier Ucha, 64360 Monein, tél. 05 59 21 34 98, christian.lihour@wanadoo.fr* Ⅴ ⅺ ⅼ *r.-v.*

DOM. CAUHAPÉ Noblesse du temps 2012

■	n.c.	ⅲ	20 à 30 €

Dans la première édition du Guide, un coup de cœur avait couronné un moelleux 1982 élaboré par Henri Ramonteu. Onze autres ont suivi. Le domaine s'étend sur 43 ha de vignes escarpées, plantées à flanc de colline.

Une cuvée maintes fois récompensée dans ces pages, née de petit manseng et passée en barrique. Elle livre un nez complexe et élégant de fleurs blanches, de fruits jaunes et de citron meringué, auquel une touche de boisé vient apporter un supplément d'âme. La bouche se montre tendre en attaque, avant d'être relayée par une juste fraîcheur qui lui apporte équilibre et longueur, flattant la palette des arômes perçus à l'olfaction. Un vin gourmand et prometteur. ✗ 2019-2021 ✛ carpaccio de figues crues et cuites ■ **Sève d'automne 2013** (15 à 20 € ; n.c. b.) : vin cité. ✗ 2016-2019

☞ *Henri Ramonteu, Dom. Cauhapé, quartier Castet, 64360 Monein, tél. 05 59 21 33 02, contact@ cauhape.com* Ⅴ ⅺ ⅼ *r.-v.*

DOM. DU CINQUAU 2013

■	7 000	🍶	8 à 11 €

Jaune pâle, limpide et brillant, ce vin s'ouvre sur un nez engageant de fruits jaunes et de fruits exotiques mâtinés de touches de beurre. Frais à l'attaque, le palais évolue vers la douceur, une sensation de suavité bien relayée par les arômes de fruits confits jusqu'en finale. Un vin plein de gourmandise. ✗ 2018-2021 ❦ crème brûlée au foie gras

○┐ *Dom. du Cinquau, chem. du Cinquau, 64230 Artiguelouve, tél. 05 59 83 10 41, g.laborde@ cinquau.fr*

CLOS BELLEVUE Cuvée spéciale 2012 ★

■	5 400	◫	11 à 15 €

Chez les Muchada, on cultive les terres familiales de père en fils depuis longtemps. 40 ha de prairies et de champs, dont 11 ha de vignes. En 2003, Olivier, le fils, est revenu s'installer sur la propriété, aidé de son père et de son frère Romain.

Ce pur petit manseng, qui a bénéficié d'un élevage de vingt-quatre mois en barrique, affiche une élégante couleur or pâle et s'épanouit sur des parfums complexes de fruits mûrs et de fruits frais, de fleurs blanches et de nèfle, que complètent des notes de pain grillé, de brioche et de café. La bouche, tendre, ample et onctueuse, trouve le soutien d'une juste fraîcheur qui accompagne les arômes perçus à l'olfaction et apporte à l'ensemble équilibre et longueur. Une petite pointe boisée marque la finale, mais elle devrait disparaître avec la garde. ✗ 2018-2022 ❦ gâteau basque

○┐ *Clos Bellevue, chem. des Vignes, 64360 Cuqueron, tél. 06 15 34 49 36, closbellevue@club.fr* ⓥ 🅺 🏠 *t.l.j. 8h-12h 14h-18h* 🏠 ⓔ ○┐ *Olivier Muchada*

CLOS DE LA VIERGE
Confidences du clos 2013 ★★

■	4 200	◫	5 à 8 €

La maison est sise sur la place de l'église à Lahourcade. Anne-Marie Barrère, épaulée par sa sœur et sa mère gèrent un vignoble de 16 ha réparti sur deux terroirs : le Clos Cancaillaü et le Clos de la Vierge.

Ce 100 % gros manseng élevé en fût pendant huit mois affiche une robe jaune or aux reflets verts et s'ouvre tout en délicatesse sur des senteurs de pêche blanche, d'agrumes, de fruits secs et une légère touche boisée. Rond, onctueux, suave et charnu, le palais est bien équilibré par une fine trame acide qui souligne les arômes perçus à l'olfaction et qui étire élégamment la finale. Un vin remarquablement construit et paré pour la garde. ✗ 2018-2022 ❦ assiette de saumon fumé ■ **Cancaillaü Gourmandise** 2012 (11 à 15 € ; 1800 b.) : vin cité. ✗ 2017-2020

○┐ *Anne-Marie Barrère, 4, rte de Monein, place de l'Église, 64150 Lahourcade, tél. 05 59 60 08 15, earl.barrere@orange.fr* ⓥ 🅺 🏠 *t.l.j. sf dim. 8h-19h; f. 1ᵉʳ oct.-15 nov.*

CLOS GUIROUILH La Peirine 2013 ★

■	4 000	◫	5 à 8 €

La propriété de Jean Guirouilh, au village de Lasseube. L'homme a quitté polyculture et bétail pour se consa-

crer au jurançon. Marie-Françoise Guirouilh-Rodrigues conduit l'exploitation depuis 2011.

Un vin issu d'un assemblage de gros (majoritaire) et de petit mansengs élevé sous bois pendant onze mois. Il se pare d'un beau jaune clair aux reflets verts et s'épanouit sur des parfums intenses et complexes d'agrumes, de fruits secs et sur une délicate touche minérale, signature du terroir argilo-calcaire aux éclats de grès qui l'a vu naître. À l'unisson, la bouche est dense et puissante, bien équilibrée par une discrète trame acide jusqu'en finale. Un vin à la fois généreux et précis. ✗ 2019-2022 ❦ risotto aux coques ■ 2013 ★ (8 à 11 € ; 25 000 b.) : une cuvée née à parts égales de gros et de petit mansengs, au nez étonnant, complexe et appétissant d'herbes sauvages (pissenlit), d'anis, de pain grillé et de coco. La bouche, soyeuse et tendre, trouve l'équilibre grâce à une fraîcheur tonique qui accompagne le vin jusqu'en finale. ✗ 2017-2020

○┐ *SCEA Guirouilh, rte de Belair, 64290 Lasseube, tél. 05 59 04 21 45, guirouilh@gmail.com* ⓥ 🅺 🏠 *r.-v.*

⑧ CLOS THOU
Cuvée Guilhouret 2013 ★★★

■	10 000	🍶	11 à 15 €

Métayers puis fermiers, les arrière-grands-parents d'Henri Lapouble-Laplace ont acheté le domaine que ce vigneron, installé en 1993, met aujourd'hui en valeur. Les 8,5 ha de vignes sont conduits en bio.

Un vin issu d'un assemblage subtil de gros et petit mansengs, de courbu et de camaralet, élevé sur lies pendant dix mois. Il a charmé les dégustateurs en tous points : une seyante couleur et frangée d'émeraude ; un nez à la fois fin et suave de fleurs blanches, de pêche et de fruits exotiques ; un palais ample, frais, tonique, hautement aromatique et remarquablement long. Un modèle d'équilibre et d'élégance. ✗ 2016-2020 ❦ turbot poché aux herbes ■ **Suprême de Thou** 2013 (15 à 20 € ; 5 000 b.) ⑧ : vin cité. ✗ 2017-2020

○┐ *Henri Lapouble-Laplace, 245, chem. Larredya, 64110 Jurançon, tél. 05 59 06 08 60, clos.thou@ wanadoo.fr* ⓥ 🏠 *t.l.j. 9h-12h 14h-18h30 ; dim. r.-v.*

CRU LAROSE
Premières Vendanges 2013

■	1 800	🍶	8 à 11 €

Dans la famille depuis trois générations, ce domaine d'à peine 3 ha est conduit désormais par Chantal Peyroutet-Davancens. Situé sur la crête de Saint-Faust, face aux Pyrénées, le vignoble bénéficie d'un ensoleillement maximal.

Habillée d'or aux reflets argent, cette cuvée de gros (majoritaire) et de petit mansengs mêle des senteurs complexes de fleurs et de fruits blancs, d'agrumes et de fruits exotiques. La bouche, franche à l'attaque, rappelle les arômes perçus à l'olfaction et en développement ample, rond et frais à la fois. Une petite pointe d'amertume et une touche citronnée accompagnent la finale et apportent à cet ensemble bien équilibré un supplément de complexité. ✗ 2016-2020 ❦ langoustines ■ **Régal des grives** 2012 (11 à 15 € ; 1 160 b.) : vin cité. ✗ 2018-2021

○┐ *Chantal Peyroutet-Davancens, 251, chem. des Crêtes, 64110 Saint-Faust, tél. 05 59 83 12 06, contact@ crularose.com* ⓥ 🅺 🏠 *t.l.j. 10h-12h30 14h-19h*

DOM. HAUGAROT Camahor 2013 ★

2 800	ⓘ ◑	5 à 8 €

En 2001, à dix-neuf ans, Jean-Pierre Proharam reprend les vignes familiales jusqu'alors vinifiées à la coopérative. En 2004, il réalise sa première vinification et inaugure son chai en 2008.

Élevé six mois en cuve et six mois en fût, cette cuvée associant le gros manseng (majoritaire) au petit manseng et au petit courbu s'épanouit sur un nez complexe et fin de pêche blanche, d'agrumes et de fleurs blanches rehaussé de délicates notes de merrain. La bouche, joviale et fruitée, développe une matière riche et souple, complétée par une finale à dominante boisée mais bien fraîche. Une petite garde permettra d'arrondir cet ensemble déjà fort aimable. ✗ 2017-2020 ♈ sandre au beurre blanc

☛ Jean-Pierre Proharam, 672, chem. des Crêtes, 64110 Saint-Faust, tél. 05 59 40 69 10, domainehaugarot@yahoo.fr Ⓥ 🏃 ⬆ t.l.j. sf dim. 8h30-12h30 13h30-19h

CHARLES HOURS
Cuvée Marie 2013 ★

n.c.	◑	11 à 15 €

Charles Hours, œnologue, conduit son vignoble en bio depuis vingt ans, mais sans certification. Il a agrandi le domaine paternel (19 ha aujourd'hui). Sa fille Marie, installée à ses côtés, met au point des cuvées « trendy » à côté des vins « tradi ».

D'une couleur or vif et limpide, cette cuvée déploie de puissants parfums de fruits exotiques (ananas) et d'agrumes agrémentés d'accents minéraux et boisés. Le palais, plein et vif à l'attaque, déroule une matière volumineuse et très aromatique (agrumes), avant de rappeler dans sa longue finale quelques touches boisées perçues à l'olfaction. Un ensemble très équilibré, qui pourra attendre pour exprimer toute sa complexité. ✗ 2017-2020 ♈ ris de veau ■ Happy Hours 2013 ★ (11 à 15 € ; 6 000 b.) : une cuvée remarquée pour sa fraîcheur, pour son expression aromatique intense et persistante, tant au nez qu'en bouche (fruits mûrs, miel, brioche, fleurs blanches), et pour son élégance. ✗ 2017-2019

☛ Charles Hours, Uroulat, 64360 Monein, tél. 05 59 21 46 19, charles.hours@orange.fr Ⓥ 🏃 ⬆ r.-v.

CH. JOLYS 2014 ★

53 333	ⓘ	5 à 8 €

Les Domaines Latrille se composent de deux propriétés en jurançon. Le berceau est le château Jolys (32 ha), créé en 1962 par Pierre-Yves Latrille, ingénieur agronome ; le château de Jurque (10 ha) a été planté entre 2003 et 2011. Claire et Camille Bessou-Latrille, petites-filles du fondateur, sont aux commandes depuis 2012.

Paré de jaune or aux nuances paille, ce vin né d'un assemblage de petit (majoritaire) et de gros mansengs dévoile d'agréables nuances de fleurs blanches, de menthe et de fruits à chair blanche. On retrouve ces arômes dans un palais net en légèreté, en souplesse et en rondeur, stimulé par une finale citronnée, friande et fraîche. Un vin qualifié de « moderne ». ✗ 2016-2019 ♈ tarte à l'orange ■ Cuvée Jean 2012 (11 à 15 € ; 48 000 b.) : vin cité. ✗ 2015-2019

☛ SCEA Dom. Latrille, 330, rte de la Chapelle-de-Rousse, 64290 Gan, tél. 05 59 21 72 79, contact@domaineslatrille.fr Ⓥ 🏃 ⬆ r.-v.

Ⓑ PASCAL LABASSE Sélection DB 2013 ★★

3 000	◑	20 à 30 €

Pascal Labasse s'est formé au Ch. La Tour Blanche à Sauternes. Il est passé de l'agriculture conventionnelle à la lutte raisonnée, avant d'engager en 2008 la conversion bio de son vignoble de 16 ha.

Ce pur petit manseng élevé onze mois sous bois s'épanouit avec élégance sur des parfums de fruits mûrs (coing, pêche). Le palais, rond et gras, trouve le soutien d'une juste fraîcheur qui souligne des saveurs fruitées pleines de gourmandise et laisse le souvenir d'un vin puissant, au caractère bien affirmé. ✗ 2017-2020 ♈ assiette scandinave ■ Dom. Bellegarde Cuvée Tradition 2013 (11 à 15 € ; 25 000 b.) Ⓡ : vin cité. ✗ 2017-2020

☛ Pascal Labasse, Dom. Bellegarde, quartier Coos, 64360 Monein, tél. 05 59 21 33 17, contact@ domaine-bellegarde.fr Ⓥ 🏃 ⬆ t.l.j. sf dim. 10h-12h 14h-18h

♥ Ⓑ CH. LAFITTE Sec 2013 ★★★

2 000	◑	11 à 15 €

Lafitte, avec deux « t ». Deux belles tours d'angle et des lettres d'ancienneté : le château remonte au moins au XIVes. La propriété a été acquise en 2000 par Philippe Arraou qui a planté 4 ha. Depuis 2012, c'est son fils Antoine qui conduit le domaine.

Château Lafitte

JURANÇON SEC
2013 VIN BIOLOGIQUE

Antoine Arraou, poursuivant avec talent le travail de son père, signe ici une cuvée de petit manseng complétée à 25 % de gros manseng, puis élevée en barrique pendant neuf mois. Le vin se présente dans une charmante couleur or frangé de vert et livre des parfums d'une rare élégance mêlant la fleur de châtaigner aux fruits exotiques mûrs et aux agrumes. La bouche prolonge cette expression aromatique, flattée par une matière superbe de rondeur et de vivacité mêlées. Un équilibre parfaitement maîtrisé que l'on apprécie jusque dans la longue finale délicatement boisée. Un jurançon exceptionnel à savourer dès à présent ou à oublier pour en découvrir de nouvelles facettes. ✗ 2015-2022 ♈ homard grillé

☛ Ch. Lafitte, 64360 Monein, tél. 06 64 89 77 50, contact@chateau-lafitte.com Ⓥ 🏃 ⬆ t.l.j. 8h-20h ☛ Arraou

DOM. LAGUILHON 2013 ★

47 000	ⓘ	8 à 11 €

Fondée en 1949, la cave de Gan réunit 850 ha de vignes, soit plus de 250 viticulteurs, et fournit plus de la moitié des volumes de l'appellation jurançon. Elle propose ses vins de marque et des vins de propriétés élaborés par ses soins.

Parée d'or aux nuances d'ambre, cette cuvée associant à parts égales le gros et le petit mansengs livre un nez, à la fois généreux et fin, de fruits très mûrs mariés à une subtile touche de truffe blanche. Elle s'affirme plus nettement encore dans une bouche ample portée par une

SUD-OUEST

fraîcheur toute citronnée qui étire la finale. Un jurançon étonnant, un brin espiègle. ✗ 2017-2021 ♈ toasts au fromage de brebis ■ Dom. Loustalé 2014 ★ (5 à 8 € ; 8 000 b.) : un nez bien typé d'agrumes et un palais aux arômes plus complexes de fruits exotiques, rond et frais à la fois. Un équilibre bien maîtrisé. ✗ 2016-2019

o━ *Cave de Gan Jurançon, 53, av. Henri-IV, 64290 Gan, tél. 05 59 21 57 03, cave@cavedejurancon.com* Ⓥ 🕴 🚹 *r.-v.*

Ⓑ **CAMIN LARREDYA** Au Capceu 2013 ★		
■	6 000	◑	20 à 30 €

Ce domaine acquis en 1900 s'est tourné vers la vigne à partir de 1970. Après ses études de viticulture-œnologie, Jean-Marc Grussaute, installé une vingtaine d'années plus tard, a quitté la coopérative avant de s'orienter vers le bio (certification en 2010).

Limpide et doré, ce pur petit manseng élevé en barrique pendant un an livre un nez puissant et complexe où les parfums de fleurs se mêlent à ceux des fruits exotiques et des fruits secs que rehaussent quelques notes de truffe caractéristiques. La bouche, ample et tendre, trouve le soutien d'une juste fraîcheur. Les arômes perçus à l'olfaction reviennent dans une longue et douce finale. Un vin d'une belle typicité. ✗ 2018-2022 ♈ poularde rôtie

o━ *Jean-Marc Grussaute, chem. Larredya, 64110 Jurançon, tél. 05 59 21 74 42, contact@ caminlarredya.fr* Ⓥ 🕴 🚹 *r.-v.*

| **DOM. LARROUDÉ** | | |
Vieilles Vignes 2014 ★		
■	5 500	ⓘ	5 à 8 €

Entre gave de Pau et gave d'Oloron, Christiane et Julien Estoueigt conduisent depuis 1985 un petit domaine de 7 ha couvrant des coteaux exposés au plein sud, face aux Pyrénées. En conversion bio.

Paré d'un jaune intense aux reflets paille, ce 100 % gros manseng élevé sur des sols argilo-limoneux libère des parfums intenses de fruits exotiques agrémentés d'un accent végétal bien perceptible (buis, menthe). En bouche, il conjugue sans fausse note rondeur, douceur, fruité et fraîcheur (agrumes). Un vin moderne et bien en place. ✗ 2016-2019 ♈ cake à l'orange ■ Lou Mansengou 2013 (8 à 11 € ; 6 000 b.) : vin cité. ✗ 2018-2021

o━ *Dom. Larroudé, quartier Marquesouquères, 64360 Lucq-de-Béarn, tél. 05 59 34 35 40, domaine.larroude@wanadoo.fr* Ⓥ 🕴 🚹 *r.-v.*

o━ Estoueigt

| **DOM. DE MALARRODE** | | |
Cuvée Prestige Vendanges tardives 2013 ★★		
■	6 000	ⓘ ◑	11 à 15 €

Gaston Mansanné est revenu en 1986 dans son Béarn natal. Il a arraché de vieux ceps en fin de vie et des arbres fruitiers, et replanté le gros et petit mansengs. Son domaine couvre 14 ha.

Issu de petit manseng et élevé longuement en barrique (dix-huit mois), ce 2013 d'une séduisante couleur paille aux reflets dorés s'épanouit sur des parfums d'une remarquable complexité : fleurs blanches, fruits jaunes bien mûrs, pain grillé et pain d'épice nappés de miel toutes fleurs. Dense et riche, au diapason du bouquet, la bouche suit un développement tendre, tout en souplesse, et

déploie une fine fraîcheur dans une finale interminable. Un modèle de puissance maîtrisée et d'élégance. ✗ 2019-2025 ♈ foie gras poêlé

o━ *Gaston Mansanné, quartier Ucha, 64360 Monein, tél. 05 59 21 44 27, mansanne.gaston@wanadoo.fr* Ⓥ 🕴 🚹 *r.-v.*

| **DOM. MONTAUT** | | |
Cuvée Prestige 2013 ★		
■	10 200	ⓘ	8 à 11 €

Cette propriété familiale très ancienne a été reprise par Fernand Montaut en 1988. Son fils Nicolas a pris le relais en 2010. Il exploite près de 6 ha de vignes.

Jaune pâle nuancé d'or et d'argent, ce 2013 livre un nez remarquablement puissant où les parfums de fruits jaunes (mirabelle, coing) se mêlent aux fruits exotiques et au miel. Franc à l'attaque, le palais est sous-tendu par une fine acidité portant tout en délicatesse et en élégance les arômes fruités et miellés perçus à l'olfaction. Un joli jurançon, harmonieux et facile à boire. ✗ 2016-2021 ♈ toasts de pain d'épice au foie gras

o━ *Dom. Montaut, quartier Haut-Ucha, 64360 Monein, tél. 05 59 21 38 17, domaine.montaut@gmail.com* Ⓥ 🕴 🚹 *t.l.j. 9h-12h 14h-18h*

Ⓑ **DOM. NIGRI** Confluence 2014 ★		
■	20 000	ⓘ	8 à 11 €

Créé il y a plus de trois cents ans et commandé par une bâtisse du XVIIIᵉs., ce domaine de 13,5 ha est dans la famille depuis quatre générations. Il est conduit depuis 1993 par Jean-Louis Lacoste, œnologue. En bio certifié depuis 2013.

D'une couleur jaune clair limpide nuancé d'argent, cette cuvée associant le camaralet et le lauzet au gros manseng livre des senteurs fraîches et intenses évoquant les agrumes, les fleurs et les fruits blancs agrémentés d'une touche délicatement mentholée. Le palais, bien équilibré, évolue sur la fraîcheur sans manquer toutefois de rondeur et de gras, et dévoile un beau fruité croquant. On apprécie aussi la longue finale acidulée qui confère à ce vin un caractère tonique. ✗ 2017-2019 ♈ toasts au fromage de chèvre ■ Pierre de lune 2013 (8 à 11 € ; 5 000 b.) Ⓑ : vin cité. ✗ 2015-2018

o━ *Jean-Louis Lacoste, Dom. Nigri, Candeloup, 64360 Monein, tél. 05 59 21 42 01, domaine.nigri@ wanadoo.fr* Ⓥ 🕴 🚹 *t.l.j. 9h-12h 13h30-18h; dim. sur r.-v.*

LIONEL OSMIN & CIE Cami Salié 2014		
■	10 000	ⓘ	11 à 15 €

Fils d'un bijoutier béarnais, Lionel Osmin est devenu ingénieur agricole et a fondé en 2010 une maison de négoce spécialisée dans les vins du grand Sud-Ouest, d'Irouléguy à Bergerac, de Madiran à Marcillac. Il a quatre associés, dont l'œnologue Damiens Sartori.

La parcelle de 3 ha sur laquelle est né le 2013 : cuvée est située sur le chemin du sel reliant Salies à Pau. Ce qui explique le nom de ce vin de couleur dense qui évoque un chaume de la vallée de la Loire. Au nez, il libère des senteurs fraîches de fruits à chair blanche (pomme, poire), puis d'agrumes. Franc à l'attaque, le palais est frais et gras à la fois. La finale plus vive et légèrement citronnée lui confère un surcroît de peps et de complexité. ✗ 2015-2018 ⵂ cake au saumon et asperges vertes

☞ *Lionel Osmin & Cie, 14, rue des Bruyères, 64160 Morlaas, tél. 05 59 05 14 66, vin@osmin.fr* Ⓥ Ⓕ *t.l.j. sf dim. lun. 10h-14h 16h30-21h; (vente: 1, rue du Château, 64000 Pau)*

VIGNOBLES DE PYRÉNAÏA Cairn 2013 ★★		
■ 1 800	ⓓ	11 à 15 €

« Vigneron sans terre », Simon Forgue a créé en 2012 avec une poignée de proches cette petite structure de négoce et de vinification. Il a installé son chai dans une ancienne carrosserie, où il élabore des vins du Piémont pyrénéen.

Cette cuvée de petit (majoritaire) et de gros mansengs élevée dix mois sous bois affiche une robe brillante, pâle et nuancée de vert. Au nez, elle s'exprime sur des senteurs variétales (fougère et fruits d'été) et des notes délicatement boisées. En bouche, le vin est bien en place : à la fois onctueux et frais, ample et bien aromatique. Un jurançon équilibré et précis. ✗ 2016-2019 ⵂ sandre au beurre blanc

☞ *Vignoble de Pyrénaïa, 46, rue Henri-IV, 64110 Mazères-Lezons, tél. 06 86 16 82 63, simon.forgue@pyrenaia.com* Ⓥ Ⓚ Ⓕ *r.-v.*
☞ Simon Forgue

♥ CH. DE ROUSSE Cuvée Séduction 2013 ★★		
■ 4 000	ⓓ	15 à 20 €

Domaine de 10 ha conduit depuis 2000 par les frères Marc et Olivier Labat. Cultivées en étroites terrasses, les vignes exposées au sud-sud-est sont disposées en amphithéâtre, avec à l'arrière-plan la chaîne des Pyrénées.

Le grand jury a unanimement salué le travail du vigneron qui a livré ce pur petit manseng passé quatorze mois en barrique de chêne. La séduction opère dès la vue de la robe dorée, parfaitement limpide et nuancée d'argent. Elle se poursuit à l'olfaction, autour de parfums enivrants et complexes de fruits mûrs (fruits exotiques), de tilleul, de fruits secs et de notes délicatement beurrées et toastées. La bouche se montre chaleureuse, riche, dense et suave, sans céder à la lourdeur grâce à une élégante fraîcheur qui prolonge les arômes perçus au nez et porte loin la finale, intense et alerte. Une cuvée qui ne fait pas mentir son nom. ✗ 2019-2025 ⵂ gratin de homard aux truffes

☞ *Ch. de Rousse, La Chapelle-de-Rousse, 64110 Jurançon, tél. 05 59 21 75 08, chateauderousse@wanadoo.fr* Ⓥ Ⓚ Ⓕ *t.l.j. 9h-12h 14h-19h*
☞ Marc et Olivier Labat

SÉDUCTION D'AUTOMNE 2013 ★★		
■ 15 000	î ⓓ	5 à 8 €

Cette maison de négoce créée en 2001 au cœur du vignoble s'approvisionne auprès d'une cinquantaine de viticulteurs cultivant 130 ha.

Ce vin né de petit manseng passé en barrique de chêne pendant trois mois s'ouvre sur des senteurs élégantes et

intenses d'aubépine, de fruits exotiques, d'épices douces et sur quelques notes toastées. La bouche est fraîche à l'attaque puis évolue vers l'onctuosité, révélant un volume remarquable et des arômes généreux de fruits mûrs associés à un boisé subtil. Un modèle d'harmonie. ✗ 2017-2021 ⵂ ris de veau à la crème ■ Les Amours de la reine 2013 ★★ (5 à 8 € ; 50 000 b.) : un vin né d'un assemblage à parts égales de petit et de gros mansengs qui s'exprime généreusement sur les parfums de fruits blancs (poire), d'agrumes (pamplemousse), de fruits exotiques. Un fruité que l'on retrouve dans une bouche croquante, légèrement douce et bien équilibrée. Un vin expressif et élégant, à apprécier sur le fruit ou à laisser vieillir un peu. ✗ 2015-2020

☞ *Confrérie du Jurançon, quartier Loupien, 64360 Monein, tél. 05 59 21 34 58* Ⓥ Ⓚ Ⓕ *t.l.j. sf dim. lun. 9h30-12h 14h-18h30*

LE VALOISIN 2013 ★		
■ 30 000	▮	5 à 8 €

Une maison de négoce rachetée en 1992 par le groupe Castel, l'un des plus gros acteurs du commerce de vins dans l'Hexagone, propriétaire notamment de marques telles que Roche Mazet, Vieux Papes et Villageoise.

Habillée d'une robe jaune citron pâle et limpide, cette cuvée s'ouvre sur des senteurs fraîches et engageantes de fruits à chair blanche (pêche, poire) et de fruits exotiques, relayées par une note délicatement beurrée. Ronde et riche, la bouche, sous-tendue par une trame fraîche, fait la part belle aux arômes de pâte de fruits, soulignés par un trait citronné. De beaux amers en finale apportent à cet ensemble harmonieux un surcroît de complexité. Un digne représentant de l'appellation. ✗ 2017-2019 ⵂ salade d'agrumes au sirop léger

☞ *Sté des Vins de France, 21-24, rue G.-Guynemer, 33290 Blanquefort*

♥ LE VIEUX CAVEAU 2013 ★★		
■ 66 600	î	5 à 8 €

Fondée en 1949, la cave de Gan réunit 850 ha de vignes, soit plus de 250 viticulteurs, et fournit plus de la moitié des volumes de l'appellation jurançon. Elle propose ses vins de marque et des vins de propriétés élaborés par ses soins.

Cette cuvée née d'un assemblage à parts égales de gros et de petit mansengs, drapée d'or brillant, a conquis le jury des coups de cœur avec ses parfums montants mêlant la fleur d'acacia, les fruits blancs, les fruits exotiques bien suaves et d'élégantes notes de truffe blanche. Tout aussi raffinée et complexe, la bouche révèle rondeur, richesse et puissance, et trouve le soutien d'une fraîcheur bien maîtrisée qui exalte le retour des arômes de l'olfaction jusque dans la longue finale. Un vin gourmand et parfaitement équilibré, qui fait honneur à l'appellation. ✗ 2018-2022 ⵂ macarons au chocolat ■ Prestige 2013 ★★ (8 à 11 € ; 100 000 b.) : un pur petit manseng au nez fin et discret de fruits exotiques nappés de miel. La bouche préfère les arômes de fruits confits, qui accompagnent un développement onctueux et tendre, bien

SUD-OUEST

équilibré par une fine fraîcheur. Un ensemble très harmonieux et long. ✗ 2017-2021 ■ Grain Sauvage Blanc de blancs 2014 ★★ (5 à 8 € ; 120 000 b.) : un 100 % gros manseng qui ne s'est pas montré si sauvage, mais au contraire très séducteur avec ses parfums de chèvrefeuille, de poire et de citron vert. Souple à l'attaque, le palais offre rondeur et fraîcheur tout à la fois, rappelant les arômes flatteurs de l'olfaction jusqu'en finale. Un ensemble cohérent et flatteur, bien typique de l'appellation. ✗ 2016-2019 ■ Le Bon Roy Henry 2014 ★★ (5 à 8 € ; 33 000 b.) : un nez expressif et généreux de fruits exotiques, de miel et d'orange confite ; un palais souple, gras et complexe qui rappelle avec force et persistance les arômes du bouquet ; ce vin a décidément tout pour plaire. ✗ 2016-2019

⌐ *Cave de Gan Jurançon, 53, av. Henri-IV, 64290 Gan, tél. 05 59 21 57 03, cave@cavedejurancon.com* Ⓥ 🏍 🔽 *r.-v.*

Ⓑ DOM. VIGNAU LA JUSCLE 2013		
■	1 860	🍖 ⏺	20 à 30 €

Créé en 1983 par Michel Valton, un chirurgien devenu vigneron, ce domaine de 5 ha cultivé en bio est installé à l'emplacement d'une ferme du XVIIIᵉ s. Il est traversé par un sentier de randonnée, une occasion pour les promeneurs de faire halte pour découvrir une vue imprenable sur les Pyrénées et les vins de ce domaine, valeur sûre du Guide. Le fils Antonin préside depuis 2014 aux destinées de l'exploitation.

Jaune doré aux reflets orangés, cette cuvée issue de petit manseng, élevée dix-huit mois en fût et en cuve, s'ouvre sur d'intenses parfums de fruits mûrs, de fruits secs (abricot, banane) et d'agrumes confits (citron, orange). Ample, suave et puissante, sur les fruits confits, la bouche est sous-tendue par une agréable trame fraîche qui équilibre le tout et laisse présager un bon potentiel de garde. ✗ 2019-2022 🍖 tarte aux citrons de Menton

⌐ *Michel Valton, Dom. Vignau la Juscle, 64110 Saint-Faust, tél. 05 59 83 03 66, antonin.valton@gmail.com* Ⓥ 🏍 🔽 *r.-v.*

IROULÉGUY

Superficie : 214 ha / Production : 6 380 hl (88 % rouge et rosé)

Dernier vestige d'un grand vignoble basque dont on trouve la trace dès le XIᵉs., l'irouléguy témoigne de la volonté des vignerons de perpétuer l'antique tradition des moines de Roncevaux. Le vignoble s'étage sur le piémont pyrénéen, dans les communes de Saint-Étienne-de-Baïgorry, d'Irouléguy et d'Anhaux.
Les cépages d'autrefois ont à peu près disparu pour laisser place au cabernet-sauvignon, au cabernet franc et au tannat pour les vins rouges et rosés, au courbu et aux gros et petit mansengs pour les blancs. De couleur cerise, le rosé est vif et léger, le blanc, fruité et frais, le rouge, charnu, volontiers tannique et de bonne garde.

DOM. ABOTIA 2013 ★		
■	7 000	⏺	11 à 15 €

Une grande ferme dans le pur style bas-navarrais près de Saint-Jean-Pied-de-Port, au pied du pic de l'Arradoy.

Jean-Claude et Louisette Errecart ont relancé la viticulture sur l'exploitation, où l'on élève aussi des porcs. Leur fils Peïo, qui s'est installé en 2001 et a introduit les cépages blancs, cultive 10 ha de vignes en étroites banquettes. Une valeur sûre.

D'une belle couleur paille aux reflets dorés et verts, ce 2013 à majorité de gros manseng, complété de petit manseng et de petit courbu, est né d'un sol argileux à galets ronds. Il s'ouvre sur un nez complexe et délicat d'agrumes et de fruits secs associés à quelques notes minérales. La bouche offre dans un bel équilibre à la fois une jolie tension, du volume et de l'onctuosité. Son généreux fruité se marie avec ce qu'il faut de boisé en finale pour clore agréablement la dégustation. ✗ 2017-2020 🍖 Tatin d'oignons doux

⌐ *Peïo Errecart, Dom. Abotia, 64220 Ispoure, tél. 05 59 37 03 99, abotia@wanadoo.fr* Ⓥ 🏍 🔽 *r.-v.*

DOM. BRANA 2013 ★	
■	10 000	15 à 20 €

Quatre générations au service des vins et des spiritueux. En 1897, Pierre-Étienne Brana fonde une maison de négoce à Ustaritz. Jean installe l'affaire à Saint-Jean-Pied-de-Port. Étienne se lance en 1974 dans la distillation d'eaux-de-vie puis, dix ans plus tard, dans l'élaboration de vins d'Irouléguy. Depuis 1986, c'est Jean (deuxième du nom) qui commande les 18 ha du domaine établi pour l'essentiel en terrasses.

Assemblage de cabernet franc (majoritaire), de cabernet-sauvignon et de tannat, ce 2013 affiche une robe intense aux reflets violets et livre un nez de belle intensité sur les fruits rouges rafraîchis de notes mentholées et réglissées. En bouche, ce vin puissant et volumineux trouve l'équilibre sur la fraîcheur et restitue harmonieusement la palette aromatique fruitée du bouquet, complétée de quelques accents épicés en finale. ✗ 2017-2019 🍖 gigot de mouton ■ 2013 ★ (15 à 20 € ; 5 000 b.) : livrant un nez intense et épicé, ce 2013 déroule un palais fruité (agrumes), toasté et bien balancé entre onctuosité et vivacité. Un joli classique de l'appellation. ✗ 2015-2016

⌐ *Jean Brana, 3 bis, av. du Jaï-Alaï, BP 20, 64220 Saint-Jean-Pied-de-Port, tél. 05 59 37 00 44, contact@brana.fr* Ⓥ 🏍 🔽 *r.-v.*

Ⓑ DOM. ILARRIA 2013		
■	3 500	🍖 ⏺	15 à 20 €

Peïo Espil reprend en 1987 le domaine familial, où l'on cultive la vigne depuis des siècles. Premier des viticulteurs de l'appellation à vinifier en dehors de la coopérative, il s'engage dans l'agriculture biologique au cours des années 1990. Aujourd'hui, il exploite près de 10 ha.

Assemblage de petit courbu (majoritaire) et de petit manseng, ce 2013 jaune paille aux reflets dorés, élevé en fût pendant douze mois, livre un nez ouvert qui laisse apparaître quelques notes d'évolution et un fin boisé. Plus simple mais très plaisante, la bouche, qui n'a peut-être pas la même densité que les millésimes précédents, s'avère ronde et bien équilibrée et s'achève sur une note d'élevage. ✗ 2016-2019 🍖 merlu à l'espagnole

⌐ *Dom. Ilarria, 64220 Irouléguy, tél. 05 59 37 23 38 t.l.j. sf sam. dim. 10h-12h 14h-18h; oct.-avril sur r.-v.*
⌐ *Peïo Espil*

♥ LEHIA 2013 ★★★

| 1 500 | ◗◗ | 20 à 30 € |

Non loin de Saint-Étienne-de-Baïgorry et de son château, la coopérative a été créée en 1952, une année avant la promotion des irouléguy en « vins délimités de qualité supérieure ». Elle a participé à l'ascension de l'appellation et amorcé un virage qualitatif au cours des années 1990. Les chais ont été rénovés en 2000.

Ce 2013, assemblage de gros et de petit mansengs qui a bénéficié d'un élevage de huit mois en fût, s'ouvre sur un nez généreux et intense de fruits blancs confiturés (coing) et de fruits secs. Le palais offre de la rondeur, voire de l'onctuosité, tout en affichant une belle tension qui apporte du dynamisme et qui soutient longuement les arômes fruités en finale. Un dégustateur conclut : « La promesse d'un plaisir intense est assurée. » ✗ 2017-2021 ♈ Tatin d'oignons au foie gras

■ Mignaberry 2013 ★★ (8 à 11 € ; 20 000 b.) ♥ : 2013, un millésime faste pour la cave, qui décroche un deuxième coup de cœur, avec ce rouge élevé en fût pendant douze mois. Un joli nez de fruits rouges et noirs mûrs (prune, cerise) soutenu par des notes boisées et réglissées ouvre la dégustation. Au palais, du volume et beaucoup de matière, des tannins qui commencent à se fondre et une fine trame acide qui souligne les arômes de pruneau jusqu'à la finale longue et intense. Un vin tout « velours », mais à attendre un peu pour plus d'expression encore. ✗ 2017-2021

☛ Cave d'irouléguy, rte de Saint-Jean-Pied-de-Port, 64430 Saint-Étienne-de-Baïgorry, tél. 05 59 37 41 33, contact@cave-irouleguy.com
Ⓥ Ⓚ ♈ t.l.j. 9h-12h 14h-18h

DOM. MOURGUY 2014

| 10 000 | ◗ | 8 à 11 € |

Après plusieurs expériences sur les vignobles du Nouveau Monde (Argentine et Chili), Florence Mourguy a élu domicile au cœur du Pays basque, à Ispoure. Elle a repris en 2003 ce domaine familial à flanc de montagne et signé la même année son premier millésime.

Couleur pétale de rose, ce 2014 cristallin, assemblage de parts égales de tannat, de cabernet franc et de cabernet-sauvignon, a bénéficié d'une fermentation lente. Il en tire un nez intense de fruits rouges mâtiné de notes amyliques. En bouche, il se montre vif à l'attaque, puis développe un beau volume et un fruité gourmand. Un vin friand. ✗ 2015-2017 ♈ salade de crevettes, avocat et pamplemousse

☛ Florence Mourguy, Etxeberria, Ispoure, 64220 Saint-Jean-Pied-de-Port, tél. 06 78 84 89 25, domainemourguy@hotmail.com
Ⓥ Ⓚ ♈ t.l.j.10h-12h 14h30-19h30 ; nov. à avril sur r.-v. 🏠 ❸ 🏠 Ⓞ

LIONEL OSMIN & CIE
Euskal Egun 2013 ★

| 1 000 | ◗ ◗◗ | 20 à 30 € |

Fils d'un bijoutier béarnais, Lionel Osmin est devenu ingénieur agricole et a fondé en 2010 une maison de négoce spécialisée dans les vins du grand Sud-Ouest, d'Irouléguy à Bergerac, de Madiran à Marcillac. Il a quatre associés, dont l'œnologue Damiens Sartori.

Euskal Egun ? Le Ciel basque. Ce 2013, assemblage de 60 % de gros manseng, de petit manseng et de petit courbu à parité, livre un nez délicat et frais de fruits exotiques. La bouche fait la part belle aux agrumes, soutenue par une trame vive qui pousse loin la finale. Un vin gourmand et prêt à boire, mais qui saura également attendre. ✗ 2015-2020 ♈ croquettes de crevettes

☛ Lionel Osmin & Cie, 14, rue des Bruyères, 64160 Morlaas, tél. 05 59 05 14 66, vin@osmin.fr
Ⓥ ♈ t.l.j. sf dim. lun. 10h-14h 16h30-21h ; (vente : 1, rue du Château, 64000 Pau)

FLOC-DE-GASCOGNE

Le floc-de-gascogne est produit dans l'aire géographique de l'appellation armagnac. Il s'agit d'un vin de liqueur muté à l'aide de la célèbre eau-de-vie. La région viticole fait partie du piémont pyrénéen et se répartit sur trois départements : le Gers, les Landes et le Lot-et-Garonne. Afin de donner une force supplémentaire à l'antériorité de leur production, les vignerons du floc-de-gascogne ont mis en place un principe nouveau qui n'est ni une délimitation parcellaire telle qu'on la rencontre pour les vins, ni une simple aire géographique comme pour les eaux-de-vie. C'est le principe des listes parcellaires approuvées annuellement par l'INAO.

Les blancs sont issus des cépages colombard, gros manseng et ugni blanc, qui doivent ensemble représenter au moins 70 % de l'encépagement et ne peuvent dépasser seuls 50 % depuis 1996, avec pour cépages complémentaires le baroque, la folle blanche, le petit manseng, le mauzac, le sauvignon, le sémillon ; pour les rosés, les cépages sont le cabernet franc et le cabernet-sauvignon, le cot, le fer-servadou, le merlot et le tannat, ce dernier ne pouvant dépasser 50 % de l'encépagement. Les règles de production mises en place par les producteurs sont contraignantes : 3 300 pieds/ha taillés en guyot ou en cordon, nombre d'yeux à l'hectare toujours inférieur à 60 000, rendement de base des parcelles inférieur ou égal à 60 hl/ha...

Les moûts récoltés ne peuvent avoir moins de 170 g/l de sucres. La vendange, une fois égrappée et débourbée, est mise dans un récipient où le moût peut subir un début de fermentation. Aucune adjonction de produits extérieurs n'est autorisée. Le mutage se fait avec une eau-de-vie d'armagnac d'un compte d'âge minimum 0 et d'un degré minimum de 52 % vol. Tous les lots de vins sont dégustés et analysés. En raison de l'hétérogénéité toujours à craindre de ce type de produit, l'agrément se fait en bouteilles et ces dernières ne peuvent sortir des chais des récoltants avant le 15 mars de l'année qui suit celle de la récolte.

SUD-OUEST

DOM. DE BILÉ ★★

■	10 000	🍾	8 à 11 €

Un domaine familial de 17,2 ha, entre les mains du « clan » Della-Vedove – Didier et Marie-Claude, et leurs fils Romain et Thibault – établi non loin de Bassoues, une bastide fortifiée dominée par son donjon.

Ce floc s'ouvre sans réserve sur d'intenses notes de fruits rouges. Fraîche dès l'attaque, la bouche dévoile un fondu élégant où armagnac et fruité entretiennent une connivence friande. ✗ 2015-2018 ♈ melon ■ ★ (8 à 11 € ; 10 000 b.) : floral au nez et centré sur d'agréables notes miellées, ce floc blanc est bien dans le ton de l'appellation. ✗ 2015-2016

☛ Dom. de Bilé, EARL Della-Vedove, 32320 Bassoues-d'Armagnac, tél. 06 12 86 01 97, contact@domaine-de-bile.com Ⓥ 🏃 🔺 t.l.j. 9h-19h; dim. 9h-13h 🏠 Ⓖ ☛ Della Vedove

DOM. DES CASSAGNOLES ★

■	n.c.	⬤	8 à 11 €

Autrefois consacré à la seule production d'armagnac, le domaine de 75 ha campe à Grondin, au cœur de la Ténarèze. Janine et Gilles Baumann s'attachent aujourd'hui à élaborer des « flocs de terroir » et des vins de pays.

Belle mistelle que ce floc rouge associant le merlot et le cabernet-sauvignon à un armagnac élaboré à partir de l'ugni blanc. À l'olfaction, un « cocktail » complexe de fleurs blanches et de fruits rouges. On retrouve les fruits dans une bouche aux saveurs vanillées. ✗ 2015-2017 ♈ mousse au chocolat

☛ Dom. des Cassagnoles, Famille Baumann, 32330 Gondrin, tél. 05 62 28 40 57, j.baumann@domainedescassagnoles.com Ⓥ 🔺 t.l.j. sf dim. 9h30-12h30 14h-18h; sam. 9h30-12h30 14h-17h30 🏠 Ⓓ

DE CASTELFORT

■	80 000	🍾	8 à 11 €

Sur Les Hauts-de-Montrouge, en plein cœur du Bas-Armagnac, s'élaborent les flocs De Castelfort. Les vignes s'enracinent sur des sables fauves dispensant des vendanges au fruité délicat. Créée en 1963, la coopérative de Nogaro est le premier producteur de l'appellation.

Ce floc exhale des notes d'abricot, de fruits exotiques et de jasmin. En bouche, une fraîcheur bienfaisante s'installe dès l'attaque, renforcée par une pointe d'acidité en finale. ✗ 2015-2017 ♈ apéritif

☛ CPR – Les Hauts-de-Montrouge, 32110 Nogaro, tél. 05 62 09 01 79, info@hdmontrouge.com Ⓥ 🔺 r.-v.

DOM. CHIROULET

■	25 000	🍾	8 à 11 €

Philippe Fezas contemple de son domaine la petite église du XIIIᵉ s. érigée au hameau d'Heux, tout proche. Dans les rangs de vignes souffle le chiroula, un vent bienfaisant qui sèche les grappes, lesquelles donneront des flocs de haute expression.

Ce rosé s'affiche dans une intense parure rubis, prélude à un bouquet fruité, un brin vanillé, titillé par l'armagnac. En bouche, un beau panier de fruits rouges fait écho au nez.

Un vin qui se révèle aussi pulpeux (155 g/l de sucres résiduels) que racé. ✗ 2015-2017 ♈ charlotte glacée aux fraises

☛ EARL Fezas, Dom. Chiroulet, 32100 Larroque-sur-l'Osse, tél. 05 62 28 02 21, chiroulet@wanadoo.fr Ⓥ 🔺 t.l.j. sf dim. 9h-12h 14h-18h30; f. sam. de janv. à mai

CAVE DE CONDOM ★★

■	14 000	🍾	5 à 8 €

Fondée dans les années 1950, la coopérative de Condom regroupe aujourd'hui plus de 150 producteurs cultivant un vignoble de quelque 1 300 ha.

Ce floc blanc s'est retrouvé à la table des coups de cœur. Le gros manseng et le colombard à parité ont rencontré l'armagnac pour obtenir cette mistelle qui livre de jolies notes florales (rose et jasmin). En bouche, des saveurs d'agrumes et de fruits blancs sublimées par des notes mentholées persistent longuement. Un bel ensemble. ✗ 2015-2017 ♈ macarons à la crème d'ananas ■ ★ (5 à 8 € ; 28 000 b.) : ce vin libère des notes de cassis, de framboise et de fraise que l'on retrouve dans une bouche ronde manquant ni de gras ni de fraîcheur. ✗ 2015-2017

☛ Val de Gascogne, Cave de Condom, 59, av. des Mousquetaires, 32100 Condom, tél. 05 62 28 12 16, cavedecondom@valdecascogne.coop Ⓥ 🔺 t.l.j. sf dim. 9h-12h30 14h30-19h

DOM. D'EMBIDOURE 2014

■	6 000	🍾	8 à 11 €

Les deux sœurs Menegazzo, Nathalie et Sandrine, ont ajouté les flocs et les vins de pays à la tradition bachique inaugurée par leur père avec l'armagnac. Elles exploitent 30 ha de vignes sur le village de Réjaumont, dans le Haut-Armagnac, ainsi qu'un verger de pommiers.

Ce floc teinté d'or aux nuances topaze offre un joyeux ballet olfactif sur une partition exotique discrètement agrémentée de notes truffées. La bouche, ronde et suave, délivre des saveurs d'ananas, de coing et de miel. ✗ 2015-2017 ♈ foie gras de canard cru

☛ EARL Menegazzo Filles, Dom. d'Embidoure, 32390 Réjaumont, tél. 05 62 65 28 92, menegazzo.embidoure@wanadoo.fr Ⓥ 🔺 t.l.j. sf sam. dim. 9h-12h 14h-18h

ENTRAS ★★

■	3 600	⬤	8 à 11 €

Tout a commencé après guerre dans la Ténarèze : Zoé et Miguel Maestrojuan sont ouvriers paysans à la ferme de Bordeneuve, qu'ils finissent par acheter. Aujourd'hui leurs héritiers cultivent 37 ha de coteaux entre l'Auloue et la Baïse.

Patiemment élevé en foudre pendant une année complète, cet opulent floc blanc (146 g/l de sucres résiduels) ne donne pas dans la facilité liquoreuse. L'olfaction est suave, centrée sur des notes de fruits exotiques aromatisés d'armagnac. Empreinte de douceur, belle, élégante, reste fraîche. ✗ 2015-2017 ♈ tarte au citron ■ 2012 ★ (8 à 11 € ; 4 900 b.) : des arômes de fruits rouges (cassis, mûre, groseille) s'échappent de ce floc né du mariage du merlot et du cabernet-sauvignon à l'armagnac. On retrouve les fruits rouges plus expressifs encore dans une bouche bien équilibrée. ✗ 2015-2017

☛ *GAEC Bordeneuve-Entras, Entras, 32410 Ayguetinte, tél. 05 62 68 11 41, mbrmaestrojuan@wanadoo.fr* Ⓥ 🖈 🔟 *t.l.j. 9h-12h30 14h-18h (20h en été); dim. a.-m. sur r.-v.* ☛ Maestrojuan

♥ FERME DE GAGNET 2014 ★★

| ■ | 8 000 | 🔟 | 8 à 11 € |

À la ferme de Gagnet, les femmes commandent : Marielle, Marion, Caroline et Éliane Tadieu y conduisent 10 ha de vignes et un élevage de canards, dont les foies gras accompagnent fort bien le floc.

Floc
de Gascogne
APPELLATION D'ORIGINE CONTRÔLÉE
SERVIR TRÈS FRAIS
EARL Ferme de Gagnet
47 170 MÉZIN
Vigneron Récoltant
mis en bouteille à la propriété
17% Vol. ⓢ   250 ml ℮

Le merlot et le cabernet-franc se sont alliés à l'armagnac pour donner naissance à ce floc vêtu d'une robe « rose fluo » traversée de reflets violines. Très aromatique, le nez libère des fragrances de prune et de poire discrètement parfumées d'armagnac. La bouche, raffinée, conserve de bout en bout un équilibre parfait. Longtemps les papilles gardent l'empreinte d'un fruité délicat qui ne sature à aucun moment le palais. ✗ 2015-2017 🍽 tarte au chocolat noir

☛ *Ferme de Gagnet, Gagnet, 47170 Mézin, tél. 06 82 36 19 82, fermedegagnet@gmail.com* Ⓥ 🖈 🔟 *t.l.j. sf dim. 9h-13h 15h-19h* 🏠 Ⓑ ☛ Tadieu

CH. DE MILLET ★

| ■ | 5 000 | 🔟 | 8 à 11 € |

Au château de Millet, on sait recevoir et les touristes œnophiles séjournent dans l'ancien pigeonnier restauré du XVᵉs. Francis et Lydie Dèche, et leur fille Laurence, dirigent ce domaine de 80 ha à Éauze, l'une des plus anciennes cités de Gascogne, au cœur du Bas-Armagnac.

À la base de cette mistelle, du merlot et du cabernet-franc à parité rehaussés par l'armagnac. En prélude, une olfaction mêlant des parfums de pêche et de griotte. En bouche, un floc qui mériterait le surnom d'équilibriste tant se révèle parfait le mariage des saveurs de fruits rouges et des stimuli de l'armagnac. ✗ 2015-2017 🍽 tarte Tatin

☛ *EARL du Ch. de Millet, av. de Parlebosq, 32800 Éauze, tél. 05 62 09 87 91, info@chateaudemillet.com* Ⓥ 🖈 🔟 *t.l.j. sf dim. 9h-12h 14h-18h* 🏠 Ⓒ

Ⓑ CH. MONLUC 2014 ★★

| ■ | 4 000 | 🔟 | 11 à 15 € |

Le château féodal vit naître Blaise de Monluc, homme de lettres et, plus encore, homme de guerre et maréchal de France, envoyé par le roi pacifier l'Aquitaine. Le domaine de René Lassus couvre 70 ha et il est conduit depuis 2010 en agriculture biologique.

Au nez, d'intenses senteurs de miel, de menthe sauvage, de pêche, de mandarine. La bouche, ronde et riche, reste vive et gaillarde grâce à des notes fraîches d'agrumes qui l'accompagnent jusqu'en finale. ✗ 2015-2017 🍽 apéritif et toasts de foie gras

☛ *SAS Dom. de Monluc, 32310 Saint-Puy, tél. 05 62 28 94 00, contact@monluc.fr* Ⓥ 🖈 🔟 *t.l.j. sf lun. 10h-12h 14h-19h; f. janv.* ☛ Lassus

CH. DE MONS ★

| ■ | 6 000 | 🔟 | 11 à 15 € |

Ce domaine d'une trentaine d'hectares appartient à la chambre d'Agriculture du Gers. À la sortie de Caussens, au sommet d'un petit coteau trône le château de Mons, dans un superbe cadre de style Renaissance.

Mutés à l'armagnac, merlot et cabernet-sauvignon récoltés à maturité parfaite ont donné naissance à ce floc rosé, liquoreux sans excès. Le nez expose un beau panel de fruits rouges que l'on retrouve dans une bouche gourmande et longue. ✗ 2015-2017 🍽 salade de fruits

☛ *Chambre d'Agriculture du Gers, Ch. de Mons, 32100 Caussens, tél. 05 62 68 30 30, j.mora@ gers.chambagri.fr* Ⓥ 🖈 🔟 *r.-v.* 🏠 Ⓒ

DOM. DE PAGUY ★

| ■ | 1 000 | 🔟 | 8 à 11 € |

Propriété familiale mise en place sous le règne d'Henri IV, qui compte aujourd'hui 11 ha de vignes et donne naissance à des armagnacs et flocs aromatiques dont le style est marqué par la tradition.

Myriam Darzacq signe un floc aromatique et puissant, né de tannat et de cabernet franc complétés par l'armagnac. Sa teinte carmin soutenu annonce un nez intense de fruits rouges (cerise) et noirs (cassis). Lui succède une bouche conquérante qui voit les saveurs fruitées revenir au galop lors de la finale. ✗ 2015-2017 🍽 tiramisu

☛ *SCEA Dom. de Paguy, 40240 Betbezer-d'Armagnac, tél. 07 86 48 00 03, domaine-de-paguy@orange.fr* Ⓥ 🖈 🔟 *t.l.j. 9h-19h* 🏠 Ⓞ 🏠 Ⓔ ☛ Darzacq

DOM. DE PEYRIS 2014

| ■ | 980 | 🔟 | 8 à 11 € |

Les vins du domaine de Peyris sont produits au lycée agri-viticole de Riscle, un bel atelier pédagogique de quelque 17 ha.

Rose à reflets fuchsia, ce floc s'ouvre sur des notes de fruits rouges mûrs que l'on retrouve dans une bouche friande et suave aux saveurs fondues d'armagnac. ✗ 2015-2017 🍽 tapas au jambon cru

☛ *Dom. de Peyris, Lycée professionnel agricole de Riscle, 32400 Riscle, tél. 05 62 69 72 16, expl.riscle@educagri.fr* Ⓥ 🖈 🔟 *r.-v.*

DOM. SAINT-LANNES

| ■ | 4 000 | 🔟 | 8 à 11 € |

À Saint-Lannes, dans les années 1950, les gens vivaient l'autarcie à la gersoise entre céréales, vaches, basse-cour et vignes. C'est dans ce hameau qu'est établie la famille de Michel Duffour. Ce dernier, arrivé en 1973, est aujourd'hui appuyé par son fils Nicolas.

Sur 1 ha d'argilo-calcaires, Nicolas Duffour conserve en belle santé ses colombard et gros manseng dont il extrait des jus charnus, prêts pour une rencontre goûteuse avec l'armagnac. Au final, un floc blanc qui emporte l'adhésion : brillant habit jaune citron, nez intense et complexe (tilleul-,citron, pruneau confit) agrémenté de notes minérales, bouche ronde et suave où l'eau-de-vie a le bon goût de se faire discrète. ✗ 2015-2017 🍽 fromages à pâte persillée

☛ *Dom. Saint-Lannes, SARL Nicolas Duffour, BP6, 32330 Lagraulet-du-Gers, tél. 05 62 29 11 93, marlene.duffour@saint-lannes.fr* Ⓥ 🔟 *r.-v.*

SUD-OUEST

DOM. DE SANCET		
■	7 600	î	8 à 11 €

Situé au cœur du Bas-Armagnac, ce domaine familial de 35 ha produit armagnac, floc et autres liqueurs, ainsi que des vins de pays.

Paré de vermillon brillant, ce vin de liqueur s'ouvre sur les fruits rouges frais. Ample et souple, la bouche délivre des fruits jusque dans sa longue finale. ✗ 2015-2017 ♈ tarte aux fraises

○━ Alain Faget, Sancet, 32110 Saint-Martin-d'Armagnac, tél. 05 62 09 08 73, domainedesancet@wanadoo.fr
Ⓥ 🎿 🏩 t.l.j. sf dim. 9h-12h30 14h30-19h

DOM. DU TARIQUET ★★		
■	5 000	î	11 à 15 €

À l'origine de ce domaine, un montreur d'ours ariégois émigré aux États-Unis qui achète à son retour en France cette propriété gersoise ruinée par le phylloxéra. Sa petite-fille épouse Pierre Grassa ; le couple et ses enfants développent la production d'armagnac puis mise dans les années 1980 sur les vins de pays, essentiellement blancs, qui connaisssent un grand succès.

Ce vin a séduit le jury par sa robe jaune d'or limpide et par son nez complexe, fruité (abricot, agrumes) et floral.

En bouche, on retrouve les fruits en compagnie des notes de miel et d'armagnac enrobés dans une chair tendre et élégante. ✗ 2015-2017 ♈ apéritif

○━ SCV Ch. du Tariquet, Saint-Amand, 32800 Eauze, tél. 05 62 09 87 82, contact@tariquet.com
Ⓥ 🏩 t.l.j. sf dim. 9h30-12h 14h30-18h
○━ Grassa

LES TROIS DOMAINES 2014		
■	3 600	8 à 11 €

À Réjaumont (« mont Royal »), ancienne bastide ceinte de murailles de la Lomagne gersoise, la propriété (30 ha) résulte du regroupement de trois anciens domaines. L'équipe des Trois Domaines rassemble Éliane et Francis Baurens, Didier Cartié et Stéphane Lartigue.

Ce vin de liqueur vêtu de rubis éclatant libère des parfums marqués par les fruits rouges égayés de discrètes senteurs d'armagnac. Fraîche en attaque, la bouche se révèle chaleureuse, gorgée de saveurs évoquant la fraise des bois. ✗ 2015-2017 ♈ fondant au chocolat

○━ Les Trois Domaines, Lassalle, 32390 Réjaumont, tél. 05 62 65 28 83, 3domaines@3domaines.com
Ⓥ 🎿 🏩 t.l.j. sf dim. 9h-12h 14h-18h; sam. 14h-18h (1er janv.-31 mars) ○━ Famille Baurens

La vallée de la Loire et le Centre

Superficie :
51 900 ha

Production :
2 841 395 hl

Types de vins :
Blancs (45 %) secs, demi-secs, moelleux et liquoreux, rosés (22 %), rouges (21 %), effervescents (12 %).

Sous-régions :
Région nantaise, Anjou-Saumur, Touraine, Centre.

Cépages :
Rouges : cabernet franc (breton), cot, gamay, pinot noir, grolleau ; accessoirement : pineau d'Aunis, cabernet-sauvignon, pinot meunier.

Blancs : muscadet (ou melon de Bourgogne), chenin (pineau de la Loire), sauvignon ; accessoirement : chardonnay, romorantin, pinot gris (malvoisie), tressallier, menu pineau.

CHRISTOPHE BAUDRY

Vignobles Baudry-Dutour

Les vignobles Baudry-Dutour sont une des locomotives des vins de Chinon et plus largement de la Touraine. Nés de l'association de Christophe Baudry et Jean-Martin Dutour, deux hommes aux parcours complémentaires, ils représentent 130 ha. Le cabernet franc règne bien-sûr en maître dans leurs propriétés comme dans la plupart des parcelles de ce secteur du Val de Loire. Mais le tandem démontre que le chenin se plaît aussi sur ces coteaux argilo-calcaires.

L'histoire est un brin originale, selon l'expression même de Christophe Baudry. Ce dernier est issu de la sixième génération de vignerons de sa famille. Au moment où son père prenait sa retraite, en 2003, il s'associait avec son ami Jean-Martin Dutour, alors à la tête du Dom. du Roncée. Les deux hommes ont pris conscience de la complémentarité de leur parcours. « Je n'ai pas fait d'études, j'ai tout appris sur le terrain de mes ancêtres. Jean-Martin, lui, est ingénieur agronome et a passé un diplôme national d'œnologue. L'année même où il débutait, je reprenais le domaine familial. Nous avons échangé sur beaucoup de choses et sommes devenus amis. Quand mon père est parti définitivement à la retraite, nous avons décidé de nous associer, tout simplement, se souvient Christophe Baudry. Nous avons la même vision, la même passion et la même philosophie du vin. Lui a apporté tout son savoir-faire technique et moi tout ce que j'ai appris sur le terrain. »

Belles acquisitions

Portés par leur succès, les deux hommes font l'acquisition de deux domaines anciens : le Ch. de la Grille (2005), puis le Ch. de Saint-Louans... Ils exploitent 130 ha de vignes, en AOC chinon uniquement, et travaillent sur la base d'une répartition des tâches bien comprises. « Jean-Martin gère toute la production et moi tout le commerce. » Même en dehors de l'exploitation, les rouages sont bien huilés. Christophe Baudry a été élu maire de Cravant-les-Coteaux en 2014. Jean-Martin est président de l'appellation... « Nous sommes investis tous les deux localement, très impliqués dans la vie sociale et professionnelle. »

Le retour des blancs

Ce coup de cœur est l'occasion de mettre à l'honneur le chinon blanc, issu du cépage chenin. Au début des années 1980, l'appellation n'en produisait quasiment plus. « Les chenins étaient plantés sur de beaux terroirs argilo-calcaires mais la demande de rouges était plus forte », explique Christophe Baudry. Le cabernet franc a donc pris la place. Sur les 2 400 ha, entre 50 à 60 ha seulement sont aujourd'hui en blancs. Christophe Baudry constate une vraie demande : il n'arrive pas à satisfaire tous ses clients.

La cuvée des Trois Coteaux est issue d'un vignoble de 2,4 ha, cultivé sans désherbant chimique et vendangé manuellement. « Sur le blanc les vendanges sont mécaniques uniquement quand la maturité parfaite est assurée ; cela reste rare. Dès qu'il y a le moindre tri à faire, les vendanges sont manuelles. C'est à dire huit années sur dix », précise Christophe Baudry. C'est un vin idéal à l'apéritif, qui accompagnera aussi bien un poisson qu'un chèvre.

♥ Chinon
3 Coteaux 2014 ★★

3 Coteaux

CHINON
Appellation d'Origine Contrôlée

2014

VINIFIÉ, ÉLEVÉ
ET MIS EN BOUTEILLE
PAR
BAUDRY - DUTOUR
PANZOULT · 37220 · FRANCE
VAL DE LOIRE

Baudry-Dutour, La Morandière, 37220 Panzoult, tél. 02 47 58 53 01

GUY ROCHAIS
Ch. de Plaisance

A la tête du Ch. de Plaisance, fer de lance de l'appellation coteaux-du-layon 1er cru Chaume, Guy Rochais revendique une part d'insolence (c'est le nom d'une de ses cuvées). Il a fait des choix radicaux en optant pour le bio et la biodynamie à une époque où cette démarche commençait tout juste à se répandre. Il est aussi en passe de gagner un nouveau combat : avoir le droit de produire des vins secs sous l'appellation chaume.

Vous exploitez vos vignes en biodynamie. Pourquoi ce choix ?

G. R. Tout simplement parce que je vois des différences de goûts dans les vins en biodynamie par rapport à la viticulture conventionnelle et même au bio. On extériorise carrément le terroir. Les vins sont plus minéraux, plus longs. Y'a pas photo ! On utilise des préparations à base de silice, d'huiles essentielles, en suivant le cycle de la lune.

Qu'est-ce qui vous a convaincu de sauter le pas ?

G. R. Je voulais me faire plaisir pour la fin de ma carrière. Je me suis mis au bio il y a vingt-cinq ans et à la biodynamie il y a une quinzaine d'années. Des collègues alsaciens m'ont mis sur cette voie. Ils m'ont dit : avec le terroir que tu as, mets-toi en biodynamie, tu vas voir c'est exceptionnel. J'ai écouté leurs conseils et je ne regrette rien !

Pratiquer cette approche sur 28 ha, est-ce contraignant ?

G. R. Quand on aime, on ne compte pas. Il m'a fallu un ouvrier de plus, c'est tout. Le boulot se fait très bien. L'équipe a adhéré à 100 %.

Vos clients ont-ils adhéré spontanément ?

G. R. Il y a 50 % de la clientèle à qui cela plaît beaucoup et 50 % à qui c'est égal. Des clients nouveaux sont arrivés. De l'autre côté, nous en avons perdu parce que nous avons un peu augmenté les prix. L'un dans l'autre, cela fait ni plus ni moins de clients.

Comment s'est présenté ce millésime 2014 ?

G. R. Il fallait être consciencieux, ne pas s'affoler, vendanger à la main. Ce n'est pas un grand millésime, mais c'est un beau millésime. Nous ne vendangeons plus à la machine depuis que nous sommes en biodynamie. Et puis nous avons des appellations coteaux-du-layon Chaume, quart-de-chaume, savennières qui interdisent la machine à vendanger. Une machine à vendanger ne trie pas et pour faire des grands vins, il faut trier. Je trie même mes rouges.

Vous êtes également un ardent promoteur de la création d'une appellation chaume sec. Pourquoi ?

G. R. Oui, bientôt nous pourrons produire du chaume sec, peut-être pas sur le millésime 2015 mais sûrement sur 2016. Cela nous permettrait de travailler naturellement selon les millésimes. Dans les grands millésimes, le vin sera liquoreux et dans les millésimes plus difficiles, le vin sera sec. En 2014, j'ai fait autant de vin sec que de liquoreux sur le Chaume.

Qu'est-ce qui différencie les deux cuvées Les Charmelles et les Zerzilles ?

G. R. Les vignes sont dans les deux cas sur du schiste, de la pierre noire. Le cépage chenin s'y plaît bien, car ce sont des terroirs nervurés. Les expositions sont les mêmes : sud, sud-est. La pente aussi est la même. La différence réside dans l'âge de la vigne. Sur les Zerzilles, elles ont plus de cent ans. Sur les Charmelles, elles ont cinquante ans. Gustativement, les vins présentent des notes de coing que l'on trouve souvent sur le chenin. Nous concentrons beaucoup, donc nous avons aussi des notes de fruits très mûrs : ananas, abricot confit, mais avec une belle acidité aussi. Ce ne sont pas des liquoreux mous.

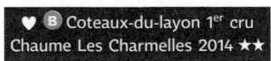

♥ Ⓑ Coteaux-du-layon 1er cru Chaume Les Charmelles 2014 ★★

Guy Rochais, Ch. de Plaisance, Chaume, 49190 Rochefort-sur-Loire, tél. 02 41 78 33 01, rochais.guy@orange.fr

LA VALLÉE DE LA LOIRE ET LE CENTRE

Unis par un fleuve majestueux jalonné de châteaux Renaissance, les divers pays de la vallée de la Loire sont baignés par une lumière unique, qui fait éclore ici le « Jardin de la France ». Dans ce jardin, bien sûr, la vigne est présente ; des confins du Massif central jusqu'à l'estuaire, elle ponctue le paysage au long du fleuve et d'une dizaine de ses affluents. Les ceps donnent naissance à une des productions les plus variées du pays, qui a pour traits communs des prix doux et une vivacité qui anime jusqu'à ses grands vins liquoreux.

Quatre sous-régions. Les vignobles de la région nantaise, de l'Anjou et de la Touraine forment de véritables entités. On a également inclus dans les vignobles de la Loire ceux, plus dispersés, du Berry, des côtes d'Auvergne et roannaises ; ils appartiennent au bassin hydrographique de la Loire et se rapprochent des vignobles ligériens par les types de vins produits, friands et fruités.

De l'Océan à la montagne. De l'embouchure à la source du plus long fleuve de France, les différences climatiques ne sont pas minces : bien qu'identifiés comme septentrionaux, certains vignobles sont situés à une latitude qui, dans la vallée du Rhône, subit l'influence climatique méditerranéenne... Mâcon est à la même latitude que Saint-Pourçain et Roanne, que Villefranche-sur-Saône. Le relief influe ici sur le climat, ainsi que l'éloignement de l'Océan ; le courant d'air atlantique qui s'engouffre d'ouest en est dans le couloir tracé par la Loire s'estompe peu à peu au fur et à mesure qu'il rencontre les collines du Saumurois et de la Touraine. Alors que le climat de la région nantaise est océanique, avec des hivers peu rigoureux, des étés chauds et souvent humides, le climat du Centre et des vignobles du Massif central est semi-continental, avec des hivers froids et des étés chauds.

Massif armoricain et Bassin parisien. Dans la basse vallée de la Loire, l'aire du muscadet et une partie de l'Anjou (dit « Anjou noir ») reposent sur le Massif armoricain, constitué de schistes, de gneiss et d'autres roches de l'ère primaire, sédimentaires ou éruptives. La région nantaise présente un relief peu accentué, les roches dures du Massif armoricain étant entaillées à l'abrupt par de petites rivières. Les vallées escarpées ne permettent pas la formation de coteaux cultivables, et la vigne occupe les mamelons de plateau.

L'Anjou est un pays de transition entre la région nantaise et la Touraine.

Il se divise en plusieurs sous-régions : les coteaux de la Loire (prolongement de la région nantaise), en pente douce d'exposition nord, où la vigne occupe la bordure du plateau ; les coteaux du Layon, schisteux et pentus, et ceux de l'Aubance ; la zone proche de la Touraine, dans laquelle s'est développé le vignoble des rosés.

L'Anjou englobe historiquement le Saumurois ; géographiquement ce dernier devrait plutôt être rattaché à la Touraine occidentale avec laquelle il présente des similitudes, tant au point de vue des sols (sédimentaires) que du climat. Les formations sédimentaires du Bassin parisien viennent ici recouvrir les formations primaires du Massif armoricain, de Brissac-Quincé à Doué-la-Fontaine.

Le Saumurois se caractérise essentiellement par la craie tuffeau sur laquelle poussent les vignes ; dans le sous-sol, les bouteilles rivalisent avec les champignons de Paris pour occuper galeries et caves facilement creusées. En face du Saumurois, on trouve sur la rive droite de la Loire les vignobles de Saint-Nicolas-de-Bourgueil, sur le coteau turonien. Plus à l'est, après Tours, et sur le même coteau, débute le vignoble de Vouvray ; Chinon, sur l'autre rive, est le prolongement du Saumurois sur les coteaux de la Vienne. Azay-le-Rideau, Montlouis, Amboise, Mesland et les coteaux du Cher complètent la Touraine. Les petits vignobles des coteaux du Loir, de l'Orléanais, de Cheverny, de Valençay et des coteaux du Giennois peuvent être rattachés à la Touraine.

Les vignobles du Berry (ou du Centre) se distinguent des trois autres tant par les sols, essentiellement jurassiques – voisins de ceux du Chablisien, pour Sancerre et Pouilly-sur-Loire – que par le climat. Nous rattachons Saint-Pourçain, les côtes roannaises et le Forez à cette quatrième unité, bien que sols (Massif central primaire) et climats (semi-continental à continental) soient différents.

Les cépages blancs. Dans la région nantaise, un cépage domine : le melon,

à l'origine d'un vin blanc sec et vif. Le cépage folle blanche engendre un autre vin blanc sec, plus léger, le gros-plant. En Anjou, en Saumurois et en Touraine, le cépage-roi en blanc est le chenin ou pineau de la Loire, à l'origine des grands vins liquoreux ou moelleux, ainsi que d'excellents vins secs, demi-secs et mousseux ; on le trouve jusqu'à l'est de Tours, à Vouvray, Montlouis, Amboise et Mesland, ainsi que dans les vignobles sarthois de Jasnières et des coteaux du Loir. Le chardonnay et le sauvignon y ont été plus tardivement associés.

En Touraine orientale, le sauvignon supplante le chenin, donnant des vins blancs très aromatiques. C'est le cépage vedette des vins blancs du Centre, des sancerre, pouilly-fumé, reuilly, quincy, menetou-salon... Citons aussi des cépages beaucoup plus rares, comme le romorantin en courcheverny, le chasselas, qui subsiste à Pouilly-sur-Loire, le tressalier en saint-pourçain, ou encore le pinot gris.

Les cépages rouges. On trouve le gamay à l'ouest, en Vendée et sur les coteaux d'Ancenis, en Anjou et surtout en Touraine orientale où il tend cependant à régresser. Il est en revanche majoritaire, voire exclusif, dans les vignobles du Massif central (côtes-d'auvergne, côte-roannaise, côtes-du-forez...). Autrefois très répandu, le grolleau noir produit traditionnellement des rosés demi-secs. Le cabernet franc, anciennement appelé « breton », l'a supplanté, complété par le cabernet-sauvignon. Les cabernets engendrent des vins rouges fins et corsés ayant une bonne aptitude à la garde, et conservant un caractère vif dans la vallée de la Loire. Le cabernet franc est à la base de trois appellations réputées de la Touraine occidentale : chinon, bourgueil et saint-nicolas-de-bourgueil. En amont du fleuve, on se rapproche de la Bourgogne, et le cabernet s'efface derrière le pinot noir. C'est la variété des rouges du Berry, comme le sancerre. Parmi les cépages rouges, on citera aussi le cot (malbec), cultivé en Touraine orientale, qui donne des vins structurés, le pineau d'Aunis des coteaux du Loir à la nuance poivrée, le meunier, cultivé notamment dans l'Orléanais, ou encore la négrette, dans les fiefs-vendéens.

➔ LES APPELLATIONS RÉGIONALES DU VAL DE LOIRE

ROSÉ-DE-LOIRE

Superficie : 1 100 ha / Production : 61 672 hl

Vin d'appellation régionale, AOC depuis 1974, le rosé-de-loire peut être produit dans les limites des AOC anjou, saumur et touraine. Ce rosé sec naît des cépages cabernet franc, cabernet-sauvignon, gamay noir à jus blanc, pineau d'Aunis et grolleau.

DOM. ÉRIC BLANCHARD Terres d'Allaume 2014 ★			
■	9 300	🛈	- de 5 €

Créé en 1992 par Éric Blanchard, ce domaine compte aujourd'hui 30 ha de vignes plantés autour de la commune de Denée, sur les schistes angevins.

De couleur claire, cette cuvée libère des parfums frais d'agrumes (pamplemousse notamment) que l'on retrouve dans une bouche souple marquée en finale par une pointe d'amertume. ✗ 2015-2016 🍴 assiette de charcuterie

☞ Dom. Éric Blanchard, rte de Rochefort, Le Fief aux Moines, 49190 Denée, tél. 02 41 45 76 15, eric@anjouwinesservices.com 🆅 🛈 r.-v.

YASMINE ET LAURENT BLOUIN Les jolies Nanas 2014 ★			
■	6 000	🛈	- de 5 €

Charcutiers-traiteurs et viticulteurs, les parents de Yasmine ont légué en 1995 à leur fille Yasmine et à leur gendre Laurent Blouin 1 ha de vignes. En plus de leurs activités respectives, ces derniers conduisent aujourd'hui un vignoble de 3 ha implanté sur un terroir argilo-limoneux.

Ce rosé qui s'affiche dans une robe intense et limpide s'ouvre sur des notes de fraise avec une nuance amylique. On retrouve la fraise en compagnie de la groseille dans une bouche fraîche et bien équilibrée. ✗ 2015-2016 🍴 salade de poissons

☞ Laurent Blouin, Les Hardières, 49750 Saint-Lambert-du-Lattay, tél. 06 10 17 48 38, laurent.blouin@gmail.com 🆅 🚹 🛈 r.-v. 🏠 Ⓓ

DOM. DE BRIGNEAU 2014 ★★			
■	3 000		- de 5 €

Succédant à quatre générations de vignerons, Thierry et Yohann Vallet dirigent un domaine de 43 ha. Implantées entre Angers et Saumur, dans le Maine-et-Loire, sur des terrains argilo-calcaires, les vignes sont travaillées sur le mode traditionnel et raisonné.

Ce rosé aux reflets légèrement orangés s'ouvre sur de fines notes de fleurs blanches et d'agrumes. La bouche, tout aussi subtile, offre équilibre, vivacité et longueur. Un rosé de Loire qui fait honneur à son appellation. ✗ 2015-2016 🍴 brochettes de dinde marinée

☞ Yohann et Thierry Vallet, 1, rue des Ouches, 49700 Brigné-sur-Layon, tél. 06 70 29 79 81, codivallet@wanadoo.fr 🆅 🚹 🛈 r.-v.

CH. DE CHAMPTELOUP 2014			
■	47 000	🛈	- de 5 €

Vaste domaine de 100 ha situé sur la route de la Vendée à l'entrée de Corcoué-sur-Logne, dans le giron du groupe des Grands chais de France.

Une robe pâle et limpide pour ce rosé au nez de fruits rouges (fraise, framboise), nuancé de touches amyliques. On retrouve la groseille en compagnie du pamplemousse dans une bouche fraîche et acidulée. ✗ 2015-2016 🍴 rougets grillés

☞ SCEA Champteloup, 49700 Brigné-sur-Layon, tél. 02 40 36 66 00 🆅 🚹 🛈 t.l.j. sf sam. dim. 8h30-12h30 13h30-14h30

CHAT YOU 2014 ★			
■	6 000	🛈	5 à 8 €

Créé en 1983, le Dom. Chailloux a été racheté en 2014 par Philippe Turc, horticulteur qui s'est reconverti dans la viticulture et a créé la marque Chat You. Son vignoble couvre 13 ha sur schistes des bords du Layon.

Philippe Turc fait son entrée dans le Guide avec ce rosé à la brillante robe cuivrée. Le nez s'ouvre sur des notes de fraise et de pamplemousse. Dans le même registre aromatique, le palais se révèle souple et rond, rehaussé en finale par une amertume. Un équilibre fort bien ajusté. ✗ 2015-2016 🍴 andouillette grillée

☞ SARL Philippe Turc, Les Chailloux, 49380 Champ-sur-Layon, tél. 02 41 74 98 38, chailloux@domainechailloux.fr 🆅 r.-v.

DOM. CHUPIN 2014 ★★			
■	88 000	🛈	- de 5 €

Ce vaste domaine de 98 ha est établi dans l'aire des coteaux-du-layon. Il a été racheté en 1988 aux héritiers d'Émile Chupin par Guy Saget, bien connu pour ses vignobles dans la région de Pouilly-sur-Loire.

Cette cuvée a frôlé le coup de cœur. Le jury salue d'emblée les qualités visuelles de sa robe intense, limpide et brillante, et son nez puissant de notes d'agrumes et de petits fruits rouges (fraise, groseille), nuancés de touches plus délicates de fleur d'oranger. Tendre et tout aussi aromatique, la bouche s'impose par sa longueur. ✗ 2015-2016 ♥ foie de veau à la vénitienne

o— *SCEA Dom. Émile Chupin, 8, rue de l'Église, 49380 Champ-sur-Layon, tél. 02 41 78 86 54, domaine.chupin@wanadoo.fr* 🏠 👤 *r.-v.*

LE CLOS DES MOTÈLES 2014		
■	5 200	- de 5 €

Au sud de l'appellation anjou, dans le département des Deux-Sèvres, Bruno Basset et Vincent Baron exploitent 28 ha de vignes sur des sols graveleux. À leur carte, des vins blancs, rosés et rouges.

À l'aération, le nez révèle des notes de fruits et d'agrumes. La bouche, elle aussi, joliment fruitée est souple, tendre et s'étire agréablement. ✗ 2015-2016 ♥ feuilletés à la saucisse

o— *GAEC le Clos des Motèles, 42, rue de la Garde, 79100 Sainte-Verge, tél. 05 49 66 05 37, leclosdesmoteles@ orange.fr* 🏠 👤 *t.l.j. sf dim. 8h-12h 14h-18h30*

DOM. DE FLINES 2014 ★		
■	n.c.	5 à 8 €

Originaires de la Touraine, où leurs ancêtres étaient vignerons, Chantal et Jean Motheron s'installent comme négociants en 1955, en Anjou, à Martigné-Briand. En 1968, ils constituent ce domaine que leur fille Catherine reprend en 2006 et modernise.

Un nez complexe marqué par les agrumes et l'aubépine. Riche, ronde et souple en attaque, la bouche développe des arômes de fruits mûrs, soutenue par une acidité tonique. Un rosé de bonne tenue. ✗ 2015-2016 ♥ salade de fruits rouges

o— *EARL Dom. de Flines, 102, rue d'Anjou, 49540 Martigné-Briand, tél. 02 41 59 42 78, domaine.de.flines@wanadoo.fr* 🏠 👤 *r.-v.*

DOM. DES FONTAINES		
Les Perruches 2014		
■	14 000	- de 5 €

Située au cœur de l'AOC bonnezeaux, dans la vallée du Layon, ce domaine familial de 31 ha est dirigé par Alain et Vincent Rousseau qui représentent la quatrième génération.

Issu d'une majorité de grolleau (70 %), ce rosé libère à l'aération des notes de fraise et de groseille bien typées, accompagnées de nuances d'agrumes que l'on retrouve dans une bouche acidulée et de bonne longueur. ✗ 2015-2016 ♥ salade composée

o— *Dom. des Fontaines, Les Noues, 49380 Thouarcé, tél. 02 41 54 32 30, domaine.des.fontaines@wanadoo.fr* 🏠 👤 *r.-v.*

Vallée de la Loire

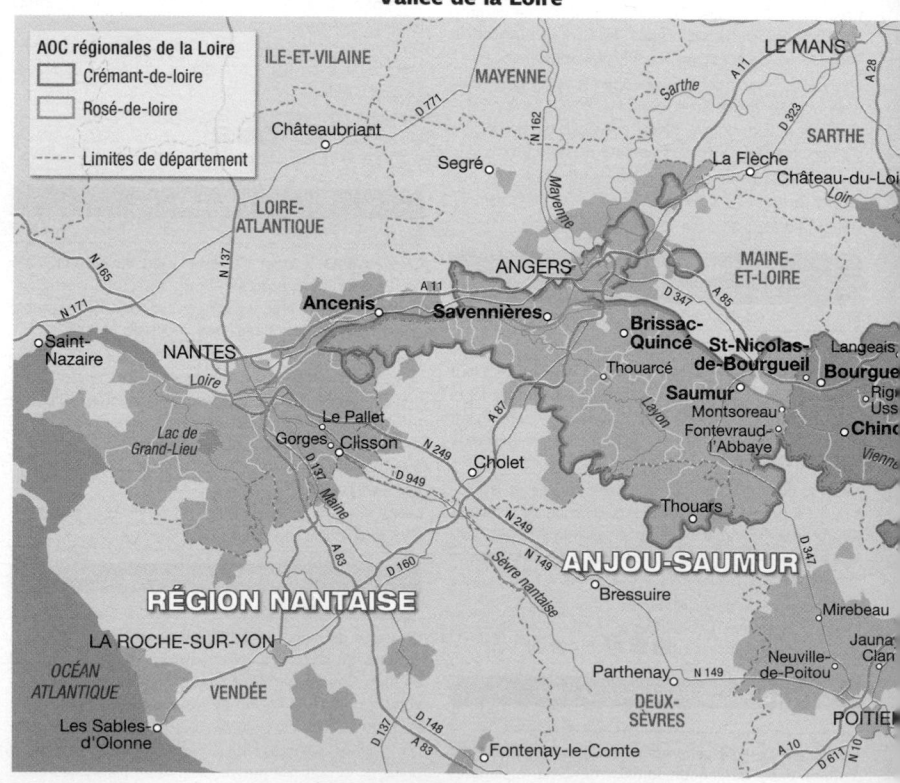

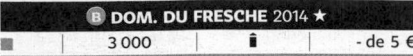

⑧ DOM. DU FRESCHE 2014 ★		
■ 3 000	🛈	- de 5 €

Alain Boré conduit depuis 1989 ce domaine familial régulièrement mentionné dans le Guide. L'exploitation (27 ha), cultivée en bio, est implantée dans la partie ouest du vignoble angevin, sur des coteaux schisteux dominant la Loire.

Une robe traversée de reflets violines, soutenue. Au nez, d'intenses arômes de fruits rouges bien mûrs. Ce côté rond et mûr se confirme en bouche : la structure est ample et la finale chaleureuse. ✗ 2015-2016 ✵ cakes salés

☛ EARL Alain Boré, Dom. du Fresche,
7, rte de Chalonnes, D 151, 49620 La Pommeraye,
tél. 02 41 77 74 63, domainedufresche@orange.fr
Ⓥ 🎿 🎏 t.l.j. sf dim. lun. 10h-12h 14h-18h; f. 15-31 août

♥ DOM. DE GATINES 2014 ★★		
■ 9 000	🛈	- de 5 €

Établi entre les terres caillouteuses du Massif armoricain et les terrasses sablo-calcaires du Bassin parisien, le village de Tigné bénéficie d'un terroir de qualité, propice aux rosés. Les Dessèvre exploitent 48 ha aux environs.

Le rosé-de-loire du Dom. de Gatines est un habitué du Guide. Cette année, il monte sur la plus haute marche

grâce à l'élégante nuance de sa robe aux reflets violines et à ses arômes exubérants de fruits rouges et de pamplemousse. On les retrouve dans une bouche souple, harmonieuse et d'une rare persistance. ✗ 2015-2016 ✵ gambas sautées

☛ Vignoble Dessèvre,
12, rue de la Boulaie,
49540 Tigné, tél. 02 41 59 41 48,
contact@domainedegatines.fr Ⓥ 🎿 🎏 r.-v.

DOM. JOLIVET 2014		
■ 2 000	🛈	- de 5 €

Ce domaine familial de 15 ha est implanté sur les terroirs argilo-siliceux de la commune de Saint-Lambert-du-Lattay, gros bourg viticole de la vallée du Layon. Les vinifications sont supervisées par Émilien, le fils de la famille.

Cette cuvée est une friandise, de la robe rose bonbon et du nez de fruits rouges assortis de touches florales à la bouche tout aussi aromatique, puissante, ronde et persistante, stimulée pour un léger perlant qui apporte de la fraîcheur. ✗ 2015-2016 ✵ poulet mariné

☛ Dom. Jolivet, 38 bis, rue Rabelais,
49750 Saint-Lambert-du-Lattay, tél. 02 41 78 30 35,
bruno.jolivet@dbmail.com Ⓥ 🎏 r.-v.

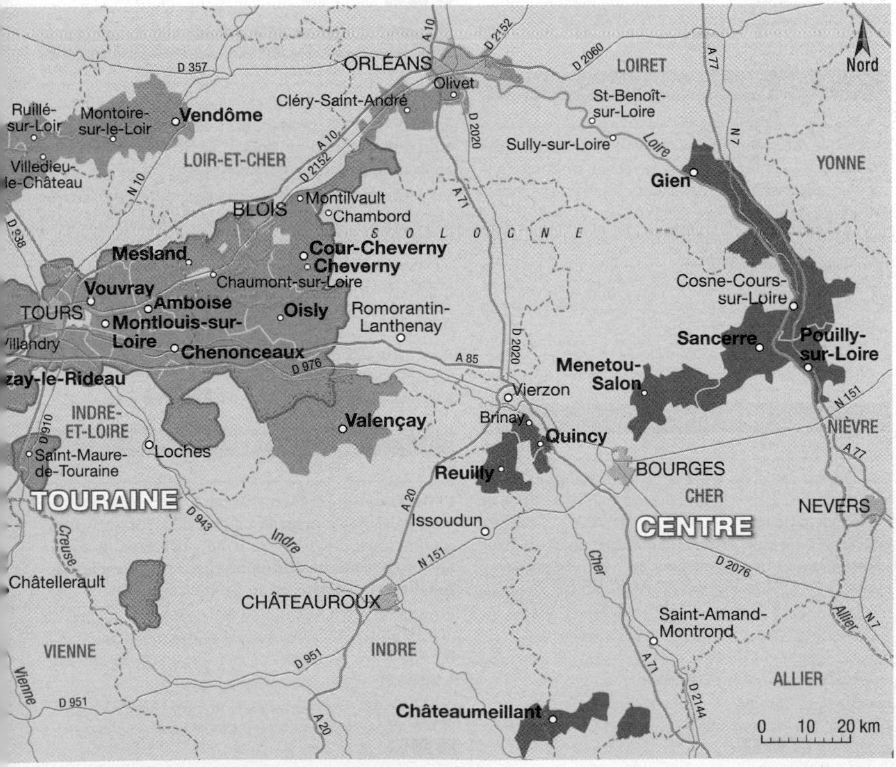

LE LOGIS DU PRIEURÉ 2014 ★

■		3 500		- de 5 €

Implanté à Concourson-sur-Layon, ce domaine de 33 ha produit une large gamme de vins d'Anjou (liquoreux, rouges et rosés). Vincent Jousset est à sa tête depuis 1982.

Discret au premier nez, ce rosé libère des notes florales à l'aération. C'est en bouche qu'il se révèle : souple en attaque, il se montre intensément aromatique et très long. ✗ 2015-2016 ❦ koulibiac

o┐ SCEA Jousset et Fils, 8, rte des Verchers, 49700 Concourson-sur-Layon, tél. 02 41 59 11 22, contact@logisduprieure.fr Ⓥ ⚐ ➊ t.l.j. sf dim. 9h-12h30 14h-19h

DOM. DE MONTGILET 2014

■		9 000	î	5 à 8 €

Ce domaine, situé aux portes d'Angers, est une référence de la région, notamment pour leurs liquoreux (coteaux-de-l'aubance). À la tête de l'exploitation créée par leur grand-père, Victor et Vincent Lebreton conduisent 60 ha sur un terroir de schistes ardoisiers.

La robe est d'un rose soutenu, presque rouge. On retrouve cette intensité dans les parfums de fruits rouges bien mûrs, presque confiturés. Même si ce rosé est sec, l'attaque est ronde, voire suave, et la bouche riche et onctueuse. Un rosé de caractère. ✗ 2015-2016 ❦ filet mignon de porc au curry

o┐ Dom. de Montgilet, 10, chem. de Montgilet, 49610 Juigné-sur-Loire, tél. 02 41 91 90 48, montgilet@wanadoo.fr Ⓥ ⚐ r.-v.

CH. DE MONTGUÉRET 2014 ★

■		18 500	î	- de 5 €

Le Ch. de Montguéret est devenu la propriété des Grands Chais de France après le rachat en 2005 de la société Lacheteau qui l'exploitait. Son vaste vignoble couvre 80 ha.

Ce rosé livre de plaisants parfums de fruits rouges (fraise, framboise). On les retrouve dans une bouche souple, légèrement amylique, à la finale persistante, fraîche et citronnée. Un vin précis et droit. ✗ 2015-2016 ❦ artichauts à la barigoule

o┐ Ch. de Montguéret, 49560 Nueil-sur-Layon, tél. 02 40 36 66 00, mbrieau@lacheteau.fr o┐ GCF

DOM. DU PETIT CLOCHER 2014 ★

■		n.c.	î	- de 5 €

Conduit par la jeune génération : Stéphane, Julien et Vincent Denis, arrivés respectivement en 2003, 2006 et 2009, une affaire de famille depuis 1920 ; 5 ha aux origines, 80 ha aujourd'hui. Un domaine phare du haut Layon, réputé notamment pour ses vins rouges.

Fidèle au rendez-vous du Guide, le domaine fait découvrir son rosé-de-loire. Le nez associe le bonbon anglais et les fruits rouges. On retrouve les fruits rouges dans une bouche légèrement perlante et acidulée. Un vin bien typé de l'AOC. ✗ 2015-2016 ❦ barbecue

o┐ Dom. du Petit Clocher, 1, rue du Layon, 49560 Cléré-sur-Layon, tél. 02 41 59 54 51, petit.clocher@wanadoo.fr Ⓥ ⚐ ➊ t.l.j. sf dim. 8h30-12h30 14h-18h

DOM. DE SAINTE-ANNE 2014 ★

■		5 000	î ⬤	- de 5 €

Domaine familial situé à proximité du château de Brissac, dont le vignoble de 56 ha est implanté sur une croupe argilo-calcaire.

D'une robe saumonée assez intense, cette cuvée mêle au nez des notes amyliques à des parfums de fruits rouges et de fleurs blanches. On retrouve le bonbon anglais et la fraise dans une bouche souple et ronde, soutenue par une fine acidité. ✗ 2015-2016 ❦ terrine de volaille

o┐ EARL Brault, Sainte-Anne, 49320 Brissac-Quincé, tél. 02 41 91 24 58, marc-brault@wanadoo.fr Ⓥ ➊ t.l.j. sf dim. 9h-12h 14h-18h

DOM. DE SAINT-MAUR 2014 ★

■		2 500	î	- de 5 €

Implanté sur la rive gauche de la Loire, à proximité de l'abbaye de Saint-Maur, le vignoble aurait été créé par les moines bénédictins. Il est conduit depuis l'année 2000 par Xavier Chouteau et s'étend aujourd'hui sur 39 ha.

La couleur est agréable et vive, mais c'est d'abord son nez très expressif qui a intéressé le jury. Le pamplemousse domine, agrémenté de notes exotiques. On retrouve les agrumes dans une bouche acidulée qui s'étire sur des notes épicées. « Original ! » commente un dégustateur. ✗ 2015-2016 ❦ verrine de concombre

o┐ Xavier Chouteau, Saint-Maur, 49350 Le Thoureil, tél. 02 41 57 30 24, info@domaine-de-saint-maur.fr Ⓥ ⚐ ➊ t.l.j. sf dim. 17h-19h

DOM. SAUVEROY Cuvée Évasion 2014 ★★

■		10 200	î	5 à 8 €

Pascal et Véronique Cailleau gèrent l'exploitation familiale depuis 1985. Le vignoble s'est agrandi, passant de 1 ha à sa création en 1866 à 28 ha répartis entre les appellations coteaux-du-layon, anjou-villages et anjou.

Vêtue d'une robe aux reflets orangés, cette cuvée livre un nez complexe partagé entre des notes de bonbon anglais et des arômes de fraise et de framboise caractéristiques du cépage grolleau. Souple à l'attaque, la bouche fait écho au nez. Gourmande et friande, elle est vivifiée par une fine acidité en finale. Un bel équilibre. ✗ 2015-2016 ❦ buffet froid

o┐ Pascal Cailleau, Le Sauveroy, 49750 Saint-Lambert-du-Lattay, tél. 02 41 78 30 59, domainesauveroy@sauveroy.com Ⓥ ⚐ ➊ r.-v.

DOM. DES TROTTIÈRES 2014

■		33 000	î	5 à 8 €

Le domaine a été créé en 1906 par M. Brochard, pionnier dans le vignoble angevin de l'introduction des porte-greffes américains résistant au phylloxéra. Il couvre aujourd'hui 108 ha et propose une large gamme d'appellations de l'Anjou et du Saumurois.

La robe claire est limpide ; un nez de fraise et de groseille assorti de touches amyliques. Dans le même registre, la bouche offre une jolie fraîcheur acidulée. ✗ 2015-2016 ❦ taboulé

o┐ Dom. des Trottières, Les Trottières, 49380 Thouarcé, tél. 02 41 54 14 10, contact@domainedestrottieres.com Ⓥ ⚐ ➊ t.l.j. sf dim. 9h-12h 14h-17h

CRÉMANT-DE-LOIRE

Superficie : 1 512 ha / Production : 100 963 hl

Il s'agit d'une appellation régionale qui peut s'appliquer à des vins effervescents surtout blancs, parfois rosés, produits selon la méthode traditionnelle dans les limites des appellations anjou, saumur, touraine et cheverny. Les cépages, nombreux, sont les variétés plantées dans les différents secteurs du Val de Loire : chenin ou pineau de Loire, cabernet-sauvignon et cabernet franc, pinot noir, chardonnay... Reconnue en 1975, l'AOC a trouvé son public.

ACKERMAN 1811 ★

| | 100 000 | î | 5 à 8 € |

Négoce fondé en 1811 par Jean-Baptiste Ackerman, qui fut l'un des premiers à utiliser les anciennes carrières de tuffeau pour élaborer des vins selon la méthode traditionnelle. Régulièrement au rendez-vous du Guide, la maison Ackerman, dirigée par Bernard Jacob, est aujourd'hui le plus important producteur de vins effervescents du Saumurois et se diversifie dans les vins tranquilles.

Cette cuvée à l'effervescence intense livre à l'olfaction des parfums de fruits blancs mûrs nuancés de notes minérales. Tout aussi aromatique, le palais dévoile une matière souple tonifiée par une plaisante fraîcheur, avec un petit côté acidulé en finale. ✗ 2015-2018 ❦ crêpes flambées ● Cuvée Privilège ★ (5 à 8 € ; 40 000 b.) : animée par un cordon de fines bulles, cette cuvée délivre de plaisants parfums de pêche jaune et de fruits blancs mûrs. Droit et vif à l'attaque, le palais se fait plus suave avant de finir sur une pointe acidulée. ✗ 2015-2018

○┐ SA Ackerman, 19, rue Léopold-Palustre, 49400 Saumur, tél. 02 41 53 03 10, contact@ackerman.fr Ⓥ 🅺 🛈 t.l.j. 9h30-12h30 14h-18h30

DOM. DE L'ANGELIÈRE 2012 ★★

| | 23 000 | î | 5 à 8 € |

Depuis six générations, la famille Boret s'attache à cultiver son vignoble situé dans la vallée du Layon : 52 ha conduits aujourd'hui par Arnaud Boret.

Des bulles fines ornent cette cuvée aux parfums puissants et élégants de fleurs blanches, de brioche et de pain frais. On retrouve ces arômes complexes dans une bouche onctueuse et tonique à la fois, équilibrée et longue. Une petite pointe d'amertume en finale apporte un surcroît d'élégance. ✗ 2015-2018 ❦ tarte à l'orange ● 2012 ★ (5 à 8 € ; 5 000 b.) : des parfums complexes de fruits rouges et noirs nuancés d'épices ; une bouche alerte, sous-tendue par une fine acidité qui étire la finale. ✗ 2015-2017

○┐ EARL Boret, Dom. de l'Angelière, 49380 Champ-sur-Layon, tél. 02 41 78 85 09, boret@orange.fr Ⓥ 🛈 r.-v. 🏠 Ⓖ

Ⓑ L'ARCHE DE LA REBELLERIE 2012

| | 8 000 | | 8 à 11 € |

Centre d'aide par le travail créé en 1978, ce domaine appartient à la Fédération des communautés de l'Arche de Jean Vanier. Il accueille trente adultes handicapés qui participent aux travaux de la vigne. L'exploitation de 25 ha est conduite en bio depuis 2000.

La robe jaune aux reflets verts est animée par des bulles discrètes. L'attaque est franche et la bouche, à la fois souple et alerte, possède la même finesse aromatique que l'olfaction, ouverte sur les fruits à chair blanche. ✗ 2015-2016 ❦ crumble de pommes

○┐ ESAT de La Rebellerie, La Rebellerie, 49560 Nueil-sur-Layon, tél. 02 41 59 53 51, secretariat.esat@arche-anjou.org Ⓥ 🅺 🛈 t.l.j. 9h-12h 14h-17h; f. août

DOM. DE LA BESNERIE ★

| | 4 000 | î | 5 à 8 € |

Frédéric Pironneau a repris en 2008 les rênes du domaine (16 ha) acheté et remis en état à partir de 1976 par ses parents.

Une robe pâle aux reflets verts et un chapelet de bulles fines pour ce brut issu de chenin (65 %) et de chardonnay. Des arômes d'agrumes et de fleurs blanches que l'on retrouve dans une bouche ample, fraîche et longue. ✗ 2015-2017 ❦ tartelette au boudin blanc

○┐ EARL Pironneau, Dom. de la Besnerie, 41, rte de Mesland, 41150 Monteaux, tél. 02 54 70 23 75, pironneau.f@wanadoo.fr Ⓥ 🅺 🛈 t.l.j. sf mer. 9h-12h 14h30-19h; dim. sur r.-v.

DOM. DE BOIS MOZÉ Blanc secret 2009 ★★

| | 4 300 | ⱈ | 11 à 15 € |

Ancien manoir du XVIᵉs., le domaine est devenu au XVIIᵉs. une métairie du château de Montsabert. Il s'est développé dans les années 1950-1970 avant de changer de mains en 1996. Il couvre aujourd'hui 30 ha et la cave a été récemment rénovée.

Élevée quatre ans sur lattes et passée six mois en barrique, une cuvée haut de gamme : la bulle est fine et le nez complexe, mêlant les fruits blancs compotés à des nuances briochées, boisées et florales. La bouche, tout aussi aromatique, offre une matière souple, onctueuse et suave, tonifiée par une fraîcheur ajustée qui lui apporte équilibre et longueur. Le coup de cœur n'était pas loin. ✗ 2015-2018 ❦ poêlée de saint-jacques

○┐ SCEA Dom. de Bois Mozé, Le Bois-Mozé, 49320 Coutures, tél. 02 41 57 91 28, contact@bois-moze.fr Ⓥ 🅺 🛈 r.-v. ○┐ Lancien

CLOS DES MAILLES ★

| | 15 000 | î | 5 à 8 € |

François Rullier dirige depuis 2005 ce domaine (32 ha) situé à quelques kilomètres des bords de Loire à proximité du château de Brissac.

La bulle est fine et persistante. Le nez se partage entre les fruits secs (noisette) et les fleurs blanches. À l'unisson, la bouche se montre vineuse et riche ; la fraîcheur se présente en finale pour parfaire l'équilibre. ✗ 2015-2018 ❦ huîtres

○┐ François Rullier, Les Jauraux, 49320 Brissac-Quincé, tél. 02 41 47 28 54, francois@leclosdesmailles.com Ⓥ 🅺 🛈 r.-v.

DOM. DE LA DUCQUERIE Dry 2013 ★★

| | 4 000 | î | 5 à 8 € |

Installés non loin du musée de la Vigne et du Vin à Saint-Lambert-du-Lattay, dans la vallée du Layon, les

Cailleau sont à la tête de 48 ha de vignes. Leur fils a rejoint l'exploitation en 2003 et s'occupe des vinifications.

Ce 100 % cabernet franc a frôlé le coup de cœur. Ses arguments ? Une robe intense et soutenue, à l'encontre de la tendance aux rosés pâles et cristallins ; un nez complexe de fruits rouges et noirs (airelle, groseille, cassis) et de fleurs blanches ; une effervescence abondante mais fine en soutien d'une bouche ample et riche sans lourdeur, équilibrée par la fraîcheur de beaux amers. ✗ 2015-2018 ♈ tarte aux fraises des bois

🔑 EARL la Ducquerie Cailleau, 2, chem. du Grand-Clos, 49750 Saint-Lambert-du-Lattay, tél. 02 41 78 42 00, domaine.ducquerie@wanadoo.fr Ⓥ Ⓚ Ⓣ r.-v.

DOM. DE L'ÉTÉ 2012		
37 800	🍶	5 à 8 €

Ce domaine de 35 ha situé à Concourson-sur-Layon est géré depuis vingt ans par Yannick Babin. La propriétaire, Catherine Nolot, a racheté en 2006 le château voisin des Rochettes, réputé pour ses liquoreux.

Frais, floral et amylique à l'olfaction, ce crémant est bien équilibré, à la fois rond et frais. Une gourmandise. ✗ 2015-2016 ♈ charlotte aux poires

🔑 SCEA Catherine Nolot, L'Été, 49700 Concourson-sur-Layon, tél. 02 41 59 11 63, domainedelete@wanadoo.fr Ⓥ Ⓚ Ⓣ t.l.j. sf dim. 9h-12h30 13h30-18h ; f. début janv.

GABRIELLE D'ESTRÉES ★★		
146 850	🍶	5 à 8 €

La coopérative de Montlouis-sur-Loire, créée en 1961, regroupe 15 viticulteurs adhérents pour une surface cultivée de 135 ha.

Une remarquable cuvée issue de chenin (85 %), de chardonnay et d'une touche de cabernet franc. La bulle, active et fine, met en valeur une robe claire aux reflets verts. L'expression aromatique, très élégante et complexe, associe les fleurs blanches, la rose ancienne et la pêche de vigne. Arômes que l'on retrouve dès l'attaque dans une bouche intense, longue et fraîche, agrémentée de notes toniques de citron vert. ✗ 2015-2017 ♈ tartare de saumon

🔑 Cave des Producteurs de Montlouis, 2, rte de Saint-Aignan, 37270 Montlouis-sur-Loire, tél. 02 47 50 80 98, espace@cave-montlouis.com Ⓥ Ⓚ Ⓣ t.l.j. 9h-12h30 14h-18h30

DOM. DE LA GACHÈRE 2013 ★		
3 500		5 à 8 €

Ce domaine familial de 30 ha est situé dans les Deux-Sèvres, aux confins méridionaux du vignoble angevin. Les deux frères jumeaux, Alain et Gilles Lemoine, ont pris la succession de leur père Claude en 1998.

La bulle est fine et aérienne et le nez plutôt dominé par les agrumes, même si des notes briochées se révèlent à l'aération. L'effervescence est agréable et participe au côté vif et frais de ce vin, à la finale sur le pamplemousse. ✗ 2015-2017 ♈ glace noix de coco ● 2013 ★ (5 à 8 € ; 8 000 b.) : un pur chardonnay très expressif, floral (fleurs blanches), fruité (agrumes) et brioché, animé par une bulle fine et d'une fraîcheur élégante. ✗ 2015-2017

🔑 GAEC Alain et Gilles Lemoine, Dom. de la Gachère, 79290 Saint-Pierre-à-Champ, tél. 05 49 96 81 03, gachere@orange.fr Ⓥ Ⓚ Ⓣ r.-v.

DOM. DES GALLOIRES 2013 ★		
15 400	🍶	5 à 8 €

Située à l'emplacement d'un ancien manoir, cette propriété familiale créée en 1967 est régulièrement en vue pour l'une ou l'autre de ses quatorze cuvées produites dans les AOC anjou, cabernet-d'anjou, coteaux-d'ancenis et muscadet-coteaux-de-la-loire. L'exploitation, conduite par Maxime Toublanc, couvre aujourd'hui 50 ha.

Jaune doré à la bulle intense, la robe est engageante. Le nez associe la brioche et les fruits jaunes et blancs. Une fine effervescence avive une bouche très bien équilibrée entre fraîcheur et rondeur. Un crémant complet et d'une belle complexité. ✗ 2015-2018 ♈ apéritif

🔑 Dom. des Galloires, 1, La Galloire, 49530 Drain, tél. 02 40 98 20 10, contact@galloires.com Ⓥ Ⓚ Ⓣ t.l.j. sf dim. 9h-12h 14h-19h (sam. 17h) 🏠 Ⓘ 🏠 Ⓐ
🔑 Toublanc

♥ DOM. DE LA GERFAUDRIE 2013 ★★		
17 000	🍶	5 à 8 €

Situé sur la corniche angevine, ce domaine de 20 ha domine la vallée du Layon, à quelques kilomètres de sa confluence. Il tire son nom du gerfaut, rapace utilisé jadis en fauconnerie.

Souvent sélectionné pour ses crémants, le domaine décroche cette année son premier coup de cœur avec ce blanc issu de chenin (55 %) et de chardonnay. Un vin à l'effervescence généreuse et au nez expressif, sur les fruits blancs frais, les agrumes et la brioche. Une harmonie qui caractérise aussi la bouche, ample, ronde et riche, stimulée par une fine trame minérale. La bulle angevine à son sommet. ✗ 2015-2018 ♈ quenelles de brochet

🔑 SCEV Dom. de la Gerfaudrie, 25, rue de l'Onglée, 49290 Chalonnes-sur-Loire, tél. 02 41 78 02 28, domaine-gerfaudrie@wanadoo.fr Ⓥ Ⓚ Ⓣ r.-v.
🔑 Bourreau

DOM. DES HAUTS PERRAYS Les Hauts Perrays		
10 500		8 à 11 €

Reprise et rebaptisée en 2009 par Luc Le Fournis, cette propriété de 16 ha (anciennement Dom. Fardeau) est située au pied de la Corniche angevine, sur les coteaux qui dominent les vallées du Layon et de la Loire.

Une effervescence persistante anime ce crémant, assemblage de chenin (60 %), de grolleau, de chardonnay et de cabernet franc. Le nez, encore discret, partagé entre la noisette et les fleurs blanches. Le palais se montre rond en attaque, plus vif et tonique dans son développement, acidulé en finale. ✗ 2015-2016 ♈ cake salé

🔑 Dom. des Hauts Perrays, Les Hauts-Perrays, 49290 Chaudefonds-sur-Layon, tél. 02 41 78 67 57, contact@domaine-des-hauts-perrays.fr Ⓥ Ⓚ Ⓣ r.-v.
🔑 Le Fournis

DOM. JOLIVET 2010 ★

1 500	5 à 8 €

Ce domaine familial de 15 ha est implanté sur les terroirs argilo-siliceux de la commune de Saint-Lambert-du-Lattay, gros bourg viticole de la vallée du Layon. Les vinifications son supervisées par Émilien, le fils de la famille.

Le nez séduit par sa complexité. Brioche, fruits blancs, minéralité et noix de coco, son expression est singulière et très agréable. Animée par une bulle alerte et légère, la bouche se révèle souple, ronde et soyeuse, soulignée par une fine minéralité. ⚔ 2015-2018 ▼ salade d'oranges

☛ Dom. Jolivet, 38 bis, rue Rabelais, 49750 Saint-Lambert-du-Lattay, tél. 02 41 78 30 35, bruno.jolivet@dbmail.com ▼ ♠ r.-v.

LACHETEAU ★★

100 000	5 à 8 €

Créée en 1990, la société de négoce Lacheteau s'est spécialisée dans la production de vins rosés et de vins effervescents. Elle est entrée dans le giron des Grands Chais de France en 2005.

Ce rosé animée par un cordon de fines bulles s'ouvre sur des parfums de fleurs de printemps et de fruits rouges que l'on retrouve dans un palais ample, rond et persistant, bien équilibré entre douceur et fraîcheur. ⚔ 2015-2018 ▼ millefeuille à la framboise ● Tête de cuvée (5 à 8 € ; 100 000 b.) : vin cité. ⚔ 2015-2017

☛ « SAS Lacheteau, 282, rue Lavoisier, 49700 Doué-la-Fontaine, tél. 02 41 59 26 26, mbrieau@lacheteau.fr ▼ ♠ r.-v. ☛ LGCF

MADEMOISELLE LADUBAY ★

n.c.	🍴	5 à 8 €

Fondée par Étienne Bouvet en 1851, la maison Bouvet-Ladubay est un négoce emblématique du Saumurois. Ancienne propriété des Monmousseau, puis de Taittinger, elle est depuis 2005 dans le giron d'un poids lourd mondial des spiritueux, l'indien UB Group.

Jaune d'or à la bulle généreuse, ce crémant est marqué par l'élevage sur lattes et ses notes briochées et toastées, en harmonie avec des parfums de fleurs blanches et de fruits jaunes mûrs. Une complexité aromatique et une effervescence soutenue que l'on perçoit aussi dans une bouche suave et chaleureuse, équilibrée par de fraîches notes d'agrumes. ⚔ 2015-2018 ▼ volaille à la crème

☛ Bouvet-Ladubay, 11, rue Jean-Ackerman, BP 65 Saint-Hilaire-Saint-Florent, 49412 Saumur Cedex, tél. 02 41 83 83 83, sboursier@bouvet-ladubay.fr ▼ ♠ ♟ t.l.j. 9h-12h30 14h-18h

LOUIS DE GRENELLE
Blanc de noir ★

8 330	8 à 11 €

Dotée de caves situées à 12 m sous terre en plein cœur de Saumur, cette vénérable maison de négoce fondée en 1859 est aujourd'hui la dernière affaire familiale du Saumurois. Quatre millions de bouteilles reposent dans une ancienne carrière de tuffeau creusée au XVᵉs.

Guillaume Poitevin, maître de chai de la maison, signe avec ce 100 % cabernet franc un crémant d'une belle intensité aromatique, sur les fleurs blanches et les fruits secs. La bouche se révèle souple et soyeuse, ciselée par une fine trame minérale qui lui confère une bonne allonge. ⚔ 2015-2018 ▼ sorbet de fruits blancs ● Pierre Chanau (5 à 8 € ; 130 000 b.) : vin cité. ⚔ 2015-2017 ● Platine (8 à 11 € ; 57 000 b.) : vin cité. ⚔ 2015-2017

☛ Louis de Grenelle, 839, rue Marceau, 49400 Saumur, tél. 02 41 50 17 63, grenelle@louisdegrenelle.fr ▼ ♠ ♟ t.l.j. sf dim. 9h30-12h 13h30-18h

DOM. DES MATINES

13 000	8 à 11 €

Michèle Mallard-Etchegaray, fille du fondateur, a transmis en 2010 les rênes du domaine (52 ha) à ses fils, Vincent et Hervé. La cave creusée dans le calcaire dur abrite tous les anciens millésimes de l'exploitation produits depuis 1950.

Dominée nettement par le chardonnay (80 %), cette cuvée dévoile un nez séducteur et élégant de fruits jaunes agrémenté d'une touche de pain frais. La bouche se montre ronde et riche, équilibrée par une fine acidité bien présente en finale. ⚔ 2015-2017 ▼ œufs au lait

☛ Dom. des Matines, 31, rue de la Mairie, 49700 Brossay, tél. 02 41 52 25 36, contact@ domainedesmatines.fr ▼ ♟ t.l.j. sf dim. 8h-12h 14h-18h; sam. sur r.-v. ☛ Etchegaray

♥ DOM. MICHAUD ★★

25 000	5 à 8 €

Installé depuis 1985 dans la vallée du Cher, Thierry Michaud exploite 25 ha de vignes et produit de jolis vins de terroir. Une valeur sûre pour ses crémant-de-loire et ses touraine.

Le Dom. Michaud, qui a l'âge du Guide, fait partie de ceux qui ont marqué ces trente dernières années par leur régularité. On ne sera donc pas surpris de retrouver ce crémant à la première place. Un vin issu de chardonnay (50 %), de pinot noir, de cabernet franc et de chenin. Ses arguments : une jolie montée de bulles fines ; un nez expressif et délicat de fleurs blanches, de pain grillé et de pamplemousse, avec une touche de griotte ; bouche à l'unisson, ample, riche et vineuse sans lourdeur, au dosage bien ajusté, équilibrée par une fine fraîcheur citronnée. Une bulle ligérienne royale. ⚔ 2015-2018 ▼ choucroute de la mer

☛ Dom. Michaud, 20, rue les Martinières, 41140 Noyers-sur-Cher, tél. 02 54 32 47 23, thierry@ domainemichaud.com ▼ ♟ t.l.j. sf dim. 10h-12h 14h-19h

VIGNOBLE MUSSET-ROULLIER Noctambule 2013

16 000	5 à 8 €

Les domaines Roullier et Musset se sont associés en 1994 ; leur exploitation couvre aujourd'hui 36 ha sur les coteaux de la Loire. Une valeur sûre du vignoble angevin, aussi bien en blanc qu'en rouge.

LOIRE

Une robe jaune pâle aux reflets gris. Au nez, des notes minérales se mêlent aux fleurs blanches, aux fruits secs et aux fruits exotiques. Une effervescence agréable anime une bouche équilibrée, fraîche et tonique. ⟂ 2015-2017 ♈ salade d'agrumes

☛ Vignoble Musset-Roullier, 36, Le Bas-Chaumier, 49620 La Pommeraye, tél. 02 41 39 05 71, musset-roullier@wanadoo.fr V ⚒ 🏠 r.-v.

DOM. DE NERLEUX La Folie des Loups

●	30 000	🛈	5 à 8 €

Valeur sûre du Saumurois, le Dom. de Nerleux (« loups noirs » en ancien français) est ancré dans les terres de Saint-Cyr-en-Bourg depuis neuf générations. Couvrant aujourd'hui 48 ha, il est conduit par Régis et Élisabeth Neau, rejoints en 2011 par leur fille Amélie.

La bulle est fine et la robe brillante. Le nez d'une belle intensité mêle les agrumes et les fleurs blanches. Une fine effervescence stimule une bouche tendue et de bonne longueur. Tout indiqué pour les fruits de mer. ⟂ 2015-2017 ♈ saint-jacques poêlées

☛ SCEA Neau Dom. de Nerleux, 4, rue de la Paleine, 49260 Saint-Cyr-en-Bourg, tél. 02 41 51 61 04, contact@nerleux.fr V ⚒ 🏠 t.l.j. sf dim. 9h-18h

DOM. DE PAIMPARÉ Dry

●	4 000	🛈	5 à 8 €

Domaine situé à proximité du musée de la Vigne et du Vin à Saint-Lambert-du-Lattay, dans la vallée du Layon, la commune la plus viticole de l'Anjou. Installé en 1990, Michel Tessier y exploite 15 ha. Ses vins sont régulièrement distingués dans le Guide.

Dry, c'est-à-dire sec, ce qui, pour les effervescents, signifie « tendre » (dosage supérieur au brut). Une robe soutenue, couleur rose pivoine, habille ce crémant floral (fleurs blanches) et fruité (groseille, fraise). La bouche ronde et douce est équilibrée par ce qu'il faut de vivacité. ⟂ 2015-2016 ♈ charlotte aux fraises

☛ SCEA Michel Tessier, 32, rue Rabelais, 49750 Saint-Lambert-du-Lattay, tél. 02 41 78 43 18, domainedepaimpare@gmail.com V ⚒ 🏠 r.-v.

CH. PIÉGUË ★

●	10 000	🛈	5 à 8 €

Cette propriété domine la vallée de la Loire, face au vignoble de Savennières situé sur l'autre rive. Elle s'étend sur 28 ha. Des pins parasols, révélateurs de conditions climatiques favorables, lui donnent un air méditerranéen.

Quatre cépages se partagent l'assemblage et apportent chacun leur part à l'édifice. Le chenin pour la fraîcheur, le chardonnay pour la rondeur, le grolleau pour le fruité et le cabernet pour la structure. Une bulle ligérienne très équilibrée. ⟂ 2015-2018 ♈ tiramisu de fruits rouges

☛ Ch. Piéguë, Piéguë, 49190 Rochefort-sur-Loire, tél. 09 63 20 20 39, chateau-piegue@wanadoo.fr V ⚒ 🏠 t.l.j. sf dim. 9h-12h 14h-19h 🏠 ⑤

DOM. DE LA ROCHE LAMBERT 2012

●	10 000		5 à 8 €

Le grand-père de Sébastien Prudhomme, actuel gérant de la propriété et par ailleurs directeur d'exploitation au lycée viticole de Montreuil-Bellay, était tonnelier. Il lui a légué 1 ha de vignes. Aujourd'hui, le domaine couvre 27 ha.

Issu de chenin (60 %) et de chardonnay, ce crémant libère des notes de pomme verte et de coing caractéristiques du grand cépage ligérien. La bulle est présente et fine, et anime une bouche puissante et longue, assez dosée mais sans lourdeur. ⟂ 2015-2017 ♈ soufflé au chocolat blanc

☛ Dom. de la Roche Lambert, 16, rue du Calvaire, 79100 Mauzé-Thouarsais, tél. 05 49 96 64 18, domainedelarochelambert@orange.fr V ⚒ 🏠 t.l.j. sf dim. 9h30-12h30 15h-19h

DOM. SAINT-ARNOUL 2010

●	5 000	🛈	5 à 8 €

Valeur sûre de l'Anjou, ce domaine est implanté sur un très beau site troglodytique, où des caves ont été aménagées dans le falun pour l'élevage des vins de garde. Le vignoble de 32 ha est dirigé par Alain Poupard depuis 1986.

Assemblage de chardonnay (50 %), de chenin et de cabernet franc, ce crémant s'ouvre sur des notes de fruits mûrs et de brioche. On retrouve en bouche la vivacité du chenin. Simple et de bon goût. ⟂ 2015-2016 ♈ poisson grillé

☛ Poupard, Dom. Saint-Arnoul, 5, rue des Caves-Sousigné, 49540 Martigné-Briand, tél. 02 41 59 43 62, domaine@saint-arnoul.com V ⚒ 🏠 r.-v.

DOM. DE LA TUFFIÈRE
Demi-sec ★

●	6 300		5 à 8 €

Situé sur la rive droite de la Loire, au nord-est d'Angers, ce domaine de 25 ha, de création monastique, remonte au XIVᵉs. L'exploitation est conduite par les familles Coignard et Benesteau : les enfants Clarisse et Frédéric ont succédé à leurs parents en 2002 et se sont installés avec leurs conjoints, Fabrice et Stéphanie.

Destiné aux amateurs de douceurs effervescentes, ce demi-sec (18 g/l de sucres résiduels) issu de grolleau (60 %) et de cabernet franc dévoile un bouquet plaisant mêlant les épices, les fruits rouges et une touche calcaire qui signe le terroir. La bouche, bien fruitée (fraise, agrumes), se révèle suave et riche, avec une pointe de fraîcheur bienvenue en soutien. ⟂ 2015-2016 ♈ tarte aux fraises

☛ EARL Coignard-Benesteau, Dom. de la Tuffière, 49140 Lué-en-Baugeois, tél. 02 41 45 11 47, vignoble-tuffiere@wanadoo.fr V ⚒ 🏠 t.l.j. sf dim. 9h-12h30 14h-19h

➡ LA RÉGION NANTAISE

Ce sont les légions romaines qui apportèrent la vigne il y a deux mille ans en pays nantais, carrefour de la Bretagne, de la Vendée, de la Loire et de l'Océan. Après un hiver terrible en 1709, où la mer gela le long des côtes, le vignoble fut complètement détruit, puis reconstitué principalement par des plants du cépage melon venu de Bourgogne.

L'aire de production des vins de la région nantaise occupe aujourd'hui 16 000 ha et s'étend géographiquement au sud et à l'est de Nantes, débordant légèrement des limites de la Loire-Atlantique vers la Vendée et le Maine-et-Loire. Les vignes sont plantées sur des coteaux ensoleillés exposés aux influences océaniques. Les sols plutôt légers et caillouteux se composent de terrains anciens entremêlés de roches éruptives. Le vignoble produit bon an, mal an, 960 000 hl dans les quatre appellations d'origine contrôlée : muscadet, muscadet-coteaux-de-la-loire, muscadet-sèvre-et-maine et muscadet-côtes-de-grand-lieu, ainsi que les AOVDQS gros-plant du pays nantais, coteaux-d'ancenis et fiefs-vendéens.

▶ LES AOC DU MUSCADET ET LE GROS-PLANT-DU-PAYS-NANTAIS

Le muscadet est un vin blanc sec reconnu en appellation d'origine contrôlée dès 1936. Il est issu d'un cépage unique : le melon. Principalement situé dans la partie sud du département de Loire-Atlantique, avec quelques incursions dans le Maine-et-Loire et en Vendée, le vaste vignoble comprend quatre appellations d'origine contrôlée : l'AOC régionale muscadet ; le muscadet-sèvre-et-maine, qui regroupe 23 communes des vallées de la Sèvre et de la Maine, et qui fournit les plus importants volumes ; le muscadet-coteaux-de-la-loire, qui s'étend plus en amont sur 24 communes des deux rives du fleuve, en particulier dans la région d'Ancenis sur la rive droite ; le muscadet-côtes-de-grand-lieu, AOC plus récente, qui correspond à 19 communes au sud-ouest de Nantes.

La mise en bouteilles sur lie est une technique traditionnelle de la région nantaise, qui fait l'objet d'une réglementation précise, renforcée en 1994. Pour bénéficier de cette mention, les vins doivent n'avoir passé qu'un hiver en cuve ou en fût, et se trouver encore sur leur lie et dans leur chai de vinification au moment de la mise en bouteilles ; celle-ci ne peut intervenir qu'à des périodes définies et en aucun cas avant le 1er mars, la commercialisation étant autorisée seulement à partir du premier jeudi de mars. Ce procédé permet d'accentuer la fraîcheur, la finesse et le bouquet des vins. Vif mais sans verdeur, aromatique, le muscadet accompagne parfaitement les poissons et les fruits de mer ; il constitue également un excellent apéritif et doit être servi frais mais non glacé (8-9 °C).

MUSCADET		
Superficie : 2 977 ha / Production : 185 011 hl		

OLIVIER BEAUMARD 2014		
5 000	🍷	- de 5 €

Olivier Beaumard, représentant la troisième génération de vignerons, exploite 5 ha à Landreau, à une trentaine de kilomètres à l'est de Nantes.

Discret au premier abord, ce 2014 libère à l'aération des notes de poire dans un sillage finement minéral. À la fois vive, ronde et persistante, la bouche suit la même ligne aromatique, stimulée par une légère amertume. ✗ 2015-2018 ❦ oursins

☛ *Olivier Beaumard, 21, la Tour-Gasselin, 44430 Le Landreau, tél. 02 40 57 72 12, domaine-beaumard@gmail.com* Ⓥ 🦌 🍴 *r.-v.*

CH. DE LA BRETONNERIE		
Élevé en fût de chêne 2013 ★★		
7 000	🍷 ◍	5 à 8 €

Dressée au milieu d'un coteau, la bâtisse qui commande l'exploitation domine des vignes centenaires. Frédéric Guilbaud représente la quatrième génération à la tête de ce domaine familial de 33 ha.

Ce 2013 s'ouvre sans réserve sur d'élégantes notes fruitées légèrement toastées, rappelant son élevage de dix mois en fût de chêne. On retrouve ce boisé aux nuances de vanille dans une bouche ample et longue. ✗ 2015-2020 ❦ dorade au vin blanc ■ **Muscadet-sèvre-et-maine** La Sébinière Sur lie 2014 ★ (5 à 8 € ; 7 000 b.) : issue de vieilles vignes, une cuvée au nez de fruits secs (amande, noisette) et à la bouche ample, tendre et gourmande ✗ 2015-2020

☛ *SARL Ch. de la Bretonnerie, La Bretonnerie, 44690 La Haie-Fouassière, tél. 06 30 93 65 49, contact@fredericguilbaud-vigneron.fr* Ⓥ 🦌 🍴 *r.-v.*

MANOIR LA PERRIÈRE 2014 ★★		
25 000	🍷	- de 5 €

Aux commandes depuis 1993 de ce domaine de près de 50 ha, Vincent Loiret, quatrième du nom à diriger l'exploitation, est installé non loin du musée du Vignoble nantais au Pallet.

Un nez frais, sur des nuances d'agrumes finement mentholées. Vive en attaque, la bouche développe la même gamme aromatique et offre en finale une agréable vivacité soulignée par des notes de zeste d'orange. Un remarquable représentant de l'appellation. ✗ 2015-2020 ❦ plateau de fruits de mer ■ **Gros-plant-du-pays-nantais** Ch. la Perrière Sur lie 2014 ★ (- de 5 € ; 20 000 b.) : un nez intensément floral, prélude à une bouche fruitée (pêche blanche), charnue et fraîche. ✗ 2015-2018

☛ *Vincent Loiret, 120, La Mare-Merlet, 44330 Le Pallet, tél. 02 40 80 43 24, vins.loiret@free.fr* Ⓥ 🦌 🍴 *t.l.j. sf dim. 8h-12h30 14h-18h; f. 12-25 août*

DOM. DE PORT-JEAN		
Le Nectar de l'Erdre 2012		
2 500	🍷	8 à 11 €

Situé sur les bords de l'Erdre, « la plus belle rivière de France » selon François Ier, ce vignoble de 12 ha est implanté sur un terroir de micaschistes. Cyrille Bécavin s'installe sur le domaine à la suite de son père Daniel en 1999.

Cette cuvée d'un abord discret s'exprime à l'aération sur des notes de fruits blancs, de buis en fleurs et de genêt. Montrant déjà quelques signes d'évolution sans manquer de fraîcheur, la bouche s'appuie sur une fine minéralité et déploie une jolie finale épicée. À boire sans trop attendre. ✗ 2015-2016 ❦ pavé de sandre au beurre blanc

☛ *EARL de Port-Jean, 54, rte de Port-Jean, L'Angle, 44470 Carquefou, tél. 06 62 43 94 64, becavin.cyrille@neuf.fr* Ⓥ 🦌 🍴 *t.l.j. sf dim. 9h-12h 14h-18h30*

LOIRE

MUSCADET-SÈVRE-ET-MAINE

Superficie : 7 822 ha / Production : 421 272 hl

CH. DE L'AULNAYE Château-Thébaud 2010 ★

7 000	🛈	11 à 15 €

Pierre et Chantal Lieubeau dirigent depuis 1980 cette exploitation familiale créée en 1816 et implantée sur les granites de Château-Thébaud. Leur premier fils François les rejoint en 2011. En 2014, c'est au tour de Vincent, aujourd'hui responsable technique.

Issu de vignes de quatre-vingts ans, ce 2010 élevé trente-six mois sur lie avec bâtonnage arbore une robe pâle et brillante qui invite à la dégustation. Des parfums intenses d'acacia et de brioche chaude, accompagnés de notes mentholées, s'échappent du verre. La bouche, vive en attaque, livre des notes de bergamote ; elle se révèle plutôt ronde et offre en finale de jolies touches abricotées. ✗ 2015-2019 🍴 brochettes de noix de Saint-Jacques
☞ EARL La Fruitière, La Fruitière,
44690 Château-Thébaud, tél. 02 40 06 54 81, vincent@lieubeau.com 🆅 🚶 🅿 t.l.j. sf dim. 10h-12h30 14h-19h
☞ Lieubeau

DOM. DE LA BAREILLE Sur lie 2009 ★

1 800	🛈	5 à 8 €

À proximité du château de la Frémoire, à Vertou, haut lieu du syndicalisme viticole nantais, Philippe Delaunay exploite un peu plus de 24 ha de vignes. Il a aussi créé un conservatoire des cépages nantais.

D'un abord discret, ce 2009 libère de fines notes d'anis et de fenouil. En bouche, de délicates saveurs de petits fruits à noyau soulignées d'une pointe d'amertume se prolongent jusqu'en finale. ✗ 2015-2019 🍴 poularde de Bresse aux morilles
☞ EARL Delaunay, 28, rue de l'Herbray, 44120 Vertou, tél. 02 40 80 07 07, philippedelaunay@wanadoo.fr
🆅 🚶 🅿 r.-v.

DOM. DE BEL-AIR L'Authentique 2014 ★★

6 900	🛈	- de 5 €

La Haye-Fouassière est l'une des communes en périphérie de Nantes qui a su préserver ses meilleurs terroirs de gneiss et de micaschistes. Emmanuel Audrain, représentant la quatrième génération, a repris ce domaine familial en 1998, à la suite de son père Jean-Luc. Il exploite 32 ha.

La robe vert pâle est des plus classiques. Les parfums de fleurs blanches et d'agrumes (écorce d'orange) assortis de touches abricotées sont bien typés. La bouche s'impose par son gras et sa fraîcheur, et par sa longueur. Un vin parfaitement dans le ton de l'appellation, et une cuvée bien nommée. ✗ 2015-2020 🍴 mouclade
☞ Audrain Père et Fils, 13, rue de la Caillaudière, 44690 La Haye-Fouassière, tél. 02 40 54 84 11, earl.audrain@orange.fr 🆅 🚶 🅿 t.l.j. sf dim. 8h-19h30

♥ DOM. MICHEL BERTIN Sur lie La Tour Gasselin 2014 ★★

15 000	🛈	- de 5 €

Situé dans le hameau La Tour-Gasselin, qui domine le vignoble et le marais de Goulaine, ce domaine géré par la même famille depuis quatre générations est conduit depuis 1990 par Michel Bertin.

Des ceps de trente ans sont à l'origine de cette cuvée élégante et gourmande. De fines senteurs minérales accompagnées de fragrances de fleurs blanches et de fruits exotiques (litchi, fruit de la Passion) s'exhalent du verre. À cette entrée en matière appétissante succède un palais souple à l'attaque, des notes de fruits blancs bien mûrs et des nuances fraîches d'agrumes qui s'étirent en finale. ✗ 2015-2022 🍴 homard grillé ▪ 2014 ★ (- de 5 € ; 3 000 b.) : un nez fin de fleurs blanches et d'agrumes, et une bouche portée par la vivacité. ✗ 2015-2017
☞ Michel Bertin, La Tour-Gasselin, 44430 Le Landreau, tél. 02 40 06 41 38, earlbertin.michel@wanadoo.fr
🆅 🚶 🅿 r.-v.

CH. LA BIDIÈRE Sur lie Le Rocher Vieilles Vignes 2014 ★

45 000	🛈	- de 5 €

Établi dans un environnement vallonné et arboré, proche de la Sèvre, ce vignoble d'un seul tenant (15 ha) bénéficie d'un terroir de schistes assez précoce. Jean-Philippe Thomson, le nouveau propriétaire, a restauré depuis 2000 les vignes, le chai et le château.

Des vignes âgées de soixante ans ont donné naissance à ce 2014 au fruité exubérant. Le nez épanoui libère des notes confites de pomme, de coing et de mangue. Tout aussi aromatique, la bouche est riche, charnue et généreuse. ✗ 2015-2019 🍴 tarte aux pommes
☞ Ch. la Bidière, La Bidière, 44690 Maisdon-sur-Sèvre, tél. 02 40 54 21 06, jphthomson@gmail.com 🆅 🅿 r.-v.
☞ Thomson

DOM. DU BOIS BRULEY Sur lie 2014 ★

55 000	🛈	5 à 8 €

La famille Chéreau Carré est établie dans la région depuis 1412. En 1953, Monsieur Chéreau acquiert le château de Chasseloir. Son mariage avec Edmonde Carré, qui possède le château de l'Oiselinière de la Ramée, permet d'agrandir le vignoble. Depuis 2003, Bernard Chéreau est aux commandes. Il possède aussi le Dom. de la Chesnaie et le Dom. du Bois Bruley.

Issu de vieilles vignes de quarante ans, ce vin frais et puissant mêle les fruits exotiques et les agrumes dans un sillage finement floral. La bouche vive et minérale fait écho au nez et s'achève sur une noble amertume. ✗ 2015-2019 🍴 tourteau mayonnaise ▪ Ch. l'Oiselinière de la Ramée Sur lie 2014 (5 à 8 € ; 50 000 b.) : vin cité. ✗ 2015-2017
☞ Bernard Chéreau, La Chasseloire, 44690 Saint-Fiacre-sur-Maine, tél. 02 40 54 81 15, contact@chereau-carre.fr 🆅 🚶 🅿 t.l.j. 9h-12h 14h-17h; sam. dim. sur r.-v.

DOM. DU BOIS JOLY Sur lie Harmonie 2014 ★★

42 000	🛈	- de 5 €

Un arrière-grand-père tonnelier, des parents vignerons, Laurent Bouchaud a la vigne dans le sang. Depuis 1993, il conduit ce domaine familial de 30 ha.

Un nez très fin, entre fruits blancs bien mûrs et agrumes. Ces notes d'agrumes aux nuances de pamplemousse et de mandarine, assorties d'une touche anisée, s'épanouissent dans une bouche fraîche et persistante. ✗ 2015-2020 ♥ pâtes aux scampis ■ Henry et Laurent Bouchaud Les Gats 2010 ★ (5 à 8 € ; 5 000 b.) : un 2010 aux parfums de fruits secs, à la bouche ronde, riche et onctueuse délicatement miellée. ✗ 2015-2019

☛ *Laurent Bouchaud, 54, Le Bois-Joly, 44330 Le Pallet, tél. 06 08 28 46 75, l.bouchaud@domaineduboisjoly.com* 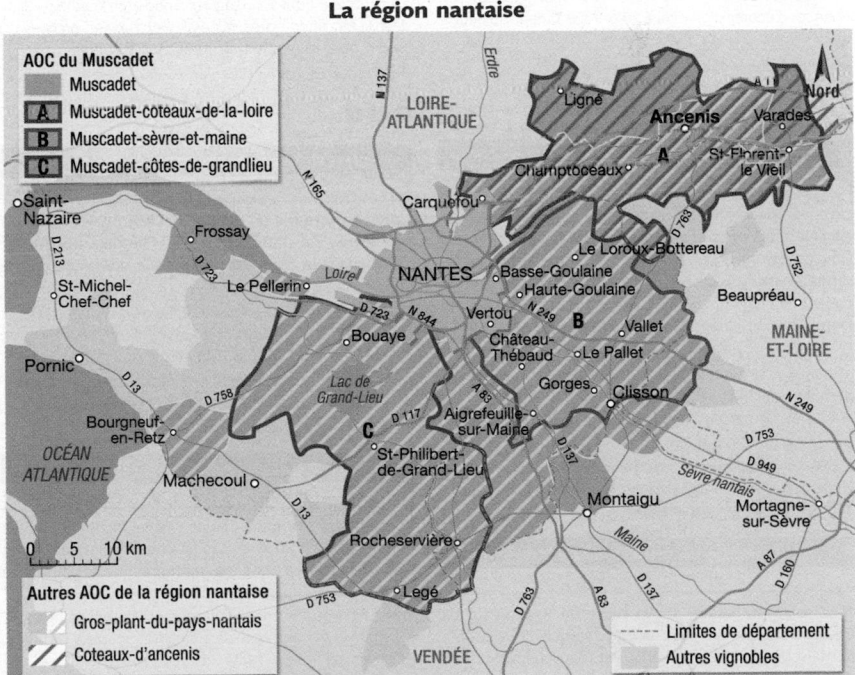 *r.-v.*

Ⓑ BONNET-HUTEAU
Goulaine Vieilles Vignes 2010 ★

■	5 000	🛈	11 à 15 €

Le siège de l'exploitation est à l'emplacement d'une ancienne demeure médiévale qui fut à l'origine de la commune de la Chapelle-Heulin. Rémi et Jean-Jacques Bonnet exploitent en bio depuis 2005 ce domaine de 40 ha et l'orientent vers la biodynamie.

Ce 2010 s'ouvre sur des notes fumées, puis libère à l'aération des nuances de pêche blanche assorties de touches d'herbes aromatiques. Le palais se révèle dense et puissant, soutenu par une franche vivacité. ✗ 2015-2020 ♥ langouste grillée

☛ *Bonnet-Huteau, La Levraudière, 44330 La Chapelle-Heulin, tél. 02 40 06 73 87, bonnethuteau@gmail.com* *t.l.j. sf dim. 9h-12h30 14h-18h*

CHRISTOPHE ET BRIGITTE BOUCHER
Sur lie Arche de la Ganolière 2014 ★

■	12 000	🛈	- de 5 €

Installés depuis 1985, Christophe et Brigitte Boucher conduisent le domaine familial (15 ha) implanté dans la vallée de la Sèvre, à Gorges, là où a été délimité un cru communal.

Jaune pâle, légèrement perlant, ce 2014 s'ouvre discrètement sur des parfums d'agrumes soutenus par une franche et nerveuse minéralité. On retrouve cette minéralité dans une bouche ample, fraîche et longue aux notes de cumin, d'épices et de zeste de citron. ✗ 2014-2017 ♥ crevettes

☛ *Christophe et Brigitte Boucher, 2, La Ganolière, 44190 Gorges, tél. 02 40 06 98 87, earl.boucher@wanadoo.fr* *r.-v.*

PATRICE BOULANGER
Sur lie Sélection du Champ Coteau 2014 ★

■	8 400	🛈	5 à 8 €

Situé à une dizaine de kilomètres de la ville de Clisson, ce domaine s'est constitué au fil des générations à partir de 1870. C'est aujourd'hui une importante exploitation, dont le vignoble couvre 19 ha.

Jaune pâle aux reflets argentés, ce 2014 libère des notes de pêche et d'agrumes légèrement fumées. L'attaque vive et minérale introduit un palais frais et citronné. ✗ 2015-2017 ♥ calamars en salade

☛ *Boulanger, 25, Bonne-Fontaine, 44330 Vallet, tél. 02 40 36 22 79, begaudieres@wanadoo.fr* *r.-v.*

DOM. BOURDONNEAU Sur lie 2014

■	16 000	🛈	- de 5 €

Thierry Rineau s'est installé en 1990 sur ce domaine familial créé en 1930. Le vignoble est réparti sur les deux rives de la Sèvre.

La région nantaise

Cette cuvée issue d'un terroir de gabbro s'ouvre à l'aération sur des notes de fruits mûrs et des nuances minérales. On retrouve ces dernières dans une bouche acidulée, légèrement perlante. ✗ 2015-2017 ♥ crabe mayonnaise

o— *Thierry et Nathalie Rineau, 25, La Simplerie, 44190 Gorges, tél. 02 40 06 95 74, rinth@wanadoo.fr* 🆅 🎿 ♿ *r.-v.*

DOM. DE LA BRAUDIÈRE Sur lie 2013 ★★

| ■ | 10 000 | 📷 | 5 à 8 € |

Cette petite exploitation familiale de 13 ha, conduite par la famille Breteaudeau et située au sud-est de Vallet, est réputée pour ses muscadets-sèvre-et-maine.

Issue d'un terroir de gabbro, cette cuvée livre un nez engageant mêlant le pamplemousse à des notes minérales. Souple et frais à la fois, le palais séduit par son élégance et par sa longue finale acidulée et tonique. ✗ 2015-2020 ♥ carpaccio de saint-jacques

o— *Marie-Françoise Breteaudeau, 219, La Braudière, 44330 Vallet, tél. 02 40 36 20 62* 🎿 ♿ *r.-v.*

ÉLÉGANCE DES CANTREAUX
Sur lie 2014 ★★

| ■ | 2 900 | 📷 | - de 5 € |

Issu d'une famille de vignerons, Patrice Marchais a pris la succession de son père en 1975 sur ce domaine implanté au Loroux-Bottereau sur un coteau dominant la Loire. Il exploite 43 ha.

Un nez intense, floral et minéral, délicatement miellé. La sève de pin s'ajoute à cette palette dans une bouche ronde à l'attaque, dont la finale fraîche est soulignée par des nuances d'écorce d'orange. ✗ 2015-2020 ♥ merlu au beurre blanc

o— *Patrice Marchais, Les Cantreaux, 44430 Le Loroux-Bottereau, tél. 02 40 33 84 20, marchaispatrice@wanadoo.fr* 🆅 🎿 ♿ *r.-v.*

CH. CASSEMICHÈRE Sur lie 2013 ★

| ■ | 10 000 | 📷 | 5 à 8 € |

Un château du XVIIe s. et un domaine qui se flatte d'avoir acclimaté les premiers plants de melon de Bourgogne (muscadet) au début du XVIIIe s. Philippe Ganichaud a repris l'exploitation en 2007, assisté de Gérard Secher, maître de chai depuis 1982. Après l'achat, en 2009, du Dom. de Montifault (10 ha), la propriété couvre 45 ha.

Le nez s'ouvre avec discrétion sur des notes épicées. Une attaque franche introduit un palais souple et rond, tonifié par une agréable fraîcheur en finale. ✗ 2015-2017 ♥ salade aux fruits de mer

o— *SCEA Ch. Cassemichère, La Cassemichère, 44330 La Chapelle-Heulin, tél. 02 40 06 74 07, chateau.cassemichere@orange.fr* 🆅 🎿 ♿ *t.l.j. 9h-18h*
🏠 ❹ 🏠 🄶 o— *Ganichaud*

DOM. DE LA CHALOUSIÈRE 2010

| ■ | 2 500 | 📷 | 8 à 11 € |

À la sortie de Vallet, sur la route de Beaupréau, La Chalousière est un petit village typique du vignoble nantais où Viviane et Michel Petiteau conduisent un domaine de 22 ha.

Ce 2010 s'ouvre sur des notes végétales (menthe, sauge) que viennent compléter des nuances abricotées. Malgré ses cinq ans, il reste encore vigoureux, vif et salin en finale. ✗ 2015-2017 ♥ toasts de sainte-maure de Touraine

o— *EARL Michel et Vincent Petiteau, 451, La Chalousière, 44330 Vallet, tél. 02 40 36 20 15, contact@domaine-chalousiere.com* 🆅 🎿 ♿ *t.l.j. sf dim. 9h-12h30 14h30-18h30*

DOM. DES CHAUSSELIÈRES Expression 2010

| ■ | 13 000 | 📷 | 5 à 8 € |

L'histoire vigneronne de la famille Bosseau débute à la fin du XIXe s. : un aïeul boulanger se faisait payer en arpents de vignes par ses clients débiteurs. L'histoire moderne s'écrit avec Jean Bosseau, qui conduit les 18 ha du domaine depuis 1987.

Issu de vieilles vignes plantées sur un terroir de gabbro, ce 2010 élevé cinquante-quatre mois sur lie libère de délicates senteurs minérales. L'attaque franche introduit un palais plutôt rond, beurré et brioché. ✗ 2015-2017 ♥ raie au beurre

o— *Dom. des Chausselières, 12, rue des Vignes, Les Chausselières, 44330 Le Pallet, tél. 02 40 80 93 88, domainechausselieres@wanadoo.fr* 🆅 🎿 ♿ *r.-v.*
o— *Jean Bosseau*

DOM. DE LA CHENAIE Sur lie 2014 ★★

| ■ | 15 000 | 📷 | - de 5 € |

En 1994, Patrick Lebas a pris les rênes de cette exploitation familiale de 18 ha créée par son bisaïeul en 1870.

Issue d'un terroir de gabbro, cette cuvée libère des notes de fruits exotiques (mangue). Souple et fruité, ce 2014 dévoile de fines notes minérales et fumées propres au terroir qui l'a vu naître. ✗ 2015-2020 ♥ huîtres

o— *Patrick Lebas, Le Châtelier, 44330 Vallet, tél. 02 40 36 40 01, patrick.lebas4@wanadoo.fr* 🆅 🎿 ♿ *r.-v.*

CH. CHESNAIE MORINIÈRE Sur lie 2014 ★

| ■ | 46 000 | 📷 | - de 5 € |

Après avoir repris un petit vignoble en 1990, la famille Morinière s'est établie au Ch. de la Chesnaie, à proximité de la chapelle Saint-Barthélémy. Le domaine compte aujourd'hui 38 ha.

Cette cuvée dévoile un nez intense d'ananas, de poire et d'agrumes. On retrouve la poire dans un palais élégant, soyeux et rond. ✗ 2015-2019 ♥ carpaccio de saint-jacques

o— *EARL Ch. de la Thébaudière, 48, La Chesnaie, 44450 Saint-Julien-de-Concelles, tél. 02 40 54 13 13, moriniere.chesnaie@wanadoo.fr* 🆅 🎿 ♿ *r.-v.*

CH. LA CHEVILLARDIÈRE Sur lie 2014 ★

| ■ | 186 000 | 📷 | - de 5 € |

Succédant à son père, Claude-Michel Pichon a pris les commandes en 2009 du Ch. La Chevillardière et de ses 92 ha de vignes. Il a engagé un programme de plantation de nouveaux cépages.

Un nez fin et gourmand d'ananas et d'agrumes nuancés à l'aération par une note de guimauve. Souple à l'attaque, le palais se révèle fruité et frais, souligné d'une fine minéralité. ✗ 2015-2019 ♥ gambas grillées

⊶ *SCEA Claude-Michel Pichon, 60, La Chevillardière,*
44330 Vallet, tél. 02 53 55 73 39, cmpichon@orange.fr
V ⚘ ☗ *t.l.j. sf dim. 9h-12h 15h-18h30*

CH. DU COING DE SAINT-FIACRE
L'Ancestrale 2010 ★★

▪	n.c.	☗	11 à 15 €

Véronique Günther-Chéreau a décidé en 1989 de délaisser la pharmacie pour s'occuper de cette propriété viticole du XVIIIes. située au confluent de la Sèvre et de la Maine, et acquise par son père en 1973.
Monnières-Saint-Fiacre devrait devenir dans quelque temps un cru communal. Les vins qui y naissent sont ronds, voire crémeux. C'est le cas de ce 2010 aux intenses parfums balsamiques (cire, sève de pin) nuancés de notes de papaye. Charnu, velouté et suave, il est tendu par une fraîcheur exemplaire soulignée par des arômes de pamplemousse et de lemon curd. À carafer avant de servir.
✗ 2015-2020 ✣ terrine de lotte aux fines herbes
⊶ *Véronique Günther-Chéreau, Ch. du Coing,*
44690 Saint-Fiacre-sur-Maine, tél. 02 40 54 85 24,
contact@vgc.fr **V ⚘ ☗** *t.l.j. 9h-13h 14h-18h; sam. dim.*
sur r.-v.

BRUNO CORMERAIS Sur lie Chambaudière 2014

▪	25 000	☗	5 à 8 €

Établi non loin de la Maine, sur les coteaux granitiques de Saint-Lumine-de-Clisson, Bruno Cormerais exploite 27 ha de vignes. Pour imprimer à ses vins sa « marque de fabrique », il vendange souvent plus tardivement que ses collègues.
Un nez intense mêlant les fruits mûrs et les agrumes (citron). Les fruits secs entrent en scène dans une bouche ronde et longue, marquée en finale par une pointe d'amertume. ✗ 2015-2017 ✣ tajine d'agneau aux fruits secs
▪ Clisson 2011 (11 à 15 € ; 9 000 b.) : vin cité. ✗ 2015-2016
⊶ *EARL Bruno, Marie-F. et Maxime Cormerais,*
41, La Chambaudière, 44190 Saint-Lumine-de-Clisson,
tél. 02 40 03 85 84, b.mf.cormerais@orange.fr
V ⚘ ☗ *r.-v.*

DOM. DAVID
Sur lie Clos du Ferré Vieilles Vignes 2014 ★★

▪	25 000	☗	5 à 8 €

Après le départ à la retraite de son père en 2009, Stéphane David a pris les commandes de cette exploitation de 30 ha. Il est épaulé pour la partie commerciale par Sébastien Duvallet.
Le Clos du Ferré, l'un des terroirs les plus réputés de la commune de Vallet, est bien connu des habitués du Guide. Il a donné naissance à cette cuvée aux puissants arômes de fruits blancs et de fruits secs. En bouche, il affirme un caractère surmûri, tonifié en finale par une fine minéralité. ✗ 2015-2020 ✣ filet de saint-pierre à l'oseille
⊶ *Dom. David et Duvallet, 19, Le Landreau-Village,*
44330 Vallet, tél. 02 40 36 42 88, domainedavid@
orange.fr **V ⚘ ☗** *t.l.j. sf dim. 9h-12h 14h-18h*

MICHEL DELHOMMEAU
Sur lie Clos Armand Vieilles Vignes 2010

▪	10 000	☗	5 à 8 €

Sur la rive gauche de la Sèvre, Monnières est un très joli village situé sur un promontoire aux terroirs variés et propices aux vins de qualité. Michel Delhommeau y a pris la suite de ses parents en 1988. Son domaine compte aujourd'hui 25 ha, exploités en bio depuis 2014.
Au duo classique de fleurs et de fruits blancs du nez répond une bouche une belle harmonie entre la rondeur et la fraîcheur. ✗ 2015-2017 ✣ toasts de crottin de Chavignol
⊶ *Michel Delhommeau, 9, La Huperie,*
44690 Monnières, tél. 02 40 54 60 37,
delhommeaum@wanadoo.fr **V ⚘ ☗** *r.-v.*

♥ GEORGES ET GUY DESFOSSÉS
Sur lie Roche blanche 2014 ★★

▪	33 000	☗	5 à 8 €

Cette propriété familiale, qui se transmet de père en fils depuis 1895, est située aux confins nord-est de Vallet, sur un terroir de granite. Le vignoble d'une quinzaine d'hectares est conduit en biodynamie.
Le nez, d'abord végétal, libère à l'aération d'intenses et plaisantes nuances d'agrumes mûrs. La bouche, à l'unisson, est ample et ronde, voire onctueuse, sur des notes persistantes de fruits très mûrs et de fruits exotiques. ✗ 2014-2022 ✣ noix de Saint-Jacques aux agrumes
⊶ *Georges et Guy Desfossés,*
Les Landes-des-Chaboissières, 44330 Vallet,
tél. 02 40 33 99 54, vignoble.desfosses@sfr.fr **⚘** *r.-v.*

DOM. DE L'ÉCHASSERIE Sur lie Honoré 2014 ★

▪	18 000	☗	5 à 8 €

Représentant la troisième génération, Benoît Honoré conduit un domaine de 28 ha établi à Vallet depuis 1845.
Issu d'un terroir de micaschistes, ce vin dévoile un nez végétal qui s'ouvre à l'aération sur l'églantine. Frais à l'attaque, le palais livre des notes florales et s'achève sur des évocations de noisette. ✗ 2015-2017 ✣ apéritif
⊶ *Vignoble Honoré, L'Échasserie, 44330 Vallet,*
tél. 02 40 85 93 88, earlhonore@orange.fr **V ⚘ ☗** *r.-v.*

CH. DE L'ÉPINAY Sur lie 2014

▪	60 000	☗	5 à 8 €

Damien Robert conduit un vignoble de 25 ha constitué de vignes âgées de trente-cinq ans, plantées sur un sol de micaschistes et de gneiss.
Issue des coteaux schisteux de la Maine, cette cuvée est un bon classique au nez de fleurs blanches, à la bouche tendue et minérale, et à la finale acidulée. ✗ 2015-2017 ✣ bulots mayonnaise
⊶ *Damien Robert, Ch. de l'Épinay, 2, rue Épinay,*
44690 Saint-Fiacre-sur-Maine, tél. 02 40 36 92 38,
contact@muscadet-vignoblerobert.com **V ⚘ ☗** *r.-v.*

DOM. DU FIEF-SEIGNEUR Sur lie 2014 ★★

▪	15 000	☗	- de 5 €

Thierry et Jean-Hervé Caillé dirigent depuis 2002 cette exploitation familiale, dont le vignoble couvre 18 ha.
Un muscadet bien typé, aux arômes de pêche de vigne et d'abricot sec. Ample et puissant, le palais est aussi très

élégant. Il devrait gagner en complexité avec le temps.
✗ 2015-2020 ❦ tourte au saumon

○━ EARL Thierry et Jean-Hervé Caillé,
12 bis, rue des Moulins, 44690 Monnières,
tél. 02 40 54 65 03, thierry.caille343@orange.fr
Ⓥ 🏃 ❙ r.-v.

DOM. DE LA FOLIETTE
La Haye-Fouassière 2010 ★★

| ■ | n.c. | 🍶 | 8 à 11 € |

Ce domaine tire son nom des petites folies, demeures bourgeoises que faisaient construire au XVIIIᵉs. les armateurs nantais à leur retour des « Indes ». Il couvre 40 ha et les vignes ont cinquante ans.

La Haye-Fouassière est appelée à devenir un cru communal. Les vins de ce terroir sont tendus et expressifs. C'est le cas de ce 2010 élevé sur lie pendant trente mois. S'il est plutôt doux au nez (laurier, miel), il affirme un caractère plus nerveux et acidulé au palais, marqué par des arômes de zeste d'agrumes et, en finale, par des notes réglissées et mentholées. ✗ 2015-2020 ❦ joues de lotte aux agrumes

○━ Dom. de la Foliette, 35, rue de la Fontaine,
44690 La Haye-Fouassière, tél. 02 40 36 92 28,
domaine.de.la.foliette@wanadoo.fr Ⓥ 🏃 ❙ r.-v.
○━ Brosseau-Hervouet-Vincent

CH. DE FROMENTEAU
Sur lie Sélection 2014 ★★

| ■ | 5 000 | 🍶 | - de 5 € |

Ce domaine appartient à la famille Braud depuis quatre générations. Depuis 1986, Christian conduit les 16 ha de vignes.

Cette cuvée est issue d'une sélection des grappes les mieux exposées et les plus mûres. Elle dévoile de jolis arômes de fruits à chair blanche, de fruits exotiques et de fleurs assortis d'une touche mentholée. Franche et fraîche à l'attaque, la bouche se développe ensuite avec rondeur, sur des notes persistantes de poire mûre. De l'élégance. ✗ 2015-2020 ❦ sole grillée

○━ Christian Braud, Fromenteau, 44330 Vallet,
tél. 02 40 36 23 75, chateaudefromenteau@orange.fr
Ⓥ 🏃 ❙ r.-v. 🏠 Ⓒ

CH. DE LA GALISSONNIÈRE
Sur lie Prestige 2014 ★★

| ■ | 80 000 | 🍶 | - de 5 € |

Depuis 1920, la famille Lusseaud élabore des muscadets sur cette ancienne propriété de l'amiral Barrin de la Galissonnière, qui fut gouverneur du Canada et introduisit le magnolia en Europe au XVIIIᵉs. Le vignoble de 28 ha entoure les vestiges du château médiéval, en partie détruit à la Révolution.

Un nez d'une grande finesse aux nuances d'agrumes et d'acacia. L'élégance se confirme dans une bouche fraîche aux arômes de citron et de pomme verte, qui prennent en finale des tonalités exotiques très gourmandes. ✗ 2014-2020 ❦ sole meunière

○━ Vignobles Lusseaud, La Galissonnière,
44330 Le Pallet, tél. 02 40 80 42 03, vignoble@
chateaugalissonniere.com Ⓥ 🏃 ❙ t.l.j. 8h-12h30 14h-19h
🏠 ❹

DOM. DE LA GARNIÈRE
Sur lie Vieilles Vignes 2014 ★★

| ■ | 17 000 | 🍶 | 5 à 8 € |

Située aux confins orientaux du vignoble nantais, sur les coteaux de la Moine, cette propriété a vu passer trois générations : le grand-père, en polyculture ; les parents, qui ont spécialisé l'exploitation ; aujourd'hui, Olivier et Pascal, à la tête de 30 ha de vignes.

Ce vin respire le terroir par ses superbes notes minérales légèrement fumées. Souple, porté par la même fraîcheur minérale, le palais est d'une grande complexité : on y décèle notamment la réglisse, les épices et les fruits secs. Un ensemble des plus prometteurs. ✗ 2015-2020 ❦ gratin d'écrevisses

○━ GAEC Camille Fleurance et Fils, 202, La Garnière,
49230 Saint-Crespin-sur-Loire, tél. 02 41 70 40 25,
fleurance@garniere.com Ⓥ 🏃 ❙ r.-v. 🏠 ❶

DOM. DE LA GARNIÈRE
Sur lie Cuvée Vieilles Vignes 2014 ★

| ■ | 11 000 | 🍶 | - de 5 € |

Sur la route menant de Saint-Fiacre à Monnières, on passe par la Hautière, qui domine les coteaux escarpés de la Sèvre. Pascale et Patrice David y conduisent depuis 1995 les 18 ha de vignes de la propriété familiale.

Dans un sillage finement minéral, le nez mêle harmonieusement les fruits (poire, pomme verte) et les épices à de délicates notes de tilleul. On retrouve la poire, assortie de nuances fumées, dans une bouche tout aussi minérale, qui offre en finale une agréable fraîcheur mentholée. ✗ 2015-2019 ❦ tartare d'huîtres

○━ Patrice David, 2 bis, rue de la Garnière, La Hautière,
44690 Saint-Fiacre-sur-Maine, tél. 02 40 54 88 07,
pdavidmuscadet@orange.fr Ⓥ ❙ r.-v.

GEMME Vieilles Vignes 2014 ★★★

| ■ | 2 000 | 🍶 | 8 à 11 € |

Jean-Paul et Nathalie Sauvaget exploitent depuis 2001 un vignoble de 6 ha plantés sur des terroirs de gneiss.

Ce vin issu d'une vendange manuelle séduit d'emblée par la finesse de son nez de citron et de pamplemousse. L'écorce d'orange s'ajoute à cette palette dans une bouche à la fois souple et fraîche, vivifiée par une élégante salinité qui donne de l'allonge à la finale. ✗ 2015-2022 ❦ saint-jacques au beurre

○━ GAEC Topaze, 22, rue de la Poste, 44690 Monnières,
tél. 02 40 54 64 91, jpaul@topaze-monnieres.com
Ⓥ 🏃 ❙ t.l.j. 14h-18h30 🏠 ❷ ○━ Sauvaget

DOM. P. GIRARD Sur lie Fleuron la Rebourgère
Vieilles Vignes 2014

| ■ | 20 000 | 🍶 | - de 5 € |

Situé entre la Sèvre et la Maine, ce domaine de 38 ha est conduit depuis 1991 par Patrick Girard, rejoint en 2013 par son fils Guillaume.

Ce 2014 s'ouvre avec discrétion sur les fleurs blanches et les agrumes. Après une attaque acidulée, la bouche se développe avec souplesse et rondeur, sur des notes de pêche, équilibrée par une belle fraîcheur. ✗ 2015-2017 ❦ cassolette de fruits de mer

☛ *Patrick Girard, 17, La Rebourgère,*
44690 Maisdon-sur-Sèvre, tél. 02 40 54 60 75,
earlgirard@wanadoo.fr 🆅 🚶 *r.-v.*

GRAND FIEF DE L'AUDIGÈRE		
Sur lie Vieilles Vignes 2013 ★		
■	45 000	🏛	5 à 8 €

Cette ancienne seigneurie du XVIIes., qui fut propriété de la famille de Sévigné, est située sur un terroir de gabbro typique de la région. Le domaine couvre aujourd'hui 84 ha.

Si la robe est très pâle, le nez est bien ouvert sur le citron bien mûr et le seringa. Franche, ample et souple, la bouche est soulignée par une délicate amertume. ✗ 2015-2019 🍽 langoustines grillées

☛ *Jean Aubron, L'Audigère, 44330 Vallet,*
tél. 02 40 33 91 91, jean.aubron@wanadoo.fr 🆅 🚶 *r.-v.*

LES GRANDS PRESBYTÈRES		
Sur lie Vieilles Vignes 2013		
■	15 000		5 à 8 €

Établi à Saint-Fiacre, sur un terroir de gneiss, ce domaine de 21 ha est conduit depuis 2009 par Christophe Gadais. Son fils Pierre-Henri, qui a terminé ses études au lycée viticole de Beaune en 2014, a préféré commencer sa vie professionnelle en Californie, dans le commerce du vin.

De discrètes notes minérales mêlées d'agrumes pointent à l'aération. La bouche révèle un bon équilibre entre le gras et la vivacité. ✗ 2015-2017 🍽 anguille fumée ■ **Dom. de la Vieille Cure** Sur lie 2014 (5 à 8 € ; 70 000 b.) : vin cité ✗ 2015-2017

☛ *EARL Nelly Marzelleau, 2 bis, rue de la Combe,*
La Pétière, 44690 Saint-Fiacre-sur-Maine,
tél. 02 40 54 80 73, nelly.marzelleau@wanadoo.fr
☛ *Christophe Gadais*

LE GRAND R DE LA GRANGE Sur lie 2012 ★★		
■	7 000	🏛	5 à 8 €

Propriété familiale située au sud-est de Nantes, au cœur de l'aire du muscadet-sèvre-et-maine. Incarnant la huitième génération de vignerons, Raphaël a pris la suite de son père Rémy en 2010. Il vinifie ses clos séparément.

Or blanc aux reflets verts, ce 2012 séduit d'emblée par la finesse de son nez aux nuances de coing et de poire. Vif à l'attaque, il se développe avec rondeur et offre une finale acidulée. ✗ 2015-2020 🍽 dorade au four

☛ *Raphaël Luneau, La Grange, 44430 Le Landreau,*
tél. 02 40 06 45 65, domaine.r.delagrange@wanadoo.fr
🆅 🚶 🛏 *t.l.j. sf dim. 9h-12h 14h-19h*

DOM. DE GUÉRANDE Sur lie Cuvée Tradition 2014		
■	22 600	🏛	- de 5 €

Ce domaine est conduit par la famille Jussiaume depuis trois générations. Planté au sommet de la Butte de la Roche, le vignoble de 20 ha domine les marais de Goulaine et offre une vue panoramique sur Nantes.

Ce 2014 marie avec délicatesse les fleurs blanches, le citron vert et les fruits exotiques. La finesse est aussi l'apanage de la bouche, qui développe des arômes complexes et subtils d'abricot, de poire et de pample-

mousse avant de finir sur une légère amertume. ✗ 2015-2017 🍽 assiette nordique

☛ *Jussiaume, Guérande Marguais,*
44430 Le Loroux-Bottereau, tél. 06 22 16 74 62,
domainedeguerande@wanadoo.fr 🆅 🚶 🛏 *r.-v.*

CH. LA HAIE-THESSENTE Sur lie 2014 ★		
■	10 000		- de 5 €

Sur la route menant de Vallet à La Regrippière, La Haie-Thessente repose sur un joli terroir de schistes et de micaschistes. Jean-François Peigné, représentant la quatrième génération, conduit un vignoble de 43 ha.

Des arômes complexes de fruits jaunes et de mangue inaugurent la dégustation. On les retrouve en compagnie des agrumes dans une bouche puissante, ample et onctueuse. ✗ 2015-2019 🍽 langoustines

☛ *EARL Peigné et Fils, La Haie-Thessente, 44330 Vallet,*
tél. 06 62 74 85 63, earlpeigne@orange.fr 🆅 🛏 *r.-v.*

DOM. LA HAUTE FÉVRIE Sur lie 2014 ★		
■	60 000	🏛	- de 5 €

Ce domaine de 26,5 ha se transmet depuis quatre générations. Sa démarche : vendanges manuelles, maîtrise des rendements et agriculture raisonnée, les engrais chimiques étant bannis.

De vieilles vignes sont à l'origine de ce 2014 au nez intense et frais de fleurs blanches. On retrouve la fraîcheur, soulignée de notes d'agrumes, dans une bouche de bonne longueur. ✗ 2014-2019 🍽 filet de sandre au citron

☛ *Dom. de la Haute Févrie, 109, La Févrie,*
44690 Maisdon-sur-Sèvre, tél. 02 40 36 94 08,
haute-fevrie@orange.fr 🆅 🚶 🛏 *r.-v.* ☛ Branger

CH. DE LA JOUSSELINIÈRE		
Grande Cuvée Tradition 2014 ★		
■	8 000	🏛	- de 5 €

Situé entre Nantes et Le Loroux-Bottereau, le château de la Jousselinière, détruit pendant la Révolution, a été reconstruit au XIXes. Son vignoble d'une vingtaine d'hectares est implanté sur des sols schisteux et granitiques.

Un nez à la fois puissant et très fin de fruits jaunes mûrs (abricot, pêche), d'agrumes et de fruits exotiques. Intensément fruitée également, la bouche se montre riche, suave et longue, bien équilibrée par une fraîcheur acidulée. ✗ 2015-2019 🍽 flétan à la sauce crémeuse au muscadet

☛ *SARL Gilbert Chon et Fils, Le Bois-Malinge,*
44450 Saint-Julien-de-Concelles, tél. 02 40 54 11 08,
muscadetchon@aol.com 🆅 🚶 🛏 *r.-v.* ☛ GFA du Parc

JUBILATION Le Pallet 2010 ★		
■	22 000	🏛	8 à 11 €

Les Vignerons du Pallet : une cave coopérative créée en 2007. Elle regroupe dix domaines du Pallet qui œuvrent pour la reconnaissance des appellations communales en muscadet.

Ce 2010 habillé d'or livre un nez intense d'amande, de noisette et de pêche jaune, agrémenté de notes balsamiques (cire, miel). La bouche est riche et soyeuse, miellée et épicée, soulignée en finale par une fine minéralité. ✗ 2015-2019 🍽 ris de veau

LOIRE

⊶ *Vignerons du Pallet, 56, Bretigne, 44330 Le Pallet, tél. 02 28 00 10 20, contact@vigneronsdupallet.com* 🏠 ❸

DOM. DU LANDREAU VILLAGE
Sur lie Haute Expression 2013 ★★

| ■ | 40 000 | 🔒 | 5 à 8 € |

Fondée en 1880, Drouet Frères est l'une des plus anciennes maisons de négoce-élevage du pays nantais, conduite aujourd'hui par la quatrième génération. Elle exporte dans cinquante-six pays à travers le monde.

Ce 2013 présente toutes les caractéristiques d'un sèvre-et-maine issu d'un terroir de schistes : des parfums intenses de fruits blancs assortis de notes mentholées ; une bouche à la fois corpulente et vive. Un vin complet et harmonieux. ✗ 2015-2019 ▼ gravlax de saumon

⊶ *Les Vins Drouet Frères, 4, rue de la Loge, 44330 La Chapelle-Heulin, tél. 02 40 36 65 20, drouet@loirewines.fr* 🆅 🖪 *t.l.j. sf dim. lun. 9h30-12h30 15h-19h*
⊶ Borie Manoux

CH. DE LA MALONNIÈRE Sur lie 2014 ★★

| ■ | 97 000 | 🔒 | - de 5 € |

Ce château construit en 1650 et en partie détruit à la Révolution domine les marais de Goulaine, qui contribuent au microclimat du lieu.

S'il fallait résumer cette cuvée par un seul mot, ce serait « puissance ». Le jury salue l'intensité de ce vin au nez affirmé de fleurs blanches et de fruits secs. Souple à l'attaque, la bouche reste dans le même registre ; elle brille par son ampleur et par sa persistance. ✗ 2015-2020 ▼ dos de cabillaud sauce aux noix

⊶ *EARL Sauvêtre, Ch. de la Malonnière, 44430 Le Loroux-Bottereau, tél. 02 40 33 81 48, sauvetre@chateau-malonniere.fr* 🆅 🖪 *r.-v.*

MANOIR DE LA MOTTRIE Goulaine 2007 ★

| ■ | 1 500 | 🔒 | 8 à 11 € |

Ce domaine garde des vestiges de l'ancienne motte féodale à laquelle il doit son nom. Il dispose aujourd'hui de 12 ha de vignes.

Ce 2007 livre des arômes intenses de fleurs blanches agrémentés de notes mentholées. Vif en attaque, le palais est puissant et riche. ✗ 2015-2017 ▼ cassolette de pétoncles ■ Vieilles Vignes 2009 (5 à 8 € ; n.c. b.) : vin cité. ✗ 2015-2017

⊶ *EARL Manoir de la Mottrie, La Levraudière, 44330 La Chapelle-Heulin, tél. 06 83 12 08 98, manoirdelamottrie@orange.fr* 🆅 🖪 *r.-v.*
⊶ Alain Gripon

DOM. MÉNARD-GABORIT
Monnières-Saint-Fiacre 2010 ★★

| ■ | 4 000 | 🔒 | 8 à 11 € |

Cette propriété conserve l'un des rares moulins de la région nantaise, vestige d'un temps où l'on cultivait encore des céréales sur les coteaux ; il campe sur une butte au milieu des vignes. Le coquet domaine familial (70 ha) est conduit par les frères Ménard, Philippe et Thierry.

Ce 2010 a gardé toute sa fraîcheur. Le nez complexe est partagé entre le pamplemousse rose, l'abricot et les fruits exotiques, assortis de notes légèrement fumées. La bouche onctueuse dévoile de délicats arômes de bergamote et d'essence de rose. La finale subtilement minérale laisse une impression d'harmonie. ✗ 2015-2020 ▼ filet de saint-pierre grillé

⊶ *Dom. Ménard-Gaborit, 30-34, La Minière, 44690 Monnières, tél. 02 40 54 61 06, philippe.menard7@wanadoo.fr* 🆅 🖪 🖪 *t.l.j. sf dim. 10h-12h30 14h-18h30* 🏠 ❸

CH. DES MONTYS
Sur lie Cuvée La Treille 2010 ★★

| ■ | 7 000 | 🔒 | 8 à 11 € |

Situé à mi-chemin entre Vallet et La Chapelle-Heulin, ce domaine, créé en 1923, couvre 28 ha, principalement sur des terroirs de granite et de micaschistes. Il est conduit par Fabrice Launay depuis 2004.

De l'ancien château fort construit au XIIᵉ s. il ne subsiste sur le domaine que la tour. Elle figure d'ailleurs sur l'étiquette de cette cuvée élevée vingt-quatre mois sur lie. Si le bouquet a évolué vers des notes de miel et de fruits confits, ce 2010 a gardé néanmoins beaucoup de fraîcheur. La bouche offre du fruit à foison, de l'ampleur, de la richesse et du gras, tonifiée en finale par des impressions acidulées. Un remarquable équilibre. ✗ 2015-2020 ▼ langoustines sautées

⊶ *EARL Ch. des Montys, Les Montys, 44330 Vallet, tél. 06 71 24 53 08, chateau-des-montys@orange.fr* 🆅 🖪 🖪 *t.l.j. sf dim. 8h-12h 14h-19h; sam. 8h-17h*
⊶ Fabrice Launay

DOM. DE LA NOË Château-Thébaud 2008 ★

| ■ | 3 000 | 🔒 | 5 à 8 € |

Sur les granites de Château-Thébaud, les vignes sont généralement précoces car les sols sont bien drainants. Ce domaine transmis de père en fils depuis 1878 est aujourd'hui conduit par les quatre Drouard, Pascal, Laurent, Denis et Jean-Paul, qui disposent de 77 ha.

Un vieux millésime au nez puissant, anisé, agrémenté de parfums de cédrat et de figue. Souple à l'attaque, la bouche est suave, intense et miellée. ✗ 2015-2019 ▼ filet de sandre au beurre blanc

⊶ *Dom. de la Noë, La Noë, 44690 Château-Thébaud, tél. 02 40 06 50 57, domainedelanoe@free.fr* 🆅 🖪 🖪 *t.l.j. sf dim. 8h-12h30 14h-18h* ⊶ Drouard

DOM. DE LA NOË ROGUET
Sur lie Vieilles Vignes 2014 ★

| ■ | 10 000 | 🔒 | - de 5 € |

Établi sur les coteaux de la Maine, dans l'aire du muscadet-sèvre-et-maine, ce domaine, créé en 1921, couvre 38 ha sur des sols de gabbro, de granite et de gneiss.

Cette cuvée racée livre d'intenses parfums d'agrumes que l'on retrouve dans une bouche ample, puissante et longue. ✗ 2015-2017 ▼ sushis

⊶ *Vignoble Jaumouillé, 4, La Noue, 49230 Saint-Crespin-sur-Loire, tél. 02 41 70 41 72, vignoblejaumouille@terre-net.fr* 🆅 🖪 🖪 *t.l.j. 9h-19h*

NOUET Haute Expression Vieilles Vignes 2012 ★

| ■ | 4 500 | 🔒 | 5 à 8 € |

La famille Nouet est établie dans le village de la Cognardière depuis 1720. Jean-Claude Nouet s'est installé en 1984 sur le vignoble familial (23,5 ha), rejoint peu après par son frère Pierre-Yves.

Un nez puissant partagé entre les fruits blancs et le citron. Vive à l'attaque, sur des notes de pamplemousse, la bouche délivre en finale des nuances plus suaves de poire. ✗ 2015-2019 ❦ gambas flambées ◼ Sur lie Excellence 2014 ★ (- de 5 € ; 16 000 b.) : un nez discret de fleurs blanches finement minéral, prélude à une bouche fraîche, fruitée et longue. ✗ 2015-2017

○┓ Jean-Claude et Pierre-Yves Nouet, 1, imp. des Pressoirs, La Cognardière, 44330 Le Pallet, tél. 02 40 80 41 72, nouet.vigneron@orange.fr
🆅 🅺 🅻 r.-v.

DOM. DE LA PAPINIÈRE Sur lie 2014 ★

| ◼ | 9 000 | 🛈 | - de 5 € |

Après le départ à la retraite de Bernard Cousseau, le Dom. de la Papinière a été repris par Vincent Barré, qui conduit par ailleurs le Dom. de la Chignardière.

Le nez s'ouvre sur des notes de pêche et de litchi dans un sillage finement minéral. On retrouve les fruits blancs (poire) dans une bouche ronde, riche et gourmande, de bonne longueur. ✗ 2015-2019 ❦ brochettes de noix de Saint-Jacques

○┓ Vincent Barré, 2 bis, La Papinière, 49230 Tillières, tél. 02 41 70 46 31, lapapiniere.vb@gmail.com 🆅 🅺 🅻 r.-v.

LAURENT PERRAUD Clisson 2012 ★

| ◼ | 5 333 | 🛈 | 8 à 11 € |

Les générations de Perraud se succèdent sur le domaine depuis 1804 ; dernier du nom, Laurent, installé en 1986, exploite 42 ha.

Élevé trente mois sur lie, ce vin très expressif libère des notes de raisin mûr, de miel et de noisette, auxquelles s'ajoutent en bouche des arômes de beurre et de brioche, soulignés d'épices douces. Le vin est gras, puissant et long. ✗ 2015-2019 ❦ saumon à l'unilatérale

○┓ Laurent Perraud, Dom. de la Vinçonnière, 44190 Clisson, tél. 02 40 03 95 76, domaine.vinconniere@wanadoo.fr 🆅 🅺 🅻 t.l.j. sf dim. 8h30-12h 14h-19h, sam. sur r.-v.

STÉPHANE ET VINCENT PERRAUD
Clisson 2010 ★★

| ◼ | 6 200 | 🛈 | 8 à 11 € |

Ardents défenseurs du cru communal de Clisson, Stéphane et Vincent Perraud conduisent ce domaine familial de 28 ha certifié en bio depuis 2013 et pratiquent des vendanges manuelles.

Ce 2010 enchante par son bouquet généreux de fleurs blanches et de réglisse. Ample, riche et gourmande, la bouche s'achève sur une noble amertume. ✗ 2015-2020 ❦ sole grillée

○┓ Stéphane et Vincent Perraud, 1, chem. des Sauts, 44190 Clisson, tél. 02 40 54 45 62, vincentperraud@wanadoo.fr 🆅 🅺 🅻 t.l.j. sf dim. 8h30-12h30 14h-19h15

CH. LA PETITE GIRARDIÈRE
Sur lie Vieilles Vignes 2014 ★

| ◼ | 5 000 | 🛈 | - de 5 € |

Situé à 3 km de Clisson, ce domaine est commandé par une maison de style italien. À sa tête depuis 1991,

Françoise et Joël Luneau exploitent 30 ha sur un terroir tardif de gabbro.

Le nez est complexe : ananas, poire et citron confit, assortis de notes d'aubépine. En bouche, les agrumes dominent, accompagnés d'une subtile nuance mentholée qui souligne la fraîcheur de l'ensemble. ✗ 2015-2019 ❦ noix de Saint-Jacques

○┓ EARL Françoise et Joël Luneau, 32, les Giraudières, 44190 Gorges, tél. 02 40 54 45 23 🆅 🅺 🅻 r.-v.

PIERRE DE SOLEIL 2010 ★★

| ◼ | 9 000 | 🛈 | 5 à 8 € |

Exploitation familiale depuis quatre générations, le domaine de la Rinière couvre 22 ha répartis sur trois coteaux. Les sols de micaschistes du Landreau sont réputés produire des vins typés.

Un nez engageant aux parfums d'agrumes, nuancés de touches d'abricot sec et de fruits à chair blanche. On retrouve les fruits secs dans une bouche plutôt ronde, rehaussée en finale par une pointe d'amertume. ✗ 2015-2020 ❦ gambas à l'armoricaine

○┓ Didier Pasquereau, Dom. de la Rinière, 44430 Le Landreau, tél. 02 40 06 44 23, pasquereau.didier@orange.fr 🆅 🅺 🅻 r.-v.

DOM. DE LA PINARDIÈRE Sur lie 2014

| ◼ | 19 200 | 🛈 | - de 5 € |

Depuis 1920, la famille Olivier conduit cette exploitation familiale qui compte aujourd'hui 40 ha. La quatrième génération est aux commandes.

Au nez, des parfums de fruits blancs et d'agrumes. La bouche est simple, mais plaisante par ses arômes de poire, nuancés de notes anisées et par sa fine minéralité. ✗ 2015-2017 ❦ crevettes mayonnaise

○┓ Dom. de la Pinardière, La Pinardière, 44330 Vallet, tél. 02 40 33 96 01, contact@domainedelapinardiere.com 🆅 🅺 🅻 t.l.j. sf dim. 8h30-12h30 14h-19h

CH. DE LA PINGOSSIÈRE
Sur lie Vieilles Vignes 2014 ★★

| ◼ | 20 000 | 🛈 | 5 à 8 € |

Cette maison de négoce a été créée en 1927 par l'arrière-grand-père et le grand-oncle des actuels propriétaires, aux commandes depuis 1983.

Au nez, de fraîches senteurs d'aubépine et une fine minéralité. Fringant à l'attaque, ample et onctueux, le palais est équilibré par une finale citronnée de belle longueur. ✗ 2015-2017 ❦ fromage de chèvre ◼ Guilbaud Frères Sur lie Grand Or 2014 ★ (- de 5 € ; 45 000 b.) : un nez discret de fleurs blanches et d'agrumes, prélude à un palais souple, élégant et acidulé, aux arômes de clémentine. ✗ 2015-2020

○┓ GMVL SAS Guilbaud Frères, BP 49601, 44196 Clisson Cedex, tél. 02 40 06 90 69 🆅 r.-v.

POIRON DABIN Château-Thébaud
Clos des Tabardières 2010 ★

| ◼ | 9 000 | 🛈 | 11 à 15 € |

En 1962, Jean Poiron épouse Thérèse Dabin. Déjà propriétaire du Ch. de l'Enclos, le couple agrandit son vignoble (acquisition du Clos du Ch. de la Verrie en 1970, puis du Dom. de Chantegrolle en 1990). Leurs fils

Laurent et Jean-Michel achètent encore le Clos des Tabardières, ce qui porte la superficie de leur exploitation à 72 ha.

Un nez flatteur et intense de pêche et d'orange mûres délicatement miellées. La bouche est riche, gourmande, concentrée et soyeuse, relevée en finale par une touche épicée. ✗ 2015-2019 ♈ saumon au beurre blanc

☛ Jean-Michel et Laurent Poiron, Chantegrolle, 44690 Château-Thébaud, tél. 02 40 06 56 42, contact@poiron-dabin.com 🅅 🄺 🄵 t.l.j. 9h-12h 14h-18h

DOM. DE LA POTARDIÈRE Sur lie 2014 ★

	20 000		🄸		- de 5 €

Propriétaire de ce domaine depuis 1879, la famille Couillaud conduit un vignoble de 30 ha au flanc d'un coteau appelé « La Butte de la Roche », qui domine le marais de Goulaine.

Un nez bien ouvert sur les fruits confits. Une bouche à l'unisson, puissante et riche, aux arômes de fruits mûrs (mangue, ananas), vivifiée en finale par une pointe minérale. ✗ 2015-2019 ♈ mousse avocat-crevettes ▪ Gros-plant-du-pays-nantais Sur lie 2014 (- de 5 € ; 10 000 b.) : vin cité. ✗ 2015-2019

☛ EARL Couillaud et Fils, La Potardière, 44430 Le Loroux-Bottereau, tél. 02 40 33 82 50, domainepotardiere@orange.fr 🅅 🄵 r.-v.

DOM. DES POUINIÈRES Sur lie 2014 ★★

	8 000			- de 5 €

Depuis 2002, Dominique Chupin conduit ce domaine de 15,5 ha situé à l'est de Vallet sur un terroir de micaschistes. Il propose du muscadet, du gros-plant et des vins de pays.

Jaune pâle aux reflets verts, cette cuvée retient l'attention par ses senteurs minérales. Fraîche à l'attaque, voire nerveuse, elle offre ensuite un développement plus souple, plus gras, pour finir sur des notes citronnées et iodées. Un joli parcours sensoriel. ✗ 2015-2020 ♈ pamplemousse au crabe

☛ EARL Chupin, 1, La Pouinière, 44330 Vallet, tél. 06 19 82 64 58, earlchupin44@orange.fr 🅅 🄺 🄵 t.l.j. 8h-12h30 14h-20h

DOM. DE LA PROUTIÈRE
Sur lie Cuvée royale 2014 ★

	10 000		🄸		- de 5 €

Alain et Philippe Blanchard exploitent un domaine de 32 ha répartis dans trois communes : Gorges, Mouzillon et Vallet.

Le nez délicat associe les fruits frais et une fine minéralité. De l'attaque souple sur la poire à la finale persistante et acidulée, le palais d'une belle fraîcheur montre une remarquable harmonie. ✗ 2015-2019 ♈ bulots mayonnaise

☛ GAEC Claude Blanchard et Fils, 4, Le Quarteron, 44190 Gorges, tél. 02 40 54 07 82, gaec.blanchard@wanadoo.fr 🅅 🄺 🄵 r.-v.

DOM. DE LA PYRONNIÈRE Sur lie 2014 ★

	6 500			- de 5 €

En 1997, Stéphane Drouet prend la tête de ce domaine familial – déjà signalé sur le cadastre napoléonien – qui couvre aujourd'hui 15 ha.

Un bouquet intense d'aubépine et de tilleul, nuancé de notes de pomme verte. Dense, ample et fruitée, la bouche prolonge avec élégance cette sensation d'harmonie. ✗ 2015-2017 ♈ assiette de coquillages

☛ EARL Stéphane Drouet, 8, La Pyronnière, 44190 Gorges, tél. 06 80 10 06 38, drouetstephane@bbox.fr 🅅 🄺 🄵 r.-v.

DOM. DES QUATRES ROUTES Sur lie 2014 ★

	50 000		🄸		- de 5 €

Vignerons de père en fils depuis 1800, les Poiron exploitent deux domaines : les Quatre Routes à Maisdon-sur-Sèvre et le Vieux Manoir à La Chapelle-Heulin. Au total 32 ha.

Intense et élégant au nez, ce 2014 vif et ample s'achève sur de jolies notes d'agrumes. Bien dans le ton de l'AOC. ✗ 2015-2017 ♈ anguille fumée

☛ Éric Poiron, Les Quatre-Routes, 44690 Maisdon-sur-Sèvre, tél. 02 40 54 60 58, poiron.henri@wanadoo.fr 🅅 🄺 🄵 t.l.j. 9h-12h30 14h-18h 🏠 🅞

LES ROCHES GAUDINIÈRES
Sur lie Vieilles Vignes 2013 ★★

	18 000		🄸		8 à 11 €

Alexandre Déramé a repris en 2002 ce domaine familial de 31 ha réputé pour son sous-sol de gabbro, à la limite des communes de Mouzillon et du Pallet.

Le nez libère de discrètes notes d'épices, de miel et de brioche. On retrouve les arômes de viennoiserie dans une bouche souple et ronde, à la finale minérale. ✗ 2015-2017 ♈ crottin de chèvre frais

☛ EARL Déramé et Fils, La Morandière, 44330 Mouzillon, tél. 02 40 80 41 43, derame@wanadoo.fr 🅅 🄺 🄵 r.-v.

DOM. PATRICK ET HUGUETTE SAILLANT
Sur lie Cuvée Maxence 2014 ★

	2 000			- de 5 €

Patrick Saillant a repris l'exploitation de ses ancêtres en 1993. Il a agrandi le vignoble (9 ha aujourd'hui) et modernisé le chai. Ses vignes, âgées de trente-cinq ans, sont plantées sur un sol de granite et bien exposées sur les coteaux de la Maine.

Une cuvée dédiée au petit-fils des vignerons, né en 2014. Le nez est délicatement minéral et fumé. La bouche, à la fois fringante et souple, finit sur une fraîcheur citronnée. Bienvenue à Maxence et longue vie à cette cuvée. ✗ 2015-2019 ♈ plateau de fruits de mer

☛ EARL Saillant-Esneu, 8, La Grenaudière, 44690 Maisdon-sur-Sèvre, tél. 02 40 03 80 10, saillant-esneu@hotmail.fr 🅅 🄺 🄵 r.-v.

DOM. SALMON Sur lie Vieilles Vignes 2014 ★

	n.c.			- de 5 €

Dominique Salmon est installé à Château-Thébaud, village perché sur un coteau rocheux dominant la Maine.

Cette cuvée séduit par ses arômes intenses et raffinés de fleurs blanches et de fruits blancs (la poire notamment). En bouche, elle se révèle fraîche et tout aussi élégante. ✗ 2015-2019 ♈ beignets de crevettes ▪ Sur lie Grande

Réserve 2014 (5 à 8 € ; n.c. b.) : vin cité. ✗ 2015-2017
o➟ EURL D. Salmon, Dom. Salmon, Les Landes-Devin,
44690 Château-Thébaud, tél. 02 40 06 53 66

DOM. DE LA THÉBAUDIÈRE Sur lie 2014 ★

| | 12 000 | 🏠 | - de 5 € |

C'est en 1972 que cette exploitation (19 ha aujourd'hui)
devient un domaine viticole à part entière. Philippe
Pétard, représentant la quatrième génération, l'a reprise
en 1993.

Très expressif, délicatement minéral, le nez mêle les
agrumes et les fleurs blanches. Rond à l'attaque, le palais
se développe avec fraîcheur et délivre en finale une fine
touche saline. ✗ 2015-2019 🍴 verrines avocat crevettes
o➟ Philippe Pétard, 137, La Thébaudière,
44430 Le Loroux-Bottereau, tél. 06 80 78 71 04,
phil.denis.44@gmail.com 🇻 🛌 🏠 r.-v.

DOM. JEAN-LUC VIAUD
Goulaine Fleur de Panloup 2010

| | 2 000 | 🏠 | 8 à 11 € |

Une grande partie de ce domaine dépendait autrefois du
Ch. de Beauchêne. Installé en 1995, Jean-Luc Viaud,
représentant la quatrième génération, exploite 15,5 ha
de vignes.

Ce 2010 est représentatif du terroir de schistes du
Landreau. Il révèle un nez très fin, floral et minéral. Vif à
l'attaque, puis souple et rond, il offre une longue finale
fruitée. ✗ 2015-2019 🍴 tricassée de volaille aux épices
o➟ Jean-Luc Viaud, 2, La Renouère, 44430 Le Landreau,
tél. 02 53 78 13 25, contact@domainejeanlucviaud.fr
🇻 🛌 🏠 r.-v.

CLAUDE VICET Sur lie Coteau du moulin 2014 ★

| | 10 000 | 🏠 | - de 5 € |

C'est la sixième génération de Vicet qui officie au
Paradis, ce hameau du nord de la commune de La
Haye-Fouassière. Le domaine, créé en 1896, couvre
aujourd'hui 33 ha.

Ce 2014 or pâle libère des parfums d'agrumes (citron,
pamplemousse) et d'anis. Savoureux, le palais se révèle
plutôt rond, vivifié en finale par des notes acidulées qui
lui donnent de l'allonge. ✗ 2015-2019 🍴 carrelet meunière
o➟ Vicet, 11, rue du Paradis, 44690 La Haye-Fouassière,
tél. 02 40 36 95 71, vicet.claude@wanadoo.fr
🇻 🛌 🏠 t.l.j. sf sam. dim. 8h-12h30 14h-18h30

DOM. DU VIEUX FRÊNE
Sur lie Cuvée Sainte-Stéphanie 2014 ★

| | 12 000 | 🏠 | - de 5 € |

Représentant la troisième génération, Daniel Baudrit est
installé depuis 1998 sur ce domaine familial à l'origine
en polyculture. Son vignoble de 17 ha est implanté sur
un terroir tardif à l'est de Mouzillon.

Cette cuvée s'ouvre d'emblée sur des senteurs florales et
libère à l'aération des notes de fruits secs sur fond minéral
(pierre à fusil). Une belle attaque introduit un palais
équilibré et long, aux arômes de bonbon à la poire.
✗ 2015-2019 🍴 pot-au-feu de la mer
o➟ Daniel Baudrit, La Recivière, 44330 Mouzillon,
tél. 02 40 36 47 70, daniel-baudrit@sfr.fr 🇻 🛌 🏠 t.l.j.
8h-12h 14h-18h

LA VRIGNAIS Sur lie 2014

| | 11 000 | 🏠 | - de 5 € |

Émilie Bachelier a rejoint en 2010 son frère Olivier
installé sur le domaine familial depuis 2003. L'exploitation couvre 24,5 ha sur un terroir de granite, en
bordure de la Maine.

Les agrumes dominent le nez. La bouche ample, fruitée
et acidulée, offre une finale saline. ✗ 2015-2017 🍴 crevettes
mayonnaise
o➟ EARL Bachelier, La Vrignais,
44140 Aigrefeuille-sur-Maine, tél. 06 18 94 69 21,
earlbachelier@live.fr 🇻 🏠 r.-v.

MUSCADET-CÔTES-DE-GRAND-LIEU

Superficie : 277 ha / Production : 14 447 hl

♥ DOM. DE LA COCHE
Sur lie La Salle aux fées 2014 ★★

| | 9 000 | 🏠 | 5 à 8 € |

Située à l'extrême ouest du
vignoble nantais, Sainte-
Pazanne est une commune
principalement tournée vers
l'agriculture. Un îlot viticole demeure : celui des cousins Emmanuel et Laurent Guitteny, à
la tête depuis 2000 d'un vignoble de 30 ha.

Cette cuvée attire d'emblée par
son nez puissant, qui associe les
fruits exotiques (ananas, mangue, litchi) à l'abricot et au
pamplemousse. Ces arômes s'épanouissent avec persistance dans une bouche suave à l'attaque et fraîche en
finale. Un remarquable équilibre. ✗ 2015-2017 🍴 tartare
d'huîtres
o➟ SCEA Dom. de la Coche, La Coche,
44680 Sainte-Pazanne, tél. 02 40 02 44 43, contact@
domainedelacoche.com 🇻 🛌 🏠 t.l.j. sf dim. lun. 10h-12h
14h-19h

VIGNOBLE DAHERON Sur lie 2014

| | 8 500 | 🏠 | - de 5 € |

Situé entre Corcoué-sur-Logne et Rocheservière, sur un
terroir de roches vertes, ce domaine familial date de la
fin du XVIIIᵉs. Il couvre aujourd'hui 63 ha.

Issu d'un terroir d'amphibolite caractéristique de Corcoué-
sur-Logne, ce vin offre de délicates senteurs minérales.
L'attaque franche et vive introduit un palais souple, tendu
en finale par une belle minéralité. ✗ 2015-2017 🍴 anguilles
grillées
o➟ EARL Pierre Daheron, 9, Le Parc,
44650 Corcoué-sur-Logne, tél. 02 40 05 86 11,
contact@vignoble-daheron.fr 🇻 🛌 🏠 r.-v.

LA GARNAUDIÈRE Sur lie 2014

| | 11 600 | 🏠 | - de 5 € |

Au sud du lac de Grandlieu, la commune de La
Limouzinière a conservé quelques exploitations viticoles. Celle-ci, constituée en 1981, est conduite depuis
2003 par François Denis, à la tête d'un vignoble de 43 ha.

LOIRE

Un nez intense mêlant le bonbon à la poire et les fleurs blanches. On retrouve le bonbon dans une bouche souple et gourmande. ✗ 2015-2017 ❦ moules farcies
○━ *GAEC de la Garnaudière, 15, La Garnaudière, 44310 La Limouzinière, tél. 02 40 05 82 28, lagarno@orange.fr* 🆅 🄰 🔼 *t.l.j. sf dim. 8h-12h 14h-19h* ○━ Denis

DOM. LE GRAND FÉ Sur lie 2014

| ▪ | 20 000 | 🛈 | - de 5 € |

À la tête de l'exploitation depuis 2003, Jean Boutin dispose de 24 ha. Une partie du vignoble entoure un ancien relais de poste du XVIIIᵉs. transformé en chai.
Issu d'un sol de gneiss, ce vin livre un nez très fin de citron, de pamplemousse et de fruits exotiques. Expressif et vif en bouche, il dévoile une jolie trame minérale et offre en finale de beaux amers. Bien dans le ton de l'AOC.
✗ 2015-2017 ❦ cassolette de fruits de mer
○━ *EARL Jean Boutin, 8, Le Poirier, 44310 La Limouzinière, tél. 06 80 08 69 40, jean.boutin1@bbox.fr* 🆅 🄰 🔼 *t.l.j. sf dim. 10h-12h30 15h-19h30; sam. 10h-12h30*

DOM. DE LA PIERRE BLANCHE Sur lie 2014 ★

| ▪ | 10 000 | 🛈 | - de 5 € |

Ce domaine de 37 ha, conduit depuis 1971 par la famille Épiard, tire son nom de la première pierre posée lors de l'édification des bâtiments en 1850. Il est aujourd'hui géré par Freddy Épiard, épaulé par sa sœur Sandrine.
Des arômes de pomme et de prune s'échappent du verre. La bouche fraîche, minérale et saline délivre des nuances de pêche blanche tonifiées par des notes de citron vert et de pamplemousse. ✗ 2015-2017 ❦ huîtres de Cancale
○━ *EARL Vignoble Épiard, La Pierre-Blanche, 85660 Saint-Philbert-de-Bouaine, tél. 02 51 41 93 42, vignoble-epiard@orange.fr* 🆅 🄰 🔼 *t.l.j. 9h-12h 15h-17h*

MUSCADET-COTEAUX-DE-LA-LOIRE

Superficie : 244 ha / Production : 12 064 hl

DOM. DU CHAMP CHAPRON Sur lie 2014 ★

| ▪ | 66 000 | 🛈 | 5 à 8 € |

Ce domaine de 72 ha, dont les origines remontent au XVIIIᵉs., est situé à la limite de l'Anjou et du pays nantais, sur la rive sud de la Loire. Carmen Suteau, qui en a pris en 1999 la direction, a été rejointe par son fils en 2007.
Un nez expressif de fleurs de printemps. Une attaque fraîche aux nuances de pamplemousse introduit un palais gras, ample et puissant, à la finale chaleureuse. ✗ 2015-2017 ❦ brochettes de langoustines ▪ **Gros-plant-du-pays-nantais** Sur lie 2014 ★ (- de 5 € ; 50 000 b.) : un gros-plant original, au joli nez d'amande prolongé par un palais épicé aux nuances de poivre vert. ✗ 2015-2017
○━ *EARL Suteau-Ollivier, Le Champ-Chapron, 44450 Barbechat, tél. 02 40 03 65 27, suteau.ollivier@wanadoo.fr* 🆅 🔼 *t.l.j. sf dim 17h-19h*

LES FOLIES SIFFAIT Sur lie 2014 ★★

| ▪ | 11 400 | 🛈 | - de 5 € |

Créée en 1955, la coopérative des Vignerons des Terroirs de la Noëlle vinifie la vendange de 90 viticulteurs qui cultivent plus de 800 ha. La moitié des raisins provient

de la région nantaise et des coteaux d'Ancenis, l'autre moitié de l'Anjou.
Les Folies Siffait ? Un site classé de la commune du Cellier : des jardins aménagés en terrasses au-dessus de la Loire entre 1819 et 1829 ; il a donné son nom à cette cuvée au nez délicat de fruits confits. Des saveurs persistantes de fruits frais (agrumes, pêche) prennent le relais dans une bouche ample et charnue, tendre et soyeuse. ✗ 2015-2020 ❦ poulet d'Ancenis à la crème
○━ *Les Vignerons de la Noëlle, bd des Alliés, 44150 Ancenis, tél. 02 40 98 92 72, fgouraud@terrena.fr* 🆅 🔼 *t.l.j. sf dim. 9h-12h30 14h-18h30; sam. 9h-12h30*

DOM. DE LA PLÉIADE Sur lie 2014 ★

| ▪ | 6 500 | 🛈 | - de 5 € |

Ce domaine doit son nom au poète Joachim Du Bellay, né dans la commune de Liré et auteur du manifeste à l'origine de la Pléiade. Bernard Crespin, installé en 1982, exploite aujourd'hui un vignoble de 11 ha.
Dans le verre, un vin jaune doré intense, qui s'ouvre à l'aération sur des notes élégantes de fruits jaunes et d'épices. Alerte tout au long de la dégustation, le palais, tendu par une fine trame acidulée, offre en finale de puissantes nuances de noisette grillée. Un 2014 des plus fringants. ✗ 2015-2017 ❦ moules marinière
○━ *Bernard Crespin, Dom. de la Pléiade, 49530 Liré, tél. 02 40 09 01 39, crespin.pleiade@wanadoo.fr* 🆅 🔼 *t.l.j. sf dim. 10h-12h30 15h-19h*

GROS-PLANT-DU-PAYS-NANTAIS

Superficie : 1 212 ha / Production : 90 255 hl

Le gros-plant-du-pays-nantais est un vin blanc sec, AOVDQS depuis 1954 et AOC depuis 2011, produit dans trois départements : Loire-Atlantique, Maine-et-Loire et Vendée. Il est issu d'un cépage unique d'origine charentaise, la folle blanche, appelée ici gros-plant. Comme le muscadet, le gros-plant peut être mis en bouteilles sur lie.

CH. DE L'AUJARDIÈRE Sur lie 2014

| ▪ | 10 000 | 🛈 | - de 5 € |

La famille Lebrin exploite depuis cinq générations cette propriété fondée en 1850, située aux confins de l'Anjou et du pays nantais, qui a pris la suite d'un domaine seigneurial de l'Ancien Régime. Olivier Lebrin s'est installé en 1999 sur 26 ha. Aujourd'hui, le vignoble couvre 45 ha plantés de quatorze cépages différents.
Ce vin libère de subtils parfums de fleurs blanches, de citron vert et de fruits exotiques. La bouche est à l'unisson, fraîche et fruitée, avec une finale acidulée. ✗ 2015-2017 ❦ plateau de fruits de mer
○━ *EARL Olivier Lebrin, L'Aujardière, 44430 La Remaudière, tél. 02 40 33 72 72, contact@vinsfinslebrin.com* 🆅 🄰 🔼 *t.l.j. sf dim. 9h-12h30 14h-19h; sam. 9h-12h30*

DOM. DE BEAUREPAIRE
Sur lie Haute Sélection 2014 ★★

| ▪ | 18 500 | 🛈 | - de 5 € |

Le vignoble, situé sur les communes de Mouzillon et de Clisson, couvre 17 ha autour de l'exploitation, dont les bâtiments de brique rouge rappellent le style italien de la cité médiévale. Depuis 2009, Christine Bouin est aux commandes.

Les terroirs de Mouzillon sont assez tardifs ; cette cuvée récoltée fin septembre en est l'illustration. Elle s'ouvre à l'aération sur de fines notes citronnées. C'est en bouche qu'elle se révèle : elle offre une jolie matière aromatique et élégante. ✘ 2015-2017 ✤ huîtres

☛ *Christine Bouin, 5, La Recivière, 44330 Mouzillon, tél. 02 40 36 35 97, domainedebeaurepaire@orange.fr* Ⓥ 🅰 🅰 *r.-v.*

Ⓑ DOM. DE LA BREGEONETTE 2014 ★

■	5 000	ⓘ	5 à 8 €

Ancienne propriété du marquis de Rochechouart, ce domaine créé en 1947 est installé au nord-est de Vallet. Stéphane Orieux y cultive aujourd'hui 14 ha de vignes conduites en bio.

Ce vin issu d'un terroir de micaschistes livre un nez discret qui s'ouvre à l'agitation sur de fines notes florales et citronnées. En bouche, il révèle son caractère ample, minéral et persistant. Il s'affirmera dans les mois qui viennent. ✘ 2015-2017 ✤ assiette de coquillages

☛ *EARL Stéphane Orieux, La Touche, 44330 Vallet, tél. 02 40 46 68 41, stephane.orieux@wanadoo.fr* Ⓥ 🅰 🅰 *r.-v.*

DOM. LES COINS Sur lie 2014 ★

■	10 000	ⓘ	- de 5 €

Didier Malidain s'est installé en 1996 sur ce domaine de 55 ha qui se transmet de père en fils depuis 1850.

Ce vin expressif et bien typé s'ouvre sans réserve sur de fines notes de fleurs blanches et de fruits exotiques. En bouche, il est harmonieux et persistant. ✘ 2015-2017 ✤ praires farcies

☛ *EARL Didier Malidain, 5, Grossève, 44650 Corcoué-sur-Logne, tél. 02 40 05 95 95, domaine.les.coins@wanadoo.fr* Ⓥ 🅰 🅰 *r.-v.*

DOM. DU COLOMBIER Sur lie 2014

■	1 000	- de 5 €

Domaine situé à la limite orientale du vignoble nantais, aux portes de l'Anjou. Représentant la quatrième génération, Jean-Yves Bretaudeau conduit depuis 1996 le vignoble, qui compte aujourd'hui 32 ha.

Un nez engageant, sur la pêche et la poire nuancées d'une touche de fruits exotiques. Souple à l'attaque, tendu par une fine acidité, le palais finit sur une note acidulée. ✘ 2015-2017 ✤ poisson mariné

☛ *Jean-Yves Bretaudeau, 3, Le Colombier, 49230 Tillières, tél. 02 41 70 45 96, contact@lecolombier.com* Ⓥ 🅰 🅰 *r.-v.*

CH. LA FORCHETIÈRE Sur lie 2014 ★

■	45 000	ⓘ	- de 5 €

Vaste domaine de 60 ha situé sur la route de la Vendée, à l'entrée de Corcoué-sur-Logne, dans le giron du groupe des Grands Chais de France.

Corcoué-sur-Logne est réputé pour la qualité de ses gros-plants. Celui-ci livre un nez floral et fruité bien développé. Franc en attaque, il se montre riche et persistant. ✘ 2015-2017 ✤ plateau de fruits de mer ■ Muscadet-côtes-

de-grand-lieu Ch. de la Forchetière Sur lie 2014 (- de 5 € ; 45 000 b.) : vin cité. ✘ 2015-2017

☛ *SCEA Champteloup, Ch. du Cléray, 44194 Vallet, tél. 02 40 36 66 00* Ⓥ 🅰 🅰 *t.l.j. sf sam. dim. 8h30-12h30 13h30-16h30*

CH. DES GILLIÈRES Sur lie 2014 ★★

■	37 000	ⓘ	- de 5 €

Cet important domaine de quelque 88 ha est principalement installé dans l'aire d'appellation du muscadet-sèvre-et-maine, mais il a étendu son activité à Corcoué-sur-Logne dans l'AOC muscadet-côtes-de-grandlieu.

Les amphibolites sont très présentes dans le secteur de Corcoué-sur-Logne. Ce vin en est issu et en retire une tendre minéralité. Le nez séduit d'emblée par de fines notes d'ananas, de pêche et de litchi. D'une belle vivacité, il dévoile une plaisante amertume en finale. Une jolie cuvée « à faire connaître », selon le jury. ✘ 2015-2017 ✤ crabe mayonnaise

☛ *SAS des Gillières, Les Gillières, 44690 La Haye-Fouassière, tél. 02 40 54 80 05, info@lesgillieres.com* Ⓥ 🅰 🅰 *r. v.*

DOM. DU GRAND POIRIER Sur lie 2014 ★

■	5 000	ⓘ	- de 5 €

À la tête de ce domaine depuis 1984, Christian Jaulin conduit un vignoble de 19 ha presque d'un seul tenant.

Cette cuvée aux senteurs florales (rose) et fruitées (citron) affirme un caractère nerveux caractéristique du terroir de la Limouzinière souligné par des notes citronnées. Un vin franc et frais. ✘ 2015-2017 ✤ bulots mayonnaise ■ Muscadet-côtes-de-grand-lieu Sur lie 2014 (- de 5 € ; n.c. b.) : vin cité. ✘ 2015-2017

☛ *Christian Jaulin, Dom. du Grand Poirier, 2, Le Poirier, 44310 La Limouzinière, tél. 02 40 05 94 47, jaulin.christian@wanadoo.fr* Ⓥ 🅰 🅰 *t.l.j. sf dim. 8h-12h 14h-18h*

DOM. R. DE LA GRANGE Sur lie Vieilles Vignes 2014 ★

■	8 000	ⓘ	- de 5 €

Propriété familiale située au sud-est de Nantes, au cœur de l'aire du muscadet-sèvre-et-maine. Incarnant la huitième génération de vignerons, Raphaël a pris la suite de son père Rémy en 2010. Il vinifie ses clos séparément.

Les terroirs du Landreau sont très réputés pour leurs gros-plants. Issu d'un sous-sol de gneiss et de micaschistes, celui-ci libère des parfums finement citronnés et offre en bouche une franche vivacité. Bien dans le ton de l'AOC. ✘ 2015-2017 ✤ sardines grillées

☛ *Raphaël Luneau, La Grange, 44430 Le Landreau, tél. 02 40 06 45 65, domaine.r.delagrange@wanadoo.fr* Ⓥ 🅰 🅰 *t.l.j. sf dim. 9h-12h 14h-19h*

GUILBAUD-MOULIN Sur lie 2014 ★★

■	14 000	ⓘ	- de 5 €

La famille Guilbaud conduit un vaste vignoble de 60 ha complété par une activité de négoce. Elle possède notamment le Clos de Beauregard qui appartenait au XVᵉs. au maître d'hôtel du duc de Bretagne.

LOIRE

Ce vin fin livre des arômes d'agrumes et de fleurs blanches. Franc à l'attaque, souple et de bonne longueur, il est plaisant. ✗ 2015-2017 ♈ huîtres ■ **Muscadet-sèvre-et-maine** Clos de Beauregard Sur lie Vieilles Vignes 2014 (- de 5 € ; 96 000 b.) : vin cité. ✗ 2015-2017
○― *SCEA Guilbaud-Moulin, 1, rue de la Planche, 44330 Mouzillon, tél. 02 51 71 77 66*

Ⓑ DOM. LES HAUTES NOËLLES Sur lie Le Long Chêne 2014 ★		
■ | 1 600	î	- de 5 €

Propriété familiale créée en 1930 et reprise en 2010 par Jean-Pierre Guedon qui réalise son rêve de devenir vigneron après une carrière de chef d'entreprise. Le domaine de 25 ha est en bio certifié depuis 2012.

Cette cuvée issue des coteaux de l'Acheneau aux sols de micaschistes séduit par la finesse de son nez aux nuances de fruits à chair blanche. Souple à l'attaque, tendue par une fine acidité, elle offre une finale acidulée. Bien dans le ton de l'AOC. ✗ 2015-2017 ♈ moules marinière

○― *Dom. les Hautes Noëlles, La Haute-Galerie, rue de Nantes, 44710 Saint-Léger-les-Vignes, tél. 02 40 31 53 49, domaine@les-hautes-noelles.com* Ⓥ 🚶 🛏 *r.-v.*

Ⓑ DOM. MADELEINEAU Sur lie 2014 ★		
■ | 30 000	î	- de 5 €

Ce domaine familial de 30 ha créé en 1982 est bien connu des lecteurs du Guide à travers plusieurs étiquettes comme le Dom. de l'Errière et le Dom. de la Taraudière en muscadet-sèvre-et-maine et gros-plant-du-pays-nantais.

De puissantes notes de fruits à chair blanche s'échappent du verre. La bouche n'est pas en reste. Onctueuse et persistante, elle offre juste ce qu'il faut de vivacité. ✗ 2015-2017 ♈ crevettes à l'aneth

○― *GAEC Madeleineau, L'Errière, 44430 Le Landreau, tél. 02 40 06 43 94, domainemadeleineau@orange.fr* Ⓥ 🚶 🛏 *r.-v.*

MANOIR DE LA GRELIÈRE Sur lie Réserve Vieilles Vignes 2014 ★		
■ | 67 000	î	- de 5 €

Le Manoir de la Grelière est l'un des plus anciens domaines du vignoble de Nantes. Propriété d'Ymbert d'Orléans en 1328, il appartient à la même famille depuis 1887. Xavier Branger en a pris la tête en 1993. Le vignoble couvre 130 ha implantés sur les deux rives des coteaux de la Sèvre à Vertou.

Ce vin libère des senteurs florales et fruitées. Souple à l'attaque, le palais, aux arômes d'agrumes, est soutenu par une fine minéralité qui porte loin la finale. Un très joli vin à l'acidité maîtrisée. ✗ 2015-2017 ♈ coquilles Saint-Jacques

○― *Branger et Fils, Manoir de la Grelière, 44120 Vertou, tél. 09 64 01 86 57, branger@bbox.fr*

BERTRAND POIRON Sur lie Vieilles Vignes 2014 ★★		
■ | 3 500	î	- de 5 €

Bertrand Poiron, conseiller œnologue dans le pays nantais, est aussi à la tête d'un domaine installé à Tillières, au sud-est de Vallet.

Ce vin a séduit par ses jolis reflets, son nez délicatement floral et sa bouche aux évocations fruitées. ✗ 2015-2017 ♈ salade de fruits de mer

○― *Bertrand Poiron, 7 bis, imp. du Coing, La Guiltière, 49230 Tillières, tél. 02 41 70 56 79, sylvie-moriniere@ orange.fr* Ⓥ 🛏 *r.-v.*

DOM. DU SILLON CÔTIER Sur lie 2014		
■ | 3 000	î	- de 5 €

Aux confins ouest du vignoble nantais, les vignes du Sillon Côtier dominent la baie de Bourgneuf. Installé en 2014, Nicolas Ferré représente la cinquième génération à la tête de l'exploitation, qui compte 15,4 ha.

Au nez, des notes florales assorties de touches acidulées de bonbon anglais. Aérien à l'attaque, le palais prend de l'ampleur et se montre intensément fruité. ✗ 2015-2017 ♈ salade de palourdes

○― *Nicolas Ferré, 1 ter, chem. de Trélebourg, 44760 Les Moutiers-en-Retz, tél. 02 40 64 77 29, sillon-cotier@wanadoo.fr* Ⓥ 🚶 🛏 *t.l.j. sf dim. 10h-12h30 16h-18h30*

FIEFS-VENDÉENS

Superficie : 469 ha / Production : 27 613 hl (85 % rouge et rosé)

Anciens fiefs du Cardinal : cette dénomination évoque le passé de ces vins appréciés par Richelieu après avoir connu un renouveau au Moyen Âge, à l'instigation des moines comme bien souvent. L'AO-VDQS fut accordée en 1984, puis l'AOC, en 2011. À partir de gamay, de cabernet et de pinot noir, la région de Mareuil produit des rosés et des rouges fins et fruités ; les blancs sont encore confidentiels. Non loin de la mer, le vignoble de Brem, lui, donne des blancs secs à base de chenin et de grolleau gris, ainsi que des rosés et des rouges. Aux environs de Fontenay-le-Comte, blancs secs (chenin, colombard, melon, sauvignon), rosés et rouges (gamay et cabernets) proviennent des régions de Pissotte et de Vix. Plus récemment promu, le terroir de Chantonnay produit dans les trois couleurs.

DOM. DE LA BARBINIÈRE Chantonnay Les Silex 2014 ★		
■ | 20 000	î	5 à 8 €

Philippe Orion est revenu sur les terres viticoles familiales et a créé son domaine en 1978, sur 2 ha. Il a été rejoint en 2005 par ses deux fils. Le vignoble compte aujourd'hui 30 ha, dont 25 ha sont dédiés aux fiefs-vendéens et 5 ha à l'IGP Val de Loire.

Ce rosé d'assemblage (pinot noir à 50 % complété de gamay à 40 % et de négrette) affiche une robe rose soutenu aux reflets fuchsia. Il libère d'intenses notes de fruits rouges frais que l'on retrouve dans un palais finement épicé. ✗ 2015-2016 ♈ salade composée

○― *EARL Orion Père et Fils, La Barbinière, Saint-Philbert, 85110 Chantonnay, tél. 02 51 34 39 72, contact@ domainedelabarbiniere.com* Ⓥ 🚶 🛏 *t.l.j. sf dim. 14h30-19h* 🏠 Ⓔ

DOM. DE LA CAMBAUDIÈRE Mareuil 2014 ★

| ■ | 15 000 | ⓘ | - de 5 € |

Dominant la vallée de l'Yon, qui a donné son nom à la préfecture de la Vendée (La Roche-sur-Yon), le domaine possède encore une vigne de négrette âgée de cent quarante ans, ayant pu résister au phylloxéra.

Ce 2014 arbore une belle robe vieux rose. Le nez livre de puissantes notes de groseille. Franc à l'attaque, le palais offre des arômes frais et persistants d'écorce d'agrumes. ✗ 2015-2016 ♈ crevettes roses ■ Mareuil 2014 (- de 5 € ; 6 500 b.) : vin cité. ✗ 2015-2017

➲ *Michel Arnaud, La Cambaudière, 85320 Rosnay, tél. 02 51 30 55 12, cavearnaud@orange.fr* Ⓥ 🅐 🅛 *r.-v.*

LE CLOS DES CHAUMES Mareuil 2014

| ■ | 36 000 | ⓘ | 5 à 8 € |

Fabien Murail est depuis l'année 2000 à la tête du domaine familial. Constitué en 1955 par son grand-père à partir de 1 ha, le vignoble s'est développé pour atteindre aujourd'hui 18 ha.

De couleur pâle, ce rosé associe les fruits rouges et des nuances florales. En bouche, les fruits rouges sont aussi de la partie, ragaillardis par les touches citronnées. Un ensemble joliment incisif. ✗ 2015-2017 ♈ salade exotique crevettes et avocat

➲ *Fabien Murail, La Tudelière, 85320 La Couture, tél. 02 51 30 58 56, earl.murailfabien@orange.fr* Ⓥ 🅐 🅛 *t.l.j. sf dim. 9h-12h 14h-18h*

DOM. DU LUX EN ROC Brem La Brémoise 2014 ★★

| ■ | 1 500 | ⓘ | 8 à 11 € |

Situé à proximité de la mer, ce domaine, dont les origines remontent à 1830, a pour nom « Lumière sur le rocher », en référence aux phares qui bordent nos côtes. Jean-Pierre Richard conduit les 8,3 ha de vignes depuis 1992.

Ce 2014 a tout pour plaire : une robe profonde ; un nez généreux de fruits rouges mûrs (fraise, framboise) ; un palais tout aussi fruité, ample, tendre et gourmand, relevé par une longue finale poivrée. Ce « vin de plaisir éveille les papilles », commente le jury. ✗ 2015-2017 ♈ ragoût de porc

➲ *Jean-Pierre Richard, 5, imp. Richelieu, 85470 Brem-sur-Mer, tél. 02 51 90 56 84, luxenroc-richard@orange.fr* Ⓥ 🅐 🅛 *t.l.j. sf dim. 10h-13h 15h30-19h30*

CH. MARIE DU FOU Mareuil 2014

| ■ | 220 000 | | 5 à 8 € |

Dominant les vallées du Lay et de l'Yon, cette ancienne forteresse médiévale est environnée d'un vignoble de 93 ha qui bénéficie d'un microclimat particulier à la jonction de trois écosystèmes : le bocage vendéen, la plaine de Luçon et le Marais poitevin.

Cette cuvée à majorité de cabernet franc (40 %) complété à parts égales de négrette et de pinot noir s'ouvre à l'aération sur des notes de fruits rouges et d'épices (poivre). On retrouve les épices accompagnées de la réglisse dans une bouche souple. ✗ 2015-2017 ♈ terrine de foies de volaille

➲ *Ch. Marie du Fou, 5, rue de la Trémoille, 85320 Mareuil-sur-Lay, tél. 02 51 97 20 10, jmourat@ mourat.com* Ⓥ 🅐 🅛 *t.l.j. sf dim. 9h30-12h30 14h-19h*
➲ *Mourat J.*

VIGNOBLES MERCIER Vix Cuvée M Grande Sélection 2014

| ■ | 8 000 | ⓘ | 5 à 8 € |

À l'extrême sud de la Vendée, le vignoble de Vix est situé sur une terrasse argilo-calcaire dominant le Marais poitevin. Pépinière viticole depuis 1890, cette exploitation conduite depuis quatre générations par les Mercier s'étend aujourd'hui sur 50 ha.

Des parfums de pamplemousse et d'ananas s'échappent du verre. Franche à l'attaque, la bouche révèle une belle vivacité sur des notes acidulées (citron) et s'achève sur une tonalité minérale. ✗ 2015-2017 ♈ filet de lotte tomate cœur de bœuf ■ Vix Cuvée M Grande Sélection 2014 (5 à 8 € ; 8 000 b.) : vin cité. ✗ 2015-2017

➲ *Les Vignobles Mercier, 16, rue de la Chaignée, 85770 Vix, tél. 02 51 00 60 87, vignobles@ mercier-groupe.com* Ⓥ 🅛 *t.l.j. sf dim. 8h-12h 14h-18h*

DOM. DE LA VIEILLE RIBOULERIE Mareuil Cuvée Privilège 2014 ★

| ■ | 1 000 | ⓘ | 5 à 8 € |

Cette exploitation doit son nom à l'ancienne seigneurie de La Riboulerie. Son vignoble s'étend sur 51 ha en bordure de l'Yon.

Des parfums intenses d'agrumes mâtinés de chocolat blanc s'échappent du verre. Franc à l'attaque, dense et vineux, le palais délivre des arômes de citron légèrement beurrés. ✗ 2015-2017 ♈ brochet au beurre blanc ■ Mareuil Cuvée des rêves de l'Yon 2014 (- de 5 € ; 4 000 b.) : vin cité. ✗ 2015-2016

➲ *Vignoble Macquigneau-Brisson, Le Plessis, 85320 Rosnay, tél. 02 51 30 59 54, macquigneauh@ orange.fr* Ⓥ 🅐 🅛 *t.l.j. 9h-12h 14h-19h; sam. dim. sur r.-v.*

LE VIEUX PAVILLON Mareuil 2014

| ■ | 35 000 | | 5 à 8 € |

Issus d'une lignée de vignerons remontant à 1830, Gabriel et Gilles Jard ont repris la Ch. de Rosnay qui ne comptait alors que quelques hectares. Christian Jard leur a succédé en 1992, épaulé par son fils Olivier. Après agrandissement, le vignoble couvre 85 ha, complété par une structure de négoce.

La robe est profonde, et le nez engageant par ses parfums de fruits rouges (framboise écrasée) que vient relever une touche épicée. La bouche harmonieuse suit la même ligne aromatique, rehaussée d'une revigorante note réglissée. ✗ 2015-2017 ♈ jambon aux mogettes de Vendée

➲ *Maison Jard, rte de Marcueil, 85320 Rosnay, tél. 02 51 30 59 06, maison.jard@wanadoo.fr* Ⓥ 🅐 🅛 *r.-v.*

COTEAUX-D'ANCENIS

Superficie : 170 ha / Production : 10 131 hl (85 % rouge et rosé)

Produits sur les deux rives de la Loire, à l'est de Nantes, les coteaux-d'ancenis, classés AOVDQS en 1954, ont accédé à l'AOC en 2011. On en produit quatre types, à partir de cépages purs : gamay (80 % de la production), cabernet, chenin et malvoisie (pinot gris).

LOIRE

DOM. DE LA CAMBUSE Malvoisie 2014 ★

| ■ | 6 500 | 🍶 | 5 à 8 € |

Vivant aussi de l'élevage bovin, ce domaine de 12 ha exploite des vignes plantées sur les coteaux escarpés du sud de la Loire. Après avoir longtemps livré sa production au négoce, il a développé une activité de vente directe.

Des fragrances d'abricot, de pêche et de mirabelle s'échappent du verre. La bouche ronde et souple se déploie sur un même registre, tonifié en finale par de fines notes d'agrumes. ✗ 2015-2017 ❦ melon ■ 2014 ★ (- de 5 € ; 4 000 b.) : un rosé au nez intense de fruits rouges et de bonbon anglais, et à la bouche ronde et persistante. ✗ 2015-2016

o━ Dom. de la Cambuse, 7, La Cambuse, 49530 Drain, tél. 02 40 83 91 63, domainedelacambuse@orange.fr
Ⓥ 🏃 ⚑ t.l.j. 9h-12h30 14h-19h

♥ DOM. DES GALLOIRES Malvoisie 2014 ★★

| ■ | 40 000 | 🍶 | 5 à 8 € |

Domaine des Galloires

MALVOISIE
COTEAUX D'ANCENIS

Située à l'emplacement d'un ancien manoir, cette propriété familiale créée en 1967 est régulièrement en vue pour l'une ou l'autre de ses quatorze cuvées produites dans les AOC anjou, cabernet-d'anjou, coteaux-d'ancenis et muscadet-coteaux-de-la-loire. L'exploitation, conduite par Maxime Toublanc, couvre aujourd'hui 50 ha.

Le jury a été séduit d'emblée par les parfums intenses et délicats de poire mûre, de pêche, de fleurs blanches et de menthol de cette malvoisie. Le charme continue d'agir en bouche, où se dévoile une matière à la fois dense, riche et fraîche aux arômes suaves et persistants de fruits jaunes, de mangue et de poire. Un moelleux aérien, d'une rare élégance. ✗ 2015-2019 ❦ foie gras ■ Les Deux Fillettes 2014 (- de 5 € ; 10 000 b.) : vin cité. ✗ 2015-2016

o━ Dom. des Galloires, 1, La Galloire, 49530 Drain, tél. 02 40 98 20 10, contact@galloires.com Ⓥ 🏃 ⚑ t.l.j. sf dim. 9h-12h 14h-19h (sam. 17h) 🏡 ❶ 🏠 Ⓐ

DOM. DU HAUT FRESNE Malvoisie 2014 ★

| ■ | 45 000 | 🍶 | 5 à 8 € |

Fondé en 1958, ce domaine de 62 ha se transmet de père en fils depuis trois générations. Situé sur des coteaux faisant face à la Loire, près de Liré, il est souvent remarqué pour la qualité de ses vins, de ses coteaux-d'ancenis notamment.

Des parfums de pêche, d'abricot et de poire que vient titiller une touche citronnée. Les agrumes s'ajoutent aux fruits blancs dans une bouche ample, souple et persistante. ✗ 2015-2017 ❦ salade de fruits d'été ■ Gamay 2014 (- de 5 € ; 16 000 b.) : vin cité. ✗ 2015-2017

o━ EARL Renou Frères et Fils, Dom. du Haut Fresne, 49530 Drain, tél. 02 40 98 26 79, contact@renou-freres.com Ⓥ 🏃 ⚑ r.-v.

Ⓑ BERNARD ET BENOÎT LANDRON Malvoisie Révélation 2014 ★

| ■ | 18 000 | 🍶 | 8 à 11 € |

Le Ch. du Ponceau a été repris en 2002 par Bernard Landron et sa femme Françoise. Leur fils Benoît les a rejoints en 2009 et la famille a acquis le Ch. de Clermont au Cellier. Le vignoble couvre aujourd'hui 25 ha conduits en bio.

Cette cuvée affiche une robe élégante aux reflets roses. Elle s'ouvre sur d'intenses notes de coing mûr, que l'on retrouve plus compotées encore dans une bouche complexe, riche, puissante et de bonne longueur. ✗ 2015-2017 ❦ brochette de fruits

o━ Dom. Landron Chartier, 260, Le Bas-Ponceau, 44850 Ligné, tél. 02 51 12 22 90, landronchartier@yahoo.fr Ⓥ 🏃 ⚑ t.l.j. sf dim. 16h-19h

MERCERON-MARTIN Les Quarts 2014 ★

| ■ | 6 000 | 🍶 | 5 à 8 € |

Ce domaine de 30 ha est né en 2011 de l'association de Georges et Emmanuel Merceron avec Olivier Martin. De la fusion des deux exploitations est né le Dom. Merceron-Martin, implanté sur les coteaux de la Loire. Ce 2014 rouge foncé livre des parfums de fruits rouges. Après une attaque fraîche, le palais révèle de douces saveurs de cerise assorties de touches épicées. Un ensemble souple, suave et harmonieux, aux tanins bien fondus. ✗ 2015-2018 ❦ magret de canard

o━ Dom. Merceron-Martin, 41, La Coindassière, 49270 La Varenne, tél. 02 40 83 53 32, contact@domainemerceronmartin.fr Ⓥ 🏃 ⚑ r.-v.

DOM. DU MOULIN GIRON Malvoisie 2014 ★★

| ■ | 21 300 | 🍶 | 5 à 8 € |

Construit dans les années 1450, le moulin est situé à 500 m des ruines du château où naquit le poète Joachim Du Bellay. Conduit par Nadine Allard et son père Jean-Pierre, le vignoble couvre 48,5 ha sur un beau terroir de schistes.

Ce moelleux séduit d'emblée par ses arômes de citron confit. La bouche se révèle tout aussi fruitée ; ample et onctueuse, elle est soutenue par une fraîcheur aérienne qui porte loin la finale et lui apporte l'équilibre. Un vin élégant et délicat. ✗ 2015-2020 ❦ tarte pomme-chocolat ■ 2014 ★ (- de 5 € ; 8 000 b.) : un nez de fruits rouges très mûrs, prélude à une bouche ample, souple et chaleureuse, aux tanins fondus. ✗ 2015-2018 ■ Muscadet-coteaux-de-la-loire Sur lie 2014 (- de 5 € ; 40 000 b.) : vin cité. ✗ 2015-2017

o━ EARL Dom. du Moulin Giron, Le Moulin-Giron, 49530 Liré, tél. 06 08 09 56 20, domainemoulingiron@orange.fr Ⓥ 🏃 ⚑ t.l.j. sf mer. dim. 9h30-12h 14h30-18h30; juil.-août sur r.-v. 🏠 Ⓑ o━ Allard

DENIS ONILLON Malvoisie 2014 ★

| ■ | 3 500 | 🍶 | - de 5 € |

Établi à Liré, le village natal du poète Joachim Du Bellay, Denis Onillon a repris le domaine de son beau-père en 1999. Installé sur 4,5 ha, il a depuis doublé la superficie.

Ce moelleux offre un nez complexe dominé par la mangue et le citron, agrémenté d'une fine minéralité et de nuances mentholées. Au diapason, la bouche offre un bel équilibre et se révèle ample, souple et soyeuse. ✗ 2015-2019 ❦ tarte Tatin à la mangue

○⊓ *Denis Onillon, 144, rue de la Draperie, 49530 Liré, tél. 02 40 09 02 24, onillondenis@orange.fr* Ⓥ 🇦 🇫 *t.l.j. sf mer. dim. 9h-12h 14h-19h*

DOM. DES PIERRES MESLIÈRES
Malvoisie 2014 ★★

| ■ | 10 000 | 🍾 | 5 à 8 € |

Conduit par Jean-Claude Toublanc, ce domaine de la rive droite de la Loire est installé sur un site préhistorique où s'élève, en son centre, un mégalithe de 12 m de hauteur. Ses 18 ha de vignes, exposés au midi, reposent sur des sols de micaschistes.

Cette malvoisie affirme d'emblée son tempérament par son nez frais, floral et fruité (agrumes). La bouche apparaît racée, puissante, concentrée, remarquablement équilibrée grâce à une fine fraîcheur en filigrane. Force et élégance sont au rendez-vous. ✗ 2015-2020 ❦ brochettes de poulet au miel

○⊓ *Jean-Claude Toublanc, Les Pierres-Meslières, 44150 Saint-Géréon, tél. 02 40 83 23 95, jean-claude.toublanc@wanadoo.fr* Ⓥ 🇦 🇫 *r.-v.*

✦ ANJOU-SAUMUR

À la limite septentrionale des zones de culture de la vigne, sous un climat atlantique, avec un relief peu accentué et de nombreux cours d'eau, les vignobles d'Anjou et de Saumur s'étendent dans le département du Maine-et-Loire, débordant un peu sur le nord de la Vienne et des Deux-Sèvres.

Les vignes ont depuis fort longtemps été cultivées sur les coteaux de la Loire, du Layon, de l'Aubance, du Loir, du Thouet... C'est à la fin du XIXᵉ s. que les surfaces plantées sont les plus vastes. Le Dr Guyot, dans un rapport au ministre de l'Agriculture, cite alors 31 000 ha en Maine-et-Loire. Le phylloxéra anéantira le vignoble, comme partout. Les replantations s'effectueront au début du XXᵉ s. et se développeront un peu dans les années 1950-1960, pour régresser ensuite. Aujourd'hui, ce vignoble couvre environ 17 380 ha, qui produisent un million d'hectolitres.

Les sols, bien sûr, complètent très largement le climat pour façonner la typicité des vins de la région. C'est ainsi qu'il faut faire une nette différence entre ceux qui sont produits en « Anjou noir », constitué de schistes et autres roches primaires du Massif armoricain, et ceux qui sont produits en « Anjou blanc » ou Saumurois, nés sur les terrains sédimentaires du Bassin parisien dans lesquels domine la craie tuffeau. Les cours d'eau ont également joué un rôle important pour le commerce : ne trouve-t-on pas encore trace aujourd'hui de petits ports d'embarquement sur le Layon ? Les plantations sont de 4 500-5 000 pieds par hectare ; la taille, qui était plus particulièrement en gobelet et en éventail, est aujourd'hui en guyot.

La réputation de l'Anjou est due aux vins blancs moelleux, dont les coteaux-du-layon sont les plus

connus. Cependant, l'évolution conduit désormais aux types demi-sec et sec, à la production de vins rouges et, plus récemment encore, de rosés, qui ont le vent en poupe. Dans le Saumurois, ces derniers sont les plus estimés, avec les vins mousseux qui ont connu une forte croissance, notamment les AOC saumur et crémant-de-loire.

ANJOU

Superficie : 1 890 ha / Production : 98 794 hl (61 % rouge)

Constituée d'un ensemble de près de 200 communes, l'aire géographique de cette appellation régionale englobe toutes les autres. Traditionnellement, le vin d'Anjou était un vin blanc doux ou moelleux, issu de chenin, ou pineau de la Loire. L'évolution de la consommation vers des secs a conduit les producteurs à associer à ce cépage chardonnay ou sauvignon, dans la limite maximale de 20 %. La production de vins rouges s'est accrue depuis les années 1970 (et surtout des rosés, qui disposent d'appellations spécifiques). Ce sont les cépages cabernet franc et cabernet-sauvignon qui sont alors mis en œuvre.

DOM. DE L'ANGELIÈRE Prestige 2014

| ▨ | 7 000 | ⦿ | 5 à 8 € |

Depuis six générations, la famille Boret s'attache à cultiver son vignoble situé dans la vallée du Layon : 52 ha conduits aujourd'hui par Arnaud Boret.

L'an passé, le vigneron décrochait une étoile pour son anjou rouge. Dans cette édition, son anjou blanc, qui se présente en robe pâle, révèle une franche intensité olfactive et légèrement toastée. Le palais, tendre et d'une jolie longueur, offre un final aérien. ✗ 2015-2018 ❦ saint-jacques et fondue de poireaux

○⊓ *EARL Boret, Domaine de l'Angelière, 49380 Champ-sur-Layon, tél. 02 41 78 85 09, boret@orange.fr* Ⓥ 🇫 *r.-v.* 🏠 ⓒ

DOM. DES BOHUES 2014 ★

| ▨ | 3 000 | 🍾 | 5 à 8 € |

Cette exploitation, installée depuis 1933 sur le plateau schisteux de Saint-Lambert-du-Lattay, est conduite depuis trois générations par la famille Retailleau. Le domaine s'étend sur 14 ha répartis dans les AOC anjou, cabernet-d'anjou et coteaux-du-layon.

Le nez, franc et net, livre des parfums de fleurs blanches et de fruits à chair jaune. Souple et ample en attaque, la bouche se révèle acidulée et offre en finale une légère nervosité plutôt agréable. ✗ 2015-2018 ❦ flétan sauce agrumes

○⊓ *Denis Retailleau, Les Bohues, 49750 Saint-Lambert-du-Lattay, tél. 02 41 78 33 92, denisretailleau.bohues@orange.fr* Ⓥ 🇦 🇫 *r.-v.*

SOPHIE ET JEAN-CHRISTIAN BONNIN 2014 ★

| ■ | 15 000 | 🍾 | - de 5 € |

Régulièrement mentionné dans le Guide, ce domaine couvre 43 ha autour de Martigné-Briand. À sa tête, un couple d'œnologues formés à Montpellier, Jean-Christian et Sophie Bonnin.

Ce 2014 s'affiche en robe rouge très soutenu. Encore sur la réserve, le nez exprime les fruits rouges à l'aération, que l'on retrouve dans une bouche souple, ronde et riche. Un vin d'ores et déjà très agréable. ✗ 2015-2017 ▼ grillades

⊶ *SCEA Sophie et Jean-Christian Bonnin, Dom. la Croix des Loges, 4 chem. du Vignoble, 49540 Martigné-Briand, tél. 02 41 59 43 58, bonninlesloges@orange.fr* Ⓥ 🄺 🄵 *r.-v.*

CH. DE BROSSAY 2014 ★

| ■ | | 50 000 | | 🄸 | | - de 5 € |

Ce domaine du XVᵉs. se situe dans le Haut-Layon, au sud de l'Anjou et à l'ouest du Saumurois. Hubert et Raymond Duffois, récemment rejoints par les gendres de ce dernier, Nicolas Tamboise et Benjamin Grandsart, conduisent un vignoble de 45 ha.

Cet anjou pourpre intense aux reflets violines dévoile un bouquet agréable de fruits rouges agrémenté de notes végétales. À l'unisson, la bouche se révèle souple, ronde, fruitée, persistante, épaulée par des tanins soyeux. ✗ 2015-2018 ▼ escalope de veau forestière

⊶ *Ch. de Brossay, Brossay, 49560 Cléré-sur-Layon, tél. 02 41 59 59 95, contact@chateaudebrossay.fr* Ⓥ 🄺 🄵 *t.l.j. sf dim. 8h-12h 14h-19h*

CH. DE LA CALONNIÈRE 2014

| ■ | | 3 000 | | | 5 à 8 € |

Cette seigneurie du XVIᵉs., rachetée par un industriel parisien en 1967, est établie à Martigné-Briand, commune reconnue pour ses rosés d'Anjou. L'exploitation viticole est dirigée depuis 2005 par Guillaume Lafuie.

Le jeune Guillaume Lafuie signe un 2014 d'un beau rouge profond traversé de reflets violines. Au nez se dévoilent des arômes très frais de petits fruits rouges et noirs, que l'on retrouve avec intensité dans une bouche ronde, persistante, souple et équilibrée. ✗ 2015-2018 ▼ bavette d'aloyau

⊶ *Ch. de la Calonnière, La Calonnière, 49540 Martigné-Briand, tél. 02 41 59 43 37, lafuie@chateaudelacalonniere.com t.l.j. 9h-19h*

DOM. DE CHANTEMERLE
Le Châtelier Vieilles Vignes 2014 ★

| ■ | | 16 000 | | 🄸 | | - de 5 € |

Situé au centre de trois petits reliefs, Trémont offre de jolis points de vue sur les vignes en coteaux. C'est ici qu'est installé ce domaine de 30 ha fondé en 1920, conduit aujourd'hui par Caroline et Patrick Laurilleux.

Ce vin, grenat intense, exhale des senteurs de fruits rouges acidulés agrémentées de fines nuances végétales. Des impressions fruitées prolongées par une bouche aux tanins encore un peu jeunes. Il faudra l'attendre un peu pour plus de rondeur ! ✗ 2016-2020 ▼ carré d'agneau rôti

⊶ *Dom. de Chantemerle, le Châtelier de l'École, 49310 Trémont, tél. 02 41 59 43 18, chantemerle49@ wanadoo.fr* Ⓥ 🄺 🄵 *t.l.j. 9h-12h30 14h-18h30*

⊶ Patrick et Caroline Laurillleux

DOM. DES CHESNAIES Le Bretault 2014 ★

| ■ | | 5 000 | | 🄸 🄸🄸 | | 5 à 8 € |

Dominique Sirot et Alexis Soulas, œnologues, ont visité ce domaine de la vallée du Layon en 2012 pour déguster les vins de Catherine et Olivier de Cenival. Séduits, ils quittent la Corse (les deux associés œuvraient alors au domaine Terra Vecchia) et reprennent l'exploitation (21 ha) en août 2014.

Ce vin arbore une robe rouge intense, presque noire, illuminée de reflets violines. Le nez se distingue par des arômes complexes de fruits noirs agrémentés de notes vanillées. Ample, riche et persistante, la bouche repose sur des tanins serrés qui demandent à se fondre. Un premier millésime prometteur qu'il faudra savoir attendre un peu. ✗ 2016-2020 ▼ côte de bœuf ■ 100 % Chenin 2014 (5 à 8 € ; 3 000 b.) : vin cité. ✗ 2015-2018

⊶ *Dom. des Chesnaies, 6 bis, rue du Bon-Repos, 49750 Saint-Lambert-du-Lattay, tél. 02 41 44 40 36, contact@domainedeschesnaies.com* Ⓥ 🄺 🄵 *t.l.j. sf sam. dim. 9h-18h*

DOM. DES CLÉRAMBAULTS 2014 ★

| ■ | | n.c. | | 🄸 | | - de 5 € |

En 2005, Sébastien Terrien, diplômé d'œnologie, a rejoint son père Pierre sur ce domaine de 20 ha. Les vignes sont situées à l'ouest de l'appellation anjou, sur les sols schisteux de la commune de Bouzillé.

Ce 2014 grenat intense aux reflets bleutés s'ouvre à l'aération sur les fruits des sous-bois et les fleurs (pivoine, iris). Puissant et long en bouche, il révèle une structure tannique encore un peu marquée. Un bel ensemble que l'on attendra un peu. ✗ 2016-2020 ▼ tourte à la viande de bœuf

⊶ *Dom. des Clérembaults, 30, rue de Verdun, 49530 Bouzillé, tél. 02 40 98 17 51, sebastien.terrien701@ orange.fr* Ⓥ 🄺 🄵 *t.l.j. sf dim 17h30-19h; sam. 10h-18h*

DOM. DU CLOS DES GOHARDS 2014 ★

| ■ | | n.c. | | | - de 5 € |

Mickaël et Fabienne Joselon, frère et sœur, ont repris l'exploitation familiale en 2010 lors du départ de leur père en retraite. Régulièrement distingué dans le Guide, le domaine compte 42 ha et propose diverses appellations ligériennes.

Un 2014 attrayant dans sa robe rouge profond. Le nez offre une expression aromatique intense qui associe la mûre, le cassis et la fraise, prolongée par une bouche souple, équilibrée et élégante, structurée en douceur par des tanins très soyeux. ✗ 2015-2018 ▼ côtes de porc grillées

⊶ *EARL Joselon, Les Oisonnières, 49380 Chavagnes-les-Eaux, tél. 02 41 54 13 98, earljoselon@orange.fr* Ⓥ 🄺 🄵 *r.-v.*

LE CLOS DES MAILLES Les Jauraux 2014

| ■ | | 16 000 | | 🄸 | | - de 5 € |

François Rullier dirige depuis 2005 ce domaine (32 ha) situé à quelques kilomètres des bords de Loire à proximité du château de Brissac.

Ce 2014 a belle allure dans sa robe rouge intense et profond. Le nez, marqué par le cassis, introduit une bouche fraîche et fruitée en attaque, ronde et bien structurée dans son développement, avant de s'achever sur une agréable note acidulée. ✗ 2015-2018 ▼ gigot d'agneau

⊶ *François Rullier, Les Jauraux, 49320 Brissac-Quincé, tél. 02 41 47 28 54, francois@leclosdesmailles.com* Ⓥ 🄺 🄵 *r.-v.*

LE CLOS DES MOTÈLES 2014 ★

| ■ | 10 000 | | - de 5 € |

Établis au sud de l'appellation anjou dans le département des Deux-Sèvres, Bruno Basset et Vincent Baron exploitent 28 ha de vignes plantés sur des sols graveleux.

Ce 2014 exhale d'intenses arômes de cassis, de framboise et de confiture agrémentés de notes réglissées. La bouche se révèle élégante, gourmande, fruitée et suffisamment structurée pour bien évoluer. ✗ 2015-2018 ▼ rillauds

☛ GAEC Le Clos des Motèles, 42, rue de la Garde, 79100 Sainte-Verge, tél. 05 49 66 05 37, leclosdesmoteles@orange.fr Ⓥ 🏃 🛏 t.l.j. sf dim. 8h-12h 14h-18h30

DOM. DU COLOMBIER 2014

| ■ | 10 000 | 🛏 | - de 5 € |

Ce domaine familial créé en 1974 comprend un vignoble de 42 ha situé non loin de Doué-la-Fontaine, la « cité des roses ». À la tête de cette exploitation depuis 2003, Sylvain Bazantay et sa sœur Florence proposent une vaste gamme de vins d'Anjou.

Ce 2014 dévoile un bouquet de fruits noirs et de fruits des bois assorti de notes épicées, qui glissent agréablement dans une bouche riche, élégante et bien équilibrée. ✗ 2015-2018 ▼ bœuf bourguignon

☛ Sylvain et Florence Bazantay, 10, rue du Colombier, Linières, 49700 Brigné-sur-Layon, tél. 02 41 59 31 82, earlbazantay@orange.fr Ⓥ 🛏 t.l.j. sf dim. 9h-12h30 14h-18h30; sam. 9h-12h30

DOM. LA CROIX DE GALERNE 2014 ★

| ■ | | 5 000 | | - de 5 € |

Après une expérience dans le Bordelais, André Roger et son épouse Yvette, œnologue, s'installent en 1988 à Martigné-Briand, village dominant le Layon. Leur domaine est passé de 12 ha à 30 h. Depuis 2009, leur fils Frédéric se charge des vinifications.

Ce rouge 2014, à la robe presque noire, livre au nez comme en bouche des arômes de fruits noirs compotés, le cassis notamment. Sa matière riche, souple et agréable s'appuie sur des tanins fondus et soyeux. ✗ 2015-2018 ▼ boudin noir

Anjou et Saumur

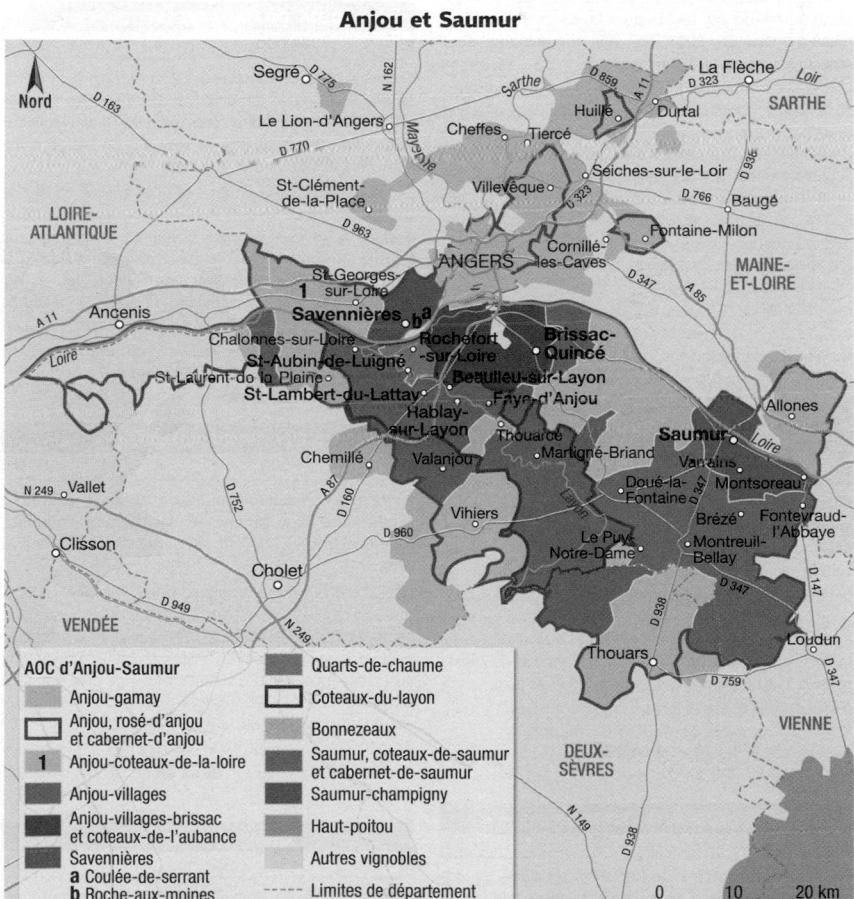

AOC d'Anjou-Saumur
- Anjou-gamay
- Anjou, rosé-d'anjou et cabernet-d'anjou
- **1** Anjou-coteaux-de-la-loire
- Anjou-villages
- Anjou-villages-brissac et coteaux-de-l'aubance
- Savennières
  - **a** Coulée-de-serrant
  - **b** Roche-aux-moines
- Quarts-de-chaume
- Coteaux-du-layon
- Bonnezeaux
- Saumur, coteaux-de-saumur et cabernet-de-saumur
- Saumur-champigny
- Haut-poitou
- Autres vignobles
- ----- Limites de département

0   10   20 km

LOIRE

☞ *Famille Roger, 20, rue du Pressoir,*
49540 Martigné-Briand, tél. 02 41 59 65 73, earl.roger@
orange.fr Ⓥ 🅰 🏠 *t.l.j. 8h30-12h 14h-18h30*

DOM. DITTIÈRE 2014

| ■ | 3 000 | 🍶 | - de 5 € |

Fondée avant la Première Guerre mondiale par le grand-père des frères Bruno et Joël Dittière, cette exploitation de 38 ha est établie près de Brissac sur des terroirs sablo-graveleux.

Une cuvée pimpante, rouge soutenu aux reflets noirs. Le nez complexe évoque la framboise et le cassis compotés. Généreuse, riche, fruitée, la bouche s'appuie sur des tanins bien présents et offre une longue et belle finale. ✗ 2015-2019 ♈ travers de porc marinés

☞ *Dom. Dittière, 1, chem. de la Grouas,*
49320 Vauchrétien, tél. 02 41 91 23 78,
domaine.dittiere@sfr.fr Ⓥ 🅰 🏠 *r.-v.*

VIGNOBLE DE L'ÉCASSERIE Le Moulin 2013 ★★

| ■ | 4 000 | | 5 à 8 € |

Trois générations de Reulier se sont succédé sur cette exploitation de 39 ha. Depuis la construction d'un nouveau chai en 2007, les vins du domaine sont régulièrement en vue dans le Guide.

Cette cuvée attire d'emblée le regard par sa robe rouge profond aux reflets violines. Le nez encore un peu discret laisse percer des parfums de fruits noirs accompagnés de notes poivrées et florales. Puissante, riche, harmonieuse, la bouche s'adosse à des tanins très soyeux qui permettront à ce vin d'être bu jeune comme plus âgé. ✗ 2015-2020 ♈ côte de bœuf ■2014 ★ (5 à 8 € ; 3 000 b.) : encore réservé, le nez évoque les fruits rouges et noirs à l'aération, prolongés par une bouche ronde et souple, aux tanins soyeux. ✗ 2015-2018

☞ *Vignoble de l'Écasserie, L'Écasserie,*
49380 Champ-sur-Layon, tél. 02 41 78 03 75,
vignoble.ecasserie@orange.fr Ⓥ 🅰 🏠 *t.l.j. sf dim.*
8h30-12h 14h-18h30 ☞ *EARL Reulier*

Ⓑ DOM. LES GRANDES VIGNES
L'Aubinaie 2014 ★★

| ■ | 27 000 | 🍶 ◑ | 8 à 11 € |

Dans la même famille depuis le début du XVIIᵉs., cet important domaine de 55 ha est aujourd'hui conduit par une fratrie (Laurence, Dominique et Jean-François) qui cultive ses vignes en biodynamie depuis 2008.

Ce 2014 arbore une belle robe noir profond parcourue de reflets violines. Le nez, intense, libère de subtils parfums de fruits rouges et noirs bien mûrs. La bouche, tout aussi fruitée, se révèle ample et équilibrée, étayée de tanins soyeux. ✗ 2015-2018 ♈ rôti de veau en croûte

☞ *Dom. les Grandes Vignes, La Roche-Aubry,*
49380 Thouarcé, tél. 02 41 54 05 06, vaillant@
domainelesgrandesvignes.com Ⓥ 🅰 🏠 *t.l.j. sf dim.*
8h30-12h30 14h-19h ☞ *Vaillant*

♥ DOM. DES HAUTES BROSSES 2014 ★★

| ■ | 15 000 | 🍶 | - de 5 € |

Situé sur les hauteurs de Rochefort-sur-Loire, ce domaine s'inscrit dans le paysage remarquable de la corniche angevine. Exploitée par son fondateur et ses

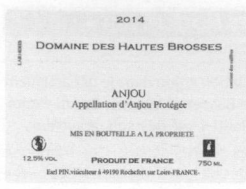

deux fils, la propriété est passée de 2 ha en 1976 à 55 ha aujourd'hui.

Une robe pourpre intense attire l'œil d'emblée. Tout aussi séduisant, le nez offre un large palette fruitée : cassis, groseille, framboise. Dans le même registre, la bouche se distingue par sa souplesse, sa rondeur, sa structure très affinée et sa très belle et longue finale sur les fruits rouges. ✗ 2015-2019 ♈ tournedos de bœuf ■La Roche Saint Aens 2014 ★★ (5 à 8 € ; 20 000 b.) : des parfums intenses de fruits rouges (groseille, framboise) et noirs (cassis) composent un bouquet très engageant. Ample et fruitée, la bouche offre de la rondeur et une structure des plus soyeuses. Un vin généreux et gourmand. ✗ 2015-2019

☞ *EARL Pin, Les Hautes-Brosses,*
49190 Rochefort-sur-Loire, tél. 02 41 78 35 26,
pin@webmails.com Ⓥ 🏠 *r.-v.*

DOM. DU HAUT FRESNE 2014 ★★

| ■ | 16 000 | 🍶 | - de 5 € |

Fondé en 1958, ce domaine de 62 ha se transmet de père en fils depuis trois générations. Situé sur des coteaux faisant face à la Loire, près de Liré, il est souvent remarqué pour la qualité de ses vins, de ses coteaux-d'ancenis notamment.

En robe rouge foncé intense, ce 2014 dévoile un nez de fruits bien mûrs (mûre, cassis), agrémenté de notes épicées et de parfums plus atypiques de garrigue. La bouche, à l'unisson, se révèle ample et chaleureuse, renforcée par des tanins serrés et encore fermes qui devraient s'assouplir avec un peu de garde. Un anjou de caractère. ✗ 2016-2020 ♈ rôti de bœuf au four

☞ *EARL Renou Frères et Fils, Dom. du Haut Fresne,*
49530 Drain, tél. 02 40 98 26 79, contact@
renou-freres.com Ⓥ 🅰 🏠 *t.l.j. sf dim. 9h-12h 14h-18h*

LE LOGIS DU PRIEURÉ 2014

| ■ | 8 000 | 🍶 | - de 5 € |

Implanté à Concourson-sur-Layon, ce domaine de 33 ha produit une large gamme de vins d'Anjou (liquoreux, rouges et rosés). Vincent Jousset est à sa tête depuis 1982.

Habillé d'une robe grenat aux reflets orangés, ce 2014 offre un nez de fruits rouges assorti de notes légèrement animales. Souple en attaque, la bouche se montre fruitée et onctueuse, rehaussée en finale par une belle acidité. Un ensemble équilibré. ✗ 2015-2018 ♈ joue de porc braisée à l'angevine

☞ *SCEA Jousset et Fils, 8, rte des Verchers,*
49700 Concourson-sur-Layon, tél. 02 41 59 11 22,
contact@logisduprieure.fr Ⓥ 🅰 🏠 *t.l.j. sf dim. 9h-12h30*
14h-19h

DOM. DE LUCET 2014

| ■ | 1 800 | | - de 5 € |

Créé en 1928, ce domaine familial est implanté sur l'un des trois monts du village de Trémont. Jean-Carl

Dessèvre en prend la tête en 2002 et conduit aujourd'hui un vignoble de 24,5 ha.

Ce 2014 libère des parfums généreux et gourmands de fruits rouges cuits. Rond et souple au palais, il présente une belle finale acidulée qui lui apporte un surcroît de fraîcheur et d'allonge. ✗ 2015-2018 ❡ bœuf braisé aux carottes

☞ Jean-Carl Dessèvre, Lucet, 3, rte de Cernusson, 49310 Trémont, tél. 02 41 59 40 10, domaine.lucet@ orange.fr Ⓥ ⚹ ⚐ t.l.j. sf dim. 8h30-12h30 14h-19h

DOM. DES MARTIN 2014		
■ 4 000	ⓘ	- de 5 €

Situé aux confins du vignoble angevin, à la limite du bocage de Bressuire, dans les Deux-Sèvres, ce domaine familial réputé pour ses anjou-villages est conduit depuis 2002 par François Martin.

Cet anjou livre une corbeille de mûres et de griottes, qui annonce une bouche ronde, gourmande et équilibrée, agrémentée de tanins bien fondus. Le « vin-plaisir » par excellence. ✗ 2015-2017 ❡ steak tartare

☞ Dom. des Martin, 10, rue de la Gare Vraire, 79290 Cersay, tél. 05 49 96 80 71, domainedesmartin@orange.fr Ⓥ ⚹ ⚐ r.-v.

DOM. MATIGNON Celui qui fut! 2014 ★		
■ 3 500	⬢	8 à 11 €

Ce domaine est situé à 500 m du château de Martigné-Briand, au cœur de l'aire des coteaux-du-layon, mais la commune est aussi la petite capitale des vins rosés de l'Anjou. Depuis 1988, Yves Matignon et sa sœur Hélène y cultivent 38 ha de vignes.

Ce 2014 élevé dix mois en fût libère des arômes complexes de fruits bien mûrs assortis de notes vanillées. On retrouve les fruits dans une bouche souple, tendre et ronde, au boisé bien fondu. ✗ 2015-2018 ❡ brochet au beurre blanc ■ Sur le fruit 2014 (5 à 8 € ; 15 000 b.) : vin cité. ✗ 2015-2017

☞ EARL Yves et Hélène Matignon, 21, av. du Château, 49540 Martigné-Briand, tél. 02 41 59 43 71, info@domaine-matignon.fr Ⓥ ⚹ ⚐ r.-v.

DOM. DE LA MOTTE 2014 ★★		
■ 8 500	ⓘ	- de 5 €

Ce domaine de 19 ha est implanté à l'entrée du village de Rochefort-sur-Loire, petit bourg situé juste avant la confluence du Layon et de la Loire. Fondé en 1935, il a été repris en 1995 par Gilles Sorin.

La robe est d'un seyant pourpre intense aux reflets violines, le nez, bien ouvert sur les arômes concentrés de petits fruits rouges et noirs, la mûre en tête. La bouche tout aussi tendre, longue et équilibrée s'appuie sur des tanins fins et soyeux. Une très belle harmonie d'ensemble. ✗ 2015-2019 ❡ bœuf teriyaki

☞ Gilles Sorin, dom. de la Motte, 35, av. d'Angers, 49190 Rochefort-sur-Loire, tél. 02 41 78 72 96, sorin.dommotte@wanadoo.fr Ⓥ ⚹ ⚐ t.l.j. sf dim. 9h-12h 13h30-18h

CH. DE LA MULONNIÈRE 2014 ★		
■ 8 000	ⓘ	5 à 8 €

Le Ch. de la Mulonnière (38 ha) situé au pied d'un coteau exposé au sud a été construit en 1876 par Charles

Messe, ancien officier d'artillerie de Napoléon III. Le vignoble est conduit depuis 2002 par Jean-Louis Saget.

Vêtue d'une robe rubis profond, cette cuvée est empreinte d'intenses notes de fruits rouges et noirs (cerise, fraise, cassis). On les retrouve dans une bouche ample, ronde et persistante. Un vin gourmand, au fruité intense. ✗ 2015-2018 ❡ magret de canard aux cerises

☞ SAS Ch. de la Mulonnière, La Mulonnière, 49750 Beaulieu-sur-Layon, tél. 02 41 78 47 52, chateau.lamulonniere@orange.fr Ⓥ ⚹ ⚐ r.-v.

☞ Jean-Louis Saget

VIGNOBLE MUSSET-ROULLIER Les Neuf Vingt 2014		
■ 20 000		5 à 8 €

Les domaines Roullier et Musset se sont associés en 1994 ; leur exploitation couvre aujourd'hui 36 ha sur les coteaux de la Loire. Une valeur sûre du vignoble angevin, aussi bien en blanc qu'en rouge.

Tout d'abord discret, ce 2014 libère à l'aération des parfums de fruits noirs très plaisants, qui s'épanouissent dans une bouche souple, agréable et de bonne longueur. ✗ 2015-2017 ❡ pot-au-feu de poulet fermier

☞ Vignoble Musset-Roullier, 36, Le Bas-Chaumier, 49620 La Pommeraye, tél. 02 41 39 05 71, musset-roullier@wanadoo.fr Ⓥ ⚹ ⚐ r.-v.

DOM. DES NOËLS 2014		
■ 15 300	ⓘ	- de 5 €

J.-M. Garnier, après avoir été œnologue dans une maison saumuroise spécialisée dans l'élaboration de vins effervescents, a repris en 1996 ce domaine étendu aujourd'hui sur 30 ha.

D'agréables arômes de fruits rouges s'échappent du verre. Fruitée, souple, ronde et bien équilibrée, la bouche offre une finale persistante très plaisante. ✗ 2015-2017 ❡ pâté de lièvre

☞ Garnier/Bazantay, Dom. des Noëls, lieu-dit Les Noëls, 49380 Faye-d'Anjou, tél. 02 41 54 18 01, domaine-des-noels@terre-net.fr Ⓥ ⚹ ⚐ r.-v.

☞ Garnier/Bazantay

♥ DOM. DU PETIT CLOCHER 2014 ★★★		
■ 15 000	⬢	5 à 8 €

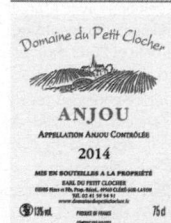

Conduit par la jeune génération : Stéphane, Julien et Vincent Denis, arrivés respectivement en 2003, 2006 et 2009, une affaire de famille depuis 1920 ; 5 ha aux origines, 80 ha aujourd'hui. Un domaine phare du haut Layon, réputé notamment pour ses vins rouges,

Ce domaine est un champion des coups de cœur. Cette année encore la famille Denis nous offre le meilleur de l'Anjou avec ce 2014 à la robe dorée et brillante. À l'aération, le nez s'intensifie pour libérer des nuances délicates de fruits jaunes mûrs et de fleurs blanches. Douce dès l'attaque, soyeuse, longue et finement boisée, la bouche conforte l'élégance du bouquet. Une vinification très soignée pour un équilibre impeccable. ✗ 2015-2018 ❡ gambas à la plancha ■ 2014 ★ (5 à 8 € ; 70 000 b.) : son bouquet complexe mêle d'agréables nuances de fruits rouges et des notes florales, qui se prolongent dans une bouche ronde, équilibrée et de bonne longueur. ⚓ 2015-2018

○━ *Dom. du Petit Clocher, 1, rue du Layon, 49560 Cléré-sur-Layon, tél. 02 41 59 54 51, petit.clocher@ wanadoo.fr* Ⓥ 🔥 🔒 *t.l.j. sf dim. 8h30-12h30 14h-18h*

○━ Denis

DOM. DE LA PETITE CROIX
Cuvée Première-Les Quarts des Noëls 2014

| ■ | 3 000 | ⅏ | 5 à 8 € |

Régulièrement mentionné dans le Guide, ce domaine est situé au cœur des vignes du Layon. François Geffard, à la tête de l'exploitation familiale (50 ha), propose un beau panel ligérien : bonnezeaux, coteaux-du-layon et anjou dans les trois couleurs.

Dès l'olfaction, ce vin séduit par des notes intenses d'abricot, de pomme verte et de litchi. Une belle corbeille de fruits que l'on retrouve dans un palais frais en attaque, souple et rond dans son développement. En un mot, équilibré. ⚓ 2015-2017 🍖 bar de ligne grillé

○━ *SCEA Vignoble Denéchère-Geffard, La Petite Croix, 49380 Thouarcé, tél. 02 41 54 06 99, scea@ lapetitecroix.com* Ⓥ 🔥 🔒 *r.-v.* 🏠 Ⓑ

CH. DE LA PICHONNIÈRE 2014

| ■ | 1 600 | 🏠 | - de 5 € |

Robert de Lamotte a repris en 2009 ce domaine de 20 ha implanté dans la vallée de l'Aubance, à quelques kilomètres du château de Brissac. Il a donné à son exploitation le nom du manoir, propriété de la famille depuis vingt ans.

Cette cuvée pourpre nuancée de reflets violets s'ouvre sur des arômes classiques et plaisants de petits fruits rouges. On les retrouve en bouche en compagnie de fines notes poivrées. Un « anjou-plaisir », simple et de bon goût. ⚓ 2015-2017 🍖 tapas au jambon

○━ *Robert de Lamotte, Ch. de la Pichonnière, 49320 Charcé-Saint-Ellier, tél. 06 23 15 30 37, chateaudelapichonniere@sfr.fr* Ⓥ 🔥 🔒 *r.-v.*

DOM. DU PORTAILLE Moulin de Millé 2014

| ■ | n.c. | 🏠 ⅏ | - de 5 € |

Cette exploitation familiale s'est développée avec Marcel Tisserond puis avec ses deux fils Philippe et François, qui se sont installés respectivement en 1998 et 2003. Aujourd'hui, 40 ha au-dessus des coteaux du bonnezeaux.

Cette cuvée élevée pour partie en fût de chêne se révèle ample et souple. Elle offre de la rondeur en milieu de bouche et une belle acidité en finale. ⚓ 2015-2018 🍖 poisson sauce crémée

○━ *François et Philippe Tisserond, 24, rue de Jarzé, Millé, 49380 Chavagnes-les-Eaux, tél. 02 41 54 07 85, earl.tisserond@wanadoo.fr* Ⓥ 🔥 🔒 *t.l.j. sf dim. 9h-12h 14h-19h*

CH. DE PUTILLE 2014 ★★

| ■ | 30 000 | 🏠 | - de 5 € |

Les premières caves ont été creusées dans les douves de l'ancien château de Putille, aujourd'hui disparu. Située sur les coteaux de la Loire, l'exploitation, qui couvrait 13 ha lorsque Pascal Delaunay a rejoint son

père en 1984, en compte aujourd'hui 60. Sa notoriété a elle aussi grandi, témoin plusieurs coups de cœur du Guide, en rouge, blanc et crémant.

Geneviève et Pascal Delaunay signent un anjou qui séduit une nouvelle fois le jury. Ce 2014 s'affiche en robe noire aux reflets violines. D'une grande richesse aromatique, il libère des arômes soutenus de fruits rouges agrémentés de nuances que l'on retrouve dans une bouche charnue, soyeuse et persistante. ⚓ 2015-2019 🍖 bavette d'aloyau aux chanterelles

○━ *EARL Ch. de Putille, 26, Putille, 49620 La Pommeraye, tél. 02 41 39 02 91, chateaudeputille@orange.fr* Ⓥ 🔥 🔒 *t.l.j. sf dim. 8h-12h30 14h-19h*

DOM. DES RICHÈRES Seigneurie de Millé 2014 ★

| ■ | 12 000 | | 5 à 8 € |

Anciennement rattaché à la seigneurie de Millé, ce domaine est exploité par la famille Guibert depuis 1775. En 2006, Fabrice Guibert a pris les rênes de la propriété et de ses 60 ha situés au cœur des coteaux-du-layon.

Élaborée sur des terroirs de schistes réputés pour les blancs, cette cuvée rouge livre de puissants arômes de fruits rouges (fraise, framboise) compotés assortis de notes réglissées. Opulente et onctueuse, la bouche, étayée de tanins veloutés, offre un long et bel écho à ce fruité gourmand. ⚓ 2015-2019 🍖 tournedos de bœuf sauce vierge

○━ *Fabrice Guibert, 7, rte d'Angers, Millé, 49380 Chavagnes-les-Eaux, tél. 02 41 54 10 47, faguibert@yahoo.com* Ⓥ 🔒 *r.-v.*

DOM. DE SAINT-MAUR 2014

| ■ | 6 000 | 🏠 | 5 à 8 € |

Implanté sur la rive gauche de la Loire, à proximité de l'abbaye de Saint-Maur, le vignoble aurait été créé par les moines bénédictins. Il est conduit depuis l'année 2000 par Xavier Chouteau et s'étend aujourd'hui sur 39 ha.

Ce 2014 libère des arômes délicats de fruits noirs (mûre), accompagnés de notes réglissées. La bouche ample et souple offre un écho intense à l'olfaction. À garder un peu toutefois pour que les tanins, encore un brin austères en finale, se fondent pleinement. ⚓ 2016-2018 🍖 ragoût

○━ *Xavier Chouteau, Saint-Maur, 49350 Le Thoureil, tél. 02 41 57 30 24, info@domaine-de-saint-maur.fr* Ⓥ 🔥 🔒 *t.l.j. sf dim. 17h-19h*

♥ DOM. SAUVEROY Cuvée Ose Iris 2014 ★★

| ■ | 14 700 | 🏠 | 5 à 8 € |

Pascal et Véronique Cailleau gèrent l'exploitation familiale depuis 1985. Le vignoble s'est agrandi, passant de 1 ha à sa création en 1866 à 28 ha répartis entre les appellations coteaux-du-layon, anjou-villages et anjou.

Cette cuvée séduit d'emblée par sa parure grenat intense parcourue de reflets violines. Son nez charmeur libère des arômes de fraise, de framboise et de cassis agrémentés de nuances mentholées. Un panier de fruits rouges et noirs que l'on retrouve accompagné de notes réglissées dans une bouche remarquablement équilibrée où se conjuguent souplesse, rondeur et fraîcheur. Un très beau condensé de l'appellation. ✗ 2015-2019 ❦ joue de bœuf aux épices

☞ *Pascal Cailleau, Le Sauveroy,*
49750 Saint-Lambert-du-Lattay, tél. 02 41 78 30 59,
domainesauveroy@sauveroy.com 🅥 🅚 🅛 *r.-v.*

LES TERRIADES Prestige 2014 ★			
■	13 300	➊	- de 5 €

Les Caves de la Loire, fondées en 1951, constituent l'une des plus grandes coopératives de la région : elles regroupent 350 adhérents et une superficie totale cultivée de 1 600 ha.

Aussi intense que la robe, le nez se partage entre les fruits rouges et noirs. Quant à la bouche, elle se révèle souple, fraîche et gouleyante en diable. L'archétype du « vin plaisir ». ✗ 2015-2017 ❦ tarte à la tomate

☞ *Les Caves de la Loire, rte de Vauchrétien,*
49320 Brissac-Quincé, tél. 02 41 91 22 71, loire-wines@
uapl.fr 🅥 🅛 *t.l.j. sf dim. 9h-12h30 14h-18h*

DOM. DU TERTRE Vieilles Vignes 2014 ★			
■	6 000		- de 5 €

Situé à l'ouest de l'appellation anjou, ce domaine conduit par Patrick et Sylvie Onillon depuis 2001 s'est progressivement spécialisé en viticulture et dispose aujourd'hui de 26 ha de vignes.

C'est un rouge intense, presque noir, qui habille ce vin. Le nez livre une palette riche et complexe de petits fruits noirs (cassis) qui viennent tapisser un palais gras, ample et persistant. À attendre un peu pour que les tanins se fondent. ✗ 2016-2018 ❦ onglet grillé

☞ *EARL Patrick et Sylvie Onillon, Le Tertre,*
49570 Montjean sur Loire, tél. 02 41 39 02 72,
onillon-patrick@orange.fr 🅥 🅚 🅛 *r.-v.*

DOM. DES TRAHAN Les Grands Sillons 2014 ★			
■	6 000	➊	- de 5 €

Ce domaine est situé au sud de l'appellation anjou, dans le département des Deux-Sèvres. Jean-Yves Trahan cultive 65 ha de vignes sur des sols de schistes plus ou moins altérés et propose toutes les appellations d'Anjou.

Le cabernet franc planté sur les schistes des Grands Sillons a donné ce vin au nez affirmé de fruits rouges, droit et tout aussi fruité en bouche, bien typé de l'AOC. ✗ 2015-2017 ❦ steak frites

☞ *SCEA les Magnolias des Trahan, 2, rue des Genêts,*
79290 Cersay, tél. 06 12 32 44 91,
domainedestrahan@wanadoo.fr 🅥 🅚 🅛 *r.-v.*

DOM. DES TREILLES GOURMANDES Le Grand Pressoir Cuvée Tradition 2013			
■	5 000	◑	5 à 8 €

Sous l'impulsion dynamique des frères Houdet, qui ont repris l'exploitation familiale en 2001, ce domaine de 19 ha propose toute la gamme des vins d'Anjou.

Rouge intense aux reflets pourpres, cette cuvée dévoile d'élégants parfums de fruits noirs (mûre) agrémentés de

notes boisées. La bouche, à l'unisson, se révèle ample, solidement charpentée et persistante. ✗ 2015-2020 ❦ côte de bœuf

☞ *EARL Houdet, La Grande-Terrandière,*
49670 Valanjou, tél. 02 41 45 44 92, vignoble.houdet@
orange.fr 🅥 🅚 🅛 *t.l.j. sf sam. dim. 9h-18h*

DOM. DES TROIS MONTS 2014 ★			
■	10 000	➊	- de 5 €

Le domaine des Trois Monts est situé dans le haut Layon, dans une commune constituée de trois buttes. Le vignoble (45 ha) est conduit depuis 1999 par Sébastien Gueneau, rejoint par son frère Nicolas en 2008.

Ce vin charmeur libère des arômes intenses et complexes de fruits noirs, relevés de fines notes épicées. Fraîche en attaque, fruitée, la bouche offre souplesse et rondeur. Un bon classique de l'appellation. ✗ 2015-2018 ❦ pot-au-feu

☞ *Dom. des Trois Monts, 3, rue Saint-Fiacre,*
49310 Trémont, tél. 02 41 59 45 21,
scea.hubertgueneauetfils@wanadoo.fr 🅥 🅚 🅛 *r.-v.*

🏠 🅖 ☞ Nicolas et Sébastien Gueneau

DOM. DE LA TUFFIÈRE Ledit Vin Chenin 2014			
■	2 400	◑	5 à 8 €

Situé sur la rive droite de la Loire, au nord-est d'Angers, ce domaine de 25 ha, de création monastique, remonte au XIVᵉs. L'exploitation est conduite par les familles Coignard et Benesteau : les enfants Clarisse et Frédéric ont succédé à leurs parents en 2002 et se sont installés avec leurs conjoints, Fabrice et Stéphanie.

Ce 2014 élevé neuf mois en fût libère des notes vanillées assorties de senteurs de fruits à chair blanche. Vive et tonique dès l'attaque, la bouche se révèle agréablement souple et finement boisée. ✗ 2015-2018 ❦ filet mignon de porc à la crème

☞ *EARL Coignard-Benesteau, Dom. de la Tuffière,*
49140 Lué-en-Baugeois, tél. 02 41 45 11 47,
vignoble-tuffiere@wanadoo.fr 🅥 🅚 🅛 *t.l.j. sf dim.*
9h-12h30 14h-19h

DOM. DES VARENNES Le Caillou 2014 ★			
■	1 500		5 à 8 €

Cette propriété familiale de 20 ha, exploitée par les Richard depuis 1930, est devenue exclusivement viticole dans les années 1970. Elle est installée à Saint-Lambert-du-Lattay, l'un des plus importants bourgs viticoles des coteaux du Layon.

Une robe pourpre limpide habille cette cuvée au bouquet intense et très agréable de fruits noirs compotés (cassis) et de fruits rouges (fraise, framboise), agrémentés de notes réglissées et mentholées. Suivant la même trame aromatique, la bouche se montre à la fois opulente, charnue, fraîche et élégante. Un vin complet et complexe, qui vieillira bien. ✗ 2015-2020 ❦ rôti de bœuf frotté à l'ail

☞ *EARL A. Richard, 11, rue des Varennes,*
49750 Saint-Lambert-du-Lattay, tél. 02 41 78 32 97,
richarda@orange.fr 🅥 🅚 🅛 *r.-v.*

LES VIGNES DE L'ALMA 2014 ★			
■	4 000		- de 5 €

Saint-Florent-le-Vieil, village charnière entre l'Anjou et le pays nantais. Roland Chevalier y conduit un domaine de 10 ha. Ses vins rosés et rouges se rattachent à l'Anjou, ses blancs à l'AOC muscadet-coteaux-de-la-loire. Une valeur sûre.

D'un rouge intense aux reflets violines, ce 2014 issu de cabernet franc et de 10 % de grolleau dévoile des notes de fruits rouges bien mûrs (fraise), agrémentées de nuances animales. Les fruits rouges persistent dans une bouche ample, intense et soyeuse. Harmonieux et gourmand à souhait. ✗ 2015-2018 ♈ rôti de porc aux pruneaux
○━ *Roland Chevalier, L'Alma, 49410 Saint-Florent-le-Vieil, tél. 02 41 72 71 09, chevalier.roland@wanadoo.fr* Ⓥ 🏃 🔒 *t.l.j. sf dim. 8h30-12h 14h-19h*

Superficie : 125 ha / Production : 6 630 hl

Vin rouge produit à partir du cépage gamay. Né sur les terrains les plus schisteux de la zone, bien vinifié, il peut donner un excellent vin de carafe. Quelques exploitations se sont spécialisées dans ce type, qui n'a d'autre ambition que de plaire au cours de l'année suivant sa récolte.

DOM. DU BON REPOS 2014 ★			
■	1 500	📖	- de 5 €

Ce domaine familial créé en 1932 est conduit depuis 1995 par Joël Chauviré. Son fils Valentin, représentant la quatrième génération, le rejoint en 2014. Leur vignoble couvre 19,5 ha.

Les parfums délicats évoquent les petits fruits rouges et noirs. Charnue en attaque, la bouche est à la fois fraîche, fruitée et ronde, bien équilibrée en somme. ✗ 2015-2017 ♈ saucisson brioché
○━ *Chauviré, Dom. du Bon Repos, 9, chem. de la Varenne-d'Étiau, 49670 Valanjou, tél. 06 45 58 03 57, domainedubonrepos@wanadoo.fr* Ⓥ 🏃 🔒 *r.-v.* 🏠 ➊

ⒷDOM. DU FRESCHE 2014 ★			
■	4 000	📖	5 à 8 €

Alain Boré conduit depuis 1989 ce domaine familial régulièrement mentionné dans le Guide. L'exploitation (27 ha), cultivée en bio, est implantée dans la partie ouest du vignoble angevin, sur des coteaux schisteux dominant la Loire.

Ce 2014 d'abord discret libère à l'aération des arômes de fruits mûrs assortis de délicates notes épicées. Ample, fraîche et harmonieuse, la bouche est très plaisante et bien typée. ✗ 2015-2017 ♈ crostinis tomate et jambon
○━ *EARL Alain Boré, Dom. du Fresche, 7, rte de Chalonnes, D 151, 49620 La Pommeraye, tél. 02 41 77 74 63, domainedufresche@orange.fr* Ⓥ 🏃 🔒 *t.l.j. sf dim. lun. 10h-12h 14h-18h; f. 15-31 août*

VIGNOBLE MUSSET-ROULLIER Léjourie 2014 ★			
■	6 000		- de 5 €

Les domaines Roullier et Musset se sont associés en 1994 ; leur exploitation couvre aujourd'hui 36 ha sur les coteaux de la Loire. Une valeur sûre du vignoble angevin, aussi bien en blanc qu'en rouge.

Après aération, cette cuvée exhale des parfums de fruits très mûrs (pruneau confituré) accompagnés de notes

délicatement épicées. La bouche, à l'unisson, est souple, soyeuse, tendre et bien équilibrée. Un gamay dans le ton de l'appellation. ✗ 2015-2017 ♈ paupiette de veau à la crème
○━ *Vignoble Musset-Roullier, 36, Le Bas-Chaumier, 49620 La Pommeraye, tél. 02 41 39 05 71, musset-roullier@wanadoo.fr* Ⓥ 🏃 🔒 *r.-v.*

DOM. DE SAINTE ANNE 2014 ★★			
■	4 000	📖 ⏺	- de 5 €

Domaine familial situé à proximité du château de Brissac, dont le vignoble de 56 ha est implanté sur une croupe argilo-calcaire.

Ce 2014 offre un nez intense et gourmand de petits fruits rouges, où la cerise tient la première place. On la retrouve dans une bouche souple et fraîche, non dénuée de douceur, qui s'étire dans une longue finale. Le gamay à son meilleur. ✗ 2015-2017 ♈ rillauds d'Anjou
○━ *EARL Brault, Sainte-Anne, 49320 Brissac-Quincé, tél. 02 41 91 24 58, marc-brault@wanadoo.fr* Ⓥ 🔒 *t.l.j. sf dim. 9h-12h 14h-18h*

VIGNES DE L'ALMA 2014			
■	12 000	📖	- de 5 €

Saint-Florent-le-Vieil, village charnière entre l'Anjou et le pays nantais. Roland Chevalier y conduit un domaine de 10 ha. Ses vins rosés et rouges se rattachent à l'Anjou, ses blancs à l'AOC muscadet-coteaux-de-la-loire. Une valeur sûre.

Cet anjou-gamay bien typé exhale des arômes de petits fruits rouges frais assortis de nuances épicées. Ample et charnue, la bouche est à l'avenant. Un vin d'une aimable simplicité, idéal pour un repas sans chichi. ✗ 2015-2016 ♈ rosbif froid
○━ *Roland Chevalier, L'Alma, 49410 Saint-Florent-le-Vieil, tél. 02 41 72 71 09, chevalier.roland@wanadoo.fr* Ⓥ 🏃 🔒 *t.l.j. sf dim. 8h30-12h 14h-19h*

Superficie : 190 ha / Production : 8 510 hl

Le terroir de l'AOC anjou-villages correspond à une sélection de terrains dans l'AOC anjou : seuls les sols se ressuyant facilement, précoces et bénéficiant d'une bonne exposition ont été retenus. Ce sont essentiellement des sols développés sur schistes, altérés ou non.
Issus du cabernet franc parfois complété par du cabernet-sauvignon, les anjou-villages sont colorés, fruités, charnus et assez charpentés. Vite prêts, ils se gardent en moyenne deux à trois ans.

DOM. DE LA BERGERIE Le Chant du bois 2013 ★★			
■	8 000	⏺	8 à 11 €

Dans la famille Guégniard, le métier de vigneron se transmet de mère en fils ou de père en fille depuis huit générations. Installée en 2010, Anne gère l'exploitation de 36 ha, tandis que David Guitton, son compagnon, est aux fourneaux dans le restaurant du même nom. Le domaine est en cours de conversion bio.

Cette cuvée a fière allure dans sa jolie robe noire aux reflets violines. Au nez, des arômes intenses et complexes de fruits noirs et rouges (la griotte notamment) se mêlent à de délicates notes épicées et réglissées. La bouche n'est pas en reste : ample, suave et aromatique, elle est bâtie sur des tanins soyeux et offre une finale persistante. Une très belle harmonie et un bon potentiel. ✗ 2015-2020 ❦ côte de veau grillée

o━ Yves et Anne Guégniard, Dom. de la Bergerie, 49380 Champ-sur-Layon, tél. 02 41 78 85 43, domainedelabergerie@wanadoo.fr Ⓥ 🅰 🔝 t.l.j. sf dim. 9h-12h30 14h-19h

DOM. DES CHESNAIES La Musse 2013 ★★

■	6 000	🅸	8 à 11 €

Dominique Sirot et Alexis Soulas, œnologues, ont visité ce domaine de la vallée du Layon en 2012 pour déguster les vins de Catherine et Olivier de Cenival. Séduits, ils quittent la Corse (les deux associés œuvraient alors au domaine Terra Vecchia) et reprennent l'exploitation (21 ha) en août 2014.

Ce vin issu du seul cabernet franc séduit pas sa finesse et son fruité. La robe est d'un beau rubis aux reflets violines. Le nez exhale des arômes de petits fruits rouges et noirs. Souple en attaque, la bouche se révèle ample et ronde, dotée de tanins soyeux. Sa belle persistance aromatique ajoute au plaisir de la dégustation de ce villages à « croquer » dans sa jeunesse. ✗ 2015-2018 ❦ grenadins de veau braisés

o━ Dom. des Chesnaies, 6 bis, rue du Bon-Repos, 49750 Saint-Lambert-du-Lattay, tél. 02 41 44 40 36, contact@domainedeschesnaies.com Ⓥ 🅰 🔝 t.l.j. sf sam. dim. 9h-18h o━ Sirot Soulas

♥ DOM. DES DEUX ARCS Génération V 2013 ★★

■	4 500	◑	8 à 11 €

Jean-Marie Gazeau, après une expérience en Afrique du Sud, a rejoint son père Michel en 2005 sur le domaine familial (48 ha). Leurs vins sont régulièrement sélectionnés dans le Guide, dans diverses appellations de l'Anjou. Une valeur sûre.

Cette cuvée a séduit le jury tout au long de la dégustation. Drapée d'une robe rubis aux reflets framboise, elle s'exprime dès l'olfaction, sur le registre des fruits rouges et noirs. La bouche, franche et aromatique à souhait, offre un bel équilibre entre rondeur, fraîcheur et boisé bien fondu. Les tanins, en grain fin et serré, légèrement sévères demandent un peu de patience pour que ce 2013 révèle tout son potentiel. ✗ 2016-2020 ❦ filet de charolais

o━ Dom. des Deux Arcs, 11, rue du 8-Mai-1945, 49540 Martigné-Briand, tél. 02 41 59 47 37, do2arc@ wanadoo.fr Ⓥ 🅰 🔝 t.l.j. 9h-12h 14h-19h 🏠 Ⓐ o━ Jean-Marc Gazeau

CH. DE FESLES La Chapelle Vieilles Vignes 2013

■	12 000	🅸	8 à 11 €

En juillet 2008, le groupe Grands Chais de France a acheté à Bernard Germain le Ch. de Fesles, situé

dans l'aire du bonnezeaux. Le domaine a engagé au printemps 2010 la conversion bio de son vignoble de 54 ha.

Au nez, ce 2013 s'ouvre sur de fines notes de fruits rouges et de pivoine, puis libère à l'aération des nuances plus complexes de fruits noirs. La bouche, à la fois onctueuse et bien structurée, offre une jolie touche épicée en finale. ✗ 2015-2018 ❦ côte de veau grillée

o━ Ch. de Fesles, Fesles, 49380 Thouarcé, tél. 02 41 68 94 08, gbigot@sauvion.fr Ⓥ 🅰 🔝 t.l.j. sf dim. 8h30-12h30 14h-17h30 o━ Grands Crus de France

DOM. DES FORGES Les 3 C 2013 ★

■	7 866	◑	8 à 11 €

La première parcelle a été acquise en 1890. Réputée pour ses vins liquoreux, la propriété, qui compte aujourd'hui 48 ha, a vu en 1996 l'installation de Stéphane et de Séverine Branchereau, incarnant la cinquième génération aux commandes du domaine.

Cette cuvée revêt une robe rouge sombre presque noire et offre un nez de fruits rouges et noirs enrobés de notes délicatement vanillées qui se prolongent dans une bouche fringante et souple en attaque, longue et plus structurée dans son développement. ✗ 2015-2018 ❦ rôti de bœuf

o━ SCEA Branchereau - Dom. des Forges, Le Clos-des-Forges, rte de la Haie Longue, 49190 Saint-Aubin-de-Luigné, tél. 02 41 78 33 56, cb@ domainedesforges.net Ⓥ 🅰 🔝 r.-v. 🏠 Ⓔ

CH. DU FRESNE L'YDN 2013

■	7 000	◑	8 à 11 €

Ce château du XVᵉs. bâti en pierre de schiste a gardé de son architecture d'origine une tourelle ronde. Constitué en 1927, le vignoble de 90 ha est conduit depuis 2010 par trois associés, Nicolas Richez, David Maugin et Yannis Bretault.

Ce 2013 rouge intense dévoile un nez complexe où les fruits noirs s'accompagnent de notes animales et boisées. Souple en attaque, la bouche se révèle ronde, riche et fruitée, non dénuée de fraîcheur ni de structure. ✗ 2015-2018 ❦ rognons de veau sautés

o━ Ch. du Fresne, 25 bis, rue des Monts, 49380 Faye-d'Anjou, tél. 02 41 54 30 88, contact@ chateaudufresneanjou.com Ⓥ 🅰 🔝 t.l.j. sf dim. 8h-12h 14h-19h

DOM. DE LA GERFAUDRIE Le Roc 2013 ★

■	12 000	◑	5 à 8 €

Situé sur la corniche angevine, ce domaine de 20 ha domine la vallée du Layon, à quelques kilomètres de sa confluence. Il tire son nom du gerfaut, rapace utilisé jadis en fauconnerie.

Des parfums de fruits rouges et noirs agrémentés de notes légèrement boisées et épicées s'échappent du verre. Rond et ample, aromatique, onctueux, ce Roc solide pourra être attendu pour que ses tanins encore un peu sévères s'assagissent. ✗ 2016-2018 ❦ sauté de veau aux petits pois

o━ SCEV Dom. de la Gerfaudrie, 25, rue de l'Onglée, 49290 Chalonnes-sur-Loire, tél. 02 41 78 02 28, domaine-gerfaudrie@wanadoo.fr Ⓥ 🅰 🔝 r.-v. o━ Bourreau

JEAN-LOUIS LHUMEAU 2013 ★

| ■ | n.c. | ◑ | 8 à 11 € |

Depuis la reprise de ce domaine par Jean-Louis Lhumeau en 1991, l'exploitation est passée de 3 ha de vignes à 60 ha. Cette expansion n'a pas été menée au détriment de la qualité, comme en témoignent de nombreuses sélections, aussi bien en AOC qu'en IGP, et plusieurs coups de cœur.

Ce 2013 à la robe pourpre se pare de reflets brillants et livre des parfums intenses de fruits rouges et de petites baies noires. Ronde, avec une bonne fraîcheur en soutien, un peu tannique en finale, la bouche ne demande qu'un peu de temps pour s'épanouir. ✗ 2016-2018 ❦ bœuf au poivron

o━ *EARL Joël et Jean-Louis Lhumeau,*
7, rue Saint-Vincent, 49700 Brigné, tél. 02 41 59 30 51,
dnehauteshouches@wanadoo.fr Ⓥ 🄺 🄲 *r.-v.*

DOM. DE LUCET 2013

| ■ | 3 000 | | 5 à 8 € |

Créé en 1928, ce domaine familial est implanté sur l'un des trois monts du village de Trémont. Jean-Carl Dessèvre en prend la tête en 2002 et conduit aujourd'hui un vignoble de 24,5 ha.

Le nez agréable et expressif s'ouvre sur une belle palette de petits fruits rouges que l'on retrouve dans une bouche ronde, équilibrée et plaisante. Un vin simple et sympathique pour un repas sans chichi. ✗ 2015-2017 ❦ tarte aux oignons

o━ *Jean-Carl Dessèvre, Lucet, 3, rte de Cernusson,*
49310 Trémont, tél. 02 41 59 40 10, domaine.lucet@
orange.fr Ⓥ 🄺 🄲 *t.l.j. sf dim. 8h30-12h30 14h-19h*

DOM. DES MARTIN 2013

| ■ | 3 450 | ◑ | 5 à 8 € |

Situé aux confins du vignoble angevin, à la limite du bocage de Bressuire, dans les Deux-Sèvres, ce domaine familial réputé pour ses anjou-villages est conduit depuis 2002 par François Martin.

Robe pourpre intense, bouquet expressif de fruits noirs bien mûrs accompagnés de notes fines boisées, l'approche est plaisante. En bouche, une belle matière encore dominée par des tanins austères, qui devraient se fondre sans trop d'attente. ✗ 2016-2019 ❦ bûchette d'Anjou

o━ *Dom. des Martin, 10, rue de la Gare Vraire,*
79290 Cersay, tél. 05 49 96 80 71, domainedesmartin@
orange.fr Ⓥ 🄺 🄲 *r.-v.*

DOM. OGEREAU Côte de la Houssaye 2013

| ■ | 1 600 | ◑ | 15 à 20 € |

Implantée dans la vallée du Layon, cette exploitation créée à la fin du XIXᵉ s. collectionne étoiles et coups de cœur dans toutes les couleurs de l'Anjou. Le vignoble de 25 ha est conduit par Vincent Ogereau, l'un des vinificateurs ligériens les plus talentueux, épaulé désormais par son fils Emmanuel.

La robe rouge sombre de cette cuvée annonce un bouquet intense et expressif de petits fruits noirs et rouges. Arômes que l'on retrouve dans une bouche harmonieuse, aux tanins ronds et tendres. ✗ 2015-2080 ❦ onglet à l'échalote

o━ *Vincent Ogereau, 44, rue de la Belle-Angevine,*
49750 Saint-Lambert-du-Lattay, tél. 02 41 78 30 53,
contact@domaineogereau.com Ⓥ 🄲 *r.-v.*

CH. DE PUTILLE Cuvée Prestige 2013 ★★

| ■ | 6 000 | 🍾 | 5 à 8 € |

Les premières caves ont été creusées dans les douves de l'ancien château de Putille, aujourd'hui disparu. Située sur les coteaux de la Loire, l'exploitation, qui couvrait 13 ha lorsque Pascal Delaunay a rejoint son père en 1984, en compte aujourd'hui 60. Sa notoriété a elle aussi grandi, témoin plusieurs coups de cœur du Guide, en rouge, blanc et crémant.

Cette cuvée parée de rouge sombre aux reflets violines séduit au premier regard. D'une réelle complexité, elle associe les fruits rouges et noirs et les épices. La bouche ample, ronde et charnue, étayée par des tanins bien fondus et soyeux, n'est pas en reste. Une vraie gourmandise, à boire sur le fruit ou patinée par un peu de garde. ✗ 2015-2019 ❦ pot-au-feu

o━ *EARL Ch. de Putille, 26, Putille, 49620 La Pommeraye,*
tél. 02 41 39 02 91, chateaudeputille@orange.fr
Ⓥ 🄺 🄲 *t.l.j. sf dim. 8h-12h30 14h-19h* o━ *Delaunay*

DOM. SAUVEROY Cuvée Andécaves 2013 ★

| ■ | 74 000 | 🍾 ◑ | 8 à 11 € |

Pascal et Véronique Cailleau gèrent l'exploitation familiale depuis 1985. Le vignoble s'est agrandi, passant de 1 ha à sa création en 1866 à 28 ha répartis entre les appellations coteaux-du-layon, anjou-villages et anjou.

Pourpre intense et limpide, ce 2013 est empreint de fruits rouges et noirs bien mûrs. La bouche se révèle tout aussi fruitée, intense et persistante. On pourra attendre un peu ce vin pour que les tanins, un brin austères pour l'heure, se fondent complètement. ✗ 2016-2019 ❦ côte de bœuf et gratin dauphinois

o━ *Pascal Cailleau, Le Sauveroy,*
49750 Saint-Lambert-du-Lattay, tél. 02 41 78 30 59,
domainesauveroy@sauveroy.com Ⓥ 🄺 🄲 *r.-v.*

ANJOU-VILLAGES-BRISSAC

Superficie : 105 ha / Production : 4 517 hl

Au sein de l'AOC anjou-villages, les dix communes situées autour du château de Brissac constituent l'aire géographique de cette AOC reconnue en 1998. Les vignes sont implantées sur un plateau en pente douce vers la Loire, limité au nord par ce fleuve et au sud par les coteaux abrupts du Layon. Les sols sont profonds. La proximité de la Loire, qui limite les températures extrêmes, explique également la particularité du terroir. Complexes, charnus et denses, les anjou-villages-brissac sont aptes à une moyenne garde (deux à cinq ans) et peuvent vivre dix ans les meilleures années.

CH. D'AVRILLÉ 2014

| ■ | 26 000 | 🍾 | 5 à 8 € |

Eusèbe Biotteau abandonna en 1938 son métier de cordonnier pour créer ce domaine à partir de 40 ha. Aujourd'hui, l'exploitation gérée par l'un de ses petits-fils, Pascal, compte 200 ha et domine la vallée de l'Aubance.

Cette cuvée libère de puissants et chaleureux arômes de fruits rouges mûrs. Vive en attaque, la bouche apparaît souple et ronde, soutenue par des tanins soyeux. ✗ 2015-2017 ❦ brochette de mouton

○┐ SCEA Biotteau, Ch. d'Avrillé, L'Homois, 49320 Saint-Jean-des-Mauvrets, tél. 02 41 91 22 46, chateau.avrille@wanadoo.fr Ⓥ 🏠 t.l.j. sf dim. 9h30-12h 14h30-18h30

DOM. DES ROCHELLES Breton 2013 ★		
■ 13 000	🛈	5 à 8 €

Conduit depuis les années 1970 par Jean-Yves Lebreton, rejoint entre-temps par son fils Jean-Hubert, ce domaine de 56 ha s'était spécialisé en viticulture dès 1920. Avec plusieurs coups de cœur à son actif, il fait partie des références de l'Anjou pour sa production de vins rouges.

Ce pur cabernet franc à la robe sombre, presque noire et aux reflets orangés, libère des parfums intenses et frais de fruits rouges (cerise). Puissant, gras, soyeux et rond en bouche, il laisse une impression de douceur, de charme et d'harmonie. ✗ 2015-2019 ❦ bœuf à l'angevine

○┐ EARL J.-Y. A. Lebreton, Dom. des Rochelles, 49320 Saint-Jean-des-Mauvrets, tél. 02 41 91 92 07, jy.a.lebreton@wanadoo.fr Ⓥ 🏠 t.l.j. 9h-12h 14h-18h30

CH. LA VARIÈRE La Grande Chevalerie 2011 ★★		
■ 3 000	◫	20 à 30 €

Issu d'une grande famille vigneronne installée depuis cinq générations sur les coteaux de l'Aubance, Jacques Beaujeau est à la tête d'un vaste domaine angevin (115 ha) qu'il a complété d'une propriété en saumur-champigny, le Dom. de la Perruche.

Ce 2011 élevé quinze mois en fût s'ouvre sur des notes boisées relayées par d'intenses parfums de fruits bien mûrs (cerise confite, pruneau). Ample, charnue, ronde et traîche à la fois, la bouche est étayée par des tanins bien enrobés. Un vin complet, cohérent charpenté avec élégance qui procure déjà beaucoup de plaisir et vieillira bien. ✗ 2015-2020 ❦ rôti de porc aux pruneaux ▪ Vieilles Vignes 2013 (8 à 11 € ; 48 000 b.) : vin cité. ✗ 2015-2018

○┐ Ch. la Varière, 49320 Brissac, tél. 02 41 91 22 64, beaujeau@wanadoo.fr Ⓥ 🏠 r.-v.

ROSÉ-D'ANJOU

Superficie : 2 267 ha / Production : 149 536 hl

Après un fort succès à l'exportation au début du XX°s., ce vin demi-sec connaît à nouveau une embellie. Le grolleau, principal cépage, autrefois conduit en gobelet, produit des vins rosés légers, jadis appelés « rougets ».

CH. DE BELLEVUE 2014		
■ 2 000	🛈	- de 5 €

Le château, construit au XIX°s., est situé sur un point culminant de Saint-Aubin-de-Luigné. Il est entouré d'un parc de plus de 4 ha et d'un vignoble de 32 ha dont Hervé Tijou a pris les commandes en 1995.

La couleur est pâle, à l'instar du nez encore discret. Celui-ci distille toutefois des notes fruitées à l'aération. L'attaque

est franche, le milieu de bouche rond et plutôt bien équilibré. ✗ 2015-2016 ❦ gambas à l'armoricaine

○┐ Hervé Tijou, EARL Tijou et Fils, Ch. de Bellevue, 49190 Saint-Aubin-de-Luigné, tél. 02 41 78 33 11, chateaubellevuetijou@orange.fr Ⓥ 🏃 🏠 t.l.j. sf dim. 9h-12h 14h-18h

DOM. DE BISE 2014		
■ 6 000		- de 5 €

Ce domaine familial créé en 1920 possède un corps de ferme sur cour. David Lafuie est aujourd'hui à la tête d'un vignoble de 20 ha.

Paré d'une belle robe orangée, ce 2014 offre un nez subtil, floral et fruité. Souple et plutôt sur la rondeur en attaque, il évolue vers une jolie finale acidulée. Un rosé équilibré, simple et de bon aloi. ✗ 2015-2016 ❦ brochettes de bœuf

○┐ EARL David Lafuie, 15, rue des Perrières, Maligné, 49540 Martigné-Briand, tél. 02 41 59 43 39, earl.lafuie@wanadoo.fr Ⓥ 🏃 🏠 r.-v.

DOM. CHUPIN 2014 ★		
■ 88 000	🛈	- de 5 €

Ce vaste domaine de 98 ha est établi dans l'aire des coteaux-du-layon. Il a été racheté en 1988 aux héritiers d'Émile Chupin par Guy Saget, bien connu pour ses vignobles dans la région de Pouilly-sur-Loire.

Issu de cabernet franc et de grolleau à parts égales, ce 2014 en retire le meilleur de chacun. Les fruits et la fraîcheur pour le cabernet. La rondeur et la matière pour le grolleau. Il en résulte un vin au nez ouvert sur les fruits rouges confits et au palais rond, suave et de belle longueur. ✗ 2015-2016 ❦ samossas de légumes au cumin

○┐ SCEA Dom. Émile Chupin, 8, rue de l'Église, 49380 Champ-sur-Layon, tél. 02 41 78 86 54, domaine.chupin@wanadoo.fr 🏃 r.-v.

○┐ Saget la Perrière

DOM. DE LA PETITE CROIX 2014		
■ n.c.	🛈	- de 5 €

Régulièrement mentionné dans le Guide, ce domaine est situé au cœur des vignes du Layon. François Geffard, à la tête de l'exploitation familiale (50 ha), propose un beau panel ligérien : bonnezeaux, coteaux-du-layon et anjou dans les trois couleurs.

Ce vin friand exhale les petits fruits rouges (la groseille notamment) et libère à l'aération quelques notes de bonbon anglais. Dans le même registre, la bouche révèle une matière onctueuse et gourmande. ✗ 2015-2016 ❦ tiramisu aux fraises

○┐ SCEA Vignoble Denéchère-Geffard, La Petite Croix, 49380 Thouarcé, tél. 02 41 54 06 99, scea@lapetitecroix.com Ⓥ 🏃 🏠 r.-v. 🏠 Ⓑ

DOM. DE LA PETITE ROCHE 2014 ★		
■ 93 000		5 à 8 €

Ce domaine fondé après la Révolution compte aujourd'hui 73 ha de vignes plantées sur des sols argilo-schisteux, graveleux et limono-sableux. Près de la moitié de sa superficie est destinée à l'élaboration du cabernet-d'anjou.

Habitué du Guide pour ses rosés, le domaine accroche une nouvelle étoile à son palmarès. Moelleux avec ses 24 g/l de sucres résiduels, ce 2014 s'ouvre pourtant sur de fraîches senteurs de rose et de bonbon anglais. On retrouve la fraîcheur dans une bouche acidulée portée par les fruits rouges (groseille notamment). Un rosé souple et persistant, qui reste très alerte malgré son taux de sucre. ✗ 2015-2016 ❦ soupe de fruits rouges

○┐ *Dom. de la Petite Roche, La Petite Roche, 49310 Trémont, tél. 02 41 59 43 03, contact@ domainepetiteroche.com* Ⓥ 🅚 🅛 *r.-v.*

DOM. DES RICHÈRES 2014 ★★

| ■ | 60 000 | | 5 à 8 € |

Anciennement rattaché à la seigneurie de Millé, ce domaine est exploité par la famille Guibert depuis 1775. En 2006, Fabrice Guibert a pris les rênes de la propriété et de ses 60 ha situés au cœur des coteaux-du-layon.

Le jury a été séduit d'emblée par le nez fin et complexe : des notes de bonbon anglais mêlées de nuances de fruits exotiques et d'une touche minérale. Souple et soyeuse en attaque, la bouche offre un joli fruité et une finale acidulée qui étire bien la finale. Un rosé harmonieux, expressif et tonique. ✗ 2015-2016 ❦ tarte à l'abricot glaçage pistache

○┐ *Fabrice Guibert, 7, rte d'Angers, Millé, 49380 Chavagnes-les-Eaux, tél. 02 41 54 10 47, faguibert@yahoo.com* Ⓥ 🅛 *r.-v.*

DOM. ROBINEAU CHRISLOU 2014 ★

| ■ | 2 400 | | - de 5 € |

Après avoir repris l'exploitation familiale en septembre 1991, Louis Robineau s'est associé avec son épouse Christine en janvier 1992 pour créer ce domaine qui couvre aujourd'hui 22 ha sur la commune de Saint-Lambert-du-Lattay.

L'intensité de la teinte rosée annonce un vin généreux. Le nez confirme : de puissantes senteurs florales se mêlent aux petits fruits rouges. En bouche, les fruits, toujours rouges, sont confits, offrant une agréable impression de douceur, équilibrée par une longue finale pleine de vivacité. Un joli 2014. ✗ 2015-2016 ❦ friture d'éperlan

○┐ *Louis Robineau, 24, rue du Bon-Repos, 49750 Saint-Lambert-du-Lattay, tél. 02 41 78 36 04, robineau-chrislou@voila.fr* Ⓥ 🅚 🅛 *r.-v.*

DOM. DES TROTTIÈRES 8 1/2 2014 ★★

| ■ | 30 000 | 🅸 | 5 à 8 € |

Le domaine a été créé en 1906 par M. Brochard, pionnier dans le vignoble angevin de l'introduction des porte-greffes américains résistant au phylloxéra. Il couvre aujourd'hui 108 ha et propose une large gamme d'appellations de l'Anjou et du Saumurois.

Ce vin généreux livre des arômes intenses et élégants de fruits rouges (la framboise notamment) agrémentés de notes de bonbon anglais et de zeste d'orange. On retrouve la framboise dans un palais ample, puissant et long. Un rosé de bouche des plus aromatiques. ✗ 2015-2016 ❦ clafoutis aux cerises

○┐ *Dom. des Trottières, Les Trottières, 49380 Thouarcé, tél. 02 41 54 14 10, contact@domainedestrottieres.com* Ⓥ 🅚 🅛 *t.l.j. sf dim. 9h-12h 14h-17h* ○┐ Lamotte

---

CABERNET-D'ANJOU

Superficie : 5 341 ha / Production : 331 114 hl

On trouve dans cette appellation d'excellents vins rosés demi-secs issus des cépages cabernet franc et cabernet-sauvignon. À table, on les associe assez facilement, servis frais, au melon en hors-d'œuvre ou à certains desserts pas trop sucrés. En vieillissant, ces vins prennent une nuance tuilée et peuvent être bus à l'apéritif. Ceux qui naissent sur les faluns de la région de Tigné et dans le Layon sont les plus réputés.

VIGNOBLE DE L'ARCISON 2014

| ■ | 2 000 | 🅸 | - de 5 € |

Cette exploitation (26 ha) est située sur le territoire de la commune de Thouarcé, célèbre pour son cru bonnezeaux. Romain Reulier a pris en 2008 la succession de ses parents.

Ce 2014 s'affiche en robe saumonée. Il libère à l'aération de fines notes de pamplemousse. Souple et soyeux, le palais évoque la framboise. Un rosé gourmand et frais. ✗ 2015-2016 ❦ shop suey

○┐ *Romain Reulier, Vignoble de l'Arcison, Le Mesnil, 49380 Thouarcé, tél. 02 41 54 16 81, vignoble-arcison@ orange.fr* Ⓥ 🅚 🅛 *r.-v.* 🏠 Ⓑ

DOM. DU BON REPOS 2014 ★

| ■ | 5 000 | 🅸 | - de 5 € |

Ce domaine familial créé en 1932 est conduit depuis 1995 par Joël Chauviré. Son fils Valentin, représentant la quatrième génération, le rejoint en 2014. Leur vignoble couvre 19,5 ha.

Si les arômes primaires (poivron) dominent le nez, quelques notes amyliques transparaissent à l'agitation. La bouche, à l'unisson, se montre fraîche et équilibrée par un sucre savamment dosé. Un bon représentant de l'appellation. ✗ 2015-2016 ❦ tiramisu aux framboises

○┐ *Chauviré, Dom. du Bon Repos, 9, chem. de la Varenne-d'Étiau, 49670 Valanjou, tél. 06 45 58 03 57, domainedubonrepos@wanadoo.fr* Ⓥ 🅚 🅛 *r.-v.* 🏠 Ⓞ

♥ CH. DE CHAMPTELOUP
Cuvée F 2014 ★★

| ■ | 100 000 | 🅸 | - de 5 € |

Vaste domaine de 100 ha situé sur la route de la Vendée à l'entrée de Corcoué-sur-Logne, dans le giron du groupe des Grands chais de France.

Issu d'une vinification très soignée, ce 2014 a séduit d'emblée le jury par sa robe rose bonbon.

Le nez est puissant et complexe : d'abord amylique, il libère à l'aération de puissantes notes de fruits rouges (fraise) et d'épices. La bouche se révèle charnue et gorgée de fruits, la douceur maîtrisée parfaitement et l'ensemble très gourmand reste frais. ✗ 2015-2016 ❦ langoustines à la crème de curry

○┐ *SCEA Champteloup, 49700 Brigné, tél. 02 40 36 66 00* ○┐ GCF

DOM. DE CHANTEMERLE Cœur de fruits 2014

■	5 000	- de 5 €

Situé au centre de trois petits reliefs, Trémont offre de jolis points de vue sur les vignes en coteaux. C'est ici qu'est installé ce domaine de 30 ha fondé en 1920, conduit aujourd'hui par Caroline et Patrick Laurilleux.

La robe est pâle, le nez discrètement amylique. La bouche séduit par son équilibre savamment dosé entre sucrosité et fraîcheur, témoin d'une vinification soignée. ⌛ 2015-2016 🍴 salade de fraises

🔑 *Dom. de Chantemerle, 4, rue de l'École, 49310 Trémont, tél. 02 41 59 43 18, chantemerle49@wanadoo.fr* V 🚶 🍷 *t.l.j. 9h-12h30 14h-18h30*

DOM. CHUPIN 2014 ★

■	88 000	🍾	- de 5 €

Ce vaste domaine de 98 ha est établi dans l'aire des coteaux-du-layon. Il a été racheté en 1900 aux héritiers d'Émile Chupin par Guy Saget, bien connu pour ses vignobles dans la région de Pouilly-sur-Loire.

En robe cuivrée, ce vin exhale des notes de bonbon anglais, de pamplemousse rose et de groseille. Une vraie complexité que l'on retrouve dans une bouche où la sucrosité se fait gourmande et l'acidité rafraîchissante. Un équilibre soigneusement orchestré. ⌛ 2015-2016 🍴 crumble de cassis

🔑 *SCEA Dom. Émile Chupin, 8, rue de l'Église, 49380 Champ-sur-Layon, tél. 02 41 78 86 54, domaine.chupin@wanadoo.fr* 🚶 *r.-v.*

🔑 Saget la Perrière

DOM. DES CLÉRAMBAULTS 2014

■	5 000	🍾	- de 5 €

En 2005, Sébastien Terrien, diplômé d'œnologie, a rejoint son père Pierre sur ce domaine de 20 ha. Les vignes sont situées à l'ouest de l'appellation anjou, sur les sols schisteux de la commune de Bouzillé.

La couleur est pâle et le nez marqué par les arômes intenses primaires du cabernet (framboise). La bouche se révèle tonique et tout aussi fruitée (la framboise toujours, la fraise aussi). Un vin plaisant et bien dosé. ⌛ 2015-2016 🍴 tiramisu aux fraises

🔑 *Dom. des Clérambaults, 30, rue de Verdun, 49530 Bouzillé, tél. 02 40 98 17 51, sebastien.terrien701@orange.fr* V 🚶 🍷 *t.l.j. sf dim 17h30-19h; sam. 10h-18h*

🔑 GAEC Terrien

DOM. CLOSERIE DE LA PICARDIE 2014 ★

■	40 000	🍾	5 à 8 €

Cette ancienne exploitation agricole, située dans la région de Brissac, au-dessus du célèbre coteau de Bonnezeaux, s'est spécialisée dans la viticulture. Installé en 2001, Benoît Rocher exploite 20 ha de vignes et s'illustre régulièrement dans le Guide.

Ce 2014 est subtil et nuancé. Sans exubérance, il offre un nez dominé par les fruits rouges frais et les litchis. On les retrouve dans une bouche soyeuse, légère et gourmande, non dénuée de fraîcheur. ⌛ 2015-2016 🍴 salade de melon

🔑 *Benoît Rocher, Closerie de la Picardie, 49380 Notre-Dame-d'Allençon, tél. 02 41 54 30 32, contact@benoitrocher.fr* V 🚶 🍷 *t.l.j. sf dim. 9h-19h*

DOM. DU COLOMBIER 2014

■	5 000	🍾	- de 5 €

Ce domaine familial créé en 1974 comprend un vignoble de 42 ha situé non loin de Doué-la-Fontaine, la « cité des roses ». À la tête de cette exploitation depuis 2003, Sylvain Bazantay et sa sœur Florence proposent une vaste gamme de vins d'Anjou.

La robe est pâle et le nez encore discret. Ce vin tout en retenu révèle ses qualités en bouche, distillant des notes de cassis et de grenadine. L'acidité contrebalance la sucrosité et confère à ce rosé un équilibre intéressant. ⌛ 2015-2016 🍴 tarte aux myrtilles

🔑 *Sylvain et Florence Bazantay, 10, rue du Colombier, Linières, 49700 Brigné-sur-Layon, tél. 02 41 59 31 82, earlbazantay@orange.fr* V 🍷 *t.l.j. sf dim. 9h-12h30 14h-18h30; sam. 9h-12h30*

CHRISTIAN COUSIN 2014 ★

■	10 000	5 à 8 €

Installée en Saumurois, au pied de la butte calcaire couverte de vignes de Puy-Notre-Dame, cette exploitation compte 38 ha. Christian Cousin élabore ses vins dans une galerie de plus de 600 m creusée dans le tuffeau au Moyen Âge, et aménagée en cave.

Ce digne représentant de l'AOC s'affiche en robe rose intense. Les parfums fruités annoncent une bouche gourmande, souple, expressive et de bonne longueur. ⌛ 2015-2016 🍴 strudel aux pommes

🔑 *Christian Cousin, 235, rue des Caves, 49260 Vaudelnay, tél. 02 41 52 34 63, christian@domainedefiervaux.com* V 🚶 🍷 *r.-v.*

DOM. DES DEUX ARCS 2014 ★★

■	20 000	🍾	- de 5 €

Jean-Marie Gazeau, après une expérience en Afrique du Sud, a rejoint son père Michel en 2005 sur le domaine familial (48 ha). Leurs vins sont régulièrement sélectionnés dans le Guide, dans diverses appellations de l'Anjou. Une valeur sûre.

Jean-Marie Gazeau signe une très belle cuvée en robe violine soutenue et brillante. Le nez, intense, libère des notes engageantes de coulis de fraise. La bouche, tout aussi fruitée, se révèle droite et tonique, une fine trame acidulée venant équilibrer la douceur. Un 2014 gourmand, net et frais. ⌛ 2015-2016 🍴 tourte aux fraises

🔑 *Dom. des Deux Arcs, 11, rue du 8-Mai-1945, 49540 Martigné-Briand, tél. 02 41 59 47 37, do2arc@wanadoo.fr* V 🚶 🍷 *t.l.j. 9h-12h 14h-19h* 🏠 Ⓐ

VIGNOBLE DE L'ÉCASSERIE 2014 ★

■	2 500	- de 5 €

Trois générations de Reulier se sont succédé sur cette exploitation de 39 ha. Depuis la construction d'un nouveau chai en 2007, les vins du domaine sont régulièrement en vue dans le Guide.

La robe est saumonée et le nez présente une intéressante complexité aromatique. Aux arômes de fruits à chair jaune (pêche) et de fraise, ce 2014 ajoute de jolies notes florales. En bouche, l'équilibre entre les sucres résiduels et l'acidité est très réussi et donne un vin plaisant, droit et franc. ⌛ 2015-2016 🍴 escalivada

☛ *Vignoble de l'Écasserie, L'Écasserie,*
49380 Champ-sur-Layon, tél. 02 41 78 03 75,
vignoble.ecasserie@orange.fr Ⓥ 🏃 🥇 *t.l.j. sf dim.*
8h30-12h 14h-18h30 ☛ EARL Reulier

ELYSIS 2014		
■	136 700	🍷	- de 5 €

Les Caves de la Loire, fondées en 1951, constituent l'une des plus grandes coopératives de la région : elles regroupent 350 adhérents et une surface totale cultivée de 1 600 ha.
Les rosés représentent la majorité de la production de la « coop », qui propose ici une cuvée pâle, au nez déjà bien ouvert sur les fruits frais (fraise, agrumes). La bouche se montre tendre et onctueuse avec le pamplemousse pour trame aromatique. ✗ 2015-2016 ❦ gambas à l'américaine
☛ *Les Caves de la Loire, rte de Vauchrétien,*
49320 Brissac-Quincé, tél. 02 41 91 22 71, loire-wines@
uapl.fr Ⓥ 🥇 *t.l.j. sf dim. 9h-12h30 14h-18h*

DOM. DE L'ÉTÉ 2014 ★		
■	9 000	🍷	- de 5 €

Ce domaine de 35 ha situé à Concourson-sur-Layon est géré depuis vingt ans par Yannick Babin. La propriétaire, Catherine Nolot, a racheté en 2006 le château voisin des Rochettes, réputé pour ses liquoreux.
La teinte rappelle la fraise, que l'on retrouve tout au long de la dégustation. L'olfaction évoque ainsi les fruits rouges bien mûrs (sirop de fraise). La bouche, tonique en attaque, ne dit pas autre chose et séduit par sa légèreté. Harmonieux et cohérent. Un vin gourmand et léger. ✗ 2015-2016 ❦ fraisier
☛ *SCEA Catherine Nolot, L'Été,*
49700 Concourson-sur-Layon, tél. 02 41 59 11 63,
domainedelete@wanadoo.fr Ⓥ 🏃 🥇 *t.l.j. sf dim.*
9h-12h30 13h30-18h; f. début janv.

DOM. DES GALLOIRES Belle Rivière 2014 ★★		
■	n.c.	🍷	- de 5 €

Située à l'emplacement d'un ancien manoir, cette propriété familiale créée en 1967 est régulièrement en vue pour l'une ou l'autre de ses quatorze cuvées produites dans les AOC anjou, cabernet-d'anjou, coteaux-d'ancenis et muscadet-coteaux-de-la-loire. L'exploitation, conduite par Maxime Toublanc, couvre aujourd'hui 50 ha.
Ce 2014 offre un nez intense et puissant où le caractère amylique bien présent s'agrémente d'arômes fins et frais de petits fruits rouges acidulés (framboise, groseille). Le palais, tout aussi séduisant, se révèle bien équilibré de l'attaque jusqu'en finale. Les sucres et l'acidité s'harmonisent pour offrir un ensemble dense et homogène. ✗ 2015-2016 ❦ filet mignon de porc au curry
☛ *Dom. des Galloires, 1, La Galloire, 49530 Drain,*
tél. 02 40 98 20 10, contact@galloires.com Ⓥ 🏃 🥇 *t.l.j.*
sf dim. 9h-12h 14h-19h (sam. 17h) 🏠 ❶ 🏠 ⓓ
☛ Toublanc

DOM. DES GATINES 2014 ★		
■	46 000	🍷	- de 5 €

Établi entre les terres caillouteuses du Massif armoricain et les terrasses sablo-calcaires du Bassin parisien, le village de Tigné bénéficie d'un terroir de qualité,

propice aux rosés. Les Dessèvre exploitent 48 ha aux environs.
Coup de cœur dans l'AOC rosé de Loire, le domaine décroche une étoile pour son cabernet-d'anjou. Autant dire que la vinification des rosés est une spécialité chez les Dessèvre. Ils signent ici un vin franc, frais et énergique, aux notes de bonbon anglais et de pamplemousse qui animent l'olfaction comme la bouche. ✗ 2015-2016 ❦ foie de veau à la vénitienne
☛ *Vignoble Dessèvre, 12, rue de la Boulaie, 49540 Tigné,*
tél. 02 41 59 41 48, contact@domainedegatines.fr
Ⓥ 🏃 🥇 *r.-v.*

LADY ROSE 2014 ★		
■	n.c.	🍷	5 à 8 €

Charcutiers-traiteurs et viticulteurs, les parents de Yasmine ont légué en 1995 à leur fille Yasmine et à leur gendre Laurent Blouin 1 ha de vignes. En plus de leurs activités respectives, ces derniers conduisent aujourd'hui un vignoble de 3 ha implanté sur un terroir argilo-limoneux.
Laurent Blouin a soigné ses rosés cette année : son cabernet-d'anjou a retenu l'attention du jury, tout comme son rosé-de-loire. Ce 2014 arbore une robe très intense. Au nez, il se révèle subtil, partagé entre les fruits confits et les épices. Le palais est très expressif (fraise, fruits secs), riche, onctueux et persistant. Une belle originalité. ✗ 2015-2016 ❦ muffins fraise et chocolat blanc
☛ *Laurent Blouin, Les Hardières,*
49750 Saint-Lambert-du-Lattay, tél. 06 10 17 48 38,
laurent.blouin@gmail.com Ⓥ 🏃 🥇 *r.-v.* 🏠 ⓓ

DOM. LEDUC-FROUIN La Seigneurie 2014 ★		
■	10 000	🍷	- de 5 €

Installés dans le village troglodytique de Martigné-Briand, Antoine Leduc, œnologue, et sa sœur Nathalie conduisent depuis 1990 le domaine familial (30 ha). Leurs vins séjournent comme il se doit dans la fraîcheur de caves souterraines creusées dans le falun. Une valeur sûre de l'Anjou viticole.
La couleur est framboise et le nez rappelle aussi ce petit fruit rouge, agrémenté de touches de pamplemousse. Alerte dès l'attaque, le palais se révèle frais, voire vif et fait un écho persistant aux notes fruitées de l'olfaction. Un joli représentant de l'AOC. ✗ 2015-2016 ❦ crabes farcis
☛ *Antoine et Nathalie Leduc, Dom. Leduc-Frouin,*
La Seigneurie Sousigné, 49540 Martigné-Briand,
tél. 02 41 59 42 83, info@leduc-frouin.com Ⓥ 🏃 🥇 *r.-v.*

LE LOGIS DU PRIEURÉ 2014		
■	7 000	🍷	- de 5 €

Implanté à Concourson-sur-Layon, ce domaine de 33 ha produit une large gamme de vins d'Anjou (liquoreux, rouges et rosés). Vincent Jousset est à sa tête depuis 1982.
Le nez se partage entre les notes primaires (poivron) et amyliques, que l'on retrouve dans une bouche fraîche à la sucrosité subtilement dosée. ✗ 2015-2016 ❦ tarte à la tomate
☛ *SCEA Jousset et Fils, 8, rte des Verchers,*
49700 Concourson-sur-Layon, tél. 02 41 59 11 22,
contact@logisduprieure.fr Ⓥ 🏃 🥇 *t.l.j. sf dim. 9h-12h30*
14h-19h

DOM. MATIGNON Gourmandise 2014 ★		
■	20 000	î	5 à 8 €

Ce domaine est situé à 500 m du château de Martigné-Briand, au cœur de l'aire des coteaux-du-layon, mais la commune est aussi la petite capitale des vins rosés de l'Anjou. Depuis 1988, Yves Matignon et sa sœur Hélène y cultivent 38 ha de vignes.

Franche et printanière, la robe saumonée de ce rosé invite à la dégustation. Le nez, élégant, évoque les fleurs blanches et la fraise. Souple en attaque, le palais se révèle tout aussi aromatique et délicat. Un joli vin de tonnelle. ✗ 2015-2016 ❦ brochettes de melon et jambon cru

⌐ *EARL Yves et Hélène Matignon, 21, av. du Château, 49540 Martigné-Briand, tél. 02 41 59 43 71, info@domaine-matignon.fr* Ⓥ 🎿 🛡 *r.-v.*

DOM. LE MONT 2014		
■	24 000		- de 5 €

Depuis 1995, c'est Claude Robin, fils de Louis, qui conduit l'exploitation fondée par son grand-père en 1930 et implantée au sommet d'un coteau dominant la vallée du Layon. Il y pratique sur ses 25 ha une culture raisonnée avec enherbement.

Ce rosé saumoné s'ouvre sur les fruits rouges et offre une bouche opulente soutenue par une fine trame acidulée qui apporte une fraîcheur bienvenue. ✗ 2015-2016 ❦ tapas et pintxos du pays basque

⌐ *EARL Louis et Claude Robin, 64, rue des Monts, 49380 Faye-d'Anjou, tél. 02 41 54 31 41, robinclaudemont@orange.fr* Ⓥ 🎿 🛡 *r.-v.*

DOM. DE MONTGILET 2014		
■	36 000	î	5 à 8 €

Ce domaine, situé aux portes d'Angers, est une référence de la région, notamment pour leurs liquoreux (coteaux-de-l'aubance). À la tête de l'exploitation créée par leur grand-père, Victor et Vincent Lebreton conduisent 60 ha sur un terroir de schistes ardoisiers.

La dégustation débute par une teinte rose orangé puis continue avec un nez déjà bien ouvert où les petits fruits rouges ont la part belle. Le palais est onctueux dès l'attaque et atteint l'équilibre grâce à une fine trame acide qui apporte fraîcheur et longueur. ✗ 2015-2016 ❦ nems et accras

⌐ *Dom. de Montgilet, 10, chem. de Montgilet, 49610 Juigné-sur-Loire, tél. 02 41 91 90 48, montgilet@wanadoo.fr* Ⓥ 🎿 🛡 *r.-v.*

⌐ Victor et Vincent Lebreton

CH. DE MONTGUÉRET 2014 ★		
■	180 000	î	- de 5 €

Le Ch. de Montguéret est devenu la propriété des Grands Chais de France après le rachat en 2005 de la société Lacheteau qui l'exploitait. Son vaste vignoble couvre 80 ha.

Ce 2014 s'ouvre sur des notes exubérantes de bonbon anglais et d'agrumes. Franche et vive en attaque, la bouche se révèle fruitée, souple et ronde. Un rosé gourmand à souhait. ✗ 2015-2016 ❦ salade de fruits

⌐ *Ch. de Montguéret, 49560 Nueil-sur-Layon, tél. 02 40 36 66 00, mbrieau@lacheteau.fr*

⌐ Grands Chais de France

DOM. DES NOËLS 2014 ★		
■	10 000	î	- de 5 €

J.-M. Garnier, après avoir été œnologue dans une maison saumuroise spécialisée dans l'élaboration de vins effervescents, a repris en 1996 ce domaine étendu aujourd'hui sur 30 ha.

Drapée dans une robe rose soutenu, cette cuvée libère des notes typiques de petits fruits rouges. Le palais est agréable, souple, frais et équilibré. Un « vin plaisir ». ✗ 2015-2016 ❦ salade mangue-crevettes

⌐ *Garnier/Bazantay, Dom. des Noëls, lieu-dit Les Noëls, 49380 Faye-d'Anjou, tél. 02 41 54 18 01, domaine-des-noels@terre-net.fr* Ⓥ 🎿 🛡 *r.-v.*

DOM. PERCHER 2014 ★		
■	2 000	î	- de 5 €

Ce domaine est situé au pied des coteaux des Verchers-sur-Layon, dans le petit hameau de Savonnières. L'exploitation, qui a vu passer à sa tête quatre générations de viticulteurs depuis sa création en 1926, s'étend aujourd'hui sur 27 ha.

La robe est rose soutenu. Le nez libère des parfums de pêche et de bonbons acidulés. Franche en attaque, la bouche offre des notes de groseille et d'agrumes et un bel équilibre sucres résiduels-acidité. ✗ 2015-2016 ❦ tiramisu à la fraise

⌐ *SCEA Dom. Percher, 20, rte du Coteau, Savonnières, 49700 Les Verchers-sur-Layon, tél. 02 41 59 76 29, contact@domainepercher.com* Ⓥ 🎿 🛡 *t.l.j. sf dim. 8h-12h 14h-18h*

DOM. DE LA PETITE ROCHE 2014 ★★		
■	186 000		- de 5 €

Ce domaine fondé après la Révolution compte aujourd'hui 73 ha de vignes plantées sur des sols argilo-schisteux, graveleux et limono-sableux. Près de la moitié de sa superficie est destinée à l'élaboration du cabernet-d'anjou.

Si sa couleur est pâle, son expression aromatique est très intense et complexe : arômes primaires (poivron) agrémentés de notes de framboise, de pamplemousse et de bonbon anglais. Ample et franc en attaque, le palais se révèle à la fois rond, souple et frais, en un mot équilibré. ✗ 2015-2016 ❦ soufflé glacé à la framboise ■ Ch. de la Roche Bousseau 2014 ★ (- de 5 € ; 120 000 b.) : cette cuvée libère des parfums intenses et complexes de pêche, de fraise et d'agrumes, qui se prolongent dans une bouche bien équilibrée. ✗ 2015-2016

⌐ *Dom. de la Petite Roche, La Petite Roche, 49310 Trémont, tél. 02 41 59 43 03, contact@domainepetiteroche.com* Ⓥ 🎿 🛡 *r.-v.*

⌐ Mme Regnard

ⓑ **LYCEE VITICOLE EDGARD PISANI** 2014		
■	1 765	î	- de 5 €

En 2009, le lycée viticole de Montreuil-Bellay a été rebaptisé du nom d'Edgard Pisani, son fondateur en 1967, à l'époque maire de la commune et célèbre homme d'État qui fut ministre de l'Agriculture sous la présidence du général De Gaulle. Son vignoble de 13,8 ha est exploité en lutte raisonnée par les futurs professionnels de la région.

La robe est claire aux reflets légèrement saumonés. Le nez libère d'agréables notes de coulis de fraise et de bonbon anglais. Souple en attaque, le palais se révèle souple et onctueux, avec une sucrosité bien dosée. Mention bien aux élèves du lycée et à leurs professeurs. ✗ 2015-2016 ♟ beignets de langoustine

☛ *Lycée viticole Edgard Pisani, rte de Méron, 49260 Montreuil-Bellay, tél. 02 41 40 19 24* Ⓥ ♟ 🎁 *t.l.j. sf sam. dim. 9h-12h 14h-18h*

DOM. DES RICHÈRES 2014 ★		
■	30 000	- de 5 €

Anciennement rattaché à la seigneurie de Millé, ce domaine est exploité par la famille Guibert depuis 1775. En 2006, Fabrice Guibert a pris les rênes de la propriété et de ses 60 ha situés au cœur des coteaux-du-layon. Ce 2014 libère des notes intenses de petits fruits rouges et noirs (groseille, cassis) agrémentées de nuances d'agrumes. On les retrouve dans une bouche qui penche vers la fraîcheur. Expressif et harmonieux. ✗ 2015-2016 ♟ charlotte aux groseilles

☛ *Fabrice Guibert, 7, rte d'Angers, Millé, 49380 Chavagnes-les-Eaux, tél. 02 41 54 10 47, faguibert@yahoo.com* Ⓥ 🎁 *r.-v.*

DOM. ROBINEAU CHRISLOU QV 237 2014		
■	970	5 à 8 €

Après avoir repris l'exploitation familiale en septembre 1991, Louis Robineau s'est associé avec son épouse Christine en janvier 1992 pour créer ce domaine qui couvre aujourd'hui 22 ha sur la commune de Saint-Lambert-du-Lattay.

C'est un cabernet résolument sucré (55 g/l) que la maison Robineau propose ici. Très aromatique, il libère des notes de fruits rouges bien mûrs (gelée de groseille), que l'on retrouve dans une bouche souple et onctueuse, légèrement acidulée en finale. ✗ 2015-2016 ♟ quiche aux lardons et pruneaux

☛ *Louis Robineau, 24, rue du Bon-Repos, 49750 Saint-Lambert-du-Lattay, tél. 02 41 78 36 04, robineau-chrislou@voila.fr* Ⓥ ♟ 🎁 *r.-v.*

DOM. DE LA SEIGNEURIE DES TOURELLES 2014			
■	66 000	🍶	5 à 8 €

Sébastien Verdier représente la quatrième génération sur ce domaine créé en 1910 sur les coteaux bordant le Layon. Il a largement contribué à son développement : l'exploitation est passée de 18 ha à son arrivée en 1997 à 50 ha aujourd'hui.

La fraise et les fruits à chair blanche se partagent l'olfaction, tandis que le caramel et les fruits exotiques s'affirment en bouche. Celle-ci se montre gourmande, légèrement chaleureuse et offre juste ce qu'il faut de sucrosité. Un cabernet d'anjou généreux certes, mais sans lourdeur. ✗ 2015-2016 ♟ tarte aux fruits rouges

☛ *SA Joseph Verdier, ZI Champagne Europe, 49260 Montreuil-Bellay, tél. 02 41 40 22 50, r.boileau@joseph-verdier.fr*

VIGNES DE L'ALMA 2014 ★★		
■	2 300	- de 5 €

Saint-Florent-le-Vieil, village charnière entre l'Anjou et le pays nantais. Roland Chevalier y conduit un domaine

de 10 ha. Ses vins rosés et rouges se rattachent à l'Anjou, ses blancs à l'AOC muscadet-coteaux-de-la-loire. Une valeur sûre.

Le vigneron signe un 2014 généreux et éclatant. Séduisant, le nez livre un cocktail de fruits rouges agrémenté de nuances amyliques. La bouche révèle des notes toniques d'agrumes qui contrebalancent judicieusement par un dosage en sucres très mesuré. ✗ 2015-2016 ♟ carré de porc des îles

☛ *Roland Chevalier, L'Alma, 49410 Saint-Florent-le-Vieil, tél. 02 41 72 71 09, chevalier.roland@wanadoo.fr* Ⓥ ♟ 🎁 *t.l.j. sf dim. 8h30-12h 14h-19h*

COTEAUX-DE-L'AUBANCE

Superficie : 216 ha / Production : 6 722 hl

Petit affluent de la rive gauche de la Loire, comme le Layon qui coule plus à l'ouest, l'Aubance est bordée de coteaux de schistes portant de vieilles vignes de chenin, dont on tire un vin blanc moelleux qui s'améliore en vieillissant. Cette appellation a choisi de limiter strictement ses rendements. Depuis 2002, la mention « Sélection de grains nobles » est autorisée pour les vins de vendanges présentant une richesse naturelle minimale de 234 g/l, soit 17,5 ° sans aucun enrichissement. Ceux-ci ne pourront être commercialisés que dix-huit mois après la récolte.

CH. D'AVRILLÉ 2014 ★		
■	40 000	5 à 8 €

Eusèbe Biotteau abandonna en 1938 son métier de cordonnier pour créer ce domaine à partir de 40 ha. Aujourd'hui, l'exploitation gérée par l'un de ses petits-fils, Pascal, compte 200 ha et domine la vallée de l'Aubance.

Jaune d'or brillant, ce 2014 s'ouvre sur de friands arômes de fruits exotiques et d'abricot frais, que l'on retrouve agrémentés de touches miellées dans une bouche ample et persistante. ✗ 2015-2025 ♟ fromage à pâte persillée

☛ *SCEA Biotteau, Ch. d'Avrillé, L'Homois, 49320 Saint-Jean-des-Mauvrets, tél. 02 41 91 22 46, chateau.avrille@wanadoo.fr* Ⓥ 🎁 *t.l.j. sf dim. 9h30-12h 14h30-18h30*

DOM. DE HAUTE PERCHE Les Fontenelles 2013			
■	n.c.	🍶	15 à 20 €

Créé en 1966, ce domaine (30 ha) situé aux portes d'Angers était à l'origine dédié aux vins de table. Restructuré, replanté de cépages nobles, il est devenu une valeur sûre des appellations anjou-villages-brissac et coteaux-de-l'aubance. Véronique, la fille d'Agnès et Christian Papin, est à la tête du domaine depuis 2012.

Discrète au premier abord, cette cuvée livre à l'aération des parfums de fruits secs et de fruits blancs (coing, poire). Arômes prolongés par une bouche suave et onctueuse, sans lourdeur, égayée par une fine trame acide. ✗ 2015-2022 ♟ suprêmes d'agrumes

☛ *EARL Véronique Papin, Dom. de Haute-Perche, 7, chem. de la Godelière, 49610 Saint-Melaine-sur-Aubance, tél. 02 41 57 75 65, contact@domainehauteperche.com* Ⓥ ♟ 🎁 *t.l.j. sf dim. 10h-12h 14h-18h30*

DOM. DE MONTGILET Les Trois Schistes 2013 ★

| ■ | 10 200 | ◑ | 15 à 20 € |

Ce domaine, situé aux portes d'Angers, est une référence de la région, notamment pour ses liquoreux (coteaux-de-l'aubance). À la tête de l'exploitation créée par leur grand-père, Victor et Vincent Lebreton conduisent 60 ha sur un terroir de schistes ardoisiers.

Le nez présente une jolie palette aromatique : fruits exotiques (ananas, mangue) et fruits blancs (le coing notamment). Franche en attaque, la bouche se montre fruitée (notes d'abricot), miellée et suave, et s'étire dans une longue finale finement acidulée qui apporte l'équilibre. ✗ 2015-2025 ❦ pavlova aux fruits de la Passion

☛ Dom. de Montgilet, 10, chem. de Montgilet, 49610 Juigné-sur-Loire, tél. 02 41 91 90 48, montgilet@wanadoo.fr Ⓥ 🅰 🅵 r.-v.

♥ CH. PRINCÉ 2013 ★★

| ■ | 15 000 | 🄸 ◑ | 11 à 15 € |

CHATEAU PRINCÉ
COTEAUX DE L'AUBANCE

La propriété située aux portes d'Angers est constituée de 15 ha d'un seul tenant. Arrivé en 2002 sur l'exploitation, Mathias Levron a très vite impressionné par son professionnalisme et sa rigueur. En conversion bio.

Ce 2013 paré d'une intense robe jaune paille aux reflets ambrés enchante d'emblée par la complexité de ses arômes où se côtoient les fruits exotiques, le coing et le miel, agrémentés de plaisantes notes boisées et vanillées. À l'unisson, la bouche se révèle dense et onctueuse, douce et gourmande, sans pour autant perdre de vue la fraîcheur ; en un mot : équilibrée. ✗ 2015-2025 ❦ tarte Tatin

☛ Ch. Princé, Le Petit-Princé, 49610 Saint-Melaine-sur-Aubance, tél. 02 41 57 82 28 Ⓥ 🅵 r.-v.

Ⓑ DOM. DE ROCHAMBEAU
Harmonie 2013 ★

| ■ | 6 500 | ◑ | 11 à 15 € |

Situé à quelques kilomètres d'Angers, ce domaine campe sur un coteau escarpé d'où l'on découvre la vallée de l'Aubance. Maurice Forest y exploite ses 17 ha de vignes en bio.

D'un bel ou aux reflets ambrés, cette cuvée livre de subtils et complexes parfums fruités (l'abricot notamment) associés à de légères nuances vanillées. Empreint d'une douceur mesurée, le palais, porté vers les fruits blancs (coing et poire), se révèle ample et souple, et s'étire dans une longue finale. ✗ 2015-2025 ❦ sablés au parmesan

☛ EARL Forest, Dom. de Rochambeau, 49610 Soulaines-sur-Aubance, tél. 02 41 57 82 26, rochambeau@wanadoo.fr

DOM. DES ROCHELLES Tradition 2014 ★

| ■ | 12 000 | ◑ | 11 à 15 € |

Conduit depuis les années 1970 par Jean-Yves Lebreton, rejoint entre-temps par son fils Jean-Hubert, ce domaine de 56 ha s'était spécialisé en viticulture dès 1920. Avec plusieurs coups de cœur à son actif, il fait partie des références de l'Anjou pour sa production de vins rouges.

Le domaine s'y entend aussi en matière de « douceurs » angevines. D'une teinte dorée brillante et intense, cette cuvée séduit par ses senteurs de fruits exotiques et de pêche. On retrouve la pêche accompagnée de l'abricot et de la mangue dans un palais puissant, charnu, bien équilibré entre fraîcheur et rondeur. La dégustation s'achève sur d'agréables notes persistantes et fruitées. ✗ 2015-2025 ❦ filet de sandre au beurre blanc ■ Les Rochelles 2014 (5 à 8 € ; 20 000 b.) : vin cité. ✗ 2015-2025

☛ EARL J.-Y. A. Lebreton, Dom. des Rochelles, 49320 Saint-Jean-des-Mauvrets, tél. 02 41 91 92 07, jy.a.lebreton@wanadoo.fr Ⓥ 🅰 🅵 t.l.j. 9h-12h 14h-18h30

ANJOU-COTEAUX-DE-LA-LOIRE

Superficie : 30 ha / Production : 980 hl

Située en aval d'Angers, l'appellation est réservée aux vins blancs issus du pineau de la Loire. Elle constitue un vestige du vignoble médiéval d'Anjou, qui était planté sur les bords de la Loire, principale voie de transport à cette époque. Cette proximité du fleuve conditionne le climat des coteaux qui se caractérise par des températures douces, avec des écarts atténués. Les vins paraissent presque légers, délicats, ce qui traduit bien les conditions de maturation équilibrée. L'aire de production est située uniquement sur les schistes et les calcaires de Montjean.

VIGNOBLE MUSSET-ROULLIER
La Royauté 2014 ★

| ■ | 16 000 | 5 à 8 € |

Les domaines Roullier et Musset se sont associés en 1994 ; leur exploitation couvre aujourd'hui 36 ha sur les coteaux de la Loire. Une valeur sûre du vignoble angevin, aussi bien en blanc qu'en rouge.

Cette cuvée s'affiche en robe dorée. Au nez, c'est un bouquet intense et gourmand d'agrumes, de kiwis, de fruits de la Passion, d'ananas... Dans la même registre, la bouche offre volume et rondeur. Un 2014 équilibré, riche et séduisant. ✗ 2015-2025 ❦ tajine de poulet au curry

☛ Vignoble Musset-Roullier, 36, Le Bas-Chaumier, 49620 La Pommeraye, tél. 02 41 39 05 71, musset-roullier@wanadoo.fr Ⓥ 🅰 🅵 r.-v.

SAVENNIÈRES

Superficie : 147 ha / Production : 5 068 hl (crus inclus)

Implanté sur la rive droite de la Loire, à une quinzaine de kilomètres en aval d'Angers, ce vignoble se singularise par sa production : des vins blancs secs, issus du chenin, essentiellement sur la commune de Savennières. Les schistes et grès pourpres leur confèrent un caractère particulier, ce qui les a fait définir longtemps comme des crus des coteaux de la Loire ; mais ils méritent une appellation à part entière. Ce sont des vins pleins de sève, un peu nerveux.

♥ ⓑ DOM. DU CLOSEL Les Caillardières 2013 ★★

8 300		20 à 30 €

Un vignoble d'origine monastique. Quatre générations de femmes se sont succédé à sa tête. Aux commandes aujourd'hui, Évelyne de Pontbriand, présidente de l'appellation savennières, produit des vins de caractère et conduit en bio et en biodynamie un vigoble de 15 ha.

Un domaine d'une remarquable constance, comme en témoignent ses nombreuses étoiles obtenues en savennières dans les précédentes éditions du Guide. Un travail précis et soigné, un pressurage doux et lent ont été à l'origine de ce 2013 admirable, millésime pourtant difficile. Le résultat ? Un nez complexe et d'une rare élégance qui mêle les senteurs d'agrumes aux fruits blancs et à l'abricot, prélude à une bouche souple, ronde et suave, complétant sa gamme aromatique de notes de caramel et de vanille. La matière onctueuse et ample trouve un soutien impeccable dans une fraîcheur bienvenue qui porte loin la finale. Un modèle d'équilibre et de précision. ✗ 2017-2022 ♈ écrevisses sautées au vieux rhum

☛ EARL les vins du Dom. du Closel, 1, pl. du Mail, 49170 Savennières, tél. 02 41 72 81 00, closel@ savennieres-closel.com Ⓥ 🏃 🏋 t.l.j. 9h30-18h30; f. dim. en hiver

DOM. DE LA DUCQUERIE Clos de Frémine 2013

5 000	🍶	8 à 11 €

Installés non loin du musée de la Vigne et du Vin à Saint-Lambert-du-Lattay, dans la vallée du Layon, les Cailleau sont à la tête de 48 ha de vignes. Leur fils a rejoint l'exploitation en 2003 et s'occupe des vinifications.

Parée de jaune clair aux reflets verts, la robe de ce 2013 est encore sur la jeunesse. Le nez, expressif, distille des senteurs suaves de fleurs blanches (muguet, lilas). La bouche, ronde à l'attaque, évolue ensuite vers une vivacité acidulée qui porte loin la finale, aux saveurs toniques d'agrumes. ✗ 2016-2019 ♈ carpaccio d'avocats aux crevettes

☛ EARL la Ducquerie Cailleau, 2, chem. du Grand-Clos, 49750 Saint-Lambert-du-Lattay, tél. 02 41 78 42 00, domaine.ducquerie@wanadoo.fr Ⓥ r.-v.

DOM. DES FORGES Clos du Papillon 2013 ★

3 200	◫	11 à 15 €

La première parcelle a été acquise en 1890. Réputée pour ses vins liquoreux, la propriété, qui compte aujourd'hui 48 ha, a vu en 1996 l'installation de Stéphane et de Séverine Branchereau, incarnant la cinquième génération aux commandes du domaine.

Jaune doré aux reflets cristallins, la robe de ce 2013 élevé sous bois pendant un an attire l'œil. La séduction se poursuit au nez avec des parfums complexes d'abricots, d'agrumes et de fruits blancs auxquels se mêlent des notes élégamment boisées. On retrouve ce côté fruité complété d'arômes plus floraux dans un palais peut-être plus discret mais souple, frais et bien équilibré, accom-

pagné d'une vivacité acidulée en finale qui lui apporte un surcroît de tonus. ✗ 2017-2020 ♈ risotto de saint-jacques

☛ SCEA Branchereau - Dom. des Forges, Le Clos-des-Forges, rte de la Haie Longue, 49190 Saint-Aubin-de-Luigné, tél. 02 41 78 33 56, cb@domainedesforges.net Ⓥ 🏃 🏋 r.-v. 🏠 Ⓔ

MOULIN DE CHAUVIGNÉ Clos Brochard 2013 ★

3 300	🍶	11 à 15 €

Offrant un plaisant panorama sur la vallée de la Loire, Chauvigné est un moulin cavier construit en 1750 au cœur des vignes. Implanté à Rochefort-sur-Loire, le domaine est constitué de 11,5 ha cultivés par Christian Plessis, la vinification étant assurée par son épouse Sylvie.

Régulièrement remarquée dans ces pages, cette cuvée plaît aussi dans sa version 2013. Elle se livre dans une belle robe or pâle aux reflets verts encore dans sa jeunesse et libère des parfums délicats de fruits blancs mûrs teintés de notes de pierre à fusil. On retrouve cette minéralité complétée de fleurs blanches dans un palais souple, soutenu par une élégante fraîcheur qui porte loin la finale. Un vin équilibré, bien typé et tout en élégance. ✗ 2016-2019 ♈ feuilleté de fruits de mer

☛ EARL Christian et Sylvie Plessis, Moulin de Chauvigné, 49190 Rochefort-sur-Loire, tél. 02 41 78 86 56, info@moulindechauvigne.com Ⓥ 🏃 🏋 r.-v.

ⓑ CH. DE PLAISANCE 2014 ★

4 000	🍶	15 à 20 €

Installé depuis 1980, Guy Rochais exploite en bio et biodynamie 25 ha de vignes, situés principalement sur la rive gauche de la Loire, avec plusieurs parcelles dans des appellations aussi prestigieuses que coteaux-du-layon, chaume ou quarts-de-chaume. Une valeur sûre.

D'un élégant doré, ce 2014 vendangé en surmaturation livre une complexité de fruits frais et de fleurs blanches relayés par des senteurs gourmandes de miel et de fruits confits. On retrouve ces arômes complexes dans un palais d'une remarquable souplesse, soutenu par une trame acide élégante, légèrement acidulée, qui étire la finale. Une belle expression du chenin. ✗ 2017-2021 ♈ brochet de Loire en sauce ▪ Le Clos 2014 ★ (15 à 20 € ; 4 000 b.) Ⓑ : une cuvée aux senteurs complexes de fleurs blanches et d'agrumes associées à de fines notes de cannelle. Le palais, d'une puissance mesurée, rappelle ces accents épicés jusque dans sa longue finale. Un vin encore dans sa jeunesse, qui devrait gagner en rondeur en vieillissant. ✗ 2018-2021

☛ Guy Rochais, Ch. de Plaisance, Chaume, 49190 Rochefort-sur-Loire, tél. 02 41 78 33 01, rochais.guy@orange.fr Ⓥ 🏃 🏋 r.-v.

CH. DE VARENNES 2013

25 000	◫	11 à 15 €

Un château bâti au bord du Layon et un vignoble de plus de 38 ha. Le domaine est dirigé depuis 2004 par l'industriel Alain Château.

Habillé de jaune doré aux reflets verts, ce 2013 s'épanouit sur des senteurs évoquant les agrumes délicatement boisés, réminiscence de son élevage de dix mois sous bois. On retrouve ces arômes bien fondus dans une bouche dense et fraîche à la fois, laissant apparaître une touche acidulée en finale qui lui confère longueur et complexité. Un vin bien construit à apprécier dès à présent. ✗ 2015-2018 ✻ moules à la plancha

☛ SARL Ch. Bellerive, Chaume, 49190 Rochefort-sur-Loire, tél. 02 41 78 33 66, info@ vignobles-alainchateau.com Ⓥ 🔒 r.-v. ☛ Alain Château

SAVENNIÈRES-ROCHE-AUX-MOINES

Superficie : 19 ha / Production : 336 hl

Il est difficile de séparer les deux crus savennières-roche-aux-moines et savennières-coulée-de-serrant, qui ont pourtant reçu une appellation particulière, tant ils sont proches en caractère et en qualité. La coulée-de-serrant, plus restreinte en surface, est située de part et d'autre de la vallée du Petit Serrant. Elle est propriété en monopole de la famille Joly. La roche-aux-moines appartient à plusieurs propriétaires. Si elle est moins homogène que son homologue, on y trouve cependant des cuvées qui n'ont rien à lui envier.

CH. PIERRE-BISE 2013			
▨	6 800	🍶 ⓪	15 à 20 €

Ce domaine de 54 ha, né de la fusion de deux exploitations familiales, est conduit depuis 1974 par Claude Papin, l'un des plus fins connaisseurs des terroirs angevins et des plus talentueux élaborateurs de vins blancs de la région, en sec comme en liquoreux. Incontournable.

Un vin bien connu des habitués du Guide. Dans sa version 2013, il se livre sur des parfums d'agrumes et de fruits blancs (coing) accompagnés de quelques notes épicées (cannelle, vanille), léguées par son passage en fût. En bouche, il se révèle ample et bien équilibré, rehaussé d'une finale vive aux agréables amers qui lui apportent un surcroît de complexité. Un vin original, appelé à bien évoluer en cave. ✗ 2018-2025 ✻ fricassée de crevettes au safran

☛ EARL Ch. Pierre-Bise, 1, imp. du Chanoine-des-Douves, 49750 Beaulieu-sur-Layon, tél. 02 41 78 31 44, chateaupb@hotmail.com Ⓥ 🔒 r.-v. ☛ Papin

COTEAUX-DU-LAYON

Superficie : 1 486 ha / Production : 46 625 hl

Demi-secs, moelleux ou liquoreux, les coteaux-du-layon naissent du seul chenin, cultivé le long de la rive gauche de la Loire sur les coteaux des communes qui bordent le Layon, de Nueil à Chalonnes. Plusieurs villages sont réputés : le plus connu, devenu une appellation à part entière, est celui de Chaume. Six noms peuvent être ajoutés à l'appellation : Rochefort-sur-Loire, Saint-Aubin-de-Luigné, Saint-Lambert-du-Lattay, Beaulieu-sur-Layon, Rablay-sur-Layon, Faye-d'Anjou. Depuis 2002, les vins ont droit à la mention « Sélection de grains nobles » lorsque la richesse naturelle minimale de la vendange est de 234 g/l, soit 17,5 % vol. sans aucun enrichissement. Ils ne peuvent être commercialisés avant les dix-huit mois suivant la récolte. Vins subtils, or vert à Concourson, plus jaunes et plus puissants en aval, les coteaux-du-layon présentent des arômes de miel et d'acacia, acquis lors de la surmaturation. Leur capacité de vieillissement est étonnante.

DOM. DES BARRES			
Chaume Les Prêtresses 2013 ★			
▨ 1er cru	5 000	🍶	11 à 15 €

La commune de Saint-Aubin-de-Luigné, surnommée la « Perle du Layon », se situe dans le bas Layon, tout près de la confluence entre la Loire et le Layon. La famille Achard y conduit ce domaine de 30 ha depuis trois générations.

Ce vin affiche une robe jaune d'or et s'ouvre sans réserve sur des notes de fruits confits miellées assorties de plus fraîches touches florales. Ample, riche et généreuse, la bouche est soutenue d'une fine acidité qui lui apporte l'équilibre. Un 2013 complexe et élégant. ✗ 2015-2021 ✻ tartelette au boudin blanc ■ Saint-Aubin-de-Luigné Les Paradis 2014 ★ (15 à 20 € ; 3 000 b.) : ce 2014 libère des notes de coing et de miel que l'on retrouve dans une bouche ample, onctueuse et de bonne longueur. ✗ 2015-2021

☛ Patrice Achard, Dom. des Barres, 49190 Saint-Aubin-de-Luigné, tél. 02 41 78 98 24, achardpatrice@wanadoo.fr Ⓥ 🚶 t.l.j. sf dim. 9h-12h 14h-18h30 🏠 Ⓑ

DOM. MICHEL BLOUIN			
Beaulieu-sur-Layon 2014 ★★			
▨	3 000	🍶	8 à 11 €

Domaine bien implanté sur les terres de Saint-Aubin, puisque sa date de création remonte à 1870. Régulièrement « étoilé » dans le Guide, il est aujourd'hui conduit par la cinquième génération de viticulteurs et compte une vingtaine d'hectares.

La robe jaune paille soutenu est animée de reflets orangés. La palette aromatique, intense et expressive, délivre une corbeille de fruits exotiques très mûrs, que l'on retrouve dans un palais suave, soyeux et ample, étiré dans une très longue finale. ✗ 2015-2023 ✻ tarte Tatin ■ Saint-Aubin-de-Luigné 2014 ★ (8 à 11 € ; 4 500 b.) : ce 2014 à la robe dorée limpide libère d'intenses notes de fruits exotiques. Riche, ample et généreuse, la bouche confirme ces premières impressions et offre en finale une vivacité bienvenue. ✗ 2015-2021 ■ 1er cru Chaume 2013 (11 à 15 € ; 1 000 b.) : vin cité. ✗ 2015-2020

☛ EARL Dom. Michel Blouin, 53, rue du Canal-de-Monsieur, 49190 Saint-Aubin-de-Luigné, tél. 02 41 78 33 53, domaine.michel.blouin@wanadoo.fr Ⓥ 🚶 🔒 t.l.j. sf dim. 9h-12h30 14h-19h

♥ DOM. BODINEAU Vieilles Vignes 2014 ★★			
▨	15 000	🍶	5 à 8 €

Établis dans le petit hameau de Savennières, Frédéric Bodineau et sa sœur Anne-Sophie officient ensemble sur ce domaine familial (38 ha) dont l'origine remonte à 1850. Lui est à la vigne et au chai, elle à l'accueil et au service clientèle.

Ce 2014 arbore une étincelante robe dorée. Au nez, c'est un concentré de fruits blancs très mûrs (le coing notamment). La bouche, ample et onctueuse, est rehaussée en finale par une belle vivacité

LOIRE

qui donne à ce grand moelleux une persistance impressionnante. ✗ 2015-2025 ❦ toasts de foie gras

☛ *Dom. Bodineau, Savonnières,*
5, chem. du Château-d'Eau,
49700 Les Verchers-sur-Layon, tél. 02 41 59 22 86,
domainebodineau@yahoo.fr Ⓥ 🏃 🕴 *t.l.j. sf dim.*
9h-12h30 14h-18h

DOM. DES BOHUES 2014 ★		
■	4 000	8 à 11 €

Cette exploitation, installée depuis 1933 sur le plateau schisteux de Saint-Lambert-du-Lattay, est conduite depuis trois générations par la famille Retailleau. Le domaine s'étend sur 14 ha répartis dans les AOC anjou, cabernet-d'anjou et coteaux-du-layon.

Cette cuvée s'ouvre sans réserve sur des notes complexes de fruits confits, prélude à un palais riche, gras et généreux, équilibré par une touche de vivacité. Un moelleux bien dans le ton de l'appellation. ✗ 2015-2022 ❦ crème renversée au caramel

☛ *Denis Retailleau, Les Bohues,*
49750 Saint-Lambert-du-Lattay, tél. 02 41 78 33 92,
denisretailleau.bohues@orange.fr Ⓥ 🏃 🕴 *r.-v.*

DOM. DU BON REPOS Tris de Vendanges 2014		
■	4 000	5 à 8 €

Ce domaine familial créé en 1932 est conduit depuis 1995 par Joël Chauviré. Son fils Valentin, représentant la quatrième génération, le rejoint en 2014. Leur vignoble couvre 19,5 ha.

Ce 2014 apparaît vêtu d'une robe jaune soutenu aux reflets or. Expressif, le nez libère des nuances de fruits blancs et de fruits exotiques. Des arômes qui se confirment dans une bouche plutôt fraîche. Un peu atypique, mais plaisant et harmonieux. ✗ 2015-2021 ❦ salade d'agrumes

☛ *Chauviré, Dom. du Bon Repos,*
9, chem. de la Varenne-d'Étiau, 49670 Valanjou,
tél. 06 45 58 03 57, domainedubonrepos@wanadoo.fr
Ⓥ 🏃 *r.-v.* 🏠 ❶

| **DOM. CADY** | | |
Saint-Aubin-de-Luigné Les Varennes 2013		
■	n.c.	11 à 15 €

Appartenant à la famille Cady depuis 1927, ce domaine (27 ha) est une référence en matière de vins liquoreux. Il est implanté sur les coteaux surplombant le Layon à Saint-Aubin-de-Luigné, village surnommé la « Perle du Layon ».

D'un aspect limpide, ce vin s'affirme au nez avec des accents de fruits exotiques confits, que l'on retrouve dans une bouche fraîche et persistante. ✗ 2015-2020 ❦ fromage à pâte persillée

☛ *Dom. Cady, 20, Valette, 49190 Saint-Aubin-de-Luigné,*
tél. 02 41 78 33 69, domainecady@yahoo.fr Ⓥ 🏃 🕴 *r.-v.*

DOM. DU CLOS DES GOHARDS Cuvée Emma 2014		
■	n.c.	8 à 11 €

Mickaël et Fabienne Joselon, frère et sœur, ont repris l'exploitation familiale en 2010 lors du départ de leur père en retraite. Régulièrement distingué dans le Guide,

le domaine compte 42 ha et propose diverses appellations ligériennes.

Cette cuvée s'affiche en robe vieil or et dévoile des notes de fruits secs prolongées par un palais gourmand, gras et puissant, rehaussé en finale par une fine vivacité. ✗ 2015-2020 ❦ galette des rois

☛ *EARL Joselon, Les Oisonnières,*
49380 Chavagnes-les-Eaux, tél. 02 41 54 13 98,
earljoselon@orange.fr Ⓥ 🏃 🕴 *r.-v.*

| **DOM. DES CLOSSERONS** | | |
Faye d'Anjou La Placette 2014 ★★		
■	4 500	11 à 15 €

Dans ce domaine né en 1956, trois générations se mettent au service des vins d'Anjou, en particulier des liquoreux de la région : Jean-Claude Leblanc, le fondateur, ses deux fils Yannick et Dominique, aujourd'hui rejoints par le petit-fils Fabien. Le vignoble couvre 43 ha.

Tout en lui séduit : une robe éclatante, un bouquet gourmand et complexe de fruits blancs (coing, pêche, poire) légèrement confits, et une bouche fine, souple, élégante et suave. Un vin délicat, très bien équilibré. ✗ 2015-2023 ❦ faisan braisé aux raisins ■ Vieilles Vignes 2014 ★ (8 à 11 € ; 6 000 b.) : ce 2014 paré d'une élégante robe jaune à reflets dorés s'ouvre sans réserve sur des notes de pêche et de poire bien mûres. Tout aussi aromatique, la bouche se montre douce, onctueuse et équilibrée. ✗ 2015-2021

☛ *EARL Jean-Claude Leblanc et Fils,*
Dom. des Closserons, 2, rue des Monts,
49380 Faye-d'Anjou, tél. 02 41 54 30 78,
contact@domaine-leblanc.fr Ⓥ 🏃 🕴 *r.-v.*

COTEAU SAINT-VINCENT Vieilles Vignes 2014 ★		
■	4 500	5 à 8 €

Cette exploitation est établie à Chalonnes-sur-Loire, commune située au bord de l'eau, au confluent du Layon et de la Loire. Œnologue de formation, Olivier Voisine exploite depuis 2008 un vignoble de 23 ha sur des sols schisteux caractéristiques de l'Anjou noir.

Cette cuvée à la robe jaune paille libère des senteurs de coing. La bouche se révèle riche et dense, stimulée par une jolie fraîcheur. ✗ 2015-2022 ❦ millefeuille foie gras et figues

☛ *EARL Olivier Voisine, Coteau Saint-Vincent,*
49290 Chalonnes-sur-Loire, tél. 02 41 78 59 00,
coteau-saint-vincent@wanadoo.fr Ⓥ 🏃 🕴 *r.-v.* 🏠 ❶

DOM. DE LA DUCQUERIE Chaume 2013 ★			
■ 1er cru	4 500		8 à 11 €

Installés non loin du musée de la Vigne et du Vin à Saint-Lambert-du-Lattay, dans la vallée du Layon, les Cailleau sont à la tête de 48 ha de vignes. Leur fils a rejoint l'exploitation en 2003 et s'occupe des vinifications.

Ce 2013 de couleur ocre dévoile à l'aération des notes d'amande fraîche et d'abricots secs, que prolonge en compagnie du miel une bouche ample, riche et ronde, sans excès, ciselée par une fine fraîcheur. ✗ 2015-2021 ❦ foie gras et confiture d'oignon

☛ *EARL la Ducquerie Cailleau, 2, chem. du Grand-Clos,*
49750 Saint-Lambert-du-Lattay, tél. 02 41 78 42 00,
domaine.ducquerie@wanadoo.fr Ⓥ 🕴 *r.-v.*

VIGNOBLE DE L'ÉCASSERIE 2014

■		4 000		5 à 8 €

Trois générations de Reulier se sont succédé sur cette exploitation de 39 ha. Depuis la construction d'un nouveau chai en 2007, les vins du domaine sont régulièrement en vue dans le Guide.

Une cuvée à la robe jaune doré qui associe au nez des parfums de fruits blancs et des notes florales (fleur d'acacia). Suit une bouche à l'unisson, simple et fraîche, non dénuée d'élégance. ✶ 2015-2020 ♥ tarte aux pommes

☛ Vignoble de l'Écasserie, L'Écasserie,
49380 Champ-sur-Layon, tél. 02 41 78 03 75,
vignoble.ecasserie@orange.fr Ⅴ ⚑ ⚐ t.l.j. sf dim.
8h30-12h 14h-18h30

DOM. DE L'ÉTÉ 2014 ★★

■		25 000	î		5 à 8 €

Ce domaine de 35 ha situé à Concourson-sur-Layon est géré depuis vingt ans par Yannick Babin. La propriétaire, Catherine Nolot, a racheté en 2006 le château voisin des Rochettes, réputé pour ses liquoreux.

Cette cuvée arbore une limpide robe jaune paille doré. Au nez, des notes complexes d'abricot et de fruits confits se mêlent à des touches de fleurs blanches. Tout aussi intense, la bouche offre un joli fruité (ananas et fruits secs), du volume et une fine vivacité qui étire la finale. ✶ 2015-2025 ♥ stilton ■ Ch. des Rochettes Vieilles Vignes 2013 ★ (8 à 11 € ; 10 290 b.) : ce moelleux jaune paille dévoile un nez intense de coing, de figue et de raisin de Corinthe. La bouche est à l'unisson, offrant une belle expression aromatique, de la richesse, de la fraîcheur et une longue finale. ✶ 2015-2022

☛ SCEA Catherine Nolot, L'Été,
49700 Concourson-sur-Layon, tél. 02 41 59 11 63,
domainedelete@wanadoo.fr Ⅴ ⚑ ⚐ t.l.j. sf dim.
9h-12h30 13h30-18h; f. début janv.

DOM. DES FORGES Chaume 2013

■ 1er cru	5 160	î		11 à 15 €

La première parcelle a été acquise en 1890. Réputée pour ses vins liquoreux, la propriété, qui compte aujourd'hui 48 ha, a vu en 1996 l'installation de Stéphane et de Séverine Branchereau, incarnant la cinquième génération aux commandes du domaine.

Ce vin arbore une robe dorée, puis libère à l'olfaction des arômes de fruits blancs agrémentés de notes d'épices douces. Rond et puissant, le palais s'appuie sur une vivacité qui apporte beaucoup de fraîcheur et de dynamisme à ce vin. ✶ 2015-2020 ♥ petits toasts abricot-roquefort ■ Cuvée des Forges 2013 (11 à 15 € ; 4 760 b.) : vin cité. ✶ 2015-2020

☛ SCEA Branchereau - Dom. des Forges,
Le Clos-des-Forges, rte de la Haie Longue,
49190 Saint-Aubin-de-Luigné, tél. 02 41 78 33 56,
cb@domainedesforges.net Ⅴ ⚑ ⚐ r.-v. ⌂ Ⓔ

VIGNOBLE DE LA FRESNAYE Saint-Aubin-de-Luigné
Rossignolet Vieilles Vignes 2014 ★

■		6 400	î		5 à 8 €

En 1976, Joseph Halbert prend la suite de son père sur les 5 ha de vignes du domaine familial. Aujourd'hui, c'est épaulé de son fils Éric qu'il gère un vignoble de 23 ha consacré aux rouges et aux blancs de l'Anjou-Saumur.

La robe est d'un jaune d'or étincelant. À l'agitation, le nez laisse échapper des arômes gourmands et suaves de fruits blancs compotés et de fleurs blanches. Tapissé du même fruité, le palais se révèle ample et gras, rehaussé en finale par une fine fraîcheur. ✶ 2015-2022 ♥ toasts de foie gras

☛ SCEA Joseph et Éric Halbert, Villeneuve,
49190 Saint-Aubin-de-Luigné, tél. 02 41 78 38 21,
scea-halbertje@orange.fr Ⅴ ⚑ ⚐ r.-v.

CH. DU FRESNE
Faye d'Anjou Grande Sélection 2014

■		9 000		5 à 8 €

Ce château du XVᵉ s. bâti en pierre de schiste a gardé de son architecture d'origine une tourelle ronde. Constitué en 1927, le vignoble de 90 ha est conduit depuis 2010 par trois associés, Nicolas Richez, David Maugin et Yannis Bretault.

Ce 2014 se pare d'une robe vert pâle, signe de sa jeunesse, et libère de suaves notes miellées. Le palais, léger et acidulé, penche plutôt vers la fraîcheur. ✶ 2015-2020 ♥ tartelettes aux abricots

☛ Ch. du Fresne, 25 bis, rue des Monts,
49380 Faye-d'Anjou, tél. 02 41 54 30 88,
contact@chateaudufresneanjou.com Ⅴ ⚑ ⚐ t.l.j. sf dim. 8h-12h 14h-19h

DOM. LA GUILLAUMERIE Rochefort-sur-Loire
Vieilles Vignes 2013 ★

▨		3 000	◫		8 à 11 €

Après vingt ans passés dans le monde du vin, Frédéric Hanse et son épouse réalisent leur rêve en rachetant le Dom. la Guillaumerie, situé dans l'aire des coteaux-du-layon. Ils exploitent 19 ha de vignes, dont la moitié en chenin.

Élégante dans sa robe jaune paille aux reflets dorés, cette cuvée libère d'intenses notes d'ananas, de fruits de la Passion et d'abricots secs délicatement miellées et vanillées. Du fruit, de la douceur, de la concentration et une belle longueur : ce vin en bouche s'épanouit très harmonieusement. ✶ 2015-2022 ♥ truffes au chocolat

☛ Dom. la Guillaumerie, La Liaumerie,
49190 Rochefort-sur-Loire, tél. 06 51 03 10 54,
domainelaguillaumerie@gmail.com Ⅴ ⚑ ⚐ r.-v.

DOM. DES HAUTES BROSSES Louis d'Or 2014 ★★

■		20 000	î		5 à 8 €

Situé sur les hauteurs de Rochefort-sur-Loire, ce domaine s'inscrit dans le paysage remarquable de la corniche angevine. Exploitée par son fondateur et ses deux fils, la propriété est passée de 2 ha en 1976 à 55 ha aujourd'hui.

De couleur jaune doré intense, cette cuvée présente un nez élégant où les notes confites se mêlent aux nuances fleuries. La bouche, tournée vers les mêmes arômes, se révèle ample, ronde et onctueuse, adossée à une fine acidité. Un moelleux de gastronomie. ✶ 2015-2023 ♥ ris de veau à la crème ■ La Roche Saint-Aers 2014 (5 à 8 € ; 40 000 b.) : vin cité. ✶ 2015-2020

☛ EARL Pin, Les Hautes-Brosses,
49190 Rochefort-sur-Loire, tél. 02 41 78 35 26,
pin@webmails.com Ⅴ ⚐ r.-v.

LOIRE

DOM. DES HAUTS PERRAYS
Vieilles Vignes 2014 ★

	5 000		11 à 15 €

Reprise et rebaptisée en 2009 par Luc Le Fournis, cette propriété de 16 ha (anciennement Dom. Fardeau) est située au pied de la Corniche angevine, sur les coteaux qui dominent les vallées du Layon et de la Loire.

Cette cuvée revêt une intense robe jaune aux reflets orangés. Le nez, élégant, évoque les agrumes et les fruits jaunes confits, accompagnés de notes délicatement mentholées. Ample et longue, la bouche est au diapason. ✗ 2015-2021 ✗ crème brûlée au foie gras

☛ Dom. des Hauts Perrays, Les Hauts-Perrays, 49290 Chaudefonds-sur-Layon, tél. 02 41 78 67 57, contact@domaine-des-hauts-perrays.fr 🆅 🏃 🛗 r.-v.

DOM. DE LA HOUSSELIÈRE Faye d'Anjou 2014 ★

	1 000		5 à 8 €

Exploitation à dominante agricole jusqu'en 2001, le domaine, conduit par Geneviève et Bruno Ménard, se consacre depuis principalement à son activité viticole : de 5 ha à l'origine, le vignoble couvre aujourd'hui 20 ha.

Dans une resplendissante robe or vert, cette cuvée déploie à l'agitation des arômes de fruits blancs (pêche), agrémentés de notes florales qui s'invitent dans une bouche à la fois riche et acidulée. Bien dans le ton de l'appellation. ✗ 2015-2022 ✗ saint-honoré

☛ EARL de la Housselière, La Housselière, 49380 Faye-d'Anjou, tél. 02 41 54 60 73, lahousseliere@orange.fr 🆅 🏃 🛗 r.-v.

LEDUC-FROUIN La Seigneurie Arpège 2013

	4 500		5 à 8 €

Installés dans le village troglodytique de Martigné-Briand, Antoine Leduc, œnologue, et sa sœur Nathalie conduisent depuis 1990 le domaine familial (30 ha). Leurs vins séjournent comme il se doit dans la fraîcheur de caves souterraines creusées dans le falun. Une valeur sûre de l'Anjou viticole.

Cette cuvée arbore une intense robe jaune et libère de fines notes d'ananas et de fleurs d'acacia, que prolonge une bouche élégante et fraîche. ✗ 2015-2020 ✗ magret de canard à l'orange

☛ Antoine et Nathalie Leduc, Dom. Leduc-Frouin, La Seigneurie Sousigné, 49540 Martigné-Briand, tél. 02 41 59 42 83, info@leduc-frouin.com 🆅 🏃 🛗 r.-v.

♥ LUC ET FABRICE MARTIN Les Peumins 2013 ★★

	2 000		15 à 20 €

Les frères Luc et Fabrice Martin, qui incarnent la quatrième génération sur la propriété, se sont associés en GAEC en 1997. Régulièrement en vue, ce domaine de 25 ha est situé à Chaudefonds-sur-Layon, à quelques kilomètres de la confluence du Layon avec la Loire.

Ce vin, d'un élégant jaune d'or, exhale des parfums intenses et complexes de fruits surmûris (abricot, coing)

agrémentés de notes miellées. La bouche est superbe d'équilibre et de force contenue : franche en attaque, elle se montre riche, généreuse et ample, rehaussée en finale par une pointe de vivacité parfaitement dosée. Un grand layon pour un grand potentiel. ✗ 2015-2025 ✗ foie gras

■ Cuvée Prestige 2013 ★ (11 à 15 € ; 4 000 b.) : cette cuvée libère d'intenses senteurs d'abricot, de coing, de pêche et de fruits secs, que l'on perçoit aussi dans une bouche ample et ronde, non dénuée de fraîcheur. ✗ 2015-2021

☛ GAEC Luc et Fabrice Martin, 2 bis, rue du Stade, 49290 Chaudefonds-sur-Layon, tél. 02 41 78 19 91, luc.martin3@wanadoo.fr 🆅 🏃 🛗 r.-v.

DOM. DE MIHOUDY Les Valaises 2014

	6 500		8 à 11 €

Bruno et Jean-Charles Cochard sont associés avec leur père Jean-Paul sur ce vignoble de 60 ha situé dans la vallée du Layon. Un domaine de référence qui s'illustre souvent en anjou, blanc ou rouge, ainsi qu'en liquoreux, en bonnezeaux notamment.

Le nez évoque les fleurs blanches, les fruits exotiques et le miel. On retrouve les fruits exotiques dans un palais ample et suave, soutenu par une fine trame acide renforcée par des touches d'agrumes. ✗ 2015-2020 ✗ tarte au citron

☛ Jean-Paul Cochard et Fils, Mihoudy, 49540 Aubigné-sur-Layon, tél. 02 41 59 46 52, domainedemihoudy@orange.fr 🆅 🏃 🛗 t.l.j. sf dim. 8h30-12h 14h-18h30

DOM. LE MONT Faye d'Anjou 2014 ★

	6 000		8 à 11 €

Depuis 1995, c'est Claude Robin, fils de Louis, qui conduit l'exploitation fondée par son grand-père en 1930 et implantée au sommet d'un coteau dominant la vallée du Layon. Il y pratique sur ses 25 ha une culture raisonnée avec enherbement.

D'un jaune paille intense, ce 2014 libère d'élégantes notes de fruits blancs (poire, pêche) et des nuances délicatement miellées. On retrouve les fruits dans une bouche harmonieuse, à la fois douce et fraîche, qui rappelle le miel en finale. ✗ 2015-2021 ✗ figues pochées au miel

☛ EARL Louis et Claude Robin, 64, rue des Monts, 49380 Faye-d'Anjou, tél. 02 41 54 31 41, robinclaudemont@orange.fr 🆅 🏃 🛗 r.-v.

♥ DOM. DE LA MOTTE Rochefort-sur-Loire
Cuvée la Garde 2014 ★★★

	2 000		11 à 15 €

Ce domaine de 19 ha est implanté à l'entrée du village de Rochefort-sur-Loire, petit bourg situé juste avant la confluence du Layon et de la Loire. Fondé en 1935, il a été repris en 1995 par Gilles Sorin.

Vêtu d'un bel or aux reflets ambrés, ce moelleux offre un panier intense et complexe de fruits confits et de fruits à chair blanche surmûris enrobés de notes miellées. Tout aussi exubérante, la bouche, riche et opulente sans jamais manquer de fraîcheur, délivre une très belle et très longue finale fruitée agrémentée de fines notes de moka. Un grand vin complexe, séveux et racé. « Furieusement layon », conclut un dégustateur. (Bouteilles de 50 cl.) ✚ 2015-2025 ❦ terrine de foie gras ■ **Rochefort-sur-Loire 2014** ★★ (8 à 11 € ; 6 500 b.) : de cette cuvée séduisante du début à la fin, le jury a aimé sa robe jaune paille aux reflets ambrés autant que son nez complexe et délicat de fruits blancs compotés et de fruits secs. Tout aussi fruitée, la bouche se révèle élégante, douce et fraîche. ✚ 2015-2025

○┐ *Gilles Sorin, Dom. de la Motte, 35, av. d'Angers, 49190 Rochefort-sur-Loire, tél. 02 41 78 72 96, sorin.dommotte@wanadoo.fr*  *t.l.j. sf dim. 9h-12h 13h30-18h30*

DOM. DU PETIT CLOCHER
Prestige d'Adam 2013 ★★

■	2 000	⊞	15 à 20 €

Conduit par la jeune génération : Stéphane, Julien et Vincent Denis, arrivés respectivement en 2003, 2006 et 2009, une affaire de famille depuis 1920 ; 5 ha aux origines, 80 ha aujourd'hui. Un domaine phare du haut Layon, réputé notamment pour ses vins rouges.

Décidément incontournable, ce domaine s'illustre dans les types de vins ligériens. La qualité de cette bouteille est indéniable : une robe jaune paille limpide et brillante ; un bouquet intense et complexe alliant les fruits secs et les fruits blancs ; une bouche riche, ronde, fruitée, à la finale légèrement fumée. ✚ 2015-2023 ❦ chocolat noir Grand cru

○ « *Dom. du Petit Clocher, 1, rue du Layon, 49560 Cléré-sur-Layon, tél. 02 41 59 54 51, petit.clocher@wanadoo.fr*  *t.l.j. sf dim. 8h30-12h30 14h-18h*

DOM. DU PETIT VAL Cuvée Simon 2014 ★

■	5 000	î	8 à 11 €

Rouges comme liquoreux, les vins de ce domaine fréquentent régulièrement les pages du Guide. Installés depuis 1988, Denis Goizil et sa femme Janine ont bien agrandi l'exploitation créée en 1951, la faisant passer de 18 à 45 ha. Il sont secondés par leur fils Simon depuis 2010.

D'un jaune soutenu, cette cuvée libère des arômes concentrés et complexes de fruits secs, de fruits confits et de nougat, agrémentés de délicates nuances miellées. On retrouve les fruits et le nougat dans une bouche suave et longue. Gourmand. ✚ 2015-2021 ❦ crêpes au beurre de nougat ■ 2014 (5 à 8 € ; 15 000 b.) : vin cité. ✚ 2015-2020

○┐ *EARL Denis Goizil, Dom. du Petit Val, 49380 Chavagnes, tél. 02 41 54 31 14, denisgoizil@sfr.fr*  *r.-v.*

CH. PIERRE-BISE
Beaulieu-sur-Layon Les Rouannières 2013 ★★

■	3 400	î	15 à 20 €

Ce domaine de 54 ha, né de la fusion de deux exploitations familiales, est conduit depuis 1974 par Claude Papin, l'un des plus fins connaisseurs des terroirs angevins et des plus talentueux élaborateurs de vins blancs de la région, en sec comme en liquoreux. Incontournable.

Des notes de fruits confits et de miel annoncent une bouche onctueuse et d'une grande finesse, fruitée à souhait, qui révèle de délicates notes fumées en finale. Un vin harmonieux et généreux en diable. ✚ 2015-2023 ❦ poulet au curry

○┐ *EARL Ch. Pierre-Bise, 1, imp. du Chanoine-des-Douves, 49750 Beaulieu-sur-Layon, tél. 02 41 78 31 44, chateaupb@hotmail.com*  *r.-v.*

♥ ⓑ CH. DE PLAISANCE
Chaume Les Charmelles 2014 ★★

■ 1er cru	3 000	î	20 à 30 €

Installé depuis 1980, Guy Rochais exploite en bio et biodynamie 25 ha de vignes, situés principalement sur la rive gauche de la Loire, avec plusieurs parcelles dans des appellations aussi prestigieuses que coteaux-du-layon, chaume ou quarts-de-chaume. Une valeur sûre.

Paré d'une robe dorée aux reflets orangés, ce 2014 séduit d'emblée par ses arômes intenses, complexes et frais de fruits confits et d'agrumes, assortis de notes délicatement réglissées et mentholées. Le palais se révèle ample, riche et élégant, et délivre un fruité intense qui persiste longuement, très longuement... ✚ 2015-2025 ❦ tarte aux fruits exotiques ■ **1er cru** Chaume Les Zerzilles 2014 ★★ (20 à 30 € ; 3 000 b.) ⓑ : ce 2014 dévoile des notes complexes de fruits secs et de pruneau. Franche en attaque, la bouche se révèle ample et douce, rehaussée en finale de fraîches et fines touches mentholées. Un vin d'un grand équilibre. ✚ 2015-2020

○┐ *Guy Rochais, Ch. de Plaisance, Chaume, 49190 Rochefort-sur-Loire, tél. 02 41 78 33 01, rochais.guy@orange.fr*  *r.-v.*

FRANÇOIS PRÉVOST 2013

■	2 000	î	5 à 8 €

Vigneron à Faye d'Anjou et précisément au lieu-dit Ragot, François Prévost a restructuré à partir de 2008 un petit domaine de 7 ha et s'est tourné vers la vente directe.

Ce 2013 encore un peu timide révèle à l'aération de jolies notes d'aubépine. Le palais évolue dans le même registre floral et voit son équilibre pencher plutôt vers la fraîcheur. Un layon qui privilégie la légèreté. ✚ 2015-2020 ❦ crumble aux pommes

○┐ *François Prévost, Ragot, 49380 Faye-d'Anjou, tél. 02 41 78 55 56, prevost-f@orange.fr*  *t.l.j. 8h-12h30 13h30-19h*

DOM. DE LA ROCHE MOREAU Chaume 2013 ★★

■ 1er cru	n.c.	⊞	11 à 15 €

Le domaine de 27 ha est situé sur la corniche angevine entre les vallées de la Loire et du Layon. Le chai ancien est classé (XVIIᵉs.) et la cave est installée dans une mine à charbon désaffectée, dans laquelle mûrissent les vins de garde.

Puissant dès l'olfaction avec ses notes de fruits confits et de fruits compotés assorties de nuances minérales, ce 2013 dévoile un palais intensément fruité lui aussi, suave, généreux et très long. Un liquoreux de caractère et de garde. ✚ 2015-2025 ❦ civet de homard ■ **1er cru** Chaume 2014 ★ (11 à 15 € ; n.c. b.) : le nez libère d'intenses notes de fruits confits que l'on retrouve en compagnie du miel dans une bouche ample, fraîche et persistante. ✚ 2015-2021

■ Saint-Aubin-de-Luigné 2014 ★ (8 à 11 € ; n.c. b.) : ce 2014 mêle à l'olfaction des parfums d'agrumes et de fruits blancs. Ces évocations persistent avec une belle intensité dans une bouche franche, vive et longue. ✗ 2015-2021

○⊣ *André Davy, Dom. de la Roche Moreau,*
La Haie-Longue, 49190 Saint-Aubin-de-Luigné,
tél. 02 41 78 34 55, davy.larochemoreau@wanadoo.fr
Ⓥ 🎿 ⬛ *r.-v.*

CH. DE LA ROULERIE Chaume Les Aunis 2013 ★

■ 1er cru	3 000	◐	30 à 50 €

Dirigé par Philippe Germain depuis 2004, le Ch. de la Roulerie tire son prestige de ses vins liquoreux produits dans la commune de Saint-Aubin-de-Luigné. La même rigueur est appliquée à la vinification des vins rouges. La propriété couvre 40 ha.

Ce moelleux s'ouvre sans réserve sur des arômes complexes de fruits bien mûrs et de fleurs, assortis de touches réglissées. Élégant, à la fois riche et frais, le palais déploie une longue finale mentholée. Un bel ensemble, franc et alerte. ✗ 2015-2021 ♈ tarte tiède aux poires

○⊣ *SCEA Ch. de la Roulerie, Ch. de la Roulerie,*
49190 Saint-Aubin-de-Luigné, tél. 02 41 68 22 85,
pgermain@laroulerie.fr Ⓥ 🎿 ⬛ *r.-v.*

DOM. SAUVEROY Saint-Lambert-du-Lattray Vieilles Vignes 2014 ★

■	12 700	⬛	8 à 11 €

Pascal et Véronique Cailleau gèrent l'exploitation familiale depuis 1985. Le vignoble s'est agrandi, passant de 1 ha à sa création en 1866 à 28 ha répartis entre les appellations coteaux-du-layon, anjou-villages et anjou.

Cette cuvée libère à l'aération des arômes délicats et printaniers de fleurs blanches et de fruits blancs (le coing notamment). Bien équilibré, le palais se révèle souple, fruité et long. ✗ 2015-2021 ♈ cailles rôties aux figues

○⊣ *Pascal Cailleau, Le Sauveroy,*
49750 Saint-Lambert-du-Lattay, tél. 02 41 78 30 59,
domainesauveroy@sauveroy.com Ⓥ 🎿 ⬛ *r.-v.*

DOM. DES TROIS MONTS Caprice d'Automne 2014

■	1 500	⬛	8 à 11 €

Le Dom. des Trois Monts est situé dans le haut Layon, dans une commune constituée de trois buttes. Le vignoble (45 ha) est conduit depuis 1999 par Sébastien Gueneau, rejoint par son frère Nicolas en 2008.

Un nez élégant de fruits blancs et jaunes agrémentés de touches confites prélude à une bouche fruitée, bien équilibrée entre acidité et sucres résiduels. ✗ 2015-2020 ♈ roquefort

○⊣ *Dom. des Trois Monts, 3, rue Saint-Fiacre,*
49310 Trémont, tél. 02 41 59 45 21,
scea.hubertgueneauetfils@wanadoo.fr Ⓥ 🎿 ⬛ *r.-v.* 🏠 Ⓒ

DOM. VERDIER Saint-Lambert-du-Lattay 2014 ★

■	6 500	⬛	5 à 8 €

Sébastien Verdier représente la quatrième génération sur ce domaine créé en 1910 sur les coteaux du Layon. Il a largement contribué à son développement : l'exploitation est passée de 18 ha à son arrivée en 1997 à 35 ha aujourd'hui.

Des notes intenses et complexes, où le fruité (coing, pâte de fruit...) côtoie le miel, annoncent une bouche tout aussi expressive et élégante, qui allie harmonieusement rondeur et fraîcheur. ✗ 2015-2022 ♈ tartines au roquefort

○⊣ *EARL Sébastien Verdier, 26 bis, rue Rabelais,*
49750 Saint-Lambert-du-Lattay, tél. 02 41 74 01 77,
sebastien@domaineverdier.com Ⓥ ⬛ *r.-v.*

QUARTS-DE-CHAUME

Superficie : 28 ha / Production : 579 hl

Le nom de l'appellation dit l'ancienneté de ce vignoble réputé de la vallée du Layon : le seigneur se réservait le quart de la production et gardait le vin né sur le meilleur terroir. Les quarts-de-chaume proviennent d'une colline exposée plein sud autour de Chaume, à Rochefort-sur-Loire. Les vignes souvent vieilles, l'exposition et les aptitudes du chenin conduisent à des productions, souvent faibles, de grande qualité. Récoltés par tries, les vins sont moelleux ou liquoreux. Séveux et nerveux, ils sont de garde (de cinq ans à plusieurs décennies, selon le millésime).

CH. BELLERIVE 2013 ★★

■ Gd cru	10 000	◐	30 à 50 €

Un château bâti au bord du Layon et un vignoble de plus de 38 ha. Le domaine est dirigé depuis 2004 par l'industriel Alain Château.

Jaune d'or brillant, ce 2013 s'exprime sur des notes de fruits mûrs (abricot, coing). Ample, la bouche est portée par les fruits confits qu'accompagnent de fines touches boisées aux accents vanillés. Un vin doux qui reste frais. ✗ 2015-2030 ♈ carpaccio d'ananas

○⊣ *SARL Ch. Bellerive, Chaume,*
49190 Rochefort-sur-Loire, tél. 02 41 78 33 66,
info@vignobles-alainchateau.com Ⓥ ⬛ *r.-v.*

CH. PIERRE-BISE 2013 ★★★

■ Gd cru	4 000	⬛ ◐	20 à 30 €

Ce domaine de 54 ha, né de la fusion de deux exploitations familiales, est conduit depuis 1974 par Claude Papin, l'un des plus fins connaisseurs des terroirs angevins et des plus talentueux élaborateurs de vins blancs de la région, en sec comme en liquoreux. Incontournable.

Ce vin s'affiche en robe d'or éclatant, limpide et brillante. Il exhale des arômes subtils et complexes de fruits exotiques accompagnés de notes miellées. Riche et puissant en bouche, il plaît par son fruité intense, son remarquable équilibre alcool-sucre et sa fine pointe de fraîcheur qui anime la finale. Une synthèse parfaite des qualités attendues d'un grand liquoreux. ✗ 2015-2030 ♈ foie gras

○⊣ *EARL Ch. Pierre-Bise, 1, imp. du Chanoine-des-Douves,*
49750 Beaulieu-sur-Layon, tél. 02 41 78 31 44,
chateaupb@hotmail.com Ⓥ ⬛ *r.-v.*

Ⓑ CH. DE PLAISANCE 2014 ★★

■	3 000	⬛	30 à 50 €

Installé depuis 1980, Guy Rochais exploite en bio et biodynamie 25 ha de vignes, situés principalement sur la rive gauche de la Loire, avec plusieurs parcelles dans des appellations aussi prestigieuses que coteaux-du-layon, chaume ou quarts-de-chaume. Une valeur sûre.

Cette cuvée séduit d'emblée par sa robe limpide et brillante aux reflets orangés. Du verre s'échappent de doux parfums de fruits exotiques surmûris, que l'on retrouve dans une bouche intense, puissante et persistante, sous-tendue par la touche d'acidité qui fait l'équilibre. ✗ 2015-2030 ϓ canard aux pêches

o━ *Guy Rochais, Ch. de Plaisance, Chaume,*
49190 Rochefort-sur-Loire, tél. 02 41 78 33 01,
rochais.guy@orange.fr Ⓥ 🕏 🔒 *r.-v.*

DOM. DE LA ROCHE MOREAU 2014 ★			
◼	n.c.	⊕	30 à 50 €

Le domaine de 27 ha est situé sur la corniche angevine entre les vallées de la Loire et du Layon. Le chai ancien est classé (XVIIᵉs.) et la cave est installée dans une mine à charbon désaffectée, dans laquelle mûrissent les vins de garde.

Séduisant dans sa robe d'or brillant, ce vin de prime abord discret libère à l'aération de fins arômes de fruits exotiques. On les retrouve en compagnie de nuances d'abricot et de touches miellées dans une bouche suave, sans lourdeur, soutenue par une fine trame acidulée. ✗ 2015-2025 ϓ poularde de Bresse à la crème

o━ *André Davy, Dom. de la Roche Moreau, La Haie-Longue,*
49190 Saint-Aubin-de-Luigné, tél. 02 41 78 34 55,
davy.larochemoreau@wanadoo.fr Ⓥ 🕏 🔒 *r.-v.*

CH. LA VARIÈRE Les Guerches 2013 ★			
◼ Gd cru	3 800	⊕	30 à 50 €

Issu d'une grande famille vigneronne installée depuis cinq générations sur les coteaux de l'Aubance, Jacques Beaujeau est à la tête d'un vaste domaine angevin (115 ha) qu'il a complété d'une propriété en saumur-champigny, le Dom. de la Perruche.

Paré d'une robe dorée et brillante, ce 2013 dévoile une palette aromatique où les raisins de Corinthe côtoient les agrumes. La bouche, riche, puissante, offre d'agréables notes fruitées (agrumes) et torréfiées qui se prolongent jusqu'en finale. Un vin aussi intense qu'élégant. ✗ 2015-2025 ϓ feuilletés au roquefort

o━ *Ch. la Varière, 49320 Brissac, tél. 02 41 91 22 64,*
beaujeau@wanadoo.fr Ⓥ 🕏 🔒 *r.-v.*

BONNEZEAUX

Superficie : 67 ha / Production : 1 830 hl

« L'inimitable vin de dessert », disait le Dr Maisonneuve en 1925. À cette époque, les grands liquoreux étaient surtout consommés à ce moment du repas ou dans l'après-midi, entre amis. De nos jours, on apprécie plutôt ce grand cru à l'apéritif. Très parfumé, plein de sève, de grande garde, le bonnezeaux doit toutes ses qualités au terroir exceptionnel qu'il occupe : surplombant le village de Thouarcé, trois petits coteaux de schiste abrupts exposés au plein sud : La Montagne, Beauregard et Fesles.

DOM. DU CLOS DES GOHARDS 2014 ★			
◼	n.c.	🍷 ⊕	11 à 15 €

Mickaël et Fabienne Joselon, frère et sœur, ont repris l'exploitation familiale en 2010 lors du départ de leur père en retraite. Régulièrement distingué dans le Guide,

le domaine compte 42 ha et propose diverses appellations ligériennes.

De couleur jaune doré, ce 2014 livre des notes complexes de fruits secs et de fruits confits agrémentés de touches de fleurs blanches. À l'unisson, la bouche déploie une matière ample, riche et suave, et s'étire dans une belle et longue finale. Une bonne introduction aux qualités du bonnezeaux. ✗ 2015-2025 ϓ tarte aux poires et aux amandes

o━ *EARL Joselon, Les Oisonnières,*
49380 Chavagnes-les-Eaux, tél. 02 41 54 13 98,
earljoselon@orange.fr Ⓥ 🕏 🔒 *r.-v.*

Ⓑ DOM. LES GRANDE VIGNES			
Le Malabé 2013 ★★			
◼	4 200	⊕	20 à 30 €

Dans la même famille depuis le début du XVIIᵉs., cet important domaine de 55 ha est aujourd'hui conduit par une fratrie (Laurence, Dominique et Jean-François) qui cultive ses vignes en biodynamie depuis 2008.

Ce 2013 s'affiche en robe d'or soutenu. Le nez délivre des notes intenses et complexes de fruits confits, de miel et de caramel enrobées de délicates touches boisées. La bouche se montre douce sans lourdeur, très aromatique et gourmande. Un solide potentiel. ✗ 2015-2030 ϓ ris de veau

o━ *Dom. les Grandes Vignes, La Roche-Aubry,*
49380 Thouarcé, tél. 02 41 54 05 06,
vaillant@domaineiesgrandesvignes.com
Ⓥ 🕏 🔒 *t.l.j. sf dim. 8h30-12h30 14h-19h*

♥ DOM. DE MIHOUDY 2014 ★★		
◼	17 000	🍷 ⊕	11 à 15 €

Bruno et Jean-Charles Cochard sont associés avec leur père Jean-Paul sur ce vignoble de 60 ha situé dans la vallée du Layon. Un domaine de référence qui s'illustre souvent en anjou, blanc ou rouge, ainsi qu'en liquoreux, en bonnezeaux notamment.

Le jury a été séduit tout au long de la dégustation par cette cuvée qui s'affiche en robe jaune d'or intense et qui délivre à l'olfaction de puissants arômes d'abricot confit, de coing et de miel. On retrouve cette gamme aromatique dans une bouche ample, riche et complexe qui mêle les fruits de l'olfaction à une fine touche boisée. Très belle longueur en finale. Un bonnezeaux majeur. (Bouteilles de 50 cl.) ✗ 2015-2030 ϓ filet de canard fumé

o━ *Jean-Paul Cochard et Fils, Mihoudy,*
49540 Aubigné-sur-Layon, tél. 02 41 59 46 52,
domainedemihoudy@orange.fr Ⓥ 🕏 🔒 *t.l.j. sf dim.*
8h30-12h 14h-18h30

DOM. LE MONT Cuvée Privilège 2013 ★			
◼	1 400	⊕	11 à 15 €

Depuis 1995, c'est Claude Robin, fils de Louis, qui conduit l'exploitation fondée par son grand-père en 1930 et implantée au sommet d'un coteau dominant la vallée du Layon. Il y pratique sur ses 25 ha une culture raisonnée avec enherbement.

Cette cuvée dorée et limpide révèle un nez expressif et puissant dominé par la fleur de sureau et les notes miellées. On retrouve en bouche cette palette aromatique, généreuse et suave, qui se prolonge avec intensité jusqu'en finale. ✗ 2015-2025 ▼ bleu des Causses

○━ EARL Louis et Claude Robin, 64, rue des Monts, 49380 Faye-d'Anjou, tél. 02 41 54 31 41, robinclaudemont@orange.fr 🆅 🏃 🅿 r.-v.

DOM. DE LA PETITE CROIX Cuvée Prestige 2014 ★		
■	3 500	◍	15 à 20 €

Régulièrement mentionné dans le Guide, ce domaine est situé à Thouarcé, au cœur des vignes du Layon. François Geffard, à la tête de l'exploitation familiale (50 ha), propose un beau panel ligérien : bonnezeaux, coteaux-du-layon et anjou dans les trois couleurs.

Ce vin jaune doré intense libère des arômes complexes et délicats d'abricot frais, de fruits confits et de pomme assortis de nuances florales. La bouche se révèle tout aussi riche en arômes, ample et élégante, soutenue par une fine vivacité qui étire la finale. ✗ 2015-2025 ▼ foie gras poêlé

○━ François Geffard, La Petite Croix, 49380 Thouarcé, tél. 02 41 54 06 99, scea@lapetitecroix.com 🆅 🏃 🅿 r.-v.

DOM. DES PETITS QUARTS 2013		
■	3 200	🍷	11 à 15 €

Ce vignoble constitué à la fin du XIXᵉs. est implanté à Faye-d'Anjou, au cœur des coteaux-du-layon. Installé en 1987, Jean-Pascal Godineau a assis la réputation du domaine sur les moelleux et les liquoreux, qui constituent l'essentiel de sa production.

Cette cuvée d'un seyant doré mêle au nez d'intenses arômes de fruits confits et des notes de fleurs blanches. Ronde et chaleureuse, la bouche est appuyée par un léger boisé et se termine agréablement sur des nuances fruitées. ✗ 2015-2022 ▼ macarons au chocolat

○━ Jean-Pascal Godineau, Dom. des Petits Quarts, 49380 Faye-d'Anjou, tél. 02 41 54 03 00 🆅 🏃 🅿 t.l.j. sf dim. 8h-12h 14h-18h

CH. LA VARIÈRE 2013 ★★		
■	16 000	◍	20 à 30 €

Issu d'une grande famille vigneronne installée depuis cinq générations sur les coteaux de l'Aubance, Jacques Beaujeau est à la tête d'un vaste domaine angevin (115 ha) qu'il a complété d'une propriété en saumur-champigny, le Dom. de la Perruche.

Ce 2013 séduit d'emblée par sa robe élégante, jaune paille aux reflets orangés. Elle libère un bouquet très plaisant de fruits blancs accompagnés de notes miellées et mentholées. La bouche, suave, séveuse et fruitée, rappelle ces arômes jusqu'en finale. Un vin déjà très harmonieux, au solide potentiel de garde. ✗ 2015-2030 ▼ feuilletés aux pommes

○━ Ch. la Varière, 49320 Brissac, tél. 02 41 91 22 64, beaujeau@wanadoo.fr 🆅 🏃 🅿 r.-v.

○━ Jacques Beaujeau

SAUMUR

Superficie : 2 613 ha / Production : 161 278 hl (61 % mousseux, 24 % rouge)

Le vignoble s'étend sur 36 communes. Il couvre les coteaux de la Loire et du Thouet, implanté sur le blanc tuffeau qui marque aussi l'habitat local. Les vins blancs de Turquant et de Brézé étaient autrefois les plus réputés ; depuis le milieu des années 1970, les vins rouges se développent. Ils dominent en volume les blancs secs tranquilles. Ceux du Puy-Notre-Dame, de Montreuil-Bellay et de Tourtenay ont acquis une bonne notoriété. Les premiers bénéficient d'ailleurs d'une dénomination officielle figurant sur l'étiquette. L'appellation est beaucoup plus connue pour les vins effervescents, qui ont progressé en qualité. Les élaborateurs, tous installés à Saumur, possèdent des caves creusées dans le tuffeau, que l'on peut visiter.

ACKERMAN Cuvée Privée ★		
●	40 000	5 à 8 €

Négoce fondé en 1811 par Jean-Baptiste Ackerman, qui fut l'un des premiers à utiliser les anciennes carrières de tuffeau pour élaborer des vins selon la méthode traditionnelle. Régulièrement au rendez-vous du Guide, la maison Ackerman, dirigée par Bernard Jacob, est aujourd'hui le plus important producteur de vins effervescents du Saumurois et se diversifie dans les vins tranquilles.

Vêtu d'une robe jaune d'or, ce vin offre un nez intense et élégant où se côtoient les fruits exotiques et les agrumes. La bouche, à l'unisson, se révèle friande, fraîche et persistante. ✗ 2015-2017 ▼ tarte au citron

○━ SA Ackerman, 19, rue Léopold-Palustre, 49400 Saumur, tél. 02 41 53 03 10, contact@ackerman.fr 🆅 🏃 🅿 t.l.j. 9h30-12h30 14h-18h30

DOM. DU BOIS MIGNON La Belle Cave 2013		
■	4 000	🍷	5 à 8 €

Le département de la Vienne, inclus dans la région Poitou-Charentes, pousse une pointe vers le Maine-et-Loire juste au sud de Fontevraud, dans l'appellation saumur. C'est dans ce secteur que Pascal Barillot conduit depuis 1997 ses 24 ha de vignes.

Parée d'une robe grenat, cette cuvée livre un nez de fruits rouges frais. Fruits que l'on perçoit plus expressifs encore, en compagnie de notes épicées, dans une bouche souple et légère, de bonne longueur. ✗ 2015-2018 ▼ rôti de porc froid

○━ SCEA Charier-Barillot, Dom. du Bois Mignon, La Tourette, 86120 Saix, tél. 06 79 29 25 81, barillot.pascal@gmail.com 🆅 🏃 🅿 r.-v.

BOUVET Trésor 2010		
●	200 000	🍷 ◍	11 à 15 €

Fondée par Étienne Bouvet en 1851, la maison Bouvet-Ladubay est un négoce emblématique du Saumurois. Ancienne propriété des Monmousseau, puis de Taittinger, elle est depuis 2005 dans le giron d'un poids lourd mondial de l'indien UB Group.

Ce 2010 arbore une robe jaune pâle aux reflets dorés. Un nez expressif et élégant légèrement boisé prélude à une bouche souple, raffinée et fraîche. ✗ 2015-2017 ▼ sorbet

○━ Bouvet-Ladubay, 11, rue Jean-Ackerman, BP 65 Saint-Hilaire-Saint-Florent, 49412 Saumur Cedex, tél. 02 41 83 83 83, sboursier@bouvet-ladubay.fr 🆅 🏃 🅿 t.l.j. 9h-12h30 14h-18h ○━ USL

DOM. DE LA BRUYÈRE 2014 ★★

■	6 000	î	- de 5 €

Domaine familial créé en 1975 avec 4 ha de vignes. Antoine Butet prend la suite de ses parents en 2010 et exploite aujourd'hui un vignoble de 23 ha.

La robe est d'un beau pourpre traversée de reflets violines. Le nez délivre d'intenses arômes de fruits noirs accompagnés de discrètes notes épicées. Le palais se montre ample, soyeux, harmonieux, bâti sur d'agréables tanins fondus et fins. ✗ 2015-2020 ♈ filet de veau aux morilles

☛ *Antoine Butet, Chavannes, 3, rue l'Arguray, 49260 Le Puy-Notre-Dame, tél. 02 41 52 28 04, antoine.butet49@orange.fr* Ⓥ ⬆️ *t.l.j. sf dim. 9h-12h 14h-18h*

LYDIE ET THIERRY CHANCELLE 2014 ★

■	6 000	î ⬤	5 à 8 €

Lydie et Thierry Chancelle dirigent depuis 2000 la propriété familiale (14 ha), implantée sur la côte turonienne qui surplombe la Loire. Ils proposent une large palette de vins dans diverses appellations ligériennes.

Doré et brillant, ce 2014 s'ouvre sur des notes de pêche, de poire et de mangue. Souple dès l'attaque, le palais, finement boisé, offre une belle finale fraîche et tonique. Bien dans le ton de l'AOC. ✗ 2015-2018 ♈ plateau de fruits de mer

☛ *Thierry Chancelle, 27, rue des Martyrs, 49730 Turquant, tél. 02 41 38 11 83, domaine-bourdin-chancelle@orange.fr* Ⓥ 🏃 ⬆️ *t.l.j. sf dim. 9h-12h 14h-17h*

LES CHAUFFAUX
Méthode traditionnelle ★

⬤	4 000		8 à 11 €

Le Dom. des Chauffaux (5 ha) exploite depuis 1952 les terres de l'abbaye de Saint-Florent, cultivées par les moines, du Xᵉs. jusqu'à la Révolution.

Cette cuvée arbore une belle robe jaune d'or et livre un nez gourmand et élégant dominé par la poire et le coing. Souple et ample dès l'attaque, la bouche se révèle fine et élégante et offre une bonne longueur. ✗ 2015-2017 ♈ cabillaud au vin blanc

☛ *Ligaud et Fils, Dom. des Chauffaux, 2, rue de l'Église, 49400 Distré, tél. 02 41 59 96 84, ligaud@club-internet.fr* Ⓥ 🏃 *r.-v.* 🏠 Ⓑ

LES CLOS MAURICE La Pièce d'or 2014 ★

■	13 000	î	5 à 8 €

Après avoir travaillé à Châteauneuf-du-Pape, puis dans le Beaujolais et enfin avec son père pendant plusieurs années sur le domaine familial, Mickaël Hardouin a pris en 2007 la direction de ce vignoble de 21 ha et engagé la conversion bio.

Ce 2014 en robe pourpre libère d'agréables notes de framboise. À l'unisson, la bouche se révèle ronde et souple, étayée par des tanins soyeux et fondus. ✗ 2015-2018 ♈ grillade de bœuf

☛ *Mickaël Hardouin, 18, rue de la Mairie, 49400 Varrains, tél. 02 41 38 80 02, closmaurice@orange.fr* Ⓥ 🏃 *r.-v.*

CHRISTIAN COUSIN Tradition 2014 ★

■	5 000		5 à 8 €

Installée en Saumurois au pied de la butte calcaire couverte de vignes de Puy-Notre-Dame, cette exploitation compte 38 ha. Christian Cousin élabore ses vins dans une galerie de plus de 600 m creusée dans le tuffeau au Moyen Âge, et aménagée en cave.

Ce vin à la robe claire et limpide livre à l'aération de subtiles notes de fruits noirs agrémentées de nuances délicatement épicées. Ces petits fruits s'épanouissent dans une bouche solide aux tanins encore un peu ferme, que le temps assouplira. Un saumur de caractère. ✗ 2016-2019 ♈ rôti de bœuf

☛ *Christian Cousin, 235, rue des Caves, 49260 Vaudelnay, tél. 02 41 52 34 63, christian@domainedefiervaux.com* Ⓥ 🏃 ⬆️ *r. v*

ARMAND DAVID Le Brut d'Armand 2012

⬤	6 000	î	5 à 8 €

Créé en 1932, ce domaine porte le nom de son fondateur. Sébastien David, qui représente la quatrième génération, y exploite aujourd'hui 46 ha de vignes, et la cave troglodyte où il élève ses vins date... de l'invasion des Vikings.

Ce vin arbore une robe pâle et une effervescence modérée. Discret au premier abord, il s'ouvre à l'aération sur de fines notes minérales. C'est en bouche qu'il se révèle, à travers des arômes soutenus de fruits blancs mis en relief par une trame acidulée persistante. ✗ 2015-2017 ♈ brochettes mangue-crevettes

☛ *Dom. Armand David, Messemé, 122, rue du Puy-Notre-Dame, 49260 Vaudelnay, tél. 02 41 52 20 84, domaine.armanddavid@orange.fr* Ⓥ 🏃 ⬆️ *t.l.j. 9h-18h30*

CH. DE LA DURANDIÈRE
Vieilles Vignes 2014 ★★

■	20 000		5 à 8 €

Le Ch. de la Durandière, seigneurie au XVIIᵉs., fait face aux remparts de la cité médiévale de Montreuil-Bellay dont le château surplombe le Thouet. Créé en 1900, ce domaine de 40 ha appartient depuis 1986 à Antoine Bodet.

Ce 2014 affiche une jolie robe brillante et limpide couleur cerise noire et livre de subtils parfums de cassis et de griotte. La bouche s'avère ronde et soyeuse, offre des fruits jusque dans la longue finale. Un vin généreux et prometteur. ✗ 2016-2018 ♈ travers de porc sauce barbecue ■ 2014 (- de 5 € ; 10 000 b.) : vin cité. ✗ 2015-2017

☛ *SCEA Antoine Bodet, 51, rue des Fusillés, 49260 Montreuil-Bellay, tél. 02 41 40 35 30, durandiere.chateau@wanadoo.fr* Ⓥ 🏃 ⬆️ *t.l.j. sf sam. dim. 9h30-12h 14h-18h*

CH. D'ÉTERNES
Puy Notre Dame - Clos des Aubreis 2013 ★

■	5 000	⬤	11 à 15 €

Située à Saix, dans le secteur nord-ouest de la Vienne inclus dans le vignoble saumurois, une très ancienne propriété mentionnée en 889 dans un diplôme du roi

Eudes. Les 7 ha de la propriété sont ceints de murs et forment un clos exposé plein sud.

Rubis intense et profond, ce 2013 dévoile un nez agréable et élégant de fruits rouges. Ample et puissante, la bouche est tout aussi fruitée, épaulée par un boisé bien intégré. Une belle harmonie d'ensemble. ✗ 2015-2018 ♈ cantal

☛ *SCEA Beaulieu, 15, Grand-Rue, 49400 Varrains, tél. 02 41 50 82 56, domaine.viticole@lvdomaine.com* Ⓥ 🎿 🏠 *r.-v.* ☛ Lancien

DOM. DES GARENNES Empreinte 2013 ★		
■	2 400	⬤	8 à 11 €

Une exploitation familiale implantée depuis quatre générations à Montreuil-Bellay, petit village célèbre pour son château et les vestiges de ses remparts. Deux cousins, Stéphane Manguin et Fabrice Baron, sont aujourd'hui à la tête du vignoble, qui couvre 40 ha.

Ce vin couleur pourpre aux reflets violines, timide au premier abord, libère à l'aération des notes de fruits rouges frais et de boisé léger, que l'on retrouve dans une bouche à la fois ample et ronde, fraîche et longue. ✗ 2015-2018 ♈ civet de lièvre ■ Sous les coutures 2014 ★ (5 à 8 € ; 13 000 b.) : cette cuvée s'ouvre sur d'intenses notes de fruits noirs agrémentées de nuances d'épices douces. La bouche, à l'unisson, se montre satinée, puissante et harmonieuse, étayée par des tanins bien arrondis. ✗ 2015-2018 ■ Empreinte 2013 (8 à 11 € ; 1 000 b.) : vin cité. ✗ 2015-2018

☛ *Dom. des Garennes, 156, av. Paul-Painlevé, 49260 Montreuil-Bellay, tél. 02 41 52 34 94, vignoblemainguin-baron@orange.fr* Ⓥ 🎿 🏠 *t.l.j. sf dim. 9h-12h 14h-19h* ☛ GAEC du Mainguin-Baron

♥ LA GIRARDRIE 2014 ★★		
■	5 000	🏠	- de 5 €

Au Puy-Notre-Dame, on cultive la vigne depuis le XIIᵉ s. C'est aujourd'hui la plus grande commune viticole du Saumurois. Gilles et Dominique Falloux sont à la tête d'un vaste domaine (46 ha) dont la cave a été aménagée dans un ancien site troglodytique.

Jaune pâle, brillante et limpide, la robe soignée prélude un nez fin et complexe : agrumes, abricot et pêche mêlés de nuances fruitées exotiques. Mais c'est surtout la bouche qui a séduit le jury par sa profondeur, son volume et sa concentration. La vendange, en légère surmaturation, a donné un vin généreux et onctueux, dynamisé par une trame finement acidulée et de beaux amers en finale. ✗ 2015-2018 ♈ escalope de saint-jacques au curry ■ Instinct 2014 ★★ (- de 5 € ; 9 000 b.) : Le nez très séduisant offre une corbeille de fruits rouges et noirs confiturés relevés de notes poivrées. Harmonieuse, soyeuse et longue, la bouche n'est pas en reste et fait écho avec autant d'intensité à la puissance aromatique du nez. ✗ 2015-2029

☛ *SCEA Falloux et Fils, 1, rue de la Fontaine, Cix, 49260 Le Puy-Notre-Dame, tél. 02 41 52 25 10, domaine@girardrie.com* Ⓥ 🎿 🏠 *r.-v.* 🏠 ⓑ

DOM. DU GRAND CLOS 2013		
■	6 000	🏠	5 à 8 €

Domaine installé au nord du département de la Vienne rattaché administratiement à la région Poitou-Charentes et viticolement à la vallée de la Loire. Représentant la cinquième génération à la tête de l'exploitation, Damien Robert a passé sept mois en Australie après ses études d'œnologie et dirige aujourd'hui un vignoble de 20 ha.

Dans sa robe grenat aux reflets violines, ce 2013 libère d'agréables arômes de fruits rouges bien mûrs. Au diapason, la bouche se révèle souple et légère. Une bouteille pour aujourd'hui. ✗ 2015-2017 ♈ soupe de fruits rouges

☛ *Damien et Alain Robert, 12, rue des Vignes, Besse, 86120 Saint-Léger-de-Montbrillais, tél. 06 74 48 46 72, alainrobert86@wanadoo.fr* Ⓥ 🎿 🏠 *t.l.j. sf dim. 9h-12h30 14h-19h*

♥ LOUIS DE GRENELLE Grande Cuvée ★★		
⬤	56 000		8 à 11 €

Dotée de caves situées à 12 m sous terre en plein cœur de Saumur, cette vénérable maison de négoce fondée en 1859 est aujourd'hui la dernière affaire familiale du Saumurois. Quatre millions de bouteilles reposent dans une ancienne carrière de tuffeau creusée au XVᵉ s.

Cet effervescent séduit d'emblée par sa robe jaune aux reflets citronnés parcourue de fines bulles persistantes. Élégant, le nez évoque les fruits exotiques et les agrumes assortis de touches briochées. On retrouve ces arômes en compagnie du caramel dans une bouche généreuse et puissante qui reste fraîche et déploie une longue finale énergique. Un vin de gastronomie complexe et harmonieux. ✗ 2015-2018 ♈ fricassée de homard

☛ *Louis de Grenelle, 839, rue Marceau, 49400 Saumur, tél. 02 41 50 17 63, grenelle@louisdegrenelle.fr* Ⓥ 🎿 🏠 *t.l.j. sf dim. 9h30-12h 13h30-18h* ☛ FLAO

DOM. MATIGNON Méthode traditionnelle ★★		
⬤	15 000	🏠	5 à 8 €

Ce domaine est situé à 500 m du château de Martigné-Briand, au cœur de l'aire des coteaux-du-layon, mais la commune est aussi la petite capitale des vins rosés de l'Anjou. Depuis 1988, Yves Matignon et sa sœur Hélène y cultivent 38 ha de vignes.

Dans le verre, de fines bulles animent une robe jaune pâle aux reflets verts. Au nez, la pêche domine, agrémentée de délicates notes briochées. On les retrouve dans une bouche ronde soutenue par une belle fraîcheur. Un vin harmonieux et élégant. ✗ 2015-2018 ♈ clafoutis aux pêches

☛ *EARL Yves et Hélène Matignon, 21, av. du Château, 49540 Martigné-Briand, tél. 02 41 59 43 71, info@domaine-matignon.fr* Ⓥ 🎿 🏠 *r.-v.*

DOM. DES MATINES 2014 ★		
■	13 000	🏠	8 à 11 €

Michèle Mallard-Etchegaray, fille du fondateur, a transmis en 2010 les rênes du domaine (52 ha) à ses fils,

Vincent et Hervé. La cave creusée dans le calcaire dur abrite tous les anciens millésimes de l'exploitation produits depuis 1950.

La robe est d'un beau rouge pourpre limpide. Bien que le nez soit encore discret, il laisse poindre à l'aération des notes de groseille. Puissante dès l'attaque, la bouche se révèle à la fois ronde, charnue et fraîche, étayée par des tanins encore un peu fermes. Un vin prometteur qu'il faudra savoir attendre un peu. ✗ 2016-2019 ♈ confit de canard

⊶ *Dom. des Matines, 31, rue de la Mairie, 49700 Brossay, tél. 02 41 52 25 36, contact@ domainedesmatines.fr* Ⓥ Ⓣ *t.l.j. sf dim. 8h-12h 14h-18h; sam. sur r.-v.* ⊶ Etchegaray

♥ DOM. DE MONTFORT Tradition 2014 ★★

■	6 000	🛈	5 à 8 €

Installée depuis la fin du XIXᵉs. à Montfort, la famille Huet semble avoir toujours cultivé la vigne. En 2011, la cinquième génération représentée par Anthony, œnologue, et sa compagne Stéphanie, a rejoint le domaine (15 ha) pour en écrire de nouvelles pages.

Cette cuvée séduit d'emblée par sa robe violine aux reflets pourpres. Puissante et élégante au nez, elle libère des parfums de fruits noirs mûrs agrémentés d'une fine touche épicée. Dans le même registre, la bouche se révèle ample, riche et charnue, étayée par des tanins très fins et soyeux. Déjà très gourmand, ce 2014 a encore de beaux jours devant lui. ✗ 2016-2020 ♈ grillade de bœuf ■ Saveurs d'antan 2014 ★★ (15 à 20 € ; 2 600 b.) : un prétendant au coup de cœur au nez complexe et intense de fruits rouges et noirs assortis de fines notes boisées, ample, riche et velouté en bouche, bâti sur des tanins aimables et soyeux. ✗ 2016-2021 ■ Puy Notre Dame La Chapelle 2014 ★ (8 à 11 € ; 2 600 b.) : ce vin offre un nez élégant de fruits rouges et de boisé fondu, que l'on retrouve dans une bouche ample et veloutée. ✗ 2015-2019

⊶ *Famille Huet, 4, rte de Brossay, 49700 Montfort, tél. 02 44 27 63 07, domainedemontfort@gmail.com* Ⓥ *r.-v.*

CH. DE MONTGUÉRET 2014 ★★★

▨	39 300	🛈	- de 5 €

Le Ch. de Montguéret est devenu la propriété des Grands Chais de France après le rachat en 2005 de la société Lacheteau qui l'exploitait. Son vaste vignoble couvre 80 ha.

Coup de cœur avec le 2013, il s'en est fallu de peu pour que le 2014 réitère. Du verre s'échappent des notes intensément citronnées. Il n'est donc pas étonnant que la bouche attaque sur la fraîcheur. Minérale et dynamique en bâille, elle s'achève sur de fines nuances acidulées. Un vin tendu, droit et d'une grande persistance, à prix très doux. ✗ 2015-2020 ♈ friture d'éperlans ● Tête de Cuvée ★ (8 à 11 € ; 20 000 b.) : le nez livre des arômes floraux et briochés. En bouche, équilibre et finesse sont au rendez-

vous. ✗ 2015-2017 ● (8 à 11 € ; 45 000 b.) : vin cité. ✗ 2015-2017

⊶ *Ch. de Montguéret, 49560 Nueil-sur-Layon, tél. 02 40 36 66 00, mbrieau@lacheteau.fr* ⊶ GCF

DOM. DU MOULIN DE L'HORIZON
Méthode traditionnelle 2013 ★

●	33 000	🛈	5 à 8 €

Du moulin de l'Horizon, qui donne son nom au domaine, il ne reste plus rien sur la butte témoin du Puy-Notre-Dame, la plus haute du Val de Loire (120 m). Hervé et Christine Des Grousilliers-Lefort y conduisent un vignoble de 32 ha et font vieillir leurs vins dans des caves creusées dans le tuffeau.

Une effervescence délicate anime la robe, jaune pâle aux reflets dorés. Le bouquet, intense et élégant, associe fleurs blanches et fruits à chair blanche. On retrouve ces derniers dans une bouche fraîche, fine et harmonieuse. ✗ 2015-2018 ♈ rillettes de saumon

⊶ *Dom. du Moulin de l'Horizon, 11 bis, rue Saint-Vincent, Sanziers, 49260 Le Puy-Notre-Dame, tél. 02 41 52 25 52, moulin.delhorizon@orange.fr* Ⓥ 🅟 t.l.j. 9h-12h 14h30-18h 🏠 Ⓔ ⊶ Hervé et Christine Des Grousilliers

DOM. DE LA NEURAYE 2014 ★

■	3 500	🛈	5 à 8 €

Depuis cinq générations, la famille Gauthier cultive la terre et la vigne sur le site de Vaon. En 2009, Benoît rejoint son père pour développer la vinification et la commercialisation. Sébastien les rejoint en 2013. Leur domaine couvre 16 ha.

Vêtu d'une robe pourpre intense et lumineuse, ce 2014 libère à l'aération des arômes généreux de fruits rouges mûrs que l'on retrouve dans une bouche ronde et équilibrée, aux tanins bien fondus. ✗ 2015-2018 ♈ steak frites

⊶ *Dom. de la Neuraye, 6, rue de la Neuraye, Vaon, 86120 Les Trois-Moutiers, tél. 06 83 46 86 70, laneuraye@orange.fr* Ⓥ 🅟 r.-v.

Ⓑ DOM. DE LA PALEINE
Puy Notre Dame Moulin des Quints 2014 ★★

■	8 000	🛈	15 à 20 €

Établis depuis 2003 au Puy-Notre-Dame, le deuxième point le plus haut du Maine-et-Loire, Laurence et Marc Vincent sont à la tête d'un vignoble de 34 ha conduit en bio, situé au pied d'une butte calcaire.

Ce 2014 dévoile des arômes à la fois élégants et puissants de griotte et autres petits fruits rouges. Tendre, charnue et croquante, la bouche offre une texture fine et une jolie fraîcheur qui étire la finale et lui apporte un surcroît d'énergie. ✗ 2015-2018 ♈ couscous de bœuf

⊶ *Marc Vincent, Dom. de la Paleine, 9, rue de la Paleine, 49260 Le Puy-Notre-Dame, tél. 02 41 52 21 24, contact@domaine-paleine.com* Ⓥ 🅟 r.-v.

Ⓑ CH. DE PARNAY Chemin des murs 2013 ★

▨	4 000		11 à 15 €

Ce domaine historique, ancienne propriété d'Antoine Cristal, célèbre pour son Clos d'entre les murs, a été

LOIRE

racheté en 2006 par Mathias Levron, vigneron au domaine, et son associé Régis Vincenot, investisseur.

Le nez mêle des senteurs florales et de fines notes d'épices douces. En bouche, les fruits confits prennent le relais, délicatement soulignés par une trame saline. Un ensemble bien équilibré et persistant. ✗ 2015-2018 ❦ queue de lotte

☛ SCEA Ch. de Parnay, 1, rue Antoine-Cristal, 49730 Parnay, tél. 02 41 38 10 85, bureau@chateaudeparnay.fr 🆅 🏃 🔝 t.l.j. sf dim. 10h-12h30 14h-18h30

DOM. DE LA PETITE CHAPELLE Ancestrale 2014 ★★		
■	1 600	〰	8 à 11 €

Perpétuant une lignée de vignerons installés en Val de Loire depuis le XVIIᵉs., Laurent Dézé dirige avec son épouse Chantal ce domaine de 33 ha situé à Souzay-Champigny, au cœur de l'appellation.

La couleur jaune pâle aux reflets verts est en phase avec la dégustation de ce vin frais et tendu. Les arômes d'agrumes et la minéralité se partagent le nez avec les notes d'élevage. Ce côté tonique et frais se retrouve en bouche, à laquelle une matière riche et l'élevage apportent volume et gras. Un vin de caractère qui pourra à coup sûr supporter quelques années de cave. ✗ 2015-2019 ❦ blanquette de saumon

☛ Laurent Dézé, 4, rue des Vignerons, Champigny, 49400 Souzay-Champigny, tél. 02 41 52 41 11, deze.laurent@orange.fr 🆅 🏃 🔝 r.-v.

LYCÉE VITICOLE EDGARD PISANI Cuvée des Hauts de Caterne 2013 ★		
■	6 600	🍾	5 à 8 €

En 2009, le lycée viticole de Montreuil-Bellay a été rebaptisé du nom d'Edgard Pisani, son fondateur en 1967, à l'époque maire de la commune, célèbre homme d'État qui fut ministre de l'Agriculture sous la présidence du général De Gaulle. Son vignoble de 13,8 ha est exploité en lutte raisonnée par les futurs professionnels de la région.

Ce 2013 libère des arômes de fruits rouges frais assortis de notes mentholées et poivrées. Ample dès l'attaque, le palais se révèle à la fois rond et frais. Un vin alerte et équilibré. ✗ 2015-2018 ❦ cuisses de pintade à la tomate
■ 2014 ★ (- de 5 € ; 6 400 b.) : le nez est franc, vivifié par des nuances citronnées. Vive dès l'attaque, la bouche offre des notes de pamplemousse. Un blanc tonique à boire sur le fruit. ✗ 2015-2017

☛ Lycée Viticole Edgard Pisani, rte de Méron, 49260 Montreuil-Bellay, tél. 02 41 40 19 24 🆅 🏃 🔝 t.l.j. sf sam. dim. 9h-12h 14h-18h

ROBERT ET MARCEL La Perrière 2014		
■	53 000	🍾	5 à 8 €

Créée en 1957 par quinze viticulteurs, la coopérative de Saint-Cyr-en-Bourg compte aujourd'hui 180 adhérents, vinifie la récolte de 1 800 ha et stocke ses vins dans une immense galerie longue de quelque 10 km.

Le nez encore un peu fermé s'ouvre à l'agitation sur la pêche blanche et les fruits exotiques. On les retrouve dans une bouche fluide et légère. ✗ 2015-2017 ❦ suprême d'agrumes

☛ Cave des Vignerons de Saumur, La Perrière, 49260 Saint-Cyr-en-Bourg, tél. 02 41 53 06 18, boutique@robertetmarcel.com 🆅 🏃 🔝 t.l.j. 9h30-19h

DOM. DE LA ROCHE LAMBERT 2014 ★★		
■	3 000		- de 5 €

Le grand-père de Sébastien Prudhomme, actuel gérant de la propriété et par ailleurs directeur d'exploitation au lycée viticole de Montreuil-Bellay, était tonnelier. Il lui a légué 1 ha de vigne. Aujourd'hui, le domaine couvre 27 ha.

Cette cuvée vêtue de rouge intense a conquis le jury par ses subtiles senteurs de fruits noirs agrémentées de fines nuances d'épices douces. À l'unisson, la bouche se montre charnue et ronde, étayée par des tanins très soyeux. Un ensemble équilibré et complet. ✗ 2015-2020 ❦ blanquette de poulet

☛ Dom. de la Roche Lambert, 16, rue du Calvaire, 79100 Mauzé-Thouarsais, tél. 05 49 96 64 18, domainedelarochelambert@orange.fr 🆅 🏃 🔝 t.l.j. sf dim. 9h30-12h30 15h-19h ☛ Sébastien Prudhomme

DOM. DE ROCHEVILLE La Dame 2013 ★		
■	8 600	〰	15 à 20 €

Racheté en 2005 à un coopérateur, ce domaine s'étend sur 17 ha dans l'aire d'appellation saumur-champigny. Les châteaux de la Loire ont inspiré les nouveaux propriétaires qui ont nommé leurs cuvées « Le Roi », « Le Prince », « Le Fou du roi », « La Dame »...

Des notes de vanille s'échappent du verre. En bouche, ce 2013 offre un joli volume, des notes finement boisées et une finale fraîche. ✗ 2015-2018 ❦ bar grillé

☛ Philippe Porché, Dom. de Rocheville, Les Hauts de Valbrun, 49730 Parnay, tél. 02 41 38 10 00, contact@domainederocheville.fr 🆅 🏃 🔝 r.-v.

DOM. SAINT-VINCENT La Papareille 2014		
■	10 000	🍾 〰	8 à 11 €

Très régulier en qualité, le Dom. Saint-Vincent fait partie du vignoble de la côte de Saumur qui borde la Loire. Patrick Vadé s'est installé sur l'exploitation familiale (30 ha) en 1984.

L'élevage de quatre mois en fût a donné à ce 2014 de subtiles notes vanillées agrémentées de nuances exotiques. On retrouve ces dernières en compagnie du citron dans une bouche fraîche qui évolue vers plus de nervosité en finale. ✗ 2015-2018 ❦ huîtres

☛ Patrick Vadé, Dom. Saint-Vincent, 49400 Saumur, tél. 02 41 67 43 19, pvade@st-vincent.com 🆅 🔝 t.l.j. 10h-12h 14h-18h

DOM. DE LA SEIGNEURIE DES TOURELLES 2014 ★		
■	20 000	🍾	5 à 8 €

Sébastien Verdier représente la quatrième génération à la tête de ce domaine créé en 1910 sur les coteaux bordant le Layon. Il a largement contribué à son développement : l'exploitation est passée de 18 ha à son arrivée en 1997 à 50 ha aujourd'hui.

À l'olfaction, la mangue et le fruit de la Passion accompagnent la pêche. Tout aussi fruitée, la bouche se révèle souple, ronde et s'étire joliment en finale. ✗ 2015-2018

❦ poissons grillés ■ 2014 ★ (5 à 8 € ; 26 000 b.) : la robe rubis est éclatante, intense et profonde. Le nez exubérant libère des arômes de fruits noirs, que l'on retrouve dans un palais solide, aux tanins encore un peu fermes. ✗ 2016-2019

☛ *SA Joseph Verdier, ZI Champagne Europe, 49260 Montreuil-Bellay, tél. 02 41 40 22 50, r.boileau@joseph-verdier.fr*

ISABELLE SUIRE 2014 ★		
■	7 800	î — de 5 €

Installée au sud du vignoble saumurois, dans la Vienne, Isabelle Suire conduit depuis 2006 l'exploitation (14 ha) créée par son grand-père quatre-vingts ans plus tôt. Ses vins sont élevés dans la fraîcheur de la cave troglodytique d'un ancien prieuré du XVᵉs.

Ce 2014 arbore une robe rouge profond, prélude à un nez intense marqué par le cassis bien mûr. Fruit que l'on retrouve dans une bouche onctueuse aux tanins soyeux. Un vin friand, à boire sur le fruit. ✗ 2015-2017 ❦ tarte aux fruits rouges ■ 2014 ★ (— de 5 € ; 3 500 b.) : ce 2014 s'ouvre sur de discrètes notes d'abricot et de pêche. À l'unisson, la bouche, ample et onctueuse en attaque, se révèle plutôt fraîche et offre une jolie longueur. ✗ 2015-2018 ● 2013 (5 à 8 € ; 4 200 b.) : vin cité. ✗ 2015-2016

☛ *Isabelle Suire, 12, rue des Perrières, Pouant, 86120 Berrie, tél. 05 49 22 92 61, isabelle-suire@orange.fr*
Ⓥ 🅰 🅱 *r.-v.*

DOM. DES VERNES 2014 ★		
■	1 200	◫ 5 à 8 €

Installé sur le domaine familial en 2002, Sébastien Sanzay représente la sixième génération à la tête de cette exploitation qui s'étend sur 30 ha autour de Chacé. La demeure en pierre de tuffeau, typique du Saumurois, date de 1776.

Élevé sept mois en fût, ce 2014 libère des notes de fruits blancs dans un sillage finement boisé. Dans le même registre, le palais ample révèle une matière élégante et offre une jolie persistance. Ce vin étoffé présente une complexité gage d'un bel avenir. ✗ 2015-2019 ❦ truite meunière

☛ *Sébastien Sanzay, 7, bd de Caulx, 49400 Chacé, tél. 02 41 52 99 13, domainedesvernes@free.fr*
Ⓥ 🅰 🅱 *t.l.j. sf dim. 8h-12h 14h-19h*

DOM. DU VIEUX PRESSOIR Élégance 2014 ★★		
■	20 000	î 5 à 8 €

Ce domaine de 26 ha, conduit depuis 1976 par Bruno Albert, a été racheté en février 2015 par la famille Vagnon qui en a confié la gestion à François et Virginie Prinsloo.

Pour un premier millésime, la famille Vagnon frappe fort avec ce 2014 au nez exubérant de fruits exotiques. Souple dès l'attaque, la bouche est ample et onctueuse, empreinte de sucrosité, bien soutenue par une fine acidité qui apporte ce qu'il faut de fraîcheur et allonge la finale. Un ensemble des plus harmonieux. ✗ 2015-2020 ❦ plancha de seiches à l'aïoli ● 2013 ★★ (5 à 8 € ; n.c. b.) : ce vin à la robe rose soutenu est animé par une dynamique effervescence. Il libère de séduisantes notes de fruits rouges bien mûrs assorties de touches épicées. Fraîche et

intensément fruitée, la bouche offre un bel équilibre et une bonne longueur. ✗ 2015-2016 ■ Puy Notre Dame 2014 ★ (8 à 11 € ; 20 000 b.) : ce vin expressif, aux arômes de fruits rouges et noirs légèrement compotés, est étayé par des tanins soyeux et offre une belle persistance. Paré pour une bonne garde. ✗ 2015-2020

☛ *EARL B & J Albert, Dom. du Vieux Pressoir, 205, rue du Château-d'Oiré, 49260 Vaudelnay, tél. 02 41 52 21 78, vieuxpressoir@wanadoo.fr*
Ⓥ 🅰 🅱 *r.-v.* 🏠 Ⓔ

CABERNET-DE-SAUMUR

Superficie : 79 ha / Production : 4 602 hl

Bien qu'elle ne représente que de faibles volumes, l'appellation cabernet-de-saumur tient bien sa place par la finesse de ce cépage, cultivé sur terrains calcaires et élaboré en rosé.

♥ **CHRISTIAN COUSIN** Tentation 2014 ★★		
	4 000	5 à 8 €

Installée en Saumurois au pied de la butte calcaire couverte de vignes de Puy-Notre-Dame, cette exploitation compte 38 ha. Christian Cousin élabore ses vins dans une galerie de plus de 600 m creusée dans le tuffeau au Moyen Âge, et aménagée en cave.

Les rosés semblent être la spécialité de Christian Cousin qui a déjà décroché un coup de cœur dans le Guide 2014 pour son cabernet-d'anjou. Il change d'appellation et monte sur la première marche pour son cabernet-de-saumur. D'un rose saumon limpide, ce vin déploie au nez un cocktail de fruits rouges (cerise, fraise, groseille). On retrouve ces arômes dans une bouche qui charme par son intensité aromatique et sa fraîcheur. ✗ 2015-2016 ❦ salade de fruits rouges

☛ *Christian Cousin, 235, rue des Caves, 49260 Vaudelnay, tél. 02 41 52 34 63, christian@domainedefiervaux.com* Ⓥ 🅰 🅱 *r.-v.*

DOM. DES FRÉMONCLAIRS 2014 ★		
■	500	— de 5 €

Christophe Hallouin a pris en 1997 la tête de ce domaine qui se transmet de père en fils depuis cinq générations. Son vignoble, qui compte 22 ha, est adossé à la falaise de Turquant.

La fraise se mêle à la rose à l'olfaction. On retrouve fraise en compagnie du cassis dans une bouche élégante, souple et longue. ✗ 2015-2016 ❦ charlotte aux fraises

☛ *Christophe Hallouin, Dom. des Frémonclairs, 45, rue des Martyrs, 49730 Turquant, tél. 02 41 38 14 81, dom.fremonclairs@wanadoo.fr* Ⓥ 🅰 🅱 *r.-v.*

Ⓑ **LYCÉE VITICOLE EDGARD PISANI** 2014		
■	2 000	î — de 5 €

En 2009, le lycée viticole de Montreuil-Bellay a été rebaptisé du nom d'Edgard Pisani, son fondateur en 1967, à l'époque maire de la commune et célèbre homme d'État qui fut ministre de l'Agriculture sous la prési-

LOIRE

dence du général De Gaulle. Son vignoble de 13,8 ha est exploité en lutte raisonnée par les futurs professionnels de la région.

Saumon pâle, la couleur de ce 2014 est moins intense que le nez aux notes de fraise et de framboise assorties de nuances amyliques. On retrouve le bonbon anglais dans une bouche ample et vive. ✗ 2015-2016 ❦ tarte aux fraises

⌐ *Lycée viticole Edgard Pisani, rte de Méron, 49260 Montreuil-Bellay, tél. 02 41 40 19 24* Ⅴ 🕴 🛗 *t.l.j. sf sam. dim. 9h-12h 14h-18h*

CH. DE TARGÉ 2014 ★		
■	2 400	î	5 à 8 €

Une ancienne résidence de chasse des secrétaires personnels des rois Louis XIV et Louis XV. Certains de leurs descendants, dont Edgard Pisani, furent au service de la République. Depuis 1978, Édouard Pisani-Ferry, ingénieur agronome, exploite les 24 ha du vignoble.

Peu de sucres résiduels (inférieurs à 4 g/l.) pour ce 2014 au nez élégant et à la bouche très équilibrée. La cerise à l'olfaction se retrouve dans un palais où l'acidité mesurée contrebalance parfaitement la sucrosité. ✗ 2015-2016 ❦ mangues et coulis de framboises

⌐ *SCEA Édouard Pisani-Ferry, Ch. de Targé, chem. de Targé, 49730 Parnay, tél. 02 41 38 11 50, edouard@chateaudetarge.fr* Ⅴ 🕴 🛗 *t.l.j. 10h-13h 14h-18h; du 1er nov. au 1er avril sur r.-v.* 🏠 Ⓓ

Superficie : 25 ha / Production : 736 ha

Ils ont acquis autrefois leurs lettres de noblesse. Les coteaux-de-saumur, équivalents en Saumurois des coteaux-du-layon en Anjou, sont élaborés à partir du chenin pur, planté sur la craie tuffeau.

LA GIRAUDIÈRE 2013		
■	2 000	î	15 à 20 €

Domaine de 25 ha situé à Brézé, village du Saumurois célèbre pour son château aux vastes souterrains. Créé en 2007, il est conduit par Étienne Matrion, œnologue champenois, et Fabrice Esnault, vigneron du cru.

Ce 2013 encore discret libère à l'aération des notes de fruits confits. La bouche se déploie ensuite sur un registre des plus délicats, offrant une douceur ajustée. Quelques mois de vieillissement devraient permettre à ce vin de donner la pleine mesure de son potentiel. ✗ 2015-2025 ❦ crumble aux pommes

⌐ *La Giraudière, 13, rue Saint-Vincent, 49260 Brézé, tél. 02 41 51 63 84, lagiraudiere.vinsdesaumur@orange.fr* Ⅴ 🕴 🛗 *t.l.j. 9h-12h 14h-17h; sam. dim. sur r.-v.; f. août*
⌐ *Matrion et Esnault*

Ⓑ CH. DE PARNAY 2013		
■	700	◑	15 à 20 €

Ce domaine historique, ancienne propriété d'Antoine Cristal, célèbre pour son Clos d'entre les murs, a été racheté en 2006 par Mathias Levron, vigneron au domaine, et son associé Régis Vincenot, investisseur.

La robe jaune doré préfigure le plaisir d'une olfaction élégante aux notes d'abricot sec finement boisées. La bouche riche rappelle la confiture de coings. Un bel

ensemble pour un millésime réputé difficile. ✗ 2015-2025 ❦ rôti de porc au miel

⌐ *SCEA Ch. de Parnay, 1, rue Antoine-Cristal, 49730 Parnay, tél. 02 41 38 10 85, bureau@chateaudeparnay.fr* Ⅴ 🕴 🛗 *t.l.j. sf dim. 10h-12h30 14h-18h30*

Superficie : 1 376 ha / Production : 74 442 hl

Entre Saumur et Montsoreau, ce vignoble s'insère dans l'aire du saumur, près de la Loire. Si son expansion est récente, les vins rouges de Champigny sont connus depuis plusieurs siècles. Produits dans neuf communes à partir du cabernet franc (ou breton) parfois complété de cabernet-sauvignon, ils sont fruités, charnus et souples. Ils sont à découvrir dans des villages typiques aux rues étroites et aux caves de tuffeau.

♥ DOM. DES AMANDIERS G'M 2014 ★★★		
■	6 000	î	5 à 8 €

C'est dans un caveau troglodytique restauré en 2008 que Marc Rideau vous accueillera pour la dégustation. Il dirige un domaine de 12 ha de vignes réparties dans quatre communes : Montsoreau, Parnay, Souzay-Champigny et Turquant.

Cette cuvée n'a pas manqué d'atouts pour séduire le jury. La robe est intense et jeune avec ses reflets violines. Le bouquet généreux et complexe mêle le bigarreau, la groseille, la réglisse et le cuir. Étayé par des tanins solides, le palais se révèle opulent, riche et concentré. On y retrouve du fruit et une note mentholée qui apporte une agréable fraîcheur en finale. ✗ 2015-2022 ❦ gigot de 7 heures au romarin

⌐ *Marc Rideau, 2, rue du Moulin-Château-Gaillard, 49730 Turquant, tél. 02 41 51 79 81, domaineamandiers@orange.fr* Ⅴ 🕴 🛗 *r.-v.*

| DOM. DU BOIS MOZÉ PASQUIER | | |
Vieilles Vignes 2014 ★★		
■	8 000	î	5 à 8 €

Installé depuis 1994 sur le domaine créé par ses parents à Chacé, village voisin de Champigny, Patrick Pasquier produit sur ses 7 ha des vins rouges régulièrement sélectionnés dans le Guide, parfois aux meilleures places.

Ce 2014 a frôlé le coup de cœur. La robe est sombre, presque noire. Le nez, expressif, est marqué par des notes de fruits rouges confiturés et d'épices. Cette complexité aromatique se retrouve dans une bouche franche et ronde en attaque, charnue, suave et étayée de tanins solides. Une jolie matière pour un vin gourmand et remarquablement équilibré. ✗ 2015-2022 ❦ chevreuil sauce grand veneur

⌐ *Patrick Pasquier, 7, rue du Bois-Mozé, 49400 Chacé, tél. 02 41 52 59 73, pasquierpatrick@orange.fr* Ⅴ 🕴 🛗 *r.-v.*

DOM. LA BONNELIÈRE Les Poyeux 2014 ★

| ■ | 19 000 | 🔒 ◑ | 5 à 8 € |

Après un parcours diversifié dans des vignobles en France et à l'étranger, Anthony et Cédric Bonneau ont repris les rênes de la propriété familiale en 2000. Implanté sur les terres argilo-calcaires de la butte des Poyeux dominant la jolie vallée du Thouet, affluent de la Loire, le domaine couvre 37 ha.

Encore un peu timide, le nez reflète cependant un raisin bien mûr. Les notes de petits fruits noirs sont agréables et se prolongent dans une bouche ronde, concentrée et persistante, structurée par des tanins bien fondus. ✗ 2015-2020 ❦ rillauds d'Anjou

○━ Dom. la Bonnelière, 45, rue du Bourg-Neuf, 49400 Varrains, tél. 02 41 52 92 38, bonneau@labonneliere.com 🆅 🎿 🕴 r.-v.
○━ Bonneau Anthony et Cédric

DOM. DES BONNEVEAUX Cuvée Nicolas 2014

| ■ | 10 400 | 🔒 | 5 à 8 € |

Le gros village de Varrains, limitrophe de Saumur, abrite nombre de vignerons choyant le cabernet franc. Parmi eux, Nicolas Bourdoux, qui a repris les rênes du domaine familial (17 ha) en 2002, après un stage de quelques mois au Québec.

Cette cuvée apparaît encore jeune et réservée, même si le nez offre déjà quelques jolies notes de fruits rouges bien mûrs ; les tanins sont encore un peu fermes. Leur densité promet cependant une belle structure après une courte garde. ✗ 2016-2020 ❦ hachis Parmentier de joues de porc

○━ Dom. des Bonneveaux, 79, Grande-Rue, 49400 Varrains, tél. 02 41 52 94 91, bourdoux@ domainedesbonneveaux.com 🆅 🎿 🕴 t.l.j. sf dim. 8h-12h 14h-19h ○━ Bourdoux Nicolas

Ⓑ CH. DE CHAINTRES
Clos des Oratoriens 2013 ★

| ■ | n.c. | ◑ | 15 à 20 € |

Ce sont les oratoriens de Notre-Dame-des-Ardilliers qui, en 1675, plantèrent ici les premières vignes de ce domaine de 19 ha, entièrement clos de murs et aujourd'hui conduit en bio. Depuis 1938 propriété de la famille de Tigny, il est dirigé depuis 2007 par Richard Desouche.

Cette cuvée à la robe carmin très foncé libère des notes complexes de fruits noirs et de cerise bien mûre. Concentrée et ample, la bouche finement offre une jolie longueur. ✗ 2015-2020 ❦ plateau de fromages ■ Les Sables 2014 (5 à 8 € ; 15 000 b.) Ⓑ : vin cité. ✗ 2015-2020

○━ Ch. de Chaintres, 54, rue de la Croix-de-Chaintres, 49400 Dampierre-sur-Loire, tél. 02 41 52 90 54, info@chaintres.fr 🆅 🎿 🕴 t.l.j. 9h-12h 14h-18h 🏠 Ⓑ
○━ Tigny Mourot de

DOM. DES CLOSIERS Cuvée Réserve 2014 ★

| ■ | 36 000 | 🔒 | 5 à 8 € |

Fondée en 1872, la maison de négoce Albert Bessombes-Moc-Baril a son berceau et son siège à Saumur, mais elle propose une large gamme de vins de Loire allant du muscadet au sancerre, en passant par le chinon et les rosé-d'anjou. Ces derniers représentent son cœur d'activité.

La couleur est rouge foncé. Le nez offre de jolies notes de fruits noirs bien mûrs (cassis, mûre) que l'on retrouve dans un palais élégant et structuré par des tanins fins. ✗ 2015-2020 ❦ gigot d'agneau braisé ■ Marquis de Surblet 2014 ★ (5 à 8 € ; 45 000 b.) : une cuvée simple, gouleyante et fraîche aux saveurs de fruits rouges. ✗ 2015-2020

○━ SAS Besombes-Moc-Baril, 24, rue Jules-Amiot, Saint-Hilaire-Saint-Florent, 49400 Saumur, tél. 02 41 50 23 23, emilien.boulfray@uapl.fr

DOM. DUBOIS Cuvée d'Automne 2014 ★

| ■ | 6 600 | 🔒 | 5 à 8 € |

Ce domaine remonte à 1880, époque à laquelle le vignoble produisait quasi exclusivement des vins blancs. Depuis 2008, c'est Christelle Dubois, cinquième génération, qui exploite 16 ha essentiellement plantés en cabernet franc.

La robe rubis est intense. Le nez, d'abord discret, s'ouvre à l'aération sur des notes de fruits rouges ; le cassis entre en scène dans une bouche aérienne et gouleyante. Bien dans le ton de l'appellation. ✗ 2015-2020 ❦ pintade fermière

○━ Dom. Christelle Dubois, 8, rte de Chacé, 49260 Saint-Cyr-en-Bourg, tél. 06 10 12 27 72, ch-dubois@hotmail.com 🆅 🕴 r.-v.

DOM. FILLIATREAU
Les Bouts de Vincents 2014 ★★

| ■ | 70 000 | 🔒 | 5 à 8 € |

En 1967, Paul Filliatreau s'installe sur la propriété familiale. Il l'agrandit et l'oriente vers la production de vins rouges. Aujourd'hui rejoint par son fils Frederik, il conduit un vignoble de 45 ha devenu une référence en saumur-champigny.

Cette cuvée a d'emblée séduit le jury par sa teinte rubis foncé et ses notes élégantes de fruits rouges bien mûrs. En bouche, une belle structure soyeuse, harmonieuse et une grande persistance. ✗ 2015-2022 ❦ fondue bourguignonne

○━ Lena Filliatreau, 1, ruelle des Fosses-de-Chaintres, Chaintres, 49400 Dampierre-sur-Loire, tél. 02 41 52 90 84, domaine@filliatreau.fr 🆅 🎿 🕴 t.l.j. 10h-17h

DOM. DES FRÉMONCLAIRS La Matinière 2014 ★★

| ■ | 6 000 | | 8 à 11 € |

Christophe Hallouin a pris en 1997 la tête de ce domaine qui se transmet de père en fils depuis cinq générations. Son vignoble, qui compte 22 ha, est adossé à la falaise de Turquant.

L'aération est nécessaire pour apprécier l'intensité du nez qui monte en puissance, libérant des notes de fruits noirs. La bouche est ronde et dense, étayée de tanins solides mais bien fondus. ✗ 2015-2022 ❦ onglet grillé

○━ Christophe Hallouin, Dom. des Frémonclairs, 45, rue des Martyrs, 49730 Turquant, tél. 02 41 38 14 81, dom.fremonclairs@wanadoo.fr 🆅 🎿 🕴 r.-v.

DOM. DES GALMOISES Secret du caveau 2014

| ■ | 26 000 | 🔒 | 5 à 8 € |

Didier Pasquier a constitué son domaine à partir de 1986 en regroupant diverses parcelles familiales pour arriver à 11 ha. Il conduit aujourd'hui l'exploitation avec son fils Julien.

LOIRE

Ce vin arbore une robe grenat brillant et s'ouvre sans réserve sur de jolies notes de griotte et de groseille. Ample et souple, le palais offre une bonne longueur. ✗ 2015-2020 ♈ civet de lapin au romarin

o━ *Pasquier, 37, rue Émile-Landais, 49400 Chacé, tél. 02 41 52 99 98, dom.galmoises@gmail.com* 🅥 🅚 🛒 *r.-v.*

DOM. JOULIN Mon Clos 2014 ★★★

■	10 000	🍶	8 à 11 €

Le domaine de Philippe Joulin est installé au cœur de l'appellation, à Chacé, tout près de Champigny. Il est passé de 4 à 18 ha en une vingtaine d'années.

D'un rouge brillant presque noir, ce vin offre un nez puissant de fraise, de mûre et de réglisse. On retrouve en bouche cette complexité aromatique accompagnée d'une structure tannique serrée et soyeuse. Un superbe équilibre qui fait rimer rondeur avec fraîcheur. Une harmonie durable. ✗ 2015-2022 ♈ salade Périgourdine ■ Vieilles Vignes 2014 ★★ (5 à 8 € ; 10 000 b.) : un nez expressif d'une remarquable complexité à la fois fruité, floral et épicé, prélude à une bouche élégante et concentrée, soutenue par des tanins solides qui devraient se fondre avec un peu de garde. ✗ 2016-2020

o━ *Philippe Joulin, 58, rue Émile-Landais, 49400 Chacé, tél. 02 41 52 41 84, domaine.joulin@orange.fr* 🅥 🅚 🛒 *t.l.j. 9h-19h* 🏠 🅑

DOM. LAVIGNE
La Chesnaie des moulins 2014 ★★★

■	5 000	⮑	8 à 11 €

Pascale et Antoine Véron, fille et gendre de Gilbert Lavigne, sont aujourd'hui aux commandes de l'exploitation familiale qui s'étend sur 38 ha. Située au cœur de l'appellation saumur-champigny, elle est plantée majoritairement de cabernet franc.

Il s'en est fallu de peu pour que cette cuvée décroche un coup de cœur cette année. La couleur est grenat intense et profond. Le nez, fort complexe et puissant, distille ses arômes de fruits rouges bien mûrs, d'épices et de réglisse. On retrouve cette palette aromatique dans un palais généreux, bâti sur une structure tannique dense et élégante qui demande un peu de patience. ✗ 2016-2022 ♈ filet mignon de porc au poivre ■ Les Aïeules 2014 ★★ (5 à 8 € ; 50 000 b.) : c'est en bouche que ce 2014 se révèle tout en fruits rouges bien mûrs, charnu et gourmand, structuré par des tanins soyeux. ✗ 2015-2020

o━ *Dom. Lavigne, 15, rue des Rogelins, 49400 Varrains, tél. 02 41 52 92 57, scea.lavigne-veron@wanadoo.fr* 🅥 🅚 🛒 *t.l.j. sf dim. 9h-12h 14h-18h* o━ *Veron Antoine*

DOM. LES MÉRIBELLES 2014 ★

■	40 000	🍶	5 à 8 €

Jean-Yves Dézé, installé depuis 1984 sur le domaine familial, élève ses vins dans d'anciennes champignonnières. Il conduit aujourd'hui un vignoble de 15 ha. À sa carte, des saumur, saumur-champigny, saumur bruts et coteaux-de-saumur.

Un nez de fruits rouges (groseille, framboise) annonce un palais tout aussi fruité, rond, gras et gourmand. ✗ 2015-2020 ♈ grillades de porc

o━ *Jean-Yves Dézé, 14, rue de la Bienboire, 49400 Souzay-Champigny, tél. 02 41 67 46 64, jean-yves.deze@wanadoo.fr* 🅥 🛒 *r.-v.*

DOM. DE NERLEUX Les Loups noirs 2013

■	10 000	🍶 ⮑	11 à 15 €

Valeur sûre du Saumurois, le Dom. de Nerleux (« loups noirs » est un ancien français) est ancré dans les terres de Saint-Cyr-en-Bourg depuis neuf générations. Couvrant aujourd'hui 48 ha, il est conduit par Régis et Élisabeth Neau, rejoints en 2011 par leur fille Amélie.

Le rouge sombre intense et profond de la robe attire l'œil d'emblée. Le nez livre de jolies notes de fruits rouges bien mûrs (fraise, mûre) et de fruits confits. On fruité se prolonge dans une bouche ronde, voire suave à l'attaque, étayée de tanins encore un peu fermes en finale. ✗ 2016-2020 ♈ sauté de veau forestière ■ Clos des Châtains Vieilles Vignes 2013 ★ (8 à 11 € ; n.c. b.) : ce vin aux évocations de fruits rouges bien mûrs et de violette révèle une bouche tout aussi fruitée, souple et de bonne longueur. ✗ 2015-2020

o━ *SCEA Neau Dom. de Nerleux, 4, rue de la Paleine, 49260 Saint-Cyr-en-Bourg, tél. 02 41 51 61 04, contact@nerleux.fr* 🅥 🅚 🛒 *t.l.j. sf dim. 9h-18h* o━ *Neau Aurélie et Régis*

🅑 CH. DE PARNAY Le Clos 2013

■	13 000	🍶	8 à 11 €

Ce domaine historique, ancienne propriété d'Antoine Cristal, célèbre pour son Clos d'entre les murs, a été racheté en 2006 par Mathias Levron, vigneron au domaine, et son associé Régis Vincenot, investisseur.

Cette cuvée affiche une robe soutenue, presque noire. Encore timide, elle se révèle en bouche : souple et gourmande, aux saveurs de fruits rouges, elle offre douceur et gourmandise. ✗ 2015-2020 ♈ terrine de lapin

o━ *SCEA Ch. de Parnay, 1, rue Antoine-Cristal, 49730 Parnay, tél. 02 41 38 10 85, bureau@chateaudeparnay.fr* 🅥 🅚 🛒 *t.l.j. sf dim. 10h-12h30 14h-18h30*

DOM. DE LA PERRUCHE 2014 ★★

■	180 000	🍶	8 à 11 €

Jacques Beaujeau, figure du vignoble de l'Anjou et régulièrement en très bonne place dans ces pages, également propriétaire du vaste domaine du Ch. la Varière à Brissac, a acquis en 2000 cette propriété en appellation saumur-champigny. Son vignoble de 160 ha a été repris en 2015 par la maison Ackerman.

Une robe pourpre foncé et un nez exubérant de fruits rouges. Cette richesse aromatique s'intensifie dans une bouche ronde, onctueuse et voluptueuse, épaulée de tanins bien fondus. Un savoureux 2014. ✗ 2015-2022 ♈ carré d'agneau au romarin ■ Clos de Chaumont 2014 (8 à 11 € ; 30 000 b.) : vin cité. ✗ 2016-2020 ■ Cuvée Prestige 2014 (8 à 11 € ; 30 000 b.) : vin cité. ✗ 2015-2018

o━ *Jacques Beaujeau, Dom. de la Perruche, 29, rue de la Maumenière, 49730 Montsoreau, tél. 02 41 91 22 64, beaujeau@wanadoo.fr* 🅥 🅚 🛒 *r.-v.*

DOM. LES PETITES MARIGROLLES 2014 ★

■	48 000	🍶	5 à 8 €

Domaine de 40 ha fondé en 1975 par Raymond Joseph, exploité depuis 1981 par son fils Christian et dédié aux appellations saumur et saumur-champigny.

Le Dom. du Bourg Neuf réserve cette étiquette aux grandes surfaces Système U Ouest. La robe est rouge intense et le nez mêle la framboise et le cassis. La bouche est souple, bâtie sur des tanins bien mûrs. Jolie fraîcheur en finale. ⚓ 2015-2020 🍴 côtes de sanglier grillées ■ Dom. du Bourg Neuf La Butte à Ricasseau 2014 (5 à 8 € ; 24 000 b.) : vin cité. ⚓ 2015-2022

☛ Dom. du Bourg Neuf, 35, rue des Menais, 49400 Chacé, tél. 02 41 52 94 43, domaine.bourgneuf@ orange.fr Ⓥ 🏃 🦽 r.-v.

DOM. SAINT-JEAN Les Vignoles 2013

■	8 700	🛈	5 à 8 €

Établie au centre de Turquant, la famille Anger se consacre à la vigne depuis le milieu du XIXᵉs. Installé en 1989, Jean-Claude Anger exploite 25 ha de vignes. Sa maison de tuffeau et ses caves troglodytiques sont caractéristiques de la région.

Une cuvée souple et fraîche aux accents de fruits rouges, à boire dès maintenant. ⚓ 2015-2017 🍴 suprême de poulet

☛ Jean-Claude Anger, Dom. Saint-Jean, 3, rue des Fossés, 49730 Turquant, tél. 06 16 54 02 45, anger.domainestjean@laposte.net Ⓥ 🏃 🦽 r.-v.

DOM. SAINT-VINCENT Les Trézellières 2014 ★

■	50 000	🛈	8 à 11 €

Très régulier en qualité, le Dom. Saint-Vincent fait partie du vignoble de la côte de Saumur qui borde la Loire. Patrick Vadé s'est installé sur l'exploitation familiale (30 ha) en 1984.

La couleur est soutenue. Discret, le nez libère à l'aération des notes de griotte. C'est en bouche que cette cuvée se révèle : souple et charnue à l'attaque, elle offre une structure dense et une finale persistante. ⚓ 2016-2020 🍴 jarret de porc ■ 2014 (5 à 8 € ; 20 000 b.) : vin cité. ⚓ 2016-2018

☛ Patrick Vadé, Dom. Saint-Vincent, 49400 Saumur, tél. 02 41 67 43 19, pvade@st-vincent.com Ⓥ 🦽 t.l.j. 10h-12h 14h-18h

DOM. DES SANZAY Les Poyeux 2014

■	8 800	🛈	8 à 11 €

Établi au cœur de l'appellation saumur-champigny, Didier Sanzay est à la tête du domaine familial depuis 1991. Il exploite aujourd'hui 28 ha avec Céline, son épouse. 25 sont plantés en cabernet franc, le reste en chenin et chardonnay. Leur saumur-champigny est régulièrement distingué dans le Guide.

Cette cuvée libère des notes de confiture de fraises et de cassis. Puissante, charnue et opulente, sa bouche est assise sur une structure tannique soyeuse. Un joli vin issu de raisins bien mûrs. ⚓ 2015-2020 🍴 côtes de porc marinées au citron ■ 2014 (5 à 8 € ; 30 000 b.) : vin cité. ⚓ 2015-2020 ■ Vieilles Vignes 2014 (8 à 11 € ; 6 000 b.) : vin cité. ⚓ 2015-2020

☛ Dom. des Sanzay, 93, Grand-Rue, 49400 Varrains, tél. 02 41 52 91 30, contact@domaine-sanzay.com Ⓥ 🏃 🦽 r.-v.

LA SEIGNEURIE 2014 ★

■	40 000	🛈	5 à 8 €

Le vignoble (20 ha aujourd'hui), créé en 1970 par Pierre-Louis Foucher, est situé sur les hauteurs de la ville de Saumur et la salle de dégustation offre un panorama à 180 ° sur la vallée de la Loire. Il a été repris en 2005 par Alban Foucher, fils de Pierre-Louis.

D'intenses notes de cassis et de cerise s'échappent du verre. Dans le même registre, la bouche est souple et onctueuse, étayée par des tanins bien fondus. « Un vin de printemps », commente un dégustateur. ⚓ 2015-2020 🍴 hamburger maison

☛ EARL Foucher, 2, rue Dovalle, Le Petit Puy, 49400 Saumur, tél. 02 41 50 11 15, laseigneurie.vins@ hotmail.fr Ⓥ 🏃 🦽 t.l.j. sf dim. 10h-19h

Ⓑ LA SOURCE DU RUAULT 2014

■	34 000	🛈	8 à 11 €

Installé sur l'exploitation familiale en 1998, Jean-Noël Millon conduit un vignoble de 12 ha surtout planté en cabernet franc et dédié au saumur-champigny. En 2010, il a obtenu la certification bio. À la cave, pas de collage ni de filtrations, et de longs élevages.

Ce vin grenat à la robe brillante livre un nez intense de cassis et de griotte. La bouche est souple et ronde, consolidée par des tanins bien fondus et persistants. ⚓ 2015-2020 🍴 rouelles de porc grillées

☛ Jean-Noël Millon, 8, rue du Ruau, 49400 Varrains, tél. 02 41 52 93 80, lasourceduruault@orange.fr Ⓥ 🏃 🦽 t.l.j. sf sam. dim. 8h-18h

DOM. DU VAL BRUN Bay rouge 2013 ★

■	60 000	🛈	5 à 8 €

Souvent mentionné dans le Guide, ce domaine, situé à 2 km de l'église romane de Parnay, est dans la même famille depuis 1722. Aujourd'hui, Éric Charruau exploite 30 ha sur le coteau calcaire de la rive gauche de la Loire. Cette cuvée d'un pourpre limpide délivre un panier de cerises bien mûres. Tout aussi fruitée et légèrement épicée, la bouche se montre gouleyante, étayée de tanins fins, de bonne longueur. ⚓ 2015-2020 🍴 tournedos

☛ Éric Charruau, 74, rue Val-Brun, 49730 Parnay, tél. 02 41 38 11 85, charruau.eric@orange.fr Ⓥ 🏃 🦽 r.-v. 🏠 ©

Ⓑ DOM. DES VARINELLES 2014

■	60 000	🛈	5 à 8 €

Implantée dans l'aire du saumur-champigny, cette exploitation est typique du Saumurois avec ses caves creusées dans le tuffeau. Représentant la cinquième génération sur le domaine, Laurent Daheuiller s'est installé en 2011. Le domaine (42 ha) est conduit en bio. Fidèle au rendez-vous, cette cuvée a séduit par sa couleur rouge profond presque noir et par sa bouche ronde et grasse, étayée de tanins encore un peu sévères qui devraient se fondre avec une courte garde. ⚓ 2016-2020 🍴 bœuf bourguignon

☛ SCA Daheuiller, 28, rue du Ruau, 49400 Varrains, tél. 02 41 52 90 94, daheuiller.vins@wanadoo.fr Ⓥ 🏃 🦽 r.-v.

DOM. DES VERNES 2014

■	3 000	⬥	5 à 8 €

Installé sur le domaine familial en 2002, Sébastien Sanzay représente la sixième génération à la tête de cette exploitation qui s'étend sur 30 ha autour de Chacé. La demeure en pierre de tuffeau, typique du Saumurois, date de 1776.

Sébastien Sanzay signe un 2014 simple et précis : du cassis et de la framboise au nez comme en bouche, un palais léger, souple et plutôt long. ✗ 2015-2020 ❦ rognons de veau

☞ *Sébastien Sanzay, 7, bd de Caulx, 49400 Chacé,*
tél. 02 41 52 99 13, domainedesvernes@free.fr
Ⓥ ⓚ ⓕ *t.l.j. sf dim. 8h-12h 14h-19h*

DOM. DU VIEUX BOURG Le Clos 2014 ★			
■	6 000	🍷	5 à 8 €

Jean-Marie Girard et son frère Noël ont créé en 1987 ce domaine établi à Varrains, qui a pour enseigne un pressoir à long fût datant du XVIIIᵉs. Leurs vignes, implantées sur des sols argilo-sableux, couvrent 18 ha. La robe rouge sombre est traversée de reflets violines. Le nez est caractéristique d'un cabernet franc bien mûr avec ses notes intenses de cassis et de groseille, agrémentées de légères touches de poivron. Suave et harmonieuse, la bouche est construite sur de solides tanins déjà fondus. ✗ 2015-2020 ❦ jarret de porc braisé aux girolles ■ 2014 (5 à 8 € ; n.c. b.) : vin cité. ✗ 2015-2020

☞ *EARL Girard Frères, 30, Grande-Rue, 49400 Varrains,*
tél. 02 41 52 91 89, n.girard@vieux-bourg.com
Ⓥ ⓚ ⓕ *t.l.j. 9h-12h 15h-18h* 🏠 Ⓖ

➡ LA TOURAINE

Les intéressantes collections du musée des Vins de Touraine à Tours témoignent du passé de la civilisation de la vigne et du vin dans la région, et il n'est pas indifférent que les récits légendaires de la vie de saint Martin, évêque de Tours vers 380, émaillent la *Légende dorée* d'allusions viticoles ou vineuses... À Bourgueil, l'abbaye et son célèbre clos abritaient le « breton » ou cabernet franc, dès les environs de l'an mil, et si l'on voulait poursuivre, la figure de Rabelais arriverait bientôt pour marquer de faconde et de bien-vivre une histoire prestigieuse. Celle-ci revit au long des itinéraires touristiques, de Mesland à Bourgueil sur la rive droite (par Vouvray, Tours, Luynes, Langeais), de Chaumont à Chinon sur la rive gauche (par Amboise et Chenonceaux, la vallée du Cher, Saché, Azay-le-Rideau, la forêt de Chinon).

Célèbre il y a donc fort longtemps, le vignoble tourangeau atteignit sa plus grande extension à la fin du XIXᵉs. Il se répartit essentiellement sur les départements de l'Indre-et-Loire et du Loir-et-Cher, empiétant au nord sur la Sarthe. Des dégustations de vins anciens, des années 1921, 1893, 1874 ou même 1858, par exemple, à Vouvray, Bourgueil ou Chinon, font apparaître des caractères assez proches de ceux des vins actuels. Cela montre que, malgré l'évolution des pratiques culturales et œnologiques, le « style » des vins de la Touraine reste le même ; sans doute parce que chacune des appellations n'est élaborée qu'à partir d'un seul cépage. Le climat joue aussi son rôle : les influences atlantique et continentale ressortent dans l'expression des vins, les coteaux formant un écran aux vents du nord. En outre, la succession de vallées orientées est-ouest, vallées du Loir, de la Loire, du Cher, de l'Indre, de la Vienne, multiplie les coteaux de tuffeau favorables à la vigne,

sous un climat tout en nuances, en entretenant une saine humidité. Ce tuffeau, pierre tendre, est creusé d'innombrables caves. Dans les sols des vallées, l'argile se mêle au calcaire et au sable, avec parfois des silex ; au bord de la Loire et de la Vienne, des graviers s'y ajoutent.

Ces différents caractères se retrouvent donc dans les vins. À chaque vallée correspond une appellation, dont les vins s'individualisent chaque année grâce aux variations climatiques ; et l'association du millésime aux données du cru est indispensable.

Le classement des millésimes est à moduler, bien sûr, entre les rouges tanniques de Chinon ou de Bourgueil (plus souples quand ils proviennent des graviers, plus charpentés quand ils sont issus des coteaux) et ceux plus légers, et parfois diffusés en primeur, de l'appellation touraine ; entre les rosés plus ou moins secs selon l'ensoleillement, tout comme les blancs d'Azay-le-Rideau ou d'Amboise, et ceux de Vouvray et de Montlouis dont la production va des secs aux moelleux en passant par les vins effervescents. Les techniques d'élaboration des vins ont leur importance. Si les caves de tuffeau permettent un excellent vieillissement à une température constante d'environ 12 °C, les vinifications en blanc se font à température contrôlée ; les fermentations durent quelquefois plusieurs semaines, voire plusieurs mois pour les vins moelleux. Les rouges légers, de type touraine, sont issus de cuvaisons au contraire assez courtes ; en revanche, à Bourgueil et à Chinon, les cuvaisons sont longues : deux à quatre semaines. Si les rouges font leur fermentation malolactique, les blancs et les rosés, eux, doivent leur fraîcheur à la présence de l'acide malique.

TOURAINE

Superficie : 4 470 ha / Production : 254 353 hl
(30 % rouge, 14 % mousseux)

S'étendant des portes de Montsoreau à l'ouest jusqu'à Blois et Selles-sur-Cher à l'est, l'aire d'appellation régionale touraine est principalement localisée de part et d'autre des vallées de la Loire, de l'Indre et du Cher. Le tuffeau affleure rarement ; les sols surmontent le plus souvent l'argile à silex. Les vins rouges proviennent de gamay (cépage exclusif des touraines primeurs), ou d'assemblage de cépages plus tanniques, comme le cabernet franc et le cot. À base de deux ou trois cépages, ils ont une bonne tenue en bouteille. Nés du cépage sauvignon qui, depuis quarante ans, a détrôné les autres, les blancs sont secs. Une partie de la production des blancs et des rosés est élaborée en mousseux selon la méthode traditionnelle. Toujours secs, friands et fruités, les rosés sont élaborés à partir des cépages rouges.

AUGIS Réserve des caillouteux 2012			
■	8 000	◑	5 à 8 €

Propriété familiale créée en 1900 à Meusnes, la commune la plus orientale de l'AOC touraine, réputée pour ses sols riches en silex. Depuis 1987, Philippe Augis, cinquième du nom à la tête du domaine, exploite 18 ha en AOC touraine et valençay.

Le nom de cette cuvée évoque le terroir riche en silex qui l'a vu naître. Ses arguments : une seyante robe noire ; une touche animale pas désagréable au premier nez, bientôt relayée par la groseille à l'aération ; et une bouche ample et souple, étirée dans une belle finale. ✗ 2015-2018 ❦ bœuf au poivron

○➔ *Dom. Augis, 1465, rue des Vignes, 41130 Meusnes, tél. 02 54 71 01 89, philippe.augis@wanadoo.fr* 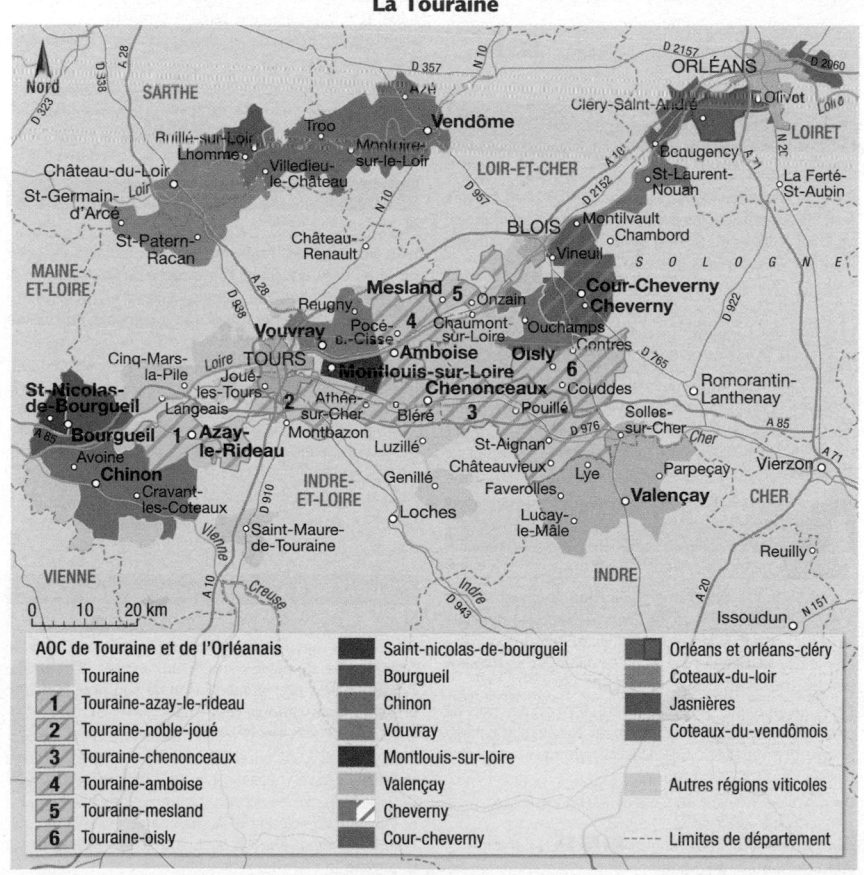 *t.l.j. sf dim. 8h-12h 14h-19h*

Ⓑ TERRES DE L'AUMONIER
Sauvignon 2014 ★

| ■ | n.c. | î | 5 à 8 € |

Sophie et Thierry Chardon ont repris en 1996 ce domaine qui a terminé en 2006 sa conversion bio. Ils ont porté la superficie du vignoble de 12 à 43 ha, une majorité de la production étant destinée à l'export.

D'une belle brillance or jaune, ce 2014 séduit d'emblée par ses parfums intenses de fruit de la Passion. Le charme opère aussi en bouche ; souple en attaque, elle se développe avec beaucoup d'ampleur et d'élégance, stimulée par une finale fraîche et exotique qui lui donne un regain de peps très appréciable. ✗ 2015-2017 ❦ coquilles Saint-Jacques persillées

○➔ *de l'Aumonier, 44, rue de Villequemoy, 41110 Couffy, tél. 02 54 75 21 83, domaine.aumoniertchardon@ wanadoo.fr* r.-v.

CATHERINE ET PASCAL AVRIL
La Bouvellerie 2013

| ■ | 10 000 | î | 5 à 8 € |

Catherine et Pascal Avril exploitent depuis 1985 un vignoble de 12 ha implanté en rive gauche de la Vienne, face à Chinon.

Un vin dominé à l'olfaction par la cerise noire ; impression fruitée qui persiste dans une bouche légère étayée de tanins encore un peu fermes qui devraient se fondre avec une petite garde. Le « vin-plaisir » par excellence. ✗ 2016-2018 ❦ galette jambon-fromage

○➔ *Dom. de Touraine, 5, Touraine, 37500 Ligré, tél. 02 47 93 46 92* r.-v. ○➔ *Pascal Avril*

MARC BADILLER Brut ★

| ● | 3 000 | ■ | 5 à 8 € |

Héritier d'une lignée de vignerons remontant à 1789, Marc Badiller s'est installé en 1984 sur le domaine familial, établi entre la Loire et la forêt de Chinon. Il

La Touraine

AOC de Touraine et de l'Orléanais

	Touraine
1	Touraine-azay-le-rideau
2	Touraine-noble-joué
3	Touraine-chenonceaux
4	Touraine-amboise
5	Touraine-mesland
6	Touraine-oisly

	Saint-nicolas-de-bourgueil
	Bourgueil
	Chinon
	Vouvray
	Montlouis-sur-loire
	Valençay
	Cheverny
	Cour-cheverny

	Orléans et orléans-cléry
	Coteaux-du-loir
	Jasnières
	Coteaux-du-vendômois
	Autres régions viticoles
-----	Limites de département

LOIRE

cultive 11 ha et propose une large gamme de vins de Touraine.

Une belle bulle de Touraine associant chenin et grolleau. La mousse est légère, la bulle fine et le bouquet très fruité. L'attaque moelleuse, sur des notes confites, est trompeuse car s'installe ensuite une fine tension jusqu'en finale qui donne à cet effervescent un caractère énergique et une belle allonge. ✗ 2015-2016 ✗ tarte au citron

✆ *Dom. Badiller, 26, Le Bourg, 37190 Cheillé, tél. 02 47 45 24 37, contact@vins-badiller.fr* Ⅴ ⚑ ⚑ *t.l.j. sf dim. 9h30-12h30 14h-18h*

B DOM. BARON
Sauvignon Les Vieilles Vignes 2014 ★

■	10 000	ⓘ	5 à 8 €

Samuel Baron a rejoint en 2002 l'exploitation familiale (17 ha), dont il a pris la tête en 2011. Après le départ de la coopérative, un chai a été aménagé en 2003 et la conversion bio certifiée en 2014.

Un beau visuel doré et des notes de fruits jaunes bien mûrs au nez attisent la curiosité. La bouche ne déçoit pas, mêlant gras, rondeur, minéralité du terroir et fraîcheur des agrumes. ✗ 2015-2018 ✗ saumon à l'oseille ■ Le Baron rouge 2013 (5 à 8 € ; 5 000 b.) : vin cité. ✗ 2015-2018

✆ *Dom. Baron, 95, rue de Saint-Romain, 41140 Thésée, tél. 06 30 37 14 02, vignoblebaron@aol.com* Ⅴ ⚑ *r.-v.* ⌂ B

DOM. BEAUSÉJOUR
Sauvignon Les Grenettes 2014

■	10 000	ⓘ	- de 5 €

Philippe Trotignon exploite un vignoble de 20 ha sur des terrains siliceux (sables, argiles à silex), sur la rive droite du Cher. Rouges ou blancs, ses touraines sont souvent mentionnés dans le Guide.

Un blanc très aromatique dont le bouquet « tout agrumes » annonce une dégustation plaisante. Ce que confirme dès l'attaque un palais souple et frais, fin et équilibré. ✗ 2015-2017 ✗ flan d'asperges ■ Gamay Cuvée Vincent 2014 (- de 5 € ; 1500 b.) : vin cité. ✗ 2015-2017

✆ *Dom. Beauséjour, Philippe Trotignon, 14, rue des Bruyères, 41140 Noyers-sur-Cher, tél. 02 54 71 34 17, philippe.trotignon@free.fr* Ⅴ ⚑ ⚑ *t.l.j. sf sam. dim. 8h-12h 14h-19h*

DOM. DE BELLEVUE
Sauvignon 2014

■	80 000	ⓘ	5 à 8 €

Représentant la cinquième génération, Raphaël Midoir a succédé à son père en 1997 sur la propriété familiale située au cœur de la Sologne viticole. Réputé pour ses crémants, ce domaine de 27 ha se distingue également par ses touraines blancs et rosés.

Cette cuvée or pâle aux reflets verts livre un nez frais de pamplemousse agrémenté de notes épicées. Le palais ? Souple et tout aussi frais. Un vin harmonieux et facile d'accès. ✗ 2015-2017 ✗ sushis

✆ *Dom. de Bellevue, 380, rue de la Grande-Brosse, 41700 Chémery, tél. 02 54 71 83 58, domainedebellevue41@orange.fr* Ⅴ ⚑ ⚑ *t.l.j. sf dim. 8h30-13h 14h-19h* ✆ *Midoir*

DOM. BELLEVUE Tradition 2013 ★★

■	10 000	ⓘ	- de 5 €

Patrick Vauvy exploite depuis 1985 un domaine de 41 ha à Noyers-sur-Cher, commune où l'on trouve une pépinière d'excellents vignerons et des terroirs sableux au sous-sol argilo-calcaires donnant beaucoup de légèreté aux vins.

Joliment drapé dans une robe noire aux reflets rubis, ce vin présente de sérieux atouts. À commencer par son bouquet intense de fruits noirs bien mûrs, puis par sa bouche généreuse et gourmande, bien enrobée par les fruits compotés. ✗ 2015-2018 ✗ coq au vin

✆ *EARL P. Vauvy, 6, rue du Coteau, 41140 Noyers-sur-Cher, tél. 02 54 71 42 73, domainebellevue@orange.fr* Ⅴ ⚑ ⚑ *r.-v.*

DOM. DES BESSONS Sauvignon Arroma 2014

■	6 900	ⓘ	5 à 8 €

Établi sur la rive droite de la Loire tout près d'Amboise, François Péquin s'est lancé dans la vinification et la vente directe après son installation en 1980. Il exploite 9 ha de vignes en touraine et en touraine-amboise.

Une robe or pâle, un bouquet discrètement floral, l'approche est plaisante. En bouche, la fraîcheur prédomine et lui confère une tension sympathique. Un bon classique du millésime et de l'appellation. ✗ 2015-2017 ✗ salade de crevettes

✆ *François et Brigitte Péquin, Dom. des Bessons, 113, rue de Blois, 37530 Limeray, tél. 02 47 30 09 10, francois.pequin@wanadoo.fr* Ⅴ ⚑ ⚑ *t.l.j. sf dim. 9h-12h30 14h-19h; nov.-mars r.-v.; f. 1er-15 janv.*

JEAN-MARC BIET Cot 2013

■	4 500	ⓘ	- de 5 €

Jean-Marc Biet est établi depuis 1984 sur la rive gauche du Cher, dans un village tout proche de Saint-Aignan. Il n'a gardé du domaine familial cultivé en polyculture pendant quatre générations que le vignoble, qui couvre aujourd'hui 20 ha.

Un vin idéal pour les repas amicaux « sans chichi », dont le fruité gourmand est synonyme de convivialité. Si la première approche évoque le cuir, les fruits rouges ne se font pas attendre et imprègnent aussi le palais, soutenu par des tanins souples et de bonne longueur. ✗ 2015-2018 ✗ coq au vin

✆ *Jean-Marc Biet, 38, rte de Bel-Air, 41110 Seigy, tél. 02 54 75 34 34, jm.biet@orange.fr* Ⅴ ⚑ ⚑ *t.l.j. sf dim. 9h-12h 14h-19h* ⌂ D

DOM. DE LA BLINIÈRE Cuvée Prestige 2014

■	5 000	ⓘ	- de 5 €

Situé sur la rive droite du Cher, en lisière de la forêt de Gros Bois, ce domaine remonte aux années 1870. Gaëlle Charbonnier a pris la succession de son père à la tête en 2005 d'un vignoble de 21 ha.

« Gourmand », l'adjectif revient dans tous les commentaires des dégustateurs. Le second descripteur le plus utilisé est « fruits rouges », dans les rubriques Nez comme Bouche. Attaque enveloppante, trame tannique soyeuse et équilibre complètent le portrait de ce « vin plaisir » par excellence. What else ? ✗ 2015-2018 ✗ sauté de poulet à la tomate

☛ *Gaëlle Charbonnier, 3, chem. de la Blinière,
41140 Saint-Romain-sur-Cher, tél. 02 54 71 48 60,
gaellecharbonnier@wanadoo.fr* 🅥 🅚 🅟 *t.l.j. sf dim.
17h-20h*

DOM. DES CAILLOTS Sauvignon 2014 ★		
◼ 60 000	🍶	- de 5 €

Des actes notariés attestent l'existence de cette propriété viticole dès le XVIIIᵉs. Dominique Girault, à la tête
du domaine depuis 1983, perpétue la mise en valeur des
excellents terroirs argilo-siliceux bordant le Cher. Son
vignoble couvre aujourd'hui 20 ha.

Robe or pâle, nez fruité mâtiné de discrètes notes florales,
ce vin se révèle véritablement en bouche. Dès l'attaque,
celle-ci charme par sa complexité : ses arômes de fruit de
la Passion et de coing sur un fond minéral légèrement salin
font tout l'intérêt de ce blanc harmonieux et souple.
✗ 2015-2018 ❦ truite aux amandes ◼ Tradition 2013 ★
(- de 5 € ; 10 000 b.) : le cot (60 %, aux côtés du cabernet
franc) cisèle finement le spectre aromatique (des fruits
noirs à la framboise) de ce vin puissant et généreux en
bouche, appelé à bien évoluer en cave. ✗ 2015-2020
☛ *EARL Dominique Girault, 2, chem. du Vigneron,
Le Grand-Mont, 41140 Noyers-sur-Cher,
tél. 02 54 32 27 07, domaine.des.caillots@orange.fr*
🅥 🅚 🅟 *t.l.j. 10h-12h 14h-19h; dim. sur r.-v.*

DOM. FRANÇOIS CARTIER Sauvignon 2014		
◼ 30 000	🍶	- de 5 €

François Cartier, qui gère le domaine familial depuis
1977, a été rejoint en 2011 par son fils Vincent. Ce dernier
a complété sa formation en Australie avant de revenir
travailler ce vignoble de 25 ha implanté sur les coteaux
du Cher.

Robe or pâle aux reflets gris pour ce 2014 que les amateurs
de sauvignon apprécieront pour ses arômes bien typés
d'agrumes et de bourgeon de cassis. Ils aimeront aussi
son palais souple et équilibré, agrémenté d'un petit côté
sauvage en finale. ✗ 2015-2017 ❦ huîtres ◼ Cabernet franc
2013 (- de 5 € ; 8 000 b.) : vin cité. ✗ 2015-2019
☛ *Dom. François Cartier, 13, rue de la Bergerie,
41110 Pouillé, tél. 02 54 71 51 54, cartier-francois@
wanadoo.fr* 🅥 🅚 🅟 *t.l.j. sf dim. 9h-12h 14h-18h;
f. 15 août-1ᵉʳ sep.*

DOM. DE LA CHAISE Sauvignon 2014		
◼ 100 000	🍶	5 à 8 €

Héritier d'une tradition qui remonte à 1850, Christophe
Davault s'est installé en 2004 sur ce domaine qui couvre
aujourd'hui 57 ha. L'exploitation est située sur les
anciennes terres du prieuré de la Chaise, déjà plantées
en vignes par les moines au Xᵉs.

Beaucoup de peps dans ce blanc à la robe claire. Le
sauvignon est bien présent à l'olfaction (agrumes, buis)
comme en bouche, soulignée par une fraîcheur finement
ciselée. Un bon classique, bien équilibré. ✗ 2015-2017
❦ sainte-maure de Touraine affiné
☛ *Christophe Davault, La Chaise, 37, rue de la Liberté,
41400 Saint-Georges-sur-Cher, tél. 06 78 57 12 28,
domainedelachaise@orange.fr* 🅥 🅚 🅟 *t.l.j. sf dim.
8h-12h 14h-19h*

LA CHAPINIÈRE Gamay 2014 ★★		
◼ 10 000	🍶	5 à 8 €

Après une première vie professionnelle de cadre supérieur dans une grande entreprise, Florence Veilex a
décidé de retourner sur les bancs de l'école afin de
décrocher un BTS de viticulture-œnologie. En 2003, elle
a acquis ce domaine de 25 ha situé sur les coteaux sud
du Cher, qu'elle gère avec son mari Éric Yung, journaliste. Tournée vers l'œnotourisme, le domaine loue aussi
des écuries.

Un fruité intense aux accents de gelée de cassis et de
cerise noire, que l'on retrouve dans un palais bien enrobé,
soutenu par des tanins ronds et soyeux et par une fine
fraîcheur. En deux mots : équilibre et gourmandise.
✗ 2015-2017 ❦ tartare de bœuf aller-retour ◼ Sauvignon
2014 (5 à 8 € ; 35 000 b.) : vin cité. ✗ 2015-2017
☛ *La Chapinière de Châteauvieux,
4, chem. de la Chapinière, 41110 Châteauvieux,
tél. 02 54 75 43 00, contact@lachapiniere.com*
🅥 🅚 🅟 *t.l.j. sf mar. mer. 10h-19h; dim. 10h-13h*

♥ DOM. DU CHAPITRE Brin d'épice 2013 ★★		
◼ 4 000	🍶	5 à 8 €

Installé à Saint-
Romain-sur-Cher,
aux portes de la So-
logne viticole et sur
les terroirs de la val-
lée du Cher, François
Desloges perpétue
une tradition vigne-
ronne qui remonte à deux siècles. Il cultive le gamay, le
cabernet, le cot, le sauvignon et... la pêche de vigne.

Un coup de cœur qui met à l'honneur ce beau vignoble
de Saint-Romain dominant les coteaux du Cher, que
Maryline et François Desloges n'ont eu de cesse de
développer en y réimplantant notamment ce cépage
historique qu'est le cot (ou malbec pour les amateurs de
vins du Sud-Ouest). Ce dernier donne ici naissance à un
vin authentique et sincère, qui séduit par la pureté de ses
arômes de cerise noire et de cassis et par sa bouche suave,
délicate et longue, étirée dans une superbe finale aérienne.
La douceur du Val de Loire en bouteille. ✗ 2015-2018 ❦ rôti
de bœuf en croûte ◼ Sauvignon Le S 2014 (5 à 8 € ;
30 000 b.) : vin cité. ✗ 2015-2017
☛ *Maryline et François Desloges, 82, rue Principale,
41140 Saint-Romain-sur-Cher, tél. 02 54 71 71 22,
ledomaineduchapitre@wanadoo.fr* 🅥 🅚 🅟 *r.-v.*

DOM. DES CLÉMENDIÈRES Sauvignon 2014 ★★		
◼ 4 000	🍶	- de 5 €

Après avoir acquis son expérience dans différents
vignobles de France (Alsace, Bordelais, Bourgogne...)
et du Nouveau Monde, Arnault Ponlevoy a rejoint en
2006 le domaine familial : 16 ha qu'il cultive avec son
frère.

Paré d'une robe pâle et cristalline, ce sauvignon révèle
d'emblée son caractère élégant à travers de fines notes
d'abricot, d'ananas et de fruits exotiques. Une ligne
aromatique séduisante et harmonieuse que l'on retrouve
dès l'attaque dans une bouche très soignée, équilibrée, à
la fois fraîche et ronde, prolongée avec délicatesse par une

finale sur la pêche de vigne. Un blanc de repas. ✗ 2015-2018 ♈ suprême de volaille sauce crémée

☛ *EARL Ponlevoy, 402, La Hardionnerie, 37150 Bléré, tél. 02 47 57 87 65, arnaultponlevoy@hotmail.com* Ⅴ 🏃 🏠 *t.l.j. sf dim. 8h-12h30 14h-19h*

Ⓑ CLOS ROUSSELY
Cabernert et cot Anthologie du Clos 2013 ★

| ■ | 6 000 | ◑ | 8 à 11 € |

Après des études d'œnologie, Vincent Roussely a travaillé en Australie et en Afrique du Sud. En 2000, il reprend le domaine familial créé par son arrière-grand-père. Le vignoble (8 ha), conduit en bio certifié, se situe en plein cœur du village d'Angé et surplombe les rivages du Cher.

Mariage heureux du cabernet franc (70 %), du cot (20 %) et du gamay, ce 2013 arbore une robe d'un beau noir brillant aux reflets mauves. Le bouquet n'est pas en reste, bien ouvert sur les fruits rouges. Une attaque souple introduit un palais ample et tannique sans excès, adouci par une finale plus tendre. ✗ 2015-2018 ♈ bœuf bourguignon

☛ *Vincent Roussely, 11, rte du Château, 41400 Angé-sur-Cher, tél. 02 54 32 86 46, contact@ closroussely.fr* Ⅴ 🏃 🏠 *t.l.j. sf dim. 9h-12h30 14h-18h30*

DOM. DES CORBILLÈRES
Angeline 2013 ★

| ■ | 500 | ◑ | 8 à 11 € |

Situé à Oisly, en Sologne viticole, ce domaine est une des valeurs sûres de l'appellation touraine. Acquis dans les années 1920, le vignoble de 27 ha est aujourd'hui conduit par Dominique Barbou.

Une belle robe noire aux reflets rubis habille ce 2013 aux senteurs de cassis et de griotte. Souple et ample en attaque, le palais s'appuie sur un boisé léger et des tanins fondus. Le fruité revient avec ferveur en finale. Un ensemble bien équilibré. ✗ 2015-2018 ♈ rôti de veau aux chanterelles ■ Sauvignon 2014 (5 à 8 € ; 110 000 b.) : vin cité. ✗ 2015-2016

☛ *EARL Barbou, Dom. des Corbillières, 41700 Oisly, tél. 02 54 79 52 75, contact@domainedescorbillieres.com* Ⅴ 🏠 *r.-v.*

DOM. JOËL DELAUNAY
Sauvignon 2014

| ■ | 100 000 | 🍷 | 5 à 8 € |

Joël Delaunay s'est lancé dans la vente en bouteilles en 1970. Ce vigneron réputé de l'AOC touraine a cédé en 2003 à son fils Thierry et à son épouse Marie une exploitation qui couvre 30 ha sur la première côte de la vallée du Cher. Une valeur sûre.

Une robe or nuancé de gris, un nez ouvert sur le buis et les fleurs blanches, l'approche est plaisante et typée. En bouche : une belle sensation de fraîcheur dès l'attaque, un développement en souplesse et une finale agréable sur le pamplemousse. ✗ 2015-2017 ♈ dos de cabillaud sauce citron

☛ *Dom. Joël Delaunay, 48, rue de la Tesnière, 41110 Pouillé, tél. 02 54 71 45 69, contact@ joeldelaunay.com* Ⅴ 🏃 🏠 *t.l.j. sf dim. 9h-12h 14h-17h30; sam. sur r.-v.*

DOM. DESLOGES Sauvignon 2014

| ■ | 40 000 | | - de 5 € |

Campé sur les hauteurs dominant la vallée du Cher, ce domaine a augmenté sa superficie depuis 1989, passant de 10 à 22 ha. À l'installation de Cyril Desloges en 1997, il s'est équipé d'un chai de vinification.

Un beau sauvignon blanc au nez puissant d'agrumes, souligné par une fine fraîcheur tout au long de la dégustation. Le fruit persiste et signe dans une bouche à laquelle une petite note de douceur apporte en finale un supplément d'amabilité. ✗ 2015-2018 ♈ poulet au citron ● Brut Fines Bulles de Touraine 2012 (5 à 8 € ; 2 000 b.) : vin cité. ✗ 2015-2017

☛ *Cyril Desloges, 7, Les Petits-Bois-Bernier, 41400 Monthou-sur-Cher, tél. 02 54 71 41 54, domainedesloges@orange.fr* Ⅴ 🏃 🏠 *t.l.j. 9h-12h 14h-18h30*

DOM. DESROCHES Sauvignon 2014

| ■ | 5 000 | 🍷 | - de 5 € |

Saint-Georges-sur-Cher est l'une des plus importantes communes viticoles de Touraine. Installé ici depuis 1980, Jean-Michel Desroches représente la quatrième génération à la tête de ce domaine familial de 16,3 ha. Des senteurs automnales de coing et de poire perdurent tout au long de la dégustation. La bouche tendre et souple rend ce vin attachant. ✗ 2015-2018 ♈ volaille en cocotte

☛ *Jean-Michel Desroches, 8, imp. du Vieux-Porche, 41400 Saint-Georges-sur-Cher, tél. 02 54 32 33 13, desroches.jm@wanadoo.fr* Ⅴ 🏃 🏠 *r.-v.*

DOM. DES ÉLÉPHANTS Sauvignon 2014

| ■ | 10 000 | 🍷 | - de 5 € |

Philippe Boucher, héritier de huit générations de vignerons, a créé en 2006 cette exploitation dont le nom évoque deux imposants éléphants en céramique qui se dressaient autrefois sur la route du domaine. Le vignoble couvre 37 ha.

Un vin blanc très flatteur et très floral à l'olfaction. L'attaque franche et vive annonce un palais stimulée par une fine acidité qui apporte une fraîcheur de bon aloi jusqu'en finale. Un blanc énergique bien typé. ✗ 2015-2017 ♈ salade mangue-crevettes ■ 2014 (- de 5 € ; 6 600 b.) : vin cité. ✗ 2015-2016

☛ *Dom. des Éléphants, 19, rte des Éléphants, 41400 Monthou-sur-Cher, tél. 09 64 23 70 64, leselephants@orange.fr* Ⅴ 🏃 🏠 *t.l.j. sf dim. 9h30-12h30 14h-18h* ☛ *Boucher*

♥ LE CH. DE FONTENAY
Gamay La Sainte-Marguerite 2014 ★★

| ■ | 19 400 | 🍷 | 5 à 8 € |

Didier et Carole Corby ont repris en 1996 une exploitation située sur la rive gauche du Cher, à deux pas de Chenonceaux. Nathalie et Philippe Carli les ont rejoints à la tête de ce domaine de 12 ha commandé par un château des XVIIᵉ et XIXᵉs. entièrement restauré.

Le gamay est un cépage un peu moins « tendance » ces dernières années, et pourtant, mis dans de bonnes mains, il peut faire des merveilles. Celles de Philippe Carli ont donné naissance à un vin admirable, né sur les sols de « perruches » dominant la vallée. La robe est d'un seyant pourpre

la sainte marguerite

moiré de mauve. Le bouquet, complexe, mêle cassis, framboise, violette et notes de rose. Les fruits rouges (dans leur phase cueillette) dominent dans un palais rond, soyeux et svelte à la fois, comme on l'attend d'un pur gamay. Le mot « gourmandise » semble avoir été inventé pour lui. ✗ 2015-2018 ✤ pot-au-feu

☛ EARL Dom. de Fontenay, 3, Fontenay, 37150 Bléré, tél. 02 47 57 12 74, vin@lechateaudefontenay.fr
🆅 👤 🎁 r.-v. 🏠 ⑤ 🎁 🄴 ☛ Carli

DOM. DE LA GABILLIÈRE Sauvignon 2014

| | 10 000 | | 👤 | | - de 5 € |

Ce domaine d'application pédagogique du lycée viticole d'Amboise (20 ha) est également une structure de recherche à l'échelle de la région Centre, en lien avec les différents organismes viticoles.

Un joli blanc ouvert sur les fleurs et les agrumes à l'olfaction. Beaucoup de finesse en attaque, puis un développement tout en rondeur et en fruit. Un ensemble agréable et équilibré. ✗ 2015-2017 ✤ fromage de chèvre

☛ Dom. de la Gabillière, 46, av. Émile-Gounin, BP 239, 37402 Amboise, tél. 02 47 23 35 51, expl.lpa.amboise@educagri.fr 🆅 👤 🎁 t.l.j. sf dim. 9h-12h 14h-17h, sam. 9h-12h30; f. 1er-15 août ☛ Lycée viticole d'Amboise

DOM. GIBAULT
Sauvignon Parfum d'intuition 2014 ★★

| | 95 000 | | 👤 | | - de 5 € |

Établis à Noyers-sur-Cher, Pascal et Danielle Gibault conduisent ce domaine de 22 ha depuis 1988 et sont les héritiers d'une longue tradition de producteurs de vins de Touraine. Ils exportent plus de 70 % de leur production dans une dizaine de pays.

Ce vin à la robe éclatante dévoile de généreuses et intenses senteurs de fruits blancs bien mûrs. Un fruité soutenu qui intervient dès l'attaque dans une bouche chaleureuse, ronde et longue, équilibrée par une pointe de fraîcheur bien ajustée. Un blanc de repas. ✗ 2015-2018 ✤ sandre au beurre blanc

☛ Dom. Gibault, Les Martinières, 11, rue des Vignes, 41140 Noyers-sur-Cher, tél. 02 54 75 36 52, danielle-de-lansee@wanadoo.fr 🆅 👤 🎁 r.-v.

DOM. DE LA GIRARDIÈRE Sauvignon 2014 ★★

| | 26 700 | | 👤 | | - de 5 € |

Domaine familial créé au début du XXᵉs. et implanté sur le territoire de Saint-Aignan-sur-Cher, sur la rive gauche. Patrick Léger, qui avait pris en 1988 la suite de trois générations, a cédé en 2014 son exploitation (16 ha) à Sylvie Lalizel.

Après un élevage sur lies de plusieurs mois, ce sauvignon se présente avec élégance dans une robe or pâle aux reflets verts, le nez ouvert sans réserve sur les fruits frais agrémenté de notes florales. Une attaque franche et énergique prélude à une bouche d'une grande richesse, soulignée par une fine fraîcheur toute ligérienne. Un vin

remarquable par son équilibre. ✗ 2015-2018 ✤ tagliatelles à la crème

☛ Dom. de la Girardière, 283, rte de la Girardière, 41110 Saint-Aignan, tél. 02 54 75 42 44, domainedelagirardiere@wanadoo.fr 🆅 👤 🎁 t.l.j. 9h-19h; dim. sur r.-v. ☛ Sylvie Lalizel

DOM. DE LA GRANGE
Sec Sauvignon et chardonnay Les Buissonets 2014 ★

| | 26 000 | | 👤 | | 5 à 8 € |

Bruno Curassier conduit depuis 1992 ce domaine familial de 13 ha situé à deux pas de Chenonceaux et d'Amboise. Après un passage en coopérative, il a débuté sa mise en bouteilles en 2006.

Un touraine blanc un peu atypique par ce soupçon de chardonnay (5 %) qui confère de beaux reflets dorés à la robe. Le sauvignon apparent quant à lui d'intenses et classiques notes d'agrumes et de buis perçues dès le premier nez, tandis que la pêche de vigne s'invite dans une bouche ronde et riche qui ne manque pas de fraîcheur. Un vin complet et de très bonne tenue. ✗ 2015-2018 ✤ roulade de veau au chèvre ■ Gamay Vieilles Vignes Le Reinet 2014 (5 à 8 € ; 10 000 b.) : vin cité. ✗ 2015-2018

☛ Dom. de la Grange, 8, rue de la Grange, 37150 Bléré, tél. 02 47 57 68 18, bruno.curassier@bbox.fr
🆅 👤 🎁 t.l.j. sf dim. 10h-12h 14h-19h

DOM. GUENAULT Sauvignon 1885 2014 ★

| | 52 266 | | | | do 5 € |

La famille Bougrier a développé un négoce florissant le long de la Loire ; elle exploite également des vignes dans la commune de Saint-Georges-sur-Cher. Ce domaine fut l'un des premiers de la région à palisser ses vignes.

Beaucoup d'harmonie dans ce 2014 au bouquet caractéristique d'agrumes agrémenté d'une pointe exotique. Très souple en bouche, où les agrumes réapparaissent, il domine son sujet par sa longueur et la fine tension ressentie en finale. ✗ 2015-2018 ✤ flétan sauce à l'aneth

☛ SCEA Dom. des Hauts Lieux, Les Hauts-Lieux, 41400 Saint-Georges-sur-Cher, tél. 02 54 32 31 36, st.georges@bougrier.fr ☛ N. Bougrier

VIGNOBLE DU HAUT BAGNEUX
Gamay Vieilles Vignes 2014 ★

| ■ | 3 000 | | 👤 | | 5 à 8 € |

Représentant la quatrième génération de vignerons sur le domaine, Jean-Christophe Mandard, installé en 1993, exploite 27 ha sur les premières côtes de la rive gauche du Cher, un terroir riche en silex et précoce.

Un joli gamay chaleureux et épicé au nez comme en bouche, soutenu par des tanins soyeux et ronds garants d'une belle longévité. ✗ 2015-2019 ✤ foie de veau aux fruits rouges ■ Jean-Christophe Mandard Sauvignon 2014 (- de 5 € ; 50 000 b.) : vin cité. ✗ 2015-2016

☛ Jean-Christophe Mandard, 14, rue du Bas-Guéret, 41110 Mareuil-sur-Cher, tél. 02 54 75 19 73, mandard.jc@wanadoo.fr 🆅 🎁 r.-v.

DOM. DU HAUT PERRON Sauvignon 2014

| ■ | 40 000 | | 👤 | | - de 5 € |

Cette ancienne ferme en polyculture s'est spécialisée dans la vigne et orientée vers la vente directe après

LOIRE

l'installation en 1999 de Cédric Allion. Le vigneron exploite 30 ha couvrant les coteaux de Thésée sur la rive droite du Cher.

Robe or pâle, agrumes et fleurs blanches à l'olfaction, ce 2014 est attrayant dès la première approche. Souple et alerte en attaque, il conserve la fraîcheur caractéristique du cépage jusqu'à la finale, finement citronnée. ✗ 2015-2017 ❦ filets de sole au citron

○┐ EARL Guy Allion, 15, rue du Haut-Perron, 41140 Thésée, tél. 02 54 71 48 01, contact@guyallion.com Ⓥ 🏃 🔼 r.-v. ⌂ Ⓔ

HENRY MARIONNET Gamay Vinifera 2014		
■ 6 000	🔼	11 à 15 €

Installé en 1968 en Touraine orientale, aux confins de la Sologne, Henri Marionnet a donné à son domaine une réelle notoriété. Son fils Jean-Sébastien a pris en 2000 les rênes d'un vaste vignoble de 63 ha. Un pilier de la Sologne viticole.

Une robe rubis, un bouquet complexe de cerise, de gingembre et autres épices douces, les premiers signes sont engageants. Puissance et vigueur conduisent l'attaque en bouche, avant un développement plus tendre et soyeux et une jolie finale réglissée. ✗ 2015-2018 ❦ andouillette sauce moutarde

○┐ Henry Marionnet, La Charmoise, 41230 Soings-en-Sologne, tél. 02 54 98 70 73, henry@henry-marionnet.com Ⓥ 🏃 🔼 t.l.j. 9h-17h; f. 5-15 août

STÉPHANE MESLIAND Fête Nat 2012		
● 1 000		8 à 11 €

Domaine créé en 1880 par l'arrière-grand-père, greffeur après la crise du phylloxéra, et agrandi par les deux générations suivantes. Aux commandes depuis 1998, Stéphane Mesliand oriente son vignoble de 12,5 ha vers l'agriculture biologique.

« Fête Nat » ? Si le premier mot n'a pas besoin d'explication, le second indique que l'effervescence a été obtenue par fermentation naturelle des sucres du raisin avec ses levures indigènes. Bonne pioche pour cet extra-brut qui charme par son nez briochées et par son palais alerte et équilibré, à la fois riche et frais, plus nerveux en finale. ✗ 2015-2016 ❦ beignets de crevettes

○┐ Dom. Stéphane Mesliand, 1, rue du Lavoir, 37530 Limeray, tél. 02 47 30 11 15, domaine.mesliand@orange.fr Ⓥ 🏃 🔼 t.l.j. sf dim. 9h-19h

CH. MONCONTOUR Brut Tête de cuvée		
● 46 000	🔼	5 à 8 €

Le château bâti au XVᵉs. trône sur la falaise de tuffeau du village. Balzac avait convoité le domaine, propriété de l'évêque de Tours au temps de saint Martin (IVᵉs.). La famille Feray l'a acquis en 1994. Gilles Feray dispose de 120 ha de vignes répartis dans différentes communes de l'AOC vouvray, ce qui permet aux vins de refléter toute la richesse du terroir.

Cette Tête de cuvée présente une mousse légère qui chapeaute une robe d'or soutenu. Le bouquet est finement vanillé. L'attaque est « moussante » et le développement rond et généreux, sur les fruits confits. ✗ 2015-2016 ❦ tarte à l'abricot

○┐ SA Vignoble Ch. Moncontour, Les Patys, rue de Moncontour, 37210 Vouvray, tél. 02 47 52 60 77, infos@moncontour.com Ⓥ 🔼 t.l.j. 10h-12h 15h-18h
○┐ Gilles Feray

CAVE DES PRODUCTEURS DE MONTLOUIS-SUR-LOIRE Cuvée des Anges		
● 43 000	🔼	5 à 8 €

La coopérative de Montlouis-sur-Loire, créée en 1961, regroupe quinze viticulteurs adhérents pour une surface cultivée de 135 ha.

Cette cuvée associe les quatre cépages rouges de Touraine (cabernet franc, gamay, pinot noir et grolleau). Robe frangée d'orangé, nez de fruits frais, palais frais et bonne longueur, plaisir assuré et apéritif réussi. ✗ 2015-2016 ❦ tapas au jambon

○┐ Cave des Producteurs de Montlouis-sur-Loire, 2, rte de Saint-Aignan, 37270 Montlouis-sur-Loire, tél. 02 47 50 80 98, espace@cave-montlouis.com Ⓥ 🏃 🔼 t.l.j. 9h-12h30 14h-18h30

CAVES DU PÈRE AUGUSTE Cot Marreux 2013		
■ 13 000	🔼	- de 5 €

Voici maintenant plus d'un siècle que le père Auguste, trisaïeul d'Alain Godeau, l'actuel vigneron, a creusé les caves dans le tuffeau. Ce domaine de 43 ha situé aux portes de Chenonceaux est régulièrement mentionné dans le Guide.

Une robe grenat sombre, un bouquet épicé agrémenté d'une note de cuir frais, l'approche est plaisante. En bouche, on découvre un vin ample, plutôt chaleureux, fruité et bien équilibré jusqu'en finale. ✗ 2015-2018 ❦ coq au vin

○┐ Caves du Père Auguste, 14, rue des Caves, 37150 Civray-de-Touraine, tél. 02 47 23 93 04, contact@pereauguste.com Ⓥ 🏃 🔼 t.l.j. 8h30-19h30; dim. 10h-12h 🏠 ➋ ⌂ Ⓒ ○┐ Godeau

DOM. DES PIERRETTES Éros 2014		
■ 4 000	🔼	- de 5 €

À deux pas du château de Chaumont-sur-Loire aujourd'hui célèbre pour son festival des Jardins, Vincent Guilbaud et Cyril Geffard sont installés depuis 2004 sur ce domaine de 18 ha.

Une cuvée souple et ronde à déguster comme un enfant s'émerveille avec un bonbon. ✗ 2015-2016 ❦ agneau au miel ■ Sens's 2014 (5 à 8 €; 15 000 b.) : vin cité. ✗ 2015-2016

○┐ Dom. des Pierrettes, Le Meunet, 41150 Rilly-sur-Loire, tél. 02 54 20 98 44, contact@domainedespierrettes.fr Ⓥ 🏃 🔼 t.l.j. sf dim. 9h-19h

DOM. DES PIERRINES L'Esprit libre 2014 ★★		
■ 2 500		- de 5 €

Ce domaine familial de 18 ha situé sur la première côte du val de Cher est désormais conduit par Fabrice Delaunay, qui succède à ses parents Daniel et Pierrette. Cette cuvée propose un joli cocktail de cépages tourangeaux – cabernet franc, grolleau, gamay et pineau d'Aunis – à l'origine de belles sensations. Bouquet puissamment fruité, bouche équilibrée, à la fois fraîche, soyeuse et ronde, elle aussi bien fruitée, ce jusqu'à la finale, longue et intense. ✗ 2015-2018 ❦ risotto à la tomate

Fabrice Delaunay, 2, rue de la Bergerie, 41110 Pouillé, tél. 02 54 71 46 93, fabricedelaunay@hotmail.com V X 1 *t.l.j. 8h-12h 14h-18h*

DOM. DES POUPELINES Sec

●	10 000	5 à 8 €

Dominique Percereau est installé depuis 1991 sur ce domaine de 20 ha implanté sur la rive droite de la Loire, peu avant Amboise.

Cet assemblage chenin-chardonnay présente une fine mousse. Très frais et bien fruité au nez comme en bouche, de la légèreté, un bon équilibre sucre-acidité : il fera un bon compagnon pour l'apéritif. ✗ 2015-2016 ✞ rillettes de saumon

Dominique Percereau, 85, rue de Blois, 37530 Limeray, tél. 02 47 30 17 86 V X 1 *t.l.j. sf dim. 9h-12h 14h-19h*

DOM. PRÉ BARON Sauvignon 2014

■	100 000	5 à 8 €

Jean-Luc Mardon, héritier de quatre générations de vignerons, est un ardent défenseur des vins du secteur de la Touraine qui borde la Sologne. Aux commandes du domaine depuis 1995, il poursuit les efforts de son père en agrandissant le vignoble (38 ha aujourd'hui). Ses vins sont souvent en bonne place dans le Guide.

Belle intensité pour ce vin or pâle aux reflets verts. Une agréable fraîcheur aux tonalités citronnées stimule le palais jusqu'en finale. ✗ 2015-2017 ✞ asperges chaudes ■ Gamay 2014 (5 à 8 € ; 22 000 b.) : vin cité. ✗ 2015-2017

Dom. Pré Baron, 9, rue des Ormeaux, 41700 Oisly, tél. 02 54 79 52 87, jean-luc.mardon@wanadoo.fr V X 1 *t.l.j. sf dim. 9h-12h15 14h30-18h30 (sam. 17h)*
Jean-Luc Mardon

CH. DE LA PRESLE Sauvignon 2014

■	180 000	5 à 8 €

Installés à Oisly, Anne-Sophie Penet et son époux Frédéric Meurgey sont depuis 1998 à la tête du domaine familial acquis dans les années 1880. Le vignoble de 42 ha est implanté sur les terroirs argilo-sableux de la Sologne viticole.

Belle robe claire aux reflets argentés, bouquet expressif et fruité, fraîcheur, corps léger et bonne longueur, un sauvignon de Touraine simple et de bon aloi. ✗ 2015-2017 ✞ asperges ■ Gamay 2014 (5 à 8 € ; 20 000 b.) : vin cité. ✗ 2015-2017

Dom. Jean-Marie Penet, La Presle, 41700 Oisly, tél. 02 54 79 52 65, domaine.jean-marie.penet@wanadoo.fr V X 1 *t.l.j. sf dim. 9h-12h 15h-18h30*

DOM. CHARLY RAVENELLE Brut

●	4 000	5 à 8 €

Depuis 1980, Charly Ravenelle est à la tête de ce domaine familial implanté à la limite de la Sologne viticole et de la grande Sologne.

Or pâle aux reflets verts, cette cuvée présente une mousse délicate et un joli train de fines bulles. Le bouquet révèle des notes fruitées mâtinées d'épices. Une attaque tendre et ronde introduit un palais épanoui sur des arômes floraux. ✗ 2015-2016 ✞ feuilletés au fromage

Charly Ravenelle, 1592, rte de Touchebrault, Champdilly, 41230 Soings-en-Sologne, tél. 02 54 98 70 44, charly.ravenelle@orange.fr V X 1 *t.l.j. 9h-12h 14h-18h30; dim. 9h-12h*

DOM. DE LA RENAUDIE Sauvignon 2014 ★

■	96 000	- de 5 €

Établis à Mareuil aux confins de la Touraine, du Berry et de la Sologne, Bruno et Patricia Denis exploitent 30 ha de vignes. Cette dernière est œnologue.

Belle prestation pour ce 2014 dominé par les agrumes de bout en bout. Une fraîcheur renforcée par son terroir d'origine, des argiles sableuses, et par une belle finale aux accents de citron mûr. Cohérent et énergique. ✗ 2015-2018 ✞ asperges sauce mousseline

Dom. de la Renaudie, Patricia et Bruno Denis, 115, rte de Saint-Aignan, 41110 Mareuil-sur-Cher, tél. 02 54 75 18 72, domaine.renaudie@wanadoo.fr V X 1 *t.l.j. sf dim. 10h-12h 14h-19h* *Bruno Denis*

DOM. DE LA ROCHETTE Sauvignon 2014

■	85 000	5 à 8 €

Établi dans le joli village viticole de Pouillé, sur la rive gauche du Cher, Vincent Leclair a rejoint son père François à la tête d'une exploitation qui conjugue la modernité du chai avec la tradition des caves creusées dans le tuffeau. Le vignoble couvre 45 ha.

Un parfait compagnon pour les produits de la mer que ce blanc bien équilibré, souple, frais et expressif, ouvert sur des arômes d'acacia et de buis relayés en finale par des notes de pamplemousse agrémentées d'herbes fraîches. ✗ 2015-2017 ✞ plateau de fruits de mer

EARL Dom. de la Rochette, 79, rte de Montrichard, 41110 Pouillé, tél. 02 54 71 44 02, info@vin-rochette-leclair.com V X 1 *t.l.j. sf dim. 8h-18h*
Vincent Leclair

Ⓑ DOM. SAUVÈTE Solaris 2014 ★★

■	7 500	8 à 11 €

Georges, l'arrière grand-père, a planté le premier cep en 1905. Aujourd'hui, le vignoble couvre 17 ha conduits en bio par Jérôme Sauvète, sa femme Dominique et leur fille Mathilde.

Un peu délaissé depuis quelque temps, le gamay retrouve ses lettres de noblesse avec Jérôme Sauvète. Une jolie robe sombre aux reflets cerise et un nez intense de fraise et de framboise compotées invitent à poursuivre. La personnalité affirmée de ce vin apparaît alors dans un palais rond et persistant, au relief aromatique intense et élégant (fruits mûrs et épices). Une jolie bouteille qui a concouru pour le coup de cœur. ✗ 2015-2018 ✞ rôti de veau aux girolles ■ Sauvignon Oneiros 2014 (5 à 8 € ; 9 000 b.) Ⓑ : vin cité. ✗ 2015-2017

Dom. Sauvète, 9, chem. de la Bocagerie, 41400 Monthou-sur-Cher, tél. 02 54 71 48 68, domaine-sauvete@wanadoo.fr V X 1 *t.l.j. sf dim. 10h-12h 14h-19h; f. 15-31 août*

DOM. DES TABOURELLES Cot 2013

■	4 100	5 à 8 €

Anne Josseau conduit depuis 2009 ce domaine familial de 20 ha situé à Bourré, en amont du château de Chenonceau, sur les coteaux dominant le Cher.

LOIRE

D'un bel effet dans le verre, ce vin à la robe noire bordée de rubis dévoile un bouquet généreux de fruits rouges compotés. À une attaque franche et énergique succède une bouche « explosive » sur le raisin frais, épaulée par une élégante trame tannique. **I** 2015-2018 **Y** bœuf miroton

o— *Dom. des Tabourelles, 9, rte des Vallées, 41400 Bourré, tél. 06 16 73 56 28, contact.tabourelles@ gmail.com* **V ⚒ ⬆** *t.l.j. sf dim. 10h-12h30 14h-17h30* **🏠 ③ o—** Anne Josseau

LES CAVES DE LA TOURANGELLE 2014 ★		
◼	116 530	- de 5 €

Établie au cœur de la Touraine, entre Amboise et Montrichard, cette maison créée en 1995 est la propriété de la famille Bougrier, négociant présent dans l'ensemble du Val de Loire.

Ce rosé marie les quatre cépages rouges de Touraine (cabernet franc, gamay, pinot noir et grolleau). Il livre un nez dominé par les fruits rouges (la cerise notamment), que l'on retrouve dans une bouche souple, ronde et persistante. **I** 2015-2016 **Y** feuilletés au chèvre

o— *Les Caves de La Tourangelle, 26, rue de la Liberté, 41400 Saint-Georges-sur-Cher, tél. 02 54 32 31 36, st.georges@bougrier.fr*

CH. DE VALLAGON Sauvignon 2014		
◼	80 000	🗊	5 à 8 €

La Confrérie des Vignerons de Oisly & Thésée est une coopérative qui réunit vingt-quatre adhérents et 250 ha de vignes. Son vignoble s'étend sur les AOC cheverny et touraine.

À l'est de la Touraine, les blancs de la Sologne viticole présentent souvent une belle finesse apportée par la silice présente dans les sols. Caractéristique que l'on retrouve dans ce sauvignon expressif (fleurs blanches sur fond d'agrumes) à l'olfaction, frais, fruité (fruits blancs) et bien équilibré en bouche. **I** 2015-2017 **Y** sole meunière **◼** Les Cépages 2013 (5 à 8 € ; 5 600 b.) : vin cité. **I** 2015-2018

o— *Confrérie des Vignerons de Oisly & Thésée, 5, rue du Vivier, 41700 Oisly, tél. 02 54 79 75 20, oisly@uapl.fr* **V ⚒ ⬆** *t.l.j. sf dim. 9h-12h 14h-18h*

LES VAUCORNEILLES Le Marchais blond 2014		
◼	3 000	🗊	5 à 8 €

Gilles Chelin, qui a repris ce domaine de 12,5 ha en 1998, a acquis une solide notoriété aux portes de Blois. Il propose ainsi en été une soirée « Spectacle et Vins », et le week-end de la Pentecôte un pique-nique au domaine où les vins sont offerts.

Une robe seyante, or pâle aux reflets argentés, des soupçons d'agrumes bien mûrs et une note de fleur blanche, un palais ample et souple, une finale minérale : un bon classique, alerte et équilibré. **I** 2015-2018 **Y** flétan aux agrumes

o— *Dom. Les Vaucorneilles, 10, rue de l'Égalité, 41150 Onzain, tél. 02 54 20 72 91, chelin@ loire-touraine-mesland-vaucorneilles.fr* **V ⬆** *mar. jeu. ven. sam. 10h-12h 14h-19h* **o—** Chelin

J. DE WILLEBOIS Vieilles Vignes 2014 ★		
◼	10 000	🗊	- de 5 €

En 2004, Joost de Willebois acquiert ce domaine et se spécialise alors dans la production de sauvignon blanc.

Il est aujourd'hui aidé de son épouse Miguela et du vigneron Thierry Merlet.

Cette cuvée issue de vieilles vignes cultivées sur des terres riches en silex déploie des parfums complexes et intenses d'agrumes et de fruits exotiques. En bouche, on ressent dès l'attaque et jusqu'en finale la richesse d'un raisin bien mûr, qui confère à ce vin un caractère tendre et rond. **I** 2015-2017 **Y** sandre au beurre blanc citronné

o— *Villebois, 43, rue de la Quezardière, 41110 Seigy, tél. 02 54 32 80 62, vin@villebois.eu* **o—** de Willebois

TOURAINE-AMBOISE

Superficie : 165 ha / Production : 8 767 hl (83 % rouge et rosé)

De part et d'autre de la Loire, sur laquelle veille le château d'Amboise des XVe et XVIe s., non loin du manoir du Clos-Lucé où vécut et mourut Léonard de Vinci, ce vignoble produit des vins rosés et rouges à partir du gamay, du cot et du cabernet franc. Ce sont des vins pleins, aux tanins légers ; lorsque cot et cabernet dominent, les rouges ont une certaine aptitude à la garde. Les mêmes cépages donnent des rosés secs et tendres, fruités et bien typés. Secs à demi-secs selon les années, les blancs peuvent également être gardés en cave.

DOM. DES BESSONS Les Silex 2013		
◼	3 000	🗊	5 à 8 €

Établi sur la rive droite de la Loire tout près d'Amboise, François Péquin s'est lancé dans la vinification et la vente directe après son installation en 1980. Il exploite 9 ha de vignes en touraine et en touraine-amboise.

Né d'une vigne de chenin plantée sur un terroir d'argiles à silex, cette cuvée évoque plutôt la fleur d'acacia et les agrumes que la pierre à fusil. La bouche, souple et tendre, s'épanouit quant à elle sur des arômes plaisants de fruits blancs relevés d'épices. **I** 2015-2017 **Y** poisson en sauce

o— *François et Brigitte Péquin, Dom. des Bessons, 113, rue de Blois, 37530 Limeray, tél. 02 47 30 09 10, francois.pequin@wanadoo.fr* **V ⚒ ⬆** *t.l.j. sf dim. 9h-12h30 14h-19h; nov.-mars sur r.-v.; f. 1er-15 janv.*

PHILIPPE CATROUX 2014		
◼	7 000	🗊	- de 5 €

Comme dans de nombreuses exploitations de Limeray, l'histoire viticole familiale est ici ancienne. Représentant la cinquième génération, Philippe Catroux, installé depuis 1985, conduit un domaine de 16 ha.

Un rosé issu de l'assemblage du cot, du gamay et du cabernet franc. Au nez, des petits fruits rouges à foison. En bouche, du fruit et encore du fruit, de la fraîcheur et de la souplesse. **I** 2015-2016 **Y** salade de fruits rouges

o— *Philippe Catroux, 2 et 4, rue des Caves-de-Moncé, 37530 Limeray, tél. 02 47 30 13 10, philippe.catroux@ caves-catroux.com* **V ⚒ ⬆** *t.l.j. sf dim. 9h-12h30 14h-19h*

DOM. DUTERTRE Plaisir 2014		
◼	7 000	🗊	5 à 8 €

Ce domaine établi à Limeray, l'un des villages viticoles importants de l'appellation, a vu se succéder cinq générations de vignerons. Une valeur sûre.

Un rosé sec issu principalement du cot (70 %). On apprécie ses arômes d'agrumes et de menthol rehaussés d'épices, ainsi que sa fraîcheur et sa netteté en bouche. Un vin « tout-terrain », qui accompagnera un vaste panel culinaire. ✗ 2015-2016 ❦ bœuf sauté aux oignons

☞ *Dom. Dutertre, 20-21, rue d'Enfer, 37530 Limeray, tél. 02 47 30 10 69, domainedutertre@9business.fr* 🆅 👤 🔊 *t.l.j. sf dim. 9h-12h30 14h-18h*

XAVIER FRISSANT M de la Touche 2013 ★		
■	10 000	👤	5 à 8 €

Installé depuis 1990 à Mosnes, en aval d'Amboise, Xavier Frissant cultive 25 ha de vignes. Un vigneron bien connu des lecteurs grâce à ses vins souvent en bonne place dans le Guide.

Une robe rubis aux reflets mauves, un bouquet de fruits rouges et noirs élégant et intense, les premières impressions invitent à poursuivre. Et l'on n'est pas déçu : le palais se révèle à la fois charnu, velouté et corpulent, soutenu par des tanins soyeux. Une bouteille de caractère que l'on appréciera aussi bien jeune que patinée par la garde. ✗ 2015-2019 ❦ mijoté de bœuf à la tomate ■ Les Pierres 2013 (5 à 8 € ; 10 000 b.) : vin cité. ✗ 2015-2017

☞ *Xavier Frissant, 1, chem. Neuf, 37530 Mosnes, tél. 02 47 57 23 18, xf@xavierfrissant.com* 🆅 👤 🔊 *t.l.j. 9h-12h 14h-18h30; dim. 9h-12h* 🏠 🅖

♥ **DOM. DE LA GABILLIÈRE** Authenti'ot 2013 ★★		
■	2 560	⑪	8 à 11 €

AuthentiCôt
TOURAINE AMBOISE
2013

Ce domaine d'application pédagogique du lycée viticole d'Amboise (20 ha) est également une structure de recherche à l'échelle de la région Centre, en lien avec les différents organismes viticoles.

Mention très bien et félicitations du jury pour les élèves du lycée d'Amboise (et leurs professeurs). Cet Authenticôt a fait mouche – notons ici la propension de ce cépage, outre ses qualités intrinsèques, à stimuler l'imagination des vignerons pour trouver leurs noms de cuvée. Rubis profond aux reflets mauves, il distille de fines notes de violette et de cassis mâtinées de nuances vanillées et toastées bien fondues. En bouche, il affirme sa puissance et sa corpulence dès l'attaque, mais ne s'en contente pas, ajoutant du soyeux et de l'élégance. Un vin qui associe force et finesse comme certains films mêlent action et sentiments. ✗ 2015-2020 ❦ coq au vin

☞ *Dom. de la Gabillière, 46, av. Émile-Gounin, BP 239, 37402 Amboise, tél. 02 47 23 35 51, expl.lpa.amboise@ educagri.fr* 🆅 👤 🔊 *t.l.j. sf dim. 9h-12h 14h-17h; sam. 9h-12h30; f. 1er-15 août* ☞ *Lycée viticole d'Amboise*

DOM. DE LA GRANDE FOUCAUDIÈRE 2014 ★★		
■	2 500	👤	5 à 8 €

Après avoir passé quinze ans en région parisienne, Lionel Truet est revenu en 1992 sur les terres familiales situées dans la région d'Amboise. Il conduit aujourd'hui un petit vignoble niché au cœur d'un parc forestier de 40 ha.

Lionel Truet signe ici un vin épanoui, né sur les terroirs argilo-calcaires de Saint-Ouen-les-Vignes. Robe brillante, bouquet intense et généreux de fraise des bois et d'épices, bouche ample et soyeuse, fraîche et longue. Le rosé de Touraine à son meilleur. ✗ 2015-2016 ❦ curry de poulet ■ Cuvée François 1er 2013 (5 à 8 € ; 3 000 b.) : vin cité. ✗ 2015-2017

☞ *Lionel Truet, La Grande-Foucaudière, 37530 Saint-Ouen-les-Vignes, tél. 02 47 30 04 82, lioneltruet@orange.fr* 🆅 👤 🔊 *t.l.j. 9h-20h* 🏠 🅑

STÉPHANE MESLIAND Mon Côt'o 2013 ★★		
■	3 000	⑪	8 à 11 €

Domaine créé en 1880 par l'arrière-grand-père, greffeur après la crise du phylloxéra, et agrandi par les deux générations suivantes. Aux commandes depuis 1998, Stéphane Mesliand oriente son vignoble de 12,5 ha vers l'agriculture biologique.

Issue de vieux ceps de cinquante ans plantés sur sols de perruches, cette cuvée 100 % cot a connu la barrique de chêne pendant neuf mois. Elle en retire une belle robe profonde et un bouquet mêlant fruits rouges cuits, pruneau, notes toastées et senteurs des sous-bois. En bouche, on découvre un vin puissant, dense et corpulent, structuré par des tanins fermes et de garde. ✗ 2017-2022 ❦ rôti de canard aux cèpes ■ Les Chemins Blancs 2013 (5 à 8 € ; 4 000 b.) : vin cité. ✗ 2015-2018

☞ *Dom. Stéphane Mesliand, 1, rue du Lavoir, 37530 Limeray, tél. 02 47 30 11 16, domaine.mesliand@ orange.fr* 🆅 👤 🔊 *t.l.j. sf dim. 9h-19h*

PLOU ET FILS 2014 ★		
■	20 000	👤	5 à 8 €

Cette propriété familiale a vu le jour en 1508 sur les terres de Chargé. Depuis, le domaine s'est agrandi et la dernière génération, installée en 2003, conduit aujourd'hui un vignoble de 80 ha.

Du caractère dans ce rosé foncé issu des trois cépages rouges locaux (cot, cabernet, gamay), au nez ouvert sur la framboise et l'orange sanguine. Bien équilibré dès l'attaque, le palais suit la même trame aromatique en y ajoutant une pointe agréable d'épices. ✗ 2015-2016 ❦ tarte à la tomate

☞ *Plou et Fils, 26, rue du Gal-de-Gaulle, 37530 Chargé, tél. 02 47 30 55 17, contact@plouetfils.com* 🆅 👤 🔊 *t.l.j. 9h-13h 14h-19h30*

DOM. DE LA TONNELLERIE Cuvée François 1er 2013		
■	1 000	👤	5 à 8 €

Vincent Péquin a pris en 1994 la suite de quatre générations de vignerons. Situé à mi-chemin des châteaux d'Amboise et de Chaumont-sur-Loire, son petit vignoble de 4 ha est implanté sur des coteaux aux sols argilo-calcaires et argilo-siliceux.

Un nez de petits fruits rouges (cerise, fraise), une bouche à l'unisson, souple et légère, aux tanins ronds et fondus, cette cuvée vise le plaisir immédiat. Objectif atteint. ✗ 2015-2017 ❦ grillades au barbecue

☞ *Vincent Péquin, 71, rue de Blois, 37530 Limeray, tél. 02 47 30 13 52, vincent.pequin@orange.fr* 🆅 👤 🔊 *t.l.j. sf dim. 9h-19h*

LOIRE

TOURAINE-AZAY-LE-RIDEAU

Superficie : 46 ha / Production : 1 705 hl (44 % blanc)

Nés sur les deux rives de l'Indre, les vins ont ici l'élégance du château qui se reflète dans la rivière et dont ils ont pris le nom. Les blancs, secs à tendres, particulièrement fins et de bonne garde, sont issus du cépage chenin. Les cépages grolleau (60 % minimum de l'assemblage), gamay, cot et cabernets (au maximum 10 %) donnent des rosés secs et très friands. Les vins rouges ont l'appellation touraine.

THIERRY BESARD Le Vieux Groslot 2014

| | 2 000 | ⓘ | - de 5 € |

Installé dans des bâtiments en tuffeau datant du milieu du XIXᵉs., Thierry Besard représente la troisième génération à la tête de ce domaine de 7,5 ha situé au confluent de l'Indre et de la Loire et à mi-chemin entre Azay-le-Rideau et Villandry.

Couleur prononcée, nez vineux et généreux de fruits rouges écrasés, l'approche laisse deviner un rosé puissant et structuré. La bouche ne dément pas : riche, intense, chaleureuse, elle conserve toutefois suffisamment de fraîcheur pour rester à l'équilibre. ☒ 2015-2017 ☥ moussaka

☞ Thierry Besard, 10, Les Priviers, 37130 Lignières-de-Touraine, tél. 02 47 96 85 37, thierry.besard@orange.fr Ⓥ 🏃 ✈ r.-v. 🏠 Ⓑ

Ⓑ CH. DE LA COUR AU BERRUYER 2013 ★

| | 4 000 | ⓘ ⬥ | 15 à 20 € |

Le Ch. de la Cour au Berruyer exploite 10 ha de vignes principalement situés sur les coteaux du village de Cheillé, dominant l'Indre et voisin d'Azay-le-Rideau. Les vendanges sont exclusivement manuelles, et le vignoble est conduit en bio.

Ce vin couleur jaune d'or a connu dix-huit mois de barrique. Il en retire un bouquet discret mêlant citron et boisé léger. Une attaque vive sans excès, sur des arômes citronnés, introduit avec dynamisme un palais fin et délicat, épaulé par ce même boisé fondu perçu à l'olfaction. Une bouteille harmonieuse, que l'on pourra attendre un peu. ☒ 2016-2020 ☥ volaille en sauce

☞ SCEA la Cour au Berruyer, Ch. de la Cour, 37190 Cheillé, tél. 06 87 74 49 03, grosboisnicolas@yahoo.fr ☞ Grosbois

DOM. DE LA CROULE 2014

| | 5 000 | ⓘ | 5 à 8 € |

Après une carrière de commercial dans le vin, Christophe Garnier a racheté en 2000 cette petite propriété de 3 ha qu'il cultive selon une démarche bio (sans certification).

Ce rosé généreux s'ouvre sur des arômes de fruits confits. Un caractère de surmaturation que l'on retrouve dans une bouche riche et dense, mais qui n'altère en rien son côté frais, mis en relief par des notes acidulées de citron et de pamplemousse. ☒ 2015-2016 ☥ rillons de Touraine

☞ Christophe Garnier, 18, rue Inglessi, 37230 Fondettes, tél. 02 47 42 18 85, christophe.garnier@live.fr Ⓥ 🏃 ✈ r.-v.

Ⓑ NICOLAS PAGET Arpège 2014 ★

| | 7 500 | ⓘ | 5 à 8 € |

Le domaine est établi près de la confluence de la Loire et de l'Indre, à la lisière de la forêt de Chinon. James Paget lui a donné une bonne notoriété. Son fils Nicolas lui a succédé en 2007 à la tête d'un vignoble qu'il conduit désormais en bio. À sa carte, du touraine, du touraine-azay-le-rideau et du chinon.

Ce 2014 rose pâle aux légers reflets fuchsia s'ouvre sur des arômes délicats et typés de fraise, de poivre et de rose. Fraîcheur et douceur s'équilibrent sans fausse note dans une bouche tout en finesse et de bonne longueur. ☒ 2015-2016 ☥ lapin aux épices douces ■ Opus 2013 ★ (8 à 11 € ; 3 000 b.) : un beau vin de chenin élevé un an en fût, aux arômes harmonieux de miel et de coing sur un fond boisé léger, riche et suave en bouche, affiné par une fraîcheur bien dosée. ☒ 2015-2019

☞ Nicolas Paget, 7, rue de la Gadouillère, 37190 Rivarennes, tél. 02 47 95 54 02, domaine.paget@wanadoo.fr Ⓥ 🏃 ✈ t.l.j. sf mer. dim. 9h30-12h 14h30-18h

Ⓑ LE SOT DE L'ANGE Sot Tise 2014

| | 7 300 | ⓘ | 8 à 11 € |

Quentin Bourse exploite depuis 2013 ce vignoble de quelque 12 ha conduits en bio et en biodynamie.

Ce rosé soutenu aux légers reflets orangés dévoile à l'olfaction des parfums gourmands de caramel au lait. La bouche se montre chaleureuse et assez puissante, aiguillonnée par la fraîcheur des agrumes (citron, pamplemousse). ☒ 2015-2016 ☥ tajine de poulet

☞ Le Sot de l'Ange, 68, rte de Langeais, 37190 Azay-le-Rideau, tél. 06 88 91 20 45, quentin@lesotdelange.fr Ⓥ 🏃 ✈ r.-v.

LA CAVE DES VALLÉES 2014

| | 3 000 | ⓘ | 5 à 8 € |

Héritier d'une lignée de vignerons remontant à 1789, Marc Badiller s'est installé en 1984 sur le domaine familial, établi entre la Loire et la forêt de Chinon. Il cultive 11 ha et propose une large gamme de vins de Touraine.

Ce 2014 rose foncé aux reflets fuchsia dévoile un bouquet discret mais avenant d'agrumes et de violette. En bouche, il se révèle riche, gras, chaleureux, égayé par des arômes frais de pamplemousse et de framboise. Un rosé de repas. ☒ 2015-2017 ☥ escalope milanaise ■ 2013 (5 à 8 € ; 3 000 b.) : vin cité. ☒ 2015-2019

☞ Dom. Badiller, 26, Le Bourg, 37190 Cheillé, tél. 02 47 45 24 37, contact@vins-badiller.fr Ⓥ 🏃 ✈ t.l.j. sf dim. 9h30-12h30 14h-18h

TOURAINE-CHENONCEAUX

Production : 1 900 hl

Couvrant les premières « côtes » des deux rives du Cher, sur vingt-sept communes de l'Indre-et-Loire et du Loir-et-Cher, le vignoble touraine-chenonceaux est, avec touraine-oisly, le plus récent des sous-ensembles délimités dans la vaste appellation touraine (2011).

Conscients du potentiel de leur terroir, les vignerons ont œuvré, des décennies durant, à donner à leur vin une dimension qui les distingue de ceux de l'AOC régionale. Dans cette quête de qualité et d'authenticité, ils ont réservé l'encépagement au seul cépage sauvignon en blanc et ont privilégié le cot et le cabernet franc en rouge. Des parcelles sélectionnées riches en silex, des rendements plus faibles, des élevages plus longs en rouge contribuent également au caractère de ces vins, des rouges amples et complexes et des blancs expressifs.

DOM. DES CAILLOTS 2013

| ■ | 3 000 | 🔒 | 8 à 11 € |

Des actes notariés attestent l'existence de cette propriété viticole dès le XVIIIe s. Dominique Girault, à la tête du domaine depuis 1983, perpétue la mise en valeur des excellents terroirs argilo-siliceux bordant le Cher. Son vignoble couvre aujourd'hui 20 ha.

Un vin tout indiqué pour découvrir le beau terroir de Chenonceaux. Ses atouts : une jolie robe claire, un bouquet fin d'agrumes et d'ananas, une bouche fruitée (fruits blancs), fraîche et minérale, svelte et tonique. ✗ 2015-2017 ♟ poulet au citron

o⊓ EARL Dominique Girault, 2, chem. du Vigneron, Le Grand-Mont, 41140 Noyers-sur-Cher, tél. 02 54 32 27 07, domaine.des.caillots@orange.fr Ⓥ 🏃 🚶 t.l.j. 10h-12h 14h-19h; dim. sur r. v.

DOM. DE LA CHAISE 2013

| ■ | 1 860 | 🔒 | 8 à 11 € |

Héritier d'une tradition qui remonte à 1850, Christophe Davault s'est installé en 2004 sur ce domaine qui couvre aujourd'hui 57 ha. L'exploitation est située sur les anciennes terres du prieuré de la Chaise, déjà plantées en vignes par les moines au Xe s.

65 % de cot et 35 % de cabernet franc pour ce vin au bouquet élégant et suave de fruits cuits et de pruneau. Du palais, il se dégage un caractère gourmand et tendre renforcé par le profil soyeux et rond des tanins. Une finale fraîche conclut agréablement la dégustation. ✗ 2015-2018 ♟ hachis parmentier

o⊓ Christophe Davault, La Chaise, 37, rue de la Liberté, 41400 Saint-Georges-sur-Cher, tél. 06 78 57 12 28, domainedelachaise@orange.fr Ⓥ 🏃 🚶 t.l.j. sf dim. 8h-12h 14h-19h

DOM. DU CHAPITRE 2013

| ■ | 5 400 | 🔒 | 8 à 11 € |

Installé à Saint-Romain-sur-Cher, aux portes de la Sologne viticole et sur les terroirs de la vallée du Cher, François Desloges perpétue une tradition vigneronne qui remonte à deux siècles. Il cultive le gamay, le cabernet, le cot, le sauvignon et... la pêche de vigne.

Coup de cœur pour son Brin d'Épice issu de cot (voir le chapitre touraine), le Dom. du Chapitre propose en complément un élégant touraine-chenonceaux, fruité, souple, léger et frais, aux tanins soyeux. Un vin de plaisir immédiat. ✗ 2015-2017 ♟ truite au vin rouge

o⊓ Maryline et François Desloges, 82, rue Principale, 41140 Saint-Romain-sur-Cher, tél. 02 54 71 71 22, ledomaineduchapitre@wanadoo.fr Ⓥ 🏃 🚶 r.-v.

DOM. DU HAUT PERRON 2013

| ■ | 1 500 | 🔒 | 5 à 8 € |

Cette ancienne ferme en polyculture s'est spécialisée dans la vigne et orientée vers la vente directe après l'installation en 1999 de Cédric Allion. Le vigneron exploite 30 ha couvrant les coteaux de Thésée sur la rive droite du Cher.

En robe pourpre légère, ce touraine-chenonceaux révèle un bouquet expressif de fruits rouges et de sous-bois. La bouche se montre souple, fraîche et légère, fruitée et épicée. Un joli rouge gouleyant. ✗ 2015-2017 ♟ tartare de bœuf ■ 2013 (5 à 8 € ; 8 100 b.) : vin cité. ✗ 2015-2017

o⊓ EARL Guy Allion, 15, rue du Haut-Perron, 41140 Thésée, tél. 02 54 71 48 01, contact@guyallion.com Ⓥ 🏃 🚶 r.-v. 🏠 Ⓔ

JEAN-CHRISTOPHE MANDARD 2013 ★

| ■ | 3 000 | 🔒 | 8 à 11 € |

Représentant la quatrième génération de vignerons sur le domaine, Jean-Christophe Mandard, installé en 1993, exploite 27 ha sur les premières côtes de la rive gauche du Cher, un terroir riche en silex et précoce.

La dégustation débute par un bouquet d'abord timide, qui s'ouvre à l'aération sur d'intenses notes de fruits rouges rehaussés de poivre blanc. Une attaque franche et souple introduit un palais rond et épicé, aux tanins fins et soyeux. Un vin policé et délicat. ✗ 2015-2018 ♟ onglet sauce poivre

o⊓ Jean-Christophe Mandard, 14, rue du Bas-Guéret, 41110 Mareuil-sur-Cher, tél. 02 54 75 19 73, mandard.jc@wanadoo.fr Ⓥ 🚶 r.-v.

DOM. JACKY MARTEAU Tandem 2013

| ■ | 2 000 | 🔒 | 8 à 11 € |

Jacky Marteau a pris sa retraite en 2010 et laissé les clefs du domaine à ses enfants, Ludivine et Rodolphe, qui représentent la quatrième génération à la tête de cette exploitation de 29 ha bien connue des lecteurs du Guide.

Mi-cot mi-cabernet franc, ce vin sombre aux reflets mauves (couleur typique du cot) dévoile un bouquet intense de fruits rouges bien mûrs relevés d'une pointe d'épice. La bouche se révèle franche et puissante, solidement étayée par des tanins serrés et stimulée par une jolie finale acidulée. Il gagnera son étoile en cave. ✗ 2016-2021 ♟ aiguillettes de canard

o⊓ Dom. Jacky Marteau, 36, rue de la Tesnière, 41110 Pouillé, tél. 02 54 71 50 00, contact@domainejackymarteau.fr Ⓥ 🚶 r.-v.

DOM. MICHAUD
Cuvée Ad Vitam Vieilles Vignes 2013 ★★

| ■ | 13 000 | 🔒 | 5 à 8 € |

Installé depuis 1985 dans la vallée du Cher, Thierry Michaud exploite 26 ha de vignes et produit de jolis vins de terroir. Une valeur sûre pour ses crémant-de-loire et ses touraine.

Coup de cœur en crémant-de-loire, ce domaine nous rappelle ici qu'il s'y entend aussi en matière de vin rouge. Un très beau vin de garde, sombre et profond, au bouquet puissant mêlant mûre et cassis, qui convainc définitivement par l'équilibre affiché en bouche entre un fruité gourmand, une fine fraîcheur et de beaux tanins denses et serrés. Déjà très harmonieuse, cette bouteille ne perdra rien à un séjour en cave. ✗ 2015-2020 ♈ navarin d'agneau

o— *Dom. Michaud, 20, rue les Martinières, 41140 Noyers-sur-Cher, tél. 02 54 32 47 23, thierry@ domainemichaud.com* Ⓥ 🔒 *t.l.j. sf dim. 10h-12h 14h-19h*

■	**CAVES DU PÈRE AUGUSTE** 2013		
■	9 000	🗋	5 à 8 €

Voici maintenant plus d'un siècle que le père Auguste, trisaïeul d'Alain Godeau, l'actuel vigneron, a creusé les caves dans le tuffeau. Ce domaine de 43 ha situé aux portes de Chenonceaux est régulièrement mentionné dans le Guide.

Ce 2013 s'annonce avec discrétion sur les fruits rouges agrémentés d'une petite note cuir. Il poursuit avec une attaque vive et alerte, prélude à un palais bien structuré et corsé. À attendre un peu pour plus de fondu. ✗ 2016-2019 ♈ coq au vin

o— *Caves du Père Auguste, 14, rue des Caves, 37150 Civray-de-Touraine, tél. 02 47 23 93 04, contact@ pereauguste.com* Ⓥ 🔒 *t.l.j. 8h30-19h30; dim. 10h-12h*
🏠 ❷ 🏠 Ⓒ

■	**DOM. DE LA ROCHETTE** 2013 ★★		
■	11 000	🗋	8 à 11 €

Établi dans le joli village viticole de Pouillé, sur la rive gauche du Cher, Vincent Leclair a rejoint son père François à la tête d'une exploitation qui conjugue la modernité du chai avec la tradition des caves creusées dans le tuffeau. Le vignoble couvre 45 ha.

Issu des sols de perruches des premières côtes du Cher, ce blanc s'exprime avec intensité à travers un bouquet expressif d'agrumes et d'ananas. Un fruité soutenu auquel fait écho une bouche fraîche et énergique, portée longuement par une élégante trame minérale. ✗ 2015-2018 ♈ huîtres ■ 2013 (8 à 11 € ; 4 000 b.) : vin cité. ✗ 2015-2018

o— *EARL Dom. de la Rochette, 79, rte de Montrichard, 41110 Pouillé, tél. 02 54 71 44 02, info@ vin-rochette-leclair.com* Ⓥ 🔒 *t.l.j. sf dim. 8h-18h*
o— Vincent Leclair

TOURAINE-MESLAND

Superficie : 100 ha / Production : 5 105 hl (82 % rouge et rosé)

Sur la rive droite de la Loire, au nord de Chaumont et en aval de Blois, le vignoble est implanté sur des sols perrucheux (argile à silex à couverture localement sableuse du miocène, ou limono-sableuse). Les rouges, très majoritaires, sont issus du gamay, assemblé à du cabernet et à du cot : ils sont bien structurés. Les blancs doivent contenir une majorité de chenin éventuellement complété de chardonnay et de sauvignon.

Ⓑ	**CLOS DE LA BRIDERIE** Vieilles Vignes 2014		
■	30 000	🗋	5 à 8 €

Repris en 2000 par Vincent Girault, qui exploite également le Ch. Gaillard, le clos de la Briderie a appartenu successivement au comte de Blois et au comte de Richelieu. Les 10 ha de vignes sont conduits en biodynamie.

Issu d'un assemblage classique de cépages tourangeaux (cot, gamay et cabernet franc), ce 2014 livre un bouquet généreux de fruits rouges mûrs. Au diapason, quelques notes de cassis en sus, la bouche penche nettement vers la fraîcheur, soulignée par une fine trame tannique. ✗ 2015-2018 ♈ rosbif froid

o— *Clos de la Briderie, 70, rue Rol-Tanguy, 41150 Monteaux, tél. 02 54 70 28 89, contact@ closchateaugaillard.fr* Ⓥ 🔥 🔒 *t.l.j. sf sam. dim. 9h-12h 14h-18h* **o—** Vincent Girault

■	**DOM. DU PARADIS** 2014		
■	5 000	🗋	- de 5 €

Cette exploitation familiale a été reprise en 1986 par Philippe Souciou, rejoint depuis par sa fille Laëtitia. La vigne y côtoie d'autres cultures et un élevage de vaches.

Une jolie robe jaune doré habille ce blanc à dominante de chenin, ouvert sur des notes d'agrumes mûrs et de fleur d'acacia. Le palais se révèle rond et souple, et déploie une jolie finale sur les fruits jaunes. ✗ 2015-2017 ♈ escalope de veau à la crème

o— *SCEA Philippe Souciou, Dom. du Paradis, 39, rue d'Asnières, 41150 Onzain, tél. 02 54 20 81 86, philipe.souciou@orange.fr* Ⓥ 🔥 🔒 *t.l.j. sf dim. 9h-12h 14h-18h*

■	**DOM. DE RABELAIS** 2014		
■	10 000	🗋	- de 5 €

La famille Chollet est installée à Onzain depuis 1720. À la tête d'un vignoble de 20 ha situé face au splendide château de Chaumont-sur-Loire, Cédric Chollet perpétue cette tradition viticole depuis 1999.

Une belle robe sombre habille ce rouge à dominante de gamay, au bouquet expressif mêlant le cassis et la framboise mûrs. La bouche se révèle souple et fraîche, portée par une trame tannique fondue. Un vin qui atteint sa cible : le plaisir immédiat. ✗ 2015-2017 ♈ carpaccio de bœuf ■ 2014 (- de 5 € ; 10 000 b.) : vin cité. ✗ 2015-2016 ■ 2014 (- de 5 € ; 4 800 b.) : vin cité. ✗ 2015-2017

o— *Cédric Chollet, 60, rue de Meuves, 41150 Onzain, tél. 02 54 20 88 91, cedric.chollet0980@orange.fr* Ⓥ 🔥 🔒 *jeu. ven. sam. 10h-12h 15h-18h; f. dern. sem. août*

■	**DOM. DES TERRES NOIRES** 2014 ★		
■	5 000	🗋	- de 5 €

Régulièrement mentionné dans le Guide, ce domaine conduit par les trois frères Rediguère depuis 1993 s'étend sur 15 ha.

Le terroir de Mesland est bien adapté au gamay noir, qui y produit d'excellents rosés. Ce 2014 à la robe claire et au nez expressif de minéralité et de framboise en est une belle illustration. La bouche ? Ronde, tendre, souple et bien stimulée par une finale fraîche. ✗ 2015-2016 ♈ bœuf sauté au basilic ■ 2014 (- de 5 € ; 5 000 b.) : vin cité. ✗ 2015-2017 ■ 2014 (- de 5 € ; 6 000 b.) : vin cité. ✗ 2015-2017

o— *GAEC des Terres noires, 81, rue de Meuves, 41150 Onzain, tél. 02 54 20 72 87, gaec.terres.noires@orange.fr* Ⓥ 🔒 *r.-v.*

■	**LES VAUCORNEILLES** Cuvée Lucile 2014 ★		
■	3 000	🗋	5 à 8 €

Gilles Chelin, qui a repris ce domaine de 12,5 ha en 1998, a acquis une solide notoriété aux portes de Blois. Il propose ainsi en été une soirée « Spectacle et Vins », et le week-end de la Pentecôte un pique-nique au domaine où les vins sont offerts.

Ce 2014 séduit d'emblée par sa complexité aromatique, mêlant délicatement notes d'agrumes et de fruits blancs. L'attaque est ronde, le développement intense et frais, renforcé par une fine minéralité. La finale sur le Zan laisse le souvenir d'un vin abouti et très équilibré. **I** 2015-2018 **Y** sandre rôti aux petits légumes ■ **Les Vaucorneilles Tendre Suzon 2014 ★ (5 à 8 € ; 3 600 b.)** : un rosé au bon goût de fruits rouges mûrs (fraise, framboise), tendre à souhait en bouche, épaulée par une pointe de fraîcheur qui lui apporte une belle allonge. **I** 2015-2016

⊙ *Dom. Les Vaucorneilles, 10, rue de l'Égalité, 41150 Onzain, tél. 02 54 20 72 91, chelin@ loire-touraine-mesland-vaucorneilles.fr*  🄥 🔧 *mar. jeu. ven. sam. 10h-12h 14h-19h*

TOURAINE-NOBLE-JOUÉ

Superficie : 28 ha / Production : 1 908 hl

Présent à la cour du roi Louis XI, le noble-joué est au sommet de sa renommée au XIXᵉs. Grignoté par l'urbanisation de la ville de Tours, le vignoble, qui faillit disparaître, renaît sous l'impulsion de vignerons qui le reconstituent. Ce vin gris, issu des pinot meunier, pinot gris et pinot noir, a été reconnu en AOC.

RÉMI COSSON 2014 ▲		
■	11 000	🛈	5 à 8 €

Le vin garde ses droits à Esvres, où Rémi Cosson conduit depuis 1997 son domaine de 4 ha.

Ce rosé pâle, très agréable à l'œil, dévoile un nez complexe qui mêle les fruits rouges, les épices, le bonbon anglais et une pointe mentholée. Une palette aromatique qui s'enrichit d'agrumes et s'épanouit dans une bouche fraîche et longue. **I** 2015-2016 **Y** hachua de veau

⊙ *Rémi Cosson, La Hardellière, 37320 Esvres-sur-Indre, tél. 06 80 93 53 73, remicosson@orange.fr* 🄥 🔧 *r.-v.*

ANTOINE ET VINCENT DUPUY 2014 ★		
■	40 000	🛈	- de 5 €

Vincent a rejoint son père Antoine Dupuy en 2007 pour exploiter les 12 ha de vignes du domaine familial.

Ce 2014 diaphane dévoile un joli bouquet fruité centré sur les agrumes. Un fruité frais qui, agrémenté d'épices, anime aussi une bouche franche en attaque, plus ronde et enveloppante dans son développement, avec une petite sensation de chaleur en finale. **I** 2015-2016 **Y** rillons de touraine

⊙ *Antoine et Vincent Dupuy, Le Vau, 37320 Esvres-sur-Indre, tél. 02 47 26 44 46, dupuy.vignerons@orange.fr* 🄥 🔧 *r.-v.*

♥ JEAN-JACQUES SARD 2014 ★★		
■	36 000	🛈	- de 5 €

En 2012, Jean-Jacques Sard, qui a créé cette exploitation en 1978, a passé le flambeau à l'œnologue Jérémie Pierru. Ce dernier, après quelques années dans d'autres vignobles, s'est posé en Touraine à la tête de ce domaine de 10,5 ha, qu'il renouvelle et replante depuis son arrivée.

Jérémie Pierru signe un noble-joué en majesté, qui rappelle les heures glorieuses de ce rosé trop méconnu des amateurs et tant apprécié au XIXᵉs. Un rosé qui associe à merveille les qualités des trois pinots : la corpulence et la rondeur pour le pinot meunier (65 % de l'assemblage) et le pinot gris, la finesse et la longueur pour le pinot noir. Ajoutez à cela une réelle complexité aromatique – menthe, agrumes, épices, fruits rouges – et vous obtenez un grand rosé de bouche. **I** 2015-2017 **Y** panceta ripiena

⊙ *EARL Jean-Jacques Sard, 3, La Chambrière, 37320 Esvres-sur-Indre, tél. 02 47 26 42 89, jpierru noblejoue@orange.fr* 🄥 🔧 🛠 *t.l.j. 9h-12h 13h30-19h; dim. sur r.-v.; f. 15-30 déc.* **⊙** Pierru

---

TOURAINE-OISLY

Production : 1 000 hl

Sur la rive gauche de la Loire, entre ce fleuve et le Cher, le terroir viticole d'Oisly s'étend sur dix communes de la partie orientale de l'aire d'appellation touraine. Cheverny est à une quinzaine de kilomètres au nord. La Sologne forestière, avec ses étangs et son gibier, est toute proche, à l'est. Le vignoble est implanté sur le plateau de la Sologne viticole. À l'est de Tours, les influences océaniques apparaissent très atténuées, et le climat est semi-continental. L'encépagement change également : en blanc, le chenin fait place au sauvignon. Les sols, graviers et formations dites « de Sologne » (sables, argiles, faluns) sont propices à ce cépage, le seul autorisé dans l'appellation, créé en 2011.

DOM. DE BELLEVUE La Plaine des cailloux 2013		
■	8 000	🛈	8 à 11 €

Représentant la cinquième génération, Raphaël Midoir a succédé à son père en 1997 sur la propriété familiale située au cœur de la Sologne viticole. Réputé pour ses crémants, ce domaine de 27 ha se distingue également par ses touraines blancs et rosés.

Ce touraine-oisly couleur paille s'ouvre sans réserve sur des notes typiques d'agrumes et de buis, puis dévoile des arômes plus mûrs de fruits blancs, de tilleul et d'acacia. La bouche séduit aussi par ses nuances raffinées de fruits exotiques et de citron. **I** 2015-2017 **Y** sole meunière

⊙ *Dom. de Bellevue, 380, rue de la Grande-Brosse, 41700 Chémery, tél. 02 54 71 83 58, domainedebellevue41@orange.fr* 🄥 🔧 🛠 *t.l.j. sf dim. 8h30-13h 14h-19h*

DOM. DES CORBILLIÈRES Fabel Barbou 2013		
■	14 000	🛈	8 à 11 €

Situé à Oisly, en Sologne viticole, ce domaine est une des valeurs sûres de l'appellation touraine. Acquis dans les années 1920, le vignoble de 27 ha est aujourd'hui conduit par Dominique Barbou.

Ce 2013 s'affiche dans une belle robe claire et livre des arômes persistants de buis et de fruits blancs. Souple dès

LOIRE

l'attaque, il offre de l'ampleur et une finale acidulée sur des notes citronnées. ✗ 2015-2017 ♈ dés de saumon crus en marinade

o⌐ *EARL Barbou, Dom. des Corbillières, 41700 Oisly, tél. 02 54 79 52 75, contact@domainedescorbillieres.com* Ⓥ 🔨 *r.-v.*

LIONEL GOSSEAUME Climat n° 1 2013 ★		
■	6 500 🛈	8 à 11 €

Lionel Gosseaume, après une quinzaine d'années au service d'autres producteurs, a sauté le pas en 2007 et s'est installé à Choussy, au cœur de la Sologne viticole sur un domaine de 20 ha.

Ce 2013 exhale d'intenses notes de beurre, de buis et de menthol. Souple à l'attaque, le palais offre une légère sucrosité contrebalancée en finale par des notes fraîches de pamplemousse. À noter l'originalité de l'étiquette affichant les données GPS de la parcelle de sauvignon ayant contribué à cette belle cuvée. ✗ 2015-2017 ♈ coquilles Saint-Jacques

o⌐ *Lionel Gosseaume, 6, chem. des Étangs, 41700 Choussy, tél. 02 54 71 55 02, info@lionelgosseaume.fr* Ⓥ 🔨 🔨 *r.-v.*

DOM. DE MARCÉ Coulée galante 2013		
■	30 000 🛈	5 à 8 €

Les vins blancs du Dom. de Marcé sont souvent au rendez-vous du Guide. Installé depuis 1992 à Oisly, Christophe Godet exploite 32 ha de vignes sur des terrains argilo-siliceux.

Un nez discret de fleurs blanches et de menthol ; une bouche franche et dense ; une finale fraîche mêlant buis et citron vert. Un ensemble gracieux et frais. ✗ 2015-2017 ♈ sushis

o⌐ *EARL Godet, 10, rte de Marcé, 41700 Oisly, tél. 02 54 79 54 04, godet.viticulteur@orange.fr* Ⓥ 🔨 🔨 *t.l.j. sf dim. 8h30-12h 14h30-19h*

| Ⓑ DOM. OCTAVIE | | |
Sauvignon Prestige d'Octavie 2013 ★		
■	13 985 🛈	5 à 8 €

Cette exploitation familiale créée en 1885 tient son nom de l'arrière-grand-mère à qui ont appartenu les premières parcelles. Aujourd'hui, Isabelle Roubllay exploite, avec son époux Noë, 32 ha de vignes (labellisées Terra Vitis depuis 2001) à la lisière de la Sologne.

Très belle expression du sauvignon blanc de Touraine, ce 2013 prouve que ces vins peuvent se bonifier au vieillissement et que la fraîcheur d'origine parfois trop incisive se mue en richesse et révèle le cœur du raisin. C'est bien le cas ici, avec un vin rond qui offre juste ce qu'il faut de vivacité, offrant de fins arômes fruités et floraux au nez comme en bouche. ✗ 2015-2018 ♈ écrevisses à la nage

o⌐ *Dom. Octavie-Roubllay Noë, SCEA Barbeillon-Roubllay, 7, rte de Marcé, 41700 Oisly, tél. 02 54 79 54 57, domaineoctavie@domaineoctavie.com* Ⓥ 🔨 🔨 *t.l.j. sf dim. 9h-12h30 14h-18h30*

DOM. PRÉ BARON L'Élégante 2013		
■	25 000 🛈	8 à 11 €

Jean-Luc Mardon, héritier de quatre générations de vignerons, est un ardent défenseur des vins du secteur

de la Touraine qui borde la Sologne. Aux commandes du domaine depuis 1995, il poursuit les efforts de son père en agrandissant le vignoble (38 ha aujourd'hui). Ses vins sont souvent en bonne place dans le Guide.

Cette cuvée claire aux reflets verts libère de fines notes de fleurs blanches assorties d'une touche mentholée. Souple et légère en bouche, elle offre une vivacité bienvenue en finale, sur des nuances d'agrumes et de buis. ✗ 2015-2017 ♈ crevettes marinées à l'orange

o⌐ *Dom. Pré Baron, 9, rue des Ormeaux, 41700 Oisly, tél. 02 54 79 52 87, jean-luc.mardon@wanadoo.fr* Ⓥ 🔨 🔨 *t.l.j. sf dim. 9h-12h15 14h30-18h30 (sam. 17h)*

o⌐ Jean-Luc Mardon

BOURGUEIL

Superficie : 1 356 ha / Production : 69 234 hl

Rouges et parfois rosés, les bourgueils sont produits à partir du cépage cabernet franc (breton), à l'ouest de la Touraine et aux frontières de l'Anjou, sur la rive droite de la Loire. Racés, dotés de tanins élégants, ils ont une très bonne aptitude au vieillissement, après une cuvaison longue, s'ils proviennent des sols sur tuffeau jaune des coteaux : au moins dix ans pour les meilleurs millésimes. Ils sont plus gouleyants et fruités s'ils proviennent des terrasses aux sols graveleux à sableux.

Ⓑ Y. AMIRAULT La Coudraye 2013 ★		
■	24 000 ⬗	8 à 11 €

Présent en saint-nicolas et en bourgueil, Yannick Amirault, rejoint en 2003 par son fils Benoît, fait partie des valeurs sûres de ces deux appellations. Ce domaine de 19 ha s'est engagé sur la voie de l'agriculture biologique en 2009.

Cette cuvée vêtue de pourpre sombre a été patiemment élevée en fût de chêne (un an). Sa palette aromatique, très variée, évoque de multiples senteurs fruitées agrémentées d'un boisé fondu ; arômes que l'on retrouve dans une bouche riche, solide et bâtie pour la garde. ✗ 2016-2025 ♈ veau marengo

o⌐ *Yannick Amirault, 1, rte du Moulin-Bleu, 37140 Bourgueil, tél. 02 47 97 78 07, info@yannickamirault.fr* Ⓥ 🔨 🔨 *r.-v.*

HENRI BOURDIN 2013 ★★		
■	3 400 🛈	5 à 8 €

Henri Bourdin privilégie l'accueil et la vente directe à la propriété. Les 15 ha du domaine sont répartis sur l'ensemble de l'appellation bourgueil, ce qui permet au vigneron de vinifier par terroir : argilo-calcaire, graviers, sable.

Un très joli vin né d'un cabernet franc qui a trouvé sur 2 ha de graviers un terroir à sa mesure. Le résultat : une robe vermillon transpercée d'éclairs violacées, un nez intensément fruité et une bouche souple et équilibrée, soutenue par des tanins bien fondus. ✗ 2016-2020 ♈ travers de porc sauce barbecue ■ Cuvée du Grand-Père 2013 (5 à 8 € ; 5 100 b.) : vin cité. ✗ 2016-2018

o⌐ *EARL Henri Bourdin, 7, Le Bourg-de-Paille, 37140 Bourgueil, tél. 02 47 97 96 69, bourdin.henri37@ orange.fr* Ⓥ 🔨 🔨 *t.l.j. sf dim. 8h-13h 14h-19h*

LAURENT BRESSON 2013 ★

| ■ | 4 000 | 🛈 ◑ | 5 à 8 € |

Laurent Bresson conduit depuis 1999 ce domaine de 5 ha.

Les vins de Laurent Bresson ne laissent pas indifférent. Constat confirmé pour ce 2013 dont on apprécie la robe rubis autant que son avantageuse olfaction de fruits noirs dominée par le cassis. Ce dernier se manifeste aussi dans une bouche ample, riche et ronde, soutenue par des tanins délicats. ✗ 2016-2022 ❦ chevreuil sauce grand veneur

⊶ *Laurent Bresson, 2, rte des Caves-Saint-Martin, 37140 Restigné, tél. 02 47 97 88 47, laurent.bresson@akeonet.com* Ⓥ 🚶 🏠 *r.-v.*

Ⓑ DOM. DE LA CABERNELLE
Reflets de mémoire 2013

| ■ | 9 000 | 🛈 ◑ | 5 à 8 € |

Les familles Caslot et Pontonnier ont associé leurs vignobles de saint-nicolas et de bourgueil à la suite d'un mariage. Implanté sur les coteaux qui dominent Benais, ce domaine de 37 ha est exploité en agriculture biologique.

Ce vin parade dans une belle tenue écarlate nuancée d'indigo, avant de déployer au nez d'intenses parfums de fruits noirs. La bouche est structurée, grasse et ponctuée en finale de touches acidulées. ✗ 2016-2019 ❦ bœuf miroton

⊶ *Dom. de la Cabernelle, Caslot – Pontonnier, 3, rue du Machet, 37140 Benais, tél. 02 47 97 84 69, contact@cabernelle.com* Ⓥ 🚶 🏠 *r.-v.*

DOM. DU CARROI Cuvée Prestige 2013

| ■ | 11 000 | 🛈 | 5 à 8 € |

Dans la famille Breton, on est viticulteur de père en fils. C'est en 1992 que Bruno reprend les rênes de ce domaine dont le vignoble est implanté sur des graviers et des argilo-calcaires et dans lequel on récolte tous les raisins à la main.

Habillée de rouge vif, cette cuvée centrée sur les fruits rouges est encore dominée par des tanins impérieux qui devraient s'assagir avec le temps. À attendre. ✗ 2017-2020 ❦ filet de bœuf Wellington

⊶ *EARL du Carroi, Bruno Breton, 45, rue Basse, 37140 Restigné, tél. 02 47 97 31 35, earlducarroi@orange.fr* Ⓥ 🚶 🏠 *r.-v.*

DOM. DE LA CHANTELEUSERIE Alouettes 2013

| ■ | 35 000 | 🛈 | 5 à 8 € |

La fondation de la Chanteleuserie remonte à près de deux siècles (1822). Sept générations de vignerons s'y sont succédé. Aujourd'hui, Thierry Boucard gère un domaine de 22 ha implanté à Benais sur des terres argilo-calcaires.

Ce 2013 d'allure printanière se montre très avenant dans sa robe rubis aux reflets orangés. Son olfaction, d'abord fraîche et discrètement mentholée, s'oriente à l'aération vers les fruits mûrs. La bouche, un brin végétale, se montre équilibrée. ✗ 2015-2018 ❦ charcuterie ■ Beauvais 2013 (8 à 11 € ; 10 000 b.) : vin cité. ✗ 2015-2018

⊶ *Thierry Boucard, La Chanteleuserie, 37140 Benais, tél. 02 47 97 30 20, t-boucard@wanadoo.fr* Ⓥ 🚶 🏠 *t.l.j. sf dim. 9h-12h 14h-19h*

DOM. DES CHESNAIES
Cuvée Vieilles Vignes 2013 ★

| ■ | 28 100 | ◑ | 5 à 8 € |

En 1947, Lucien Lamé se lance dans la vente en direct puis ajoute sur l'étiquette le nom de sa femme Yvonne Delisle. L'aventure prend un nouvel essor en 1968 avec l'arrivée de son gendre Lucien Boucard. En 1989, les enfants de ce dernier, Philippe et Stéphanie (aujourd'hui aidés de leurs conjoints Patricia et Éric), prennent le relais.

Douze mois d'élevage en fût ont affermi les tanins de ce 2013 élevé avec soin. Sa séduction n'en est pas affectée pour autant. Elle tient à la limpidité de sa tenue pourpre, à ses riches arômes de fruits noirs et à son élégante amplitude en bouche. ✗ 2016-2020 ❦ poulet rôti aux herbes

⊶ *Lamé Delisle Boucard, 21, rue de la Galotière, 37140 Ingrandes-de-Touraine, tél. 02 47 96 98 54, lame.delisle.boucard@wanadoo.fr* Ⓥ 🚶 🏠 *t.l.j. 9h-12h 13h30-17h30; sam. 9h-12h*

DOM. DE LA CHOPINIÈRE DU ROY
Rosé sur le fruit 2014 ★★

| ■ | 5 300 | 🛈 | 5 à 8 € |

Installé en 1999, Christophe Ory a été rejoint en 2010 par son frère Nicolas à la tête du domaine équipé et développé par Michel Ory, leur père ; le vignoble compte désormais 26 ha.

Ce 2014, finaliste des coups de cœur, présente une palette aromatique virevoltante où s'expriment tour à tour un fruité délectable (pêche, agrumes) et des notes pâtissières (confiseries, sucre d'orge). La bouche se révèle généreuse, riche et gourmande, équilibrée par une fine acidité et s'étire dans une longue finale anisée. ✗ 2015-2017 ❦ terrine de poisson

⊶ *Christophe et Nicolas Ory, Dom. de la Chopinière du Roy, 30, La Rodaie, 37140 Saint-Nicolas-de-Bourgueil, tél. 02 47 97 77 74, chopiniereduroy@aol.com* Ⓥ 🚶 🏠 *t.l.j 8h 19h30*

Ⓑ CLOS DE L'ABBAYE 2013

| ■ | 5 000 | | 5 à 8 € |

Ancien vignoble de l'abbaye bénédictine de Bourgueil, qui aurait acclimaté le cabernet franc en Touraine au XIᵉs., le Clos est la propriété de la congrégation des sœurs de Saint-Martin depuis 1975. Les vignes (6,8 ha) louées à Jean-Baptiste Thouet et Michel Lorieux sont cultivées selon les canons de l'agriculture biologique.

Enraciné en profondeur sur un terroir de graviers, le cabernet franc, dit « breton » ici, a donné un vin fruité, gouleyant à souhait, fidèle à la tradition gourmande du Bourgueillais. ✗ 2015-2018 ❦ poulet rôti

⊶ *SCEA de la Dime, Clos de l'Abbaye, 6, av. Le Jouteux, 37140 Bourgueil, tél. 02 47 97 76 30, closdelabbaye@wanadoo.fr* Ⓥ 🚶 🏠 *t.l.j. sf dim. 10h30-12h 14h30-19h*

LYDIE ET MAX COGNARD Les Tuffes 2013

| ■ | 10 000 | 🛈 ◑ | 5 à 8 € |

Créée en 1974 par Lydie et Max Cognard aujourd'hui rejoints par leurs enfants, Estelle et Rodolphe, cette

LOIRE

exploitation est située à Chevrette, un petit hameau de Bourgueil, à la limite de Saint-Nicolas. Elle s'étend désormais sur 13 ha.

Élevé quinze mois en cuve et en fût, ce bourgueil a bien négocié le difficile millésime 2013. Il se présente dans une aguichante robe pourpre et se montre encore sur la réserve à l'olfaction. Agréable en bouche, équilibré, doté de tanins un brin sévères, ce vin est promis à un bel avenir. ✗ 2016-2021 ▼ rognons de veau

○┐ SCEA Estelle et Rodolphe Cognard, Chevrette, 37140 Saint-Nicolas-de-Bourgueil, tél. 02 47 97 76 88, vins.cognard@orange.fr 🆅 👟 🏆 r.-v. 🏠 🅔

LE COUDRAY LA LANDE 2013		
■ 6 500	🍶 ⭕	5 à 8 €

Ce domaine a été démantelé en 1905 puis reconstitué en 1980 lors de l'installation de Jean-Paul Morin. La vieille propriété familiale est dominée par une imposante maison en pierre de taille du XIXᵉ s. ; le vignoble couvre plus de 19 ha. Le fils de Jean-Paul a rejoint le domaine en juin 2014.

La robe de ce 2013, limpide aux reflets orangés, annonce un début d'évolution. On n'attendra pas trop longtemps ce vin, rond et fruité en bouche, pourvu cependant d'une fine vivacité et de tanins encore un peu serrés qui lui permettront d'affronter une courte garde. ✗ 2016-2018 ▼ blanquette d'agneau

○┐ SCEA Morin F. et J.-P, Le Coudray la Lande, 30, rue de la Lande, 37140 Bourgueil, tél. 02 47 97 76 92, morin-jpf@hotmail.com 🆅 🏆 t.l.j. 9h30-12h 14h-19h

JÉRÔME DELANOUE 2013 ★		
■ 5 000	🍶	5 à 8 €

Jérôme Delanoue s'est lancé dans la viticulture en 1998 et s'est attaché depuis à parfaire l'exploitation de ses vignes sur des sols de graviers très qualitatifs. Il conduit aujourd'hui 12 ha en bourgueil et saint-nicolas.

Souvent présent au rendez-vous du Guide, Jérôme Delanoue offre ici un vin très réussi. Issu de terres graveleuses, ce dernier libère des arômes fruités et offre en bouche une matière soyeuse. ✗ 2015-2019 ▼ côtes d'agneau grillées

○┐ Jérôme Delanoue, 11, rue du Port-Guyet, 37140 Saint-Nicolas-de-Bourgueil, tél. 06 16 95 16 55, vinjdelanoue@wanadoo.fr 🆅 👟 🏆 t.l.j. 9h-19h

| DOM. NATHALIE ET DAVID DRUSSÉ | | |
Leroy de Resigné 2013		
■ 6 000	🍶	5 à 8 €

Issu d'une famille de viticulteurs de Saint-Nicolas, David Drussé a créé son domaine en 1996, rejoint ensuite par son épouse Nathalie. Depuis 2010, le couple a renoncé aux désherbages chimiques, premiers pas vers une viticulture plus écologique. Leur exploitation compte 21 ha.

Avec une régularité exemplaire, le domaine propose des vins gourmands. À l'image de ce 2013 élevé en cuve, rond en bouche, qui prodigue le fruité d'une vendange de belle maturité. ✗ 2015-2018 ▼ chorizo

○┐ Nathalie et David Drussé, 1, impasse de la Villatte, 37140 Saint-Nicolas-de-Bourgueil, tél. 02 47 97 98 24, drusse@wanadoo.fr 🆅 👟 🏆 r.-v.

DOM. DUBOIS Vieilles Vignes 2013		
■ 4 000	🍶	5 à 8 €

Depuis son installation en 2002 sur le domaine (près de 13 ha aujourd'hui) créé par son grand-père dans les années 1950, Mickaël Dubois fait preuve d'une remarquable constance dans la qualité.

Belle parure à reflets tuilés sur fond rouge sang pour ce vin un peu austère de prime abord, qui laisse peu à peu s'échapper des notes fruitées. Rond et souple en bouche, il est soutenu par de jolis tanins et déploie une finale vive et alerte qui lui donne de l'allonge. ✗ 2016-2020 ▼ rôti froid

○┐ Dom. Dubois, 49, rue de Lossay, 37140 Restigné, tél. 02 47 97 31 60, domaine.sergedubois@wanadoo.fr 🆅 👟 🏆 r.-v.

BRUNO DUFEU Clémence 2013 ★		
■ 7 000		5 à 8 €

Bruno Dufeu dirige depuis 1995 cette exploitation de 7,5 ha située sur la commune de Benais au cœur de l'AOC Bourgueil.

La belle robe magenta de ce 2013 annonce une olfaction généreuse (fruits confiturés). En bouche, cette cuvée fraîche au premier abord se révèle ensuite intensément fruitée (cerise à l'eau-de-vie) et s'étire dans une longue finale pimpante et alerte. ✗ 2015-2018 ▼ tajine d'agneau

○┐ Bruno Dufeu, Les Neusaies, 37140 Benais, tél. 02 47 97 76 53, brunodufeu@gmail.com 🆅 👟 🏆 r.-v. 🏠 🅑

DUVAL VOISIN 2013 ★		
■ 9 300	🍶	5 à 8 €

Installée dans le paysage ligérien en 1932, cette exploitation de 8 ha ajoute à ses activités vitivinicoles celle de pépiniériste (400 000 boutures par an !), ce qui facilite le choix des plants et des porte-greffes pour le domaine.

Ce 2013 tire de l'argilo-calcaire de vives saveurs « terroiristes ». Dans sa tenue pourpre transpercée d'éclairs indigo, il séduit d'emblée par ses arômes de cerises confites. L'attaque, tonique, s'émoustille sur des notes pierreuses. Le palais dévoile ensuite d'intenses saveurs fruitées escortées par des tanins souples et fondus. ✗ 2015-2018 ▼ côte à l'os

○┐ Dom. Duval Voisin, 6, rue de Fontenay, 37140 Ingrandes-de-Touraine, tél. 02 47 96 95 91, contact@duvalvoisin.com 🆅 🏆 r.-v.

LAURENT FAUVY 2013 ★		
■ 3 500	🍶	5 à 8 €

Laurent Fauvy est un vigneron discret, installé à Benais depuis 1991, dont les bourgueils sont souvent mentionnés dans le Guide.

Les jurés n'ont pas hésité à décorer d'une étoile ce 2013 né d'une vendange mûre et élevé en cuve pendant huit mois. Le pourpre profond de la robe séduit autant que le nez, centré sur de vifs arômes de fruits noirs. La bouche se révèle très aimable, offrant de la rondeur et du gras. ✗ 2015-2020 ▼ boudin aux châtaignes ■ Vieilles Vignes 2013 ★ (5 à 8 € ; 3 600 b.) : un vin ample, rond et généreux, au fruité intense et persistant. ✗ 2016-2019

○┐ EARL Laurent Fauvy, 7, rue du Machet, 37140 Benais, tél. 02 47 97 46 67, earl.fauvy.laurent@wanadoo.fr 🆅 👟 🏆 r.-v.

ⓑ DOM. DES GESLETS Les Geslets 2013

| ■ | 18 000 | ⓘ ⊕ | 5 à 8 € |

Valeur sûre du Bourgueillois, ce domaine de 20 ha, dont les origines remontent à 1935, est cultivé en bio certifié. Installé en 1997, Vincent Grégoire perpétue la tradition familiale, tant en saint-nicolas-de-bourgueil qu'en bourgueil.

Équilibre, finesse et longueur, voici les atouts de ce 2013 drapé d'un intense rouge carminé. ✗ 2016-2018 ⓨ grenadins de veau braisés ■ L'Expression 2013 (8 à 11 € ; 4 000 b.) ⓑ : vin cité. ✗ 2016-2018

o⊓ EARL Vincent Grégoire, 12, Dom. des Geslets, 37140 Bourgueil, tél. 02 47 97 97 06, domainedesgeslets@orange.fr Ⓥ 🄺 🄵 t.l.j. 10h-12h 13h30-18h30; dim. sur r.-v.

DOM. GODEFROY Les Champs Colesses 2013

| ■ | 3 900 | ⓘ | 5 à 8 € |

Après le départ à la retraite de son père en 2005, Jérôme Godefroy a pris les rênes de l'exploitation où se sont succédé cinq générations de vignerons. Il a ensuite entrepris un important travail de restauration de la propriété, qui couvre 11 ha aujourd'hui.

Même s'il affiche quelques signes d'évolution, ce 2013 libère d'agréables arômes de fruits rouges (framboise notamment). Fraîche et souple, la bouche offre une harmonie printanière. ✗ 2015-2018 ⓨ plateau de fromage

o⊓ Dom. Jérôme Godefroy, 19, Le Plessis, 37140 Chouzé-sur-Loire, tél. 02 47 95 16 56, domaine.godefroy@orange.fr Ⓥ 🄺 🄵 t.l.j. sf dim. 9h-12h 14h-18h

DOM. DU GRAND CLOS 2013

| ■ | 35 000 | ⓘ ⊕ | 8 à 11 € |

Installé depuis 1839 en Val de Loire, la famille Audebert exploite aujourd'hui un vignoble de 42 ha répartis en bourgueil, saint-nicolas et chinon, et conduit une activité de négoce. Les parcelles du domaine sont implantées dans tous les terroirs des trois appellations.

Ce 2013 couleur rubis se révèle un peu discret au nez mais il présente en bouche de jolis arômes fruités, frais et persistants. Un vin d'une aimable simplicité. ✗ 2015-2018 ⓨ brochettes de bœuf

o⊓ Maison Audebert et Fils, 20, av. Jean-Causeret, 37140 Bourgueil, tél. 02 47 97 70 06, maison@audebert.fr Ⓥ 🄺 🄵 t.l.j. sf dim. 8h-12h 13h30-18h30

ALAIN ET ARNAUD HOUX
Cuvée de la Chopinière 2013 ★

| ■ | 2 500 | ⓘ | 5 à 8 € |

Cette propriété de Restigné régulièrement mentionnée dans le Guide compte 18 ha de vignes implantées sur des sols argilo-calcaires. Arnaud Houx, à la tête du domaine familial depuis 2008, conserve les vins jugés « de garde » dans une cave taillée dans le roc.

Cette cuvée s'affiche en robe rubis brillant. Du verre s'échappent des parfums de violette et de fruits noirs. En bouche, ce 2013 se révèle généreux et équilibré pour s'achever dans une agréable finale mentholée. ✗ 2015-2018 ⓨ cailles rôties ■ Le Clos Barbin 2013 (5 à 8 € ; 2 500 b.) : vin cité. ✗ 2016-2018

o⊓ Arnaud Houx, 21, Le Clos-Barbin, 37140 Restigné, tél. 06 32 76 60 19, earlalainarnaud.houx@yahoo.fr Ⓥ 🄺 🄵 t.l.j. 9h-13h 14h-19h

ⓑ DOM. DE LA LANDE Prestige 2013 ★

| ■ | 5 000 | ⊕ | 11 à 15 € |

Propriété familiale depuis quatre générations, ce domaine s'étend sur 17 ha en bordure de la route du Vignoble. François Delaunay, qui a pris les rênes de l'exploitation en 1991, a engagé la conversion bio du domaine en 2010.

Une charmante tenue pourpre, une olfaction qui dispense un fruité jovial et une bouche équilibrée, à la fois ronde et fraîche, stimulée par de fines notes épicées : ce bourgueil séduit à tous les stades de la dégustation. ✗ 2016-2018 ⓨ steak et pommes de terre au lard

o⊓ Delaunay Père et Fils, 20, rte du Vignoble, 37140 Bourgueil, tél. 02 47 97 80 73, earl.delaunay.pfils@wanadoo.fr Ⓥ r.-v.

DOM. LAURENT MABILEAU 2013 ★★

| ■ | 40 000 | ⓘ | 8 à 11 € |

Depuis 1985, Laurent Mabileau conduit un domaine de 28 ha en bourgueil et en saint-nicolas, abrité des vents du nord par la forêt. Le vigneron signe avec une remarquable régularité des vins droits qui lui valent de fréquentes mentions dans le Guide.

La robe grenat de ce 2013 est profonde, pure et lumineuse. À l'aération, ce vin propage des fragrances de fruits frais évoquant les baies champêtres. La bouche, harmonieuse, offre après une attaque puissante une chair ronde qui enrobe une structure solide et compacte. Cette cuvée a frôlé le coup de cœur. ✗ 2016-2025 ⓨ chapon farci aux cèpes

o⊓ Laurent Mabileau, La Croix-du-Moulin-Neuf, 37140 Saint-Nicolas-de-Bourgueil, tél. 02 47 97 74 75, domaine@mabileau.fr Ⓥ 🄺 🄵 t.l.j. 9h-12h 14h-17h30; sam. dim. sur r.-v.

ⓑ FRÉDÉRIC MABILEAU Racines 2013

| ■ | 8 000 | ⓘ | 11 à 15 € |

Frédéric Mabileau est l'une des figures de proue en bourgueil et en saint-nicolas depuis son installation en 1991, en marge de l'exploitation paternelle. En 2005, les deux domaines ont fusionné, si bien que le vignoble couvre 28 ha aujourd'hui. Le producteur a adopté l'agriculture biologique en 2007 et la biodynamie en 2012.

Issu de cabernet franc planté sur de l'argilo-graveleux, ce vin de caractère est l'aboutissement d'un long combat contre un millésime compliqué. L'élevage en fût a engendré des tanins et un boisé un peu austères, mais l'ensemble, frais et harmonieux, ne pas affecté outre mesure et vieillira bien. À carafer avant le service. ✗ 2016-2020 ⓨ jambon de sanglier braisé

o⊓ Frédéric Mabileau, 6, rue du Pressoir, 37140 Saint-Nicolas-de-Bourgueil, tél. 02 47 97 79 58, contact@fredericmabileau.com Ⓥ 🄺 🄵 t.l.j. sf dim. 9h-12h 14h-17h30; sam. sur r.-v.

DOM. DES MAILLOCHES
Vieilles Vignes sur tuffeau 2013 ★

| ■ | 6 600 | ⓘ | 5 à 8 € |

Propriété familiale depuis huit générations, dont le vignoble uniquement constitué de cabernet franc est implanté sur trois types de sols : sables, graviers et argilo-calcaires. C'est Samuel Demont qui dirige le domaine depuis 2002.

Ces vieilles vignes, enracinées sur un terroir de tuffeau, ont donné naissance à un bourgueil bien fruité, souple et rond, étayé par des tanins gracieux et fondus. ✗ 2015-2018 ❦ salade de fruits rouges ■ 2014 ★ (5 à 8 € ; 1 100 b.) : ce rosé couleur saumon libère une palette expressive et fruitée (abricot, pêche), relayée par une bouche souple, fraîche et bien équilibrée. ✗ 2015-2016

☛ EARL Dom. des Mailloches, 40, rue de Lossay, 37140 Restigné, tél. 02 47 97 33 10, demont-j.f@ wanadoo.fr 🆅 🅰 🛈 r.-v. 🏠 🅓

BERTRAND ET VINCENT MARCHESSEAU
Alouette 2013 ★

■	16 000	🛈	5 à 8 €

Bertrand et Vincent Marchesseau ont repris l'exploitation familiale en 2001. Engagé depuis 2010 dans une démarche bio, leur vignoble (21 ha) couvre trois appellations : bourgueil, saint-nicolas-de-bourgueil et chinon.

Paré d'une éclatante robe cerise, ce 2013 présente un nez floral (bourgeon de cassis) et fruité (griottes), prolongé par un palais frais soutenu par des tanins acérés qui doivent encore se fondre. ✗ 2016-2020 ❦ escalope de veau ■ 2014 ★ (5 à 8 € ; 8 600 b.) : un vin gourmand et tendu qui plaira aux amateurs de rosés vifs et toniques. ✗ 2015-2016

☛ Bertrand et Vincent Marchesseau, 16, rue de l'Humelaye, 37140 Bourgueil, tél. 02 47 97 47 72, contact@vinmarchesseau.fr 🆅 🅰 🛈 r.-v.

DOM. DE MATABRUNE 2013

■	20 000	🛈	5 à 8 €

Fondée en 1931, bien avant la reconnaissance de l'appellation, la cave des Vins de Bourgueil dispose aujourd'hui de 320 ha en AOC bourgueil ainsi que de 20 ha en AOC saint-nicolas. Elle regroupe cinquante-cinq exploitants.

Ce domaine, dont le nom renvoie à un personnage de lavandière du *Pantagruel* de Rabelais, propose une cuvée en robe légère, souple et friande, qui s'anime sur des senteurs et des saveurs de fruits rouges. ✗ 2016-2018 ❦ carré d'agneau au thym ■ Un Air de Bourgueil 2014 (5 à 8 € ; 6 000 b.) : vin cité. ✗ 2016-2017 ■ Cornelius 1831 2013 (11 à 15 € ; 6 600 b.) : vin cité. ✗ 2016-2020

☛ Cave des Vins de Bourgueil, 16, rue des Chevaliers, 37140 Restigné, tél. 02 47 97 32 01, paulinefouchereau@ cavedebourgueil.com 🆅 🅰 🛈 t.l.j. sf dim. 9h30-12h30 14h-17h30

PATRICIA MÉNARD La Vigne aux alouettes 2013

■	3 500	🛈	5 à 8 €

Patricia et Hervé Ménard conduisent de concert ce domaine de quelque 3 ha en conversion bio depuis 2006. Le couple travaille l'ensemble des sols à l'aide de chevaux de trait.

Sur des terres graveleuses et argilo-siliceuses prospèrent les cabernets de cette parcelle qui, vendangés à la main, ont donné naissance à ce vin souple, frais et fruité de belle qualité, résultat d'un travail attentif au chai. ✗ 2015-2018 ❦ tagliatelles aux cèpes

☛ Hervé et Patricia Ménard, 6, rue de l'Échelle, 37140 Bourgueil, tél. 02 47 97 72 65, hp.menard@sfr.fr 🆅 🅰 🛈 r.-v. 🏠 🅑

♥ NAU FRÈRES Vieilles Vignes 2013 ★★

■	3 500	🛈	8 à 11 €

Les frères Nau conduisent un domaine familial de 20 ha situé sur les premières terrasses de Bourgueil. Leurs cuvées figurent régulièrement dans le Guide.

Cette cuvée issue de vieilles vignes enracinées sur l'argilo-calcaire dans une élégante robe grenat sombre teintée de violine. Elle libère à l'olfaction de séduisants arômes de fruits noirs confiturés parfumés de senteurs truffées. Le palais offre une texture fine et serrée, épaulée par des tanins soyeux et élégants qui lui apportent beaucoup de relief et de belles promesses pour l'avenir. ✗ 2016-2020 ❦ rôti de bœuf sauce Périgueux ■ Les Blottières 2013 (5 à 8 € ; 10 000 b.) : vin cité. ✗ 2015-2018

☛ Nau Frères, 52, rue de Touraine, 37140 Ingrandes-de-Touraine, tél. 02 47 96 98 57, naufreres@wanadoo.fr 🆅 🅰 🛈 t.l.j. sf dim. 9h-12h 14h-19h

DOM. DE LA NOIRAIE Plaisir d'été 2014 ★★

■	8 400	🛈	5 à 8 €

Le premier des Delanoue, vigneron à Benais, était métayer. Son fils acheta les bâtiments à ses propriétaires, ainsi que les premières vignes. Six générations plus tard, la famille exploite 42 ha à Bourgueil et à Saint-Nicolas.

Magnifique rosé de gastronomie (50 % issu de saignée, 50 % extrait de pressurage direct), ce 2014 a frôlé le coup de cœur. Une superbe robe corail, un nez flatteur de pêche de vigne, une bouche élégante, un brin vineuse, mais qui reste droite et nette grâce à une fine vivacité. Un excellent classique. ✗ 2015-2017 ❦ tajine de poulet

☛ EARL Delanoue Frères, 19, rue du Fort-Hudeau, 37140 Benais, tél. 02 47 97 30 40, delanoue.freres@ orange.fr 🆅 🅰 🛈 t.l.j. sf dim. 8h-12h 14h-20h

DOM. OLIVIER Vieilles Vignes 2013 ★

■	26 000	🛈	5 à 8 €

Créée en 1959, cette exploitation familiale, qui n'a cessé de se diversifier et de s'agrandir, couvre désormais 39 ha de vignes. Conduite depuis 1958 par Patrick Olivier et son épouse Agnès, elle est régulièrement distinguée dans le Guide.

Une micro-oxygénation bien conduite a « boosté » les parfums fruités (fruits noirs) de ce bourgueil issu de vieux cabernets. On retrouve ces arômes dans une bouche ample et riche, dotée de solides tanins qui assurent à ce vin une belle tenue à la garde. ✗ 2016-2022 ❦ coq au vin

☛ EARL Dom. Olivier, La Forcine, 37140 Saint-Nicolas-de-Bourgueil, tél. 02 47 97 75 32, patrick.olivier14@wanadoo.fr 🆅 🅰 🛈 t.l.j. 8h-12h 14h-19h; dim. sur r.-v.

DOM. DES OUCHES Coteau des Ouches 2013 ★

| ■ | 5 000 | ◨ | 8 à 11 € |

Établis à Ingrandes, village qui marque la limite entre les anciens duchés d'Anjou et de Touraine, les Gambier cultivent la vigne depuis 1980 : les parents Odile et Paul tout d'abord, leurs enfants **Thomas et Denis aujourd'hui. Leur domaine couvre 16,5 ha.**

Paré de sombre strié de violine, ce 2013 né sur des sols graveleux offre un joli nez de griottes et une bouche ronde, souple et soyeuse. Un bourgueil jovial. ✗ 2016-2020 ♈ terrine de lapin ■ Igoranda 2013 ★ (5 à 8 € ; 18 000 b.) : riche en couleurs et en saveurs, dotée de solides tanins, cette cuvée est un bon vin de garde. ✗ 2016-2022 ■ Les Clos Boireaux 2013 ★ (8 à 11 € ; 5 000 b.) : un vin généreux, bien structuré, ample et complexe. ✗ 2016-2020

⊶ Dom. des Ouches, 3, rue des Ouches, 37140 Ingrandes-de-Touraine, tél. 02 47 96 98 77, contact@domainedesouches.com Ⓥ 🏃 🛈 t.l.j. sf dim. 10h-12h 14h-18h ⊶ Thomas et Denis Gambier

Ⓑ DOM. DU PETIT BONDIEU Petit Mont 2013 ★

| ■ | 6 000 | ◨ | 5 à 8 € |

Installée à Restigné, la famille Pichet s'évertue depuis quatre générations à produire des vins au plus près de la nature et des terroirs. Le domaine, étendu sur 20 ha aujourd'hui, est géré par Thomas et son père Jean-Marc et conduit en bio certifié depuis le millésime 2012.

Cette cuvée à la robe pourpre intense exhale des arômes exubérants de fruits rouges frais. Délicat dès l'attaque, le palais se révèle soyeux, ample et finement boisé. ✗ 2016-2020 ♈ bœuf grillé ■ Les Terres brunes 2013 (5 à 8 € ; 6 000 b.) Ⓑ : vin cité. ✗ 2016-2018

⊶ Thomas Pichet, 30, rte de Tours, Le Petit Bondieu, 37140 Restigné, tél. 02 47 97 33 18, thomaspichet@orange.fr Ⓥ 🏃 🛈 t.l.j. sf dim. 9h-12h 14h-18h30 🏠 ➋ 🏠 Ⓖ

DOM. DE LA PETITE MAIRIE
Cuvée Ronsard 2013 ★

| ■ | n.c. | 🍶 ◨ | 5 à 8 € |

Établi à Restigné, James Petit a repris en 1997 le domaine de son oncle Jean Gambier aujourd'hui retiré. Le vignoble couvre 20 ha sur la première terrasse de l'appellation bourgueil.

Cette jolie cuvée drapée d'incarnat, hommage au « Prince des Poètes », est discrète au premier abord. À l'aération, elle libère des parfums de fruits noirs et d'épices douces. Friande et équilibrée, la bouche est soutenue par un boisé fin et fondu par des tanins actifs qui sauront s'assagir avec le temps. ✗ 2016-2020 ♈ côte de bœuf à la moelle ■ 2013 (5 à 8 € ; 5 000 b.) : vin cité. ✗ 2015-2018

⊶ James Petit, 9, rue de la Petite-Mairie, 37140 Restigné, tél. 02 47 97 30 13 Ⓥ 🏃 🛈 r.-v. ⊶ James Petit

DOM. DU PETIT SOUPER 2014 ★★

| ■ | 2 000 | 🍶 | - de 5 € |

Situé au cœur de Benais, là où les terres à forte teneur en argile sont disposées à produire des vins de garde, le Dom. de Thierry Dupuis se distingue depuis quelques éditions déjà dans les pages du Guide.

Pressenti pour un coup de cœur, ce 2014 s'affiche dans une séduisante parure saumonée. Aromatique à souhait (notes de bonbon anglais et d'agrumes), vif, voire un tantinet nerveux en bouche, sans pour autant manquer de chair et de gras, il s'impose comme un rosé de gastronomie. ✗ 2015-2017 ♈ filet mignon de porc ■ Vieilles Vignes 2013 ★ (- de 5 € ; 8 500 b.) : une robe pourpre, un nez intense et fruité, une structure bien en place pour ce bourgueil de belle tenue. ✗ 2016-2019

⊶ EARL Dupuis, 13, rue de la Barbinière, 37130 Saint-Patrice, tél. 02 47 96 97 46, earl.thierrydupuis@gmail.com Ⓥ 🏃 🛈 r.-v.

♥ DOM. LES PINS Vieilles Vignes 2013 ★★

| ■ | 10 000 | 🍶 | 8 à 11 € |

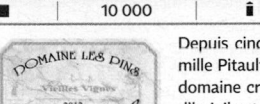

Depuis cinq générations, la famille Pitault-Landry exploite ce domaine créé en 1890. Aujourd'hui, il est conduit par un tandem père-fils. Couvrant 29 ha presque d'un seul tenant, les vignes entourent les bâtiments, dont une bâtisse du XVIᵉs.

Les vieux cabernets (cinquante ans) du domaine ont fourni des moûts de qualité, en dépit des difficiles conditions climatiques de 2013. Douze mois d'élevage en cuve ont peaufiné arômes et saveurs d'un vin qui se présente dans une brillante robe vermillon. Son coup de cœur, il le doit à un bouquet généreux centré sur les fruits mûrs ainsi qu'à une bouche soyeuse et longue laquelle, tout en restant puissante, fait preuve de finesse et d'élégance. ✗ 2016-2022 ♈ bavette grillée au feu de bois ■ Le Clos les Pins 2013 (8 à 11 € ; 7 000 b.) : vin cité. ✗ 2015-2018

⊶ Dom. les Pins, 8, rte du Vignoble, 37140 Bourgueil, tél. 02 47 97 47 91, philippe.pitault@wanadoo.fr Ⓥ 🛈 r.-v. ⊶ Pitault

GÉRARD POUPINEAU 2013

| ■ | 10 000 | 🍶 | 5 à 8 € |

Gérard Poupineau s'est attaché au développement d'un vignoble acquis par ses ascendants à la fin du XIXᵉs., qui couvre aujourd'hui 22 ha. Depuis une quinzaine d'années, il travaille suivant les principes de l'agriculture raisonnée.

Un bourgueil comme on les aime, gourmand et sans chichi, qui tient sa séduction d'une belle fraîcheur fruitée et d'un équilibre impeccable. ✗ 2015-2018 ♈ fromage de chèvre

⊶ Gérard Poupineau, 3, rue des Lavandières, 37130 Benais, tél. 02 47 97 35 19, domaine.desvienais@wanadoo.fr Ⓥ 🏃 🛈 t.l.j. sf dim. 9h-12h 14h-18h

DOM. DES RAGUENIÈRES Les Haies 2013

| ■ | 9 000 | 🍶 ◨ | 5 à 8 € |

Georges et Perrine Delachaux ont repris le domaine juste avant les vendanges 2012. Leur fille Philippine les seconde et Éric Roi, l'ancien propriétaire, reste en place comme maître de chai. Une maison de maître datant de la fin du XIXᵉs. trône au milieu du vignoble étendu sur 22 ha.

Né sur les terres siliceuses, ce bourgueil se présente dans une robe grenat et dévoile de jolis parfums de fraise et de framboise. La bouche, légèrement perturbée par une finale encore un peu serrée, reste souple et aimable. À attendre un peu. ✗ 2017-2020 ❦ brochettes de bœuf

☛ *Dom. des Raguenières, 11, rue du Machet, 37140 Benais, tél. 02 47 97 30 16, domaine@ bourgueil-france.com* 🆅 🎿 🛗 *r.-v.* ☛ Delachaux

DOM. DU ROCHOUARD Le Coteau 2013 ★		
■ 3 800	🍶 ⬤🔊	5 à 8 €

Guy Duveau a créé le domaine en 1976. Ses fils Dominique et Jean-Luc ont pris la relève, respectivement en 1995 et en 2007. Le vignoble couvre 20 ha et sa conversion à l'agriculture biologique a été engagée en 2012.

Cette cuvée, née sur 1,5 ha d'argilo-calcaire, est fringante dans sa tenue rubis. Nette et fruitée (framboise) au nez, elle offre une bouche veloutée et tout aussi fruitée (fraise, mûre), étayée par des tanins encore un peu fermes qui demandent à se fondre. ✗ 2017-2020 ❦ bavette grillée

☛ *GAEC Duveau-Coulon Fils, 1, rue des Géléries, 37140 Bourgueil, tél. 06 68 70 20 75, domainedurochouard@wanadoo.fr* 🆅 🛗 *t.l.j. 8h30-12h30 13h30-19h; dim. 10h-12h30 15h-18h*

JOËL TALUAU Cuvée du Domaine 2013 ★		
■ 27 800	🍶	5 à 8 €

Joël et Clarisse Taluau se sont installés en 1970 sur 2,2 ha ; ils ont été rejoints en 1993 par leur fille Véronique et leur gendre Thierry Foltzenlogel. Valeur sûre des AOC bourgueil et saint-nicolas, ce domaine de 30 ha se distingue régulièrement dans le Guide.

Ce 2013 grenat est strié de nuances violacées. Complexe, il libère d'harmonieux arômes de fruits noirs que l'on retrouve dans un palais rond et équilibré, étayé de tanins soyeux. ✗ 2016-2020 ❦ pintade rôtie

☛ *EARL Taluau et Foltzenlogel, 11, Chevrette, 37140 Saint-Nicolas-de-Bourgueil, tél. 02 47 97 78 79, joel.taluau@wanadoo.fr* 🆅 🎿 🛗 *t.l.j. sf dim. 9h-12h 13h30-18h; sam. sur r.-v.*

DOM. DES VALLETTES Vieilles Vignes 2013		
■ 18 000	⬤🔊	5 à 8 €

Ce domaine a vu se succéder huit générations de vignerons. Dernier héritier de ce savoir-faire complété par des expériences en Australie et en Espagne, Antoine Jamet, œnologue, a rejoint son frère François à la tête de l'exploitation (26 ha).

La robe rubis de ce 2013 est éclatante. Son nez, sur les fruits rouges, offre de subtils arômes de vanille, témoins de son élevage en fût (un an). En bouche, il se révèle flatteur et bien construit. En finale, les tanins encore un peu fermes appellent une courte garde. ✗ 2016-2020 ❦ paleron grillé

☛ *Dom. des Vallettes, EARL Antoine et François Jamet, 37140 Saint-Nicolas-de-Bourgueil, tél. 02 47 97 44 44, contact@vallettes.com* 🆅 🎿 🛗 *t.l.j. sf dim. 9h-12h 14h-18h*

SAINT-NICOLAS-DE-BOURGUEIL

Superficie : 1 076 ha / Production : 61 307 hl

Malgré des caractéristiques proches de celles de l'aire contiguë de Bourgueil, la commune de Saint-Nicolas-de-Bourgueil (simple paroisse détachée de Bourgueil au XVIIIᵉs.) possède son appellation particulière. Son vignoble croît, pour les deux tiers, sur les sols sablo-graveleux des terrasses de la Loire. Au-dessus, le coteau est protégé des vents du nord par la forêt ; le tuffeau y est surmonté d'une couverture sableuse. Bien que ce ne soit pas le cas des vins provenant exclusivement du coteau, les saint-nicolas-de-bourgueil, souvent issus d'assemblages, ont la réputation d'être plus légers que les bourgueils.

DOM. DES BERGEONNIÈRES 2013 ★		
■ 40 000	🍶	5 à 8 €

Conduit par la même famille depuis quatre générations, ce domaine de 20 ha au sol de graves et de sables aligne ses rangs de vignes sur les premières terrasses de Saint-Nicolas, face au sud, non loin de l'ancien lit de la Loire.

Enraciné sur un sol de sables et graviers, le cabernet franc s'exprime ici avec hardiesse : arômes pulpeux de fruits rouges, bouche charnue contrastant avec une attaque vive. Un beau représentant de l'AOC. ✗ 2015-2018 ❦ paupiettes de veau ■ Cuvée Vieilles Vignes 2013 (5 à 8 € ; 8 000 b.) : vin cité. ✗ 2015-2018

☛ *André Delagouttière, Les Bergeonnières, 37140 Saint-Nicolas-de-Bourgueil, tél. 06 20 37 37 55* 🆅 🎿 🛗 *r.-v.*

DOM. DU BOIS MAYAUD La Volupté Vieilles Vignes 2013 ★		
■ 20 000	🍶	5 à 8 €

Issus de familles vigneronnes, Françoise et Jean Boucher ont créé leur exploitation en 1994. Ludovic, leur fils, a rejoint l'aventure dix ans plus tard. Leur vignoble couvre 11 ha.

Pourpre tirant sur le rubis, cette cuvée a retenu l'attention pour la fraîcheur de ses arômes et pour son palais marqué par une belle mâche encadrée par des tanins serrés. ✗ 2015-2019 ❦ sauté de bœuf aux poivrons ■ L'Osmose 2013 ★ (- de 5 € ; 10 000 b.) : ce 2013 offre un palais franc et friand qui dispense des saveurs généreuses de fruits confits. ✗ 2015-2018

☛ *Françoise Boucher, 1, allée du Bois-Mayaud, 37140 Chouzé-sur-Loire, tél. 02 47 95 17 23, domaineduboismayaud@orange.fr* 🆅 🎿 🛗 *r.-v.* 🏠 Ⓐ

HENRI BOURDIN 2013		
■ 4 600	🍶	5 à 8 €

Henri Bourdin privilégie l'accueil et la vente directe à la propriété. Les 15 ha du domaine sont répartis sur l'ensemble de l'appellation bourgueil, ce qui permet au vigneron de vinifier par terroir : argilo-calcaire, graviers, sable.

Une cuvée issue de vieux cabernets francs enracinés sur un sol de graviers. Cette typicité graveleuse s'affirme en bouche : de la rondeur, du fruit et des tanins bien fondus. ✗ 2015-2018 ❦ assiette de charcuteries

☛ *EARL Henri Bourdin, 7, Le Bourg-de-Paille, 37140 Bourgueil, tél. 02 47 97 96 69, bourdin.henri37@ orange.fr* 🆅 🎿 🛗 *t.l.j. sf dim. 8h-13h 14h-19h*

Ⓑ DOM. DU BOURG Les Graviers 2013		
■ 25 000	🍶	8 à 11 €

Frédéric Mabileau est l'une des figures de proue en bourgueil et en saint-nicolas depuis son installation en

1991, en marge de l'exploitation paternelle. En 2005, les deux domaines ont fusionné, si bien que le vignoble couvre 28 ha aujourd'hui. Le producteur a adopté l'agriculture biologique en 2007 et la biodynamie en 2012.

Adepte des sélections parcellaires, Frédéric Mabileau signe un saint-nicolas friand qui extrait son originalité d'une parcelle de graviers. Les jurés ont aimé l'intensité de sa robe rubis, son nez élégant et frais de fruits rouges et la vivacité tonique de sa bouche. ✗ 2015-2018 ▼ asperges à l'italienne ■ Frédéric Mabileau Les Rouillères 2013 (8 à 11 € ; 80 000 b.) : vin cité. ✗ 2015-2018

o→ Frédéric Mabileau, 6, rue du Pressoir, 37140 Saint-Nicolas-de-Bourgueil, tél. 02 47 97 79 58, contact@fredericmabileau.com Ⓥ 🏃 🏠 t.l.j. sf dim. 9h-12h 14h-17h30; sam. sur r.-v.

DOM. DAMIEN BRUNEAU Cuvée Fût de chêne 2013 ★		
■	2 000	🏠 ⬤	8 à 11 €

Ghislaine et Yvan Bruneau, tous deux natifs de Saint-Nicolas et descendants de plusieurs générations de vignerons, perpétuent la tradition familiale depuis 1986. Ils sont aujourd'hui aidés par leur fils Damien pour conduire les 20 ha de la propriété.

Ce 2013 s'affiche en robe pourpre striée de violine et livre un nez discrètement vanillé sur fond d'arômes de raisins mûrs. La bouche est fraîche, ample et harmonieuse. ✗ 2015-2018 ▼ boudin noir ■ Cuvée des Clos 2013 ★ (5 à 8 € ; 9 300 b.) : des arômes de fruits noirs bien mûrs préludent à une bouche onctueuse, douce et équilibrée. ✗ 2015-2018

o→ EARL Yvan et Ghislaine Bruneau et Fils, 50, av. Saint-Vincent, 37140 Saint-Nicolas-de-Bourgueil, tél. 02 47 97 90 67, contact@damienbruneau.fr Ⓥ 🏃 🏠 r.-v.

CAVE BRUNEAU-DUPUY Vieilles Vignes 2013		
■	27 000	🏠	5 à 8 €

Représentant la troisième génération de vignerons à travailler sur ce domaine de Saint-Nicolas, Sylvain Bruneau a engagé en 2012 la conversion bio du vignoble étendu sur une vingtaine d'hectares. Un domaine régulier en qualité.

Cette cuvée arbore une robe rubis très brillante. La bouche, charnue, distille des saveurs de fruits et s'adosse à de beaux tanins soyeux et ronds. ✗ 2015-2018 ▼ côte de veau

o→ Sylvain Bruneau, 14, La Martellière, 37140 Saint-Nicolas-de-Bourgueil, tél. 02 47 97 75 81, info@cave-bruneau-dupuy.com Ⓥ 🏃 🏠 t.l.j. sf dim. 9h-12h30 13h30-18h

Ⓑ DOM. DE LA CABERNELLE D'une vigne à l'autre 2013		
■	9 000	🏠 ⬤	5 à 8 €

Les familles Caslot et Pontonnier ont associé leurs vignobles de saint-nicolas et de bourgueil à la suite d'un mariage. Implanté sur les coteaux qui dominent Benais, ce domaine de 37 ha est exploité en agriculture biologique.

Joliment vêtu de rubis parcouru de reflets violines, ce 2013 libère des notes de fruits rouges frais et offre une bouche souple et vive, soutenue par des tanins fins. ✗ 2015-2018 ▼ onglet grillé

o→ Dom. de la Cabernelle, Caslot – Pontonnier, 3, rue du Machet, 37140 Benais, tél. 02 47 97 84 69, contact@cabernelle.com Ⓥ 🏃 🏠 r.-v.

DOM. LA CHEVALERIE 2013		
■	32 900	🏠	8 à 11 €

Rachetée en 2002 et partiellement rénovée deux années plus tard, cette propriété de 16 ha implantée dans le hameau de Briançon, en bordure de la Vienne, se voit régulièrement sélectionnée dans le Guide pour ses chinons rouges ou rosés.

Ce 2013 issu de cabernets plantés sur des sols sablo-limoneux s'affiche en robe limpide. D'abord discret, le nez s'ouvre à l'aération sur des notes de bourgeon de cassis. En bouche, il se révèle parfumé et équilibré. ✗ 2015-2018 ▼ spaghetti bolognaise

o « SCEA le Corre, 17, Briançon, 37500 Cravant-les-Coteaux, tél. 02 47 93 90 83, scea.lecorre@orange.fr Ⓥ 🏃 🏠 t.l.j. sf sam. dim. 8h-12h30 14h-18h; †. août

VIGNOBLE DE LA CHEVALLERIE Cuvée Jean-Charles 2013 ★		
■	16 000	⬤	5 à 8 €

Jean-Charles Bruneau a pris en 2007 les rênes des 23 ha de l'exploitation familiale, dont les premiers pas remontent en 1947. Son grand-père Martial cultivait alors 25 ares de vignes plantées sur sables et graviers.

Un court élevage en fût (six mois) a magnifié ce vin très plaisant, dont la richesse olfactive s'exprime avec vigueur sur des notes de fruits frais de senteurs épicées. Bien structurée, équilibrée, la bouche déroule un cortège de fruits noirs un brin compotés. ✗ 2015-2019 ▼ bœuf bourguignon

o→ Jean-Charles Bruneau, 5, La Chevallerie, 37140 Saint-Nicolas-de-Bourgueil, tél. 02 47 97 81 19, bruneaujeancharles@yahoo.fr Ⓥ 🏃 🏠 t.l.j. sf dim. 9h-12h30 14h-19h

LA CHEVALLERIE 75 cl de terroir 2013 ★		
■	20 000	🏠	5 à 8 €

Établi à Saint-Nicolas-de-Bourgueil, Gaëtan Bruneau poursuit depuis 2008 l'œuvre de cinq générations vigneronnes. Le domaine familial est implanté en majorité sur un terroir de graviers profonds.

Ce vin, reflet abouti de son terroir, devrait plaire aux amateurs d'authenticité. Superbe parure rubis, olfaction nette et franche sur les fruits rouges, bouche équilibrée avec une belle rondeur fruitée. ✗ 2015-2018 ▼ pintade rôtie

o→ Gaëtan Bruneau, 2, La Chevallerie, 37140 Saint-Nicolas-de-Bourgueil, tél. 02 47 97 93 58, vin.chevallerie@gmail.com Ⓥ 🏃 🏠 r.-v.

DOM. DE LA CHOPINIÈRE DU ROY Ludovic 2013		
■	35 000	🏠	5 à 8 €

Installé en 1999, Christophe Ory a été rejoint en 2010 par son frère Nicolas à la tête du domaine équipé et développé par Michel Ory, leur père ; le vignoble compte désormais 26 ha.

LOIRE

La mise en bouteille s'est effectuée en avril, afin « d'emprisonner le fruit ». Pari gagné, puisque ce vin a gardé sa fraîcheur originelle et une pimpante légèreté fruitée. ⚔ 2015-2018 ▼ rillettes de Tours ■ Cuvée Coquelicot Élevée en fût de chêne 2013 (5 à 8 € ; 11 500 b.) : vin cité. ⚔ 2015-2018

o— Christophe et Nicolas Ory,
Dom. de la Chopinière du Roy, 30, La Rodaie,
37140 Saint-Nicolas-de-Bourgueil, tél. 02 47 97 77 74,
chopiniereduroy@aol.com Ⓥ 🕯 🍴 t.l.j. 8h-19h30

B LE CLOS DES QUARTERONS Vieilles Vignes 2013 ★★			
■	9 000	🍶 ◑	11 à 15 €

Installé en Touraine occidentale sur une terrasse ancienne de la Loire, le domaine est bien connu des lecteurs du Guide pour ses saint-nicolas-de-bourgueil. Thierry, Agnès et Xavier Amirault exploitent aujourd'hui 32 ha de vignes en agriculture biologique et biodynamique.
Prétendante au coup de cœur, cette cuvée s'affiche dans une teinte sombre. Épanoui à l'aération, le nez libère d'intenses senteurs fruitées. La bouche, tout aussi fruitée et boisée (onze mois d'élevage en fût) avec justesse, se révèle ample, dense et charnue. Il convient d'attendre un peu ce vin avant de le servir. ⚔ 2016-2020 ▼ poêlée de champignons en persillade

o— Clos des Quarterons - Amirault, 46, av. Saint-Vincent, 37140 Saint-Nicolas-de-Bourgueil, tél. 02 47 97 75 25, agnes@clos-des-quarterons.com Ⓥ 🍴 t.l.j. sf dim. 8h30-12h 14h-17h30

♥ LE CLOS DU VIGNEAU Vieilles Vignes 2013 ★★			
■	9 500	◑	5 à 8 €

Depuis 1830, six générations de Jamet se sont appliquées à faire prospérer la vigne sur des parcelles de sables et de cailloux, terroirs nommés « graviers ». En 2012, la propriété de 24 ha a été cédée aux cousins Antoine et François Jamet du Dom. des Vallettes.
Ce 2013 arbore une lumineuse robe rubis, et déploie un nez riche associant des fragrances de fruits rouges et noirs à de fines touches empyreumatiques, empreinte de son séjour de douze mois en fût. Au palais, cette cuvée se montre d'une harmonie exemplaire. On est séduit par son volume, par la justesse du boisé, par ses tanins affinés et par sa fraîcheur fruitée de bout en bout. ⚔ 2015-2020 ▼ cuisse de lapin sauce à la crème

o— Le Clos du Vigneau, Le Vigneau,
37140 Saint-Nicolas-de-Bourgueil, tél. 02 47 97 44 44,
contact@closduvigneau.com Ⓥ 🕯 🍴 t.l.j. sf dim. 9h-12h
14h-18h o— Jamet Antoine et François

LYDIE ET MAX COGNARD Les Malgagnes 2013 ★★			
■	3 700	🍶 ◑	8 à 11 €

Créée en 1974 par Lydie et Max Cognard aujourd'hui rejoints par leurs enfants, Estelle et Rodolphe, cette exploitation est située à Chevrette, un petit hameau de Bourgueil, à la limite de Saint-Nicolas. Elle s'étend désormais sur 13 ha.

Ce vin n'est pas passé loin du coup de cœur. Il a d'emblée séduit le jury par sa robe rouge sombre nuancée de tons violines. Son nez ? De petits fruits noirs légèrement confits assortis de notes vanillées. En bouche, il offre du corps, une matière soyeuse et des tanins mûrs au grain serré. ⚔ 2015-2019 ▼ rôti de veau sauce moutarde ■ Cuvée Estelle 2013 ★ (5 à 8 € ; 50 000 b.) : ce vin agréablement fruité (fruits rouges) dispense une belle fraîcheur tout au long de la dégustation. ⚔ 2015-2018

o— SCEA Estelle et Rodolphe Cognard, Chevrette,
37140 Saint-Nicolas-de-Bourgueil, tél. 02 47 97 76 88,
vins.cognard@orange.fr Ⓥ 🕯 🍴 r.-v. 🕯 Ⓔ

B DOM. DE LA COTELLERAIE Vieilles Vignes Élevé en fûts de chêne 2013 ★			
■	50 000	🍶 ◑	11 à 15 €

En reprenant le domaine en 1995, Gérald Vallée a fait le choix des vendanges manuelles et de l'agriculture biologique. Propriété de sa famille depuis le XVIIIᵉ s., le vignoble couvre aujourd'hui 27 ha.
Un saint-nicolas racé que Gérald Vallée a extrait d'un terroir d'argiles à silex. L'élevage en fût, très maîtrisé, apporte un supplément d'âme. Ample et généreux, rond et net en bouche, ce vin déploie tout au long de la dégustation des arômes très « ligériens » de fruits rouges et noirs frais. ⚔ 2016-2021 ▼ râbles de lapin grillé

o— Vallée, La Cotelleraie,
37140 Saint-Nicolas-de-Bourgueil, tél. 02 47 97 75 53,
gerald.vallee@wanadoo.fr Ⓥ 🕯 🍴 t.l.j. 9h-12h 14h-17h

♥ JÉRÔME DELANOUE 2013 ★★★		
■	6 000	🍶	5 à 8 €

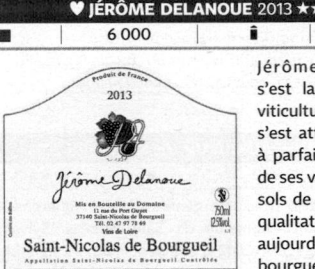

Jérôme Delanoue s'est lancé dans la viticulture en 1998 et s'est attaché depuis à parfaire la culture de ses vignes sur des sols de graviers très qualitatifs. Il exploite aujourd'hui 12 ha en bourgueil et saint-nicolas.
Jérôme Delanoue collectionne les coups de cœur : ses millésimes 2009 et 2010 avaient déjà été distingués ; il récidive avec ce 2013 étoffé, d'un rayonnant carmin. À l'aération, le nez libère un intense bouquet de fruits noirs, gracieux prélude aromatique à une bouche dotée d'une matière ronde et d'une structure tannique élégante, fine et soyeuse. Un vin que l'on pourra savourer encore dans quelques années... ⚔ 2016-2021 ▼ magret de canard ■ Tradition 2013 (5 à 8 € ; 6 000 b.) : vin cité. ⚔ 2015-2018

o— Jérôme Delanoue, 11, rue du Port-Guyet,
37140 Saint-Nicolas-de-Bourgueil, tél. 06 16 95 16 55,
vinjdelanoue@wanadoo.fr Ⓥ 🕯 🍴 t.l.j. 9h-19h

NATHALIE ET DAVID DRUSSÉ Les Graviers 2013		
■	20 000	🍶	5 à 8 €

Issu d'une famille de viticulteurs de Saint-Nicolas, David Drussé a créé son domaine en 1996, rejoint ensuite par son épouse Nathalie. Depuis 2010, le couple a renoncé aux désherbages chimiques, premiers pas vers une viticulture plus écologique. Leur exploitation compte 21 ha.

Son étoffe de soie rouge vif annonce une jolie rencontre. Ce vin libère un tendre bouquet de mûres confites. La bouche, soutenue par une bonne ossature tannique, est dominée par un fruité avenant et déploie une finale puissante. ✗ 2015-2019 ♈ paëlla ■ Vieilles Vignes 2013 (5 à 8 € ; 20 000 b.) : vin cité. ✗ 2016-2018

o┑ *Nathalie et David Drussé, 1, impasse de la Villatte, 37140 Saint-Nicolas-de-Bourgueil, tél. 02 47 97 98 24, drusse@wanadoo.fr* 🆅 🚹 🏠 *r.-v.*

LE VIGNOBLE DU FRESNE Vieilles Vignes 2013

■	6 000		5 à 8 €

Trois générations de vignerons se sont succédé au Fresne pour constituer ce vignoble de 22 ha. Patrick Guenescheau, à la tête du domaine depuis 1980, exerce ses talents viticoles en saint-nicolas-de-bourgueil, en cabernet-d'anjou et en crémant-de-loire.

De la fraîcheur au nez et en bouche pour cette cuvée qui affiche une robe légère. Les jurés ont vivement apprécié son harmonie toute printanière. ✗ 2015-2017 ♈ steak tartare

o┑ *Patrick Guenescheau, 1, Le Fresne, 37140 Saint-Nicolas-de-Bourgueil, tél. 02 47 97 86 60, patrick.guenescheau@wanadoo.fr* 🆅 🚹 🏠 *r.-v.*

JÉRÔME GODEFROY Vieilles Vignes 2013

■	20 300	🍾	5 à 8 €

Après le départ à la retraite de son père en 2005, Jérôme Godefroy a pris les rênes de l'exploitation où se sont succédé cinq générations de vignerons. Il a ensuite entrepris un important travail de restauration de la propriété, qui couvre 11 ha aujourd'hui.

Ce 2013 s'ouvre sur des notes de fruits rouges frais, prélude à une bouche souple, légère et acidulée. L'archétype du « vin plaisir ». ✗ 2015-2017 ♈ assiette de charcuteries

o┑ *Dom. Jérôme Godefroy, 19, Le Plessis, 37140 Chouzé-sur-Loire, tél. 02 47 95 16 56, domaine.godefroy@orange.fr* 🆅 🚹 🏠 *t.l.j. sf dim. 9h-12h 14h-18h*

VIGNOBLE DE LA JARNOTERIE I 'Élégante 2013 ★

■	60 000	◑	5 à 8 €

Cinq générations de vignerons se sont succédé sur ce vignoble de quelque 25 ha implantés sur sol silico-argileux, à la limite de l'Anjou et de la Touraine. Didier et Carine Rezé, installés depuis 2003, figurent réguliè-rement dans les pages du Guide.

Ce vin en robe sombre livre des notes de fruits rouges assortis de senteurs de violette. En bouche, il se révèle gourmand et offre une fraîcheur tonique. ✗ 2015-2018 ♈ noix de veau aux girolles

o┑ *Didier Rezé, La Jarnoterie, 37140 Saint-Nicolas-de-Bourgueil, tél. 02 47 97 75 49, mabileau.reze@wanadoo.fr* 🆅 🚹 🏠 *r.-v.*

JOËLLE, MICHEL ET JÉRÉMY LORIEUX
Chevrette 2013

■	2 500	🍾	5 à 8 €

Outre la gérance des vignes de l'abbaye de Bourgueil, qu'ils assurent en association avec un autre vigneron,

Michel et Joëlle Lorieux conduisent avec leur fils Jérémy leur propre domaine de 15 ha, transmis par le grand-père en 1979 et situé sur les hauteurs de la terrasse de Bourgueil.

Cette cuvée ne saurait renier ses origines bourgueillaises tant sa typicité est apparue évidente aux dégustateurs. Robe brillante, fruité léger et délicat au nez comme en bouche, texture souple et finale fraîche. ✗ 2015-2018 ♈ sandre de Loire

o┑ *Michel, Joëlle et Jérémy Lorieux, Chevrette, 26, rte du Vignoble, 37140 Bourgueil, tél. 02 47 97 85 86, lorieux.michel@wanadoo.fr* 🆅 🚹 🏠 *r.-v.*

LAURENT MABILEAU 2013 ★

■	130 000	◑	8 à 11 €

Depuis 1985, Laurent Mabileau conduit un domaine de 28 ha en bourgueil et en saint-nicolas, abrité des vents du nord par la forêt. Le vigneron signe avec une remarquable régularité des vins droits qui lui valent de fréquentes mentions dans le Guide.

Fin connaisseur de l'adaptabilité du cabernet franc aux terres graveleuses, Laurent Mabileau délivre ici un vin paré de rubis intense et pourvu d'une ample palette aromati-que (fruits à noyaux, épices). Légèrement boisée, la bouche, charnue et équilibrée, offre des saveurs de fruits rouges encadrées de tanins soyeux. ✗ 2015-2018 ♈ gre-nadins de veau

o┑ *Laurent Mabileau, La Croix-du-Moulin-Neuf, 37140 Saint-Nicolas-de-Bourgueil, tél. 02 47 97 74 75, domaine@mabileau.fr* 🆅 🚹 🏠 *t.l.j. 9h-12h 14h-17h30; sam. dim. sur r.-v.*

JACQUES ET VINCENT MABILEAU
La Gardière Vieilles Vignes 2013

■	10 000	🍾	5 à 8 €

Jacques Mabileau et son fils Vincent cultivent la vigne depuis 1998, et c'est main dans la main qu'ils ont modernisé et agrandi leur exploitation, qui s'étend sur 19 ha aujourd'hui.

Un saint-nicolas bien dans la tradition, rouge vif, dont le nez très primesautier annonce une agréable rencontre avec les fruits rouges dans un palais souple et équilibré. ✗ 2015-2018 ♈ rillons de Touraine

o┑ *Jacques et Vincent Mabileau, La Gardière, 37140 Saint-Nicolas-de-Bourgueil, tél. 02 47 97 75 85, vincent.mabileau@wanadoo.fr* 🆅 🏠 *t.l.j. sf dim. 9h-12h 14h-18h*

LYSIANE, GUY ET WILFRIED MABILEAU
Cuvée Vieilles Vignes 2013 ★

■	9 300		5 à 8 €

Wilfried et Samuel Mabileau, qui incarnent la quatrième génération, ont rejoint en 2013 leur père Guy sur ce vignoble de 19 ha implanté sur les terrasses graveleuses de Saint-Nicolas.

Le cabernet franc apprécie les terroirs de graviers. Cette cuvée en est la preuve. Son élégante parure pourpre annonce un vin étoffé, surtout en bouche, où un copieux fruité s'attarde en compagnie de tanins vifs. ✗ 2015-2018 ♈ pâté de lièvre ■ Cuvée des Quatre Filles 2014 (5 à 8 € ; 5 000 b.) : vin cité. ✗ 2015-2016

LOIRE

☛ *Guy et Lysiane Mabileau, 17, rue du Vieux-Chêne, 37140 Saint-Nicolas-de-Bourgueil, tél. 02 47 97 70 43, lysianeetguymabileau@gmail.com* ⓥ 🏃 🔊 *t.l.j. 9h-19h; dim. sur r.-v.*

DOM. MELLIER DE L'EPAISSE
Vieilles Vignes 2013 ★

◼	20 000	🛈	5 à 8 €

Créée en 1959, cette exploitation familiale, qui n'a cessé de se diversifier et de s'agrandir, couvre désormais 39 ha de vignes. Conduite depuis 1958 par Patrick Olivier et son épouse Agnès, elle est régulièrement distinguée dans le Guide.

Issue de cabernet-franc enraciné depuis près d'un demi-siècle dans l'argilo-calcaire, cette cuvée s'affiche en robe rouge traversée de reflets violines, prélude à un nez riche en fruits noirs. Au palais, une belle matière s'exprime avec rondeur et persistance. Un joli vin aux tanins soyeux. ✗ 2015-2018 🍴 canard au sang ◼ 2013 (5 à 8 € ; 30 000 b.) : vin cité. ✗ 2015-2018

☛ *EARL Dom. Olivier, La Forcine, 37140 Saint-Nicolas-de-Bourgueil, tél. 02 47 97 75 32, patrick.olivier14@wanadoo.fr* ⓥ 🏃 🔊 *t.l.j. 8h-12h 14h-19h; dim. sur r.-v.*

DOMINIQUE MESLET 2013

◼	1 500	🛈	5 à 8 €

Trois générations de vignerons sont à l'origine de ce domaine de près de 13 ha. Il est désormais conduit par Dominique Meslet, installé à Bourgueil, qui possède également des parcelles à Saint-Nicolas.

En robe rubis limpide, ce 2013 alerte à l'attaque à la finale offre une agréable vivacité. ✗ 2015-2018 🍴 escalopes panées

☛ *Dominique Meslet, 10, rue la Percherie, 37140 Bourgueil, tél. 02 47 97 42 95, ds.meslet@orange.fr* ⓥ 🏃 🔊 *r.-v.*

HERVÉ MORIN Coup de foudre 2013 ★★

◼	4 700		11 à 15 €

C'est à la veille de la Seconde Guerre mondiale que le grand-père d'Hervé Morin a créé le domaine de la Rodaie. Mais ce n'est qu'à partir de 1970 que la propriété, sous l'impulsion du petit-fils, s'est développée, puis ouverte à la clientèle. L'exploitation couvre 22 ha.

Cette cuvée a frôlé le coup de cœur. En séduisante robe pourpre teintée de reflets violines, elle livre un nez intense de fruits rouges assortis de notes épicées. La bouche, impériale, dévoile des saveurs de fruits confits, persistantes et généreuses, qui enrobent des tanins soyeux. ✗ 2015-2022 🍴 tournedos de bœuf au poivre vert ◼ Levant 2013 ★★ (8 à 11 € ; 4 800 b.) : un vin de garde dense, intense et charnu. ✗ 2017-2023 ◼ Signature 2013 (8 à 11 € ; 4 200 b.) : vin cité. ✗ 2015-2018

☛ *Hervé Morin, 20, La Rodaie, 37140 Saint-Nicolas-de-Bourgueil, tél. 02 47 97 75 34, contact@hervemorin.com* ⓥ 🏃 🔊 *t.l.j. sf dim. 9h-19h* 🏠 Ⓓ

DOM. DE LA PERRÉE Cuvée Vieilles Vignes 2013

◼	n.c.		5 à 8 €

Perrée est un vieux mot signifiant « pierre ». Conduit par Patrice Delarue, ce domaine de 14 ha est implanté sur un terroir de graviers et de sables, où sont produits des vins tout en fruit et en rondeur.

Vendangées manuellement, de vieilles vignes de cabernet franc ont donné naissance à ce saint-nicolas en tenue rubis qui offre de généreuses saveurs de fruits noirs. De fins tanins étayent sa bouche souple et friande. ✗ 2015-2018 🍴 poulet rôti

☛ *Patrice et Lydie Delarue, La Perrée, 37140 Saint-Nicolas-de-Bourgueil, tél. 02 47 97 94 74* ⓥ 🔊 *r.-v.*

DOM. LES PINS 2013 ★

◼	25 000	🛈	8 à 11 €

Depuis cinq générations, la famille Pitault-Landry exploite ce domaine créé en 1890. Aujourd'hui, il est conduit par un tandem père-fils. Couvrant 29 ha presque d'un seul tenant, les vignes entourent les bâtiments, dont une bâtisse du XVIᵉs.

Les fans du Bourgueillais aimeront ce saint-nicolas du domaine Les Pins renommé pour la régularité de ses productions. L'intensité de sa vive tenue rouge invite à la dégustation. La richesse aromatique du fruité s'impose dès l'olfaction. De jolies saveurs confiturées tapissent aussi longuement le palais, soutenu par de bons tanins qui permettront à ce vin de bien évoluer. ✗ 2015-2020 🍴 tournedos

☛ *Dom. les Pins, 8, rte du Vignoble, 37140 Bourgueil, tél. 02 47 97 47 91, philippe.pitault@wanadoo.fr* ⓥ 🔊 *r.-v.* ☛ *Christophe et Philippe Pitault*

LES CAVES DU PLESSIS Les Graviers 2013

◼	5 000	🛈	5 à 8 €

Valeur sûre de saint-nicolas-de-bourgueil, ce domaine est depuis janvier 2012 géré par Stéphane, fils de Chantal Renou. Le vignoble est conduit en lutte raisonnée, avec un enherbement de près de 80 % de la superficie globale. La cave creusée dans le tuffeau date du XIIIᵉs.

Cette petite récolte sur 70 ares de graviers a donné naissance à un 2013 drapé de rouge vif qui libère d'intenses arômes de fruits noirs. La bouche, charnue, dotée de tanins vifs, fait étalage de son charme avec une finale longue et généreuse. ✗ 2015-2019 🍴 rôti de veau ◼ Vieilles Vignes 2013 (5 à 8 € ; 15 000 b.) : vin cité. ✗ 2015-2018

☛ *Stéphane Renou, 17, La Martellière, 37140 Saint-Nicolas-de-Bourgueil, tél. 02 47 97 85 67, lescavesduplessis@wanadoo.fr* ⓥ 🏃 🔊 *t.l.j. sf dim. 9h-12h 14h-18h30* 🏠 Ⓓ

DOM. DU ROCHOUARD
Les Argiles à silex 2013 ★★

◼	2 700	🛈 ⋒	8 à 11 €

Guy Duveau a créé le domaine en 1976. Ses fils Dominique et Jean-Luc ont pris la relève, respectivement en 1995 et en 2007. Le vignoble couvre 20 ha et sa conversion à l'agriculture biologique a été engagée en 2012.

Cet aspirant au coup de cœur s'affiche en robe sombre d'intenses arômes de fruits noirs assortis de notes réglissées. Dense et généreuse, la bouche est étayée par des tanins veloutés et un boisé bien fondu. Un 2013 complet et élégant. ✗ 2015-2020 🍴 rôti de bœuf ◼ La

Pierre du Lane 2013 ★★ (5 à 8 € ; 6 500 b.) : pimpante dans sa brillante robe rubis, cette cuvée fruitée s'accompagne de tanins encore un peu nerveux. Une courte attente lui sera bénéfique. ✗ 2016-2019
☛ *GAEC Duveau-Coulon Fils, 1, rue des Géléries, 37140 Bourgueil, tél. 06 68 70 20 75, domainedurochouard@wanadoo.fr* 🅥 🅛 *t.l.j. 8h30-12h30 13h30-19h; dim. 10h-12h30 15h-18h*

JOËL TALUAU Vielles Vignes 2013		
■ 4 000	🛈	8 à 11 €

Joël et Clarisse Taluau se sont installés en 1970 sur 2,2 ha ; ils ont été rejoints en 1993 par leur fille Véronique et leur gendre Thierry Foltzenlogel. Valeur sûre des AOC bourgueil et saint-nicolas, ce domaine de 30 ha se distingue régulièrement dans le Guide.

Issue de vendanges manuelles, cette cuvée livre de subtils parfums de fruits rouges. La bouche, charnue, est adossée à des tanins vifs qui doivent encore se fondre. Une petite garde est conseillée. ✗ 2016-2019 ❦ plateau de charcuteries
☛ *EARL Taluau et Foltzenlogel, 11, Chevrette, 37140 Saint-Nicolas-de-Bourgueil, tél. 02 47 97 78 79, joel.taluau@wanadoo.fr* 🅥 🅚 🅛 *t.l.j. sf dim. 9h-12h 13h30-18h; sam. sur r.-v.*
☛ *Véronique et Thierry Foltzenlogel*

DOM. DES VALLETTES Origine 2013 ★		
■ 125 000	🛈	5 à 8 €

Ce domaine a vu se succéder huit générations de vignerons. Dernier héritier de ce savoir-faire complété par des expériences en Australie et en Espagne, Antoine Jamet, œnologue, a rejoint son frère François à la tête de l'exploitation (26 ha).

Cette cuvée, vinifiée en chapeau de marc immergé pour une extraction douce des tanins, est un vin bien équilibré, qui dispense de délicates saveurs fruitées. ✗ 2015-2018 ❦ fromage de chèvre ■ Événement 2013 ★ (11 à 15 € ; 4 000 b.) : élevée dix-huit mois en fût, cette cuvée élégante offre des arômes de fruits rouges mâtinés d'épices et révèle une belle structure tannique. ✗ 2015-2019
☛ *Dom. des Vallettes, EARL Antoine et François Jamet, 37140 Saint-Nicolas-de-Bourgueil, tél. 02 47 97 44 44, contact@vallettes.com* 🅥 🅚 🅛 *t l j sf dim. 9h-12h 14h-18h*

CHINON

Superficie : 2 337 ha / Production : 119 239 hl (99 % rouge et rosé)

Autour de la vieille cité médiévale qui lui a donné son nom, au pays de Gargantua et de Pantagruel, l'AOC chinon est produite sur les terrasses anciennes et graveleuses du Véron (triangle formé par le confluent de la Vienne et de la Loire), sur les basses terrasses sableuses du val de Vienne (Cravant), sur les coteaux de part et d'autre de ce val (Sazilly) et sur les terrains calcaires, les « aubuis » (Chinon). Le cabernet franc, dit breton, y donne des vins rouges racés aux tanins élégants. De moyenne garde, les chinon peuvent dépasser une, voire plusieurs décennies dans les meilleurs millésimes. L'appellation produit aussi quelques rosés secs et de très rares blancs secs tendres – certaines années – issus de chenin.

CAVES ANGELLIAUME		
La cuvée du Père Léonce 2013 ★		
■ 8 000	🍶	11 à 15 €

Ce domaine familial exploité depuis quatre générations dispose de caves remarquables par leur agencement et leurs dimensions, ainsi que d'un vignoble de 38 ha. Valeur sûre de l'appellation chinon, il fréquente régulièrement les pages du Guide.

Très belle robe pourpre frangée d'indigo pour cette cuvée aux notes complexes de fruits rouges et d'épices douces. L'élevage de dix-huit mois en fût apparaît vigoureusement derrière la gourmandise fruitée du palais, soutenu par des tanins vifs et fermes. Un vin promis à une belle garde. ✗ 2017-2022 ❦ côtes d'agneau
☛ *EARL Dom. Angelliaume, La Croix-de-Bois, 37500 Cravant les Coteaux, tél. 02 47 93 06 35, caves.angelliaume@wanadoo.fr* 🅥 🅚 🅛 *t.l.j. sf dim. 8h30-12h 14h-18h; sam. sur r.-v.* ☛ *Delavault*

L'ARPENTY Vielles Vignes 2013		
■ 6 000	🛈	5 à 8 €

C'est le grand-père de Francis Desbourdes qui a créé la Dom. L'Arpenty. Ce dernier conduit aujourd'hui une exploitation de 17 ha, à flanc de coteau, qui conserve une cuve directement creusée dans le tuffeau. Son fils Émilien a lancé la conversion bio du vignoble.

Paré d'une très belle robe profonde aux reflets bleus, ce vin dévoile un nez élégant de sous-bois et fruits des bois. Le palais se montre frais, ample et bien équilibré. On notera une petite astringence en finale qui appelle une courte garde. ✗ 2016-2019 ❦ sauté d'agneau
☛ *Francis et Françoise Desbourdes, Arpenty, 11, rue de la Forêt, 37220 Panzoult, tél. 02 47 95 22 86, f.f.desbourdes37@gmail.com* 🅥 🅚 🅛 *r.-v.* 🏠 🅒

MAISON AUDEBERT ET FILS Les Perruches 2013		
■ 8 000	🛈 🍶	8 à 11 €

Installée depuis 1839 en Val de Loire, la famille Audebert exploite aujourd'hui un vignoble de 42 ha répartis en bourgueil, saint-nicolas et chinon, et conduit une activité de négoce. Les parcelles du domaine sont implantées dans tous les terroirs des trois appellations.

Ce 2013 d'un beau rouge soutenu offre un caractère juvénile avec ses arômes frais de prune et de fruits rouges. En bouche, la fraîcheur est aussi de mise, les tanins sont fondus, et l'ensemble apparaît bien équilibré. ✗ 2015-2018 ❦ charcuteries tourangelles
☛ *Maison Audebert et Fils, 20, av. Jean-Causeret, 37140 Bourgueil, tél. 02 47 97 70 06, maison@audebert.fr* 🅥 🅚 🅛 *t.l.j. sf dim. 8h-12h 13h30-18h30*

♥ BAUDRY-DUTOUR 3 Coteaux 2014 ★★		
■ 21 000	🛈	8 à 11 €

Christophe Baudry, représentant la sixième génération de vignerons, et Jean-Martin Dutour, ingénieur agronome et œnologue, gèrent une maison de négoce et quatre domaines à Chinon : le Ch. de Saint-Louans, le Ch. de la Grille, le Dom. du Roncée et le Dom. de la Perrière.

Ce 2014 a séduit d'emblée le jury par sa robe jaune pâle brillant traversée de reflets verts. Il s'ouvre sans réserve sur des notes très intenses de fleurs blanches et d'agrumes. La

LOIRE

bouche n'est pas en reste : fraîche dès l'attaque, elle révèle un caractère acidulé par ses fines notes citronnées et offre une grande longueur. Un vin très aromatique et énergique qui vieillira bien et accompagnera favorablement les produits de la mer. ✗ 2015-2020 ✌ aumônières de noix de Saint-Jacques ■ Dom. du Roncée Clos des Maronniers 2013 ★ (8 à 11 € ; 40 000 b.) : ce 2013 arbore une robe intense. Dans un sillage finement boisé, il exhale des notes de fruits mûrs. On retrouve de délicates notes boisées dans une bouche fruitée, aux tanins bien fondus. Un ensemble élégant et de bonne longueur. ✗ 2016-2020 ■ Dom. de la Perrière Vieilles Vignes 2013 (8 à 11 € ; 15 000 b.) : vin cité. ✗ 2015-2017

○┐ *Baudry-Dutour, La Morandière, 37220 Panzoult, tél. 02 47 58 53 01, info@baudry-dutour.fr* 🆅 🎿 🍴 *t.l.j. sf dim. lun.10h-12h 14h-18h* 🏠 🅐

B DOM. DES BÉGUINERIES Réserve d'Élise 2012 ★			
■	7 500	🍶 ⬤	8 à 11 €

Ayant effectué ses premières armes dans le domaine familial puis en tant que responsable de cave au Ch. de Saint-Louans, Jean-Christophe Pelletier s'est installé en 1995. Il conduit en bio depuis 2009 ses 13 ha de vignes.

Une robe intense aux reflets noirs habille ce vin au nez généreux de fruits rouges bien mûrs agrémentés de notes épicées. On retrouve les fruits mûrs dans un palais dense et élégant, structuré par des tanins soyeux. ✗ 2015-2020 ✌ côte de bœuf

○┐ *Pelletier, 52, rue de l'Ancien-Port, Saint-Louans, 37500 Chinon, tél. 02 47 93 37 16, domainedesbeguineries@wanadoo.fr* 🆅 🎿 🍴 *t.l.j. sf dim. 10h-12h30 14h-18h30* 🏠 🅑

BELLIVIER Élevé en fût de chêne 2013 ★★			
■	2 000	⬤	8 à 11 €

Matthieu a rejoint son père Vincent Bellivier sur ce domaine de 6 ha situé dans cette partie de l'appellation irriguée par l'Indre, à proximité du confluent avec la Loire. Dans le voisinage, les bois de Chinon protègent le vignoble des vents du nord.

Chinon possède un vrai terroir pour les vins blancs, qui méritent vraiment d'être connus. Ce 2013 en offre une image remarquable. La robe est d'un beau doré brillant. Le nez associe le miel et le coing, arômes généreux qui signent une vendange d'une grande maturité. Enveloppant dès l'attaque, le palais, ample et soyeux, distille une élégante fraîcheur qui prend en finale des accents d'agrumes du plus bel effet. ✗ 2015-2020 ✌ filet de sandre au citron confit ■ CB 2013 (5 à 8 € ; 5 000 b.) : vin cité. ✗ 2016-2021

○┐ *Vincent et Matthieu Bellivier, 12, rue de la Tourette, 37420 Huismes, tél. 02 47 95 54 26, vincent.bellivier@ wanadoo.fr* 🆅 🎿 *r.-v.* 🏠🏠 ❷

DOM. DE BERTIGNOLLES Vieilles Vignes 2013			
■	5 600	🍶 ⬤	5 à 8 €

Stéphane Prieur a pris la suite de son père Pierre, fondateur de ce domaine de 16 ha implanté sur les bords de la Vienne, sur des terroirs de graviers et de sables.

Ce 2013 évoque les fruits rouges, avec une prédominance de la cerise griotte. Des arômes que l'on retrouve dans un palais à la fois élégant, frais et gourmand. Simple et de bon goût. ✗ 2015-2017 ✌ bavette grillée

○┐ *Stéphane et Pierre Prieur, Bertignolles, 1, rue des Mariniers, 37420 Savigny-en-Véron, tél. 02 47 58 45 08, earl.prieur@orange.fr* 🆅 🎿 🍴 *t.l.j. 9h-12h30 14h-18h30; dim. sur r.-v.*

♥ DOM. DES BOUQUERRIES Vieilles Vignes 2013 ★★			
■	20 000	🍶 ⬤	5 à 8 €

Le nom du domaine rappelle que l'on abattait jadis en ces lieux les chèvres et les boucs. C'est le grand-père de Guillaume et de Jérôme Sourdais qui, dès 1935, a creusé les caves de cette exploitation de 29 ha située au bord de la Vienne.

La robe est d'un élégant rubis intense. Le nez, à la fois puissant et délicat, décline les petits fruits rouges et noirs. La bouche, soyeuse et parfaitement équilibrée, offre beaucoup de relief et de concentration, et s'étire dans une longue finale. « Quand le silence vaut musique » : la conclusion d'un juré à l'issue de la dégustation de ce chinon admirable qui laisse une sensation de grande plénitude. ✗ 2016-2022 ✌ tendrons de veau braisés ■ Cuvée Confidence 2013 ★ (11 à 15 € ; 2 700 b.) : un vin concentré et expressif, ouvert sur les fruits des bois, la vanille et autres épices douces. Un peu de garde lui sera profitable. ✗ 2016-2020

○┐ *GAEC des Bouquerries, 4, les Bouquerries, 37500 Cravant-les-Coteaux, tél. 02 47 93 10 50, gaecdesbouquerries@wanadoo.fr* 🆅 🎿 🍴 *r.-v.*

MARC BRÉDIF 2013 ★			
■	30 000	🍶 ⬤	8 à 11 €

Fondée en 1893, cette maison de négoce est surtout connue pour ses vouvray. Elle est installée dans les caves profondes de Rochecorbon, en bord de Loire. Jean-François Marchalot, œnologue et maître de chai, veille à conforter la réputation de cette vieille maison.

Une seyante robe sombre aux reflets orangés habille cette cuvée qui mérite que l'on s'y attarde. Nez intense de cassis et de fraise sur un discret fond boisé ; bouche tout aussi fruitée, ample et structurée, épaulée par un élevage bien fondu : tout est en place pour une dégustation dès aujourd'hui, sans pour autant interdire la garde. ✗ 2015-2020 ✌ carbonade de bœuf à la flamande

○┐ *Marc Brédif, 87, quai de la Loire, 37210 Rochecorbon, tél. 02 47 52 50 07, bredif.loire@domaine-bredif.fr* 🆅 🎿 🍴 *t.l.j. 10h-12h30 14h-18h* ○┐ *de Ladoucette*

PHILIPPE BROCOURT
Cuvée Terroir : Les Coteaux 2013

■	20 000	î		5 à 8 €

Implanté dans le petit village de Rivière, sur les bords de la Vienne, ce domaine s'étend sur 32 ha répartis dans cinq communes et une belle palette de terroirs de l'AOC chinon.

Ce vin sombre arbore dès l'olfaction un côté énergique et typé avec cette petite touche de poivron caractéristique du breton (l'autre nom du cabernet franc), agrémenté d'une légère nuance animale. Bien équilibré, le palais dessine avec souplesse un chinon aimable, au caractère friand et frais. ℤ 2015-2018 ♈ sauté de veau

☛ *Philippe Brocourt, 3, chem. des Caves, 37500 Rivière, tél. 02 47 93 34 49, domainebrocourt@hotmail.fr* Ⓥ 🖩 ⬆ *t.l.j. sf dim. 10h-19h*

CHRISTIAN CHARBONNIER 2013 ★

■	5 000	î		- de 5 €

Christian Charbonnier représente la deuxième génération de viticulteurs à la tête de ce domaine conduit à l'origine en polyculture. L'exploitation dispose aujourd'hui de 13 ha de vignes implantées sur des sols argilo-siliceux.

D'un seyant pourpre brillant, ce 2013 déploie un nez fruité stimulé d'épices. Un fruité qui ne se dément pas dans une bouche ample, fraîche et alerte, épaulée par de beaux tanins soyeux. Bâti pour bien vieillir. ℤ 2017-2021 ♈ cuissot de chevreuil

☛ *EARL Christian Charbonnier, 2, rue Balzac, 37220 Crouzilles, tél. 02 47 97 02 37, charbonnier.christian0083@orange.fr* Ⓥ ⬆ *t.l.j. 9h-12h 13h30-18h30*

CLO Ma petite robe rose 2014 ★

■	10 000	î		5 à 8 €

Clotilde Pain s'est installée à Panzoult, à 12 km de Chinon, en 2012. Elle y conduit un vignoble de 4 ha avec l'envie « d'inscrire [ses] vins dans l'histoire de l'appellation ».

Beaucoup de charme dans ce rosé qualifié de « féminin ». La vivacité et la brillance de la couleur semblent annoncer la fraîcheur du bouquet, fruité et agrémenté de notes insolites de... cacahuète. Le palais offre un beau volume, de l'équilibre et une longue finale gourmande. ℤ 2015-2016 ♈ assiette de charcuteries ■ Secrets d'alcôve 2013 (8 à 11 € ; 12 000 b.) : vin cité. ℤ 2015-2018

☛ *Clotilde Pain, Les Petites-Roches, 37220 Panzoult, tél. 02 47 93 39 32, clotilde_pain@wanadoo.fr* Ⓥ 🖩 ⬆ *t.l.j. sf dim. 10h-12h30 14h-18h*

Ⓑ CLOS DE LA BONNELIÈRE 2013

■	10 000	◫		8 à 11 €

Le Ch. de la Bonnelière (XVIᵉ.) est dans la famille depuis 1846. Le vignoble a été replanté en 1976 par Pierre Plouzeau. Son fils Marc a repris en 2002 les rênes du domaine (23 ha) qu'il conduit en agriculture biologique.

Une belle robe grenat profond, des notes de fruits mûrs légèrement vanillés et épicés, l'approche est engageante. En bouche, le fruit cède le pas aux épices et déploie une belle structure tannique. Déjà harmonieux, ce vin évoluera sereinement en cave. ℤ 2015-2020 ♈ dessert chocolaté

■ Chapelle 2013 (11 à 15 € ; n.c. b.) Ⓑ : vin cité. ℤ 2015-2019 ■ Dom. de la Croix Marie Vieilles Vignes 2013 (8 à 11 € ; 5 000 b.) : vin cité. ℤ 2015-2018

☛ *Marc Plouzeau, Ch. de la Bonnelière, rte des Basses-Vignes, 37500 La Roche-Clermault, tél. 02 47 93 16 34, marc@plouzeau.com* Ⓥ 🖩 ⬆ *r.-v.*

DOM. DE LA COMMANDERIE
Tradition Élevé en barrique 2013 ★★

■	20 000	◫		5 à 8 €

Cette propriété située au cœur de l'appellation chinon comptait 2 ha de vignes lors de sa création en 1983. Aujourd'hui, le domaine conduit par Philippe Pain s'étend sur 55 ha et dispose d'une remarquable cave enterrée dans le roc et de deux chais.

D'un élégant grenat limpide et brillant, ce 2013 déploie un intense et généreux fruité compoté, signe d'une maturité accomplie à la vigne. En bouche, il offre un bel équilibre autour des fruits mûrs, d'un boisé fondu et d'une matière ronde et riche. Une vraie gourmandise. ℤ 2015-2020 ♈ coq au vin ■ Renaissance 2013 (5 à 8 € ; 12 000 b.) : vin cité. ℤ 2015-2018

☛ *Philippe Pain, La Commanderie, 2, rue de Chezelet, 37220 Panzoult, tél. 02 47 93 39 32, philippepain@ wanadoo.fr* Ⓥ 🖩 ⬆ *t.l.j. sf dim. 10h-12h30 14h-18h*

PIERRE ET BERTRAND COULY 2014

■	20 000	î		5 à 8 €

Pierre et Bertrand Couly ont constitué en 2007 un vignoble sur les coteaux et le plateau de Chinon. Ils ont agrandi sa superficie (20 ha aujourd'hui) ; en 2010, ils ont aménagé, sur la route de Tours, un chai ultramoderne que l'on peut visiter.

Cette cuvée revêt une robe rose intense et présente un joli nez de fruits rouges assortis de notes de pamplemousse. La bouche se révèle fruitée, onctueuse et ronde. Un 2014 très friand. ℤ 2015-2016 ♈ jambon au sirop d'érable

☛ *Pierre et Bertrand Couly, 1, rond-point des Closeaux, rte de Tours, 37500 Chinon, tél. 02 47 93 64 19, contact@pb-couly.com* Ⓥ 🖩 ⬆ *t.l.j. 10h-12h30 14h-18h30*

COULY-DUTHEIL Clos de l'Écho 2013 ★

■	16 000	î		15 à 20 €

La maison Couly-Dutheil a été créée en 1921 par Baptiste Dutheil ; elle est aujourd'hui dirigée par Jacques Couly-Dutheil et son fils Arnaud. Avec un vignoble de près de 87 ha, un chai moderne aménagé dans le roc et des caves impressionnantes aux Xᵉs. situées sous le château de Chinon, elle fait partie intégrante du paysage viticole chinonais. Une référence incontournable.

Une robe lumineuse, rubis aux reflets violines, habille ce vin complexe, qui s'épanouit à l'aération sur des notes de violette, de cassis et de mûre agrémentées d'une touche épicée. Une attaque vive et alerte ouvre sur un palais aux tanins légers, animé par un fruité pimpant. Un chinon aimable et friand. ℤ 2015-2019 ♈ côte de bœuf

☛ *Couly-Dutheil, 12, rue Diderot, BP 234, 37502 Chinon Cedex, tél. 02 47 97 20 20, info@ coulydutheil-chinon.com* Ⓥ 🖩 ⬆ *t.l.j. sf sam. dim. 8h-13h30 14h-17h30*

LOIRE

ⓑ DEMOIS Cuvée des Templiers 2013

■	1 000	◫	11 à 15 €

Ce vignoble familial exploité depuis plus d'un siècle couvre aujourd'hui 24 ha de sols alluvionnaires. Incarnant la cinquième génération à piloter le vignoble, Fabien Demois s'est installé en février 2008.

Une cuvée élaborée à partir de vignes âgées d'un demi-siècle et élevée douze mois en fût. Cet élevage marque délicatement le vin sans l'étouffer ; un vin qui respire la fraîcheur et l'élégance, renforcées par de fines notes de violette. ✗ 2015-2019 ✣ sauté de veau aux petits pois

✇ EARL Demois, Chézelet, 37500 Cravant-les-Coteaux, tél. 02 47 98 49 01, fabiendemois@orange.fr Ⓥ Ⓛ r.-v.

DOM. LES DEMOISELLES DE PALLUS N°1 2013

■	16 000	🍾 ◫	8 à 11 €

Hélène et Claire Demars (deux sœurs issues d'une famille de vignerons implantée à Aÿ en Champagne dès 1584, ainsi qu'à Chinon en 1952) se sont établies en 2013 à Cravant-les-Coteaux, sur un domaine de 10 ha.

Ce vin arbore une belle couleur profonde. Il libère d'élégants arômes de fruits rouges assortis de notes de moka. La bouche ample et fruitée est étayée de tanins encore un peu sévères, qui devraient se fondre avec une petite garde. ✗ 2016-2020 ✣ rôti de bœuf

✇ Les Demoiselles de Pallus, Pallus, 37500 Cravant-les-Coteaux, tél. 02 47 97 40 66, contact@lesdemoisellesdepallus.com Ⓥ r.-v.

✇ Demars Hélène

DOM. DE LA DOZONNERIE Vieilles Vignes 2013

■	15 000		5 à 8 €

Son grand-père a créé le domaine en 1936 et son père l'a agrandi. Installé en 1990, Jean-François Delalay exploite aujourd'hui 12 ha de vignes sur les coteaux de Cravant qui dominent la Vienne.

Un bon classique que ce millésime 2013. Une robe rubis soutenue et brillante, une belle intensité fruitée au nez qui « matche » bien avec le palais, équilibré, à la fois rond et frais, étayé de tanins soyeux. ✗ 2015-2018 ✣ grillades

✇ Jean-François Delalay, La Dozonnerie, 142, rue de la Haute-Olive, 37500 Chinon, tél. 06 08 92 97 15, domainedelalay.vin@orange.fr Ⓥ ♒ Ⓛ t.l.j. 9h-12h30 13h30-19h

DOM. DE LA JALOUSIE Cuvée La Chapelle 2013 ★

■	12 998	◫	15 à 20 €

Rachetée en 2002 et partiellement rénovée deux années plus tard, cette propriété de 16 ha implantée dans le hameau de Briançon, en bordure de la Vienne, se voit régulièrement sélectionnée dans le Guide pour ses chinons rouges ou rosés.

Le nez s'ouvre sur d'agréables senteurs épicées relayées en bouche par d'intenses arômes boisés (dix mois de fût). Ce vin à la structure solide devrait bien vieillir. ✗ 2017-2021 ✣ côte de porc

✇ SCEA le Corre, 17, Briançon, 37500 Cravant-les-Coteaux, tél. 02 47 93 90 83, scea.lecorre@orange.fr Ⓥ ♒ Ⓛ t.l.j. sf sam. dim. 8h-12h30 14h-18h; f. août

PIERRE JAUTROU 2014 ★★

■	3 000		- de 5 €

Pierre Jautrou est établi depuis 1998 dans un petit village situé sur la rive gauche de la Vienne. Il a démarré son exploitation en polyculture, avant de mettre à profit la vague du chinon pour la spécialiser. Il est à la tête d'un vignoble de 13 ha.

En robe rose éclatant, ce 2014 exhale d'intenses notes de fraise délicatement poivrées. Souple dès l'attaque, il offre une bouche gourmande aux notes de bonbon anglais et de fruits rouges, soutenue par une fine fraîcheur acidulée. Un très joli vin, à l'unanimité. ✗ 2015-2016 ✣ salade de bœuf à la chinoise

✇ EARL Pierre Jautrou, 12, rte de Chinon, 37500 Anché, tél. 06 80 43 79 25, pierre.jautrou@wanadoo.fr Ⓥ ♒ Ⓛ r.-v. 🏠 ❸

CHARLES JOGUET Clos du Chêne vert 2013 ★

■	6 000	◫	30 à 50 €

« Artiste vigneron » réputé, Charles Joguet a créé ce vignoble en 1957. À sa retraite en 1997, il a cédé la propriété à Jacques Genet. Le domaine (40 ha) a mis en place très tôt la vinification par terroir, façonnant ainsi une gamme variée des vins nés sur la rive gauche de la Vienne. L'exploitation est en conversion bio. Incontournable.

Habillé d'une robe rubis profond, ce chinon dégage beaucoup de charme à travers son bouquet de petits fruits rouges et noirs bien mûrs soutenus par un boisé discret. La bouche, au diapason, ample et élégante, offre un beau relief et un bon potentiel de garde. ✗ 2015-2020 ✣ pintade aux petits pois

✇ SCEA Charles Joguet, La Dioterie, 37220 Sazilly, tél. 02 47 58 55 53, contact@charlesjoguet.com Ⓥ Ⓛ t.l.j. 10h-13h 14h-18h; sam. sur r.-v.

✇ Jacques Genet

ⓑ JOURDAN ET PICHARD
Les 3 Quartiers Vieilles Vignes 2013

■	17 000	🍾 ◫	11 à 15 €

Philippe Pichard, qui avait repris en 1983 le vignoble acheté par ses grands-parents, l'a transmis en 2012 à la famille Jourdan. Il se charge toujours de la conduite des vignes (16 ha), exploitées en bio et en biodynamie.

Un joli vin qui ne manquera pas de vous séduire par son intensité aromatique centrée sur les fruits rouges. Arômes que l'on retrouve avec persistance dans une bouche plaisante par son caractère léger et frais et par la rondeur et la souplesse de ses tanins. ✗ 2015-2017 ✣ steak tartare ■ Les Gravinières 2013 (8 à 11 € ; 20 000 b.) ⓑ : vin cité. ✗ 2016-2020

✇ SCEA Dom. Jourdan, 8, Le Puy, 37500 Cravant-les-Coteaux, tél. 02 47 58 66 73, francis@domainejourdan.fr Ⓥ ♒ Ⓛ t.l.j. sf dim. 10h-12h 14h-18h

PATRICK LAMBERT Âme d'antan 2013

■	1 500	🍾 ◫	11 à 15 €

Patrick Lambert exploite un petit domaine de 6,5 ha (en conversion à l'agriculture biologique) adossé à un coteau calcaire dans lequel de très belles caves ont été creusées. Celles-ci accueillent fûts et foudres servant à l'élevage des vins.

Un vin caractéristique du millésime 2013 par sa belle intensité colorante et son caractère fruité et frais, à dominante de cassis. La bouche, à l'unisson, s'avère ample, souple et harmonieuse. ⚔ 2015-2018 ❦ steak à cheval

↝ *EARL Patrick Lambert, 6, coteau de Sonnay, 37500 Cravant-les-Coteaux, tél. 02 47 93 92 39, vins.lambert.patrick@orange.fr* Ⓥ Ⓚ Ⓛ *r.-v.*

CH. DE LIGRÉ 2014 ★		
◼	20 000	🍾	8 à 11 €

Ce domaine situé sur la rive gauche de la Vienne était dans la même famille depuis trois générations. Il a été cédé en 2014 à la SCEA du Ch. de Ligré. François Médard conduit désormais ce vignoble de 38 ha commandé par un château en tuffeau du XIXᵉs. Le jeune œnologue Charles Bouly conduit le chai.

Ce 2014 jaune pâle et brillant s'ouvre sans réserve sur un bouquet frais de fleurs blanches. La bouche, tout aussi alerte, se révèle très fruitée, souple et persistante. ⚔ 2015-2019 ❦ sandre grillé

↝ *SCEA du Ch. de Ligré, 1, rue Saint-Martin, 37500 Ligré, tél. 02 47 93 16 70, chateau.de.ligre@ orange.fr* Ⓥ Ⓚ Ⓛ *t.l.j. 9h-12h30 14h-18h30; dim. sur r.-v.*

LE LOGIS DE LA BOUCHARDIÈRE Les Clos 2013 ★		
◼	10 000	⅏	5 à 8 €

Installée depuis 1850 au Logis de la Bouchardière, la famille Sourdais a développé un vignoble qui atteint aujourd'hui 55 ha. Représentant la sixième génération, Bruno a pris les rênes du domaine en 1992.

Beaucoup de charme dans ce chinon à la robe rubis foncé et au nez complexe mêlant notes de chocolat, de curry et de girofle. Ouverte sur des notes épicées qui rappellent l'olfaction, la bouche se révèle ample et dense dès l'attaque, soutenue par des tanins encore fermes et serrés à l'heure de la dégustation. Du potentiel dans ce vin que l'on carafera avant le service. ⚔ 2017-2022 ❦ selle d'agneau confite aux épices ◼ Rosé 2014 ★ (- de 5 € ; 20 000 b.) : un vin très élégant, à la robe foncée très attrayante, puissant, ample, frais et très fruité jusqu'en finale ⚔ 2015-2017

↝ *Serge et Bruno Sourdais, La Bouchardière, 37500 Cravant-les-Coteaux, tél. 02 47 93 04 27, info@ sergeetbrunosourdais.com* Ⓥ Ⓚ Ⓛ *t.l.j. sf dim. 8h-12h15 14h-18h*

ALAIN LORIEUX Thélème 2013		
◼	5 000	🍾	8 à 11 €

Alain et Pascal Lorieux ont fusionné leurs exploitations en 1993, l'une de 12 ha à Saint-Nicolas-de-Bourgueil, l'autre de 8 ha à Chinon, tout en gardant deux chais de vinification. Les deux frères exploitent leur vignoble en viticulture raisonnée.

La robe grenat sombre s'éclaircit de notes rubis brillantes. Le nez évoque un panier de fruits rouges (framboise, groseille) agrémenté d'une note réglissée. Équilibre et fraîcheur sont les premières sensations d'une bouche souple et légère. Un chinon facile d'accès. ⚔ 2015-2017 ❦ carpaccio de bœuf

↝ *Pascal et Alain Lorieux, 2, Malvault, 37500 Cravant-les-Coteaux, tél. 02 47 58 59 14, contact@ lorieux.fr* Ⓥ Ⓚ Ⓛ *t.l.j. 9h-12h 14h-17h30; f. 10-20 août*

DOM. DE LA NOBLAIE Pierre de tuf 2012 ★		
◼	8 000	⅏	11 à 15 €

Domaine acquis et remis en état à partir de 1952 par Jacqueline et Pierre Manzagol. Depuis 2008, leur petit-fils Jérôme Billard, œnologue, le conduit accompagné d'Élodie Peyrussie. Le vignoble couvre 24 ha d'un seul tenant sur la rive gauche de la Vienne.

Cette cuvée s'affiche en robe sombre et libère des notes intenses et fraîches de fruits rouges et noirs. On retrouve les fruits noirs plus expressifs encore dans un palais puissant et riche, aux tanins et au boisé bien fondus. Un ensemble complet et de belle longueur. ⚔ 2016-2020 ❦ civet de sanglier ◼ 2014 (8 à 11 € ; 13 000 b.) Ⓑ : vin cité. ⚔ 2015-2020

↝ *Dom. de la Noblaie, 21, rue des Hautes-Cours, 37500 Ligré, tél. 02 47 93 10 96, contact@lanoblaie.fr* Ⓥ Ⓚ Ⓛ *t.l.j. sf dim. 10h-12h 14h-18h* ↝ *Billard*

DOM. DE NOIRÉ Élégance 2013 ★		
◼	20 000	🍾	8 à 11 €

Jean-Max Manceau, fort de vingt-huit ans d'expérience dans l'un des plus beaux châteaux de Chinon, se consacre désormais à la propriété familiale de 15 ha dont il a pris la tête avec son épouse Odile en 2002. Le domaine est en conversion bio.

De couleur grenat aux reflets noirs, cette cuvée s'ouvre sur des arômes de petits fruits rouges frais. La bouche? Ample dès l'attaque et chaleureuse jusqu'en finale, bien fruitée, équilibrée et dotée de tanins veloutés et fondus. Un chinon des plus recommandables. ⚔ 2015-2021 ❦ assiette de charcuteries ◼ Caractère 2013 ★ (11 à 15 € ; 8 550 b.) : un vin généreux et très structuré, encore marqué par l'élevage sous bois. ⚔ 2017-2021

↝ *Dom. de Noiré, 160, rue de l'Olive, 37500 Chinon, tél. 02 47 93 44 89, domaine.de.noire@orange.fr* Ⓥ Ⓚ Ⓛ *t.l.j. sf dim. 10h-12h 14h-19h* ↝ *Manceau Jean-Max*

DOM. DE NUEIL Cuvée des Cigales 2013		
◼	1 300	🍾 ⅏	5 à 8 €

Laurent Gilloire est le propriétaire de cette ancienne ferme fortifiée du XVIᵉs. qui comprend les ruines du manoir ayant appartenu à Marie de Mauléon. Le vignoble de 14 ha se répartit entre terrasses et coteaux.

Les vignes de soixante ans à l'origine de ce joli 2013 se situent sur un coteau où les cigales ont élu domicile. Le vin séduit avant tout par son intensité aromatique centrée sur les fruits mûrs, au nez comme en bouche, ainsi que par le soyeux de ses tanins. ⚔ 2015-2019 ❦ onglet sauce marchand de vin

↝ *Laurent Gilloire, Dom. de Nueil, 37500 Cravant-les-Coteaux, tél. 02 47 93 19 24, laurent.gilloire@wanadoo.fr* Ⓥ Ⓚ Ⓛ *t.l.j. sf dim. 8h-19h*

CHARLES PAIN Cuvée Prestige 2013 ★		
◼	70 000	🍾 ⅏	5 à 8 €

Valeur sûre du Chinonais, ce domaine dirigé par Charles Pain a son siège sur la rive droite de la Vienne ; son vignoble, qui s'étend sur 50 ha, est réparti sur cinq communes. L'exposition sud, majoritaire, permet des productions de qualité.

LOIRE

Une élégante robe pourpre au disque violet habille cette cuvée dont l'olfaction est le point fort, centrée sur une belle concentration de fruits noirs confiturés. En bouche, on découvre une matière tendre et tout en rondeur, rehaussée par une petite pointe d'épices. Un chinon très équilibré et gourmand. ✗ 2015-2020 ❦ magret de canard ■ **Cuvée du Domaine 2013 ★** (5 à 8 € ; 70 000 b.) : un vin très agréable et très aromatique (fruits rouges), qui offre beaucoup de chair et de croquant. ✗ 2015-2020

○━ *Dom. Charles Pain, Chézelet, 37220 Panzoult, tél. 02 47 93 06 14, charles.pain@wanadoo.fr* 🆅 🎿 🎯 *t.l.j. 8h30-12h 14h-18h* 🏠 🅐

DOM. DU PUY Cuvée Baptiste 2013			
■	8 000	🏠	5 à 8 €

Établi à Cravant-les-Coteaux, Patrick Delalande est à la tête du domaine fondé par son aïeul Alexis Delalande en 1820. Il a été rejoint par son fils Baptiste en 2010. Le tandem conduit un vignoble de 27,5 ha sur les bords de la Vienne, face au Midi.

La robe est rubis clair, le nez bien ouvert sur des arômes de fruits frais (framboise) : l'approche est simple et efficace. La bouche se révèle à la fois douce et fraîche, rehaussée d'une note poivrée qui ne se dément pas jusqu'à la finale, souple et légère. ✗ 2015-2018 ❦ poulet basquaise ■ **Cuvée Mathilde 2014** (- de 5 € ; 5 000 b.) : vin cité. ✗ 2015-2016

○━ *Patrick Delalande, 11, Le Puy, 37190 Cravant-les-Coteaux, tél. 02 47 98 42 31, domaine.du.puy@wanadoo.fr* 🆅 🎿 *r.-v.* 🏠 🅔

DOM. DU PUY RIGAULT Cuvée Vieilles Vignes 2013			
■	5 000	⊕	5 à 8 €

Jean-Louis Page, qui exploitait les vignes de son grand-père, a repris le domaine de son père Michel parti à la retraite. Il a regroupé les deux vignobles implantés en pays de Véron sur des sols de graviers et de sables, entre Loire et Vienne.

Une robe sombre habille ce vin au nez « rebelle », qui ne délivre ses arômes de fruits noirs qu'après une longue aération. La bouche, chaleureuse, laisse les fruits s'exprimer avec plus d'intensité. La finale boisée appelle une petite garde. ✗ 2016-2020 ❦ cassoulet

○━ *Dom. du Puy Rigault, 12, rte de Candes, 37420 Savigny-en-Véron, tél. 02 47 58 96 92, jl.page01@orange.fr* 🆅 🎿 *r.-v.* ○━ *Page Jean-Louis*

DOM. DES QUATRE VENTS Cuvée Sélection 2013			
■	n.c.		5 à 8 €

Ce domaine de 21 ha doit son nom à sa situation, au sommet d'une colline balayée par les vents. Philippe Pion conduit l'exploitation depuis 1984.

Vous trouverez avec ce vin un bon compagnon de soirée improvisée. Classique dans sa robe rubis, expressif par son fruité frais de groseille, aimable par sa rondeur avenante : un chinon équilibré et friand. ✗ 2015-2018 ❦ spaghetti bolognaise

○━ *Philippe Pion, La Bâtisse, 37500 Cravant-les-Coteaux, tél. 02 47 93 46 79, pion375@gmail.com* 🆅 🎿 *r.-v.*

RÉSERVE DE LA RABELAISIE 2013 ★			
■	n.c.	⊕	8 à 11 €

Regroupant une cinquantaine de viticulteurs répartis sur l'ensemble de l'appellation chinon, cette structure créée en 1989 commercialise sa production sous plusieurs marques dans la grande distribution et à l'export.

Paré d'une robe noire aux reflets violines, ce chinon s'ouvre sans réserve sur une excellente et généreuse palette de fruits rouges confiturés agrémentés de notes boisées. Les fruits dominent aussi dans une bouche aux tanins élégants et soyeux qui donnent une expression gourmande à ce vin. ✗ 2015-2020 ❦ mijoté de paleron

○━ *SICA Caves des Vins de Rabelais, Les Aubuis, Saint-Louans, 37500 Chinon, tél. 02 41 50 23 23, emilien.bouffray@uapl.fr*

OLGA RAFFAULT Les Barbabés 2013 ★★			
■	60 000	🏠	5 à 8 €

Olga Raffault, figure de la profession viticole à Chinon, a fondé son vignoble en 1920. Elle a transmis son savoir-faire à son fils et c'est sa petite-fille Sylvie, épaulée par son mari Éric, qui est à présent aux commandes. Ensemble, ils conduisent un domaine de 25 ha.

Un très beau 2013 issu des sables et des graviers de Savigny-en-Véron, un terroir à la confluence de la Vienne et de la Loire. Le bouquet associe harmonieusement des notes de cerise à une pointe épicée fort agréable. Équilibré, ample et suave, le palais déploie des tanins fermes et élégants, qui doivent encore mûrir. ✗ 2017-2021 ❦ terrine de gibier

○━ *Dom. Olga Raffault, 1, rue des Caillis, 37420 Savigny-en-Véron, tél. 02 47 58 42 16, infos@olga-raffault.com* 🆅 🎿 *t.l.j. sf sam. dim. 9h-12h 14h-18h*

JEAN-MAURICE RAFFAULT Les Picasses 2013			
■	30 000	🏠 ⊕	8 à 11 €

Les ancêtres de Rodolphe Raffault cultivaient déjà la vigne sous Louis XIV. Le vigneron, qui a repris l'exploitation en 1997, dispose d'immenses caves et d'un vignoble de 45 ha répartis sur plusieurs terroirs qu'il vinifie séparément. Le domaine est en conversion bio.

Paré d'une très belle robe grenat aux reflets noirs, ce 2013 dévoile un bouquet intense de fruits noirs (cassis, mûre). Un fruité qui s'épanouit dans une bouche ample et ferme, plus tannique en finale. À attendre un peu. ✗ 2016-2019 ❦ magret de canard

○━ *EARL Jean-Maurice Raffault, 74, rue du Bourg, 37420 Savigny-en-Véron, tél. 02 47 58 42 50, rodolphe.raffault@wanadoo.fr* 🆅 🎿 *r.-v.*

DOM. DU RAIFAULT Les Allets 2013 ★			
■	n.c.	🏠 ⊕	5 à 8 €

Situé dans le Véron, entre Loire et Vienne, ce domaine commandé par une gentilhommière de tuffeau est dans la même famille depuis le XIXᵉs. Après la disparition prématurée de son père, Julien Raffault a pris en main cette exploitation de 26 ha au sortir de ses études.

Élégante dans sa livrée de velours grenat, cette cuvée délivre un bouquet intense et généreux de fruits mûrs et de vanille. Une olfaction très agréable qui trouve un beau prolongement dans une bouche charnue, ronde et équilibrée, épaulée par un boisé très maîtrisé. ⧗ 2015-2021 🍴 carré de porc à la sauge

🔑 *EARL Julien Raffault, 23-25, rte de Candes, 37420 Savigny-en-Véron, tél. 02 47 58 44 01, domaineduraifault@wanadoo.fr* Ⓥ 🚶 ⚲ *t.l.j. 8h30-12h30 14h-19h; dim. sur r.-v.*

Ⓑ WILFRID ROUSSE Les Puys 2013

■ | 10 000 | ⛁ | 8 à 11 €

Établi depuis 1987 dans le Véron, entre Loire et Vienne, Wilfrid Rousse conduit avec succès un domaine de 20 ha. Le vigneron a obtenu la certification « agriculture biologique » en 2011. Une valeur sûre.

Paré d'une robe sombre un peu évoluée, ce chinon libère un joli fruité qui se mâtine de notes fumées et torréfiées. La bouche se révèle très « friendly », souple, soyeuse et ronde. ⧗ 2015-2018 🍴 rôti de veau

🔑 *Wilfrid Rousse, 19-21, rte de Candes, La Halbardière, 37420 Savigny-en-Véron, tél. 02 47 58 84 02, wilfrid.rousse@wanadoo.fr* Ⓥ 🚶 ⚲ *t.l.j. sf dim. 9h-12h 14h-18h; f. 10-30 août*

DOM. DE LA SEMELLERIE
Cuvée Kévin Vieilles Vignes 2013

■ | 6 000 | ⛁ | 5 à 8 €

Ce domaine de 40 ha s'étend sur la meilleure partie de la commune de Cravant, dans le plus haut du coteau, là où les rayons du soleil « tombent droit », comme on dit dans le Midi. Le sol argilo-calcaire, chaud et sain, contribue à la maturation du raisin.

Pourpre et lumineux, ce 2013 dévoile un nez de cerise évoluant vers un aspect confit à l'aération, agrémenté de légères notes vanillées. Ample dès l'attaque, le palais s'appuie sur des tanins fins qui s'harmonisent avec un beau fruité de fraise des bois et de griotte. Un chinon courtois et facile d'accès. ⧗ 2015-2018 🍴 charcuteries tourangelles

🔑 *Fabrice Delalande, Dom. de la Semellerie, La Semellerie, 37500 Cravant-les-Coteaux, tél. 02 47 93 18 70, la semellerie@wanadoo.fr* Ⓥ 🚶 ⚲ *r.-v.* 🏠 Ⓓ

DOM. PIERRE SOURDAIS Tradition 2013

■ | 30 000 | ▮ | 5 à 8 €

C'est au Moulin-à-Tan qu'était broyée autrefois l'écorce de chêne qui servait au traitement des peaux dans les nombreuses tanneries de la région. Aujourd'hui, le vieux moulin a fait place à un domaine viticole de 2 ha conduit en bio par Pierre Sourdais.

Ce 2013 libère à l'olfaction des notes fumées et anisées assorties d'une pointe animale. On retrouve les touches fumées dans une bouche fraîche aux tanins encore un peu jeunes. À attendre un peu pour plus de fondu. ⧗ 2016-2018 🍴 paupiettes de veau

🔑 *Pierre Sourdais, 12, Le Moulin-à-Tan, 37500 Cravant-les-Coteaux, tél. 02 47 93 31 13, pierre.sourdais@wanadoo.fr* Ⓥ 🚶 ⚲ *t.l.j. 8h-12h 14h-18h* 🏠 Ⓐ

JOHANN SPELTY Clos de Neuilly 2013 ★★

■ | 8 000 | ⛁ | 8 à 11 €

Dans la même famille depuis cinq générations, ce vignoble de 15 ha entoure une jolie maison tourangelle du XVIIIe s. Johann Spelty, le maître des lieux depuis 2007, fait dans le traditionnel : labourage des vignes, lutte raisonnée et vendanges manuelles. Une adresse très recommandable.

Joliment drapé de pourpre sombre frangé d'indigo, ce vin s'impose d'emblée par sa puissance olfactive : cassis, chocolat, vanillé délicat. Une attaque large ouvre sur un palais dense et généreux, à l'équilibre irréprochable, bien soutenu par des tanins fermes et de garde. Un chinon de gastronomie proche du coup de cœur, à la fois solide et élégant. ⧗ 2017-2025 🍴 cuissot de chevreuil aux airelles

🔑 *Johann Spelty, 17, rue Principale, Le Carroi-Portier, 37500 Cravant-les-Coteaux, tél. 02 47 93 08 38, spelty@wanadoo.fr* Ⓥ 🚶 ⚲ *r.-v.*

CH. DE VAUGAUDRY 2013

■ | 30 000 | ▮ | 5 à 8 €

Bâti sur un rebord de terrasse à flanc de coteau, sur la rive gauche de la Vienne, ce château fait face à la forteresse de Chinon. Le vignoble d'un seul tenant (12 ha) est entré en 1949 dans la famille des actuels propriétaires.

Rubis éclatant, ce 2013 dévoile un nez alerte centré sur de plaisants parfums de fruits rouges. La bouche, fraîche et aérienne, confirme l'expression olfactive. Un vin pimpant et facile d'accès. ⧗ 2015-2017 🍴 grillades au feu de bois

🔑 *SCEA Ch. de Vaugaudry, Vaugaudry, 37500 Chinon, tél. 02 47 93 13 51, chateau@chateau-vaugaudry.fr* Ⓥ 🚶 ⚲ *r.-v.* 🏠 Ⓒ

COTEAUX-DU-LOIR

Superficie : 79 ha / Production : 3 086 hl (55 % rouge et rosé)

Avec le jasnières, voici le seul vignoble de la Sarthe, sur les coteaux de la vallée du Loir. Il renaît après avoir failli disparaître dans les années 1970. Les vignes sont plantées sur l'argile à silex qui recouvre le tuffeau. Le pineau d'Aunis, assemblé aux cabernets, gamay ou cot, donne des rouges légers et fruités tandis que le chenin produit des blancs secs.

DOM. DE CÉZIN 2014

□ | 10 000 | 5 à 8 €

Ce domaine créé en 1925 est une valeur sûre de la Sarthe viticole. François Fresneau a fait l'acquisition de sa première parcelle de jasnières en 1975 et, après un parcours sans faute, il vient de passer le flambeau à la quatrième génération : ses enfants Xavier et Amandine, qui exploitent une quinzaine d'hectares en coteaux-du-loir et jasnières.

Ce vin à la robe claire livre un bouquet expressif de fleurs d'acacia. Arômes auxquels fait écho un palais rond, gras et de bonne longueur. ⧗ 2015-2017 🍴 cabillaud sauce crémée

🔑 *EARL Fresneau, Dom. de Cézin, rue de Cézin, 72340 Marçon, tél. 02 43 44 13 70, earl.francois.fresneau@orange.fr* Ⓥ 🚶 ⚲ *sam. 9h-12h 15h-18h, lun. à ven. sur r.-v.*

CHRISTOPHE CROISARD Rasné 2014

□ | 11 000 | ▮ | 5 à 8 €

Depuis 1996, Christophe Croisard conduit cette exploitation de 23 ha installée depuis quatre générations à

LOIRE

flanc de coteau, dans la commune de Chahaignes, au nord de La Chartre-sur-le-Loir. Le domaine dispose de magnifiques caves creusées dans le tuffeau.

Avec sa robe claire et brillante, son bouquet expressif et riche en fleurs blanches, ce coteaux-du-loir offre une bonne approche. En bouche, il se distingue par sa fraîcheur juvénile et sa spontanéité, sans manquer de gras. Un ensemble bien équilibré. ✗ 2015-2018 ☐ plateau de fruits de mer

☞ *EARL Dom. de la Raderie, la Pommeraie, 72340 Chahaignes, tél. 02 43 79 14 90, christophe.croisard@wanadoo.fr* 🆅 🅧 🅻 *r.-v.* 🏠 🅑

LA CAVE DE DAUVERS 2014

■	4 000		5 à 8 €

Corinne Noury a repris ce domaine d'une douzaine d'hectares dans lequel elle était employée, succédant ainsi à Jean-Jacques Maillet, dont les vins ont maintes fois été sélectionnés dans le Guide.

Ce blanc affiche une belle élégance avec son bouquet d'agrumes et de fruits blancs agrémenté d'une agréable touche végétale. De l'élégance en bouche également, de la finesse, une droiture minérale et une bonne longueur. Proche de l'étoile. ✗ 2015-2018 ☐ fruits de mer

☞ *Corinne Noury, 5, imp. du Ruisseau, Dauvers, 72340 Ruillé-sur-le-Loir, tél. 06 79 46 40 67, lacavededauvers@hotmail.com* 🆅 🅧 🅻 *r.-v.*

DOM. DES GAULETTERIES 2013 ★

■	9 300	î	5 à 8 €

Établis dans le charmant village de Ruillé-sur-Loir, Francine et Raynald Lelais, aidés de leur fille Claire, conduisent depuis 1984 ce domaine de 17 ha consacrés aux AOC jasnières et coteaux-du-loir, doté de cinq caves anciennes creusées dans le tuffeau.

Ce 2013 pourpre intense se distingue par un joli nez d'épices (poivre) et de fruits rouges bien typés. Arômes prolongés avec persistance par une bouche fine et de bonne concentration, aux tanins soyeux et fondus, qui s'achève sur une note délicate et chic de cannelle. Un vin tout indiqué pour découvrir ce trop méconnu cépage local qu'est le pineau d'Aunis. ✗ 2015-2017 ☐ sauté de veau aux épices

☞ *Francine et Raynald Lelais, Dom. des Gauletteries, 41, rte de Poncé, 72340 Ruillé-sur-Loir, tél. 02 43 79 09 59, vins@domainelelais.com* 🆅 🅧 🅻 *t.l.j. sf dim. 9h-12h 14h-18h*

JEAN-MARIE RENVOISÉ 2013

■	6 000	î	5 à 8 €

Jean-Marie Renvoisé reprend en 2002 l'exploitation agricole familiale sur laquelle subsistait 1 ha de vignes. Tout en conservant son activité d'élevage de vaches allaitantes, il décide de replanter les 5 ha alors dédiés aux céréales pour se consacrer à la vigne.

Ce 2013 fait la part belle au pineau d'Aunis (90 %), accompagné par une touche de gamay. Le résultat : un joli bouquet poivré, relayé par une bouche de bonne longueur, souple et légère, aux tanins fondus. ✗ 2015-2018 ☐ plateau de charcuterie

☞ *Jean-Marie Renvoisé, Le Vaugermain, 72340 Chahaignes, tél. 02 43 44 89 37, jean-marie.renvoise@wanadoo.fr* 🆅 🅧 🅻 *t.l.j. 14h-18h*

Superficie : 66 ha / Production : 2 912 hl

C'est le cru des coteaux du Loir, bien délimité sur un unique versant plein sud de 4 km de long sur environ 65 ha. Seul cépage de l'appellation, le chenin ou pineau de la Loire peut donner des produits sublimes les grandes années. Curnonsky n'a-t-il pas écrit : « Trois fois par siècle, le jasnières est le meilleur vin blanc du monde » ?

DOM. DE CÉZIN 2014

🅑	10 000		5 à 8 €

Ce domaine créé en 1925 est une valeur sûre de la Sarthe viticole. François Fresneau a fait l'acquisition de sa première parcelle de jasnières en 1975 et, après un parcours sans faute, il vient de passer le flambeau à la quatrième génération : ses enfants Xavier et Amandine, qui exploitent une quinzaine d'hectares en coteaux-du-loir et jasnières.

Une belle robe claire, une minéralité affirmée accompagnée de discrètes notes d'agrumes, voici un blanc dans la tradition des jasnières. En bouche, rondeur et fraîcheur sont à l'équilibre, l'expression aromatique est délicate, autour des fleurs blanches, du miel et du citron. ✗ 2015-2020 ☐ marmite sarthoise

☞ *EARL Fresneau, Dom. de Cézin, rue de Cézin, 72340 Marçon, tél. 02 43 44 13 70, earl.francois.fresneau@orange.fr* 🆅 🅧 🅻 *sam. 9h-12h 15h-18h, lun. à ven. sur r.-v.*

OLIVIER CHAMPION Cuvée des Clos 2014 ★

■	11 000	î	8 à 11 €

Olivier Champion, sommelier et maître d'hôtel, a repris en 2014 le vignoble de Philippe Sevault.

Un premier millésime prometteur pour ce néo-vigneron. Ce jasnières demi-sec (14,8 g/l de sucres résiduels) – assemblage de différents clos (Molières, Jasnières et Longues vignes) – déploie un bouquet complexe de fruits blancs et jaunes, d'agrumes et de fleurs blanches. On découvre ensuite une bouche ronde et suave sans lourdeur, tendue par une fine fraîcheur minérale. Un vrai « sec tendre », harmonieux et gourmand. ✗ 2015-2020 ☐ asperges sauce mousseline

☞ *Olivier Champion, rue Élie Savatier, 72340 Ponce-sur-le-Loir, tél. 06 68 60 72 43, vins.champion@orange.fr* 🆅 🅧 🅻 *r.-v.*

CHRISTOPHE CROISARD Mont Idée 2014

■	6 000	î	5 à 8 €

Depuis 1996, Christophe Croisard conduit cette exploitation de 23 ha installée depuis quatre générations à flanc de coteau, dans la commune de Chahaignes, au nord de La Chartre-sur-le-Loir. Le domaine dispose de magnifiques caves creusées dans le tuffeau.

Belle robe claire et bouquet délicat de fruits exotiques et de fleurs blanches sur un fond minéral, l'approche est plaisante. La suite ne l'est pas moins avec une bouche fraîche et alerte, à l'unisson de l'olfaction. Un jasnières net et droit. ✗ 2015-2019 ☐ nage de poissons

☞ *EARL Dom. de la Raderie, la Pommeraie, 72340 Chahaignes, tél. 02 43 79 14 90, christophe.croisard@wanadoo.fr* 🆅 🅧 🅻 *r.-v.* 🏠 🅑

DOM. DES GAULETTERIES
Cuvée Saint-Vincent 2014 ★★

	16 000		8 à 11 €

Établis dans le charmant village de Ruillé-sur-Loir, Francine et Raynald Lelais, aidés de leur fille Claire, conduisent depuis 1984 ce domaine de 17 ha consacrés aux AOC jasnières et coteaux-du-loir, doté de cinq caves anciennes creusées dans le tuffeau.

Un bouquet délicat de fleurs blanches, d'agrumes et de nuances minérales introduit la dégustation. Celle-ci se poursuit par une bouche remarquable d'harmonie, ouverte sur la pomme et la pêche bien juteuse, ronde et suave (15 g/l de sucres résiduels), soulignée par une fine tension qui lui donne de la profondeur et de l'allonge. Un jasnières « sec tendre » (demi-sec) de haute expression. ✗ 2015-2023 ❦ ris de veau à la crème ■ Le Tradition 2014 (5 à 8 € ; 12 000 b.) : vin cité. ✗ 2015-2020

☛ Francine et Raynald Lelais, Dom. des Gauletteries, 41, rte de Poncé, 72340 Ruillé-sur-Loir, tél. 02 43 79 09 59, vins@domainelelais.com V ⚥ ⚘ t.l.j. sf dim. 9h-12h 14h-18h

DOM. J. MARTELLIÈRE Cuvée du Poète 2014 ★

	1 300		8 à 11 €

Jean-Vivien Martellière, qui a repris en 2004 cette exploitation familiale de 12 ha, vinifie exclusivement les trois AOC de la vallée du Loir : jasnières, coteaux-du-loir et coteaux-du-vendômois. Il perpétue ainsi la tradition familiale inaugurée par son grand-père.

Les vins moelleux sont rares en jasnières, à l'exception des grands millésimes. Ce 2014 produit sur une microsurface (28 ares) se révèle pour l'heure réservé à l'olfaction, mais bien plus expressif en bouche. Cette dernière, de très bonne tenue, riche et suave (30 g/l de sucres résiduels), soulignée par une fine acidité, associe le miel, les fleurs blanches et les agrumes. Une bouteille bâtie pour durer. ✗ 2016-2023 ❦ foie gras ■ Cuvée des Perrés 2014 (5 à 8 € ; 6 400 b.) : vin cité. ✗ 2015-2019

☛ Martellière, 46, rue de Fosse, Fosse, 41800 Montoire-sur-le-Loir, tél. 06 08 99 94 15, contact@domainemartelliere.fr V ⚥ ⚘ r.-v.

MONTLOUIS-SUR-LOIRE

Superficie : 447 ha / Production : 17 415 hl

La Loire au nord, la forêt d'Amboise à l'est, le Cher au sud sont les limites naturelles de l'aire d'appellation. Les sols « perrucheux » (argile à silex), localement recouverts de sable, sont plantés de chenin blanc (ou pineau de la Loire) et produisent des vins blancs vifs et pleins de finesse, tranquilles (secs ou doux), ou effervescents. Les premiers gagnent à évoluer longuement en bouteilles (une dizaine d'années).

PATRICE BENOIT Sec 2013

	1 100		5 à 8 €

Patrice Benoit est issu d'une famille au service du vin depuis quatre générations. Pour s'installer, il a dû acheter des parcelles laissées par des vignerons âgés partant à la retraite. Il est maintenant à la tête d'une propriété de 12 ha.

Ce vin de couleur paille est encore dans sa jeunesse. Il faut l'aérer pour qu'il libère des notes florales. En bouche, il offre de subtils arômes de pêche blanche. Un vin qui saura exprimer pleinement son terroir après une courte garde. ✗ 2016-2019 ❦ truite au bleu ● Brut (5 à 8 € ; 27 000 b.) : vin cité. ✗ 2016-2017

☛ Patrice Benoit, 3, rue des Jardins, Nouy, 37270 Saint-Martin-le-Beau, tél. 02 47 50 63 93, patrice.benoit.vins@orange.fr V ⚥ ⚘ r.-v.

FRANCK BRETON Extra-brut Cuvée Louane 2013 ★

	3 800		8 à 11 €

Franck Breton a pris la succession de son beau-père Claude Boureau en 2008. Il conduit un vignoble de 8 ha situé au sud de la Loire et propose des montlouis et des AOC touraine. Il fait partie aujourd'hui des noms qui comptent dans cette appellation.

Franck Breton s'attache à élaborer des vins le plus naturellement possible. Pas de désherbant, des vendanges manuelles, pas de produits œnologiques inutiles. Ce vin très peu dosé (extra-brut) présente beaucoup de finesse aussi bien dans son effervescence que dans son registre aromatique (fleurs blanches). La bouche montre un bel équilibre et charme par sa longue finale minérale. ✗ 2016-2020 ❦ feuilletés au fromage de chèvre ■ Les Caillasses 2013 (8 à 11 € ; 7 000 b.) : vin cité. ✗ 2016-2017

☛ Franck Breton, 1 bis, rue de la Résistance, 37270 Saint-Martin-le-Beau, tél. 06 14 92 59 35, franckbretonvigneron@orange.fr V ⚥ ⚘ r.-v.

DOM. VINCENT DENIS Tendre 2005

	10 000		8 à 11 €

En 1999, à la suite de ses grands-parents et de ses parents, Vincent Denis commence à s'occuper des vignes familiales non sans quelque hésitation. Mais la passion venant, il les cultive et les bichonne aujourd'hui avec beaucoup de soin.

La robe de ce sec tendre est pâle et brillante. Le nez révèle avec vigueur son millésime à travers des accents exotiques de litchi et d'ananas bien mûrs. La bouche rappelle également le soleil de 2005. Même si elle a perdu au cours de l'été la fraîcheur qu'aurait pu lui apporter le terroir, elle a gardé un soupçon de gaz carbonique qui lui confère une attaque vive et agréable. ✗ 2016-2018 ❦ bouchées de porc sauce aigre-douce

☛ Vincent Denis, 56, rue de la Pousterie, 37270 Montlouis-sur-Loire, tél. 06 76 92 61 83, vinsdenis@aol.com V ⚥ ⚘ r.-v.

DOM. DE L'ENTRE-CŒURS

	13 300		5 à 8 €

Alain Lelarge, vigneron et œnologue, maîtrise bien ses 15 ha de vignes implantées sur les coteaux du val de Cher, où les sols caillouteux appelés ici « perruches » restituent la nuit aux raisins la chaleur emmagasinée le jour.

Ce brut présente une effervescence fine et régulière. Légèrement brioché au nez, il se révèle rond et souple en attaque, puis se développe avec délicatesse et équilibre. ✗ 2015-2018 ❦ huîtres chaudes

☛ Alain Lelarge, 10, rue d'Amboise, 37270 Saint-Martin-le-Beau, tél. 02 47 50 61 70, domaine@entre-coeurs.fr V ⚥ ⚘ r.-v.

LOIRE

♥ DOM. FLAMAND-DELÉTANG
Les Quatre Saisons 2013 ★★

| | 3 000 | ◫ | 15 à 20 € |

Après avoir travaillé dans la vallée du Rhône, Olivier Flamand a rejoint le domaine familial situé à Saint-Martin-le-Beau. En 2003, avec son épouse Corinne, il a pris la tête des 8 ha de la propriété constituée au fil des années par Gérard et Guy Delétang.

Voici l'alliance réussie d'un vin issu d'une vendange bien mûre de petit rendement et d'un élevage en barrique bien mené. En robe intense jaune d'or, ce 2013 séduit par ses senteurs d'acacia, d'agrumes où transparaissent de fines notes boisées. La bouche soulève l'enthousiasme par son attaque remarquablement équilibrée et savoureuse et se développe ensuite longuement, laissant surgir des arômes subtils de pamplemousse et de pêche de vigne. ✗ 2016-2025 ♈ rôti de dinde Orloff ▪ Les Pierres écrites 2013 ★ (15 à 20 € ; 3 000 b.) : le boisé ressort ici et le vin se rapproche du sec-tendre. On aime ses notes grillées d'amande et de noisette mais il faut l'attendre sans doute encore deux ou trois ans pour le trouver à son apogée. ✗ 2016-2021 ▪ Demi-sec 2013 (11 à 15 € ; 2 000 b.) : vin cité. ✗ 2017-2020

⚲ Dom. Flamand-Delétang, 19, rte d'Amboise, 37270 Saint-Martin-le-Beau, tél. 02 47 35 65 71, flamandolivier@sfr.fr Ⓥ ⚹ ⚐ t.l.j. 9h-12h 14h-18h

Ⓑ DOM. LA GRANGE TIPHAINE
Clef de sol 2013 ★

| | n.c. | ◫ | 15 à 20 € |

Coralie et Damien Delecheneau ont pris en 2002 la succession de trois générations sur un domaine familial créé à la fin du XIXᵉ s. qui compte aujourd'hui 15 ha. L'exploitation est conduite en bio et en biodynamie.

La belle robe paille aux reflets dorés de ce 2013 laisse augurer un vin déjà évolué. Il n'en est rien. Tout d'abord discret, il libère à l'aération des notes de poire et de citron. En bouche, sa vraie nature se dévoile sur des arômes de fruits secs. Un bel équilibre sous-tendu par une fine acidité. ✗ 2016-2020 ♈ cailles aux raisins

⚲ Coralie et Damien Delecheneau, Dom. la Grange Tiphaine, 37400 Amboise, tél. 06 83 72 80 47, lagrangetiphaine@wanadoo.fr Ⓥ ⚐ r.-v.

DOM. DES LIARDS Sec 2013 ★

| | 10 000 | ⚐ ◫ | 5 à 8 € |

C'est Laurent Berger qui dirige aujourd'hui cette ancienne et honorable maison, tandis que la génération précédente veille. Le domaine couvre 17 ha plantés du noble cépage pineau de la Loire.

Les raisins étaient sans aucun doute bien mûrs lors de la récolte puisque ce 2013 libère d'intenses arômes de miel, d'agrumes et de fleurs blanches. Sa texture fine, souple et élégante réjouit le palais. Un sec dont la structure inspire confiance. ✗ 2016-2020 ♈ beignets d'aubergine

⚲ Berger Frères, 33, rue de Chenonceaux, 37270 Saint-Martin-le-Beau, tél. 02 47 50 67 36, bergerfreres@aol.com Ⓥ ⚹ ⚐ r.-v.

♥ BENOÎT MÉRIAS La Méthode ★★

| | 10 000 | ⚱ | 8 à 11 € |

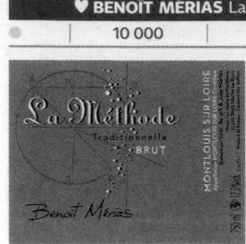

Établis à Saint-Martin-le-Beau, Benoît et Julie Mérias ont repris en 2011 les vignes de Laurent Chatenay (6 ha). Celles-ci sont cultivées en agriculture biologique.

Trente mois de repos en cave ont donné une jolie patine dorée à ce vin. À la fois ample, souple et tendu en bouche, il dévoile des arômes de fruits secs, de verveine et une légère fraîcheur citronnée. Un plaisir durable. ✗ 2016-2018 ♈ coquilles Saint-Jacques gratinées ▪ Les Maisonnettes 2013 (11 à 15 € ; 2 500 b.) Ⓑ : vin cité. ✗ 2015-2018

⚲ EARL Benoît et Julie Mérias, Nouy, 41, rte de Montlouis, 37270 Saint-Martin-le-Beau, tél. 06 42 36 19 41, benoit.merias@orange.fr Ⓥ ⚐ r.-v.

DOM. DE MONTORAY Libreval 2013 ★

| | 3 000 | ⚱ | 8 à 11 € |

Jeune exploitation atypique créée en 2007, le Dom. de Montoray est l'association de cinquante-huit passionnés de vins de Loire. Ils cultivent à peine 2 ha de vignes et possèdent une cave dans le roc. Le vignoble est en conversion bio depuis 2011.

Ce 2013 doré libère des notes d'acacia, de miel et de fruits secs. Une vendange bien mûre est à l'origine de sa richesse et de son ampleur. Promise à un bel avenir, cette cuvée se montre déjà fort agréable. ✗ 2016-2020 ♈ fromage de chèvre ● Extra-brut Bulles de chenin ★ (8 à 11 € ; 3 000 b.) : le nez discret mêle nuances fraîches de fleurs blanches, d'agrumes et d'épices. Vif en attaque, cet extra-brut offre en bouche une bulle abondante. ✗ 2016-2018

⚲ Dom. de Montoray, 11, vallée Saint-Martin, 37400 Lussault-sur-Loire, tél. 06 75 38 79 69, contact@ domaineaupetitgendre.com Ⓥ ⚹ ⚐ r.-v.

DOM. MOSNY Sec Les Graviers 2013 ★

| | 4 600 | ⚱ | 5 à 8 € |

Au cœur du vignoble de Saint-Martin-le-Beau, Thierry Mosny, formé au lycée viticole d'Amboise, a repris en 2005 l'exploitation familiale (14 ha) fondée par son bisaïeul dans les années 1920.

D'un jaune pâle brillant, cette cuvée exhale des parfums de fleurs de printemps, puis libère à l'aération des nuances évocatrices de l'automne (pomme et coing). Les sucres résiduels (4,6 g/l.) confèrent à ce sec une grande souplesse. Un vin bien équilibré où persistent les évocations de fruits à pépins. ✗ 2016-2020 ♈ truite sauce aux pommes ● (5 à 8 € ; 9 800 b.) : vin cité. ✗ 2015-2017

⚲ EARL Daniel et Thierry Mosny, 8, rue des Vignes, 37270 Saint-Martin-le-Beau, tél. 02 47 50 61 84, thierry.mosny@orange.fr Ⓥ ⚹ ⚐ t.l.j. sf dim. 8h-18h
🏠 Ⓑ

DAMIEN MOYER Edmond 2013		
1 800		8 à 11 €

Un ancien rendez-vous de chasse du XVII[e]s. construit pour le duc de Choiseul. Depuis 1830, c'est une propriété viticole renommée. Damien Moyer représente la huitième génération à la tête du domaine, qui compte 8 ha.

Cette cuvée, hommage au grand-père du vigneron, est un vin de caractère avec ses arômes de pomme et de coing, typiques du chenin. La bouche élégante montre une belle acidité sans agressivité, et a la longueur d'un vin bien élevé. ✗ 2015-2018 ❦ bar grillé sauce citron ● L'Extra-brut 2012 (8 à 11 € ; 5 000 b.) : vin cité. ✗ 2015-2018

○┐ Dom. Moyer, 2, rue de la Croix-des-Granges, Husseau, 37270 Montlouis-sur-Loire, tél. 06 83 29 57 80, domaine.moyer@wanadoo.fr 🆅 🎿 🔋 t.l.j. 9h-12h30 14h-19h

Ⓑ **DOM. DE L'OUCHE GAILLARD** 2012 ★		
8 000		8 à 11 €

Gabrièle et Régis Dansault sont installés depuis 1984 sur un domaine de 15 ha qu'ils conduisent en bio certifié depuis 2010.

Du verre aux reflets dorés, ourlé de fines bulles, s'échappent des arômes de fruits mûrs (coing, poire, miel). La bouche ronde, onctueuse et longue destine cette bouteille au repas. ✗ 2016-2018 ❦ tourte aux noix de Saint-Jacques

○┐ EARL Gabrièle et Régis Dansault, 1, rue Gaspard-Monge, 37270 Montlouis-sur-Loire, tél. 02 47 44 36 23, regis.dansault@wanadoo.fr 🆅 🎿 🔋 r. v.

VOUVRAY

Superficie : 2 151 ha / Production : 126 272 hl (70 % mousseux)

Un long vieillissement en cave et en bouteilles révèle toutes les qualités des vouvray, blancs nés au nord de la Loire, presque en face de Tours, sur un vignoble qu'écorne l'autoroute A10 au nord (le TGV passe en tunnel) et que traverse la large vallée de la Brenne. Le cépage blanc de Touraine, le chenin, donne ici des vins tranquilles, colorés et très racés, secs ou moelleux selon les années, et des vins pétillants et effervescents, vineux, élaborés selon la méthode traditionnelle. Si ces derniers sont bus assez jeunes, les vins tranquilles sont aptes à une longue garde qui leur donne de la complexité.

DOM. DE BEAUCLAIR Brut 2012 ★★		
15 000		5 à 8 €

Christian Blot a succédé à son père en 1983 sur la propriété que celui-ci avait créée en 1955 et qui couvre 25 ha. Son fils Freddy l'a rejoint en 2006. Dominant le coteau de Noizay, la cave a été creusée dans le tuffeau par le grand-père et le père.

Un cordon de fines bulles parcourt la robe jaune doré intense. Le nez libère des notes de fruits mûrs (le coing notamment), de fruits confits et de réglisse. Ample et franche, la bouche évoque le miel, les fruits confits et la

noix muscade. On pourrait accompagner tout un repas avec cette très belle bouteille. ✗ 2015-2017 ❦ lapin aux pruneaux

○┐ Christian et Freddy Blot, Dom. de Beauclair, 306, coteau de Venise, 37210 Noizay, tél. 02 47 52 11 32, freddyblot@aol.com 🆅 🎿 🔋 t.l.j. 9h-12h 14h-19h; dim. 9h-12h

DOM. BOUTET SAULNIER Brut ★		
n.c.		5 à 8 €

Héritiers du domaine familial créé en 1850, Philippe et Vincent Gasnier cultivent 20 ha de vignes implantées dans les communes de Parçay-Meslay et de Rochecorbon sur un sol argilo-calcaire et argilo-siliceux.

La robe jaune clair est traversée de bulles abondantes et fines. Le nez floral s'exprime avec discrétion. La bouche est ronde voire onctueuse, « réveillée » par les fines bulles. Idéal à l'apéritif. ✗ 2015-2017 ❦ gougères

○┐ EARL Boutet-Saulnier, 17, la Vallée-Chartier, 37210 Vouvray, tél. 02 47 52 73 61, christophe-boutet@wanadoo.fr 🆅 🎿 🔋 r.-v.

MARC BRÉDIF Brut extrême Réserve privée		
n.c.		11 à 15 €

Fondée en 1893, cette maison de négoce est surtout connue pour ses vouvray. Elle est installée dans les caves profondes de Rochecorbon, en bord de Loire. Jean-François Marchalot, œnologue et maître de chai, veille à conforter la réputation de cette vieille maison.

Dans la famille des bruts, il existe une catégorie qui tend à se développer, celle des effervescents non dosés, c'est-à-dire sans sucre ajouté après le dégorgement. Avec leur vivacité exacerbée, ces vins trouvent leur public. La réussite de celui-ci repose sur sa légèreté dynamique en harmonie avec des notes de fruit frais, d'acacia et de citron. À déguster sous la tonnelle. ✗ 2015-2017 ❦ rillettes de poisson sur canapés

○┐ Marc Brédif, 87, quai de la Loire, 37210 Rochecorbon, tél. 02 47 52 50 07, bredif.loire@domaine-bredif.fr 🆅 🎿 🔋 t.l.j. 10h-12h30 14h-18h ○┐ de Ladoucette

DENIS BREUSSIN Sec 2018		
5 000		5 à 8 €

Depuis cinq générations, la famille Breussin cultive la vigne sur les hauteurs de Vernou-sur-Brenne. Yves et Denis s'efforcent de conduire leurs parcelles dans le respect du végétal et de la faune auxiliaire. Leur domaine couvre 16 ha.

La robe pâle, presque diaphane, est la marque d'un vin jeune. Le nez, encore sur la réserve, libère peu à peu de délicats parfums de fleurs blanches. Élevé sur lies fines, c'est un vin léger, droit, aux arômes subtils, qu'il faudra attendre un peu. ✗ 2017-2020 ❦ dés de fromage

○┐ Yves et Denis Breussin, 45, Vallée-de-Vaugondy, 37210 Vernou-sur-Brenne, tél. 02 47 52 18 75, denis.breussin@orange.fr 🆅 🎿 🔋 r.-v.

VIGNOBLE BRISEBARRE Sec 2013 ★★		
8 000		5 à 8 €

Philippe Brisebarre a été très longtemps le président du Syndicat des vins de Vouvray. Il conduit depuis 1983 le vignoble familial (25 ha) installé sur les pentes de la vallée Chartier.

Philippe Brisebarre signe un sec précis, net et élégant dans un millésime réputé difficile. Après une vinification en cuve, le vin est mis en bouteilles quand il a « fait ses Pâques ». Très pâle et brillant, ce 2013 séduit d'emblée par son nez mêlant les fruits frais et de délicates touches florales. En bouche, des notes de pamplemousse et un brin d'amertume lui donnent un côté tonique très plaisant. Déjà plein de charme, il sera à son meilleur vers 2018. ✗ 2015-2020 ♈ plateau de fruits de mer ● Brut ★ (5 à 8 € ; 15 000 b.) : l'œil est attiré par la couleur paille ornée de fines bulles. Malgré les trente-six mois de repos en cave, le vin a gardé sa jeunesse avec son doux parfum de fleurs blanches. Vif à l'attaque, le palais se montre ensuite plus suave et délivre des arômes de coing et de fruits bien mûrs. Un vin d'apéritif ou de dessert. ✗ 2015-2017

○┐ *Philippe Brisebarre, 34, Vallée-Chartier, 37210 Vouvray, tél. 02 47 52 63 07, brisebarre.ph@ wanadoo.fr* Ⓥ ⚐ ⛉ *r.-v.* 🏠 Ⓔ

DOM. NICOLAS BRUNET Brut 2013 ★		
● 80 000	🍶	5 à 8 €

De père en fils, on cultive ici la vigne sur les sols d'aubuis des coteaux de Vouvray. Nicolas Brunet a pris la suite de son père Georges en 2009 et a conservé les méthodes ancestrales, labourant la terre et vendangeant à la main.

Cet effervescent a de nombreux attraits : bulles fines, riches parfums de pêche de vigne, d'abricot et de coing, un palais équilibré tonifié par une légère pointe d'amertume. On pourra le servir à l'apéritif et au dessert. ✗ 2015-2017 ♈ crumble de pommes ● Extra-brut non dosé Réserve 2012 (8 à 11 € ; 10 000 b.) : vin cité. ✗ 2015-2017

○┐ *EARL Dom. Nicolas Brunet, 12, rue de la Croix-Mariotte, 37210 Vouvray, tél. 06 83 22 47 14, vouvraybrunet@hotmail.fr* Ⓥ ⚐ ⛉ *t.l.j. sf dim. 9h-12h 14h-18h30; f. 10-30 août*

CAVES JEAN-CHARLES ET FRÉDÉRIC CATHELINEAU Demi-sec Cuvée Le père Signol 2013 ★		
■ 4 000	⬤║	5 à 8 €

Les Cathelineau sont issus d'une longue lignée de vignerons qui remonte à 1690. Au cours des siècles, ils ont patiemment creusé les caves de la propriété. Après six ans d'études et d'expériences dans différents vignobles, Frédéric Cathelineau a rejoint son père Jean-Charles sur ce domaine d'une dizaine d'hectares situé dans la vallée de Vau.

Une robe or pâle aux reflets verts. Le nez, sur la réserve, libère à l'aération quelques notes de fruits cuits. La bouche, ample et onctueuse, offre des arômes de mangue et de citron. ✗ 2015-2017 ♈ fromage bleu de vache

○┐ *Jean-Charles et Frédéric Cathelineau, 24, rue des Violettes, 37210 Chançay, tél. 02 47 52 20 61, cathelineau@orange.fr* Ⓥ ⚐ ⛉ *t.l.j. sf dim. 8h30-12h30 14h-20h*

CHAMPALOU Sec 2013 ★★		
■ 40 000	🍶	8 à 11 €

Établis à Vouvray, Catherine et Didier Champalou ont créé leur domaine en 1984 sur seulement 1,8 ha. Leur

vignoble couvre aujourd'hui 21 ha. Leur fille Céline les a rejoints en 2006 à l'issue de ses études en viticulture et œnologie.

Ce 2013 élevé sur lies fines s'ouvre sur des notes de fruits bien mûrs (l'abricot notamment). La bouche est à l'unisson : ample et bien équilibrée, elle offre une finale légèrement saline. ✗ 2015-2018 ♈ escalope à la crème ■ Demi-sec Les Fondraux 2013 ★ (11 à 15 € ; 12 000 b.) : au nez comme en bouche, des arômes d'agrumes, de pêche et de coing. Au palais, de la maturité et des notes de sucre cuit. ✗ 2015-2020

○┐ *EARL Champalou, 7, rue du Grand-Ormeau, 37210 Vouvray, tél. 02 47 52 64 49, champalou@ orange.fr* Ⓥ ⚐ ⛉ *r.-v.*

CLOS LA LANTERNE Sec 2013		
■ 4 400	⬤║	11 à 15 €

On trouve des Gautier sur le domaine depuis sept générations. Les caves datent du XIVᵉs. et le chai est du XIXᵉs. Installé en 1981, Benoît Gautier travaille 18 ha, dont le fameux Clos la Lanterne dominant la Loire.

De ses dix mois en fût ce 2013 tire d'élégantes notes boisées aux tonalités vanillées, présentes dès l'olfaction aux côtés des fleurs blanches. On les retrouve dans une bouche droite, fine et minérale. Un vouvray de caractère. ✗ 2015-2018 ♈ truite aux amandes ● Dom. de la Châtaigneraie Brut zéro de Gautier 2009 (8 à 11 € ; 12 000 b.) : vin cité. ✗ 2015-2017

○┐ *Benoît Gautier, Dom. de la Châtaigneraie, 37210 Rochecorbon, tél. 02 47 52 84 63, info@ vouvraygautier.com* Ⓥ ⚐ ⛉ *t.l.j. sf dim. 8h30-12h 13h30-18h; f. 15-30 août*

DOM. DES CORMIERS ROUX Brut Or du commun 2013		
● 13 333	🍶	5 à 8 €

Jean-Pierre et Éric Gaucher, quatrième génération à la tête de l'exploitation, dirigent un domaine de 20 ha.

Si la mousse se montre discrète dans le verre, il n'en est pas de même en bouche. Ce vin a du « peps ». C'est d'ailleurs le but recherché par ses auteurs. Expressif par ses nuances fruitées d'agrumes et de noisette grillée, il est vif à souhait. ✗ 2015-2017 ♈ plateau de fruits de mer

○┐ *EARL Jean-Pierre et Éric Gaucher, Labaderie, 37210 Chançay, tél. 02 47 52 22 89, jeanpierre.gaucher@ orange.fr* Ⓥ ⚐ ⛉ *t.l.j. sf dim. 8h-12h30 14h-19h* 🏠 Ⓑ

MATHIEU COSME Les Enfers 2013		
■ 2 660	⬤║	11 à 15 €

Mathieu Cosme a pris en 2005 la suite de quatre générations à la tête du domaine familial (10 ha). Il conduit ses vignes et vinifie au rythme du calendrier lunaire et, comme ses ancêtres, il continue à creuser la roche pour agrandir ses caves.

Curieux nom que celui de cette cuvée ! C'est celui de la parcelle, difficile à cultiver, en pente et pierreuse, une véritable terre à vigne. La fermentation, qui s'est effectuée en tonnes de 400 l sous l'action de levures indigènes dans la fraîcheur des caves de tuffeau, a donné naissance à ce vin élégant aux notes florales, boisées et vanillées. Ce sec ne manque pas de vivacité ni d'une bonne capacité à vieillir. ✗ 2015-2020 ♈ rillettes de poisson

⚬ *Mathieu Cosme, 86, rue du Bois-de-l'Olive, 37210 Noizay, tél. 02 47 52 15 44, mathieucosme@ orange.fr* 🆅 🅰 🅿 *r.-v.*

DOM. THIERRY COSME Demi-sec 2013 ★		
▪	2 500	🍶	5 à 8 €

Thierry Cosme est un homme discret qui travaille en agriculture raisonnée ses 19 ha de vignes sur les communes de Noizay et de Chançay. Il accueille les œnophiles dans les caves troglodytiques qu'il tient de ses grands-parents.

La robe est très agréable, d'un beau doré. Le nez, encore discret, délivre quelques notes briochées. En bouche, ce demi-sec révèle un bel équilibre sur des nuances de coing caractéristiques. On le mariera à un mets d'inspiration asiatique. ✗ 2015-2018 🍴 nouilles chinoises sautées ▪ Sec 2013 (5 à 8 € ; 3 000 b.) : vin cité. ✗ 2015-2018

⚬ *EARL Thierry Cosme, 1127, rte de Nazelles, 37210 Noizay, tél. 02 47 52 05 87, thierry.cosme@ wanadoo.fr* 🆅 🅰 🅿 *r.-v.*

MAISON DARRAGON Cuvée antique 2012		
●	13 200	🍶	8 à 11 €

Christelle Darragon et son époux David Charbonnier ont repris le domaine familial en 2008. Ils exploitent en viticulture raisonnée leurs 40 ha et ont construit un chai moderne pour la vinification. L'élevage continue de se faire traditionnellement dans les caves troglodytiques.

De fines bulles régulières portent des notes de fruits secs miellés. Le palais souple, rond et riche délivre de jolies nuances de fruits blancs bien mûrs (coing, poire). Une gourmandise. ✗ 2015-2017 🍴 poulet à la crème

⚬ *Maison Darragon, 34, rue de Sanzelle, 37210 Vouvray, tél. 02 47 52 74 49, scea.darragon@ orange.fr* 🆅 🅰 🅿 *t.l.j. 9h-12h 14h-18h30* 🏠 🅑

ALAIN DELALEU Demi-sec		
●	5 000	🍶	5 à 8 €

Depuis 1888, quatre générations de viticulteurs se sont succédé sur ce domaine de 18 ha. Conduit par Alain Delaleu, le vignoble s'étend dans plusieurs communes de l'appellation vouvray, ce qui permet de jouer sur une belle palette de terroirs.

Des bulles moelleuses. La mousse se montre très présente, tant à l'œil qu'en bouche. Cette effervescence accompagne allègrement les arômes fruités du vin. ✗ 2015-2017 🍴 feuilleté aux pommes

⚬ *Alain Delaleu, 44, rte de Chateaurenault, 37210 Vernou-sur-Brenne, tél. 02 47 52 13 70, alain.delaleu@wanadoo.fr* 🆅 🅰 🅿 *r.-v.*

RÉGIS FORTINEAU Demi-sec 2013		
▪	1 500	🍶	5 à 8 €

Régis Fortineau représente la troisième génération établie à la Croix Mariotte, au cœur de Vouvray. Son domaine s'étend sur 12 ha et ses vins figurent régulièrement dans le Guide.

Un demi-sec à la robe claire traversée de reflets verts. Encore discret, il libère peu à peu ses arômes à l'aération : amande, nectarine, pêche blanche et sucre cuit. La bouche suit la même ligne aromatique. ✗ 2018-2020 🍴 sainte-maure ● Brut 2013 (5 à 8 € ; 17 000 b.) : vin cité. ✗ 2015-2017

⚬ *Régis Fortineau, 4, rue de la Croix-Mariotte, 37210 Vouvray, tél. 02 47 52 63 62, regis.fortineau@ orange.fr* 🆅 🅰 🅿 *t.l.j. sf dim. 9h-18h*

DOM. FRESLIER Demi-sec 2013 ★★		
▪	3 000	◫	5 à 8 €

Depuis 2011, Christine Freslier est à la tête du domaine de 10 ha niché au creux de la Vallée Coquette. La tradition prévaut en tout, pour la conduite de la vigne comme pour le travail en cave. Les vendanges se font à la main.

Le jaune d'or de la robe annonce la couleur. Les parfums sont ceux des raisins dorés, passerillés, assortis de nuances finement toastées héritées d'un élevage de trois mois en fût. Très aromatique (abricot, raisin sec, vanille), le palais se montre gras et onctueux. Un demi-sec qui ressemble fort à un moelleux et qui a un bel avenir. ✗ 2015-2025 🍴 foie gras ● Brut ★ (5 à 8 € ; 15 000 b.) : une effervescence fine et discrète ; un nez plutôt vineux aux nuances de poire et de pêche blanche ; une bouche équilibrée, franche, nette et élégante. ✗ 2015-2017

⚬ *Christine Freslier, 92, rue de la Vallée-Coquette, 37210 Vouvray, tél. 02 47 52 76 61, fresliervouvray@sfr.fr* 🆅 🅰 🅿 *t.l.j. sf dim. 8h30-12h30 13h30-20h*

CH. GAUDRELLE Brut Alexandre Monmousseau 2012		
●	25 000	🍶	8 à 11 €

Ce domaine de 22 ha a été fondé au XVIIes. par un riche soyeux de Tours, ville réputée alors pour ses soieries. Depuis 1931, la famille Monmousseau est propriétaire de ses vignes.

La bulle est fine et persistante. Les senteurs de fruits frais et de fleurs blanches apportent beaucoup de fraîcheur. Tout aussi vive, la bouche se montre fine et affirme son caractère acidulé jusqu'en finale. Un vin de tonnelle. ✗ 2015-2017 🍴 rouleaux de saumon fumé

⚬ *Ch. Gaudrelle – Alexandre Monmousseau, Clos de l'Olivier, 12, quai de la Loire, 37210 Rochecorbon, tél. 02 47 25 93 50, contact@chateaugaudrelle.com* 🆅 🅰 🅿 *t.l.j. sf dim. 10h-12h30 14h30-18h30*

DOM. SYLVAIN GAUDRON Sec 2013 ★		
▪	26 000	🍶	5 à 8 €

Sylvain Gaudron a débuté en 1958 sur 7 ha. Il a agrandi sensiblement son vignoble en acquérant le domaine actuel, avec maison bourgeoise et caves creusées dans le roc. Depuis 1993, son fils Gilles gère cet ensemble de 26 ha.

Intense et engageant, le nez développe des senteurs de fruits blancs bien mûrs. Le palais, souple, dominé par la poire, s'étire en une longue finale légèrement épicée. ✗ 2015-2020 🍴 rouget barbet en filets

⚬ *EARL Dom. Sylvain Gaudron, 59, rue Neuve, 37210 Vernou-sur-Brenne, tél. 02 47 52 12 27, sylvain.gaudron@wanadoo.fr* 🆅 🅰 🅿 *r.-v.*

GILET Brut ★		
▪	80 000	🍶	5 à 8 €

Établi à Parçay-Meslay au nord-ouest de l'appellation vouvray, Jean-Marc Gilet conduit depuis 2001 un domaine de 17 ha répartis sur différents terroirs que le vigneron s'attache à vinifier séparément.

LOIRE

« Dix-huit mois de repos en cave sur lattes affine la bulle et fixe le bouquet », affirme Jean-Marc Gilet. Cela confère au vin un attrait certain : belle couleur intense, fine mousse, nez bien épanoui aux nuances complexes : fruits confits, bonbon, chèvrefeuille et notes grillées. Quant au palais, il se distingue par sa longueur et sa vivacité. ✗ 2015-2020 ♈ crêpes au sucre ■ Dom. de la Rouletière Sec 2013 (5 à 8 € ; 25 000 b.) : vin cité. ✗ 2015-2020

o⊷ Jean-Marc Gilet, 20, rue de la Mairie, 37210 Parçay-Meslay, tél. 02 47 29 14 88, jmgilet@ domainedelarouletiere.com Ⓥ 🏸 🔼 t.l.j. sf dim. 9h-12h 14h-18h30

LA GRAND TAILLE Brut		
●	42 000	🈶	5 à 8 €

Deux ouvriers viticoles, Jean-François Boitelle et Sébastien Bonzon, se sont associés en 2001 pour reprendre le domaine de leur ancien patron. Ils sont aujourd'hui à la tête de 42 ha.

Une belle effervescence régulière parcourt la robe doré brillant. Le nez, fin et discret, livre des notes grillées. Vif à l'attaque, puis plutôt rond, le palais dévoile en finale une légère amertume bienvenue. Un bon classique pour l'apéritif ou les vins d'honneur. ✗ 2015-2017 ♈ canapés

o⊷ GAEC de la Grand Taille, Pouvray, 37210 Vernou-sur-Brenne, tél. 02 47 52 06 98, lagrandtaille@orange.fr Ⓥ 🏸 r.-v.

CHAI DU GRAND VAUDASNIÈRE Brut 2013 ★★		
●	75 000	🈶	5 à 8 €

Jean-Pierre Pérault, installé depuis 1985, dispose de 32 ha de vignes sur argilo-calcaires et d'un chai moderne semi-enterré.

La robe jaune paille est animée d'un cordon de fines bulles. Le nez intense libère des parfums riches et complexes : fruits secs, beurre sur du pain chaud, abricot, coing, réglisse et miel. À l'unisson, la bouche ronde et onctueuse complète le tableau. Pour l'apéritif comme pour le dessert. ✗ 2015-2017 ♈ tarte aux abricots ■ Ch. Chevrier Demi-sec 2013 (- de 5 € ; 15 000 b.) : vin cité. ✗ 2015-2018

o⊷ EARL Pérault, Le Grand-Vaudasnière, 37210 Rochecorbon, tél. 02 47 29 16 39, earl.perault@ wanadoo.fr Ⓥ 🏸 🔼 t.l.j. sf dim. 8h-12h 14h-18h30

DOM. GUERTIN Demi-sec		
●	8 000	🈶	5 à 8 €

Thierry Guertin a repris en 1978 les vignes de son beau-père. Sur les 17 ha de son domaine, il recherche les petits rendements pour obtenir plus de concentration et pratique dans ce but l'enherbement.

Dans les vins effervescents, la catégorie demi-sec désigne des vins moelleux, fortement dosés après le dégorgement. Celui-ci offre un nez légèrement citronné agrémenté d'une note de miel. En bouche, il se montre rond et suave comme il se doit. ✗ 2015-2017 ♈ gâteau vouvrillon

o⊷ Gérard Guertin, 3, RD 952, 37210 Vouvray, tél. 02 47 52 77 77, cellierverrine@aol.com Ⓥ 🏸 🔼 t.l.j. 10h-19h

HALLAY 2013 ★		
■	3 200	◑	5 à 8 €

Chez les Hallay, la culture de la vigne est une affaire de famille. Arrivé en 1982 sur l'exploitation, Éric a été rejoint par Christophe en 1992. Les deux frères ont pris les rênes du domaine (35 ha) en 1998.

C'est un vin jeune, pas trop pressé de grandir. Sa robe est pâle et son nez timide laisse percer des senteurs de pêche et de poire au sirop. Plus expressif, le palais est gras, complexe et de bonne tenue. ✗ 2017-2020 ♈ jarret de veau au citron ● Brut 2013 (5 à 8 € ; 17 000 b.) : vin cité. ✗ 2016-2020

o⊷ GAEC Hallay et Fils, 58, rte de Château-Renault, 37210 Vernou-sur-Brenne, tél. 02 47 52 03 75, gaec.hallay@orange.fr Ⓥ 🏸 🔼 r.-v.

LA JAVELINE 2013 ★★		
■	73 000		5 à 8 €

Au cœur de la Vallée Coquette, un haut lieu de production du vouvray, la cave coopérative de Vouvray, créée en 1953, regroupe 35 vignerons qui détiennent 450 ha de vignes.

Sa robe pâle et son nez discret cachent un caractère plus affirmé qui se révèle en bouche. Vive à l'attaque, la bouche se révèle à la fois ample et riche, franche et subtile. Pour l'apéritif comme pour le repas. ✗ 2015-2020 ♈ toasts au fromage de chèvre ■ Les Fosses d'Hareng Demi-sec 2013 (5 à 8 € ; 20 000 b.) : vin cité. ✗ 2015-2020

o⊷ Cave des Producteurs de Vouvray, 38, La Vallée-Coquette, 37210 Vouvray, tél. 02 47 52 75 03, cavesproducteurs@ cavedevouvray.com Ⓥ 🏸 🔼 t.l.j. 9h-12h 14h-19h

LAURENT KRAFT Sec 2013 ★		
■	15 000	🈶 ◑	8 à 11 €

Laurent Kraft a repris les vignes de son grand-père en 1992 à l'issue de ses études à Bordeaux, perpétuant ainsi le travail de sept générations de vignerons. La conduite du domaine de 23 ha se fait en lutte raisonnée.

La robe est d'un jaune assez intense et brillant. Floral au premier nez, ce 2013 affirme ensuite un caractère fruité. Vif à l'attaque, puis rond, il montre un léger perlant. ✗ 2015-2018 ♈ crevettes roses ● Dom. des Lauriers Extra-brut 2012 (5 à 8 € ; 16 000 b.) : vin cité. ✗ 2015-2017

o⊷ Laurent Kraft, 29, rue du Petit-Coteau, 37210 Vouvray, tél. 02 47 52 61 82, lkraft@wanadoo.fr Ⓥ 🏸 🔼 r.-v.

FRANCIS MABILLE Brut 2013 ★		
●	37 800	🈶	5 à 8 €

Vaugondy est l'un de ces noms qui sonnent agréablement à l'oreille de l'amateur de vouvray ; tant de belles cuvées ont vu le jour sur les pentes chargées de graviers de ce terroir de Vernou-sur-Brenne. La quatrième génération de Mabille, en la personne de Francis, a développé petit à petit le vignoble familial qui couvre aujourd'hui 13 ha.

Ce vin à la robe jaune pâle allie au nez l'acacia et les fruits mûrs. Après une attaque ronde, la bouche se révèle plutôt fraîche, voire nerveuse en finale. ✗ 2015-2017 ♈ citron givré

o⊷ Francis Mabille, 17, Vallée-de-Vaugondy, 37210 Vernou-sur-Brenne, tél. 02 47 52 01 87, earl.francis.mabille@wanadoo.fr Ⓥ 🏸 🔼 r.-v.

♥ MAILLET Brut Cuvée Prestige ★★

| 8 000 | 🛈 ⏼ | 5 à 8 € |

Les deux frères Maillet ont succédé à leur père en 1991 sur un vignoble de 34 ha situé sur les hauts de la vallée Coquette. Leurs cuvées de méthode traditionnelle contribuent à la réputation du domaine.

Les deux frères Maillet se distinguent une nouvelle fois dans le Guide. Pourtant, leur cuvée n'a rien de compliqué. La simplicité suffit quand c'est (très) bien fait. Le nez de fruits mûrs, de miel et de cire, est à la fois subtil et intense. Vineuse et onctueuse, la bouche est également très fraîche et une fine amertume lui donne du relief et de la longueur. ✕ 2015-2017 ♥ mignardises salées

o━ *EARL Laurent et Fabrice Maillet,*
101, rue de la Vallée-Coquette, 37210 Vouvray,
tél. 02 47 52 76 46, vouvray.maillet@orange.fr
🆅 🎿 🏠 *r.-v.*

DENIS MEUNIER Brut Fines Bulles 2012

| 13 333 | 🛈 | 5 à 8 € |

Depuis 1921, Georges, André, puis Daniel et Mauricette se sont succédé sur le domaine. En 2012, Denis a pris la relève. Il a agrandi l'exploitation qui couvre aujourd'hui 13 ha sur les communes de Chançay et Vernou-sur-Brenne.

La bulle est fine et chatoie dans l'or à reflet d'argent de la robe. Elle fait monter des notes de caramel au lait et de brioche chaude, relayées en bouche par des nuances de pruneau cuit et de miel. Un joli tableau. ✕ 2015-2017 ♥ salade de fruits

o━ *Denis Meunier, 14, rue du Haut-Cousse,*
37210 Vernou-sur-Brenne, tél. 02 47 52 07 82,
cavemeunier@orange.fr 🆅 🎿 🏠 *t.l.j. sf dim. 9h-12h30*
14h-19h; f. 20 août-1er sept.

MAISON MIRAULT Brut ★

| 27 447 | | 5 à 8 € |

Cette maison de négoce familiale est installée depuis 1959 à Vouvray. Elle sélectionne des moûts et des vins à la propriété avec rigueur et fidélité. Elle s'est spécialisée dans l'élaboration de vins effervescents et dispose d'imposantes caves creusées dans le roc.

Si la bulle se montre assez discrète, le nez est plaisant par ses notes de fleurs blanches, d'acacia et de pomme. La bouche crémeuse développe des arômes de raisin mûr et de poire. ✕ 2015-2017 ♥ coquilles Saint-Jacques ● Demi-sec ★ (5 à 8 € ; 27 447 b.) : un effervescent à la bulle persistante, avec un moelleux de fruits mûrs et à la bouche ronde et gourmande. ✕ 2015-2017

o━ *Maison Mirault, 15, av. Brûlé, 37210 Vouvray,*
tél. 02 47 52 71 62, maisonmirault@wanadoo.fr
🆅 🎿 🏠 *t.l.j. 9h30-12h 14h30-18h; dim. sur r.-v.*

CH. MONCONTOUR Brut ★

| 435 000 | | 5 à 8 € |

Le château bâti au XVe s. trône sur la falaise de tuffeau du village. Balzac avait convoité le domaine, propriété de l'évêque de Tours au temps de saint Martin (IVe s.). La famille Feray l'a acquis en 1994. Gilles Feray dispose de 120 ha de vignes répartis dans différentes communes de l'AOC vouvray, ce qui permet aux vins de refléter toute la richesse du terroir.

Ce brut est un grand classique à l'équilibre parfait, offrant des arômes complexes de fruits confits dans une bouche ample et onctueuse. Une belle harmonie. ✕ 2015-2020 ♥ tarte aux poires ● Brut Cuvée Prédilection 2013 (5 à 8 € ; 108 000 b.) : vin cité. ✕ 2015-2017

o━ *SA Vignoble Ch. Moncontour, Les Patys,*
rue de Moncontour, 37210 Vouvray, tél. 02 47 52 60 77,
infos@moncontour.com 🆅 🏠 *t.l.j. 10h-12h 15h-18h*
o━ *Gilles Feray*

MAISON PELTIER Brut 2011 ★

| 29 000 | 🛈 | 5 à 8 € |

La maison Peltier a été créée vers 1900 sur le site d'une ancienne carrière. Les caves du domaine ont été creusées dans le tuffeau au fil des générations. Un chai tout neuf y est associé depuis 2012. Aujourd'hui, trois frères dirigent l'exploitation.

Ce 2011 arbore une robe brillante et dorée parcourue de fins chapelets de bulles. Le nez riche, rappelle la mangue et l'ananas bien mûrs. En bouche, l'effervescence se fait crémeuse tandis qu'une pointe agréable d'amertume apparaît, soulignant des arômes de pruneau et de coing. ✕ 2015-2017 ♥ fromage de chèvre

o━ *EARL Peltier Frères, 43, rue de la Mairie,*
37210 Chançay, tél. 02 47 52 93 34, maisonpeltier@
orange.fr 🆅 🎿 🏠 *t.l.j. sf dim. 8h30-12h30 14h-19h*

BRUNO ET JEAN-MICHEL PIEAUX Sec 2013 ★

| 25 000 | 🛈 | 5 à 8 € |

Chançay possède des coteaux bien exposés dans la vallée de la Brenne, un peu à l'écart du lit de la Loire. Les deux frères Pieaux y ont établi leur outil de travail à la suite de leurs parents et conduisent aujourd'hui un vignoble de 30 ha.

Un élevage sur lies fines a enrichi ce joli vin au nez intensément floral. En bouche, ce vin révèle une belle matière ample, onctueuse et de bonne tenue. Les quelques traces de sucres résiduels équilibrent parfaitement sa vivacité. C'est un vin pour la table, pour sublimer quelque beau poisson de la France côtière. ✕ 2015-2020 ♥ poisson grillé ● Dom. du Margalleau Brut Cuvée Privilège 2008 (5 à 8 € ; 8 000 b.) : vin cité. ✕ 2015-2020

o━ *EARL Bruno et Jean-Michel Pieaux,*
10 bis, rue du Clos-Baglin, 37210 Chançay,
tél. 02 47 52 25 51, earl.pieaux@orange.fr 🆅 🎿 🏠 *t.l.j.*
sf dim. 8h-12h30 14h-19h

MICHEL ET DAMIEN PINON Brut de brut ★

| 70 000 | 🛈 | 5 à 8 € |

Domaine familial créé en 1972 à Vernou-sur-Brenne. Installé en 2006, Damien Pinon représente la troisième génération. Il laisse le soin aux levures de son terroir de transformer le moût en vin et intervient le moins possible au chai.

Pour cette cuvée, le vigneron a gardé les sucres résiduels du raisin restés à la fin de la fermentation initiale pour effectuer la prise de mousse. Cela donne à ce vin un caractère vineux bien affirmé. La couleur est d'un jaune doré soutenu et les arômes sont évolués. Le vin est rond, fin et long, et son dosage faible lui sied plutôt bien. Il pourra être servi à l'apéritif ou au dessert. ✗ 2015-2017 ♈ tarte au chocolat ● Damien Pinon Brut (5 à 8 € ; 80 000 b.) : vin cité. ✗ 2015-2017

☛ EARL Damien Pinon, 29, rte de Château-Renault, 37210 Vernou-sur-Brenne, tél. 02 47 52 15 16, gaec.pinon@wanadoo.fr Ⓥ 🎿 🎁 r.-v.

DOM. DE LA PINSONNIÈRE Demi-sec ★

| ● | 10 000 | ⬆ | 5 à 8 € |

Héritiers du domaine familial créé en 1850, Philippe et Vincent Gasnier cultivent 20 ha de vignes implantées dans les communes de Parçay-Meslay et de Rochecorbon sur un sol argilo-calcaire et argilo-siliceux.

La robe jaune clair est traversée de bulles abondantes et fines. D'expression florale, le nez s'exprime avec discrétion. La bouche est à la fois légère, ronde voire onctueuse, vivifiée par l'effervescence. Parfait pour l'apéritif. ✗ 2015-2017 ♈ gambas mayonnaise

☛ GAEC de la Pinsonnière, 13, rue de la Pinsonnière, 37210 Parçay-Meslay, tél. 02 47 29 14 43, lapinsonniere@aliceadsl.fr Ⓥ 🎿 🎁 r.-v.

J. G. RAIMBAULT Demi-sec 2013

| ■ | 5 000 | ⬆ | 5 à 8 € |

Blottie contre le coteau, la maison des Raimbault possède un escalier creusé dans le tuffeau. Celui-ci donne accès au sommet de la falaise, laissant découvrir le somptueux paysage de la Loire jusqu'au château d'Amboise. On se trouve alors au cœur d'un vignoble de 14 ha conduit depuis 1995 par Jean Raimbault et sa sœur Ghislaine.

Des reflets verts dans une robe or pâle. Le nez évolué évoque les fruits bien mûrs (le coing notamment), arômes que l'on retrouve dans une bouche équilibrée entre vivacité et douceur. Rillettes de Tours, fromages persillés ou recettes thaï sauront lui donner la réplique. ✗ 2015-2020 ♈ pad thaï

☛ EARL J. G. Raimbault, 186, coteau des Vérons, 37210 Noizay, tél. 02 47 52 00 10, contact@vouvray-jg-raimbault.com Ⓥ 🎿 🎁 t.l.j. 9h30-12h 14h-19h30; sam. dim. sur r.-v.

DOM. DE ROCHE BLONDE Brut 2011 ★

| ● | 24 000 | ⬆ | 5 à 8 € |

Après sa formation au lycée viticole d'Amboise, Christophe Gaudron a repris en 1996 l'exploitation créée en 1963 par son père. Il cultive ses 12 ha de vignes et utilise pour ses vinifications des caves creusées dans le tuffeau.

Ce brut arbore une robe jaune paille animée de bulles fines et persistantes. Le nez s'ouvre sans réserve sur des notes bien typées « vouvray »: brioche, fleurs blanches, fruits blancs. On retrouve la brioche en compagnie du coing dans une bouche franche et vive à l'attaque, qui montre une pointe d'amertume en finale. ■ Demi-sec 2013 (5 à 8 € ; 3 000 b.) : vin cité. ✗ 2015-2017

☛ EARL Christophe Gaudron, Dom. de Roche blonde, 90, rue Neuve, 37210 Vernou-sur-Brenne, tél. 02 47 52 12 17, christophegaudron@wanadoo.fr Ⓥ 🎿 🎁 t.l.j. sf dim. 9h-12h30 14h-19h; f. 10-31 août

---

CAVES DU VAL DE FRANCE Cuvée Pauline

| ● | 68 000 | | - de 5 € |

Cette maison de négoce créée en l'an 2000 appartient à Gilles Feray, par ailleurs propriétaire de plusieurs châteaux en Touraine. Jérôme Noisy est l'œnologue.

Élégante et fine, la bulle attire l'œil. Discret au premier abord, le nez s'ouvre progressivement sur des notes de fruits frais, de coing et de brioche. Le caractère franchement brut du vin n'obère en rien un équilibre bien réussi, fait de vivacité et de rondeur. Une pointe d'amertume souligne sa longueur. Pour l'apéritif. ✗ 2015-2017 ♈ tapas de poisson

☛ Caves du Val de France, rue du Petit-Coteau, 37210 Vouvray, tél. 02 47 52 60 77, infos@moncontour.com Ⓥ 🎁 t.l.j. 10h-12h 15h-18h
☛ Gilles Feray

♥ DOM. DE VAUGONDY Brut ★★

| ● | 23 000 | | 5 à 8 € |

Cette exploitation est située au cœur de l'AOC vouvray dans la commune de Vernou-sur-Brenne, au Val de Vaugondy. Les coteaux qui le bordent au nord bénéficient d'une exposition exceptionnelle. Gilles Feray possède depuis 2002 ce domaine qui couvre 7 ha de vignes.

L'effervescence vive et intense accompagne une robe très pâle. Le vin s'ouvre sans réserve sur des notes délicates de fleurs blanches, puis libère à l'aération des senteurs de pomme verte et de prune. Franche dès l'attaque, la bouche à la fois suave et fraîche révèle de subtiles nuances de miel et de fruits exotiques. Ce brut n'a inspiré au jury que des louanges : « de la finesse », « une belle harmonie », « très flatteur ». ✗ 2015-2017 ♈ salade de fruits frais

☛ SARL Perdriaux, 73, rue du Petit-Coteau, 37210 Vouvray, tél. 02 47 52 60 77, infos@moncontour.com Ⓥ 🎁 t.l.j. 10h-12h 15h-18h

---

Ⓑ DOM. VIGNEAU-CHEVREAU Brut 2012

| ● | 60 000 | | 5 à 8 € |

Outre les quelque 32 ha cultivés en biodynamie sur les coteaux de la vallée de la Brenne et de la vallée de Vaux à Chançay, Michel Vigneau exploite une vigne (1,3 ha) au-dessus de l'abbaye de Marmoutier fondée en 372 par saint Martin.

Le vin, assez peu démonstratif à l'œil, est très ouvert au nez. Fleurs blanches, coing, pruneau, pêche blanche sont en harmonie. On retrouve les fruits dans une bouche vigoureuse aux accents citronnés. Un vin tout trouvé pour un apéritif tourangeau. ✗ 2015-2017 ♈ rillons

☛ Dom. Vigneau-Chevreau, 4, rue du Clos-Baglin, 37210 Chançay, tél. 02 47 52 93 22 Ⓥ 🎿 🎁 t.l.j. sf dim. 9h-12h30 14h-18h30

DOM. DU VIKING Brut

| ● | 10 000 | ⬆ | 5 à 8 € |

Lionel Gauthier avec sa carrure de Viking a accosté il y a longtemps sur les rives de la Loire, remontant la

Brenne jusqu'à Reugny. Il cultive les 17,5 ha de vignes qui couvrent les molles ondulations du relief depuis 1989.

La robe tire sur le doré. Le nez se révèle vineux, franc et floral. En bouche, l'équilibre penche vers la rondeur. Un ensemble flatteur. ✗ 2015-2017 ♈ gâteau nantais

� Dom. du Viking, 1300, rte de Monnaie, 37380 Reugny, tél. 02 47 52 96 41, contact@ domaineduviking.fr Ⓥ 🅺 🅻 r.-v.

CHEVERNY

Superficie : 579 ha / Production : 26 961 hl (49 % rouge et rosé)

VDQS en 1973, Cheverny a bénéficié d'une AOC vingt ans plus tard. À dominante sableuse (des sables sur argile de la Sologne aux terrasses de la Loire), le terroir s'étend le long de la rive gauche du fleuve, de la Sologne blésoise jusqu'aux portes de l'Orléanais. Les cépages, nombreux, sont assemblés dans des proportions variant légèrement selon les terroirs. Les vins rouges, à base de gamay et de pinot noir, avec parfois un appoint de cabernet franc et de cot, sont fruités dans leur jeunesse et acquièrent, en évoluant, des arômes animaux... en harmonie avec l'image cynégétique de cette région. Les rosés, dominés par le gamay, sont secs et parfumés. Les blancs, où le sauvignon est associé à un ou plusieurs autres cépages, le chardonnay en général, sont floraux et fins.

DOM. DE L'AUMÔNIÈRE 2014 ★

| ■ | 4 000 | 🍷 | - de 5 € |

Domaine créé en 1836, qui se transmet de génération en génération. Gérard Givierge, à la tête du vignoble depuis 1996, est installé à Cour-Cheverny sur la route des châteaux ; il exploite 18 ha.

De couleur rose saumon, cet assemblage de pinot noir (60 %) et de gamay s'ouvre sur d'intenses senteurs d'agrumes et de bonbon anglais. Fraîcheur et rondeur se conjuguent dans une bouche élégante et équilibrée, tonifiée par une finale légèrement citronnée. ✗ 2015-2016 ♈ panier de crudités

� Gérard Givierge, Dom. de l'Aumônière, 41700 Cour-Cheverny, tél. 02 54 79 25 49, gerard.givierge@akeonet.com Ⓥ 🅺 🅻 t.l.j. 8h-12h 14h-20h

PASCAL BELLIER
Clos des Nozieux 2014

| ■ | 5 300 | 🍷 | 11 à 15 € |

Établis à Vineuil, Pascal et Véronique Bellier ont repris en 1995 l'exploitation familiale (45 ha) dont le chai entouré de hauts murs domine la Loire. Un domaine d'une régularité impressionnante.

Cette cuvée livre des parfums subtils d'agrumes, en particulier de citron vert. On retrouve cette palette aromatique dans une bouche vive, à la finale plutôt chaleureuse. ✗ 2015-2018 ♈ asperges sauce mousseline ■ Dom. Signature Pascal Bellier 2014 (5 à 8 € ; 100 000 b.) : vin cité. ✗ 2015-2018

� Pascal Bellier, 3, rue Reculée, 41350 Vineuil, tél. 02 54 20 64 31, vinsbellier@wanadoo.fr Ⓥ 🅻 r.-v.

LA CHARMOISE 2014 ★

| ■ | 10 000 | | 5 à 8 € |

Établis à Cour-Cheverny, Jacky et Laurent Pasquier, père et fils, travaillent en duo sur leurs 24 ha de vignes.

D'un grenat clair, cette cuvée de pinot noir (majoritaire) et de gamay livre timidement des senteurs fruitées. En revanche, la bouche révèle de puissants arômes de fruits noirs (mûre), bien structurée par des tanins qui commencent à s'arrondir. Une finale épicée vient parfaire cet ensemble harmonieux. ✗ 2015-2018 ♈ carré d'agneau rôti ■ 2014 ★ (5 à 8 € ; 30 000 b.) : un nez plaisant de fleurs, de fruits blancs et d'agrumes ; un palais aromatique et bien équilibré, à la longue finale minérale. De l'élégance. ✗ 2015-2018 ■ Cour-cheverny 2014 (5 à 8 € ; 4 000 b.) : vin cité. ✗ 2015-2018

� Laurent Pasquier, La Charmoise, 41700 Cour-Cheverny, tél. 06 87 11 15 19, gaec.pasquier@ terre-net.fr Ⓥ 🅻 r.-v.

DOM. CHESNEAU 2014

| ■ | 15 000 | 🍷 | 5 à 8 € |

Établi à Sambin, à une quinzaine de kilomètres au sud-ouest de Cheverny, ce domaine s'étend sur près de 15 ha sur des sols argilo-siliceux.

Rubis intense, ce 2014 à majorité de pinot noir est encore sur la réserve au nez avec ses notes discrètes de fruits rouges. Il se livre plus au palais, porté par une acidité qui flatte les saveurs de fruits rouges acidulés fraîchement cueillis, un rien épicés. Les tanins sont encore un peu fougueux, mais l'ensemble devrait être prêt dans quelques mois. ✗ 2016-2018 ♈ carré de porc poêlé ■ 2014 (5 à 8 € ; 19 000 b.) : vin cité. ✗ 2015-2018

� EARL Chesneau et Fils, 26, rue Sainte-Néomoise, 41120 Sambin, tél. 02 54 20 20 15, contact@ chesneauetfils.fr Ⓥ 🅺 🅻 r.-v.

DOM. DU CROC DU MERLE 2014

| ■ | 10 000 | 🍷 | 5 à 8 € |

Transmise de père en fils depuis 1794, cette exploitation des bords de Loire se partage entre l'élevage de vaches laitières et la culture de la vigne (10 ha). Elle produit vins, fromages, gelée et crème de cassis. En 2006, Damien Hahusseau a succédé à son père Patrice à la tête du vignoble.

Le nez, à l'aération, s'ouvre sur les petits fruits noirs mêlés à des notes épicées. La bouche, légèrement acidulée à l'attaque, évolue avec souplesse, tendue en finale par une belle fraîcheur. ✗ 2015-2018 ♈ steak à cheval ■ 2014 (5 à 8 € ; 10 000 b.) : vin cité. ✗ 2015-2018 ■ 2014 (5 à 8 € ; 5 000 b.) : vin cité. ✗ 2015-2017

� Damien Hahusseau, 38, rue de la Chaumette, 41500 Muides-sur-Loire, tél. 02 54 87 58 65, contact@ domaineducrocdumerle.fr Ⓥ 🅺 🅻 t.l.j. 9h-12h30 14h-19h 🏠 ◉

EMMANUEL DELAILLE 2014 ★

| ■ | 10 000 | 🍷 | 5 à 8 € |

Sous le nom de Spirits of French Brothers a été créée en 2008 la structure de négoce du Dom. Salvard.

De couleur pâle, cette cuvée s'ouvre sur un nez fougueux de fleurs blanches (aubépine) et d'agrumes. Suit un palais

LOIRE

tonique, au léger perlant, dont la fraîcheur porte loin les arômes de citron et de pamplemousse. ✗ 2015-2018 ⛚ coquilles Saint-Jacques ■ Le Vieux Clos 2014 ★ (5 à 8 € ; 15 000 b.) : un nez aromatique sur les fruits blancs et les agrumes. Au palais, des fruits exotiques et un équilibre bien maîtrisé entre onctuosité et fraîcheur. Du caractère. ✗ 2015-2018

○┐ *Spirit of French Brothers, Le Salvard, 41120 Fougères-sur-Bièvre, tél. 02 54 20 28 21, delaille@ orange.fr* Ⅴ ⚡ 🔔 *r.-v.*

QUARTET DE LA DÉSOUCHERIE 2013 ★		
■	15 000	⬤ⅠⅠ	5 à 8 €

Transmise de père en fils depuis le XVIIIᵉ s., cette propriété est gérée depuis 2010 par Fabien Tessier. Situé sur le plus haut plateau de Cour-Cheverny, le vignoble de 31 ha s'étend sur un beau terroir silico-argileux et d'une exposition ensoleillée.

Cette cuvée de pinot noir (75 %) complétée de gamay (20 %) et de cabernet (5 %) a bénéficié d'un élevage sous bois de dix mois. Elle en tire une couleur grenat soutenu et libère des senteurs intenses et complexes de fruits cuits et de poivre nuancées de touches animales, empyreumatiques et épicées. La bouche, dans le même registre et de bonne longueur, est équilibrée entre suavité et fraîcheur, soutenue par une structure tannique de qualité. ✗ 2016-2020 ⛚ faisan rôti

○┐ *Dom. de la Désoucherie, Christian et Fabien Tessier, 47, voie de la Charmoise, 41700 Cour-Cheverny, tél. 02 54 79 90 08, infos@christiantessier.fr* Ⅴ ⚡ 🔔 *t.l.j. 8h-12h 14h-19h* 🏠 🅖 ○┐ *Tessier*

ENCLOS DU PETIT CHIEN 2014 ★★		
■	38 400	🍶	5 à 8 €

Ce négoce a été créé en 2009 par Fabienne et Philippe Angier. Il élabore une large gamme de vins ligériens, parmi lesquels celui de la Croix Bouquié (17 ha) et du Ch. de la Sébinière.

Une entrée dans le Guide remarquée grâce à cette cuvée de pinot noir (60 %) complétée de gamay (30 %) et de cot (10 %). D'un grenat profond frangé de reflets violines, ce vin offre un nez puissant de fruits rouges aux accents réglissés. En bouche, il déroule une matière ample, ronde et souple, flattant un fruité gourmand (petits fruits noirs) qui trouve ce qu'il faut de fraîcheur pour parfaire son équilibre. ✗ 2015-2020 ⛚ carré d'agneau ■ 2014 (5 à 8 € ; 53 000 b.) : vin cité. ✗ 2015-2017

○┐ *Alpha Loire Domaines, 230, rue des Grosses-Pierres, 37400 Amboise, tél. 09 64 19 93 50, alphaloire@free.fr* Ⅴ 🔔 *r.-v.*

DOM. DE LA GAUDRONNIÈRE		
Cuvée Élégance 2014 ★		
■	11 733	🍶	5 à 8 €

Christian Dorléans, disparu au printemps 2015, était depuis 1985 à la tête de cette propriété de 23 ha acquise par sa grand-mère paternelle en 1921. Son expérience et la qualité de ses cuvées lui ont permis d'être très souvent en vue dans ces pages.

« Élégance », un nom bien choisi pour ce 2014 grenat intense à majorité de pinot noir complété de quelque 10 % de gamay, qui livre des parfums fruités aux doux accents épicés. L'attaque vineuse et ample ouvre sur un palais

gourmand et soyeux aux saveurs de fruits rouges, s'étirant dans une longue finale. ✗ 2015-2020 ⛚ entrecôte grillée ■ Cuvée Tradition 2013 (5 à 8 € ; 6 500 b.) : vin cité. ✗ 2015-2020 ■ Cuvée Laetitia 2014 (5 à 8 € ; 11 000 b.) : vin cité. ✗ 2015-2018

○┐ *EARL Dorléans, 34, rue de la Gaudronnière, 41120 Cellettes, tél. 02 54 70 40 41, earldorleans@ orange.fr* Ⅴ ⚡ 🔔 *r.-v.*

DOM. DE LA GRANGE 2014 ★		
■	25 000	5 à 8 €

Implantée aux portes de Chambord, cette exploitation familiale tient son nom d'une ancienne grange dîmière, entièrement restaurée. Guy Genty et son fils Stéphane exploitent aujourd'hui quelque 20 ha et produisent en cheverny, cour-cheverny et en crémant-de-loire.

D'une élégante couleur or gris, ce 2014 s'ouvre sur d'intenses parfums de fleurs blanches et de fruits exotiques avec une note mentholée tonique. On se laisse séduire par sa bouche fruitée, ronde et persistante, dans le même registre que le nez, portée par une fraîcheur bienvenue. Un vin gourmand et élégant. ✗ 2015-2018 ⛚ langoustines ■ Cour-cheverny 2013 (5 à 8 € ; 7 500 b.) : vin cité. ✗ 2015-2018

○┐ *Dom. de la Grange, La Grange, 41350 Huisseau-sur-Cosson, tél. 02 54 20 31 17, domainedelagrange@orange.fr* Ⅴ ⚡ 🔔 *sam. 9h-12h 14h-18h; en sem sur r.-v.*

DOM. HUGUET 2014		
■	12 000	5 à 8 €

Situé dans le joli village de Saint-Claude-de-Diray, entre Blois et Chambord, ce domaine de 10 ha conduit par Patrick Huguet est implanté sur des terrasses de sables et de graviers sur la rive gauche de la Loire. Il est transmis de père en fils depuis 1875.

Plantées sur un sol siliceux et caillouteux, ces jeunes vignes ont donné naissance à un blanc au nez bien ouvert sur les agrumes, et à la bouche fraîche et tonique aux accents de citron. ✗ 2015-2018 ⛚ filet de sole ■ 2014 (5 à 8 € ; 9 000 b.) : vin cité. ✗ 2015-2018

○┐ *Patrick Huguet, 12, rue de la Franchetière, 41350 Saint-Claude-de-Diray, tél. 02 54 20 57 36, vin.p.huguet@orange.fr* Ⅴ ⚡ 🔔 *r.-v.*

ARISTIDE LUNEAU 2014 ★		
■	4 000	🍶	8 à 11 €

Négoce fondé en 1811 par Jean-Baptiste Ackerman, qui fut l'un des premiers à utiliser les anciennes carrières de tuffeau pour élaborer des vins selon la méthode traditionnelle. Régulièrement au rendez-vous du Guide, la maison Ackerman, dirigée par Bernard Jacob, est aujourd'hui le plus important producteur de vins effervescents du Saumurois et se diversifie dans les vins tranquilles.

Le chardonnay et 30 % de sauvignon composent un vin jaune paille brillant, aux parfums concentrés de fruits mûrs nuancés d'épices et de notes délicates de fleur d'acacia. On retrouve cette complexité aromatique dans une bouche ronde et enveloppante, dotée d'une finale miellée qui lui apporte un supplément de gourmandise. ✗ 2015-2018 ⛚ suprêmes de volaille à la crème

☛ *SA Ackerman, 19, rue Léopold-Palustre,
49400 Saumur, tél. 02 41 53 03 10, contact@ackerman.fr*
Ⓥ 🅐 🅕 *t.l.j. 9h30-12h30 14h-18h30*

DOM. MAISON PÈRE ET FILS 2014		
■	130 000	î	5 à 8 €

Les premières vignes ont été plantées en 1906 par Alphonse Pinon sur des sols argilo-siliceux. Aujourd'hui, son descendant Jean-François Maison exploite 72 ha, soit le plus grand vignoble indépendant de l'appellation cheverny.

Cette cuvée issue de pinot noir, de gamay et de cot dévoile un nez puissant de cerise noire bien mûre. La bouche, ronde à l'attaque, évolue vers la souplesse et la fraîcheur, et s'étire dans une jolie finale fruitée et épicée. ✗ 2015-2018 ✇ viande rouge grillée ■ 2014 (5 à 8 € ; 150 000 b.) : vin cité. ✗ 2015-2017

☛ *Dom. Maison Père et Fils, 22, rue de la Roche, 41120 Sambin, tél. 02 54 20 22 87, contact@domainemaison.com* Ⓥ 🅐 🅕 *t.l.j. sf sam. dim. 8h30-12h 13h30-17h* ☛ *Jean-François Maison*

JÉRÔME MARCADET Cuvée des Gourmets 2014 ★		
■	9 000	î	5 à 8 €

Dans les années 1900-1910, les arrières-grands-parents de Jérôme Marcadet travaillaient à la tâche dans les vignes de Chitenay. Ses grands-parents ont acquis les premières vignes et créé la propriété, située sur la route des vins qui relie les châteaux de Cheverny et de Chenonceaux.

Ce 2014 à majorité de pinot noir et complété de gamay (40 %), né de vignes de vingt-cinq ans, se présente en robe grenat aux reflets violets. Au nez, il livre des parfums de cerise et d'épices. Au palais, on retrouve les fruits rouges, légèrement confiturés, qui enrobent des tanins souples et ronds. ✗ 2015-2018 ✇ assiette de charcuterie ■ 2014 ★ (5 à 8 € ; 9 000 b.) : cet assemblage de pinot noir, de gamay et cabernet franc s'ouvre sur un nez puissant de fleurs et de bonbon anglais complété de quelques notes de cire. Des arômes d'agrumes s'invitent dans un palais volumineux, bâti sur une fine trame acide qui donne de l'allonge à cet ensemble bien équilibré. ✗ 2015-2016

☛ *Jérôme Marcadet, 5, rte de l'Orme-Favras, 41120 Feings, tél. 02 54 20 28 42, info@marcadet-cheverny.fr* Ⓥ 🅐 🅕 *r.-v.*

VIGNERONS DE MONT-PRÈS-CHAMBORD 2014 ★		
■	150 000	î	- de 5 €

Fondée en 1931, cette coopérative rassemble vingt-trois apporteurs de raisins pour un vignoble de 150 ha. La cave est située sur la rive sud de la Loire, aux portes de la Sologne, des étangs et de la forêt, en plein cœur du pays des châteaux.

Le sauvignon assemblé à 20 % de chardonnay a donné naissance à ce vin or pâle d'abord discret, qui libère à l'aération des parfums complexes et fins de fruits exotiques. Plus disert, onctueux et souple, le palais rappelle les arômes de l'olfaction et gagne en fraîcheur en finale. ✗ 2015-2018 ✇ filet de sandre ■ 2014 ★ (5 à 8 € ; 60 000 b.) : paré d'une robe saumonée intense, ce 2014 à majorité de pinot noir complété de gamay et de pineau d'Aunis s'ouvre sur un nez généreusement fruité (pam-

plemousse), floral et amylique. Suit une bouche ronde et vive à la fois, qui offre un agréable retour des agrumes dans une finale légèrement fumée. ✗ 2015-2016

☛ *Les Vignerons de Mont-Près-Chambord, 816, la Petite-Rue, 41250 Mont-près-Chambord, tél. 02 54 70 71 15, cavemont@orange.fr* Ⓥ 🅐 🅕 *r.-v.*

LE PETIT CHAMBORD 2013 ★		
■	16 800	î	5 à 8 €

François Cazin exploite une propriété familiale de 23 ha située à la lisière de la forêt de Cheverny, aux portes de la Sologne. Transmise de père en fils depuis quatre générations, elle est régulièrement sélectionnée dans ces pages.

Assemblage de pinot noir (majoritaire), de gamay et de cot, ce 2013 libère un nez complexe de fruits rouges relayés par des notes animales et les fruits à l'alcool. La bouche, bâtie sur une structure tannique solide, révèle un fruité croquant et généreux. Un peu de temps permettra d'arrondir cet ensemble encore un peu fougueux. ✗ 2016-2020 ✇ cuissot de chevreuil ■ 2014 ★ (5 à 8 € ; 21 000 b.) : agrumes et fleurs se mêlent avec harmonie ce 2014 à grande majorité de sauvignon. On retrouve cette intensité aromatique dans un palais séduisant, frais, tonique et long. ✗ 2015-2018 ■ Cour-cheverny 2013 ★ (5 à 8 € ; 23 400 b.) : un nez brioché et fruité complété d'un soupçon de miel. Une complexité aromatique que l'on retrouve dans un palais friand et vif. Un vin harmonieux et original. ✗ 2015-2018

☛ *François Cazin, Le Petit Chambord, 41700 Cheverny, tél. 02 54 79 93 75, f.cazin@lepetitchambord.com* Ⓥ 🅕 *r.-v.*

| DOM. DU SALVARD | | |
Vignes des Marnières Vieilles Vignes 2014		
■	50 000	î	5 à 8 €

Cette propriété de 45 ha construite sur les ruines d'un ancien château de la seigneurie de Fougères remonterait à l'an 1000. Achetée en 1910 par Maurice Delaille, elle est aujourd'hui conduite par ses descendants, les frères Thierry et Emmanuel Delaille.

Tout en discrétion et en finesse, cette cuvée livre au nez des parfums de fleurs blanches. Au palais, elle se montre souple et généreusement fruitée, soutenue par une belle fraîcheur qui lui donne de l'allonge. ✗ 2015-2018 ✇ fruits de mer ■ Vieilles Vignes 2014 (5 à 8 € ; 50 000 b.) : vin cité. ✗ 2015-2018 ■ 2014 (5 à 8 € ; 90 000 b.) : vin cité. ✗ 2015-2018

☛ *Dom. du Salvard, Le Salvard, 41120 Fougères-sur-Bièvre, tél. 02 54 20 28 21, delaille@orange.fr* Ⓥ 🅐 🅕 *r.-v.*

♥ DOM. SAUGER Vieilles Vignes 2014 ★★		
■	12 000	î	8 à 11 €

Valeur sûre de l'appellation, ce domaine familial situé aux portes de la Sologne, sur la route des châteaux de la Loire, se transmet de père en fils depuis 1870. Installé en 1988, Philippe Sauger y cultive les 30 ha de vignes sur des sols sablo-argileux.

Ce 2014 né de vignes vieilles de trente ans associe 60 % de sauvignon à 40 % de chardonnay. D'une séduisante couleur or gris, il dévoile à l'olfaction des arômes intenses et élégants de tilleul et de fleur d'aubépine. Cette palette

s'épanouit avec persistance dans un palais rond et suave, stimulé par une fine acidité qui souligne de fines saveurs de pêche de vigne en finale. Un modèle d'équilibre que l'on pourra déguster dès à présent ou attendre quelques années pour apprécier toute la complexité à laquelle il est promis. ✗ 2015-2020 ▼ lotte au cidre ■ Tradition 2014 ★ (5 à 8 € ; 75 000 b.) : le nez intense et complexe associe les fruits blancs frais, les fruits exotiques et la cire d'abeille. On retrouve les saveurs exotiques dans un palais suave, généreux et long. ✗ 2015-2018 ■ Vieilles Vignes 2013 ★ (8 à 11 € ; 5 000 b.) : comme l'annonce sa couleur grenat intense, ce vin à majorité de pinot noir ne manque pas de caractère. Bien ouvert au nez sur les fruits noirs et rouges mûrs agrémentés de cuir et de nuances végétales, il affiche au palais une structure solide renforcée par une fine vivacité qui lui promettent une bonne évolution. ✗ 2016-2020

o━ *Dom. Sauger , 4, rue des Touches, Les Touches, 41700 Fresnes, tél. 02 54 79 58 45, domaine.sauger@ orange.fr* Ⓥ 🏃 🏠 *r.-v.*

VIGNOBLE TÉVENOT 2014 ★		
■	5 000 👤	5 à 8 €

Acquis par la famille Tévenot en 1909, ce domaine – 20 ha implantés sur le premier coteau de la Loire, à Candé-sur-Beuvron – est aujourd'hui conduit par Daniel Tévenot et son fils Vincent.

D'une belle couleur saumonée, cet assemblage de pinot noir (60 %) complété de gamay (30 %) et d'une pointe de cabernet libère des parfums généreux de fleurs blanches, de fruits rouges et de miel. La bouche, ample à l'attaque, déroule une fruité plus intense encore, complété de saveurs gourmandes de bonbon anglais, et trouve le soutien d'une fine trame acide qui porte loin la finale. ✗ 2015-2016 ▼ assiette de charcuterie ■ 2014 (5 à 8 € ; 10 000 b.) : vin cité. ✗ 2015-2018 ■ 2014 (5 à 8 € ; 15 000 b.) : vin cité. ✗ 2016-2020

o━ *Vignoble Tévenot, 4, rue du Moulin-à-Vent, Madon, 41120 Candé-sur-Beuvron, tél. 02 54 79 44 24, daniel.tevenot@wanadoo.fr* Ⓥ 🏃 🏠 *r.-v.*

COUR-CHEVERNY

Superficie : 55 ha / Production : 2 433 hl

Reconnue en 1993, l'appellation est réservée aux vins blancs issus du seul cépage romorantin, produits dans quelques communes situées au sud-est de Blois. Le terroir est typique de la Sologne (sable sur argile). Élégants, les cour-cheverny méritent souvent de vieillir quelques années.

♥ CHRISTELLE ET CHRISTOPHE BADIN 2014 ★★		
■	6 100 👤	- de 5 €

En 1955, année de l'achat par le grand-père, l'exploitation comptait 4,5 ha ; elle s'étend aujourd'hui sur

16 ha. Représentant la troisième génération, Christophe Badin, épaulé par son épouse, maintient la tradition familiale.

Belle expression du romorantin, cépage roi de l'appellation, cette cuvée jaune paille s'ouvre sur un nez percutant mêlant la pêche de vigne à de fines notes mentholées. Frais à l'attaque, le palais dévoile une matière onctueuse, ample et généreusement fruitée. Un modèle d'harmonie et d'élégance. ✗ 2015-2018 ▼ fromage de chèvre ■ Cheverny 2014 ★ (- de 5 € ; 12 000 b.) : cet assemblage de gamay (majoritaire), de pinot noir et de pineau d'aunis livre un nez complexe d'agrumes et de fleurs blanches agrémenté de touches minérales, léguées par un terroir argilo-siliceux. On retrouve les agrumes (pamplemousse) dans un palais rond et vif à la fois, d'une belle persistance. ✗ 2015-2016 ■ Cuvée Charlemagne 2013 (5 à 8 € ; 5 365 b.) : vin cité. ✗ 2015-2019

o━ *EARL C. et C. Badin, L'Aubras, 41120 Cormeray, tél. 02 54 44 23 43, cavebadin@gmail.com* Ⓥ 🏃 🏠 *t.l.j. sf dim. 8h-12h 14h-19h*

BENOÎT DARIDAN		
Vieilles Vignes 2013 ★		
■	18 000 👤 🍷	8 à 11 €

Situé aux portes de la Sologne, entre les châteaux de Cheverny et de Chambord, ce domaine familial de 21 ha est conduit depuis 2001 par Benoît Daridan, qui s'est imposé comme une valeur sûre de l'appellation.

Une robe dorée, un nez complexe, puissant mais fin de fruits blancs et de pain grillé. Franc et bien ciselé, le palais offre un bel équilibre entre douceur et vivacité, qui prend en finale des tonalités acidulées et mentholées. Un vin élégant, bien dans son appellation. ✗ 2015-2020 ▼ suprême de volaille crème d'agrumes ■ Cheverny 2014 ★ (8 à 11 € ; 50 000 b.) : le nez intensément parfumé de fleurs blanches est relayé par une bouche riche, ample, enveloppante et longue. ✗ 2015-2018

o━ *Benoît Daridan, 16, rue de la Marigonnerie, 41700 Cour-Cheverny, tél. 02 54 79 94 53, benoit.daridan@gmail.com* Ⓥ 🏃 🏠 *t.l.j. sf dim. 9h (sam. 9h30)-12h30 14h (sam. 14h30)-18h*

Ⓑ DOM. DES HUARDS		
Romo 2013 ★		
■	25 000 👤	8 à 11 €

Très souvent distingué dans le Guide, ce domaine de 36 ha s'est transmis de père en fils depuis 1846. Il est conduit en bio et en biodynamie depuis 1990 par Jocelyne et Michel Gendrier.

Romo ? Le romorantin, bien sûr, qui a séduit le jury avec ses senteurs d'agrumes confits et d'épices, comme par sa bouche persistante, vive et tonique, aux tonalités aciduées et citronnées. ✗ 2015-2020 ▼ asperges sauce mousseline ■ Cheverny Pure 2014 (8 à 11 € ; 32 000 b.) Ⓑ : vin cité. ✗ 2016-2020

o━ *Jocelyne et Michel Gendrier, Les Huards, 41700 Cour-Cheverny, tél. 02 54 79 97 90, infos@ domainedeshuards.com* Ⓥ 🏃 🏠 *t.l.j. sf dim. 9h-12h 14h-19h*

PHILIPPE LOQUINEAU
Cuvée Salamandre 2013 ★

■	8 000		î		11 à 15 €

Jadis, avant le développement de la viticulture sur les sols sableux de Sologne, fleurissait le lupin jaune, « plante d'or » qui donne son nom à ce domaine de 12 ha conduit par Philippe Loquineau. La ferme du XIXᵉ s. abrite le caveau de dégustation et un musée du Vin.

Cette cuvée qui fait référence à l'emblème de François Iᵉʳ livre des parfums complexes et légèrement évolués mêlant à la pâte de coings des notes d'épices douces et de confit d'agrumes. La bouche, fruitée et bien équilibrée, se fait ronde, expressive et persistante. Un vin de caractère, atypique et agréable. ✗ 2015-2018 ▼ truite aux amandes ■ Cheverny Dom. de la Plante d'Or 2014 (5 à 8 € ; 11 000 b.) : vin cité. ✗ 2015-2018

o➔ EARL Loquineau, Dom. de la Plante d'Or,
5, voie de la Démulerie, 41700 Cheverny,
tél. 02 54 44 23 09, domaimnedelaplantedor@orange.fr
Ⓥ Ⓚ Ⓛ r.-v.

LUC PERCHER
L'Épicourchois 2012 ★

■	600		î		15 à 20 €

Luc Percher conduit depuis 2005 ce domaine de 9 ha. Il a obtenu en 2013 la certification en agriculture biologique.

Épicourchois ? L'association des noms « Épicure » et « Courchois » (habitants de Cour-Cheverny). Dans le verre, un joli vin jaune paille, au nez intense de fruits confiturés et de beurre frais, et une bouche ample, ronde, équilibrée et longue, aux savoureuses notes de noisette. Un cour-cheverny complexe et mûr. ✗ 2015-2017 ▼ roquefort ■ Cheverny L'Épicourchois 2013 ★ (11 à 15 € ; 4 990 b.) Ⓑ : un assemblage de sauvignon (60 %) et de menu pineau (40 %) au nez gourmand de fruits mûrs, miel et de brioche, prolongés par un palais onctueux et long, relevé par une finale saline qui lui apporte un surcroît d'élégance et de complexité. Un cour-cheverny atypique. ✗ 2015-2017 ■ Cheverny L'Épicourchois 2013 (11 à 15 € ; 5 850 b.) Ⓡ : vin cité. ✗ 2017-2020

o➔ Luc Percher – L'Épicourchois,
12, voie de la Marigonnerie, 41700 Cour-Cheverny,
tél. 02 54 79 95 39, lucpercher@wanadoo.fr
Ⓥ Ⓚ Ⓛ r.-v.

DOM. LE PORTAIL 2013 ★

■	10 000		5 à 8 €

Ce domaine bâti à l'emplacement d'un ancien monastère à 600 m du château de Cheverny a été acquis en 1979 par Nicole et Michel Cadoux. En 2009, leur fils Damien a rejoint l'exploitation qui couvre aujourd'hui 32 ha.

Ce 2013 s'ouvre sur des parfums bien typés du romorantin : fruité mûr, touches florales et nuances mentholées. On retrouve cette palette aromatique aux accents légèrement plus acidulés dans un palais rond et persistant, rehaussé par de beaux amers en finale. Un vin qui gagnera encore en complexité avec le temps. ✗ 2016-2019 ▼ coquilles Saint-Jacques ■ Cheverny 2013 (5 à 8 € ; 30 000 b.) : vin cité. ✗ 2015-2020

o➔ Michel, Damien et Nicole Cadoux, Le Portail,
41700 Cheverny, tél. 02 54 79 91 25, leportailcadoux@
wanadoo.fr Ⓥ Ⓚ Ⓛ r.-v.

ORLÉANS

Superficie : 80 ha / Production : 2 986 hl (69 % rouge et rosé)

Autrefois AOVDQS, ce vignoble a été reconnu en AOC en 2006. Parmi les « vins françois », ceux d'Orléans eurent leur heure de gloire à l'époque médiévale. À côté des jardins, des pépinières et des vergers, la vigne a encore sa place aujourd'hui. Les vignerons tirent parti des cépages mentionnés depuis le Xᵉ s. – des plants que l'on disait venir d'Auvergne mais qui sont identiques à ceux de Bourgogne : auvernat rouge (pinot noir), auvernat blanc (chardonnay) et gris meunier. L'appellation s'étend des deux côtés de la Loire et s'applique aux trois couleurs : les rouges et rosés assemblent une majorité de pinot meunier au pinot noir et les blancs sont dominés par le chardonnay.

VIGNOBLE DU CHANT D'OISEAUX 2014

■	9 300		î		5 à 8 €

Édouard Montigny, qui a pris la succession de Jacky Legroux, est à la tête de cette exploitation familiale depuis 2006. Valeur sûre de l'Orléanais, ce domaine de 13 ha est souvent en vue dans ces pages.

Ce 2014 libère des parfums gourmands et suaves de fruits à chair jaune. Souple et onctueux à l'attaque, le milieu de bouche et la finale penchent vers la fraîcheur : un ensemble équilibré. ✗ 2015-2018 ▼ dorade au beurre citronné

o➔ Vignoble du Chant d'Oiseaux, 321, rue des Muids,
45370 Mareau-aux-Prés, tél. 02 38 45 60 31
Ⓥ Ⓚ Ⓛ t l j sf dim. 14h-19h o➔ Édouard Montigny

CLOS SAINT-FIACRE 2014 ★★

■	16 600		î		5 à 8 €

Créée en 1635, cette propriété familiale apparaît régulièrement dans le Guide, souvent aux meilleures places. Clos de murs, le vignoble couvre 17,5 ha conduit depuis 2001 par Hubert et Bénédicte Montigny-Piel.

Vendangé à l'aube pour préserver tous ses arômes, ce pur chardonnay dévoile un nez de fleurs blanches, de fruits d'été (pêche, abricot) et d'agrumes. D'abord vive, la bouche se montre ensuite chaleureuse et onctueuse. Un ensemble harmonieux. ✗ 2015-2018 ▼ sardines grillées ■ 2014 ★ (5 à 8 € ; 24 000 b.) : un assemblage de pinot meunier (majoritaire) et de pinot noir ouvert sur des parfums de cerise, prolongés par une bouche fine et soyeuse. ✗ 2015-2018

o➔ EARL Clos Saint-Fiacre, 560, rue de Saint-Fiacre,
45370 Mareau-aux-Prés, tél. 02 38 45 61 55, contact@
clossaintfiacre.fr Ⓥ Ⓚ Ⓛ t.l.j. sf dim. 9h-12h30 14h-19h
o➔ Montigny-Piel

♥ VALÉRIE DENEUFBOURG Rencontres 2013 ★★

■	8 736		î		5 à 8 €

Installée en 2005, Valérie Deneufbourg exploite un domaine de 12 ha à Cléry-Saint-André, près de la basilique qui renferme le tombeau de Louis XI.

Récompensée par un coup de cœur en orléans-cléry dans l'édition 2015, Valérie Deneufbourg récidive dans l'appellation « sœur » avec un assemblage de pinot meunier (80 %) et de pinot noir (20 %) délicat et gourmand. Ce vin clair et brillant offre un nez complexe de fruits rouges, de pruneaux et d'épices douces. Dans la continuité, le palais déploie une matière suave et généreuse, portée par des tanins souples et veloutés qui renforcent le caractère savoureux de ce vin. ✗ 2015-2018 ¶ rôti de bœuf

☞ Valérie Deneufbourg, 28, rue du Village, 45370 Cléry-Saint-André, tél. 02 38 45 97 53, valerie@ deneufbourg.fr Ⓥ 👁 🔲 r.-v.

LES VIGNERONS DE LA GRAND'MAISON 2014 ★

| ■ | 12 000 | | - de 5 € |

Créée en 1931, cette cave coopérative est un acteur important de l'appellation orléans. Située au cœur du vignoble, elle vinifie 87,5 ha de vignes.

Cette cuvée laisse s'échapper de fines senteurs de pêche et de poire. La bouche, à l'unisson, ample et persistante, offre un bel équilibre entre fraîcheur et rondeur. ✗ 2015-2018 ¶ truite à la crème de citron

☞ Les Vignerons de la Grand'Maison, 550, rue des Muids, 45370 Mareau-aux-Prés, tél. 02 38 45 61 08, vignerons.orleans@free.fr Ⓥ 👁 🔲 r.-v.

DOM. SAINT-AVIT 2014 ★

| ■ | 6 000 | | 5 à 8 € |

L'histoire vigneronne de cette famille du Loiret remonte à 1792. Pascal Javoy, héritier de cette longue tradition, conduit avec son épouse un peu plus de 15 ha de vignes en lutte raisonnée.

Paré d'un séduisant rouge cerise, ce pur pinot meunier livre un nez intense de fruits rouges associés à une touche de cuir. À l'unisson, le palais se révèle ample et souple, et plus chaleureux en finale. Un vin généreux et gourmand. ✗ 2015-2020 ¶ poulet rôti ■ 2014 (5 à 8 € ; 6 000 b.) : vin cité. ✗ 2015-2018 ■ Orléans-cléry 2014 (5 à 8 € ; 7 000 b.) : vin cité. ✗ 2016-2019

☞ Javoy et Fils, 450, rue du Buisson, 45370 Mézières-lez-Cléry, tél. 02 38 45 66 95, javoy-et-fils@orange.fr Ⓥ 👁 🔲 t.l.j. sf dim. 9h-12h 14h-19h

COTEAUX-DU-VENDÔMOIS

Superficie : 125 ha / Production : 6 417 hl (82 % rouge et rosé)

Sur le cours du Loir, les coteaux sont truffés d'habitations troglodytiques et de caves taillées dans le tuffeau. Reconnue en 2001, l'AOC jouxte en amont de la vallée les aires des jasnières et coteaux-du-loir, sur un terroir similaire, entre Vendôme et Montoire. Elle produit des vins gris originaux aux arômes poivrés, issus de pineau d'Aunis, des blancs nés de chenin, et des rouges, devenus majoritaires. Vins d'assemblage, ces derniers allient la nervosité légèrement épicée du pineau d'Aunis, la finesse du pinot noir, les tanins du cabernet franc et le fruité du gamay.

Ⓑ PATRICE COLIN Gris 2014

| ■ | 6 000 | 👁 | 5 à 8 € |

Thoré-la-Rochette, dans la vallée du Loir, abrite plusieurs vignerons de l'appellation, dont Patrice Colin, qui conduit en bio ses 25 ha de vignes.

Cette cuvée rose pâle s'ouvre au nez sur des parfums gourmands et fruités relevés d'épices. Suit un palais souple et gouleyant, souligné par une agréable fraîcheur qui accompagne l'ensemble jusqu'en finale. Un rosé simple et de bon goût. ✗ 2015-2016 ¶ grillades ■ Pierre à feu 2014 (5 à 8 € ; 15 000 b.) Ⓑ : vin cité. ✗ 2015-2017

☞ Patrice Colin, 5, imp. de la Gaudetterie, 41100 Thoré-la-Rochette, tél. 02 54 72 80 73, colinpatrice41@orange.fr Ⓥ 👁 🔲 r.-v.

♥ DOM. DU FOUR À CHAUX 2014 ★★

| ■ | 20 000 | 👁 | - de 5 € |

Ce domaine de 30 ha, géré par la même famille depuis six générations, est conduit depuis l'année 2000 par Dominique Norguet. Il tire son nom du magnifique four à chaux situé sur la propriété.

Ce 2014, issu d'un pressurage direct, offre une haute expression du pineau d'aunis. Paré d'un rose tendre, il livre un nez explosif et complexe mêlant aux senteurs de bonbon anglais des notes de poivre, de miel et de fleurs. Cette large palette d'arômes est rappelée dans un palais souple, soyeux et généreux, souligné par une fine fraîcheur qui lui confère une belle allonge et beaucoup d'élégance. ✗ 2015-2016 ¶ gambas flambées ■ 2014 (- de 5 € ; 5 000 b.) : vin cité. ✗ 2015-2018 ■ Cuvée Benjamin 2013 (- de 5 € ; 5 000 b.) : vin cité. ✗ 2016-2020

☞ EARL Dominique Norguet, lieu-dit Berger, 41100 Thoré-la-Rochette, tél. 02 54 77 12 52, dominique.norguet@orange.fr Ⓥ 👁 🔲 t.l.j. sf dim. 9h-12h 14h-19h

CHARLES JUMERT Tradition 2013

| ■ | 4 000 | 👁 | - de 5 € |

Créé en 1800, ce vignoble et sa cave en tuffeau sont gérés de père en fils depuis sept générations. C'est aujourd'hui Charles Jumert, installé en 1984, qui conduit cette exploitation étendue sur 13 ha.

Né sur un terroir d'argile à silex, ce vin issu de pineau d'aunis assemblé à 35 % de cabernet franc et 15 % de pinot noir livre des senteurs séduisantes de fruits rouges aux accents épicés. Frais et léger à l'attaque, le palais dévoile des tanins soyeux et un agréable fruité. Un vin à apprécier dans sa jeunesse. ✗ 2015-2016 ¶ assiette de charcuterie

☞ Charles Jumert, 4, rue de la Berthelotière, 41100 Villiers-sur-Loir, tél. 02 54 72 94 09, francoisejumert@live.fr Ⓥ 👁 🔲 r.-v.

DOM. J. MARTELLIÈRE Réserve Jean-Vivien 2013

| ■ | 5 600 | 👁 ⒶⒷ | 5 à 8 € |

Jean-Vivien Martellière, qui a repris en 2004 cette exploitation familiale de 12 ha, vinifie exclusivement les trois AOC de la vallée du Loir : jasnières, coteaux-du-loir et coteaux-du-vendômois. Il perpétue ainsi la tradition familiale inaugurée par son grand-père.

Cet assemblage de pineau d'aunis (50 %), de cabernet franc (40 %) et de pinot noir (10 %) a bénéficié d'un élevage sous bois de douze mois. Le vin en tire une robe rubis et un nez flatteur de fruits rouges nuancé de vanille et de grillé. La bouche souple et légère repose sur des tanins bien fondus et sur un boisé bien intégré. ✗ 2015-2018 ♈ rôti de bœuf au poivre noir

☛ Martellière, 46, rue de Fosse, Fosse, 41800 Montoire-sur-le-Loir, tél. 06 08 99 94 15, contact@ domainemartelliere.fr Ⓥ 🏃 🍴 r.-v.

MONTAGNE BLANCHE 2013 ★			
■	19 000	🛈	5 à 8 €

Créée en 1929, cette cave coopérative couvre 160 ha de vignes. Elle propose une gamme intéressante de cuvées mettant en valeur des « cépages rares et oubliés ». Ses vins sont souvent distingués dans le Guide.

Habillé de jaune pâle aux reflets verts, ce pur chenin bien typé livre des arômes de coing et de fleurs blanches tant au nez qu'en bouche. Souple à l'attaque, cette dernière évolue sur l'onctuosité, soutenue par une agréable fraîcheur qui met en relief ses saveurs fruitées. ✗ 2015-2018 ♈ feuilletés de chèvre ■ Gris 2014 (5 à 8 € ; 100 000 b.) : vin cité. ✗ 2015-2017

☛ Cave du Vendômois, 60, av. du Petit-Thouars, 41100 Villiers-sur-Loir, tél. 02 54 72 90 69, caveduvendomois@wanadoo.fr Ⓥ 🏃 🍴 t.l.j. sf dim. lun. 9h-12h 14h-18h

VALENÇAY

Superficie : 143 ha / Production : 7 129 hl (63 % rouge et rosé)

Dans cette région marquée par le souvenir de Talleyrand, aux confins du Berry, de la Sologne et de la Touraine, la vigne alterne avec les forêts, la grande culture et l'élevage de chèvres. Sur des sols à dominante argilo-siliceuse ou argilo-limoneuse, un encépagement classique de la moyenne vallée de la Loire donne des vins le plus souvent à boire jeunes. En blanc, le sauvignon, complété de chardonnay, fournit des vins aromatiques aux touches de cassis ou de genêt. Les vins rouges assemblent gamay, cabernets, cot et pinot noir. La même appellation désigne un fromage de chèvre en AOP. Ces fromages en forme de pyramide s'accordent, selon leur degré d'affinage, avec les vins rouges ou les vins blancs.

♥ DENIS BARDON 2014 ★★★			
■	20 000	🛈	5 à 8 €

VALENÇAY
DENIS BARDON
VIGNERON

Valeur sûre de l'appellation valençay, ce domaine (40 ha) conduit par Denis Bardon est situé à Meusnes, commune où l'on extrayait autrefois la pierre à fusil ; son petit musée permet de découvrir cette activité importante du XVIIIe s. jusqu'au début du XIXe.

Ce sauvignon né sur argile à silex séduit d'emblée par sa robe d'un or éclatant aux légers reflets verts. Le nez livre des arômes complexes de fruits frais et de bourgeon de cassis. Ample et onctueux à l'attaque, le palais trouve le soutien d'une juste fraîcheur qui porte loin des notes gourmandes de pêche et d'abricot. Un modèle d'équilibre. ✗ 2015-2020 ♈ crème d'asperges ■ Les Hauts Taillons 2014 (5 à 8 € ; 10 000 b.) : vin cité. ✗ 2015-2018

☛ Denis Bardon, 243, rue Jean-Jaurès, 41130 Meusnes, tél. 02 54 71 01 10, denisbardon@vinsbardon.com Ⓥ 🏃 🍴 r.-v.

DOM. DU BOIS GAULTIER 2014 ★			
■	12 000	🛈	5 à 8 €

Tout près du magnifique château de Valençay, sur un terroir dit « de pierre à fusil », Marylène et Serge Leclair ont créé de toutes pièces en 1985 leur vignoble qui compte aujourd'hui 20 ha. Ils vendent la majorité de leur production à la propriété ou sur les foires et marchés.

D'un jaune aux reflets dorés, ce 2014 s'ouvre sur des parfums d'agrumes, de fleurs blanches et de bourgeon de cassis caractéristiques du sauvignon. Vive et souple à la fois, la bouche séduit par son équilibre. ✗ 2015-2018 ♈ cabillaud au beurre citronné ■ 2013 ★ (5 à 8 € ; n.c. b.) : un vin à majorité de gamay, au nez séducteur et intense de fruits noirs nuancés d'une pointe de cuir et à la bouche vineuse, étayée par des tanins fondus. ✗ 2015-2018

◉ « Marylène et Serge Leclair, le Bois-Gaultier, 36600 Fontguenand, tél. 02 54 00 18 46, serge.leclair@ orange.fr Ⓥ 🏃 🍴 t.l.j. 8h-19h ; dim. sur r.-v.

LE CLAUX DELORME 2014 ★			
■	32 500	🛈	8 à 11 €

Vigneron à Menetou-Salon, Bertrand Minchin a été charmé en 2004 par ce domaine de 15 ha situé à Selles-sur-Cher, au carrefour du Berry, de la Sologne et de la Touraine. Ses vins sont régulièrement mentionnés dans le Guide.

Cette cuvée or brillant, née dans un sol de graviers sur argile, mêle des parfums suaves de fruits exotiques et des touches de buis. Franc et frais à l'attaque, le palais ne manque pas de gras et séduit par son fruité persistant. ✗ 2015-2018 ♈ fromage de chèvre ■ 2014 (8 à 11 € ; 35 500 b.) : vin cité. ✗ 2015-2018

☛ SCEV le Claux Delorme, 8, rue des Landes, 41130 Selles-sur-Cher, tél. 02 48 25 02 95, ab.minchin.vins@orange.fr Ⓥ 🏃 🍴 r.-v. ☛ Minchin

DOM. GARNIER Montbail 2014 ★			
■	7 000	🛈	5 à 8 €

La famille Garnier cultive la vigne depuis 1822. Ce sont aujourd'hui les deux frères Éric et Olivier qui gèrent ce domaine de 25 ha, le premier à la vigne et le second à la cave. À leur carte, du touraine et du valençay.

Cette cuvée, assemblage de gamay, de pinot noir et de cot, libère des parfums puissants et flatteurs de bonbon anglais. Le palais, tout aussi gourmand, déroule une matière généreuse bien équilibrée par la fraîcheur et finit sur une pointe minérale. ✗ 2015-2016 ♈ beignets de courgette ■ Montbail 2014 (5 à 8 € ; 10 000 b.) : vin cité. ✗ 2015-2018

LOIRE

Dom. Garnier, Chamberlin, 81, rue Delacroix,
41130 Meusnes, tél. 02 54 00 10 06, olivier@
oliviergarnier.com Ⓥ 🅺 🅵 *r.-v.*

Ⓑ VIGNOBLE GIBAULT 2014 ★

| ■ | 25 000 | î | 5 à 8 € |

Établi à Meusnes, à l'extrémité orientale de la vallée du Cher, Patrick Gibault exploite depuis 1982 le vignoble constitué par son père : 30 ha sur des sols d'argiles à silex. Il a converti le domaine à l'agriculture biologique.

Or pâle limpide aux reflets verts, ce 2014 livre un nez intense de fruits blancs rehaussés d'une touche d'épices. Le palais, droit et franc, dévoile des arômes d'agrumes qui soulignent sa fraîcheur. ✗ 2015-2018 Ψ truite aux amandes

Vignoble Gibault, 183, rue Gambetta, 41130 Meusnes, *tél. 02 54 71 02 63, vg@vignoblegibault.com* Ⓥ 🅺 🅵 *t.l.j. sf dim. 9h-12h 14h-19h*

FRANCIS JOURDAIN Les Terrajots 2014 ★

| ■ | 10 000 | î | 5 à 8 € |

Fondé en 1960, ce domaine familial (28 ha) a été repris en 1990 par Francis Jourdain qui avait auparavant exercé durant une dizaine d'années une activité de conseil en arboriculture. Son chai est situé près d'une très belle « loge » de vigne, dans la commune de Lye.

À la couleur jaune doré répond un nez de belle intensité associant les fruits exotiques, les fruits blancs et une nuance miellée. Fraîche à l'attaque et légèrement perlante, la bouche conjugue une rondeur miellée et une fraîcheur minérale dans un bel équilibre. ✗ 2015-2018 Ψ poisson en sauce ■ Chèvrefeuille 2014 ★ (5 à 8 € ; 25 000 b.) : une cuvée qui porte bien son nom à en juger par ses parfums floraux et qui associe la fraîcheur du sauvignon à un côté rond et beurré, legs du chardonnay. ✗ 2015-2020

Dom. Francis Jourdain, Les Moreaux, 36600 Lye, *tél. 02 54 41 01 45, contact@domainejourdain.com* Ⓥ 🅺 🅵 *t.l.j. sf dim. 9h30-12h30 15h-19h*

DOM. MALET 2014 ★

| ■ | 2 660 | î | - de 5 € |

Située à Lye dans l'Indre, cette exploitation de 40 ha a désormais pris ses habitudes dans le Guide. Elle est conduite depuis 2001 par les frères Alain et Bruno Malet qui produisent en AOC touraine et valençay.

D'un rose pêche avenant, cette cuvée à majorité de gamay s'ouvre sur des senteurs intenses de fruits rouges acidulés. Suit une bouche élégante, fraîche et persistante aux nuances de framboise et de groseille. ✗ 2015-2018 Ψ assiette de charcuterie ■ Prestige 2014 (- de 5 € ; 5 300 b.) : vin cité. ✗ 2015-2018

GAEC Malet Frères, 3, rue Pointeau, 36600 Lye, *tél. 06 19 02 65 82, alain_malet@orange.fr* Ⓥ 🅺 🅵 *t.l.j. 9h-12h 14h-19h; dim. sur r.-v.*

DOM. DE PATAGON 2014 ★

| ■ | 19 000 | î | 5 à 8 € |

La petite coopérative de Valençay créée en 1964 regroupe trois adhérents et représente un vignoble de 42 ha. La production de chacun est récoltée et vinifiée séparément pour mettre en valeur l'expression des différents terroirs.

Or pâle, ce blanc mêle au nez le bourgeon de cassis et les fruits blancs mûrs. La pêche s'ajoute à cette palette dans un palais mêlant des impressions de rondeur et de fraîcheur dans un bel équilibre. ✗ 2015-2028 Ψ aumônières de noix de Saint-Jacques ■ Sébastien Vaillant Le Poirentin 2014 ★ (5 à 8 € ; 23 000 b.) : des arômes frais de bourgeon de cassis, de fruits mûrs et de buis ; un palais à la fois ample et frais, gras et minéral. ✗ 2015-2018

SCA La Cave de Valençay, La Lie, *36600 Fontguenand, tél. 02 54 00 16 11, vigneronvalencay@aol.com* Ⓥ 🅺 🅵 *t.l.j. sf dim. 9h-12h 14h-18h* **Vaillant**

JACKY ET PASCAL PREYS La Chatelaine 2013

| ■ | 25 000 | î | 5 à 8 € |

Ce domaine situé sur les hauts de Meusnes est conduit depuis 1966 par Jacky Preys, aujourd'hui rejoint par son fils Pascal. Le tandem gère la plus grande propriété de l'appellation : 78 ha.

Vinifiée à basse température, cette cuvée jaune doré s'ouvre sur des parfums plaisants de fruits blancs mûrs et d'agrumes. Le palais, plutôt souple, stimulé par un léger perlant, trouve l'équilibre sur la fraîcheur. Une vivacité que l'on retrouve jusqu'en finale. ✗ 2015-2017 Ψ truite aux amandes

Dom. Jacky Preys, 536, rue Debussy, Bois-Pontois, *41130 Meusnes, tél. 02 54 71 00 34, domainepreys@ wanadoo.fr* Ⓥ 🅺 🅵 *r.-v.*

CH. DE QUINCAY La Millasse 2014 ★

| ■ | 6 000 | | 5 à 8 € |

Conduit par les frères Cadart, le Ch. de Quinçay commande un joli parc arboré ; ses 26 ha de vignes sont implantés sur un sol riche en silex et apte à la production de vins de qualité, comme en témoigne les sélections régulières du domaine dans le Guide.

Ce vin, assemblage de gamay (50 %), de pinot noir (30 %) et de cot (20 %), se distingue à nouveau avec ce millésime. Sa robe profonde montre des reflets violets de jeunesse. Ses arômes de fruits rouges très mûrs aux accents épicés se retrouvent dans une bouche persistante, aux tanins déjà fondus. ✗ 2015-2018 Ψ rôti de bœuf ■ Le Chêne rond 2014 ★ (5 à 8 € ; 8 000 b.) : un nez délicat de fruits blancs ; un palais, droit, frais et minéral. ✗ 2015-2018

Ch. de Quinçay, 41130 Meusnes, tél. 02 54 71 00 11, *cadart@chateaudequincay.com* Ⓥ 🅺 🅵 *t.l.j. sf dim. 9h-12h 14h-19h* 🏠 Ⓑ **Cadart**

JEAN-FRANÇOIS ROY 2014 ★★

| ■ | 15 000 | î | 5 à 8 € |

Établi dans la commune de Lye dans l'Indre, Jean-François Roy gère depuis 1989 un domaine de 30 ha régulièrement sélectionné dans le Guide.

Déjà distingué l'an dernier, ce rosé à dominante de pinot noir affiche une robe rose saumon et livre un nez frais, fruité, légèrement épicé. Le palais, dans le même registre, est vif et tonique, poivré en finale. ✗ 2015-2016 Ψ grillades ■ Symphonie 2014 (5 à 8 € ; 50 000 b.) : vin cité. ✗ 2015-2018 ■ Les Batfers 2014 (5 à 8 € ; 4 000 b.) : vin cité. ✗ 2015-2018

Jean-François Roy, 3, rue des Acacias, 36600 Lye, *tél. 02 54 41 00 39, jfr@jeanfrancoisroy.fr* Ⓥ 🅺 🅵 *t.l.j. sf dim. lun. 8h-12h 15h-19h*

HUBERT ET OLIVIER SINSON 2014

| ■ | 17 000 | 🛈 | - de 5 € |

Située sur la commune de Meusnes, aux confins de la Touraine et du Berry, cette exploitation de 22 ha, productrice dans les AOC touraine et valençay, se transmet de père en fils depuis quatre générations ; elle est conduite par Olivier Sinson depuis 1999.

D'un jaune doré, ce sauvignon dévoile d'intenses et élégantes senteurs d'agrumes (pamplemousse). Franc à l'attaque, le palais se développe avec souplesse, équilibré en finale par une fraîcheur acidulée. ✗ 2015-2018 ⓨ fromage de chèvre

☛ EARL Hubert et Olivier Sinson, 1397, rue des Vignes, 41130 Meusnes, tél. 02 54 71 00 26, o.sinson@wanadoo.fr
Ⓥ 👟 ⚑ t l j 9h-12h 14h-18h; dim. 9h-12h

GÉRARD TOYER 2014 ★★

| ■ | 3 500 | 🛈 | - de 5 € |

Ce domaine (15 ha) créé en 1920 se transmet dans la famille depuis trois générations. Gérard Toyer, à la tête du vignoble depuis 1979, est installé à Selles-sur-Cher, village où l'on produit un fromage de chèvre AOP qui accompagne si bien les blancs du cru.

Une robe séduisante, pétale de rose aux reflets orangés, pour ce rosé à majorité de gamay. Le nez élégant évoque les fruits des bois ; la bouche est fraîche, finement minérale et longue. ✗ 2015-2018 ⓨ quiche aux légumes

☛ Gérard Toyer, 63, Grande-Rue-Champeol, 41130 Selles-sur-Cher, tél. 02 54 97 49 23, gerard.toyer@orange.fr Ⓥ ⚑ t.l.j. sf dim. 9h30-12h30 15h-19h

➡ LES VIGNOBLES DU CENTRE

Les secteurs viticoles du Centre occupent les endroits les mieux exposés des coteaux ou plateaux modelés au cours des âges géologiques par la Loire et ses affluents, l'Allier et le Cher. Ceux qui, sur les côtes d'Auvergne, à Saint-Pourçain (en partie) ou à Châteaumeillant, sont implantés sur les flancs est et nord du Massif central, sont cependant ouverts sur le bassin de la Loire. Siliceux ou calcaires, les sols viticoles de ces régions portent un nombre restreint de cépages, parmi lesquels ressortent surtout le gamay pour les vins rouges et rosés, et le sauvignon pour les vins blancs. Quelques spécialités : tressallier à Saint-Pourçain et chasselas à Pouilly-sur-Loire pour les blancs ; pinot noir à Sancerre, Menetou-Salon et Reuilly pour les rouges et rosés, avec encore le délicat pinot gris dans ce dernier vignoble. Tous les vins du Centre ont en commun légèreté, fraîcheur et fruité, ce qui les rend particulièrement agréables et en harmonie avec la cuisine régionale.

CHÂTEAUMEILLANT

Superficie : 82 ha / Production : 4 000 hl

Le gamay retrouve ici les terroirs qu'il affectionne, dans un site très anciennement viticole. La réputation de Châteaumeillant s'est établie grâce à son « gris »,

un rosé issu du pressurage immédiat des raisins de gamay présentant un grain, une fraîcheur et un fruité remarquables. L'appellation produit aussi des rouges, nés de sols d'origine éruptive, des vins gouleyants à boire jeunes et frais.

♥ LE BEAU MERLE Vieille Vigne 2013 ★★

| ■ | 5 200 | ⓫ | 11 à 15 € |

Après plusieurs années passées à l'INAO, Daniel Nairaud jette son dévolu sur les terres argilo-sableuses de Châteaumeillant en 2011 un vignoble (19 ha aujourd'hui). Il dirige aussi la maison de négoce Bituriges Vins créée en 2013.

Vêtu d'une robe d'un pourpre dense et profond, ce 2013 séduit d'emblée par ses arômes intenses, gourmands et complexes : cerise, confiture de mûre, cannelle, poivre blanc. Souple et ample à l'attaque, la bouche se révèle onctueuse et bien bâtie. Agréable finale sur les fruits rouges. Un vin velouté, au potentiel certain. ✗ 2016-2020 ⓨ canard aux pruneaux

☛ SCEA Nairaud-Suberville, 11, rue de la Liberté, 23270 Bétête, tél. 06 26 46 23 50, daniel.nairaud@free.fr
Ⓥ ⚑ t.l.j. 8h-12h 13h30 18h

DOM. DU CHAILLOT Rêvésens 2014 ★

| ■ | 4 000 | | 8 à 11 € |

Vigneron depuis 1993, Pierre Picot dirige une exploitation de 6 ha. Les vignes se répartissent sur trois sites : deux reposent sur des micaschistes à 320 m d'altitude et un sur des terrasses sédimentaires à 280 m d'altitude.

D'un carmin profond, ce 2014 encore un peu sur la réserve livre à l'aération un nez de cerise noire et de lilas agrémenté de touches chocolatées et poivrées. Souple et charnue, la bouche est étayée de tanins fondus et se termine sur un joli fruité et une pointe d'amertume. Prometteur. ✗ 2016-2020 ⓨ filet de bœuf Wellington
■ 2014 ★ (8 à 11 € ; 4 900 b.) : un nez délicat, une bouche généreuse est une acidité bien ciselée. ✗ 2015-2016

☛ Dom. du Chaillot, 1, pl. de la Tournoise, 18130 Dun-sur-Auron, tél. 02 48 59 57 69, pierre.picot@wanadoo.fr Ⓥ 👟 ⚑ r.-v. ☛ Pierre Picot

DOM. DUTHEIL Caprice d'Été 2014 ★

| ■ | 460 | 🛈 | 5 à 8 € |

Fils d'agriculteurs, Benoît Dutheil a accompli son rêve de toujours en créant son exploitation viticole en 2012, avec une parcelle de 50 ares de micaschistes et de sédiments plantée en gamay.

Ce rosé fait preuve de délicatesse, autant par sa teinte nuancée de reflets rubis que par ses parfums fruités. Douce sans manquer de fraîcheur, la bouche se révèle harmonieuse et s'achève sur une jolie note fruitée (pêche jaune) et mentholée. Un vin cohérent et équilibré. ✗ 2015-2016 ⓨ apéritif ■ Coccinelle 2013 ★ (11 à 15 € ; 1 500 b.) : des arômes complexes (cassis, mûre, réglisse), une structure bien fondue : un « rouge plaisir », à boire sur le fruit. ✗ 2015-2017

☛ *Benoît Dutheil, Le Pas, 36370 Bélabre,*
tél. 06 80 65 16 66, benoit.dutheilportable@orange.fr
V **⚑** *t.l.j. 8h-12h 14h-17h*

DOM. GOYER 2014			
■	4 000	🍶 ⬦	5 à 8 €

Samuel Goyer s'est installé en 2013. Ingénieur agronome, il dirige avec Claire, son épouse, une exploitation de 1,3 ha située sur la colline d'Acre, dans un hameau qui offre une jolie vue sur Châteaumeillant.

Cette cuvée s'ouvre sur des notes de fruits rouges (cerise) que l'on retrouve dans une bouche soyeuse, souple et légère. ✗ 2015-2017 ❦ assiette de charcuterie

☛ *Dom. Goyer, Acre, 36400 Neret, tél. 06 63 78 01 80, cave@domainegoyer.com* **V** **🔏** **⚑** *r.-v.*

LE GRAND METIFEU Première 2014 ★		
■	n.c.	8 à 11 €

Issu d'une famille d'agriculteurs, Thierry Perreau, aidé d'un exploitant de l'AOC châteaumeillant, s'est établi en 2012 à 10 km au sud-ouest d'Issoudun.

Encore un peu sur la réserve, ce vin respire la vendange mûre (marmelade de fraises) à l'agitation, accompagnée de notes florales. En bouche, on retrouve la fraise confiturée, soutenue par des tanins denses et soyeux. Une cuvée généreuse, promise à une belle évolution. ✗ 2015-2019 ❦ fromage persillé

☛ *EARL du Grand Metifeu, Metifeu, 36100 Chouday, tél. 06 88 98 89 13, thierry.perreau@club-internet.fr* **V** **⚑** *r.-v.* ☛ *Thierry Perreau*

DOM. LE GRAND ROCHER Vieilles Vignes 2014 ★		
■	n.c.	8 à 11 €

Domaine créé en 2014 par trois amis passionnés qui reprennent 2 ha à l'extrême sud du Cher sur des terroirs de l'AOC châteaumeillant.

Paré d'une robe profonde aux reflets violines, ce 2014 dévoile un nez à la fois concentré et frais qui allie les fleurs (chèvrefeuille), les fruits noirs et les sous-bois. La bouche à la fois dense et fraîche offre un beau retour aromatique sur la framboise. Un vin gourmand. ✗ 2015-2017 ❦ plateau de fromages

☛ *GFA Cesareo-Fesneau-Poulet,*
37, rue du Pressoir-Neuf, 45000 Orléans,
tél. 06 13 24 70 34, cesareocesareo@yahoo.fr **V** *r.-v.*

DOM. JOFFRE Aventure 2014 ★		
■	4 000	🍶 ⬦	8 à 11 €

Jean-Luc Joffre s'est lancé dans la viticulture en 2013. Les travaux à la vigne et au chai comme la commercialisation sont réalisés en famille.

Ce 2014 arbore une robe rubis profond et exprime d'élégants arômes de mousse de fruits rouges (fraise, framboise). Souple en attaque, la bouche, étayée de tanins serrés, offre du croquant. Un ensemble frais et équilibré. ✗ 2015-2018 ❦ salade berrichonne

☛ *EARL de Montvril – Dom Joffre, Montvril, 36130 Diors, tél. 02 54 26 01 64, montvril@orange.fr* **V** **🔏** **⚑** *r.-v.*

JACQUES ROUZÉ Grappes 2013		
■	10 000	🍶	5 à 8 €

Figurant parmi les plus anciens vignerons de l'appellation quincy, Jacques Rouzé a étendu son exploitation (19 ha) sur Reuilly et Châteaumeillant. Depuis 2009, il est épaulé par son fils Côme.

Une nuance d'évolution apparaît sur sa robe rubis à reflets brique. Il n'en est rien au nez qui présente une bonne intensité fruitée (fruits rouges) et florale (violette). La bouche légère est encore marquée par des tanins un peu austères qui devraient se fondre avec un peu de temps. ✗ 2016-2018 ❦ rôti de veau aux champignons

☛ *Dom. Jacques Rouzé, 2 ter, chem. des Vignes, 18120 Quincy, tél. 02 48 51 33 61, rouze@terre-net.fr* **V** **🔏** **⚑** *t.l.j. sf dim. 9h-12h 14h-18h*

DOM. SIRET-COURTAUD 2014 ★		
■	1 500	8 à 11 €

Vincent Siret, ingénieur agronome et œnologue, fait ses classes à Gaillac avant de s'installer en 2006 sur 10 ha, complétés par 2,8 ha de châteaumeillant en 2010. En 2015, suite au départ à la retraite de son père, il reprend avec son frère le Dom. du Grand Rosières (6 ha).

Le Centre

AOC du Centre
Coteaux-du-giennois
Pouilly-sur-Loire et pouilly-fumé
Sancerre
Menetou-salon
Quincy
Reuilly

– – – – Limites de département

Saumoné à reflets bleutés, ce 2014 cristallin est un vrai gris. Frais, le nez est dominé par des parfums de bonbon anglais, égayés d'une touche de gentiane. Le palais se révèle rond et souple, soutenu par une note acidulée et une finale minérale. ✕ 2015-2016 ❦ filet mignon de porc au curry

o━ *Vincent Siret-Courtaud, Le Grand-Rosières, 18400 Lunery, tél. 06 63 51 71 18, contact@ domaines-siret.fr* 🅥 🅺 🅵 *r.-v.*

DOM. DES SOULERONS Instinct Premier 2013 ★		
■	2 200	8 à 11 €

Implantée à Augy-sur-Aubois, cette exploitation spécialisée dans la culture de céréales dispose aussi de 1 ha de vignes.

Paré d'une robe rubis intense, ce 2013 s'ouvre sur des arômes de fruits mûrs (cerise, framboise) et d'orange confite. Souple en attaque, il est équipé de tanins solides qui lui assurent un beau potentiel. ✕ 2016-2019 ❦ rôti de bœuf

o━ *GAEC du Bray, Bray, 18600 Augy-sur-Aubois, tél. 06 21 20 15 08, arnaud.bodoloc@orange.fr* 🅥 🅺 🅵 *r.-v.* o━ Bodoloc

DOM. DES TANNERIES 2014 ★★		
■	6 000	5 à 8 €

Cette famille ancienne de vignerons fait partie des irréductibles du vignoble de châteaumeillant. Jean-Luc Raffinat poursuit avec la même passion l'œuvre de ses ancêtres. Il dirige une exploitation de 7,5 ha.

Violine à reflets grenat, la robe est d'une grande profondeur. Le nez mêle nuances de cassis, de violette et de bonbon anglais. Souple en attaque, ce 2014 révèle d'intenses arômes de cerise, une belle fraîcheur et des tanins encore fermes mais bien enrobés. Un beau potentiel. ✕ 2016-2019 ❦ côte de bœuf en croûte de sel

o━ *Raffinat et Fils, Dom. des Tanneries, 12, rue des Tanneries, 18370 Châteaumeillant, tél. 02 48 61 35 16, raffinatetfils@orange.fr* 🅥 🅺 🅵 *t.l.j. 9h-12h 14h-19h*

COTEAUX-DU-GIENNOIS

Superficie : 194 ha / Production : 5 928 hl (48 % rouge et rosé)

Sur les coteaux de Loire réputés depuis longtemps, la viticulture a progressé, tant dans la Nièvre que dans le Loiret, attestant la bonne santé du vignoble. Les coteaux-du-giennois ont accédé à l'AOC en 1998. Plantés sur des sols siliceux ou calcaires, les cépages traditionnels, gamay, pinot noir et sauvignon, donnent des vins dans les trois couleurs. Les blancs, issus de sauvignon, sont légers et fruités. Tout aussi fruités, les rouges et les rosés assemblent le gamay et le pinot noir. Souples et peu tanniques, les premiers peuvent être servis jusqu'à cinq ans d'âge.

DOM. DES ATHÉNÉES 2013		
■	n.c.	5 à 8 €

En 1994, le lycée viticole a repris l'ancien domaine de l'INRA. Depuis, le vignoble, implanté sur des sols riches en silex, a été entièrement rénové. Sous la houlette de

son directeur d'exploitation, Natacha Colinot, il présente souvent de belles cuvées.

Cette cuvée exprime des arômes bien typés du sauvignon (ajonc, buis, pamplemousse). Vive en attaque, la bouche révèle une belle matière sous- tendue jusqu'en finale par une fine minéralité. ✕ 2015-2018 ❦ poulet au citron

o━ *Dom. des Athénées, 66, rue Jean-Monnet, BP132, 58206 Cosne-sur-Loire, tél. 03 86 26 99 84, expl.cosne@ educagri.fr* 🅥 🅺 🅵 *t.l.j. sf sam. dim. 8h30-12h 13h-17h*

♥ DOM. COUET 2014 ★★		
■	10 000	5 à 8 €

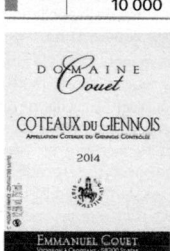

Issu d'une famille de vignerons, Emmanuel Couet représente la cinquième génération. La partie la plus importante de l'exploitation, ainsi que la cave, se situent dans l'aire des coteaux-du-giennois. En 2005, le domaine s'est enrichi d'une parcelle de pouilly-fumé sur terroir calcaire.

Ce rosé revêt une robe saumonée pâle ornée de paillettes violettes. Ouvert, vineux, le nez associe dans une belle harmonie les notes fruitées (fraise, cassis) aux nuances d'épices (piment d'Espelette). En bouche, les jurés ont été impressionnés par le remarquable équilibre entre rondeur et fraîcheur qui se maintient tout au long de la dégustation. Un 2014 charmeur et gourmand en diable. ✕ 2015-2016 ❦ butter chicken

o━ *Emmanuel Couet, 23, Croquant, 58200 Saint-Père, tél. 03 86 28 14 80, domainecouet@gmail.com* 🅥 🅺 🅵 *t.l.j. 8h-12h 14h-18h; dim. sur r.-v.* 🏠 🅱

CATHERINE ET MICHEL LANGLOIS		
Ma Vie en Rose 2014 ★		
■	12 500	5 à 8 €

Installé depuis 1996, Michel Langlois figure parmi les fervents promoteurs de l'AOC coteaux-du-giennois. Sur près de 17 ha, il produit aussi bien du pouilly-fumé et du coteaux-du-giennois que des vins de pays, des effervescents et des crèmes de fruit.

Ce 2014 s'ouvre sur des nuances légères et élégantes de fleurs et de fruits assorties de notes de bonbon anglais. En bouche, il se révèle souple et délicat, animé en finale par de plaisants arômes de fruits mûrs. ✕ 2015-2016 ❦ salade de fruits de mer

o━ *Catherine et Michel Langlois, 17, rue de Cosne, 58200 Pougny, tél. 03 86 28 06 52, catmi-langlois@ orange.fr* 🅥 🅺 🅵 *t.l.j. sf dim. 9h-12h30 14h30-19h; ouv. dim. en juil.-août*

DOM. DE MONTBENOIT 2014 ★		
■	70 000	8 à 11 €

Jean-Marie Berthier a créé ce domaine en 1980, qu'il a progressivement étendu : 20 ha aujourd'hui en sancerre (Claireaux) et en coteaux-du-giennois (Montbenoît). Ses fils l'ont rejoint : l'aîné, Clément, s'occupe de la commercialisation, le cadet, Florian, conduit la vigne.

Intenses et élégantes, les notes de fleurs et d'agrumes côtoient des nuances de fruits secs (noisette). On retrouve les arômes fruités (litchi, pêche, mirabelle) dans

LOIRE

une bouche onctueuse et persistante. Un 2014 harmonieux, à la texture fondante. ✗ 2015-2018 � sole aux champignons shiitake

⊶ *Vignobles Berthier, 18, rte de Cosne, 18240 Sainte-Gemme, tél. 02 48 79 40 97, contact@ vignoblesberthier.fr* Ⓥ 🎿 🏋 *r.-v.* 🏠 Ⓒ

DOM. POUPAT ET FILS Rivotte 2013 ★★

■	7 500	🎯	5 à 8 €

Établi à Briare, commune connue pour son canal et ses émaux, Philippe Poupat épaulé par son fils Xavier s'affirme comme l'une des valeurs sûres de l'appellation coteaux-du-giennois. Leur domaine couvre 11 ha.

En robe éclatante, ce 2013 a immédiatement séduit le jury par ses senteurs intenses de fruits rouges (cassis, mûre) assorties d'une subtile touche réglissée. Le charme a continué d'agir en bouche : on y retrouve les fruits rouges et la réglisse, ainsi qu'une structure élégante et bien fondue. ✗ 2015-2019 ⚑ gigot d'agneau ■ Le Trocadéro 2014 ★ (5 à 8 € ; 11 000 b.) : un nez de fruits frais, une bouche vineuse et généreuse persistant sur les petits fruits (cassis, groseille). ✗ 2015-2016 ■ Rivotte 2014 (5 à 8 € ; 19 000 b.) : vin cité. ✗ 2015-2017

⊶ *Dom. Poupat et Fils, Rivotte, 45250 Briare, tél. 02 38 31 39 76, domainepoupat@hotmail.fr* Ⓥ 🎿 🏋 *t.l.j. 14h-18h; sam. 9h-12h 14h-19h; dim. sur r.-v.*

FLORIAN ROBLIN Champ Gibault 2013 ★

■	2 500	◫	8 à 11 €

Établi à Beaulieu-sur-Loire, Florian Roblin fait partie de la génération montante des coteaux-du-giennois. Il dirige une exploitation de 3 ha.

La robe rouge cerise est profonde et annonce un vin puissant et très concentré. Ce que confirment les premières senteurs de fruits noirs confits mêlées à d'intenses notes torréfiées et toastées. Le palais se révèle rond, riche et très suave, étayé de tanins bien présents. Un 2013 puissant, à attendre pour plus de fondu. ✗ 2016-2020 ⚑ rosbif

⊶ *Florian Roblin, 11, rue des Saint-Martin, Maimbray, 45630 Beaulieu-sur-Loire, tél. 06 61 35 96 69, domaine.roblin.florian@orange.fr* Ⓥ 🎿 🏋 *r.-v.*

SÉBASTIEN TREUILLET 2014 ★

■	5 000	🎯	5 à 8 €

Sébastien Treuillet, installé depuis 1995 sur les terres de Tracy-sur-Loire, produit du vin dans trois appellations : pouilly-fumé, pouilly-sur-loire et coteaux-du-giennois. Son domaine couvre 6 ha.

En robe profonde couleur rubis, ce 2014 libère de jolies notes de fruits rouges (cerise, framboise). On retrouve la cerise dans une bouche ample, souple et fraîche, soutenue par des tanins policés. Agréable et gourmand. ✗ 2015-2018 ⚑ tourte aux pommes de terre

⊶ *Sébastien Treuillet, 12, rte de Boisfleury, Fontenille, 58150 Tracy-sur-Loire, tél. 03 86 26 17 06, domainetreuillet@orange.fr* Ⓥ 🎿 🏋 *r.-v.*

DOM. DE VILLARGEAU Les Genêts gris 2013 ★

■	4 000	🎯	8 à 11 €

Depuis qu'ils ont commencé à défricher un plateau aux sols d'argile à silex en 1991 pour y planter de la vigne, les frères Jean-Fernand et François Thibault – auxquels

est venu se joindre Marc, fils du premier – ont fait la renommée du Dom. de Villargeau (22 ha).

Ce 2013 s'affiche en robe or pâle traversée de reflets gris. Intense et joliment profilé, il exprime des notes d'agrumes et de fruits exotiques (pêche, fleurs blanches). En bouche, il révèle un caractère onctueux, souligné par une trame finement saline. ✗ 2015-2018 ⚑ oie farcie

⊶ *GAEC Thibault, 1, allée des Noyers, Villargeau, 58200 Pougny, tél. 06 62 29 69 30, info@ domaine-villargeau.fr* Ⓥ 🎿 🏋 *r.-v.*

DOM. DE VILLEGEAI Rive droite 2014

■	30 000	🎯	5 à 8 €

Habitués du Guide, avec plusieurs coups de cœur à leur actif, les frères Quintin, à la tête de ce domaine de 10 ha depuis 1991, accueillent leurs clients dans une superbe cave voûtée en pierre de taille apparente, datant de la fin du XIXᵉs.

Au nez, les notes variétales (buis, citron) se mêlent à des touches exotiques et florales (rose ancienne). La bouche, en harmonie, est « confortable », tendre et ronde. Le profil généreux de cette cuvée s'accordera plutôt avec une viande blanche qu'avec des fruits de mer. ✗ 2015-2018 ⚑ cuisse de poulet en marinade ■ Frénésie 2014 (5 à 8 € ; 1 800 b.) : vin cité. ✗ 2015-2016

⊶ *SCEA Quintin Frères, Villegeai, 58200 Cosne-Cours-sur-Loire, tél. 03 86 28 31 77, quintin.francois@wanadoo.fr* Ⓥ 🎿 🏋 *t.l.j. 8h30-12h 13h30-16h30; sam. dim. sur r.-v.*

CÔTES-D'AUVERGNE

Superficie : 258 ha / Production : 10 549 hl (90 % rouge et rosé)

Très vaste jusqu'à la crise phylloxérique, le vignoble des côtes-d'auvergne a accédé à l'AOVDQS en 1977, puis à l'AOC en 2011. Qu'ils soient issus de vignobles des puys, en Limagne, ou de vignobles des monts (dômes), en bordure orientale du Massif central, les vins d'Auvergne rouges et rosés proviennent du gamay, cultivé ici de longue date, ainsi que du pinot noir. Le chardonnay produit quelques blancs. Dans les crus Boudes, Chanturgue, Châteaugay, Corent et Madargues, les vins peuvent prendre une ampleur et un caractère surprenants.

♥ Ⓑ YVAN BERNARD Oppidum MMXIII 2013 ★★

▨	1 000	◫	8 à 11 €

MMXIII

Oppidum
CHARDONNAY

EDITION LIMITÉE
VOLEM VIURE AL PAIS

Yvan Bernard

Montpeyroux, commune classée parmi les « plus beaux villages de France », a été bâtie sur une butte d'arkose qui surplombe la vallée de l'Allier. C'est ici qu'Yvan Bernard, installé en 2002, conduit en bio son domaine de 8 ha.

Cette cuvée, qu'Yvan Bernard ne vinifie qu'en millésime exceptionnel (MMXIII signifiant 2013 en chiffres romains), a été élevée quatorze mois en fût. Elle en tire une belle couleur or et un nez puissant et complexe de miel et de fleurs blanches, mâtinés de notes grillées bien fondues. À l'attaque, elle surprend agréablement par sa franchise et sa finesse, avant de monter en puissance, offrant beaucoup de volume et une texture soyeuse, sans jamais perdre l'équilibre grâce à une fraîcheur bien dosée. La finale, aux accents confits, lui apporte une belle profondeur. ✗ 2016-2021 ♈ filet de dorade au beurre blanc ■ Arkose 2013 ★ (8 à 11 € ; 3 500 b.) Ⓑ : ce gamay vieilli onze mois en fût livre un nez complexe de fruits noirs, de poivre et de fleurs (violette, rose). En bouche, il affiche souplesse et rondeur, soutenu par des tanins soyeux et un subtil boisé. Un beau vin de caractère. ✗ 2016-2019

☛ *Yvan Bernard, pl. de la Reine, 63114 Montpeyroux, tél. 06 84 11 49 88, bernard_corent@hotmail.com* 🆅 🏃 🛗 *r.-v.*

A. CHARMENSAT 2014 ★		
2 200	🍶	5 à 8 €

Installée dans la vallée des Saints appelée aussi le « Colorado auvergnat », cette exploitation a vu se succéder cinq générations depuis sa création en 1850. Les vignes couvrent 9 ha et sont exposées plein sud ; certaines, centenaires, sont cultivées en terrasses.

Ce 2014 jaune pâle livre un nez délicat de fruits mûrs mêlé à une touche mentholée. Souple et franc à l'attaque, le palais, onctueux, laisse progressivement la place à la fraîcheur, qui lui donne une belle allonge. ✗ 2015-2018 ♈ merlu aux herbes ■ 2014 (5 à 8 € ; 5 200 b.) : vin cité. ✗ 2015-2016

☛ *EARL Charmensat, rue du Coufin, 63340 Boudes, tél. 04 73 96 44 75, cavecharmensat@orange.fr* 🆅 🏃 🛗 *t.l.j. sf dim. 9h-12h 14h-18h30*

PIERRE GOIGOUX La Frondeuse 2013 ★		
2 300	ⅲ	8 à 11 €

Domaine situé à quelque 500 m du château de Châteaugay construit au XIVes. et coiffé d'une tour crénelée. L'exploitation créée en 1989 par Pierre Goigoux, sur 2,9 ha, compte aujourd'hui 19 ha de vignes implantés sur un terroir argilo-calcaire.

D'un beau jaune or, ce 2013 livre un nez intense de fruits blancs aux accents de tabac blond. Une attaque franche ouvre sur un palais souple et soyeux, animé par un fruité persistant et par une finale fraîche et délicatement boisée. ✗ 2016-2019 ♈ poulet à la crème ■ Les Amandiers 2014 (8 à 11 € ; 2 000 b.) : vin cité. ✗ 2015-2018 ■ Les Amandiers 2013 (8 à 11 € ; 7 000 b.) : vin cité. ✗ 2016-2019

☛ *EARL Pierre Goigoux, Dom. de la Croix Arpin, Pompignat, 63119 Châteaugay, tél. 06 11 77 61 99, gaec.pierre.goigoux@63.sideral.fr* 🆅 🏃 🛗 *t.l.j. sf dim. lun. 10h-11h30 15h-18h*

DOM. DE LACHAUX 2014 ★		
4 000	🍶	5 à 8 €

Thierry Sciortino est à la tête de ce domaine de 6 ha depuis 1998. C'est dans une belle bâtisse en pierre d'arkose avec une jolie vue sur le massif du Sancy que le vigneron accueille les amateurs de vins auvergnats.

Ce 2014 libère un nez frais aux parfums de buis, d'agrumes et de fruits frais. Ce vin jeune, encore légèrement perlant au moment de la dégustation, est plein de fraîcheur à l'attaque, avant de gagner en complexité en fin de bouche, sur des nuances de fruits blancs. ✗ 2016-2019 ♈ truite aux

amandes ■ Corent La Vigne de Nicolas 2014 (5 à 8 € ; 6 200 b.) : vin cité. ✗ 2015-2016

☛ *GAEC du Dom. Lachaux, 1, chem. du Domaine, Lachaux, 63270 Vic-le-Comte, tél. 06 64 18 48 84, thsciortino@aol.com* 🆅 🏃 🛗 *r.-v.*
☛ Thierry et Yolande Sciortino

BENOÎT MONTEL Vieilles Vignes 2013 ★		
■	4 000	ⅲ	8 à 11 €

Après des études au lycée viticole de Beaune suivies de quatre ans de vinification à Puligny-Montrachet, Benoît Montel a créé son propre domaine en 1999. Son vignoble de 10 ha dispersé sur quatre crus s'étend de Riom à Clermont-Ferrand.

Élevé neuf mois en fût, ce pur gamay issu de vignes centenaires plantées sur de la roche granitique livre un nez intense de fruits noirs rehaussé d'une pointe vanillée et de notes de café. Nerveux à l'attaque, le vin évolue vers plus de rondeur et de souplesse, tout en faisant écho à l'olfaction. Un ensemble harmonieux et complet. ✗ 2016-2020 ♈ curry d'agneau ■ Bourrassol 2014 ★ (5 à 8 € ; 4 000 b.) : intensément ouvert à l'olfaction sur une gamme aromatique très « agrumes », ce 2014 rond et soyeux au palais livre un volume plaisant et d'agréables notes miellées. ✗ 2015-2019 ■ Châteaugay Bourrassol 2014 ★ (- de 5 € ; 4 000 b.) : d'agréables parfums de pruneau à l'olfaction, une bouche aux tanins encore un peu sévères. Un vin encore dans sa jeunesse, mais qui devrait s'assagir avec le temps. ✗ 2016-2019

☛ *EARL Benoît Montel, 6, rue Henri-et-Gilberte-Goudier, ZI La Varenne, 63200 Riom, tél. 06 32 00 81 05, benoit-montel@orange.fr* 🆅 🏃 🛗 *r.-v.*

DAVID PÉLISSIER Cuvée Prestige Vieilles Vignes Élevé en fût de chêne 2013		
■	7 000	ⅲ	8 à 11 €

Établi dans le village vigneron de Boudes, à proximité de l'église romane, David Pélissier est à la tête d'une propriété de 4,3 ha fondée en 1919, qui lui a été transmise par son père Michel en 1997.

Cet assemblage de gamay et de pinot noir (30 %), élevé dix mois en fût, présente un nez de fruits rouges et de pruneau. Ample dès l'attaque, le vin s'appuie sur une structure tannique robuste encore un peu sévère, et déploie une finale fraîche et légèrement boisée. À attendre pour en apprécier toute l'harmonie. ✗ 2017-2019 ♈ saint-nectaire

☛ *David Pélissier, rte de Dauzat, 63340 Boudes, tél. 04 73 96 43 45, dfpelissier@hotmail.com* 🆅 🏃 🛗 *t.l.j. 8h-12h 14h-18h*

Ⓑ GILLES PERSILIER Celtil Vieilles Vignes 2013		
■	2 500	ⅲ	5 à 8 €

Depuis 1995, Gérard Persilier, ancien technicien agricole, est installé à Gergovie, haut lieu de l'histoire de la Gaule. Il exploite en bio (certifié en 2009) un vignoble de 10 ha.

Ce pur gamay doit son nom au père de Vercingétorix. Élevé dix mois en fût, il livre un nez puissant de fruits rouges agrémentés d'un boisé élégant aux accents vanillés. Rond et souple, le palais offre un beau volume et s'adosse à une structure tannique solide mais qui commence à se fondre. Encore un peu de patience pour l'apprécier pleinement. ✗ 2016-2019 ♈ potée auvergnate

☞ *Gilles Persilier, 27, rue Jean-Jaurès,*
63670 La Roche-Blanche, tél. 06 77 74 43 53,
gilles-persilier@wanadoo.fr Ⓥ 🅰 🏠 *r.-v.*

MARC PRADIER Corent 2014

| ■ | 7 000 | 👤 | - de 5 € |

Après avoir travaillé quinze ans avec son frère, Marc Pradier reprend en 2005 l'exploitation créée en 1945 par son père Jean. Aujourd'hui, il conduit seul ce domaine de 4,5 ha, de la vigne à la commercialisation.

Ce pur gamay aux reflets orangés livre un nez léger de fruits frais. Franc et vif à l'attaque, le vin se montre bien équilibré, friand et gouleyant. Un classique de l'appellation. ✗ 2015-2016 ♈ assiette de charcuterie ■ Tradition 2014 (- de 5 € ; 2 800 b.) : vin cité. ✗ 2016-2018

☞ *Marc Pradier, 9, rue Saint-Jean-Baptiste,*
63700 Les Martyres-de-Veyre, tél. 04 73 39 86 41,
pradiermarc@orange.fr Ⓥ 🅰 🏠 *sam. 8h30-12h*

DOM. ROUGEYRON Cuvée Bousset d'or 2014 ★★

| ■ | 30 400 | 👤 | - de 5 € |

Propriété installée sur le site de la Crouzette, nom donné à la petite croix érigée au début du XVIIIᵉs. En 2012, David Rougeyron s'est associé à son père Roland pour poursuivre la tradition viticole sur ces terres de cendres volcaniques. Le domaine couvre 14,3 ha.

Ce pur gamay affiche une belle couleur grenat et livre un nez intense de pruneau et de cuir teinté de minéralité. Franc à l'attaque, le palais s'appuie sur une structure tannique encore ferme, enrobé par un fruité bien présent qui rappelle l'olfaction, complété de notes de griotte. À attendre pour plus de fondu. ✗ 2017-2020 ♈ tarte à la joue de bœuf façon Tatin

☞ *Dom. Rougeyron, 27, rue de la Crouzette,*
63119 Châteaugay, tél. 04 73 87 24 45,
domaine.rougeyron@terre-net.fr Ⓥ 🏠 *r.-v.*

SAINT-VERNY Boudes 2014 ★★

| ■ | 30 000 | 👤 | 5 à 8 € |

Le vignoble de cette cave coopérative se situe intégralement dans le département du Puy-de-Dôme. Grâce à ses 180 ha, elle fournit une grande partie des côtes-d'auvergne et figure régulièrement en bonne place dans le Guide.

Cet assemblage de gamay et de pinot noir à la robe grenat soutenu livre un nez subtil et complexe associant les fruits rouges à de fines notes animales. Un mariage aromatique des plus heureux que l'on retrouve dans un palais soyeux et volumineux, souligné par une élégante fraîcheur qui lui donne de l'allonge et du dynamisme. ✗ 2016-2020 ♈ rôti de bœuf au poivre doux ■ Enjoy 2014 ★ (5 à 8 € ; 35 000 b.) : un vin au nez frais, ouvert sur la fraise et les agrumes ; une bouche gourmande, suave et fruitée (petits fruits rouges acidulés), bien équilibrée par une finale fraîche. ✗ 2015-2016

☞ *Vignobles Selia Saint-Verny, 2, rte d'Issoire,*
63960 Veyre-Monton, tél. 04 73 69 60 11,
olivier.mignard@saint-verny.com Ⓥ 🅰 🏠 *r.-v.*

ANNIE SAUVAT Les Demoiselles Sélection 2014 ★

| ■ | 39 400 | 👤 | 5 à 8 € |

Ce vignoble créé en 1977 est implanté dans la vallée des Saints. C'est en 1987 qu'Annie Sauvat, accompagnée de

Michel, son mari, a rejoint son père Claude sur ce domaine de 10 ha.

Ce pur gamay d'un rouge grenat intense livre un nez plein d'élégance, aux nuances florales et fruitées. Le palais, souple et rond, affiche déjà une belle maturité. Un vin plaisant et bien typé. ✗ 2015-2019 ♈ aligot saucisse

☞ *Dom. Annie Sauvat, rte de Dauzat, 63340 Boudes,*
tél. 04 73 96 41 42, sauvat@terre-net.fr Ⓥ 🅰 🏠 *t.l.j. sf*
dim. 9h-12h 14h-19h

LA TOUR DE PIERRE Nuit blanche 2014 ★

| ■ | 1 500 | 👤 | 5 à 8 € |

Après dix ans d'expérience dans le Languedoc et en Provence, Pierre Deshors, ingénieur agronome et œnologue, revient en 2007 dans sa région d'origine pour reprendre cette exploitation de 7,5 ha. Sa cave est située au cœur du village.

Ce 2014 a séduit le jury avec son nez expressif de pamplemousse, que complète une élégante touche florale. Fine et souple à l'attaque, la bouche déroule les mêmes saveurs fruitées, soutenue par une belle fraîcheur qui persiste en finale. Un vin délicat et harmonieux. ✗ 2015-2018 ♈ plateau de fruits de mer

☞ *Pierre Deshors, 10, rue Neraud, 63450 Le Crest,*
tél. 06 32 86 23 67, pdeshors@yahoo.fr Ⓥ 🅰 🏠 *r.-v.*

CÔTE-ROANNAISE

Superficie : 220 ha / Production : 10 000 hl

Des sols d'origine éruptive ; des vignes faisant face à l'est, au sud et au sud-ouest, sur les pentes d'une vallée creusée par une Loire encore adolescente : voilà un milieu naturel qui appelle le gamay. Quatorze communes situées sur la rive gauche du fleuve produisent d'excellents rouges et de frais rosés, plus rares. Des vins originaux et de caractère qui intéressent les chefs les plus prestigieux de la région.

Ⓑ LES BLONDINS 2014 ★★

| ■ | 14 500 | 👤 | 8 à 11 € |

Ce vignoble, d'un peu moins de 2 ha, a été créé en 1992 par le chef cuisinier Pierre Troisgros et son ami viticulteur Robert Sérol. Implantées sur un coteau exposé au sud, les vignes sont cultivées en bio depuis 2008.

Ce gamay, éraflé partiellement et élevé en cuve, joue la carte de la finesse et de la gourmandise. Le nez est net et intense, sur des notes de fruits aux accents épicés. Le palais ? Rond et soyeux, il se révèle très harmonieux, équilibré par une fine fraîcheur. Un vin déjà fort aimable. ✗ 2015-2018 ♈ bavette d'aloyau

☞ *Vignoble les Blondins, Les Estinaudes,*
42370 Renaison, tél. 04 77 64 44 04 Ⓥ 🅰 🏠 *t.l.j. sf*
dim. 9h-12h 14h-19h ☞ Troisgros et Sérol

DOM. DÉSORMIÈRE Les Têtes 2014 ★★

| ■ | 12 000 | | 5 à 8 € |

Ce domaine familial a été créé en 1974 par Michel Désormière. Ses fils Éric et Thierry, aux commandes depuis 1996, ont développé la production et disposent aujourd'hui de 16,1 ha de vignes.

Le nez subtil et intense laisse s'échapper du verre des parfums de fruits noirs (mûre, myrtille). Il annonce un palais ample et frais, aux tanins fins et élégants. Un représentant raffiné pour l'appellation. ✗ 2015-2018 ❦ fricassée de poulet aux champignons

☞ *Dom. Désormière, Le Perron, 42370 Renaison, tél. 04 77 64 48 55, domaine.desormiere@orange.fr* 🆅 🎿 🛗 *t.l.j. 8h-12h 14-19h; dim. sur r.-v.*

VINCENT GIRAUDON Éponyme 2013

■	4 000	🍶	5 à 8 €

Après des études de viticulture, d'œnologie et de commerce du vin, Vincent Giraudon s'installe en 2004 sur 0,5 ha de vignes en location. Aujourd'hui, son vignoble, dont une partie est plantée en aligoté depuis 2009, couvre 4 ha.

Le nez, intense et fin, associe les fruits à des tonalités minérales. La bouche, tout aussi intense, est construite autour de tanins robustes. Elle peut également compter sur la fraîcheur, qui lui apporte tonus et longueur, bien relayée par une finale minérale. ✗ 2016-2018 ❦ andouillette

☞ *Vincent Giraudon, 15, rue Robert-Barathon, 42370 Renaison, tél. 04 77 64 25 34, vincentgiraudon@free.fr* 🆅 🎿 🛗 *r.-v.*

DOM. DE LA PAROISSE Cuvée à l'ancienne 2014 ★

■	5 000	🍷	5 à 8 €

Ce vieux vignoble de 7 ha créé en 1610 est bien connu des lecteurs, et ses vins sont souvent bien placés. Jean-Claude Chaucesse, représentant la treizième génération, est à la tête de l'exploitation depuis 1999.

Pigé au pied et élevé en fût pendant six mois, ce vin libère des arômes de fruits mûrs et déroule un palais bien équilibré, sans excès de structure et bien frais jusqu'en finale. ✗ 2016-2018 ❦ entrecôte

☞ *Jean-Claude Chaucesse, La Paroisse, 42370 Renaison, tél. 04 77 64 26 10, la.paroisse@laposte.net* 🆅 🎿 🛗 *t.l.j. sf dim. 9h 19h*

Ⓑ DOM. DES POTHIERS Clos du Puy 2013 ★

■	8 000	🍷	11 à 15 €

Cette propriété familiale exploitée en polyculture-élevage réunit depuis 2005 Romain Paire, le fils, et ses parents Georges et Denise. Le domaine, qui compte plus de 17 ha de vignes, est conduit en bio et en biodynamie depuis 2011.

Ce 2013, passé sous bois pendant douze mois, marie au nez les mûres à la vanille. On retrouve les notes d'élevage dans un palais aux tanins fermes, mais qui commencent à s'arrondir. La finale, fraîche et élégamment boisée, apporte longueur et complexité à cet ensemble bien né. ✗ 2016-2018 ❦ pot-au-feu ■ Domaine 2014 (8 à 11 € ; 20 000 b.) Ⓑ : vin cité. ✗ 2015-2017

☞ *Dom. des Pothiers, Les Pothiers, 42155 Villemontais, tél. 04 77 63 15 84, contact@domainedespothiers.com* 🆅 🎿 🛗 *r.-v.* 🏠 Ⓑ

♥ DOM. DE LA ROCHETTE Rimoz 2014 ★★

■	1 500	🍶🍷	8 à 11 €

Dans cette famille, on est viticulteur de père en fils depuis 1630. Le domaine (14 ha), acquis en 1939, est conduit depuis 1984 par Pascal Néron, rejoint en 1991 par son frère Olivier et en 2013 par Antoine, fils de

Pascal. Ensemble, ils conduisent le vignoble vers l'agriculture biologique.

Cette cuvée, élevée sous bois pendant huit mois, se distingue par son nez aux notes fumées élégamment mariées aux fruits et par son palais aux tanins résolument soyeux, sous-tendu par une juste fraîcheur qui pousse loin la finale. Un ensemble d'une grande harmonie et d'une remarquable finesse. ✗ 2016-2018 ❦ volaille rôtie ■ Les Vieilles Vignes du château 2014 ★ (5 à 8 € ; 6 000 b.) : cette cuvée issue de vignes de soixante-quinze ans, encore un peu timide au nez, dévoile à l'agitation des notes discrètes de fruits et de poivre. Le palais, plus affirmé, se révèle dense et puissant, ample et frais à la fois. Un vin qui peut envisager l'avenir avec sérénité. ✗ 2017-2020

☞ *GAEC de la Rochette, La Rochette, 42155 Villemontais, tél. 04 77 63 10 62, antoine.neron@orange.fr* 🆅 🎿 🛗 *t.l.j. 8h-19h* 🏠 Ⓐ ☞ *Néron*

CÔTES-DU-FOREZ

Superficie : 168 ha / Production : 7 433 hl

C'est à une somme d'efforts intelligents et tenaces que l'on doit le maintien de ce vignoble abrité par les monts du Forez, qui s'étend sur dix-sept communes autour de Boën-sur-Lignon (Loire). Le climat y est semi-continental, les terrains sont tertiaires au nord et primaires au sud. Rosés et rouges, secs et vifs, les vins proviennent exclusivement du gamay et sont à consommer jeunes. Ils ont été reconnus en AOC en 2000.

CLOS DE CHOZIEUX Vieilles Vignes 2014

■	6 000	🍶	5 à 8 €

Jean-Luc et Yves Gaumon ont pris la suite de leurs parents en 2001, sur 3 ha de vignes. Les deux hommes ont replanté jusqu'à atteindre 10 ha, en diversifiant les cépages.

Des ceps de gamay de cinquante-cinq ans ont donné naissance à cette cuvée qui s'épanouit à l'aération sur des notes fruitées et minérales. En bouche, le vin reste un peu en retrait sur le plan aromatique, mais la matière est ample et riche. Un ensemble bien équilibré, mais qu'il faut attendre pour l'apprécier à son meilleur niveau. ✗ 2018-2020 ❦ terrine de lapin

☞ *Jean-Luc et Yves Gaumon, Clos de Chozieux, Chozieux, 42130 Leigneux, tél. 04 77 24 38 54, clos.chozieux@wanadoo.fr* 🆅 🎿 🛗 *t.l.j. 9h-12h 14h-18h30; f. dim. en janv.-fév.*

LES LOGES 2013

■	40 000	🍶	5 à 8 €

En 1962, une centaine de viticulteurs décident de se réunir pour mettre en commun leurs moyens de production. La cave coopérative est aujourd'hui le principal opérateur du vignoble.

LOIRE

Le nez, ouvert sur la groseille et les épices, prélude une bouche gouleyante et fraîche, teintée d'une délicate minéralité qui signe un beau terroir de basalte granitique propice à l'épanouissement du gamay. ✗ 2015-2017 ♈ assiette de charcuterie ■ Signé VigneronsTradition 2014 (5 à 8 € ; 50 000 b.) : vin cité. ✗ 2016-2018

○━ Les Vignerons foréziens, 72, rte de Montbrison, 42130 Trelins, tél. 04 77 24 00 12, vignerons.foreziens@wanadoo.fr Ⓥ 🅰 🅿 r.-v.

♥ DOM. DU POYET
Les Senelles 2014 ★★

■	3 000	î	5 à 8 €

Jean-François Arnaud a repris cette exploitation de 8 ha en 1995, après une formation en viticulture-œnologie. Il pratique un égrappage partiel de ses cuvées de rouge afin d'allier le fruit aux tanins.

Cette cuvée dévoile un nez complexe et montant de fruits rouges et de fleurs, relayé par des notes minérales, héritées du sol granitique qui a vu naître ce gamay. Cépage qui confère au vin un palais charnu, rond, onctueux et très fruité, soutenu par une belle fraîcheur « terroitée » et par des tanins fins et élégants. Le gamay à son meilleur. ✗ 2018-2020 ♈ osso bucco

○━ Dom. du Poyet, 255, rte de Sainte-Anne, 42130 Marcilly-le-Châtel, tél. 06 71 41 36 46, domainedupoyet@sfr.fr Ⓥ 🅰 🅿 t.l.j. sf dim. 8h-12h 14h-19h ○━ J.-F. Arnaud

MENETOU-SALON

Superficie : 473 ha / Production : 10 761 hl (60 % blanc)

Menetou-Salon doit son caractère viticole à la proximité de la métropole médiévale qu'était Bourges ; Jacques Cœur y eut des vignes. À la différence de nombreuses régions jadis célèbres pour leurs crus, aujourd'hui disparus, ce secteur du Berry a gardé son vignoble, planté en coteaux. Menetou-Salon partage avec son prestigieux voisin Sancerre ses cépages nobles : sauvignon blanc et pinot noir sur kimméridgien. D'où ces blancs frais et épicés, ces rosés délicats et fruités, ces rouges harmonieux et bouquetés, à boire jeunes.

DOM. DE BEAUREPAIRE 2014

▣	60 000	î	5 à 8 €

Créée en 1989 par le père de Jean-François Gilbon, cette exploitation s'étend aujourd'hui sur 13 ha de vignes. Les clients sont accueillis dans une salle aménagée dans un ancien bâtiment de ferme, joliment restauré.

Les agrumes constituent la trame gustative de cette cuvée. Au nez, des nuances citronnées se mêlent ainsi aux fruits à chair blanche. Au palais, franc et vif, place au pamplemousse. Un 2014 très frais et énergique. ✗ 2015-2017 ♈ plateau de fruits de mer

○━ Cave Gilbon, Dom. de Beaurepaire, 18220 Soulangis, tél. 02 48 64 41 09, cave-gilbon@wanadoo.fr Ⓥ 🅰 🅿 t.l.j. sf dim. 9h-12h 14h-18h; sam. sur r.-v.

DOM. BELLEVILLE 2014

■	12 000		5 à 8 €

Alexandre et Fanny Belleville se sont installés en 2010, à la suite d'Alain Belleville, sur cette propriété de 6 ha.

Ce 2014 s'exprime avec retenue autour des petits fruits frais (bigarreau, mûre) assortis d'une légère pointe graphite. La bouche offre de la mâche et des tanins bien fondus. Le retour sur les fruits rouges, agrémentés de pain d'épices, est plaisant. À attendre pour qu'il s'ouvre encore un peu. ✗ 2016-2018 ♈ œufs à la « couille d'âne »

○━ Dom. Belleville, 2, rue de la Vieille-Grange, 18220 Aubinges, tél. 02 48 64 88 95, alexandrebelleville@sfr.fr Ⓥ 🅰 🅿 t.l.j. 9h-12h 14h-18h; sam. dim. sur r.-v.

DOM. DE CHAMPARLAN 2014 ★

▣	17 000	î	5 à 8 €

Établis à Humbligny, les jeunes vignerons David Girard (installé en 2003) et son frère Luc (2011) conduisent un vignoble de 6 ha en phase de développement : nouvelles plantations, nouveau chai de vinification et d'élevage, création d'un caveau de réception.

Ce 2014 livre un nez fin et intense très typé sauvignon : fruits exotiques (ananas, mangue) et bourgeon de cassis soulignés d'une fine minéralité. On retrouve cette trame minérale dans un palais frais et persistant. ✗ 2015-2018 ♈ filet de sandre sauce hollandaise ■ 2014 ★ (5 à 8 € ; 7 000 b.) : encore sur la réserve, ce 2014 libère des arômes complexes à l'aération (marc de raisin, cerise, poivre) et offre une bouche souple et plaisante. ✗ 2015-2018

○━ Dom. de Champarlan, Champarlan, 18250 Humbligny, tél. 02 48 69 58 44, david.girard.champarlan@orange.fr Ⓥ 🅰 🅿 r.-v. ○━ Girard Frères

CHÂTENOY 2014 ★★

▨	250 000	î	11 à 15 €

Depuis plus de quatre siècles, les Clément cultivent la vigne à Menetou-Salon. Sébastien fut le premier vigneron de la lignée. En digne successeur, Pierre travaille ses cuvées sur un domaine de 60 ha. Il est aidé de son épouse Isabelle, et sa fille Anne a rejoint l'aventure familiale.

Ce 2014 séduit d'emblée par ses arômes de fruits exotiques (fruit de la Passion, mangue, litchi) assortis de notes d'agrumes. Ample et généreuse, la bouche confirme ce fruité savoureux (pêche mûre) et s'achève sur une belle acidité. Un vin harmonieux, à la fois riche et élégant. ✗ 2015-2019 ♈ brochet de Loire au beurre blanc ■ Tradition 2013 ★ (11 à 15 € ; 60 000 b.) : le boisé est intense (café, chocolat, vanille), mais laisse les fruits s'exprimer (pruneau, cerise). Gras et puissant, le palais se révèle très structuré, adouci par des notes de fruits surmûris. À garder pour que l'ensemble se fonde. ✗ 2017-2020 ■ 2014 (11 à 15 € ; 20 000 b.) : vin cité. ✗ 2015-2016

○━ Isabelle et Pierre Clément, Dom. de Châtenoy, 18510 Menetou-Salon, tél. 02 48 66 68 70, info@clement-chatenoy.com Ⓥ 🅰 🅿 t.l.j. sf dim. 8h30-12h 13h30-17h30; sam. sur r.-v.

CHAVET 2014 ★★

| | 9 000 | | | 8 à 11 € |

La famille Chavet est une lignée de vignerons de renom, dont l'histoire remonte au XVIIIe s. Trois générations travaillent aujourd'hui de concert sur un vignoble de 26 ha.

Ce 2014 revêt une robe très pâle et libère des parfums discrets mais bien typés du pinot noir (cerise, fraise écrasée), auxquels s'ajoutent des notes amyliques. Bien structurée, d'un bel équilibre, la bouche est à la fois vive et vineuse. En finale, elle s'anime autour des fruits rouges légèrement acidulés. Très harmonieux. **I** 2015-2017 **Y** grillades

O─ Chavet, GAEC des Brangers, 18510 Menetou-Salon, tél. 02 48 64 80 87, contact@chavet-vins.com **V** **↑** t.l.j. sf dim. 7h30-12h 13h30-18h **↑** **O**

♥ DOM. LA CLEF DU RÉCIT 2014 ★★

| | 3 500 | | | 11 à 15 € |

MENETOU-SALON
APPELLATION MENETOU-SALON CONTRÔLÉE
DOMAINE
La Clef du Récit
Anthony
GIRARD
VIGNERON

Après avoir acquis une solide expérience sur le domaine familial du Sancerrois et dans plusieurs pays viticoles, Anthony Girard a acheté en 2012 cette propriété qui couvre 9 ha.

Ce vin séduit d'emblée par ses senteurs complexes de pêche blanche et d'abricot, relayées à l'aération par des nuances de fruits exotiques assorties de touches florales et minérales. Gras et dense, contrebalancé par une fraîcheur bienvenue, le palais impressionne par sa persistance aromatique qui fait écho à l'olfaction. Un ensemble équilibré, élégant tout autant que gourmand. **I** 2015-2018 **Y** huîtres rôties, fondue de poireaux

O─ Girard, Recy, 12, chem. des Passerelles, 18300 Vinon, tél. 06 07 66 93 29, laclefdurecit@gmail.com **V** **↑** **↑** r.-v.

DOM. DE COQUIN Héloïse En aparté 2014

| | 7 000 | | | 8 à 11 € |

Jean-Baptiste Audiot, l'aïeul de Francis, a fondé au début des années 1920 ce domaine rattaché au Moyen Âge au château éponyme, aujourd'hui disparu. Les visiteurs sont accueillis dans un ancien chai datant du XVIIIe s. Le vignoble couvre 14 ha.

Les agrumes mûrs et les fruits exotiques dominent le nez de ce 2014. La bouche, en harmonie, confirme la bonne maturité du raisin et offre une agréable touche citronnée en finale. **I** 2015-2018 **Y** cabillaud au vin blanc

O─ Francis Audiot, Dom. de Coquin, 18510 Menetou-Salon, tél. 02 48 64 80 46, domainedecoquin@orange.fr **V** **↑** **↑** t.l.j. sf dim. 9h-12h 14h-18h; f. 15-31 août

♥ DOM. DE L'ERMITAGE Cuvée Rosé 2014 ★★

| | 4 000 | | | 8 à 11 € |

Fille de Bernard Clément, vigneron qui participa à la création de l'AOC menetou-salon, Laurence de la Farge a décidé en 2003 de laisser la propriété familiale aux mains de son frère pour créer avec Gérard, son mari, ce domaine de 10 ha. Leur fils Antoine les a récemment rejoints.

DOMAINE DE L'ERMITAGE
MENETOU-SALON
LAURENCE ET GÉRAUD DE LA FARGE
Cuvée Rosé

Ce 2014 s'affiche dans une robe cristalline et brillante. Il libère des senteurs de rose et de fleurs blanches, d'agrumes, de cerise et de fraise bien mûre, presque confiturée. Parfaitement équilibrée, la bouche conjugue finesse et opulence, sous-tendue jusqu'en finale par une fraîcheur bien dosée. **I** 2015-2017 **Y** tapas ■ 2014 ★★ (8 à 11 € ; 60 000 b.) : au nez, des notes variétales et végétales, nobles et intenses, sont relayées à l'aération par de belles notes fruitées. En bouche, de la concentration, beaucoup d'ampleur et une vivacité soutenue jusque dans la finale, longue et minérale. **I** 2015-2018 ■ Première Cuvée 2014 ★★ (8 à 11 € ; 15 000 b.) : de jolies notes de fruits rouges (cerise, mûre) assorties de nuances de fourrure préludent à une bouche à la fois fraîche, franche et charnue. **I** 2015-2019

O─ EARL L. et G. de la Farge, Dom. de l'Ermitage, 18500 Berry-Bouy, tél. 02 48 26 87 46, laurence@domaine-ermitage.com **V** **↑** r.-v. **↑** **O** **↑** **E**

DOM. OLIVIER FOUCHER 2014 ★

| | 30 000 | | | 5 à 8 € |

Olivier Foucher crée son domaine en 1992 avec 50 ares de vignes. Il dispose aujourd'hui d'une exploitation de 10 ha implantée principalement sur les coteaux de la commune de Morogues.

Marqué par les arômes primaires (bourgeon de cassis), ce 2014 élevé sur lies libère à l'aération de fines notes minérales. Bien équilibrée, la bouche associe douceur et vivacité, et déploie une belle finale sur les agrumes. Un vin énergique. **I** 2015-2018 **Y** nage de langoustines

O─ Dom. Olivier Foucher, Les Gaultiers, 18220 Aubinges, tél. 02 48 64 26 23, domaine.olivierfoucher@orange.fr **V** **↑** **↑** t.l.j. 8h30-12h 13h30-18h30; dim. 8h30-12h

CAVE FRAISEAU-LECLERC 2014 ★

| | 2 600 | | | 5 à 8 € |

Installée à 500 m du Ch. de Menetou-Salon, Viviane Fraiseau sait ce qu'est l'œnotourisme. Sa propriété abrite des chambres d'hôtes et un gîte installé dans une ancienne maison du XIXe s. Elle conduit un vignoble de 8 ha.

Rose pâle à reflets saumonés, ce 2014 s'affiche dans une robe lumineuse. Les arômes de fruits rouges (fraise) dominent l'olfaction, bientôt relayés de subtiles notes amyliques, de fruits blancs et par une touche végétale rafraîchissante. Au palais, la tension monte crescendo et signe un vin bien typé, alerte et frais. **I** 2015-2016 **Y** charcuteries fines

O─ Viviane Fraiseau, 3-5, rue du Chat, 18510 Menetou-Salon, tél. 02 48 64 88 27, cave.fraiseau.leclerc@orange.fr **V** **↑** **↑** sam. dim. 9h-12h 14h-19h; lun.-ven. sur r.-v. **↑** **O** **↑** **B**

NICOLAS GIRARD 2014

| | 9 000 | | | 8 à 11 € |

Nicolas Girard a repris en 2006 cette petite exploitation de 3 ha, sur laquelle il produit du menetou-salon et du sancerre.

Ce 2014 libère à l'aération des notes florales agrémentées d'une pointe minérale. Franche en attaque, la bouche révèle une belle vivacité sur des nuances de pomme verte. Simple et de bon goût. ✗ 2015-2016 ❦ apéritif

☛ *Nicolas Girard, Les Brosses, 18300 Veaugues, tél. 06 83 45 32 75, nicolasgirard7@yahoo.fr* Ⓥ 🇰 🔒 *r.-v.*

DOM. DU LORIOT 2014 ★		
◼ 12 000	🍷	8 à 11 €

Propriétaires en Sancerrois, François et Jean-Marie Cher-rier ont saisi l'opportunité de s'implanter sur Menetou-Salon en 2010, en reprenant les 10 ha du Dom. Loriot.

Bien typé par ses arômes prononcés de bourgeon de cassis, ce 2014 libère aussi des touches florales et végétales. La bouche est ample, bien équilibrée entre vivacité et rondeur, et s'achève sur une belle finale fruitée. ✗ 2015-2018 ❦ roulés de veau au fromage

☛ *SCEV Les Chézeaux, 2, rue du Champ-de-Pierrette, 18510 Menetou-Salon, tél. 02 48 79 34 93, cherrier@easynet.fr* Ⓥ 🔒 *r.-v.*

DOM. FRANCK MILLET 2014 ★		
◼ 3 000	🍷	8 à 11 €

Établi à Bué, Franck Millet a repris l'exploitation familiale en 1991 (24 ha aujourd'hui) et reçoit dans une vaste cave voûtée flambant neuve.

Intense, le nez de ce 2014 livre des arômes primaires (bourgeon de cassis, pamplemousse) agrémentés de notes fumées. On retrouve les agrumes dans une bouche vive, soulignée par une fine minéralité. Une belle typicité variétale. ✗ 2015-2018 ❦ bulots mayonnaise

☛ *Dom. Franck Millet, 68, rue Saint-Vincent, 18300 Bué, tél. 02 48 54 25 26, franck.millet@wanadoo.fr* Ⓥ 🇰 🔒 *r.-v.*

PATRICK NOËL Vignes de Chantenais 2013 ★		
◼ 20 000	🍷	8 à 11 €

Patrick Noël, originaire de Chavignol, a créé ce domaine en 1988. Depuis 2009, sa fille Julie est à ses côtés pour exploiter une quinzaine d'hectares répartis entre les appellations sancerre, pouilly-fumé et menetou-salon.

Ce vin libère à l'aération des nuances de fruits mûrs. Très souple en attaque, la bouche, onctueuse, offre des arômes de coing, d'abricot et de pêche. Un 2013 empreint de douceur. ✗ 2015-2018 ❦ selles-sur-cher

☛ *EARL Patrick Noël, av. de Verdun, rte de Bannay, 18300 Saint-Satur, tél. 02 48 78 03 25, patricknoel-vigneron@orange.fr* Ⓥ 🇰 🔒 *t.l.j. sf dim. 8h-12h 14h-19h*

LE PRIEURÉ DE SAINT-CÉOLS 2014		
◼ 65 000	🍷	5 à 8 €

Pierre Jacolin a créé ce vignoble de toutes pièces en 1986. Il l'a développé depuis, tant en surface qu'en notoriété (12 ha aujourd'hui). Le chai est installé dans les bâtiments d'un ancien prieuré bénédictin dépendant de l'abbaye de La Charité-sur-Loire.

Intense, le nez de ce 2014 s'ouvre sur de délicats arômes d'agrumes bien mûrs égayés de petites notes végétales. Vive et tonique, la bouche offre un bel équilibre. Un vin expressif et alerte. ✗ 2015-2018 ❦ plateau de fruits de mer

☛ *Pierre Jacolin, Le Prieuré de Saint-Céols, 18220 Saint-Céols, tél. 02 48 64 40 75, domaine.jacolin@gmail.com* Ⓥ 🇰 🔒 *t.l.j. 8h-19h; dim. sur r.-v.*

JEAN-MAX ROGER Le Petit Clos Morogues 2013 ★		
◼ 13 000	🍷	8 à 11 €

Jean-Max Roger a repris en 1971 les 4 ha de vignes légués par ses parents. Rejoint en 2004 par deux de ses fils, Étienne et Thibault, il conduit désormais un domaine de 32 ha.

Expressif, le nez nous livre des notes exotiques (ananas, mangue) assorties d'une touche citronnée et d'une pointe minérale. En bouche, la vivacité domine et signe un vin dynamique et franc. ✗ 2015-2018 ❦ rouleaux de printemps

☛ *Jean-Max Roger, 11, pl. du Carrou, 18300 Bué, tél. 02 48 54 32 20, contact@jean-max-roger.fr* Ⓥ 🇰 🔒 *t.l.j. 8h-12h 13h30-17h30; sam. dim. sur r.-v.*

DOM. JEAN TEILLER 2014 ★		
◼ 32 000	🍷 🍶	8 à 11 €

Deux générations contribuent au succès de ce domaine familial de 17 ha, chaque année en bonne place dans le Guide : Jean-Jacques et Monique Teiller, les parents, Patricia et Olivier Luneau, la fille et le gendre.

Ce vin s'affiche dans une robe intense, rubis aux reflets violines. Au nez, les fruits rouges mûrs se mêlent à des notes de pruneau et d'épices. Le palais se révèle concentré, ample et gras, bâti sur des tanins serrés. Un beau potentiel. ✗ 2016-2020 ❦ tournedos ◼ 2014 (8 à 11 € ; 7 500 b.) : vin cité. ✗ 2015-2016

☛ *Dom. Jean Teiller, 13, rue de la Gare, 18510 Menetou-Salon, tél. 02 48 64 80 71, domaine-teiller@wanadoo.fr* Ⓥ 🇰 🔒 *t.l.j. sf dim. 8h30-12h 14h-18h*

LA TOUR SAINT-MARTIN Pommerais 2013 ★		
◼ 24 000	🍷 🍶	11 à 15 €

Valeur sûre de l'appellation menetou-salon, Bertrand Minchin a planté son vignoble de 17 ha en 1987. Depuis, le domaine s'illustre régulièrement dans le Guide.

Rubis violet intense, la robe de ce 2013 a de la profondeur. Au nez, fruits compotés (cassis), pointe de torréfaction et notes épicées fusionnent harmonieusement. Rond et gras en attaque, ce vin s'achève sur une légère acidité et une agréable petite pointe d'amertume. À laisser vieillir un peu. ✗ 2016-2020 ❦ steak au poivre ◼ Honorine 2013 ★ (20 à 30 € ; 2 900 b.) : aux arômes intenses et raffinés (fruits confits, coing, noisette) préludent une bouche onctueuse qui se rafraîchit en finale. Harmonieux. ✗ 2015-2018

☛ *La Tour Saint-Martin, Saint-Martin-des-Lacs, 18340 Crosses, tél. 02 48 25 02 95, ab.minchin.vins@orange.fr* Ⓥ 🇰 🔒 *r.-v.*

▶ POUILLY-FUMÉ ET POUILLY-SUR-LOIRE

Œuvre de moines bénédictins, voilà l'heureux vignoble des vins blancs secs de Pouilly-sur-Loire. La Loire s'y heurte à un promontoire calcaire qui la rejette vers le nord-ouest et qui porte le vignoble exposé sud-sud-est, planté sur des sols moins calcaires qu'à Sancerre. Le sauvignon, ou « blanc fumé », y a presque entièrement supplanté le chasselas, pourtant historiquement lié à

Pouilly. Ce dernier cépage produit, sous l'appellation pouilly-sur-loire, un vin léger non dénué de charme lorsqu'il est cultivé sur sols siliceux. Le sauvignon, à l'origine de l'AOC pouilly-fumé, traduit bien les qualités enfouies en terre calcaire : une fraîcheur parfois assortie d'une certaine fermeté, une gamme d'arômes spécifiques du cépage, affinés par le terroir et les conditions de fermentation du moût. Ici, la vigne s'intègre harmonieusement aux paysages de Loire. Aux charmes des lieux-dits (les Cornets, les Loges, le calvaire de Saint-Andelain...) répond la qualité des vins.

POUILLY-FUMÉ

Superficie : 1 237 ha / Production : 60 263 hl

PIERRE ARCHAMBAULT 2014

■	30 000	8 à 11 €

Creusées dans le calcaire, les galeries à l'origine du nom de la propriété (les caves de la Perrière) furent d'abord exploitées par les moines au XIIᵉ s., puis par une champignonnière dans les années 1850, avant que Magloire Archambault n'y installe sa cave viticole en 1910. Le domaine couvre 42 ha.

Des arômes de fruits mûrs (poire) dominent le nez de ce 2014, nuancé de touches florales et végétales. Très nerveux en bouche, c'est un bon classique que l'on pourra attendre un peu. ✗ 2016-2018 ▼ sandre grillée

◠ Pierre Archambault, BP 26, 58150 Pouilly-sur-Loire, tél. 03 86 39 57 75 ♦ ♦ ♦ r.-v. ◠ J. L. Saget

JEAN-PIERRE BAILLY Les Blanches 2014

■	n.c.	8 à 11 €

Installé en plein cœur du vignoble de Pouilly-sur-Loire, Jean-Pierre Bailly exploite cette propriété située en bordure de Loire depuis 1963. Il conduit ses 16 ha avec son fils Patrice, œnologue.

Le nez livre un florilège d'arômes : rose, fleur d'oranger, agrumes, bourgeon de cassis et une touche anisée. Ronde en attaque, la bouche se révèle fluide et souple dans son développement, et légèrement acidulée en finale. ✗ 2015-2018 ▼ marinière de coques

◠ Jean-Pierre Bailly, Les Girarmes, 58150 Tracy-sur-Loire, tél. 03 86 26 14 32, domaine.jean-pierre.bailly@wanadoo.fr ♦ ♦ ♦ r.-v.

CÉDRICK BARDIN Les Bernadats 2014 ★★

■	12 000	8 à 11 €

Cédrick Bardin a acheté ses premières vignes (15 ares) en 1991, à l'âge de dix-huit ans. L'exploitation, qui s'étend aujourd'hui sur 12,5 ha répartis sur les deux rives de la Loire, apparaît régulièrement dans le Guide.

Les Bernadats est le nom de la parcelle dont est issu ce vin. D'abord discret, il offre à l'aération des notes de bourgeon de cassis, agrémentées de touches épicées (poivre vert) et minérales. À la fois onctueuse et vive, équilibrée en somme, la bouche livre un beau fruité aux nuances de pêche de vigne. ✗ 2015-2018 ▼ blinis de tarama ■ 2014 ★ (5 à 8 € ; 55 000 b.) : cette jolie cuvée offre des notes grillées originales, du gras et de la densité, le tout souligné par une fine trame minérale. ✗ 2015-2018

◠ Cédrick Bardin, 12, rue Waldeck-Rousseau, 58150 Pouilly-sur-Loire, tél. 03 86 39 11 24, cedrick.bardin@wanadoo.fr ♦ ♦ r.-v.

DOM. DE BEL AIR 2014 ★

■	40 000	5 à 8 €

Un domaine conduit depuis treize générations (1635) de père en fils ou de père en fille : Katia Mauroy, œnologue, reprend le flambeau sur cette exploitation familiale de 15 ha située à Pouilly-sur-Loire, à quelques kilomètres de l'abbaye de La Charité-sur-Loire.

Au nez, ce vin évoque la pâtisserie (amande, vanille, touche miellée), la fleur d'acacia et le pamplemousse. Pure et droite, la bouche séduit par sa franche vivacité. Un 2014 tonique. ✗ 2015-2018 ▼ verrine fraîcheur au saumon ■ Cuvée des Acoins 2014 (8 à 11 € ; 3 500 b.) : vin cité ✗ 2015-2018

◠ Dom. de Bel Air, 6, rue Waldeck-Rousseau, Mauroy Gauliez Le Bouchot, 58150 Pouilly-sur-Loire, tél. 03 86 39 02 73, mauroygauliez@gmail.com ♦ ♦ ♦ r.-v.

DOM. DES BERTHIERS Cuvée d'Ève 2013 ★

■	20 000	11 à 15 €

Située au cœur du vignoble de Saint-Andelain, à 5 km du Ch. de Tracy, cette propriété ancienne a été reprise en 1996 par la maison Fournier Père et Fils. Le domaine s'appuie sur 15 ha de vignes répartis sur les coteaux de la Loire.

Cette cuvée s'ouvre sur de belles senteurs d'anis et de fruits exotiques assorties de notes boisées (crème de marron). Arômes que l'on retrouve dans une bouche ample, onctueuse et charnue, qui offre une belle fraîcheur en finale. Un pouilly-fumé de garde. ✗ 2016-2020 ▼ poularde à la crème

◠ Jean-Claude Dagueneau, SCEA Dom. des Berthiers, Les Berthiers, 58150 Saint-Andelain, tél. 03 86 39 12 85, claude@fournier-pere-fils.fr ♦ ♦ t.l.j. 8h-12h 13h30-18h; sam. dim. sur r.-v. ◠ Fournier Père et Fils

♥ FRANCIS BLANCHET Kriotine 2014 ★★★

■	5 000	5 à 8 €

Installé au cœur du village du Bouchot, Francis Blanchet perpétue la tradition viticole familiale depuis 1984. Son domaine couvre 9,6 ha.

Cette cuvée provient des calcaires du Barois. Ses parfums élégamment ciselés ont d'emblée conquis le jury : belles notes florales et vanillées assorties de magnifiques arômes fruités (abricot, pêche de vigne). La bouche impressionne par sa puissance et son équilibre : elle offre du charnu, de la fraîcheur et beaucoup de longueur. Un vin complexe et complet, à la fois opulent et raffiné. ✗ 2015-2020 ▼ homard grillé ■ Calcite 2014 (5 à 8 € ; 35 000 b.) : vin cité. ✗ 2015-2018 ■ Francis Blanchet Silice 2014 (8 à 11 € ; 11 000 b.) : vin cité. ✗ 2015-2018

◠ EARL Francis Blanchet, 33, rue Louis-Joseph-Gousse, Le Bouchot, 58150 Pouilly-sur-Loire, tél. 03 86 39 05 90, francisblanchet@orange.fr ♦ ♦ ♦ dim. sur r.-v.

LOIRE

BOUCHIÉ-CHATELLIER
Argile à S 2014

	10 000	ⓘ	11 à 15 €

La butte de Saint-Andelain, où sont établies la cave et une grande partie du vignoble de la famille Bouchié, constitue l'un des terroirs de prédilection de l'appellation pouilly-fumé. Ce domaine, qui couvre 23 ha, est régulièrement distingué dans le Guide.

Comme son nom l'indique, cette cuvée provient d'argiles à silex. Discrète au premier abord, elle dévoile à l'aération de jolies notes d'agrumes et de fleurs des prés mêlées d'une pointe végétale. Franche en attaque, ferme en milieu de bouche, elle se conclut par une fine minéralité. ✗ 2015-2018 ▼ sushis

○┐ Bouchié-Chatellier, La Renardière, 10, rue de Loire, 58150 Saint-Andelain, tél. 03 86 39 14 01, pouilly.fume.bouchie.chatellier@wanadoo.fr Ⓥ 🅺 🅻 r.-v.

HUBERT BROCHARD 2014 ★

	28 000	ⓘ ⬤⬤	11 à 15 €

Aimée et Hubert Brochard ont créé cette propriété dans les années 1900. Ce sont aujourd'hui leurs trois petits-enfants, Jean-François, Daniel et Benoît, qui conduisent les 60 ha de vignes répartis dans les aires d'appellation sancerre et pouilly-fumé.

Ce 2014 s'ouvre sur de puissants arômes de fleurs et de fruits à chair blanche assortis de notes d'agrumes. La bouche est ample et onctueuse. Des nuances fruitées (pêche) et de petites touches amyliques animent la finale. ✗ 2015-2020 ▼ pavé de sandre au beurre blanc

○┐ Hubert Brochard, Chavignol, 18300 Sancerre, tél. 02 48 78 20 10, domaine@hubert-brochard.fr Ⓥ 🅻 t.l.j. 9h-12h 13h30-17h30

JÉRÔME BRUNEAU Le Mam'... 2014 ★★★

	3 600	ⓘ	8 à 11 €

Jérôme Bruneau s'est installé en 2008 sur l'exploitation viticole d'un voisin dans son village natal de Saint-Andelain. Il conduit aujourd'hui un vignoble de 8,5 ha.

Cette cuvée tire son nom du terroir d'argiles à silex qui l'a produite et qui porte le nom de « mamelon ». Intense et complexe, le nez exhale de superbes notes de fleurs et de fruits mûrs (poire Williams) assorties d'une fine minéralité. Ample et racée, la bouche, très équilibrée, animée par une acidité parfaitement ajustée, prolonge avec intensité les arômes de l'olfaction. Un 2014 élégant, persistant et enchanteur. ✗ 2015-2020 ▼ homard grillé ■ 2014 ★★ (5 à 8 € ; 6 600 b.) : un nez délicat (fruits frais, notes minérales et poivrées), une bouche élégante, à la fois caressante et vive. Un vin complet et complexe. ✗ 2015-2020

○┐ Jérôme Bruneau, 7, rue des Ouches, Soumard, 58150 Saint-Andelain, tél. 06 15 11 93 85, j-bruneau@orange.fr Ⓥ 🅺 r.-v.

DOM. A. CAILBOURDIN Les Cris 2014

	50 000	ⓘ	11 à 15 €

À la tête de ce vignoble créé en 1980, Alain Cailbourdin exploite 20 ha de vignes répartis sur plusieurs terroirs. Son fils Loïc l'a rejoint en 2010, après des études de viticulture et d'œnologie.

Un terroir de calcaires durs (appelés « Cris ») a donné naissance à cette cuvée aux arômes de fruits blancs (pêche) et d'agrumes. Rond et souple en attaque, le palais s'achève sur plus de nervosité. ✗ 2015-2018 ▼ cocktail de crevettes

○┐ Dom. A. Cailbourdin, 35, rte Nationale, Maltaverne, 58150 Tracy-sur-Loire, tél. 03 86 26 17 73, domaine-cailbourdin@wanadoo.fr Ⓥ 🅺 🅻 t.l.j. 8h-18h; sam. dim. sur r.-v.; f. 14-31 août

DOM. CHAMPEAU Silex 2013 ★

	16 000	ⓘ	11 à 15 €

Deux cousins, Franck et Guy Champeau, se sont associés pour diriger ce domaine de 18 ha qui appartient à leur famille depuis 1942. Ils sont installés au cœur du village de Saint-Andelain, près de l'église.

Intense et élégant, le nez de ce 2013 se montre bien typé par ses parfums de pamplemousse et de fleurs blanches. Ample en attaque, le palais offre du volume et beaucoup de fraîcheur (notes d'agrumes). Acidité équilibrée, persistance, ce vin livre une belle expression du sauvignon. ✗ 2015-2020 ▼ tartare de bar au lait de coco ■ Vieilles Vignes 2013 (11 à 15 € ; 6 800 b.) : vin cité. ✗ 2016-2019 ■ 2014 (5 à 8 € ; 100 000 b.) : vin cité. ✗ 2015-2018

○┐ Dom. Champeau, 20, rue Saint-Edmond, 58150 Saint-Andelain, tél. 03 86 39 15 61, domaine.champeau@wanadoo.fr Ⓥ 🅻 t.l.j. sf dim. 8h30-12h 14h-18h; mer. 14h-18h; sam. 9h-12h 14h-18h

DOM. LES CHANTALOUETTES 2014 ★★

	32 000	ⓘ	8 à 11 €

Établie à Pouilly-sur-Loire, cette exploitation a été reprise en 2001. Le domaine couvre 6,2 ha. Les vins sont commercialisés par la maison Saget-La Perrière.

Cet assemblage de terroirs calcaires et de marnes kimméridgiennes libère des arômes délicats : senteurs florales, fruits blancs, minéralité. Tout aussi complexe, le palais offre beaucoup de chair, de volume, de fraîcheur et de longueur. Superbe retour des fruits mûrs en finale. ✗ 2015-2020 ▼ nage de langoustines ■ Vieilles Vignes 2014 ★ (8 à 11 € ; 20 000 b.) : discret au premier abord, ce vin s'ouvre à l'aération sur les fruits blancs et les agrumes. En bouche, un bon équilibre, une belle fraîcheur et une finale vive et tonique. ✗ 2015-2019

○┐ Dom. les Chantalouettes, rue René-Couard, 58150 Pouilly-sur-Loire, brumineur@yahoo.fr Ⓥ t.l.j. sf sam. dim. 8h-12h 14h-17h30 ○┐ Saget

LES CHANTS DE CRI 2014 ★

	40 000	ⓘ	8 à 11 €

Plusieurs vieilles familles vigneronnes sont installées aux Loges, hameau de Pouilly-sur-Loire. Chez les Grebet, la cinquième génération est aux commandes d'un vignoble de 20 ha.

Des senteurs d'agrumes (cédrat) et de fruits blancs frais accompagnées d'une touche minérale s'échappent du verre. La bouche révèle elle aussi un beau fruité (fruits exotiques, pointe d'agrumes) soutenu jusqu'en finale par une fine acidité. ✗ 2015-2018 ▼ rillettes de la mer

○┐ SCEA Grebet, Domaine des Rabichattes, Les Loges, 58150 Tracy-sur-Loire, tél. 03 86 39 00 11, scea.grebet@orange.fr Ⓥ 🅺 🅻 r.-v.

DOM. LES CHAUMES 2014 ★★★

| | 140 000 | | 8 à 11 € |

Fils de viticulteurs, Jean-Jacques Bardin s'est installé en 1969 à Pouilly-sur-Loire sur 1 ha de vignes acheté à son grand-père. Il conduit aujourd'hui une quarantaine d'hectares avec trois de ses enfants.

Intense, le nez de ce 2014 allie finesse et complexité : anis, fenouil, menthol, citron, minéralité, fleurs blanches... En bouche, gras et fraîcheur minérale se fondent harmonieusement. Puissant, parfaitement équilibré, c'est un vin pur et délicat. ✗ 2015-2020 ♈ bar farci, fenouil et citronnelle ■ Jean-Jacques Bardin Cuvée Vautrepain 2014 (8 à 11 € ; 6 000 b.) : vin cité. ✗ 2015-2018

☛ SCEV Jean-Jacques Bardin, lieu-dit Les Chaumes, 58150 Pouilly-sur-Loire, tél. 03 86 39 15 87, jean-jacquesbardin@wanadoo.fr Ⓥ 🏃 🗼 r.-v.

DOM. CHAUVEAU Cuvée Sainte Clélie 2013 ★

| | 2 000 | 🛉 | 8 à 11 € |

Benoît Chauveau reprend en 1995 une partie du vignoble de ses parents. Deux ans plus tard, il y ajoute des vignes de ses grands-parents, pour disposer d'un domaine de 15 ha aujourd'hui.

Par ses notes mentholées et végétales (soucis), ce 2013 délivre une impression de fraîcheur renforcée par des nuances d'essence de clémentine. Franc en attaque, le palais offre de la rondeur, puis se voit stimulé en finale par une fine acidité aux accents citronnés. ✗ 2015-2010 ♈ curry de poisson ■ La Charmette 2014 ★ (8 à 11 € ; 40 000 b.) : une cuvée au nez intense (fleur d'acacia, agrumes et buis), au palais minéral et bien tendu, qui délivre un beau fruité exotique. ✗ 2015-2018

☛ EARL Dom. Chauveau, 11, rue du Coin-Chardon, Les Cassiers, 58150 Saint-Andelain, tél. 03 86 39 15 42, domainechauveau@gmail.com Ⓥ 🏃 🗼 t.l.j. 9h-18h; sam. dim. sur r.-v.

JEAN COLIN 2014 ★

| | 17 300 | 🛉 | 8 à 11 € |

Installé sur les terres de Thauvenay depuis plus de deux siècles, le domaine de 20 ha abrite une cave voûtée en pierre du Morvan. Éric Louis cultive ses vignes sur les coteaux sud-est de l'aire d'appellation sancerre, constitués de silex et d'argilo-calcaires.

Intense, le nez évoque une salade de fruits (abricot, pêche, poire, agrumes) agrémentée de touches florales (chèvrefeuille). Très souple en attaque, le palais se révèle dense et onctueux, et donne en finale l'impression de croquer le fruit. Un vin aromatique et gourmand. ✗ 2015-2018 ♈ raie sauce à la crème

☛ SARL Éric Louis, 26, rue de la Mairie, 18300 Thauvenay, tél. 02 48 79 91 46, luce@ sancerre-ericlouis.com Ⓥ 🏃 🗼 t.l.j. 10h-12h 13h30-19h

DOM. DE CONGY 2014 ★★

| | 10 500 | 🛉 | 5 à 8 € |

Le Dom. de Congy est situé à proximité de Saint-Andelain, célèbre village vigneron. Christophe Bonnard a pris en 2002 la tête d'un vignoble de 8,6 ha acquis en 1951 par le grand-père maternel et développé dans les années 1990 par son père Jack.

Le premier nez de ce 2014 est floral et intense. L'aération libère des notes fruitées (pêche, poire), épicées (cannelle, girofle) et fumées. On retrouve la pêche et les épices dans un palais onctueux et ample, souligné par une fine acidité. Un pouilly-fumé d'une belle complexité. ✗ 2015-2020 ♈ crottin de Chavignol chaud au cumin ■ Cuvée Les Galfins 2014 ★★ (5 à 8 € ; 14 000 b.) : cette cuvée libère des arômes surmûris : confiture de mirabelles, pêche, fruits exotiques. Bien que concentrée, la bouche reste harmonieuse et fraîche (notes d'agrumes). ✗ 2015-2020

☛ Dom. Bonnard, 1, rue du Dom., Congy, 58150 Saint-Andelain, tél. 03 86 39 14 20, c.bonnard@ cerb.cernet.fr Ⓥ 🏃 🗼 t.l.j. 10h-18h; dim. sur r.-v.

DOM. COUET 2014 ★

| | 4 000 | 🛉 | 5 à 8 € |

Issu d'une famille de vignerons, Emmanuel Couet représente la 5e génération. La partie la plus importante de l'exploitation, ainsi que la cave, se situent dans l'aire des coteaux-du-giennois. En 2005, le domaine s'est enrichi d'une parcelle de pouilly-fumé sur terroir calcaire.

Ce vin exhale des notes de fleur d'acacia, de genêt, de mangue et de litchi. La fraîcheur constitue la trame gustative, mais si l'acidité est bien présente, le palais reste équilibré. Ample et onctueux, ce 2014 offre une longue finale sur le fruit de la Passion et le citron. ✗ 2015-2019 ♈ poêlée de Saint-Jacques

☛ Emmanuel Couet, 23, Croquant, 58200 Saint-Père, tél. 03 86 28 14 80, domainecouet@gmail.com Ⓥ 🏃 🗼 t.l.j. 8h-12h 14h-18h; dim. sur r.-v. 🏠 Ⓑ

DOM. SERGE DAGUENEAU ET FILLES
La Léontine 2013 ★

| | 2 500 | ⑪ | 20 à 30 € |

Ce domaine créé par l'arrière-grand-mère Léontine au début du XXe s. a été repris en 2006 par Florence et Valérie Dagueneau, les filles de Serge. Florence disparue prématurément, Valérie conduit seule les 20 ha de vignes familiales.

Cette cuvée, hommage à l'arrière grand-mère, déploie d'intenses arômes de fruits mûrs (mangue, litchi, cédrat) accompagnés d'une touche de genêt. Doté d'un joli volume, le palais offre une finale savoureuse, soutenue par une stimulante fraîcheur citronnée. ✗ 2015-2020 ♈ noix de Saint-Jacques aux kumquats ■ Clos des Chaudoux 2013 ★ (15 à 20 € ; 6 000 b.) : un long élevage de dix-huit mois sur lies fines a donné naissance à ce vin vif, aux parfums de feuilles de cassis et d'agrumes, que l'on retrouve au palais accompagnés de fruits à chair blanche. ✗ 2015-2018

☛ Serge Dagueneau et Filles, Les Berthiers, 22, rue du Mont-Beauvois, 58150 Saint-Andelain, tél. 03 86 39 11 18, sergedagueneaufilles@wanadoo.fr Ⓥ 🏃 🗼 r.-v.

MARC DESCHAMPS
Tradition des Loges 2014 ★

| | 20 000 | 🛉 | 8 à 11 € |

Marc Deschamps a repris en 1992 l'ancien domaine de Paul Figeat, qui fut président des vignerons de Pouilly. Chaque année présent dans le Guide, son savoir-faire et

LOIRE

sa connaissance du terroir ne sont plus à prouver. Le vignoble couvre 10,3 ha.

Un florilège d'arômes anime la dégustation. Les agrumes dominent (essence d'orange, pamplemousse), en compagnie de nobles nuances végétales (menthe, soucis) qui apportent de la fraîcheur. En bouche, du gras et de l'acidité, ce vin est bien équilibré et compose un bon classique de l'AOC. ✗ 2015-2018 ✗ clovisses farcies

➸ *Marc Deschamps, Les Loges, 3, rue des Pressoirs, 58150 Pouilly-sur-Loire, tél. 03 86 39 16 79, marc@deschamps-pouilly.com* Ⓥ 🏃 🏠 *r.-v.*

JEAN DUMONT La Grande Pièce 2014

| | 50 000 | | 🏠 | | 8 à 11 € |

La maison de négoce Jean Dumont appartient au groupe Saget-La Perrière, créé par une famille originaire de Pouilly-sur-Loire et aujourd'hui présente dans toute la vallée de la Loire.

Ce 2014 libère des arômes floraux et fruités assortis d'une fine minéralité. En bouche, il se révèle encore jeune par sa vivacité quelque peu fougueuse. ✗ 2016-2020 ✗ tartare de dorade à la citronnelle ■ Le Grand Plateau 2014 (8 à 11 € ; 42 000 b.) : vin cité. ✗ 2015-2018

➸ *Jean Dumont, RN 7, La Castille, 58150 Pouilly-sur-Loire, tél. 03 86 39 57 75* Ⓥ 🏃 🏠 *t.l.j. sf sam. dim. 8h-12h 14h-17h30* ➸ Saget

CH. FAVRAY 2014 ★★

| | 100 000 | | 🏠 | | 8 à 11 € |

Le vignoble avait ici totalement disparu au début du XXᵉs. En 1981, Quentin David entame sa restauration. La vigne prospère à nouveau, sur 16 ha, implantée sur les coteaux calcaires qui entourent le château.

Très agréable dès le premier abord, cette cuvée fait preuve d'élégance et d'intensité à l'olfaction : fleurs blanches, agrumes, pointe miellée. Tout aussi puissante, la bouche est riche et généreuse. Non dénuée de finesse et de fraîcheur, elle évolue vers plus de nervosité en finale. Un vin équilibré et persistant. ✗ 2015-2020 ✗ quenelles de brochet

➸ *Ch. Favray, Favray, 58150 Saint-Martin-sur-Nohain, tél. 03 86 26 19 05, chateaufavray@wanadoo.fr* Ⓥ 🏃 🏠 *r.-v.*

DOM. DES FINES CAILLOTTES 2014 ★

| | 157 000 | | 🏠 | | 8 à 11 € |

Installé dans une belle demeure au pied du village des Loges et à quelques pas de la Loire, Alain Pabiot, rejoint par son fils Jérôme en 2004, conduit un domaine constitué de plus de vingt parcelles, qui tire son nom des pierres blanches calcaires appelées localement « caillottes ».

Très exotiques, dominés par le fruit de la Passion, les parfums de ce 2014 sont intenses. À l'aération, une pointe de minéralité apparaît. Salin en attaque, il s'avère plus chaleureux en milieu de bouche, puis s'anime en finale autour de nuances de pierre à fusil et d'une pointe d'amertume qui forgent sa personnalité. Un vin à la fois franc et généreux. ✗ 2015-2018 ✗ gambas persillées

➸ *Jean Pabiot et Fils, 9, rue de la Treille, Les Loges, 58150 Pouilly-sur-Loire, tél. 03 86 39 10 25, info@ jean-pabiot.com* Ⓥ 🏠 *t.l.j. 8h-12h 14h-18h; sam. dim. sur r.-v.*

DOM. DE LA FORGE L'Authentique 2014 ★

| | 25 000 | | 🏠 | | 5 à 8 € |

Issu d'une longue lignée de viticulteurs, Michel Coulbois crée le domaine en 1995, à l'emplacement d'une forge. Son fils Fabien l'a rejoint en 2003. Ils exploitent un vignoble de 15 ha.

Des senteurs variétales (buis, genêt, pamplemousse, fruit de la Passion) animent l'olfaction. La bouche se révèle souple et ronde, épaulée par une juste acidité et bien ouverte sur de jolis arômes de mangue et de citron. ✗ 2015-2018 ✗ lotte à la crème de fenouil ■ Prédilection 2014 (5 à 8 € ; 6 500 b.) : vin cité. ✗ 2015-2018

➸ *GAEC du Dom. de la Forge, 7, rue de l'Abreuvoir, Le Petit-Soumard, 58150 Saint-Andelain, tél. 03 86 39 17 50, fabien_coulbois@msn.com* Ⓥ 🏃 🏠 *t.l.j. 8h-12h 14h-19h*

DOM. LANDRAT-GUYOLLOT Gemme Océane 2014 ★

| | 6 000 | | 🏠 | | 20 à 30 € |

Depuis 1992, Sophie Guyollot est établie à Saint-Andelain sur un vignoble de 16,5 ha constitué de parcelles réunies par dix générations de vignerons.

Baptisée « Gemme Océane » par allusion aux petites huîtres fossiles qui constituent le terroir kimméridgien, cette cuvée livre un joli nez fruité (pêche, fruit de la Passion). Franc à l'attaque, le palais se révèle ample et frais, animé en finale par des notes d'agrumes et de genêt. Un 2014 cohérent et élégant. ✗ 2015-2019 ✗ langoustines poêlées ■ La Rambarde 2013 (11 à 15 € ; n.c. b.) : vin cité. ✗ 2015-2018

➸ *Dom. Landrat-Guyollot, Les Berthiers, 16, rue du Mont-Beauvois, 58150 Saint-Andelain, tél. 03 86 39 11 83, contact@landrat-guyollot.com* Ⓥ 🏠 *t.l.j. 10h-12h 14h-18h; sam. dim. sur r.-v.*

KARINE LAUVERJAT 2014 ★

| | 8 000 | | 🏠 | | 8 à 11 € |

Karine Lauverjat a créé en 2005 une structure de négociant-éleveur qui lui permet d'étendre sa carte et d'exporter à l'étranger.

Le sauvignon s'exprime dès les premières senteurs : buis, bourgeon de cassis, fleurs blanches et agrumes. En bouche, rondeur, fraîcheur et longueur sont dans la bonne mesure. Un vin harmonieux. ✗ 2015-2018 ✗ crottin de Chavignol

➸ *Karine Lauverjat, Moulin des Vrillères, 18300 Sury-en-Vaux, tél. 02 48 79 38 28, lauverjat.christian@wanadoo.fr* Ⓥ 🏃 🏠 *r.-v.* 🏘 ❷

DOM. DE LA LOGE Silex 2014 ★

| | 8 600 | | 🏠 | | 8 à 11 € |

Domaine conduit par la même famille de vignerons depuis cinq générations. À la tête d'une exploitation de 21 ha, Hervé Millet et son fils David accueillent les œnophiles dans une cave aménagée au sein d'une grande bâtisse du XIXᵉs.

Cette cuvée présente un nez très fin dominé par la pêche. On y décèle aussi des notes d'agrumes (citron) et d'amande. La bouche, ample et onctueuse, est rafraîchie par une pointe végétale (buis, genêt) et une jolie touche minérale. Très sec en finale, de bonne longueur, ce 2014 est un bel archétype de l'AOC. ✗ 2015-2020 ❦ pavé de saumon grillé ■ Les Aveillons 2014 ★ (8 à 11 € ; 8 600 b.) : cette cuvée dévoile de puissants arômes d'agrumes et de fleurs blanches sur un fond végétal. En bouche, rondeur et vivacité se succèdent avec harmonie. ✗ 2015-2018 ■ 2014 (5 à 8 € ; 156 000 b.) : vin cité. ✗ 2015-2018

☞ SARL du Dom. de la Loge, Soumard, 58150 Saint-Andelain, tél. 03 86 39 05 49, david.millet0842@orange.fr ▼ ᚛ ᚚ t.l.j. sf mer. dim. 9h30-18h ☞ David Millet

DOM. DES MARINIERS 2014 ★

| ■ | 125 000 | ᚚ | 11 à 15 € |

Ce domaine doit son nom aux mariniers qui s'arrêtaient jadis dans ce village situé en bord de Loire pour charger les tonneaux. Acquise en 2005 par Catherine Corbeau-Mellot, l'exploitation s'étend sur 15 ha, dans les AOC pouilly-sur-loire et pouilly-fumé.

Une nuance fumée anime le nez de ce 2014 aux côtés d'arômes d'ananas et de poire. La bouche s'impose par son volume, sa consistance et sa belle longueur. Déjà en place et prometteur pour la garde. ✗ 2015-2019 ❦ queue de lotte au beurre blanc

☞ SARL Jacques Marchand, 36, rte Nationale, Maltaverne, 58150 Tracy-sur-Loire, tél. 02 48 78 54 51, contact@domainedesmariniers.com ▼ ᚛ ᚚ r.-v.

DOM. MASSON-BLONDELET
Villa Paulus 2013 ★

| ■ | 34 000 | ᚚ | 15 à 20 € |

Établis à Pouilly-sur-Loire depuis 1972, Jean-Michel et Michelle Masson sont aujourd'hui épaulés par leurs enfants : Pierre à la vinification et Mélanie à la commercialisation.

De subtils arômes s'échappent du verre : nuances florales, fruits jaunes et pamplemousse rose. Douce et ample, la bouche est bien équilibrée par une fraîcheur fruitée qui anime une finale savoureuse et persistante. ✗ 2015-2018 ❦ bar rôti au cédrat

☞ Dom. Masson-Blondelet, 1, rue de Paris, 58150 Pouilly-sur-Loire, tél. 03 86 39 00 34, info@masson-blondelet.com ▼ ᚚ t.l.j. 9h-12h30 14h-18h

JOSEPH MELLOT
Le Chant des Vignes 2014 ★

| ■ | 40 000 | ᚚ | 8 à 11 € |

L'histoire de la maison Joseph Mellot débute en 1513 à Sancerre, avec Pierre-Albert Mellot, qui pose les fondations d'un petit vignoble. Catherine Corbeau-Mellot préside aujourd'hui aux destinées de cet important négoce qui rayonne sur l'ensemble des vignobles du Centre et de la vallée de la Loire.

Ce 2014 gourmand libère d'intenses notes de fruits exotiques. La bouche à la fois onctueuse et fraîche, très équilibrée, offre une longue finale fruitée. ✗ 2015-2018 ❦ bar grillé

☞ SAS Joseph Mellot, rte de Ménétréol, 18300 Sancerre, tél. 02 48 78 54 54, josephmellot@josephmellot.com ▼ ᚛ ᚚ t.l.j. 8h15-12h 13h30-17h30; sam. dim. sur r.-v. 🏠 Ⓓ

FRÉDÉRIC MICHOT Cuvée Sainte Clara 2014 ★★

| ■ | 8 000 | ᚚ | 5 à 8 € |

Établi à Saint-Andelain, Frédéric Michot a agrandi son exploitation en 2004 par la reprise de la propriété de ses parents. Il possède aujourd'hui 12 ha de vignes. Ses pouilly-fumé sont régulièrement retenus dans le Guide.

Ce 2014 libère à l'aération de beaux arômes fruités (fruit de la Passion, pêche, poire) assortis de touches minérales et végétales. En bouche, il se révèle puissant, à la fois onctueux, frais et persistant. Un vin remarquable par son intensité et son harmonie. ✗ 2015-2019 ❦ noix de Saint-Jacques poêlées ■ 2014 (5 à 8 € ; 55 000 b.) : vin cité. ✗ 2015-2017

☞ Frédéric Michot, Soumard, 58150 Saint-Andelain, tél. 03 86 39 03 54, michot.frederic@wanadoo.fr ▼ ᚚ r.-v

JEAN-PAUL MOLLET 2014 ★

| ■ | 25 000 | ᚚ | 8 à 11 € |

Établi dans le village vigneron de Boisgibault (commune de Tracy-sur-Loire), Jean-Paul Mollet cultive les 7 ha d'un domaine familial ancien qu'il a repris en 2000. Depuis, ses cuvées sont régulièrement retenues par le Guide.

Très frais, le nez de ce 2014 est dominé par des arômes intenses de menthe sauvage, relayés par des notes poivrées et citronnées à l'agitation du verre. Ronde et souple, la bouche offre quant à elle un agréable fruité ✗ 2015-2010 ❦ maquereaux à la moutarde ■ Les Sables 2014 (8 à 11 € ; 15 000 b.) : vin cité. ✗ 2015-2018 ■ L'Antique 2014 (11 à 15 € ; 12 000 b.) : vin cité. ✗ 2015-2018

☞ Jean-Paul Mollet, 11, rue des Écoles, 58150 Tracy-sur-Loire, tél. 02 48 54 13 88, jpmollet@wanadoo.fr ▼ ᚛ ᚚ t.l.j. 8h-12h 14h-18h

DOMINIQUE PABIOT Cuvée Plaisir 2014 ★

| ■ | 4 500 | ᚚ | 11 à 15 € |

Le village des Loges, avec la Loire à proximité et ses caves anciennes, est au cœur de la tradition vigneronne ligérienne. C'est ici que s'est installé Dominique Pabiot en 1997, à la suite de son père Jean et à la tête de 11,2 ha de vignes.

Des notes d'agrumes et de bonbon anglais s'échappent du verre, agrémentées de nuances épicées (poivre blanc) et florales (jacinthe). Ronde, d'un beau volume, la bouche se termine par une nervosité marquée et une agréable touche minérale. Au final, un vin harmonieux et plutôt alerte. ✗ 2015-2018 ❦ terrine de poulet au citron confit ■ La Tour Silex 2014 (11 à 15 € ; 15 500 b.) : vin cité. ✗ 2015-2017

☞ Dominique Pabiot, pl. des Mariniers, Les Loges, 58150 Pouilly-sur-Loire, tél. 03 86 39 19 09, dominique-pabiot@orange.fr ▼ ᚛ ᚚ t.l.j. 8h-12h 14h-18h; f. 15-31 août

DOM. ROGER PABIOT
Coteau des Girarmes 2014 ★

| ■ | 50 000 | ᚚ | 5 à 8 € |

Le village de Boisgibault est situé en bordure de la réserve naturelle de la Loire. C'est là que Gérard et Bernard Pabiot conduisent ce domaine familial de 22 ha.

En 2014, ils ont aménagé un caveau de dégustation dans un bâtiment du XIXes.

Net et frais, le nez développe des parfums typés de pamplemousse et de citron sur une trame végétale (buis et genêt). Droite sans manquer de gras, la bouche laisse une fine acidité prendre le dessus, pour finir dans les aigus. À attendre un peu pour atténuer sa fougue. ✗ 2016-2019 ♈ palourdes crues marinées au citron

⚬➝ *Dom. Roger Pabiot et ses Fils, 13, rte de Pouilly, Boisgibault, 58150 Tracy-sur-Loire, tél. 03 86 26 18 41, domainerogerpabiot@wanadoo.fr* Ⓥ 🅰 🔒 *t.l.j. sf dim. 8h-12h 14h-18h*

DOM. DE RIAUX 2014

■	95 000	🏠	8 à 11 €

Les Jeannot, vignerons à Saint-Andelain depuis plus de deux cents ans, se sont établis sur le Dom. de Riaux en 1923. Alexis, fils de Bertrand, incarne la huitième génération à la tête d'un vignoble de 14 ha.

La minéralité des argiles à silex s'exprime avec élégance dans ce vin, assortie d'agrumes (citron) et de fruits exotiques (mangue). Franche en attaque, la bouche confirme la minéralité perçue à l'olfaction. De bonne constitution, déjà bien équilibré, ce 2014 a du potentiel. ✗ 2015-2020 ♈ saumon grillé et beurre d'herbes

⚬➝ *SCEA Jeannot Père et Fils, Dom. de Riaux, 58150 Saint-Andelain, tél. 03 86 39 11 37, alexis.jeannot@wanadoo.fr* Ⓥ 🅰 🔒 *t.l.j. 8h-13h 14h-19h; dim. sur r.-v.*

GUY SAGET 2014

■	n.c.	🏠	8 à 11 €

Établie à Pouilly-sur-Loire, la maison Saget-La Perrière, fondée en 1976, possède en propre 250 ha de vignes et rayonne sur toute la vallée de la Loire.

De beaux arômes floraux (fleurs blanches) et fruités (fruits blancs) composent un bouquet plaisant. On les perçoit aussi dans une bouche vive, qui ne manque pas de gras. Un vin franc, équilibré et fin. ✗ 2015-2018 ♈ perche grillée

⚬➝ *Saget La Perrière, RN7 La Castille, 58150 Pouilly-sur-Loire, tél. 03 86 39 57 75, accueil@ sagetlaperriere.com* Ⓥ 🅰 🔒 *t.l.j. sf sam. dim. 8h-12h 14h-17h30*

DOM. CHRISTIAN SALMON
Clos des Criots 2014 ★

■	25 000	🏠	11 à 15 €

Constitué par Irénée Salmon, arrière-grand-père d'Armand, aux commandes depuis 1990, ce vignoble d'une vingtaine d'hectares s'étend sur les meilleurs coteaux de la commune de Bué et se transmet de père en fils depuis 1940.

Régulièrement mentionnée dans le Guide, cette cuvée a encore une fois emporté l'adhésion du jury par ses arômes bien typés de buis, de pamplemousse et fleurs blanches. Une vivacité de bon ton, atténuée par une pointe de douceur, soutient le palais jusque dans sa finale, alerte et longue. ✗ 2015-2018 ♈ risotto aux palourdes et safran

⚬➝ *SAS Christian Salmon, Le Carroir, 18300 Bué, tél. 02 48 54 20 54, domainechristiansalmon@wanadoo.fr* Ⓥ 🔒 *r.-v.*

DOM. OLIVIER SCHLATTER 2014 ★

■	6 000	🏠	5 à 8 €

Olivier Schlatter est passé d'un cabinet d'expertise comptable à la viticulture (en tant que chef de culture dans une propriété pouillysoise), avant de créer son propre vignoble (1 ha) en 1994.

Tout en finesse et généreux à la fois, le nez est dominé par les fruits bien mûrs (abricot). Souple en attaque, de la douceur, de la densité, une fraîcheur bienvenue en finale : la bouche fait dans l'équilibre et la sobriété. Bon, tout simplement. ✗ 2015-2018 ♈ tourte au fromage de chèvre

⚬➝ *Olivier Schlatter, 41, rue des Mardrelles, Boisgibault, 58150 Tracy-sur-Loire, tél. 03 86 26 19 31, olivier.schlatter@orange.fr* Ⓥ 🅰 🔒 *t.l.j. 8h-19h*

DOM. TABORDET 2014

■	68 000	🏠	8 à 11 €

Les frères Yvon et Pascal Tabordet ont repris l'exploitation familiale en 1980. Pascal a pris sa retraite en 2011. La relève est assurée par leurs fils Gaël et Marius depuis 2008, à la tête de 16,5 ha de vignes en pouilly-fumé et en sancerre.

Le nez est frais : arômes d'agrumes et de menthe agrémentés d'une touche minérale. La bouche est tendre en attaque, puis la vivacité se révèle et accompagne la finale de ses notes citronnées. ✗ 2015-2018 ♈ crevettes sautées à l'ail

⚬➝ *Pascal, Gaël et Marius Tabordet, rue du Carroir-Perrin, 18300 Verdigny, tél. 02 48 79 34 01, domaine.tabordet@wanadoo.fr* Ⓥ 🅰 🔒 *r.-v.*

CH. DE TRACY
Haute Densité 2013 ★

■	4 000	🏠 🍶	30 à 50 €

Propriété historique du vignoble de Pouilly, le Ch. de Tracy appartient à la famille d'Assay. Son donjon date du XVes. et son porche est de style Renaissance. La vigne, présente sur ces terres depuis le XIVes, couvre aujourd'hui 32 ha.

« Haute Densité » car la parcelle dont est issue cette cuvée est plantée de 17 000 pieds par hectare, chacun ne portant qu'un tout petit nombre de grappes. De bonne intensité, les arômes évoquent la fraîcheur des fleurs de sous-bois et les agrumes, assortis de discrètes notes de moka. Rond en attaque, ce 2013 se révèle onctueux et légèrement boisé. Un ensemble souligné d'une fine acidité qu'il faudra savoir attendre un peu. ✗ 2016-2020 ♈ gratin d'écrevisses

⚬➝ *Ch. de Tracy, Le Château, 58150 Tracy-sur-Loire, tél. 03 86 26 15 12, contact@chateau-de-tracy.com* Ⓥ 🅰 🔒 *t.l.j. 8h-12h 13h30-17h30; sam. dim. sur r.-v.*
⚬➝ *Juliette d' Assay*

VILLEBOIS Le Fourneau 2014 ★

■	35 000	🏠	5 à 8 €

En 2004, Joost de Willebois acquiert ce domaine et se spécialise alors dans la production de sauvignon blanc. Il est aujourd'hui aidé de son épouse Miguela et du vigneron Thierry Merlet.

Ce 2014 libère à l'aération des arômes exubérants de genêt et d'agrumes accompagnés de subtiles notes fruitées et minérales. Ample et gras, le palais regorge de fruits (poire confite, mangue). Une touche épicée agrémente la finale. Un pouilly expressif et charmeur. ✗ 2015-2019 ♈ côte de veau aux morilles

⚮ *Villebois, 43, rue de la Quezardière, 41110 Seigy, tél. 02 54 32 80 62, vin@villebois.eu* ⚮ *De Willebois*

POUILLY-SUR-LOIRE

Superficie : 31 ha / Production : 1 331 hl

BARILLOT PÈRE ET FILS 2014

1 000	🛈	5 à 8 €

Ce domaine familial, dont les origines remontent à 1770, est situé au cœur du vignoble de Pouilly. Installé en 1984 aux côtés de son père, Frédéric Barillot cultive aujourd'hui avec son épouse 11 ha de vignes.
Au nez, des arômes d'amande et de pistache sont agrémentés de notes florales et fruitées. Légère et fraîche, la bouche s'achève sur une finale tendue et saline. ✗ 2015-2018 ♈ apéritif

⚮ *Barillot Père et Fils, 36, rue Louis-Joseph-Gousse, Le Bouchot, 58150 Pouilly-sur-Loire, tél. 03 86 39 15 29, barillotpouilly@wanadoo.fr* Ⓥ 🏃 🛈 *t.l.j. 9h-12h 14h-18h; dim. sur r.-v.*

GILLES BLANCHET 2014 ★

5 000		5 à 8 €

Ce domaine régulier en qualité est implanté à l'entrée des Berthiers, village vigneron de la commune de Saint-Andelain. Gilles Blanchet, installé en 1991, y cultive un vignoble de 10 ha.
Ce vin libère à l'aération des arômes primaires de fruits à coque (noisette) et des notes florales (jacinthe). Souple, léger, bien équilibré en bouche, il offre une belle fraîcheur citronnée de l'attaque à la finale. Un digne représentant de l'AOC. ✗ 2015-2018 ♈ tarte amandine

⚮ *Gilles Blanchet, 16, rue Saint-Edmond, 58150 Saint-Andelain, tél. 03 86 39 14 03, gilles.blanchet@wanadoo.fr* Ⓥ 🛈 *r.-v.*

JEAN DUMONT Les Genièvres 2014 ★★

15 000	🛈	5 à 8 €

La maison de négoce Jean Dumont appartient au groupe Saget-La Perrière, créé par une famille originaire de Pouilly-sur-Loire et aujourd'hui présente dans toute la vallée de la Loire.
Cette cuvée s'ouvre sur des notes fines et complexes de fruits à coque (noisette, pistache) et d'épices. Arômes que l'on retrouve en compagnie du lilas dans une bouche très souple, fraîche et persistante. Un vin des plus harmonieux. ✗ 2015-2019 ♈ quenelles de volaille

⚮ *Jean Dumont, RN 7, La Castille, 58150 Pouilly-sur-Loire, tél. 03 86 39 57 75* Ⓥ 🏃 🛈 *t.l.j. sf sam. dim. 8h-12h 14h-17h30*

GILLES LANGLOIS 2014

1 500	🛈	5 à 8 €

Domaine situé à Boisfleury, une commune de Tracy-sur-Loire, dont le vignoble est réparti sur les appellations pouilly-fumé et pouilly-sur-loire.

L'amande amère ouvre la dégustation. Rond dès l'attaque, ce 2014 se révèle léger, souple et coulant, bien dans la tradition de l'appellation. Égayé en finale par une pointe d'amertume, c'est un vin simple et plaisant. ✗ 2015-2017 ♈ apéritif

⚮ *Gilles Langlois, 6, rue de Breugnon, Boisfleury, 58150 Tracy-sur-Loire, tél. 03 86 26 17 18, langlois.pouilly@orange.fr* Ⓥ 🛈 *t.l.j. 9h-12h 14h-19h*

♥ GUY SAGET 2014 ★★

22 000	🛈	5 à 8 €

Établie à Pouilly-sur-Loire, la maison Saget-La Perrière, fondée en 1976, possède en propre 250 ha de vignes et rayonne sur toute la vallée de la Loire.

Déjà coup de cœur en 2012, cette cuvée a séduit le jury par sa robe très pâle à reflets argentés. Timide au premier abord, le nez s'ouvre à l'aération sur de délicates senteurs florales et fruitées (fruits blancs). Les sensations continuent de s'intensifier dans un palais souple en attaque, ample et bien construit autour d'une grande fraîcheur qui lui confère beaucoup de dynamisme et de longueur. Une élégante finale épicée (muscade) et florale (rose, jacinthe) conclut admirablement la dégustation. Un ensemble qui va crescendo et qui vieillira bien. ✗ 2015-2020 ♈ raie au beurre noir

⚮ *Saget-La Perrière, RN7 La Castille, 58150 Pouilly-sur-Loire, tél. 03 86 39 57 75, accueil@ sagetlaperriere.com* Ⓥ 🏃 🛈 *t.l.j. sf sam. dim. 8h-12h 14h-17h30*

QUINCY

Superficie : 249 ha / Production : 11 542 hl

C'est sur les bords du Cher, non loin de Bourges et près de Mehun-sur-Yèvre, lieux riches en souvenirs historiques du XVᵉ s., que s'étendent les vignobles de Quincy et de Brinay, couvrant des plateaux de graves sablo-argileuses sur calcaires lacustres. Le seul cépage sauvignon fournit des vins légers et distingués, parmi les plus élégants de Loire dans le type frais et fruité, qui peuvent toutefois s'exprimer différemment selon la nature des sols.

LA BERRYCURIENNE 2014 ★

1 900	🛈	8 à 11 €

La passion d'un groupe d'amis pour le vin et la région du Berry est à l'origine de ce domaine fondé en 1995 qui propose des cuvées de quincy et de reuilly.
Ce 2014 libère à l'olfaction d'intenses notes florales et fruitées. En bouche, il se distingue par sa densité, son volume, sa plénitude, soutenu par une fine acidité jusque dans la finale, animée par les agrumes et les fleurs blanches. ✗ 2015-2018 ♈ tourte au saumon

⚮ *SAS Les BerryCuriens, Le Buisson-Long, rte de Quincy, 18120 Brinay, tél. 02 48 51 30 17, berrycuriens@yahoo.fr* Ⓥ 🏃 🛈 *r.-v.*

LOIRE

DOM. DU CHÊNE VERT 2014

| 36 000 | î | 8 à 11 € |

Installé en 1999 sur 2,5 ha à cheval sur reuilly et quincy, Valéry Renaudat, qui exploite désormais quelque 13 ha de vignes sous deux étiquettes (Valéry Renaudat et Dom. du Chêne vert), s'impose comme l'une des valeurs sûres de ces appellations.

Le nez est dominé par d'intenses arômes variétaux (agrumes, genêt). La sucrosité et le gras marquent la bouche, qui s'achève tout en rondeur. Un caractère onctueux atypique pour le millésime. ✗ 2015-2018 ✣ volaille à la crème

✪ SARL Dom. Valéry Renaudat, 3, pl. des Écoles, 36260 Reuilly, tél. 02 54 49 38 12, domaine@ valeryrenaudat.fr � ▴ ▾ t.l.j. sf dim. 9h-12h30 13h30-19h

DOM. DE LA COMMANDERIE
La Cuvée de Siam 2014

| 60 000 | î | 5 à 8 € |

Jean-Charles Borgnat passe en 1983 des plates-formes pétrolières à la viticulture, s'appuyant sur sa formation de géologue. Il travaille d'abord sur le domaine familial, puis crée ex nihilo cette exploitation en 1993, près de 9 ha en quincy, complétés en 2008 par 1,45 ha en reuilly.

Ce 2014 s'ouvre sur des notes de buis et d'agrumes, relayées par de subtiles nuances de pomme et de fruits exotiques et par des arômes fugaces de bonbon anglais. La bouche se montre franche, supportée jusqu'en finale par une acidité équilibrée. Un bon classique. ✗ 2015-2018 ✣ dos de cabillaud aux agrumes

✪ EARL de la Commanderie, 6, rue des Champs-Moreaux, Boisgisson, 18120 Cerbois, tél. 02 48 51 30 16, jcborgnat@aol.com ▴ ▾ r.-v. ✪ Borgnat

♥ DOM. DES GRANDS ORMES
Cuvée Prestige 2014 ★★

| 15 000 | î | 8 à 11 € |

Sur cette propriété, la tradition viticole s'était endormie pendant de longues années après les attaques du phylloxéra. Christophe Gallon l'a réveillée en 1992. Le domaine est reconnaissable à sa longère accolée à un pigeonnier du XVIIIᵉ s.

Née sur un terroir sableux, cette cuvée se distingue d'emblée par son intensité fruitée (pamplemousse), ses notes de bourgeon de cassis et de genêt et par sa fine minéralité. En attaque, rondeur et fraîcheur se marient harmonieusement, puis la vivacité l'emporte, renforcée en finale par des arômes de pamplemousse rose et de fruits exotiques. Un vin élégant, cohérent et persistant. ✗ 2015-2020 ✣ langoustines grillées

✪ Christophe Gallon, Les Grands-Ormes, 18120 Brinay, tél. 02 48 51 09 06, christophegallon-quincy@orange.fr ▴ ▾ r.-v.

DOM. LECOMTE 2014

| 50 000 | î | 8 à 11 € |

Bruno Lecomte s'est lancé dans la viticulture en 1995, en achetant 1,5 ha de vignes en AOC quincy. Entre-

temps, son fils Nicolas l'a rejoint en 2006 sur un vignoble couvrant désormais 10 ha, dont une partie en châteaumeillant.

Sur un fond classique d'agrumes, ce vin exhale des notes de pêche et de rose ancienne. Souple en attaque, la bouche est soutenue par la vivacité typique du millésime, renforcée par des touches citronnées en finale. ✗ 2015-2018 ✣ sushis

✪ Bruno Lecomte, 105, rue Saint-Exupéry, 18520 Avord, tél. 02 48 69 27 14, quincy.lecomte@wanadoo.fr ▴ ▾ r.-v.

DOM. MARDON Cuvée Saint-Edme 2013

| 20 000 | î | 8 à 11 € |

Hélène Mardon, qui a repris les rênes de l'exploitation en 2003, est le dernier maillon d'une des plus anciennes familles de vignerons de Quincy. Elle dirige aujourd'hui une exploitation de 15 ha.

Marqué par les notes variétales (buis), ce 2013 délivre à l'aération des notes de pamplemousse et de fruits exotiques. Ronde en attaque, la bouche offre ensuite une agréable fraîcheur et s'achève sur des nuances de citron mûr et de fleurs blanches. ✗ 2015-2018 ✣ bulots mayonnaise

✪ Dom. Mardon, 40, rte de Reuilly, 18120 Quincy, tél. 02 48 51 31 60, contact@domaine-mardon.com ▴ ▾ r.-v.

DOM. PHILIPPE PORTIER
La Quincyte de Philippe Portier 2014 ★

| 13 000 | î | 8 à 11 € |

En 1991, Philippe Portier a relancé la culture de la vigne sur cette exploitation familiale de 18 ha située à Brinay. Il a fortement développé son domaine grâce à d'importants efforts dans le domaine technique et commercial. Ouvert sur les agrumes (citron, pamplemousse), ce 2014 libère ensuite de fraîches notes mentholées. On retrouve les agrumes dans une bouche ample et fraîche. Un beau classique. ✗ 2015-2018 ✣ suprême de volaille aux agrumes

✪ Philippe Portier, Dom. de la Brosse, 18120 Brinay, tél. 02 48 51 04 47, philippe.portier@wanadoo.fr ▴ ▾ t.l.j. 8h-12h 14h-18h; sam. dim. sur r.-v.; f. 8-21 août

DIDIER RASSAT
Cuvée Tradition 2014 ★

| n.c. | | 5 à 8 € |

Conduisant depuis 1984 une exploitation spécialisée en culture céréalière et en élevage laitier, Didier Rassat s'est diversifié en 1995 en rejoignant un groupement de jeunes viticulteurs qui mutualisent l'exploitation d'un même chai.

L'aération révèle des arômes prononcés d'orange sanguine, de mandarine et de citron. La bouche, montante, offre une juste transition entre une attaque suave et une fraîcheur qui se dessine peu à peu pour tenir jusqu'en finale. Un 2014 complet et de bonne complexité. ✗ 2015-2018 ✣ verrines de poisson

✪ Didier Rassat, Champ-Martin, 18120 Cerbois, tél. 02 48 51 70 19, didier.rassat@wanadoo.fr ▴ ▾ r.-v.

JACQUES ROUZÉ Vignes d'antan 2014 ★

| | 18 000 | î | 8 à 11 € |

Figurant parmi les plus anciens vignerons de l'appellation quincy, Jacques Rouzé a étendu son exploitation (19 ha) sur Reuilly et Châteaumeillant. Depuis 2009, il est épaulé par son fils Côme.

De très vieilles vignes (soixante-dix à quatre-vingts ans) sont à l'origine de cette cuvée et de son nom. Le nez délivre une fraîcheur fruitée (agrumes) et minérale. L'attaque est souple, puis une fine acidité se révèle en milieu de bouche et confère à ce 2014 bien typé une belle énergie jusqu'en finale et une bonne persistance. ✗ 2015-2018 ❦ apéritif

o━ *Dom. Jacques Rouzé, 2 ter, chem. des Vignes, 18120 Quincy, tél. 02 48 51 35 61, rouze@terre-net.fr*
Ⓥ 🏃 🍷 *t.l.j. sf dim. 9h-12h 14h-18h*

DOM. ADÈLE ROUZÉ 2014 ★★

| | 26 000 | î | 5 à 8 € |

Fille de Jacques Rouzé, Adèle exploite un domaine de 5 ha. Les cuvées qu'elle vinifie depuis 2003 s'invitent avec régularité dans ces pages.

La dégustation commence par un joli nez qui ne cesse de s'étoffer à l'aération : fruits mûrs, puis fleurs blanches et agrumes. La bouche, ample et ronde, est soutenue par une trame acide bien dosée. Un vin élégant, complexe et harmonieux. ✗ 2015-2019 ❦ saumon à l'oseille

o━ *Dom. Adèle Rouzé, 2 ter, chem. des Vignes, 18120 Quincy, tél. 02 48 58 93 08, arouze@terre-net.fr*
Ⓥ 🏃 🍷 *t.l.j. sf dim. 10h-12h 14h-18h*

DOM. SIRET-COURTAUD 2014 ★★

| | 80 000 | î | 8 à 11 € |

Vincent Siret, ingénieur agronome et œnologue, fait ses classes à Gaillac avant de s'installer en 2006 sur 10 ha, complétés par 2,8 ha de châteaumeillant en 2010. En 2015, suite au départ à la retraite de son père, il reprend avec son frère le Dom. du Grand Rosières (6 ha).

À l'origine de ce vin, des vignes d'une quarantaine d'années plongeant leurs racines dans des limons sableux sur argile. Du verre s'échappent des arômes fruités complexes (agrumes, poire), assortis de fleurs blanches et d'une fine trame minérale. Incisive dès l'attaque, la bouche est marquée par une intense vivacité qui se poursuit jusqu'en finale. Un 2014 élégant, séduisant et très tonique. ✗ 2015-2019 ❦ filet de cabillaud sauce agrumes

o━ *Vincent Siret-Courtaud, Le Grand-Rosières, 18400 Lunery, tél. 06 63 51 71 18, contact@domaines-siret.fr* Ⓥ 🏃 🍷 *r.-v.*

DOM. DU TREMBLAY
Cuvée Sucellus 2013 ★

| | 6 600 | î ⬮ | 11 à 15 € |

Chantal Wilk et Jean Tatin exploitent un domaine de 12 ha créé en 1993 à partir de parcelles initialement dépendantes du château de Brinay. Le grand corps de ferme du XVIIIᵉˢ. abrite une cave enterrée et un caveau de dégustation pour les groupes.

De beaux éclats dorés animent la robe. Au nez, d'exubérants arômes de fruits mûrs (pêche, mangue) se mêlent à des notes vanillées bien fondues. Ronde et onctueuse, la bouche offre des arômes de pain d'épice assortis de

fines touches boisées, soulignés par une agréable vivacité. « Une belle maturité des raisins, un bon dosage du bois, un vin très bien fait », selon le jury. ✗ 2015-2019 ❦ émincé de volaille à la crème ▮ Cuvée Vin Noble 2014 ★ (5 à 8 € ; 76 000 b.) : ce 2014 libère de fins arômes (fleur d'acacia, menthe) et offre une bouche ronde et souple. ✗ 2015-2018

o━ *Dom. du Tremblay, Le Tremblay, 18120 Brinay, tél. 02 48 75 20 09, contact@domaines-tatin.com*
Ⓥ 🏃 🍷 *t.l.j. 8h-12h30 13h30-18h; sam. dim. sur r.-v.*
🏠 Ⓔ o━ Jean Tatin

DOM. DE VILLALIN
Cuvée Tradition 2014 ★

| | 40 000 | î | 5 à 8 € |

Maryline et Jean-Jacques Smith ont repris en 1998 cette propriété établie sur les graviers de la rive droite du Cher. Installés dans un ancien corps de ferme traditionnel, ils conduisent un vignoble de 10 ha.

L'olfaction intense est dominée par les agrumes (citron bien mûr), auxquels se mêlent les fruits à chair jaune (abricot, pêche). Ronde, suave et ample, la bouche s'étire dans une jolie fraîcheur, empreinte de notes de pamplemousse. ✗ 2015-2018 ❦ poulet au lait de coco ▮ Les Grandes Vignes de Villalin 2014 ★ (5 à 8 € ; 7 600 b.) : un vin élégant, aux notes florales agrémentées d'agrumes, qui offre une bonne tension jusqu'en finale. ✗ 2015-2018

o━ *EARL Dom. de Villalin, 1, hameau du Grand-Villalin, 18120 Quincy, tél. 02 48 51 34 98, v.quincy@wanadoo.fr*
Ⓥ 🏃 🍷 *t.l.j 9h-18h; dim. sur r. v.* 🏠 ❷ 🏠 Ⓖ
o━ Smith

Superficie : 202 ha / Production : 10 739 hl (53 % blanc)

Par ses coteaux accentués et bien ensoleillés, par ses sols remarquables, Reuilly semble prédestiné à la viticulture. L'appellation recouvre 7 communes situées dans l'Indre et le Cher, dans une région charmante traversée par les vertes vallées du Cher, de l'Arnon et du Théols. Le sauvignon produit ici des blancs secs et fruités, qui prennent ici une ampleur remarquable. Le pinot gris fournit localement un rosé de pressoir tendre et délicat, qui risque de disparaître, supplanté par le pinot noir dont on tire également d'excellents rosés, plus colorés, mais surtout des rouges pleins, toujours légers, au fruité affirmé.

♥ DOM. AUJARD Les Varennes 2014 ★★★

| | 2 700 | î | 5 à 8 € |

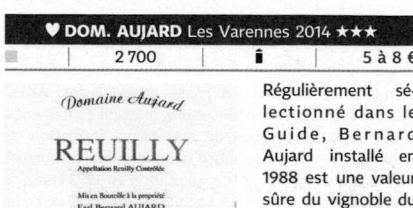

Régulièrement sélectionné dans le Guide, Bernard Aujard installé en 1988 est une valeur sûre du vignoble du Centre. Son fils Damien l'a rejoint en 2012 sur un domaine qui couvre aujourd'hui 6,5 ha.

Ce 2014 issu des beaux terroirs argilo-calcaires de Reuilly offre un nez éclatant de fruits à chair blanche (pêche, poire). Au palais, du gras, une juste fraîcheur, du volume et une belle persistance aromatique sur la poire. Un vin riche et très harmonieux, aussi séduisant au nez qu'en bouche. ✗ 2015-2018 ♈ asperges sauce mousseline ■ 2014 ★★ (5 à 8 € ; 7 500 b.) : une belle teinte œil-de-perdrix, un fruité complexe (pêche de vigne, fruit de la Passion), une bouche fraîche et suave à la fois. Un modèle d'équilibre. ✗ 2015-2016 ■ Tradition 2014 (5 à 8 € ; 22 000 b.) : vin cité. ✗ 2015-2018

o┐ EARL Bernard Aujard, 2, rue du Bas-Bourg, 18120 Lazenay, tél. 02 48 51 73 69, domaineaujard@ wanadoo.fr Ⓥ 🅺 🅵 t.l.j. 8h30-12h 13h30-19h; dim. sur r.-v.

DOM. HENRI BEURDIN ET FILS 2014		
■ 11 200	🅸	5 à 8 €

Henri Beurdin a créé cette exploitation viticole en 1962 et son fils Jean-Louis lui a succédé en 2004. Le siège du domaine est installé à Preuilly dans une maison de maître datant de 1848. Le vignoble couvre 18,6 ha.

Cette cuvée s'affiche en robe rose à reflets cuivrés. Le nez, réservé, délivre à l'agitation des nuances de fruits rouges et blancs un peu évoluées. Vive en attaque, la bouche maintient cette ligne fraîche jusqu'à la finale, aux accents fruités. ✗ 2015-2016 ♈ porc au caramel

o┐ Dom. Henri Beurdin et Fils, 14, Le Carroir, 18120 Preuilly, tél. 02 48 51 30 78, domaine.beurdin@ terre-net.fr Ⓥ 🅺 🅵 t.l.j. 8h-12h 13h30-18h30; sam. dim. sur r.-v.

GÉRARD BIGONNEAU 2014 ★★		
■ 30 000	🅸	5 à 8 €

En s'installant en 1990, Gérard Bigonneau a transformé cette exploitation céréalière, par ailleurs tournée vers le tourisme à la ferme, en domaine viticole. Aujourd'hui, c'est sa fille Virginie, œnologue de formation, qui conduit les 16 ha de vignes.

Fin et élégant, ce 2014 libère d'emblée des parfums typés du sauvignon (buis, bourgeon de cassis), pour s'ouvrir à l'aération sur de jolies notes exotiques mêlées d'aromates. Dense et vive, la bouche offre de la tension et prodigue de beaux arômes de groseille et de fruits blancs jusqu'à la finale intense et longue. ✗ 2015-2019 ♈ tartare de dorade ■ 2014 ★ (5 à 8 € ; 19 000 b.) : des arômes d'abricot et de fleurs blanches qui s'amplifient à l'aération, une bouche souple et suave, l'ensemble est expressif et harmonieux. ✗ 2015-2016

o┐ Bigonneau, La Chagnat, 18120 Brinay, tél. 02 48 52 80 22, earl-bigonneau@orange.fr Ⓥ 🅺 🅵 r.-v. 🏠 Ⓑ

JEAN-CHARLES BORGNAT 2014 ★		
■ 6 500	🅸	5 à 8 €

Jean-Charles Borgnat est passé en 1983 des plates-formes pétrolières à la viticulture, mettant également à profit dans cette nouvelle activité sa formation de géologue. Il travaille d'abord dans le domaine familial, puis a créé ex nihilo cette exploitation en 1993 (près de 9 ha en quincy). En 2008, il a acquis un vignoble de 1,4 ha en reuilly.

Ce vin libère à l'aération des notes exotiques mêlées à une touche végétale (buis). Équilibrée, fraîche, voire tendue, la bouche offre des arômes de citron mûr et d'amande amère. Un 2014 appétant. ✗ 2015-2018 ♈ cabillaud aux agrumes

o┐ Jean-Charles Borgnat, Boisgisson, 6, rue des Champs-Moreaux, 18120 Cerbois, tél. 02 48 51 30 16, jcborgnat@aol.com Ⓥ 🅺 🅵 r.-v.

FRANÇOIS CHARPENTIER ET FILS 2014 ★		
■ 32 000	🅸	5 à 8 €

Habitué du Guide, François Charpentier est installé à Reuilly. Ses fils Géraud et Jean-Baptiste l'ont rejoint en 2011 sur le domaine (13,5 ha). Ils créent un nouveau chai en 2014.

Dominé par les fleurs blanches, le nez offre aussi des notes de buis bien typées. Droit et net, le palais est marqué par la fraîcheur et s'achève sur des nuances de citron vert. ✗ 2015-2018 ♈ huîtres

o┐ François Charpentier et Fils, Dom. du Bourdonnat, rte de Saint-Pierre-de-Jaros, D28, 36260 Reuilly, tél. 06 71 90 66 43, jbcharpentier.vins@orange.fr Ⓥ 🅺 🅵 t.l.j. sf dim. 9h-12h30 13h30-19h

MARC ET PHILIPPE DANIEL 2014 ★★		
■ 12 000	🅸	5 à 8 €

Née en 2001, la société de la fratrie Daniel a débuté avec 2,5 ha de vignes et une récolte vendue sur pied. Associé à Marc, son frère, Philippe Daniel a vinifié son premier millésime en 2011 et conduit aujourd'hui un vignoble de 5,5 ha.

L'olfaction de ce 2014 s'enrichit au fil de la dégustation. Après aération, les touches végétales font place à une belle complexité faite d'agrumes et de fruits exotiques. On retrouve ces arômes dans une bouche ample et élégante, animée en finale par une pointe saline. De l'intensité et du panache. ✗ 2015-2018 ♈ lotte à la crème ■ Anne-Sophie Vieilles Vignes 2014 (8 à 11 € ; 1500 b.) : vin cité. ✗ 2015-2018

o┐ SCEV Daniel, Épagnes, 36150 Meunet-sur-Vatan, tél. 06 61 83 90 36, scev.daniel.reuilly@orange.fr Ⓥ 🅺 🅵 r.-v.

LES DEMOISELLES TATIN Les Lignis 2014 ★		
■ 9 700	🅸	5 à 8 €

Jean Tatin tient ce domaine de sa famille maternelle, qui en est propriétaire depuis 1873. Établi à Brinay, il y a fait ses premières vendanges dans les années 1950. Maroussia, la plus jeune de ses trois filles, l'a rejoint en 2010. Leur domaine couvre 5,6 ha.

Une franche minéralité, au nez comme en bouche, forme la trame de la dégustation. S'y ajoutent des arômes floraux (chèvrefeuille) et fruités (agrumes). Agréable finale aux accents de citron vert. Un 2014 expressif, à l'acidité bien dosée. ✗ 2015-2018 ♈ galette aux pommes de terre

o┐ Les Demoiselles Tatin, Le Tremblay, 18120 Brinay, tél. 02 48 75 20 09, contact@domaines-tatin.com Ⓥ 🅺 🅵 t.l.j. 8h-12h30 13h30-18h; sam. dim. sur r.-v. 🏠 Ⓔ o┐ Maroussia Wilk-Tatin

DENIS JAMAIN Les Pierres Plates 2013		
■ 21 000	🅸	8 à 11 €

La quasi-totalité du vignoble de Denis Jamain est implantée sur des terrains de formation kimméridgienne, adaptés au sauvignon comme au pinot noir. Après plusieurs années en lutte raisonnée, le domaine (18 ha) est en cours de conversion bio.

Rubis grenat intense, la robe de ce 2013 est brillante. Le nez libère des arômes de petits fruits rouges (fraise des bois), que l'on retrouve dans une bouche souple, aux tanins bien fondus. Un « vin plaisir ». **I** 2015-2018 **Y** coq au vin

O— *Denis Jamain, Villa Camille, 20, rte d'Issoudun, 36260 Reuilly, tél. 06 08 25 11 18, denis-jamain@ wanadoo.fr* **V 🕴 🦺** *t.l.j. 8h-17h; sam. dim. sur r.-v.*

CLAUDE LAFOND La Raie 2014		
■ 48 000	🕴	8 à 11 €

Figure de Reuilly, Claude Lafond est un fervent défenseur de l'appellation. Épaulé par sa fille Nathalie, il a diversifié sa production dans les vignobles de l'AOC valençay. Son domaine couvre 40 ha.

Ce vin ne masque pas son origine et « sauvignonne » intensément. Les arômes de bourgeon de cassis, de buis, de genêt et de pamplemousse sont omniprésents. Franche en attaque, la bouche est souple et fluide, stimulée par des notes d'agrumes qui apportent de la fraîcheur. **I** 2015-2018 **Y** selles-sur-cher

O— *SARL Lafond, 8, rte de Saint-Pierre-de-Jards, Le Bois-Saint-Denis, 36260 Reuilly, tél. 02 54 49 22 17, nathalie.lafond.reuilly@orange.fr* **V 🕴 🦺** *r.-v.*

DOM. MABILLOT 2014		
■ 12 000	🕴	5 à 8 €

Habitué du Guide, Alain Mabillot, partisan de l'enherbement et de la lutte raisonnée, conduisait ce domaine depuis 1990. En 2012, il vinifie son dernier millésime avec ses deux fils, Matthieu et Renaud, avant de les laisser officier seuls.

La teinte rubis foncé de ce 2014 est de belle profondeur. Le nez discret révèle d'élégantes notes fruitées à l'aération. La bouche, assez concentrée, est étayée de tanins encore un peu austères qui devraient se débrider avec un peu de temps. **I** 2016-2019 **Y** lapin aux pruneaux

O— *Matthieu et Renaud Mabillot, 3, chem. de l'Orme, Villiers-les-Roses, 36260 Sainte-Lizaigne, tél. 02 54 04 02 09, contact@vins-mabillot.fr* **V 🕴 🦺** *r.-v.*

DOM. VALÉRY RENAUDAT Les Lignis 2014		
■ 8 600	🕴	8 à 11 €

Installé en 1999 sur 2,5 ha à cheval sur reuilly et quincy, Valéry Renaudat, qui exploite désormais quelque 13 ha de vignes sous deux étiquettes (Valéry Renaudat et Dom. du Chêne vert), s'impose comme l'une des valeurs sûres de ces appellations.

Le premier nez, plutôt végétal, est suivi d'agréables notes de fleur d'oranger et de fruits secs grillés. Souple et onctueuse, la bouche se montre chaleureuse, tout en conservant un trait de fraîcheur bien sauvignonnée. **I** 2015-2018 **Y** bouchées à la reine ■ Les Lignis 2014 (8 à 11 € ; 42 000 b.) : vin cité. **I** 2015-2016

O— *SARL Dom. Valéry Renaudat, 3, pl. des Écoles, 36260 Reuilly, tél. 02 54 49 38 12, domaine@ valeryrenaudat.fr* **V 🕴 🦺** *t.l.j. sf dim. 9h-12h30 13h30-19h*

DOM. DE SERESNES 2014		
■ 5 000	🕴	5 à 8 €

À la tête de ce domaine depuis 1972, Jacques Renaudat est régulièrement retenu dans le Guide, souvent aux meilleures places. Une chapelle du XIIIᵉ s. qui figure sur l'étiquette est située à l'entrée de la cave.

Des notes de fleur d'acacia, de miel et de bonbon anglais s'échappent discrètement du verre. Très souple en attaque, la bouche affirme un bon volume et délivre en finale une plaisante touche anisée. **I** 2015-2016 **Y** buffet de charcuteries

O— *Jacques Renaudat, Le Grand Seresnes, 36260 Diou, tél. 02 54 49 21 44* **V 🕴 🦺** *r.-v.*

JEAN-MICHEL SORBE 2014 ★★		
■ n.c.		5 à 8 €

Cette maison regroupe un domaine viticole (14 ha) et une activité de négoce qui connaissent le même succès. Un ensemble repris en 1997 par la famille Joseph Mellot, qui a développé un espace œnotouristique au siège de l'exploitation.

Intenses et élégants, les arômes de fruits (abricot, pêche, poire) s'accompagnent de discrètes notes de bourgeon de cassis et de pamplemousse. Franche en attaque, la bouche se révèle ample, puissante et tendue par une fine trame acide. Un beau vin harmonieux et persistant. **I** 2015-2018 **Y** pavé de cabillaud sauce safran ■ Les Rouesses 2014 ★★ (5 à 8 € ; 29 000 b.) : saumonée, la robe est soutenue. Le nez est riche en fruits (fraise, pêche blanche, fruits exotiques). Ronde et suave au premier abord, la bouche délivre ensuite une acidité bien dosée et s'étend longuement sur des arômes de fruits à chair blanche. Un rosé distingué et gourmand. **I** 2015-2016 ■ Les Rouesses 2014 (5 à 8 € ; 14 000 b.) : vin cité. **I** 2016-2019

O— *SARL Jean-Michel Sorbe, Le Buisson-Long, rte de Quincy, 18120 Brinay, tél. 02 48 51 30 17, jeanmichelsorbe@jeanmichelsorbe.com* **V 🕴 🦺** *r.-v.*
O— Mellot

VINCENT 2014 ★		
■ 14 000	🕴	5 à 8 €

Le village de Lazenay se situe à la limite de la Champagne berrichonne. Installé depuis 1976, Jacques Vincent est très souvent sélectionné dans le Guide, notamment pour ses rosés, dont il a le secret, produits sur un terroir sablo-gravillonneux. Pierre, son fils, l'a récemment rejoint.

Puissant, le nez est marqué par des arômes de bourgeon de cassis assortis de notes d'agrumes, de pêche et de mangue. Si la vivacité est bien présente, ce 2014 se révèle avant tout onctueux et suave. La petite pointe amère en finale apporte un surcroît de complexité. **I** 2015-2018 **Y** cake au saumon et à l'aneth ■ 2014 (5 à 8 € ; 18 000 b.) : vin cité. **I** 2015-2016

O— *SCEV Vincent, 11, chem. des Caves, 18120 Lazenay, tél. 02 48 51 73 55, vincent.pierre.18@gmail.com* **V 🕴 🦺** *t.l.j. 9h-12h 14h-19h; dim. sur r.-v.*

SAINT-POURÇAIN

Superficie : 695 ha / Production : 21 297 hl (71 % rouge et rosé)

Le paisible et planureux Bourbonnais (département de l'Allier) possède aussi un vignoble, sur 19 communes, au sud-ouest de Moulins. Les vignes croissent sur les coteaux de la vallée de la Sioule ou sur des plateaux calcaires, à proximité. Les blancs ont fait autrefois la

LOIRE

réputation de Saint-Pourçain ; un cépage local, le tressallier, est assemblé au chardonnay et au sauvignon, donnant une grande originalité aromatique à ces vins. Aujourd'hui, les rouges sont les plus nombreux. Fruités et charmeurs, ils proviennent de l'assemblage de gamay et de pinot noir.

DOM. DE BELLEVUE Les Roches grises 2012 ★★

| | 10 200 | 🍶 ⬤) | 5 à 8 € |

Dès les années 1930, le grand-père de Jean-Louis Pétillat vendait ses vins en bouteilles. Incarnant la quatrième génération, ce dernier exploite 22 ha de vignes. La propriété et ses bâtiments du XIXᵉ s. se situent au cœur du vignoble bourbonnais.

D'un beau rouge rubis aux reflets violacés, ce 2012 à majorité de pinot noir (60 %) s'ouvre sur un nez généreusement fruité (fruits rouges) relevé d'élégantes notes épicées. Franche à l'attaque, la bouche se révèle souple, ronde et fruitée à souhait, soutenue par des tanins bien fondus et rappelle les épices (poivre) en finale. ✗ 2015-2018 🍴 magret de canard ■ Grande Réserve 2014 ★ (5 à 8 € ; 34 000 b.) : bien typé chardonnay (majoritaire), ce 2014 livre un nez frais de pêche de vigne et d'abricot. Au palais, il se montre vif et acidulé à l'attaque, sur des notes de citronnelle, puis déploie un beau volume et un velouté flatteur. ✗ 2015-2018

☛ Dom. Pétillat, Bellevue, 03500 Meillard, tél. 04 70 42 05 56, espace-client@domaine-petillat.fr Ⓥ 🛡 r.-v.

DOM. DES BÉRIOLES Trésaille 2013 ★★

| | 12 000 | 🍶 | 8 à 11 € |

Cette propriété familiale de 9 ha, installée au pied d'une petite chapelle et traversée par le chemin de Saint-Jacques-de-Compostelle, est dirigée par Jean Teissèdre depuis 2011.

Ce pur tressallier jaune paille est un vrai panier de fruits d'été au nez avec ses parfums de figue et de coing légèrement mentholés. En bouche ? De la rondeur et de la finesse, avec juste ce qu'il faut de fraîcheur pour souligner un fruité délicatement épicé. Un vin complexe et très harmonieux. ✗ 2015-2019 🍴 tarte aux fruits secs ■ Les Grandes Brières 2013 (5 à 8 € ; 10 000 b.) : vin cité. ✗ 2015-2018

☛ Teissèdre, Dom. des Bérioles, pl. de l'Église, 03500 Cesset, tél. 04 70 47 09 15, domainedesberioles@ gmail.com Ⓥ 🎿 🛡 t.l.j. 9h-12h 14h-19h; dim. sur r.-v.

CÉDRIC ET BENOÎT BONVIN
Nectar de Vincent 2014 ★

| | 3 500 | | 5 à 8 € |

Travaillant en duo depuis 2010, les frères Bonvin sont complémentaires sur leur exploitation de 18 ha : Cédric se charge de la technique, Benoît de la vente.

Ce vin jaune paille s'ouvre sur un nez fruité et fin de pomme verte, d'agrumes et de fleurs blanches. L'élégance est de mise dans un palais bien équilibré, à la fois gras et frais, qui rappelle les arômes de l'olfaction jusqu'en finale. ✗ 2015-2018 🍴 plateau de fruits de mer

☛ Cave Bonvin, 11, rue Sainte-Catherine, 03500 Louchy-Montfand, tél. 06 87 81 58 21, cave.bonvin@gmail.com Ⓥ 🎿 🛡 t.l.j. sf dim. 8h-12h 14h-18h30

DOM. DES BOURRATS 2013

| | 2 400 | 🍶 | 5 à 8 € |

Après avoir travaillé dix ans auprès de Robert Prélot, Laetitia Lachérade a repris le domaine (4,5 ha) début 2011. Elle souhaite conserver l'authenticité des vins de son prédécesseur.

Ce 2013 issu de gamay s'ouvre sur un nez intense et gourmand de confiture de griottes et de pruneau. La bouche, onctueuse et ronde, trouve l'équilibre grâce à une fine trame acide qui souligne ses arômes de quetsche et de figue et lui donne de l'allonge. ✗ 2015-2016 🍴 sauté de veau aux olives

☛ Dom. des Bourrats, rue des Acacias, 03500 Saint-Pourçain-sur-Sioule, tél. 06 25 29 01 01, domainedesbourrats@gmail.com Ⓥ 🎿 🛡 t.l.j. sf dim. 9h-12h 14h-19h ☛ Lachérade

CH. COURTINAT Tradition 2014 ★

| | 8 000 | 🍶 | 5 à 8 € |

Typiquement bourbonnais avec sa petite tour ronde et son pigeonnier, ce domaine créé à l'emplacement d'un ancien couvent du XVIᵉ s. a abandonné l'élevage et les céréales. Habitué du Guide, Christophe Courtinat exploite aujourd'hui 12 ha de vignes.

Né de tressallier assemblé au sauvignon (20 %) et au chardonnay (10 %), ce 2014 livre un nez frais de menthe poivrée et de citronnelle. Le palais, gourmand et fruité, séduit par sa fine fraîcheur. Un vin agréable. ✗ 2016-2019 🍴 gaspacho au concombre ■ 2013 ★ (5 à 8 € ; 4 000 b.) : cette cuvée à majorité de pinot noir (80 %) présente un nez de fruits rouges noirs et de sous-bois. Le palais dévoile une structure tannique ferme et une belle trame aromatique fruitée, boisée et épicée. ✗ 2016-2018 ■ Cuvée des Pérelles Élevé en fût de chêne 2013 (5 à 8 € ; 6 800 b.) : vin cité. ✗ 2016-2019

☛ Christophe Courtinat, 11, rue de Venteuil, 03500 Saulcet, tél. 04 70 45 44 84, cavecourtinat@wanadoo.fr Ⓥ 🛡 r.-v.

DOM. GARDIEN FRÈRES
Le Nectar des Fées 2014 ★★

| | 20 000 | 🍶 | 5 à 8 € |

Un domaine dans la même famille depuis 1924. Installés en 1991, les frères Olivier et Christophe Gardien (quatrième génération) ont arrêté la culture de céréales pour se consacrer à la vigne, qui couvre 23 ha sur un terroir argilo-siliceux.

Ce 2014 à dominante de chardonnay (60 %) s'ouvre sur un nez complexe et très intense de poire, de fruits exotiques et de pêche de vigne. Une palette d'arômes prolongée par une bouche ronde et gourmande, qui s'achève sur une note flatteuse de prune. Un vin plein de charme et d'harmonie. ✗ 2015-2019 🍴 rougets marinés aux herbes

☛ Dom. Gardien Frères, 7, Chassignolles, 03210 Besson, tél. 04 70 42 80 11, c.gardien@03.sideral.fr Ⓥ 🎿 🛡 t.l.j. sf dim. 8h-12h 14h-19h

FAMILLE LAURENT Puy Réal 2014 ★

| | 9 600 | ⬤) | 8 à 11 € |

La famille Laurent est établie à Saulcet depuis plusieurs siècles. En 2005, Jean-Pierre et Corinne ont modernisé leur cave de vinification. Damien, leur fils, les a rejoints en 2015 sur ce domaine de 30 ha habitué du Guide.

Ce vin issu de chardonnay et de tressallier a bénéficié d'un élevage en fût de quatre mois. Il en tire un nez ouvert et complexe qui mêle notes florales et fines nuances boisées. Le palais, vif et bien équilibré, joue aussi le registre de la complexité avec ses arômes persistants de fruits secs (amande, noix) et de fruits frais (pamplemousse, ananas). ✗ 2015-2020 ▼ salade d'endives, noix et bleu ■ Calnite 2013 (5 à 8 € ; 20 000 b.) : vin cité. ✗ 2017-2019 ■ Puy Réal 2014 (8 à 11 € ; 30 000 b.) : vin cité. ✗ 2017-2020

☞ Famille Laurent, Montifaud, 03500 Saulcet, tél. 04 70 45 90 41, cave.laurent@wanadoo.fr Ⓥ Ⓚ Ⓕ t.l.j. sf dim. 9h-12h 14h-18h

DOM. NEBOUT		
Classe N 2012 ★		
■ 1 000	⬥	15 à 20 €

Succédant à quatre générations, Julien Nebout a pris la tête en 2006 de cette propriété de 30 ha régulièrement mentionnée dans ces pages.

Ce pur pinot noir, élevé en fût neuf pendant quatorze mois, s'ouvre sur un nez complexe aux senteurs animales associées à des notes de vanille. Le palais « pinote » avec force : les arômes de fruits rouges (cerise, griotte) et noirs (mûre) rencontrent les épices douces, une gamme aromatique soulignée par une fine trame acide et tannique qui mérite un peu de garde pour s'arrondir. ✗ 2016-2018 ▼ terrine de lapin aux noisettes ■ Le Tressallier des gravières 2014 (5 à 8 € ; 16 000 b.) : vin cité. ✗ 2016-2019

☞ Dom. Nebout, rte de Montluçon, 03500 Saint-Pourçain-sur-Sioule, tél. 04 70 45 31 70, julienebout@yahoo.fr Ⓥ Ⓚ Ⓕ t.l.j. sf dim. 9h-12h 14h-18h30

DOM. RAY Tradition 2014 ★		
■ 20 000	î	5 à 8 €

Cette exploitation acquise par la famille Ray en 1929 s'est agrandie au fil des générations pour couvrir aujourd'hui 20 ha. En 2011, Fanny et Alexandre Pinet, fille et gendre de François Ray, ont rejoint le domaine.

Un 100 % gamay au nez intense de prune et de bonbon anglais. Des arômes que l'on retrouve dans une bouche bien équilibrée entre fraîcheur et douceur. Un bon classique. ✗ 2015-2016 ▼ grillades

☞ Dom. Ray, 8, rue Louis-Neillot, 03500 Saulcet, tél. 04 70 45 35 46, ray.francois@akeonet.com Ⓥ Ⓚ Ⓕ r.-v. ☞ Ray et Pinet

UNION DES VIGNERONS DE SAINT-POURÇAIN		
La Réserve spéciale 2013 ★★		
■ 15 000	î	- de 5 €

Créée en 1952, cette cave coopérative est la seule de l'appellation saint-pourçain. Rassemblant aujourd'hui 60 vignerons, elle vinifie les deux tiers des volumes sous la baguette de l'œnologue Sylvain Miniot.

Ce 2013 affiche une couleur rubis profond et un nez puissant qui « pinote » sur la mûre et les fruits des bois, un bouquet bien souligné par un trait épicé. Ample, étoffé et soutenu par des tanins soyeux, le palais confirme les arômes flatteurs de l'olfaction. Et pour parfaire le plaisir,

ce vin harmonieux est doté d'une longue finale sur les fruits noirs. ✗ 2015-2020 ▼ côte de bœuf aux échalotes

☞ Union des Vignerons de Saint-Pourçain, 3, rue de la Ronde, 03500 Saint-Pourçain-sur-Sioule, tél. 04 70 45 42 82, udv@vinsaintpourcain.com Ⓥ Ⓚ Ⓕ t.l.j. 8h30-12h30 13h30-18h

Y. TOUZAIN 2014 ★★		
■ 1 700	î	5 à 8 €

Après avoir été chef de culture dans les Graves, Yannick Touzain a repris ce domaine de 7 ha. Le viticulteur utilise depuis l'année 2012 l'homéopathie comme « anti-stress » sur ses vignes.

Le chardonnay et 20 % de tressallier composent un vin complexe, ouvert sur la fougère et autres senteurs des sous-bois nuancées d'acacia. Le palais, rond et gras, livre des arômes plus boisés de pain grillé, souligné par une acidité bien dosée qui le fait gagner en longueur et en dynamisme. Une belle bouteille de gastronomie. ✗ 2015-2020 ▼ sandre au beurre blanc

☞ Yannick Touzain, 9, rte de Moulins, 03500 Contigny, tél. 04 70 45 95 05, vin.y.touzain@cegetel.net Ⓥ Ⓕ t.l.j. 9h-19h

SANCERRE

Superficie : 2 830 ha / Production : 135 393 hl (79 % blanc)

Perché sur un piton rocheux, Sancerre domine la Loire et son vignoble, réputé dès le Moyen Âge. Sur 14 communes s'étend un magnifique réseau de collines parfaitement adaptées à la viticulture, bien exposées et protégées. Les sols portent des noms locaux : « terres blanches » (marnes argilo-calcaires du kimméridgien) ; « caillottes » et « griottes » (calcaires) ; « cailloux » ou « silex » (sols siliceux du Tertiaire). Deux cépages règnent à Sancerre : le sauvignon en blanc et le pinot noir en rouge. Le premier s'épanouit dans des blancs frais, jeunes et fruités, qui prennent des nuances différentes selon les types de sols ; le second s'exprime dans des rosés tendres et subtils, et dans des rouges légers, parfumés et amples. Sancerre, c'est aussi un milieu humain particulièrement attachant. Il n'est pas facile, en effet, de produire un grand vin avec le sauvignon, cépage de deuxième époque de maturité, non loin de la limite nord de la culture de la vigne, à des altitudes de 200 à 300 m et sur des sols qui comptent parmi les plus pentus du pays, d'autant que les fermentations se déroulent en fin de saison dans des conditions délicates.

PIERRE ARCHAMBAULT 2014 ★★		
■ 32 000	î	8 à 11 €

Creusées dans le calcaire, les galeries à l'origine du nom de la propriété (les caves de la Perrière) furent d'abord exploitées par les moines au XIIᵉ s., puis par une champignonnière dans les années 1850, avant que Magloire Archambault n'y installe sa cave viticole en 1910. Le domaine couvre 42 ha.

Exubérant et complexe, le nez de ce 2014 est un panier de fruits (orange, pêche jaune, fruit de la Passion) agrémenté de touches florales et végétales. On retrouve

LOIRE

les fruits dans une bouche onctueuse, fraîche, puissante et persistante. ✗ 2015-2020 ⍩ koulibiac de saumon

☛ Pierre Archambault, BP 26, 58150 Pouilly-sur-Loire, tél. 03 86 39 57 75 🆅 ⬛ ⬛ r.-v.

DOM. SYLVAIN BAILLY Prestige 2013 ★		
⬛ n.c.	🛡 ⬭	11 à 15 €

Chez les Bailly, on est vigneron de père en fils depuis 1700. À la tête du domaine depuis 1991, Jacques Bailly, viticulteur à Sancerre, a réussi à se faire une place dans le vignoble de Quincy. Sonia, sa fille, l'a rejoint sur l'exploitation fin 2007.

Sur un fond de fleurs blanches et de pamplemousse, ce 2013 libère des arômes briochés témoins de son élevage de douze mois sur lies. La bouche est soyeuse et ronde, soutenue par une fine trame acide. Le boisé affleure, juste suggéré. Un sancerre harmonieux et gourmand. ✗ 2015-2018 ⍩ lapin à la crème

☛ Dom. Sylvain Bailly, 71, rue de Venoize, 18300 Bué, tél. 02 48 54 02 75, domaine.sylvain.bailly@orange.fr 🆅 ⬛ ⬛ t.l.j. 8h30-12h 14h-18h; sam. dim. sur r.-v.

DOM. BAILLY-REVERDY La Mercy-Dieu 2013 ★		
⬛ 19 000	⬭	8 à 11 €

La famille Bailly est établie dans le village vigneron de Bué depuis les années 1950. C'est Franck, le fils de Bernard, qui conduit aujourd'hui les 23 ha du domaine. Son neveu Aurélien l'a rejoint en 2010.

Cette cuvée arbore une robe rubis soutenu. Le nez est intense et fruité (cassis, cerise). En bouche, quelques notes vanillées bien intégrées et une solide structure tannique révèlent une vinification et un élevage réussis. Un vin dense et charpenté à attendre un peu pour plus de rondeur. ✗ 2016-2020 ⍩ bavette à l'échalote

☛ Dom. Bailly-Reverdy, La Croix-Saint-Laurent, 43, rue de Venoize, 18300 Bué, tél. 02 48 54 18 38, bailly.reverdy@wanadoo.fr 🆅 ⬛ ⬛ t.l.j. 9h-12h 14h-18h; sam. dim. sur r.-v.

PASCAL BALLAND 2013 ★		
⬛ n.c.	🛡	8 à 11 €

Pascal Balland est l'un des derniers maillons d'une longue chaîne de vignerons aux nombreuses ramifications, enracinée à Bué depuis le milieu du XVIIᵉs. Il exploite ce vignoble de 9,3 ha depuis 1984.

Ce 2013 libère des arômes complexes de cerise cuite et d'épices assortis d'une touche animale. Fraîche et alerte en attaque, la bouche fait écho à l'olfaction et s'adosse à des tanins solides, encore un peu austères. On attendra un peu pour que ce sancerre de caractère trouve sa juste définition. ✗ 2017-2020 ⍩ entrecôte grillée

☛ EARL Pascal Balland, rue Saint-Vincent, 18300 Bué, tél. 02 48 54 22 19, pascalballand@wanadoo.fr 🆅 ⬛ ⬛ t.l.j. 8h-12h 13h30-18h; dim. sur r.-v.

DOM. BONNARD 2013		
⬛ 25 000	🛡	8 à 11 €

Fondé en 1956 à partir d'une parcelle de 30 ares, ce domaine, conduit par Bernard Bonnard et ses deux filles, Martine et Claire, s'étend aujourd'hui sur 13 ha répartis dans les appellations sancerre (majoritairement) et pouilly-fumé.

Agrumes, fruits blancs, groseille à maquereau, le nez est expressif et frais. Franche en attaque, la bouche, d'un bon volume, se révèle tout aussi fraîche et fruitée, une pointe épicée venant agrémenter la finale. ✗ 2015-2018 ⍩ saumon fumé et blinis

☛ Dom. Bonnard, Les Chailloux, rte de Chavignol, 18300 Sancerre, tél. 02 48 54 17 47, claire.bonnard@orange.fr 🆅 ⬛ ⬛ r.-v.

HENRI BOURGEOIS D'Antan 2013		
⬛ 18 900	🛡 ⬭	30 à 50 €

À sa création par Henri Bourgeois en 1950, la propriété comptait 1,5 ha de vignes. Aujourd'hui, la famille Bourgeois (Arnaud, Jean-Christophe et Lionel) est à la tête de 72 ha, sans compter les 30 ha acquis en Nouvelle-Zélande. Une valeur sûre du Sancerrois.

Née sur les terroirs à silex de Saint-Satur, cette cuvée a été mise en bouteilles après un élevage partiel sous bois de dix mois. Les notes d'élevage imprègnent le premier nez (vanille) puis s'effacent progressivement pour faire place à l'orange. Le palais se révèle onctueux, ample et rond, animé de nuances torréfiées. ✗ 2016-2020 ⍩ ris de veau à la broche ⬛ Le MD de Bourgeois 2013 (20 à 30 € ; 11 000 b.) : vin cité. ✗ 2015-2018

☛ Dom. Henri Bourgeois, Chavignol, 18300 Sancerre, tél. 02 48 78 53 20, domaine@henribourgeois.com 🆅 ⬛ ⬛ t.l.j. 9h30-18h30

HUBERT BROCHARD 2014 ★		
⬛ 200 000	🛡	11 à 15 €

Aimée et Hubert Brochard ont créé cette propriété dans les années 1900. Ce sont aujourd'hui leurs trois petits-enfants, Jean-François, Daniel et Benoît, qui conduisent les 60 ha de vignes répartis dans les aires d'appellation sancerre et pouilly-fumé.

Ce 2014 élevé sur lies fines est une belle expression du sauvignon. Il libère d'agréables senteurs de bourgeon de cassis et de fruits au sirop, que l'on retrouve dans une bouche ample et fraîche. De la personnalité et de la typicité. ✗ 2015-2018 ⍩ cassolette de moules au safran

☛ Hubert Brochard, Chavignol, 18300 Sancerre, tél. 02 48 78 20 10, domaine@hubert-brochard.fr 🆅 ⬛ t.l.j. 9h-12h 13h30 17h30

DOM. DES BROSSES 2014		
⬛ 4 000	🛡	8 à 11 €

En 2007, Anthony et Nicolas Girard ont pris la suite de leur père Alain. Les deux grandes caves de 22 m de long datant de 1860 témoignent de l'ancienneté de ce domaine, dont le vignoble couvre 10 ha.

Assez soutenue, la robe affiche de beaux reflets violets. Le nez est disert : petits fruits rouges (fraise, framboise, groseille), nuances épicées et anisées. Vineuse, la bouche révèle une pointe d'acidité bienvenue en finale. ✗ 2015-2017 ⍩ côtelettes de porc en grillades

☛ Alain Girard et Fils, Dom. des Brosses, 18300 Veaugues, tél. 02 48 79 24 88, domainedesbrosses@yahoo.fr 🆅 ⬛ ⬛ t.l.j. sf dim. 9h-12h 14h-18h

DOM. DU CARROIR PERRIN 2014 ★

| ■ | 75 000 | 🍶 | 8 à 11 € |

Propriété de 11 ha située à 4 km de Sancerre. Pierre Riffault et son fils Bertrand, installés en 2006, ont restauré trois maisons anciennes qui servent de gîtes pour les voyageurs désireux de se retrouver dans une ambiance vigneronne et campagnarde.

Cette cuvée dorée s'ouvre sur l'abricot bien mûr et la pêche ; arômes que l'on retrouve dans une bouche croquante, ample et intense. Un 2014 expressif et harmonieux. ✗ 2015-2018 ☗ escalope de dinde à la crème ■ 2014 (5 à 8 € ; 6 000 b.) : vin cité. ✗ 2015-2016

☞ EARL Pierre Riffault, Chaudoux, 18300 Verdigny, tél. 02 48 79 31 03, pierre.riffault@aliceadsl.fr Ⓥ ⚘ 🏠 t.l.j. sf dim. 8h-12h 13h30-18h30 🏠 Ⓑ

LES CELLIERS DE LA PAULINE Éric Louis 2013

| ■ | 10 973 | 🍶 | 8 à 11 € |

Installé sur les terres de Thauvenay depuis plus de deux siècles, ce domaine de 20 ha abrite une cave voûtée en pierre du Morvan. Éric Louis cultive ses vignes sur les coteaux sud-est de l'appellation sancerre, constitués de silex et d'argilo-calcaires.

Arômes de fruits rouges (framboise, fraise des bois, griotte) et léger boisé caractérisent le nez. On retrouve la griotte dans une bouche souple et légèrement toastée en finale. ✗ 2015-2018 ☗ assiette de charcuterie

☞ Les Celliers de la Pauline, 26, rue de la Mairie, 18300 Thauvenay, tél. 02 48 79 91 46, luce@sancerre-ericlouis.com Ⓥ ⚘ 🏠 t.l.j. 10h-12h 13h30-19h

DOM. DES CHASSEIGNES 2014 ★

| ■ | 2 500 | | 5 à 8 € |

Aurore Dezat conduit depuis 2011 ce domaine familial de 9 ha créé par son grand-père et développé par la suite par son père Denis et son oncle Claude.

Violine profond, la couleur de ce 2014 est attrayante. Le nez, intense, est composé de belles notes fruitées (cerise, fraise des bois). On retrouve ces arômes dans un palais rond, ample et déjà soyeux. Un sancerre délicat et gourmand. ✗ 2015-2018 ☗ rôti de bœuf mariné au miel ■ Les Chasseignes 2014 (11 à 15 € ; 1 500 b.) : vin cité. ✗ 2017-2020 ■ 2014 (5 à 8 € ; 21 000 b.) : vin cité. ✗ 2015-2017

☞ Dom. des Chasseignes, Chappe, 18300 Sury-en-Vaux, tél. 02 48 79 36 84, contact@domainedeschasseignes.com Ⓥ ⚘ 🏠 t.l.j. 8h-12h 14h-18h; dim. sur r.-v.

SIMON CHOTARD Les Cris 2014 ★

| ■ | 2 000 | | 15 à 20 € |

Vignerons et tonneliers, les ancêtres de Simon Chotard ont toujours travaillé dans le monde du vin. Ce dernier, œnologue, a repris ce domaine familial de 16,5 ha en 2014.

Le caractère variétal (buis, genêt, bourgeon de cassis) s'exprime au premier abord, complété à l'aération par des nuances florales. Le palais offre du charnu et une fraîcheur bien dosée, assurant une bonne persistance sur le fruit (pêche blanche). Un sancerre équilibré. ✗ 2015-2018 ☗ escalope de dinde à la crème

☞ Simon Chotard, Hameau de Reigny, 5, rue des Fontaines, 18300 Crézancy-en-Sancerre, tél. 02 48 79 08 12, sancerresimonchotard@live.fr Ⓥ ⚘ 🏠 t.l.j. 9h-12h 14h-18h30 sf dim.; f. 15-31 août

DOM. LA CLEF DU RÉCIT 2013 ★

| ■ | 4 600 | 🍶 ⚬ | 11 à 15 € |

Après avoir acquis une solide expérience sur le domaine familial du Sancerrois et dans plusieurs pays viticoles, Anthony Girard a acheté en 2012 cette propriété qui couvre 9 ha.

Rubis à reflets violets, la robe affiche une belle profondeur. Au nez, les nuances boisées (vanille, café) se fondent dans les arômes de fruits rouges. Ronde en attaque, la bouche offre du gras et une bonne structure tannique. Un vin corsé. ✗ 2015-2019 ☗ cailles rôties ■ 2014 (11 à 15 € ; 45 000 b.) : vin cité. ✗ 2015-2018

☞ Girard, Recy, 12, chem. des Passerelles, 18300 Vinon, tél. 06 07 66 93 29, laclefdurecit@gmail.com Ⓥ ⚘ 🏠 r.-v.

ÉRIC COTTAT La Vallée des vignes 2014 ★★

| ■ | 8 000 | 🍶 | 8 à 11 € |

Éric Cottat conduit depuis 1990 cette exploitation située au hameau de Thou dans la commune de Sury-en-Vaux. Le domaine dispose depuis 2004 d'un nouveau chai climatisé, avec cuverie Inox thermorégulée.

Ce 2014 s'ouvre sur de puissants arômes de fruits blancs et de fruits exotiques qui se détachent d'une fine trame minérale et végétale. Suave en attaque, le palais évolue vers la fraîcheur et propose un fruit persistant et délicat. Un vin complexe et élégant. ✗ 2015-2018 ☗ langouste royale à la nage ■ La Vallée des vignes 2014 (8 à 11 € ; 2 000 b.) : vin cité. ✗ 2015-2016

☞ Éric Cottat, Le Thou, 18300 Sury-en-Vaux, tél. 02 48 79 02 78, eric.cottat@free.fr Ⓥ ⚘ 🏠 t.l.j. 9h-19h

DANIEL CROCHET 2014 ★

| ■ | 30 000 | 🍶 | 8 à 11 € |

Issu d'une lignée de vignerons dont il représente la quatrième génération, Daniel Crochet est régulièrement cité dans le Guide. À la tête du domaine familial depuis 1996, il conduit aujourd'hui un vignoble de 10 ha répartis entre Sancerre et Bué.

Discret au premier abord, ce 2014 libère des notes d'agrumes (citron, pamplemousse) et d'élégants arômes de pêche blanche, de chèvrefeuille et de menthe à l'aération. En bouche, il se révèle souple en attaque, puis tendu par une belle acidité citronnée qui se prolonge jusqu'en finale. Un beau représentant de l'AOC, plein de peps. ✗ 2015-2018 ☗ crottin de Chavignol

☞ Daniel Crochet, 61, rue de Venoize, 18300 Bué, tél. 02 48 54 07 83, daniel-crochet@wanadoo.fr Ⓥ ⚘ 🏠 t.l.j. sf dim. 9h-18h30

DOM. LA CROIX SAINT-LAURENT 2014

| ■ | 45 000 | 🍶 | 8 à 11 € |

La Croix Saint-Laurent est le quartier du village de Bué où vous trouverez la cave de Joël Cirotte, aujourd'hui aidé de son fils Fabien. Leur domaine couvre 10 ha.

Discret, ce 2014 s'exprime avec délicatesse : notes fugaces de mie de pain, puis arômes d'agrumes (orange, pamplemousse) et de fleurs blanches assortis d'une touche de buis. En bouche, l'acidité et la sucrosité ont besoin d'un peu de temps encore pour s'équilibrer. ✗ 2015-2018 ⍾ salade au crottin de Chavignol

⌒ *Joël Cirotte, Venoize, 18300 Bué, tél. 02 48 54 30 95, scea-cirotte@wanadoo.fr* 🅥 🄰 🄵 *t.l.j. sf dim. 8h-12h 14h-18h*

DOM. VINCENT DELAPORTE Monts Damnés 2013

■	10 000	🍶 🍷	15 à 20 €

Conduit par Jean-Yves Delaporte et son fils Matthieu, ce domaine familial de 24 ha est installé à Chavignol, charmant village au cœur du Sancerrois réputé pour son fromage de chèvre.

Issue de la célèbre Côte des Monts Damnés, cette cuvée dont c'est le premier millésime a été élevée sur lies pendant un an, dont 50 % en fût. Elle en retire de discrets arômes fruités agrémentés d'une pointe boisée et minérale. En bouche, elle présente une jolie fraîcheur renforcée par une petite touche végétale. ✗ 2015-2018 ⍾ clovisses farcies ■ 2013 (8 à 11 € ; 25 000 b.) : vin cité. ✗ 2015-2020

⌒ *Vincent Delaporte, Chavignol, 18300 Sancerre, tél. 02 48 78 03 32, delaportevincent.sancerre@ wanadoo.fr* 🅥 🄰 🄵 *r.-v.*

ANDRÉ DEZAT ET FILS 2014

■	100 000	🍶	8 à 11 €

La famille Dezat, aujourd'hui représentée par les frères Simon et Louis et par leurs enfants Firmin et Arnaud, est productrice dans l'AOC sancerre depuis plusieurs générations. Elle a créé le domaine Thibault en 1980 pour élargir sa gamme aux pouilly-fumé.

Minéral et fumé, le nez présente aussi des nuances d'agrumes (orange, pamplemousse) et quelques notes de croûte de pain. Droit dès l'attaque, le palais offre de la vivacité et une jolie finale appétente. ✗ 2015-2018 ⍾ aumônières de saumon

⌒ *SCEV André Dezat et Fils, rue des Tonneliers, Chaudoux, 18300 Verdigny, tél. 02 48 79 38 82, dezat.andre@terre-net.fr* 🅥 🄰 🄵 *t.l.j. sf dim. 9h-12h 14h-18h*

PAUL DOUCET ET FILS 2014 ★

■	2 500	🍶	5 à 8 €

Converti à la viticulture en 1978 après avoir longtemps été en polyculture-élevage, ce domaine de 10,5 ha conduit par Patrick Doucet est situé à Sury-en-Vaux, village cerné par de magnifiques coteaux viticoles.

Ce 2014 s'affiche en robe rose pâle à reflets œil-de-perdrix. Intense, le nez exhale les fruits frais (abricot, orange sanguine). La bouche est en harmonie. Ronde et vive à la fois, elle s'achève sur des notes d'agrumes et d'épices. Un rosé équilibré et gourmand. ✗ 2015-2016 ⍾ lotte à l'américaine ■ 2014 (5 à 8 € ; 15 000 b.) : vin cité. ✗ 2015-2018

⌒ *EARL Doucet, Les Plessis, 18300 Sury-en-Vaux, tél. 02 48 79 33 40, earl.doucet@wanadoo.fr* 🅥 🄰 🄵 *r.-v.*

DOUDEAU-LÉGER 2014 ★★

■	30 000	🍶	5 à 8 €

Installée dans le village des Giraults sur les hauteurs de la commune de Sury-en-Vaux, Christine Doudeau a

repris le domaine familial (10 ha aujourd'hui) avec son époux Pascal au départ à la retraite de ses parents, en 1988. Leur fille Amandine les a rejoints en 2013.

Discrète au premier abord, cette cuvée révèle à l'agitation de belles notes de fruit de la Passion et de pêche de vigne. Souple en attaque, la bouche se révèle ample, riche, charnue et fruitée à souhait. ✗ 2015-2019 ⍾ dos de cabillaud, étuvée de poireaux

⌒ *Pascal Doudeau, Les Giraults, 18300 Sury-en-Vaux, tél. 02 48 79 32 26* 🅥 🄵 *t.l.j. sf dim. 9h-12h 14h-18h*

DOM. DES ÉMOIS 2014 ★★

■	34 000	🍶	11 à 15 €

Situé sur l'un des trois grands terroirs de Sancerre, composé d'argilo-calcaires et de pierres (caillottes), le domaine couvre 6 ha à flanc de coteau, sur le hameau d'Amigny, et est en conversion biologique depuis 2012.

Cette cuvée libère de beaux arômes d'abricot, d'agrumes et de groseille. Une palette que l'on retrouve dans une bouche à la fois riche, dense et très fraîche. Un vin puissant, complexe et persistant. ✗ 2015-2020 ⍾ ris de veau

⌒ *SCEA des Émois, Le Bourg, Amigny, 18300 Sancerre, tél. 02 48 78 54 54, contact@domainedesemois.com* 🅥 🄵 *r.-v.* ⌒ *Christophe Berneau*

♥ DOM. GÉRARD FIOU 2014 ★★

■	3 000	🍶	11 à 15 €

Dans le giron de la maison Henri Bourgeois depuis 2010, ce domaine est l'un des rares dont le vignoble soit en totalité planté sur un terroir de silex. La cave est installée dans une ancienne construction nichée au cœur du village de Saint-Satur.

Saumonée à reflets framboise et topaze, la couleur de ce rosé est éclatante. Puissants, ses parfums font preuve d'un fruité complexe (agrumes, fruits exotiques, groseille). La bouche allie volume, intensité, élégance et rondeur, sans jamais manquer de fraîcheur, de mise jusqu'à la finale, longue et empreinte de fruits rouges (mûre, groseille). Un 2014 friand et festif. ✗ 2015-2017 ⍾ rôti de veau à la tomate ■ Gérard Fiou 2014 ★ (11 à 15 € ; 60 000 b.) : un nez complexe (buis, lierre, rhubarbe, pamplemousse). Un palais qui offre plénitude et tension. Peut patienter un peu en cave. ✗ 2015-2018

⌒ *SCEV Dom. Gérard Fiou, 15, rue Hilaire-Amagat, 18300 Saint-Satur, tél. 02 48 54 16 17, domaine.gerard.fiou@orange.fr* 🅥 🄰 🄵 *r.-v.*

♥ DOM. BERNARD FLEURIET ET FILS
Côte de Marloup 2013 ★★

■	8 000	🍶	11 à 15 €

En 1990, cette exploitation tournée vers l'agriculture et l'élevage a décidé de se consacrer également à la viticulture. Bernard Fleuriet et ses fils Benoît et Mathieu conduisent aujourd'hui un domaine de 24 ha produisant en sancerre et en menetou-salon.

La puissance et l'élégance des senteurs traduisent la maturité et la richesse des raisins : fruits à chair blanche (poire) et fruits exotiques légèrement confits, fleurs blanches. La bouche est en parfaite harmonie. Elle offre de la consistance et du gras, mais aussi de la fraîcheur et une certaine tension. La rétro-olfaction révèle des notes fruitées intenses et persistantes. Un grand blanc, expressif, complet et racé. ✗ 2015-2018 ▾ bar grillé ◼ Anthocyane 2013 ★ (15 à 20 € ; 3 500 b.) : une cuvée vinifiée et élevée sous bois, aux senteurs de fruits confiturés (cassis, mûre) ; ronde et souple en attaque, elle offre un boisé bien présent et une bonne ossature tannique. À attendre un peu. ✗ 2017-2020

☛ *Dom. Bernard Fleuriet et Fils, La Vauvise, 18300 Menetou-Ratel, tél. 02 48 79 34 09, fleuriet.vauvise@wanadoo.fr* Ⓥ Ⓚ Ⓛ *r.-v.* ♠ Ⓒ

LA FORÊT GASSELIN 2014 ★		
◼ 4 500	🛈	5 à 8 €

Régis Godelu a pris la direction du domaine familial en 1991. Rejoint par son frère Laurent en 2002, il exploite aujourd'hui 9 ha de vignes.

Cette cuvée présente un nez agréable à dominante fruitée (framboise), agrémenté de petites notes florales. Ronde dès l'attaque, la bouche offre du volume pour finir sur une acidité et une élégante touche d'amertume. Frais et plaisant. ✗ 2015-2016 ▾ champignons à la grecque

☛ *Régis et Laurent Godelu, la Forêt, 18300 Menetou-Ratel, tél. 02 48 79 32 29, regis.godelu@ wanadoo.fr* Ⓥ Ⓚ Ⓛ *r.-v.*

FERNAND GIRARD ET FILS 2014 ★		
◼ 26 000	🛈	5 à 8 €

Ce domaine regardant la colline de Sancerre est conduit par Alain Girard, qui a pris la suite de son père à la fin des années 1990.

Discret au premier nez, ce vin libère à l'aération des arômes raffinés : soucis et tubéreuse, fruits mûrs (orange). En bouche, il se révèle onctueux et suave, avant de laisser place à la fraîcheur en finale. « Un vin sérieux qui a du potentiel », selon le jury. ✗ 2015-2019 ▾ chirashi au saumon ◼ 2014 ★ (5 à 8 € ; 3 000 b.) : un vin rond, équilibré et expressif, aux notes amyliques et aux arômes de bergamote et de cassis. ✗ 2015-2016 ◼ 2013 ★ (8 à 11 € ; 12 000 b.) : cette cuvée aux arômes de framboise offre une belle matière, de la rondeur et une bonne structure tannique. ✗ 2016-2019

☛ *SCEV Fernand Girard et Fils, Chaudoux, rte de la Perrière, 18300 Verdigny-en-Sancerre, tél. 02 48 79 37 33, girardfernandetfils@orange.fr* Ⓥ Ⓚ Ⓛ *r.-v.*

MICHEL GIRARD ET FILS		
Silex 2014		
◼ 29 000	🛈	8 à 11 €

Ce domaine de 20 ha, propriété familiale depuis sept générations, est conduit par Michel Girard et ses fils Philippe et Benoît.

C'est dans leur nouvelle cuverie que les Girard ont vinifié leur millésime 2014. Intense, le nez est un mélange de notes variétales (agrumes, buis), florales et minérales. Droit et alerte, le palais développe une franche vivacité et offre un joli retour sur les agrumes. ✗ 2015-2018 ▾ saltimbocca à la sauge et au citron

☛ *Dom. Michel Girard et Fils, rue du Carroir-Perrin, 18300 Verdigny, tél. 02 48 79 33 36* Ⓥ Ⓚ Ⓛ *t.l.j. 9h-12h 14h-18h; sam. dim. sur r.-v.*

DOM. MICHEL GIRAULT		
La Silicieuse 2014 ★		
◼ 6 000	🛈	8 à 11 €

Olivier et Anthony Girault ont pris en 2007 la suite de leur père Michel sur ce domaine de 16 ha producteur de sancerre et de pouilly-fumé.

Cette cuvée tient son nom du sol d'argiles à silex qui l'a engendrée. Des notes acidulées de bonbon anglais dominent le premier nez, puis l'aération dévoile des arômes plus complexes de muguet et de poire. Un beau volume, de la fraîcheur qui se prolonge jusqu'en finale : un vin friand et tonique. ✗ 2015-2018 ▾ poisson aux agrumes

☛ *Dom. Michel Girault, 1, chem. du Moulin, 18300 Bué, tél. 02 48 54 25 73, michel.girault@wanadoo.fr* Ⓥ Ⓚ Ⓛ *t.l.j. 8h-12h 13h30-19h*

JÉRÔME GODON Élégance 2014		
◼ 20 000	🛈	5 à 8 €

Transmise depuis dix générations de père en fils, l'exploitation couvre 13,5 ha. Jérôme Godon est aux commandes depuis 2006.

Discret au premier abord, ce 2014 libère à l'aération des arômes d'agrumes et de fleurs blanches assortis d'une touche végétale. Au palais, l'acidité est bien marquée. La finale se prolonge sur d'agréables notes de pamplemousse. ✗ 2015-2018 ▾ tartelettes au boudin blanc

☛ *EARL Bernard et Jérôme Godon, Les Fouchards, 18240 Sainte-Gemme-en-Sancerrois, tél. 02 48 79 33 30, contact@vin-de-sancerre.com* Ⓥ Ⓚ Ⓛ *t.l.j. 8h-12h 14h-19h*

ALAIN GUENEAU 2013 ★★		
◼ 15 000	🛈 ◑	8 à 11 €

Alain Gueneau, qui a pris la suite de ses parents en 1970, est aux commandes d'un domaine qui étend ses 16 ha de vignes sur des coteaux pentus autour de Sury-en-Vaux, Sancerre et Chavignol. Sa fille Élisa l'a rejoint depuis quelques années.

La robe rubis à reflets cerise noire de ce 2013 est avenante et profonde. Il s'exprime sur des notes de fruits mûrs (cassis, cerise) mêlées de touches de praline et d'épices (cannelle). L'attaque est ronde, la structure tannique bien bâtie et harmonieuse. La finale, fruitée, gourmande et longue. ✗ 2015-2019 ▾ fondant au chocolat ◼ La Guiberte 2014 ★ (8 à 11 € ; 60 000 b.) : ce 2014 évoque l'abricot et la pierre à fusil. En bouche, une fine acidité monte progressivement jusqu'à la finale, persistante et citronnée. ✗ 2015-2018

☛ *Alain Gueneau, Maison-Sallé, 18300 Sury-en-Vaux, tél. 02 48 79 30 51, contact@sancerre-gueneau.com* Ⓥ Ⓚ Ⓛ *r.-v.*

LOIRE

RÉGIS JOUAN 2014 ★★

| | 2 200 | | 8 à 11 € |

Après avoir travaillé vingt ans au domaine familial, Régis Jouan a créé en 2010, avec son épouse, sa propre exploitation à Sury-en-Vaux. Leurs vignes couvrent 3,65 ha.

Animé de petits fruits rouges (fraise des bois, framboise, cassis) et de nuances anisées, le nez est très élégant. Empreint de sucrosité en attaque, ce 2014 s'avère onctueux en milieu de bouche et offre une finale plus vive sur le citron mûr et le pamplemousse rose. Une belle complexité et une grande finesse pour ce rosé de bouche qui pourra vieillir un peu. ✗ 2015-2017 ♈ salade tiède de homard

☛ Régis Jouan, Maison-Sallé, 18300 Sury-en-Vaux, tél. 02 48 79 34 68, regis.jouan@wanadoo.fr
Ⓥ 👤 🏋 r.-v. 🏠 Ⓒ

DOM. SERGE LAPORTE Millésia 2014 ★

| | 50 000 | | 8 à 11 € |

Cette exploitation familiale de 12 ha se situe en plein cœur de Chavignol. Serge Laporte et son fils Guillaume disposent de plus de quarante-cinq parcelles reposant sur presque autant de terroirs et de nuances géologiques.

Ce 2014 dévoile d'élégantes nuances fruitées (pêche) et florales. Vif en attaque, il développe douceur et fraîcheur dans un bel équilibre. Agréable finale sur des notes exotiques et végétales. ✗ 2015-2018 ♈ huîtres gratinées ◾ Cuvée des Mages 2013 ★ (11 à 15 € ; 6 000 b.) : un élevage de douze mois sur lies pour un nez discret et agréable de fruits blancs mûrs et une bouche ample, toute en rondeur et persistante. ✗ 2015-2018 ◾ Esprit 2013 (8 à 11 € ; 6 000 b.) : vin cité. ✗ 2017-2019

☛ Dom. Serge Laporte, Chavignol, 18300 Sancerre, tél. 02 48 54 30 10, domaine.serge.laporte@wanadoo.fr
Ⓥ 👤 🏋 t.l.j. sf dim. 9h-12h 14h-18h

Ⓑ LAPORTE Le Rochoy Silex 2014 ★

| | 69 000 | | 15 à 20 € |

Située à Saint-Satur, la maison de négoce Laporte, dans le giron du groupe Henri Bourgeois, est propriétaire d'un domaine de 21 ha dédié aux appellations sancerre et pouilly-fumé. Elle exporte 60 % de sa production.

Le charme de cette cuvée agit dès l'olfaction : douces notes d'agrumes et de fruit de la Passion assorties de touches florales (genêt, verveine). Franche en attaque, la bouche offre fruité et fraîcheur. Un vin tendu comme il faut, sans excès. ✗ 2015-2020 ♈ langouste et homard froids ◾ Les Grandmontains 2014 (11 à 15 € ; 45 000 b.) Ⓑ : vin cité. ✗ 2015-2018 ◾ Les Grandmontains 2014 (11 à 15 € ; 6 500 b.) : vin cité. ✗ 2015-2017

☛ SAS Laporte, Cave de la Cresle, rte de Sury-en-Vaux, BP 34, 18300 Saint-Satur, tél. 02 48 78 54 20, contact@laporte-sancerre.com
Ⓥ 👤 🏋 r.-v. ☛ Arnaud Bourgeois

CHRISTIAN LAUVERJAT
Moulin des Vrillères 2014

| | 11 120 | | 8 à 11 € |

C'est dans un ancien moulin à grains que Christian Lauverjat a installé sa maison et son chai. Son domaine couvre 13 ha.

La forte présence de notes fermentaires signe sa jeunesse. De jolies touches de poire et de pêche complètent l'olfaction. Souple en attaque, ce 2014 révèle ensuite une vivacité soutenue qui porte loin la finale. ✗ 2015-2018 ♈ cassolette de fruits de mer

☛ Christian Lauverjat, Moulin des Vrillères, 18300 Sury-en-Vaux, tél. 02 48 79 38 28, lauverjat.christian@wanadoo.fr Ⓥ 👤 🏋 r.-v. 🏠 ❷

FRANCINE LEMAIN-POUILLOT 2013 ★★

| | 6 000 | | 8 à 11 € |

Francine Lemain-Pouillot a repris en 2004 l'exploitation (aujourd'hui 4,5 ha) créée par son père Clotaire en 1960. Son fils Maxime la seconde désormais.

Expressive et complexe, l'olfaction évoque les fruits exotiques agrémentés d'une minéralité prononcée. On retrouve la minéralité dans une bouche fraîche, crayeuse et longue. Un digne représentant de l'AOC et de son terroir argilo-calcaire. ✗ 2015-2018 ♈ maquereaux grillés aux herbes

☛ Francine Lemain-Pouillot, 20, rue des Juifs, 18300 Bué, tél. 06 08 93 18 58, francine-lemain-pouillot@orange.fr Ⓥ 👤 🏋 r.-v.

PIERRE MARTIN
Les Monts damnés 2013 ★

| | 4 000 | | 15 à 20 € |

Pierre Martin, aidé de son épouse Lauriane, a succédé à son père en 2012, apportant ses idées et les pratiques nouvelles de la viticulture. L'essentiel de son vignoble (18 ha en conversion bio) est situé autour du village de Chavignol.

Les reflets dorés de la robe de ce 2013 annoncent la maturité du raisin. Celle-ci se confirme au nez (notes de miel, de cire et de fruits confits). Portée par une élégante trame acide, la bouche offre du fruit (agrumes, fruits blancs), puis monte en puissance jusqu'à la finale nerveuse et persistante. ✗ 2015-2018 ♈ brochettes de saint-jacques

☛ Pierre Martin, Chavignol, 18300 Sancerre, tél. 02 48 54 24 57, chavipierrot@orange.fr
Ⓥ 👤 🏋 r.-v.

JOSEPH MELLOT
La Chatellenie 2014 ★

| | 230 000 | | 11 à 15 € |

L'histoire de la maison Joseph Mellot débute en 1513 à Sancerre avec Pierre-Étienne Mellot, qui pose les fondations d'un petit vignoble. Catherine Corbeau-Mellot préside aujourd'hui aux destinées de cet important négoce, qui rayonne sur l'ensemble des vignobles du Centre et de la vallée de la Loire, et possède aussi plusieurs domaines.

Cette cuvée évoque la pêche et le coing à l'olfaction, puis révèle un palais plein et concentré, dans lequel on retrouve en finale la pêche jaune caramélisée et les fruits blancs confits. Un sancerre riche et généreux. ✗ 2015-2019 ♈ tarte à la pêche

☛ SARL Vignobles Joseph Mellot, rte de Ménétréol, 18300 Sancerre, tél. 02 48 78 54 54, josephmellot@josephmellot.com Ⓥ 👤 🏋 t.l.j. 8h15-12h 13h30-17h; sam. dim. sur r.-v. 🏠 Ⓓ

DOM. GÉRARD MILLET 2014 ★★

| | 120 000 | î | 8 à 11 € |

Gérard Millet s'est lancé dans la viticulture en 1979, à partir de quelques vignes cédées par ses grands-parents. Aujourd'hui secondé par son fils Steve, il a agrandi le domaine (23 ha en sancerre et en menetou-salon) et a construit une cave moderne à quelques centaines de mètres du village de Bué.

Complexe et de bonne intensité, ce 2014 délivre des arômes de fleurs blanches (narcisse), d'agrumes, de melon et de groseille à maquereau. Ample et riche, la bouche offre un bon équilibre entre gras et vivacité, et un plaisant retour aromatique sur les fruits. Un sancerre bien typé.
✗ 2015-2018 ❦ saumon fumé

o━ Gérard Millet, rte de Bourges, 18300 Bué, tél. 02 48 54 38 62, gmillet@terre-net.fr 🆅 🏠 r.-v.

FRANÇOIS MILLET 2014 ★

| | 8 000 | î | 8 à 11 € |

Établis à Bué, François et Monique Millet sont à la tête de ce domaine de 21 ha depuis 1976, désormais épaulés par leur fils Nicolas.

Ce 2014 exhale des notes d'agrumes et d'abricot confit. En attaque, il offre de la rondeur, puis évolue en milieu de bouche vers plus de vivacité (nuances citronnées et mentholées). Un vin équilibré, à la fois généreux et frais.
✗ 2015-2018 ❦ brochettes de crevettes ■ 2014 (8 à 11 € ; 100 000 b.) : vin cité ✗ 2015-2018

o━ Dom. François Millet, Le Carroir-Picard, 18300 Bué, tél. 02 48 54 39 09, nicolas-millet@wanadoo.fr 🆅 🏠 t.l.j. sf dim. 9h 12h 14h 18h

FLORIAN MOLLET L'Antique 2014 ★

| | 2 000 | î | 11 à 15 € |

Cette ancienne propriété de l'abbaye de Saint-Satur, fondée en 1450, est dans la même famille depuis 1940. Florian Mollet en conduit les 15 ha depuis l'année 2000.

Des notes variétales végétales s'échappent du verre, puis l'aération dévoile des notes d'agrumes qui annoncent la fraîcheur de la bouche. Vive dès l'attaque, celle-ci est en effet marquée par une fine acidité qui étire bien la finale. Un sancerre des plus alertes. ✗ 2015-2018 ❦ huîtres ■ Roc de l'abbaye 2014 (11 à 15 € ; 50 000 b.) : vin cité.
✗ 2015-2017

o━ Florian Mollet, 84, av. de Fontenay, 18300 Saint-Satur, tél. 02 48 54 13 88, florian.mollet@wanadoo.fr 🆅 🏠 t.l.j. 8h-12h 14h-18h

DOM. ROGER NEVEU
Clos des Bouffants 2014 ★

| | 110 000 | î | 8 à 11 € |

Ce domaine, dont les origines viticoles remonteraient au XIIᵉs., est conduit par Éric et Jean-Philippe Neveu, secondés par leurs épouses Marie-Claire et Laurence, et par leurs enfants.

Jeune et bien typé, le nez est dominé par des senteurs variétales (bourgeon de cassis, buis, agrumes) agrémentées de touches florales. Souple, marquée par un fruité intense (poire, pêche et pamplemousse bien mûrs), la bouche laisse le souvenir d'un vin harmonieux. ✗ 2015-2017 ❦ mousse de homard

o━ Dom. Roger Neveu, rte des Monts-Damnés, 18300 Verdigny, tél. 02 48 79 35 06, neveu@terre-net.fr 🆅 🏃 🏠 t.l.j. 8h-12h 14h-19h; dim. sur r.-v.

PATRICK NOËL 2013

| | 24 000 | î | 8 à 11 € |

Patrick Noël, originaire de Chavignol, a créé ce domaine en 1988. Depuis 2009, sa fille Julie est à ses côtés pour exploiter une quinzaine d'hectares répartis entre les appellations sancerre, pouilly-fumé et menetou-salon.

La teinte jaune à reflets dorés de ce 2013 témoigne d'une vendange récoltée à pleine maturité. Le nez le confirme par ses beaux arômes fruités assortis d'une touche muscatée. La bouche, très ronde et onctueuse, offre une pointe de fraîcheur en finale qui équilibre l'ensemble.
✗ 2015-2018 ❦ turbot à l'unilatérale

o━ EARL Patrick Noël, av. de Verdun, rte de Bannay, 18300 Saint-Satur, tél. 02 48 78 03 25, patricknoel-vigneron@orange.fr 🆅 🏃 🏠 t.l.j. sf dim. 8h-12h 14h-19h

Ⓑ DOM. DU NOZAY 2014 ★

| | 80 000 | î | 11 à 15 € |

Ce domaine de 15 ha, créé à partir de 1970 par Philippe de Benoist, entoure un château du XVIIIᵉs. En 2009, le vigneron a été rejoint par son fils aîné Cyril, qui a fait ses armes chez son oncle Aubert de Villaine, co-gérant de la Romanée-Conti. Comme le mythique domaine bourguignon, le Ch. du Nozay est conduit en bio.

Si son intensité est mesurée, l'olfaction fait preuve de finesse et de complexité. Équilibrée, la bouche traduit les caractères d'un sauvignon né sur un beau terroir argilo-calcaire : ampleur, subtilité et fraîcheur minérale. ✗ 2015-2018 ❦ tourteau à la mayonnaise

o━ Cyril de Benoist de Gentissart, Ch. du Nozay, 18240 Sainte-Gemme-en-Sancerrois, tél. 02 48 79 30 23, nozays@aol.com 🆅 🏃 🏠 r.-v. 🏠 Ⓓ

LES PANSEILLOTS 2014 ★

| | 100 000 | î | 8 à 11 € |

En 1971, Geneviève et Jacques Guillerault créent le domaine dans une ancienne vigneronnerie du XVIIIᵉs. Depuis 1995, c'est leur fils Gilles qui préside aux destinées de ce vignoble de 20 ha, secondé depuis 2001 par son beau-frère Sébastien Fargette.

Les arômes de cette cuvée sont subtils et complexes : fleurs d'oranger, pêche et groseille à maquereau sur un fond citronné. La bouche est en harmonie : elle croque le citron et le pamplemousse. Tendu jusqu'en finale, ce sancerre a de la personnalité et du potentiel. ✗ 2015-2019 ❦ filet de carrelet meunière

o━ Dom. des Caves du Prieuré, 2, rue du Lavoir, Reigny, 18300 Crézancy-en-Sancerre, tél. 02 48 79 02 84, caves.prieure@wanadoo.fr 🆅 🏃 🏠 t.l.j. sf dim. 9h-12h 14h-18h 🏠 Ⓔ

DOM. DE LA PERRIÈRE 2013

| | 17 000 | î ◑ | 11 à 15 € |

Le domaine situé à Verdigny-en-Sancerre s'étend sur 30 ha répartis sur cinq communes différentes et produit exclusivement du sancerre.

Ce vin libère des arômes de griottes assortis de nuances fumées et cendrées qui signent un élevage de 40 % en fût pendant un an. Velouté en attaque, le palais est soutenu par des tanins bien fondus et offre une bonne longueur. Un 2013 souple, précis et bien typé. ✗ 2015-2018 ✗ lapin à la crème

○┐ *Dom. de la Perrière, Caves de la Perrière, 18300 Verdigny, tél. 02 48 54 16 93, info@ domainelaperriere.com* Ⓥ 🔨 🎁 *t.l.j. 8h-12h 14h-18h; f. sam. dim. 15 déc.-15 mars* ○┐ *J.-L. Saget*

PIERRE PRIEUR ET FILS		
Cuvée Maréchal Prieur 2013 ★		
■ 2 680	⅏	15 à 20 €

Établis en plein cœur de Verdigny, tout près de la petite église, Thierry et Bruno Prieur conduisent un vignoble de 17 ha répartis sur différents terroirs sancerrois.
Grenat à reflets violets, la couleur de ce 2013 est soutenue. Les notes empyreumatiques (pain grillé) dominent le premier nez. Transparaissent ensuite des arômes de fruits rouges confiturés (griotte). Une attaque douce introduit un palais montant, structuré par un boisé bien ajusté et par des tanins encore solides qui devraient se polir avec le temps. ✗ 2016-2020 ✗ filet de bœuf en croûte de sel ■ Les Monts Damnés 2013 (11 à 15 € ; 3 930 b.) : vin cité. ✗ 2015-2018

○┐ *Pierre Prieur et Fils, rue Saint-Vincent, 18300 Verdigny, tél. 02 48 79 31 70, prieur-pierre@ netcourrier.com* Ⓥ 🔨 🎁 *t.l.j. sf dim. 8h-12h 14h-18h*

♥ PAUL PRIEUR ET FILS Les Pichons 2013 ★★		
■ 3 000	⅏	20 à 30 €

Vignerons sur les terres de Verdigny depuis onze générations, les Prieur, aujourd'hui Philippe et son neveu Luc, exploitent un domaine de 18,5 ha au pied de la célèbre colline des Monts Damnés.
Ce vin a séduit le jury par son nez expressif de fruits (cerise, fraise), de vanille, d'épices et de pain grillé. La bouche n'est pas en reste : onctueuse et savoureuse (fruits bien mûrs assortis de fines touches florales), elle est soutenue par un boisé élégant et bien intégré et par des tanins au grain très fin et soyeux. Un 2013 d'une grande tenue et d'un équilibre impeccable. ✗ 2015-2020 ✗ bavette de bœuf grillée ■ Monts Damnés 2013 (20 à 30 € ; 5 000 b.) : vin cité. ✗ 2015-2019

○┐ *Paul Prieur et Fils, rte des Monts-Damnés, 18300 Verdigny, tél. 02 48 79 35 86, domaine@ paulprieur.com* Ⓥ 🔨 🎁 *t.l.j. 9h-12h 14h-18h; dim. sur r.-v.*

♥ DOM. DU P'TIT ROY 2014 ★★		
■ 40 000	🍶	8 à 11 €

Le domaine est installé dans le village typiquement vigneron de Maimbray, sur des sols argilo-calcaires. Alain Dezat, qui a pris la relève de son père Pierre, y cultive un peu moins de 10 ha.
Ce sancerre frappe d'emblée par sa minéralité intense et ses senteurs subtiles de fleurs blanches, d'agrumes et

d'épices. La bouche confirme la complexité du nez. Suave en attaque, elle se révèle ample et plus vive dans son développement. Des arômes fruités délicats persistent jusqu'en finale et laissent le souvenir d'un vin expressif et sincère. ✗ 2016-2018 ✗ carpaccio de saint-jacques

○┐ *Pierre et Alain Dezat, Maimbray, 18300 Sury-en-Vaux, tél. 02 48 79 34 16, dezat.pierre@orange.fr* Ⓥ 🔨 🎁 *r.-v.*

RÉMY JULIEN ET CLÉMENT RAIMBAULT		
Zeste 2013 ★		
■ 5 000	⅏	11 à 15 €

Situé dans la commune de Sury-en-Vaux, le hameau de Maimbray possède le charme des vieux villages vignerons. C'est ici, dans un domaine de 19 ha, que Rémy Raimbault et ses fils Julien et Clément élaborent leurs sancerres régulièrement sélectionnés dans le Guide.
Sur une trame minérale s'expriment d'intenses arômes de fruits jaunes, de vanille et d'épices. Au palais, on retrouve la minéralité assortie de nuances boisées apportées par dix mois de fût. Ce vin jeune, élégant et encore assez fougueux pourra attendre un peu pour que les notes d'élevage se fondent. ✗ 2016-2019 ✗ escalope de veau à la crème ■ Dom. du Pré Semelé 2014 (8 à 11 € ; 80 000 b.) : vin cité. ✗ 2015-2017

○┐ *Julien et Clément Raimbault, Maimbray, 18300 Sury-en-Vaux, tél. 02 48 79 33 50, rjc.raimbault@orange.fr* Ⓥ 🔨 🎁 *t.l.j. sf dim. 9h-19h*

NOËL ET JEAN-LUC RAIMBAULT 2014		
■ 38 000	🍶	5 à 8 €

Chambre est un hameau situé sur la route qui conduit de Sancerre à Sury-en-Vaux. C'est là que sont installés Noël, sa fille Charlotte et Jean-Luc Raimbault. Ils exploitent un domaine de 13 ha.
Le nez, développé et frais, est dominé par les agrumes (cédrat). En bouche, les arômes variétaux (buis) apparaissent en premier, puis arrivent des notes exotiques et une agréable minéralité. La finale est vive (citron mûr) et persistante. Un sancerre expressif et complexe. ✗ 2015-2018 ✗ huîtres

○┐ *Dom. Noël et Jean-Luc Raimbault, lieu-dit Chambre, rte de Sancerre, 18300 Sury-en-Vaux, tél. 02 48 79 36 56, raimbault-sancerre@orange.fr* Ⓥ 🎁 *r.-v.*

ROGER ET DIDIER RAIMBAULT		
Vieilles Vignes 2013 ★		
■ 5 000	⅏	11 à 15 €

Exploitation viticole de 17,5 ha transmise de père en fils depuis plusieurs générations. La cave du domaine, adossée à une colline, est élevée sur trois étages, ce qui permet l'utilisation de la gravité pour un travail en douceur des raisins et des moûts.
Un élevage en fût justement dosé a donné naissance à ce vin aux arômes de fruits rouges et noirs harmonieusement mêlés à des nuances chocolatées. On retrouve les notes boisées (touche de torréfaction) bien mariées au fruit

dans une bouche élégante, bien structurée par des tanins serrés. ✗ 2016-2019 ▼ forêt noire

o━ *Roger et Didier Raimbault, Chaudenay, 18300 Verdigny, tél. 02 48 79 32 87, didier@ raimbault-sancerre.com* Ⅴ 🏠 🚪 *t.l.j 9h-12h 13h30-18h30; dim. sur r.-v.*

DOM. RAIMBAULT-PINEAU 2014		
▪ 60 000	🍶	8 à 11 €

Jean-Marie Raimbault représente la dixième génération à la tête de cette exploitation de 18 ha qui, du Sancerrois, s'est étendue aux AOC coteaux-du-giennois et pouilly-fumé.

Fermé au premier abord, ce 2014 s'ouvre à l'aération sur de belles senteurs florales, anisées et minérales. De même, la bouche, souple en attaque, se densifie au fur et à mesure : de fins arômes de citron laissent place à une minéralité plus tendue en finale. ✗ 2015-2018 ▼ marinière de coques

o━ *Dom. Raimbault-Pineau, rte de Sancerre, 18300 Sury-en-Vaux, tél. 02 48 79 33 04, scev.raimbaultpineau@terre-net.fr* Ⅴ 🏠 🚪 *t.l.j. sf dim. 8h-12h 14h-18h; sam. sur r.-v* 🏠 Ⓔ

DOM. HIPPOLYTE REVERDY 2014 ★		
▪ 70 000	🍶	5 à 8 €

Valeur sûre de l'appellation, ce domaine conduit par Michel Reverdy est un habitué du Guide. L'exploitation couvre aujourd'hui 14 ha : 11 ha plantés en sauvignon blanc, 3 ha en pinot noir.

Au nez, de beaux arômes fruités (ananas, pêche, mangue) rehaussés de touches épicées. Dans la même veine, le palais se révèle tendre et onctueux, soutenu par une belle fraîcheur qui se prolonge en finale sur des notes d'agrumes. ✗ 2015-2018 ▼ blanquette de lotte

o━ *Dom. Hippolyte Reverdy, rue de la Croix-Michaud, Chaudoux, 18300 Verdigny, tél. 02 48 79 36 16, domaine.hreverdy@wanadoo.fr* Ⅴ 🏠 🚪 *r.-v.*

PASCAL ET NICOLAS REVERDY À Nicolas 2013 ★		
▪ 3 300	◫	15 à 20 €

Le village de Maimbray est entouré de coteaux abrupts aux sols de marnes kimméridgiennes. Après le décès en 2007 de son époux Nicolas, Sophie Reverdy a intégré l'exploitation familiale aux côtés de Pascal, installé sur ce domaine de 14 ha depuis le début des années 1990.

Ce 2013 présente un nez de fruits rouges bien mûrs (cerise) assortis de touches de torréfaction et d'épices douces. On retrouve ces arômes dans un palais onctueux, élégant et bien structuré, bâti pour une bonne garde. ✗ 2016-2020 ▼ pigeon rôti et purée de truffes ▪ Les Anges Lots 2013 ★ (15 à 20 € ; 5 600 b.) : au nez, la pêche de vigne se mêle à des notes minérales et fumées. En bouche, souplesse en attaque, belle ampleur, puis finale fraîche (minéralité) et expressive (agrumes). ✗ 2015-2019 ▪ Terre de Maimbray 2014 (8 à 11 € ; 79 200 b.) : vin cité. ✗ 2015-2018

o━ *Pascal et Sophie Reverdy, Maimbray, 18300 Sury-en-Vaux, tél. 02 48 79 37 31, reverdypn@ wanadoo.fr* Ⅴ 🏠 🚪 *t.l.j. sf dim. 10h-12h 14h-18h; mer. sur r.-v.*

DOM. REVERDY DUCROUX Beau Roy 2014 ★★		
▪ 75 000	🍶	8 à 11 €

Établis à Verdigny exploitant également des parcelles sur les communes de Crézancy et Sancerre, Alain et Laurent Reverdy conduisent un vignoble de 30 ha et développent une activité œnotouristique.

Cette cuvée – provenant de marnes et de calcaires – s'ouvre sur des arômes fins et complexes : agrumes, poire et fleurs blanches mâtinés de notes minérales. Onctueuse et très bien bâtie, la bouche offre un magnifique crescendo pour se terminer par une longue finale tout en tension minérale. ✗ 2015-2020 ▼ curry de poisson à la thaïlandaise ▪ Les Vignes silex 2014 ★ (11 à 15 € ; 8 000 b.) : cette cuvée livre un nez exubérant d'agrumes (citron, pamplemousse et zeste d'orange sanguine), une bouche savoureuse stimulée par une belle vivacité en finale. ✗ 2015-2019

o━ *Dom. Reverdy Ducroux, rue du Pressoir, Chaudoux, 18300 Verdigny, tél. 02 48 79 31 33, info@ reverdy-ducroux.fr* Ⅴ 🏠 🚪 *r.-v.* 🏠 Ⓔ 🏠 Ⓓ

BERNARD REVERDY ET FILS 2013		
▪ 6 000	◫	8 à 11 €

L'arbre généalogique des Reverdy remontant au XVIᵉs. trône dans la cave. Aucun doute : ici, le sancerre est une spécialité familiale. Le domaine couvre 12 ha.

Derrière les arômes de fruits rouges cuits (cassis, griotte), se découvrent des notes de légère torréfaction. Souple et rond en attaque, ce 2013 se révèle à la fois onctueux et frais en bouche, soutenu par des tanins denses qui sauront s'assouplir avec le temps. ✗ 2016-2020 ▼ bavette à l'échalote ▪ 2014 (8 à 11 € ; 75 000 b.) : vin cité. ✗ 2015-2018

o━ *SCEV Bernard Reverdy et Fils, rte des Petites-Perrières, Chaudoux, 18300 Verdigny, tél. 02 48 79 33 08, reverdybernard@orange.fr* Ⅴ 🏠 🚪 *r.-v.*

DANIEL REVERDY ET FILS 2014		
▪ 2 100	🍶	5 à 8 €

Propriété implantée à Verdigny sur des marnes argilo-calcaires du kimméridgien. Depuis 2001, Cyrille a rejoint son père Daniel sur l'exploitation familiale, dont 50 % des vignes ont été plantés par Lucien, son grand-père. Le vignoble couvre 9,3 ha.

Ce 2014 libère d'intenses notes amyliques (bonbon anglais). Souple en attaque, la bouche se révèle onctueuse, très fruitée et plus vive en finale. Un vin très agréable et frais. ✗ 2015-2016 ▼ nems aux crevettes

o━ *Dom. Daniel Reverdy et Fils, Chaudenay, 18300 Verdigny, tél. 02 48 79 33 29, daniel-et-fils.reverdy@wanadoo.fr* Ⅴ 🏠 🚪 *t.l.j. 8h30-12h 13h30-18h*

JEAN REVERDY ET FILS La Reine blanche 2014		
▪ 65 000	🍶	8 à 11 €

Les origines de cette propriété remontent à 1650. Christophe Reverdy, fils de Jean, perpétue la tradition familiale et dirige une exploitation de 12 ha. Un domaine régulier en qualité, témoin les différents coups de cœur obtenus depuis la création du Guide.

Assemblage de trois terroirs (marnes, calcaires et silex), cette cuvée exhale d'agréables parfums de fleurs et de fruits blancs. Pulpeux, le palais révèle une bonne vivacité et s'achève sur une agréable petite touche saline. ✗ 2015-2017 ▼ andouillette à la crème

☛ Jean Reverdy et Fils, rue du Carroir-Perrin, Chaudoux, 18300 Verdigny, tél. 02 48 79 31 48, jreverdy@wanadoo.fr
Ⓥ ⚘ ⚑ t.l.j. sf dim. 8h-12h 14h-18h; f. 15-30 août

ALBAN ROBLIN 2014		
■	31 400	🍶	11 à 15 €

Alban Roblin est un jeune vigneron installé en 2009 après la division du domaine familial, le Ch. de Maimbray. Établi à Sury-en-Vaux, il conduit une exploitation de 11 ha. .
Ce 2014 s'ouvre sur de délicats arômes de pêche et de fleurs blanches. Vive et tonique du début à la fin de la dégustation, la bouche est marquée en finale par les notes acidulées du pamplemousse. ✗ 2015-2018 ▼ huîtres

☛ Alban Roblin, La Rabotine, rte de Maimbray, 18300 Sury-en-Vaux, tél. 02 48 79 31 15, roblin.larabotine@orange.fr Ⓥ ⚘ ⚑ t.l.j. 8h-12h 14h-19h

MATTHIAS ET ÉMILE ROBLIN Origine 2013		
■	10 000	🍶 ⬮	11 à 15 €

Matthias Roblin a repris en 2000 ce domaine familial, dont l'origine remonte au XVIIIᵉs. Son frère Émile l'a rejoint six ans plus tard. L'exploitation étend son vignoble sur 17 ha conduits « en culture raisonnée à tendance biologique ».
Au nez, les arômes de fruits rouges cuits, voire confiturés, dominent ; ils sont assortis de notes toastées et vanillées et d'une touche animale. Plus timide, la bouche se révèle souple et fraîche, soutenue par des tanins encore un peu envahissants en finale. ✗ 2016-2019 ▼ travers de porc grillés

☛ Matthias et Émile Roblin, Maimbray, 18300 Sury-en-Vaux, tél. 02 48 79 48 85, matthias.emile.roblin@orange.fr Ⓥ ⚘ ⚑ r.-v.

DOMINIQUE ROGER Cuvée la Jouline 2013 ★★		
■	n.c.	⬮	20 à 30 €

Chez les Roger, on est vigneron de père en fils depuis le XVIIᵉs. Dominique pratique depuis 1996 la viticulture raisonnée sur son vignoble de près de 11 ha. Sa cave est installée au cœur du village de Bué, dans une ancienne « vigneronnerie » du XIXᵉs.
Ce 2013 a immédiatement séduit le jury par ses arômes très concentrés de fruits cuits (cassis, cerise), de vanille et de thym agrémentés d'une légère touche animale. Onctueux et ample, le palais se révèle charpenté par des tanins solides. Un vin à la fois puissant et tapissant. ✗ 2016-2020 ▼ daube de sanglier ■ Dom. du Carrou 2014 ★ (8 à 11 € ; 48 000 b.) : une cuvée aux arômes élégants (orange, mangue, fleur d'oranger), qui présente une bouche souple, fraîche et légère. ✗ 2015-2018

☛ Dominique Roger, 7, pl. du Carrou, 18300 Bué, tél. 02 48 54 10 65, contact@dominique-roger.fr
Ⓥ ⚘ ⚑ t.l.j. 9h-12h 14h-18h30; dim. sur r.-v. 🏠 Ⓒ

JEAN-MAX ROGER Cuvée la Grange dîmière 2014		
■	21 000	🍶	8 à 11 €

Jean-Max Roger a repris en 1971 les 4 ha de vignes légués par ses parents. Rejoint en 2004 par deux de ses fils,

Étienne et Thibault, il conduit désormais un domaine de 32 ha.
Issu d'un pressurage direct, ce rosé s'affiche en robe pâle aux nuances orangées. Il libère des notes d'agrumes et de fraise agrémentées d'une touche réglissée. La bouche acidulée (touches amyliques) offre une belle fraîcheur. ✗ 2015-2016 ▼ sashimi

☛ Jean-Max Roger, 11, pl. du Carrou, 18300 Bué, tél. 02 48 54 32 20, contact@jean-max-roger.fr
Ⓥ ⚘ ⚑ t.l.j. 8h-12h 13h30-17h30; sam. dim. sur r.-v.

DOM. DE LA ROSSIGNOLE 2014 ★		
■	4 000	🍶	8 à 11 €

Le nom de la famille Cherrier est attaché au vignoble de Sancerre depuis 1848. Les frères François et Jean-Marie, fils de Pierre, sont installés depuis 1984 à la tête d'un domaine familial dont le vignoble s'étend sur 15 ha.
En robe rose pâle brillant traversée de légers reflets saumonés, ce 2014 s'ouvre sur d'intenses notes amyliques. À l'aération, les fruits se dévoilent avec plus d'intensité. Ample, la bouche offre des arômes de fruits exotiques et de pêche, puis s'achève sur une note caramélisée. Un beau mariage de la douceur, de la fraîcheur et du fruit. ✗ 2015-2017 ▼ millefeuille de saumon gravlax ■ L'Essentiel 2013 (8 à 11 € ; n.c. b.) : vin cité. ✗ 2015-2018

☛ Pierre Cherrier et Fils, rue de la Croix-Michaud, Chaudoux, 18300 Verdigny, tél. 02 48 79 34 93, cherrier@easynet.fr Ⓥ ⚘ ⚑ r.-v.

DOM. DE SAINT-ROMBLE Grande Cuvée 2014 ★		
■	15 000	🍶	11 à 15 €

Depuis 1996, cette exploitation de 15 ha, située à Sury-en-Vaux, est mise en valeur par le Dom. Fournier Père et Fils de Verdigny.
Expressif et flatteur, le nez est ouvert sur des arômes d'agrumes (pamplemousse), de fruits blancs mûrs (pêche) et de buis. Bien construite, la bouche offre de la vivacité et de la minéralité. Un vin droit et bien typé de l'AOC, armé pour la garde. ✗ 2016-2020 ▼ lotte au citron confit

☛ SARL Paul Vattan - Dom. Saint-Romble, Mambray, 18300 Sury-en-Vaux, tél. 02 48 79 35 24, claude@fournier-pere-fils.fr Ⓥ ⚘ ⚑ t.l.j. 8h-12h 13h30-18h; sam. dim. sur r.-v. chez Fournier à Verdigny
☛ Fournier Père et Fils

DOM. CHRISTIAN SALMON A+ 2013 ★		
■	n.c.	⬮	15 à 20 €

Constitué par Irénée Salmon, arrière-grand-père d'Armand, aux commandes depuis 1990, ce vignoble d'une vingtaine d'hectares s'étend sur les meilleurs coteaux de la commune de Bué et se transmet de père en fils depuis 1940.
Les nuances de moka apportées par l'élevage en fût (douze mois) se mêlent aux arômes de fruits frais (cassis, cerise noire) et de fleurs (lilas). La bouche est joliment construite sur des tanins fins et enrobés. La finale fraîche et légèrement astringente se prolonge sur des notes de chocolat et de praline. Un vin à la fois élégant et puissant, apprécié pour sa « distinction » et son caractère « sans fioriture ». ✗ 2016-2020 ▼ bavette de bœuf grillée

☛ SAS Christian Salmon, Le Carroir, 18300 Bué, tél. 02 48 54 20 54, domainechristiansalmon@wanadoo.fr
Ⓥ ⚑ r.-v.

DOM. DE SARRY 2014 ★

| | 50 000 | 🍶 | 11 à 15 € |

Domaine créé en 1907 par Théophile Pellé, successivement géré par les familles Millerioux et Théveneau. Repris en 1968 par Michel Brock, il est aujourd'hui conduit par son fils Nicolas, qui exploite 20 ha de vignes.

Discret autant que délicat, le nez de ce 2014 est dominé par des notes de pêche et d'agrumes accompagnées de touches florales et végétales. Droite et souple en attaque, la bouche se révèle ensuite onctueuse et douce. Un vin équilibré et persistant. ✗ 2015-2019 ❦ rôti de porc au miel ■ Les Mille Sens 2014 ★ (8 à 11 € ; 40 000 b.) : arômes expressifs (ananas, orange confite), bouche ample offrant une belle fraîcheur (agrumes), les sens sont en éveil... ✗ 2015-2018 ■ 2013 ★ (11 à 15 € ; 50 000 b.) : belle expression olfactive (miel, fleur d'oranger) ; palais souple, agrémenté d'une pointe de fraîcheur minérale en finale. ✗ 2015-2018

o— *Dom. de Sarry, Le Briou, 18300 Veaugues, tél. 02 48 79 07 92, info@sarry.org* Ⓥ 🎿 🏠 *r.-v.*
o— Famille Brock

DAVID SAUTEREAU 2014 ★★

| | 6 000 | | 8 à 11 € |

David Sautereau s'est installé en 1997 avec quelques vignes en location. Depuis, il a planté ses propres ceps et conduit un domaine dont le vignoble s'étend sur 7,5 ha, dans les communes de Crézancy, de Bué et de Sancerre.

Ce vin a l'apparence d'un vin gris (macération très courte) : il s'affiche en robe œil-de-perdrix à reflets argentés. S'il a l'aspect d'un gris, il en a aussi la finesse aromatique : notes florales et fruitées (abricot, cerise). Quant à la bouche, il offre un bel équilibre entre fraîcheur et rondeur et une longue finale gourmande et délicate. Un ensemble très harmonieux et racé, qui pourra aussi rester un peu en cave. ✗ 2015-2017 ❦ tendron de veau grillé ■ 2013 (8 à 11 € ; 3 500 b.) : vin cité. ✗ 2016-2018

o— *David Sautereau, Les Epsailles, 18300 Crézancy-en-Sancerre, tél. 02 48 79 42 52, david.sautereau@wanadoo.fr* Ⓥ 🎿 🏠 *t.l.j. 8h-12h 13h30-18h ; dim. sur r.-v.* 🏠 Ⓑ

DOM. TABORDET 2014 ★★

| | 20 000 | 🍶 | 8 à 11 € |

Les frères Yvon et Pascal Tabordet ont repris l'exploitation familiale en 1980. Pascal a pris sa retraite en 2011. La relève est assurée par leurs fils Gaël et Marius depuis 2008, à la tête de 16,5 ha de vignes en pouilly-fumé et en sancerre.

Ce vin exhale d'intenses senteurs de fruits exotiques et de fleurs blanches. Franche et ample, la bouche persiste longuement et propose une grande complexité aromatique fidèle au nez. Un 2014 élégant qui n'est pas passé loin du coup de cœur. ✗ 2015-2020 ❦ brochet au beurre blanc

o— *Pascal, Gaël et Marius Tabordet, rue du Carroir-Perrin, 18300 Verdigny, tél. 02 48 79 34 01, domaine.tabordet@wanadoo.fr* Ⓥ 🎿 🏠 *r.-v.*

CH. DE THAUVENAY 2014 ★★

| | 80 000 | 🍶 | 15 à 20 € |

Ce domaine a été créé en 1819 par Jean-Pierre de Montalivet, ami et ministre de l'Intérieur de Napoléon.

Transmis de génération en génération, il couvre 18 ha et est aujourd'hui propriété de la famille du comte Georges de Choulot.

Ce 2014 a immédiatement séduit le jury par ses élégantes notes d'agrumes, d'acacia et de buis. Souple en attaque, le palais se révèle des plus onctueux, sous-tendu par une fine minéralité qui pousse loin la finale. Un sancerre à la fois généreux, élégant et persistant. ✗ 2015-2019 ❦ homard au beurre persillé ■ Les Vignes du baron 2014 ★ (11 à 15 € ; 26 000 b.) : des notes florales, fruitées et végétales (bourgeon de cassis, buis), une attaque franche, un développement suave, de la tension minérale et une belle longueur pour cette cuvée des plus harmonieuses. ✗ 2015-2018

o— *SCEV Comte Georges de Choulot, Ch. de Thauvenay, 18300 Thauvenay, tél. 02 48 79 90 33, chateaudethauvenay@wanadoo.fr* Ⓥ 🎿 🏠 *r.-v.*

GÉRARD ET HUBERT THIROT
La Doyenne 2013 ★★

| | 3 100 | ◐ | 11 à 15 € |

Les Thirot sont vignerons à Bué depuis trois siècles. Hubert a pris la suite de son père Gérard à la tête de ce domaine de 14 ha et pratique l'enherbement sur la quasi-totalité du vignoble.

L'olfaction offre une succession de senteurs élégantes : un beau fruité tropical, du coing, de l'abricot et de fines nuances boisées (un an de fût). La bouche est ample, onctueuse, soyeuse et tendrement vanillée. Un sancerre de gastronomie. ✗ 2015-2020 ❦ foie gras poêlé ■ Dom. de la Tonnellerie 2014 (5 à 8 € ; 5 300 b.) : vin cité. ✗ 2015-2016

o— *Gérard et Hubert Thirot, allée du Chatiller, 18300 Bué, tél. 02 48 54 16 14, gerard.thirot@wanadoo.fr* Ⓥ 🎿 🏠 *t.l.j. sf dim. 8h30-12h 14h-18h30*

DOM. THOMAS
Le Pierrier 2014 ★

| | 80 000 | 🍶 | 8 à 11 € |

Transmis de génération en génération depuis le XVIIᵉs., ce domaine conduit par Jean et Julien Thomas compte aujourd'hui 14 ha, dont la moitié est conduite en biodynamie.

La cuvée principale du domaine est marquée par des nuances variétales (bourgeon de cassis) assorties de fines nuances florales (roses, fleurs blanches). De bonne ampleur et de belle longueur, elle offre une bouche harmonieuse, sous-tendue par une agréable acidité. ✗ 2015-2018 ❦ crottin de Chavignol ■ Thomas et Fils Grand' Chaille 2013 (11 à 15 € ; 10 000 b.) : vin cité. ✗ 2015-2018

o— *Dom. Thomas et Fils, rue du Pressoir, 18300 Verdigny, tél. 02 48 79 38 71, contact@domainethomas.fr* Ⓥ 🎿 🏠 *t.l.j. 8h30-12h 13h30-18h*

DOM. MICHEL THOMAS ET FILS 2013 ★★

| | 23 000 | 🍶 | 5 à 8 € |

Régulièrement mentionné dans le Guide, Laurent Thomas, qui a pris la suite de son père Michel, conduit une exploitation de 17 ha. La cave est implantée à l'entrée des Égrots, petit village vigneron entre Sury-en-Vaux et Verdigny.

Cet aspirant au coup de cœur se présente dans une robe intense striée de reflets grenat. Discret, le nez est composé de fines notes griottées et vanillées. Ample et fruité, le palais se révèle à la fois soyeux dans sa texture et corsé par ses tanins fermes et solides. Un vin charpenté, au beau potentiel de garde. ✗ 2016-2020 ♥ tournedos ■ 2014 ★ (5 à 8 € ; 19 000 b.) : un rosé frais, gourmand et persistant sur des notes de bonbon anglais et de groseille. ✗ 2015-2016

⊶ SCEV Michel Thomas et Fils, Les Égrots, 18300 Sury-en-Vaux, tél. 02 48 79 35 46, thomas.mld@wanadoo.fr Ⓥ 🏃 🍴 t.l.j. 8h30-18h30; dim. sur r.-v.

DOM. TINEL-BLONDELET
La Croix Canat 2014 ★

| ■ | 24 000 | 🏠 | 11 à 15 € |

À la tête du domaine familial depuis 1985, Annick Tinel-Blondelet, qui apparaît régulièrement dans le Guide pour son pouilly-fumé, a franchi le fleuve pour produire aussi du sancerre. Son domaine couvre 15 ha.

Ce 2014 s'ouvre sur les agrumes (citron, pamplemousse) et les fruits mûrs (pêche blanche). Franc en attaque, le palais, souligné par une fine acidité, offre une agréable touche de minéralité en finale. Un sancerre tonique et bien « terroité » ✗ 2015-2019 ♥ crottin de Chavignol

⊶ Dom. Tinel-Blondelet, La Croix-Canat, 58, av. de la Tuilerie, 58150 Pouilly-sur-Loire, tél. 03 86 39 13 83, contact@tinel-blondelet.fr Ⓥ 🏃 🍴 t.l.j. 9h-12h30 14h-18h30

JEAN-PIERRE VACHER & FILS
La Margotine 2013

| ■ | 2 500 | 🏠 ⬤ | 8 à 11 € |

Jean-Pierre Vacher s'est installé en 1990 sur ce domaine du Sancerrois. Son fils Jérôme l'a rejoint en 2004. Ensemble, ils exploitent un vignoble d'une dizaine d'hectares répartis dans les communes de Verdigny et de Menetou-Ratel.

Ce vin libère des nuances florales (lilas, violette) et fruitées (framboise) assorties d'une touche de sous-bois. Souple en attaque, la bouche évolue vers la rondeur avant de dévoiler un aspect plus strict en finale, autour de tanins vigoureux. Ce 2013 a besoin d'un peu de temps pour s'assouplir. ✗ 2016-2019 ♥ rôti de veau aux champignons

⊶ EARL Jean-Pierre Vacher & Fils, rte de Sancerre, 18300 Menetou-Ratel, tél. 06 89 15 31 14, earlvacher@aol.com Ⓥ 🍴 r.-v.

ⒷDOM. VACHERON Les Romains 2013

| ■ | 14 000 | 🏠 ⬤ | 20 à 30 € |

Les Vacheron – deux frères, Jean-Louis et Denis, et leurs deux enfants respectifs Jean-Dominique et Jean-Laurent – exploitent un vignoble de 49 ha créé en 1950. Certifié depuis 2005 en bio et biodynamie, le domaine pratique la sélection parcellaire.

Ce 2013 présente un nez frais de menthe, de pêche et de fleurs blanches. On retrouve cette fraîcheur dans un palais souple et équilibré, animé par une jolie pointe de vivacité. La finale, fruitée, est de bonne longueur. ✗ 2015-2018 ♥ filet de sandre grillé ■ Guigne-Chèvres 2013 (20 à 30 € ; 1 603 b.) Ⓑ : vin cité. ✗ 2015-2018

⊶ Dom. Vacheron, BP 49 , 1, rue du Puits-Poulton, 18300 Sancerre, tél. 02 48 54 09 93, vacheron.sa@wanadoo.fr Ⓥ 🏃 🍴 t.l.j. 10h-12h 14h30-18h

DOM. ANDRÉ VATAN Les Charmes 2014 ★★

| ■ | 70 000 | 🏠 | 8 à 11 € |

Situé à Verdigny, ce domaine étend son vignoble sur les différents terroirs du Sancerrois. André et Arielle Vatan ont été rejoints en 2012 par leur fils Adrien sur l'exploitation.

Complexe, l'olfaction dévoile des notes fugaces de buis et de pamplemousse relayées par des arômes de fruits mûrs, de soucis, de racine d'iris et de feuille de tomate. Souple en attaque, la bouche est onctueuse et finement soulignée d'un trait acide. À la fois riche, ciselé et tranchant, ce 2014 a du caractère. ✗ 2015-2020 ♥ bar sauce hollandaise ■ Saint-François 2014 (11 à 15 € ; 4 000 b.) : vin cité. ✗ 2015-2018

⊶ EARL André Vatan, rte des Petites-Perrières, 18300 Verdigny, tél. 02 48 79 33 07, avatan@terre-net.fr Ⓥ 🏃 🍴 r.-v.

DOM. DE LA VILLAUDIÈRE 2014

| ■ | 50 000 | 🏠 | 5 à 8 € |

Perché au-dessus du village de Verdigny, ce domaine offre une belle vue sur la colline de Sancerre. Couvrant 15 ha, il est conduit par Jean-Marie Reverdy et son fils Guillaume.

Ce 2014 s'ouvre sur des notes de fleurs blanches et de buis, puis libère à l'aération des nuances d'agrumes (citron). Franc et vif en attaque, c'est un vin aérien, équilibré et plaisant. ✗ 2015-2018 ♥ chipirons à la plancha

⊶ Jean-Marie Reverdy, rte de Chaudenay, 18300 Verdigny, tél. 02 48 79 30 84, domaine@lavillaudiere.com Ⓥ 🏃 🍴 r.-v.

La vallée du Rhône

73 468 ha

Production :

2 830 000 hl

Types de vins :

Rouges très majoritairement, rosés et quelques rares blancs ; vins doux naturels ; quelques effervescents (clairette-de-die).

Sous-régions :

Vallée du Rhône septentrionale (entre Vienne et la rivière Drôme au sud de Valence) et vallée du Rhône méridionale (du sud de Montélimar à Avignon et à la Durance).

Cépages principaux :

Rouges : syrah, grenache, mourvèdre, cinsault, carignan et de nombreux autres cépages devenus très rares (counoise, vaccarèse, muscardin...).

Blancs : viognier, roussanne, marsanne, grenache blanc, clairette blanche, bourboulenc...

CHRISTOPHE DELORME
Dom. de la Mordorée

La bécasse au long bec, au plumage roux moucheté, la discrète des sous-bois d'hiver qui s'envole au crépuscule, l'oiseau entouré de mystères et de légendes est l'emblème vénéré du domaine de la Mordorée. Elle a perdu son maître à l'entrée de l'été...

L'œuvre d'un amoureux

Christophe Delorme a succombé à une attaque foudroyante en juin 2015. En trente ans, il avait créé un joyau au bord du Rhône, aux côtés de son père François, chef d'entreprise. Père et fils avaient pris la clé des champs en 1986, bâti une cave et des chais au cœur des petites vignes familiales, à Tavel et en côtes-du-rhône. Et au fil du temps, la Mordorée s'est agrandie, à Lirac et Châteauneuf-du-Pape. « Notre fleuron », s'émerveillait Christophe Delorme, « sur le plateau de La Crau, qui est le plus beau terroir de l'appellation, avec ses galets roulés et des sables du Rhône sur des veines d'argiles bleues. Là, les ceps les plus jeunes datent de 1945, les plus vieux de 1910-1920. » Le vignoble couvre aujourd'hui 54 ha, répartis sur 38 parcelles et huit communes. Fabrice, le fils de Christophe, a rejoint le domaine en 1999.

« Des vins qui ont une âme »

Dès les débuts, l'ambition fut affichée : le respect de la nature. « Nous sommes arrivés avec un regard neuf, pas engoncés dans des traditions. » Le domaine a été certifié bio en 2013. « Pour nous », disait Christophe Delorme, « la fin ne justifie pas tous les moyens. » Et il ajoutait : « Être vigneron pour nous, c'est avoir les pieds dans sa terre, comme des racines, pour essayer de ressentir ce que la vigne ressent et vinifier ses fruits chaque fois différemment. Être vigneron, c'est connaître son vignoble par cœur, en connaître chaque pied de vigne, ressentir le stress de la canicule de 2003, les pluies de 2002, comme si on était une plante soi-même. Être vigneron, c'est faire des vins qui ont une âme, et pas appliquer des méthodes scientifiques, faire une place à l'instinct, la passion, l'improvisation... Bref, à l'homme. »

Champion des coups de cœur

Christophe Delorme alignait les coups de cœur avec une constance rare et presque inégalée dans l'excellence : trois à la fois dans le Guide Hachette 2016, en lirac, tavel et châteauneuf pour ne citer que la dernière édition. Du jamais vu. Un vigneron flamboyant s'en est allé, la Reine des bois a le cœur lourd mais continuera de voler au-dessus de la vallée du Rhône méridionale avec la nouvelle génération...

♥ Chateauneuf-du-pape
La Reine des bois 2013 ★★★

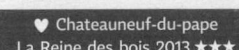

♥ Lirac
La Dame rousse 2013 ★★★

♥ Tavel
La Reine des bois 2014 ★★

Dom. de la Mordorée,
chem. des Oliviers, 30126 Tavel,
tél. 04 66 50 00 75,
info@domaine-mordoree.com

XAVIER GOMART
Cave de Tain l'Hermitage

En aval de Lyon, sur la rive gauche du Rhône, domine la colline de l'Hermitage. Sur la rive droite s'étagent les terrasses de Saint-Joseph, Cornas et Saint-Péray. La très qualitative Cave de Tain l'Hermitage vinifie à elle seule la moitié de ces appellations de la vallée du Rhône septentrionale, où règne la syrah.

Louis Gambert de Loche, le fondateur

Petit propriétaire terrien et rentier, Louis Gambert de Loche (1884-1967) s'était engagé avec ardeur avant la dernière guerre dans la reconnaissance de l'AOC hermitage, avant de fonder la cave coopérative de Tain en 1933. Son implication était telle qu'il lui avait légué en viager ses vignes du coteau de l'Hermitage, s'étendant sur plusieurs lieux-dits : Les Bessards, Gros des Vignes, L'Hermite, Le Méal, Les Greffieux, La Beaume, Les Murets, La Croix, Les Signaux et L'Homme. Depuis 1994, une cuvée issue de sélections parcellaires est élaborée en hommage au Président fondateur. « C'était un honnête homme, dit Xavier Gomart, un humaniste dévoué, passionné de viticulture. » La cave de Tain compte aujourd'hui 27 ha, avec 22 ha en hermitage, 5 en crozes-hermitage, et des parcelles de 2,3 ha en cornas et 0,89 ha en saint-péray, cultivées par de jeunes adhérents.

La syrah en majesté

Xavier Gomart ne tarit pas d'éloges sur le cépage roi des lieux : « C'est ici, dans sa limite culturale nord, que la syrah donne le meilleur d'elle-même. » Et il ajoute le geste à la parole : « La Cave est le premier producteur d'Europe de vins de syrah en appellation, membre fondateur de l'Association Syrah R&D et du Conservatoire de la syrah et de la marsanne. » En 2014, un important investissement (10 millions d'euros) a été consenti pour aménager un nouveau cuvier Inox de 28 200 hl et un chai de 4 000 hl pour les sélections.

Le cahier du vigneron

« Le développement durable est une conviction forte de nos équipes », souligne Xavier Gomart. C'est ainsi qu'un Cahier du vigneron a été mis en place en 2002, associé à une cartographie GPS. Cet outil d'enregistrement et de suivi des différentes opérations menées dans le vignoble est destiné à améliorer la qualité des raisins et à en assurer une traçabilité parfaite. En outre, la viticulture bio, engagée en 2009, est appliquée aux domaines détenus en propre par la Cave, en particulier dans l'appellation hermitage. Enfin, un diagnostic de la biodiversité réalisé par le Conservatoire Rhône-Alpes des Espaces naturels sur six territoires a permis de lancer un plan d'actions spécifiques. Une coopérative au plus près de son terroir, en somme.

♥ **Crozes-hermitage Grand Classique 2014 ★★**

Cave de Tain, 22, rte de Larnage, 26600 Tain-l'Hermitage, tél. 04 75 08 20 87, contact@cavedetain.com

LA VALLÉE DU RHÔNE

La vallée du Rhône porte des vignobles parmi les plus anciens de France. En matière de vins d'appellation, c'est la deuxième région viticole après le Bordelais. Les vins rouges, majoritaires, sont souvent chaleureux, souples ou de garde. Avec Tavel, le vignoble possède la plus ancienne appellation de rosés ; il produit aussi, des blancs de haute lignée comme les hermitage ou les condrieu. Enfin, les vins doux naturels montrent son appartenance à l'orbite méditerranéenne.

Le legs des Romains et des papes

C'est aux abords de Vienne que se trouve l'un des plus anciens vignobles du pays, développé par les Romains, après avoir été sans doute créé par des Phocéens de Marseille. Vers le IV^{e}s. avant notre ère, la viticulture est attestée aux environs des actuels hermitage et côte-rôtie ; dans la région de Die, elle apparaît dès le début de l'ère chrétienne. À la suite des Templiers (au XII^{e}s.), le pape Jean XXII et ses successeurs d'Avignon ont développé le vignoble de Châteauneuf-du-Pape. Quant aux vins de la Côte du Rhône gardoise, ils connurent une grande vogue aux XVIIe et XVIII^{e}s. ; les cités de Tavel et des environs édictèrent des règles de production tout en apposant sur leurs tonneaux les lettres « CdR » (pour « Côtes-du-Rhône ») – une anticipation de l'AOC.

XX^{e}s. : le renouveau

Produits loin de Paris et des grands axes commerciaux, les vins du Rhône furent longtemps mésestimés, malgré la réputation des hermitage ou des côte-rôtie. La vigne était d'ailleurs concurrencée par les oliveraies et les vergers. Le côtes-du-rhône était souvent un gentil vin de comptoir, en général issu de brèves cuvaisons. Son image s'est redressée tandis que son profil s'est diversifié, du primeur au vin de garde rappelant les crus. Le vignoble, qui s'était rétracté au XIX^{e}s., a regagné du terrain. La coopération, très présente dans la région avec 95 caves et cinq groupements de producteurs, participe largement à l'économie viticole de la vallée, produisant presque les deux tiers des volumes, aux côtés de quelque 1 560 caves particulières. Le négoce-éleveur, malgré le prestige de certaines maisons, est moins présent que dans d'autres vignobles (3 % des volumes).

Le nord et le sud Certains experts différencient les vins de la rive gauche de la vallée, qui seraient plus capiteux, de ceux de la rive droite, plus légers. Mais on distingue surtout la vallée du Rhône septentrionale, au nord de Valence, et la vallée du Rhône méridionale, au sud de Montélimar, séparées l'une de l'autre par une zone d'environ cinquante kilomètres où la vigne est absente. Topographie, paysages, climat, sols, encépagement, culture : le nord et le sud de la vallée diffèrent nettement. Au nord de Valence, la vallée s'encaisse entre Alpes et Massif central ; le climat est tempéré, avec une influence continentale ; les coteaux sont souvent très pentus et les sols le plus souvent granitiques ou schisteux ; les vins sont issus du seul cépage syrah pour les rouges, des cépages marsanne et roussanne pour les blancs, ou encore du viognier (condrieu, château-grillet). Au sud de Montélimar, la vallée s'élargit, on arrive en Provence ; le climat est méditerranéen, les sols sur substrat calcaire sont très variés : terrasses à galets roulés, sols rouges argilo-sableux, molasses et sables ; le cépage principal est ici le grenache, mais les excès climatiques obligent les viticulteurs à utiliser plusieurs cépages pour obtenir des vins parfaitement équilibrés : en rouge, la syrah, le mourvèdre, le cinsault, le carignan... en blanc, la clairette, le bourboulenc, la roussane.

Dans l'orbite de la vallée du Rhône D'autres vignobles sont rattachés à la vallée du Rhône. Ce sont, sur la rive droite, les AOC grignan-les-adhémar, entre Montélimar et Bollène ; ventoux, entre Vaison-la-Romaine et Apt ; luberon, plus au sud, sur la rive droite de la Durance ; pierrevert, dans le département des Alpes-de-Haute-Provence ; de la rive droite proviennent les côtes-du-vivarais, de part et d'autre des gorges de l'Ardèche ; les costières-de-nîmes, aux confins du Languedoc. Il faut encore citer le région de Die, dans la vallée de la Drôme, en bordure du Vercors. Plus montagneux, plus frais, le Diois, aux sols d'éboulis calcaires, est propice aux cépages blancs, comme la clairette et le muscat.

➡ LES APPELLATIONS RÉGIONALES DE LA VALLÉE DU RHÔNE

CÔTES-DU-RHÔNE

Superficie : 37 465 ha / Production : 1 205 000 hl (97 % rouge et rosé)

Définie dès 1937, l'appellation régionale côtes-du-rhône figure au nombre des plus anciennes. C'est aussi l'une des plus vastes, la seconde en superficie après Bordeaux. Elle s'étend en effet sur six départements : Rhône, Loire, Ardèche, Gard, Drôme et Vaucluse. L'essentiel de la production provient des quatre derniers, situés dans la vallée du Rhône méridionale, au sud de Montélimar, les vignobles de la partie nord fournissant presque exclusivement des vins d'AOC locales. Sur la rive droite du Rhône, les vignes couvrent les pentes de collines ; sur la rive gauche, elles affectionnent des bassins à fond plat aux sols de galets mêlés d'argiles sableuses rouges.

Dans cette partie sud du vignoble, l'encépagement est bien méridional, le dernier décret (1996) renforçant l'importance du grenache (40 % minimum), de la syrah et du mourvèdre dans les rouges et rosés. Les cépages secondaires, qui sont ici légion, ne peuvent pas totaliser plus de 30 % de l'encépagement. Ce sont notamment le cinsault, le carignan et encore la counoise, le muscardin, le vaccarèse, le terret. Des cépages blancs peuvent même entrer dans la composition des rosés. Les côtes-du-rhône blancs font intervenir principalement les grenache blanc, clairette, marsanne, roussanne, bourboulenc et viognier.

À la diversité des sols, des microclimats et des cépages répond celle des vins : vins rouges de semi-garde, tanniques et généreux, à servir sur de la viande rouge, produits dans les zones les plus chaudes et sur des sols de diluvium alpin (Domazan, Estézargues, Courthézon, Orange...) ; vins rouges plus légers, fruités et plus nerveux, nés sur des sols eux-mêmes plus légers (Nyons, Sabran, Bourg-Saint-Andéol...) ; vins primeurs disponibles à partir du troisième jeudi de novembre. La chaleur estivale contribue à la rondeur des blancs et des rosés. Producteurs et œnologues cherchent aujourd'hui à extraire le maximum d'arômes et à obtenir des vins frais et délicats. On servira les blancs sur des poissons de mer, les rosés sur des salades composées ou de la charcuterie.

DOM. DES ANDRINES 2014 ★		
■	13 300	🍴	- de 5 €

Nicolas Issartier a pris la suite de ses parents en 2004 à la tête d'un vignoble de 34 ha dédié aux côtes-du-rhône et au *villages* Signargues.

Ce vin de bonne facture indique clairement que la vinification a été maîtrisée. L'extraction des arômes est très réussie, orientée vers les fruits rouges frais. Fruité que l'on retrouve dans une bouche ronde et élégante, étayée par des tanins fins. La dominante syrah, bien perceptible, agrémente de réglisse ce véritable « vin plaisir ». ✗ 2015-2018 🍴 grillade de bœuf

☞ EARL Dom. des Andrines, 38, rue des Écoles, 30390 Domazan, tél. 04 66 57 01 89, andre.issartier@yahoo.fr Ⓥ 🚶 🔧 *t.l.j. sf dim. 9h-12h 14h-18h30; mer. sam. sur r.-v.* ☞ Issartier

DOM. AUTRAND 2014		
■	n.c.	🍴	- de 5 €

Christine Aubert a repris en 2002 ce domaine familial de 80 ha, dont la quasi-totalité est classée en vinsobres. Son fils Aurélien (quatrième génération) est désormais à ses côtés.

Ce rosé à dominante de grenache (65 %) est né tout près des coteaux de l'AOC vinsobres, sur un terroir argilo-calcaire ensoleillé. Le nez est floral, la bouche bien équilibrée, souple et fraîche. Un bon standard de l'appellation, simple et de bon aloi. ✗ 2015-2016 🍴 tapas

☞ Dom. Autrand, Les Ratiers, RD 94, rte de Nyons, 26110 Vinsobres, tél. 04 75 26 57 05, contact@domaineautrand.fr Ⓥ 🚶 🔧 *t.l.j. 10h-19h; f. dim. de nov. à mars*

DOM. DES BANQUETTES 2013 ★		
■	16 600	🍴	5 à 8 €

Mécanicien en travaux publics, Patrice André rejoint son père en 1993 sur les 30 ha familiaux, implantés sur les coteaux de Rasteau, face aux Dentelles de Montmirail et au mont Ventoux. En 2002, il choisit de sortir de la coopérative et de vinifier ses propres vins : côtes-du-rhône et *villages* Plan de Dieu, rasteau sec et vin doux naturel.

Dans cette cave particulière, construite sur trois niveaux, la gravité est de mise. Dès lors, les raisins triés et égrappés se laissent patiemment transformer en nectar. La présence de 30 % de mourvèdre dans l'assemblage (complété de 40 % de grenache et 30 % de carignan) engendre une robe profonde et de subtiles notes de cuir aux côtés des classiques fruits rouges mûrs. Fruits qui prennent le dessus dans un palais onctueux et chaleureux, mais pas trop, soutenu par des tanins fins et légers. ✗ 2015-2018 🍴 osso bucco

☞ Patrice André, 1360, rte d'Orange, 84110 Rasteau, tél. 04 90 46 10 22, lesbanquettes@orange.fr Ⓥ 🚶 🔧 *r.-v.*

DOM. DE LA BASTIDE 2014 ★		
■	100 000	🍴	- de 5 €

Disparu en 2008, Bernard Boyer a laissé en héritage à son fils Vincent, à ses côtés depuis 1998, un domaine de 65 ha, une ancienne ferme templière puis couvent, établi sur un site gallo-romain.

Ce 2014, assemblage classique de grenache (50 %), de syrah et de carignan, dévoile un bouquet expressif et non moins classique de fruits noirs et d'épices douces. Riche, rond et plein, le palais affiche un beau volume et une bonne persistance sur le fruit. Le « vin plaisir » par excellence. ✗ 2015-2017 🍴 paella

☞ Dom. de la Bastide, 1250, chem. de la Bastide, 84820 Visan, tél. 04 90 41 98 61, vinboyer@wanadoo.fr Ⓥ 🔧 *r.-v.*

Ⓑ LA BASTIDE SAINT-DOMINIQUE 2014 ★		
■	13 000	🍴	5 à 8 €

Créé en 1979 par Gérard et Marie-Claude Bonnet, ce domaine établi à Courthézon, sur les vestiges d'une ancienne chapelle du XVIe s., s'étend sur 50 ha. Il est aujourd'hui géré par Éric, qui a converti le vignoble à l'agriculture biologique (certifié depuis 2014).

RHÔNE

Cette cuvée issue de 50 % de viognier, épaulés par le grenache blanc et la clairette à parts égales, livre un bouquet très expressif, à dominante florale. Dominante que l'on retrouve dans une bouche d'un bon volume, chaleureuse et suave. Un blanc gourmand et généreux. ✗ 2015-2018 ☙ lotte à la crème et au fenouil

☞ *Éric Bonnet, 1358, chem. Saint-Dominique, 84350 Courthézon, tél. 04 90 70 85 32, contact@ bastidesaintdominique.com* Ⓥ 🏃 🎁 *t.l.j. 8h30-17h (ven. 16h); sam. dim. sur r.-v.* 🏠 Ⓑ

LA BASTIDE SAINT-VINCENT 2014 ★		
■	23 000	î	5 à 8 €

Installé dans une ancienne ferme rénovée aux airs de bastide, dont certains éléments datent du XVIIᵉs., Laurent Daniel est un habitué du Guide. Il conduit depuis 2001 ce vignoble familial de 22 ha très morcelé, réparti dans six communes.

Ce vin axé sur la finesse est issu d'une vinification classique : huit jours de macération après un tri sérieux de la vendange. D'une jolie couleur cerise claire, il dévoile un bouquet engageant de fruits rouges frais. Présents également en bouche, ces derniers s'associent à des tanins fins pour composer un ensemble harmonieux et facile d'accès. ✗ 2015-2018 ☙ sauté de veau à la tomate

☞ *Laurent Daniel, La Bastide Saint-Vincent, 1047, rte de Vaison, 84350 Violès, tél. 04 90 70 94 13, bastide.vincent@free.fr* Ⓥ 🎁 *t.l.j. 9h-12h 14h-19h*

DOM. DE BAUZON		
Réserve 2014 ★		
■	53 000	î	5 à 8 €

Pierre Vidal installé à Châteauneuf-du-Pape avec son épouse vigneronne a créé son négoce en 2010. Une maison déjà bien implantée grâce aux sélections parcellaires vinifiées par ce jeune œnologue formé en Bourgogne.

Ce vin s'ouvre sans réserve sur les fruits noirs, le cassis notamment, et la réglisse. Élegante tout en étant bien charpentée, la bouche, à peine épicée, s'appuie sur des tanins denses et soyeux, et déploie une longue finale fruitée. Un bel ensemble, harmonieux et généreux. ✗ 2016-2019 ☙ daube de bœuf ■ 2014 ★ (5 à 8 € ; 53 000 b.) : un côtes-du-rhône généreusement bouqueté autour des épices douces et de la confiture de fraises, rond et velouté en bouche, structuré avec élégance par des tanins fins. ✗ 2015-2018

☞ *EURL Pierre Vidal, 631, rte de Sorgues, 84230 Châteauneuf-du-Pape, tél. 06 88 88 07 58, contact@pierrevidal.com*

Ⓑ DOM. BENEDETTI 2013 ★		
■	20 000	î	5 à 8 €

Conduit par Christian Benedetti, ce domaine sorti de la coopérative en 1997 s'est rapidement tourné vers le bio, en 2001, pour mettre en valeur ses 26 ha de vignes. Depuis 2009, les vinifications sont assurées par le fils Nicolas.

Issu de grenache à 90 % (la syrah en appoint) ce 2013 présente un joli nez fruité et un rien épicé. Le palais s'avère rond, souple et gras, porté par des tanins soyeux. Un ensemble harmonieux et bien typé. ✗ 2015-2019 ☙ carré d'agneau à la provençale ■ Vieilles Vignes 2013 (8 à 11 € ; 10 000 b.) Ⓑ : vin cité. ✗ 2015-2018

☞ *Dom. Benedetti, 25, chem. Roquette, 84370 Bédarrides, tél. 06 48 03 57 56, domainebenedetti@yahoo.fr* Ⓥ 🏃 🎁 *r.-v.*

Ⓑ DOM. BERTHET-RAYNE		
Vieilles Vignes 2013 ★★		
■	15 000	î	5 à 8 €

Christian Berthet-Rayne a repris en 1980 une partie du domaine fondé par sa belle-famille. Sa fille Laure et son gendre Martial Capeau, arrivés en 2004, ont désormais pris la suite et conduisent un vignoble de 25 ha en bio certifié depuis 2007.

Ce 2013 provient du terroir argilo-calcaire de la Janasse et de la Barnouine. On perçoit d'emblée, à l'olfaction, un fruité puissant centré sur la confiture de fraises. La bouche, au fruité tout aussi intense et très persistant, présente des tanins encore jeunes et fermes, mais bien enrobés par une chair tendre et ronde. Un beau vin, sincère et généreux. ✗ 2016-2019 ☙ pintade farcie aux cèpes

☞ *Berthet-Rayne, 2334, rte de Caderousse, 84350 Courthézon, tél. 04 90 70 74 14, christian.berthet-rayne@wanadoo.fr* Ⓥ 🏃 🎁 *r.-v.*

RÉSERVE DE BONPAS 2014 ★		
■	120 000	î	- de 5 €

Cette maison de négoce, dans le giron du groupe bourguignon Boisset, doit son nom à un monastère fortifié, donné par le pape Jean XXII aux Chartreux, en 1318. Un lieu stratégique qui veillait autrefois sur la route menant d'Avignon à Rome : un *bonus passus* en latin (« bon passage »).

Plantés sur les premiers terroirs de galets roulés dans le sud de l'AOC, des ceps de grenache (70 %), de mourvèdre (20 %) et de syrah sont à l'origine de ce vin au bouquet fin et élégant de fruits rouges mûrs et d'épices. À l'unisson, la bouche, ample et longue, adossée à des tanins fins, affiche un bon équilibre. ✗ 2015-2018 ☙ entrecôte marchand de vin

☞ *La Famille des Grands Vins Bonpas Boisset, chem. de Réveillac, 84510 Caumont-sur-Durance, tél. 04 90 83 58 35, infos@bonpas.fr* Ⓥ 🏃 *r.-v.*

CH. DE BOSC Cuvée Léia 2013 ★★		
■	6 000	❿	11 à 15 €

Dans la même famille depuis cinq générations, cette propriété est dirigée depuis 2001 par Guillaume Reynaud. Le vignoble de 10 ha est mené selon les préceptes de l'agriculture biologique depuis 2010. La spécialité du domaine : des vins sans sulfites et de garde.

Une cuvée dédiée à la naissance de Léia, la fille de Guillaume Reynaud. Un très bel hommage que ce vin sombre et intense dès le premier nez, où la fève de cacao et les notes torréfiées (dix-huit mois de fût) rivalisent avec les fruits noirs. En bouche, on découvre un vin sphérique, suave et concentré, où tout est en place. On reste sur le fruit jusqu'en finale, sur un fond finement boisé, et l'on est charmé par la parfaite maîtrise de l'extraction et la justesse de l'élevage. ✗ 2016-2020 ☙ civet de marcassin

☞ *Guillaume Reynaud, 1036, chem. Saint-Sylvestre, 30390 Domazan, tél. 06 16 67 67 94, reyns@wanadoo.fr* Ⓥ 🎁 *r.-v.*

CH. DE BOUSSARGUES
Cuvée de la chapelle 2013 ★

| ■ | 6 000 | | î | | 8 à 11 € |

Un domaine régulier en qualité, où vignes et oliviers sont cultivés depuis l'Antiquité. Aujourd'hui, un vignoble de 32 ha d'un seul tenant commandé par un château du XIIᵉs. et sa chapelle romane parfaitement restaurés par la famille Malabre installée ici en 1964.

Intense et bien méridional, le nez de cet assemblage grenache-syrah associe les fruits noirs cuits aux épices. À une attaque fraîche et tonique succède un palais riche et plutôt massif, mais jamais lourd grâce à la finesse de ses tanins, lui aussi des plus sudistes avec ses arômes fruités et épicés mâtinés des senteurs de la garrigue. De bonne garde assurément. ✗ 2017-2022 ♈ civet de sanglier aux truffes ■ 2013 (5 à 8 € ; 24 000 b.) : vin cité. ✗ 2017-2022

o━ Chantal Malabre, Ch. de Boussargues, Colombier, 30200 Sabran, tél. 04 66 89 32 20, malabre@wanadoo.fr
V 🕭 🛡 t.l.j. 9h-19h 🏠 🅔

DOM. DES BOUZONS
Cuvée de la félicité 2013

| ■ | 10 000 | | î ◫ | | 8 à 11 € |

Ce domaine appartient aux Serguier depuis... 1632. Les premières vignes ont été plantées en 1956. Installés en 1982, Marc Serguier et son épouse Claudine, rejoints par leur fils Nicolas, conduisent aujourd'hui un vignoble de 34 ha.

Le mas de la bergerie attenant au domaine abrite les barriques, les demi-muids et les bouteilles pour un élevage à l'abri des variations climatiques. Cette cuvée y a séjourné dix-huit mois, mais devra encore patienter dans votre cave pour atteindre son apogée. Si elle apparaît aimable à l'olfaction, bien ouverte sur les fruits rouges, son caractère est pour l'heure plutôt austère en bouche, avec des tanins très présents et serrés. Un vin viril donc, promis à une bonne évolution. ✗ 2017-2020 ♈ côte de bœuf

o━ Marc Serguier, 194, chem. des Manjo-Rassado, 30150 Sauveterre, tél. 04 66 90 04 41, domaine.des.bouzons@wanadoo.fr
V 🕭 🛡 t.l.j. sf dim. 9h30-12h 14h30-18h

BROTTE Esprit Barville 2014 ★★

| ■ | 100 000 | | î ◫ | | 5 à 8 € |

Cette maison réputée, fondée en 1931 par Charles Brotte, pionnier de la mise en bouteilles dans la vallée du Rhône, est aujourd'hui dirigée par Laurent, petit-fils du fondateur. Elle vinifie ses propres vignes et opère des sélections parcellaires pour le compte de son négoce, dont La Fiole du Pape, en châteauneuf, est la marque phare depuis sa création en 1952.

Grenache (85 %) et syrah pour cette cuvée. Un assemblage classique à l'origine d'un vin sombre et élégant, aux arômes généreux mais subtils de fruits rouges mûrs, d'épices et de violette sur un fond boisé parfaitement ajusté (50 % de l'assemblage a séjourné en barrique). En bouche, « équilibre » est le maître-mot : une aimable douceur contrebalancée par une fine acidité, des tanins déjà bien ronds et veloutés qui permettent d'apprécier ce vin dès aujourd'hui. La garde ne lui nuira pas non plus et apportera de nouvelles sensations. ✗ 2015-2020 ♈ gigot d'agneau en méchoui ■ Esprit Barville 2014 (5 à 8 € ; 20 000 b.) : vin cité. ✗ 2015-2017

o━ Brotte, Le Clos, rte d'Avignon, BP 1, 84231 Châteauneuf-du-Pape Cedex, tél. 04 90 83 70 07, brotte@brotte.com V 🕭 🛡 t.l.j. 9h-12h 14h-18h

DOM. DE CASSILLAC 2013 ★

| ■ | 10 000 | | î | | 5 à 8 € |

Dans la même famille depuis trois générations, ce domaine situé entre Visan et Valréas a créé sa cave particulière en 2001, sous la conduite de Dominique et Caroline Faure, à la tête aujourd'hui de 65 ha de vignes.

Incontestablement un beau millésime pour ce domaine qui en dépit des aléas de coulure sur le grenache, et ce pour l'ensemble de l'AOC, a su réaliser un fort joli vin. Un vin qualifié de « goûteux », ouvert sur d'intenses notes de fruits confiturés et d'épices douces, savoureux et gourmand à souhait en bouche, caractère renforcé par le soyeux de ses tanins. Farouchement côtes-du-rhône. ✗ 2015-2018 ♈ tajine d'agneau

o━ Dom. de Cassillac, rte d'Orange, 84600 Valréas, tél. 06 19 97 51 87, domi.faure@wanadoo.fr
V 🕭 🛡 r.-v.

DOM. LA CATHERINETTE 1888 2013 ★

| ■ | 7 000 | | ◫ | | 8 à 11 € |

Conduit depuis 1981 par Philippe Jouve, ce domaine étend son vignoble sur 25 ha, au milieu de la garrigue, entre les gorges de l'Ardèche et celles de la Cèze.

Avec cette cuvée qui célèbre l'année de naissance du domaine, la famille Jouve met en valeur un beau terroir, dernier-né des côtes-du-rhône. Un vin de caractère, ce que laisse imaginer sa robe très sombre, puissant au nez comme en bouche, marqué par le bois (seize mois de fût) et par des arômes chaleureux de pruneau, solidement bâti sur des tanins « fiers et rudes ». Un rouge viril, à encaver pour arrondir les angles. ✗ 2018-2022 ♈ daube de sanglier

o━ Philippe Jouve, Dom. de la Catherinette, 30760 Laval-Saint-Roman, tél. 04 66 82 17 62, catherinette.vinsjouve@wanadoo.fr
V 🕭 🛡 t.l.j. sf dim. 9h-12h 14h-19h

♥ CELLIER DES CHARTREUX
Chevalier d'Anthelme 2014 ★★

| ■ | 120 000 | | î | | - de 5 € |

Née en 1929, la coopérative de Pujaut, bourgade des environs d'Avignon, vinifie 570 ha de vignes dans les crus lirac et tavel, des AOC régionales et en IGP. Ses cuvées sont régulièrement en vue dans ces pages, notamment ses vins blancs.

Sans aucun doute l'un des meilleurs rapports qualité-prix des côtes-du-rhône sélectionnés cette année. Cette cuvée, baptisée ainsi en souvenir d'une ferme des moines chartreux, est le formidable résultat d'une constante remise en question des sélections parcellaires et de l'utilisation de la technologie de pointe par Antoine Gomez, le maître de chai, et Frédéric Sablayrolles, l'œnologue. Les deux hommes signent un vin de grenache (60 %) et de syrah sombre et intense, très élégant dans ses arômes de fruits noirs et de violette, ample, corpulent et très bien structuré par des tanins ronds et veloutés. Un modèle de puissance contrôlée, que l'on pourra apprécier aussi bien jeune que patiné par la garde. ✗ 2017-2022 ♈ poulet au chocolat

O━ *Cellier des Chartreux, RD 6580, 30131 Pujaut, tél. 04 90 26 39 40, contact@cellierdeschartreux.fr* **Ⅴ 🏃 🛆** *t.l.j. 8h30-12h30 13h30-18h30*

CELLIER DES GORGES DE L'ARDÈCHE
3 Saints 2013

| ■ | 12 000 | î | - de 5 € |

Cette coopérative fondée en 1929 regroupe les producteurs de Saint-Martin-d'Ardèche, de Saint-Marcel-d'Ardèche et de Saint-Just-d'Ardèche.

L'archétype du « vin plaisir », sans prétention mais bien équilibré. Un égrappage à 100 % précède une macération préfermentaire qui permet une extraction réussie des parfums primaires (fruits rouges à profusion à l'olfaction). Fruité agrémenté de quelques touches épicées qui caractérise aussi le palais, souple, fin et léger. ✗ 2015-2017 ♈ grillades

O━ *Cellier des Gorges de l'Ardèche, rte de la Gare, 07700 Saint-Marcel-d'Ardèche, tél. 04 75 04 66 83, caveau@cellier-ardeche.fr* **Ⅴ 🏃 🛆** *t.l.j. sf dim. 9h-12h 14h-18h*

♥ CELLIER DES PRINCES
La Couronne du prince 2013 ★★

| ■ | 15 300 | ⅷ | 5 à 8 € |

Le Cellier des Princes est l'unique coopérative à produire du châteauneuf-du-pape. Fondée en 1924, la cave regroupe aujourd'hui plus de 200 adhérents et vinifie les vendanges de 600 ha.

Les coopératives sont à l'honneur dans cette édition : deux coups de cœur en côtes-du-rhône (voir aussi le Cellier des Chartreux), voilà qui tord le cou à certains a priori négatifs, encore trop souvent répandus, sur la production des « coop ». Celle de Châteauneuf signe un côtes-du-rhône au tempérament de feu, qui attire d'emblée l'attention avec sa robe sombre, très sombre, comme par ses arômes intenses, très intenses de vanille et de confiture de cerises. Un fruité généreux et gourmand, à dominante de myrtille, qui tapisse, longuement, très longuement un palais rond et caressant, relevé de quelques notes poivrées et assisté juste ce qu'il faut par un boisé subtil. Harmonieux et charmeur, très charmeur... ✗ 2016-2019 ♈ bœuf à l'indienne ■ Réserves 2014 ★ (- de 5 € ; 230 000 b.) : le fer de lance de la cave, avec un réel volume. Quantité donc, mais aussi (surtout) qualité. Au nez, un fruité chaleureux (cerise à l'eau-de-vie). En bouche, du fruit toujours, un peu d'épices douces, beaucoup de souplesse, une pointe de fraîcheur et une belle longueur. ✗ 2015-2018

O━ *Cellier des Princes, 758, rte d'Orange, 84350 Courthézon, tél. 04 90 70 21 44, lesvignerons@cellierdesprinces.com* **Ⅴ 🏃 🛆** *t.l.j. 8h-12h30 13h30-18h30*

CELLIER VÉNÉJAN LA PORTE D'OR
La Coucouyade 2014 ★★

| ■ | 80 000 | î | - de 5 € |

Cave coopérative de Vénéjan, village médiéval à découvrir notamment, outre pour ses vins, pour son moulin et sa chapelle Saint-Pierre, qui a mille ans d'âge.

Un nom de cuvée qui mérite une explication : la coucouyade est le nom provençal donné à l'alouette des champs, que l'on aperçoit parfois au-dessus du vignoble ; c'est aussi le nom du petit ruisseau qui longe les vignes de la commune. Dans le verre, un vin né des plus belles parcelles de la cave, remarqué pour sa clarté, son intensité olfactive centrée sur les fruits confiturés et quelques notes mentholées, son palais tout aussi expressif, fruité et épicé, élégant et souple, doté de tanins fins. ✗ 2015-2018 ♈ curry d'agneau

O━ *SCA Cellier Vénéjan La Porte d'Or, 473, rte de Bagnols-sur-Cèze, 30200 Vénéjan, tél. 04 66 79 25 04, sc.venejan@wanadoo.fr* **Ⅴ 🏃 🛆** *r.-v.*

DOM. CHANTE CIGALE Vieilles Vignes 2013 ★★

| ■ | 6 000 | î ⅷ | 8 à 11 € |

Alexandre Favier a pris en 2000 les rênes du domaine familial fondé en 1874. Son vignoble couvre aujourd'hui 42 ha disséminés sur 35 parcelles, offrant ainsi une vaste palette de terroirs.

Digne d'un cru, ce côtes-du-rhône né de vieux ceps (soixante-dix ans) de grenache, de carignan et de syrah est d'une puissance remarquable. Sur un vignoble de galets roulés, les raisins ont sagement patienté pour atteindre sans accroc une parfaite maturité alcoolique et phénolique. Le nez libère d'intenses parfums de fruits noirs bien mûrs et d'épices ; 30 % de l'assemblage ayant connu quinze mois de barrique, quelques notes torréfiées s'y ajoutent. Le palais, à l'unisson, se montre ample et velouté, structuré par des tanins fins et soyeux, et stimulé par une fine fraîcheur qui lui donne une belle allonge. ✗ 2017-2021 ♈ veau marengo

O━ *Dom. Chante Cigale, 7, av. Pasteur, 84230 Châteauneuf-du-Pape, tél. 04 90 83 70 57, info@chante-cigale.com* **Ⅴ 🛆** *r.-v.*

LES VIGNERONS DE CHANTECÔTES
Abélia 2014 ★★

| ■ | 30 000 | î | 5 à 8 € |

Créée en 1927, cette coopérative a son siège à Sainte-Cécile-les-Vignes, charmant village implanté au cœur du vignoble comme son nom l'indique. À noter que 20 % de la production sont issus de l'agriculture biologique.

Les coopérateurs de Chantecôtes signent une cuvée remarquable par sa richesse aromatique, centrée sur la mirabelle mûre et le genêt. Arômes que prolonge une bouche ample, ronde et suave sans lourdeur, agrémentée de fines nuances florales – l'abélia est d'ailleurs un arbuste dont les fleurs blanches, abondantes de juin à octobre, parfument les jardins. Une vraie gourmandise, proche du coup de cœur. ✗ 2015-2017 ♈ tarte aux mirabelles ■ Grande Réserve 2013 (5 à 8 € ; 35 000 b.) : vin cité. ✗ 2015-2018

O━ *Les Vignerons de Chantecôtes, cours Maurice-Trintignant, 84290 Sainte-Cécile-les-Vignes, tél. 04 90 30 83 25, contact@chantecotes.com* **Ⅴ 🏃 🛆** *t.l.j. 9h30-12h30 14h-19h; f. dim. du 1ᵉʳ oct. au 30 avr.*

ⒷDOM. CLAVEL Regulus 2014 ★

| ■ | 12 000 | 🍷 | 5 à 8 € |

Les Clavel conduisent depuis plusieurs générations cette vaste exploitation de 80 ha qui leur permet de proposer une large gamme de vins. Aujourd'hui, c'est Claire qui est aux commandes de ce domaine très régulier en qualité, souvent en vue avec ses côtes-du-rhône et ses *villages* Saint-Gervais.

Ce rosé de saignée s'ouvre sans réserve sur des parfums soutenus de fleurs blanches, de fruits rouges et d'épices douces. En bouche, on découvre un vin tout aussi aromatique, plein et charnu, qui ne manque ni de finesse ni de fraîcheur. Un vrai rosé de bouche, très équilibré. ✗ 2015-2017 ❦ saltimbocca

☛ *Dom. Clavel, rue du Pigeonnier, 30200 Saint-Gervais, tél. 04 66 82 78 90, clavel@domaineclavel.com* Ⓥ 🏃 🧍 *t.l.j. sf dim. 9h-12h 14h-19h*

ⒷCLOS DE CAVEAU Les Bateliers 2014

| ■ | 8 000 | 🍷 | 5 à 8 € |

Pionniers en matière de viticulture biologique (certification en 1989), les Bengener conduisent un domaine de 14 ha d'un seul tenant au pied des Dentelles de Montmirail.

Qualifiée de bon vin de garde, cette cuvée à l'étiquette originale, tout en longueur, possède un caractère affirmé. Un vin apprécié pour sa bonne tenue tout au long de la dégustation, bien servi par un nez chaleureux de cassis mûr et par une solide structure tannique qui demande encore à s'assouplir. ✗ 2017-2020 ❦ estouffade de bœuf

☛ *Henri Bengener, chem. de Caveau, 84190 Vacqueyras, tél. 04 90 65 85 33, domaine@closdecaveau.com* Ⓥ 🏃 🧍 *t.l.j. 8h-12h 14h-18h* 🏠 Ⓔ

LE CLOS DES LUMIÈRES Cuvée Valentin 2013

| ■ | 11 000 | 🍷 | 5 à 8 € |

Installé en 1997, Gérald Serrano spécialise le domaine familial, fondé par son grand-père André en 1950 et longtemps exploité en polyculture, et le sort de la coopérative en 2004. La propriété couvre aujourd'hui 85 ha.

Cette cuvée est présentée chaque année le dimanche le plus proche de la Saint-Valentin, l'occasion pour le domaine de convier quelque 600 « bons vivants ». La version 2013 offre un joli nez ouvert sur les fruits noirs mûrs rehaussés de poivre, prolongé par une bouche chaleureuse et corpulente, épaulée par des tanins pour l'heure encore serrés. Un peu de patience, au moins jusqu'à la Saint-Valentin 2017. ✗ 2017-2020 ❦ mijoté d'échine de porc

☛ *Gérald Serrano, 14, rue des Cerisiers, 30210 Fournès, tél. 04 66 01 05 89, closdeslumieres@yahoo.fr* Ⓥ 🏃 🧍 *t.l.j. 9h30-12h 14h30-18h30; dim. 9h30-12h*

ⒷCLOS DU CAILLOU Les Quarts 2013 ★

| ■ | 10 500 | 🍶 | 15 à 20 € |

La cave du domaine – des galeries creusées dans le safre – fut créée en 1867 par Élie Dussaud, collaborateur de Ferdinand de Lesseps. Depuis 1956, la famille Vacheron y élève ses vins. Installée en 1996, Sylvie Vacheron conduit 53 ha de vignes (44 ha en côtes-du-rhône et 9 ha en châteauneuf-du-pape) en bio certifié.

Issue d'un terroir de galets roulés enclavé dans l'aire d'appellation châteauneuf, cette cuvée est certes encore marquée par le bois et ses tonalités torréfiées (foudre et demi-muid pendant quinze mois), mais de délicates notes de fruits rouges confits percent à l'aération. Structuré sans sécheresse par des tanins bien présents, le palais y ajoute les épices et offre un bel équilibre alcool-acidité. Un vin complet qui vieillira sans crainte. ✗ 2016-2019 ❦ rôti de porc aux pruneaux

☛ *Clos du Caillou, 1600, chem. Saint-Dominique, 84350 Courthézon, tél. 04 90 70 73 05, closducaillou@wanadoo.fr* Ⓥ 🏃 🧍 *t.l.j. sf sam. dim. 9h-12h 13h30-17h30* ☛ Sylvie Vacheron

ⒷCH. DES COCCINELLES 2014

| ■ | 42 000 | 🍷 | 8 à 11 € |

Un domaine situé à l'ouest d'Avignon, conduit par la famille Fabre depuis 1918 et trois générations. Son essor date des années 1970, sous l'impulsion de René Fabre, pionnier de l'agriculture biologique, qui a engagé la conversion dès 1978. C'est son fils Paul Henri qui est aux commandes depuis 2006, à la tête aujourd'hui de 79 ha de vignes.

La syrah, présente à 60 %, a donné un vin très coloré, aux arômes de framboise et de réglisse. Charnu et bien structuré par des tanins fermes, le palais demande à s'arrondir encore un peu. ✗ 2017-2020 ❦ couscous de bœuf ■ Élytres 2013 (15 à 20 € ; 8 200 b.) Ⓑ : vin cité. ✗ 2017-2020

☛ *Ch. des Coccinelles, rue des Écoles, 30390 Domazan, tél. 04 66 57 03 07, sybille.coccinelles@gmail.com* Ⓥ 🏃 🧍 *r.-v.*

COMTE DE LAUZE 2014 ★★

| ■ | 10 000 | 🍷 | 8 à 11 € |

Ce domaine acquis en 1976 par les actuels propriétaires a son siège au centre du village de Châteauneuf-du-Pape. Il a récemment modernisé sa cave de vinification, restructuré son vignoble (22 ha) et planté des cépages blancs.

Assemblage classique de grenache (70 %) et de syrah, cette cuvée présente un nez flatteur et complexe de fruits rouges mûrs et d'épices. Il séduit en bouche par son ampleur, sa structure étoffée et par sa longueur. Un vin d'ores et déjà appréciable, mais aussi plein de promesses pour l'avenir. ✗ 2016-2019 ❦ daube d'agneau à la provençale

☛ *Dom. Comte de Lauze, 8, av. des Bosquets, BP 45, 84232 Châteauneuf-du-Pape Cedex, tél. 04 90 83 72 87, comtelauze@wanadoo.fr* Ⓥ 🏃 🧍 *r.-v.*

CAVE LES COTEAUX Cuvée des lions 2014

| ■ | 45 000 | 🍷 | - de 5 € |

Cette ancienne cave particulière a été convertie par Ferdinand Deloye en coopérative en 1897. Pionnier de la viticulture visanaise, il fut le premier à commercialiser des vins sous la dénomination « côtes-du-rhône Visan ». Depuis, la direction de la cave est toujours restée entre les mains de la famille du fondateur.

Grenache (50 %), syrah, mourvèdre et carignan entrent dans l'assemblage de cette cuvée au nez ouvert et raffiné de fruits noirs et de griotte. Un fruité que l'on retrouve dans une bouche ronde et fine, qui joue la carte de la

RHÔNE

légèreté plutôt que celle de la puissance. Un vrai « vin plaisir ». ✗ 2015-2018 ❢ tartare de bœuf

○⟶ *Cave Les Coteaux, chem. Peine, 84820 Visan, tél. 04 90 28 50 80, cave@coteaux-de-visan.fr* Ⓥ Ⓚ Ⓛ *t.l.j. 9h-12h 14h-18h*

DOM. COULANGE Rochelette 2013		
■ 16 000	🍷	5 à 8 €

Situé à la pointe sud de l'Ardèche, sur les coteaux dominant la rive droite du Rhône, ce vignoble de 34 ha est conduit par Christelle Coulange. Celle-ci a rejoint son père en 1996, instaurant alors avec lui les premières vinifications au domaine.

Cet assemblage classique grenache-syrah (80-20) présente un bouquet friand et généreux de fruits rouges très mûrs et de cuir. La bouche, longue, puissante et chaleureuse, est bien arrimée à des tanins serrés, solide colonne vertébrale qui permettra à ce vin de passer quelques années en cave et d'affronter un mets de caractère. ✗ 2017-2020 ❢ chevreau aux myrtilles ■ Mistral 2013 (5 à 8 € ; 100 000 b.) : vin cité. ✗ 2015-2019

○⟶ *EARL Dom. Coulange, quartier Saint-Ferréol, 07700 Bourg-Saint-Andéol, tél. 04 75 54 56 26, domaine.coulange@free.fr* Ⓥ Ⓚ Ⓛ *r.-v.*

CH. COURAC 2014 ★★		
■ 80 000		5 à 8 €

Ce château perché sur les hauteurs de Tresques est un habitué du Guide et le plus souvent aux meilleures places. Conduit par Joséphine et Frédéric Arnaud, il se distingue tant par ses côtes-du-rhône que par ses *villages* (Laudun).

Même dans ce millésime difficile, Courac fait preuve une nouvelle fois de constance dans la qualité. Le pain d'épice et les fruits rouges confits composent un bouquet complexe et très élégant. En bouche, la finesse et la légèreté (mais pas la maigreur) sont de mise, le vin progresse sans accroc jusqu'en finale, parfaitement équilibré entre le fruit et des tanins courtois. ✗ 2015-2020 ❢ épaule de veau basquaise ■ Empreinte ★★ (5 à 8 € ; 20 000 b.) : au nez, des notes de chocolat et de confiture de fraises ; en bouche, une aimable rondeur et un toucher soyeux. ✗ 2015-2020 ■ Dom. du Quart du Roi 2014 ★★ (5 à 8 € ; 20 000 b.) : iris et jacinthe à l'olfaction et un palais légèrement réglissé, ample, velouté et très équilibré. ✗ 2015-2020

○⟶ *SCEA Frédéric Arnaud, Ch. Courac, 1520, chem. de Courac, 30330 Tresques, tél. 04 66 82 90 51, scea.frederic.arnaud@orange.fr* Ⓥ Ⓛ *r.-v.*

DOM. DE CRISTIA Les Garrigues 2013 ★		
■ 30 000	🍷 ⬤	11 à 15 €

Un domaine fondé en 1942 par le grand-père, agrandi et amélioré par le père, Alain Grangeon. Nouveau saut qualitatif à partir de 1999 avec la troisième génération (Baptiste, Dominique et Florent) : vente en bouteilles, abaissement des rendements, sélections parcellaires, conversion progressive au bio des 56 ha. Une référence en châteauneuf.

Si les châteauneuf font sa notoriété, le domaine s'y entend aussi en « simple » appellation régionale. Ici, une cuvée 100 % grenache bien ouverte sur les fruits mûrs, cassis en tête, et les épices. Un profil méridional que l'on retrouve

dans une bouche élégante et équilibrée, bâtie avec finesse sur des tanins soyeux. Sobre et de (très) bon goût. ✗ 2015-2019 ❢ navarin d'agneau

○⟶ *Dom. de Cristia, 48, fg Saint-Georges, 84350 Courthézon, tél. 04 90 70 24 09, contact@cristia.com* Ⓥ Ⓚ Ⓛ *r.-v.*

DOM. NICOLAS CROZE Les Petits Coins 2013 ★★		
■ 10 000	🍷	5 à 8 €

Nicolas Croze s'est installé en 1994 sur la propriété familiale située aux portes des gorges de l'Ardèche. Il spécialise alors l'exploitation, opte pour la vente directe en bouteilles et agrandit le vignoble, qui s'étend aujourd'hui sur 30 ha. Un domaine de belle réputation grâce à la qualité constante de ses côtes-du-rhône.

Encore une bien belle cuvée pour le domaine, née sur le terroir le plus au sud de l'Ardèche. Ce 2013 flatte l'œil par sa robe brillante et séduit par son bouquet généreux de fruits confiturés. Des sensations gourmandes prolongées par un palais riche et tendre, très équilibré et peu marqué par les tanins, souples et veloutés. Ce vin, déjà savoureux, devrait fort bien s'exprimer durant quelques années encore. ✗ 2015-2019 ❢ osso bucco ■ Notre Dame de Melinas 2013 (5 à 8 € ; 15 000 b.) : vin cité. ✗ 2015-2018

○⟶ *Nicolas Croze, 1, rue Max-Ernst, 07700 Saint-Martin-d'Ardèche, tél. 04 75 04 62 28, contact@domaine-nicolas-croze.com* Ⓥ Ⓚ Ⓛ *r.-v.* ⌂ Ⓓ

♥ DAUVERGNE RANVIER Vin gourmand 2014 ★★		
■ 300 000	🍷	- de 5 €

Créée en 2004 par François Dauvergne et Jean-François Ranvier, professionnels du vin qui ont décidé d'élaborer leurs propres cuvées après avoir œuvré chez les autres, cette maison de négoce s'est affirmée comme l'une des valeurs sûres de la vallée du Rhône, à travers une gamme de qualité issue de sélections parcellaires.

En s'imposant par la qualité, ce négoce fait honneur à ce corps de métier parfois décrié. Restant attentif aux terroirs, il opère un échantillonnage sévère et pratique un prix plus doux. Ce Vin gourmand, association classique de grenache (70 %) et de syrah, n'a jamais aussi bien porté son nom (si ce n'est dans sa version costières-de-nîmes 2012, également élue coup de cœur). Le bouquet, généreux et profond, mêle le cassis et la framboise mûrs. En bouche, l'équilibre est parfait : une fine acidité vient apaiser la chaleur de l'alcool, les tanins sont bien en place et soyeux, enrobés par un fruité croquant. Gourmand, vous dit-on... ✗ 2016-2020 ❢ joue de bœuf braisée

○⟶ *Dauvergne Ranvier, Ch. Saint-Maurice, RN 580, 30290 Laudun-l'Ardoise, tél. 04 66 82 96 57, francois.dauvergne@dauvergne-ranvier.com*

DELAS Saint-Esprit 2013 ★		
■ 1 000 000	🍷	8 à 11 €

Maison fondée en 1835, propriété depuis 1977 du Champagne Deutz (groupe Roederer). Sous la direction de Fabrice Rosset et de son directeur technique Jacques Grange, elle dispose de 30 ha en propre dans les AOC septentrionales, complétés par des achats de raisin, la gamme méridionale provenant de la partie négociant-éleveur.

Cette cuvée à forte proportion de syrah offre « un esprit saint dans un corps sain », selon un dégustateur, qui n'avait pourtant pas l'étiquette sous les yeux… Un grand esprit lui aussi sans doute… Qu'entend-il par là ? Comprenez un vin des plus complets – à la fois fruité, frais, souple et rond – qui répond aux canons de l'appellation. Simple et bon. ✗ 2015-2018 ✣ tomates farcies

☛ Delas Frères, ZA de l'Olivet, 07300 Saint-Jean-de-Muzols, tél. 04 75 08 60 30, france@delas.com Ⓥ 🏃 🔽 r.-v.

Ⓑ CORINNE DEPEYRE Les Phacélies 2014 ★		
■	9 000	🎁	8 à 11 €

Souhaitant voler de ses propres ailes, cette vigneronne a créé son domaine en 2012 (19 ha) sur les terres paternelles, où elle a engagé la conversion bio des vignes.

Deuxième sélection d'affilée pour cette cuvée issue de grenache et de carignan, dont le nom évoque une fleur mellifère utilisée pour régénérer les sols du domaine. Dans le verre, un vin joliment parfumé de fruits rouges confiturés. Une attaque puissante ouvre sur un palais intense et bien équilibré entre alcool, fruits mûrs et tanins. Un potentiel de garde tout à fait honorable. ✗ 2017-2020 ✣ canard laqué

☛ Dom. Corinne Depeyre, 872, chem. du Marquis-de-Cabassole, 26900 Tulette, tél. 04 75 51 60 94, depeyre.corinne@hotmail.fr Ⓥ 🔽 r.-v.

DOM. DE DIEUMERCY 2014		
■	200 000	🎁	- de 5 €

L'un des nombreux domaines de la famille Meffre, conduit aujourd'hui par Hugues, toujours accompagné de son père Jacques et rejoint par sa fille Aurélie. Un vaste vignoble de 90 ha sur le Plan de Dieu, acquis en 1988.

Tout en fraîcheur, le bouquet de ce 2014 exhale des parfums séduisants d'agrumes et de grenadine. La fraîcheur est aussi au rendez-vous dans une bouche fruitée et épicée, finement tannique, offrant une bonne mâche. Un vin en place et facile à boire. ✗ 2015-2018 ✣ entrecôte grillée

☛ Dom. Jack Meffre et Fils, Le Village, 84190 Gigondas, tél. 04 90 70 94 90, hmeffre@outlook.com Ⓥ 🏃 🔽 r.-v.

Ⓑ DOM. JULIEN DE L'EMBISQUE Cuvée Plaisir 2014 ★★		
■	6 500	5 à 8 €

L'histoire vigneronne des Gaïde a débuté en 1838, à Pauillac. Elle se poursuit dans le Haut-Var depuis 1972 et l'achat d'un domaine de 4 ha. La commercialisation en bouteilles ne date, en revanche, que de 2011.

Le seul défaut de cette cuvée ? Sa relative confidentialité. Dans le flacon, un vin pourpre foncé, qui offre une palette d'arômes exaltants et bien typés, autour des fruits croquants et des épices douces. Arômes qui perdurent dans une bouche longue, ronde et pleine, aux tanins bien en place, vifs mais sans aucune agressivité. Un côtes-du-rhône subtil et équilibré, qu'il faudra savoir apprécier à sa juste valeur. ✗ 2017-2020 ✣ tournedos sauce poivre

☛ Thierry et Fabien Gaïde, 1791, rte de l'Embisque, 84500 Bollène, tél. 06 77 50 68 56, domaine-st-julien@orange.fr Ⓥ 🏃 🔽 t.l.j. 10h-12h 14h-19h

DOM. DES ESCARAVAILLES La Ponce 2014 ★		
■	8 000	🎁	8 à 11 €

Situé sur les hauteurs de Rasteau, ce domaine de 65 ha est très régulier en qualité. Acquis en 1953 par Jean-Louis Ferran, il a été défriché et planté par ses fils Jean-Pierre et Daniel, aujourd'hui épaulés par Gilles, fils de ce dernier.

Partisan des récoltes manuelles avec tri sévère de raisins et égrappage, le domaine signe une fois encore un vin fort appréciable, issu de roussanne et de marsanne à parts égales, complétées par 10 % de clairette et autant de grenache blanc. Le nez, bien typé, mêle fleurs blanches et épices douces. Harmonieux et très persistant, le palais se révèle à la fois suave et frais, gourmand et élancé. ✗ 2015-2018 ✣ salade de fruits de mer aux agrumes

☛ SCEA du Dom. des Escaravailles, 111, combe de l'Eoune, 84110 Rasteau, tél. 04 90 46 14 20, domaine.escaravailles@rasteau.fr Ⓥ 🏃 🔽 r.-v.

FONT DU MIRAIL 2014 ★★		
■	133 000	🎁	- de 5 €

Cette maison de négoce créée en 1963, dans le giron du groupe Taillan, propose des vins (marques ou cuvées de domaines) dans de nombreuses AOC du Rhône, mais aussi de Provence et du Languedoc.

Cette cuvée, sélectionnée, assemblée et élevée par les œnologues de la Rhodanienne, est qualifiée de « très loyale » par le jury. Un vin qui déploie au nez des arômes intenses de petits fruits rouges légèrement confiturés et rehaussés d'épices. Une trame à laquelle fait longuement écho une bouche parfaitement équilibrée, ronde sans lourdeur, étayée de tanins souples, fins et soyeux. ✗ 2016-2020 ✣ filets de canard aux figues ■ Petit Tracteur 2014 ★★ (5 à 8 € ; 133 000 b.) : une cuvée très harmonieuse, qui résout l'équation de l'équilibre avec brio : fruits + fraîcheur + chaleur + structure. Complet et de bonne garde assurément. ✗ 2016-2020

☛ La Compagnie rhodanienne, 19, chem. Neuf, CS 80002, 30210 Castillon-du-Gard, tél. 04 66 37 49 50, cie.rhodanienne@rhodanienne.com

Ⓑ CH. GIGOGNAN Vignes du prieuré 2014 ★		
■	7 000	🎁	8 à 11 €

Un ancien temple romain devenu prieuré, actif en termes de production de vins (et de fruits), puis domaine viticole à partir de 1996 et son acquisition par Anne et Jacques Callet. Le vignoble, certifié bio depuis 2010, s'étend sur 42 ha en côtes-du-rhône et 30 ha en châteauneuf-du-pape.

Après une récolte en cagettes, cet assemblage marsanne-roussanne-clairette a été élevé durant neuf mois en cuve pour une extraction maximum, le tout sous l'œil vigilant de l'incontournable œnologue-conseil Philippe Cambie. Le résultat est fort appréciable : jolie robe d'or, nez porté sur les fruits secs, bouche ample, fraîche et longue. ✗ 2015-2018 ✣ marbré de saumon aux herbes

☛ SCEA Ch. Gigognan, 1180, chem. du Castillon, 84700 Sorgues, tél. 04 90 39 57 46, info@gigognan.fr Ⓥ 🏃 🔽 r.-v. 🏠 ⑤

RHÔNE

DOM. DE GIVAUDAN Cuvée La Bête 2014 ★

| ■ | 100 000 | 5 à 8 € |

David Givaudan conduit l'unique cave particulière de la commune de Cavillargues, un domaine de 23 ha créé de toutes pièces en 2001.

Avec un tel nom, cette cuvée laisse imaginer un vin puissant. Rien d'animal au nez toutefois, mais plutôt un joli fruité confituré. En bouche en revanche, volume, corpulence et richesse sont de mise, composant un côtes-du-rhône généreux et consistant. Pas une « bête » certes, mais un « beau bébé » tout de même... ✗ 2016-2020 ❦ daube de bœuf

☞ SCEA Dom. de Givaudan, lieu-dit Les Périgouses, 30330 Cavillargues, tél. 04 66 82 44 58, communication@davidgivaudan.com Ⓥ 🏃 🎁 r.-v.
🏠 ❺

Ⓑ DOM. DU GOURGET Roc'Acuta 2014

| ■ | 8 000 | 5 à 8 € |

Ce domaine de la Drôme provençale, situé à une quinzaine de kilomètres d'Orange, est conduit par la même famille Tourtin depuis 1925. Anne Prandini, représentant la quatrième génération, et aux commandes depuis 2005, à la tête un vignoble d'une cinquantaine d'hectares, en bio certifié depuis 2014.

Des fruits rouges confiturés et des épices, des tanins fins, du gras, de la rondeur et un côté chaleureux : ce vin affiche un beau tempérament méridional. Un côtes-du-rhône harmonieux et facile d'accès. ✗ 2015-2018 ❦ hachis parmentier

☞ Louis Tourtin, Dom. du Gourget, 26790 Rochegude, tél. 04 75 04 80 35, louistourtin@orange.fr Ⓥ 🏃 🎁 r.-v.
🏠 ❸

♥ DOM. DU GRAND BÉCASSIER
Vieilles Vignes 2014 ★★★

| ▨ | 75 000 | 🍾 | 5 à 8 € |

Éric Philip, installé en 1995, et son fils Sylvain exploitent, essentiellement à Sabran, un vaste vignoble de 130 ha répartis entre les domaines de Rochemond et du Grand Bécassier. Ils signent des côtes-du-rhône et des *villages* souvent en vue, et aux meilleurs places, dans ces pages.

Un nouveau coup de cœur pour le domaine après celui obtenu l'an dernier pour son 2013. Un 100 % viognier là aussi, né de vieux ceps qui, au sommet de leur maturité, ont donné le meilleur d'eux-mêmes. Le nez, très séduisant, associe les notes fruitées du raisin concentré et surmaturé à la fraîcheur minérale du terroir. Le palais prolonge ces sensations confiturées et emporte l'adhésion par son volume impressionnant et par son équilibre irréprochable entre richesse et fraîcheur. Un grand blanc de gastronomie, à la fois intense et élégant. ✗ 2015-2019 ❦ bar aux artichauts violets ■ Vieilles Vignes 2013 ★ (5 à 8 € ; 200 000 b.) : vin dominante de syrah (20 % de grenache en appoint) dans ce vin fruité et épicé à l'olfaction, frais en attaque, rond en milieu de bouche, soutenu par une

trame tannique des plus fines. Équilibre est le qualificatif qui lui sied le mieux. ✗ 2016-2020 ■ Dom. de Rochemond Vieilles Vignes 2013 (5 à 8 € ; 260 000 b.) : vin cité.
✗ 2016-2020

☞ Éric Philip, Cadignac-Sud, 30200 Sabran, tél. 04 66 79 04 42, domaine-de-rochemond@wanadoo.fr
Ⓥ 🏃 🎁 t.l.j. sf sam. dim. 8h-12h 13h-17h

GRANDES SERRES Les Portes du Castelas 2013 ★

| ■ | 130 000 | 🍾 ⑩ | 5 à 8 € |

Une maison de négoce castelpapale fondée en 1977 par Camille Serres et reprise en 2001 par Michel Picard, investisseur dans de nombreuses régions viticoles – jusqu'en Ontario. Elle propose une large gamme de vins de la vallée du Rhône méridionale, souvent en vue dans ces pages.

Cette grande maison, qui se positionne comme un « négociant-artisan » à l'origine de « vins d'auteur », signe une nouvelle fois une belle cuvée de côtes-du-rhône. La robe est profonde, presque noire. Le premier nez décline des senteurs de cassis et de myrtille, agrémentées de l'agitation de discrètes senteurs fumées. Le palais se révèle complet : aromatique (réglisse et fruits noirs), gras et consistant, avec des tanins bien en place mais sans astringence, et un boisé bien dosé. ✗ 2016-2020 ❦ magret de canard sauce aux morilles

☞ SA Les Grandes Serres, 430, chem. de l'Islon-Saint-Luc, BP 17, 84230 Châteauneuf-du-Pape, tél. 04 90 83 72 22, samuel.montgermont@m-p.fr Ⓥ 🎁 t.l.j. 10h-18h

DOM. DU GRAND MONTMIRAIL
Premières Vendanges 2014

| ■ | 19 600 | 🍾 | 8 à 11 € |

Productrice de la vallée du Rhône et de la Côte de Nuits, la famille Chéron, originaire de Bourgogne, conduit depuis 1981 cette vaste propriété de 72 ha (dont 48 ha de vignes) en forme d'amphithéâtre, établie au pied des Dentelles de Montmirail, sur le versant sud. Un domaine très régulier en qualité, que ce soit pour ses gigondas, ses vacqueyras ou ses beaumes-de-venise.

Ce vin est issu des premiers raisins vendangés par le domaine, issus des parcelles les plus précoces, situées dans la vallée et non en altitude comme le reste du vignoble. Le résultat est un côtes-du-rhône aimable et simple, fruité et de bonne intensité au nez, bien étoffé en bouche et soutenu par des tanins fins. ✗ 2015-2018 ❦ bavette à l'échalote

☞ Dom. du Grand Montmirail, Le Grand-Montmirail, 84190 Gigondas, tél. 04 90 65 85 91, contact@vignoblescheron.fr Ⓥ 🏃 🎁 t.l.j. sf sam. dim. 8h-12h 13h30-18h

♥ Ⓑ DOM. LES GRANDS BOIS
Cuvée Les Trois Sœurs 2014 ★★★

| ■ | 32 000 | 🍾 | 5 à 8 € |

Fondé en 1929 par Albert Farjon, ce domaine de 45 ha est aujourd'hui conduit par sa petite-fille Mireille et son mari Marc Besnardeau. Leur vignoble est certifié bio depuis le millésime 2011. Leurs côtes-du-rhône et Cairanne sont souvent sélectionnés dans ces pages.

Si je suis généreux / Si l'on chante avec moi / Je dois mes qualités aux cailloux des Grands Bois... La maxime d'Albert

2014
DOMAINE LES GRANDS BOIS

Côtes du Rhône
Appellation Côtes du Rhône Contrôlée

"CUVÉE LES TROIS SŒURS"

Farjon prend ici tout son sens et colle parfaitement aux qualités de cette cuvée, comme toujours personnalisée (allusion aux trois filles des actuels propriétaires). Un vin généreux en effet, largement ouvert sur les fruits à l'olfaction, mûre et cassis en tête. Solidement charpenté par des tanins fins enrobés d'une chair ronde et tendre, le palais réalise l'alliance parfaite de la chaleur et de la fraîcheur, de la force et de l'élégance. Imposant et d'excellente garde. ✗ 2018-2022 ❦ sauté d'agneau miel et romarin ■ Cuvée Philippines 2013 (8 à 11 € ; 16 000 b.) Ⓑ : vin cité. ✗ 2017-2021

☛ *Dom. les Grands Bois, 55, av. Jean-Jaurès, 84290 Sainte-Cécile-les-Vignes, tél. 04 90 30 81 86, mbesnardeau@grands-bois.com* Ⓥ 🎿 🛏 *r.-v,*

Ⓑ **DOM. GRAND VENEUR** Les Champauvins 2013 ★★		
■ 70 000	🛏 ⏺	8 à 11 €

D'origine castelpapale, Alain Jaume et ses fils Sébastien et Christophe perpétuent une tradition viticole qui remonte à 1826. Ils conduisent en bio certifié un vignoble de 65 ha réparti sur trois domaines – Grand Veneur à Châteauneuf-du-Pape, Clos de Sixte à Lirac et Ch. Mazane à Vacqueyras –, complété par une activité de négoce.

Un petit chemin caillouteux servait autrefois de délimitation entre les Champauvins et Châteauneuf-du-Pape, d'où le surnom de « Baby Châteauneuf » qu'attribua Robert Parker à ce lieu-dit. De fait, ce « simple » côtes-du-rhône a des airs de famille avec l'emblématique cru castelpapal. Une robe dense et profonde pour commencer, un nez riche et complexe de fruits mûrs et d'épices douces pour suivre. En bouche, le vin se révèle à la fois chaleureux et très élégant, structuré par des tanins bien présents mais au grain fin et soyeux, et par un boisé doux, signe d'un élevage judicieux (le grenache s'ouvrait en cuve pendant que la syrah et le mourvèdre s'épanouissaient en fût). Une bouteille déjà fort aimable, que l'on peut aussi laisser vieillir sans crainte. ✗ 2015-2022 ❦ selle d'agneau confite ■ Blanc de viognier 2014 ★ (11 à 15 € ; 14 500 b.) Ⓑ : un pur viognier flatteur, à dominante de fruits jaunes et de fleurs blanches, ample, souple et rond en bouche, équilibré par une fine fraîcheur. ✗ 2015-2018

☛ *Vignobles Alain Jaume et Fils, 1358, rte de Châteauneuf-du-Pape, 84100 Orange, tél. 04 90 34 68 70, jaume@domaine-grand-veneur.com* Ⓥ 🛏 *t.l.j. sf dim. 8h-12h 14h-18h* 🏠 Ⓔ

DOM. DES GRAVENNES Lou Pitchoun 2013 ★★		
■ 10 000	🛏	5 à 8 €

Bernadette et Jean Bayon de Noyer ont repris en 1996 une partie de l'exploitation familiale, créant ainsi le domaine des Gravennes. En 2014, leurs fils Luc et Rémi ont pris la relève et la conversion bio à leurs 20 ha a été engagée.

Réglisse, épices, fruits noirs, le bouquet s'avère profond et très engageant. Suivant la même ligne aromatique, le palais séduit par sa fraîcheur, par la finesse de sa trame tannique et par sa longueur. Un vin équilibré, au profil élancé et élégant plutôt que puissant. ✗ 2015-2018 ❦ tourte à la viande ■ Marie-Louise 2013 ★ (8 à 11 € ; 80 000 b.) : une sorte de « petit frère » du bandol par la présence de 50 % de mourvèdre. Dans le verre, un vin assez éloigné du caractère tannique du bandol. De la finesse, des notes florales, réglissées et fruitées, une belle fraîcheur et de la souplesse. ✗ 2015-2017

☛ *Dom. des Gravennes, 2933, rte de Baume, 26790 Suze-la-Rousse, tél. 04 75 04 84 41, domaine.des.gravennes@wanadoo.fr* Ⓥ 🎿 🛏 *t.l.j. sf dim. 9h30-12h30 13h30-19h* 🏠 ⓶

CH. D'HUGUES Cuvée de la tour 2013 ★★		
■ 6 000	🛏	5 à 8 €

Commandé par un château édifié par Jean-Henri d'Hugues à la fin du XVIIe., le domaine est entré dans la famille Pradier en 1869. Il y est toujours, conduit depuis 1988 par Bernard et son épouse Sylviane. Le vignoble couvre 5,6 ha sur le versant sud du massif d'Uchaux, à partir duquel les Pradier n'élaborent pas moins de dix-sept cuvées en côtes-du-rhône, en *villages* et en IGP du Vaucluse.

Le domaine organise régulièrement des verticales, déclinaisons de six millésimes d'une même cuvée. Nous parions que ce 2013 aura encore son mot à dire dans quelques années. Pour l'heure, il séduit déjà par son bouquet fin de cerise et de groseille mâtinées d'épices, et par son palais lui aussi bien ouvert sur le fruit, de belle constitution, structuré par d'agréables tanins au grain fin et serré. ✗ 2017-2021 ❦ goulash

☛ *Ch. d'Hugues, rte de Sérignan, chem. de la d'Hugues, 84100 Uchaux, tél. 04 90 70 06 27, chateau.dhugues@terre-net.fr* Ⓥ 🎿 🛏 *t.l.j. 9h-12h 14h-18h; dim. sur r.-v.*

Ⓑ **DOM. DU JAS** Syraphaël 2014 ★		
■ 8 000	⏺	8 à 11 €

Autrefois propriété des seigneurs du château de Suze-la-Rousse, ce domaine est entré dans la famille Pradelle en 1874. À la tête de l'exploitation depuis 1996, Hubert Pradelle conduit aujourd'hui 36 ha de vignes en agriculture biologique certifiée.

Ce 2014 sombre et dense livre un bouquet intense et généreux de fruits rouges très mûrs accompagnés de notes balsamiques et de sous-bois. En bouche, il s'appuie sur des tanins élégants et veloutés, et sur un boisé fin et bien dosé. Un vin étoffé mais sans excès, auquel un court vieillissement apportera une pleine harmonie. ✗ 2016-2019 ❦ chili con carne

☛ *Hubert et Pierre Pradelle, Dom. du Jas, 2935, rte de Baume, 26790 Suze-la-Rousse, tél. 04 75 98 23 20, domainedujas@club-internet.fr* Ⓥ 🎿 🛏 *t.l.j. 10h-12h30 14h-19h; dim. sur r.-v.*

DOM. JAUME 2014		
■ 96 000	🛏	5 à 8 €

L'arrière-grand-père fut l'un des pionniers de l'appellation côtes-du-rhône, créée en 1937. Depuis, les générations se succèdent sur ce domaine de 80 ha, les sélections dans le Guide aussi, en AOC régionale ou en vinsobres.

RHÔNE

Étonnamment, ce vin corsé prend naissance sur un terroir de sables et de limon proche de Vinsobres, terroir plutôt propice à la souplesse. Un vin au bouquet intense de fruits relevés d'épices, encore un peu sévère en bouche, sous l'effet de tanins jeunes et un brin fougueux. Une petite garde devrait arrondir les angles. ✗ 2016-2019 ♈ mijoté de paleron aux olives

☛ EARL Dom. Jaume, 24, rue Reynarde, 26110 Vinsobres, tél. 04 75 27 61 01, vignoble@domainejaume.com 🆅 🕴 🔋 r.-v.

DOM. DE LAPLAGNOL 2013		
■	40 000	î	- de 5 €

Un domaine dans la même famille depuis cinq générations, orienté par les époux Coste vers la vente à la propriété dans les années 1970. Leur fille Solange et son mari Patrick Roux ont aujourd'hui repris les rênes.

Un bon classique de l'appellation que ce vin aux accents méditerranéens, certes un peu sur la réserve au premier nez, plus ouvert sur les fruits et les épices à l'aération, et surtout en bouche. Celle-ci offre du gras et de la rondeur ; les tanins restent en retrait, pour un rendu plutôt souple et gouleyant. ✗ 2015-2017 ♈ carpaccio de bœuf ■ 2014 (- de 5 € ; 6 000 b.) : vin cité. ✗ 2015-2017

☛ Coste-Roux, Dom. de Laplagnol, quartier Masconil, 30130 Pont-Saint-Esprit, tél. 04 66 39 12 50, vins.laplagnol@wanadoo.fr 🆅 🔋 t.l.j. sf dim. 8h-12h 13h30-18h30

VIGNOBLES LARGUIER 2014 ★		
■	6 600	î	5 à 8 €

Fondé en 1962 par Joseph Larguier, ce domaine aujourd'hui conduit par son fils Francis s'est peu à peu agrandi pour couvrir désormais une coquette surface de 85 ha.

Les premières bouteilles de la vente directe à la propriété ont été commercialisées l'an dernier avec le millésime 2013. Cette petite production devrait vite s'étoffer si la qualité reste comparable à ce 2014. Un vin à la robe profonde, aux arômes soutenus de fruits noirs, ample, rond et long en bouche, étayé par des tanins souples et soyeux. ✗ 2015-2018 ♈ jarret de veau à la tomate

☛ Vignobles Larguier, rue des Esquirades, 30330 Tresques, tél. 04 66 82 40 77, lilicot@hotmail.fr 🆅 🕴 🔋 r.-v.

DOM. DE LASCAMP Clos Lascamp 2013 ★		
■	10 000	î	5 à 8 €

Bien implantée dans la viticulture locale, la famille Imbert est aux commandes de cette propriété établie au pied de la vallée de la Cèze, depuis... 1767. Huit générations plus tard, Laurent, Michel et Christophe Imbert conduisent un vignoble de 50 ha.

Une cuvée plus noire que rouge, qui se partage sans fausse note à l'olfaction entre le fruit et les épices. La bouche dévoile un même fruité soutenu et des tanins fins et légers qui lui confèrent un caractère aimable et coulant. L'archétype du « vin plaisir ». ✗ 2015-2017 ♈ samossas de bœuf

☛ Dom. du Clos de Lascamp, hameau de Cadignac, 30200 Sabran, tél. 06 75 21 69 39, domainedelascamp@orange.fr 🆅 🕴 🔋 t.l.j. sf dim. 8h-12h 14h-18h

LAUDUN CHUSCLAN VIGNERONS		
Esprit du Rhône 2014 ★		
■	80 000		- de 5 €

Coopérative créée en 1925, l'un des acteurs importants de la vallée sud du Rhône, elle regroupe près de 250 vignerons et quelque 3 000 ha. Depuis 2012, elle propose des vins issus du bio.

Fruits jaunes, poire et amande : c'est par un nez gourmand et expressif que s'ouvre la dégustation de ce 2014 à dominante de grenache blanc (70 %). Elle se poursuit par un palais tout aussi complexe et riche en fruits, très élégant par la finesse de sa texture. Un blanc tendre et flatteur. ✗ 2015-2017 ♈ tourte au saumon

☛ Laudun Chusclan Vignerons, rte d'Orsan, 30200 Chusclan, tél. 04 66 90 11 03, contact@lc-v.com 🆅 🕴 🔋 t.l.j. 9h-12h 14h-18h30

DOM. DES LAURIBERT Fine Fleur 2014		
■	13 000	î	5 à 8 €

Un domaine régulier en qualité, dont le vignoble de 54 ha est réparti en une trentaine de parcelles sur les terroirs de Valréas et de Visan. Exploité par la même famille depuis cinq générations, il a été sorti de la coopérative en 1997 par Laurent Sourdon.

Mi-roussanne mi-marsanne, ce vin déploie à l'olfaction des arômes de fruits à chair blanche et une jolie fraîcheur minérale. Il se révèle assez timide au palais, en attente d'un peu d'oxygène pour s'exprimer pleinement. À l'agitation, le vin dévoile un bel équilibre entre fraîcheur et douceur. Un blanc sans fausse note et d'une aimable simplicité. ✗ 2015-2017 ♈ pissaladière

☛ Dom. des Lauribert, 2249, chem. du Roussillac, 84820 Visan, tél. 04 90 35 26 82, lauribert@wanadoo.fr 🆅 🕴 🔋 t.l.j. 8h30-12h 14h-18h30 🏠 🅔

Ⓑ LA LIGIÈRE 2013		
■	11 000	î	5 à 8 €

Héritier d'un grand-père et d'un père vignerons, Philippe Bernard a créé, avec son épouse Élisabeth, sa propre cave en 2008 pour vinifier les 50 ha de vignes familiales conduites en bio certifié.

Né d'une vendange a priori bien mûre, ce 2013 livre un bouquet généreux de griotte. On retrouve le fruit rouge dans un palais peu tannique et rond, qui monte doucement en puissance pour terminer sur des notes épicées de poivre. ✗ 2015-2017 ♈ sauté de bœuf au poivre

☛ Dom. la Ligière, 1385, chem. des Seyrels, 84190 Beaumes-de-Venise, tél. 04 90 62 98 00, laligiere@orange.fr 🆅 🕴 🔋 r.-v. 🏠 🅔

DOM. LA LÔYANE Tradition 2014 ★★		
■	20 000		5 à 8 €

Établi au pied du sanctuaire Notre-Dame-de-Grâce, à Rochefort-du-Gard, non loin des anciens marais asséchés par les moines au Moyen Âge, ce domaine, né en 1994 de la fusion de trois petites exploitations, fait preuve d'une grande constance dans la qualité. Il est dirigé avec talent par Jean-Pierre Dubois, son épouse Dominique et leur fils Romain.

Mi-grenache mi-syrah, cette cuvée Tradition s'ouvre sur d'agréables et originales senteurs de foin séché d'alpage, bientôt relayées à l'aération par une fraîcheur mentholée et des parfums d'iris. Un côté floral qui donne le (bon)

tempo aussi en bouche, où le vin se révèle souple et rond, aux tanins fins et soyeux, et joliment réglissé en finale. ✗ 2015-2019 ❦ rôti de veau aux chanterelles ■ Tradition 2014 (5 à 8 € ; 10 000 b.) : vin cité. ✗ 2015-2018

o— *Dom. la Lôyane, chem. de la Font-des-Cavens, 30650 Rochefort-du-Gard, tél. 06 11 60 83 36, la-loyane-jean-pierre.dubois@orange.fr* Ⓥ 🅺 🅻 *t.l.j. sf dim. lun. mar. 9h-12h 15h-19h*

DOM. DE MAGALANNE 2014

■	5 000	î	- de 5 €

Situé rive droite du Rhône, à l'ouest d'Avignon, ce domaine est conduit depuis peu par deux frères, Jean-Baptiste et Julien Crouzet, établis depuis 2006 à la tête des 30 ha de vignes familiales.

Ce 2014 issu d'un assemblage peu courant de syrah et de carignan se présente dans une robe soutenue, tirant vers le rouge clair, à contre-courant des rosés pâles actuels. On apprécie ses arômes élégants d'agrumes et de petits fruits rouges, comme son palais ample et généreux qui signe un véritable rosé de bouche. ✗ 2015-2016 ❦ seiches en persillade à la plancha ■ 2014 (- de 5 € ; 8 000 b.) : vin cité. ✗ 2015-2017

o— *Dom. de Magalanne, 431, rte de Signargues, 30390 Domazan, tél. 06 67 41 65 21, domainedemagalanne@gmail.com* Ⓥ 🅺 🅻 *r.-v.*

DOM. PATRICE MAGNI 2014

■	6 000	î	5 à 8 €

Un domaine familial de 12 ha créé dans les années 1940 par Henri Pichot qui livrait ses raisins au négoce. Son arrière-petit-fils Patrice Magni a lancé en 1993 la mise en bouteilles à la propriété.

Ce 2014 s'ouvre sur des notes plaisantes et bien typées de fruits rouges mûrs et d'épices douces. La bouche, chaleureuse, ronde et suave, affiche un bon profil sudiste elle aussi. Simple mais harmonieux. ✗ 2015-2017 ❦ tripes à la provençale

o— *Dom. Patrice Magni, 13, rte de Bédarrides, 84230 Châteauneuf-du-Pape, tél. 06 89 35 67 22, domainepatrice.magni@wanadoo.fr* Ⓥ 🅺 🅻 *t.l.j. 8h-20h*

CH. MALIJAY La Part des anges 2013 ★★

■	15 000	î	8 à 11 €

Si le château de Malijay existe depuis le XIᵉs., on y exploite la vigne depuis « seulement » le XVIᵉs. Du haut de sa tour, on peut contempler son vaste vignoble de 150 ha d'un seul tenant. Depuis 2007, la famille Deltin, nouveau propriétaire des lieux, y a entrepris d'importants travaux de restructuration à la vigne et au chai.

Ce 100 % syrah se présente dans une robe noire pleine de promesses, qui laisse imaginer un vin profond. Si le premier nez apparaît un brin végétal (foin, thé), l'aération libère d'intenses et plus classiques notes de cerise burlat. En bouche, on découvre ce que l'on espérait : un côtes-du-rhône dense, compact et très savoureux, doté de tanins solides mais harmonieux et bâti pour bien vieillir. ✗ 2016-2020 ❦ côte de bœuf

o— *Aude Deltin, chem. des Plumes, Ch. Malijay, 84150 Jonquières, tél. 04 90 70 33 44, contact@chateaumalijay.com* Ⓥ 🅺 🅻 *t.l.j. sf dim. 9h30-13h30 16h-19h*

Ⓑ CH. DE MANISSY 2014

■	30 000	î	5 à 8 €

Ce château datant du XVIIᵉs. fut légué par la famille Lafarge, exploitante dans la pierre de Tavel, aux pères missionnaires de la Sainte Famille en 1916. Ce sont eux qui lancèrent la culture de la vigne sur ces terres pour approvisionner en vin les paroisses de la région et leur communauté. En 2003, ils ont choisi pour leur succéder le jeune Florian André, à la tête aujourd'hui d'un vignoble de 40 ha conduit en bio, dans les AOC châteauneuf-du-pape, tavel, lirac et côtes-du-rhône.

Spécialiste des rosés de caractère, cette propriété tavelloise présente ici un côtes-du-rhône de bonne facture, proche de l'étoile. Un vin dont les arômes subtils et complexes rehaussent dignement le niveau qualitatif des rosés de l'appellation. Le palais est chaleureux certes, étoffé et charnu, mais conserve l'équilibre grâce à une fraîcheur bien sentie. Un rosé de bouche, que l'on pourra aussi laisser vieillir un peu. ✗ 2015-2018 ❦ curry d'agneau

o— *Dom. de Manissy, rte de Roquemaure, 30126 Tavel, tél. 04 66 82 86 94, info@chateau-de-manissy.com* Ⓥ 🅺 🅻 *t.l.j. sf dim. 9h-18h* o— *André Florian*

DOM. MARIE-BLANCHE 2014 ★

■	15 000	î	5 à 8 €

Un domaine de 38 ha commandé par un château du XIIᵉs., classé monument historique et dirigé depuis 1977 par Jean Jacques Delorme et son épouse... Marie-Blanche !

Mi-cinsault mi-grenache, ce rosé couleur pamplemousse orné de reflets violines dévoile une belle palette d'arômes exotiques agrémentés de fines nuances d'acacia. Des sensations prolongées avec persistance par un palais frais et intense. L'harmonie est au rendez-vous. ✗ 2015-2016 ❦ poulet tandoori

o— *Dom. Marie-Blanche, 19, allée des Platanes, 30650 Saze, tél. 04 90 31 77 26, domainemarieblanche@ wanadoo.fr* Ⓥ 🅻 *t.l.j. 10h-12h 15h-19h30*

CH. MARJOLET 2014 ★

■	100 000	î	- de 5 €

Cette propriété de 80 ha se répartit sur les deux villages gardois de Gaujac et de Laudun. Fondateur du domaine en 1978, Bernard Pontaud a laissé les rênes de l'exploitation à son fils Laurent.

Encore très jeune, ce 2014 n'affiche pas encore un profil parfaitement abouti. Mais le potentiel est là. Les parfums de petits fruits rouges sont discrets au nez comme en bouche, on les perçoit plus nettement en finale toutefois. Quant à la structure, elle est bien en place, autour de tanins fermes et vigoureux, attendant la garde pour s'arrondir. ✗ 2017-2020 ❦ côte de bœuf ■ 2014 (5 à 8 € ; 26 600 b.) : vin cité. ✗ 2015-2017

o— *Laurent Pontaud, Ch. de Marjolet, 30330 Gaujac, tél. 04 66 82 00 93, chateau.marjolet@wanadoo.fr* Ⓥ 🅺 🅻 *t.l.j. sf dim. 9h-12h 14h-18h*

MAS GRANGE BLANCHE 2013 ★

■	13 000	î	5 à 8 €

L'un des domaines de la famille Mousset-Barrot, propriétaire, entre autres, du Ch. des Fines Roches (AOC châteauneuf). Un vignoble de 25 ha acquis en 1996.

Paré d'un costume sombre, ce n'est pas un vin triste pour autant. Bien au contraire, il se montre très ouvert à l'olfaction, centré sur les fruits noirs mûrs et les épices douces. Tout aussi prolixe en bouche, il s'affirme avec courtoisie autour d'une matière riche et soyeuse, respectueuse du fruit jusqu'en finale. « Un beau dragueur », conclut une dégustatrice visiblement sous le charme... ✗ 2015-2018 ✠ chili de dinde et potiron

○┓ EARL Cyril et Jacques Mousset, Ch. des Fines Roches, 84230 Châteauneuf-du-Pape, tél. 06 09 87 17 77, cyril.mousset@wanadoo.fr Ⓥ 🏃 🎁 t.l.j. 10h-18h

DOM. JULIEN MASQUIN Humeur 2013 ★		
■	3 400	◫	8 à 11 €

Paul Masquin acquiert des vignes à Courthézon en 1936, qu'il met en métayage. En 1998, son petit-fils Julien reprend l'exploitation, porte les raisins à la coopérative locale, qu'il quitte en 2009 pour signer ses propres vins. Le vignoble couvre aujourd'hui 24 ha.

Depuis son installation, cet œnologue de formation fréquente ces pages avec assiduité grâce à ses sélections parcellaires. Celle-ci, issue de grenache (60 %) et de syrah plantés sur des sables et des galets roulés, est d'humeur joyeuse. Le nez est bien ouvert et de bonne complexité : cerise, cassis, réglisse et poivre blanc. Autant d'arômes prolongés par un palais frais et franc dès l'attaque, épaulé par des tanins fins et soyeux. Un beau vin régulier, équilibré, aussi persistant que distingué. ✗ 2017-2020 ✠ tournedos sauce poivre

○┓ Dom. Julien Masquin, 1408, chem. Saint-Dominique, 84350 Courthézon, tél. 06 22 92 01 07, julien@domainemasquin.com Ⓥ 🎁 r.-v.

DOM. DE LA MAVETTE 2014 ★		
■	30 000	🍖	5 à 8 €

Un domaine conduit par la même famille depuis trois générations. La dernière en date est représentée par Jean-François Lambert, arrivé en 1987 et gérant depuis 1992, à la tête aujourd'hui d'un vignoble de 33 ha.

Issu d'une macération longue (vingt jours) avec pigeage et délestage, ce côtes-du-rhône assemble à parts quasi égales les grenache, carignan et syrah. Sa robe très foncée annonce un vin de matière. Le nez, complexe et intense, sur le cassis, la mûre et la réglisse, s'avère aussi engageant. Doté d'une charpente solide et ferme, et sous-tendu par une belle fraîcheur jusqu'en finale, le palais se révèle encore jeune et un brin fougueux. Patience. ✗ 2017-2020 ✠ rougaille saucisses

○┓ Jean-François Lambert, Dom. de la Mavette, quartier des Paillères, 84190 Gigondas, tél. 04 90 65 85 29, lambert.jfs@orange.fr Ⓥ 🏃 🎁 t.l.j. 9h-12h 14h-18h; f. janv.

GABRIEL MEFFRE La Châsse Réserve 2014 ★		
■	60 000	🍖	8 à 11 €

Affaire de négoce-éleveur créée en 1936 par Gabriel Meffre, cette maison est devenue un acteur incontournable, propriétaire de 800 ha de vignes dans toute la vallée du Rhône, ainsi qu'en Provence. Reprise en 2009 par Éric Brousse, associé du groupe bourguignon Boisset. Le nom de cette cuvée fait référence aux coffres contenant les reliques des papes d'Avignon. Ornée de seyants reflets or, signe d'une bonne maturité, elle

s'exprime sans réserve à l'olfaction sur les fleurs blanches et les agrumes. La fraîcheur soutient longuement le palais, fruité, ample et élégant. Un ensemble harmonieux. ✗ 2015-2017 ✠ saint-jacques en persillade ■ Saint-Vincent 2014 (8 à 11 € ; 18 000 b.) : vin cité. ✗ 2015-2016 ■ Ch. de Tresques 2014 (11 à 15 € ; 20 000 b.) : vin cité. ✗ 2017-2020

○┓ Gabriel Meffre, Le Village, 84190 Gigondas, tél. 04 90 12 32 47, gabriel-meffre@meffre.com Ⓥ 🏃 🎁 r.-v.

DOM. LA MÉREUILLE 2013 ★		
■	8 000	🍖	5 à 8 €

C'est avec Michel Bouyer que ce domaine familial se lance dans la vente en bouteilles, en 1955. Installé à ses côtés en 1995, son gendre Philippe Granger est aux commandes depuis 2005, à la tête aujourd'hui de 15 ha de vignes en châteauneuf-du-pape et côtes-du-rhône.

Des notes de fruits cuits et quelques accents poivrés et mentholés composent un bouquet intense et chaleureux. En bouche, on découvre sans surprise un vin généreux et vigoureux, à l'unisson de l'olfaction, bâti sur des tanins robustes qui appellent un peu de garde et un mets de caractère. ✗ 2017-2020 ✠ civet de marcassin

○┓ Dom. la Méreuille, quartier du Grès, imp. 2580, 84100 Orange, tél. 04 90 34 10 68, micbouyer@wanadoo.fr Ⓥ 🏃 🎁 r.-v.

MONCIGALE 2014		
■	2 200 000		- de 5 €

Moncigale est une marque ombrelle du groupe alcoolier Marie Brizard, destinée à la grande distribution.

Un honorable représentant de l'AOC que cette cuvée que vous trouverez exclusivement dans les magasins Casino. Un côtes-du-rhône « pas prise de tête », fruité (fraise) et floral (violette), souple, frais et léger. ✗ 2015-2017 ✠ petits boudins antillais

○┓ Moncigale, 6, quai de la Paix, 30300 Beaucaire, tél. 04 66 59 74 39, pmartin@mabriz.com

Ⓑ CH. MONGIN 2014 ★		
■	2 500	🍖	8 à 11 €

Créé en 1975, le Ch. Mongin est l'exploitation pédagogique du lycée viticole d'Orange. Son vignoble s'étend aujourd'hui sur 21 ha certifiés bio depuis 2012.

Après la mention très bien et les félicitations du jury l'an dernier (coup de cœur au rouge 2012), mention bien pour le blanc du lycée « viti ». Un vin « pédagogique » qui illustre bien les qualités du viognier, seul maître à bord ici, dans sa version sudiste – son terroir de prédilection se situant bien plus au nord. Nez intensément floral, avec quelques notes de fruits en complément ; bouche ample, riche, suave, chaleureuse et longue : nous sommes bien en présence d'un blanc méridional. Une touche de fraîcheur supplémentaire l'aurait sans nul doute gratifié d'une seconde étoile. ✗ 2015-2020 ✠ côte de veau crème et estragon

○┓ Ch. Mongin Lycée viticole, 2260, rte du Grès, 84100 Orange, tél. 04 90 51 48 04, chateaumongin@chateaumongin.com Ⓥ 🏃 🎁 r.-v.

CH. DE MONTFAUCON 2013 ★		
■	80 000	🍖	8 à 11 €

Valeur sûre des côtes-du-rhône, ce domaine est une ancienne forteresse du XIe s. campée sur un promontoire rocheux, vigie sur le Rhône, fleuve qui marquait la frontière entre le royaume de France et le Saint-Empire romain germanique. Au XVIIIᵉ s., les aïeux de Rodolphe de Pins (installé en 1995 après diverses expériences en France et à l'étranger) ont pris possession des lieux. Le vignoble se caractérise par des sols et un encépagement très diversifiés.

Au cœur de ce petit village, Rodolphe de Pins, aujourd'hui président de l'AOC lirac, élabore des cuvées provenant des vignes des communes voisines. Ce 2013 livre des parfums intenses et chaleureux de fruits rouges mûrs. Arômes prolongés par une bouche à la fois puissante et avenante, qui offre une belle balance alcool-acidité et des tanins encore très présents mais qui commencent à se fondre. ✗ 2017-2020 ♈ pintade au romarin ○— Ch. de Montfaucon, 22, rue du Château, 30150 Montfaucon, tél. 04 66 50 37 19, contact@chateaumontfaucon.com Ⓥ Ⓚ Ⓛ t.l.j. sf sam. dim. 9h-12h 13h30-18h ○— Rodolphe de Pins

Ⓑ DOM. MONTMARTEL 2014 ★

| ■ | 20 000 | 🍷 | 5 à 8 € |

Situé sur les coteaux dominant Tulette et Visan, ce domaine familial fondé en 1919 étend son vaste vignoble sur 80 ha en bio certifié depuis 2010. Damien Marres (cinquième génération) est aux commandes depuis 2001.

70 % de viognier, 20 % de clairette et 10 % de roussanne : un assemblage intéressant et peu commun. Le nez, bien ouvert, évoque les fruits exotiques, le litchi notamment. Fruité qui anime avec persistance un palais à la fois onctueux et frais, étiré dans une longue finale pleine d'intensité. Un vin très équilibré et régulier de bout en bout. ✗ 2015-2018 ♈ saumon à l'ail et à l'aneth ○— SCEA Monnier Marres, 1915, chem. de Visan, 26790 Tulette, tél. 04 75 98 01 82, vmarres@hotmail.com Ⓥ Ⓚ Ⓛ r.-v.

NICOLAS PÈRE ET FILS Essentielle 2013

| ■ | 50 000 | 🍷 | 5 à 8 € |

Une jeune maison de négoce créée en 2011 par François-Xavier Nicolas et dédiée aux « vins de terroir » de la vallée du Rhône méridionale.

S'il est plutôt discret à l'olfaction (léger fruité), ce 2013 se montre plus disert en bouche autour de fruits confiturés, de la garrigue et des épices. On apprécie aussi sa rondeur, ses tanins bien fondus et sa bonne longueur. Un bon classique de l'appellation. ✗ 2015-2018 ♈ épaule de veau aux aubergines ■ Essentielle 2014 (5 à 8 € ; 30 000 b.) : vin cité. ✗ 2015-2016 ○— Nicolas Père & Fils, 400, rue du Portugal, ZI Les Crémades, 84100 Orange, tél. 06 47 33 19 21, fxnicolasvins@orange.fr Ⓥ Ⓛ r.-v.

OGIER Artesis 2014 ★

| ■ | 60 000 | ⅶ | 5 à 8 € |

Cette vénérable maison castelpapale de négoce-éleveur (1859), dans le giron du groupe Advini, propose une large gamme de vins rhodaniens, du nord et du sud. Elle possède aussi le Clos de l'Oratoire des Papes (châteauneuf) et le domaine Notre-Dame de Cousignac (vivarais).

Après six mois de fût, cette cuvée se présente sans réserve et sans boisé intempestif, au contraire bien ouverte sur les fruits rouges. Il en va de même en bouche, où elle

se montre déjà très agréable, franche et équilibrée, offrant le gras attendu d'un côtes-du-rhône mais sans lourdeur, soutenue par de bons tanins fondus. ✗ 2015-2018 ♈ travers de porc laqués ■ Héritages 2014 ★ (5 à 8 € ; 100 000 b.) : un rosé intense par sa couleur grenadine, à contre-courant de la pâleur communément répandue, et par ses arômes de fruits des bois et par sa bouche vive et alerte. ✗ 2015-2016 ■ Héritages Élevé en foudre de chêne 2014 (5 à 8 € ; 150 000 b.) : vin cité. ✗ 2015-2017 ○— Ogier, 10, av. Louis-Pasteur, BP 75, 84230 Châteauneuf-du-Pape, tél. 04 90 39 32 41, ogier@ogier.fr Ⓥ Ⓚ Ⓛ t.l.j. sf dim. 9h-12h 14h-18h30

DOM. DE L'OLIVIER 2014 ★

| ■ | 20 000 | 🍷 | 5 à 8 € |

Situé tout près du pont du Gard, ce domaine autrefois complanté d'oliviers a été créé par la famille Bastide en 1943. Depuis 1977, c'est Éric qui conduit le vignoble de 49 ha, rejoint en 2012 par son fils Robin.

Un beau classique de l'appellation, issu d'un assemblage non moins classique grenache-syrah (60-40). Au nez, des parfums puissants de fruits et de réglisse. En bouche, du fruit toujours, une très agréable texture soyeuse qui enrobe une structure bien en place. Harmonieux et complet. ✗ 2015-2018 ♈ confit de canard ■ 2014 (5 à 8 € ; 8 000 b.) : vin cité. ✗ 2015-2016 ○— Éric et Robin Bastide, 1, rue de la Clastre, 30210 Saint-Hilaire-d'Ozilhan, tél. 04 66 37 08 04, robin.bastide@wanadoo.fr Ⓥ Ⓚ Ⓛ t.l.j. sf dim. 9h-12h 14h-19h

Ⓑ ORTAS Les Viguiers 2014

| ■ | 50 000 | 🍷 | 5 à 8 € |

Fondée en 1925, cette coopérative qui regroupe plus de 700 ha de vignes est l'une des plus anciennes caves rhodaniennes et le principal producteur de l'AOC rasteau. Ortas est sa marque ombrelle.

Fermé de prime abord, le nez de ce 2014 s'ouvre à l'aération sur les fleurs blanches, surtout, et les fruits jaunes, un peu. On retrouve ce caractère floral avec plus d'intensité dans une bouche équilibrée, à la fois tendre et fraîche. Pas très long ni complexe, mais très plaisant. ✗ 2015-2017 ♈ guacamole ○— Ortas - Cave de Rasteau, rte des Princes-d'Orange, 84110 Rasteau, tél. 04 90 10 90 14, rasteau@rasteau.com Ⓥ Ⓛ t.l.j. 9h-12h30 14h-19h (juil. à sept. 9h-19h)

DOM. DU PARC SAINT-CHARLES
Jean-Baptiste Poquelin 2013 ★★

| ■ | 23 000 | 🍷 | 5 à 8 € |

Un ancien parc d'artillerie où s'entraînait, sous Louis XV, le régiment du marquis Charles de Monteynard, seigneur de Montfrin ; aujourd'hui, canons et mousquets ont fait place à 95 ha de vignes commandés par un beau mas à trois corps d'origine templière et conduits par la famille Combe depuis 1984.

C'est à Montfrin que le jeune Jean-Baptiste Poquelin rencontra l'actrice Madeleine Béjart, dont il tomba amoureux. Il y rencontra aussi... le vin des Molières, grâce auquel il osa déclarer sa flamme à la belle, ainsi que sa passion pour le théâtre. Molière était né... Dans le verre, un vin élevé deux ans en cuve, au nez complexe et méridional en diable (fruits noirs, épices, garrigue, réglisse), au palais puissant, épais, vineux et pourtant fin, soutenu par des tanins vigoureux mais élégants. De longue garde assurément. ✗ 2018-2022 ❦ daube camarguaise ■ Entr'acte 2013 ★ (11 à 15 € ; 1 000 b.) : un pur carignan confidentiel, charnu et dense, très très épicé (cardamome, cumin) et généreusement boisé au nez comme en bouche. « Une vision moderne du côtes-du-rhône », conclut un juré, qui poursuit : « Il faut se projeter : après le bois, une clairière, la lumière, puis le fruit... » ✗ 2017-2021

☛ *Dom. du Parc Saint-Charles, 1972, rte de Jonquières, 30490 Montfrin, tél. 04 66 57 22 82, vinstcharles@ gmail.com* 🆅 🅺 🆘 *t.l.j. sf sam. dim. 8h-12h 13h30-18h30*

⑧ DOM. DES PASQUIERS 2013			
■	30 000	🍷	5 à 8 €

Jean-Claude et Philippe Lambert ont repris ce vignoble de 85 ha en 1998 et se sont lancés dans la vente en bouteilles quatre ans plus tard. La quatrième génération est arrivée en 2013, et la conversion bio certifiée la même année.

Ce 2013 de bonne facture livre un bouquet plaisant de notes fumées et épicées assorties de fines nuances de cuir. La bouche se montre souple, soutenue en douceur par des tanins fins, et offre un joli retour sur le fruit qui compense une finale que l'on aurait aimée plus longue. ✗ 2015-2017 ❦ spaghettis bolognaise

☛ *Dom. des Pasquiers, rte d'Orange, 84110 Sablet, tél. 04 90 46 83 97, domainedespasquiers@terre-net.fr* 🆅 🅺 🆘 *t.l.j. 8h-12h 13h30-18h, sam. dim. sur r.-v.* 🏠 ④

DOM. PÉLAQUIÉ 2014			
■	130 000	🍷	5 à 8 €

Saint-Victor-la-Coste s'étend sous les ruines du Castellas, le château fort médiéval des seigneurs de Sabran. Depuis 1976, Luc Pélaquié y conduit ce domaine familial vaste (95 ha) et ancien (XVIᵉs.), dont les vins (côtes-du-rhône, *villages*, lirac et tavel) sont régulièrement mentionnés dans le Guide.

Cette propriété a bâti une bonne partie de sa notoriété sur ses vins blancs, notamment ses Laudun. Elle signe aussi avec régularité de jolies cuvées de rouge, à l'image de ce côtes-du-rhône généreux au nez (fruits noirs à l'alcool), vineux et puissant en bouche. Un vin farouchement sudiste. ✗ 2016-2019 ❦ mijoté de porc aux poivrons

☛ *Luc Pélaquié, 7, rue du Vernet, 30290 Saint-Victor-la-Coste, tél. 04 66 50 06 04, contact@domaine-pelaquie.com* 🆅 🅺 🆘 *t.l.j. sf dim. 9h-12h 14h-18h*

DOM. ROGER PERRIN Cuvée Vieilles Vignes 2013			
■	29 000	🍷	5 à 8 €

Véronique Perrin-Rollin, après vingt années comme œnologue-conseil, a repris en 2010 les rênes du domaine familial, fondé par son père Roger en 1968. Elle est depuis les vendanges 2012 épaulée par son fils Xavier à la tête d'un vignoble de 40,5 ha. Ses vins, châteauneuf-du-pape comme côtes-du-rhône, rouges comme blancs, sont souvent en bonne place dans le Guide.

Au nez, quelques notes végétales accompagnent les fruits rouges. En bouche, le vin se montre gras et rond comme il se doit, mais sans lourdeur, équilibré par une pointe de fraîcheur bienvenue. Simple certes, mais sans fausse note. ✗ 2015-2018 ❦ petits farcis provençaux

☛ *Dom. Roger Perrin, 2316, rte de Châteauneuf-du-Pape, 84100 Orange, tél. 04 90 34 25 64, dne.rogerperrin@wanadoo.fr* 🆅 🅺 🆘 *r.-v.*

CH. LE PLAISIR 2014 ★★			
■	11 000	🍷	5 à 8 €

Cette exploitation est l'une des plus anciennes de la commune de Cairanne. Elle a été reprise en 2009 par Lydie, issue d'une longue lignée vigneronne, et Pascal Franczak, à la tête d'un vignoble de 42 ha sur lequel ils produisent des côtes-du-rhône, des *villages* (Cairanne et Plan de Dieu) et des IGP de la principauté d'Orange.

Avec un tel nom, ce domaine n'a pas le droit à l'erreur. Eh bien, du plaisir, ce 2014 en donne sans compter. Proche du coup de cœur, il se présente dans une belle robe sombre et s'ouvre sur des notes animales relayées après aération par les fruits rouges bien mûrs. En bouche, il offre un fruité croquant et un caractère suave, « sensuel » même, selon un dégustateur, épaulé juste ce qu'il faut, en filigrane, par des tanins délicats. ✗ 2016-2020 ❦ pintade aux artichauts

☛ *Ch. le Plaisir, rte d'Orange, 84290 Cairanne, tél. 06 46 56 23 26, domaine-le-plaisir@orange.fr* 🆅 🅺 🆘 *r.-v.*

LE PLAN DES MOINES La Borde 2013 ★			
■	15 000	🍷	- de 5 €

Le Plan des Moines est un jeune domaine de 8 ha créé en 2012 par trois amis œuvrant dans le monde du vin depuis plus de vingt ans. À suivre.

Première apparition dans le Guide pour ce domaine, avec une jolie cuvée de grenache et de carignan qui doit son nom à une maisonnette (une « borde » en provençal) située sur la parcelle. Dans le verre, un vin sans chichi, très frais et très fruité au nez, très frais et très fruité en bouche, simple et cohérent en somme, sans manquer toutefois ni de volume ni de longueur. Que demander de plus... ✗ 2015-2018 ❦ aubergines farcies

☛ *Octave et Jones, 2, chem. de la Croix-d'Arles, 13210 Saint-Rémy-de-Provence, tél. 06 62 60 33 75, thierry@octaveetjones.fr* 🆅 🆘 *r.-v.*

⑧ DOM. PHILIPPE PLANTEVIN Le Pérussier 2014			
■	16 000	🍷	5 à 8 €

Plantevin, un nom prédestiné pour ce vigneron à la tête depuis 1988 de ce domaine familial étendu sur 35 ha. Le vignoble se répartit sur quatre communes, ce qui offre une jolie diversité de terroirs et de cépages.

Issu d'un assemblage à parts égales de syrah et de grenache, ce 2014 fait dans la simplicité de bon aloi. Robe sombre et intense ; arômes bien affirmés de fruits noirs ; bouche équilibrée, ronde, charnue et bien étayée par une pointe de fraîcheur. ✗ 2015-2018 ❦ empanadas de bœuf

☛ *Dom. Philippe Plantevin, La Daurelle, 995, chem. des Partides, 84290 Cairanne, tél. 04 90 30 71 05, philippe-plantevin@wanadoo.fr* 🆅 🅺 🆘 *r.-v.*

⑧ DOM. DE LA PRÉVOSSE 2014			
■	20 000	🍷	5 à 8 €

Abritée du mistral par une colline couverte de pins à laquelle est adossée la ferme provençale, cette propriété d'un âge vénérable (1584) est conduite depuis cinq générations par la famille Davin (par Henry depuis 1980, qui a converti le vignoble à l'agriculture biologique).

Ce 2014 mi-grenache mi-syrah exprime sa jeunesse par le disque bleu vif qui orne sa robe. Une jeunesse que l'on perçoit aussi à travers son bouquet franc et affirmé de fruits frais, comme par sa bouche ample et vigoureuse. Une force de caractère qui lui permettra d'affronter ces prochaines années en se bonifiant. ⚔ 2017-2020 🍴 sauté d'agneau au curry

☞ *Henry Davin, Dom. de la Prévosse,*
84600 Valréas, tél. 06 85 85 37, laprevosse@sfr.fr
Ⓥ 🏃 🏠 *t.l.j. 9h-12h 14h-18h*

DOM. DE RABUSAS 2014 ★		
■	80 000 🍷	5 à 8 €

À la tête d'un vaste vignoble de 150 ha (domaines de Rabusas et Antonins), Bernard Perret s'est lancé en 2011 dans la mise en bouteilles.

C'est par un nez vineux (fruits à l'alcool) et boisé que débute la dégustation. Elle se poursuit dans le même registre chaleureux avec une bouche ronde et riche, aux tanins veloutés et soyeux. Un côtes-du-rhône « solaire » et tapissant. ⚔ 2016-2019 🍴 osso bucco

☞ *Bernard Perret, 432, av. de Fontresquières,*
30200 Bagnols-sur-Cèze, tél. 04 66 82 44 58,
communication@davidgivaudan.com Ⓥ 🏃 🏠 *r.-v.*

LA RÉSISTANCE Sans soufre ajouté 2014		
■	10 000 🍷	- de 5 €

Une structure de négoce propriété de l'Union des Vignerons des Côtes du Rhône.

Le nom de cette cuvée est un « choix philosophique, visant à retrouver l'expression naturelle du terroir », explique cette maison de négoce. Dans le verre, un 2014 encore très jeune comme l'indique ses reflets violines et son bouquet naissant et fin de fruits rouges et d'épices. Le vin s'affirme plus en bouche : « sphérique » et corpulent, riche en saveurs fruitées, il pourra être apprécié aujourd'hui ou patienter un peu en cave. ⚔ 2015-2019 🍴 jambon braisé au porto

☞ *SAS Louis Mousset, rte de Nyons, 26790 Tulette,*
tél. 04 75 00 10 34, c.sonaille@louis-mousset.com

ROCCA MAURA 2013 ★★		
■	86 000 🍷	- de 5 €

C'est à Roquemaure, berceau historique des côtes-du-rhône grâce à son port fluvial, que les vignerons purent en 1737 marquer leurs tonneaux des lettres « CdR ». Fondée en 1922, la coopérative – longtemps nommée Cellier Saint-Valentin – fédère aujourd'hui 60 adhérents pour 350 ha de vignes.

Une nouvelle preuve – voir le Cellier des Chartreux et le Cellier des Princes, pour ne mentionner « que » les coups de cœur – de la bonne santé des « coop » rhodaniennes, où quantité rime avec (grande) qualité. Témoin ce vin sombre, couleur d'encre, au fruité frais et savoureux de bout en bout, au nez comme en bouche, rond, soyeux et très long. Le mot gourmandise prend ici tout son sens : « On en mangerait », conclut un dégustateur, « Miam miam », propose un autre... CQFD. ⚔ 2015-2018 🍴 gratin d'aubergines ■ 2014 (- de 5 € ; 10 000 b.) : vin cité. ⚔ 2015-2018

☞ *Les Vignerons de Roquemaure, 1, rue des Vignerons,*
30150 Roquemaure, tél. 04 06 82 82 01,
contact@vignerons-de-roquemaure.com
Ⓥ 🏃 🏠 *t.l.j. sf dim. 9h-12h 14h-18h*

Ⓑ DOM. ROCHE-AUDRAN Nature 2013 ★		
■	n.c.	8 à 11 €

Dirigé par Vincent Rochette depuis 1998, ce domaine familial (cinq générations) étend ses vignes, conduites en biodynamie, sur 35 ha à flanc de collines sur trois terroirs (Visan, Buisson et Châteauneuf).

Un vin 100 % nature, sans soufre ajouté. Une cuvée très agréable tout au long de la dégustation, résolument tournée vers le fruit, le cassis notamment, ronde et onctueuse en bouche, bien soutenue par des tanins fins et soyeux. Un côtes-du-rhône expressif et charmeur, sans pour autant manquer de structure, ce qui lui permettra de bien évoluer. ⚔ 2015-2019 🍴 tendrons de veau braisés

☞ *Vincent Rochette, Dom. Roche-Audran,*
rte de Saint-Roman, 84110 Buisson, tél. 04 90 28 96 49,
contact@roche-audran.com Ⓥ 🏃 🏠 *r.-v.*

Ⓑ CH. ROCHECOLOMBE 2013		
■	40 000 🍷	5 à 8 €

Ancienne propriété de l'auteur-compositeur flamand Robert Herberigs, ce domaine ardéchois de 28 ha (en bio certifié) est conduit depuis 1998 par Roland Terrasse. Il doit son nom à la pierre « blanche comme une colombe » qui compose le château, de style Directoire. Souvent en vue sur ces côtes du rhône et villages.

La robe d'encre noire qui habille cette bouteille laisse imaginer un vin des plus puissants. Et pourtant, c'est un vin assez simple et discret qui s'offre au dégustateur : nez réservé mais plaisant de fruits noirs frais, bouche ronde et classique. Au final, un côtes-du-rhône sympathique et affable, que l'on pourra savourer dès maintenant. ⚔ 2015-2018 🍴 caille aux raisins

☞ *Famille Herberigs-Terrasse, Ch. Rochecolombe,*
07700 Bourg-Saint-Andéol, tél. 04 75 54 50 47,
rochecolombe@aol.com Ⓥ 🏠 *r.-v.*

LA ROMAINE Viognier 2014 ★		
■	9 000 🍷	5 à 8 €

Une vénérable coopérative fondée en 1924, qui regroupe aujourd'hui 280 vignerons et plus de 1 400 ha de vignes.

Située au pied du Géant de Provence, la cave bénéficie d'une diversité de terroirs qui lui procure un atout manifeste pour la sélection et la réalisation de ses cuvées. Ce 100 % viognier est né sur un sol sablonneux qui convient mieux aux blancs et rosés qu'aux vins rouges. Un vin très expressif, sur les fruits frais et les fleurs blanches, ample, suave et rond en bouche, sous-tendu par une fine vivacité qui lui donne une belle allonge. Complet et harmonieux. ⚔ 2015-2018 🍴 poulet au curry ■ 2014 (- de 5 € ; 9 000 b.) : vin cité. ⚔ 2015-2016

☞ *Cave la Romaine, 95, chem. de Saumelongue,*
84110 Vaison-la-Romaine, tél. 04 90 36 00 43,
direction@cave-la-romaine.com Ⓥ 🏠 *t.l.j. 9h-12h30*
14h-18h30; dim. 9h-12h; f. dim. janv.-mars

RHÔNE

DOM. DES ROMARINS 2013 ★★

| ■ | 20 000 | 🍶 | 5 à 8 € |

Xavier Fabre, quatrième du nom à la tête de ce domaine familial, conduit 27 ha de vignes, épaulé depuis 2013 par son frère Benoît. À la carte des vins, des côtes-du-rhône et des *villages* Signargues.

Bien vinifié, ce 2013 né côté rive droite du Rhône est un vrai méridional et déploie une belle « faconde » autour d'intenses arômes de fruits noirs compotés mâtinés de nuances animales. Mais aucune « bestialité » en bouche ; au contraire, un caractère aimable, généreux et rond, sans manquer de la structure ni de la fraîcheur qui lui permettront de bien évoluer en cave. Un beau charmeur qui a du fond. ✗ 2016-2020 ▼ couscous royal

☛ SARL Dom. des Romarins, 113, rte d'Estézargues, 30390 Domazan, tél. 04 66 57 43 80, domromarin@aol.com Ⓥ 🐾 🏠 mer. ven. sam. 10h-12h 15h-19h

DOM. ROUGE GARANCE
Feuille de Garance 2014 ★★

| ■ | 24 000 | 🍶 | 5 à 8 € |

Claudie et Bertrand Cortellimi, anciens coopérateurs, ont acquis en 1997, en association avec l'acteur Jean-Louis Trintignant, ce domaine de 30 ha en bio certifié depuis 2010. Une valeur sûre.

Le domaine reste à la hauteur de sa réputation avec ce nouveau millésime. Sa Feuille de Garance, d'une très belle couleur violine, dévoile un bouquet complexe et très ouvert de fruits noirs et rouges, et de réglisse. Grâce à ses tanins très fins et déjà ronds, il se révèle fort courtois et élégant en bouche, malgré un volume conséquent et une corpulence certaine. De bonnes promesses pour la garde. ✗ 2016-2020 ▼ souris d'agneau au thym

☛ SCEA Dom. Rouge Garance, 6, chem. de Massacan, 30210 Saint-Hilaire-d'Ozilhan, tél. 04 66 01 66 45, contact@rougegarance.com Ⓥ 🐾 🏠 r.-v.

LE ROURE SAINT-JEAN Vieilles Vignes 2013

| ■ | 25 000 | | 5 à 8 € |

Après dix ans dans la grande distribution et presque autant dans le négoce de vins (partie technique), Philippe Vigne, petit-fils de coopérateur, a décidé en 2011 de fonder sa propre structure, spécialisée comme son nom l'indique dans les vins de la vallée du Rhône.

Première sélection dans le Guide pour cet « artisan-négociant » avec un vin où tout est à sa place, sans débordement. Les notes de fruits mûrs, plutôt discrètes au nez, s'amplifient dans un palais ample, plein et bien structuré. Un peu plus d'expression aromatique lui aurait valu une étoile. ✗ 2016-2019 ▼ sauté d'agneau à la provençale

☛ Valrhodania, 400, rue du Portugal, ZI des Crémades, 84100 Orange, tél. 09 81 86 30 20, contact@valrhodania.fr Ⓥ t.l.j. sf sam. dim. 8h30-12h 14h-18h

☛ Vigne Philippe

CH. DE RUTH 2014 ★

| ■ | 200 000 | | 5 à 8 € |

Vincent Moreau s'est établi en 2004 à la tête du domaine de Galuval et ses 20 ha de terroirs variés entre Cairanne et Rasteau. Il s'est agrandi en 2010 en acquérant les vastes terres du château de Ruth, où il a engagé

le renouvellement des 110 ha de vignes et la rénovation des chais, et s'est entouré d'un œnologue de talent, Philippe Cambie.

Vincent Moreau signe, comme souvent, un joli côtes-du-rhône, ici à dominante de grenache (90 %). Un vin sombre et très aromatique (pâte de coings, cerise confite), doté d'une belle musculature sans être pour autant « body-buildé », soutenu par des tanins plus fins que puissants. Une bouteille harmonieuse et déjà très agréable. ✗ 2015-2019 ▼ bœuf au poivron

☛ Vincent Moreau, 1909, rte d'Orange, Ch. de Ruth, 84290 Sainte-Cécile-les-Vignes, tél. 04 90 30 80 02, contact@chateauderuth.com Ⓥ 🐾 🏠 t.l.j. sf sam. dim. 8h30-12h 14h-17h

DOM. SAINTE-ANNE 2014

| ■ | 8 000 | 🍶 | 5 à 8 € |

Un ancien prieuré de la chartreuse de Valbonne acquis en 1965 et entièrement restructuré par Guy et Anne Steinmaier. Ces Bourguignons d'origine ont fait de ce domaine de 34 ha, désormais conduit par leur fils Jean, une référence incontournable, avec des vins d'une constance admirable.

Les vins de ce domaine sont présents partout dans le monde (80 % des ventes à l'export) et leur réputation n'est plus à faire. Cet assemblage de roussanne, de marsanne et de viognier, aux connotations septentrionales, se révèle très expressif, sur les agrumes, les fruits jaunes et les fleurs blanches. En bouche, on retrouve la fraîcheur inimitable de ce plateau de grès calcaire, en harmonie avec le gras de l'alcool et le fruité des cépages. Bref, un ensemble harmonieux, qui gagnera son étoile après une petite garde. ✗ 2016-2020 ▼ saumon sauce hollandaise

☛ EARL Dom. Sainte-Anne, Les Cellettes, 30200 Saint-Gervais, tél. 04 66 82 77 41, domaine.ste.anne@orange.fr Ⓥ 🐾 🏠 t.l.j. sf sam. dim. 9h-11h 14h-18h

CH. SAINT-ESTÈVE Tradition 2014 ★

| ■ | 11 000 | 🍶 | 5 à 8 € |

Propriété de la famille depuis 1809, ce domaine s'étend sur 230 ha, dont 48 de vignes en bio certifiés, le reste étant couvert des bois et de la garrigue du massif d'Uchaux. Marc Français est aux commandes depuis 1993.

Cet assemblage de grenache (80 %), de cinsault et de syrah (10 % chacun) confère à cette cuvée le mariage de la fraîcheur et de la douceur que l'on espère d'un bon rosé. On en attend aussi un joli profil aromatique, c'est bien le cas ici avec des arômes de fruits blancs et d'agrumes qui offrent plus de finesse que d'intensité. Le candidat idéal pour les « apéros-tonnelles ». ✗ 2015-2018 ▼ crostinis tomate et jambon ■ Tradition 2014 (5 à 8 €; 30 000 b.) Ⓑ : vin cité. ✗ 2015-2018

☛ Ch. Saint-Estève d'Uchaux, 1100, rte de Sérignan, D 172, 84100 Uchaux, tél. 04 90 40 62 38, chateau.st.esteve@wanadoo.fr Ⓥ 🐾 🏠 t.l.j. sf sam. dim. 9h30-12h 14h30-18h

Ⓑ DOM. SAINT-ÉTIENNE Les Albizzias 2014

| ■ | 35 000 | 🍶 | 5 à 8 € |

À Montfrin, village gardois situé entre Nîmes et Orange, Michel Coullomb a créé ce domaine en 1988, souvent en vue pour ses *villages* et ses côtes-du-rhône. Épaulé par sa fille et son gendre, il conduit aujourd'hui un vignoble de 40 ha en bio certifié.

Une cuvée régulièrement en vue dans le Guide. Le 2014 s'annonce par une robe profonde aux liserés bleutés de jeunesse. Le bouquet exprime surtout les fruits rouges, bien mariés à la réglisse. À la fois souple, dense et corsé, le palais peut être qualifié de généreux et d'équilibré. Le temps lui apportera plus d'harmonie encore. ✗ 2016-2019 ❦ lapin aux olives

о⇒ *Dom. Saint-Étienne, chem. des Agaches,*
30490 Montfrin, tél. 04 66 57 50 20,
domaine.st.etienne@orange.fr 🆅 🎿 🛏 *t.l.j. sf dim.*
9h-12h 14h-19h о⇒ Coullomb Michel

LES VIGNERONS DE SAINT-GERVAIS 2013

■	n.c.		- de 5 €

Cette coopérative fondée en 1924 vinifie aujourd'hui près de 500 ha de vignes. Une cave régulière en qualité, en côtes-du-rhône comme en *villages.*

Autour du terroir de Saint-Gervais, les raisins bénéficient d'un ensoleillement maximum. Un caractère solaire que l'on perçoit en humant ce vin ouvert sur des arômes généreux de fruits rouges cuits typiques d'un grenache bien mûr, agrémentés d'épices. Quant à la bouche, elle évolue en légèreté et en souplesse plutôt qu'en force, portée par des tanins fins et discrets. Le vrai « vin plaisir ». ✗ 2015-2018 ❦ lapin aux épices douces

о⇒ *Cave des Vignerons de Saint-Gervais,*
10, rue des Vignerons, 30200 Saint-Gervais,
tél. 04 66 82 77 05, cave.saintgervais@orange.fr 🛏 *t.l.j.*
sf dim. 9h-12h 15h-18h

LES VIGNERONS DE SAINT-LAURENT-DE-CARNOLS
Trois Villages Une Passion 2013 ★

■	2 600		8 à 11 €

Cette cave coopérative, fondée en 1928, rassemble les vignerons de trois villages de la vallée de la Cèze (Saint-Michel-d'Euzet, Saint-Laurent-de-Carnols et La Roque-sur-Cèze).

Le défaut de cette cuvée ? Sa confidentialité. Cela est d'autant plus dommage que le vin est bon. La syrah, majoritaire dans l'assemblage, s'exprime franchement à travers des arômes de cuir, de réglisse et de fruits rouges, agrémentés d'un soupçon de notes chocolatées. Une attaque franche introduit un palais puissant et chaleureux, bâti sur des tanins fins, mais plus vigoureux en finale. Encore un peu de patience. ✗ 2016-2020 ❦ pastilla de pigeon

о⇒ *Cave des Vignerons de Saint-Laurent-de-Carnols,*
Le Terrier, 45-47, rte de Bagnols,
30200 Saint-Laurent-de-Carnols, tél. 04 66 82 78 31,
vignerons-st-laurent@wanadoo.fr 🆅 🛏 *r.-v.*

CH. SAINT-NABOR 2014

■	7 000	🍶	- de 5 €

Ce domaine, dans la même famille depuis six générations, s'est développé à partir de 1970, sous l'impulsion de Gérard Castor : 7 ha à son installation, 140 ha en production aujourd'hui. À ses côtés, son épouse Jeannette et ses deux fils Jérémie et Raphaël.

Drapé d'une robe pâle, ce rosé est un vin fruité, qui s'ouvre à l'agitation sur la pêche jaune. La bouche, poursuivant sur la ligne fruitée (fruits rouges et agrumes compotés), se montre plus chaleureuse que fraîche. ✗ 2015-2016 ❦ bœuf sauté aux poivrons

о⇒ *Ch. Saint-Nabor, rte de Barsac, Saint-Nabor,*
30630 Cornillon, tél. 04 66 82 24 26,
vignoblesaintnabor@yahoo.fr 🎿 🛏 *t.l.j. sf dim. 9h-18h*

CAVES SAINT-PIERRE Vieilles Vignes 2014 ★

■	160 000	🍶	- de 5 €

La famille Skalli s'initia à la vigne et aux cépages méridionaux en Algérie, dans les années 1920. Francis et surtout son fils Robert ont œuvré pour que cette maison de négoce soit aujourd'hui très implantée dans tout le sud de la France. Dans le giron du groupe bourguignon Boisset depuis 2011.

Une maison fondée en 1898 à Châteauneuf-du-Pape, entrée en 2001 dans le giron de Skalli. Cette cuvée provient de vieux ceps de plus de cinquante ans, et sa nature s'en ressent. Doté d'une jolie couleur rouge brillante, il dévoile des parfums intenses de petits fruits et de réglisse. En bouche, il affiche un bel « embonpoint », mais derrière la rondeur et le gras, on perçoit une solide charpente qui permettra à ce vin d'ores et déjà équilibré de s'épanouir plus encore avec un peu de garde. ✗ 2015-2019 ❦ mijoté d'agneau aux épices douces ■ Pavillon Saint-Pierre Réserve 2013 (5 à 8 € ; 120 000 b.). vin cité. ✗ 2016-2020

о⇒ *Les Vins Skalli, av. Pierre-de-Luxembourg,*
84230 Châteauneuf-du-Pape, tél. 04 90 83 58 35, info@
skalli.com 🆅 🎿 🛏 *t.l.j. 10h-12h 14h-18h*

DOM. SAINT-PIERRE Les Ponchonnières 2014 ★★

■	30 000	🍶	5 à 8 €

Jean-Claude Fauque a introduit la mise en bouteilles en 1972 sur ce domaine familial remontant à plusieurs générations. Ses fils Jean-François et Philippe ont pris la relève en 1984, pour conduire un vignoble de 50 ha.

Un clos de vignes donne son nom à cette cuvée. Un vin qui tire profit de la présence de 25 % de carignan, aux côtés du grenache (60 %) et de la syrah, pour développer une réelle richesse aromatique et une belle puissance. Côté arômes, des fruits bien confiturés, presque caramélisés, au nez comme en bouche, qui apportent un caractère suave et chaleureux. Côté structure, une charpente solide mais sans dureté, bâtie sur des tanins soyeux. Un vin ample et harmonieux, à boire (jeune ou vieux) sur un mets de caractère. ✗ 2016-2021 ❦ civet de lièvre

о⇒ *EARL Fauque, Dom. Saint-Pierre, 923, rte d'Avignon,*
84150 Violès, tél. 04 90 70 92 64, domaine.saint-pierre@
wanadoo.fr 🆅 🎿 🛏 *t.l.j. sf dim. 8h-12h 13h30-18h30*

CH. SAINT-ROCH 2014 ★

■	30 000	🍶	5 à 8 €

Sur les coteaux silico-calcaires de Roquemaure, le vignoble de Saint-Roch couvre 40 ha. Réputé pour ses lirac, il appartient depuis 1998 aux frères Brunel, également propriétaires du Ch. la Gardine à Châteauneuf-du-Pape, autre valeur sûre de la vallée du Rhône sud.

La famille Brunel signe ici un côtes-du-rhône généreux, issu de grenache, de cinsault et de syrah, qui offre des airs de famille avec les si bons lirac du domaine. Le nez livre des notes intenses de fruits rouges confits et de mûre. Un profil aromatique prolongé avec autant de persistance par

RHÔNE

un palais très équilibré, à la fois suave et bien charpenté.

✗ 2016-2019 ❦ osso bucco

☛ *Ch. Saint-Roch Brunel Frères, chem. de Lirac, 30150 Roquemaure, tél. 04 66 82 82 59, brunel@ chateau-saint-roch.com* Ⓥ 🏃 🏠 *t.l.j. sf sam. dim. 8h-12h 14h-17h; f. 1er-15 août* ☛ Brunel Maxime et Patrick

Ⓑ **CH. SIMIAN** Combe des Avaux 2013 ★

■	9 000	🏠	5 à 8 €

Dans la même famille depuis cinq générations, cette propriété sise au pied du massif d'Uchaux est dirigée depuis 1980 par Jean-Pierre Serguier, qui a lancé la vente directe en bouteilles. Conduit en bio et biodynamie, le vignoble couvre 26 ha dispersés sur quatre terroirs.

La dispersion du vignoble est, dans les millésimes compliqués, un atout certain, dont le domaine a semble-t-il bien bénéficié pour ce 2013 très agréable. Si le bouquet reste pour l'heure discret, le palais se révèle plus expressif, bien ouvert sur les fruits rouges. Rond, plein et charnu, il s'appuie sur des tanins fins qui lui confèrent une belle élégance. ✗ 2015-2018 ❦ hachis Parmentier

☛ *Ch. Simian, 690, chem. Yves-Serguier, 84420 Piolenc, tél. 04 90 29 50 67, chateau.simian@wanadoo.fr* Ⓥ 🏃 🏠 *t.l.j. sf dim. 8h-12h 14h-19h*

LA SUZIENNE Vieilles Vignes 2014

■	53 000	🏠	5 à 8 €

Située tout près du château de Suze-la-Rousse qui abrite l'université du Vin, cette cave coopérative, créée en 1926, s'est lancée dans une démarche de conversion bio sur ses trois AOC : côtes-du-rhône, *villages* et grignan-les-adhémar.

Ce 2014 bien typé déploie un joli nez assez complexe, fait de fruits rouges, de réglisse, d'épices douces et de senteurs de la garrigue. Si le palais affiche un caractère plutôt souple, rond et suave, il dévoile en finale des tanins encore un peu jeunes et fougueux. Un petit séjour en cave arrondira les angles. ✗ 2016-2019 ❦ côtelettes d'agneau et ratatouille

☛ *Cave la Suzienne, av. des Côtes-du-Rhône, 26790 Suze-la-Rousse, tél. 04 75 04 48 38, contactcaveau@lasuzienne.com* Ⓥ 🏠 *t.l.j. 9h-12h 14h-18h*

VIGNERONS DE TAVEL Acantalys 2014 ★

■	20 000	🏠	5 à 8 €

Créée en 1937, cette cave historique fut la première coopérative agricole à être inaugurée par un président de la République (Albert Lebrun). Actrice importante de la production tavelloise (près de la moitié), elle regroupe 85 adhérents et plus de 600 ha de vignes. Les bâtiments, construits dans la lauze locale, sont classés monuments historiques.

Les vins blancs bénéficient ici de la même technologie de pointe que celle utilisée pour le rosé tavellois, fer de lance de la « coop ». Grâce à quoi, l'extraction des arômes est impeccable, à dominante florale, et le palais offre un volume et un équilibre irréprochable entre douceur et vivacité mesurée. ✗ 2015-2016 ❦ rougets grillés

☛ *Les Vignerons de Tavel, rte de la Commanderie, 30126 Tavel, tél. 04 66 50 03 57, contact@cavedetavel.com* Ⓥ 🏃 🏠 *r.-v.*

TERRE DE GAULHEM La Bédaride 2013 ★

■	1 800	◧	11 à 15 €

Un jeune domaine créé en 2006 par Nicolas (œnologue-conseil réputé) et Magali Constantin. Situé au nord de Vaison-la-Romaine, à 280 m d'altitude, aux lieux-dits Bédaride et Crotedollier, ce petit vignoble couvre à peine 2 ha.

Savamment dosé, le bois ne marque pas cette cuvée, au contraire bien ouvert sur les fruits, cassis en tête. Une belle attaque fraîche et alerte introduit une bouche élégante et très équilibrée, épaulée avec délicatesse par des tanins fermes et fins. Son seul défaut : le faible nombre de bouteilles... ✗ 2017-2021 ❦ carré de porc à la sauge ■ 2013 (5 à 8 € ; 6 500 b.) : vin cité. ✗ 2015-2018

☛ *Magali et Nicolas Constantin, 1088, rte de Saumelongue, 84110 Vaison-la-Romaine, tél. 04 90 28 85 71, nicolas.constant1@orange.fr* Ⓥ 🏠 *r.-v.*

♥ **TERRES D'AVIGNON** Cardinalices 2014 ★★

■	180 000	🏠	- de 5 €

Coopérative ancienne-ment nommée Vigne-rons des Coteaux d'Avignon, née en 1992 de la réunion des caves du Thor, de Morières-lès-Avignon et de Châteauneuf-de-Gadagne. Elle re-groupe 260 adhérents pour 630 ha de vignes.

Et un, et deux, et trois... coopératives à l'honneur dans cette sélection de côtes-du-rhône. Cellier des Chartreux, Cellier des Princes et Terres d'Avignon, voici le trio gagnant des caves rhodaniennes. Jean-François Pasturel, le maître de chai de la « coop » avignonnaise, qui a fait ses premières armes sur le cru lirac, a conservé de cet apprentissage le respect des grandes cuvées. Ce 2014 est un régal, et à prix très doux pour ne rien gâcher. Au nez, des arômes intenses de fruits noirs légèrement confiturés et mâtinés d'épices. En bouche, de la complexité, de l'ampleur, beaucoup de fruit et une charpente robuste qui laisse augurer une belle garde. ✗ 2017-2021 ❦ selle d'agneau en croûte d'herbes ■ La Combe Saint-Roch Tradition 2014 ★★ (- de 5 € ; 120 000 b.) : violette, fruits noirs, minéralité, le nez se révèle intense et complexe. Arômes auxquels fait écho un palais gras, rond, soyeux, avec toujours cette touche de fraîcheur « terroitée » qui apporte un supplément d'âme et de longueur. ✗ 2015-2019 ■ Réserve des armoiries Élevé en fût de chêne 2013 (5 à 8 € ; 66 000 b.) : vin cité. ✗ 2016-2020

☛ *SCA Terres d'Avignon, 457, av. Aristide-Briand, 84310 Morières-lès-Avignon, tél. 04 90 22 65 62, vignoble@terresdavignon.com* Ⓥ 🏃 🏠 *t.l.j. sf dim. 9h-12h30 14h-19h*

DOM. TOURBILLON 2014

■	14 000	🏠	8 à 11 €

Si le domaine créé par les grands-parents au milieu du XXᵉs. est ancien, Benjamin Tourbillon n'a signé la première vinification à la propriété qu'en 2012.

À l'olfaction, beaucoup de fraîcheur et de fruité émane de ce rosé pâle aux reflets bleutés. Mais il offre aussi du gras et de la rondeur en bouche pour composer au final un ensemble équilibré. ✗ 2015-2016 ✝ tapenade
o→ Benjamin Tourbillon, 433, rte du Plan-de-Dieu, 84150 Violès, tél. 06 80 08 53 56, contact@domaine-tourbillon.com 🆅 🅰 🅵 r.-v.

DOM. DES TROIS CELLIER "3" 2014		
2 000	î	5 à 8 €

Héritier d'une longue lignée de vignerons, Ludovic Cellier, accompagné de ses frères Julien et Benoît et son épouse Nathalie, a créé ce domaine en 2007 à partir des 14 ha de vignes familiales, dont l'essentiel (13,5 ha) en AOC châteauneuf-du-pape.

C'est avec une cuvée nécessairement confidentielle (39 ares de grenache – 95 % – et de mourvèdre) que le domaine fait son entrée dans le Guide. Ses arguments : un généreux fruité confituré, d'une persistance honorable, un corps bien balancé, sans surpoids, épaulé par de bons tanins, encore un brin trop stricts en finale, mais qui n'empêcheront pas d'ouvrir ce « vin plaisir » dès à présent. ✗ 2015-2018 ✝ boudin noir
o→ Dom. Cellier, 5bis, chem. rural de Sorgues, 84230 Châteauneuf-du-Pape, tél. 04 90 02 04 62, domainedes3cellier@3cellier.fr 🆅 🅵 t.l.j. sf sam. dim. 9h-12h 14h-17h

DOM. DE LA VALERIANE 2013 ★★		
15 000	î	5 à 8 €

Valérie Collomb a inspiré à ses parents Maryse et Mesmin Castan le nom de ce domaine qu'ils ont créé en 1982. Œnologue de formation, elle a pris en 2004, avec son mari Michel, la conduite de ce vignoble de 35 ha. Très régulier en qualité avec ses côtes-du-rhône et villages.

Un superbe côtes-du-rhône, né sur les terres ocres du domaine, rougies par l'oxyde de fer et couvertes de galets roulés polis par le temps. Le nez, intense et complexe, distille des parfums de mûre et de cassis relevés de poivre blanc. Tout aussi expressif et suivant la même ligne aromatique, le palais se révèle chaleureux et puissant, porté par des tanins robustes, au grain très fin. Prometteur. ✗ 2017-2020 ✝ tournedos à la truffe noire
o→ Valérie Collomb, 82, rte d'Estézargues, 30390 Domazan, tél. 04 66 57 04 84, valeriane.mc@orange.fr 🆅 🅰 🅵 t.l.j. sf dim. 10h-12h 14h-19h

♥ DOM. LE VIEUX LAVOIR 2014 ★★		
24 600	î	5 à 8 €

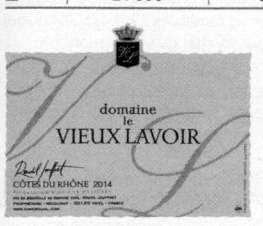

Créé en 1956, ce domaine – dont la cave a une architecture proche de celle du lavoir de Tavel – est dans la même famille depuis six générations. Sébastien Jouffret, installé en 1991, vinifie aujourd'hui la récolte de 68 ha de vignes.

Contrairement à 2013, le grenache a été plutôt productif en 2014. Le travail rigoureux effectué par ce vigneron dans le

maintien de petits rendements a permis au cépage de s'exprimer pleinement, associé ici à la syrah. Le résultat est un vin des plus harmonieux, très méridional dans la profondeur de sa robe, comme dans sa générosité aromatique (fruits rouges confiturés, épices) et dans sa bouche riche, soyeuse, bien charpentée et très longue. Un côtes-du-rhône à conjuguer aussi bien au présent qu'au futur. ✗ 2016-2020 ✝ magret de canard aux cerises
o→ EARL Roudil-Jouffret, 775, rte de la Commanderie, Le Palai-Nord, 30126 Tavel, tél. 04 66 82 85 11, roudil-jouffret@wanadoo.fr 🆅 🅰 🅵 t.l.j. sf sam. dim. 8h-12h 14h-18h

| Ⓑ LES VIGNERONS DE VILLEDIEU-BUISSON | | |
Les Hauts de la Baude 2014		
200 000	î	5 à 8 €

Au nord de Vaison-la-Romaine, cette coopérative fondée en 1939 regroupe 710 ha (dont 40 % en bio certifié depuis 2013) cultivés par les vignerons de Villedieu et de Buisson.

Cette cuvée provient du terroir argilo-calcaire voisin de Vaison-la-Romaine. Elle s'exprime à l'olfaction sur des notes intenses de fruits rouges confiturés. La bouche est nette et franche, associant souplesse et fraîcheur du terroir. Proche de l'étoile. ✗ 2015-2018 ✝ filet de thon aux câpres
o→ Les Vignerons de Villedieu-Buisson, Terre-des-Frères, 84110 Villedieu, tél. 04 90 28 92 37, cavevilledieu@wanadoo.fr 🆅 🅵 t.l.j. 8h-12h 14h-18h

CÔTES-DU-RHÔNE-VILLAGES

Superficie : 10 240 ha / Production : 298 000 hl (98 % rouge et rosé)

À l'intérieur de l'aire des côtes-du-rhône, quelques communes ont acquis une notoriété certaine grâce à des terroirs qui produisent des vins de semi-garde dont les qualités sont unanimement reconnues. Les conditions de production de ces vins sont soumises à des critères plus restrictifs en matière notamment de délimitation, de rendement et de degré alcoolique par rapport à ceux des côtes-du-rhône. Au sein de l'aire d'appellation, 13 noms de communes historiquement reconnus peuvent figurer sur l'étiquette : Chusclan, Laudun et Saint-Gervais dans le Gard ; Cairanne, Sablet, Séguret, Roaix, Valréas et Visan dans le Vaucluse ; Rochegude, Rousset-les-Vignes, Saint-Maurice, Saint-Pantaléon-les-Vignes dans la Drôme. Ont été récemment reconnus Signargues, dans le Gard, Massif d'Uchaux, Plan de Dieu et Puyméras dans le Vaucluse. Sur le territoire de 70 autres communes du Gard, du Vaucluse et de la Drôme, dans l'aire côtes-du-rhône, une délimitation plus stricte permet de produire des côtes-du-rhône-villages sans nom de commune.

| Ⓑ DOM. ALARY | | |
Cairanne La Jean de Verde 2012 ★★		
4 000	î	11 à 15 €

La famille Alary cultive la vigne à Cairanne depuis... 1692 et dix générations ! Installé en 1982, Denis Alaray conduit aujourd'hui 30 ha en bio certifié depuis 2012 et signe des vins constants en qualité.

Une vieille vigne de grenache et 10 % de carignan plantés sur argilo-calcaires, un élevage de dix-huit mois en cuve,

RHÔNE

telles sont les origines de cette cuvée bien sous tous rapports. Robe foncée comme il se doit ; nez bien ouvert sur le grenache très mûr, aux accents chaleureux de kirsch, de pruneau à l'eau-de-vie et autres fruits cuits ; bouche généreuse, riche et puissante, encore bien droite dans ses tanins. Du potentiel assurément. ✗ 2017-2022 ❦ daube à la provençale

☛ *Dom. Alary, 1345, rte de Vaisan, 84290 Cairanne, tél. 04 90 30 82 32, alary.denis@wanadoo.fr* Ⓥ ▮ *r.-v.*

ⒷDOM. D'ALOÈS		
Éclat de terroir 2013 ★		
▮ 14 000	ⓘ ⑪	5 à 8 €

Un domaine conduit en bio certifié, repris en 2013 par Nadia et Pascal Fayolle. À la carte, des côtes-du-rhône-villages, des saint-joseph, des crozes-hermitage et des hermitage.

Première apparition dans le Guide pour les Fayolle, avec un assemblage 60-40 de grenache et de syrah d'une belle typicité, élevé douze mois en cuve et (un peu) en fût. Un vin salué pour son élégance et son équilibre, bien ouvert sur les fruits rouges frais (cassis, framboise), au boisé imperceptible et aux tanins fins et fondus. ✗ 2015-2019 ❦ veau aux olives

☛ *Dom. d'Aloès, ZA Les Paluds, rte de Saint-Maurice, 26110 Vinsobres, tél. 04 75 07 70 60, contact@ domaine-des-martinelles.fr* Ⓥ ▮ *r.-v.* ☛ *Fayolle Pascal*

ⒷDOM. DES AMADIEU		
Cairanne Vieilles Vignes 2013 ★		
▮ 12 000	ⓘ ⑪	11 à 15 €

Ingénieurs agronomes, Corine et Yves-Jean Houser ont acquis en 2007 ce vignoble de 7 ha, pour lequel ils ont engagé la conversion biologique (certification en 2013) et biodynamique.

Le couple Houser a vendangé 2 ha de vieilles vignes de grenache, de syrah, de mourvèdre et de carignan pour élaborer cette cuvée qui a connu un élevage luxueux de dix-huit mois en cuve et en barrique. Le résultat est un joli vin bien typé, sans boisé intempestif et déjà fort avenant : du fruit mûr, de la réglisse et quelques épices, un palais juteux, gras et rond, aux tanins affinés. ✗ 2015-2020 ❦ magret de canard au miel

☛ *SCEA Corine et Yves-Jean Houser, Dom. des Amadieu, 450, chem. de beauregard, 84290 Cuiranne, tél. 06 87 72 85 42, contact@ domainedesamadieu.com* Ⓥ ⎈ ▮ *t.l.j. sf dim. 10h-18h*

DOM. DE L'AMAUVE		
Séguret Les Merrelies 2012 ★		
▮ 2 200	⑪	11 à 15 €

Héritier de plusieurs générations de vignerons, Christian Vœux, œnologue expérimenté et attaché à plusieurs domaines rhodaniens (dont le réputé Ch. la Nerthe à Châteauneuf-du-Pape), a repris en 2006 les 10 ha du domaine familial, qui doit son nom à la fleur de mauve, présente en grand nombre dans le vignoble.

Trois parts de grenache et une de syrah pour cette cuvée intensément épicée au premier nez (poivre, muscade), plus ouverte sur les fruits rouges à l'aération. Fraîcheur et fruité croquant caractérisent l'attaque, puis la bouche évolue vers

la rondeur, structurée en douceur par des tanins soyeux. ✗ 2016-2020 ❦ T-Bones sauce barbecue ▮ Séguret La Daurelle 2014 ★ (8 à 11 € ; 4 000 b.) : un blanc harmonieux et expressif, au nez d'acacia et de coing, à la bouche longue et alerte, dominée par les agrumes. ✗ 2015-2018

☛ *Dom. de l'Amauve, chem. du Jas, 84110 Séguret, tél. 06 10 71 26 72, contact@domainedelamauve.fr* Ⓥ ▮ *r.-v.* ☛ *Vœux Christian*

ARBOUSE Massif d'Uchaux 2014		
▮ 50 000	ⓘ	- de 5 €

Cette coopérative fondée en 1926 propose une large gamme allant des vins de pays aux vacqueyras, en passant par les côtes-du-rhône et les *villages*.

Grenache, syrah et mourvèdre pour cette cuvée au nez frais de cerise et de fraise. Une fraîcheur et un fruité que l'on retrouve dans une bouche alerte et de bonne longueur, aux tanins fins. Simple et de bon goût. ✗ 2015-2018 ❦ tartare de bœuf

☛ *Cave les Coteaux du Rhône, BP 7, 84830 Sérignan-du-Comtat, tél. 04 90 70 04 22, coteau.rhone@orange.fr* Ⓥ ⎈ ▮ *t.l.j. 8h30-12h30 14h-19h*

DOM. ANDRÉ AUBERT Visan 2012 ★★		
▮ 20 000	ⓘ	- de 5 €

Les fils d'André Aubert – Claude, Yves et Alain – sont installés depuis 1981 à la tête de l'un des plus vastes ensembles viticoles rhodaniens (490 ha), grâce auquel ils proposent une large gamme de vins de la vallée du Rhône méridionale.

Grenache (75 %) et syrah sont assemblés dans ce Visan au nez intense et gourmand de fruits noirs confiturés, de réglisse et d'épices douces. Fruitée à souhait, épicée, ample, puissante, charpentée par des tanins fins et soyeux, la bouche respecte parfaitement la typicité rhodanienne. ✗ 2016-2020 ❦ daube d'agneau à la provençale ▮ le Grand Retour 2012 ★★ (5 à 8 € ; n.c. b.) : cette cuvée en robe profonde livre un nez intense de fruits mûrs. Un fruité généreux prolongé par une bouche ample et gourmande, aux tanins à la fois serrés et veloutés. Un vin élégant et complet. ✗ 2016-2020

☛ *Domaines André Aubert, RN7, rond-point Sud, Les Gresses, 26290 Donzère, tél. 04 75 51 78 53, vins-aubert-freres@wanadoo.fr* Ⓥ ▮ *t.l.j. 10h-19h*

DOM. DE L'AURE		
Bois de Brignon 2013		
▮ 7 000	ⓘ ⑪	11 à 15 €

Vigneron depuis 1961, Michel Cruzel a confié en 2005 les rênes des 50 ha de vignes familiales à son fils Vivian, qui a créé un an plus tard un chai de vinification.

Ballotage légèrement favorable pour la syrah (52 %) aux côtés du grenache dans ce 2013 élevé douze mois en fût et en cuve. Au nez, les épices douces, la cannelle notamment, s'associent au tabac blond et aux fruits rouges confits. La bouche se révèle chaleureuse (fruits à l'eau-de-vie), ronde et de bonne longueur, soutenue par des tanins de qualité. ✗ 2016-2019 ❦ civet de lapin de garenne

☛ *Dom. de l'Aure, 104, rte de la Carrière-de-Montfrin, rte de Fournes, 30210 Saint-Hilaire-d'Ozilhan, tél. 04 66 37 00 82, domaine-de-laure@orange.fr* Ⓥ ⎈ ▮ *t.l.j. sf dim. 9h-12h 14h-19h*

DOM. DES BANQUETTES
Plan de Dieu Cuvée Fabien 2013

| ■ | 10 533 | î | 8 à 11 € |

Mécanicien en travaux publics, Patrice André rejoint son père en 1993 sur les 30 ha familiaux, implantés sur les coteaux de Rasteau, face aux Dentelles de Montmirail et au mont Ventoux. En 2002, il choisit de sortir de la coopérative et de vinifier ses propres vins : côtes-du-rhône et *villages* Plan de Dieu, rasteau sec et vin doux naturel.

Une cuvée mi-grenache mi-syrah, créée à la naissance du fils de Patrice et Christelle André. Au nez, du fruit (mûre, cassis) et un peu d'épices, peu intense mais plaisant ; en bouche, un bon équilibre alcool-fraîcheur. Au final, un vin simple mais harmonieux et franc. ✗ 2015-2018 ♈ côtes de porc grillées

☛ *Patrice André, 1360, rte d'Orange, 84110 Rasteau, tél. 04 90 46 10 22, lesbanquettes@orange.fr* 🆅 🅺 🆇 *r.-v.*

DOM. DE LA BASTIDE Visan 2013 ★

| ■ | 25 000 | î | 5 à 8 € |

Disparu en 2008, Bernard Boyer a laissé en héritage à son fils Vincent, à ses côtés depuis 1998, un domaine de 65 ha, ancienne ferme templière puis couvent, établi sur un site gallo-romain.

Rubis légèrement tuilé, ce Visan livre un nez de cerise burlat confite rehaussé d'épices douces. On retrouve ce fruité mûr dans un palais ample, rond et aimable, porté par des tanins fondus et soyeux. « Féminin », conclut le jury. ✗ 2015-2019 ♈ selle d'agneau au thym

☛ *Dom. de la Bastide, 1250, chem. de la Bastide, 84820 Visan, tél. 04 90 41 98 61, vinboyer@wanadoo.fr* 🆅 🆇 *r.-v.*

DOM. BEAU MISTRAL Élégance 2014

| ■ | n.c. | î ⏱ | 8 à 11 € |

Côtes-du-rhône, *villages*, rasteau ou IGP de la principauté d'Orange, ce domaine familial très régulier en qualité étend son vignoble sur 25 ha plantés de vieux ceps, dont certains centenaires. Jean-Marc Brun est aux commandes depuis 1988.

Belle ouverture sur le miel, la fleur d'oranger, la brioche et l'abricot confit. Des arômes prolongés par un palais rond, généreux, très suave. Un léger manque de vivacité pour décrocher l'étoile. ✗ 2015-2018 ♈ poulet miel et épices

☛ *Dom. Beau Mistral, 91, rte d'Orange, 84110 Rasteau, tél. 04 90 46 16 90, domaine.beaumistral@rasteau.fr* 🆅 🅺 🆇 *t.l.j. 9h-12h 14h-18h; r.-v. sam. dim.*
☛ *Brun Jean-Marc*

Ⓑ DOM. BERTHET-RAYNE
Cairanne Vieilles Vignes 2013 ★

| ■ | 20 000 | î | 11 à 15 € |

Christian Berthet-Rayne a repris en 1980 une partie du domaine fondé par sa belle-famille. Sa fille Laure et son gendre Martial Capeau, arrivés en 2004, ont aujourd'hui désormais pris la suite et conduisent un vignoble de 25 ha en bio certifié depuis 2007.

Ces vieilles vignes (grenache à 60 %, syrah et carignan à 20 % chacun) ont cinquante ans. Elles ont donné

naissance à cette cuvée au nez complexe de fruits rouges légèrement surmûris, de violette et d'épices douces. Un vin généreux et solide en bouche, bâti sur des tanins denses, qui s'étire dans une longue finale chaleureuse. ✗ 2016-2020 ♈ osso bucco

☛ *André Berthet-Rayne, 235, rte de Saint-Roman, BP 9, 84290 Cairanne, tél. 04 90 30 72 75, contact@berthet-rayne-cairanne.fr* 🆅 🅺 🆇 *t.l.j. 8h30-12h 14h-18h30; sam. dim. sur r.-v.*

Ⓑ LE BOIS DES DENTELLES
Plan de Dieu Cuvée Élisa 2013

| ■ | 3 500 | î ⏱ | 11 à 15 € |

David Gaugué, par ailleurs caviste dans une cave particulière, s'est installé en 2006 sur ce domaine de poche de 1,6 ha conduit en bio certifié.

Huit mois d'élevage (30 % en fût) pour cette cuvée hommage à la fille du vigneron. Un vin de bonne intensité, ouvert sur le boisé vanillé et fumé, et sur la griotte confiturée, d'un volume très honorable en bouche et bien bâti autour de tanins serrés mais sans dureté. Prévoir une courte garde. ✗ 2016-2019 ♈ sauté de bœuf aux poivrons

☛ *David Gaugué, 595, chem. des Ormeaux, 84290 Cairanne, tél. 06 72 57 49 60, david.gaugue@laposte.net* 🆅 🅺 🆇 *r.-v.*

DOM. DU BOIS DES MÈGES
Plan de Dieu Divins Galets 2012

| ■ | 9 000 | ■ ⏱ | 5 à 8 € |

Ghislain Guigue a quitté en 1990 son métier de caviste au Ch. Mont-Redon à Châteauneuf pour s'installer avec son épouse Magali sur un plateau de cailloutis et de galets roulés. De 5 ha à l'origine, il a étendu son domaine jusqu'à 12 ha aujourd'hui, répartis sur cinq communes.

Grenache (85 %) et mourvèdre, élevage pour partie en barrique pour ce Plan de Dieu ouvert sur les petits fruits rouges confits et sur des notes truffées. Un caractère chaleureux que l'on retrouve dans une bouche ronde et de bonne ampleur, étayée par des tanins bien en place, encore un peu sévères en finale. Une courte garde apportera l'harmonie. ✗ 2016-2019 ♈ tripes à la provençale

☛ *Ghislain Guigue, Les Tappys, 607, rte d'Orange, 84150 Violès, tél. 04 90 70 92 95, gguigue@boisdesmeges.fr* 🆅 🅺 🆇 *r.-v.*

DOM. BOISSON
Massif d'Uchaux Clos de la Brussière 2012 ★

| ■ | 7 500 | î ⏱ | 11 à 15 € |

Issu d'une famille vigneronne installée à Cairanne depuis six générations, René Boisson a construit sa propre cave en 1957 avec 5 ha de vignes. Son fils Bruno a pris la main en 2002, à la tête aujourd'hui de 28 ha de vignes.

Dix-huit mois d'élevage en cuve et en fût (10 % de l'assemblage) pour cette cuvée dominée par le grenache, au nez discret mais élégant de violette, de fruits rouges et d'épices douces. La bouche se distingue par son onctuosité, ses tanins fins, son boisé léger et épicé. Un vin aimable, tendre et bien équilibré. ✗ 2015-2019 ♈ agneau de sept heures

☛ *Dom. Boisson, 365, chem. du Moulin, 84290 Cairanne, tél. 04 90 30 70 01, domaineboisson@hotmail.com* 🆅 🅺 🆇 *t.l.j. sf dim. 9h30-18h30*

RHÔNE

BONPAS Plan de Dieu 2014

| ■ | 20 000 | 🍶 | 5 à 8 € |

Cette maison de négoce, dans le giron du groupe bourguignon Boisset, doit son nom à un monastère fortifié, donné par le pape Jean XXII aux Chartreux, en 1318. Un lieu stratégique qui veillait autrefois sur la route menant d'Avignon à Rome : un *bonus passus* en latin (« bon passage »).

Ce Plan de Dieu né du trio classique grenache-syrah-mourvèdre déploie un nez engageant, très fruité (cerise mûre) et poivré. Arômes que l'on perçoit aussi, avec intensité, dans une bouche d'un bon volume, assez concentrée, bâtie sur des tanins bien arrondis. On peut en profiter dès aujourd'hui ou attendre un peu. ✗ 2015-2019 ❦ tajine d'agneau

☛ *La Famille des Grands Vins Bonpas Boisset, chem. de Réveillac, 84510 Caumont-sur-Durance, tél. 04 90 83 58 35, infos@bonpas.fr* Ⅴ 🏃 🅿 *r.-v.*

Ⓑ CH. DE BOSC
Signargues Les Jardins de la reine 2012 ★

| ■ | 8 000 | 🍶 | 15 à 20 € |

Dans la même famille depuis cinq générations, cette propriété est dirigée depuis 2001 par Guillaume Reynaud. Le vignoble de 10 ha est mené selon les préceptes de l'agriculture biologique depuis 2010. La spécialité du domaine : des vins sans sulfites et de garde.

Le grenache et la syrah associés à parts égales et douze mois d'élevage en fût pour cette cuvée très aromatique, sur la cerise, la mûre et les épices. Puissance bien dosée, rondeur et longueur caractérisent la bouche, portée par des tanins harmonieux et fins. ✗ 2017-2020 ❦ rôti de porc aux pruneaux

☛ *Guillaume Raynaud, 1036, chem. Saint-Sylvestre, 30390 Domazan, tél. 06 16 67 67 94, reyns@wanadoo.fr* Ⅴ 🅿 *r.-v.*

CH. BOUCHE Plan de Dieu La Truffière 2014

| ■ | 6 666 | 🍶 | 30 à 50 € |

Le Château Bouche, créé en 1978, dispose d'un vignoble de 30 ha, repris en 2012 par Dominique Bouche.

Des ceps de grenache, de syrah et de carignan plantés en bordure d'une parcelle de chênes truffiers ont donné naissance à cette cuvée au nez délicatement fruité et agrémenté de nuances sauvages. La bouche offre du corps et du fruit, épaulée par une agréable acidité. Un vin un peu fugace mais harmonieux. ✗ 2015-2018 ❦ paupiettes de veau à la tomate

☛ *Ch. Bouche, chem. d'Avignon, 84850 Camaret-sur-Aigues, tél. 06 62 09 27 19, chateau.bouche@gmail.com*

BRUNEL DE LA GARDINE Cairanne 2013 ★

| ■ | 30 000 | 🍶 | 8 à 11 € |

Souhaitant renouer avec le passé de négociant de leur père Gaston, Patrick Brunel et son fils Maxime (Ch. de la Gardine à Châteauneuf-du-Pape) ont créé en 2007 cette maison de négoce, qui propose des vins de toute la vallée, du nord au sud.

Un bon classique qui fleure bon le Sud. Le nez associe des notes évoluées de cuir aux fruits rouges compotés. La bouche ? Ample, suave, généreuse et ronde, qui s'étire dans une belle et longue finale réglissée. ✗ 2016-2020 ❦ filet de canard aux figues

☛ *Brunel Père et Fils, rte de Roquemaure, BP 51, 84232 Châteauneuf-du-Pape Cedex, tél. 04 90 83 73 20, contact@bpf-brunel.com* Ⅴ 🏃 🅿 *t.l.j. sf dim. 9h-18h*

DOM. BRUSSET Cairanne Les Chabrilles 2012 ★

| ■ | 10 000 | 🍶 🍷 | 11 à 15 € |

Soixante-huit terrasses exposées au plein sud composent ce vignoble de 69 ha situé sous les Dentelles de Montmirail. Créé en 1947 par André Brusset, disparu en 1999, il est aujourd'hui conduit par son petit-fils Laurent. Une valeur sûre en gigondas et en cairanne.

Issue d'un assemblage 60-40 de vieux ceps de soixante ans de grenache et de syrah, cette cuvée déploie un nez fin et complexe où s'harmonisent les fruits cuits, les épices et un boisé fondu. La bouche, à l'unisson, sur les épices douces et les fruits mûrs, se montre ample et chaleureuse, appuyée par des tanins fins, mais encore sévères en finale. ✗ 2017-2020 ❦ rôti de veau aux herbes de Provence

☛ *Dom. Brusset, 70, chem. de la Barque, 84290 Cairanne, tél. 04 90 30 82 16, domaine-brusset@ wanadoo.fr* Ⅴ 🏃 🅿 *t.l.j. 10h-12h 14h-18h*

DOM. DE CABASSE Séguret Casa bassa 2013

| ■ | 5 333 | 🍷 | 15 à 20 € |

Casa bassa (« maison basse » en italien), c'est ainsi que cette propriété de 15 ha était appelée au temps des papes d'Avignon. Située sous le village de Séguret, elle a changé de mains en 2012 : Alfred et Nicolas Haeni ont cédé la place à la famille Baudry, qui a pour objectif d'y développer l'œnotourisme.

Grenache (55 %) et syrah pour cette cuvée élevée douze mois en fût. Au nez, la vanille signe l'élevage et s'harmonise avec les fruits à noyau. On retrouve le boisé et le fruit macéré, accompagné d'épices et de notes de garrigue, dans un palais chaleureux et rond, aux tanins denses et bien intégrés. Un court séjour en cave lui apportera un surcroît d'harmonie. ✗ 2016-2020 ❦ tajine d'agneau aux dattes

☛ *Dom. de Cabasse, rte de Sablet, 84110 Séguret, tél. 04 90 46 91 12, info@cabasse.fr* Ⅴ 🏃 🅿 *r.-v.*

LA CABOTTE Massif d'Uchaux Garance 2013 ★

| ■ | 15 000 | 🍶 | 11 à 15 € |

Le domaine doit son nom à un abri en pierres sèches qui résiste aux intempéries de l'été et aux rigueurs de l'hiver. Il a été acquis en 1981 par Gabriel d'Ardhuy, qui l'a confié à sa fille Marie-Pierre Plumet, à la tête aujourd'hui de 30 ha de vignes d'un seul tenant, conduits en biodynamie.

Assemblage de grenache, de syrah et de mourvèdre, cette cuvée s'ouvre sur des parfums intenses et complexes de garrigue, de griotte et de cumin. Porté par des tanins onctueux et élégants, le palais s'étire dans une longue finale suave et épicée, aux accents de poivre blanc. Un vin expressif et bien typé. ✗ 2016-2020 ❦ tajine d'agneau

☛ *Marie-Pierre Plumet d'Ardhuy, Dom. la Cabotte, 84430 Mondragon, tél. 04 90 40 60 29, domaine@cabotte.com* Ⅴ 🏃 🅿 *t.l.j. sf sam. dim. 9h-12h30 14h30-17h; f. août*

DOM. DU CAMP REVÈS 2013 ★		
■	32 000	🍶	8 à 11 €

Coopérative anciennement nommée Vignerons des Coteaux d'Avignon, née en 1992 de la réunion des caves du Thor, de Morières-lès-Avignon et de Châteauneuf-de-Gadagne. Elle regroupe 260 adhérents pour 630 ha de vignes.

Une robe cerise noire habille cette cuvée et annonce sa belle densité. Le nez, intense, associe les fruits noirs aux épices à une touche plus évoluée de cuir. La bouche, elle aussi fruitée et épicée, se révèle ample, suave, généreuse et longue. Un vin de maturité. ✗ 2015-2018 ❦ ragoût de sanglier aux olives ■ Réserve des armoiries Comte de Galléan 2014 ★ (5 à 8 € ; 80 000 b.) : un nez très épicé et un brin sauvage (notes animales), de la finesse et une belle harmonie en bouche autour d'un fruit bien présent, de tanins veloutés et d'une finale persistante. ✗ 2015-2018

☛ SCA Terres d'Avignon, 457, av. Aristide-Briand, 04310 Morières-lès-Avignon, tél. 04 90 22 65 62, vignoble@terresdavignon.com 🆅 🏃 🏠 t.l.j. sf dim. 9h-12h30 14h-19h

VIGNERONS DU CASTELAS		
Signargues Cuvée Saint-Sébastien 2012		
■	8 000	🍶	5 à 8 €

Créée en 1956, cette coopérative, qui tire son nom d'une chapelle romane du XIᵉs. surplombant Rochefort-du-Gard, réunit aujourd'hui 45 viticulteurs pour 550 ha de vignes, dont 100 ha dédiés au seul côtes-du-rhône-villages Signargues.

Un Signargues simple, plaisant et friand. Au nez, d'agréables arômes de fraise des bois un brin compotée mâtinés d'épices. En bouche, la fraîcheur du fruit, des tanins fins, un peu serrés en finale mais rien de dissonant. Une courte garde peut s'envisager, mais l'ensemble est d'ores et déjà appréciable. ✗ 2015-2018 ❦ côtes d'agneau au barbecue

☛ Les Vignerons du Castelas, 674, av. de Signargues, 30650 Rochefort-du-Gard, tél. 04 90 26 62 66, vcastelas@orange.fr 🆅 🏃 🏠 t.l.j. sf dim. 8h30-12h30 14h30-18h30

♥ CAMILLE CAYRAN Cairanne Antique 2012 ★★		
■	73 000	⬥	11 à 15 €

Créée en 1929, la coopérative de Cairanne est un acteur de poids dans la région : 60 adhérents pour 360 ha de vignes, quelque 3,5 millions de cols par an (hors bibs) et deux marques : Camille Cayran pour le réseau traditionnel et Victor Delauz pour la grande distribution.

Valeur sûre de l'appellation, la cave de Cairanne nous revient en pleine forme avec sa cuvée Antique, assemblage de grenache (50 %), de mourvèdre et de syrah vinifiés séparément après éraflage total ; 30 % de l'assemblage est vieilli en fût de chêne pendant un an. Le résultat est un vin rouge profond tirant vers le noir, au nez flatteur de fruits rouges (cerise, gariguette), au palais non moins expressif (truffe, vanille, Zan) et séduisant, rond et

caressant par le soyeux de ses tanins. ✗ 2016-2020 ❦ omelette aux truffes ■ Plan de Dieu La Réserve 2013 ★ (8 à 11 € ; 66 000 b.) : un vin fruité, réglissé et épicé au nez, frais, élégant et souple en bouche. Un ensemble harmonieux et facile d'accès. ✗ 2015-2018

☛ Cave de Cairanne, 330, av. de la Libération, 84290 Cairanne, tél. 04 90 30 82 05, caveau@maisoncamillecayran.com 🆅 🏠 r.-v.

DOM. DE LA CHAPELLE Gadagne 2013		
■	5 000	🍶 ⬥	5 à 8 €

En 2009, Sylvain Boussier a quitté sa casquette de chercheur en informatique pour reprendre le domaine familial. Le vignoble s'étend sur 8 ha en côtes-du-rhône-villages Gadagne.

Ce 2013 s'ouvre sur un nez expressif et élégant, qui mêle les fruits rouges à l'eau-de-vie, le cassis et quelques nuances animales. Franc et frais en attaque, floral et finement boisé, le palais s'adosse à des tanins soyeux et offre une jolie finale sur les fruits. Proche de l'étoile. ✗ 2015-2020 ❦ veau marengo

☛ Sylvain Boussier, 1478, av. Voltaire-Garcin, 84470 Châteauneuf-de-Gadagne, tél. 04 90 22 46 61, sylvain.boussier@gmail.com 🆅 🏃 🏠 t.l.j. sf dim. 15h-19h; f. oct.-mai

CLOS BELLANE Valréas Les Échalas 2013 ★		
■	8 000	🍶 ⬥	11 à 15 €

Plantées à 410 m d'altitude, les vignes côtoient ici les truffes et les abeilles (le domaine abrite 120 ruches). En 2010, la propriété (48 ha) a changé de mains, passant de celles d'Olivier Peuchot à celles de Stéphane Vedeau, sans que la qualité des vins (côtes-du-rhône et villages) en pâtisse.

Cette cuvée issue de syrah (80 %) et de grenache a connu le bois pendant seize mois : des fûts de 225 l vieux d'un vin, des barriques de deux vins et des pièces neuves. Elle se distingue par un bouquet flatteur de fruits rouges et d'épices, et par un palais nettement plus floral, relativement puissant, au boisé ajusté. ✗ 2016-2020 ❦ tajine d'agneau

☛ Clos Petite Bellane, rte de Vinsobres, chem. Sainte-Croix, BP 80, 84602 Valréas Cedex, tél. 04 90 35 22 64, clos-petite-bellane@wanadoo.fr 🆅 🏃 🏠 t.l.j. sf sam. dim. 9h-12h 14h-18h
☛ Vedeau Stéphane

LE CLOS DES SAUMANES 2012		
■	11 000	🍶	8 à 11 €

À la tête de ce domaine depuis 2008, les Champenois Robert et Martine Janer ont été séduits par ce terroir argilo-calcaire couvert de gros galets et battu par le mistral, situé dans l'un des plus anciens villages de Provence. Ils conduisent aujourd'hui un vignoble de 24 ha, en bio certifié depuis 2014.

Après deux ans et demi d'élevage en cuve, cette cuvée développe des parfums de bourgeon de cassis, relayés à l'aération par de plus chaleureuses notes de fruits à l'eau-de-vie. Un caractère chaleureux prolongé et renforcé d'épices par un palais de bonne ampleur, aux tanins veloutés. Un vin solaire et généreux. ✗ 2016-2020 ❦ daube de bœuf

RHÔNE

○⌐ *SCEA Les Saumanes, 510, chem. des Saumanes, 84470 Châteauneuf-de-Gadagne, tél. 04 90 22 18 29, info@leclosdessaumanes.com* 🅥 🏃 🚲 *r.-v.* 🏠 🅔

CLOS DU PÈRE CLÉMENT
Visan Cuvée Père Clément 2012 ★

■	25 000	⅏	8 à 11 €

Situé à proximité de la chapelle Notre-Dame-des-Vignes (XVIᵉˢ.), ce domaine créé en 1978 doit son nom au grand-père de Jean-Paul Depeyre, aux commandes depuis 2000. Le vignoble (65 ha) est en conversion bio : certification prévue pour la vendange 2015.

Grenache à 70 %, syrah et carignan composent ce Visan de belle intensité, au nez vanillé, grillé, épicé et fruité. La bouche attaque sur la fraîcheur et sur un appréciable fruité croquant, puis déploie un bon boisé fumé et épicé, épaulé par une élégante trame de tanins jeunes et prometteurs. Du volume, de la longueur, un élevage soigné, une structure en place, ce vin a de la réserve. ✗ 2016-2020 ♈ filet de canard au poivre

○⌐ *SCEA Depeyre, Clos du Père Clément, 911, rte de Vaison-la-Romaine, 84820 Visan, tél. 04 90 41 93 68, info@clos-pere-clement.com* 🅥 🏃 🚲 *t.l.j. sf dim. 9h-12h 14h-19h* 🏠 🅔

Ⓑ DOM. DE COSTE CHAUDE
Visan L'Argentière Élevé en fût de chêne 2012 ★

■	6 900	🍾 ⅏	8 à 11 €

Ce vignoble de 22 ha bénéficie d'un terroir de cailloutis et d'argiles couvert de galets roulés, établi à 360 m d'altitude. Installée en 1994, Marianne Fues a engagé la conversion bio du vignoble, certifié en 2013. Depuis 2014, le domaine, jusqu'alors dédié aux vins rouges, produit également du blanc.

Pour cette cuvée, la syrah (80 % de l'assemblage) a connu la barrique pendant un an et le grenache a passé le même temps en cuve. Le résultat est un vin salué unanimement pour son équilibre. Équilibre aromatique entre les fruits frais (myrtille, mûre) et le boisé (notes de café), équilibre aussi entre fraîcheur et puissances alcoolique et tannique. Et pour ne rien gâcher, la longueur est de mise. De bonne garde assurément. ✗ 2017-2022 ♈ côtes d'agneau ■ Visan La Rocaille 2012 ★ (8 à 11 € ; 6 000 b.) Ⓑ : une cuvée intensément bouquetée (sirop de cassis et confiture de fraises), ample, généreuse et fraîche en bouche, dotée de tanins soyeux et fondus et d'un boisé discrètement vanillé. ✗ 2016-2019

○⌐ *SARL Dom. de Coste Chaude, 3100, chem. de la Carne, 84820 Visan, tél. 04 90 41 91 04, info@domaine-coste-chaude.com* 🅥 🏃 🚲 *t.l.j. sf dim. 8h-12h 13h-18h* ○⌐ *Fues Marianne*

LES COTEAUX Visan Grande Réserve 2014 ★

■	30 000	🍾	5 à 8 €

Cette ancienne cave particulière a été convertie par Ferdinand Deloye en coopérative en 1897. Pionnier de la viticulture visanaise, il fut le premier à commercialiser des vins sous la dénomination « côtes-du-rhône Visan ». Depuis, la direction de la cave est toujours restée entre les mains de la famille du fondateur.

Après quelques tours dans le verre, ce Visan dévoile de beaux parfums typés de fruits mûrs et de poivre. La bouche se révèle chaleureuse, dense et concentrée,

solidement étayée par des tanins jeunes et serrés qui assureront à ce vin une bonne tenue à la garde. ✗ 2017-2021 ♈ jarret de veau aux pruneaux

○⌐ *Cave Les Coteaux, chem. Peine, 84820 Visan, tél. 04 90 28 50 80, cave@coteaux-de-visan.fr* 🅥 🏃 🚲 *t.l.j. 9h-12h 14h-18h*

LES COTEAUX DE FOURNÈS Saint-Pierre 2012 ★★

■	15 000	⅏	5 à 8 €

Une coopérative fondée en 1955 qui regroupe une trentaine de vignerons (une centaine aux origines) pour 400 ha de vignes en AOC régionales et en IGP.

Une robe d'un rouge sombre et profond annonce un vin de belle densité. De fait, à un nez élégant de fruits rouges confiturés et de violette répond un palais ample, puissant et frais à la fois, bâti sur des tanins soyeux et sur un boisé très fin. La finale, élégante et onctueuse, sur les fruits mûris par le soleil du Midi, laisse une belle impression de plénitude. ✗ 2016-2020 ♈ côte de bœuf ■ Les Grès 2012 (5 à 8 € ; 15 000 b.) : vin cité. ✗ 2015-2018

○⌐ *SCA les Coteaux de Fournès, 50, Grande-Rue, 30210 Fournès, tél. 04 66 37 02 36, contact@lescoteauxdefournes.fr* 🅥 🏃 🚲 *t.l.j. sf dim. 8h-12h 13h30-17h30*

CH. COURAC Laudun 2014 ★★

■	120 000		5 à 8 €

Ce château perché sur les hauteurs de Tresques est un habitué du Guide et le plus souvent aux meilleures places. Conduit par Joséphine et Frédéric Arnaud, il se distingue tant par ses côtes-du-rhône que par ses villages (Laudun).

Fidèle au rendez-vous du Guide, la famille Arnaud s'illustre avec cette cuvée d'un rouge profond, ouverte sans réserve et avec complexité sur des parfums de pain d'épice et de fruits confits. En bouche, les tanins présents mais soyeux accompagnent avec délicatesse les fruits rouges et la réglisse. Un vin structuré et élégant. ✗ 2016-2020 ♈ magret de canard ■ Laudun 2014 ★★ (5 à 8 € ; 22 000 b.) : issu de clairette et grenache blanc, un blanc au nez subtil de fleurs des champs (genêt) et de fruits exotiques, d'une grande fraîcheur acidulée et très fruité en bouche ; une belle impression de plénitude. ✗ 2015-2018 ■ Laudun Le Haut Plateau 2014 ★ (5 à 8 € ; 20 000 b.) : des fruits rouges et noirs à maturité, des épices douces, une bonne charpente de tanins fins et soyeux. ✗ 2016-2020 ■ Dom. Quart du Roi Laudun 2014 ★ (5 à 8 € ; 60 000 b.) : un bouquet soutenu et généreux de fruits mûrs et d'épices relayé par une bouche dotée d'une belle structure. ✗ 2016-2020

○⌐ *SCEA Frédéric Arnaud, Ch. Courac, 1520, chem. de Courac, 30330 Tresques, tél. 04 66 82 90 51, scea.frederic.arnaud@orange.fr* 🅥 🚲 *r.-v.*

CH. LA COURANÇONNE
Séguret La Fiole du chevalier d'Elbène 2014

■	6 000	🍾	5 à 8 €

Ancienne propriété de l'évêché d'Orange, cette imposante bastide des XVIIᵉ et XVIIIᵉˢ. vendue comme bien national en 1791 commande le vaste vignoble (70 ha) de la famille Meffre (René, Gérard et Patrick), dirigé par Julien Dugas.

Une cuvée bien connue des lecteurs, mais plus souvent à l'honneur en blanc qu'en rosé. Cinsault (50 %), grenache et syrah sont classiquement assemblés ici pour donner naissance à ce vin couleur framboise, au nez discret mais plaisant de bonbon anglais et d'agrumes, rond et gras en bouche. De bon aloi. ✗ 2015-2016 ✵ côte de porc

☛ *Ch. la Courançonne, 3618, rte de Cairanne, 84150 Violès, tél. 04 90 70 92 16, info@ lacouranconne.com* Ⓥ 🏃 🏠 *t.l.j. 9h-12h30 14h-17h30; sam. dim. sur r.-v.*

DOM. DAME GUILHERME Plan de Dieu 2014 ★

| ■ | 40 000 | 🏠 | - de 5 € |

Cette maison de négoce créée en 1963, dans le giron du groupe Taillan, propose des vins (marques ou cuvées de domaines) dans de nombreuses AOC du Rhône, mais aussi de Provence et du Languedoc.

Une robe sombre aux reflets rubis habille ce vin fruité au premier nez, plus épicé après aération. Épices et fruits sont aussi au rendez-vous en bouche; les tanins s'y montrent assez affirmés mais sans dureté, la finale est longue et élégante, et l'ensemble équilibré. ✗ 2016-2020 ✵ poulet au chocolat

☛ *La Compagnie rhodanienne, 19, chem. Neuf, CS 80002, 30210 Castillon-du-Gard, tél. 04 66 37 49 50, cie.rhodanienne@rhodanienne.com*

DAUVERGNE RANVIER
Plan de Dieu Vin gourmand 2014

| ■ | 15 000 | 🏠 | 5 à 8 € |

Créée en 2004 par François Dauvergne et Jean-François Ranvier, professionnels du vin qui ont décidé d'élaborer leurs propres cuvées après avoir œuvré chez les autres, cette maison de négoce s'est affirmée comme l'une des valeurs sûres de la vallée du Rhône, à travers une gamme de qualité issue de sélections parcellaires.

Vin gourmand : l'annonce est claire, et l'objectif atteint. Au nez, un fruité abondant (cerise, mûre, fraise). En bouche, des tanins présents sans dureté, enrobés de fruits croquants, telle la cerise fraîchement cueillie sur l'arbre. Un bon classique, que l'on peut attendre un peu. ✗ 2015-2018 ✵ côtes d'agneau au barbecue

☛ *Dauvergne Ranvier, Ch. Saint-Maurice, RN 580, 30290 Laudun-l'Ardoise, tél. 04 66 82 96 57, francois.dauvergne@dauvergne-ranvier.com*

Ⓑ VIGNOBLES DAVID Le Voyage d'Ulysse 2012 ★

| ■ | 3 500 | | 15 à 20 € |

Frédéric David s'est installé en 2005 à la tête de la propriété familiale, vaste domaine de 55 ha créé en 1992 et planté de vignes et d'oliviers conduits en bio certifié.

Assemblage équilibré de syrah, de mourvèdre et de carignan, cette cuvée propose un beau voyage, sans embûches ni fausse note, qui débute par une seyante robe grenat éclatant, se poursuit par un nez intense et très méditerranéen de fruits surmûris et de thym, et s'achève dans un palais ample et soyeux, aux tanins fins et fondus. *Heureux qui comme Ulysse a fait un beau voyage...* ✗ 2015-2019 ✵ pluma de porc et piperade

☛ *Vignobles David, 3, chem. de la Clastre, 30210 Saint-Hilaire-d'Ozilhan, tél. 04 66 37 03 99, vignobles.david@wanadoo.fr* Ⓥ 🏃 🏠 *t.l.j. 9h-18h*

DOM. DE DIONYSOS Cairanne La Cigalette 2012

| ■ | 35 000 | 🏠 | 8 à 11 € |

C'est en 1720 que la famille Farjon s'installe sur les terres d'Uchaux, fuyant alors Marseille et la peste qui y sévit. Depuis, sept générations y ont cultivé la vigne. Benjamin Farjon a pris les rênes du domaine en 2011, associé à deux autres jeunes vignerons : Michel Berger et Dimitri Théodosiou. Ensemble, ils exploitent en biodynamie un vignoble de 60 ha.

Après un long élevage de vingt-quatre mois en cuve, cette cuvée se présente avec intensité et générosité autour des fruits noirs confiturés rehaussés de poivre et de menthol. Porté par des tanins veloutés et un alcool bien fondu, le palais maintient le caractère fruité et épicé du nez, accompagné de réglisse. Un vin d'une belle typicité et prêt à boire. ✗ 2015-2018 ✵ filet mignon en croûte d'épices

☛ *Dom. de Dionysos, 55, imp. de la Cave, Les Farjon, 84100 Uchaux, tél. 04 90 40 60 33, benjamin.farjon@ domainededionysos.com* Ⓥ 🏃 🏠 *t.l.j. sf dim. 9h-12h 14h-18h*

FRANÇOIS DOLLINGER Plan de Dieu 2014 ★

| ■ | 8 000 | 🏠 | - de 5 € |

Avineo est une jeune maison de négoce créée en 2011 par Jean-François Bescond à Châteauneuf-du-Pape. En 2014, elle s'est implantée à Nice et a lancé sa propre marque, François Dollinger, en référence au grand-père alsacien du fondateur, amateur éclairé et grand collectionneur de vins rhodaniens.

Un premier millésime et une première sélection très réussis pour ce négociant. Une robe sombre, un joli nez de fruits frais augmenté d'épices : l'entrée en matière est engageante. La suite ne déçoit pas avec une bouche tout en finesse, bâtie sur des tanins soyeux et sur une acidité bien dosée qui lui confère une belle allonge. ✗ 2015-2018 ✵ tendrons de veau confits

☛ *Avineo, 140, av. des Arènes de Cimiez, 06000 Nice, tél. 07 86 20 99 86, contact@avineo.fr* Ⓥ 🏠 *r.-v.*

Ⓑ DOM. DUSEIGNEUR Odyssée 2012

| ■ | 13 000 | 🏠 | 8 à 11 € |

Le domaine Duseigneur est exploité en bio depuis sa création (1975) et en biodynamie depuis 2003. Le vignoble, conduit par Bernard Duseigneur depuis 2002, s'étend sur une trentaine d'hectares sur Lirac et Laudun, complétés en 2012 par 11 ha en châteauneuf-du-pape.

Composée de grenache (60 %) et de syrah, cette cuvée livre des parfums intenses de fruits confiturés, d'épices et de menthol. On retrouve les mêmes sensations dans une bouche ample, chaleureuse et solidement charpentée. L'attente est de mise. ✗ 2017-2020 ✵ brochettes d'agneau

☛ *Duseigneur, 14, chem. des Garrigues, 84230 Châteauneuf-du-Pape, tél. 04 90 02 08 17, info@domaineduseigneur.com* Ⓥ 🏃 *r.-v.*

ROMAIN DUVERNAY Cairanne 2014 ★★

| ■ | 35 000 | 🏠 | 8 à 11 € |

Issu d'une lignée de négociants en vins – son arrière-grand-père Louis fonda en 1904 un commerce de vins en Haute-Savoie –, Romain Duvernay a créé en 1998, avec son père Roland, une maison de négoce basée à Châteauneuf-du-Pape qui propose des vins de toute la vallée.

RHÔNE

Cette très belle cuvée issue de grenache (70 %), de syrah (20 %) et de mourvèdre dévoile un bouquet intense de cassis, de cerise et de réglisse. Des arômes qui s'agrémentent de notes mentholées et épicées dans une bouche fraîche et fine, structurée avec élégance par des tanins veloutés. Une bouteille qui plaira aussi bien jeune que pâtinée par la garde. ✗ 2016-2022 ❦ pigeon aux épices douces

☛ Duvernay Vins Millésimés, 1, rue de la Nouvelle-Poste, BP 25, 84231 Châteauneuf-du-Pape Cedex, tél. 04 90 83 71 88, dvm.duvernay@orange.fr Ⓥ 🍴 r.-v.

DOM. EYGUESTRE
Séguret Élevé en fût de chêne 2013

| ■ | 2 250 | ◑ | 11 à 15 € |

Un domaine situé à proximité des Dentelles de Montmirail, créé par l'arrière-grand-père et alors dédié à la polyculture. Laurent Bellion l'a repris en 2000 et orienté à 100 % viticulture. Une partie de la production est vinifiée à la propriété depuis la vendange 2011.

Première sélection dans le Guide pour ce domaine, avec un Séguret généreusement bouqueté autour des fruits des bois compotés au un fond finement boisé. À l'unisson, la bouche offre du volume, une belle structure tannique et déploie une agréable finale aux accents bien dosés de la barrique. ✗ 2016-2020 ❦ daube provençale

☛ Laurent Bellion, quartier Eyguestre, 84110 Séguret, tél. 06 80 23 50 86, domaine.eyguestre@gmailcom Ⓥ 🍴 r.-v.

DOM. DES FAVARDS
Plan du Dieu Vieilli en fût 2012 ★

| ■ | 8 500 | 🍷◑ | 8 à 11 € |

Casimir Barbaud planta ici les premières vignes en 1922. Son petit-fils Jean-Paul, arrivé en 1976, initie la commercialisation en bouteille et donne au domaine le surnom attribué à son grand-père : « favard », ou chanceux, celui qui a toujours la fève dans la galette des rois... En 2010, sa fille Céline a abandonné son métier dans la chimie pour conduire les 25 ha de vignes familiales.

Grenache (60 %) et mourvèdre sont assemblés dans cette cuvée joliment bouquetée autour des fruits noirs et d'un boisé fin et fondu. On retrouve cet équilibre bois-fruit dans un palais chaleureux et suave, porté par des tanins soyeux. Un vin harmonieux et bien typé. ✗ 2016-2020 ❦ souris d'agneau au thym

☛ Jean-Paul Barbaud, Dom. des Favards, 1349, rte d'Orange, 84150 Violès, tél. 04 90 70 94 64, domaine.des.favards@orange.fr Ⓥ 🚶 🍴 r.-v. 🏠 Ⓔ

Ⓑ DOM. FOND CROZE
Cuvée Vincent de Catari 2013 ★

| ■ | 30 000 | 🍷 | 5 à 8 € |

Un domaine fondé après la Seconde Guerre mondiale par Charles Long. Ses petits-fils Bruno et Daniel, qui ont créé la cave en 1997, conduisent aujourd'hui un vignoble de 80 ha certifié bio. Leurs vins sont souvent en bonne place dans le Guide.

Le nez de ce 2013 évoque une jolie cueillette de fruits (cassis, cerise griotte) relevée d'épices. Une attaque franche ouvre sur une bouche ample et suave, aux tanins onctueux, à la finale puissante et longue, sur les fruits confits et la cannelle. Un villages de caractère pour un mets de caractère. ✗ 2016-2020 ❦ civet de lièvre

☛ Bruno et Daniel Long, Dom. Fond Croze, Le Village, 84290 Saint-Roman-de-Malegarde, tél. 06 08 30 82 80, fondcroze@hotmail.com Ⓥ 🍴 t.l.j. sf dim 8h-18h

CH. DE FONTSÉGUGNE Gadagne 2012

| ■ | 6 000 | 🍷 | 8 à 11 € |

Dans cette demeure de style florentin naquit en 1854 le Félibrige, mouvement initié par sept poètes, dont Frédéric Mistral, pour redonner vie à la langue provençale. Côté vigne, la surface plantée est de 18 ha et la première vinification au domaine date de 2000.

Ce Gadagne (nouvelle dénomination des côtes-du-rhônevillages) dévoile un nez intense de fruits à l'alcool agrémentés de senteurs du sous-bois. Un caractère chaleureux que déploie avec au moins autant d'intensité un palais puissant, étayé par des tanins bien en place mais sans dureté. « Chaleur, chaleur... », conclut un dégustateur. Pour amateurs de vins corsés. ✗ 2017-2020 ❦ gigot d'agneau de sept heures

☛ GAEC Fontségugne, 976, rte de Saint-Saturnin, 84470 Châteauneuf-de-Gadagne, tél. 06 10 63 67 04, gerenjm@aol.com Ⓥ 🚶 🍴 t.l.j. sf dim. 10h-12h 14h-18h

DOM. DE LA GARANCE Séguret 2012 ★

| ■ | 3 500 | 🍷 | 8 à 11 € |

Avant d'accueillir ses premières vignes en 1880, ce domaine a connu l'élevage du ver à soie, puis la culture de l'olivier et celle de la garance (plante dont les racines étaient utilisées pour teindre les textiles). Depuis 1989, André Liautaud (quatrième génération) y exploite un vignoble de 19 ha, partagé entre Séguret et Rasteau.

Cette petite cuvée (par le volume), élevée trente mois en cuve – excusez du peu –, associe le grenache (70 %) à la syrah. Un grenache très mûr à en juger par le bouquet, chaleureux et puissant, qui mêle fruits rouges à l'alcool et nuances fumées. Suivant la même trame aromatique, la bouche est épaulée par de bons et solides tanins, et s'achève sur de beaux amers qui apportent un surcroît de tonus. ✗ 2017-2020 ❦ tajine de sanglier aux pruneaux

☛ André Liautaud, 781, rte du Stade, Le Grenouillet, 84110 Rasteau, tél. 04 90 46 12 48, a.liautaud@orange.fr Ⓥ 🚶 🍴 r.-v. 🏠 ❸

Ⓑ DOM. DES GARRIGUETTES
Gadagne Fontisson 2012 ★

| ■ | 3 927 | 🍷 ◑ | 8 à 11 € |

Après des expériences au Portugal et en Australie, Sébastien Clément a pris les commandes en 2011 de ce domaine familial conduit en bio certifié, qui réunit aujourd'hui encore trois générations de vignerons.

Cette cuvée fait la part belle à la syrah (90 %, complétés de grenache). Après un long élevage, elle livre un bouquet complexe de poivre et de notes fumées. La bouche se révèle tout aussi épicée, chaleureuse et puissante, mais sans jamais perdre l'équilibre ni tomber dans la lourdeur. Une belle et longue finale sur les raisins très mûrs laisse le souvenir d'un vin riche mais harmonieux. ✗ 2016-2020 ❦ rôti de lapin au thym

☛ Sébastien Clément, 437, chem. des Aigardens, 84470 Châteauneuf-de-Gadagne, tél. 06 31 39 39 20, caveclement@gmail.com Ⓥ 🍴 t.l.j. 14h-19h

GRANDES SERRES Hommage du Rhône 2014 ★			
■	80 000	🍖 🍷	5 à 8 €

Une maison de négoce castelpapale fondée en 1977 par Camille Serres et reprise en 2001 par Michel Picard, investisseur dans de nombreuses régions viticoles – jusqu'en Ontario. Elle propose une large gamme de vins de la vallée du Rhône méridionale, souvent en vue dans ces pages.

Cet Hommage du Rhône associe classiquement le grenache et la syrah. Après un élevage de dix mois, il se distingue par un joli nez de fruits frais (cerise, framboise) et de vanille. La bouche se montre épicée (poivre) et chaleureuse mais sans excès de richesse, et s'appuie sur une bonne structure de tanins fins et fondus. Un vin généreux et harmonieux. ✘ 2016-2019 ☝ gigot d'agneau et grisets ■ Cairanne Carius 2014 (8 à 11 € ; 80 000 b.) : vin cité. ✘ 2016-2019

o⊸ SA Les Grandes Serres,
430, chem. de L'Islon-Saint-Luc, BP 17,
84230 Châteauneuf-du-Pape, tél. 04 90 83 72 22,
samuel.montgermont@m-p.fr 🆅 🔼 t.l.j. 10h-18h

B **DOM. LES GRANDS BOIS** Cairanne Cuvée Éloïse 2013 ★★			
■	9 000	🍷	11 à 15 €

Fondé en 1929 par Albert Farjon, ce domaine de 45 ha est aujourd'hui conduit par sa petite-fille Mireille et son mari Marc Besnardeau. Leur vignoble est certifié bio depuis le millésime 2011. Leurs côtes-du-rhône et Cairanne sont souvent sélectionnés dans ces pages.

Grenache (50 %), mourvèdre (35 %) et syrah, et onze mois d'élevage en barrique pour ce vin profond et complexe, au nez intense de cuir, d'épices, de torréfaction et de fruits confiturés. Une intensité que ne renie pas le palais, ample et puissant, soutenu par un boisé présent mais fin et par des tanins fondus et veloutés. Proche du coup de cœur. ✘ 2016-2020 ☝ cuissot de sanglier aux herbes

o⊸ Dom. les Grands Bois, 55, av. Jean-Jaurès,
84290 Sainte-Cécile-les-Vignes, tél. 04 90 30 81 86,
mbesnardeau@grands-bois.com 🆅 🔼 r.-v.

♥ **DOM. LES HAUTES CANCES** Cairanne Cuvée Tradition 2013 ★★			
■	12 200	🍖 🍷	11 à 15 €

En 1981, Anne-Marie Achiary-Astart a repris, avec son époux Jean-Marie, le domaine créé en 1902 par son arrière-grand-père. Ce couple de médecins à la retraite conduit, dans un esprit bio mais sans certification, un vignoble de 17 ha. Régulièrement en vue et en bonne place pour ses côtes-du-rhône et ses *villages*.

Pas moins de cinq cépages dans ce magnifique Cairanne : mourvèdre, grenache, carignan, syrah et la plus rare counoise (5 %). Il s'annonce par un fruité explosif de groseille et de mûre confiturées, mâtiné de jolies notes boisées. Une intensité aromatique (fraise des bois, épices) que l'on retrouve dans une bouche ample, soyeuse et fraîche dès l'attaque, soutenue par des tanins veloutés. Un

villages haut en couleur, parfaitement équilibré. ✘ 2016-2020 ☝ sauté d'agneau au romarin ■ Cairanne Cuvée Vieilles Vignes 2013 ★★ (11 à 15 € ; 6 100 b.) : des ceps centenaires de grenache et de plus « jeunes » vignes de syrah et de mourvèdre à l'origine d'un vin complexe (fruits à noyau, tabac, cannelle, olive noire), long, élégant et onctueux, étayé de tanins soyeux et un boisé fondu. ✘ 2016-2020 ■ Cairanne Cuvée Tradition 2014 ★ (8 à 11 € ; 4 900 b.) : un joli rosé au fruité croquant de fraise et de groseille, fin et équilibré en bouche. ✘ 2015-2016

o⊸ SCEA Achiary-Astart, 85, allée des Travers,
84290 Cairanne, tél. 04 90 30 76 14, contact@
hautescances.com 🆅 🔼 ⬆ r.-v.

DOM. DE LA JANASSE Terre d'argile 2013			
■	40 000	🍖 🍷	15 à 20 €

Un habitué du Guide, souvent en bonne place pour ses châteauneuf-du-pape, ses côtes-du-rhône et ses vins de pays. Un vignoble de 90 ha éparpillés en de multiples parcelles, que conduisent Christophe Sabon et sa sœur Isabelle, enfants d'Aimé Sabon, fondateur du domaine en 1973.

« Un vin dans l'air du temps, facile à boire et 'démocratique' », note le jury. Comprenez : un *villages* expressif et gourmand, sur les fruits rouges frais et quelques nuances de café apportées par la barrique. En bouche, l'attaque est souple et ronde ; on retrouve le fruit frais et ce côté friand, le tout soutenu par des tanins fins. ✘ 2015-2018 ☝ plateau de charcuterie

o⊸ Sabon, Dom. de la Janasse, 27, chem. du Moulin,
84350 Courthézon, tél. 04 90 70 86 29,
lajanasse@gmail.com 🆅 🔼 ⬆ r.-v.

VIGNOBLES LARGUIER Laudun 2014 ★			
■	2 000	🍖	8 à 11 €

Fondé en 1962 par Joseph Larguier, ce domaine aujourd'hui conduit par son fils Francis s'est peu à peu agrandi pour couvrir désormais une coquette surface de 85 ha.

Grenache et syrah à parts égales (40 % chacun) et un zeste de carignan pour cette cuvée ouverte sans réserve à l'olfaction sur les fruits frais (cerise burlat et fraise garriguette). Le charme opère aussi dans une bouche pleine de fruit (le cassis notamment), très souple, très fine, très soyeuse. Un vin délicat et harmonieux. ✘ 2015-2018 ☝ sauté de veau aux olives

o⊸ Vignobles Larguier, rue des Esquirades,
30330 Tresques, tél. 04 66 82 40 77, lilicot@hotmail.fr
🆅 🔼 ⬆ r.-v.

DOM. DE LASCAMP 1767 2013 ★			
■	3 000	🍷	15 à 20 €

Bien implantée dans la viticulture locale, la famille Imbert est aux commandes de cette propriété établie au pied de la vallée de la Cèze, depuis... 1767. Huit générations plus tard, Laurent, Michel et Christophe Imbert conduisent un vignoble de 50 ha.

La cuvée haut de gamme du domaine, hommage à sa création : peu de bouteilles, du grenache et de la syrah, et un an d'élevage en fût. Dans le verre, un vin au nez discret mais flatteur où se mêlent les épices et le fruit macéré ; arômes prolongés et complétés de notes de thym par une bouche longue, soyeuse et ronde, aux tanins fins et enrobés. Le bois ? Imperceptible. ⚔ 2015-2018 ▼ tajine d'agneau

○━ *Dom. du Clos de Lascamp, hameau de Cadignac, 30200 Sabran, tél. 06 75 21 69 39, domainedelascamp@ orange.fr* Ⓥ 🏃 🔧 *t.l.j. sf dim.* 8h-12h 14h-18h

LAUDUN CHUSCLAN VIGNERONS Laudun Agapa 2014 ★			
▪	10 000	◫	8 à 11 €

Coopérative créée en 1925, l'un des acteurs importants de la vallée sud du Rhône, elle regroupe près de 250 vignerons et quelque 3 000 ha. Depuis 2012, elle propose des vins issus du bio.

Née de grenache blanc, de clairette, de viognier et de roussanne (par ordre d'importance), cette cuvée déploie à l'olfaction de beaux arômes de boisé fumé, de fleurs blanches et d'agrumes. Suivant la même ligne, le palais se révèle rond et délicatement texturé. Un blanc élégant et de bonne complexité. ⚔ 2016-2019 ▼ brandade de morue ■ Dom. de Georand Chusclan 2014★ (5 à 8 € ; 45 000 b.) : sous-bois, café, fumé, poivre, le nez de ce Chusclan est complexe. La bouche, au diapason, se montre fraîche et longue, étayée par des tanins serrés. ■ Laudun Terra Vitae 2014 (5 à 8 € ; 45 000 b.) : vin cité. ⚔ 2015-2018

○━ *Laudun Chusclan Vigneron, rte d'Orsan, 30200 Chusclan, tél. 04 66 90 11 03, contact@lc-v.com* Ⓥ 🏃 🔧 *t.l.j.* 9h-12h 14h-18h30

LES LAURIERS DU TERROIR Sablet 2014 ★			
▪	500 000	🍷	5 à 8 €

Un négoce créé en 2003 par Frédéric Chaulan et Serge Cosialls, qui proposent une gamme complète de vins de la vallée du Rhône, du nord au sud.

Notes épicées et fruits rouges composent un joli bouquet bien typé. La bouche, ronde et équilibrée, suit la même ligne aromatique et s'adosse à des tanins affinés, bien que légèrement plus stricts en finale. Mais rien qui empêche une ouverture à présent. ⚔ 2015-2018 ▼ poulet basquaise ■ Séguret 2014 (5 à 8 € ; 260 000 b.) : vin cité. ⚔ 2015-2018 ■ Plan de Dieu 2014 (- de 5 € ; 280 000 b.) : vin cité. ⚔ 2015-2018

○━ *Terranea, ZAC de Crépon-Sud, rue des Négades, 84420 Piolenc, tél. 04 90 34 18 47, terranea.sarl@wanadoo.fr*

LAVAU 2012 ★★			
▪	8 000	🍷 ◫	5 à 8 €

Une maison de négoce fondée en 1964 par Jean-Guy Lavau, d'origine saint-émilionnaise. Ses héritiers Benoît et Frédéric proposent aujourd'hui une large gamme de vins à partir de la production de 350 vignerons de la vallée du Rhône méridionale et de leurs 180 ha de vignes en propriété.

Mi-grenache mi-syrah, mi-cuve mi-fût, l'équilibre commence dès les origines de ce vin. On le retrouve dans le verre avec au nez des arômes bien mariés de fruits confiturés, d'épices (poivre) et de boisé torréfié et cacaoté, avec une bouche longue, ample et tout aussi expressive (réglisse, fraise écrasée, vanille), à la fois onctueuse et solide, charpentée par des tanins soyeux. ⚔ 2015-2019 ▼ jambon braisé au porto

○━ *SAS Lavau, rte de Cairanne, 84150 Violès, tél. 04 90 70 98 70, info@lavau.fr* Ⓥ 🏃 🔧 *t.l.j. sf dim.* 10h-12h 14h-18h

DOM. MARIE BLANCHE Signargues 2012			
▪	20 000	🍷	8 à 11 €

Un domaine de 38 ha commandé par un château du XIIᵉs., classé monument historique et dirigé depuis 1977 par Jean-Jacques Delorme et son épouse... Marie-Blanche. Après vingt-quatre mois d'élevage en cuve, cet assemblage de mourvèdre (60 %), de syrah et de grenache délivre un nez généreux de cacao, de cerise et de poivre. Le palais se révèle gras et riche, porté par des tanins de qualité et stimulé par une fine acidité qui lui donne de la longueur. Un ensemble équilibré. ⚔ 2016-2019 ▼ gardianne de taureau

○━ *Dom. Marie-Blanche, 19, allée des Platanes, 30650 Saze, tél. 04 90 31 77 26, domainemarieblanche@ wanadoo.fr* Ⓥ 🔧 *t.l.j.* 10h-12h 15h-19h30

CH. DE MARJOLET Laudun Cuvée Excellence 2013 ★			
▪	13 000		8 à 11 €

Cette propriété de 80 ha se répartit sur les deux villages gardois de Gaujac et Laudun. Fondateur du domaine en 1978, Bernard Pontaud a laissé les rênes de l'exploitation à son fils Laurent.

Une base de syrah et une pincée de grenache (2 %) pour cette cuvée chaleureuse de bout en bout. Le nez associe les fruits mûrs au boisé et aux épices, au poivre notamment. La bouche, ample, ronde et suave, suit la même ligne aromatique, bâtie sur de bons tanins fondus. L'ensemble est harmonieux, généreux, méridional à souhait. ⚔ 2016-2020 ▼ tajine de bœuf

○━ *Laurent Pontaud, Ch. de Marjolet, 30330 Gaujac, tél. 04 66 82 00 93, chateau.marjolet@wanadoo.fr* Ⓥ 🏃 🔧 *t.l.j. sf dim.* 9h-12h 14h-18h

DOM. MARTIN Plan de Dieu Sélection Prestige Vieilles Vignes 2013 ★★			
▪	5 000	◫	8 à 11 €

Les frères David et Éric Martin sont installés depuis 2005 sur le domaine familial, créé en 1905. Ils exploitent aujourd'hui 70 ha de vignes, essentiellement sur Gigondas et Châteauneuf.

Après quelques mois d'élevage en foudre, ce Plan de Dieu dévoile un nez complexe et très méridional de garrigue, de cuir, de fruits mûrs et d'olive. Truffe et fruits rouges agrémentent la bouche, généreuse et très longue, portée avec délicatesse par des tanins veloutés. Un vin solaire, farouchement rhodanien. ⚔ 2016-2020 ▼ civet de lièvre aux olives ■ Cairanne 2013 (8 à 11 € ; 10 000 b.) : vin cité. ⚔ 2016-2020

○━ *Dom. Martin, 439, rte de Vaison, 84850 Travaillan, tél. 04 90 37 23 20, martin@domaine-martin.com* Ⓥ 🏃 🔧 *r.-v.*

LE MAS DES FLAUZIÈRES Le Laurias 2013 ★			
▪	4 000	◫	5 à 8 €

Jérôme Benoît a pris les rênes en 1996 de ce domaine dans sa famille depuis 1919, établi au pied du mont Ventoux et étendant ses 35 ha de vignes sur plusieurs communes. Des vins réguliers en qualité.

Après douze mois d'élevage en fût, cette cuvée mi-grenache mi-syrah (Le Laurias est un lieu-dit) se présente avec discrétion mais élégance, dévoilant un nez d'épices et de cuir. La réglisse et le moka s'invitent dans une bouche longue, généreuse et charnue, soutenue par des tanins soyeux. ✗ 2016-2019 ❦ cailles rôties

☛ Le Mas des Flauzières,
1131, rte de Vaison-la-Romaine, 84340 Entrechaux,
tél. 04 90 46 00 08, lemasdesflauzieres@yahoo.fr
Ⓥ 🏃 🛏 t.l.j. sf dim. 10h-12h 14h-18h; f. 25 déc.-31 janv.
🏠 Ⓔ ☛ Benoît Jérôme

Ⓑ DOM. MONTMARTEL Visan 2013

| ■ | 30 000 | 🛏 | 5 à 8 € |

Situé sur les coteaux dominant Tulette et Visan, ce domaine familial fondé en 1919 étend son vaste vignoble sur 80 ha en bio certifié depuis 2010. Damien Marres (cinquième génération) est aux commandes depuis 2001. Mi-grenache mi-syrah et dix-huit mois d'élevage pour ce Visan fermé de prime abord, plus disert à l'aération (mais tout de même peu causant dans l'ensemble), sur de fins parfums de petits fruits rouges. La bouche se révèle équilibrée, fluide et dotée de tanins souples et fondus. Un brin taciturne à l'olfaction certes, mais bien construit et facile à boire. ✗ 2015-2018 ❦ carpaccio de bœuf

☛ SCEA Monnier Marres, 1915, chem. de Visan,
26790 Tulette, tél. 04 75 98 01 82, vmarres@hotmail.com
Ⓥ 🏃 🛏 r.-v.

DOM. MOUN PANTAÏ
Plan de Dieu Cuvée Johan 2012

| ■ | 3 300 | 🛏 | 5 à 8 € |

Moun Pantaï ? « Mon rêve » en provençal, celui de Frédéric Penne qui, ayant créé sa cave de vinification en 1992 sur le domaine familial, conduit aujourd'hui 30 ha de vignes.
Une cuvée dédiée au fils du vigneron, né la même année que la reconnaissance du Plan de Dieu : en 2004. Les petits fruits rouges, cerise en tête, donnent le la. On les retrouve dans une bouche souple et suave, équilibrée par une pointe de fraîcheur en finale, où les tanins se révèlent un brin plus sévères. ✗ 2015-2019 ❦ grillades au barbecue

☛ Frédéric Penne, Dom. Moun Pantaï,
156, imp. Gaston-Quenin, 84290 Sainte-Cécile-les-Vignes,
tél. 06 25 41 19 62, frederic-penne@wanadoo.fr
Ⓥ 🏃 🛏 r.-v.

DOM. DE MOURCHON
Séguret Grande Réserve 2012

| ■ | 25 000 | 🛏 ⅏ | 15 à 20 € |

Cherchant un petit bout de terre rhodanienne où s'établir, l'Écossais Walter McKinlay et son épouse Ronnie jettent leur dévolu sur ce vignoble d'altitude (350 m) planté en contrebas des pentes du mont Ventoux. Ils s'y installent en 1998, créent maison et caveau, et conduisent aujourd'hui 30 ha de vignes en conversion bio.
De vieux ceps (soixante-cinq ans) de grenache et de syrah, et un élevage luxueux de vingt-quatre mois en fût et en cuve sont à l'origine de cette cuvée coup de cœur dans ses versions 2003 et 2004. Le 2012 présente un nez discret de cassis et de griotte confiturés. La bouche offre un fruité plus expressif, un bon volume et de la longueur, portée par

des tanins serrés mais sans dureté. Déjà agréable, ce vin gagnera encore en harmonie avec un peu de garde. ✗ 2016-2020 ❦ suprêmes de pintade à la tomate

☛ Dom. de Mourchon, La Grande-Montagne,
84110 Séguret, tél. 04 90 46 70 30,
info@domainedemourchon.com Ⓥ 🏃 🛏 t.l.j. sf dim.
9h-12h 14h-18h 🏠 Ⓔ

NICOLAS PÈRE ET FILS
Cairanne entre Restanques et Garrigue 2014

| ■ | 18 000 | 🛏 | 8 à 11 € |

Une jeune maison de négoce créée en 2011 par François-Xavier Nicolas et dédiée aux « vins de terroir » de la vallée du Rhône méridionale.
Jolie promesse que ce nom de cuvée qui fleure bon la Méditerranée. Un Cairanne bien typé en effet, fruité (cassis) et poivré au nez, souple, frais et bien équilibré en bouche entre épices, fruits et tanins légers. ✗ 2015-2018 ❦ magret de canard au cassis

☛ Nicolas Père & Fils, 400, rue du Portugal,
ZI Les Crémades, 84100 Orange, tél. 06 47 33 19 21,
fxnicolasvins@orange.fr Ⓥ 🛏 r.-v.

DOM. NOTRE DAME Visan 2014 ★

| ■ | 26 000 | 🛏 | 5 à 8 € |

Cette maison de négoce créée en 1963, dans le giron du groupe Taillan, propose des vins (marques ou cuvées de domaines) dans de nombreuses AOC du Rhône, mais aussi de Provence et du Languedoc.
Épices, réglisse, menthol, cassis, ce 2014 propose un joli bouquet intense et nuancé. La bouche se révèle longue, souple, fraîche et fruitée, renforcée sans dureté par des tanins fins et soyeux. Un vrai « vin plaisir ». ✗ 2015-2018 ❦ entrecôte marchand de vin

☛ La Compagnie rhodanienne, 19, chem. Neuf,
CS 80002, 30210 Castillon-du-Gard, tél. 04 66 37 49 50,
cie.rhodanienne@rhodanienne.com

DOM. NOTRE DAME DES PALLIÈRES
Sablet l'Olivet 2013

| ■ | 20 000 | 🛏 | 5 à 8 € |

Au Moyen Âge, la source de Notre-Dame-des-Pallières réputée prévenir les fièvres attirait les pèlerins du Midi. Depuis 1991, Jean-Pierre et Claude Roux y cultivent un vignoble de 60 ha en lutte « ultraraisonnée ».
Après quinze mois d'élevage, cette cuvée se présente dans une robe intense et s'ouvre, après aération, sur la confiture de fruits rouges et la réglisse. La bouche se révèle élégante, à la fois ronde, charnue et finement tannique, avec un joli fruit confit qui fait écho à l'olfaction. ✗ 2015-2019 ❦ baron d'agneau grillé

☛ Dom. Notre-Dame des Pallières,
chem. des Tuileries-de-Lencieu, 84190 Gigondas,
tél. 04 90 65 83 03, contact@pallieres.com Ⓥ 🏃 🛏 r.-v.

OGIER Plan de Dieu Héritages 2013

| ■ | 60 000 | ⅏ | 8 à 11 € |

Cette vénérable maison castelpapale de négoce-éleveur (1859), dans le giron du groupe Advini, propose une large gamme de vins rhodaniens, du nord et du sud. Elle possède aussi le Clos de l'Oratoire des Papes (château-neuf) et le domaine Notre-Dame de Cousignac (vivarais).

RHÔNE

Les six mois de fût confèrent de plaisantes notes vanillées au nez de ce 2013, en harmonie avec les fruits à noyau confits. Structurée par des tanins fins, la bouche renoue avec les fruits mûrs, agrémentés d'arômes de viennoiserie. Une belle utilisation de la barrique. ✗ 2017-2020 ❦ daube provençale

⚬ *Ogier, 10, av. Louis-Pasteur, BP 75, 84230 Châteauneuf-du-Pape, tél. 04 90 39 32 41, ogier@ogier.fr* Ⓥ ⬥ ⬥ *t.l.j. sf dim. 9h-12h 14h-18h30*

DOM. DE L'OLIVIER Orée du bois 2013			
■	6 700	⬥	11 à 15 €

Situé tout près du pont du Gard, ce domaine autrefois complanté d'oliviers a été créé par la famille Bastide en 1943. Depuis 1977, c'est Éric qui conduit le vignoble de 49 ha, rejoint en 2012 par son fils Robin.

Une cuvée 100 % syrah, élevée seize mois en barrique. Pourtant, point de bois à l'olfaction, mais du fruit, ça oui, relevé d'épices et de nuances de violette. La bouche, souple et ronde, structurée en finesse, fait également la part belle au fruit. Un ensemble aimable et harmonieux. ✗ 2016-2019 ❦ tajine de poulet

⚬ *Éric et Robin Bastide, 1, rue de la Clastre, 30210 Saint-Hilaire-d'Ozilhan, tél. 04 66 37 08 04, robin.bastide@wanadoo.fr* Ⓥ ⬥ ⬥ *t.l.j. sf dim. 9h-12h 14h-19h*

Ⓑ DOM. LES ONDINES Plan de Dieu 2013 ★			
■	15 000	🍾	8 à 11 €

Scientifique de formation, Jérémy Onde a repris les vignes paternelles, créé sa cave et produit son premier vin à partir de 2002. Il a converti son vignoble de 50 ha à l'agriculture biologique en 2012, à partir duquel il élabore des côtes-du-rhône, des *villages* et des vacqueyras.

Après dix-sept mois d'élevage, ce Plan de Dieu livre un bouquet intense de fruits rouges. Intensité fruitée à laquelle fait écho un palais ample et très frais, renforcé par des tanins jeunes et bien présents, au grain soyeux. Un joli vin corsé. ✗ 2016-2020 ❦ terrine de gibier

⚬ *Jérémy Onde, 413, rte de la Garrigue-Sud, 84260 Sarrians, tél. 04 90 65 86 45, jeremy.ondines@wanadoo.fr* Ⓥ ⬥ ⬥ *r.-v.* 🏠 Ⓔ

DOM. DU PÈRE HUGUES Séguret 2014			
■	25 000	🍾	5 à 8 €

L'œnologue Sylvain Jean élabore les cuvées de cette maison de négoce créée en 1976 à Gigondas, qui accompagne à la vigne et au chai une quarantaine de vignerons partenaires. Dans le giron du groupe Gabriel Meffre.

Un Séguret de bon aloi, bien ouvert sur le fruit dès l'olfaction (cerise confiturée). La bouche ne dit pas autre chose : fraîche, gourmande et légèrement acidulée, elle évoque la framboise, la groseille ou encore la myrtille. À boire... sur le fruit. ✗ 2015-2017 ❦ petits farcis

⚬ *Louis Bernard, Le Village, 84190 Gigondas, tél. 04 90 12 32 42, louis-bernard@gmdf.fr*

CH. LE PLAISIR Cairanne 2014 ★			
■	16 000	🍾	11 à 15 €

Cette exploitation est l'une des plus anciennes de la commune de Cairanne. Elle a été reprise en 2009 par

Lydie, issue d'une longue lignée vigneronne, et Pascal Franczak, à la tête d'un vignoble de 42 ha sur lequel ils produisent des côtes-du-rhône, des *villages* (Cairanne et Plan de Dieu) et des IGP de la principauté d'Orange.

Garrigue, poivre, fruits noirs mûrs, fraise écrasée, ce Cairanne fleure bon le Sud. Une trame tannique fraîche et serrée soutient un palais dense, concentré, puissant et très expressif. Un beau vin de terroir, méridional en diable. ✗ 2018-2022 ❦ magret de canard au poivre vert

⚬ *Ch. le Plaisir, rte d'Orange, 84290 Cairanne, tél. 06 46 56 23 26, domaine-le-plaisir@orange.fr* Ⓥ ⬥ ⬥ *r.-v.*

DOM. PHILIPPE PLANTEVIN Visan L'Aglanié 2012			
■	4 000		8 à 11 €

Plantevin, un nom prédestiné pour ce vigneron à la tête depuis 1988 de ce domaine familial étendu sur 35 ha. Le vignoble se répartit sur quatre communes, ce qui offre une jolie diversité de terroirs et de cépages.

Grenache à 52 %, syrah, carignan et une goutte de mourvèdre pour cette cuvée en robe profonde, au nez de fruits confiturés accompagnés de nuances animales. Adossé à des tanins enrobés, le palais se montre ample, généreux et gras, avec un bel équilibre autour d'une fine fraîcheur. Tout près de l'étoile. ✗ 2015-2018 ❦ bavette à l'échalote

⚬ *Dom. Philippe Plantevin, La Daurelle, 995, chem. des Partides, 84290 Cairanne, tél. 04 90 30 71 05, philippe-plantevin@wanadoo.fr* Ⓥ ⬥ ⬥ *r.-v.*

Ⓑ DOM. DE LA PRÉVOSSE Valréas 2014			
■	20 000	🍾	5 à 8 €

Abritée du mistral par une colline couverte de pins à laquelle est adossée la ferme provençale, cette propriété d'un âge vénérable (1584) est conduite depuis cinq générations par la famille Davin (par Henry depuis 1980, qui a converti le vignoble à l'agriculture biologique).

Encore jeune, ce que montrent les reflets violines de sa robe, ce Valréas promet une belle dégustation dans l'avenir. Pour l'heure, le nez reste discret, mais le fruit est bien là, révélé à l'agitation du verre. En bouche, on perçoit du fruit et de la fraîcheur, un bon volume, renforcé par des tanins présents, et de la longueur. Encore un peu de patience, mais pas trop. ✗ 2016-2019 ❦ omelette aux truffes

⚬ *Henry Davin, Dom. de la Prévosse, 84600 Valréas, tél. 06 85 84 85 37, laprevosse@sfr.fr* Ⓥ ⬥ *t.l.j. 9h-12h 14h-18h*

DOM. PRIEURÉ SAINT-FRANÇOIS 2014 ★			
■	2 266	🍾	8 à 11 €

Installé dans le sud de l'appellation, ce domaine est conduit par la famille Esperandieu depuis cinq générations. À sa disposition, un vignoble de 40 ha en côtes-du-rhône et en *villages* Signargues.

Grenache et 20 % de syrah composent ce *villages* très fruité au nez (prune, cerise noire, mûre) et très fruité en bouche. Pour parfaire ce caractère aimable et engageant, les tanins se révèlent souples et soyeux, épaulés par une fine fraîcheur et bien enrobés par une chair ronde. Un vin équilibré et gourmand. ✗ 2015-2020 ❦ moelleux au chocolat et cerise

○ᵣ *EARL Prieuré Saint-François, rte de Signargues,*
30390 Domazan, tél. 04 66 57 15 83,
preieuresaintfrancois@wanadoo.fr Ⓥ 🏃 🖪 *t.l.j. 9h-20h*

DOM. RABASSE-CHARAVIN
Plan de Dieu Cuvée les Cailloux 2013 ★

| ■ | 8 000 | î | 8 à 11 € |

Vers 1890, Edmond Charavin, vigneron et chapelier, acquiert 3 ha de terres à Cairanne. Installée en 1984, Corinne Couturier conduit aujourd'hui, avec sa fille Laure, un vignoble de 40 ha.
Ce Plan de Dieu issu de grenache (80 %) et de mourvèdre se livre sans réserve, le nez bien ouvert sur le fruit (cerise et cassis). La bouche est charnue, le grain de tanin souple et soyeux, le fruit bien présent et la finale longue. « Équilibre » est ici le qualificatif le plus approprié.
✗ 2015-2018 ⵏ pintade rôtie
○ᵣ *Laure et Corinne Couturier,*
Domaine Rabasse-Charavin, La Font-d'Estévenas,
84290 Cairanne, tél. 04 90 30 70 05,
couturier.laure@wanadoo.fr Ⓥ 🖪 *r.-v.*

Ⓑ DOM. LA RÉMÉJEANNE
Les Genévriers 2013 ★★

| ■ | 6 000 | î | 15 à 20 € |

Originaire d'Alsace-Lorraine et émigrée au Maghreb, la famille Klein s'est établie en 1960 à Sabran, à la tête de 5 ha de vignes. Aujourd'hui, Rémy Klein, installé en 1988 et rejoint par son fils Olivier en 2009, cultive 35 ha en bio.
Une large base de grenache et 5 % de syrah récoltés à parfaite maturité, puis douze mois d'élevage en cuve pour cette cuvée intense de bout en bout. Intensité de la robe rouge foncé. Intensité du nez, bien ouvert sur la cerise noire confite et les épices. Intensité du palais enfin, franc et direct en attaque, ample et généreux, au toucher très soyeux et au fruité croquant et persistant. ✗ 2016-2020 ⵏ tajine d'agneau
○ᵣ *Rémy Klein, Cadignac, 30200 Sabran,*
tél. 04 66 89 44 51, contact@remejeanne.com
Ⓥ 🏃 🖪 *t.l.j. sf sam. dim. 9h-12h 14h-18h* 🏠 Ⓔ

LES VIGNERONS DE REMOULINS
Le Corps des Vignes 2013

| ■ | 5 400 | î | 5 à 8 € |

Fondée en 1927, la petite cave coopérative « à taille humaine » de Remoulins, village célèbre pour son pont du Gard, vinifie la production de 215 ha de vignes en AOC régionales et en IGP.
Le Corps des Vignes un lieu-dit classé en côtes-du-rhône-villages. La « coop » y a sélectionné 5,3 ha de grenache (90 %), de syrah et de mourvèdre à l'origine d'un vin joliment fruité (griotte) et un brin épicé (cannelle), équilibré, net et frais en bouche. Aimable et simple.
✗ 2015-2018 ⵏ lapin à la moutarde
○ᵣ *SCA Les Vignerons de Remoulins,*
90, av. Geoffroy-Perret, 30210 Remoulins,
tél. 04 66 37 14 51, cavevinic.remoulins@orange.fr
Ⓥ 🖪 *t.l.j. 9h-12h 14h-18h*

DOM. DE LA RENJARDE Massif d'Uchaux 2012 ★

| ■ | 75 000 | î | 8 à 11 € |

Christian Vœux dirige tout à la fois, pour le compte de la famille Richard, le réputé château La Nerthe à Châteauneuf-du-Pape et cette propriété proche d'Orange, sur le coteau sud de Sérignan-du-Comtat. Établi sur un ancien site romain, le domaine étend ses vignes en terrasses sur une surface de 47 ha.
Pas moins de cinq cépages sur une belle base de grenache (50 %) pour ce Massif d'Uchaux. La robe est d'un rouge profond. Le bouquet s'ouvre à l'aération sur la mûre et le sous-bois. Le palais propose une belle ampleur, de l'onctuosité et du fruit, soutenus par des tanins très fins et par une pointe de vivacité qui amène de la longueur.
✗ 2016-2019 ⵏ souris d'agneau miel et romarin
○ᵣ *Dom. de la Renjarde, rte d'Uchaux,*
84830 Sérignan-du-Comtat, tél. 04 90 83 70 11,
contact@renjarde.fr Ⓥ 🖪 *t.l.j. 9h-12h 13h-17h* 🏠 Ⓔ

LES VIGNERONS DE ROAIX SÉGURET
Séguret 2014 ★

| ■ | 58 000 | î | 5 à 8 € |

Cette cave coopérative, née en 1960 de l'union entre les vignerons de Séguret et ceux de Roaix, fédère 160 adhérents.
Élaboré à partir de 70 % de cinsault, 25 % de grenache et une goutte de syrah, ce rosé de saignée clair et brillant déploie un nez exubérant de fruits exotiques (Passion) et d'agrumes. La tension ne faiblit pas en bouche : ample et très fraîche, elle est vivifiée un peu plus encore par une finale sur le pamplemousse. À vos barbecues ! ✗ 2015-2016 ⵏ côtelettes d'agneau et ratatouille ■ Roaix 2014 (5 à 8 € ; 26 000 b.) ; vin cité. ✗ 2017-2020
○ᵣ *Les Vignerons de Roaix-Séguret, rte de Vaison,*
84110 Séguret, tél. 04 90 46 91 13,
vignerons.roaix-seguret@wanadoo.fr
Ⓥ 🖪 *t.l.j. 8h-12h 14h-18h*

Ⓑ CH. ROCHECOLOMBE 2014 ★

| ■ | 17 000 | î | 8 à 11 € |

Ancienne propriété de l'auteur-compositeur flamand Robert Herberigs, ce domaine ardéchois de 28 ha (en bio certifié) est conduit depuis 1998 par Roland Terrasse. Il doit son nom à la pierre « blanche comme une colombe » qui compose le château, de style Directoire. Souvent en vue pour ses côtes-du-rhône et *villages.*
Assemblage par moitié de grenache et de syrah, ce 2014 offre un nez délicat de fruits rouges. Fruité que l'on retrouve, en compagnie de la réglisse, dans une bouche ample et puissante, étayée par des tanins de qualité mais encore un peu sévères. Un peu de patience. ✗ 2017-2020 ⵏ côte de bœuf
○ᵣ *Herberigs-Terrasse, Ch. Rochecolombe,*
07700 Bourg-Saint-Andéol, tél. 04 75 54 50 47,
rochecolombe@aol.com Ⓥ 🖪 *r.-v.*

DOM. DU ROUCASBLANC Massif d'Uchaux 2014

| ■ | 3 300 | î | 5 à 8 € |

Si la propriété a été créée il y a trois générations de cela, ce n'est que depuis 2004 que l'on vinifie au domaine, à l'arrivée de Rémy Clément. Le vignoble couvre 35 ha, dont 80 % sont dédiés aux côtes-du-rhône et le reste aux côtes-du-rhône-villages Massif d'Uchaux.
Fermé au premier nez, cet assemblage grenache-syrah (60-40) s'ouvre à l'aération sur les fruits rouges, le menthol et la réglisse. La bouche se révèle fraîche, de bonne longueur et structurée par des tanins jeunes et

RHÔNE

encore fougueux pour l'heure. Un peu de garde sera utile pour arrondir les angles. ✗ 2017-2020 ♈ pastilla de pigeon

⚬┐ *Dom. du Roucasblanc, hameau Les Farjons, 60, rte de Bollène, 84100 Uchaux, tél. 04 90 29 68 97, domaine-du-roucasblanc@orange.fr* Ⓥ 🅐 ⬆ *t.l.j. 9h-12h 14h30-19h*

DOM. DE LA ROUETTE		
Signargues Héritage 2013 ★		
■	2 500	◫	8 à 11 €

Un domaine de 20 ha créé en 1924 aux portes d'Avignon, qui se transmet depuis quatre générations, aujourd'hui Sébastien Guigue, installé en 1998, et son frère Mathieu, arrivé en 2010.

« Très syrah boisée », note le jury. Bien vu, cette cuvée est issue de 80 % de syrah et 20 % de grenache, et a connu un élevage luxueux de vingt-quatre mois en fût. À sa forte intensité colorante répond ainsi un nez vanillé-toasté agrémenté de fruits mûrs et de violette. Un vin très syrah en bouche également, avec un écho soutenu aux arômes de l'olfaction, de bons tanins serrés et une belle longueur. ✗ 2015-2019 ♈ magret de canard aux cèpes ■ Tradition 2014 (5 à 8 € ; 4 000 b.) : vin cité. ✗ 2015-2019

⚬┐ *Dom. de la Rouette, 2, Sous-le-Barri, 30650 Rochefort-du-Gard, tél. 04 90 31 79 39, infodomainedelarouette@orange.fr* Ⓥ 🅐 ⬆ *t.l.j. 9h30-12h 15h-19h; dim. 9h30-12h*

DOM. ROUVRE SAINT-LÉGER		
Laudun 2013 ★		
■	2 730	🍶 ◫	15 à 20 €

Petit domaine créé en 2008 par Adrien Borrelly et Didier Dumont, à partir de 1 ha pris sur les 60 que compte le vignoble des Borrelly, famille établie à Laudun depuis 1683.

L'association continue de bien tourner entre Adrien Borrely et Didier Dumont, qui signent ici une cuvée de grenache (60 %) et de syrah d'un noir intense, au bouquet harmonieux et complexe de vanille, de fruits noirs, d'épices et de réglisse. La bouche se structure autour de tanins denses et d'un bon boisé toasté, enrobés de saveurs de cerise noire et de cassis très mûrs. Un vin généreux, solide, puissant, à laisser mûrir encore un peu. ✗ 2017-2020 ♈ civet de marcassin ■ Laudun 2014 (15 à 20 € ; 2 860 b.) : vin cité. ✗ 2015-2018

⚬┐ *Dom. Rouvre Saint-Léger, Ferme de la Rouveyrolle, rte de Saint-Laurent-des-Arbres, 30290 Laudun, tél. 06 17 06 06 26, a.borrelly@rouvresaintleger.com* Ⓥ 🅐 ⬆ *r.-v.*

♥ CH. DE RUTH		
Grande Sélection 2014 ★★		
■	180 000	🍶	8 à 11 €

Vincent Moreau s'est établi en 2004 à la tête du domaine de Galuval et ses 20 ha de terroirs variés entre Cairanne et Rasteau. Il s'est agrandi en 2010 en acquérant les vastes terres du château de Ruth, où il a entrepris le renouvellement des 110 ha de vignes et la rénovation des chais, et engagé un œnologue de talent, Philippe Cambie.

Grenache (70 %), syrah, carignan, un trio classique pour une cuvée au sommet. Robe rouge intense aux reflets grenat. Nez exaltant de cassis, de myrtille, d'épices

et de fleurs de la garrigue. Bouche à la fois puissante et soyeuse, dense et tendre, longue et très fruitée, bâtie sur une trame tannique fondue et veloutée. Terriblement rhodanien. Jeune ou vieux, le plaisir sera au rendez-vous. ✗ 2016-2022 ♈ tendrons de veau à la provençale ■ Dom. de Galuval Cairanne Grande Sélection 2014 ★ (11 à 15 € ; 5 500 b.) : une cuvée plus élégante et fine que puissante, discrètement florale (acacia et genêt), ample et ronde, soulignée par une fraîcheur bien dosée. ✗ 2015-2018

⚬┐ *Vincent Moreau, 1909, rte d'Orange, Ch. de Ruth, 84290 Sainte-Cécile-les-Vignes, tél. 04 90 30 80 02, contact@chateauderuth.com* Ⓥ 🅐 ⬆ *t.l.j. sf sam. dim. 8h30-12h 14h-17h*

DOM. SAINT-ANDÉOL		
Cairanne L'Excellence 2014 ★★		
■	13 000	🍶	8 à 11 €

Jean-Jacques Beaumet est depuis 1988 à la tête de ce domaine familial de 37 ha situé sur les hauteurs de Cairanne.

Mi-grenache mi-syrah, cette cuvée n'usurpe pas son nom. Excellente en effet, elle présente un nez intense, ouvert sur les fruits rouges frais et la violette. La bouche, croquante, finement tannique et pleine de fraîcheur, offre « une explosion de saveurs » autour des épices douces et des fruits rouges de nouveau. Une grande harmonie. ✗ 2016-2019 ♈ curry d'agneau

⚬┐ *SARL Beaumet et Fils, Dom. Saint-Andéol, 84290 Cairanne, tél. 04 90 30 81 53, cave.beaumet@free.fr* Ⓥ ⬆ *r.-v.* 🏠 Ⓔ

DOM. SAINTE-ANNE		
Saint-Gervais Les Rouvières 2012 ★★		
■	4 000	🍶	11 à 15 €

Un ancien prieuré de la chartreuse de Valbonne acquis en 1965 et entièrement restructuré par Guy et Anne Steinmaier. Ces Bourguignons d'origine ont fait de ce domaine de 34 ha, désormais conduit par leur fils Jean, une référence incontournable, avec des vins d'une constance admirable.

Mourvèdre à 70 %, appoint de grenache et de syrah à parts égales, dix mois d'élevage en cuve pour ces Rouvières. Cela donne un Saint-Gervais grenat soutenu, au nez intense de cassis, de griotte et de mûre sur un fond d'épices. Franc et ample dès l'attaque, le palais s'adosse à des tanins bien présents mais soyeux, accompagnés de fruits mûrs, de cuir et de sous-bois. Un vin séduisant et prometteur, qui gagnera en expression avec le temps. ✗ 2017-2022 ♈ civet de lièvre ■ Saint-Gervais Les Mourillons 2012 ★★ (11 à 15 € ; 3 500 b.) : les plus vieilles vignes de syrah et de grenache du domaine, passées dix mois en fût de chêne. Au nez, des fruits confiturés (cerise, fraise, pruneau) et un boisé élégant et fin. Le palais est riche, charpenté par des tanins soyeux et caressants. Déjà harmonieux et de garde. ✗ 2015-2021 ■ Cuvée Notre-Dame des Cellettes 2013 ★ (8 à 11 € ; 10 000 b.) : nez soutenu de fruits frais (fraise des bois et griotte) ; palais plus chaleureux (cerise à l'eau-de-vie, épices), aux tanins fondus. À son apogée. ✗ 2015-2018

○┐ EARL Dom. Sainte-Anne, Les Cellettes, 30200 Saint-Gervais, tél. 04 66 82 77 41, domaine.ste.anne@orange.fr ▼ ⚒ 🏠 t.l.j. sf sam. dim. 9h-11h 14h-18h

LES VIGNERONS DE SAINT-GERVAIS Saint-Gervais 2014		
■	n.c.	5 à 8 €

Cette coopérative fondée en 1924 vinifie aujourd'hui près de 500 ha de vignes. Une cave régulière en qualité, en côtes-du-rhône comme en villages.

Ce rosé de saignée à la robe corail ornée de reflets rouges présente un nez riche d'agrumes et de fraise. La bouche se révèle très fraîche, très tonique, sur les fruits rouges puis le citron en finale. ✗ 2015-2016 ♈ carpaccio de thon ■ Saint-Gervais 2014 (5 à 8 € ; n.c. b.) : vin cité. ✗ 2015-2017

○┐ Cave des Vignerons de Saint-Gervais, 10, rue des Vignerons, 30200 Saint-Gervais, tél. 04 66 82 77 05, cave.saintgervais@orange.fr 🏠 t.l.j. sf dim. 9h-12h 15h-18h

CH. SAINT-MAURICE Laudun Les Grès 2013 ★		
■	10 000	5 à 8 €

En 1963, André Valat quitte ses vignobles du Maghreb et acquiert ce domaine commandé par une jolie bâtisse du XIXᵉs. Ses enfants Christophe et Sophie exploitent aujourd'hui 80 ha de vignes, complétés en 1988 par les 12 ha du Ch. Boucarut.

Mi-grenache mi-syrah, cette cuvée déploie un nez « explosif » où se mêlent les épices, le cuir, les fruits rouges et le pruneau. La bouche, puissante et chaleureuse, s'appuie sur des tanins denses et livre une longue finale réglissée et fruitée qui laisse un sentiment de plénitude. Du caractère. ✗ 2016-2020 ♈ rôti de bœuf

○┐ SNC du Ch. Saint-Maurice, RN 580, L'Ardoise, BP 24, 30290 Laudun-L'Ardoise, tél. 04 66 50 29 31, chateau.saint.maurice@wanadoo.fr ▼ ⚒ 🏠 t.l.j. 8h-12h 14h-18h 🏠 🅾

CH. SAINT-NABOR Cuvée Prestige 2012		
■	10 000	5 à 8 €

Ce domaine, dans la même famille depuis six générations, s'est développé à partir de 1970, sous l'impulsion de Gérard Castor : 7 ha à son installation, 140 ha en production aujourd'hui. À ses côtés, son épouse Jeannette et ses deux fils Jérémie et Raphaël.

Ce 2012 dévoile un nez d'une belle intensité, qui mêle les senteurs du sous-bois, le poivre, le boisé fumé. Des arômes auxquels fait écho, avec quelques notes de tabac en plus, une bouche harmonieuse, à la fois fraîche et structurée sans dureté par des tanins souples (un brin plus sévères en finale néanmoins). ✗ 2015-2019 ♈ ragoût de bœuf aux olives ■ Dom. des Santonilles 2013 (- de 5 € ; 30 000 b.) : vin cité. ✗ 2015-2018

○┐ Ch. Saint-Nabor, rte de Barsac, Saint-Nabor, 30630 Cornillon, tél. 04 66 82 24 26, vignoblesaintnabor@yahoo.fr ⚒ 🏠 t.l.j. sf dim. 9h-18h

CAVE SAINT-PIERRE Signargues 2014		
■	120 000	5 à 8 €

La famille Skalli s'initia à la vigne et aux cépages méridionaux en Algérie, dans les années 1920. Francis et surtout son fils Robert ont œuvré pour que cette maison de négoce soit aujourd'hui très implantée dans tout le sud de la France. Dans le giron du groupe bourguignon Boisset depuis 2011.

Ce Signargues en robe très sombre se distingue d'emblée par ses notes de cassis et de mûre en sirop. Plus orientée vers les épices, la bouche plaît par sa souplesse, sa fraîcheur et sa trame tannique fondue. Un vin courtois et prêt à boire. ✗ 2015-2018 ♈ tartare de bœuf

○┐ Les Vins Skalli, av. Pierre-de-Luxembourg, 84230 Châteauneuf-du-Pape, tél. 04 90 83 58 35, info@skalli.com ▼ ⚒ 🏠 t.l.j. 10h-12h 15h-18h

CH. SIGNAC Chusclan Cuvée Combe d'Enfer 2012 ★★		
■	29 700	11 à 15 €

Établi sur la rive droite du Rhône, à quelques kilomètres de Bagnols-sur-Cèze, sous la Dent de Signac et au pied du camp de César, le château de Signac est une ancienne ferme fortifiée du XVIIIᵉs. Un domaine régulièrement mentionné dans ces pages, souvent en bonne place, pour ses côtes-du-rhône-villages Chusclan.

Une cuvée bien connue des lecteurs que cette Combe d'Enfer, du nom de la parcelle qui l'a vue naître. La version 2012 est magnifique. Un vin puissamment bouqueté autour des fruits à l'alcool mâtinés de notes fumées, riche et intense en bouche, très persistant sur les fruits confits et adossé à des tanins fins et serrés. Déjà harmonieux (quoiqu'encore un peu strict en finale), il est bâti pour bien vieillir. ✗ 2016-2021 ♈ canard au poivre vert

○┐ SCA Ch. Signac, D 121, av. de la Roquette, 30200 Bagnols-sur-Cèze, tél. 04 66 89 58 47, info@chateau-signac.com ▼ ⚒ 🏠 r.-v.

DOM. DU TERME Sablet 2013		
■	6 000	5 à 8 €

Situé à la frontière entre l'ancienne principauté d'Orange et le comtat Venaissin, d'où son nom, le domaine est entré dans la famille Gaudin il y a quatre générations. Depuis 1987, c'est Anne-Marie Gaudin-Riché, toujours conseillée par son père Rolland, qui est aux commandes de ce vignoble de 25 ha.

Ce 2013 présente un nez typé de violette, de cassis et d'épices. Arômes que l'on perçoit aussi dans un palais bien texturé, riche et porté par des tanins mûrs, mais encore un peu stricts en finale. Petit passage en cave à prévoir. ✗ 2016-2019 ♈ épaule d'agneau au thym

○┐ Dom. du Terme, chem. du Terme, 84190 Gigondas, tél. 04 90 65 86 75, gaudin@domaineduterme.fr ▼ ⚒ 🏠 t.l.j. 10h-12h 14h-18h 🏠 🅱

Ⓑ DOM. DE LA TÊTE NOIRE Cairanne 2013		
■	9 000	8 à 11 €

Deux amis belges, Hubert Toint et Jean-François Lénelle, ont créé ce domaine en 2008, 17 ha en bio certifié, répartis sur une dizaine de parcelles à Gigondas, Vacqueyras et Cairanne.

RHÔNE

De prime abord un peu sauvage, ce Cairanne dévoile après aération des notes de fruits rouges et de violette sur un fond discrètement boisé. À une attaque franche et fraîche succède un milieu de bouche plus généreux et charnu, épaulé par des tanins souples, avant un retour à plus de vivacité en finale. L'ensemble est harmonieux. ✗ 2015-2018 ❦ daube provençale

☛ *Dom. de la Tête Noire, La Payouse, 84190 Gigondas, tél. 04 90 41 91 70, domaine@latetenoire.fr* Ⓥ 🛈 *t.l.j. 10h-17h* ☛ *Toint Hubert*

LA TOUR DE VOCONCES Séguret 2014 ★★		
■	50 000	5 à 8 €

Après dix ans dans la grande distribution et presque autant dans le négoce de vins (partie technique), Philippe Vigne, petit-fils de coopérateur, a décidé en 2011 de fonder sa propre structure, spécialisée comme son nom l'indique dans les vins de la vallée du Rhône.

Le duo classique grenache-syrah est à l'œuvre dans cette cuvée d'abord sur la réserve, qui s'ouvre à l'aération sur de profondes notes de fruits mûrs et d'épices. La bouche est très dense, très fraîche, très expressive (touches fumées, garrigue, fruité délicat) et très bien structurée. Bref, très au point et bâtie pour une bonne évolution en cave. ✗ 2017-2022 ❦ osso bucco ■ **Les Terrasses du comtat Visan 2014 ★★** (5 à 8 € ; 50 000 b.) : « Un air de famille avec le 2112 », note un dégustateur au palais très fin : le 2112 est le numéro d'anonymat de la Tour des Voconces... De fait, le premier nez offre la même discrétion avant de révéler un beau fruité. Le palais montre les mêmes qualités de fraîcheur, de densité et de solidité. ✗ 2017-2022 ■ **Le Cros de la Baume Saint-Maurice 2014** (5 à 8 € ; 30 000 b.) : vin cité. ✗ 2016-2020

☛ *Valrhodania, 400, rue du Portugal, ZI des Crémades, 84100 Orange, tél. 09 81 86 30 20, contact@ valrhodania.fr* Ⓥ *t.l.j. sf sam. dim. 8h30-12h 14h-18h*

DOM. DE LA VALÉRIANE		
Signargues Les Cailloux 2013		
■	5 000	🛈	8 à 11 €

Valérie Collomb a inspiré à ses parents Maryse et Mesmin Castan le nom du domaine qu'ils ont créé en 1982. Œnologue de formation, elle a pris en 2004, avec son mari Michel, la conduite de ce vignoble de 35 ha. Très régulier en qualité avec ses côtes-du-rhône et ses *villages*.

Un premier nez animal, puis l'aération révèle le fruit, rouge et mûr, la violette et quelques épices. La bouche est équilibrée, fraîche en attaque, plus ronde dans son développement, un brin tannique en finale. Mais l'ensemble reste assez souple et fondu pour être apprécié dès à présent. ✗ 2015-2018 ❦ épaule de veau à la basquaise

☛ *Valérie Collomb, 82, rte d'Estézargues, 30390 Domazan, tél. 04 66 57 04 84, valeriane.mc@ orange.fr* Ⓥ 🐾 🛈 *t.l.j. sf dim. 10h-12h 14h-19h*

DOM. VALOMBREUSE Séguret 2014		
■	34 000	🛈	Ⓥ	8 à 11 €

La maison de négoce Denuzière, implantée à Condrieu depuis 1876, est aussi propriétaire de vignes en AOC cornas et condrieu. Elle propose des vins rhodaniens destinés en grande partie à la restauration lyonnaise.

Une cuvée fort sympathique par son côté fruité (griotte) et épicé (poivre) au nez comme en bouche, quelques notes de thym venant apporter un supplément d'âme méridional. On apprécie aussi sa rondeur et l'aimable souplesse de ses tanins, même si ces derniers montrent (un peu) plus les muscles en finale. ✗ 2016-2019 ❦ tomates farcies

☛ *Maison Denuzière, 73, rue Nationale, 69420 Condrieu, tél. 04 74 59 50 33, vins.denuziere@maisondenuziere.com* Ⓥ *r.-v.*

PIERRE VIDAL Plan de Dieu Cuvée spéciale 2014 ★		
■	160 000	🛈 ⬙	5 à 8 €

Pierre Vidal installé à Châteauneuf-du-Pape avec son épouse vigneronne a créé son négoce en 2010. Une maison déjà bien implantée grâce aux sélections parcellaires vinifiées par ce jeune œnologue formé en Bourgogne.

Cette cuvée se distingue d'emblée par sa robe rouge sombre et ses parfums délicats de fruits rouges, de garrigue et de boisé bien dosé. La bouche se révèle fruitée, fraîche et encore jeune, soutenue par des tanins bien présents mais fins. ✗ 2017-2020 ❦ lapin aux olives ■ **La Fond des Garrigues Saint-Maurice 2014 ★** (5 à 8 € ; 50 000 b.) : des arômes raffinés de cerise noire et autres petits fruits, une bouche ronde et tout en douceur, aux tanins soyeux et tendres. ✗ 2015-2018

☛ *EURL Pierre Vidal, 631, rte de Sorgues, 84230 Châteauneuf-du-Pape, tél. 06 88 88 07 58, contact@pierrevidal.com*

➜ LA VALLÉE DU RHÔNE SEPTENTRIONALE

CÔTE-RÔTIE

Superficie : 255 ha / Production : 10 603 hl

Situé à Vienne, sur la rive droite du fleuve, c'est le plus ancien vignoble de la vallée du Rhône. Il est réparti entre les communes d'Ampuis, de Saint-Cyr-sur-Rhône et de Tupin-et-Semons. La vigne y est cultivée sur des coteaux très abrupts, presque vertigineux. On distingue la Côte blonde et la Côte brune en souvenir d'un certain seigneur de Maugiron qui aurait, par testament, partagé ses terres entre ses deux filles, l'une blonde, l'autre brune. Les vins de la Côte brune sont les plus corsés, ceux de la Côte blonde les plus fins.

Le sol est le plus schisteux de la région. Les vins sont uniquement des rouges, obtenus à partir du cépage syrah, mais aussi du viognier, dans une proportion maximale de 20 %. Le côte-rôtie est d'un rouge profond, et offre un bouquet délicat à dominante de framboise et d'épices, avec une touche de violette. Vin de garde d'une bonne structure tannique et très long en bouche, il a indéniablement sa place au sommet de la gamme des vins du Rhône et s'allie parfaitement aux mets convenant aux grands vins rouges.

DOM. DE BONSERINE La Sarrasine 2012 ★★★		
■	35 000	⬙	30 à 50 €

En acquérant en 2006 ce domaine fondé en 1961, agrandi et modernisé dans les années 1990, Marcel

Guigal a ajouté un joyau à sa couronne déjà richement décorée : un vignoble de 12 ha planté majoritairement de « serine », variété ancienne de la syrah (9 ha en côte-rôtie et 1 ha en condrieu).

Stéphane Carrel, le maître de chai, nous offre un feu d'artifice avec une série de côte-rôtie admirables. En tête, cette Sarrasine de grande classe, ouverte sur des arômes élégants et complexes de tabac et de grillé légués par vingt-quatre mois de fût, qui laissent s'exprimer les fruits, noirs et très mûrs. Un noble élevage qui renforce aussi un palais ample, dense et puissant, bâti sur des tanins vigoureux mais fins. Une bouteille de longue garde. ✗ 2018-2030 ♥ agneau miel et romarin ■ La Viallière 2012 ★★ (50 à 75 € ; 4 800 b.) : griotte confite, notes fumées et vanillées, un bouquet aux accents sudistes pour cette côte-rôtie ample, chaleureuse, solidement bâtie sur des tanins très élégants et une fraîcheur ajustée. ✗ 2018-2025 ■ La Garde 2012 ★★ (50 à 75 € ; 3 000 b.) : un élevage luxueux de trente-six mois en fût pour ce vin aux intenses notes grillées et vanillées, mariées à des arômes généreux de poivre et de fruits très mûrs. Une intensité que l'on retrouve dans une bouche très robuste, large et longue, bâtie pour une grande garde. ✗ 2018-2030 ■ Les Sans Marches 2013 ★★ (20 à 30 € ; 12 000 b.) : une cuvée issue de la partie négoce, au nez subtil de boisé torréfié, d'épices et de fruits noirs. En bouche, une belle intensité, une agréable fraîcheur, un boisé très fondu et des tanins d'une finesse remarquable. ✗ 2018-2025

☛ *Dom. de Bonserine, 2, chem. de la Viallière, Verenay, 69420 Ampuis, tél. 04 74 56 14 27, bonserine@wanadoo.fr* Ⅴ Ⅹ ⅰ *r.-v.* ☛ Guigal

■ BRUNEL DE LA GARDINE 2013 ★		
■	7 000	🍖 ⅱ	30 à 50 €

Souhaitant renouer avec le passé de négociant de leur père Gaston, Patrick Brunel et son fils Maxime (Ch. de la Gardine à Châteauneuf-du-Pape) ont créé en 2007 cette maison de négoce, qui propose des vins de toute la vallée, du nord au sud.

Les arômes de torréfaction et de chocolat offrent un apport élégant et suave, et signent une grande maîtrise de l'élevage. Des arômes prolongés par un palais souple et frais en attaque, plus puissant dans son développement qui garde une belle finesse tannique jusqu'en finale et un caractère gourmand grâce à une chair ronde et enveloppante. ✗ 2018-2025 ♥ daube de joue de bœuf

☛ *Brunel Père et Fils, rte de Roquemaure, BP 51, 84232 Châteauneuf-du-Pape Cedex, tél. 04 90 83 73 20, contact@bpf-brunel.com* Ⅴ Ⅹ ⅰ *t.l.j. sf dim. 9h-18h*

♥ YVES CUILLERON Terres sombres 2012 ★★		
■	9 300	ⅱ	30 à 50 €

Une référence de la vallée du Rhône nord, notamment pour ses condrieu. Établi à Chavanay, Yves Cuilleron a repris en 1987 la propriété créée en 1920 par son grand-père paternel, puis gérée par son oncle Antoine. Il a progressivement agrandi le domaine (59 ha aujourd'hui) sur la rive droite du Rhône (condrieu, côte-rôtie, saint-joseph, saint-

péray et cornas) et, depuis 2012, sur la rive gauche (crozes-hermitage).

Ces Terres sombres, et schisteuses, accueillent une syrah de trente ans, à l'origine d'une cuvée portée dès l'olfaction par un boisé intense (dix-huit mois en barrique, dont 60 % en fûts neufs) mais très distingué, avec à l'arrière-plan des notes gourmandes d'olive noire, de poivre et de fruits mûrs. Suivant la même ligne aromatique, le palais, ample et long, laisse une impression de grande puissance sans aucune dureté, bâti sur des tanins au grain fin et soyeux. Racé et harmonieux. ✗ 2018-2030 ♥ filet de bœuf sauce Périgueux

☛ *Yves Cuilleron, 58, RD 1086, Verlieu, 42410 Chavanay, tél. 04 74 87 02 37, cave@cuilleron.com* Ⅴ Ⅹ ⅰ *r.-v.*

DELAS Seigneur de Maugiron 2012		
■	24 000	ⅱ	30 à 50 €

Maison fondée en 1835, propriété depuis 1977 du Champagne Deutz (groupe Roederer). Sous la direction de Fabrice Rosset et de son directeur technique Jacques Grange, elle dispose de 30 ha en propre dans les AOC septentrionales, complétés par des achats de raisin, la gamme méridionale provenant de la partie négociant-éleveur.

Un vin très typé, avec une minéralité qui apporte de la longueur et de la fraîcheur à ce vin bien structuré et alerte. Fraîcheur renforcée par des arômes de fruits rouges légèrement acidulés (groseille et cassis juste mûrs), perçus au nez comme en bouche. Une belle expression de l'appellation. ✗ 2017-2022 ♥ salmis de bécasse

☛ *Delas Frères, ZA de l'Olivet, 07300 Saint-Jean-de-Muzols, tél. 04 75 08 60 30, france@delas.com* Ⅴ Ⅹ ⅰ *r.-v.*

| BENJAMIN ET DAVID DUCLAUX | | |
La Germine 2013 ★		
■	18 000	ⅱ	30 à 50 €

Sur leur domaine de 6 ha, fondé par leur arrière-grand-père en 1928, les frères Duclaux ne se consacrent qu'à l'appellation côte-rôtie (deux cuvées, La Germine et Maison rouge) et ils ne souhaitent pas vinifier d'autres AOC. Leur vignoble implanté au sud de l'appellation, sur un sol de gneiss, couvre les coteaux pentus de Tupin-et-Semons.

Après un élevage de vingt mois sous bois, cette cuvée issue de syrah et de 5 % de viognier livre un bouquet subtil et très typé de poivre, de fruits noirs et de violette. Le palais, très équilibré, se révèle fin, charnu et long, avant de montrer un peu plus les muscles dans une finale qui laisse une impression de puissance. Un vin bien dans le ton de l'appellation, armé pour une belle garde. ✗ 2018-2028 ♥ filet de bœuf en croûte d'épices

☛ *Dom. Benjamin et David Duclaux, 34, rte de Lyon, 69420 Tupin-et-Semons, tél. 04 74 59 56 30, contact@coterotie-duclaux.com* Ⅴ Ⅹ ⅰ *r.-v.*

PIERRE GAILLARD Rose pourpre 2013 ★★		
■	4 000	ⅱ	75 à 100 €

Pierre Gaillard acquiert ses premiers ceps en 1981 et constitue petit à petit son vignoble, défrichant et plantant de nouvelles parcelles. Établi aux portes du parc régional du Pilat, ce vigneron et négociant réputé de la

Vallée du Rhône (partie septentrionale)

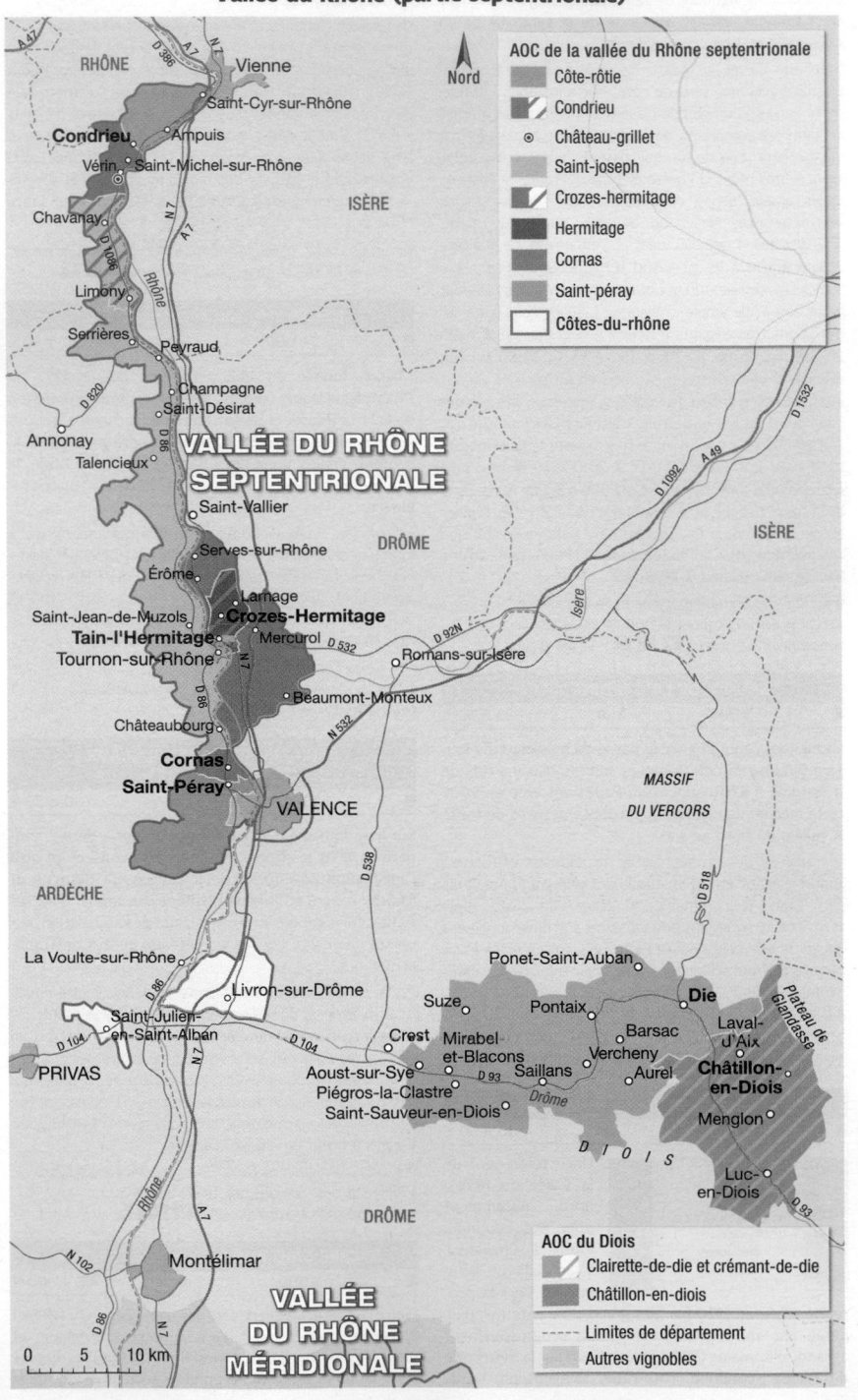

Nord

AOC de la vallée du Rhône septentrionale
- Côte-rôtie
- Condrieu
- Château-grillet
- Saint-joseph
- Crozes-hermitage
- Hermitage
- Cornas
- Saint-péray
- Côtes-du-rhône

AOC du Diois
- Clairette-de-die et crémant-de-die
- Châtillon-en-diois
- ----- Limites de département
- Autres vignobles

RHÔNE · Vienne
Saint-Cyr-sur-Rhône
Condrieu · Ampuis
Vérin · Saint-Michel-sur-Rhône
Chavanay
ISÈRE
Limony
Serrières
Peyraud
Champagne
Saint-Désirat
Annonay
Talencieux
VALLÉE DU RHÔNE SEPTENTRIONALE
Saint-Vallier
DRÔME
Serves-sur-Rhône
Érôme
Larnage
Saint-Jean-de-Muzols · **Crozes-Hermitage**
Tain-l'Hermitage · Mercurol
Tournon-sur-Rhône
Romans-sur-Isère
Beaumont-Monteux
Châteaubourg
Cornas
Saint-Péray
VALENCE
ISÈRE
MASSIF DU VERCORS
ARDÈCHE
La Voulte-sur-Rhône
Livron-sur-Drôme
Ponet-Saint-Auban
Saint-Julien-en-Saint-Albán
Suze
Pontaix
Die
Crest
Mirabel-et-Blacons
Barsac
Laval-d'Aix
PRIVAS
Aoust-sur-Sye
Saillans
Vercheny
Châtillon-en-Diois
Piégros-la-Clastre
Aurel
Saint-Sauveur-en-Diois
Menglon
DIOIS
Luc-en-Diois
DRÔME
Montélimar
VALLÉE DU RHÔNE MÉRIDIONALE
Plateau de Glandasse

0 5 10 km

vallée du Rhône nord, présent aussi en Languedoc-Roussillon (Madeloc à Banyuls-sur-Mer, Cottebrune à Faugères), est à la tête de 77 ha, tous domaines confondus.

La fixation des prix dans ce domaine est conforme à la gradation qualitative des cuvées. Cette Rose pourpre est issue d'une parcelle nommée Côte Rozier, située au creux d'un amphithéâtre orienté au sud, avec une multitude de pierres sèches qui renvoient la chaleur du soleil et lui confère un microclimat très chaud. Le résultat est un vin qualifié de moderne, complexe (cassis mûr, boisé fondu, épices), qui mise sur la finesse. Pas de lourdeur ici ni de puissance exacerbée, mais beaucoup de fraîcheur, un boisé délicat et des tanins élégants et courtois. ✖ 2018-2025 ▼ filet de bœuf en croûte ■ Esprit de blonde 2013 ★ (50 à 75 € ; 3 000 b.) : encore sous l'emprise de ses dix-huit mois d'élevage, une cuvée tannique, robuste et de longue garde. ✖ 2019-2028 ■ 2013 (30 à 50 € ; 15 000 b.) : vin cité. ✖ 2017-2022

☛ *Pierre Gaillard, lieu-dit Chez-Favier, 42520 Malleval, tél. 04 74 87 13 10, vinsp.gaillard@wanadoo.fr* Ⓥ 🧍 🛏 *r.-v.*

DOM. GARON Les Rochins 2013 ★

| ■ | 2 600 | 🍶 | 50 à 75 € |

Les Garon sont établis depuis le XVᵉ s. sur les terres d'Ampuis. Jean-François, Carmen et leurs deux fils y exploitent un petit vignoble de 4,7 ha en côte-rôtie.

Issu d'une sélection parcellaire sur la Côte brune, cette cuvée, encore un peu sous l'emprise du bois (les fruits noirs compotés pointent à l'aération), révèle ses nobles origines par sa vigoureuse structure tannique, épaulée par une fine fraîcheur. Un vin droit et sérieux, qui manque de rondeur actuellement mais qui a tout ce qu'il faut pour faire une bonne bouteille dans quelques années. ✖ 2019-2025 ▼ rôti de bœuf aux cèpes

☛ *Dom. Garon, 58, rte de la Taquière, 69420 Ampuis, tél. 04 74 56 14 11, vins@domainegaron.fr* Ⓥ 🧍 🛏 *r.-v.*

JEAN-MICHEL GERIN Les Grandes Places 2012 ★★

| ■ | 5 000 | 🍶 | 75 à 100 € |

Les Gerin sont établis à Ampuis depuis six générations. Jean-Michel Gerin reprend les vignes familiales en 1983. Il étend progressivement son domaine dans les appellations prestigieuses du secteur, en saint-joseph, en condrieu et surtout en côte-rôtie, l'AOC « historique » de la famille. Il conduit aujourd'hui un vignoble de 12 ha, épaulé par ses fils Michaël et Alexis, et s'est imposé comme l'une des références de la vallée du Rhône nord.

L'une des cuvées « fondatrices » de Jean-Michel Gerin, sa première vinification séparée, issue d'une sélection parcellaire (le lieu-dit Les Grandes Places, exposé au sud-sud-est), élaborée pour la première fois en 1988. La version 2012 est remarquable. Passée en barriques neuves durant vingt mois, elle s'ouvre sans réserve et sans fausse note sur des arômes de tabac blond et de fruits rouges mûrs. En bouche, elle se révèle à la fois puissante, suave et avenante, adossée à des tanins très fins, d'une rare élégance, et à une belle fraîcheur qui signe le terroir de micaschistes. Une côte-rôtie qualifiée de « féminine », que les affres du temps n'effraieront pas, bien au contraire... ✖ 2018-2028 ▼ tournedos Rossini

☛ *Jean-Michel Gerin, 19, rue de Montmain, 69420 Ampuis, tél. 04 74 56 16 56, info@domaine-gerin.fr* Ⓥ 🛏 *r.-v.*

JEAN-PAUL JAMET Fructus Voluptas 2013 ★

| ■ | 1 600 | 🍶 | 30 à 50 € |

Corinne et Jean-Paul Jamet sont installés depuis 1986 à Ampuis, à la tête d'un vignoble dédié à la seule appellation côte-rôtie et aux IGP collines rhodaniennes.

Un vin qui joue sur le fruit et la fraîcheur, et que l'on pourra boire jeune. Au nez, du fruit donc, rouge et mûr, et un boisé (quinze mois) tellement fondu qu'il est presque quasi imperceptible. En bouche, du fruit toujours, de la vivacité, un bon volume et des tanins ronds et veloutés. Un côte-rôtie gourmand et équilibré, loin de l'image du vin puissant et de longue garde. ✖ 2016-2020 ▼ onglet grillé

☛ *Corinne et Jean-Paul Jamet, Le Vallin, 69420 Ampuis, tél. 04 74 56 12 57, domainejamet@wanadoo.fr* Ⓥ 🛏 *r -v*

LA LANDONNE 2011 ★

| ■ | n.c. | 🍶 | + de 100 € |

Parmi les crus d'exception de la maison Guigal, La Landonne se distingue à double titre : c'est un vrai lieu-dit cadastré, planté uniquement de syrah sur les pentes vertigineuses de la Côte blonde aux sols argilo-calcaires riches en oxyde de fer. Comme pour La Turque et La Mouline, l'élevage se prolonge quarante mois.

Robe noire et dense, bouquet de sureau, d'airelles, de petits fruits noirs et notes balsamiques, l'approche est élégante et complexe. En bouche, on découvre un vin solide, net et droit, souligné par une fine trame acide gage d'un bon vieillissement et par des tanins bien affirmés, qui commencent déjà à s'arrondir. Un côte-rôtie encore logiquement vigoureux, bien dans le « style Landonne ». ✖ 2019-2030 ▼ civet de lièvre

☛ *É. Guigal, Ch. d'Ampuis, 69420 Ampuis, tél. 04 74 56 10 22, contact@guigal.com* Ⓥ 🧍 🛏 *r.-v.*

STÉPHANE MONTEZ Fortis 2012 ★★

| ■ | 15 000 | 🍶 | 30 à 50 € |

Si les origines du domaine remontent au XVIᵉ s., les Montez y cultivent la vigne depuis seulement... 1741. Installé en 1999 à la suite de son père Antoine, Stéphane Montez représente la neuvième génération vigneronne. Il conduit aujourd'hui une propriété de 28 ha (cornas, côte-rôtie, condrieu, saint-joseph et IGP), établi sur les hauteurs de Chavanay, à 320 m d'altitude. Une valeur sûre de la vallée septentrionale.

Ce vin provient des coteaux de « terres blondes » granitiques situés au sud de l'appellation. Stéphane Montez y cultive syrah et viognier (4 %) et les assemble pour donner cette cuvée Fortis élevée dix-huit mois en fût – dont le nom fait référence à la devise du maréchal de Louis XIV propriétaire du domaine au XVIIᵉ s. : *Fortis, fortuna fortior*, « La fortune sourit aux audacieux ». Une cuvée qui apparaît régulièrement dans ces pages et qui fit même coup de cœur dans sa version 2000 ; la 2012 fut tout près de l'imiter. Elle séduit par son nez, intense et typé, de violette, de camphre, de fraise et de tabac. Le charme se poursuit en un palais ample, soyeux, gras et frais à la fois, construit avec élégance autour de tanins très

RHÔNE

fins. Un grand vin harmonieux. ✗ 2019-2028 ❦ lièvre à la royale

☛ *Stéphane Montez, Dom. du Monteillet,*
6, Le Montelier, 42410 Chavanay, tél. 04 74 87 24 57,
stephanemontez@aol.com 🄥 🄰 🄵 *r.-v.* 🏠 🄒

CÉDRIC PARPETTE Le Plomb 2013 ★		
■ 2 000	🄸 ⑪	20 à 30 €

Un petit domaine de 4 ha entièrement dédié à l'appellation côte-rôtie, créé en 1988 à Ampuis et conduit depuis 2003 par Cédric Parpette.

Contrairement à ce que laisse supposer son nom, aucune lourdeur dans cette cuvée confidentielle, et au contraire beaucoup d'élégance et d'harmonie, autour d'un bouquet intense et subtil d'épices douces et de café torréfié, et d'un palais suave et tendre, épaulé par des tanins caressants et stimulé juste ce qu'il faut par une fine fraîcheur. ✗ 2018-2028 ❦ cuissot de chevreuil aux airelles ■ Montmain 2013 ★ (20 à 30 € ; n.c. b.) : un nez intense, fruité et épicé, repris par une bouche très fraîche, longue et poivrée, aux tanins jeunes et encore un peu fougueux. Le 2006 fut coup de cœur. ✗ 2018-2025

☛ *Cédric Parpette, 9, rte du Lacat, 69420 Ampuis,*
tél. 04 74 20 17 86, cedric.parpette@orange.fr
🄥 🄵 *r.-v.*

♥ DOM. PICHAT Les Grandes Places 2013 ★★★		
■ 2 000	⑪	50 à 75 €

Stéphane Pichat a donné du souffle à ce domaine ancien, fondé par ses arrière-grands-parents. Installé en 2000, il lance la mise en bouteilles (1 000 au commencement, 15 à 20 000 aujourd'hui) et signe à partir de 4,5 ha des vins d'une qualité toujours irréprochable en côte-rôtie et en condrieu.

Stéphane Pichat signe avec cette cuvée née de vieux ceps de soixante ans un côte-rôtie de haut vol, d'une grande complexité aromatique. On y perçoit des notes de sous-bois, de camphre, d'épices, de violette... En bouche, le bois présent est parfaitement respectueux du vin, lequel est ample et profond, très frais et élancé, construit autour de tanins fins et délicats qui lui confèrent beaucoup d'élégance et de relief. De longue garde assuré. ✗ 2019-2028 ❦ faisan Souvaroff ■ Champon's 2013 ★★ (20 à 30 € ; 12 000 b.) : une cuvée remarquable par la noblesse et la finesse de sa structure tannique, par son équilibre fraîcheur-alcool et par sa longueur. Tous les attributs d'un beau vin de garde. ✗ 2018-2025

☛ *Dom. Pichat, 6, chem. de la Viallière, 69420 Ampuis,*
tél. 04 74 48 37 23, info@domainepichat.com 🄥 🄰 🄵 *r.-v.*

MAISON CHRISTOPHE PICHON Promesse 2013 ★		
■ 18 000	⑪	30 à 50 €

Christophe Pichon a travaillé aux côtés de son père avant de reprendre seul, en 1991, l'exploitation établie dans le parc du Pilat : 16 ha aujourd'hui, répartis dans les appellations condrieu, dont il est l'actuel président, côte-rôtie et saint-joseph.

Quatre-vingts pour cent du vin ayant été passés en fûts neufs pendant quatorze mois, c'est le boisé qui domine à l'olfaction comme en bouche, avec des tonalités fumées et torréfiées. Mais l'on sent derrière l'apport du merrain une belle matière, dense et ample, épaulée par des tanins charnus qui assureront à ce vin long et équilibré une bonne tenue dans le temps. ✗ 2018-2025 ❦ pavé de biche sauce truffée

☛ *SARL Christophe Pichon, 36, Le Grand-Val,*
Verlieu, 42410 Chavanay, tél. 04 74 87 06 78,
chrpichon@wanadoo.fr 🄥 🄰 🄵 *r.-v.*

♥ LA TURQUE 2011 ★★		
■ n.c.	⑪	+ de 100 €

Le fleuron des vignobles Guigal. Une parcelle impressionnante implantée dans la Côte brune, sur des sols de schistes riches en oxyde de fer. Négligée pendant des décennies, puis replantée en 1985 par Étienne Guigal, fondateur du domaine en 1946, suppléé par son fils Marcel en 1961. Des ceps de syrah associés à 7 % de viognier et un élevage luxueux de quarante mois donnent naissance à l'un des plus grands vins de la vallée du Rhône nord.

La Turque 2011 offre peut-être un peu moins de concentration et d'intensité que dans le millésime précédent et s'appréciera sans doute un peu plus jeune que son glorieux aîné, mais la patte du grand vin est bien présente. Robe de taffetas ; bouquet racé qui mêle le chocolat, la vanille, la réglisse et les fruits rouges macérés ; attaque souple et généreuse ouvrant sur un palais ample, velouté et tout en toucher, porté par un boisé irréprochable et par des tanins tendres et soyeux. Un côte-rôtie plein de charme. « Félin et sensuel, plus Côte blonde que Côte brune », conclut un juré. ✗ 2018-2028 ❦ filet de bœuf

☛ *É. Guigal, Ch. d'Ampuis, 69420 Ampuis,*
tél. 04 74 56 10 22, contact@guigal.com 🄥 🄰 🄵 *r.-v.*

DOM. PIERRE-JEAN VILLA Carmina 2012 ★		
■ 4 000	⑪	30 à 50 €

Après avoir œuvré en Bourgogne – où il a créé un négoce avec Olivier Decelle (de Mas Amiel) – et dans le Rhône (Vins de Vienne), Pierre-Jean Villa est revenu sur sa terre natale de Chavanay en 2009 pour créer son domaine : 1 ha à la frontière des AOC condrieu et saint-joseph à l'origine, 11 ha aujourd'hui. L'une des valeurs montantes du vignoble rhodanien.

Après vingt-quatre mois de fût, cette cuvée affiche sans surprise un caractère boisé encore bien présent (intenses arômes vanillés et fumés), agrémenté de nuances quelque peu sauvages (notes animales, cuir), puis arrivent les épices et la cerise à l'aération. La bouche se révèle puissante, imposante et charnue, soutenue par une fine trame acide typique des côte-rôtie, qui apporte tonus et harmonie. ✗ 2018-2025 ❦ faisan aux raisins

☛ *Dom. Pierre-Jean Villa, 5, rte de Pelussin,*
42410 Chavanay, tél. 04 74 54 41 10,
contact@pierre-jean-villa.com 🄥 🄰 🄵 *r.-v.*

FRANÇOIS VILLARD Le Galet blanc 2012 ★		
■	19 500	◐	30 à 50 €

Vigneron réputé de la vallée du Rhône nord, François Villard, ancien cuisinier, s'est installé en 1989 à Saint-Michel-sur-Rhône pour créer son vignoble : 32 ha aujourd'hui dans cinq crus, complétés par une petite activité d'achat de raisin. Dans son chai cathédrale naissent de beaux vins dans les deux couleurs.

Le tour de force de ce vin est qu'après dix-huit mois passés sous bois, dont 50 % en fûts neufs, il se révèle déjà bien en place, avec un boisé discret qui laisse le fruit s'exprimer pleinement aux côtés des épices (poivre) et de nuances fumées, avec des tanins très fins (un peu plus serrés en finale toutefois), enrobés par une chair tendre et souple. Tout est en équilibre et pourtant, il a l'avenir devant lui... ✘ 2017-2025 ❢ ris de veau sauce madère

✆ *François Villard, 330, rte du Réseau-Ange, 42410 Saint-Michel-sur-Rhône, tél. 04 74 56 83 60, vinsvillard@wanadoo.fr* Ⓥ 🄰 🄰 *r.-v.*

CONDRIEU

Superficie : 145 ha / Production : 5 265 hl

Le vignoble est situé à 11 km au sud de Vienne. Bien que l'aire d'appellation soit répartie sur sept communes et trois départements, sa superficie est restreinte, ce qui fait du condrieu un vin rare. D'autant plus qu'il naît exclusivement d'un cépage assez peu répandu, le viognier, qui s'exprime parfaitement sur les sols granitiques de son terroir. Le condrieu est un vin blanc riche en alcool, gras, souple, mais avec de la fraîcheur. Très parfumé, il exhale des arômes floraux – où domine la violette – et des notes d'abricot. On le servira jeune, sur toutes les préparations à base de poisson, même s'il peut vieillir cinq ans. Il existe aussi une production de vendanges tardives obtenues par tries successives (jusqu'à huit passages par récolte).

DOM. DE BONSERINE 2013 ★		
■	5 000	◐	30 à 50 €

En acquérant en 2006 ce domaine fondé en 1961, agrandi et modernisé dans les années 1990, Marcel Guigal a ajouté un joyau à sa couronne déjà richement décorée : un vignoble de 12 ha planté majoritairement de « serine », variété ancienne de la syrah (9 ha en côte-rôtie et 1 ha en condrieu).

Les fermentations (alcooliques et malolactiques) sont faites en demi-muids neufs. Il en résulte un vin flatteur, rond, riche et gras, mais élégant, sans lourdeur malgré un léger manque d'acidité, intensément bouqueté autour de l'abricot sec, de la pêche blanche, de la verveine et du citron. ✘ 2015-2018 ❢ rôti de lotte au lard

✆ *Dom. de Bonserine, 2, chem. de la Viallière, Verenay, 69420 Ampuis, tél. 04 74 56 14 27, bonserine@ wanadoo.fr* Ⓥ 🄰 🄰 *r.-v.*

YVES CUILLERON Les Chaillets 2013 ★		
■	20 500	◐	30 à 50 €

Une référence de la vallée du Rhône nord, notamment pour ses condrieu. Établi à Chavanay, Yves Cuilleron a repris en 1987 la propriété créée en 1920 par son grand-père paternel, puis gérée par son oncle Antoine. Il a progressivement agrandi le domaine (59 ha aujourd'hui) sur la rive droite du Rhône (condrieu, côte-rôtie, saint-joseph, saint-péray et cornas) et, depuis 2012, sur la rive gauche (crozes-hermitage).

Née de vieilles vignes de quarante ans, la cuvée Les Chaillets – nom local des terrasses établies sur les coteaux de l'appellation – est fidèle au rendez-vous du Guide. Le bois (neuf mois d'élevage) est encore très présent au nez comme en bouche, avec des notes grillées et toastées. Le palais se révèle rond et charnu, puissant et doux à la fois, et très persistant. Une bouteille à attendre pour plus de fondu. ✘ 2017-2022 ❢ cassolette de langoustines ■ Vertige 2012 ★ (50 à 75 € ; 5 300 b.) : malgré un élevage de dix-huit mois en fût, le bois est bien maîtrisé, et ce sont les nuances florales (rose) et fruitées (mangue) qui dominent. En bouche, du gras et de la fraîcheur dans un bel équilibre. ✘ 2016-2021

✆ *Yves Cuilleron, 58, RD 1086, Verlieu, 42410 Chavanay, tél. 04 74 87 02 37, cave@cuilleron.com* Ⓥ 🄰 🄰 *r.-v.*

GILLES FLACHER Les Rouelles 2013 ★		
■	4 000	◐	20 à 30 €

Un domaine fondé en 1806, repris en 1991 par Gilles Flacher qui a depuis porté sa superficie de 1,5 ha à 8 ha de vignes, plantées en coteau, en saint-joseph et en condrieu.

Des vignes de vingt ans, plantées au lieu-dit Les Rouelles, ont donné naissance à cette cuvée bien sous tous rapports. À un nez très expressif sur les fleurs blanches et l'abricot sec répond un palais tout aussi intense, rond, suave, légèrement miellé et long. Une bouteille qui peut attendre. ✘ 2017-2022 ❢ vol-au-vent

✆ *EARL Gilles Flacher, 971, rue Principale, 07340 Charnas, tél. 06 07 64 06 00, secretariat-flacher@ orange.fr* Ⓥ 🄰 🄰 *r.-v.*

PIERRE GAILLARD 2014 ★		
■	16 000		30 à 50 €

Pierre Gaillard acquiert ses premiers ceps en 1981 et constitue petit à petit son vignoble, défrichant et plantant de nouvelles parcelles. Établi aux portes du parc régional du Pilat, ce vigneron et négociant réputé de la vallée du Rhône nord, présent aussi en Languedoc-Roussillon (Madeloc à Banyuls-sur-Mer, Cottebrune à Faugères), est à la tête de 77 ha, tous domaines confondus.

S'il reste pour l'heure assez discret à l'olfaction – quelques notes d'agrumes et de fleurs blanches à l'aération –, ce vin séduit par sa belle présence en bouche, autour d'une fine minéralité qui lui confère du nerf et de la longueur, et contrebalance le côté suave apporté par des notes miellées. Un condrieu harmonieux et cohérent. ✘ 2017-2021 ❢ vitello tonnato ■ L'Octroi 2014 ★ (30 à 50 € ; 4 200 b.) : très expressif au nez, sur des arômes beurrés, floraux et fruités (pamplemousse), bien structuré et frais en bouche. Un condrieu alerte et long, au joli potentiel de garde. ✘ 2017-2022

✆ *Pierre Gaillard, lieu-dit Chez-Favier, 42520 Malleval, tél. 04 74 87 13 10, vinsp.gaillard@wanadoo.fr* Ⓥ 🄰 🄰 *r.-v.*

JEAN-MICHEL GERIN Les Eguets 2013		
1 800	◖▮	30 à 50 €

Les Gerin sont établis à Ampuis depuis six générations. Jean-Michel Gerin reprend les vignes familiales en 1983. Il étend progressivement son domaine dans les appellations prestigieuses du secteur, en saint-joseph, en condrieu et surtout en côte-rôtie, l'AOC « historique » de la famille. Il conduit aujourd'hui un vignoble de 12 ha, épaulé par ses fils Michaël et Alexis, et s'est imposé comme l'une des références de la vallée du Rhône nord.

Un nez délicat et flatteur ouvre la dégustation autour de l'abricot et de la rose, agrémentés de notes boisées. En bouche, la finesse et l'expression aromatique (bois de cade, fruité « explosif ») sont aussi au rendez-vous ; il n'a manqué à cette bouteille qu'un peu de longueur pour décrocher l'étoile. 𝕏 2016-2020 ❦ blanquette de lotte ▪ La Loye 2013 (20 à 30 € ; 30 000 b.) : vin cité. 𝕏 2016-2020 ☛ *Jean-Michel Gerin, 19, rue de Montmain, 69420 Ampuis, tél. 04 74 56 16 56, info@domaine-gerin.fr* Ⓥ ⛏ *r.-v.*

ROLAND GRANGIER Les Terrasses 2014		
5 000	◖▮	20 à 30 €

Issu d'une famille d'agriculteurs, Roland Grangier a fondé ce domaine en 2002. Il exploite aujourd'hui un vignoble de 8 ha sur deux appellations, saint-joseph et condrieu.

Si le côté grillé de la barrique est pour l'heure trop présent, ce condrieu a un potentiel certain. Ample et long, il monte en puissance tout au long de la dégustation, porté par une fine minéralité et une fraîcheur aux accents d'agrumes. À servir dans une paire d'années. 𝕏 2017-2020 ❦ jarret de veau au citron ☛ *Roland Grangier, 13, Chantelouve, 42410 Chavanay, tél. 04 74 56 20 14, roland.grangier@orange.fr* Ⓥ ⛏ ⛴ *r.-v.*

ANTOINE MARIN La Granitée 2013 ★		
5 000	⛴ ◖▮	20 à 30 €

Les Vins du Concours est le nom d'une maison de négoce spécialisée dans les rosés du Sud-Est et les vins rhodaniens, fondée par Gérard Sauzon, autrefois vigneron dans le Beaujolais.

La robe est jaune éclatant aux reflets gris-vert. Le bouquet, délicat, évoque la fleur d'acacia et la tarte au citron sur fond de boisé léger. La bouche allie dans un bel équilibre gras, rondeur et fraîcheur, cette dernière venant dynamiser la finale, longue et acidulée. Un vin bien typé. 𝕏 2017-2021 ❦ ravioles à la rigotte de Condrieu ☛ *SARL Les Vins du Concours, 518, Chavanne, 69420 Arnas, tél. 04 74 06 87 01, gsauzon@wanadoo.fr .* ☛ *Gérard Sauzon*

STÉPHANE MONTEZ DU MONTEILLET Les Grandes Chaillées 2013		
3 000	◖▮	20 à 30 €

Si les origines du domaine remontent au XVIᵉs., les Montez y cultivent la vigne depuis seulement... 1741. Installé en 1999 à la suite de son père Antoine, Stéphane Montez représente la neuvième génération vigneronne. Il conduit aujourd'hui une propriété de 28 ha (cornas, côte-rôtie, condrieu, saint-joseph et IGP), établi sur les hauteurs de Chavanay, à 320 m d'altitude. Une valeur sûre de la vallée septentrionale.

L'une des valeurs sûres du domaine, cette cuvée tire son nom des murs en pierre sèche qui retiennent la terre autour des parcelles de vigne. La version 2013 livre un nez exubérant de fruits exotiques (mangue et ananas très mûr), agrémentés en bouche de notes d'agrumes et d'acacia. La bouche plutôt légère est bien équilibrée entre richesse et fraîcheur. Il manque juste un peu de volume pour décrocher l'étoile. 𝕏 2015-2019 ❦ risotto aux noix de Saint-Jacques ☛ *Stéphane Montez, Dom. du Monteillet, 6, Le Montelier, 42410 Chavanay, tél. 04 74 87 24 57, stephanemontez@aol.com* Ⓥ ⛏ *r.-v.* 🏠 Ⓒ

DOM. MOUTON Côte Chatillon 2013 ★		
2 200	◖▮	30 à 50 €

Issu d'une ancienne famille de vignerons, Jean-Claude Mouton a rejoint son père André en 1989 sur l'exploitation familiale. Aujourd'hui, c'est lui qui dirige ce petit domaine de 7 ha, dont les terrasses exposées plein sud sont au cœur du village de Condrieu.

Ce condrieu s'ouvre sans réserve sur un boisé très fin, accompagné d'intenses notes d'abricot sec. Suivant la même ligne aromatique, le palais se révèle rond et charnu, avec ce qu'il faut d'acidité pour apporter l'équilibre et donner à la finale une belle allonge. Un vin harmonieux. 𝕏 2016-2020 ❦ ceviche de bar au fenouil ☛ *André et Jean-Claude Mouton, 23, montée du Rozay, 69420 Condrieu, tél. 04 74 87 82 36, contact@ domaine-mouton.com* Ⓥ ⛏ ⛴ *r.-v.*

ANDRÉ PERRET Chery 2013 ★		
9 000	⛴ ◖▮	30 à 50 €

André Perret, alors biologiste, succède à son père en 1982 à la tête d'une petite vigne de 1,5 ha au lieu-dit Verlieu, à l'époque où Georges Vernay et quelques autres font renaître le condrieu. Il agrandit son domaine au fil des ans par achats, locations et plantations – 13 ha de coteaux abrupts, en terrasses aujourd'hui – et s'impose comme l'un des grands élaborateurs de vins blancs rhodaniens.

Incontournable à Condrieu, André Perret offre un 2013 fin et élégant. Un vin légèrement boisé, floral (rose) et un brin citronné au nez, tout aussi expressif et raffiné en bouche, d'une belle ampleur, équilibré et long, rehaussé par une jolie finale épicée. 𝕏 2016-2020 ❦ tartare de dorade à la citronnelle ▪ Clos Chanson 2013 ★ (30 à 50 € ; 1 500 b.) : une olfaction riche (brioche, clémentine, abricot sec, pêche blanche) et un palais intense et expressif, gras, rond et généreux, stimulé par une juste fraîcheur. ☛ *André Perret, 17, RD 1086, Verlieu, 42410 Chavanay, tél. 04 74 87 24 74, andre.perret@terre-net.fr* Ⓥ ⛏ ⛴ *r.-v.*

DOM. CHRISTOPHE PICHON 2013 ★		
19 000	⛴ ◖▮	30 à 50 €

Christophe Pichon a travaillé aux côtés de son père avant de reprendre seul, en 1991, l'exploitation établie dans le parc du Pilat : 16 ha aujourd'hui, répartis dans les appellations condrieu, côte-rôtie et saint-joseph, dont il est l'actuel président.

Abricot mûr, pêche blanche, acacia, une belle palette aromatique, à la fois riche et fine, se libère du verre. Une finesse que l'on retrouve dans une bouche ronde, soyeuse, caressante. ✗ 2017-2020 ❦ turbot au beurre blanc

o┐ *SARL Christophe Pichon, 36, Le Grand-Val, Verlieu, 42410 Chavanay, tél. 04 74 87 06 78, chrpichon@ wanadoo.fr* Ⓥ ⋀ � *r.-v.*

DOM. DE PIERRE BLANCHE Résurgence 2013		
■	3 500	ⅲ	30 à 50 €

Ce domaine a été créé de toutes pièces en 1989 par Michel et Xavier Mourier, qui ont défriché les terres et aménagé des terrasses avant de planter. De 1,5 ha à l'origine, le vignoble est passé à plus de 15 ha aujourd'hui, sur des coteaux exposés sud-sud-est, avec des pentes de 40 à 60 %.

Le nez est actuellement peu expressif ; on peut toutefois déceler de l'abricot frais et de la pêche de vigne à l'agitation. Le palais se révèle gras, suave et chaleureux, soutenu par un bon boisé. Un peu plus de fraîcheur aurait valu à cette cuvée une étoile. ✗ 2016-2020 ❦ tajine de poisson

o┐ *Xavier Mourier, 53, RN 86, Chanson, 42410 Chavanay, tél. 04 74 87 04 07, contact@domainemourier.fr* Ⓥ ⋀ ⅷ *t.l.j. sf dim. lun. 9h-12h 15h-19h*

VIDAL-FLEURY 2013 ★		
■	12 000	▮ ⅲ	30 à 50 €

Le plus ancien négoce rhodanien en activité, fondé en 1781 à partir de son vignoble en côte-rôtie et très tôt réputé – Thomas Jefferson y fit un banquet mémorable en 1787. Propriété des Guigal depuis 1986, il dispose d'une cave monumentale, dont l'architecture est inspirée du site égyptien de Saqqarah.

Des arômes d'abricot frais, de fleurs blanches et une touche d'amande composent un bouquet avenant. La bouche gourmande offre une aimable rondeur et une juste fraîcheur. Un ensemble équilibré. ✗ 2015-2019 ❦ dorade aux citrons confits

o┐ *Vidal-Fleury, 48, rue de Lyon, 69420 Tupin-et-Semons, tél. 04 74 56 10 18, contact@vidal-fleury.com* Ⓥ ⋀ ⅷ *r.-v.* o┐ Famille Guigal

LES VINS DE VIENNE La Chambée 2013		
■	6 000	ⅲ	30 à 50 €

Pour faire renaître le vignoble de Seyssuel situé en amont de Vienne, trois vignerons de renom, Yves Cuilleron, Pierre Gaillard et François Villard, ont créé cette affaire en 1996, à l'origine de beaux vins de propriété – IGP à Seyssuel, sélections parcellaires en AOC septentrionales – et des vins de négoce de toute la vallée.

La dégustation s'ouvre sur des parfums plaisants de jasmin et de pêche blanche soutenus par un boisé délicat. Une attaque fraîche et pure prélude à un palais alerte et fluide, qui ne manque ni de gras ni de rondeur, d'une puissance moyenne certes, mais bien équilibré. Une jolie finale citronnée apporte un surcroît de punch. ✗ 2015-2019 ❦ saumon mariné à l'aneth

o┐ *Les Vins de Vienne, 1, ZA de Jassoux, 42410 Chavanay, tél. 04 74 85 04 52, contact@lesvinsdevienne.fr* Ⓥ ⋀ ⅷ *r.-v.*

FRANÇOIS VILLARD Deponcins 2013 ★★		
■	11 500	ⅲ	30 à 50 €

Vigneron réputé de la vallée du Rhône nord, François Villard, ancien cuisinier, s'est installé en 1989 à Saint-Michel-sur-Rhône pour créer son vignoble : 32 ha aujourd'hui dans cinq crus, complétés par une petite activité d'achat de raisin. Dans son chai cathédrale naissent de beaux vins dans les deux couleurs.

Si le boisé domine au premier nez, les fruits se révèlent plus nettement après aération, autour de notes chaleureuses d'agrumes et de fruits jaunes en surmaturité, agrémentées de nuances de sureau et de zeste d'orange. Une attaque douce, tout à la bergamote et l'ananas très mûr, introduit un palais étoffé, ample, gras sans lourdeur grâce à une fine acidité, long et très équilibré. ✗ 2017-2022 ❦ gambas au curry

o┐ *François Villard, 330, rte du Réseau-Ange, 42410 Saint-Michel-sur-Rhône, tél. 04 74 56 83 60, vinsvillard@wanadoo.fr* Ⓥ ⋀ ⅷ *r.-v.*

SAINT-JOSEPH

Superficie : 1 160 ha / Production : 42 110 hl (92 % rouge)

Sur la rive droite du Rhône, l'appellation saint-joseph s'étend sur 26 communes de l'Ardèche et de la Loire. Ses coteaux en pente escarpée offrent de belles vues sur les Alpes, le mont Pilat et les gorges du Doux. Les vignes croissent sur des sols granitiques. La syrah engendre des vins rouges élégants, relativement légers et tendres, aux arômes subtils de framboise, de poivre et de cassis, qui se révéleront sur les volailles grillées ou sur certains fromages. Les cépages roussanne et marsanne donnent des vins blancs gras, aux parfums délicats de fleurs, de fruits et de miel. Ils rappellent les hermitage mais sont à servir assez jeunes.

DOM. DU CHÊNE Anaïs 2012 ★		
■	4 000	ⅲ	20 à 30 €

En 1985, Marc et Dominique Rouvière ont acquis cette propriété située dans le parc régional du Pilat. Partis avec 5,5 ha en saint joseph et en condrieu, ils exploitent aujourd'hui 16 ha, conduits depuis 2012 avec leurs enfants Anaïs et Julien.

2012 est l'année d'installation sur le domaine des enfants Rouvière, Anaïs et Julien. Un beau cadeau d'arrivée que cette cuvée au nez intense de mûre légèrement confiturée et rehaussée d'épices. En bouche, elle se révèle ample, suave et longue, équilibrée par une pointe de fraîcheur et soutenue par des tanins délicats et fondus. Déjà harmonieuse, elle n'en sera que meilleure après un peu de garde. ✗ 2017-2020 ❦ curry d'agneau ■ Dom. du Chêne 2014 (11 à 15 € ; 5 000 b.) : vin cité. ✗ 2015-2019 ■ 2012 (11 à 15 € ; 26 000 b.) : vin cité. ✗ 2015-2018

o┐ *Famille Rouvière, 8, Le Pêcher, 42410 Chavanay, tél. 04 74 87 27 34, rouviere.marc@wanadoo.fr* Ⓥ ⋀ ⅷ *r.-v.*

LOUIS CHEZE Ro-Rée 2013 ★		
■	14 000	ⅲ	15 à 20 €

Un domaine familial établi sur les hauteurs de Limony, repris en 1978 par Louis Cheze : 1 ha en saint-joseph à l'origine, 30 ha aujourd'hui, dans plusieurs appellations septentrionales.

Ce blanc, composé de 60 % de marsanne et de 40 % de roussanne, fermenté et élevé en fût pendant neuf mois, se montre quelque peu fermé et animal au premier nez, avant de s'ouvrir à l'aération sur les fruits mûrs. La bouche, plus diserte et florale, se révèle soyeuse, longue et très équilibrée, offrant du gras et de la fraîcheur. Un vin complet et bien construit. ✗ 2016-2020 ᵠ poulet au citron ■ Ro-Rée 2013 (11 à 15 € ; 35 000 b.) : vin cité. ✗ 2015-2018 ⛏ SARL Louis Cheze, Pangon, 07340 Limony, tél. 04 75 34 02 88, contact@domainecheze.com Ⓥ 🅰 r.-v.

DOM. COURBIS 2013 ★			
■	50 000	🍖 ⑪	15 à 20 €

Une valeur sûre de la vallée septentrionale, notamment dans les AOC cornas et saint-joseph. Dominique et Laurent Courbis conduisent depuis la fin des années 1980, à la suite de leur père, un vignoble de 33 ha dont les origines remontent au XVIᵉ s. L'essentiel des vignes est perché sur des coteaux très abrupts à plus de 250 m d'altitude.

Ce 2013 s'affirme d'emblée par ses qualités olfactives : confiture de framboises, épices, boisé élégant aux tonalités toastées, le bouquet est riche et généreux. Encore un peu fermé, le palais n'en dévoile pas moins de belles aptitudes : des arômes plaisants de thé vert et de fruits noirs, un côté charnu équilibré par la fraîcheur, des tanins fins et élégants. À attendre quelques années pour lui permettre de gagner en expression. ✗ 2017-2020 ᵠ carré de porc à la tomate ■ Les Royes 2013 ★ (20 à 30 € ; 15 000 b.) : un saint-joseph remarqué pour son boisé puissant et racé (notes chocolatées et torréfiées), pour sa solide structure qui le rend pour l'heure assez austère, mais qui lui confère un solide potentiel. ✗ 2018-2022

⛏ Dom. Courbis, rte de Saint-Romain, 07130 Châteaubourg, tél. 04 75 81 81 60, contact@domaine-courbis.fr Ⓥ 🅰 🅰 t.l.j. sf dim. 9h-12h 14h-18h; sam. sur r.-v.

♥ PIERRE ET JÉRÔME COURSODON			
L'Olivaie 2013 ★★			
■	4 000	⑪	30 à 50 €

Établis depuis quatre générations à Mauves, berceau de l'appellation saint-joseph, Pierre Coursodon, le père, et Jérôme, le fils, installé en 2000, sont à la tête de 16 ha de vignes dédiés au seul saint-joseph, essentiellement dans sa version rouge. Depuis longtemps, les vins de ce domaine entrent dans les sélections du Guide : d'une constance rare, ils sont abonnés aux coups de cœur.

Des coteaux raides, très granitiques, au sol peu profond, plantés de vieux ceps de syrah (soixante ans), des vendanges en caisses de 40 kilos pour respecter le raisin, des rendements très faibles (24 hl/ha), un tri manuel au chai, un élevage de quinze mois en barrique (dont seulement 15 % de fûts neufs) : comme toujours chez ce

Coursodon, les soins apportés aux vins conduisent à l'excellence. Ici, une cuvée très élégante et complexe (fruits rouges confiturés, pain d'épice, garrigue, touches torréfiées et fumées...), ample, dense et ronde, étayée par des tanins fins et serrés, par un boisé bien fondu et sous-tendue par juste ce qu'il faut de fraîcheur. ✗ 2018-2021 ᵠ tournedos de lièvre ■ Silice 2013 ★★ (20 à 30 € ; 25 000 b.) : des arômes de fruits noirs confits et d'épices, une structure tannique très fine, en soutien d'un palais tendre et soyeux. Un vin qui vise l'élégance plutôt que la force, traduisant une maîtrise remarquable de l'élevage. Le style Coursodon est respecté. ✗ 2018-2020 ■ Le Paradis Saint-Pierre 2013 ★ (30 à 50 € ; 2 000 b.) : encore sous l'emprise de l'élevage, un vin gras, concentré, puissant, solidement bâti sur des tanins en rangs serrés qui promettent une belle évolution. ✗ 2018-2025 ■ Le Paradis Saint-Pierre 2013 ★★ (30 à 50 € ; 2 000 b.) : un grand blanc à forte dominante de marsanne (95 %), apprécié pour son nez riche de fruits mûrs et de miel, et pour son palais ample, gras et velouté, ajusté par la minéralité du terroir granitique et par une longue finale saline. L'équilibre est parfait. ✗ 2017-2020

⛏ Dom. Coursodon, 3, pl. du Marché, 07300 Mauves, tél. 04 75 08 18 29, pierre.coursodon@wanadoo.fr Ⓥ 🅰 r.-v.

DOM. DE LA CROIX DES VIGNES 2012 ★★			
■	2 800	🍖 ⑪	30 à 50 €

Fondée en 1834, la vénérable maison Paul Jaboulet Aîné propose une large gamme issue de son négoce et de sa centaine d'hectares (en conversion bio) répartie dans plusieurs domaines septentrionaux, dont le mythique La Chapelle en hermitage. Rachetée en 2006 par la famille Frey, propriétaire en Champagne et dans le Bordelais (La Lagune), elle est dirigée par Caroline Frey.

Une croix plantée au sommet du vignoble donne son nom à cette cuvée. Le vin lui aussi atteint des sommets : il frôle le coup de cœur. Ses arguments sont nombreux : une seyante robe noire, très profonde ; un nez tout aussi profond, riche en fruits confiturés (fraise, framboise, cerise) ; une bouche généreuse, ronde et suave, offrant beaucoup de matière, avec en soutien un boisé parfaitement intégré et des tanins élégants et serrés. Un saint-joseph très racé, au potentiel de garde évident. ✗ 2018-2025 ᵠ daube de bœuf

⛏ Dom. Paul Jaboulet Aîné, RN 7 - Les Jalets, BP 46, 26600 Tain-l'Hermitage, tél. 04 75 84 68 93, info@ jaboulet.com Ⓥ 🅰 t.l.j. 10h-19h ⛏ Caroline Frey

YVES CUILLERON Les Serines 2012 ★			
■	9 300	⑪	20 à 30 €

Une référence de la vallée du Rhône nord, notamment pour ses condrieu. Établi à Chavanay, Yves Cuilleron a repris en 1987 la propriété créée en 1920 par son grand-père paternel, puis gérée par son oncle Antoine. Il a progressivement agrandi le domaine (59 ha aujourd'hui) sur la rive droite du Rhône (condrieu, côte-rôtie, saint-joseph, saint-péray et cornas) et, depuis 2012, sur la rive gauche (crozes-hermitage).

L'une des cuvées phare du domaine, baptisée du nom local de la syrah. Réglisse, poivre, mûre, cerise burlat : le nez est engageant. En bouche, on apprécie son volume, sa longueur et le bel équilibre entre alcool, fraîcheur et tanins.

septentrionale / SAINT-JOSEPH

Un vin net et bâti pour vieillir en beauté. ✗ 2018-2022
❦ magret de canard mariné au sésame
⊶ Yves Cuilleron, 58, RD 1086, Verlieu, 42410 Chavanay,
tél. 04 74 87 02 37, cave@cuilleron.com Ⓥ Ⓚ Ⓛ r.-v.

DAUVERGNE RANVIER		
Les Racines du ciel 2013		
■	8 000	ⅢD	15 à 20 €

Créée en 2004 par François Dauvergne et Jean-François
Ranvier, professionnels du vin qui ont décidé d'élaborer
leurs propres cuvées après avoir œuvré chez les autres,
cette maison de négoce s'est affirmée comme l'une des
valeurs sûres de la vallée du Rhône, à travers une
gamme de qualité issue de sélections parcellaires.
La syrah a plongé ses racines dans un terroir de granites
blonds pour donner naissance à ce vin ouvert sur les fruits
rouges, souple et rond en attaque, plus concentré et
tannique dans son développement, à la finale encore un
peu serrée. On peut attendre pour le déguster : il gagnera
son étoile en cave. ✗ 2018-2022 ❦ bœuf bourguignon
⊶ Dauvergne Ranvier, Ch. Saint-Maurice, RN 580,
30290 Laudun-l'Ardoise, tél. 04 66 82 96 57,
francois.dauvergne@dauvergne-ranvier.com

DELAS Sainte-Épine 2012 ★		
■	6 500	ⅢD	30 à 50 €

Maison fondée en 1835, propriété depuis 1977 du
Champagne Deutz (groupe Roederer). Sous la direction
de Fabrice Rosset et de son directeur technique Jacques
Grange, elle dispose de 30 ha en propre dans les AOC
septentrionales, complétés par des achats de raisin, la
gamme méridionale provenant de la partie négociant-
éleveur.
Sainte-Épine est un lieu-dit de Saint-Jean-de-Muzols. Née
d'une sélection parcellaire, cette cuvée séduit d'emblée
par ses notes d'iris et de fruits rouges. Fraîche à l'attaque,
fruitée, épicée, bien structurée, elle représente parfaitement l'appellation. ✗ 2017-2020 ❦ bœuf Stroganov
⊶ Delas Frères, ZA de l'Olivet,
07300 Saint-Jean-de-Muzols, tél. 04 75 08 60 30,
france@delas.com Ⓥ Ⓚ Ⓛ r.-v. ⊶ Champagne Deutz

DOM. DURAND Les Coteaux 2013 ★		
■	30 000	ⅢD	15 à 20 €

Un domaine familial de 20 ha constant en qualité, établi
au sud de l'appellation saint-joseph et aux portes de
celle de cornas, et conduit par les frères Éric et Joël
Durand.
Ce 2013 affiche une belle complexité, mêlant fruits rouges
très mûrs, épices et nuances florales. Tout aussi expressif,
le palais se montre ample et équilibré, visant la rondeur
et l'amabilité plutôt que la puissance tannique. Un joli « vin
plaisir », tendre et aromatique. ✗ 2016-2020 ❦ poulet
basquaise
⊶ Éric et Joël Durand, GAEC du Lautaret,
2, imp. de la Fontaine, 07130 Châteaubourg,
tél. 04 75 40 46 78, ej.durand@wanadoo.fr Ⓥ Ⓛ r.-v.

LIONEL FAURY 2013 ★		
▪	6 500	🍾 ⅢD	15 à 20 €

Philippe Faury a créé ce domaine en 1979 à Chavanay,
dans le hameau de La Ribaudy, berceau de la famille. Son

plus jeune fils, Lionel, s'est installé en 2005, après une
expérience dans le Nouveau Monde, en Australie. Il est
aujourd'hui à la tête de 17 ha de vignes.
Cette cuvée aurait pu s'appeler « 60-40 » : 60 % de
marsanne et 40 % de roussanne, 60 % d'élevage en cuve
et 40 % d'élevage en fût. Dans le verre, un vin intensément
bouqueté autour des fruits confits (pêche, abricot), de
l'ananas et du grillé du merrain. Suivant la même trame
aromatique intense et chaleureuse, le palais se montre
ample, gras et rond. Un blanc riche et puissant. ✗ 2017-
2021 ❦ poulet créole à la noix de coco
⊶ Lionel Faury, 19 bis, La Ribaudy, 42410 Chavanay,
tél. 04 74 87 26 00, contact@domaine-faury.fr
Ⓥ Ⓛ r.-v.

DOM. DE LA FAVIÈRE 2013 ★		
■	13 000	🍾 ⅢD	11 à 15 €

Un domaine familial créé en 1976 sur les hauteurs du
village médiéval de Malleval. Majoritairement plantée
d'arbres fruitiers à ses débuts, la propriété s'est progressivement tournée vers la viticulture. Depuis 2004,
c'est Patricia Putman qui est aux commandes du
vignoble, étendu sur 9,5 ha.
Issue des plus vieux ceps de syrah du domaine (cinquante
ans), plantés sur un terroir granitique, cette cuvée pourpre
aux reflets violines dévoile des arômes généreux mais fins
de fruits très mûrs (framboise, cassis, cerise noire) avec
une légère touche de bois à l'arrière-plan. Cette finesse se
retrouve aussi en bouche, où le vin se montre souple,
rond, soutenu par des tanins soyeux et élégants. Un réel
équilibre. ✗ 2016-2020 ❦ boudin antillais
⊶ Dom. de la Favière, lieu-dit Chez-Favier,
42520 Malleval, tél. 04 74 87 12 25, contact@
domainedelafaviere.fr Ⓥ Ⓚ Ⓛ r.-v. 🏠 Ⓑ
⊶ Putman Patricia

PIERRE FINON Les Rocailles 2013		
■	8 000	ⅢD	15 à 20 €

Pierre Finon est installé depuis 1983 sur le domaine
familial établi à Charnas. Dédiée à la polyculture,
l'exploitation a été progressivement orientée vers la
vigne, qui couvre aujourd'hui 9 ha.
Pas un monstre de puissance, mais un vin plaisant par son
nez subtilement floral et fruité, par son élevage discret,
bien intégré au nez comme en bouche, par sa fraîcheur
et sa souplesse, par ses tanins fondus, un peu plus
rustiques en finale. Une petite garde lui apportera une
harmonie complète. ✗ 2017-2020 ❦ pastilla de veau
⊶ Dom. Pierre Finon, 20, imp. des Vieux-Murs,
Picardel, 07340 Charnas, tél. 04 75 34 08 75,
domaine.finon@gmail.com Ⓥ Ⓚ Ⓛ r.-v.

GILLES FLACHER Les Reines 2013 ★		
▪	12 000	ⅢD	15 à 20 €

Un domaine fondé en 1806, repris en 1991 par Gilles
Flacher qui a depuis porté sa superficie de 1,5 ha à 8 ha
de vignes, plantées en coteau, en saint-joseph et en
condrieu.
Gilles Flacher place trois cuvées dans cette sélection, avec
en tête la bien-nommée Les Reines, saluée pour son
bouquet intense, épicé et torréfié, qui traduit un élevage
marqué mais très soigné. Des notes d'élevage intenses
que l'on retrouve dans une bouche riche et ample, bien

RHÔNE

1135

structurée, stimulée par une finale minérale aux accents de mine de crayon. ✗ 2017-2021 ❦ gigot d'agneau aux épices ■ Terra Louis 2013 (20 à 30 € ; 6 000 b.) : vin cité. ✗ 2018-2022 ■ Cuvée Lucie 2013 (30 à 50 € ; 1 200 b.) : vin cité. ✗ 2018-2022

⚲ *EARL Gilles Flacher, 971, rue Principale, 07340 Charnas, tél. 06 07 64 06 00, secretariat-flacher@orange.fr* Ⓥ 👤 🔼 *r.-v.*

PIERRE GAILLARD 2014 ★		
■	11 000	20 à 30 €

Pierre Gaillard acquiert ses premiers ceps en 1981 et constitue petit à petit son vignoble, défrichant et plantant de nouvelles parcelles. Établi aux portes du parc régional du Pilat, ce vigneron et négociant réputé de la vallée du Rhône nord, présent aussi en Languedoc-Roussillon (Madeloc à Banyuls-sur-Mer, Cottebrune à Faugères), est à la tête de 77 ha, tous domaines confondus.

Une pure roussanne élevée huit mois en barrique de chêne à grains fins. Au nez, quelques notes briochées et grillées, de la pêche et de la mangue. En bouche, une bonne matière première apporte du gras et du soyeux, avec un petit côté chaleureux contrebalancé par une touche minérale. Un vin tendre et généreux, qui vieillira bien. ✗ 2017-2022 ❦ ravioles de saint-jacques

⚲ *Pierre Gaillard, lieu-dit Chez-Favier, 42520 Malleval, tél. 04 74 87 13 10, vinsp.gaillard@wanadoo.fr* Ⓥ 👤 🔼 *r.-v.*

DOM. GRANGIER La Côte 2013		
■	5 500	11 à 15 €

Issu d'une famille d'agriculteurs, Roland Grangier a fondé ce domaine en 2002. Il exploite aujourd'hui un vignoble de 8 ha sur deux appellations, saint-joseph et condrieu.

La Côte est un coteau réputé de Chavanay, sur lequel Roland Grangier exploite 1,3 ha de syrah à l'origine de cette cuvée passée dix-huit mois en barrique. Un vin couleur rubis, brillant et limpide, qu'il faut aérer pour qu'il révèle ses arômes, profonds et puissants, de sous-bois et de fruits rouges. Rond, suave et de concentration moyenne en bouche, il est soutenu par des tanins fondus et un boisé bien intégré. ✗ 2017-2020 ❦ goulash

⚲ *Roland Grangier, 13, Chantelouve, 42410 Chavanay, tél. 04 74 56 20 14, roland.grangier@orange.fr* Ⓥ 👤 🔼 *r.-v.*

♥ DOM. BERNARD GRIPA Le Berceau 2013 ★★★		
■	3 500	30 à 50 €

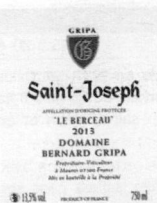

La famille Gripa arrive à Saint-Péray au XVIIᵉs., puis s'établit à Mauves vers 1850. Valeur sûre de la vallée du Rhône septentrionale, tant pour ses saint-péray que pour ses saint-joseph (témoins les nombreux coups de cœur obtenus dans les deux appellations), le domaine est conduit depuis 2006 par Fabrice Gripa, fils de Bernard, aujourd'hui à la tête de 16 ha de vignes.

Les années se suivent et se ressemblent pour Fabrice Gripa, avec un nouveau coup de cœur pour son Berceau, déjà au sommet dans sa version 2012, en rouge et en blanc, s'il vous plaît... Le 2013 se présente dans une robe sombre et profonde, le nez bien ouvert sur les fruits rouges mûrs, les épices et le sous-bois. Le palais impressionne par sa richesse et sa puissance mêlées de douceur, bâti sur des fondations solides : un boisé parfaitement fondu et des tanins « +++ », comprenez fermes et fins. Un grand saint-joseph assurément, au potentiel certain de vieillissement. ✗ 2018-2027 ❦ filet de bœuf à la truffe noire ■ Cuvée principale 2013 ★ (15 à 20 € ; 30 000 b.) : moins puissant et concentré que Le Berceau, un vin très apprécié par ses arômes intenses de fruits rouges sur fond de boisé léger et par sa souplesse en bouche. La finale, plus sévère, appelle la garde. ✗ 2017-2020

⚲ *EARL Dom. Bernard Gripa, 5, av. Ozier, 07300 Mauves, tél. 04 75 08 14 96, gripa@wanadoo.fr* Ⓥ 🔼 *r.-v.*

Ⓑ LAURENT HABRARD 2013		
■	2 000	15 à 20 €

Laurent Habrard, installé en 1998, représente la cinquième génération à conduire le vignoble familial, étendu aujourd'hui sur 15 ha et exploité en agriculture biologique depuis 2008.

Dans ce millésime difficile que fut 2013, le domaine a opté pour une cuvée enjôleuse, qui joue la carte de la simplicité et de l'amabilité plutôt que celle de la puissance et de l'exubérance. De fait, le vin s'ouvre sur un fruité intense, prolongé avec la même persistance par une bouche ronde, souple et suave sans lourdeur. Harmonieux. ✗ 2016-2019 ❦ poulet tandoori

⚲ *Dom. Habrard, 7, rte des Blancs, 26600 Gervans, tél. 06 60 61 60 26, laurent@domainehabrard.com* Ⓥ 👤 🔼 *r.-v.*

CATHERINE ET PASCAL JAMET Lieu-dit Les Traverses 2013 ★		
■	1 800	11 à 15 €

Catherine et Pascal Jamet ont repris en 2001 un vignoble en friche ; ils ont déboisé, bêché, reconstruit les murets en pierre sèche et planté. Aujourd'hui, ils exploitent un domaine de 8,3 ha en AOC saint-joseph et saint-péray et en IGP Collines rhodaniennes.

La robe est d'un rouge profond aux reflets violines de jeunesse. L'expression aromatique combine les épices, les fruits noirs et la vanille. Une attaque souple introduit un palais de bonne ampleur, étayé par une fine acidité, qui apporte du relief, et par des tanins charnus, qui se montrent toutefois plus serrés et austères en finale. Un vin qui gagnera à être gardé quelques années. ✗ 2018-2022 ❦ filets de canard aux figues

⚲ *EARL Catherine et Pascal Jamet, 119, rue de la Mairie, 07370 Arras-sur-Rhône, tél. 04 75 07 09 61, jametpascal@aol.com*

LES LAURIERS DU TERROIR 2013		
■	100 000	8 à 11 €

Un négoce créé en 2003 par Frédéric Chaulan et Serge Cosialls, qui proposent une gamme complète de vins de la vallée du Rhône, du nord au sud.

Un joli « saint-jo » d'entrée de gamme, qui séduit déjà par son prix. Il plaît aussi par son bouquet épicé, floral et fruité très harmonieux, par la souplesse et la rondeur de son attaque, comme par son développement plus puissant et tannique jusqu'en finale. ✗ 2017-2020 ♈ pavé de bœuf sauce poivre

○━ Terranea, ZAC de Crépon-Sud,
rue des Négades, 84420 Piolenc, tél. 04 90 34 18 47,
terranea.sarl@wanadoo.fr

STÉPHANE MONTEZ Cuvée du papy 2013 ★★		
■	29 000	◗◖	15 à 20 €

Si les origines du domaine remontent au XVIᵉs., les Montez y cultivent la vigne depuis seulement... 1741. Installé en 1999 à la suite de son père Antoine, Stéphane Montez représente la neuvième génération vigneronne. Il conduit aujourd'hui une propriété de 28 ha (cornas, côte-rôtie, condrieu, saint-joseph et IGP), établi sur les hauteurs de Chavanay, à 320 m d'altitude. Une valeur sûre de la vallée septentrionale.

Un des classiques du domaine que cette Cuvée du papy, créée par le père de Stéphane Montez quand il devint grand-père pour la première fois. Un vin issu des plus vieilles vignes du domaine, élevé en demi-muid pendant dix-huit mois. Au nez, un boisé soutenu, agrémenté de notes de cassis et de framboise confiturés. En bouche, beaucoup de chair et de puissance, renforcées par des tanins solides mais fins et par ce même boisé vigoureux déjà perçu à l'olfaction. Un fort potentiel et une « grosse structure », bien dans le style maison. ✗ 2018-2025 ♈ agneau en croûte d'herbes ■ Grand Duc du Monteillet 2013 ★ (11 à 15 € ; 20 000 b.) : un bon boisé, un palais rond, riche et charnu, étayé par des tanins bien présents mais sans dureté. À boire jeune ou après quelques années de garde. ✗ 2016-2019

○━ Stéphane Montez, Dom. du Monteillet,
6, Le Montelier, 42410 Chavanay, tél. 04 74 87 24 57,
stephanemontez@aol.com ▣ ᚼ ♟ r. v. ♠ Ⓖ

DOM. MUCYN Les Salamandres 2013 ★		
■	14 000	⬍ ◗◖	11 à 15 €

Après deux ans de formation en « viti-œno » à Beaune, les Champenois Hélène et Jean-Pierre Mucyn ont créé ce domaine en 2001, dans un ancien relais batelier du Rhône fondé au XVIIIᵉs., établi au pied de l'Hermitage. Leur vignoble couvre aujourd'hui 9 ha en saint-joseph, crozes-hermitage et IGP Collines rhodaniennes.

Les Mucyn signent, avec leur œnologue Olivier Roustang, un vin expressif et élégant dès l'olfaction, centrée sur les fruits rouges vivifiés par une touche mentholée. On retrouve cette fraîcheur dans une bouche ample, grasse et charnue, bien structurée par des tanins mûrs et enrobés. Un ensemble harmonieux et velouté ✗ 2017-2020 ♈ coq au vin

○━ Dom. Mucyn, 27, quartier des Îles, 26600 Gervans,
tél. 04 75 03 34 52, mucyn@club-internet.fr ▣ ♟ r.-v.

ANDRÉ PERRET 2013 ★		
■	3 500	◗◖	15 à 20 €

André Perret, alors biologiste, succède à son père en 1982 à la tête d'une petite vigne de 1,5 ha au lieu-dit Verlieu, à l'époque où Georges Vernay et quelques autres font renaître le condrieu. Il agrandit son domaine

au fil des ans par achats, locations et plantations – 13 ha de coteaux abrupts, en terrasses aujourd'hui – et s'impose comme l'un des grands élaborateurs de vins blancs rhodaniens.

Coup de cœur pour son saint-joseph blanc 2012 l'an dernier, ce fin vinificateur fournit ici une nouvelle preuve de son savoir-faire et une belle expression du saint-joseph blanc. Mi-marsanne mi-roussanne, ce 2013 déploie une palette aromatique complexe qui mêle la poire confite, le poivre et le chocolat blanc. Ample, tendre et gras, avec ce qu'il faut d'acidité pour apporter tonus et allonge, le palais est très équilibré. ✗ 2016-2020 ♈ risotto aux noix de Saint-Jacques

○━ André Perret, 17, RD 1086, Verlieu, 42410 Chavanay,
tél. 04 74 87 24 74, andre.perret@terre-net.fr
▣ ᚼ ♟ r.-v.

CHRISTOPHE PICHON 2013 ★		
■	6 500	◗◖	15 à 20 €

Christophe Pichon a travaillé aux côtés de son père avant de reprendre seul, en 1991, l'exploitation établie dans le parc du Pilat : 16 ha aujourd'hui, répartis dans les appellations condrieu, côte-rôtie et saint-joseph.

Fleurs blanches mâtinées de poivre, de garrigue et de pêche, ce vin 100 % marsanne passé douze mois en fût séduit d'emblée par son bouquet complexe. En bouche, il attaque sur une belle impression de fraîcheur, avant d'évoluer dans un registre rond, gras et velouté, stimulé en finale par de beaux amers. ✗ 2016-2020 ♈ loup au gros sel

○━ SARL Christophe Pichon, 36, Le Grand-Val,
Verlieu, 42410 Chavanay, tél. 04 74 87 06 78,
chrpichon@wanadoo.fr ▣ ᚼ ♟ r.-v.

CAVE SAINT-DÉSIRAT Septentrio 2013 ★★		
■	70 000	◗◖	11 à 15 €

Coopérative fondée en 1960, la cave Saint-Désirat représente à elle seule environ 40 % de la production en saint-joseph. Un acteur important de l'appellation donc, qui fait rimer quantité avec qualité.

Cuvée phare de la cave, ce Septentrio 2013 a connu un élevage de douze mois en fûts neufs. Il en retire un nez très expressif, complexe et profond, qui mêle notes boisées, mentholées, épicées et minérales. La bouche, ample et fraîche en attaque, ample et charnue, s'adosse à des tanins bien présents, mais fins et délicats, qui lui confèrent un relief certain et un bon potentiel de garde. ✗ 2017-2022 ♈ tajine d'agneau ■ Cuvée Amendine 2014 ★ (8 à 11 € ; 40 000 b.) : un discret grillé et des nuances anisées à l'olfaction, une bouche ample, fine et bien équilibrée. ✗ 2015-2020

○━ Cave Saint-Désirat, 07340 Saint-Désirat,
tél. 04 75 34 22 05, maisondevins@cave-saint-desirat.fr
▣ ᚼ ♟ r.-v.

CAVE DE TAIN Esprit de granit 2013 ★		
■	33 000	◗◖	15 à 20 €

Créée en 1933 par Louis Gambert de Loche, la très qualitative cave coopérative de Tain-l'Hermitage rassemble 310 adhérents et vinifie à elle seule, avec plus de 1 000 ha de vignes, environ 50 % des appellations de la vallée du Rhône septentrionale. Elle possède aussi 26 ha en propre, dont 21 ha en AOC hermitage. Une valeur

RHÔNE

sûre de la région, qui s'est dotée en 2014 de structures de production flambant neuves permettant de multiplier les sélections parcellaires.

Toujours au rendez-vous du Guide, la cave présente ici un vin bien typé. Le nez, intense, associe fruits rouges et noirs confiturés, épices et discrètes notes boisées. La bouche, à l'unisson, se montre souple en attaque, puis monte en puissance, portée par des tanins fermes et un bon boisé ajusté. Un digne représentant de l'appellation. ✗ 2017-2020 ⦆ jarret de veau au paprika
☛ Cave de Tain, 22, rte de Larnage,
26600 Tain-l'Hermitage, tél. 04 75 08 20 87,
contact@cavedetain.com Ⓥ ⚥ ⬆ r.-v.

DOM. VALLET Méribets 2013 ★

| ■ | 23 500 | ⬤⬤ | 11 à 15 € |

Ce domaine familial établi dans le village médiéval de Serrières a quitté la cave coopérative en 1990 pour vendre son vin en bouteille. Installé en 1998, Anthony Vallet a porté la superficie de l'exploitation de 2,9 ha à 12 ha, en AOC saint-joseph et en condrieu.

Dans le difficile millésime 2013, le domaine signe une cuvée très honorable, qui, dès l'olfaction, fait preuve d'élégance, libérant des arômes fins de poivre, de violette, de fruits noirs, de chocolat et de vanille. En bouche, on découvre un vin souple, frais et fruité, aux tanins fondus et soyeux. Pas un monstre de puissance, mais un saint-joseph gourmand et séduisant. ✗ 2016-2019 ⦆ travers de porc sauce aigre-douce ■ Secret d'Antoine 2012 ★ (15 à 20 € ; 2 000 b.) : un hommage au grand-père qui a planté les ceps de syrah à l'origine de ce vin il y a quarante ans. Dans le verre, un « saint-jo » de caractère, torréfié et grillé, riche et bien charpenté par des tanins veloutés. De bonne garde. ✗ 2018-2023 ■ Muletiers 2012 (15 à 20 € ; 5 000 b.) : vin cité. ✗ 2016-2019
☛ Dom. Vallet, 694, La Croisette,
RD 86, 07340 Serrières, tél. 04 75 34 04 64,
domaine.vallet@orange.fr Ⓥ ⚥ ⬆ r.-v.

VIDAL-FLEURY 2013 ★★

| ■ | 34 500 | ⬆ ⬤⬤ | 20 à 30 € |

Le plus ancien négoce rhodanien en activité, fondé en 1781 à partir de son vignoble en côte-rôtie et très tôt réputé – Thomas Jefferson y fit un banquet mémorable en 1787. Propriété des Guigal depuis 1986, il dispose d'une cave monumentale, dont l'architecture est inspirée du site égyptien de Saqqara.

Cette maison a misé sur la finesse et l'harmonie pour son saint-joseph 2013. Le nez impressionne par sa complexité aromatique, mariage de fruits rouges frais, de violette, de cacao et de sous-bois. Le palais séduit quant à lui par sa souplesse, sa rondeur caressante, ses tanins fins et veloutés, et sa longue finale d'une rare élégance. Savoureux. ✗ 2017-2022 ⦆ navarin d'agneau
☛ Vidal-Fleury, 330, rte de Lyon, 69420 Tupin-et-Semons, tél. 04 74 56 10 18, contact@vidal-fleury.com Ⓥ ⚥ ⬆ r.-v. ☛ Guigal Famille

LES VINS DE VIENNE Les Archevêques 2012 ★

| ■ | 3 000 | ⬤⬤ | 20 à 30 € |

Pour faire renaître le vignoble de Seyssuel situé en amont de Vienne, trois vignerons de renom, Yves Cuilleron, Pierre Gaillard et François Villard, ont créé cette affaire

en 1996, à l'origine de beaux vins de propriété – IGP à Seyssuel, sélections parcellaires en AOC septentrionales – et de vins de négoce de toute la vallée.

Chaleureux et intense, le bouquet de ce 2012 s'ouvre sans réserve sur la cerise mûre à souhait, la réglisse et les épices. Une attaque fraîche introduit avec dynamisme une bouche ample, charnue et bien charpentée par des tanins ronds et veloutés. Une touche de noble amertume apporte un supplément d'âme et de longueur à la finale. ✗ 2018-2022 ⦆ souris d'agneau au thym
☛ Les Vins de Vienne, 1, ZA de Jassoux, 42410 Chavanay, tél. 04 74 85 04 52, contact@lesvinsdevienne.fr Ⓥ ⚥ ⬆ r.-v.

FRANÇOIS VILLARD Reflet 2012 ★

| ■ | 17 000 | ⬤⬤ | 20 à 30 € |

Vigneron réputé de la vallée du Rhône nord, François Villard, ancien cuisinier, s'est installé en 1989 à Saint-Michel-sur-Rhône pour créer son vignoble : 32 ha aujourd'hui dans cinq crus, complétés par une petite activité d'achat de raisin. Dans son chai cathédrale naissent de beaux vins dans les deux couleurs.

Cette cuvée élevée dix-huit mois en fût, dont 50 % de fûts neufs, se dévoile d'emblée, à travers des arômes de fruits noirs mâtinés de nuances animales et fumées. En bouche, elle se révèle ronde et équilibrée, structurée avec élégance par des tanins ajustés qui commencent à se fondre. ✗ 2017-2022 ⦆ agneau aux fèves et artichauts ■ Mairlant 2012 (20 à 30 € ; 15 000 b.) : vin cité. ✗ 2017-2020
☛ François Villard, 330, rte du Réseau-Ange, 42410 Saint-Michel-sur-Rhône, tél. 04 74 56 83 60, vinsvillard@wanadoo.fr Ⓥ ⚥ ⬆ r.-v.

CROZES-HERMITAGE

Superficie : 1 495 ha / Production : 67 000 hl (92 % rouge)

Cette appellation, couvrant des terrains moins difficiles à cultiver que ceux de l'hermitage, s'étend sur 11 communes environnant Tain-l'Hermitage. C'est le plus vaste vignoble des appellations septentrionales. Les sols, plus riches que ceux de l'hermitage, donnent à partir des mêmes cépages (syrah en rouge, marsanne et roussanne en blanc) des vins moins puissants, fruités et à servir jeunes. Rouges, ils sont assez souples et aromatiques ; blancs, ils sont secs, frais et floraux, légers en couleur et, comme les hermitage blancs, ils iront parfaitement sur les poissons d'eau douce.

Ⓑ ALÉOFANE 2013 ★

| ■ | 28 000 | ⬤⬤ | 15 à 20 € |

Depuis son installation en 2004 sur les terres de Mercurol, Natacha Chave s'affirme comme une valeur montante dans les appellations crozes-hermitage et saint-joseph. Elle dispose aujourd'hui d'un vignoble de 10 ha, conduit en bio certifié.

Des ceps de cinquante ans sont à l'origine de ce 2013 très expressif, porté sur le cassis tout au long de la dégustation, agrémenté au nez d'une touche de violette et d'une petite note animale. D'un beau volume, le palais se montre souple, frais et persistant, épaulé par des tanins fins. Un vin typé et équilibré. ✗ 2015-2019 ♈ saucisson chaud à la pistache

○━ *Natacha Chave, Dom. Aléofane,*
745 av. du Vercors, 26600 Mercurol, tél. 04 75 07 00 82,
chavenatacha@yahoo.fr ♟ ♟ *r.-v.*

DOM. BERNARD ANGE 2013 ★		
■	15 000	⊕	8 à 11 €

Vigneron en cave particulière depuis 1979, Bernard Ange a créé en 1998 ce domaine, dont le vignoble couvre aujourd'hui 8 ha. Quelques curiosités ici : la cave, propice au vieillissement des vins en fût de chêne, est aménagée dans une ancienne carrière de pierre du XVIᵉs., d'où l'on extrayait la molasse, les chais sont établis dans un ancien hôtel-restaurant et un kiosque orné d'une fresque des années 1920 fait office de salle de dégustation aux beaux jours.

Bernard Ange dit vouloir produire des vins typés et authentiques ; son crozes 2013 « ne fait pas semblant » et évolue dans le registre des vins de caractère. Sur la réserve à l'olfaction (quelques notes fruitées à l'agitation), il dévoile en bouche une solide architecture, offrant beaucoup de mâche et de générosité, bâti sur des tanins vigoureux que le temps domptera. ✗ 2018-2022 ♈ daube provençale ■ 2014 (11 à 15 € ; 4 500 b.) : vin cité. ✗ 2016-2020

○━ *Bernard Ange, Pont-de-l'Herbasse,*
2590, rte du Merley, 26260 Clérieux, tél. 04 75 71 62 42,
domaine_bernardange@orange.fr ▼ ♟ ♟ *t l j. sf dim.*
9h 12h15 13h30-19h

JEAN BARONNAT Les Engoulevents 2012		
■	n.c.		8 à 11 €

Fondée en 1920 par Jean Baronnat, l'une des dernières affaires familiales encore indépendantes du Beaujolais, dirigée depuis 1985 par Jean-Jacques Baronnat, petit-fils du fondateur. La maison, bien implantée dans le Beaujolais mais aussi en Bourgogne, a étendu sa gamme de vins dans le sud de la France. Une habituée du Guide. Ici, pas de recherche de structure, mais un vin frais, fruité (framboise et autres fruits rouges), finement tannique et élégant. Un crozes qualifié de « féminin », à boire dans sa jeunesse. ✗ 2015-2018 ♈ grillades

○━ *Jean Baronnat, 491, rte de Lacenas, 69400 Gleizé,*
tél. 04 74 68 59 20, info@baronnat.com ▼ ♟ *r.-v.*

DOM. BELLE Cuvée Louis Belle 2012		
■	30 000	⊕	20 à 30 €

Un domaine familial établi sur les anciennes terres seigneuriales de Larnage, sorti du système coopératif en 1990 et dirigé depuis 2003 par Philippe Belle, à la tête de 25 ha de vignes répartis dans six communes et trois appellations (hermitage, crozes et saint-joseph). En conversion bio depuis 2014.

Fruits compotés, pointes de réglisse et de cuir, vanille, ce 2012 n'accuse pas trop ses dix-huit mois de fût à l'olfaction. En bouche, il se révèle rond et frais, bien équilibré en somme, renforcé sans dureté par des tanins fins. Un crozes à boire entre amis, « à la fraîche ». ✗ 2016-2019 ♈ côtes d'agneau au barbecue

○━ *Dom. Belle, 510, rue de la Chaîne, 26600 Larnage,*
tél. 04 75 08 24 58, contact@domainebelle.com
▼ ♟ ♟ *r.-v.*

J. BOUTIN Les Hauts Granites 2013		
■	8 000	🍶 ⊕	15 à 20 €

Une maison de création récente, fondée en 2007 par Stéphane Vedeau et sa mère Jeannine Boutin, qui proposent des vins des appellations crozes-hermitage, saint-joseph et côte-rôtie.

De généreuses senteurs de clafoutis aux cerises s'échappent du verre, agrémentées de notes toastées, chocolatées et épicées. Rondeur, souplesse et légèreté caractérisent la bouche, à l'unisson du bouquet. Un crozes aimable, à boire sur le fruit. ✗ 2015-2018 ♈ terrine de lapin

○━ *Jeannine Boutin, rte de Vinsobres,*
chem. Sainte-Croix, BP 80, 84602 Valréas,
tél. 04 90 35 22 64, info@pointdecollection.com
▼ ♟ ♟ *t.l.j. sf sam. dim. 9h-12h 14h-18h*

ⓑ YANN CHAVE Le Rouvre 2013 ★		
■	24 000	⊕	20 à 30 €

Un domaine créé en 1969 par Bernard et Nicole Chave, repris en 1996, restructuré et agrandi (19 ha aujourd'hui, conduits en bio) par leur fils Yann. Ce dernier en a fait l'une des belles références des appellations hermitage et crozes-hermitage.

Des notes de griotte confite agrémentées de nuances animales composent un bouquet généreux. Ample et suave, le palais déploie une belle et fine structure tannique et une longue finale réglissée du meilleur effet. Bâti pour bien évoluer. ✗ 2017-2020 ♈ civet de marcassin

○━ *Yann Chave, 1170, chem. de la Burge,*
26600 Mercurol, tél. 04 75 07 42 11, chaveyann@yahoo.fr

MARLÈNE ET NICOLAS CHEVALIER Marius 2013		
■	4 500	⊕	11 à 15 €

Marlène Chevalier et son frère Nicolas ont repris en 2009 le domaine familial, qu'ils ont sorti progressivement de la coopérative locale pour créer leurs propres vins. Dans leur nouveau chai, aménagé en 2014, ils élaborent des crozes-hermitage très intéressants, à partir de sélections parcellaires opérées sur un vignoble de 16 ha.

Les années se suivent et ne se ressemblent pas. Après des 2011 (coup de cœur pour la cuvée La Motte en rouge) et 2012 qui avaient fait forte impression, le millésime 2013 s'avère plus difficile. Mais les Chevalier ont du talent et ils signent avec leur cuvée Marius un vin très plaisant, sur les fruits rouges confiturés, au palais léger, souple et frais, soutenu par des tanins fins et ronds. Un crozes que l'on pourra apprécier dans sa jeunesse. ✗ 2015-2019 ♈ risotto à la tomate ■ La Motte 2013 (11 à 15 € ; 4 500 b.) : vin cité. ✗ 2017-2020 ■ La Motte 2013 (11 à 15 € ; 2 400 b.) : vin cité. ✗ 2015-2019

○━ *Marlène et Nicolas Chevalier, 840, chem. de l'Allée,*
26600 Chanos-Curson, tél. 04 75 07 32 81,
contact@cave-chevalier.com ▼ *r.-v.*

CAVE DE CLAIRMONT Pionniers 2012		
■	9 400	🍶 ⊕	11 à 15 €

Cette petite structure coopérative née en 1972 de l'union de trois familles rassemble aujourd'hui onze associés représentant sept familles, dont elle vinifie les 110 ha de vignes exclusivement en crozes-hermitage.

Hommage aux fondateurs de la cave, messieurs Borja et Defrance, cette cuvée présente un nez délicat, ouvert sur la cerise kirschée et les épices. Arômes que l'on retrouve agrémentés de notes de Zan dans une bouche équilibrée, finement boisée, un brin plus sévère en finale. À attendre un peu. ✗ 2017-2020 ❦ bœuf bourguignon ■ Classique de Clairmont 2013 (8 à 11 € ; 97 000 b.) : vin cité. ✗ 2015-2018 ☛ Cave de Clairmont, 755, rte des Vignes, 26600 Beaumont-Monteux, tél. 04 75 84 61 91, contact@ cavedeclairmont.com Ⓥ ⚘ 🏠 t.l.j. sf dim. 9h-12h 14h-18h

Ⓑ **DOM. COMBIER** 2013 ★			
■	n.c.	⅏	15 à 20 €

L'Ardéchois Camille Combier crée le domaine en 1936 et son fils Maurice, un pionnier, le convertit au bio dès 1970. En 1990, Laurent, le petit-fils, sort les 5 ha de la cave coopérative et conduit aujourd'hui, toujours en bio, 25 ha de vignes (et autant d'abricotiers) avec la finesse et la droiture des rouges de Bourgogne pour modèle.

Nous avions quitté le domaine l'an dernier avec un coup de cœur pour son Cap nord 2011, nous le retrouvons avec un 2013 très réussi, complexe et expressif, ouvert sur des notes fumées apportées par un an de fût, sur l'olive noire et les fruits rouges mûrs. La bouche, bien construite, « pinote » joyeusement (cerise) et s'appuie sur des tanins volumineux et soyeux, épaulés par une juste fraîcheur qui donne une belle allonge à la finale. Tout se tient bien et vieillira avec bonheur. ✗ 2017-2020 ❦ cannellonis à l'agneau ☛ Dom. Combier, 1440 rte de Lyon, 26600 Pont-de-l'Isère, tél. 04 75 84 61 56, domaine-combier@wanadoo.fr Ⓥ ⚘ 🏠 r.-v.

YVES CUILLERON Les Deux Terrasses 2012 ★			
■	5 300	⅏	20 à 30 €

Une référence de la vallée du Rhône nord, notamment pour ses condrieus. Établi à Chavanay, Yves Cuilleron a repris en 1987 la propriété créée en 1920 par son grand-père paternel, puis gérée par son oncle Antoine. Il a progressivement agrandi le domaine (59 ha aujourd'hui) sur la rive droite du Rhône (condrieu, côte-rôtie, saint-joseph, saint-péray et cornas) et, depuis 2012, sur la rive gauche (crozes-hermitage).

Deux terrasses soutenant une parcelle portant des vieux ceps de syrah donnent son nom à cette cuvée. Dans le verre, un vin qui a connu dix-huit mois d'élevage en fût, et cela se sent. Après le constat d'un boisé dominant, on découvre en bouche des notes poivrées, une matière ample et généreuse, étayée par des tanins fins, et une belle fraîcheur qui apporte un supplément d'âme. À attendre sans soucis. ✗ 2018-2022 ❦ daube de joue de bœuf ☛ Yves Cuilleron, 58, RD 1086, Verlieu, 42410 Chavanay, tél. 04 74 87 02 37, cave@cuilleron.com Ⓥ ⚘ 🏠 r.-v.

EMMANUEL DARNAUD Au fil du temps 2012 ★★			
■	1 200	⅏	50 à 75 €

L'histoire vigneronne d'Emmanuel Darnaud débute en 2001 avec 1,5 ha de vignes en fermage sur l'appellation crozes-hermitage. Agrandi progressivement, le domaine couvre aujourd'hui 15 ha, avec des parcelles en saint-joseph, et fait preuve d'une belle constance dans la qualité avec ses sélections parcellaires.

Vendue uniquement en magnum, cette cuvée d'un noir profond a bénéficié d'un élevage luxueux de dix-huit mois en barrique. Au nez, elle associe harmonieusement la vanille, la violette et les épices. La bouche, chaleureuse et suave, allie force et délicatesse, avec un travail du bois bien maîtrisé. ✗ 2017-2022 ❦ pintade rôtie aux cèpes ☛ Emmanuel Darnaud, 21, rue du Stade, Lot. Rémy-Sottet, 26600 La Roche-de-Glun, tél. 04 75 84 81 64, emmanuel.darnaud26@orange.fr Ⓥ ⚘ 🏠 r.-v.

Ⓑ **DOM. DES GRANDS CHEMINS** 2012 ★			
■	n.c.	⅏	15 à 20 €

Maison fondée en 1835, propriété depuis 1977 du Champagne Deutz (groupe Roederer). Sous la direction de Fabrice Rosset et de son directeur technique Jacques Grange, elle dispose de 30 ha en propre dans les AOC septentrionales, complétés par des achats de raisin, la gamme méridionale provenant de la partie négociant-éleveur.

Un crozes-hermitage enjôleur avec son nez gourmand de chocolat fondant, de fraise écrasée et de mûre. Des arômes que l'on retrouve dans un palais généreux, onctueux et moelleux à souhait, soutenu par des tanins soyeux. ✗ 2017-2020 ❦ mijoté de paleron ■ Les Launes 2013 ★ (15 à 20 € ; 15 000 b.) : ce vin fait la part belle à la marsanne (80 %). On apprécie son côté frais, printanier, floral et anisé. ✗ 2015-2019 ☛ Delas Frères, ZA de l'Olivet, 07300 Saint-Jean-de-Muzols, tél. 04 75 08 60 30, france@delas.com Ⓥ ⚘ 🏠 r.-v.

Ⓑ **LAURENT HABRARD** 2013				
■	27 000	⬗ ⅏	11 à 15 €

Laurent Habrard, installé en 1998, représente la cinquième génération à conduire le vignoble familial, étendu aujourd'hui sur 15 ha et exploité en agriculture biologique depuis 2008.

« Un crozes à l'ancienne », selon les dégustateurs. Comprenez : un vin ample et bien structuré, avec un côté un peu végétal et poivron, les fruits restant pour l'heure à l'arrière-plan. On lui reconnaît une belle assise qui lui permettra de bien vieillir. ✗ 2017-2020 ❦ hachua de veau ☛ Dom. Habrard, 7, rte des Blancs, 26600 Gervans, tél. 06 60 61 60 26, laurent@domainehabrard.com Ⓥ ⚘ 🏠 r.-v.

DOM. PHILIPPE ET VINCENT JABOULET Nouvelère 2012 ★			
■	12 000	⅏	15 à 20 €

Philippe Jaboulet et son fils Vincent ont décidé de poursuivre l'aventure viticole après la vente de la maison familiale (Paul Jaboulet Aîné). Ainsi se sont-ils installés en 2005 sur une partie du domaine de Collonge, à la tête de 30 ha en crozes-hermitage, hermitage et cornas.

Après un élevage de vingt-quatre mois en foudre et 10 % en fûts neufs, ce vin livre un bouquet logiquement empreint d'intenses nuances boisées, mais le fruit n'est pas écrasé et se mêle harmonieusement au merrain. En bouche, on découvre un vin tout aussi boisé et chaleureux (griotte à l'eau-de-vie), mais harmonieux, étayé par des tanins ronds et soyeux. Un vin pour un repas d'hiver, au coin du feu. ⌛ 2017-2022 🍷 lièvre à la royale

🔑 *Philippe et Vincent Jaboulet, 920, rte de la Négociale, 26600 Mercurol, tél. 04 75 07 44 32, jabouletphilippeetvincent@wanadoo.fr* V 🚶 🍷 *r.-v.*

DOM. GAYLORD MACHON
La fille dont j'ai rêvé 2013 ★

■	995	🍾 🛢	15 à 20 €

Marcel, le grand-père, a fait son vin jusqu'en 1936. Ses fils ont ensuite porté les vendanges du domaine familial à la coopérative de Tain. En 2002, Gaylord Machon reprend le vignoble (5 ha à l'époque, 8,5 ha aujourd'hui), sort de la cave en 2008 et signe sa première cuvée en 2011. À suivre…

Une entrée dans le Guide très réussie, avec ce blanc confidentiel mi-roussanne mi-marsanne, dont 20 % passés en barrique pendant neuf mois. Le nez séduit par sa complexité aromatique : agrumes, fruit de la Passion, fruits jaunes, miel. En bouche, le vin se montre gras, ample, fruité et bien boisé, revigoré par une finale plus fraîche et alerte. Un ensemble harmonieux, que l'on pourra boire dans sa jeunesse. La fille dont j'ai rêvé ? Le vigneron rêvait d'avoir une petite fille, il eut un garçon… (voir la cuvée Ghany). ⌛ 2015-2019 🍷 ravioles au fromage ■ Cuvée Ghany 2013 (11 à 15 € ; 3 900 b.) : vin cité. ⌛ 2017-2022

🔑 *Gaylord Machon, 4 rte des Vignes, 26600 Beaumont-Monteux, tél. 06 11 16 41 35, gaylord.machon@free.fr* V *r.-v.*

DOM. MELODY Premier regard 2013 ★

■	10 000	🍾 🛢	11 à 15 €

Ce jeune domaine de 15 ha, implanté sur trois terroirs plantés de vignes âgées de cinq à soixante ans, est né en 2010 de la rencontre entre trois vignerons, Marlène Durand, Marc Romak et Denis Larivière, qui semblent maîtriser leur sujet au vu de leurs premières cuvées très convaincantes. À suivre de près.

Après une entrée fracassante dans le Guide (coups de cœur pour la cuvée Étoile noire dans ses versions 2011 et 2012), le domaine confirme ses belles dispositions. Dans le difficile millésime 2013, les trois compères tirent leur épingle du jeu avec ce Premier regard (première cuvée produite sur le domaine). Un vin qui ne se livre pas d'emblée. D'abord timide et un peu sauvage (notes animales), il demande un peu d'aération pour révéler ses arômes de fruits confiturés. En bouche, il se montre ample, rond et généreux, porté par des tanins fondus et enrobés, un poil plus stricts en finale. Un vin bien travaillé, qui s'ouvrira pleinement avec le temps. ⌛ 2017-2021 🍷 gigot d'agneau

🔑 *Dom. Melody, 570, chem. des Limites, 26600 Mercurol, tél. 04 75 08 16 51, lariviere.mm@hotmail.fr* V 🚶 🍷 *r.-v.*

DOM. MICHELAS-SAINT-JEMMS
La Chasselière 2013 ★

■	15 000	🛢	11 à 15 €

Fondée en 1972 par Robert et Yvette Michelas, cette exploitation ne compte pas moins de 53 ha répartis dans quatre appellations. Les enfants – Sylvie, Corinne, Florence et Sébastien – sont désormais aux commandes. Régulièrement en vue pour ses crozes et ses cornas.

Animale à l'ouverture, plus fruitée (cassis confituré) à l'agitation, cette cuvée élevée un an en fût déploie en bouche un beau volume et une structure de tanins soyeux, enrobés par une chair ronde. Un vin harmonieux, velouté et long. ⌛ 2017-2020 🍷 civet de sanglier aux aubergines ■ **Terres d'Arce 2013 ★ (20 à 30 € ; 1 200 b.)** : une gamme créée en 2003, tirant son nom du marquis d'Arce, qui fut propriétaire de certaines parcelles du domaine. Ici, un rouge confidentiel, expressif (fruité, poivré, réglissé et vanillé), ample et charpenté par de bons tanins qui demandent à se fondre. ⌛ 2018-2022

🔑 *Dom. Michelas-Saint-Jemms, 557, rte de Bellevue, Les Châssis, 26600 Mercurol, tél. 04 75 07 86 70, michelas.st.jemms@orange.fr* V 🚶 🍷 *t.l.j. sf dim. 9h-12h 14h-18h*

OGIER Héritages 2013

■	70 000	🛢	8 à 11 €

Cette vénérable maison castelpapale de négoce-éleveur (1859), dans le giron du groupe Advini, propose une large gamme de vins rhodaniens, du nord et du sud. Elle possède aussi le Clos de l'Oratoire des Papes (châteauneuf) et le domaine Notre-Dame de Cousignac (vivarais).

Le nez se révèle chaleureux, ouvert sur des parfums de fruits rouges à l'alcool et rehaussé de poivre. Le palais laisse une impression d'équilibre, bâti sur des tanins bien présents mais sans rugosité et prolongé en finale par des notes fraîches de fruits acidulés. ⌛ 2016-2019 🍷 grillades de bœuf

🔑 *Ogier, 10, av. Louis-Pasteur, BP 75, 84230 Châteauneuf-du-Pape, tél. 04 90 39 32 41, ogier@ogier.fr* V 🚶 🍷 *t.l.j. sf dim. 9h 12h 14h-18h30* 🔑 Advini

DOM. DU PAVILLON 2013

■	n.c.		11 à 15 €

Ce domaine, qui doit son nom à un pavillon de chasse répertorié au cadastre de Napoléon 1er, fut acquis en 1961 par le grand-père ardéchois Vidal Cornu, qui remplaça peu à peu les arbres fruitiers par de la vigne. Les vins furent longtemps vendus au négoce, jusqu'à l'arrivée en 1990 de Stéphane Cornu, à la tête aujourd'hui d'un vignoble de 14 ha sur les hauteurs de Mercurol.

D'un abord un peu sauvage et réservé, ce 2013 s'ouvre à l'aération sur de jolis parfums de fruits compotés, d'épices, de violette et de menthol. On les retrouve dans un palais frais et minéral dès l'attaque, boisé avec mesure (notes fumées) et bien charpenté par des tanins étoffés. Une belle évolution en perspective. ⌛ 2017-2021 🍷 osso bucco

🔑 *Stéphane Cornu, 250 chem. des Écoles, 26600 Mercurol, tél. 04 75 07 99 12, le-domaine-du-pavillon@wanadoo.fr* V 🚶 🍷 *r.-v.*

J. & J.-L. PRADELLE Courbis 2013

■	10 000	🛢	11 à 15 €

Les Pradelle cultivent la vigne à Chanos depuis le milieu du XIXe s. et sept générations Ce sont aujourd'hui Jean-Louis et son fils Antoine qui sont aux commandes du domaine, dont le vignoble couvre 35 ha en appellations crozes-hermitage et saint-joseph.

Un peu fermée de prime abord, cette cuvée laisse entrevoir des notes de cassis et de café à l'agitation. On retrouve le cassis avec plus d'intensité dans une bouche ronde et friande, qui s'achève sur des notes boisées signant les neuf mois de fût (90 % en barriques de réemploi). Un ensemble harmonieux. ⚔ 2016-2019 ♈ pavé de bœuf sauce poivre

o━ *Dom. Pradelle, 5, rue du Riou, 26600 Chanos-Curson, tél. 04 75 07 31 00, domainepradelle@yahoo.fr*
Ⓥ 🏃 🍴 *t.l.j. 10h-18h; f. janv.*

♥ DOM. DES REMIZIÈRES		
Cuvée particulière 2013 ★★		
■ 26 000	⅏	8 à 11 €

Jusqu'en 1973, Alphonse Desmeure apportait sa vendange à la coopérative. Son fils Philippe développe la propriété à partir de 1977, généralise la production en bouteilles et accroît le vignoble : 34 ha aujourd'hui, disséminés sur plusieurs communes et conduits en bio non certifié, avec ses enfants, Émilie et Christophe. Une référence incontournable, avec des vins d'une rare constance.

Dire du domaine qu'il est une valeur sûre est un euphémisme : treizième et quatorzième coups de cœur depuis l'édition 2001 (nous ne sommes pas remontés plus loin) avec deux cuvées de crozes, une dans chaque couleur ! CQFD... Honneur au rouge avec une cuvée élevée douze mois en demi-muid, qui livre un bouquet fin et complexe de fruits rouges mûrs, de cuir et de poivre blanc. Une attaque souple, fraîche et dynamique introduit un palais ample, dense, riche et puissant, soutenu par des tanins fermes, au grain très fin. La longue finale sur la violette laisse une impression de plénitude. ⚔ 2017-2022 ♈ magret de canard sauce au poivre

■ Cuvée Christophe 2013 ★★ (11 à 15 € ; 9 500 b.) ♥ : après dix mois de fût, dont 40 % de barriques neuves, cette cuvée (85 % marsanne) offre au nez un boisé intense mais parfaitement fondu, qui laisse parler les fruits. Une même sensation d'harmonie entre un élevage ajusté (notes grillées) et un raisin mûr (nuances miellées) caractérise la bouche, ample, ronde et soyeuse, soutenue jusqu'en finale par une fine acidité intégrée. ⚔ 2016-2020 ■ Cuvée particulière 2013 ★ (8 à 11 € ; 13 000 b.) : d'abord fermé, ce blanc s'ouvre à l'agitation sur des notes boisées et minérales. Une minéralité prolongée par une bouche vive et intense. Un vin dynamique. ⚔ 2016-2020 ■ Cuvée Christophe 2013 (11 à 15 € ; 20 000 b.) ⚔ 2018-2022

o━ *Cave Desmeure, Dom. des Remizières, 1459, av. du Vercors, 26600 Mercurol, tél. 04 75 07 44 28, contact@domaineremizieres.com*
Ⓥ 🏃 🍴 *r.-v.*

Ⓑ DAVID REYNAUD Georges 2013		
■ 35 000	🍖 ⅏	15 à 20 €

Ce domaine familial livrait sa vendange à la coopérative de Tain jusqu'en 2003. David Reynaud, installé en 2000 avec sa mère, conduit aujourd'hui, en solo et en

biodynamie, un vignoble de 38 ha. Régulièrement en vue pour ses crozes-hermitage notamment.

Hommage au grand-père Georges, cette cuvée expressive et charmeuse est dominée à l'olfaction par le cassis mûr, la cerise, le poivre et le grillé de la barrique. Des arômes qui parcourent aussi la bouche, souple et fraîche, qui préfère la finesse à la force. À boire dans sa jeunesse. ⚔ 2015-2019 ♈ poulet boucané

o━ *David Reynaud, Dom. les Bruyères, 12, chem. du Stade, 26600 Beaumont-Monteux, tél. 04 75 84 74 14, domainelesbruyeres@orange.fr*
Ⓥ 🏃 🍴 *t.l.j. 9h-12h 14h-18h*

♥ DOM. SAINT-CLAIR la Fleur enchantée 2012 ★★		
■ 10 000	⅏	15 à 20 €

Un domaine récent, créé en 2007 par Denis Basset : 15 ha répartis entre des terroirs de galets roulés pour les crozes-hermitage et des terrasses granitiques pour les saint-joseph.

Enchanteresse et florale en effet, cette cuvée née de vieux ceps de syrah de quarante-cinq ans. Un vin plein de justesse et d'harmonie, intensément bouqueté autour de la framboise, de l'aubépine et de la violette, franc et frais en attaque, délicat et ferme à la fois dans son développement, avec ce qu'il faut de structure tannique pour bien vieillir, ni trop ni trop peu. Un modèle d'équilibre et de finesse. ⚔ 2017-2021 ♈ filet d'agneau à la purée d'herbes

o━ *Dom. Saint-Clair, Denis Basset, 265, chem. de la Grange, 26600 Beaumont-Monteux, tél. 06 86 81 83 58, domainesaintclair@orange.fr*
Ⓥ 🏃 🍴 *r.-v.*

SAINT-COSME 2013 ★		
■ 5 000	⅏	11 à 15 €

Aménagé sur un site de vinification gallo-romain parvenu jusqu'à nous avec ses cuves de fermentation taillées dans le rocher, le domaine est dans la famille Barruol depuis... 1490. Depuis, quinze générations de vignerons se sont succédé sur cette exploitation de 22 ha conduite depuis longtemps selon les préceptes bio. Fort de ce long passé vigneron, Louis Barruol, l'actuel propriétaire, a développé en 1997 une activité de négoce.

Le nez puissant associe le cassis mûr à la vanille et au poivre. Une intensité aromatique que l'on retrouve dans une bouche dense et fraîche, épaulée par des tanins souples, qui restent assez discrets. ⚔ 2016-2019 ♈ poularde à la truffe

o━ *Saint-Cosme, rte des Dentelles, 84190 Gigondas, tél. 04 90 65 80 80, barruol@chateau-st-cosme.com*
Ⓥ 🏃 🍴 *t.l.j. sf sam. dim. 9h-17h* o━ *Louis Barruol*

♥ CAVE DE TAIN Grand Classique 2014 ★★		
■ 65 000	🍖	8 à 11 €

Créée en 1933 par Louis Gambert de Loche, la très qualitative cave coopérative de Tain-l'Hermitage rassemble 310 adhérents et vinifie à elle seule, avec plus de 1 000 ha de vignes, environ 50 % des appellations de la

vallée du Rhône septentrionale. Elle possède aussi 26 ha en propre, dont 21 ha en AOC hermitage. Une valeur sûre de la région, qui s'est dotée en 2014 de structures de production flambant neuves permettant de multiplier les sélections parcellaires.

Grand et classique en effet que ce crozes blanc 100 % marsanne. Au nez, on apprécie ses arômes floraux bien typés et très élégants d'aubépine et d'acacia. On les retrouve dans un palais racé, ample, rond et riche sans lourdeur aucune, laissant au contraire une impression de finesse et de belles promesses pour l'avenir. ✗ 2017-2020 ¶ poulet aux écrevisses ■ **Les Hauts de Pavières 2014 ★★** (8 à 11 € ; 35 000 b.) : issue de la seule marsanne, cette cuvée séduit par son équilibre parfait entre rondeur et fraîcheur, comme par la finesse et la persistance de ses tonalités florales. ✗ 2016-2020 ■ **Les Hauts du Fief 2013 ★★** (11 à 15 € ; 57 000 b.) : un boisé encore dominant mais racé, toasté et épicé, beaucoup de volume et de fraîcheur, de solides tanins. L'avenir lui appartient. ✗ 2018-2022 ■ **Vin biologique 2013 ★** (8 à 11 € ; 20 000 b.) : un vin expressif et complexe (fruits noirs, garrigue, violette, grillé léger), frais, bien charpenté, droit dans ses bottes. ✗ 2017-2021

○┐ *Cave de Tain, 22, rte de Larnage, 26600 Tain-l'Hermitage, tél. 04 75 08 20 07, contact@cavedetain.com* 🆅 🅰 🏠 *r.-v.*

DOM. DE THALABERT 2012 ★★

■		66 000	🃏 🍷		30 à 50 €

Fondée en 1834, la vénérable maison Paul Jaboulet Aîné propose une large gamme issue de son négoce et de sa centaine d'hectares (en conversion bio) répartie dans plusieurs domaines septentrionaux, dont le mythique La Chapelle en hermitage. Rachetée en 2006 par la famille Frey, propriétaire en Champagne et dans le Bordelais (La Lagune), elle est dirigée par Caroline Frey. Les superlatifs ne manquent pas pour décrire ce vin : « très belle finesse », « équilibre parfait », « excellente vinification ». On est en présence en effet d'un vin très bien travaillé, ouvert sans réserve ni fausse note sur de savoureux arômes de chocolat et de fruits rouges, au palais tout en puissance maîtrisée, ample et frais, bâti sur des tanins veloutés. On peut attendre, mais le plaisir est déjà au rendez-vous. ✗ 2018-2023 ¶ agneau au romarin

○┐ *Dom. Paul Jaboulet Aîné, RN 7, Les Jalets, BP 46, 26600 Tain-l'Hermitage, tél. 04 75 84 68 93, info@jaboulet.com* 🆅 🏠 *t.l.j. 10h-19h*

PIERRE VIDAL 2013

■		15 000	🃏 🍷		11 à 15 €

Pierre Vidal installé à Châteauneuf-du-Pape avec son épouse vigneronne a créé son négoce en 2010. Une maison déjà bien implantée grâce aux sélections parcellaires vinifiées par ce jeune œnologue formé en Bourgogne.

Une olfaction chaleureuse, centrée sur les fruits macérés et le pruneau, introduit la dégustation. On ressent aussi une bonne maturité du raisin en bouche, où le vin se montre généreux et volumineux, épaulé par des tanins fermes et actifs, et par une fraîcheur de bon aloi. L'ensemble est équilibré et devrait bien évoluer en cave. ✗ 2017-2020 ¶ lapin aux olives

○┐ *EURL Pierre Vidal, 631, rte de Sorgues, 84230 Châteauneuf-du-Pape, tél. 06 88 88 07 58, contact@pierrevidal.com*

LES VINS DE VIENNE Les Palignons 2012 ★★

■		4 000	🍷		20 à 30 €

Pour faire renaître le vignoble de Seyssuel situé en amont de Vienne, trois vignerons de renom, Yves Cuilleron, Pierre Gaillard et François Villard, ont créé cette belle affaire en 1996, à l'origine de beaux vins de propriété – IGP à Seyssuel, sélections parcellaires en AOC septentrionales – et de vins de négoce de toute la vallée.

Après seize mois de fût, cette cuvée livre des parfums puissants mais élégants de boisé toasté et vanillé, mâtinés de cuir et de fruits rouges. Une vigueur à laquelle fait écho un palais dense, frais et très fin, adossé à une structure tannique très équilibrée. « L'intensité du terroir et la finesse du vigneron », conclut un dégustateur qui, goûtant à l'aveugle, ne pouvait savoir qu'il s'agit d'une œuvre à six mains... ✗ 2018-2022 ¶ côte de bœuf aux sarments

○┐ *Les Vins de Vienne, 1, ZA de Jassoux, 42410 Chavanay, tél. 04 74 85 04 52, contact@lesvinsdevienne.fr* 🆅 🅰 *r.-v.*

Ⓑ DOM. DE LA VILLE ROUGE Inspiration 2013 ★★

■		36 000	🃏 🍷		8 à 11 €

Un domaine familial de 18 ha en crozes-hermitage et en saint-joseph, qui vinifie ses propres vins depuis 2006, sous l'impulsion de Sébastien Girard, fils des fondateurs, installé trois ans plus tôt. En bio depuis 2009 et en biodynamie depuis 2013.

Sébastien Girard a été très inspiré par le délicat millésime 2013 à en juger par cette cuvée passée à 20 % en foudre pendant onze mois. Le nez est puissant et racé, sur les fruits noirs et un boisé fondu. Ample et tout aussi intense, le palais dévoile un très joli grain de tanins, souple et fin, et une longue finale sur les fruits frais. Ce vin a de la personnalité et vieillira bien. ✗ 2017-2021 ¶ lapin aux pruneaux ■ **Cuvée Paul 2013 ★★** (15 à 20 € ; 6 666 b.) : un boisé bien intégré, des tanins bien présents, avec un côté velouté renforcé par de gourmands arômes chocolatés. ✗ 2017-2020 ■ **Terre d'Éclat 2012 ★** (11 à 15 € ; 6 800 b.) : passé 100 % en fût, un vin finement boisé, ample et harmonieux, qui évolue en douceur. ✗ 2016-2020

○┐ *Dom. de la Ville Rouge, 355, rte de la Ville-Rouge, 26600 Mercurol, tél. 04 75 07 33 35, la-ville-rouge@wanadoo.fr* 🆅 🅰 🏠 *r.-v.* ○┐ *Sébastien Girard*

HERMITAGE

Superficie : 135 ha / Production : 4 365 hl (75 % rouge)

Le coteau de l'Hermitage, très bien exposé au sud, est situé au nord-est de Tain-l'Hermitage. La culture de la vigne y remonte au IVᵉ s. av. J.-C., mais on attribue l'origine du nom de l'appellation au chevalier Gaspard de Sterimberg qui, revenant de la croisade contre les

RHÔNE

Albigeois en 1224, décida de se retirer du monde. Il édifia un ermitage, défricha et planta de la vigne.

Le massif de Tain est constitué à l'ouest d'arènes granitiques, terrain propice à la syrah (les Bessards). Plantées de roussanne et surtout de marsanne, les parties est et sud-est de l'appellation, formées de cailloutis et de lœss, ont vocation à produire des vins blancs (les Rocoules, les Murets).

L'hermitage rouge est un très grand vin de garde, tannique, extrêmement aromatique, qui demande un vieillissement de cinq à dix ans, voire de vingt ans, avant de développer un bouquet d'une richesse et d'une qualité rares. On le servira entre 16 °C et 18 °C, sur du gibier ou des viandes rouges. L'hermitage blanc est un vin très fin, peu acide, souple, gras et parfumé. Il peut être apprécié dès la première année mais atteindra son plein épanouissement après un vieillissement de cinq à dix ans. Cependant, les grandes années, en blanc comme en rouge, peuvent supporter une garde de trente ou quarante ans.

L'Hermitage

N° 0001
DOMAINE JEAN-LOUIS CHAVE
MAUVES EN ARDÈCHE · FRANCE

ses vins dépasse depuis longtemps les frontières de l'Europe grâce à son travail méticuleux à la vigne comme au chai. Les vendanges sont toujours tardives pour récolter le raisin à parfaite maturité, et le travail à la cave privilégie une vinification et un élevage séparés pour chaque terroir.

Le domaine se joue des millésimes difficiles avec une déconcertante facilité et son rouge continue de trôner sur la colline de l'Hermitage. Le 2012, noir et dense comme il se doit, respire la vendange à pleine maturité, le bon boisé empyreumatique et le santal. Le palais, d'un réel raffinement, s'adosse à des tanins veloutés, au grain très fin, et à une noble acidité qui lui procure une grande allonge. Un hermitage « très classe » sans en rajouter, l'être et non le paraître. ✗ 2020-2030 ▼ tournedos Rossini ■ 2012 ★★ (+ de 100 € ; n.c. b.) : toujours aussi remarquable, le blanc du domaine reste au sommet et tutoie sans conteste les grands blancs de Bourgogne. Le 2012 se pare d'une élégante robe d'or et se distingue d'emblée par ses accents floraux évocateurs de jasmin et par de tendres touches miellées. La bouche se développe autour d'une matière riche, presque moelleuse, ciselée par une fine minéralité. Un hermitage plein de noblesse et très équilibré. ✗ 2019-2028
○➞ Jean-Louis Chave, 37, av. du Saint-Joseph, 07300 Mauves, tél. 04 75 08 24 63

M. CHAPOUTIER Mure de Larnage 2013 ★

■	2 500	◗	30 à 50 €

Cette vénérable (XIXᵉ s.) et incontournable maison, mise sur orbite internationale par Michel Chapoutier à partir des années 1990, propose une large gamme issue de ses propres vignes (350 ha, en biodynamie) ou d'achats de raisin dans la plupart des appellations phares de la vallée du Rhône, mais aussi en Roussillon et en Alsace.

Une impressionnante robe noire habille cette cuvée qui ne cache pas son élevage en fût : un boisé très prononcé domine l'olfaction (cacao), laissant pour l'heure le fruit en retrait. Un boisé qui ressort aussi en bouche, associé à une matière riche et à des tanins très présents, un bon support acide apportant dynamisme, équilibre et longueur. Voilà qui laisse présager un bon vieillissement. ✗ 2019-2025 ▼ ris de veau Rossini
○➞ Maison M. Chapoutier, 18, av. du Dr-Paul-Durand, 26600 Tain-l'Hermitage, tél. 04 75 08 28 65, chapoutier@chapoutier.com Ⓥ 🅚 🅻 r.-v.

Ⓑ YANN CHAVE 2013 ★

■	6 000	◗	50 à 75 €

Un domaine créé en 1969 par Bernard et Nicole Chave, repris en 1996, restructuré et agrandi (19 ha aujourd'hui, conduits en bio) par leur fils Yann. Ce dernier en a fait l'une des belles références des appellations hermitage et crozes-hermitage.

Ce vin élevé en demi-muid pendant un an est à l'image des 2013, pour lesquels il faut attendre que le vin « digère » le bois, ici encore très marqué au nez comme en bouche (notes de cacao), avec un côté fermé et assez austère. Mais on sent largement qu'il a toutes les ressources pour évoluer très favorablement : une matière riche et généreuse. ✗ 2020-2025 ▼ tourte de faisan au foie gras
○➞ Yann Chave, 1170, chem. de la Burge, 26600 Mercurol, tél. 04 75 07 42 11, chaveyann@yahoo.fr

♥ JEAN-LOUIS CHAVE 2012 ★★

■	n.c.	◗	+ de 100 €

Au XVᵉ s. déjà, les Chave cultivaient la vigne à Mauves. Aujourd'hui, Jean-Louis, fils de Gérard Chave, dirige un domaine de 12 ha dédié à l'hermitage. La réputation de

FAYOLLE FILS & FILLE Les Dionnières 2013

■	1 000	◗	30 à 50 €

En 2002, Laurent Fayolle et sa sœur Céline ont repris le domaine familial créé en 1870, l'un des premiers du secteur à avoir vendu son vin en bouteille (1959). Le vignoble s'étend aujourd'hui sur près de 10 ha en hermitage et en crozes, exploités dans l'esprit bio mais sans certification.

C'est le lieu-dit où se trouve la parcelle (plantée de ceps de syrah âgés de soixante ans) qui donne son nom à cette cuvée. La première approche se fait sur le cacao, la torréfaction et des notes briochées, puis arrivent les fruits compotés à l'agitation du verre. En bouche, le vin se montre souple et frais, stimulé par une fine acidité, titillé par quelques notes épicées et soutenu par des tanins fondus. Un dégustateur mélomane s'amuse à comparer cet hermitage friand au premier mouvement de la 9ᵉ Symphonie de Beethoven : une entrée tonitruante, un beau développement nuancé, un final court. ✗ 2018-2022 ▼ grenadins de veau aux cèpes
○➞ Fayolle Fils et Fille, 9, rue du Ruisseau, 26600 Gervans, tél. 04 75 03 33 74, contact@fayolle-filsetfille.fr Ⓥ 🅚 🅻 l.l.j. 9h-18h ; sam. dim. sur r.-v.

PHILIPPE ET VINCENT JABOULET 2012 ★

■	2 500	◗	30 à 50 €

Philippe Jaboulet et son fils Vincent ont décidé de poursuivre l'aventure viticole après la vente de la maison familiale (Paul Jaboulet Aîné). Ainsi se sont-ils installés en 2005 sur une partie du domaine de Collonge, à la tête de 30 ha en crozes-hermitage, hermitage et cornas.

Issu de pure roussanne, ce 2012 est encore « le nez dans la barrique » avec ses notes beurrées et vanillées, mais on ne peut que louer la qualité de ce boisé très fin. On le retrouve dans une bouche élégante, qui déploie une jolie fraîcheur en soutien d'une matière riche et soyeuse. Tout est en place pour un séjour en cave. ✗ 2019-2025 ♈ poularde aux morilles ■ 2012 ★ (30 à 50 € ; 2 900 b.) : le nez associe le pain d'épice, la pâte de fruits et un boisé bien fondu. En bouche, le vin se montre rond et très frais, étayé par des tanins veloutés. ✗ 2018-2023

☛ *Philippe et Vincent Jaboulet,*
920, rte de la Négociale, 26600 Mercurol,
tél. 04 75 07 44 32, jabouletphilippeetvincent@
wanadoo.fr Ⓥ ♣ ✚ *r.-v.*

PAUL JABOULET AÎNÉ La Petite Chapelle 2012			
■	25 000	♟ ⅏	75 à 100 €

Fondée en 1834, la vénérable maison Paul Jaboulet Aîné propose une large gamme issue de son négoce et de sa centaine d'hectares (en conversion bio) répartie dans plusieurs domaines septentrionaux, dont le mythique La Chapelle en hermitage. Rachetée en 2006 par la famille Frey, propriétaire en Champagne et dans le Bordelais (La Lagune), elle est dirigée par Caroline Frey. Emblème de l'appellation, la chapelle Saint-Christophe est propriété de la maison Jaboulet depuis 1919. La « petite sœur » de la mythique cuvée La Chapelle a été créée en 2001 afin de proposer un hermitage plus suave et à boire plus tôt. La version 2012 répond bien à cette volonté. La robe légèrement tuilée annonce d'ailleurs un début d'évolution. Très ouvert, le nez associe les fruits à l'eau-de-vie, le camphre et les épices douces. La bouche se révèle tendre et chaleureuse, les tanins dévoilent un joli grain, fin et soyeux, la finale est de bonne longueur. L'ensemble, harmonieux, s'appréciera assez jeune en raison d'une acidité mesurée. ✗ 2018-2022 ♈ cailles farcies au foie gras

☛ *Dom. Paul Jaboulet Aîné, RN 7, Les Jalets,*
BP 46, 26600 Tain-l'Hermitage, tél. 04 75 84 68 93,
info@jaboulet.com Ⓥ ✚ *t.l.j. 10h 19h*

CAVE DE TAIN Les Hauts de Pavières 2013			
■	9 000	♟ ⅏	20 à 30 €

Créée en 1933 par Louis Gambert de Loche, la très qualitative cave coopérative de Tain-l'Hermitage rassemble 310 adhérents et vinifie à elle seule, avec plus de 1 000 ha de vignes, environ 50 % des appellations de la vallée du Rhône septentrionale. Elle possède aussi 26 ha en propre, dont 21 ha en AOC hermitage. Une valeur sûre de la région, qui s'est dotée en 2014 de structures de production flambant neuves permettant de multiplier les sélections parcellaires.

Le nez, assez réservé, est encore sur le bois, des notes de fruits écrasés pointant à l'aération. Une attaque souple et svelte ouvre sur un palais bien construit autour de tanins présents mais pas trop, plutôt arrondis, épaulés par une fraîcheur de bon aloi. Un vin équilibré. ✗ 2018-2023 ♈ perdreau rôti ■ Les Petites Cabanes 2013 (20 à 30 € ; 15 000 b.) : vin cité. ✗ 2018-2023

☛ *Cave de Tain, 22, rte de Larnage,*
26600 Tain-l'Hermitage, tél. 04 75 08 20 87, contact@
cavedetain.com Ⓥ ♣ ✚ *r.-v.*

LES VINS DE VIENNE La Bachole 2013			
■	2 500	⅏	50 à 75 €

Pour faire renaître le vignoble de Seyssuel situé en amont de Vienne, trois vignerons de renom, Yves Cuilleron, Pierre Gaillard et François Villard, ont créé cette affaire en 1996, à l'origine de beaux vins de propriété – IGP à Seyssuel, sélections parcellaires en AOC septentrionales – et des vins de négoce de toute la vallée.

Cette cuvée est issue de marsanne (70 %) et de roussanne vinifiées en fût de chêne à basse température, avec des levures indigènes exclusivement ; elle a été élevée neuf mois en fût. Un vin encore un peu fermé à l'olfaction, mais qui offre du gras, du volume et de la générosité en bouche, soutenus par un bon boisé. Le temps lui apportera plus d'expression. ✗ 2019-2025 ♈ côte de veau aux girolles

☛ *Les Vins de Vienne, 1, ZA de Jassoux,*
42410 Chavanay, tél. 04 74 85 04 52,
contact@lesvinsdevienne.fr Ⓥ ♣ ✚ *r.-v.*

CORNAS

Superficie : 115 ha / Production : 4 210 hl

En face de Valence, l'appellation s'étend sur la seule commune de Cornas. Les sols, en pente assez forte, sont composés d'arènes granitiques, maintenues en place par des murets. Issu de syrah récoltée à faibles rendements (30 hl/ha), le cornas est un vin rouge viril, charpenté, qu'il faut faire vieillir au moins trois années – mais il peut attendre parfois beaucoup plus – afin qu'il puisse exprimer ses arômes fruités et épicés sur des viandes rouges et du gibier.

DOM. A. CLAPE 2013 ★★			
■	n.c.	⅏	+ de 100 €

Sous des noms divers, ce domaine phare de l'appellation cornas a plus de deux cent cinquante ans d'existence. Pierre Clape, installé en 1990 à la suite de son père Auguste, perpétue avec talent la tradition familiale, accompagné par son fils Olivier. Vigneron discret et peu interventionniste, il pratique l'élevage long en foudres anciens pour une expression aboutie de la syrah. Sur un vignoble de 8,5 ha, il consacre 3,5 à son « grand vin ».

D'un noir dense et profond, le 2013 s'ouvre sur des notes intenses et variées de raisin (raisin en confiture, raisin de Corinthe), agrémentées de nuances kirschées et poivrées. Une générosité que l'on retrouve dans une bouche à la fois veloutée et charpentée par des tanins denses et soyeux, patinés par le long passage en foudre ; une fraîcheur minérale, qui signe le terroir, vient en soutien. Les fondamentaux de la maison et de l'appellation sont parfaitement respectés. Un cornas sobre et authentique, qui défiera les années. ✗ 2020-2030 ♈ ris de veau sauce madère

☛ *SCEA Dom. Clape, 146, av. Colonel-Rousset,*
07130 Cornas, tél. 04 75 40 33 64, r.-v.

YVES CUILLERON Les Vires 2012 ★★			
■	3 300	⅏	30 à 50 €

Une référence de la vallée du Rhône nord, notamment pour ses condrieu. Établi à Chavanay, Yves Cuilleron a repris en 1987 la propriété créée en 1920 par son

RHÔNE

grand-père paternel, puis gérée par son oncle Antoine. Il a progressivement agrandi le domaine (59 ha aujourd'hui) sur la rive droite du Rhône (condrieu, côte-rôtie, saint-joseph, saint-péray et cornas) et, depuis 2012, sur la rive gauche (crozes-hermitage).

Les notes fumées du bouquet soulignent avec élégance l'élevage de dix-huit mois en barrique, dont 60 % de bois neuf. Une attaque franche ouvre sur un palais solide, dense et ample, où le boisé et ses tonalités grillées sont encore bien présentes mais n'étouffent pas le fruit. Un beau cornas de caractère. ✗ 2018-2023 ✦ cuissot de chevreuil

o— *Yves Cuilleron, 58, RD 1086, Verlieu, 42410 Chavanay, tél. 04 74 87 02 37, cave@cuilleron.com* Ⓥ 🅰 🏠 *r.-v.*

DOM. ÉRIC ET JOËL DURAND Confidence 2013		
■	2 000	⬛	30 à 50 €

Un domaine familial de 20 ha constant en qualité, établi au sud de l'appellation saint-joseph et aux portes de celle de Cornas, et conduit par les frères Éric et Joël Durand. Cette cuvée est le fruit d'une sélection opérée sur deux parcelles aux sols granitiques peu profonds. Dans cette année difficile que fut 2013, le vin offre un profil avant tout aromatique, centré sur les fruits rouges et noirs et les épices. Cette belle expression se retrouve dans une bouche souple et ronde, portée par des tanins déjà bien fondus. Une bouteille que l'on pourra apprécier dans sa jeunesse. ✗ 2017-2020 ✦ foie gras poêlé aux raisins

o— *Éric et Joël Durand- GAEC du Lautaret, 2, impasse de la Fontaine, 07130 Châteaubourg, tél. 04 75 40 46 78, ej.durand@wanadoo.fr* Ⓥ 🏠 *r.-v.*

DOM. PHILIPPE ET VINCENT JABOULET 2012 ★		
■	2 300	⬛	30 à 50 €

Philippe Jaboulet et son fils Vincent ont décidé de poursuivre l'aventure viticole après la vente de la maison familiale (Paul Jaboulet Aîné). Ainsi se sont-ils installés en 2005 sur une partie du domaine de Collonge, à la tête de 30 ha en crozes-hermitage, hermitage et cornas.

Ce vin a bénéficié d'un élevage luxueux de vingt-quatre mois en fût. Il en retire un nez logiquement dominé par le bois, mais un merrain racé et élégant, derrière lequel pointent des notes de cassis très mûr. En bouche, il se révèle dense, frais et très vigoureux, affermi par des tanins imposants et serrés. Un vrai cornas de garde. ✗ 2019-2027 ✦ gigue de chevreuil

o— *Philippe et Vincent Jaboulet, 920, rte de la Négociale, 26600 Mercurol, tél. 04 75 07 44 32, jabouletphilippeetvincent@wanadoo.fr* Ⓥ 🅰 🏠 *r. v.*

DOM. MICHELAS SAINT JEMMS Les Murettes 2013 ★		
■	3 900	⬛	20 à 30 €

Fondée en 1972 par Robert et Yvette Michelas, cette exploitation ne compte pas moins de 53 ha répartis dans quatre appellations. Les enfants – Sylvie, Corinne, Florence et Sébastien – sont désormais aux commandes. Régulièrement en vue sur les crozes et les cornas.

Épices, garrigue, fruits noirs compotés, c'est un bouquet bien sudiste qui ouvre la dégustation. Un côté solaire et mûr auquel fait écho une bouche douce et chaleureuse, sans manquer d'élégance, étayée par des tanins soyeux et fins. Déjà harmonieux, ce cornas vieillira bien sans que l'on ait besoin de l'attendre trop longtemps. ✗ 2017-2021

✦ agneau de sept heures ■ Terres d'Arce 2013 ★ (30 à 50 € ; 800 b.) : un cornas confidentiel, au nez épicé, torréfié, chocolaté et confituré, au palais rond et généreux, dominé par des arômes de pruneau et bien charpenté, sans excès. ✗ 2018-2022

o— *Dom. Michelas-Saint-Jemms, 557, rte de Bellevue, Les Châssis, 26600 Mercurol, tél. 04 75 07 86 70, michelas.st.jemms@orange.fr* Ⓥ 🅰 🏠 *t.l.j. sf dim. 9h-12h 14h-18h*

DOM. DE SAINT-PIERRE 2012 ★			
■	3 300	🏠 ⬛	50 à 75 €

Fondée en 1834, la vénérable maison Paul Jaboulet Aîné propose une large gamme issue de son négoce et de sa centaine d'hectares (en conversion bio) répartie dans plusieurs domaines septentrionaux, dont le mythique La Chapelle en hermitage. Rachetée en 2006 par la famille Frey, propriétaire en Champagne et dans le Bordelais (La Lagune), elle est dirigée par Caroline Frey. Établi sur le haut du coteau granitique de Cornas, à proximité d'une chapelle, le domaine de Saint-Pierre compte 4 ha de vignes, à l'origine d'un 2012 au nez intense et bien méridional de tapenade et de mûre confiturée. On retrouve les fruits noirs mûrs dans un palais long, puissant et solide, tout en restant élégant et harmonieux. ✗ 2019-2025 ✦ daube de sanglier aux olives

o— *Dom. Paul Jaboulet Aîné, RN 7, Les Jalets, BP 46, 26600 Tain-l'Hermitage, tél. 04 75 84 68 93, info@jaboulet.com* Ⓥ 🏠 *t.l.j. 10h-19h*

DOM. DU TUNNEL 2013 ★		
■	15 000	⬛	20 à 30 €

Depuis son installation en 1994, Stéphane Robert, qui n'est pas issu du monde viticole, s'est imposé comme une référence dans le paysage des crus septentrionaux. Il a créé son vignoble de toutes pièces, aujourd'hui 11 ha très morcelés, avec des vignes en cornas, saint-joseph, saint-péray et condrieu. Celles-ci longent une ancienne voie ferrée et un tunnel de 160 m, toujours visible, qui donne son nom au domaine et dans lequel ont été aménagés en 2014 une nouvelle cuverie et le chai d'élevage.

Dans le difficile millésime 2013, le vigneron a su se montrer patient pour tirer toute la quintessence de sa vendange, que l'on perçoit ici à travers d'intenses parfums de fruits compotés. Un fruité généreux prolongé par un palais puissant dès l'attaque, et pourtant raffiné de bout en bout, porté par des tanins au grain soyeux et par une bonne vivacité qui étire la finale, joliment relevée d'épices. ✗ 2018-2023 ✦ tournedos Rossini ■ Vin noir 2013 ★ (30 à 50 € ; 3 000 b.) : l'une des cuvées phare du domaine, d'un noir intense, encore assez fermée à l'olfaction, un peu plus prolixe en bouche, appréciée pour son volume, sa fraîcheur, son élégance et le soyeux de ses tanins. ✗ 2018-2025

o— *Stéphane Robert, Dom. du Tunnel, 20, rue de la République, 07130 Saint-Péray, tél. 04 75 80 04 66, domaine-du-tunnel@wanadoo.fr* Ⓥ 🅰 🏠 *r.-v.*

VIDAL-FLEURY 2011			
■	2 000	🏠 ⬛	30 à 50 €

Le plus ancien négoce rhodanien en activité, fondé en 1781 à partir de son vignoble en côte-rôtie et très tôt réputé – Thomas Jefferson y fit un banquet mémorable en 1787. Propriété des Guigal depuis 1986, il dispose d'une cave monumentale, dont l'architecture est inspirée du site égyptien de Saqqarah.

Bien dans son appellation, ce 2011 longuement passé en barrique (vingt-quatre mois) livre un bouquet de fruits noirs confiturés, de pruneau, d'épices et de grillé, agrémenté d'un côté minéral très marqué. Encore assez austère, le palais se révèle bien charpenté dès l'attaque et il faudra faire preuve d'encore un peu de patience pour apprécier cette bouteille pleinement. **✗** 2018-2023 **❦** côte de bœuf

☛ *Vidal-Fleury, 48, rte de Lyon, 69420 Tupin-et-Semons, tél. 04 74 56 10 18, contact@vidal-fleury.com*

▣ ⚒ ♿ *r.-v.*

ALAIN VOGE Les Vieilles Vignes 2012 ★

| ■ | 12 000 | ⊕ | 30 à 50 € |

Alain Voge a rejoint son père sur le domaine familial en 1958. Abandon de la polyculture, replantation de coteaux abandonnés, vente directe en bouteilles, il met le vignoble sur les rails : 12 ha aujourd'hui cultivés en bio et biodynamie (conversion en cours). Régulièrement en vue pour ses cornas et ses saint-péray.

Les vingt mois en fûts de 228 litres ont été bien « digérés » par le vin : le nez, harmonieux, associe sans fausse note les fruits noirs (mûre), la tapenade et quelques notes fumées. L'équilibre est aussi au rendez-vous en bouche : du fruit, un boisé fondu, une puissance certaine mais maîtrisée, de la longueur. Tout est en place pour un séjour en cave. **✗** 2018-2023 **❦** selle d'agneau rôti

☛ *SARL Alain Voge, 4, imp. de l'Équerre, 07130 Cornas, tél. 04 75 40 32 04, contact@alain-voge.com*

▣ ⚒ ♿ *t.l.j. sf dim. 9h 18h; sam. sur r.-v.*

SAINT-PÉRAY

Superficie : 75 ha / Production : 2 170 hl (10 % effervescents)

Situé face à Valence, le vignoble de Saint-Péray est dominé par les ruines du château de Crussol. Un microclimat un peu plus froid et des sols plus riches que dans le reste de la région sont favorables à la production de vins plus acides et moins riches en alcool, issus de marsanne et de roussanne, cépages bien adaptés à l'élaboration de blancs de blancs par la méthode traditionnelle.

DOM. DU BIGUET 2013 ★

| ■ | 4 500 | 🍶 | 11 à 15 € |

Jean-Louis et Françoise Thiers ont repris en 1981 les quelques arpents plantés et loués par les parents dans les années 1970 sur les arènes granitiques de Toulaud. Ils exploitent aujourd'hui 7,5 ha en saint-péray, cornas et côtes-du-rhône, tout en maintenant vivace la tradition du saint-péray effervescent.

Au nez, des agrumes (pamplemousse), de l'abricot sec, des fleurs blanches et une intense minéralité. Minéralité qui caractérise aussi le palais, vif et alerte, sans toutefois manquer de chair ni de gras. Un 100 % marsanne droit dans ses bottes. **✗** 2016-2020 **❦** daurade sauce citron

☛ *Dom. du Biguet, 725, rte de Biguet, 07130 Toulaud, tél. 04 75 40 49 44, domainedubiguet.thiers@orange.fr*

▣ ⚒ ♿ *r.-v.*

LAURENT ET CÉLINE FAYOLLE Montis 2013 ★

| ■ | 600 | ⊕ | 20 à 30 € |

En 2002, Laurent Fayolle et sa sœur Céline ont repris le domaine familial créé en 1870, l'un des premiers du secteur à avoir vendu son vin en bouteilles (1959). Le vignoble s'étend aujourd'hui sur près de 10 ha en hermitage et en crozes, exploités dans l'esprit bio mais sans certification.

Premier millésime pour cette cuvée 100 % marsanne, née de vieilles vignes, vinifiée et élevée en barrique pendant dix mois. Une première très réussie. Des notes grillées dominent le nez, accompagnées de nuances d'acacia. La bouche est harmonieuse et élégante, tendue par une intense fraîcheur minérale qui lui donne une belle allonge, impression renforcée en finale par une pointe d'amertume pas désagréable. **✗** 2017-2020 **❦** carpaccio de saint-jacques truffées

☛ *Fayolle Fils et Fille, 9, rue du Ruisseau, 26600 Gervans, tél. 04 75 03 33 74, contact@fayolle-filsetfille.fr* **▣ ⚒ ♿** *t.l.j. 9h-18h; sam. dim. sur r.-v.*

PIERRE GAILLARD 2014 ★★

| ■ | 9 900 | ⊕ | 15 à 20 € |

Pierre Gaillard acquiert ses premiers ceps en 1981 et constitue petit à petit son vignoble, défrichant et plantant de nouvelles parcelles. Établi aux portes du parc régional du Pilat, ce vigneron et négociant réputé de la vallée du Rhône nord, présent aussi en Languedoc-Roussillon (Madeloc à Banyuls sur Mer, Cottebrune à Faugères), est à la tête de 77 ha, ses domaines confondus.

D'une belle intensité aromatique, ce saint-péray s'ouvre sur les fruits frais (pêche et abricot) mâtinés de douces notes miellées. En bouche, il se révèle ample, riche et gras, mais aucune lourdeur ici, grâce à une fine fraîcheur en soutien et de beaux amers en finale. Un blanc étoffé et charmeur en diable. **✗** 2017-2021 **❦** côte de veau estragon et crème

☛ *Pierre Gaillard, lieu-dit Chez-Favier, 42520 Malleval, tél. 04 74 87 13 10, vinspr.gaillard@wanadoo.fr* **▣ ⚒ ♿** *r.-v.*

BERNARD GRIPA Les Figuiers 2013 ★★

| ■ | 9 000 | ⊕ | 15 à 20 € |

La famille Gripa arrive à Saint-Péray au XVIIe s., puis s'établit à Mauves vers 1850. Valeur sûre de la vallée du Rhône septentrionale, tant pour ses saint-péray que pour ses saint-joseph (témoins les nombreux coups de cœur obtenus dans les deux appellations), le domaine est conduit depuis 2006 par Fabrice Gripa, fils de Bernard, aujourd'hui à la tête de 16 ha de vignes.

Cuvée phare du domaine, ces Figuiers ont obtenu plus d'un coup de cœur dans ces pages. Le 2013 n'a pas grand-chose à envier à ses « grandes sœurs » les plus abouties (2010, 2009, 2007 ou encore 2004, pour ne parler que des coups de cœur les plus récents). Au nez, de délicats parfums d'acacia et de pamplemousse s'accompagnent de légères notes miellées. En bouche, le vin associe des arômes de fruits secs à une texture délicate et à une franche minéralité qui apporte beaucoup de nerf et d'élégance à la finale. Tout est harmonieux, tout en puissance contenue. Un beau vieillissement en perspective. **✗** 2018-2025 **❦** poulet aux écrevisses

RHÔNE

○— *EARL Dom. Bernard Gripa, 5, av. Ozier, 07300 Mauves, tél. 04 75 08 14 96, gripa@wanadoo.fr* **V** **↟** *r.-v.*

DOM. DU TUNNEL Roussanne 2013 ★

| 4 000 | ◐ | 15 à 20 € |

Depuis son installation en 1994, Stéphane Robert, qui n'est pas issu du monde viticole, s'est imposé comme une référence dans le paysage des crus septentrionaux. Il a créé son vignoble de toutes pièces, aujourd'hui 11 ha très morcelés, avec des vignes en cornas, saint-joseph, saint-péray et condrieu. Celles-ci longent une ancienne voie ferrée et un tunnel de 160 m, toujours visible, qui donne son nom au domaine et dans lequel ont été aménagés en 2014 une nouvelle cuverie et le chai d'élevage.

Une originalité que cette roussanne pure, dont la version 2012 obtint un coup de cœur dans l'édition précédente. Sans atteindre les mêmes sommets, le 2013 séduit par son bouquet complexe de mangue, de fruit de la Passion et d'abricot enveloppés d'une douceur miellée. Le charme opère aussi en bouche, avec une belle minéralité qui apporte de la vitalité et contrebalance idéalement le gras et la richesse du vin. Une sensation de dynamisme renforcée par une finale vive. ✗ 2017-2022 ❦ tagliatelles aux langoustines

○— *Stéphane Robert, Dom. du Tunnel, 20, rue de la République, 07130 Saint-Péray, tél. 04 75 80 04 66, domaine-du-tunnel@wanadoo.fr* **V** **⚑** **↟** *r.-v.*

Ⓑ DOM. ALAIN VOGE Terres boisées 2013

| 4 000 | ◐ | 20 à 30 € |

Alain Voge a rejoint son père sur le domaine familial en 1958. Abandon de la polyculture, replantation de coteaux abandonnés, vente directe en bouteilles, il met le vignoble sur les rails : 12 ha aujourd'hui cultivés en bio et biodynamie (conversion en cours). Régulièrement en vue pour ses cornas et ses saint-péray.

Cette cuvée porte bien son nom. De fait, elle se révèle encore très marquée par l'élevage avec des notes grillées intenses, qui laissent percer à l'aération des nuances fruitées (abricot) et miellées. En bouche, elle donne une impression de puissance et de richesse, accentuée par des arômes pâtissiers, la fraîcheur n'arrivant qu'en finale pour apporter un surcroît de peps. ✗ 2017-2022 ❦ poulet au curry

○— *SARL Alain Voge, 4, imp. de l'Équerre, 07130 Cornas, tél. 04 75 40 32 04, contact@alain-voge.com* **V** **⚑** **↟** *t.l.j. sf dim. 9h-18h; sam. sur r.-v.*

CLAIRETTE-DE-DIE

Superficie : 1 401 ha / Production : 84 272 hl

Le vignoble du Diois s'étend sur les versants de la moyenne vallée de la Drôme, entre Luc-en-Diois et Aouste-sur-Sye. Sans doute héritier du vin doux pétillant des Voconces mentionné par Pline l'Ancien, la clairette-de-die méthode dioise ou ancestrale est un vin mousseux doux et à faible teneur en alcool, dominé par le cépage muscat (75 % minimum) et qui termine naturellement sa fermentation en bouteille, sans adjonction de liqueur de tirage. L'appellation autorise aussi l'élaboration d'effervescents à base de clairette selon la méthode traditionnelle, avec seconde fermentation en bouteille.

Ⓑ ACHARD-VINCENT Méthode ancestrale

| 50 000 | ⬤ | 8 à 11 € |

Ce domaine, producteur de clairette-de-die depuis six générations, est une valeur sûre de l'appellation et un précurseur en termes d'agriculture bio, qu'il pratique depuis 1968. Installé en 2005 à la tête d'un vignoble de 11 ha, Thomas Achard a développé la biodynamie.

Un bon classique de l'appellation, encore un peu timide à l'olfaction, qui s'ouvre doucement à l'aération sur des arômes bien typés muscat. Plus expressif, sur la pêche blanche et la fleur d'oranger, le palais affiche une belle vivacité et un bon équilibre. ✗ 2015-2017 ❦ nougat glacé

○— *Thomas Achard, Le Village, 26150 Sainte-Croix, tél. 04 75 21 20 73, contact@ domaine-achard-vincent.com* **V** **⚑** **↟** *r.-v.*

JAILLANCE Méthode ancestrale

| 2 500 000 | ⬤ | 5 à 8 € |

Cette coopérative fondée en 1950 est l'acteur principal du Diois viticole : 224 adhérents pour quelque 1 100 ha de vignes (dont 14 % cultivés en bio), soit plus de 70 % de la production locale. La cave s'est aussi développée dans le Bordelais, où elle produit du crémant-de-bordeaux.

Une robe jaune pâle et brillante, une bulle fine et une mousse cristalline, les prémices sont engageantes. Le bouquet se révèle intense et net, sur des notes de rose et de litchi rehaussées d'une intéressante touche poivrée. Le palais se montre franc et frais, fraîcheur renforcée par des arômes de zeste d'agrumes en finale. Un vin d'une aimable simplicité et fidèle à l'appellation. ✗ 2015-2016 ❦ tarte au citron ⬤ Vin biologique Méthode ancestrale (5 à 8 € ; 390 000 b.) Ⓑ : vin cité. ✗ 2015-2016

○— *La Cave de Die Jaillance, 355 av. de la Clairette, 26150 Die, tél. 04 75 22 30 00, info@jaillance.com* **V** **⚑** **↟** *t.l.j. 9h-12h30 14h30-19h*

Ⓑ PIERRE LONG Méthode ancestrale 2013 ★

| 33 000 | | 8 à 11 € |

Pierre Long a succédé à son père en 1986 à la tête de ce domaine créé en 1950. Adepte du bio depuis son installation, il a aujourd'hui converti officiellement son vignoble de 9 ha, sur lequel il produit exclusivement de la clairette-de-die.

Une première apparition dans le Guide qui se déroule sous les meilleurs auspices avec cette clairette à forte dominante de muscat (97 %). La bulle est fine et abondante, la robe or pâle lui sied à ravir. Une belle complexité se dégage de l'olfaction, ouverte sur la mangue mûre, la violette et la réglisse. Le palais, de très bonne longueur, finit sur d'intenses notes d'écorce d'agrumes confits. ✗ 2015-2016 ❦ tarte aux noix

○— *Cave Pierre Long, hameau de Viopis, 26150 Barsac, tél. 04 75 21 71 09, cave.long.pierre@gmail.com* **V** **⚑** **↟** *t.l.j. 9h-19h*

MONGE GRANON Méthode ancestrale ★★

| 200 000 | ⬤ | 5 à 8 € |

Un domaine de 38 ha dédié principalement à la clairette-de-die, né de l'association en 1984 des familles Mignon et Granon, au service du vin depuis quatre générations.

Une seyante robe or pâle aux reflets citron habille cette clairette finement bouquetée autour de notes complexes de beurre frais, de pêche jaune, de rose et de fleur d'oranger. Une complexité prolongée avec intensité par un palais frais, léger, aérien, qui s'achève en beauté sur une explosion florale. ✗ 2015-2017 ♈ foie gras

☛ Cave Monge Granon, RD 93, 26340 Vercheny, tél. 04 75 21 74 93, contact@clairette-mongegranon.com
🆅 🔥 🏠 r.-v. ☛ GAEC de Saint Pierre

♥ POULET & FILS Méthode ancestrale ★★

| | 19 950 | | 🔵 | | 5 à 8 € |

Un domaine familial (quatre générations) fondé en 1955 au pied du parc du Vercors. Le vignoble couvre 20 ha, constitué de petites parcelles sur des coteaux ensoleillés.

Une belle mousse et de fines bulles dans un écrin jaune aux reflets or : l'approche visuelle est engageante. Le nez fleure le bourgeon de cassis et les fruits confits. En bouche, une touche citronnée apporte un surcroît de fraîcheur aux côtés du cassis et des fruits exotiques. Une clairette des plus harmonieuses, longue et très originale. ✗ 2015-2017 ♈ tarte cassis-amandes

☛ Poulet et Fils, quartier la Chapelle, 26150 Pontaix, tél. 04 75 21 72 80, cave_alain_poulet@yahoo.fr
🆅 🔥 🏠 t.l.j. 8h 12h 13h30 17h30; sam. dim. sur r.-v.

UNION DES JEUNES VITICULTEURS RÉCOLTANTS
Méthode ancestrale Cuvée César ★

| | 190 000 | | | | 5 à 8 € |

Fondée en 1961, l'Union des Jeunes Viticulteurs-Récoltants est une société coopérative (SCAEC) originale, regroupant huit vignerons du Diois qui ont mis en commun leurs vignes et leur matériel pour constituer un coquet vignoble de 63 ha aujourd'hui.

Cette cuvée dévoile un nez frais d'agrumes dont on a râpé le zeste, mêlé à des notes de rose intenses. Le palais est franc et souple, on y retrouve le côté zesté qui apporte une belle vivacité. Un bon classique. ✗ 2015-2016 ♈ tarte meringuée au citron

☛ Union des Jeunes Viticulteurs-Récoltants, 263, rte de Die, 26340 Vercheny, tél. 04 75 21 70 88, contact@ujvr.fr 🆅 🔥 🏠 t.l.j. 9h30-12h 14h-18h30

CRÉMANT-DE-DIE

Production : 1 993 hl

L'AOC a été reconnue en 1993. Le crémant-de-die est produit à partir du cépage clairette, selon la méthode traditionnelle qui consiste en une seconde fermentation en bouteille.

LUC FAURE

| | 6 700 | | 🔵 | | 5 à 8 € |

Installé en 2003, Luc Faure incarne la sixième génération de vignerons sur ce domaine familial de 23 ha.
C'est dans une cave voûtée datant de 1830 que vous pourrez déguster ce crémant jaune pâle, qui déploie une

bulle fine et légère, et livre de plaisants arômes de fruits frais mâtinés de nuances florales. Une belle harmonie se dégage du palais, de bonne longueur, souple et frais, malgré un petit côté évolué. ✗ 2015-2016 ♈ saint-jacques au crémant-de-dié

☛ Luc Faure, La Plaine, 26340 Vercheny, tél. 04 75 21 72 22, contact@domainejacquesfaure.com
🆅 🏠 t.l.j. 9h-12h 14h-19h

POULET & FILS ★

| | 3 564 | | 🔵 | | 5 à 8 € |

Un domaine familial (quatre générations) fondé en 1955 au pied du parc du Vercors. Le vignoble couvre 20 ha, constitué de petites parcelles sur des coteaux ensoleillés.

Une cuvée tout en nuances : nuances jaune pâle aux reflets verts à l'œil, nuances briochées et florales (genêt) au nez comme en bouche. Un crémant harmonieux, fin et frais. ✗ 2015-2016 ♈ friture d'éperlans

☛ Poulet et Fils, quartier La Chapelle, 26150 Pontaix, tél. 04 75 21 72 80, cave_alain_poulet@yahoo.fr
🆅 🔥 🏠 t.l.j. 8h-12h 13h30-17h30; sam. dim. sur r.-v.

➡ LA VALLÉE DU RHÔNE MÉRIDIONALE

VINSOBRES

Superficie : 450 ha / Production : 15 625 hl

Appartenant autrefois à l'appellation côtes-du-rhône-villages, Vinsobres a été promu en appellation locale en 2006. Celle-ci concerne uniquement les vins rouges nés sur la commune de Vinsobres, dans la Drôme.
Les vins doivent provenir d'un assemblage d'au moins deux cépages principaux, dont le grenache, qui doit représenter 50 % minimum, la syrah et/ou le mourvèdre devant atteindre 25 % minimum en 2015.

DOM. CONSTANT-DUQUESNOY Confidence 2013

| | 5 000 | | 🔵 🎕 | | 15 à 20 € |

Un vignoble de 12 ha (ancien domaine des Aussellons) acquis en 2004 par Gérard Constant, converti à la vigne après une carrière dans la finance internationale.

Cette Confidence issue à parts égales de grenache et de syrah «murmure» de fines senteurs de fruits noirs agrémentés de notes de sous-bois et d'une touche minérale. Le fruit s'épanouit dans une bouche souple et d'une agréable fraîcheur, aux tanins policés. Un vinsobres qui mise sur la finesse plutôt que sur la puissance. ✗ 2015-2018 ♈ épaule de veau braisée

☛ Dom. Constant-Duquesnoy, Les Arches, rte de Nyons, 26110 Mirabel-aux-Baronnies, tél. 06 77 38 23 34, g.constant@skynet.be 🆅 🔥 🏠 r.-v.

♥ DOM. JAUME Référence 2013 ★★

| | 40 000 | | 🔵 🎕 | | 11 à 15 € |

L'arrière-grand-père fut l'un des pionniers de l'appellation côtes-du-rhône, créée en 1937. Depuis, les générations se succèdent sur ce domaine de 80 ha, les sélections dans le Guide aussi, en AOC régionale ou en vinsobres.

La Référence vinsobraise pour cette édition. Un condensé de l'appellation que cette cuvée associant la syrah (50 %) au grenache et à 10 % de mourvèdre. Une intense expression aromatique dans les tons épicés et toastés sur fond de fruits rouges mûrs ; une bouche très concentrée, ample, puissante et longue, renforcée par un élevage parfaitement maîtrisé et des tanins d'une grande finesse ; tout concourt à une expression riche et une sensation de plénitude. ⚔ 2017-2022 🍴 civet de sanglier aux épices ■ Altitude 2013 ★ (8 à 11 € ; 24 000 b.) : une cuvée grenache-syrah (60-40), qui mise sur la fraîcheur, le floral (violette) et le fruité à l'olfaction, sur la rondeur et la souplesse en bouche. ⚔ 2015-2018 ☞ EARL Dom. Jaume, 24, rue Reynarde, 26110 Vinsobres, tél. 04 75 27 61 01, vignoble@domainejaume.com V 👫 🎁 r.-v.

DOM. DU MOULIN		
Les Vieilles Vignes de Jean Vinson 2013 ★		
■ 17 790	⊞	5 à 8 €

Associé depuis 2010 avec son fils Charles, Denis Vinson conduit depuis 1984 un vignoble de 20 ha. Habitué du Guide (plusieurs coups de cœur à son actif), le domaine présente régulièrement de belles cuvées, en appellations régionales comme en vinsobres.

Ces vieilles vignes – du grenache surtout et un tiers de syrah – ont quarante ans. Elles ont donné naissance à ce vin bien sous tous rapports. Robe dense et soutenue, nez généreux de fruits noirs mûrs et de vanille, palais ample, gras et de bonne concentration, étayé par des tanins très ronds, « duveteux », et par un boisé bien intégré. Parfaitement dans le ton de l'appellation. ⚔ 2016-2020 🍴 rôti de bœuf sauce madère ■ Cuvée Charles Joseph 2012 (15 à 20 € ; 4 040 b.) : vin cité. ⚔ 2016-2019 ☞ Denis et Charles Vinson, Dom. du Moulin, 26110 Vinsobres, tél. 04 75 27 65 59, denis.vinson@wanadoo.fr V 👫 🎁 r.-v.

FAMILLE PERRIN Les Cornuds 2013 ★		
■ n.c.	🍶	8 à 11 €

La Maison Perrin fondée en 1909 par l'aïeul Gabriel Tramier conjugue depuis cinq générations activité de négoce et exploitation de vignobles, dont le réputé Ch. de Beaucastel (châteauneuf-du-pape) et La Vieille Ferme, vaste domaine du Luberon.

Cet assemblage à parts égales de grenache et de syrah se présente dans une robe très sombre animée de reflets brillants. À l'olfaction, la présence d'un léger boisé s'exprime par de douces notes toastées et grillées, accompagnées de fruits mûrs et de poivre. Riche, concentré, puissant, charpenté par des tanins fermes, ce vin doit encore se fondre. ⚔ 2017-2021 🍴 sauté de joue de bœuf ☞ Famille Perrin, rte de Jonquières, 84100 Orange, tél. 04 90 11 12 00, perrin@familleperrin.com V 👫 🎁 r.-v.

DOM. SAINT-VINCENT Saint-Pierre 2013		
■ 3 200	🍶 ⊞	11 à 15 €

Un domaine de 50 ha (dont 10 de vinsobres), ancienne possession du couvent de Saint-Césaire de Nyons, repris en 2012 par la famille Lescoche.

Mi-grenache mi-syrah, ce vinsobres associe au nez arômes de fruits frais et de fruits plus mûrs à des notes boisées soutenues. Le fruit se manifeste avec plus d'intensité (le bois reste tout de même bien présent), dans une bouche ronde et bien structurée. ⚔ 2017-2022 🍴 tajine d'agneau ☞ SCEA Dom. Saint-Vincent, RD 94, rte de Nyons, 26110 Vinsobres, tél. 04 75 27 61 10, mlescoches@dsv-vinsobres.com V 👫 🎁 r.-v.

DOM. DU TAVE		
Cuvée Paradis 2013 ★		
■ 4 600	⊞	8 à 11 €

Un petit domaine de 4,3 ha conduit par la famille Latard depuis quatre générations. Installée en 2008, Audrey est toutefois la première à vinifier les raisins de la propriété, portés jusqu'alors à la cave coopérative.

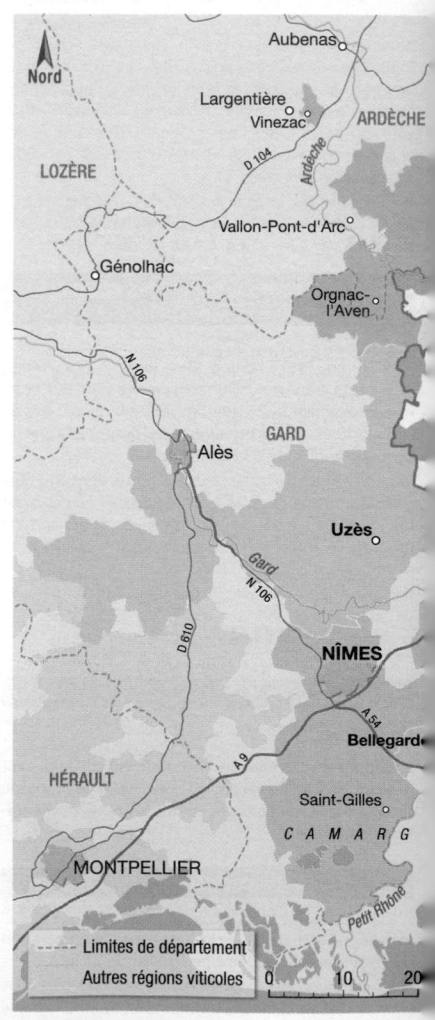

Robe sombre, bouquet intense et élégant de cassis et de violette sur un léger fond boisé, l'approche ne laisse pas insensible. La bouche achève de convaincre : ronde, soyeuse, tendre et longue, elle fait un écho parfait à l'olfaction et s'adosse à de bons tanins de garde. ✗ 2017-2021 ♈ omelette aux truffes

○┐ *Audrey Latard, Les Ratiers, 26110 Vinsobres, tél. 06 78 46 04 91, audrey.latard@hotmail.fr* V ♣ ♟ *r.-v.*

B DOM. VALLOT LE CORIANÇON		
Cuvée Claude Vallot 2013 ★		
■	6 500	ⅻ	8 à 11 €

Ce domaine familial créé dans les années 1900 porte le nom du petit torrent qui longe la propriété. Installé en 1976, François Vallot conduit 30 ha de vignes en biodynamie (certifiée depuis 2007) ; sa fille Anaïs est appelée à prendre la relève.

Élevée huit mois en barrique et demi-muid, cette cuvée développe un nez harmonieux, fruité, épicé et grillé. Arômes prolongés sans fausse note par une bouche riche et ronde, structurée en douceur par des tanins fins et fondus. ✗ 2016-2019 ♈ rôti de bœuf ■ Dom. du Coriançon L'Exception 2012 ★ (15 à 20 € ; 2 000 b.) **B** : au nez, de fortes notes empyreumatiques, relayées par une bouche puissante et concentrée qui appelle la garde. ✗ 2018-2023

○┐ *François Vallot, Dom. Vallot, Le Coriançon, Hauterives, 26110 Vinsobres, tél. 04 75 26 03 24, anais@domainevallot.com* V ♣ ♟ *r.-v.*

PIERRE VIDAL Cuvée spéciale 2013 ★★		
■	30 000	♙ ⅻ	8 à 11 €

Pierre Vidal installé à Châteauneuf-du-Pape avec son épouse vigneronne a créé son négoce en 2010. Une maison déjà bien implantée grâce aux sélections par-

Vallée du Rhône (partie méridionale)

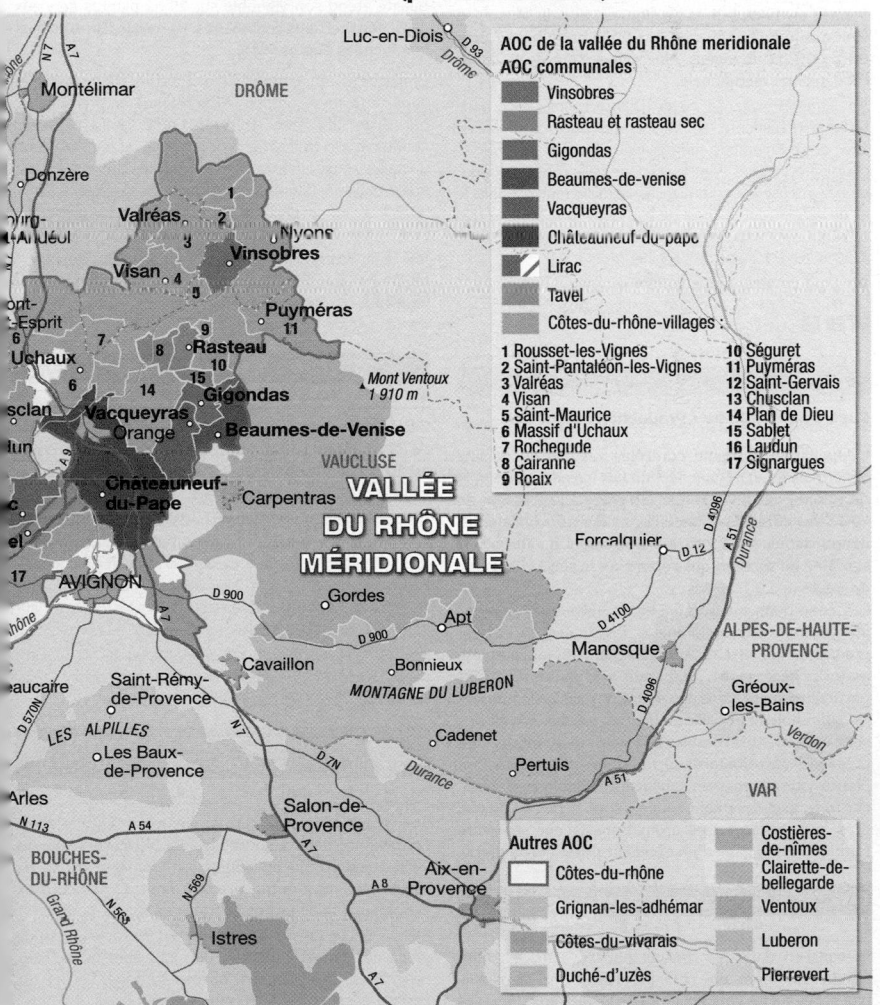

cellaires vinifiées par ce jeune œnologue formé en Bourgogne.

Assemblage de grenache (55 %), de syrah et de mourvèdre, cette cuvée s'ouvre sans timidité sur les fruits rouges frais et leur version compotée. Un fruité omniprésent aussi dans une bouche à la fois concentrée, ronde et fraîche, structurée par des tanins fondus et par un élevage très discret. Un vinsobres gorgé de fruité et très équilibré. ✘ 2016-2020 ♈ oie à la broche ■ Réserve 2013 ★ (8 à 11 € ; 30 000 b.) : grenache (70 %) et syrah pour cette cuvée intensément bouquetée (fruits rouges et cassis mûrs, épices et moka), charnue, puissante et bien charpentée. ✘ 2016-2020

o─ EURL Pierre Vidal, 631, rte de Sorgues, 84230 Châteauneuf-du-Pape, tél. 06 88 88 07 58, contact@pierrevidal.com

LA VINSOBRAISE Émeraude 2013 ★★		
■	20 000	◫	5 à 8 €

Fondée en 1949, la très qualitative cave de Vinsobres vinifie aujourd'hui plus de 95 000 hl produits sur près de 2 000 ha de vignes. Une valeur sûre de la vallée rhodanienne méridionale.

Au sommet avec sa cuvée Diamant noir 2012 dans l'édition précédente, La Vinsobraise brille cette année avec cette Émeraude mi-grenache mi-syrah qui frôle le coup de cœur. Ses arguments : une belle robe profonde ; un nez intense qui unit nuances de raisin mûr, de violette et de vanille (douze mois de barrique) ; une bouche très élégante, sphérique et suave, aux tanins fins et veloutés. ✘ 2018-2023 ♈ gigot de sept heures

o─ Cave La Vinsobraise, 26110 Vinsobres, tél. 04 75 27 64 22, infos@la-vinsobraise.com
Ⓥ ⚐ ⬛ t.l.j. 8h-12h 14h-18h

RASTEAU SEC

Superficie : 1 300 ha / Production : 29 000 ha

L'appellation d'origine contrôlée rasteau se décline désormais en VDN (voir section Les vins doux naturels du Rhône) et en vin rouge sec grâce à l'accession en 2009 des côtes-du-rhône-villages Rasteau (village reconnu depuis 1966) en cru des Côtes du Rhône, le seizième du secteur, qui s'étend sur la seule commune de Rasteau.

Les conditions bioclimatiques de cette zone géographique sont particulièrement favorables au cépage grenache, qui atteint ici naturellement la complète maturité nécessaire à l'élaboration de grands vins, plus particulièrement dans les situations où prédominent les sols sableux et caillouteux. Ces mêmes conditions sont également favorables à la syrah et au mourvèdre (cépage à maturité tardive), notamment lorsqu'ils sont plantés sur des marnes sableuses ou sablo-argileuses. Les vins, exclusivement rouges, sont riches en alcool, gras, puissants et très aromatiques. Leur structure tannique est le gage d'un excellent potentiel de garde.

DOM. DES BANQUETTES 2013		
■	9 333	⬆	11 à 15 €

Mécanicien dans les travaux publics, Patrice André rejoint son père en 1993 sur les 30 ha familiaux, implantés sur les coteaux de Rasteau, face aux Dentelles de Montmirail et au mont Ventoux. En 2002, il choisit de sortir de la coopérative et de vinifier ses propres vins : côtes-du-rhône et villages Plan de Dieu, rasteau sec et vin doux naturel.

Trois parts égales de grenache, syrah et mourvèdre et une part de carignan pour ce rasteau au bouquet naissant de raisin frais et de fruits rouges légèrement confiturés. Une attaque franche et fraîche ouvre sur une bouche vigoureuse, bâtie sur des tanins encore un peu sévères mais prometteurs. ✘ 2017-2020 ♈ magrets de canard aux cerises

o─ Patrice André, 1360, rte d'Orange, 84110 Rasteau, tél. 04 90 46 10 22, lesbanquettes@orange.fr Ⓥ ⚐ ⬛ r.-v.

DOM. BEAU MISTRAL		
Cuvée Séduction 2013 ★		
■	20 000	⬆	5 à 8 €

Côtes-du-rhône, villages, rasteau ou IGP de la principauté d'Orange, ce domaine familial très régulier en qualité étend son vignoble sur 25 ha plantés de vieux ceps, dont certains centenaires. Jean-Marc Brun est aux commandes depuis 1988.

Grenache, syrah, cinsault et mourvèdre sont assemblés dans cette cuvée un peu sur la retenue au premier nez, qui s'épanouit à l'aération sur des notes de fruits rouges confiturés. Un fruité friand et généreux auquel fait écho un palais ample, charnu et velouté, étiré dans une finale réglissée. Un rasteau séducteur en effet. ✘ 2015-2019 ♈ terrine de gibier ■ Sélection Vieilles Vignes 2013 (8 à 11 € ; 40 000 b.) : vin cité. ✘ 2016-2020

o─ Dom. Beau Mistral, 91, rte d'Orange, 84110 Rasteau, tél. 04 90 46 16 90, domaine.beaumistral@rasteau.fr Ⓥ ⚐ ⬛ t.l.j. 14h-18h; r.-v. sam. dim.
o─ Jean-Marc Brun

DOM. CHAMFORT 2013		
■	6 500	⬆ ◫	8 à 11 €

Situé au pied des Dentelles de Montmirail, ce domaine de 27 ha créé en 1992 par Denis Chamfort a été repris en 2010 par Vasco Perdigão, œnologue formé dans la vallée du Rhône septentrionale.

L'assemblage classique grenache-syrah (70-30) s'exprime ici avec discrétion mais élégance autour de notes de petits fruits rouges, de réglisse et de sous-bois. La bouche, à l'unisson, introduite par une attaque nette et fraîche, évolue avec souplesse et légèreté. Un rasteau à boire sur le fruit. ✘ 2015-2018 ♈ boulettes de bœuf à la provençale

o─ Vasco Perdigão, 280, rte de Purandou, 84110 Sablet, tél. 04 90 46 94 75, domaine-chamfort@orange.fr Ⓥ ⚐ ⬛ t.l.j. 9h-12h 13h30-18h; sam. dim. sur r.-v.

Ⓑ DOM. DES COTEAUX DES TRAVERS		
La Mondona 2013		
■	7 000	⬆	11 à 15 €

Son grand-père cultivait la vigne en 1920. Robert Charavin conduit aujourd'hui, en bio certifié depuis 2010 (biodynamie en cours), un domaine de 14 ha régulier en qualité, qui tire son nom de ses coteaux exposés au soleil levant (« travers »).

Élevé en cuve bois et en cuve béton, ce rasteau issu de grenache (50 %), de syrah, de mourvèdre et de vieux carignan se révèle encore un peu sauvage. Le nez est partagé entre notes de cuir et de sous-bois. Des arômes qui, agrémentés de fruits noirs, trouvent un écho soutenu dans une bouche bien structurée, dense et complexe. La garde est conseillée pour plus d'harmonie. ✶ 2017-2020 ♦ civet de sanglier

○━ *Robert Charavin, Dom. des Coteaux des Travers, 15, rte de la Cave, 84110 Rasteau, tél. 04 90 46 13 69, coteaux-des-travers@rasteau.fr* 🄥 🕴 🛇 *t.l.j. sf dim. 10h-18h*

Ⓑ HELEN DURAND 2013		
■ 15 000	🍾	8 à 11 €

Né en 1850 de l'union des familles Brun et Charavin, et de leurs vignes respectives, ce vignoble s'étend aujourd'hui sur une trentaine d'hectares, en bio certifié, conduits depuis 1996 par Helen Durand, arrière-petite-fille des fondateurs. Les étiquettes indiquent Domaine Trapadis ou simplement Helen Durand.

Ce rasteau dévoile un nez franc et net, sur les fruits rouges et les épices. Une expression aromatique que l'on retrouve dans une bouche souple et fraîche, encore un peu sur la retenue et d'une légère sévérité en finale. De la sobriété dans ce vin, auquel une courte garde apportera plus d'expression. ✶ 2016-2019 ♦ entrecôte grillée

○━ *Helen Durand, 2302, rte d'Orange, 84110 Rasteau, tél. 04 90 46 11 20, durand.helen@wanadoo.fr*

DOM. DE L'ESPIGOUETTE Pas du meunier 2012		
■ n.c.	🍾	8 à 11 €

Le nom de cette vaste exploitation de 50 ha est hérité du terme provençal *espigo* (petit épi de blé). Bernard Latour, aux commandes depuis 1973, privilégie les petits rendements et les vieilles vignes. Avec l'arrivée en 2009 de ses fils Émilien et Julien, il a engagé la conversion au bio du vignoble et créé une nouvelle cave de stockage.

Ce rasteau dévoile un bouquet naissant, qui ne laisse pas indifférent, sur les fleurs séchées, les épices et quelques notes animales. En bouche, il se révèle bien concentré, solide, épaulé par des tanins fermes et une agréable touche de vivacité, et s'achève sur une longue finale épicée et réglissée. Déjà savoureux, on peut aussi l'attendre un peu. ✶ 2015-2019 ♦ couscous d'agneau

○━ *EARL Dom. de l'Espigouette, 1008, rte d'Orange, 84150 Violès, tél. 04 90 70 95 48, espigouette@aol.com* 🄥 🕴 🛇 *t.l.j. sf sam. dim. 9h-12h 14h-18h30*
○━ Bernard Latour

DOM. DES GIRASOLS Cuvée Céleste 2013 ★		
■ 1 966	◐	11 à 15 €

Paul et Élisabeth Joyet ont quitté Lyon pour la Provence en 1974. Ils ont élu domicile à Rasteau, abandonnant le métier de maraîcher pour celui de vigneron. Ils conduisent aujourd'hui un vignoble de 16 ha d'un seul tenant face aux Dentelles de Montmirail et au mont Ventoux.

Mourvèdre et syrah à parts égales accompagnent le grenade (60 %) dans cette cuvée d'un beau rouge dense et profond, au nez élégant de fruits rouges frais rehaussés de poivre. Une attaque agréable, fraîche et soyeuse, introduit un palais d'un bon relief, soutenu par des tanins fermes et encore un peu pointus en finale. Patience... ✶ 2017-2020 ♦ gigot d'agneau aux épices

○━ *Marie-Élisabeth Joyet, 603, chem. Vieux-de-Vaison, 84110 Rasteau, tél. 04 90 46 11 70, domaine@girasols.com* 🄥 🕴 🛇 *t.l.j. 10h-12h 15h-19h*

DOM. GRAND NICOLET Vieilles Vignes 2012 ★★		
■ 25 000	◐	8 à 11 €

Créé en 1926, le plus vieux chai rastellain élabore des vins à partir d'un vignoble planté en 1875. Jean-Pierre Bertrand, marié à une Nicolet, est depuis 1999 à la tête de ce vignoble de 30 ha, et signe des vins généreux souvent en vue dans ces pages.

Coup de cœur pour ses Esqueyrons 2012 et pour cette même cuvée dans sa version 2009, le Grand Nicolet s'est imposé comme une référence incontournable de cette jeune appellation. Une réputation que ne ternira pas ce 2012 issu de vieux ceps de soixante ans de grenache (60 %), de syrah (25 %) et de mourvèdre. Vieilles vignes qui s'expriment avec intensité et complexité à travers des notes d'épices, de réglisse, de cassis confituré et de boisé grillé (20 % de la syrah sont passés en fûts de trois vins). En bouche, on découvre un vin chaleureux, soyeux et suave, bâti sur une charpente imposante. Un rasteau taillé pour la garde, bien que l'harmonie soit déjà au rendez-vous. ✶ 2015-2020 ♦ carré d'agneau rôti aux herbes

○━ *EARL Nicolet Leyraud, Dom. Grand Nicolet, 1174, rte de Violès, 84110 Rasteau, tél. 04 90 28 91 54, domainegrandnicolet@rasteau.fr* 🄥 🕴 🛇 *r.-v.*
○━ Jean-Pierre Bertrand

Ⓑ **DOM. LES GRANDS BOIS** Cuvée Marc 2013		
■ 10 000	◐	11 à 15 €

Fondé en 1929 par Albert Farjon, ce domaine de 45 ha est aujourd'hui conduit par sa petite fille Mireille et son mari Marc Besnardeau. Leur vignoble est certifié bio depuis le millésime 2011 et leurs côtes-du-rhône et cairanne sont souvent sélectionnés dans ces pages.

Ici, chaque cuvée porte le prénom d'un membre du domaine ; celle-ci est la cuvée « du patron », née de grenache (50 %) complété à parts égales de mourvèdre et de syrah. Un rasteau vigoureux, ouvert à l'olfaction sur les petits fruits confiturés (cassis, framboise), franc et direct en attaque, étayé par une solide charpente bâtie pour durer. ✶ 2017-2022 ♦ côte de bœuf

○━ *Dom. les Grands Bois, 55, av. Jean-Jaurès, 84290 Sainte-Cécile-les-Vignes, tél. 04 90 30 81 86, mbesnardeau@grands-bois.com* 🄥 🕴 🛇 *r.-v.*

DOM. GRANGE BLANCHE Héritage 2013 ★		
■ 8 000	🍾	11 à 15 €

Un ancien relais de poste planté au milieu de 30 ha de vignes en coteaux, face aux Dentelles de Montmirail et au mont Ventoux, conduit par la famille Biscarrat, vigneronne depuis 1850.

Après une courte agitation du verre, ce rasteau se livre sans réserve sur des arômes de fruits rouges confiturés agrémentés de discrètes nuances animales. Le palais, généreux, offre un beau volume, du gras et du fruit (cassis, framboise), renforcé par des tanins fins et harmonieux. ✶ 2016-2020 ♦ ragoût d'agneau

○━ *Julian-Biscarrat, 73, hameau de Blonac, 84110 Rasteau, tél. 04 90 46 41 30, grangeblanche@orange.fr* 🄥 🛇 *r.-v.*

HOMMAGE DU RHÔNE 2013 ★		
■ 50 000	🍾	8 à 11 €

Une maison de négoce castelpapale fondée en 1977 par Camille Serres et reprise en 2001 par Michel Picard,

RHÔNE

investisseur dans de nombreuses régions viticoles – jusqu'en Ontario. Elle propose une large gamme de vins de la vallée du Rhône méridionale, souvent en vue dans ces pages.

Le bouquet se concentre sur la réglisse, avec quelques notes de fruits rouges en toile de fond. Dominé par la réglisse lui aussi, le palais se révèle tout à la fois charnu et tonique, souligné par une note minérale et adossé à un support tannique encore assez ferme. ✗ 2016-2020 ✤ fricassée d'agneau aux poivrons
○╼ SA Les Grandes Serres,
430, chem. de l'Islon-Saint-Luc, BP 17,
84230 Châteauneuf-du-Pape, tél. 04 90 83 72 22,
samuel.montgermont@m-p.fr Ⓥ 🔒 *t.l.j. 10h-18h*
○╼ Vins Picard

DOM. MARTIN Les Sommets de Rasteau 2013		
■ 5 000	◫	8 à 11 €

Les frères David et Éric Martin sont installés depuis 2005 sur le domaine familial, créé en 1905. Ils exploitent aujourd'hui 70 ha de vignes, essentiellement sur Châteauneuf et Gigondas.

Née de vieux ceps de grenache (55 %) et de syrah plantés sur les hauteurs de Rasteau, cette cuvée dévoile un nez séduisant de fruits rouges frais. Doté d'une aimable rondeur, le palais suit la même ligne fruitée, soutenu par un boisé très mesuré dû à un passage en foudre. Un rasteau que l'on servira dans sa jeunesse pour en apprécier tout le fruit. ✗ 2015-2018 ✤ lapin aux olives
○╼ *Dom. Martin, 439, rte de Vaison, 84850 Travaillan,*
tél. 04 90 37 23 20, martin@domaine-martin.com
Ⓥ 🎿 *r.-v.*

DOM. NOTRE-DAME-DES-PALLIÈRES Les Ribes 2012			
■ 30 000	🍾 ◫		8 à 11 €

Au Moyen Âge, la source de Notre-Dame-des-Pallières réputée prévenir les fièvres attirait les pèlerins du Midi. Depuis 1991, Jean-Pierre et Claude Roux y cultivent un vignoble de 60 ha en lutte « ultraraisonnée ».

Cette cuvée, dont le nom signifie « talus » en provençal, développe avec intensité des nuances de fruits rouges confiturés et d'épices. En bouche, elle se montre plutôt souple et légère, bâtie sur des tanins affinés, enrobés de notes douces de cacao. ✗ 2015-2018 ✤ lapin rôti
○╼ *Jean-Pierre et Claude Roux,*
Dom. Notre-Dame-des-Pallières,
chem. de Lencieu, 84190 Gigondas, tél. 04 90 65 83 03,
contact@pallieres.com Ⓥ 🎿 🔒 *t.l.j. 9h-12h 14h-18h;*
sam. dim. sur r.-v.; f. oct.

DOM. DE PISAN Vents d'anges 2013 ★★			
■ 10 000	🍾 ◫		11 à 15 €

Fondée en 1925, cette coopérative, qui regroupe plus de 700 ha de vignes, est l'une des plus anciennes caves rhodaniennes et le principal producteur de l'AOC rasteau. Ortas est sa marque ombrelle.

Une robe sombre tirant vers le noir habille ce vin très séduisant par ses tonalités aromatiques douces et généreuses de pruneau et de chocolat, agrémentées de notes végétales de foin coupé. Le palais s'avère puissant, concentré, suave sans lourdeur, une pointe de fraîcheur venant renforcer une harmonie sans dissonance. ✗ 2017-

2020 ✤ aubergines farcies ■ La Luminaille 2013 (8 à 11 € ; 30 000 b.) : vin cité. ✗ 2017-2020
○╼ *Ortas - Cave de Rasteau, rte des Princes-d'Orange,*
84110 Rasteau, tél. 04 90 10 90 14, rasteau@rasteau.com
Ⓥ 🔒 *t.l.j. 9h-12h30 14h-19h; juil. à sept. (9h-19h)*

MAISON PLANTEVIN Les Premiers Pas de Nao 2013		
■ n.c.	🍾 ◫	11 à 15 €

Un domaine de 17 ha créé en 2009 par Laurent Plantevin, BTS de « viti-œno » en poche. Le passage au bio est engagé depuis 2011.

Un premier nez hésitant (comme les premiers pas de Nao, le tout jeune fils des Plantevin), puis des notes expressives de chocolat noir et de vanille sont libérées par l'aération. Arômes que l'on retrouve complétés d'autres épices douces dans une bouche souple, ronde et équilibrée, adossée à des tanins fondus qui permettront d'apprécier cette bouteille assez rapidement. ✗ 2016-2019 ✤ paupiettes de veau à la tomate
○╼ *Laurent Plantevin, Les Granges-Neuves,*
84110 Séguret, tél. 06 30 53 17 30, laurentplantevin@
hotmail.fr Ⓥ 🎿 🔒 *t.l.j. sf dim. 10h-18h* 🏠 ❷ 🏠 Ⓓ

LE ROURE SAINT-JEAN 2013 ★★		
■ 10 000		11 à 15 €

Après dix ans dans la grande distribution et presque autant dans le négoce de vins (partie technique), Philippe Vigne, petit-fils de coopérateur, a décidé en 2011 de fonder sa propre structure, spécialisée comme son nom l'indique dans les vins de la vallée du Rhône.

Un superbe premier nez de fruits rouges, intense et friand, ouvre la dégustation, qui se poursuit sur des notes de cacao, de myrtille et de cassis. Une complexité que prolonge une bouche très complète, élégante, ronde et soyeuse, bâtie sur des tanins fins. Un vin des plus harmonieux, au bon potentiel de garde. ✗ 2017-2021 ✤ sauté de veau aux olives
○╼ *Valrhodania, 400, rue du Portugal, ZI des Crémades,*
84100 Orange, tél. 09 81 86 30 20, contact@valrhodania.fr
Ⓥ *t.l.j. sf sam. dim. 8h30-12h 14h-18h* ○╼ Vigne

GIGONDAS

Superficie : 1 225 ha / Production : 32 180 hl

Au pied des étonnantes Dentelles de Montmirail, le vignoble de Gigondas ne couvre que la commune du même nom. Il est constitué d'une série de coteaux et de vallonnements. La vocation viticole de l'endroit est très ancienne, mais son réel développement ne date que du XIXᵉs., sous l'impulsion d'Eugène Raspail. D'abord côtes-du-rhône, puis côtes-du-rhône-villages, Gigondas obtient ses lettres de noblesse en tant qu'appellation spécifique en 1971.

Les caractéristiques du sol et le climat donnent leur caractère aux vins, le plus souvent rouges à forte teneur en alcool, puissants et charpentés, tout en présentant une palette aromatique d'une grande finesse où se mêlent épices et fruits à noyau. Bien adaptés au gibier, les gigondas mûrissent lentement et peuvent garder leurs qualités pendant de nombreuses années. Il existe également quelques vins rosés, eux aussi chaleureux.

PIERRE AMADIEU Romane Machotte 2013		
■ 100 000	◐	11 à 15 €

Maison fondée en 1929 et restée familiale (Pierre Amadieu, installé en 1989, son oncle et ses cousins). Elle opère des sélections parcellaires pour son négoce et conduit deux propriétés : Grand Romane et La Machotte en AOC gigondas, dont elle est le plus grand producteur avec 137 ha de vignes.

Les fruits rouges et une nuance poivrée composent un bouquet plaisant. On retrouve ces arômes dans un palais frais et léger, porté par des tanins doux et un boisé très discret. ✗ 2015-2018 ▼ paupiettes de veau au basilic

○┐ *Pierre Amadieu, quartier La Payouse, 84190 Gigondas, tél. 04 90 65 84 08, pierre.amadieu@pierre-amadieu.com* Ⅴ 👟 🏠 *r.-v.*

LA BASTIDE SAINT-VINCENT 2013		
■ 14 000	î	11 à 15 €

Installé dans une ancienne ferme rénovée aux airs de bastide, dont certains éléments datent du XVIIᵉs., Laurent Daniel est un habitué du Guide. Il conduit depuis 2001 ce vignoble familial de 22 ha très morcelé, réparti dans six communes.

Une ouverture discrète sur les fruits rouges frais, la garrigue et les épices prélude à un palais fruité, suave et rond, aux tanins encore un peu granuleux qui devraient se fondre assez vite. Un gigondas plus souple que puissant. ✗ 2016-2019 ▼ parmentier de boudin noir

○┐ *Laurent Daniel, La Bastide Saint-Vincent, 1047, rte de Vaison, 84150 Violès, tél. 04 90 70 94 13, bastide.vincent@free.fr* Ⅴ 🏠 *t.l.j. 9h-12h 14h-19h*

♥ **DOM. DES BOSQUETS** La Colline... 2013 ★★★		
■ 3 000	î ◐	30 à 50 €

Eugène Raspail, durant la seconde moitié du XIXᵉs., puis Gabriel Meffre un siècle plus tard, en 1962, contribuèrent au développement de cette propriété où l'on atteste de la culture de la vigne dès le XIVᵉs. Depuis 1987 et la disparition de ce dernier, c'est sa fille Sylvette Bréchet, épaulée par ses fils Laurent et Julien, qui conduit ce domaine de 26 ha.

Une cuvée pour les amoureux du grenache (95 % de l'assemblage, une goutte de syrah en appoint), qui propose un enchaînement de sensations superbes, olfactives comme gustatives. Au nez, des notes de fruits rouges profondes et intenses, juste saupoudrées d'épices. En bouche, du fruit toujours, beaucoup de fruit, qui accompagne un long développement ample et concentré, appuyé par des tanins veloutés et fondus. Une bouteille de très haute expression que l'on pourra apprécier dès aujourd'hui ou attendre pour de nouvelles sensations. ✗ 2015-2020 ▼ tajine d'agneau ■ 2013 ★ (15 à 20 € ; 30 000 b.) : un assemblage 60-40 grenache-syrah, très fruité (fruits rouges) et un brin réglissé, ample, frais, bien structuré certes, mais sans excès. ✗ 2016-2020

○┐ *Famille Bréchet, Dom. des Bosquets, 84190 Gigondas, tél. 04 90 65 80 45, contact@famillebrechet.fr* Ⅴ 👟 *r.-v.*

DOM. LA BOUÏSSIÈRE 2013		
■ 20 000	î ◐	15 à 20 €

Établis au pied des Dentelles de Montmirail depuis 1990, les frères Gilles et Thierry Faravel conduisent à la suite de leur père un domaine de 8 ha en terrasses, à 300 m d'altitude, fort régulier en qualité.

Un gigondas élégant dans son expression olfactive, sur la violette et la garrigue. La suavité domine sur une base néanmoins structurée. Des nuances cacaotées s'ajoutent à cette palette dans une bouche suave et ferme à la fois, soutenue par un élevage discret. À attendre encore un peu. ✗ 2016-2019 ▼ civet de lièvre

○┐ *EARL Faravel, rue du Portail, 84190 Gigondas, tél. 04 90 65 87 91, labouissiere@aol.com* Ⅴ 🏠 *t.l.j. 10h-12h 14h-18h*

DOM. BRUSSET Les Secrets de Montmirail 2012 ★★		
■ 3 000	î ◐	30 à 50 €

Soixante-huit terrasses exposées au plein sud composent ce vignoble de 69 ha situé sous les Dentelles de Montmirail. Créé en 1947 par André Brusset, disparu en 1999, il est aujourd'hui conduit par son petit-fils Laurent. Une valeur sûre en gigondas et en cairanne.

La richesse des arômes attire immédiatement l'attention. Le cassis, les fruits rouges, les épices, la noisette et des nuances boisées composent un bouquet complexe et épanoui. On retrouve tout cela dans une bouche longue et puissante, solidement charpentée par des tanins fermes et de bonne garde. ✗ 2018-2021 ▼ daube de joue de bœuf ■ Tradition Le Grand Montmirail 2013 (15 à 20 € ; 40 000 b.) : vin cité. ✗ 2015-2018

○┐ *Dom. Brusset, 70, chem. de la Barque, 84290 Cairanne, tél. 04 90 30 82 16, domaine-brusset@ wanadoo.fr* Ⅴ 👟 🏠 *t.l.j. 10h-12h 14h-18h*

FLORENT ET DAMIEN BURLE Les Pallieroudas 2013 ★		
■ 6 000	î	11 à 15 €

Un domaine fondé en 1960, dans la même famille depuis trois générations. Florent et Damien Burle, installés en 1997, conduisent un vignoble de 20 ha.

Une longue cuvaison de vingt-cinq jours préside à l'élaboration de cet assemblage grenache-mourvèdre qui s'ouvre sans réserve sur d'intenses notes de fruits rouges. Tendre et rond, le palais offre un développement harmonieux autour de ce même fruité. Un peu fugace mais plaisant par son intensité aromatique. ✗ 2015-2019 ▼ côte de veau à la tomate

○┐ *Florent et Damien Burle, La Beaumette, 84190 Gigondas, tél. 04 90 70 94 85, caroleetdamien.burle@sfr.fr* Ⅴ 👟 🏠 *r.-v.*

DOM. DE CABASSE Jucunditas 2013		
■ 9 466	î ◐	15 à 20 €

Casa bassa (« maison basse » en italien), c'est ainsi que cette propriété de 15 ha était appelée au temps des papes d'Avignon. Située sous le village de Séguret, elle a changé de mains en 2012 : Alfred et Nicolas Haeni ont cédé la place à la famille Baudry, qui a pour objectif d'y développer l'œnotourisme.

RHÔNE

La dégustation débute par des parfums généreux de fruits rouges, de cerise à l'eau-de-vie notamment. La complexité commence à se révéler autour de nuances boisées apportées par l'élevage en foudre et fût dans une bouche douce et équilibrée. ⚔ 2015-2018 ❦ paleron en sauce

⚬➡ *Dom. de Cabasse, rte de Sablet, 84110 Séguret, tél. 04 90 46 91 12, info@cabasse.fr* Ⓥ 🏃 ⚑ *r.-v.*
⚬➡ Baudry Benoît

CH. LA CROIX DES PINS			
Les Dessous des Dentelles 2013			
■	7 000	🍶	11 à 15 €

La chapelle intérieure et la pergola de cette bastide de style toscan rappellent qu'au XVIᵉ s. le domaine appartenait à un prélat italien. Depuis 2010, Jean-Pierre Valade, œnologue-consultant international, a repris l'exploitation et engagé la conversion bio des 33 ha de vignes (beaumes-de-venise, ventoux et gigondas).

Le premier contact s'établit autour du cassis et de la mûre. Des arômes de fruits noirs que l'on perçoit aussi dans une bouche équilibrée, d'un beau volume, aux tanins soyeux et agréables. Une petite pointe végétale et un brin de sévérité en finale appellent un peu de garde. ⚔ 2016-2020 ❦ pot-au-feu d'agneau

⚬➡ *Ch. la Croix des Pins, 902, chem. de la Combe, 84380 Mazan, tél. 04 90 66 37 48, chateaulacroixdespins@orange.fr*
Ⓥ 🏃 ⚑ *t.l.j. sf dim. 10h-12h 15h-18h* 🏠 Ⓔ

DAUVERGNE RANVIER Vin rare 2013 ★★			
■	6 000	🍶 ◗	20 à 30 €

Créée en 2004 par François Dauvergne et Jean-François Ranvier, professionnels du vin qui ont décidé d'élaborer leurs propres cuvées après avoir œuvré chez les autres, cette maison de négoce s'est affirmée comme l'une des valeurs sûres de la vallée du Rhône, à travers une gamme de qualité issue de sélections parcellaires.

Intense et gourmande dès le premier nez, cette cuvée associe les fruits rouges, les épices et la coriandre. Suivant la même ligne aromatique, le palais offre un bel équilibre tanins-alcool-fraîcheur qui permet à ce vin d'être déjà appréciable, tout en pouvant envisager l'avenir avec sérénité. ⚔ 2016-2020 ❦ civet de lièvre ■ Grand Vin 2013 (11 à 15 € ; 25 000 b.) : vin cité. ⚔ 2018-2023

⚬➡ *Dauvergne Ranvier, Ch. Saint-Maurice, RN 580, 30290 Laudun-l'Ardoise, tél. 04 66 82 96 57, francois.dauvergne@dauvergne-ranvier.com*

DOM. DES FLORETS Suprême 2013 ★			
■	n.c.	◗	20 à 30 €

Un domaine acquis en 2007 par Jérôme et Myriam Boudier, à la tête de 8,3 ha de vignes implantés sur les contreforts des Dentelles de Montmirail, avec une partie du vignoble établi à quelque 500 m d'altitude.

Grenache (80 %) et mourvèdre sont associés dans cette cuvée harmonieuse de bout en bout, qui s'ouvre sur d'intenses notes fruitées et réglissées. La bouche ne déçoit pas : une belle qualité des tanins, une texture douce, du volume et un fruité persistant. De belles promesses pour la garde. ⚔ 2017-2021 ❦ tournedos sauce chocolat ■ Les Florets 2013 (11 à 15 € ; 5 000 b.) : vin cité. ⚔ 2016-2019

⚬➡ *Dom. des Florets, rte des Dentelles, 84190 Gigondas, tél. 04 90 40 47 51, scea-domainedesflorets@orange.fr* Ⓥ 🏃 ⚑ *r.-v.*

FONT SARADE Cuvée Les Pigières 2013 ★★			
■	4 000	🍶	11 à 15 €

Un domaine souvent en vue, né en 1936 au nord de Vacqueyras de l'association de deux familles vigneronnes, les Devine et les Burle. Le vignoble conduit depuis 2002 par Bernard Burle couvre aujourd'hui 35 ha.

Cette cuvée née de grenache (60 %), de mourvèdre (35 %) et d'un soupçon de syrah dévoile un bouquet varié et épanoui où la cerise noire côtoie les épices douces et les senteurs de la garrigue. Quant à la bouche, superbe, elle fait rimer douceur et concentration sans manquer de structure tannique, et offre un écho intense et persistant aux arômes de l'olfaction, agrémenté d'une note gourmande et « très grenache » de cacao. ⚔ 2017-2022 ❦ poulet au chocolat

⚬➡ *Dom. Font Sarade, quartier La Ponche, 84190 Vacqueyras, tél. 04 90 65 82 97, fontsarade@aol.com* Ⓥ 🏃 ⚑ *r.-v.* ⚬➡ Burle Bernard

DOM. LA FOURMONE Le Fauquet 2013 ★			
■	20 000	🍶	11 à 15 €

Un domaine fondé en 1885, valeur sûre en gigondas et vacqueyras (avec plusieurs coups de cœur à son actif), dans la famille Combe depuis cinq générations. Aux commandes des 37 ha de vignes, Marie-Thérèse Combe et ses deux enfants.

Assemblage classique de grenache, syrah et mourvèdre, cette cuvée déploie un bouquet net et intense de fruits noirs. Netteté du fruit qui se poursuit dans une bouche fraîche, dense et solide, étayée par des tanins d'une belle fermeté. Autant d'atouts pour une bonne évolution en cave. ⚔ 2017-2022 ❦ canette au miel et romarin

⚬➡ *Famille Combe, Dom. la Fourmone, rte de Violès, 84190 Vacqueyras, tél. 04 90 65 86 05, contact@ fourmone.com* Ⓥ ⚑ *t.l.j. sf dim. 9h30-18h*

GIGONDAS LA CAVE La Référence 2012 ★			
■	60 000	🍶	11 à 15 €

Créée en 1956 au pied des Dentelles de Montmirail, la coopérative de Gigondas vinifie aujourd'hui la production de quelque 260 ha de vignes, dont une partie en agriculture biologique.

Proche de la deuxième étoile, cette cuvée dévoile à l'olfaction des parfums très harmonieux de cacao, d'épices douces et de fruits noirs. Une richesse aromatique prolongée avec la même intensité par une bouche fraîche en attaque, plus suave et chaleureuse dans son développement, soutenue par des tanins fermes et fins. De très bons atouts pour le vieillissement. ⚔ 2018-2025 ❦ moelleux au chocolat ■ Les Primaires 2013 (15 à 20 € ; 20 000 b.) Ⓑ : vin cité. ⚔ 2019-2025

⚬➡ *Gigondas la Cave, Les Blaches, D 7, 84190 Gigondas, tél. 04 90 65 86 27, infos@cave-gigondas.fr*
Ⓥ 🏃 ⚑ *t.l.j. 9h30-12h30 14h-18h30*

DOM. DU GOUR DE CHAULÉ Cuvée Tradition 2013			
■	13 000	🍶 ◗	11 à 15 €

Rolande Beaumet, puis sa fille Aline et, en 2007, sa petite-fille Stéphanie Fumoso, toujours entourée de deux générations précédentes : depuis 1970, ce domaine de 10 ha morcelé en une vingtaine de parcelles est conduit par les femmes.

« 2013, une année particulière mais passionnante en termes de vinification, qui nous a obligés à sortir de nos routines pour dompter ce millésime structuré et complexe », explique Stéphanie Fumoso. De fait, cette cuvée ne laisse pas indifférent. Le bouquet, puissant, presque exubérant, associe arômes de fruits rouges confiturés, senteurs animales, pointe d'épices et notes de fruits secs. La bouche ? Ample, suave, concentrée, chaleureuse, épaulée par des tanins présents sans excès. Un bon classique, à laisser mûrir un peu. ✗ 2017-2020 ❢ couscous royal

O━ SCEA Beaumet-Bonfils, Dom. du Gour de Chaulé, quartier Sainte-Anne, 84190 Gigondas, tél. 06 60 43 77 61, contact@gourdechaule.com
Ⓥ 🅐 🅱 r.-v. **O━** Fumoso

GRANDES SERRES			
La Combe des marchands 2013 ★★			
■	35 000	🅑 ⦿	15 à 20 €

Une maison de négoce castelpapale fondée en 1977 par Camille Serres et reprise en 2001 par Michel Picard, investisseur dans de nombreuses régions viticoles – jusqu'en Ontario. Elle propose une large gamme de vins de la vallée du Rhône méridionale, souvent en vue dans ces pages.

La robe laisse paraître quelques liserés orangés de maturité. Le nez, envoûtant, associe des notes de pâte de fruits aux épices, des nuances florales à la vanille. Une attaque fraîche et dynamique ouvre sur un palais ample et rond, renforcé sans dureté par une structure tannique qui allie finesse et fermeté, tandis qu'une finale complexe évoquant des arômes de pâtisserie laisse sur une très agréable impression de douceur. On peut déjà en profiter, mais la garde ne gâchera pas votre plaisir. ✗ 2016-2020 ❢ pigeons aux cèpes

O━ SA Les Grandes Serres, 430, chem. de l'Islon-Saint-Luc, BP 17, 84230 Châteauneuf-du-Pape, tél. 04 90 83 72 22, samuel.montgermont@m-p.fr Ⓥ 🅱 t.l.j. 10h-18h
O━ Picard Vins

DOM. DU GRAND MONTMIRAIL			
Le Coteau de mon rêve 2013 ★			
■	30 000	🅘	11 à 15 €

Productrice de la vallée du Rhône et de la Côte de Nuits, la famille Chéron, originaire de Bourgogne, conduit depuis 1981 cette vaste propriété de 72 ha (dont 48 ha de vignes) en forme d'amphithéâtre, établie au pied des Dentelles de Montmirail, sur le versant sud. Un domaine très régulier en qualité, que ce soit pour ses gigondas, ses vacqueyras ou ses beaumes-de-venise.

Des ceps de grenache et de syrah plantés au lieu-dit « Mon Rêve » sont à l'origine de cette cuvée intensément bouquetée autour des fruits noirs mûrs, des épices douces et de la violette. Une attaque pleine de fraîcheur introduit un palais rond, gras et solidement arrimé à ses tanins, fermes et fins. Écho à l'olfaction, une jolie finale épicée et fruitée conclut la dégustation. Un gigondas bien typé, qui offre de belles perspectives de garde. ✗ 2018-2023 ❢ mijoté de joue de bœuf ■ Cuvée Vieilles Vignes 2013 (11 à 15 € ; 20 000 b.) : vin cité. ✗ 2016-2020

O━ Dom. du Grand Montmirail, Le Grand-Montmirail, 84190 Gigondas, tél. 04 90 65 85 91, contact@vignoblescheron.fr Ⓥ 🅐 🅱 t.l.j. sf sam. dim. 8h-12h 13h30-18h **O━** Yves Chéron

DOM. DU GRAPILLON D'OR			
Excellence 2013 ★★			
■	3 000	🅘	20 à 30 €

Un vieux mas du XVIIIᵉs. abritant une étonnante collection de tire-bouchons commande ce domaine familial créé en 1806. Aux commandes des 20 ha de vignes depuis 1975, Bernard Chauvet, épaulé désormais par sa fille Céline.

Un exemple abouti de l'intensité et de l'harmonie que peut offrir le duo grenache-syrah. Le nez se révèle franc et soutenu, sur les fruits noirs cuits et les épices. À une attaque fraîche et tonique succède un palais très rond et très gras, dans la continuité aromatique de l'olfaction et bien campé sur une superbe trame de tanins fermes et fins. De longue garde sans aucun doute. ✗ 2018-2025 ❢ lièvre à la royale ■ Élevé en foudre de chêne 2013 ★ (11 à 15 € ; 45 000 b.) : un nez riche et complexe (fruits rouges mûrs, poivre, notes animales), et un palais ample, suave et long, aux tanins fins. ✗ 2016-2020

O━ EARL Bernard Chauvet, Dom. du Grapillon d'Or, Le Péage, 84190 Gigondas, tél. 04 90 65 86 37, c.chauvet@domainedugrapillondor.com Ⓥ 🅐 🅱 t.l.j. sf dim. 9h-12h 14h-18h

♥ ALAIN JAUME ET FILS			
Terrasses de Montmirail 2013 ★★			
■	20 000	🅘 ⦿	15 à 20 €

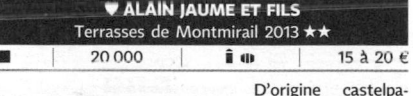

2013
Terrasses de Montmirail
GIGONDAS
ALAIN JAUME & FILS

D'origine castelpapale, Alain Jaume et ses fils Sébastien et Christophe perpétuent une tradition viticole qui remonte à 1826. Ils conduisent en bio certifié un vignoble de 65 ha réparti sur trois domaines – Grand Veneur à Châteauneuf-du-Pape, Clos de Sixte à Lirac et Ch. Mazane à Vacqueyras –, complété par une activité de négoce.

Une sensation gourmande de baies rouges et noires écrasées se dégage à l'olfaction de cette cuvée issue du trio grenache-syrah-mourvèdre. Arômes de sous-bois, de café torréfié et d'épices viennent compléter cette palette généreuse dans une bouche ample, tendre et soyeuse, portée par des tanins fins et veloutés. Une bouteille qui pourra aussi vieillir un peu, mais déjà si harmonieuse... ✗ 2015-2019 ❢ jarret de veau braisé au romarin

O━ Vignobles Alain Jaume et Fils, 1358, rte de Châteauneuf-du-Pape, 84100 Orange, tél. 04 90 34 68 70, jaume@domaine-grand-veneur.com Ⓥ 🅱 t.l.j. sf dim. 8h-12h 14h-18h 🏠 Ⓔ

LE MAS DES FLAUZIÈRES			
La Grande Réserve 2013 ★			
■	25 000	⦿	15 à 20 €

Jérôme Benoît a pris les rênes en 1996 de ce domaine dans sa famille depuis 1919, établi au pied du mont

RHÔNE

Ventoux et étendant ses 35 ha de vignes sur plusieurs communes. Des vins réguliers en qualité.

Syrah et mourvèdre à parts égales complètent cet assemblage à dominante de grenache (50 %). La robe est soutenue, à l'instar du nez. Celui-ci affiche une belle intensité autour des fruits noirs et des épices. Suivant la même ligne aromatique, le palais associe une chair ronde et dense à une solide structure tannique pour composer un ensemble harmonieux et de garde. **I** 2018-2025 **Y** agneau mariné aux épices

o→ Le Mas des Flauzières,
1131, rte de Vaison-la-Romaine, 84340 Entrechaux,
tél. 04 90 46 00 08, lemasdesflauzieres@yahoo.fr
V **⚡** **t.l.j.** sf dim. 10h-12h 14h-18h; f. 25 déc.-31 janv.
🏠 **ⓔ** **o→** Benoît Jérôme

MAS DES RESTANQUES 2013		
■	3 500	🍷	11 à 15 €

Un domaine né en 1995 de l'union des vignobles familiaux de Josiane et Jean-Luc Faraud, situés au pied des Dentelles de Montmirail : 9 ha partagés entre les appellations gigondas et vacqueyras, et vinifiés en cave coopérative jusqu'en 2007, date des premières mises en bouteilles à la propriété.

L'expression aromatique de cet assemblage grenache-syrah (70-30) joue sur plusieurs registres : fruité, animal, épices (poivre) et même iodé. Une belle complexité à laquelle fait écho un palais bâti pour une bonne garde, ample, puissant, concentré et encore plein de fraîcheur. **I** 2017-2022 **Y** rôti de bœuf sauce poivre

o→ Josiane et Jean-Luc Faraud, quartier Les Parties,
84190 Gigondas, tél. 04 90 65 80 87,
masdesrestanques@hotmail.com **V** **⚡** r.-v.

ⓑ MONTIRIUS La Tour 2013 ★		
■	5 000	🍷	15 à 20 €

Dans la même famille depuis six générations, ce domaine de 63 ha conduit par Christine et Éric Saurel est en biodynamie depuis 1996. Des vacqueyras et des gigondas vinifiés et élevés sans bois, régulièrement en vue.

Très expressive, cette cuvée évolue à l'olfaction sur un duo harmonieux fruité-animal. En bouche, le fruité est de mise, la fraîcheur et le gras s'équilibrent bien, les tanins sont en place, élégants et sans rugosité. **I** 2015-2019 **Y** bavette à l'échalote ■ Confidentiel 2013 (30 à 50 € ; n.c. b.) **ⓑ** : vin cité. **I** 2015-2019

o→ Dom. Montirius, 1536, rte de Sainte-Edwige,
84260 Sarrians, tél. 04 90 65 38 28, saurel@
montirius.com **V** **⚡** r.-v.

CH. DE MONTMIRAIL Cuvée de Beauchamp 2013 ★★		
■	40 000	🍷	11 à 15 €

Ce domaine de 50 ha situé à l'emplacement d'une ancienne station thermale connue pour ses eaux sulfureuses et magnésiennes est conduit par la famille Archimbaud depuis quatre générations. Une valeur sûre en vacqueyras et gigondas.

La maturité et la concentration sont au rendez-vous semble indiquer la robe intense de ce 2013. Le nez confirme : les fruits rouges mûrs s'allient aux fruits secs.

La bouche achève de convaincre : un beau concentré de fruits, de la densité, des tanins bien en place, fermes et serrés. Un gigondas au caractère affirmé, qui n'a pas encore tout donné. **I** 2017-2022 **Y** filet d'agneau à la purée d'herbes

o→ Ch. de Montmirail, cours Stassart, BP 12,
84190 Vacqueyras, tél. 04 90 65 86 72,
archimbaud@chateau-de-montmirail.com **V** **⚡** t.l.j.
sf dim. 9h-12h 14h-18h **🏠** **ⓓ**

DOM. NOTRE-DAME-DES-PALLIÈRES Bois des Mourres 2012 ★		
■	5 000	🍷 🍶	11 à 15 €

Au Moyen Âge, la source de Notre-Dame-des-Pallières réputée prévenir les fièvres attirait les pèlerins du Midi. Depuis 1991, Jean-Pierre et Claude Roux y cultivent un vignoble de 60 ha en lutte « ultraraisonnée ».

De longs mois en cuve (vingt-quatre exactement) et un élevage en fût de chêne de l'Allier pendant huit mois, ce 2012 issu de vieux ceps de grenache (80 %), de mourvèdre et de syrah a bénéficié de soins luxueux. Grâce à quoi, il présente un caractère bien trempé qui rappelle son aîné, coup de cœur dans l'édition précédente : robe intense et profonde, nez intensément boisé, bouche à la fois puissante, tannique et élégante, enrobée par une chair suave et tendre qui lui confère un profil plus aimable. De bonne garde assurément et pour un mets de caractère. **I** 2018-2025 **Y** gigue de chevreuil

o→ Jean-Pierre et Claude Roux,
Dom. Notre-Dame-des-Pallières, chem. de Lencieu,
84190 Gigondas, tél. 04 90 65 83 03, contact@
pallieres.com **V** **⚡** t.l.j. 9h-12h 14h-18h; sam. dim. sur
r.-v.; f. oct.

OGIER Héritages 2013 ★★		
■	60 000	🍶	15 à 20 €

Cette vénérable maison castelpapale de négoce-éleveur (1859), dans le giron du groupe Advini, propose une large gamme de vins rhodaniens, du nord et du sud. Elle possède aussi le Clos de l'Oratoire des Papes (châteauneuf) et le domaine Notre-Dame de Cousignac (vivarais).

Le nez intense et expressif associe la cerise et le Zan. Le palais prolonge avec la même intensité et avec force persistance les arômes de fruits rouges, épaulé par de beaux tanins de garde, fins et serrés. « Un profil de marathonien », conclut un juré, convaincu du solide potentiel de ce vin. **I** 2018-2023 **Y** daube de sanglier ■ Oratorio 2013 (15 à 20 € ; 30 000 b.) ; vin cité.
I 2017-2021

o→ Ogier, 10, av. Louis-Pasteur, BP 75,
84230 Châteauneuf-du-Pape, tél. 04 90 39 32 41,
ogier@ogier.fr **V** **⚡** t.l.j. sf dim. 9h-12h 14h-18h30

DOM. PALON 2013 ★		
■	10 000	🍷 🍶	11 à 15 €

Issu d'une famille vigneronne depuis un siècle et fils de l'ancien président de la « coop » de Gigondas, Sébastien Palon a décidé en 2003 de créer sa propre cave. Il conduit aujourd'hui un vignoble de 15 ha.

D'un beau rubis profond, cet assemblage grenache-syrah-mourvèdre partiellement élevé en fût de chêne associe à l'olfaction des arômes intenses de mûre et de vanille. Du volume, du gras, une texture veloutée, le tout renforcé par des tanins serrés, la bouche est bien place et devrait encore se bonifier avec le temps. ✗ 2018-2022 ▼ souris d'agneau confite ■ **Cuvée Esparza 2013** ★ (5 à 8 € ; 4 000 b.) : une cuvée ouverte sur la griotte et la mûre, ample, chaleureuse et bien structurée. ✗ 2017-2021

o━ *Dom. Palon, Le Pot-du-Bary, D7, rte de Vacqueyras, 84190 Gigondas, tél. 04 90 62 24 84, contact@ domainepalon.com* V ♿ ♦ *t.l.j. sf mer. dim. 10h-12h 14h-18h*

DOM. DU PRADAS 2013		
■	12 600 🍷	11 à 15 €

Un petit domaine de 4,6 ha situé à 400 m d'altitude au cœur des Dentelles de Montmirail, dédié à la seule appellation gigondas et conduit par Sylvie Cottet depuis 1981.

Cet assemblage grenache (75 %) et syrah s'annonce par des notes de sous-bois et d'épices. Une palette complétée en bouche par les fruits rouges, accompagnés de tanins fins et souples qui rendent cette bouteille déjà agréable. ✗ 2015-2018 ▼ hampe grillée ■ Dom. du Saint-Gens Cuvée de l'ancien oratoire 2013 (11 à 15 € ; 10 000 b.) : vin cité. ✗ 2017-2022

o━ *Dom. du Pradas, 84190 Gigondas, tél. 04 90 62 94 28* V ♿ ♦ *r.-v.* o━ *Cottet Sylvie*

OLIVIER RAVOIRE 2012 ★		
■	6 000 🍷	11 à 15 €

Établi aux portes du Luberon, ce négoce familial créé en 1987 par Roger Ravoire, fils de vigneron, propose une gamme de vins (marque et domaine) provençaux et rhodaniens.

Cet assemblage dominé par le grenache à 85 % (la syrah fait l'appoint) propose une belle expression de fruits noirs associés aux épices. L'attaque est fraîche, le milieu de bouche rond, gras et structuré par des tanins de belle facture, fermes et fins, et la finale, généreuse et riche, sur les fruits noirs confiturés. Quand densité rime avec élégance... ✗ 2018-2023 ▼ gigot d'agneau de sept heures

o━ *Ravoire et Fils, 225, av. de la Gare, CS 60201, 84360 Lauris, tél. 04 90 08 76 31, contact@ ravoire-fils.com* V ♦ *r.-v.*

CH. REDORTIER 2012 ★		
■	10 000 🍷	11 à 15 €

Un domaine créé en 1956 par Étienne et Chantal de Menthon : 30 ha de vignes sur les terrasses de Suzette, face aux Dentelles de Montmirail. Un vignoble d'un seul tenant, mais composé de deux entités distinctes : les marnes calcaires, perchées à 500 m d'altitude, et les terres jaunes du Trias, arides et envahies par la garrigue. Depuis 2007, c'est la deuxième génération, Isabelle et Sabine, qui vinifie.

Le duo grenache-syrah compose une cuvée – le seul gigondas du domaine – solaire. La robe est d'un beau rouge soutenu et le nez riche en fruits noirs surmûris mâtinés de nuances de violette. Une agréable fraîcheur saisit à l'attaque avant que le naturel plein de rondeur et de gras de cette cuvée ne reprenne le dessus, bien épaulé par une fine structure tannique. ✗ 2017-2021 ▼ estouffade de bœuf

o━ *Ch. Redortier, hameau de Châteauneuf-Redortier, 84190 Suzette, tél. 04 90 62 96 43, chateau-redortier@ wanadoo.fr* V ♿ ♦ *t.l.j. 10h-12h 14h-18h*

DOM. DU ROUCAS DE SAINT-PIERRE 2013 ★★		
■	16 000 🍷	11 à 15 €

Ce domaine de 5,5 ha, dans la famille Chéron depuis 1981, est dédié au seul gigondas. Il tire son nom d'un énorme rocher (*roucas* en provençal) décroché de la falaise des Dentelles de Montmirail et venu s'échouer au milieu du vignoble.

Des senteurs intenses et fort agréables de fruits rouges compotés et de réglisse s'échappent de ce vin rubis. La complexité aromatique s'accroît encore en bouche : épices douces, pruneau à l'eau-de-vie, réglisse. Des tanins fins et serrés, un brin accrocheurs en finale, sont en soutien de ce gigondas de très belle constitution, que l'on peut apprécier dès maintenant mais qui gagnera à attendre un peu. ✗ 2015-2020 ▼ tournedos Rossini

o━ *Dom. du Roucas de Saint-Pierre, 84190 Gigondas, tél. 04 90 65 00 22* V ♿ ♦ *r.-v.*

♥ Ⓑ CH. SAINT-COSME Hominis Fides 2013 ★★		
■	1 600 🍶	30 à 50 €

Aménagé sur un site de vinification gallo-romain parvenu jusqu'à nous avec ses cuves de fer mentation taillées dans le rocher, le domaine est dans la famille Barruol depuis... 1490. Depuis, quinze générations de vignerons se sont succédé sur cette exploitation de 22 ha conduite depuis longtemps selon les préceptes bio. Fort de ce long passé vigneron, Louis Barruol, l'actuel propriétaire, a développé en 1997 une activité de négoce.

Cette cuvée doit son nom au lieu-dit où s'enracinent les très respectables vieux ceps de grenache – plus que centenaires ! – qui ont donné naissance à ce gigondas de haute expression. La robe est intense et profonde, comme le bouquet ouvert sur des parfums complexes et intenses de violette, de fruits confiturés, de cuir et de café torréfié. Une grande puissance émane du palais, ample, suave, riche, tannique, mais courtois de bout en bout, évoluant sans aucune agressivité et avec beaucoup d'élégance. Comme si l'âge vénérable du grenache lui conférait sagesse et force tranquille. ✗ 2017-2025 ▼ filet de bœuf à la truffe ■ Le Poste 2013 ★ (30 à 50 € ; 1 600 b.) : à l'aération, des notes fruitées (cerise, groseille), animales et épicées. Une belle expression du grenache que l'on retrouve dans un palais ample, puissant, généreux et long. ✗ 2017-2022

o━ *Saint-Cosme, rte des Dentelles, 84190 Gigondas, tél. 04 90 65 80 80, barruol@chateau-st-cosme.com* V ♿ ♦ *t.l.j. sf sam. dim. 9h-17h* o━ *Barruol Louis*

DOM. SAINTE-ANNE 2013 ★★		
■	20 000 🍷	11 à 15 €

C'est une chapelle aujourd'hui disparue qui a donné son nom à ce domaine ancien, propriété de la famille Devin depuis la fin du XVIII[e]s. Le vignoble couvre une petite surface de 5 ha, dont la conduite ainsi que l'élaboration des vins sont confiées depuis trois générations à la famille Meffre.

Une ode au grenache, même s'il n'est pas seul (la syrah et le mourvèdre lui tiennent compagnie), que ce 2013 au nez très fruité, un peu animal et fruits secs ; « Tellement nature sans bois ! » se réjouit un dégustateur. Pas de chêne en effet, mais dix-huit mois de cuve qui donnent en bouche un vin tout aussi expressif qu'à l'olfaction, à la fois frais et rond, élégant et soyeux, aussi large que long, et déjà très aimable. ✗ 2015-2020 ✗ canard à l'orange

☛ *Dom. Jack Meffre et Fils, Le Village, 84190 Gigondas, tél. 04 90 70 94 90, hmeffre@outlook.com* 🆅 🅰 🅵 *r.-v.*

DOM. SAINT-FRANÇOIS-XAVIER
Prestige de Dentelles 2013 ★

| ■ | 10 000 | ◐ | 11 à 15 € |

Un domaine créé au début du XXᵉˢ. par François-Xavier Lambert sur l'ancien vignoble des Princes d'Orange, conduit depuis 1986 par ses arrière-petits-enfants, Christian et Jean-François Gras, à la tête de 23 ha de vignes.

Arômes de torréfaction, d'épices et de réglisse rivalisent d'intensité à l'olfaction. Il en va de même en bouche, où le vin se montre à la fois frais et généreux, équilibré en somme, apprécié aussi pour la finesse de ses tanins, garants d'un solide potentiel de garde. ✗ 2018-2023 ✗ selle d'agneau aux cèpes

☛ *Dom. Saint-François-Xavier, Les Terres, 84190 Gigondas, tél. 06 20 52 64 54, gigondasvin@wanadoo.fr* 🆅 🅰 🅵 *r.-v.*
☛ *Jean-François et Christian Gras*

DOM. LES TEYSSONNIÈRES 2012 ★★★

| ■ | 9 706 | 🍶 | 15 à 20 € |

Ce domaine créé en 1838, dans la même famille depuis six générations, étend son vignoble sur 12 ha d'un seul tenant au pied des Dentelles de Montmirail, sur des sols sableux plantés de vieux ceps de plus de cinquante ans. Franck Alexandre est aux commandes depuis 1985.

Aux côtés des classiques grenache, mourvèdre et syrah, une petite touche de cinsault et de clairette fait l'originalité de cet assemblage complexe à l'origine d'un grand vin. Une première étoile est gagnée par la robe, très intense, très profonde. Une deuxième récompense le bouquet, complexe et soutenu, sur le cacao, le tabac blond, les fruits noirs mûrs et les épices douces. La (très rare) troisième étoile honore la qualité admirable du palais, expressif et puissant, parfaitement équilibré entre gras et fraîcheur, bâti sur des tanins fins et fermes à la fois. Forcément, le coup de cœur n'est pas passé loin, pas loin du tout... ✗ 2017-2021 ✗ tournedos de canard Rossini

☛ *Franck Alexandre, Dom. les Teyssonnières, 84190 Gigondas, tél. 04 90 12 31 31, caveau@domaine-les-teyssonnieres.com* 🆅 🅰 🅵 *t.l.j. sf dim. 8h-12h 14h-18h*

VALRHODANIA Vieilles Vignes 2013 ★

| ■ | 10 000 | ■ | 11 à 15 € |

Après dix ans dans la grande distribution et presque autant dans le négoce de vins (partie technique), Philippe Vigne, petit-fils de coopérateur, a décidé en

2011 de fonder sa propre structure, spécialisée comme son nom l'indique dans les vins de la vallée du Rhône. Ces vieilles vignes ont trente ans et elles ont donné naissance à un gigondas généreusement bouqueté autour d'intenses notes de fruits rouges et de réglisse. Croquant et frais en attaque, sur la cerise et les épices, plus chaleureux dans son développement, le palais s'appuie sur de jolis tanins, fins et de garde. ✗ 2018-2022 ✗ sauté d'agneau à la provençale

☛ *Valrhodania, 400, rue du Portugal, ZI des Crémades, 84100 Orange, tél. 09 81 86 30 20, contact@ valrhodania.fr* 🆅 *t.l.j. sf sam. dim. 8h30-12h 14h-18h*
☛ *Vigne*

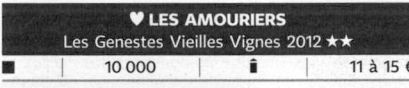

VACQUEYRAS

Superficie : 1 455 ha / Production : 42 325 hl (97 % rouge et rosé)

Consacré en AOC communale en 1990, le vignoble de Vacqueyras est situé dans le Vaucluse, entre Gigondas au nord et Beaumes-de-Venise au sud-est. Son territoire s'étend sur les deux communes de Vacqueyras et de Sarrians. Les vins rouges, largement majoritaires, sont élaborés à base de grenache, de syrah, de mourvèdre et de cinsault ; ils sont aptes à la garde (trois à dix ans). Les quelques rosés sont issus d'un encépagement similaire. Les blancs, confidentiels, naissent des cépages clairette, grenache blanc, bourboulenc et roussanne.

♥ LES AMOURIERS
Les Genestes Vieilles Vignes 2012 ★★

| ■ | 10 000 | 🍶 | 11 à 15 € |

Patrick Gras et son jeune associé, Igor Chudzikiewicz, conduisent ce domaine de 29,5 ha dont les premières vignes ont été plantées en 1928. Son nom provient des mûriers (« amouriers » en provençal) autrefois plantés sur ces terres. La conversion bio est engagée, et la certification prévue pour le millésime 2014.

Du verre s'échappent de jolies notes de fruits des bois, comme l'arbouse et l'airelle. Cette originalité, qui rime avec intensité et complexité, prélude à un palais rond, gras, très long, doté de tanins serrés, fins et soyeux à la fois, et d'un solide potentiel de garde. Une cuvée digne des grandes tables et encore pleine de promesses. ✗ 2018-2023 ✗ baeckeofe de gibier

☛ *SCEA Dom. des Amouriers, 5801, rte de la Garrigue-de-l'Étang, 84260 Sarrians, tél. 04 90 65 83 22, domaine@amouriers.com* 🆅 🅰 🅵 *r.-v.*

LA BASTIDE SAINT-VINCENT Pavane 2013

| ■ | 16 500 | 🍶 | 8 à 11 € |

Installé dans une ancienne ferme rénovée aux airs de bastide, dont certains éléments datent du XVIIᵉˢ., Laurent Daniel est un habitué du Guide. Il conduit depuis

2001 ce vignoble familial de 22 ha très morcelé, réparti dans six communes.

Un lieu-dit de Sarrans donne son nom à cette cuvée au nez généreux de fruits cuits, voire compotés, et de cuir. Un fruité mûr que l'on retrouve avec des notes réglissées dans la bouche aux tanins encore un peu fermes, mais bien enrobés par une matière riche et ronde. Au final, un vin équilibré, qui pourra patienter un peu en cave. ✗ 2017-2020 ♈ coq au vin

☛ *Laurent Daniel, La Bastide Saint-Vincent, 1047, rte de Vaison, 84150 Violès, tél. 04 90 70 94 13, bastide.vincent@free.fr* 🆅 🅰 🅿 *t.l.j. 9h-12h 14h-19h*

DOM. DU BOIS DE SAINT-JEAN
La Ballade des Anglès 2013 ★

■	6 000	🍴	11 à 15 €

Établie à Jonquerettes depuis 1650, la famille Anglès se consacre à la vigne depuis 1910. Une tradition perpétuée avec grand talent par Vincent et son frère Xavier qui, à la tête de 50 ha de vignes, proposent des vins d'une constance remarquable.

Une première dans le Guide pour la fratrie Anglès avec ce vacqueyras issu d'une acquisition récente. Un vin de belle facture, ouvert sur la truffe à l'olfaction, ample, velouté, « tapissant » en bouche, long et bien épaulé par des tanins fondus. Déjà agréable, cette bouteille pourra être attendue. ✗ 2016-2020 ♈ daube d'agneau

☛ *EARL Xavier et Vincent Anglès, 120, av. de la République, 84450 Jonquerettes, tél. 04 90 22 53 22, xavier.angles@wanadoo.fr* 🆅 🅰 🅿 *t.l.j. 8h-12h 14h-20h; dim. 8h-12h*

MAISON BOUACHON Pierrelongue 2013

■	10 000	🍷	11 à 15 €

La famille Skalli s'initia à la vigne et aux cépages méridionaux en Algérie, dans les années 1920. Francis et surtout son fils Robert ont œuvré pour que cette maison de négoce soit aujourd'hui très implantée dans tout le sud de la France. Dans le giron du groupe bourguignon Boisset depuis 2011.

L'élevage en fût a laissé son empreinte sur ce 2013, mais une empreinte fine et discrète, qui accompagne le vin sans l'écraser. Le nez s'avère ainsi franc, fruité et boisé avec mesure, donc. Le palais, au diapason, se révèle rond, gras et de bonne longueur. ✗ 2017-2020 ♈ gruyère suisse affiné

☛ *Les Vins Skalli, av. Pierre-de-Luxembourg, 84230 Châteauneuf-du-Pape, tél. 04 90 83 58 35, info@skalli.com* 🆅 🅰 🅿 *t.l.j. 10h-12h 15h-18h* ☛ *Boisset*

DOM. DE CHANTEGUT
Les Clés de la magnanerie 2013 ★

■	16 000	🍴🍷	11 à 15 €

Un domaine créé en 1959 par Rémy Marseille. Installé en 1981, son fils Pierre, pharmacien de formation, conduit aujourd'hui 68 ha de vignes, qu'il vinifie dans une ancienne magnaneraie du XVIIIᵉs.

Cette cuvée élaborée à partir d'un élevage partiel en fût offre une robe soutenue et un nez profond et généreux de fruits rouges cuits soulignés par un léger vanillé. Une palette qui s'enrichit d'une touche de réglisse dans une bouche longue et très agréable par sa rondeur et par la souplesse et le soyeux de ses tanins. ✗ 2017-2020 ♈ osso

bucco ■ Cuvée principale 2013 (11 à 15 € ; 19 200 b.) : vin cité. ✗ 2016-2019

☛ *Pierre Marseille, 436, bd du Comté-d'Orange, 84260 Sarrians, tél. 04 90 65 46 38, domainedechantegut@wanadoo.fr* 🆅 🅰 🅿 *t.l.j. sf dim. 9h-12h 14h-19h*

DOM. DE LA CHARBONNIÈRE 2012 ★★

■	17 000	🍴🍷	15 à 20 €

En 1912, Eugène Maret achète ce domaine pour l'offrir à sa femme, châteauneuvoise et fille de vigneron. En 2013, son petit-fils Michel, aux commandes depuis 1972, a transmis les 30 ha (en conversion bio depuis 2012) à ses filles Caroline et Véronique. Une valeur sûre en vacqueyras et en châteauneuf.

Assemblage classique de grenache et de syrah (60-40), ce vacqueyras a été vinifié pour partie dans des cuviers en bois tronconiques de plus en plus rares. Grâce à quoi, le nez développe de gourmandes senteurs cacaotées aux côtés d'un fruité « explosif » et plutôt frais. Une fraîcheur qui accompagne aussi la bouche, puissante, dense, suave, finement tannique, lui apportant équilibre, élégance et (grande) longueur. ✗ 2018-2022 ♈ tournedos sauce chocolat

☛ *Dom. de la Charbonnière, EARL Michel Maret et Filles, 26, rte de Courthézon, BP 83, 84232 Châteauneuf-du-Pape Cedex, tél. 04 90 83 74 59, contact@domainedelacharbonniere.com* 🆅 🅰 🅿 *t.l.j. sf dim. 8h30-12h 14h-18h; sam. sur r.-v.*

DOM. LE CLOS DES CAZAUX
Les Clefs d'Or 2014 ★

■	10 000	🍴	8 à 11 €

Des origines templières pour ce domaine dans la famille Archimbaud-Vache depuis cinq générations. Aux commandes aujourd'hui, deux frères, Frédéric à la cave et Jean-Michel à la vigne, à la tête de 15 ha en gigondas et de 25 ha en vacqueyras. Une valeur sûre.

Une cuvée historique du domaine, élaborée la première fois en 1959. Clairette, roussanne et grenache blanc plantés sur les coteaux argilo-sableux du lieu-dit Les Cazeaux ont donné naissance à un 2014 au nez intense, floral, fruité et épicé qui laisse une agréable sensation de légèreté. Le palais offre quant à lui un bel équilibre entre gras, rondeur et fine acidité. ✗ 2015-2018 ♈ cabillaud à l'aneth ■ Cuvée des Templiers 2012 ★ (11 à 15 € ; 20 000 b.) : un assemblage mi-grenache mi-syrah aux notes de griotte, d'amande douce et d'épices, aux tanins fins et racés. ✗ 2016-2020

☛ *Famille Archimbaud-Vache, Dom. le Clos des Cazaux, chem. du Moulin, 84190 Vacqueyras, tél. 04 90 85 83, closdescazaux@wanadoo.fr* 🆅 🅰 🅿 *r.-v.*

GRANDES SERRES Les Hautes Vacquières 2013

■	20 000	🍴🍷	11 à 15 €

Une maison de négoce castelpapale fondée en 1977 par Camille Serres et reprise en 2001 par Michel Picard, investisseur dans de nombreuses régions viticoles – jusqu'en Ontario. Elle propose une large gamme de vins de la vallée du Rhône méridionale, souvent en vue dans ces pages.

Le nez allie puissance et finesse autour de fruits noirs très mûrs, de senteurs balsamiques et de bois exotique. Fruits noirs rehaussés d'épices qui accompagnent aussi une bouche fraîche et ferme, encore sous l'emprise des tanins. À attendre, donc. ✗ 2017-2021 ♟ paleron de bœuf au vin rouge

☛ *SA Les Grandes Serres,*
430, chem. de l'Islon-Saint-Luc, BP 17,
84230 Châteauneuf-du-Pape, tél. 04 90 83 72 22,
samuel.montgermont@m-p.fr **V** 🎫 **t** *t.l.j. 10h-18h*
☛ Picard Vins

♥ **DOM. DU GRAND MONTMIRAIL** 2013 ★★★		
■ 16 000	🍷	11 à 15 €

Productrice de la vallée du Rhône et de la Côte de Nuits, la famille Chéron, originaire de Bourgogne, conduit depuis 1981 cette vaste propriété de 72 ha (dont 48 ha de vignes) en forme d'amphithéâtre, établie au pied des Dentelles de Montmirail, sur le versant sud. Un domaine très régulier en qualité, que ce soit pour ses gigondas, ses vacqueyras ou ses beaumes-de-venise.

« Nous recherchons une certaine élégance dans nos vins ; la culture 'pinot' a orienté nos méthodes culturales et nos vinifications pour obtenir des vins d'une grande finesse », explique Yves Chéron. Un peu de Bourgogne dans la vallée du Rhône, en somme, et des vins en effet d'une réelle prestance, à l'image de ce 2013 élevé dix-huit mois en cuve, qui délivre un nez très expressif à dominante de réglisse. Gras, riche, d'une puissance parfaitement sous contrôle, porté par des tanins soyeux, le palais offre un équilibre magnifique et déploie une longue finale aux accents élégants et délicats de violette. ✗ 2018-2025 ♟ selle d'agneau en croûte d'herbes

☛ *Dom. du Grand Montmirail, Le Grand-Montmirail,*
84190 Gigondas, tél. 04 90 65 85 91, contact@
vignoblescheron.fr **V** 🎫 **t** *t.l.j. sf sam. dim. 8h-12h*
13h30-18h ☛ Famille Chéron

DOM. DU GRAND PRIEUR 2013		
■ 65 000	🍷	11 à 15 €

Cette coopérative fondée en 1957 réunit quelque 80 familles de vignerons produisant essentiellement dans les appellations de la vallée du Rhône méridionale, sur une superficie totale de 800 ha.

Au nez, les notes de fruits rouges mûrs sont accompagnées d'une nuance épicée. Cette dernière prend le dessus dans une bouche ronde et tendre, mais c'est la réglisse qui a le dernier mot. Un vin d'une aimable simplicité. ✗ 2015-2018 ♟ boudin noir aux pommes

☛ *Vignerons de Caractère, rte de Vaison,*
84190 Vacqueyras, tél. 04 90 65 84 54, contact@
vigneronsdecaractere.com **V** 🎫 **t** *t.l.j. 9h-19h*

DOM. GRANDY 2013		
■ 50 000		5 à 8 €

Cette coopérative fondée en 1926 propose une large gamme allant des vins de pays aux vacqueyras, en passant par les côtes-du-rhône et les *villages*.

Des petits fruits noirs, une pincée d'épices, quelques nuances de fruits rouges à l'alcool, ce vacqueyras s'annonce par un bouquet généreux et bien typé. La bouche, sans être massive, offrant de la rondeur, apparaît tout de même bien structurée, et même un peu sévère en finale. Encore un peu de patience. ✗ 2017-2020 ♟ magret de canard

☛ *Cave les Coteaux du Rhône, BP 7,*
84830 Sérignan-du-Comtat, tél. 04 90 70 04 22,
coteau.rhone@orange.fr **V** 🎫 **t** *t.l.j. 8h30-12h30 14h-19h*

LES GRANITIQUES 2013	
■ 10 000	8 à 11 €

Après dix ans dans la grande distribution et presque autant dans le négoce de vins (partie technique), Philippe Vigne, petit-fils de coopérateur, a décidé en 2011 de fonder sa propre structure, spécialisée comme son nom l'indique dans les vins de la vallée du Rhône.

De jolies notes de fruits rouges mûrs et de muscade composent un bouquet plaisant et harmonieux. Ce fruité généreux s'accompagne de senteurs de garrigue dans une bouche qui reste fraîche, tannique sans être agressive. Un ensemble équilibré que l'on pourra apprécier dans sa jeunesse. ✗ 2016-2019 ♟ tajine d'agneau

☛ *Valrhodania, 400, rue du Portugal, ZI des Crémades,*
84100 Orange, tél. 09 81 86 30 20, contact@
valrhodania.fr **V** *t.l.j. sf sam. dim. 8h30-12h 14h-18h*
☛ Vigne Philippe

🅑 **VIGNOBLE ALAIN IGNACE** Le Jardin de Noémie 2013 ★		
■ 2 000	🍷 ⬤	15 à 20 €

Après son grand-père Justin, fondateur du domaine, et son père Antonin, Alain Ignace conduit avec son épouse Nelly les 12 ha de vignes familiales (vacqueyras et beaumes-de-venise), certifiés en agriculture biologique.

Roussanne (50 %), bourboulenc (30 %) et viognier composent ce vin au nez intensément floral, agrémenté de notes d'agrumes et d'un soupçon de vanille (neuf mois de fût). Pêche, pamplemousse, note beurrée, le palais prolonge avec intensité ce caractère très aromatique et généreux ; une générosité renforcée par une matière ronde et soyeuse. ✗ 2015-2019 ♟ saint-félicien

☛ *Vignoble Alain Ignace, 1727, rte de Vacqueyras,*
84190 Beaumes-de-Venise, tél. 06 80 45 81 74,
alain.ignace@wanadoo.fr **V** 🎫 **t** *r.-v.* 🏠 🅑

CH. LESTOURS CLOCHER Les Pénitents 2013 ★		
■ 50 000	🍷	11 à 15 €

La famille Arnoux reçut en 1717 du seigneur de Lauris une parcelle de vignes. Aujourd'hui, elle exploite 40 ha en vacqueyras tout en menant une activité de négociant dans plusieurs autres AOC rhodaniennes.

Cette cuvée conjugue la concentration de vieilles vignes de cinquante ans, une vinification dans un cuvier tronconique en chêne (ce qui devient fort rare) et l'expérience d'une maison familiale bientôt tricentenaire. Le résultat : une belle expression de fruits bien mûrs et d'épices douces, une bouche soyeuse et tendre, aux tanins bien enrobés. ✗ 2016-2021 ♟ daube provençale

☛ *SA Arnoux et Fils, Cave du Vieux Clocher,*
84190 Vacqueyras, tél. 04 90 65 84 18,
info@arnoux-vins.com **V** **t** *t.l.j. 9h-12h30 14h-19h* 🏠 🅓

Ⓑ LA LIGIÈRE 2013

| ■ | 20 000 | 🜔 | 11 à 15 € |

Héritier d'un grand-père et d'un père vignerons, Philippe Bernard a créé, avec son épouse Élisabeth, sa propre cave en 2008 pour vinifier les 50 ha de vignes familiales, conduits en bio certifié.

Grenache, syrah et mouvèdre, un assemblage classique pour ce vin au bouquet intense de fruits rouges. Après une attaque agréable et un développement chaleureux, rond et gras, la bouche montre les muscles en finale. Un peu de garde arrondira les angles. ✗ 2017-2020 ♈ joue de bœuf mijotée à la tomate

☛ Dom. la Ligière, 1385, chem. des Seyrels, 84190 Beaumes-de-Venise, tél. 04 90 62 98 00, laligiere@orange.fr Ⓥ 🜔 🜔 r.-v. 🏠 Ⓔ

GABRIEL MEFFRE Saint-Barthélemy 2013 ★

| ■ | 5 000 | 🜔 | 15 à 20 € |

Affaire de négoce-éleveur créée en 1936 par Gabriel Meffre, cette maison est devenue un acteur incontournable, propriétaire de 800 ha de vignes dans toute la vallée du Rhône, ainsi qu'en Provence. Reprise en 2009 par Éric Brousse, associé au groupe bourguignon Boisset.

À l'olfaction, ce 2013 évolue avec finesse et délicatesse autour de notes de fruits rouges et d'épices. En bouche, du fruit et des épices toujours, du corps et de la chair, des tanins enrobés et une belle longueur. Un vin complet et prometteur. ✗ 2017-2020 ♈ parmentier d'agneau

☛ Gabriel Meffre, Le Village, 84190 Gigondas, tél. 04 90 12 32 47, gabriel-meffre@meffre.com Ⓥ 🜔 🜔 r.-v.

Ⓑ DOM. MONTIRIUS Garrigues 2013 ★

| ■ | 20 000 | 🜔 | 15 à 20 € |

Dans la même famille depuis six générations, le domaine de 63 ha conduit par Christine et Éric Saurel est en biodynamie depuis 1996. Des vacqueyras et des gigondas vinifiés et élevés sans bois, régulièrement en vue.

Grenache et syrah, pas de bois «pour préserver la minéralité des vins» et la garrigue de ce vacqueyrassien. Dans le verre, un vin fruité et floral à souhait à l'olfaction, ample, rond, long et équilibré en bouche. ✗ 2016-2020 ♈ bœuf bourguignon ■ Le Clos 2012 ★ (20 à 30 € ; 15 000 b.) Ⓑ : un nez puissant et fruité, agrémenté d'une touche d'amande prélude à un palais lui aussi très fruité, charnu, suave et charpenté en douceur par des tanins soyeux. De bonne garde, assurément. ✗ 2017-2022

☛ Dom. Montirius, 1536, rte de Sainte-Edwige, 84260 Sarrians, tél. 04 90 65 38 28, saurel@montirius.com Ⓥ 🜔 🜔 r.-v. ☛ Saurel

CH. DE MONTMIRAIL Cuvée de l'ermite 2013 ★★

| ■ | 7 000 | 🜔 | 11 à 15 € |

Ce domaine de 50 ha situé à l'emplacement d'une ancienne station thermale connue pour ses eaux sulfureuses et magnésiennes est conduit par la famille Archimbaud depuis quatre générations. Une valeur sûre en vacqueyras et gigondas.

Cette cuvée mi-grenache mi-syrah s'ouvre sans réserve et sans fausse note sur les fruits rouges frais. En bouche, elle offre un équilibre remarquable entre rondeur, fraîcheur et puissance tannique maîtrisée. Tout est en place, et le vin déjà appréciable, mais vous pouvez également garder cet Ermite pour une bonne retraite en cave. ✗ 2017-2022 ♈ navarin d'agneau ■ Cuvée des deux frères 2013 ★ (8 à 11 € ; 25 000 b.) : une petite proportion de mourvèdre (10 %) complète le duo syrah-grenache. Le nez est cacaoté. La bouche, plus fraîche et fruitée, plus expressive aussi, s'adosse à des tanins fins. Un vin long et élégant. ✗ 2016-2021

☛ Ch. de Montmirail, cours Stassart, BP 12, 84190 Vacqueyras, tél. 04 90 65 86 72, archimbaud@ chateau-de-montmirail.com Ⓥ 🜔 t.l.j. sf dim. 9h-12h 14h-18h 🏠 Ⓓ

LA RÉSERVE SAINT-DOMINIQUE 2013 ★

| ■ | 4 000 | 🜔 | 8 à 11 € |

Éric Bonnet, propriétaire du domaine La Bastide Saint-Dominique, connu des lecteurs pour ses châteauneuf-du-pape, a développé en 2005 une structure de négoce pour compléter sa gamme de crus de la vallée du Rhône, avec une préférence pour les vins bio.

Ce vacqueyras séduit d'emblée par la finesse de son bouquet, porté sur les fruits rouges. Un abord courtois prolongé par un palais rond, tendre et généreux, équilibré par une pointe de fraîcheur. Déjà très aimable, il pourra aussi patienter quelques années en cave. ✗ 2015-2020 ♈ cailles aux cerises

☛ Éric Bonnet, 1358, chem. Saint-Dominique, 84350 Courthézon, tél. 04 90 70 85 32, reserve@bastidesaintdominique.com

DOM. LA ROUBINE 2013

| ■ | n.c. | 🜔 ⊕ | 11 à 15 € |

Éric Ughetto, installé en 1990 sur le domaine familial, et son épouse Sophie ont quitté la coopérative en 2000 pour vinifier le fruit de leurs 16 ha de vignes, en conversion bio depuis 2010.

Au nez, les fruits rouges procurent une sensation de légèreté. La dégustation continue avec plus de fermeté, mais sans dureté, autour d'un élevage discret, de tanins fins enrobés par une matière ronde. Pas encore totalement à son apogée, ce vacqueyras a besoin d'une courte garde. ✗ 2016-2020 ♈ jambon braisé au porto

☛ Éric Ughetto, SCEA la Roubine, chem. du Gousar, 84190 Gigondas, tél. 06 07 91 60 21, domaine.laroubine@laposte.net Ⓥ 🜔 🜔 r.-v.

DOM. SAINT-ROCH Cuvée Quentho 2012 ★

| ■ | 20 000 | 🜔 | 11 à 15 € |

Les Meissonnier sont enracinés depuis... seize générations à Beaumes-de-Venise, d'abord comme arboriculteurs et maraîchers, puis comme viticulteurs, ce que fit un grand nombre après le grand gel de 1956. La production au domaine est en revanche récente : Stéphane Meissonnier et son épouse Stéphanie ont décidé de créer leur cave en 2012 pour vinifier le fruit de leurs 45 ha de vignes.

Cette cuvée s'ouvre sur d'intenses arômes de fruits mûrs, bientôt relayés par des notes d'amande. Le fruité est aussi très présent – « explosif », selon les jurés – dans une bouche équilibrée, à la fois très fraîche et bien structurée par des tanins nets et fins qui lui confèrent une belle élégance et un bon potentiel de garde. ✗ 2017-2021 ❦ côte de bœuf aux épices douces

➤ *Stéphane Meissonnier, 167, rte d'Aubignan, 84190 Beaumes-de-Venise, tél. 06 27 13 38 76, domaine-saintroch@orange.fr* 🅥 🏃 🚹 *t.l.j. 9h-19h*

DOM. DU TERME 2013 ★			
■	9 000	🍾	8 à 11 €

Situé à la frontière entre l'ancienne principauté d'Orange et le comtat Venaissin, d'où son nom, le domaine est entré dans la famille Gaudin il y a quatre générations. Depuis 1987, c'est Anne-Marie Gaudin-Riché, toujours conseillée par son père Rolland, qui est aux commandes de ce vignoble de 25 ha.

La robe est soutenue sans être sombre. Actuellement centré sur les fruits rouges, le nez, expressif, laisse deviner un début de complexité. Rond, gras, long et campé sur des tanins soyeux, cet assemblage grenache-syrah de belle tenue. ✗ 2017-2021 ❦ mijoté de bœuf aux poivrons

➤ *Dom. du Terme, chem. du Terme, 84190 Gigondas, tél. 04 90 65 86 75, gaudin@domaineduterme.fr* 🅥 🏃 🚹 *t.l.j. 10h-12h 14h-18h* 🏠 Ⓑ

DOM. DE LA TOURADE 2013			
■	12 000	◫	8 à 11 €

Un domaine fondé en 1876, dans la famille Richard depuis plusieurs générations. Le vignoble couvre 16 ha, et les élevages en fût ou en foudre sont ici privilégiés.

Fidèle à la tradition maison, ce vacqueyras a connu le bois pendant dix-huit mois. Il en retire un caractère qualifié de « viril ». Puissant sans dureté, généreux autour d'un fruité mûr, ce vin ne craindra pas la garde. ✗ 2017-2021 ❦ escalope de foie gras poêlé

➤ *André Richard, Dom. de la Tourade, 84190 Gigondas, tél. 04 90 70 91 09, latourade@hotmail.fr* 🅥 🏃 🚹 *t.l.j. 9h-18h*

DOM. DE VERVINE 2013			
■	35 000	◫	5 à 8 €

Établi aux portes du Luberon, ce négoce familial créé en 1987 par Roger Ravoire, fils de vigneron, propose une gamme de vins (marque et domaine) provençaux et rhodaniens.

La robe, rubis intense, affiche une belle jeunesse, tandis que les fruits cuits perceptibles à l'olfaction laissent envisager une belle maturité. En bouche, le grain des tanins est fin. L'impression générale est très agréable, même si ce vin n'a pas encore livré tout son potentiel. ✗ 2017-2020 ❦ bavette sauce marchand de vin

➤ *Ravoire et Fils, 225, av. de la Gare, CS 60201, 84360 Lauris, tél. 04 90 08 76 31, contact@ravoire-fils.com* 🅥 *r.-v.*

PIERRE VIDAL Réserve 2013 ★			
■	30 000	🍾	8 à 11 €

Pierre Vidal installé à Châteauneuf-du-Pape avec son épouse vigneronne a créé son négoce en 2010. Une maison déjà bien implantée grâce aux sélections par-

cellaires vinifiées par ce jeune œnologue formé en Bourgogne.

Grenache (70 %), syrah et mourvèdre pour cette cuvée au nez puissant, marqué au premier nez par un côté animal, avant que l'aération ne révèle les vins très murs et de jolies notes cacaotées. En un mot, le vin s'annonce riche, ce que ne dément pas sa bouche, ronde, soyeuse, tout aussi généreusement fruitée et un brin réglissée. ✗ 2016-2019 ❦ lapin aux olives

➤ *EURL Pierre Vidal, 631, rte de Sorgues, 84230 Châteauneuf-du-Pape, tél. 06 88 88 07 58, contact@pierrevidal.com*

Superficie : 580 ha / Production : 19 880 hl

Reconnue en 2005, cette appellation concerne uniquement les vins rouges issus de quatre communes du Vaucluse limitrophes des AOC gigondas et vacqueyras : Beaumes-de-Venise, Lafare, La Roque-Alric, Suzette, sur une surface délimitée de 1 456 ha. Les vins doivent provenir d'un assemblage de cépages principaux (au moins 50 % de grenache noir et 25 % de syrah en 2015).

LES BAIES GOÛTS L'Élémenterre 2013 ★			
■	3 900	🍾	8 à 11 €

Créé en 1989, ce domaine familial de 10 ha est sorti de la cave coopérative en 2012. Les Baies Goûts ? Un diminutif et un jeu de mots à partir du nom des propriétaires, Frédéric et Isabelle Bégouaussel.

Un autre jeu de mots pour cette cuvée L'Élémenterre qui joue plutôt la diversité : carignan et cinsault ont leur (petite) part dans l'assemblage aux côtés du grenache et de la syrah. Le nez, intense, associe expression fruitée (rouge et noire) et nuances de cuir. Franc en attaque, puis chaleureux et assez ferme, le palais se prolonge par une belle fraîcheur en finale. Un bel équilibre. ✗ 2016-2020 ❦ tajine d'agneau

➤ *Dom. les Baies Goûts, Roubiol, 84190 La Roque-Alric, tél. 04 90 62 99 17, isabegou84@gmail.com* 🅥 🏃 🚹 *r.-v.* 🏠 Ⓓ

DOM. DE LA BRUNE 2013		
■	60 000	11 à 15 €

Cette coopérative fondée en 1957 réunit quelque 80 familles de vignerons produisant essentiellement dans les appellations de la vallée du Rhône méridionale, sur une superficie totale de 800 ha.

Grenache et syrah pour cette cuvée ouverte sur des notes douces de chocolat et de truffe qui composent un bouquet charmeur. L'opération séduction se prolonge dans un palais plein, d'une aimable rondeur. Un beaumes-de-venise gourmand. ✗ 2015-2018 ❦ osso buco

➤ *Vignerons de Caractère, rte de Vaison, 84190 Vacqueyras, tél. 04 90 65 84 54, contact@vigneronsdecaractere.com* 🅥 🏃 🚹 *t.l.j. 9h-19h*

DOM. DE LA CHÊNERAIE 2013 ★			
■	42 500	🍾	8 à 11 €

Actrice prépondérante du vignoble de Beaumes-de-Venise, cette coopérative fondée en 1956 représente aujourd'hui 160 producteurs pour une superficie totale de 1 000 ha.

Une touche (5 %) de viognier accompagne le grenache et la syrah dans ce 2013. De fortes notes de cuir et de confiture de mûres composent une olfaction intense et généreuse. Un fruité généreux que l'on retrouve dans une bouche pleine de finesse, dotée de jolis tanins soyeux. ✗ 2015-2019 ❦ poitrine de veau farcie

⌒ SCA Vignerons de Balma Venitia, 228, rte de Carpentras, 84190 Beaumes-de-Venise, tél. 04 90 12 41 14, vignerons@balmavenitia.fr Ⓥ 🅐 ⓛ t.l.j. 10h-12h 14h-18h

DOM. DE DURBAN		
Vieilles Vignes 2013		
■ 100 000	ⓘ	8 à 11 €

Cette ferme fortifiée datant de 1150, adossée à un bois de pins, offre une vue panoramique sur son vaste (119 ha) et vieux (1414) vignoble. La famille Leydier perpétue depuis 1967 cette tradition viticole ancienne. Née de vieilles vignes de grenache (70 %), de syrah (25 %) et de mourvèdre, cette cuvée exprime des nuances fraîches de fruits rouges, de réglisse et de garrigue. Plus chaleureuse, portée vers la cerise kirschée, la bouche se révèle ronde et veloutée, adossée à une structure tannique légère et souple. ✗ 2015-2018 ❦ civet de marcassin

⌒ Dom. de Durban, SCEA Leydier et Fils, 2523, chem. de Durban, 84190 Beaumes-de-Venise, tél. 04 90 62 94 26, domaine.de.durban@wanadoo.fr Ⓥ ⓛ t.l.j. sf dim. 9h-12h 14h-18h

Ⓑ DOM. DE FENOUILLET		
Cuvée Yvon Soard 2013 ★★		
■ 6 800	ⓘ	8 à 11 €

Vigneronne depuis le début du XXᵉ s., la famille Soard exploite, en bio certifié depuis 2012, un domaine de 25,6 ha. En 1989, Patrick et Vincent ont pris la suite de leur père Yvon.

Cet assemblage syrah (50 %), grenache (40 %) et mourvèdre offre à l'olfaction un véritable cocktail de fruits rouges et noirs accompagnés d'une originale touche miellée. En bouche, équilibre est le qualificatif le plus utilisé par les dégustateurs : équilibre entre une chair ronde à souhait, un fruité intense et des tanins souples et veloutés, le tout conclu par une finale longue et intense. ✗ 2016-2020 ❦ magret de canard ■ Terres blanches 2013 ★ (8 à 11 € ; 20 000 b.) Ⓑ : un nez puissant, frais et fruité, une bouche chaleureuse et bien structurée par des tanins serrés, une fine fraîcheur à l'arrière-plan, l'ensemble est harmonieux. ✗ 2016-2020

⌒ Patrick et Vincent Soard, Dom. de Fenouillet, 123, allée Saint-Roch, 84190 Beaumes-de-Venise, tél. 04 90 62 95 61, contact@domaine-fenouillet.fr Ⓥ 🅐 ⓛ t.l.j. sf dim. 9h-12h 14h-19h; 13h30-18h30 (hiver)

♥ Ⓑ DOM. LA FERME SAINT-MARTIN		
Les Terres jaunes 2013 ★★		
■ 40 000	ⓘ	8 à 11 €

Un domaine familial et régulier en qualité construit en 1964 sur les ruines d'un ancien prieuré du XIIᵉ s. Installés en 1980, Guy Jullien et son fils Thomas exploitent 25 ha de vignes conduits en bio depuis 1998.

Des ceps de trente ans de grenache (75 %) et de syrah ont mûri entre 250 et 500 m d'altitude, sur des « terres jaunes »

argilo-calcaires pour donner cette cuvée de haute expression. Le bouquet, magnifique, se compose de nuances animales, végétales (sous-bois) et fruitées (groseille). Une palette complexe, complétée de fraîches senteurs mentholées dans un palais harmonieux, subtil, très savoureux et long. ✗ 2015-2020 ❦ pigeon aux petits pois ■ Saint-Martin 2013 ★ (11 à 15 € ; 6 000 b.) Ⓑ : passé douze mois en foudre, ce 2013 développe de jolis parfums fruités et poivrés. La bouche offre une bonne mâche, de la fraîcheur et des arômes fruités, fins et persistants. Un vin déjà harmonieux et plutôt gourmand. ✗ 2016-2020

⌒ Guy et Thomas Julien, Dom. de la Ferme Saint-Martin, 84190 Suzette, tél. 04 90 62 96 40, contact@fermesaintmartin.com Ⓥ 🅐 ⓛ r.-v. 🏠 Ⓒ

Ⓑ DOM. DES GARANCES		
La Rouyère 2013 ★		
■ 8 000	ⓘ	8 à 11 €

Si le domaine se transmet depuis plusieurs générations dans la famille Bres, il ne possède sa cave de vinification que depuis 2002. Il étend son vignoble morcelé sur 18 ha, conduit en agriculture biologique certifiée.

D'intenses notes de fruits noirs, de garrigue (thym sauvage, notamment) et de fumée s'échappent du verre. La bouche se révèle tout aussi expressive, entre amande amère, fruits noirs et fruits confits, ronde, soyeuse et bien enrobée. Un trait de minéralité apporte un surcroît de complexité en finale. ✗ 2016-2020 ❦ carré de porc à la sauge

⌒ Dom. des Garances, SCEA la Treille, La Treille, 84190 Suzette, tél. 04 90 65 07 97, domaine-des-garances@wanadoo.fr Ⓥ 🅐 ⓛ t.l.j. sf dim. 9h-12h 14h-18h ⌒ Bres

CH. REDORTIER 2013 ★		
■ 40 000	ⓘ	8 à 11 €

Un domaine créé en 1956 par Étienne et Chantal de Menthon : 30 ha de vignes sur les terrasses de Suzette, face aux Dentelles de Montmirail. Un vignoble d'un seul tenant, mais composé de deux entités distinctes : les marnes calcaires, perchées à 500 m d'altitude, et les terres jaunes du Trias, arides et envahies par la garrigue. Depuis 2007, c'est la deuxième génération, Isabelle et Sabine, qui vinifie.

La cuvée principale du domaine, issue de grenache à 60 % et de syrah, un vin rubis profond, au nez puissant et frais, à dominante fruitée (cerise), épicé au second plan. Des tanins fins et soyeux participent à l'élégance du palais, rond et long, souligné par une touche bien sentie de fraîcheur minérale. Tout proche des deux étoiles. ✗ 2016-2020 ❦ gigot d'agneau

⌒ Ch. Redortier, hameau de Châteauneuf-Redortier, 84190 Suzette, tél. 04 90 62 96 43, chateau-redortier@wanadoo.fr Ⓥ 🅐 ⓛ t.l.j. 10h-12h 14h-18h ⌒ de Menthon

DOM. SAINT-ROCH Cuvée des Taus 2013 ★★

| ■ | 6 000 | î | 8 à 11 € |

Les Meissonnier sont enracinés depuis... seize générations à Beaumes-de-Venise, d'abord comme arboriculteurs et maraîchers, puis comme viticulteurs, ce que fit un grand nombre après le grand gel de 1956. La production au domaine est en revanche récente : Stéphane Meissonnier et son épouse Stéphanie ont décidé de créer leur cave en 2012 pour vinifier le fruit de leurs 45 ha de vignes.

Cette cuvée, qui a frôlé le coup de cœur, dévoile un bouquet intense de fruits noirs frais. Tout aussi généreuse en fruit, suave et riche, renforcée par des tanins solides mais fins, qui concourent à sa puissance sans la durcir, et soulignée par une acidité bien dosée, la bouche est une construction des plus harmonieuses. ✗ 2016-2021 ♈ épaule d'agneau aux cèpes

☞ Stéphane Meissonnier, 167, rte d'Aubignan, 84190 Beaumes-de-Venise, tél. 06 27 13 38 76, domaine-saintroch@orange.fr 🆅 🎿 🛗 t.l.j. 9h-19h

CHÂTEAUNEUF-DU-PAPE

Superficie : 3 155 ha / Production : 83 865 hl (95 % rouge)

Le vignoble, qui garde le souvenir des papes d'Avignon, est situé sur la rive gauche du Rhône, à une quinzaine de kilomètres au nord de l'ancienne cité pontificale. L'appellation fut la première à avoir défini légalement ses conditions de production, dès 1931. Son territoire s'étend sur la quasi-totalité de la commune qui lui a donné son nom et sur certains terrains de même nature des communes limitrophes d'Orange, de Courthézon, de Bédarrides et de Sorgues. Son originalité provient de son sol, formé notamment de vastes terrasses de hauteurs différentes, recouvertes d'argile rouge mêlée à de nombreux cailloux roulés. Parmi les cépages autorisés, très divers, prédominent grenache, syrah, **mourvèdre et cinsault**.

Les châteauneuf-du-pape s'apprécient mieux après une garde qui varie en fonction des millésimes. Amples, corsés et charpentés, ce sont des vins au bouquet puissant et complexe, qui accompagnent avec succès les viandes rouges, le gibier et les fromages. Les rares blancs savent cacher leur puissance par la finesse de leurs arômes.

DOM. L'ABBÉ DÎNE Les Bedines 2013

| ■ | 5 000 | î | 20 à 30 € |

Nathalie Reynaud a repris le domaine familial en 2010, qui portait jusqu'alors ses raisins à la coopérative. En 2012, elle acquiert une petite cave et élabore ses premiers vins.

Une première sélection pour le domaine avec un 2013 qui n'a connu que la cuve. En découle un vin tout en fruit et tout en fraîcheur, au nez comme en bouche, finement structuré et d'ores et déjà agréable. ✗ 2015-2019 ♈ lapin aux pruneaux

☞ Dom. l'Abbé Dîne, Nathalie Reynaud, 1480, chem. des Mulets, quartier Saint-Dominique, 84350 Courthézon, tél. 04 90 70 20 21, domainelabbedine@wanadoo.fr 🆅 🎿 🛗 r.-v.

DOM. PAUL AUTARD Cuvée La Côte ronde 2012 ★

| ■ | 7 000 | ◑ | 30 à 50 € |

Une statue de la Vierge à l'entrée du domaine rappelle qu'il fut une résidence du diocèse d'Avignon. Sous la colline de pins, la cave en safre abrite les barriques de vin pendant de longs mois. Paul est le prénom du fondateur, Jean-Paul celui de l'actuel propriétaire, à la tête de l'exploitation depuis ses dix-sept ans. Le vignoble couvre 27 ha, morcelés au nord de Châteauneuf, du côté de Courthézon.

La cuvée phare du domaine (coup de cœur dans le millésime 2004), issue de grenache et de syrah à parts égales, élevée dix-sept mois en barriques neuves de 225 l. Au nez, des notes de vanille, de réglisse et de cuir. En bouche, un très bel équilibre entre l'alcool, qui apporte un côté suave, les tanins, soyeux et ronds, et le boisé, « au cordeau ». Il gagnera sa deuxième étoile en cave. ✗ 2018-2022 ♈ selle d'agneau aux cèpes

☞ Dom. Paul Autard, rte de Châteauneuf-du-Pape, 84350 Courthézon, tél. 04 90 70 73 15, jean-paul.autard@wanadoo.fr 🆅 🎿 🛗 t.l.j. sf sam. dim. 9h-13h 15h-19h

DOM. JULIETTE AVRIL 2013 ★

| ■ | 40 000 | ◑ | 15 à 20 € |

Une famille implantée de longue date à Châteauneuf-du-Pape : un ancêtre fut premier consul de Châteauneuf-du-Pape au temps de la papauté d'Avignon ; plus tard, Jean Avril participera à la création de l'appellation. L'histoire actuelle s'écrit avec Marie-Lucile Brun, qui a succédé à sa mère Juliette Avril en 1988, épaulée par son fils Stephan depuis 2000 à la tête d'un vignoble de 21 ha, avec la biodynamie en ligne de mire.

« Un feu d'artifice olfactif », c'est ainsi que les dégustateurs, enthousiastes, décrivent le bouquet plein de fruit de ce 2013 agrémenté de nuances de réglisse et d'un boisé bien fondu. Le fruit s'épanouit aussi dans une bouche fraîche, longue et élégante, bâtie sur des tanins fins et soyeux. Un châteauneuf qualifié de « gourmand », très expressif, tout en puissance maîtrisée. ✗ 2017-2022 ♈ brie de Meaux

☞ Dom. Juliette Avril, 8, av. Pasteur, 84230 Châteauneuf-du-Pape, tél. 04 90 83 72 69, info@julietteavril.com 🆅 🛗 t.l.j. sf sam. dim. 8h-12h 14h-18h

LA BASTIDE SAINT-DOMINIQUE 2013 ★★

| ■ | 30 000 | î | 20 à 30 € |

Créé en 1979 par Gérard et Marie-Claude Bonnet, ce domaine établi à Courthézon, sur les vestiges d'une ancienne chapelle du XVIᵉs., s'étend sur 50 ha. Il est aujourd'hui géré par Éric, qui a converti le vignoble à l'agriculture biologique (certifié depuis 2014).

Proche du coup de cœur, ce châteauneuf élevé dix-huit mois en cuve déploie un superbe nez de fruits rouges mûrs, de menthol et d'épices douces. Des arômes que l'on retrouve en parfaite harmonie dans un palais ample, suave, tendre et rond, étayé par des tanins déjà bien veloutés. Une vraie gourmandise, qu'il serait toutefois dommage de ne pas laisser mûrir encore un peu, car derrière son amabilité évidente se cache un réel potentiel.

✗ 2017-2025 ♈ noisette de chevreuil aux poires

Éric Bonnet, 1358, chem. Saint-Dominique, 84350 Courthézon, tél. 04 90 70 85 32, contact@ bastidesaintdominique.com Ⓥ 🏃 🏠 t.l.j. 8h30-17h (ven. 16h); sam. dim. sur r.-v. 🏠 Ⓑ

♥ Ⓑ DOM. DE BEAURENARD 2013 ★★

| ■ | n.c. | ◗ | 20 à 30 € |

Domaine de BEAURENARD
Châteauneuf-du-Pape
Mis en bouteille au Domaine
Paul COULON et Fils

Depuis 1929, sept générations se sont succédé jusqu'à Daniel et Frédéric Coulon, à la tête d'un vignoble de 60 ha conduit en bio et biodynamie certifiés. Une valeur sûre de la vallée méridionale, en châteauneuf comme en rasteau (sec et doux) et en côtes-du-rhône.

Garrigue, sous-bois, petite note viandée, fruits mûrs, boisé fondu, ce châteauneuf déploie des arômes captivants et complexes. Il impressionne aussi en bouche : beaucoup de matière et de rondeur, une structure parfaite bâtie sur des tanins soyeux, une fine trame acide qui lui donne de l'énergie et de l'allonge. Un vin complet, promis à une belle garde. ✗ 2018-2025 ♈ gigot d'agneau aux cèpes

SCEA Paul Coulon et Fils, Dom. de Beaurenard, 10, av. Pierre-du-Luxembourg, 84230 Châteauneuf-du-Pape, tél. 04 90 83 71 79, paul.coulon@beaurenard.fr Ⓥ 🏃 🏠 t.l.j. sf dim. 9h-12h 13h30-19h30

Ⓑ DOM. BENEDETTI 2013

| ■ | 7 000 | 🍶 ◗ | 20 à 30 € |

Conduit par Christian Benedetti, ce domaine sorti de la coopérative en 1997 s'est rapidement tourné vers le bio, en 2001, pour mettre en valeur ses 26 ha de vignes. Depuis 2009, les vinifications sont assurées par le fils Nicolas.

Un potentiel certain, mais encore sous l'emprise de sa jeunesse et de ses douze mois de barrique. Le nez, puissant, associe boisé soutenu aux accents fumés, fruits mûrs et notes de romarin. La bouche révèle un vin très vigoureux, dominé par le merrain de bout en bout. « Il en a sous les tanins », conclut un dégustateur. À attendre donc... ✗ 2019-2025 ♈ civet de lièvre

Dom. Benedetti, 25, chem. Roquette, 84370 Bédarrides, tél. 06 48 03 57 56, domainebenedetti@yahoo.fr Ⓥ 🏃 🏠 r.-v.

BOSQUET DES PAPES Tradition 2014 ★

| ■ | 4 800 | 🍶 | 20 à 30 € |

Le nom de ce domaine familial fondé en 1860 provient des Bosquets, un quartier de Châteauneuf-du-Pape où sont établis les chais. Aujourd'hui, Maurice et Nicolas Boiron exploitent 31 ha, essentiellement dans la prestigieuse appellation.

Clairette, grenache blanc et bourboulenc sont associés dans cette cuvée nette et élégante, au nez d'agrumes, de fleurs blanches et de beurre frais. Gras sans lourdeur, ample et délicatement minéral, le palais affiche une belle équilibre et s'étire dans une longue finale tout en finesse. ✗ 2016-2020 ♈ saint-jacques en persillade

EARL Maurice et Nicolas Boiron, 18, rte d'Orange, BP 50, 84232 Châteauneuf-du-Pape Cedex, tél. 04 90 83 72 33, bosquet.des.papes@orange.fr Ⓥ 🏠 t.l.j. sf sam. dim. 10h-12h 14h-18h

BROTTE Les Hauts de Barville 2014

| ■ | 13 000 | 🍶 ◗ | 15 à 20 € |

Cette maison réputée, fondée en 1931 par Charles Brotte, pionnier de la mise en bouteilles dans la vallée du Rhône, est aujourd'hui dirigée par Laurent, petit-fils du fondateur. Elle vinifie ses propres vignes et opère des sélections parcellaires pour le compte de son négoce, dont La Fiole du pape, en châteauneuf, est la marque phare depuis sa création en 1952.

Une forte base de grenache blanc (75 %) complétée par la roussanne et le bourboulenc. Au nez, de discrètes mais fines nuances florales (aubépine) et minérales. En bouche, le boisé (notes vanillées et grillées) se fait plus sentir mais laisse sa part aux fruits (agrumes) ; gras et fraîcheur sont bien mariés, la finale est de bonne longueur et plutôt alerte. Un ensemble harmonieux. ✗ 2016-2019 ♈ loup de mer grillé

Brotte, Le Clos, rte d'Avignon, BP 1, 84231 Châteauneuf-du-Pape Cedex, tél. 04 90 83 70 07, brotte@brotte.com Ⓥ 🏃 🏠 t.l.j. 9h-12h 14h-18h

DOM. CHANTE CIGALE 2014 ★

| ■ | 7 000 | 🍶 ◗ | 20 à 30 € |

Alexandre Favier a pris en 2000 les rênes du domaine familial fondé en 1874. Son vignoble couvre aujourd'hui 42 ha disséminés sur 35 parcelles, offrant ainsi une vaste palette de terroirs.

Quatre quarts de grenache blanc, clairette, roussanne et bourboulenc pour ce châteauneuf très expressif, ouvert sur la pêche, les fleurs blanches et une note crayeuse qui signe le terroir argilo-calcaire. En bouche, l'équilibre est bien en place : du gras, de la douceur, du volume, du fruit et une fine fraîcheur en filigrane. ✗ 2016-2020 ♈ tajine de poisson

Dom. Chante Cigale, 7, av. Pasteur, 84230 Châteauneuf-du-Pape, tél. 04 90 83 70 57, info@ chante-cigale.com Ⓥ 🏠 r.-v. Alexandre Favier

DOM. DE LA CHARBONNIÈRE
Cuvée Mourre des perdrix 2012 ★★

| ■ | 17 500 | 🍶 ◗ | 30 à 50 € |

En 1912, Eugène Maret achète ce domaine pour l'offrir à sa femme, châteauneuvoise et fille de vigneron. En 2013, son petit-fils Michel, aux commandes depuis 1972, a transmis les 30 ha (en conversion bio depuis 2012) à ses filles Caroline et Véronique. Une valeur sûre en vacqueyras et en châteauneuf.

2012, le « millésime du siècle » pour la famille Maret, qui signe la date d'acquisition du domaine. Un millésime par ailleurs très réussi, qui a bénéficié de conditions climatiques optimales (été chaud, automne idéal), donnant des grappes saines, aérées et bien colorées. Éraflage à 75 %, vinification en cuves bois tronconiques, élevage en cuve (neuf mois) et en fût (douze mois). Le résultat est remarquable : un vin chaleureux et complexe à l'olfaction (cacao, toasté, épices, fruits rouges, rose), suave, rond et charnu en bouche, évoluant tout en douceur jusqu'à la finale, aussi large que longue. Un châteauneuf gourmand

RHÔNE

et avenant, que l'on appréciera aussi bien jeune que vieux.
✗ 2016-2022 ⍦ osso bucco

☛ *Dom. de la Charbonnière,*
EARL Michel Maret et Filles,
26, rte de Courthézon, BP 83,
84232 Châteauneuf-du-Pape Cedex, tél. 04 90 83 74 59,
contact@domainedelacharbonniere.com Ⓥ ⍟ ⬆ *t.l.j. sf*
dim. 8h30-12h 14h-18h; sam. sur r.-v.

Ⓑ LE CLOS DU CAILLOU Les Safres 2014 ★

■	2 380	⬥	20 à 30 €

La cave du domaine – des galeries creusées dans le safre – fut créée en 1867 par Élie Dussaud, collaborateur de Ferdinand de Lesseps. Depuis 1956, la famille Vacheron y élève ses vins. Installée en 1996, Sylvie Vacheron conduit 53 ha de vignes (44 ha en côtes-du-rhône et 9 ha en châteauneuf-du-pape) en bio certifié.

Un beau représentant des blancs de Châteauneuf, couleur trop méconnue des amateurs. Grenache blanc, clairette et roussanne sont assemblés ici et donnent un vin miellé et exotique à l'olfaction. Gras, ample et rond, le palais présente un équilibre abouti entre le fruit et un boisé bien intégré ; équilibre renforcé par une fine acidité qui étire la finale, aux accents fumés. ✗ 2016-2020 ⍦ brouillade truffée

☛ *Clos du Caillou, 1600, chem. Saint-Dominique,*
84350 Courthézon, tél. 04 90 70 73 05, closducaillou@
wanadoo.fr Ⓥ ⍟ ⬆ *t.l.j. sf dim. 9h-12h 13h30-17h30;*
sam. 9h-12h ☛ *Sylvie Vacheron*

DOM. LA CONSONNIÈRE 2014 ★

■	3 000	🍾 ⬥	20 à 30 €

L'histoire vigneronne de cette famille débute en 1890 avec l'arrière-grand-père Ferulla, qui acquiert les premières vignes. Elle se poursuit avec les générations suivantes, mais sans que le vin soit commercialisé (réservé au négoce et à quelques amis). Les premières mises en bouteilles à la propriété débutent en 2009 avec l'installation de Sébastien Cuscusa, à la tête aujourd'hui de 7 ha en châteauneuf et 5 ha en lirac.

Un nouveau nom dans le Guide. Une entrée très réussie, avec un blanc des plus harmonieux. Le nez, complexe et élégant, associe la menthe fraîche, le coing, la brioche et le miel. La bouche offre du volume, du gras et du moelleux, stimulée par une fraîcheur bien ajustée et renforcée par un boisé fondu. Un équilibre qui permet d'apprécier cette bouteille dans sa jeunesse comme de l'attendre quelques années. ✗ 2015-2020 ⍦ foie gras poêlé

☛ *EARL La Consonnière, Cuscusa, 25, rue Joseph-Ducos,*
84230 Châteauneuf-du-Pape, tél. 04 90 23 56 60,
contact@domainelaconsonniere.fr Ⓥ ⬆ *t.l.j. sf sam. dim.*
10h30-19h; de nov. à avr. sur r.-v.

DOM. DE LA CÔTE DE L'ANGE
Vieilles Vignes 2012 ★

■	5 000	⬥	30 à 50 €

Lieu-dit de Châteauneuf-du-Pape, la Côte de l'Ange a donné son nom à ce domaine très régulier en qualité. Entré dans la famille Gasparri en 1920, le domaine est conduit par Yannick et son épouse Corinne depuis 2000, à la tête de 15 ha de vignes.

Nous avions laissé le domaine sur un très beau coup de cœur pour son rouge 2010 ; nous le retrouvons avec une très belle cuvée Vieilles Vignes née de grenache (80 %)

et de mourvèdre. Méridional en diable, le nez évoque la garrigue, la tapenade et les épices. Fruité et réglissé, le palais évolue sereinement, avec élégance et sans à-coups autour de tanins fins et d'un boisé bien intégré. La finale, longue et soyeuse, laisse une impression d'harmonie. ✗ 2018-2023 ⍦ faisan farci aux noisettes et raisins

☛ *Yannick Gasparri, Dom. de la Côte de l'Ange,*
9, chem. La-Font-du-Pape, 84230 Châteauneuf-du-Pape,
tél. 04 90 83 72 24, contact@cotedelange.fr
Ⓥ ⍟ ⬆ *t.l.j. sf dim. 9h-12h 14h-18h*

ROMAIN DUVERNAY 2013

■	25 000	8 à 11 €

Issu d'une lignée de négociants en vins – son arrière-grand-père Louis fonda en 1904 un commerce de vins en Haute-Savoie –, Romain Duvernay a créé en 1998, avec son père Roland, une maison de négoce basée à Châteauneuf-du-Pape qui propose des vins de toute la vallée.

Truffe, sous-bois, cerise kirschée : ce 2013 dévoile à l'olfaction un caractère solaire bien typé. La bouche est à l'unisson ; chaleureuse, épicée, de bonne longueur, elle se montre encore un peu austère au niveau des tanins. À suivre... ✗ 2017-2023 ⍦ agneau de sept heures

☛ *Duvernay Vins Millésimés, 1, rue de la Nouvelle-Poste,*
BP 25, 84231 Châteauneuf-du-Pape Cedex,
tél. 04 90 83 71 88, dvm.duvernay@orange.fr Ⓥ ⬆ *r.-v.*

Ⓑ DOM. DE FONTAVIN Terre d'ancêtres 2013

■	20 000	🍾 ⬥	15 à 20 €

Situé au nord de Courthézon, ce domaine familial de 45 ha répartis dans huit communes et cinq appellations est dirigé depuis 1998 par Hélène Chouvet, œnologue, qui a converti le vignoble à l'agriculture biologique.

Fermée de prime abord, cette cuvée hommage aux six générations qui ont précédé la vigneronne s'ouvre à l'aération sur les fruits noirs confiturés et la réglisse. Elle poursuit sur une attaque douce et fruitée, avant de « montrer les muscles », épaulée par un boisé de qualité et bien intégré. ✗ 2018-2021 ⍦ brochettes de canard aux pruneaux

☛ *Dom. de Fontavin, 1468, rte de la Plaine,*
84350 Courthézon, tél. 04 90 70 72 14, helene-chouvet@
fontavin.com Ⓥ ⍟ ⬆ *t.l.j sf dim. 9h-12h15 14h-18h15*
☛ *Hélène Chouvet*

♥ DOM. FONT DE MICHELLE Tradition 2012 ★★

■	100 000	⬥	20 à 30 €

La famille Gonnet est enracinée à Bédarrides, tout près de Châteauneuf-du-Pape, depuis 1600. Étienne Gonnet a constitué le domaine à partir de 1950 et ses fils Jean et Michel l'ont développé. C'est, depuis 2006, la troisième génération (Bertrand et Guillaume) qui est aux commandes du vignoble, une trentaine d'hectares conduits en bio certifié, complété en 2002 par les 20 ha de la Font du Vent à Domazan (côtes-du-rhône et côtes-du-rhône-villages Signargues).

Sur une base de grenache (70 %), cette cuvée ajoute la syrah, le mourvèdre, le cinsault et la counoise. Un bel assemblage pour un vin complexe (épices douces, sous-bois, fruits noirs mûrs) et parfaitement équilibré. Ample, gras et rond en bouche, il s'appuie sur une structure solide mais jamais austère, bâtie sur des tanins au grain fin et velouté, et s'étire dans une longue finale savoureuse. De la personnalité et de l'avenir. ✗ 2018-2025 ✗ carré d'agneau à la diable

☞ *Dom. Font de Michelle, 14, imp. des Vignerons, 84370 Bédarrides, tél. 04 90 33 00 22, contact@ font-de-michelle.com* **V ⚲ ⬆** *r.-v.*

☞ Guillaume Gonnet

Ⓑ **DOM. GALEVAN** 2013		
■	8 000	⬙	20 à 30 €

Coralie Goumarre est la première femme à tenir les rênes de ce domaine, dans sa famille depuis neuf générations. Installée en 1995, elle dispose d'un vaste vignoble de 60 ha entièrement converti au bio.

Grenache (80 %) et mourvèdre sont assemblés dans ce 2013 encore en devenir. Au nez, les épices, le toasté et le chocolat noir accompagnent les fruits noirs confiturés. Un caractère chaleureux (prune à l'alcool) auquel fait écho une bouche solide, tannique, encore sévère, qui demande à vieillir. Une touche bienvenue de fraîcheur apporte un surcroît de tonicité. ✗ 2018-2025 ✗ suprême de canard sauvage aux figues

☞ *Coralie Goumarre, Dom. Galévan, 127, rte de Vaison, RD 950D, 84350 Courthézon, tél. 04 90 70 84 26, contact@domaine-galevan.com* **V ⚲ ⬆** *t.l.j. sf dim. 8h-12h 13h30-17h30*

Ⓑ **CH. GIGOGNAN** Clos du roi 2013		
■	45 000	⬆ ⬙	20 à 30 €

Un ancien temple romain devenu prieuré, actif en termes de production de vins (et de fruits), puis domaine viticole à partir de 1996 et son acquisition par Anne et Jacques Callet. Le vignoble, certifié bio depuis 2010, s'étend sur 42 ha en côtes-du-rhône et 30 ha en châteauneuf-du-pape.

Issue de grenache (70 %) et de syrah, cette cuvée livre un bouquet généreux et boisé, sur le pruneau, le chocolat et le toasté. On retrouve ce caractère boisé et un peu dominateur dans une bouche plutôt souple, fraîche et fine, à laquelle une finale plus suave apporte un surcroît de rondeur. ✗ 2017-2021 ✗ gardianne de taureau ■ Clos du roi 2014 (20 à 30 € ; 4 800 b.) Ⓑ : vin cité. ✗ 2017-2020

☞ *SCEA Ch. Gigognan, 1180, chem. du Castillon, 84700 Sorgues, tél. 04 90 39 57 46, info@gigognan.fr* **V ⚲ ⬆** *r.-v.* 🏠 Ⓔ ☞ Jacques Callet

---

DOM. DU GRAND TINEL 2013 ★		
■	50 000	⬆ ⬙	20 à 30 €

À l'origine du domaine, l'union de deux anciennes familles castelpapales, les Establet et les Jeune. On y a construit une vaste « tina » (cave ou tonneau) sur trois niveaux, en rapport avec les 70 ha de vignes de la propriété actuelle, créée en 1972.

Les cépages sont ici vinifiés séparément : en foudre pour le grenache (70 %), en barrique pour la syrah (25 %) et en demi-muid pour le mourvèdre. Le résultat est des plus harmonieux. Des arômes de fruits rouges écrasés et d'épices douces apparaissent après une courte agitation du verre. On les perçoit aussi dans une bouche puissante et onctueuse, presque moelleuse, portée par des tanins fins et veloutés. ✗ 2018-2022 ✗ souris d'agneau à l'ail

☞ *Grand Tinel, SAS Les Vignobles Élie Jeune, 3, rte de Bédarrides, BP 58, 84232 Châteauneuf-du-Pape Cedex, tél. 04 90 83 70 28, beatrice@domainegrandtinel.com* **V ⚲ ⬆** *t.l.j. 9h-12h 14h-18h; sam. dim. sur r.-v.*

Ⓑ **DOM. GRAND VENEUR** 2013 ★		
■	40 000	⬆ ⬙	20 à 30 €

D'origine castelpapale, Alain Jaume et ses fils Sébastien et Christophe perpétuent une tradition viticole qui remonte à 1826. Ils conduisent en bio certifié un vignoble de 65 ha réparti sur trois domaines – Grand Veneur à Châteauneuf-du-Pape, Clos de Sixte à Lirac et Ch. Mazane à Vacqueyras –, complété par une activité de négoce.

Élevage en cuve pour le grenache (70 %), élevage en fût pour la syrah et le mourvèdre. Dans le verre, un châteauneuf racé et bien typé, sur la cerise et un léger boisé vanillé, puissant et long en bouche, un brin austère en finale à ce stade, avec une belle acidité fondue en soutien. Un vin complet, bâti pour durer. ✗ 2018-2025 ✗ côtelettes de marcassin aux cerises ■ La Fontaine 2013 ★ (30 à 50 € ; 3 800 b.) Ⓑ : un 100 % roussanne très élégant et très floral (rose blanche) gras et gracieux, équilibré par une fraîcheur parfaitement ajustée. ✗ 2015-2020

☞ *Vignobles Alain Jaume et Fils, 1358, rte de Châteauneuf-du-Pape, 84100 Orange, tél. 04 90 34 68 70, jaume@domaine-grand-veneur.com* **V ⬆** *t.l.j. sf dim. 8h-12h 14h-18h* 🏠 Ⓔ

LES GRANGES DES PAPES 2013		
■	62 000	⬆	15 à 20 €

Cette maison de négoce créée en 1963, dans le giron du groupe Taillan, propose des vins (marques ou cuvées de domaines) dans de nombreuses AOC du Rhône, mais aussi de Provence et du Languedoc.

Très syrah au premier nez (épices, violette), plus grenache à l'aération (fruits mûrs), le nez de ce 2013 est harmonieux. Une attaque « hypersoyeuse » ouvre sur un palais souple, gras sans lourdeur, avec juste ce qu'il faut de fraîcheur. Un peu fugace, certes, mais équilibré. ✗ 2016-2020 ✗ magret de canard aux épices douces

☞ *La Compagnie rhodanienne, 19, chem. Neuf, CS 80002, 30210 Castillon-du-Gard, tél. 04 66 37 49 50, cie.rhodanienne@rhodanienne.com*

HOMMAGE DU RHÔNE 2013		
■	70 000	⬆ ⬙	20 à 30 €

Une maison de négoce castelpapale fondée en 1977 par Camille Serres et reprise en 2001 par Michel Picard, investisseur dans de nombreuses régions viticoles – jusqu'en Ontario. Elle propose une large gamme de vins de la vallée du Rhône méridionale, souvent en vue dans ces pages.

RHÔNE

Simple et agréable, ce châteauneuf s'ouvre sans réserve sur les fruits rouges et noirs mâtinés de nuances épicées. Une approche classique que prolonge un palais gras, équilibré, de bonne longueur, où les tanins et l'élevage sont bien intégrés. ✗ 2017-2020 ♈ croustade avignonnaise à la viande

o━ SA Les Grandes Serres,
430, chem. de l'Islon-Saint-Luc, BP 17,
84230 Châteauneuf-du-Pape, tél. 04 90 83 72 22,
samuel.montgermont@m-p.fr Ⓥ 🄴 t.l.j. 10h-18h

DOM. DE LA JANASSE Tradition 2013		
■ 18 000	🄸 🄼	30 à 50 €

Un habitué du Guide, souvent en bonne place pour ses châteauneuf-du-pape, ses côtes-du-rhône et ses vins de pays. Un vignoble de 90 ha éparpillés en de multiples parcelles, que conduisent Christophe Sabon et sa sœur Isabelle, enfants d'Aimé Sabon, fondateur du domaine en 1973.

La dégustation débute par un joli nez bien typé de cerise mûre, de réglisse et d'épices. Elle se poursuit avec un palais chaleureux et rond au diapason de l'olfaction, épaulé par des tanins bien intégrés, sans dureté, et s'achève sur une agréable note fruitée. Harmonieux. ✗ 2017-2021 ♈ tagliata de bœuf

o━ Sabon, Dom. de la Janasse,
27, chem. du Moulin, 84350 Courthézon,
tél. 04 90 70 86 29, lajanasse@gmail.com Ⓥ 🄴 🄻 r.-v.

CH. JAS DE BRESSY 2012 ★★		
■ 5 000	🄼	20 à 30 €

L'histoire vigneronne des Mousset-Barrot débute dans les années 1930 avec l'achat par Louis Mousset des châteaux des Fines Roches, Jas de Bressy (AOC châteauneuf) et du Bois de la Garde (côtes-du-rhône et côtes-du-rhône-villages). L'ensemble (125 ha) est aujourd'hui conduit par la troisième génération, Gaëlle et Amélie Mousset-Barrot.

« Jas » ? Une bergerie en provençal, transformée en domaine viticole et acquise par la famille Mousset-Barrot en 2003. Né de vieilles vignes (quatre-vingts ans) et élevé en foudre et demi-muid, ce 2012 est largement dominé par le grenache (90 %), complété de syrah et de mourvèdre. « Un châteauneuf plaisir qui se mâche », résume un dégustateur, sous le charme aussi du bouquet, expressif et complexe : épices, pruneau, cerise à l'alcool, réglisse. Une attaque tout en fruit (ceux de l'olfaction) prélude à un palais à la fois très rond et plein de fraîcheur, bâti sur des tanins d'une réelle finesse et sur un boisé parfaitement fondu. Le grenache à son meilleur, et pour longtemps. ✗ 2017-2025 ♈ rôti de sanglier miel et romarin

o━ Robert Barrot, 1, av. du Baron-Leroy,
84230 Châteauneuf-du-Pape, tél. 04 90 83 51 73,
chateaux@vmb.fr Ⓥ 🄴 🄻 t.l.j. 13h30-19h30; f. janv.-fév. hors vac. scol.

Ⓑ DOM. LAFOND ROC-ÉPINE 2013 ★		
■ 15 000	🄼	20 à 30 €

Porte-drapeau des appellations tavel et lirac, mais aussi très en vue pour ses châteauneuf et ses côtes-du-rhône, ce domaine, dont les lointaines origines remontent à la fin du XVIIIᵉ s., est conduit par Pascal Lafond depuis

1990. Son vaste vignoble en bio certifié depuis 2012 couvre aujourd'hui 85 ha répartis dans quatre AOC.

Assemblage classique de grenache, de syrah et de mourvèdre, ce 2013 livre un bouquet intense d'épices (clou de girofle, poivre) et de fruits rouges à maturité. Une intensité qui ne baisse pas en bouche, où l'on découvre un vin très épicé, aussi large que long et bien charpenté pour la garde. ✗ 2017-2022 ♈ pavé de bœuf au poivre

o━ Pascal Lafond, 336, rte des Vignobles, 30126 Tavel, tél. 04 66 50 24 59, lafond@roc-epine.com Ⓥ 🄴 🄻 t.l.j. sf sam. dim. 8h30-12h 13h30-17h

LAVAU 2012		
■ 8 000	🄸 🄼	15 à 20 €

Une maison de négoce fondée en 1964 par Jean-Guy Lavau, d'origine saint-émilionnaise. Ses héritiers Benoît et Frédéric proposent aujourd'hui une large gamme de vins à partir de la production de 350 vignerons de la vallée du Rhône méridionale et de leurs 180 ha de vignes en propriété.

Grenache et syrah se taillent la part du lion dans cette cuvée, le mourvèdre faisant l'appoint (10 %). Au nez, les épices sont à la fête (poivre, curry) avec les fruits rouges et mûrs, et l'ensemble est harmonieux. En bouche, le vin se montre suave et rond, étayé par des tanins soyeux et fins, rafraîchi par une heureuse touche mentholée. Cette bouteille gagnera son étoile après une courte garde. ✗ 2016-2020 ♈ pintade fermière au curry

o━ SAS Lavau, rte de Cairanne, 84150 Violès, tél. 04 90 70 98 70, info@lavau.fr Ⓥ 🄴 🄻 t.l.j. sf dim. 10h-12h 14h-18h

DOM. JULIEN MASQUIN MONTPLAISIR 2012		
■ 2 000	🄼	20 à 30 €

Paul Masquin acquiert des vignes à Courthézon en 1936, qu'il met en métayage. En 1998, son petit-fils Julien reprend l'exploitation, porte les raisins à la coopérative locale, qu'il quitte en 2009 pour signer ses propres vins. Le vignoble couvre aujourd'hui 24 ha.

Les dix-huit mois de fût apportent un vanillé discret à l'olfaction, plus orientée vers les fruits rouges et noirs (cerise, cassis). Le palais suit la même ligne aromatique et offre un bon équilibre tanins-alcool-fraîcheur. Un peu fugace mais cohérent. ✗ 2016-2020 ♈ jarret de veau à la tomate

o━ Dom. Julien Masquin, 1408, chem. Saint-Dominique, 84350 Courthézon, tél. 06 22 92 01 07, julien@domainemasquin.com Ⓥ 🄻 r.-v.

ANDRÉ ET JÉRÔME MATHIEU Vin di felibre 2012		
■ 4 700	🄼	30 à 50 €

Cette famille est enracinée depuis quatre siècles à Châteauneuf où elle conduit 25 ha de vignes. À la fin du XIXᵉ s., Anselme Mathieu, félibre et ami de Mistral, fut l'un des premiers de la ville à vendre son vin en bouteille.

Lou vin di felibre, indiquaient les étiquettes de l'aïeul Anseùme de Casteù-Nóu-Dòu-Papo lorsqu'il « monta » à Paris réciter ses poèmes. La tradition perdure aujourd'hui encore. Dans le flacon, un vin qui fait rimer épices, menthol et fruits noirs, rondeur et structure tannique, intensité et jeunesse. Et nous reviennent les vers de Mistral : Coupe sainte / Et débordante / Verse à pleins bords

/ Verse à flots / Les enthousiasmes / Et l'énergie des forts...
✗ 2017-2022 ❦ daube provençale

☛ Dom. Mathieu, 3 bis, rte de Courthézon,
84230 Châteauneuf-du-pape, tél. 04 90 83 72 09,
dnemathieu@aol.com Ⓥ 🎿 🍴 t.l.j. sf dim. 9h-12h
13h30-17h30; sam. sur r.-v.

CH. MAUCOIL 2013 ★

■	2 000	🍷	20 à 30 €

Un domaine aux origines anciennes – les Romains y
installèrent une légion, les princes d'Orange leur archi-
viste –, acquis par Guy Arnaud en 1995. Sa fille Bénédicte
et son mari Charles Bonnet, installés en 2009, ont
engagé la conversion bio des 42 ha de vignes.

Grenache blanc (90 %), bourboulenc et un soupçon de
clairette composent ce vin ouvert sur les fruits mûrs, le
miel, la vanille et la noisette. La bouche affiche la même
complexité et la même générosité : des fruits confiturés,
presque confits, des épices douces et du miel, de la chair
et du volume. Un blanc puissant et très expressif.
✗ 2017-2021 ❦ blanquette de poisson

☛ Ch. Maucoil, chem. de Maucoil, 84100 Orange,
tél. 04 90 34 14 86, bbonnet@maucoil.com Ⓥ 🎿 🍴 t.l.j.
9h-12h 14h-18h; f. sam. dim. en janv.-fév.

☛ Bénédicte et Charles Bonnet

DOM. LA MÉREUILLE Tradition 2013

■	5 000	🍷 💧	15 à 20 €

C'est avec Michel Bouyer que ce domaine familial se
lance dans la vente en bouteilles, en 1955. Installé à ses
côtés en 1995, son gendre Philippe Granger est aux
commandes depuis 2005, à la tête aujourd'hui de 15 ha
de vignes en châteauneuf-du-pape et côtes-du-rhône.

Au nez, des notes de cuir se mêlent aux fruits noirs et aux
épices. En bouche, le vin affiche une jeunesse encore
fougueuse : il est puissant, corsé, long, tannique et encore
sévère. Le temps et un mets de caractère sont ses
meilleurs alliés. ✗ 2018-2025 ❦ côte de sanglier au poivre
noir

☛ Dom. la Méreuille, quartier du Grès, imp. 2580,
84100 Orange, tél. 04 90 34 10 68, micbouyer@
wanadoo.fr Ⓥ 🎿 🍴 r.-v. ☛ Sylvie Granger

CHRISTOPHE MESTRE Cuvée des sommeliers 2014

■	2 300	🍷	11 à 15 €

Un domaine fondé en 1920 par l'une des plus anciennes
familles de Châteauneuf-du-Pape. Christophe Mestre a
pris la suite de trois générations à partir de 1992 à la tête
d'un vignoble de 23 ha dédiés au seul cru castelpapal
(dont 1,3 ha pour le blanc).

Non pas une cuvée destinée à la restauration : l'arrière-
grand-père de Christophe Mestre habitait rue des Sommeliers à Châteauneuf, tout simplement... Clairette, bourboulenc et grenache blanc sont ici assemblés par tiers. Le
nez se révèle très floral (acacia), un peu minéral et fruité.
Les fleurs blanches donnent aussi le tempo dans un palais
équilibré, à la fois onctueux, ample et frais. ✗ 2016-2020
❦ terrine d'écrevisses

☛ Christophe Mestre, 5, rte de Bédarrides,
84230 Châteauneuf-du-pape, tél. 04 90 83 56 67,
cuvee.sommeliers@wanadoo.fr Ⓥ 🎿 🍴 t.l.j. 9h-12h
13h30-18h30; dim. sur r.-v.

CH. MONT-REDON 2012 ★

■	230 000	🍷 💧	20 à 30 €

On cultivait déjà la vigne à l'époque romaine sur le
muntem retendum (montagne ronde). La famille Abeille-
Fabre y est installée depuis 1923, conduisant aujourd'hui
un vaste vignoble de 100 ha, réputé pour ses châteauneuf, mais aussi pour ses lirac et ses côtes-du-rhône.

Une bonne base de grenache (60 %), de la syrah (30 %),
un peu de mourvèdre (8 %) et une goutte de... « divers »
(cinsault, counoise, vaccarèse, muscardin...) : le charme
des assemblages châteauneuvois. Épices, réglisse, violette, fruits noirs, le nez séduit quant à lui par sa
complexité et sa typicité. En bouche ? Du volume, de la
douceur, un boisé fondu et des tanins amènes et soyeux.
Un vin élégant et courtois, que l'on pourra goûter dans sa
jeunesse. ✗ 2016-2020 ❦ parmentier de paleron aux épices

☛ Ch. Mont Redon, BP 10,
84231 Châteauneuf-du-pape Cedex, tél. 04 90 83 72 75,
contact@chateaumontredon.fr Ⓥ 🎿 🍴 r.-v.

♥ Ⓑ DOM. DE LA MORDORÉE
La Reine des bois 2013 ★★★

■	n.c.	🍷 💧	30 à 50 €

Un domaine créé
en 1986 par Francis
Delorme et son fils
Christophe (disparu
prématurément en
2015), entrepre-
neurs issus d'une fa-
mille vigneronne, re-
joints par Fabrice
en 1999. Le vignoble
couvre 54 ha (en bio certifié depuis 2013), répartis sur
38 parcelles et huit communes. Partisans des petits
rendements, ils déclinent les millésimes avec une
aisance déconcertante, aussi bien en tavel, son fief
d'origine, et en lirac, qu'en châteauneuf-du-pape ou en
« simple » côtes-du-rhône. Incontournable.

2015, année bénie pour les Delorme, une de plus, avec trois
coups de cœur : lirac, tavel et châteauneuf, donc ; 2015 :
année triste, Christophe nous a quittés à l'entrée de l'été.
Assemblage complexe de grenache (80 %), de mourvèdre,
de syrah, de counoise et de vaccarèse, ce vin mèle, au nez,
les fruits des bois, myrtille en tête, aux épices. Après une
attaque souple et fine, la bouche offre beaucoup de
matière et de profondeur sans jamais tomber dans la
lourdeur ni la surextraction : les tanins sont bien présents
mais veloutés à souhait, enrobés par une chair tendre,
« crémeuse », fruitée et chocolatée. ✗ 2018-2025 ❦ gigot
à la cuillère

☛ Dom. de la Mordorée, chem. des Oliviers,
30126 Tavel, tél. 04 66 50 00 75,
info@domaine-mordoree.com Ⓥ 🎿 🍴 t.l.j. 8h-12h
13h30-17h30; sam. dim. 10h-12h 14h-17h ☛ Delorme

MOURIESSE VINUM Tour d'ambre 2012 ★

■	1 200	🍷 💧	30 à 50 €

Un domaine de poche créé en 2008 à partir de 2,5 ha
de vignes sur Châteauneuf et Saint-Geniès-de-Comolas
par l'œnologue-conseil Serge Mouriesse et son épouse
Brigitte.

RHÔNE

Ce pur grenache issu de vignes de soixante ans fait honneur à son appellation. La robe est brillante et limpide, le nez bien ouvert sur des notes réglissées et fruitées. Le palais est « tout velours et douceur », le bois bien fondu, et la trame tannique soyeuse. Une bouteille harmonieuse, appelée à bien évoluer en cave. ✗ 2017-2023 ♈ carré d'agneau au cèpes ■ Pierre d'ambre 2012 (20 à 30 € ; 2 000 b.) : vin cité. ✗ 2017-2022

☛ *Mouriesse Vinum, 18 bis, chem. du Clos, BP 78, 84232 Châteauneuf-du-Pape Cedex, tél. 06 14 94 69 15, contact@mouriesse-vinum.com* 🆅 🏃 ♿ *r.-v.*

DOM. LE MOURRE 2013		
■ 8 000	🏠	15 à 20 €

Le Cellier des Princes est l'unique coopérative à produire du châteauneuf-du-pape. Fondée en 1924, la cave regroupe aujourd'hui plus de 200 adhérents et vinifie les vendanges de 600 ha.

Une *mourre* est une petite colline en provençal, sur laquelle est situé le domaine à l'origine de ce 100 % grenache. Un vin bien ouvert sur les fruits noirs et les épices, ample, frais, fruité et puissant en bouche, encore un peu strict en finale. En devenir. ✗ 2018-2022 ♈ côte de bœuf

☛ *Cellier des Princes, 758, rte d'Orange, 84350 Courthézon, tél. 04 90 70 21 44, lesvignerons@ cellierdesprinces.com* 🆅 🏃 ♿ *t.l.j. 8h-12h30 13h30-18h30*

DOM. DE NALYS Cuvée classique 2014 ★		
■ 25 000	🏠 ⬥	15 à 20 €

L'un des plus anciens domaines de Châteauneuf-du-Pape, répertorié dès le XVIIe s., alors propriété de la famille Nalys. Son vénérable vignoble a connu une renaissance à partir des années 1950. Il est aujourd'hui dans le giron de l'assureur Groupama. Une valeur sûre de l'appellation.

À assemblage complexe, vin complexe ? Pas toujours, mais c'est bien le cas ici. Grenache blanc (70 %), clairette, roussanne, picpoul, picardan et bourboulenc pour les cépages ; agrumes, fruits blancs, chèvrefeuille, nuances minérales et iodées pour les arômes. En bouche, beaucoup de volume et beaucoup de fraîcheur exhaussée par une fine salinité et des notes citronnées. Déjà harmonieux, ce blanc offre aussi tous les attributs du bon vin de garde. ✗ 2015-2020 ♈ crabe farci

☛ *Dom. de Nalys, rte de Courthézon, BP 39, 84231 Châteauneuf-du-Pape Cedex, tél. 04 90 83 72 52, contact@domainedenalys.com* 🆅 🏃 ♿ *t.l.j. 9h-12h30 13h30-18h (19h l'été)* ☛ Groupama

OGIER Reine Jeanne 2013		
■ 40 000	⬥	20 à 30 €

Cette vénérable maison castelpapale de négoce-éleveur (1859), dans le giron du groupe Advini, propose une large gamme de vins rhodaniens, du nord et du sud. Elle possède aussi le Clos de l'Oratoire des papes (châteauneuf) et le domaine Notre-Dame de Cousignac (vivarais).

Discret au premier nez, ce châteauneuf s'ouvre plus nettement à l'aération sur des notes de fruits noirs et d'épices douces. La bouche, grasse et de bonne longueur, offre un bon équilibre entre alcool, boisé et tanins. Une bouteille que l'on pourra ouvrir dans sa jeunesse. ✗ 2016-2020 ♈ joue de bœuf braisée

☛ *Ogier, 10, av. Louis-Pasteur, BP 75, 84230 Châteauneuf-du-Pape, tél. 04 90 39 32 41, ogier@ ogier.fr* 🆅 🏃 ♿ *t.l.j. sf dim. 9h-12h 14h-18h30* ☛ Advini

Ⓑ DOM. L'OR DE LINE Cuvée Paule Courtil 2012		
■ 3 000	⬥	20 à 30 €

Un petit domaine de 9 ha créé en 2007 et conduit en bio certifié. Gérard Jacumin l'a baptisé L'Or de Line en l'honneur de sa fille... Laureline.

Première apparition dans le Guide pour le domaine, avec un assemblage grenache-syrah (80-20) bien construit. Le clou de girofle et d'autres épices, comme le poivre, accompagnent les fruits noirs et un boisé soutenu à l'olfaction. Un caractère corsé que l'on retrouve dans une bouche suave et élégante, bâtie sur des tanins fins. Ce vin gagnera son étoile en cave. ✗ 2017-2021 ♈ tournedos sauce au poivre

☛ *Dom. l'Or de Line, 28, rue Porte-Rouge, 84230 Châteauneuf-du-Pape, tél. 04 90 83 74 03, lordeline@free.fr* 🆅 ♿ *r.-v.* ☛ Jacumin

DOM. ROGER PERRIN 2013 ★		
■ 4 200	🏠 ⬥	15 à 20 €

Véronique Perrin-Rollin, après vingt années comme œnologue-conseil, a repris en 2010 les rênes du domaine familial, fondé par son père Roger en 1968. Elle est depuis les vendanges 2012 épaulée par son fils Xavier à la tête d'un vignoble de 40,5 ha. Ses vins, châteauneuf-du-pape comme côtes-du-rhône, rouges comme blancs, sont souvent en bonne place dans le Guide.

Un assemblage complexe de grenache blanc, de roussanne, de clairette, de picardan et de bourboulenc. Un nez élégant et floral (jasmin, aubépine) prélude à une bouche d'une aimable rondeur, fraîche et fine, elle aussi dominée par des arômes délicats de fleurs blanches. ✗ 2015-2019 ♈ quasi de veau à l'orange

☛ *Dom. Roger Perrin, 2316, rte de Châteauneuf-du-Pape, 84100 Orange, tél. 04 90 34 25 64, dne.rogerperrin@wanadoo.fr* 🆅 🏃 ♿ *r.-v.*

DOM. DE LA PRÉSIDENTE 2013 ★		
■ 40 000	🏠 ⬥	20 à 30 €

Un domaine fondé en 1701 par « Madame la Présidente », épouse du président du parlement de Provence, acquis en 1968 par Max Aubert, dont la fille Céline conduit aujourd'hui les 120 ha de vignes. Une belle référence en AOC régionales et en châteauneuf.

Cuir, épices, grillé de la barrique, fruits noirs et rouges mûrs, le bouquet de ce 2013 se révèle complexe, généreux et intense. La même palette aromatique caractérise le palais, ample, puissant, concentré et corsé, rafraîchi et « allongé » par une pointe de vivacité bien dosée. Tout est bien en place pour une bonne garde. ✗ 2018-2023 ♈ civet de lièvre au cacao

☛ *Dom. de la Présidente, rte de Cairanne, BP 1, 84290 Sainte-Cécile-les-Vignes, tél. 04 90 30 80 34, aubert@presidente.fr* 🆅 🏃 ♿ *t.l.j. sf dim. 9h-12h 14h-18h; sam. sur r.-v.* ☛ Céline Aubert

LE PUY ROLLAND Vieilles Vignes 2013		
■ 8 000	🏠	30 à 50 €

Anne-Charlotte Mélia et son mari Laurent Bachas, installés en 2003, représentent la quatrième génération sur ce domaine acquis en 1950 par l'arrière-grand-père de la première. L'exploitation couvre 20 ha.

Ce 100 % grenache, ce qui n'est pas si commun, livre de jolis parfums de fruits rouges (griotte) relevés de poivre noir. La bouche, à l'unisson, épicée et fruitée, se révèle ronde et suave, soutenue par une fine trame tannique. Un châteauneuf plus gourmand que puissant, que l'on pourra apprécier relativement jeune. ✶ 2017-2021 ⵀ sauté de bœuf au poivre du Sichuan

o━ *Ch. de la Font-du-Loup, rte de Chateauneuf-du-Page, 89350 Courthézon, tél. 04 90 53 06 34* Ⓥ 🅚 🅛 *r.-v.*

o━ Anne-Charlotte Mélia

DOM. DES RELAGNES
La Clef de Saint-Thomas 2013 ★

■	2 800	ⵀ	15 à 20 €

Philippe Kessler, fort de son expérience à la Calissanne, une référence en coteaux-d'aix, a acquis en 2006 ce domaine alors propriété de la famille Boiron depuis le début du XVIIIᵉs. Depuis sa disparition, c'est son épouse Sophie Kessler et son directeur Christophe Barraud qui sont aux commandes de ce vignoble de 8 ha.

La Clef de Saint-Thomas ? Une référence à l'apôtre « qui a cru quand il a vu » – « Un homme de sensation », explique-t-on au domaine –, pour un « vin de sensations », peut-on ajouter à la dégustation du millésime 2013. Sensations mêlées de douceur et d'intensité à l'olfaction (poivre, café torréfié, fruits noirs). Sensations de volume et de puissance maîtrisée en bouche, où se dévoilent des tanins soyeux et un boisé parfaitement intégré. La tentation est grande d'ouvrir dès aujourd'hui cette bouteille harmonieuse, mais le temps jouera en sa faveur. Patience... ✶ 2018-2025 ⵀ magrets de canard sauce forestière

o━ *Dom. Clef de Saint-Thomas, rte de Bédarrides, 84230 Châteauneuf-du-Pape, tél. 04 90 42 63 03, commercial@chateau-calissanne.fr*

Ⓑ CH. SIMIAN La Font d'Hippolyte 2013 ★

■	2 000	ⵀ	30 à 50 €

Dans la même famille depuis cinq générations, cette propriété sise au pied du massif d'Uchaux est dirigée depuis 1980 par Jean-Pierre Serguier, qui a lancé la vente directe en bouteilles. Conduit en bio et biodynamie, le vignoble couvre 26 ha dispersés sur quatre terroirs.

La roussanne conduit l'assemblage (50 %) de ce très joli blanc châteauneuvois, aux côtés de la clairette et du grenache blanc. La dégustation a révélé un vin parfaitement cohérent de bout en bout. Finesse et élégance, épices (poivre léger) et fleurs blanches au nez comme en bouche, beaucoup de fraîcheur et d'harmonie jusqu'en finale. ✶ 2016-2020 ⵀ ceviche de bar

o━ *Ch. Simian, 690, chem. Yves-Serguier, 84420 Piolenc, tél. 04 90 29 50 67, chateau.simian@wanadoo.fr* Ⓥ 🅚 🅛 *t.l.j. sf dim. 8h-12h 14h-19h* o━ J.-P. Serguier

---

DOM. RAYMOND USSEGLIO ET FILS
Pure roussane 2014 ★

■	3 000	ⵀ	30 à 50 €

Des achats successifs ont permis à Raymond Usseglio d'agrandir à 24 ha ce domaine castelpapal constitué par son père Francis venu d'Italie en 1931 pour travailler la terre. La relève par son fils unique Stéphane est assurée depuis 1999. La conversion à la biodynamie est en cours.

Coup de cœur dans l'édition précédente avec un rouge (le magnifique Part des anges 2012), le domaine s'illustre cette année avec un fort joli blanc, 100 % roussanne donc, complexe et généreux à l'olfaction (fruits jaunes confits, touche miellée, fleurs blanches). Une belle vivacité stimule et étire le palais, sans pour autant tomber dans la nervosité : il y a aussi du gras, du volume, de la densité. Un vin très équilibré en somme, à boire jeune ou patiné par la garde. ✶ 2016-2020 ⵀ gratin d'écrevisses

o━ *Dom. Raymond Usseglio et Fils, 17, av. Monseigneur-Jules-Avril, 84230 Châteauneuf-du-Pape, tél. 04 90 83 71 85, info@domaine-usseglio.fr* Ⓥ 🅚 🅛 *r.-v.*

DOM. PIERRE USSEGLIO ET FILS 2014 ★

■	3 500	🍷 ⵀ	20 à 30 €

Dans les années 1930, Francis Usseglio, salarié viticole d'origine italienne, devient métayer et vinifie sa première récolte en 1949. Son fils Pierre agrandit le domaine et le transmet en 1990 à ses fils Jean-Pierre et Thierry, aujourd'hui à la tête de 38 ha de vignes.

Une dominante de clairette (60 %) et un appoint de grenache blanc (35 %) et de bourboulenc composent cette cuvée au bouquet frais d'agrumes et de fleurs blanches sur un léger fond boisé. Une attaque dynamique introduit un palais tout aussi alerte, souligné par une fine trame minérale et une fraîcheur citronnée. Un vin énergique, longiligne et élégant. ✶ 2016-2020 ⵀ tartare de saumon

o━ *Dom. Pierre Usseglio et Fils, 10, rte d'Orange, 84230 Châteauneuf-du-Pape, tél. 04 90 83 72 98, domainepierreusseglio@gmail.com* Ⓥ 🅚 🅛 *r.-v.*

CH. DE VAUDIEU 2014 ★★

■	15 000	🍷 ⵀ	20 à 30 €

Édifié en 1767, ce château a été acquis en 1955 par Gabriel Meffre qui restructure et agrandit le vignoble : aujourd'hui 70 ha sur 32 parcelles. Depuis 1987, sa fille Sylvette Bréchet épaulée par ses fils Laurent et Julien est aux commandes.

Très souvent remarqué pour ses blancs, le domaine signe un 2014 remarquable, issu de grenache blanc à 80 % et de roussanne. Fruits frais, agrumes notamment, et fleurs blanches composent un bouquet avenant et délicat. Un très bel équilibre caractérise le palais, ample, long, à la fois gras et tendu par une fine acidité, sensation de fraîcheur renforcée par de beaux amers en finale. Un vin « gourmand et hédoniste », conclut un dégustateur. ✶ 2016-2020 ⵀ suprême de poularde truffe blanche

o━ *Famille Bréchet, Ch. de Vaudieu, 501, rte de Courthézon, 84230 Châteauneuf-du-Pape, tél. 04 90 83 70 31, contact@famillebrechet.fr* Ⓥ 🅚 🅛 *t.l.j sf sam. dim. 8h30-12h30 14h-17h30*

LIRAC

Superficie : 745 ha / Production : 19 440 hl (91 % rouge et rosé)

Située en face de Châteauneuf-du-Pape, sur la rive droite du Rhône, l'appellation regroupe les vignobles de Lirac, de Saint-Laurent-des-Arbres, de Saint-Geniès-de-

Comolas et de Roquemaure, au nord de Tavel. Les vignerons de ces côtes du Rhône gardoises ont été pionniers, se regroupant dès le XVIIIᵉˢ. pour défendre et valoriser leur production, déjà réputée au XVIᵉˢ. Les magistrats locaux l'authentifiaient en apposant sur les fûts, au fer rouge, les lettres « C d R ». Terrasses de cailloux roulés et terrains calcaires produisent des vins dans les trois couleurs : les rosés et les blancs, tout de grâce et de parfums, se boivent jeunes avec des fruits de mer ; les rouges puissants et généreux accompagnent les viandes rouges.

DOM. BRICE BEAUMONT
La Cuvée de David 2012 ★★

| ■ | 2 000 | ◫ | 15 à 20 € |

Brice Beaumont a pris la suite de son père en 2001 sur ce domaine fondé en 1909 par son arrière-grand-père. À sa disposition, un vignoble de 27 ha dans les appellations tavel, lirac et côtes-du-rhône.
Dix-huit mois de fût pour cette petite cuvée hommage au fondateur du domaine. Un lirac d'une belle intensité : robe noire et profonde ; bouquet soutenu de fruits rouges, de tabac et de moka ; bouche dense et vineuse mais toujours fraîche, portée par des tanins concentrés mais très soyeux et par un boisé élégant aux tonalités réglissées. Un lirac solide, bâti pour la garde. ✗ 2019-2025 ❦ bécasse rôtie
o━ *Dom. Beaumont, chem. de la Filature, 30126 Lirac,*
tél. 04 66 50 02 37, domainebeaumont@orange.fr
🆅 🔼 *t.l.j. 10h-12h 14h-18h*

LOUIS BERNARD 2013 ★

| ■ | n.c. | ◫ | 8 à 11 € |

L'œnologue Sylvain Jean élabore les cuvées de cette maison de négoce créée en 1976 à Gigondas, qui accompagne à la vigne et au chai une quarantaine de vignerons partenaires. Dans le giron du groupe Gabriel Meffre.
Cette cuvée développe après une courte aération d'intenses parfums de fruits rouges cuits mâtinés de nuances empyreumatiques et réglissées. Son caractère charnu et suave, ses tanins fondus et soyeux, ses arômes élégants sur le fruit compoté, le poivre et la violette composent une bouche avenante, malgré un boisé encore un peu prégnant. ✗ 2017-2022 ❦ épaule d'agneau grillée
o━ *Louis Bernard, Le Village, 84190 Gigondas,*
tél. 04 90 12 32 42, louis-bernard@gmdf.fr
o━ Éric Brousse

CH. BOUCARUT 2013

| ■ | 15 000 | 🍷 ◫ | 8 à 11 € |

Un petit domaine acquis par la famille Valat (Ch. Saint Maurice à Laudun) en 1987. Christophe Valat y conduit un vignoble de 11 ha situé derrière la faille de Roquemaure, sur des sables calcaires. Boucarut ? Le nom d'un moine qui exploitait ces terres autrefois.
Le nez est discret et s'ouvre doucement à l'agitation sur les fruits noirs, la réglisse et d'originales notes iodées. Plus prolixe et plus boisée, la bouche plaît par son bel équilibre entre rondeur et fraîcheur, et par ses tanins doux. ✗ 2017-2020 ❦ bœuf bourguignon
o━ *Christophe Valat, Ch. Boucarut, BP 76,*
30150 Roquemaure, tél. 04 66 50 26 84,
chateau.saint.maurice@wanadoo.fr 🆅 🔼 *r.-v.*

ⒷDOM. DU CLOS DE SIXTE 2013 ★

| ■ | 60 000 | 🍷 ◫ | 11 à 15 € |

D'origine castelpapale, Alain Jaume et ses fils Sébastien et Christophe perpétuent une tradition viticole qui remonte à 1826. Ils conduisent en bio certifié un vignoble de 65 ha réparti sur trois domaines – Grand Veneur à Châteauneuf-du-Pape, Clos de Sixte à Lirac et Ch. Mazane à Vacqueyras –, complété par une activité de négoce.
Ce Clos de Sixte 2013 se distingue d'emblée par son nez de cerise et de cassis agrémenté de notes mentholées. On retrouve les fruits avec intensité dans une bouche séveuse, dense et ronde, étayée par des tanins soyeux et par une agréable fraîcheur. Une belle finale poivrée conclut élégamment la dégustation. ✗ 2017-2020 ❦ magret de canard sauce au poivre
o━ *Vignobles Alain Jaume et Fils,*
1358, rte de Châteauneuf-du-Pape, 84100 Orange,
tél. 04 90 34 68 70, jaume@domaine-grand-veneur.com
🆅 🔼 *t.l.j. sf dim. 8h-12h 14h-18h* 🏠 Ⓔ

CH. CORRENSON Divinitas 2012 ★

| ■ | 15 000 | 🍷 ◫ | 8 à 11 € |

Le blason du château représente un casque et une épée étrusques trouvés dans les vignes par le grand-père de Vincent Peyre. Installé depuis 2000 sur un vignoble de 70 ha, ce dernier représente la troisième génération à la tête du domaine familial, souvent en vue pour ses lirac.
Un nez très ouvert sur les fruits noirs confits agrémentés de vanille et de nuances de cuir compose une belle entrée en matière. L'attaque souple et fine introduit un palais tout aussi expressif (mûre et cassis) et de bonne longueur, structuré par des tanins fermes et, même encore un peu stricts en finale. Un lirac généreux comme il se doit. ✗ 2017-2020 ❦ civet de lièvre
o━ *Vincent Peyre, rte de Roquemaure,*
30150 Saint-Geniès-de-Comolas, tél. 04 66 50 05 28,
contact@chateau-correnson.fr 🆅 🔼 *t.l.j. sf dim. 10h-12h 15h30-18h30*

DOM. COUDOULIS
Hommage 2012 ★★

| ■ | 4 600 | ◫ | 15 à 20 € |

Établi sur une terrasse alluvionnaire dominant le village de Saint-Laurent-des-Arbres, ce domaine créé en 1960 – 28 ha d'un seul tenant implantés sur un sol de galets roulés – a été racheté en 1996 par Bernard Callet, issu du monde du BTP. L'une des bonnes références liracoises.
Un hommage aux plus vieilles vignes du domaine : des ceps de grenache (deux tiers de l'assemblage) et de syrah de quarante-cinq ans. Dans le verre, un lirac qui s'affirme d'emblée par un nez bien méridional de cerise, de cassis, d'épices et de garrigue. La bouche est ronde et tendre à souhait, soutenue par un léger boisé et par de beaux tanins fins et soyeux qui lui confèrent un caractère délicat et caressant. ✗ 2017-2020 ❦ agneau de sept heures
o━ *Dom. Coudoulis, 314, rue Nostradamus,*
30126 Saint-Laurent-des-Arbres, tél. 04 66 03 29 13,
guillaumeperraud@orange.fr 🆅 🏃 🔼 *r.-v.*
o━ Callet Bernard

ⓑ DOM. DU JONCIER Le Gourmand 2013

| ■ | 20 000 | 🍶 | 11 à 15 € |

Marine Roussel, après un parcours dans la filière artistique, reprend en 1996 le domaine créé par son père Pierre dans les années 1960. Elle conduit 32 ha en bio et en biodynamie, à petits rendements, et privilégie les extractions en douceur et les cuvaisons longues.

Ce Gourmand n'a connu que la cuve et il en retire un fruité généreux (cerise kirschée) qui imprime sa marque sur toute la dégustation. La bouche est des plus courtoises, ronde et... gourmande, soutenue par des tanins aimables, quoiqu'un peu plus sévères en finale. ✗ 2017-2020 🍷 osso bucco

👄 Dom. du Joncier, 5, rue de la Combe, 30126 Tavel, tél. 04 66 50 27 70, contact@domainedujoncier.com Ⓥ 👟 🛏 r.-v. 👄 Roussel Marine

ⓑ DOM. LAFOND ROC-ÉPINE 2013 ★

| ■ | 70 000 | | 8 à 11 € |

Porte-drapeau des appellations tavel et lirac, mais aussi très en vue pour ses châteauneuf et ses côtes-du-rhône, ce domaine, dont les lointaines origines remontent à la fin du XVIIIᵉ s., est conduit par Pascal Lafond depuis 1990. Son vaste vignoble en bio certifié depuis 2012 couvre aujourd'hui 85 ha répartis dans quatre AOC.

Ce vin se présente dans une robe d'un rouge profond aux reflets violacés et s'ouvre en douceur sur les épices, le cuir, la garrigue et les fruits rouges confiturés. Des arômes que l'on retrouve dans une bouche riche et suave aux accents légèrement réglissés, portée par des tanins fondus. ✗ 2017-2020 🍷 côte d'agneau grillée

👄 Pascal Lafond, 336, rte des Vignobles, 30126 Tavel, tél. 04 66 50 24 59, lafond@roc-epine.com Ⓥ 👟 🛏 t.l.j. sf sam. dim. 8h30-12h 13h30-17h

CAVE DES VINS DU CRU DE LIRAC Arcane 2012 ★

| ■ | 4 000 | | 8 à 11 € |

Coopérative fondée en 1931, établie dans le village fortifié de Saint-Laurent-des-Arbres. Actrice prépondérante de l'accession du cru lirac à l'AOC, elle est aussi l'un de ses plus gros producteurs, regroupant 55 adhérents et 300 ha de vignes.

Issue des meilleures parcelles de grenache et de syrah, élevée en fût pendant neuf mois, cette cuvée livre un nez soutenu de fruits rouges, de café torréfié et de sous-bois. La bouche se révèle ample et fraîche, bâtie sur des tanins friands, et déploie une finale élégante et persistante. ✗ 2017-2020 🍷 Vieilles Vignes 2014 (5 à 8 € ; 10 000 b.) : vin cité. ✗ 2015-2016

👄 Cave des Vins du Cru de Lirac, 685, av. Baron-Leroy, 30126 Saint-Laurent-des-Arbres, tél. 04 66 50 01 02, contact@cavelirac.fr Ⓥ 👟 🛏 t.l.j. 9h-12h 14h-18h

DOM. LA LÔYANE 2013 ★

| ■ | 7 500 | | 8 à 11 € |

Établi au pied du sanctuaire Notre-Dame-de-Grâce, à Rochefort-du-Gard, non loin des anciens marais asséchés par les moines au Moyen Âge, ce domaine, né en 1994 de la fusion de trois petites exploitations, fait preuve d'une grande constance dans la qualité. Il est dirigé avec talent par Jean-Pierre Dubois, son épouse Dominique et leur fils Romain.

Un vin de velours. Au nez, de gourmandes et délicates notes chocolatées s'associent à de généreux parfums de fruits macérés (framboise, mûre) et de cerise à l'eau-de-vie. Un côté « Mon Chéri » que l'on retrouve dans un palais soyeux, souple et finement tannique. « Féminin », dirait d'aucun. À boire plutôt dans sa jeunesse, même s'il vieillira bien. ✗ 2015-2019 🍷 aiguillettes de canard au foie gras

👄 Dom. la Lôyane, chem. de la Font-des-Cavens, 30650 Rochefort-du-Gard, tél. 06 11 60 83 36, la-loyane-jean-pierre.dubois@orange.fr Ⓥ 👟 🛏 t.l.j. sf dim. lun. mar. 9h-12h 15h-19h

♥ DOM. MABY Casta Diva 2014 ★★★

| ■ | 3 000 | | 15 à 20 € |

Ce domaine très régulier en qualité, notamment pour ses lirac, dans les trois couleurs, et ses tavel, a été créé en 1950 par Armand Maby. En 2005, son petit-fils Richard a pris les rênes du vignoble, 64 ha situés pour l'essentiel sur les galets roulés du plateau de Vallongue ; des vignes cultivées « au naturel », mais sans certification bio. Depuis 2011, l'éminent œnologue rhodanien Philippe Cambie conseille le domaine.

75 % de viognier, 15 % grenache blanc et 10 % de clairette, fermentation et élevage en fût de chêne, bâtonnages réguliers pour cette cuvée de très haute expression, qui apparaît dans une élégante robe jaune pâle, empreinte de senteurs fines et intenses d'agrumes, de fruits exotiques, de vanille et de coing. En bouche, le maître-mot est équilibre : du gras mais point trop, de la vivacité mais juste ce qu'il faut, un boisé parfaitement intégré et beaucoup de fruit, jusque dans la finale, très longue et délicate, qui laisse une impression de plénitude. ✗ 2017-2022 🍷 foie gras sur pain d'épice ■ La Fermade 2013 ★★ (8 à 11 € ; 54 000 b.) : valeur sûre du domaine, cette Fermade ne déçoit pas dans sa version 2013. C'est un vin très expressif (fruits rouges et noirs mûrs, épices douces, garrigue), ample, rond, puissant et long, bâti pour durer. ✗ 2018-2023

👄 Dom. Maby, 249, rue Saint-Vincent, 30126 Tavel, tél. 04 66 50 03 40, domaine-maby@wanadoo.fr Ⓥ 👟 🛏 t.l.j. 8h-12h 13h30-17h30; sam. dim. sur r.-v.

ⓑ CH. DE MANISSY 2013 ★

| ■ | 20 000 | | 8 à 11 € |

Ce château datant du XVIIᵉ s. fut légué par la famille Lafarge, exploitante dans la pierre de Tavel, aux pères missionnaires de la Sainte Famille en 1916. Ce sont eux qui lancèrent la culture de la vigne sur ces terres pour approvisionner en vin les paroisses de la région et leur communauté. En 2003, ils ont choisi pour leur succéder le jeune Florian André, à la tête aujourd'hui d'un vignoble de 40 ha, conduit en bio, dans les AOC châteauneuf-du-pape, tavel, lirac et côtes-du-rhône.

Assemblage de grenache (60 %), syrah et cinsault, ce 2013 dévoile un nez discret mais harmonieux de réglisse et de fruits noirs. En bouche, les arômes sont épicés, floraux (violette) et fruités, les tanins bien enrobés, bien qu'un peu sévères en finale. À attendre un peu. ✗ 2017-2020 🍷 daube de bœuf

RHÔNE

*Ch. de Manissy, rte de Roquemaure, 30126 Tavel ,
tél. 04 66 82 86 94, info@chateau-de-manissy.com*
Ⓥ 👟 ⚱ *t.l.j. sf dim.* 9h-18h *André Florian*

MAS ISABELLE Grand Roc 2012 ★★

■	5 000	🐓	11 à 15 €

En 2003, Isabelle Boulaire abandonne son métier de comptable pour revenir sur la terre de ses ancêtres. Elle représente la douzième génération de vignerons sur ce domaine de 17 ha qu'elle a rebaptisé Mas Isabelle. Un vignoble dédié au seul lirac dont elle apporte la vendange à la cave coopérative jusqu'en 2009, date de son premier millésime vinifié à la propriété.

Vendange manuelle et éraflée, élevage en cuve pendant vingt mois pour cette cuvée Grand Roc issue de grenache (70 %), de syrah et de 5 % de carignan. Un vin, qui a l'accent du Sud, dominé par des arômes de garrigue et de fruits cuits, puis de réglisse et de mûre. La bouche est ample, riche et charnue, renforcée par des tanins fins et prolongée par une finale fraîche et alerte. Un lirac réellement savoureux, très équilibré et proche du coup de cœur. 🍷 2017-2022 🍴 gigot d'agneau en croûte d'herbes
Isabelle Boulaire, 53, rue du Pont-de-Nizon, 30126 Lirac, tél. 04 66 50 47 98, contact@ mas-isabelle.com Ⓥ ⚱ *r.-v.*

GABRIEL MEFFRE Les Mascarines 2013

■	10 000	🐓	8 à 11 €

Affaire de négociant-éleveur créée en 1936 par Gabriel Meffre, cette maison est devenue un acteur incontournable, propriétaire de 800 ha de vignes dans toute la vallée du Rhône, ainsi qu'en Provence. Repris en 2009 par Éric Brousse, associé au groupe bourguignon Boisset.

Issue d'un assemblage de grenache, syrah et mourvèdre, cette cuvée se caractérise par un fruité soutenu de framboise sauvage, de mûre et de cassis, prolongé par une bouche équilibrée, souple et bien fondue. 🍷 2016-2019 🍴 boulettes d'agneau
Gabriel Meffre, Le Village, 84190 Gigondas, tél. 04 90 12 32 47, gabriel-meffre@meffre.com Ⓥ 👟 ⚱ *r.-v.* *Éric Brousse*

CH. DE MONTFAUCON 2013

■	9 800	🐓	11 à 15 €

Valeur sûre des côtes-du-rhône, ce domaine est une ancienne forteresse du XIᵉs. campée sur un promontoire rocheux, vigie sur le Rhône, fleuve qui marquait la frontière entre le royaume de France et le Saint-Empire romain germanique. Au XVIIIᵉs., les aïeux de Rodolphe de Pins (installé en 1995 après diverses expériences en France et à l'étranger) ont pris possession des lieux. Le vignoble se caractérise par des sols et un encépagement très diversifiés.

Grenache à 70 %, syrah et cinsault, vendanges faites à la main, faible rendement, cela nous donne une belle cuvée qui se distingue par ses intenses arômes fruités (cerise, cassis), par sa bouche vineuse et ronde, qui évolue en finale sur une trame plus serrée et sévère. À attendre un peu. 🍷 2017-2020 🍴 entrecôte à l'échalote
Ch. de Montfaucon, 22, rue du Château, 30150 Montfaucon, tél. 04 66 50 37 19, contact@ chateaumontfaucon.com Ⓥ 👟 ⚱ *t.l.j. sf sam. dim.* 9h-12h 13h30-18h *Rodolphe de Pins*

❤ Ⓑ DOM. DE LA MORDORÉE
La Dame rousse 2013 ★★★

■	n.c.	🐓	8 à 11 €

Un domaine créé en 1986 par Francis Delorme et son fils Christophe (disparu prématurément en 2015), entrepreneurs issus d'une famille vigneronne, rejoints par Fabrice en 1999. Le vignoble couvre 54 ha (en bio certifiée depuis 2013), répartis sur 38 parcelles et huit communes. Partisans des petits rendements, ils déclinent les millésimes avec une aisance déconcertante, aussi bien en tavel, son fief d'origine, qu'en lirac, qu'en châteauneuf-du-pape ou en « simple » côtes-du-rhône. Incontournable.

La Mordorée coup de cœur ? Cela ne surprendra personne, tant ce domaine excelle avec une insolente facilité. La Dame rousse se présente dans une seyante robe « rubis de Birmanie » à reflets noirs. Au nez, elle exhale des arômes puissants et très harmonieux de fruits rouges, d'épices, de Zan et de poivre. La bouche est charnue à souhait, ample et corpulente sans lourdeur, équilibrée par une fine fraîcheur et solidement arrimée à des tanins fins. Au-dessus du lot, assurément... 🍷 2017-2023 🍴 tournedos Rossini ■ La Reine des bois 2014 ★ (15 à 20 € ; n.c. b.) Ⓑ : un vin tout en fruits frais (agrumes en tête), nuancé de fleurs blanches et d'un boisé léger, long, vif et tonique, encore un brin fermé mais d'un beau potentiel. 🍷 2017-2020
Dom. de la Mordorée, chem. des Oliviers, 30126 Tavel, tél. 04 66 50 00 75, info@ domaine-mordoree.com Ⓥ 👟 ⚱ *t.l.j.* 8h-12h 13h30-17h30; *sam. dim.* 10h-12h 14h-17h *Delorme*

DOM. PÉLAQUIÉ 2013 ★★

■	24 000	🐓	8 à 11 €

Saint-Victor-la-Coste s'étend sous les ruines du Castellas, le château fort médiéval des seigneurs de Sabran. Depuis 1976, Luc Pélaquié y conduit ce domaine familial vaste (95 ha) et ancien (XVIᵉs.), dont les vins (côtes-du-rhône, *villages*, lirac et tavel) sont régulièrement mentionnés dans le Guide.

Grenache et mourvèdre pour cette très belle cuvée en robe profonde, au nez puissant et généreux de cerise, de cassis et de réglisse. Une belle persistance aromatique à dominante poivrée caractérise aussi le palais, large, suave et concentré, épaulé par des tanins veloutés. 🍷 2017-2020 🍴 cuissot de sanglier
Luc Pélaquié, 7, rue du Vernet, 30290 Saint-Victor-la-Coste, tél. 04 66 50 06 04, contact@domaine-pelaquie.com Ⓥ 👟 ⚱ *t.l.j. sf dim.* 9h-12h 14h-18h

LES VIGNERONS DE ROQUEMAURE
Cuvée Saint Valentin 2013 ★

■	12 000	⑪	5 à 8 €

C'est à Roquemaure, berceau historique des côtes-du-rhône grâce à son port fluvial, que les vignerons purent en 1737 marquer leurs tonneaux des lettres « CdR ». Fondée en 1922, la coopérative – longtemps nommée Cellier Saint Valentin – fédère aujourd'hui 60 adhérents pour 350 ha de vignes.

Après douze mois de fût, cette cuvée rend hommage au saint patron de Roquemaure, dont les reliques rapportées de Rome auraient protégé les vignes du phylloxéra. Un lirac à dominante de syrah (60 %) qui livre un bouquet intense mêlant les fruits rouges, la garrigue et une pointe vanillée. Bel équilibre en bouche, où les tanins se révèlent soyeux et où la fraîcheur est bien présente pour atténuer le caractère suave, chaleureux et épicé du vin. Un ensemble harmonieux. ✗ 2017-2021 ♈ gigot d'agneau au thym ■ Terra ancestra 2013 (11 à 15 € ; 7 600 b.) : vin cité. ✗ 2016-2019

o┐ Les Vignerons de Roquemaure, 1, rue des Vignerons, 30150 Roquemaure, tél. 04 66 82 82 01, contact@vignerons-de-roquemaure.com Ⓥ 🏃 🛏 t.l.j. sf dim. 9h-12h 14h-18h

CH. SAINT-ROCH
Confidentielle 2013 ★★

| ■ | 7 000 | ◫ | 15 à 20 € |

Sur les coteaux silico-calcaires de Roquemaure, le vignoble de Saint-Roch couvre 40 ha. Réputé pour ses lirac, il appartient depuis 1998 aux frères Brunel, également propriétaires du Ch. la Gardine à Châteauneuf-du-Pape, autre valeur sûre de la vallée du Rhône sud.

Après douze mois d'élevage en fût, cette cuvée Confidentielle (7 000 bouteilles tout de même) associant grenache, syrah et mourvèdre par tiers présente un bouquet très ouvert sur la vanille, le tabac, le sous-bois et les fruits mûrs. Un mariage harmonieux entre le boisé et le fruit que prolonge un palais concentré et chaleureux, bâti sur des tanins bien en place et fins. De bonne garde, assurément. ✗ 2018-2022 ♈ côte de bœuf

o┐ Ch. Saint-Roch Brunel Frères, chem. de Lirac, 30150 Roquemaure, tél. 04 66 82 82 59, brunel@chateau-saint-roch.com Ⓥ 🏃 🛏 t.l.j. sf sam. dim. 8h-12h 14h-17h; f. 1er-15 août o┐ Brunel Maxime et Patrick

LES VIGNERONS DE TAVEL
Cuvée impériale 2013 ★

| ■ | 2 500 | ◫ | 11 à 15 € |

Créée en 1937, cette cave historique fut la première coopérative agricole à être inaugurée par un président de la République (Albert Lebrun). Actrice importante de la production taveloise (près de la moitié), elle regroupe 85 adhérents et plus de 600 ha de vignes. Les bâtiments, construits dans la lauze locale, sont classés monuments historiques.

Après dix mois d'élevage en fût, cette cuvée mi-grenache mi-syrah livre un nez complexe et intense de café torréfié et de fruits confits. Encore sous l'emprise du bois, un bon boisé faut-il préciser, le palais se révèle dense, ample, puissant et vineux, mais sans jamais perdre en élégance grâce à des tanins fins et veloutés et à une fraîcheur bien sentie. Un lirac de caractère, bâti pour durer. ✗ 2018-2023 ♈ daube de sanglier

o┐ Les Vignerons de Tavel, rte de la Commanderie, 30126 Tavel, tél. 04 66 50 03 57, contact@cavedetavel.com Ⓥ 🏃 🛏 r.-v.

TAVEL
Superficie : 945 ha / Production : 35 790 hl

Considéré par beaucoup comme le meilleur rosé de France, ce grand vin de la vallée du Rhône provient d'un vignoble situé dans le département du Gard, sur la rive droite du fleuve, à Tavel et sur quelques parcelles de la commune de Roquemaure. C'est la seule appellation rhodanienne à ne produire que du rosé. Sur des sols de sable, d'alluvions argileuses ou de cailloux roulés, grenache, cinsault, mourvèdre, syrah, accompagnés de carignan et aussi de cépages blancs donnent un vin généreux, au bouquet floral et fruité, qui accompagnera poissons en sauce, charcuterie et viandes blanches.

CH. D'AQUERIA 2014 ★★

| ■ | 260 000 | 🛏 | 8 à 11 € |

Jean Olivier acquiert ce domaine en 1919. Son gendre Paul de Bez restructure le vignoble autour d'un château du XVIIe. et son parc à la française, 62 ha d'un seul tenant aujourd'hui, conduits depuis 1984 par ses petits-fils Vincent et Bruno. Une valeur sûre en lirac et en tavel.

Cette cuvée a bénéficié d'un assemblage complexe : grenache noir (45 %), clairette, cinsault, mourvèdre, syrah et bourboulenc. Dans le verre, un élégant tavel rose aux reflets violines, au nez bien ouvert sur les fruits rouges frais (groseille). Un fruité et une fraîcheur qui caractérisent aussi la bouche, remarquablement équilibrée entre alcool et acidité, et bien structurée. Un rosé de bouche bien dans le ton de l'appellation. ✗ 2015-2018 ♈ curry d'agneau

o┐ SCA Jean Olivier, Ch. d'Aqueria, 30126 Tavel, tél. 04 66 50 04 56, contact@aqueria.com Ⓥ 🏃 🛏 r.-v.

BROTTE Les Églantiers 2014 ★

| ■ | 24 000 | 🛏 | 8 à 11 € |

Cette maison réputée, fondée en 1931 par Charles Brotte, pionnier de la mise en bouteilles dans la vallée du Rhône, est aujourd'hui dirigée par Laurent, petit-fils du fondateur. Elle vinifie ses propres vignes et opère des sélections parcellaires pour le compte de son négoce, dont La Fiole du pape, en châteauneuf, est la marque phare depuis sa création en 1952.

Cette cuvée tire son nom des églantiers que l'on trouve près des vignes. La robe est limpide et pâle, ornée de reflets orangés. Le nez, intense et complexe, associe fruits rouges et notes poivrées. La bouche développe un beau volume et un fruité frais de cerise cueillie sur l'arbre. Un bon classique, à la fois rond et tonique. ✗ 2015-2016 ♈ terrine de poisson

o┐ Brotte, Le Clos, rte d'Avignon, BP 1, 84231 Châteauneuf-du-Pape Cedex, tél. 04 90 83 70 07, brotte@brotte.com Ⓥ 🏃 🛏 t.l.j. 9h-12h 14h-18h

DOM. CORNE-LOUP 2014 ★

| ■ | 100 000 | 🛏 | 8 à 11 € |

Ce domaine fondé en 1966 tire son nom d'un ancien quartier de Tavel où, autrefois, un villageois était chargé d'alerter les habitants de l'arrivée imminente des loups. Son vignoble s'étend aujourd'hui sur 40 ha, en lirac,

RHÔNE

tavel et côtes-du-rhône, conduit depuis 2000 par Géraldine Saunier-Lafond.

Une robe intense aux reflets orangés habille ce tavel généreusement bouqueté autour de la fraise écrasée. La bouche se révèle suave, ronde et puissante, sans manquer de fraîcheur. Un rosé gourmand et aromatique. ✗ 2015-2017 ▼ feuilles de vigne

⌐ *Dom. Corne-Loup, 237, rue Mireille, 30126 Tavel, tél. 04 66 50 34 37, corne-loup@wanadoo.fr*
Ⓥ 🏃 🚽 *r.-v.*

CH. LA GENESTIÈRE Cuvée Raphaël 2014 ★		
■ 30 000	🍶	8 à 11 €

Implanté sur le site d'une ancienne magnanerie, ce domaine fondé en 1935 par la famille Bernard a été repris en 1994 par Jean-Claude Garcin. Une bastide du XVIᵉs. commande un vaste vignoble de 100 ha en lirac et tavel.

D'une seyante couleur rose ambré, ce tavel dévoile un nez élégant de fruits rouges, de pamplemousse et d'épices. La bouche se révèle vive et tonique, longue et bien fruitée (cerise et fraise des bois). ✗ 2015-2017 ▼ pavé de saumon mariné

⌐ *SCEA Genestière Saint-Anthelme, chem. de Cravailleux, 30126 Tavel, tél. 04 66 50 07 03, contact@domaine-genestiere.com*
Ⓥ 🏃 🚽 *t.l.j. sf sam. dim. 8h-17h30*

Ⓑ DOM. LAFOND ROC-ÉPINE 2014 ★★		
■ 150 000	🍶	8 à 11 €

Porte-drapeau des appellations tavel et lirac, mais aussi très en vue pour ses châteauneuf et ses côtes-du-rhône, ce domaine, dont les lointaines origines remontent à la fin du XVIIIᵉs., est conduit par Pascal Lafond depuis 1990. Son vaste vignoble en bio certifié depuis 2012 couvre aujourd'hui 85 ha répartis dans quatre AOC.

Fidèle au rendez-vous du Guide, comme toujours, Pascal Lafond signe une cuvée d'un rose intense aux reflets saumonés, ouverte à l'olfaction sur d'élégantes notes de violette, de pêche blanche et de fruits exotiques. La bouche se révèle ample, suave et riche. Un vrai rosé de repas, rond et généreux. ✗ 2015-2018 ▼ jarret de veau tomate et paprika

⌐ *Pascal Lafond, 336, rte des Vignobles, 30126 Tavel, tél. 04 66 50 24 59, lafond@roc-epine.com*
Ⓥ 🏃 🚽 *t.l.j. sf sam. dim. 8h30-12h 13h30-17h*

DOM. MABY Prima donna 2014 ★		
■ 20 000	🍶	8 à 11 €

Ce domaine très régulier en qualité, notamment pour ses lirac, dans les trois couleurs, et ses tavel, a été créé en 1950 par Armand Maby. En 2005, son petit-fils Richard a pris les rênes du vignoble, 64 ha situés pour l'essentiel sur les galets roulés du plateau de Vallongue ; des vignes cultivées « au naturel », mais sans certification bio. Depuis 2011, l'éminent œnologue rhodanien Philippe Cambie conseille le domaine.

Une robe soutenue aux reflets cuivrés habille cette Prima donna née d'un assemblage classique de cinsault et de grenache. Le nez s'avère intense et chaleureux, tourné vers les fruits confiturés. Un fruité généreux auquel répond une bouche fraîche en attaque, puis ronde,

chaleureuse et concentrée, en restant toujours souple et alerte, rehaussée par des notes poivrées. Un tavel de caractère, qui mêle force et finesse comme un opéra de Verdi... ✗ 2015-2018 ▼ risotto cèpes et parmesan ■ La Forcadière 2014 ★ (8 à 11 € ; 90 000 b.) : une étoile pour son fruité mûr et soutenu, pour sa bonne structure et sa longueur en bouche. ✗ 2015-2017

⌐ *Dom. Maby, 249, rue Saint-Vincent, 30126 Tavel, tél. 04 66 50 03 40, domaine-maby@wanadoo.fr*
Ⓥ 🏃 🚽 *t.l.j. 8h-12h 13h30-17h30; sam. dim. sur r.-v.*

GABRIEL MEFFRE Saint-Ferréol 2014		
■ 9 000	🍶	15 à 20 €

Affaire de négoce-éleveur créée en 1936 par Gabriel Meffre, cette maison est devenue un acteur incontournable, propriétaire de 800 ha de vignes dans toute la vallée du Rhône, ainsi qu'en Provence. Reprise en 2009 par Éric Brousse, associé du groupe bourguignon Boisset.

Une cuvée en robe soutenue ornée de reflets bleutés et orangés. Au nez, des fruits noirs, des notes de grenadine et des nuances cacaotées. En bouche, une bonne structure et de la vivacité. Un vin bien typé. ✗ 2015-2016 ▼ bouillabaisse

⌐ *Gabriel Meffre, Le Village, 84190 Gigondas, tél. 04 90 12 32 47, gabriel-meffre@meffre.com*
Ⓥ 🏃 🚽 *r.-v.* ⌐ *Brousse Éric*

Ⓑ DOM. FLORENCE MÉJAN Canto perdrix 2014		
■ 15 000	🍶	11 à 15 €

Un domaine fondé en 1920 par le grand-père de Florence Méjan. Celle-ci s'est installée à la suite de son père André, qui a développé le vignoble, étendu aujourd'hui sur 36 ha, en bio certifié depuis la vendange 2012.

Florence Méjan nous dit vouloir élaborer « des vins secs, nerveux, fruités, alliant finesse et générosité, avec un léger goût de pierre à feu ». Eh bien, il y a un peu de tout cela dans ce tavel plutôt clair, animé de reflets bleutés, ouvert sur des notes d'agrumes et de fruit de la Passion, tout aussi frais et fruité en bouche. Un rosé énergique et harmonieux, qualifié de « moderne ». ✗ 2015-2016 ▼ crevettes thaï

⌐ *EARL Méjan-Taulier, pl. du Pdt-Le-Roy, 30126 Tavel, tél. 04 66 50 04 02, domaine.mejan@orange.fr*
Ⓥ 🏃 🚽 *r.-v.*

♥ Ⓑ DOM. DE LA MORDORÉE		
La Reine des bois 2014 ★★		
n.c.	🍶	11 à 15 €

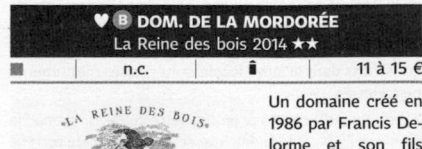

Un domaine créé en 1986 par Francis Delorme et son fils Christophe (disparu prématurément en 2015), entrepreneurs issus d'une famille vigneronne, rejoints par Fabrice en 1999.

Le vignoble couvre 54 ha, en bio certifié depuis 2013), répartis sur 38 parcelles et huit communes. Partisans des petits rendements, ils déclinent les millésimes avec une aisance déconcertante, aussi bien en tavel, son fief d'origine, et en lirac, qu'en châteauneuf-du-pape ou en « simple » côtes-du-rhône. Incontournable.

Deux coups de cœur dans la même édition, cela n'est pas fréquent ; trois, cela relève de l'exception (*voir chapitre lirac et châteauneuf*)... La Reine des bois 2014 exprime tout le caractère du plateau de Vallongue, terroir qui donne en général des vins complexes et racés. C'est bien le cas ici. Robe rubis à reflets bleutés ; nez alerte et intense, sur les fruits rouges et les agrumes ; bouche tout aussi fringante, fine, profonde et longue, où l'on retrouve la fraîcheur minérale des lieux et la générosité de fruits rouges gorgés du soleil tavellois. Un très beau rosé de repas, que l'on pourra aussi garder en cave. **ĭ** 2015-2019 **Ÿ** lotte à la provençale ■ La Dame rousse 2014 ★★ (11 à 15 € ; n.c. b.) **B** : un excellent rosé, éclatant dans sa robe nuancée de violine, comme dans ses arômes de cerise et autres fruits rouges, riche, suave et rond, équilibré par une fine trame acide. **ĭ** 2015-2018

☛ *Dom. de la Mordorée, chem. des Oliviers, 30126 Tavel, tél. 04 66 50 00 75, info@ domaine-mordoree.com* **V 🏃 🍴** *t.l.j. 8h-12h 13h30-17h30 ; sam. dim. 10h-12h 14h-17h*
☛ Christophe Delorme

DOM. MOULIN-LA-VIGUERIE
Les Falaises de braise 2014

| ■ | 20 000 | 🍴 | 8 à 11 € |

Une très ancienne propriété familiale datant du XVIe s., installée au cœur du village. Un domaine régulier en qualité avec ses tavel, signés aujourd'hui par Gaël Petit, qui a pris la suite de Mireille Petit-Roudil.

Des reflets ambrés animent la robe de ce rosé, qui penche à l'olfaction sur des arômes de fruits rouges et de grillé. Arômes prolongés par un palais rond, gras, bien structuré et de belle longueur. Un bon classique de l'appellation. **ĭ** 2015-2018 **Ÿ** poulet basquaise

☛ *Gaël Petit, 104, rue de la Combe, 30126 Tavel, tél. 04 66 50 06 55, gael.petit2@wanadoo.fr* **V 🏃 🍴** *r.-v.*

B DOM. LA ROCALIÈRE
Perle de culture 2014 ★★

| ■ | 4 000 | 🍴 | 11 à 15 € |

Très régulier en qualité dans les appellations lirac et tavel, ce domaine familial a été fondé par Armand et Bernard Maby et par Jacques Borrelly. À la retraite de ce dernier, il a été repris par ses filles Séverine Lemoine (vigne et cave) et Mélanie Borrelly (administratif et commercial). Les deux sœurs conduisent aujourd'hui, en bio certifié, un vignoble de 55 ha.

Cette perle est née de 80 ares de grenache, syrah et cinsault plantés sur le fameux plateau de Vallongue. « Chaque parcelle de vigne a été ramassée à la date optimale. C'est ainsi que couche après couche, comme se constitue une perle par sédimentations successives, est née cette Perle de culture », expliquent les sœurs Borrelly. Dans le verre, un tavel intense et brillant, orné de reflets violines. Le nez, très fin, évoque les agrumes puis la cerise écrasée. La bouche offre une texture ronde et soyeuse, avant de dévoiler une petite pointe tannique et épicée en finale. **ĭ** 2015-2018 **Ÿ** poulet créole ■ Le Classique 2014 ★ (8 à 11 € ; 24 000 b.) **B** : des fruits rouges, du litchi,

du bonbon anglais, une bouche à l'avenant, alerte et harmonieuse. **ĭ** 2015-2017

☛ *Dom. la Rocalière, Le Palai-Nord, 30126 Tavel, tél. 04 66 50 12 60, rocaliere@wanadoo.fr* **V 🏃 🍴** *t.l.j. 9h-12h 14h-18h ; sam. dim. sur r.-v.*

DOM. ROC DE L'OLIVET 2014 ★★

| ■ | 2 000 | 🍴 | 8 à 11 € |

Ce domaine familial apportait ses raisins à la coopérative de Tavel. En 1996, Thierry Valente a repris une partie de ce vignoble conduit par son beau-père (5,2 ha) et créé sa propre cave de vinification. Depuis, ses vins fréquentent régulièrement les pages du Guide.

Une robe rose vif aux reflets cerise habille ce tavel au nez fin d'agrumes et de fleurs blanches. La bouche, très équilibrée, à la fois ample, riche et d'une réelle fraîcheur, allie les fruits rouges aux fruits exotiques. Un vin sans fausse note, bien construit de bout en bout. **ĭ** 2015-2018 **Ÿ** veau aux olives

☛ *Thierry Valente, 2019, chem. de la Vaussière, 30126 Tavel, tél. 06 87 71 42 87, valente.thierry@wanadoo.fr* **V 🏃 🍴** *r.-v.*

CH. DE SÉGRIÈS 2014 ★★

| ■ | 46 000 | 🍴 | 8 à 11 € |

Henri de Lanzac conduit un domaine de 60 ha, dont 30 ha de vignes d'un seul tenant commandés par le château de Ségriès (XVIIe s.), acquis en 1994. Il assure aussi la gestion du Clos de l'Hermitage (3,5 ha), propriété depuis 1995 de l'ancien coureur automobile Jean Alesi. Deux étiquettes souvent en bonne place dans le Guide.

Une macération classique d'une nuit et une belle saignée ont donné naissance à ce tavel couleur groseille, orné de reflets cassis. Un vin expressif et frais, sur les agrumes, les fruits exotiques et les fleurs blanches, avec une touche minérale à l'arrière-plan. Le palais se révèle épicé, gras et chaleureux mais sans lourdeur, bien épaulé par la fraîcheur du terroir et des fruits. Au final, un vin équilibré et friand. **ĭ** 2015-2018 **Ÿ** couscous de poisson

☛ *SCEA Henri de Lanzac, Ch. de Ségriès, chem. de la Grange, 30126 Lirac, tél. 04 66 39 11 98, chateaudesegries@wanadoo.fr* **V 🏃 🍴** *t.l.j. 10h-12h 14h-18h ; dim. sur r.-v.*

♥ LES VIGNERONS DE TAVEL
Les Lauzeraies 2014 ★★

| ■ | 110 000 | 🍴 | 5 à 8 € |

Créée en 1937, cette cave historique fut la première coopérative agricole à être inaugurée par un président de la République (Albert Lebrun). Actrice importante de la production tavelloise (près de la moitié), elle regroupe 85 adhérents et plus de 600 ha de vignes. Les bâtiments, construits dans la lauze locale, sont classés monuments historiques.

Une cuvée magnifique, à la robe bien typée, rose soutenu animé de reflets violines. Le nez, des plus méridionaux, associe des accents de garrigue aux fruits rouges et aux épices. La bouche ? Beaucoup de volume, beaucoup de fruit, beaucoup de fraîcheur. Un grand classique de l'appellation. **I** 2015-2018 **Y** poulet au curry rouge ■ Différent 2014 ★ (8 à 11 € ; 20 000 b.) **B** : un rosé couleur grenadine, au nez de poivre et d'agrumes, à la bouche ample, riche et suave. Un bon représentant tavelois. **I** 2015-2017

o— *Les Vignerons de Tavel, rte de la Commanderie, 30126 Tavel, tél. 04 66 50 03 57, contact@cavedetavel.com* **V** **Å** **Ì** *r.-v.*

DOM. LE VIEUX MOULIN 2014

| ■ | 30 000 | î | 8 à 11 € |

Créé en 1956, ce domaine, dont la cave a une architecture proche de celle du lavoir de Tavel, est dans la même famille depuis six générations. Sébastien Jouffret, installé en 1991, vinifie aujourd'hui la récolte de 68 ha de vignes.

Ce rosé en robe brillante livre un nez agréable de fleurs blanches, de pamplemousse et de fruits exotiques. La bouche est tout aussi plaisante, fraîche, minérale et fruitée (cerise burlat), un brin plus austère en finale. **I** 2015-2017 **Y** calamars grillés ail et piment

o— *EARL Roudil-Jouffret, 775, rte de la Commanderie, Le Palai-Nord, 30126 Tavel, tél. 04 66 82 85 11, roudil-jouffret@wanadoo.fr* **V** **Å** **Ì** *t.l.j. sf sam. dim. 8h-12h 14h-18h* **o—** Didier Jouffret

COSTIÈRES-DE-NÎMES

Superficie : 3 950 ha / Production : 207 365 hl (92 % rouge et rosé)

Rouges, rosés ou blancs, les costières-de-nîmes naissent dans un vignoble établi sur les pentes ensoleillées de coteaux constitués de cailloux roulés – les cailloutis du Villafranchien –, dans un quadrilatère délimité par Meynes, Vauvert, Saint-Gilles et Beaucaire, au sud-est de Nîmes, et au nord de la Camargue. L'appellation s'étend sur le territoire de vingt-quatre communes. Les cépages autorisés en rouge sont le carignan, le cinsault, le grenache noir, le mourvèdre et la syrah ; en blanc, ce sont la clairette, le grenache blanc, la marsanne, la roussanne et le rolle. Les rosés s'associent aux charcuteries de l'Ardèche, les blancs se marient fort bien aux coquillages et aux poissons de la Méditerranée, et les rouges, chaleureux et corsés, préfèrent les viandes grillées. Une route des vins parcourt cette région au départ de Nîmes.

JEAN BARONNAT 2013 ★

| ■ | n.c. | | - de 5 € |

Fondée en 1920 par Jean Baronnat, l'une des dernières affaires familiales encore indépendantes du Beaujolais, dirigée depuis 1985 par Jean-Jacques Baronnat, petit-fils du fondateur. La maison, bien implantée dans le Beaujolais, mais aussi en Bourgogne, a étendu sa gamme de vins dans le sud de la France. Une habituée du Guide.

Cette cuvée dévoile un nez d'une bonne intensité où domine le cassis. Elle aussi très fruitée, la bouche se révèle souple et fine, étayée par des tanins extraits en douceur. Un costières aimable et léger. **I** 2015-2018 **Y** paella

o— *Jean Baronnat, 491, rte de Lacenas, 69400 Gleizé, tél. 04 74 68 59 20, info@baronnat.com* **V** **Ì** *r.-v.*

CH. BEAUBOIS Élégance 2014

| ■ | 20 000 | î | 8 à 11 € |

Un domaine fondé au XIIIᵉs. par les moines cisterciens de l'abbaye de Franquevaux, sur le versant sud des Costières, et propriété des Boyer depuis quatre générations. Installé en 2000, Fanny et son frère François conduisent avec talent et en bio (conversion en cours), un vignoble de 50 ha.

Les Boyer s'invitent à nouveau dans ces pages avec une cuvée issue de viognier (60 %) et de roussanne qui n'usurpe pas son nom. Élégante en effet est la robe, très pâle aux reflets dorés, comme le nez, ouvert sur l'abricot frais et les agrumes. On retrouve cette sensation fruitée (fruits à chair blanche, fruits exotiques) dans une bouche fine et fraîche. **I** 2015-2018 **Y** dos de cabillaud sauce agrumes

o— *Fanny et François Boyer, Ch. Beaubois, 30640 Franquevaux, tél. 04 66 73 30 59, chateau-beaubois@wanadoo.fr* **V** **Å** **Ì** *t.l.j. 9h-12h 14h-18h* **♠** **G**

CH. DE BEZOUCE Terra Vitis 2014

| ■ | 33 000 | î | - de 5 € |

La famille Roux vinifie depuis 1951 et trois générations (Denis depuis 1980) dans les caves du château de Bezouce. Le vignoble couvre aujourd'hui 52 ha, plantés de grenache, de syrah et de carignan, puis enrichis de merlot, marselan et chardonnay.

Syrah et grenache composent cette cuvée en robe claire et limpide, au nez plaisant de fruits rouges et de bonbon à la fraise. Un fruité prolongé par une bouche dynamique, bâtie sur une belle assise acide. Cela donne un rosé gourmand et très frais, idéal à l'apéritif. **I** 2015-2016 **Y** tapas au jambon

o— *Denis Roux, Ch. Bezouce, 47, rte Nationale, 30320 Bezouce, tél. 06 70 01 85 38, chateaubezouce@ wanadoo.fr* **V** **Å** **Ì** *t.l.j. sf dim. 10h-12h 16h-18h30*

♥ CH. PAUL BLANC 2013 ★★

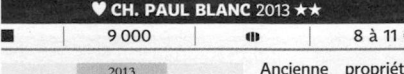

| ■ | 9 000 | ◀ | 8 à 11 € |

2013
Château Paul Blanc

COSTIÈRES DE NÎMES

14%vol. 75cl

Ancienne propriété de l'amiral de Grasset, qui fut au service de Ferdinand II de Bourbon, ce joli domaine de 65 ha, commandé par un vieux mas du XVIIIᵉs., a été acquis et rénové par Paul Blanc en 1986. Sa fille, Nathalie Blanc-Marès, œnologue, en a pris la direction en 1998. Une valeur sûre des costières-de-nîmes.

Nathalie Blanc-Marès signe un costières admirable de bout en bout. La robe, d'un noir profond, annonce un vin de caractère, qui s'ouvre sans réserve ni fausse note sur le fruit noir et la cerise bigarreau agrémentés de senteurs de sous-bois, de réglisse et de chocolat. La bouche se révèle souple, onctueuse et fruitée, bâtie sur des tanins élégants et soyeux, et sur une fine acidité qui lui donne une belle allonge. Déjà très harmonieux, ce vin pourra s'apprécier aussi bien jeune que patiné par la garde. **I** 2016-2022 **Y** agneau sucré-salé ■ Mas Carlot C 2014 ★

(5 à 8 € ; 70 000 b.) : un vin très gourmand par ses arômes de fruits rouges mûrs relevés d'épices, comme par son palais rond, structuré par des tanins doux. ✗ 2016-2019

☞ *Nathalie Blanc-Marès, Mas Carlot, rte de Redessan, 30127 Bellegarde, tél. 04 66 01 11 83, mascarlot@aol.com* Ⓥ 🏃 ♿ *r.-v.* 🏠 Ⓔ

DOM. DE BOISSIÈRE Jarnègues 2013 ★		
■ 12 000	🍶	11 à 15 €

Ce domaine, propriété de Jean-Pascal Cuerel, revit depuis 2009, sous l'impulsion du jeune œnologue suisse Matthias Utzinger, à la tête aujourd'hui de 13,5 ha de vignes conduits selon les principes bio, mais sans certification.

Sélectionné pour la première fois dans le Guide 2014, ce domaine poursuit son petit bonhomme de chemin, proposant chaque année de jolies cuvées, comme ce Jarnègues au nez intense de mûre, de cassis, de violette et de poivre. À une attaque vive et tonique succèdent un milieu de bouche gourmand, offrant de belles rondeurs, et une finale chaleureuse et un brin plus tannique. Un ensemble harmonieux, que l'on pourra apprécier dans sa jeunesse. ✗ 2016-2019 ❦ volaille rôtie ■ Cuvée du mas 2014 (5 à 8 € ; 5 800 b.) : vin cité. ✗ 2015-2016

☞ *Dom. de Boissière, rue des Costières, rte de Bezouce, 30300 Jonquières-Saint-Vincent, tél. 06 06 59 71 88, elsa@domainedeboissiere.com* Ⓥ 🏃 ♿ *r.-v.*
☞ Cuerel Jean-Pascal

CH. BOLCHET Amaury 2013 ★	
■ 6 000	♭ ♪ ♮ ♯

Cinquième du nom à conduire ce domaine familial créé en 1900, Béatrice Bécamel est installée depuis 1991 à la tête d'un vignoble de 36 ha et signe des costières réguliers en qualité, qui portent les prénoms de ses enfants et de sa nièce.

Mi-syrah mi-grenache, cette cuvée est une « bombe de fruité », au nez (mûre et fruits rouges agrémentés d'une petite note de sous-bois) comme en bouche. Cette dernière plaît aussi par sa rondeur avenante, épaulée par des tanins fins et veloutés. Un costières charmeur en diable. ✗ 2016-2019 ❦ magret au jus de thym

☞ *Béatrice Bécamel, Ch. Bolchet, 30132 Caissargues, tél. 04 66 29 14 79, vin.chateau.bolchet@wanadoo.fr* Ⓥ 🏃 ♿ *t.l.j. sf dim. 9h-12h 14h-19h; sam. 9h-12h*

Ⓑ DOM. DE LA CADENETTE Siracanta 2013 ★		
■ 8 000	🍶	5 à 8 €

Installé depuis 1990 sur la propriété familiale, Pierre Dideron a entrepris en 2009 la conversion bio de son vignoble de 60 ha qui tourne le dos au mistral et fait face aux limites des plaines de Camargue. Aujourd'hui, l'ensemble du domaine est certifié, seules les vignes blanches en costières sont encore en conversion (certification prévue pour 2015).

Cette cuvée Siracanta – association de syrah (90 % de l'assemblage) avec les pyracanthas (qui entourent le mas) – avait brillé dans sa version 2012, obtenant un coup de cœur. Sa « petite sœur » 2013 n'atteint pas les mêmes sommets, mais s'illustre de belle manière. Vendanges manuelles, pas d'égrappage ni de foulage pour ce vin animé à l'olfaction par un bon fruité à dominante de cassis. En bouche, il se

montre plutôt costaud, bâti sur de solides tanins enrobés d'arômes de fruits noirs compotés et de sous-bois. Un costières trapu et généreux. ✗ 2017-2021 ❦ côte de bœuf ■ Ch. Cadenette 2014 (5 à 8 € ; 10 000 b.) Ⓑ : vin cité. ✗ 2015-2016

☞ *Pierre Dideron, Dom. de la Cadenette, 30600 Vestric-et-Candiac, tél. 04 66 88 21 76, lacadenette@orange.fr* Ⓥ ♿ *r.-v.*

CH. DE CAMPUGET 1753 Syrah 2013		
■ 11 000	🍶	8 à 11 €

La famille Dalle a fui son Nord natal en 1942 pour s'installer dans Les Costières, sur ce vaste et vénérable domaine fondé au XVIIᵉ s., ancienne propriété du marquis de Nogaret. Elle propose des costières-de-nîmes réguliers en qualité, dans les trois couleurs.

Cette cuvée doit son nom à l'acte d'inféodation établi en 1753 qui officialise le vignoble de Campuget. Dans le verre, un vin généreusement bouqueté autour des fruits mûrs et des épices douces, à la bouche fraîche, fine et légère. Un costières à boire dans sa jeunesse. ✗ 2015-2018 ❦ steak tartare

☞ *Ch. de Campuget, Campuget, 30129 Manduel, tél. 04 66 20 20 15, campuget@campuget.com* Ⓥ 🏃 ♿ *t.l.j. sf dim. 9h-12h 14h-18h* 🏠 Ⓢ ☞ Dalle

ROMAIN DUVERNAY 2014 ★	
■ 90 000	8 à 11 €

Issu d'une lignée de négociants en vins – son arrière-grand-père Louis fonda en 1904 un commerce de vins en Haute-Savoie –, Romain Duvernay a créé en 1998, avec son père Roland, une maison de négoce basée à Châteauneuf-du-Pape qui propose des vins de toute la vallée.

Un nez complexe et élégant, sur les épices douces et les fruits des bois, ouvre la dégustation de cet assemblage grenache-syrah-mourvèdre (par ordre d'importance). La bouche est dense, fraîche et fruitée, portée par des tanins soyeux, un brin plus austères en finale, où s'invite la réglisse. ✗ 2016-2019 ❦ tajine de veau aux pruneaux

☞ *Duvernay Vins Millésimés, 1, rue de la Nouvelle-Poste, BP 25, 84231 Châteauneuf-du-Pape Cedex, tél. 04 90 83 71 88, dvm.duvernay@orange.fr* Ⓥ ♿ *r.-v.*

CH. L'ERMITAGE Sainte Cécile 2014 ★		
■ 5 200	⬜	8 à 11 €

Située sur les hauteurs du versant sud des Costières, cette propriété a été créée par des moines ermites au XIIᵉ s. Devenue domaine viticole sous l'action d'un notable nîmois après la Révolution, elle est conduite depuis trois générations par la famille Castillon (aujourd'hui Jérôme), à la tête d'un vaste vignoble de 80 ha.

Cette cuvée à forte dominante de mourvèdre fleure bon la groseille, la garrigue, la réglisse et le chocolat. Le prélude intense et complexe à un palais puissant, renforcé par des tanins serrés et souligné par une fine acidité qui apporte longueur, vitalité et potentiel de garde. Un costières solide, qui vieillira bien. ✗ 2017-2022 ❦ sauté d'agneau miel et romarin ■ Sainte Cécile 2014 ★ (8 à 11 € ; 12 000 b.) : passé en barrique, un blanc empreint d'un boisé subtil et de fruits frais (abricot), fin, élégant et long. ✗ 2015-2019

☛ *Jérôme Castillon, Ch. l'Ermitage,*
1301, chem. dit de La Saou, 30800 Saint-Gilles,
tél. 04 66 87 04 49, contact@chateau-ermitage.com
V 丈 ⚑ *t.l.j. sf dim. 9h-12h 13h30-17h30*

⑧ **FRANCE VINTAGE** Bee Famous 2013		
■ 20 000	🍶	5 à 8 €

Cette société de négoce créée en 2013 par le domaine de la Patience, le domaine des Pasquiers et Les Terres cévenoles, propose notamment des vins bio du Rhône et du Languedoc sous la marque Bee Famous, illustrée par une... abeille. À suivre.

Le nez, plaisant, évoque la cerise et le cassis confituré. Des arômes bien fruités que l'on retrouve dans une bouche souple et fraîche, adossée à des tanins fins. Un costières qui vise la légèreté plutôt que la puissance. ✗ 2015-2018 ❦ grillades de bœuf

☛ *France Vintage, RD 6086, 30320 Bezouce,*
tél. 07 86 57 06 96, c.mazard@vins-francevintage.com
V 丈 ⚑ *r.-v.*

CAVE DE GALLICIAN Reminiscence 2013 ★		
■ 15 000	🍶 ⬤	8 à 11 €

Cette cave « pilote » – l'une des premières à avoir promu l'embouteillage à la propriété avec le statut de coopérative et la première à mettre en avant la syrah dans les années 1960-70 – a été fondée en 1952. Elle regroupe aujourd'hui 60 adhérents pour quelque 1 000 ha de vignes à l'extrême sud des Costières, à la limite de la Petite Camargue.

Produit haut de gamme de la cave, cette cuvée issue de syrah (75 %), de grenache et de marselan se distingue par un nez élégant de café, de fruits noirs et de menthol. Une élégance qui caractérise aussi la bouche, boisée avec justesse, fruitée (cassis mûr), et réglissée, épaulée par des tanins fins et par une agréable fraîcheur minérale. ✗ 2017-2020 ❦ osso bucco

☛ *SCA Cave de Gallician, 128, av. des Costières,*
30600 Gallician, tél. 04 66 73 31 65, info@gallician.com
V 丈 ⚑ *r.-v.*

CH. GRANDE CASSAGNE Les Rameaux 2013 ★★		
■ 30 000	🍶	5 à 8 €

Un domaine ancien situé non loin de l'abbatiale de Saint-Gilles et acquis en 1887 par Hyppolyte Dardé, négociant en vins à Paris. Ses lointains héritiers Benoît, installé en 1991, et son fils Paul, arrivé en 2013, sont désormais aux commandes et signent des costières-de-nîmes de qualité, en vue dans les trois couleurs.

L'an dernier, les Dardé s'étaient illustrés avec leur cuvée Civette 2012 en rouge, qui décrocha un coup de cœur ; ils reviennent avec un vin de syrah (80 %) et de grenache des plus réussis. Un costières très expressif, sur les fruits frais et les épices, ample, rond et concentré en bouche, avec en soutien une pointe de vivacité qui lui donne un caractère tonique et étire bien la finale. Une bouteille que l'on pourra garder en cave sans crainte. ✗ 2017-2020 ❦ agneau de sept heures

☛ *Dardé, Ch. Grande Cassagne, 30800 Saint-Gilles,*
tél. 04 66 87 32 90, chateaugrandecassagne@wanadoo.fr
V 丈 ⚑ *r.-v.*

CH. GUIOT 2014		
■ 100 000	🍶	5 à 8 €

Entre marais de Camargue au sud, mont Ventoux au nord, pic Saint-Loup à l'ouest et Alpilles à l'est, ce vaste vignoble de près de 100 ha est établi en coteaux au cœur de l'appellation costières-de-nîmes. Il appartient à la famille Cornut depuis 1977 : François et son épouse Sylvia passent aujourd'hui la main à leurs jumeaux, Numa et Alexis.

Des fruits rouges, des épices, des senteurs de garrigue, le nez fleure bon le Sud. Le fruit est en première ligne (cerise, cassis) dans une bouche bâtie sur des tanins bien présents et encore un peu austères, et sur une belle acidité qui apporte un surcroît de vitalité. Un vin sérieux et solide, qui a toutes les qualités pour bien s'exprimer avec le temps. ✗ 2017-2020 ❦ côte de bœuf

☛ *Ch. Guiot, Dom. de Guiot, D 197, 30800 Saint-Gilles,*
tél. 04 66 73 30 86, contact@chateauguiot.com
V 丈 ⚑ *t.l.j. sf dim. 9h-12h 14h-18h; f. sept.*
☛ *Cornut Famille*

LES LAURIERS DU TERROIR 2014		
■ 280 000	🍶	- de 5 €

Un négoce créé en 2003 par Frédéric Chaulan et Serge Cosialls, qui proposent une gamme complète de vins de la vallée du Rhône, du nord au sud.

Ce costières à dominante de grenache (85 %, la syrah en appoint) dévoile un nez agréable et harmonieux de cassis et autres fruits cuits rehaussés d'épices. Le palais est équilibré, rond et suave sans lourdeur, et déploie une belle finale sur les fruits rouges compotés. Une jolie gourmandise fruitée. ✗ 2015-2018 ❦ sauté de veau au paprika

☛ *Terranea, ZAC de Crépon-Sud, rue des Négades,*
84420 Piolenc, tél. 04 90 34 18 47, terranea.sarl@
wanadoo.fr

MAS D'ANDRUM 2013 ★		
■ 6 000	⬤	5 à 8 €

Située aux confins orientaux de l'AOC costières-de-nîmes, la petite coopérative de Meynes (huit adhérents et 250 ha de vignes) a été créée en 1968. Elle occupe un ancien relais de diligences, puis de chasse, transformé en propriété agricole dédiée à la polyculture et à l'élevage ovin, avant de devenir le siège de cette cave qui a replanté la vigne sur le plateau de Pazac

Assemblage de syrah (88 %) et de grenache, cette cuvée a connu un élevage luxueux de dix-sept mois en barrique. Elle se présente avec une belle intensité, sur des arômes de cassis et de mûre confiturés agrémentés de fines notes truffées. En bouche, des tanins bien en place mais soyeux, épaulés par un très joli boisé vanillé, confèrent une certaine robustesse à ce vin de bonne garde. ✗ 2017-2022 ❦ pavé de bœuf sauce poivre

☛ *SCA des Grands Vins de Pazac, Rte de Redessan,*
30840 Meynes, tél. 04 66 57 59 95, cavedepazac@
aol.com **V 丈 ⚑** *t.l.j. sf dim. 8h-12h15 14h-19h*

MAS DES BRESSADES Cuvée Excellence 2014 ★		
■ 14 000	⬤	8 à 11 €

Du Languedoc à l'Afrique du Nord, de l'Afrique du Nord au Médoc et à la vallée du Rhône, la famille Marès cultive la vigne sans frontières depuis six générations.

Xavier est installé depuis 1996 à la tête d'un vignoble de 40 ha, dont les costières-de-nîmes sont régulièrement en bonne place dans le Guide.

Une base de roussanne, de viognier et de grenache blanc pour cette cuvée élevée six mois en fût. Le boisé est encore bien présent au nez, mais un boisé de qualité qui s'agrémente de nuances florales, fruitées et miellées. Le palais fait écho à l'olfaction, souligné jusque dans sa longue finale par une fine acidité et de beaux amers. ✗ 2016-2020 ✗ chèvres chauds aux raisins secs

☞ *Cyril Marès, EARL Mas des Bressades, Mas du Grand Plagnol, RD 3 de Bellegarde, 30129 Manduel, tél. 04 66 01 66 00, masdesbressades@aol.com* 🆅 🛠 🏠 *r.-v.*

CH. MOURGUES DU GRÈS Galets rouges 2013 ★

| ■ | 95 000 | 🍾 | 5 à 8 € |

François Collard est un habitué du Guide, avec des vins souvent en très bonne place. Installé en 1994, il réalise les premières mises en bouteilles à partir des vignes familiales (65 ha en conversion bio) à travers deux étiquettes : Mourgues du Grès, propriété du couvent des Ursulines de Beaucaire jusqu'à la Révolution, et La Tour de Béraud, qui tire son nom d'une tour à feu du XIVᵉ s. dominant la vaste plaine de Beaucaire.

La syrah (75%), le grenache (20%) et une pincée de marselan composent l'assemblage de cette cuvée élevée douze mois en cuve béton. Au nez se dévoilent des arômes élégants de fruits noirs et de menthol. En bouche, le vin se révèle ample, suave et soyeux, structuré en finesse par des tanins veloutés et stimulé par une pointe bien ajustée de vivacité. Un costières qualifié de « féminin ». ✗ 2016-2020 ✗ pintade rôtie aux oignons ■ Ch. la Tour de Béraud 2013 (5 à 8 € ; 50 000 b.) : vin cité. ✗ 2015-2018

☞ *François Collard, Ch. Mourgues du Grès, 1055, chem. Mourgues-du-Grès, 30300 Beaucaire, tél. 04 66 59 46 10, chateau@mourguesdugres.com* 🆅 🛠 *r.-v.*

CH. D'OR ET DE GUEULES Qu'es aQuo 2013 ★

| ■ | 3 000 | 🍷 | 15 à 20 € |

Le nom de ce domaine créé en 1998 par Diane de Puymorin évoque les couleurs du blason familial rayé d'or et de rouge (gueules). Le vignoble couvre 50 ha, en conversion bio depuis 2012. L'une des bonnes références en costières-de-nîmes.

Qu'es aQuo ? Une cuvée issue de carignan (80 %) et de syrah, élevée douze mois en fût. Au nez, un boisé discret accompagne les fruits rouges, cerise en tête. Rond, tendre, équilibré et persistant, le palais s'appuie sur des tanins fins et légers qui autorisent un débouchage dès la sortie du Guide. ✗ 2015-2019 ✗ rôti de bœuf

☞ *Ch. d'Or et de Gueules, chem. des Cassagnes, 30800 Saint-Gilles, tél. 04 66 87 32 86, chateaudoretdegueules@wanadoo.fr* 🆅 🛠 🏠 *t.l.j. sf dim. 10h-18h (19h l'été)* 🏠 🅔 ☞ *Diane de Puymorin*

Ⓑ DOM. PASTOURET
Cuvée de Michel 2014 ★★

| ■ | 40 000 | 🍾 | 5 à 8 € |

La famille Pastouret a créé son domaine au début du XXᵉ s. Jeanne et Michel Pastouret s'y sont établis en 1981, à la tête de 27 ha de vignes convertis à l'agriculture biologique depuis 1993.

Michel Pastouret, Jeanne, son épouse, et Virginie, leur fille, ont chacun leur cuvée. Le rouge pour Michel. Un vin dominé par la syrah (60 %, grenache et carignan en complément) qui fleure bon le cassis et la mûre. La bouche, à la fois ronde et fraîche, équilibrée en somme, s'adosse à des tanins fins et soyeux. Un costières des plus friands, à boire sur le fruit de sa jeunesse. ✗ 2015-2018 ✗ gardianne de taureau ■ Cuvée de Jeanne 2014 ★★ (5 à 8 € ; 16 000 b.) Ⓑ : un assemblage de grenache blanc de clairette et de marsanne (10 %) bien dans le ton de l'appellation pour ce vin floral et fruité, large et long, frais et alerte. ✗ 2015-2018 ■ Cuvée de Virginie 2014 (5 à 8 € ; 20 000 b.) Ⓑ : vin cité. ✗ 2015-2016

☞ *EARL Dom. Pastouret, Dom. Pastouret, rte de Jonquières, 30127 Bellegarde, tél. 06 11 08 90 19, contact@domaine-pastouret.com* 🆅 🛠 🏠 *r.-v.*

Ⓑ DOM. DE LA PATIENCE Les Nouvelles 2014 ★★

| ■ | 25 000 | 🍾 | 8 à 11 € |

Christophe Aguilar a repris le domaine familial en 1999, alors 12 ha de vins de pays apportés à la coopérative. Après des travaux de réencépagement et l'achat d'un domaine voisin, il conduit aujourd'hui 70 ha en bio certifié, dont une vingtaine en costières-de-nîmes.

Une cuvée à dominante de syrah (70 %, le grenache en complément), élaborée sans soufre à la fermentation, pendant l'élevage et la mise en bouteilles. Le résultat est un vin expressif : une petite note évoluée de cuir au premier nez, puis des fruits noirs compotés et des épices douces à l'aération. La bouche se révèle suave et ronde, soutenue par des tanins denses et veloutés qui lui confèrent un caractère soyeux et caressant, renforcé de doux arômes de pâte de fruits et de garrigue en finale. Une bouteille très aimable et harmonieuse, que l'on pourra ouvrir sans tarder. ✗ 2015-2018 ✗ épaule de veau confite

☞ *EARL Dom. de la Patience, RD 6086, 30320 Bezouce, tél. 04 66 75 95 94, domainedelapatience@orange.fr* 🆅 🛠 🏠 *t.l.j. sf dim. 9h-12h 14h-18h (19h l'été)*

♥ DOM. DE POULVAREL
Les Perrottes 2013 ★★

| ■ | 12 000 | 🍷 | 11 à 15 € |

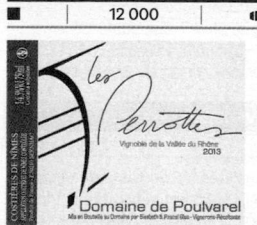

Pascal Glas et son épouse Élisabeth ont repris le domaine familial en 2004 après la fermeture de la coopérative de Sernhac. Ils exploitent aujourd'hui un vignoble de 42 ha et signent des costières-de-nîmes de belle facture, régulièrement en vue dans ces pages.

Un ancien tunnel romain passant sur les terres de la propriété donne son nom à cette cuvée phare du domaine, née de syrah (65 %), de grenache (30 %) et de carignan. Un vin remarquable en tous points, qui égale sa devancière de 2007, élue coup de cœur. Ici, un vin noir profond où, après quinze mois d'élevage en fût de chêne, livre un bouquet intense et racé de cacao, de café, d'épices et de cassis agrémenté de quelques notes animales. Un même boisé élégant, aux tonalités grillées, s'adosse à des tanins bien présents mais soyeux pour soutenir un palais riche, dense et puissant. Ce vin a « du chien » et vieillira bien. ✗ 2018-2023 ✗ épaule d'agneau aux épices

✗ Pascal et Élisabeth Glas, 110, chem. de la Soubeyranne, 30210 Sernhac, tél. 04 66 01 67 46, domaine.poulvarel@wanadoo.fr ⓥ 🕴 🎁 t.l.j. 10h-12h 17h-19h; dim. sur r.-v.

CH. ROUBAUD Le Plaisir du Roubaud 2014 ★		
■ 50 000	👤	5 à 8 €

Un domaine familial fondé en 1927 et l'un des premiers de la région à avoir mis en bouteilles sur la propriété. Conduit depuis 1999 par Guillaume Molinier, le vignoble s'étend aujourd'hui sur 50 ha d'un seul tenant autour d'une bâtisse du XIXᵉs.

Cette cuvée associe 30 % de grenache, de syrah et de carignan, accompagnés par une touche de cinsault. Cela donne un vin bien ouvert sur les fruits mûrs (cerise et fraise) et les épices, rond et souple en bouche, raffermi par un joli grain de tanins. La finale, plus sévère, appelle un peu de garde. ✗ 2016-2020 ✗ carré de porc à la sauge ■ Le Plaisir de Roubaud 2014 (5 à 8 € ; 30 000 b.) : vin cité. ✗ 2015-2016

✗ Vignobles Molinier, Ch. Roubaud, Gallician, 30600 Vauvert, tél. 04 66 73 30 64, chateau-roubaud@wanadoo.fr ⓥ 🎁 t.l.j. sf dim. 9h-12h 14h-17h; sam. matin sur r.-v.

CH. DE VALCOMBE Garance 2013		
■ 10 000	🍶	11 à 15 €

Un domaine de 75 ha (dont une partie en conversion bio), l'un des plus importants de l'appellation costières-de-nîmes, propriété de la même famille depuis 1740. Basile et Nicolas Ricome, fils de Dominique, sont depuis 2009 aux commandes de ce cru régulier en qualité.

Une cuvée 100 % syrah, ouverte sur un boisé fin et des parfums de fruits mûrs et d'épices. En bouche, le boisé, toasté et grillé, domine encore le fruité, mais il y a suffisamment de matière derrière pour l'apprivoiser. À attendre un peu. ✗ 2017-2020 ✗ navarin d'agneau

✗ EARL Les Vignobles Dominique Ricome, Dom. de Valcombe, rte de Saint-Gilles, 30510 Générac, tél. 04 66 01 32 20, info@chateauvalcombe.com ⓥ 🕴 🎁 t.l.j. sf dim. 9h-12h 13h30-18h; sam. sur r.-v.

Ⓑ CH. VESSIÈRE 2013 ★★		
■ 80 000	👤	5 à 8 €

Situé au cœur des Costières, ce domaine de 65 ha est dans la famille Teulon depuis sept générations. Vincent Teulon, installé en 2007, a engagé la conversion bio du vignoble, certifié depuis 2013.

Une cuvée mi-syrah mi-grenache. Après six mois d'élevage en cuve, elle dévoile un nez très agréable de fruits d'été mâtinés de nuances végétales nobles. La bouche se révèle équilibrée, à la fois fruitée, ronde et fraîche (saveurs mentholées) portée par des tanins fins et agrémentée d'une originale note de châtaigne. Un vin harmonieux et fringant, que l'on pourra boire jeune ou plus âgé. ✗ 2016-2020 ✗ oie farcie aux cèpes ■ 2014 (5 à 8 € ; 30 000 b.) : vin cité. ✗ 2015-2016

✗ Vincent Teulon, Ch. Vessière, rte de Montpellier, 30800 Saint-Gilles, tél. 04 66 73 30 66, chateauvessiere@aol.com ⓥ 🕴 🎁 t.l.j. sf sam. dim. 9h-12h 14h-18h 🏠 Ⓔ

PIERRE VIDAL La Font des garrigues 2014		
■ 200 000	👤	- de 5 €

Pierre Vidal installé à Châteauneuf-du-Pape avec son épouse vigneronne a créé son négoce en 2010. Une maison déjà bien implantée grâce aux sélections parcellaires vinifiées par ce jeune œnologue formé en Bourgogne.

Première impression : le grenache (60 %) marque d'emblée sa présence par une robe intense et carminée. Au nez, des arômes de prune, de cerise et de fraise sont associés à une touche d'amande. Une attaque fine et fraîche ouvre sur un palais tendre, où les fruits ont toujours la part belle, la fraise très mûre notamment, épaulée par des tanins soyeux et légers. Une bouteille prête à boire dès la sortie du Guide. ✗ 2015-2018 ✗ lapin aux olives

✗ EURL Pierre Vidal, 631, rte de Sorgues, 84230 Châteauneuf-du-Pape, tél. 06 88 88 07 58, contact@pierredidal.com

DOM. DU VISTRE Cuvée Gladiateur 2014 ★		
■ 1 500	👤	5 à 8 €

La famille Dupret, vigneronne depuis six générations, exploite le domaine du Vistre depuis 1994. Le vignoble couvre aujourd'hui 50 ha et trois zones distinctes permettant d'élaborer une large variété de vins.

Assemblage de grenache et de syrah, cette cuvée se présente dans une robe pâle aux reflets orangés. Elle associe au nez des arômes d'agrumes, de fruits exotiques et de fraise mûre. La bouche se montre riche, ronde et intense, mais jamais lourde car sous-tendue par une fine trame acide. ✗ 2015-2016 ✗ paella ■ Passions 2013 (8 à 11 € ; 5 000 b.) : vin cité. ✗ 2016-2020

✗ Dom. du Vistre, 30600 Vauvert, tél. 04 66 88 80 58, domaineduvistre@orange.fr ⓥ 🕴 🎁 r.-v.

DUCHÉ D'UZÈS		

Située au nord de Nîmes, la dernière-née des AOC (2013) a fourni d'abord des vins de pays. Depuis 1989, les viticulteurs de l'Uzège œuvraient pour obtenir l'accession de leurs vins à l'appellation d'origine. Ils se sont fixé de nombreuses contraintes et n'ont pas ménagé les investissements sur leurs exploitations. L'appellation, fondée sur un cahier des charges strict, ne vise les volumes, mais un vin haut de gamme. La région viticole est située au carrefour des Cévennes, du Languedoc et de la Provence, sur la rive droite du Rhône, et elle livre des vins rouges généreux, épicés et réglissés, surtout marqués par la syrah et le grenache, des rosés puissants et aromatiques, marqués par le grenache, ainsi que des blancs intenses, aux arômes de pêche et d'abricot, issus de grenache blanc et de viognier.

♥ BOURDIC La Rabassière 2014 ★★		
■ 15 000	👤 🍶	5 à 8 €

Créée en 1928 grâce à la volonté d'une poignée de viticulteurs, cette cave coopérative compte aujourd'hui une centaine d'adhérents pour une production de 140 000 hl par an.

Déjà dotée d'une solide réputation, cette cave coopérative prouve de manière éclatante que cela n'est pas usurpé. Alliance du viognier, du grenache blanc et de la roussanne, cette cuvée dévoile un nez complexe de fleurs blanches, de fruits blancs et d'épices douces. Elle poursuit par un palais rond, gras et très soyeux, et laisse une impression de douceur renforcée par des arômes suaves et très persistants de pêche et d'abricot agrémentés de notes miellées. Un grand blanc méridional, à conjuguer au futur ou au présent. ✗ 2015-2020 ♈ ris de veau à la crème ■ Racine 2014 ★ (- de 5 € ; 80 000 b.) : une cuvée appréciée pour ses tanins fermes et ses arômes de fruits noirs légèrement poivrés. De bonne garde. ✗ 2017-2020

o━ SCA Les Collines du Bourdic, chem. de Saint-Chaptes, 30190 Bourdic, tél. 04 66 81 20 82, contact@bourdic.fr Ⓥ ⚐ ♿ t.l.j. sf dim. 9h-12h 14h-19h

VIGNOBLE CHABRIER		
La Garrigue d'Aureillac 2013 ★		
20 000	⬥	5 à 8 €

Fondé en 1925 par Louis Chabrier, ce domaine a été repris en 1988 par les héritiers du fondateur, Louis, Christophe et Patrick. Cette même année, ils sont sortis de la coopérative et ont créé leur cave particulière. Le vignoble compte aujourd'hui 65 ha éparpillés en une mosaïque de terroirs.

Cette jeune AOP dans sa version souplesse. Syrah (80 %) et grenache composent une cuvée appréciée pour son expression fruitée intense renforcée par des notes de réglisse fraîche, pour sa rondeur, son velouté et ses tanins arrondis par douze mois en fûts de trois à quatre vins. ✗ 2015-2018 ♈ tournedos de canard

o━ Dom. Chabrier Fils, chem. du Grès, 30190 Bourdic, tél. 04 66 81 24 24, domaine.chabrier@terre-net.fr Ⓥ ⚐ ♿ t l j sf dim. 9h-12h 14h30-18h30

DOM. DES COUDEROUSSES 2014		
2 000	🍷	5 à 8 €

Philippe Moutet a repris en 2003 le domaine familial dirigé jusqu'alors par son frère (parti vinifier dans le Roussillon), passant ainsi avec succès du secteur bancaire au monde viticole. Situé à 20 km de Nîmes, le vignoble s'étend sur 19 ha.

Mi-grenache mi-syrah, ce rosé s'ouvre à l'olfaction sur de délicates nuances florales (genêt). Une finesse que l'on retrouve dans une bouche souple et tendre, elle aussi centrée sur les arômes floraux, agrémentés de notes de pêche et de litchi en finale. ✗ 2015-2016 ♈ cake de saint-jacques et tomates

o━ Philippe Moutet, 233, rue des Jasses, 30730 Fons, tél. 06 15 01 50 44, lescouderousses@outlook.com Ⓥ ⚐ ♿ r.-v.

LE DUCHÉ 2014 ★		
35 000	🍷	5 à 8 €

Meilleur sommelier de France en 1986, Philippe Nusswitz travaille depuis plusieurs années à l'élaboration de

cuvées en collaboration avec la cave de Durfort. Déjà plusieurs fois sélectionnés en rouge dans le Guide, les vins de cette cave sont une valeur sûre.

Une dominante de viognier et de grenache blanc pour cette cuvée florale agrémentée d'un soupçon d'épices douces. Une attaque délicate ouvre sur une bouche ronde, charnue et gorgée de fruits (agrumes, fruits exotiques, pêche...). Une vraie gourmandise, à croquer dès aujourd'hui. ✗ 2015-2018 ♈ pélardon

o━ SCA Les Coteaux Cévenols, rte de Canaules, 30170 Durfort, tél. 04 66 77 50 55, coteaux.cevenols@wanadoo.fr Ⓥ ⚐ ♿ r.-v.

DOM. DE L'ORVIEL 2014		
4 000	⬥	5 à 8 €

Le domaine de l'Orviel est implanté sur la commune de Saint-Jean-de-Serres, dans le Gard. À proximité des premiers contreforts des Cévennes, les sols et l'exposition des coteaux y favorisent la culture qualitative de la vigne. Jean-Pierre Cabane y conduit un vignoble de 24 ha.

Cette cuvée à dominante de viognier (60 %) dévoile des parfums délicats de fleurs blanches et de poire. Elle séduit en bouche par sa souplesse, sa rondeur et sa persistance sur les mêmes arômes que ceux perçus à l'olfaction. Un ensemble harmonieux. ✗ 2015-2018 ♈ poêlée de saint-jacques

o━ Jean-Pierre Cabane, 22, mas Flavard, 30350 Saint-Jean-de-Serres, tél. 04 66 92 08 68, jean-pierre.cabane@orviel.com Ⓥ ⚐ ♿ t.l.j. sf dim. 10h-12h 14h-19h

Ⓑ CH. PUECH REDON		
Le Sourire d'Isaure 2013 ★★		
900	🍷 ⬥	8 à 11 €

Après cinq ans passés en Guadeloupe comme courtier en produits financiers et défiscalisation industrielle, Cyril Cuche a repris ce vaste domaine familial de 150 ha, dont 55 ha de vignes cultivées en bio, le reste étant dédié aux céréales.

Malgré l'étendue de son vignoble, Cyril Cuche signe ici de toutes petites cuvées. Small is beautiful à en juger par cet assemblage de syrah (65 %) et de grenache qui a dû donner le sourire à Isaure, en effet, la fille du vigneron, et satisfera aussi les œnophiles par son caractère très « vin expressif » (fruits noirs intenses, réglisse, léger fumé) et bien concentré, et par ses tanins fondus et soyeux qui procurent une sensation de douceur et de plénitude. ✗ 2016-2020 ♈ daube de bœuf ■ Les Trois Seigneurs 2013 ★ (11 à 15 € ; 600 b.) Ⓑ : une cuvée ultraconfidentielle, appréciée pour ses notes de myrtille et de groseille, son boisé bien intégré aux accents de vanille fraîche et ses tanins veloutés. ✗ 2016-2020

o━ Cyril Cuche, Le Verdier, 30610 Puechredon, tél. 04 66 35 22 35, cyrilcuche@orange.fr Ⓥ ⚐ r.-v. 🏠 Ⓔ

DOM. REYNAUD		
Cuvée Rubis 2013		
15 000		5 à 8 €

Entre les Reynaud et la vigne, c'est une histoire qui s'écrit depuis trois générations. Luc Reynaud a forgé sa vocation auprès de son grand-père et cultive un vignoble de 50 ha.

Thermorégulation et réception nocturne de la vendange pour le grenache, associé ici à 60 % de syrah. Le résultat est un vin rouge profond, au nez intense de fruits noirs, très souple et velouté en bouche, aux tanins fondus. Pour un plaisir immédiat. ✗ 2015-2017 ♈ lapin aux herbes de garrigue

☞ EARL Luc Reynaud, Dom. Reynaud, Les Carrelets, 30700 Saint-Siffret, tél. 04 66 03 18 20, luc.reynaud@wanadoo.fr 🆅 🏃 🏠 t.l.j. 9h-12h 13h-18h30

DOM. SAINT-FIRMIN
Les Deux Frères 2013

■	54 000	🏠	5 à 8 €

Un domaine familial de 45 ha situé au cœur de la cité ducale d'Uzès, créé en 1925 et conduit depuis 1990 par les frères Robert et Didier Blanc.

Cet assemblage de syrah (60 %) et de grenache délivre un joli bouquet de fruits rouges mâtinés d'épices et de violette. Le palais, à l'unisson de l'olfaction, se montre, souple, rond et chaleureux, égayé par une finale plus fraîche. ✗ 2015-2018 ♈ curry d'agneau

☞ GAEC Dom. Saint-Firmin, rue Saint-Firmin, 30700 Uzès, tél. 06 09 72 37 57, domstfirmin@gmail.com 🆅 🏃 🏠 t.l.j. sf dim. 9h-19h ☞ Blanc Didier

DOM. LA TOUR DE GÂTINE 2014

■	2 000	🏠	5 à 8 €

En 1290, les Templiers décident d'élever une commanderie à Saint-Chaptes, sur les terres alluviales de la rive nord du Gardon. Huit cents ans après, le donjon des Templiers domine toujours les bâtiments de ce domaine de 70 ha conduit par Jean-Michel Guibal depuis 1980.

Ce joli vin couleur pétale de rose, à dominante de syrah, offre une belle intensité aromatique autour des fruits rouges, de la framboise et de la fraise notamment. Souple en attaque, le palais ajoute à cette palette des notes florales et affiche un bon équilibre rondeur-fraîcheur. ✗ 2015-2016 ♈ côtes d'agneau grillées

☞ Dom. la Tour de Gâtine, Dom. de la Tour, 30190 Saint-Chaptes, tél. 04 66 81 26 80, domainedelatour@sfr.fr 🆅 🏃 🏠 t.l.j. sf dim. lun. 9h-12h 14h-18h; sam. 9h-12h

GRIGNAN-LES-ADHÉMAR

Superficie : 1 900 ha / Production : 36 500 hl (93 % rouge et rosé)

Longtemps appelée coteaux-du-tricastin, cette appellation est située au sud de Montélimar, dans la partie nord de la vallée du Rhône méridionale, à la limite du climat méditerranéen. Les vignes sont implantées sur des terrains caillouteux d'alluvions anciennes et sur des coteaux sableux, dans 22 communes de la rive gauche du fleuve, de La Baume-de-Transit au sud, en passant par Saint-Paul-Trois-Châteaux, jusqu'aux Granges-Gontardes, au nord. Assemblant les cépages grenache et syrah, complétés par le cinsault, le mourvèdre et le carignan, les vins rouges, largement majoritaires, sont pour la plupart à consommer jeunes.

DOM. ANDRÉ AUBERT
Le Devoy Cuvée spéciale 2013 ★

■	20 000	🏠	- de 5 €

Les fils d'André Aubert – Claude, Yves et Alain – sont installés depuis 1981 à la tête de l'un des plus vastes ensembles viticoles rhodaniens (490 ha), grâce auquel ils proposent une large gamme de vins de la vallée du Rhône méridionale.

Les amateurs de syrah (90 % de l'assemblage) apprécieront avec cette cuvée sombre, un peu sauvage de prime abord, portée vers les fruits rouges et les épices à l'aération. Arômes que l'on retrouve avec intensité dans une bouche soyeuse, équilibrée et longue. ✗ 2017-2020 ♈ gigot d'agneau ■ Le Devoy 2014 ★ (- de 5 € ; 8 000 b.) : du verre s'échappent de fines notes d'abricot et de fleurs blanches accompagnées d'une touche minérale. La bouche se révèle ample, ronde et suave, équilibrée par une pointe de fraîcheur en finale. ✗ 2016-2020

☞ Domaines André Aubert, RN 7, rond-point Sud, Les Gresses, 26290 Donzère, tél. 04 75 51 78 53, vins-aubert-freres@wanadoo.fr 🆅 🏠 t.l.j. 10h-19h

CH. BIZARD Rosé d'Archas 2014 ★

■	10 000		5 à 8 €

Une propriété viticole née en 1862 sur les coteaux élevés du village d'Allan, conduite depuis 1980 par Marc et Marie Lépine, descendants directs des fondateurs. Bizard ? Le domaine porte le nom des tout premiers propriétaires des lieux, au XVIᵉ s.

Ce rosé issu de grenache et de syrah, de couleur pâle et « tendance », s'ouvre sur de discrètes nuances de fruits rouges. Friand, frais, persistant sur le fruit, le palais est au diapason. ✗ 2015-2016 ♈ anchoïade

☞ Ch. Bizard, 460, chem. de Bizard, 26780 Allan, tél. 04 75 46 64 69, contact@chateaubizard.fr 🆅 🏃 🏠 t.l.j. 10h-13h 15h-19h; f. dim. nov.-mars ☞ Lépine Marc

PHILIPPE BONETTO-FABROL Héritage 2014 ★

■	3 000	🏠 〰	11 à 15 €

Un domaine de 15 ha régulier en qualité, né de la réunion de deux vignobles familiaux – Bonetto (en AOC grignan) et Fabrol (en côtes-du-rhône) – et conduit en bio et biodynamie par Philippe Fabrol, adepte des vinifications parcellaires.

Au nez, ce 100 % viognier dévoile d'originales notes d'amande grillée qui se mêlent aux fleurs blanches. En bouche, le fruit apparaît et accompagne longuement une matière ronde et souple. Un vin harmonieux et généreux. ✗ 2015-2018 ♈ risotto aux asperges vertes

☞ Dom. Bonetto-Fabrol, quartier Les Jaffagnards, 26700 La Garde-Adhémar, tél. 04 75 52 14 38, domainebonettofabrol@orange.fr 🆅 🏠 r.-v. 🏠 🄴

CH. DE LA CROIX CHABRIÈRES
Fleur de viognier Blanc de blancs 2014 ★

■	8 000		8 à 11 €

Cette propriété est née à la Révolution de la réunion des domaines de la Croix et de Chabrières. Passée dans les mains de plusieurs familles, elle a été acquise (et rénovée) en 1988 par Patrick Daniel, à la tête d'un vaste ensemble de 60 ha commandé par une demeure bourgeoise du XIXᵉs.

Cette Fleur de viognier dispense ses charmes olfactifs avec intensité et complexité : agrumes, fruits secs et fines nuances florales. Elle dévoile ensuite des notes d'épices douces dans une bouche ample, ronde et chaleureuse. Un vin expressif et généreux, qui vieillira bien. ✗ 2015-2019 ▼ tajine de lotte

o━ Ch. de la Croix Chabrières, rte de Saint-Restitut, 84500 Bollène, tél. 04 90 40 00 89, contact@ chateau-croix-chabrieres.com Ⓥ Ⓚ Ⓛ t.l.j. 9h-12h 14h-18h30; dim. 9h-12h Ⓗ Ⓓ o━ Daniel Patrick

♥ DOM. DE GRANGENEUVE
Terre d'épices 2013 ★★

| ■ | 30 000 | ◐ | 11 à 15 € |

Un vaste domaine de 85 ha, souvent en vue dans ces pages, créé de toutes pièces à partir de 1964 par les Alsaciens Odette et Henri Bour sur les vestiges d'une villa romaine. Depuis 1998, leur fils Henri et leur petite-fille Nathalie sont aux commandes.

Syrah (65 %) et grenache composent cette cuvée qui a déjà rencontré les faveurs du jury des coups de cœur du Guide (voir le millésime 2010). Si le côté fruité participe grandement au charme de la version 2013, c'est avant tout son identité « Terre d'épices » qui est mise en relief. Épices douces (vanille), qui signent une parfaite maîtrise du passage en fût de chêne (de l'Allier), épices de la garrigue aussi, qui animent une bouche aussi large que longue, dense et soyeuse, bâtie sur des tanins au grain fin. ✗ 2016-2020 ▼ jarret de veau au paprika ■ V 2014 ★ (15 à 20 € ; 12 000 b.) : une ode au viognier (99 %, une goutte de roussanne en appoint) que ce blanc de caractère, frais et franc à l'olfaction, associant fleurs blanches et agrumes. Une fraîcheur qui contraste avec une bouche chaleureuse, ample, ronde et finement toastée. ✗ 2015-2019

o━ SARL Dom. Bour, Grangeneuve, 1200, rte des Esplanes, 26230 Roussas, tél. 04 75 98 50 22, domaines.bour@wanadoo.fr Ⓥ Ⓚ Ⓛ t.l.j. 9h-12h30 14h30-19h

DOM. GUITON Marquise 2014 ★★

| ■ | 13 000 | ⓘ | 5 à 8 € |

Les raisins du domaine Guiton établi à Chamaret sont vinifiés par le Bourguignon Yves Chéron, propriétaire du Grand Montmirail à Vacqueyras.

« Belle marquise, vos beaux yeux me font mourir d'amour », ou bien « D'amour mourir me font, belle marquise, vos beaux yeux » ou bien « Vos yeux beaux d'amour me font, belle marquise, mourir » ou bien : « Mourir... » Le monsieur Jourdain de Molière n'eût-il pas succombé aux charmes de cette Marquise et de sa seyante robe grenat profond ? De son caractère épicé en diable ? De sa rondeur avenante et de sa chair tendre et soyeuse ? De sa vivacité aussi, qui lui apporte une belle énergie ? À deux doigts du coup de cœur... ✗ 2017-2020 ▼ volaille truffée

Cave Pascal, rte de Gigondas, 84190 Vacqueyras, tél. 04 90 65 85 91, contact@vignoblescheron.fr Ⓥ Ⓛ t.l.j. sf sam. dim. 8h-12h 14h-18h o━ Yves Chéron

DOM. DE MONTINE Émotion 2013 ★★

| ■ | 40 000 | ⓘ ◐ | 8 à 11 € |

Installés dans une ancienne ferme du château de Grignan, Jean-Luc et Claude Monteillet, également trufficulteurs, exploitent depuis 1987 ce domaine familial de 70 ha, très en vue pour ses grignan-les-adhémar.

Fidèle au rendez-vous du Guide et, comme souvent, aux meilleures places, le Dom. de Montine propose ici une cuvée mi-grenache mi-syrah qui s'affirme sans attendre par son nez puissant de fruits rouges confiturés et d'épices douces. L'annonce d'un palais tout aussi expressif, dense, rond, soutenu par de beaux tanins au grain fin. ✗ 2015-2018 ▼ daube de bœuf ■ Viognier 2014 ★ (8 à 11 € ; 30 000 b.) : cette cuvée célèbre le viognier sans exubérance mais avec finesse, par petites touches florales et fruitées prolongées par un palais plus intense et généreux, plus « solaire », équilibré par une fine fraîcheur. ✗ 2015-2018

o━ Dom. de Montine, hameau de la Grande-Tuilière, BP5, 26230 Grignan, tél. 04 75 46 54 21, domainedemontine@ wanadoo.fr Ⓥ Ⓚ Ⓛ r.-v. Ⓗ Ⓒ

DOM. DES ROSIER Bergère des viogniers 2014 ★

| ■ | 14 000 | ◐ | 8 à 11 € |

Bruno Rosier est établi depuis 1991 dans ce mas de pierres blanches entouré de vignes, de lavandin et de chênes truffiers. Le domaine implanté au pied du petit village perché de Chantemerle-lès-Grignan couvre 30 ha.

Une robe jaune paille, un nez bien fruité, l'approche est d'un bel attrait et laisse présager un caractère friand. C'est bien le cas avec une bouche fraîche et fruitée, sur l'abricot, le kiwi et les agrumes, qui ne manque ni de gras ni de longueur. Un 100 % viognier très équilibré. ✗ 2015-2018 ▼ tourte au saumon ■ Noir de truffe 2013 (11 à 15 € ; 9 000 b.) : vin cité. ✗ 2015-2019

o━ Dom. des Rosier, 335, rte des Vignes, 26230 Chantemerle-lès-Grignan, tél. 04 75 98 53 84, marc.domaine.des.rosier@gmail.com Ⓥ Ⓚ Ⓛ t.l.j. sf dim. 9h30-12h 14h-18h30 Ⓗ Ⓑ

DOM. ROZEL Perle de viognier 2014 ★

| ■ | 6 000 | ◐ | 8 à 11 € |

En 1464, Alayx Rozel débuta la culture de la vigne sur une terre inculte que lui céda François de Poitiers. Naquit alors le domaine Rozel. Depuis, cette exploitation se transmet de génération en génération, conduite aujourd'hui par Bruno Rozel.

C'est par un bouquet généreux de fruits variés, de fleurs blanches et d'épices que débute la dégustation de ce pur viognier. Rondeur, générosité et volume caractérisent la bouche, centrée elle aussi vers un beau fruité. Une expression bien typée de ce cépage réputé produire des vins à forte personnalité. ✗ 2015-2018 ▼ poularde aux morilles

o━ Dom. Rozel, 202, rte de Montélimar, 26230 Valaurie, tél. 04 75 98 57 23, domainerozel@orange.fr Ⓥ Ⓚ Ⓛ r.-v.

RHÔNE

CAVES SAINT-PIERRE Découverte 2014 ★

| ■ | 100 000 | 🏠 | - de 5 € |

La famille Skalli s'initia à la vigne et aux cépages méridionaux en Algérie, dans les années 1920. Francis et surtout son fils Robert ont œuvré pour que cette maison de négoce soit aujourd'hui très implantée dans tout le sud de la France. Dans le giron du groupe bourguignon Boisset depuis 2011.

Harmonie et rondeur sont les mots utilisés par le jury pour décrire ce vin d'un beau rubis profond. Une cuvée qui plaît aussi par son fruité intense et persistant, agrémenté de nuances épicées, de cumin notamment. Une bouteille à apprécier dans sa jeunesse. ✗ 2015-2018 ♈ bœuf sauté aux poivrons

☛ *Les Vins Skalli, av. Pierre-de-Luxembourg, 84230 Châteauneuf-du-Pape, tél. 04 90 83 58 35, info@skalli.com* 🆅 🔏 🏺 *t.l.j. 10h-12h 15h-18h*

Ⓑ DOM. SERRE DES VIGNES La Dignerette 2014 ★

| ■ | 10 000 | 🏠 | 5 à 8 € |

Un domaine familial patiemment planté de vignes à partir des années 1970 par les frères Jean-Louis et Daniel Roux, rejoints en 1994 par Jérôme et Vincent, les fils respectifs, qui sortent les raisins de la coopérative en 2003 et convertissent le vignoble au bio, certifié depuis 2008.

La Dignerette ? Le nom du lieu-dit qui a vu naître cette cuvée. Un vin qui s'expose doucement à l'olfaction, à travers des notes discrètes de fruits rouges frais. Fraîcheur et fruité sont aussi de mise dans une bouche alerte, équilibrée et de bonne longueur. ✗ 2015-2016 ♈ grillades de bœuf ■ Secret de syrah 2013 (8 à 11 € ; 12 000 b.) Ⓑ : vin cité. ✗ 2017-2020

☛ *Dom. Serre des Vignes, 505, traverse du Serre-des-Vignes, 26770 La Roche-Saint-Secret, tél. 09 65 27 30 87, info@ serredesvignes.com* 🆅 🔏 🏺 *t.l.j. 10h-12h 14h-18h*
☛ Roux Jérôme et Vincent

VENTOUX

Superficie : 6 235 ha / Production : 226 300 hl (96 % rouge et rosé)

À la base du massif calcaire du Ventoux – le Géant du Vaucluse (1 912 m) –, des sédiments tertiaires portent ce vignoble qui s'étend sur 51 communes entre Vaison-la-Romaine au nord et Apt au sud. Le climat, plus froid que celui des côtes-du-rhône, entraîne une maturité plus tardive. Les vins rouges sont frais et élégants dans leur jeunesse ; ils sont davantage charpentés dans les communes situées le plus à l'ouest (Caromb, Bédoin, Mormoiron). L'AOC produit de plus en plus des rosés à boire jeunes ainsi que des blancs.

DOM. DES ANGES 2014

| ▪ | 13 300 | 🏠 | 5 à 8 € |

Gabriel MacGuinness, Irlandais de Kilkenny, a acquis en 1986 ce vignoble aux sols variés, situé en haut d'une colline sous la protection d'une chapelle qui donne son nom à ce domaine étendu sur 16 ha aujourd'hui.

Bourboulenc, roussanne et grenache blanc par tiers pour cette cuvée au nez discret, minéral, fumé et fruité. Le palais offre un bon volume, de la fraîcheur et de la longueur. Un blanc au style épuré. ✗ 2015-2017 ♈ papillote de flétan
☛ *SCA des Anges, 2342, chem. Notre-Dame-des-Anges, 84570 Mormoiron, tél. 04 90 61 88 78, contact@domainedesanges.com* 🆅 🔏 🏺 *r.-v.* 🏺 Ⓔ

AURETO Maestrale 2013 ★★

| ■ | 15 700 | 🏠 ◫ | 15 à 20 € |

Ce domaine de 36 ha créé en 2007 est rattaché au complexe hôtelier de luxe La Coquillade, établi au cœur du parc du Luberon et propriété des Wunderli. La vinification est confiée à l'œnologue Aurélie Julien.

D'intenses arômes de fruits rouges et de cassis introduisent cette cuvée, à laquelle un élevage en barrique bien mené apporte quelques discrètes nuances vanillées. La bouche prolonge ce fruité soutenu et offre beaucoup de matière, mise en relief par des tanins soyeux et fins. Une bouteille déjà très harmonieuse, que l'on peut apprécier dès maintenant ou garder en cave quelques années. ✗ 2015-2020 ♈ osso bucco ■ Autan 2014 ★ (8 à 11 € ; 8 600 b.) : des arômes de fruits à chair blanche et d'agrumes, une bouche très fraîche, ample et persistante sur le fruit jusqu'en finale, ce blanc à dominante de roussanne ne manque de rien. ✗ 2015-2018

☛ *Aureto, hameau de La Coquillade, 84400 Gargas, tél. 04 90 74 54 67, info@aureto.fr* 🆅 🔏 🏺 *t.l.j. 10h-19h*

DOM. AYMARD 2014 ★★

| ■ | 6 000 | 🏠 | - de 5 € |

Autrefois dédié à la polyculture (tomates, melons, fraises, cerises...), ce domaine de 30 ha est désormais quasi exclusivement converti à la vigne, seul demeure 1 ha de cerisiers. Jean-Marie Aymard a confié les vinifications à sa fille Anne-Laure en 2012.

Issue de grenache blanc, de clairette et de roussanne, cette cuvée très aromatique mêle à l'olfaction la fleur d'acacia, la pêche et l'abricot. L'intensité ne baisse pas dans une bouche, qui séduit aussi par son volume, sa fraîcheur et sa longueur. ✗ 2015-2018 ♈ bar en papillote ■ 2014 (- de 5 € ; 10 000 b.) : vin cité. ✗ 2015-2016

☛ *SCEA Aymard, 1238, chem. de Beaumes-à-Mazan, Serres, 84200 Carpentras, tél. 04 90 60 06 35, domaine.aymard@hotmail.fr* 🆅 🔏 🏺 *t.l.j. sf dim. 8h30-12h 14h-19h* 🏺 Ⓖ

DOM. DE LA BASTIDONNE 2014

| ■ | 9 000 | 🏠 | 5 à 8 € |

Installé en 1990, Gérard Marreau, œnologue de formation, représente la quatrième génération à conduire ce domaine familial de 30 ha fondé en 1903, souvent en vue pour ses ventoux et ses IGP.

Un agréable rosé de grenache (60 %) et de syrah, bien ouvert sur les fruits rouges, la griotte notamment. En bouche, du fruit toujours, un bon volume et une fine fraîcheur renforcée par une légère amertume en finale. ✗ 2015-2016 ♈ salade niçoise

☛ *SCEA Dom. de la Bastidonne, 206, chem. de la Bastidonne, 84220 Cabrières-d'Avignon, tél. 04 90 76 70 00, domaine.bastidonne@orange.fr* 🆅 🔏 🏺 *t.l.j. sf dim. 9h-12h 14h-18h* ☛ Gérard Marreau

DOM. DE LA CAMARETTE Armonia 2013 ★

| ■ | 80 000 | î | 5 à 8 € |

La troisième génération de Gontier est désormais aux commandes de cette exploitation familiale née en 1960 à partir d'une pépinière viticole : Nancy depuis 2004, Alexandra depuis 2011. Après l'œnotourisme (gîte, chambres d'hôtes, restaurant), elles se sont attelées à la conversion bio de leurs 42 ha de vignes (certification pour le millésime 2014).

La dégustation s'ouvre sur un nez généreux et complexe de groseille et de fraise, de fruits noirs confiturés et de réglisse, accompagnés par une touche animale. Le palais, soutenu par une fine trame tannique, reste sur le fruit, relevé d'épices, et garde l'esprit « ventoux » par sa fraîcheur et sa souplesse. À boire dans sa jeunesse.

✗ 2015-2018 ❦ petits farcis niçois

o⁊ Dom. de la Camarette, 439, chem. des Brunettes, 84210 Pernes-les-Fontaines, tél. 04 90 61 60 78, contact@domaine-camarette.com Ⓥ ⚐ 🚹 t.l.j. sf dim. 9h-12h 14h-18h 🏠 ❸ 🏠 Ⓔ

CANTEPERDRIX Ventoux sud 2014 ★★

| ■ | 300 000 | î | - de 5 € |

Cette coopérative fondée en 1928 à Mazan, où l'on peut visiter le château du marquis de Sade, compte 150 coopérateurs pour un vignoble de 850 ha.

Plus souvent distinguée pour ses blancs, la « coop » de Mazan s'illustre cette année avec son rouge de grenache (70 %), carignan et syrah. Un vin couleur violine, très ouvert à l'olfaction, sur des notes friandes de fruits rouges confiturés et d'épices, dense, suave et rond en bouche, avec une petite note tannique qui vient titiller la finale.

✗ 2015-2018 ❦ boudin antillais et mangues sautées ■ Cante perdrix 2014 (- de 5 € ; 40 000 b.) : vin cité. ✗ 2015-2017

o⁊ Les Vignerons de Canteperdrix, 890, La Venue-de-Caromb, 84380 Mazan, tél. 04 90 69 41 67, oenologue@cotes-du-ventoux.com Ⓥ ⚐ 🚹 t.l.j. sf dim. 10h-12h30 14h30-18h30

♥ DOM. CHAMP-LONG Tradition 2014 ★★

| ■ | 10 000 | î | 5 à 8 € |

DOMAINE
CHAMP-LONG

« Tradition »

VENTOUX
APPELLATION VENTOUX PROTÉGÉE

CHRISTIAN & JEAN-CHRISTOPHE GÉLY - VIGNERONS

Une propriété dans la même famille depuis le début du XIXᵉ s. En 1964, Maurice Gély crée la cave de vinification ; en 1994, son fils Christian la rénove ; en 2004, son petit-fils Jean-Christophe rejoint le domaine, étendu sur 30 ha au pied du mont Ventoux.

Grenache (90 %) et syrah, trois mois de cuve, la recette est bien rodée pour la cuvée « tradition » du domaine, et le résultat impeccable. Robe très élégante couleur litchi ; bouquet à la fois intense et délicat de rose, de lys, de framboise, de cassis et de bonbon arlequin ; bouche soyeuse, charnue et tout aussi expressive, bien tendue et allongée par une fine acidité. ✗ 2015-2016 ❦ crevettes sauce thaï ■ Les Gressannes 2014 ★ (8 à 11 € ; 3 000 b.) : un ventoux mi-roussanne mi-grenache blanc (d'où « gres-sannes »), élevé huit mois en barrique, exotique (ananas)

à l'olfaction, floral et surtout minéral en bouche, sous tension jusqu'en finale sans toutefois manquer de gras ni de soyeux. ✗ 2015-2017 ■ Les Essareaux 2013 (8 à 11 € ; 4 000 b.) : vin cité. ✗ 2015-2018

o⁊ Christian et Jean-Christophe Gély, Dom. de Champ-Long, 1900, chem. de Champ-Long, 84340 Entrechaux, tél. 04 90 46 01 58, domaine@champlong.fr Ⓥ ⚐ 🚹 t.l.j. sf dim. 9h-12h 14h-18h

CLUB DES SOMMELIERS 2014

| ■ | 666 600 | | - de 5 € |

Moncigale est une marque ombrelle du groupe alcoolier Marie Brizard, destinée à la grande distribution.

Cassis, mûre et fruits rouges, le nez s'avère intense et engageant. Doté de tanins soyeux, généreux et dense, ce vin affiche un beau caractère en bouche. On peut d'ores et déjà l'apprécier, mais un peu de garde ne lui nuira pas. ✗ 2015-2019 ❦ entrecôte marchand de vin

o⁊ Moncigale, 6, quai de la Paix, 30300 Beaucaire, tél. 04 66 59 74 39, pmartin@mabriz.com

o⁊ Marie Brizard

LA COURTOISE Terres cachées 2014 ★

| ■ | 44 000 | î | - de 5 € |

Cette coopérative fondée en 1924 regroupe les vignerons de Saint-Didier, Malemort, Venasque et Pernes-les-Fontaines.

Assemblage classique de grenache (80 %) et de syrah, ce rosé clair, comme l'exige la tendance, dévoile un joli nez de fraise et de pamplemousse. Souple, légère et fraîche, la bouche, très fruitée, ne dit pas autre chose. ✗ 2015-2016 ❦ nouilles chinoises aux crevettes ■ Terres cachées 2014 (- de 5 € ; 8 000 b.) : vin cité. ✗ 2015-2017

o⁊ SCA la Courtoise, 976, rte de la Courtoise, 84210 Saint-Didier, tél. 04 90 66 01 15, cave.la.courtoise@wanadoo.fr Ⓥ ⚐ 🚹 r.-v.

DOM. DURIEU 2013 ★

| ■ | n.c. | | 5 à 8 € |

En 1976, Paul Durieu regroupe le vignoble de châteauneuf-du-pape de Jean Avril avec les vignes du Plan de Dieu de sa propre famille. Il est aujourd'hui toujours à la tête de ce domaine de 90 ha, épaulé depuis 2003 par ses deux fils, Vincent et François.

Expressif dès le premier nez, ce ventoux, qui fait la part belle au grenache (70 %), est dominé par les fruits rouges, la cerise notamment, agrémentés d'une touche animale. Le palais, tout aussi fruité, séduit par son côté croquant et par sa légèreté, ses tanins très souples et fondus, et sa longueur. Le vrai « vin plaisir ». ✗ 2015-2018 ❦ sauté de veau aux olives

o⁊ SCEA Dom. Durieu, 10, av. Baron-le-Roy, 84230 Châteauneuf-du-Pape, tél. 04 90 83 70 86, domaine-durieu@hotmail.fr Ⓥ 🚹 t.l.j. 10h-18h

Ⓑ DOM. DE FENOUILLET Oversant 2014

| ■ | 20 000 | î | 5 à 8 € |

Vigneronne depuis le début du XXᵉ s., la famille Soard exploite, en bio certifié depuis 2012, un domaine de 25,6 ha. En 1989, Patrick et Vincent ont pris la suite de leur père Yvon.

RHÔNE

Le bouquet est avenant, bien ouvert sur les fruits rouges et noirs en confiture. La bouche y ajoute des notes chocolatées et réglissées, et s'adosse à une bonne structure tannique qui lui permettra de bien évoluer. ✗ 2016-2019 ❦ gardianne

○━ *Patrick et Vincent Soard, Dom. de Fenouillet, 123, allée Saint-Roch, 84190 Beaumes-de-Venise, tél. 04 90 62 95 61, contact@domaine-fenouillet.fr* Ⓥ 🅐 🅛 *t.l.j. sf dim. 9h-12h 14h-19h; (13h30-18h30 l'hiver)*

♥ DOM. DE FONDRÈCHE 2013 ★★

| ◼ | 50 000 | 🛢 ⬡ | 8 à 11 € |

Nanou Barthélemy et son fils Sébastien Vincenti ont acquis en 1993 cette propriété, construit puis régulièrement perfectionné une cave, et recomposé le vignoble – 40 ha conduits en bio et biodynamie – faisant ainsi de Fondrèche l'une des références de l'AOC ventoux.

« Chronique d'un succès annoncé », est-on tenté d'écrire tant ce domaine brille avec régularité au sommet du ventoux avec ses vins « identi-terres », comme aime à le dire Sébastien Vincenti. Des vins travaillés au plus près de l'harmonie naturelle des lieux, nés de sols qui ne voient aucun désherbant. Ici, un terroir argilo-calcaire planté du trio grenache-syrah-mourvèdre, quelques pigeages, puis un élevage par tiers en cuve ovoïde, barrique et foudre. Le résultat est irrésistible : une robe profonde, un nez intense et élégant de fruits rouges et de sous-bois, un palais généreux, rond et soyeux en diable, gorgé de fruits juste relevés d'épices douces et de Zan. Un vin « à croquer », d'ores et déjà ou plus tard, cela ne lui nuira aucunement. À noter qu'il s'agit là d'une nouvelle cuvée, présentée pour la première fois. ✗ 2015-2022 ❦ navarin de biche ◼ 2014 ★ (8 à 11 € ; 50 000 b.) : un rosé de pressurage né de cinsault (50 %), de syrah et de grenache. Au nez, de fines senteurs d'agrumes, de citron notamment, de fruits rouges et blancs. En bouche, une vivacité bien dosée aux tonalités minérales. ✗ 2015-2016 ◼ 2014 (8 à 11 € ; 70 000 b.) : vin cité. ✗ 2015-2016

○━ *Dom. de Fondrèche, quartier Fondrèche, 84380 Mazan, tél. 04 90 69 61 42, contact@fondreche.com* Ⓥ 🅐 🅛 *t.l.j. sf sam. dim. 14h-18h* ○━ Vincenti

DOM. DE FONT ALBA
Stella nostra 2014

| ◼ | 3 600 | 🛢 ⬡ | 8 à 11 € |

Après une première vie dans l'industrie lourde, Pascal Burlet a pris le chemin de la vigne en 2013 avec son épouse Anne-Sophie. Ils ont acquis cette propriété située au cœur du parc naturel du Luberon, 25 ha de bois, de garrigue, d'oliviers et de vignes. Ces dernières s'étendent sur 10 ha entre 300 et 400 m d'altitude, exclusivement en appellation ventoux. Font Alba ? Une fontaine du XVIIIᵉ s. donne son nom au domaine.

Premier millésime pour les Burlet et une jolie réussite. Après un premier nez discret et délicat de miel et de fleurs blanches, cet assemblage grenache blanc-roussanne-clairette (jeunes vignes d'une quinzaine d'années) s'ouvre

sur des notes de poire et de melon. Ces tonalités se maintiennent dans une bouche équilibrée, généreuse sans lourdeur grâce à une fine vivacité, soutenue par un boisé léger. ✗ 2015-2018 ❦ fromage de chèvre

○━ *SNC Ch. Font Alba, Campagne du Puy, 84400 Apt, tél. 04 90 12 63, chateaufontalba@orange.fr* Ⓥ 🅛 *t.l.j. sf dim. 10h-12h 14h-19h* 🏠 ❺ ○━ Pascal Burlet

Ⓑ DOM. LE GRAND VALLAT
Gaïa 2014

| ◼ | 3 500 | 🛢 | 8 à 11 € |

Le Grand Vallat étend ses 7 ha de vignes sur des coteaux en altitude (autour de 380 m) aux orientations diverses. La propriété a été acquise en 2001 par Marc Valentini, qui a opté pour l'agriculture biologique.

Assemblage classique de grenache (70 %) et syrah, ce rosé pâle affiche une belle complexité aromatique : pierre à fusil, rose, agrumes. Une palette agrémentée de fruits rouges dans une bouche fraîche et souple. Un vin plaisant par sa légèreté. ✗ 2015-2016 ❦ tomates-mozzarella

○━ *Dom. le Grand Vallat, 60, chem. de Saint-Loup, 84570 Blauvac, tél. 06 87 60 33 05, valentini@infonie.fr* Ⓥ 🅐 🅛 *r.-v.* ○━ Valentini Marc

DOM. LES HAUTES BRIGUIÈRES
Rosé d'une nuit 2014 ★

| ◼ | 12 000 | 🛢 | 5 à 8 € |

Sa famille cultive la vigne depuis 150 ans ; François-Xavier Rimbert s'est installé en 1998 sur le domaine familial, 15 ha de vignes en terrasses et en conversion bio, au pied du Ventoux.

Ce rosé d'une nuit assemble le cinsault, la syrah, le mourvèdre et un soupçon de clairette. Il conjugue à l'olfaction de fines notes exotiques et florales, auxquelles il ajoute des nuances d'agrumes dans une bouche ample et ronde, ciselée par une pointe d'acidité bien sentie. ✗ 2015-2016 ❦ rougets à la tapenade ◼ Prestige 2013 ★ (5 à 8 € ; 6 250 b.) : un vin au nez puissant de fruits noirs confiturés, d'épices et de pain grillé, frais et souple en bouche, appuyé par des tanins légers. ✗ 2015-2018

○━ *Dom. les Hautes-Briguières, 89, chem. de Canebier, 84570 Mormoiron, tél. 06 13 24 27 18, fxrimbert@orange.fr* Ⓥ 🅐 🅛 *t.l.j. 9h-19h; hiver 9h-17h* 🏠 Ⓓ ○━ Rimbert François-Xavier

DOM. J & D Opéra 2013 ★

| ◼ | 6 000 | 🛢 | 8 à 11 € |

Une exploitation en polyculture qui a donné naissance au domaine lors de l'installation de Julien Arocas sur les terres de ses parents. Le vignoble de 33 ha est conduit en agriculture biologique.

Pour débuter, une seyante couleur rubis. Pour suivre, un bouquet odorant et bien net côté animal. Dans le même tempo « sauvage », le palais dévoile des tanins fermes, bien enrobés par une chair tendre et ronde qui apporte un peu de douceur. Un Opéra en trois actes cohérents, sans temps mort ni dissonance. ✗ 2016-2020 ❦ civet de lièvre

○━ *Dom. J & D, 31, rte de Mazan, 84330 Caromb, tél. 06 64 91 42 34, domaine.jd@gmail.com* Ⓥ 🅐 🅛 *t.l.j. sf dim. 9h-12h 14h-19h; f. janv.* 🏠 ❷ 🏠 Ⓑ ○━ Julien Arocas

Ⓑ **CH. LANDRA** 2013

| ■ | 8 000 | 🛆 | 8 à 11 € |

Propriété agricole du baron Olivier de Gérente (premier député du Vaucluse au XVIIIᵉs.), ce château a acquis une grande renommée dès l'entre-deux-guerres pour sa production vinicole. Un vignoble longtemps délaissé, jusqu'à sa reprise en 2007 par Frédéric Renoux, à la tête de 8,5 ha aujourd'hui, conduits en bio. Sur les étiquettes, la devise du domaine : *Solis solique virtus sola* (« La seule vertu du soleil et du sol »).

Syrah (55 %) et grenache pour ce ventoux au nez intense associant notes animales, fruits à noyau et nuances kirschées. Tout aussi expressif et généreux, le palais se révèle souple et rond, appuyé sur des tanins soyeux et agréablement relevé d'épices en finale. ✗ 2015-2018 ♈ tajine de veau ■ Landra rosé 2014 (5 à 8 € ; 6 000 b.) Ⓑ : vin cité. ✗ 2015-2016

☞ *EARL Ch. Landra, 1267, chem. de Landra, 84210 Pernes-les-Fontaines, tél. 04 90 70 78 12, contact@chateaulandra.fr* Ⓥ 🎿 🔒 *r.-v*

☞ Frédéric Renoux

MARTINELLE 2013 ★

| ■ | 22 000 | 🛆 | 8 à 11 € |

Après des études en hôtellerie, Corinna Faravel se tourne vers le vin et s'installe en 2002 sur ce domaine d'une quinzaine d'hectares. En 2004, elle signe son premier millésime en ventoux et quatre ans plus tard son premier beaumes-de-venise.

Un ventoux de caractère issu d'un assemblage équilibré de grenache (40%), de syrah et de mourvèdre (30 % chacun). Le nez, intense et expressif, mêle les fruits rouges à la réglisse et à quelques nuances animales. La bouche se révèle ample, dense, corsée par des notes poivrées et renforcée par de bons tanins, fermes sans dureté. ✗ 2016-2020 ♈ canard au thym

☞ *Martinelle, La Font-Valet, 84190 Lafare, tél. 04 90 65 05 56, info@martinelle.com* Ⓥ 🎿 🔒 *r.-v.*

☞ Corinna Faravel

LE MAS DE FLAUZIÈRES La Beaume 2014 ★

| ■ | 10 000 | 🛆 | 5 à 8 € |

Jérôme Benoît a pris les rênes en 1996 de ce domaine dans sa famille depuis 1919, établi au pied du mont Ventoux et étendant ses 35 ha de vignes sur plusieurs communes. Des vins réguliers en qualité.

Clairette et roussanne se taillent la part du lion (45 % chacune) dans cette cuvée complétée d'un peu de viognier. Une jolie robe jaune paille, des nuances subtiles de miel, de fleurs blanches, de pêche et d'abricot sec, du volume, du gras, une fine acidité en soutien, c'est un vin complet et complexe, équilibré et bien typé. ✗ 2015-2018 ♈ saint-pierre à la crème de basilic

☞ *Le Mas des Flauzières, 1131, rte de Vaison-la-Romaine, 84340 Entrechaux, tél. 04 90 46 00 08, lemasdesflauzieres@yahoo.fr* Ⓥ 🎿 🔒 *t.l.j. sf dim. 10h-12h 14h-18h; f. 25 déc.-31 janv.* 🏠 Ⓔ

Ⓑ **DOM. DE LA MASSANE** Le Rosé 2014 ★

| ■ | 5 000 | 🛆 | 5 à 8 € |

Ce domaine familial de 12 ha situé sur le versant sud du mont Ventoux est conduit depuis 2002 par Laurent Trazic, représentant la troisième génération de vignerons sur l'exploitation. Les vignes sont cultivées en bio et les vendanges sont manuelles.

Ce rosé pâle élégant, composé à parts égales de grenache et de cinsault, se distingue d'emblée par son nez intense à dominante d'agrumes (zeste d'orange, citron). Fruits qui apportent aussi leur vivacité acidulée à une bouche longue et sous tension jusqu'en finale. ✗ 2015-2016 ♈ gaspacho

☞ *Laurent Trazic, 880, rte de Carpentras, 84410 Bédoin, tél. 04 90 65 60 81, domainedelamassane@hotmail.fr* Ⓥ 🎿 🔒 *t.l.j. sf mer. dim. 10h-19h*

ORPHÉA 2014 ★★

| ▨ | 9 000 | 🛆 | 5 à 8 € |

Créée en 1920, la cave de Bonnieux est la doyenne des coopératives du Vaucluse. Aujourd'hui, elle exploite quelque 650 ha de vignes au cœur du parc du Luberon, dont 70 % dans les appellations ventoux et luberon.

Acacia, fruits exotiques, nuances miellées, ce ventoux issu de grenache blanc (60 %) et de clairette se distingue avant tout par sa richesse aromatique. Arômes que l'on retrouve associés à une élégante touche minérale dans une bouche très fine, très équilibrée, très longue. ✗ 2015-2018 ♈ moules au safran ■ 2014 (5 à 8 € ; 13 000 b.) : vin cité. ✗ 2015-2016

☞ *Cave de Bonnieux, quartier de la Gare, 84480 Bonnieux, tél. 04 90 75 80 03, caveau@cavedebonnieux.com* Ⓥ 🎿 🔒 *t.l.j. sf dim. 9h-12h 14h-18h30*

CH. PESQUIÉ Quintessence 2013 ★

| ▨ | 40 000 | ▥ | 15 à 20 € |

Acquis en 1970 par Odette et René Bastide, ce domaine régulier en qualité est conduit depuis 2003 par la troisième génération (Frédéric et Alexandre). Une moitié du vignoble est certifiée bio, l'autre en conversion.

Cette cuvée dominée par la syrah (80 %) vise la concentration et la puissance, selon ses élaborateurs. Objectif pleinement atteint. La robe sombre donne le ton. Le nez, intense et profond, associe des belles notes grillées et toastées aux fruits rouges et aux épices de la garrigue. La bouche suit la même ligne aromatique et confirme les intentions de départ : de la densité, de la générosité, du charnu, de la puissance, mais aussi de la fraîcheur et de la finesse. Un ventoux de caractère, au solide potentiel de garde. ✗ 2017-2022 ♈ daube de sanglier ■ Terrasses 2014 (8 à 11 € ; 40 500 b.) : vin cité. ✗ 2015-2016

☞ *SARL Famille Chaudière, Ch. Pesquié, 1365 bis, rte de Flassan, 84570 Mormoiron, tél. 04 90 61 94 08, contact@chateaupesquie.com* Ⓥ 🎿 🔒 *t.l.j. sf dim. 9h-12h 14h-18h*

DOM. DE LA PIGEADE Les Trois Cœurs 2013 ★

| ■ | 5 000 | ◀▶ | 15 à 20 € |

En 1996, après leurs études viticoles et des stages en France et aux États-Unis, Thierry et Marina Vaute ont sorti le domaine familial de la coopérative et l'ont entièrement rénové (30 ha aujourd'hui).

Cuvée hommage aux trois enfants des Vaute, ce 2013 a besoin d'un peu d'aération pour libérer ses arômes généreux de réglisse, de café et de fruits à l'eau-de-vie. Une générosité que ne renie pas le palais, dense, chaleureux et gras, bien épaulé par des tanins fermes. Une

RHÔNE

bouteille que l'on peut d'ores et déjà apprécier, mais qui ne perdra rien à une petite garde. ✗ 2015-2019 ❦ magret de canard laqué au teriyaki

⚭ *Thierry et Marina Vaute, Dom. de la Pigeade, 2439, rte de Caromb, 84190 Beaumes-de-Venise, tél. 04 90 62 90 00, contact@lapigeade.fr* Ⓥ 👁 ⛏ *t.l.j. sf dim. 9h-12h 14h-18h; f. 1er-15 janv.*

Ⓑ DOM. DE PLEIN PAGNIER
Terres d'Édouard 2013 ★

| ■ | 6 600 | 👁 | 8 à 11 € |

Ce domaine familial créé en 1960, sur un terrain endommagé par les années de guerre, est cogéré par Édouard Marchesi depuis 2013, qui l'a sorti du système coopératif. Ce dernier, diplômé de Suze-la-Rousse, a fait ses classes à Châteauneuf-du-Pape et à Pomerol (chez Michel Roland). L'agriculture biologique, aujourd'hui certifiée, est de mise sur le vignoble (11 ha) depuis les années 1980.

Cette cuvée, hommage à l'arrière-grand-père qui planta les premiers ceps de vignes, associe la syrah (55 %) et le grenache. Des notes animales, de fruits noirs confiturés et de cerise se développent doucement mais sûrement à l'aération. Adossée à une trame tannique fine et relativement discrète, la bouche séduit par son fruité, son volume et sa rondeur avenante qui autorisent un débouchage dès à présent. Une belle entrée dans le Guide pour Édouard Marchesi et son premier millésime. ✗ 2015-2018 ❦ côtes d'agneau au feu de bois

⚭ *Édouard Marchesi, 2033, rte de Mormoiron, 84380 Mazan, tél. 07 87 38 87 01, edouard.marchesi@gmail.com* Ⓥ ⛏ *r.-v.*

LA ROMAINE Tradition 2013

| ■ | 20 000 | 👁 | - de 5 € |

Une vénérable coopérative fondée en 1924, qui regroupe aujourd'hui 280 vignerons et plus de 1 400 ha de vignes.

Au nez, quelques notes animales accompagnent de plus subtiles nuances de violette, de groseille et grenadine. Agréable, frais, porté par une trame tannique discrète, le palais se révèle léger et équilibré. Dans le ton de l'appellation. ✗ 2015-2018 ❦ jambon braisé

⚭ *Cave la Romaine, 95, chem. de Saumelongue, 84110 Vaison-la-Romaine, tél. 04 90 36 00 43, direction@cave-la-romaine.com* Ⓥ ⛏ *t.l.j. 9h-12h30 14h-18h30; dim. 9h-12h; f. dim. janv.-mars*

CH. SAINT-SAUVEUR L'Homme de cœur 2013

| ■ | 13 000 | 👁 | 5 à 8 € |

Un domaine de 58 ha (en conversion au bio), ancien fief d'une famille de la noblesse du Comtat venaissin et propriété des Rey depuis 1936. Le caveau est installé dans une chapelle du XIIes., et la cave de vinification dans un ancien monastère.

Cet Homme de cœur se montre un peu sauvage (notes animales) et fermé de prime abord. Avec un peu d'aération, il se révèle plus prolixe, sur les fruits mûrs et le pruneau. En revanche, en bouche, il fait preuve d'une aimable bonhommie et de légèreté : il attaque franchement, certes, avec vivacité, avant de se faire plus rond et doux, épaulé par des tanins discrets. ✗ 2015-2018 ❦ côtes de porc et ratatouille

⚭ *Ch. Saint-Sauveur / EARL Les Héritiers de Marcel Rey, 1451, av. Joseph-Vernet, 84810 Aubignan, tél. 04 90 62 60 39, vins@domaine-st-sauveur.fr* Ⓥ 👁 ⛏ *t.l.j. 9h15-12h15 14h15-19h; dim. sur r.-v.*
⚭ *Rey Guy*

SYLLA Saint-Auspice 2014 ★

| ■ | 16 000 | 👁 | 5 à 8 € |

Apt est considérée comme la capitale du fruit confit et la production des maîtres confiseurs des lieux était déjà très appréciée au XIVes. par les papes d'Avignon. La vigne y a aussi ses droits, mise en valeur notamment par cette cave coopérative fondée en 1925, qui vinifie la production de 115 vignerons et quelque 1 000 ha répartis sur quatorze communes alentour.

Ce rosé de grenache et de syrah s'affiche dans une seyante robe rose soutenu. Il charme aussi par ses notes suaves de fruits exotiques relevées de nuances amyliques plus acidulées. L'opération séduction se poursuit avec une bouche ample, très fine et fraîche, où l'on retrouve avec intensité les arômes de l'olfaction. ✗ 2015-2016 ❦ chipolatas ■ Obage 2013 (8 à 11 € ; 8 000 b.) : vin cité. ✗ 2015-2018

⚭ *SCA Sylla, Vignobles en Pays d'Apt, BP 141, 135, av. du Viaduc, 84405 Apt Cedex, tél. 04 90 74 05 39, sylla@sylla.fr* Ⓥ 👁 ⛏ *t.l.j. sf dim. 9h-19h*

Ⓑ DOM. TALÈS Ubac 2013

| ■ | 9 000 | 👁 | 5 à 8 € |

Un domaine créé par Gaël Blanc en 2001 à partir de 14 ha de vignes. En 2011, une nouvelle cave de vinification y a été construite et en 2013 la certification bio obtenue.

Cet assemblage grenache-syrah-mourvèdre dévoile à l'olfaction des tonalités aromatiques variées (sous-bois, truffe, nuances animales). La bouche se révèle quant à elle fruitée et poivrée, douce et ronde. Un ventoux léger et aimable, à boire sur le fruit. ✗ 2015-2017 ❦ paupiettes de veau

⚭ *Gaël Blanc, quartier Talès, 380, chem. de Champ-Long, 84340 Entrechaux, tél. 04 90 46 02 79, contact@domainetales.com* Ⓥ 👁 ⛏ *r.-v.* 🏠 ❹ 🏠 Ⓑ

DOM. DE TARA Hautes Pierres 2013 ★

| ■ | 7 000 | ◧ | 11 à 15 € |

Valeur sûre de l'appellation ventoux, ce domaine de 11 ha est situé au milieu des vignes, au cœur du parc naturel régional du Luberon. Conduit depuis 2006 par Michèle et Patrick Follea, il tire son nom du célèbre roman de Margaret Mitchell, *Autant en emporte le vent.*

Le rouge grenat profond trahit une part importante de syrah dans cet assemblage (80 %, le grenache en complément). Une légère aération permet de libérer des senteurs de cuir, de poivre, de violette et de fruits rouges, elles aussi bien typées du cépage. Bâtie sur des tanins ronds, ample et assez puissante, la bouche évoque quant à elle la torréfaction et le cacao, qui signent l'élevage en fût, avant de renouer avec le fruit en finale. ✗ 2015-2019 ❦ daube de bœuf ■ Terres d'ocres 2014 ★ (8 à 11 € ; 5 000 b.) : mi-grenache blanc, mi-clairette, un vin délicatement floral, gras, suave et rond, équilibré par une fine trame minérale. ✗ 2015-2017

O→ SCEA Dom. de Tara, Les Rossignols, 84220 Roussillon, tél. 04 90 05 74 87, domainedetara@orange.fr Ⓥ 🏠 t.l.j. 10h-19h; f. jan.

CAVE TERRAVENTOUX Saveurs de garrigue 2014

■	60 000	🍷	- de 5 €

Née en 2003 de la fusion des caves Les Roches Blanches à Mormoiron et La Montagne Rouge à Villes-sur-Auzon, toutes deux fondées en 1929, cette coopérative regroupe plus d'une centaine d'adhérents et propose une jolie gamme de ventoux, idéale pour découvrir l'appellation dans ses trois couleurs. Elle organise aussi des circuits touristiques pour partir à la découverte de la région et de ses vins.

Un nom qui fleure bon le Sud pour cette cuvée à large dominante de grenache (90 %), aux puissantes évocations florales et fruitées (fraise écrasée). Arômes qui s'épanouissent dans une bouche suave en attaque, fraîche dans son développement, stimulée par de beaux amers en finale. ✗ 2015-2016 🍴 grillades ■ Ch. la Boissière 2014 (- de 5 € ; 6 000 b.) Ⓑ : vin cité. ✗ 2015-2016

O→ Cave TerraVentoux, 253, rte de Carpentras, 84570 Villes-sur-Auzon, tél. 04 90 61 80 07, sommelier@terraventoux.com Ⓥ 🚶 🏠 t.l.j. 9h-12h 14h-18h

DOM. DU TIX Cuvée Doña Maria 2013 ★

■	3 450	🍷	15 à 20 €

En 2001, Marie et Philippe Pirsch, entrepreneurs dans le textile, décident de changer de vie et créent ex nihilo leur domaine au sud du mont Ventoux : 10 ha aujourd'hui et une quinzaine de parcelles sur la colline de Notre-Dame-des-Anges, à 350 m d'altitude.

Cette cuvée offre une belle expression du grenache (complété par 9 % de syrah). Réservée de prime abord, elle dévoile à l'aération des notes animales et végétales, un soupçon d'eucalyptus, et des parfums de fruits noirs (cassis, mûre). Arômes qui se retrouvent dans un palais concentré, chaleureux, puissant, étayé par une solide trame tannique. Une petite garde est conseillée pour l'apprécier pleinement. ✗ 2017-2020 🍴 ragoût de canard

O→ SCEA Dom. du Tix, 209, chem. du Col-Blanc, 84570 Mormoiron, tél. 04 90 61 84 43, contact@domaine-du-tix.fr Ⓥ 🚶 🏠 t.l.j. 10h-12h 14h-19h; sam. dim. sur r.-v. O→ Pirsch

DOM. DE LA VERRIÈRE
Le Haut de la Jacotte 2013 ★★

■	n.c.	◐	8 à 11 €

Le roi René de Provence, alors propriétaire des lieux, fit venir ici des verriers italiens en 1470. Le domaine appartient aux Maubert depuis 1969 et étend ses 27 ha de vignes en coteaux sur les contreforts du Ventoux.

Issue d'une forte dominante de syrah (90 %), cette cuvée haute en couleur et en expression s'affiche dans une seyante robe noire, le nez bien ouvert sur le vanillé de douze mois de barrique, avec le poivre et les fruits rouges. En bouche, elle se révèle puissante, dense et ronde, solidement bâtie sur des tanins fermes, élégants et sans agressivité, sur un boisé racé, aux accents empyreumatiques. Un

ventoux pour la cave. ✗ 2017-2023 🍴 gigot de sept heures ■ 2014 (5 à 8 € ; 24 000 b.) : vin cité. ✗ 2015-2016

O→ Jacques Maubert, Dom. de la Verrière, 84220 Goult, tél. 04 90 72 20 88, laverriere2@wanadoo.fr Ⓥ 🏠 t.l.j. sf dim. 9h-12h 14h-18h

LUBERON

Superficie : 3 200 ha / Production : 140 000 hl (80 % rouge et rosé)

Le vignoble, AOC depuis 1988, est implanté sur 36 communes des versants nord et sud du massif calcaire du Luberon, entre les vallées de la Durance au sud et du Calavon au nord. Les vins rouges et rosés portent l'empreinte du grenache et de la syrah, cépages obligatoires, éventuellement complétés par des variétés secondaires comme le cinsault et le carignan. Le climat plus frais qu'en vallée du Rhône et les vendanges plus tardives expliquent la part relativement importante des vins blancs, qui naissent principalement des cépages grenache blanc, clairette, vermentino et roussanne.

AURETO Petit miracle 2013

■	13 600	🍷	11 à 15 €

Ce domaine de 36 ha créé en 2007 est rattaché au complexe hôtelier de luxe La Coquillade, établi au cœur du parc du Luberon et propriété des Wunderli. La vinification est confiée à l'œnologue Aurélie Julien.

Une touche animale et épicée apparaît à l'olfaction aux côtés de la gelée de cassis. Des arômes bien typés syrah (ⵍⵍ ⵡⵀ) que l'on perçoit aussi dans une bouche acidulée en attaque, intense, chaleureuse et bien structurée dans son développement. ✗ 2016-2019 🍴 daube de marcassin

O→ Aureto, hameau de La Coquillade, 84400 Gargas, tél. 04 90 74 54 67, info@aureto.fr Ⓥ 🚶 🏠 t.l.j. 10h-19h
O→ Werner Wunderli

CAVE DE BONNIEUX Les Safres 2014 ★

■	30 000	🍷	5 à 8 €

Créée en 1920, la cave de Bonnieux est la doyenne des coopératives du Vaucluse. Aujourd'hui, elle exploite quelque 650 ha de vignes au cœur du parc du Luberon, dont 70 % dans les appellations ventoux et luberon.

Les Safres ? Le nom provençal donné au sol dont est issue cette cuvée. Le nez, printanier et intense, évoque les fleurs blanches, les agrumes et les fruits rouges. Des arômes prolongés avec élégance et finesse par une bouche ronde et caressante, stimulée par une agréable fraîcheur. ✗ 2015-2016 🍴 carpaccio de bœuf ■ Les Safres 2014 ★ (5 à 8 € ; 20 000 b.) : au nez, un côté amylique et floral, en bouche, du gras, de la rondeur, un fruité soutenu et quelques notes épicées. ✗ 2015-2018 ■ Dom. les Chapelins 2013 ★ (8 à 11 € ; 12 000 b.) : un vin bien typé, frais, alerte et fruité à souhait, centré sur la mûre... pas trop mûre. ✗ 2015-2019 ■ Éphémère 2014 ★ (5 à 8 € ; 6 000 b.) : un bouquet expressif, floral et fruité, une bouche fine et vive, tout en légèreté. ✗ 2015-2018 ■ Éphémère 2014 (5 à 8 € ; 10 000 b.) : vin cité. ✗ 2015-2016

O→ Cave de Bonnieux, quartier de la Gare, 84480 Bonnieux, tél. 04 90 75 80 03, caveau@cavedebonnieux.com Ⓥ 🚶 🏠 t.l.j. sf dim. 9h-12h 14h-18h30

RHÔNE

CAVE DES BONS SACHANTS Fleur de lys 2014 ★

■	6 000		- de 5 €

En 2011, la Cave coopérative de Pertuis, fondée en 1922, a changé de nom pour devenir la Cave des Bons Sachants. Elle exploite 336 ha de vignes en AOC luberon et en IGP vaucluse.

L'étiquette de cette cuvée porte l'emblème de la commune de Pertuis. Dans le verre, un vin élégant, à forte dominante de syrah (90 %). Le nez est bien typé : garrigue, épices et menthol. Le palais se montre rond et charnu, soutenu par des tanins fondus et soyeux. Un ensemble aimable et harmonieux. ✗ 2015-2018 ♈ aillade de veau ■ Dom. Boiry Cuvé Dina 2014 ★ (5 à 8 € ; 2 000 b.) : des parfums classiques d'épices, de fruits rouges et de garrigue, un palais équilibré entre une fine acidité en attaque et une évolution plus riche et suave. ✗ 2016-2019 ■ Fleur de lys 2014 ★ (- de 5 € ; 4 200 b.) : des notes de fraise et de fleurs, une pointe anisée et un palais généreux et charnu.

○┐ Cave des Bons Sachants, 191, av. Pierre-Sémard, 84120 Pertuis, tél. 04 90 79 00 93, coopvinspertuis@wanadoo.fr Ⓥ 🏃 🎁 t.l.j. sf dim. lun. 9h-12h 15h-19h

♥ Ⓑ CH. LA CANORGUE Coin perdu 2013 ★★

■	5 000	◐	15 à 20 €

Ce domaine familial depuis quatre générations, l'une des références de l'appellation luberon, est d'une régularité sans faille. Jean-Pierre Margan, pionnier de l'agriculture biologique dans la région, exploite avec sa fille Nathalie un vignoble de 40 ha converti dès 1978.

On peut faire confiance aux Margan les yeux fermés : leurs vins (dans les trois couleurs) sont toujours excellents. Ils prouvent une nouvelle fois leur savoir-faire avec cette cuvée issue de vieilles vignes de quatre-vingts ans (grenache, syrah, mourvèdre et carignan) et décrochent leur deuxième coup de cœur d'affilée. Au nez, le cassis et la griotte surmûris sont accompagnés de fines notes réglissées. Un fruité généreux et élégant perpétué par un palais ample, gras et dense, étayé par des tanins soyeux. Un vin à la fois corpulent et velouté. ✗ 2018-2025 ♈ daube provençale ■ 2013 ★★ (8 à 11 € ; 70 000 b.) Ⓑ : du fruit bien mûr (gelée de cassis) et de la réglisse au nez, relayé par un palais large et long, aux tanins solides mais sans agressivité. De belles promesses pour la garde. ✗ 2018-2025 ■ 2014 (8 à 11 € ; 42 000 b.) Ⓑ : vin cité. ✗ 2015-2016

○┐ EARL J.-P. et N. Margan, Ch. la Canorgue, 84480 Bonnieux, tél. 04 90 75 81 01, chateaucanorgue.margan@wanadoo.fr Ⓥ 🏃 🎁 r.-v.

DOM. CHASSON 2014 ★

■	20 000	🍂	5 à 8 €

Créé en 1990 par Jean-Claude Chasson et racheté en 2002 par M. Lelièvre, ce vignoble couvre 65 ha répartis entre le Ch. Blanc, face aux Ocres de Roussillon (AOC ventoux), et le Dom. Chasson (luberon), que complète une petite production en IGP.

Grenache (65 %), syrah et cinsault pour ce 2014 à la mode des rosés pâles de Provence. On apprécie l'intensité des arômes de fleurs et d'agrumes qui s'échappent du verre, ainsi que son palais charnu et chaleureux, équilibré par une fine fraîcheur fruitée. ✗ 2015-2016 ♈ melon de Cavaillon

○┐ SCEA Ch. Blanc-Chasson, quartier Grimaud, 84220 Roussillon, tél. 04 90 05 64 56, chateaublanc-chasson@wanadoo.fr Ⓥ 🏃 🎁 t.l.j. 8h-12h 14h-19h; f. dim. 1er nov.-1er avr. ○┐ Lelièvre

DOM. DE LA CITADELLE
Le Châtaignier 2014

■	10 000	🍂	8 à 11 €

Yves Rousset-Rouard était producteur de cinéma dans une ancienne vie. C'était avant d'acquérir en 1990 un vieux mas entouré de 8 ha de vignes au pied de Ménerbes. Le vignoble couvre près de 40 ha aujourd'hui (pour 66 parcelles et 14 cépages différents), conduits avec son fils Alexis en cours de conversion bio.

Ce vin issu de clairette (50 %), de grenache blanc et d'ugni blanc commence par surprendre avec ses parfums d'angélique fraîchement coupée. Il dévoile une bouche plus classique, ronde et souple, aux arômes typés de fruits blancs, de garrigue et d'épices. ✗ 2015-2019 ♈ gratin de cardes au four ■ Le Châtaignier 2014 (8 à 11 € ; 24 000 b.) : vin cité. ✗ 2015-2016

○┐ Dom. de la Citadelle, 601, rte de Cavaillon, 84560 Ménerbes, tél. 04 90 72 41 58, contact@domaine-citadelle.com Ⓥ 🏃 🎁 t.l.j. 9h-12h 14h-19h ○┐ Rousset-Rouard Yves

CAVE DES COTEAUX DE GRAMBOIS
Secret d'un terroir 2014 ★

■	6 000		- de 5 €

Cette cave coopérative fondée en 1924 regroupe aujourd'hui une centaine de producteurs pour une surface totale de 580 ha répartis sur onze communes.

Un blanc issu à parts quasi égales de vermentino et de grenache blanc évoque au premier nez des notes amyliques, rapidement relayées par des nuances florales d'acacia. La bouche se révèle expressive (poire, litchi), ronde et tendre, avec ce qu'il faut de fraîcheur pour lui apporter longueur et équilibre. ✗ 2015-2018 ♈ dos de cabillaud aux épices douces

○┐ Cave des Coteaux de Grambois, Moulin-du-Pas, 324, rte de la Bastide-des-Jourdans, 84240 Grambois, tél. 04 90 77 92 04, cave@cavegrambois.com Ⓥ 🎁 t.l.j. 9h-12h30 14h30-18h; (19h l'été)

DAUVERGNE-RANVIER Vin gourmand 2014

■	20 000	🍂	- de 5 €

Créée en 2004 par François Dauvergne et Jean-François Ranvier, professionnels du vin qui ont décidé d'élaborer leurs propres cuvées après avoir œuvré chez les autres, cette maison de négoce s'affirme d'année en année à travers une gamme de qualité issue de sélections parcellaires.

Dans ce millésime difficile, cette maison tire son épingle du jeu avec un vin au fruité net et franc, au palais suave et de bonne longueur, épaulé par des tanins soyeux. Un ensemble homogène et friand. ✗ 2015-2018 ♈ assiette de charcuterie

○┐ Dauvergne-Ranvier, Ch. Saint-Maurice, RN 580, 30290 Laudun-l'Ardoise, tél. 04 66 82 96 57, francois.dauvergne@dauvergne-ranvier.com

ÉLÉPHANT ROSE 2014

■	n.c.		- de 5 €

La Maison Perrin fondée en 1909 par l'aïeul Gabriel Tramier conjugue depuis cinq générations activité de négoce et exploitation de vignobles, dont le réputé Ch. de Beaucastel (châteauneuf-du-pape) et La Vieille Ferme, vaste domaine du Luberon.

Couleur rose litchi, ce vin très ouvert délivre à l'olfaction des notes de fraise écrasée, de pomelo et de fleur de cerisier. Arômes prolongés par une bouche aérienne, légère et fraîche À boire sous la tonnelle entre amis, avec modération, bien sûr, au risque sinon de voir... des éléphants roses. ✗ 2015-2016 ✟ crevettes sauce pamplemousse

o━ Famille Perrin, rte de Jonquières, 84100 Orange, tél. 04 90 11 12 00, perrin@familleperrin.com
V ⌘ ⚑ r.-v.

FONTENILLE 2014 ★★

■	16 666		8 à 11 €

Un domaine situé sur le versant sud du Luberon, dont les origines remontent au XV[e]s. Propriété pendant trois générations de la famille Lévêque, il a été acquis en 2013 par messieurs Biousse et Foucher, qui ont engagé la conversion bio du vignoble, étendu sur 22 ha.

Les nouveaux propriétaires ne font pas une entrée en catimini dans le Guide, mais signent un rosé remarquable, en robe pâle et brillante comme le veut la tendance. Le nez séduit par ses arômes complexes de fraise, de pomme et de fleurs blanches (chèvrefeuille). Rond et soyeux, tout en affichant une belle fraîcheur jusqu'en finale, le palais se révèle parfaitement équilibré et tout aussi aromatique que l'olfaction. ✗ 2015-2016 ✟ grillades

o━ Dom. de Fontenille, rte de Roquefraiche, 84360 Lauris, tél. 04 90 08 32 36, domainedefontenelle@gmail.com V ⌘ ⚑ r.-v. o━ Biousse

DOM. LA GARELLE Cuvée du solstice 2014

■	15 000		8 à 11 €

Un domaine créé en 1995 et repris en 2008 par l'ingénieur agronome Alain Audet, qui exploite aujourd'hui 20 ha au pied du Luberon.

Ce vin couleur corail clair développe un bouquet nuancé mêlant un côté floral au pomelo. Le palais se révèle bien fruité et équilibré, à la fois suave et frais. ✗ 2015-2016 ✟ sauté de mines au poulet

o━ Dom. la Garelle, 4803, rte de Ménerbes, 84580 Oppède, tél. 04 90 72 31 20, info@lagarelle.fr
V ⌘ ⚑ t.l.j. sf sam. dim. 10h-12h 15h-18h
o━ Alain Audet

LOUÉRION Fief 2014

■	14 000		5 à 8 €

Fondée en 1925, la coopérative de Cucuron a fusionné en 2009 avec les caves de Lourmarin, Cadenet et Lauris pour former Louérion Terres d'Alliance, qui regroupe la production de 190 vignerons.

Le vin des beaux jours par excellence. Très frais de bout en bout, il développe des arômes plaisants et fins de citron et de pamplemousse agrémentés d'une touche de fruits rouges et de quelques nuances florales. Un rosé friand et expressif. ✗ 2015-2016 ✟ tian aux légumes

o━ SCA Louérion Terres d'Alliance, quartier Châteauvieux, 15, cours Saint-Victor, 84160 Cucuron, tél. 04 90 77 21 02, contact@luberon-provence.com V ⚑ r.-v.

DOM. DE MARIE Rosé Marie 2014

■	40 000	🍷	8 à 11 €

En 1999, la famille Sibuet acquiert une bastide du XVII[e]s. entourée de 8 ha de vignes, sur le versant nord du Luberon. Le vignoble s'étend désormais sur 24 ha, étagé entre 200 et 300 m d'altitude.

Une première dans le Guide pour ce domaine avec ce 2014 aux reflets cerise, issu d'un classique 60-40 grenache et cinsault. Un vin à l'olfaction délicate, ouverte sur des arômes de fruits rouges, de fleurs blanches et d'agrumes. En bouche, il se montre puissant, chaleureux et charnu. Un rosé de caractère. ✗ 2015-2017 ✟ poulet au curry

o━ SCEA Dom. de Marie, quartier La Verrerie, 400, ch. des Peireilles, 84560 Ménerbes, tél. 04 90 72 54 23, contact@domainedemarie.com
V ⌘ ⚑ r.-v. 🏠 ➎

MAS DES INFERMIÈRES
Source 2013

■	5 000		11 à 15 €

Connu pour ses verreries au XIV[e]s. et pour ses faïenceries au XVIII[e]s., le village de Goult abrite la Cave de Lumières, fondée en 1925. Étant située à la limite du Luberon et du Ventoux, la coopérative produit des vins dans les deux appellations, sur une surface totale de 487 ha.

Cinquième millésime depuis que le Mas des Infermières est vinifié à la cave de Lumières et troisième participation au Guide avec succès. Certes 2013 n'est pas 2012, qui valut un coup de cœur au domaine, mais le vin – mi-syrah mi-grenache – reste tout à fait honorable. Il s'annonce avec gourmandise par un nez de framboise et de mûre écrasée. Du fruit, encore du fruit, toujours du fruit, le palais poursuit dans le même registre, souligné par une belle fraîcheur bien typée luberon. ✗ 2015-2018 ✟ veau aux olives

o━ Cave de Lumières, 84220 Goult, tél. 04 90 72 20 04, info@cavedelumieres.com
V ⌘ ⚑ t.l.j. sf dim. 8h-12h 14h-18h

DOM. LE NOVI Côté levant 2014

■	6 900	🍷	5 à 8 €

La construction d'une cave particulière en 2013 a permis l'élaboration du premier millésime pour Romain Dol, revenu sur le domaine familial pour conduire un vignoble d'une trentaine d'hectares convertis au bio.

2014 ne fut pas un millésime facile, mais ce rosé élaboré à partir de grenache, de syrah, de vermentino et de cinsault se révèle très ouvert, sur les fruits rouges et les fleurs. En bouche, il prolonge ce plaisir floral et surtout fruité, jouant sur le registre de la finesse et de la légèreté. ✗ 2015-2016 ✟ fraisier

o━ Dom. le Novi, Le Plan-Plus-Loin, 84240 La Tour-d'Aigues, tél. 06 22 07 90 60, romain_dol@yahoo.fr V ⌘ ⚑ r.-v.

RHÔNE

DOM. DES PEYRE Le Scoop 2014

| ■ | n.c. | 🍷 ⬤ | 11 à 15 € |

Patricia Alexandre, ancienne directrice du Gault et Millau, a repris deux domaines du Luberon en 2013 : le domaine Faverot, un mas provençal, dont une partie date du XVIes., transformé en magnanerie au XVIIIes., puis en domaine viticole dans les années 1920 ; le domaine des Peyre, une ancienne ferme fortifiée du XVIIIes. commandant un vignoble de 21 ha.

Une première réussie pour cette journaliste passée aux travaux pratiques « du *wine writing* au *wine making* », comme elle le dit. Elle s'invite dans ce chapitre avec un assemblage rolle (60 %)-roussanne. Un vin jaune doré comme un champ de blé, auquel le passage en demi-muid confère des notes vanillées et grillées, bien mariées aux fleurs blanches et aux fruits exotiques. La bouche, au diapason, se révèle ronde et suave, rehaussée par d'agréables amers en finale. Il lui manque juste un brin de vivacité supplémentaire pour atteindre l'étoile. Des débuts prometteurs. À suivre... ✘ 2015-2018 ✘ gambas à l'armoricaine

○┐ Dom. des Peyre, 1620, rte d'Avignon, 84440 Robion, tél. 04 84 51 03 12, delphine@domainedespeyre.com Ⓥ 🅚 🅔 t.l.j. 10h-13h 14h-19h 🏠 🅔
○┐ Alexandre Patricia

SYLLA Caprice d'Allys 2014 ★

| ■ | 7 000 | 🍷 | 8 à 11 € |

Apt est considérée comme la capitale du fruit confit et la production des maîtres confiseurs des lieux était déjà très appréciée au XIVes. par les papes d'Avignon. La vigne y a aussi ses droits, mise en valeur notamment par cette cave coopérative fondée en 1925, qui vinifie la production de 115 vignerons et quelque 1 000 ha répartis sur quatorze communes appenées.

Assemblage classique grenache-syrah, cette cuvée se présente dans une robe saumonée claire et limpide. Des arômes de fleurs blanches et de pomelo associés à une note minérale composent un joli bouquet, intense et frais. Fraîcheur qui anime aussi un palais homogène, friand et long, agrémenté d'une touche de sucrosité qui lui confère un surcroît de complexité et de douceur. ✘ 2015-2016 ✘ canard laqué

○┐ SCA Sylla, Vignobles en Pays d'Apt, BP 141, 135, av. du Viaduc, 84405 Apt Cedex, tél. 04 90 74 05 39, sylla@sylla.fr Ⓥ 🅚 🅛 t.l.j. sf dim. 9h-19h

PIERREVERT

Superficie : 360 ha / Production : 15 541 hl (90 % rouge et rosé)

Dans le département des Alpes-de-Haute-Provence, la majeure partie des vignes se trouve sur les versants de la rive droite de la Durance (Corbières, Sainte-Tulle, Pierrevert, Manosque...). Les conditions climatiques, déjà rigoureuses, cantonnent la culture de la vigne dans une dizaine de communes de la quarante-deux que compte légalement l'aire d'appellation. Les vins rouges, rosés et blancs, d'un assez faible degré alcoolique et d'une bonne nervosité, sont appréciés par ceux qui traversent cette région touristique. Les coteaux-de-pierrevert ont été reconnus en appellation d'origine contrôlée en 1998.

DOM. LA BLAQUE 2012 ★

| ■ | 35 000 | ⬤ | 5 à 8 € |

Valeur sûre de l'AOC pierrevert, ce domaine a été créé en 1987 par Gilles et Laurence Delsuc, œnologues formés à Dijon, à la tête d'un vignoble de 50 ha en conversion bio depuis 2011, implanté jusqu'à 600 m d'altitude sur les contreforts du Luberon.

Une belle expression de la syrah (95 %, le grenache en appoint). La couleur est sombre : l'annonce d'un vin de caractère. Ouvert sur des arômes multiples, le nez convoque les fruits noirs écrasés, les épices et des senteurs animales (fourrure). Après une attaque ronde, la structure tannique se manifeste avec beaucoup de présence. À attendre. ✘ 2014 (5 à 8 € ; 6 000 b.) Ⓑ : vin cité. ✘ 2015-2017

○┐ Dom. la Blaque, Dom. Châteauneuf, 04860 Pierrevert, tél. 04 92 72 39 71, domaine.lablaque@wanadoo.fr Ⓥ 🅚 🅛 t.l.j. sf dim. 8h-12h 14h-18h

PETRA VIRIDIS
Jean Giono 2014

| ■ | 20 000 | 🍷 | 5 à 8 € |

Cette coopérative créée en 1925 par un riche bourgeois marseillais, Auguste Bastide, fédère aujourd'hui 120 vignerons et quelque 340 ha de vignes (dont une partie en bio certifié depuis 2013), pour une dizaine de communes autour de Pierrevert.

Une importante proportion de syrah (80 %) dans ce 2014 qui mêle fruits rouges mûrs, cuir, garrigue et nuances végétales. La bouche se révèle assez sévère et tendue, étayée par des tanins encore fougueux. À attendre un peu. ✘ 2016-2019 ✘ entrecôte grillée

○┐ Cave Petra Viridis, 1, av. Auguste-Bastide, 04860 Pierrevert, tél. 04 92 72 19 06, technique@cave-pierrevert.com Ⓥ 🅚 🅛 t.l.j. 9h-12h 14h-18h

CH. RÉGUSSE 2014 ★

| ■ | 8 000 | 🍷 | 5 à 8 € |

Créé en 1970, ce domaine étend sur plus de 200 ha son vaste vignoble commandé par une bâtisse provençale ancienne. En 2003, ses fondateurs l'ont cédé à un groupe d'investisseurs qui ont confié la direction à Patrice Jérôme.

Cet assemblage de syrah-grenache (80-20) dévoile un petit côté sauvage au premier nez ; une légère aération révèle des notes fraîches de menthol, de fruits noirs et d'épices. La bouche, réglissée, est bien bâtie sur des tanins équilibrés et croquants, encore un brin sévères en finale toutefois. ✘ 2016-2020 ✘ rôti de bœuf aux poivrons ■ 2014 ★ (5 à 8 € ; 20 000 b.) : un vin généreusement fruité (litchi, fruits à chaire blanche, agrumes) au nez comme en bouche, rond et gras sans manquer de fraîcheur. Un ensemble équilibré. ✘ 2015-2018

○┐ SAS Régusse, rte de la Bastide-des-Jourdans, 04860 Pierrevert, tél. 04 92 72 30 44, domaine-de-regusse@wanadoo.fr Ⓥ 🅚 🅛 t.l.j. 9h30-12h30 14h30-19h30 ○┐ Munier

CH. DE ROUSSET 2014 ★

| ■ | 42 000 | 🍷 | 8 à 11 € |

Perché sur le versant sud du plateau de Valensole, ce domaine (28 ha de vignes, en conversion bio, et 10 ha d'oliviers) est dans la même famille depuis 1825. Il a été repris en 1986 par Hubert et Roseline Emery, rejoints en 2003 par leurs enfants Thomas et Camille.

De plaisantes nuances florales et de fruits à chair blanche composent un bouquet aussi avenant que la robe claire de ce rosé. La bouche, élégante et harmonieuse, offre du fruit, un bon volume, de la rondeur et une juste vivacité. ✗ 2015-2016 ᵀ rougets à la catalane ■ 2012 ★ (8 à 11 € ; 40 000 b.) : sous-bois et épices douces au premier nez, tabac blond et fruits secs à l'aération. La bouche, soyeuse et équilibrée, s'épanouit en finale sur un fruité généreux agrémenté de réglisse. ✗ 2015-2019 ■ 2014 (8 à 11 € ; 13 000 b.) : vin cité. ✗ 2015-2018

o━ Emery, 1267, D 4, 04800 Gréoux-les-Bains, tél. 04 92 72 62 49, chateaurousset@gmail.com Ⓥ 🅰 🔒 t.l.j. sf dim. 9h-12h30 14h-18h; f. sam. en janv.-fév.

CH. SAINT-JEAN LEZ DURANCE
Cuvée Pimayon 2014

■	10 000	🎔	5 à 8 €

Cette famille cultive la vigne depuis cinq générations sur ce domaine fondé en 1880 et niché sur des terrasses caillouteuses entre la Durance et le Luberon. En 2013, Jean-Guillaume d'Herbès a pris les rênes d'un vignoble de 24 ha en conversion bio.

Ce rosé « tendance », saumoné aux reflets bleutés, dévoile un bouquet aux accents légèrement muscatés, agrémenté de notes de coing et de pamplemousse. Franc à l'attaque, le palais renoue avec le fruit et présente un profil vif et alerte, voire un peu nerveux en finale. Parfait pour l'apéritif. ✗ 2015-2016 ᵀ beignets de légumes

o━ Ch. Saint-Jean lez Durance, Saint-Jean, 04100 Manosque, tél. 04 92 72 50 20, contact@ chateau-saint-jean.fr Ⓥ 🅰 🔒 t.l.j. sf dim. 9h-12h 14h-18h
o━ J.-G. d'Herbès

CÔTES-DU-VIVARAIS

Superficie : 439 ha / Production : 12 000 hl (95 % rouge et rosé)

À la limite nord-ouest des côtes-du-rhône méridionales, les côtes-du-vivarais chevauchent les départements de l'Ardèche et du Gard. Les vins, produits sur des terrains calcaires, sont essentiellement des rouges à base de grenache (30 % minimum), de syrah (30 % minimum), et des rosés, caractérisés par leur fraîcheur et à boire jeunes. Ce VDQS a été reconnu en AOC en 1999.

CLOS DE L'ABBÉ DUBOIS 2013 ★

■	12 000	🎔	5 à 8 €

L'abbé Dubois fut missionnaire en Inde au XVIIIᵉ s. avant de revenir dans son village natal de Saint-Remèze. Il y fit construire une maison provençale qui commande aujourd'hui un domaine de 26 ha, propriété de Claude Dumarcher depuis 1986.

Expressif, le bouquet de ce 2013 mi-grenache mi-syrah propose une dominante de fruits rouges. Tout aussi fruité, le palais se montre souple, rond et gras. Un

ensemble harmonieux et facile d'accès. ✗ 2015-2018 ᵀ bavette à l'échalote ■ 2013 (5 à 8 € ; 1 900 b.) : vin cité. ✗ 2015-2017

o━ Claude Dumarcher, Clos de l'Abbé Dubois, Le Village, 07700 Saint-Remèze, tél. 04 75 98 98 44, claudedumarcher@orange.fr Ⓥ 🅰 🔒 r.-v. 🏠 ❶ 🏠 Ⓖ

CROIX DES LAUZES 2013

■	25 000	⬥	5 à 8 €

Aux portes du parc régional des monts d'Ardèche, cinq caves coopératives se sont unies sous la même bannière des Vignerons des Coteaux d'Aubenas.

Encore un peu sur la retenue, ce 2013 dévoile à l'aération d'agréables nuances de pain grillé (dix mois de fût) et de fruits noirs. La réglisse complète cette palette dans une bouche souple et légère. Un vin simple et de bon goût. ✗ 2015-2018 ᵀ onglet grillé

o━ Les Vignerons des Coteaux d'Aubenas, 240, rte de la Cave-Coopérative, 07200 Saint-Étienne-de-Fontbellon, tél. 04 75 35 17 58, caves.vivaraises@wanadoo.fr Ⓥ 🅰 🔒 t.l.j. sf dim. 8h30-12h 14h-18h30

DOM. DE MERMÈS 2013

■	1 800	🎔	5 à 8 €

Situé au cœur de la basse Ardèche, à Gras, à une demi-heure de Vallon-Pont-d'Arc et des célèbres gorges de l'Ardèche, ce vignoble familial créé en 1931 s'étend sur 22 ha, à 365 m d'altitude, sous la protection de la Dent de Rez. Patrice Dumarcher et Séverine Comte sont aux commandes depuis 1995.

D'un beau rouge vif, cet assemblage grenache-syrah (60-40) s'ouvre sur des parfums intenses de fruits noirs relevés d'un peu d'épices. Le prélude à un palais rond et fruité, soutenu par des tanins légers. ✗ 2015-2018 ᵀ rôti de veau à la tomate

o━ GAEC Dom. de Mermès, Patrice Dumarcher et Séverine Comte, 07700 Gras, tél. 04 75 04 37 79, domainedemermes@wanadoo.fr Ⓥ 🅰 🔒 t.l.j. 9h-20h 🏠 Ⓔ

Ⓑ DOM. NOTRE-DAME DE COUSIGNAC 2014 ★

■	60 000	🎔	5 à 8 €

Ce domaine, qui doit son nom à la présence de la chapelle éponyme sur ses terres, est dans la famille Pommier depuis 1780 et sept générations. La culture de la vigne y est ancienne et le vignoble (60 ha répartis sur plus de 80 parcelles) est conduit en bio. Raphaël et Rachel Pommier se sont associés en 2004 avec la maison de négoce Ogier pour la diffusion de leurs vins.

L'intensité de la robe annonce celle du nez, centré sur des notes de raisin mûr, d'épices et de violette. Elle prélude aussi à celle du palais, rond, gras, fruité et long. Un bel ensemble harmonieux et expressif. ✗ 2016-2020 ᵀ papillote de lapin aux pruneaux ■ 2014 (8 à 11 € ; 4 000 b.) Ⓑ : vin cité. ✗ 2015-2016

o━ Dom. Notre-Dame de Cousignac, quartier de Cousignac, 07700 Bourg-Saint-Andéol, tél. 04 90 39 32 41, ogier@ogier.fr Ⓥ 🅰 🔒 r.-v. 🏠 Ⓖ

RHÔNE

→ LES VINS DOUX NATURELS DE LA VALLÉE DU RHÔNE

RASTEAU

Superficie : 38 ha / Production : 1 045 hl

Tout au nord du département du Vaucluse, ce vignoble s'étale sur deux formations distinctes : des sables, marnes et galets au nord ; des terrasses d'alluvions anciennes du Rhône (quaternaire), avec des galets roulés, au sud. Le grenache (90 % minimum) y fournit un vin doux naturel rouge ou doré.

Ⓑ DOM. DE BEAURENARD 2012		
■	1 500	◖	15 à 20 €

Depuis 1929, sept générations se sont succédé jusqu'à Daniel et Frédéric Coulon, à la tête d'un vignoble de 60 ha conduit en bio et biodynamie certifiés. Une valeur sûre de la vallée méridionale, en châteauneuf comme en rasteau (sec et doux) et en côtes-du-rhône.

Élevé vingt-quatre mois en fût, ce rasteau est apprécié pour son caractère traditionnel avec ses notes de pruneau et d'écorce d'orange. La bouche se montre solide, bien renforcée par le bois. Une bouteille qui vieillira bien, mais que l'on pourra apprécier aussi dans sa jeunesse. ✗ 2016-2023 ▼ fondant au chocolat

⊶ SCEA Paul Coulon et Fils, Dom. de Beaurenard, 10, av. Pierre-du-Luxembourg, 84230 Châteauneuf-du-Pape, tél. 04 90 83 71 79, paul.coulon@beaurenard.fr Ⓥ 🏃 🔺 t.l.j. sf dim. 9h-12h 13h30-17h30

Ⓑ DOM. DES COTEAUX DE TRAVERS 2014		
■	1 400	◖	8 à 11 €

Son grand-père cultivait la vigne en 1920. Robert Charavin conduit aujourd'hui, en bio certifié depuis 2010 (biodynamie en cours), un domaine de 14 ha régulier en qualité, qui tire son nom de ses coteaux exposés au soleil levant (« travers »).

Élevé six mois en vieilles barriques, ce rasteau se présente avec élégance dans une robe couleur cerise mûre. Le nez associe des nuances boisées à des arômes généreux de pâte de coings et de datte. La bouche se révèle ronde, suave et longue, à l'unisson du bouquet. ✗ 2016-2021 ▼ forêt-noire

⊶ Robert Charavin, Dom. des Coteaux des Travers, 15, rte de la Cave, 84110 Rasteau, tél. 04 90 46 13 69, coteaux-des-travers@rasteau.fr Ⓥ 🏃 🔺 t.l.j. sf dim. 10h-18h

Ⓑ ORTAS ★		
■	8 000	🍾	8 à 11 €

Fondée en 1925, cette coopérative qui regroupe plus de 700 ha de vignes est l'une des plus anciennes caves rhodaniennes et le principal producteur de l'AOC rasteau. Ortas est sa marque ombrelle.

Rond et suave sans lourdeur, ce rasteau offre au nez comme en bouche une belle intensité aromatique, mêlant notes de chocolat typiques du grenache surmûri, complétées d'amande grillée et de fruits rouges confits. ✗ 2017-2022 ▼ tarte au chocolat

⊶ Ortas - Cave de Rasteau, rte des Princes-d'Orange, 84110 Rasteau, tél. 04 90 10 90 14, rasteau@rasteau.com Ⓥ 🔺 t.l.j. 9h-12h30 14h-19h; juil. à sept. (9h-19h)

MUSCAT-DE-BEAUMES-DE-VENISE

Superficie : 490 ha / Production : 9 265 hl

Au nord de Carpentras se découpent les impressionnantes Dentelles de Montmirail. Le vignoble est implanté sur leur versant sud, dans un paysage qui doit ses couleurs à des calcaires grisâtres et à des marnes rouges. Une partie des sols est formée de sables, de marnes et de grès, une autre de terrains tourmentés datant du trias et du jurassique. Le seul cépage est le muscat à petits grains ; mais dans certaines parcelles, une mutation donne des raisins roses. Mutés à l'eau-de-vie comme les autres vins doux naturels, les vins doivent avoir au moins 110 g/l de sucre. Aromatiques, fruités et fins, ils trouvent toute leur place à l'apéritif et sur certains fromages ou desserts.

BALMA VENITIA Carte or 2013 ★		
■	40 300	🍾	15 à 20 €

Actrice prépondérante du vignoble de Beaumes-de-Venise, cette coopérative fondée en 1956 représente aujourd'hui 160 producteurs pour une superficie totale de 1 000 ha.

La dégustation débute par un bouquet expressif, bien typé et franc de fruits jaunes, d'agrumes et de fleurs blanches. Elle se poursuit par un palais ample et persistant, à l'unisson de l'olfaction. ✗ 2015-2019 ▼ foie gras

⊶ SCA Vignerons de Balma Venitia, 228, rte de Carpentras, 84190 Beaumes-de-Venise, tél. 04 90 12 41 14, vignerons@balmavenitia.fr Ⓥ 🏃 🔺 t.l.j. 10h-12h 14h-18h

DOM. DES ENCHANTEURS Ambre céleste 2013		
■	2 000	🍾	11 à 15 €

Un domaine de poche de 3 ha en conversion bio (AOC ventoux, muscat-de-beaumes-de-venise et IGP), établi entre les Dentelles de Montmirail et le mont Ventoux, créé en 2009 par deux passionnés, Catherine Desbois-Mouchel et Bertrand Scube, œnologue.

Légèrement citronné à l'olfaction, ce muscat offre en bouche des arômes suaves et gourmands de miel, mais reste franc et léger. Une bouteille harmonieuse, que l'on pourra servir dès aujourd'hui. ✗ 2015-2018 ▼ fromage de chèvre affiné

⊶ Dom. des Enchanteurs, 52, chem. d'Aubignan, 84330 Saint-Hippolyte-le-Graveyron, tél. 04 90 11 69 92, bertrand@domainedesenchanteurs.fr Ⓥ 🏃 🔺 r.-v.

Ⓑ DOM. DE FONTAVIN 2013 ★		
■	6 000	🍾	11 à 15 €

Situé au nord de Courthézon, ce domaine familial de 45 ha répartis dans huit communes et cinq appellations est dirigé depuis 1998 par Hélène Chouvet, œnologue, qui a converti le vignoble à l'agriculture biologique.

Un nez complexe, centré sur des notes élégantes de bois de santal et de fruits jaunes, caractérise ce muscat. Le palais, de bonne longueur, se montre souple, soyeux et bien équilibré par une pointe de fraîcheur. **I** 2015-2019 *Ⴤ* fromage à pâte persillée

o→ *Dom. de Fontavin, 1468, rte de la Plaine, 84350 Courthézon, tél. 04 90 70 72 14, helene-chouvet@ fontavin.com* **V** **烬** **桩** *t.l.j sf dim. 9h-12h15 14h-18h15*
o→ Chouvet Hélène

DOM. DU GRAND MONTMIRAIL 2013		
■ 5 800	桩	11 à 15 €

Productrice de la vallée du Rhône et de la Côte de Nuits, la famille Chéron, originaire de Bourgogne, conduit depuis 1981 cette vaste propriété de 72 ha (dont 48 ha de vignes) en forme d'amphithéâtre, établie au pied des Dentelles de Montmirail, sur le versant sud. Un domaine très régulier en qualité, que ce soit pour ses gigondas, ses vacqueyras ou ses beaumes-de-venise.

Le nez, discret, s'ouvre à l'agitation sur des notes délicates de poire mûre et de pétale de rose. La bouche, à l'unisson, se révèle ample et puissante. Une bouteille que l'on apprécie aussi bien dans sa jeunesse qu'après un peu de garde. **I** 2015-2020 *Ⴤ* foie gras

o→ *Dom. du Grand Montmirail, Le Grand-Montmirail, 84190 Gigondas, tél. 04 90 65 85 91, contact@ vignoblescheron.fr* **M** **烬** **桩** *t.l.j. sf sam. dim. 9h-12h 13h30-18h*

Ⓑ CH. JUVENAL 2014		
■ 2 800	桩	11 à 15 €

Établi sur le piémont sud du Graveyron, ce domaine est depuis 2001 propriété de la famille Forestier, qui s'est associée en 2011 avec Sébastien Alban dont les terres jouxtent celles du château.

D'un abord timide, le bouquet de ce muscat associe à l'aération des notes de rose et de fleur de sureau. La bouche se montre bien équilibrée entre les sucres résiduels et une fine acidité. Un bon classique. **I** 2015-2019 *Ⴤ* baba au rhum

o→ *Ch. Juvenal, 1080, rte de Caromb, 84330 Saint-Hippolyte-le-Graveyron, tél. 04 90 28 12 57, graveyron@gmail.com* **V** **烬** **桩** *t.l.j. 10h-12h 14h-18h*
🏠 Ⓖ 🏠 Ⓔ

Ⓑ LA LIGIÈRE 2013		
■ 6 600	桩	11 à 15 €

Héritier d'un grand-père et d'un père vignerons, Philippe Bernard a créé, avec son épouse Élisabeth, sa propre cave en 2008 pour vinifier les 50 ha de vignes familiales, conduits en bio certifié.

Tout en finesse, ce muscat offre des notes discrètes de fleurs blanches et d'abricot. Animée par un léger perlant à l'heure de la dégustation, la bouche se montre fraîche, souple et légère. Pour un plaisir immédiat. **I** 2015-2018 *Ⴤ* tarte aux abricots

o→ *Dom. la Ligière, 1385, chem. des Seyrels, 84190 Beaumes-de-Venise, tél. 04 90 62 98 00, laligiere@orange.fr* **V** **烬** **桩** *r.-v.* 🏠 Ⓔ

CH. SAINT-SAUVEUR		
Cuvée des moines 2013 ★		
■ 8 900	桩	11 à 15 €

Un domaine de 58 ha (en conversion au bio), ancien fief d'une famille de la noblesse du Comtat venaissin et propriété des Rey depuis 1936. Le caveau est installé dans une chapelle du XIIᵉ s., et la cave de vinification dans un ancien monastère.

Le nez, expressif, dévoile des notes fraîches de citron et de pamplemousse. La bouche se montre fine et tout aussi alerte, dominée par des arômes délicats de mandarine. **I** 2015-2019 *Ⴤ* tarte au citron meringuée

o→ *Ch. Saint-Sauveur, EARL Les Héritiers de Marcel Rey, 1451, av. Joseph-Vernet, 84810 Aubignan, tél. 04 90 62 60 39, vins@domaine-st-sauveur.fr* **V** **烬** **桩** *t.l.j. 9h15-12h15 14h15-19h; dim. sur r.-v.*
o→ Rey Guy

Les vins
de pays/IGP

Production : 12 Mhl, dont environ 80 %
en rouge et rosé

Principales régions : Languedoc-Roussillon
(85 % des volumes), PACA (9 %),
Midi-Pyrénées (8 %)

Répartition par catégories : 49 % en vins
de pays de région, 27 % comme vins de
zone local, 24 % en vins de pays de
département.

LES VINS DE PAYS/IGP

Depuis la réforme de classification des vins de 2009, les vins de pays (VDP) – qui faisaient partie jusqu'alors de la même catégorie que les vins de table – sont devenus des IGP (indications géographiques protégées). Ils rejoignent ainsi les AOC, inclus comme elles dans la famille des vins dotés d'une indication géographique. Ils fournissent aussi bien des vins de cépage que des vins « d'auteurs » issus de cépages oubliés ou d'assemblages inovants.

Des vins de pays aux IGP Créés à la fin des années 1960 pour résoudre la crise des vins de table boudés par les consommateurs, les vins de pays étaient à l'origine de simples vins de table personnalisés par une provenance géographique. Ils sont depuis le 1er août 2009 des indications géographiques protégées (IGP). À ce titre, ils rejoignent les AOC (AOP selon la terminologie européenne) dans la catégorie des vins à indication géographique et sont donc gérés par l'Inao, organisme responsable de tous les signes d'origine et de qualité. Néanmoins, cette mutation de vin de pays en IGP n'est pas automatique, et chaque syndicat viticole gérant un VDP avait jusqu'à fin juin 2011 pour déposer un dossier de passage en IGP auprès de l'Inao, qui devait le transmettre après validation à la Commission européenne, pour étude et enregistrement. Pendant cette période de transition, les producteurs ont le choix pour l'étiquetage : ils peuvent conserver la mention « vin de pays », utiliser la mention « indication géographique protégée » ou les deux conjointement.

Trois catégories Il existe trois catégories d'IGP, selon l'extension de la zone géographique dans laquelle ils sont produits et qui compose leur dénomination : IGP « régionaux », issus de six grandes zones regroupant plusieurs départements (Val de Loire, Atlantique, Comté tolosan, Pays d'Oc, Méditerranée, Comtés rhodaniens et Franche-Comté) ; IGP de département, à l'exclusion toutefois des départements dont le nom est aussi celui d'une appellation (Jura, Savoie, Corse) ; enfin, IGP de zone provenant d'une entité restreinte correspondant parfois à un ou plusieurs cantons, une vallée ou une commune (ex. : Côte Vermeille, Côtes de Meuse, Cité de Carcassonne).

Le Languedoc en tête Les vins de pays représentent un gros quart de la production française en volume (entre 25 et 30 % selon les millésimes). La première région de production est le Languedoc-Roussillon, avec 85 % des volumes, très loin devant les régions PACA (9 %) et Midi-Pyrénées (8 %).

Des vins de cépages ou des vins d'assemblage originaux Le principal intérêt des vins de pays est la souplesse d'utilisation des cépages dont ils disposent. C'est ainsi que s'est développée la catégorie des « vins de cépage », cuvées élaborées à partir d'une unique variété de raisin fièrement affichée sur l'étiquette. Pour le producteur, les vins de pays offrent une possibilité de s'exprimer différemment, en dehors des canons de l'appellation d'origine, soit parce que les variétés qu'il utilise sont interdites dans les AOC locales, soit parce qu'il les emploie dans des proportions différentes de celles prévues en appellation. C'est également un moyen de compléter une offre en proposant une entrée de gamme, car les vins de pays, moins coûteux à produire, sont souvent vendus moins cher que les vins d'appellation. Les coopératives s'en sont d'ailleurs fait une spécialité et on y trouve des cuvées de vins de pays agréables, permettant une première approche des cépages et de la région.

→ VALLÉE DE LA LOIRE

Les vins de pays du Val de Loire, dénomination régionale, représentent à eux seuls 95 % de l'ensemble des IGP produites en vallée de la Loire ; une vaste région qui regroupe quatorze départements : Maine-et-Loire, Indre-et-Loire, Loiret, Loire-Atlantique, Loir-et-Cher, Indre, Allier, Deux-Sèvres, Puy-de-Dôme, Sarthe, Vendée, Vienne, Cher, Nièvre. À ces vins s'ajoutent les vins de pays de départements et les vins de pays de petites zones : Coteaux de la Charité, Coteaux de Tannay (Nièvre), Coteaux du Cher et de l'Arnon (entre l'Indre et le Cher) et Calvados (Basse-Normandie).
La production globale repose sur les cépages traditionnels de la région. Les vins blancs qui représentent 50 % de la production sont secs, frais et fruités, et principalement issus des cépages chardonnay, sauvignon et grolleau gris. Les vins rouges et rosés proviennent le plus souvent des cépages gamay, cabernet franc, pinot noir et grolleau noir. Ces vins

de pays sont, en général, à servir jeunes. Cependant, dans certains millésimes, le cabernet peut se bonifier en vieillissant.

CALVADOS

ARPENTS DU SOLEIL Grisy Auxerrois 2014

18 000	🔖	8 à 11 €

Habitué du Guide, Gérard Samson est « le » vigneron du Calvados, installé depuis 1995 sur les terres argilo-calcaires de Saint-Pierre-sur-Dives, à la tête d'un petit vignoble de 5 ha.
Dix-septième millésime pour Gérard Samson, qui n'a que peu souvent raté le rendez-vous du Guide. Il propose ici un blanc aimable, floral et fruité à l'olfaction, d'un agréable rondeur en bouche, soulignée par une fine fraîcheur acidulée. (Bouteilles de 50 cl.) ✗ 2015-2017 ♈ comté jeune
⌚ Gérard Samson, Arpents du Soleil, Grisy, 14170 Saint-Pierre-sur-Dives, tél. 02 31 40 71 82, gerard.samson979@orange.fr Ⓥ 🚶 lun. ven. 14h-18h30 ; 1er sam. du mois 10h-17h

CÔTES DE LA CHARITÉ

SERGE DAGUENEAU ET FILLES
Les Montées de Saint-Lay Chardonnay 2013 ★

	1 200	◖◗	8 à 11 €

Ce domaine créé par l'arrière-grand-mère Léontine au début du XXes. a été repris en 2006 par Florence et Valérie Dagueneau, les filles de Serge. Florence disparue prématurément, Valérie conduit seule les 20 ha de vignes familiales.

Au nez, d'intenses notes toastées léguées par les douze mois de barrique accompagnent les nuances de fleurs blanches et de beurre frais typiques du chardonnay. On retrouve les arômes « barriqués » et floraux dans un palais gras et rond, équilibré par une fine trame acide. ✗ 2015-2019 ♥ escalope de veau à la crème

o– Serge Dagueneau et Filles, Les Berthiers, 22, rue du Mont Beauvois, 58150 Saint-Andelain, tél. 03 86 39 11 18, sergedagueneaufilles@wanadoo.fr Ⓥ 🏠 🛏 r.-v.

DOM. LA PETITE FORGE 2013

	2 900	◖◗	5 à 8 €

C'est à l'emplacement d'une ancienne forge qui dépendait du prieuré de La Charité-sur-Loire que le vignoble des Côtes de la Charité a connu sa renaissance, sous l'impulsion de la famille Pabion. Daniel et Katrin Pabion sont aux commandes de 20 ha de vignes depuis 1980.

Tabac blond et épices signent les dix mois de fût, fruits rouges mûrs et violette évoquent le cépage. En bouche, on découvre un vin rond, souple et léger, floral et boisé avec mesure. Sobre et de bon goût. ✗ 2015-2017 ♥ paupiettes de veau

o– Daniel et Katrin Pabion, 136, chem. de la Petite-Forge, 58400 Raveau, tél. 03 86 70 30 80, petiteforge@yahoo.fr Ⓥ 🏠 🛏 r.-v.

PUY-DE-DÔME

DOM. DE LACHAUX
Pinot noir Fût de chêne 2012 ★

	3 500	◖◗	5 à 8 €

Thierry Sciortino est à la tête de ce domaine de 6 ha depuis 1998. C'est dans une belle bâtisse en pierre d'arkose avec une jolie vue sur le massif du Sancy que le vigneron accueille les amateurs de vins auvergnats.

Le pinot noir donne ici un vin généreux, ouvert sur des notes d'épices, de fruits rouges mûrs et de cuir, rond et chaleureux en bouche, épaulé par des tanins fondus, un brin plus austères en finale. ✗ 2016-2020 ♥ coq au vin

o– GAEC du Dom. de Lachaux, 1, chem. du Domaine, Lachaux, 63270 Vic-le-Comte, tél. 06 64 18 48 84, thsciortino@aol.com Ⓥ 🏠 🛏 r.-v.
o– Thierry et Yolande Sciortino

BENOÎT MONTEL
Pinot noir Les Groslières 2014 ★★

	1 000	🏺	5 à 8 €

Après des études au lycée viticole de Beaune suivies de quatre ans de vinification à Puligny-Montrachet, Benoît

Montel a créé son propre domaine en 1999. Son vignoble de 10 ha s'étend de Riom à Clermont-Ferrand.

Une belle robe sombre annonce un vin de caractère, ce que confirme le nez, ouvert sur des arômes généreux de fruits noirs confiturés agrémentés d'une petite touche animale. Suivant la même ligne aromatique, la bouche se révèle riche, opulente et concentrée, portée par des tanins soyeux et ronds. Une longue finale fruitée laisse le souvenir d'un vin épanoui. ✗ 2015-2020 ♥ bœuf bourguignon

o– EARL Benoît Montel, 6, rue Henri-et-Gilberte-Goudier, ZI La Varenne, 63200 Riom, tél. 06 32 00 81 05, benoit-montel@orange.fr Ⓥ 🏠 🛏 r.-v.

VAL DE LOIRE

DOM. DE BEAUREGARD
Cabernet franc Gourmand 2014 ★

	14 000		- de 5 €

Ce domaine familial créé en 1972 par Jean-Noël Macé est depuis 2003 conduit par son fils Éric. Le vignoble compte aujourd'hui 34 ha.

Poivron, épices, fruits rouges, le nez de ce 2014 fleure bon le cabernet franc. On retrouve la marque du cépage dans une bouche ronde et intense, aux tanins souples et fondus. ✗ 2015-2018 ♥ steak frites

o– Éric Macé, Beauregard, 49600 La Chaussaire, tél. 02 41 56 73 84, beauregard.viticulteur@orange.fr Ⓥ 🏠 🛏 r.-v.

DOM. DE BELLEVUE Chardonnay 2014 ★

	5 000	🏺	- de 5 €

Représentant la cinquième génération, Raphaël Midoir a succédé à son père en 1997 sur la propriété familiale située au cœur de la Sologne viticole. Réputé pour ses crémants, ce domaine de 27 ha se distingue également par ses touraines blancs et rosés.

Bien typé chardonnay, le nez de ce 2014 associe fleurs blanches et légères notes briochées. En bouche, l'équilibre est de rigueur entre une matière ronde et charnue, un fruité soutenu (pêche, abricot) et une fine acidité qui apporte une bonne allonge. ✗ 2015-2017 ♥ quenelles de brochet ▪ 2014 (- de 5 € ; 12 000 b.) : vin cité. ✗ 2015-2016

o– Dom. de Bellevue, 380, rue de la Grande-Brosse, 41700 Chémery, tél. 02 54 71 83 58, domainedebellevue41@orange.fr Ⓥ 🏠 🛏 t.l.j. sf dim. 8h30-13h 14h-19h o– Raphaël Midoir

DOM. DU BOIS PERRON Chardonnay 2014 ★

	2 000	🏺	- de 5 €

Situé sur la route touristique des moulins, dans un territoire vallonné, le vignoble familial du Bois-Perron a pris de l'ampleur depuis sa création en 1949. Couvrant à l'origine 2 ha, il en compte aujourd'hui 34.

Un nez expressif de pêche et de fleurs blanches ouvre la dégustation de belle manière. Celle-ci se poursuit avec la même intensité dans une bouche suave et gourmande, stimulée par une finale plus tonique. ✗ 2015-2017 ♥ salade de la mer

o– GAEC du Bois-Perron, Le Perron, 44430 Le Loroux-Bottereau, tél. 02 51 71 90 63, du-bois-perron@orange.fr Ⓥ 🏠 🛏 r.-v.

VDP/GP

Les vins de pays

IGP régionale
— Val de loire
— Franche-comté
— Comtés rhodaniens
— Méditerranée
— Pays d'oc
— Comté tolosan
— Atlantique

VAR IGP départementale

❶ à ㊳ IGP de zone

Dénominations des IGP de zone

❶ Côtes de Meuse
❷ Coteaux de Coiffy
❸ Sainte-Marie-la-Blanche
❹ Coteaux de l'Auxois
❺ Coteaux de Tannay
❻ Côtes de la Charité
❼ Coteaux du Cher et de l'Arnon
❽ Vin des Allobroges
❾ Urfé
❿ Collines rhodaniennes
⓫ Coteaux des Baronnies
⓬ Maures
⓭ Mont Caume
⓮ Alpilles
⓯ Cévennes
⓰ Coteaux du Pont du Gard
⓱ Sable de Camargue
⓲ Côtes de Thongue
⓳ Côtes de Thau
⓴ Coteaux du Libron
㉑ Coteaux d'Ensérune
㉒ Vicomté d'Aumelas
㉓ Saint-Guilhem-le-Désert
㉔ Haute Vallée de l'Orb
㉕ Coteaux de Narbonne
㉖ Cité de Carcassonne
㉗ Vallée du Paradis
㉘ Vallée du Torgan
㉙ Haute Vallée de l'Aude
㉚ Coteaux de Peyriac
㉛ Le Pays Cathare
㉜ Côte Vermeille
㉝ Côtes de Gascogne
㉞ Thézac-Perricard
㉟ Agenais
㊱ Lavilledieu
㊲ Côtes du Tarn
㊳ Coteaux de Glanes

----- Limites de département

Nord

S-DE-CALAIS · NORD

Lille

Amiens
SOMME

OISE

AISNE

ARDENNES

MEUSE

Reims

PARIS

SEINE-
ET-MARNE

ONNE

MARNE

Châlons-en-
Champagne ❶

Metz

MOSELLE

Nancy

MEURTHE-
ET-MOSELLE

BAS-
RHIN

Strasbourg

AUBE

Troyes

Seine

HAUTE-
MARNE

Marne

❷

HAUTE-
SAÔNE

Colmar

HAUT-
RHIN

TERR. DE
BELFORT

Rhin

Yonne

Auxerre

YONNE

CÔTE-D'OR

Dijon

Saône

Besançon

DOUBS

FRANCHE-
COMTÉ

LOIRET

Loire

❺

❹

Beaune

❸

CHER

Cher

NIÈVRE

❻ Nevers

JURA

SAÔNE-ET-LOIRE

ALLIER

Mâcon

COTEAUX
DE L'AIN

USE

Clermont-
Ferrand

Roanne

RHÔNE

❾ Lyon

LOIRE

HAUTE-SAVOIE

❽ Annecy

Rhône

Chambéry

COMTÉS
RHODANIENS

PUY-DE-DÔME

Allier

Loire

Vienne

SAVOIE

❿

CANTAL

HAUTE-
LOIRE

Valence

DRÔME

ISÈRE

Lot

LOZÈRE

ARDÈCHE

Rhône

Die

Montélimar

HAUTES-
ALPES

VEYRON

⓫

ALPES-
DE-HAUTE-
PROVENCE

⓯ GARD

VAUCLUSE

Nîmes

⓰ Avignon

ALPES-
MARITIMES

⓳

Montpellier

⓴

⓴

⓴

⓱

BOUCHES-
DU-RHÔNE

⓮

VAR

Nice

PAYS
D'HÉRAULT

Marseille

⓬

MÉDITERRANÉE

HAUTE-CORSE

Bastia

⓱

⓭

Toulon

Narbonne

AUDE

PAYS D'OC

ÎLE DE
BEAUTÉ

PYRÉNÉES-ORIENTALES

CÔTES
TALANES

Perpignan

⓲

Ajaccio

CORSE-
DU-SUD

0   50   100 km

DOM. DE LA CHESNAIE 2014 ★

| | 13 000 | | 5 à 8 € |

La famille Chéreau Carré est établie dans la région depuis 1412. En 1953, Monsieur Chéreau acquiert le Ch. de Chasseloir. Son mariage avec Edmonde Carré, qui possède le Ch. de l'Oiselinière de la Ramée, permet d'agrandir le vignoble. Depuis 2003, Bernard Chéreau est aux commandes. Il possède aussi le Dom. de la Chesnaie et le Dom. du Bois Bruley.

Une robe très pâle habille ce vin apprécié pour sa finesse aromatique : fleurs blanches, pamplemousse, nuances minérales. Finesse que prolonge un palais bien équilibré, offrant du gras, de la rondeur et une acidité bien proportionnée qui étire la finale. ✗ 2015-2017 ❦ huîtres

○┐ *Bernard Chéreau, La Chasseloir,*
44690 Saint-Fiacre-sur-Maine, tél. 02 40 54 81 15,
contact@chereau-carre.fr 🆅 🍴 🛏 *t.l.j. 9h-12h 14h-17h;*
sam. dim. sur r.-v.

DOM. DE LA COCHE
Pays de Retz Grolleau gris 2014

| | 9 000 | 🍾 | 5 à 8 € |

Située à l'extrême ouest du vignoble nantais, Sainte-Pazanne est une commune principalement tournée vers l'agriculture. Un îlot viticole demeure : celui des cousins Emmanuel et Laurent Guitteny, à la tête depuis 2000 d'un vignoble de 30 ha.

Si le premier nez se montre réservé, l'aération libère de plaisantes notes de fleurs blanches et de pierre à fusil. Une touche d'abricot confit complète cette palette aromatique dans une bouche équilibrée, ni trop riche ni trop vive. ✗ 2015-2017 ❦ sardines grillées ■ Pays de Retz Sauvignon gris Le Paradis 2014 (8 à 11 € ; 4 000 b.) : vin cité. ✗ 2015-2017

○┐ *SCEA Dom. de la Coche, 44680 Sainte-Pazanne,*
tél. 02 40 02 44 43, contact@domainedelacoche.com
🆅 🍴 🛏 *t.l.j. sf dim. lun. 10h-12h 14h-19h*

VIGNOBLE COGNÉ Sauvignon Del Ys 2014

| | 10 000 | 🍾 | 5 à 8 € |

L'une des valeurs sûres de l'IGP Val de Loire, connue aussi sous l'étiquette Dom. de la Couperie, avec laquelle la famille Cogné a déjà décroché plusieurs coups de cœur. Le vignoble s'étend sur 45 ha.

Une vigne de vingt-cinq ans est à l'origine de cette cuvée au nez franc de fruits blancs et d'agrumes mâtinés de nuances minérales et fumées. Une même netteté caractérise le palais, vif, tonique et de bonne longueur. Un ensemble bien typé. ✗ 2015-2017 ❦ fruits de mer

○┐ *EARL Vignoble Cogné, 227, La Couperie,*
49270 Saint-Christophe-la-Couperie, tél. 02 40 83 73 16,
cogne.vin@orange.fr 🆅 🛏 *r.-v.*

DOM. DU COING DE SAINT-FIACRE
Chardonnay Cuvée Aurore 2014

| | 33 000 | 🍾 | 5 à 8 € |

Véronique Günther-Chéreau a décidé en 1989 de délaisser la pharmacie pour s'occuper de cette propriété viticole du XVIIIᵉs. située au confluent de la Sèvre et de la Maine, et acquise par son père en 1973.

Plantée sur des schistes tendres, cette vigne de chardonnay a donné naissance à un vin très pâle, au nez

« explosif » de fleurs blanches, de fruits frais et d'amande. Ronde et fruité en attaque, la bouche offre ensuite un profil plus vif aux tonalités citronnées. L'ensemble est équilibré et élégant. ✗ 2015-2017 ❦ poulet au citron

○┐ *Véronique Günther-Chéreau, Ch. du Coing,*
44690 Saint-Fiacre-sur-Maine, tél. 02 40 54 85 24,
contact@vgc.fr 🆅 🍴 🛏 *t.l.j. 9h-13h 14h-18h; sam. dim.*
sur r.-v.

DOM. DES COTEAUX BLANCS Sauvignon 2014 ★

| | 10 000 | | 5 à 8 € |

Arnaud Hilpert a repris en 2015 ce domaine créé en 1980 à Chalonnes-sur-Loire, en plein cœur de la corniche angevine. Il conduit un vignoble de 15 ha.

Une vigne de sauvignon plantée sur schistes a donné naissance à cette cuvée à dominante florale (genêt), nuancée d'agrumes. Ronde en attaque, la bouche glisse doucement mais sûrement vers plus de vivacité, pour s'achever sur une belle finale énergique et acidulée. ✗ 2015-2017 ❦ fruits de mer

○┐ *Arnaud Hilpert, Les Coteaux blancs,*
49290 Chalonnes-sur-Loire, tél. 02 41 78 27 97,
coteauxblancs@orange.fr 🆅 🍴 🛏 *r.-v.*

DOM. COUILLAUD
Chardonnay Cuvée Prestige 2014 ★

| | 120 000 | 🍾 ⬤ | 5 à 8 € |

Bernard, Michel et François Couillaud ont acquis en 1979 le Ch. de la Ragotière, ancienne maison noble ayant appartenu à un compagnon d'armes de Du Guesclin. Ils pratiquent la lutte raisonnée sur leur vignoble de 70 ha d'un seul tenant.

Le bouquet associe les notes grillées de la barrique aux fruits exotiques, aux agrumes et à l'amande. Un bon mariage bois-cépage que met aussi en relief un palais gras et rond, stimulé par une agréable amertume en finale. ✗ 2015-2018 ❦ saumon au beurre blanc

○┐ *SCEA de la Ragotière, Ch. de la Ragotière,*
44330 La Regrippière, tél. 02 40 33 60 56,
freres.couillaud@wanadoo.fr 🆅 🍴 🛏 *t.l.j. sf sam. dim.*
8h-12h 14h-18h ○┐ *Frères Couillaud*

VIGNOBLE DAHERON Épicure 2014 ★★

| | 1 500 | 🍾 | 5 à 8 € |

Situé entre Corcoué-sur-Logne et Rocheservière, sur un terroir de roches vertes, ce domaine familial date de la fin du XVIIIᵉs. Il couvre aujourd'hui 63 ha.

Tout proche du coup de cœur, cette cuvée issue de sauvignon (80 %) et de chardonnay dévoile un bouquet élégant de fleurs blanches, de pêche et de pamplemousse rose. La bouche se révèle intense, chaleureuse et ronde, équilibrée par une pointe de vivacité parfaitement ajustée. ✗ 2015-2018 ❦ soufflé au fromage

○┐ *EARL Pierre Daheron, 9, Le Parc,*
44650 Corcoué-sur-Logne, tél. 02 40 05 86 11,
contact@vignoble-daheron.fr 🆅 🍴 🛏 *r.-v.*

♥ DOM. DE L'ÉPINAY Sauvignon gris 2014 ★★

| | 10 000 | 🍾 | - de 5 € |

Ce domaine, propriété d'un riche négociant nantais au XVIIᵉs., est dans la famille Paquereau depuis quatre

générations. À sa tête aujourd'hui, les frères Sylvain et Cyrille, installés en 2000 et 2006, ont engagé la conversion bio du vignoble (37 ha).

Ce pur sauvignon gris se distingue de bout en bout par sa finesse. Finesse de la robe, éclatante de limpidité. Finesse du bouquet, ouvert sur de délicates notes de fleurs blanches, de fruit de la Passion et d'agrumes. Finesse du palais, centré sur les fruits blancs légèrement compotés, long et frais, souple et soyeux. Un blanc caressant que l'on verrait bien sur un poisson noble. ✗ 2015-2017 ♼ filet de bar en papillote ■ Espinose Merlot Cabernet franc 2013 (- de 5 € ; 6 000 b.) : vin cité. ✗ 2016-2019

☛ EARL Cyrille et Sylvain Paquereau, L'Épinay, 20, rte de la Sablette, 44190 Clisson, tél. 02 40 36 13 57, domaine-epinay@orange.fr Ⓥ Ⓚ Ⓣ t.l.j. 9h-12h30 14h-18h; f. sept.

❤ DOM. DU FRESNE
Sauvignon 2014 ★★

| | 20 000 | î | - de 5 € |

Cet château du XVᵉs. bâti en pierre de schiste a gardé de son architecture d'origine une tourelle ronde. Constitué en 1927, le vignoble de 90 ha est conduit depuis 2010 par trois associés, Nicolas Richez, David Maugin et Yannis Bretault.

Ce vin blanc de haute expression dévoile un bouquet intense et particulièrement complexe : zeste d'orange, pamplemousse, groseille blanche, buis, épices douces. Mais ce n'est pas là sa seule qualité : puissant, gras, suave et tonique à la fois, très long, il propose un palais d'un équilibre admirable, agrémenté d'originales notes maltées. Le sauvignon à son meilleur. ♼ cassolettes de moules

☛ Ch. du Fresne, 25 bis, rue des Monts, 49380 Faye-d'Anjou, tél. 02 41 54 30 88, contact@ chateaudufresneanjou.com Ⓥ Ⓚ Ⓣ t.l.j. sf dim. 8h-12h 14h-19h

DOM. DE LA GACHÈRE Sauvignon 2014 ★

| | 5 000 | | - de 5 € |

Ce domaine familial de 30 ha est situé dans les Deux-Sèvres, aux confins méridionaux du vignoble angevin. Les frères jumeaux Alain et Gilles Lemoine ont pris la succession de leur père Claude en 1998.

Le nez bien typé de ce 2014 associe les agrumes, les fruits exotiques et une touche de réglisse. Une attaque suave introduit un palais rond et souple qui offre un bel écho à l'olfaction, agrémenté d'une originale note de thym et stimulé par d'agréables amers en finale. ✗ 2015-2018 ♼ omelette aux herbes

☛ Alain et Gilles Lemoine, Dom. de la Gachère, 79290 Saint-Pierre-à-Champ, tél. 05 49 96 81 03, gachere@orange.fr Ⓥ Ⓚ Ⓣ r.-v.

DOM. LES GILLIÈRES Chardonnay 2014 ★

| | 20 000 | î | - de 5 € |

Cet important domaine de quelque 88 ha est principalement installé dans l'aire d'appellation du muscadet-sèvre-et-maine, mais il a étendu son activité à Corcoué-sur-Logne dans l'AOC muscadet-côtes-de-grandlieu.

Une belle finesse et une agréable fraîcheur s'exhale du verre autour de parfums de fleurs blanches, d'agrumes et de fruits blancs. Sensations prolongées avec élégance par une bouche bien équilibrée entre alcool et acidité, et animée par une finale tonique sur la pomme verte. ✗ 2015-2017 ♼ gougères au fromage ■ 2014 (- de 5 € ; 70 000 b.) : vin cité. ✗ 2015-2016

☛ SAS des Gillières, 44690 La Haye-Fouassière, tél. 02 40 54 80 05, info@lesgillieres.com Ⓥ Ⓚ Ⓣ r.-v.

DOM. LE GRAND FÉ Grolleau 2014 ★

| ■ | 20 000 | î | - de 5 € |

À la tête de l'exploitation depuis 2003, Jean Boutin dispose de 24 ha. Une partie du vignoble entoure un ancien relais de poste du XVIIIᵉs. transformé en chai.

De jeunes ceps de grolleau de quinze ans sont à l'origine de ce vin bien typé par son bouquet de fruits rouges relevés de poivre. La bouche suit la même ligne aromatique et offre un bon équilibre entre une chair ronde et souple et une fine fraîcheur mentholée. Une belle introduction pour qui veut découvrir ce cépage sympathique. ✗ 2015-2016 ♼ terrine de lapin ■ Gamay noir 2014 (- de 5 € ; 5 000 b.) : vin cité ✗ 2015-2016

☛ EARL Jean Boutin, 8, Le Poirier, 44310 La Limouzinière, tél. 06 80 08 69 40, jean.boutin1@bbox.fr Ⓥ Ⓚ Ⓣ t.l.j. sf dim. 10h-12h30 15h-19h30; sam. 10h-12h30

GUILBAUD FRÈRES Cabernet franc Excelsus 2014

| ■ | 3 600 | | - de 5 € |

Cette maison de négoce a été créée en 1927 par l'arrière-grand-père et le grand-oncle des actuels propriétaires, aux commandes depuis 1983.

Un rosé de cabernet franc très pâle, au nez fin de fleurs blanches, d'épices et de fruits rouges. Une finesse que ne renie pas le palais, frais, souple, délicatement floral et fruité. ✗ 2015-2016 ♼ beignets de légumes

☛ GMVL SAS Guilbaud Frères, BP 49601, 44196 Clisson Cedex, tél. 02 40 06 90 69 Ⓥ r.-v.

DOM. LES HAUTES NOËLLES Red Gamay 2014 ★

| ■ | 13 000 | î | 5 à 8 € |

Propriété familiale créée en 1930 et reprise en 2010 par Jean-Pierre Guedon qui réalise son rêve de devenir vigneron après une carrière de chef d'entreprise. Le domaine de 25 ha est en bio certifié depuis 2012.

Le gamay sous son meilleur jour. Robe dense et profonde, bouquet intense et friand de fruits rouges rehaussés d'épices et de menthol. Bouche à l'unisson, souple, ronde et soyeuse, avec une belle fraîcheur en filigrane. Tout est en place, bien équilibré et prêt à passer à table. ✗ 2015-2017 ♼ poulet basquaise

☛ Dom. les Hautes Noëlles, La Haute-Galerie, rue de Nantes, 44710 Saint-Léger-les-Vignes, tél. 02 40 31 53 49, domaine@les-hautes-noelles.com Ⓥ Ⓚ Ⓣ r.-v. ☛ Jean-Pierre Guedon

DOM. DES HAUTS SENTIERS Sauvignon 2014

| | 5 000 | | â | | - de 5 € |

Vignoble familial appartenant à la famille Roux depuis quatre générations, ce domaine couvre 40 ha. Abel Roux est aux commandes depuis 1993.

Citron, pamplemousse, buis et nuances anisées, le bouquet ne laisse aucun doute sur le cépage à l'origine de ce vin. La bouche se révèle quant à elle épicée, riche et onctueuse, rehaussée en finale par une pointe de vivacité bienvenue. ✗ 2015-2017 ❦ rillettes de saumon

☛ SCEA Roux, 23, rue des Moulins, 49700 Les Ulmes, tél. 02 41 38 34 68, scea.rouxfils@wanadoo.fr
Ⓥ ⚹ ⬆ r.-v.

DOM. DE LA HOUSSAIS Gamay 2014 ★

| | 9 000 | | â | | - de 5 € |

Bordé par le vaste marais de Goulaine (près de 2 000 ha), importante réserve naturelle, ce domaine de 25 ha, piloté par David et Bernard Gratas, est influencé par un microclimat favorable à la précocité des vignes.

Le gamay a donné naissance à un vin bien typé, au nez fruité à souhait (cassis, framboise) et un brin épicé. Arômes auquel fait écho un palais rond, souple et onctueux, aux tanins soyeux et bien fondus. Pourquoi attendre ? ✗ 2015-2017 ❦ tartare de bœuf

☛ EARL Bernard et David Gratas, La Houssais, 44430 Le Landreau, tél. 02 40 06 44 27, domainedelahoussais@orange.fr Ⓥ ⚹ ⬆ r.-v.

OLIVIER JARD Sauvignon Révélation 2014

| | 4 000 | | â | | - de 5 € |

Issus d'une lignée de vignerons remontant à 1830, Gabriel et Gilles Jard ont repris le Ch. de Rosnay qui ne comptait alors que quelques hectares. Christian Jard leur a succédé en 1992, épaulé par son fils Olivier. Après agrandissement, le vignoble couvre 85 ha, complété par une structure de négoce.

Bien typée sauvignon, cette cuvée associe à l'olfaction agrumes, fruits exotiques, buis et notes fumées. D'un bon volume, frais, énergique et persistant, le palais est au diapason. Un vin harmonieux que vous ne trouverez qu'en grande distribution. ✗ 2015-2017 ❦ fruits de mer

☛ Maison Jard, rte de Marcueil, 85320 Rosnay, tél. 02 51 30 59 06, maison.jard@wanadoo.fr
Ⓥ ⚹ ⬆ r.-v.

DOM. MADELEINEAU Gamay 2014 ★

| | 6 000 | | â | | - de 5 € |

Ce domaine familial de 30 ha créé en 1982 est bien connu des lecteurs du Guide à travers plusieurs étiquettes comme le Dom. de l'Errière et le Dom. de la Taraudière en muscadet-sèvre-et-maine et gros-plant-du-pays-nantais.

Fin et élégant, ce vin livre un bouquet expressif de fleurs blanches et de fruits rouges. Une belle attaque souple et franche introduit un palais à l'unisson du bouquet, friand et de bonne longueur. ✗ 2015-2016 ❦ assiette de charcuterie

☛ GAEC Madeleineau, L'Errière, 44430 Le Landreau, tél. 02 40 06 43 94, domainemadeleineau@orange.fr
Ⓥ ⚹ ⬆ r.-v.

Ⓑ MARIGNY-NEUF Pinot Noir 2014

| | 50 000 | | â | | 8 à 11 € |

Frédéric Brochet crée à vingt-trois ans, alors qu'il rédige sa thèse de doctorat en œnologie, son petit domaine à partir des 49 ares de vignes paternelles. C'est l'origine d'Ampelidae, né dans la cave familiale de La Mailleterie. Aujourd'hui, son vignoble en couvre plus de 100 ha morcelés sur une trentaine de kilomètres autour de Marigny-Brizay et répartis sur plusieurs propriétés, complétés par une activité de négoce.

Fruits noirs, violette, sous-bois, le nez est engageant. En bouche, la fraîcheur, voire la nervosité en finale, domine et accompagne des tanins souples et fondus. Un vin dynamique et plaisant. ✗ 2015-2018 ❦ filet mignon de porc

☛ Ampelidae, Manoir de Lavauguyot, 86380 Marigny-Brizay, tél. 05 49 88 18 18, ampelidae@ampelidae.com Ⓥ ⚹ ⬆ t.l.j. sf dim. 9h-12h 14h-18h ☛ Brochet

DOM. DU MOULIN CAMUS Chardonnay 2014 ★

| | 72 000 | | | | - de 5 € |

Catherine Boulanger, qui a pris la suite de son père sur l'exploitation familiale, est aujourd'hui épaulée par son mari François pour conduire les 45 ha du vignoble, situé dans la région nantaise.

Le chardonnay planté sur un terroir de micaschistes a donné ici naissance à une cuvée au nez délicat de fleurs blanches. La pêche prend le relais dans une bouche alerte, fraîche et persistante. Un joli « blanc plaisir » à boire sur le fruit. ✗ 2015-2017 ❦ salade de chèvre chaud

☛ Huteau-Boulanger, 41, rue Saint-Vincent, 44330 Vallet, tél. 02 40 33 93 05, domainedumoulincamus@wanadoo.fr Ⓥ ⚹ ⬆ r.-v.

♥ VIGNOBLE DE LA PATELIÈRE Pinot gris 2014 ★★

| | 6 000 | | â | | - de 5 € |

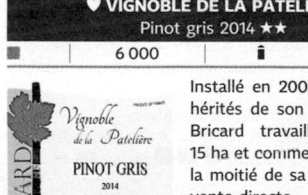

Installé en 2003 sur les 9 ha hérités de son père, Gwenaël Bricard travaille aujourd'hui 15 ha et commercialise plus de la moitié de sa production en vente directe.

Après quatre mois de cuve, ce moelleux se présente dans une seyante robe pâle et cristalline, le nez bien ouvert sur des notes de fleurs blanches et de citron vert. Une belle entrée en matière qui annonce les charmes d'un palais ample, très fruité (mangue, pêche, nectarine) et parfaitement équilibré entre la douceur (29 g/l de sucres résiduels) et une fine vivacité. Succès assuré à l'apéritif. ✗ 2015-2018 ❦ foie gras ■ Sauvignon 2014 ★ (- de 5 € ; 3 000 b.) : citron, genêt, buis, le nez respire le sauvignon. La bouche ? Dans le même ton, joliment florale et fruitée, fraîche et persistante. ✗ 2015-2018

☛ Gwenaël Bricard, La Patelière, 49270 Saint-Laurent-des-Autels, tél. 06 61 77 01 58, gwenael.bricard@orange.fr Ⓥ ⬆ r.-v.

CLAUDE-MICHEL PICHON Chardonnay 2014 ★

| | 20 000 | | 🛈 | - de 5 € |

Succédant à son père, Claude-Michel Pichon a pris les commandes en 2009 du château La Chevillardière et de ses 92 ha de vignes. Il a engagé un programme de plantation de nouveaux cépages.

D'intenses arômes de citron, de mangue et de pêche composent un joli bouquet fruité. Une attaque fraîche prélude à un palais ample, suave et tendre, impressions renforcées par de généreuses notes de fruits blancs mûrs. Une fine minéralité apporte en finale un supplément de longueur. ✶ 2015-2018 ✶ asperges ■ Osez [Odas] Cuvée Prestige 2014 ★ (- de 5 € ; 9 000 b.) : un pur cabernet franc au nez friand et intense de fruits rouges, au palais rond et suave. Un rosé « sec tendre ». ✶ 2015-2016

○⚶ SCEA Claude-Michel Pichon, 60, La Chevillardière, 44330 Vallet, tél. 02 53 55 73 39, cmpichon@orange.fr
Ⓥ 🕭 🎫 t.l.j. sf dim. 9h-12h 15h-18h30

DOM. DE LA POTARDIÈRE Gamay 2014

| ■ | 10 000 | | 🛈 | - de 5 € |

Propriétaire de ce domaine depuis 1879, la famille Couillaud conduit un vignoble de 30 ha au flanc d'un coteau appelé « La Butte de la Roche », qui domine le marais de Goulaine.

Des vignes de quinze ans sont à l'origine de cette cuvée rose cuivré, ouverte sur les fruits rouges. Un fruité auquel fait écho une bouche souple et fraîche. D'une aimable simplicité, le rosé de tonnelle par excellence. ✶ 2015-2016 ✶ acras de morue

○⚶ EARL Couillaud et Fils, La Potardière, 44430 Le Loroux-Bottereau, tél. 02 40 33 82 50, domainepotardiere@orange.fr Ⓥ r.-v.

DOM. DES POUINIÈRES Gamay 2014

| ■ | 1 000 | | | - de 5 € |

Depuis 2002, Dominique Chupin conduit ce domaine de 15,5 ha situé à l'est de Vallet sur un terroir de micaschistes. Il propose du muscadet, du gros-plant et des vins de pays.

Un rosé de gamay classique et de bon aloi. Au nez, la fraise, la framboise et le cassis donnent le tempo. Un fruité que reprend à son compte un palais bien équilibré, rond, souple et frais. Parfait pour l'apéritif. ✶ 2015-2016 ✶ feuilles de vigne

○⚶ EARL Chupin, 1, La Pouinière, 44330 Vallet, tél. 06 19 82 64 58, earlchupin44@orange.fr
Ⓥ 🕭 🎫 t.l.j. 8h-12h30 14h-20h

DOM. DE LA PROUTIÈRE Pinot gris 2014

| ■ | 4 000 | | 🛈 | 5 à 8 € |

Alain et Philippe Blanchard exploitent un domaine de 32 ha réparti dans trois communes : Gorges, Mouzillon et Vallet.

Au nez, de fines nuances épicées accompagnent les fruits blancs et les agrumes. En bouche, douceur (25 g/l de sucres résiduels) et acidité font bon ménage et composent un demi-sec harmonieux, égayé en finale par une agréable touche d'amertume. ✶ 2015-2018 ✶ toasts de foie gras

○⚶ GAEC Claude Blanchard et Fils, 4, Le Quarteron, 44190 Gorges, tél. 02 40 54 07 82, gaec.blanchard@wanadoo.fr Ⓥ 🕭 🎫 r.-v.

RÉTHORÉ DAVY Le Pavillon 2014

| | 9 300 | | 🛈 | 5 à 8 € |

Créé en 1959, le domaine est conduit par Martine Réthoré depuis 1991. À partir de 2003, il s'est orienté vers la production de vins de pays.

Le nom de cette cuvée évoque les petites cabanes qui servaient autrefois au stockage du matériel et qui fournissaient un abri en cas d'intempéries. Dans le verre, un assemblage de sauvignon (60 %) et de chardonnay associant le genêt et la pierre à fusil au nez comme en bouche et offrant un bon équilibre sucres-acidité. ✶ 2015-2018 ✶ brandade de morue

○⚶ Vignoble Réthoré Davy, Les Vignes, 49110 Saint-Rémy-en-Mauges, tél. 02 41 30 12 58, rethore.c@wanadoo.fr Ⓥ 🕭 🎫 r.-v.

DOM. ROBINEAU CHRISLOU Sauvignon 2014 ★

| ■ | 10 000 | | | - de 5 € |

Après avoir repris l'exploitation familiale en septembre 1991, Louis Robineau s'est associé avec son épouse Christine en janvier 1992 pour créer son domaine qui couvre aujourd'hui 22 ha sur la commune de Saint-Lambert-du-Lattay.

Ce 2014 s'ouvre sans réserves sur le litchi, le pamplemousse et les fleurs blanches, soulignés par une légère note fumée. La même intensité aromatique caractérise la bouche, suave, riche et souple, dynamisée par une pointe de vivacité et de beaux amers en finale. ✶ 2015-2017 ✶ filet de flétan au citron confit

○⚶ Louis Robineau, 24, rue du Bon-Repos, 49750 Saint-Lambert-du-Lattay, tél. 02 41 78 36 04, robineau-chrislou@voila.fr Ⓥ 🕭 🎫 r.-v.

DOM. DU SILLON CÔTIER
Cuvée Les Jaunis 2013 ★

| ■ | 1 200 | | 🍶 | 5 à 8 € |

Aux confins ouest du vignoble nantais, les vignes du Sillon Côtier dominent la baie de Bourgneuf. Installé en 2014, Nicolas Ferré représente la cinquième génération à la tête de l'exploitation, qui compte 15,4 ha.

Une originalité que cette cuvée née de l'abouriou, cépage du Sud-Ouest remis au goût du jour par les vignerons des côtes-du-marmandais. Dans l'environnement ligérien et après quinze mois de fût, cela donne un vin sombre et déjà plaisant, ouvert sur les fruits noirs et des notes fumées d'élevage, très rond, souple et poivré en bouche. ✶ 2015-2019 ✶ onglet sauce au poivre

○⚶ Nicolas Ferré, 1 ter, chem. de Trélebourg, 44760 Les Moutiers-en-Retz, tél. 02 40 64 77 29, sillon-cotier@wanadoo.fr Ⓥ 🕭 🎫 t.l.j. sf dim. 10h-12h30 16h-18h30

♥ DOM. LA TOUR BEAUMONT
Chardonnay Tradition 2014 ★★

| ■ | 1 800 | | 🍶 | 11 à 15 € |

Après cinq années passées en Bourgogne, Pierre Morgeau a rejoint en 2011 son père, Gilles, sur cette exploitation familiale créée en 1860, qu'il dirige seul depuis 2015. Le donjon d'un ancien château du XIIᵉs. a

donné son nom au domaine, dont les 26 ha se répartissent sur deux coteaux séparés par la rivière Le Clain. Une valeur sûre du Haut-Poitou.

Coup de cœur dans l'édition précédente avec un gamay 2013, la Tour Beaumont fait aussi bien avec un pur chardonnay de haute volée. Au nez, un boisé délicatement grillé et vanillé (neuf mois de fût) se mêle aux fruits blancs et à des nuances beurrées. On retrouve les notes d'élevage dans une bouche riche, intense, aussi large que longue, soulignée par une acidité parfaitement ajustée. Un blanc de caractère, pour le repas. ✗ 2016-2020 ♈ poularde à la crème ■ Pinot noir 2014 (5 à 8 € ; 2 600 b.) : vin cité. ✗ 2015-2016 ☛ *Pierre Morgeau, 2, av. de Bordeaux, 86490 Beaumont, tél. 05 49 85 50 37, tour.beaumont@terre-net.fr* Ⓥ 🅺 🅻 *t.l.j. sf dim. 9h30-12h 14h30-19h (18h sam. et en hiver)*

DOM. DE LA TOURLAUDIÈRE
Marches de Bretagne Chardonnay 2014

■	30 000	🍾	5 à 8 €

La famille Petiteau-Gaubert est installée au village de La Tourlaudière depuis plus de deux siècles et demi. Situé à l'extrême ouest de Vallet, le vignoble, repris en 2012 par Romain Petiteau, couvre 32 ha sur un terroir de gabbro et de micaschiste. Un domaine bien connu des habitués du Guide.

De bonne intensité, ce pur chardonnay dévoile un joli bouquet de fleurs blanches et de compote de pêches. La bouche reste dans le même registre aromatique et séduit par sa rondeur avenante, équilibrée par une fine vivacité qui étire la finale. ✗ 2015-2017 ♈ houmous
☛ *EARL Petiteau-Gaubert, Dom. de la Tourlaudière, 174, Bonne-Fontaine, 44330 Vallet, tél. 02 40 36 24 86, vignoble@tourlaudiere.com* Ⓥ 🅺 🅻 *t.l.j. 9h30-12h30 14h30-19h*

DOM. DE LA TOURNERIE
Cabernet-sauvignon 2013 ★

■	4 000	- de 5 €

Le vignoble et le caveau du domaine sont situés sur le site du château de Goulaine, forteresse du haut Moyen Âge reconstruite en pierre de tuffeau dans le style des grandes demeures du Val de Loire. Jean-Paul Lebrun est aux commandes des 8 ha de vignes.

Cette cuvée se distingue d'emblée par son nez intense centré sur les fruits rouges et noirs (fraise, cassis, mûre). Un beau fruité auquel ne renonce pas le palais, bien au contraire, et qui accompagne une matière souple et ronde. Un joli « vin plaisir » pour un repas sans chichi. ✗ 2015-2018 ♈ chipolatas au barbecue
☛ *GAEC la Tournerie, 44115 Haute-Goulaine, tél. 02 40 06 20 91, jean-paul.lebrun6@wanadoo.fr* Ⓥ 🅺 🅻 *r.-v.* ☛ *Lebrun*

DOM. DE LA TUFFIÈRE
Chardonnay Chardo & Tuffo 2014 ★

■	3 200	🍾 🌢	5 à 8 €

Situé sur la rive droite de la Loire, au nord-est d'Angers, ce domaine de 25 ha, de création monastique, remonte

au XIVᵉs. L'exploitation est conduite par les familles Coignard et Benesteau : les enfants Clarisse et Frédéric ont succédé à leurs parents en 2002 et se sont installés avec leurs conjoints, Fabrice et Stéphanie.

« Chardo & Tuffo », tout est dit : ces jeunes ceps (sept ans) de chardonnay sont plantés sur un terroir calcaire typique de la vallée de la Loire. Ils sont à l'origine d'un joli vin qui marie le grillé de l'élevage partiel en fût aux fruits exotiques et aux agrumes. Une palette aromatique qui s'épanouit dans une bouche ronde et soyeuse, dynamisée par une agréable fraîcheur. ✗ 2015-2018 ♈ tarte au fromage de chèvre
☛ *EARL Coignard-Benesteau, Dom. de la Tuffière, 49140 Lué-en-Baugeois, tél. 02 41 45 11 47, vignoble-tuffiere@wanadoo.fr* Ⓥ 🅺 🅻 *t.l.j. sf dim. 9h-12h30 14h-19h*

➡ **AQUITAINE ET CHARENTES**

Cette région est formée par six départements : Charente, Charente-Maritime, Gironde, Landes, Dordogne et Lot-et-Garonne. Une majorité de vins rouges souples et parfumés sont produits dans le secteur aquitain, issus des cépages bordelais que complètent quelques variétés locales (tannat, abouriou, bouchalès, fer-servadou). Charentes et Dordogne donnent surtout des vins de pays blancs, légers et fins (ugni blanc, colombard), ronds (sémillon en assemblage avec d'autres cépages) ou corsés (baroque). Charentais, Agenais, Terroirs landais et Thézac-Perricard sont les dénominations sous-régionales ; Dordogne, Gironde et Landes constituent les dénominations départementales.

À l'origine, le Bordelais n'était pas autorisé à proposer des vins de pays. Un décret de 2006 créant les vins de pays de l'Atlantique met fin à cette situation. Ces vins, rouges, rosés ou blancs, proviennent d'une zone qui inclut la Gironde, les deux Charentes, la Dordogne et quelques cantons de l'ouest du Lot-et-Garonne.

AGENAIS

Ⓑ DOM. LOU GAILLOT Élégance 2014 ★

■	7 000	5 à 8 €

Sur ce domaine situé aux confins du Lot et du Périgord, Gilles Pons (sixième génération) conduit un vignoble de 12 ha en agriculture biologique depuis 2010.

Issu de sauvignon blanc (50 %), sauvignon gris (30 %) et sémillon, ce blanc s'ouvre sur des notes bien typées de buis, de genêt et d'agrumes. Douce et tendre en attaque, la bouche se fait ensuite plus vive, pour s'achever sur d'intenses nuances de citron et de pamplemousse. ✗ 2015-2017 ♈ cabillaud sauce citronnée
☛ *Gilles Pons, Les Gaillots, 47440 Casseneuil, tél. 05 53 41 04 66, lougaillot@wanadoo.fr* Ⓥ 🅺 🅻 *t.l.j. sf mer. dim. 9h-12h 14h-18h30*

ATLANTIQUE

DOM. LES BERTINS 2014 ★★

| ■ | 17 000 | ▮ | 5 à 8 € |

Situé dans l'aire d'appellation des côtes-du-duras, ce domaine de 14,7 ha a été acquis en 1968 par Pierrette et Dominique Manfe, qui l'ont transmis en 2001 à Jackie, leur fille.

À deux doigts du coup de cœur, ce rosé mi-merlot mi-cabernet franc se présente dans une robe « trendy », pâle et limpide. Au nez, il associe notes florales, agrumes et nuances amyliques. En bouche, il se révèle très élégant et d'une réelle finesse, plein de fruit et de fraîcheur. ✗ 2015-2016 ❦ sushis

☛ *Dom. les Bertins, 47120 Saint-Astier, tél. 05 53 94 76 26, contact@lesbertins.fr* 🆅 ▮ *t.l.j. sf dim. 9h-12h 14h-19h* 🏠 🅑

CHARENTAIS

DENIS ET VINCENT BENOIT Colombard 2014

| ■ | 3 200 | ▮ | - de 5 € |

Cette exploitation familiale principalement orientée vers la production de cognac s'investit depuis les années 2000 dans l'élaboration de vins de pays.

Discret mais élégant, le bouquet associe les fleurs blanches, le fruit de la Passion et le pamplemousse. La bouche ne s'impose pas par sa puissance mais par son équilibre entre une agréable souplesse et une bonne fraîcheur. ✗ 2015-2017 ❦ fromage de chèvre

☛ *GAEC du Sourdour, Sainte-Radegonde, 16360 Baignes-Sainte-Radegonde, tél. 06 80 66 39 53, gaec-du-sourdour@wanadoo.fr* 🆅 🅺 *r.-v.* ☛ Benoit

HENRI DE BLAINVILLE Sauvignon 2014

| ■ | n.c. | ▮ | - de 5 € |

La Cave coopérative du Liboreau regroupe une centaine de viticulteurs qui cultivent 230 ha de vignes et qui produisent principalement du cognac.

Bien typée sauvignon, cette cuvée évoque le buis, la pêche blanche et les fruits exotiques. Le cépage imprime aussi sa marque dans une bouche vive et tonique. Un bon classique, simple et facile d'accès. ✗ 2015-2017 ❦ fruits de mer

☛ *Cave du Liboreau, 18, rue de l'océan, 17490 Siecq, tél. 05 46 26 61 86, caveduliboreau@charentes-alliance.fr* 🆅 🅺 ▮ *t.l.j. sf dim. 9h-12h 14h-18h* ☛ Charentes Alliance

CHAI DU ROUISSOIR 2014

| ■ | 3 500 | ▮ | - de 5 € |

En 2000, Hugues, le fils de Didier Chapon, reprend la propriété familiale alors exclusivement dédiée au cognac. Il diversifie la production avec le pineau et les vins de pays, qu'il commercialise en bouteilles. Il exploite aujourd'hui 27 ha de vignes.

Un peu de malbec et de négrette (10 % chacun) sont associés au merlot (50 %) et au cabernet franc dans cet assemblage original. Le résultat ? Un vin de bonne intensité, charnu et frais, soutenu par une bonne charpente. ✗ 2015-2020 ❦ boudin noir

☛ *Chapon, 1, Roussillon, 17500 Ozillac, tél. 05 46 48 14 76, chaidurouissoir@hotmail.com* 🆅 🅺 ▮ *t.l.j. sf dim. 14h-19h* 🏠 🅖

CROIX FADET Élise 2014

| ■ | 15 000 | ▮ | 5 à 8 € |

Situé en Grande Champagne, ce domaine principalement dédié au cognac a développé dans les années 1980 la production de pineau puis après 2000 de vins de pays, sous la marque Croix Fadet.

Une cuvée mi-merlot mi-cabernet-sauvignon assez réservée à l'olfaction (touche fumée, quelques fruits rouges), plus ouverte sur le fruit dans une bouche souple et ronde. ✗ 2015-2018 ❦ rosbif ■ Sauvignon 2014 (5 à 8 € ; 7 000 b.) : vin cité. ✗ 2015-2017

☛ *SCEA Dom. Thorin, 1, rue de l'Ancien-Puits, 16130 Segonzac, tél. 05 45 83 33 46, claudethorin@cognac-thorin.com* 🆅 🅺 ▮ *r.-v.*

DOM. GARDRAT Villanova 2013 ★★

| ■ | 2 700 | ⬤⬤ | 8 à 11 € |

Dans la famille Gardrat depuis cinq générations, ce domaine s'est tourné vers les vins de pays charentais à partir de 1986. Lionel Gardat, aux commandes depuis 2007, exploite un vignoble de 40 ha.

Le merlot se meilleur dans cette cuvée intense de bout en bout. Le nez conjugue un boisé bien fondu aux accents grillés et les fruits rouges mûrs. En bouche, même équilibre entre le merrain et le réglage, une aimable rondeur « très merlot » et des tanins soyeux et fins, un brin plus stricts en finale, le gage d'une bonne évolution. ✗ 2016-2019 ❦ daube de bœuf ■ Villanova 2014 ★ (8 à 11 € ; 1 600 b.) : un blanc de chardonnay floral, fruité (pêche), vanillé et toasté, dense et gras. ✗ 2015-2018 ■ Rosae 2014 (- de 5 € ; 46 000 b.) : vin cité. ✗ 2015-2016

☛ *SARL Vignoble Gardrat, 13, rue de la Touche, 17120 Cozes, tél. 06 22 47 10 42, lionelgardrat@hotmail.com* 🆅 ▮ *t.l.j. 9h-12h 14h-18h*

🅑 LES HAUTS DE TALMONT
Le Merlot 2014 ★

| ■ | 5 600 | ▮ ⬤⬤ | 8 à 11 € |

Ce petit vignoble de 5 ha conduit en biodynamie, créé en 2003 par trois amis, Lionel Gardat, Michel Guillard et Jean-Jacques Vallée, domine l'église romane de Talmont (XIIᵉs.) et le vaste estuaire de la Gironde.

Encore un peu le nez dans la barrique, cette cuvée se montre plus fruitée en bouche ; le bois y est toujours présent, mais assez fondu, les tanins sont serrés et bien en place. La finale, vive et longue, apporte un surcroît de peps. ✗ 2016-2020 ❦ côte de bœuf

☛ *Les Hauts de Talmont, rue du Port, 17120 Talmont-sur-Gironde, tél. 06 22 47 10 42, lionelgardrat@hotmail.com* 🆅 ▮ *t.l.j. 10h-13h 15h-19h; f. oct.-mars*

♥ LEPONTIS Sauvignon Les Roches 2014 ★★

| ■ | 6 000 | ▮ | 8 à 11 € |

La Maison des 3 ponts est une émanation récente de la distillerie de la Tour ; elle se consacre essentiellement à la vinification et à la commercialisation des vins de

LEPONTIS

LES ROCHES

SAUVIGNON
CHARENTAIS

cépages de pays charentais. Elle est gérée par Jean-Michel Naud qui, depuis les années 2000, fédère une vingtaine de viticulteurs locaux.

Cette superbe cuvée a vu le jour à deux pas des bureaux de cette maison de négoce, sur le terroir argilo-calcaire des Roches. Un vin né de jeunes vignes de treize ans, délicatement floral et fruité à l'olfaction (fleurs blanches, agrumes), très long, ample, franc et plein de fraîcheur. Une remarquable expression du sauvignon.
𝌆 2015-2018 ⚘ sole meunière
o━ Maison des 3 Ponts, 4, rue des Distilleries, 17800 Pons, tél. 05 46 91 31 44, e.stranskaya@md3p.com
o━ Jean-Michel Naud

DOM. DE LA LURE Merlot 2014 ★★

| ■ | 32 000 | 🍶 | - de 5 € |

Viticulteurs depuis plusieurs générations, la famille Boule exploite un vignoble de 41 ha réparti sur les régions viticoles du Cognaçais et du Bordelais.
Pruneau, fruits rouges cuits, « du merlot ? » s'interroge un dégustateur : bien vu. En bouche, le cépage donne le meilleur de lui-même : beaucoup de matière, de gras et de rondeur, des tanins veloutés et fins. 𝌆 2015-2020 ⚘ épaule de veau braisée
o━ Vignobles Boule et Fils, 3, La Verrerie, 17150 Boisredon, tél. 05 46 49 64 64, boule.fils@orange.fr
🆅 🅺 🆙 r.-v. 🅰

LANDES

DOM. DE LABAIGT Coteaux de Chalosse 2014 ★

| ■ | 14 000 | 🍶 | - de 5 € |

Dominique Lanot conduit depuis 1979 ce vignoble de 11,7 ha, implanté sur un terroir appelé la Chalosse, entre les gaves béarnais et l'Adour, tout près des Pyrénées.
Le seul cabernet franc est à l'œuvre dans cette cuvée qui vise la simplicité et le fruit. Objectif parfaitement rempli : au nez, de fines notes de pêche blanche et de framboise ; en bouche, de la fraîcheur, de la souplesse et du fruit à foison. 𝌆 2015-2016 ⚘ grillades
o━ Dominique Lanot, 1127, rte du Grand-Arrigan, 40290 Mouscardès, tél 06 80 03 18 58, dominique.lanot@wanadoo.fr 🆅 🆙 r.-v.

DOM. DE LUBET Coteaux de Chalosse 2014

| ■ | 8 000 | 🍶 | - de 5 € |

La coopérative des Vignerons landais regroupe aujourd'hui 154 vignerons sur les terroirs de Tursan et de Chalosse, dans le sud des Landes.
Merlot et tannat à parts égales, 20 % de cabernet franc en complément pour cette cuvée au nez discret de noisette, de pruneau et de fruits rouges, au palais souple et velouté en attaque, plus tannique et austère en finale. À attendre un peu. 𝌆 2016-2019 ⚘ paleron grillé ■ La Dame de Brassempouy Coteaux de Chalosse 2014 (5 à 8 € ; 5 000 b.) : vin cité. 𝌆 2015-2020

o━ SCA les Vignerons landais, 30, rue Saint-Jean, 40320 Geaune, tél. 05 58 44 51 25, technique@tursan.fr
🆅 🅺 🆙 t.l.j. sf dim. 9h-12h 14h30-17h30

PÉRIGORD

♥ LES RAISINS OUBLIÉS 2014 ★★

| ■ | 16 000 | | - de 5 € |

Les Couleurs d'Aquitaine, l'un des plus importants négociants du Sud-Ouest, coopère avec de très nombreuses caves et domaines du Bergeracois.

Ces raisins de sémillon ont été « oubliés » jusqu'au 19 octobre 2014 avant de donner naissance à ce superbe liquoreux dont la couleur vieil or annonce l'élégance. Le nez, très expressif, mêle le miel, le coing et l'abricot. La bouche se révèle ronde, souple, suave sans lourdeur, soulignée par une juste acidité. Charmeur en diable, gourmand et parfaitement équilibré, un vin qui évoque un sauternes « moderne », comprenez sans excès de liqueur, porté sur la fraîcheur. (Bouteilles de 50 cl.) 𝌆 2015-2020 ⚘ curry de poisson ■ L'Oie Merlot 2014 ★ (- de 5 € ; 133 333 b.) : du fruit mûr (cerise, pruneau), de la fraîcheur, de la souplesse, des tanins à peine perceptibles, un vin qui vise le plaisir immédiat : objectif parfaitement atteint. 𝌆 2015-2017
o━ SAS Couleurs d'Aquitaine, Les Seuguinots, Bât. Unidor, rte de Marmande, 24100 Saint-Laurent-des-Vignes, tél. 05 53 57 63 61, contact@couleursdaquitaine.fr

THÉZAC-PERRICARD

♥ VIN DU TSAR Le Bouquet 2013 ★★

| ■ | 8 000 | 🍶 | 5 à 8 € |

À partir de 1980, une poignée d'hommes passionnés a fait renaître ce vignoble de quelque 40 ha implanté sur le causse au sol rocailleux. La marque phare de leur coopérative : le Vin du Tsar. L'histoire raconte qu'Armand Fallières, président de la IIIe République natif du Lot-et-Garonne, en offrit quelques bouteilles au tsar Nicolas II qui, séduit, en commanda en nombre.
Régulièrement en vue dans ces pages, la cave de Thézac signe ici un vin de haute expression, né de merlot (55 %) et de malbec. Épices, fruits noirs mûrs, le bouquet de ce Bouquet est fort engageant. Mais c'est en bouche que cette cuvée prend son envol : beaucoup de fruit, de la rondeur, de la souplesse, des tanins très fins, soyeux et fondus. Du velours. 𝌆 2015-2019 ⚘ cassoulet
o━ Vignerons de Thézac-Perricard, Vin du Tsar, Plaisance, 47370 Thézac, tél. 05 53 40 72 76, info@ vin-du-tsar.fr 🆅 🅺 🆙 t.l.j. sf dim. 9h15-12h15 14h-18h

➡ PAYS DE LA GARONNE

Avec Toulouse en son cœur, cette région regroupe dans la dénomination régionale « vins de pays du Comté tolosan » les départements suivants : Ariège, Aveyron, Cantal, Haute-Garonne, Gers, Landes, Lot, Lot-et-Garonne, Pyrénées-Atlantiques, Hautes-Pyrénées, Tarn et Tarn-et-Garonne. Les dénominations sous-régionales ou locales sont : côtes du Tarn, coteaux de Glanes (Haut-Quercy au nord du Lot : rouges pouvant vieillir), coteaux et terrasses de Montauban, côtes de Gascogne (zone de production de l'armagnac dans le Gers et quelques communes des départements limitrophes), côtes du Condomois et de Montestruc, et enfin Bigorre.
La diversité des sols et des climats, des rivages atlantiques au sud du Massif central, alliée à une gamme particulièrement étendue de cépages, en fait une région aux vins de pays d'une variété extrême : c'est à la fois son originalité et son attrait. L'ensemble de la région produit environ 1,5 million d'hectolitres, dont plus de 700 000 hl de blancs en Côtes de Gascogne et 220 000 hl en Comté tolosan.

ARIÈGE

♥ ⒷCOTEAUX D'ENGRAVIÈS
Fleur de cailloux 2013 ★ ★

| ▪ | n.c. | ⬤ | 8 à 11 € |

d'Engraviès

2013

Vin de pays d'Ariège
Produit de France

Philippe Babin cultive en bio, face aux Pyrénées, un petit vignoble de 8 ha qu'il a planté en 1998 sur des terres en friches. Il signera en 2015 ses dernières cuvées, avant de prendre sa retraite : Thomas Piquemal, déjà en place sur le domaine depuis 2011, prend la relève.

Ce domaine régulier en qualité décroche un nouveau coup de cœur avec cette cuvée issue d'un assemblage de plusieurs parcelles de jeune syrah (dix ans de moyenne d'âge). Le nez, complexe, est une belle expression du cépage : poivre, violette, fruits noirs, réglisse. En bouche, passé une attaque souple et alerte, le vin se fait rond et suave, soutenu par un bon boisé vanillé et par des tanins racés, serrés sans dureté. Déjà harmonieux, il peut aussi attendre un peu en cave où il gagnera encore en fondu. 𝕀 2015-2020 ▼ tajine d'agneau

○━ *Coteaux d'Engraviès, 8, rue Rescanières, 09120 Vira, tél. 05 61 68 68 68, contact@coteauxdengravies.com* Ⓥ 🅺 🅵 *r.-v.* ○━ Babin

AVEYRON

TERRES BLANCHES 2014

| ▪ | 3 000 | ⓘ | 5 à 8 € |

Le *mioula* (« milieu » en patois), c'est le milieu des vignes. Cultivé par les moines de Conques au XIᵉ s., puis par les abbés de la cathédrale de Rodez au XIIᵉ s., ce vignoble mal en point (5,5 ha aujourd'hui) a été restauré à partir de 1994 par Philippe Angles, qui en a fait l'un des piliers de l'appellation marcillac.

Plus souvent en vue pour ses vins rouges, ce domaine propose ici un joli blanc issu à parts quasi égales de muscadelle, de chardonnay et de chenin. Un vin qui s'annonce sans tambour ni trompette, mais avec élégance, par des notes discrètes de fleurs blanches, d'agrumes et de pêche. Arômes prolongés par un palais qui, sans manquer de gras ni de rondeur, penche assez nettement vers la vivacité. Un vin énergique. 𝕀 2015-2017 ▼ fruits de mer

○━ *Philippe Angles, SCEA du Mioula, Saint-Austremoine, 12330 Salles-la-Source, tél. 05 65 71 83 69, basgroupe@wanadoo.fr* Ⓥ 🅺 🅵 *r.-v.*

COMTÉ TOLOSAN

Ⓑ DOM. BOUISSEL Sibéria 2014 ★

| ▪ | 1 000 | ⓘ | 11 à 15 € |

Constitué par le grand-père dans les années 1930, ce vignoble de 21 ha est implanté sur la troisième terrasse du Tarn, la plus haute et la plus ancienne. Anne-Marie et Pierre Selle ont spécialisé ce domaine et lancé la mise en bouteilles en 1989. Arrivé en 2008, leur fils Nicolas a engagé la conversion bio (certification en 2012). Son cheval de bataille : la négrette.

Plus souvent remarqué pour ses vins rouges, Bouissel propose ici un moelleux aux accents alsaciens, assemblage original de gewurztraminer et de riesling. Au nez, de fines notes de fleurs blanches, de pêche et de raisin. En bouche, du volume, de la souplesse et une belle fraîcheur qui justifie pleinement le nom de cette cuvée née de la parcelle la plus fraîche du domaine. 𝕀 2015-2018 ▼ vacherin ❑ Peiruda 2014 ★ (8 à 11 € ; 2 500 b.) Ⓑ : né de jeunes ceps (six ans) de viognier, de petit manseng et de colombard, un blanc expressif (fruits exotiques, citron), ample et généreux. 𝕀 2015-2018

○━ *Pierre, Anne-Marie et Nicolas Selle, Dom. Bouissel, 200, chem. du Vert, 82370 Campsas, tél. 05 63 30 10 49, contact@chateaubouissel.com* Ⓥ 🅺 🅵 *t.l.j. sf dim. 10h-12h 14h-19h; sam. sur r.-v.*

♥ CABIDOS
Petit manseng doux Cuvée Saint-Clément 2012 ★★

| ▪ | 9 000 | ⬤ | 11 à 15 € |

Agriculteur originaire de l'Aisne, Vivien de Nazelle possédait une gentilhommière dans le nord du Béarn. Découvrant son passé viticole, il prit à partir de 1995 le redonner vie au domaine et replanta la vigne : 9 ha aujourd'hui et des installations dernier cri qui lui permettent d'élaborer d'excellents vins, blancs secs et doux notamment, très souvent au sommet dans ces pages.

On ne compte plus les coups de cœur obtenus par ce domaine, qui signe à nouveau un moelleux magnifique. Fruits jaunes confits, pâte de coings, fruits exotiques, vanillé discret, le bouquet est d'une grande délicatesse.

VDP/GP

Suivant la même ligne aromatique, le palais offre un équilibre impeccable : du gras, une liqueur généreuse, mais aussi beaucoup de fraîcheur et une longueur admirable. ✗ 2015-2020 ♈ crème brûlée au foie gras ■ Sauvignon sec 2013 (8 à 11 € ; 3 700 b.) : vin cité. ✗ 2015-2017 ⚭ *Vivien de Nazelle, Dom. viticole du Ch. de Cabidos, Ch. de Cabidos, 64410 Cabidos, tél. 05 59 04 43 41, vin.de.cabidos@wanadoo.fr* Ⓥ Ⓚ Ⓕ *t.l.j. 8h-12h 14h-18h*

CLOT ET FARDET Vin de Bigorre Cuvée Bel Air 2013		
■ 4 000	🏠 ⏱	5 à 8 €

Pascal Savoret s'est installé en 1996 sur les vignes que possédait son grand-père, Eugène Moutoué. Pour élaborer ses vins, il utilise encore l'ancien pressoir du début du XX°s., privilégiant ainsi pigeage et pressurage manuels.

Né de tannat (70 %) et cabernet franc, ce vin s'ouvre discrètement sur les fruits rouges. On retrouve les fruits avec plus d'intensité dans une bouche souple et ronde, un brin fugace mais harmonieuse. À boire dans sa jeunesse. ✗ 2015-2018 ♈ confit de canard ⚭ *Pascal Savoret – Clos Fardet, Bel Air, 65700 Madiran, tél. 06 88 80 68 89, closfardet@gmail.com* Ⓥ Ⓚ Ⓕ *jeu. ven. sam. 9h30-19h; lun. mer. sur r.-v.* ⚭ *01œno-viti*

DOM. DU CRAMPILH Cuvée L'Obra 2014 ★★		
■ 6 000	🏠	8 à 11 €

Une maison béarnaise isolée, dominant un vallon agreste. L'exploitation se transmet depuis quatre générations et Bruno Oulié, ancien rugbyman et animateur sportif, a pris la relève en 1995. Le domaine couvre 24 ha, dédiés au madiran, au pacherenc-du-vic-bilh et aux IGP du Comté tolosan.

À deux doigts du coup de cœur, ce blanc sec né du petit manseng (60 %) et du petit courbu dévoile un bouquet intense d'agrumes, de poire, de pomme et de fleurs blanches. La bouche se révèle souple et fraîche, voire nerveuse, dès l'attaque ; une tension qui ne faiblit pas jusqu'à la longue finale, stimulée encore par de beaux amers. Une œuvre (obra en béarnais) pleine de vitalité. ✗ 2015-2018 ♈ tartare de bar ⚭ *Bruno Oulié, Dom. du Crampilh, chem. dép. 205, 64350 Aurions-Idernes, tél. 05 59 04 00 63, madirancrampilh@orange.fr* Ⓥ Ⓚ Ⓕ *t.l.j. sf sam. dim. 8h-12h 14h-18h*

♥ **L'ESCUDÉ** 2013 ★★		
■ 3 000	🏠 ⏱	8 à 11 €

En 2004, Laurent et Murielle Caubet décident d'apporter un nouveau souffle à cette ancienne ferme béarnaise. Ils louent alors des parcelles de vieilles vignes et transforment le poulailler en chai. Depuis, ils produisent avec brio dans toutes les couleurs.

Plus souvent en vue pour ses blancs, le domaine s'illustre brillamment avec un superbe vin rouge issu de cabernet franc (50 %), de tannat (30 %) et de merlot. Un vin sombre et profond, au nez intense et complexe : fruits rouges mûrs, cassis, touches mentholées, cannelle, vanille, chocolat… Une intensité que l'on retrouve plus encore dans un palais ample, riche et charnu, stimulé par une fine fraîcheur et étayé par une belle structure tannique, ferme sans rugosité. Un grand équilibre et une réelle élégance. ✗ 2016-2020 ♈ cassoulet ■ Osez l'Escudé 2013 ★ (5 à 8 € ; 9 000 b.) : un vin généreux en fruits compotés et en épices, souple et suave en bouche, aux tanins bien fondus. ✗ 2015-2018 ■ Osez l'Escudé Petit manseng Sauvignon 2013 (8 à 11 € ; 3 000 b.) : vin cité. ✗ 2015-2017 ■ Osez l'Escudé Petit manseng 2014 (8 à 11 € ; 3 000 b.) : vin cité. ✗ 2015-2018 ⚭ *Caubet, L'Escudé, 64410 Cabidos, tél. 06 07 47 10 27, vin.lescude@orange.fr* Ⓥ Ⓚ Ⓕ *t.l.j. sf dim. 9h-12h 14h-18h30* 🏠 Ⓑ

ISATIS Premium		
■ 7 000	🏠 ⏱	5 à 8 €

Un domaine régulier en qualité, tant pour ses gaillac que pour ses vins de pays, dirigé par Alain Gayrel et son fils Vincent.

Issu de mauzac et de sauvignon, ce vin, né d'un asemblage de plusieurs millésimes, retient d'emblée l'attention par son bouquet intense de brioche, de vanille, de toasté, d'agrumes et de fruits exotiques. Arômes que prolonge avec élégance un palais bien équilibré entre acidité, gras, boisé et fruité. ✗ 2015-2018 ♈ quenelles de brochet ⚭ *Alain et Vincent Gayrel, 103, av. Foch, 81600 Gaillac, tél. 05 63 81 21 11, cave-gaillac@wanadoo.fr* Ⓥ Ⓕ *t.l.j. 9h30-12h30 14h30-19h30*

Ⓑ **DOM. SAINT-LOUIS** Chardonnay 2013		
■ 18 000		5 à 8 €

Racheté en 1991 par Marie-Cécile (née Arbeau) et Ali Mahmoudi, le domaine de 35 ha (dont 24 ha en fronton) a connu de grandes transformations, tant à la vigne qu'au chai – la dernière étant la certification bio. L'esprit persan d'Ali, œnologue iranien formé à Toulouse, y souffle comme un parfum d'Orient (le hammam n'a pas été oublié).

Beurre frais et fruits à chair blanche, ce 2013 fleure bon le chardonnay. En bouche, le cépage imprime aussi sa marque, avec la même ligne aromatique et un caractère gras et rond. Une pointe d'acidité en plus lui aurait valu l'étoile. ✗ 2015-2018 ♈ poisson sauce crémée ⚭ *SCEA Ch. Saint-Louis, 380, chem. du Bois-Vieux, 82370 Labastide-Saint-Pierre, tél. 05 63 30 13 13, proprietaire@chateausaintlouis.fr* Ⓥ Ⓚ Ⓕ *t.l.j. 9h-12h 14h-18h; sam. dim. sur r.-v.* 🏠 Ⓑ ⚭ Ali Mahmoudi

SO CHIC Fer servadou 2014		
■ 37 000	🏠	- de 5 €

Les caves de Técou, de Rabastens, de Fronton et des Côtes d'Olt ont uni leurs forces pour constituer en 2006 le groupe Vinovalie. La coopérative présente plusieurs gammes de vins aux noms charmants : entre Fascination, Confidences, Évocation, Facétie et Passion.

Une belle expression du cépage local qu'est le fer servadou. Au nez, de la fraise, du cassis et une pointe d'épices. En bouche, du fruit toujours, de la matière, de la fraîcheur et des tanins fins. À boire dans sa jeunesse.

✗ 2015-2018 ❦ pot-au-feu

☛ *Vinovalie – Site de Técou, 100, rte de Técou, 81600 Técou, tél. 05 63 33 00 80, passion@ cavedetecou.fr*

CORRÈZE

	MILLE ET UNE PIERRES Élevé en fût de chêne 2012		
■	80 000	◫	5 à 8 €

Une poignée de vignerons de la vallée de la Dordogne corrézienne (aux confins du Limousin, du Quercy et du Périgord) ont fondé cette coopérative disposant de 30 ha autour du village de Branceilles. Le vignoble est planté pour l'essentiel de cabernet franc, de cabernet-sauvignon, de merlot, de gamay et de chardonnay.

Du cabernet franc (80 %) et du merlot pour cette cuvée épicée, fumée et vanillée à l'olfaction, bien équilibrée en bouche entre boisé et fruité (pruneau, cerise), soutenue par des tanins fins. ✗ 2015-2018 ❦ onglet grillé

☛ *SCA Cave viticole de Branceilles, Le Bourg, 19500 Branceilles, tél. 05 55 84 09 01, cavebranceilles@ wanadoo.fr* Ⓥ 🏕 🍴 *t.l.j. sf dim. 10h-12h 15h-18h*

COTEAUX ET TERRASSES DE MONTAUBAN

	DOM. DE MONTELS Chardonnay 2013		
■	5 000	◫	8 à 11 €

Thierry et Philippe Romain sont propriétaires de deux domaines : Ch. Montels à Albias, fleuron de l'IGP Coteaux et terrasses de Montauban (40 ha), et Serre de Bovila, à Fargues, sur l'un des sites les mieux exposés de l'appellation cahors (8 ha).

Ce pur chardonnay passé neuf mois en barrique conjugue harmonieusement apports du bois (vanille, toasté) et du cépage (fleurs blanches, fruits jaunes confits). Un mariage heureux qui se prolonge dans un palais d'un bon volume, riche et gras. ✗ 2015-2018 ❦ vol-au-vent ■ Louise 2014 (5 à 8 € ; 15 000 b.) : vin cité. ✗ 2015-2018

☛ *Philippe et Thierry Romain, Dom. de Montels, 82350 Albias, tél. 05 63 31 02 82, philippe@ vignoblesromain.com* Ⓥ 🏕 🍴 *t.l.j. sf dim. 9h-12h 14h-19h*

CÔTES DE GASCOGNE

	BRUMONT Gros manseng Doux 2014 ★		
■	40 000	🍾	8 à 11 €

Incontournable en madiran et en pacherenc-du-vic-bilh, Alain Brumont fournit aussi de très bons vins de pays. Cet homme que l'on surnomme le « metteur en scène de cépages locaux » est propriétaire des châteaux Bouscassé, Montus, Segondine et du Dom. la Roche Brumont.

Alain Brumont signe un 100 % gros manseng de belle tenue. La robe, jaune d'or strié de vert pâle, est engageante. Aguichante aussi est l'olfaction, délicate et fraîche, centrée sur les agrumes, le tilleul et le miel d'acacia. La bouche suit la même ligne aromatique et séduit par son

volume, sa texture soyeuse et son côté alerte jusqu'en finale. Presque un « sec tendre » dirait-on dans la Loire. ✗ 2015-2018 ❦ salade d'oranges ■ Gros manseng Sec 2014 (5 à 8 € ; 1 125 000 b.) : vin cité. ✗ 2015-2017

☛ *SA Vignobles Brumont, Ch. Bouscassé, 32400 Maumusson-Laguian, tél. 05 62 69 74 67, contact@brumont.fr* Ⓥ 🏕 🍴 *r.-v.*

	♥ **DOM. DES CASSAGNOLES** Éclat de colombard 2014 ★★★		
■	13 400	🍾	- de 5 €

Autrefois consacré à la seule production d'armagnac, le domaine de 75 ha campe à Grondin, au cœur de la Ténarèze. Janine et Gilles Baumann s'attachent aujourd'hui à élaborer des « flocs de terroir » et des vins de pays.

C'est avec un cépage local pur jus, le colombard, que ce domaine obtient un coup de cœur – qui complète une collection bien fournie. Un vin de caractère dont les parfums d'agrumes et de fruits exotiques font preuve d'une étonnante diversité. Ce fruité s'épanouit avec persistance dans une bouche à la fois ample, vive et soyeuse. La finale clôt en beauté la dégustation sur de fines notes citronnées. ✗ 2015-2018 ❦ tartare de gambas ■ Gros manseng Sélection 2014 (- de 5 € ; 90 000 b.) : vin cité. ✗ 2015-2017

☛ *Dom. des Cassagnoles, Famille Baumann, BP 13, 32330 Gondrin, tél. 05 62 28 40 57, j.baumann@domainedescassagnoles.com* Ⓥ 🍴 *t.l.j. 9h-12h30 14h-18h; sam. 9h30-12h30 13h30-17h30* 🏠 Ⓓ

	DOM. DE CASSAIGNE Grand Vin 2014 ★★		
■	16 000	🍾	5 à 8 €

Le groupe Plaimont Producteurs est le fruit d'une association de trois caves en 1979 qui unirent leurs initiales (PL pour Plaisance, AI pour Aignan et MONT pour Saint-Mont) pour créer ce leader des vins du Sud-Ouest produisant 40 millions de bouteilles.

Ce domaine, adhérent de la coopérative Plaimont, est l'ancienne résidence des évêques de Condom. Sur 2 ha d'argilo-calcaires, colombard (60 %) et gros manseng ont donné naissance à un superbe blanc sec. Le nez s'ouvre délicatement sur la nectarine, les agrumes et l'acacia. Une attaque ample et douce introduit un palais bâti sur un juste équilibre entre un fruité opulent et une élégante fraîcheur qui étire la finale aux accents de fruits secs (noisette) et de calcaire. ✗ 2015-2018 ❦ fromage de brebis

☛ *Plaimont Terroirs et Châteaux, Ch. de Cassaigne, 32100 Cassaigne, tél. 05 62 69 62 87, d.caillard@plaimont.fr* Ⓥ 🍴 *r.-v.*

	DOM. CHIROULET Terres blanches 2014 ★		
■	55 000	🍾	5 à 8 €

Héritier de quatre générations de vignerons établies ici depuis 1873, Philippe Fezas contemple de son domaine de 38,5 ha la petite église du XIIIe s. érigée au hameau d'Heux, tout proche. Dans les rangs de vignes souffle le *chiroula*, un vent bienfaisant qui sèche les grappes, lesquelles donneront des flocs, des armagnacs et des Côtes de Gascogne de haute expression.

Pimpante et brillante dans sa robe jaune pâle, cette cuvée issue de gros manseng, de sauvignon et d'ugni blanc dévoile un bouquet fin de fruits exotiques (papaye, fruit de la Passion) et d'agrumes. Dès l'attaque, le palais se montre à la fois ample, suave et frais, avec une chair délicate et des arômes muscatés. La finale, vive et franche, vient agréablement taquiner les papilles. ✕ 2015-2017 ♈ gambas grillées ■ Soleil d'automne 2014 (8 à 11 € ; 65 000 b.) : vin cité. ✕ 2015-2018

☛ *EARL Famille Fezas, Dom. Chiroulet, 32100 Larroque-sur-l'Osse, tél. 05 62 28 02 21, chiroulet@wanadoo.fr* Ⓥ 🅰 🅵 *t.l.j. sf dim. 9h-12h 14h-18h30; f. sam. janv.-mai*

COLOMBELLE Soleil gascon 2014 ★★		
■		
60 000	🅸	5 à 8 €

Le berceau de ce vaste groupement de coopératives, né en 1979 de la fusion de trois caves gersoises, se trouve à Saint-Mont. Devenue Plaimont Producteurs, la structure réunit depuis 1999 la cave de Crouseilles et celle de Condom : un acteur majeur du Sud-Ouest viticole.

Ce Soleil gascon issu du seul gros manseng se présente dans une robe lumineuse, dorée et nuancée de vert pâle. Très expressif de bout en bout, il développe des arômes de fruits frais (pêche, abricot), de mandarine confite, de tilleul et d'eucalyptus. La bouche, ample et persistante, associe dans un équilibre remarquable la richesse (50 g/l de sucres résiduels) à une fine fraîcheur, renforcée par de beaux amers en finale. ✕ 2015-2019 ♈ volaille à la crème ■ Charmes d'automne 2014 ★ (5 à 8 € ; 120 000 b.) : un moelleux gourmand, bien tenu par une fine trame acide qui équilibre les sucres (48 g/l). Intensément aromatique, il s'épanouit sur des arômes de fruits à chair blanche, d'agrumes et d'acacia. ✕ 2015-2019 ■ L'Original 2014 (- de 5 € ; 200 000 b.) : vin cité. ✕ 2015-2017

☛ *Plaimont Producteurs, Rte d'Orthez, 32400 Saint-Mont, tél. 05 62 69 62 87, d.caillard@plaimont.fr* Ⓥ 🅰 🅵 *t.l.j. 9h-12h30 14h-19h* 🏠 ❷ 🏠 🅱

DOM. D'EMBIDOURE 2014 ★		
■		
11 000	🅸	8 à 11 €

Les deux sœurs Menegazzo, Nathalie et Sandrine, ont ajouté les flocs et les vins de pays à la tradition bachique inaugurée par leur père avec l'armagnac. Elles exploitent 30 ha de vignes au village de Réjaumont, dans le Haut-Armagnac, ainsi qu'un verger de pommiers.

Ce moelleux (74 g/l de sucres résiduels tout de même) est issu des deux mansengs (70 % pour le gros, 30 % pour le petit). Un vin racé, vif, qui déploie à l'olfaction des fragrances complexes de fleurs blanches, d'hydromel, d'agrumes, de raisins secs, d'ananas... Une richesse à laquelle répond une bouche ample, opulente et concentrée mais soutenue jusqu'en finale par une fine vivacité. ✕ 2016-2020 ♈ tarte aux abricots ■ Cuvée des Filles d'Embidoure 2014 (8 à 11 € ; 13 000 b.) : vin cité. ✕ 2015-2017

☛ *EARL Menegazzo Filles, Dom. d'Embidoure, 32390 Réjaumont, tél. 05 62 65 28 92, menegazzo.embidoure@wanadoo.fr* Ⓥ 🅰 🅵 *t.l.j. sf sam. dim. 9h-12h 14h-18h*

ESPÉRANCE		
Sauvignon gros manseng Cuvée d'Or 2014 ★		
■		
50 000	🅸	5 à 8 €

Claire de Montesquiou, après une carrière de « chasseur de tête » en Angleterre, décide en 1990 de revenir sur la terre de ses ancêtres. Elle est aujourd'hui à la tête d'un domaine de 30 ha et a fait appel au talent de Jean-Charles de Castelbajac pour dessiner l'étiquette qui habille ses cuvées.

« Grand pendu, j'irai taster de ton vin en passant ! », écrivait le futur Henri IV à son « affectionné amy » Montesquiou, avant d'aller affronter les ligues catholiques à Coutras. Il avait bon goût, le Béarnais ! L'anecdote donne une idée de l'antériorité du vignoble... La qualité perdure, à en juger par cette cuvée issue de gros manseng et du sauvignon assemblés à parité. Éclatant dans sa robe jaune clair, ce blanc sec livre une olfaction intense où les agrumes jouent un rôle essentiel, accompagnés de notes de pierre à fusil. En bouche, l'équilibre est de mise : gras et rondeur sont contrebalancés par une belle finale acidulée. ✕ 2015-2017 ♈ quiche saumon-poireaux

☛ *Dom. d'Espérance, Espérance, 320, chem. d'Espérance, 40240 Mauvezin-d'Armagnac, tél. 05 58 44 85 93, info@esperance.fr* Ⓥ 🅰 🅵 *lun. mer. ven. 8h-12h* 🏠 Ⓖ ☛ *Claire de Montesquiou*

DOM. LES ESQUIROTS Sauvignon 2014		
■		
36 000	🅸	- de 5 €

La coopérative des Producteurs Réunis Les Hauts de Montrouge a été créée en 1963. Son nom fait référence aux sables fauves qui caractérisent le terroir. Sur 1 000 ha de vignes, la cave produit de l'armagnac et ses dérivés (floc-de-gascogne, liqueurs) ainsi que des IGP Côtes-de-Gascogne sous plusieurs étiquettes, dont Les Hauts de Montrouge et Dom. les Esquirots.

Sur des pentes de sables fauves, le sauvignon a trouvé un terroir à sa convenance pour donner naissance à cette cuvée de blanc sec du Domaine les Esquirots (écureuils en gascon). Un joli vin brillant, vif au nez intense de fruits exotiques ; arômes que l'on retrouve aux côtés des agrumes dans une bouche d'un bon volume, assez longue et bien équilibrée. ✕ 2015-2017 ♈ filets de perche

☛ *CPR – Les Hauts-de-Montrouge, 32110 Nogaro, tél. 05 62 09 01 79, info@hdmontrouge.com* Ⓥ 🅰 🅵 *t.l.j. sf dim. lun. 9h-12h 14h-18h*

♥ DOM. DE FORTUNET Colombard		
sauvignon 2014 ★★		
■		
100 000	🅸	5 à 8 €

Domaine de Fortunet 2014 - Colombard / Sauvignon

Jacques Debets a repris en 1998 l'exploitation familiale du Bas-Armagnac. Il est aujourd'hui aidé de sa femme Viviane et de son fils Vincent qui l'a aidé à restructurer leur vignoble (65 ha aujourd'hui) et à se lancer dans la production de bouteilles.

Cette cuvée magnifique issue du local colombard (70 %) recueille également les puissances aromatiques du sauvignon, complément fringant de l'assemblage. Épanouie, intense et complexe, l'olfaction mêle le buis aux agrumes et aux fruits exotiques. La bouche s'épanouit tout en rondeur et en douceur, en gardant un équilibre excellent grâce à une fine acidité et une touche de minéralité. ✗ 2015-2018 ▼ tartare de saumon

o→ *Dom. de Fortunet, Fortunet, 32110 Lanne-Soubiran, tél. 06 80 32 74 50, info@domaine-fortunet.com* Ⅴ ✖ ⬆ *t.l.j. 9h-12h 14h-19h*

PHILIPPE GOURGUES
Colline Gros manseng 2014 ★

■	16 129	⬆	- de 5 €

René Gourgues acquiert en 1934 un domaine de 25 ha qu'il dédie entièrement à la vigne. Son fils Nelson l'agrandit de 10 ha. Puis vient le tour de son petit-fils Philippe qui porte sa superficie à 47 ha.

Le suivi au chai est précis : longues macérations, pressurages doux, fermentations à basse température. Grâce à quoi le moelleux, issu de gros manseng cultivé sur 1,3 ha d'argilo-calcaires, est avec ses 60 g/l de sucres résiduels une petite friandise. Ses arguments : une brillante robe dorée aux reflets platine, un bouquet très expressif de pêche, d'abricot et de miel, arômes que l'on retrouve dans une bouche bien équilibrée, souple et alerte. ✗ 2015-2018 ▼ tarte aux abricots

o→ *Philippe Gourgues, Labrit, 32250 Montréal du Gers, tél. 05 62 29 46 14, domainedelabrit@yahoo.fr* Ⅴ ✖ ⬆ *t.l.j. sf dim. 8h-18h*

DOM. DE L'HERRÉ Sauvignon blanc 2014 ★★

■	200 000	⬆	5 à 8 €

Créé en 1974, ce domaine couvre 100 ha de vignes sur le versant sud d'une ligne de crête offrant un panorama exceptionnel sur les Pyrénées.

Le sauvignon, couvrant sur 50 ha des coteaux aux sols de sables fauves et d'argiles exposés plein sud, a trouvé ici des terres qui lui conviennent. Élevé sur lies pendant six mois, il offre un nez intense et bien typé d'agrumes et de bourgeon de cassis. À la mise en bouche, une belle vivacité, presque nerveuse, se fait sentir ; puis elle va en s'estompant au profit d'une rondeur avenante. Tout proche du coup de cœur. ✗ 2015-2017 ▼ volaille à la crème

o→ *Dom. de l'Herré, lieu-dit Herré, 32370 Manciet, tél. 09 77 72 42 02, mblanchard@lherre.fr* Ⅴ ⬆ *t.l.j. sf sam. dim. 8h-12h30 14h-18h* o→ Pascal Debon

DOM. HORGELUS
Sauvignon gros manseng 2014 ★

■	80 000	⬆	5 à 8 €

Œnologue diplômé, Yoan Le Menn a repris en 2007, à l'âge de vingt-sept ans, le domaine fondé par son grand-père entre Ténarèze et Bas-Armagnac, qui couvre aujourd'hui 66 ha. Le vigneron aime à vendanger la nuit pour que la fraîcheur des baies se conserve.

L'assemblage sauvignon-gros manseng fait désormais partie des grands classiques du Pays gascon. Celui du domaine Horgelus délivre à l'olfaction d'intenses notes d'agrumes. L'annonce d'une bouche « conquérante » et longue, ample, vive et très fruitée. Typiquement « Gas-

cogne », conclut un dégustateur. ✗ 2015-2017 ▼ saint-jacques flambées à l'armagnac

o→ *Yoan Le Menn, lieu-dit Cassou, 32250 Montréal-du-Gers, tél. 05 62 09 95 94, horgelus@orange.fr* Ⅴ ✖ ⬆ *t.l.j. 9h-12h 14h-17h*

ENVIE DE JOŸ 2014 ★★

■	40 000	⬆	5 à 8 €

Originaire de Suisse, Paul Gessler arrive en Bas-Armagnac en 1927. Ce sont aujourd'hui Roland et Olivier, ses petits-fils, qui dirigent ce domaine de plus de 60 ha de vignes implantés sur des sols argilo-siliceux et limono-siliceux. Ils produisent essentiellement des blancs, ainsi que des rouges, des rosés et de l'armagnac.

Cet assemblage de colombard (60 %), d'ugni blanc et de gros manseng offre au nez des arômes intenses de pamplemousse, de litchi et de carambole. La bouche, ample et ronde en attaque, évolue ensuite sur une fine vivacité qui lui confère une belle énergie. Un remarquable équilibre. ✗ 2015-2017 ▼ plateau de fruits de mer ■ Dom. de Joŷ Saint-André 2014 (5 à 8 € ; 250 000 b.) : vin cité ✗ 2015-2018

o→ *SARL Joŷ Sélection, A Joŷ, 32110 Panjas, tél. 05 62 09 03 20, joy-selection@domaine-joy.com* Ⅴ ✖ ⬆ *t.l.j. sf dim. 9h-12h 14h-18h*

DOM. MALARTIC Colombard sauvignon 2014 ★

■	40 000	⬆	- de 5 €

Domaine familial depuis 1901, ce domaine de 40 ha conduit par la cinquième génération de vignerons, également producteurs en armagnac et en floc-de-gascogne, s'est lancé dans les côtes-de-gascogne en 2001.

Cette association de colombard et de sauvignon à parts quasi égales s'épanouit à l'olfaction autour de la présence acidulée du citron et de la mandarine, à peine adoucie par quelques notes briochées. Vif et tonique, le palais procure d'agréables sensations fruitées à l'unisson du bouquet. Un vin franc et bien ciselé. ✗ 2015-2017 ▼ aile de raie aux câpres ■ 2014 (- de 5 € ; 10 000 b.) : vin cité ✗ 2015-2017

o→ *Dom. de Malartic, GAEC Perissé, 32400 Sarragachies, tél. 05 62 69 75 72, contact@domainedemalartic.com* Ⅴ ✖ ⬆ *r.-v.*

DOM. DE MASTRIC Petit manseng 2014 ★★

■	4 000	⬆	5 à 8 €

Jérôme Guichanné et sa sœur Laurence conduisent cette propriété familiale de 12,3 ha implantée sur les coteaux du Bas-Armagnac. Ils produisent des vins rouges, des rosés et des blancs (secs ou moelleux) ainsi que de l'armagnac et complètent leur activité viticole par un élevage de volailles en plein air.

Ce pur petit manseng, d'une belle couleur or soutenu aux reflets plus pâles, dévoile au nez des parfums d'orange, de pêche, d'abricot légèrement confits et de miel. La bouche, équilibrée, ample et persistante, joue sur les mêmes arômes fruités et miellés. La finale vive apporte un surcroît de dynamisme. ✗ 2015-2018 ▼ bleu des Causses ■ Merlot 2014 ★ (5 à 8 € ; 5 000 b.) : qualifié de « cajoleur » par son côté fruité (cassis, myrtille) mâtiné d'épices (poivre), ce vin est aussi très plaisant par sa rondeur « merlotée » et ses tanins souples et fins. ✗ 2015-2017

○┐ *Jérôme Guichanné, rte d'Aire-sur-l'Adour,*
32460 Le Houga, tél. 06 86 51 04 38, mastric@orange.fr
Ⓥ 🄴🄵 *r.-v.*

DOM. DE MILLET Colombard ugni blanc 2014

▪	300 000		🛈		- de 5 €

Au château de Millet, on sait recevoir et les touristes œnophiles séjournent dans l'ancien pigeonnier restauré du XVᵉs. Francis et Lydie Dèche, et leur fille Laurence, dirigent ce domaine de 80 ha à Éauze, l'une des plus anciennes cités de Gascogne, au cœur du Bas-Armagnac.

Ce 2014 associant à parts égales le colombard et l'ugni blanc affiche une robe scintillante aux reflets émeraude. Au nez comme en bouche, il évolue dans un registre exotique et fruité (pamplemousse, fruit de la Passion), vif et tonique. ✗ 2015-2017 ❦ asperges landaises

○┐ *EARL du Ch. de Millet, av. de Parlebosq,*
32800 Éauze, tél. 05 62 09 87 91,
info@chateaudemillet.com Ⓥ 🄴🄵 *t.l.j. sf dim. 9h-12h*
14h-18h 🏠 Ⓒ ○┐ *Famille Dèche*

DOM. DE MISELLE Petit manseng 2014 ★★

▪	19 000			5 à 8 €

Ce domaine est depuis longtemps déjà voué à la viticulture, des armagnacs y étant produits depuis le XIXᵉs. Depuis 1998, la famille Chevalier, originaire du Nord de la France, conduit les 28 ha de vignes.

Bienvenue chez les Ch'tis pour la deuxième année consécutive ; des nordistes qui ont, semble-t-il, tout saisi des terres gasconnes à en juger par ce moelleux remarquable, qui succède à un 2013 noté trois étoiles dans le Guide précédent. D'un jaune pâle brillant, le 2014 dévoile un nez complexe et d'une grande intensité : agrumes, fleurs blanches, miel, abricot, fruit de la Passion, raisins secs... La bouche confirme ce festival aromatique et séduit aussi par son équilibre impeccable entre douceur (64 g/l de sucres résiduels) et fraîcheur, cette dernière étant renforcée par une longue finale sur l'abricot frais. ✗ 2015-2019 ❦ tarte au chocolat

○┐ *EARL Dom. Chevallier, Dom. de Miselle,*
32110 Caupenne-d'Armagnac, tél. 05 62 08 84 56,
contact@miselle.com Ⓥ 🄴🄵 *r.-v.*

DOM. DE PICARDON 2014 ★

▪	80 000		🛈		5 à 8 €

Situé à Réans dans le Gers, ce domaine de 70 ha est conduit par Jean-Pierre Randé qui produit une gamme de vins, de flocs, d'armagnac et de pimençon (un apéritif à base de vins des Côtes de Gascogne et de piment doux).

Un rosé de pressurage direct, élevé sur lies fines, joliment saumoné, qui séduit par ses arômes fruités (la fraise notamment) nés de l'union des deux cabernets (le cabernet-sauvignon à 95 %). Un fruité soutenu qui se confirme dans un palais vif en attaque, gras, rond et un brin suave dans son développement. ✗ 2015-2016 ❦ paëlla

○┐ *Jean-Pierre Randé, Picardon, 32800 Réans,*
tél. 05 62 09 95 52, domainedepicardon@orange.fr
Ⓥ 🄵 *t.l.j. sf dim. 9h-12h30 14h-17h30*

DOM. LES REMPARTS
Petit manseng Gouttes de Lune 2014 ★★

▪	5 000		🛈		8 à 11 €

Les frères Marcellin conduisent ce domaine familial de 115 ha implanté en Ténarèze sur les coteaux de Gascogne.

Ils élaborent des IGP Côtes de Gascogne, des floc-de-gascogne et des armagnacs et disposent de champs de pruniers destinés à la production de pruneaux d'Agen.

Il paraît que la lune – si l'on en croit Musset – aime à s'attarder « comme un point sur un i... sur le clocher jauni ». Laissons aux amis des poètes le soin d'imaginer qu'elle a caressé de ses rayons bienfaisants les « remparts » du domaine des Marcellin. Sans oublier les vendangeurs qui, « dans la nuit brune » (Musset toujours), ont récolté les petits mansengs surmûris à l'origine de ce moelleux d'un beau doré, ouvert sur la cire d'abeille, les agrumes et l'abricot sec. Quant à la bouche, ronde et charnue, ample et riche, elle dévoile des arômes de fruits exotiques (mangue, ananas) et s'équilibre autour d'une fine acidité. ✗ 2015-2018 ❦ foie gras ▪ Gouttes de Lune 2014 (8 à 11 € ; 13 500 b.) : vin cité. ✗ 2016-2019

○┐ *Dom. Les Remparts, Le Bourdilet de Séailles,*
32100 Condom, tél. 05 62 28 39 30,
mecleric.lesremparts@gmail.com Ⓥ 🄴🄵 *r.-v.* 🏠 ❸
🏠 Ⓔ

DOM. DU REY Colombard sauvignon 2014

▪	53 000		🛈		- de 5 €

De la biologie à l'œnologie, l'écart n'est pas si grand. Claude Almayrac a franchi le pas en 2008 pour reprendre les 30 ha de vignes exploités alors par la famille Arrouy depuis trois générations.

Ce blanc sec a fière allure dans sa robe jonquille aux reflets vert pâle. L'olfaction, riche et expressive (pamplemousse, citron vert, fruits de la Passion), annonce une dégustation marquée du sceau de la vivacité ; ce que confirme la bouche, énergique, fruitée et harmonieuse. ✗ 2015-2017 ❦ friture d'éperlans

○┐ *Claude Almayrac, Dom. du Rey, 32330 Gondrin,*
tél. 05 62 29 11 85, contact@domainedurey.com
Ⓥ 🄴🄵 *r.-v.* ○┐ *EARL Ventayrac*

DOM. SAINT-LANNES Gros manseng 2014

▪	15 000		🛈		5 à 8 €

À Saint-Lannes, dans les années 1950, les gens vivaient l'autarcie à la gersoise entre céréales, vaches, basse-cour et vignes. C'est dans ce hameau qu'est établie la famille de Michel Duffour. Ce dernier, arrivé en 1973, est aujourd'hui épaulé par son fils Nicolas.

Ce pur gros manseng, brillant dans sa robe paille aux reflets verts, dévoile un nez plaisant d'ananas, de mangue et de pamplemousse sur un fond discrètement miellé. La prélude à un palais rond, gras et ample, stimulé par d'agréables amers en finale. ✗ 2015-2017 ❦ escalope panée

○┐ *Dom. Saint-Lannes, SARL Nicolas Duffour, BP6,*
32330 Lagraulet-du-Gers, tél. 05 62 29 11 93,
marlene.duffour@saint-lannes.fr Ⓥ 🄵 *r.-v.*
○┐ *Nicolas Duffour*

DOM. DE LA TUILERIE Romane 2013 ★

▪	7 000		◫		5 à 8 €

Joël Pellefigue a repris le domaine familial en 1990 et l'a fait passer de 2 à 10 ha. En 2001, il l'a doté d'un chai moderne. Son objectif ? Faire des vins à boire sur le fruit.

Sur 2 ha d'argilo-calcaires, Joël Pellefigue a bichonné le merlot et les deux cabernets pour élaborer cette Romane de très bonne tenue, élevée douze mois en barriques de un et deux ans. La robe, presque noire, fait penser aux baies de cassis, un fruit que l'on retrouve au nez avec intensité, complété de notes de cerise, de mûre et d'épices. La bouche, fraîche, souple et ample, dévoile de beaux arômes fruités et des tanins dociles. Un vin au caractère aimable. **I** 2015-2018 **Y** onglet sauce poivre

o— *Joël Pellefigue, Dom. de la Tuilerie, 32810 Roquelaure, tél. 05 62 65 50 30, pellefigue.joel@wanadoo.fr* **V ⚔ 🔨** *r.-v.*

UBY Colombard ugni blanc 2014 ★		
■	1 330 000	î	- de 5 €

La tortue cistude d'Europe, clin d'œil à ceux qui luttent pour la sauvegarde des espèces menacées, est représentée sur les étiquettes de la maison Uby (domaine et négoce). À la tête de ce vaste vignoble (200 ha) depuis 1995, François Morel multiplie les démarches orientées vers le respect de l'environnement et sélectionne pour la partie négoce des partenaires apporteurs de raisins bio.

Cette cuvée à forte proportion de colombard (85 %) associe dans une olfaction alerte quelques notes minérales à des senteurs d'agrumes. Arômes qui stimulent aussi de leur fraîcheur une bouche ample et longiligne. **I** 2015-2017 **Y** salade de poulpes ■ Gros et petit manseng n°4 2014 (5 à 8 € ; 850 000 b.) : vin cité. **I** 2015-2018

o— *François Morel, Dom. Uby, 32150 Cazaubon, tél. 05 62 09 51 90, contact@domaine-uby.com* **V ⚔ 🔨** *t.l.j. sf sam. dim. 8h-12h 14h-18h*
o— *SAS Distribution du Dom. d' Uby*

VILLA DRIA Chardonnay gros manseng 2014 ★		
■	30 000	î	5 à 8 €

Installé en 1993 sur les terres familiales où se mêlent argiles, sables et limons, Jean-Pierre Drieux, ingénieur en agriculture, a confié ses raisins à la cave coopérative jusqu'en 2009. Il valorise les cépages blancs typiques de la Gascogne, qui occupent 95 % de l'encépagement sur un vignoble de 50 ha.

Le gros manseng est assemblé à parité avec le chardonnay dans ce vin mêlant au nez de tendres arômes de fruits blancs (coing) et d'amande. La bouche, ample et douce, conserve ces notes fruitées jusqu'à la finale, fraîche et équilibrée. **I** 2015-2017 **Y** carpaccio de poisson

o— *Villa Dria, Vignobles Drieux, 32800 Eauze, tél. 05 62 08 39 19, contact@villadria.com* **V ⚔ 🔨** *t.l.j. sf sam. dim. 9h-12h 14h-18h* **o—** *Drieux*

VILLA PEREIRE 2014		
■	500 000		5 à 8 €

Savas (Société d'approvisionnement de vins d'alcools et de spiritueux) est une maison de négoce fondée en 1973, présidée par Évelyne Courriades, qui propose des vins de marque en AOC bordeaux.

Ce vin de marque, moins nom évoque davantage le bassin d'Arcachon que les Côtes de Gascogne, est un joli blanc sec issu de colombard et de sauvignon, ouvert sur des parfums soutenus de rose, de mandarine et de litchi. La bouche, peu vulumineuse, reste expressive et plaît par sa vivacité. **I** 2015-2016 **Y** langoustines

o— *Savas, 110, rue Achard, 33300 Bordeaux, tél. 05 56 92 62 96, margaux.belval@savas-sa.fr*

CÔTES DU TARN		

DOM. D'EN SÉGUR Cuvée Germain Élevé en fût de chêne 2012 ★		
■	60 000	î ⑪	5 à 8 €

Disparu en 2013, Pierre Fabre, pharmacien castrais de renommée mondiale, voulant promouvoir les vins de sa région natale, avait créé en 1989 ce domaine étendu aujourd'hui sur 36 ha et géré depuis 2004 par l'œnologue Caroline Schaller.

Cuvée hommage au père de Pierre Fabre, née de merlot (60 %) et de cabernet-sauvignon. Un vin de caractère, sombre et profond, généreusement bouqueté autour de la réglisse, de fruits rouges compotés et de la résine de pin. La bouche se révèle chaleureuse, ample, corpulente et longue, épaulée par un boisé bien dosé. **I** 2016-2020 **Y** hachis parmentier de canard

o— *Dom. d'En Ségur, rte de Saint-Sulpice, 81500 Lavaur, tél. 05 63 58 09 45, ensegur@wanadoo.fr* **V ⚔ 🔨** *t.l.j. sf dim. 8h-17h*

LE PRUNELART DE LABARTHE 2012 ★		
■	3 000	î	15 à 20 €

Ce domaine transmis de père en fils depuis 1550 est aujourd'hui conduit par Jean-Paul Albert, à la tête d'un vignoble de 60 ha qui entoure d'anciennes bâtisses de pierre blanche. En 2013, son fils Thibault l'a rejoint sur l'exploitation en conversion bio.

Cette cuvée met en avant le rare prunelart, cépage d'origine sans doute tarnaise, qui donne en général des vins solidement charpentés et assez riches en alcool. C'est bien le cas ici, avec un vin sombre, épicé et réglissé, rond, puissant et vineux, soutenu par de bons tanins serrés. **I** 2017-2020 **Y** bœuf en daube

o— *Albert, Dom. de Labarthe, 81150 Castanet, tél. 05 63 56 80 14, labarthe@vinlabarthe.com* **V ⚔ 🔨** *t.l.j. sf dim. 9h-12h 14h-19h*

LE CADET DE LABASTIDE 2014		
■	50 000	▮	- de 5 €

La plus ancienne coopérative du Gaillacois et du Tarn est aussi le plus gros producteur de vins blancs de la région. Elle s'est illustrée dès 1957 en créant le gaillac perlé.

Une dominante de syrah (60 %) et de braucol (30 %) dans cet assemblage, complété de duras et de cabernet-sauvignon. Un rosé gourmand et très fruité (framboise compotée, ananas), souple et rond, un peu fugace mais harmonieux. **I** 2015-2016 **Y** grillades de porc

o— *Cave de Labastide, BP 12, 81150 Marssac-sur-Tarn, tél. 05 63 53 73 73, commercial@cave-labastide.com* **V ⚔ 🔨** *r.-v.*

CÔTES DU LOT		

LA BÉRANGERAIE Malbec Tu bois coâ? 2014 ★★		
■	24 000		5 à 8 €

Née officiellement en 1971, la propriété des Bérenger a le même âge que l'AOC cahors. Le fils et la fille de Sylvie et d'André Bérenger, aidés par leur conjoint respectif, ont repris le vignoble familial (32 ha) en 1997.

Un pur malbec coloré, d'un « rouge toulousain » (entendez : brique), au nez volubile, sur les fruits blancs et la cerise, avec une touche amylique. La bouche, dans le même registre, est agréablement ronde, tonifiée en finale par des arômes d'agrumes. ✗ 2015-2016 ⟡ assiettes de hors-d'œuvres

○➞ La Bérangeraie, Coteaux de Cournou, 46700 Grézels, tél. 05 65 31 94 59, berangeraie@wanadoo.fr
Ⓥ 🏃 🍶 t.l.j. 9h-12h 14h-18h ○➞ Famille Bérenger

CLOS TROTELIGOTTE Malbec Kmelot 2014

| ■ | 10 000 | 🍶 | 5 à 8 € |

Christian Rybinski et son fils Emmanuel cultivent leurs 12 ha de vignes sur des sols argilo-calcaires sidérolithiques rouges, riches en fer. Après une dizaine d'années d'agriculture raisonnée, les deux vignerons ont engagé la conversion bio de leur vignoble (certification en 2014).

Un rosé de malbec à la robe soutenue, rose brique, au nez vineux, sur la framboise, la groseille et la cerise blanche. Vive à l'attaque, la bouche conjugue de frais arômes d'agrumes et une belle ampleur qui permettra à cette bouteille d'accompagner le repas. ✗ 2015-2016 ⟡ escalope de poulet mariné

○➞ Emmanuel Rybinski, Le Cap-Blanc, 46090 Villesèque, tél. 06 74 81 91 26, contact@clostroteligotte.fr
Ⓥ 🏃 🍶 t.l.j. sf dim. 9h-12h 14h-18h

DÉMON NOIR Malbec 2014 ★

| ■ | 300 000 | 🍶 | - de 5 € |

Les vignerons d'Ovalie forment avec les coopératives de Fronton, Rabastens et Técou le groupe Vinovalie, qui compte 4 000 ha de vignes et 450 coopérateurs.

Avec son nez expressif, fruité et frais, sur la cerise et la menthe, et sa bouche savoureuse et croquante, à la fois souple et vive, ce malbec IGP offre une expression bien différente du cahors issu du même cépage. Des qualités à apprécier ici sans attendre. ✗ 2015-2016 ⟡ saucisse de Toulouse ■ Malbec 2014 ★ (- de 5 € ; 120 000 b.) : une robe rose brique, un nez entre la cerise et la pêche de vigne, une bouche consistante et longue, souple à l'attaque et fraîche en finale. ✗ 2015-2016

○➞ Vinovalie / Côtes d'Olt, 46140 Parnac, tél. 05 65 30 71 86 Ⓥ 🏃 🍶 r.-v.

ESPRIT Malbec 2014 ★

| ■ | n.c. | 🍶 | - de 5 € |

Fort de son diplôme de viti-œno, Patrick Laur a repris le vignoble familial en 1979. En 2009, il a été rejoint par son fils Ludovic. Ensemble, ils ont agrandi l'exploitation qui compte aujourd'hui 44 ha de vignes.

Un rosé de malbec au nez franc et élégant, sur la cerise et la groseille, prélude à une bouche ample et souple, aux arômes de fruits rouges confits. ✗ 2014-2015 ⟡ poulet grillé ■ Bikini Collection 2014 (- de 5 € ; n.c. b.) : vin cité. ✗ 2015-2016

○➞ Patrick et Ludovic Laur, Le Bourg, 46700 Floressas, tél. 05 65 31 95 61, vignobleslaur@orange.fr Ⓥ 🏃 🍶 r.-v.

CH. EUGÉNIE La Treille du Roy 2014 ★★

| ■ | 12 000 | 🍶 | - de 5 € |

1470 : c'est à cette date que remontent les archives de ce domaine qui connut de prestigieux clients au XVIIIᵉs., notamment les tsars de Russie. Dans la famille Couture depuis cinq générations, cette propriété s'appuie sur un vignoble de 42 ha.

Assemblage de malbec et de merlot, un rosé très coloré, au nez franc de cerise et de framboise et à la bouche bien construite et vineuse, qui pourra accompagner un repas. ✗ 2015-2016 ⟡ travers de porc grillés ■ La Treille du Roy 2014 (- de 5 € ; 4 000 b.) : vin cité. ✗ 2015-2017

○➞ Ch. Eugénie, Rivière-Haute, 46140 Albas, tél. 05 65 30 73 51, couture@chateaueugenie.com
Ⓥ 🏃 🍶 t.l.j. sf dim. 9h30-12h30 14h-19h

♥ LAGRÉZETTE Viognier Le Pigeonnier 2014 ★★

| ■ | 3 000 | ⏸ | 50 à 75 € |

Un domaine vedette du vignoble cadurcien, acquis en 1980 par l'homme d'affaires Alain-Dominique Perrin. Il est renommé pour l'architecture caractéristique de son manoir du XVIᵉs., avec ses tours en poivrière, ses toits pentus et son pigeonnier ; pour son patrimoine viticole aussi (90 ha), exploité depuis le XVIᵉs. ; pour ses vins ambitieux, surtout, régulièrement en vue dans ces pages.

Au château Lagrézette, même en IGP, on a affaire à des cuvées de prestige. Dans ce cas, ce n'est pas du malbec qu'abrite ce Pigeonnier, mais un pigeon voyageur venu des terres rhodaniennes et qui s'est sédentarisé avec bonheur. Un viognier, élevé neuf mois en barriques de 500 l. La robe légère aux reflets dorés est caractéristique du cépage. Le nez brille par son exubérance et sa complexité : la pêche, l'abricot, les fruits confits et le coing s'allient aux notes d'élevage évoquant la vanille, la noisette et le caramel. L'opulence de la bouche se conjugue avec une fine acidité qui étire la finale et qui donne à l'ensemble une rare élégance. ✗ 2015-2020 ⟡ suprême de poulet à la crème ■ Mas des Merveilles Viognier Rocamadour 2014 (20 à 30 € ; 11 000 b.) : vin cité. ✗ 2015-2020

○➞ SCEV la Grézette, Dom. de Lagrézette, 46140 Caillac, tél. 05 65 20 07 42, cblanc@lagrezette.fr Ⓥ 🏃 🍶 t.l.j. 10h-12h 14h-18h ; f. janv. ○➞ A.D. Perrin

L'ESPRIT DE LATUC Sémillon 2014 ★

| ■ | 4 000 | 🍶 | 11 à 15 € |

Aux confins du Lot-et-Garonne, une ferme typique du Quercy avec son pigeonnier. Repris en 2002 à des Britanniques par un couple d'agronomes belges formés en Alsace, le domaine couvre 17 ha. Les propriétaires ont institué un régime de location des vignes rang par rang à des Wine partners. Un rang procure 260 bouteilles l'an.

Le sémillon est rarement vinifié seul en France. Voici donc une cuvée originale, vinifiée en demi-sec. On aime son nez élégant partagé entre l'aubépine et la pêche, sa bouche bien équilibrée, à la fois suave et croquante, dominée par les agrumes. Pour l'apéritif. ✗ 2015-2016 ⟡ brochettes de fruits ■ Petit goût de paradis 2014 (5 à 8 € ; 10 000 b.) : vin cité. ✗ 2015-2016

○➞ EARL Dom. de Latuc, Laborie, 46700 Mauroux, tél. 05 65 36 58 63, info@latuc.com 🏃 t.l.j. sf dim. 9h-12h 14h-18h ○➞ Meyan

NOZIÈRES Clin d'œil 2014 ★		
10 000	🏚	5 à 8 €

Pierre et Paulette Maradenne ont acheté en 1955 cette propriété où se côtoyaient la vigne, la lavande, les céréales et les vaches laitières. Les premières bouteilles ont été commercialisées dans les années 1970. Aujourd'hui conduit par leur petit-fils Olivier Guitard, le domaine compte plus de 52 ha.

Mi-chardonnay mi-sauvignon, ce blanc penche au nez vers le second, avec ses arômes de fleurs et de fruits blancs, de pamplemousse et de buis. Le chardonnay apporte en bouche sa souplesse et des notes de fruits exotiques. La finale est longue et suave. ✗ 2015-2018 ♈ rillettes de saumon ■ Le Gravis 2014 (- de 5 € ; 12 000 b.) : vin cité. ✗ 2015-2016

☛ EARL de Nozières, Bru, 46700 Vire-sur-Lot, tél. 05 65 36 52 73, chateaunozieres@wanadoo.fr
🅥 🏃 🎁 t.l.j. sf dim. 9h-12h 14h-19h

🅑 **TOUR DE BELFORT** Malbec cabernet franc 2014		
6 000	🏚	5 à 8 €

Eugène Lismonde a vendu son entreprise à l'âge de soixante ans et acheté vignoble et bastide médiévale à l'abandon à Belfort-du-Quercy, berceau familial. Sa fille Muriel a patiemment restructuré le vignoble (9 ha) et adopté l'agriculture biologique. Elle a signé son premier millésime en 2008.

Avec son nez de cerise mûre, de réglisse et de menthol, ce vin rouge exprime bien le malbec, cépage dominant dans l'assemblage, complété par le merlot. La bouche aux arômes de fruits rouges est puissante, ronde et fondue. ✗ 2015-2018 ♈ grillade de porc

☛ Le Dom. de Belfort, Le Bourg, 46230 Belfort-du-Quercy, tél. 06 37 29 66 71, info@tour-de-belfort.com 🅥 🏃 🎁 t.l.j. 8h-12h 13h-17h
🏠 🅖 ☛ Lismonde

| **CH. VINCENS** Chardonnay | | |
Sur le chemin de Pierre levée 2014 ★★		
1 570	🏚 📶	8 à 11 €

Prosper Vincens acheta sa première parcelle à son retour de la Grande Guerre. En 1982, Michel quitta la coopérative pour élever ses propres vins. La famille – aujourd'hui Isabelle Vincens et son frère Philippe – est toujours aux commandes et conduit un vignoble de 39 ha.

Le grand blanc bourguignon montre une fois de plus ses capacités d'adaptation. En terre lotoise, le nez est intense, la fleur blanche et la poire s'allient à la pêche, qui prend des tons de fruits jaunes bien mûrs et même, en bouche, des accents confits ; un séjour de trois mois en barrique a suffi à donner des arômes beurrés, briochés et grillés. La bouche, tout aussi aromatique, montre beaucoup de volume et penche vers la souplesse et la rondeur, mais avec ce qu'il faut de fraîcheur pour donner au vin du relief et de la structure. ✗ 2015-2018 ♈ flétan à la crème ■ L'Instant Malbec 2014 ★ (- de 5 € ; 55 000 b.) : un nez discret, sur la groseille, et un palais plus intense, souple et frais, bien structuré. ✗ 2015-2016

☛ Ch. Vincens, Foussal, 46140 Luzech, tél. 05 65 30 51 55, philippe@chateauvincens.fr
🅥 🏃 🎁 t.l.j. sf dim. 9h-19h 🏠 🅖

➔ **LANGUEDOC ET ROUSSILLON**

Vaste amphithéâtre ouvert sur la Méditerranée, la région Languedoc-Roussillon décline ses vignobles du Rhône aux Pyrénées catalanes. Premier ensemble viticole français, elle produit près de 80 % des IGP de France.

Obtenus par la vinification séparée de cuvées, les vins de pays de la région Languedoc-Roussillon sont issus non seulement de cépages traditionnels (carignan, cinsault et grenache, syrah pour les vins rouges et rosés, clairette, grenache blanc, macabeu, muscat, terret pour les blancs), mais aussi de cépages non méridionaux : merlot, cabernet-sauvignon, cabernet franc, cot, petit verdot et pinot noir pour les vins rouges ; chardonnay, sauvignon et viognier pour les vins blancs.

Le vin de pays régional « IGP d'Oc », constitué en majorité de vins de cépage avec six variétés principales (cabernet-sauvignon, merlot, syrah en rouge et chardonnay, sauvignon, viognier en blanc), représente 5,8 millions d'hectolitres (65 % des IGP françaises).

CÉVENNES		

DOM. DE L'ORVIEL Viognier 2014 ★		
5 000	🏚	5 à 8 €

Le domaine de l'Orviel (24 ha) est implanté sur la commune de Saint-Jean-de-Serres, dans le Gard. À proximité des premiers contreforts des Cévennes, les sols et l'exposition des coteaux y favorisent la culture qualitative de la vigne. Jean-Pierre Cabane y est installé depuis 1976.

Ce vin très équilibré offre au nez une élégante et large palette de fleurs blanches. Arômes qui s'épanouissent, agrémentés de nuances épicées, dans une bouche souple, riche et longue. ✗ 2015-2018 ♈ asperges sauce mousseline

☛ Jean-Pierre Cabane, 22, Mas Flavard, 30350 Saint-Jean-de-Serres, tél. 04 66 92 08 68, jean-pierre.cabane@orviel.com 🅥 🏃 🎁 t.l.j. sf dim. 10h-12h 14h-19h

DOM. ROTONDE CAVALIER Florilège 2014 ★★		
1 200	🏚	5 à 8 €

Créé en 1870, ce domaine familial de 10 ha est situé au pied des Cévennes, sur les mamelons argilo-calcaires dominant la vallée du Gardon. Quant à la cave, elle a été installée dans la remise des machines de l'ancienne gare de Lézan.

Ce 100 % viognier affiche une belle présence dès l'olfaction, à la fois intense et fine, associant arômes mentholées, fleurs blanches et fruits blancs. En bouche, il dévoile une rondeur avenante, relevée de délicates notes épicées. Un blanc gourmand et bien typé. ✗ 2015-2018 ♈ curry de lotte

☛ Jérémie Fossat, Dom. Rotonde Cavalier, 75, av. de la Gare, 30350 Lézan, tél. 04 66 83 08 81, rotondecavalier@orange.fr 🅥 🏃 🎁 t.l.j. 9h-12h 15h-19h

TERRES D'HACHÈNE Cerris 2014 ★

| ■ | 2 500 | 🍶 | 11 à 15 € |

Ce domaine de 14 ha, situé dans le Piémont cévenol, a été créé en 2009 par Horace Pictet qui pratique les vendanges manuelles et applique à la vigne les principes de la biodynamie, sans certification.

Mise en bouteille le 6 février 2015 précisément, un « jour fruit » en biodynamie, cette cuvée issue de mourvèdre (55 %) et de grenache livre des notes mentholées surprenantes d'intensité, qui accompagnent la dégustation du premier mouvement de verre jusqu'à la finale et qui font contrepoint à un palais puissant, chaleureux et gras. ✗ 2015-2016 ❦ cassolette de gambas

o─¬ Terres d'Hachène, SCEA Vignoble des Gardies, le Puechlong, 30610 Saint-Nazaire-des-Gardies, tél. 06 69 00 12 24, horace.pictet@gmail.com
V 🏃 🚡 r.-v.

COTEAUX D'ENSÉRUNE

CHAPELLE DE NOVELIS Néus 2014 ★

| ■ | 2 352 | 🍶 🍷 | 11 à 15 € |

L'histoire de ce domaine débute en l'an 800 ; il fut la propriété de puissantes familles seigneuriales, dont une femme, Jeanne de Novilis, au XIVᵉs. Une autre femme, Nathalie Jeannot, issue de l'industrie pharmaceutique, est aux commandes depuis 2011. Établi à quelques kilomètres de l'oppidum d'Ensérune, le vignoble s'étend sur 15 ha (en conversion bio).

Ce « nouveau-né » (première cuvée élaborée par Nathalie Jeannot) est... bien né et savamment dosé. Il associe la souplesse, l'élégance et le fruité frais du vermentino (80 %) à la rondeur de la marsanne et au boisé vanillé et épicé de l'élevage. L'ensemble est très équilibré et délicatement fondu, avec le caractère primesautier de la jeunesse. ✗ 2015-2019 ❦ poulet coco et curry

o─¬ Chapelle de Novilis, Dom. de Villenouvette, rte de Villenouvette, 34370 Maraussan, tél. 06 74 74 38 42, nathalie.jeannot@ chapelledenovilis.com V 🏃 🚡 r.-v.

COTEAUX DU PONT DU GARD

DOM. LES CABOTINES Cuvée Ares premiers 2012

| ■ | 2 800 | 🍶 🍷 | 8 à 11 € |

Carole Leblanc et Jo Befort, une infirmière québécoise et une vétérinaire alsacienne, se sont reconverties dans la vigne en 2006, s'installant sur ce petit vignoble de 3 ha à Collias. À la vigne, pas de machine à vendanger, pas de désherbant, pas d'insecticide, mais des petits rendements et une conversion vers le bio engagée.

Cet assemblage de syrah et de grenache dévoile un joli nez fruité, épicé et confit, relayé par un palais gras et puissant, bâti sur des tanins bien en place et un boisé fondu. Un vin généreux et de bonne tenue que l'on réservera pour un mets de caractère. ✗ 2017-2020 ❦ selle d'agnau au thym

o─¬ Dom. les Cabotines, 2, rue de la République, 30210 Collias, tél. 06 11 84 47 28, leblanc.befort@ aliceadsl.fr V 🏃 🚡 r.-v. o─¬ Carole Leblanc

COTEAUX DU SALAGOU

MAS FABREGOUS Croquignol 2013

| ■ | 40 000 | 🍶 | 5 à 8 € |

Parti du village pittoresque de Soubès, un sentier botanique longe les vignes du domaine en direction du cirque de Navacelles. Conduit par Philippe Gros depuis 1988, ce vignoble familial perché à 400 m d'altitude est en cours de conversion bio.

Assemblage d'alicante (60 %), de grenache et de carignan, ce vin associe au nez fruits noirs et nuances mentholées. Passé une attaque tout en fraîcheur, il dévoile un palais ample, suave et tout aussi expressif, aux arômes de garrigue, de romarin, de fruits rouges et d'eucalyptus. D'une aimable simplicité. ✗ 2015-2018 ❦ grillades

o─¬ Philippe Gros, Mas Fabregous, chem. d'Aubaygues, 34700 Soubès, tél. 04 67 44 31 75, masfabregous@free.fr
V 🏃 r.-v.

CÔTE VERMEILLE

♥ DOM. DE LA TOURASSE
Le Vin qui voit la mer 2013 ★★★

| ■ | 3 000 | 🍶 🍷 | 20 à 30 € |

Alain Pottier et Sophie Pujol ont créé en 2011 ce domaine situé face à la mer, à Port-Vendres, non loin de Banyuls-sur-mer. Ils conduisent 3 ha de vignes, selon les principes de la biodynamie, ainsi qu'une plantation d'immortelles dont ils tirent des huiles essentielles utilisées en thérapie.

Ce vin qui a vu la mer a aussi vu la lumière tant il apparaît éclatant dans sa robe carminée. Le nez, d'une rare élégance, puissant et frais, associe les petits fruits rouges à de fines notes d'épices et de garrigue. En bouche, on est conquis par la pureté des tanins et par une trame acide magnifique qui porte loin, très loin la finale. Un grand vin aérien, qui a survolé la dégustation de sa classe. ✗ 2016-2019 ❦ pintade rôtie aux légumes

o─¬ Dom. de la Tourasse, 5, av. Castellane, 66660 Port-Vendres, tél. 06 80 03 05 59, contact@ latourasse.com V 🏃 🚡 r.-v. o─¬ Alain Pottier

CÔTES CATALANES

DOM. DE L'ARCHITECTE
Syrah Aux coings sauvages 2014 ★

| ■ | 2 400 | 🍶 | 20 à 30 € |

Après avoir pratiqué l'architecture, l'urbanisme et le paysagisme pendant vingt ans, Patrick Dursent a réalisé un rêve en devenant propriétaire de 14 ha de vignes dans les Aspres. Il est installé comme vigneron depuis 2013.

Une parcelle bordée de cognassiers, des vignes de syrah sur un terroir argilo-calcaire à forte pierrosité, le décor est planté. Dans le verre, une belle robe carmin aux reflets grenat et des parfums de pruneau et d'épices de la garrigue qui apparaissent lentement. La bouche, ronde et persistante sur le fruit et les épices perçus à l'olfaction, s'adosse à des tanins soyeux et se voit stimulée par une pointe de fraîcheur. ✗ 2015-2018 ▼ tajine d'agneau aux coings ■ Carignan Aux amandiers 2014 (15 à 20 € ; 2 400 b.) : vin cité. ✗ 2015-2017 ■ Grenache Aux figuiers 2014 (20 à 30 € ; 2 400 b.) : vin cité. ✗ 2015-2017

o-n *Dom. de l'Architecte, 13, av. Fauvelle, 66300 Thuir, tél. 06 87 16 19 39, domainedelarchitecte@gmail.com* Ⓥ 🔨 🏠 *t.l.j. sf dim. 10h-13h 17h-20h* o-n Patrick Dursent

DOM. ARGUTI Ugo 2013 ★★		
■ 3 000	◫	11 à 15 €

En 2004, Marie-Christine et Ugo Arguti ont posé leurs valises dans la vallée de l'Agly. Toscan d'origine, bordelais d'adoption, le second a longtemps dirigé un grand château à Saint-Émilion. Il signe désormais ses propres cuvées à partir de 7 ha de vignes.

Ugo Arguti signe ici une cuvée de grande classe, issue de grenache blanc et de grenache gris. Robe or pâle, nez très élégant aux senteurs du Sud (fenouil et garrigue), l'approche est épatante. La bouche ? Tout aussi emballante, ronde, soyeuse, intense, complexe, associant un boisé encore dominant les arômes perçus à l'olfaction, elle s'adosse à une fine fraîcheur qui lui confère une grande harmonie et une belle longueur. ✗ 2016-2020 ▼ bar au fenouil

o-n *Dom. Arguti, 14, av. du 16-Août-1944, 66220 Saint Paul-de-Fenouillet, tél. 06 73 85 17 93, domaine.arguti@orange.fr* Ⓥ 🔨 🏠 *r.-v.*

Ⓑ DOM. LA BEILLE Mourvèdre 2013		
■ 3 000	📦	8 à 11 €

La cave est située en plein cœur du village de Corneilla-la-Rivière, au pied du massif schisteux du pic de Força Réal. En attendant la future cave en projet, les Larrère perpétuent la tradition familiale avec une production de vins éclectiques, des cuvées monocépages aux classiques assemblages, en passant par la production de vins doux naturels et une conversion à l'agriculture biologique.

Né sur des schistes noirs, ce 100 % mourvèdre affiche une couleur rouge sombre et profonde. Les fruits noirs à maturité (myrtille, mûre) et les épices composent un bouquet généreux, prolongé par une bouche chaleureuse, étayée par des tanins bien présents. ✗ 2015-2019 ▼ côtelettes d'agneau

o-n *Agathe Larrère, 18, rue Saint-Jean, 66550 Corneilla-la-Rivière, tél. 06 80 07 25 88, la-beille@neuf.fr* Ⓥ 🔨 🏠 *r.-v.*

DOM. BOUDAU Le Petit Closi 2014 ★★		
■ 45 000	📦	5 à 8 €

Véronique Boudau et Pierre son frère, sont à la tête du domaine familial depuis 1993. Ils ont décidé de donner un nouveau souffle à la propriété, qui couvre quelque 50 ha sur d'excellents terroirs, à l'entrée de la vallée de l'Agly. Le pari est réussi : la totalité de la production est mise en bouteilles et commercialisée dans un réseau de restaurants et de cavistes.

La couleur de ce rosé est soutenue et sort avantageusement de la mode actuelle des rosés très pâles. Le nez, franc et intense, associe les fruits rouges à une pointe épicée. Des arômes très persistants de fraise accompagnent un palais gras et d'une grande richesse. ✗ 2015-2016 ▼ volaille sauce catalane

o-n *Dom. Boudau, 6, rue Marceau, 66600 Rivesaltes, tél. 04 68 64 45 37, contact@domaineboudau.fr* Ⓥ 🏠 *t.l.j. sf dim. 10h-12h 15h-19h; sam. 15h-19h en hiver*

DOM. DE CALADROY Expression 2014 ★		
■ 9 000	📦 ◫	8 à 11 €

Une forteresse médiévale qui gardait la frontière entre le royaume de France et celui d'Espagne. De la terrasse du château, on découvre un panorama exceptionnel : au loin, la mer, le Canigou ; en contrebas, les vignes (130 ha) et les oliviers (7 ha). La chapelle du XIIes. accueille le caveau de dégustation.

L'expression du chardonnay et du macabeu associés à un soupçon de muscat. La robe est demeurée pâle avec de beaux reflets argentés, et le nez déploie des notes élégantes de fleurs blanches, de pêche de vigne et de toasté. La bouche offre un bon du volume, du gras, de la rondeur et des arômes de fruits exotiques agrémentés de fines nuances vanillées et fumées. La finale, minérale, apporte un surcroît de vivacité. ✗ 2015-2018 ▼ saint-pierre sauce épices douces ■ Fleurs de vigne 2014 (5 à 8 € ; 15 000 b.) : vin cité. ✗ 2016-2018

o-n *Ch. de Caladroy, lieu dit Caladroi, 66720 Bélesta, tél. 04 68 57 10 25, contact@caladroy.com* Ⓥ 🏠 *t.l.j. sf sam. dim. 8h30-12h 14h-18h* o-n Mézerette

Ⓑ CAMPANARS Grenache noir 2014 ★★		
■ 6 000	📦	- de 5 €

Cette structure est issue du regroupement de trois coopératives : Bages, Saint-Jean-Lasseille et Trouillas, soit 650 ha. Ici, pas de constructions spectaculaires, mais un bon usage des compétences et des équipements de chaque cave, sous la direction de Ch. Lléres. Une destinée commune pour 150 viticulteurs du terroir des Aspres, ces collines du sud de Perpignan.

Issue de parcelles conduites en agriculture biologique, cette cuvée de grenache se distingue d'emblée par sa robe très intense, noire aux reflets violets, comme par son bouquet fin de fruits rouges et noirs, de cerise notamment, agrémenté des notes florales et épicées de la garrigue. Une attaque souple introduit une bouche tout aussi fruitée et très fraîche, soutenue par des tanins fins. Une jolie réussite à un prix très doux. ✗ 2015-2018 ▼ canard sauce rivesaltes grenat

o-n *Les Vignobles du Sud Roussillon, 1 av. du Mas Deu, 66300 Trouillas, tél. 04 68 53 47 08, info@vignobles-sud-roussillon.fr* Ⓥ 🏠 *t.l.j. sf dim. lun. 9h-12h 14h30-18h30*

DOM. LA CASENOVE La Colomina 2013 ★		
■ 30 000	📦	8 à 11 €

Étienne Montès, ancien photographe de presse, est à la tête de ce domaine familial de 42 ha. Les bâtiments sont une dépendance du Mas Déu, ancienne commanderie des Templiers en Roussillon et la production traditionnelle avec des vins secs et des vins doux naturels.

Cette cuvée La Colomina, du nom d'une parcelle du domaine, est issue de carignan, de grenache, de syrah et de mourvèdre. La robe est très intense et profonde. Le nez, sur fond de cassis mûr et d'épices, est chaleureux et puissant. Après une attaque franche, le palais s'exprime progressivement mais longuement sur les fruits noirs, porté par des tanins souples et fins. ✗ 2015-2018 ♈ magret de canard

☛ *Dom. la Casenove, 66300 Trouillas,*
tél. 04 68 21 66 33, chateau.la.casenove@wanadoo.fr
Ⓥ 🍴 *t.l.j. 10h-12h 16h-19h* ☛ Étienne Montès

DOM. COMELADE		
Carignan Carena Vieilles Vignes 2013 ★		
■	3 500	🍾	11 à 15 €

Lionel Comelade représente la cinquième génération à la tête du domaine familial (40 ha aujourd'hui), établi au pied des terres cathares de Quéribus. C'est dans cette splendide vallée de l'Agly où Estagel fait figure de capitale, qu'il joue sur les schistes noirs, les argiles rouges et les éboulis calcaires blancs.

Le carignan est le cépage emblématique des terres catalanes. Sur un terroir schisteux, il offre à ce vin une robe tirant vers le noir aux reflets pourprés. Le nez offre de délicates notes de fruits noirs et de fumé. On retrouve les fruits mûrs dans une bouche souple et ronde, rehaussée par une pointe épicée et renforcée par des tanins serrés en finale. ✗ 2015-2018 ♈ chili con carne

☛ *Dom. Comelade, 8, rue Fournalau, 66310 Estagel,*
tél. 06 14 87 78 05, domaine.comelade@wanadoo.fr
Ⓥ *r.-v.*

Ⓑ **DOM. LES CONQUES** Toine 2014 ★		
■	5 000	🍾	5 à 8 €

Installé en 1998 à Fourques, au pied du Canigou, sur 9 ha de vignes, François Douville est « parti en bio » au pas lent et sûr de sa mule. C'est dans le paysage de bocage dodelinant des Aspres, que le duo trace un sillon complice.

La cuvée Toine, dédiée au fils du vigneron, est un assemblage de carignan, de grenache et de syrah. On est séduit d'emblée par l'intensité de sa robe et ses reflets violets. Le nez, s'il est classique des vins du Roussillon avec ses notes de fruits noirs, cassis en tête, et de garrigue, se distingue par une réelle élégance renforcée par une touche minérale. Le palais se montre tout aussi élégant, intense aussi, gras et très aromatique, persistant sur les fruits rouges et noirs. ✗ 2015-2018 ♈ gigot d'agneau en croûte

☛ *Douville, 5, pl de la Mairie, 66300 Fourques,*
tél. 04 68 52 82 56, francois.douville@lesconques.fr
Ⓥ 🏃 🍴 *r.-v.*

Ⓑ **DOM. DES DEMOISELLES** Cairó 2013 ★★		
■	6 600	🍾	5 à 8 €

Sept générations de vignerons et de marchands de chevaux se sont succédé à la tête de ce domaine au cœur des Aspres. C'est en hommage aux trois dernières, représentées par des femmes, que la propriété porte son nom. Isabelle Raoux a abandonné l'équitation en 1998 pour perpétuer l'exploitation. Elle officie à la cave et son mari Didier à la vigne (30 ha en bio).

Cette cuvée se présente dans une robe d'un rouge profond aux reflets violets. Le nez offre une large gamme fruitée, allant des fruits noirs frais aux fruits rouges confiturés comme la fraise et la cerise. Le palais se révèle très équilibré, à la fois ample, gras et frais, étayé par des tanins serrés d'une grande finesse. La finale, très longue, déploie des senteurs de thym et de romarin gourmandes et méridionales en diable. ✗ 2015-2020 ♈ roulade de veau à l'escalivade

☛ *Isabelle Raoux, Dom. des Demoiselles, Mas Mulés,*
66300 Tresserre, tél. 06 83 04 34 62,
domaine.des.demoiselles@nordnet.fr Ⓥ 🏃 🍴 *r.-v.* 🏠 Ⓓ

DOM. DEPEYRE Symphonie 2013 ★		
■	2 000	🍶	15 à 20 €

Serge Depeyre et Brigitte Bile se rencontrent pendant leurs études, s'installent en 1995 à Cases-de-Pène, à quelques kilomètres de Perpignan, et créent en 2002 leur domaine : 13 ha dans la vallée de l'Agly, sur argilo-calcaires et schistes noirs. Ici, pas d'engrais chimiques, un apport de matière organique, et une mule assure une partie des labours.

Les vieilles vignes de grenaches blanc et gris qui composent cette cuvée sont magnifiées par le calcaire du sol. La robe jaune tendre et très brillante est le premier indice de la qualité de ce vin. Le nez n'est pas en reste et dévoile d'élégantes notes de fruits blancs et exotiques agrémentés d'une pointe réglissée. La bouche ? Une attaque alerte, beaucoup de finesse, renforcée par une acidité bien dosée et de beaux amers en finale. Un vin de gastronomie. ✗ 2015-2018 ♈ poulet aux morilles

☛ *Brigitte Bile, 2, rue des Oliviers, 66600 Cases-de-Pène,*
tél. 04 68 28 32 19, brigitte.bile@orange.fr Ⓥ 🏃 🍴 *r.-v.*

DOM. BRIAL Muscat sec Le Pot 2014 ★★★		
■	25 600	🍾	- de 5 €

Suivi à la parcelle, maîtrise de la totalité de la chaîne d'élaboration, du raisin à la bouteille, démarche de développement durable... La cave de Baixas fondée en 1923 compte 380 coopérateurs qui exploitent 2 500 ha répartis dans une trentaine de communes.

Ce 100 % muscat à petits grains a d'emblée conquis le jury par sa robe jaune pâle très brillante. Le nez, intense, est dominé par les arômes typiques du muscat (rose, raisin frais), accompagnés de nuances mentholées, de melon et d'abricot Bergeron. En parfaite harmonie avec le bouquet, agrémenté de notes d'agrumes, le palais se révèle ample, puissant, élégant et frais, et s'étire dans une très longue finale. ✗ 2015-2018 ♈ soupe de melon à l'anis étoilée
■ Le Pot 2014 ★ (- de 5 € ; 29 488 b.) : un vin finement bouqueté autour des petits fruits rouges, vif et très tonique en bouche. ✗ 2015-2016

☛ *Vignobles Dom Brial, 14, av. Mal-Joffre, 66390 Baixas,*
tél. 04 68 64 22 37, contact@dom-brial.com Ⓥ 🏃 🍴 *r.-v.*

Ⓑ **DOM. DE L'ENCANTADE** Syrah Sirius 2013 ★★		
■	1 443	🍾 🍶	11 à 15 €

C'est dans un terroir d'altitude (plus de 400 m), non loin de Tarerach, qu'Antonin Moisan est venu en 2008 poser sa tente (ou plutôt sa yourte) pour concrétiser son rêve vigneron. Il dispose désormais d'une cave construite en matériaux naturels et conduit en bio ses 8 ha. La famille produit en outre miel, confiture et conserves issues des légumes du potager.

Coup de cœur l'an dernier avec la même cuvée, Antonin Moisan confirme ses talents de vigneron avec cette jolie cuvée noire et profonde issue de syrah. Le nez, typique du cépage, rappelle la tapenade d'olives noires et les fruits noirs très mûrs (myrtille en tête) agrémentés de notes giboyeuses et de nuances de violette. En bouche, le vin offre beaucoup d'ampleur et de corps ; on y retrouve les fruits noirs avec persistance, accompagnés par des tanins à la trame serrée qui lui promettent une belle évolution en cave. ✗ 2016-2020 ♈ canette de Barbarie au four ■ Lledoner pelut En scène 2013 ★ (15 à 20 € ; 957 b.) : du pur lledoner pelut, cépage catalan cousin du grenache, pour ce vin au nez très épicé, gras et équilibré en bouche. ✗ 2015-2018

☛ Antonin Moisan, Boynes, 66130 Trevillach, tél. 06 60 88 55 34, encantade@gmail.com Ⓥ ⚐ 🖫 r.-v.

DOM. LAFAGE Cadireta 2014 ★			
■	28 000	🍾 ⬤	8 à 11 €

Éliane et Jean-Marc Lafage ont vinifié pendant dix ans dans l'hémisphère Sud, puis ont repris l'exploitation familiale, établie sur trois terroirs bien distincts du Roussillon : la vallée de l'Agly, vers Maury, les terrasses de galets roulés proches de la mer, les Aspres et ses terres d'altitude. Aujourd'hui, quelque 150 ha cultivés à petits rendements.

Une « cadireta » est une petite chaise en catalan. Elle donne son nom à ce pur chardonnay aux nuances jaune pâle et au bouquet délicat de fleurs blanches et d'abricot. Beaucoup d'élégance se dégage également du palais avec ses arômes de beurre frais et de pêche et sa finale longue et fraîche aux accents d'agrumes. ✗ 2015-2018 ♈ saint-jacques sauce agrumes

☛ Lafage, Mas Miraflors, ancienne rte de Canet, 66000 Perpignan, tél. 04 68 80 35 82, contact@domaine-lafage.com Ⓥ 🖫 t.l.j. sf dim. 10h-12h15 14h45-18h30

| DOM. MAS CRÉMAT | | | |
Les Petites Demoiselles 2014 ★			
■	6 000	🍾	5 à 8 €

Les terres de schistes noirs ont donné son nom au Mas Crémat (« brûlé » en catalan), repris en 2006 par une famille de vignerons bourguignons : Christine et Julien Jeannin, secondés par leur mère Catherine. Un superbe mas du XIXᵉ s. et un vignoble de 33 ha labouré et conduit en fonction du cycle de la lune.

Sur ces sols si particuliers de schistes noirs de la vallée de l'Agly, la syrah et le grenache s'expriment avec une belle finesse aromatique dans cette cuvée, autour de subtiles notes de fleur d'oranger. On retrouve cette élégance florale, agrémentée de petits fruits rouges, dans un palais équilibré, long et frais. Les petites demoiselles ? Cathie et Lyne, les petites-filles du vigneron. ✗ 2015-2016 ♈ poulet sauce citronnelle

☛ Dom. Mas Crémat, 66600 Espira-de-l'Agly, tél. 04 68 38 92 06, mascremat@mascremat.com Ⓥ ⚐ 🖫 t.l.j. sf dim. 10h-12h 14h-18h ☛ Jeannin

MAS DE LA DEVÈZE Macabeu 2014 ★★			
■	1 400	🍾	8 à 11 €

Simon Hugues était agriculteur, Nathalie commerciale dans la filière viticole à l'export. Ils ont repris en 2012 au cœur du terroir de Maury une très ancienne propriété qui avait été démantelée dans les années 1980 et s'attachent à restaurer en famille les 30 ha de vignes en gobelet.

Les vins de ces deux jeunes viticulteurs continuent de séduire, à l'aveugle bien sûr, les palais exigeants des dégustateurs du Guide. Après un coup de cœur l'an passé pour sa cuvée Malice 2013 en blanc, c'est une nouvelle moisson d'étoiles cette année. En tête, ce 100 % macabeu couleur or pâle, au bouquet complexe associant notes briochées et beurrées aux parfums d'amande, de fleurs blanches et d'anis. La bouche, très équilibrée, s'ouvre sans détour sur une fine touche minérale, bientôt relayée par des notes persistantes de melon d'Espagne, et déploie une longue et belle finale pleine de fraîcheur. ✗ 2015-2018 ♈ dos de loup à la crème d'oursins ■ Malice 2014 ★★ (8 à 11 € ; 2 400 b.) : un vin aux parfums gourmands de pamplemousse et de bonbon anglais, rond, suave et généreux en bouche. ✗ 2015-2016 ■ Malice 2014 ★ (8 à 11 € ; 3 000 b.) : un vin vif et alerte, aux notes complexes et élégantes de fleurs blanches, d'agrumes et d'épices douces. ✗ 2015-2018

☛ Nathalie et Simon Hugues, Mas de la Devèze, rte des Mas, 66720 Tautavel, tél. 04 68 61 04 58, contact@masdeladeveze.fr Ⓥ ⚐ 🖫 r.-v.

MAS LAVAIL Syrah grenache Ballade 2014 ★			
■	4 000		5 à 8 €

Jean et Nicolas Batlle, père et fils, ont acquis ce joli mas du XIXᵉ s. en 1999, à l'installation du second. À la tête de ce domaine de 80 ha de vieilles vignes, Nicolas poursuit le travail de quatre générations de vignerons sur les terres noires de Maury.

Ce rosé de grenache, syrah et mourvèdre revêt une robe rosé légère et franche. Le nez s'exprime sur des notes de petits fruits rouges, intenses et délicates. On retrouve les fruits rouges dans une bouche qu'une fine acidité marque de son empreinte, lui apportant du tonus et de l'allonge. ✗ 2015-2017 ♈ petits farcis ■ Carignan Ballade Vieilles Vignes 2013 (5 à 8 € ; 25 000 b.) : vin cité. ✗ 2015-2018 ■ Carignan Ballade Vieilles Vignes 2014 (5 à 8 € ; 7 000 b.) : vin cité. ✗ 2015-2018

☛ Dom. Mas de Lavail, RD 117, 66460 Maury, tél. 04 68 59 15 22, masdelavail@wanadoo.fr Ⓥ 🖫 t.l.j. sf dim. 10h30-12h 15h-18h30 ☛ Batlle

| DOM. DU MAS ROUS | | | |
Cabernet-sauvignon 2013 ★★			
■	3 087	⬤	8 à 11 €

En 1850, Michel Bizern, agriculteur, transforme en maison une bergerie des Albères, au pied des Pyrénées, fondant le Mas del Ros (« maison du blond » en catalan), qui devient Mas Rous. Son arrière-petit-fils, José Pujol, qui est brun, reprend l'exploitation en 1976. Une valeur sûre de 32 ha en bio certifié depuis 2014.

Ce 2013 se présente dans une robe d'une grande intensité, grenat aux reflets violines. Le nez, sur le végétal mûr, les fruits noirs et les épices, est caractéristique du cabernet-sauvignon (100 % dans ce vin), qui s'exprime ici avec élégance. Une attaque souple ouvre sur un palais de bonne longueur, au grain de tanin très fin et soyeux, épaulé par un élevage bien maîtrisé aux tonalités vanillées et toastées. ✗ 2015-2019 ♈ tajine sucré-salé o━ *Dom. du Mas Rous, 13, rue du Renard, 66740 Montesquieu-des-Albères, tél. 04 68 89 64 91, masrous@mas-rous.com* **V** 🛏 🍴 *t.l.j. sf dim. 9h30-12h 14h-18h* o━ José Pujol

LES VIGNERONS DE MAURY Grenache noir Les Maurynates Vieilles Vignes 2014 ★			
■	32 000	🍶	5 à 8 €

Fondée en 1910, la cave coopérative de Maury est aujourd'hui la plus ancienne du département encore en activité. Après les révoltes viticoles de 1907, elle regroupa plus de 130 propriétaires. Aujourd'hui, la cave dispose des 800 ha de ses adhérents ; elle vit du grenache qui donne les traditionnels vins doux naturels et, depuis 2011, les maury secs.

Belle sélection pour la cave de Maury. En tête, cette cuvée de grenache noir saluée pour sa robe pourpre intense et nette, comme pour son nez « de pur fruit noir », agrémenté à l'agitation d'épices et d'une très belle note florale. La bouche, souple et ronde, offre une explosion aromatique sur le pruneau, les épices de la garrigue et la violette. L'ensemble demeure très aérien grâce à une arête acide très bien dosée. ✗ 2015-2018 🍴 côte de bœuf aux herbes ■ Carignan Les Maurynates Vieilles Vignes 2014 ★ (5 à 8 € ; 18 000 b.) : le carignan s'exprime aussi à Maury, dans un registre tendre et élégant ici, joliment parfumé de fruits noirs et adossé à des tanins subtils et fins. ✗ 2015-2017 ■ Grenache Les Maurynates 2014 ★ (5 à 8 € ; 29 000 b.) : un rosé expressif, sur les petits fruits rouges et les épices, à la fois généreux et aérien en bouche. ✗ 2015-2016 ■ Grenache gris Nature de Schiste 2014 ★ (8 à 11 € ; 15 000 b.) : un 100 % grenache gris à la robe soutenue, aux notes de pêche de vigne et d'aubépine, gras et complexe. ✗ 2015-2018

o━ *SCV Les Vignerons de Maury, 128, av. Jean-Jaurès, 66460 Maury, tél. 04 68 59 00 95, contact@ vigneronsdemaury.com* **V** 🍴 *t.l.j. 8h30-12h30 14h-18h*

♥ **DOM. MODAT** Les Lucioles 2013 ★★			
■	1 300	🍶 ◀	15 à 20 €

D'origine catalane, Philippe Modat, magistrat, est un amateur de vin éclairé – comme son père, devenu lui aussi vigneron. Cette passion s'est concrétisée par la constitution en 2006 d'un domaine dans la vallée de l'Agly : 25 ha de vignes sur un plateau à 300 m d'altitude, en conversion bio depuis 2011 (8 ha en biodynamie) et une cave de conception écologique, dotée de cellules photovoltaïques, inaugurée en 2008.

Cet assemblage de grenache gris, de roussanne et de viognier est une vraie grande réussite et offre un nouveau coup de cœur au domaine après celui obtenu l'an dernier par son Caramany Comme avant 2011 en côtes-du-roussillon-villages. La robe est ici jaune d'or soutenue et reflète son élevage en fût de quatre mois. Le nez n'est pas exubérant, mais très élégant, sur des notes de fleurs et fruits blancs agrémentées de nuances beurrées et toastées. La bouche est élégante et racée, soutenue par une belle vivacité et un boisé parfaitement ajusté qui confè-

rent un très beau potentiel de garde à ce vin. ✗ 2016-2020 🍴 sèches à l'aioli

o━ *Dom. Modat, lieu-dit Les Plas, 66720 Cassagnes, tél. 04 68 54 39 14, contact@domaine-modat.com* **V** 🛏 🍴 *r.-v.*

DOM. MOUNIÉ 2014 ★★			
■	4 000	🍶	5 à 8 €

Une cave construite en 1925 et cinq générations de vigneronnes : le domaine se transmet de mère en fille. Depuis 1992, il est dirigé par Claude Rigaill, assistée de l'œnologue Brigitte Soriano. Un travail de restructuration des parcelles a été mené sur les 20 ha de l'exploitation.

Le grenache noir confère à ce 2014 une magnifique robe rose tendre. Le nez, expressif et complexe, mêle notes amyliques, senteurs florales d'aubépine et de fleur d'amandier et petits fruits rouges. En bouche, on retrouve la grande finesse des vins du domaine avec un bel équilibre rondeur-fraîcheur et beaucoup de longueur. ✗ 2015-2016 🍴 poulet à la coriandre

o━ *Dom. Mounié, 1, av. du Verdouble, 66720 Tautavel, tél. 04 68 29 12 31, domainemounie@free.fr* **V** 🛏 *r.-v.*

Ⓑ **DOM. DE RANCY** Els petits raims 2013 ★★★			
■	n.c.	🍶	8 à 11 €

À Latour-de-France, dans les différentes petites caves du domaine, au cœur du village, tonneaux et tonnelets invitent à la curiosité. Bienvenue chez Brigitte et Jean-Hubert Verdaguer et surtout en pays « rancio », un pays fait de longs élevages sous bois où les vieux rivesaltes en perdent la notion d'ambré ou de tuilé. Depuis sa fondation en 1920, ce domaine (17 ha aujourd'hui) s'intéresse aux vins doux naturels. Le rivesaltes est une des passions du vigneron, à la tête du domaine depuis 1989.

Ces « fous de macabeu » que sont les Verdaguer montrent qu'ils ont aussi du talent pour les vins rouges sous la houlette de leur fille Delphine, œnologue. Ici, une cuvée admirable mi-grenache mi-mourvèdre. La robe est limpide, animée de reflets violets. Le nez, complexe, associe le coté sauvage du mourvèdre à des notes de fruits rouges compotés, de garrigue et d'épices, de poivre notamment. Des arômes de tapenade, de fruits noirs, de garrigue encore, de mine de crayon accompagnent un palais à l'équilibre parfait, à la fois ample, rond et très frais, étayé par des tanins fermes de grande qualité. ✗ 2016-2021 🍴 salmis de pigeon

o━ *Dom. de Rancy, 8, place du 8-mai-1945, 66720 Latour-de-France, tél. 04 68 29 03 47, info@domaine-rancy.com* **V** Ⓔ 🍴 *t.l.j. 10h-13h 15h-19h; dim. sur r.-v.* 🏠 Ⓔ o━ Verdaguer

DOM. SAINT-NICOLAS Grenache Le Chant d'Orphée Vieilles Vignes 2014 ★★			
■	n.c.	◀	15 à 20 €

Situé en bord de Méditerranée, entre mer et montagne, ce prieuré construit par les Templiers est devenu un domaine viticole en 1781 sous l'impulsion de Pierre Poeydavant, basque d'origine et sous-intendant de Louis XVI. Les 66 ha de vignes que couvre aujourd'hui le domaine sont conduits par Pierre Schneider.

Ce blanc de belle tenue, or clair éclatant, a passé six mois en fût, ce qui lui confère un joli bouquet intense et finement boisé, avec une note anisée en appoint. Le palais se révèle ample, riche et gras, équilibré par une fine fraîcheur et renforcé par des notes d'élevage bien fondues qui prennent des tonalités toastées en finale. **✗** 2016-2020 **✗** dorade au four

☞ *Ch. Saint-Nicolas, rte de Canohès, 66300 Ponteilla, tél. 04 68 53 47 61, chateausaintnicolas@hotmail.com* **V** **⚞** **⬆** *t.l.j. sf sam. dim. 9h-17h30* **⌂** **Ⓔ**

DOM. SANAC Syrah Éclats de grains 2014 ★★		
■	2 500	5 à 8 €

Établie au pied du massif des Albères, la famille Sanac cultive la vigne depuis le XVIIᵉˢ. Depuis 1978, c'est Michel qui conduit le domaine (55 ha) réparti sur deux terroirs : Saint-Génis-des-Fontaines et Trouillas.

Une jolie couleur rosée soutenue aux nuances orangées habille ce 2014 au nez très plaisant de fruits rouges mûrs, de fraise notamment, agrémentés d'une pointe anisée. Le palais, vineux et puissant, offre du volume et du gras. Un rosé de bouche, à réserver pour le repas. **✗** 2015-2016 **✗** volaille rôtie ■ Portraits de femmes 2013 (8 à 11 € ; 2 300 b.) : vin cité. **✗** 2015-2016

☞ *Sanac, 3, rue Pasteur, 66740 Saint-Génis-des-Fontaines, tél. 04 68 89 80 61, domainesanac@wanadoo.fr* **V** **⚞** *t.l.j. sf sam. dim. 10h-12h 16h 19h*

Ⓑ SECRET DE SCHISTES Syrah 2012 ★		
■	6 000	20 à 30 €

Installée au château de l'Ou, qui doit son nom à une résurgence d'eau présente sur la propriété et sortant de terre en forme d'œuf (l'ou en catalan), Séverine Bourrier, installée en 1999, conduit en bio un vignoble de 38 ha.

Cette cuvée est composée uniquement de syrah plantée sur schistes et fermentée en barrique ouverte. La couleur noire et intense est une belle invitation. Les fruits noirs et rouges dominent à l'olfaction, accompagnés d'une légère pointe vanillée. Cette élégance aromatique se retrouve dans une bouche franche et vive à l'attaque, où l'on a l'impression de croquer les fruits noirs, agrémentés de réglisse en finale, le tout sur un fond cacaoté et soutenu par des tanins extraits en finesse. **✗** 2015-2020 **✗** cuisse de canard confite

☞ *Ch. de l'Ou, rte de Villeneuve, 66200 Montescot, tél. 04 68 54 68 67, chateaudelou66@orange.fr* **V** **⚞** **⬆** *r.-v.* **⌂** **Ⓔ** **☞** Bourrier

SERRE ROMANI Providence 2014 ★★		
■	3 000	5 à 8 €

Laurent et Cylia Pratx se sont rencontrés lors de leurs études d'ingénieurs agronomes à Toulouse. Après avoir acquis une expérience dans des domaines réputés, leur choix de vie familiale s'est construit sur les terres de Maury. Une vraie aventure pour ces Catalans passionnés.

La robe se teinte de reflets rose pâle. Le nez se livre progressivement et avec beaucoup d'élégance sur des senteurs florales. On retrouve cette ligne aromatique agrémentée de petits fruits rouges dans une bouche vive et énergique, renforcée par une fine note crayeuse qui apporte une touche d'originalité tout en maintenant un parfait équilibre et une belle longueur. **✗** 2015-2016 **✗** tapas de fruits de mer ■ Providence 2014 ★★ (8 à 11 € ; 3 700 b.) : la Providence sourit à ce vin aux parfums élégants de fleurs blanches et d'agrumes, souple et frais en bouche, étiré dans une longue finale saline. **✗** 2015-2018

☞ *Serre Romani, 8, rue Ludovic-Ville, 66600 Rivesaltes, tél. 06 74 03 29 01, serre-romani@orange.fr* **V** **⬆** *r.-v.*

PIERRE TALAYRACH L'Atypique 2014 ★		
■	12 000	8 à 11 €

Installé à Pezilla-la-Rivière, Pierre Talayrach a un parcours atypique : venu à la viticulture sur la pointe des pieds en 1997, il s'impose peu à peu comme un vigneron confirmé avec des cuvées de grande qualité à chaque millésime. Travaillant le chardonnay et le viognier en monocépage sur ses 6 ha de vignes, il entend élaborer des vins rouges du même niveau.

Pierre Talayrach s'essaie aux vins rouges avec ce premier millésime issu d'un assemblage de syrah, de merlot, de carignan et de grenache. Une réussite. La robe est rouge carmin avec des reflets pourpre clair. Le nez s'exprime sur des notes empyreumatiques, de bois de cèdre et de toasté, relayées à l'agitation par les petits fruits rouges. La bouche se révèle souple et ronde sans manquer de fraîcheur, imprégnée de jolies notes vanillées et d'herbe coupée. Un vin d'un bel équilibre, direct et sincère, qui se livre généreusement. **✗** 2015-2018 **✗** escalivada

☞ *Pierre Talayrach, Mas de Blanes, 66370 Pézilla-la-Rivière, tél. 06 09 31 89 01, contact@pierre-talayrach.com* **V** **⚞** **⬆** *r.-v.*

DOM. TRILLES Incantation 2013 ★		
■	2 000	8 à 11 €

BTS en poche, Jean-Baptiste Trilles rejoint en 2000 les vignes familiales (40 ha) dans les Aspres. Apporteur de raisins à la coopérative à ses débuts, il devient vigneron en 2007, avant de construire en 2010 une cave à sa mesure, à Tresserre, aux pays des « bruixes » (fées ou sorcières). Des sorcières qui ont inspiré le nom de ses cuvées.

Vinifié et élevé en demi-muids, ce blanc issu des cépages grenache, vermentino et macabeu se pare d'une robe jaune aux reflets verts. Le nez évoque les fleurs blanches et la garrigue, le thym sauvage notamment, mâtiné d'une pointe fumée apportée par l'élevage. En bouche, le vin est soutenu par une belle acidité de bout en bout, sur fond de notes fruitées et florales persistantes. **✗** 2015-2018 **✗** ris de veau ■ Calignan Vieille Vigne 2013 (5 à 8 € ; 2 000 b.) : vin cité. **✗** 2015-2018

☞ *Jean-Baptiste Trilles, chem. des Coulouminettes, 66300 Tresserre, tél. 06 15 46 64 71, contact@domainetrilles.fr* **V** **⚞** **⬆** *r.-v.*

Ⓑ DOM. DES TROIS ORRIS Sirissime 2012 ★		
■	1 200	20 à 30 €

Joep Graler était un homme attachant, venu de sa Hollande natale en 2003 pour cultiver des vignes entre 400 m et 600 m d'altitude à Tarerach. Ses 15 ha de vignes sont conduits en agriculture biologique depuis 2006 et travaillés dans les conditions extrêmes exigées par ses terroirs caillouteux. Mais si le courage n'a jamais manqué à ce vigneron, certains combats sont trop difficiles : il nous a quitté en 2015.

Cette parcelle de syrah ancrée sur des arènes granitiques et de feldspath offre en général des vins d'une grande finesse, à l'image de ce 2012 rouge sombre aux reflets violets. Le nez, intense et généreux, dévoile des notes de confiture de mûres à l'agitation, bientôt relayées par les épices de la garrigue. La bouche est franche et vive comme il se doit en ces terroirs d'altitude, très persistante et bâtie sur de beaux tanins de belle qualité. Un vin qui ressemble à son vigneron. ✗ 2015-2018 ❦ joue de bœuf en miroton

o⊸ Dom. des Trois Orris, rte de Marcevol, 66320 Tarerach, tél. 06 75 02 51 00, troisorris@ wanadoo.fr Ⓥ 🔥 🎁 r.-v. o⊸ Graler

CH. VALMY Les Roses blanches de Valmy 2014 ★

| | 10 000 | ⅲ | 15 à 20 € |

Au pied des Albères, le château Valmy, construit vers 1890 par l'architecte danois Viggo Dorph Petersen, est entouré de 23 ha de vignes. En 1999, Bernard Carbonnell engage la restructuration du domaine avec notamment la création de chambres d'hôtes de luxe.

Des rosiers agrémentent les allées de vignes et donnent leur nom à cette cuvée composée de viognier, de grenache et de roussanne (10 %). La robe est d'un seyant jaune soutenu aux reflets dorés. Le nez associe notes empyreumatiques et fleurs blanches. Une attaque ronde introduit un palais gras et floral (acacia), épaulé par une bonne acidité et étiré dans une longue finale saline. ✗ 2015-2018 ❦ feuilleté de saint-jacques

o⊸ SARL Ch. Valmy, chem. de Valmy, 66700 Argelès-sur-Mer, tél. 04 68 81 25 70, contact@ chateau-valmy.com Ⓥ 🔥 🎁 t.l.j. sf sam. dim. 9h30-12h30 14h30-18h30 🏠 Ⓖ o⊸ Carbonnell

RANCIO SEC

Le Roussillon est une province française de culture catalane correspondant à la plus grande partie du département des Pyrénées-Orientales, à l'extrême sud de la France. Bien avant la naissance des vins doux naturels, fierté des Catalans, on y produisait des vins secs à fort degré, élevés sans ouillage dans de vieux fûts de bois (élevage oxydatif). Au bout de longues années, ce vin prenait ce que l'on appelle des notes de rancio, arômes très complexes évoquant notamment la noix fraîche et les fruits secs, tandis que des reflets verts apparaissaient dans leur robe. Ces vins faillirent tomber dans l'oubli. Cependant, de nombreux vignerons en conservaient un tonneau au fond de leur cave, car ces rancio étanchaient la soif des anciens, coupés d'eau et, surtout, servaient à élaborer une cuisine typique. Aujourd'hui, cette saveur authentique catalane redevient à la mode et séduit un public de plus en plus nombreux. Après les vignerons de l'IGP Côte Vermeille, qui ont été les premiers à disposer d'un cahier des charges précisant les conditions de production de ces rancios, ceux de l'autre indication géographique protégée départementale, l'IGP Côtes catalanes, en ont défini en 2011, avec l'aide de l'INAO, le mode d'élaboration : ce cahier des charges impose cinq ans d'élevage minimum, liste les cépages autorisés, qui sont ceux de la région (grenaches, carignan, turbat,

macabeu...), et prévoit quelques variantes dans l'élaboration, ouvrant la possibilité d'un élevage sous voile ou en solera, système où les vins vieux reçoivent régulièrement un apport de vins plus jeunes. Pour le plus grand bonheur des initiés, les rancios secs resurgissent ainsi du fond des caves comme un trésor caché, pour accompagner jambons bellota, anchois salés de Collioure, fromages très affinés ou simplement, pour les amateurs, un bon cigare.

DOM. DANJOU BANESSY 2002 ★★

| | n.c. | | 30 à 50 € |

Denis Banessy, secondé par sa fille Denise Danjou, modernise et agrandit le domaine dans la vallée de l'Agly. Ses petit-fils Benoît et Sébastien, aux commandes depuis 2003, développent une gamme de vins secs sur trois terroirs : schistes, galets roulés et argiles.

Les frères Danjou sont les gardiens du temple rancio sec et se battent pour faire reconnaître à leur juste valeur ces formidables et trop méconnus vins du Roussillon, qui peuvent dormir en cave pendant des dizaines (centaines ?) d'années. Ici, un 2002 couleur acajou foncé aux reflets brou de noix, qui s'ouvre sur des notes très complexes de noix sèche et de pralin, puis fait place à des parfums de café, de pruneau et de vieux bois. En bouche, le vin est parfaitement équilibré, l'alcool fondu ; on retrouve des arômes de noix, de pain grillé, de fruits secs et de pruneau avec une persistance admirable. ✗ 2020-2050 ❦ vieille tomme de brebis catalane

o⊸ EARL Dom. Danjou-Banessy, 1 bis, rue Thiers, 66600 Espira-de-l'Agly, tél. 04 68 64 18 04, bendanjou@hotmail.fr Ⓥ 🎁 r.-v.

CH. DE SAÜ SaÕ ★

| | n.c. | ⅲ | 11 à 15 € |

L'architecte Viggo Dorph Petersen a laissé à partir de la fin du XIXᵉ s. quelques châteaux en Roussillon et, particularité, de Valmy à Rey en passant par Aubiry et Saü, ils ont tous gardé une vocation viticole. Situé au piémont des Pyrénées, face au Canigou, ce dernier commande un vignoble en conversion bio et appartient à la famille Passama depuis 1846.

Ce rancio sec couleur ambré aux reflets cuivrés dévoile un nez typique de noix, d'épices douces, d'amande amère et de fruits secs. La bouche, ronde et très équilibrée, conjugue quant à elle des notes de zest d'orange, de figue et de noix fraîche, et s'achève sur de beaux amers qui apportent un surcroît de complexité et de longueur. (Bouteilles de 50 cl.) ✗ 2020-2050 ❦ porc au caramel

o⊸ Ch. de Saü, 66300 Thuir, tél. 04 68 53 21 74, contact@chateaudesau.com Ⓥ 🔥 🎁 t.l.j. sf dim. 10h-12h 16h-18h30 ; sam. 10h-12h 🏠 Ⓖ

CÔTES DE THAU

LES VIGNERONS DE FLORENSAC Les Constellations Orion 2013 ★

| | 5 000 | ⅲ | 8 à 11 € |

Cette coopérative née en 1934, installée dans des bâtiments à l'architecture typique du Languedoc, regroupe 150 adhérents et quelque 700 ha de vignes.

Une « constellation » d'arômes pour cet « astre scintillant », jaune pâle aux reflets verts : un panier de fruits exotiques pour commencer, du litchi notamment, puis des notes d'abricots gorgés de soleil. En bouche, même ligne aromatique et un bel équilibre entre acidité, chaleur et douceur, dernière sensation renforcée par une jolie finale aux accents vanillés. ✗ 2015-2018 ✗ comté

☛ *Les Vignerons de Florensac, 5, av. des Vendanges, 34510 Florensac, tél. 04 67 77 00 20, cedric.florensac@ orange.fr* 🆅 🛠️ *t.l.j. 9h-18h; dim. 11h-16h*

HENRI DE RICHEMER
Terret Moelleux Terre et Mer 2014 ★★

| | 11 000 | 🍾 | 5 à 8 € |

Cette cave située sur le quai du port de Marseillan, au bord de l'étang de Thau, a été longtemps intimement liée au commerce maritime du vin. En effet, son créateur, Henri Richet, fut surnommé Henri de Richemer en raison de la prospérité de son activité de négoce. Aujourd'hui, c'est une coopérative qui regroupe 450 viticulteurs et 1 500 ha de vignes.

Plénitude est bien le qualificatif qui convient à ce moelleux chatoyant dans sa robe ornée de reflets verts. Un vin d'un équilibre remarquable, qui associe à la douceur des sucres résiduels (30 g/l) des nuances fraîches de menthol et de bourgeon de cassis, et s'épanouit dans une longue finale ronde et onctueuse. ✗ 2015-2019 ✗ tarte aux abricots

☛ *Les Caves Richemer, 1, rue du Progrès, BP 20, 34340 Marseillan, tél. 04 67 77 20 16, contact@ richemer.fr* 🆅 🛠️ *t.l.j. sf dim. lun. 9h-12h30 15h-19h*

CÔTES DE THONGUE

LOU BELVESTIT 2014 ★★

| | 5 000 | 🍾 | 5 à 8 € |

Émilie Alauze a repris en 2011 le domaine familial créé par son grand-père, 6,4 ha de vignes greffées par ses soins sur place après sélection massale et travaillés avec le moins de mécanisation possible.

Belvestit signifie « bien habillé » en occitan. En effet, ce rosé a fière allure dans sa tenue scintillante couleur grenadine. Aucun fruit défendu ici, mais d'intenses parfums de pêche juteuse et charnue. Chaleureux et soyeux, délicatement kirsché, sa rondeur tapisse le palais et glisse avec délice autour du cassis, et sa fine vivacité souligne son élégance et sa consistance, synonymes de grand rosé. ✗ 2015-2016 ✗ charlotte aux fraises

☛ *Émilie Alauze, 37, av. Capitaine-Bonnet, 34480 Magalas, tél. 04 67 36 21 59, contact@loubelvestit.com* 🆅 🏃 🛠️ *r.-v.*

♥ DOM. DES CAPRIERS
Les Larmes d'Ema 2013 ★★★

| | 7 000 | 🍾 | 8 à 11 € |

Marion Kergines et son frère Mathieu Vergnes, autodidactes mais d'origine vigneronne, ont repris les commandes de ce domaine familial (30 ha) en 2001. En 2003, ils ont construit un nouveau chai et se sont lancés dans la commercialisation de leurs vins.

On retrouve dans ce vin issu de syrah (70 %), de petit verdot (20 %) et de cabernet-sauvignon toutes les vertus de la vinification en grains entiers. Tout d'abord, une belle complexité aromatique autour de la cerise, de la mûre et du cassis. Ensuite, une bouche ample, suave, dense, corpulente et très élégante, bâtie sur des tanins soyeux et policés, et relevée de fines nuances poivrées qui animent une longue finale, chaleureuse et onctueuse. ✗ 2016-2020 ✗ daube de paleron

☛ *GAEC Marion et Mathieu Vergnes, 605, av. de la Gare, 34480 Puissalicon, tél. 06 58 02 57 59, contact@domainedescapriers.fr* 🆅 🏃 🛠️ *r.-v.* 🏠 🅿️

DOM. COSTE ROUSSE CR 2011

| | n.c. | ◀▮ | 5 à 8 € |

Héritier de quatorze générations de vignerons, Jean-Pascal Taix exploite depuis 1981 50 ha de vignes en conversion vers l'agriculture biologique depuis 2011.

Ce vin issu de sauvignon (55 %), chardonnay (40 %) et viognier, vinifié en fût de chêne, propose des notes vanillées, grillées, épicées et florales à l'olfaction, relayées par un palais bien équilibré, à la fois tendre et frais. ✗ 2015-2019 ✗ navarin de poisson

☛ *Patrice Taïx, 14, av. de la Gare, 34480 Magalas, tél. 09 81 67 37 95, domaine@costerousse.com* 🆅 🏃 🛠️ *r.-v*

DOM. LES FILLES DE SEPTEMBRE 2014 ★

| | 20 000 | 🍾 | - de 5 € |

Roland et Hugues Géraud dirigent ce domaine (40 ha) depuis 1995 et ont été inspirés par les dates de naissance de leurs filles respectives, nées le mois des vendanges, pour en trouver le nom.

Merlot (60 %) et grenache sont associés dans ce vin qualifié de « féminin, jeune et dynamique », centré sur les fruits rouges (cerise) et le cassis. Une ligne directrice que suit aussi la bouche, à la fois dense, suave et rectiligne, élégante et expressive. ✗ 2015-2018 ✗ entrecôte au poivre

☛ *Roland Géraud, 30, av. Georges-Guynemer, 34290 Abeilhan, tél. 04 67 39 01 65, les-filles-de-septembre@club-internet.fr* 🆅 🏃 🛠️ *t.l.j. sf dim. 10h-12h 14h-18h; f. fév.*

⚫ HOOO...! C BIO! 2014 ★

| | 2 400 | | - de 5 € |

Longtemps dévolue à la commercialisation de vins en vrac, cette coopérative, issue de la fusion des caves de Pouzolles, de Roujan et d'Abeilhan, consacre dorénavant une partie de sa production à la vente en bouteilles.

Grenache, cinsault et syrah par tiers dans ce rosé couleur vermillon, chatoyant et frais comme un matin de printemps. Il propose d'abord une ballade bucolique au milieu des fleurs capiteuses, puis se fait enjôleur avec sa bouche à la fois suave et acidulée (bonbon anglais), prolongée par

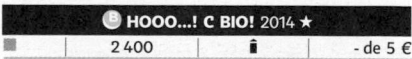

une belle finale tendre et longue. ✗ 2015-2016 ❦ friture de chipirons

○━ SCA Les Coteaux de Thongue et Peyne, 8, bd Pasteur, 34290 Abeilhan, tél. 04 67 39 00 20, coteauxdabeilhan@orange.fr Ⓥ ⬛ t.l.j. sf dim. 9h-12h 14h30-18h30

DOM. DE MONTMARIN Les Oliviers 2014 ★

| ■ | 70 000 | ⓘ | - de 5 € |

La famille Sarret est aux commandes de cette ancienne seigneurie royale depuis treize générations, aujourd'hui un vaste domaine de 450 ha (dont de 80 de vignes) qui s'étend sur une ligne de coteaux dominant plein sud le golfe du Lion.

Ce rosé de saignée scintillant et légèrement tuilé allie la science de l'assemblage (syrah et grenache) à des techniques de pointe en cave. Cela donne un vin qui associe d'intenses notes de fleurs blanches au bonbon anglais et aux petits fruits rouges. La bouche, élégante, conjugue chaleur et fine acidité, et compose une belle symphonie, subtile et délicate. ✗ 2015-2016 ❦ grillades

○━ Dom. de Montmarin, D 28, 34290 Montblanc, tél. 04 67 77 47 70 Ⓥ ⬛ r.-v. ○━ de Bertier

DOM. MONTROSE La Balade 2014 ★

| ■ | 30 000 | ⓘ ⬤ | 8 à 11 € |

Ce domaine prospère depuis sa fondation en 1701 au sein de la famille de Bernard Coste, rejoint par son fils Olivier à la tête d'une vaste exploitation de 100 ha où la vigne côtoie plus de 1 000 arbres (chênes, oliviers, figuiers...). Les rosés sont la spécialité de la maison.

Grenache (70 %), rolle et syrah sont associés dans ce rosé qui derrière sa timide robe grenadine dévoile une belle expression aromatique autour des fleurs blanches, des épices et du bonbon anglais. On retrouve le caractère acidulé et friand du bonbon mâtiné d'épices douces dans un palais équilibré, rond et frais. ✗ 2015-2016 ❦ filets de rougets

○━ Dom. Montrose, 34120 Tourbes, tél. 04 67 98 63 33, contact@domaine-montrose.com Ⓥ ⬛ r.-v.

○━ Olivier Coste

DOM. DE LA REYNARDIÈRE Muscat 2014 ★★

| ■ | 3 000 | | 5 à 8 € |

Ce domaine de 65 ha répartis dans cinq communes rassemble les exploitations des familles Mégé et Pons, la première demeurant à Saint-Geniès-de-Fontedit, la seconde à Autignac.

Ce moelleux séduit par son équilibre et son fruité. Au nez, d'intenses notes de mangue, de litchi et d'abricot ; en bouche, du fruit toujours, de la souplesse et une sucrosité bien contrebalancée par une fine acidité. Un vin friand et long. ✗ 2015-2020 ❦ tarte au citron

○━ Dom. de la Reynardière, 7, cours Jean-Moulin, 34480 Saint-Geniès-de-Fontedit, tél. 04 67 36 25 75, contact@reynardiere.fr Ⓥ ⬛ r.-v. ○━ Mégé

DOM. SAINT-GEORGES D'IBRY Muscat sec 2014 ★★

| ■ | 12 000 | ⓘ | 5 à 8 € |

Ce domaine familial développé au XIXᵉs., établi sur la commune d'Abeilhan, entre Agde et Pézenas, étend ses vignes sur 38 ha. Michel Cros est à sa tête depuis 1985.

Le coup de cœur fut mis aux voix pour ce muscat sec très expressif. Le nez, intense et complexe, mêle les fruits exotiques, le citron et la mandarine. La bouche, harmonieuse et soyeuse, y ajoute des arômes de mangue et d'abricot, et déploie une longue finale citronnée qui renforce sa vivacité. ✗ 2015-2018 ❦ fromage de chèvre

○━ Michel Cros, Dom. Saint-Georges d'Ibry, 34290 Abeilhan, tél. 04 67 39 19 18, info@saintgeorgesdibry.com Ⓥ ⬛ ⬛ t.l.j. sf dim. 9h-12h 14h-18h30 🏠 Ⓔ

GARD

Ⓑ DOM. AUBAÏ MÉMA La Douzième 2013 ★★

| ■ | 7 500 | ⬤ | 11 à 15 € |

Ce domaine, qui doit son nom au village médiéval d'Aubais, dont les habitants se vantaient au XVIIIᵉs. d'être d'Aubaï méma (« d'Aubais même »), s'étend sur 10 ha. Installé sur ces terres en 2002, Mark Haynes a fait le choix de l'agriculture biologique (certifiée) pour la conduite de ses vignes.

Ce vin à dominante de syrah (95 %, le viognier en appoint) arbore une jolie couleur rouge sombre aux reflets tuilés. Des notes de fruits confits, d'eucalyptus et d'épices composent un nez à la fois généreux et frais. Équilibré, puissant, riche et structuré, le palais a beaucoup de relief et appelle un mets de caractère. ✗ 2017-2021 ❦ daube de marcassin

○━ Aubaï Mema, 120, chem. de Junas, 30250 Aubais, tél. 04 66 73 52 76, mark.haynes@aubaimema.com Ⓥ ⬛ ⬛ r.-v.

CELLIER DES CHARTREUX Grand viognier 1612 2014 ★★

| ■ | 13 500 | ⓘ | 8 à 11 € |

Née en 1929, la coopérative de Pujaut, bourgade des environs d'Avignon, vinifie 570 ha de vignes dans les crus lirac et tavel, en AOC régionales et en IGP. Ses cuvées sont régulièrement en vue dans ces pages, notamment ses vins blancs.

Ce Grand viognier n'usurpe pas son nom tant il apparaît intense et racé. Au nez, les fruits jaunes se mêlent harmonieusement à l'aubépine et au réséda. La bouche est tout en nuances et en finesse à l'attaque, puis évolue vers plus de densité et des tonalités plus chaleureuses d'abricot compoté. Un blanc gourmand et soyeux en diable. ✗ 2015-2019 ❦ brandade de saumon

○━ SCA Cellier des Chartreux, RD 6580, 30131 Pujaut, tél. 04 90 26 39 40, contact@cellierdeschartreux.fr Ⓥ ⬛ t.l.j. 8h30-12h30 13h30-18h30

MAS DES BRESSADES Cabernet syrah Les Vignes de mon père 2013 ★

| ■ | 20 000 | ⬤ | 8 à 11 € |

Du Languedoc à l'Afrique du Nord, de l'Afrique du Nord au Médoc et à la vallée du Rhône, la famille Marès cultive la vigne sans frontières depuis six générations. Xavier est installé depuis 1996 à la tête d'un vignoble de 40 ha, dont les costières-de-nîmes sont régulièrement en bonne place dans le Guide.

Cet assemblage de cabernet-sauvignon (70 %) et de syrah révèle un boisé intense, grillé, cacaoté et épicé. On retrouve l'empreinte de la barrique dans une bouche chaleureuse, puissante et structurée. Une bouteille de caractère, à carafer avant le service. ✗ 2017-2021 ❡ bœuf bourguignon

☛ Cyril Marès, Mas du Grand Plagnol, rte de Bellegarde, 30129 Manduel, tél. 04 66 01 66 00, masdesbressades@aol.com 🆅 🅵 r.-v.

DOM. LE VIEUX LAVOIR Les Lavandières 2014 ★★

| ■ | 80 000 | 🍷 | - de 5 € |

Créé en 1956, ce domaine – dont la cave a une architecture proche de celle du lavoir de Tavel – est dans la même famille depuis six générations. Sébastien Jouffret, installé en 1991, vinifie aujourd'hui la récolte de 68 ha de vignes.

Grenache, syrah, cinsault et carignan pour ce rosé saumoné délicat, ouvert sur les fleurs printanières. En bouche, il attaque en souplesse, sur des notes de fruits blancs charnus, puis monte en volume et en chaleur avant de finir sur une belle ligne droite, vive et tendue qui franchit le cap des six caudalies. ✗ 2015-2016 ❡ aubergines farcies

☛ EARL Roudil-Jouffret, 775, rte de la Commanderie, Le Palai-Nord, 30126 Tavel, tél. 04 66 82 85 11, roudil-jouffret@wanadoo.fr 🆅 🅰 🅵 t.l.j. sf sam. dim. 8h-12h 14h-18h

DOM. DU VISTRE 2014 ★★

| ■ | 2 500 | | - de 5 € |

La famille Dupret, vigneronne depuis six générations, exploite le Dom. du Vistre depuis 1994. Le vignoble couvre aujourd'hui 50 ha et trois zones distinctes permettant d'élaborer une large variété de vins.

Le chardonnay à son meilleur avec ce vin au nez intense de fleurs blanches et de fruits de la même couleur et bien mûrs (pomme, poire). Un duo qui s'épanouit dans une bouche à la fois friande et fraîche, élégante et veloutée, savoureuse et persistante. ✗ 2015-2017 ❡ bar en papillote

☛ Dom. du Vistre, 30600 Vauvert, tél. 04 66 88 80 58, domaineduvistre@orange.fr 🆅 🅰 🅵 r.-v.
☛ EARL Dupret

HAUTS DE BADENS

DOM. LA GRAVE
Coteaux de Peyriac Sauvignon 2014 ★★

| ■ | 35 000 | 🍷 | 5 à 8 € |

Ancien prieuré de l'abbaye de Lagrasse devenu métairie, ce domaine de 100 ha est installé sur les balcons de l'Aude, vaste amphithéâtre dominant le canal du Midi. Héritiers d'une longue lignée de vignerons, Josiane et Jean-Pierre Orosquette, établis depuis 1978, ont transmis le flambeau à leur fils Jean-François.

Un blanc éclatant et épatant. Explosif, le bouquet est un panier de fruits acidulés et sucrés, mêlant agrumes et fruits jaunes, le tout vivifié par des nuances de menthol et de bonbon anglais. Même ligne aromatique exubérante dans une bouche intense, ample et énergique. ✗ 2015-2017 ❡ fruits de mer

☛ Jean-François Orosquette, Ch. la Grave, 11800 Badens, tél. 04 68 79 16 00, chateaulagrave@wanadoo.fr 🆅 🅰 🅵 r.-v.

PAYS D'HÉRAULT

DOM. LES ANGES DE BACCHUS Gabrielle 2014

| ■ | 3 000 | 🍷 | 8 à 11 € |

À une quinzaine de kilomètres au nord de Montpellier, ce domaine familial de 20 ha a repris vie à partir de 2005 grâce à David Mouysset, qui a recréé la cave de son grand-père, inactive depuis 1963.

Ce pur viognier offre un nez discret, floral et épicé. La bouche est ronde, ample et délicate, et déploie une jolie finale douce et fine. ✗ 2015-2017 ❡ crevettes à la plancha

☛ Les Anges de Bacchus, 59, rue des Verdales, 34570 Vailhauquès, tél. 06 17 31 57 18, lesangesdebacchus@yahoo.fr 🆅 r.-v. ☛ Mouysset

Ⓑ BORIE LA VITARÈLE Coteaux de Murviel
La Cuvée de cigales 2014 ★★

| ■ | 12 000 | 🍷 | 5 à 8 € |

Un domaine conduit en bio et en biodynamie depuis 1990 par Jean-François Izarn, adepte des vinifications douces avec des levures indigènes, respectueuses de l'environnement et du terroir. Ce vigneron d'une grande valeur, reconnu et apprécié de ses pairs, a « quitté la scène » prématurément, à la suite d'un accident de tracteur dans son vignoble. Sa femme Cathy poursuit aujourd'hui son œuvre, à laquelle elle a largement contribué, et conduit un vignoble de 20 ha.

Mi-merlot mi-grenache, cette cuvée dévoile des arômes ensoleillés de garrigue et de fruits rouges soulignés par une belle fraîcheur mentholée. Une ligne aromatique que prolonge une bouche ample et soyeuse, aux tanins fins et veloutés. Un vrai « vin plaisir » qui supportera un service rafraîchi. ✗ 2015-2017 ❡ tian de légumes méditerranéens

☛ Cathy Izarn, Borie La Vitarèle, 34490 Causses-et-Veyran, tél. 04 67 89 50 43, contact@borielavitarele.fr 🆅 🅰 🅵 r.-v.

FAMILLE CHAVIN Chevalier d'Or
Première grande cuvée 2014 ★★

| ■ | 150 000 | 🍷 ⬥ | 5 à 8 € |

Une jeune maison de négoce créée en 2009 par Fabien Gross, présente sur différents vignobles français, qui vise des « créations haute couture » et du « prêt-à-consommer ».

Assemblage classique de grenache (70 %) et de syrah, cette cuvée propose une promenade bucolique au milieu des fougères et du chèvrefeuille aux senteurs intenses, printanières et pleine de fraîcheur. En bouche, on croque dans la pêche de vigne gorgée de soleil qui confère un caractère suave à ce vin ample, charnu et soyeux, au boisé imperceptible. ✗ 2015-2019 ❡ poulet basquaise

☛ Dom. Pierre Chavin, 2, bd Jean-Bouin, 34500 Béziers, tél. 04 67 90 12 60, fgross@pierre-chavin.com

Ⓑ CLOS DES NINES Collines de la Moure
Le Mour 2013

| ■ | 3 000 | 🍷 ⬥ | 11 à 15 € |

En 2002, Isabelle Mangeart décide de changer de métier et crée de toutes pièces le Clos des Nines, dont le nom est un clin d'œil à ses trois filles (nines, en occitan). Le vignoble de 10 ha se niche au cœur de la garrigue et des oliviers, entre Sète et Montpellier.

Mourvèdre (70 %) et carignan pour ce vin d'un abord fermé et animal, plus ouvert sur les fruits noirs à l'agitation. Après une attaque fraîche et tendue, le palais se montre plus gras et rond, et monte doucement en puissance jusqu'à la finale. Une bouteille à carafer avant le service. ✗ 2016-2020 ♈ épaule d'agneau

☛ *Clos des Nines, rte de Cournonsec, 34690 Fabrègues, tél. 04 67 68 95 36, clos.des.nines@free.fr* Ⅴ 🕴 🏋 *r.-v.*
☛ Mangeart

DOM. COMBE BLANCHE
Tempranillo Les Dessous de l'enfer 2014 ★★

| ■ | 2 400 | ◫ | 11 à 15 € |

Guy Vanlancker, un ancien instituteur citoyen originaire de Wallonie, se trouva parachuté il y trente ans par les hasards de la vie sur les hauts coteaux de Calamiac. D'abord régisseur dans des domaines voisins, il conduit depuis 2000 10 ha de vignes sur les coteaux de La Livinière.

On sent d'emblée tout le sérieux apporté à l'élevage (dix-huit mois) dans ce vin aux accents ibériques, issu de 85 % de tempranillo, avec le grenache en complément. Porté des arômes de fruits rouges au premier nez, il s'ouvre à l'aération sur un bon boisé grillé et vanillé. Si la bouche se montre ample, dense chaleureuse et massive, elle a su garder un caractère souple et suave. Un bel avenir en perspective. ✗ 2017-2022 ♈ agneau de sept heures

☛ *Vanlancker, 3, ancien chem. du Moulin-Rigaud, 34210 La Livinière, tél. 06 80 43 40 61, lacombeblanche@ free.fr* Ⅴ 🕴 🏋 *r.-v.*

DOM. DES DEUX PLATANES
Grenache carignan 1 Vieilles Vignes 2013 ★★

| ■ | 6 000 | 🍶 ◫ | 11 à 15 € |

À proximité de Saint-Guilhem-le-Désert et des gorges de l'Hérault, ce petit domaine de 4,5 ha, créé en 2005, possède de jolis terroirs argilo-calcaires. Conçu à l'origine comme un passe-temps par Christian Spingler, il se développe et a achevé sa conversion bio en 2014.

Assemblage de quatre cépages méditerranéens (carignan, grenache, cinsault et mourvèdre), cette cuvée dévoile un bouquet complexe et intense de cassis, de mûre, de fraise sauvage et de cerise burlat. La bouche est louée pour son volume, sa rondeur, son caractère à la fois opulent et velouté, et pour sa longue finale généreuse et gourmande qui fait écho à l'olfaction. ✗ 2016-2020 ♈ osso bucco

☛ *Dom. des Deux Platanes, rte de Montpeyroux, 34150 Saint-Jean-de-Fos, info@deuxplatanes.com*
☛ Christian Spingler

DOM. JORDY Clos de la Baume 2014

| ■ | 5 000 | 🍶 | 5 à 8 € |

La famille Jordy est établie depuis fort longtemps au cœur du vieux village de Loiras-du-Bosc. Frédéric Jordy, installé en 1998, représente la quatrième génération de vignerons sur ce domaine de 17 ha.

Vermentino, chenin et viognier à parts quasi égales composent ce vin ouvert sur les fruits exotiques et la pêche blanche à l'olfaction, rond, frais et tout aussi fruité (melon, abricot et citron) en bouche. ✗ 2015-2017 ♈ dorade au four

☛ *Jordy, Loiras, 9, rte de Salelles, 34700 Le Bosc, tél. 06 27 30 10 69, frederic.jordy@orange.fr* Ⅴ 🕴 🏋 *t.l.j. sf dim. 9h-19h*

PAUL MAS Estate 2014 ★

| ■ | 30 000 | 🍶 | 5 à 8 € |

À la fois vigneron et négociant, Jean-Claude Mas a créé en 2000 les domaines Paul Mas autour de ses 60 ha de vignes. Il entend mettre en valeur les nuances des terroirs à travers sept gammes de vins.

Ce pur carignan paré d'une seyante robe grenat aux reflets violines propose à l'olfaction un concentré gourmand de mûre sauvage et de framboise. Éclatant de jeunesse, à la fois ferme et généreux, le palais offre une longue finale chaleureuse aux tonalités épicées. ✗ 2016-2019 ♈ côte de veau aux épices

☛ *Domaines Paul Mas, rte de Villeveyrac, 34530 Montagnac, tél. 04 67 90 16 10, info@ paulmas.com* Ⅴ *r.-v.* 🏠 🇪

MAS D'AGAMAS Nòstre Mescladis 2013

| ■ | n.c. | 🍶 ◫ | 8 à 11 € |

Viticulteurs depuis plusieurs générations à Lagamas, les Visseq sont coopérateurs. Depuis 2009, ils vinifient une petite partie de leur production.

Ce Nòstre Mescladis («notre mélange» en occitan) assemble une majorité de grenache à la syrah. Au nez, des arômes d'épices et de fruits rouges ; en bouche, de la rondeur, de la souplesse et des tanins fondus. Un vin facile d'accès, à boire dans sa jeunesse. ✗ 2015-2018 ♈ assiette de charcuterie

☛ *Colette Visseq, Mas d'Agamas, rue des Treilles, 34150 Lagamas, tél. 06 22 05 04 78, c.visseq@sfr.fr* Ⅴ 🕴 🏋 *r.-v.*

MAS GABINÈLE Grenache gris Vieilles Vignes 2014

| ■ | 5 800 | 🍶 ◫ | 11 à 15 € |

Thierry Rodriguez rachète ses premières vignes à son ami Gabriel Mas, surnommé *Gabienèla*, qui désigne en occitan un petit cabanon en bois. Le vignoble couvre aujourd'hui 18 ha.

De couleur très pâle, ce vin se montre discret mais fin et délicat à l'olfaction autour de notes subtiles de minéralité, d'aubépine et de fumé. Agréable et équilibré, le palais se révèle à la fois rond et frais, teinté d'arômes d'abricot et de pêche blanche. ✗ 2015-2017 ♈ raie aux câpres

☛ *Thierry Rodriguez, Mas Gabinèle, 1750, chem. de Bédarieux, 34480 Laurens, tél. 04 67 89 71 72, info@masgabinele.com* Ⅴ 🕴 🏋 *l.l.j. sf dim. 10h-12h 16h-18h* 🏠 🇩

LES CAVES MOLIÈRE Pays de Caux Chardonnay
Lord Clive 2013 ★★

| ■ | 5 200 | 🍶 | 5 à 8 € |

Cette coopérative, née en 1993 de la fusion des entités de Cause et de Pézenas, rend hommage par son nom à l'illustre écrivain, originaire de Pézenas.

Lord Clive, vice-roi des Indes, séjourna à Pézenas au XVIIIᵉs. et aurait rapporté dans ses bagages la recette de la spécialité locale, des petits pâtés à base de farce d'agneau sucrée-salée. Parfait pour accompagner ce pur chardonnay sorti d'une pièce bordelaise, qui offre à l'olfaction un joli tempo floral, exotique et vanillé, et met les papilles en liesse par son palais savoureux, dense et expressif, au diapason du bouquet. ✗ 2015-2018 ♈ petits pâtés de Pézenas

⌐ *SCA Les Caves Molière, 39, av. de Verdun, 34120 Pézenas, tél. 04 67 98 10 05, rvargoz@ lescavesmoliere.com* Ⅴ ⚑ *t.l.j. sf dim. 8h30-12h 14h-18h30*

♥ DOM. DE MUJOLAN Collines de la Moure
Élevé en fût de chêne 2012 ★★

■ 8 000	⅏	5 à 8 €

Vaste domaine de 63 ha d'un seul tenant au pied du massif de La Gardiole, commandé par un château du XVIIIᵉs. et son parc arboré, Mujolan revit depuis 2001 et son achat par les familles Lahoz et Boutonnet.

Assemblage original de merlot, de cabernet-sauvignon, de marselan et de syrah, cette cuvée a fait forte impression. Le nez, généreux et complexe, associe les fruits noirs confiturés, le pruneau, les épices et une petite touche animale. La bouche, à l'unisson, présente un équilibre remarquable entre une matière riche et ronde, un boisé parfaitement dosé et des tanins fins et soyeux qui lui apportent beaucoup d'élégance et une bonne tenue à la garde. ✗ 2017-2020 ❦ daube d'agneau

⌐ *Jacques Boutonnet, Dom. de Mujolan, RN 113, 34690 Fabrègues, tél. 04 67 85 11 06, contact@ mujolan.com* Ⅴ 🏹 ⚑ *t.l.j. sf dim. 9h15 12h15 14h30-18h30*

Ⓑ DOM. DE PETIT ROUBIÉ
Sauvignon 2014

■ 20 000	🍶	- de 5 €

Olivier Azan pratique l'agriculture biologique depuis 1985. Son domaine couvre 56 ha au cœur de l'appellation picpoul-de-pinet, à proximité de l'étang de Thau.

Ce pur sauvignon offre un nez discret de pêche blanche mâtiné de nuances fumées. La bouche, d'un bon volume, s'appuie sur une fine acidité et déploie une jolie finale fruitée qui fait écho à l'olfaction. Un vin simple et harmonieux. ✗ 2015-2017 ❦ calamars à la plancha

⌐ *Olivier Azan, Dom. de Petit Roubié, 34850 Pinet, tél. 04 67 77 09 28, petitroubie@gmail.com* Ⅴ 🏹 ⚑ *t.l.j. sf sam. dim. 9h-12h30 13h30-17h*

DOM. DE PEYRONNET Muscat sec 2014 ★

■ 6 000	🍶	5 à 8 €

Le petit commerce de vins et muscats installé en 1935 dans l'ancienne forge de l'arrière-grand-père est toujours là. L'achat de la première parcelle date de la même époque. Œnologue, Alain Peyronnet a repris en 1990 le vignoble familial – 12 ha dédiés au muscat – et montre une régularité sans faille.

Très flatteur au nez, ce muscat sec révèle des notes d'abricot et de poire. Bien équilibrée entre rondeur et acidité fondue, longue et élégante, la bouche prolonge ce fruité avec intensité. ✗ 2015-2018 ❦ saint-jacques aux fruits exotiques

⌐ *EARL Dom. Peyronnet, 9, av. de la Libération, 34110 Frontignan, tél. 04 67 48 34 13, caves.favier-bel@ wanadoo.fr* Ⅴ 🏹 ⚑ *r.-v.*

DOM. DE LA RENCONTRE
Muscat sec Rencontre 2014 ★

■ 1 500	🍶	8 à 11 €

C'est ici, en 1854, que Gustave Courbet a peint son chef-d'œuvre *La Rencontre*. Rencontre encore, au Mexique, entre Pierre Viudes qui courait le monde et Julie, une Anglaise exilée. Rencontre toujours entre les jeunes mariés et ces vignes de Vic-la-Gardiole (12 ha) en 2008.

Régulièrement sélectionné, ce domaine signe ici un joli muscat sec, au nez expressif et délicat de mangue et de confiture d'abricot. Le palais se révèle équilibré et léger, long et frais. Un blanc aérien. ✗ 2015-2017 ❦ asperges

⌐ *Pierre et Julie Viudes, 50, chem. de la Condamine, 34110 Vic-la-Gardiole, tél. 06 24 05 39 46, pierre@ domainedelarencontre.com* Ⅴ 🏹 ⚑ *r.-v.*

DOM. SAINTE-CÉCILE DU PARC
Pays de Caux Notes d'Orphée 2012 ★

■ 3 500	🍶 ⅏	8 à 11 €

Les vignes en terrasses (15 ha, dont 10 en production) de ce domaine repris en 2005 par Christine Mouton-Bertoli sont conduites en agriculture biologique et entourent une cave récente, achevée en 2011. Toutes les cuvées font ici référence à la musique, dont sainte Cécile est la patronne.

Cet assemblage syrah (85 %) et grenache séduit par son bouquet gourmand de chocolat noir et de moka chaud et torréfié. On apprécie aussi son volume, son caractère corsé, renforcé par des notes de poivre blanc, et sa belle finale douce et délicate. ✗ 2015-2018 ❦ souris d'agneau confite

⌐ *Dom. Sainte-Cécile du Parc, rte de Caux, 34120 Pézenas, tél. 06 79 18 68 56, cmb@ stececileduparc.com* Ⅴ 🏹 ⚑ *r.-v.*

SABLE DE CAMARGUE

DUNE Gris de gris 2014 ★★

■ 250 000	🍶	5 à 8 €

La cave coopérative Sabledoc, située non loin des remparts d'Aigues Mortes, a été fondée en 1952. Équipée d'un outil de vinification à la pointe de la technologie, elle vinifie le fruit de quelque 650 ha de vignes plantées sur des sables éoliens.

D'une belle couleur pétale de rose typique des rosés locaux, ce vin dévoile un nez très expressif de fraise, de framboise, de litchi et de poire au sirop. Un caractère gourmand que prolonge avec intensité un palais souple, frais, léger et long, souligné par une fine minéralité. ✗ 2015-2016 ❦ gratin d'aubergines

⌐ *Cave Sabledoc, rte d'Arles, 30220 Aigues-Mortes, tél. 04 66 53 75 20, sabledoc@wanadoo.fr* Ⅴ ⚑ *t.l.j. sf dim. 9h-12h .14h-18h30*

Ⓑ DOM. DE FIGUEIRASSE Gris de gris 2014

■ 40 000	🍶	- de 5 €

Les sablonneux terroirs camarguais avaient résisté à l'invasion phylloxérique ; d'où l'intérêt porté à ce domaine (55 ha aujourd'hui) par les aïeux de Michel Saumade, qui en firent l'acquisition en 1905.

VDP/GP

Ce gris de gris couleur rose pâle offre un nez fin d'ananas, de mandarine, de pêche et de petits fruits rouges. La bouche, souple, fraîche et acidulée, suit la même ligne fruitée. Un rosé fringant et harmonieux. ✗ 2015-2016 ▼ paëlla de poisson

○━ SCEA de la Figueirasse, rte des Mas, 30240 Le Grau-du-Roi, tél. 04 67 70 20 48, cavesdemoulines@orange.fr ○━ Saumade

DOM. ROYAL DE JARRAS
Gris Pink Flamingo Tête de cuvée 2014 ★

■	400 000	🏠	5 à 8 €

Plus grand propriétaire récoltant d'Europe avec plus de 1 800 ha de vignes, les Grands domaines du Littoral, fondés en 1883, possèdent encore des vignes « franc de pied », non greffées, car protégées naturellement du phylloxéra par le sable.

D'une belle couleur rose pâle, ce gris de grenache offre un nez intense et complexe d'agrumes, de pêche et de fleurs blanches. À l'unisson, le palais de révèle vif et très alerte, agrémenté d'une jolie finale saline. ✗ 2015-2016 ▼ filets de rouget

○━ Grands Domaines du Littoral, Dom. Royal de Jarras, 30220 Aigues-Mortes, tél. 04 66 51 17 00, lcarbonell@ gdl.fr 🅥 🎿 🍴 t.l.j. 10h-12h 14h-18h

ⒷDOM. LE PIVE Gris 2014 ★

■	480 000	🏠	- de 5 €

Entre étangs et marais de la petite Camargue, cet îlot de 50 ha de vignes, propriété du groupe Jeanjean, entoure la magnifique Chapelle de Pive, trésor d'architecture néo-romane du XIXᵉs.

Ce vin séduit d'emblée par son nez minéral et fruité (agrumes, pêche, poire). Un fruité frais que l'on retrouve dans une bouche ample, vive et énergique, qui s'achève sur une note plus douce. ✗ 2015-2016 ▼ plancha de crevettes

○━ SCEA Mas de Pive, 30600 Montcalm, tél. 04 67 88 80 00, elise.bellot@vignobles-jeanjean.com 🅥 r.-v. ○━ Jeanjean

VAL DE MONTFERRAND

DOM. DE L'HORTUS Grande cuvée 2013 ★

■	17 000	🏠 🍷	20 à 30 €

Entre le pic Saint-Loup et le causse de l'Hortus, dans la combe de Fambetou, ce domaine de référence s'étend sur 71 ha de terroirs variés. Depuis 1978, Jean et Marie-Thérèse Orliac ont défriché la garrigue, remis en état les terrasses, construit un chai, bâti une maison et installé à présent leurs enfants.

Chardonnay (65 %), viognier (30 %) et roussanne sont assemblés dans cette cuvée brillante comme l'or, qui décline à l'olfaction un somptueux buffet garni de viennoiseries, de pain d'épice et de toast grillé. Le palais, suave, gras et opulent, évoque un abricot charnu agrémenté d'un sirop d'agrumes. Un vin généreux et complexe. ✗ 2016-2020 ▼ sandre au beurre blanc

○━ EARL Vignoble Orliac, Dom. de l'Hortus, 34270 Valflaunès, tél. 04 67 55 31 20, orliac.hortus@ wanadoo.fr 🅥 🍴 t.l.j. sf dim. 10h-12h 15h-18h

VALLÉE DU PARADIS

TERRE DES ANGES 2014

■	94 000	🏠	- de 5 €

Située dans le massif des hautes Corbières et le haut Fitou, à 20 km de la Méditérranée, cette cave créée en 1921 rassemble une centaine d'adhérents qui cultivent 780 ha.

Ce « petit ange » à l'auréole scintillante fleure bon les fruits rouges, le cassis et la fleur d'acacia. Velouté, tendre et suave, le palais a en effet quelque chose de séraphique et d'aérien, et s'accommodera avec une large palette de nourriture terrestre. ✗ 2015-2018 ▼ grillades

○━ Les Vignerons de Cascastel, Grand-Rue, 11360 Cascastel-des-Corbières, tél. 04 68 45 91 74, info@ cascastel.com 🅥 🍴 t.l.j. sf sam. dim. 9h-12h 14h-18h

PAYS D'OC

DOM. L'AMIRAL L'Odyssée 2014 ★

■	2 500		8 à 11 €

Un ancêtre, l'amiral Gayde, a agrandi au début du XIXᵉs. ce vignoble du Minervois, qui compte aujourd'hui 30 ha. Son père avait fait construire de spectaculaires bâtiments en arc de cercle, que l'on remarque par satellite. Ce cadre, abrité des vents dominants, permet toutes les prouesses de vinification. Aux commandes depuis 2008, Bénédicte Gobé représente la septième génération.

Sauvignon (50 %), marsanne et viognier pour cette cuvée au nez intense de fruits exotiques et de fleurs blanches. En bouche, beaucoup d'éclat et de fraîcheur, un beau registre aromatique sur la pierre à fusil, le kumquat et le buis, et une longueur appréciable. ✗ 2015-2018 ▼ gratin de moules ■ Marselan Le voyage de l'amiral 2013 ★ (11 à 15 € ; 5 000 b.) : des notes intenses de cerise, de pruneau et de truffe, de la densité, de la concentration, et une fine acidité en soutien. ✗ 2015-2019

○━ Bénédicte et Rodolphe Gobé, 14, av. de l'Amiral-Gayde, 11800 Aigues-Vives, tél. 06 83 51 68 88, contact@chateaulamiral.fr 🅥 🎿 🍴 r.-v. 🏠 Ⓑ

DOM. AURIOL Le Saint-Auriol Réserve 2014

■	20 000	🏠	5 à 8 €

Fille de Jean Vialade, vigneron bien connu des Corbières, Claude Vialade a dirigé le syndicat des corbières avant de reprendre et de restaurer en 1995 les propriétés familiales (Ch. Cicéron, Ch. Saint-Auriol, Ch. Vialade, et Corbières Montmija), tout en créant une importante maison de négoce.

Cette cuvée à dominante de marsanne et de roussanne (avec un apport de 10 % de sauvignon) dévoile un nez complexe de fleurs blanches, de miel, de buis et de silex. La bouche se montre chaleureuse et ronde, équilibrée par une pointe d'acidité bienvenue. ✗ 2015-2018 ▼ truite aux amandes

○━ SAS Les Domaines Auriol, 12, rue Gustave-Eiffel, ZI Gaujac, 11200 Lézignan, tél. 04 68 58 15 15, info@ les-domaines-auriol.eu 🅥 🍴 t.l.j. sf ven. sam. dim. 8h30-12h 14h-17h45 ○━ Vialade

BEAUVIGNAC Chardonnay 2014

	280 000	î	- de 5 €

La cave de Pomérols, fondée en 1932, regroupe aujourd'hui près de 150 viticulteurs en picpoul-de-pinet, dont les vignes (1 700 ha) couvrent aussi bien le terroir de garrigue de Castelnau-de-Guers que le glacis d'épandage qui constitue le cœur historique de l'appellation.

Ces ceps de chardonnay plantés autour de l'étang de Thau ont donné naissance à un vin bien bouqueté autour de notes d'anis, de fruits confits, de fleurs blanches et de beurre, prolongées par un palais gras, suave et rond. Un peu plus de nerf lui aurait valu une étoile. ✗ 2015-2018 ❢ sole à la normande

○┐ Cave les Costières de Pomérols, 68, av. de Florensac, 34810 Pomérols, tél. 04 67 77 01 59, info@cave-pomerols.com Ⓥ 🏃 ♟ r.-v.

♥ DOM. BELOT Cabernet-sauvignon 2014 ★★

	10 000	î	5 à 8 €

Cet ancien rendez-vous des chasses royales au XVIIᵉs. aurait reçu la visite du roi Louis XIV. Depuis 1997, Lionel Belot est aux commandes. Après avoir entièrement restauré le domaine et renouvelé le vignoble avec l'aide de sa famille, il y cultive aujourd'hui 36 ha.

Superbe expression du cabernet sauvignon, cette cuvée revêt une robe caractéristique du cépage, profonde aux reflets pourpres. Au nez, dominent des notes généreuses de cerise confite mâtinées d'épices douces. Parfaitement équilibré, à la fois gras et frais, fruité, épicé et réglissé, le palais prend du volume au fur et à mesure de la dégustation, porté par des tanins fins et veloutés, extraits avec une grande maîtrise. ✗ 2016-2020 ❢ navarin d'agneau ■ Merlot 2014 ★ (5 à 8 €; 15 000 b.) : des arômes complexes de fruits rouges et noirs, de chocolat, d'épices et de garrigue ; un palais frais, ample et finement structuré. ✗ 2016-2019

○┐ Lionel Belot, Dom. du Tendon, 34360 Pierrerue, tél. 04 67 38 08 96, vignoble.belot@wanadoo.fr Ⓥ 🏃 ♟ r.-v.

DOM. BOSQUET Merlot Fût de chêne 2014 ★

	50 000	ⅷ	- de 5 €

Ce domaine, dirigé par Pierre Degroote et Bernard Montariol depuis 1995, est situé non loin de Béziers, à Nissan-Lez-Enserune, près du célèbre oppidum d'Enserune.

« Oak matured » indique l'étiquette, voilà qui laisse peu de doute sur la destination de ce vin : le domaine exporte 90 % de sa production. Dans le verre, un vin fruité (pruneau, mûre, myrtille), au boisé bien fondu, ample, chaleureux, rond et soyeux. ✗ 2015-2018 ❢ aiguillettes de canard sauce au vin ■ Chardonnay Fût de chêne 2014 (- de 5 € ; 40 000 b.) : vin cité. ✗ 2015-2017

○┐ SCI Bosquet, Dom. de la Grangette, 34440 Nissan-lez-Enserune, tél. 04 67 37 22 36
○┐ Degroote

BOURDIC Le Prestige 2014 ★

	7 000	ⅷ	5 à 8 €

Créée en 1928 grâce à la volonté d'une poignée de viticulteurs, cette cave coopérative compte aujourd'hui une centaine d'adhérents pour une production de 140 000 hl par an.

Après six mois de fût, cette cuvée née du seul chardonnay dévoile de belles notes grillées accompagnées de senteurs de pêche et de fleurs blanches, prolongées par un palais rond et gras, souligné par une fine acidité. Un vin très équilibré et boisé avec justesse. ✗ 2015-2018 ❢ poulet à la crème

○┐ SCA Les Collines du Bourdic, chem. de Saint-Chaptes, 30190 Bourdic, tél. 04 66 81 20 82, contact@bourdic.fr Ⓥ 🏃 ♟ t.l.j. sf dim. 9h-12h 14h-19h

CALMEL ET JOSEPH
Chardonnay Villa blanche 2014 ★★

	100 000	î ⅷ	5 à 8 €

Laurent Calmel, œnologue, s'est associé avec Jérôme Joseph pour fonder en 1995 une maison de négoce spécialisée dans les vins de terroir du Languedoc-Roussillon. Le duo a lancé son étiquette en 2007. Il sélectionne les parcelles, vinifie et élève les cuvées.

Cet excellent vin de chardonnay livre un bouquet intense et complexe de fleurs blanches, d'ananas confit, de mangue et de miel. En bouche, il montre un très bel équilibre entre gras et fraîcheur, boisé et fruité. ✗ 2015-2018 ❢ filet de bar en papillote

○┐ Calmel et Joseph, 42, rue Barbès, 11000 Carcassonne, tél. 04 68 72 09 88, jjoseph@calmel-joseph.com Ⓥ ♟ r.-v.

Ⓑ CAMP AUCELS Crécerellette 2014

	4 000	î	5 à 8 €

Un nouvel élan depuis 2009 pour ce domaine dédié aux oiseaux : Campaucels signifie le « champ des oiseaux ». Situé en zone Natura 2000, il est conduit en agriculture biologique certifiée par Cathy Do, œnologue.

Crécerellette ? Un rapace de la famille des faucons. Dans le verre, un assemblage de colombard, vermentino et muscat à petits grains ouvert sur l'abricot, la pêche, la figue, la fleur d'oranger et le miel, gras et rond en bouche, avec une fine acidité en soutien. ✗ 2015-2017 ❢ loup en papillote

○┐ EARL Dom. de Campaucels, 34530 Montagnac, tél. 04 67 24 19 16, domainecampaucels@orange.fr Ⓥ 🏃 ♟ r.-v. 🏠 Ⓔ ○┐ Cathy Do

CASA DÉLYS Terra Ouest 2013

	1 000	î ⅷ	8 à 11 €

Michel Mas, représentant la quatrième génération de vignerons sur ce domaine, a rejoint son père Paul Mas en 1991. En 2006, il a créé son domaine viticole (7 ha aujourd'hui) qu'il baptise Casa Délys, la « maison des lys » en occitan.

Une belle expression du cabernet-sauvignon sur argilo-calcaires : un nez intense de fruits noirs et rouges sur fond toasté, une bouche aussi bien fruitée, structurée et de bonne longueur, étirée dans une jolie finale réglissée. ✗ 2016-2019 ❢ daube de bœuf

VDP/GP

○━ *Dom. Casa Délys, 4, imp. du Clastre, 34120 Pézenas, tél. 04 67 01 21 90, casadelys@orange.fr* 🅥 🚹 *r.-v.*

○━ Michel Mas

CHARLES CICÉRON Sauvignon 2014 ★		
60 000	🍶	5 à 8 €

Dans l'Antiquité, ce domaine était une villa appartenant à une famille de juristes et de tribuns romains. Dépendance de l'abbaye de Lagrasse au Moyen Âge, exploitation expérimentale à partir des années 1960, le Ch. Cicéron est aujourd'hui l'une des propriétés de la famille Vialade, bien ancrée sur le versant sud de la montagne d'Alaric. Le vignoble compte environ 7 ha.

Ce sauvignon offre un bouquet complexe de fleurs blanches, de mangue et de citron. En bouche, la vivacité s'associe à une aimable douceur pour composer un ensemble harmonieux sur fond de fruits exotiques. ✗ 2015-2017 🍴 langoustines sauce agrumes

○━ *SCEA Les Vignobles de Cicéron, Ch. de Cicéron, 11220 Ribaute, tél. 04 68 32 53 52, ciceron@les-domaines-auriol.eu* 🅥 🚴 🚹 *t.l.j. sf sam. dim. 8h30-12h 14h-19h* 🏧 🟢 🟡 ○━ Vialade

COUSSERGUES		
Mille quatre cent quatre-vingt-quinze 2013 ★		
12 000	◫	5 à 8 €

Le Ch. de Coussergues se situe à dix kilomètres à l'est de Béziers, sur les dernières collines dominant la Méditerranée. Cette vaste (310 ha) et ancienne seigneurie royale de 1495 est la propriété de la famille Sarret de Coussergues depuis quinze générations.

Une majorité de cabernet-sauvignon (80 %) associée à du petit verdot, voici les bases de cette cuvée très sombre, au nez classique de fruits noirs sur fond de boisé chocolaté et vanillé, au palais bien équilibré, alliant puissance, rondeur et volume. ✗ 2016-2020 🍴 carré d'agneau

○━ *GFA de Coussergues, 34290 Montblanc, tél. 04 67 00 80 00, baronniedecoussergues@hotmail.fr* 🅥 🚴 🚹 *r.-v.* ○━ A. de Bertier

DOM. DES CREISSES Les Brunes 2012		
n.c.	◫	20 à 30 €

Depuis 1997, Philippe Chesnelong préside aux destinées de ce domaine créé en 1901, étendu sur 11 ha de vignes.

Un trio cabernet-sauvignon, grenache et mourvèdre compose cette cuvée. Dans le verre, un nez profond et dense, au nez intensément boisé, qui laisse place aux fruits noirs confiturés et aux épices à l'aération. En bouche, du volume, une bonne structure, de la chair, un boisé toujours bien présent et un fruité chaleureux. ✗ 2017-2020 🍴 pot-au-feu d'agneau

○━ *Philippe Chesnelong, 247, av. Jean-Moulin, 34290 Valros, tél. 06 75 66 65 78, lescreisses@free.fr* 🅥 🚴 🚹 *r.-v.*

DOM. DAURION Cuvée Éphémère 2011 ★		
1 000	◫	15 à 20 €

C'est en 2011 qu'Isabelle Cordoba-Collet a pris la suite de son père et de son grand-père sur ce beau domaine de 60 ha situé au nord de Pézenas sur un terroir de terrasses caillouteuses striées de basalte.

La syrah (70 %) et le petit verdot ont donné cette cuvée très dense et foncée, qui propose à l'olfaction une belle expression fruitée (pruneau, figue, mûre) agrémentée de fines notes boisées. Une attaque fraîche et alerte introduit un palais ample et bien structuré par des tanins soyeux et un boisé ajusté. ✗ 2016-2019 🍴 côte de bœuf à la moelle

○━ *Dom. Daurion, 34720 Caux, tél. 06 62 31 89 41, info@daurion.fr* 🅥 🚴 🚹 *r.-v.* ○━ Cordoba-Collet

L'ENCLOS DE LA CHANCE Les Aiguillettes 2014 ★		
20 000	🍶	5 à 8 €

François et Sylvia Cornut deviennent propriétaires du Ch. Guiot en 1976, une centaine d'hectares au cœur des Costières ; en 2008, leurs fils Alexis et Numa complètent le vignoble avec l'Enclos des Jumeaux, 43 ha sur les terres du Duché d'Uzès, dédiés aux vins blancs.

Chardonnay (75 %) et sauvignon sont associés dans ce vin au bouquet gourmand de fruits exotiques et d'agrumes agrémenté d'une touche de buis et d'une note minérale. Si l'attaque est franche et vive, le milieu de bouche se révèle bien plus chaleureux, riche et gras, et laisse le souvenir d'un blanc ample et généreux. ✗ 2015-2018 🍴 koulibiac de saumon

○━ *GAEC l'Enclos des Jumeaux, Dom. de Guiot, 30800 Saint-Gilles, tél. 04 66 73 30 86, contact@chateauguiot.com* 🅥 🚴 🚹 *t.l.j. sf dim. 8h-12h 14h-18h; f. sept.* ○━ Cornut

🅑 ESCATTES		
Chardonnay Les Roches bleues 2013 ★		
1 900	◫	11 à 15 €

Entre Sommières et Nîmes, ce domaine familial de 24 ha est remarquable par son mas et son parc à la française du XIXᵉs. François Robelin, installé en 2008, y conduit ses vignes en bio certifié.

Le nom de cette cuvée 100 % chardonnay évoque son terroir d'origine de marnes bleues. Au nez, des arômes de boisé grillé et de fruits secs côtoient une fine note beurrée, tandis que la poire et l'eau-de-vie de fruit se révèlent dans une bouche généreuse, ample et ronde sans être dénuée d'acidité, rehaussée par une jolie finale un brin épicée. ✗ 2015-2018 🍴 brandade

○━ *Dom. de l'Escattes, 2300, rte de Saint-Étienne-d'Escattes, 30420 Calvisson, tél. 04 66 01 40 58, smc.robelin@wanadoo.fr* 🅥 🚴 🚹 *r.-v.* ○━ Robelin

EXPRESSION LIBRE Chardonnay 2014		
7 500	🍶 ◫	- de 5 €

Fondée en 1932, la coopérative de Fabrezan s'est choisi comme nom Terre d'Expression ; une manière d'exprimer la diversité des terroirs cultivés par ses adhérents – 1 400 ha répartis dans 23 communes, de Boutenac aux pentes de l'Alaric, de Lézignan à Lagrasse.

Une belle expression du chardonnay que ce vin ouvert sur la noisette et le grillé-toasté d'un boisage léger. On retrouve ces arômes dans un palais rond, suave et gras, équilibré par une fine trame acide. ✗ 2015-2018 🍴 coquilles Saint-Jacques

○━ *Terre d'Expression, 5, rue des Coopératives, 11200 Fabrezan, tél. 04 68 43 61 18, info@terredexpression.fr* 🅥 🚴 🚹 *r.-v.*

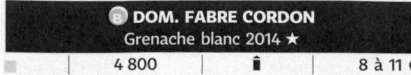

DOM. FABRE CORDON
Grenache blanc 2014 ★

	4 800			8 à 11 €

Situé dans la zone côtière des étangs, un domaine implanté à l'emplacement d'une villa gallo-romaine qui bordait la voie Domitienne. Aujourd'hui, 12 ha (en bio certifié depuis 2013) conduits par Henri et Monique Fabre, longtemps coopérateurs et vignerons indépendants depuis 2001.

Le grenache blanc a donné ici un vin très plaisant, intensément bouqueté autour de la pêche de vigne, du pamplemousse et du coing. Fruitée, un brin minérale et épicée, la bouche affiche un bel équilibre entre une fine fraîcheur et un alcool bien fondu. **X** 2015-2018 **Y** truite aux amandes

o— Dom. Fabre Cordon, L'Oustal-Nau, 11440 Peyriac-de-Mer, tél. 04 68 42 00 31, chateaufabrecordon@gmail.com **V** **X** **♟** r.-v. **♠** **⊕**

DOM. LA FADÈZE Roussanne 2014 ★

	18 000			5 à 8 €

Un domaine familial de 45 ha situé à Marseillan, au bord de l'étang de Thau, face à Sète. Souvent en vue pour ses vins de pays.

Robe dorée, nez floral d'une grande élégance, accompagné de notes suaves de fruits confits, de coing et de miel : l'approche est séduisante et généreuse. La suite est dans le même ton avec un palais rond et chaleureux, qui montre une belle persistance sur les fruits mûrs. **X** 2015-2017 **Y** salmayon de fruits

o— GAEC de la Fadèze, rte de Mèze, 34340 Marseillan, tél. 04 67 77 26 42, lentheric@lafadeze.fr **V** **X** **♟** t.l.j. sf dim. 9h-12h 14h-18h o— Lentheric

FAT BASTARD Chardonnay 2014 ★

	15 000	**♟** **⊕**		8 à 11 €

Affaire de négoce-éleveur créée en 1936 par Gabriel Meffre, cette maison est devenue un acteur incontournable, propriétaire de 800 ha de vignes dans toute la vallée du Rhône, ainsi qu'en Provence. Reprise en 2009 par Éric Brousse, associé avec le groupe bourguignon Boisset.

Ce vin dévoile un bouquet exubérant et complexe de fleurs blanches, de pomme, de fruits à noyau et de vanille. En bouche, il attaque sur la fraîcheur et le boisé, et garde cette ligne directrice jusqu'en finale. Un blanc dynamique et expressif. **X** 2015-2018 **Y** loup au fenouil

o— Gabriel Meffre, Le Village, 84190 Gigondas, tél. 04 90 12 32 47, gabriel-meffre@meffre.com **V** **X** **♟** r.-v. o— Éric Brousse

LES VIGNERONS DE FLORENSAC
Assemblage 2014 ★

	30 000	**⊕**		5 à 8 €

Cette coopérative née en 1934, installée dans des bâtiments à l'architecture typique du Languedoc, regroupe 150 adhérents et quelque 700 ha de vignes.

Si les Vignerons de Florensac produisent majoritairement des blancs, c'est avec un vin rouge né de syrah, merlot et cabernet-sauvignon qu'ils se distinguent ici. Ses atouts : une belle robe carminée ; un nez intensément fruité (fruits rouges frais), teinté d'épices (cannelle et poivre) et de cacao ; une attaque suave et gourmande, prélude à un palais ferme et encore un brin sévère, adoucie par des notes de caramel, de pruneau et de cuir. **X** 2016-2020 **Y** daube provençale

o— Les Vignerons de Florensac, 5, av. des Vendanges, 34510 Florensac, tél. 04 67 77 00 20, cedric.florensac@ orange.fr **V** **♟** t.l.j. 9h-18h; dim. 11h-16h

FOLLE AVOINE 2014

	4 000			- de 5 €

En agriculture biologique depuis 1984, ce domaine de 13 ha réparti sur trois communes – Vendargues, Saint Aunès et Castries – est exploité par les Daumond depuis cinq générations et par Guillaume depuis 2010.

Pas moins de cinq cépages composent cette cuvée au nez timide, ouvert après agitation sur la gelée de mûre et la fraise. La bouche se révèle souple, friande, fraîche et légère, centrée sur les petits fruits noirs. Le « vin plaisir » par excellence. **X** 2015-2017 **Y** brochettes de poulet

o— Guillaume Daumond, 15, rue des Chevaliers-de-Malte, 34740 Vendargues, tél. 06 26 48 30 64, folle-avoine@orange.fr **V** **X** **♟** r.-v.

FRIANDISE 2014

	2 400			- de 5 €

Longtemps dévolue à la commercialisation de vins en vrac, cette coopérative, issue de la fusion des caves de Pouzolles, de Roujan et d'Abeilhan, consacre dorénavant une partie de sa production à la vente en bouteilles.

Cette Friandise est issue de baies de sauvignon récoltées très précocement et vinifiées à basse température afin de préserver arômes et fraîcheur. De fait, elle présente un bouquet frais de fleurs de la garrigue sur un fond de buis et d'agrumes, et une bouche vive et tonique aux accents citronnés, stimulée par une légère amertume en finale. **X** 2015-2017 **Y** coquillages

o— SCA Les Coteaux de Thongue et Peyne, 8, bd Pasteur, 34290 Abeilhan, tél. 04 67 39 00 20, coteauxdabeilhan@orange.fr **V** **♟** t.l.j. sf dim. 9h-12h 14h30-18h30

GRANGE DES ROUQUETTE
Agrippa 2013 ★

	8 000	**⊕**		5 à 8 €

Situé à Fournès, au sud de la vallée du Rhône, sur la rive droite, ce domaine est dans la même famille depuis... 1626. Thierry Boudinaud, après une expérience de winemaker sur divers continents, a repris en 2004 les 55 ha de vignes familiales, plantés sur un terroir de lœss calcaire en piémont de colline.

La parcelle à l'origine de ce vin était jadis traversée par l'aqueduc du Pont du Gard dont les premiers travaux furent lancés par le gouverneur romain Agrippa. Le nez, chaleureux, est dominé par les fruits rouges confiturés et la vanille. La bouche se révèle puissante, riche, suave et très aromatique (mûre, cassis, poivre noir, chocolat). Une bouteille de caractère. **X** 2016-2020 **Y** tajine de bœuf

o— Vignobles Boudinaud, 43, Grand-Rue, 30210 Fournès, tél. 06 16 47 93 54, boudinaud@infonie.fr **V** **X** **♟** r.-v. **♠** **⊕**

DOM. CHARLES GUITARD
Syrah Grenache Cuvée cendrée 2014

| ■ | 30 000 | 🍶 | 5 à 8 € |

Situé entre mer et Cévennes, ce domaine créé en 1983 par Charles Guitard dispose d'un vaste vignoble de 80 ha.

Syrah (60 %) et grenache composent ce vin au nez intense de fruits blancs, d'agrumes et de miel. La bouche, alerte et équilibrée, séduit par sa fraîcheur et l'élégance de ses arômes floraux. ✗ 2015-2016 ♈ calamars en persillade

○┐ *Dom. Charles Guitard, 1480, RD 363, 30670 Aigues-Vives, tél. 04 66 51 78 15, contact@ vignoble-charlesguitard.fr* 🆅 🅺 🅵 *t.l.j. 9h-12h 14h30-19h*

DOM. HAUT COURCHAMP 2013

| ■ | 12 000 | 🍶 | 5 à 8 € |

Ce domaine familial de 12 ha portait ses raisins à la coopérative jusqu'en 2012. Pascal Conge signe désormais ses propres cuvées, vinifiées sans sulfite.

Un assemblage aux accents bordelais – merlot (80 %) et cabernet franc – pour ce vin expressif, au nez discret mais fin de cassis, de mûre et de confiture de fraises. Bâtie sur des tanins fermes, ample et fraîche, la bouche évoque quant à elle le laurier, la baie de genièvre, la truffe et les fruits mûrs. ✗ 2016-2019 ♈ lapin aux olives

○┐ *Dom. Haut Courchamp, 359, av. Cave-Coopérative, 34400 Saint-Christol, tél. 06 27 43 19 20, pascalconge@ yahoo.fr* 🆅 🅺 🅵 *t.l.j. sf dim. 17h-19h* ○┐ *Conge*

DOM. DE L'HERBE SAINTE Chardonnay 2014

| ■ | 21 600 | | 5 à 8 € |

Situé dans la partie orientale du Minervois, à 300 m du canal du Midi, le domaine (64 ha) a été acquis en 2001 par la famille Greuzard, originaire de Bourgogne et installée en Languedoc depuis 1980. Premier achat de vignes en 1987 et premières vinifications à la propriété en 2010.

Le chardonnay s'exprime bien sur des sols de galets roulés. Il donne ici un vin expressif, sur les fleurs blanches, les agrumes, la pêche et la poire, gras, rond, suave, beurré et fruité en bouche. ✗ 2015-2018 ♈ cabillaud au beurre blanc

○┐ *Famille Greuzard, Dom. de l'Herbe sainte, 11120 Mirepeisset, tél. 04 68 46 30 37, herbe.sainte@wanadoo.fr* 🆅 🅺 🅵 *t.l.j. 10h-12h 16h-19h; dim. sur r.-v.* 🏠 🅴

Ⓑ DOM. LA JASSE D'ISNARD Syrah 2014

| ■ | 4 000 | 🍶 | 5 à 8 € |

Dans la famille Michelon depuis quatre générations (Régis depuis 2000), ce domaine situé entre Nîmes et Montpellier étend son vignoble sur 70 ha, en bio certifié depuis 2013.

Un rosé 100 % syrah pâle et brillant, subtil et élégant, au nez discret de fraise et d'amande, vif, énergique et plus prolixe en bouche (fraise écrasée, fruits confits, épices douces). ✗ 2015-2016 ♈ quiche au saumon ■ Élégance 2013 (8 à 11 € ; 3 000 b.) Ⓑ : vin cité. ✗ 2017-2020

○┐ *EARL Vignobles Régis Michelon, Dom. de la Jasse d'Isnard, 30470 Aimargues, tél. 04 66 88 61 98, domaine@jassedisnard.com* 🆅 🅺 🅵 *t.l.j. 9h-19h (19h30 mai-août)*

Ⓑ VIGNOBLES JEANJEAN
Muscat-Sauvignon L'Inédit 2014 ★

| ■ | 40 000 | | 5 à 8 € |

Propriété des Vignobles Jeanjean, le Mas neuf est une presqu'île entourée d'eau, entre Méditerranée, étangs et marais, relié à la côte par une fine bande de terre ; un « îlot muscat », comme il est surnommé, de 70 ha en bio dédiés à la culture du muscat à petits grains.

L'association du muscat et du sauvignon conduit à ce joli moelleux plutôt retenu à l'olfaction, aux notes discrètes et bien typées de raisin frais, de rose et de fruits exotiques. Arômes que l'on retrouve dans une bouche équilibrée, sans excès de sucre, soutenue par une belle vivacité. ✗ 2015-2018 ♈ tarte aux fruits exotiques ■ Mas neuf Muscat sec 2014 (- de 5 € ; 150 000 b.) Ⓑ : vin cité. ✗ 2015-2017

○┐ *SARL Mas des Étangs, Mas neuf, 34110 Vic-la-Gardiole, tél. 04 67 88 80 00, anna.just@vignobles-jeanjean.com* 🆅 *t.l.j. sf dim. 9h30-12h 14h-19h* 🏠 Ⓓ ○┐ *Jeanjean*

DOM. JOUCLARY Chardonnay 2014 ★

| ■ | 20 000 | | 5 à 8 € |

Ce domaine de 60 ha, fondé en 1530 par un consul de la cité de Carcassonne qui a légué son nom à la propriété, appartient à la famille Gianesini depuis 1969. Une valeur sûre de l'appellation cabardès.

Le nez de ce pur chardonnay évoque la noisette, les fleurs blanches et les fruits exotiques (litchi et ananas). Le palais est rond, gras, riche et suave, sur des notes de fruits blancs confits. Un blanc généreux. ✗ 2015-2018 ♈ gratin de saint-jacques

○┐ *EARL Pascal Gianesini, Dom. Jouclary, rte de Villegailhenc, 11600 Conques-sur-Orbiel, tél. 04 68 77 10 02, chateau.jouclary@orange.fr* 🆅 🅺 🅵 *r.-v.*

LAROCHE Chardonnay La Chevalière 2014 ★

| ■ | 806 000 | 🍶 | 8 à 11 € |

Ce domaine de 40 ha situé à proximité de Béziers a été acquis par le Chablisien Michel Laroche en 1995.

Le chardonnay dans sa version languedocienne par un éminent spécialiste bourguignon. Cela donne un vin élégant, ouvert sur les fruits confits et les agrumes mâtinés de fines nuances beurrées, vif en attaque, gras et chaleureux dans son développement, avant un retour de la fraîcheur en finale, sur des tonalités citronnées. ✗ 2015-2018 ♈ saint-jacques sauce agrumes

○┐ *Mas la Chevalière, chem. rural n°13, rte de Murviel, 34500 Béziers, tél. 04 67 49 88 37, camille.devergeron@ larochewines.com* 🆅 🅺 🅵 *r.-v.* 🏠 🅴

DOM. LAURIGA SOS Amor 2013 ★

| ● | 2 300 | 🍶 | 11 à 15 € |

Jacqueline Clar poursuit l'œuvre de Jean sur les 50 ha du domaine, restructuré dans les années 1990. Ce vignoble situé au sud-ouest de Perpignan, sur des terrasses de galets et des sables, fournissait jadis la cour du roi d'Aragon.

Une nouveauté au domaine que cette cuvée effervescente, assemblage ambitieux de grenache blanc (65 %) et de muscat à petits grains. Une belle réussite qui incite à la fête. Les bulles sont très fines. Le nez, s'il nous rappelle la présence du muscat, convoque aussi d'élégantes notes de fleurs blanches. La bouche se montre tendre et délicate, avec des arômes tout en retenue, une légère douceur et un équilibre assuré par une pointe de fraîcheur. ✗ 2015-2016 ❦ salade de fruits frais

o↝ *Ch. Lauriga, Traverse de Ponteilla, RD 37,*
66300 Thuir, tél. 04 68 53 26 73, info@lauriga.com
Ⓥ 🅺 🅹 *r.-v.* o↝ Jacqueline Clar

DOM. DE LONGUEROCHE
Chardonnay Élevé en fût de chêne 2013 ★

| ■ | 4 000 | 🍶 ⅏ | 8 à 11 € |

Diplômé en droit, marchand d'antiquités, Roger Bertrand cède à sa passion du vin en reprenant en 1986 l'exploitation familiale située au pied de la barre rocheuse de Roquelongue (d'où le nom du domaine), dans le massif de Fontfroide. Il cultive sans pesticides ses 30 ha de vignes qu'il vendange à la main.

Après six mois de barrique, cette cuvée se présente avec intensité sur des notes gourmandes de beurre frais, de brioche et de toast grillé. Fraîche et tonique en attaque, la bouche évolue ensuite dans un registre gras, rond et onctueux, avec en soutien un boisé qui fait écho à l'olfaction. Un blanc de caractère. ✗ 2016-2019 ❦ poularde aux morilles ■ Syrah La Farouche 2012 (8 à 11 € ; 5 000 b.) : vin cité. ✗ 2015-2019

o↝ *Roger Bertrand, Dom. de Longueroche,*
16, rue Ancienne-Poste,
11200 Saint-André de Roquelongue, tél. 06 74 22 85 51,
contact@rogerbertrand.fr Ⓥ 🅺 🅹 *r.-v.* 🏠 ➌

COMTES DE LORGERIL Chardonnay
Les Coteaux Collection d'altitude 2013

| ■ | 93 000 | 🍶 ⅏ | 8 à 11 € |

Les Lorgeril possèdent six domaines familiaux en Languedoc-Roussillon, parmi lesquels le château de Pennautier, un Versailles en Languedoc construit en 1620 à la gloire des seigneurs locaux, trésoriers des États du Languedoc ; une valeur sûre de l'appellation cabardès. Nicolas et Miren de Lorgeril, qui représentent la dixième génération à conduire ce vaste ensemble de 146 ha, sont également à la tête d'une structure de négoce.

Ce vin séduit d'emblée par le doré de sa robe comme par son bouquet complexe (litchi, mangue, citron, notes beurrées et toastées). La bouche se montre ample et onctueuse, boisée et fruitée, soulignée par une fraîcheur salutaire. Un bon classique. ✗ 2015-2018 ❦ vol-au-vent

o↝ *Vignobles Lorgeril, BP 4, 11610 Pennautier,*
tél. 04 68 72 65 29, contact@lorgeril.com Ⓥ 🅺 🅹 *t.l.j.*
sf dim. 10h-18h

DOM. DE MAIRAN Chardonnay
Les Hauts de Mairan 2013 ★

| ■ | 5 900 | ⅏ | 8 à 11 € |

Lieu de naissance de Jean-Jacques Dortous de Mairan, physicien du XVIIIᵉs., ce domaine de 20 ha fondé à l'emplacement d'une villa romaine est conduit depuis cinq générations par la famille Peitavy et par Jean-Baptiste depuis 2004.

Après neuf mois de fût, ce pur chardonnay livre un nez intense de fruits blancs (poire, pêche) bien mariés aux notes grillées du bois. En bouche, il se montre gras, ample et chaleureux, avec un côté vanillé et toasté assez soutenu. ✗ 2015-2018 ❦ lotte à l'armoricaine

o↝ *Jean-Baptiste Peitavy, Dom. de Mairan,*
34620 Puisserguier, tél. 04 67 11 98 01,
mairan@domainedemairan.com
Ⓥ 🅺 🅹 *t.l.j. 9h-12h 14h-18h; sam. dim. sur r.-v.*

MAS MONTEL Vin d'une nuit 2014 ★★

| ■ | 12 000 | 🍶 | - de 5 € |

Le Mas Montel était autrefois une ferme du prieuré Saint-Pierre-d'Aspères, datant du IXᵉs. pour ses parties les plus anciennes. Acquis par Marcel Granier dans l'après-guerre, il est depuis 1992 la propriété de ses deux fils, Dominique et Jean-Philippe, qui conduisent aujourd'hui 40 ha de vignes.

Une nuit a suffi pour l'élaboration de cette cuvée née de syrah et de grenache, complétée d'un soupçon de cinsault. Un rosé soutenu aux reflets grenade, au nez gourmand, délicieusement fruité (fraise des bois) et acidulé (bonbon anglais). On retrouve le petit fruit rouge dans un palais à la fois frais, croquant et charnu, étiré dans une longue finale aux accents confiturés. Le coup de cœur fut mis aux voix. ✗ 2015-2016 ❦ tajine de poulet

o↝ *Mas Montel, 2, chem. du Mas-Montel,*
30250 Aspères, tél. 04 66 80 01 21, montel@wanadoo.fr
Ⓥ 🅺 🅹 *r.-v.* o↝ Granier

➑ DOM. DE MASSEREAU Cazalet blanc 2014 ★

| ■ | 10 000 | 🍶 | 5 à 8 € |

À 3 km de Sommières, les vignes de syrah et de grenache dominent le Vidourle et bordent le camping 5 étoiles de la famille Freychet, qui mise sur l'œnotourisme de standing. Arnaud Freychet dirige depuis 1993 ce domaine familial (50 ha), après un épisode coopératif durant un quart de siècle.

De jeunes vignes (quinze ans) de sauvignon, de viognier, de vermentino et de roussanne sont à l'origine de ce vin riche et expressif : arômes floraux et fruités, senteurs minérales, touche de bonbon anglais. Une attaque vive ouvre sur un palais ample, suave et gras, dynamisé par une finale sur le zeste d'agrumes et le pamplemousse. ✗ 2015-2017 ❦ bar sauce hollandaise

o↝ *Arnaud Freychet, 1990, rte d'Aubais,*
30250 Sommières, tél. 04 66 80 03 23,
vin@massereau.com Ⓥ 🅺 🅹 *t.l.j. 8h30-13h 14h-18h*
o↝ GFA Massereau

DOM. MASSILLAN Chardonnay n°1 2014 ★

| ■ | 10 000 | | - de 5 € |

Ce domaine situé au nord-est de Montpellier, non loin du pic Saint-Loup, est dans la famille Reboul depuis sept générations. Quelque 50 ha de vignes constituent une oasis de verdure aux portes de l'agglomération héraultaise.

Le chardonnay, bien implanté dans l'Hérault, donne ici une belle cuvée qui intéresse par son nez complexe d'agrumes et d'anis, et par sa bouche bien équilibrée entre le gras et l'acidité, le tout sur fond de fleurs blanches et de noisette. ✗ 2015-2017 ❦ encornets farcis

o↝ *Dom. Massillan, D 67, 34820 Teyran,*
tél. 04 67 04 46 76, guillaume@massillan.fr
Ⓥ 🅺 🅹 *r.-v.* o↝ Reboul

VDP/ GP

MORIN-LANGARAN Chardonnay 2014

| ■ | 3 000 | - de 5 € |

Dominant le bassin de Thau et longeant la Via Domitia, le domaine d'Albert Morin existe depuis 1330 et compte aujourd'hui 60 ha de vignes.

C'est un chardonnay plutôt exubérant qui s'exprime à l'olfaction sur des notes intenses de pamplemousse et de fleurs blanches. Suivant la même ligne aromatique, la bouche est soutenue par une belle fraîcheur qui lui apporte une bonne allonge. ⚑ 2015-2017 ♈ raie aux câpres

☛ Albert Morin, Dom. Morin-Langaran, rte de Marseillan, 34140 Mèze, tél. 04 67 43 71 76, domainemorin-langaran@wanadoo.fr 🅥 🅴 t.l.j. 10h-18h; f. dim. janv.-fév.

♥ MOULIN GIMIÉ Cuvée Louis Grand 2012 ★★

| ■ | 3 000 | 🍷 ◑ | 15 à 20 € |

À l'origine du nom de ce domaine situé en bordure du canal du Midi, un moulin à eau transformé en moulin à soufre lors de la crise de l'oïdium au milieu du XIXᵉ s. – aujourd'hui le caveau de vente de Christine et de François Gimié, qui, à partir de 1998, ont redonné vie aux 25 ha de vignes familiales.

À l'origine de cette superbe cuvée, une vieille vigne de syrah plantée sur des sols d'argile rouge et de galets roulés par l'arrière-grand-père de François Gimié, il y a cinquante ans. Le résultat est un vin intense et profond, au bouquet complexe de fruits noirs, de menthol, de garrigue, d'anis et de grillé. On retrouve le fruit, bien marié au bois, dans une bouche ample et fraîche, portée par des tanins très fins et veloutés. Un vin déjà épanoui, qu'une longue garde n'effrayera pas. ⚑ 2015-2022 ♈ filet de bœuf aux cèpes

☛ François Gimié, 49, rue Gambetta, Le Moulin, 34310 Capestang, tél. 06 12 99 20 18, moulingimie@hotmail.fr 🅥 🅴 r.-v.

DOM. LE NOUVEAU MONDE Chasan 2014 ★

| ■ | 2 666 | 🍷 | 5 à 8 € |

Ce vignoble de 21 ha établi au sud de Béziers, propriété de la famille Borras-Gauch depuis plusieurs générations, est situé entre mer et étang, sur une terrasse villafranchienne de galets roulés mêlés à de l'argile rouge, et sous l'influence de la Méditerranée. Il doit son nom à l'écrivain Henry de Monfreid, ami du premier propriétaire, fasciné par ce lieu si sauvage et perdu.

Le chasan – né du croisement entre le listán, cépage d'origine espagnole, et le chardonnay – est cultivé ici sur un terroir sableux à quelques encablures de la mer. Dans le verre, un vin doré qui mêle d'intenses parfums floraux aux agrumes, au litchi, à l'abricot et au miel. Le palais montre un équilibre impeccable : frais à l'attaque, puis plus gras et chaleureux, sur des accents de fruits secs et d'épices en finale. ⚑ 2015-2017 ♈ pélardon

☛ Famille Borras-Gauch, Dom. le Nouveau Monde, 34350 Vendres, tél. 04 67 37 33 68, domaine-lenouveaumonde@wanadoo.fr 🅥 🅺 🅴 r.-v. 🏠 🅔

LES CELLIERS D'ONAIRAC Réserve présidentielle 2014 ★

| ■ | 5 021 | 🍷 | 5 à 8 € |

Cette coopérative née en 1981 regroupe plus de 300 adhérents et quelque 1 200 ha de vignes. Elle produit des vins en AOC minervois, en Pays d'Oc et en Côtes du Brian.

Cet assemblage de syrah (majoritaire) et de petit verdot se présente sous le signe de la jeunesse avec sa robe grenat profond. Encore un peu retenu, le nez laisse présager une belle complexité avec ses arômes de fruits rouges et noirs, de violette et d'épices qui percent à l'agitation. Ample et ronde, la bouche dévoile des tanins serrés et une légère acidité finale qui lui confèrent une bonne aptitude à la garde. ⚑ 2016-2020 ♈ tajine d'agneau

☛ Les Celliers d'Onairac, 6, rue Pierre-Betorz, 34210 Olonzac, tél. 04 68 91 42 36, celliersdonairac@ hotmail.fr 🅥 🅴 t.l.j. sf dim. 9h-12h30 14h30-18h

L'OSTAL CAZES 2014 ★

| ■ | 150 000 | 5 à 8 € |

Jean-Michel Cazes, propriétaire du Ch. Lynch-Bages en pauillac, a acheté en 2002 au pied de la Montagne Noire 150 ha de terres. Le vignoble a été restructuré, et une ancienne tuilerie aménagée en cave. Aujourd'hui, 62 ha, situés en partie sur le prestigieux terroir de La Livinière, et formant l'Ostal Cases – terme occitan qui signifie à la fois la famille et la maison.

Domaine réputé pour ses minervois – La Livinière, L'Ostal Cazes bichonne aussi ses Pays d'Oc. Il propose ici un fort joli rosé mi-syrah mi-grenache, fruité et amylique, très équilibré, rond et frais. Une bouteille idéale pour agrémenter tout un repas, de l'apéritif au dessert. ⚑ 2015-2016 ♈ poulet croustillant

☛ Dom. J.-M. Cazes, Tuilerie Saint-Joseph, 34210 La Livinière, tél. 04 68 91 47 79, contact@ lostalcazes.com 🅥 🅺 🅴 t.l.j. sf lun. 10h-12h 14h-18h

LE PAS DU CENTURION 2014

| ■ | 20 000 | 🍷 | 8 à 11 € |

Créée en 1947, la cave de Puimisson compte aujourd'hui une trentaine d'adhérents pour quelque 230 ha de vignes plantés sur des terroirs soubergues, sur les contreforts du Faugérois.

Lors de la conquête de la Narbonnaise, les légionnaires victorieux recevaient en récompense des arpents de terres ; c'est ainsi qu'est né le village de Puimisson, dont la cave propose ici une cuvée de viognier très fruitée (pêche, abricot, pamplemousse), ronde et gourmande, stimulée par un trait acide vivifiant. ⚑ 2015-2017 ♈ pélardon ■ Le Chant des grillons Sauvignon 2014 (- de 5 € ; 20 000 b.) : vin cité. ⚑ 2015-2017

☛ Les Vignerons de Puimisson, 4, rue des Pins, 34480 Puimisson, tél. 04 67 36 09 74, vignerons-de-puimisson@wanadoo.fr 🅥 r.-v.

DOM. PUECH BERTHIER Les Vieilles Vignes 2013 ★

| ■ | 2 500 | 🍷 ◑ | 5 à 8 € |

Ce domaine familial situé aux confins de la vallée du Rhône et du Languedoc, dans la vallée d'Uzès, s'étend sur 54 ha, conduits par Thierry Coulomb depuis 1988 ; le chai de vinification date de 2003.

Ces vieilles vignes (cabernet-sauvignon et merlot) ont vingt-cinq ans. Elles ont donné un vin au nez élégant, floral et chocolaté, grillé et vanillé à l'aération. Le palais, plein, rond et charnu, associe les fruits rouges très mûrs à un boisé bien dosé, avant une finale un brin évoluée.
✗ 2015-2019 ❦ daube de joues de bœuf

o–┐ *EARL Dom. Puech-Berthier, rue du 19-Mars-1962, 30190 Castelnau-Valence, tél. 04 66 78 70 53, thierrycoulomb@orange.fr* 🆅 🏃 🔼 *r.-v.* o–┐ Coulomb

DOM. DE PUILACHER		
Chardonnay Prologue 2014 ★		
10 000	🍶	5 à 8 €

Propriété de la famille Fages depuis le XVIᵉ s., ce domaine de 38 ha doit son nom au village éponyme où il est établi.

Un pressurage direct suivi d'un élevage sur lies fines confère à ce chardonnay une expression délicate autour des fleurs blanches, de la pêche et des agrumes. Après une attaque franche et vive, la bouche, qui ne manque ni de gras ni de volume, s'ouvre sur le pamplemousse et le buis, relevée en finale par une pointe d'amertume synonyme de fraîcheur. ✗ 2015-2018 ❦ gratin de poisson

o–┐ *Dom. de Puilacher, 70, av Notre-Dame-de-Rouviège, 34230 Puilacher, tél. 04 67 96 72 33, domainedepuilacher@wanadoo.fr* 🆅 🏃 🔼 *t.l.j. 10h-12h 14h-18h* 🏠 ☕ o–┐ Fages

VIGNOBLE DE LA RAMIÈRE 2014		
40 000	🍶	- de 5 €

Son terroir de schistes orienté au sud a valu au village de Roquebrun une dénomination particulière en 2005. Les vignerons de la coopérative locale pratiquent une sélection des parcelles et des apports selon les cépages, les tènements et les maturités.

Un assemblage de cabernet franc, merlot, carignan et grenache pour ce 2014 au nez marqué par la macération carbonique, bien ouvert sur la groseille et la cerise, au palais rond, suave et chaleureux (fruits cuits, épices). Un vin qui vise le fruit et le plaisir immédiat. ✗ 2015-2018 ❦ assiette de charcuterie ■ Terres d'Orb 2014 (- de 5 € ; 80 000 b.) : vin cité. ✗ 2015-2018

o–┐ *Cave de Roquebrun, av. des Orangers, 34460 Roquebrun, tél. 04 67 89 64 35, logistique@cave-roquebrun.fr* 🆅 🏃 🔼 *r.-v.*

DOM. DE SAINTE-CÉCILE Merlot La Mélodie 2014		
27 000	🍶	5 à 8 €

Ce domaine situé à Servian, entre Béziers et la ville médiévale de Pézenas, étend ses 20 ha sur des terroirs de cailloutis calcaires en semi-coteaux. Dans le giron des Grands Chais de France depuis 2013.

Ce pur merlot dévoile un bouquet intense de fruits noirs, de réglisse et d'épices douces. Une belle expression aromatique qui caractérise aussi la bouche (cassis, mûre, réglisse à nouveau), ronde et souple, aux tanins fondus. ✗ 2015-2018 ❦ rôti de bœuf Lucullus

o–┐ *Dom. de la Baume, rte de Pézenas, 34290 Servian, tél. 04 67 39 29 49* 🆅 🏃 🔼 *t.l.j. 10h-18h; sam. dim. sur r.-v.* o–┐ Grands Chais de France

DOM. DE SAINTE-MARTHE Syrah 2014 ★		
■		
50 000	🍶	5 à 8 €

Ce domaine constitue l'une des nombreuses propriétés viticoles appartenant à la famille Bonfils : un vignoble de 70 ha entre Pézenas et Faugères, acquis en 1988.

Une vigne de syrah plantée sur un terroir argilo-graveleux est à l'origine de ce vin qui évoque la garrigue environnante, les épices et les fruits noirs cuits. On retrouve les fruits dans une bouche souple et fraîche en attaque, ample, ronde et riche dans son développement, tannique en finale. Une bouteille de caractère. ✗ 2016-2020 ❦ gigot de sept heures ■ Dom. de Cantaussels Cabernet-sauvignon 2014 ★ (- de 5 € ; 80 000 b.) : un vin complexe (sous-bois, cuir, moka, réglisse), rond, suave et gras, aux tanins doux et fondus. ✗ 2015-2018 ■ Dom. de Cibadiès Pinot noir 2014 (5 à 8 € ; 60 000 b.) : vin cité. ✗ 2015-2018

o–┐ *SCEA Olivier Bonfils, Dom. de Cibadiès, 34310 Capestang, tél. 04 67 93 10 10, bonfils@bonfilswines.com*

DOM. SAINT-JEAN D'AUMIÈRES		
Les Marnes 2014 ★★		
■		
26 000	🍶	5 à 8 €

Au XVIIIᵉs., la propriété appartenait au procureur du roi J.-B. Claparède. Situé sur une colline marno-calcaire à l'entrée de Gignac, ce domaine de 50 ha, dont 35 de vignes, a été repris en 2013 par le négociant Vianney Castan, qui renoue ainsi avec la tradition vigneronne familiale.

À un souffle du coup de cœur, cette cuvée née du seul cabernet-sauvignon délivre un bouquet varietal et intense de fruits rouges et de baies noires, relayé en bouche par le poivron, la réglisse et les épices. Après une attaque souple, les tanins montent en puissance, soutenant une matière chaleureuse et charnue, rafraîchie en finale par une pointe végétale et une légère amertume très plaisante. ✗ 2016-2020 ❦ côte de bœuf

o–┐ *SCEA Les Vignobles Joseph Castan, Ch. Saint-Jean d'Aumières, 34150 Gignac, tél. 04 67 40 00 64, v.castan@josephcastan.com* 🆅 *r.-v.*

SERRE DE GUÉRY		
Viognier Intelligence 2014 ★		
■		
22 000	🍶	5 à 8 €

Ce domaine souvent en vue pour ses minervois et ses Pays d'Oc a été créé en 1998 par Maguy et René-Henry Guéry. Le vignoble de 40 ha offre un large éventail de terroirs pour les dix-sept variétés de cépages qui y sont plantées.

Ce pur viognier s'ouvre sans réserves sur des senteurs de citron, de fruits exotiques et de fleurs blanches. Il séduit en bouche par son équilibre rondeur-fraîcheur et sa palette aromatique intense, centrée sur les agrumes et la pêche. ✗ 2015-2017 ❦ tajine de poulet aux agrumes ■ L'Esprit d'Éloi Petit verdot 2013 ★ (8 à 11 € ; 5 000 b.) : un vin sombre, riche et concentré, encore dominé par le bois. À attendre. ✗ 2017-2021

o–┐ *René-Henry Guéry, 4, av. du Minervois, 11700 Azille, tél. 04 68 91 44 34, rh-guery@chateau-guery.com* 🆅 🏃 🔼 *t.l.j. sf dim. 10h-12h 16h-19h*

VERMEIL DU CRÈS Muscat sec 2014

	38 500		- de 5 €

Située à 3 km des « éco-plages » de Sérignan, cette coopérative fondée en 1935 regroupe quelque 980 ha de vignes établies sur les plateaux caillouteux de Sérignan, Vendres et Sauvian.

Le muscat d'Alexandrie confère à ce vin une robe très claire, des arômes typiques de litchi, d'agrumes et de rose, et une agréable fraîcheur en bouche. Un vin simple et alerte. ⌛ 2015-2017 🍴 crevettes à l'ananas

SCAV Les Vignerons de Sérignan, 114, av. Roger-Audoux, 34410 Sérignan, tél. 04 67 32 24 82, gestion@vignerons-serignan.com V *t.l.j. sf dim. 9h-12h 15h-18h*

VILLA NORIA
Sauvignon blanc Grand Prestige 2014

	49 800		5 à 8 €

Un domaine créé de toutes pièces en 2009 par quatre jeunes vignerons : 30 ha de vignes nichés entre mer et contreforts montagneux, sur des terroirs basaltiques. L'engagement en agriculture biologique (certifiée) concerne tous les aspects de la propriété, de l'eau aux paysages.

Ce vin pâle et lumineux donne une vision différente du sauvignon par son nez délicat de pêche, de fleur d'oranger et de vanille, et par sa bouche chaleureuse, suave et ronde, assez éloignée des vins vifs et incisifs généralement produits par ce cépage ; mais « chassez le naturel... » : une petite touche vive et citronnée vient titiller la finale. ⌛ 2015-2018 🍴 samossas aux crevettes

Villa Noria, 9, av. André-Bringuier, 34530 Montagnac, tél. 06 84 80 33 98, arnaudce@hotmail.fr V *r.-v.*
Cédric Arnaud

PROVENCE, BASSE VALLÉE DU RHÔNE, CORSE

On retrouve dans ces régions la diversité des cépages méridionaux, mais ceux-ci sont rarement utilisés seuls ; en proportions variables et selon les conditions climatiques et pédologiques, ils sont assemblés à des cépages internationaux : chardonnay, sauvignon, cabernet-sauvignon ou merlot, auxquels s'ajoute la syrah venue de la vallée du Rhône. Les dénominations départementales s'appliquent au Vaucluse, aux Bouches-du-Rhône, au Var, aux Alpes-de-Haute-Provence, aux Alpes-Maritimes et aux Hautes-Alpes. Le vin de pays de Méditerranée, à vocation régionale, couvre les régions PACA (à l'exception du département des Bouches-du-Rhône) et Corse, ainsi que la Drôme et l'Ardèche dans la région Rhône-Alpes.

ALPES-DE-HAUTE-PROVENCE

DOM. ALLEMAND Rêveries d'été 2014

	6 500		5 à 8 €

Un domaine familial de 12 ha créé en 1954, le premier à avoir commercialisé des vins en bouteilles dans les Hautes-Alpes. Marc Allemand, installé en 1984, est un ardent défenseur d'un cépage oublié, le mollard.

Pas de mollard ici, mais du cinsault (60 %) et du muscat. Ce dernier donne le ton avec ses arômes caractéristiques de raisin frais, de pêche et de fleurs blanches, prolongés avec intensité par un palais fin et léger, « féminin » diraient d'aucuns. ⌛ 2015-2016 🍴 mousse de fruits

Dom. Allemand, La Plaine de Théüs, 05190 Théüs, tél. 04 92 54 40 20, marc.allemand@wanadoo.fr V *r.-v.*

DOM. DE ROUSSET Les Bambines 2014 ★

	n.c.		11 à 15 €

Perché sur le versant sud du plateau de Valensole, ce domaine (28 ha de vignes, en conversion bio, et 10 ha d'oliviers) est dans la même famille depuis 1825. Il a été repris en 1986 par Hubert et Roseline Émery, rejoints en 2003 par leurs enfants Thomas et Camille.

Grenache, syrah et vermentino sont à l'origine de ce rosé très pâle, finement aromatique (pêche, fruits rouges, fleurs blanches), frais et long. Des Bambines pimpantes et joyeuses. ⌛ 2015-2016 🍴 carpaccio de thon

Émery, 1267, D4, 04800 Gréoux-les-Bains, tél. 04 92 72 62 49, chateaurousset@gmail.com V *t.l.j. sf dim. 9h-12h30 14h-18h; f. sam. en janv.-fév.*

DOM. DE SAINT-JEAN
Muscat sec Les Platanes 2014

	10 000		5 à 8 €

La famille d'Herbès cultive la vigne depuis cinq générations sur ce domaine fondé en 1880 et niché sur des terrasses caillouteuses entre la Durance et le Luberon. En 2013, Jean-Guillaume d'Herbès a pris les rênes du vignoble de 24 ha, en conversion bio.

De majestueux platanes bordent les vignes du domaine et donnent son nom à cette cuvée 100 % muscat à petits grains. Au nez, des arômes bien typés de raisin frais, de rose et de fruits exotiques. En bouche, un bon équilibre rondeur-vivacité et une jolie finale alerte. ⌛ 2015-2017 🍴 tarte aux raisins

Ch. Saint-Jean lez Durance, Saint-Jean, 04100 Manosque, tél. 04 92 72 50 20, contact@chateau-saint-jean.fr V *t.l.j. sf dim. 9h-12h 14h-18h* d' Herbès

ALPILLES

DAL CANTO Giù 2013

	2 500		11 à 15 €

Installé en 2002 sur une terre abandonnée, Richard Dal Canto a replanté et restructuré ce vignoble de 5 ha. Jusqu'en 2010, il apportait son raisin à la coopérative ; il a signé son premier millésime en 2011.

Mi-syrah mi-cabernet-sauvignon, ce vin – qui doit son nom au diminutif du fils du vigneron – se révèle épicé, boisé et fruité (cassis), généreux et puissant. Un caractère affirmé qui augure une bonne évolution. ⌛ 2017-2021 🍴 osso bucco

Richard Dal Canto, 437, 1er DFL des commandos, 13550 Noves, tél. 06 72 02 45 99, richard.dalcanto@free.fr V *r.-v.*

ⓑ GRAND FONTANILLE 2014		
■	9 500	ⓘ	5 à 8 €

Terre viticole depuis le XIVᵉs., ce domaine de quelque 4 ha est commandé par une élégante bastide du XVIIIᵉs. Il est dirigé depuis 2008 par Jörg Schmitt, ancien conseiller clientèle dans la banque, devenu vigneron « par vocation et formation ».

Deux petits tiers de grenache, un tiers de syrah et un soupçon (3 %) de cabernet-sauvignon composent ce rosé pimpant et sympathique, floral (fleurs blanches) et fruité (fraise), souple et frais. ✗ 2015-2016 ♈ assiette de charcuterie

☞ GFA du Grand Fontanille, Dom. du Grand Fontanille, 13103 Saint-Étienne-du-Grès, tél. 04 90 49 05 15, mail@ domaine-fontanille.com 🆅 🅿 t.l.j. 10-18h; sam. dim. sur r.-v. ☞ Famille Leuschner

ⓑ CH. ROMANIN Mas de Romanin 2014 ★		
■	67 000	ⓘ	8 à 11 €

Anciens propriétaires du Ch. Montrose, cru classé de Saint-Estèphe, Anne-Marie et Jean-Louis Charmolüe ont acquis en 2006 ce vaste domaine (250 ha) au passé ancien, situé au cœur de l'AOC les baux-de-provence, établi sur les ruines d'un château de l'ordre des Templiers datant du XIIIᵉs. Le vignoble couvre 58 ha, conduit en biodynamie depuis 1988, et les vins sont élevés dans une cave monumentale, creusée dans la roche et conçue comme une cathédrale gothique.

Fruit d'un assemblage complexe dominé par le cabernet-sauvignon et le grenache, ce rosé ni trop pâle ni trop foncé s'ouvre sur des parfums subtils de fleurs blanches et d'agrumes, relayés avec persistance par un palais fin et équilibré. ✗ 2015-2016 ♈ salade de fruits

☞ Ch. Romanin, rte de Cavaillon, 13210 Saint-Rémy-de-Provence, tél. 04 90 92 45 87, contact@chateauromanin.fr 🆅 🅿 🅿 r.-v. ☞ Charmolüe

ⓑ DOM. VAL DE L'OULE		
Collection privée Séduction 2013		
■	7 000	ⓘ	8 à 11 €

Établie dans le parc naturel des Alpilles, la famille Benoît dirige un domaine de près de 50 ha, dont 13,5 ha de vignes conduites en bio.

Fruits rouges et noirs, épices douces, notes de grillé, touche de cuir, le nez s'avère complexe et intense. En bouche, du gras, des tanins soyeux et un boisé sans excès. Un ensemble harmonieux. ✗ 2016-2020 ♈ onglet à l'échalote

☞ SCIEV Benoît, Cave Longchamp, quartier de la Gare, 13940 Mollégès, tél. 04 90 95 19 06, costebonne@wanadoo.fr 🆅 🅿 🅿 r.-v.

ⓑ VALDITION Cuvée des Filles 2014 ★		
■	10 000	ⓘ	11 à 15 €

Cet important domaine de 250 ha (dont 90 de vignes) est une ancienne propriété de François Iᵉʳ, qui l'offrit en dot à sa fille Caroline du Prévôt. Commandé par une bastide surmontée d'un clocher du XIIᵉs., le vignoble est en bio certifié depuis 2012.

Cette cuvée met à l'honneur le chasan, cépage né d'un croisement de chardonnay et de listán, censé donner des vins plutôt frais, légers et délicatement fruités. Bien représentatif, ce 2014 se montre en effet expressif (pamplemousse, ananas) et très équilibré, alerte sans excès de nervosité. Une jolie curiosité. ✗ 2015-2017 ♈ ceviche

☞ SNC Dom. de Valdition, rte d'Eygalières, 13660 Orgon, tél. 04 90 73 08 12, valdition@valdition.com 🆅 🅿 t.l.j. 9h30-12h30 14h-19h; f. dim. en hiver ☞ Codevim

ÎLE DE BEAUTÉ		

DOM. CALVIANI 2014		
■	6 000	ⓘ	5 à 8 €

Le Clos Calviani, petite propriété située au dessus de la commune d'Aléria, est un des domaines de la famille Poli. Elle est conduite par Antoine, l'un des fils d'Ange Poli, propriétaire du Dom. de Piana.

Ce pur merlot couleur rubis s'exprime sans réserve à l'olfaction sur les fruits rouges frais (fraise et framboise) agrémentés de nuances plus chaleureuses de fruits à l'alcool. Souple et frais à l'attaque, le palais déroule une structure veloutée une une agréable finale réglissée et épicée. ✗ 2015-2018 ♈ entrecôte grillée ■ Dom. Petra Corsa 2014 (5 à 8 € ; 20 000 b.) : vin cité. ✗ 2015-2016

☞ EARL Dom. Antoine Poli, Linguizzetta, 20230 San-Nicolao, tél. 04 95 38 86 38, domaine.de.piana@wanadoo.fr 🆅 🅿 t.l.j. 8h30-19h

DOM. CASANOVA 2014		
■	81 733	ⓘ	- de 5 €

Créée en 1975, cette cave, la troisième structure coopérative de l'île, vinifie la production de quelque 800 ha de vignes et regroupe une trentaine d'exploitations. Le président actuel, André Casanova, a donné son nom à la marque principale commercialisée par la cave.

Issu de chardonnay (75 %) et de vermentino, ce vin séduit d'emblée par ses notes de fruits blancs et d'ananas. Doux à l'attaque, le palais convie ensuite la fraîcheur qui tient l'ensemble jusqu'en finale. Un vin harmonieux. ✗ 2015-2017 ♈ poisson grillé

☞ Cave Coopérative d'Aghione, lieu-dit Aristone, 20240 Ghisonaccia, tél. 04 95 56 60 20, coop.aghione.samuletto@yahoo.fr 🆅 t.l.j. 8h-17h

DOM. E PETRE 2013		
■	4 350	ⓘ	8 à 11 €

Installée en 2009, Marie-Françoise Garcia a repris le vignoble familial implanté dans la vallée du Tavignanu (axe Aléria/Corte) depuis les années 1970. Peu d'hectares (moins de deux) mais beaucoup de passion dans la culture de ses vignes : pratique de l'enherbement, vendanges manuelles...

Élevé en cuve (deux tiers) et en fût, ce 2013 issu d'un assemblage de grenache (50 %), de syrah et de cabernet-sauvignon évoque les fruits rouges et noirs mûrs à l'olfaction. On retrouve cette maturité du fruit dans un palais bien volume, chaleureux et vineux, aux tanins ronds et fondus. ✗ 2015-2017 ♈ sauté d'agneau au curry

☞ Marie-Françoise Garcia, hameau de Rotan, 20270 Aléria, tél. 04 95 57 10 65, domaineepetre@live.fr 🆅 🅿 🅿 t.l.j. 9h-12h 14h-19h

GASPA MORA 2014 ★

| ■ | 150 000 | î | - de 5 € |

Née en 1975 de la volonté des vignerons des coteaux de Saint-Antoine, cette cave coopérative couvre plus de 400 ha en plaine orientale, près de Ghisonaccia. Les trois quart du vignoble sont sur l'aire AOC corse.

Ce 2014 né d'un assemblage de niellucciu (70 %) et de grenache évoque à l'olfaction la griotte, le pamplemousse et le bonbon anglais. Suit une bouche fraîche sans manquer de gras, stimulée par une finale tonique bien maîtrisée et agrémentée de beaux amers. ✗ 2015-2016 ♈ assiette d'antipasti

☞ Cave Saint-Antoine, Saint-Antoine, Strada di Pinone, 20240 Ghisonaccia, tél. 04 95 56 61 00, info@cavesaintantoine.com Ⓥ 🏃 🍴 r.-v.

YVES LECCIA Biancu Gentile 2013 ★★

| ■ | 5 000 | î | 20 à 30 € |

Yves Leccia a créé son propre domaine en 2005, après avoir dirigé avec sa sœur l'exploitation familiale pendant une quinzaine d'années. Il conduit aujourd'hui, avec son épouse Sandrine, un vignoble couvrant 15 ha de sols argilo-calcaires et schisteux à Poggio-d'Oletta. L'un des piliers de l'appellation patrimonio, souvent en vue aussi pour ses muscats.

Yves Leccia a été un précurseur dans le travail du biancu gentile, cépage autochtone de la région de Sartène. Ce 2013 à l'engageante robe jaune or est une très belle initiation à cette variété peu connue. Il offre un nez très élégant mêlant les fleurs de printemps et les fruits frais. Ample dès l'attaque, la bouche se révèle onctueuse et généreuse, toujours sur le registre floral (avec des notes beurrées), avant de montrer plus de vivacité en finale. ✗ 2015-2018 ♈ tapas de la mer ■ Dom. d'E Croce YL 2014 (15 à 20 € ; 12 000 b.) : vin cité. ✗ 2015-2017

☞ Yves Leccia, lieu-dit Morta Piana, 20232 Poggio-d'Oletta, tél. 04 95 30 72 33, domaine.leccia@wanadoo.fr Ⓥ 🏃 🍴 r.-v.

LOUIS MONTEMAGNI
L Muscat petits grains 2014 ★

| ■ | 10 000 | | 8 à 11 € |

Le domaine le plus important de l'appellation patrimonio en surface : 15 ha en 1850, date de sa création par l'arrière-grand-père, 110 ha aujourd'hui. Aux commandes, le patriarche respecté Louis Montemagni, qui a confié les vinifications à une jeune œnologue de talent, Aurélie Melleray. Un pilier de la Corse viticole.

L ? L'initiale de Louis Montemagni, fondateur de cet illustre domaine. L, aussi comme « lente maturation », celle du muscat à petits grains, seul maître à bord de ce moelleux généreux (85 g/l de sucres résiduels). Le nez s'épanouit sur des arômes intenses et complexes d'orange et de litchi. La bouche, tout aussi aromatique, complète la palette avec des notes de miel et de rancio qui renforcent une sensation de richesse et de douceur, délicatement équilibrée par une pointe de fraîcheur. ✗ 2015-2019 ♈ fricassée de langoustines

☞ Montemagni, Puccinasca, 20253 Patrimonio, tél. 04 95 35 90 40, domainemontemagni@orange.fr Ⓥ 🏃 🍴 t.l.j. 9h-18h 🏘 ➌

DOM. DE TERRA VECCHIA 2014 ★★

| ■ | 266 666 | î | - de 5 € |

Jean-François Renucci a redécouvert le vignoble de Costa Serana, un terroir entre maquis, mer et étang (étang de Diana) couvert de 200 ha de vignes, déjà cultivé par les Romains il y a 2 000 ans, comme en témoigne le nom du domaine, littéralement les « Terres anciennes » en langue corse. Depuis 2011, Jean-François Renucci a complété son domaine avec l'acquisition du Clos Poggiale.

Ce 2014 né d'un assemblage de niellucciu (majoritaire), de syrah et de merlot se présente dans une robe seyante et « tendance », rose pâle brillant teinté de reflets bleutés. Bien ouvert, le nez penche vers les fleurs (lilas) et les agrumes. Le palais, ample, rond et gras, bien équilibré par une pointe de fraîcheur, déroule des saveurs friandes de fruits frais et de fleurs blanches jusqu'en finale. ✗ 2015-2016 ♈ grillades aux herbes de garrigue ■ 2014 (- de 5 € ; 66 666 b.) : vin cité. ✗ 2016-2017

☞ Dom. Terra Vecchia, lieu-dit Terra Vecchia, 20270 Aléria, tél. 04 95 57 20 30, contact@poggiale.fr Ⓥ 🏃 🍴 t.l.j. sf sam. dim. 9h-18h

TERRAZZA D'ISULA Sciaccarellu-Cinsault 2014 ★

| ■ | 300 000 | î | - de 5 € |

L'union des Vignerons associés du Levant est la structure commercialisant les vins de la Cave coopérative de la Marana, groupement de producteurs établi à Borgo, commune du sud de Bastia. La cave regroupe environ 900 ha de vignes et une quarantaine de vignerons répartis sur la côte orientale de la Corse. Elle propose des vins de marque et vinifie également pour quelques domaines particuliers.

Intense et frais, le nez de ce rosé pâle associe notes amyliques et agrumes. Arômes que l'on retrouve dans une bouche agrémentée d'épices et sous-tendue par une agréable vivacité qui n'altère en rien la souplesse de l'ensemble. ✗ 2015-2016 ♈ brochettes d'agneau grillées

☞ UVAL Les Vignerons corsicans, lieu-dit Rasignani, 20290 Borgo, tél. 04 95 58 44 00, info@corsicanwines.com Ⓥ 🍴 t.l.j. sf sam. dim. lun. 9h-12h 14h-19h

DOM. VECCHIO 2013 ★★

| ■ | 10 000 | î ◗ | 8 à 11 € |

Un domaine situé au pied du monte Sant'Appiano (1 100 m), face à la mer, progressivement agrandi (23 ha aujourd'hui) et restructuré à partir de 2000 par Florence Giudicelli-Girard et son mari. La conduite du vignoble se fait « a l'antiga » (à l'ancienne), ce que la vigneronne appelle la culture « sur-raisonnée » : limitation des rendements, réduction des désherbants chimiques... Bref, le respect de la vigne et de la terre.

Élevé dix mois en cuve et en fût (10 % du vin), ce 2013, assemblage de syrah (40 %) et de niellucciu (40 %) complété de minustellu (cépage ancien), revêt une robe d'un beau rouge profond frangé de violine qui annonce un vin de caractère ; ce que confirme le nez, complexe et intense, sur la griotte, le café, le caramel et les épices. Un caractère que ne dément pas la bouche, ample, longue et aromatique (fruits mûrs épicés), adossée à des tanins mûrs et bien intégrés. ✗ 2016-2019 ♈ plateau de fromages corses

○━ *Florence Giudicelli-Girard, Dom. Vecchio, Listincone,*
20230 Chiatra, tél. 06 03 78 09 96, vecchio@sfr.fr
V **⚡** **☎** *t.l.j. sf dim. 9h30-12h 15h-19h; hiver sur r.-v.*

DOM. VETRICCIE 2014 ★

| ■ | 150 000 | 🍷 | - de 5 € |

Fondée en 1958, la SCA UVIB est la plus grande coopérative vinicole de Corse. Établie à Aléria, non loin de l'étang de Diana, elle vinifie quelque 1 700 ha de vignes appartenant à une centaine d'adhérents.

Ce 2014 issu de merlot, de niellucciu, de syrah et de grenache livre à l'olfaction des parfums complexes et fins de fruits mûrs et d'épices douces. La bouche, tout aussi aromatique, se révèle fine et soyeuse, et offre un agréable retour du fruit en finale. **⚔** 2015-2018 **🍴** saltimbocca
■ 2014 ★ (- de 5 € ; 95 000 b.) : cet assemblage de vermentinu et de chardonnay dévoile une olfaction tout en légèreté, sur la fleur d'acacia et les fruits exotiques, relayée par une bouche droite et fraîche jusqu'en finale. **⚔** 2015-2017 ■ 2014 (- de 5 € ; 400 000 b.) : vin cité. **⚔** 2015-2016

○━ *SCA UVIB, Padulone, 20270 Aléria,*
tél. 04 95 57 02 48, aleymarie@uvib.fr **V** **⚡** **☎** *r.-v.*

MAURES

DOM. DE L'ANGLADE 2014 ★

| ■ | 7 000 | 🍷 | 8 à 11 € |

L'unique domaine de la commune du Lavandou, acquis par la famille Van Doren en 1925. Les vignes (40 ha) côtoient ici pinèdes et roselières, ces dernières étant utilisées pour la fabrication des anches de clarinettes et de saxophones.

Deux tiers de sémillon pour un tiers de rolle, telle est la « recette » de cette cuvée très florale, au nez comme en bouche, ample et suave, soulignée par une trame acide bien ajustée. En un mot comme en cent, un vin équilibré. **⚔** 2015-2017 **🍴** saint-jacques au romarin

○━ *Bernard Van Doren, Dom. de l'Anglade,*
av. Vincent Auriol, 83980 Le Lavandou,
tél. 04 94 71 10 89, info@domainedelanglade.fr
V **⚡** **☎** *r.-v.*

DOM. D'ASTROS 2014

| ■ | 139 800 | 🍷 | - de 5 € |

Sur cette propriété se sont succédé une commanderie templière, une bâtisse de la Renaissance et enfin le château à l'architecture italienne (1862) où fut tourné le film *Le Château de ma mère*. Ses 80 ha conduits par la famille Martin-Maurel sont implantés sur les contreforts argilo-calcaires dominant la plaine des Maures.

Assemblage complexe de cinsault, carignan, ugni blanc, cabernet-sauvignon et caladoc, ce rosé pâle associe fleurs blanches, bonbon anglais et fruits rouges à l'olfaction, gras, rondeur et fine acidité en bouche. Sobre et de bon goût. **⚔** 2015-2016 **🍴** tarte à la tomate

○━ *SCEA du Ch. d'Astros, rte de Lorgues,*
83550 Vidauban, tél. 04 94 99 73 00,
contact@astros.fr **V** **☎** *t.l.j. sf dim. 10h-12h30 14h-18h*
○━ *Maurel*

DOM. LONGUE TUBI Plaisir 2014 ★

| ■ | 1 300 | 🍷 | 8 à 11 € |

Longue Tubi est un rappel aux origines gallo-romaines d'une conduite en terre cuite qui captait probablement l'eau d'une source, trace d'une activité humaine très ancienne sur ces terres calcaires. François et Catarina Buisine y conduisent un vignoble de 21 ha, en conversion bio.

Ce pur sauvignon dévoile un nez flatteur et typé de fleurs blanches et de litchi. En bouche, il plaît par son volume, son fruité, sa fraîcheur minérale et sa longueur. **⚔** 2015-2017 **🍴** huîtres

○━ *Dom. Longue Tubi, rte de Gonfaron,*
83340 Flassans-sur-Issole, tél. 04 94 82 37 09, contact@
longuetubi.com **V** **⚡** **☎** *r.-v.*
○━ *Catarina et François Buisine*

MADEMOISELLE ROSE Sauvignon-Viognier 2014

| ■ | 4 500 | | 8 à 11 € |

Sur les contreforts de l'Esterel, cette jeune exploitation créée en 2006 par la famille Barbero commande 10 ha de vignes ancrées sur le terroir volcanique réputé de Fréjus.

Une goutte de sauvignon dans un océan (95 %) de viognier. Dans le verre, des arômes de rose et de fruits exotiques, un bon volume et de la fraîcheur. Tout indiqué pour un apéro sans chichi. **⚔** 2015-2017 **🍴** rillettes de saumon

○━ *Clos des Roses, 1609, rte de Malpasset, 83600 Fréjus,*
tél. 04 94 52 80 51, contact@closdesroses.com
V **⚡** **☎** *r. v.* **🏠** **❸** ○━ *Alex Barbero*

MÉDITERRANÉE

ⓑ DOM. ATTILON Marselan 2013

| ■ | 12 000 | 🍷 | 8 à 11 € |

Renaud de Roux, à la tête de ce vignoble de 95 ha depuis 1968, conduit ses vignes en agriculture biologique depuis 1986. Il a été un précurseur de ce mode de culture dans la région.

Cette cuvée de marselan – cépage né du croisement du cabernet-sauvignon et du grenache, l'une des spécialités du domaine – dévoile un joli nez de violette, de réglisse, d'épices et de fruits rouges. À l'unisson, le palais se montre généreux, rond et soyeux, avant une finale un brin plus sévère qu'un peu de garde assouplira. **⚔** 2016-2020 **🍴** daube d'agneau

○━ *de Roux - Cavard, Dom. de l'Attilon,*
rte de Port-Saint-Louis-du-Rhône, 13104 Mas-Thibert,
tél. 04 90 98 70 04, contact@attilon.fr **V** **⚡** **☎** *r.-v.*

♥ ⓑ CANORGUE Viognier 2014 ★★

| | n.c. | 🍷 | 11 à 15 € |

Ce domaine familial depuis cinq générations, l'une des références de l'appellation luberon, est d'une régularité sans faille. Jean-Pierre Margan, pionnier de l'agriculture biologique dans la région, exploite avec sa fille Nathalie un vignoble de 40 ha converti dès 1980.

Le domaine n'en est pas à son premier coup de cœur, loin de là, que ce soit en AOC luberon ou en IGP Vaucluse

ou Méditerranée. Dans ce palmarès bien fourni, sa cuvée de viognier est en bonne place : la version 2014 rejoint ses « grandes sœurs » de 2006 et 2009. Ses arguments : beaucoup de fraîcheur, une longueur admirable, un équilibre impeccable et surtout du fruit, du fruit, du fruit, jaune et blanc, frais et confit. Le viognier comme on l'aime... ✗ 2015-2018 ♈ bourride de lotte

☛ EARL J.-P. et N. Margan, Ch. la Canorgue, 84480 Bonnieux, tél. 04 90 75 81 01, chateaucanorgue.margan@wanadoo.fr ⓥ 🕴 🛍 r.-v.

DOM. DE CASSILLAC
Cuvée étoilée 2014

| ■ | 5 000 | 🍶 | 5 à 8 € |

Dans la même famille depuis trois générations, ce domaine situé entre Visan et Valréas a créé sa cave particulière en 2001, sous la conduite de Dominique et Caroline Faure, à la tête aujourd'hui de 65 ha de vignes.

Une forte dominante (90 %) de grenache, avec la syrah en complément, dans ce rosé classique, centré sur les agrumes et la violette, offrant un bon équilibre gras-acidité et stimulé par de beaux amers en finale. ✗ 2015-2016 ♈ salade niçoise

☛ Dom. de Cassillac, rte d'Orange, 84600 Valréas, tél. 06 19 97 51 87, domi.faure@wanadoo.fr ⓥ 🕴 🛍 r.-v. ☛ Faure

LES VIGNERONS DU MONT VENTOUX
Viognier 2014 ★

| ■ | 46 000 | 🍶 | 5 à 8 € |

Cette coopérative fondée en 1924 regroupe 110 vignerons, pour plus de 1 000 ha en AOC ventoux, IGP et vins de France. Le vignoble est essentiellement planté sur le versant sud-ouest du mont Ventoux, bien à l'abri du mistral.

Ce 2014 offre une belle expression du viognier. Au nez, d'intenses arômes de fruits blancs ; en bouche, un fruité tout aussi expansif, une agréable fraîcheur, de la souplesse et une bonne longueur. ✗ 2015-2017 ♈ quenelles de brochet

☛ VMV Vignerons du Mont Ventoux, 620, rte de Carpentras, 84410 Bédoin, tél. 04 90 12 88 07, nmilioto@bedoin.com ⓥ 🕴 🛍 t.l.j. 9h-12h 14h-18h

DOM. DE RÉGUSSE
Fruité de Régusse 2014

| ■ | 50 000 | 🍶 | 5 à 8 € |

Créé en 1970, ce domaine étend sur plus de 200 ha son vaste vignoble commandé par une bâtisse provençale ancienne. En 2003, ses fondateurs l'ont cédé à un groupe d'investisseurs qui en ont confié la direction à Patrice Jérôme.

Litchi, fleurs blanches et fleur d'oranger, le bouquet de ce muscat... « muscate ». En bouche, même ligne aromatique, la pêche au sirop en sus, une bonne fraîcheur, elle aussi bien typée. « Pas de tromperie sur la marchandise », conclut un juré. ✗ 2015-2016 ♈ salade composée

☛ SAS Régusse, rte de la Bastide-des-Jourdans, 04860 Pierrevert, tél. 04 92 72 30 44, domaine-de-regusse@wanadoo.fr ⓥ 🕴 🛍 t.l.j. 9h30-12h30 14h30-19h30 ☛ Munier

LES VIGNERONS DU ROY RENÉ Florie 2014

| ■ | 60 000 | 🍶 | - de 5 € |

La coopérative de Lambesc, située à une vingtaine de kilomètres au nord-ouest d'Aix-en-Provence, a été fondée par Jules Reynaud en 1922. Forte de 700 ha de vignes, elle est un acteur important de l'AOC coteaux-d'aix et une valeur sûre pour ses rosés.

Ce rosé pâle et limpide s'annonce sans tambour ni trompette, avec discrétion, autour de délicates notes de fruits rouges et de fleurs blanches. En bouche, pas d'explosion aromatique non plus, mais une évolution en finesse, dans le même registre que l'olfaction. ✗ 2015-2016 ♈ poêlée de saint-jacques au chorizo

☛ SCA Les Vignerons du Roy René, 6, av. du Gal-de-Gaulle, RN7, 13410 Lambesc, tél. 04 42 57 00 20, c.lesage@lesvigneronsduroyrene.com ⓥ 🕴 🛍 t.l.j. 9h-12h 14h30-19h

ULTIME SECRET Le Temps de l'exception 2014 ★

| ■ | 6 700 | 🍶 ◍ | 8 à 11 € |

Une coopérative née en 1929 sous l'impulsion des vignerons de Cabrières-d'Aigues, un terroir situé sur le versant Sud du Luberon à une soixantaine de kilomètres de Marseille. Elle produit en AOC luberon et en IGP Méditerranée.

Le passage partiel en fût a légué de fines notes grillées et fumées à ce pur viognier de belle facture, agrémenté de fruits blancs et de noisette. On retrouve le boisé, avec justesse, dans une bouche longue et très équilibrée, à la fois ronde et fraîche. ✗ 2016-2019 ♈ risotto au poulet

☛ Le Temps des Sages, rue du temple, 84240 Cabrières-d'Aigues, tél. 04 90 77 76 29, cavecabrieres@wanadoo.fr ⓥ 🕴 🛍 t.l.j. 8h-12h 14h-18h

MONT-CAUME

LA CADIÉRENNE Cuvée spéciale 2014

| ■ | 30 000 | 🍶 | - de 5 € |

Quelque 300 coopérateurs et 650 ha de vignes, des vins en AOC bandol et côtes-de-provence, en IGP Var, Méditerranée et Mont-Caume : la Cadiérenne, créée en 1929, est un acteur qui compte dans le paysage provençal.

Une dominante d'ugni blanc (60 %) dans ce vin d'une aimable simplicité, floral (jasmin) et épicé, frais et alerte. ✗ 2015-2016 ♈ fruits de mer

☛ SCV la Cadiérenne, quartier Le Vallon, 83740 La Cadière-d'Azur, tél. 04 90 11 06, cadierenne@wanadoo.fr ⓥ 🕴 🛍 r.-v.

DOM. PEY-NEUF 2014

| ■ | 20 000 | 🍶 | 5 à 8 € |

Guy Arnaud, héritier de trois générations de vignerons sur ces terres familiales de La Cadière-d'Azur, non loin du port de Bandol, a pris en 1982 les rênes du domaine et de ses 56 ha de vignes. Il cultive une partie du vignoble selon les principes de la biodynamie, sans certification.

Fruits et fleurs blanches, touche épicée, pointe de minéralité, le bouquet est avenant ; le palais aussi, par son équilibre gras-vivacité et sa longueur honorable. ✗ 2015-2017 ❦ papillote de poisson

○━ *Guy Arnaud, Dom. Pey-Neuf, 1947, rte de la Cadière, 83270 Saint-Cyr-sur-Mer, tél. 06 03 58 35 33, domaine.peyneuf@wanadoo.fr* 🆅 🅺 🅻 *r.-v.*

VAR

LES CAVES DU COMMANDEUR Rolle 2014 ★

■		12 000		5 à 8 €

Cette coopérative née en 1912 regroupe 550 ha de vignes exploités par 120 adhérents, au cœur de la Provence verte. Elle produit, à l'image de la Provence viticole, plus de 85 % de rosés.

Un rolle qui tient parfaitement son rôle. Comprenez un vin pâle très floral, (chèvrefeuille, lilas), gras, velouté, tout en rondeur. ✗ 2015-2017 ❦ salade de chèvre chaud ■ Syrah-cabernet 2014 ★ (5 à 8 € ; 8 260 b.) : un rouge expressif (notes de goudron, d'épices et de tabac blond) et bien structuré. ✗ 2015-2018

○━ *Les Caves du Commandeur, 18, rue de Moulin, 83570 Montfort-sur-Argens, tél. 04 94 59 59 02, eurlcommandeur@orange.fr* 🆅 🅺 🅻 *t.l.j. sf dim. 9h-12h30 14h30-18h30*

Ⓑ DOM. DU DEFFENDS
Sainte Baume Viognier de Jacques 2014 ★

■		1 500	⬤	15 à 20 €

Jacques de Lanversin acquiert le domaine en 1963 et restructure le vignoble. Sa famille exploite aujourd'hui 14 ha de vignes, converties au bio, sur des coteaux argilo-calcaires bien ensoleillés, à 420 m d'altitude. Une valeur sûre de l'appellation coteaux-varois-en-provence, reconnue notamment pour ses rouges.

Un blanc de gastronomie auquel huit mois de fût ont légué un joli boisé toasté et grillé, qui compose avec de jolies nuances de fleurs blanches et de pêche. En bouche, il se révèle ample, suave et très gras, aiguillonné en finale par une fine vivacité. ✗ 2015-2019 ❦ foie gras poêlé

○━ *Famille de Lanversin, Dom. du Deffends, 2020, chem. du Deffends, 83470 Saint-Maximin-la-Sainte-Baume, tél. 04 94 78 03 91, domaine@deffends.com* 🆅 🅺 🅻 *t.l.j. sf dim. 10h-12h 15h-18h; f. sam. en janv.-fév.*

ESCARAVATIERS 2014

■		19 000	🄸	5 à 8 €

Jules César donna ces terres à l'un des vétérans de la neuvième légion, Caïus Norellius, qui y implanta les premières vignes. Un héritage que cultive depuis 1928 la famille Costamagna, à la tête d'un vignoble de 36 ha planté sur argilo-calcaires.

Assemblage original de merlot (50 %), de grenache et de muscat de Hambourg, ce rosé se révèle intensément floral et fruité (fraise, cerise), gras, suave et chaleureux. ✗ 2015-2016 ❦ tomates farcies

○━ *Dom. des Escaravatiers, 514, chem. de Saint-Tropez, 83480 Puget-sur-Argens, tél. 04 94 19 88 22, escaravatiers@wanadoo.fr* 🆅 🅺 🅻 *t.l.j. sf dim. lun. 10h-12h 14h-18h*

ROUGIERS Sainte-Baume Chardonnay 2014 ★

■		6 000	🄸	- de 5 €

La coopérative de Rougiers est l'une des plus anciennes de la région. Construite en 1913 au sein du massif de la Sainte-Baume, elle fait partie de l'Inventaire général du patrimoine culturel de Rougiers. Elle regroupe une quarantaine d'adhérents pour un vignoble quelque 165 ha.

Au nez, les fleurs et fruits blancs se mêlent aux épices douces. En bouche, du volume, de la fraîcheur et une longue finale citronnée qui apporte un surcroît d'énergie. Un vin tonique et harmonieux. ✗ 2015-2017 ❦ terrine de poisson

○━ *Les Vignerons de la Sainte-Baume, rte de Brignoles, 83170 Rougiers, tél. 04 94 80 42 47, cave.saintebaume@ orange.fr* 🆅 🅺 🅻 *t.l.j. sf dim. 9h-12h 15h-18h*

TRIENNES Les Auréliens 2012

■		58 000	⬤	8 à 11 €

À l'origine de ce domaine, deux Bourguignons, Jacques Seysses (Dujac) et Aubert de Villaine (Romanée-Conti), et un ami parisien, Michel Macaux. En 1989, ils découvrent, à l'est d'Aix, le domaine du Logis de Nans et son beau terroir argilo-calcaire. Un domaine de 46 ha aujourd'hui, rebaptisé Triennes, en référence aux Triennia, bacchanales qui se déroulaient tous les trois ans sous l'empire romain, et qui évoquent le trio de vignerons.

Mi-syrah mi-cabernet-sauvignon, cette cuvée dévoile un joli nez de fruits rouges mûrs et d'épices. Arômes auxquels fait écho un palais équilibré et de bonne longueur, étayé par des tanins souples et un boisé très fondu, presque imperceptible. ✗ 2015-2018 ❦ grillade de bœuf

○━ *Triennes, 4669 RN 560, 83860 Nans-les-Pins, tél. 04 94 37 91 46, triennes@triennes.com* 🆅 🅺 🅻 *t.l.j. sf dim. 9h-12h 13h-18h (17h30 l'hiver); sam. 10-18h (19h l'été)* ○━ *Seysses*

VAL D'IRIS Parcelle K 2012 ★★

■		1 812	⬤	15 à 20 €

Un parfumeur grassois planta ici les premières vignes. Il y planta aussi des iris, toujours utilisés pour la fabrication de produits cosmétiques et entretenus par Anne et Jean-Daniel Dor, à la tête du domaine depuis 1999. Le vignoble compte aujourd'hui un peu plus de 8 ha.

Une parcelle de 35 ares de merlot est à l'origine de ce vin logiquement confidentiel. *Small is beautiful* : belle robe grenat soutenu, nez intense et complexe de fruits rouges compotés, de pâte de coings et de réglisse, bouche à l'unisson, ample, charnue, suave et veloutée. Un rouge charmeur en diable. ✗ 2015-2018 ❦ poulet basquaise

○━ *Val d'Iris, 341, chem. de la Combe, 83440 Seillans, tél. 04 94 76 97 66, info@valdiris.com* 🆅 🅺 🅻 *r.-v.* ○━ *Dor*

LES VENTS D'ANGES DU VIGNARET 2014

■		4 000	🄸	5 à 8 €

Après avoir vinifié au sein de prestigieux domaines de la région provençale, Roger Tourrel (ancien maître de chai du château de Galoupet) reprend en 2004 les vignes familiales et décide d'élaborer ses propres vins.

VDP/GP

Il exploite aujourd'hui 28 ha en culture raisonnée, préférant l'utilisation du compost à celle d'engrais chimiques.

Issue de viognier, de sauvignon et de rolle, cette cuvée livre un bouquet plaisant de fruits blancs, de jasmin et d'épices. Non moins sympathique, le palais intéresse par sa fraîcheur, renforcée par une finale citronnée. ✗ 2015-2017 ♈ tartare de saumon

✆ EARL Tourrel, Dom. du Vignaret, chem. du Pré-de-Castres, 83136 Forcalqueiret, tél. 04 94 80 53 95, dom.du.vignaret@orange.fr Ⓥ ⛾ ✚ t.l.j. sf dim. 9h30-12h30 15h-19h

VAUCLUSE

AURETO Tramontane 2014 ★

	14 000	🍴 Ⓓ	11 à 15 €

Ce domaine de 36 ha créé en 2007 est rattaché au complexe hôtelier de luxe La Coquillade, établi au cœur du parc du Luberon et propriété des Wunderli. La vinification est confiée à l'œnologue Aurélie Julien.

Une part de viognier et une part du duo roussanne-marsanne dans ce joli vin au nez complexe de vanille, de noisette et d'agrumes. Les fruits exotiques, le litchi notamment, prennent le relais dans un palais ample, frais et alerte, de bonne longueur. ✗ 2015-2017 ♈ calamars sautés à l'ail

✆ Aureto, hameau de la Coquillade, 84400 Gargas, tél. 04 90 74 54 67, info@aureto.fr Ⓥ ⛾ ✚ t.l.j. 10h-19h

LA BASTIDE SAINT-VINCENT
Mademoiselle Garance 2014

	16 000	🍴	- de 5 €

Installé dans une ancienne ferme rénovée aux airs de bastide, dont certains éléments datent du XVIIᵉ s., Laurent Daniel est un habitué du Guide. Il conduit depuis 2001 ce vignoble familial de 22 ha très morcelé, réparti dans six communes.

Garance, la fille du vigneron, prête son nom à cette cuvée issue d'un assemblage complexe : marselan, caladoc, carignan, grenache et syrah. Au nez, les petits fruits rouges se mêlent aux senteurs des sous-bois ; en bouche, le vin se montre souple, rond et très fruité. Une petite gourmandise à goûter sans chichi, autour d'une bonne grillade. ✗ 2015-2018 ♈ côtes d'agneau

✆ Laurent Daniel, La Bastide Saint-Vincent, 1047, rte de Vaison, 84150 Violès, tél. 04 90 70 94 13, bastide.vincent@free.fr Ⓥ ✚ t.l.j. 9h-12h 14h-19h

DOM. DE LA BASTIDONNE Viognier 2014

	3 000	🍴	5 à 8 €

Installé en 1990, Gérard Marreau, œnologue de formation, représente la quatrième génération à conduire ce domaine familial de 30 ha fondé en 1903, souvent en vue pour ses ventoux et ses IGP.

Une belle expression du viognier : couleur doré clair, nez intense, floral et miellé, bouche riche et suave, sur le fruit confit, relevée par une pointe d'amertume caractéristique en finale. Un vin d'initiation. ✗ 2015-2017 ♈ poulet au curry

✆ SCEA Dom. de la Bastidonne, 206, chem. de la Bastidonne, 84220 Cabrières-d'Avignon, tél. 04 90 76 70 00, domaine.bastidonne@orange.fr Ⓥ ⛾ ✚ t.l.j. sf dim. 9h-12h 14h-18h ✆ Gérard Marreau

DOM. DES CABOITS Viognier 2014

	1 800	🍴	5 à 8 €

Ce domaine familial est sorti de la cave coopérative en 1991, sous l'impulsion de Jeanine et de Christian Latour et de leur fils aîné Didier. En 2003, Jean-Louis, le cadet, a pris la relève sur les 40 ha que compte aujourd'hui le domaine.

Bien représentatif du cépage, ce vin dévoile un nez de fruits jaunes mûrs et de fleurs blanches, prolongé par un palais suave et gras, souligné par une discrète fraîcheur. ✗ 2015-2017 ♈ salades saumon et mâche

✆ Jean-Louis Latour, 72, av. Gal-de-Gaulle, 84850 Camaret-sur-Aigues, tél. 04 90 37 25 13, domaine.des.caboits@aliceadsl.fr Ⓥ ⛾ ✚ t.l.j. sf dim. lun. 14h-19h; sam. 10h-12h

DOM. DES CAMBADES Ivoire 2014

	10 000	Ⓓ	8 à 11 €

Au départ, en 2005, 2 ha en AOC ventoux. Aujourd'hui, Fabrice Charasse et Hervé Vincent conduisent un coquet domaine de 18 ha. En 2010, la voie du bio est engagée : 10 ha sont désormais certifiés, 8 étant en conversion.

Cette cuvée met en valeur le seul viognier, vinifié en barriques. Cela donne un vin pâle aux étonnants reflets roses, au nez fin de pêche et de fruits exotiques souligné par un boisé discret, au palais riche et suave. Gourmand et bien typé. ✗ 2015-2017 ♈ flan au foie gras

✆ Dom. des Cambades, 1298, chem. Carpentras-à-Malemort, 84200 Carpentras, tél. 06 89 07 13 03, cambades@orange.fr Ⓥ ⛾ ✚ t.l.j. 10h-12h 15h-18h; sam. dim. sur r.-v.

DOM. CHAMP-LONG Viognier 2014 ★★

	2 500	🍴	5 à 8 €

Une propriété dans la même famille depuis le début du XIXᵉ s. En 1964, Maurice Gély crée la cave de vinification ; en 1994, son fils Christian la rénove ; en 2004, son petit-fils Jean-Christophe rejoint le domaine, étendu sur 30 ha au pied du mont Ventoux.

De très jeunes vignes (six ans) de viognier sont à l'origine de ce vin emballant : « aux âmes bien nées... ». Belle robe brillante, bouquet fin de pamplemousse et autres agrumes, bouche délicate, suave et soyeuse, étirée dans une longue finale caressante : what else ? ✗ 2015-2018 ♈ poêlée de saint-jacques

✆ Christian et Jean-Christophe Gély, Dom. de Champ-Long, 1900, chem. de Champ-Long, 84340 Entrechaux, tél. 04 90 46 01 58, domaine@champlong.fr Ⓥ ⛾ ✚ t.l.j. sf dim. 9h-12h 14h-18h

DOM. FONTAINE DU CLOS Chardonnay 2014 ★

	24 530		5 à 8 €

La famille Barnier (aujourd'hui Jean-François) est enracinée depuis toujours sur ses terres de Sarrians, dans un lieu chargé d'histoire : s'y déroula le 17 avril 1791 la bataille de Sarrians entre Avignonnais et Carpentrassiens. Au cœur de l'exploitation, une fontaine qui donne son nom à ce vaste vignoble de 98 ha planté de quelque quarante cépages.

Quelques touches de vermentino, de macabeu et de viognier complètent le chardonnay dans cette cuvée discrètement florale et fruitée (agrumes, poire). En bouche, de la rondeur, de la fraîcheur, de la longueur, de l'équilibre en somme. ✗ 2015-2018 ⭐ poulet à l'estragon

☛ Jean-François Barnier, 735, bd du Comté-d'Orange, 84260 Sarrians, tél. 04 90 65 59 39, cave@fontaineduclos.com Ⓥ 👤 🛗 r.-v.

Ⓑ HARMONIE BY L'HARMAS 2014
| ■ | 1 400 | 8 à 11 € |

Représentant la quatrième génération de vignerons, Nathalie Fabre s'est installée en 2009 sur 6 ha. Elle a agrandi son vignoble (19 ha aujourd'hui), bâti la cave et le caveau. En 2009, elle a obtenu la certification bio, puis son fils est venu la rejoindre en 2014.

Viognier (75 %) et grenache blanc composent cette cuvée discrète à l'olfaction (fleurs blanches, agrumes), fraîche et souple en bouche. ✗ 2015-2017 ⭐ coquillages

☛ Nathalie et Patrick Fabre, quartier Bois-Lauzon, 84100 Orange, tél. 04 90 51 02 71, nathalie.fabre84@wanadoo.fr Ⓥ 👤 🛗 r.-v.

DOM. MARTIN
100 % Syrah Cuvée Yves Martin 2013 ★★
| ■ | 1 200 | ⏺ | 15 à 20 € |

Les frères David et Éric Martin sont installés depuis 2005 sur le domaine familial, créé en 1905. Ils exploitent aujourd'hui 70 ha de vignes, essentiellement sur Châteauneuf et Gigondas.

La syrah en majuscule avec ce vin complexe qui mêle harmonieusement le moka, la réglisse, les fruits noirs compotés et le poivre. Des arômes bien typés que l'on retrouve dans un palais ample, dense, puissant sans rudesse, étayé par des tanins fins et soyeux. Déjà harmonieux et bâti pour durer. ✗ 2015-2020 ⭐ souris d'agneau

☛ Dom. Martin, 439, rte de Vaison, 84850 Travaillan, tél. 04 90 37 23 20, martin@domaine-martin.com Ⓥ 👤 🛗 t.l.j. sf dim. 9h-12h 14h-18h

DOM. DE LA PIGEADE
Petits grains de folie 2014 ★
| ■ | 7 000 | 🥂 | 8 à 11 € |

En 1996, après leurs études viticoles et des stages en France et aux États-Unis, Thierry et Marina Vaute ont sorti le domaine familial de la coopérative et l'ont entièrement rénové (30 ha aujourd'hui).

Petits grains de folie ? Le muscat bien sûr, à l'origine d'un vin... muscaté (raisin, agrumes, rose), souple et très suave en bouche, à la limite du moelleux (10 g/l de sucres résiduels) ; un « sec tendre » dirait-on dans la vallée de la Loire. ✗ 2015-2017 ⭐ asperges sauce mousseline

☛ Thierry et Marina Vaute, Dom. de la Pigeade, 2439, rte de Caromb, 84190 Beaumes-de-Venise, tél. 04 90 62 90 00, contact@lapigeade.fr Ⓥ 👤 🛗 t.l.j. sf dim. 9h-12h 14h-18h; f. 1er-15 janv.

DOM. DU PUY MARQUIS Merlot 2013 ★
| ■ | 2 800 | ⏺ | 5 à 8 € |

Claude Leclercq, ancien cycliste professionnel, a posé son vélo en 1980 sur ce domaine de 12 ha planté à 450 m d'altitude, face au Luberon.

Fruits rouges et noirs mûrs, épices douces, touche de moka, la dégustation débute avec générosité. Elle se poursuit sur le même registre dans une bouche souple et ronde, boisée avec justesse et structurée en douceur. ✗ 2016-2019 ⭐ veau marengo

☛ Claude Leclercq, Dom. du Puy Marquis, rte de Rustrel, 84400 Apt, tél. 04 90 74 51 87, domainedupuymarquis@yahoo.fr Ⓥ 👤 🛗 t.l.j. sf dim. 9h30-12h 14h-19h

DOM. DE TARA Terre d'ocres 2014
| ■ | 8 000 | 🍾 | 5 à 8 € |

Valeur sûre de l'appellation ventoux, ce domaine de 11 ha est situé au milieu des vignes, au cœur du parc naturel régional du Luberon. Conduit depuis 2006 par Michèle et Patrick Folléa, il tire son nom du célèbre roman de Margaret Mitchell, Autant en emporte le vent.

Mi-grenache mi-carignan, ce rosé évoque les fruits blancs et le fenouil à l'olfaction. En bouche, un équilibre gras-acidité réussi et une bonne longueur. ✗ 2015-2016 ⭐ salade niçoise

☛ SCEA Dom. de Tara, Les Rossignols, 84220 Roussillon, tél. 04 90 05 74 87, domainedetara@orange.fr Ⓥ 🛗 t.l.j. 10h-19h; f. janv.

TERRES VALDÈZE Merlot 2014
| ■ | 5 500 | ■ | 5 à 8 € |

Issue en 2005 de la réunion des deux caves de La Tour-d'Aigues, la Valdèze a fusionné en janvier 2010 avec la coopérative de La Motte-d'Aigues. L'ensemble – 2 500 ha, 350 vignerons et premier producteur de l'AOC luberon – est rebaptisé « Terres Valdèze » en 2012.

Violette et réglisse pour le nez, violette et réglisse pour la bouche : un vin cohérent ; souple, rond et finement tannique aussi. À boire sur le fruit. ✗ 2015-2017 ⭐ onglet grillé

☛ Terres Valdèze, 288, bd de la Libération, 84240 La Tour-d'Aigues, tél. 04 90 07 42 12, valdeze@terres-valdeze.fr Ⓥ 🛗 t.l.j. sf dim. lun. 9h-12h30 15h-19h

DOM. LUCIEN TRAMIER
Principauté d'Orange Chardo pour Flo 2014
| ■ | 2 000 | 5 à 8 € |

Un domaine fondé en 1912 par Lucien Tramier, en cave particulière depuis 1952. Son héritier Max Thomas (quatrième génération), installé en 2007, conduit aujourd'hui un vignoble de 35 ha.

Le Chardo de Flo (l'épouse de Max Thomas) a belle allure dans sa robe paille et fleure bon... le chardonnay (fleurs blanches, beurre frais). La bouche est onctueuse et tendre, rehaussée par de fines saveurs d'agrumes, et l'ensemble est harmonieux et bien typé. ✗ 2015-2018 ⭐ beignets de fleurs de courgette

☛ Dom. Lucien Tramier, 335, chem. de Pied-Girod, 84150 Jonquières, tél. 09 66 83 00 89, max.thomas@wanadoo.fr Ⓥ 👤 🛗 r.-v.

➜ ALPES ET PAYS RHODANIENS

De l'Auvergne aux Alpes, la région regroupe les départements de Rhône-Alpes. La diversité des terroirs y est donc importante et se retrouve dans l'éventail des vins régionaux. Les cépages bourguignons (pinot, gamay, chardonnay) et les variétés méridionales (grenache, cinsault, clairette) se rencontrent. Ils côtoient les enfants du pays que sont la syrah, la roussanne et la marsanne dans la vallée du Rhône, ainsi que la mondeuse, la jacquère ou le chasselas en Savoie, ou encore l'étraire de la dui et la verdesse, curiosités de la vallée de l'Isère. L'usage des cépages bordelais (merlot, cabernet, sauvignon) se développe également.

Ain, Ardèche, Drôme et Isère sont les dénominations départementales. Il existe également deux vins de pays régionaux : le vin de pays des Comtés rhodaniens, qui peut être produit sur les huit départements de la région ; le vin de pays de Méditerranée, qui est revendiqué dans la région Provence-Alpes-Côte-d'Azur, en Corse, mais aussi dans la Drôme et en Ardèche.

ARDÈCHE

L'ABBÉ DUBOIS Syrah 2013

■	2 000	🏠	5 à 8 €

L'abbé Dubois fut missionnaire en Inde au XVIIIes. avant de revenir dans son village natal de Saint-Remèze. Il y fit construire une maison provençale qui commande aujourd'hui un domaine de 25 ha, propriété de Claude Dumarcher depuis 1986.

Robe très sombre, nez intense d'épices, de fruits rouges mûrs, de menthol et de violette, touche animale : pas de doute, nous sommes bien dans l'univers de la syrah. En bouche, de la puissance, beaucoup de matière, de la fraîcheur et cette même ligne aromatique bien typée. L'étoile viendra avec la garde... ✗ 2017-2021 ❦ civet de lièvre

o⊓ Claude Dumarcher, Clos de l'Abbé Dubois, 07700 Saint-Remèze, tél. 04 75 98 98 44, claudedumarcher@orange.fr Ⓥ 👤 📷 r.-v. 🏠 ❶ 🏠 ❻

DOM. ARSAC Coteaux de l'Ardèche Merlot Le Haut Pontet 2014 ★

■	n.c.		8 à 11 €

Situé entre le piémont volcanique du Coiron et les gorges de l'Ardèche, ce domaine, propriété de la famille Arsac depuis 1945, est aujourd'hui conduit par Joël, Dimitri et Sébastien Arsac. Ensemble, ils exploitent 15 ha de vignes en conversion bio.

Cette cuvée rouge sombre livre un bouquet puissant de fruits rouges et d'épices, auquel fait écho un palais ample, riche et long, aux tanins soyeux et fondus. ✗ 2017-2020 ❦ navarin d'agneau

o⊓ Arsac, la Chaumette, 07580 Saint-Jean-le-Centenier, tél. 06 31 82 33 68, domainearsac@gmail.com Ⓥ 👤 📷 t.l.j. sf dim. 9h-19h

CELLIER DES GORGES DE L'ARDÈCHE Grenache 2014

■	10 000	🏠	- de 5 €

Cette coopérative fondée en 1929 regroupe les producteurs de Saint-Martin-d'Ardèche, de Saint-Marcel-d'Ardèche et de Saint-Just-d'Ardèche.

Un joli nez intense, fruité et (un peu) floral, ouvre la dégustation. Elle se poursuit sur le même registre dans une bouche équilibrée, souple et fraîche. ✗ 2015-2018 ❦ grillade de bœuf

o⊓ Cellier des Gorges de l'Ardèche, rte de la Gare, 07700 Saint-Marcel-d'Ardèche, tél. 04 75 04 66 83, caveau@cellier-ardeche.fr Ⓥ 👤 📷 t.l.j. sf dim. 9h-12h 14h-18h

CAVE DE LABLACHÈRE Coteaux de l'Ardèche Viognier Trias cévenol 2014

■	40 000	🏠	5 à 8 €

Fondée en 1928, cette coopérative compte aujourd'hui une centaine de vignerons. 80 % du terroir cultivé s'étend sur le Trias cévenol, soit 420 ha de vignes en parcelles très morcelées qui se situent entre 200 et 500 m d'altitude.

La formation géologique du Trias cévenol s'étend en une large bande de collines orientées au sud, aux sols de grès siliceux. Des ceps de viognier de dix-sept ans y ont donné naissance à ce vin bien ouvert sur le citron vert et le fruit de la Passion, frais et alerte en bouche, sans manquer de gras. ✗ 2015-2017 ❦ tapas de la mer

o⊓ Cave coop. Lablachère, La Vignole, 07230 Lablachère, tél. 04 75 36 65 37, cave.lablachere@wanadoo.fr Ⓥ 👤 📷 t.l.j. sf dim. 8h30-12h 14h-18h15

LOUIS LATOUR Coteaux de l'Ardèche Chardonnay 2014 ★

■	1 000 000	🏠	5 à 8 €

Cette célèbre maison de négoce bourguignonne (fondée en 1797 et conduite par dix générations successives de Latour) s'est installée en Ardèche en 1979, le chardonnay dans ses bagages, dont elle a débuté l'implantation dans l'ampélographie locale. Une valeur sûre.

Latour dans ses œuvres ardéchoises, cela donne souvent du bon. C'est encore le cas ici, avec un vin intense et complexe (pain d'épice, beurre, fleurs et fruits blancs), ample, gras et rond, souligné par une fraîcheur qui va bien. En un mot, équilibré. ✗ 2015-2020 ❦ navarin de poisson

o⊓ Louis Latour, La Téoule, RN 102, 07400 Alba-la-Romaine, tél. 04 75 52 45 66, aberthon@louislatour.com Ⓥ 👤 📷 t.l.j. sf dim. 9h-12h 14h-18h

DOM. JÉRÔME MAZEL Coteaux de l'Ardèche Corps et âme 2013 ★★

■	5 000	⦿	8 à 11 €

Jérôme Mazel a repris en 2007 le petit domaine familial : 5,5 ha de parcelles établies sur des coteaux arides et caillouteux dominant l'entrée des gorges de l'Ardèche.

Des accents libournais dans ce vin dominé par le merlot (85 %), agrémenté de la très rhodanienne syrah. Dans le verre, un nez puissant et chaleureux de fruits surmûris et d'épices, relayé par un palais tout aussi intense, aussi large que long, encore assez tannique et austère en finale. Patience... ✗ 2017-2022 ❦ gigot d'agneau

O┐ *Jérôme Mazel, chem. de la Coustace, 07120 Pradons,
tél. 06 73 78 70 66, jerome_mazel20@live.fr*
V **✗** **✝** *r.-v.* 🏠 **G**

DOM. DE PEYRE BRUNE Coteaux de l'Ardèche Les Chênes 2013 ★

■	8 000	◖▮	8 à 11 €

Situé à Beaulieu, à l'extrême sud de l'Ardèche, ce domaine s'étend sur 16 ha, créé en 2003 par Régis Quentin, qui a quitté le monde de l'informatique pour se consacrer à la vigne – plus en adéquation avec sa formation d'ingénieur agricole.

De la syrah, du grenache et une touche de carignan dans ce vin riche, vineux et puissant, ouvert sur le pruneau à l'alcool, les fruits rouges confiturés et les épices douces. Du caractère et un bon potentiel. **✗** 2016-2020 **Ỵ** daube de sanglier

O┐ *Dom. de Peyre Brune, Pléoux, 07460 Beaulieu,
tél. 04 75 39 29 01, contact@peyrebrune.com*
V **✗** **✝** *r.-v.* 🏠 **4** 🏠 **E**

LES CHAIS DU PONT D'ARC Cuvée des Bateliers 2014

■	5 000	î	- de 5 €

Fondée en 1928, cette coopérative regroupe les viticulteurs d'une douzaine de communes autour de Ruoms et Vallon-Pont-d'Arc, sur un vignoble de 600 ha. Elle fait partie des quinze caves de vinification qui composent l'Union des vignerons des coteaux de l'Ardèche.

Une large dominante de sauvignon (95 %, le chardonnay en appoint) dans cette cuvée qui... sauvignonne : buis, agrumes, touche exotique, fleurs blanches. Douce en attaque, plus vive dans son développement, la bouche est à l'avenant. Harmonieux. **✗** 2015-2017 **Ỵ** fruits de mer

O┐ *Vignerons sud Ardèche, rte de Pradons,
07120 Ruoms, tél. 04 75 39 61 27, vignerons.sudardeche@
gmail.com* **V** **✗** **✝** *t.l.j. sf dim. 9h-12h 15h-18h*

BENOIT SALEL ET ÉLISE RENAUD Coteaux de l'Ardèche Viognier Quésaquo ! 2013

■	10 000	◖▮	11 à 15 €

Un jeune domaine implanté à Faugères, créé en 2008 par Benoit Salel et Élise Renaud hors du cadre familial.

Quésaquo ? Un pur viognier au nez complexe de coco, de fumé, de fruits jaunes mûrs et d'acacia, au palais rond et gras, un brin fugace mais très plaisant. **✗** 2015-2018 **Ỵ** curry de poisson

O┐ *Dom. Salel et Renaud, La Charrière, 07230 Faugères,
tél. 04 75 39 50 99, domainesalel@free.fr* **V** **✗** **✝** *r.-v.*

VIGNERONS ARDÉCHOIS Viognier Terre d'églantier 2013 ★

■	79 000	î ◖▮	5 à 8 €

Cette coopérative est le fruit du regroupement en 1994 de l'Union des caves de la Cévenne ardéchoise et de l'Union des caves coopératives de l'Ardèche. Elle compte 7 000 ha de vignes pour une production annuelle de 400 000 hl.

Un vin d'une belle pureté, tant dans sa robe cristalline que dans ses arômes d'abricot et d'amande, puis de litchi et de lilas, et dans son palais, d'une grande fraîcheur. **✗** 2015-2017 **Ỵ** truites aux amandes ■ Viognier Vendanges

d'octobre 2013 ★ (8 à 11 € ; 26 660 b.) : un liquoreux issu de viognier qui respire la surmaturité : abricot, raisins de Corinthe et pointe de pamplemousse au nez, camphre et acacia en bouche. **✗** 2015-2020 ■ Syrah Terre de figuier 2014 ★ (5 à 8 € ; 39 000 b.) : un rosé ouvert sur des notes exubérantes de framboise, frais et léger en bouche. **✗** 2015-2016 ■ Orélie 2014 ★ (- de 5 € ; 22 600 b.) : gamay, syrah et grenache pour ce rosé foncé et aromatique (framboise, épices, violette), suave et charnu. **✗** 2015-2016

O┐ *Cave coop. de Vogüé, Le Village, 07200 Vogüé,
tél. 04 75 39 90 00, uvica@uvica.fr* **V** **✗** **✝** *t.l.j. sf dim.
9h-12h 14h-18h; lun. 14h-18h* O┐ Vignerons ardéchois

DOM. DU CHÊNE Viognier 2014 ★

■	3 500	◖▮	5 à 8 €

En 1985, Marc et Dominique Rouvière ont acquis cette propriété située dans le parc régional du Pilat. Partis avec 5,5 ha en saint-joseph et en condrieu, ils exploitent aujourd'hui 16 ha, conduits depuis 2012 avec leurs enfants Anaïs et Julien.

Très belle expression du viognier, cette cuvée dévoile un nez gourmand et intense de fleurs blanches et de pêche agrémenté de notes de moka et de crème pâtissière. Une richesse aromatique que l'on retrouve dans un palais ample, gras et chaleureux. **✗** 2015-2018 **Ỵ** curry de poisson

O┐ *Famille Rouvière, 8, Le Pêcher, 42410 Chavanay,
tél. 04 74 87 27 34, rouviere.marc@wanadoo.fr* **V** **✗** **✝** *r.-v.*

JEANNE GAILLARD Viognier 2014

■	4 000	◖▮	8 à 11 €

Fille de Pierre Gaillard, bien connu pour ses vins de la vallée du Rhône Nord, Jeanne Gaillard s'est installée en 2008 à la tête de son propre domaine, étendu sur une quinzaine d'hectares. Elle s'est fait petit à petit un prénom avec ses vins de pays et d'appellation.

Née de 40 ares de viognier planté sur les coteaux de Ternay et la plaine de la Drôme, cette cuvée s'ouvre sur un bouquet bien typé de fleurs blanches et de fruits jaunes sur un fond boisé discret. Gras, rond, onctueux, d'un bon volume, le palais présente lui aussi les caractéristiques du cépage, bien épaulé par des notes toastées de la barrique. **✗** 2015-2019 **Ỵ** tourte au saumon

O┐ *Dom. Jeanne Gaillard, Chez Favier, 42520 Malleval,
tél. 06 79 77 81 64, domainejeannegaillard@gmail.com*
V **✗** **✝** *r.-v.*

DOM. DES GARDES 2014

■	40 000	î	5 à 8 €

Créée en 1933 par Louis Gambert de Loche, la très qualitative cave coopérative de Tain-l'Hermitage rassemble 310 adhérents et vinifie à elle seule, avec plus de 1 000 ha de vignes, environ 50 % des appellations de la vallée du Rhône septentrional. Elle possède aussi 26 ha en propre, dont 21 ha en AOC hermitage. Une valeur sûre de la région, qui s'est dotée en 2014 de structures de production flambant neuves permettant de multiplier les sélections parcellaires.

En (très) bonne spécialiste de la syrah, la cave de Tain signe ici une belle cuvée fraîche, fruitée et épicée à l'olfaction, ronde, étoffée et soyeuse en bouche. Idéale pour les repas sans chichi autour d'un barbecue. ✗ 2015-2018 ♈ brochettes d'agneau

☛ *Cave de Tain, 22, rte de Larnage, 26600 Tain-l'Hermitage, tél. 04 75 08 20 87, contact@ cavedetain.com* Ⓥ ⶦ ⶧ *r.-v.*

GRAND BELIGA 2013 ★		
■	3 500	⬗	5 à 8 €

Catherine et Pascal Jamet ont repris en 2001 un vignoble en friche ; ils ont déboisé, bêché, reconstruit les murets en pierres sèches et planté. Aujourd'hui, ils exploitent un domaine de 8,3 ha en AOC saint-joseph et saint-péray et en IGP Collines rhodaniennes.

Cette cuvée bien connue des lecteurs (coup de cœur sur les millésimes 2003 et 2011) associe la syrah (60 %), le merlot et le cabernet-sauvignon. Ce « grand nigaud » – *grand beliga* en patois – a connu douze mois de barrique, et cela se ressent à l'olfaction, un bon boisé vanillé accompagnant de chaleureux arômes de fruits mûrs, de pruneau et de cuir. Une générosité que prolonge un palais souple, rond, fondu et charnu. ✗ 2016-2020 ♈ pintade aux olives

☛ *EARL Catherine et Pascal Jamet, 119, rue de la Mairie, 07370 Arras-sur-Rhône, tél. 04 75 07 09 61, jametpascal@aol.com* Ⓥ ⶦ ⶧ *r.-v.*

VIGNOBLES DU MONTEILLET Les Hauts du Monteillet 2013		
■	10 000	⬗	11 à 15 €

Si les origines du domaine remontent au XVIᵉs., les Montez y cultivent la vigne depuis seulement... 1741. Installé en 1999 à la suite de son père Antoine, Stéphane Montez représente la neuvième génération vigneronne. Il conduit aujourd'hui un domaine de 28 ha (cornas, côte-rôtie, condrieu, saint-joseph et IGP), établie sur les hauteurs de Chavanay, à 320 m d'altitude. Une valeur sûre de la vallée septentrionale.

Viognier, roussanne et clairette sont assemblés dans cette cuvée à l'olfaction florale, minérale et discrètement boisée. Une ligne aromatique à laquelle fait écho un palais ample et rond, stimulé en finale par une touche végétale agréable qui apporte un supplément de fraîcheur et de longueur. ✗ 2015-2018 ♈ omelette aux girolles

☛ *Stéphane Montez, Dom. du Monteillet 6, 42410 Chavanay, tél. 04 74 87 24 57, stephanemontez@aol.com* Ⓥ ⶦ ⶧ *r.-v.* ⶠ Ⓖ

♥ LES VINS DE VIENNE Sotanum 2013 ★★		
■	15 000	⬗	30 à 50 €

Sotanum
M.M.X.I.I.I

[texte illisible en petits caractères]

LES VINS DE VIENNE
Cuilleron • Villard • Gaillard

Pour faire renaître le vignoble de Seyssuel situé en amont de Vienne, trois vignerons de renom, Yves Cuilleron, Pierre Gaillard et François Villard, ont créé cette affaire en 1996, à l'origine de beaux vins de propriété – IGP à Seyssuel, sélections parcellaires en AOC septentrionales – et des vins de négoce de toute la vallée.

Cette magnifique cuvée née de la seule syrah plantée sur les vénérables coteaux schisteux de Seyssuel fait réfé-rence au breuvage autrefois élaboré par les Romains, vanté par Pline le Naturaliste, Martial ou encore Plutar-que ; pour plus d'informations, lisez attentivement l'éti-quette et le long texte historique expliquant son nom (un bonheur pour œnographiles). Dans le verre, une vraie réjouissance pour les œnophiles avec un vin généreuse-ment bouqueté autour des fruits mûrs, du poivre, de la réglisse et de la vanille. En bouche, de la concentration et de la puissance autour de tanins denses et veloutés, épaulés par un boisé savoureux. À damner un Romain... ✗ 2017-2023 ♈ osso bucco

☛ *Les Vins de Vienne, 1, ZA de Jassoux, 42410 Chavanay, tél. 04 74 85 04 52, contact@lesvinsdevienne.fr* Ⓥ ⶦ ⶧ *r.-v.*

COTEAUX DES BARONNIES		

LE MAS SYLVIA Cuvée Carmen 2013		
■	7 500	⬗	8 à 11 €

Après s'être formée à l'œnologie et quelques voyages en terres australes, Sylvia Teste s'est installée en 2010 sur ce domaine de 11 ha implanté en Drôme provençale. Elle a signé son premier millésime la même année.

Cabernet-sauvignon (dominant), merlot et syrah pour cette Carmen « qui roule les r » selon un dégustateur ; comprenez un vin chaleureux, gras, épicé, solaire en somme, avec un discret boisé grillé en soutien et de bons tanins pour la garde. ✗ 2017-2020 ♈ côte de bœuf

☛ *Sylvia Teste, quartier Le Beau, 26110 Curnier, tél. 06 71 66 47 62, contact@le-mas-sylvia.fr* Ⓥ ⶦ ⶧ *r.-v.*

Ⓑ DOM. DU RIEU FRAIS Merlot Cuvée Benjamin 2013		
■	9 000	⬗	5 à 8 €

Ce domaine de 30 ha (aujourd'hui certifié bio) a été façonné à partir de 1983 par Jean-Yves Liotaud qui a débuté sur une ancienne propriété familiale : création du vignoble, construction des chais, aménagement de la cave de vieillissement, tout était à faire. Depuis, le domaine est devenu l'une des références des Coteaux des Baronnies.

Jean-Yves Liotaud ne rate pas le rendez-vous du Guide et signe un merlot de belle facture, ouvert sur des notes de grenade et autres fruits rouges à l'olfaction, rond, gras et chaleureux en bouche, encore un peu austère en finale. À attendre pour plus de fondu. ✗ 2017-2020 ♈ côtes d'agneau

☛ *Dom. du Rieu Frais, 26110 Sainte-Jalle, tél. 04 75 27 31 54, jean-yves.liotaud@orange.fr* Ⓥ ⶦ ⶧ *t.l.j. 9h-12h 14h-18h; f. dim. nov.-fév.*

DRÔME		

VIGNERONS DE VALLÉON Chardonnay viognier 2014		
■	n.c.	ⶨ	- de 5 €

Cette coopérative, issue de regroupements successifs de petites unités coopératives, rassemble 200 adhé-rents pour 930 ha de vignes et une production annuelle de 45 000 hl.

Assemblage de chardonnay (60 %) et de viognier, cette cuvée séduit par ses arômes de fleurs blanches et d'agrumes et par sa fraîcheur. Simple et de bon goût. ✗ 2015-2017 ❦ truite aux amandes

☛ Cave de Saint-Pantaléon-les-Vignes, 1, rte de Nyons, 26770 Saint-Pantaléon-les-Vignes, tél. 04 75 27 90 44, sca@cave-st-pantaleon.com 🆅 ⏏ t.l.j. 9h-12h 14h-18h

ISÈRE

DOM. DU BANÉ Saint-Sauveur 2012 ★			
◼	500	◑	15 à 20 €

Sur une terre liée à la production de noix, Rémy Dirrig a pris les commandes de ce domaine en 1995. Il a réintroduit de la vigne (moins d'un hectare) en 2003 pour sortir son premier millésime en 2009.

Pour le moins confidentiel, cet assemblage syrah-viognier (90-10 %) intéresse par sa puissance, au nez comme en bouche, autour d'un boisé intense aux tonalités de café et de vanille, et d'une matière riche et dense. Pour amateurs de vins boisés. ✗ 2016-2019 ❦ bœuf bourguignon

☛ Rémy Dirrig, Dom. du Bané, lieu-dit Le Bané, 38160 Saint-Sauveur, tél. 06 47 21 11 75, lebane.dr@orange.fr 🆅 👤 ⏏ r.-v.

⇒ RÉGIONS DE L'EST

On trouvera ici des vins originaux, issus de vignobles décimés par le phylloxéra mais qui eurent leur heure de gloire, bénéficiant du voisinage prestigieux de la Bourgogne ou de la Champagne. Ce sont d'ailleurs les cépages de ces régions que l'on retrouve, avec ceux de l'Alsace ou du Jura, vinifiés le plus souvent individuellement ; les vins ont alors le caractère de leur cépage : auxerrois, chardonnay, pinot noir, gamay ou pinot gris.

COTEAUX DE L'AUXOIS

DOM. DE FLAVIGNY-ALÉSIA Petit Flavigny 2013			
◼	10 000	◑	5 à 8 €

Situé au pied de l'oppidum d'Alésia, ce domaine de 13,5 ha créé en 1994 a été entièrement replanté par Gérard Vermeere. Depuis 2004, il est conduit par Ida Nel, épaulée par Cyril Raveau, œnologue.

Cet assemblage de chardonnay (55 %), d'auxerrois et d'aligoté a été créé spécialement en 2013 à partir des raisins épargnés par un orage de grêle qui a détruit 80 % de la récolte. Le résultat est un vin plaisant par son côté floral et citronné, par sa fraîcheur minérale, son boisé fondu et son équilibre. ✗ 2015-2018 ❦ flan d'asperges ◼ Pinot beurot 2014 (8 à 11 € ; 7 600 b.) : vin cité. ✗ 2015-2016

☛ Dom. de Flavigny-Alésia, Pont-Laizan, 21150 Flavigny-sur-Ozerain, tél. 03 80 96 25 63, vignoble-de-flavigny@wanadoo.fr 🆅 👤 ⏏ t.l.j. 10h-17h (19h en été) ☛ Ida Nel

COTEAUX DE COIFFY

LES COTEAUX DE COIFFY Auxerrois 2014 ★			
◼	10 000	î	- de 5 €

Ce domaine de 15 ha, dont les vignes sont plantées en lyre, a été restructuré en 1982 par les prédécesseurs de Laurent Renaut, à la tête de l'exploitation depuis 1995.

Un bouquet plaisant et de bonne intensité, sur les fleurs blanches et les fruits jaunes, ouvre la dégustation. Suit un palais frais et friand, aux accents muscatés de raisin et de fruits exotiques. ✗ 2015-2017 ❦ beignets de légumes

☛ SCEA Les Coteaux de Coiffy, 6, rue des Bourgeois, 52400 Coiffy-le-Haut, tél. 03 25 84 80 12, renautlaurent@aol.com 🆅 👤 ⏏ t.l.j. sf dim. 14h30-17h30 ☛ Laurent Renaut

CÔTE DE LA MEUSE

DOM. DE COUSTILLE Gris 2014 ★			
◼	8 500	î	- de 5 €

Ce domaine de 7 ha est conduit depuis 1996 par Jean Philippe. Outre l'élaboration de vins rouges et blancs, l'exploitation s'est également spécialisée dans les eaux-de-vie à la mirabelle de Lorraine, à la quetsche, au marc et aux poires williams.

Un joli gris issu de gamay (70 %) et d'auxerrois, couleur clairet, au nez discret mais fin de fruits rouges acidulés (groseille, framboise). Le palais est rond, tout aussi fruité et déploie une belle finale pleine de fraîcheur, aux tonalités exotiques. ✗ Auxerrois 2014 (- de 5 € ; 8 250 b.) : vin cité. ✗ 2015-2017

☛ SCEA de Coustille, 23, Grande-Rue, 55300 Buxerulles, tél. 03 29 89 33 81, jean.philippe55@orange.fr 🆅 👤 ⏏ r.-v. ☛ Jean Philippe

DOM. DE LA GOULOTTE 2014 ★			
◼	4 400	î	- de 5 €

Un petit domaine de 6,3 ha conduit de père en fils deux siècles, depuis 1979 par Philippe et Évelyne Antoine.

Un joli vin jaune pâle et limpide, au nez élégant et floral, fruité et épicé, ample et gras en bouche. ✗ 2015-2017 ❦ poisson grillé

☛ Dom. de la Goulotte, 6, rue de l'Église, 55210 Saint-Maurice-sous-les-Côtes, tél. 03 29 89 38 31, domainedelagoulotte@orange.fr 🆅 👤 ⏏ t.l.j. 8h-12h 13h30-18h30 ☛ Philippe et Évelyne Antoine

DOM. DE GRUY Auxerrois 2014 ★			
◼	4 000	î	- de 5 €

Situé à proximité du lac de Madine, aux pieds des vergers de mirabelles, ce petit domaine de 4 ha est conduit par Laurent Degenève depuis 1992. Il s'est également spécialisé dans les eaux-de-vie à la mirabelle de Lorraine.

Cet auxerrois dévoile un nez discret et délicat de fruits blancs et de fruits exotiques. En bouche, même type aromatique, agrémentée d'épices en finale, et un bon équilibre gras-acidité. ✗ 2015-2017 ❦ koulibiac de saumon

☛ *Dom. de Gruy, 7, rue des Lavoirs, 55210 Creuë, tél. 03 29 89 30 67, laurent.degeneve@wanadoo.fr*
V ⚡ 🎁 *r.-v.* ☛ Laurent Degenève

♥ Ⓑ **DOM. DE MUZY** Pinot noir 2013 ★★★

| | 12 000 | ◫ | 5 à 8 € |

Jean-Marc Lienard a fait renaître à partir de 1982 le vignoble de son père et de son grand-père, planté sur les côtes meurtries par la Grande Guerre, au cœur du village de Combres-sous-les-Côtes : quelque 10 ha aujourd'hui, conduits selon les préceptes de la biodynamie, avec une partie certifée en bio. Une référence incontournable en IGP Côtes de Meuse, qui a vu revenir en 2011 la nouvelle génération avec Thibaud et Angélique, *wine makers* en Nouvelle-Zélande.

Nouveau coup de cœur pour le domaine, le quatrième en quatre éditions, excusez du peu... Le pinot noir à son meilleur avec ce 2013 d'un magnifique grenat, ouvert sur les fruits rouges mûrs et un boisé très racé, aux tonalités finement brûlées. La bouche est admirable de souplesse et d'élégance, portée par des tanins très soyeux. Du velours. ✗ 2015-2020 ♈ pintade rôtie ■ Gris Terre amoureuse 2014 ★★ (- de 5 € ; 16 500 b.) Ⓑ : un rosé de haut vol, tout proche du coup de cœur, expressif (pamplemousse et fleurs blanches au nez, fruits rouges et coquelicot en bouche), ample, frais et délicat. ✗ 2015-2016 ■ Auxerrois Les Marpaux Vieilles Vignes 2014 ★★ (5 à 8 € ; 5 600 b.) Ⓑ : nez fin de fruits exotiques, bouche volumineuse, dense et chaleureuse, très fruitée et épicée. ✗ 2015-2018

☛ *Dom. de Muzy, 3, rue de Muzy, 55160 Combres-sous-les-Côtes, tél. 03 29 87 37 81, info@domainedemuzy.fr* V ⚡ 🎁 *t.l.j. sf dim. 9h-12h 14h-18h* ☛ Lienard

FRANCHE-COMTÉ

♥ **VIGNOBLE GUILLAUME**
Pinot noir Collection réservée À mon père 2013 ★★

| | 5 200 | ◫ | 15 à 20 € |

La famille Guillaume cultive la vigne depuis le XVIIIe s. sur les terres de Charcenne. Un long passé viticole, complété à la fin du XIXe s. par une activité de pépiniériste

viticole. Autant dire que ce vaste domaine de 40 ha dispose d'un matériau de premier choix pour élaborer ses cuvées ; cuvées très souvent en vue dans ces pages, notamment celles issues de pinot noir.

Un bel hommage au père que cette magnifique cuvée éclatante dans sa robe rubis. Au nez, les onze mois de barrique laisse le fruit s'exprimer pleinement (cerise, mûre). Le même équilibre remarquable entre le bois et le fruit s'impose dans une bouche franche et souple, dense et finement tannique. ✗ 2016-2021 ♈ coq au vin ■ Chardonnay Collection réservée À mon père 2013 ★ (15 à 20 € ; 5 200 b.) : un blanc de caractère aussi large que long, porté par un bon boisé toasté et vanillé. ✗ 2015-2020

☛ *Vignoble Guillaume, 32, Grande-Rue, 70700 Charcenne, tél. 03 84 32 77 22, vignoble@guillaume.fr* V ⚡ 🎁 *t.l.j. sf dim. 9h-12h 14h-18h*

HAUTE-MARNE

LE MUID MONTSAUGEONNAIS
Pinot noir 2014 ★★

| | 35 500 | 🍶 | 5 à 8 € |

Après un long sommeil dû à la crise phylloxérique de la fin du XIXe s., le vignoble de la Haute-Marne renaît de ses cendres depuis la fin des années 1980 grâce à l'action d'une poignée d'hommes du terroir, à l'image de Dominique Bernard, à la tête depuis 1989 d'un vignoble de près de 13 ha établi sur les coteaux du Montsaugeonnais.

À un souffle du coup de cœur, cette cuvée sombre et dense livre un bouquet puissant et harmonieux d'épices, de fruits rouges et de raisin frais. En bouche, même trame aromatique et une belle structure tannique, élégante et fine. ✗ 2015-2020 ♈ bœuf bourguignon ■ Chardonnay 2014 ★★ (5 à 8 € ; 25 300 b.) : un blanc très expressif (agrumes, pomme Granny), très frais et très énergique. ✗ 2015-2018 ■ Pinot noir Élevé en fût de chêne 2013 ★★ (5 à 8 € ; 16 000 b.) : un bon mariage du bois et de fruit dans un vin élégant, aux tanins fins et serrés. De bonne garde. ✗ 2017-2021

☛ *Le Muid Montsaugeonnais, 23, av. de Bourgogne, 52190 Vaux-sous-Aubigny, tél. 03 25 90 04 65, muidmontsaugeonnais@orange.fr* V ⚡ 🎁 *r.-v.*

Le Luxembourg

Superficie :

1 296 ha

Production :

125 000 hl

Types de vins :

Blancs secs et moelleux ultramajoritaires
(vendanges tardives, vins de glace, vins de
paille) ; vins effervescents
(crémant-de-Luxembourg) ; rouges et
rosés.

Cépages principaux :

Rouges : pinot noir (parfois vinifié en
blanc).

Blancs : auxerrois, riesling, pinot blanc,
rivaner, elbling, pinot gris, gewurztraminer,
chardonnay.

LES VINS DU LUXEMBOURG

Petit État prospère au cœur de l'Union européenne, situé à la charnière des mondes germanique et latin, le Grand-Duché de Luxembourg est un pays viticole à part entière. La consommation de vin par habitant y est proche de celle que l'on observe en France et en Italie. Le vignoble s'inscrit le long du cours sinueux de la Moselle, dont les coteaux portent des ceps depuis l'Antiquité. Longtemps pourvoyeur de vins ordinaires, le Grand-Duché s'est orienté depuis les années 1930 vers une politique de qualité. La production vinicole du Grand-Duché est confidentielle, à la mesure de sa modeste superficie. Essentiellement des vins blancs, vifs et aromatiques.

Dès l'Antiquité On sait l'importance que prit le vignoble mosellan au IV^{e}s., lorsque Trèves – très proche de la frontière actuelle du Grand-Duché de Luxembourg – devint résidence impériale et l'une des quatre capitales de l'Empire romain. Aujourd'hui, sur 42 km, de Schengen à Wasserbillig, les coteaux de la rive gauche de la Moselle forment un cordon continu de vignobles, autour des cantons de Remich et de Grevenmacher. Orientés au sud et au sud-est, ceux-ci bénéficient de l'effet bienfaisant des eaux du fleuve, qui estompent les courants d'air froid venant du nord et de l'est, et modèrent l'ardeur du soleil de l'été. En raison de leur latitude septentrionale (49 degrés de latitude N), ils produisent presque exclusivement des vins blancs. Près de 25 % d'entre eux proviennent du cépage rivaner (ou müller-thurgau). L'elbling, cépage typique du Luxembourg (7 % de la surface viticole), donne un vin léger et rafraîchissant. Les vins les plus recherchés proviennent des cépages auxerrois, riesling, pinot blanc, chardonnay, pinot gris, pinot noir et gewurztraminer.

Une stricte politique de qualité Avec le millésime 2014, un nouveau système de qualité pour les vins de l'Appellation d'origine protégée-Moselle luxembourgeoise a été introduit. Seuls des vins qui respectent le rendement maximal de 100 hl/ha (115 hl/ha pour l'elbling et le rivaner) ont le droit d'utiliser l'indication « Appellation d'origine protégée -Moselle luxembourgeoise ». Jusqu'à présent la qualité des vins était jugée dans le verre, par une dégustation donnant des points aux vins indépendamment de leur rendement. La notion de « qualité dans le verre » est désormais remplacée par le principe d'origine. Un principe qui s'énonce ainsi : « Plus l'unité géographique est petite, plus elle fait ressortir la notion de terroir ». Et plus l'aire géographique est restreinte, plus les critères de qualité à remplir – en particulier le rendement – sont stricts.

Les vins sont produits par des viticulteurs coopérateurs (57 % de la production), par des vignerons indépendants (29 %) et par des négociants (14 %). Remich est le siège d'un centre de recherches et de l'organisation officielle de la viticulture.

MOSELLE LUXEMBOURGEOISE

BERNARD-MASSARD
Pinot blanc 2014 ★★

Gd 1er cru	10 000	🍷	5 à 8 €

Créée en 1921 par Bernard Massard, un œnologue luxembourgeois formé en Champagne, cette maison de négoce appartient aujourd'hui à la famille Clasen. Elle possède notamment le domaine de Grevenmacher (1 200 ha), le domaine Thill – Château de Schengen (12,5 ha) et le Clos des Rochers (18 ha).

Ce vin traduit toute l'expression du pinot blanc : une robe jaune aux reflets dorés, un nez floral et végétal, une bouche intensément fruitée (ananas, abricot, pêche). Il conviendra de patienter encore un peu pour en apprécier toute la complexité. **✗** 2016-2018 **🍴** risotto à l'églefin fumé **■ Gd 1er cru Gewurztraminer 2014 ★** (8 à 11 € ; 7 000 b.) : un nez élégant de litchi et de pétale de rose ; un palais fin et frais, sur les fruits exotiques. **✗** 2015-2018 **■ Clos des Rochers Gd 1er cru Grevenmacher Fels Riesling 2014** (8 à 11 € ; 11 500 b.) : vin cité. **✗** 2015-2018

o→ *SA Caves Bernard-Massard, 8, rue du Pont, 6773 Grevenmacher, tél. 75 05 451, info@bernard-massard.lu* **V 🚶 🏠** *t.l.j. 9h-18h ; f. nov.-mars*

CAVES BERNA Vogelsang Pinot gris 2014 ★

Gd 1er cru	4 000	8 à 11 €

Les caves Berna se situent au cœur du village d'Ahn, sous la maison des vignerons. Aujourd'hui épaulé par son fils Marc, Raymond Berna exploite un vignoble de près de 7 ha.

Un nez intense de coing compoté annonce une bouche généreuse, aux jolies saveurs de fruits mûrs, rehaussée en finale par des notes légèrement plus acidulées et une fine amertume. **✗** 2015-2018 **🍴** bouchée aux escargots

o→ *Caves Berna, 7, rue de la Résistance, 5401 Ahn, tél. 76 02 08, info@cavesberna.lu* **V 🚶 🏠** *r.-v.*

DESOM Schwebsange Kolteschberg Riesling 2014 ★★

Gd 1er cru	6 000	8 à 11 €

Installées dans une ancienne tisserie ayant appartenu au poète luxembourgeois Dicks, ces caves sont situées à Remich, face à la Moselle.

Ce riesling livre un nez complexe de mandarine, de châtaigne et de fruits exotiques. En bouche, il se révèle plutôt minéral, dominé par d'élégantes notes citronnées. **✗** 2015-2018 **🍴** tartare de saumon

o→ *Caves St-Remy-Desom, 9, rue Dicks, 5521 Remich, tél. 23 60 40, desom@pt.lu* **V 🚶 🏠** *r.-v.*

♥ DOM. DESOM
Stadtbredimus Dieffert Pinot gris 2014 ★★★

Gd 1er cru	4 000	8 à 11 €

En 1922, la famille Desom s'est installée en tant que négociant à Remich. Peu de temps après, elle a créé son propre vignoble qui couvre aujourd'hui 13 ha. Un

ensemble dirigé aujourd'hui par Albert, Georges et Marc Desom.

Ce pinot gris a d'emblée séduit le jury par sa couleur jaune striée de reflets dorés. Le nez, d'un abord plutôt discret, s'ouvre à l'aération sur de fines notes exotiques. La bouche se révèle quant à elle bien plus prolixe, ouverte sans réserve sur d'intenses saveurs de fruits mûrs et soulignée par une fine trame acidulée qui porte loin la finale. ℐ 2015-2018 ❦ pôchouse ■ **Gd 1er cru** Wormeldange Wousselt Riesling 2014 (8 à 11 € ; 5 500 b.) : vin cité. ℐ 2015-2018

○┐ *Dom. Desom, 9, rue Dicks, 5521 Remich, tél. 23 60 40, desom@pt.lu* 🆅 🕴 🍴 *r.-v.*

MME ALY DUHR ET FILS	
Gris de gris 2014 ★★★	
■ 2 000	8 à 11 €

En 2011, les frères Ben et Max Duhr ont repris les rênes de ce domaine familial de 11 ha créé en 1872.

Ce gris de gris charme d'emblée par sa couleur saumonée légèrement ambrée et par son nez embaumé de pêche de vigne. Délicat et soyeux en attaque, le palais est empreint de petits fruits rouges légèrement acidulés et offre en finale de plaisantes saveurs de zestes d'agrumes. ℐ 2015-2018 ❦ curry de crevettes

○┐ *Mme Aly Duhr, 9, rue Aly Duhr, 5401 Ahn, tél. 76 00 43, info@alyduhr.lu* 🆅 🕴 🍴 *r.-v.*

DOMAINE VITICOLE HÄREMILLEN	
Ehnen Rousemen Pinot gris 2014 ★★	
■ Gd 1er cru 5 600	8 à 11 €

Ce domaine fondé en 1978 par la famille Mannes-Kieffer est l'un des plus récents bordant la Moselle. Sis dans l'ancien moulin du chanoine (Häremillen) de Trèves, il est entouré de 15 ha de vignes.

Ce pinot gris dévoile d'intenses notes de fruits mûrs, préludes à une bouche qui penche vers la douceur, équilibrée en finale par une touche de pierre à fusil. ℐ 2015-2018 ❦ lasagnes au saumon

○┐ *Dom. viticole Häremillen, 3, op der Borreg, 5419 Ehnen, tél. 76 84 36, info@haeremillen.lu* 🕴 🍴 *r.-v.*

DOM. ALICE HARTMANN	
Riesling Sélection du château 2014 ★★	
■ 2 000	20 à 30 €

Ce domaine fondé dans les années 1900 couvre 3,5 ha. Une partie du vignoble est située sur les terrasses Wormeldange en bordure de la Moselle.

Ce riesling offre des notes intensément minérales qui s'enrichissent à l'aération de parfums complexes de coing, de bergamote et de pamplemousse. Remarqué par son élégance et son harmonie, il s'affirme en bouche par son caractère très rond, penchant vers le moelleux (le « sec tendre » dirait-on dans la Loire) par ses touches délicatement botrytisées. ℐ 2015-2018 ❦ foie gras poêlé

○┐ *SA Dom. Alice Hartmann, 72-74, rue Principale, 5480 Wormeldange, tél. 76 00 02, domaine@alice-hartmann.lu* 🆅 🕴 *ven. 14h-18h*

DOMAINE VITICOLE SCHUMACHER-KNEPPER			
Wintrange Felsberg Pinot gris 2014 ★★			
■ Gd 1er cru	3 400	🍾	11 à 15 €

Ce domaine se transmet de père en fils depuis 1714. En 1965, il s'agrandit grâce au rachat du vignoble du notaire Constant Knepper. C'est en 2003 que Frank et Martine Schumacher, représentant la septième génération, prennent la direction de cette exploitation de 8,5 ha.

Ce pinot gris s'ouvre sans réserve sur de jolies notes de fruits blancs assorties d'une touche citronnée. Une attaque sur la pêche mûre introduit un palais finement amer et d'une belle longueur. ℐ 2015-2018 ❦ rillettes de saumon

○┐ *Dom. viticole Schumacher-Knepper, 28, rte du Vin, 5495 Wintrange, tél. 23 60 451, contact@schumacher-knepper.lu* 🆅 🕴 🍴 *t.l.j. sf dim. 9h-12h 14h-17h30*

Le Luxembourg

DOM. VITICOLE KOHLL-LEUCK
Rousemen Pinot gris 2014 ★★

| Gd 1er cru | 5 400 | 🍾 | 8 à 11 € |

Marie-Cécile et Raymond Kohll-Leuck ont transmis en 2011 leur vignoble de 12 ha à leur fils Luc et son beau-frère Claude Scheuren.

Ce vin très aromatique s'ouvre sur des senteurs de fleurs des champs et de fruits mûrs. La bouche n'est pas en reste : elle fait preuve d'une rondeur bien typée « pinot gris », contrebalancée en finale par une noble amertume. ✗ 2015-2020 ❦ brochet à la luxembourgeoise

⊶ *Dom. Viticole Kohll-Leuck, An der Borreg 4, 5419 Ehnen, tél. 76 02 42, domaine@kohll.lu* 🆅 🔏 🍷 *r.-v.*

L. & R. KOX Bech-Macher Enschberg
Pinot blanc Privilège 2013 ★★

| | 1 400 | 🍾 | 15 à 20 € |

Ce domaine familial est conduit depuis 1985 par Laurent Kox (le fils du fondateur) et son épouse Rita. Connu pour avoir été le premier à se lancer dans la production de crémant, le couple s'est spécialisé dans l'élaboration de riesling et propose une gamme étendue, allant des vins gris aux vins de glace, en passant par les vins de paille et les vins orange.

Ce pinot blanc libère d'intenses notes florales finement épicées. En bouche, il se révèle ample, frais et des plus élégants. ✗ 2015-2020 ❦ brochet aux fines herbes

⊶ *Laurent & Rita Kox, 6A, rue des Prés, 5561 Remich, tél. 23 69 84 94, kox@pt.lu* 🆅 🔏 🍷 *r.-v.*

♥ DOM. MATHES
Wormeldange Koeppchen Riesling 2014 ★★

| Gd 1er cru | 7 800 | | 11 à 15 € |

Fondées en 1907 par Jean-Pierre Mathes, les caves du domaine cultivent leurs 8 ha de vignes exclusivement en cépages nobles dans la commune de Wormeldange aux lieux-dits Wousselt, Mohrberg, Heiligenhäuschen, Elterberg et la prestigieuse Koeppchen.

Le nez fruité et complexe charme d'emblée par ses notes d'abricot, de coing, de melon et de mandarine. Riche en attaque, le palais livre un panier généreux de fruits du verger et d'agrumes, et se voit rehaussé en finale par une élégante fraîcheur mentholée qui lui confère une allonge magnifique. ✗ 2015-2018 ❦ saint-jacques poêlées

⊶ *Dom. Mathes, 73, rue Principale, L-5480 Wormeldange, tél. 76 93 93, info@mathes.lu* 🆅 🔏 🍷 *r.-v.*

PUNDEL VINS PURS
Wormer Koeppchen Riesling 2014

| Gd 1er cru | n.c. | | 8 à 11 € |

Dans la famille Pundel, il y a Fernand, le père, et Pit, le fils. Main dans la main, ils perpétuent une lignée vigneronne remontant au XVIIes.

Le nez, complexe, oscille entre notes fruitées (mandarine, abricot, rhubarbe, coing), amande, miel et nougat. La bouche prend joliment la relève sur des nuances tout aussi fruitées, agrémentées de touches minérales et acidulées qui se prolongent jusque dans la finale, intense et racée. ✗ 2015-2018 ❦ crevettes gingembre et citron vert

⊶ *Pundel Vins purs, 50, Wengertswee, 5480 Wormeldange, tél. 76 00 59, pundel@internet.lu* 🆅 🔏 🍷 *r.-v.*

♥ CAVES SAINT-MARTIN
De nos rochers Riesling 2014 ★★★

| Gd 1er cru | 2 700 | 🍾 | 8 à 11 € |

Depuis 1984, ces caves appartiennent à la famille Gales, à la tête d'un vignoble de 12 ha. Les galeries creusées dans la falaise entre 1919 et 1921 s'étendent sur près de 1 km. Un restaurant attenant offre une jolie vue sur la Moselle.

Ce riesling s'affiche dans une sémillante robe jaune traversée de reflets verts. Très disert, le nez exprime le coing et les agrumes. Une attaque dominée par de plaisantes notes citronnées introduit un palais minéral et élégant, qui évolue vers plus de rondeur en finale. Harmonie et finesse sont au rendez-vous. ✗ 2015-2018 ❦ écrevisses à la luxembourgeoise

⊶ *SA Caves St-Martin, 53, rte de Stadtbredimus, 5570 Remich, tél. 26 60 991, info@cavessaintmartin.lu* 🆅 🔏 🍷 *t.l.j. sf lun. 10h-12h 13h-17h30 ; f. nov.-mars*

STEINMETZ-HÉRITIERS
Grevenmacher Fels Riesling 2014

| | 2 600 | 🍾 | 11 à 15 € |

Dans la vigne depuis six générations, la famille Steinmetz possède un domaine – créé en 1826 - dont le vignoble (7,5 ha aujourd'hui) est implanté sur les coteaux des localités d'Ahn, Grevenmacher et Wormeldange. Après le décès de son mari Carlo Steinmetz en 2014, sa femme Marie-Anne Gilson-Steinmetz a repris les rênes de l'exploitation.

Ce riesling des plus limpides libère à l'olfaction des notes discrètement fruitées et minérales. En bouche, il se révèle très aromatique sur des saveurs élégantes de pomme verte. ✗ 2015-2018 ❦ friture mosellane

⊶ *Dom. Steinmetz-Héritiers, 7, rue de Niederdonven, 5401 Ahn, tél. 76 00 70, domaine.steinmetz@gmail.com* 🆅 🔏 🍷 *t.l.j. 8h-12h 13h-19h*

Ⓑ DOM. SUNNEN-HOFFMANN
Wintrange Hommelsberg Auxerrois 2014

| | 1 330 | 🍾 | 11 à 15 € |

Fondé en 1872 par Anton Sunnen, ce domaine couvre 8,2 ha de vignes conduites en bio (depuis 2001) et en biodynamie. Cinq générations se sont succédé à la tête de ce vignoble : aujourd'hui Corinne Kox-Sunnen, son frère Yves Sunnen et leurs conjoints Henri Kox et Chantal Sunnen.

Une belle couleur jaune pâle, un nez flatteur de pêche et d'agrumes, une bouche riche et suave, équilibrée par une finale fraîche. ✗ 2015-2017 ✗ brochettes de crevettes au piment

☛ *Sunnen-Hoffman, 6, rue des Prés, 5441 Remerschen, tél. 23 66 40 07, info@caves.lu* 🅥 🅐 🅙 *t.l.j. sf sam. dim. 8h-12h 13h30-17h*

DOMAINES VINSMOSELLE
Wormeldange Mohrberg Pinot gris 2014 ★

Gd 1er cru	15 000	8 à 11 €

Créée en 1930, la cave de Wormeldange est devenue en 1991 le « Centre d'élaboration des crémants Poll-Fabaire ». Elle fait partie des Domaines Vinsmoselle qui rassemblent six caves coopératives, 130 collaborateurs et 300 familles de vignerons cultivant plus de 800 ha de vignes.

Une robe jaune à reflets verts, un nez discret qui s'ouvre à l'aération sur de fines notes d'agrumes et une bouche joliment fruitée. ✗ 2015-2018 ✗ salade aux magrets de canard ■ Gd 1er cru Wormeldange Pietert Auxerrois 2014 (5 à 8 € ; 15 000 b.) : vin cité. ✗ 2015-2017

☛ *Dom. Vinsmoselle, Caves de Wormeldange, 115, rte du Vin, 5481 Wormeldange, tél. 76 82 11, info@vinsmoselle.lu* 🅥 🅐 🅙 *t.l.j. 8h-19h*

DOM. VINSMOSELLE
Grevenmacher Paradäis Riesling 2014 ★★

Gd 1er cru	n.c.	5 à 8 €

Fondée en 1921, cette cave est la plus ancienne de la Moselle luxembourgeoise. Elle fait partie des Domaines Vinsmoselle qui rassemblent six caves coopératives, 130 collaborateurs et 300 familles de vignerons cultivant plus de 800 ha de vignes.

Ce riesling libère d'intenses parfums de fleurs agrémentés de notes de sirop de poire, de citron et d'épices. Rond en attaque, le palais déroule une jolie matière soutenue par une fine acidité qui porte loin la finale. ✗ 2015-2018 ✗ langouste grillée

☛ *Domaines Vinsmoselle, 12, rue des Caves, 6718 Grevenmacher, tél. 75 01 75, c.muller@vinsmoselle.lu* 🅥 🅐 🅙 *r.-v.*

CRÉMANT-DE-LUXEMBOURG

BERNA Brut ★★★

	8 000	8 à 11 €

Les caves Berna se situent au cœur du village d'Ahn, sous la maison des vignerons. Aujourd'hui épaulé par son fils Marc, Albert Berna exploite un vignoble de près de 7 ha.

Ce crémant couleur or s'ouvre sans réserve sur des notes d'ananas frais et de pomme golden. En bouche, il se révèle ample, gras et onctueux, « gentiment » stimulé par une effervescence fine et évanescente. ✗ 2015-2018 ✗ poularde à la crème

☛ *Caves Berna, 7, rue de la Résistance, 5401 Ahn, tél. 76 02 08, info@cavesberna.lu* 🅥 🅐 🅙 *r.-v.*

CEP D'OR Brut Signature 2012

	10 000	11 à 15 €

Les origines de ce domaine remontent au XVIIIe s. quand les Vesque s'installèrent à Stadtbredimus comme mé-

tayers du château. Depuis 2005, Jean-Marie Vesque est à la tête de la propriété.

La robe jaune paille intense annonce un vin de belle concentration. De fait, à un nez expressif et riche (sous-bois, épices douces, fruits jaunes) répond une bouche généreuse, centrée sur les petits fruits très mûrs : fraise des bois, mûre. ✗ 2015-2018 ✗ palmiers feuilletés à la tapenade

☛ *Dom. viticole Cep d'or, 15, rte du Vin, 5429 Hettermillen, tél. 76 83 83* 🅥 🅐 🅙 *r.-v.*

CLOS DES ROCHERS Brut ★

	23 000	11 à 15 €

Dans l'orbite de la maison Bernard-Massard, ce domaine exploité par la famille Clasen depuis le XIXe s. couvre aujourd'hui 18 ha répartis sur trente-cinq parcelles différentes entre Grevenmacher et Wormeldange.

Jaune paille animé d'un élégant cordon de fines bulles, ce crémant livre un nez frais et fruité et une bouche à l'acidité bien maîtrisée. ✗ 2015-2018 ✗ minifriands au fromage

☛ *SARL Dom. Clos des Rochers, 6, rue du Pont, 6773 Grevenmacher, info@clos-des-rochers.lu* 🅥 🅐 🅙 *t.l.j. 9h-18h; f. nov.-mars*

DESOM Brut Élégance

	16 000	8 à 11 €

Installées dans une ancienne tisserie ayant appartenu au poète luxembourgeois Dicks, ces caves sont situées à Remich, face à la Moselle.

Un joli chapelet de bulles fines traverse une robe jaune pâle. Le nez frais s'ouvre sans réserve sur des notes de pêche blanche et de lilas. Une attaque ronde introduit un palais joliment fruité et persistant. ✗ 2015-2017 ✗ rösti

☛ *Caves St-Remy-Desom, 9, rue Dicks, 5521 Remich, tél. 23 60 40, desom@pt.lu* 🅥 🅐 🅙 *r.-v.*

ALY DUHR Brut ★★

	2 660	11 à 15 €

En 2011, les frères Ben et Max Duhr ont repris les rênes de ce domaine familial de 11 ha créé en 1872.

La robe est animée de bulles foisonnantes. Du verre, s'échappent des notes de fruits blancs bien mûrs. En bouche, ce crémant se révèle franc et tonique, impression renforcée en finale par un surcroît de nervosité aux accents d'agrumes. ✗ 2015-2018 ✗ pad thaïe

☛ *Mme Aly Duhr, 9, rue Aly Duhr, 5401 Ahn, tél. 76 00 43, info@alyduhr.lu* 🅥 🅐 🅙 *r.-v.*

GALES Brut Héritage

	17 000	🍷	8 à 11 €

Depuis 1984, ces caves appartiennent à la famille Gales. Les galeries creusées dans la falaise entre 1919 et 1921 s'étendent sur près de 1 km. Un restaurant rattaché aux caves offre une vue sur la Moselle. Le vignoble couvre 12 ha.

La robe claire est engageante, comme le nez ouvert sur de fraîches senteurs citronnées. Franc en attaque, le palais se révèle tout aussi vif, animé par des saveurs acidulées d'agrumes. ✗ 2015-2017 ✗ crêpe au saumon

☛ *SA Caves Gales, 6, rue de la Gare, 5690 Ellange-Gare, tél. 23 69 90 93, info@gales.lu* 🅥 🅐 🅙 *t.l.j. sf lun. 10h-12h 13h-17h30; f. nov.-mars*

HÄREMILLEN Brut Grande Cuvée ★

13 500	8 à 11 €

Ce domaine fondé en 1978 par la famille Mannes-Kieffer est l'un des plus récents bordant la Moselle. Sis dans l'ancien moulin du chanoine (Häremillen) de Trèves, il est entouré de 15 ha de vignes.

Animée de bulles très fines, ce crémant cristallin dévoile un nez plutôt discret et frais (agrumes), relayé par une bouche ample, longue et équilibrée. ✗ 2015-2018 ❦ filets de sole au crémant

○┐ Dom. viticole Häremillen, 3, op der Borreg, 5419 Ehnen, tél. 76 84 36, info@haeremillen.lu ⚐ ⚑ r.-v.

DOM. VITICOLE KOHLL-LEUCK Cuvée brut ★★

33 000	8 à 11 €

Marie-Cécile et Raymond Kohll-Leuck ont transmis en 2011 leur vignoble de 12 ha à leur fils Luc et son beau-frère Claude Scheuren.

Ce crémant issu de cinq cépages (auxerrois, pinot gris, pinot blanc, pinot noir et riesling) arbore une robe jaune animée d'une fine effervescence. Un vin très frais, harmonieux et persistant. ✗ 2015-2018 ❦ truite au riesling

○┐ Dom. Viticole Kohll-Leuck, An der Borreg 4, 5419 Ehnen, tél. 76 02 42, domaine@kohll.lu
⚑ ⚐ ⚑ r.-v.

DOM. VITICOLE KOHLL-REULAND
Brut Cuvée du domaine ★★

9 450	🍶	8 à 11 €

Depuis le XVIIᵉs., la famille Kohll cultive la vigne à Ehnen. Le vignoble couvre à présent quelque 7 ha complantés d'auxerrois, de pinots blanc, gris et noir, de chardonnay et de riesling.

Une robe ou pâle traversée de fines bulles, un nez délicat floral et minéral, une bouche très fruitée (agrumes, fruits blancs) : un ensemble élégant, savoureux et persistant. ✗ 2015-2018 ❦ gougères

○┐ Dom. viticole Kohll-Reuland, 12 Hohlgaass, 5418 Ehnen, tél. 26 74 77 72, mkohll@pt.lu ⚑ ⚐ ⚑ r.-v.

KRIER FRÈRES Brut Saint-Cunibert

19 500	🍶	8 à 11 €

Fondé en 1914 par Jean Krier, négociant, vigneron et tonnelier, ce domaine de 12ha est dirigé depuis 1989 par Marc Krier, petit-fils du fondateur.

Ce crémant livre un nez subtil qui allie la pomme verte et le pamplemousse. En bouche, le mariage du fruit et de la vivacité est tout aussi réussi. ✗ 2015-2017 ❦ toast mosellan

○┐ Caves Krier Frères Remich SA, 1, montée Saint-Urbain, 5501 Remich, tél. 23 69 601, caves@krierfreres.lu ⚑ ⚐ ⚑ r.-v.

LINDEN-HEINISCH Cuvée brut ★★★

5 000	8 à 11 €

Ehnen est un joli village viticole qui mérite le détour. Jean Linden-Heinisch, valeur sûre de l'appellation, y possède 8,4 ha. Ses vignes sont situées à Wousselt, Ehnerberg et Brômelt.

Ce crémant issu du chardonnay (40 %) et complété d'auxerrois et de pinot blanc à parité présente de fines bulles qui forment une mousse des plus crémeuses. Un joli fruité anime l'olfaction et se prolonge avec intensité dans un palais raffiné. ✗ 2015-2018 ❦ tortilla luxembourgeoise

○┐ Domaine viticole Linden-Heinisch, 8, rue Isidore-Comes, 5417 Ehnen, tél. 76 06 61
⚑ ⚐ ⚑ r.-v.

LÉA LINSTER Brut LMEAAX ★★★

24 500	11 à 15 €

Le domaine viticole de la célèbre chef étoilée Léa Linster, à la tête d'un restaurant gastronomique à Frisange.

Issu du pinot noir (40 %), de l'auxerrois (30 %), du pinot blanc (20 %) et du chardonnay, ce crémant arbore une robe intense et atypique couleur œil de perdrix. Dominé par les fruits rouges au nez, il offre au palais de la souplesse, de la rondeur, un joli fruité et une belle longueur. ✗ 2015-2018 ❦ saumon fumé

○┐ Cave Léa Linster, 17, Letzebuergerstrooss, 5752 Frisange, tél. 66 84 111 ⚑ ⚐ ⚑ r.-v.

MATHES Prestige Brut ★★

7 600	8 à 11 €

Fondées en 1907 par Jean-Pierre Mathes, les caves du domaine cultivent leurs 8 ha de vignes exclusivement en cépages nobles dans la commune de Wormeldange aux lieux-dits Wousselt, Mohrberg, Heiligenhäuschen, Elterberg et la prestigieuse Koeppchen.

Issu du riesling (58 %), du pinot blanc (23 %), du pinot gris (14 %) et du chardonnay, ce crémant s'annonce dans une jolie robe jaune aux reflets verts. Élégant au nez, il se révèle ample et persistant en bouche. ✗ 2015-2018 ❦ gambas au curry

○┐ Dom. Mathes, 73, rue Principale, L-5480 Wormeldange, tél. 76 93 93, info@mathes.lu
⚑ ⚐ ⚑ r.-v.

POLL-FABAIRE Brut Cult ★★

n.c.	15 à 20 €

Créée en 1930 la cave Wormeldange est devenue en 1991 le « Centre d'élaboration des crémants Poll-Fabaire ». Elle compte parmi les six caves des Domaines Vinsmoselle qui rassemblent 130 collaborateurs et 300 familles de vignerons cultivant plus de 800 ha de vignes.

Issu du pinot noir (90 %) et du pinot blanc, ce crémant ourlé d'une mousse fine et régulière libère de jolies notes fraîches de pamplemousse. Franc en attaque, il offre un palais de fruits exotiques soutenu par une fine acidité. ✗ 2015-2018 ❦ quenelles de sarrasin

○┐ Poll-Fabaire, Caves des Crémants, 115, rte du Vin, 5481 Wormeldange, tél. 76 82 11, info@pollfabaire.lu
⚑ ⚐ ⚑ t.l.j. 8h-19h

POLL-FABAIRE Cuvée brut

n.c.	8 à 11 €

Cette cave fait partie du Centre d'élaboration des crémants Poll-Fabaire. Elle compte parmi les six caves des Domaines Vinsmoselle qui rassemblent 130 collaborateurs et 300 familles de vignerons cultivant plus de 800 ha de vignes au total.

Ce crémant aux bulles foisonnantes libère des parfums élégants de fleurs blanches et d'agrumes. On retrouve ces derniers en compagnie des fruits à chair blanche dans un palais souple et amène. ✗ 2015-2017 ❦ flûtes au gruyère et au sésame

⊶ *Domaines Vinsmoselle, Caves de Stadtbredimus, Kellereiswee, 5450 Stadtbredimus, tél. 23 69 66, info@ pollfabaire.lu*

POLL-FABAIRE Cuvée brut ★★	
n.c.	5 à 8 €

Fondée en 1929, cette cave est la plus ancienne de la Moselle luxembourgeoise. Elle fait partie des Domaines Vinsmoselle qui rassemblent 130 collaborateurs et 300 familles de vignerons cultivant plus de 800 ha de vignes.

Issu du pinot blanc et de l'auxerrois à parité (40 %), complétés de riesling, ce crémant séduit d'emblée par sa robe jaune pâle. Son nez très fin et fruité est adouci par d'intenses notes de tilleul. En bouche, il se distingue par ses notes de fruits à chair jaune, son équilibre et sa longueur remarquable. ✗ 2015-2018 ❦ feuilletés au saumon fumé

⊶ *Dom. de Vinsmoselle, Caves de Greiveldange, Hamesgaass 1, 5427 Greiveldange, tél. 23 69 66, info@pollfabaire.lu*

POLL-FABAIRE Cuvée pinot blanc Brut ★★	
n.c.	8 à 11 €

Cette cave fait partie des Domaines Vinsmoselle qui rassemblent six caves coopératives, 130 collaborateurs et 300 familles de vignerons cultivant plus de 800 ha de vignes.

Ce crémant est animé par un cordon persistant de bulles fines. Le nez est séduisant par ses notes florales (acacia, laurier) et fruitées. Rond en attaque, le palais livre des notes de pêche et de raisin frais, soutenu par une fine acidité qui se prolonge jusqu'en finale. ✗ 2015-2018 ❦ apéritif

⊶ *Domaines Vinsmoselle, Caves de Wellenstein, 37, rue des Caves, 5471 Wellenstein, tél. 26 66 141, info@pollfabaire.lu* 🆅 🅺 🅻 *r.-v.*

DOMAINE SCHUMACHER-LETHAL ET FILS Cuvée Pierre ★	
18 250	8 à 11 €

Dans la famille Schumacher, Ern et son épouse Monika conduisent un vignoble de 12 ha. Leur fils Tom travaille à la cave.

Ce crémant libère des notes fruitées fraîches que l'on retrouve dans une bouche tonique et de caractère, à l'acidité bien présente. ✗ 2015-2018 ❦ verrine de saumon

⊶ *Schumacher-Lethal, 117, rte du Vin, 5481 Wormeldange, tél. 26 74 76 90, contact@schumacher-lethal.lu* 🆅 🅺 🅻 *r.-v.*

♥ **SCHUMACHER-KNEPPER** Brut Alexandre de Musset ★★		
5 500	📷	8 à 11 €

Ce domaine se transmet de père en fils depuis 1714. En 1965, il s'agrandit grâce au rachat du vignoble du notaire Constant Knepper. C'est en 2003 que Frank et Martine Schumacher, représentant la septième génération, prennent la direction de cette exploitation de 8,5 ha.

Issu du pinot blanc (55 %) et du riesling, ce crémant jaune pâle se révèle élégant dès le premier nez, autour de nuances citronnées, florales et minérales. Des arômes auxquels fait écho une bouche d'une grande fraîcheur « terroitée », ample et très longue. ✗ 2015-2018 ❦ verrine de crevettes

⊶ *Dom. viticole Schumacher-Knepper, 28, rte du Vin, 5495 Wintrange, tél. 23 60 451, contact@schumacher-knepper.lu* 🆅 🅺 🅻 *t.l.j. sf dim. 9h-12h 14h-17h30*

DOM. THILL Brut Riesling Cuvée Victor Hugo 2011 ★★★	
4 300	11 à 15 €

Acquis en 1986 par le groupe Bernard-Massard, ce domaine est l'une des plus grosses exploitations du Luxembourg avec ses 14 ha de vignes implantés à Wintrange et à Schwebsange.

Ce crémant hors-pair affiche une robe jaune pâle et livre des notes gourmandes de pêche et de brioche. La bouche, ample et équilibrée, chaleureuse et persistante, renoue avec les fruits à chair blanche, dans un registre plus mûr. ✗ 2015-2018 ❦ croissant jambon-fromage

⊶ *Dom. Thill, 8, rue du Pont, 6773 Grevenmacher, tél. 75 05 45 400, info@chateau-de-schengen.com* 🆅 🅺 🅻 *t.l.j. 9h-18h; f. nov.-mars*

Les mots du vin

LES MOTS DU VIN

A

Acescence
Maladie provoquée par des micro-organismes et donnant un vin piqué.

Acidité
1) Ensemble des acides présents dans le vin.
2) Saveur acide, l'une des quatre saveurs élémentaires, avec l'amer, le sucré et le salé. Présente sans excès, l'acidité est nécessaire à l'équilibre du vin, en lui apportant fraîcheur et nervosité. Mais lorsqu'elle est très forte, elle devient un défaut, en lui donnant un caractère mordant et vert. En revanche, si elle est insuffisante, le vin est mou.

Aérer
Exposer à l'air le vin avant le service, pour lui permettre de s'ouvrir davantage, d'épanouir ses arômes et d'arrondir ses tanins.

Agressif
Se dit d'un vin montrant trop de force et attaquant désagréablement les muqueuses.

Aigre
Se dit d'un vin présentant un caractère acide trop marqué, assorti d'une odeur particulière rappelant celle du vinaigre.

Aimable
Se dit d'un vin dont tous les aspects sont agréables et pas trop marqués.

Alcool
Composant le plus important du vin après l'eau, l'alcool éthylique apporte au vin son caractère chaleureux. Mais s'il domine trop, le vin devient brûlant.

Alcooleux
Se dit d'un vin déséquilibré où la sensation chaleureuse, voire brûlante, de l'alcool apparaît trop marquée.

Ambré
1) D'une couleur proche de l'ambre prise parfois par les vins blancs vieillissant longuement, ou s'oxydant prématurément. 2) Mention désignant sur l'étiquette les rivesaltes ou rasteau blancs élevés longuement en milieu oxydatif.

Amertume
Sensation gustative, l'une des quatre saveurs élémentaires, elle est aussi nécessaire à l'équilibre des vins et participe de leur longueur. Normale pour certains vins rouges jeunes et riches en tanins, l'amertume est dans les autres cas un défaut dû à une maladie bactérienne.

Ampélographie
Science étudiant les cépages.

Ample
Se dit d'un vin harmonieux donnant l'impression d'occuper pleinement et longuement la bouche.

Amylique
Désigne un arôme évoquant la banane, les bonbons acidulés (« bonbons anglais ») ou le vernis à ongles (dans ce cas, c'est un défaut), présent dans certains vins primeurs ou jeunes.

Analyse sensorielle
Nom technique de la dégustation.

Animal
Qualifie l'ensemble des odeurs du règne animal : musc, venaison, cuir..., surtout fréquentes dans les vins rouges vieux.

Anthocyanes
Pigments bleus contenus dans la pellicule des raisins noirs et qui, solubles dans l'alcool, donnent leur couleur aux vins rouges au cours de la fermentation. Avec le temps, le bleu s'estompe et la couleur du vin passe du violacé au tuilé.

AOC
Appellation d'origine contrôlée. Système réglementaire français garantissant l'authenticité de certains produits – en particulier le vin – issus d'un terroir donné et dont les caractères tiennent également à des « usages loyaux et constants ». Les grands vins proviennent de régions d'AOC. Voir AOP.

AOP
Appellation d'origine protégée. Terme équivalent de l'AOC à l'échelle européenne, et qui souligne la protection juridique (contre les fraudes et contrefaçons) dont jouissent les produits d'appellation. Voir AOC.

Apogée
Période très variable selon les types de vin et les millésimes, et qui correspond à l'optimum qualitatif d'un vin. Après l'apogée vient le déclin.

Âpre
Se dit d'un vin procurant une sensation rude, un peu râpeuse, provoquée par un fort excès de tanins.

Aromatique
Se dit d'un cépage (muscat, gewurztraminer...) ou d'un vin caractérisé par des arômes intenses.

Arôme
Dans le langage technique de la dégustation, ce terme devrait être réservé aux sensations olfactives perçues en bouche. Mais le mot désigne aussi fréquemment les odeurs en général.

Assemblage
Mélange de plusieurs vins pour obtenir un lot unique. Faisant appel à des vins de même origine, l'assemblage est très différent du coupage – mélange de vins de provenances diverses –, qui a une connotation péjorative.

Astringent
Se dit d'un vin présentant un caractère un peu âpre et rude en bouche. L'astringence apparaît souvent dans de jeunes vins rouges riches en tanins, ayant besoin de s'arrondir.

Attaque
Premières impressions perçues après la mise du vin en bouche.

Austère
Se dit d'un vin rouge généralement jeune, encore fermé aromatiquement, très marqué par les tanins et astringent. Cette sévérité s'estompe en principe avec le temps.

B

Balsamique
Qualificatif d'odeurs venues de la parfumerie et comprenant, entre autres, l'encens, la résine et le benjoin.

Ban des vendanges
Fixation par une autorité (autrefois le seigneur) de la date du début des vendanges. Il est aujourd'hui fixé par arrêté préfectoral sur proposition de l'INAO, à maturité des raisins.

Barrique
Fût bordelais de 225 litres, ayant servi à déterminer le tonneau (unité de mesure correspondant à quatre barriques, soit 900 litres).

Beurré
Se dit d'un arôme rappelant le beurre frais, présent dans certains vins blancs, notamment ceux élevés sous bois.

Biodynamique (agriculture)
Agriculture biologique s'inscrivant dans une vision du monde liant la plante et tous les êtres vivants au cosmos et fondant les travaux à la vigne et au chai sur les cycles de la lune.

Biologique (agriculture)
Agriculture n'utilisant aucun fertilisant ou pesticide de synthèse.

Biologique (vin)
Vin issu de raisins biologiques et élaboré en respectant les règles de vinification adoptées par l'UE en 2012. Ce règlement européen prohibe certaines pratiques, limite les intrants et additifs, notamment le soufre.

Boisé
Se dit d'un vin élevé en barrique et présentant les arômes résultant d'un séjour dans le bois : vanille et notes empyreumatiques telles que bois brûlé, café torréfié, cacao.

Botrytis cinerea
Nom d'un champignon entraînant la pourriture des raisins. Apparaissant par temps strictement pluvieux, la pourriture est dite grise ; elle est néfaste pour le raisin. Due à l'alternance de brouillard (ou de petites précipitations) suivi de soleil, la pourriture, qualifiée de noble, produit une concentration des raisins qui est à la base de l'élaboration des vins blancs liquoreux.

Bouche
Terme désignant l'ensemble des caractères du vin perçus dans la bouche.

Bouchon (goût de)
Défaut irrémédiable du vin se traduisant par un goût de moisi, de vieux papier, de liège, résultant d'une contamination du bouchon de liège par un composé chimique appelé trichloroanisole (TCA). Des produits de traitement du bois (palettes, charpentes utilisées dans les installations de vinification) peuvent produire des effets analogues.

Bouquet
Caractères odorants se percevant au nez lorsque l'on flaire le vin dans le verre, puis dans la bouche sous le nom d'arôme. À l'origine réservé aux vins vieux, ce terme s'applique aujourd'hui à tous types de vins.

Bourbe
Éléments solides en suspension dans le moût. Voir débourbage.

Brillant
Se dit d'une robe très limpide dont les reflets brillent fortement à la lumière.

Brûlé
Qualificatif, parfois équivoque, d'odeurs diverses, allant du caramel au bois brûlé.

Brut
Se dit d'un vin effervescent comportant très peu de sucre (juste assez pour tempérer l'acidité du vin, soit entre 6 et 12 g/l) ; brut zéro (brut nature) désigne un champagne non dosé. Voir dosage.

C

Capiteux
Caractère d'un vin très riche en alcool, jusqu'à en être fatigant.

Carafe
1) Récipient de verre de forme ventrue et à col étroit utilisé pour aérer ou décanter le vin. 2) Vins de carafe : vins qui se boivent jeunes et qu'autrefois on tirait directement au tonneau. Par exemple, certains muscadets ou beaujolais.

Casse
Accident (oxydation ou réduction) provoquant une perte de limpidité du vin.

Caudalie
Unité de mesure de la durée de persistance en bouche des arômes après la dégustation (1 caudalie = 1 seconde).

Cépage
Nom de la variété, en matière de vignes.

Chai
Bâtiment dédié à l'élaboration et à l'élevage des vins.

Chair
Caractéristique d'un vin donnant dans la bouche une impression de plénitude et de densité, sans aspérité.

Chaleureux
Se dit d'un vin procurant, notamment par sa richesse alcoolique, une impression de chaleur.

Chapeau
Dans la vinification des vins rouges, désigne les pellicules et autres parties solides du raisin qui remontent et s'amassent à la surface de la cuve après quelques jours de fermentation.

Chaptalisation
Addition de sucre dans la vendange, contrôlée par la loi, afin d'obtenir un bon équilibre du vin par augmentation de la richesse en alcool lorsque celle-ci est trop faible.

Charnu
Se dit d'un vin ayant de la chair.

Charpente
Bonne constitution d'un vin avec une prédominance tannique ouvrant de bonnes possibilités de vieillissement.

Chartreuse
Dans le Bordelais, petit château du XVIIIe siècle ou du début du XIXe.

Château
Terme souvent utilisé pour désigner des exploitations vinicoles, même si parfois elles ne comportent pas de véritable château.

Clairet
Vin rouge léger et fruité, ou vin rosé produit en Bordelais et en Bourgogne.

Claret
Nom donné par les Anglais au vin rouge de Bordeaux.

Clavelin
Bouteille de forme particulière et d'une contenance de 62 cl, réservée aux vins jaunes du Jura.

Climat
Nom de lieu-dit cadastral dans le vignoble bourguignon.

Clone
Ensemble des pieds de vigne issus d'un pied unique par multiplication (bouturage ou greffage).

Clos
Très usité dans certaines régions pour désigner les vignes entourées de murs (Clos de Vougeot), ce terme a pris souvent un usage beaucoup plus large, désignant parfois les exploitations elles-mêmes.

Collage
Opération de clarification réalisée avec un produit (blanc d'œuf, colle de poisson) se coagulant dans le vin en entraînant dans sa chute les particules restées en suspension.

Complexe
Se dit d'un vin déployant tout au long de la dégustation (du premier nez à la finale) une succession d'arômes variés tout en étant fondus, en harmonie les uns avec les autres et avec la texture. Un vin complexe laisse une impression durable de charme et de profondeur.

Concentré
Se dit d'un vin riche dans tous ses composants (sucres dans les vins liquoreux, tanins dans les vins rouges, composés aromatiques) et qui laisse une impression de densité, d'intensité et de profondeur.

Cordon
Mode de conduite des vignes palissées.

Corps
Caractère d'un vin alliant une bonne constitution (charpente et chair) à de la chaleur.

Corsé
Se dit d'un vin ayant du corps.

Coulant
Voir gouleyant.

Coulure
Non-transformation de la fleur en fruit due à une mauvaise fécondation, pouvant s'expliquer par des raisons diverses (climatiques, physiologiques, etc.).

Coupage
Mélange de vins de provenances diverses (à ne pas confondre avec l'assemblage).

Courgée
Nom de la branche à fruits laissée à la taille et qui est ensuite arquée le long du palissage dans le Jura (en Mâconnais, elle porte le nom de queue).

Court
Se dit d'un vin laissant peu de traces en bouche après la dégustation (on dit aussi « court en bouche »).

Crémant
Vin effervescent d'AOC élaboré par méthode traditionnelle, avec des contraintes spécifiques, dans les régions d'Alsace, du Bordelais, de Bourgogne, de Die, du Jura, de Limoux et dans le Val de Loire, ainsi qu'au Luxembourg.

Cru

Terme dont le sens varie selon les régions (terroir ou domaine), mais contenant partout l'idée d'identification d'un vin à un lieu défini de production.

Cuvaison

Période pendant laquelle, après la vendange en rouge, les matières solides restent en contact avec le jus en fermentation dans la cuve. Sa longueur détermine la coloration et la force tannique du vin.

D

Débourbage

Clarification du jus de raisin non fermenté, séparé de la bourbe.

Débourrement

Ouverture des bourgeons et apparition des premières feuilles de la vigne.

Décanter

Transvaser un vin de sa bouteille dans une carafe pour lui permettre d'abandonner son dépôt.

Déclassement

Suppression du droit à l'appellation d'origine d'un vin ; celui-ci est alors commercialisé comme Vin de France.

Décuvage

Séparation du vin de goutte et du marc après fermentation (on dit aussi écoulage).

Dégorgement

Dans la méthode traditionnelle, élimination du dépôt de levures formé lors de la seconde fermentation en bouteille.

Degré alcoolique

Richesse du vin en alcool exprimée en pourcentage de volume d'alcool contenu dans le vin.

Demi-sec

Vin comprenant une certaine proportion de sucres résiduels sans être pour autant moelleux. Les champagnes et mousseux demi-secs, dont le dosage est compris entre 32 et 50 g/l, sont des vins conseillés pour le dessert.

Dépôt

Particules solides contenues dans le vin, notamment dans les vins vieux (où il est enlevé avant dégustation par la décantation).

Dosage

Apport de sucre (exprimé en g/l) sous forme de liqueur d'expédition à un vin effervescent, après le dégorgement. Il varie selon le degré de vivacité souhaité (voir extra-brut, brut, extra-dry, sec, demi-sec).

Doux

Terme s'appliquant à des vins sucrés.

Dur

Un vin dur est caractérisé par un excès d'astringence et d'acidité, pouvant parfois s'atténuer avec le temps.

E

Échelle des crus

Système complexe de classement des communes de Champagne en fonction de la valeur des raisins qui y sont produits.

Écoulage

Voir décuvage.

Effervescent

Synonyme de mousseux.

Égrappage

Séparation des grains de raisin de la rafle.

Élégant

Se dit d'un vin qui, au-delà de l'équilibre, présente des qualités de charme et d'harmonie, sans la moindre lourdeur.

Élevage

Clarification, stabilisation et affinage du vin (en cuve, en fût ou dans d'autres récipients) effectués après la fermentation.

Empyreumatique

Famille d'arômes évoquant le brûlé ou le fumé : bois brûlé, fumée, cendre, goudron, et aussi les denrées qui résultent de la torréfaction, comme le café, le thé ou le cacao, ou encore le pain grillé et le tabac.

Encépagement

Ensemble des cépages cultivés dans un vignoble ; proportion relative des différents cépages dans un domaine ou un vignoble donné.

Enveloppé

Se dit d'un vin riche en alcool, mais dans lequel le moelleux domine.

Épais

Se dit d'un vin donnant en bouche une impression de lourdeur et d'épaisseur.

Épanoui

Qualificatif d'un vin équilibré qui a acquis toutes ses qualités de bouquet.

Épicé

Se dit d'un arôme évoquant les épices : poivre, cannelle, noix muscade, clou de girofle...

Équilibré

Se dit d'un vin présentant un bon équilibre entre tous ses constituants et saveurs, en particulier : alcool et acidité dans les vins blancs secs, alcool, acidité et sucres dans les vins blancs moelleux, alcool, acidité et force tannique dans les vins rouges.

Éraflage

Séparation des baies de raisin de la rafle (la partie ligneuse de la grappe) avant fermentation pour éviter la présence de tanins rustiques dans le vin. Synonyme : égrappage.

Étampage

Marquage des bouchons, des barriques ou des caisses à l'aide d'un fer.

Évent (goût d')

Défaut caractérisant un vin exposé à l'air, et qui a perdu ses qualités aromatiques.

Éventé

Se dit d'un vin ayant perdu tout ou partie de ses arômes à la suite d'une oxydation.

Évolué

Se dit d'un vin montrant par sa couleur (tuilée chez les rouges, ambrée chez les blancs), par ses arômes ou sa structure qu'il amorce la fin de son apogée et demande à être consommé rapidement.

Expressif

Se dit d'un vin épanoui et offrant des arômes bien marqués.

Extra-brut

Se dit d'un champagne très vif, dont la teneur en sucres est inférieure à 6 g/l. (Voir dosage.)

Extraction

Au cours de la fermentation des vins rouges, absorption par le moût des composés contenus dans les pellicules des baies, comme les tanins et les pigments colorés. Cette absorption peut être favorisée par diverses opérations, comme les pigeages et remontages (voir ces mots). Lorsqu'elle est excessive, on parle de surextraction.

Extra-dry

Se dit d'un champagne très légèrement moelleux dont le dosage est compris entre 12 et 17 g/l. (Voir dosage.)

F

Fatigué

Terme s'appliquant à un vin ayant perdu provisoirement ses qualités (par exemple après un transport) et nécessitant un repos pour les recouvrer.

Féminin

Caractérise les vins dont l'agrément résulte de l'élégance et de la finesse plus que de la puissance.

Fermé

S'applique à un vin de qualité encore jeune, n'ayant pas acquis un bouquet très prononcé et qui nécessite donc d'être attendu pour être dégusté.

Fermentation

Processus permettant au jus de raisin de devenir du vin, grâce à l'action de levures transformant le sucre en alcool.

Fermentation malolactique

Transformation, sous l'effet de bactéries lactiques, de l'acide malique du vin en acide lactique et en gaz carbonique ; elle a pour effet de rendre le vin moins acide.

Fillette

Nom donné dans le Val de Loire à la demi-bouteille (37,5 cl).

Filtration

Clarification du vin à l'aide de filtres.

Finale

Impressions plus ou moins durables que l'on ressent en bouche une fois le vin avalé (ou recraché dans le cas d'une dégustation professionnelle). La finale peut être courte ou persistante.

Finesse

Qualité d'un vin délicat et élégant.

Fleur

Maladie du vin se traduisant par un voile blanchâtre et un goût d'évent.

Floral

Se dit d'un vin dominé par des arômes évoquant les fleurs ; suivant les cas, fleurs blanches (aubépine, acacia, jasmin, chèvrefeuille...), rose, pivoine, violette...

Fondu

Désigne un vin, notamment un vin vieux, dans lequel les différents caractères se mêlent harmonieusement entre eux pour former un ensemble bien homogène.

Foudre

Tonneau de grande capacité.

Foulage

Opération consistant à faire éclater la peau des grains de raisin.

Foxé

Désigne l'odeur, entre celle du renard et celle de la punaise, que dégage le vin produit à partir de certains cépages hybrides.

Frais

Se dit d'un vin légèrement acide, mais sans excès, qui procure une sensation de fraîcheur.

Franc

Désigne l'ensemble d'un vin, ou l'un de ses aspects (couleur, bouquet, goût...) sans défaut ni ambiguïté.

Friand

Qualificatif d'un vin à la fois frais et fruité.

Fruité
Se dit d'un vin, en général jeune, dont la palette aromatique est dominée par des arômes de fruits frais. Selon la couleur et le style des vins : arômes de fruits rouges (cerise, griotte, framboise, groseille, fraise...), noirs (cassis, myrtille, mûre), jaunes (abricot, pêche jaune, mirabelle), exotiques (mangue, litchi, ananas), blancs (pomme, poire, pêche blanche), agrumes (citron, pamplemousse, mandarine...).

Fumé
Qualificatif d'odeurs proches de celle des aliments fumés, caractéristiques, entre autres, du cépage sauvignon ; d'où le nom de blanc fumé parfois donné à cette variété.

Fumet
Synonyme ancien de bouquet.

G

Garde (vin de)
Désigne un vin montrant une bonne aptitude au vieillissement.

Garrigue
Notes évoquant les herbes aromatiques méditerranéennes telles que le thym ou le romarin, décelées dans de nombreux vins méridionaux.

Généreux
Se dit d'un vin riche en alcool, mais sans être fatigant, à la différence d'un vin capiteux.

Générique
Terme pouvant avoir plusieurs acceptions, mais désignant souvent un vin de marque par opposition à un vin de cru ou de château, employé parfois abusivement pour désigner les appellations régionales (par exemple bordeaux, bourgogne...).

Gibier
Famille d'arômes animaux évoquant la venaison, et présents dans certains vins rouges vieux. Voir venaison.

Glace (vin de)
Vin liquoreux obtenu par pressurage de baies gelées récoltées au cœur de l'hiver.

Glycérol
Tri-alcool légèrement sucré, issu de la fermentation du jus de raisin, qui donne au vin son onctuosité.

Gouleyant
Se dit d'un vin souple et agréable, glissant bien dans la bouche.

Gourmand
Se dit d'un vin flatteur et aromatique, qui invite à la dégustation immédiate.

Goutte (vin de)
Dans la vinification en rouge, vin issu directement de la cuve au décuvage (voir presse).

Gras
Synonyme d'onctueux.

Gravelle
Terme désignant le dépôt de cristaux de tartre dans les vins blancs en bouteille.

Graves
Sol composé de cailloux roulés et de graviers, très favorable à la production de vins de qualité, que l'on trouve notamment en Médoc et dans les Graves.

Greffage
Méthode employée depuis la crise phylloxérique, consistant à fixer sur un porte-greffe résistant au phylloxéra un greffon d'origine locale.

Gris (vin)
Vin obtenu en vinifiant en blanc des raisins à la pellicule colorée (noire ou grise), par pressurage direct, sans macération. Il s'agit d'un rosé très peu coloré.

H

Harmonieux
Se dit d'un vin équilibré laissant une impression flatteuse d'élégance.

Hautain (en)
Taille de la vigne en hauteur.

Herbacé
Se dit d'un arôme végétal peu flatteur évoquant l'herbe ou les feuilles fraîches. Voir végétal.

Hybride
Terme désignant les cépages obtenus à partir de deux espèces de vignes différentes.

I

IGP
Indication géographique protégée, catégorie définie en 2009 et correspondant aux vins de pays. Elle désigne des vins issus d'une zone géographique délimitée, mais dont le lien au terroir est moins fort que pour les vins AOC. L'IGP s'applique à d'autres denrées dont la notoriété et le caractère sont liés à un territoire donné mais dont certaines phases d'élaboration peuvent se dérouler en dehors de cet espace géographique.

Impériale
Voir Mathusalem.

INAO
Institut national de l'origine et de la qualité (autrefois Institut national des appellations d'origine). Organisme français dépendant du ministère de l'Agriculture et ayant en charge les signes de

qualité : AOC, IGP, STG (spécialités traditionnelles garanties), labels rouges et agriculture biologique.

J

Jambes
Synonyme de larmes.

Jéroboam
Grande bouteille contenant l'équivalent de quatre bouteilles.

Jeune
Qualificatif très relatif pouvant désigner un vin de l'année déjà à son optimum, aussi bien qu'un vin ayant passé sa première année mais n'ayant pas encore développé toutes ses qualités.

L

Lactique (acide)
Acide obtenu par la fermentation malolactique.

Larmes
Traces laissées par le vin sur les parois du verre lorsqu'on l'agite ou l'incline.

Léger
Se dit d'un vin peu coloré et peu corsé, mais équilibré et agréable. En général, à boire assez rapidement.

Levures
Champignons microscopiques unicellulaires provoquant la fermentation alcoolique.

Lies
Dépôt constitué par les levures mortes après la fermentation. Certains vins blancs sont élevés sur leurs lies, ce qui rend leurs arômes et leur structure plus complexes et plus riches.

Limpide
Se dit d'un vin de couleur claire et brillante ne contenant pas de matières en suspension.

Liqueur d'expédition
Dans le champagne et les vins élaborés selon la méthode traditionnelle, ajout précédant le bouchage de vin destiné à combler le vide dans la bouteille créé par le dégorgement. Ce vin ajouté est souvent édulcoré par du sucre, incorporé en proportion variable selon le style de vin recherché, brut, demi-sec, etc. (voir dosage). Synonyme : liqueur de dosage.

Liqueur de tirage
Dans le champagne et les mousseux de méthode traditionnelle, liqueur ajoutée au vin au moment de la mise en bouteille (tirage) ; elle est composée de sucres et de levures dissous dans du vin. Ces composants provoqueront la seconde fermentation en bouteille aboutissant à la formation de bulles de gaz carbonique.

Liquoreux
Vins blancs riches en sucre, souvent obtenus à partir de raisins sur lesquels s'est développée la pourriture noble, et se distinguant entre autres par un bouquet spécifique (notes confites ou rôties). Les vins liquoreux peuvent aussi provenir d'un passerillage des baies sur souche ou sur claies (vins de paille).

Long
Se dit d'un vin dont les arômes laissent en bouche une impression plaisante et persistante après la dégustation. On dit aussi : d'une bonne longueur.

Lourd
Se dit d'un vin excessivement épais, trop chargé en tanins ou en sucres, manquant selon les cas de souplesse ou de fraîcheur.

M

Macération
Contact du moût avec les parties solides du raisin pendant la cuvaison.

Macération carbonique
Mode de vinification en rouge par macération de grains entiers dans des cuves saturées de gaz carbonique ; il est utilisé notamment pour la production de certains vins primeurs.

Macération pelliculaire
Technique consistant à laisser macérer les baies de raisin à l'abri de l'air et à basse température avant la fermentation, ce qui a pour résultat de favoriser l'expression aromatique du vin.

Mâche
Terme s'appliquant à un vin possédant à la fois épaisseur et volume et qui donne l'impression qu'il pourrait être mâché.

Madérisé
Se dit d'un vin blanc qui, en vieillissant, s'oxyde et prend une couleur ambrée et un goût rappelant celui du madère.

Magnum
Bouteille contenant l'équivalent de deux bouteilles ordinaires.

Malique (acide)
Acide présent à l'état naturel dans beaucoup de vins et qui se transforme en acide lactique par la fermentation malolactique.

Marc
Matières solides restant après le pressurage.

Mathusalem
Autre nom pour la bouteille impériale, équivalant à huit bouteilles ordinaires.

Maturation
Transformation subie par le raisin quand il s'enrichit en sucre et perd une partie de son acidité pour arriver à maturité.

Merrain
Bois de chêne fendu utilisé dans la fabrication des barriques.

Méthode traditionnelle
Technique d'élaboration des vins effervescents comprenant une prise de mousse en bouteille, conforme à la méthode d'élaboration du champagne. Autrefois abusivement appelée « méthode champenoise ».

Mildiou
Maladie provoquée par un champignon parasite qui attaque les organes verts de la vigne.

Millerandage
Anomalie dans la maturation du raisin, conduisant à la présence, dans une même grappe, de baies de taille inégale et souvent réduite. Ce phénomène, dû à de mauvaises conditions climatiques au moment de la floraison, a pour conséquence de diminuer les rendements et parfois d'améliorer la qualité du vin, grâce à l'importance relative des pellicules qui contiennent les composés les plus intéressants du vin.

Millésime
Année de récolte d'un vin.

Minéral
Se dit d'un vin présentant une note aromatique évoquant les roches (dans les blancs : silex, craie, note saline, voire pétrole dans certains rieslings évolués ; dans les rouges : graphite, schiste chauffé au soleil...). Cette série aromatique est souvent associée à des sensations de vivacité. La minéralité pourrait être un effet du terroir (exemple : touches de pierre à fusil des vins de Loire issus de sauvignon planté sur argiles à silex).

Mistelle
Moût de raisin frais, riche en sucre, dont la fermentation a été arrêtée par l'adjonction d'alcool. Synonyme : vin de liqueur.

Moelleux
Qualificatif s'appliquant généralement à des vins blancs doux se situant entre les secs et les liquoreux proprement dits. Se dit aussi, à la dégustation, d'un vin à la fois gras et peu acide.

Mordant
Caractère d'un vin très vif et/ou astringent, légèrement agressif.

Mou
Se dit d'un vin déséquilibré par son manque d'acidité.

Moût
Désigne le liquide sucré extrait du raisin.

Musquée
Se dit d'une odeur rappelant celle du musc.

Mutage
Opération consistant à arrêter la fermentation alcoolique du moût en y ajoutant de l'alcool vinique, pratiquée notamment pour obtenir vins doux naturels et vins de liqueur.

N

Nabuchodonosor
Bouteille géante équivalant à vingt bouteilles ordinaires.

Négoce
Terme employé pour désigner le commerce des vins et les professions s'y rapportant. Est employé parfois par opposition à viticulture.

Négociant-éleveur
Dans les grandes régions d'appellations, négociant ne se contentant pas d'acheter et de revendre les vins mais, à partir de vins très jeunes, réalisant toutes les opérations d'élevage jusqu'à la mise en bouteilles.

Négociant-manipulant
Terme champenois désignant le négociant qui achète des vendanges pour élaborer lui-même un vin de Champagne.

Nerveux
Se dit d'un vin marquant le palais par des caractères bien accusés et une pointe d'acidité, mais sans excès.

Net
Se dit d'un vin franc, aux caractères bien définis.

Nez
Terme regroupant l'ensemble des odeurs perçues en respirant le vin. Le « premier nez » désigne les premières senteurs humées, avant l'agitation du verre.

Nouveau
Se dit d'un vin des dernières vendanges, et plus particulièrement d'un vin primeur.

O

Odeur
Perçues directement par le nez, à la différence des arômes de bouche, les odeurs du vin peuvent être d'une grande variété, rappelant aussi bien les fruits ou les fleurs que la venaison.

Œil
1) Synonyme de bourgeon. 2) Terme désignant l'aspect visuel du vin. Synonyme : robe.

Œnologie
Sciences (chimie, biologie, microbiologie) appliquées à l'élaboration et à la conservation du vin.

Œnologue
Titulaire du diplôme national d'œnologie, chargé d'élaborer le vin, parfois conseil des propriétés ou des maisons de négoce.

Œnophile
Amateur de vin.

Oïdium
Maladie de la vigne provoquée par un petit champignon et qui se traduit par une teinte grise et un dessèchement des raisins ; se traite par le soufre.

OIV
Organisation internationale de la vigne et du vin. Organisme intergouvernemental étudiant les questions techniques, scientifiques ou économiques soulevées par la culture de la vigne et la production du vin.

Onctueux
Qualificatif d'un vin se montrant en bouche agréablement moelleux, gras.

Organoleptique
Désigne les qualités ou propriétés perçues par les sens lors de la dégustation, comme la couleur, l'odeur ou le goût.

Ouillage
Opération consistant à rajouter régulièrement du vin dans chaque barrique pour la maintenir pleine et éviter l'oxydation du vin au contact de l'air.

Ouvert
Se dit d'un vin au nez épanoui et expressif, en général à son apogée.

Oxydatif (élevage)
Méthode d'élevage visant à faire acquérir au vin certains arômes d'évolution (fruits secs, orange amère, café, rancio...) en l'exposant à l'air ; on l'élève alors soit dans des barriques, demi-muids ou foudres non ouillés, parfois entreposés en plein air, soit dans des bonbonnes exposées au soleil et aux variations de températures. Ce type d'élevage caractérise certains vins doux naturels, portos et autres vins de liqueur.

Oxydation
Résultat de l'action de l'oxygène de l'air sur le vin. Excessive, elle se traduit par une modification de la couleur (tuilée pour les rouges, ambrée pour les blancs) et du bouquet.

P

Paille (vin de)
Vin liquoreux obtenu grâce à un passerillage après récolte de grappes de raisins déposées sur des claies ou suspendues dans des locaux bien aérés.

Parfum
Synonyme d'odeur avec, en plus, une connotation laudative.

Passerillage
Dessèchement du raisin à l'air s'accompagnant d'un enrichissement en sucre. Les baies passerillées (ou flétries) donnent des vins liquoreux.

Perlant
Se dit d'un vin dégageant de petites bulles de gaz carbonique.

Persistance
Phénomène se traduisant par la perception de certains caractères du vin (saveur, arômes) après que celui-ci a été avalé. Une bonne persistance est un signe positif.

Pétillant
Désigne un vin légèrement effervescent dont la pression du gaz carbonique est moins forte que dans les autres vins mousseux.

Phylloxéra
Puceron qui, entre 1860 et 1880, ravagea le vignoble français en provoquant la mort des racines par sa piqûre.

Pièce
Nom du fût utilisé en Bourgogne (capacité de 228 litres).

Pierre à fusil
Se dit d'un arôme qui évoque l'odeur du silex venant de produire des étincelles.

Pigeage
Au cours de la vinification des vins rouges, opération consistant à enfoncer dans le moût du raisin le chapeau (voir ce mot) constitué par les parties solides du raisin, ce qui favorise une extraction des composants du raisin. Voir aussi : extraction, remontage.

Piqué
Qualificatif d'un vin atteint d'acescence, maladie se traduisant par une odeur aigre prononcée.

Piqûre (acétique)
Synonyme d'acescence.

Plat
Se dit d'un vin déséquilibré, trop faible en alcool.

Plein
Se dit d'un vin ayant des qualités d'ampleur, qui donne en bouche une sensation de plénitude.

Pommadé
Se dit d'un vin déséquilibré, pâteux, sirupeux, dont la trop grande richesse en sucres donne une impression de lourdeur.

Pourriture noble
Nom donné à l'action du Botrytis cinerea sous certaines conditions atmosphériques (matinées brumeuses et journées ensoleillées) grâce à laquelle les baies de raisin se concentrent en sucres, permettant d'élaborer des vins blancs liquoreux.

Presse (vin de)
Dans la vinification en rouge, vin tiré des marcs par pressurage après le décuvage. Voir goutte (vin de).

Pressurage
En blanc ou en rosé de pressurage, action de presser le raisin pour en tirer du jus. En rouge, opération consistant à presser le marc de raisin pour en extraire le vin.

Primeur (achat en)
Achat fait peu après la récolte et avant que le vin soit consommable.

Primeur (vin)
Vin élaboré pour être bu très jeune, mis en bouteille et commercialisé très peu de temps après la fermentation (environ deux mois). Synonyme : nouveau.

Prise de mousse
Nom donné à la deuxième fermentation alcoolique que subissent les vins mousseux. Elle donne lieu à un dégagement de gaz carbonique dans la bouteille.

Puissance
Caractère d'un vin qui est à la fois plein, corsé, généreux et d'un riche bouquet.

R

Racé
Caractère d'un grand vin remarquable par son élégance et sa finesse.

Rafle
Terme désignant dans la grappe le petit branchage supportant les grains de raisin qui, lors d'une vendange non éraflée, apporte des tanins et une certaine acidité au vin.

Raisonnée (agriculture)
Agriculture conventionnelle mais soucieuse de limiter au maximum les traitements de synthèse.

Rancio
Caractère particulier pris par certains vins doux naturels (arômes de noix) au cours de leur vieillissement.

Râpeux
Se dit d'un vin très astringent, donnant l'impression de racler le palais.

Récoltant-manipulant
En Champagne, vigneron élaborant lui-même ses cuvées à partir des raisins de sa propriété exclusivement.

Réduction
Évolution d'un vin en bouteille, à l'abri de l'air. Elle permet l'apparition d'arômes plus éloignés du fruité originel, dits arômes tertiaires (venaison, truffe, sous-bois...).

Réduit
Se dit d'un vin présentant des arômes rappelant le renfermé, qui peuvent se dégager à l'ouverture d'une bouteille longtemps fermée. Ils s'estompent généralement à l'aération.

Remontage
Opération consistant, en début de fermentation, à soutirer le moût hors de la cuve par le bas, puis à l'y réincorporer par le haut. Elle a pour but d'apporter de l'oxygène au moût pour favoriser la multiplication des levures responsables de la fermentation, tout en humidifiant le chapeau (voir ce mot) qui pourrait s'oxyder ou s'altérer. Enfin elle met en contact les jus avec les pellicules des baies, riches en pigments colorés, en composés aromatiques et en tanins.

Remuage
Dans la méthode traditionnelle, opération visant à amener les dépôts contre le bouchon par le mouvement imprimé aux bouteilles placées sur des pupitres. Le remuage peut être manuel ou mécanique (à l'aide de gyropalettes).

Riche
Qualificatif d'un vin coloré, généreux, puissant et en même temps équilibré.

Rimage
Désigne un vin doux naturel mis en bouteille précocement pour lui conserver son fruité, à la différence de ceux élevés en milieu oxydatif (voir ce mot).

Robe
Terme employé souvent pour désigner la couleur d'un vin et son aspect extérieur.

Rognage
Action de couper le bout des rameaux de vigne en fin de végétation.

Rond
Se dit d'un vin dont la souplesse, le moelleux et la chair donnent en bouche une agréable impression de rondeur.

Rôti
Caractère spécifique donné par la pourriture noble aux vins liquoreux, qui se traduit par un goût et des arômes de confit.

S

Saignée (rosé de)
Vin rosé tiré d'une cuve de raisin noir au bout d'un court temps de macération.

Salmanazar
Bouteille géante contenant l'équivalent de douze bouteilles ordinaires.

Sarment
Rameau de vigne de l'année.

Saveur
Sensation (sucrée, salée, acide ou amère) produite sur la langue par un aliment.

Sec
Pour les vins tranquilles, caractère dépourvu de saveur sucrée (moins de 4 g/l). Dans l'échelle de

douceur des vins effervescents, il s'agit d'un caractère très légèrement sucré (dosage entre 17 et 35 g/l).

Sévère
Se dit d'un vin rouge généralement jeune, très marqué par les tanins et astringent. Voir austère.

Solera
Méthode d'élevage pratiquée en Andalousie pour certains xérès, et qui vise à assembler en continu vins anciens et vins plus jeunes. Elle consiste à empiler plusieurs étages de barriques ; celles situées au niveau du sol (solera) contiennent les vins les plus âgés, les plus jeunes étant entreposés dans les barriques de l'étage supérieur. On prélève dans les tonneaux du niveau inférieur le vin à mettre en bouteille, qui est remplacé par du vin plus jeune de l'étage supérieur, et ainsi de suite.

Solide
Se dit d'un vin bien constitué, possédant notamment une bonne charpente.

Souple
Se dit d'un vin dans lequel le moelleux l'emporte sur l'astringence.

Soutirage
Opération consistant à transvaser un vin d'un contenant (cuve ou fût) dans un autre pour en séparer la lie.

Soyeux
Qualificatif d'un vin souple, moelleux et velouté, avec une nuance d'harmonie et d'élégance.

Stabilisation
Ensemble des traitements destinés à la bonne conservation des vins.

Structure
Désigne à la fois la charpente et la constitution d'ensemble d'un vin.

Sulfatage
Traitement, jadis pratiqué à l'aide de sulfate de cuivre, appliqué à la vigne pour prévenir les maladies cryptogamiques.

Sulfitage
Introduction de solution sulfureuse (SO2) dans un moût ou dans un vin pour le protéger d'accidents ou maladies, ou pour sélectionner les ferments.

Surmaturité
Caractère de raisins récoltés tardivement, riches en sucres, qui donnent des vins souvent moelleux et marqués par des arômes confits.

T

Taille
Coupe des sarments pour régulariser et équilibrer la croissance de la vigne afin de contrôler la productivité.

Tanin
Substance se trouvant dans le raisin, et qui apporte au vin sa capacité de longue conservation et certaines de ses propriétés gustatives.

Tannique
Caractère d'un vin laissant apparaître une note d'astringence due à sa richesse en tanins.

Tendu
Se dit d'un vin vif et nerveux.

Terroir
Territoire s'individualisant par certaines caractéristiques physiques (sol, sous-sol, exposition...) déterminantes pour son vin.

Thermorégulation
Technique permettant de contrôler et de maîtriser la température des cuves pendant la fermentation.

Tirage
1) Synonyme de soutirage. 2) Mise en bouteille du champagne avant la prise de mousse.

Tonneau
Unité de mesure pour le transport et la commercialisation des vins en vrac et correspondant à 4 barriques de 225 litres, soit 900 litres.

Tranquille (vin)
Désigne un vin non effervescent.

Tries (vendanges par)
Vendanges effectuées en plusieurs passages successifs pour récolter à leur concentration optimale les raisins touchés par la pourriture noble. Elles permettent l'élaboration de grands vins liquoreux.

Tuilé
1) Caractère des vins rouges évolués qui, en vieillissant, prennent une teinte rouge jaune. 2) Plus spécialement, mention sur l'étiquette désignant un rivesaltes rouge élevé au moins trente mois en milieu oxydatif.

V

VDQS
Devenu AOVDQS. Appellation d'origine vin délimité de qualité supérieure, produit dans une région délimitée selon une réglementation précise. Antichambre des AOC, cette catégorie a disparu en 2011.

Végétal
Se dit du bouquet ou des arômes d'un vin (principalement jeune) rappelant l'herbe ou la végétation. Les arômes végétaux peuvent traduire un manque de maturité de la récolte ou une extraction trop forte.

Venaison
S'applique au bouquet d'un vin rappelant l'odeur de grand gibier.

Vert
Se dit d'un vin trop acide.

Vieux
Terme pouvant avoir plusieurs acceptions, mais désignant en général un vin ayant plusieurs années d'âge et ayant vieilli en bouteille après avoir séjourné en tonneau.

Vif
Se dit d'un vin frais et léger, avec une petite dominante acide mais sans excès, et agréable.

Village
1) Terme employé dans certaines régions pour individualiser un secteur particulier au sein d'une appellation plus large (côtes-du-rhône, côtes-du-roussillon, beaujolais). 2) En Bourgogne, vin d'appellation communale non classé en premier cru.

Vin de liqueur
Vin doux ne répondant pas aux normes réglementaires des vins doux naturels, ou vin obtenu par mélange de moût et d'eau-de-vie (pineau des charentes, floc-de-gascogne, macvin-du-jura).

Vin de pays
À l'origine, vin appartenant au groupe des vins de table, mais dont on mentionnait sur l'étiquette la région géographique d'origine. Devenus IGP (indication géographique protégée) en 2009, les vins de pays sont désormais classés dans la catégorie des vins avec indication géographique, comme les AOC. La mention « vin de pays » peut subsister sur l'étiquette. Voir IGP.

Vin de table
Catégorie de vin n'affichant aucune indication géographique sur l'étiquette et provenant souvent de coupages entre des vins de différents vignobles de France ou de l'UE. Ces vins sont désormais appelés « vins sans indication géogra-

phique » (et « vins de France » s'ils proviennent du territoire national).

Vin doux naturel
Vin obtenu par mutage à l'alcool vinique du moût en cours de fermentation, souvent issu des cépages muscat et/ou grenache et correspondant à des conditions strictes de production, de richesse et d'élaboration.

Vineux
Se dit d'un vin possédant une certaine richesse alcoolique et présentant de façon nette les caractéristiques distinguant le vin des autres boissons alcoolisées.

Vinification
Méthode et ensemble des techniques d'élaboration du vin.

Viril
Se dit d'un vin à la fois charpenté, corsé et puissant.

Volume
Caractéristique d'un vin donnant l'impression de bien remplir la bouche.

VQPRD
Vin de qualité produit dans une région déterminée. Correspondait au vin AOC dans le langage réglementaire de l'Union européenne. Aujourd'hui, l'UE distingue les vins avec indication géographique (IG), qui incluent les anciens vins de pays, des vins sans indication géographique (VSIG).

VSIG
Vin sans indication géographique. Dans le langage réglementaire de l'UE, désigne aujourd'hui les anciens vins de table, qui peuvent être issus de coupages de différents vignobles. Cette catégorie exclut désormais les vins de pays (IGP) qui proviennent obligatoirement d'une zone géographique.

Les cépages

A

Aligoté

Cépage blanc principalement planté en Bourgogne où il constitue le cépage unique de deux appellations : bourgogne-aligoté et bouzeron. On le trouve également en assemblage dans certains crémants. Il donne un vin léger et vif, à boire jeune, qui est aussi traditionnellement associé à la crème de cassis pour composer le kir.

Altesse

Cépage blanc cultivé en Savoie et dans le Bugey, donnant des vins secs, corsés, élégants et aromatiques. Il est vinifié seul dans les AOC roussette-de-savoie et roussette-du-bugey et peut être associé à d'autres variétés de ces régions pour produire des vins tranquilles ou mousseux. Synonyme : roussette.

Aragnan

Cépage blanc très rare, que l'on peut trouver dans les assemblages de l'appellation palette (Provence).

Aramon

Cépage noir extrêmement productif, surtout en plaine, donnant des vins peu colorés et légers. Il s'est répandu en Languedoc à partir de la seconde moitié du XIXe siècle pour produire des vins ordinaires : il occupait une superficie de 150 000 ha en 1958. Exclu de l'encépagement des vins d'appellation, il a été massivement arraché.

Arbane

Cépage blanc de l'Aube donnant des vins nerveux et bouquetés. Il peut entrer dans l'encépagement du champagne, mais a presque disparu en raison de faibles rendements et d'une maturité tardive.

Arrufiac

Cépage blanc local des vignobles de la région du Béarn, à l'origine d'un vin riche en alcool et bouqueté. Il s'accorde bien avec les autres cépages blancs de la région (petit et gros mansengs, courbu). C'est un cépage secondaire du pacherenc-du-vic-bilh et du saint-mont blanc.

Auxerrois

Cépage blanc d'origine lorraine donnant un vin plutôt souple, aux arômes de fleurs et de fruits blancs. Il est souvent vinifié seul dans les appellations de Lorraine (côtes-de-toul, moselle) et les vins de la Moselle luxembourgeoise, et parfois assemblé au pinot blanc en Alsace.
Cépage noir : voir malbec.

B

Baco 22A

Cépage blanc issu de l'hybridation de la folle blanche et du noah. C'est le seul hybride à rester autorisé dans un vignoble français d'appellation, celui de l'armagnac, où il prospère notamment sur les sables fauves du Bas-Armagnac. Distillé, son vin donne des eaux-de-vie rondes, suaves et aromatiques, aux nuances de fruits mûrs.

Barbarossa

Cépage noir de cuve et de table cultivé en Corse, qui entre notamment dans l'appellation ajaccio.

Barbaroux

Cépage noir cultivé en Provence, dont les raisins étaient autrefois utilisés pour la table. On peut le trouver dans l'appellation côtes-de-provence, mais il est devenu très rare.

Baroque

Cépage blanc du Sud-Ouest, cultivé dans les Landes, à la base des blancs de l'appellation tursan. Il donne un vin sec et nerveux au bouquet agréable rappelant celui du sauvignon.

Bergeron

Voir roussanne.

Bouchy

Voir cabernet franc.

Bourboulenc

Cépage blanc produisant un vin de qualité aux légers parfums floraux. Ses raisins étaient autrefois utilisés à table en Provence, car ils se conservaient bien durant l'hiver. Il joue un rôle en assemblage dans de nombreuses AOC du sud de la France : en Provence, dans la vallée du Rhône, et particulièrement en Languedoc. Synonyme : doucillon.

Brachet

Voir braquet.

Braquet

Cépage noir de Provence qui contribue à la personnalité des vins rouges de l'AOC bellet, près de Nice. Il donne un vin peu coloré mais corsé, gagnant à vieillir. Synonyme : brachet.

Braucol

Voir fer-servadou.

Breton

Voir cabernet franc.

C

Cabernet franc

Cépage noir originaire du Bordelais et répandu dans le monde entier. Dans le Bordelais, il est surtout cultivé sur la rive droite de la Dordogne, en Libournais (appellations pomerol, saint-émilion, castillon-côtes-de-bordeaux...) ; généralement minoritaire, il est assemblé au merlot et parfois au cabernet-sauvignon. Dans le Sud-Ouest, il occupe une place non négligeable dans les appellations voisines du Bordelais et en coteaux-du-quercy. Dans le Val de Loire, il est appelé breton. Souvent vinifié seul, il donne leur caractère à de nombreux vins de Touraine (chinon, bourgueil, saint-nicolas-de bourgueil). Il est très présent aussi dans les rouges d'Anjou-Saumur, seul ou en assemblage. Ce cépage est à l'origine de vins rouges et rosés moyennement tanniques et très parfumés, rappelant la framboise et la violette, parfois teintés de notes de poivron lorsqu'ils naissent de terres plus froides. Synonymes : breton, bouchy.

Cabernet-sauvignon

Cépage noir le plus diffusé dans le monde après le merlot. Il tient ses lettres de noblesse du Bordelais, notamment du Médoc et des Graves, où il trouve son terroir de prédilection : de belles croupes de graves, terres chaudes et bien drainées particulièrement propices à cette variété tardive. En Bordelais, le cabernet-sauvignon n'est jamais vinifié seul, mais il peut représenter jusqu'à 75 % du total, le solde étant généralement fourni par le merlot, le cabernet franc ou le petit verdot. Il donne des vins très colorés, denses et tanniques, aux arômes de cassis et de cèdre, qui doivent attendre quelques années pour donner leur pleine mesure. L'élevage en barrique renforce leur complexité. Le cabernet-sauvignon participe aussi aux assemblages de nombreux vins du Sud-Ouest et à quelques appellations provençales (côtes-de-provence et coteaux-d'aix-en-provence par exemple). Il est également admis dans de nombreuses appellations d'Anjou, du Saumurois et de Touraine.

Camaralet

Cépage blanc originaire du Béarn, variété accessoire et rare de l'appellation jurançon. Il donne un vin fin aux arômes épicés (poivre ou cannelle).

Carignan

Cépage noir originaire d'Aragon en Espagne. Le carignan s'est répandu depuis des siècles dans les régions méditerranéennes de France. Pouvant donner des rendements astronomiques, il s'est diffusé dans les plaines languedociennes jusque dans les années 1970. On en tirait des vins de table alcooliques, acides et neutres, qui ont nui à

sa réputation alors qu'il donne de bons résultats lorsqu'il naît de petits rendements et de vieilles vignes plantées sur ses terroirs de prédilection (schistes, argilo-calcaires). Il a été massivement arraché mais garde droit de cité dans les appellations méditerranéennes, de la Provence au Roussillon en passant par la vallée du Rhône méridionale, où il entre dans des assemblages avec d'autres variétés comme le grenache noir, la syrah, le mourvèdre. Il confère aux vins de la couleur, de la chaleur, une belle charpente et des arômes de fruits rouges, d'épices et de garrigue. Il est très présent dans les assemblages des appellations fitou, corbières, corbières-boutenac, côtes-du-roussillon, côtes-du-roussillon-villages.

Carmenère

Cépage noir d'origine bordelaise donnant des vins de belle qualité, à la robe profonde et à la bouche ronde et ample. Jadis très cultivée en Médoc, la carmenère a fortement régressé à cause de rendements faibles. On n'en trouve plus que quelques hectares en Gironde alors qu'elle est devenue une des variétés vedettes du Chili.

César

Cépage noir de l'Yonne introduit, selon la tradition, par les légions romaines. Il entre à hauteur de 10 % maximum dans l'AOC irancy (Bourgogne), assemblé au pinot noir. Il donne un vin très coloré, aux arômes de fruits rouges et à la structure tannique particulièrement solide.

Chardonnay

Le chardonnay est un des premiers cépages blancs de qualité au monde. C'est la variété presque exclusive des vins blancs de Bourgogne dont les plus illustres (chablis, corton-charlemagne, meursault, montrachet, pouilly-fuissé) l'ont rendu mondialement célèbre. Il donne des vins élégants, souvent arrondis par une fermentation malolactique, aux arômes complexes de fleurs, de fruits blancs, d'agrumes, de fruits secs et de pain grillé, qui prennent mille nuances selon les terroirs et l'élevage (souvent boisé). Vifs et minéraux dans les régions septentrionales, ils se font beurrés et miellés dans les secteurs plus chauds. Le chardonnay compose aussi près de 30 % de l'encépagement de la Champagne où il est assemblé au pinot noir ou vinifié seul (blanc de blancs). Il peut aussi entrer dans la composition d'autres vins effervescents (certains crémants notamment). Dans le Jura, le chardonnay est vinifié seul ou assemblé au savagnin ; dans le Sud, il se plaît sur les terres fraîches de Limoux. On le trouve encore dans le Bugey, en Centre-Loire (orléans, cheverny, saint-pourçain, côtes-d'auvergne). On en tire plus rarement des vins liquoreux à partir de raisins surmûris, dont les plus connus sont produits en Autriche.

Chasselas

Raisin de table blanc très apprécié en Europe (l'un des rares à bénéficier d'une appellation d'origine contrôlée, à Moissac). C'est aussi un raisin de cuve, cultivé principalement en Suisse (sous le nom de fendant dans le Valais) et en Savoie dans les secteurs proches du lac Léman (Crépy). En Alsace, il est devenu rare et entre souvent dans des assemblages. On le trouve aussi dans le Centre-Loire (Pouilly-sur-Loire), où il a cependant décliné au profit du sauvignon. Son vin frais et floral se termine souvent par une agréable amertume. Synonyme : fendant, gutedel.

Chenin blanc

Cépage blanc vigoureux et précoce du Val de Loire, cultivé en Touraine occidentale (appellations vouvray, montlouis-sur-loire, touraine-azayle-rideau...), dans le Saumurois (saumur blanc et mousseux, coteaux-de-saumur) et en aval du fleuve, en Anjou (anjou blanc, bonnezeaux, quarts-de-chaume, coteaux-du-layon, coteaux-de-l'aubance, anjou-coteaux-de-la-loire, savennières) ; on le trouve aussi dans la vallée du Loir, son affluent de rive droite (jasnières, coteaux-du-loir). Le chenin donne des vins fruités, dont la vivacité contribue au potentiel de garde. Il peut être vinifié en effervescent ou en vin tranquille sec, demi-sec ou moelleux. La pourriture noble se développe aisément sur ses baies et permet d'obtenir de grands vins liquoreux (bonnezeaux, quarts-de-chaume...) caractérisés par une fine acidité qui leur donne de la fraîcheur. À Savennières et à Jasnières, il donne des vins secs réputés. En vin tranquille, il est le plus souvent vinifié seul, parfois assemblé avec un peu de chardonnay ou de sauvignon (anjou blanc). Le chenin se rencontre aussi en Languedoc-Roussillon (à Limoux) et dans de petits vignobles aveyronnais (vins-d'entraygues-et-du-fel). Il a fait souche dans plusieurs pays du monde, notamment en Afrique du Sud. Synonyme : pineau de la Loire.

Cinsault

Cépage noir méridional, le cinsault peut participer aux assemblages de la plupart des appellations méditerranéennes, mais le plus souvent comme cépage accessoire. C'est dans certaines cuvées de rosé (en corbières, côtes-de-provence...) qu'il est sans doute le plus présent : il donne à ces vins des arômes fort appréciés de fraise, de pêche et de framboise. En vin de pays (IGP), il est souvent vinifié seul, en général en rosé.

Clairette

Cépage blanc méridional donnant un vin floral, souple et rond, à la finale amère et fraîche. Il est vinifié seul dans les appellations clairette-de-bellegarde (Gard), clairette-du-languedoc (Hérault) et clairette-de-die méthode traditionnelle (Drôme), et constitue le cépage principal du crémant-de-die. Il n'intervient qu'à titre accessoire dans la clairette-de-die méthode ancestrale, dominée par le muscat à petits grains. Il se mêle à d'autres cépages dans de nombreux vins blancs d'appellation (châteauneuf-du-pape, côtes-du-provence, côtes-du-rhône, bandol, cassis, palette...).

Colombard

Cépage blanc d'origine charentaise, le colombard a perdu du terrain au profit de l'ugni blanc mais reste encore utilisé pour l'élaboration des vins destinés au cognac et à l'armagnac, eaux-de-vie auxquelles il apporte un caractère fruité. Il entre dans la composition du pineau-des-charentes et du floc-de-gascogne, et sert aussi d'appoint dans certaines AOC bordelaises de blancs secs (côtes-de-blaye, bordeaux, entre-deux-mers...). Il est vinifié seul ou en assemblage pour produire certains vins de pays aromatiques (côtes-de-gascogne notamment).

Cot

Voir malbec.

Counoise

Cépage noir figurant parmi les nombreux cépages autorisés pour l'appellation châteauneuf-du-pape, mais devenu très rare. Il n'intervient que dans des proportions minimes dans certains assemblages de cette appellation et dans quelques vignobles proches (côtes-du-rhône, gigondas, coteaux-d'aix-en-provence). Il donne des vins à la robe foncée, aux arômes de fruits noirs et d'épices.

Courbu

Cépage blanc cultivé essentiellement dans les Pyrénées-Atlantiques, le plus souvent associé au petit manseng et à quelques autres cépages de la même région dans les appellations locales comme le jurançon. Il donne un vin élégant, corsé, vieillissant bien.

D

Doucillon

Voir bourboulenc.

Duras

Cépage noir du Tarn généralement vinifié en assemblage avec les autres cépages locaux. C'est une des variétés de l'appellation gaillac. Il donne un vin coloré, riche en alcool, nerveux, à saveur poivrée.

F

Fer-servadou
Cépage noir du Sud-Ouest donnant un vin aux tanins épicés et aux arômes de cassis et de framboise. Sous le nom de mansois, c'est le cépage principal du marcillac ; c'est aussi une des variétés importantes du Gaillacois, où il est appelé braucol. Il intervient également dans les assemblages d'autres appellations du Sud-Ouest (fronton, estaing, madiran, saint-mont...). Synonymes : braucol, pinenc, mansois.

Folle blanche
Cépage blanc à la base d'eaux-de-vie de grande qualité (cognac, armagnac), mais qui a largement régressé pour céder la place à l'ugni blanc après la crise phylloxérique. Il donne des vins légers en alcool et d'une bonne vivacité dans l'appellation gros-plant-du-pays-nantais. Synonyme : gros plant.

Fuella nera
Vieux cépage noir de Provence donnant un vin très coloré, bouqueté et rond, généralement assemblé avec d'autres cépages méridionaux. C'est une des deux variétés principales de l'appellation bellet, au-dessus de Nice.

G-J

Gamay
Cépage noir à l'origine d'un vin fruité, gouleyant et d'une agréable vivacité, le plus souvent de courte ou moyenne garde. C'est le cépage unique des rouges du Beaujolais. On le trouve encore dans la vallée de la Loire (Anjou et Touraine notamment) dans le Centre et le Massif central. Il est associé avec le pinot noir dans le bourgogne-passetoutgrain et la dôle du Valais. Il entre également dans les assemblages de plusieurs vins du Sud-Ouest.

Gewurztraminer
Cépage blanc caractéristique de l'Alsace. Il donne des vins à la robe dorée, à la bouche puissante et ample et aux arômes aussi exubérants que caractéristiques (nuances de rose, de litchi et d'épices). On le vinifie en vin sec ou en vin doux (vendanges tardives et sélection de grains nobles notamment).

Grenache blanc
Cépage blanc cultivé principalement en Espagne et un peu dans le sud de la France (vallée du Rhône méridionale, Languedoc-Roussillon). C'est la variété blanche du grenache noir. Il entre dans l'assemblage de plusieurs vins blancs (vins secs ou vins doux naturels) auxquels il confère richesse, gras et notes florales.

Grenache gris
Variété grise du grenache cultivée dans les Pyrénées-Orientales, l'Aude et le sud de la vallée du Rhône. Ses vins puissants et ronds entrent dans l'assemblage de blancs ou rosés secs et de vins doux naturels.

Grenache noir
Cépage noir originaire d'Espagne, l'une des grandes variétés de qualité du sud de la France. Parfois vinifié seul, il est le plus souvent assemblé à un ou plusieurs autres cépages rhodaniens ou méridionaux aux qualités complémentaires comme la syrah, le mourvèdre, le carignan ou le cinsault. Ses vins sont chaleureux, empreints d'arômes de fruits rouges (cerise) et d'épices ; ils s'oxydent avec le temps. Vinifié seul ou en très grande proportion, le grenache noir donne aussi de grands vins doux naturels en Roussillon (rivesaltes, banyuls, maury) et dans la vallée du Rhône (rasteau).

Grenache poilu
Voir lledoner pelut.

Gringet
Cépage blanc de la vallée de l'Arve en Haute-Savoie. Confidentiel, c'est le cépage principal du vin-de-savoie ayze (tranquille ou effervescent).

Grolleau
Cépage noir de la vallée de la Loire à l'origine de vins légers. Il entre surtout dans l'assemblage de rosés mais peut aussi être associé à d'autres variétés dans des vins effervescents de la région (crémant-de-loire, saumur). Synonyme : groslot.

Gros manseng
Cépage blanc du Sud-Ouest surtout cultivé dans les Pyrénées-Atlantiques où il entre principalement dans l'assemblage des jurançon et pacherenc-du-vic-bilh secs. Voisin du petit manseng, il donne un vin jugé moins fin tout en étant bien équilibré, charpenté, vif et fruité.

Gros plant
Voir folle blanche.

Groslot
Voir grolleau.

Gutedel
Voir chasselas.

Jacquère
Cépage blanc de Savoie qui donne des vins légers et frais, aux arômes de fleurs blanches et d'agrumes nuancés de touches de pierre à fusil. Variété principale de l'appellation vin-de-savoie, il

est vinifié seul ou en assemblage. On le rencontre également, à titre accessoire, dans le Bugey.

L

Len de l'el
Cépage blanc du Sud-Ouest ayant contribué à la renommée des gaillac. Son nom occitan (« loin de l'œil ») s'explique par un pédoncule très long qui place la grappe loin du bourgeon (œil) qui lui a donné naissance. S'il peut produire des vins secs, les vignerons laissent volontiers surmûrir ses grosses grappes pour en tirer des vins moelleux ou liquoreux. Il peut être vinifié seul ou assemblé à un ou plusieurs cépages de l'appellation : mauzac, muscadelle, ondenc ou sauvignon. Synonyme : loin de l'œil.

Lledoner pelut
Cépage noir originaire d'Espagne, qui tire son nom de l'aspect de ses feuilles. Il peut figurer dans l'encépagement de plusieurs appellations du Languedoc-Roussillon. Il donne un vin peu coloré, assez proche du grenache, légèrement moins riche en alcool. Synonyme : grenache poilu.

Loin de l'œil
Voir len de l'el.

M

Macabeu
Cépage blanc d'Espagne (Catalogne) introduit en Roussillon il y a fort longtemps. Il participe à l'assemblage de plusieurs vins blancs AOC du Languedoc-Roussillon. Vendangé tôt et associé à d'autres cépages comme le grenache blanc, il fournit des vins blancs secs, floraux et fruités, d'une bonne fraîcheur. Vendangé plus tard, il entre dans la production de certains vins doux naturels comme le rivesaltes blanc. Synonyme : maccabéo.

Malbec
Cépage noir du Sud-Ouest de la France devenu le principal cépage rouge de l'Argentine. Majoritaire dans le cahors (au moins 70 % de l'encépagement), il est associé notamment aux cabernets et au merlot dans de nombreuses AOC du Sud-Ouest (bergerac, pécharmant...) et du Bordelais (médoc, graves, côtes-de-bourg...). Dans la vallée de la Loire (Touraine), le malbec est appelé côt. Il est vinifié seul ou assemblé avec le cabernet franc

et le gamay. Il fournit des vins colorés, aromatiques, charpentés. Synonymes : côt, auxerrois.

Malvoisie
Nom donné localement à différents cépages, notamment le pinot gris (Pays nantais) et le vermentino (Provence et Corse).

Mansois
Voir fer-servadou.

Marsanne
Cépage blanc de la vallée du Rhône septentrionale donnant des vins amples et assez chaleureux. La marsanne est assemblée à la roussanne dans les appellations crozes-hermitage, hermitage ou saint-péray (tranquilles et effervescents). Elle entre également dans l'assemblage de nombreux vins blancs de la vallée du Rhône méridionale (mais pas dans le châteauneuf-du-pape blanc) et du Languedoc-Roussillon.

Mauzac
Cépage blanc du Sud-Ouest, à l'origine de vins aux nuances de pomme. Intimement liée à l'appellation gaillac, c'est la variété exclusive du gaillac mousseux méthode ancestrale ; le mauzac est également très présent dans les vins blancs de l'appellation, où il est associé notamment au len de l'el et à la muscadelle. Il s'est diffusé en Languedoc (blanquette-de-limoux).

Melon de Bourgogne
Cépage blanc bourguignon, peu utilisé dans sa région d'origine mais ayant gagné la région nantaise. C'est le cépage exclusif du Muscadet. Il donne un vin sec jaune pâle, souple et vif, au bouquet intense, auquel un élevage sur lie confère gras et complexité aromatique.

Merlot
Cépage noir le plus cultivé en France, principalement en Gironde, où il est assemblé au cabernet-sauvignon et parfois à d'autres variétés comme le cabernet franc et le malbec. Dans le Bordelais, il est étroitement associé aux appellations de la rive droite de la Dordogne telles que pomerol et saint-émilion, où il est majoritaire, mais il a progressé partout, jusqu'en Médoc. Il domine les assemblages en AOC régionales (bordeaux, bordeaux supérieur). Ses vins sont ronds ; leurs arômes de fruits rouges plus ou moins confiturés évoquent le pruneau lorsque le raisin est très mûr et prennent des nuances de sous-bois, de cuir et d'épices avec le temps. Assemblé au cabernet-sauvignon, le merlot confère de la souplesse au vin qui peut ainsi être bu plus rapidement. Le merlot a connu une explosion de ses plantations en Languedoc-Roussillon, où il fournit surtout des vins de pays (IGP).

Il est très présent en Europe de l'Est, en Italie et en Amérique.

Meunier
Voir pinot meunier.

Molette
Cépage blanc cultivé en Haute-Savoie et dans l'Ain, qui produit quelques vins tranquilles (AOC seyssel molette) et qui entre dans la composition du seyssel mousseux et du bugey blanc mousseux.

Mondeuse
Cépage noir cultivé depuis longtemps en Savoie, d'où il s'est propagé dans l'Isère et dans l'Ain. Avec le gamay et le pinot noir, il entre dans l'encépagement des appellations vin-de-savoie et bugey où il fournit des cuvées monocépages (notamment en Savoie à Arbin et à Saint-Jean-de-la-Porte). Il donne un vin coloré, solide, chaleureux et de garde, aux arômes de fraise, de framboise et de cassis agrémentés de notes florales et épicées.

Montils
Cépage blanc charentais qui, distillé, donne une eau-de-vie appréciée pour la finesse et l'intensité de ses arômes. Il est devenu cependant très minoritaire pour l'élaboration du cognac.

Mourvèdre
Cépage noir méridional très cultivé en Espagne (où il est appelé morastell ou monastrell). Il entre dans la composition de plusieurs vins de Provence, en particulier le bandol rouge (au moins 50 % de l'assemblage), aux côtés notamment du grenache et du cinsault. On le trouve aussi dans la vallée du Rhône, où il fait partie des cépages autorisés du châteauneuf-du-pape. Il a été implanté plus récemment en Languedoc-Roussillon. Il est à l'origine de vins colorés, tanniques, chaleureux, complexes (cerise noire, fruits mûrs, poivre, cuir...) et de longue garde.

Muscadelle
Cépage blanc cultivé en Gironde et en Dordogne, donnant des vins fruités discrètement muscatés. Très rarement vinifié seul, il peut être assemblé au sauvignon et au sémillon dans toutes les appellations de vins blancs secs ou doux du Bordelais (bordeaux sec, entre-deux-mers, sauternes...), du Bergeracois (bergerac, monbazillac...) et d'autres AOC de ce secteur (côtes-de-duras, buzet blanc...).

Muscardin
Cépage noir de la vallée du Rhône méridionale, donnant des vins d'une belle fraîcheur, au bou-

quet floral. Rare, il fait partie des cépages du châteauneuf-du-pape et peut entrer dans l'encépagement des appellations voisines (gigondas, vacqueyras...) et des côtes-du-rhône.

Muscat blanc à petits grains
Cépage blanc cultivé depuis l'Antiquité sur les bords de la Méditerranée, considéré comme le plus noble des muscats. On en tire surtout des vins doux, souvent issus de mutage. En France, c'est le cépage unique de nombreux vins doux naturels : muscat-de-frontignan, muscat-de-mireval, muscat-de-lunel, muscat-de-saint-jean-de-minervois, muscat-de-beaumes-de-venise, muscat-du-cap-corse. Associé au muscat d'Alexandrie, il donne le muscat-de-rive-saltes. Il entre aussi dans la composition de blancs effervescents (clairette-de-die ; moscato d'asti et asti spumante en Italie) et secs (alsace-muscat). Puissamment aromatiques et complexes, ses vins évoquent le raisin frais, la rose, les fruits exotiques, les agrumes, les épices.

Muscat d'Alexandrie
Cépage blanc qui serait originaire d'Égypte. Il est consommé en raisin de table, en jus et en vins doux. Cultivé principalement dans les Pyrénées-Orientales, il participe à la production de vins doux naturels et notamment au muscat-de-rivesaltes (associé au muscat à petits grains). Il entre aussi à titre accessoire dans d'autres vins doux naturels blancs comme le rivesaltes. Ses vins onctueux présentent un bouquet évoluant vers le raisin passerillé et la figue sèche.

Muscat ottonel
Cépage blanc cultivé en Alsace où il entre dans l'encépagement de l'alsace muscat (avec le muscat à petits grains, qui a régressé car un peu trop tardif pour la région). Il donne un vin aromatique finement muscaté, souvent vinifié en vin sec. On peut aussi récolter les grappes surmûries et/ou botrytisées pour obtenir des vendanges tardives et des sélections de grains nobles.

N-O

Naturé
Voir savagnin.

Négrette
Cépage noir du Sud-Ouest cultivé au nord de Toulouse, donnant des vins colorés et aromatiques, dont le fruité s'accompagne de notes caractéristiques de violette et de réglisse. C'est le cépage principal de l'AOC fronton. Il y est vinifié seul ou assemblé à une ou plusieurs des variétés suivantes : syrah, côt, cabernets, fer-servadou (et

accessoirement gamay). Il entre aussi dans l'encépagement des fiefs vendéens.

Nielluccio

Cépage noir très planté en Italie où, sous le nom de sangiovese, il participe à la notoriété du chianti, du brunello di Montalcino et du vino nobile di Montepulciano. Il est également cultivé en Corse pour la production de rouges et de rosés. C'est le cépage principal (90 % au moins en vin rouge) de l'AOC patrimonio. Dans les AOC vins-de-corse et ajaccio, il est assemblé à d'autres cépages insulaires comme le sciaccarello ou méridionaux comme le grenache. Colorés, chaleureux et tanniques, ses vins rouges supportent bien la garde. Synonyme : sangiovese.

Noah

Hybride blanc américain qui produit un vin désagréable aux arômes foxés. Sa culture est aujourd'hui interdite en France.

Ondenc

Cépage blanc du Sud-Ouest devenu assez rare. Rarement vinifié seul, il fait partie de l'encépagement du gaillac (notamment du doux) et d'autres appellations du Sud-Ouest (bergerac, côtes-de-duras, montravel, monbazillac).

P

Petit manseng

Cépage blanc cultivé dans les Pyrénées-Atlantiques, où il fait notamment la renommée des jurançon moelleux, assemblé ou non avec d'autres cépages locaux comme le gros manseng et le courbu. Les vins, même moelleux, présentent une pointe d'acidité agréable et le cépage apporte de belles notes de fruits mûrs (pêche, agrumes), de fruits exotiques et d'épices. Le petit manseng entre aussi dans l'encépagement d'autres AOC du piémont pyrénéen (béarn, irouléguy, pacherenc-du-vic-bilh, saint-mont).

Petit meslier

Cépage blanc de Champagne dont les vins, nerveux et fruités, prennent facilement la mousse. Il est devenu confidentiel.

Petit verdot

Cépage noir du Bordelais pouvant entrer en petite quantité dans l'assemblage des AOC girondines, notamment en Médoc, en complément des cabernets et du merlot. Il fournit un vin de qualité, coloré, tannique et élégant tout à la fois.

Picardan

Cépage blanc très rare qui fait partie de l'encépagement du châteauneuf-du-pape.

Picpoul

Voir piquepoul.

Pineau d'Aunis

Cépage noir de la vallée de la Loire, produisant des vins peu colorés, jadis appréciés des rois de France et d'Angleterre. Il a régressé au profit du cabernet franc, mais entre encore dans l'assemblage de certains rouges et rosés de la Touraine et de l'Anjou. C'est le cépage principal des vins rouges et rosés en AOC coteaux-du-loir et coteaux-du-vendômois (et même le cépage exclusif du gris du Vendômois, typique par son fruité vif et poivré).

Pineau de la Loire

Voir chenin blanc.

Pinenc

Voir fer-servadou.

Pinot blanc

Variation blanche du pinot noir, ce cépage donne des vins secs caractérisés par une acidité modérée, des arômes de fleurs et de fruits blancs. En France, il est essentiellement cultivé en Alsace où il est vinifié seul ou en assemblage avec l'auxerrois. Il fournit également des vins de base pour l'élaboration des crémants-d'alsace.

Pinot gris

Cépage aux baies gris-rose qui est une variation grise du pinot noir. Il est cultivé en Alsace, en Allemagne, en Suisse, en Italie du nord et en Europe orientale. D'une belle couleur jaune doré, ses vins possèdent beaucoup de corps, une certaine rondeur et des arômes caractéristiques de fruits jaunes, de fruits secs, de miel, de fumé, de sous-bois. On en tire aussi bien des vins secs que des vins moelleux (alsace vendanges tardives) et liquoreux (alsace sélection de grains nobles). On le trouve également dans la région nantaise (coteaux-d'ancenis) sous le nom de malvoisie. en AOC orléans, châteaumeillant (gris)...

Pinot meunier

Cultivé au XIXe siècle dans tous les vignobles septentrionaux, ce cépage noir a largement régressé depuis. Très présent dans la vallée de la Marne, il constitue un tiers de l'encépagement en Champagne, aux côtés du pinot noir et du chardonnay avec lesquels il est souvent assemblé. Il apporte aux champagnes de la rondeur et des arômes de fruits rouges ou jaunes. Le pinot meunier est aussi le cépage dominant des vins rouges et rosés en

AOC orléans et du rare touraine-noble-joué, un vin gris. Synonyme : meunier.

Pinot noir

Cépage noir à l'origine des grands vins rouges de Bourgogne (chambertin, romanée-conti, clos-de-vougeot, corton, pommard...). Peu productif mais hautement qualitatif, il fournit des vins d'une belle couleur quoique peu intense. Leur bouquet de griotte et de petits fruits rouges et noirs évolue avec le temps vers la cerise à l'eau-de-vie, le gibier et le cuir. Sa maturation précoce permet au pinot noir de produire des vins d'une grande finesse dans les régions septentrionales alors qu'il réussit moins dans les secteurs chauds. Il s'est répandu en Alsace, en Champagne et dans la vallée de la Loire (surtout en amont de Blois), en Allemagne, en Suisse et dans d'autres pays voisins. Plus récemment, il a été acclimaté avec succès dans des régions fraîches du Nouveau Monde (Oregon, Nouvelle-Zélande...). En Bourgogne, le pinot noir est le cépage presque exclusif des vins rouges ; il ne concède une petite place à d'autres variétés que dans certaines AOC régionales et en mâcon. Il exprime une multitude de nuances selon le terroir où il est planté. En Champagne, il constitue près de 40 % de l'encépagement et entre dans de nombreux assemblages, aux côtés du chardonnay et parfois du pinot meunier.

Piquepoul

Cépage languedocien existant en noir, en blanc et en gris. Il fait aussi partie de l'encépagement des châteauneuf-du-pape, côtes-du-rhône et autres AOC voisines, ainsi que des palette (Provence). Le vin de piquepoul noir, chaleureux, assez vif, floral, utilisé en assemblage à titre accessoire, est en régression. Le piquepoul blanc, qui entre dans l'encépagement d'appellations languedociennes, est surtout connu en AOC languedoc Picpoul-de-Pinet, car il y est vinifié seul. C'est un vin nerveux aux arômes floraux. Synonyme : picpoul.

Ploussard

Voir poulsard.

Poulsard

Cépage noir cultivé dans le Jura et le Bugey. Même vinifié en rouge, il fournit un vin clairet presque rosé, peu tannique, frais et fruité. Seul ou associé au trousseau et au pinot noir, il constitue les vins arbois et les côtes-du-jura rouges. Vinifié en blanc dans l'appellation l'étoile (avec le chardonnay et le savagnin), il apporte de la rondeur en bouche et de la finesse aromatique. Il peut aussi entrer dans la composition des vins de paille et du macvin de la même région. Synonyme : ploussard.

R

Riesling

Cépage blanc qui a fait la réputation des vins du Rhin, de la Moselle et de l'Alsace. Il est devenu le premier cépage blanc cultivé en Allemagne et représente aujourd'hui plus de 20 % du vignoble alsacien. Il produit des vins vifs, racés, élégants et de garde aux fines notes de citron, de fleurs, de pêche et de tilleul, agrémentées de nuances minérales. On en tire également des vins moelleux (alsace vendanges tardives) et liquoreux (alsace sélection de grains nobles issus de baies botrytisées et vins de glace issus de raisins gelés).

Rolle

Voir vermentino.

Romorantin

Cépage blanc qui n'est pratiquement cultivé que dans le Loir-et-Cher pour la production de l'appellation cour-cheverny, dont il est le cépage exclusif. Il fournit un vin vif, dont les arômes évoquent le raisin bien mûr, le miel et l'acacia.

Roussanne

Cépage blanc de la vallée du Rhône et de la Savoie où il est appelé bergeron. La roussanne produit des vins élégants aux arômes de miel, d'abricot et d'aubépine, dont l'acidité permet une bonne aptitude à la garde. Elle est généralement assemblée à la marsanne dans les appellations rhodaniennes hermitage, crozes-hermitage, saint-joseph et saint-péray, mais elle peut aussi être vinifiée seule. Elle s'est répandue dans la vallée du Rhône méridionale (châteauneuf-du-pape par exemple) et en Languedoc-Roussillon où on l'assemble à diverses variétés comme le grenache blanc et la clairette. En Savoie, elle est le cépage unique du vin-de-savoie Chignin-Bergeron. Synonyme : bergeron.

Roussette

Voir altesse.

S

Sacy

Voir tressallier.

Sangiovese

Voir nielluccio.

Sauvignon

Cépage blanc à l'origine de vins secs très aromatiques, aux nuances de buis, de bourgeon de cassis et, selon les terroirs, de fleurs blanches, d'agrumes et de pierre à fusil. Dans la vallée de la Loire et le Centre-Loire, il est vinifié seul dans la plupart des appellations (sancerre, pouilly-fumé, quincy, reuilly et menetou-salon blancs, touraine-sauvignon...). Dans le Bordelais et le Bergeracois, il est soit vinifié seul soit, le plus souvent, associé au sémillon et parfois à la muscadelle. Cet assemblage est habituel lorsqu'il s'agit de vins moelleux et liquoreux (dominés par le sémillon) comme le sauternes en Bordelais ou le monbazillac dans la région de Bergerac ; le sauvignon apporte alors sa fraîcheur et ses arômes à l'assemblage. Le sauvignon fournit des vins de pays monocépages dans d'autres régions de France et s'est répandu dans les nouveaux pays viticoles jusqu'en Nouvelle-Zélande. Synonyme : blanc fumé.

Savagnin

Cépage blanc du Jura, originaire du Tyrol et cultivé aussi en Allemagne et en Suisse. Il donne des vins de bonne conservation dont le célèbre vin jaune du Jura (AOC arbois, côtes-du-jura, l'étoile et château-chalon, la plus réputée). Ce vin de très longue garde au bouquet caractéristique de noix et d'épices résulte d'un élevage sous voile et vieillit plus de six ans avant sa commercialisation. Le savagnin peut aussi être assemblé à tous les autres cépages jurassiens, notamment au chardonnay, pour donner des vins blancs secs, des vins de paille, du macvin-du-jura, voire du crémant-du-jura. Synonyme : naturé.

Sciaccarello

Cépage noir cultivé en Corse donnant des vins peu colorés mais bien charpentés et fruités (groseille, cassis, mûre, framboise) qui s'apprécient plutôt jeunes. C'est l'une des variétés de l'AOC vin-de-corse et le principal cépage de l'AOC ajaccio.

Sémillon

Cépage blanc du Bordelais qui a fait la réputation des vins de ce vignoble et du Bergeracois voisin (monbazillac), notamment en matière de liquoreux (sauternes, barsac...). Dans ces régions, il est assemblé au sauvignon et à la muscadelle pour donner des vins de qualité, secs ou doux (il est majoritaire dans ces derniers). Moins aromatique que le sauvignon, il délivre des notes de miel, de cire d'abeille, de fruits secs, et apporte beaucoup de rondeur et de gras en bouche. Le sémillon s'est répandu dans les vignobles du Nouveau Monde, où il est parfois vinifié seul (Australie).

Shiraz

Voir syrah.

Sylvaner

Cépage blanc répandu en Allemagne et en Alsace, principalement dans le Bas-Rhin. Il donne des vins frais et légers aux arômes d'agrumes et de fleurs blanches, parfois accompagnés de notes minérales. Cultivé en coteau, il engendre des vins plus consistants, notamment sur le Zotzenberg, seul grand cru alsacien où le sylvaner est autorisé.

Syrah

Cépage noir de la vallée du Rhône septentrionale, donnant un vin charpenté et de garde, à la robe sombre, aux arômes puissants et complexes de fruits rouges et noirs, de violette, de réglisse et d'épices (poivre). C'est la variété des côte-rôtie, des cornas, des hermitage et des crozes-hermitage et des saint-joseph rouges. Sa culture a littéralement explosé en France depuis 1960 : la syrah s'est propagée dans le sud de la vallée du Rhône, en Provence et en Languedoc-Roussillon où elle entre dans l'encépagement de toutes les AOC de vins rouges, le plus souvent assemblée aux cépages de ces régions comme le grenache ou le mourvèdre. Elle s'est même diffusée dans les secteurs orientaux du Sud-Ouest (AOC gaillac et fronton). Elle est également très cultivée dans tous les vignobles du Nouveau Monde où elle fournit nombre de cuvées monocépages. Synonyme : shiraz.

T

Tannat

Cépage noir du Sud-Ouest donnant des vins de garde charpentés, riches en tanins, qui demandent plusieurs années de vieillissement pour s'arrondir et développer un parfum de framboise et de mûre. Originaire du Béarn, il est surtout cultivé dans les Pyrénées-Atlantiques et les départements limitrophes : il constitue le cépage principal des AOC madiran et saint-mont, et il participe à l'encépagement des irouléguy et tursan. C'est une variété accessoire du cahors. Le tannat est également très cultivé en Uruguay.

Terret

Cépage noir, gris ou blanc du Languedoc. Le terret figure dans la liste des variétés autorisées des AOC châteauneuf-du-pape, côtes-du-rhône et corbières, mais il n'est pratiquement plus cultivé.

Tibouren

Cépage noir cultivé en Provence, donnant des vins peu colorés, délicats et frais. Associé au cinsault, au grenache, au mourvèdre ou à la syrah, il est surtout utilisé pour élaborer des rosés (AOC côtes-de-provence et palette).

Tourbat

Cépage blanc catalan devenu rare, donnant des vins vifs et fruités. Il peut entrer dans l'assemblages de plusieurs AOC (collioure, côtes-du-roussillon blanc rivesaltes ambré, rosé, tuilé). Synonyme : malvoisie du Roussillon.

Tressallier

Cépage blanc de l'Allier identique au sacy cultivé en Bourgogne. Rarement vinifié seul, il entre dans l'assemblage des vins blancs de Saint-Pourçain, associé au chardonnay, cépage principal de l'appellation. Synonyme : sacy.

Trousseau

Cépage noir du Jura donnant des vins pourpre intense, corsés et de bonne garde. Il est vinifié seul ou en assemblage avec le poulsard et le pinot noir dans les AOC arbois et côtes-du-jura ; il peut aussi contribuer aux vins de paille et au macvin de ce vignoble.

U-V

Ugni blanc

Cépage blanc d'origine italienne, et principale variété blanche cultivée en France. Ses grandes grappes donnent des vins fins, légers et vifs, adaptés à la distillation : c'est aujourd'hui le cépage principal pour l'élaboration des cognac et armagnac. L'ugni blanc, un peu plus riche en alcool lorsqu'il est cultivé dans les régions méditerranéennes, peut entrer dans l'assemblage des appellations de Provence et de l'AOC vin-de-corse, souvent associé à d'autres cépages qui apportent des arômes et de la structure, comme la clairette ou le vermentino. L'ugni blanc entre aussi, à titre accessoire, dans la production de certains vins blancs en Gironde (AOC bordeaux, entre-deux-mers...).

Vaccarèse

Cépage noir, l'une des nombreuses variétés de Châteauneuf-du-Pape, pouvant être utilisé en assemblage dans cette appellation et d'autres AOC voisines (côtes-du-rhône, gigondas...). Il produit un vin floral, élégant et frais, qui équilibre la chaleur du grenache. Il est rare.

Vermentino

Cépage blanc de qualité donnant des vins aromatiques. Très cultivée en Corse, c'est la variété exclusive du patrimonio blanc ; elle domine dans les AOC ajaccio, vin-de-corse, dans plusieurs appellations de Provence (bellet, coteaux-d'aix-en-provence...) et s'est répandue en Languedoc-Roussillon. En Italie, le vermentino est cultivé en Ligurie et en Sardaigne. Synonymes : rolle, malvoisie.

Viognier

Cépage blanc de la partie septentrionale de la vallée du Rhône, cultivé depuis fort longtemps en terrasses, sur la rive droite du fleuve. Il est à l'origine du condrieu et du château-grillet, des vins le plus souvent secs aux arômes de pêche, d'abricot, de miel et d'épices, d'une belle rondeur en bouche. Cépage en vogue, il est aujourd'hui également vinifié seul en côtes-du-rhône blanc et en vin de pays. Il s'est étendu dans le sud de la vallée du Rhône et au delà, jusqu'aux États-Unis. Le viognier peut être assemblé à d'autres cépages blancs, et même à la syrah en AOC côte-rôtie (à hauteur de 20 %).

Index
des appellations

INDEX DES APPELLATIONS

L'indexation ne tient pas compte de l'article défini

INDEX DES APPELLATIONS

Index
des communes

INDEX DES COMMUNES

COMMUNES

COMMUNES

COMMUNES

COMMUNES

COMMUNES

Index
des producteurs

INDEX DES PRODUCTEURS

L'indexation ne tient pas compte de l'article défini

PRODUCTEURS

PRODUCTEURS

PRODUCTEURS

PRODUCTEURS

INDEX DES PRODUCTEURS

PRODUCTEURS

PRODUCTEURS

PRODUCTEURS

Index
des vins

INDEX DES VINS

L'indexation ne tient pas compte de l'article défini

VINS

VINS

VINS

VINS

VINS

VINS

VINS

VINS

VINS

VINS

VINS

VINS

SÉLÈQUE J.-M. Champagne 655
SELTZ DOM. FERNAND Alsace sylvaner 71
SEMELLERIE DOM. DE LA Chinon 1037
SEMPER Côtes-du-roussillon-villages 781
• Muscat-de-rivesaltes 797
SÈPE CH. LE Bordeaux 156
SEPT VIGNES DOM. DES Alsace gewurztraminer 44
SERESNES DOM. DE Reuilly 1075
SERGANT CH. Lalande-de-pomerol 227
SERGENT DOM. Madiran 927
SERRE DE GUÉRY Pays d'Oc 1241
SERRE DES VIGNES DOM. Grignan-les-adhémar 1188
SERRE ROMANI Côtes catalanes 1227
• Muscat-de-rivesaltes 797
SERRELONGUE DOM. DE Maury 800
SERRES-MAZARD DOM. Corbières 711
SERRIGNY DOM. Savigny-lès-beaune 483
SERVELIÈRE DOM. LA Saint-chinian 760
SÈVE DOM. Beaujolais 105
SIAURAC CH. Lalande-de-pomerol 227
SIEGLER JEAN Alsace grand cru 85
SIEGLER PÈRE ET FILS JEAN Alsace gewurztraminer 44
SIEUR D'ARQUES Blanquette-de-limoux 744
• Crémant-de-limoux 745
SIGAUT DOM. ANNE ET HERVÉ Chambolle-musigny 445
SIGNAC CH. Côtes-du-rhône-villages 1125
SIGNÉ VIGNERONS Brouilly 111 • Côtes-du-forez 1062
SIGOULÈS ROSE DE Bergerac 911
SILLON CÔTIER DOM. DU Gros-plant-du-pays-nantais 968 • Val de Loire 1209
SIMARD CH. Saint-émilion grand cru 255
SIMART-MOREAU Champagne 655
SIMIAN CH. Châteauneuf-du-pape 1173
• Côtes-du-rhône 1110
SIMON ALINE ET RÉMY Alsace pinot gris 55
SIMON ET FILS GUY Bourgogne-hautes-côtes-de-nuits 424
SIMONDE DOM. DE LA Beaujolais 105
SIMONIS ÉTIENNE Alsace grand cru 86
SIMONIS JEAN-MARC Alsace pinot noir 63
• Crémant-d'alsace 92
SIMONNET-FEBVRE Chablis 405 • Chablis grand cru 417
SINSON HUBERT ET OLIVIER Valençay 1055
SIORAC DOM. DU Côtes-de-bergerac 914
SIOUVETTE DOM. Côtes-de-provence 857
SIPP DOM. JEAN Alsace pinot noir 63
SIPP JEAN Alsace grand cru 86
SIPP MACK Alsace gewurztraminer 44 • Alsace grand cru 86
SIRANIÈRE DOM. LA Minervois 754
SIRET-COURTAUD DOM. Châteaumeillant 1056
• Quincy 1073
SIRIUS Bordeaux blanc 162
SMITH HAUT LAFITTE CH. Pessac-léognan 311
• Pessac-léognan 312
SO CHIC Comté tolosan 1214
SOCIANDO-MALLET CH. Haut-médoc 330
SOCIANDO-MALLET LA DEMOISELLE DE Haut-médoc 330
SOHLER DOM. PHILIPPE Alsace grand cru 86
• Alsace pinot gris 56
SOHLER J.-M. Crémant-d'alsace 92
SOL-PAYRÉ DOM. Côtes-du-roussillon 774
SOLEIL CH. Puisseguin-saint-émilion 270

SOLENZARA DOM. DE Corse ou vin-de-corse 865
SOMMIÉROIS VIGNERONS DU Languedoc 740
SONTAG DOM. Moselle 96
SORBA DOM. DE LA Ajaccio 867
SORBE JEAN-MICHEL Reuilly 1075
SORG DOM. BRUNO Alsace pinot gris 56 • Alsace sylvaner 71
SORIN DOM. Bandol 822
SORIN PHILIPPE Saint-bris 420
SORIN-COQUARD DOM. Bourgogne 386
SORINE ET FILS Santenay 536
SOT DE L'ANGE LE Touraine-azay-le-rideau 1016
SOUDARS CH. Haut-médoc 330
SOULANES DOM. DES Maury sec 801
SOULERONS DOM. DES Châteaumeillant 1057
SOUNIT ALBERT Crémant-de-bourgogne 393
• Mercurey 550 • Rully 546
SOURCE DOM. DE LA Bellet 825
SOURCE LA Morgon 127
SOURCE DU RUAULT LA Saumur-champigny 1005
SOURDAIS DOM. PIERRE Chinon 1037
SOURDET-DIOT Champagne 655
SOUTARD CH. Saint-émilion grand cru 255
SOUTIRAN Champagne 656
SOUTIRAN PATRICK Champagne 656
SOUVIOU DOM. DE Bandol 823
SPANNAGEL PAUL Alsace grand cru 86
SPANNAGEL VINCENT Alsace grand cru 87
SPARR CHARLES Alsace grand cru 87
SPARR PIERRE Alsace pinot gris 56
• Crémant-d'alsace 93
SPECHT DOM. Alsace pinot gris 56
SPELTY JOHANN Chinon 1037
SPITZ & FILS Alsace pinot blanc ou klevner 49
STEINMETZ-HÉRITIERS Moselle luxembourgeoise 1258
STENTZ ANDRÉ Alsace grand cru 87
STEVAL CH. Fronsac 207
STIRN DOM. Alsace grand cru 87
STOEFFLER VINCENT Alsace pinot noir 64
STOFFEL ANTOINE Alsace pinot noir 64
STONY CH. DE Muscat-de-frontignan 762
STRAUB Alsace pinot noir 64 • Crémant-d'alsace 93
STROMBERG DOM. DU Moselle 96
SUAU CH. Côtes-de-Bordeaux 290
SUFFRÈNE DOM. LA Bandol 823
SUIRE ISABELLE Saumur 1001
SUNNEN-HOFFMANN DOM. Moselle luxembourgeoise 1258
SUREMAIN DOM. DE Mercurey 550
SUZIENNE LA Côtes-du-rhône 1110
SYLLA Luberon 1196 • Ventoux 1192
SYROUSSE Côtes-du-roussillon-villages 781

T

TABORDET DOM. Pouilly-fumé 1070 • Sancerre 1087
TABOURELLES DOM. DES Touraine 1013
TABUTEAU CH. DE Lussac-saint-émilion 262
TAILHAS CH. DU Pomerol 220
TAILLEFER CH. Pomerol 220
TAILLEURGUET DOM. Pacherenc-du-vic-bilh 930
TAIN CAVE DE Crozes-hermitage 1143 • Hermitage 1145 • Saint-joseph 1137
TAITTINGER Champagne 656
TALAYRACH PIERRE Côtes catalanes 1227
TALBOT CH. Saint-julien 356
TALÈS DOM. Ventoux 1192

VINS

VINS

wine.liebherr.com

Retrouvez dans cet ouvrage de 560 pages tous les aspects pratiques du vin pour prolonger votre passion et acquérir des connaissances incomparables :

- Le vin dans l'histoire
- L'art du vin (cépage, terroir,s vinification, élevage, mise en bouteille, métiers...)
- Le choix et l'achat du vin
- La dégustation et la conservation
- Les accords mets et vin
- Les vins de France
- Les vins du monde

Prix TTC France :
39,90 €

www.hachette-vins.com

vins, la Bible de l'œnologie

DE LA VIGNE AU VERRE

Le goût du vin romain

LA DÉGUSTATION

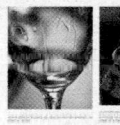

LE VIN PAR L'ÉTIQUETTE

LE BEAUJOLAIS & LE LYONNAIS

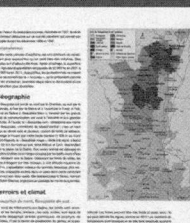

L'ITALIE

hachette
VINS

Coffret A.O.C
« Amusement d'Origine Contrôlée »

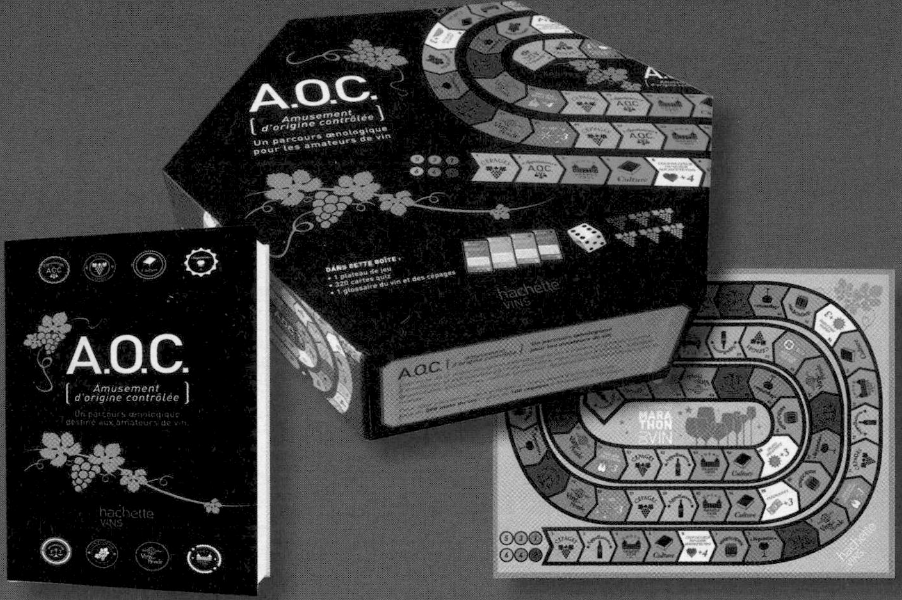

Un parcours œnologique semé d'embuches, destiné aux amateurs de vin.

Lancez le dé et testez vos connaissances à travers 640 questions/réponses :

- les cépages
- la vinification
- les AOC
- la réglementation
- les vins du monde
- la culture
- la dégustation
- les grands crus

24,90 €

Le livret fourni dans ce coffret vous donnera des réponses précises et détaillées qui vous permettront de jouer tout en vous instruisant.

Inclus dans le coffret : 1 plateau de jeu, 6 pions en forme de bouteille, 320 cartes, 1 dé, 1 livret.

hachette VINS

IN VINO VERITAS

TOUS LES SECRETS DU VIN EN 300 DÉFIS

7 THÉMATIQUES

 Appellations

 Art du vin

 Cépages

 Culture et histoire

 Dégustation

 Grands crus et domaines

 Vins du monde

25,90 €
Octobre 2015

Pour 2 joueurs ou plus

1 sablier

1 buzzer

300 questions/réponses (150 cartes)

– 120 questions (60 cartes) niveau **DÉBUTANT**

– 90 questions (45 cartes) niveau **AMATEUR**

– 50 questions (25 cartes) niveau **EXPERT**

– 40 questions (20 cartes) **DÉFI**

1 livret de 48 p., le *Petit précis du vin*, pour approfondir ses connaissances

1 règle du jeu

hachette
VINS

LES GUIDES
HACHETTE

DES GUIDES INCONTOURNABLES
POUR TOUS LES AMATEURS

Une sélection impartiale des meilleures références,
dégustées et notées (de 0 à 3 étoiles)

Pour tous les styles et pour tous les budgets

Des coups de cœur

L'ÉCOLE HACHETTE DU VIN

DÉCOUVRIR ET COMPRENDRE L'UNIVERS DU VIN

UNE COLLECTION SIMPLE ET LUDIQUE POUR LES AMATEURS DE VINS

Des illustrations modernes et didactiques
pour tout comprendre en un clin d'œil

Des ouvrages faciles d'accès et très pédagogiques

Les Cépages
David Cobbold et Sébastien Durand-Viel
240 p. – 17,90 €

Ma première cave
Olivier Bompas et Béatrice Mialon
320 p.– 19,90 €

Les Accords mets et vins
Olivier Bompas
256 p. – 17,90 €

Ma première dégustation
Pierre Casamayor
224 p. – 17,90 €

hachette VINS

Téléchargez les
APPLICATIONS HACHETTE VINS
sur mobile et tablette !

Accords Mets et vins

L'application indispensable pour accorder cuisine
et vins sans fausse note !

**Téléchargez l'application
en scannant ce code
(coût de l'appli : 1,79 €).**

Disponible sur **App Store** Disponible sur le **Windows Store**

Vins et Millésimes

L'application **entièrement gratuite**
pour tout savoir sur le vin !
Retrouvez le guide interactif des appellations
et des régions viticoles de France, et repérez
les meilleurs millésimes pour chaque région.

**Téléchargez
gratuitement l'application
en scannant ce code.**

Disponible sur **App Store** DISPONIBLE SUR **Google play**

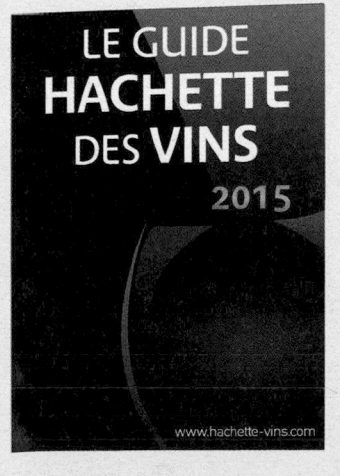

www.hachette-vins.com

Le Guide Hachette des Vins

Les vins du Guide Hachette sur iPhone
et iPad avec leur note, commentaire
et caractéristiques.

**Téléchargez gratuitement l'application
en scannant ce code (Accès au Guide
Hachette des Vins 2016 payant : 14,99 €).**

Disponible sur **App Store**

DES VINS EN LIGNE

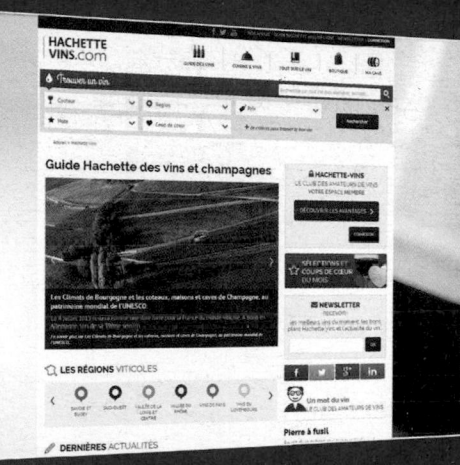

- **Plus de 140 000 vins sélectionnés par le Guide Hachette des Vins** avec leurs caractéristiques, leur note, leur commentaire de dégustation et les coups de cœur du Guide.

- Un **large choix d'accords mets vins**, avec **de savoureuses recettes** et **conseils de sommelier pour accorder sans fausse note vos plats et vins.**

- NOUVEAU : Gardez en mémoire vos **vins et recettes préférés**, profitez de notre **outil gratuit de gestion de cave en ligne***, et retrouvez les offres de nos partenaires pour **acheter vos vins au meilleur prix !**

En tant qu'acheteur du Guide Hachette des Vins 2016, bénéficiez de notre offre privilège :

▶ 1 AN D'ACCÈS ILLIMITÉ ◀
à l'intégralité des 140 000 vins
du Guide Hachette

pour
5 €
Seulement

---

* inscription gratuite au Club Hachette des amateurs de vins. Gestion de cave pour les vins sélectionnés par le Guide Hachette des Vins.

www.hachette-vins.com

Imprimé en Italie - Dépôt légal : Août 2015
Achevé d'imprimer : Août 2015 – 31.4456.0/01 – ISBN 978.2.01.396264.3

PAPIER À BASE DE
FIBRES CERTIFIÉES

⊟ hachette s'engage pour
l'environnement en réduisant
l'empreinte carbone de ses livres.
Celle de cet exemplaire est de :

2 kg éq. CO$_2$
Rendez-vous sur
www.hachette-durable.fr